gleichlautende Wörter unterschiedlicher Herkunft	
Informationskasten zu Trennvarianten innerhalb einer Buchstabenfolge	
zur Buchstabenfolge gehörende Stichwörter	
Unterstrich bei langer betonter Silbe	
Verweis auf einen Begriff mit gleicher oder ähnlicher Bedeutung	
Unterpunkt bei kurzer betonter Silbe	
Neuschreibungen in Blau	

Mie|te¹ ⟨f.; -, -n⟩ **1** *Entgelt für die Überlassung des Gebrauchs einer Sache od. einer Dienstleistung;* die ~ überweisen, vorauszahlen; unsere ~ ~~beträgt monat~~lich 530 Euro; eine hohe, niedrige, ü~~bertriebene, nicht~~ zumutbare ~ zahlen • **1.1** das ist sch~~on die halbe ~⟩~ ⟨fig.; umg.⟩ *das wirkt begünstigend, m*~~acht den Er-~~ *folg wahrscheinlich;* →a. *kalt (3.5), wa*~~rm (3.3)~~ **2** *entgeltliche (vorübergehende) Überlassun*~~g des Gebrauchs~~ *einer Sache od. einer Dienstleistung* • ~~**3** *Wohnraum;*~~ nen *(bei) eine Wohnung od. ein Zimm*~~er gemietet ha-~~ ben

Mie|te² ⟨f.; -, -n⟩ *mit Stroh u. Erde als Frostschutz bedeckter Stapel von Feldfrüchten zum Überwintern;* eine ~ für Kartoffeln, Rüben anlegen; die ~ im Frühjahr aufmachen, öffnen

◆ Die Buchstabenfolge **mi|kr...** kann in Fremdwörtern auch **mik|r...** getrennt werden.

◆ **mi|kro..., Mi|kro...** ⟨in Zus.⟩ *klein..., Klein...;* Ggs *makro..., Makro...;* mikroelektronisch, Mikrochip, Mikrofilm
◆ **Mi|kro|fon** ⟨n.; -s, -e⟩ *Gerät zur Umwandlung von mechanischen Schallwellen in elektrische Schwingungen;* oV *Mikrophon*
◆ **Mi|kro|phon** ⟨n.; -s, -e⟩ = *Mikrofon*
mi|li|eu|be|dingt ⟨[miljøː-] Adj. 24/70⟩ *durch das Milieu, durch die Umwelt bedingt, hervorgerufen;* ~e Schäden
Mil|li|on ⟨f.; -, -en; Abk.: Mill. od. Mio.⟩ *tausend mal tausend, 1000 mal 1000;* seid umschlungen, ~en! (Schiller, „Lied an die Freude"); drei viertel ~en, (oder:) eine Dreiviertel~; eine und drei viertel ~en, (aber:) ein(und)dreiviertel ~en; ~en von hoffenden Menschen, (od.) ~en hoffender Menschen; die Verluste gehen in die ~en; eine ~ Mal; ~en Mal; mit drei ~en beteiligt sein
Mil|li|o|när ⟨m.; -s, -e⟩ **1** *Besitzer von Werten über eine Million (Euro)* **2** *sehr reicher Mann*
Mil|li|o|nä|rin ⟨f.; -, -rin|nen⟩ *weibl. Millionär*
mil|li|o|nen|mal ⟨alte Schreibung für⟩ *Millionen Mal*
Mi|nist|rant *auch:* **Mi|nis|trant** ⟨m.; -en, -en⟩ *meist jugendlicher Gehilfe des Priesters während der Messe;* Sy *Messdiener*
Min|ne ⟨f.; -; unz.⟩ **1** ⟨MA⟩ *höfischer Frauendienst, Werben der Ritter um Frauenliebe* **2** ⟨heute poet. u. altertümelnd⟩ *Liebe*
miss|ach|ten ⟨V. 500/Vr 8⟩ Ggs *achten (1)* **1** jmdn. ~ *jmdn. für schlecht achten, verachten* **2** etwas ~ *etwas absichtlich nicht beachten;* er missachtete meinen Rat; ein Gesetz, eine Vorschrift ~; die Vorfahrt ~; ein zu Unrecht missachtetes Werk

	Verweis auf eine orthografische Variante (oV), Rückverweis durch =
	Angaben zur Aussprache in internationaler Lautschrift
	Angabe von Altschreibungen an alphabetisch anderer Stelle
	Angabe zur Stilebene oder Gebrauchshäufigkeit
	Verweis auf einen Begriff mit gegensätzlicher Bedeutung

vgl. auch die ausführlichen »Hinweise zur Benutzung«, S. 10–17

Wörterbuch der deutschen Sprache

DER KLEINE
WAHRIG

Wörterbuch der deutschen Sprache

Herausgegeben und neu bearbeitet
von Renate Wahrig-Burfeind

Bertelsmann
LEXIKON INSTITUT

WAHRIG

Fragen zur Rechtschreibung, Grammatik und Zeichensetzung beantwortet die WAHRIG-Sprachberatung unter
09001 89 89 60
(1,86 Euro pro Minute deutschlandweit)
und unter der Internet-Adresse
www.wahrig-sprachberatung.de

Der kleine WAHRIG
Wörterbuch der deutschen Sprache

An der ersten Ausgabe dieses Werkes, das von Gerhard Wahrig begründet wurde und zuerst 1978 erschien, haben mitgearbeitet:

Prof. Dr. Gerhard Wahrig †
Veronika Bürki-von Planta, Kurt Cron,
Ulf Graefe, Dr. Gudrun Guckler,
Hildegard Krämer, Marta Kučerová,
Cornelia Lessenich-Drucklieb,
Irmgard Pflaum, Heide Rebel,
Stefan Wahrig, Charlotte Warnecke u. a.

Leitung der Neuausgabe 2007
Dr. Renate Wahrig-Burfeind
4., vollständig neu bearbeitete und aktualisierte Auflage

1. Auflage 1978, Deutscher Taschenbuch Verlag GmbH & Co. KG, München
Titel der Originalausgabe:
Wahrig, dtv-Wörterbuch der deutschen Sprache

Das **WAHRIG Textkorpus**^{digital} wurde aufgebaut und sprachtechnologisch ausgewertet durch die CLT Sprachtechnologie GmbH Saarbrücken.
Sprachtechnologischer Berater:
Prof. Dr. Manfred Pinkal, Universität des Saarlandes

Die Auswertung erfolgte u. a. auf der Basis aktueller Jahrgänge folgender Zeitungen und Zeitschriften:
Berliner Zeitung, BRAVO, FÜR SIE, Neue Zürcher Zeitung, Spektrum der Wissenschaft, Der Spiegel, Der Standard, Süddeutsche Zeitung (lizenziert durch die DIZ München GmbH).

Projektleitung
Felix Wenzel
Redaktion
Michael Müller, omnibooks
Redaktionelle Mitarbeit
Heike Krützfeldt
Layout
Roman Bold & Black, Köln
Datentechnik und Satz
Olaf Braun, omnibooks, Roman Bold & Black, Andreas Ziegelmayer
Herstellung
Joachim Weintz
Einbandgestaltung
Groothuis, Lohfert, Consorten / www.glcons.de
Druck und Bindung
Clausen & Bosse GmbH, Leck

© 2007 Wissen Media Verlag GmbH
(vormals Bertelsmann Lexikon Verlag GmbH),
Gütersloh/München
Alle Rechte vorbehalten
Printed in Germany
ISBN 978-3-577-10236-0

Vorwort zur Neuausgabe 2007

Das Standardwerk *WAHRIG Wörterbuch der deutschen Sprache* ist ein Bedeutungswörterbuch, das den Grundwortschatz der deutschen Sprache verzeichnet. Es enthält mehr als 25.000 Stichwörter, die – sowohl auf der semantischen als auch auf der grammatischen Ebene – in allen Verwendungsweisen ausführlich beschrieben werden. Grundlage des Wörterbuchs, das 1978 von Gerhard Wahrig begründet wurde, war und ist das umfangreichere Werk *WAHRIG Deutsches Wörterbuch*.

Die Auswahl der Wörter für einen Grundwortschatz richtet sich zum einen nach der Häufigkeit ihres Gebrauchs, zum anderen auch nach ihrer Bedeutung im sprachlichen Alltag. Der in diesem Wörterbuch abgebildete Grundwortschatz verzeichnet somit alle wichtigen und häufig gebrauchten deutschen Wörter, die der Standardsprache angehören und die nicht auf dialektalen oder fachsprachlichen Gebrauch beschränkt sind. Zusammengesetzte Wörter, sogenannte Komposita, sind im Wörterbuch verzeichnet, wenn sie sich nicht unmittelbar aus den einzelnen Bestandteilen selbst erklären. Fremdwörter sind nur in das Stichwortverzeichnis aufgenommen worden, wenn sie einen hohen Grad an Integration in die deutsche Sprache aufweisen und damit dem Grundwortschatz zuzurechnen sind oder wenn sie im Zuge der Diskussion um die Reform der deutschen Rechtschreibung häufig diskutiert wurden und dadurch „populär" geworden sind.

Der Grundwortschatz einer Sprache ist relativ konstant, dennoch vollzieht sich auch hier teilweise ein Sprachwandel, so werden einige Wörter nicht mehr mit bestimmten Wendungen gebraucht, weil diese veraltet sind. Andere Wörter erhalten zusätzliche Bedeutungen oder werden mit neuen Satzmustern verwendet. Dies bedeutet, dass auch die Stichwörter eines Grundwortschatzes regelmäßig aktualisiert werden müssen – wie dies für die vorliegende Neuausgabe von *WAHRIG Wörterbuch der deutschen Sprache* geschehen ist.

Das *Wörterbuch der deutschen Sprache* wurde 1978 von Gerhard Wahrig begründet und ist das erste deutschsprachige Wörterbuch, das mit Hilfe der elektronischen Datenverarbeitung erstellt wurde. Mittlerweile ist die elektronische Erfassung und Bearbeitung von Daten nicht nur im Verlagswesen, sondern in nahezu allen Lebensbereichen eine Selbstverständlichkeit. Allerdings ist die Aktualisierung des Stichwörterverzeichnisses eines Wörterbuches auf der Grundlage eines elektronischen Textkorpus, wie es Verlagsredaktion und Autorin mit dem *WAHRIG Textkorpus*^{digital} zur Verfügung steht, auch heute noch nicht der übliche Standard. Auf der Basis dieses Korpus wurden für die vorliegende Neuausgabe ca. 1000 neue Stichwörter ermittelt, die aufgrund der Häufigkeit ihres Vorkommens in der deutschen Sprache in das Stichwortverzeichnis integriert wurden. Für die lexikografische Arbeit ist dieses Textkorpus darüber hinaus auch ein gutes Hilfsmittel bei der Aktualisierung des vorhandenen Stichwortinventars, da fehlende Anwendungsbeispiele, Satzmuster o. Ä. ermittelt und bei den bereits vorhandenen Stichwörtern ergänzt werden können.

Das Inkrafttreten der nochmals revidierten Rechtschreibreform am 1. August 2006 machte eine grundlegende Überarbeitung des gesamten Stichwortverzeichnisses erforderlich. Das Wörterbuch wurde gemäß den neuen orthografischen Regeln vollständig überarbeitet. In der vorliegenden Neuausgabe sind alle gültigen Schreibweisen und Schreibvarianten der beschriebenen Stichwörter aufgeführt. Die wichtigsten Neuerungen der Reform der deutschen Rechtschreibung sind in den „Informationen zur neuen deutschen Rechtschreibung" im Anhang des Wörterbuchs erläutert.

Ein Bedeutungswörterbuch verzeichnet neben der Rechtschreibung auch zahlreiche andere sprachliche Kategorien. Besonders gewichtet wird – wie die Begriffsbezeichnung schon ausdrückt – die ausführliche Darstellung der Bedeutung bzw. Definition der Wörter, weshalb das Bedeutungswörterbuch auch als Definitionswörterbuch bezeichnet wird. Alle 25.000 Stichwörter des *Wörterbuchs der deutschen Sprache* enthalten genaue Informationen zur Orthografie, Worttrennung, Aussprache, Betonung und Grammatik. Die Definitionen sind um alle gebräuchlichen Satzmuster und Anwendungsbeispiele ergänzt, außerdem sind Synonyme, Gegensätze, verwandte oder weiterführende Begriffe sowie Stilebenen und Fachgebiete angegeben.

Die Konzeption des Wörterbuchs und der Aufbau der Stichwortartikel sind in den „Hinweisen zur Benutzung" beschrieben, dort sind auch die Einarbeitung der neuen Schreibungen sowie das Verweissystem der Schreibvarianten ausführlich erläutert. Für die vorliegende Neuausgabe wurde das Wörterbuch auf der Grundlage eines zweifarbigen Layouts neu gestaltet, was die Übersichtlichkeit und Erfassbarkeit der in diesem Wörterbuch gebotenen Informationen deutlich erhöht.

Renate Wahrig-Burfeind

Vorwort zur Erstausgabe 1978

Mit diesem Wörterbuch wird das Ziel verfolgt, die Wechselwirkung zwischen grammatischen Kategorien und der Bedeutung sprachlicher Ausdrücke (der Wörter und Wendungen) möglichst ausführlich darzustellen, damit die methodische Trennung überwunden wird, die bisher zwischen grammatischer und lexikalischer Beschreibung einer Sprache bestanden hat.

Die deutsche wie die internationale Sprachwissenschaft setzt sich seit den letzten Jahrzehnten lebhaft mit Fragen der sprachlichen Formen und Inhalte auseinander. Die Untersuchungen zum Inhalt der sprachlichen Zeichen waren jahrzehntelang eine Domäne der deutschen Sprachwissenschaft; seit dem Ende der 60er Jahre werden sie nun auch in der internationalen Linguistik ausführlicher diskutiert als in den Jahren zuvor. Verbunden damit ist der Versuch, bei der Darstellung der Grammatiken einzelner Sprachen in größerem Maße als in den letzten hundert Jahren logisch konsistente Methoden zu verwenden. Auf diesem Hintergrund, gekennzeichnet durch die Schlagwörter „generative Transformationsgrammatik", „Strukturalismus" und „Sprachinhaltsforschung", wird es verständlich, daß die Lehrer in den Schulen nach Lehrmitteln und Nachschlagewerken suchen, in denen diese Modelle der Sprachbeschreibung angewendet werden.

Dieses Wörterbuch ist der Versuch, die bisherigen Diskussionsergebnisse für die Darstellung des deutschen Wortschatzes zu nutzen.

Es informiert daher über
1. die verschiedenen Formen der Wörter, wie sie in der Flexion (Beugung) der Substantive, Adjektive, Pronomen und Verben zum Ausdruck kommen;
2. die verschiedenen Möglichkeiten, ein Wort im Rahmen der syntaktischen Regeln der deutschen Sprache zu verwenden;
3. die verschiedenen Situationen, in denen eine sprachliche Äußerung auftreten kann;
4. die verschiedenen Wörter, mit denen ein Stichwort zusammen auftreten und dann u. U. einen anderen Inhalt zum Ausdruck bringen kann.

Das Wörterbuch enthält also nicht nur die Wörter mit Angabe aller ihrer möglichen Bedeutungen, sondern immer auch Hinweise darauf, in welchen Situationen ein Wort in einer bestimmten Bedeutung sinnvoll angewendet werden kann. Es ist ganz selbstverständlich, daß auch die übrigen Informationen, die man von einem Wörterbuch erwartet, in ihm enthalten sind, z. B. zu

5. Rechtschreibung;
6. Silbentrennung;
7. Betonung und Aussprache;
8. Stil;
9. mundartlichem Gebrauch;
10. fachsprachlichem Gebrauch.

Für dieses Wörterbuch wurden diejenigen deutschen Wörter (einschließlich der sogenannten „Fremdwörter") ausgewählt, die nicht mit allen ihren Bedeutungen und Gebrauchsweisen als Dialekt- oder Fachwörter anzusehen oder einem besonders gehobenen Stil zuzurechnen sind oder deren Bedeutung sich – z. B. bei Wortzusammensetzungen – nicht aus ihren Bestandteilen ergibt. Diesen Kriterien entsprechen ca. 16.000 Stichwörter; sie wurden ausführlich – mit allen ihren Bedeutungen – beschrieben; besonderer Wert wurde dabei u. a. auf die Wörter gelegt, die wie die Fürwörter, Umstandswörter und Verhältniswörter überwiegend grammatische Funktionen haben. Die lexikographische Beschreibung dieser Wörter ist ausführlicher als bisher üblich und liefert eine große Anzahl zusätzlicher Informationen zu den bisher vorliegenden Wörterbüchern – einschließlich des von mir herausgegebenen, umfangreicheren „Deutschen Wörterbuches" (Gütersloh: Bertelsmann 1966, Neuauflage 1975), das als Grundlage dieses Werkes anzusehen ist.

Alle in diesem Wörterbuch enthaltenen Wortartikel sind nach anderen Gesichtspunkten als im „Deutschen Wörterbuch" neu bearbeitet und bilden somit eine Weiterentwicklung jenes Werkes. Die sprachwissenschaftlichen, theoretischen und methodischen Grundsätze zur Bearbeitung dieses Wörterbuches sind in meiner „Anleitung zur grammatisch-semantischen Beschreibung lexikalischer Einheiten" (Tübingen: Niemeyer 1973) ausführlich erörtert worden. Es wurde besonderer Wert darauf gelegt, daß Wörter, die der Erklärung (Definition) dienen, selbst als Stichwörter vorkommen und ihrerseits erklärt werden. Um dieser Forderung zu entsprechen, wurden auch Methoden der datenverarbeitenden Linguistik angewandt.

Dieses Wörterbuch wendet sich an alle, die mit der deutschen Sprache sinnvoll umgehen wollen, besonders an diejenigen, die Texte produzieren als Sekretärinnen, Chefs, Redakteure, Werbefachleute, Übersetzer und Dolmetscher, überhaupt alle, denen daran gelegen ist, sich korrekt und unmißverständlich auszudrücken.
Von besonderem Interesse ist das Wörterbuch für alle, die ihre Muttersprache noch besser kennenlernen wollen oder die Deutsch als Fremdsprache lernen und lehren.

Für die große Mühe der Bearbeitung dieses Werkes danke ich allen den im Impressum genannten Mitarbeitern. Darüber hinaus gilt mein Dank allen Benutzern, Kollegen und Freunden sowie den Teilnehmern an meinen Lehrveranstaltungen an der Universität Mainz, die mich auf Möglichkeiten, das „Deutsche Wörterbuch" (Neuauflage 1975) zu verbessern, hingewiesen und die hier praktizierte Methode der Wörterbucharbeit mit mir diskutiert haben.

In diesem Wörterbuch ist zum ersten Male ein größerer Teil des deutschen Wortschatzes mit Hilfe einer integrierten grammatisch-semantischen Methode beschrieben worden. Es liegt in der Natur eines solchen komplexen Unternehmens, daß noch manche Einzelheiten ergänzt oder methodische Grundsätze geändert werden können. Verlag und Herausgeber werden allen denen Dank wissen, die ihnen ihre Beobachtungen beim Gebrauch des Wörterbuches mitteilen.

Gerhard Wahrig

INHALT

5 Vorwort zur Neuausgabe 2007

7 Vorwort zur Erstausgabe 1978

10 Hinweise zur Benutzung

18 Tabelle der Aussprachezeichen

19 Tabellen zur Formenbildung und Syntax

19 Deklination der Nomen und Pronomen

21 Deklination der Adjektive und unbestimmten Pronomen

24 Satzmuster für Adjektive

26 Tabelle der Konjugationen

36 Satzmuster für Verben

40 Abkürzungen und Zeichen

43 WÖRTERVERZEICHNIS

1133 Informationen zur neuen deutschen Rechtschreibung

Hinweise zur Benutzung

Die Artikel dieses Wörterbuches wurden nach einem einheitlichen System aufgebaut, das im Folgenden erläutert und durch Beispiele illustriert wird.

1. Anordnung der Stichwörter

Die *Anordnung der Stichwörter* richtet sich streng nach dem Alphabet, wobei Umlaute *(ä, ö, ü)* wie die nicht umgelauteten Vokale eingeordnet wurden; *ae*, *oe* und *ue* gelten dagegen als zwei Buchstaben. Das Eszett *(ß)* wird wie ein doppeltes s behandelt, z. B.

aussehen
außen
äußerlich
aussetzen

Mehrgliedrige Ausdrücke sind unter dem ersten sinntragenden Wort nachzuschlagen, z. B. „absolute Mehrheit" unter „absolut". Unter dem zweiten Bestandteil eines solchen Ausdrucks findet sich häufig ein Verweis auf den ersten („→ a.").
Alphabetisch eingeordnet wurden auch Akronyme *(AIDS)*, Kürzel *(Lkw)* und Abkürzungen *(bzw.)*.

2. Rechtschreibung

Am 1. Juli 1996 wurde eine Reform der deutschen Rechtschreibung beschlossen, die am 1. August 1998 umgesetzt wurde. Die Übergangsfrist, in der sowohl alte als auch neue Schreibweisen Gültigkeit hatten, ist nach nochmaliger Überarbeitung der orthografischen Regeln durch den „Rat für deutsche Rechtschreibung" mit Inkrafttreten des endgültigen Regelwerks am 1. August 2006 zu Ende gegangen. *Das Wörterbuch der deutschen Sprache* ist hinsichtlich der Rechtschreibung umfassend überarbeitet und auf den neuesten Stand gebracht worden. In den „Informationen zur neuen deutschen Rechtschreibung" werden die orthografischen Regeln erläutert; vgl. S. 1133 ff. In der vorliegenden Ausgabe sind alle neuen Schreibweisen in **blauem** Druck angegeben, z. B. **aufwändig, Beschluss, hoch gespannt.**

In vielen Fällen gibt es Variantenschreibungen. Die Varianten sind grundsätzlich als gleichwertig zu betrachten – es wird nicht nach Haupt- oder Nebenvarianten differenziert – und sie sind mit dem Hinweis *auch:* gekennzeichnet. Sofern die alphabetische Anordnung der Stichworteinträge eingehalten werden kann, sind die neuen Schreibweisen neben den noch gültigen alten aufgeführt. Dies betrifft sowohl Varianten der Groß- und Kleinschreibung als auch der Getrennt- und Zusammenschreibung sowie die Schreibung mit Bindestrich. (Gleiches gilt auch für die Worttrennung, vgl. 4.1.):

aber|hun|dert *auch:* **Aber|hun|dert**
Al|lein|er|zie|hen|de(r) *auch:* **al|lein Er|zie|hen|de(r)**
laub|tra|gend *auch:* **Laub tra|gend**
laut‖wer|den *auch:* **laut wer|den**
Lay-out *auch:* **Lay|out**

Wenn die neuen Schreibweisen nicht dem vorhandenen Stichwort angefügt werden können, weil dies der alphabetischen Ordnung zuwiderläuft oder sie die alten Schreibweisen ersetzen, erhalten sie einen eigenen Eintrag, z. B.

Gäm|se ⟨f.; -, -n; Zool.⟩ *zu den Antilopen gehörendes Horntier von etwa 75 cm Schulterhöhe u. ziegenähnlicher Gestalt in den höheren Lagen der Alpen, Pyrenäen, Abruzzen, des Kaukasus u. Kleinasiens: Rupicapra rupicapra*

Alte, nach der neuen Rechtschreibung ungültige orthografische Formen sind dann aufgeführt, wenn sie im Wörterbuch an alphabetisch anderer Stelle als die neue Schreibweise stehen, z. B.

da‖sein ⟨alte Schreibung für⟩ *da sein*
Gem|se ⟨alte Schreibung für⟩ *Gämse*
Sten|gel ⟨alte Schreibung für⟩ *Stängel*

Der Stichworttext, der die Bedeutungserklärung, d. h. Definitionen und Anwendungsbeispiele

Stichworteintrag

umfasst, wurde in der vorliegenden Neuausgabe ebenfalls vollständig auf die seit dem 1. August 2006 gültige neue Orthografie umgestellt. Bei Wendungen oder Anwendungsbeispielen innerhalb des Stichworttextes sind die neuen Schreibungen blau gedruckt. Innerhalb eines Stichworteintrags sind alle das Stichwort selbst betreffenden Variantenschreibungen durch einen Schrägstrich als solche gekennzeichnet, z. B.

> **Abend** ⟨m.; -s, -e⟩ ... jmdm. guten/
> Guten ~ sagen, wünschen ...
> **arm** ⟨Adj. 22⟩ ... Arm und Reich
> *jedermann*
> **Hand** ⟨f.; -, Hän|de⟩ ... ~ breit =
> *Handbreit*; ... ~ voll = *Handvoll*
> **Haus** ⟨n.; -es, Häu|ser⟩ ... er ist nirgends zu ~e/zuhause ...

Ebenso ist die Änderung von *ß* nach kurzem Vokal zu *ss* bei Verben im Beispieltext kenntlich gemacht, z. B.

> **durch‖schie|ßen**¹ ⟨V. 211/500 od. 511⟩
> eine **Kugel**, einen Pfeil ... *(durch etwas) hindurchsenden;* er schoss den Pfeil durch den Apfel
> **fas|sen** ⟨V.⟩ ... fass! (Befehl an den Hund); ... Angst, Ekel, Entsetzen fasste uns bei diesem Anblick ...

3. Im Wörterbuch verwendete Schriftarten

Die systematische Verwendung verschiedener Schriften ist ein wichtiger Faktor bei der Strukturierung der Information, die ein Wörterbuch bietet. In diesem Wörterbuch werden folgende Schriften verwendet:

Fettdruck/Fettdruck	für die Stichwörter sowie für die Leitwörter bei Redewendungen
Grundschrift	für die Redewendungen
Grundschrift in ⟨ ⟩	für grammatische Angaben und erklärende Zusätze
Grundschrift in [ ]	für die internationale phonetische Umschrift
Kursivdruck	für die Bedeutungserklärungen
blaue Schrift/ blaue Schrift	für neue Schreibweisen

> **Creme** ⟨[krɛːm] f.; -, -s⟩ oV *Krem,*
> *Kreme* **1** *steife, die Form haltende, schlagsahne- od. salbenähnliche Flüssigkeit* • 1.1 *feine, mit Sahne zubereitete Süßspeise, bes. als Füllung für Süßigkeiten u. Torten;* ~schnittchen
> • 1.2 *Hautsalbe* **2** ⟨unz.; fig.⟩ *das Erlesenste* • 2.1 die ~ der **Gesellschaft** *gesellschaftliche Oberschicht*

4. Stichworteintrag

Der Stichworteintrag ist in **fetter** Schrift gedruckt, ihm folgen die grammatischen Angaben in spitzen Klammern. Für jedes neue Stichwort wird eine neue Zeile begonnen. Begriffe, die mehrdeutig sind (sogenannte „Polyseme"), also bei gleicher Schreibweise mehrere Bedeutungen haben, werden, wenn sie auf eine gemeinsame Wortherkunft zurückgeführt werden können, in der Regel in einem Artikel zusammengefasst. So erhält z. B. das Stichwort **Birne** (Frucht/ Glühkörper) nur einen Eintrag (vgl. auch Punkt 7). Dagegen erhalten gleichlautende Wörter unterschiedlicher Herkunft (sogenannte „Homonyme") mehrere Einträge; z. B. **Ball**¹, **Ball**² oder **nicken**¹, **nicken**² und **nicken**³. Stehen mehrere fettgedruckte Stichwörter hintereinander in derselben Zeile, so bedeutet dies, dass sie die gleiche Bedeutung haben, aber unterschiedlich geschrieben werden können. Diese Wörter werden als orthografische Varianten bezeichnet, sie stehen jedoch nur in derselben Zeile, wenn sie buchstabengleich sind und die alphabetische Abfolge der Stichwörter eingehalten werden kann. Bei nicht buchstabengleichen orthografischen Varianten wie z. B. **Schi** und **Ski** wird hingegen anders verfahren, vgl. Punkt 7.5.2. Neue Schreibvarianten sind jeweils blau gedruckt, neue Worttrennungen dagegen nicht, z. B.

> **aber|hun|dert** *auch:* **Aber|hun|dert**
> **ste|hen‖blei|ben** *auch:* **ste|hen blei|ben**
> **Zy|pres|se** *auch:* **Zyp|res|se**

Hinweise zur Benutzung

4.1 Worttrennung
Am Stichworteintrag ist auch die Silben- bzw. Worttrennung markiert. Zu ihrer Kennzeichnung werden die Zeichen | und || verwendet, z. B.

> **da|zwi|schen** (wird getrennt: *da-zwi-schen*)
> **da|von||lau|fen** (wird getrennt: *da-von-lau-fen*)

Der doppelte senkrechte Strich || ist bei Verben zu finden, bei denen die Vorsilbe abtrennbar ist (z. B. *davonlaufen*, aber: *ich laufe davon*). Es ist zu beachten, dass sich durch das Anfügen einer Flexionsendung auch die Silbentrennung ändern kann, z. B. *Tag, Tage* (abgetrennt: *Ta-ge*).

4.1.1 Die Worttrennung nach den neuen Regeln
In den „Informationen zur neuen deutschen Rechtschreibung" (S. 1133 ff.) werden die geltenden Worttrennungsregeln ausführlich erläutert. Alle Stichwörter sind den neuen Trennungsregeln entsprechend aufgeführt. Die Abtrennung von Einzelvokalen ist nur im Wortinneren (nicht am Wortanfang oder -ende) möglich. Bei einigen Wörtern gibt es mehrere Trennvarianten, die alle bei den jeweiligen Stichwörtern angegeben sind. Hier sind – wie bei den veränderten Schreibungen – alte (sofern noch gültige) Worttrennungen und neue Worttrennungen nebeneinander aufgeführt, z. B.

> **Ak|ro|bat**
> **Fens|ter**
> **ein|an|der** *auch:* **ei|nan|der**
> **Ka|bri|o|lett** *auch:* **Kab|ri|o|lett**
> **Ko|a|li|ti|on**
> **na|ti|o|nal**
> **Zu|cker**
> **Zys|te**

Bei einigen wenigen Wörtern bestehen drei Trennvarianten, z. B. **Mu|sik|in|stru|ment** *auch:* **Mu|sik|ins|tru|ment** *auch:* **Mu|sik|inst|ru|ment**. Grundsätzlich sollten irreführende Worttrennungen vermieden werden. Da es im Einzelfall jedoch einer subjektiven Einschätzung unterliegt, ob eine Trennung als sinnentstellend empfunden wird oder nicht, wurden die Trennungsmöglichkeiten in den meisten Fällen vollständig aufgeführt.

Aus Gründen des Umfangs und der Übersichtlichkeit sind zusätzliche Worttrennungen, die eine größere Anzahl von Stichwörtern in alphabetischer Abfolge betreffen, durch Informationskästchen angegeben. Die betreffenden Stichwörter sind mit einer Raute gekennzeichnet, z. B.

> ♦ Die Buchstabenfolge **her|ein...** kann auch **he|rein...** getrennt werden.

> ♦ **her|ein** ⟨Adv.⟩ oV ⟨umg.⟩ *rein²* **1** *von (dort) draußen nach (hier) drinnen;* von draußen ~; → a. *hinein (1)* **2** ~! (Aufforderung zum Eintreten ins Zimmer) *(bitte) eintreten, hereinkommen!;* nur ~!; immer ~!; ~, ohne anzuklopfen (Aufschrift auf Türschildern in Ämtern, Behörden usw.)
> ♦ **her|ein...** ⟨Vorsilbe; in Zus. mit Verben betont u. trennbar⟩ *von (dort) draußen nach (hier) drinnen (zum Sprecher hin)* ⟨umg.⟩; hereinbitten, hereinholen, hereinlassen, hereinregnen, hereintreten

4.2 Betonung
Die Betonung ist bei den meisten Stichwörtern am Stichworteintrag selbst angegeben, wobei lange Vokale, Umlaute oder Diphthonge unterstrichen (z. B. **e**), kurze Vokale und Umlaute unterpunktet (z. B. **e**) sind, z. B.

> **ab|bla|sen**
> **At|trak|ti|on**
> **Ei|che**
> **fins|ter**

Wenn die Betonung schwankt, wird die abweichende Betonung in eckigen Klammern hinter das Stichwort gesetzt, z. B.

> **ak|tiv** ⟨a. ['--] Adj.⟩ (a. = auch)
> **un|er|hört** ⟨a. ['---] Adj.⟩

Bei der Fremdwortschreibung ist die Betonung auch ein Kriterium für die Getrennt- und Zusammenschreibung. So werden aus dem Englischen stammende Begriffe aus Adjektiv und Substantiv zusammengeschrieben, wenn sie nur auf dem ersten Wortbestandteil betont sind. Man schreibt sie getrennt, wenn beide Bestandteile betont sind. Da die Aussprache hier variieren kann, wurden bei den entsprechenden Stichworteinträgen beide Möglichkeiten angegeben, z. B.

> **Hard|rock** ⟨[haːd-]⟩, *auch:* **Hard Rock** ⟨m.; (-) - od. (-) -s; unz.⟩ *Stilrichtung der Rockmusik, für die extreme Lautstärke u. starke Betonung des gleichbleibenden Rhythmus charakteristisch sind*

– aber nur getrennt, da beide Wörter betont sind, z. B.

> **Grand Slam** ⟨[grænd slæm] m.; - - od. - -s, - -s; Sp.; Tennis⟩ *Sieg eines Spielers in den australischen, französischen, englischen u. US-amerikanischen Meisterschaften innerhalb eines Jahres;* der Spieler verpasste den ~

– aber nur zusammen, da nur der erste Wortbestandteil betont ist, z. B.

> **Hard|ware** ⟨[haːdwɛːr] f.; -; unz.; EDV⟩ *die technischen Bestandteile einer EDV-Anlage;* Ggs *Software*

Wird bei einem Stichwort die Aussprache – wie bei den oben aufgeführten Fremdwörtern – angegeben, so ist hier auch die Betonung in den eckigen Ausspracheklammern gekennzeichnet; vgl. auch 4.3.

4.3 Aussprache

Die Aussprache wird bei solchen Wörtern angegeben, deren Aussprache Schwierigkeiten bereitet. Dies betrifft insbesondere die Artikulation von Fremdwörtern. Die Aussprache ist in eckigen Klammern mit den Zeichen der internationalen Umschrift dargestellt (vgl. Tabelle S. 18). Die Betonung ist dann ebenfalls in den eckigen Klammern markiert, z. B.

> **Ce|vap|ci|ci** *auch:* **Ćevap|či|ći** ⟨[tʃevɑptʃitʃi] Pl.⟩
> **non|chal|lant** ⟨[nɔ̃ʃalɑː] Adj.⟩
> **Pa|per** ⟨[peɪpə(r)] n.; -s, -⟩

Wenn die Aussprache nur für einem Teil des Wortes angegeben wird, so steht für den übrigen Teil des Wortes ein Bindestrich, z. B.

> **äqui|va|lent** ⟨[-va-] Adj. 24⟩
> **ar|cha|isch** ⟨[-çaː-] Adj.⟩
> **chro|ma|tisch** ⟨[kro-] Adj. 24⟩
> **Ves|per** ⟨[fɛs-] f.; -, -n⟩

5. Grammatische Angaben

Die grammatischen Angaben sind immer in spitzen Klammern ⟨⟩ angegeben. Mit Ausnahme der Substantive, die an der Großschreibung als solche erkennbar sind, wird bei jedem Stichwort aufgeführt, zu welcher Wortart es gehört.

5.1 Substantive

Bei Substantiven geschieht diese Angabe durch das grammatische Geschlecht: m. = Maskulinum (männlich), f. = Femininum (weiblich), n. = Neutrum (sächlich). Darauf folgen der Genitiv des Singulars (2. Fall Einzahl) und der Nominativ des Plurals (1. Fall Mehrzahl), z. B.

> **Blei**[1] ⟨m.; -(e)s, -e; Zool.⟩
> **Ga|la|xis** ⟨f.; -, -xi|en; Astron.⟩
> **Va|ter** ⟨m.; -s, Vä|ter⟩

Auf die adjektivische oder nominale Deklination der Substantive wird durch die Ziffern 1–3 auf die Tabellen 1–3 verwiesen. Dort finden sich die entsprechenden Muster für die Deklination, z. B.

> **Al|lein|er|zie|hen|de(r)** *auch:* **al|lein Er|zie|hen|de(r)** ⟨f. 2 (m. 1)⟩

Im Deklinationsmuster 7 wird die Verwendung von Formen des Plurals bei Maß- und Mengenangaben erläutert.

> **Pfund** ⟨n. 7; -(e)s, -e⟩

Weiterhin ist bei Substantiven durch die Abkürzung „unz." angegeben, wenn sie „unzählbar" sind, d. h., wenn sie keinen Plural bilden. Andere Wörter wiederum kennen keinen Singular, z. B. „Leute". Darauf bezieht sich die Angabe „nur Pl.". Manche Wörter sind in einer ihrer Bedeutungen unzählbar, in einer anderen haben sie einen Plural. Dies wird durch die vorangestellte Abkürzung „zählb." angezeigt.

5.2 Adjektive

Die Adjektive werden gewöhnlich nach Nummer 10 und 21 bzw. 11 der Tabellen dekliniert und gesteigert. Auf Abweichungen wird durch die Nummern 22–26 hingewiesen. Sie können im Allgemeinen innerhalb eines Satzes attributiv, prädikativ oder adverbial verwendet

Hinweise zur Benutzung

werden (vgl. Nummer 30–34 der Tabellen). Als Attribute werden sie dekliniert, prädikativ und adverbial bleiben sie unverändert. Einschränkungen dieser drei Möglichkeiten werden unter den Nummern 40–90 der Tabellen vermerkt. Bei dieser Gelegenheit wird auch mit angegeben, ob ein Adjektiv eine besondere Ergänzung fordert.

> an|geb|lich ⟨Adj. 24⟩ **1** ⟨60⟩ *vermeintlich, vorgeblich;* der ~e Verfasser des Buches **2** ⟨80⟩ *wie man behauptet, vorgibt;* er hat sich ~ nicht gemeldet; er ist ~ Musiker

5.3 Verben

In den Artikeln über Verben folgen nach der Angabe der Wortart mehrere Ziffern. Sie geben Hinweise auf 1) die Konjugation des Verbs und 2) auf das oder die Satzmuster, denen ein Verb angehört.

Die Konjugation

Schwach konjugierte Verben werden als der Regelfall angesehen und erhalten daher keinen Hinweis auf eine Tabelle. Sie können jedoch auf S. 26 unter Nummer 100 nachgesehen werden. Folgt auf das Verb eine Nummer zwischen 101 und 294, so wird das Verb stark, gemischt oder unregelmäßig konjugiert. Die Konjugationsformen können auf den Seiten 26–35 unter der jeweiligen Nummer nachgeschlagen werden, vgl.:

> ba̱|cken[1] ⟨V. 101⟩
> her|an||ge|hen ⟨V. 145(s.)⟩
> schlie̱|ßen ⟨V. 222⟩

Die meisten Verben bilden das Perfekt mit „haben". Da dies als Regel angesehen werden kann, wurde lediglich die Abweichung davon angegeben. Verben, die das Perfekt mit „sein" bilden, sind mit (s.) gekennzeichnet. Verben, die das Perfekt sowohl mit „haben" als auch mit „sein" bilden können, sind mit (h. od. s.) gekennzeichnet.

Die Satzmuster

Bei schwach konjugierten Verben folgt auf die Angabe „V." direkt, bei stark konjugierten Verben hinter der Hinweisziffer auf die Konjugation und einen Querstrich (/) eine Nummer zwischen 300 und 850 sowie gegebenenfalls eine Kombination von Vr und den Ziffern 1–8. Mit ihnen wird auf Satzmuster in den Tabellen S. 36 ff. hingewiesen. Diese Satzmuster beschreiben, mit welchen Ergänzungen (Objekten und adverbialen Bestimmungen) zusammen das Verb einen grammatisch als vollständig u. richtig empfundenen Satz bilden kann. Angegeben werden in ihnen 1) obligatorische Satzglieder, d. h. solche, die notwendig sind, um mit dem betreffenden Verb einen grammatisch richtigen Satz zu erzeugen, und 2) fakultative Satzglieder (in runden Klammern), d. h. solche Objekte, die in der angegebenen Form im Satz stehen können, aber nicht notwendig für die Bildung eines grammatisch richtigen Satzes sind. Innerhalb des Satzmusters ist die Reihenfolge der Satzglieder beliebig.
Prinzipiell ist es im Deutschen möglich, zusätzlich zu den obligatorischen und fakultativen Satzgliedern eine beliebige Zahl freier Angaben (Adverbialbestimmungen und Attribute) in einem Satz zu verwenden (s. u.).

Die folgenden Adverbialbestimmungen wurden unterschieden:

1. Adl/lok   Ort
2. Adl/temp   Zeit
3. Adl/art   Art und Weise
4. Adl/kaus   Grund, Ursache
5. Adl/fin   Ziel, Zweck
6. Adl/instr   Mittel
7. Adl/junkt   gemeinsames Vorkommen
8. Adl/äquiv   Gleichsetzung

> her|um||fah|ren ⟨V. 130⟩ **1** ⟨411(s.)⟩ um etwas ~ *rundherum fahren, im Kreis um etwas fahren;* Sie müssen um die Stadt ~ **2** ⟨400(s.) od. 500(h.)⟩ **(jmdn. od. etwas) ~** *planlos, ziellos (jmdn.) umherfahren, spazieren fahren;* wir sind ein wenig in der Stadt herumgefahren; er fuhr mit seinem neuen Auto in der Gegend herum; wir haben ihn in der Stadt herumgefahren **3** ⟨416(s.)⟩ **mit den Händen in der Luft ~** (umg.) *gestikulieren, ziellose Bewegungen machen*
> • 3.1 sich mit den Händen im Gesicht ~ ziellos übers G. wischen **4** ⟨400(s.); umg.⟩ *sich jäh nach jmdm. od. etwas umdrehen;* als sie hereinkam, fuhr er vor Schreck herum

6. Stilebene und Fachgebiet

Wörter und Redewendungen, zu denen keine besonderen Hinweise gegeben sind, können

Aufbau eines Wörterbuchartikels

grundsätzlich als standardsprachlich betrachtet werden. Speziell gekennzeichnet sind dagegen:

1. **Einschränkungen des Sprachgebietes**
   Es gibt Wörter und Wendungen, die nur in Österreich, in der Schweiz, im Gebiet eines Dialekts oder regional üblich sind. Wörter, die überwiegend im Sprachgebiet der ehemaligen DDR gebraucht werden oder von dort stammen, sind ebenfalls entsprechend gekennzeichnet.

2. **Eingrenzung der Stilebene**
   Das *Wörterbuch der deutschen Sprache* verzeichnet grundsätzlich sowohl standardsprachliche als auch umgangssprachliche Begriffe. Während das Hochdeutsche insbesondere für den offiziellen und den schriftlichen Gebrauch des Deutschen relevant ist, wird mit der Umgangssprache der eher lockere Ton der mündlichen Konversation bezeichnet (vgl. z. B. umg. *(Geld) verplempern* gegenüber standardsprachlich *(Geld) vergeuden*). Wörter, die als umgangssprachlich empfunden werden, sind entsprechend ⟨umg.⟩ gekennzeichnet (z. B. *Glotze, Schampus* usw.). Zur Vulgärsprache ⟨derb⟩ werden insbesondere diejenigen Wörter und Wendungen gerechnet, die sich hauptsächlich auf die Nahrungsmittelaufnahme und -ausscheidung sowie auf das Geschlechtliche beziehen oder Vergleiche damit eingehen und gleichzeitig einem gewissen Tabu unterliegen. Stilistisch über der Standardsprache stehen noch die sogenannte Dichtersprache, die durch den Hinweis ⟨poet.⟩ gekennzeichnet ist, z. B. *Ross* gegenüber *Pferd*, und die gehobene Ausdrucksweise ⟨geh.⟩. Weitere Stilbezeichnungen geben die Hinweise scherzhaft ⟨scherzh.⟩, figurativ (= im übertragenen Sinn) ⟨fig.⟩ u. a.

3. **Sondersprachen oder Jargon**
   Hiermit wird die Redeweise bestimmter gesellschaftlicher Gruppen oder Berufsstände bezeichnet, z. B. ⟨Schülerspr.⟩, ⟨Kaufmannsspr.⟩, ⟨Seemannsspr.⟩ usw.

4. **Fachsprachen**
   Sie verweisen auf ein bestimmtes Fachgebiet, in dem Wörter oder Redewendungen gebraucht werden, z. B. ⟨EDV⟩, ⟨Med.⟩, ⟨Rechtsw.⟩, ⟨Soziol.⟩ usw.

Die entsprechenden Abkürzungen sind in der Tabelle „Abkürzungen und Zeichen" (S. 40 ff.) aufgelistet.

7. Der Aufbau eines Wörterbuchartikels

Folgendes Grundprinzip wurde für den Aufbau der Wörterbuchartikel verwendet:

1. **Stichworteintrag**, ggf. zusätzliche orthografische Varianten (einschließlich Angabe der Worttrennung und Betonung);
2. ⟨⟩ grammatische Angaben, Sprachgebiet, Stilebene;
3. *Worterklärung*;
4. Redewendungen, Anwendungsbeispiele.

7.1 Polyseme

Viele Wörter haben (trotz gleicher Herkunft und Flexion im Gegensatz zu den Homonymen) zwei oder mehr Bedeutungen. Man nennt sie Polyseme. Um diese verschiedenen Bedeutungen innerhalb eines Wörterbuchartikels genau zu trennen, erhielt jede von ihnen eine halbfett gedruckte Nummer **1**, **2** usw. Die Anordnung der einzelnen Bedeutungen unterliegt den folgenden Prinzipien:

1. Nebenordnung
Hat ein Wort zwei oder mehr voneinander unabhängige Bedeutungen, erhalten diese die Nummern 1, 2 usw., z. B.

> un|wirt|lich ⟨Adj.⟩ Ggs *wirtlich*
> **1** *ungastlich, unfreundlich;* ein ~es Haus **2** *einsam, unfruchtbar;* eine ~e Gegend **3** *regnerisch u. kalt;* ~es Wetter

2. Unterordnung
Sind zwei (oder mehr) Bedeutungen inhaltlich miteinander eng verknüpft, so werden sie der übergeordneten Bedeutung durch Nummern in der zweiten (oder dritten) Stelle untergeordnet: 1, 1.1, 1.2, 1.2.1 usw., z. B.

> Bru|der ⟨m.; -s, Brü|der⟩ **1** *von demselben Elternpaar abstammender männlicher Verwandter;* ich habe noch einen ~; er ist ihr ~; mein älterer, großer, kleiner, jüngerer, leiblicher ~; der ~ mütterlicherseits, väterlicherseits; der Schlaf ist der ~ des Todes ⟨poet.⟩ **2** *Freund, Genosse, Mitglied derselben Vereinigung od. Gemeinschaft;* Bundes~, Kegel~, Vereins~

Hinweise zur Benutzung

- **2.1** das Gemälde ist unter Brüdern 500 Euro wert ⟨umg.⟩ *billig gerechnet in ehrlichem, freundschaftlichem Handel* • **2.2** *Mönch;* Kloster~, Laien~, Ordens~; Barmherzige Brüder; geistlicher ~ • **2.3** *Kamerad, Kerl;* ein finsterer ~ • **2.3.1** gleiche Brüder, gleiche Kappen ⟨Sprichw.⟩ *einer wie der andere, gleich u. gleich gesellt sich gern* • **2.3.2** ~ **Liederlich** ⟨umg.; scherzh.⟩ *liederlicher, unordentlicher Bursche (bes. als Anrede)* • **2.3.3** ~ **Saufaus** ⟨umg.; scherzh.⟩ *Trunkenbold (bes. als Anrede)*

7.2 Die spitze Klammer und die Bedeutungsstellen

Die spitze Klammer kann entweder hinter dem Stichwort oder hinter der Ziffer für ein Polysem stehen. Steht eine spitze Klammer direkt hinter dem Stichwort, so gilt ihr Inhalt für den gesamten Artikel, also auch für alle Bedeutungen. Steht die spitze Klammer hinter einer Ziffer, so gilt ihr Inhalt nur für die darauf folgende Bedeutung, z. B.

ver|ges|sen ⟨V. 275/500⟩ **1** jmdn. od. etwas ~ *aus dem Gedächtnis verlieren, sich nicht mehr an jmdn. od. etwas erinnern, nichts mehr von jmdm. od. etwas wissen;* ich habe vergessen, was ich sagen wollte; ich habe seinen Namen, seine Adresse ~; ich vergesse leicht, schnell; diesen Vorfall hatte ich schon völlig ~; ich habe das Gelernte schon wieder ~; du musst versuchen, das zu ~; vergiss uns nicht! • **1.1** dem Vergessen anheimfallen *mit der Zeit in Vergessenheit geraten* • **1.2** manche Werke dieses Schriftstellers sind heute ~ *kennt man heute nicht mehr* • **1.3** ⟨530⟩ das werde ich dir nie ~! *ich werde immer daran denken, dass du das getan hast* • **1.4** das kannst du ~! ⟨umg.⟩ *das ist erledigt, daraus wird nichts* **2** etwas ~ *an etwas (was man sich vorgenommen hat) nicht denken u. es (deshalb) nicht ausführen;* ich habe ~, Geld mitzunehmen; oh, das hab' ich ganz ~!; vergiss über dem Erzählen die Arbeit nicht; nicht zu ~ … (bei Aufzählungen); mir gefällt an ihm seine Kameradschaftlichkeit, seine Offenheit und, nicht zu ~, seine Liebe zu Kindern • **2.1** ⟨800⟩ auf etwas ~ ⟨oberdt.⟩ *etwas (zu tun) versäumen*

Frech|heit ⟨f.; -, -en⟩ **1** ⟨unz.⟩ *das Frechsein, freches Benehmen;* er treibt es mit seiner ~ zu weit; die ~ auf die Spitze treiben **2** ⟨zählb.⟩ *freche Handlung od. Äußerung, Unverschämtheit, Dreistigkeit, Anmaßung;* diese ~ lasse ich mir nicht gefallen; das ist eine unerhörte, unglaubliche ~!

7.3 Satzmuster und Redewendungen

Nach der spitzen Klammer folgt bei vielen Artikeln der gerade gedruckte semantisch oder grammatisch relevante Kontext. Er wird durch eine Phrase ausgedrückt, die die semantische und grammatische Umgebung eines Wortes darstellt.

Bei Verben gibt die Phrase das Satzmuster an. Hierbei steht der Ausdruck „jmd." für eine Person und „etwas" für Unbelebtes, Konkretes oder Abstraktes.
Bei Verben, die nur mit einem sächlichen Subjekt als Handlungsträger sinnvoll verwendet werden können, wurde dies mit der finiten Verbform angegeben, z. B.

we|hen ⟨V.⟩ **1** ⟨400⟩ **Wind** weht *bläst*

Bei anderen Wortarten wird kein vorgegebenes Satzmuster wiederholt, sondern es werden übliche Redewendungen, Sprichwörter, festgelegte Wendungen u. Ä. angegeben, z. B.

Gold … • **1.1** es ist nicht alles ~, was glänzt ⟨Sprichw.⟩ *oft täuscht der Schein*
gol|den … • **1.3.1** das Goldene Kalb anbeten ⟨fig.; umg.⟩ *das Geld zu sehr schätzen*

In Phrasen, Beispielsätzen und Redewendungen wird das Stichwort durch eine Tilde (~) ersetzt.

7.4 Die Definitionen

Die Erklärungen zu den Wörtern und Redewendungen sind *kursiv* gedruckt, sie sind möglichst verständlich gehalten und sollen keine fachwissenschaftlichen Definitionen ersetzen. Es ist Ziel dieses Wörterbuchs, alle Begriffserklärungen – bei fachlicher Richtigkeit – so zu fassen, dass es dem Wörterbuchbenutzer möglich ist, unbekannte Wörter aufgrund seiner sprachlichen Kompetenz zu verstehen und in das System des Wortschatzes einzuordnen. In einigen Fällen wurden als Ergänzung zu den Erklärungen wissenschaftliche Begriffs- und Zeichensysteme hinzugezogen, z. B. bei Begriffen aus der Biologie. Hier wurden häufig die wissenschaftlichen Namen von Pflanzen und Tieren, zum Teil auch von Körperteilen o. Ä. ergänzt. Sie stehen sie am Ende der Definition nach einem Doppelpunkt, z. B.

Els|ter ⟨f.; -; -n; Zool.⟩ **1** …: *Pica pica*

7.5 Verweise auf andere Stichwörter

Dieses Wörterbuch enthält ein umfangreiches System von Verweisen, die es dem Benutzer ermöglichen, weiterführende Begriffe im Wörterbuch nachzuschlagen. Die Verweise (orthografische Variante, Synonym und Gegensatz)

Aufbau eines Wörterbuchartikels

werden im Allgemeinen an die Bedeutungserklärung angehängt. Gelten sie jedoch für alle Bedeutungsstellen eines Artikels mit mehreren Bedeutungen, werden sie vorangestellt.

7.5.1 Synonyme

Synonyme, d. h. bedeutungsgleiche oder -ähnliche Wörter, sind am Ende der Definition aufgeführt und mit der Abkürzung *Sy* gekennzeichnet. Diese Wörter werden in der Regel nur unter einem einzigen Stichwort erklärt, und zwar unter dem gebräuchlichsten. Sie erscheinen aber gleichzeitig auch als eigenes Stichwort im Alphabet, dort wird dann mit einem Gleichheitszeichen (=) auf das Stichwort mit der Worterklärung verwiesen.

> **As|ter** 〈f.; -, -n; Bot.〉 *im Spätsommer u. Herbst blühende Blume mit sternförmigen Blütenblättern, Angehörige einer Gattung der Korbblütler;* Sy *Sternblume*
> **Stern|blu|me** 〈f.; -, -n〉 = *Aster*

7.5.2 Orthografische Varianten

Orthografische Varianten, die buchstabengleich sind, jedoch hinsichtlich der Groß- und Kleinschreibung, der Getrennt- und Zusammenschreibung oder der Bindestrichschreibung variieren können, stehen im Stichworteintrag hintereinander, neue Varianten sind blau gedruckt. Ansonsten wird bei orthografischen Varianten, die nicht buchstabengleich sind, z. B. bei „Schi" und „Ski", wie bei Verweisen zwischen Synonymen verfahren: Durch das Gleichheitszeichen (=) wird auf die orthografische Variante verwiesen, unter der sich auch die Erläuterungen zur Bedeutung und Verwendung des Stichworts finden. In der Regel handelt es sich dabei um die häufiger gebrauchte Variante. Der Rückverweis erfolgt mit Hilfe des Kürzels *oV* (= orthografische Variante). Grundsätzlich stehen jedoch beide Schreibweisen gleichberechtigt nebeneinander, z. B.

> **Geo|gra|fie** 〈f.; -; unz.〉 *Lehre von der Erde, der Erdoberfläche, den Ländern, Meeren, Flüssen usw., Erdkunde, Erdbeschreibung;* oV *Geographie*
> **Geo|gra|phie** 〈f.; -; unz.〉 = *Geografie*

Im Bereich der Getrennt- und Zusammenschreibung gibt es orthografische Varianten, die aufgrund unterschiedlicher Bedeutung zu differenzieren sind, z. B.

> **al|lein|ste|hend** *auch:* **al|lein ste|hend** 〈Adj. 24/70〉 I 〈Zusammen- u. Getrenntschreibung〉 *für sich stehend, frei stehend;* ein ~es Haus II 〈nur Zusammenschreibung〉 *unverheiratet, ohne Kinder, ohne Partner;* er ist alleinstehend

7.5.3 Antonyme

Antonyme sind Wortpaare mit gegensätzlicher oder komplementärer Bedeutung, sie werden durch den Hinweis *Ggs* gekennzeichnet, wenn diese Ergänzung zur Bedeutungserklärung sinnvoll ist. Unter Gegensatz wird hierbei nicht ein „logischer Gegenpol" verstanden, sondern eher im weiteren Sinne eine stark konträre Bedeutung in einer sprachlich ähnlichen Situation, z. B.

> **Land** 〈n.; -(e)s, Län|der〉 ... **3** 〈unz.〉 *Gebiet, Gegend, wo Landwirtschaft betrieben wird;* Ggs *Stadt;* Stadt und ~; aufs ~ gehen, reisen, ziehen; auf dem ~(e) leben, wohnen

7.5.4 Siehe auch! (→ a.)

Dieses Zeichen verweist neben „Sy" und „Ggs" auf ein Wort, das einen Begriffsbereich vervollständigt, z. B.

> **Kin|der|gar|ten** 〈m.; -s, -gär|ten〉 *Einrichtung zur Betreuung u. Erziehung drei- bis sechsjähriger, noch nicht schulpflichtiger Kinder;* → a. *Hort (3)*

Weiterhin verweist es auf Redewendungen, in denen das Stichwort enthalten ist, z. B.

> **Bahn** ... • 6.2 *einer Idee, einer neuen Entwicklung* ~ *brechen helfen, sie durchzusetzen;* → a. *recht (2.1), schief (1.2)*

7.5.5 Siehe! (→)

Der Verweis mit „→" wird statt einer Erklärung eingesetzt. Er verweist auf ein Wort, das einen Oberbegriff od. einen parallelen Begriff beinhaltet und unter dem eine Wortgruppe exemplarisch abgehandelt wurde, z. B.

> **da|ran∥ma|chen** 〈V. 500/Vr3; umg.〉 *sich* ~ *beginnen, anfangen;* oV *dranmachen;* sich ~, etwas zu tun; 〈aber Getrenntschreibung〉 daran machen → *daran (1)*

Tabelle der Aussprachezeichen

Vokale

[ː] der Doppelpunkt bezeichnet die Länge eines Vokals; Vokale ohne Doppelpunkt sind kurz bis halblang zu sprechen
[a] kurzes a (wie in k**a**nn)
[aː] langes a (wie in H**ah**n)
[æ] sehr offenes, meist kurzes, dem [a] zuneigendes ä (wie in G**a**ngway [gæŋwɛɪ])
[æː] langes ä (wie in engl. H**a**nds [hæːndz])
[ʌ] dumpfes, kurzes a (wie in C**u**p [kʌp])
[ã] kurzes, nasaliertes a (wie in frz. Ch**a**mps-Élysées [ʃãzelizeː])
[ãː] langes, nasaliertes a (wie in Rest**au**r**a**nt [rɛstorãː])
[aɪ] Zwielaut (wie in Br**ei**, L**ai**b)
[aʊ] Zwielaut (wie in k**au**m)
[e] kurzes, geschlossenes e (wie in D**e**büt)
[eː] langes, geschlossenes e (wie in R**eh**)
[ə] kurzes, dumpfes e (wie in Pini**e** [-ə], G**e**birg**e**)
[ɛ] kurzes, offenes e (wie in F**e**st, G**ä**nse)
[ɛː] langes, offenes e (wie in B**ä**r)
[ɛ̃] kurzes, nasaliertes e (wie in t**im**brieren [tɛ̃briːrən])
[ɛ̃ː] langes, nasaliertes e (wie in Dess**in** [dɛsɛ̃ː])
[ɛɪ] Zwielaut (wie in Hom**epa**ge [hoʊmpɛɪdʒ])
[ɪ] kurzes i (wie in b**i**n)
[iː] langes i (wie in W**ie**n)
[ɔ] kurzes, offenes o (wie in R**o**ss)
[ɔː] langes, offenes o, ein dem a angenähertes o (wie in W**a**lking [wɔːkiŋ])
[õ] offenes, nasaliertes o (wie in M**on**t Blanc [mõblãː])
[õː] langes, nasales o (wie in F**on**ds [fõː])
[ɔɪ] Zwielaut (wie in L**eu**te)
[o] kurzes, geschlossenes o (wie in V**o**kal)
[oː] langes, geschlossenes o (wie in L**oh**n, L**o**s)
[oʊ] Zwielaut (wie in Sh**ow** [ʃoʊ])
[œ] kurzes ö (wie in K**ö**ln)
[œː] offenes, langes ö (wie in G**i**rl [gœːl])
[ø] kurzes, geschlossenes ö (wie in Ph**ö**nizier)
[øː] langes, geschlossenes ö (wie in K**ö**hler)
[œ̃] kurzes, nasales ö (wie in frz. **un** [œ̃])
[œ̃ː] langes, nasales ö (wie in Verd**un** [vɛrdœ̃ː])
[u] kurzes u (wie in r**u**nd)
[uː] langes u (wie in Gr**uß**)
[y] kurzes ü (wie in J**ü**nger)
[yː] langes ü (wie in f**üh**ren)

Konsonanten

[b] stimmhafter Verschlusslaut wie in **B**ad
[d] stimmhafter Verschlusslaut wie in **d**ort
[f] stimmloser Reibelaut wie in **F**eld
[g] stimmhafter Verschlusslaut wie in **g**ut
[h] Hauchlaut wie in **h**eute
[j] stimmhafter Reibelaut wie in **j**a
[k] stimmhafter Verschlusslaut wie in **K**ind
[l] Liquida (Fließlaut) wie in **l**eben
[m] Nasal wie in **M**ann
[n] Nasal wie in **N**ase
[p] stimmloser Verschlusslaut wie in **P**ilz
[r] Liquida (Fließlaut) wie in **R**eich
[t] stimmloser Verschlusslaut wie in **T**ag
[ç] ch (wie in i**ch**)
[ŋ] ng (wie in Lä**ng**e, Ba**nk** [baŋk])
[s] stimmloses s (wie in mü**ss**en)
[ʃ] stimmloses sch (wie in **Sch**af)
[ʒ] stimmhafter sch-Laut (wie in Eta**g**e [etaːʒə])
[θ] stimmloser Lispellaut (wie in engl. **th**ing [θɪŋ])
[ð] stimmhafter Lispellaut (wie in engl. mo**th**er [mʌðə(r)])
[v] w (wie in **W**asser)
[w] mit stark gewölbten Lippen gesprochenes englisches w (wie in **W**ells [wɛlz])
[x] ch (wie in ma**ch**en)
[z] stimmhaftes s (wie in Wei**s**e)

Buchstaben, die zwei Laute wiedergeben, werden in der Lautschrift durch zwei Zeichen dargestellt, z. B.
[ts] z wie in rei**z**en [raɪtsən]
[ks] x wie in He**x**e [hɛksə]

Tabellen zur Formenbildung und Syntax

Deklination der Nomen und Pronomen

Adjektivische Deklination des Substantivs

1 Maskulinum

gemischt

	Singular	**Plural**
Nom.	Abgeordneter	Abgeordnete
Gen.	Abgeordneten	Abgeordneter
Dat.	Abgeordnetem	Abgeordneten
Akk.	Abgeordneten	Abgeordnete

schwach

Nom.	der Abgeordnete	die Abgeordneten
Gen.	des Abgeordneten	der Abgeordneten
Dat.	dem Abgeordneten	den Abgeordneten
Akk.	den Abgeordneten	die Abgeordneten

2 Femininum

gemischt

Nom.	Illustrierte	Illustrierte
Gen.	Illustrierter	Illustrierter
Dat.	Illustrierter	Illustrierten
Akk.	Illustrierte	Illustrierte

schwach

Nom.	die Illustrierte	die Illustrierten
Gen.	der Illustrierten	der Illustrierten
Dat.	der Illustrierten	den Illustrierten
Akk.	die Illustrierte	die Illustrierten

3 Neutrum

gemischt

Nom.	Geräuchertes	Isomere
Gen.	Geräucherten	Isomerer
Dat.	Geräuchertem	Isomeren
Akk.	Geräuchertes	Isomere

schwach

Nom.	das Geräucherte	die Isomeren
Gen.	des Geräucherten	der Isomeren
Dat.	dem Geräucherten	den Isomeren
Akk.	das Geräucherte	die Isomeren

Tabellen zur Formenbildung und Syntax

Deklination des unbestimmten Artikels und der Possessivpronomen

4 Bei folgendem Substantiv

	Maskulinum	Femininum	Neutrum	Plural
Nom.	ein / mein	eine / meine	ein / mein	(entfällt) / meine
Gen.	eines / meines	einer / meiner	eines / meines	(entfällt) / meiner
Dat.	einem / meinem	einer / meiner	einem / meinem	(entfällt) / meinen
Akk.	einen / meinen	eine / meine	ein / mein	(entfällt) / meine

Besonderheiten
Bei *unser* und *euer* kann vor den Endungen *-e* und *-er* das *e* wegfallen: *unsre, eurer*.
Bei den Endungen *-es, -em, -en* kann alternativ das *e* der Endung wegfallen:
unsers, unsres, euerm, eurem, unsern, unsren
Wie ein Adjektiv schwach dekliniert werden die Possessivpronomen bei vorangehendem Artikel (vgl. Tab. Ziff. 10):
    Wem gehört das Buch? Es ist das *meine*.
Nicht oder stark dekliniert (vgl. Ziff. 10) wird das allein stehende Possessivpronomen nach der Kopula:
    Wem gehört das Buch? Es ist *mein* (od.) *mein(e)s*.

Deklination des bestimmten Artikels

5

	Maskulinum	Femininum	Neutrum	Plural
Nom.	der	die	das	die
Gen.	des	der	des	der
Dat.	dem	der	dem	den
Akk.	den	die	das	die

Deklination des Demonstrativpronomens

6 *einfach*

	Maskulinum	Femininum	Neutrum	Plural
Nom.	dieser	diese	dies(es)	diese
Gen.	dieses	dieser	dieses	dieser
Dat.	diesem	dieser	diesem	diesen
Akk.	diesen	diese	dies(es)	diese

zusammengesetzt

	Maskulinum	Femininum	Neutrum	Plural
Nom.	derjenige	diejenige	dasjenige	diejenige
Gen.	desjenigen	derjenigen	desjenigen	derjenigen
Dat.	demjenigen	derjenigen	demjenigen	denjenigen
Akk.	denjenigen	diejenige	dasjenige	diejenige

Deklination der Adjektive und unbestimmten Pronomen

Deklination der Substantive, die Mengen (Zähl- u. a. Maße, Gewichte und Währungseinheiten) bezeichnen

7 a) Das Substantiv wird im Singular dekliniert, z. B.
wegen eines Cents od. wegen einem Cent
wegen eines Pfundes od. wegen einem Pfund Sterling
Ein darauf folgendes Substantiv, das die Substanz der bezeichneten Menge angibt, steht im Nominativ, veraltet auch im Genitiv, z. B.
mit einem Stück Zucker (Zuckers)
der Inhalt eines Glases Wasser
b) Feminina u. a. Wörter mit der Endung -*e* im Nominativ Singular bilden immer die Form des Plurals, z. B.
20 Tonnen; einige Tonnen Stahl
c) Maskulina und Neutra, die stark dekliniert im Genitiv Singular auf -*(e)s*, im Nominativ Plural auf -*e* enden, sowie Feminina, die nicht auf -*e* enden, bilden keinen Plural, z. B.
wegen zwei Mark (= frühere Währungseinheit)
mit drei Stück Butter
fünf Dutzend Tomaten
d) Maskulina und Neutra, die stark dekliniert werden und deren Formen von Nominativ Singular und Nominativ Plural identisch sind (mit der Endung -*er* oder -*el* im Nominativ Singular) zeigen schwankenden Gebrauch des Dativs im Plural, z. B.
eine Strecke von zwölf Meter(n)
ein Grundstück von zehn Ar(en) Ackerland
e) Maskulina und Neutra, die Gegenstände – z. B. Behältnisse – bezeichnen, welche als Maßangaben dienen, zeigen schwankenden Gebrauch in den Formen des Plurals: Die Flexionsendung wird angegeben, wenn es sich darum handelt, eine Zahl von einzelnen Gegenständen zu bezeichnen, z. B.
Es standen zwei Gläser Bier da.
Elf Fässer mit Wein wurden abgeladen.
Die Flexionsendung des Plurals fällt weg, wenn der wesentliche Gehalt einer Mitteilung die Angabe eines Maßes oder einer Menge ist:
Bitte zwei Glas Wein!
Liefern Sie 40 Fass Bier!
f) Währungs- und Maßeinheiten usw. aus fremden Sprachen bilden den Plural wie in der Sprache, aus der sie stammen; ein -*s* im Plural wird im Deutschen wahlweise angefügt, z. B.
20 Dollar(s)
12 Inch(es)
17 Centavo(s)
500 Barrel(s) Öl

Deklination der Adjektive und unbestimmten Pronomen

10 Maskulinum

stark

	Singular	Plural
Nom.	kalter Regen	schöne Tage
Gen.	kalten Regens	schöner Tage
Dat.	kaltem Regen	schönen Tagen
Akk.	kalten Regen	schöne Tage

Tabellen zur Formenbildung und Syntax

schwach

	Singular	Plural
Nom.	der schöne Tag	die schönen Tage
Gen.	des schönen Tag(e)s	der schönen Tage
Dat.	dem schönen Tag	den schönen Tagen
Akk.	den schönen Tag	die schönen Tage

Femininum

stark

Nom.	helle Nacht	helle Nächte
Gen.	heller Nacht	heller Nächte
Dat.	heller Nacht	hellen Nächten
Akk.	helle Nacht	helle Nächte

schwach

Nom.	die helle Nacht	die hellen Nächte
Gen.	der hellen Nacht	der hellen Nächte
Dat.	der hellen Nacht	den hellen Nächten
Akk.	die helle Nacht	die hellen Nächte

Neutrum

stark

Nom.	rotes Heft	rote Hefte
Gen.	roten Heft(e)s	roter Hefte
Dat.	rotem Heft	roten Heften
Akk.	rotes Heft	rote Hefte

schwach

Nom.	das rote Heft	die roten Hefte
Gen.	des roten Heft(e)s	der roten Hefte
Dat.	dem roten Heft	den roten Heften
Akk.	das rote Heft	die roten Hefte

Besonderheiten

Endet der Stamm auf unbetontes *-el*, so fällt vor der Flexionsendung das *e* aus:
  dunkel → dunkle…
  …abel → …able…

Endet der Stamm auf unbetontes *-en* oder *-er*, so **kann** das *e* ausfallen:
  munter → muntre… oder muntere…
  teuer → teure… oder teuere…
  entschieden → entschiedne… oder entschiedene…

Endet der Stamm des Adj. auf unbetontes *-er* und folgt darauf eine weitere unbetonte, auf Konsonant ausgehende Endung (*-em, -en* od. *-es*), so sind die Formen
  munteres (-em, -en) oder
  muntres (-em, -en) oder
  munterm (-n)
möglich.

Steigerung der Adjektive

11 Einige Adj. werden nicht dekliniert und bilden auch keine Vergleichsformen (Komparation) (vgl. 24)
   lila, rosa, beige, prima

Komparation (Steigerung) der Adjektive

21 Komparativ und Superlativ werden mit den Endungen *-er* und *-st* gebildet
   klein, kleiner, am kleinsten
   Adjektive, deren Auslautsilbe betont ist und auf *-s, -ß, -x, -z, -t* oder *-d* endet, bilden den Superlativ mit *-est*
   am heißesten, am mildesten, aber: am größten
   Adj., deren Auslautsilbe auf *-h* oder Vokal endet, bilden den Superlativ mit *-st* oder *-est*
   am roh(e)sten, am frei(e)sten
   Bei Adj., die auf unbetontes *-el* enden, fällt das *-e* im Komparativ aus; bei den unbetonten Endungen *-en* und *-er* kann es wegfallen
   edel, edler, edelst
   bitter, bitt(e)rer, am bittersten
   verwegen, verweg(e)ner, am verwegensten

22 Der Stamm einiger Adj. wird bei der Steigerung umgelautet
   lang, länger, am längsten
   groß, größer, am größten
   jung, jünger, am jüngsten

23 Bei anderen Adj. wird der Stamm entweder umgelautet oder nicht
   glatt, glätter, am glättesten
oder
   glatter, am glattesten

   fromm, frömmer, am frömmsten
oder
   frommer, am frommsten

   gesund, gesünder, am gesündesten
oder
   gesunder, am gesundesten

24 Einige Adj. bilden weder Komparativ noch Superlativ (vgl. 11)
   dreieckig, jährlich, tot, stumm,
   rosa, beige, prima

25 Einige Adj. bilden nur den Komparativ, keinen Superlativ
   oft, öfter

26 Einige Adj. bilden nur den Superlativ, keinen Komparativ
   möglich, möglichst

Tabellen zur Formenbildung und Syntax
Satzmuster für Adjektive

Adjektive, die keine Ziffer erhalten haben, werden syntaktisch so verwendet, wie in Ziff. 30–34 angegeben ist.

Satzmuster ohne Einschränkungen

30   S + Vb + Adj
31   Vb → Kopula
      die Flamme ist hell
     (das Adj. wird **prädikativ** verwendet)
32   Vb → nicht Kopula
      die Flamme leuchtet hell
     (das Adj. wird **adverbial** verwendet)
33   Vb → Partizip = Adj.
      die hell leuchtende Flamme
     (das Adj. wird **adverbial zu einem Adj.** verwendet)

⎫ das Adj. wird nicht dekliniert

34   Vb → Ø
      die helle Flamme
     (das Adj. wird **attributiv** verwendet)
     Bei der Deklination trägt das Adj. die Merkmale Genus, Numerus und Kasus des folgenden Substantivs

⎫ das Adj. wird dekliniert

Satzmuster mit Einschränkungen und Ergänzungen

40   Nur prädikativ verwendete Adj. (vgl. 31)
      das ist *schade*
      ich bin *schuld*
      (etwas ist blink und blank, fix und fertig, gang und gäbe)
41   Prädikativ verwendete Adj. der Rektion Adverbialbestimmung
      (bei jmdm.) (wegen etwas od. jmdm.) vorstellig werden
      mit jmdm. handgemein werden
42   Prädikativ verwendete Adj. mit der Rektion AkkO
      eine Sache gewahr werden
43   Prädikativ verwendete Adj. mit der Rektion DatO
      er ist mir feind
      er wurde mir freund
      ich bin ihm gram
      etwas ist mir gewärtig
      mir ist angst
      etwas ist jmdm. eigen
      es ist mir erinnerlich
44   Prädikativ verwendete Adj. mit der Rektion GenO
      dessen bin ich gewärtig
      jmds. od. einer Sache habhaft werden
      einer Sache teilhaftig werden
      einer Sache ansichtig sein
45   Prädikativ verwendete Adj. mit der Rektion DatO (+ PräpO)
      ich bin mir [über etwas] schlüssig
      einer Sache nahe sein

Satzmuster für Adjektive

46 Prädikativ verwendete Adj. mit der Rektion PräpO
   zu etwas nütze sein
   um etwas verlegen sein
   nahe an die zwanzig sein
50 Nur adverbial verwendete Adj. (vgl. 32)
51 Adverbial verwendete Adj. mit der Rektion AkkO
   etwas ausfindig machen
   sich anheischig machen
52 Adverbial verwendete Adj. mit der Rektion AkkO (+ DatO)
   (jmdm.) jemanden abspenstig machen
53 Adverbial verwendete Adj. mit der Rektion DatO
   du tust mir leid
   du machst mir Angst
   er tritt ihr zu nahe ⟨fig.⟩
54 Adverbial verwendete Adj. mit der Rektion GenO
   einer Sache verlustig gehen
55 Adverbial verwendete Adj. mit der Rektion AkkO + DatO
   jmdm. etwas streitig machen
56 Adverbial verwendete Adj. mit der Rektion AkkO + PräpO
   sich über jmdn. lustig machen
60 In einem besonderen Sinnzusammenhang oder überhaupt nur attributiv verwendete Adj. (vgl. 34)
   die goldene Hochzeit
   ein eisernes Gitter
   die hiesigen Zeitungen
70 Nur attributiv und prädikativ verwendete Adj. (vgl. 31 u. 34)
   der beliebte Lehrer
   der Lehrer ist beliebt
71 Attributiv und prädikativ verwendete Adj. mit der Rektion AkkO
   die Kiste ist einen Meter hoch
   → die einen Meter hohe Kiste
72 Attributiv und prädikativ verwendete Adj. mit der Rektion DatO
   ein Mitarbeiter ist mir behilflich
   → ein mir behilflicher Mitarbeiter
73 Attributiv und prädikativ verwendete Adj. mit der Rektion GenO
   der Sportler war seines Sieges sicher
   der seines Sieges sichere Sportler
74 Attributiv und prädikativ verwendete Adj. mit der Rektion PräpO
   der Nachbar ist auf seinen Vorteil bedacht
   die Nahrung ist arm an Vitaminen
   → die an Vitaminen arme Nahrung
80 Prädikativ und adverbial verwendete Adj.
   jmd. ist [gegen etwas] allergisch
   jmd. reagiert allergisch
82 Prädikativ und adverbial verwendete Adj. mit der Rektion DatO
   jmdm. Angst machen
   jmdm. ist angst
86 Prädikativ und adverbial verwendete Adj. mit der Rektion PräpO
   jmd. ist gegen etwas immun
   jmdn. gegen etwas immun machen
90 Attributiv und adverbial verwendete Adj.
   etwas abschließend sagen
   abschließende Worte

Tabelle der Konjugationen

	Infinitiv	Indikativ Präsens	Indikativ Präteritum
100	machen	mach/e, ~st, ~t	macht/e, ~est, ~e
	achteln[1]	achtel/e, ~st, ~t	achtelt/e, ~est, ~e
	rasen[2]	ras/e, ~t, ~t	rast/e, ~est, ~e
	schweißen[2]	schweiß/e, ~t, ~t	schweißt/e, ~est, ~e
	salzen[2]	salz/e, ~t, ~t	salzt/e, ~est, ~e
	ritzen[2]	ritz/e, ~t, ~t	ritzt/e, ~est, ~e
	hexen[2]	hex/e, ~t, ~t	hext/e, ~est, ~e
	prassen	prass/e, ~t, ~t	prasst/e, ~est, ~e
	retten[3]	rett/e, ~est, ~et	rettet/e, ~est, ~e
	rechnen[3]	rechn/e, ~est, ~et	rechnet/e, ~est, ~e
101	backen	backe, bäckst/backst, bäckt/backt	backt/e, ~(e)st (buk, ~(e)st)
102	befehlen	befehle, befiehlst, befiehlt	befahl
103	befleißen	befleiß/e, ~(es)t, ~t	befliss, beflissest
104	beginnen	beginn/e, ~st, ~t	begann
105	beißen	beiß/e, ~t, ~t	biss, bissest
106	bergen	berge, birgst, birgt	barg
107	bersten	berste, birst (berstest), birst (berstet)	barst (borst, berstete), ~est
108	bewegen[4]	beweg/e, ~st, ~t	bewegte (bewog)
109	biegen	bieg/e, ~st, ~t	bog
110	bieten	biet/e, ~est, ~et	bot, ~(e)st
111	binden	bind/e, ~est, ~et	band, ~(e)st
112	bitten	bitt/e, ~est, ~et	bat, ~(e)st
113	blasen	blase, bläst, bläst	blies, ~est
114	bleiben	bleib/e, ~st, ~t	blieb, ~(e)st
115	braten	brate, brätst, brät	briet, ~(e)st
116	brechen	breche, brichst, bricht	brach
117	brennen	brenn/e, ~st, ~t	brannte
118	bringen	bring/e, ~st, ~t	brachte
119	denken	denk/e, ~st, ~t	dachte
120	dingen	ding/e, ~st, ~t	dingte (dang)
121	dreschen	dresche, drischst, drischt	drosch (drasch), ~(e)st
122	dringen	dring/e, ~st, ~t	drang, ~(e)st
123	dünken	mich dünkt (deucht)	dünkte (deuchte)
124	dürfen	darf, ~st, ~; dürfen	durfte
125	empfehlen	emp/fehle, ~fiehlst, ~fiehlt	empfahl
126	erbleichen	erbleich/e, ~st, ~t	erbleichte (erblich)
127	erkiesen	erkies/e, ~(es)t, ~t	erkor
128	erlöschen	erlösche, erlischst, erlischt	erlosch, ~est
129	essen	esse, isst, isst	aß, ~est

1 Wenn der Verbstamm auf unbetontes ~el od. ~er endet, werden (a) Infinitiv und 1., 3. Person Plural Präsens auf ~n, der Imperativ des Singulars auf ~e gebildet;
kann (b) in der 1. Person Singular Indikativ Präsens das unbetonte ~e des Stammes ausfallen: ich angle, zittre od. angele, zittere
2 Wenn der Stamm des Verbs auf [z] od. [s] = s, ß, z, x endet, fällt in der 2. Pers. Sing. Präs. das ~s aus, veraltet lautet die Form auch ras/est (schweißest, salzest, ritzest, hexest)

Tabelle der Konjugationen

Konjunktiv Präteritum	Imperativ	Partizip des Perfekts	
machte	mach(e)	gemacht	**100**
achtelte	achtel(e)	geachtelt	
raste	ras(e)	gerast	
schweißte	schweiß(e)	geschweißt	
salzte	salz(e)	gesalzt (gesalzen)	
ritzte	ritz(e)	geritzt	
hexte	hex(e)	gehext	
prasste	prass(e)	geprasst	
rettete	rette	gerettet	
rechnete	rechne	gerechnet	
büke	back(e)	gebacken	**101**
beföhle (befähle)	befiehl	befohlen	**102**
beflisse	befleiß(e)	beflissen	**103**
begänne (begönne)	beginn(e)	begonnen	**104**
bisse	beiß(e)	gebissen	**105**
bürge (bärge)	birg	geborgen	**106**
börste (bärste)	birst	geborsten	**107**
bewöge	beweg(e)	bewegt (bewogen)	**108**
böge	bieg(e)	gebogen	**109**
böte	biet(e)	geboten	**110**
bände	bind(e)	gebunden	**111**
bäte	bitte	gebeten	**112**
bliese	blas(e)	geblasen	**113**
bliebe	bleib(e)	geblieben	**114**
briete	brat(e)	gebraten	**115**
bräche	brich	gebrochen	**116**
brennte	brenn(e)	gebrannt	**117**
brächte	bring(e)	gebracht	**118**
dächte	denk(e)	gedacht	**119**
ding(e)te (dünge, dänge)	ding(e)	gedungen (gedingt)	**120**
drösche	drisch	gedroschen	**121**
dränge	dring(e)	gedrungen	**122**
–	–	gedünkt (gedeucht)	**123**
dürfte	–	gedurft	**124**
empföhle	empfiehl	empfohlen	**125**
erbleichte (erbliche)	erbleich(e)	erbleicht (erblichen)	**126**
erköre	erkies(e)	erkoren	**127**
erlösche	erlisch	erloschen	**128**
äße	iss	gegessen	**129**

3 Wenn der Stamm des Verbs auf ~d, ~t, Konsonant + m, Konsonant + n endet, wird in der 2. Pers. Sing. und vor dem ~t des Präteritums ein ~e eingefügt

4 Wird in der ursprünglichen Bedeutung schwach konjugiert, im übertragenen Sinn dagegen stark

Tabelle der Konjugationen

Infinitiv	Indikativ Präsens	Indikativ Präteritum
130 fahren	fahre, fährst, fährt	fuhr, ~(e)st
131 fallen	falle, fällst, fällt	fiel
132 fangen	fange, fängst, fängt	fing
133 fechten	fechte, fichtst, ficht	focht, ~(e)st
134 finden	find/e, ~est, ~et	fand, ~(e)st
135 flechten	flechte, flichtst, flicht	flocht, ~est
136 fliegen	flieg/e, ~st, ~t	flog, ~(e)st
137 fliehen	flieh/e, ~st, ~t	floh, ~(e)st
138 fließen	fließ/e, ~(es)t, ~t	floss, flossest
139 fressen	fresse, frisst, frisst	fraß, ~est
140 frieren	frier/e, ~st, ~t	fror
141 gären	gär/e, ~st, ~t	gärte (gor)
142 gebären	gebäre, gebierst, gebiert	gebar
143 geben	gebe, gibst, gibt	gab
144 gedeihen	gedeih/e, ~st, ~t	gedieh
145 geh(e)n	geh/e, ~st, ~t	ging
146 gelingen	es gelingt	es gelang
147 gelten	gelte, giltst, gilt	galt, ~(e)st
148 genesen	genes/e, ~(es)t, ~t	genas, ~est
149 genießen	genieß/e, ~t, ~t	genoss, genossest
150 geschehen	es geschieht	es geschah
151 gewinnen	gewinn/e, ~st, ~t	gewann, ~(e)st
152 gießen	gieß/e, ~t, ~t	goss, gossest
153 gleichen	gleich/e, ~st, ~t	glich, ~(e)st
154 gleißen	gleiß/e, ~t, ~t	gleißte (gliss), glissest
155 gleiten	gleit/e, ~est, ~et	glitt, ~(e)st
156 glimmen	glimm/e, ~st, ~t	glomm (glimmte)
157 graben	grabe, gräbst, gräbt	grub, ~(e)st
158 greifen	greif/e, ~st, ~t	griff, ~(e)st
159 haben	habe, hast, hat	hatte
160 halten	halte, hältst, hält	hielt, ~(e)st
161 hängen[1]	hänge, hängst, hängt	hing, ~(e)st
162 hauen	hau/e, ~st, ~t	haute (hieb)
163 heben	heb/e, ~st, ~t	hob (hub), ~(e)st
164 heißen	heiß/e, ~t, ~t	hieß, ~est
165 helfen	helfe, hilfst, hilft	half, ~(e)st
166 kennen	kenn/e, ~st, ~t	kannte
167 klimmen	klimm/e, ~st, ~t	klomm, ~(e)st
168 klingen	kling/e, ~st, ~t	klang, ~(e)st
169 kneifen	kneif/e, ~st, ~t	kniff
170 kommen	komm/e, ~st, ~t	kam
171 können	kann, ~st, ~; können	konnte
172 kreischen	kreisch/e, ~st, ~t	kreisch/te, ~test
Veraltet und mundartlich:		krisch, ~est
173 kriechen	kriech/e, ~st, ~t	kroch
174 laden	lad/e, lädst (ladest), lädt (ladet)	lud (ladete), ~(e)st
175 lassen	lasse, lässt, lässt	ließ, ~est
176 laufen	laufe, läufst, läuft	lief, ~(e)st

[1] Mit Akkusativobjekt schwach konjugiert

Tabelle der Konjugationen

Konjunktiv Präteritum	Imperativ	Partizip des Perfekts	
führe	fahr(e)	gefahren	130
fiele	fall(e)	gefallen	131
finge	fang(e)	gefangen	132
föchte	ficht	gefochten	133
fände	find(e)	gefunden	134
flöchte	flicht	geflochten	135
flöge	flieg(e)	geflogen	136
flöhe	flieh(e)	geflohen	137
flösse	fließ(e)	geflossen	138
fräße	friss	gefressen	139
fröre	frier(e)	gefroren	140
gärte (göre)	gär(e)	gegoren (gegärt)	141
gebäre	gebier	geboren	142
gäbe	gib	gegeben	143
gediehe	gedeih(e)	gediehen	144
ginge	geh(e)	gegangen	145
es gelänge	geling(e)	gelungen	146
gälte (gölte)	gilt	gegolten	147
genäse	genese	genesen	148
genösse	genieß(e)	genossen	149
es geschähe	–	geschehen	150
gewänne (gewönne)	gewinn(e)	gewonnen	151
gösse	gieß(e)	gegossen	152
gliche	gleich(e)	geglichen	153
glisse	gleiß(e)	gegleißt (geglissen)	154
glitte	gleit(e)	geglitten	155
glömme	glimm(e)	geglommen (geglimmt)	156
grübe	grab(e)	gegraben	157
griffe	greif(e)	gegriffen	158
hätte	hab(e)	gehabt	159
hielte	halt(e)	gehalten	160
hinge	häng(e)	gehangen (gehängt)	161
hiebe	hau(e)	gehauen	162
höbe (hübe)	heb(e)	gehoben	163
hieße	heiß(e)	geheißen	164
hülfe	hilf	geholfen	165
kennte	kenn(e)	gekannt	166
klömme	klimm(e)	geklommen	167
klänge	kling(e)	geklungen	168
kniffe	kneif(e)	gekniffen	169
käme	komm(e)	gekommen	170
könnte	–	gekonnt	171
kreischte	kreische	gekreischt	172
krische	kreische	gekrischen	
kröche	kriech(e)	gekrochen	173
lüde (ladete)	lad(e)	geladen	174
ließe	lass(e)	gelassen	175
liefe	lauf(e)	gelaufen	176

Tabelle der Konjugationen

	Infinitiv	Indikativ Präsens	Indikativ Präteritum
177	leiden	leid/e, ~est, ~et	litt, ~(e)st
178	leihen	leih/e, ~st, ~t	lieh, ~(e)st
179	lesen	lese, liest, liest	las, ~est
180	liegen	lieg/e, ~st, ~t	lag
181	lügen	lüg/e, ~st, ~t	log, ~(e)st
182	mahlen	mahl/e, ~st, ~t	mahlt/e, ~est
183	meiden	meid/e, ~est, ~et	mied, ~(e)st
184	melken	melk/e, ~st (milkst), ~t (milkt)	melkte (molk)
185	messen	messe, misst, misst	maß, ~est
186	misslingen	es misslingt	es misslang
187	mögen	mag, ~st, ~; mögen	mochte
188	müssen	muss, ~t, ~; müssen, müsst, müssen	musste
189	nehmen	nehme, nimmst, nimmt	nahm, ~(e)st
190	nennen	nenn/e, ~st, ~t	nannte
191	pfeifen	pfeif/e, ~st, ~t	pfiff, ~(e)st
192	pflegen[1]	pfleg/e, ~st, ~t	pflegte (pflog), ~st
193	preisen	preis/e, ~t, ~t	pries, ~est
194	quellen[2]	quelle, quillst (quellst), quillt (quellt)	quoll (quellte)
195	raten	rate, rätst, rät	riet, ~(e)st
196	reiben	reib/e, ~st, ~t	rieb, ~(e)st
197	reihen[3]	reih/e, ~(e)st, ~t	rieh, ~est
198	reißen	reiß/e, ~t, ~t	riss, rissest
199	reiten	reit/e, ~est, ~et	ritt, ~(e)st
200	rennen	renn/e, ~st, ~t	rannte
201	riechen	riech/e, ~st, ~t	roch
202	ringen	ring/e, ~st, ~t	rang
203	rinnen	rinn/e ~st, ~t	rann, ~(e)st
204	rufen	ruf/e, ~st, ~t	rief, ~(e)st
205	saufen	saufe, säufst, säuft	soff, ~(e)st
206	saugen	saug/e, ~st, ~t	saugte (sog), ~(e)st
207	schaffen[4]	schaff/e, ~st, ~t	schuf, ~(e)st
208	schallen	schall/e, ~st, ~t	schallte (scholl)
209	scheiden	scheid/e, ~est, ~et	schied, ~(e)st
210	scheinen	schein/e, ~st, ~t	schien, ~(e)st
211	scheißen	scheiß/e, ~t, ~t	schiss, schissest
212	schelten	schelte, schiltst, schilt	schalt, ~(e)st
213	scheren[5]	scher/e, ~st, ~t	schor (scherte)
214	schieben	schieb/e, ~st, ~t	schob, ~(e)st
215	schießen	schieß/e, ~(es)t, ~t	schoss, schossest
216	schinden	schind/e, ~est, ~et	schund, ~(e)st
217	schlafen	schlafe, schläfst, schläft	schlief, ~(e)st
218	schlagen	schlage, schlägst, schlägt	schlug, ~(e)st
219	schleichen	schleich/e, ~st, ~t	schlich, ~(e)st

1 Wird meist schwach konjugiert
2 Mit Akkusativobjekt schwach konjugiert
3 Mit Akkusativobjekt immer, ohne Akkusativobjekt zuweilen schwach dekliniert

Tabelle der Konjugationen

Konjunktiv Präteritum	Imperativ	Partizip des Perfekts	
litte	leid(e)	gelitten	**177**
liehe	leih(e)	geliehen	**178**
läse	lies	gelesen	**179**
läge	lieg(e)	gelegen	**180**
löge	lüg(e)	gelogen	**181**
mahlte	mahl(e)	gemahlen	**182**
miede	meid(e)	gemieden	**183**
mölke	melk(e)	gemelkt (gemolken)	**184**
mäße	miss	gemessen	**185**
es misslänge	–	misslungen	**186**
möchte	–	gemocht	**187**
müsste	–	gemusst	**188**
nähme	nimm	genommen	**189**
nennte	nenn(e)	genannt	**190**
pfiffe	pfeif(e)	gepfiffen	**191**
pflegte (pflöge)	pfleg(e)	gepflegt (gepflogen)	**192**
priese	preis(e)	gepriesen	**193**
quölle	quill (quelle)	gequollen (gequellt)	**194**
riete	rat(e)	geraten	**195**
riebe	reib(e)	gerieben	**196**
riehe	reih(e)	geriehen	**197**
risse	reiß(e)	gerissen	**198**
ritte	reit(e)	geritten	**199**
rennte	renn(e)	gerannt	**200**
röche	riech(e)	gerochen	**201**
ränge	ring(e)	gerungen	**202**
rönne (ränne)	rinn(e)	geronnen	**203**
riefe	ruf(e)	gerufen	**204**
söffe	sauf(e)	gesoffen	**205**
söge	saug(e)	gesaugt (gesogen)	**206**
schüfe	schaff(e)	geschaffen	**207**
schallete (schölle)	schall(e)	geschallt (geschollen)	**208**
schiede	scheid(e)	geschieden	**209**
schiene	schein(e)	geschienen	**210**
schisse	scheiß(e)	geschissen	211
schölte	schilt	gescholten	**212**
schöre	scher(e)	geschoren	**213**
schöbe	schieb(e)	geschoben	**214**
schösse	schieß(e)	geschossen	**215**
schünde	schind(e)	geschunden	**216**
schliefe	schlaf(e)	geschlafen	**217**
schlüge	schlag(e)	geschlagen	**218**
schliche	schleich(e)	geschlichen	**219**

4 Wird in der Bedeutung „arbeiten" und in Ableitung mit ver- und an- schwach konjugiert
5 In der Bedeutung „kümmern" schwach konjugiert

Tabelle der Konjugationen

Infinitiv	Indikativ Präsens	Indikativ Präteritum
220 schleifen[1]	schleif/e, ~st, ~t	schliff, ~(e)st
221 schleißen	schleiß/e, ~t, ~t	schliss (schleißte), schlissest
222 schließen	schließ/e, ~t, ~t	schloss, schlossest
223 schlingen	schling/e, ~st, ~t	schlang, ~(e)st
224 schmeißen	schmeiß/e, ~t, ~t	schmiss, schmissest
225 schmelzen[2]	schmelze, schmilzt, schmilzt	schmolz, ~est, (schmelzte)
226 schnauben[3]	schnaub/e, ~st, ~t	schnaubte (schnob)
227 schneiden	schneid/e, ~est, ~et	schnitt, ~(e)st
228 schrauben	schraub/e, ~st, ~t	schraubte
229 schrecken[4]	schrecke, schrickst (schreckst), schrickt (schreckt)	schrak, ~(e)st, (schreckte)
230 schreiben	schreib/e, ~st, ~t	schrieb, ~(e)st
231 schreien	schrei/e, ~st, ~t	schrie
232 schreiten	schreit/e, ~est, ~et	schritt, ~(e)st
233 schweigen	schweig/e, ~st, ~t	schwieg, ~(e)st
234 schwellen[5]	schwelle, schwillst (schwellst), schwillt (schwellte)	schwoll, ~(e)st, (schwellte)
235 schwimmen	schwimm/e, ~st, ~t	schwamm, ~(e)st
236 schwinden	schwind/e, ~est, ~et	schwand, ~(e)st
237 schwingen	schwing/e, ~st, ~t	schwang, ~(e)st
238 schwören	schwör/e, ~st, ~t	schwur (schwor), ~(e)st
239 sehen	sehe, siehst, sieht	sah, ~st
240 sein	bin, bist, ist; sind, seid, sind	war, ~st
241 senden	send/e, ~est, ~et	sandte (sendete), ~st
242 sieden[6]	sied/e, ~est, ~et	siedete (sott)
243 singen	sing/e, ~st, ~t	sang, ~(e)st
244 sinken	sink/e, ~st, ~t	sank, ~(e)st
245 sinnen	sinn/e, ~st, ~t	sann, ~(e)st
246 sitzen	sitz/e, ~t, ~t	saß, ~est
247 sollen	soll, ~st, ~	sollte
248 speien	spei/e, ~st, ~t	spie
249 spinnen	spinn/e, ~st, ~t	spann, ~(e)st
250 spleißen	spleiß/e, ~t, ~t	spliss, splissest
251 sprechen	spreche, sprichst, spricht	sprach, ~(e)st
252 sprießen	sprieß/e, ~t, ~t	spross, sprossest
253 springen	spring/e, ~st, ~t	sprang, ~(e)st
254 stechen	steche, stichst, sticht	stach, ~(e)st
255 stecken[7]	steck/e, ~st, ~t	stak
256 steh(e)n	steh/e, ~st, ~t	stand, ~(e)st
257 stehlen	stehle, stiehlst, stiehlt	stahl

[1] Wird in der Bedeutung „zerstören, ziehen" schwach konjugiert
[2] Mit Akkusativobjekt häufig schwach konjugiert
[3] Meist schwach konjugiert
[4] Mit Akkusativobjekt schwach konjugiert

Tabelle der Konjugationen

Konjunktiv Präteritum	Imperativ	Partizip des Perfekts	
schliffe	schleif(e)	geschliffen	220
schlisse	schleiß(e)	geschlissen (geschleißt)	221
schlösse	schließ(e)	geschlossen	222
schlänge	schling(e)	geschlungen	223
schmisse	schmeiß(e)	geschmissen	224
schmölze	schmilz	geschmolzen (geschmelzt)	225
schnaubte (schnöbe)	schnaub(e)	geschnaubt (geschnoben)	226
schnitte	schneid(e)	geschnitten	227
schraubte	schraub(e)	geschraubt	228
schreckte (schräke)	schrick (schrecke)	erschrocken (erschreckt)	229
schriebe	schreib(e)	geschrieben	230
schrie	schrei(e)	geschrien	231
schritte	schreit(e)	geschritten	232
schwiege	schweig(e)	geschwiegen	233
schwölle (schwellte)	schwill (schwelle)	geschwollen (geschwellt)	234
schwömme (schwämme)	schwimm(e)	geschwommen	235
schwände	schwind(e)	geschwunden	236
schwänge	schwing(e)	geschwungen	237
schwüre	schwör(e)	geschworen	238
sähe	sieh(e)	gesehen	239
wäre Präsens; sei, sei(e)st, sei; seien, seiet, seien	sei; seid	gewesen	240
sendete	send(e)	gesandt (gesendet)	241
siedete (sötte)	sied(e)	gesiedet (gesotten)	242
sänge	sing(e)	gesungen	243
sänke	sink(e)	gesunken	244
sänne (sönne)	sinn(e)	gesonnen	245
säße	sitz(e)	gesessen	246
sollte	–	gesollt	247
spie	spei(e)	gespien	248
spönne (spänne)	spinn(e)	gesponnen	249
splisse	spleiße	gesplissen	250
spräche	sprich	gesprochen	251
sprösse	sprieß(e)	gesprossen	252
spränge	spring(e)	gesprungen	253
stäche	stich	gestochen	254
stäke	steck(e)	gesteckt	255
(stände) stünde	steh(e)	gestanden	256
(stöhle) stähle	stiehl	gestohlen	257

5 Mit Akkusativobjekt schwach konjugiert
6 Mit Akkusativobjekt schwach konjugiert
7 Mit Akkusativobjekt schwach konjugiert

Tabelle der Konjugationen

	Infinitiv	Indikativ Präsens	Indikativ Präteritum
258	steigen	steig/e, ~st, ~t	stieg, ~(e)st
259	sterben	sterbe, stirbst, stirbt	starb
260	stieben	stieb/e, ~st, ~t	stob, ~(e)st
261	stinken	stink/e, ~st, ~t	stank, ~(e)st
262	stoßen	stoße, stößt, stößt	stieß, ~est
263	streichen	streich/e, ~st, ~t	strich, ~(e)st
264	streiten	streit/e, ~est, ~et	stritt, ~(e)st
265	tragen	trage, trägst, trägt	trug
266	treffen	treffe, triffst, trifft	traf, ~(e)st
267	treiben	treib/e, ~st, ~t	trieb
268	treten	trete, trittst, tritt	trat, ~(e)st
269	triefen	trief/e, ~st, ~t	troff (triefte), ~(e)st
270	trinken	trink/e, ~st, ~t	trank, ~(e)st
271	trügen	trüg/e, ~st, ~t	trog, ~(e)st
272	tun	tue, tust, tut; tun	tat, ~(e)st
273	verderben	verderbe, verdirbst, verdirbt	verdarb
274	verdrießen	verdrieß/e, ~t, ~t	verdross, verdrossest
275	vergessen	vergesse, vergisst, vergisst	vergaß, ~est
276	verlieren	verlier/e, ~st, ~t	verlor
277	wachsen	wachse, wächst, wächst	wuchs, ~est
278	wägen	wäg/e, ~st, ~t	wog (wägte)
279	waschen	wasche, wäschst, wäscht	wusch, ~(e)st
280	weben	web/e, ~st, ~t	webte (wob, wobest)
281	weichen[1]	weich/e, ~st, ~t	wich, ~(e)st
282	weisen	weis/e, ~t, ~t	wies, ~est
283	wenden	wend/e, ~est, ~et	wandte (wendete)
284	werben	werbe, wirbst, wirbt	warb
285	werden[2]	werde, wirst, wird	wurde (ward)
286	werfen	werfe, wirfst, wirft	warf, ~(e)st
287	wiegen	wieg/e, ~st, ~t	wog
288	winden	wind/e, ~est, ~et	wand, ~(e)st
289	wissen	weiß, ~t, ~; wissen, wisst, wissen	wusste
290	wollen	will, ~st, ~; wollen	wollte
291	wringen	wring/e, ~st, ~t	wrang
292	zeihen	zeih/e, ~st, ~t	zieh, ~(e)st
293	ziehen	zieh/e, ~st, ~t	zog, ~(e)st
294	zwingen	zwing/e, ~st, ~t	zwang, ~(e)st

---

[1] In den Bedeutungen „weich werden, einweichen" schwach konjugiert
[2] Das Partizip des Hilfsverbs lautet „worden"

Tabelle der Konjugationen

Konjunktiv Präteritum	Imperativ	Partizip des Perfekts	
stiege	steig(e)	gestiegen	258
stürbe	stirb	gestorben	259
stöbe	stieb(e)	gestoben	260
stänke	stink(e)	gestunken	261
stieße	stoß(e)	gestoßen	262
striche	streich(e)	gestrichen	263
stritte	streit(e)	gestritten	264
trüge	trag(e)	getragen	265
träfe	triff	getroffen	266
triebe	treib(e)	getrieben	267
träte	tritt	getreten	268
tröffe (triefte)	trief(e)	getroffen (getrieft)	269
tränke	trink(e)	getrunken	270
tröge	trüg(e)	getrogen	271
täte	tu(e)	getan	272
verdürbe	verdirb	verdorben (verderbt)	273
verdrösse	verdrieß(e)	verdrossen	274
vergäße	vergiss	vergessen	275
verlöre	verlier(e)	verloren	276
wüchse	wachs(e)	gewachsen	277
wöge (wägte)	wäg(e)	gewogen (gewägt)	278
wüsche	wasch(e)	gewaschen	279
webte (wöbe)	web(e)	gewebt (gewoben)	280
wiche	weich(e)	gewichen	281
wiese	weis(e)	gewiesen	282
wendete	wende	gewandt (gewendet)	283
würbe	wirb	geworben	284
würde	werd(e)	geworden	285
würfe	wirf	geworfen	286
wöge	wieg(e)	gewogen	287
wände	wind(e)	gewunden	288
wüsste	wisse	gewusst	289
wollte	wolle	gewollt	290
wränge	wring(e)	gewrungen	291
ziehe	zeih(e)	geziehen	292
zöge	zieh(e)	gezogen	293
zwänge	zwing(e)	gezwungen	294

Tabelle der Konjugationen
Satzmuster für Verben

Verben mit kopulativen Ergänzungen

300   S + Vb* + PN
      die Blumen sind bunt; Karl ist Lehrer
301   S („es") + Vb* + PN
      es wird Frühling, Abend
310   S + Vb* + Adl
      er bleibt vielleicht
311   S + Vb* + Adl/lok
      ich bin zu Tisch
312   S + Vb* + Adl/temp
      heute ist Mittwoch
313   S + Vb* + Adl/art
      der Tisch ist aus Eichenholz
314   S + Vb* + Adl/kaus
      es war wegen des Unwetters
315   S + Vb* + Adl/fin
      die Summe bleibt zur Verrechnung
330   S+ Vb* + DatO
      das Buch ist mir
340   S + Vb* + GenO
      er ist deutscher Abstammung
380   S + Vb* + „zu" + Infinitiv
      das scheint zu gehen

Verben ohne Objekt oder mit fakultativem Objekt

400   S + Vb
      der Regen rinnt
401   S („es") + Vb
      es regnet
402   S + Vb + (AkkO)
      sie gewinnt (etwas); er blufft (ihn); sie streiten (sich)
403   S + Vb + (DatO)
      das Rezept gerät (ihm)
404   S + Vb + (GenO)
      er starb (eines schönen Todes)
405   S + Vb + (PräpO)
      er lebt (von seinem Geld); er spekuliert (auf Baisse)
410   S + Vb + Adl
      die Unterschlagung geschah heute, aus Liebe, hier, raffiniert
411   S + Vb + Adl/lok
      er wohnt in Mainz, in einem Hochhaus
412   S + Vb + Adl/temp
      das Bild datiert aus dem 13. Jahrhundert
413   S + Vb + Adl/art
      er geriet außer sich; der Diamant spielt in allen Farben

Vb* – zu dieser Gruppe gehören nur die Verben *bleiben, heißen* (1–1.4), *scheinen* (2–2.1), *sein, werden*

Satzmuster für Verben

414 S + Vb + Adl/kaus
sie besticht durch ihr Aussehen
415 S + Vb + Adl/fin
er zieht auf Rache aus
416 S + Vb + Adl/instr
sie blinkt mit den Augen
417 S + Vb + Adl/junkt
er geht mit ihr
418 S + Vb + Adl/äquiv
Karl arbeitet als Dreher
470 S + Vb + Infinitiv
alle wollen kommen
480 S + Vb + „zu" + Infinitiv
er beliebt zu scherzen

Verben mit obligatorischem Akkusativobjekt

500 S + Vb + AkkO
er wiederholt die Frage
501 S („es") + Vb + AkkO
es regnet sich aus
503 S + Vb + AkkO + (DatO)
er beweist (dem Vater) das Gegenteil
504 S + Vb + AkkO + (GenO)
er beraubt ihn (seines Geldes)
505 S + Vb + AkkO + (PräpO)
sie befragt ihn (über den Vorfall)
507 S + Vb + AkkO + (Infinitiv)
ich höre ihn (kommen)
510 S + Vb + AkkO + Adl
wir glaubten ihn im Urlaub, verraten, hier
511 S + Vb + AkkO + Adl/lok
sie goss den Kaffee in die Tasse
512 S + Vb + AkkO + Adl/temp
das Gespräch zog sich eine Stunde hin
513 S + Vb + AkkO + Adl/art
die Kälte macht den Aufenthalt ungemütlich
514 S + Vb + AkkO + Adl/kaus
er fand vor Überraschung keine Worte
515 S + Vb + AkkO + Adl/fin
er gibt sich zu dieser Sache her
516 S + Vb + AkkO + Adl/instr
er bringt die Zeit mit Lesen hin
517 S + Vb + AkkO + Adl/junkt
sie hat sich mit ihm eingelassen
518 S + Vb + AkkO + Adl/äquiv
er erweist sich als Freund
520 S + Vb + AkkO + AkkO
der Lehrer lehrt ihn die finnische Sprache
530 S + Vb + AkkO + DatO
er gibt ihm das Buch

Tabelle der Konjugationen

531 S + Vb + AkkO + DatO + Adl/lok
sie warf ihm das Buch an den Kopf
533 S + Vb + AkkO + DatO + Adl/art
sie zog ihm die Ohren lang
534 S + Vb + AkkO + DatO + Adl/kaus
wir versprechen uns einiges von diesen Maßnahmen
535 S + Vb + AkkO + DatO + Adl/fin
wir machen es uns zu eigen
540 S + Vb + AkkO + GenO
er enthebt ihn seines Amtes; er besinnt sich eines Besseren
550 S + Vb + AkkO + PräpO
er hält ihn für einen Freund
553 S + Vb + AkkO + PräpO + Adl/art
meine Zuhörer machten mich auf Widersprüche aufmerksam
570 S + Vb + AkkO + Infinitiv
wir lehren ihn schreiben
580 S + Vb + AkkO + „zu" + Infinitiv
sie schickt sich an zu gehen; es genügt, ihn zu sehen

Verben mit obligatorischem Dativobjekt

600 S + Vb + DatO
er ähnelt seinem Vater
601 S („es") + Vb + DatO
es langt mir
602 S + Vb + DatO + (AkkO)
er glaubt dem Vater (die Geschichte)
605 S + Vb + DatO + (PräpO)
der Hut steht ihr (zu Gesicht)
607 S + Vb + DatO + (Infinitiv)
er hilft dem Freund (arbeiten)
608 S + Vb + DatO + („zu" + Infinitiv)
er riet mir (zu gehen)
610 S + Vb + DatO + Adl
das hat ihnen gerade noch gefehlt
611 S + Vb + DatO + Adl/lok
ich klopfe meinem Freund auf die Schulter
613 S + Vb + DatO + Adl/art
sein Benehmen dünkt mir seltsam
616 S + Vb + DatO + Adl/instr
er folgt ihr mit den Augen
650 S + Vb + DatO + PräpO
es graut mir vor dir; er gefällt sich in Anspielungen
680 S + Vb + DatO + „zu" + Infinitiv
sie weiß sich zu helfen

Verben mit obligatorischem Genitivobjekt

700 S + Vb + GenO
wir gedenken des Verstorbenen

Satzmuster für Verben

701 S („es") + Vb + GenO
　　es lohnt nicht der Mühe
717 S + Vb + GenO + Adl/junkt
　　ich pflegte mit ihm Rats

Verben mit obligatorischem Präpositionalobjekt

800 S + Vb + PräpO
　　seine Aussage beruht auf Wahrheit
801 S („es") + Vb + PräpO
　　es wimmelt von Ameisen
802 S + Vb + PräpO + (AkkO)
　　das berechtigt (ihn) zum Rücktritt
803 S + Vb + PräpO + (DatO)
　　sie bürgen (uns) für die Schulden
805 S + Vb + PräpO + (PräpO)
　　er tritt (mit einer Forderung) an sie heran
813 S + Vb + PräpO + Adl/art
　　sie steht mit ihm auf Kriegsfuß
850 S + Vb + PräpO + PräpO
　　er schließt von sich auf andere

Reflexiver und reziproker Gebrauch von Verben

Einige der in den o. a. Satzmustern angeführten Objekte müssen oder können durch ein Reflexivpronomen (mir, mich; dir, dich; uns; euch; sich) ersetzt werden, und zwar
　a) obligatorisch: das Reflexivpronomen muss anstelle eines Objektes stehen bei „echten" reflexiven Verben

Vr1 DatO → Reflexivpronomen mit reflexiver Funktion
　　　ich bilde mir ein
Vr2 DatO → Reflexivpronomen mit reziproker Funktion
　　　die Tatsachen widersprechen sich
Vr3 AkkO → Reflexivpronomen mit reflexiver Funktion
　　　ich erinnere mich; es ereignete sich
Vr4 AkkO → Reflexivpronomen mit reziproker Funktion
　　　die Meinungen polarisieren sich

　b) fakultativ: das Reflexivpronomen kann anstelle eines Objektes stehen bei Verben mit AkkO oder DatO

Vr5 DatO → Reflexivpronomen mit reflexiver Funktion
　　　ich gönne mir etwas
Vr6 DatO → Reflexivpronomen mit reziproker Funktion
　　　sie geben sich die Hand
Vr7 AkkO → Reflexivpronomen mit reflexiver Funktion
　　　er wäscht sich
Vr8 AkkO → Reflexivpronomen mit reziproker Funktion
　　　sie schlugen sich (einer den anderen)

Abkürzungen und Zeichen

a.	auch	ehem.	ehemalig
Abk.	Abkürzung	eigtl.	eigentlich
Adj.	Adjektiv, Eigenschaftswort	Eisenb.	Eisenbahn
Adl	Adverbial(bestimmung), Umstandsbestimmung	El.	Elektronik
		erg.	ergänze
Adv.	Adverb, Umstandswort	europ.	europäisch
adv.	adverbial	ev., evang.	evangelisch
Akk.	Akkusativ	f.	Femininum, weiblich
AkkO	Akkusativobjekt	Fem.	Femininum, weibliches Geschlecht
alem.	alemannisch		
allg.	allgemein	fig.	figürlich, im übertragenen Sinne
Amtsdt.	Amtsdeutsch	Finanzw.	Finanzwesen
Anat.	Anatomie	finn.	finnisch
Anthrop.	Anthropologie	finn.-ugr.	finnisch-ugrisch
Arch.	Architektur	Flugw.	Flugwesen
Archäol.	Archäologie, Altertumskunde	Forstw.	Forstwirtschaft
art	die Art und Weise ausdrückend	Fot.	Fotografie
		frz.	französisch
Art.	Artikel, Geschlechtswort		
Astrol.	Astrologie	Funkw.	Funkwesen
Astron.	Astronomie	Fußb.	Fußball(spiel)
AT	Altes Testament	gallorom.	galloromanisch
attr.	attributiv	Gartenb.	Gartenbau
Ausspr.	Aussprache	gegr.	gegründet
bair.	bairisch	geh.	gehoben (Stil)
Bakt.	Bakteriologie	Geneal.	Genealogie
Bankw.	Bankwesen	Gen.	Genitiv
Bauw.	Bauwesen	GenO	Genitivobjekt
bes.	besonders	Geogr.	Geografie, Erdkunde
Bez.	Bezeichnung	Geol.	Geologie, Erdgeschichte
Bgb.	Bergbau	Geom.	Geometrie
bibl.	biblisch	Gesch.	Geschichte
Bibliotheksw.	Bibliothekswesen	Ggs	Gegensatz
Bildungsw.	Bildungswesen	Gramm.	Grammatik
Biol.	Biologie	grch.	griechisch
Bot.	Botanik, Pflanzenkunde	h.	zur Bildung des Perfekts dient das Verb „haben"
Buchw.	Buchwesen		
Bundesrep.	Bundesrepublik	Handb.	Handball(spiel)
bzw.	beziehungsweise	Hdl.	Handel
ca.	circa	Her.	Heraldik, Wappenkunde
Chem.	Chemie	hist.	historisch
chin.	chinesisch	hl.	heilig
Chir.	Chirurgie	i. Allg.	im Allgemeinen
Dat.	Dativ	i. e. S.	im engeren Sinne
DatO	Dativobjekt	Imp.	Imperativ
DDR	Deutsche Demokratische Republik	Ind.	Industrie
		Inf.	Infinitiv, Nennform
Dekl.	Deklination	insbes.	insbesondere
d. h.	das heißt	instr.	instrumental (das Mittel ausdrückend)
dt.	deutsch		
Dtschld.	Deutschland	Int.	Interjektion
EDV	elektronische Datenverarbeitung	intr.	intransitiv, nicht zielend

Abkürzungen und Zeichen

i. w. S.	im weiteren Sinne	o. a.	oben angeführt; oder andere
Jagdw.	Jagdwesen	oberdt.	oberdeutsch
jap.	japanisch	Obj.	Objekt
Jh.	Jahrhundert	od.	oder
jmd.	jemand	Okk.	Okkultismus
jmdm.	jemandem	Ökol.	Ökologie
jmdn.	jemanden	Opt.	Optik
jmds.	jemandes	österr.	österreichisch
junkt.	junktiv (das gemeinsame Vorkommen ausdrückend)	ostmdt.	ostmitteldeutsch
		oV	orthografische Variante
Kart.	Kartenspiel	Päd.	Pädagogik, Erziehungswesen
Kartogr.	Kartografie	Part.	Partizip
kath.	katholisch	Pass.	Passiv
kaus	kausal (den Grund ausdrückend)	Path.	Pathologie, Krankheitslehre
Kfz	Kraftfahrzeug(technik)	Perf.	Perfekt
Kochk.	Kochkunst	Pharm.	Pharmazie, Pharmakologie
Komp.	Komparativ	Philat.	Philatelie, Briefmarkenwesen
Konj.	Konjunktion, Bindewort	Philol.	Philologie
Kunstw.	Kunstwort	Philos.	Philosophie
Kurzw.	Kurzwort	Phon.	Phonetik
Kyb.	Kybernetik	Phonol.	Phonologie
Landw.	Landwirtschaft	Phys.	Physik
lat.	lateinisch	Physiol.	Physiologie
Lit.	Literatur, Literaturwissenschaft	Pl.	Plural
lok	lokal (den Ort bestimmend)	PN	Prädikatsnomen
Luftf.	Luftfahrt	poet.	poetisch
m.	Maskulinum, männlich	Pol.	Politik
MA	Mittelalter	präd.	prädikativ
Mal.	Malerei	Präf.	Präfix
Mar.	Marine, Schifffahrt	Präp.	Präposition, Verhältniswort
Mask.	Maskulinum, männliches Geschlecht	PräpO	Präpositionalobjekt
		Präs.	Präsens, Gegenwart
Math.	Mathematik	Prät.	Präteritum
mdt.	mitteldeutsch	Pron.	Pronomen
Mech.	Mechanik	Psych.	Psychologie
Med.	Medizin	Raumf.	Raumfahrt
Met.	Metallurgie, Hüttenwesen	rd.	rund, etwa
Meteor.	Meteorologie, Wetterkunde	Rechtsw.	Rechtswesen
Mil.	Militärwesen	Rel.	Religion
mil.	militärisch	relig.	religiös
Min.	Mineralogie, Gesteinskunde	Rhet.	Rhetorik, Redekunst
Morphol.	Morphologie	rotw.	Rotwelsch
Mus.	Musik	S	Subjekt
Myth.	Mythologie	S.	Seite
n.	Neutrum, sächlich	s.	zur Bildung des Perfekts dient das Verb „sein"
Nachs.	Nachsilbe		
Naturw.	Naturwissenschaft	Sammelbez.	Sammelbezeichnung
nddt.	niederdeutsch	Schulw.	Schulwesen
Neutr.	Neutrum, sächliches Geschlecht	scherzh.	scherzhaft
Nom.	Nominativ	schweiz.	schweizerisch
NT	Neues Testament	Sg., Sing.	Singular, Einzahl
Num.	Numerale, Zahlwort	sog.	sogenannte(r, -s), so genannte(r, -s)
o. Ä.	oder Ähnliche(s)		

Abkürzungen und Zeichen

Soziol.	Soziologie	V., Vb	Verb, Zeitwort
Sp.	Sport	Verk.	Verkehrswesen
Spr., ...spr.	Sprache, ...sprache, ...sprachlich	Versicherungsw.	Versicherungswesen
		Vet.	Veterinärmedizin
Sprachw.	Sprachwissenschaft, Linguistik	vgl.	vergleiche
Sprichw.	Sprichwort	Völkerk.	Völkerkunde, Ethnologie
sprichw.	sprichwörtlich	Volksk.	Volkskunde, Folklore
Stat.	Statistik	Vors.	Vorsilbe
Subj.	Subjekt	Web.	Weberei
Subst.	Substantiv, Dingwort	Wirtsch.	Wirtschaft
subst.	substantiviert	wiss.	wissenschaftlich
süddt.	süddeutsch	Wissth.	Wissenschaftstheorie
Superl.	Superlativ	zählb.	zählbar (von Substantiven, die einen Plural haben)
Sy	Synonym		
Tech.	Technik	z. B.	zum Beispiel
Tel.	Telekommunikation	Zool.	Zoologie, Tierkunde
temp	temporal (die Zeit bestimmend)	Zeitungsw.	Zeitungswesen
		Zus.	Zusammensetzung(en)
Textilw.	Textilwesen	zw.	zwischen
Theat.	Theaterwesen	→	siehe
TV	Fernsehen	→ a.	siehe auch
Typ.	Typografie, Buchdruck	=	Hinweis auf ein Wort mit gleicher Bedeutung
u.	und		
u. a.	unter anderem, und anderes	~	Tilde, Wiederholungszeichen für ein Wort od. einen Wortteil
u. Ä.	und Ähnliche(s)		
übl.	üblich	®	Markenzeichen
u. dgl.	und dergleichen		
umg.	umgangssprachlich		
unz.	unzählbar (von Substantiven, die keinen Plural haben)		
urspr.	ursprünglich		
usw.	und so weiter		

Die Endung ...isch ist oft weggelassen worden, ...lich wurde durch ...l. abgekürzt.

Wörterverzeichnis

Aal ⟨m.; -(e)s, -e; Zool.⟩ **1** ⟨i. e. S.⟩ (Europäischer) ~ langer, schlangenähnlicher Speisefisch aus der Familie der Aale, der im Ozean wandert u. in Binnengewässern gefangen wird: Anguilla anguilla; geräucherter ~; frischer ~; grüner ~ (als Speise); (Amerikanischer) ~: Anguilla rostrata; (Japanischer) ~: Anguilla japonica • 1.1 ⟨i. w. S.⟩ (Echte) ~e Familie von Fischen mit echtem Knochenskelett: Anguillidae **2** jmd. ist **geschmeidig** wie ein ~ sehr wendig und geschickt • 2.1 **jmd. windet** sich wie ein ~ versucht (mit allen Mitteln), aus einer unangenehmen Lage herauszukommen

aa‖len ⟨V. 500/Vr 3; umg.⟩ sich ~ sich beim Ausruhen im Liegen genussvoll ausstrecken und dehnen; sie aalt sich in der Sonne; wir ~ uns auf der Decke

Aas[1] ⟨n.; -es, -e⟩ **1** verwesende Tierleiche; Sy Kadaver • 1.1 wo ~ ist, sammeln sich die Geier ⟨fig.⟩ wo leicht etwas zu bekommen ist, finden sich Habgierige ein

Aas[2] ⟨n.; -es, Äser; umg.⟩ **1** kein ~ war zu sehen, kein ~ war gekommen niemand **2** jmd. ist ein ~ gerissen, hinterhältig

aa‖sen ⟨V. 800; umg.⟩ mit etwas ~ verschwenderisch mit etwas umgehen; er aast mit seinem Geld

ab ⟨Adv. od. (wenn ein Subst. folgt) Präp. m. Dat.⟩ **1** ~ einem **Ort** an diesem Ort beginnend; Ggs bis zu • 1.1 ~ **Ort der** Lieferung abzuholen von, geliefert werden von, Transport bezahlt bis; ~ Bahnhof, Bord, Waggon; ~ Fabrik, Werk, Lager; ~ Hamburg, Berlin • 1.1.1 Verkauf ~ **Hof, Produzent** direkt vom Produzenten • 1.2 ⟨Ortsadverb⟩ ~ hier, dort, da, da drüben od. von hier (usw.) ~ beginnend, ausgehend von; Ggs bis; →a. auf² (1.1-1.3) • 1.3 ~ nach links, rechts, hinten ⟨Theat.⟩ abgehen, die Bühne verlassen in Richtung ~ einem Gegenstand od. Ggs bis (zu); ~ zweitem Mai, ~ zweiten Mai ⟨umg.⟩; ~ 12 Uhr, heute, gestern od. vom 2. Mai, von 12 Uhr (usw.) ~; ein Kinofilm ~ sechs Jahre(n); ~ dem 13. Lebensjahr; von da ~ ⟨umg.⟩ • 2.1 ~ **und an, ~ und zu** manchmal, zuweilen **3** ~ einer bestimmten **Menge** beginnend bei, mit, ebenso viel und mehr; Ggs bis (zu); ~ 3 €, 200 kg, 0,5 V; ~ fünf Glas Bier (usw.) **4** ~ **Kosten** ⟨Kaufmannsspr.⟩ vermindert um, minus; Ggs zusätzlich, plus; ~ Diskont, Rabatt, Unkosten, Mehrwertsteuer **5** vermindert um • 5.1 ~ **sein** • 5.1.1 ein **Gegenstand** ist ab abgegangen, nicht mehr befestigt • 5.1.2 jmd. ist (ganz) ab ⟨umg.⟩ müde, erschöpft

ab… ⟨Vorsilbe; bei Verben trennbar⟩ **1** trennend, beseitigend; abschaben, abwaschen, abschaffen **2** vermindernd; abtragen, abziehen **3** beginnend; abreisen, abfahren **4** sich nach unten bewegend; abspringen • 4.1 nach unten gerichtet; abfallen **5** verneinend, rückgängig machend; absagen, ablehnen **6** verstärkend; abbetteln, abängstigen **7** nachahmend; abschreiben, abmalen

ab‖än‖dern ⟨V. 500⟩ etwas ~ **1** (teilweise) anders machen, umändern, umbilden; ein Vorhaben, einen Plan ~ **2** verbessern, korrigieren; einen Bericht ~

ab‖ar‖bei‖ten ⟨V.⟩ **1** ⟨500⟩ etwas ~ durch Arbeiten erledigen • 1.1 Schulden ~ durch Arbeiten tilgen, abtragen **2** ⟨500⟩ jmdn. od. etwas ~ durch (übermäßige) Arbeit beanspruchen, abnutzen **3** ⟨Vr 3⟩ sich ~ übermäßig viel, bis zur Erschöpfung arbeiten; er hat sich an dieser Aufgabe lange Zeit abgearbeitet

Ab‖art ⟨f.; -, -en⟩ Abweichung von einer Art, Spielart

ab‖ar‖tig ⟨Adj.⟩ **1** von einer Art abweichend, aus der Art geschlagen **2** pervers (bes. in sexueller Hinsicht) **3** ⟨bes. Jugendspr.⟩ ungewöhnlich, unnormal, auffallend; ein ~es Benehmen

Ab‖bau ⟨m.; -(e)s; unz.⟩ **1** ⟨unz.⟩ ~ von **Bodenschätzen** usw. das Abbauen **2** ⟨zählb.⟩ Stelle, an der Bodenschätze abgebaut werden, Grubenbau

ab‖bau‖en ⟨V.⟩ **1** ⟨500⟩ **Bodenschätze**, Kohle, Eisenerz ~ gewinnen, ausbeuten **2** ⟨500⟩ • 2.1 **Bauwerke, Maschinen** ~ in Bestandteile zerlegen • 2.2 **organische Stoffe**, Eiweiß, Stärke ~ ⟨Chem.; Biochem.⟩ in andere Stoffe umwandeln **3** ⟨500⟩ • 3.1 **Kosten**, Preise, Löhne, Steuern ~ verringern **3.2 Warenlager** ~ verkleinern • 3.3 **Arbeitnehmer**, Mitarbeiter, Angestellte ~ ⟨verhüllend für⟩ entlassen • 3.4 **Rechte, (Gefühle,)** Hass, Gewalt ~ verringern, beseitigen **4** ⟨400⟩ jmd. baut ab lässt in der Leistung nach

ab‖bei‖ßen ⟨V. 105/500⟩ etwas ~ durch Beißen abtrennen; ein Stück Brot ~; er biss von dem Apfel ab; sich lieber die Zunge ~, als etwas zu verraten ⟨fig.⟩

ab‖bei‖zen ⟨V. 500⟩ etwas ~ die Farb-, Oxidschichten mit Lösungsmitteln von etwas entfernen; einen Schrank, eine alte Truhe ~

ab‖be‖kom‖men ⟨V. 170/500⟩ Sy abkriegen; etwas ~ **1** einen Teil von etwas erhalten, bekommen; er hat keinen Kuchen mehr ~; diese Pflanzen haben kein Wasser ~ **2** Schaden nehmen; der Motorradfahrer hat bei dem Unfall nichts ~ **3** entfernen können; einen Deckel nicht ~

ab‖be‖stel‖len ⟨V. 500⟩ **1** etwas ~ die Bestellung von etwas widerrufen, rückgängig machen **2** jmdn. ~ jmdn. zu einem vereinbarten Termin nicht kommen lassen; den Klempner wieder ~

ab‖bie‖gen ⟨V. 109⟩ **1** ⟨400⟩ die Richtung ändern, eine andere Richtung einschlagen; wir müssen hier nach rechts ~ **2** ⟨500⟩ etwas ~ krümmen, in eine andere Richtung biegen; ein Metallschild, Draht ~

ab‖bil‖den ⟨V. 500⟩ **Personen** od. **Gegenstände** ~ in einem Bild wiedergeben

ab‖bin‖den ⟨V. 500⟩ abschnüren; eine verletzte Ader, die Nabelschnur ~ **2** ⟨V. 500⟩ etwas ~ abnehmen, losbinden; sich das Kopftuch, die Krawatte ~ • 2.1 ⟨Landw.⟩ entwöhnen (vom Kalb) **3** ⟨V. 400⟩ erhärten; der Gips bindet schlecht ab

Abbitte

Ạb|bit|te ⟨f.; -, -n⟩ *Entschuldigung, Bitte um Verzeihung;* ~ tun *um Verzeihung bitten;* jmdm. ~ **leisten, schulden**

ạb||bla|sen ⟨V. 113/500⟩ **1** *etwas* ~ *durch Blasen entfernen;* Staub, Schaum ~ **2** *Gas* ~ *ausströmen lassen* **3** *Jagd* ~ *durch ein geblasenes Signal beenden* **4** *eine Veranstaltung* ~ ⟨fig.⟩ *absagen*

ạb||blit|zen ⟨V. 400; umg.⟩ *zurück-, abgewiesen werden, keinen Erfolg mit etwas haben;* jmdn. ~ lassen; er ist bei ihr abgeblitzt

ạb||bre|chen ⟨V. 116⟩ **1** ⟨500⟩ *etwas* ~ *durch Brechen abtrennen;* ich habe den Henkel von der Tasse abgebrochen • **1.1 Blumen** ~ *pflücken* • **1.2** *einer Sache die Spitze* ~ ⟨fig.⟩ *die Schärfe nehmen* **2** ⟨400(s.)⟩ *etwas* bricht ab *trennt sich (von selbst) ab;* ein Ast von unserem Birnbaum ist abgebrochen **3** ⟨500⟩ *ein Gebäude, Bauwerk* ~ *nieder-, abreißen;* ein Lager ~ **4** ⟨500⟩ *etwas* ~ *unterbrechen, (vorzeitig) beenden, einstellen;* eine Erzählung, Rede ~; die Suche nach jmdm. ~; die Beziehungen, Verhandlungen ~; den Umgang mit jmdm. ~ **5** ⟨400 od. 500⟩ *unvermittelt, vorzeitig aufhören;* wir wollen hier ~ **5.1** *das bricht nicht ab* ⟨fig.⟩ *geht immer weiter* • **5.2** *abgebrochene Worte verstümmelte, undeutliche Rede*

ạb||bren|nen ⟨V. 117⟩ **1** ⟨500⟩ *etwas* ~ *verbrennen, durch Brennen beseitigen;* Grünabfälle, Gehölz ~ • **1.1** *Felder, Wiesen* ~ *durch Feuer von Unkraut säubern* **2** ⟨500⟩ *etwas* ~ *anzünden, in Brand stecken;* eine Zündschnur ~ • **2.1** *ein* **Feuerwerk** ~ *veranstalten* • **2.2 Raketen, Feuerwaffen** ~ *abfeuern* • **2.3 Urwald** ~ *durch Verbrennung roden* **3** ⟨400(s.)⟩ *etwas* brennt ab *verbrennt nach u. nach, wird durch Brand zerstört;* die Scheune, das Haus ist abgebrannt • **3.1** *seinen Besitz durch Feuer verlieren, mittellos sein;* →a. **abgebrannt**

Ạb|bruch ⟨m.; -(e)s; unz.⟩ **1** *das Abbrechen (1-5)* • **1.1** *Niederreißen, Abreißen;* ~ *eines Gebäudes* • **1.1.1** *ein Haus auf* ~ *(ver)kaufen ein Haus unter der Bedingung (ver)kaufen, dass es niedergerissen wird* • **1.1.2** ~ *eines* **Lagers** *Vorbereitung zum Verlegen eines L., Einpacken der Sachen u. Geräte* • **1.2** *Beendigung, Einstellung;* ~ *der Beziehungen;* ~ *einer Reise* **2** *Schaden;* ~ *erleiden; das tut der Liebe keinen* ~

Abc ⟨n.; -, -⟩ oV **Abece 1** = *Alphabet* **2** *Anfangs-, Grundwissen;* das ~ *der Kochkunst*

ạb||da|chen ⟨V. 500⟩ **1** *etwas* ~ *schräg machen, abschrägen* **2** ⟨Vr 3⟩ *sich* ~ *sich schräg nach unten senken*

ạb||dan|ken ⟨V.⟩ **1** ⟨400⟩ *aus dem Dienst ausscheiden, von seinem Amt zurücktreten;* der dienstälteste Außenminister hat abgedankt; der englische König dankte ab *verzichtete auf seinen Thron* **2** ⟨500; veraltet⟩ *jmdn.* ~ *ihn aus dem Dienst entlassen* **3** ⟨400; schweiz.⟩ *die kirchliche (evang.) Trauerfeier für einen Verstorbenen halten*

ạb||drän|gen ⟨V. 500; a. fig.⟩ *jmdn.* ~ *vom Weg, von der Fahrbahn drängen, beiseiteschieben, wegschieben;* der Motorradfahrer wurde von der Fahrbahn abgedrängt

ạb||dre|hen ⟨V.⟩ **1** ⟨500⟩ *etwas* ~ *durch Drehen verschließen, ausschalten;* den Wasserhahn, den Strom, das Gas, das Licht ~ • **1.1** ⟨500⟩ *bis zu Ende drehen;* einen Film, eine Filmszene ~ • **1.2** ⟨503⟩ *durch Drehen abtrennen;* einen Knopf vom Jackett ~; einem Schlüssel den Bart ~; einem Huhn den Hals ~ *durch Umdrehen des Halses töten* **2** ⟨500/Vr 7⟩ *sich* ~ *sich abwenden, beiseitedrehen;* sie drehte sich ab **3** ⟨400⟩ *den Kurs wechseln, eine andere Richtung einschlagen;* das Flugzeug dreht ab; die feindlichen Truppen drehen ab

Ạb|druck¹ ⟨m.; -(e)s, -e⟩ **1** *Wiederholung eines anderen Druckes* **2** *Wiedergabe durch Druck, Stempel usw.*

Ạb|druck² ⟨m.; -(e)s, -drü|cke⟩ *Form, die ein Körper in einem Material hinterlässt;* Finger~, Gips~

ạb||dru|cken ⟨V. 500⟩ **1** *im Druck wiedergeben* **2** *einen Abdruck (von einem körperlichen Gegenstand) anfertigen*

ạb||drü|cken ⟨V. 500⟩ **1** ⟨402⟩ *(eine* **Schusswaffe**⟩ ~ *durch Hebeldruck (Schuss) auslösen* **2** *jmdn.* ~ ⟨umg.⟩ *herzlich umarmen, an die Brust drücken* **3** ⟨530⟩ *es drückt ihm das* **Herz** *ab* ⟨fig.⟩ *es tut ihm sehr leid, belastet ihn seelisch stark* **4** ⟨500/Vr 3⟩ *sich* ~ *(in einem Material) als Abdruck entstehen;* sein Fuß hat sich im weichen Boden abgedrückt

ạb||dun|keln ⟨V. 500⟩ *dunkler machen, gegen das Einfallen oder Aussenden von Lichtstrahlen abschirmen;* Farbe ~; eine Lampe mit Tüchern ~; abgedunkelte Fenster

Abe|ce ⟨n.; -, -; Pl. selten⟩ = *Abc*

Abend ⟨m.; -s, -e⟩ **1** *Teil des Tages, von Sonnenuntergang bis Mitternacht, Zeit der Dunkelheit;* Ggs *Morgen;* einen gemütlichen ~ *verbringen;* in literarischer, musikalischer ~; jmdm. einen schönen ~ wünschen; am ~, am ~ vorher; bis in den späten ~ hinein; gegen ~; **gestern, heute, morgen** Abend; sich auf, für heute Abend verabreden • **1.1** ~ *für* ~ *jeden A.* • **1.2** *zu* ~ *essen die abendliche Mahlzeit einnehmen* • **1.3 guten** ~! *(Gruß);* jmdm. guten/Guten ~ sagen, wünschen; →a. **heilig (3.2.1)** • **1.4** *du kannst mich mal am* ~ *besuchen* ⟨verhüllend für⟩ *am Arsch lecken* **2** ⟨fig.⟩ *Ende;* Lebens~; ~ *des Lebens* • **2.1** *noch ist nicht aller* **Tage** ~, *man soll den Tag nicht vor dem* ~ *loben das Ende ist noch unbekannt* **3 nach, gegen** ~ *in Richtung Sonnenuntergang, Westen*

Abend|brot ⟨n.; -(e)s; unz.; norddt. u. mitteldt.⟩ = *Abendessen*

Abend|es|sen ⟨n.; -s, -⟩ *Mahlzeit am Abend (1);* Sy *Abendbrot*

Abend|land ⟨n.; -(e)s; unz.⟩ *die (durch eine gemeinsame Kultur verbundenen) westlichen Länder Europas;* Sy *Okzident* Ggs *Morgenland*

Abend|mahl ⟨n.; -(e)s, -e⟩ **1** ⟨veraltet⟩ *abendliche Mahlzeit* **2** ⟨Theol.⟩ *das (hl.)* ~ *Tisch des Herrn, Altarsakrament, in den christlichen Kirchen gottesdienstliche Handlung zur Erinnerung an die letzte Mahl Christi mit seinen Jüngern*

abends ⟨Adv.⟩ *am Abend;* ~ (um) 8 Uhr; (um) 8 Uhr ~; ~ spät, spät~; ~ ist er müde

Aben|teu|er ⟨n.; -s, -⟩ **1** *gefährliches, verwegenes Unternehmen;* ~ *bestehen;* sich in ~ *stürzen* **2** *außergewöhnliches Erlebnis;* auf ~ *ausgehen* **3** *unverbindliches Liebeserlebnis*

aben|teu|er|lich ⟨Adj.⟩ **1** *in der Art eines Abenteuers, von Abenteuern handelnd;* ~e Geschichten *erzählen* **2** *gewagt, riskant, verwegen, mit ungewissem Ausgang;* ein ~es Vorhaben **3** *bizarr, seltsam;* du siehst ja ~ aus!; eine ~e Bekleidung

aber 1 ⟨Konj.: vor Sätzen u. Satzteilen steht immer ein Komma⟩ *(zwei Sätze od. Satzteile als gegensätzlich bezeichnend, wobei meist ein Zugeständnis eingeräumt wird);* er wird kommen, kann ~ nicht lange bleiben; sie hatte zugesagt, ~ sie war nicht gekommen; klein, ~ fein; Hans schrieb, Jochen ~ spielte Schach ⟨Stellung auch nach dem Subjekt⟩ • **1.1 oder** ~ *(schließt Alternative ein)* • **1.2 wohl** ~ *(betont das Zugeständnis);* er ist nicht klug, wohl ~ fleißig • **1.3** ~ **dennoch, doch** *trotz allem* **2** ⟨Partikel; umg.⟩ das ist ~ schrecklich!; das war ~ schön! • **2.1 nun** ~! *(drückt Verwunderung aus)* • **2.2** ~ **ja!** *natürlich!, selbstverständlich!* • **2.3** ~ **nein!** *keineswegs!* • **2.4** ~, ~! *(drückt Tadel, Erstaunen aus)* • **2.5** ~ *sicher!;* du ~, Daniel, gehe hin …; das ist ~ schön; den hab ich ~ verhauen! **3** ⟨Adv.⟩ ~ *und abermals immer wiederholt, immer noch einmal* • **3.1** tausend und ~tausend / Tausend und Abertausend, Tausende und Abertausende / tausende und abertausende *unzählbare T. (von)*

Aber|glau|be ⟨m.; -ns; unz.⟩ **1** *rückständiger Glaube an Übernatürliches, der nicht dem zeitgenössischen Wissen entspricht* **2** *rückständiger, der Lehrmeinung der Kirche widersprechender Glaube*

aber|gläu|bisch ⟨Adj.⟩ *einem Aberglauben anhängend, einem Aberglauben entspringend;* er ist sehr ~; eine ~e Furcht

aber|hun|dert *auch:* **Aber|hun|dert** →a. *abertausend*

Aber|hun|der|te *auch:* **aber|hun|der|te** →a. *Abertausende*

ab||er|ken|nen ⟨V. 166/530; Vors. entweder trennbar od. untrennbar; ich erkenne es ihm ab; ich aberkenne es ihm⟩ **jmdm. etwas** ~ **1** ⟨Rechtsw.⟩ *jmdm. ein Recht, einen Besitz, eine Eigenschaft absprechen* **2** ⟨fig.⟩ *etwas Gutes absprechen, urteilen, dass jmdm. etwas nicht zusteht;* jmdm. seine Verdienste, seine Fähigkeiten ~

aber|ma|lig ⟨Adj. 60⟩ *nochmalig, wiederholt*

aber|mals ⟨Adv.⟩ *noch einmal*

aber|tau|send *auch:* **Aber|tau|send** ⟨Indefinitpron.⟩ *viele, unzählbare tausend;* ~/Abertausend Menschen waren gekommen

Aber|tau|sen|de *auch:* **aber|tau|sen|de** ⟨Pl.⟩ *viele, unzählige Tausende;* ~/abertausende empfingen die erfolgreichen Sportler

ab||fah|ren ⟨V. 130⟩ **1** ⟨400(s.)⟩ *eine Fahrt beginnen, abreisen* • **1.1** *sterben;* jmd. wird bald ~, ist abgefahren **2** ⟨500⟩ • **2.1 Gegenstände,** Erde, Holz, Abfall ~ *mittels Fahrzeugs abtransportieren;* Ggs *anfahren (3)* • **2.2** ⟨h.⟩ od. ⟨s.⟩ eine **Strecke,** ein **Gebiet** ~ *fahrend absuchen, prüfen, beobachten* • **2.3** einen **Fahr-**

schein, sein Fahrgeld ~ *völlig ausnützen* **3** ⟨500⟩ • **3.1** ⟨505⟩ einen **Teil** eines **Gegenstandes** ~ *durch (unvorsichtiges) Fahren abbrechen, abtrennen;* den Rückspiegel vom Lastwagen ~ • **3.2** ein **Fahrzeug,** die Reifen ~ *durch Fahren abnützen;* die Reifen fahren sich ungleichmäßig ab • **3.3** ⟨530/Vr 5 od. Vr 6⟩ **jmdm.** einen **Körperteil** ~ *durch Überfahren abtrennen;* der Zug fuhr ihm ein Bein ab **4** ⟨400(s.); fig.⟩ • **4.1** jmd. ist abgefahren *hat sich eine Abfuhr (3) geholt* • **4.2** jmdn. ~ lassen *jmdm. eine Abfuhr (3) erteilen* **5** ⟨550; fig.⟩ **auf etwas** od. **jmdn.** ~ ⟨salopp⟩ *sich etwas oder jmdm. stark zuwenden, nachhaltig beeindruckt, begeistert von etwas oder jmdm. sein;* er fährt zurzeit total auf Rockmusik ab **6** ⟨402; TV⟩ *mit der Ausstrahlung beginnen;* eine Sendung ~

Ab|fahrt ⟨f.; -, -en⟩ **1** *das Abfahren (1), Start, Beginn einer Fahrt;* Ggs *Ankunft* **2** ⟨Skisp.⟩ **2.1** *Talfahrt* • **2.2** *Abhang* **3** ⟨österr.⟩ = *Ausfahrt (4)*

Ab|fall ⟨m.; -(e)s, -fälle⟩ **1** ⟨unz.⟩ *Loslösung;* ~ vom Glauben; ~ von einer Partei • **1.1** ~ von Ländern *Lösung von dem sie beherrschenden Land* **2** *unbrauchbarer Rest, Müll;* Entsorgung, Beseitigung von ~ **3** *Minderung, Abnahme;* Leistungs~

ab||fal|len ⟨V. 131/400(s.)⟩ **1** *sich von etwas lösen u. fallen;* die Blätter fallen ab **2** *niedriger werden;* das Gelände fällt ab **3** *sich loslösen, abtrünnig werden;* vom Glauben ~ **4** *als Gewinn, Verdienst übrig bleiben;* ein Trinkgeld wird ~; etwas fällt für dich ab **5** *an Gewicht verlieren* **6** ⟨800⟩ **gegen jmdn.** ~ *weniger gut sein* **7** ⟨Seemannsspr.⟩ *den Kurs eines Segelschiffes so ändern, dass der Wind voller in die Segel fällt;* wir fallen ab

ab|fäl|lig ⟨Adj.⟩ *abwertend, verächtlich, beleidigend;* eine ~e Bemerkung machen

ab||fan|gen ⟨V. 132/500⟩ **1 jmdn.** od. **etwas** ~ *jmdn. oder etwas vor dem Erreichen des Ziels abpassen;* den Chef vor dem Büro ~; den Ball vor dem Tor ~ • **1.1** einen **Brief** ~ *nicht dem Empfänger zukommen lassen, vorenthalten* **2** ein **Fahrzeug,** Flugzeug ~ *durch geschicktes Manövrieren wieder in die normale Position bringen* **3** einen **Gegner** ~ ⟨Sp.⟩ *vor Erreichen des Zieles noch überholen*

ab||fer|ti|gen ⟨V. 500⟩ **1** etwas ~ ⟨Post; Eisenb.⟩ *zur Beförderung, zum Versand fertig machen;* Gepäck ~; eine Sendung ~ • **1.1** ein **Fahrzeug,** Flugzeug, Schiff ~ *zur Abfahrt, zum Abflug vorbereiten* **2 jmdn.** ~ *der Reihe nach bedienen;* Kundschaft ~ **3** jmdn. ~ ⟨umg.⟩ *unfreundlich behandeln, abservieren, abweisen;* jmdn. kurz ~ • **3.1** *einer Forderung durch minderwertige Leistung nur unzulänglich nachkommen;* jmdn. mit Geld ~

ab||fin|den ⟨V. 134⟩ **1** ⟨500⟩ jmdn. ~ *jmds. Ansprüche (teilweise) befriedigen;* jmdn. mit Geld ~ **2** ⟨550/ Vr 3⟩ **sich mit etwas** od. **jmdm.** ~ *sich (widerwillig) mit etwas od. jmdm. zufriedengeben*

Ab|fin|dung ⟨f.; -, -en⟩ *Geldbetrag, mit dem jmds. Ansprüche abgegolten werden*

ab||flau|en ⟨V. 400(s.)⟩ **1** *nachlassen;* der Wind flaut ab **2** ⟨fig.⟩ *geringer werden, abnehmen, nachlassen;* sein Interesse an der Sache flaut ab; die Nachfrage nach

abfliegen

hochwertigen Erzeugnissen ist in diesem Jahr deutlich abgeflaut

ab|flie|gen ⟨V. 136⟩ **1** ⟨400(s.)⟩ *anfangen zu fliegen, wegfliegen;* die Vögel fliegen ab • 1.1 ein **Flugzeug** fliegt ab *startet* **2** ⟨500⟩ • 2.1 jmdn. ~ *auf dem Luftweg wegbringen;* Verletzte ~ • 2.2 eine **Strecke** ~ *entlangfliegen* **3** ⟨400(s.)⟩ *sich lösen und wegfliegen;* die Radkappen flogen ab

ab|flie|ßen ⟨V. 138/400(s.)⟩ **1** *wegfließen, ablaufen;* das Wasser in der Badewanne floss nicht ab **2** das Geld fließt ins Ausland ⟨fig.⟩ *wird ins Ausland gebracht (und dort angelegt)*

Ab|flug ⟨m.; -(e)s, -flü|ge⟩ **1** ⟨unz.⟩ *das Fort-, Wegfliegen;* der ~ der Zugvögel **2** ⟨zählb.⟩ *Start* (von Flugzeugen)

Ab|fluss ⟨m.; -es, -flüs|se⟩ **1** *Zustand, Tätigkeit des Abfließens* **2** *Rohr, Rinne, Flussbett usw., wodurch etwas abfließt od. abgeleitet wird* **3** ⟨fig.⟩ *Abgang, Verminderung;* ~ von Kapital; ~ von qualifizierten Arbeitskräften ins Ausland

ab|fra|gen ⟨V.⟩ **1** ⟨503/ Vr 8 od. Vr 6⟩ *jmdn. od.* **jmdm. etwas** ~ *jmds. Wissen durch Fragen überprüfen;* er fragte sie die englischen Vokabeln ab **2** ⟨500⟩ Leitungen ~ ⟨Tel.⟩ *durch Anruf die Funktionsfähigkeit der Leitungen überprüfen* **3** ⟨500⟩ **Daten,** Informationen ~ (bes. EDV; Tel.) *mit Hilfe technischer Geräte ermitteln;* die aktuellen Ozonwerte können telefonisch abgefragt werden

Ab|fuhr ⟨f.; -, -en⟩ **1** *das Abfahren (2.1); Ggs Anfahrt (1)* **2** ⟨Fechten⟩ *Fehlschlag, Niederlage* **3** ⟨fig.⟩ *grobe Ablehnung, Zurechtweisung;* jmdm. eine ~ erteilen; sich eine ~ holen

ab|füh|ren ⟨V.⟩ **1** ⟨500⟩ **jmdn.** ~ *wegführen, wegleiten* • 1.1 *in polizeilichen Gewahrsam nehmen, verhaften* **2** einen Betrag ~ *bezahlen;* Steuern an das Finanzamt ~ **3** ⟨400; Med.⟩ *Stuhlgang herbeiführen;* Leinsamen führt ab **4** ⟨803⟩ **von etwas** ~ ⟨fig.⟩ *wegleiten, abseits führen;* das führt vom Thema ab ⟨fig.⟩ *lenkt ab, gehört nicht zum Thema*

Ab|ga|be ⟨f.; -, -n⟩ **1** *das Abgeben* • 1.1 *Verkauf* • 1.1.1 *gezogener Wechsel* **2** *Überlassung* **3** *Auslieferung, Aushändigung* **4** *Miete, Pacht* **4.1** ⟨meist Pl.⟩ *Steuer* **5** ⟨Fußb.⟩ *das Zuspielen des Balles*

Ab|gang ⟨m.; -(e)s, -gän|ge⟩ **1** *das Weg-, Fortgehen, Verabschiedung* • 1.1 ⟨Theat.⟩ *Abtreten von der Bühne* • 1.1.1 *sich wirkungsvoll verschaffen* ⟨fig.⟩ *sich wirkungsvoll entfernen, einen guten Eindruck hinterlassen* **2** *Abfahrt;* 5 Minuten vor ~ des Zuges, Schiffes **3** ⟨Kaufmannsspr.⟩ *Verlust, Schwund* **4** *Aufgeben, Verlassen einer Tätigkeit* **5** ⟨Med.⟩ • 5.1 *Ausscheidung, z. B. von Nierensteinen od. Sekret* **5.2** *Abort* **6** ⟨fig.⟩ *Sterben, Tod* • 6.1 **den ~ machen** ⟨Drogenszene⟩ *infolge übermäßiger Einnahme von Drogen sterben* **7** *Verkauf* • 7.1 einen guten ~ haben *gut verkauft werden*

Ab|gas ⟨n.; -es, -e⟩ **1** ⟨allg.⟩ *gasförmiges Abfallprodukt, das durch Verbrennung entsteht* • 1.1 ⟨Kfz⟩ *Auspuffgas* (~katalysator, ~sonderuntersuchung); weniger ~ an die Umwelt abgeben

ab|ge|ar|bei|tet 1 ⟨Part. Perf. von⟩ *abarbeiten* **2** ⟨Adj.⟩ *infolge andauernder (körperlicher) Arbeit erschöpft;* sie sieht abgearbeitet aus • 2.1 ~e Hände *durch vieles Arbeiten hart u. rissig gewordene Hände*

ab|ge|ben ⟨V. 143⟩ **1** ⟨503 od. 505⟩ **etwas** ~ *weggeben;* etwas an jmdn. ~; jmdm. etwas ~ • 1.1 *etwas dem zuständigen Empfänger übergeben, abliefern;* (bestellte) Ware ~ • 1.2 *zurückgeben;* entliehene Bücher in der Stadtbücherei ~ • 1.3 *zur Aufbewahrung geben;* das Handgepäck ~ • 1.4 (jmdm.) **etwas** ~ *jmdm. einen Teil von etwas geben;* von seinem Überfluss ~ • 1.5 *jmdm. etwas überschreiben;* sein Geschäft ~ • 1.6 *gegen Bezahlung geben, verkaufen* **2** ⟨500⟩ *äußern, mitteilen;* seine Meinung über, zu etwas ~ **3** ⟨500; Funktionsverb⟩ →a. *Schuss* (1), *Stimme* (5.2.1) • 3.1 den Vermittler ~ *vermitteln, als V. tätig sein* • 3.2 er gibt einen guten Soldaten ab *ist geeignet als S.* **4** ⟨550/Vr 3⟩ **sich mit etwas** od. **jmdn.** ~ ⟨umg.⟩ *sich beschäftigen* **5** ⟨400; schweiz.⟩ *hinfällig werden;* der alte Mann hat abgegeben

ab|ge|brannt 1 ⟨Part. Perf. von⟩ *abbrennen* **2** ⟨Adj.⟩ • 2.1 *infolge eines Brandes zerstört;* ein ~es Gehöft • 2.2 ⟨fig.; umg.⟩ *mittellos, ohne Geld;* ich bin zurzeit völlig ~

ab|ge|brüht ⟨Adj.⟩ **1** *gewitzt, schlau, gerissen;* ein ~er Geschäftsmann **2** *(durch schlimme Erfahrungen) unempfindlich (geworden);* er ist gegen alles ~ **3** *ohne moralische Grundsätze*

ab|ge|dro|schen ⟨Adj.⟩ *oft wiederholt, durch zu häufige Wiederholung inhalts-, bedeutungslos (geworden), banal;* eine ~e Redensart

ab|ge|hen ⟨V. 145(s.)⟩ **1** ⟨400⟩ *sich wegbewegen, sich entfernen, abfahren;* der Zug, das Schiff geht ab • 1.1 eine Sendung ~ lassen *auf den Weg bringen, wegschicken* **2** ⟨800⟩ • 2.1 *aus einem Amt, einer Stellung scheiden* • 2.1.1 von der Schule ~ *sie verlassen, entlassen werden* • 2.2 *von einer Sache, vom rechten Wege, von der Wahrheit* ~ ⟨fig.⟩ *abweichen, sich lösen* • 2.2.1 *von einer Absicht, Meinung* ~ *sie ändern, nachgeben* • 2.2.2 von Forderungen ~ *sie herabmindern, aufgeben* • 2.3 der Weg geht nach rechts ab *biegt ab* **3** ⟨400⟩ Schauspieler gehen ab ⟨Theat.⟩ *verlassen die Bühne* **4** ⟨400; Med.⟩ • 4.1 die Würmer gehen ab *werden abgeführt* • 4.2 Eiter geht ab *fließt ab* **5** ⟨800⟩ **mit** dem Tode ~ ⟨fig.; geh.⟩ *sterben* **6** ⟨400; Hdl.⟩ • 6.1 ⟨413⟩ die Waren gehen gut, schlecht ab *verkaufen sich gut, schlecht* • 6.2 ⟨405⟩ **(von** einer Summe**)** ~ *abgezogen, abgerechnet werden;* davon gehen 2 % ab; davon geht nichts ab **7** ⟨600⟩ *fehlen;* du gehst mir sehr ab • 7.1 es geht ihm nichts ab *er hat alles, was er braucht* **8** ⟨400⟩ *sich lösen;* die Farbe, der Knopf geht ab **9** ⟨413; unpersönl.⟩ *ablaufen, verlaufen, enden* • 9.1 es wird (nicht) ohne Streit ~ *S. wird sich (nicht) vermeiden lassen* • 9.2 es ist noch mal gut abgegangen *gutgegangen, es ist nichts passiert* **10** ⟨411; unpersönl.⟩ da geht es ganz schön ab ⟨umg.⟩ *da geht es sehr laut, unbändig zu, da ist sehr viel los* **11** ⟨500⟩ einen Platz ~ *abschreiten, um den ganzen P. herumgehen*

ab|ge|le|gen ⟨Adj.⟩ *entfernt, schwer zugänglich, einsam;* ein ~er Ort

ab|ge|neigt ⟨Adj.⟩ *ablehnend gegenüberstehen;* einer Sache ~ sein
Ab|ge|ord|ne|te(r) ⟨f. 2 (m. 1); Abk.: Abg.⟩ **1** *jmd., der für eine bestimmte Tätigkeit abgeordnet worden ist* **2** *Mitglied des Parlaments;* die ~n des Parlaments entschieden gegen den Antrag
ab|ge|ris|sen 1 ⟨Part. Perf. von⟩ *abreißen* **2** ⟨Adj.⟩
• 2.1 *unzusammenhängend;* ein sehr ~er Vortrag
• 2.2 *plötzlich unterbrochen;* den ~en Faden (des Gesprächs) wieder aufnehmen • 2.3 *zerlumpt, schäbig;* ein ~er Mantel; er sieht ganz schön ~ aus
Ab|ge|sand|te(r) ⟨f. 2 (m. 1)⟩ *jmd., der als Vertreter einer Person od. Institution weggeschickt wird (um einen bestimmten Auftrag auszuführen);* die ~n des Papstes
ab|ge|spannt 1 ⟨Part. Perf. von⟩ *abspannen* **2** ⟨Adj.⟩ *erschöpft, überlastet, überarbeitet;* er sieht sehr ~ aus
ab|ge|stan|den 1 ⟨Part. Perf. von⟩ *abstehen* **2** ⟨Adj.⟩
• 2.1 *durch langes Stehen geschmacklos od. faulig geworden;* ~es Bier, Wasser • 2.2 ⟨fig.⟩ *durch häufigen Gebrauch fad, inhaltslos geworden;* ~e Redensarten
ab|ge|wöh|nen ⟨V. 530⟩ **1** jmdm. etwas ~ *jmdn. so beeinflussen, dass er eine Gewohnheit ablegt* **2** ⟨Vr 5⟩ sich etwas ~ *eine Gewohnheit ablegen* **3** noch einmal zum Abgewöhnen trinken ⟨scherzh.⟩ *Entschuldigung, wenn man weitertrinken will*
ab|glei|chen ⟨V. 153/500⟩ **1** *durch Vergleichen überprüfen, (an vorhandene Richtwerte) anpassen, einander angleichen;* eine Messgröße, einen Empfänger ~ **2** eine Schuld ~ *bezahlen*
ab|gra|ben ⟨V. 157/500⟩ etwas ~ **1** *durch Graben ableiten;* Wasser ~ **2** *durch Graben entfernen;* Hügel, Erde ~ **3** ⟨530⟩ jmdm. das **Wasser** ~ ⟨fig.⟩ *seine Existenz gefährden od. vernichten*
ab|gra|sen ⟨V. 500⟩ **1** *den Grasbewuchs abfressen;* die Weide ist von den Pferden schon ganz abgegrast worden **2** ⟨fig.; umg.⟩ *gründlich absuchen, wegen einer bestimmten Sache aufsuchen od. ansprechen;* ich habe den ganzen Weg nach deinem Schlüssel abgegrast; ich habe alle Läden nach einem Geschenk ~ • 2.1 *dieser Forschungsbereich ist schon vollständig abgegrast ist schon umfassend bearbeitet u. beschrieben worden*
Ab|grund ⟨m.; -(e)s, -grün|de⟩ **1** *(unermesslich) große Tiefe;* jäher ~ **2** ⟨fig.⟩ *moralischer Tiefstand* **3** am Rande des ~es ⟨fig.⟩ *kurz vor dem Untergang, der Vernichtung*
ab|grün|dig ⟨Adj.⟩ Sy *abgrundtief* **1** *sehr tief, tief wie ein Abgrund;* ein ~es Misstrauen **2** *geheimnisvoll, rätselhaft;* ein ~es Lächeln
ab|grund|tief ⟨Adj.⟩ = *abgründig*
Ab|guss ⟨m.; -es, -güs|se⟩ **1** *Abformung durch einen später erhärtenden Stoff* **2** *die so entstandene Form, Nachbildung* **3** *Flüssigkeit, die von anderen od. einem Rückstand abgegossen wurde*
ab|ha|ken ⟨V. 500⟩ etwas ~ **1** *vom Haken lösen;* einen Riemen ~ **2** *mit einem Haken versehen;* die Namen auf einer Liste ~ • 2.1 das kannst du ~ ⟨fig.; umg.⟩ *damit kannst du nicht mehr rechnen*
ab|hal|ten ⟨V. 160⟩ **1** ⟨505⟩ etwas ~ *fernhalten;* Nässe,

Kälte ~; Tiere vom Rasen ~ **2** ⟨505/Vr 8⟩ jmdn. ~ *hindern; das kann uns nicht davon ~, …;* sich ~ lassen; lassen Sie sich nicht ~! (Höflichkeitsformel)
• 2.1 jmdn. von der Arbeit ~ *hindern zu arbeiten*
3 ⟨500⟩ **Fest,** Versammlung, Besprechung, Gottesdienst ~ *durchführen, veranstalten* **4** ⟨500⟩ ein **Kind** ~ *zur Verrichtung der Notdurft halten* **5** ⟨411⟩ vom Lande ~ ⟨Mar.⟩ *Kurs vom Lande weg nehmen*
ab|han|deln ⟨V.⟩ **1** ⟨500⟩ ein **Thema** ~ *erschöpfend behandeln* **2** ⟨530⟩ jmdm. etwas ~ *(durch Herunterhandeln des Preises) von jmdm. etwas erstehen*
ab|han|den|kom|men ⟨V. 170/400(s.)⟩ *verlorengehen*
Ab|hand|lung ⟨f.; -, -en; Abk.: Abh.⟩ **1** *Aufsatz, schriftliche wissenschaftliche Arbeit;* Sy *Traktat (1);* gelehrte, wissenschaftliche ~ **2** *amtlicher Bericht*
Ab|hang ⟨m.; -(e)s, -hän|ge⟩ *geneigte Fläche des Erdbodens;* jäher, steiler, sanfter ~
ab|hän|gen[1] ⟨V. 161⟩ **1** ⟨400(s.)⟩ **Fleisch** hängt ab *hängt eine Zeit lang, bis es genießbar ist* **2** ⟨800⟩ eine Sache hängt von jmdm. od. etwas ab *wird von jmdm. bestimmt* • 2.1 *ist durch etwas bedingt* • 2.2 *ist auf jmdn. od. etwas bezogen;* es hängt davon ab, ob, dass … **3** ⟨fig.; umg.⟩ *nichts tun, müßiggehen*
ab|hän|gen[2] ⟨V. 500⟩ **1** etwas ~ *entfernen* • 1.1 ein Bild von der Wand ~ *vom Haken nehmen* • 1.2 einen Anhänger ~ *vom Triebwagen lösen* **2** jmdn. ~ *hinter sich lassen, sich von jmdm. entfernen* • 2.1 er hängte alle Mitschüler ab *übertraf sie an Leistung* • 2.2 einen unerwünschten Begleiter ~ *sich von ihm lösen, ihm entfliehen*
ab|hän|gig ⟨Adj.⟩ *durch etwas od. jmdn. bestimmt, unselbstständig;* von jmdm. ~ werden; drogen~ sein
ab|här|ten ⟨V. 505/Vr 7⟩ **1** den **Körper** ~ *an Strapazen, an Kälte gewöhnen* **2** sich gegen Gefühle, schädliche Einflüsse usw. ~ *sich ihnen gegenüber hart machen*
ab|hau|en ⟨V. 162⟩ **1** ⟨500⟩ *abschlagen, abhacken;* Bäume ~ **2** ⟨400; Prät.: nur: haute ab; umg.⟩ *weg-, davonlaufen, flüchten;* er ist von seinen Eltern abgehauen; er hat vor der Wiedervereinigung Dtschlds.⟩ in den Westen ~
ab|he|ben ⟨V. 163⟩ **1** ⟨500⟩ etwas ~ *durch Heben wegnehmen* • 1.1 **Geld** ~ *vom Bankkonto holen* • 1.2 die **Karten** ~ ⟨Kart.⟩ *einen Teil der Karten wegnehmen u. den Rest wieder darauflegen* • 1.3 das **Dach** ~ *das zum Decken verwendete Material entfernen* **2** ⟨800⟩ auf etwas ~ *hinweisen, darauf aufmerksam machen*
3 ⟨505/Vr 3⟩ sich (von etwas) ~ *sich abzeichnen, unterscheiden;* Farben, Umrisse, Leistungen heben sich voneinander ab **4** ⟨400⟩ ein **Flugzeug** hebt ab *erhebt sich in die Luft* • 4.1 er hebt ab ⟨fig.; umg.⟩ *er lebt in einer anderen Welt, er hat den Bezug zur Realität verloren*
ab|hel|fen ⟨V. 165/600⟩ **1** einem **Übel** ~ *ein Ü. beseitigen* **2** dem muss abgeholfen werden *das muss man ändern;* dem ist nicht abzuhelfen
ab|het|zen ⟨V. 500⟩ **1** jmdn. od. etwas ~ *bis zur Erschöpfung hetzen;* Wild ~ **2** ⟨Vr 3⟩ sich ~ *sich bis zur Erschöpfung beeilen*
Ab|hil|fe ⟨f.; -; unz.⟩ **1** *Beseitigung eines Übels;* auf ~

abholen

dringen • 1.1 ~ **schaffen** *Schwierigkeiten, Missstände beseitigen*

ab|ho|len ⟨V.⟩ **1** ⟨500⟩ etwas (von einem Ort) ~ *herbringen* • 1.1 ⟨Vr 8⟩ jmdn. (von einem Treffpunkt) ~ *hierherbegleiten* **2** ⟨500⟩ jmdn. ~ ⟨verhüllend⟩ *verhaften*

ab|hor|chen ⟨V. 500⟩ **1** ein Gespräch ~ *unter Schwierigkeiten od. heimlich anhören, belauschen* **2** Geräusche u. deren Ursachen ~ *durch Horchen zu ergründen suchen* **3** jmdn. ~ ⟨Med.⟩ *Geräusche im Körper eines Patienten mit dem Ohr (mit Hilfe eines Stethoskops) feststellen* **4** jmdn. ~ ⟨Schülerspr.⟩ *durch Fragen kontrollieren, ob jmd. seine Aufgaben gelernt hat*

ab|hö|ren ⟨V. 500⟩ **1** eine **Sendung**, Kassette ~ *eine S., K. aufmerksam anhören* **2** ein **Gespräch** ~ *heimlich mit anhören (bes. telefonisch)* **3** eine **Lektion** ~ *Fragen zu einer L. stellen*

Abi|tur ⟨n.; -s, -e; Pl. selten⟩ *Reifeprüfung (an Oberschule u. Gymnasium), Hochschulreife*

Abi|tu|ri|ent ⟨m.; -en, -en⟩ *Schüler, der die Reifeprüfung ablegen will od. abgelegt hat*

Abi|tu|ri|en|tin ⟨f.; -, -tin|nen⟩ *Schülerin, die die Reifeprüfung ablegen will od. abgelegt hat*

ab|kap|seln ⟨V. 500⟩ **1** etwas ~ *in eine Kapsel einschließen* **2** ⟨Vr 3⟩ sich ~ • 2.1 sich mit einer Kapsel umgeben; Parasiten, Tumoren kapseln sich ab • 2.2 ⟨fig.⟩ *sich von der Umwelt abschließen*

ab|kau|fen ⟨V. 530⟩ **1** jmdm. etwas ~ *von jmdm. etwas kaufen* **2** das kaufe ich dir nicht ab! ⟨fig.; umg.⟩ *das glaube ich dir nicht* **3** jmdm. den **Schneid** ~ ⟨fig.⟩ *ihn einschüchtern*

ab|keh|ren¹ ⟨V. 500⟩ etwas ~ **1** *mit dem Besen entfernen;* Schmutz ~ **2** *mit dem Besen säubern;* einen Gegenstand ~

ab|keh|ren² ⟨V. 550/Vr 3⟩ sich von jmdm. od. etwas ~ **1** *sich abwenden, sich umwenden, um etwas od. jmdn. nicht zu sehen* **2** *sich um etwas od. jmdn. nicht mehr kümmern*

ab|klap|pern ⟨V. 500; umg.⟩ etwas ~ *ablaufen, absuchen, der Reihe nach aufsuchen;* die Schuhgeschäfte der Stadt ~; alle Freunde u. Bekannten ~

ab|klem|men ⟨V. 500⟩ etwas ~ **1** *durch eine Klemme unterbrechen, verschließen;* eine Leitung ~; Arterien, Venen ~ ⟨Med.⟩ **2** ⟨fig.; schweiz.⟩ *abbrechen, beenden;* ein Geschäft, eine Unterredung, Beziehung ~

ab|klin|gen ⟨V. 168/400(s.)⟩ **1** *leiser werden;* der Ton klingt ab **2** ⟨fig.⟩ *nachlassen, schwächer werden;* die Krankheit, die Erscheinung klingt ab

ab|klop|fen ⟨V.⟩ **1** ⟨503/Vr 5 od. Vr 6⟩ etwas ~ *durch Klopfen entfernen;* den Schmutz, den Staub vom Rock ~; er klopft sich den Staub ab **2** ⟨500/Vr 7 od. 530/Vr 5⟩ *durch Klopfen reinigen;* ein Kleidungsstück ~ • 2.1 **Dampfkessel** ~ *den Kesselstein aus dem D. entfernen* **3** ⟨500⟩ einen **Kranken** ~ ⟨Med.⟩ *durch Klopfen feststellen, ob sich im Körperinnern Flüssigkeit angesammelt hat* **4** ⟨500⟩ jmdn. **Sachverhalt auf etwas** ~ ⟨fig.⟩ *prüfen, ob ein S. bestimmte Bedingungen erfüllt;* Argumente auf ihre Stichhaltigkeit hin ~ **4** ⟨400; Mus.⟩ *Zeichen geben zum Unterbrechen des Spiels;* bei Musikproben ~

ab|kom|men ⟨V. 170/405(s.)⟩ **1** *sich ungewollt von der eingeschlagenen Richtung entfernen;* vom Wege ~; vom Thema ~ ⟨fig.⟩ • 1.1 *sein Ziel verfehlen;* beim Schuss ~ **2** *frei-, loskommen;* das Flugzeug kommt vom Boden ab; ein aufgelaufenes Schiff kommt ab • 2.1 ~ **können** *sich (von einer Tätigkeit) für eine bestimmte Zeit frei machen können* **3** ⟨Sp.⟩ *starten;* der Schwimmer, Läufer ist gut, schlecht abgekommen **4** ⟨fig.⟩ *etwas nicht mehr wollen;* von einer Absicht ~; von einem Brauch ~ **5** ⟨400; veraltet⟩ jmd. ist abgekommen *hat an Gewicht verloren*

Ab|kom|men ⟨n.; -s, -⟩ *Übereinkunft, Vereinbarung;* ein ~ treffen, brechen; einem ~ beitreten

ab|kömm|lich ⟨Adj. 24/40⟩ **1** ~ **sein** *abkommen können, sich frei machen können* • 1.1 sie ist zur Zeit nicht abkömmlich *sie kann sich nicht frei machen, ihre augenblickliche Tätigkeit, Arbeit nicht unterbrechen*

Ab|kömm|ling ⟨m.; -s, -e⟩ **1** *Nachkomme, Nachfahre* **2** ⟨Chem.⟩ *chem. Verbindung, die aus einer anderen durch Ersatz von Atomen durch andere Atome od. Atomgruppen abgeleitet u. dargestellt wird*

ab|krat|zen ⟨V.⟩ **1** ⟨503/Vr 5 od. Vr 6⟩ etwas ~ • 1.1 ⟨Vr 5⟩ *durch Kratzen entfernen;* Schmutz, Flecke ~ • 1.2 ⟨500/Vr 7 od. 530/Vr 5⟩ *durch Kratzen säubern* **2** ⟨400; umg.⟩ • 2.1 *sterben* • 2.2 ⟨veraltet⟩ *davonlaufen* • 2.2.1 kratz ab! ⟨derb⟩ *mach, dass du fortkommst!*

ab|krie|gen ⟨V. 500⟩ = *abbekommen*

ab|küh|len ⟨V.⟩ **1** ⟨402/Vr 3⟩ etwas kühlt (sich) ab *etwas wird kühl(er);* die Suppe muss (sich) abkühlen • 1.1 **Gefühle** kühlen (sich) ab ⟨fig.⟩ *werden ruhiger, gehen vorüber;* seine Leidenschaften kühlen ab; seine Aufregung kühlt sich ab **2** ⟨500⟩ etwas ~ *kühl(er) machen;* die Suppe durch Pusten ~ • 2.1 **Gefühle** ~ ⟨fig.⟩ *beruhigen;* ihre Entschuldigung kühlte seinen Zorn wieder ab **3** ⟨500/Vr 3⟩ jmd. kühlt **sich** ab *erfrischt sich*

ab|kür|zen ⟨V. 500⟩ **1** den **Weg** ~ *einen kürzeren W. nehmen* **2** ein **Wort** ~ *die Kurzform eines Wortes bilden* **3** einen **Vorgang** ~ *zeitlich verkürzen*

Ab|kür|zung ⟨f.; -, -en⟩ **1** *abkürzender Weg;* eine ~ gehen, nehmen **2** *gekürzte Form von häufig vorkommenden Wörtern u. Wortverbindungen;* z. B. ist die ~ für „zum Beispiel" **3** *das Abkürzen (3);* die ~ des Prozesses, der Tagung

ab|la|den ⟨V. 174/505⟩ **1** ein **Fahrzeug** ~ *entleeren* **2** **Gegenstände** ~ *von (aus) einem Fahrzeug nehmen* **3** **Arbeit, Aufgaben**, eine **Schuld** auf jmdn. ~ *jmdn. mit A., A., einer S. belasten* **4** **Gefühlsäußerungen**, Groll, Ärger **bei jmdm.** ~ *sich mit jmdm. aussprechen*

Ab|la|ge ⟨f.; -, -n⟩ **1** *Aufbewahrungsstelle für Schriftsachen, bes. in Büros* **2** ⟨schweiz.⟩ *Agentur zur Annahme u. Abholung von Gegenständen für bestimmte Zwecke, z. B. chem. Reinigung*

ab|la|gern ⟨V. 500⟩ **1 Güter** ~ *abstellen, aufs, ins Lager bringen* **1.1 Nahrungs-** u. **Genussmittel** ~ *lassen zur Qualitätssteigerung liegen lassen* **2 Schutt** ~ *abladen* **3** **feste Stoffe** ~ *Sedimente bilden;* der Fluss lagert Sand ab • 3.1 ⟨500/Vr 3⟩ **feste Stoffe** lagern **sich** ab *bilden Sedimente*

Ab|lass ⟨m.; -es, -läs|se⟩ **1** *das, was abgelassen wird* **2** *Ort od. Vorrichtung zum Ablassen* **3** ⟨kath. Kirche⟩ *Erlassen, Nachlass zeitlicher Strafen für begangene Sünden;* jmdm. ~ *gewähren* **4** ~ **vom Preis** *Ermäßigung*

ab|las|sen ⟨V. 175⟩ **1** ⟨500⟩ **etwas** ~ *abgehen lassen* • **1.1 Flüssigkeit** ~ *ablaufen lassen* • **1.2 Dampf** ~ *entweichen lassen* • **1.3 einen Zug** ~ *abfahren lassen* • **1.4** *leerlaufen lassen;* einen Teich ~ **2** ⟨530⟩ **jmdm. etwas** ~ *überlassen, abgeben, verkaufen* **3** ⟨550⟩ **etwas vom Preis** ~ *den P. senken* **4** ⟨800⟩ **von etwas** ~ *etwas aufgeben, mit etwas aufhören;* von seinem Vorhaben ~

Ab|lauf ⟨m.; -(e)s, -läu|fe⟩ **1** *Stelle, an der Flüssigkeit aus einem Teich, Rohr od. dgl. austritt* **2** *Vorrichtung zum Austritt von Flüssigkeit, Abfluss* **3** *Ende einer Zeitdauer, einer Frist;* nach ~ *von 2 Tagen* **4** *Verlauf einer Handlung* **5** *Startplatz*

ab|lau|fen ⟨V. 176⟩ **1** ⟨400(s.)⟩ • **1.1 ein Film,** eine Videoaufnahme läuft ab *wird vorgeführt* • **1.1.1 ein Programm** läuft ab ⟨fig.⟩ *geht vonstatten* • **1.2 ein Kabel** läuft ab *rollt ab* • **1.3 Flüssigkeit** läuft ab *fließt ab* • **1.4 die Uhr** läuft ab *die U. steht still, wenn die Feder nicht aufgezogen wird* • **1.5 die Zeit** läuft ab *vergeht* • **1.6 eine Frist,** ein Vertrag läuft ab *geht zu Ende* • **1.6.1 ein Wechsel** läuft ab *wird fällig* **2** ⟨413(s.)⟩ **etwas** läuft **gut** ab *endet günstig* **3** ⟨500 od. 530/Vr 1⟩ • **3.1 Schuhe,** Sohlen, Absätze ~ *durch vieles Laufen abnützen* • **3.2 sich die Beine** nach etwas ~ *sich sehr um etwas bemühen* • **3.3 Geschäfte,** Straßen ~ *durch viele G., S. laufen, um etwas, jmdn. zu finden* **4** ⟨530⟩ **jmdm. den Rang** ~ ⟨fig.⟩ *jmdn. übertreffen* **5** ⟨500/Vr 5⟩ **sich** ~ *sich müde laufen*

ab|le|cken ⟨V. 500/Vr 7 od. 503/Vr 5⟩ **1 etwas** ~ *an etwas mit der Zunge entlanggleiten* **2 etwas** ~ *durch wiederholtes Lecken säubern* **3** *sich die Finger nach etwas* ~ ⟨fig.⟩ *etwas heftig begehren*

ab|le|gen ⟨V.⟩ **1** ⟨500⟩ **etwas** ~ *von sich weglegen* • **1.1 Kleider** ~ *ausziehen;* den Mantel, die Jacke ~; bitte legen Sie ab!; möchten Sie ~ ? *(Aufforderung, Frage an einen Besucher)* • **1.1.1 die Maske** ~ ⟨fig.⟩ *aufhören zu heucheln, sich ehrlich zeigen* • **1.2 den Drucksatz** ~ ⟨Typ.⟩ *einschmelzen od. die einzelnen Typen wieder in den Setzkasten einordnen* • **1.3 Karten** ~ ⟨Kart.⟩ *nicht benötigte K. beiseitelegen* **2** ⟨500⟩ **etwas** ~ *nicht mehr tragen;* den abgelegten Anzug hat sie dem Roten Kreuz gegeben • **2.1** ⟨fig.⟩ *endgültig mit etwas aufhören, etwas aufgeben;* die Trauer ~; einen Fehler ~; Vorurteile, Gewohnheiten ~ **3** ⟨500⟩ **eine Sache** ~ *leisten, machen* • **3.1 ein Bekenntnis, Gelübde** ~ *bekennen, geloben, versprechen* • **3.2 einen Eid** ~ *schwören, leisten* • **3.3 eine Probe** ~ *eine P. als Beispiel seines Könnens, Tuns zeigen* • **3.4 eine Prüfung** ~ *sich einer P. unterziehen* • **3.5 Rechenschaft** ~ *(über) Auskunft über sein Tun u. Lassen geben* • **3.6 Zeugnis** ~ *von etwas, für, gegen jmdn. über etwas aussagen, für, gegen jmdn. zeugen* **4** ⟨400⟩ **eine Pflanze** legt ab ⟨Bot.⟩ *vermehrt sich vegetativ, durch Ableger* • **4.1 ein Schiff legt** ab *entfernt sich von der Anlegestelle; Ggs* anlegen (8)

Ab|le|ger ⟨m.; -s, -⟩ **1** *Pflanzenteil zur vegetativen Vermehrung; Sy* Senker (3) **2** ⟨fig.⟩ *Zweigunternehmen* **3** ⟨Landw.⟩ *Teil eines Getreidemähers, der die abgeschnittenen Halme in Bündeln neben der Fahrspur ablegt*

ab|leh|nen ⟨V. 500⟩ **etwas** ~ **1** *zurückweisen, ausschlagen; Sy* annehmen (1); mit Dank ~ **2** *verweigern;* eine Antwort ~

ab|lei|ten ⟨V. 500⟩ **1 etwas** ~ *von einer eingeschlagenen Richtung abbringen, wegführen* • **1.1 eine Flüssigkeit** ~ *abfließen lassen* • **1.2 einen Fluss** ~ *in ein anderes Bett legen* • **1.3 den Zorn** von ~ ⟨fig.⟩ *weglenken* **2** jmdn. vom Ziel ~ *so beeinflussen, dass er das Ziel nicht erreicht* **3 eine Sache** ~ *die Ursache einer S. feststellen, nachweisen* • **3.1** ⟨Sprachw.⟩ • **3.1.1** *die sprachliche Verwandtschaft feststellen von;* ein deutsches Wort vom Griechischen ~ • **3.1.2** *ein Wort von einem anderen* ~ *es durch Anfügen von Silben, Lauten, durch Ablaut od. Zusammensetzung aus einem Wort bilden* • **3.2** ⟨Math.⟩ *den Differenzialquotienten (die Ableitung) bilden von* • **3.3** *Vergünstigungen aus einem Gesetz* ~ *V. aufgrund eines Gesetzes feststellen*

ab|len|ken ⟨V. 500⟩ **1 etwas** ~ *aus der ursprünglichen Richtung lenken;* ein Schiff vom Kurs ~; ein Gespräch vom Thema ~ ⟨fig.⟩; den Verdacht auf jmdn. ~ ⟨fig.⟩ **2 jmdn.** ~ *jmdn. so beeinflussen, dass er die ursprüngliche Richtung seiner Gedanken ändert;* jmdn. von einem Vorhaben, Ziel ~

Ab|len|kung ⟨f.; -, -en⟩ **1** ⟨Phys.⟩ *durch elektromagnetische Felder bewirkte Änderung der Bewegungsrichtung elektrisch geladener Teilchen* **2** ⟨fig.⟩ *Zerstreuung;* ~ *suchen, brauchen*

ab|le|sen ⟨V. 179⟩ **1** ⟨500⟩ **etwas** ~ *vom beschriebenen, bedruckten Blatt lesen* • **1.1** ⟨531⟩ *jmdm. etwas am Gesicht* ~ ⟨fig.⟩ *die Gefühle, Wünsche eines anderen erkennen* • **1.2** *die Anzeige auf einer Skala feststellen;* die Temperatur ~ **2** ⟨500⟩ **Beeren** ~ *vom Strauch einzeln abpflücken* • **2.1** ⟨530 od. 550⟩ **jmdn. od. von etwas Ungeziefer** ~ *U. (in größerer Menge) einzeln entfernen*

ab|lie|fern ⟨V. 500⟩ **etwas** ~ *abgeben, pflichtgemäß überreichen, aushändigen*

ab|lö|sen ⟨V. 500⟩ **1 etwas** ~ *vorsichtig (von einer Unterlage) entfernen;* eine Briefmarke ~; einen Verband ~ **2** ⟨Vr 3⟩ **etwas** löst **sich** ab *geht von selbst ab;* der Fingernagel löst sich ab **3** ⟨Vr 8⟩ **jmdn.** ~ *die Tätigkeit eines anderen übernehmen;* die Wache ~ **4** eine **Sache** löst eine **andere** ab ⟨fig.⟩ *folgt einer anderen unmittelbar;* ein Zustand löst einen anderen ab; der Tag löst die Nacht ab **5 eine Verpflichtung** ~ *durch Zahlung tilgen;* eine Schuld ~ • **5.1 Rente** ~ *durch Kapitalabfindung ersetzen* • **5.2 Pfand** ~ *gegen Zahlung zurückerhalten* • **5.3 eine rechtliche Verpflichtung aufgrund gesetzlicher Bestimmung* ~ *gegen Entschädigung beseitigen*

ab|ma|chen ⟨V.⟩ **1** ⟨505⟩ **ein Ding,** etwas, was haftet, umwickelt, angenäht, angewachsen ist, (von einem Gegenstand) ~ *entfernen* **2** ⟨500 od. 517⟩ **eine Angelegenheit,** einen Preis, Termin **mit jmdm.** ~ *verein-*

Abmachung

baren, zu Ende führen; etwas mit sich selbst ~; sie haben abgemacht, sich am Donnerstag zu treffen • 2.1 abgemacht *beschlossen;* eine abgemachte Sache; das ist abgemacht!

Ab|ma|chung ⟨f.; -, -en⟩ **1** *Vereinbarung, Verabredung* • 1.1 ~en **treffen** *etwas abmachen, vereinbaren*

ab|ma|gern ⟨V. 400(s.)⟩ *mager werden*

ab|mel|den ⟨V. 500/Vr 7⟩ **1 jmdn.** ~ *melden, dass jmd. weggeht, ausscheidet;* sich polizeilich ~; sich beim Chef ~; jmdn. von der Schule ~ **2** etwas ~ *melden, dass etwas nicht mehr benutzt wird;* das Auto, Telefon ~

ab|mes|sen ⟨V. 185/500⟩ **1** etwas ~ *die Maße von etwas feststellen* **2** seine Worte genau ~ ⟨fig.⟩ *genau überlegen, was man sagt* **3** etwas nach etwas anderem ~ ⟨fig.⟩ *einer Sache genau anpassen*

Ab|mes|sung ⟨f.; -, -en⟩ **1** ⟨unz.⟩ *das Abmessen (1)* **2** *Ausmaße;* die ~en eines Gegenstandes

ab|mü|hen ⟨V. 516/Vr 3⟩ **sich** ~ **mit etwas** *sich mit etwas bis zur Erschöpfung plagen, etwas unter großer Anstrengung zu bewerkstelligen suchen*

Ab|nah|me ⟨f.; -; unz.⟩ **1** *das Ab-, Wegnehmen, Entfernen;* ~ eines Verbandes • 1.1 ⟨Chir.⟩ = *Amputation* **2** *Verringerung, Verfall, Verlust, Rückgang;* Ggs Zunahme; eine schnelle ~ des Gewichtes, der Kräfte • 2.1 ~ **zeigen** *zurückgehen* • 2.2 ~ des **Mondes** *Übergang vom Vollmond zum Neumond* **3** *Kauf;* ~ einer Ware • 3.1 ~ **finden** *verkauft werden* **4** *Entgegen-, Annahme;* bei ~ eines größeren Postens ⟨Amtsdt.⟩ • 4.1 ~ eines **Bauwerks** *(amtl.) Anerkennung der richtigen Fertigstellung* • 4.2 ~ einer **Ladung** *Abholung u. Anerkennung der richtigen Lieferung*

ab|neh|men ⟨V. 189⟩ **1** ⟨505⟩ **etwas (von etwas)** ~ *wegnehmen, entfernen;* einen Deckel, den Hut, die Maske, den Vorhang, das Bild (von der Wand), den Hörer (von der Gabel), die Wäsche (von der Leine) ~ • 1.1 den **Verband** (vom Finger) ~ *abwickeln* • 1.2 den **Besatz** vom Kleid ~ *abtrennen* • 1.3 den **Bart** ~ *abrasieren* • 1.4 ein **Körperglied** ~ ⟨Chir.⟩ *abtrennen, amputieren* • 1.5 **Obst** ~ *pflücken, ernten* • 1.6 **Maschen** ~ *durch Zusammenstricken ihre Zahl verringern* • 1.7 **Bauwerke, Maschinen** ~ *prüfen, ob ihre Herstellung den gesetzlichen Vorschriften entspricht* • 1.8 eine **Prüfung** ~ *veranstalten, jmdn. prüfen* • 1.9 eine **Rechnung** ~ *anerkennen, annehmen* **2** ⟨530⟩ **jmdm. etwas** ~ *(mit Gewalt, List) wegnehmen, beschlagnahmen* • 2.1 jmdm. viel Geld für eine Sache ~ *einen hohen Preis nehmen* • 2.2 jmdm. eine **Ware** ~ *abkaufen* • 2.3 jmdm. die **Maske** ~ ⟨fig.⟩ *seinen wahren Charakter enthüllen* • 2.4 jmdm. eine **Verpflichtung** ~ *jmdn. verpflichten, jmdn. von einer V. befreien* • 2.5 jmdm. ein **Versprechen** ~ *sich etwas versprechen lassen* • 2.6 jmdm. die **Beichte** ~ *jmds. B. anhören* • 2.7 jmdm. eine **Last** ~ ⟨a. fig.⟩ *übernehmen u. weitertragen* • 2.8 jmdm. die **Arbeit** ~ *für jmdn. die A. tun* • 2.9 die **Sache** wird dir niemand ~ *glauben* **3** ⟨400⟩ *etwas nimmt ab wird weniger, kleiner, geringer, verringert sich;* der Mond, der Regen, das Fieber nimmt ab; die Aussichten nehmen ab; um 10 % ~; an Kräften, Bedeutung ~; von außen her ~ • 3.1 ein **Lebewesen** nimmt ab *verliert an Gewicht, Umfang;* an den Hüften ~

Ab|neh|mer ⟨m.; -s, -⟩ **1** *jmd., der eine Ware abnimmt* • 1.1 eine Ware findet viele, wenige ~ *wird gern, nicht gern gekauft*

Ab|neh|me|rin ⟨f.; -, -rin|nen⟩ *weibl. Abnehmer*

Ab|nei|gung ⟨f.; -, -en⟩ **1** *Widerwille;* Ggs Zuneigung; ~ gegen etwas od. jmdn. haben, fühlen, verspüren; er flößt mir ~ ein • 1.1 unüberwindliche gegenseitige ~ *(Scheidungsgrund bei zweiseitiger Erklärung)*

ab|norm ⟨Adj.⟩ *(krankhaft) von der Norm abweichend, nicht normal, ungewöhnlich;* das Verhalten dieses Tieres ist ~; eine ~e Veranlagung

ab|nor|mal ⟨Adj.; bes. österr. u. schweiz.⟩ *nicht normal;* ein solches Gelächter ist ~

ab|nut|zen ⟨V. 500⟩ oV *abnützen* **1** etwas ~ *durch Gebrauch schadhaft machen, Wert od. Brauchbarkeit verringern von, beschädigen* **2** ⟨Vr 3⟩ **sich** ~ *schadhaft, unbrauchbar werden;* diese Geräte nutzen sich ab

ab|nüt|zen ⟨V. 500⟩ = *abnutzen*

Abon|ne|ment ⟨[-n(ə)mãː] n.; -s, -s; kurz: Abo⟩ **1** *Bezug von Waren (meist Zeitungen, Zeitschriften, Büchern) auf bestimmte Zeit* **2** *Bezug von Theater-, Kino-, Konzertkarten für die Dauer einer Spielzeit;* Sy ⟨veraltet⟩ *Anrecht (2)* **3** *Dauerfahrkarte (Zeitkarte)*

Abon|nent ⟨m.; -en, -en⟩ *Inhaber eines Abonnements*

Abon|nen|tin ⟨f.; -, -tin|nen⟩ *weibl. Abonnent*

abon|nie|ren ⟨V. 500⟩ **1** etwas ~ *etwas im Abonnement bestellen, beziehen;* eine Zeitung, Zeitschrift ~; Theaterkarten ~ • 1.1 auf etwas abonniert **sein** *etwas abonniert haben* • 1.1.1 auf Erfolg, Sieg abonniert sein ⟨fig.⟩ *seinen E., S. häufig wiederholen*

ab|or|dnen ⟨V. 500⟩ jmdn. ~ *jmdn. mit einem Auftrag (zu jmdm.) schicken*

Ab|ord|nung ⟨f.; -, -en⟩ *eine Anzahl von Personen, die mit etwas beauftragt wurden, Delegation;* eine ~ schicken

Ab|ort[1] ⟨m.; -(e)s, -e⟩ *Ort zur Verrichtung der Notdurft;* Sy *Abtritt, Klosett, Toilette*

Ab|ort[2] ⟨m.; -(e)s, -e⟩ = *Fehlgeburt*

ab|pa|cken ⟨V. 500⟩ etwas ~ *etwas in kleinere Mengen aufteilen u. verpacken*

ab|pral|len ⟨V.(s.)⟩ **1** ⟨400⟩ *beim Auftreffen auf einen Gegenstand zurückgeworfen werden* **2** ⟨800⟩ *das prallt an ihm ab* ⟨fig.⟩ *das macht keinen Eindruck auf ihn*

ab|ra|ten ⟨V. 196/605⟩ **jmdm. (von etwas)** ~ *jmdm. raten, etwas nicht zu tun*

Ab|raum ⟨m.; -(e)s, -räu|me⟩ **1** ⟨Bgb.⟩ *Erdschicht über Bodenschätzen* **2** ⟨fig.⟩ *Schutt, Abfall*

ab|räu|men ⟨V. 500⟩ etwas ~ **1** *(von einer Oberfläche) wegräumen;* das Geschirr ~ **2** *die Oberfläche eines Gegenstandes von etwas befreien;* den Tisch ~

ab|rech|nen ⟨V.⟩ **1** ⟨500⟩ etwas ~ • 1.1 etwas von einer Zahl ~ *abziehen* 1.2 *eine (endgültige) Rechnung aufstellen u. diese bezahlen;* die Unkosten ~; Schulden u. Guthaben ~ **2** ⟨400⟩ • 2.1 *Rechenschaft ablegen* • 2.2 ⟨405⟩ • 2.2.1 **mit jmdm.** ~ *Rechenschaft*

Absatz

über die Ausgaben ablegen (erhalten) u. das nicht verbrauchte Geld zurückgeben (zurückerhalten) • 2.2.2 **mit jmdm.** ~ ⟨fig.⟩ *die moralische Schuld eines andern feststellen u. ihn zur Rechenschaft ziehen*

Ab|rech|nung ⟨f.; -, -en⟩ **1** *das Abrechnen* **2** *Zusammenfassung mehrerer Rechnungen;* Sy ⟨schweiz.⟩ *Rechnung (2)* **3** *Auseinandersetzung, Vergeltung* • 3.1 ~ *halten mit jmdm. mit jmdm. abrechnen (2.2.2)*

Ab|re|de ⟨f.; -, -n⟩ **1** *Verabredung, Vereinbarung, Abkommen; das ist wider die ~!; geheime ~n treffen* • 1.1 **gegen** *eine* ~ **handeln** *eine Vereinbarung nicht einhalten* • 1.2 **nach** ~ *entsprechend der Vereinbarung* **2** *etwas* **in** ~ **stellen** *leugnen, sagen, dass etwas nicht wahr sei*

ab|rei|ben ⟨V. 196⟩ **1** ⟨500⟩ *etwas* ~ *durch Reiben entfernen; die Schale einer Zitrone* ~ • 1.1 *durch Reiben abnützen* **2** ⟨500/Vr 7 od. Vr 8⟩ *etwas* od. **jmdn.** ~ *gehörig reiben, um etwas ab. jmdn. zu trocknen od. zu säubern; sich, jmdn. mit dem Badetuch* ~; *ich habe mir die Hände abgerieben; die Kartoffeln* ~ **3** ⟨500⟩ **jmdn.** ~ ⟨fig.; veraltet⟩ • 3.1 *scharf tadeln* • 3.2 *prügeln*

Ab|rei|se ⟨f.; -; unz.⟩ *Beginn einer Reise*

ab|rei|sen ⟨V. 400(s.)⟩ *eine Reise antreten;* Sy ⟨umg.⟩ *starten (1.3); er reist heute ab*

ab|rei|ßen ⟨V. 198⟩ **1** ⟨500⟩ *etwas* ~ • 1.1 *durch Reißen abtrennen; einen Faden* ~ • 1.1.1 *ein* **Glied** ~ *durch Verletzung abtrennen* • 1.2 *niederreißen, zerstören* • 1.2.1 *ein* **Gebäude** ~ *niederreißen, abbrechen* • 1.2.2 **Kleider** ~ ⟨veraltet⟩ *abnutzen* **2** ⟨400⟩ *etwas reißt ab trennt sich durch Reißen* • 2.1 *ein Faden reißt ab zerreißt* • 2.2 *etwas* **Angefügtes** *reißt ab löst sich; der Knopf reißt ab* **3** ⟨400⟩ *ein* **Vorgang** *reißt ab endet, hört auf; die Musik* riss *nicht ab*

ab|rich|ten ⟨V. 500⟩ **1 Tiere** ~ *bewirken, dass sie sich so verhalten, wie es der Mensch wünscht;* Sy *dressieren (1)* **2** *ein* **Geschütz** ~ *in Schussrichtung bringen* **3 Bretter,** Hölzer ~ *durch Glätten in eine exakte Form bringen* **4 jmdn.** *zu etwas* ~ *unterweisen, wie er sich in einem bestimmten Fall zu verhalten hat*

ab|rie|geln ⟨V. 500⟩ **1** *etwas* ~ *durch einen Riegel absperren* • 1.1 **Zugangswege** ~ *sperren* **2** ⟨Vr 7⟩ **jmdn.** ~ *einschließen* • 2.1 **Truppen** ~ *von ihren Verbindungen trennen* **3** ⟨fig.⟩ *Schluss machen mit, unterbinden*

Ab|riss ⟨m.; -es, -e⟩ **1** *das Abreißen;* →a. *abreißen (1.2.1)* **2** *etwas Zerrissenes* **3** *kurze Darstellung, Entwurf, Schema* • 3.1 *wissenschaftliche Übersicht* **4** ⟨schweiz.⟩ *(schamlose) Überforderung*

ab|rol|len ⟨V.⟩ **1** ⟨500⟩ *etwas* ~ *auf Rollen fortbewegen* • 1.1 *mit dem Fahrzeug einer Spedition abholen od. wegschaffen;* Waren ~ • 1.2 *von einer Rolle abwickeln; ein Seil, eine Spule* ~ • 1.3 *abspulen u. zugleich abspielen; einen Film* ~ **2** ⟨400(s.)⟩ • 2.1 *sich rollend fortbewegen; der Güterzug rollt ab* • 2.2 ⟨Sp.; Volleyball⟩ *mit aufgefangenem Ball über den Rücken rollen* • 2.3 ⟨fig.⟩ *vor sich gehen; das Programm rollt ab*

ab|rü|cken ⟨V.⟩ **1** ⟨500⟩ *etwas* ~ *von dem ursprünglichen Standort wegschieben; das Bett vom Fenster* ~ **2** ⟨400(s.)⟩ *wegziehen, abmarschieren;* Truppen rücken ab **3** ⟨500(s.)⟩ **von jmdm.** od. *etwas* ~ ⟨a. fig.⟩ *sich distanzieren, nichts mehr mit jmdm. od. etwas zu tun haben wollen*

Ab|ruf ⟨m.; -(e)s, -e; Pl. selten⟩ **1** *das Abrufen;* ~ *von Daten aus dem Internet* • 1.1 **auf** ~ *sofort, wenn es benötigt wird; auf* ~ *bereitstehen; eine Ware auf* ~ *bereithalten*

ab|ru|fen ⟨V. 204/500⟩ **1 Ware** ~ ⟨Hdl.⟩ *zur Teillieferung anweisen* **2** *den* **Zug** ~ ⟨Eisenb.⟩ *die Abfahrt eines Zuges melden* **3** **jmdn.** ~ *von einer Tätigkeit wegrufen; den Chef aus einer Sitzung* ~ • 3.1 *von einem Posten entfernen; einen (hohen) Beamten, Diplomaten* ~ • 3.2 *(vom Herrn, Gott, in die Ewigkeit) abgerufen werden* ⟨fig.⟩ *sterben* **4** *Daten* ~ ⟨EDV⟩ *gespeicherte D. abfragen, herunterladen*

ab|run|den ⟨V. 500⟩ *etwas* ~ **1** *rund machen; die Ecken* ~ *die Endziffer(n) durch Null(en) ersetzen; eine Zahl* ~ **3** ⟨fig.⟩ *(zusammenfassend) ergänzen, gut durcharbeiten, vervollkommen; seinen Stil, seine Bildung* ~

ab|rupt ⟨Adj.⟩ **1** *plötzlich, unvorhergesehen, unvermittelt; die Sache nahm ein* ~*es Ende* **2** *zusammenhanglos*

ab|rüs|ten ⟨V.⟩ **1** ⟨400⟩ *Kriegsrüstung, Streitkräfte verringern, begrenzen* **2** ⟨500⟩ *ein Gebäude* ~ *das Baugerüst entfernen*

ab|rut|schen ⟨V. 400(s.)⟩ **1** *den Halt verlieren, abgleiten; das Auto rutscht auf dem Schnee ab; er rutschte beim Klettern ab* • 1.1 *seitwärts nach unten gleiten; das Flugzeug rutscht ab* • 1.2 ⟨Skisp.⟩ *seitlich abgleiten* **2** ⟨fig.⟩ *an gesellschaftlichem Ansehen verlieren* **3** ⟨fig.⟩ *auf die schiefe Bahn geraten, etwas Unrechtes tun*

Ab|sa|ge ⟨f.; -, -n⟩ **1** *ablehnende Mitteilung, negativer Bescheid; der Bewerbung folgte eine* ~ • 1.1 *Zurückweisung; beleidigende* ~ **2** *Mitteilung, dass etwas nicht stattfindet* • 2.1 *Mitteilung, dass man einen vereinbarten Termin nicht einhalten kann* **3** *abschließende Worte im Anschluss an eine Rundfunksendung*

ab|sa|gen ⟨V.⟩ **1** ⟨500⟩ *etwas* ~ *mitteilen, dass etwas nicht stattfindet; den Ausflug, eine Veranstaltung* ~ • 1.1 *eine Rundfunksendung* ~ *abschließende Worte nach einer Sendung sprechen* **2** ⟨602⟩ **jmdm.** *(etwas)* ~ *seine Anmeldung für etwas zurückziehen; ich muss dir leider* ~

ab|sä|gen ⟨V. 500⟩ **1** *etwas* ~ *durch Sägen abtrennen* **2 jmdn.** ~ ⟨fig.; umg.⟩ *jmdm. um eine Stellung bringen, jmdm. kündigen, jmdn. fortschicken*

ab|sah|nen ⟨V. 500⟩ **1 Milch** ~ *Sahne von der M. abschöpfen* **2** *das Beste für sich* ~ ⟨fig.; umg.⟩ *ohne Mühe od. Bezahlung erwerben*

Ab|satz ⟨m.; -es, -sät|ze⟩ **1** *Unterbrechung, Ruhepause; er sprach in Absätzen* • 1.1 *mit einer neuen Zeile beginnender Abschnitt in einem geschriebenen od. gedruckten Text; neuer* ~; *ohne* ~ • 1.2 ⟨Rechtsw.; Abk.:* Abs.⟩ *Abschnitt, Paragraf, Teil eines Paragrafen (in Gesetzestexten)* • 1.3 *Treppenpodest;* ~ *an der Treppe* **2** *verstärkter u. erhöhter Teil der Schuhsohle unter der Ferse; hohe, flache Absätze* **3** ⟨unz.⟩ *Ablagerung von im Wasser befindlichen gelösten od. festen*

Stoffen; ~ von Kalk **4** ⟨unz.; Wirtsch.⟩ *Gesamtheit der verkauften Waren;* diese Güter haben (keinen) guten ~

ab‖scha|ben ⟨V.⟩ **1** ⟨503/Vr 5 od. Vr 6⟩ etwas ~ *durch Schaben beseitigen, entfernen, abkratzen;* Schmutz ~; die Farbe schabt sich ab **2** ⟨500/Vr 7 od. Vr 8⟩ *etwas* od. *jmdn.* ~ *durch Schaben säubern, glätten;* Häute ~

ab‖schaf|fen ⟨V. 500⟩ **1** etwas ~ *aufgeben, verzichten auf* • **1.1** *außer Kraft setzen, aufheben;* Steuern, Gesetze ~ • **1.2** *etwas nicht mehr halten;* die Gänse ~ **2** jmdn. ~ *entlassen;* den Koch ~ **3** ⟨Vr 3; umg.⟩ sich ~ *bis zum Ende der Kräfte arbeiten;* er schafft sich für die Familie ab

ab‖schal|ten ⟨V.⟩ **1** ⟨500⟩ etwas ~ *durch Schalten unterbrechen;* Strom, Licht ~ **2** ⟨400; umg.⟩ *nicht mehr zuhören od. mitmachen;* er hat abgeschaltet

ab‖schät|zen ⟨V. 500⟩ **1** etwas ~ *nach seinem Wert, Umfang, seiner Größe schätzen, feststellen, taxieren* **2** die geistige Leistungsfähigkeit ~ ⟨fig.⟩ *einschätzen, beurteilen*

ab‖schät|zig ⟨Adj.⟩ *herabsetzend, verächtlich, geringschätzig, abfällig;* einen Roman ~ beurteilen

Ab‖schaum ⟨m.; -(e)s; unz.⟩ **1** *Schaum, der sich auf kochenden Flüssigkeiten od. schmelzenden Metallen bildet* **2** ⟨fig.⟩ *die (moralisch) minderwertigsten Menschen;* der ~ der Gesellschaft

ab‖schei|den ⟨V. 209⟩ **1** ⟨500⟩ etwas scheidet etwas ab *sondert etwas ab;* der Körper scheidet bestimmte Stoffe ab; die Lösung scheidet Kupfer ab • **1.1** ⟨500 od. 505/Vr 3⟩ *etwas* scheidet sich ab *sondert sich ab, trennt sich von, wird ausgeschieden aus;* ein Tier scheidet sich von seiner Herde ab; in der Lösung scheidet sich Kupfer ab **2** ⟨400(s.)⟩ jmd. scheidet ab ⟨geh.; verhüllend⟩ *stirbt*

Ab‖scheu ⟨m.; -(e)s, -e od. f.; -; unz.⟩ **1** *Ekel, heftiger Widerwille;* jmdm. ~ einflößen; ~ haben vor jmdm. od. etwas • **1.1** er ist mir ein Gegenstand des ~s ⟨geh.⟩ *mich ekelt vor ihm*

ab‖scheu|lich ⟨Adj.⟩ **1** *ekelhaft, grauenhaft* **2** *gehässig, hässlich, böse;* ein ~er Kerl **3** *verabscheuenswürdig, scheußlich;* ein ~es Verbrechen

ab‖schi|cken ⟨V. 500⟩ **1** etwas ~ *wegschicken, absenden* • **1.1** ein Paket ~ **2** jmdn. ~ *wegschicken (um einen bestimmten Auftrag auszuführen)*

ab‖schie|ben ⟨V. 214⟩ **1** ⟨500⟩ etwas ~ *von dem ursprünglichen Platz wegschieben, abrücken;* den Stuhl vom Tisch ~ • **1.1** ⟨fig.⟩ *von sich auf andere übertragen;* die Schuld, die Verantwortung, die Arbeit ~ • **1.2** jmdn. ~ *polizeilich ausweisen;* unerwünschte Personen ~ • **1.2.1** ⟨fig.⟩ *einen lästigen Menschen kaltstellen;* aus der leitenden Position ~ **2** ⟨400(s.); umg.⟩ *(ein wenig widerwillig) weggehen;* er schob beleidigt ab • **2.1** schieb ab! *mach, dass du fortkommst!, du hast hier nichts zu suchen!*

Ab‖schied ⟨m.; -(e)s, -e; meist unz.⟩ **1** von jmdm. ~ nehmen *sich von jmdm. verabschieden* **2** *Entlassung* • **2.1** jmdm. den ~ geben *jmdn. entlassen* **2.2** der Beamte, Offizier bekommt, erhält seinen ~ *wird entlassen* • **2.3** seinen ~ nehmen, einreichen *um seine Entlassung bitten*

ab‖schie|ßen ⟨V. 215/500⟩ **1** ein Geschoss ~ *abfeuern, losschießen;* eine Rakete, einen Torpedo ~; er schoss einen Pfeil ab **2** eine **Schusswaffe** ~ *einen Schuss abgeben aus einer S.;* ein Gewehr ~ **3** einen **Körperteil** ~ *durch Schießen abtrennen* **4** ⟨Vr 8⟩ jmdn. od. etwas ~ *durch einen Schuss kampfunfähig machen, töten;* Wild ~ • **4.1 Flugzeuge,** Panzer ~ *kampfunfähig schießen;* →a. *Vogel (1.3)* • **4.2** jmdn. ~ • **4.2.1** *auf gemeine Art od. hinterlistig erschießen* • **4.2.2** ⟨fig.; umg.⟩ *durch Intrigen aus einer Stellung entfernen*

ab‖schir|men ⟨V. 500⟩ **1** ⟨V. 505/Vr 7⟩ jmdn. od. sich gegen etwas ~ *etwas von jmdm. od. sich fernhalten, jmdn. od. sich vor etwas schützen;* jmdn. gegen Gefahren ~; jmdn. vor äußeren Einflüssen ~ **2** etwas gegen Strahlen ~ *vor Strahlen schützen*

Ab‖schlag ⟨m.; -(e)s, -schläge⟩ **1** *Teil einer Zahlung* • **1.1** *Teillohn, Vorschuss* **1.2** *auf* ~ *auf Raten, mittels Teilzahlung* **2** *Preissenkung* **3** ⟨Bankw.⟩ *Betrag, um den ein Kurs unter dem Nennwert liegt* **4** ⟨Forstw.⟩ • **4.1** *das Fällen der Bäume* • **4.2** *Ort, an dem alle Bäume gefällt worden sind* **5** *Abzugskanal der Mühle* **6** ⟨Jagdw.⟩ *Teil des Balzgesanges beim Auerhahn* **7** ⟨Hockey⟩ *Beginn od. (nach einem Tor) Wiederbeginn des Spiels* **8** ⟨Golf⟩ *Startplatz, Abschlagplatz (für das zu spielende Loch)* **9** ⟨Typ.⟩ *Probedruck*

ab‖schla|gen ⟨V. 218/500⟩ **1** etwas ~ *durch Schlagen gewaltsam abtrennen;* Nüsse mit Stöcken ~; die Ecken ~; den Kopf ~ • **1.1** die Glieder sind mir wie abgeschlagen *vor Erschöpfung spüre ich meine G. nicht mehr* • **1.2 Holz,** Bäume ~ *fällen* **2** ein **Zelt,** Lager, Gerüst ~ *abbauen, niederreißen;* Ggs *aufschlagen (5)* **3** *weniger berechnen;* Ggs *aufschlagen (6);* etwas vom Preis ~ **4** einen **Angriff** ~ *zurückschlagen* **5** ⟨530⟩ jmdm. etwas ~ *verweigern, nicht bewilligen, versagen;* schlag es mir nicht ab!; ein Gesuch, eine Bitte ~ **6** ⟨500⟩ sein **Wasser** ~ ⟨umg.; veraltet⟩ *urinieren*

ab‖schlä|gig ⟨Adj.⟩ *ablehnend;* ~e Antwort

ab‖schlei|fen ⟨V. 220/500/Vr 7⟩ **1** etwas ~ *durch Schleifen beseitigen;* den Rost ~ • **1.1** ⟨fig.⟩ *sich abgewöhnen;* schlechte Gewohnheiten, Fehler ~ **2** etwas ~ *eine Oberfläche durch Schleifen od. Reiben glätten;* Edelsteine ~ • **2.1** ⟨Vr 3⟩ sich ~ ⟨a. fig.⟩ *durch Reibung glatt werden*

ab‖schlep|pen ⟨V. 500⟩ **1** ein **Fahrzeug** ~ *nicht mehr fahrfähiges F. abtransportieren* **2** ⟨505/Vr 3⟩ sich (mit etwas) ~ *durch schweres Tragen abplagen, sich mit einer zu großen Last abmühen*

ab‖schlie|ßen ⟨V. 222⟩ **1** ⟨500⟩ etwas ~ • **1.1** einen **Gegenstand,** Raum, Tür ~ *mit Schlüssel verschließen;* er schloss die Haustür ab • **1.2 Dampf** ~ *absperren* • **1.3** einen **Vorgang,** eine Sitzung ~ *beenden;* eine ~de Bemerkung; so können wir ~d sagen, dass … • **1.3.1** eine Vorlage im Parlament ~d behandeln *endgültig* • **1.4** einen **Vertrag** ~ *rechtlich bindend vereinbaren;* ein Geschäft, einen Tarif, eine Versicherung ~; eine Anleihe ~ • **1.5** eine **Rechnung,** ein Konto ~ *eine Schlussabrechnung machen* **2** ⟨800⟩ mit etwas ~ *etwas beenden, als erledigt betrachten;* mit der Vergangenheit ~ • **2.1** mit einem **Saldo** ~

⟨Buchführung⟩ *einen Unterschied zwischen Soll und Haben ausweisen* • **2.2** mit **jmdm.** ~ *keine Verbindung mehr mit jmdm. haben wollen* **3** ⟨550/Vr 7⟩ jmdn. od. etwas **von, gegen** jmdn. od. etwas ~ *abtrennen, absondern, isolieren;* er hat sich gegen alle abgeschlossen

Ab|schluss ⟨m.; -es, -schlüs|se⟩ **1** *abschließende Trennung (oft als Verzierung);* der ~ der Tapete **2** ⟨unz.⟩ *Ende, Beendigung;* ein günstiger ~; ~ eines Geschäftes; etwas zum ~ bringen; zum ~ ein Lied singen; das war ein schöner ~ des Abends • **2.1** ⟨Wirtsch.⟩ *Schlussabrechnung;* Jahres~, Konto~; Rechnungs~; ~ der Bücher **3** *Vereinbarung;* ein guter Vertrags~ • **3.1** ⟨meist Pl.⟩ *Kaufvertrag;* günstige Abschlüsse tätigen • **3.1.1 mit jmdm. zum ~ kommen** *handelseinig werden*

ab|schme|cken ⟨V. 500⟩ **1** etwas ~ *auf den Geschmack prüfen;* Speisen ~ • **1.1 ein Gericht mit Salz u. Pfeffer ~** *Salz u. Pfeffer nach Geschmack hinzufügen*

ab|schmie|ren ⟨V. 500⟩ **1** etwas ~ • **1.1** ⟨Tech.⟩ *mit Schmieröl versehen, einölen* • **1.2** ⟨Schülerspr.⟩ *unsauber abschreiben* **2** jmdn. ~ ⟨umg.⟩ *verprügeln, ohrfeigen* **3** ⟨400⟩ der Computer, Rechner schmiert ab ⟨EDV; fig.; umg.⟩ *stürzt ab, läuft nicht mehr*

ab|schnei|den ⟨V. 227⟩ **1** ⟨503/Vr 5 od. Vr 6⟩ **(jmdm.)** etwas ~ *durch Schneiden abtrennen, entfernen;* ein Stück Wurst ~; eine Rose ~; die Haare ~; die Mutter schnitt ihm ein Stück Kuchen ab; du musst dir die Fingernägel ~ • **1.1 Coupons ~** ⟨fig.⟩ *vom Kapitalertrag leben* **2** ⟨500⟩ etwas ~ *absperren, unterbinden;* Dampf ~ ⟨veraltet⟩ • **2.1** die Zufuhr der Lebensmittel ~ *(durch Blockierung der Zufahrtswege) unmöglich machen* • **2.2** *verhindern, unterbrechen;* den Verkehr ~; jmdm. den Rückzug ~ **3** ⟨505⟩ **jmdn.** od. etwas **(von etwas)** ~ *abtrennen, isolieren;* die Truppen vom Hinterland ~; die Bewohner waren vier Tage lang (durch die Schneemassen) von der Umwelt abgeschnitten **4** ⟨402⟩ den Weg ~ *verkürzen;* hier schneiden wir ab **5** ⟨530⟩ **jmdm. etwas ~** ⟨fig.⟩ • **5.1 jmdm.** den **Weg ~** *jmdm. zuvorkommen u. sich in den Weg stellen* • **5.2 jmdm.** das **Wort ~** *jmdn. nicht ausreden lassen* • **5.3 jmdm. die Ehre ~** *nehmen, rauben* **6** ⟨413⟩ bei einem Wettbewerb, einer Prüfung gut, schlecht ~ ⟨umg.⟩ *ein gutes, schlechtes Ergebnis haben, erreichen;* →a. *Scheibe (1.2.1)*

Ab|schnitt ⟨m.; -(e)s, -e⟩ **1** *Stück vom Ganzen, Teil;* Kugel~ **2** *abtrennbarer Teil eines Formulars;* der ~ der Zahlkarte ist gut aufzubewahren **3** *Teil eines Kapitels, Absatz;* er las den ersten ~ **4** ⟨Rechtsw.; Abk.: Abschn.⟩ *Teil eines Paragrafen;* ~ im Gesetzbuch **5** *Teil einer Strecke;* Autobahn~; Eisenbahn~ **6** ⟨Metrik⟩ *Einschnitt, kurze Pause* **7** ⟨Mil.⟩ *Operationsbezirk* **8** *Zeiteinheit, zusammengefasster Zeitraum, Epoche;* ein ~ im Jahr

ab|schnü|ren ⟨V. 500⟩ **1** etwas ~ *mit einer Schnur ganz fest umwickeln* • **1.1** einen **Körperteil ~** ⟨Med.⟩ *den Blutkreislauf in einem K. unterbrechen* **2** ⟨fig.⟩ *drosseln;* den Handel ~; man hat diese Entwicklung abgeschnürt; →a. *Luft (5.4)* **3** ⟨Handwerk⟩ *eine gerade Linie mit Hilfe einer Schnur markieren*

ab|schöp|fen ⟨V. 500⟩ **1** etwas ~ *durch Schöpfen wegnehmen;* Schaum ~ • **1.1** das Fett ~, den Rahm ~ ⟨fig.⟩ *sich das Beste aussuchen*

ab|schre|cken ⟨V. 500⟩ **1** jmdn. von **etwas** ~ *abbringen, indem man ihm die unangenehmen Seiten der Sache zeigt;* das schreckt mich nicht ab!; sich ~ lassen; ein ~des Beispiel **2** jmdn. ~ *verscheuchen;* sein Benehmen hat schon viele abgeschreckt **3** erhitzte Stoffe ~ ⟨Chem.; Met.⟩ *plötzlich abkühlen, um gewünschte Eigenschaften zu erzielen;* den glühenden Stahl ~ **4 Speisen ~** ⟨Kochk.⟩ *nach dem Kochen mit kaltem Wasser übergießen;* Eier ~

Ab|schre|ckung ⟨f.; -, -en⟩ **1** *das Abschrecken (1-2)* • **1.1 Strategie** der ~ *strategische Theorie, nach der ein Verteidiger seine militärische Macht so sehr stärkt, dass ein Angreifer, um nicht selbst vernichtet zu werden, einen Angriff unterlässt*

ab|schrei|ben ⟨V. 230/500⟩ **1** ein **Schriftstück ~** *unter Benutzung der Vorlage nochmals schreiben* **2 (etwas) ~** *unerlaubt übernehmen, kopieren, Diebstahl an geistigem Eigentum begehen;* er hat (die Aufgaben) von seinem Nachbarn abgeschrieben **3** etwas ~ ⟨Kaufmannsspr.⟩ *streichen* **3.1** einen **Betrag ~** *wegen Wertminderung streichen* • **3.1.1 Geldbeträge ~** *vom Bankkonto abziehen* • **3.1.2 Ausgaben** von der Steuer ~ *wegen Wertminderung, Abnutzung aus der (steuerlichen) Bilanz abziehen* • **3.2** einen **Auftrag ~** *für ungültig erklären, aufgeben* **4** jmdn. od. etwas ~ ⟨fig.⟩ *auf jmdn. od. etwas nicht mehr rechnen;* ich hatte ihn längst abgeschrieben **5** ⟨600⟩ jmdm. ~ *schriftlich absagen;* ich muss Ihnen leider ~ **6** ⟨500/Vr 3⟩ etwas schreibt **sich** ab *nutzt sich durch Schreiben ab;* die Feder hat sich stark abgeschrieben **7** ⟨530/Vr 1⟩ **sich** die **Finger ~**, wundschreiben ⟨fig.; umg.⟩ *sehr viel (erfolglos) schreiben*

Ab|schrift ⟨f.; -, -en⟩ *eine durch Abschreiben hergestellte, dem Urtext genau entsprechende zweite Ausfertigung eines Schriftstückes;* Sy *Kopie (1), Zweitschrift (2);* eine beglaubigte ~ anfertigen

Ab|schuss ⟨m.; -es, -schüs|se⟩ **1** *das Abschießen;* der ~ der Rakete **2** ⟨unz.⟩ *das Zerstören, die Vernichtung durch Schießen;* der ~ von zehn Flugzeugen **3** ⟨unz.; Jägerspr.⟩ *eine bestimmte Zahl von Wild, die in einem Revier geschossen werden soll od. abgeschossen ist;* Wild zum ~ freigeben; den jährlichen ~ regeln **4** ⟨Mil.⟩ *Ergebnis des Abschießens;* man meldete drei Abschüsse

ab|schüs|sig ⟨Adj.⟩ *steil, stark abfallend;* ~es Gelände; eine ~e Piste

ab|schüt|teln ⟨V. 500⟩ **1** etwas ~ *durch Schütteln abwerfen, entfernen;* den Schnee (von sich) ~; Früchte vom Baum ~ **2** etwas od. jmdn. ~ ⟨fig.⟩ *zu etwas od. jmdm. keine Beziehung haben wollen, jmdn. od. etwas loswerden;* er hat die Erinnerung daran (von sich) abgeschüttelt; endlich konnte er seine Verfolger ~

ab|schwä|chen ⟨V. 500⟩ etwas ~ *schwächer machen, abmildern, vermindern;* eine Bemerkung ~

ab|schwei|fen ⟨V.⟩ **1** ⟨405(s.)⟩ **(von etwas) ~** • **1.1** *abkommen, abgehen;* vom Weg ~ • **1.2** ⟨fig.⟩ *abweichen;*

abschwören

vom Thema ~ **2** ⟨500⟩ **etwas** ~ • 2.1 **Textilien** ~ *vor dem Färben kochen, damit sie die Farbe besser annehmen* • 2.2 **Holz** ~ *mit der Schweifsäge trennen*

ab|schwö|ren ⟨V. 238/600⟩ *jmdm. od.* **einer Sache** ~ *sich durch Schwur von jmdm. od. einer Sache lossagen, jmdn. od. eine Sache verneinen, verleugnen;* dem Teufel ~; einem Glauben, einer Weltanschauung ~; Schuld ~; seinen Rechten ~; dem Alkohol ~ ⟨fig.⟩

ab|se|hen ⟨V. 239⟩ **1** ⟨530⟩ **jmdm. etwas** ~ *beobachtend erlernen, durch Zusehen übernehmen;* er hat ihm diesen Kunstgriff abgesehen **2** ⟨410⟩ *nach Hinsehen abschreiben;* der Schüler hat von seinem Nachbarn abgesehen **3** ⟨531⟩ **jmdm. etwas an den Augen,** an der Nase, am Gesicht ~ *von den A., von der N., vom G. ablesen, einen Wunsch erraten, ohne dass er ausgesprochen wurde* **4** ⟨500⟩ **etwas** ~ *erkennen;* das Ende von etwas ~; es ist nicht abzusehen, wie … • 4.1 *abschätzen können;* die Folgen ~ **5** ⟨650/Vr 1⟩ **sich** die **Augen nach** etwas ~ *lange vergeblich ausschauen* **6** ⟨800⟩ **von etwas** ~ ⟨fig.⟩ *etwas ausnehmen, nicht berücksichtigen, auf etwas verzichten;* er sah von einer Bestrafung, Anzeige ab; abgesehen davon, dass … **7** ⟨550⟩ **es auf jmdn. od. etwas abgesehen haben** ⟨umg.⟩ *es auf jmdn. od. etwas abzielen;* sie hat es auf ihn, sein Geld abgesehen

ab|sein ⟨alte Schreibung für⟩ *ab sein*

ab|seits 1 ⟨Adv.⟩ *entfernt, fern* **2** ⟨Präp. m. Gen.⟩ *entfernt von, seitlich, neben;* ~ der Grünflächen

ab|seits∥lie|gen ⟨V. 180/400 od. 411⟩ *entfernt liegen;* das Haus ist *abseitsgelegen*

ab|seits∥ste|hen ⟨V. 256/400⟩ **1** *fern von den anderen stehen, unbeachtet sein* ⟨a. fig.⟩ • 1.1 ⟨Ballspiele⟩ *sich in einer regelwidrigen Position zwischen dem ballführenden Spieler u. dem gegnerischen Tor befinden, ohne dass zwei Spieler der gegnerischen Mannschaft näher am Tor sind*

ab|sen|den ⟨V. 241/500⟩ **jmdn. od. etwas** ~ *wegschicken;* jmdn. od. etwas ~ nach; er hat das Geld mit der Post abgesandt, abgesendet

Ab|sen|der ⟨m.; -s, -; Abk.: Abs.⟩ **1** *jmd., der etwas abschickt* **2** *Vermittler zwischen Kaufleuten u. Fuhrunternehmen*

Ab|sen|de|rin ⟨f.; -, -rin|nen⟩ *weibl. Absender*

ab|sen|gen ⟨V. 500⟩ **1 etwas** ~ *durch Sengen entfernen;* Federn ~ **2 etwas** ~ *durch Sengen von Federresten befreien;* Geflügel ~

ab|sen|ken ⟨V. 500⟩ **1** Bauwerke ~ *mit Senkblei die Vertikale bestimmen von B.* **2** den **Stand einer Flüssigkeit** ~ *senken, niedriger machen;* den Grundwasserstand ~ **3** einen **Brunnenmantel** ~ ⟨Brunnenbau⟩ *nach unten bringen* **4 Senk-** *od.* **Schwimmkästen** ~ ⟨Betonbau⟩ *für Gründungen unter Wasser auf tragfähigen Baugrund bringen* **5** ⟨500/Vr 3⟩ **sich** ~ *sich nach unten senken;* das Gelände senkt sich ab **6 Pflanzen** ~ ⟨Gartenbau; Weinbau⟩ *durch Senker vermehren*

ab|set|zen ⟨V. 500⟩ **1 etwas** ~ *von einer Stelle wegnehmen;* das Glas (vom Mund) ~ • 1.1 *abheben, abnehmen;* den Hut ~; die Brille ~ • 1.2 *(auf den Boden) hinstellen, niederlegen;* eine Last ~; den Koffer ~

• 1.3 Geweih ~ ⟨Jägerspr.⟩ *verlieren* **2 jmdn.** ~ • 2.1 einen **Reiter** ~ *aus dem Sattel heben, abwerfen* • 2.2 jmdn. (an einer bestimmten Stelle) ~ *aussteigen lassen (u. weiterfahren);* du kannst mich hier, jetzt, am Bahnhof ~ • 2.3 eine **Amtsperson,** einen Herrscher ~ ⟨fig.⟩ *des Amtes entheben, entthronen;* den König ~; vom Amt ~ **3** ⟨Kaufmannsspr.⟩ *verkaufen;* neue Waren ~; vom Lager ~ **4** *herstellen* • 4.1 Schriftsatz ~ = *setzen (6.4)* • 4.2 den Kurs ~ *auf der Karte einzeichnen* • 4.3 eine Mauer ~ *in Absätzen dünner werden lassen* **5 etwas setzt etwas** ab *sondert etwas ab;* der Fluss setzt Sand ab; Bier setzt Hefe ab **5.1** ⟨Vr 3⟩ **etwas setzt sich** ab *schlägt sich nieder, lagert sich ab;* im Wasser hat sich Eisen abgesetzt; in der Lunge setzt sich Staub ab **6** ⟨505⟩ einen **Betrag (von** einer **Summe)** ~ *abziehen;* einen Posten von der Rechnung ~; von der Steuer ~ **7** ⟨505⟩ **jmdn. od. etwas (von** einer **Liste)** ~ *streichen, nicht mehr aufführen;* vom Programm, vom Spielplan ~ **8 Säugetiere** ~ ⟨Landw.⟩ *entwöhnen* **9** ⟨400⟩ *aufhören, unterbrechen;* sie trank, sang, las, ohne abzusetzen **10** ⟨500/Vr 3⟩ **sich** ~ *heimlich weggehen, seinen Wohnsitz verlegen;* sich ins Ausland ~; er hat sich abgesetzt, bevor ihn die Polizei verhaften konnte **11** ⟨505/Vr 3⟩ **etwas (mit etwas)** ~ *abheben, abschließen;* Farben (voneinander) ~; die Tapete, eine Täfelung mit einer Leiste ~; einen Saum mit einer Borte ~; ein Kleid mit farblich abgesetztem Kragen • 11.1 **sich von od. gegen etwas** ~ *sich abheben, deutlich unterscheiden von;* die hellen Möbel setzen sich gegen die dunklen Tapeten ab • 11.2 er setzt sich von seinen Kollegen ab *er geht zu seinen K. auf Distanz* **12** eine **Zeile** ~ *mit einer neuen Z. beginnen*

Ab|sicht ⟨f.; -, -en⟩ **1** *Wille, etwas zu tun, um ein Ziel zu erreichen, Bestreben;* ohne böse ~; in der besten ~; es war wirklich nicht meine ~, das zu tun; in der ~, etwas zu tun • 1.1 *Vorsatz, Vorhaben;* die ~ hegen, etwas zu tun; jmd. hat eine ~; es besteht die ~ … • 1.1.1 **mit** ~ *vorsätzlich* • 1.2 in welcher ~? *zu welchem Zweck?* **2** ⟨meist Pl.⟩ *Plan, Ziel;* jmd. hat ~en; jmds. ~en vereiteln; →a. *ernst (3.1)*

ab|sicht|lich ⟨schweiz. ['---] Adj. 90⟩ *mit Absicht, vorsätzlich;* eine ~e Täuschung; etwas ~ nicht sagen

ab|sin|gen ⟨V. 243/500⟩ **1** ein **Lied** ~ • 1.1 *vom Blatt singen* • 1.2 *ohne Ausdruck singen* • 1.3 *von Anfang bis Ende singen* **2** die **Stimme** ~ *durch vieles Singen verbrauchen*

ab|sit|zen ⟨V. 246⟩ **1** ⟨500⟩ eine **Zeit** ~ ⟨umg.⟩ *so lange sitzen, bis eine Z. zu Ende ist* • 1.1 **Strafe** ~ *in der Strafanstalt verbüßen* • 1.2 die **Arbeitszeit** ~ *ohne rechte Beschäftigung (im Büro) sitzen, bis die A. zu Ende ist* **2** ⟨500⟩ **etwas** ~ ⟨umg.⟩ *durch vieles Sitzen abschaben;* eine Hose ~; abgesessene Samtsessel **3** ⟨400(s.)⟩ *absteigen;* vom Pferd, Fahr-, Motorrad ~ **4** ⟨410⟩ **von jmdm.** od. **etwas** ~ *weit entfernt sitzen* **5** ⟨405⟩ Sitz ab! ⟨schweiz.⟩ *nehmen Sie Platz!*

ab|so|lut ⟨Adj.⟩ **1** *unabhängig, losgelöst, für sich, einzeln betrachtet;* Ggs *relativ (1)* • 1.1 ~e **Bewegung** *(physikalisch nicht denkbare) B. ohne Bezugssystem* • 1.2 ~es **Gehör** *Fähigkeit, ohne vergleichbare Töne* die Höhe eines Tones zu erkennen • 1.3 ~e **Feuchtigkeit** *Feuchtigkeitsgehalt der Luft ohne Rücksicht auf Temperatur* • 1.4 ~e **Helligkeit** *H. eines Sternes, ungeachtet der durch seine Entfernung bedingten Sichtbarkeit am Himmel* • 1.5 ~e **Mehrheit** *M. von mehr als 50 %* **2** *unbeschränkt, völlig* • 2.1 ~er **Superlativ** *S., der keine weitere Steigerung zuläßt* • 2.2 ~e **Monarchie** *Alleinherrschaft durch einen Monarchen, der Staatsoberhaupt, oberster Richter und Gesetzgeber ist* • 2.3 ~es **Vertrauen** *unbedingtes V. ohne jede Einschränkung* • 2.4 ~es **Maßsystem** ⟨veraltet⟩ *System der gesetzlich festgelegten Maßeinheiten* • 2.5 ~e **Atmosphäre** ⟨veraltet; Zeichen: ata⟩ = *Atmosphäre (2)* • 2.6 ~er **Nullpunkt** *die tiefste erreichbare Temperatur (-273,16 °C)* • 2.7 ~e **Temperatur** *auf den absoluten Nullpunkt bezogene T.* • 2.8 ~e **Zahl** *eine ohne Vorzeichen betrachtete Z.* **3** *unbedingt* • 3.1 ~e **Kunst** *ungegenständliche, abstrakte K.* • 3.2 ~e **Musik** *M., der keine außermusikalischen Vorstellungen zugrunde liegen* • 3.3 ~e **Rechte** *R., die gegenüber jedem wirksam sind* • 3.4 ~er **Scheidungsgrund** *S., der ein Verlangen nach Scheidung rechtfertigt, ohne Rücksicht darauf, ob die Ehe zerrüttet ist* • 3.5 **rein** • 3.5.1 ~er **Alkohol** *wasserfreier Ethylalkohol* **4** ⟨50⟩ *durchaus, gänzlich, überhaupt, völlig;* das ist ~ unmöglich

Ab|so|lu|ti̱on ⟨f.; -, -en; kath. Kirche⟩ *Vergebung, Freisprechung von Sünden (nach der Beichte);* jmdm. ~ erteilen

Ab|so|lu|tis|mus ⟨m.; -; unz.⟩ *Alleinherrschaft eines Monarchen, der uneingeschränkt über Gesetzgebung, Gerichtsbarkeit und Militär bestimmt, absolute Monarchie*

Ab|sol|vent ⟨[-vɛnt] m.; -en, -en⟩ *jmd., der eine Ausbildung, die Schule, einen Lehrgang od. ein Studium erfolgreich abgeschlossen hat*

Ab|sol|ven|tin ⟨[-vɛn-] f.; -, -tin|nen⟩ *weibl. Absolvent*

ab|sol|vie|ren ⟨[-vi:-] V. 500⟩ **1** jmdn. ~ *befreien, los-, freisprechen, jmdm. die Absolution erteilen* **2** eine **Ausbildung,** das Gymnasium, einen Lehrgang, Studien, ein Pensum ~ *durchlaufen, erfolgreich beenden, abschließen* • 2.1 absolvierter Konservatorist ⟨veraltet⟩ *jmd., der sein Studium am Konservatorium erfolgreich abgeschlossen hat* **3** ein **Gastspiel** ~ *geben, beenden, ableisten*

ab|son|der|lich ⟨Adj.⟩ *merkwürdig, eigentümlich, besonders, gesondert, seltsam, sonderbar;* ein ~es Benehmen; ein ~er Mensch

ab|son|dern ⟨V. 500⟩ **1** ⟨Vr 7⟩ etwas od. **jmdn.** ~ *trennen, abseitshalten;* Sy isolieren (1); Kranke, Häftlinge ~; er sondert sich von seinen Bekannten ab; die Kälber von den Kühen ~ **2** etwas ~ *ausscheiden;* Nadelhölzer sondern Harz ab; Drüsen sondern Sekret ab • 2.1 ⟨Vr 3⟩ etwas sondert **sich** ab *wird ausgeschieden;* Eiter sondert sich ab

ab|sor|bie̱|ren ⟨V. 500⟩ **1** etwas ~ *einsaugen, aufsaugen, aufzehren* **2** jmdn. ~ *völlig in Anspruch nehmen*

ab|span|nen ⟨V.⟩ **1** ⟨500⟩ etwas ~ *Spannung vermindern, entspannen* • 1.1 ⟨400; fig.⟩ *sich erholen, entspannen, sich ausruhen;* nach der Arbeit ~ **2** ⟨500⟩ **Zugtiere,** Pferde ~ *ihnen das Geschirr abnehmen*

3 ⟨500⟩ hochragende **Bauten** ~ ⟨Tech.⟩ *mit Spannseil sichern;* einen Schornstein ~

Ab|span|nung ⟨f.; -; unz.⟩ **1** *Nachlassen, Verminderung der Spannung* **2** *Spannseil* **3** *Ermüdung, Erschöpfung;* körperliche ~

ab|spei|sen ⟨V.⟩ **1** ⟨500⟩ jmdn. ~ *mit Speise versorgen* **2** ⟨505⟩ jmdn. ~ (**mit**) ⟨fig.; umg.⟩ *mit etwas Minderwertigem abfertigen;* sich mit Redensarten ~ lassen

ab|spens|tig ⟨Adj. 52⟩ jmdm. jmdn. ~ machen *entfremden, weglocken, wegnehmen;* er hatte ihm seine Geliebte, seine Freunde ~ gemacht

ab|sper|ren ⟨V. 500⟩ **1** etwas ~ *abschließen, (ver)sperren;* ich habe vergessen (die Tür, das Haus) abzusperren • 1.1 den **Dampf** ~ *(mit Hilfe eines Ventils) am Ausströmen hindern* **2** etwas ~ *für den Verkehr sperren;* den Weg, die Straße, den Hafen ~ **3** **Telefon** ~ *außer Betrieb setzen* **4** ⟨Vr 7⟩ **jmdn.** ~ ⟨a. fig.⟩ *jmdn. einschließen, absondern;* du sperrst dich von der Welt ab

ab|spie|len ⟨V. 500⟩ **1** etwas ~ *vom Anfang bis zum Ende spielen, ablaufen lassen, vorführen;* eine Kassette, eine CD ~ **2** ein **Musikstück** (vom Blatt) ~ *nach Noten spielen, ohne vorher geübt zu haben* **3** den **Ball** ~ ⟨Ballspiele⟩ *an einen (freien) Spieler der eigenen Mannschaft abgeben, weiterleiten* • 3.1 **Billardball** von der Bande ~ *von der Bande aus abstoßen* **4** ⟨Vr 3⟩ etwas spielt **sich** ab *ereignet sich, findet statt;* folgende Szene spielte sich vor unseren Augen ab

Ab|spra|che ⟨f.; -, -n⟩ *Abrede, Verabredung, Vereinbarung;* nach vorheriger ~; geheime ~n treffen; das entspricht nicht der ~

ab|spre|chen ⟨V. 251⟩ **1** ⟨500/Vr 8⟩ etwas (mit jmdm.) ~ *verabreden, abmachen;* wir müssen das noch (mit ihm) ~; wir haben uns abgesprochen, daß … **2** ⟨530/Vr 5⟩ jmdm. etwas ~ *in Abrede stellen, aberkennen;* jmdm. Kenntnisse od. Fähigkeiten ~ • 2.1 jmdm. das **Recht** ~, etwas zu tun *versagen, verweigern* • 2.2 ⟨Part. Präs.⟩ ~d *abfällig;* in ~der Weise; ein ~des Urteil

ab|sprei|zen ⟨V. 500/Vr 7⟩ **1 Wände** von Baugruben od. Schächten ~ *durch Stützen gegen Einsturz sichern* **2** *spreizen, wegdrehen;* den kleinen Finger (von den übrigen) ~

ab|sprin|gen ⟨V. 253/400(s.)⟩ **1** *herunterspringen;* von einem (fahrenden) Fahrzeug, Zug ~; vom Pferd ~ • 1.1 mit dem Fallschirm aus einem Flugzeug ~ *(während des Fluges) aussteigen* **2** *empor-, wegschnellen, losspringen, sich abstoßen;* er springt mit dem linken Fuß ab **3** ein **Teil** springt ab *trennt sich springend ab;* mehrere Splitter sind schon abgesprungen **4** etwas springt ab *schlägt auf und springt zurück;* der Ball sprang von der Torlatte ab **5** ⟨fig.⟩ *(aus einer Gemeinschaft) austreten, sich distanzieren, sich von etwas lossagen;* gegen Ende des Kurses sind mehrere Teilnehmer abgesprungen

Ab|sprung ⟨m.; -(e)s, -sprün|ge⟩ **1** *das Los-, Abspringen;* der ~ mit Anlauf; ~ von einer Partei ⟨fig.⟩ **2** *das Herunterspringen;* ~ aus dem Flugzeug **3** ⟨meist Pl.⟩ *durch Pflanzenkrankheit verursachtes Abbrechen der Kiefertriebe des vergangenen Jahres*

abstammen

ab|stam|men ⟨V. 411(s.)⟩ **1** von jmdm.. ~ *jmds. Nachkomme sein* **2** von etwas ~ *sich ableiten;* dieses Wort stammt vom Lateinischen ab

Ab|stam|mung ⟨f.; -; unz.⟩ **1** *Herkunft;* sie ist von sehr edler ~ • **1.1** ~ eines **Wortes** ⟨Sprachw.⟩ *etymologische Herkunft* **2** *Stammbaum*

Ab|stand ⟨m.; -(e)s, -stän|de⟩ **1** *Entfernung, Zwischenraum* • **1.1** ~ halten von etwas od. jmdm. *in einer bestimmten Entfernung bleiben, Distanz wahren, sich etwas od. jmdm. nicht zu sehr nähern* • **1.2** in Abständen *mit räumlichen od. zeitlichen Zwischenräumen* **2** von etwas ~ nehmen ⟨Amtsdt.⟩ *auf etwas verzichten, von etwas absehen* **3** ⟨unz.⟩ *Zahlung für die Überlassung einer Sache*

ab|stat|ten ⟨V. 530; Funktionsverb⟩ **1** ⟨Vr 6⟩ jmdm. einen **Besuch** ~ *jmdn. besuchen* **2** jmdm. seinen **Dank** ~ *sich bedanken*

ab|stau|ben ⟨V. 500⟩ **1** ⟨Vr 7⟩ **Gegenstände** ~ *den Staub von etwas entfernen;* oV *abstäuben;* sie staubte die Bücher, die Bilder ab **2** etwas ~ ⟨umg.⟩ *stehlen, heimlich wegnehmen, mitgehen lassen;* Geld ~ • **2.1** als Geschenk erhalten *er hat ein Päckchen Zigaretten abgestaubt* **3** jmdn. ~ ⟨umg.⟩ *ausschimpfen* **4** ein **Tor** ~ ⟨umg.; Fußb.⟩ *ein T. durch Ausnutzen eines Zufalls ohne Mühe schießen*

ab|stäu|ben ⟨V. 500/Vr 7⟩ = *abstauben (1)*

ab|ste|chen ⟨V. 254⟩ **1** ⟨500⟩ etwas ~ *durch Stechen (mit einem scharfen Gerät) abtrennen* • **1.1 Rasen** ~ *mit dem Spaten abteilen* **1.2 Stahlstangen, -rohre** ~ *nach der Fertigstellung mit dem Abstechmeißel auf der Drehbank vom Rohrstück abtrennen* **2** ⟨500⟩ etwas ~ *ausfließen, ablaufen lassen;* den Hochofen ~; einen Teich ~ **2.1 Wein** ~ *den Fasswein vom Bodensatz trennen* **3** ⟨500⟩ **Tiere** ~ *durch einen Stich töten* **4** ⟨500⟩ den **Gegner** ~ ⟨Fechten⟩ *besiegen* **5** ⟨500⟩ einen **Kupferstich** ~ *nachbilden* **6** ⟨800⟩ **vom Lande** ~ ⟨Mar.⟩ *in See gehen* **7** ⟨800⟩ **von jmdm.** od. **etwas, gegen jmdn.** od. **etwas** ~ *deutlich anders sein als jmd. od. etwas, sich abheben gegen jmdn. od. etwas, sich unterscheiden von jmdn. od. etwas* **7.1** unvorteilhaft ~ gegen jmdn. od. etwas *schlecht abschneiden im Vergleich mit jmdn. od. etwas*

Ab|ste|cher ⟨m.; -s, -⟩ *kleiner Ausflug zu einem etwas abseits der eingeschlagenen Wegstrecke gelegenen Ort od. Ziel;* auf dem Weg nach Süden einen ~ nach München machen; wir machen noch einen kurzen ~ in die Psychologie ⟨fig.⟩

ab|ste|cken ⟨V. 500 od. 503/Vr 6⟩ **1** eine **Fläche**, Strecke ~ *durch Zeichen (an den Grenzen) markieren;* einen Bauplatz ~; sie haben den Platz für das Lager abgesteckt **2** *etwas Zusammengestecktes lösen;* eine Brosche ~ **3** ein **Kleid** ~ *mit Hilfe von Nadeln der Figur anpassen*

ab|ste|hen ⟨V. 256⟩ **1** ⟨400⟩ etwas steht ab *strebt vom Ansatzpunkt weg;* die Haare standen ihm vom Kopf ab; ~die Ohren **2** ⟨410⟩ *entfernt stehen;* er stand zu weit ab, um etwas sehen zu können **3** ⟨800⟩ von einer **Forderung**, einem **Vorhaben** ~ ⟨geh.⟩ *auf eine F., ein V. verzichten* **4** ⟨530/Vr 3⟩ **sich** die **Beine** ~ ⟨umg.⟩ *lange stehen müssen*

ab|stei|gen ⟨V. 400(s.)⟩ **1** *heruntersteigen;* von der Leiter ~; vom Pferd, vom Fahrrad ~ • **1.1** *bergab gehen* **2** *sinken;* das Flugzeug steigt ab • **2.1** *hinabführen;* die Straße steigt kurvenreich ab **3** ⟨fig.⟩ *an Ansehen, Geltung verlieren;* er ist auf dem ~den Ast **4** ⟨Sp.⟩ *in die nächsttiefere Spielklasse versetzt werden*

ab|stel|len ⟨V. 500⟩ **1** etwas ~ *wegstellen, hinstellen, niederlegen;* sein Glas auf die Fensterbank ~ • **1.1** *aufbewahren;* das Fahrrad kannst du im Hof ~ **2** etwas ~ *aufhören lassen zu gehen, außer Betrieb setzen* • **2.1** *ausschalten, ausdrehen;* eine Maschine, Uhr ~; den Wecker ~ • **2.2** *die Zuleitung unterbrechen;* Gas, Licht, Wasser ~ **3** einen **Missstand**, **Schaden** ~ *beseitigen* **4** ⟨550⟩ etwas **auf** eine **Sache** ~ *etwas nach einer S. ausrichten, orientieren;* das Programm ist ganz auf den Publikumsgeschmack abgestellt

ab|ster|ben ⟨V. 259/400(s.)⟩ **1** etwas stirbt ab *geht langsam ein;* der Baum stirbt ab **2** ⟨Med.⟩ *immer weniger, geringer werden, zugrunde gehen;* das Gewebe stirbt ab **3** *nichts mehr empfinden, gefühllos sein;* meine Beine sind wie abgestorben; meine Füße sterben ab; seine Gefühle ihr gegenüber sind abgestorben

Ab|stich ⟨m.; -(e)s, -e⟩ *das Abstechen (1-2)*

Ab|stieg ⟨m.; -(e)s, -e⟩ **1** ⟨meist unz.⟩ *das Ab-, Hinabsteigen;* wir wurden durch einen Schneesturm zum ~ gezwungen **2** *bergab führender Weg;* ein steiler, gefährlicher ~ **2.1** ⟨fig.⟩ *Verschlechterung, Niedergang;* wirtschaftlicher ~; unsere Fußballmannschaft ist vom ~ bedroht

ab|stil|len ⟨V.⟩ **1** ⟨500⟩ einen **Säugling** ~ *von der Muttermilch entwöhnen u. auf andere Nahrung umstellen* **2** ⟨400⟩ *aufhören zu stillen;* ich habe vor einem Monat abgestillt

ab|stim|men ⟨V.⟩ **1** ⟨400 od. 800⟩ *durch Abgeben seiner Stimme zu einer Entscheidung beitragen;* über eine Gesetzesvorlage ~ **2** ⟨500⟩ etwas ~ *im Ton (über-ein)stimmend machen* • **2.1 Instrumente** ~ *stimmen* • **2.2** das **Radio** ~ *genau auf eine Wellenlänge einstellen* **3** ⟨505⟩ **Sachen** (**aufeinander, miteinander**) ~ *übereinstimmen, zueinander passend machen;* wir müssen unsere Urlaubswünsche (aufeinander) ~ **4** ⟨517/Vr 3⟩ **sich mit jmdm.** ~ *absprechen;* wegen des Urlaubs hat er sich mit seinen Kollegen abgestimmt

Ab|stim|mung ⟨f.; -, -en⟩ **1** *Anpassung, Angleichung, Übereinstimmung;* die ~ der Farben ist gut **2** *Wahl, Stimmabgabe;* eine geheime, öffentliche ~; die ~ ergab nur eine knappe Mehrheit • **2.1 zur** ~ **bringen** *abstimmen lassen über* • **2.2 zur** ~ **schreiten** *(feierlich) mit der Stimmabgabe beginnen* **3** ~ der **Wellenlänge** ⟨Funkw.⟩ *Einstellung der W.*

ab|sti|nent *auch:* **abs|ti|nent** ⟨Adj.⟩ *enthaltsam (bes. den Genuss von Alkohol betreffend)*

Ab|stoß ⟨m.; -es, -stö|ße⟩ **1** *Stoß, der von einer Sache weg gerichtet ist* **2** ⟨Fußb.⟩ *Abschuss des Balles (vom Tor)*

ab|sto|ßen ⟨V. 262⟩ **1** ⟨500/Vr 7⟩ **jmdn.** od. **etwas** ~ *wegstoßen, mit einem Stoß wegbewegen;* er stieß sich mit beiden Füßen vom Rand ab • **1.1** den **Ball** ~

⟨Fußb.⟩ *vom Tor ins Spiel bringen* **2** ⟨400⟩ ein **Schiff** stößt ab *entfernt sich vom Land* **3** ⟨500⟩ **etwas ~** *durch einen Stoß od. durch wiederholtes Anstoßen beschädigen, abnutzen, abschlagen, abbrechen;* die Möbel sind abgestoßen; die Ecken ~; →a. **Horn**[1] *(4.1)* • **3.1** ⟨Vr 3⟩ **etwas** stößt **sich** ab *nutzt sich durch wiederholte Stöße ab;* die Schuhkappen stoßen sich leicht ab **4** ⟨500/Vr 8⟩ **jmdn.** od. **etwas ~** *zurückstoßen;* Wachs stößt Wasser ab; gleichnamige Pole stoßen einander ab • **4.1 jmdn.** ~ ⟨fig.⟩ *jmds. Widerwillen, Ekel, Abscheu erregen;* sein Benehmen stößt mich ab **5** ⟨500⟩ **Ware ~** *(schnell) verkaufen, (billig) absetzen* • **5.1** Ware mit Verlust ~ *verschleudern, unter Preis verkaufen* **6** ⟨500⟩ **Töne** (kurz) **~** *staccato spielen*

ab|stot|tern ⟨V. 500; umg.⟩ einen Geldbetrag ~ ⟨umg.⟩ *nach u. nach bezahlen, in Raten abzahlen*

Abs|tract auch: **Abs|tract** ⟨[æ:bstrækt] m.; -s, -s⟩ *kurze, meist schriftlich abgefasste Inhaltsangabe eines Vortrags, Artikels o. Ä.*

abs|trakt auch: **abs|trakt** ⟨Adj.⟩ **1** *von der Wirklichkeit abgetrennt, begrifflich verallgemeinert, nur gedacht, unanschaulich;* Ggs konkret • **1.1** ~e **Kunst** *Kunstrichtung, die durch frei erfundene Formen Eigenes schaffen will, das seine Vorlage nicht in der uns umgebenden Wirklichkeit finden muss* • **1.2** ~es **Rechtsgeschäft** *ein selbstständiges, vom Rechtsgrund (Gesetz, Vertrag) unabhängiges R* •

ab|strei|chen ⟨V. 263⟩ **1** ⟨500⟩ **etwas ~** *durch Streichen entfernen;* die Asche von der Zigarre ~ **2** ⟨500⟩ **etwas ~** *durch Streichen von etwas säubern;* die Füße ~ • **2.1** ein **Messglas ~** *abnehmen, was über das Maß hinausgeht* • **2.2** ein **Rasiermesser ~** *abwischen, abziehen* **3** ⟨550⟩ **etwas von etwas ~** *abziehen;* von den Neuerungen wurde die Hälfte abgestrichen **4** ⟨500⟩ **etwas ~** *durch Darüberstreichen absuchen;* die Scheinwerfer strichen das Ufer ab • **4.1** der **Raubvogel** streicht das **Feld** ab ⟨Jägerspr.⟩ *sucht das F. nach Beute ab* **5** ⟨400⟩ **Federwild** streicht ab *fliegt weg*

ab|strei|fen ⟨V. 500⟩ **1** befestigte Gegenstände ~ *durch Streifen von etwas entfernen;* Beeren (von den Stielen) ~ • **1.1** ⟨503/Vr 5 od. Vr 6⟩ **etwas ~** *durch streifende Bewegung säubern;* sich die Füße ~ **2** einen **Aal ~** *einem A. die Haut abziehen* **3** ⟨503/Vr 5 od. Vr 6⟩ **etwas ~** *durch Herunterstreifen von sich ablegen, ausziehen;* (jmdm. od. sich) Handschuhe, Kleider ~ • **3.1** die Schlange streift die Haut ab *häutet sich* • **3.2 Fehler, Gewohnheiten ~** *ablegen*

ab|strei|ten ⟨V. 264/500⟩ **1** etwas ~ *in Abrede stellen, bestreiten, leugnen;* er streitet es ab, dabei gewesen zu sein; es lässt sich nicht ~, dass ... • **1.1** ⟨530/Vr 5⟩ **jmdm. etwas ~** *nicht zugestehen wollen;* Sy absprechen *(2);* das lasse ich mir nicht ~!

Ab|strich ⟨m.; -(e)s, -e⟩ **1** *Strich nach unten (beim Schreiben)* **2** *Verringerung, Abzug;* am Haushaltsplan wurden einige ~e gemacht **3** ⟨Met.⟩ *bei der trockenen Raffination des Bleis entstehende Verbindungen, die sich in der Schmelze an der Oberfläche sammeln u. von dort entfernt (abgestrichen) werden können* **4** ⟨Med.⟩ *Entnahme von Absonderungen aus Wunden und von der Schleimhaut zur mikroskopischen od. bakteriologischen Untersuchung* • **4.1** *der entnommene Schleim selbst*

abs|trus auch: **abs|trus** auch: **abst|rus** ⟨Adj.⟩ *verworren, schwer verständlich, merkwürdig;* seine Bemerkungen waren ziemlich ~

ab|stu|fen ⟨V. 500⟩ **1** etwas ~ ⟨a. fig.⟩ *stufenförmig gliedern, stufenförmig einteilen;* Gelände ~ • **1.1** eine **Skala ~** *in verschiedene Messbereiche einteilen, unterteilen* **2 Farbtöne ~** ⟨fig.⟩ *in verschiedene Schattierungen gegeneinander absetzen, abschattieren*

ab|stump|fen ⟨V.⟩ **1** ⟨500⟩ **etwas ~** *stumpf machen;* eine Schneide, Kante, Spitze ~ • **1.1 jmdn.** od. **etwas ~** ⟨fig.⟩ *jmdn. od. etwas gefühllos machen;* sein Schicksal hat ihn völlig abgestumpft; die lange Zeit im Gefängnis hat seine Gefühle abgestumpft **2** ⟨400(s.)⟩ **etwas stumpft ab** *etwas wird stumpf;* die Klinge stumpfte ab • **2.1 jmd.** od. **etwas** stumpft ab ⟨fig.⟩ *jmd. od. etwas wird unempfindlich, träge, gleichgültig;* der Kranke war schon abgestumpft; ihr Empfinden war abgestumpft

Ab|sturz ⟨m.; -es, -stür|ze⟩ **1** *Herunterfallen, Sturz in die Tiefe;* ~ eines Flugzeugs **2** ⟨EDV⟩ *das Abstürzen (3)*

ab|stür|zen ⟨V. 400(s.)⟩ **1** *herunterfallen, in die Tiefe stürzen;* ein Flugzeug ist abgestürzt; er stürzte beim Klettern ab **2** an dieser Stelle stürzt der **Berg** (jäh) ab *fällt steil ab* **3** ⟨EDV⟩ *zusammenbrechen (von Computersystemen, -programmen)*

ab|surd ⟨Adj.⟩ **1** *abwegig, widersinnig* **2** *unsinnig, unvernünftig*

Abs|zess auch: **Abs|zess** ⟨m.; -es, -e⟩ *eitrige Geschwulst, Ansammlung von Eiter im Gewebe*

Abs|zis|sen|ach|se auch: **Abs|zis|sen|ach|se** ⟨[-ks-] f.; -, -n; Math.⟩ = x-Achse

Abt ⟨m.; -(e)s, Äb|te⟩ *Vorsteher eines Klosters*

ab|ta|keln ⟨V. 500⟩ **1** ein **Schiff ~** ⟨Mar.⟩ *die Takelage vom Schiff abbauen, ein Schiff außer Dienst stellen* **2 jmdn. ~** ⟨fig.⟩ *des Amtes entheben*

ab|tau|en ⟨V.⟩ **1** ⟨400(s.)⟩ *schmelzen, sich lösen* (von Eis, Schnee); das Eis taut ab **2** ⟨500⟩ *von Eis befreien, zum Abschmelzen bringen;* einen Kühlschrank, das Eisfach ~

Ab|tei ⟨f.; -, -en⟩ *Kloster, dem ein Abt od. eine Äbtissin vorsteht*

Ab|teil ⟨a. ['--] n.; -(e)s, -e⟩ **1** *abgetrennter Raum im Eisenbahnwagen* **2** *Schrankfach*

ab|tei|len ⟨V. 500⟩ **1 etwas ~** *einteilen, trennen;* in Portionen ~ • **1.1** ein **Wort ~** *nach Silben trennen* **2** ⟨Vr 7⟩ *absondern* **3 Haare ~** *scheiteln*

Ab|tei|lung[1] ⟨f.; -; unz.⟩ *das Abteilen, Abtrennung, Loslösung, Zerlegung*

Ab|tei|lung[2] ⟨f.; -, -en⟩ **1** *Abschnitt, Teil eines gegliederten Ganzen* • **1.1** *zu einem Zweck zusammengefasste organisatorische Einheit* • **1.1.1** in der ~ für Anfänger reiten *in einer aus Anfängern gebildeten Gruppe reiten* **2** ⟨Biol.⟩ *Merkmal der Einteilung in der systematischen Biologie, zwischen Gruppe u. Klasse angeordnet* **3** ⟨Geol.⟩ *Abschnitt der Erdgeschichte zwischen*

abtöten

Formation u. Stufe **4** ⟨Mil.⟩ *Einheit von 2 bis 4 Kompanien od. Batterien* **5** *Zweig eines Betriebes mit bestimmtem Aufgabengebiet;* ~ *einer Behörde, einer Bank, eines Betriebes, eines Krankenhauses; Leiter einer* ~ *sein* **6** ⟨Forstw.⟩ *Teil eines Waldes*

ab|tö|ten ⟨V. 500⟩ **1** ⟨Vr 7 od. Vr 8⟩ *etwas* ~ = *töten, vernichten;* Bakterien ~; einen Nerv ~ **2 Schmerz** ~ ⟨fig.⟩ *stillen, mit Hilfe eines Medikamentes unterdrücken* **3 Begierden** ~ ⟨fig.⟩ *unterdrücken* • **3.1** ⟨Rel.⟩ *sich kasteien*

ab|tra|gen ⟨V. 265/500⟩ *etwas* ~ **1** ⟨geh.⟩ *vom Tisch abräumen;* die Speisen ~ **2** *Stein für Stein abbrechen;* Gebäude ~ **3** *einebnen;* Gelände ~ **4** *nach u. nach fortschaffen, beseitigen;* eine Geschwulst (operativ) ~ **5** *eine* **Schuld** ~ ⟨geh.⟩ *(in Raten) abzahlen* **6 Kleider** ~ *durch Tragen abnutzen* **7** ⟨505/Vr 3⟩ **sich (mit etwas)** ~ ⟨umg.⟩ *(etwas) mühsam tragen, schleppen*

ab|träg|lich ⟨Adj.; geh.⟩ *schädlich, nachteilig;* das ist seinem Ruf ~

ab|trans|por|tie|ren ⟨V. 500⟩ *jmdn. od. etwas* ~ *(mit einem Fahrzeug) wegbefördern, fortbringen;* die Schwerverletzten ~; Sperrmüll, Unrat ~

ab|trei|ben ⟨V. 267/500⟩ *etwas treibt jmdn. od. etwas ab bringt jmdn. od. etwas vom Weg, Kurs ab;* die Strömung hat den Schwimmer abgetrieben **2** ⟨400⟩ *durch Wind od. Seegang vom Kurs abkommen;* das Boot treibt ab **3** ⟨400⟩ *eine bestehende Schwangerschaft durch Entfernung des Embryos beenden;* sie hat im zweiten Monat abgetrieben **4** ⟨500⟩ *etwas* ~ *aus dem Körper heraustreiben* • **4.1 Würmer** ~ *zur Ausscheidung bringen* **5** ⟨500⟩ **Weidevieh** ~ *von der Weide zu Tal treiben* **6** ⟨530/Vr 6⟩ *jmdn.* **seine Beute** ~ *abjagen* **7** ⟨500⟩ **Edelmetalle** ~ ⟨Met.⟩ *von Bleibeimengungen abtrennen* **8** ⟨500⟩ *eine* **Galerie** ~ ⟨Bgb.⟩ *Stollen anlegen*

Ab|trei|bung ⟨f.; -, -en⟩ *Abbruch der Schwangerschaft durch Entfernung des Embryos;* eine ~ vornehmen

ab|tren|nen ⟨V. 500⟩ **1** *etwas* ~ *(los)lösen;* eine Briefmarke von dem Bogen ~; Gebietsteile ~ ⟨fig.⟩ **2** *etwas* **Angenähtes** ~ *ablösen, abschneiden;* den Besatz eines Kleides ~ **3 Glieder** ~ ⟨Chir.⟩ *amputieren* **4** *etwas* ~ *absondern, abteilen;* die Duschecke ist durch eine Wand vom übrigen Badezimmer abgetrennt

ab|tre|ten ⟨V. 268⟩ **1** ⟨500⟩ *etwas* ~ *durch Treten ablösen, abbrechen* **2** ⟨530/Vr 1⟩ *sich die* **Füße** ~ *durch festes Auftreten säubern* **3** ⟨530⟩ *jmdm. etwas* ~ *überlassen;* jmdm. seine Geschäfte, Rechte ~ **4** ⟨400(s.)⟩ *einen bestimmten Ort verlassen; von der Bühne* ~ • **4.1** ~ *lassen* ⟨Mil.⟩ *wegtreten lassen* **5** ⟨800(s.)⟩ *sich von etwas zurückziehen;* aus dem öffentlichen Leben ~; vom Amt des Bürgermeisters ~; die Leitung eines Unternehmens an Jüngere ~ **6** ⟨400(s.)⟩ *den Abort aufsuchen*

Ab|tre|ter ⟨m.; -s, -⟩ *Fußmatte zum Abtreten des Schmutzes von der Schuhsohle*

Ab|tre|tung ⟨f.; -, -en⟩ **1** *Überlassung* **2** ~ *an Zahlungs statt Hergabe von Sachen od. Rechten anstelle einer Z.*

Ab|trieb ⟨m.; -(e)s, -e⟩ **1** *Hinabtreiben (des Viehs) von den Almen;* Ggs *Auftrieb (1);* Alm ~ **2** ⟨Tech.⟩ *am letzten Glied einer Maschine abgegebene Kraft*

Ab|tritt ⟨m.; -(e)s, -e⟩ **1** ~ *eines* **Schauspielers** *Abgang von der Bühne* **2** ⟨fig.⟩ *Tod* **3** ⟨umg.⟩ *Abort*¹ **4** *Ausscheiden aus einer Position;* ~ *eines Beamten, Politikers*

ab|trock|nen ⟨V.⟩ **1** ⟨500/Vr 7 od. 530/Vr 6⟩ *jmdn. od. (jmdm.) etwas* ~ *trockenmachen;* das Geschirr ~; sich die Füße ~; das nasse Kind ~; ich habe mich noch nicht abgetrocknet • **1.1 etwas** *trocknet* **etwas** *ab macht etwas trocken;* die Sonne hat die Wege gut abgetrocknet **2** ⟨400(s.)⟩ *etwas trocknet ab wird trocken;* das Geschirr trocknet von selbst ab

ab|trün|nig ⟨Adj.; geh.⟩ **1** *treulos* **2** *von einer Partei, Glaubensrichtung abgefallen*

ab|tun ⟨V. 272/500⟩ **1** *etwas* ~ ⟨umg.⟩ *ablegen;* Kleider ~; Gewohnheiten ~ **2** *eine* **Sache** ~ ⟨veraltet⟩ *beendigen, erledigen;* ein Geschäft, eine Angelegenheit ~; Streit ~ • **2.1** *das ist damit nicht abgetan noch nicht beendet, noch nicht genug* • **2.2 Missbrauch** ~ *abstellen, abschaffen* **3** *eine* **Sache** ~ *geringschätzig ablehnen, sich nicht mit einer S. zu befassen;* einen Vorschlag mit der Bemerkung „unmöglich" ~

ab|wä|gen ⟨V. 278/500⟩ **1** *etwas* ~ *bedächtig überlegen, abschätzend erwägen;* die Worte ~ **2** *zwei* **Dinge** *gegeneinander* ~ *die Vorzüge und Nachteile zweier D. vergleichen*

ab|wäl|zen ⟨V. 505⟩ **1** *eine* **Last** (auf andere) ~ *von sich (auf andere) wälzen, abschieben* **2 Steuern** *auf den Verbraucher* ~ ⟨fig.⟩ *S. durch Preiserhöhung den V. zahlen lassen* **3 Arbeit,** Bürde von sich ~ ⟨fig.⟩ *anderen auferlegen* **4 Schuld,** Verdacht von sich ~ ⟨fig.⟩ *sich von S., V. unberechtigt befreien*

ab|wan|deln ⟨V. 500⟩ **1** *etwas* ~ *umwandeln, abändern;* das Thema ist hier leicht abgewandelt **2** *ein* **Nomen, Verb** ~ ⟨Gramm.⟩ = *beugen (6)*

Ab|wan|de|lung ⟨f.; -, -en; Gramm.⟩ *Beugung;* oV *Abwandlung*

ab|wan|dern ⟨V. 400⟩ **1** ⟨(s.)⟩ *von einem Ort an einen anderen ziehen;* die Bevölkerung wandert vom Land in die Städte ab; ein Hochdruckgebiet wandert nach Osten ab **2** ⟨(s.)⟩ *die Arbeitsstelle verlassen;* die Arbeitskräfte wandern aus der Landwirtschaft in die Industrie ab **3** ⟨(s.)⟩ *einem Betrieb od. Industriezweig entzogen werden;* Kapital, Devisen wandern ins Ausland ab **4** ⟨500⟩ *eine Gegend wandernd durchqueren;* bei seinen Ausflügen hat er das ganze Gebiet abgewandert

Ab|wand|lung ⟨f.; -, -en⟩ = *Abwandelung*

Ab|wart ⟨m.; -(e)s, -e; schweiz.⟩ *Hausmeister;* den ~ der Schule um Hilfe bitten

ab|war|ten ⟨V.⟩ **1** ⟨500⟩ *etwas od.* **jmdn.** ~ *auf etwas od. jmdn. warten;* einen günstigen Augenblick ~; den Briefträger ~ **2** ⟨400⟩ *geduldig bleiben, bis etwas geschieht;* warten Sie ab!; ~ und Tee trinken! ⟨fig.; umg.⟩ • **2.1** ~! ⟨umg.⟩ *man wird schon sehen*

ab|wärts ⟨Adv.⟩ **1** *nach unten* • **1.1** *Kinder von 3 Jahren* ~ *von 3 Jahren u. jünger*

ab|wärts|ge|hen ⟨V. 145/400(s.)⟩ **1** *hinuntergehen;* auf einer Treppe abwärtsgehen **2** ⟨fig.⟩ *es geht abwärts mit jmdm. od. etwas es wird schlechter;* mit der Firma wird es ~

ab|wa|schen ⟨V. 279⟩ **1** ⟨503/Vr 5 od. Vr 6⟩ **(jmdm.** od. **sich) etwas** ~ *mit Hilfe von Wasser (u. Seife) entfernen;* sich das Blut vom Gesicht ~; die alte Farbe ~ **2** ⟨500/Vr 7 od. Vr 8⟩ *etwas* od. *jmdn.* ~ *mit Hilfe von Wasser u. Seife reinigen;* das Auto gründlich ~; das Kind ~ **3** ⟨500⟩ • **3.1 Geschirr** ~ *spülen* • **3.2 Boden** ~ *wegschwemmen;* die Flut hat die Ufer abgewaschen

Ab|was|ser ⟨n.; -s, -wäs|ser⟩ *(aus Haushalten und Betrieben) abfließendes verschmutztes Wasser;* Reinigung, Wiederaufbereitung von ~

ab|wech|seln ⟨[-ks-] V.⟩ **1** ⟨505/Vr 3 od. Vr 4⟩ **sich (mit jmdm.)** ~ *wechselweise handeln, vorgehen;* sich beim Autofahren ~ • **1.1** *eine Tätigkeit im regelmäßigen Wechsel mit einem andern tun;* sich bei der Arbeit, im Dienst ~ **2** ⟨410⟩ **mit etwas** ~ *wechselweise auftreten, vorkommen;* Wälder wechseln mit Wiesen ab • **2.1 in** seiner **Beschäftigung** ~ *die Art der B. häufig wechseln*

Ab|wech|se|lung ⟨[-ks-] f.; -, -en⟩ = *Abwechslung*

Ab|wechs|lung ⟨[-ks-] f.; -, -en⟩ oV *Abwechselung* **1** *unterhaltsame Unterbrechung (des Alltags), Zerstreuung;* in eine Sache ~ bringen; das ist eine nette ~; der ~ wegen; zur ~ • **1.1** in einen **Raum** ~ **bringen** *einen R. vielfältig, bunt usw. gestalten* • **1.2** in eine **Gesellschaft** ~ **bringen** *zur Unterhaltung einer G. beitragen*

ab|we|gig ⟨Adj.⟩ **1** *sonderbar, unwirklich;* das kommt mir alles ziemlich ~ vor **2** *falsch, schädlich;* ein ~er Gedanke • **2.1** das ist gänzlich ~ *unvorstellbar*

Ab|wehr ⟨f.; -; unz.⟩ **1** ⟨a. fig.; Sp.⟩ *Zurückweisung eines Angriffs, Verteidigung;* ~ einer Krankheit; eine starke ~; sich auf die ~ konzentrieren **2** *Schutz;* Wind~ **3** *Schutzmittel;* Mücken~ **4** ⟨Mil.⟩ *Geheimdienst gegen Spionage* **5** ⟨Mil.; Sp.⟩ *Einheit zur Verteidigung;* Flieger~, Luft~; unsere ~ spielte heute sehr schwach **6** *Widerstand, Ablehnung;* auf ~ stoßen

ab|weh|ren ⟨V. 500⟩ **1** *jmdn.* od. *etwas* ~ ⟨a. fig.⟩ *zurückweisen;* den Feind ~; Dank, Lob ~; Gefahr ~; einen Angriff ~; eine Krankheit ~; üble Folgen ~ • **1.1** einen **Hieb, Schlag** ~ *verhindern, dass ein H., S. trifft* • **1.2** ⟨Fechten⟩ = *parieren (1)* **2** *jmdn.* od. *etwas* ~ *fernhalten, sich dagegen schützen;* Kälte ~; die Besucher ~; die neugierigen Fragen ~ • **2.1** *verscheuchen;* die Mücken ~

ab|wei|chen¹ ⟨V.⟩ **1** ⟨500⟩ **etwas** ~ *ablösen durch Einweichen;* eine Briefmarke von einem Umschlag ~ **2** ⟨400⟩ *etwas* weicht ab *löst sich durch Feuchtigkeit ab;* das Etikett ist abgeweicht

ab|wei|chen² ⟨V. 281(s.)⟩ **1** ⟨400 od. 800⟩ **von etwas** ~ *sich von einer Richtung entfernen;* vom Kurs ~; vom Weg ~; →a. *recht (6.1.2)* • **1.1** von der **Regel** ~ *eine Ausnahme bilden* • **1.2** vom **Thema** ~ *abkommen, nicht bei einem T. bleiben* **2** ⟨800⟩ **von jmdm.** od. **etwas** ~ *anders, verschieden sein, nicht gleichen;* unsere Ansichten weichen in dieser Frage voneinander ab

ab|wei|sen ⟨V. 282/500⟩ **1** *jmdn.* od. *etwas* ~ *ablehnen, zurückweisen;* ein Anerbieten ~; eine Bitte ~; eine Erbschaft ~; Klage ~; einen Liebhaber ~; Wechsel ~; sich nicht ~ lassen; jmdn. barsch, höflich, kurz, schroff ~; ein ~des Gesicht machen; sich ~d verhalten **2** einen **Angriff** ~ *zurückschlagen*

ab|wen|den ⟨V. 283/500⟩ **1** ⟨505/Vr 7⟩ **sich** od. **etwas (von etwas)** ~ *nach einer anderen Seite wenden;* den Blick ~; sich vom Wege ~ • **1.1** sich von etwas od. jmdm. od. einem Vorhaben ~ *sich zurückziehen* • **1.2** seine Hand von jmdm. ~ ⟨fig.⟩ *jmdm. seine Gunst (Fürsorge) entziehen* **2** eine **Sache** ~ ⟨fig.⟩ *verhindern, beseitigen, abwehren;* Gefahr ~; einen Hieb ~; Nachteile ~

ab|wer|fen ⟨V. 286/500⟩ **1** *etwas* od. *jmdn.* ~ *nach unten, zur Erde werfen;* den Reiter ~ (vom Pferd); die Bettdecke ~ • **1.1** das **Geweih** ~ ⟨Jägerspr.⟩ *zu einer bestimmten Jahreszeit verlieren* • **1.2** die **Maske** ~ ⟨fig.⟩ *sein wahres Gesicht zeigen* • **1.3 Karten** ~ *ablegen* **2** ⟨fig.⟩ *sich von etwas befreien;* ein Joch ~ **3** *etwas* wirft *etwas* ab *bringt etwas ein;* Gewinn ~

ab|wer|ten ⟨V. 500/Vr 7 od. Vr 8⟩ Ggs *aufwerten* **jmdn.** od. **etwas** ~ *geringer schätzen, niedriger bewerten, im Wert herabsetzen;* jmds. Leistungen, Können ~; eine Währung ~

ab|we|send ⟨Adj. 24⟩ Ggs *anwesend* **1** *nicht anwesend, nicht da, ferngeblieben;* ~ sein; drei Schüler sind ~ • **1.1** seit 2 Tagen (von zu Hause usw.) ~ sein *seit 2 T. nicht mehr da gewesen sein* **2** ⟨fig.⟩ *zerstreut, mit den Gedanken nicht bei der Sache sein;* geistes~; er saß stumm und ~ da

Ab|we|sen|heit ⟨f.; -; unz.⟩ **1** *Nichtgegenwärtigsein, Nichtanwesenheit;* kurze, ständige, zeitweilige ~ • **1.1** durch ~ **glänzen** ⟨fig.; umg.; meist scherzh.⟩ *durch Fernbleiben auffallen* • **1.2** jmdn. in ~ **verurteilen** *ihn verurteilen, ohne dass er beim Gerichtsverfahren gegenwärtig ist;* in ~ Verurteilter

ab|wi|ckeln ⟨V. 500/Vr 7⟩ **1** *etwas* ~ *etwas von einer Rolle wickeln, abrollen (1.2);* Binde, Garn, Knäuel ~ **2** *etwas* ~ ⟨fig.⟩ *etwas ordnungsgemäß erledigen;* Geschäfte, Aufträge ~ • **2.1** ⟨Vr 3⟩ **sich** ~ *sich abspielen;* die Ereignisse wickeln sich ab

Ab|wi|cke|lung ⟨f.; -, -en; Pl. selten⟩ = *Abwicklung*

Ab|wick|lung ⟨f.; -, -en⟩ *ordnungsgemäße, schrittweise Erledigung;* oV *Abwickelung*

ab|wie|gen ⟨V. 287/500⟩ *eine gewünschte Menge von einer größeren Menge abnehmen u. wiegen;* er muss 100 Gramm Salami ~

ab|wim|meln ⟨V. 500; umg.⟩ *(als lästig Empfundenes) ab-, zurückweisen;* aufdringliche Besucher ~; eine Arbeit, einen Auftrag ~

ab|wi|schen ⟨V.⟩ **1** ⟨503/Vr 5 od. Vr 6⟩ **(jmdm.) etwas** ~ *durch Wischen entfernen;* den Staub ~; das Blut (vom Gesicht) ~ **2** ⟨503/Vr 5 od. Vr 6⟩ *jmdn.* od. *etwas* ~ *durch Wischen säubern, putzen;* den Tisch ~; sich die Lippen (mit dem Taschentuch) ~

ab|wür|gen ⟨V. 500⟩ **1** ein **Lebewesen** ~ *zu ersticken versuchen, ihm die Kehle zudrücken;* der Marder würgte die Hühner ab • **1.1** *jmdn.* ~ ⟨fig.; umg.⟩ *vernichten;* die Gegner, die Opponenten ~ **2** *etwas* ~ ⟨fig.; umg.⟩ *im Keim ersticken, unmöglich machen;* ein Unternehmen, eine Sache ~ • **2.1** den **Motor** ~ *durch falsche Bedienung von Kupplung u. Bremse zum Stillstand bringen*

ab|zah|len ⟨V. 500⟩ etwas ~ *in Raten zahlen, allmählich bezahlen;* Schuld ~; Möbel ~; *wöchentlich, monatlich, vierteljährlich* ~

ab|zäh|len ⟨V.⟩ **1** ⟨500⟩ jmdn. od. etwas ~ *zählen (1);* die Anwesenden, die Schüler ~; Flaschen, Kisten ~ • 1.1 das Geld bitte abgezählt bereithalten *passend* • 1.2 ⟨511 od. 531/Vr 5⟩ (**sich**) **etwas an** den **Fingern** ~ *mit Hilfe der F. zählen* • 1.2.1 das kannst du dir doch an den fünf Fingern ~ ⟨fig.⟩ *das ist doch selbstverständlich, leicht durchschaubar* **2** ⟨400⟩ *durch Zählen auswählen u. für eine Aufgabe bestimmen;* die Kinder zählten ab, wer fangen sollte • 2.1 ⟨405⟩ **zu** vieren ~! ⟨Kommando⟩ *bis vier zählen, indem jeder in der Reihe die nächste Zahl nennt, und dann wieder von vorn beginnen*

Ab|zah|lung ⟨f.; -, -en⟩ *Teilzahlung, Rate;* etwas auf ~ (ver)kaufen

ab|zap|fen ⟨V.⟩ **1** ⟨500⟩ etwas ~ *durch ein Bohrloch abfließen lassen;* Bier, Wein (aus einem Fass) ~; Harz (aus Bäumen) ~ **2** ⟨530/Vr 5 od. Vr 6⟩ **jmdm. etwas** ~ *allmählich abnehmen* • 2.1 jmdm. Blut ~ *aus den Adern entnehmen* • 2.2 **jmdm. Geld** ~ ⟨fig.; umg.⟩ *durch unbescheidenes Fordern von jmdm. erhalten*

Ab|zei|chen ⟨n.; -s, -⟩ **1** *(die Zugehörigkeit zu einer bestimmten Gruppe symbolisierendes) Kennzeichen,* Plakette, Orden; Reit~; Schwimm~ **2** *(meist heller) sich deutlich von der Grundfarbe abhebender Fleck im Fell von Haustieren;* der Rappe hat ein weißes ~ auf der Stirn

ab|zeich|nen ⟨V. 500⟩ **1** etwas ~ *nach einer Vorlage zeichnen;* ein Bild ~ **2** ein **Schriftstück** ~ *mit dem abgekürzten Namenszug unterschreiben;* Sy signieren (1) **3** ⟨Vr 3⟩ etwas zeichnet **sich ab** *hebt sich ab, ist deutlich sichtbar;* die Umrisse der Türme zeichnen sich gegen den Himmel ab • 3.1 ⟨fig.⟩ *sich andeuten, erkennbar werden;* die Entwicklung zeichnet sich deutlich ab

ab|zie|hen ⟨V. 293⟩ **1** ⟨500⟩ etwas ~ *ziehend entfernen, wegnehmen* • 1.1 den Schlüssel ~ *aus dem Schloss ziehen* • 1.2 ⟨550⟩ etwas von jmdm. od. etwas ~ *abwenden;* die Blicke von der erfreulichen Erscheinung ~ • 1.2.1 seine Hand von jmdm. ~ ⟨fig.⟩ *jmdm. weiteren Schutz, weitere Hilfe versagen* **2** ⟨500⟩ etwas ~ *durch Herunterziehen von etwas befreien* • 2.1 ein **Bett** ~ *Bettbezüge abnehmen* • 2.2 ein **Tier** ~ *Fell (Haut) von einem T. ziehen* **3** ⟨500⟩ etwas ~ *herausziehen, (saugend) entnehmen;* Wasser ~ • 3.1 **Wein** ~ *vom Fass entnehmen u. in Flaschen füllen* **4** ⟨505⟩ etwas (von einem **Betrag**) ~ *abrechnen, subtrahieren;* Steuern vom Lohn ~; eine Summe vom Endbetrag ~ **5** ⟨500⟩ **Messer** ~ *glättend nachschleifen* **6** ⟨500⟩ etwas ~ *übertragen* • 6.1 **Bilder** ~ *kopieren, vervielfältigen* • 6.2 ⟨Typ.⟩ *einen Andruck, Abzug von etwas machen* **7** ⟨550⟩ etwas mit etwas ~ ⟨Kochk.⟩ *sämig machen;* eine Suppe mit Ei ~ **8** ⟨550⟩ jmdn. von einer **Sache** ~ *ablenken, abbringen;* jmdn. von seinen Gedanken ~; jmdn. von einem Plan ~ **9** ⟨400(s.)⟩ *sich ziehend entfernen* • 9.1 *abrücken, abmarschieren;* die Wache zieht ab • 9.2 *weg-, davongehen;* er zog beschämt ab • 9.2.1 zieh ab! ⟨umg.⟩ *fort mit dir!* • 9.3 etwas zieht ab *zieht weg;* der Rauch zieht gut ab; das Gewitter zog ab

ab|zie|len ⟨V. 800⟩ **1 auf etwas** ~ *etwas beabsichtigen, auf etwas gerichtet sein;* auf was zielst du damit ab? **2 auf jmdn.** ~ *jmdn. meinen;* auf wen zielt das ab?

Ab|zug ⟨m.; -(e)s, -züge⟩ **1** *das Abziehen (4)* • 1.1 etwas in ~ bringen *abziehen (4), vermindern* • 1.2 nach ~ der Kosten *nachdem ein Betrag um die Kosten gekürzt wurde* • 1.3 ohne ~ *zum vollen Rechnungsbetrag* **2** ⟨Mil.⟩ *Rückzug, Abmarsch (von Truppen)* **3** *Vorrichtung, durch die etwas abziehen kann* • 3.1 ⟨Tech., Chem.⟩ *Vorrichtung zum Ableiten von Dämpfen u. Gasen* • 3.2 *Graben oder Rohr zum Ableiten von Flüssigkeit* • 3.3 ~ von **Wein** *das Abziehen (3.1)* **4** ⟨Fot.⟩ *positive Kopie von einem Negativ;* einen Kontakt~ anfertigen **5** ⟨Typ.⟩ *Einzelabdruck vom Schriftsatz* **6** *Vorrichtung an Schusswaffen zum Auslösen des Schusses*

ab|zwei|gen ⟨V.⟩ **1** ⟨400 od. 500/Vr 3⟩ ein **Weg** zweigt (sich) ab *gabelt, spaltet sich ab;* der Weg zweigt hier ab **2** ⟨515⟩ etwas (**für sich**) ~ *heimlich wegschaffen*

Ab|zwei|gung ⟨f.; -, -en⟩ **1** *Verzweigung in zwei Arme;* ~ der Straße, Eisenbahn; bei der ~ rechts bleiben **2** ⟨Eisenb.⟩ *von der Hauptstrecke zu kleinen Orten führende Strecke* **3** *Nebenleitung*

Ac|ces|soire ⟨[aksεsoa:(r)] n.; -s, -s; meist Pl.⟩ *modisches Zubehör, z. B. Modeschmuck, Gürtel, Handtaschen, Handschuhe;* seine Kleidung mit den passenden ~s ergänzen

ach ⟨Int.⟩ **1** *(drückt Erstaunen, Schmerz usw. aus)* • 1.1 ~ **Gott**! *nein, so was!* • 1.2 ~ **ja**! *na ja, ja schon, gewiss doch* • 1.3 ~ **nein**! *gewiss nicht!, was du nicht sagst* • 1.4 ~ **so**! *so ist das!* • 1.5 ~ **was**? *wirklich?, wie ist das möglich?* • 1.6 ~ **was**! *keine Rede davon, keine Spur!, kommt nicht in Frage!*

Ach ⟨n.; -s, -s⟩ **1 mit** ~ **und Krach** ⟨umg.⟩ *gerade noch, mit viel Glück* **2** Ach und Weh schreien *laut jammern*

Ach|laut auch: **Ach-Laut** ⟨m.; -(e)s, -e⟩ *der nach a, o, u, gesprochene Laut ch, der am hinteren (weichen) Gaumen gebildet wird, z. B. in ach, noch, Besuch;* →a. Ich-laut

Ach|se ⟨[-ks-] f.; -, -n⟩ **1** ⟨Tech.⟩ *längliche Vorrichtung zum Aufhängen der Räder eines Fahrzeugs* • 1.1 etwas **auf** od. **per** ~ *schicken, befördern* ⟨Kaufmannsspr.⟩ *durch ein Fahrzeug auf dem Landwege* • 1.1.1 ständig **auf** (der) ~ **sein** ⟨fig.; umg.⟩ *unterwegs, immerzu auf Reisen* **2** ⟨Astron.; Phys.⟩ *gedachte, gerade Linie, um die sich ein (Himmels-)Körper dreht* **3** ⟨Math.⟩ *Gerade, die bei einer Drehung ihre Lage nicht verändert;* Koordinaten~, Symmetrie~ **4** ⟨Opt.⟩ *gedachte Gerade, die durch den Mittelpunkt der Krümmung eines Spiegels od. einer Linse verläuft* **5** ⟨fig.⟩ *wichtige Verbindungslinie;* Nord-Süd-~ **6** ⟨Bot.⟩ *Stängel, Schaft, Stamm u. Wurzelstock einer Pflanze*

Ach|sel ⟨[-ks-] f.; -, -n⟩ **1** ⟨i. w. S.⟩ **Schulter** • 1.1 etwas **auf** die leichte ~ **nehmen** ⟨fig.⟩ *sich wenig darum sorgen* • 1.2 **jmdn. über** die ~ **ansehen** ⟨fig.⟩ *auf jmdn. herabschauen, jmdn. geringschätzen* **2** ⟨i. e. S.⟩ *Höhle zwischen Brust, Oberarm u. Schulterblatt*

acht ⟨Numerale 11; in Ziffern: 8⟩ →a. *vier* **1** *die Zahl 8* • 1.1 *um, gegen* ~ *um, gegen 8 Uhr;* ~ *mal drei ist vierundzwanzig* **2** ~ **Tage** *eine Woche (eigtl. sieben Tage);* in ~ *Tagen,* vor ~ *Tagen,* über ~ *Tage* **3** ⟨in Ziffern⟩ 8fach/8-fach, 8-malig, 6-8-mal, 8 mal 3 ist 24 **4** ⟨Getrennt- u. Zusammenschreibung⟩ • 4.1 ~ *Mal* = achtmal

Acht[1] ⟨f.; -, -en⟩ **1** *die Zahl, Ziffer 8;* eine ~ *drucken* **2** ⟨umg.⟩ *Straßenbahn, Buslinie Nr. 8;* in die ~ *umsteigen, mit der* ~ *fahren*

Acht[2] ⟨f.; -; unz.⟩ **1** *Aufmerksamkeit, Fürsorge* • 1.1 *etwas aus der, aus aller* ~ *lassen Aufmerksamkeit, von etwas absehen; die Vorschriften außer aller* ~ *lassen* • 1.2 *etwas außer* Acht *lassen versäumen, nicht beachten; ihren Wunsch ließ er außer* Acht • 1.3 **sich, etwas in** Acht **nehmen** *vorsichtig sein, gut achten auf, aufpassen auf* • **1.4 sich vor etwas** od. **jmdm. in** Acht nehmen *vorsehen vor, vorsichtig sein bei; nimm dich (vor dem Menschen) in* Acht! ⟨Getrennt- u. Zusammenschreibung⟩ • 2.1 ~ *geben* = achtgeben • 2.2 ~ *haben* = achthaben

Acht[3] ⟨f.; -; unz.⟩ Ggs *Bann* (1) **1** *Ausschluss von jedem Rechtsschutz;* die ~ *aussprechen über jmdn., jmdn. in die* ~ *erklären, tun* **2** ⟨fig.⟩ *aus der Gesellschaft ausstoßen;* jmdn. in ~ *und Bann tun*

achte(r, -s) ⟨Numerale 11; Zeichen: 8.⟩ **1** ⟨Ordinalzahl von⟩ *acht* • 1.1 ⟨Kleinschreibung⟩ *der 8. Januar* • 1.2 ⟨Großschreibung⟩ *der* Achte *in der Reihenfolge; er ist der Achte der Leistung nach (in seiner Klasse); am Achten des Monats; Heinrich der Achte*

ach|tel ⟨Numerale 11; in Ziffern: ⅛⟩ *der achte Teil;* ein ~ *Zentner* ⟨od.⟩ *ein Achtelzentner*

Ach|tel ⟨n.; -s, - od. schweiz. m.; -s, -⟩ **1** *der achte Teil;* ein ~ *vom Kuchen; drei* ~ *Wurst* **2** ⟨Mus.⟩ *Achtelnote; die Geige beginnt zwei* ~ *später als die Flöte; im Dreiachteltakt* (³/₈-*Takt*)

ach|ten ⟨V.⟩ **1** ⟨500/Vr 7 od. Vr 8⟩ *jmdn.* od. **etwas** ~ *Achtung* (2) *vor jmdm. od. etwas haben;* Ggs *verachten* (1); *jmdn.* od. *etwas gering* ~ • 1.1 *eine geachtete Firma, Persönlichkeit geschätzt, von gutem Ruf, von hohem Ansehen* • 1.2 *Ansichten, Gesetze* ~ *respektieren, darauf Rücksicht nehmen, sich danach richten* **2** ⟨700⟩ **jmds.** od. **einer Sache** ~ ⟨veraltet⟩ *auf jmdn. od. eine S. aufpassen;* er achtet ihrer **3** ⟨800⟩ **auf jmdn.** od. **etwas** ~ *seine Aufmerksamkeit auf jmdn. od. etwas gerichtet haben;* Sy *achtgeben, achthaben* (2); *ohne auf ihn zu* ~ **4** ⟨550/Vr 7⟩ *jmdn.* od. *etwas* **für nichts** ~ *geringschätzen*

äch|ten ⟨V. 500⟩ **1** *jmdn.* ~ *in die Acht erklären, tun* **2** ⟨fig.⟩ *aus einer Gemeinschaft ausstoßen* **3** *missachten, ignorieren*

acht|fach ⟨Adj.; in Ziffern: 8fach/8-fach⟩ *achtmal (so viel); der Wert war um das Achtfache erhöht*

acht|ge|ben *auch:* **Acht ge|ben** ⟨V. 143/800⟩ **auf jmdn.** od. **etwas** ~ *achten* (3); *hast du auch achtgegeben /* Acht *gegeben*

acht|ha|ben *auch:* **Acht ha|ben** ⟨V. 159⟩ **1** ⟨400⟩ *hab acht/*Acht! *pass auf!, sieh dich vor!* • 1.1 *habt acht/* Acht! ⟨Mil.; bes. österr.⟩ *stillgestanden! (Kommando)* **2** ⟨800⟩ **auf etwas** od. **jmdn.** ~ = *achten* (3)

acht|los ⟨Adj.⟩ **1** *ohne etwas od. jmdn. zu beachten, sorglos* **2** *leichtsinnig, ohne Überlegung*

acht|mal *auch:* **acht Mal** ⟨Adv.; in Ziffern: 8-mal / 8 Mal⟩ **1** *acht Male, achtfach wiederholt;* ich habe ~ *versucht, dich anzurufen* • 1.1 ⟨abweichende Schreibweise bei der Multiplikation⟩ *acht mal neun ist zweiundsiebzig*

acht|sei|tig ⟨Adj. 24/70; in Ziffern: 8-seitig⟩ **1** *aus acht Seiten bestehend, acht Seiten umfassend;* ein ~es *Manuskript* **2** *acht Seiten* (5) *aufweisend;* ein ~es *Vieleck*

Acht|ton|ner ⟨m.; -s, -; in Ziffern: 8-Tonner⟩ *Lastkraftwagen mit einer Ladekapazität von acht Tonnen*

Ach|tung ⟨f.; -; unz.⟩ **1** *Aufmerksamkeit* • 1.1 ⟨Mil.⟩ *(Kommando) aufgepasst!, Vorsicht!* **2** *Wertschätzung, Hochschätzung;* jmdm. ~ *einflößen, erweisen, gebieten, zollen; jmdm. wird (hohe)* ~ *zuteil; sich* ~ *verschaffen; der schuldige* ~ *beobachten; in hoher* ~ *bei jmdm. stehen; aus* ~ *vor jmdn.; es an* ~ *gegen jmdn. fehlen lassen* **3** ⟨Getrennt- u. Zusammenschreibung⟩ • 3.1 ~ *gebietend* = achtunggebietend

ach|tung|ge|bie|tend *auch:* **Ach|tung ge|bie|tend** ⟨Adj. 24⟩ *so beschaffen, dass es Achtung erweckt, entstehen lässt;* ein ~er *Mensch*

acht|zehn ⟨Numerale 11; in Ziffern: 18⟩ *zehn plus acht; um (das Jahr)* ~*hundert (1800); im Jahre (neunzehnhundert)*~ *(1918)*

acht|zig ⟨Numerale 11; in Ziffern: 80⟩ **1** *acht mal zehn; er ist* ~ *(Jahre alt); über, mit* ~, *unter* ~; *jmd. ist Mitte, Ende (der) achtzig, er ist schon weit über die* achtzig; *in die* achtzig *kommen; im Jahre* ~; *mit* ~ *Stundenkilometern fahren* • 1.1 *jmdn. auf* ~ *bringen* ⟨fig.; salopp⟩ *jmdn. in Wut bringen*

Acht|zig ⟨f.; -, -en⟩ *die Zahl 80*

acht|zi|ger ⟨Adj. 11⟩ **1** *zwischen den Jahren 80 u. 90 eines Jahrhunderts (geschehen)* **2** *ein* ~ *Jahrgang* • 2.1 *eine im Jahre 1980 geborene Person* • 2.2 *ein Wein aus dem Jahr 1980* **3** ⟨Getrennt- u. Zusammenschreibung⟩ • 3.1 ~ *Jahre* = *Achtzigerjahre*

Acht|zi|ger ⟨m.; -s, -⟩ **1** ~ *Vierziger* (1); *er ist ein rüstiger* ~ • 1.1 **hoch** *in den* ~n *weit über 80 Jahre alt* **2** ⟨nur Pl.⟩ → *Vierziger* (2)

Acht|zi|ge|rin ⟨f.; -, -rin|nen⟩ → *Vierzigerin; sie ist eine rüstige* ~

Acht|zi|ger|jah|re *auch:* **acht|zi|ger Jah|re** ⟨Pl.⟩ **1** *die* Achtzigerjahre */ achtziger Jahre des 20. Jh. die Jahre zwischen 1980 u. 1990* • 1.1 ⟨in Ziffern⟩ 80er Jahre / 80er-Jahre **2** *die Lebensjahre zwischen 80 u. 90; sie ist in den Achtzigerjahren /* achtziger Jahren

äch|zen ⟨V. 400⟩ **1** *stöhnen, seufzen; vor Hunger, Schmerz* ~ **2** *klagen, wehklagen*

Acker 1 ⟨m.; -s, Äcker⟩ *landwirtschaftlich bebauter Boden, Feld;* den ~ *bestellen, pflügen; auf dem* ~ *arbeiten* **2** ⟨m. 7; -s, -⟩ *altes Feldmaß (landschaftlich verschieden gemessen, zwischen 19,065 a in Hessen u. 64,43 a in Sachsen-Altenburg*

Acker|bau ⟨m.; -(e)s; unz.⟩ **1** ⟨i. e. S.⟩ *systematisches Bebauen des Bodens mit Nutzpflanzen;* ~ *treiben* **2** ⟨i. w. S.⟩ *auch die Viehhaltung*

ackern ⟨V. 400⟩ **1** *den Acker bestellen, pflügen* **2** ⟨fig.⟩

Acryl

schwer arbeiten, sich plagen, sich hart mühen; ich habe heute schwer geackert

Ac|ryl ⟨n.; -s; unz.⟩ *ein durchsichtiger Kunststoff* (~glas, ~harz)

Adam ⟨m.; -s, -s⟩ **1** ⟨nach bibl. Überlieferung⟩ *der erste Mensch* • **1.1** eine Geschichte bei ~ und Eva zu erzählen anfangen *weitschweifig erzählen, ganz von vorn anfangen* **2** ⟨fig.⟩ *der Mensch (schlechthin) mit all seinen Schwächen* • **2.1** den alten ~ ausziehen *ein neuer Mensch werden* • **2.2** der alte ~ in ihm regt sich *der sündhafte Mensch in ihm, der Mensch, der der Versuchung zugänglich ist*

ad|äquat ⟨Adj.⟩ *angemessen, passend, entsprechend;* Ggs *inadäquat;* ein ~es Benehmen; eine ~e Bezahlung; die Darstellung war nicht ~

ad|die|ren ⟨V. 500⟩ **etwas ~ 1** *hinzufügen* **2** *zusammenzählen;* Ggs *subtrahieren;* 20 und 30 ~

Ad|di|ti|on ⟨f.; -, -en; bes. Math.⟩ Ggs *Subtraktion* **1** *das Zusammenzählen, Vorgang des Addierens* **2** *Ergebnis des Addierens*

ade ⟨Int.; umg.⟩ *adieu, leb wohl;* Winter ~, Scheiden tut weh; jmdm. ~/Ade sagen

Adel ⟨m.; -s; unz.⟩ **1** *in einer nach Ständen gegliederten Gesellschaftsordnung der oberste, mit besonderen Vorrechten ausgestattete Stand, aufgrund von Landbesitz od. von besonderen Verdiensten durch Verleihung;* Feudal~, Geburts~, Brief~, Verdienst~; alter, hoher, niedriger ~ • **1.1** von altem ~ sein *aus einem alten adligen Geschlecht stammen* **2** *Adelstitel;* den ~ verleihen; gekaufter ~ **3** ⟨fig.; geh.⟩ *vornehme edle Gesinnung, geistige Kultiviertheit;* Seelen~, Geistes~; innerer ~

ade|lig ⟨Adj. 24⟩ = *adlig*

adeln ⟨V. 500⟩ **1** jmdn. ~ *in den Adelsstand erheben,* jmdm. einen Adelstitel verleihen **2** **jmdn.** od. **etwas ~** ⟨fig.; geh.⟩ *edler machen, bes. hervorheben, auszeichnen;* seine Gesinnung adelt sein Handeln, seine Tat; ihr hässliches Gesicht wurde durch Güte u. Vornehmheit geadelt

Ader ⟨f.; -, -n⟩ **1** *der Beförderung von Blut dienendes Organ von Menschen u. Tieren;* Sy *Blutgefäß;* mir erstarrte vor Schreck das Blut in den ~n • **1.1** jmdn. zur ~ lassen ⟨veraltet; Med.⟩ *jmdm. Blut abnehmen* • **1.1.1** ⟨fig.⟩ *jmdm. viel Geld abnehmen* **2** *sich verzweigende Linie* **2.1** ⟨Bot.⟩ *Blattnerv, Rippe,* Blatt~ • **2.2** ⟨Geol.⟩ *Minerallagerstätte, Gang;* Erz~ • **2.3** *Linie der Maserung;* Marmor~ • **2.4** ⟨Tech.⟩ *stromführender Teil eines Kabels* **3** *Wesenszug, Veranlagung;* eine poetische ~; es ist keine gute ~ an ihm

Ader|lass ⟨m.; -es, -läs|se⟩ **1** ⟨Med.⟩ *Öffnung einer Blutader (Vene) zur Entziehung von Blut* **2** ⟨fig.⟩ *Verlust, Einbuße*

ädern ⟨V. 500⟩ **Gegenstände ~ 1** *mit Adern versehen* **2** *mit einem aderähnlichen Muster verzieren*

adieu ⟨[adjǿ]; Adj. 50; Abschiedsgruß⟩ *lebe wohl, auf Wiedersehen;* jmdm. ~/Adieu sagen

Ad|jek|tiv ⟨n.; -(e)s, -e; Gramm.⟩ *Wortart, die ein Substantiv oder Verb näher bestimmt u. die gebeugt werden kann;* Sy *Eigenschaftswort*

Ad|ler ⟨m.; -s, -⟩ **1** ⟨Zool.⟩ *Angehöriger einer Gattung großer Greifvögel mit kräftigem Schnabel: Aquila* **2** *Sinnbild für Stärke u. Kühnheit* **3** *Wappentier;* der österreichische ~ **4** ⟨Astron.⟩ *Sternbild der Äquatorzone des Himmels*

ad|lig ⟨Adj. 24⟩ oV *adelig* **1** *von Adel;* ein ~es Fräulein • **1.1** ~en Standes *dem Adel zugehörig* **2** ⟨a. fig.; geh.⟩ *edel, vornehm*

Ad|mi|ral ⟨m.; -s, -e od. (österr.) -rä|le⟩ **1** *Offizier der Seestreitkräfte im Generalsrang* **2** *Tagschmetterling mit rotem Band u. weißen Flecken auf schwarzen Flügeln: Vanessa atalanta* **3** *Rotwein mit Vanille (od. anderen Gewürzen) erhitzt u. mit Eigelb verquirlt*

ad|op|tie|ren ⟨V. 500⟩ **1** etwas ~ *sich aneignen* **2** ein **Kind ~** = *annehmen (2.4)*

Ad|op|ti|on ⟨f.; -, -en⟩ *das Adoptieren, Annehmen, Aufnehmen;* die ~ eines Kindes; ein Kind nach der Geburt zur ~ freigeben

Ad|res|sat ⟨m.; -en, -en⟩ *jmd., an den ein Brief od. eine Sendung adressiert ist, Empfänger*

Ad|res|sa|tin ⟨f.; -, -tin|nen⟩ *weibl. Adressat*

Ad|res|se ⟨f.; -, -n⟩ **1** *Angabe (des Namens u.) der Wohnung (des Ortes, der Straße u. der Hausnummer) einer bestimmten Person;* Sy *Anschrift* • **1.1** per ~ *(auf Briefen;* Abk.: p. A., p. adr.⟩ *an die Anschrift (einer dritten Person), zu erreichen über;* Herrn Heinrich Schulze, p. A. Familie Müller **2** *schriftl. Kundgebung, Eingabe* **3** *Glückwunschschreiben;* Glückwunsch~; eine ~ an jmdn. richten

ad|rett ⟨Adj.⟩ *hübsch u. zugleich nett, sauber;* ein ~es Mädchen; ~ angezogen sein

Ad|vent ⟨[-vɛnt] m.; -(e)s, -e⟩ **1** *Zeit vor Weihnachten* **2** *erster ~ der erste der vier Sonntage vor Weihnachten, Beginn des Kirchenjahres*

Ad|verb ⟨[-vɛrb] n.; -s, -en od. -bi|en; Gramm.⟩ *unflektierbare Wortart, die ein Verb, Adjektiv od. ein anderes Adverb genauer bestimmt (z. B. „sehr" gut) od. angibt, unter welchen Umständen (Zeit, Ort, Art u. Weise) etwas geschieht, z. B. jetzt, hier*

ad|ver|bi|al ⟨[-vɛr-] Adj.; Gramm.⟩ **1** *das Adverb betreffend, in der Art des Adverbs;* ein Wort ~ gebrauchen • **1.1** ~e Bestimmung *Satzglied, das angibt, unter welchen Umständen (Ort, Zeit usw.) sich ein im Satz ausgedrücktes Geschehen abspielt,* z. B. am Morgen

Ae|ro|bic ⟨[ɛ-] n.; -; unz.; Sp.⟩ *Ausdauer- u. Beweglichkeitstraining mit Elementen aus Gymnastik u. Tanz;* einen Kurs für ~ anbieten

Af|fä|re ⟨f.; -, -n⟩ **1** *Angelegenheit, (unangenehmer) Vorfall, Streitsache* **2** *Liebesverhältnis, -abenteuer;* Liebes~

Af|fe ⟨m.; -n, -n⟩ **1** *Angehöriger einer Unterordnung der Herrentiere (Primates) mit Greifhand u. gut entwickeltem Gehirn: Simiae;* er kann klettern wie ein ~ • **1.1** ich glaube, mich laust, kratzt der ~ ⟨umg.⟩ *ich bin überrascht* **1.1.1** rennen wie ein vergifteter ~ ⟨umg.⟩ *außerordentlich schnell, hastig, eilig* • **1.1.2** du bist wohl vom ~n gebissen? ⟨umg.⟩ *du bist wohl verrückt?* • **1.1.3** den ~n machen ⟨umg.⟩ *sich aufspielen, sich verrückt benehmen* **2** *dumme (eingebildete) Person (als Schimpfwort);* du ~!; so ein eingebildeter ~

3 ⟨umg.⟩ *Rausch;* einen ~n haben • **3.1** sich einen ~n kaufen ⟨fig.⟩ *sich einen Rausch antrinken*

Af|fekt ⟨m.; -(e)s, -e⟩ *heftiger, unkontrollierter Gefühlsausbruch, starke Erregung;* etwas im ~ tun; jmdn. im ~ töten

af|fek|tiert ⟨Adj.⟩ *geziert, unnatürlich, gekünstelt;* sich ~ benehmen

äf|fen ⟨V. 500; geh.⟩ **1** jmdn. od. etwas ~ *nachahmen* **2** jmdn. ~ *narren*

af|fig ⟨Adj.; fig.; umg.⟩ *geziert, gekünstelt, eitel;* Sy *äffisch (2)*

äf|fisch ⟨Adj.⟩ **1** *wie ein Affe* **2** ⟨fig.; geh.⟩ = *affig*

Af|ter ⟨m.; -s, -; Anat.⟩ *Öffnung des Mastdarms nach außen*

Af|ter|shave ⟨[-tə(r)ʃeɪv] n.; -s, -s⟩ *Rasierwasser*

Agent ⟨m.; -en, -en⟩ **1** *Vertreter, Vermittler, Beauftragter* **2** *Spion*

Agen|tin ⟨f.; -, -tin|nen⟩ *weibl. Agent*

Ag|gre|gat ⟨n.; -(e)s, -e⟩ **1** *Anhäufung, mehrgliedriges Ganzes* **2** ⟨Math.⟩ *durch + od. - verbundene mehrgliedrige Größe* **3** ⟨Tech.⟩ *Koppelung mehrerer Maschinen, bes. von Kraft- u. Arbeitsmaschinen*

Ag|gre|gat|zu|stand ⟨m.; -(e)s, -stän|de⟩ *eine der drei Erscheinungsformen der Materie;* gasförmiger, flüssiger, fester ~

Ag|gres|sion ⟨f.; -, -en⟩ **1** *Angriff, Überfall;* militärische ~en **2** *Angriffslust, Streitsucht;* er war voller ~en gegenüber seinem Vorgesetzten

ag|gres|siv ⟨Adj.⟩ **1** *angreifend* **2** *angriffslustig, streitsüchtig*

Agi|ta|ti|on ⟨f.; -, -en⟩ *aggressive politische Werbung, politische Propaganda*

ah! ⟨Int.⟩ **1** *(Ausruf des Staunens, der Verwunderung, Bewunderung od. Erleichterung)* **2** ~ so! *also so ist das!*

aha! ⟨a. ['--] Int.⟩ **1** *Ausruf des plötzlichen Verstehens* **2** *Ausruf der Genugtuung*

Ah|le ⟨f.; -, -n⟩ *spitzes Werkzeug zum Stechen von Löchern in Leder od. Pappe;* Sy *Pfriem, Pfriemen, Ort (5)*

Ahn ⟨m.; -(e)s, -en⟩ **1** ⟨geh.⟩ *Vorfahre;* die ~en, unsere ~en **2** ⟨oberdt.⟩ *Groß-, Urgroßvater*

ahn|den ⟨V. 500; geh.⟩ etwas ~ *bestrafen, strafrechtlich verfolgen;* eine Straftat, ein Vergehen ~

Ah|ne ⟨f.; -, -n od. f.; -, -n⟩ ⟨geh.⟩ *Ahn, Ahnin, männl. od. weibl. Vorfahr* **2** ⟨oberdt.⟩ *Groß-, Urgroßvater, Groß-, Urgroßmutter*

äh|neln ⟨V. 600/Vr 6⟩ jmdm. od. etwas ~ *(so) ähnlich sein, ähnlich (aus)sehen, ähnlich klingen (wie);* das Bild ähnelt einem anderen; die Ehepartner ~ einander

ah|nen ⟨V.⟩ **1** ⟨500⟩ etwas ~ *vorher-, vorausfühlen;* ich habe es doch (fast) geahnt, dass du heute kommen würdest; du ahnst nicht, wie schwer es ist; ich ahne Böses, nichts Gutes; deine Andeutung lässt ~, was nun kommt • **1.1** ach, du ahnst es nicht! ⟨umg.⟩ *(Ausruf der unangenehmen Überraschung)* **2** ⟨530⟩ jmdm. ahnt etwas ⟨umg.⟩ *jmd. befürchtet etwas;* mir ahnt, dass …

ähn|lich ⟨Adj.⟩ **1** *in entsprechenden Merkmalen übereinstimmend;* sie ist ihrem Bruder ~, wird ihm immer ~er; täuschend, sprechend ~; ~ sein, schmecken, riechen, klingen; sich ~ anfühlen; etwas Ähnliches; er heißt N. oder so ~; eine meinem Bruder ~e Person; er ist meinem B. ~; sie reagiert ~ wie ihre Schwester; er sieht ihr ~; sie sehen sich ~; ⟨aber⟩ →a. ähnlichsehen • **1.1 und** Ähnliches ⟨Abk.: u. Ä.⟩ *u. anderes, was dem Genannten, Erwähnten entspricht* • **1.2** ich habe Ähnliches erlebt **2** ⟨Math.; Zeichen: ~⟩ *in entsprechenden Winkeln übereinstimmend;* ~e Dreiecke

Ähn|lich|keit ⟨f.; -, -en⟩ *das Ähnlichsein, Übereinstimmung in wesentlichen Merkmalen;* er, sie, es hat (einige) ~ mit …

ähn|lich|se|hen ⟨V. 239/600; fig.⟩ **1** jmdm. ~ *für jmdn. charakteristisch sein* • **1.1** das sieht ihm ~ *das habe ich ihm zugetraut;* →a. ähnlich (1)

Ah|nung ⟨f.; -, -en⟩ **1** *Vorgefühl, Vermutung, gefühlsmäßige Erwartung;* meine ~ hat sich (nicht) erfüllt; ich habe eine ~, als ob …; meine ~ hat mich (nicht) getrogen; bange, böse, dunkle, garstige schlimme ~en **2** ⟨unz.; umg.⟩ *Begriff, Vorstellung;* hast du eine ~, wo ich meine Brille hingelegt habe?; ich habe keine blasse ~, wo er ist; du hast ja keine ~, wie schrecklich das ist!; ich habe nicht die leiseste ~, ob …, wie … • **2.1** hast du eine ~! ⟨umg.⟩ *was du dir so (darunter) vorstellst* • **2.2** keine ~! ⟨umg.⟩ *ich weiß es nicht!* • **2.3** ich habe keine ~ davon *ich weiß es absolut nicht*

ah|nungs|los ⟨Adj.⟩ *ohne Ahnung, nichts wissend;* ich war völlig ~

Ahorn ⟨m.; -(e)s, -e; Bot.⟩ *ein Baum od. Strauch aus der Gattung der Ahorngewächse (Aceraceae) der nördlichen Halbkugel: Acer*

Äh|re ⟨f.; -, -n; Bot.⟩ **1** ⟨Bot.⟩ *Blütenstand mit ungestielten Einzelblüten an der verlängerten Hauptachse* **2** *der fruchttragende Teil des Getreidehalms;* reife, schwere, taube ~n; in die ~n schießen; ~n lesen

AIDS, Aids ⟨[ɛɪdz] ohne Artikel; Kurzwort für engl.⟩ *Acquired Immune Deficiency Syndrome, lebensbedrohliche Immunschwächekrankheit*

Air¹ ⟨[ɛːr] n.; -s; unz.⟩ **1** *Aussehen, Haltung, Benehmen* **2** sich ein ~ **geben** *vornehm tun, sich wichtigmachen, angeben;* sich ein ~ von Künstlertum geben

Air² ⟨[ɛːr] n.; -s, -s; Mus.⟩ **1** *Lied, Arie* **2** *liedartiges Instrumentalstück*

Aka|de|mie ⟨f.; -, -n⟩ **1** *Vereinigung, Gesellschaft von Gelehrten, Dichtern, Künstlern u. Ä.;* Dichter~, Sprach~; ~ der schönen Künste; ~ der Wissenschaften **2** ⟨veraltet⟩ *Fachschule od. Hochschule für Künste od. Bergbau;* Berg~, Kunst~, Musik~ **3** ⟨österr.⟩ *literarische od. musikalische Veranstaltung*

Aka|de|mi|ker ⟨m.; -s, -⟩ **1** ⟨selten⟩ *Mitglied einer Akademie* **2** ⟨allg.⟩ *jmd., der auf einer Akademie, bes. auf der Universität, studiert hat*

Aka|de|mi|ke|rin ⟨f.; -, -rin|nen⟩ *weibl. Akademiker*

aka|de|misch ⟨Adj.⟩ **1** *eine Akademie betreffend, zu ihr gehörig, auf ihr beruhend* **2** *einer Hochschule zukommend, von einer H. stammend, zu einer H. gehörend;* eine ~e Bildung; ~ ausgebildet • **2.1** ~e **Freiheit** • **2.1.1** *Freiheit des Studierenden, sich seinen Studien-*

Akazie

plan selbst zusammenzustellen u. sich die Hochschule auszuwählen • 2.1.2 *die Lehrfreiheit des Dozenten* • **2.2** ~er **Grad** *Stufe in der Laufbahn des Hochschullehrers nach bestimmten Prüfungen, z. B. Doktor* • **2.3** ~er **Mittelbau** ⟨Sammelbez. für⟩ *wissenschaftliche Mitarbeiter u. Dozenten einer Hochschule od. Universität, die nicht Professoren sind* • **2.4** ~es **Viertel** *Viertelstunde nach der (für den Beginn der Lehrveranstaltung) angegebenen Zeit* **3** ⟨fig.⟩ *weltfremd, trocken* • **3.1** *überlieferungstreu*

Aka|zie ⟨[-tsjə] f.; -, -n; Bot.⟩ *tropischer Laubbaum, Angehörige einer Gattung der Hülsenfrüchtler mit doppelt gefiederten Blättern, die in vielen Arten als Baum od. Strauch vorkommt*

Ake|lei ⟨f.; -, -en; Bot.⟩ *Angehörige einer Gattung der Hahnenfußgewächse mit zierlichen Blüten, beliebte Gartenstaude*

ak|kli|ma|ti|sie|ren ⟨V. 500/Vr 3⟩ **sich** ~ *an veränderte Klima- od. Umweltbedingungen gewöhnen, sich diesen anpassen*

Ak|kord ⟨m.; -(e)s, -e⟩ **1** *Übereinstimmung, Einklang* **2** ⟨Rechtsw.⟩ *Vergleich, Vereinbarung (mit Gläubigern);* einen ~ *abschließen* **3** ⟨Mus.⟩ *Zusammenklang von drei od. mehr Tönen verschiedener Höhe;* einen ~ *anschlagen, greifen* **4** ⟨unz.⟩ *nach der Menge der geleisteten Arbeit bemessener Lohn;* im ~ *arbeiten*

Ak|kor|de|on ⟨n.; -s, -s; Mus.⟩ *mehrstimmig spielbares Harmonikainstrument mit Klavier- und Knopftasten, bei dem die Saug- und Druckluft durch Auseinanderziehen und Zusammenschieben des Balges erzeugt wird;* Sy *Schifferklavier*

Ak|ku|mu|la|tor ⟨m.; -s, -en; kurz: Akku⟩ **1** *Gerät zum Speichern elektrischer Energie mittels elektrischer Vorgänge* **2** *ein Druckwasserbehälter mit konstantem Wasserdruck für hydraulische Pressen*

ak|ku|rat ⟨Adj.⟩ **1** *genau, sorgfältig, sehr ordentlich;* Ggs *inakkurat;* ~ *arbeiten* **2** ⟨50⟩ *es ist* ~ *so* ⟨umg.⟩ *genauso ist es*

Ak|ku|sa|tiv ⟨m.; -(e)s, -e; Gramm.⟩ **1** *Kasus, der für das Akkusativobjekt verwendet wird, vierter Fall der Deklination;* Sy *Wenfall* **2** *Wort, das im Akkusativ (1) steht*

Ak|ne ⟨f.; -; unz.; Med.⟩ *eine von den Talgdrüsen ausgehende, bes. in den Entwicklungsjahren vorkommende eitrige Hauterkrankung: Acne vulgaris*

Ak|ri|bie ⟨f.; -; unz.⟩ *äußerste, peinliche Genauigkeit, höchste Sorgfalt; das Kunstwerk wurde mit größter ~ restauriert*

Ak|ro|bat ⟨m.; -en, -en⟩ **1** *Turner, der besondere körperliche Kraft, Gewandtheit u. Beweglichkeit erfordernde Übungen vollbringt* **2** *Turnkünstler, Schlangenmensch, Seil-, Trapezkünstler*

Ak|ro|ba|tin ⟨f.; -, -tin|nen⟩ *weibl. Akrobat*

Akt¹ ⟨m.; -(e)s, -en⟩ = *Akte (1); suchen Sie mir bitte den ~ „Meyer" heraus*

Akt² ⟨m.; -(e)s, -e⟩ **1** *Handlung, Vorgang, Tätigkeit, Tat;* ein ~ *der Menschlichkeit, Höflichkeit, Verzweiflung;* ein *symbolischer, feierlicher* ~ **2** *Vorführung; Zirkus* ~ **3** *Teil eines Bühnenwerkes;* Sy *Aufzug (4);* ein *Drama mit fünf* ~en **4** *Darstellung des nackten menschlichen Körpers;* einen ~ *zeichnen, malen; ein männlicher, weiblicher* ~ **5** *Begattung, Koitus; Geschlechts*~

Ak|te ⟨f.; -, -n⟩ **1** *schriftliche Unterlagen eines geschäftlichen od. gerichtlichen Vorgangs;* oV *Akt¹;* Gerichts~, Polizei~, Prozess~ • **1.1** *jmdn. in den* ~ *führen Unterlagen über jmdn. besitzen* **2** *etwas* **zu den** ~n **legen** • **2.1** ⟨Abk.: z.d.A.⟩ *zu den schon vorhandenen, gesammelten Schriftstücken über den gleichen Vorgang* • **2.2** ⟨fig.⟩ *als erledigt ablegen*

Ak|ten|map|pe ⟨f.; -, -n⟩ = *Aktentasche*

Ak|ten|ta|sche ⟨f.; -, -n⟩ *verschließbare Tasche mit Tragegriff, in der man Akten, Schriftstücke, Bücher u. Ä. mitnehmen kann;* Sy *Aktenmappe*

Ak|tie ⟨[-tsjə] f.; -, -n⟩ **1** *Anteil am Grundkapital einer Aktiengesellschaft; die* ~n *stehen (nicht) gut, steigen (fallen)* • **1.1** *Anteilschein; sein Geld in* ~n *anlegen* **2** *die* ~n *stehen gut (schlecht)* ⟨fig.⟩ *die Aussichten sind gut (schlecht)*

Ak|ti|en|ge|sell|schaft ⟨[-tsi-] f.; -, -en; Abk.: AG, AG., A. G., A.-G.⟩ *Handelsgesellschaft, deren Grundkapital aus den Einlagen der Gesellschafter besteht, mit denen diese (beschränkt od. voll) haften u. aus denen sie in Form von Dividenden Erträge beziehen*

Ak|ti|on ⟨f.; -, -en⟩ **1** *Handlung, Vorgehen, Unternehmung;* eine *gemeinsame* ~ *starten* • **1.1** *in* ~ **treten** *zu handeln, zu wirken beginnen* • **1.2** *in* ~ *sein tätig sein* **2** *Maßnahme, Ereignis, Geschehen;* eine ~ *abbrechen; eine große Werbe* ~

ak|tiv ⟨a. [´--] Adj.⟩ **1** *tätig, wirksam, unternehmend;* Ggs *passiv; sich* ~ *beteiligen an, bei etwas* • **1.1** ~es **Wahlrecht** *das Recht zu wählen* • **1.2** ~e **Immunisierung** ⟨Med.⟩ *I. durch Übertragung lebender od. abgetöteter Krankheitserreger, wobei der Körper selbst Antikörper bildet* • **1.3** ~er **Widerstand** *W. mit Anwendung von Gewalt* • **1.4** ~er **Wortschatz** *W., den ein Sprecher selbst anwendet;* →a. *passiv (1.4)* • **1.5** ⟨Gramm.⟩ *zum Aktiv¹ gehörig, im A. stehend* **2** ⟨Mil.⟩ *ständig im Dienst stehend;* Ggs *inaktiv;* ~er *Offizier; die* ~e *Truppe*

Ak|tiv¹ ⟨n.; -s; unz.; Gramm.⟩ *grammatische Kategorie, bei der ein Subjekt formal als Träger eines Geschehens anzusehen ist;* Ggs *Passiv*

Ak|tiv² ⟨n.; -s, -s od. -e; DDR⟩ *Gruppe von Personen, die auf eine größere Gemeinschaft aktivierend einwirken soll*

Ak|tu|a|li|tät ⟨f.; -; unz.⟩ *Bedeutung für die Gegenwart*

ak|tu|ell ⟨Adj.⟩ **1** *für die Gegenwart bedeutsam, zeitgemäß;* eine ~e *Frage; ein* ~es *Theaterstück* **2** *ganz neu, modisch, im Trend liegend; die* ~e *Damenmode*

Aku|punk|tur ⟨f.; -; unz.; Med.⟩ *jahrtausendealtes chinesisches, heute auch in Europa praktiziertes Heilverfahren, bei dem durch Einstich von Nadeln an lehrmäßig festgelegten Hauptpunkten Erkrankungen beeinflusst werden, wird auch zur Anästhesie verwendet; eine Allergie mit* ~ *behandeln*

Akus|tik ⟨f.; -; unz.⟩ **1** *Lehre vom Schall* • **1.1** ⟨Mus.⟩ *Lehre von den Tönen* **2** *Klangwirkung, Beschaffenheit eines Raumes bezüglich des Widerhalls von Klang; der Saal hat eine gute, schlechte* ~

akus|tisch ⟨Adj. 24⟩ **1** *die Akustik betreffend, zu ihr gehörend;* die ~en Gegebenheiten eines Konzertsaales berücksichtigen **2** *das Gehör(vermögen), den Schall betreffend;* ~e Sinneseindrücke; ich habe dich ~ nicht verstanden

akut ⟨Adj.⟩ **1** ⟨70⟩ ~e **Gefahr** *plötzlich auftretende G.* • 1.1 ~e **Schmerzen** *heftige S.* • 1.2 ~e **Probleme, Fragen** *sehr dringend zu lösende P., F.* **2** ~e **Krankheiten** *plötzlich auftretende u. heftig verlaufende K.;* Ggs *chronisch*

Akut ⟨m.; -(e)s, -e; Zeichen: ´; frz.: accent aigu⟩ *Zeichen für Länge, Betonung od. geschlossene bzw. offene Aussprache eines Vokals, z. B. im Ungarischen u. Französischen*

Ak|zent ⟨m.; -(e)s, -e; Zeichen: ´, `, ˆ⟩ **1** *Zeichen für Betonung, Qualität od. Quantität eines Lautes;* einen Buchstaben mit einem ~ versehen **2** ⟨a. fig.⟩ *Betonung, Nachdruck;* auf ein Wort, eine Aussage besonderen ~ legen; ~e setzen ⟨fig.⟩; der ~ liegt auf der ersten Silbe, dem ersten Wort • **2.1** den ~ eines Satzes verschieben *den Sinn ändern* **3** *Aussprache, Tonfall, Sprachmelodie;* mit ausländischem, englischem, süddeutschem ~ sprechen

ak|zep|ta|bel ⟨Adj.⟩ etwas ist ~ *lässt sich akzeptieren, ist annehmbar;* das ist eine akzeptable Lösung; dieses Vorhaben ist nicht ~

Ak|zep|tanz ⟨f.; -; unz.⟩ *Bereitschaft, etwas zu akzeptieren, etwas anzunehmen;* in der Bevölkerung besteht eine geringe ~ für dieses Vorhaben

ak|zep|tie|ren ⟨V. 500⟩ einen **Vorschlag** ~ *annehmen*

Ala|bas|ter ⟨m.; -s, -; Pl. selten⟩ **1** *marmorähnliche, feinkörnige, reinweiße, durchscheinende Abart des Gipses* **2** *weißer od. gelber, durchscheinender Kalksinter, härter als Gips, Werkstoff für Schalen, Vasen u. a. Kunstgegenstände*

Alarm ⟨m.; -(e)s, -e⟩ **1** *Ruf zur Bereitschaft, Warnung, Gefahrenmeldung, Gefahrensignal;* Feind~, Feuer~, Flieger~; ~ blasen, geben, läuten, schlagen; blinder, falscher ~ **2** ⟨im 2. Weltkrieg⟩ *die Zeit der Gefahr, vom Signal bis zur Entwarnung;* dreistündiger, kurzer, langer ~

alar|mie|ren ⟨V. 500⟩ jmdn. ~ **1** *jmdn. zu Hilfe rufen, jmdn. eine Gefahrenmeldung machen, jmdn. warnen, zum Einsatz rufen;* die Feuerwehr ~ **2** ⟨fig.⟩ *tief beunruhigen, aufschrecken;* diese Worte haben mich alarmiert

Alaun ⟨m.; -s, -e; Chem.⟩ **1** *nur Pl.; i. w. S.⟩ Doppelsulfat mit ein- u. dreiwertigen Metallen;* Kaliumchrom~ **2** ⟨i. e. S.⟩ *natürlich vorkommendes Kalium-Aluminium-Sulfat, als Beizmittel in der Färberei, als Gerbmittel, zum Leimen von Papier u. zum Blutstillen verwendet*

Alb¹ ⟨f.; -, -en⟩ *Juragebirge;* Schwäbische ~

Alb² ⟨m.; -(e)s, -en; germ. Myth.⟩ **1** = *Elf²* **2** *nach dem Volksglauben Gespenst, das sich dem Schläfer auf die Brust setzt u. dadurch schwere Träume verursacht*

Al|ba|tros auch: **Al|bat|ros** ⟨m.; - od. -ses, -se; Zool.⟩ *Angehöriger einer Familie der Sturmvögel, vorzügliche, ausdauernde Segelflieger der südlichen Ozeane: Diomedeidae*

Alb|drü|cken ⟨n.; -s; unz.⟩ = *Alpdrücken*

al|bern¹ ⟨Adj.⟩ **1** *dumm, einfältig, kindisch;* ~es Benehmen, Gerede, Getue; ein ~er Film, ~es Theaterstück; ~es Zeug schwatzen; ~ daherreden, ~ kichern, lachen; sei nicht so ~! • **1.1** ~e **Gänse** ⟨umg.⟩ *grundlos kichernde Mädchen*

al|bern² ⟨V. 400⟩ *kindische Scherze treiben, sich albern benehmen;* mit den Kindern ~

Al|bi|no ⟨m.; -s, -s⟩ *Mensch od. Tier mit mangelhafter od. fehlender Farbstoffbildung*

Alb|traum ⟨m.; -(e)s, -träu|me⟩ = *Alptraum*

Al|bum ⟨n.; -s, Al|ben⟩ **1** *Gedenkbuch, Sammelbuch;* Foto~, Poesie~ **2** *Tonträger mit mehreren Aufnahmen einer Gruppe od. eines Einzelinterpreten, die eigens für diese Veröffentlichung erstellt wurden*

Al|ge ⟨f.; -, -n; Bot.⟩ *Angehörige einer sehr arten- u. formenreichen Gruppe chlorophyllhaltiger niederer Pflanzen: Phycophyta*

Al|ge|bra auch: **Al|geb|ra** ⟨österr. [-´--] f.; -; unz.; Math.⟩ *Teilgebiet der Mathematik, Lehre von den Gleichungen u. ihren Lösungsmethoden*

Ali|bi ⟨n.; -s, -s⟩ *Nachweis der Abwesenheit vom Tatort zur Tatzeit;* ein (kein) ~ haben; sein ~ nachweisen können

Ali|ment ⟨n.; -(e)s, -e; meist Pl.⟩ **1** *Unterhaltsbeitrag* • **1.1** ⟨i. e. S.⟩ *Beitrag zum Unterhalt unehelicher Kinder;* ~e zahlen

Al|ka|li ⟨n.; -s, -li|en; Chem.⟩ *aus einem in der ersten Gruppe des Periodensystems stehenden Element od. Ammonium u. je einem Atom Wasserstoff u. Sauerstoff entstandene chem. Verbindung, deren wässerige Lösung alkalisch (basisch) reagiert;* Sy *Base²*

Al|ko|hol ⟨m.; -s, -e; Chem.⟩ **1** ⟨i. w. S.⟩ *organische chemische aliphatische od. aromatische Verbindung, in der ein oder mehrere Wasserstoffatome durch ein oder mehrere Hydroxyl-(OH-)Gruppen ersetzt sind, Ausgangsprodukt für organische Synthesen, gute Lackzusätze, Lösungsmittel* **2** ⟨unz.; i. e. S.⟩ = *Äthylalkohol* • **2.1** *alkoholhaltiges Getränk, z. B. Bier, Wein, Branntwein;* er trinkt keinen ~, wenn er Auto fahren muss; seine Sorgen in ~ ertränken; ~sucht; ~test; ~verbot • **2.1.1** unter (dem Einfluss von) ~ stehen *betrunken sein* • **2.2** ⟨Med.⟩ *Mittel zur Desinfektion*

Al|ko|ho|li|ker ⟨m.; -s, -⟩ *jmd., der gewohnheitsmäßig alkoholische Getränke konsumiert, gewohnheitsmäßiger Trinker*

Al|ko|ho|li|ke|rin ⟨f.; -, -rin|nen⟩ *weibl. Alkoholiker*

al|ko|ho|lisch ⟨Adj.⟩ *Alkohol enthaltend* (Getränk, Flüssigkeit); ~e Gärung *zur Bildung von Alkohol führende Gärung*

all ⟨Indefinitpronomen⟩ **1** *eine Gesamtheit bildend, ohne Ausnahme;* ~es hat seine Grenzen; ~es hat seine zwei Seiten; ~e beide, ~e fünf, ~es Ding währt seine Zeit; ~es eingerechnet; ~e oder nichts; was ~es noch?; ich habe ~ mein Geld verloren, ~es, ~ mein Hab und Gut; er will ~es für sich haben; Gebrauchsgegenstände ~er Art; wie viel davon hast du ihm gegeben? ~es!; ~es auf einmal; ~e Kinder, Menschen, Tiere; ~e Leute; ~e, die kommen wollen; wir, ihr, sie ~e; ~e aussteigen!; ~er Augen waren auf ihn gerichtet; wer war ~es da?; ~e auf einmal; ~e Arbeit allein tun; ich will ~es tun, was ich kann; ~es, was ich gehört, gesehen, getan habe; ~es das hat keinen Sinn; das ist ~es nicht wahr; ~es Fremde, Neue, Ungewohnte; ~er Anfang ist schwer; ~es Übrige erledigen wir; diese Städte habe ich ~e gesehen; sie kamen aus ~en Ländern; die Ursache ~en Leides, Übels; er hat ~en Grund dazu; es sind ~e gekommen; man kann es nicht ~en recht machen; wie viele sind gekommen? ~e!; ~es, was Odem hat, lobet den Herren • 1.1 ~e Welt *jedermann* • 1.2 seid ihr ~e da? *(Frage des Kaspers an das Publikum beim Puppenspiel)* 2 ⟨prädikativ⟩ *das* ist ~es • 2.1 *mehr gibt es nicht, mehr ist nicht zu berichten* • 2.1.1 *ich brauche nichts mehr* • 2.2 ist *das* ~es? • 2.2.1 *hast du noch mehr zu sagen?* • 2.2.2 *ist es nichts Schlimmeres?* • 2.2.3 *genügt das?, brauchen Sie noch etwas?* • 2.3 **das ist** ~es **schön und gut,** aber ... *das mag zutreffen, trotzdem habe ich Einwände* • 2.4 ~es **Mögliche** tun *sehr viel Verschiedenes* • 2.5 ~e **und jeder** *jedermann, viel zu viele* • 2.6 **mein Ein und Alles** *das mir Liebste, Bedeutendste auf der Welt* • 2.7 **Mädchen für** ~es • 2.7.1 *M. für jede Arbeit* • 2.7.2 ⟨fig.⟩ *jmd., der die verschiedensten Arbeiten tun muss* 3 ~es, **was recht ist**! *das geht wirklich nicht!* • 3.1 ~es **andere als** *gar nicht;* er ist ~es andere als dumm • 3.2 **da hört sich doch** ~es **auf**! *das ist unerhört!* 4 ⟨mit Präp. u. Abstraktum; intensivierend⟩ ~en Mahnungen zum Trotz; bei ~em seinem Leichtsinn ist er doch ein liebenswerter Kerl; bei ~edem; auf ~e Fälle; für ~e Fälle; für ~e Zeiten; in ~em und jedem etwas Schlechtes sehen; in ~er Eile; in ~er Frühe; in ~er Ruhe; in ~er Stille; was in ~er Welt haben Sie da getan?; wo in ~er Welt sind Sie gewesen?; mit ~er Gewalt, Kraft, Liebe; ohne ~e Gefahr; ohne ~en Zweifel; trotz ~em, ~edem, trotz ~em Zureden; ein gutes Buch geht mir über ~es; jmdn. über ~es lieben; ohne ~e Zweifel, ~en Zweifel erhaben; unter ~en Umständen; vor ~en Dingen; zu ~edem kommt hinzu; zu ~en Zeiten; zu ~em Unglück • 4.1 ein für ~e Mal *einmal, (das) für immer (gilt)* • 4.1.1 *ich sage dir das ein für* ~e Mal! *ich möchte das nicht noch einmal sagen müssen;* ⟨aber⟩ →a. *allemal* • 4.2 ~es in ~em *insgesamt;* ~es in ~em kostet es 2.000 Euro • 4.2.1 ~es in ~em war es doch schön *von Einzelheiten abgesehen* • 4.3 zu ~em **fähig** sein *zu jeder, auch zu einer schrecklichen Tat* • 4.4 **vor** ~em *hauptsächlich, zuerst* • 4.5 **um** ~es **in der Welt (nicht)** *auf jeden (gar keinen) Fall* 5 ~e, ~er ⟨mitteldt.⟩ *immer wiederkehrend;* ~e Tage; ~e Augenblicke; ~e fünf Meter; ~e 200 km; ~e Jahre wieder; wir treffen uns ~e paar Monate; ~e acht Tage; ~e paar Schritte stolperte er 6 ⟨Getrennt- u. Zusammenschreibung⟩ • 6.1 ~es fressend = *alles-fressend*

All ⟨n.; -s; unz.⟩ 1 *Weltall, Weltraum, Universum* 2 *alles Seiende*
Al|lah ⟨a. [-'-] ohne Artikel; im Islam Bez. für⟩ *Gott*
al|le ⟨Adj. 80; umg.; mitteldt.⟩ 1 *zu Ende, verbraucht;*

~ sein; das Brot, mein Geld ist ~ • 1.1 = **werden** *nahezu verbraucht sein, zur Neige gehen;* die Kartoffeln, die Vorräte werden allmählich ~ 2 *jmd. ist (ganz)* ~ ⟨fig.⟩ *erschöpft*
Al|lee ⟨f.; -, -n⟩ *von Bäumen gesäumte Straße, von Bäumen eingefasster Weg*
Al|le|go|rie ⟨f.; -, -n; in bildender Kunst u. Dichtung⟩ *bildhafte Darstellung eines Begriffs od. Vorgangs mit enger, erkennbarer Verbindung zu diesem, z. B. Frau mit verbundenen Augen für „Gerechtigkeit";* →a. *Sinnbild, Symbol (4), Gleichnis*
al|lein 1 ⟨Adv.⟩ *getrennt, für sich;* Ggs *zusammen mit (jmdm. od. einer Sache);* er war ~ im Zimmer; ich muss jetzt (mit mir) ~ sein; ~ leben; ich lasse Sie jetzt ~; das Haus steht (ganz) ~; ein Klavierstück mit jeder Hand ~ spielen, üben; ein Unglück kommt selten ~ ⟨Sprichw.⟩; der Starke ist am mächtigsten (Schiller, „Wilhelm Tell", 1,3) • 1.1 er will mit jedem ~ sprechen *einzeln* • 1.1.1 *ohne Zeugen;* kann ich dich einen Augenblick ~ sprechen?; ich habe ihn (nicht) ~ angetroffen; er war ~ mit ihr (im Zimmer) • 1.2 *ohne Hilfe;* ich mache alle Arbeit ~; das Kind kann schon, noch nicht ~ laufen; er steht ganz ~ (im Leben); danke, ich kann es ~; ich werde ~ damit fertig; ich kann das Kind nicht ~ im Haus lassen • 1.3 *nur, ausschließlich;* er ~ ist an allem schuld; du ~ bist meine Hilfe; ~ der Gedanke daran macht mich schaudern; einzig und ~ seine Geistesgegenwart hat uns gerettet; nicht ~ ..., sondern auch • 1.4 *einsam;* sie ist sehr oft ~; ich bin so ~; einsam und ~ • 1.4.1 er fand sich plötzlich ~ *alle anderen hatten ihn verlassen* 2 ⟨Konj.; oft poet.⟩ *aber, doch;* ich wollte dem Bettler etwas geben, ~ ich hatte nichts dabei; die Botschaft hör ich wohl, ~ mir fehlt der Glaube (Goethe, „Faust" I, Nacht) 3 ⟨Getrennt- u. Zusammenschreibung⟩ • 3.1 ~ erziehend = *alleinerziehend* • 3.2 ~ Erziehende(r) = *Alleinerziehende(r)* • 3.3 ~ stehend = *alleinstehend (I)*
al|lein|er|zie|hend *auch:* **al|lein er|zie|hend** ⟨Adj. 24/70⟩ *ein Kind, Kinder allein, ohne den anderen Elternteil erziehend u. betreuend;* eine ~e Mutter; Kinder von ~en Eltern
Al|lein|er|zie|hen|de(r) *auch:* **al|lein Er|zie|hen|de(r)** ⟨f. 2 (m. 1)⟩ *Elternteil (Mutter od. Vater), der sein Kind. od. seine Kinder allein auf- u. erzieht;* staatliche Unterstützung für ~
al|lei|nig ⟨Adj. 24⟩ 1 ⟨60⟩ *einzig, ausschließlich;* er ist der ~e Erbe des Vermögens 2 ⟨österr.⟩ *ohne Begleitung, alleinstehend;* eine ~e ältere Dame
al|lein|ste|hend *auch:* **al|lein ste|hend** ⟨Adj. 24/70⟩ I ⟨Zusammen- u. Getrenntschreibung⟩ *für sich stehend, frei stehend;* ein ~es Haus II ⟨nur Zusammenschreibung⟩ *unverheiratet, ohne Kinder, ohne Partner;* er ist alleinstehend
Al|lein|ste|hen|de(r) ⟨f. 2 (m. 1)⟩ *jmd., der keinen Partner, keine Familie hat*
al|le|ma|chen ⟨V. 500; umg.⟩ 1 *etwas* ~ *verbrauchen, aufessen;* kannst du nicht das Gemüse auch noch ~? 2 *jmdn.* ~ ⟨derb⟩ *umbringen*
al|le|mal ⟨a. [--'-] Adv.⟩ 1 *jedes Mal, immer* • 1.1 *das*

kannst du ~ noch tun ⟨umg.; mitteldt.⟩ *immer noch, auch später noch* • 1.2 ~, *wenn* ⟨umg.; mitteldt.⟩ *immer, wenn* **2** *auf jeden Fall* • 2.1 ~! ⟨umg.; mitteldt.⟩ *auf jeden Fall!, ohne Bedenken!;* →a. *all (4.1)*

al|len|falls ⟨Adv.⟩ **1** *vielleicht, gegebenenfalls, eventuell; du kannst mich ~ noch einmal anrufen, wenn du nicht warten willst, bis ich Bescheid sage* **2** *höchstens, gerade noch;* sie hat ~ ein Kopfnicken für mich übrig; er kümmert sich kaum um die Kinder, ~ sieht er sie beim Abendbrot **3** ⟨veraltet⟩ *auf alle Fälle, jedenfalls*

al|ler..., Al|ler... ⟨in Zus.⟩ *(verstärkt den Superlativ);* er ist der Allergeschickteste von ihnen

al|ler|bes|te(r, -s) ⟨Adj. 70; verstärkend⟩ *beste(r, -s);* das gefällt mir am ~n; von der ~n Sorte; es ist das Allerbeste, zu gratulieren; das ist das Allerbeste, was sie machen kann; ich wünsche Ihnen das Allerbeste (zum Geburtstag usw.); du bist meine Allerbeste

al|ler|dings ⟨Adv.⟩ **1** *in der Tat, selbstverständlich, gewiss, freilich* • 1.1 bist du denn selbst dort gewesen? ~! aber sicher! • 1.2 *ich muss zugeben,* das ..; das hat er ~ nicht gesagt, nicht erlaubt; das ist ~ richtig, aber es ist nicht die volle Wahrheit; sein Vortrag war ganz gut, ich muss ~ sagen, dass seine Sprechweise mich störte • 1.3 *jedoch, aber;* ich komme gern, ~ möchte ich eine Bedingung stellen; die Mutter hat uns nicht verboten wegzugehen, sie hat ~ gesagt, wir sollen den Kleinen nicht allein in der Wohnung lassen

Al|er|gie *auch:* **Al|ler|gie** ⟨f.; -, -n; Med.⟩ *Überempfindlichkeit gegen bestimmte Stoffe;* eine ~ gegen Koffein, Oxalsäure haben; Staub~; Obst~

al|er|gisch *auch:* **al|ler|gisch** ⟨Adj.⟩ **1** ~e **Reaktion** *auf Allergie beruhende R.* **2** ~e **Person** *gegen bestimmte Stoffe überempfindliche P.;* ~ gegen Koffein, Nüsse sein • 2.1 gegen **etwas** ~ sein ⟨fig.⟩ *etwas überhaupt nicht mögen*

al|ler|hand ⟨Adj. 11/60⟩ **1** *allerlei, verschiedenerlei;* ~ hübsche Dinge, Kleinigkeiten; ich habe ~ erlebt **2** ⟨umg.⟩ *ziemlich stark, unerhört,* Sy *allerlei (2);* das ist wirklich ~!

al|ler|lei ⟨[--'-] Adj. 11/60⟩ **1** *Verschiedenes, verschiedene Dinge;* ~ gute Sachen **2** = *allerhand (2)*

al|ler|letz|te(r, -s) ⟨a. [--'--] Adj. 24/70; verstärkend⟩ **1** *letzte(r, -s);* in ~r Minute; er ist der Allerletzte; er kam als Allerletzter **2** ⟨umg.; abwertend⟩ *scheußlich, schauderhaft, hässlich;* du hast dir ja wirklich die ~n Sachen angezogen • 2.1 das ist wirklich das Allerletzte! ⟨als Ausruf⟩ *das ist wirklich unerhört, unverschämt*

al|ler|seits ⟨Adv.⟩ *alle, alle zusammen;* gute Nacht, guten Tag, auf Wiedersehen ~!; haben Sie sich schon ~ bekanntgemacht?

al|les ⟨unbestimmtes Pron.⟩ → *all*

al|le|samt ⟨schweiz. ['---] Adv.⟩ *alle miteinander, alle zusammen;* die Kollegen haben sich ~ mit ihr über ihren Erfolg gefreut

al|les|fres|send *auch:* **al|les fres|send** ⟨Adj. 24/60⟩ ~e Tiere *T., die sich von Pflanzen u. Tieren ernähren*

all|ge|mein ⟨a. ['---] Adj.⟩ **1** *(fast) alle od. alles betreffend;* Ggs *besonders, besondere(r, -s);* die ~e (politische, wirtschaftliche usw.) Lage; ~ gesprochen, verhält es sich so, dass ... • 1.1 im Allgemeinen *im Großen und Ganzen, meist, fast immer u. überall, grundsätzlich* • 1.2 jmdn. mit ~en Redensarten *abspeisen sich mit häufig gebrauchten R. zu nichts verpflichten* • 1.3 *(fast) alle Personen betreffend;* das ist ~ bekannt; er ist ~ beliebt • 1.3.1 *für alle bestimmt;* ~e Dienstpflicht, ~es Wahlrecht; um 11 Uhr war ~er Aufbruch; das Museum ist ~ zugänglich • 1.3.2 ~er Studentenausschuss (Abk.: AStA) *gewählte Interessenvertretung der Studenten an Hoch- u. Fachhochschulen* • 1.3.3 *von allen geäußert;* ~e Entrüstung, Zustimmung; der Abend verlief zur ~en Zufriedenheit; sein Verhalten rief ~es Erstaunen hervor; der Vorschlag fand ~e Zustimmung; die Empörung war ~; seine Tüchtigkeit wird ~ anerkannt; man sagt ~, dass ... • 1.3.4 das Allgemeine ⟨Philos.⟩ *Denkkategorie eines hohen Grades der Abstraktion; vom Besonderen auf das Allgemeine, vom Allgemeinen auf das Besondere schließen* **2** *überall (verbreitet, bekannt);* das hört man ~ **3** ⟨Getrennt- u. Zusammenschreibung⟩ • 3.1 ~ bildend = *allgemeinbildend* • 3.2 ~ verständlich = *allgemeinverständlich*

all|ge|mein|bil|dend *auch:* **all|ge|mein bil|dend** ⟨Adj. 24⟩ *eine allgemeine Bildung, Grundwissen vermittelnd;* ~e Schulen

All|ge|mein|heit ⟨f.; -; unz.⟩ **1** *Gesamtheit, Öffentlichkeit, das Volk;* etwas im Dienste der ~ tun **2** *unverbindliche Redensart, undifferenzierte Aussage;* sich in ~en ergehen

all|ge|mein|ver|ständ|lich *auch:* **all|ge|mein verständ|lich** ⟨Adj.⟩ *von allen zu verstehen, leicht verständlich*

Al|li|anz ⟨f.; -, -en⟩ **1** *Bündnis, Vereinigung, Interessengemeinschaft* • 1.1 die Heilige ~ *Bündnis zwischen Preußen, Russland u. Österreich 1815*

Al|li|ga|tor ⟨m.; -s, -en; Zool.⟩ *Angehöriger einer Familie der Krokodile mit einer verhältnismäßig kurzen Schnauze*

Al|li|ier|te(r) ⟨f. 2 (m. 1)⟩ **1** *Angehörige(r) einer Allianz* • 1.1 die ~n *die gegen Dtschld. verbündeten Länder im Ersten u. Zweiten Weltkrieg*

all|jähr|lich ⟨schweiz. ['---] Adj. 24⟩ *jedes Jahr (stattfindend, sich wiederholend)*

all|mäch|tig ⟨Adj. 24⟩ *Allmacht habend;* der ~e Gott, Vater

all|mäh|lich ⟨Adj.⟩ **1** *langsam u. stetig fortschreitend;* eine ~e Entwicklung **2** *schrittweise, nach u. nach;* ich begreife ~, was das für dich bedeutet; sein Befinden bessert sich ~; ~ näher kommen

Al|lo|tria *auch:* **Al|lot|ria** ⟨n.; -s; unz.; früher Pl.; urspr.⟩ **1** ⟨urspr.⟩ *nicht zur Sache gehörige Dinge* **2** ⟨allg.⟩ *Unfug, Unsinn, Dummheiten;* ~ treiben

all|sei|tig ⟨Adj. 24⟩ Ggs *einseitig (3);* →a. *vielseitig* **1** *alle Seiten berücksichtigend, vielseitig;* eine ~e Bildung, Ausbildung besitzen; ~ gebildet sein **2** *von allen Seiten, nach allen Seiten;* eine Sache, Angelegenheit ~ betrachten **3** *in jeder Beziehung*

all|seits ⟨Adv.⟩ *überall, nach, von allen Seiten;* er war ~ beliebt

All|tag ⟨m.; -(e)s; unz.⟩ **1** *Tag, der kein Sonntag od. Feiertag ist* **2** ⟨unz.⟩ *gleichförmiger Tagesablauf;* dem ~ entfliehen; sich den ~ verschönern; der graue ~

all|täg|lich ⟨Adj.⟩ **1** *zum Alltag gehörend, für den Alltag bestimmt;* ~e Kleidung **2** *täglich, jeden Tag (stattfindend, sich wiederholend);* ~e Pflichten; ich gehe ~ an seinem Haus vorüber **3** ⟨fig.⟩ *durchschnittlich, nicht ausgeprägt, fad;* ein ~er Mensch; eine ~e Meinung ● **3.1** *etwas Alltägliches etwas, was alle Tage vorkommt od. vorkommen kann, nichts Besonderes*

Al|lü|ren ⟨nur Pl.⟩ *(ungewöhnliches) Benehmen, (auffallende) Umgangsformen, Gewohnheiten*

all|wis|send ⟨a. ['---] Adj. 24⟩ *alles wissend;* der ~e Gott; ich bin doch keiner ~!

all|zu ⟨Adv.⟩ **1** *viel zu;* die Last ist ~ schwer **2** *in zu großem Maße, übertrieben;* das ist ~ wenig, ~ sehr; er macht ~ viele Fehler; du überlegst ~ viel; das ist nicht ~ viel **2.1** ~ viel *ist ungesund man soll nichts übertreiben*

Alm ⟨f.; -, -en⟩ *Weide im Hochgebirge;* Sy *Alp¹*

Al|ma Ma|ter ⟨f.; - -; unz.; poet.⟩ *Hochschule, Universität*

Al|mo|sen ⟨n.; -s, -⟩ **1** *Gabe an Arme, Bedürftige;* jmdm. ein ~ geben **2** *milde Gabe;* um ~ bitten; auf ~ angewiesen sein **3** ⟨fig.; abwertend⟩ *herablassend gegebenes kleines (Geld-)Geschenk;* ich will von ihm kein ~ haben

Aloe ⟨['-loe:] f.; -, -n⟩ **1** ⟨Bot.⟩ *Angehörige einer Gattung der Liliengewächse mit langen, dickfleischigen Blättern* **2** *leicht bitter schmeckender Saft der Aloeblätter, der als Heilmittel u. in der Kosmetik verwendet wird*

Alp¹ ⟨f.; -, -en⟩ = *Alm;* oV *Alpe*

Alp² ⟨alte Schreibung für⟩ *Alb²*

Alp|drü|cken ⟨n.; -s; unz.⟩ *(mit Angstträumen verbundenes) Gefühl der Beklemmung (im Schlaf);* oV *Albdrücken*

Al|pe ⟨f.; -, -n⟩ = *Alp¹*

Al|pen|ro|se ⟨f.; -, -n; Bot.⟩ *unter Naturschutz stehende, in den Hochalpen vorkommende Art immergrüner Sträucher mit trichterförmigen Blüten;* Raublättrige ~; Rostblättrige ~

Al|pen|veil|chen ⟨n.; -s, -; Bot.⟩ *Primelgewächs mit immergrünen, herzförmigen Blättern u. karminroten Blüten: Cyclamen;* Sy *Zyklame, Zyklamen*

Al|pha|bet ⟨n.; -(e)s, -e⟩ **1** *die geordnete Folge der Buchstaben einer Sprache;* Sy *Abc;* Wörter, Namen nach dem ~ ordnen **2** *musikalisches ~ die Buchstabenfolge zur Bezeichnung der 7 Stammtöne c, d, e, f, g, a, h oder ut (do), re, mi, fa, so (sol), la, si*

al|pha|be|tisch ⟨Adj. 24/90⟩ *nach dem Alphabet, in der Ordnung des Alphabets;* Namen, Wörter in ~er Reihenfolge aufschreiben

al|pin ⟨Adj. 70⟩ **1** *die Alpen, das Hochgebirge betreffend, in den Alpen, im Hochgebirge vorkommend, Alpen-, Hochgebirgscharakter zeigend, in der Art der Alpen* ● **1.1** ⟨60⟩ ~e **(Dreier-)Kombination** ⟨Skisp.⟩ *Abfahrtslauf, Slalom (u. Riesenslalom)* ● **1.2** ⟨60⟩ ~es **Rettungswesen** *alle Maßnahmen u. Einrichtungen zur Rettung in Not geratener Bergsteiger u. zur Verhütung von Unglücksfällen im Hochgebirge*

Alp|traum ⟨m.; -(e)s, -träu|me⟩ *durch Alpdrücken hervorgerufener, schwerer, beängstigender Traum;* oV *Albtraum*

als¹ ⟨Konj.⟩ **1** *(ein Merkmal tragend, das als Gleichsetzung dient)* ● **1.1** ⟨mit Subst.⟩ ~ Zeuge vor Gericht erscheinen; ~ Fachmann wusste er genau, dass …; ~ Künstler leistet er stets Hervorragendes, aber ~ Mensch ist er wenig erfreulich; ~ Außenstehender kann ich das nicht beurteilen; ~ dein Freund möchte ich dir raten, es nicht zu tun; ~ Kind bin ich oft dort gewesen; ich komme ~ Bittender zu Ihnen; er hat ~ wahrer Freund gehandelt; sie hatte ~ „Maria Stuart" großen Erfolg; in meiner Eigenschaft ~ Leiter dieses Betriebes muss ich dagegen protestieren, dass …; jmdm. ~ Führer dienen; jmdn. ~ Sohn annehmen; man darf nicht die Serviette ~ Taschentuch benutzen; ich schenke dir die Kette ~ Andenken; ich erwähne das nur ~ Beispiel; 100 Euro ~ Belohnung, Unterstützung erhalten; mit diesen Worten ~ Einleitung ● **1.2** ⟨mit Adj.⟩ ich empfinde seine Bemerkung ~ sehr unhöflich; sich ~ tauglich, untauglich, brauchbar, unbrauchbar erweisen; die Nachricht hat sich ~ falsch, richtig, wahr herausgestellt; dieses Bild gilt ~ das beste des ganzen Museums; der Krug ~ solcher ist sehr praktisch, aber Farbe und Muster sind hässlich **2** *(Ausdruck zur Bezeichnung eines Vergleichs);* er ist heute ganz anders ~ sonst; Sy ~ *wie* ⟨umg.⟩ ● **2.1** niemand (anderer) ~ ich allein *nur ich* ● **2.2** ⟨nach Komparativ⟩ er ist älter ~ ich; sie ist hübscher ~ ihre Schwester; dieses Buch ist teurer ~ jenes; eins ist größer, höher, schöner ~ das andere; das ist besser ~ nichts; man braucht länger ~ zwei Stunden; es sind bis dorthin nicht mehr ~ zwei Stunden; ich verlange nichts (anderes) ~ dies; sie ist mehr schön ~ klug; das Haus ist mehr breit ~ hoch; davon habe ich mehr ~ genug ● **2.2.1** ich bin darüber mehr ~ froh *ich bin außerordentlich, sehr froh* ● **2.2.2** ich komme so bald ~ möglich ⟨umg.⟩ *so bald wie möglich* ● **2.2.3** ⟨zur Einleitung von komparativen Nebensätzen⟩ er ist jünger, ~ er aussieht; es ging viel schneller, ~ ich dachte ● **2.2.4** ich komme so schnell, ~ ich kann ⟨umg.⟩ *so schnell, wie* **3** *sowohl* ~ *auch der (die, das) eine und auch der (die, das) andere;* sowohl Zwetschen ~ auch Birnen; sowohl der Lehrer ~ auch die Schüler **4** ~ **da sind**: … *wie, zum Beispiel;* wir haben eine Menge Obst im Garten, ~ da sind: Äpfel, Birnen, Pflaumen usw. **5** ⟨zur Einleitung von Nebensätzen⟩ ● **5.1** *gleichzeitig mit, zu der Zeit, da;* ~ ich ihm sagte, ich könne nicht mitkommen, war er sehr enttäuscht; ~ ich krank war, hatte ich viel Zeit zum Lesen; wir waren kaum daheim angekommen, ~ es auch schon zu regnen anfing; ich war gerade beim Kochen, ~ er kam; damals, ~ das geschah; gerade ~ ich gehen wollte, klingelte das Telefon; ~ ich noch ein Kind war, bin ich oft bei den Großeltern gewesen ● **5.2** ⟨mit Konjunktiv⟩ ~, ~ **ob**, ~ **wenn** ⟨umg.⟩ *einen Sachverhalt annehmend, vortäuschend;* er stellte sich, ~ hörte er nichts, ~ ob er nichts hörte; es war mir doch, ~ hätte es geläutet, ~ ob es geläutet hätte; tu nicht so, ~ ob du das nicht könntest, wüsstest, ~ könntest du das nicht; ~ wenn ich dir überhaupt nicht geholfen hätte ⟨umg.⟩ • 5.3 **zu** …, ~ **dass** *so …, dass nicht;* er ist zu anständig, ~ dass er so etwas tun könnte • 5.4 **umso mehr,** ~ … *insbesondere, weil, vor allem weil;* ich möchte das Konzert sehr gern hören, umso mehr, ~ ich den Dirigenten nicht kenne

als[2] ⟨Partikel; westmitteldt.⟩ *immer wieder, manchmal;* ich habe ihn ~ in der Stadt gesehen; er ist ~ dort gewesen

als|bald ⟨Adv.; veraltet⟩ *sofort, sogleich*

al|so 1 ⟨Konj.⟩ • **1.1** *aus diesem Grund, folglich;* du kommst ~ nicht mit?; ~ los, gehen wir!; ich habe ihn nicht gesehen, ~ ist er weggefahren • **1.2** *endlich, schließlich;* er ist ~ doch gekommen • **1.2.1 na** ~! *ich habe es doch gleich gesagt* • **1.2.2** ~ **doch!** *es ist doch so, wie ich es gesagt habe, siehst du!* • **1.3** ~ **gut,** ~ **schön!** *nun gut!, so sei es!* **2** ⟨Adv.⟩ *auf diese Weise, so;* ~ hat Gott die Welt geliebt; ~ sprach Zarathustra

alt ⟨Adj. 22⟩ **1** eine Sache ist ~ *besteht seit vielen Jahren, ist seit vielen Jahren vorhanden;* Ggs *neu;* ein ~es Bauwerk; ~e Überlieferungen • **1.1** jmd. ist ~ *lebt seit vielen Jahren;* Ggs *jung;* die ~en Leute, die ~e Generation; eine ~e Frau; sich (noch nicht) ~ fühlen; das Altwerden fällt ihm schwer; er ist der älteste der vier Söhne • **1.1.1** älter **als** seine **Jahre** sein *älter aussehen als man ist* • **1.1.2 auf** seine ~en **Tage** *im Alter* • **1.1.3** ⟨Eigenname⟩ der ~e Schneidler ⟨umg.⟩ *Herr S. senior* • **1.1.4** der ~e Goethe *in seinen letzten Lebensjahrzehnten* • **1.1.5** ~ **wie Methusalem** ⟨umg.; scherzh.⟩ *sehr alt* **2** ⟨60⟩ *erfahren, bewährt;* ein ~er Soldat • **2.1** ein ~er **Hase** (auf diesem Gebiet) ⟨fig.⟩ *ein erfahrener Fachmann* • **2.2** ~er **Kämpfer** *langjähriger, bewährter Angehöriger einer politischen Partei* • **2.3** ein Mensch von ~em **Schrot und Korn** *ein tüchtiger, zuverlässiger Mensch, einer, der sich bewährt hat* • **2.4** ~er **Bursche!**, ~es **Haus!**, ~er **Junge!**, ~er **Knabe!** ⟨umg.; scherzh.⟩ *lieber (langjähriger) Freund!* • **2.5** ~es **Mädchen** ⟨veraltet; umg.; scherzh.⟩ *liebe (langjährige) Freundin!* • **2.6** mein ~er **Herr** ⟨umg.⟩ *mein Vater* **2.7** meine ~e **Dame** ⟨umg.⟩ *meine Mutter* • **2.8** der Alte **Fritz** *Beiname Friedrichs II. v. Preußen (1740-86)* **3** ⟨60⟩ ~er **Bekannter,** Freund, Verwandter *seit vielen Jahren vertraut,* ist ~ *Freund, so geht das nicht!* ⟨umg.; scherzh.⟩ *du Schelm!* **4** ⟨60⟩ • **4.1** eine ~e **Liebe** (zu jmdm. od. einer Sache) *frühere od. seit langer Zeit bis jetzt anhaltende L.* • **4.1.1** eine ~e **Liebe** *jmd., den man in der Jugend geliebt hat (und noch heute liebt)* • **4.2** ⟨70⟩ jmd., ist, bleibt (immer) der Alte *derselbe, unverändert, (stets) ein guter Freund* • **4.3** ⟨60⟩ *unverändert, nach überkommenem Brauch;* seinen ~en Gang gehen; in ~er Weise; ~e Gewohnheiten • **4.4** ⟨70⟩ immer die ~e **Geschichte,** Leier, **Platte!** ⟨fig.; umg.⟩ *immer dasselbe!* • **4.5** ~e Sitten und Gebräuche *überlieferte, seit langem gepflegte S.*

u. G.; viele Jahrhunderte ~ • **4.5.1 am** Alten **hängen, beim** Alten **bleiben,** es **beim** Alten **lassen** *nichts ändern, das Überlieferte, Althergebrachte pflegen* • **4.6** ⟨70⟩ ~e **Dinge,** Möbel, Bilder *aus früheren Zeiten stammende* • **4.6.1** in ~en **Zeiten** *in längst vergangener Zeit D., M., B.* • **4.6.2** ein ~er **Schlager** *überholter, nicht mehr moderner S.* • **4.6.3** ~er/Alter **Mann** ⟨Bgb.⟩ *abgebaute Teile einer Grube* • **4.7** ⟨60⟩ ein ~er **Lehrer** ⟨**Schüler**⟩ von mir *ein früherer L. (S.), jmd., der vor langer Zeit mein L. (S.) war* • **4.7.1** Alter **Herr** ⟨Studentenspr.⟩ *ehem. aktives Mitglied einer student. Verbindung* • **4.8** ⟨60⟩ • **4.8.1** ~e **Völker** *V. des Altertums;* die ~en Germanen, Griechen, Römer • **4.8.2** ~e **Sprachen** *die S. des klassischen Altertums, Griechisch u. Latein;* Ggs *neuere Sprachen,* → *neu (1.3.1)* • **4.8.3** (die) ~e **Geschichte** *G. des Altertums;* Ggs *neuere Geschichte* • **4.8.4** ~er **Orient** *die Kultureinheit Ägyptens, Palästinas u. Syriens, Kleinasiens, Mesopotamiens und der iranischen Hochebene zwischen 3000 v. Chr. bis etwa zur Zeitwende* • **4.8.5** die Alte **Welt** *das seit dem Altertum bekannte Europa;* Ggs *Neue Welt (Amerika)* • **4.8.6** ~er **Stil** ⟨seit der Kalenderreform durch Gregor XIII. (1582) übliche Bez.; Abk.: a. St.⟩ *Datum nach dem julianischen Kalender* • **4.8.7** ein ~er **Meister** *Künstler des Mittelalters* • **4.8.8** das Alte **Testament** ⟨Abk.: AT⟩ *der erste, ältere, hebräisch geschriebene Teil der Bibel, der die Zeit der Propheten vor der Geburt Jesu beschreibt;* →a. *neu (3.1.7)* • **4.8.9** das ~e **Jahr** *das vergangene Jahr beim Jahreswechsel;* →a. *neu (1.4.1)* • **4.9** ⟨60⟩ • **4.9.1** ~er **Wein** *gut abgelagerter W.;* Ggs *junger Wein* • **4.9.2** ~e **Kartoffeln** *Kartoffeln der vorjährigen Ernte (wenn es schon neue gibt)* • **4.9.3** ~es **Brot** *altbackenes, nicht mehr frisches B.* • **4.9.4** ~e **Dienste** ⟨Arch.⟩ *Dienst*[1] *(7) größeren Durchmessers* **5** ⟨Zeitmaß⟩ er ist 20 Jahre ~ *lebt seit 20 J.;* das Kind ist noch nicht 1 Jahr ~; ein 1000 Jahre ~er Baum; ~ an Jahren sein; er starb, noch nicht 30 Jahre ~; wie ~ sind Sie?; für wie ~ halten Sie ihn? • **5.1** dieses Buch ist schon 100 Jahre ~ *vor 100 J. hergestellt* **6** etwas ~ **kaufen** *bereits gebrauchte Sachen k., aus zweiter Hand k.;* Ggs *neu* • **6.1** ⟨60⟩ ~es **Eisen** *unbrauchbare Gegenstände* • **6.1.1** zum ~en Eisen gehören ⟨fig.; umg.⟩ *nicht mehr arbeitsfähig sein, ausgedient haben* • **6.1.2** jmdn. od. etwas zum ~en Eisen werfen ⟨fig.; umg.⟩ *als verbraucht ausscheiden* **7** aus Alt mach Neu ⟨umg.⟩ *alte Gegenstände, bes. Kleider geschickt umändern, so dass sie wie neu aussehen* • **7.1** **für neu** *Abzug von der Entschädigung wegen Wertminderung durch Abnutzung* **8** ⟨60⟩ • **8.1** eine ~e **Jungfer** ⟨umg.; abwertend⟩ *ältere Frau mit eigenartigem Benehmen* • **8.2** ein ~er **Schwätzer, Widersacher** *hartnäckiger, unverbesserlicher S., W.* **9** Alt und Jung, Alte und Junge *jedermann;* bei Alt und Jung beliebt sein

Alt ⟨m.; -s; unz.; Mus.⟩ **1** *die tiefere Stimmlage bei Frauen u. Knaben;* sie hat einen sehr schönen ~; sie singt (im) ~ **2** *Sänger od. Sängerin, der od. die Partien für Altstimme singt*

Al|tar ⟨m.; -(e)s, -tä|re⟩ **1** ⟨urspr.⟩ *erhöhter block- od.*

altbacken

tischartiger Platz zur Darbringung von Opfern ● 1.1 *sein Leben auf dem ~ des Vaterlandes opfern* ⟨poet.; geh.⟩ *im Krieg fallen* **2** ⟨christl. Kirche⟩ *Stätte des Abendmahles* ● 2.1 *sich vor dem ~ das Jawort geben* ⟨fig.; geh.⟩ *kirchlich heiraten*

alt|ba|cken ⟨Adj. 24⟩ *nicht mehr frisch, einige Tage alt;* ~*es Brot*

alt|be|kannt ⟨Adj. 24/70⟩ *seit langem bekannt, offenkundig; das ist doch* ~*!; eine* ~*e Wahrheit*

Al|ten|heim ⟨n.; -(e)s, -e⟩ = *Altersheim*

Al|ten|teil ⟨n.; -(e)s, -e⟩ **1** *rechtlich gesicherte Leistungen auf Lebenszeit an denjenigen (bes. Bauern), der seinen Hof, sein Geschäft o. Ä. seinem Nachfolger übergibt, z. B. mietfreie Wohnung, Erhalt eines Geldbetrages* ● 1.1 *sich aufs ~ setzen, zurückziehen sich zur Ruhe setzen, sein Amt an einen Nachfolger übergeben, sich aus dem öffentlichen Leben zurückziehen* ● 1.2 *jmdn. aufs politische ~ setzen jmdn. in eine politisch wirkungslose Position verweisen*

Al|te(r)[1] ⟨f. 2 (m. 1)⟩ **1** *alte Frau bzw. alter Mann; Alte und Junge; er redet wie ein Alter* **2** *der Alte* ⟨umg.⟩ *der Chef, Meister* **3 mein** *Alter* ⟨umg.⟩ *mein Mann, mein Vater* **4** *die Alte letzte Garbe, die am Schluss der Ernte auf dem Feld bleibt od. feierlich eingebracht wird* **5** *die Alten die alten Leute* **6** *die Alten* ⟨umg.⟩ *die Eltern, die Vorfahren* ● 6.1 *wie die Alten sungen, so zwitschern die Jungen* ⟨Sprichw.⟩ ● 6.1.1 *oft reden Kinder kritiklos nach, was sie von den Eltern hören* ● 6.1.2 *die Kinder sind, handeln wie die Eltern* **7** *die Alten die Völker des Altertums*

Al|ter[2] ⟨n.; -s; unz.⟩ Ggs *Jugend* **1** *Zeitdauer, die seit der Entstehung (eines Lebewesens od. Gegenstandes) verstrichen ist, Lebenszeit, Zeit des Bestehens; in welchem ~ ist er ungefähr?; in meinem ~ kann ich mir das nicht mehr leisten; im ~ von 85 Jahren starb er; im zarten ~ von fünf Jahren; ein ehrwürdiges ~ (erreichen); im reifen ~; ein Herr mittleren ~s; noch im hohen ~; bis ins hohe ~ rüstig sein; das ~ eines Baumes, einer Münze, eines Kunstwerkes* ● 1.1 *man sieht dir dein ~ nicht an du siehst jünger aus, als du bist* ● 1.2 *er ist in meinem ~ so alt wie ich* ● 1.3 **für** *sein ~ recht gewandt sein wenn man seine Jugend berücksichtigt;* →a. *beste (1.2)* **2** *Lebenszeit des alten Menschen;* Ggs *Jugend (1); ~ schützt vor Torheit nicht* ⟨Sprichw.⟩ **3** *alte Leute;* Ggs *Jugend (4); dem ~ bitte den Vortritt lassen; das ~ muss man ehren* ⟨Sprichw.⟩

al|tern ⟨V.⟩ **1** ⟨400(s.)⟩ **jmd.** *altert wird (sichtlich) alt; er ist früh gealtert; er ist in den letzten Jahren (rasch) gealtert* **2** ⟨400(s.)⟩ **Stoffe** *~ verändern ihre ursprüngliche Beschaffenheit;* Metalle, Aromen, Weine ● 2.1 ⟨500⟩ **Stoffe** *~ veranlassen, dass sie ihre ursprügl. Beschaffenheit verändern;* Metalle, Aromen, Weine (künstlich) ~

al|ter|na|tiv ⟨Adj. 24⟩ **1** *eine Alternative, Wahl zwischen zwei Möglichkeiten bietend* ● 1.1 *eine zweite zu wählende Möglichkeit darstellend; ein ~er Vorschlag* **2** *vom Herkömmlichen abweichend, im Gegensatz zu ihm stehend;* ~*e Lebensweise,* ~*e Medizin,* ~*e Politik*

Al|ter|na|ti|ve ⟨[-və] f.; -, -n⟩ **1** *Wahl zwischen zwei Möglichkeiten; jmdn. vor die ~ stellen; jmdm. keine ~ lassen* **2** *zweite, ersatzweise wählbare Möglichkeit; als ~ ist auch ein gekürzter Vortrag möglich*

al|ter|nie|ren ⟨V. 400⟩ **1** *wechseln, abwechseln zwischen zweien;* ~*d singen* ● 1.1 *der* **Versfuß** *alterniert* ⟨Metrik⟩ *wechselt regelmäßig zwischen einsilbiger Hebung und Senkung* ● 1.2 **mathematische Ausdrücke** *~* ⟨Math.⟩ *wechseln das Vorzeichen* ● 1.2.1 *~de* **Reihe** *Reihe mit wechselnden Vorzeichen der einzelnen Glieder* ● 1.3 *~der* **Strom** *Wechselstrom*

Al|ters|heim ⟨n.; -(e)s, -e⟩ *Wohnstätte, in der alte Menschen leben u. betreut werden;* Sy *Altenheim; ins ~ gehen, ziehen; einen Platz im ~ suchen; seine Mutter lebt im ~*

Al|ter|tum ⟨n.; -(e)s; unz.⟩ **1** ⟨unz.⟩ *der Zeitraum von den Anfängen menschlicher Kultur bis etwa zum Untergang des weströmischen Reiches;* Ggs *Neuzeit* ● 1.1 *klassisches ~ das griechisch-römische A. vom 5. Jh. v. Chr. bis zum 5. Jh. n. Chr.;* Sy *Antike (1)* **2** ⟨nur Pl.⟩ *Altertümer Kunstgegenstände aus diesem Zeitraum; die Altertümer im Museum besichtigen*

al|ter|tüm|lich ⟨Adj.⟩ **1** *in der Art vergangener Zeiten, aus ihnen stammend;* ~*e Baudenkmäler* **2** *veraltet, nicht dem Zeitgeist entsprechend, archaisch;* ~*e Ansichten besitzen*

alt|klug ⟨Adj.⟩ *frühreif u. vorlaut; ein ~es Kind; das Kind schien ihm ~ zu sein*

alt|mo|disch ⟨Adj.⟩ *nicht der augenblicklichen Mode entsprechend, nicht modern, rückständig, veraltet;* ~*e Möbel, Kleidung, Ansichten; er war ~ gekleidet*

Alt|wei|ber|som|mer ⟨m.; -s, -⟩ Sy *fliegender Sommer,* → *fliegend (2.5)* **1** *vom Wind getragene Spinnfäden im Spätsommer* **2** *durch das Auftreten dieser Fäden charakterisierter Nachsommer*

Alu|mi|ni|um ⟨n.; -s; unz.; Chem.; Zeichen: Al⟩ *chem. Element, silberweißes Leichtmetall, Ordnungszahl 13*

am ⟨Präp. + schwach betonter Artikel⟩ = *an dem* **1** ⟨zur Bildung des Superlativs⟩ *das ist ~ schönsten; er hat ~ besten gespielt* **2** ⟨örtlich⟩ *Frankfurt ~ Main* ⟨Abk.: a. M.⟩ ● 2.1 *~ angeführten Ort* ⟨Abk.: a. a. O.⟩ *in einem bereits genannten Werk* ● 2.2 *er sitzt ~ Tisch* **3** ⟨durativ⟩ *er ist ~ Schreiben* ⟨umg.⟩ *beschäftigt mit, beim Schreiben, er schreibt gerade*

Amal|gam ⟨n.; -s, -e⟩ **1** *Legierung aus Quecksilber u. anderen Metallen* ● 1.1 ⟨Zahnmed.⟩ *(als Zahnfüllung verwendete) Quecksilberlegierung mit über 50 % Silber*

Ama|ryl|lis ⟨f.; -, -ryl|len; Bot.⟩ *ein Zwiebelgewächs mit einem hohen Blütenschaft u. mehreren sehr großen, leuchtend roten od. rosafarbenen Blüten*

Ama|teur ⟨[-tø:r] m.; -s, -e⟩ *jmd., der nicht beruflich, sondern nur aus Freude an der Sache auf einem künstlerischen, wissenschaftlichen od. sportlichen Gebiet tätig ist;* Sy *Liebhaber (2);* ~*fotograf;* Foto~

Ama|zo|ne ⟨f.; -, -n⟩ **1** ⟨grch. Myth.⟩ *Angehörige eines kriegerischen Frauenvolkes in Kleinasien* **2** ⟨Reitsp.⟩ *Springreiterin; sie war die beste ~ im Feld*

Am|bi|en|te ⟨n.; -s; unz.⟩ **1** *Umgebung, Atmosphäre, Milieu; ein angenehmes ~ schaffen* ● 1.1 ⟨Lit.⟩ *Kolo-*

rit, Atmosphäre einer Schilderung **2** *Stil einer Einrichtung, Ausstattung;* ein luxuriöses, rustikales ~; für das passende ~ sorgen • 2.1 ⟨Kunst⟩ *Umgebung einer Gestalt in einem Kunstwerk (Licht, Schatten, Gegenstände u. a.)*

am|bi|va|lent ⟨[-va-] Adj. 24⟩ **1** *zwiespältig, einander widersprechend;* ~e Gefühle **2** *doppelwertig, zwei-, mehrdeutig;* ~e Werte

Am|boss ⟨m.; -es, -e⟩ **1** *eiserner Block mit ebener Fläche, auf dem der Schmied das Eisen schmiedet* **2** ⟨Anat.⟩ *das mittlere der drei Gehörknöchelchen*

am|bu|lant ⟨Adj. 24⟩ **1** *herumziehend, wandernd* • 1.1 ~es **Gewerbe** ⟨veraltet⟩ *das im Umherziehen von Ort zu Ort betriebene G.;* ~er Handel **2** ⟨Med.⟩ ~e **Behandlung** *B. während der ärztlichen Sprechstunde im Krankenhaus od. in einer Arztpraxis (ohne einen Krankenhausaufenthalt);* Ggs stationär (4)

Am|bu|lanz ⟨f.; -, -en; Med.⟩ **1** *Station im Krankenhaus für ambulante Behandlungen* (Notfall~) **2** = *Krankenwagen*

Amei|se ⟨f.; -, -n; Zool.⟩ *Angehörige einer zur Ordnung der Hautflügler gehörenden Familie staatenbildender Insekten: Formicidae;* geflügelte ~; fleißig wie eine ~

Amen ⟨n.; -s, -⟩ **1** ⟨Liturgie⟩ *Zustimmung der Gemeinde u. Schlussformel zu Rede, Segen, Gebet usw.* **2** *sein* ~ **zu etwas geben** ⟨fig.⟩ *sein Einverständnis erklären* • 2.1 **zu** allem ja und amen / Ja und Amen **sagen** ⟨fig.⟩ *mit allem einverstanden sein, sich allem fügen* **3** *das ist so sicher wie das* ~ *in der Kirche* ⟨Sprichw.⟩ *ganz sicher, bestimmt*

Am|mann ⟨m.; -(e)s, -män|ner; schweiz.⟩ *Obmann, Amtmann, Bezirks-, Gemeindevorsteher* (Land~)

Am|me ⟨f.; -, -n⟩ *Mutter, die ein fremdes Kind stillt*

Am|mo|ni|um ⟨n.; -s; unz.; Chem.⟩ *das den Alkalimetallen entsprechende Radikal* NH_4

Am|nes|tie ⟨f.; -, -n⟩ *gesetzlich verfügter Straferlass für eine Gruppe von (meist politischen) Gefangenen, Begnadigung;* eine ~ erlassen

Amok ⟨m.; -s; unz.⟩ ~ **laufen** *infolge einer Geistesstörung blindwütig u. unkontrolliert mit einer Waffe über andere Menschen herfallen u. sie dabei schwer verletzen od. töten*

amorph ⟨Adj.⟩ **1** *formlos, gestaltlos, ohne Kristallform;* Ggs kristallin, kristallisch **2** ~e **Sprachen** = *isolierende Sprachen,* → *isolieren (3)*

Am|pel ⟨f.; -, -n⟩ **1** *von der Decke eines Zimmers herabhängende Lampe in Form einer Schale* **2** *hängende Schale für Blumen* **3** *als Signal zur Regelung des Straßenverkehrs dienende Lampe mit rotem, gelbem u. grünem Licht*

Am|pere ⟨[ampɛːr] n. 7; - od. -s, -; El.; Zeichen: A⟩ *Maßeinheit der elektrischen Stromstärke*

Ampfer ⟨m.; -s, -; Bot.⟩ *artenreiche Gattung aus der Familie der Knöterichgewächse, zur Herstellung von Oxalsäure u. als Gewürz verwendet: Rumex*

Am|phi|bie ⟨[-bjə] f.; -, -n; Zool.⟩ *Tier, das im Wasser und auf dem Land leben kann;* Sy Lurch

Am|pul|le ⟨f.; -, -n⟩ **1** *bauchiges Gefäß, bauchige Flasche* • 1.1 ⟨Pharm.⟩ *spitz zulaufendes, verschlossenes Glasod. Plastikröhrchen mit sterilen Flüssigkeiten od. Medikamenten (zum Injizieren)* **2** ⟨Med.⟩ *kolbenartig erweiterter Teil röhrenförmiger Organe (Mastdarm, Eileiter)*

Am|pu|ta|ti|on ⟨f.; -, -en; Med.⟩ *operative Entfernung;* Sy *Abnahme (1.1);* ~ eines Körpergliedes

am|pu|tie|ren ⟨V. 500; Med.⟩ *ein* **Körperglied** ~ *durch Operation entfernen*

Am|sel ⟨f.; -, -n; Zool.⟩ *ein Singvogel aus der Familie der Drosseln, Männchen schwarz mit gelbem Schnabel, Weibchen graubraun mit braunem Schnabel: Turdus merula;* Sy Schwarzdrossel; Köhler~

Amt ⟨n.; -(e)s, Äm|ter⟩ **1** *fester, dauernder Aufgabenkreis im Dienste anderer, Stellung, Beruf sowie damit verbundene Amtsgewalt, Rechte und Pflichten;* ein verantwortungsvolles ~; sich um ein ~ bewerben; ein ~ antreten, ausüben, bekleiden, innehaben, versehen, behalten, niederlegen; das ~ des Bürgermeisters, das ~ eines Treuhänders ausüben; im ~ sein, bleiben, sich befinden; jmdn. in ein ~ einsetzen, einweisen, einführen; etwas von ~s wegen bekanntmachen, untersagen, verbieten, verkünden • 1.1 jmdn. seines ~es entheben *absetzen* • 1.2 ich bin von ~s wegen hier *amtlich, in öffentlichem Auftrag* • 1.3 kraft seines ~es *aufgrund seiner Amtsgewalt* • 1.4 in ~ und Würden sein *eine feste, gute Stellung (bekommen) haben* **2** ⟨fig.⟩ *Aufgabe, Pflicht* • 2.1 seines ~es walten *seine amtlichen Pflichten ausüben* • 2.1.1 das ist nicht meines ~es ⟨geh.; veraltet⟩ *das ist nicht meine Aufgabe, Pflicht* **3** *staatlicher Verwaltungsbereich aus mehreren Gemeinden* **4** *behördl. Institution;* Finanz~; Auswärtiges ~ • 4.1 ⟨veraltet⟩ *Vermittlungsstelle des Fernmeldedienstes der Post;* Fern~ • 4.2 *das Gebäude, in dem ein Amt (4) untergebracht ist;* aufs ~ gehen; zum ~ gehen **5** ⟨veraltet; kath. Kirche⟩ *Messe mit Gesang* • 5.1 ⟨ev. Kirche⟩ *Abendmahl*

amt|lich ⟨Adj.⟩ **1** *auf einem Amt beruhend, von einem Amt stammend;* ~e Bescheinigung; ~es Schreiben • 1.1 ist das ~? ⟨umg.⟩ *offiziell, verbürgt, gewiss, feststehend* **2** *von Amts wegen, nicht privat;* ich teile Ihnen dies ~ mit **3** *aufgrund der Rechte eines Amtes;* etwas ~ verfügen, befehlen

Amu|lett ⟨n.; -(e)s, -e⟩ *(meist um den Hals getragener) kleiner Gegenstand als Glücksbringer*

amü|sant ⟨Adj.⟩ *unterhaltsam, belustigend*

amü|sie|ren ⟨V. 505/Vr 3⟩ **(sich über)** jmdn. od. etwas ~ *unterhalten, belustigen, vergnügen;* die Geschichte hat mich amüsiert; wir haben uns prächtig, königlich über ihn (über seine Späße) amüsiert

an[1] ⟨Präp.⟩ → a. *am* **1** ⟨m. Akk.⟩ • 1.1 ~ einen **Ort** *in Richtung auf, bis hin zu einem Ort;* etwas ~ die Tafel schreiben; ~ die Tür klopfen; sich ~ die Wand lehnen; bis ~ den Hals im Wasser stehen • 1.1.1 jmdn. ~ die **Wand stellen** ⟨fig.⟩ *zum Erschießen* • 1.2 ~ jmdn. *auf jmdn. gerichtet, bezogen, bestimmt für;* ein Brief ~ seine Frau; einen Gruß ~ deine Mutter!; eine Bitte, Frage ~ jmdn. haben, richten; ich habe gerade ~ dich gedacht; ~ Gott glauben; ~ Konto x … ⟨Buchhaltung⟩ • 1.3 ~ eine **Tätigkeit,** etwas **Abstraktes** *gerichtet auf;* das Lied „An die Freude"; geh

an

~ deine Aufgaben! **2** ⟨Präp. m. Dat.⟩ • 2.1 ~ einem **Ort** *dicht bei, nahe*; (nahe) ~ der Autobahn; dort steht Haus ~ Haus; ~ einer Stelle im Wald; ~ der Ecke warten; der Ort, ~ dem er starb; Frankfurt ~ der Oder ⟨Abk.: a. d. O.⟩ • 2.1.1 14:30 Uhr ~ München ⟨auf Fahrplänen⟩ *Ankunft in München um ...* • 2.1.2 ⟨regional, bes. schweiz.⟩ *auf;* ~ der Erde liegen; sie war gestern ~ einem Konzert • 2.1.3 er wohnt ~ der Bahnhofstraße ⟨schweiz.⟩ *in der B.* • 2.1.4 ~ einer **Behörde,** einem **Unternehmen** sein *beruflich tätig in, bei;* Dekan ~ der Philosophischen Fakultät • 2.2 du bist ~ der Reihe *der Nächste* • 2.2.1 jetzt ist es ~ dir zu handeln *es ist deine Aufgabe* • 2.3 ~ einer **Sache,** **Tätigkeit** sein *beschäftigt mit;* ~ einem Theaterstück schreiben; ~ der Arbeit sein • 2.3.1 man hat es ~ der Rede ⟨schweiz.⟩ *man spricht davon* • 2.4 den *Teil einer Menge betreffend;* reich (arm) ~ Erzen; haben Sie etwas ~ Sommerstoffen da?; jung ~ Jahren sein; es fehlt ihm ~ der nötigen Ausdauer • 2.4.1 es ist (nicht) ~ dem ⟨umg.⟩ *es ist (nicht) wahr, es entspricht (nicht) den Tatsachen* • 2.5 *infolge, verursacht durch;* jmdn. ~ der Stimme erkennen; ich seh dir's ~ der Nasenspitze an, dass ...; ~ einer Krankheit leiden; ~ Entkräftung sterben; ~ den Folgen des Krieges wirtschaftlich zugrunde gehen • 2.5.1 es liegt nur ~ ihm *er ist schuld* • 2.6 *mittels, mit Hilfe;* ~ einem Teller Suppe habe ich genug; sich ~ Obst satt essen; ~ den Fingern herzählen; ~ Krücken gehen • 2.7 ~ einem **Zeitpunkt** *zu eben dieser Zeit;* der Tag, ~ dem ...; ~ einem heißen Sommertag; ~ seinem letzten Geburtstag; es ist ~ der Zeit zu handeln • 2.8 eine bestimmte **Eigenschaft,** ein **Merkmal** ~ **sich haben** *durch eine E., ein M. gekennzeichnet sein;* ~ der Sache ist kein wahres Wort; ich weiß nicht, was du ~ ihm findest • 2.8.1 ~ dem Theaterstück ist nicht viel (dran) *es taugt nicht viel;* →a. *Eid*

an² ⟨Adv.⟩ **1** *von ... ~* Sy *von ... ab* • 1.1 von einem **Ort** ~ *beginnend;* von hier ~; von unten ~ • 1.2 von einem **Zeitpunkt** ~ *beginnend (am, um, mit);* von dem Tage ~, als (da) ...; von nächster Woche ~; von Jugend, Kindheit ~; von heute ~ • 1.3 von einer bestimmten **Menge** ~ *beginnend bei, mit ebenso viel und mehr;* von 5 Euro ~ aufwärts; von 0,5 V ~; →a. *ab (2.1)* **2** ~ *sich,* ~ *und für sich eigentlich, von Rechts wegen, genau genommen* **3** ⟨das auf „an" folgende Substantiv steht im Kasus des Satzgliedes, es wird von „an" regiert⟩ (**Menge,** **Maß,** **Gewicht,** **Anzahl**) ~ (die) 5.000 Euro *etwa, ungefähr;* mit ~ (die) 50 Schulkindern; ~ (die) 220 V **4** ⟨kurz für⟩ • 4.1 ⟨umg.⟩ *angezogen, bekleidet* • 4.1.1 ohne etwas ~ *unbekleidet* • 4.1.2 mit wenig ~ *nur dürftig bekleidet;* →a. *anhaben (1)* **5** ~ *sein angeschaltet, eingeschaltet sein;* das Licht ist immer noch ~ • 5.1 bitte Motor ~! *bitte den M. anschalten*

an... ⟨Vorsilbe; bei Verben trennbar⟩ **1** *befestigend;* anbinden **2** *sich nähernd, berührend;* angrenzen, anhängen **3** *Richtung auf etwas od. jmdn. hin nehmend;* jmdn. anschreiben; jmdn. anbrüllen; etwas anpeilen **4** *beginnend;* anstimmen, anfaulen, ansetzen **5** *verstärkend, vergrößernd;* anschwellen, anbauen, anhäufen **6** *längere Zeit einer Tätigkeit nachgehend;* etwas anhören, ansehen

anal ⟨Adj. 24/90⟩ **1** ⟨Med.⟩ *den After betreffend, in seiner Nähe liegend* **2** ⟨Psych.⟩ ~e **Phase** *frühkindliche Stufe der Sexualität, in der der Trieb auf die Afterregion gerichtet ist*

ana|log ⟨Adj. 24⟩ **1** *entsprechend, ähnlich, vergleichbar;* eine ~e Darstellung, Erscheinung; • 1.1 ⟨EDV⟩ Ggs *digital* • 1.1.1 *kontinuierlich* • 1.1.2 ⟨Phys.⟩ *durch die gleichen mathematischen Zeichen darstellbar;* ~es Signal *kontinuierliches, als physikalische Größe dargestelltes S.* **2** ⟨Präp. m. Dat.⟩ *entsprechend;* etwas ~ zu etwas anderem beschreiben

Ana|lo|gie ⟨f.; -, -n⟩ **1** *Beziehung zwischen Dingen, Vorstellungen, Relationen und komplexen Systemen, die in gewisser Hinsicht übereinstimmen;* Sy *Entsprechung* **2** *sinngemäße Anwendung, Übertragung*

An|al|pha|bet ⟨a. [---'-] m.; -en, -en⟩ *Person, die nicht lesen u. schreiben gelernt hat*

An|al|pha|be|tin ⟨a. [---'--] f.; -, -tin|nen⟩ *weibl. Analphabet*

Ana|ly|se ⟨f.; -, -n⟩ Ggs *Synthese* **1** *Zergliederung eines Ganzen in seine Teile, genaue Untersuchung der Einzelheiten, Auflösung* **2** ⟨Chem.⟩ • 2.1 **qualitative** ~ *Bestimmung eines Stoffes nach der Art seiner Bestandteile* • 2.2 **quantitative** ~ *Bestimmung eines Stoffes nach der mengenmäßigen Zusammensetzung*

ana|ly|sie|ren ⟨V. 500⟩ **jmdn. od. etwas** ~ *eine Analyse von jmdm. od. etwas machen, jmdn. od. etwas zergliedern*

ana|ly|tisch ⟨Adj. 24⟩ **1** *die Analyse betreffend, auf ihr beruhend, mit ihrer Hilfe;* Ggs *synthetisch* • 1.1 ~e **Urteil** *U., das durch Zergliederung der in einem Begriff enthaltenen Merkmale gewonnen wird* **2** ~e **Chemie** *der Teil der C., der die Analyse zum Gegenstand hat* **3** ~e **Geometrie** *rechnerische G., die geometrische Gebilde, wie Kurven u. Flächen, untersucht u. mit Hilfe von Funktionsgleichungen darstellt*

Ana|nas ⟨f.; -, - od. -se; Bot.⟩ **1** *tropische Pflanze mit spitzen, rosettenförmigen Blättern u. einem ährigen Blütenstand* **2** *essbare, bis zu 3,5 kg schwere Frucht der Ananaspflanze mit gelblichem, süßsäuerlich schmeckendem Fruchtfleisch*

An|ar|chie ⟨[-çi:] f.; -, -n⟩ **1** *die vom Anarchismus geforderte Gesellschaftsordnung* **2** *Zustand der Gesetzlosigkeit, (politische) Unordnung*

an|ar|chisch ⟨[-çɪʃ] Adj.⟩ *auf Anarchie (2) beruhend*

An|ar|chis|mus ⟨[-çɪs-] m.; -; unz.⟩ *politische Lehre, die jede staatliche Ordnung ablehnt u. das menschliche Zusammenleben nur vom Willen u. von der Einsicht des Einzelnen bestimmt wissen will*

Ana|to|mie ⟨f.; -, -n⟩ **1** ⟨unz.⟩ *Wissenschaft, Lehre vom Körperbau der Lebewesen;* ~ der Pflanzen, Tiere u. des Menschen **2** *wissenschaftliches Institut für anatomische Studien* **3** ⟨i. w. S.⟩ *Strukturbestimmung*

an|bah|nen ⟨V. 500; fig.⟩ **1** etwas ~ *beginnen, den Weg bereiten für;* eine Ehe ~ **2** ⟨Vr 3⟩ **etwas bahnt sich an** *eröffnet sich, zeichnet sich ab;* neue Möglichkeiten bahnen sich an

an|ban|deln ⟨V.⟩ = anbändeln
an|bän|deln ⟨V. 405; umg.⟩ oV anbandeln **1** mit jmdm. ~ eine Liebesbeziehung anknüpfen, einen Annäherungsversuch machen; sie hat mit ihm angebändelt **2** mit jmdm. Streit ~ ⟨selten⟩ S. anfangen
An|bau ⟨m.; -(e)s; unz.⟩ **1** ⟨Landw.; unz.⟩ das Anbauen, Aufzucht (von Pflanzen) **2** angebautes Gebäude (oder Teil eines Gebäudes)
an|bau|en ⟨V. 500⟩ **1** ⟨Landw.⟩ etwas ~ (in größerem Umfang) pflanzen, säen, aufziehen; Feldfrüchte ~; Wein ~ **2** etwas ~ dazu-, hinzubauen, -stellen; Bücherregale zum Anbauen • **2.1** ein Gebäude durch ein anderes vergrößern; eine Garage (an ein Haus) ~
an|be|hal|ten ⟨V. 160/500; umg.⟩ ein **Kleidungsstück** ~ am Körper behalten, nicht ausziehen, nicht ablegen; ich behalte die neuen Schuhe gleich an
an|bei ⟨a. ['--] Adv.⟩ beiliegend, beigefügt; ~ senden wir Ihnen die gewünschten Unterlagen
an|bei|ßen ⟨V. 105⟩ **1** ⟨500⟩ etwas ~ in etwas zum ersten Mal beißen, hineinbeißen; ein Stück Brot, Wurst, einen Apfel ~ • **1.1** das Kind ist **zum** Anbeißen ⟨fig.; umg.; scherzh.⟩ sehr niedlich **2** ⟨400⟩ den Köder annehmen; der Fisch will nicht ~; hat was angebissen (am Angelhaken) • **2.1** ⟨fig.; umg.⟩ sich verlocken, überreden lassen; als wir ihm Geld boten, biss er sofort an; er will nicht ~
an|be|rau|men ⟨V. 500⟩ etwas ~ festsetzen; einen Termin, einen Zeitpunkt ~
an|be|ten ⟨V. 500⟩ **1** jmdn. od. etwas ~ durch Gebet verehren, zu jmdm. od. etwas beten; die Götter ~; die Sonne, den Mond ~ • **1.1** ⟨fig.⟩ sehr verehren, vergöttern; er betet seine Frau an
An|be|tracht ⟨nur noch in der Wendung⟩ in ~ mit Rücksicht auf, im Hinblick auf; in ~ der kritischen Situation; in ~ dessen, dass ...
an|bie|dern ⟨V. 500/Vr 3⟩ sich (bei jmdm.) ~ sich bei jmdm. einschmeicheln, sich jmdm. aufdrängen; er biedert sich bei mir an; ~des Gerede
an|bie|ten ⟨V. 110⟩ **1** ⟨530⟩ jmdm. etwas ~ vorschlagen, etwas zu nehmen, fragen, ob jmd. etwas haben will; jmdm. ein Glas Wein, eine Tasse Kaffee ~; seine Hilfe, seine Dienste, eine Stellung ~; Waren zum Kauf, Verkauf ~; er bot mir an, mich im Wagen mitzunehmen • **1.1** jmdm. **Prügel** ~ mit P. bedrohen **2** ⟨580/Vr 7⟩ sich ~, etwas zu tun seine Dienste zur Verfügung stellen
An|blick ⟨m.; -(e)s, -e⟩ **1** ⟨unz.⟩ das Anblicken; beim ersten ~ **2** Bild, das man beim Anblicken wahrnimmt; ein herrlicher, furchtbarer ~; in den ~ einer Blume versunken sein; →a. Gott (1.2)
an|bli|cken ⟨V. 500/Vr 7 od. Vr 8⟩ jmdn. od. etwas ~ ansehen, anschauen, den Blick hinwenden auf; er blickte sie fragend, lange, stumm, fassungslos, dankbar an
an|bre|chen ⟨V. 116⟩ **1** ⟨500⟩ etwas ~ zu verbrauchen beginnen; Vorrat ~ • **1.1** Brot ~ das erste Stück abbrechen • **1.2** eine Tafel Schokolade ~ zu essen beginnen • **1.3** eine Flasche Wein ~ das erste Glas ausschenken **2** ⟨500⟩ etwas ~ nicht ganz durchbrechen; einen Holzstab, Knochen ~; ein Bein ~ **3** ⟨400(s.); geh.⟩

andere(r, -s)

etwas bricht an beginnt, fängt an; der Tag, der Frühling bricht an; ein angebrochener Abend
an|bren|nen ⟨V. 117⟩ **1** ⟨400⟩ etwas brennt an fängt an zu brennen; das Holz brannte endlich an **2** ⟨400(s.)⟩ etwas brennt an setzt sich am Boden des Kochtopfes an; Milch brennt leicht an; etwas (versehentlich) ~ lassen; angebrannt riechen, schmecken **3** ⟨500⟩ etwas ~ zum Brennen, Glühen, Leuchten bringen; Sy anzünden; eine Kerze, Lampe ~ • **3.1** ⟨530/Vr 5 od. Vr 6⟩ jmdm. etwas ~ anzünden; sich eine Zigarette, Pfeife ~
an|brin|gen ⟨V. 118/500⟩ **1** jmdn. od. etwas ~ herbeibringen, herbeitragen; der Hund brachte das erlegte Wild an **2** etwas ~ befestigen, festmachen, anmachen, installieren; an der Wand muss noch eine Lampe angebracht werden • **2.1** ⟨fig.⟩ machen, hinzufügen; Änderungen, Verbesserungen ~ **3** etwas ~ vortragen, äußern, mitteilen; eine Klage, Beschwerde ~; eine Bemerkung gesprächsweise ~; ich konnte meine Bitte nicht ~ **4 Waren** ~ absetzen, verkaufen
An|bruch ⟨m.; -(e)s, -brü|che⟩ **1** ⟨unz.; geh.⟩ Beginn, Anfang; der ~ einer neuen Epoche; bei ~ der Nacht **2** ⟨Forstw.⟩ krankes, fauliges Holz **3** ⟨Jägerspr.⟩ in Fäulnis übergehendes totes Wild **4** ⟨Bgb.⟩ angebrochene Masse nutzbarer Mineralien
An|cho|vis ⟨[-ʃoːvɪs] od. [-çoːvɪs] f.; -, -⟩ = Anschovis
An|dacht ⟨f.; -, -en⟩ **1** ⟨unz.⟩ geistige u. seelische Versenkung; jmds. ~ (nicht) stören; in stille ~ versunken • **1.1** ⟨unz.; Rel.⟩ Besinnung auf Gott; mit frommer ~ die Kirche betreten **2** ⟨unz.⟩ feierliche, ehrfürchtige Stimmung, innere Sammlung; etwas mit ~ lesen, hören, betrachten **3** ⟨Rel.⟩ kurzer Gottesdienst; Abend-, Morgen-; eine ~ halten • **3.1** stille, religiöse Feier; Haus-
an|dau|ern ⟨V. 400⟩ etwas dauert an dauert lange, hört nicht auf, hält an; der Regen dauert an; die Verhandlungen dauern an
an|dau|ernd ⟨Adj. 24/90⟩ **1** anhaltend, unaufhörlich, ununterbrochen; ein ~er Regen **2** ⟨a. ['--]⟩ immer wieder, sich ständig wiederholend; diese ~en Fragen sind mir lästig; ~ sagt sie dasselbe
an|den|ken ⟨V. 119/500; umg.⟩ etwas ~ über etwas zum ersten Mal nachdenken; ich werde die Sache ~
An|den|ken ⟨n.; -s, -⟩ **1** ⟨unz.⟩ Gedenken, Gedächtnis, Erinnerung; ich schicke dir das Foto zum ~ an unsere Reise **2** Gegenstand zur Erinnerung; Sy Souvenir; der Ring ist ein ~ an meine Mutter
an|de|re(r, -s) ⟨Indefinitpronomen 10⟩ **1** nicht diese Sache(n) od. Person(en), sondern (eine) davon verschiedene; ein ~s Kleid anziehen; mit ~n Worten: ...; entweder das eine/Eine oder das ~/Andere!; und ~(s)/Andere(s) ⟨Abk.: u. a.⟩; und ~s/Andere(s) mehr ⟨Abk.: u. a. m.⟩; und vieles ~/Andere mehr; es war ein ~r/Anderer • **1.1** das ist etwas ~s/Anderes!; spielen wir etwas ~s/Anderes!; reden wir von etwas ~m/Anderem! • **1.2** das haben ~/Andere auch schon gesagt nicht nur du sagst das • **1.3** das kannst du ~n/Anderen erzählen, aber nicht mir! ich glaube es nicht! • **1.4** ich habe ihn eines ~n/Anderen belehrt ich habe ihm seinen Irrtum nachgewiesen

anderenfalls

• 1.5 ~n Leuten in die Töpfe gucken ⟨fig.; umg.⟩ *sich neugierig für die Angelegenheiten anderer interessieren* **2** *etwas od. jmd. aus einer Reihenfolge;* einer schrie lauter als der ~; es kam eins zum ~n, am Schluss war das Unglück passiert; ein ~s Mal komme ich mit; ich bin von einem Geschäft zum ~n gelaufen • 2.1 ~n Tags, am ~n Tag *am nächsten Tag* • 2.1.1 er erzählte eine Geschichte nach der ~n *immer wieder eine neue* • 2.2 **ein Wort gab das ~**, und schon war der Streit im Gange *die Diskutierenden widersprachen einander ständig* • 2.3 immer einer (eins) nach dem ~n! *immer der Reihe nach!* • 2.4 ein Mal um das ~ *jedes zweite Mal* • 2.4.1 einen Tag um den ~n *jeden zweiten Tag* • 2.5 **zum einen** habe ich keine Zeit und **zum** ~n auch gar keine Lust *erstens ..., zweitens ...* **3** *in wesentlichen Merkmalen verschieden;* ich bin ~r Meinung; ~n Sinnes werden • 3.1 sich eines ~n/Anderen besinnen *seine Meinung ändern* • 3.2 ~ **Saiten** aufziehen ⟨fig.; umg.⟩ *strenger werden* • 3.2.1 dort herrscht ein ~r Ton *ein strengerer Ton* • 3.3 in ~n **Umständen** *schwanger* **4** *der (das) eine/***Eine** *oder* ~/Andere *irgendjemand, irgendetwas, manches, einiges* **5** *unter* ~m/Anderem ⟨Abk.: u. a.⟩ *außerdem* **6** *nichts* ~s/Anderes *als jmd. od. etwas nur dieses (dieser, diese);* es blieb ihm nichts ~s/Anderes übrig, als zu ... **7** *alles* ~/Andere *als das Gegenteil von;* das Konzert war alles ~/Andere als gut • 7.1 sie verdient **alles** ~/**Andere** als ein Lob *Tadel*

an|de|ren|falls ⟨Adv.⟩ *im anderen Fall, sonst;* oV *andernfalls;* die Straßenführung muss begradigt werden, ~ besteht erhöhte Unfallgefahr

an|de|rer|seits ⟨Adv.; leitet einen Satz oder Satzteil ein, der dem vorausgegangenen inhaltlich entgegengesetzt ist⟩ *auf der anderen Seite, hingegen, wenn man (aber) berücksichtigt;* oV *andererseits, andrerseits;* →a. *einerseits;* auf der einen Seite möchte ich ins Kino gehen, ~ müsste ich aber noch arbeiten; einerseits gefällt mir dieser Stoff, ~ ist er mir zu teuer

an|der|mal ⟨Adv.; in der Wendung⟩ **ein** ~ *ein anderes Mal, nicht jetzt, zu einem anderen Zeitpunkt;* reden wir darüber ein ~

än|dern ⟨V. 500⟩ **1** *etwas* ~ *anders machen;* die Richtung ~; seine Meinung, seine Pläne ~; das ändert die Sache; ich kann es auch nicht ~ • 1.1 das ist **nicht zu** ~, das ändert nichts an der Tatsache, dass ... *trotzdem bleibt die T. bestehen, dass ..., damit muss man sich abfinden* • 1.2 ⟨503/Vr 5⟩ ⟨jmdm.⟩ ein **Kleidungsstück** ~ *anders nähen* • 1.3 ⟨500⟩ **etwas (an etwas)** ~ *einen Teil von etwas anders machen;* an einem Kleid den Ausschnitt ~ **2** ⟨Vr 3⟩ **sich** ~ *anders werden;* das Wetter ändert sich; die Zeiten ~ sich; das lässt sich nicht ~; es hat sich seitdem nichts geändert; er hat sich schon sehr geändert; du musst dich gründlich ~

an|dern|falls ⟨Adv.⟩ = *anderenfalls*

an|ders ⟨Adv.⟩ **1** *nicht so;* sie sieht ~ aus als ihre Schwester; ich denke ~ (als ihr); das macht man ~; jmd. od. etwas ist ~ (geworden); er verhält sich (ganz) ~; ~ denken als die Mehrheit • 1.1 ~ ausgedrückt *mit anderen Worten* • 1.2 sich eine Sache ~ überlegen *den Entschluss ändern* • 1.3 sich ~ besinnen *seine Pläne ändern* • 1.4 er spricht jetzt ganz ~ als früher ⟨fig.⟩ *er hat seine Gesinnung od. sein Verhalten geändert* • 1.5 das klingt schon ~ ⟨umg.⟩ *besser* • 1.6 erstens **kommt es** ~ und zweitens als man denkt ⟨umg.; scherzh.⟩ *es kommt meist nicht wie erwartet* **2** *wo* ~ *sonst;* wo ~ könnte er gewesen sein?; irgendwo ~ gewesen sein **3** *nicht* ~ *nur so;* ich habe es nicht ~ erwartet; so und nicht ~ (wird es gemacht)!; wenn nicht ~ möglich, müssen wir vorher abreisen • 3.1 ich konnte **nicht** ~ **als** ihn empfangen *nur* **4** ⟨Getrennt- u. Zusammenschreibung⟩ • 4.1 ~ denkend = *andersdenkend* • 4.2 ~ Denkende(r) = *Andersdenkende(r)*

an|ders|ar|tig ⟨Adj. 24⟩ *von anderer Art, anders geartet, sich von anderen unterscheidend;* ein ~es Wesen; sich ~ verhalten

an|ders|den|kend *auch:* **an|ders den|kend** ⟨Adj. 24/ 70⟩ *von anderer Denkweise, eine andere Ansicht, andere Meinung vertretend*

An|ders|den|ken|de(r) *auch:* **an|ders Den|ken|de(r)** ⟨f. 2 (m. 1)⟩ *jmd., der anders denkt, anderer Meinung ist (bes. in politischer u. religiöser Hinsicht);* die Verfolgung von ~n

an|der|seits ⟨Adv.⟩ = *andererseits*

an|ders|wo ⟨Adv.⟩ *an einem anderen Ort*

an|ders|wo|her ⟨Adv.⟩ *von einem anderen Ort, aus einer anderen Richtung*

an|ders|wo|hin ⟨Adv.⟩ *an einen anderen Ort, in eine andere Richtung*

an|dert|halb ⟨Numerale; in Ziffern: 1 ½⟩ *einundeinhalb;* ~ Stunden; dieses Haus ist ~mal so groß wie jenes

Än|de|rung ⟨f.; -, -en⟩ *das Ändern;* ~en vorbehalten (im Programm); eine ~ an einem Kleid vornehmen lassen; ist eine ~ im Befinden des Kranken eingetreten?

an|der|weit ⟨Adv.; geh.⟩ *in anderer Hinsicht, in anderer, auf andere Weise;* wenn Sie die Ware nicht binnen einer Woche abnehmen, werden wir ~ darüber verfügen

an|der|wei|tig ⟨Adj. 24/90⟩ *auf andere Weise, sonstig, an anderer Stelle;* die Stelle wurde ~ vergeben; eine ~e Verwendung finden

an||deu|ten ⟨V. 500⟩ *etwas* ~ **1** *vorsichtig, durch einen versteckten Hinweis zu verstehen geben, ahnen lassen, vorsichtig, versteckt ankündigen;* er hat so etwas angedeutet, als ob er heute Abend kommen wollte; die Wolken deuten ein Gewitter an **2** *flüchtig, unvollständig angeben;* den Weg durch kleine Fähnchen auf der Landkarte ~; die Punkte im Bild sollen Vögel ~; ich möchte meinen Lebenslauf nur kurz ~

An||deu|tung ⟨f.; -, -en⟩ **1** *Anspielung, Hinweis;* eine geheimnisvolle, leise ~ machen; sich in ~en ergehen • 1.1 *kurze Bemerkung, Erwähnung;* in ~en reden **2** *Anzeichen, Vorzeichen (3);* die ~en einer Krankheit **3** *schwache Bezeichnung;* die ~ der Umrisse auf der Skizze ist zu schwach

An|drang ⟨m.; -(e)s; unz.⟩ **1** *das heftige An-, Herandrängen, -strömen;* Wasser~ **2** *Wallung, heftiger Zustrom;* Blut~ **3** *Gedränge, drängender Zustrom einer Menschenmenge;* es herrschte großer ~ an der Kasse

an|dre|hen ⟨V. 500⟩ **1** eine **Kurbel** ~ *zu drehen beginnen* **2** etwas ~ *durch Drehen (eines Schalters) anstellen;* das Licht, Radio ~; würdest du bitte meine Spieluhr ~? **3** ⟨530⟩ jmdm. etwas ~ ⟨umg.⟩ *jmdm. etwas betrügerisch od. gegen dessen Willen verkaufen* • **3.1** jmdm. eine **Arbeit** ~ ⟨umg.⟩ *jmdm. zu einer Arbeit überreden, zu der man selbst keine Lust hat* **4** etwas ~ ⟨umg.⟩ *anfangen, zuwege, zustande bringen, bewerkstelligen;* wie willst du das ~?

and|rer|seits ⟨Adv.⟩ = anderersetis

an|dro|hen ⟨V. 530⟩ jmdm. etwas ~ *jmdm. mit etwas drohen, jmdm. etwas drohend ankündigen;* er drohte den Kindern Strafe an

an|ecken ⟨V. 400(s.)⟩ **1** *an eine Ecke stoßen, anstoßen;* pass auf, dass du mit dem Tablett nicht aneckst! **2** ⟨fig.; umg.⟩ *Anstoß, Missfallen erregen;* ich bin bei ihm geeckt

an|eig|nen ⟨V. 530/Vr 1⟩ **1** sich etwas ~ *sich etwas zu eigen machen, etwas in Besitz nehmen, Besitz von etwas ergreifen;* sich etwas widerrechtlich ~; sich eine Gewohnheit ~; sich gute Kenntnisse ~ • **1.1** sich eine **Sprache** ~ *lernen*

an|ein|an|der *auch:* **an|ei|nan|der** ⟨Adv.⟩ **1** *einer an den anderen;* wir haben oft ~ gedacht; sie müssen sich ~ gewöhnen **2** *einer an dem anderen;* ~ vorbeigehen; sich ~ festhalten • **2.1** *vorbereiten sich gegenseitig missverstehen*

an|ein|an|der|ge|ra|ten *auch:* **an|ei|nan|der|ge|ra|ten** ⟨V. 195/500; fig.⟩ **mit jmdm.** ~ *mit jmdm. einen Streit anfangen;* aufgrund von Meinungsverschiedenheiten ~

an|ein|an|der|gren|zen *auch:* **an|ei|nan|der|gren|zen** ⟨V. 400⟩ *angrenzen, eine gemeinsame Grenze besitzen;* zwei ~de Grundstücke

An|ek|do|te ⟨f.; -, -n⟩ *kurz u. treffend erzählte spaßige Begebenheit;* ~n erzählen

Ane|mo|ne ⟨f.; -, -n; Bot.⟩ *Angehörige einer Gattung der Hahnenfußgewächse, die in zahlreichen Farben u. Formen vorkommt, Buschwindröschen*

an|er|kannt 1 ⟨Part. Perf. von⟩ *anerkennen* **2** ⟨Adj.⟩ • **2.1** *bewährt, von gutem Ruf, unbestritten;* ein ~er Fachmann • **2.2** *zugelassen, bestätigt;* eine staatlich ~e Prüfung

an|er|ken|nen ⟨V. 166/500⟩ **1** jmdn. od. etwas ~ *gelten lassen;* eine Forderung, Meinung ~ • **1.1** ein Kind ~ *als das Eigene bestätigen* • **1.2** ⟨Vr 8⟩ **Staaten** erkennen **einander** an *nehmen diplomatische Beziehungen auf;* die beiden afrikanischen Staaten haben einander anerkannt **2** *loben, würdigen;* die Leistung eines anderen ~; sich ~d äußern (über); ~de Worte finden (für)

An|er|ken|nung ⟨f.; -, -en⟩ **1** ⟨unz.⟩ *Lob, Billigung;* jmdm. seine ~ aussprechen; ~ ernten, finden **2** *Bestätigung;* ~ der Vaterschaft **3** ⟨unz.⟩ *Würdigung;* in ~ seiner Verdienste

an|fah|ren ⟨V. 130⟩ **1** ⟨400(s.)⟩ *anfangen zu fahren;* der Wagen fuhr plötzlich an; der Wagen gibt beim Anfahren ein Geräusch **2** ⟨400(s.)⟩ *mit einem Fahrzeug ankommen;* er kam in einem alten Auto angefahren **3** ⟨500⟩ etwas ~ *mit einem Fahrzeug heranschaffen;* Ggs *abfahren (2.1)* **4** ⟨500⟩ jmdn. od. etwas ~ *gegen jmdn. od. etwas fahren;* einen Fußgänger ~ **5** ⟨500⟩ jmdn. ~ ⟨fig.⟩ *heftig u. unfreundlich zu jmdm. sprechen;* er hat ihn grob, tüchtig angefahren

An|fahrt ⟨f.; -, -en⟩ **1** *das Heran-, Herbei-, Näherfahren;* Ggs *Abfuhr (1);* die ~ von Waren **2** *Strecke od. Zeit, die man zum Heranfahren braucht;* die ~ dauerte zwei Stunden **3** *der Weg od. die Straße, die man zum Heranfahren benutzt;* eine lange ~ zur Arbeit haben **4** ⟨Mar.⟩ *Landeplatz, Kai*

An|fall ⟨m.; -(e)s, -fäl|le⟩ **1** *plötzliches Auftreten einer krankhaften Erscheinung;* ein ~ von Fieber, Schwindel; der Patient hatte in der Nacht einen heftigen ~ • **1.1** ⟨fig.⟩ *Ausbruch (1);* in einem ~ von Schwermut, Jähzorn, Eifersucht **2** ⟨unz.⟩ *Ertrag;* der ~ an Milch **3** *das, was anfällt, vorkommt, zu erledigen ist;* Arbeits~; der ~ von Korrespondenz ist kaum zu bewältigen

an|fal|len ⟨V. 131⟩ **1** ⟨500⟩ jmdn. ~ *(plötzlich) angreifen, überfallen;* den Feind von hinten ~; der Hund fiel den Mann an **2** ⟨500⟩ etwas fällt jmdn. an ⟨fig.; geh.⟩ *ergreift jmdn.;* Fieber, Krankheit, Wut fiel ihn an **3** ⟨400(s.)⟩ etwas fällt an *etwas entsteht nebenbei, kommt vor;* in der nächsten Zeit wird viel Arbeit ~ ⟨fig.⟩; die ~den Gebühren, Zinsen, Arbeiten; der ~de Müll; bei der Produktion fallen viele Nebenprodukte an

an|fäl|lig ⟨Adj.⟩ *nicht widerstandsfähig (bes. gegen Krankheiten), neigend zu;* ~ für, gegen Krankheiten sein; dieses Gerät ist stör~; jmd. ist stress~

An|fang ⟨m.; -(e)s, -fän|ge⟩ **1** *etwas Erstes, Ursprüngliches;* Sy *Beginn;* Ggs *Ende (1);* am ~; der ~ einer Strecke, der Straße; ~ nächster Woche; ~ März kommt er; es ist ~ Mai; am ~ des Jahres; sie ist ~ dreißig; von ~ an; der ~ einer Erzählung; wir haben den ~ des Theaterstücks versäumt; im ~ war das Wort (NT, Joh. 1,1); zu ~ hatte ich Schwierigkeiten; aller ~ ist schwer ⟨Sprichw.⟩ • **1.1** das ist der ~ vom Ende *damit ist das E. schon abzusehen* • **1.2** wer macht den ~? *wer fängt an?* ~ bis (zu) Ende *vollständig, ganz* **2** ⟨Pl.⟩ die Anfänge *Ausgangspunkte, Grundlagen;* die Anfänge einer Wissenschaft; von den Anfängen bis zur Gegenwart

an|fan|gen ⟨V. 132⟩ Sy *beginnen* **1** ⟨400⟩ *einen Anfang haben, nehmen;* Ggs *enden, aufhören (1),* ein Zeitraum, eine Strecke, ein Vorgang fängt an; der Unterricht fängt um 8.00 Uhr an • **1.1** jmd. fängt an *ist der Erste* • **1.2** ⟨500 od. 800⟩ eine **Tätigkeit**, mit einer T. ~ *den Anfang machen mit einer Tätigkeit;* Ggs *beenden, aufhören (1.1);* hast du den Brief schon angefangen?; einen Bericht ~; mit einer Arbeit ~; von vorn, von neuem ~; sie fängt an, alt zu werden; zu weinen ~; ich fange an zu verstehen; es hat angefangen zu regnen **2** ⟨500⟩ eine **Sache** ~ *tun, unternehmen;* sie weiß gar nicht, was sie vor Freude ~ soll; was fangen wir nun an?; etwas geschickt ~; ich

Anfänger

weiß nicht, wie ich es ~ soll **3** ⟨516 + Modalverb⟩ **mit** jmdm. od. einer Sache **etwas** ~ **können** (**sollen**) *ein Ziel erreichen* • **3.1 mit** einem **Gegenstand** etwas ~ können *(zu einem Zweck) gebrauchen, verwenden, nutzen;* was soll ich mit den Schrauben ~?; mit der Rechenmaschine kann ich nichts ~ • **3.2** mit jmdm. etwas ~ können • **3.2.1** *jmdm. eine Arbeit übertragen können* • **3.2.2** *sich mit jmdm. verstehen, mit jmdm. harmonieren;* mit dir kann man heute wirklich gar nichts ~

An|fän|ger ⟨m.; -s, -⟩ **1** *jmd., der anfängt, etwas zu lernen, jmd., der auf einem Gebiet nur geringe Kenntnisse besitzt;* Kurse für ~ • **1.1** ~! ⟨umg.; abwertend⟩ *ungeschickter Mensch*

An|fän|ge|rin ⟨f.; -, -rin|nen⟩ *weibl. Anfänger*

an|fäng|lich 1 ⟨Adv.⟩ = *anfangs* **2** ⟨Adj. 24/60⟩ *zu Anfang bestehend, erste(r, -s);* die ~en Schwierigkeiten konnten bald überwunden werden

an|fangs ⟨Adv.⟩ *zu Anfang, zuerst;* Sy *anfänglich;* ~ waren die Kinder noch schüchtern; ~ ging alles gut

an|fas|sen ⟨V. 500⟩ **1** ⟨Vr 8⟩ **jmdn.** od. **etwas** ~ *mit der Hand berühren;* Sy *angreifen (1);* fass mal an, ob der Teig weich genug ist; das Kind hat den heißen Ofen angefasst; man fasst einen heißen Topf mit einem Topflappen an **2** *zupacken, Hand anlegen, helfen;* wenn alle mit ~, ist der Tisch schnell gedeckt **3** *etwas* ~ *in Angriff nehmen, unternehmen;* ihm glückt alles, was er anfasst • **3.1** = *angreifen (3)* **4** ⟨513⟩ **jmdn.** od. **etwas** in bestimmter Weise ~ *behandeln, mit jmdm. od. etwas umgehen;* jmdn. hart ~; eine Sache richtig, verkehrt ~

an|fech|ten ⟨V. 133/500⟩ **1** *etwas* ~ *die Gültigkeit von etwas bestreiten, nicht anerkennen, Einspruch gegen etwas erheben;* ein Testament, ein Urteil ~ **2** *etwas* ficht **jmdn.** an ⟨fig.; geh.⟩ *bekümmert, beunruhigt jmdn.;* das ficht mich nicht an

An|fech|tung ⟨f.; -, -en⟩ **1** *Einspruch gegen die Gültigkeit einer rechtlichen Handlung;* die ~ eines Urteils **2** *Versuchung;* einer ~ erliegen, standhalten; allen ~en zum Trotz

an|fer|ti|gen ⟨V. 500⟩ *etwas* ~ *herstellen, (kunstgerecht) machen;* Kleider, Arznei nach Rezept, ein Schriftstück ~

an|feu|ern ⟨V. 500⟩ **1** *etwas* ~ *in etwas Feuer machen, etwas zum Brennen bringen;* den Ofen ~ **2** **jmdn.** od. **etwas** ~ ⟨fig.⟩ *kräftig ermuntern, ermutigen, durch Zuruf antreiben, anreizen;* die Mannschaft ~

an|fin|den ⟨V. 134/500/Vr 3⟩ *sich* (wieder) ~ *sich wiederfinden, wieder auftauchen;* der Kugelschreiber wird sich wieder ~

an|fle|hen ⟨V. 500⟩ **jmdn.** ~ *jmdn. flehend, eindringlich bitten;* ich flehe dich an, es nicht zu tun!

an|flie|gen ⟨V. 136⟩ **1** ⟨500⟩ *etwas* ~ *ein Ziel fliegend ansteuern;* den Flugplatz, eine Stadt ~ • **1.1** die Lufthansa fliegt Bangkok an *hat eine Fluglinie nach B.* • **1.2** ⟨Part. Perf.⟩ *angeflogen kommen sich fliegend nähern;* drei Vögel kamen angeflogen **2** ⟨600(s.)⟩ *etwas* fliegt **jmdn.** an ⟨fig.⟩ *jmd. eignet sich etwas leicht an;* diese Kenntnisse sind ihm angeflogen; ich weiß nicht, wo ich mir die Erkältung geholt habe,

sie ist mir eben angeflogen • **2.1** *es fliegt ihm nur so an mit müheloser Leichtigkeit schafft er es* **3** ⟨500⟩ *etwas* fliegt **jmdn.** an ⟨fig.; geh. od. veraltet⟩ *etwas befällt jmdn.;* Angst flog ihn an

An|flug ⟨m.; -(e)s, -flü|ge⟩ **1** *das Heranfliegen (von Vögeln, Flugzeugen);* beim ~; die Maschine ist im ~ **2** ⟨fig.⟩ *Hauch, Andeutung, Schatten;* mit dem ~ eines Lächelns; ein ~ von Bärtchen auf der Oberlippe; mit einem ~ von Heiterkeit **3** ⟨Forstw.⟩ *aus vom Wind verbreitetem Samen entstandener Baumbestand* **4** ⟨Min.⟩ *dünner Überzug bei manchen Mineralien*

an|for|dern ⟨V. 500⟩ **jmdn.** od. **etwas** ~ *(dringend) verlangen, bestellen;* Lieferung, Zusendung ~; einen Bericht ~; mehr Personal ~; Polizeiverstärkung ~

An|for|de|rung ⟨f.; -, -en⟩ **1** *Bestellung, das Anfordern;* die ~ von Informationsmaterial **2** *geforderte Leistung, Anspruch;* hohe ~en stellen

An|fra|ge ⟨f.; -, -n⟩ **1** *Frage, Bitte um Auskunft, Ersuchen;* darf ich mir eine ~ erlauben; eine ~ richten an; eine parlamentarische ~; eine ~ einbringen (im Parlament) • **1.1 große**/**Große** ~ *durch besondere Wichtigkeit u. größere Anzahl von Unterzeichnern gekennzeichnete parlamentarische A.* • **1.2 kleine**/**Kleine** ~ *kurze parlamentarische A., die schriftlich beantwortet werden kann*

an|fra|gen ⟨V. 400⟩ *fragen, sich erkundigen (bei), um Auskunft bitten, ersuchen (a. im Parlament);* ich möchte bei Ihnen ~, ob …

an|fü|gen ⟨V. 500⟩ *etwas* ~ *als Anlage im Brief beifügen, hinzufügen*

an|füh|len ⟨V.⟩ **1** ⟨500⟩ *etwas* ~ *fühlend anfassen, untersuchen;* jmds. Stirn ~; fühl den Stoff einmal an, wie weich er ist **2** ⟨530⟩ **jmdm.** (*etwas*) ~ ⟨fig.⟩ *(etwas) durch Gefühl merken;* man fühlt (es) ihm an, dass er unglücklich ist **3** ⟨513/Vr 3⟩ *sich* ~ *ein bestimmtes Gefühl vermitteln;* sich weich, hart, rau ~

an|füh|ren ⟨V. 500/Vr 7⟩ **1 jmdn.** od. **etwas** ~ *jmdn. od. etwas führend vorangehen;* einen Faschingszug, eine Polonaise ~ • **1.1** *der Anführer sein von jmdm. od. etwas, befehligen, leiten;* ein Heer, eine Expedition ~ • **1.2** ⟨Sp.⟩ *Erster sein; das Feld, die Tabelle* ~ **2** *etwas* ~ *mitteilen, vorbringen;* Gründe ~; etwas als Beispiel ~; was können Sie zu Ihrer Rechtfertigung ~? • **2.1** *erwähnen, sich auf etwas berufen;* ein Buch, Schriftwerk ~; am angeführten Ort (in wissenschaftlichen Arbeiten bei Zitaten) ⟨Abk.: a. a. O.⟩ • **2.1.1** *wörtlich wiederholen;* Sy *zitieren (1);* eine Textstelle, einen Ausspruch ~; ich möchte hier ein Wort von Goethe ~ **3** **jmdn.** ~ *absichtlich irreführen, listig hintergehen;* da hat er dich schön angeführt

An|füh|rer ⟨m.; -s, -⟩ *jmd., der eine Gruppe, Bande o. Ä. anführt, leitet, befehligt;* der ~ einer Gruppe

An|ga|be ⟨f.; -, -n⟩ **1** *das Angeben (1,2,4,5)* • **1.1** *Aussage, Auskunft, Mitteilung;* können Sie genaue ~n machen über …?; können Sie zu dem Vorfall nähere ~n machen?; weitere ~n kann ich nicht machen; ich habe in dem Buch eine ~ gefunden über …; laut ~n von …; nach seinen ~n verhält es sich so; wir bitten um ~ von Einzelheiten, ~ der Preise • **1.2** *Anweisung;* das Haus ist nach meinen eigenen ~n gebaut worden • 1.3 ⟨umg.⟩ *Prahlerei, Aufschneiderei;* ~ *ist auch eine Gabe!* ⟨scherzh.⟩; *es ist alles nur* ~, *was er erzählt* 1.4 ⟨Sp.⟩ *Aufschlag, erster Schlag, z. B. beim Tennis, Tischtennis; wer hat die* ~?

an‖ge|ben ⟨V. 143⟩ **1** ⟨500⟩ **etwas** ~ *sagen, aussagen, nennen, mitteilen, Auskunft geben über etwas;* Namen, Gründe ~; *er kann nicht* ~, *wer ihn niedergeschlagen hat; bitte geben Sie Ihre Anschrift an; etwas genau* ~ *(können); die Uhr gibt die Minuten u. Sekunden an; er gibt an, krank gewesen zu sein* **2** ⟨500⟩ **etwas** ~ *bestimmen, festsetzen; gib mir bitte das A an!* ⟨Mus.⟩ • **2.1 den Ton** ~ ⟨a. fig.⟩ *in einer Gesellschaft, Gemeinschaft bestimmen, das Wort führen* **3** ⟨500⟩ **jmdn.** od. **etwas** ~ *nennen, melden; er hat ihn bei der Polizei (als Zeugen) angegeben* **4** ⟨400; umg.⟩ *wichtigtun, prahlen, aufschneiden; gib nicht so an!* **5** ⟨400⟩ *ein Spiel eröffnen; wer gibt an?*

An|ge|ber ⟨m.; -s, -⟩ **1** *jmd., der einen anderen angibt (anzeigt)* **2** *jmd., der (beim Spiel) angibt* **3** ⟨abwertend⟩ *jmd., der angibt, wichtigtut*

An|ge|be|rin ⟨f.; -, -rin|nen⟩ *weibl. Angeber*

an|geb|lich ⟨Adj. 24⟩ **1** ⟨60⟩ *vermeintlich, vorgeblich; der* ~e *Verfasser des Buches* **2** ⟨80⟩ *wie man behauptet, vorgibt; er hat sich* ~ *nicht gemeldet; er ist* ~ *Musiker*

an|ge|bo|ren ⟨Adj. 24/70⟩ *von Geburt an, von Natur aus, als Veranlagung vorhanden;* ~e *Eigenschaft, Krankheit; sein Taktgefühl ist* ~, *nicht anzerzogen*

An|ge|bot ⟨n.; -(e)s, -e⟩ **1** *etwas Angebotenes, Vorschlag, etwas zu nehmen; ein* ~ *annehmen, ausschlagen, ablehnen* • **1.1** *Vorschlag zur Zahlung eines Geldbetrages;* Honorar~, Preis~; *höchstes* ~ *(bei Auktionen); machen Sie mir ein* ~! • **1.2** *Vorschlag zur Annahme einer Stelle in einem Unternehmen;* Stellen~; *ein sehr günstiges* ~ *bekommen* • **1.3** ~ **von Waren** *Gesamtheit der zum Verkauf stehenden W.;* Waren~; ~ *und Nachfrage regeln die Preise; ein reichhaltiges* ~ *(von Möbeln usw.)* • **1.4** ~, *(für jmdn.) etwas zu tun Vorschlag*

an|ge|hei|tert ⟨Adj.; umg.⟩ *leicht betrunken, beschwipst (u. dadurch in heiterer Stimmung); er war bei der Feier ganz schön* ~

an‖ge|hen ⟨V. 145⟩ **1** ⟨500⟩ **jmdn.** od. **etwas** ~ *jmdn. od. etwas herangehen, angreifen, in Angriff nehmen; einen Feind, eine Arbeit* ~ • **1.1** ⟨800(s.)⟩ **gegen jmdn.** od. **etwas** ~ *jmdn. od. etwas bekämpfen; gegen eine Krankheit* ~ **2** ⟨550(s.)⟩ **jmdn. um etwas** ~ *bitten; jmdn. um Geld* ~; *jmdn. um eine Unterstützung* ~ **3** ⟨500⟩ **etwas geht jmdn.** od. **etwas** ~ *etwas betrifft jmdn.* od. *etwas; derjenige, den es angeht, ist leider nicht da; das geht mich nichts an; was mich angeht, ich bin bereit; was deinen Vorschlag angeht, so muss ich Folgendes sagen* **4** ⟨400(s.)⟩ **etwas** *geht an ist möglich, schicklich, vertretbar; dass er nicht gekommen ist, mag noch* ~, *aber dass er sich nicht entschuldigt hat, ärgert mich sehr; das kann doch nicht* ~! • **4.1** *leidlich, erträglich sein; wie gefällt dir deine neue Arbeit? es geht an* **5** ⟨400(s.); umg.⟩ **etwas** *geht an fängt an; das Theater, die Vorstellung geht um 20.00 Uhr an* • **5.1** *anfangen zu brennen; abends, wenn die Lichter* ~; *das Feuer geht nicht an* • **5.2** *die Pflanzen gehen an fangen an zu wachsen* **6** ⟨400(s.)⟩ **Fleisch, Obst** *geht an geht in Fäulnis über; der Pfirsich ist schon etwas angegangen*

an|ge|hend 1 ⟨Part. Präs. von⟩ *angehen* **2** ⟨Adj. 60⟩ *noch nicht am Ende der Entwicklung, jedoch die Vollendung schon ahnen lassend; sie ist eine* ~e *junge Dame; ein* ~er *Künstler* • **2.1** ~es **Wild** ⟨Jägerspr.⟩ *sich dem Ende seiner Entwicklung näherndes W.* • **2.1.1 ein** ~**es Schwein** *Keiler von 4 Jahren*

an‖ge|hö|ren ⟨V. 600⟩ **1** *einer* **Gruppe,** *einem* **Zeitraum** ~ *zu einer bestimmten G.* od. *zu einem bestimmten Z. gehören; einer Partei (als Mitglied)* ~ **2** *jmdm.* ~ ⟨geh.; veraltet⟩ *(mit) jmdm. eng verbunden sein; einem Mann* ~

An|ge|hö|ri|ge(r) ⟨f. 2 (m. 1)⟩ **1** *jmd., der einer Gemeinschaft angehört, Mitglied;* Staatsangehöriger; *er ist* ~r *des Männerchors* • **1.1** *Verwandter;* Familienangehöriger • **1.1.1 meine** ~**n** *meine nächsten Verwandten*

An|ge|klag|te(r) ⟨f. 2 (m. 1)⟩ *jmd., der einer Straftat beschuldigt ist und gegen den das Gericht die Eröffnung des Hauptverfahrens beschlossen hat*

An|gel ⟨f.; -, -n⟩ **1** *Zapfen, an dem Tür* od. *Fenster drehbar befestigt ist;* Tür~; *die Tür quietscht in den* ~n; *die Tür aus den* ~n *heben* • **1.1 die Welt aus den** ~**n heben** ⟨fig.⟩ *die Welt erschüttern, grundlegend ändern;* →a. *Tür* (7.2) **2** *Fischfanggerät aus Rute, Schnur, Vorfach u. Haken, an dem der Köder befestigt wird u. der Fisch beim Anbeißen hängen bleiben soll; einen Fisch an der* ~ *haben* **3** *Vorrichtung zum Schwimmenlernen aus einem vom Beckenrand über das Wasser ragenden Gerüst, Seil u.* Schwimmgürtel **4** ⟨Jagdw.⟩ *Verlängerung der Klinge bei blanken Waffen, die in den Griff hineinragt* **5** ⟨Film, Fernsehen⟩ *peitschenförmig gebogener Ständer, der über die Szene reicht*

An|ge|le|gen|heit ⟨f.; -, -en⟩ **1** *Begebenheit, Geschehen; eine peinliche* ~; *das ist meine* ~!; *kann ich Sie in einer dringenden, privaten* ~ *sprechen?; diese* ~ *muss heute noch erledigt, geregelt werden; misch dich nicht in fremde* ~en!; *kümmere dich um deine eigenen* ~en!; *ich will mit der ganzen* ~ *nichts zu tun haben; wir wollen über diese* ~ *nicht mehr sprechen* **2** ⟨nur Pl.⟩ *auswärtige* ~en *Tätigkeitsbereich der Außenpolitik*

an|geln ⟨V.⟩ **1** ⟨402⟩ *mit der Angel fischen;* Fische ~; *er angelt leidenschaftlich gern* **2** ⟨503/Vr 5⟩ **(sich) etwas** od. **jmdn.** ~ ⟨fig.; scherzh.⟩ *mit Mühe erreichen, erwischen, für sich gewinnen; den Hut aus dem Wasser* ~; *sie hat sich einen reichen Witwer geangelt* **3** ⟨800⟩ **nach etwas** od. **jmdn.** ~ ⟨fig.⟩ *versuchen zu greifen, zu bekommen; nach einem Ehemann* ~; *mit dem Fuß nach dem Schuh* ~

an|ge|mes|sen 1 ⟨Part. Perf. von⟩ *anmessen* **2** ⟨Adj.⟩ *passend, entsprechend; eine* ~e *Belohnung, Frist, Strafe; ein* ~es *Gehalt; in* ~er *Weise; er war* ~ *gekleidet*

an|ge|nehm ⟨Adj.⟩ **1** *gern (gehabt), erwünscht* • **1.1** *erfreulich, willkommen;* ~er *Besuch; eine* ~e *Abwechs-*

lung, Beschäftigung; es ist mir sehr ~, dass ...; das Angenehme mit dem Nützlichen verbinden; ich bin ~ überrascht; mir ist ~ aufgefallen, dass...; ich wünsche ~e Unterhaltung!; es ist ~ frisch draußen • 1.1.1 (sehr) ~! ⟨geh.⟩ *(formelhafte Äußerung desjenigen, der jmdm. vorgestellt wird)* • 1.1.2 ~e Ruhe! *(Grußformel beim Schlafengehen)* • 1.2 ~es **Wesen, Benehmen** *verbindlich, freundlich, unaufdringlich;* er ist von ~em Wesen • 1.3 ~es **Wetter** *mild, heiter* • 1.4 ~es **Äußeres** *fein, hübsch, gepflegt* • 1.5 ~er **Geschmack** *köstlich* • 1.6 ~e **Kühle** *wohltuend;* es ist ~ kühl hier • 1.7 sich (bei) jmdm. ~ ⟨veraltet⟩ **machen** *sich einschmeicheln*

an|ge|regt 1 ⟨Part. Perf. von⟩ anregen 2 ⟨Adj.⟩ *lebhaft, interessant;* sich ~ unterhalten

an|ge|se|hen 1 ⟨Part. Perf. von⟩ ansehen 2 ⟨Adj.⟩ *geachtet, geschätzt, von hohem Ansehen;* eine ~e Persönlichkeit; er ist sehr ~ bei allen Mitgliedern • 2.1 ein ~es Geschäft *ein gut eingeführtes G.*

An|ge|sicht ⟨n.; -(e)s, -er; österr. a.: n.; -(e)s, -e; Pl. selten⟩ 1 *Gesicht;* jmdm. von ~ zu ~ gegenüberstehen; holdes ~ 2 **im** ~ ⟨fig.⟩ *Anblick;* im ~ des Todes, des Feindes

an|ge|sichts ⟨Präp. m. Gen.⟩ *gegenüber, im Hinblick (auf);* ~ dieser Tatsache ist es besser; ~ der erdrückenden Last von Beweisen

An|ge|stell|te(r) ⟨f. 2 (m. 1)⟩ *jmd., der gegen ein festes Monatsgehalt bei einer Firma, Behörde arbeitet;* die Arbeiter und ~n; leitender ~r

an|ge|trun|ken ⟨Adj.⟩ *leicht betrunken;* jmd. ist ~

an|ge|wie|sen 1 ⟨Part. Perf. von⟩ anweisen 2 ⟨Adj. 24/46⟩ auf jmdn. od. etwas ~ sein *jmd. od. etwas dringend benötigen, unbedingt brauchen;* in dieser Angelegenheit bin ich auf ihn ~

an|ge|wöh|nen ⟨V. 530/Vr 5⟩ **jmdm. etwas** ~ *zur Gewohnheit machen;* sich das Rauchen ~; gewöhne dir das gar nicht erst an!; ich habe ihm angewöhnt, pünktlich zu sein

An|ge|wohn|heit ⟨f.; -, -en⟩ *(schlechte) Gewohnheit, zur Gewohnheit gewordene Eigenheit;* seine schlechten ~en ablegen

An|gi|na ⟨f.; -, -gi|nen; Med.⟩ *entzündliche, fieberhafte Erkrankung des Halses mit Schwellung*

an|glei|chen ⟨V. 153/500/Vr 7 oder 8⟩ **jmdn.** od. **etwas** ~ *bewirken, dass jmd. od. etwas jmdm. od. etwas anderem ähnelt od. gleicht, anpassen;* die beiden Eheleute haben sich einander sehr angeglichen; die Gehälter den Lebenshaltungskosten ~

Ang|ler ⟨m.; -s, -⟩ *jmd., der angelt*

Ang|le|rin ⟨f.; -, -rin|nen⟩ *weibl. Angler*

an|grei|fen ⟨V. 158/500⟩ 1 **jmdn.** od. **etwas** ~ *mit der Hand berühren, in die Hand nehmen;* Sy anfassen (1); einen Gegenstand ~ • 1.1 *tastend erkunden;* greif doch mal die Herdplatte an, ob er schon warm ist! • 1.2 ⟨Vr 3⟩ **sich** ~ *sich anfühlen;* der Stoff greift sich hart (weich) an 2 ⟨Vr 8⟩ **jmdn.** od. **eine Gruppe von Personen** ~ *einen Kampf gegen jmdn. beginnen;* einen Feind ~; jmdn. mit dem Messer ~; unser Sturm greift (den Gegner) unentwegt an ⟨Sp.⟩ • 2.1 ⟨fig.⟩ *scharf kritisieren, anklagen;* der Redner wurde heftig angegriffen 3 ⟨500⟩ **eine Sache** ~ *eine S. zu tun beginnen;* Sy *anfassen (3.1);* eine Arbeit geschickt ~; was er auch angreift, es gelingt ihm alles 4 **Geld, Werte** ~ *zu verbrauchen beginnen;* Ersparnisse, Vorräte ~ • 4.1 Firmengelder ~ *veruntreuen* 5 **etwas** greift **etwas** od. **jmdn.** an • 5.1 etwas greift ein **Organ** (Herz, Nerven, Gesundheit) an *schwächt, ermüdet, strengt es an;* das helle Licht greift meine Augen an; er sieht angegriffen aus • 5.2 **Umwelteinflüsse** greifen **Gegenstände** an *beschädigen, zersetzen sie;* Säuren greifen Metalle an; Witterungseinflüsse greifen Gebäude an • 5.3 ein **Geschehen** greift jmdn. an *versetzt ihn in Gemütsbewegung;* ich kann das Buch nicht lesen, es greift mich zu sehr an

An|grei|fer ⟨m.; -s, -⟩ *jmd., der einen anderen angreift;* den ~ zurückschlagen

An|grei|fe|rin ⟨f.; -, -rin|nen⟩ *weibl. Angreifer*

An|griff ⟨m.; -(e)s, -e⟩ 1 *das Angreifen (2), Beginn, Eröffnung des Kampfes, auch des sportlichen Wettkampfes;* ein ~ gegen jmdn.; einen ~ abwehren, zurückschlagen; sich gegen jmds. ~e wehren; zum ~ übergehen • 1.1 ~ **auf (gegen) jmdn.** od. **etwas** *Beleidigung, Beschimpfung, scharfer Vorwurf, heftige Kritik;* das war ein ~ auf seine Ehre 2 **etwas in** ~ **nehmen** *beginnen;* ein Werk in ~ nehmen

angst ⟨Adj. 11/82; in Verbindung mit den Verben „sein", „bleiben", „werden"⟩ jmdm. ist ~ *jmd. hat Angst;* mir ist ~ und bange; ihm wird ~; →a. *Angst*

Angst ⟨f.; -e, Ängs|te⟩ 1 *große Sorge, Unruhe, unbestimmtes, oft grundloses Gefühl, bedroht zu sein;* aus ~ vor Strafe nicht schlafen können; jmd. gerät ~, schwebt in ~; in tausend Ängsten schweben; die ~ (in sich) bekämpfen, unterdrücken; jmdm. ~ einflößen, einjagen; es mit der ~ zu tun bekommen; vor ~ nicht schlafen können • 1.1 etwas **aus** ~ **tun** *weil man sich ängstigt* • 1.2 jmd. **hat,** bekommt ~ *ist, wird ängstlich* • 1.3 jmdm. Angst **machen;** jmdm. Angst und Bange machen *jmdn. mit Angst erfüllen* • 1.4 ~ **um jmdn.** od. **etwas haben** *befürchten, dass jmdm. od. etwas ein Unglück geschieht* • 1.5 ~ **vor jmdn.** od. **etwas haben** *befürchten, dass jmd. od. etwas einen Schaden verursacht;* →a. *angst*

angst|er|füllt ⟨Adj. 24⟩ *mit dem Ausdruck der Angst, voller Angst;* ein ~er Blick

ängs|ti|gen ⟨V. 500⟩ 1 jmdn. ~ *in Angst versetzen, jmdm. Angst machen;* ein Hund hat das Kind geängstigt 2 ⟨505/Vr 3⟩ **sich (vor jmdm.** od. **etwas)** ~ *Angst haben, sich große Sorgen machen;* sich ~ um jmdn. od. etwas; sich ~ vor jmdm. od. etwas • 2.1 sich **zu Tode** ~ ⟨fig.⟩ *sich sehr ängstigen*

ängst|lich ⟨Adj.⟩ 1 *Angst habend, innerlich unruhig, sehr besorgt;* eine ~e Person; jmd. ist ~; ~ antworten; mir wurde ~ zumute • 1.1 *peinlich genau, übertrieben gewissenhaft (aus Angst, etwas falsch zu machen);* ~ darauf bedacht sein, dass ... 2 ⟨40⟩ *nicht ~ sein* ⟨umg.⟩ *nicht dringend sein, nicht eilen;* mit dem Zurückgeben des Buches ist es nicht so ~

an|gu|cken ⟨V. 500; umg.⟩ **jmdn.** od. **etwas** ~ *(verwundert) ansehen, anschauen, betrachten;* was guckst du mich so an?; willst du dir das Foto nicht ~?

an|gur|ten ⟨V. 500/Vr 7⟩ jmdn. od. sich ~ *anschnallen, mit einem Sicherheitsgurt auf einem Auto-, Flugzeugsitz befestigen*

an|ha|ben ⟨V. 159⟩ **1** ⟨500⟩ etwas ~ *ein Kleidungsstück am Körper haben, tragen, angezogen haben;* du hast noch immer die nassen Sachen an!; Schuhe und Strümpfe ~ **2** ⟨530⟩ jmdm. od. einer **Sache etwas (nichts)** ~ *können, wollen (nicht) schaden können, wollen;* er kann dir nichts ~; der Wind kann dem Boot nichts ~

an|haf|ten ⟨V. 600⟩ **1** etwas haftet einer **Sache** an *haftet fest an etwas, ist fest mit etwas verbunden;* den Kleidungsstücken haftet ein unangenehmer Geruch an **2** eine **Sache** haftet jmdm. an ⟨fig.; geh.⟩ *jmd. wird etwas nicht los, kann sich nicht von etwas befreien;* ihm haftet immer noch etwas von seiner früheren Depression an

an|hal|ten ⟨V. 160⟩ **1** ⟨400⟩ • **1.1** *eine Bewegung beenden, stehen bleiben;* ein Fahrzeug hält an • **1.1.1** halten Sie an! *(Aufforderung an den Fahrer eines Fahrzeugs)* • **1.2** ein **Vorgang** od. **Zustand** hält an *geht weiter, wird nicht beendet;* Regen und Kälte halten an; die Spannung hielt den ganzen Film hindurch an **2** ⟨800⟩ **um** ein **Mädchen**, die **Hand** eines M.s ~ ⟨veraltet⟩ *sich um ein M. bewerben, einem M. einen Heiratsantrag machen* **3** ⟨500⟩ einen **bewegten Gegenstand**, eine bewegte **Person** ~ *an der Weiterbewegung hindern, zum Stehen bringen;* eine Maschine, ein Fahrzeug, die Uhr ~; einen Spaziergänger ~ • **3.1** den **Atem**, die **Luft** ~ *vorübergehend aufhören zu atmen* • **3.2** einen **Ton**, **Akkord** ~ *aushalten, weiterklingen lassen* **4** ⟨550⟩ jmdn. **zu etwas** ~ *ermahnen zu etwas, dafür sorgen, dass jmd. etwas tut;* die Mutter hält die Kinder zur Höflichkeit an; jmdn. zur Arbeit ~ **5** ⟨530/Vr 5 od. Vr 6 od. 511⟩ jmdn. **ein Kleidungsstück**, einen **Spruch** ~ *vor den Körper, an die Kleidung halten;* halt dir doch bitte mal die Brosche an! **6** ⟨511/Vr 3⟩ **sich an etwas** od. jmdm. ~ *festhalten;* sich am Geländer ~

An|hal|ter ⟨m.; -s, -⟩ = *Tramper;* per ~ fahren *trampen*
An|hal|te|rin ⟨f.; -, -rin|nen⟩ = *Tramperin*
An|halts|punkt ⟨m.; -(e)s, -e; fig.⟩ *Hinweis, eine Annahme unterstützender Beleg;* keine ~e für etwas finden

an|hand ⟨Präp. m. Gen.⟩ *mit Hilfe, aufgrund;* den Täter ~ eines Fotos überführen

An|hang ⟨m.; -(e)s, -hän|ge; Abk.: Anh.⟩ **1** ⟨Pl. selten; Abk.: Anh.⟩ *Zusatz zu Schriftstücken u. E-Mails, (erläuterndes od. ergänzendes) Schlusskapitel;* den ~ zu einem Vertrag zusammenstellen; im ~ des Buches suchen **2** ⟨Anat.⟩ *Endstück;* Knochen~ **3** ⟨unz.; fig.⟩ *Anhängerschaft* • **3.1** *ein Kreis von Freunden;* einen starken ~ haben; er kann nicht mit einem großen ~ rechnen • **3.2** *Verwandtschaft, Angehörige;* er ist Witwer ohne ~

an|hän|gen[1] ⟨V. 161/600⟩ **1** etwas hängt jmdm. an *belastet jmdn.;* diese alte Geschichte hängt ihm immer noch an **2** jmdm. od. einer **Sache** ~ ⟨geh.⟩ *ergeben sein;* er hing einem fernöstlichen Glauben an; einem Laster ~

an|hän|gen[2] ⟨V. 161/500⟩ **1** etwas ~ *so an etwas befestigen, dass es hängt;* etwas an einen Haken ~; einen Wagen an den Zug ~ • **1.1** *hinzufügen;* eine Endung an ein Wort ~ ⟨Gramm.⟩ **2** ⟨530/Vr 8⟩ jmdn. **etwas** ~ ⟨fig.⟩ *jmdm. etwas Unangenehmes nachsagen*

An|hän|ger ⟨m.; -s, -⟩ **1** *ein Fahrzeug ohne Motor, das an ein anderes angehängt wird;* in Lastkraftwagen mit ~ **2** *an einer Kette od. einem Band zu tragendes Schmuckstück;* ein ~ aus Gold, Silber **3** *ein Zettel mit einem Namen od. einer Nummer, der an Gepäckstücke angehängt wird;* Koffer~ **4** ⟨fig.⟩ *jmd., der einer Person od. Sache ergeben ist;* ~ einer Theorie, Bewegung, eines Politikers, Königshauses; seine Lehre findet viele ~

An|hän|ge|rin ⟨f.; -, -rin|nen⟩ *weibl. Anhänger (4)*
an|häng|lich ⟨Adj.⟩ *treu, eng verbunden, nicht von der Seite weichend;* der Hund ist sehr ~

an|hau|chen ⟨V. 500⟩ **1** jmdn. ~ *seinen Atem gegen jmdn. richten;* er hauchte sie an **2** etwas ~ *auf etwas hauchen;* die Brille, die Fensterscheibe ~ **3** jmdn. ~ ⟨fig.; umg.; scherzh.⟩ *jmdn. schelten, grob anfahren;* der Chef hat ihn ganz schön angehaucht **4** jmd. ist politisch (alternativ, konservativ) angehaucht ⟨fig.⟩ *mit einem Anflug politischer (alternativer, konservativer) Wesensart, sich wie ein Politiker (Alternativer, Konservativer) gebärden* • **4.1** jmd. ist vom Tode angehaucht ⟨poet.⟩ *jmd. weist die ersten Anzeichen des Todes auf*

an|häu|fen ⟨V. 500⟩ **1** etwas ~ *in Mengen sammeln, in Haufen zusammentragen;* Geld, Reichtümer, Schätze, Vorräte, Waren ~ **2** ⟨Vr 3⟩ etwas häuft **sich** an *sammelt sich an, wird immer mehr;* die neuen Bücher häufen sich an

an|he|ben ⟨V. 163⟩ **1** ⟨500⟩ etwas od. jmdn. ~ *ein kleines Stück in die Höhe heben;* den Schrank ~; ein Glas ~; ein Kind ~ • **1.1** ⟨fig.⟩ *erhöhen;* das Niveau ~; die Preise ~ **2** ⟨400⟩ jmd. od. etwas hebt an ⟨geh.; veraltet⟩ *fängt an, beginnt;* der neue Tag hebt an; zu sprechen, singen ~; er hob (hub) an zu lachen

an|hei|meln ⟨V. 500⟩ etwas heimelt jmdn. an *kommt jmdm. heimisch, vertraut vor, gibt jmdm. das Gefühl des Vertrautseins;* das Zimmer, die Atmosphäre heimelt mich an

an|heim|fal|len ⟨V. 131/400 (s.); geh.⟩ *in jmds. Besitz übergehen*

an|heim|ge|ben ⟨V. 143/530/ Vr 7; geh.⟩ jmdn. od. etwas einer Sache ~ *jmdn. od. etwas einer Sache überlassen, anvertrauen;* das Kind der Obhut eines Arztes, einer Erzieherin ~

an|heim|stel|len ⟨V. 530; geh.⟩ jmdm. etwas ~ *jmdm. die Entscheidung über etwas anvertrauen, etwas in jmds. Ermessen stellen;* ich stelle dir anheim, welche Maßnahme du ergreifst

an|hei|zen ⟨V. 500⟩ etwas ~ **1** *zu heizen beginnen;* einen Ofen, den Grill ~ **2** ⟨fig.⟩ *steigern, anstacheln, schüren;* die Stimmung, den Protest ~

An|hieb ⟨m.; -(e)s, -e⟩ **1** *der erste Hieb* **2** auf ~ *gleich beim ersten Mal, sofort;* eine Prüfung auf ~ bestehen

an|hö|ren ⟨V. 500⟩ **1** ⟨Vr 7 od. Vr 8⟩ jmdn. ~ *eine Sache vorbringen lassen u. zuhören, jmdm. Gehör schenken;*

ich habe ihn bis zu Ende angehört **2** etwas ~ *bei etwas (aufmerksam) zuhören;* ein Musikstück ~; (sich) jmds. Klagen ~ • **2.1** dieser Lärm ist nicht anzuhören *der L. ist unerträglich* **3** ⟨530⟩ **jmdm. etwas ~ an** *jmds. Sprechweise etwas merken;* man hört ihm die ausländische Herkunft an **4** ⟨513/Vr 3⟩ **etwas** hört **sich gut, schlecht an** *klingt gut, schlecht*

An|hö|rung ⟨f.; -, -en⟩ *Erörterung u. Diskussion eines bestimmten Themas (bes. in einem Ausschuss od. im Parlament), insbes. durch Befragen u. Anhören von Sachverständigen, Gutachtern od. Zeugen;* Sy *Hearing*

ani|ma|lisch ⟨Adj.⟩ **1** *tierisch, den Tieren eigentümlich, von ihnen stammend;* ~er Dünger; das ~e Leben • **1.1** ~e **Funktionen** ⟨Zool.⟩ *spezifisch tierische Lebensäußerungen wie Bewegung u. Sinneswahrnehmung, die den Pflanzen im Allgemeinen nicht zukommen* **2** ⟨fig.⟩ *wie ein Tier, tierhaft;* er stieß ~e Schreie aus • **2.1** *triebhaft, bestialisch;* eine ~e Lust, Freude an etwas empfinden, ein ~er Lärm, ~e Begierden

Ani|ma|teur ⟨[-tø:r] m.; -s, -e⟩ *Angestellter eines Reiseunternehmens od. Hotels, der für die Unterhaltung u. Freizeitgestaltung einer Reisegruppe zuständig ist*

Ani|ma|teu|rin ⟨[-tø:-] f.; -, -rin|nen⟩ *weibl. Animateur*

Ani|ma|ti|on ⟨f.; -, -en⟩ **1** *Unterhaltung u. Freizeitgestaltung, die von einem Animateur organisiert u. geleitet wird* **2** ⟨EDV; Film⟩ *Verfahren zur Belebung u. Bewegung von Figuren im Trickfilm*

ani|mie|ren ⟨V. 505/Vr 7 od. Vr 8⟩ **jmdn. (zu** einer **Handlung)** ~ *beleben, ermuntern, anregen, in Stimmung bringen (etwas zu tun);* jmdn. zu einem Streich ~

Anis ⟨a. [-'-] m.; -es, -e⟩ *Gewürz- u. Arzneipflanze:* Pimpinella anisum

an‖kämp|fen ⟨V. 800⟩ **gegen etwas** od. **jmdn.** ~ *etwas od. jmdn. bekämpfen, sich zur Wehr setzen, Widerstand leisten;* gegen den geplanten Stellenabbau ~; gegen die Müdigkeit ~ ⟨fig.⟩

An|kauf ⟨m.; -(e)s, -käu|fe⟩ *Erwerb durch Kauf, Kauf in größeren Mengen;* der ~ von Aktien, Grundstücken; Ankäufe tätigen, machen, vermitteln

an‖kau|fen ⟨V. 500⟩ **1** etwas ~ *käuflich erwerben;* ein Haus, Geschäft ~ **2** ⟨Vr 3⟩ **sich** ~ *sich durch Kauf eines Hauses od. Grundstückes an einem Ort niederlassen*

An|ker ⟨m.; -s, -⟩ **1** ⟨Mar.⟩ *an Kette od. Tau befestigter schwerer Doppelhaken zum Festmachen von Schiffen auf dem Meeresgrund;* die ~ lichten, hieven; ~ werfen, fieren; vor ~ gehen; vor ~ liegen • **1.1** ⟨a. fig.⟩ • **1.1.1 vor** ~ **gehen** *sesshaft werden, an einem Ort bleiben* • **1.1.2** ~ **werfen** *anfangen, sesshaft zu werden, an einem Ort zu bleiben* • **1.1.3 lichten** *mit der Abreise beginnen* **2** ⟨Arch.⟩ *Eisenstange od. -schiene mit Öse, durch die ein Querstück (Splint) zum Zusammenhalten von Bauteilen gesteckt wird* **3** ⟨Tech.⟩ *hin u. her bewegter Teil der Hemmung einer Uhr* **4** ⟨Elektrotech.⟩ *derjenige Teil einer umlaufenden elektrischen Maschine, in dessen Wicklung der Hauptstrom läuft, der die Maschine in Drehung versetzt*

An|kla|ge ⟨f.; -, -n⟩ **1** *eine bei Gericht erhobene Beschuldigung einer bestimmten Person wegen einer bestimmten Straftat;* die ~ lautet Mord; die ~ gegen jmdn. erheben • **1.1 unter ~ stehen** *(wegen) vor Gericht angeklagt sein* • **1.2 jmdn. unter ~ stellen** *jmdn. vor Gericht anklagen* **2** *die Vertretung der Anklage;* die ~ vertritt …; ein Zeuge der ~ **3** ⟨geh.⟩ *Beschuldigung, Vorwurf;* sie schrie ihm ihre ~ ins Gesicht

an‖kla|gen ⟨V.⟩ **1** ⟨514 od. 504/Vr 7 od. Vr 8⟩ **jmdn. (wegen)** einer **Sache** ~ *gegen jmdn. vor Gericht Klage erheben;* er wurde wegen Mordes od. des Mordes angeklagt **2** ⟨500; geh.⟩ **jmdn.** od. **etwas** ~ *beschuldigen;* wer sich entschuldigt, klagt sich an ⟨Sprichw.⟩

An|klä|ger ⟨m.; -s, -⟩ *jmd., der eine gerichtliche Klage (gegen jmdn.) erhebt od. erhoben hat*

An|klä|ge|rin ⟨f.; -, -rin|nen⟩ *weibl. Ankläger*

an‖klam|mern ⟨V. 500⟩ **1** etwas ~ *mit Klammern befestigen* **2** ⟨505/Vr 3⟩ **sich an jmdn.** ~ *sich krampfhaft an jmdm. festhalten, jmdn. nicht loslassen* ⟨a. fig.⟩

An|klang ⟨m.; -(e)s, -klän|ge⟩ **1** ⟨zählb.; geh.⟩ *leichte Ähnlichkeit, flüchtige Spur von Übereinstimmung;* in dieser Oper findet man viele Anklänge an Wagner **2** ⟨unz.⟩ ~ **finden, haben** ⟨fig.⟩ *(freundliche) Zustimmung, Anerkennung, Beifall finden, haben;* seine Musik, Rede, Idee fand viel ~

an‖kle|ben ⟨V.⟩ **1** ⟨503/Vr 5 od. Vr 6⟩ **etwas (jmdm.)** ~ *mit Klebstoff an etwas (sich) befestigen;* Plakate, Tapeten ~; sich falsche Wimpern ~ **2** ⟨411(s.)⟩ **etwas** klebt **an, auf etwas** *an etwas kleben, festhaften;* der Teig klebt an der Schüssel an

an‖klei|den ⟨V. 500/Vr 7⟩ **jmdn.** ~ ⟨geh.⟩ *anziehen;* jmdm. beim Ankleiden helfen; sich (zum Ausgehen) festlich ~

an‖klin|geln ⟨V. 500 od. 411⟩ **jmdn.** ~, **bei jmdm.** ~ ⟨umg.⟩ *jmdn. (telefonisch) anrufen, mit jmdm. telefonieren;* ich kling(e)le dich morgen an; er hat heute bei mir angeklingelt

an‖klin|gen ⟨V. 168/400⟩ **1** etwas klingt an *deutet sich an;* die Idee der Freiheit klingt immer wieder an • **1.1 Erinnerungen** klingen an *werden wach* **2** etwas klingt **an** etwas an ⟨geh.⟩ *erinnert im Klang, Stil, Wortlaut an etwas;* hier klingt noch (schon) manches aus seinen früheren (späteren) Werken an; das Gedicht klingt an Goethe an

an‖klop|fen ⟨V.⟩ **1** ⟨400⟩ *an die Tür klopfen (um eingelassen zu werden)* • **1.1** ⟨411⟩ **bei jmdm. (um etwas)** ~ ⟨fig.⟩ *jmdn. (behutsam) um etwas bitten;* er hat bei mir um Geld angeklopft

an‖knüp|fen ⟨V.⟩ **1** ⟨500⟩ **etwas** ~ *durch Knüpfen an etwas befestigen* **2** ⟨800⟩ **an, bei etwas** ~ *sich auf etwas beziehen, eine Verbindung herstellen mit, zu etwas, etwas als Ausgangspunkt für etwas anderes benutzen;* er knüpfte in seinem Vortrag an ein Ereignis an **3** ⟨500⟩ **Beziehungen** ~ *aufnehmen;* mit jmdm. ein Gespräch ~

an‖kom|men ⟨V. 170(s.)⟩ **1** ⟨411⟩ **an (in)** einem **Ort** od. **bei jmdm.** ~ *eintreffen, anlangen;* →a. *abfahren (1);* sie sind gestern (in München) angekommen; bist du gut angekommen?; am Bahnhof ~; ich bin in dem Roman an der Stelle angekommen, wo … • **1.1** bei Müllers ist ein Baby angekommen *geboren worden*

• 1.2 bei einer Firma, Behörde ~ *angestellt werden* **2** ⟨413⟩ **gut, schlecht (bei jmdm.)** ~ *(von jmdm.) aufgenommen werden* • 2.1 seine Witze kommen bei den Zuhörern nicht an *zünden nicht, finden kein Echo* • 2.2 damit kommst du bei mir nicht an *damit hast du kein Glück bei mir* **3** ⟨800⟩ **gegen** jmdn. od. **etwas** ~ *jmdn. od. etwas überwinden, stärker sein als jmd. od. etwas* • 3.1 er kommt nicht gegen ihn an *er ist ihm unterlegen* **4** ⟨500 od. 580⟩ eine **Sache** kommt jmdn. an ⟨geh.⟩ *ergreift, übermannt jmdn.; eine leichte Rührung kam ihn an; es kam mich das Verlangen an, zu …* • 4.1 ⟨unpersönl.⟩ es kommt ihn schwer an, zu … *es fällt ihm schwer* **5** ⟨800/(s.)⟩ es kommt **auf** jmdn. od. etwas an *hängt von jmdm. od. etwas ab, geht nicht ohne jmdn. od. etwas; das kommt darauf an, dass, ob, wie jmd. arbeitet* • 5.1 darauf kommt es ja gerade an! *das ist ja das Entscheidende!* • 5.2 wenn es d(a)rauf ankommt, ist er stets zur Stelle *im entscheidenden Augenblick, wenn er wirklich gebraucht wird* • 5.3 ⟨650⟩ es kommt ihm gar nicht darauf an *das ist ihm gar nicht wichtig, es ist ihm gleichgültig* • 5.4 ⟨650⟩ es kommt mir sehr darauf an *es ist mir sehr wichtig* • 5.5 ⟨650⟩ es kommt mir bei dieser Arbeit mehr auf Genauigkeit als auf Schönheit an *Genauigkeit ist mir wichtiger als Schönheit* • 5.6 es darauf ~ lassen *eine Sache sich entwickeln lassen, ohne einzugreifen*

an|kot|zen ⟨V. 500; derb⟩ **1** ⟨Vr 7 od. Vr 8⟩ **jmdn.** od. **etwas** ~ *mit Erbrochenem schmutzig machen* **2 etwas** kotzt **jmdn.** an ⟨fig.⟩ *widert jmdn. an, erregt jmds. Widerwillen; das kotzt mich an; ihr Auftreten kotzte ihn an* **3 jmdn.** ~ ⟨fig.⟩ *grob anfahren; der Chef hat ihn ganz schön angekotzt*

an|krei|den ⟨V. 500⟩ **1 etwas** ~ ⟨veraltet⟩ *mit Kreide auf einer Tafel anmerken; Schulden, Waren* ~ **2 (etwas)** ~ **lassen** ⟨umg.⟩ *Schulden machen, sich (im Gasthaus) ohne gleich zu zahlen bewirten lassen; die Zeche* ~ *lassen* **3** ⟨530⟩ **jmdm. etwas** ~ ⟨fig.⟩ *übelnehmen, nicht vergessen*

an|kreu|zen ⟨V. 500⟩ **etwas** (in einer Liste, einer Tabelle, einem Text) ~ *etwas mit einem aus zwei Schrägstrichen gemalten Kreuz markieren*

an|kün|di|gen ⟨V. 500⟩ **1** ⟨Vr 7⟩ **jmdn.** ~ *jmds. baldiges Erscheinen anmelden; einen bekannten Sänger* ~*; sich bei Freunden fürs Wochenende* ~ **2 etwas** ~ *etwas demnächst Kommendes bekanntgeben; ein Konzert, Schauspiel in der Zeitung* ~*; er hat seinen Besuch bereits angekündigt; der Wind kündigte ein Gewitter an* ⟨fig.⟩ **3** ⟨Vr 3⟩ **etwas** kündigt **sich** an ⟨fig.⟩ *macht sich in Anzeichen bemerkbar; der Herbst kündigte sich an; die schwere Krankheit kündigte sich seit langem an*

An|kün|di|gung ⟨f.; -, -en⟩ **1** *das Ankündigen, Bekanntgabe* **2** *Schriftstück, auf dem etwas angekündigt wird*

An|kunft ⟨f.; -; unz.⟩ **1** *Eintreffen, Erscheinen, Ankommen (1);* Ggs *Abfahrt (1);* jmds. ~ *erwarten; seine* ~ *mitteilen; bei, nach meiner* ~

an|kur|beln ⟨V. 500⟩ **1** *(mit einer Kurbel) in Gang bringen; den Motor* ~ • 1.1 **die Produktion** ~ ⟨fig.⟩ *in Schwung bringen, erhöhen;* Sy *anleiern*

an|la|chen ⟨V.⟩ **1** ⟨500/Vr 8⟩ **jmdn.** ~ *lachend anblicken; er lachte sie lachend an; der Himmel lachte uns an* ⟨fig.; poet.⟩ **2** ⟨500⟩ **etwas** lacht **jmdn.** an ⟨fig.⟩ *bietet einen einladenden, appetitanregenden Anblick; das Stück Kuchen lacht mich an* **3** ⟨530/Vr 1⟩ **sich etwas** ~ ⟨umg.⟩ *freundschaftliche Beziehungen zu jmdm. aufnehmen; er hat sich auf dem Ausflug eine junge Frau angelacht*

An|la|ge ⟨f.; -, -n⟩ **1** *Tätigkeit des Anlegens, Gründung, Bereitstellung* **2** *Keim, Ansatz* **3** *Nutzbau, bebautes Gelände* • 3.1 *Gesamtheit eines Betriebes;* Fabrik~, Befestigungs~ **4** *Plan, Aufbau;* ~ *eines Dramas, Romans* **5** *Veranlagung, Begabung, angeborene Fähigkeit; gute geistige* ~*n haben; er hat eine natürliche* ~ *zum Singen* **6** ⟨Med.⟩ *angeborene Neigung (zu Krankheiten); eine* ~ *zu nervösen Störungen haben* **7** *Einsatz von Geld, Kapital;* Kapital~*; Schmuck, Gold, Pfandbriefe als* ~ *des Kapitals* **8** *Beilage, etwas Beigelegtes, Beigefügtes (im Brief); die Rechnung legen wir Ihnen als* ~ *bei; in der* ~ *senden wir Ihnen ein kleines Extra* **9** *Park, mit Blumen bepflanzte Grünfläche; die städtische Grün*~

An|lass ⟨m.; -es, -läs|se⟩ **1** *Veranlassung, Grund, (äußerer) Anstoß; zum Klagen* ~ *geben; der Vorfall hat* ~ *zu drastischen Maßnahmen gegeben; ohne allen* ~*; es ist kein* ~ *zu klagen* • 1.1 **aus** ~ *veranlasst durch, anlässlich; aus* ~ *seines 75. Geburtstages* • 1.2 **aus diesem** ~ *deshalb* **2** *Gelegenheit; das ist ein willkommener* ~ • 2.1 ~ **nehmen**, etwas zu tun ⟨förml.⟩ *die Gelegenheit ergreifen* **3** ⟨schweiz.⟩ *(festliche, sportliche, familiäre) Veranstaltung*

an|las|sen ⟨V. 175/500⟩ **1 etwas** ~ *in Gang setzen; den Motor, Wagen* ~ **2 etwas** ~ ⟨umg.⟩ *nicht ablegen, ausziehen, sondern anbehalten; die Schuhe* ~ **3 etwas** ~ *angeschaltet lassen, brennen, laufen lassen; das Licht, den Motor* ~ **4 Stahl** ~ *nach dem Härten allmählich ein wenig erwärmen* **5** ⟨513/Vr 3⟩ **sich gut, schlecht** ~ ⟨umg.⟩ *sich bei Beginn als gut, schlecht erweisen; der neue Mitarbeiter lässt sich gut an; das Wetter lässt sich ja schlecht an* **6** ⟨513/Vr 8⟩ **jmdn.** hart ~ *hart anfahren, ausschelten*

An|las|ser ⟨m.; -s, -⟩ *Vorrichtung zum Anlassen des Motors (bes. bei Kraftfahrzeugen)*

an|läss|lich ⟨Präp. m. Gen.⟩ *aus Anlass des, der …, bei der Gelegenheit des, der …, zum, zur;* ~ *des 50. Geburtstages unseres Vaters*

An|lauf ⟨m.; -(e)s, -läu|fe⟩ **1** ⟨Sp.⟩ *kurzer, rascher Lauf, um Schwung für den Sprung oder Wurf zu bekommen; einen schnellen* ~ *nehmen* • 1.1 *Abfahrt beim Skispringen auf der Sprungschanze* **2** *Strecke für das Anlaufen; den* ~ *verlängern* **3** ⟨fig.⟩ *Ansetzen zu einer Leistung, Versuch; er hat mehrere vergebliche Anläufe gemacht; er bestand erst beim zweiten* ~ **4** *Beginn; auf den* ~ *der neuen Buchproduktion warten* **5** ⟨Arch.⟩ *konkaver unterster Teil eines Säulenschaftes od. einer Wand, der die Verbindung zum vorspringenden Sockel herstellt*

an|lau|fen ⟨V. 176⟩ **1** ⟨400(s.); Sp.⟩ *durch kurzen Lauf Schwung nehmen* **2** ⟨400(s.)⟩ angelaufen **kommen** *heran-, herbeilaufen; die Kinder kamen angelaufen*

anlegen

3 ⟨411(s.)⟩ *gegen jmdn. od. etwas ~ mit Schwung gegen jmdn. od. etwas laufen* **4** ⟨500⟩ *etwas ~* ⟨Mar.⟩ *ansteuern; einen Hafen ~* **5** ⟨400(s.)⟩ **Wild** *läuft an* ⟨Jägerspr.⟩ *kommt schussgerecht vor den Jäger* **6** ⟨400(s.)⟩ *etwas läuft an beginnt zu laufen, kommt in Gang; die Maschine, der Motor läuft an; der Versuch, die Versuchsreihe ist angelaufen* • **6.1** *ein neuer Film ist angelaufen wird seit kurzem gezeigt* **7** ⟨400(s.)⟩ *etwas läuft an wächst an, häuft sich;* Kosten, Zinsen sind angelaufen **8** ⟨400(s.)⟩ *etwas läuft an bedeckt sich mit einer dünnen Schicht Wasserdampf, beschlägt* **9** ⟨413(s.)⟩ *sich verfärben;* blau ~ (vor Kälte); rot ~ (vor Scham od. Zorn) • **9.1 Stahl blau** (usw.) *~ lassen erhitzen, bis er sich blau (usw.) färbt, als Zeichen dafür, dass eine bestimmte Temperatur erreicht ist* **10** ⟨411(s.)⟩ **bei jmdm.** schlecht ~ ⟨veraltet⟩ *schlechten Empfang finden, schlecht aufgenommen werden*

an∥le∣gen ⟨V.⟩ **1** ⟨500⟩ **jmdm. od. etwas** *~ an jmdn. od. etwas legen;* beim Domino od. Kartenspiel einen Stein od. eine Karte ~ • **1.1** einen **Säugling** *~ an die Brust legen, stillen* • **1.2** einen **Hund** *~ anketten, an einer Kette befestigen* • **1.3** eine **Leiter** *~ anlehnen* • **1.4 Holz, Kohlen** *~* (im Ofen) *nachfüllen, nachlegen* • **1.5** das **Gewehr** *~ mit dem Gewehr zielen;* legt an (erg.: das Gewehr)! (militärisches Kommando) • **1.6 Feuer** *~ etwas (verbrecherisch) in Brand stecken* • **1.7 (mit) Hand** *~ bei einer Arbeit selbst zupacken* • **1.7.1 letzte Hand** *~ eine Arbeit zum letzten Male überprüfen, eine Sache abschließend ordnen* • **1.8 Hand** *~ an jmdn. od. sich jmdm. od. sich Gewalt antun, jmdn. misshandeln, jmdn. nach dem Leben trachten* **2** ⟨500⟩ **etwas** *~* ⟨geh.⟩ *= anziehen* (1.1); ein Kleid, eine Rüstung ~ **3** ⟨530/Vr 5 od. Vr 6⟩ **jmdm. etwas** *~ umbinden, etwas an jmdm. befestigen;* jmdm. einen Verband ~ • **3.1** jmdm. **Fesseln** *~ jmdn. fesseln, mit Fesseln binden* • **3.2** →a. **Zügel** (2.7) **4** ⟨500⟩ **etwas** *~* • **4.1** *neu schaffen, einrichten, errichten;* eine Bahnstrecke, Straße, Stadt ~; einen Garten ~ • **4.1.1** die Wände ~ ⟨mitteldt.⟩ *neu streichen* • **4.2** *zusammenstellen, aufstellen, zusammentragen, aufbauen;* ein Verzeichnis, eine Sammlung ~ • **4.3** *in den Grundzügen festlegen, entwerfen;* der Plan ist so angelegt, dass …; der Roman ist breit, groß angelegt **5** ⟨500⟩ **Geld** *~ nutzbringend verwenden* • **5.1** *festlegen, mit Nutzen unterbringen;* sein Kapital (in Aktien, Schmuck) ~ • **5.2** *ausgeben;* so viel möchte ich nicht dafür ~ **6** ⟨550⟩ **es auf etwas od. jmdn.** *~ abgesehen haben;* du legst es wohl darauf an, mich zu ärgern? **7** ⟨517/Vr 3⟩ **sich mit jmdm.** *~ mit jmdm. in Streit geraten* **8** ⟨400⟩ ein **Schiff** legt an *landet;* Ggs *ablegen* (4.1); am Ufer, im Hafen ~

an∥leh∣nen ⟨V. 500⟩ **1** ⟨Vr 7⟩ **etwas od. sich** *~ gegen etwas lehnen, gegen etwas stützen;* die Leiter ~; den Rücken ~; gegen diesen Stuhl kann man sich nicht ~, nicht ~! (Aufschrift an frisch gestrichenen Wänden od. Geländern) • **1.1** ⟨550/Vr 3⟩ **sich an jmdn.** *~ Hilfe, Unterstützung bei jmdm. finden;* sie konnte sich in ihrem Unglück an einen starken Freund ~ • **1.2** *etwas ~ nicht ganz schließen, nicht einklinken;* das Fenster, die Tür ~ **2** ⟨550/Vr 3⟩ **sich** *~* ⟨fig.⟩ *sich jmdm. od. etwas zum Vorbild nehmen;* der Verfasser lehnt sich in seinem Buch stark an die Lehre Humboldts an

An∥leh∣nung ⟨f.; -, -en⟩ **1** *~ suchen bei,* in *Unterstützung, Hilfe, Anschluss suchen bei, in* **2 in, unter ~ an** ⟨fig.⟩ *nach dem Vorbild von;* in ~ an die Lehre Humboldts; die ~ an die Gotik ist unverkennbar

an∥lei∣ern ⟨V. 500; umg.⟩ = *ankurbeln* (1.1)

An∥lei∣he ⟨f.; -, -n⟩ **1** *(langfristige) Aufnahme einer größeren Geldsumme;* eine ~ aufnehmen, machen; eine staatliche ~ • **1.1** ich muss bei dir eine ~ machen ⟨umg.; scherzh.⟩ *mir von dir Geld borgen* **2** ⟨umg.; fig.⟩ *Verwendung fremden geistigen Eigentums;* in diesem Gedicht hat er eine ~ bei Goethe gemacht

an∥lei∣ten ⟨V.⟩ **1** ⟨500⟩ **jmdn.** *~ zeigen, wie etwas zu tun ist, unterweisen, anlernen;* der Lehrer leitet die Schüler bei der Arbeit an; Lehrlinge ~ **2** ⟨505⟩ **jmdn. (zu etwas)** *~ anhalten;* sie leitet das Kind zur Ordnung an

An∥lei∣tung ⟨f.; -, -en⟩ **1** *das Anleiten, Unterweisung* **2** *Schriftstück mit hilfreichen Erklärungen zum Gebrauch eines Gerätes o. Ä.*

an∥ler∣nen ⟨V. 500⟩ **1 jmdn.** *~ einen Anfänger für eine Tätigkeit, einen Beruf ausbilden;* der Meister lernt ihn als Schuster an; neue Arbeiter ~ **2** ⟨530/Vr 1⟩ **sich etwas** *~ sich etwas durch Lernen oberflächlich aneignen;* sein Benehmen ist nicht natürlich, sondern angelernt

an∥lie∣gen ⟨V. 180⟩ **1** ⟨400⟩ **etwas** liegt an • **1.1** *etwas schmiegt sich eng an den Körper an;* die Hose liegt knapp an; sie trug ein anliegendes Kleid • **1.2** *beigefügt,* (in Briefen) *beigelegt sein;* siehe anliegende Prospekte! • **1.3** ⟨umg.⟩ *etwas ist noch zu erledigen;* was liegt heute noch an? **2** ⟨600⟩ **jmdm.** *~* ⟨fig.; geh.⟩ *jmdn. mit Bitten, Wünschen bedrängen;* sie liegt ihm seit Tagen wegen dieses Vorschlags an • **2.1 etwas liegt jmdm. an** ⟨geh.⟩ *ist jmdm. wichtig;* mir liegt es sehr an, ihr zu helfen **3** ⟨400⟩ *ein gesteuerter* **Kurs** *liegt an (am Kompass)* ⟨Mar.⟩ *ein genauer K. wird eingehalten*

An∥lie∣gen ⟨n.; -s, -⟩ *Wunsch, Bitte;* ein ~ vorbringen; ich habe ein ~ an Sie

An∥lie∣ger ⟨m.; -s, -⟩ *Besitzer od. Bewohner eines Grundstücks, das an einer öffentlichen Straße liegt, Anwohner;* Sy *Anrainer;* frei für ~ (auf Verkehrsschildern)

An∥lie∣ger∣staat ⟨m.; -(e)s, -en⟩ *an ein bestimmtes Gebiet (bes. Meer) angrenzender Staat;* Sy *Anrainerstaat;* die ~en der Nordsee

an∥lo∣cken ⟨V. 500/Vr 8⟩ **jmdn. od. etwas** *~ zum Näherkommen zu bewegen suchen;* die Musik hat viele Besucher angelockt; das Licht lockte die Stechmücken an

an∥ma∣chen ⟨V. 500⟩ **1 etwas** *~* • **1.1** einen **Gegenstand** (an einem anderen) *~ festmachen, befestigen;* Gardinen ~ • **1.1.1 Bilder** *~ aufhängen* • **1.2** *durch Rühren vermengen* • **1.2.1 Speisen** *~ mit den Zutaten vermischen, zubereiten;* Salat ~ • **1.2.2 Mörtel** *~ anrühren* **2** *etwas ~ in Gang setzen* • **2.1** eine **Maschi-**

ne, **Energiequelle** ~ *einschalten;* das Licht, Radio ~; die Heizung ~ • **2.2 Feuer** ~ *anzünden* **3 jmdn.** ~ ⟨umg.⟩ • **3.1** *jmdn. in beleidigender Weise ansprechen, anpöbeln* • **3.2** *jmdn. reizen, in Stimmung bringen;* die Musik macht mich an ~ • **3.3** *jmdn. mit deutlichem Hinweis auf gemeinsame sexuelle Handlungen ansprechen;* ein Mädchen in der Diskothek ~

An|marsch ⟨m.; -(e)s; unz.⟩ **1** *das Herannahen;* den ~ des Feindes aufhalten • **1.1 auf** dem, **im** ~ **sein** *sich nähern, kommen* **2** ⟨umg.⟩ *Strecke, die zur Erreichung eines Zieles zurückzulegen ist;* sie hat einen langen ~ zur Arbeit

an|ma|ßen ⟨V. 530/Vr 1⟩ **sich etwas** ~ *sich etwas ohne Berechtigung zuerkennen, zutrauen, für sich in Anspruch nehmen;* sich Fähigkeiten, Vorrechte ~; ich maße mir nicht an, darüber zu urteilen

an|ma|ßend 1 ⟨Part. Präs. von⟩ *anmaßen* **2** ⟨Adj.⟩ *ohne Berechtigung selbstbewusst, überheblich, eingebildet;* sehr ~ auftreten; von ~em Wesen sein

An|ma|ßung ⟨f.; -, -en⟩ **1** *unberechtigter Anspruch;* eine ~ von Rechten **2** *Überheblichkeit;* etwas im Ton der ~ sagen; eine unglaubliche ~

an|mel|den ⟨V. 500⟩ **1** ⟨Vr 7⟩ **jmdn. od. etwas** ~ *ankündigen, bekanntgeben;* jmds. Ankunft, Besuch ~; Konkurs ~; sich ~ lassen (von der Sekretärin); würden Sie mich bitte ~; sich schriftlich, telefonisch ~ • **1.1** ⟨Vr 7⟩ *jmdn.* ~ *vormerken lassen;* sich beim Arzt ~; sich zu einem Kurs ~ • **1.2 eine Sache** ~ *geltend machen, vorbringen;* Ansprüche ~ • **1.3 ein Spiel** ~ ⟨Kart.⟩ *den Wert des Spieles nennen, den man spielen will* **2 jmdn. od. etwas** ~ *bei einer amtlichen Stelle melden;* ein Kind in der, zur Schule ~; ein Patent ~

An|mel|dung ⟨f.; -, -en⟩ **1** *Ankündigung, Mitteilung der Anwesenheit od. Ankunft;* ohne vorherige ~ können wir den Arzt nicht sprechen; die ~ eines Besuches • **1.1** *Bitte um Vormerkung;* Ihre ~ können wir nicht mehr berücksichtigen **2** *das Anmelden bei einer zuständigen amtlichen Stelle;* polizeiliche ~; die ~ eines Gewerbes; ein Kind zur ~ in die Schule bringen **3** *das Geltendmachen, Vorbringen;* die ~ von Ansprüchen bei Gericht **4** *Raum, in dem man sich anmelden muss;* wo ist die ~? **5** *Anmeldeformular*

an|mer|ken ⟨V. 500⟩ **1** ⟨530/Vr 6⟩ **jmdm. etwas** ~ *an jmdm. etwas bemerken;* man merkt ihm seine Unruhe, Verlegenheit usw. (deutlich) an • **1.1 sich etwas** ~ **lassen** *die andern etwas merken, sehen lassen;* er lässt sich seinen Kummer nicht ~; lass es dir nicht ~, dass du davon weißt **2 etwas** ~ *anstreichen, mit einem Zeichen versehen;* einen Tag im Kalender ~ **3** ⟨geh.⟩ *erläuternd od. ergänzend bemerken;* dazu ist noch Folgendes anzumerken

An|mer|kung ⟨f.; -, -en; Abk.: Anm.⟩ **1** *(kurze) Bemerkung;* eine bissige ~ über etwas machen **2** *erläuternde od. ergänzende Bemerkung, kurze Erläuterung;* einen Text mit ~en versehen; ~en des Verlags • **2.1** ⟨Abk.: Anm.⟩ *Fußnote*

An|mut ⟨f.; -; unz.⟩ **1** *Liebreiz, liebliche Schönheit;* ihr Gesicht war von außerordentlicher ~; sie ist voller natürlicher ~ • **1.1** *harmonische Schönheit;* die ~ der abendlichen Landschaft **2** *zarte, angenehme Schön-*heit *der Bewegung, Haltung;* die ~ ihrer Bewegungen; sie tanzte mit ~ • **2.1** *Beschwingtheit;* ~ der Form **3** *heitere, gewandte Leichtigkeit;* ~ des Stils

an|mu|tig ⟨Adj.; geh.⟩ *voller Anmut, liebreizend;* ein ~es Kind

an|nä|hern ⟨V.⟩ **1** ⟨530⟩ **etwas** *einer* **Sache** ~ *sehr ähnlich machen, fast angleichen;* seine Lebensweise der der Eingeborenen ~ **2** ⟨503/Vr 3⟩ **sich** ~ *sehr ähnlich, fast gleich werden;* das Ergebnis näherte sich dem Grenzwert an **3** ⟨503/Vr 3 od. Vr 4⟩ **sich** ~ *sich einem Ort, Ziel nähern* • **3.1** ⟨fig.⟩ *sich anfreunden*

An|nä|he|rung ⟨f.; -, -en⟩ **1** *das Näherkommen;* die ~ des Flugzeuges **2** *Angleichung;* es kam zu keiner ~ der Ansichten **3** ⟨fig.⟩ *Anfreundung, Besserung der Beziehungen;* bei den Gesprächen wurde eine ~ der beiden Länder erreicht

An|nah|me ⟨f.; -, -n⟩ **1** *Stelle, an der etwas angenommen wird;* Ggs *Ausgabe (3.1);* Paket~, Gepäck~ **2** ⟨unz.⟩ *das Annehmen (1-2)* • **2.1** ~ **an Kindes statt** ⟨veraltet⟩ *Adoption* • **2.2** ~ **als Kind** *Adoption* **3** *die* ~, *dass ... od. die* ~, *es sei ... Voraussetzung, Vermutung*

an|neh|men ⟨V. 189⟩ **1** ⟨500⟩ **etwas** ~ *etwas Angebotenes* ~ *nehmen, entgegennehmen;* Ggs *ablehnen (1);* Geschenk, Paket, Erbschaft, Dienst, Rat, Auftrag, Einladung ~ • **1.1** *zu sich nehmen, essen;* der Kranke hat heute keine Speise angenommen • **1.2 ein Manuskript, ein Theaterstück** ~ *zur Veröffentlichung, Aufführung übernehmen* • **1.3 einen anderen Namen, einen Titel** ~ *anfangen zu führen* • **1.3.1** *angenommener Name Name, den man sich selbst gibt* • **1.4 eine Gewohnheit, Meinung, einen Glauben** ~ *sich zu eigen machen;* nimm doch Vernunft an! • **1.5 einen Wechsel** ~ *bestätigen* • **1.6 einen Reisescheck** ~ *umwechseln* **2** ⟨500⟩ **jmdn.** ~ *vor-, zulassen* **2.1 Besucher,** Patienten, Klienten ~ *empfangen* • **2.2 Bewerber** für eine Stellung ~ *in Dienst nehmen* • **2.3 Studienbewerber,** Schüler ~ *zum Studium, Schulbesuch zulassen* • **2.4 ein Kind** ~ *als eigenes K. aufnehmen;* Sy *adoptieren* **3** ⟨500⟩ **Wild** nimmt die Hunde an ⟨Jägerspr.⟩ *stellt sich dem Angriff der Hunde* **4** ⟨500⟩ der **Hund** nimmt die Fährte an ⟨Jägerspr.⟩ *findet und verfolgt sie* **5** ⟨500⟩ ein Gegenstand nimmt eine **Eigenschaft** an *erhält eine neue E.;* Aussehen, Gestalt, Umfang, Form ~; der Stoff nimmt die Farbe gut an; der Tabak nimmt den Geschmack von Seife an **6** ⟨540/Vr 3⟩ **jmd.** nimmt sich jmds. od. einer Sache an *kümmert sich um jmdn., unterstützt eine Sache;* sich jmds. hilfreich, liebevoll ~ **7** ⟨500⟩ jmd. nimmt an, dass ... od. jmd. nimmt an, es sei ... *setzt voraus, vermutet;* man nimmt allgemein an, dass ...; nehmen wir an, es sei so, wie er sagt; etwas als richtig, wahr ~; angenommen, (dass) ...

An|nehm|lich|keit ⟨f.; -, -en⟩ *etwas Angenehmes, Bequemlichkeit, Komfort;* die kleinen ~en des Lebens genießen

An|non|ce ⟨[-nõ:sə] a. [-nɔŋsə-] f.; -, -n⟩ = *Anzeige (1)*

an|non|cie|ren ⟨[-nõsiː-] a. [-nɔŋsiː-] V.⟩ **1** ⟨500⟩ **etwas** ~ *durch Annonce veröffentlichen, ausschreiben;* eine Stelle ~ **2** ⟨400⟩ *eine Zeitungsanzeige veröffentlichen lassen, aufgeben*

an|nul|lie|ren ⟨V. 500⟩ eine Sache ~ **1** *für ungültig, für nichtig erklären* **2** *außer Kraft setzen*

An|o|de ⟨f.; -, -n; El.; Phys.⟩ *positive Elektrode; Ggs Kathode*

an|o|mal ⟨Adj. 24⟩ *nicht der Regel entsprechend, regelwidrig, nicht normal*

An|o|ma|lie ⟨f.; -, -n⟩ **1** *Regelwidrigkeit, Abweichung von der Regel* • **1.1** ~ des **Wassers** *Erscheinung, dass das W. im Unterschied zu allen anderen Stoffen seine größte Dichte bei 4 °C hat*

an|o|nym ⟨Adj. 24⟩ **1** *ungenannt, namenlos, ohne Namensangabe* • **1.1** ~er Brief *B., der vom Absender nicht unterschrieben ist* • **1.2** das Buch ist ~ *erschienen ohne Angabe des Verfassers*

Ano|rak ⟨m.; -s, -s⟩ *sportliche Jacke, meist mit Reißverschluss u. Kapuze, die vor Wind u. Regen schützt*

an|ord|nen ⟨V. 500⟩ etwas ~ **1** *eine bestimmte Ordnung, Reihenfolge herstellen;* Blumen in einer Vase ~ **2** *befehlen, bestimmen, festsetzen;* der Arzt ordnete Bettruhe an

An|ord|nung ⟨f.; -, -en⟩ **1** *Reihenfolge, Gliederung;* die ~ der Bücher ist sehr übersichtlich **2** *Befehl, Erlass, Verfügung;* sich den ~en widersetzen; seine ~en treffen

an|or|ga|nisch ⟨Adj. 24⟩ **1** *unbelebt, nicht von Lebewesen stammend, nicht durch Lebewesen entstanden, nicht Kohlenstoff enthaltend; Ggs organisch (2);* ~e Stoffe • **1.1** ~e **Chemie** *Lehre von den Verbindungen, die keinen Kohlenstoff enthalten, von den Oxiden und Metallverbindungen, aber einschließlich der Karbide, der Oxide des Kohlenstoffs, der Kohlensäure u. ihrer Salze*

an|pas|sen ⟨V. 530⟩ **1** etwas jmdm. od. einer Sache ~ *(zu etwas Vorhandenem) passend machen;* einen Mantel der Figur ~; ein Werkstück ist dem anderen genau angepasst **2** etwas ~ *anprobieren;* jmdm. ein Kleid ~; Schuhe ~ **3** etwas einer Sache ~ *mit einer S. abstimmen, in Einklang bringen;* die Handlung der Situation ~; die Kleider der kalten Jahreszeit ~ **4** ⟨503/Vr 3⟩ **sich** (jmdm. od. einer Sache) ~ *sich seiner Umwelt gut einfügen, sich nach den jeweiligen Umständen richten;* sich den Gewohnheiten anderer ~; sich den Verhältnissen ~; er kann sich schlecht, nicht gut ~

An|pfiff ⟨m.; -(e)s, -e⟩ **1** ⟨Sp.⟩ *Pfiff zum Zeichen des Beginns eines Spieles* **2** ⟨fig.; umg.⟩ *Rüffel, strenger Tadel*

an|pö|beln ⟨V. 500; umg.; abwertend⟩ jmdn. ~ *jmdn. mit groben Worten beleidigen, anmachen;* dieser Mensch hat mich schon auf der Straße angepöbelt

An|prall ⟨m.; -(e)s; unz.⟩ *heftiger Stoß, Schlag gegen etwas;* ~ der Wogen an, gegen das Ufer

an|pral|len ⟨V. 411(s.)⟩ ~ an *heftig gegen etwas stoßen, schlagen;* an einen Fels ~

an|prei|sen ⟨V. 193/500/Vr 7⟩ jmdn. od. etwas ~ *öffentlich rühmen, loben (u. empfehlen);* eine Ware ~; einen Sänger ~

An|pro|be ⟨f.; -, -n⟩ *Anpassen eines Kleidungsstückes;* zur ~ kommen; die erste, zweite ~ **2** *der Raum für die Anprobe (1) (im Geschäft)*

an|pro|bie|ren ⟨V. 500⟩ ein Kleidungsstück ~ *anziehen, um zu sehen, wie es passt*

An|rai|ner ⟨m.; -s, -; oberdt.⟩ = *Anlieger*

An|rai|ner|staat ⟨m.; -(e)s, -en⟩ = *Anliegerstaat*

an|ra|ten ⟨V. 195/500⟩ **1** (jmdm.) etwas ~ *raten, empfehlen, nahelegen (etwas Bestimmtes zu tun)* • **1.1 auf Anraten von** *auf den Rat, auf die Empfehlung von*

an|rau|en ⟨V. 500⟩ etwas ~ *raumachen;* einen Stoff, Leder ~

an|rech|nen ⟨V.⟩ **1** ⟨505⟩ jmdm. etwas ~ *(auf) berechnen, verrechnen mit* • **1.1** die Beträge auf die Rente ~ **2** ⟨530⟩ *(in eine Wertung) einbeziehen, bewerten;* dieses Diktat wird den Schülern nicht auf die Note angerechnet • **2.1** jmdm. etwas hoch ~ ⟨fig.⟩ *jmdn. für etwas sehr dankbar sein, jmdn. für sein Verhalten wertschätzen*

An|recht ⟨n.; -(e)s, -e⟩ **1** *Recht, Anspruch auf etwas;* ein ~ auf etwas erwerben, haben; er besitzt die älteren ~e auf das Erbe **2** ⟨Theat.; veraltet⟩ = *Abonnement;* ein ~ für die Oper haben

An|re|de ⟨f.; -, -n⟩ **1** *persönliches Ansprechen;* eine vertraute ~ **2** *Bezeichnung für den, den man anredet, z. B. Ihr, Sie, Frau, Mademoiselle, Herr Professor;* „du" ist eine vertrauliche ~; „Signor" ist die italienische ~ für den Herrn; wie ist die richtige ~ für einen Bischof?

an|re|den ⟨V. 500⟩ **1** jmdn. ~ *ansprechen, um mit ihm ein Gespräch zu beginnen;* jmdn. auf der Straße ~; ich habe ihn auf seinen Freund hin, auf den Unfall hin angeredet **2** ⟨513⟩ **jmdn.** ~ *eine Anrede für jmdn. wählen;* jmdn. mit „Du", mit „Herr Direktor" ~; jmdn. höflich ~

an|re|gen ⟨V. 500/Vr 8⟩ **1** etwas ~ *den Anstoß zu etwas geben;* dieses Buch regt zum Nachdenken an; können Sie nicht einmal ~, dass ... **2** jmdn. od. etwas ~ *reger machen, ermuntern, beleben;* dieses Mittel wirkt ~d auf den Kreislauf; ein Kreislauf ~des Mittel; Wein, Kaffee regt an; er ist ein ~der Mensch

An|re|gung ⟨f.; -, -en⟩ **1** *das Anregen, Anstoß, Impuls;* die ~ geben, etwas zu tun; wertvolle ~en erhalten • **1.1** *Veranlassung, Vorschlag;* auf ~ von; die ~ zu den neuen Methoden ist von ihm ausgegangen **2** *Belebung, Ermunterung;* ein Mittel zur ~ der Herztätigkeit; zur ~ Kaffee trinken

an|rei|hen¹ ⟨V. 511⟩ **1** etwas ~ *in einer Reihe ordnen, einer Reihe hinzufügen;* neue Häuser an die alten ~ **2** ⟨Vr 3⟩ **sich** ~ ⟨geh.⟩ *sich an eine Reihe anschließen;* sich hinten, hinter den anderen ~; ein Unglück reihte sich ans andere

an|rei|hen² ⟨V. 197 od. schwach konjugiert/500⟩ etwas ~ **1** *leicht reihen;* die Gardine ist dicht angereiht, angeriehen **2** *lose an etwas heften;* Futter ~

An|rei|se ⟨f.; -; unz.⟩ **1** *Fahrt zu einem bestimmten Ziel;* die ~ dauert 20 Stunden **2** *Ankunft;* nach der ~ legte er sich schlafen

an|rei|ßen ⟨V. 198/500⟩ **1** etwas ~ *einen kleinen Riss anbringen in etwas;* Stoff, Papier ~ • **1.1** ein Thema ~ ⟨fig.⟩ *zur Sprache bringen, ansprechen;* er riss ein heikles Thema an **2** etwas ~ ⟨umg.⟩ *zu verbrauchen beginnen;* Vorrat ~; eine Tafel Schokolade ~; mein

Erspartes reiß ich nicht an **3** die **Saiten** ~ *leicht ziehen u. loslassen* **4** einen **Außenbordmotor** ~ *in Gang bringen* **5** ein **Streichholz,** Feuerzeug ~ ⟨umg.⟩ *anzünden* **6 Arme,** Beine ~ *mit einem Ruck anziehen* **7** etwas ~ ⟨Tech.⟩ *mit einem spitzen Gerät Linien auf etwas aufzeichnen, einritzen;* eine Linie und Metall od. Holz ~; Blech nach Schablonen ~ **8** jmdn. ~ ⟨umg.⟩ *mit aufdringlichen Mitteln anlocken;* Kunden, Käufer ~

An|reiz ⟨m.; -es, -e⟩ *Reiz, Ansporn, Versuchung;* die Anerkennung war ihm ein ~ zu weiterer eifriger Arbeit; einen materiellen ~ bieten; das erhöht den ~

an|rei|zen ⟨V. 500⟩ **1** etwas ~ *in jmdm. einen Reiz zu etwas wecken;* die Neugier, Begierde ~ • 1.1 *steigern, anregen;* den Appetit ~ **2** ⟨505⟩ **jmdn. (zu etwas) ~** *jmdm. einen Anreiz bieten, geben, jmdn. (zu etwas) herausfordern, motivieren, verlocken, anspornen;* er hat ihn zu dieser Tat angereizt; jmdn. zum Spiel, zum Trinken ~

an|rem|peln ⟨V. 500/Vr 8; umg.⟩ jmdn. ~ **1** *(absichtlich) heftig, grob anstoßen;* der Bursche rempelte alle Passanten an **2** ⟨fig.⟩ *mit jmdm. Streit suchen, jmdn. beschimpfen, belästigen*

an|rich|ten ⟨V. 500⟩ etwas ~ **1** *zum Essen fertig machen u. auftragen od. bereitstellen;* Speisen ~; einen Salat mit Petersilie ~ • 1.1 *es ist angerichtet! das Essen ist bereit, bitte zu Tisch!* **2** ⟨fig.⟩ *etwas Negatives verursachen, zustande bringen;* Schaden ~; ein Unheil, Blutbad ~ • 2.1 *da hast du ja etwas Schönes angerichtet! du hast etwas Schlimmes getan!*

an|rü|chig ⟨Adj.; abwertend⟩ **1** *übel beleumdet, von schlechtem Ruf;* ein ~es Lokal, Haus; eine ~e Person, Familie **2** *nicht einwandfrei, nicht in Ordnung;* eine ~e Angelegenheit; ein ~er Lebenswandel **3** *leicht anstößig;* ein ~es Lied; er erzählte eine ~e Geschichte

An|ruf ⟨m.; -(e)s, -e⟩ **1** *laute Anrede, Zuruf;* auf, bei ~ stehen bleiben **2** *Telefongespräch;* einen ~ bekommen

An|ruf|be|ant|wor|ter ⟨m.; -s, -⟩ *mit dem Telefon verbundenes Gerät, das die vom Inhaber gespeicherte Mitteilung automatisch an einen Anrufer übermittelt u. die gesprochene Nachricht des Anrufers aufzeichnet*

an|ru|fen ⟨V. 204/500⟩ **1** ⟨Vr 8⟩ **jmdn.** ~ *laut anreden, durch Rufen jmds. Aufmerksamkeit erwecken* • 1.1 *telefonisch sprechen (wollen);* ruf mich doch morgen Nachmittag an! **2 Gott,** ein Gericht ~ *um Beistand, Hilfe bitten*

an|rüh|ren ⟨V. 500⟩ **1** etwas ~ *etwas mit etwas mischen;* Teig ~; die Soße mit Mehl ~ • 1.1 *mit Flüssigkeit vermengen;* Farben, Kleister, Kalk, Zement mit Wasser ~ **2** jmdn. od. **etwas** ~ *berühren, mit der Hand anfassen;* rühr mich nicht an!; im Museum darf man nichts ~ • 2.1 *etwas nicht* ~ ⟨fig.⟩ *keinen Gebrauch von etwas machen;* das Essen nicht ~; keinen Alkohol mehr ~; das Geld auf der Bank nicht ~; das Buch nicht ~; die Frage nicht ~ **3** jmdn. ~ ⟨fig., geh.⟩ *innerlich rühren, seelisch beeindrucken;* sein Kummer hat mich angerührt; das Lied rührte sie zutiefst an

An|sa|ge ⟨f.; -, -n⟩ **1** *Ankündigung, bes. einer (künstlerischen) Darbietung;* Zeit~; ~ einer Sendung im Radio, Fernsehen; eine heitere, witzige ~ machen **2** *Diktat;* einen Text nach ~ schreiben

an|sa|gen ⟨V. 500⟩ **1** etwas ~ *ankündigen, vorher mitteilen;* Programm ~; er hat seinen Besuch für heute angesagt; es ist schlechtes Wetter angesagt; dem Feind den Kampf ~ **2** ⟨Vr 7⟩ **jmdn.** ~ *anmelden;* unser Freund hat sich für vier Uhr angesagt **3** ⟨530⟩ **jmdm. etwas** ~ *diktieren;* bitte schreiben Sie, was ich Ihnen ansage

An|sa|ger ⟨m.; -s, -⟩ *jmd., der (im Radio, Fernsehen) etwas ansagt;* Sy Sprecher (3)

An|sa|ge|rin ⟨f.; -, -rin|nen⟩ *weibl. Ansager.*

an|sam|meln ⟨V. 500⟩ **1** etwas ~ *sammeln u. aufbewahren, zusammentragen;* Vorräte, Schätze ~ **2** ⟨Vr 3⟩ **etwas** sammelt **sich** an ⟨a. fig.⟩ *häuft sich an, wird immer mehr;* in großen Behältern sammelte sich die Flüssigkeit an; Wut und Zorn haben sich schon lange in ihm angesammelt **3** ⟨Vr 3⟩ **sich** ~ *sich versammeln, in großen Mengen zusammenkommen;* bei dem Brand sammelten sich viele Neugierige an; die Menschen sammeln sich schon an

An|samm|lung ⟨f.; -, -en⟩ **1** *das Ansammeln* **2** *das, was sich angesammelt hat;* eine ~ von Gerümpel; ~ von Kunstschätzen, Gemälden **3** *massenhaftes Zusammenkommen, Häufung;* Menschen~

an|säs|sig ⟨Adj. 24⟩ **1** *an einem bestimmten Ort wohnend, ständig beheimatet* • 1.1 *sich* ~ *machen festen Wohnsitz nehmen*

An|satz ⟨m.; -es, -sät|ze⟩ **1** *das Ansetzen (5-8, 10)* • 1.1 *Schätzung, Festsetzung (von Preisen, Summen)* • 1.1.1 *in* ~ *bringen in Rechnung stellen* • 1.2 *Anlauf, Anfang;* die ersten Ansätze zu schriftstellerischer Arbeit • 1.3 ⟨Pharm.⟩ *Zusammenstellung aller notwendigen Bestandteile für ein Präparat* • 1.4 *(bei Rechenaufgaben) Umsetzung von gegebenen Tatsachen in Rechengrößen* **2** *Maschinenteil, Werkstück, an das ein anderes angesetzt werden kann* **3** *Schicht, die sich angesetzt hat;* Fett~ **4** *Stelle, an der ein zum Körper gehörender Teil beginnt;* Haar~, Brust~ **5** *Art der Tonerzeugung (bei Bläsern, Streichern, Sängern);* einen weichen, harten, reinen, unreinen ~ haben

an|schaf|fen ⟨V. 503/Vr 5⟩ **1** (sich) etwas ~ *etwas (käuflich) erwerben, sich zulegen;* sich neue Möbel ~; er hat für die Bibliothek viele Bücher angeschafft; teure Maschinen ~; er muss sich einen Hund ~ • 1.1 (sich) jmdn. ~ ⟨fig.; umg.⟩ *bekommen;* wir wollen uns keine Kinder mehr ~; sie hat sich einen Liebhaber angeschafft **2** ⟨530⟩ **jmdm. etwas** ~ ⟨bair.; österr.⟩ *anordnen, befehlen;* wer hat dir angeschafft, das zu tun? **3** ⟨400; umg.⟩ • 3.1 *arbeiten, Geld verdienen* • 3.2 *der Prostitution nachgehen;* ~ gehen

An|schaf|fung ⟨f.; -, -en⟩ *Erwerbung, Kauf;* wir können noch keine großen ~en machen

an|schal|ten ⟨V. 500⟩ etwas ~ **1** *mittels Schalters in Gang setzen;* den Motor ~ **2** *einschalten, Stromkreis schließen;* das Licht ~

an|schau|en ⟨V. 500⟩ **1** ⟨500/Vr 7 od. Vr 8⟩ jmdn. od. **etwas** ~ *ansehen, den Blick richten auf jmdn. od. et-*

was; einen Menschen freundlich, böse ~; sich ein Buch ~; sie schaute sich im Spiegel an; lass dich doch mal ~! **2** ⟨530/Vr 1⟩ **sich etwas** od. **jmdn. ~** *prüfend betrachten, untersuchen;* ich will mir den Patienten einmal ~; du sollst dir das Buch nochmals ~; schau dir mal die Tiere an!

an|schau|lich ⟨Adj.⟩ *deutlich, lebendig;* →a. *plastisch (4);* ein ~es Beispiel für …; eine ~e Schilderung; etwas ~ erzählen

An|schau|ung ⟨f.; -, -en⟩ **1** ⟨unz.⟩ *das Anschauen, Betrachtung;* ~sunterricht; er war ganz in ~ versunken • **1.1** *Erfahrung durch Anschauen;* etwas aus eigener ~ kennen; das weiß ich aus eigener ~ **2** ⟨unz.⟩ *innere Versenkung, Schau;* ~ Gottes **3** *Meinung, Auffassung, Vorstellung;* jmds. ~ teilen; ich habe davon, darüber eine andere ~; seine politischen ~en; nach meiner ~ verhält es sich so

An|schein ⟨m.; -(e)s; unz.⟩ *Schein, äußerer Eindruck;* es erweckt den ~, als ob …; er gibt sich den ~, als könne er alles; es hat den ~, als ob …; allem ~ nach ist er weggefahren

an|schei|nend ⟨Adv.⟩ *dem Anschein nach, offensichtlich, offenbar, wie man sieht;* Ggs *scheinbar (1);* ~ ist er nicht zu Hause; sie hat ~ keine Zeit

an|schi|cken ⟨V. 550 od. 580/Vr 3⟩ **sich zu etwas ~** ⟨geh.⟩ *etwas beginnen, anfangen, im Begriff sein, etwas zu tun;* er schickte sich an, den Baum abzusägen; sich zum Ausgehen ~

an|schie|ßen ⟨V. 215⟩ **1** ⟨500/Vr 7 od. Vr 8⟩ **jmdn.** od. **etwas ~** *durch einen Schuss treffen u. verwunden, aber nicht töten;* bei dem Gefecht ist er nur angeschossen worden; der Jäger schoss den Hirsch an **2** ⟨400⟩ **Kristalle** schießen **an** ⟨Chem.⟩ *setzen sich fest, kristallisieren* **3** ⟨Part. Perf.⟩ angeschossen **kommen** *mit großer Geschwindigkeit näher kommen;* er kam angeschossen; das Wasser kam angeschossen

An|schiss ⟨m.; -es, -e; umg.⟩ *grober, scharfer Tadel;* einen ~ bekommen

An|schlag ⟨m.; -(e)s, -schlä|ge⟩ **1** ⟨unz.⟩ *das Anschlagen (3, 6–9)* • **1.1** *Art u. Weise des Anschlagens (3);* einen harten, weichen ~ haben (auf dem Klavier) • **1.2** *Berühren des Beckenrandes beim Wettschwimmen* • **1.3** *Versteckspiel der Kinder, bei dem der Entdeckte an einer bestimmten Stelle mit Anschlagen der Hand ausgerufen wird* **2** ⟨unz.⟩ *schussfertige Haltung (des Gewehres);* das Gewehr im ~ haben **3** *etwas, das angeschlagen worden ist;* ein ~ an einer Mauer, am schwarzen Brett **4** *Überschlag, ungefähre Vorberechnung der Kosten;* Kosten~ • **4.1** in ~ **bringen** *auf den Kostenanschlag setzen, in Rechnung stellen* **5** *Überfall, Angriff;* einen ~ verüben, vorhaben auf; einem ~ zum Opfer fallen **6** ⟨Tech.⟩ *vorspringender Teil, Hemmung an einer Maschine als Begrenzung;* bis zum ~ gleiten, ausschlagen. **6.1** *verstellbare Kante an Schneid- und Hobelmaschinen zur Einführung eines Werkstückes* **7** ⟨Arch.⟩ *Mauervorsprung zur Aufnahme von Blendrahmen für Fenster od. Türen* **8** *die erste Maschenreihe beim Häkeln u. Stricken*

an|schla|gen ⟨V. 218⟩ **1** ⟨500⟩ **etwas ~** *befestigen;* ein Brett, Plakat ~ • **1.1 Blendrahmen ~** ⟨Arch.⟩ *an Fenster- u. Türöffnung befestigen* • **1.2 Förderwagen ~** ⟨Bgb.⟩ *an Seil od. Kette befestigen* • **1.3 Segel ~** ⟨Mar.⟩ *an Rundhölzern festmachen* **2** ⟨500⟩ *eine* **Schusswaffe ~** *anlegen, auf jmdn. od. etwas richten;* das Gewehr ~ **3** ⟨500⟩ *eine* **Taste ~** *mit dem Finger niederdrücken* **4** ⟨500⟩ **etwas ~** *durch einen Schlag zum Tönen bringen;* eine Glocke ~ • **4.1** *einen* **Ton ~** *erklingen lassen* • **4.1.1** *ein* **Thema ~** *auf etwas zu sprechen kommen* **5** ⟨500/Vr 8⟩ **jmdn.** od. **etwas ~** *durch Schlagen beschädigen* • **5.1 Geschirr ~** *Ecken vom G. abschlagen* • **5.2** *den* **Gegner ~** *durch Schläge an den Rand einer Niederlage bringen* **6** ⟨500⟩ *den* **Ball ~** *durch einen Schlag ins Spiel bringen* **7** ⟨500⟩ *ein* **Fass ~** *anzapfen* **8** ⟨510⟩ *eine Sache hoch, niedrig ~* ⟨fig.⟩ *veranschlagen, einschätzen, bewerten;* ich schlage seine Leistung sehr hoch an **9** ⟨411⟩ *an etwas schlagen;* die Wellen schlagen am Kai an **10** ⟨400⟩ *etwas* schlägt **an** *hat Erfolg, wirkt;* die Kur, Arznei hat gut angeschlagen **11** ⟨400⟩ *ein* **Hund** *schlägt an gibt Laut, bellt warnend*

an|schlie|ßen ⟨V. 222⟩ **1** ⟨500⟩ **jmdn.** od. **etwas ~** *mit einem Schloss sichern;* das Fahrrad ~; das Rad an einen Zaun ~; einen Hund ~; einen Gefangenen ~ **2** ⟨500⟩ **etwas ~** *an etwas anbringen u. dadurch eine Verbindung herstellen;* einen Schlauch ~ • **2.1** ⟨El.⟩ *mit einem Stromkreis verbinden;* eine neue Lampe ~ **3** ⟨500⟩ **etwas ~** *(einer Reihe) anfügen;* das Institut ist der Universität angeschlossen **4** ⟨500/Vr 3⟩ **sich ~** *unmittelbar folgen;* an den offiziellen Teil des Abends schloss sich ein geselliger Teil mit Tanz an • **4.1** ⟨400⟩ *bitte* ~! *in der Reihe eng aneinanderrücken, aufrücken* • **4.2** *etwas* schließt **sich an** *liegt unmittelbar daneben;* an unser Grundstück schließt sich ein anderes an **5** ⟨530/Vr 3⟩ **sich jmdm.** od. *einer* **Sache ~** *zugesellen, mit jmdm. od. einer Sache mitgehen;* darf ich mich Ihnen ~? • **5.1** ⟨513/Vr 3⟩ *sich schwer ~ schwer Anschluss finden, verschlossen sein* • **5.2** ⟨550/Vr 3⟩ **sich an jmdm. ~** *mit jmdm. vertraut werden, sich anfreunden* • **5.3** *sich einer Partei ~ Mitglied werden* • **5.4** *sich einer oder jmds. Meinung ~ ihr zustimmen, sie sich zu eigen machen* **6** ⟨410⟩ **etwas schließt … an** *liegt … an;* der Halsausschnitt schließt eng an

an|schlie|ßend ⟨Adv.⟩ *im Anschluss (an etwas), hinterher, danach, darauf;* ~ gingen wir ins Schwimmbad

An|schluss ⟨m.; -es, -schlüs|se⟩ **1** ⟨unz.⟩ *das Anschließen (3), Sichanschließen (5);* ~ an eine Partei • **1.1** *der* ~ **Österreichs** *die Besetzung u. Einverleibung Ö. 1938 in das Dt. Reich* **2** ⟨Tech.⟩ *Verbindung mit einem Netz od. innerhalb eines Netzes* • **2.1** *Verbindung mit dem Versorgungsnetz;* Licht~, Gas~, Wasser~; die Wohnung hat noch keinen elektrischen ~ • **2.2** *Verbindung im Verkehrsnetz;* der Zug hat um 13.30 Uhr ~ nach Mönchengladbach; Zug~; ~ haben; den ~ verpassen; erreichen wir den ~ nach Berlin noch? • **2.3** *Verbindung im od. mit dem Telefonnetz;* Telefon~; keinen ~ bekommen (beim Telefonieren); kein ~ unter dieser Nummer *(automatische Telefonansage)* **3** ⟨umg.⟩ *Verbindung zu jmdm.* • **3.1** ~ fin-

an|schnal|len ⟨V. 500/Vr 7⟩ jmdn., sich od. etwas ~ *mit einer Schnalle befestigen, angurten;* sich im Auto, Flugzeug ~

an|schnei|den ⟨V. 227/500⟩ etwas ~ **1** *das erste Stück von etwas abschneiden;* das Brot ~ ● **1.1** *Hunde od. Raubwild schneiden erlegtes Wild an* ⟨Jägerspr.⟩ *fressen es an* **2** ⟨fig.⟩ *zur Sprache bringen, von etwas zu sprechen beginnen;* ein Thema, eine Frage ~ **3** *nicht ganz durchschneiden;* die Tomaten vor dem Brühen etwas ~ ● **3.1** ein **Geschwür** ~ *durch einen kleinen Schnitt öffnen* ● **3.2** *angeschnittene Ärmel Ä., die mit dem Oberteil eines Kleidungsstücks in einem Stück zugeschnitten wurden* **4** einen **Punkt** ~ ⟨Vermessungsw.⟩ *die Visierlinie auf einen P. einstellen*

An|schnitt ⟨m.; -(e)s, -e⟩ **1** *erstes abgeschnittenes Stück;* der ~ des Brotes, Kuchens; der erste ~ von einem Stoffballen **2** *Schnittfläche;* der ~ war nicht gleichmäßig

An|scho|vis ⟨[-vɪs] f.; -, -⟩ *pikant, süßsauer zubereitete Sardine od. Sardelle;* oV *Anchovis*

an|schrei|ben ⟨V. 230/500⟩ **1** etwas ~ *an eine senkrechte Fläche, z. B. Wandtafel, Aushängeschild, schreiben* **2** ~ **lassen** *auf die laufende Rechnung setzen lassen* **3** ⟨510; Passiv⟩ *bei jmdm. gut angeschrieben sein* ⟨fig.; umg.⟩ *geschätzt werden, beliebt sein* **4** jmdn. ~ ⟨Amtsdt.⟩ *an jmdn. schreiben*

an|schrei|en ⟨V. 231/500/Vr 8⟩ jmdn. ~ *jmdn. sehr laut ansprechen, heftig schelten;* ich lasse mich von dir nicht so ~; sie haben sich die ganze Zeit angeschrien

An|schrift ⟨f.; -, -en⟩ = *Adresse (1)*

an|schul|di|gen ⟨V. 504⟩ jmdn. (**wegen**) einer **Sache** ~ ⟨Rechtsw.⟩ *öffentlich vor Gericht anklagen, nachdem das Hauptverfahren eröffnet ist;* einen unschuldigen Menschen ~; er ist des Mordes angeschuldigt; man hat ihn wegen Diebstahls angeschuldigt

an|schwär|zen ⟨V.⟩ **1** ⟨503/Vr 5 od. Vr 6⟩ (**sich**) etwas ~ *ein wenig schwarz machen;* du hast dir die Hände angeschwärzt; die Wand am Ofen ist angeschwärzt **2** ⟨500⟩ jmdn. (**bei jmdm.**) ~ ⟨fig.; umg.⟩ *verdächtigen, verleumden;* Sy *denunzieren;* er hat ihn beim Chef angeschwärzt

an|schwel|len ⟨V. 234/400(s.)⟩ **1** etwas schwillt an *wird dicker, nimmt an Umfang zu;* seine Füße schwollen an; die Knospen schwellen an; die unbeantworteten E-Mails schwellen langsam an ● **1.1** ein **Fluss** schwillt an *führt immer mehr Wasser, steigt an* **2 Geräusche** schwellen an ⟨fig.⟩ *werden lauter;* der Lärm, der Gesang schwillt an; die Musik, die Stimme schwillt an

an|schwin|deln ⟨V. 500; umg.⟩ jmdn. ~ *jmdm. nicht die Wahrheit sagen, ihn belügen*

an|se|hen ⟨V. 239⟩ **1** ⟨500/Vr 7 od. Vr 8⟩ jmdn. od. etwas ~ *die Augen auf jmdn. od. etwas richten;* jmd. sieht jmdn. an; sieh mich an!; jmdn. od. etwas aufmerksam, freundlich, neugierig usw. ~ ● **1.1** ⟨513⟩ et-was auf eine **bestimmte Art und Weise** ~ ⟨fig.⟩ *beurteilen, bewerten;* ich sehe die Sache anders an; du kannst die Sache ~, wie du willst, es ändert sich nichts ● **1.1.1** etwas nicht ~ *nicht beachten* ● **1.1.2** er sieht das **Geld** nicht an *er gibt es leicht, gern aus, ist nicht kleinlich* **2** ⟨518/Vr 7⟩ etwas **als** od. **für etwas halten;** etwas als beendet ~; ich sehe es als meine Pflicht an, ihm zu helfen **3** ⟨530/Vr 6 od. 531⟩ jmdm. od. einem Gegenstand **etwas** ~, es jmdm. **an** etwas ~ *anmerken, erkennen, dass jmd. (etwas) …;* man sieht ihm seine Krankheit noch an; man sieht ihm sein Alter nicht an; man sieht ihm an, dass er überarbeitet ist, wie er gearbeitet hat, ob er gesund ist; man sieht der Sache den Preis nicht an; man sieht es seinem Gesicht an, dass …; ich sehe es dir an den Augen, an der Nasenspitze an, dass du schwindelst **4** ⟨530/Vr 1⟩ **sich jmdn.** od. **etwas** ~ *jmdn. od. etwas untersuchen;* sich einen Patienten, Kandidaten ~; sich etwas gründlich ~; das muss ich mir schon genauer ~ ● **4.1** sich eine **Sehenswürdigkeit,** Kirche, Stadt ~ *besichtigen* ● **4.2** sich seine Aufgaben noch einmal ~ *nachprüfen* **5** ⟨517 od. 537/Vr 1⟩ (sich) **etwas mit** ~ *Zeuge, Zuschauer sein* ● **5.1** ⟨fig.⟩ *dulden, ertragen;* ich kann (es) nicht länger mit ~, wie das Pferd geschlagen wird; ich sehe es mir noch eine Weile mit an, aber dann … **6** etwas ist … *anzusehen sieht … aus;* das ist lustig, schön, schrecklich usw. anzusehen **7** ⟨Imperativ⟩ sieh (mal einer) an! wer hätte das gedacht!, nicht zu glauben!

An|se|hen ⟨n.; -s; unz.⟩ **1** ⟨nur in den Wendungen⟩ ● **1.1** jmdn. nur vom ~ kennen *vom Sehen kennen, ohne mit ihm gesprochen zu haben* ● **1.2** ohne ~ der Person ⟨fig.; geh.⟩ *ohne Berücksichtigung der Stellung, des Ranges der P.* **2** *Würde, Geltung, Hochachtung, Wertschätzung;* das ~ unserer Familie, unseres Hauses; seine Stellung verleiht ihm ~; ~ genießen; sich ~ verschaffen; an ~ verlieren; in hohem ~ stehen **3** ⟨umg.⟩ *Aussehen, Äußeres;* dem ~ nach urteilen; ein anderes ~ gewinnen

an|sehn|lich ⟨Adj. 70⟩ **1** *von gutem, angenehmem Äußeren, stattlich, groß;* er ist ein ~er Mann; ein ~es Gebäude **2** *bedeutend, beträchtlich;* eine ~e Summe, Mitgift; ein ~es Vermögen

an|sein ⟨alte Schreibung für⟩ *an sein*

an|set|zen ⟨V. 500⟩ **1** etwas ~ *an eine bestimmte Stelle setzen, führen* ● **1.1** die Flöte, das Glas ~ *an den Mund setzen* **2** etwas ~ *ein zusätzliches Stück anfügen;* an einen Ärmel ein Stück ~ **3** etwas ~ *festlegen, bestimmen;* eine Besprechung ~ **4** jmdn. od. ein **Tier** ~ *einsetzen, mit etwas beauftragen* **4.1** ⟨550⟩ einen Hund auf die Fährte ~ *einen H. auf die Fährte bringen, die er verfolgen soll* **5** etwas ~ *aus sich heraus entwickeln, hervorbringen;* Knospen ~ ● **5.1 Fett** ~ *dick, fett werden* ● **5.2** die Erdbeeren haben gut angesetzt *versprechen, viele Früchte zu bringen* ● **5.3** ~ *sich bilden, festsetzen;* am Eisen hat sich Rost angesetzt; Kristalle setzen sich an **7** ⟨515⟩ **zu etwas** ~ *im Begriff sein, etwas zu tun;* zum Sprung ~ **8** etwas ~ *mischen, (eine Mischung) vorbereiten* ● **8.1** eine **Bowle** ~ *Früchte mit Zucker bestreuen u. mit Alkohol* übergießen als Vorbereitung zur B. **9** etwas ~ ⟨mundartl.⟩ zum Kochen auf den Herd setzen; Wasser, Kartoffeln ~ **10** eine **Gleichung** ~ einen Ansatz (1.4) machen **11** sich ~ ⟨Jägerspr.⟩ sich an den Ort begeben, wo man sitzend auf das Erscheinen von Wild wartet; der Jäger setzt sich auf den Bock an

An|sicht ⟨f.; -, -en⟩ **1** ⟨unz.⟩ das Ansehen, Betrachten; können Sie mir die Ware zur ~ schicken? **2** Wiedergabe eines Anblicks, Abbildung, Bild; eine ~ des Straßburger Münsters; Postkarte mit ~ der Stadt Danzig **3** Anblick, Blickwinkel, Seite, von der man etwas sieht; Vorder~, Seiten~; ein von vorn, von der Seite **4** ⟨fig.⟩ Anschauung, Auffassung, Meinung; eine ~ haben, vertreten; der ~ sein, dass …; meiner ~ nach verhält es sich anders; verschiedener ~ über etwas sein; er hat sehr vernünftige ~en; der gleichen ~ sein • **4.1** jmds. ~ **teilen** derselben Meinung sein

an∥sie|deln ⟨V. 500⟩ **1** jmdn. ~ jmdn. Grund u. Boden zur ständigen Bearbeitung überlassen, jmdn. sesshaft machen; Einwanderer ~ **2** ⟨Vr 3⟩ sich ~ eine Siedlung gründen, sesshaft werden, sich niederlassen; sich in Kanada ~; hier haben sich Bakterien angesiedelt ⟨fig.⟩; diese Arbeit ist auf einem hohen geistigen Niveau angesiedelt ⟨fig.⟩ **3** ⟨505; fig.⟩ etwas ~ einordnen; in welcher Epoche ist dieses Kunstwerk anzusiedeln?; die Kosten für den Umbau sind bei etwa 200.000 € anzusiedeln

An|sin|nen ⟨n.; -s, -; geh.⟩ **1** kaum annehmbare Forderung od. Vorschlag; ein ~ an jmdn. stellen, richten; ein ~ ablehnen **2** Zumutung; ein freches, dreistes ~

an∥span|nen ⟨V. 500⟩ **1** Zugtiere ~ vor dem Wagen festmachen; die Pferde ~; lassen Sie bitte ~! • **1.1** den **Wagen** ~ mit einem Gespann versehen **2** etwas ~ spannen, straff machen; die Muskeln ~; ein Seil ~ **3** ⟨Vr 7⟩ jmdn. od. jmds. **Kräfte** ~ anstrengen; einen Schüler zu sehr ~; seine Aufmerksamkeit ~; angespannt arbeiten

An|span|nung ⟨f.; -; unz.⟩ **1** Anstrengung; eine seelische, körperliche ~ **2** Zusammennehmen aller Kräfte; mit, trotz ~

an∥spie|len ⟨V. 500⟩ **1** jmdn. ~ ⟨Sp.⟩ jmdn. den Ball zuspielen; den Stürmer ~ **2** ein **Instrument** ~ ⟨Mus.⟩ einige Töne darauf spielen **3** ein **Musikstück** ~ ⟨Mus.⟩ den Anfang probeweise spielen **4** eine **Karte** ~ ⟨Kart.⟩ zur Eröffnung des Spiels hinlegen; er hat Herz angespielt • **4.1** ⟨400; Kart.⟩ ein Spiel beginnen; wer spielt an? **5** ⟨800⟩ **auf jmdn.** od. **etwas** ~ versteckt hinweisen; in der Antwort spielte er auf seinen Bruder an; er spielte damit auf den Vorfall von gestern an

An|spie|lung ⟨f.; -, -en⟩ versteckter Hinweis, absichtsvolle Andeutung; eine ~ machen auf etwas; sie ging auf seine ~ ein

An|sporn ⟨m.; -(e)s; unz.⟩ Antrieb, Anreiz; Belohnung ist ein ~ zu höheren Leistungen

an∥spor|nen ⟨V. 500⟩ **1** ein **Pferd** ~ antreiben, einem P. die Sporen geben **2** jmdn. od. etwas ~ ⟨fig.⟩ anreizen, den Ehrgeiz anstacheln, geistigen Antrieb geben; jmdn. durch Lob, Vorbild zu guten Leistungen ~; ihr Lob spornte seinen Ehrgeiz an

An|spra|che ⟨f.; -, -n⟩ **1** kleine förmliche Rede; eine ~ halten **2** ⟨unz.; süddt., österr.⟩ Möglichkeit für ein Gespräch, eine Unterhaltung; er hat in seinem neuen Wirkungskreis keinerlei ~; ~ suchen, finden

an∥spre|chen ⟨V. 251⟩ **1** ⟨500/Vr 8⟩ jmdn. ~ anreden, das Wort an jmdn. richten • **1.1** ⟨550⟩ jmdn. **um etwas** ~ bitten • **1.2** ⟨550⟩ jmdn. **auf etwas** ~ jmds. Stellungnahme zu etwas erbitten; ich sprach ihn auf den gestrigen Vorfall an **2** ⟨518⟩ jmdn. od. etwas ~ als bezeichnen, beurteilen als; man kann seine Leistung als zufriedenstellend ~ **3** ⟨500⟩ ein **Ziel** ~ erkennen, seine Lage bestimmen • **3.1** ein **Wild** ~ ⟨Jägerspr.⟩ Standort, Art, Geschlecht, Alter usw. eines W. feststellen **4** ⟨500⟩ etwas spricht jmdn. an gefällt jmdm., nimmt jmdn. für sich ein; der Vortrag hat ihn angesprochen **5** ⟨800⟩ **auf etwas** ~ wirksam werden, reagieren; der Apparat spricht auf die leiseste Berührung an **6** ⟨410⟩ etwas spricht **leicht, schwer** an ⟨Mus.⟩ lässt sich leicht, schwer zum Tönen bringen; die Flöte spricht leicht, schwer an

an∥sprin|gen ⟨V. 253⟩ **1** ⟨500/Vr 8⟩ jmdn. ~ sich mit einem Sprung auf jmdn. stürzen, an jmdn. hochspringen; der Hund sprang den Einbrecher an; der Hund sprang mich freudig bellend an **2** ⟨400(s.)⟩ angesprungen **kommen** heran-, herbeispringen, sich springend nähern; die Kinder kamen angesprungen **3** ⟨400(s.)⟩ mit einem Sprung zum Lauf ansetzen; der Skiläufer sprang an und raste den Berg hinunter **4** ⟨400(s.)⟩ etwas springt an kommt in Gang, beginnt zu laufen; der Motor springt nicht an • **4.1** er ließ den Motor ~ setzte den M. in Gang

An|spruch ⟨m.; -(e)s, -sprü|che⟩ **1** Forderung; berechtigter, begründeter ~; seine Ansprüche geltend machen; allen Ansprüchen gerecht werden, genügen • **1.1** Ansprüche stellen etwas fordern • **1.1.1** er stellt große Ansprüche er ist unbescheiden, erwartet von seinen Mitmenschen zu viel • **1.2** (keinen) ~ erheben (auf etwas) (nicht) haben wollen, (nicht) beanspruchen; dieses Buch erhebt keinen ~ auf Vollständigkeit **2** Recht, Anrecht (auf etwas); einen ~ haben auf etwas; den ~ auf etwas verlieren **3** jmdn. od. **etwas in** ~ **nehmen** beanspruchen • **3.1** jmdn. in ~ nehmen beschäftigen; ich bin augenblicklich sehr, stark in ~ genommen • **3.2** etwas in ~ nehmen Gebrauch von etwas machen, etwas verwenden, benutzen; er nimmt das Recht für sich in ~, zu kommen u. zu gehen, wann er will; darf ich Ihre Hilfe, Ihre Liebenswürdigkeit einmal in ~ nehmen? • **3.2.1** **etwas nimmt etwas in** ~ erfordert etwas; es nimmt viel Zeit in ~; ihre Aufmerksamkeit war von den Vorgängen auf der Straße völlig in ~ genommen

an|spruchs|los ⟨Adj.⟩ Ggs anspruchsvoll **1** ohne (große) Ansprüche u. Forderungen, bescheiden, genügsam; sie leben sehr ~ **2** ⟨abwertend⟩ (geistig) nicht sehr gehaltvoll, schlicht; ~e Musik; eine ~e Unterhaltung führen

an|spruchs|voll ⟨Adj.⟩ Ggs anspruchslos **1** hohe Ansprüche, Forderungen stellend, unbescheiden **2** hohes (geistiges) Niveau verlangend, hohen Anforderungen genügend; eine ~e berufliche Tätigkeit

ạn|sta|cheln ⟨V. 505⟩ **jmdn.** od. **etwas** (**zu** einer Leistung) ~ *heftig antreiben, anspornen, ermuntern;* das Lob stachelte ihn zu neuen Taten an; jmds. Ehrgeiz ~

Ạn|stalt ⟨f.; -, -en⟩ **1** *(öffentliche) Einrichtung* • 1.1 ~ des öffentlichen Rechts *selbstständige Zusammenfassung von Personen u. Sachen zur Erfüllung bestimmter Aufgaben der öffentl. Hand* • 1.2 *Schule;* Unterrichts~, Lehr~ • 1.3 *Heilstätte (bes. für Geisteskranke, Alkoholiker, Drogenabhängige);* Heil~, Pflege~; in eine ~ eingewiesen werden • 1.4 *Betrieb (meist des grafischen Gewerbes);* Verlags~; eine lithographische ~ **2** *der Wohlfahrt od. Bildung dienendes öffentliches Gebäude;* Besserungs~, Erziehungs~ **3** ⟨nur Pl.⟩ (keine) ~en zu etwas machen, treffen *sich (nicht) anschicken, etwas zu tun;* er machte keine ~en, seinen Koffer zu packen

Ạn|stand¹ ⟨m.; -(e)s, -stän|de⟩ **1** ⟨unz.⟩ *der guten Sitte entsprechendes Benehmen;* die Regeln des ~s beachten; den ~ verletzen; den ~ wahren; er hat keinen ~; du hast wohl gar kein Gefühl für ~?; sich mit ~ von einer Sache zurückziehen • 1.1 mit ~ verlieren können *mit Würde* **2** ⟨süddt., österr.⟩ *Schwierigkeit, Ärger;* keine Anstände haben (bei); ich will keine Anstände mit ihm bekommen **3** (keinen) ~ **an etwas nehmen** ⟨geh.⟩ *(keinen) Anstoß nehmen, (keine) Bedenken haben;* er nahm an ihrem merkwürdigen Verhalten keinen ~

Ạn|stand² ⟨m.; -(e)s, -stän|de; Jagdw.⟩ *Ort, wo der Jäger auf das Wild wartet; Sy Kanzel (4);* auf den ~ gehen

ạn|stän|dig ⟨Adj.⟩ **1** *dem Anstand¹ (1), den Sitten, sozialen Regeln, Normen u. Gewohnheiten entsprechend;* ~es Benehmen; benimm dich ~!; iss ~!; gekleidet sein • 1.1 ~e **Gesinnung,** ~er **Charakter** *moralisch, sittlich einwandfrei;* das war nicht ~ von ihm; ~ handeln • 1.2 ein ~er **Mensch,** eine ~e **Firma** *ehrbar, ordentlich;* er ist in sehr ~er Kerl **2** ~e **Waren** ⟨umg.⟩ *gute, brauchbare W.;* gibt es bei euch einen ~en Wein?; ~e Kleidung **3** *angemessen;* ein ~es Gehalt • 3.1 eine ~e **Menge** *viel, reichlich* • 3.2 ein ~er **Preis** *nicht zu hoch, aber auch nicht zu niedrig* **4** ⟨50⟩ *ziemlich, heftig, tüchtig, kräftig;* jetzt schneit es aber (ganz) ~; er hat ~ zugeschlagen

ạn|stands|los ⟨Adv.⟩ *ohne Schwierigkeiten zu machen, ohne zu zögern;* er hat das Geld ~ gezahlt

an|statt →a. *statt* **1** ⟨Präp. m. Gen.⟩ *anstelle von;* ~ des Hutes hättest du lieber eine Mütze aufsetzen sollen; ~ seiner kam sein Freund; er traf den Baum ~ der Zielscheibe **2** ⟨Konj.⟩ = *statt (2);* du solltest lieber arbeiten, ~ dich herumzutreiben • 2.1 ~ dass er arbeitete, ~ zu arbeiten, trieb er sich draußen herum *er arbeitete nicht, sondern ...*

ạn|ste|cken ⟨V.⟩ **1** ⟨500⟩ **etwas** ~ *mit einer Nadel befestigen;* eine Brosche ~ **2** ⟨500⟩ einen **Ring** ~ **an den Finger stecken 3** ⟨500⟩ **etwas** ~ *in Brand setzen, anzünden;* ein Haus ~; eine Kerze, Zigarette ~ **4** ⟨505/Vr 7 od. Vr 8⟩ **jmdn.** (mit einer **Krankheit** od. **Stimmung**) ~ *eine K. od. S. auf jmdn. übertragen; Sy infizieren;* er hat mich mit seiner Erkältung angesteckt; er hat uns alle mit seiner Fröhlichkeit angesteckt ⟨fig.⟩; ich bin (von ihm) angesteckt worden • 4.1 ⟨Vr 3⟩ **sich** ~ *sich eine Krankheit zuziehen, eine Stimmung übernehmen;* ich habe mich (bei ihm) angesteckt **5** ⟨400⟩ **etwas** steckt an *ist übertragbar, ansteckend;* diese Krankheit steckt an; Lachen, Gähnen steckt an

ạn|ste|hen ⟨V. 256⟩ **1** ⟨405⟩ (**nach etwas**) ~ *stehend in einer Reihe warten, sich anstellen, Schlange stehen;* man muss nach Theaterkarten lange ~ **2** ⟨580⟩ **nicht** ~, **etwas zu tun** *nicht zögern, keine Bedenken haben, etwas zu tun;* ich stehe nicht an, zu behaupten ... **3** ⟨600⟩ **etwas** steht **jmdm.** an ⟨geh.⟩ *kommt jmdm. zu, geziemt sich für jmdn.;* die Ehrerbietung stand ihm wohl an **4** ⟨400⟩ **etwas steht an** *liegt vor, ist zu erledigen, ist zu tun;* welche Termine stehen heute an? • 4.1 **etwas** ~ **lassen** *sich sammeln lassen, unerledigt lassen;* Rechnungen, Schulden ~ lassen; Zahlungen ~ lassen

ạn|stei|gen ⟨V. 258/400(s.)⟩ **etwas** steigt an **1** *führt in die Höhe, aufwärts;* der Weg steigt langsam an; das Gelände steigt steil an; eine stark ~de Straße **2** *wird höher;* die Flut steigt an; die Temperatur steigt an **3** ⟨fig.⟩ *nimmt zu, wächst;* die Preise steigen ständig an; der Fremdenverkehr ist in den letzten Jahren auf das Vierfache angestiegen

an|stel|le auch: **an Stel|le** ⟨Präp. m. Gen.⟩ *statt;* ~ eines Hundes; ~ von Prüfungen

ạn|stel|len ⟨V. 500⟩ **1** einen **Gegenstand** ~ *anlehnen, heranrücken;* eine Leiter an die Hauswand ~ **2** ein **Gerät** ~ *in Gang setzen, einschalten;* das Radio, die Heizung ~ **3** ⟨511 od. 550/Vr 3⟩ **sich** ~ *sich an eine Reihe wartend anschließen, Schlange stehen;* sich an der Kasse ~; sich nach Theaterkarten ~; hinten ~! **4** **jmdn.** ~ *beschäftigen* • 4.1 *in Dienst nehmen, in ein Arbeitsverhältnis aufnehmen;* jmdn. als Verkäufer ~; er ist bei der Firma X fest angestellt • 4.2 *zur Arbeit heranziehen;* ich lasse mich von dir nicht ~ **5 etwas** ~ *machen, ausführen, tun, versuchen;* eine Dummheit ~; alles Mögliche ~, um etwas zu erreichen; Versuche ~; ich weiß wirklich nicht, wie ich es ~ soll • 5.1 Betrachtungen ~ (über) *etwas etwas überlegend, nachdenklich betrachten* • 5.2 es lässt sich leider nicht ~ *es ist leider zu nichts zu gebrauchen* • 5.3 was soll ich nur mit dir ~? ⟨umg.⟩ *was soll ich nur mit dir machen?, du bist aber auch zu gar nichts zu gebrauchen!* • 5.4 was habt ihr da wieder angestellt? *was habt ihr da wieder für Dummheiten gemacht?* **6** ⟨Vr 3⟩ **sich** ~ ⟨umg.⟩ *sich verhalten, sich benehmen;* sich geschickt ~; er stellt sich an, als ob er nicht bis drei zählen könnte ⟨umg.⟩; sich ~ wie ein Verrückter • 6.1 stell dich nicht so dumm an! ⟨umg.⟩ *tu nicht, als ob du so dumm wärst!* • 6.2 stell dich nicht so an! *zier dich nicht so!, spiel kein Theater!, sei nicht so zimperlich!*

Ạn|stel|lung ⟨f.; -, -en⟩ **1** ⟨Pl. selten⟩ *Einstellung;* die ~ neuer Mitarbeiter; zurzeit erfolgt keine ~ **2** *Posten, Amt, Stelle;* eine neue ~ suchen, finden, erhalten

Ạn|stieg ⟨m.; -(e)s, -e⟩ **1** ⟨Pl. selten⟩ *Steigung;* der steile ~ des Berges **2** ⟨Pl. selten⟩ *Erhöhung, Zunahme;* der

anstiften

plötzliche ~ der Temperatur; der unmerkliche ~ der Preise **3** *das Hinaufsteigen, der Aufstieg;* einen sehr langen, beschwerlichen ~ hinter sich haben • 3.1 *Weg bergauf;* der letzte ~ bis zum Gipfel; das ist einer der beliebtesten ~e

an|stif|ten ⟨V.⟩ **1** ⟨505⟩ jmdn. **(zu etwas)** ~ *verleiten, verlocken;* sie hat ihn zum Diebstahl, Mord angestiftet; wer hat euch dazu angestiftet? **2** ⟨500⟩ **etwas** ~ *(etwas Übles) veranlassen;* furchtbares Unheil ~; eine Verschwörung ~

an|stim|men ⟨V. 500⟩ **1 etwas** ~ *zu singen od. zu spielen beginnen;* ein Lied ~; das Orchester stimmte die Ouvertüre an • 1.1 immer wieder das **alte Lied** ~ ⟨fig.; umg.⟩ *immer wieder dasselbe erzählen* • 1.2 ein **Klagelied über jmdn.** od. **etwas** ~ ⟨fig.; umg.⟩ *über jmdn. od. etwas sehr klagen* • 1.3 ein **Loblied auf jmdn.** od. **etwas** ~ ⟨fig.; umg.⟩ *jmdn. od. etwas sehr loben* **2 etwas** ~ ⟨fig.⟩ *in etwas ausbrechen, etwas laut zu äußern beginnen;* lautes Wehklagen ~; Geheul, Geschrei ~

An|stoß ⟨m.; -es, -stö|ße⟩ **1** ⟨Pl. selten; Fußb.⟩ *der erste Schuss;* den ~ ausführen, haben **2** ⟨fig.⟩ *Anlass, Impuls;* den ersten ~ geben; einen kräftigen ~ bekommen • 2.1 *Ermunterung;* es bedurfte nur eines neuen ~es **3** ⟨geh.⟩ *Ärgernis, Ärger;* sein Benehmen ist ein Stein des ~es für alle • 3.1 **an etwas** (keinen) ~ **nehmen** *etwas (miss)billigen;* sie nahm an seiner Kleidung keinen ~ **3.2** (keinen) ~ **erregen** *(keine) Missbilligung hervorrufen;* seine Bemerkungen haben ~ erregt

an|sto|ßen ⟨V. 262⟩ **1** ⟨500/Vr 8⟩ **jmdn.** od. **etwas** ~ *jmdm. od. etwas einen (kleinen) Stoß geben* • 1.1 **etwas** ~ *durch einen Stoß in Bewegung setzen, ins Rollen bringen;* einen Ball ~ • 1.2 **jmdn.** ~ *jmdm. durch einen Stoß ein Zeichen geben;* jmdn. mit dem Ellbogen, Fuß ~ **2** ⟨411(s.)⟩ *an, gegen etwas stoßen;* ich bin mit dem Kopf angestoßen • 2.1 angestoßenes Obst *beim Transport gedrücktes, beschädigtes Obst* • 2.2 mit der Zunge ~ *beim Sprechen der Zischlaute mit der Zunge an die oberen Schneidezähne geraten, lispeln* **3** ⟨400⟩ *zur Bekräftigung eines Wunsches die Gläser aneinanderklingen lassen und einander zutrinken;* auf gutes Gelingen, auf jmds. Wohl ~; darauf wollen wir ~! **4** ⟨411(s.)⟩ **bei jmdm.** (mit einer Bemerkung, Handlung) ~ ⟨fig.⟩ *jmds. Missfallen, Unwillen erregen* **5** ⟨411(s.)⟩ **an etwas** ~ *angrenzen;* unser Haus stößt an sein Grundstück an; das ~de Zimmer

an|stö|ßig ⟨Adj.⟩ *Anstoß (3) erregend, den Anstand verletzend, peinlich, schlüpfrig;* ~es Benehmen; ~e Geschichten erzählen; das wirkte ~

an|strei|chen ⟨V. 263/500⟩ **1** ⟨Vr 7 od. Vr 8⟩ **etwas** ~ *Farbe auf etwas streichen* **2 etwas** ~ *mit einem Strich kenntlich machen, hervorheben;* Fehler ~; eine Stelle im Buch ~; den heutigen Tag muss man rot im Kalender ~ ⟨fig.⟩ **3** ⟨530/Vr 5 od. Vr 6⟩ **jmdm. etwas** ~ ⟨umg.⟩ *vergelten, heimzahlen wollen* **4** ein **Streichholz** ~ *anzünden* **5** eine **Saite** ~ ⟨Mus.⟩ *mit dem Bogen probeweise darüberstreichen*

an|stren|gen ⟨V.⟩ **1** ⟨500/Vr 3⟩ **sich** ~ *sich Mühe geben, sich sehr bemühen, sein Bestes zu leisten;* du musst dich in der Schule mehr ~; er hat sich vergeblich angestrengt • 1.1 die Gastgeber haben sich heute besonders angestrengt *haben viel Mühe u. Kosten auf sich genommen* **2** ⟨500⟩ **etwas** ~ *zu einer besonderen Leistung steigern;* da muss man schon seinen Verstand, Geist ~; sie strengte ihre Fantasie an **3** ⟨500⟩ **jmdn.** od. **etwas** ~ *stark beanspruchen, ermüden;* das Gehen strengte ihn noch an; diese Arbeit strengt das Herz an; angestrengt aussehen; die Reise war sehr anstrengend **4** ⟨400⟩ **etwas** strengt an *ermüdet;* Turnen, Rennen strengt an • 4.1 das Kind ist sehr angestrengt *sehr müde, erschöpft* **5** ⟨500⟩ einen **Prozess** ~ ⟨Rechtsw.⟩ *einen P. beginnen;* er will gegen ihn einen Prozess wegen Betrugs ~

An|stren|gung ⟨f.; -, -en⟩ **1** *das Anstrengen, Bemühung, Aufwand der Kräfte;* seine ~en verdoppeln; mit der letzten ~ hat er es erreicht; geistige ~en • 1.1 große ~en **machen** *sich sehr bemühen;* er machte keinerlei ~en, um sein Ziel zu erreichen **2** *Strapaze, Belastung;* der Aufstieg war für ihn eine einzige ~

An|strich ⟨m.; -(e)s, -e⟩ **1** ⟨unz.⟩ *das Anstreichen;* er hat den ~ des Hauses selbst gemacht **2** *aufgetragene Farbe;* der helle ~ gefällt mir gut; das Haus hat einen weißen ~ **3** ⟨unz.; fig.⟩ *Anschein, Aussehen, Note;* der Veranstaltung einen künstlerischen ~ geben; sich einen ~ von Gelehrsamkeit geben

An|sturm ⟨m.; -(e)s, -stür|me⟩ **1** *Angriff, Sturm;* eine Stadt beim ersten ~ erobern; der ~ der Wellen **2** *(heftiger) Andrang, starke Nachfrage;* dem ~ nicht gewachsen sein; der ~ auf die Theaterkarten ist jedes Mal sehr groß

an|stür|men ⟨V.⟩ **1** ⟨400 (s.)⟩ angestürmt **kommen** *stürmisch herbeirennen, in großer Eile kommen;* die Kinder kamen angestürmt **2** ⟨800 (s.)⟩ **gegen jmdn.** od. **etwas** ~ ⟨a. fig.⟩ *zum Angriff vorwärtsstürmen, heftig angreifen;* der Wind stürmte gegen das Boot an; gegen die gegnerische Mannschaft ~; gegen Vorurteile ~

An|su|chen ⟨n.; -s, -; Amtsdt.⟩ *Bitte, Gesuch;* ein ~ stellen an; auf mein ~ hin; auf ~ von Herrn X

Ant|ark|tis ⟨f.; -; unz.⟩ *südlichster Teil der südlichen Erdhalbkugel, Südpolargebiet;* →a. *Arktis*

an|tas|ten ⟨V. 500/Vr 7 od. Vr 8⟩ **1 jmdn.** od. **etwas** ~ ⟨a. fig.⟩ *vorsichtig berühren;* den Verletzten hat keiner angetastet; du hast das Essen noch nicht angetastet; ein Thema nur ~ **2 etwas** ~ ⟨fig.⟩ *unberechtigt berühren, verletzen;* mein Recht, meine Ehre lasse ich von niemandem ~; die Unabhängigkeit unseres Staates darf nicht angetastet werden

An|teil ⟨m.; -(e)s, -e⟩ **1** *jmdm. zustehender, zufallender Teil;* Geschäfts~, Gewinn~; wie hoch ist mein ~ an den Kosten?; er hat seinen ~ schon bekommen; unser ~ an dem Erbe **2** ⟨unz.⟩ *(innere) Teilnahme, Beteiligung;* lebhaften, herzlichen, starken ~ nehmen an jmds. Schicksal; er hat an diesem Ergebnis keinen ~ • 2.1 ⟨fig.⟩ *Interesse;* auch während der langen Krankheit hat er noch regen ~ an der Politik genommen

An|teil|nah|me ⟨f.; -; unz.⟩ **1** *Beteiligung;* die Beisetzung fand unter starker ~ der Bevölkerung statt **2** ⟨fig.⟩ *innere Beteiligung, Teilnahme, Mitgefühl;* seine ~ an ihrem Kummer ist groß, herzlich, warm • **2.1** *Beileid;* seine ~ bei einem Todesfall ausdrücken, aussprechen • **2.2** *Interesse;* etwas mit wacher, kritischer, steigender ~ verfolgen

An|ten|ne ⟨f.; -, -n⟩ **1** *ein od. mehrere elektrische Leiter zum Empfangen od. Senden elektromagnetischer Wellen* **2** ⟨Zool.⟩ *Fühler* **3** *keine* ~ *für etwas haben* ⟨fig.; umg.⟩ *keinen Sinn*

an|thra|zit ⟨Adj. 24⟩ *schwarzgrau, dunkelgrau;* der Anzug ist ~; die Ausstattung ist in Anthrazit gehalten; ~farbene Möbel

an|ti..., Anti... ⟨Vorsilbe⟩ *gegen..., Gegen...,* z. B. antifaschistisch, antiautoritär, Antibabypille, Antialkoholiker, Antisemit

An|ti|bio|ti|kum ⟨n.; -s, -ti|ka; Pharm.⟩ *Stoff, der antibiotisch (Bakterien vernichtend) wirkt u. als Arzneimittel verwendet wird, z. B. Penizillin;* ein ~ verschreiben

an|tik ⟨Adj. 24⟩ **1** *die Antike betreffend, zu ihr gehörig, aus ihr stammend;* ~e Ausgrabungen; das ~e Griechenland • **1.1** ~er **Vers** ⟨Metrik⟩ *altgriechisches Versmaß, das nach dem Wechsel zwischen langen u. kurzen Silben aufgebaut ist u. nicht nach der Setzung des Akzentes* **2** *alt, altertümlich, aus einer vergangenen Zeit stammend;* ~e Möbel, Bücher

An|ti|ke ⟨f.; -; unz.⟩ **1** ⟨unz.⟩ = *klassisches Altertum,* → *Altertum (1.1)* **2** ⟨nur Pl.⟩ *Altertümer, antike Kunstwerke*

An|ti|lo|pe ⟨f.; -, -n; Zool.⟩ *Angehörige einer Familie der Rinder in Asien u. Afrika, zierlich gebaut u. rasch laufend*

An|ti|mon ⟨a. ['---] n.; -(e)s; unz.; chem. Zeichen: Sb⟩ *chem. Element, ein Metall, silberweiß glänzend, in Legierungen von Letternmetall u. für lichtelektrische Zellen verwendet, Ordnungszahl 51*

An|ti|pa|thie ⟨f.; -, -n⟩ *Abneigung, Widerwille;* Ggs *Sympathie;* eine ~ gegen jmdn. haben, hegen

an|tip|pen ⟨V. 500⟩ **1** *jmdn.* ~ *jmdn. mit dem Finger, der Hand leicht u. kurz berühren;* jmdn. an der Schulter ~ • **1.1** *ein heikles* **Thema** ~ ⟨fig.⟩ *vorsichtig ansprechen*

An|ti|qua|ri|at ⟨n.; -(e)s, -e⟩ **1** ⟨unz.⟩ *Handel mit gebrauchten (oft wertvollen) Büchern* • **1.1** *Buchhandlung, die den An- u. Verkauf gebrauchter Bücher betreibt* • **1.2** *modernes* ~ *Handel mit neuwertigen Büchern, die verbilligt veräußert werden* **2** *Handel mit Antiquitäten* (Kunst~)

an|ti|qua|risch ⟨Adj.⟩ *alt, gebraucht, aus zweiter Hand*

an|ti|quiert ⟨Adj.; abwertend⟩ *veraltet, überholt, unzeitgemäß;* ~e Ansichten, Meinungen vertreten; das wirkt reichlich ~

An|ti|qui|tät ⟨f.; -, -en⟩ *altertümliches Kunstwerk, altertümlicher (kostbarer) Gegenstand*

Ant|litz ⟨n.; -es, -e; poet.⟩ *Gesicht*

An|trag ⟨m.; -(e)s, -trä|ge⟩ **1** *schriftlich an eine Behörde gerichtete Bitte, Gesuch;* einen ~ einreichen; einen ~ ablehnen, annehmen; einem ~ stattgeben • **1.1** *Formular für einen Antrag (1);* Anträge gibt es am Schalter **2** *zur Abstimmung eingereichter Vorschlag;* einen ~ (im Parlament) einbringen; für, gegen einen ~ stimmen; auf ~ einer Partei **3** *Frage, ob jmd. (bes. eine Frau) den Fragenden heiraten will;* Heirats~; einer Frau einen ~ machen

an|tref|fen ⟨V. 266/500⟩ *jmdn. od. etwas* ~ *an einem bestimmten Ort, in einem bestimmten Zustand vorfinden;* er ist nie, nur selten anzutreffen; von 9 bis 12 triffst du mich immer im Büro an; ich habe ihn (nicht) zu Hause angetroffen; wann und wo kann ich ihn ~?; die Situation, die ich da antraf, ...

an|trei|ben ⟨V. 267⟩ **1** ⟨500/Vr 7 od. Vr 8⟩ *ein* **Tier** ~ *zu rascher Bewegung veranlassen;* die Pferde mit der Peitsche ~; die Hunde ~ • **1.1** *etwas* ~ *in Bewegung setzen;* den Wagen ~; das Boot wird elektrisch angetrieben; der Wind treibt die Windmühle an **2** ⟨550/Vr 8⟩ *jmdn. zu etwas* ~ *drängen, zwingen;* er trieb ihn zur Eile, Arbeit an • **2.1** *etwas treibt jmdn. zu etwas an veranlasst, drängt zu etwas;* die Angst trieb ihn an, das Zimmer zu verlassen; die Neugier trieb sie dazu **3** *etwas od. jmdn.* **(ans Ufer)** ~ *treiben, spülen;* die Wellen trieben ihn ans Ufer an; eine Leiche ist gestern angetrieben worden; mit der Flut sind Bäume angetrieben worden

an|tre|ten ⟨V. 268⟩ **1** ⟨500⟩ *etwas* ~ *mit etwas beginnen;* eine Reise ~; den Rückzug ~; er hat sein achtzigstes Jahr angetreten ⟨geh.⟩ • **1.1** *seine* **letzte Reise** ~ ⟨geh.⟩ *sterben* • **1.2** *eine Arbeit aufnehmen;* wann können Sie die Stelle ~?; er muss den Dienst pünktlich ~ • **1.3** *etwas übernehmen;* die Herrschaft, die Regierung ~; jmds. Nachfolge, Erbe ~ • **1.4** *den* **Beweis** ~ *beweisen* **2** ⟨500⟩ *etwas* ~ *durch Treten in Gang setzen;* das Motorrad ~ **3** ⟨500⟩ **Erde, Sand** ~ *ein wenig festtreten* **4** ⟨500⟩ *jmdn.* ~ ⟨veraltet⟩ *sich jmdm. nähern;* der Tod trat ihn rasch an **5** ⟨415(s.)⟩ *zu etwas* ~ *erscheinen;* zur Schicht, zum Dienst ~ **6** ⟨410(s.)⟩ *sich in einer bestimmten Ordnung aufstellen;* der Größe nach ~; in Reih und Glied ~; in einer Linie ~!; angetreten! (militärisches Kommando) **7** ⟨800(s.)⟩ **gegen jmdn.** *od. etwas* ~ ⟨Sp.⟩ *den (Wett-)Kampf aufnehmen;* die deutsche Mannschaft tritt gegen die englische an; er ist nicht gegen den Weltmeister angetreten **8** ⟨800(s.)⟩ *etwas tritt an etwas* an ⟨Sprachw.⟩ *schließt sich an;* die Endung ist an die Wurzel angetreten

An|trieb ⟨m.; -(e)s, -e⟩ **1** ⟨Tech.⟩ *bewegende Kraft, Triebkraft;* Maschine mit elektrischem, hydraulischem, mechanischem ~ • **1.1** *Bewegungsenergie, der zugeführte Impuls;* den ~ übertragen • **1.2** *Teil einer Maschine, durch den diese Energie liefert od. übertragt;* Strahl~; ein ~ für Raketen **2** ⟨fig.⟩ *diejenigen Kräfte, die die Ursache einer bestimmten Handlung od. eines bestimmten Verhaltens sind;* er spürte den ~ zu flüchten; einem starken ~ folgen; aus eigenem, freiem ~; aus innerem ~ (heraus) • **2.1** *äußerer Anreiz;* einen neuen ~ erhalten, geben

An|tritt ⟨m.; -(e)s; unz.⟩ **1** *das Antreten (1-1.4);* bei ~ der Reise; der ~ eines Amtes, Dienstes **2** *Übernahme;* ~ einer Erbschaft

an|tun ⟨V. 272/500⟩ **1** ⟨530/Vr 5 od. Vr 6⟩ • **1.1** **jmdm.**

Antwort

etwas ~ *zufügen, bereiten;* jmdm. Leid, Schaden ~; tu uns keine Schande an!; achte darauf, dass er dem Kind nichts (Böses) antut!; wenn du wüsstest, was er mir alles (Böses) angetan hat!; das wirst du mir doch nicht ~! • 1.1.1 du würdest uns (eine) große Ehre ~, wenn ... *du würdest uns eine große Ehre erweisen* • 1.1.2 tu mir die Liebe und komm bald! *bereite mir doch die Freude, bald zu kommen* • 1.1.3 er musste sich Gewalt, Zwang ~, um ruhig zu bleiben *er musste sich sehr beherrschen* • 1.1.4 bitte tun Sie sich keinen Zwang an! ⟨scherzh.⟩ *benehmen Sie sich ganz so, wie es Ihnen gefällt* • 1.1.5 tun Sie mir das nicht an! *verschonen Sie mich damit!* • 1.2 **sich etwas ~** *Selbstmord begehen;* ich habe Angst, dass sie sich etwas antut **2** ⟨530⟩ **es jmdm.** angetan haben *jmdm. gefallen;* diese Landschaft, dieser Wein hat es mir angetan; diese Frau hat es ihm angetan **3 etwas ~** ⟨geh.⟩ *anziehen;* ein Kleid ~ • 3.1 angetan *festlich gekleidet;* sie erschien, mit einem neuen Kleid angetan

Ant|wort ⟨f.; -, -en⟩ **1** *Erwiderung, Entgegnung (auf eine Äußerung);* eine ausweichende, bejahende, dumme, freundliche, verneinende ~ geben; du hast, weißt auch auf alles eine ~; auf ~ warten (beim Überbringen einer Botschaft); „Nein", gab er zur ~; jmdm. keiner ~ würdigen • 1.1 um ~ wird gebeten ⟨Abk.: u. A. w. g.⟩ *Zusage bzw. Absage erbeten* • 1.2 die ~ schuldigbleiben *nicht antworten* • 1.3 gib ~! *antworte!* • 1.4 ~ auf ein Gesuch, eine Eingabe *Bescheid* • 1.5 keine ~ ist auch eine ~ *auch Schweigen ist eine A.* • 1.6 Rede und ~ stehen *Rechenschaft geben* **2** ⟨fig.⟩ *Gegenhandlung, Reaktion;* er drehte ihm als ~ nur verächtlich den Rücken zu; lautes Lachen war die ~; energisches Vorgehen ist die richtige ~ auf seine Herausforderung

ant|wor|ten ⟨V. 402 od. 403 od. 405⟩ (jmdm. etwas auf etwas) ~ *erwidern, entgegnen;* „Ja", antwortete er; was hast du (ihm) geantwortet?; kurz, schriftlich ~; der Teilnehmer antwortete nicht ⟨Tel.⟩; kannst du nicht ~?; auf eine Frage ~; was sollte ich darauf ~?; er antwortet mit einem „Ja"

an|ver|trau|en ⟨V. 530⟩ **1** jmdm. od. einer **Sache jmdn.** od. **etwas** ~ *zu treuen Händen überlassen, übergeben;* jmdm. Geld, ein Geschäft ~; er vertraute dem Lehrer seine Tochter an • 1.1 ⟨Vr 3⟩ **sich jmdm.** od. einer **Sache** ~ *sich in jmds. Obhut geben;* wir haben uns Gottes Führung anvertraut; er hat sich seiner Pflege anvertraut; er hat sich dem Arzt anvertraut **2 jmdm. etwas** ~ *vertraulich, im Geheimen mitteilen;* jmdm. ein Geheimnis ~; jmdm. seinen Kummer ~; ich vertraue dir eine Neuigkeit an • 2.1 ⟨Vr 3⟩ **sich jmdm.** ~ *sich vertrauensvoll an jmdn. wenden u. ihm Persönliches od. Geheimes mitteilen;* er vertraute sich seiner Frau an; du kannst dich mir ruhig ~

an|wach|sen ⟨[-ks-] V. 277/400(s.)⟩ **1** *sich wachsend mit etwas fest verbinden;* der angenähte Finger ist wieder fest angewachsen **2** *Wurzel schlagen;* die jungen Pflanzen sind (gut, noch nicht) angewachsen **3** ⟨fig.⟩ *zunehmen, immer mehr werden, anschwellen;* seine Ersparnisse waren inzwischen auf 10.000 € angewachsen; die Bevölkerung ist um das Doppelte angewachsen; die Arbeit wuchs von Tag zu Tag mehr an

An|walt ⟨m.; -(e)s, -wäl|te⟩ **1** *Rechtsanwalt;* sich einen ~ nehmen; sich durch einen ~ vertreten lassen; sich als ~ niederlassen **2** ⟨fig.⟩ *Fürsprecher, Verfechter;* sich für jmdn. od. etwas zum ~ machen; er ist ein guter ~ für unsere Sache

An|wäl|tin ⟨f.; -, -tin|nen⟩ *weibl. Anwalt*

an|wan|deln ⟨V.; geh.⟩ **1** ⟨500⟩ **etwas** wandelt **jmdn.** an ⟨geh.⟩ *erfasst jmdn., überkommt jmdn. vorübergehend;* Furcht wandelte mich an; mich wandelte die Lust an ...; es wandelte mich die Versuchung an ... **2** ⟨400; meist Part. Perf.; selten⟩ *langsam, gemächlich herankommen;* der alte Herr kam angewandelt

An|wand|lung ⟨f.; -, -en⟩ *plötzlich auftretendes Gefühl, Laune;* war seine Großzügigkeit echt oder nur eine plötzliche ~?; in einer ~ von Freigebigkeit

An|wär|ter ⟨m.; -s, -⟩ *jmd., der Anspruch od. Aussicht auf ein Recht od. Amt hat, aussichtsreicher Bewerber;* ~ auf einen Posten, auf den Thron; ~ auf olympische Medaillen

An|wär|te|rin ⟨f.; -, -rin|nen⟩ *weibl. Anwärter*

An|wart|schaft ⟨f.; -; unz.⟩ *Anspruch, Aussicht (auf ein Amt usw.)*

an|we|hen ⟨V. 500⟩ **1 etwas** weht **jmdn.** an ⟨geh.⟩ *etwas weht gegen jmdn.;* er ließ sich vom Winde ~; ein warmer Luftzug wehte mich an • 1.1 ⟨fig.⟩ *etwas überkommt jmdn., berührt jmdn.;* es wehte mich heimatlich an; eine düstere Ahnung wehte sie an; ein Schauer wehte ihn an **2** *der* **Wind** weht etwas an *treibt etwas zusammen;* der Wind hat Sand, Schnee, Blätter angeweht **3** ⟨400.(s.)⟩ *etwas weht an wird zusammengeweht;* hier wehen immer viele Blätter an

an|wei|sen ⟨V. 282/500⟩ **1** ⟨580⟩ **jmdn.** ~, etwas zu tun *beauftragen, etwas zu tun;* er hat mich angewiesen, die Sachen wegzubringen; bitte weisen Sie Ihre Leute an, mit den Kisten vorsichtig umzugehen; man hat mich angewiesen, ich bin angewiesen, Ihnen zu helfen **2 jmdn.** ~ ⟨geh.⟩ *anleiten;* jmdn. bei einer neuen Arbeit ~ **3 jmdm. etwas** ~ *zuteilen;* jmdm. einen Platz ~; man hat mir dieses Zimmer angewiesen **4** Geld ~ *überweisen;* jmdm. einen Betrag (durch die Bank, die Post) ~

An|wei|sung ⟨f.; -, -en⟩ **1** *Anordnung, Befehl;* ich habe strenge ~, niemanden einzulassen; einer ~ folgen; laut ~ vom Chef; Tropfen nach ärztlicher ~ einnehmen **2** *Anleitung;* ich bitte um genaue ~, wie ich es machen soll; eine ~ ist dabei **3** *Zuweisung;* auf die ~ eines Platzes im Heim warten **4** ⟨Bankw.⟩ • 4.1 *Anordnung zur Auszahlung an jmdn.;* Zahlungs~; die ~ des Honorars, des Gehalts ist noch nicht erfolgt • 4.2 *Überweisung;* die ~ des Gewinns erfolgt durch die Post; die ~ Geldes auf ein Konto im Ausland • 4.3 *Schriftstück zur Abhebung od. Überweisung einer Geldsumme;* Bank~, Post~; eine ~ auf 10.000 € ausstellen, ausschreiben

an|wen|den ⟨V. 283/500⟩ **1** ⟨505⟩ **etwas** (auf etwas od.

jmdn.) ~ *verwenden, gebrauchen;* Heilmittel ~; etwas falsch, geschickt, gut, schlecht, richtig, lange ~
• 1.1 **Vorsicht** ~ *sich vorsehen* **2** *zur Wirkung bringen, in die Tat umsetzen;* eine Regel, Methode, Wissenschaft ~; kann man die Regel auch in diesem, auf diesen Fall ~?; die angewandte Mathematik; das angewendete Verfahren • **2.1** angewandte **Kunst** *Gebrauchskunst, Kunstgewerbe;* Ggs *freie Kunst,* → *frei (1.2.2)*

An|wen|dung ⟨f.; -, -en⟩ *Verwendung, Gebrauch, Umsetzung in die Tat;* ~ *der Theorie auf die Praxis;* zur ~ bringen; ~ finden

an|wer|ben ⟨V. 284/505⟩ **jmdn.** ~ **(für etwas)** *jmdn. durch Werbung für etwas zu gewinnen suchen;* Käufer ~; Soldaten, Freiwillige ~

an|wer|fen ⟨V. 286/500⟩ **1 etwas** ~ *an etwas anderes werfen;* Kalk, Mörtel (an die Mauer) ~ **2** einen **Motor** ~ ⟨Tech.⟩ *anlassen, in Gang setzen*

An|we|sen ⟨n.; -s, -⟩ *größeres Haus mit Grundbesitz;* ein ländliches ~

an|we|send ⟨Adj. 24/70⟩ Ggs *abwesend* **1** *sich an einem bestimmten Ort (wo man erwartet wird) befindend, da sein;* bitte teilen Sie den heute nicht ~en Mitgliedern mit, dass …; er war bei der Feier (nicht) ~
• **1.1** Verzeihung, ich war eben nicht ganz ~ ⟨umg.; scherzh.⟩ *ich habe nicht aufgepasst* **2** die Anwesenden *alle, die anwesend sind, die Versammelten*

An|we|sen|heit ⟨f.; -; unz.⟩ **1** *das Anwesendsein, Gegenwart;* die ~ feststellen (bei Versammlungen); in ~ von; es ist während seiner ~ passiert **2** *das Vorhandensein;* die ~ von Gift ist erwiesen worden

an|wi|dern ⟨V. 500⟩ **jmdn.** ~ *jmdm. widerlich sein, jmds. Ekel erregen;* er fühlt sich von dem Geruch angewidert; dieses Buch widert mich an; das Essen widert den Kranken an

an|win|keln ⟨V. 500⟩ **etwas** ~ *so biegen, dass es einen Winkel bildet;* ein Rohr, den Arm ~

An|woh|ner ⟨m.; -s, -⟩ *jmd., der angrenzend an eine Straße, ein Grundstück o. Ä. wohnt, Anlieger;* die ~ haben Beschwerde über das städtische Bauvorhaben eingereicht

An|wurf ⟨m.; -(e)s, -wür|fe⟩ **1** ⟨unz.; Ballspiele⟩ *der erste Wurf;* den ~ haben **2** *Verputz;* Kalk~, Mörtel~ **3** ⟨fig.; veraltet⟩ *Verleumdung, Beleidigung;* heftige Anwürfe gegen jmdn. richten; ich kann deine Anwürfe nicht länger hinnehmen

an|wur|zeln ⟨V. 400⟩ **1** *Wurzeln schlagen, anwachsen;* die Pflanzen sind gut angewurzelt **2** wie angewurzelt dastehen, stehen (bleiben) *starr, regungslos*

An|zahl ⟨f.; -, -en⟩ **1** *eine gewisse, aber nicht genannte Zahl, Menge, Gesamtzahl;* die ~ der Teilnehmer steht noch nicht fest; die ~ der Mitglieder ist stark angestiegen; die große ~ der Gäste kam erst viel später **2** *eine unbestimmte Zahl von der Gesamtzahl, einige;* eine ~ Häuser; eine beträchtliche, große, stattliche ~; eine ~ Kinder spielte dort; eine ~ von Kindern spielte auf der Straße ⟨umg.⟩

an|zah|len ⟨V. 500⟩ **1** eine **Ware** ~ *zunächst einen Teilbetrag zahlen für eine W.;* den Fernseher ~; die Möbel ~; die Waschmaschine ~ **2 Geld** ~ *als ersten Teil des ganzen Betrags zahlen;* wie viel muss ich ~?; 4.000 € für ein Auto ~

an|zap|fen ⟨V. 500⟩ **1 etwas** ~ *durch ein Bohrloch öffnen, um eine Flüssigkeit entnehmen zu können;* ein Fass ~; Bäume (zur Harzgewinnung) ~ • **1.1** ⟨400⟩ der Wirt hat angezapft *den Zapfen eines Fasses geöffnet* • **1.2** eine **Leitung** ~ ⟨El.⟩ *zwischen Anfang u. Ende eines Stromkreises Anschlüsse herstellen*
• **1.2.1** eine **Telefonleitung** ~ ⟨fig.; umg.⟩ *Gespräche heimlich abhören* **2 jmdn.** ~ ⟨scherzh.⟩ *jmdm. Blut entnehmen* **3 jmdn.** ~ ⟨fig.; umg.⟩ • **3.1** *von jmdm. Geld borgen;* er wollte ihn wieder (um 100 €) ~
• **3.2** *jmdn. ausfragen, um etwas zu erfahren*

An|zei|chen ⟨n.; -s, -⟩ **1** *Zeichen, das etwas Kommendes ankündigt, Vorzeichen, erster Hinweis auf etwas;* ein Windstoß als ~ eines Gewitters; es gibt keine ~ für eine Krise • **1.1** = *Symptom* ⟨Med.⟩; Fieber ist oft das erste ~ einer Krankheit **2** *Zeichen für etwas Vorhandenes;* es sind alle ~ dafür vorhanden, gegeben, dass …; sie kam ohne jegliche ~ von Erschöpfung

An|zei|ge ⟨f.; -, -n⟩ **1** *schriftliche, gedruckte Ankündigung, Mitteilung, Bekanntmachung;* Sy *Annonce, Inserat;* Geburts~, Heirats~, Todes~; Zeitungs~; eine ~ (bei, in der Zeitung) aufgeben; auf eine ~ antworten • **1.1** *an einem Zeiger ablesbarer Wert eines Messgerätes* • **1.2** *Meldung, Mitteilung (an die Behörde, Polizei wegen eines Verstoßes gegen die Gesetze);* eine ~ (bei der Polizei) machen, erstatten **2** ⟨Med.⟩ *Anzeichen;* bei dem Patienten ist die ~ für eine Gehirnerschütterung gegeben

an|zei|gen ⟨V. 500⟩ **1** einen **Gegenstand** (zum Verkauf), ein **Ereignis** ~ ⟨geh.⟩ *schriftlich od. durch eine Zeitungsanzeige ankündigen, mitteilen, bekanntmachen;* ein Buch, seine Vermählung ~ **2** ein **Messgerät** zeigt **Maßeinheiten** an *lässt durch Zeiger o. Ä. Maßeinheiten sichtbar werden;* das Thermometer zeigt 10 °C an; die Armbanduhr zeigt die Sekunden an **3** ein **Vergehen** ~ *angeben, der Polizei melden;* einen Diebstahl ~ **4 jmdn.** ~ *jmdn., einen Dieb* ~ *jmdn., der vermutlich die Gesetze verletzt hat, verklagen, beschuldigen* **5** ⟨Part. Perf.⟩ **es** scheint angezeigt *alle Anzeichen deuten darauf hin, es ist ratsam*

an|zet|teln ⟨V. 500⟩ **1** den **Aufzug** eines **Gewebes** ~ ⟨Textilw.⟩ *auf dem Webstuhl vorbereiten, Kettenfäden dafür spannen* **2 etwas** ~ ⟨fig.⟩ *im Geheimen vorbereiten, anstiften;* eine Verschwörung ~

an|zie|hen ⟨V. 293⟩ **1** ⟨500/Vr 7⟩ **jmdn.,** ein **Lebewesen,** eine **Puppe** ~ *jmds. Körper mit Kleidung versehen;* Sy ⟨geh.⟩ *ankleiden;* Ggs *ausziehen;* ein Kind ~; sich zum Ausgehen ~; sich fürs Theater ~; das Kind kann sich schon, noch nicht allein ~; sich elegant, festlich, gut, sauber, warm ~; er ist immer gut angezogen • **1.1 Kleidung** ~ *überstreifen, überziehen;* Sy ⟨geh.⟩ *anlegen (2);* ein Kleid, Handschuhe, eine Hose, Strümpfe ~ • **1.1.1** den **bunten Rock** ~ ⟨veraltet⟩ *Soldat werden* **2** ⟨500/Vr 8⟩ **jmd.** od. **etwas** zieht **jmdn.** od. **etwas** an *zieht an sich heran;* der Magnet zieht Eisen an; ungleiche Pole ziehen sich an • **2.1 Käufer, Besucher** ~ ⟨fig.⟩ *heran-, anlocken, anreizen* • **2.2** einen **Geruch, Geschmack** ~ *aufneh-*

anziehend

men, annehmen • 2.3 **Wasser** ~ an- od. aufsaugen • 2.4 jmd. od. etwas zieht **jmdn.** sehr (stark) an ⟨fig.⟩ jmd. od. etwas ist sehr sympathisch, gefällt sehr gut; ihr heiteres Wesen zieht alle an; jeder fühlt sich von seiner Fröhlichkeit angezogen • 2.5 **Saite, Schraube, Bremse** ~ anspannen, straffer ziehen • 2.5.1 die Leistungen, Leistungsanforderungen ~ ⟨fig.⟩ erhöhen, steigern **3** ⟨400⟩ • 3.1 der **Motor** zieht an setzt sich in Bewegung (und zieht gleichzeitig ein Fahrzeug) • 3.2 die **Preise, Börsenkurse** ziehen an steigen, erhöhen sich • 3.3 ein **Spieler,** eine **Figur** zieht an ⟨Brettspiel⟩ beginnt mit dem Spiel

an|zie|hend ⟨Adj.⟩ gewinnend, reizvoll, angenehm, sympathisch; ein ~es Wesen; ein ~er Mensch

An|zug ⟨m.; -(e)s, -zü|ge⟩ **1** Hose mit dazugehöriger Jacke (u. Weste); Herren~; Hosen~; im dunklen ~ erscheinen; zweireihiger ~; sonntäglicher ~; sich einen ~ vom Schneider machen lassen; der ~ sitzt, passt (nicht) **2** die Art, sich zu kleiden, Kleidung; dieser Rock mit dem Pullover zusammen ist ein hübscher ~ **3** ⟨unz.⟩ jmd. od. etwas ist im ~ nähert sich, rückt (bedrohlich) heran; ein Gewitter ist im ~; die Truppen sind im ~ • 3.1 **jmd.** ist im ~ ⟨bes. Brettspiele⟩ hat den ersten Zug, beginnt

an|züg|lich ⟨Adj.⟩ **1** auf etwas Peinliches anspielend, leicht boshaft; er machte eine ~e Bemerkung; ~ lächeln, zwinkern • 1.1 ~ **werden** eine spitze, beziehungsvolle Bemerkung machen **2** zweideutig, anstößig; ~e Witze, Geschichten erzählen

an|zün|den ⟨V. 500⟩ Sy anbrennen (3-3.1) **1** etwas ~ zum Brennen, Glühen, Leuchten bringen; ein Licht, ein Feuer, ein Streichholz, eine Kerze ~ • 1.1 in **Brand** setzen; die Kinder zündeten beim Spiel die Scheune an; das Holz im Herd ~ **2** ⟨530/Vr 5⟩ **jmdm.** **etwas** ~ anstecken; sich eine Zigarette ~; sie zündete ihm die Pfeife an

apart ⟨Adj.⟩ **1** auf ungewöhnliche Weise hübsch, attraktiv, reizvoll; eine ~e Frau; eine ~e Idee **2** ⟨24/50; Buchw.⟩ einzeln zu liefern; zwei Bände ~ bestellen

Apart|ment ⟨n.; -s, -s⟩ = Appartement (2)

Apa|thie ⟨f.; -; unz.⟩ **1** Teilnahmslosigkeit, Gleichgültigkeit • 1.1 ⟨Med.; Psych.⟩ mangelnde Ansprechbarkeit aufgrund eines Schocks **2** Abstumpfung, Abgestumpftsein **3** ⟨Philos.⟩ Gemütsruhe, psychische Unempfindlichkeit (Grundbegriff der Stoiker)

apa|thisch ⟨Adj.⟩ **1** teilnahmslos, gleichgültig, antriebslos; sie sitzt völlig ~ im Sessel **2** abgestumpft; auf das ständige Nachfragen reagiert er nur noch ~

Ap|fel ⟨m.; -s, Äp|fel⟩ **1** Frucht des Apfelbaumes • 1.1 es konnte kein ~ zur Erde fallen ⟨fig.⟩ es war sehr voll, die Menschen standen dicht gedrängt • 1.2 der ~ fällt nicht weit vom Stamm ⟨Sprichw.⟩ wie der Vater, so der Sohn, das liegt in der Familie; →a. sauer (1.1) **2** einem Apfel (1) ähnlicher Gegenstand; Erd~, Pferde~ **3** ⟨unz.⟩ = Apfelbaum

Ap|fel|baum ⟨m.; -(e)s, -bäu|me; Bot.⟩ rötlich weiß blühendes Kernobstgewächs der Familie der Rosaceae mit fleischigen, rundlichen Früchten: Malus; Sy Apfel (3)

Ap|fel|si|ne ⟨f.; -, -n⟩ Frucht des Apfelsinenbaumes; Sy Orange¹

Ap|fel|si|nen|baum ⟨m.; -(e)s, -bäu|me; Bot.⟩ aus China stammendes Zitrusgewächs: Citrus sinensis

Apo|ka|lyp|se ⟨f.; -, -n⟩ **1** prophetische Schrift über das Weltende, bes. die Offenbarung des Johannes im NT • 1.1 ⟨Kunst⟩ Darstellung des Weltuntergangs mit künstlerischen Mitteln **2** ⟨fig.⟩ Katastrophe, Untergang

Apos|tel auch: **Apos|tel** ⟨m.; -s, -⟩ **1** Sendbote, Verkünder einer neuen Lehre, Vorkämpfer **2** ⟨i. e. S.⟩ Jünger Jesu

Apo|stroph auch: **Apos|troph** auch: **Apost|roph** ⟨m.; -(e)s, -e; Zeichen: '; Sprachw.⟩ Zeichen für einen ausgelassenen Vokal, Auslassungszeichen, z. B. „mach's gut" (= mach es gut)

Apo|the|ke ⟨f.; -, -n⟩ **1** Verkaufs- u. Herstellungsstelle für Arzneimittel **2** ⟨umg.⟩ Geschäft mit hohen Preisen

Apo|the|ker ⟨m.; -s, -⟩ jmd., der aufgrund seiner beruflichen Ausbildung (Hochschulstudium u. Praktikumszeit) berechtigt ist, eine Apotheke zu leiten

Apo|the|ke|rin ⟨f.; -, -rin|nen⟩ weibl. Apotheker

Ap|pa|rat ⟨m.; -(e)s, -e⟩ **1** aus mehreren Teilen zusammengesetztes Gerät • 1.1 Telefon; bleiben Sie bitte am ~!; wer ist am ~?; (ich bin selbst) am ~!; Sie werden am ~ verlangt • 1.2 Fotoapparat; nimmst du deinen ~ mit? **2** kritischer ~ Anmerkungsteil der wissenschaftlichen Ausgabe eines Werkes mit den verschiedenen Lesarten, Auslegungen usw. **3** ⟨fig.⟩ Gesamtheit aller für eine Tätigkeit od. Arbeit nötigen Hilfsmittel u. Personen; Verwaltungs~

Ap|pa|ra|tur ⟨f.; -, -en⟩ Gesamtheit von Apparaten (als Funktionseinheit)

Ap|par|te|ment ⟨[apartəmã] n.; -s, -s od. schweiz. a. [-mɛnt] n.; -s, -e⟩ **1** (im Hotel) Zimmerflucht mit Wohn- u. Schlafzimmer, meist mit Bad **2** Kleinstwohnung aus einem Zimmer, Bad u. Küche bzw. Kochnische; oV Apartment

Ap|pell ⟨m.; -(e)s, -e⟩ **1** Aufruf, Mahnruf; einen ~ an jmdn. richten **2** ⟨Mil.⟩ Ruf zum Versammeln, Antreten; Fahnen~; zum ~ blasen, antreten **3** ⟨Jägerspr.⟩ Gehorsam des Hundes; guten, schlechten, keinen ~ haben

ap|pel|lie|ren ⟨V. 800⟩ **an jmdn.** od. **etwas** ~ jmdn. od. etwas anrufen, auffordern, ermahnen; ich appelliere an deine Vernunft; an die Bevölkerung ~

Ap|pe|tit ⟨m.; -(e)s, -e⟩ Verlangen nach einer Speise; den ~ anregen; der ~ kommt beim Essen; Bewegung und frische Luft machen ~; ich lasse mir von dir nicht den ~ verderben; da vergeht einem ja der ~!; den ~ verlieren; einen gesegneten, großen, gar keinen ~ haben; guten ~!; ~ auf etwas Bestimmtes haben; worauf haben Sie ~?

ap|pe|tit|lich ⟨Adj.⟩ den Appetit anregend, wohlschmeckend, lecker; das Essen ist ~ garniert

ap|plau|die|ren ⟨V. 600⟩ **jmdm.** ~ Beifall spenden, klatschen; die Zuhörer applaudierten dem Vortrag, dem Pianisten

Ap|plaus ⟨m.; -es; unz.⟩ Beifall, Händeklatschen; sie erhielt starken, donnernden ~

Ap|pli|ka|ti|on ⟨f.; -, -en⟩ **1** ⟨geh.⟩ Anwendung, Verwendung • 1.1 ⟨Med.⟩ Verabreichung, Anwendung *(von Medikamenten)* **2** *aufgenähtes Muster (auf Kleidungsstücken)* **3** ⟨EDV⟩ *Anwendungsprogramm;* eine ~ starten

ap|pre|tie|ren ⟨V. 500⟩ **Textilien** ~ *bearbeiten, um ihnen besseres Aussehen, Glanz, höhere Festigkeit zu verleihen*

Ap|pre|tur ⟨f.; -, -en⟩ **1** ⟨unz.⟩ *das Appretieren* **2** *einem Gewebe nachträglich verliehene Glätte, Festigkeit* **3** *Ort, an dem Textilien appretiert werden*

Ap|pro|ba|ti|on ⟨f.; -, -en⟩ **1** *Genehmigung, Bewilligung, Zuerkennung* **2** *staatliche Genehmigung zur Berufsausübung für Ärzte u. Apotheker* **3** ⟨kath. Kirche⟩ • **3.1** *Bestätigung eines Priesters, Ordens usw.* • **3.2** *amtliche kirchliche Erlaubnis zum Druck von Schriften*

ap|pro|bie|ren ⟨V. 500⟩ **etwas** ~ *genehmigen, bewilligen* **2** einen **Arzt, Apotheker** ~ *zur Berufsausübung zulassen;* approbierter Arzt

Ap|ri|ko|se ⟨f.; -, -n⟩ **1** *eiförmige, orangefarbene Frucht des Aprikosenbaumes;* Sy *Marelle,* ⟨österr.⟩ *Marille* **2** ⟨unz.⟩ = *Aprikosenbaum*

Ap|ri|ko|sen|baum ⟨m.; -(e)s, -bäu|me; Bot.⟩ *aus dem Kaukasus od. Ostasien stammender Baum mit Kernobst, das der Pflaume ähnelt: Prunus armeniaca;* Sy *Aprikose (2)*

Ap|ril ⟨m.; - od. -s, -e; Abk.: Apr.⟩ **1** *der vierte Monat im Jahr; der unbeständige, launische* ~ **2** ~, ~! ⟨umg.⟩ *hereingefallen! (Ausruf nach einem Aprilscherz)* • **2.1** der **erste** ~ ⟨fig.⟩ *Tag, an dem man andere zum Besten hat, foppt* • **2.2** jmdn. **in** den ~ **schicken** ⟨fig.⟩ *jmdn. am 1. April foppen*

ap|ro|pos ⟨[-po:] Adv.⟩ *nebenbei (bemerkt), übrigens, was ich noch sagen wollte*

Äqua|tor ⟨m.; -s, -to|ren; Pl. selten; Geogr.⟩ **1** *größter Breitenkreis auf der Erd- od. Himmelskugel;* Sy *Linie (5)* **2** ⟨i. w. S.⟩ *dem Äquator (1) entsprechende Linie auf einem anderen Himmelskörper*

äqui|va|lent ⟨[-va-] Adj. 24⟩ *gleichwertig*

Ära ⟨f.; -, Ären⟩ *Zeitalter, Zeitabschnitt, Amtszeit;* die ~ Schröder; eine neue ~ zieht herauf; die Wilhelminische ~

Ar|beit ⟨f.; -, -en⟩ **1** *körperliche od. geistige Tätigkeit, Beschäftigung, Betätigung;* Garten~, Haus~, Forschungs~; ~ macht das Leben süß; eine Menge ~; die ~ einstellen; produktive ~ leisten; eine anstrengende, einträgliche, geistige, harte, körperliche, leichte, schriftliche, schwere, wissenschaftliche ~; an die ~, an eine ~ gehen; sich an die ~ machen; sich vor keiner ~ scheuen; bei einer ~ sitzen; nach des Tages ~; vor ~ nicht aus den Augen sehen können *zu viel A. haben;* gründliche ~ leisten ⟨a. fig.⟩ *energisch aufräumen, rücksichtslos durchgreifen;* er hat die ~ nicht erfunden ⟨scherzh.⟩ *arbeitet nicht gern;* der ~ aus dem Wege gehen *nicht gern arbeiten* • **1.1** *Beruf, berufliche Tätigkeit, Stellung;* die ~ aufgeben; ~ finden; ~ suchen; berufliche ~: haben Sie keine ~ für mich?; er hat ~ als Tischler gefunden; ohne ~ sein • **1.1.1** auf dem Weg zur ~ *Arbeitsstelle* • **1.1.2** in ~ stehen *ein Arbeitsverhältnis haben* • **1.1.3** Arbeiter gehen zur, auf ~ ⟨umg.⟩ *sind beruflich tätig* • **1.1.4** von seiner Hände ~ leben *sich seinen Lebensunterhalt durch körperliche Leistung selbst verdienen* • **1.1.5** jmdn. in ~ nehmen *anstellen, in Dienst nehmen* • **1.2** *Mühe, Anstrengung;* eine Menge ~; ein schönes Stück ~; es kostet viel ~; unnötige ~; viel ~ • **1.3** *schriftliche od. praktische Prüfung;* Prüfungs~, Mathematik~, Schul~; seine ~ abgeben; eine ~ schreiben • **2** ⟨Mechanik⟩ *Produkt aus der an einem Körper angreifenden Kraft u. dem von ihm zurückgelegten Weg* **3** *Produkt* • **3.1** *(fertiges) Ergebnis einer zielgerichteten Tätigkeit;* saubere ~ leisten; seine ~en vorlegen, zeigen; seine ~en auf diesem Gebiet erregten Aufsehen • **3.2** *Ausführung, Gestaltung eines hergestellten Gegenstandes;* Einlege~, Goldschmiede~, durchbrochene, eingelegte, erhabene ~ (auf Metall), getriebene ~ • **3.3** *Herstellung;* ein Stück in ~ geben, in ~ haben, in ~ nehmen; ein Stück ist (noch) in ~

ar|bei|ten ⟨V.⟩ **1** ⟨400⟩ *Arbeit leisten, Arbeit verrichten;* arbeitet er (nach seinem Unfall) schon wieder?; körperlich, geistig, wissenschaftlich ~; angestrengt, fleißig, flink, gewissenhaft, gut, ordentlich, sauber, schlecht, schnell, sorgfältig, tüchtig ~; er arbeitet als Tischler; mit dem Kopf ~; er arbeitet für die Firma XY; ~ und nicht verzweifeln (Zitat nach Carlyle) • **1.1** wie ein Pferd, mit aller Kraft ~ *sehr angestrengt, mit großer Mühe* • **1.2** er arbeitet für zwei *tüchtig, viel* • **1.3** er arbeitet sich schlecht bei dieser Firma *man kann schlecht arbeiten* • **1.4** ⟨411⟩ **an** einer **Arbeitsstelle, in, bei** einer **Firma** ~ *ständig beschäftigt, angestellt sein;* am Schraubstock ~; auf dem Feld ~; er arbeitet jetzt bei der Post; er arbeitet im Verlag • **1.5** ⟨417⟩ **mit jmdm.** ~ *zusammenarbeiten, Beziehungen pflegen;* Hand in Hand ~ mit jmdm.; mit einer Firma ~ • **1.5.1** es arbeitet sich gut mit ihm (zusammen) *man kann gut mit ihm zusammenarbeiten* • **1.6** ⟨500⟩ (ein **Produkt**), Kleid, Möbelstück ~ *anfertigen, herstellen;* ich habe mir einen Anzug ~ lassen; der Ring, das Wörterbuch ist gut gearbeitet • **1.6.1** bei welchem Schneider lassen Sie (Ihre Kleider) ~? *welcher Schneider näht für Sie?* • **1.6.2** ⟨800⟩ **an etwas** ~ *gegenwärtig etwas anfertigen, herstellen, sich mit etwas beschäftigen;* woran arbeitest du gerade?; an einer Erfindung ~; an einem Bild ~ • **2** ⟨800⟩ **an jmdm. od. etwas** ~ *sich intensiv mit jmdm. od. etwas beschäftigen, um ihn od. es zu fördern od. zu vervollkommnen;* an sich selbst ~; an der eigenen Unbeherrschtheit ~ • **2.1** ⟨550/Vr 3⟩ **sich durch etwas** ~ *sich bemühen, anstrengen;* →a. *durcharbeiten (3);* sich durch den Schnee, das Gestrüpp, ein wissenschaftliches Werk ~ • **2.2** ⟨650⟩ **jmdm. in die Hände** ~ *jmds. Tätigkeit erleichtern* **3** ⟨400⟩ **etwas** arbeitet *bewegt sich, ist in Gang;* eine Maschine, sein Herz, der Motor arbeitet einwandfrei, normal • **3.1 Teig** arbeitet *treibt, geht auf* • **3.2 Most** arbeitet *gärt* • **3.3 Holz** arbeitet *verändert seine Form* • **3.4 Geld** arbeitet *trägt Zinsen, bringt Gewinn* • **3.5** ⟨800; unpersönl.⟩ es arbeitet **in jmdm.** *jmd. ist erregt, bewegt, kämpft mit sich;* man sah seinem Gesicht an, wie es in ihm arbeitete • **3.6** ⟨800⟩ die **Zeit** arbeitet

Arbeiter

für (**gegen**) uns *unsere Ziele werden (nicht) durch Abwarten erreicht*

Ar|bei|ter ⟨m.; -s, -⟩ **1** *jmd., der arbeitet, jeder, der einen Beruf ausübt* • **1.1** *er ist ein sehr guter ~ er ist tüchtig* **2** ⟨i. e. S.⟩ *jmd., der gegen Lohn körperliche Arbeit leistet;* Berg~, Industrie~, Metall~

Ar|bei|te|rin ⟨f.; -, -rin|nen⟩ *weibl. Arbeiter*

Ar|beit|ge|ber ⟨m.; -s, -⟩ *jmd., der Arbeitnehmer gegen Lohn od. Gehalt beschäftigt*

Ar|beit|ge|be|rin ⟨f.; -, -rin|nen⟩ *weibl. Arbeitgeber*

Ar|beit|neh|mer ⟨m.; -s, -⟩ *jmd., der für einen Arbeitgeber gegen Lohn od. Gehalt arbeitet*

Ar|beit|neh|me|rin ⟨f.; -, -rin|nen⟩ *weibl. Arbeitnehmer*

ar|beits|in|ten|siv ⟨Adj.⟩ *einen hohen Aufwand, Einsatz von Arbeit erfordernd;* ein ~es Unternehmen, Projekt

Ar|beits|kraft ⟨f.; -, -kräf|te⟩ **1** ⟨unz.⟩ *Schaffenskraft, Arbeitsleistung;* sich mit voller ~ für ein Vorhaben einsetzen **2** *arbeitender Mensch;* wir benötigen eine weitere ~ für unser Büro

ar|beits|los ⟨Adj. 24⟩ *ohne berufliche Arbeit, ohne Beschäftigung;* Sy erwerbslos; er ist seit dem 1. September ~

Ar|beits|lo|se(r) ⟨f. 2 (m. 1)⟩ *jmd., der arbeitslos ist;* die Zahl der ~n ist in den letzten Jahren deutlich angestiegen

Ar|beits|platz ⟨m.; -es, -plät|ze⟩ **1** *Platz, Ort, an dem man arbeitet* **2** *Arbeitsverhältnis, berufliche Anstellung;* keinen ~ finden

ar|cha|isch ⟨[-ca:-] Adj.⟩ **1** *aus der Frühzeit stammend, frühzeitlich, altertümlich* • **1.1** ⟨Psych.⟩ *älteren Schichten der Persönlichkeit entstammend;* ~es Verhalten **2** ⟨geh.⟩ *abwertend) altertümlich, veraltet, altmodisch;* eine ~e Wortwahl, Ausdrucksweise

Ar|che ⟨f.; -, -n⟩ **1** *kastenförmiges Schiff* • **1.1** die ~ Noah(s) ⟨im AT⟩ *Schiff Noahs, in dem während der Sintflut Menschen u. Tiere Zuflucht fanden*

Ar|chi|tekt ⟨[-çi-] m.; -en, -en⟩ **1** *jmd., der Bauwerke entwirft u. ihre Fertigstellung überwacht, Baufachmann* **2** ⟨fig.⟩ *Schöpfer, Urheber, geistiger Begründer einer Idee;* er gilt als ~ der modernen Marktforschung

Ar|chi|tek|tin ⟨[-çi-] f.; -, -tin|nen⟩ *weibl. Architekt*

Ar|chi|tek|tur ⟨[-çi-] f.; -, -en⟩ **1** *Baukunst, Wissenschaft von der Baukunst;* ~ studieren **2** *innerer Aufbau, Bauplan (von Bauwerken, künstlerischen Werken, Maschinen, Körpern);* die ~ moderner Hochhäuser • **2.1** *Baustil;* die ~ der Gotik

Ar|chiv ⟨[-çi:f] n.; -(e)s, -e⟩ **1** *Sammlung von Urkunden, Dokumenten, Fotografien u. Ä.;* Kirchen~, Foto~, Bild~ **2** *Raum zum Aufbewahren eines Archivs* (1)

Are|al ⟨n.; -s, -e⟩ **1** *Fläche, Bezirk* **2** *Siedlungsgebiet* **3** *Verbreitungsgebiet;* von Tieren od. Pflanzen besiedeltes, bewachsenes ~

Are|na ⟨f.; -, Are|nen⟩ **1** *mit Sand bestreuter Kampfplatz im Amphitheater* **2** *Sportplatz mit Zuschauersitzen* **3** ⟨Zirkus⟩ = Manege (2) **4** ⟨österr.⟩ *Sommerbühne*

arg ⟨Adj. 22⟩ **1** *schlimm, böse, bösartig;* jmdm. einen ~en Blick zuwerfen; ~e Gedanken haben; damit machst du alles ja nur noch ärger!; jmdm. ~ mitspielen; ihr treibt es aber auch gar zu ~!; das ist denn doch zu ~!; vor dem Ärgsten bewahrt bleiben; das Ärgste dabei ist, dass … • **1.1** *unangenehm groß, stark, heftig;* es ist ein ~er Spötter; ~e Schmerzen haben; ~es Pech haben • **1.2** in **Argen liegen** *schlecht bestellt sein, nicht in Ordnung sein* **2** ⟨80; oberdt.⟩ *sehr;* ich bin ~ froh; er läuft ~ schnell; das ist ~ teuer **3** ⟨43⟩ *es ist jmdm. ~, dass … es tut jmdm. sehr leid*

Är|ger ⟨m.; -s; unz.⟩ **1** *ein Gefühl des Gereiztseins, das durch Missfallen, Unzufriedenheit u. a. hervorgerufen wird, Verdruss, Unwille;* seinen ~ an jmdm. auslassen; du bereitest, machst mir ~; seinem ~ Luft machen; grün sein, werden vor ~ ⟨umg.; scherzh.⟩; ich bin ganz krank vor ~; ich könnte platzen vor ~ ⟨umg.; scherzh.⟩ **2** *Unannehmlichkeit;* beruflichen ~ haben; ich habe schweren ~ gehabt; ich habe damit, mit ihm, ihr noch viel ~ gehabt; nichts als ~ und Verdruss hat man damit!

är|ger|lich ⟨Adj.⟩ **1** *voller Ärger, verärgert, verdrossen, leicht zornig;* er war darüber sehr ~; er ist auf sie sehr ~; etwas ~ sagen, beobachten; ~ sein, werden **2** *Ärgernis erregend, unangenehm;* ein ~er Vorfall; das ist wirklich sehr ~

är|gern ⟨V.⟩ **1** ⟨500/Vr 7 od. Vr 8⟩ **jmdn.** ~ *jmdm. Ärger, Verdruss bereiten, jmdn. ärgerlich machen, in Zorn versetzen;* es ärgert ihn, dass …; jmdn. bis aufs Blut, zu Tode, ins Grab, krank ~ ⟨fig.; umg.⟩ • **1.1** jmdn. ärgert die Fliege an der Wand ⟨fig.; umg.⟩ *jede Kleinigkeit* • **1.2** *boshaft necken;* du darfst deine kleine Schwester, den Hund nicht immer ~; Mensch, ärgere dich nicht® ⟨Würfelspiel⟩ **2** ⟨505/Vr 3⟩ **sich** ~ **über jmdn.** od. **etwas** *ärgerlich über jmdn. od. etwas sein, werden;* ich habe mich sehr darüber, über dich geärgert

Är|ger|nis ⟨n.; -ses, -se⟩ **1** *kleiner Ärger, Unannehmlichkeit;* es ist jedes Mal ein ~ für mich; die ~se des Alltags **2** *eine anstoßerregende Handlung, Verletzung des religiösen od. sittlichen Gefühls;* ~ erregen; an etwas ~ nehmen ⟨veraltet⟩

Arg|list ⟨f.; -; unz.⟩ *Heimtücke, hinterlistiges Wesen;* voll ~ sein; ohne ~

arg|los ⟨Adj.⟩ **1** *ohne böse Absicht, ohne Arg, nichts Böses vorhabend;* er machte eine ~e Bemerkung; sie fragte ihn ganz ~ **2** *nichts Böses ahnend, vertrauensselig, ahnungslos;* er stellte sich ganz ~; sie folgte ihm ganz ~ in seine Wohnung

Ar|gu|ment ⟨n.; -(e)s, -e⟩ **1** *stichhaltige Entgegnung, Beweis, Beweisgrund;* das ist kein ~ (gegen meine Behauptung)!; ein schwerwiegendes ~ für, gegen **2** ⟨Math.⟩ *unabhängige Veränderliche einer Funktion*

ar|gu|men|tie|ren ⟨V. 417 od. 800⟩ (**mit jmdm. über etwas**) ~ *Argumente vorbringen, durch Schlüsse beweisen*

Arg|wohn ⟨m.; -(e)s; unz.⟩ *schlimme Vermutung, Verdacht, Misstrauen;* jmds. ~ beschwichtigen, zerstreuen; jmds. ~ erregen; ~ (bei jmdm.) erwecken; ~ hegen (gegen); begründeter, unbegründeter ~

arg|wöh|nen ⟨V. 500⟩ **etwas** ~ ⟨geh.⟩ *einen Argwohn gegen jmdn. od. etwas haben, etwas befürchten, (Schlimmes) vermuten;* einen Einbruch ~; ich argwöhne, dass …

arg|wöh|nisch ⟨Adj.; geh.⟩ *voller Argwohn, misstrauisch;* jmdn. ~ machen; ein ~er Blick

Arie ⟨[-riə] f.; -, -n; Mus.⟩ *kunstvolles Sologesangsstück mit Instrumentalbegleitung*

Aris|to|kra|tie ⟨f.; -, -n⟩ **1** ⟨zählb.⟩ *Adel, adlige Oberschicht, die mit besonderen Privilegien ausgestattet ist* • **1.1** ⟨unz.⟩ *Adelsherrschaft (als Staatsform)* **2** ⟨zählb.⟩ *Oberschicht innerhalb einer Gesellschaft, die durch Geld, Besitz o. ä. Bildung gekennzeichnet ist* (Geld~, Geistes~) **3** ⟨unz.; fig.⟩ *Würde, Vornehmheit;* die ~ seines Benehmens war bewundernswert

Ark|tis ⟨f.; -; unz.⟩ *nördlichster Teil der nördlichen Erdhalbkugel, Nordpolargebiet;* →a. *Antarktis*

arm ⟨Adj. 22⟩ **1** jmd. ist, wird ~ *wenig besitzend, mittellos, bedürftig;* Ggs *reich (1);* ein ~er Mensch; jmd. kauft sich ~; ~er Kerl, Schlucker, Teufel, Tropf; du isst mich (ja noch) ~! ⟨umg.; scherzh.⟩; mildtätig gegen die Armen sein; • **1.1** ich bin um 100 Euro ärmer geworden ⟨umg.; scherzh.⟩ *ich habe 100 Euro ausgegeben, man hat mich um 100 Euro betrogen* • **1.1.1** um jmdn. ärmer werden *jmdn. (durch Ausscheiden, Tod) verlieren* • **1.2** Arm und Reich *jedermann* • **1.2.1** Arm und Reich *die Armen und die Reichen* • **1.3** ⟨60⟩ arme/Arme **Ritter** ⟨Kochk.⟩ *in Milch eingeweichte, in Ei gewendete und in Fett gebackene, mit Zucker bestreute Weißbrotscheiben* • **1.4** ⟨60⟩ es ist ja **nicht wie bei** ~en **Leuten** ⟨umg.; scherzh.⟩ *es ist ja alles Nötige vorhanden* **2** etwas ist ~ *dürftig, kümmerlich, gering* • **2.1** welch ein Glanz in meiner ~en Hütte! *(scherzh. Willkommensgruß für einen seltenen Gast)* **3** *unglücklich, beklagenswert, bedauernswert;* du ~es Kind!; das ~e Ding, Geschöpf; ~e Seele; du Arme, Armer • **3.1** der, die Ärmste! *(Ausruf des Mitleids)* • **3.2** geistig ~ *sehr anspruchslos* • **3.3** ~er Sünder **3.3.1** ⟨früher⟩ *zum Tode Verurteilter* • **3.3.2** ⟨heute allg.⟩ *seiner Strafe gewärtiger Missetäter* **4** ⟨74⟩ etwas od. jmd. ist ~ **an** einer Sache *leidet Mangel, enthält wenig;* ~ an Vitaminen; sie ist ~ an Freude(n); sie führt ein an Freude ~es Leben • **4.1** ⟨50⟩ ~ **dran sein** *bedauernswert*

Arm ⟨m.; -(e)s, -e⟩ **1** ~ eines **Menschen,** Affen od. anderen **Tieres** *Vordergliedmaße;* die ~e ausbreiten; die ~e (nach jmdm.) ausstrecken; sich den ~ brechen; jmdm. die ~e entgegenstrecken; jmdm. den ~ reichen (um ihn zu führen, zu stützen); jmdn. am ~ packen; mit verschränkten, gekreuzten ~en dastehen, zuschauen; jmdn. in die ~e nehmen, schließen; ~ in ~ gehen; ein Paket unter den ~ nehmen; mit deiner Feindseligkeit gegen ihn treibst du ihm das Mädchen erst recht in die ~e • **1.1** ~e beugt, streckt! *(Kommando beim Turnen)* • **1.2** jmdm. den ~ nehmen ⟨umg.⟩ *jmdm. den Arm reichen, um ihn zu führen, zu begleiten* • **1.3** jmdn. im ~, **in** den ~en **halten** *umarmt halten* • **1.3.1** sich jmdm. in die ~e **werfen** *ihn umarmen* • **1.3.2** einander in die ~e **sinken** *einander umarmen* • **1.4** jmdm. **in** den ~ **fallen** *ihn hindern, etwas zu tun* • **1.4.1** jmdm. in die ~e fallen *jmdm. umarmen* • **1.5** jmdm. **in die** ~e **laufen** *zufällig begegnen* • **1.6** jmdn. **mit offenen** ~en **empfangen** *sehr freundlich aufnehmen* • **1.7** die **Beine unter** den ~, die ~e **nehmen** ⟨umg.⟩ *rasch davonlaufen, sich beeilen* • **1.8** jmdn. **auf** den ~ **nehmen** ⟨a. fig.; scherzh.⟩ *necken, verspotten* • **1.9** jmdn. **unter die** ~e **greifen** ⟨fig.⟩ *helfen* **2** ⟨fig.⟩ *Arbeitskraft, Hilfskraft;* wir können hier noch zwei starke ~e gebrauchen • **2.1** *Machtbefugnis, Gewalt;* der ~ des Gesetzes **3** *armähnlicher Teil eines Gegenstandes, Gerätes;* zwei ~e eines Leuchters • **3.1** *beweglicher Maschinenteil;* Hebel~, Kraft~, Last~ • **3.2** *Abzweigung;* ~ eines Flusses

Ar|ma|tur ⟨f.; -, -en⟩ **1** *Zubehör von Maschinen u. technischen Anlagen* • **1.1** *Bedienungsteil (mit verschiedenen Schaltern) für Maschinen, Apparate, Fahrzeuge u. Ä.* **2** *Vorrichtung zur Regelung der Wasserzufuhr in Bädern*

Arm|brust ⟨f.; -, -e od. -brüs|te⟩ *aus dem Pfeilbogen hervorgegangene mechanische Schusswaffe des Mittelalters, bestehend aus Schaft mit Kolben u. Bogen;* die ~ spannen

Ar|mee ⟨f.; -, -n; Mil.⟩ **1** *Gesamtheit der Land-, Luft- u. Seestreitkräfte* • **1.1** = *Heer* • **1.2** *Truppenverband aus mehreren Divisionen* **2** ⟨fig.⟩ *große Menge von Menschen;* eine ~ von Reportern

Är|mel ⟨m.; -s, -⟩ **1** *den Arm ganz od. teilweise bedeckender Teil eines Kleidungsstückes;* Hemd~, Mantel~; kurzer, langer, angeschnittener ~; ein Kleid ohne ~; die ~ kürzen, einsetzen • **1.1** jmdm. **am** ~ **zupfen** *verstohlen mahnen* **2** die ~ **hochkrempeln** ⟨fig.; umg.⟩ *bei einer Arbeit tüchtig zupacken* **3** etwas **aus** dem ~ **schütteln** ⟨fig.; umg.⟩ *etwas spielend erledigen, mit Leichtigkeit zustande bringen;* er schüttelt die Witze nur so aus dem ~

…ar|mig ⟨Adj. 24/70⟩ *mit einer bestimmten Zahl von Armen versehen;* ein dreiarmiger Leuchter

ärm|lich ⟨Adj.⟩ **1** *im Äußeren von materieller Armut zeugend, dürftig;* ein ~es Zimmer, Kleid; ~ gekleidet; er lebt sehr ~ **2** *mangelhaft, kümmerlich;* seine Kenntnisse in Französisch waren recht ~

arm|se|lig ⟨Adj.⟩ **1** *von großer materieller Armut zeugend, elend;* ein ~er Bettler; er hatte einen ~en Anzug an; ~ wirken **2** *mangelhaft, unzulänglich;* eine ~e Mahlzeit; ~e Ausflüchte, Worte • **2.1** *unfähig;* ein ~er Geiger wirkte beim Konzert mit

Ar|mut ⟨f.; -; unz.⟩ **1** *materielle Not, Mangel am Notwendigsten;* tiefe, bittere, bedrückende ~; ~ ist keine Schande; ~ schändet nicht (Sprichw.); in ~ geraten, leben, sterben **2** *Bedürftigkeit, Mangel;* geistige, innere ~; die ~ eines Landes an Rohstoffen; ~ des Gefühls; ~ des Geistes

Ar|muts|zeug|nis ⟨n.; -ses, -se⟩ **1** ⟨Rechtsw.⟩ *amtliche Bescheinigung über die Bedürftigkeit, Nachweis der Armut* **2** ⟨fig.; abwertend⟩ *Beweis der Unfähigkeit;* sich ein ~ ausstellen, geben

Arm|voll auch: **Arm voll** ⟨m.; (-) -, (-) -⟩ *so viel, wie man mit den Armen tragen kann;* dem Pferd einen ~ Heu füttern

Ar|ni|ka ⟨f.; -; unz.; Bot.⟩ *einer Gattung gelbblühender Korbblütler angehörende Heilpflanze mit anregender Wirkung: Arnica*

Aro|ma ⟨n.; -s, -men od. -s⟩ **1** *würziger Wohlgeruch od. Wohlgeschmack* **2** *künstlich hergestellter Geschmacksstoff für Speisen*

aro|ma|tisch ⟨Adj.⟩ **1** *voller Aroma, wohlriechend, wohlschmeckend, würzig* • 1.1 ~e Wässer *Auszüge von Blüten u. Kräutern mit Duftstoffen* **2** ~e **Verbindungen** ⟨Chem.⟩ *ringförmig angeordnete Kohlenwasserstoffe mit bestimmter Anordnung der Bindungen innerhalb des Ringes;* ~e Kohlenwasserstoffe

ar|ran|gie|ren ⟨[arãʒi:-] a. [araŋʒi:-] V. 500⟩ **1** *etwas ~ einrichten, in die Wege leiten, organisieren;* ein Treffen, eine Konferenz ~ • 1.1 *künstlerisch gestalten, (geschmackvoll) ausstatten;* die Dekoration auf einer festlichen Tafel ~ **2 Musikstücke ~** *instrumentieren, (für andere Instrumente) bearbeiten;* eine Komposition neu ~ **3** ⟨Vr 3 od. Vr 4⟩ **sich ~** *sich einigen, übereinkommen, zurechtkommen;* die streitenden Parteien haben sich arrangiert

Ar|rest ⟨m.; -(e)s, -e⟩ **1 ~ für Personen** *Haft, Freiheitsentzug, leichte Freiheitsstrafe;* jmd. bekommt drei Tage leichten, schweren, verschärften ~ • 1.1 ~ für **Schüler** ⟨veraltet⟩ *Entzug der Freiheit durch Nachsitzen, Strafstunde* • 1.2 **persönlicher ~** ⟨veraltet⟩ *Verhaftung eines Schuldners* **2 ~ von Sachen** *vorläufige Beschlagnahme;* ein Schiff, Waren mit ~ belegen • 2.1 **dinglicher ~** • 2.1.1 *vorläufige Pfändung* • 2.1.2 *Eintragung einer Zwangshypothek zur Sicherung von Forderungen eines Gläubigers*

ar|re|tie|ren ⟨V. 500⟩ **1** jmdn. ~ ⟨veraltet⟩ = *verhaften* **2 bewegliche Teile** eines Gerätes ~ ⟨Tech.⟩ *sperren, blockieren*

ar|ro|gant ⟨Adj.; abwertend⟩ *anmaßend, dünkelhaft, eingebildet, hochnäsig;* er ist sehr ~; ~es Auftreten

Ar|ro|ganz ⟨f.; -; unz.⟩ *Anmaßung, Dünkel;* die ~ der Macht

Arsch ⟨m.; -(e)s, Är|sche; umg.; derb⟩ **1** *Gesäß* • 1.1 du kannst mich mal (kreuzweise) am ~ lecken, leck mich am ~! *(Ausdruck der Verachtung, Ablehnung)* **2** jmd. ist ein ~ *ein verachtenswerter, gemeiner Mensch;* du ~!

Ar|sen ⟨n.; -(e)s; unz.; chem. Zeichen: As⟩ *ein chem. Grundstoff, Ordnungszahl 33, gefährliches Gift*

Art ⟨f.; -, -en⟩ **1** *Einheit von Sachen (Dingen, Lebewesen, Vorgängen, Angelegenheiten), die gemeinsame Merkmale haben;* diese ~ Leute ist unangenehm; er gehört zu der ~ von Menschen, die …; Gemüse aller ~(en); verschiedene ~en von Gewebe • 1.1 ⟨Biol.⟩ *Ordnungseinheit, die alle diejenigen Individuen umfasst, die miteinander fruchtbare Nachkommen erzeugen können: Species;* Sy *Spezies* (2) **2** *etwas Ähnliches wie;* eine ~ Professor; sie besitzen eine ~ Sommerhaus; der Stoff ist (so) eine ~ Taft **3** *Eigenart, Eigentümlichkeit;* nach ~ der Kinder; er zeigt seine Dankbarkeit auf seine ~; es ist eigentlich nicht seine ~, so zu handeln; auf gute ~ mit jmdm. auskommen, fertigwerden • 3.1 aus der ~ **schlagen** ⟨abwertend⟩ *sich anders entwickeln, als zu erwarten war (von Lebewesen)* • 3.2 ~ lässt nicht von ~ *bestimmte Merkmale werden vererbt* **4** *Beschaffenheit, Wesen;* Spaghetti nach Mailänder ~; diese Möbel sind von derselben ~ wie unsere • 4.1 dieses Gebäude ist einzig in seiner ~ *ein solches G. gibt es nur einmal* **5 ~** (und Weise) *Gewohnheit im Verhalten u. Benehmen;* er hat (so) eine heitere, gewinnende ~, dass man ihn gern haben muss; er hat eine ~ zu sprechen, zu lachen wie sein Vater; er hat eine ~, mit Menschen umzugehen, die ihn gleich sympathisch macht; die beste, einfachste ~, etwas zu tun; auf diese ~ (und Weise) geht es nicht; kannst du es nicht auf andere ~ versuchen? • 5.1 das ist keine ~! *das ist kein Benehmen, so etwas tut man nicht* • 5.2 er hat ihn verprügelt, dass es (nur so) eine ~ hatte ⟨umg.⟩ *er hat ihn tüchtig verprügelt* **6 Adverb** der ~ und Weise *Adverb, das eine Eigenschaft eines Geschehens bezeichnet und mit „wie geschieht etwas?" erfragt werden kann*

ar|ten ⟨V.(s.)⟩ **1** ⟨413⟩ *ähnlich beschaffen sein (wie jmd. od. etwas);* anders geartet als …; gut, schlecht geartet; er ist (nun einmal) so geartet, dass … • 1.1 ⟨800⟩ **nach jmdm.** od. **etwas ~** *geraten, ähnlich werden;* er ist nach seinem Vater geartet

Ar|te|rie ⟨[-riə] f.; -, -n; Anat.⟩ *vom Herzen wegführendes Blutgefäß;* Ggs *Vene*

ar|tig ⟨Adj.⟩ **1** *brav, folgsam, gehorsam;* sei ~!; der Kleine war heute sehr ~ **2** ⟨geh.; veraltet⟩ *höflich, zuvorkommend, gut erzogen;* jmdm. ein Kompliment machen; er ist ihr gegenüber sehr ~ **3** ⟨veraltet⟩ *hübsch, nett, niedlich;* er sang recht ~; sie hatte ein ~es Kleidchen an

…ar|tig ⟨Adj.⟩ *in einer bestimmten Art, in der Art von, so wie;* holzartig, samtartig, andersartig, gleichartig, gutartig

Ar|ti|kel ⟨a. [-ti:-] m.; -s, -⟩ **1** ⟨Gramm.⟩ *das grammatische Geschlecht bezeichnende Wortart;* bestimmter, unbestimmter ~ **2** *kleiner Aufsatz;* Zeitungs~; einen ~ schreiben **3** ~ eines **Gesetzes**, Vertrages *Abschnitt* **4** ⟨Rel.⟩ *Glaubenssatz;* Glaubens~ **5** ⟨Wirtsch.⟩ *Warengattung;* ein billiger, rarer ~; einen ~ führen

Ar|ti|ku|la|ti|on ⟨f.; -, -en⟩ **1** ⟨Phon.⟩ • 1.1 *Lautbildung* • 1.2 *(deutliche u. gegliederte) Aussprache* **2** ⟨Mus.⟩ • 2.1 *Wiedergabe der Vokale u. Konsonanten beim Gesang* • 2.2 *Gliederung, Verbindung u. Betonung der Töne beim Instrumentalspiel* **3** *Wiedergabe, Ausdruck (von Gedanken) in Worten* **4** ⟨Anat.⟩ *Gliederung, Gelenkverbindung*

ar|ti|ku|lie|ren ⟨V. 500⟩ **1 Laute ~** ⟨Phon.⟩ *(deutlich) aussprechen* **2 Töne ~** ⟨Mus.⟩ *(in einer bestimmten Art u. Weise) gliedern, verbinden, betonen* **3 Gedanken ~** *mit Worten wiedergeben, zum Ausdruck bringen* • 3.1 ⟨Vr 3⟩ **sich ~** *sich ausdrücken, seine Gedanken in Worte fassen*

Ar|til|le|rie ⟨f.; -, -n; Mil.⟩ **1** *Ausrüstung mit Geschützen* **2** *mit Geschützen ausgerüstete Truppe;* leichte, reitende, schwere ~

Ar|ti|scho|cke ⟨f.; -, -n; Bot.⟩ *in wärmeren Ländern angebaute, zu den Korbblütlern gehörende Gemüsepflanze: Cynara scolymus*

Ar|tist ⟨m.; -en, -en⟩ *Varieté- od. Zirkuskünstler*

Ar|tis|tin ⟨f.; -, -tin|nen⟩ = *weibl. Artist*

Arz|nei ⟨f.; -, -en⟩ **1** *Heilmittel, Medikament;* eine ~ einnehmen, verordnen, verschreiben • **1.1** eine bittere, heilsame ~ ⟨fig.⟩ *eine bittere, heilsame Lehre*

Arzt ⟨m.; -es, Ärz|te⟩ **1** *jmd., der an einer Hochschule Medizin studiert hat, eine Approbation besitzt und Kranke behandelt;* den ~ konsultieren; zum ~ gehen; den ~ holen (lassen); →a. *praktisch (3)*

Ärz|tin ⟨f.; -, -tin|nen⟩ *weibl. Arzt*

ärzt|lich ⟨Adj.⟩ *den Arzt betreffend, mit seiner Hilfe, durch den Arzt;* ~e Hilfe holen; die ~e Tätigkeit; eine ~e Untersuchung, Verordnung; ~es Zeugnis, Attest; sich ~ behandeln, beraten lassen

Arzt|pra|xis ⟨f.; -, -pra|xen⟩ **1** *Räumlichkeiten einer ärztlichen Praxis* **2** *Patientenstamm eines Arztes*

As ⟨alte Schreibung für⟩ *Ass*

As|best ⟨m.; -(e)s, -e; Min.⟩ *faseriges, grausilbernes Mineral, Verwitterungsprodukt von Hornblende od. Serpentinstein, wärmedämmend*

Asche ⟨f.; -, -n⟩ **1** *anorganischer, pulveriger Rückstand eines verbrannten Stoffes;* glühende, heiße ~; zu ~ verbrennen • **1.1 Friede seiner** ~! ⟨geh.⟩ *der Tote ruhe in Frieden* • **1.2** sich ~ **aufs Haupt** streuen ⟨fig.⟩ *sich schuldig bekennen, bereuen, büßen* • **1.2.1** ~ auf mein Haupt! *das tut mir leid!* • **1.3** wie ein **Phönix aus** der ~ steigen, erstehen ⟨fig., geh.⟩ *verjüngt, neu belebt wiedererstehen;* →a. *Sack (1.5), Schutt (1.1), Staub (2.1)*

Aschen|be|cher ⟨m.; -s, -⟩ *kleines Gefäß, Schale zum Abstreifen der Asche u. zum Ablegen von brennenden Zigaretten u. Zigarren*

Aschen|brö|del ⟨n.; -s, -⟩ = *Aschenputtel*

Aschen|put|tel ⟨n.; -s, -⟩ oV *Aschenbrödel* **1** *weibl. Märchengestalt* **2** ⟨fig.⟩ *weibl. Person, die die niedrigsten (Küchen-)Arbeiten verrichten muss u. ständig benachteiligt wird;* sie macht für die Familie nur das ~

Ascher|mitt|woch ⟨m.; -s, -e⟩ *der Tag nach Fastnacht, erster Tag der Fastenzeit vor Ostern*

asch|fahl ⟨Adj. 24⟩ *fahl, blass, grau wie Asche;* er ist ~ im Gesicht

äsen ⟨V. 400; Jägerspr.⟩ *fressen, Nahrung aufnehmen (vom Wild);* das Reh äste auf der Lichtung

As|ke|se ⟨f.; -; unz.⟩ *streng enthaltsame Lebensweise, Selbstüberwindung, Entsagung, Bußübung, um Begierden abzutöten u. Laster zu überwinden*

As|ket ⟨m.; -en, -en⟩ *jmd., der Askese übt*

As|pekt ⟨m.; -(e)s, -e⟩ **1** *Blickrichtung, Ansicht, Gesichtspunkt;* unter diesem ~ habe ich die Sache noch nicht betrachtet **2** ⟨Gramm.⟩ *Aktionsart des Verbums, die einen Vorgang danach bezeichnet, ob er vollendet ist oder nicht* **3** ⟨Astron.⟩ *bestimmte Stellung von Sonne, Mond u. Planeten zur Erde*

As|phalt ⟨m.; -(e)s, -e⟩ *natürlich vorkommende od. künstlich erzeugte Mischung aus Bitumen u. anderen mineralischen Stoffen, z. B. für Fahrbahndecken im Straßenbau verwendet*

As|pik ⟨[-piːk] m. od. österr. n.; -s, -e⟩ *Sülze (mit Fleisch- od. Fischeinlage);* Ente, Hering in ~

As|pi|ra|ti|on ⟨f.; -, -en; meist Pl.⟩ **1** *Streben, Bestrebung* **2** *Ehrgeiz, Hoffnung, ehrgeiziger Plan* **3** *Ansaugung von Luft, Flüssigkeiten usw.* **4** ~ eines **Lautes** ⟨Phon.⟩ *Behauchung, behauchte Aussprache*

as|pi|rie|ren ⟨V. 500⟩ **1** eine **Sache** ~ *erstreben, anstreben, erhoffen* **2** Luft, Flüssigkeiten ~ *ansaugen* **3** einen **Konsonanten** ~ ⟨Phon.⟩ *behaucht aussprechen* **4** ⟨800⟩ **auf etwas** ~ ⟨österr.⟩ *sich um etwas bewerben, etwas anstreben*

Ass ⟨n.; -es, -e⟩ **1** ⟨urspr.⟩ *die Eins auf dem Würfel* **2** *Spielkarte mit dem höchsten Wert;* Sy *Daus¹ (1)* **3** ⟨fig.⟩ *Spitzenkönner auf einem Gebiet, bes. im Sport;* ein, das ~ im Surfen, auf der Geige

As|si|mi|la|ti|on ⟨f.; -, -en⟩ **1** *Anpassung, Angleichung* **2** ⟨Biol.⟩ *die Bildung körpereigener organischer aus von außen aufgenommener anorganischer Substanz* **3** ⟨Pol.⟩ *das Aufgehen einer nationalen Minderheit in einem anderen Volk* **4** ⟨Psych.⟩ *Verschmelzung einer Vorstellung mit einer anderen, bereits vorhandenen* **5** ⟨Phon.⟩ *Angleichung eines Lautes an den benachbarten, z. B. mhd. „zimber" an „Zimmer"*

As|sis|tent ⟨m.; -en, -en; Abk.: Ass.⟩ **1** *(bes. wissenschaftlicher) Helfer, Mitarbeiter* **2** *Nachwuchswissenschaftler mit bes. Aufgaben*

As|sis|ten|tin ⟨f.; -, -tin|nen⟩ *weibl. Assistent*

As|so|zi|a|ti|on ⟨f.; -, -en⟩ **1** *Vereinigung, Zusammenschluss* • **1.1** ⟨Psych.⟩ *(unwillkürliche) Aneinanderreihung, Verknüpfung von Vorstellungen* • **1.2** ⟨Chem.⟩ *Vereinigung mehrerer Moleküle in Flüssigkeiten zu größeren Gebilden, die durch zwischen den Molekülen wirkende Kräfte zusammengehalten werden* **2** ⟨Bot.⟩ *Pflanzengesellschaft* **3** ⟨Astron.⟩ *Gruppe von dicht beieinanderstehenden Sternen mit ähnlichen Eigenschaften*

as|so|zi|ie|ren ⟨V.⟩ **1** ⟨405/Vr 8⟩ *eine Assoziation (1-2) bilden;* Sy *verbinden, verknüpfen* • **1.1** Begriffe, Vorstellungen ~ *miteinander verbinden* **2** sich ~ zu einer Handelsgesellschaft vereinigen

Ast ⟨m.; -(e)s, Äs|te⟩ **1** ~ eines **Baumes, Strauches** *unmittelbar aus dem Stamm bzw. der Wurzel hervorgehender Teil des Baumes bzw. Strauches;* Ggs *Zweig;* Äste beschneiden, verschneiden; von ~ zu ~ springen • **1.1** ~ eines **Brettes, Balkens** *Stelle, an der ein Ast (1) ansetzt* **2** *Verzweigung, astartiges Glied, astartiger Teil;* Nerven~ **3** *Höcker, Buckel* • **3.1** sich einen ~ lachen ⟨fig.⟩ *sehr lachen* **4** einen ~ haben ⟨umg.; schweiz.⟩ *schläfrig, müde sein, einen Kater haben* **5** einen ~ durchsägen ⟨fig.; scherzh.⟩ *laut schnarchen* **6** ⟨fig.⟩ *Grundlage des Lebens* • **6.1** den ~ absägen, auf dem man sitzt ⟨fig.⟩ *sich selbst schädigen, sich seine Existenz nehmen* • **6.2** auf dem absteigenden ~ sein, sich befinden ⟨fig.⟩ *im Niedergang begriffen sein*

As|ter ⟨f.; -, -n; Bot.⟩ *im Spätsommer u. Herbst blühende Blume mit sternförmigen Blütenblättern, Angehörige einer Gattung der Korbblütler;* Sy *Sternblume*

Äs|the|tik ⟨f.; -; unz.⟩ *Lehre von den Gesetzen u. Grundlagen des Schönen, bes. in Natur u. Kunst*

äs|the|tisch ⟨Adj.⟩ **1** *die Ästhetik betreffend, ihren Forderungen entsprechend, zu ihr gehörig, auf ihr beruhend* **2** *in den Proportionen schön, geschmackvoll* **3** *ansehnlich, ansprechend*

Asthma

Asth|ma ⟨n.; -s; unz.; Med.⟩ *anfallsweise auftretende Atemnot, Kurzatmigkeit infolge einer Erkrankung entweder der Bronchien od. des Herzens;* Bronchial~, Herz~

◆ Die Buchstabenfolge **as|tr...** kann in Fremdwörtern auch **ast|r...** getrennt werden.

◆ **As|tro|lo|gie** ⟨f.; -; unz.⟩ *Lehre vom (angeblichen) Einfluss der Gestirne auf das menschliche Schicksal*
◆ **As|tro|naut** ⟨m.; -en, -en⟩ *Besatzungsmitglied eines Weltraumfahrzeugs;* Sy *Raumfahrer,* ⟨DDR⟩ *Kosmonaut*
◆ **As|tro|nau|tik** ⟨f.; -; unz.⟩ *Erforschung u. Durchquerung des Weltraums außerhalb der Erdatmosphäre;* Sy *Raumfahrt*
◆ **As|tro|nau|tin** ⟨f.; -, -tin|nen⟩ *weibl. Astronaut;* Sy *Raumfahrerin,* ⟨DDR⟩ *Kosmonautin*
◆ **As|tro|no|mie** ⟨f.; -; unz.⟩ *Wissenschaft von den Himmelskörpern*
◆ **as|tro|no|misch** ⟨Adj. 24⟩ **1** *die Astronomie betreffend, zu ihr gehörig, auf ihr beruhend* • 1.1 ~e **Einheit** ⟨Abk.: AE⟩ *mittlere Entfernung der Erde von der Sonne, 1 AE = 149,6 Mill. km* • 1.2 ~e **Zeichen** *Z. für Tage, Himmelskörper, Sternbilder, Konstellationen u. Mondphasen* • 1.3 ~e **Navigation** *Standort- und Richtungsbestimmung von Schiffen und Flugzeugen durch Beobachtung der Gestirne* • 1.4 ~er **Ort** *Richtung nach einem Gestirn vom Erdmittelpunkt aus;* Sy *Position (3.2)* • 1.5 ~e **Uhr** *Präzisionsuhr für Sternwarten usw.* **2** ⟨fig.⟩ *riesenhaft, ungeheuer, sehr hoch;* er nannte für die Verluste ~e Summen; eine ~e Miete zahlen ⟨scherzh.⟩
Asyl ⟨[azyːl] n.; -; -(e)s, -e⟩ **1** *Freistätte, Zufluchtsort (für Verfolgte)* • 1.1 **politisches** ~ *Obdach für politische Flüchtlinge;* um ~ bitten, nachsuchen; jmdm. ~ gewähren
Asy|lant ⟨[azy-] m.; -en, -en; häufig abwertend für⟩ *jmd., der (aus politischen Gründen) in einem fremden Staat um Asyl bittet, Asylbewerber*
Asy|lan|tin ⟨f.; -, -tin|nen⟩ *weibl. Asylant*
Ate|li|er ⟨[-ljeː] n.; -s, -s⟩ **1** ~ **eines Künstlers** *Werkstatt;* Foto~ **2** *Raum für Filmaufnahmen;* Film~ **3** *Modegeschäft, in dem Damenkleidung nach Maß angefertigt wird;* Mode~
Atem ⟨m.; -s; unz.⟩ **1** *das Atmen (1);* sein ~ ging stoßweise; mit verhaltenem ~ lauschen • 1.1 den ~ anhalten *kurze Zeit keine Luft holen (vor Spannung, Schreck)* • 1.2 jmdn. in ~ halten *jmdn. nicht zur Ruhe kommen lassen* • 1.3 einen kurzen, langen ~ haben *in kurzem, langem Abstand atmen* • 1.3.1 der Sänger hat einen langen ~ *kann die Töne lange aushalten* • 1.3.2 den längeren ~ haben ⟨fig.⟩ *(bei einem Streit o. Ä.) das größere Durchhaltevermögen als ein anderer haben* **2** *Luft zum Atmen;* der Schreck benahm ihm den ~ ⟨fig.⟩; der ~ ist mir ausgegangen • 2.1 (tief) ~ holen, schöpfen *Luft einziehen, einatmen* • 2.2 nach ~ ringen *mühsam Luft einatmen* • 2.3 außer ~ geraten, kommen *sich abhetzen, anfangen zu keuchen (bei Anstrengungen)* • 2.4 außer ~ sein *keuchen, atemlos*

sein • 2.5 wieder zu ~ kommen *nach einer Anstrengung sich erholen, zu keuchen aufhören* **3** *ausgeatmete Luft;* den ~ vor dem Munde sehen (bei großer Kälte) • 3.1 ⟨fig.⟩ *Hauch;* der ~ des Todes hatte ihn gestreift ⟨poet.⟩; der ~ Gottes ⟨poet.⟩ **4** *in einem* ~, *ohne* ~ *zu holen, außerordentlich schnell, ohne Pause, nacheinander*
atem|be|rau|bend ⟨Adj.⟩ *den Atem nehmend, so ungewöhnlich erregend, dass man den Atem anhalten muss;* eine ~e Spannung, Geschwindigkeit; sie war ~ schön
Athe|is|mus ⟨m.; -; unz.⟩ *Ablehnung, Verneinung der Existenz Gottes, Weltanschauung ohne Gott*
Äther ⟨m.; -s; unz.⟩ **1** *Himmel, Luft des Himmels* **2** ⟨Chem.⟩ *organische Verbindung, bei der zwei gleiche od. verschiedene Alkyle über ein Sauerstoffatom miteinander verbunden sind;* oV ⟨fachsprachl.⟩ *Ether* • 2.1 ⟨Med.⟩ *Narkosemittel;* Äthyl~
äthe|risch ⟨Adj.⟩ **1** ⟨24⟩ *ätherhaltig, flüchtig* • 1.1 ~e **Öle** ⟨Chem.⟩ *meist stark aromatisch riechende, vollständig verdunstende, aus Pflanzen zu gewinnende Öle* **2** ⟨fig.⟩ *hauchzart, durchgeistigt*
Ath|let ⟨m.; -en, -en⟩ **1** *muskulöser Mensch, Kraftmensch* **2** *Wettkämpfer;* Leicht~, Schwer~
Ath|le|tin ⟨f.; -, -tin|nen⟩ *weibl. Athlet*
ath|le|tisch ⟨Adj.⟩ *stark, starkknochig, kraftvoll, muskulös*
Äthyl|al|ko|hol ⟨m.; -s; unz.; Chem.⟩ *brennbare Flüssigkeit, die nur mit Wasser verdünnt trinkbar ist u. berauschend wirkt;* oV ⟨fachsprachl.⟩ *Ethylalkohol;* Sy *Weingeist, Spiritus, Alkohol (2)*
At|las[1] ⟨m.; - od. -ses, -se od. -lan|ten⟩ **1** *Sammlung von Landkarten in Buchform* **2** *umfangreiches Buch mit Abbildungen aus einem Wissensgebiet;* Anatomie~
At|las[2] ⟨m.; -; unz.⟩ *der oberste, den Kopf tragende Halswirbel der höheren Wirbeltiere*
At|las[3] ⟨m.; -ses, -se⟩ **1** ⟨unz.; Web.⟩ *Bindung mit glänzender Oberseite, auf der nur Kette od. Schuss sichtbar sind, u. matter, glatter Rückseite* **2** *Gewebe, meist Seide, in dieser Bindung*
at|men ⟨V.⟩ **1** ⟨400⟩ *Luft mit den Lungen einziehen u. ausstoßen;* der Verunglückte atmete noch (schwach); tief, mühsam, unruhig ~; durch die Nase, den Mund ~; hier kann man frei ~ ⟨fig.⟩ **2** ⟨500⟩ etwas ~ *einatmen;* mit jmdm. die gleiche Luft ~; tief die reine, frische Luft ~ **3** etwas atmet etwas ⟨fig.; geh.⟩ *etwas strömt etwas aus, ist von etwas erfüllt;* dieser Ort atmet Frieden u. Stille
At|mo|sphä|re ⟨f.; -, -n⟩ **1** *Gashülle eines Planeten, bes. die Lufthülle der Erde* **2** ⟨f. 7; Abk.: atm⟩ *Maßeinheit für den Druck, entspricht dem durchschnittlichen Luftdruck auf der Höhe des Meeresspiegels, etwa 1 kg/cm²;* physikalische ~, technische ~ **3** ⟨fig.⟩ *Umwelt, Einfluss, Stimmung;* eine ~ des Friedens, der Harmonie, der Kameradschaft; zwischen den beiden herrscht eine gespannte ~
At|mung ⟨f.; -; unz.⟩ **1** *das Atmen* • 1.1 **künstliche** ~ *Erweiterung u. Verengung der Lungen durch Zusammenpressen des Brustkorbes von Hand oder maschinell*

(bei Verunglückten, an Kinderlähmung Erkrankten usw.)

Atoll ⟨n.; -s, -e⟩ *ringförmige Koralleninsel in den tropischen Regionen des Stillen Ozeans*

Atom ⟨n.; -s, -e; Chem.⟩ **1** *kleinstes Teilchen eines chem. Elements* **2** ⟨fig.⟩ *winziges Teilchen, Winzigkeit*

ato|mar ⟨Adj. 24⟩ **1** ⟨Chem.; Phys.⟩ *das Atom betreffend, auf ihm beruhend;* ~e *Masseneinheit* **2** ⟨Atomphys.⟩ *die Kernenergie betreffend, auf ihr beruhend;* ~e *Energie* **3** ⟨Mil.⟩ *die Atomwaffen betreffend, auf ihnen beruhend;* ~e *Aufrüstung; Raketen mit* ~em *Sprengkopf*

Atom|bom|be ⟨f.; -, -n⟩ **1** *Bombe mit Kernsprengstoff als Ladung* **2** (i. e. S.) *Bombe, deren Wirkung auf der Spaltung von Atomkernen beruht*

Atom|ener|gie ⟨f.; -; unz.⟩ = *Kernenergie*

Atom|kraft|werk ⟨n.; -(e)s, -e; Abk.: AKW⟩ = *Kernkraftwerk*

Atom|re|ak|tor ⟨m.; -s, -en⟩ = *Kernreaktor*

Atom|waf|fe ⟨f.; -, -n; meist Pl.⟩ *auf Atomkernspaltung od. Atomkernverschmelzung beruhende Waffe, z. B. Atombombe*

At|ta|cke ⟨f.; -, -n⟩ **1** ⟨urspr.⟩ *Angriff mit der blanken Waffe, Reiterangriff* **2** ⟨fig.⟩ *heftige Kritik, scharfer Vorwurf* • **2.1** *eine* ~ *reiten (gegen) jmdn. od. etwas* ⟨fig.⟩ *jmdn. od. etwas heftig angreifen* **3** *Anfall, bes. Krankheitsanfall; Herz*~

at|ta|ckie|ren ⟨V. 500/Vr 8⟩ **jmdn.** ~ **1** *angreifen* **2** ⟨fig.⟩ *jmdn. zusetzen, jmdn. heftig kritisieren, jmdn. bedrängen; er wurde von seinen Gegnern heftig attackiert*

At|ten|tat ⟨a. ['---] n.; -(e)s, -e⟩ **1** *(politischer) Mordanschlag, Gewalttat;* ~ *auf jmdn. verüben* **2** *ein* ~ *auf jmdn. vorhaben* ⟨umg.; scherzh.⟩ *jmdn. um einen (großen) Gefallen, eine (große) Hilfeleistung bitten wollen*

At|ten|tä|ter ⟨m.; -s, -⟩ *jmd., der ein Attentat verübt (hat); die* ~ *konnten nicht gefasst werden*

At|ten|tä|te|rin ⟨f.; -, -rin|nen⟩ *weibl. Attentäter*

At|test ⟨n.; -(e)s, -e⟩ *schriftliche (bes. ärztliche) Bescheinigung, Zeugnis; ein* ~ *vorlegen, vorweisen; Gesundheits*~

At|trak|ti|on ⟨f.; -, -en⟩ **1** *Anziehung* • **1.1** *Anziehungskraft* **2** ⟨Theat.⟩ *Zugstück* • **2.1** ⟨Zirkus⟩ *Glanznummer* **3** *bes. gutgehende Ware*

at|trak|tiv ⟨Adj.⟩ **1** *verlockend, begehrenswert, reizvoll; ein* ~es *Angebot* • **1.1** *hübsch, anziehend; ein* ~er *Mann; eine* ~e *Frau*

At|trap|pe ⟨f.; -, -n⟩ **1** *Falle, Schlinge* **2** *(täuschend ähnliche) Nachbildung, Schaupackung* **3** *trügerischer Schein; sein Auftreten ist nur* ~

At|tri|but ⟨n.; -(e)s, -e⟩ **1** *wesentliches Merkmal, bleibende Eigenschaft* **2** *Kennzeichen, Abzeichen, Beigabe, sinnbildlich zugehöriges Zeichen; der Dreizack als* ~ *Neptuns* **3** ⟨Gramm.⟩ *zu einem Nomen od. Verbum tretendes Wort, Satzteil od. Satz*

ät|zen ⟨V. 500⟩ **1** *etwas* ~ ⟨Chem.⟩ *die Oberfläche von Stoffen durch chemisch hochaktive Verbindungen verändern od. entfernen; Salzsäure ätzt Löcher in Zinn; ein* ~*des Gift* **2** ⟨Part. Präs.⟩ ~*d* ⟨fig.⟩ *kränkend, verletzend; er sprach mit* ~*der Ironie; jmdn. mit* ~*dem Spott behandeln* • **2.1** ⟨salopp⟩ *langweilig, blöd; der Matheunterricht war heute wieder* ~*d* **3** *Gewebe* ~ ⟨Med.⟩ *zu Heilzwecken durch chem. Mittel zerstören; eine Wucherung auf der Haut* ~ **4** *eine Zeichnung* ~ ⟨Typ.⟩ *auf einer Druckplatte durch Einwirkung von Säure eine Z. erhaben od. vertieft herausarbeiten; ein Bild auf, in die Kupferplatte* ~

au! ⟨Int.⟩ **1** *(Ausruf des Schmerzes);* ~, *das tut (mir) weh!* **2** ⟨scherzh.⟩ *(Ausruf bei einem schlechten Witz)* **3** ~ *weia!* ⟨umg.⟩ *(Ausruf des Erstaunens od. in Erwartung von etwas Unangenehmem)*

Au|ber|gine ⟨[oberʒi:ə] f.; -, -n⟩ *violette, gurkenförmige Frucht mit weichem, weißlichem Fruchtfleisch, wird als Gemüse verwendet, Eierfrucht*

auch 1 ⟨Partikel; attr. u. adv.⟩ • **1.1** *(verstärkend); aber* ~ *nur dieses eine Mal!;* ~ *nicht einer; warum* ~?; *wann* ~ *immer du kommst; wie sehr er* ~ *lief; wie reich er* ~ *sei (ist); wozu* ~ *schreiben?; den Teufel* ~!; *kommst du* ~ *schon?* ⟨iron.⟩; *das fehlte* ~ *noch!* ⟨iron.⟩ • **1.2** *ebenfalls, gleichfalls; Gutes und* ~ *Schlechtes;* ~ *das nicht; seine Schwester ist* ~ *dabei; kennst du* ~ *seine Tochter?; ich* ~ *nicht;* ~ *ich war dabei; vorher und* ~ *hinterher; das kann* ~ *dir passieren; er wusste es* ~ *schon; kommst du* ~ *mit?; kannst du das* ~?; *ich glaube (es)* ~; *ich gehe jetzt, du* ~?; *ich* ~!; *das kann dir* ~ *passieren; so ist es* ~ *gut, recht* **1.3** *zugleich; sie ist schön und* ~ *klug; man kann darüber* ~ *anders denken* • **1.4** *tatsächlich, wirklich; das hat* ~ *niemand behauptet!; das Kleid war ganz billig! So sieht es* ~ *aus!; er hat schon immer das Unheil befürchtet, das dann* ~ *geschah; kommst du* ~ *(wirklich)?; wie dem* ~ *sei; du bist ja ganz außer Atem! ich bin ja* ~ *gelaufen; so ist es* ~!; *kann ich mich* ~ *darauf verlassen?; das ist (aber)* ~ *wahr!; du hast aber* ~ *gar keine Geduld; er weiß* ~ *(rein) gar nichts; du bist* ~ *immer der Letzte!; ach was, man muss* ~ *nicht alles glauben* • **1.5** *selbst, sogar; ohne* ~ *nur zu fragen; und wenn ich* ~ *alles hergeben müsste; was er* ~ *(immer) sagen mag; zu dem Grundstück gehört ein Haus und* ~ *ein Garten; die Sache hat aber* ~ *einen Vorteil;* ~ *dieses Mal;* ~ *heute schon;* ~ *der Klügste kann sich irren;* ~ *der kleinste Fehler kann ernste Folgen haben; er fragte* ~ *dann noch weiter, als ich …* **2** ⟨Konj.⟩ • **2.1** *verstärkend; oder* ~; *nicht nur …, sondern* ~; *sowohl gestern als* ~ *heute* • **2.2 wenn** ~ *obwohl, selbst wenn; wenn du mir* ~ *sagst, dass …; und wenn er* ~ *noch so bescheiden ist;* ~ *wenn du noch so sehr bittest* • **2.2.1** *und wenn* ~! *was tut's, was schadet es? (als Antwort)*

Au|di|enz ⟨f.; -, -en⟩ **1** *feierlicher, offizieller Empfang; zu einer* ~ *eingeladen werden* **2** *Unterredung (mit hohen Würdenträgern); jmdn. um eine* ~ *bitten;* ~ *beim Papst*

Au|er|hahn ⟨m.; -(e)s, -häh|ne; Jägerspr. m.; -(e)s, -en⟩ *männlicher Auerhuhn; Sy* ⟨Jägerspr.⟩ *großer Hahn,* → *groß (1.3)*

Au|er|huhn ⟨n.; -(e)s, -hüh|ner⟩ *größtes Waldhuhn Europas: Tetrao urogallus*

Auerochse

Au|er|och|se ⟨[-ks-] m.; -n, -n; Zool.⟩ *ausgestorbenes Wildrind: Bos primigenius*, Sy *Ur*

auf¹ ⟨Präp.⟩ **1** ⟨m. Akk.⟩ *in die Richtung* • 1.1 ~ einen **Ort** • 1.1.1 ~ den **oberen Teil** eines **Gegenstandes**, eines Lebewesens, einer Person *hinauf, empor auf;* Ggs *unter, herunter, hinunter, hinab;* ~ den Schrank legen; ~ den Tisch schlagen; ~ den Kopf setzen; ~ einen Berg steigen • 1.1.2 ~ eine **Fläche** *nach, hin, zu;* ~ die Erde fallen; etwas ~ die Seite legen; ~s Land ziehen; ~ seinen Landsitz reisen; das Fenster geht ~ den Hof (hinaus); ~ den Fluss (zu) • 1.1.3 ~ einen räumlichen **Gegenstand**, ein Lebewesen, Gebäude (zu) *hin zu, in;* ~ den Bahnhof, die Post, den Markt usw. gehen; sich das Frühstück ~s Zimmer bringen lassen (meist bei Hotelzimmern); ~ jmdn. od. etwas stoßen; sich ~ den Heimweg machen • 1.1.4 das Wort endet ~ „z" *sein letzter Buchstabe ist z* • 1.2 ~ **Arbeit** gehen ⟨umg.⟩ *zum Arbeitsplatz gehen u. arbeiten* • 1.2.1 ~ die (höhere) **Schule** gehen *die S. besuchen, um zu lernen;* ~ die Universität, das Gymnasium gehen • 1.3 (**Zeit**) • 1.3.1 *während;* Sy *für;* ~ einen Augenblick verschwinden; ~ Lebenszeit; ~ immer; ~ (längere) Sicht; ~ einen Monat • 1.3.1.1 ~ Monate, Jahre hinaus *für lange Zeit* • 1.3.2 kommst du heute ~ die Nacht zu mir? ⟨oberdt.⟩ *heute Abend* • 1.3.3 *zu, für;* jmdn. ~ eine Tasse Kaffee, ein Glas Wein einladen; jmdn. ~ den Abend einladen • 1.3.4 (alle, alles) ~ einmal *zur gleichen Zeit* • 1.3.5 ~ **morgen!** *(als Abschiedsgruß);* ~/Auf Wiedersehen! *(Abschiedsgruß)* • 1.3.6 drei Viertel ~ acht (Uhr) ⟨mundartl.⟩ *drei viertel acht, ein Viertel vor acht;* Sy *bis* • 1.3.7 es geht ~ drei Uhr *es ist bald drei Uhr;* Sy *gegen* • 1.3.8 ~ die Minute, Sekunde *genau, pünktlich* • 1.3.9 *in wiederholter Folge, eins nach dem andern;* Monat ~ Monat verging; es ging Schlag ~ Schlag; es folgte Unglück ~ Unglück • 1.4 (**Abstraktes**) *in die Richtung eines Zieles;* ~ Ihr Wohl!; im Hinblick ~ • 1.4.1 *eine Art und Weise betreffend;* ~ alle diese Weise; ~ höchste/Höchste überrascht; ~ gut Glück; jmdn. ~s beste/Beste unterbringen; einen Satz ~ Deutsch sagen • 1.4.1.1 ~ **einmal** *plötzlich* • 1.4.1.2 ~ der **Stelle** *sofort* • 1.4.1.3 ~ neu herrichten ⟨umg.⟩ *neu herrichten* • 1.4.1.4 ~s **Neue** *wieder, von neuem* • 1.4.2 ~ ... **(hin)**, ~ ... **(von)** *einen Grund betreffend, verursacht durch;* Sy *infolge (von);* ~ höheren Befehl; ~ seinen Rat (hin); ~ meinen Wunsch (hin); ~ die Nachricht (hin), dass ...; ~ Bitten (von) • 1.4.3 *ein Mittel betreffend;* ein Kampf ~ Leben und Tod; ~ Raten kaufen; ~ Kosten von, des, der; ~ eigene Rechnung und Gefahr (hin) • 1.4.3.1 Zweikampf ~ **Pistolen** *mit P.* • 1.4.3.2 ~ den ersten **Blick** *beim ersten B.* • 1.4.4 ~ **dass** *mit dem Ziel, Zweck, dass;* Sy *damit* • 1.4.5 *ein Maß betreffend;* sein Vermögen wird ~ 100.000 € geschätzt; 3 Äpfel gehen ~ ein Pfund • 1.4.5.1 ~ ihn entfallen 500 € *sein Anteil beträgt* • 1.4.6 ⟨im Präpositionalobjekt, vgl. die Artikel zu den Verben⟩ ~ jmdn. od. etwas bauen, vertrauen; ~ jmdn. od. etwas achten; ~ etwas hoffen; ~ jmds. Gesundheit trinken; ~ den Namen „Paul" taufen; die Wahl fiel ~ ihn; ~ jmdn. ein Loblied singen; eine Last, eine Verantwortung ~ sich nehmen; ~ jmdn. (losgehen) stoßen; ~ jmdn. od. etwas schimpfen; ~ jmdn. od. etwas warten; ~ etwas (hin) untersuchen • 1.5 **bis** ~ ... • 1.5.1 bis ~ *außer, ausschließlich;* bis ~ die Hälfte; bis ~ die Grundmauern niedergebrannt; alle bis ~ einen; bis ~ die Haut nass werden; jmdn. bis ~s Hemd ausplündern • 1.5.2 bis ~ *einschließlich* • 1.5.2.1 bis ~ den letzten Mann *alle* • 1.5.3 jmdm. ~s **Haar gleichen** *genau* **2** ⟨m. Dat.⟩ *zeitliche, räumliche Lage betreffend* • 2.1 ~ einem **Ort** • 2.1.1 ~ dem **oberen Teil** eines **Gegenstandes**, einer Person usw. *dort befindlich;* Ggs *unter;* ~ dem Baum, dem Dach; ~ der Insel; ~ Malta, Rügen, Sizilien; den Hut ~ dem Kopf behalten; ~ dem Wasser schwimmen; ~ der Stelle treten, gehen; Fettaugen ~ der Suppe; ~ dem Bauch, ~ dem Rücken (liegen) • 2.1.2 (**Fläche**) *an;* ~ der Straße; ~ der Landstraße nach ...; der Ort liegt ~ der Strecke nach Stuttgart; ~ dieser Seite; ~ der anderen Seite, ~ beiden Seiten des Weges • 2.1.3 (**Raum**) *in;* ~ dem Schloss; ~ dem Hof; ~ der (ganzen) Welt • 2.2 (**Tätigkeit**) *während;* Sy *bei;* ~ dem Abschlussball; ~ der Flucht; ~ der Jagd; ~ Reisen; ~ der Reise; ~ der Suche (nach) • 2.2.1 (**Mittel**) *mit;* ~ einem Fuß hinken; ~ beiden Augen blind • 2.2.2 etwas beruht ~ einem Irrtum *wurde verursacht durch* • 2.2.3 etwas beruht ~ Gegenseitigkeit *betrifft beide Seiten gleichermaßen* **3** ⟨Getrennt- u. Zusammenschreibung⟩ • 3.1 ~ **Grund** = *aufgrund* • 3.2 ~ **Seiten** = *aufseiten*

auf² ⟨Adv.⟩ **1** (**Ort**) • 1.1 ~ **und ab** *(sich) abwechselnd nach oben und unten (bewegend);* ~ und ab schwingen • 1.1.1 vor dem Haus ~ und ab gehen mit ihm und her • 1.1.2 es geht mit ihm ~ und ab ⟨fig.⟩ *er erlebt Gutes und Schlechtes* • 1.1.3 das Auf und Ab des Lebens ⟨fig.⟩ *die Licht- u. Schattenseiten des L.* • 1.2 ~ **und nieder** *hinauf und hinunter* • 1.3 ~ **und davon** *weg, spurlos verschwunden;* er ist ~ und davon (gelaufen, gegangen) **2** (**Zeit**) *von ... ~ seit;* Sy *von ... an;* von Jugend ~; von klein ~; von Kind ~ **3** ~ **sein** • 3.1 *aus dem Bett sein* • 3.1.1 sie ist ~ *aufgestanden* • 3.1.2 er ist noch ~ *noch wach;* bist du schon ~? • 3.2 *geöffnet sein, offen sein* • 3.2.1 der Deckel war ~ *offen;* der Laden ist bis ~ • 3.3 ⟨Imperativ⟩ • 3.3.1 ~! *vorwärts!, fang an!, leg los!;* ~, an die Arbeit! • 3.3.2 **Augen** ~! *pass auf!, sieh dich vor!* • 3.3.3 ~ geht's! *es geht los, wir gehen*

auf... ⟨Vorsilbe; in Zus. mit Verben trennbar⟩ **1** *hinauf, empor, nach oben;* aufblicken, auffliegen **2** *öffnend;* aufbrechen, aufschließen **3** *zu Ende gehend, beendend;* aufbrauchen, aufessen, auflesen **4** *plötzlich u. kurze Zeit geschehend;* aufflammen

auf|at|men ⟨V. 400⟩ **1** *einmal hörbar u. tief atmen;* aus tiefster Brust ~; ein erleichtertes Aufatmen ging durch den Saal ⟨fig.⟩ *erleichtert sein, einen Seufzer der Erleichterung ausstoßen;* nach der vergangenen Zeit konnte er endlich frei ~; nach dem Sieg atmete er glücklich auf

Auf|bau ⟨m.; -(e)s; unz.⟩ **1** ⟨unz.⟩ *das Aufbauen, Aufstellen;* der ~ eines Gebäudes, einer Fabrik; der ~ eines Zeltes, Lagers, Gerüstes • 1.1 *Wiedererrichtung von Zerstörtem;* der neue ~ der zerbombten Hauptstadt **2** ⟨unz.⟩ *Errichtung, Schaffung;* der ~ einer Firma, eines Unternehmens; den wirtschaftlichen ~ leiten **3** ⟨unz.⟩ *innere Gliederung, Anordnung der Teile;* der ~ eines Dramas, Bildes, Musikstückes; der architektonische ~ eines Schlosses; der innere ~ eines Atoms, Moleküls **4** ⟨Tech.⟩ *der Teil eines Kraftfahrzeugs, der auf das Fahrgestell aufgesetzt ist* **5** ⟨Bauw.⟩ *aufgesetztes Stockwerk;* ein turmartiger ~ • 5.1 ⟨Schiffbau⟩ *auf dem Deck befindliche Schiffsräume;* Deck~

auf|bau|en ⟨V.⟩ **1** ⟨500⟩ **etwas** ~ *bauen* • 1.1 *wieder* ~ *nach Zerstörung wieder errichten;* der Stadtkern ist nach alten Plänen wieder aufgebaut worden; ein Gebäude, eine Stadt wieder ~ • 1.2 *etwas aus Einzelteilen zusammensetzen;* die Leute bauten ihre Buden für den Jahrmarkt auf • 1.3 *(geschmackvoll) anordnen, hinlegen;* Geschenke auf dem Geburtstagstisch ~; Waren im Schaufenster ~ • 1.4 *nach künstlerischen Gesichtspunkten gliedern, anlegen;* ein Drama, Bild, Musikstück ~ • 1.5 *errichten, schaffen;* eine neue Industrie, ein Unternehmen ~ **2** ⟨800⟩ **auf** einer **Sache** ~ *sich auf eine S. stützen, auf einer S. gründen;* das Drama baut auf den Regeln der antiken Dramentechnik auf **3** ⟨500/Vr 3⟩ **sich** ~ *aufstellen* • 3.1 ⟨511/Vr 3⟩ **sich** vor jmdm. ~ ⟨fig.; umg.⟩ *sich drohend auf. Aufmerksamkeit heischend vor jmdn. hinstellen* • 3.2 **sich** ~ ⟨Mil.⟩ *Haltung annehmen;* er baute sich vorschriftsmäßig auf und salutierte **4** ⟨500⟩ **jmdn.** ~ ⟨fig.; umg.⟩ *auf eine Karriere vorbereiten, an jmds. Aufstieg arbeiten*

auf|bäu|men ⟨V. 500⟩ **1** Kettenfäden ~ ⟨Web., Wirkerei⟩ *am Kettenbaum befestigen* **2** ⟨Vr 3⟩ **sich** ~ *sich heftig, hoch aufrichten;* sein Körper bäumte sich unter den Schlägen auf • 2.1 *sich auf die Hinterbeine stellen;* das Pferd bäumte sich vor dem Hindernis auf **3** ⟨550/Vr 3⟩ **sich gegen etwas** ~ ⟨fig.⟩ *sich heftig gegen etwas wehren;* das Volk bäumte sich gegen die Tyrannei auf; sein Stolz bäumte sich gegen diese Forderung auf

auf|bau|schen ⟨V. 500⟩ **1** ⟨Vr 7⟩ **sich** ~ *aufblähen;* die Segel blähten sich im Wind auf **2** eine **Sache** ~ ⟨fig.; abwertend⟩ *eine S. übertreiben, in übertriebener Weise darstellen;* die Geschichte wurde von der Presse aufgebauscht

auf|be|geh|ren ⟨V. 400; geh.⟩ **1** *hochfahren, aufbrausen;* er begehrt immer gleich auf **2** ⟨800⟩ **gegen jmdn.** od. **etwas** ~ *sich gegen jmdn. od. etwas wehren;* er begehrte gegen sein Schicksal, seine Unterdrücker auf

auf|be|rei|ten ⟨V. 500⟩ **1** etwas ~ *etwas für die Benutzung, Verwendung vorbereiten, geeignet machen;* das für die Herstellung von Baustoffen benötigte Material ~ • 1.1 **Rohstoffe** ~ ⟨Keramik⟩ *zerkleinern u. mit Wasser mischen, so dass eine formbare Masse entsteht* • 1.2 *die aus der Erde gewonnenen* **Rohstoffe** ~ ⟨Bgb.⟩ *von fremden Bestandteilen, die nicht benötigt werden, reinigen* • 1.3 **Wasser** ~ *reinigen* • 1.4 gebrauchte **Mineralöle, Kernbrennstoffe** ~ ⟨Chem.; Tech.⟩ *regenerieren, wieder gebrauchsfähig machen*

auf|bes|sern ⟨V. 500⟩ **1 etwas** ~ *Qualität od. Quantität von etwas erhöhen, verbessern;* das Gehalt, die Renten, das Taschengeld ~; den Speisezettel ~; seine Kenntnisse ~ **2 jmdn.** ~ ⟨umg.⟩ *jmds. Gehalt erhöhen*

auf|be|wah|ren ⟨V. 500; geh.⟩ **etwas** ~ *(für die Zukunft) verwahren, hüten, lagern;* Sy *aufheben (2);* ein Andenken, Wertgegenstände ~; etwas gut, sicher, sorgfältig ~; (sich) etwas ~ lassen; Gepäck auf dem Bahnhof ~ lassen; etwas bei jmdm. ~

Auf|be|wah|rung ⟨f.; -, -en⟩ **1** ⟨unz.⟩ *das Aufbewahren;* jmdm. etwas zur ~ übergeben, anvertrauen **2** *Ort, an dem etwas aufbewahrt wird;* Gepäck~

auf|bie|ten ⟨V. 110/500⟩ **1 etwas** ~ *zusammennehmen, -raffen, sammeln, aufwenden;* alle Kräfte ~; seinen ganzen Einfluss ~ **2 jmdn.** od. **etwas** ~ *einberufen, zusammenbringen, aufstellen, auf die Beine bringen;* Streitkräfte, Truppen ~; die Beteiligten zu einer Sitzung, einem Fußballspiel ~ ⟨schweiz.⟩ **3** ein **Brautpaar** ~ *die beabsichtigte Heirat eines Brautpaars öffentlich, von der Kanzel od. durch Aushang bekanntgeben, um mögliche Ehehindernisse zu ermitteln*

auf|bin|den ⟨V. 111/500⟩ **1 etwas** ~ *in die Höhe binden;* Pflanzen, Zweige ~; Haar ~; sie trägt ihr Haar zum Pferdeschwanz aufgebunden **2** ⟨500/Vr 5⟩ **etwas** ~ *etwas Zugebundenes, Verschnürtes lösen, entwirren;* einen Knoten, eine Schleife ~; ich wollte dir die Krawatte ~; ich muss mir die Schnürsenkel ~ **3** **Bücher** ~ *binden* **4** ⟨530⟩ **jmdm. etwas** ~ ⟨fig.; umg.⟩ *jmdm. etwas weismachen, ihn beschwindeln;* er hat ihr ein Märchen, eine Lüge aufgebunden; dir kann man auch alles ~!; →a. *Bär (1.1-1.2)*

auf|bla|sen ⟨V. 113/500⟩ **1 etwas** ~ *durch Hineinblasen anschwellen lassen;* einen Ball, ein Luftkissen, eine Luftmatratze ~; die Backen ~ **2** ⟨Vr 3⟩ **sich** ~ ⟨fig.; umg.⟩ *wichtigtun;* blas dich nicht so auf!; er ist ein aufgeblasener Kerl • 2.1 **jmd.** ist aufgeblasen *eitel, hochnäsig, wichtigtuerisch;* ein aufgeblasener Kerl; aufgeblasen dahereden

auf|blei|ben ⟨V. 114/400(s.)⟩ **1** *nicht schlafen gehen;* die Kinder dürfen heute bis 9 Uhr ~; er ist die ganze Nacht aufgeblieben **2** *etwas bleibt auf* ⟨umg.⟩ *bleibt offen;* das Fenster soll ~; die Tür bleibt auf!

auf|brau|sen ⟨V. 400(s.)⟩ **1 etwas** braust auf *steigt brausend empor;* das Meer brauste plötzlich auf • 1.1 *beim Kochen Blasen bilden;* das Wasser braust schon auf • 1.2 *schäumen;* beim Ausschenken brauste der Sekt, die Limonade auf • 1.3 ⟨fig.⟩ *plötzlich brausend ertönen;* erneut brauste Beifall auf **2** ⟨fig.⟩ *sich schnell, heftig erregen, zornig hochfahren;* du musst nicht immer gleich ~; er hat ein ~des Temperament

auf|bre|chen ⟨V. 116⟩ **1** ⟨500⟩ **etwas** ~ *durch Brechen öffnen;* eine Kiste ~; ein Schloss ~; die Tür ~; einen Brief, ein Siegel ~ • 1.1 **Pflaster** ~ *mit Brechwerkzeug auseinanderbrechen, vom Boden lösen* • 1.2 **Wild** ~ ⟨Jägerspr.⟩ *die Bauchdecke des erlegten W. öffnen u. das Eingeweide herausnehmen* • 1.3 **Schwarzwild**

aufbringen

bricht die **Erde** auf 〈Jägerspr.〉 *wühlt die Erde auf* **2** 〈400(s.)〉 *etwas* bricht auf *bricht auseinander, öffnet sich;* Eis, die Eisdecke bricht auf; ein Geschwür bricht auf; eine Knospe bricht auf; eine Wunde bricht auf **3** 〈400(s.)〉 *den bisherigen Aufenthaltsort verlassen, fortgehen, abreisen;* sie sind vor einer Stunde aufgebrochen; am Aufbrechen sein 〈umg.〉; im Begriff sein aufzubrechen

auf∥brin∣gen 〈V. 118/500〉 **1** *etwas* ~ 〈umg.〉 *öffnen können;* eine Kiste, Tür ~; ich bringe den Kasten, das Schloss, die Tür nicht auf **2** *ein junges* **Tier** ~ *aufziehen, zum Gedeihen bringen* **3** *etwas* ~ *beschaffen, herschaffen;* Geldmittel, Truppen ~; die Familie kann das Geld für die Operation nicht ~ **4** *eine* **Sache** ~ *haben, ermöglichen;* Verständnis, Mut ~; er hat nicht den Mut aufgebracht, seine Tat einzugestehen; er hat nicht dafür kein Verständnis **5** *etwas* ~ *einführen, in Umlauf setzen;* eine Mode, ein Gerücht, ein neues Wort ~ **6** *eine* **Schicht** *von etwas* ~ *auftragen;* Farbe ~ **7** *ein* **Schiff** ~ *kapern* **8** *jmdn.* ~ *erzürnen, erregen;* dein ständiger Widerspruch bringt ihn auf • **8.1** 〈Part. Perf.〉 er war sehr aufgebracht *sehr zornig, erregt;* eine aufgebrachte Menge; aufgebracht schimpfen

Aufbruch 〈m.; -(e)s, -brü∣che〉 **1** 〈unz.〉 *das Aufbrechen, das Weggehen, Abreise;* um 11 Uhr war allgemeiner ~; ~ zur Jagd, zur Wanderung; das Zeichen zum ~ geben • **1.1** ein Entwicklungsland ist im ~ 〈fig.〉 *macht rasch Fortschritte, entwickelt sich schnell* **2** 〈zählb.; Jägerspr.〉 *die inneren Organe des aufgebrochenen Wildes* **3** 〈zählb., Geol.〉 *aufgebrochene Stelle;* durch Wasser und Frost entstandene Aufbrüche

auf∥bür∣den 〈V. 530/Vr 5〉 *jmdm. etwas* ~ 〈a. fig.〉 *eine Bürde aufladen, auferlegen;* dem Gepäckträger die Koffer ~; jmdm. die ganze Arbeit, die Schuld, die Verantwortung ~; ich habe mir viel Sorgen aufgebürdet

auf∥de∣cken 〈V.〉 **1** 〈500/Vr 7〉 *jmdn. od. etwas* ~ *die Bedeckung von jmdm. od. etwas abnehmen;* das Bett ~; den Topf ~; den Kranken zur Untersuchung ~ • **1.1** *sich* ~ *die Bettdecke wegschieben;* das Kind hat sich im Schlaf aufgedeckt **2** 〈500〉 die **Karten** ~ *offen hinlegen* **3** 〈500〉 ein **Geheimnis**, Verbrechen ~ 〈fig.〉 *enthüllen* **4** 〈500〉 den **Tischtuch** ~ *auflegen* • **4.1** 〈400; umg.〉 *den Tisch decken;* soll ich schon ~?

auf∥drän∣gen 〈V.〉 **1** 〈530〉 *jmdm. etwas* ~ *jmdm. etwas aufzwingen, aufnötigen, jmdm. drängen, etwas gegen seinen Willen anzunehmen;* jmdm. Essen, eine Ware, seine Freundschaft, Hilfe, Meinung ~ **2** 〈503/Vr 3〉 *sich* (jmdm.) ~ *sich zudringlich jmdm. beigesellen,* (jmdm.) *unaufgefordert seine Dienste anbieten;* ich möchte mich nicht ~; er hat sich den Touristen als Führer aufgedrängt **3** 〈530/Vr 3〉 *etwas drängt sich* **jmdm.** *auf wird jmdm. zwingend bewusst;* der Gedanke, der Verdacht drängt sich mir auf

auf∥dre∣hen 〈V.〉 **1** 〈500〉 *etwas* ~ *durch Drehen öffnen;* den Leitungshahn ~ • **1.1** eine **Schraube** ~ *durch Drehen lockern* • **1.2** einen **Strick** ~ *durch Drehen (in einzelne Fäden) auflösen* **2** 〈500〉 *etwas* ~ *durch Drehen in Gang setzen, aufziehen;* ein Uhrwerk ~

3 〈400; umg.〉 *Gas geben, schnell fahren;* er hat auf der Heimfahrt mächtig aufgedreht **4** 〈400(s.)〉 *lustig, lebhaft werden;* wenn sie in Stimmung ist, kann sie mächtig ~; du bist ja heute Abend so aufgedreht!; die Kinder sind heute sehr aufgedreht

auf∥dring∣lich 〈Adj.〉 **1** *zudringlich, lästig,* Sy *penetrant (2);* sie ist eine ~e Person; die Musik ist sehr ~ **2** ~ gekleidet sein *überladen, auffällig*

Auf∣druck 〈m.; -(e)s, -e〉 **1** *kurzer aufgedruckter Text (auf Briefen, Etiketten, Karten usw.);* Firmen~; Preis~ **2** 〈Philatelie〉 *nachträglich angebrachter Druck, der das Postwertzeichen für einen besonderen Zweck bestimmt;* eine Briefmarke mit ~ versehen

auf∥drü∣cken 〈V.〉 **1** 〈500〉 *etwas* ~ *durch Drücken öffnen;* der Wind hat die Tür aufgedrückt • **1.1** 〈503/ Vr 5〉 (*jmdm. od.* **sich**) *etwas* ~ *durch Druck aufgehen lassen;* eine Pustel, einen Verschluss ~ **2** 〈530〉 *einen Gegenstand etwas* ~ *etwas auf etwas anderes drücken;* einem Papier einen Stempel, ein Siegel ~ • **2.1** *jmdm. od. einer* **Sache** *seinen* **Stempel** ~ 〈fig.; geh.〉 *jmdn. od. eine S. nach seiner eigenen Art prägen* • **2.2** *jmdm.* **einen** ~ 〈salopp〉 *einen Kuss geben* • **2.3** *jmdm. etwas* ~ 〈fig.; salopp〉 *jmdm. etwas aufbürden, auferlegen;* der Chef hat mir die ganze Arbeit aufgedrückt **3** 〈400〉 *in bestimmter Weise auf etwas drücken;* du drückst mit der Feder (die Feder) zu stark auf

auf∣ein∣an∣der *auch:* **auf∣ei∣nan∣der** 〈Adv.〉 **1** *einer auf den anderen;* ~ achten; ~ warten; ~ einwirken **2** *einer gegen den anderen;* ~ losgehen, losschlagen **3** 〈Getrennt- u. Zusammenschreibung〉 • **3.1** ~ *folgen* = *aufeinanderfolgen*

auf∣ein∣an∣der∥fol∣gen *auch:* **auf∣ei∣nan∣der fol∣gen** 〈V. 400(s.)〉 *eins dem anderen folgen;* die beiden Unterrichtsstunden sollten direkt aufeinanderfolgen 〈bei Hauptakzent auf dem Adverb〉 / *aufeinander folgen* 〈bei Hauptakzent auf dem Verb〉

auf∣ein∣an∣der∥tref∣fen *auch:* **auf∣ei∣nan∣der∣tref∣fen** 〈V. 266/400(s.)〉 *zusammentreffen*

Auf∣ent∣halt 〈m.; -(e)s, -e〉 **1** *Zeit, während deren man sich an einem Ort aufhält;* angenehmer, dauernder, kurzer, längerer, ständiger, vorübergehender ~; wir wollen dir den ~ bei uns so schön wie möglich machen • **1.1** *Pause, Unterbrechung einer Fahrt;* warum haben wir so lange ~?; der Zug hat 10 Minuten ~; ohne ~ weiterfahren **2** *Ort des Verweilens;* ich wählte Verona als ~ • **2.1** in einem Hotel, einer Stadt ~ nehmen 〈geh.〉 *sich aufhalten*

auf∥er∣le∣gen 〈V. 530/Vr 5; geh.〉 *jmdm. etwas* ~ *zu tragen geben, aufbürden;* jmdm. eine Geldbuße, eine Strafe ~; du hast dir viele Entbehrungen ~ müssen; sich Zwang ~ müssen

auf∥er∣ste∣hen 〈V. 256/400(s.)〉 **1** *wieder zum Leben erwachen;* vom Tode ~; Christus ist auferstanden; als Christus auferstand **2** 〈fig.; geh.〉 *neu entstehen;* den (Geist des) Militarismus nicht ~ lassen; die Stadt war nach dem Krieg aus den Ruinen auferstanden

auf∥fä∣deln 〈V. 500〉 *etwas* ~ *auf einen Faden ziehen;* Perlen, Pilze ~

auf∥fah∣ren 〈V. 130〉 **1** 〈411(s.)〉 **auf etwas** ~ *auf, gegen*

aufgabeln

etwas fahren; das Auto ist auf ein anderes aufgefahren; das Schiff ist auf eine Sandbank aufgefahren **2** ⟨400(s.)⟩ *vorfahren;* die Wagen der königlichen Familie fahren auf **3** ⟨500⟩ **etwas** ~ *heranfahren;* Erde, Kies ~ • **3.1** *in Stellung bringen;* ein Geschütz ~ • **3.2** ⟨umg.⟩ *reichlich auftischen;* Wein, Speisen ~; am späten Abend ließ er noch Sekt u. Kaviar ~ **4** ⟨400(s.); Rel.⟩ *in den Himmel aufsteigen;* Christus ist gen Himmel aufgefahren **5** ⟨400(s.); Bgb.⟩ *hinauffahren;* aus dem Schacht ~ **6** ⟨400(s.)⟩ *sich plötzlich u. schnell aufrichten, aufspringen, emporschnellen;* aus dem Schlaf ~; aus tiefen Gedanken ~; er fuhr von seinem Sitz auf • **6.1** ⟨410⟩ *zornig werden;* er fährt immer gleich auf, wenn man davon spricht

Auf|fahrt ⟨f.; -, -en⟩ **1** *das Auf-, Heran-, Hinauffahren, Fahrt nach oben, bergauf;* die ~ zur Burg war sehr kurvenreich **2** ⟨Pl. selten; süddt. u. schweiz.⟩ *Himmelfahrt* **3** *breite ansteigende Straße, Weg zum Auffahren;* die ~ zur Autobahn ist bis morgen gesperrt • **3.1** = *Rampe (1)*

auf|fal|len ⟨V. 131 (s.)⟩ **1** ⟨411⟩ **auf jmdn.** od. **etwas** ~ *fallen, aufschlagen u. abprallen;* der Körper ist erst auf einen Felsvorsprung aufgefallen und dann in die Tiefe gestürzt **2** ⟨403⟩ (**jmdm.**) ~ ⟨fig.⟩ *(jmds.) Aufmerksamkeit erregen;* angenehm, unangenehm ~; durch schlechtes Benehmen ~; nur nicht ~!; es fällt (mir) auf, dass…

auf|fal|lend ⟨Part. Präs. von⟩ *auffallen* **2** ⟨Adj.⟩ *so, dass es auffällt, außer-, ungewöhnlich, aus dem Rahmen des Üblichen fallend;* Sy *auffällig (1);* ~es Benehmen; sich ~ kleiden; ein ~ schönes Mädchen; es ist heute ~ still hier

auf|fäl|lig ⟨Adj.⟩ **1** = *auffallend (2)* **2** *Anlass zu Mutmaßungen gebend, Verdacht erregend*

auf|fan|gen ⟨V. 132/500⟩ **1** *jmdn.* od. *etwas* ~ *im Fallen, in einer Bewegung fassen, festhalten;* einen Ball ~; Maschen, Schwingungen, Wellen ~; fang auf! • **1.1 etwas** ~ *in etwas sammeln;* Blut, Tropfen in einer Schüssel ~ • **1.2 jmdn.** ~ *vorübergehend (in Lagern) aufnehmen;* Flüchtlinge, Auswanderer ~ **2 etwas** ~ *abfangen;* einen Schlag, Stoß ~ • **2.1** *zufällig od. durch List erhalten u. nicht weiterbefördert;* eine Nachricht, Briefe ~ • **2.2** *zufällig u. nur unvollständig hören, aufschnappen;* einige Worte aus einem Gespräch ~

auf|fas|sen ⟨V. 518⟩ **1** *etwas* (**als etwas**) ~ ⟨fig.⟩ *etwas in einer bestimmten Weise auslegen, deuten;* eine Bemerkung lustig, übel, falsch ~; er hat seine Frage als Beleidigung aufgefasst; der Schauspieler hat die Rolle anders aufgefasst als der Regisseur **2** ⟨402⟩ (**etwas**) ~ ⟨fig.⟩ *begreifen, verstehen;* das Kind fasst mit seinen drei Jahren schon sehr gut auf; etwas schnell ~

Auf|fas|sung ⟨f.; -, -en⟩ **1** *Vorstellung von etwas, Ansicht, Anschauung, Meinung;* er ist der ~, dass…; seine ~ ändern; jmds. ~ (nicht) teilen; ich habe davon eine andere ~ als Sie; meine ~ ist folgende; er hat eine strenge ~ seiner Pflicht, der Moral; meiner ~ nach; nach ~ meines Vorgesetzten; eine ~ von etwas haben; darüber gibt es verschiedene ~en, kann

man verschiedener ~ sein • **1.1** *Auslegung, Deutung;* diese Passage lässt mehrere ~en zu

auf|for|dern ⟨V. 550 od. 580⟩ **1** *jmdn. zu etwas* ~ *(nachdrücklich) bitten, ermahnen etwas zu tun;* jmdn. ~ mitzuwirken, teilzunehmen; jmdn. zu zahlen ~; er forderte ihn auf, seinen Personalausweis zu zeigen • **1.1** *einladen;* jmdn. ~ zu kommen; er forderte sie zu einem Essen, einem Ausflug auf • **1.2** *befehlen;* er forderte die Stadt zur Übergabe auf; die Verteidiger der Festung wurden aufgefordert, sich zu ergeben; sie hat ihn energisch aufgefordert, die Wahrheit zu sagen • **1.3** *zum Tanz bitten;* er forderte die Unbekannte zum Walzer auf; ein junger Mann forderte sie auf

auf|fri|schen ⟨V.⟩ **1** ⟨500⟩ *etwas* ~ *erneuern, wieder ansehnlich machen;* ein altes Gemälde ~; seine Garderobe ~; die Möbel mit einer neuen Politur ~ • **1.1** ⟨fig.⟩ *wieder lebendig machen;* eine alte Bekanntschaft ~; er frischte seine Kenntnisse in der französischen Sprache auf **2** ⟨500/Vr 3⟩ *sich* ~ ⟨fig.⟩ *sich frischmachen, erfrischen, erholen;* er frischte sich durch eine Kur auf **3** ⟨400(s.)⟩ *der Wind* frischt auf *weht stärker;* eine ~de Brise aus Nordwest

auf|füh|ren ⟨V. 500⟩ **1** *etwas* ~ *vor einem Publikum spielen, darstellen, vorführen, zeigen;* ein Drama, eine Oper ~ **2** ⟨513/Vr 3⟩ *sich gut, schlecht* ~ ⟨umg.⟩ *sich gut, schlecht benehmen, verhalten;* sich anständig, unmöglich ~; du hast dich ja gut, schön aufgeführt ⟨iron.⟩ **3** ⟨Vr 7 od. Vr 8⟩ *jmdn.* od. *etwas* ~ *anführen, nennen;* Namen, Zahlen ~; dein Name ist in der Liste nicht aufgeführt **4** *etwas* ~ ⟨geh.⟩ *errichten, in die Höhe führen, aufbauen;* einen Bau, eine Mauer ~

Auf|füh|rung ⟨f.; -, -en⟩ **1** *das Aufführen* • **1.1** *Darstellung, Vorstellung, Vorführung;* die war gut, schlecht besucht, ausverkauft; eine ~ der „Zauberflöte"; eine ausgezeichnete, gute, schlechte ~; als nächste ~ bringen wir …; eine ~ vorbereiten • **1.1.1** *zur* ~ *bringen aufführen (1)* • **1.1.2** *zur* ~ *gelangen aufgeführt werden* **2** ⟨unz.⟩ *Betragen, Benehmen, Verhalten;* deine ~ war lobenswert

Auf|ga|be ⟨f.; -, -n⟩ **1** ⟨unz.⟩ ~ *eines* **Auftrages**, einer Anzeige, eines Briefes, des Gepäcks *Übergabe (an andere) zur weiteren Veranlassung* **2** ⟨unz.⟩ ~ *einer* **Tätigkeit** *Beendigung;* ~ eines Amtes, des Dienstes • **2.1** ~ *eines* **Unternehmens**, *Geschäftes Schließung;* Ausverkauf wegen Geschäfts~ • **2.2** ~ *eines* **Zieles**, *Wunsches Verzicht auf ein Z.;* ~ des Rennens **3** *etwas, was erledigt werden muss;* eine leichte, schwere, schwierige ~ • **3.1** *Pflicht, Sendung;* Lebens~; ich betrachte es als meine ~, ihm zu helfen; es sich zur ~ machen, etwas zu tun; im Leben eine ~ haben • **3.2** *Arbeit, Anforderung;* auf dich warten große ~n; das ist nicht deine ~; sich vor eine ~ gestellt sehen; jmdn. vor eine ~ stellen • **3.3** *Übung, Übungsstück;* eine ~ lösen; eine schriftliche ~ • **3.3.1** *Schul-, Klassen-, Hausarbeit;* Schul~; seine ~n machen

auf|ga|beln ⟨V. 500⟩ **1** *etwas* ~ *auf eine Gabel spießen* **2** *jmdn.* ~ ⟨fig.; umg.; scherzh.⟩ *zufällig treffen, kennenlernen;* wo hat er dieses Mädchen aufgegabelt?; sie gabelte ihn irgendwo auf • **2.1 etwas** ~ ⟨fig.;

umg.; abwertend⟩ *zufällig finden, entdecken;* wo hast du wieder diese Weisheit aufgegabelt?

Auf|gang ⟨m.; -(e)s, -gän|ge⟩ **1** ⟨unz.⟩ *das Aufgehen, Erscheinen der Gestirne;* Sonnen~; auf den ~ des Mondes warten **2** *aufwärtsführender Eingang, Treppe;* das Haus hat zwei Aufgänge; der rechte ~ ist für Lieferanten bestimmt **3** *Weg nach oben;* der ~ zur Hütte war sehr steil **4** ~ der **Jagd** (Jagdw.) *Zeitpunkt, an dem nach der Schonzeit die Jagd aufgeht (beginnt)*

auf|ge|ben ⟨V. 143/500⟩ **1** etwas ~ *jmdm. etwas zur Weiterleitung übergeben;* eine Bestellung ~ • **1.1** *zur Beförderung (durch Post od. Bahn) geben;* ein Paket ~; das Gepäck ~ • **1.2** *zur Veröffentlichung, zum Druck geben;* eine Zeitungsanzeige ~ **2** ⟨530/Vr 6⟩ **jmdm. etwas** ~ *auftragen, zur Erledigung od. Lösung geben;* Schularbeiten ~ **3** etwas ~ *auf die Fortführung von etwas verzichten;* die Hoffnung ~; seinen Beruf ~; ein Geschäft ~ • **3.1** gib's auf! ⟨umg.; oft abwertend⟩ *hör auf!, lass sein!* • **3.2** den Geist ~ • **3.2.1** *sterben* • **3.2.2** ⟨umg.⟩ *kaputtgehen, entzweigehen* • **3.3** jmdn. od. etwas ~ *als verloren ansehen* • **3.3.1** einen Kranken ~ *als nicht mehr heilbar ansehen* **4** ⟨Vr 7 od. Vr 8⟩ **sich** ~ *sich keine Mühe mehr geben, weil man alles als verloren ansieht* **5** ⟨400⟩ • **5.1** ⟨allg.⟩ *zurücktreten, resignieren;* du solltest jetzt noch nicht ~ • **5.2** ⟨Sp.⟩ *einen Wettkampf beenden, ohne ein Ziel gekommen zu sein;* sie gaben entnervt auf **6** etwas ~ ⟨regional⟩ *auflegen, auf den Teller tun*

Auf|ge|bot ⟨n.; -(e)s, -e⟩ **1** ⟨unz.⟩ *das Aufbieten (1-3)* • **1.1** *Aufwendung;* mit, unter (dem) ~ aller Kräfte • **1.2** *Aufruf* • **1.2.1** ⟨Rechtsw.⟩ *Aufforderung, Ansprüche u. Rechte anzumelden, z. B. bei Erbschaften* • **1.2.2** ⟨Mil.⟩ *Aufforderung zur Landesverteidigung, Einziehung zum Wehrdienst* • **1.3** *amtliche Bekanntgabe, Veröffentlichung einer beabsichtigten Eheschließung;* das ~ bestellen **2** *das, was aufgeboten wird;* ein ungeheures ~ an Menschen und Material stand zur Verfügung • **2.1** *aufgebotene Wehrfähige*

auf|ge|dun|sen ⟨Adj.⟩ **1** *aufgeschwollen, ungesund aufgequollen;* ein ~es Gesicht; er sah ~ aus • **1.1** *aufgebläht, aufgetrieben;* ein ~er Leib

auf|ge|hen ⟨V. 145(s.)⟩ **1** ⟨400⟩ etwas geht auf *öffnet sich;* das Geschwür geht auf; der Knopf, die Knospe ist aufgegangen; die Tür ging nicht auf; das Fenster geht schwer auf; der Vorhang geht auf ⟨Theat.⟩ • **1.1** mir sind die Augen aufgegangen (über …) *ich habe die Wahrheit erkannt, ich lasse mich nicht mehr täuschen* • **1.2** das Herz geht mir auf, wenn ich sehe, wie … *ich freue mich, bin glücklich* • **1.3** das Eis geht auf *wird rissig, bricht* • **1.4** das Haar, der Knoten, die Naht, die Schleife geht auf *löst sich* • **1.5** ⟨600⟩ jmdm. geht etwas auf *wird etwas klar, jmd. versteht etwas;* mir ist erst jetzt der Sinn deiner Bemerkung aufgegangen • **1.5.1** jetzt geht mir ein Licht auf *jetzt wird es mir endlich klar, jetzt einmal verstehe ich es* **2** ⟨400⟩ ein **Gestirn** geht auf *steigt empor, wird über dem Horizont sichtbar;* die Sonne geht auf; der Mond ist aufgegangen **3** ⟨400⟩ die **Saat** geht auf *beginnt aus der Erde zu sprießen, keimt* **4** ⟨400⟩ der

Teig geht auf *treibt, geht in die Höhe* **5** ⟨400⟩ die Gleichung, die Rechnung geht auf *stimmt, bleibt ohne Rest* • **5.1** seine Rechnung ist nicht aufgegangen ⟨fig.⟩ *seine eigennützigen Pläne wurden durchschaut* **6** ⟨800⟩ **in** einer **Sache** ~ *von einer Sache gänzlich gefangengenommen werden* • **6.1** *sich einer Sache ganz widmen;* er geht völlig in seinem Beruf, seiner Arbeit auf • **6.2** etwas geht in etwas auf *wird mit etwas verschmolzen;* ein Unternehmen ist in einem größeren aufgegangen **7** ⟨800⟩ etwas geht **in** etwas auf *löst sich in etwas auf* • **7.1** in Rauch ~ *verbrennen* • **7.1.1** seine Hoffnungen, Pläne sind in Rauch aufgegangen ⟨fig.⟩ *haben sich in nichts aufgelöst, sind zunichtegeworden* **8** ⟨400⟩ die **Jagd** geht auf *beginnt nach der Schonzeit neu*

auf|ge|kratzt 1 ⟨Part. Perf. von⟩ *aufkratzen* **2** ⟨Adj.; fig.⟩ *gut gelaunt, gut aufgelegt, fröhlich, fidel;* du bist heute sehr ~

auf|ge|legt 1 ⟨Part. Perf. von⟩ *auflegen* **2** ⟨Adj. 24/70; fig.⟩ *sich in einer bestimmten Laune befindend;* gut, schlecht ~; wie sind Sie heute ~? • **2.1** ⟨74⟩ **zu etwas** ~ **sein** *in der Stimmung sein, etwas zu tun;* nicht zum Scherzen ~ sein; er war den ganzen Abend zum Tanzen ~ • **2.2** ⟨60; umg.; abwertend⟩ *offenkundig;* das war ein ~er Schwindel, Unsinn

auf|ge|schlos|sen 1 ⟨Part. Perf. von⟩ *aufschließen* **2** ⟨Adj.; fig.⟩ *empfänglich, interessiert, zugänglich für alle Eindrücke, Anregungen;* er ist ein ~er Mensch; sie ist gegenüber neuen Ideen ~; er ist ~ für zeitgenössische Kunst

auf|ge|weckt 1 ⟨Part. Perf. von⟩ *aufwecken* **2** ⟨Adj.; fig.⟩ *lebhaft u. klug, intelligent;* ein ~es Kind; der Schüler zeigte sich sehr ~

auf|grei|fen ⟨V. 158/500⟩ **1** jmdn. ~ *zu fassen bekommen, finden u. in (polizeilichen) Gewahrsam nehmen;* der Gesuchte wurde in einem Lokal aufgegriffen **2** ein Thema, eine Anregung ~ *aufnehmen u. erörtern* • **2.1** etwas ~ *etwas wieder aufnehmen, an etwas wieder anknüpfen;* die Unterhaltung vom Vortag ~

auf|grund *auch:* **auf Grund** ⟨Präp. m. Gen.⟩ *wegen, verursacht durch;* der Unterricht fällt ~ von Krankheit aus

Auf|guss ⟨m.; -es, -güs|se⟩ **1** *durch Aufgießen (Überbrühen) entstandene Flüssigkeit;* Tee~, Kaffee~; einen ~ von Kamille verwenden; der erste, zweite ~ vom Kaffee, Tee **2** ⟨fig.; abwertend⟩ *Nachahmung ohne eigenen Wert;* dieses Bild ist ein schlechter ~ von Dürer

auf|ha|ben ⟨V. 159/500⟩ **1** etwas ~ *auf dem Kopf tragen;* er hat einen neuen Hut auf; sie hat die Brille nicht auf **2** etwas ~ ⟨umg.⟩ *offen haben;* jetzt musst du die Augen ~; den Mund ~; das Fenster ~ **3** etwas ~ ⟨umg.⟩ *eine (Schul-)Aufgabe bekommen, zu Hause erledigen müssen;* wir haben heute viel, wenig, nichts auf; was habt ihr für morgen auf? **4** etwas ~ ⟨umg.⟩ *aufgegessen haben;* hast du die Suppe schon auf? **5** ⟨400; umg.⟩ *geöffnet sein;* die Post hat noch auf; die Gaststätte hat bis 24 Uhr auf

auf|hal|ten ⟨V. 160/500⟩ **1** ⟨Vr 7 od. Vr 8⟩ **jmdn. od. etwas** ~ *bewirken, dass jmd. od. etwas nicht mehr* vorankommt; die durchgehenden Pferde ~; ich komme etwas später, ich bin aufgehalten worden; ich will Sie nicht (länger) ~; den Ansturm des Feindes ~; lassen Sie sich bitte (durch mich) nicht ~ • 1.1 ⟨550/Vr 3⟩ **sich mit etwas** ~ *seine Zeit mit etwas verschwenden;* ich kann mich nicht mit Kleinigkeiten ~ **2 etwas** ~ *offen, geöffnet halten;* ich kann den schweren Sack nicht länger ~ • 2.1 die **Hand** ~ *die H. geöffnet hinhalten (damit etwas hineingelegt werden kann)* **3** ⟨Vr 3⟩ **sich** ~ *an einem Ort sein, bleiben, verweilen;* er hält sich zurzeit bei seinem Onkel auf; du solltest dich mehr im Freien ~; wollen Sie sich länger in unserer Stadt ~?; ich kann mich (gar) nicht lange ~ **4** ⟨550/Vr 3⟩ **sich über etwas** od. **jmdn.** ~ *sich tadelnd od. spöttisch äußern;* er hat sich lange über die schlechten Gewohnheiten seines Sohnes aufgehalten

auf‖**hän**|**gen** ⟨V.⟩ **1** ⟨500⟩ **jmdn.** od. **etwas** ~ *veranlassen, dass jmd. od. etwas hängt;* ein Bild, einen Hut, Mantel ~ • 1.1 **Wäsche** ~ *zum Trocknen auf die Leine hängen* • 1.2 **jmdn.** ~ *durch Hängen, Erhängen töten* • 1.2.1 ⟨Vr 3⟩ **sich** ~ *Selbstmord durch Erhängen begehen* **2** ⟨530⟩ **jmdm. etwas.** ~ ⟨umg.⟩ *jmdm. etwas Falsches oder Wertloses geben;* sich einen rechten Schund, einen schlechten Stoff ~ lassen • 2.1 *etwas Lästiges od. Mühevolles zuteilen;* er hat mir noch eine zusätzliche Arbeit aufgehängt; jmdm. den Hund zum Hüten ~

auf‖**he**|**ben** ⟨V. 163⟩ **1** ⟨500⟩ **jmdn.** od. **etwas** ~ *in die Höhe heben;* einen Gestürzten ~; etwas od. jmdn. vom Boden ~ • 1.1 die **Hand** ~ *erheben* • 1.2 einen Deckel ~ *abheben* **2** ⟨503/Vr 5⟩ **(jmdm.) etwas** ~ *etwas (für jmdn.) an einem dafür vorgesehenen Ort verwahren;* jmdm. etwas zum Aufheben geben • 2.1 *bestellte od. verkaufte* **Waren**, *Theaterkarten* ~ *zurücklegen;* können Sie mir das Buch bis morgen ~? • 2.2 ⟨nur Part. Perf.⟩ **gut** (**schlecht**) **aufgehoben sein** *gut* (*schlecht*) *versorgt, behandelt werden;* hier ist man gut aufgehoben • 2.2.1 das Geld ist bei ihm gut aufgehoben *sicher aufbewahrt, in guten Händen* **3** ⟨500⟩ eine **Sache** ~ *außer Kraft setzen, für ungültig erklären;* eine Anweisung, ein Recht, eine Strafe ~ • 3.1 die **Tafel** ~ *das gemeinsame Essen beenden, das Zeichen zum Aufstehen geben;* →a. aufschieben (3.1) **4** ⟨500/Vr 4⟩ **Werte, Kräfte heben sich auf** *kommen einander an Wert od. Wirkung gleich und verlieren somit an Wert und Wirkung;* Druck und Gegendruck heben sich auf; das eine hebt das andere (nicht) auf

Auf|**he**|**ben** ⟨n.; -s; unz.⟩ *Erregung von Aufmerksamkeit;* um jmdn. od. etwas, von jmdm. od. etwas (großes od. viel) ~(s) machen

auf‖**hei**|**tern** ⟨V. 500⟩ **1 jmdn.** ~ *heiter machen, froh stimmen;* er hatte Mühe, sie aufzuheitern; niemand konnte ihn mehr ~ **2** ⟨402/Vr 3⟩ **etwas heitert** (**sich**) **auf** *wird heiter, freundlicher;* sein Gesicht, sein Blick heiterte sich langsam auf; das Wetter, der Himmel heitert (sich) auf; allmählich aufheiternd

auf‖**hel**|**len** ⟨V. 500⟩ **1 etwas** ~ *heller machen;* die Schatten im Bild, im Foto ~; vergilbte Wäsche ~; Haar ~ • 1.1 ⟨fig.⟩ *aufklären;* jmds. Vergangenheit

~; eine dunkle Angelegenheit ~ • 1.2 jmds. **Stimmung** ~ ⟨fig.⟩ *aufheitern* **2** ⟨Vr 3⟩ **etwas hellt sich auf** ⟨a. fig.⟩ *wird heller, freundlicher;* der Himmel hellt sich auf; sein Blick, seine Stimmung hat sich aufgehellt • 2.1 ⟨fig.⟩ *sich klären, durchschauen lassen;* das Problem, das Geheimnis wird sich ~

auf‖**ho**|**len** ⟨V. 500⟩ **1** ⟨500⟩ **etwas** ~ *durch (große) Anstrengung u. Leistung einen Rückstand verringern;* der Zug hat die Verspätung aufgeholt; er muss den Zeitverlust ~ • 1.1 *wettmachen, gutmachen;* den Verlust, den Rückstand ~ **2** ⟨400⟩ *den Vorsprung eines anderen verringern;* der Läufer holt mächtig auf; er hat im letzten halben Jahr in der Schule stark aufgeholt • 2.1 ⟨Börse⟩ *besser werden, im Preis steigen;* die Aktien der Autoindustrie haben jetzt stark aufgeholt **3** ⟨500; Seemannsspr.⟩ *heraufziehen;* Anker, Segel ~

auf‖**hö**|**ren** ⟨V.⟩ **1** ⟨400⟩ **etwas** hört auf *hat, nimmt ein Ende;* Sy *enden* (*1 u. 4*); Ggs *beginnen* (*1*), *anfangen* (*1*); ein Vorgang, eine Strecke hört auf; der Regen hört gleich auf • 1.1 ⟨800⟩ **mit** einer **Tätigkeit** ~ *eine T. zu Ende bringen;* Sy *beenden;* mit einer Arbeit ~; wenn er nur damit ~ wollte; ~ zu heulen, singen, lachen **2** ⟨400⟩ da hört (sich) doch alles auf! *das geht über alles Maß hinaus, das ist unerhört!* • 2.1 da hört (bei mir) das Verständnis auf *das lasse ich mir nicht gefallen, dulde ich nicht*

Auf|**kauf** ⟨m.; -(e)s, -käu|fe⟩ **1** *Kauf (einer Gesamtheit von Gegenständen, Grundstücken, eines Unternehmens usw.)* • 1.1 *Massenkauf (zu Wucherzwecken)*

auf‖**kau**|**fen** ⟨V. 500⟩ **1 etwas** ~ *alles von einer bestimmten Ware kaufen, ohne einen Rest zurückzulassen;* er kaufte eine große Bildersammlung auf; Aktien, Anteile ~ • 1.1 *massenhaft zu Wucherzwecken kaufen;* Eier, Getreide, Vorräte ~

auf‖**klap**|**pen** ⟨V. 500⟩ **etwas** ~ *durch Klappen, Bewegen od. Anheben öffnen, aufschlagen, aufmachen;* ein Buch ~; den Herd ~

auf‖**klä**|**ren** ⟨V. 500⟩ **1 jmdn.** ~ *über Zusammenhänge belehren;* jmdn. über einen Irrtum ~ • 1.1 ein **Kind** ~ *über die geschlechtlichen Vorgänge belehren;* ist, habt ihr eure Tochter schon aufgeklärt? **2** eine **Sache** ~ *die Wahrheit darüber ans Licht bringen, Klarheit darüber schaffen, ihr auf den Grund gehen;* die Sache muss aufgeklärt werden • 2.1 ⟨Vr 3⟩ die **Sache** klärt **sich auf** *wird durchschaubar u. kann geordnet werden;* die Sache hat sich aufgeklärt **3 feindliches Gelände,** feindliche **Stellungen** ~ ⟨Mil.⟩ *erkunden, erforschen, auskundschaften* **4** eine **Flüssigkeit** ~ *aufhellen, die Trübung verschwinden lassen* **5** ⟨Vr 3⟩ **etwas** klärt **sich auf** *wird klar, sonnig;* der Himmel, das Wetter hat sich aufgeklärt

Auf|**klä**|**rung** ⟨f.; -, -en⟩ **1** *das Aufklären* (*1-3*) • 1.1 *Belehrung, Unterrichtung, bes. über politische, weltanschauliche, geschichtliche Fragen* • 1.2 ⟨unz.⟩ *völlige Klärung einer Angelegenheit* • 1.3 ⟨Mil.⟩ *Erkundung* **2** ⟨unz.⟩ *Bestreben, das Denken von Vorurteilen zu befreien u. auf Vernunft zu gründen* • 2.1 ⟨i. e. S.⟩ *die im Europa des 18. Jh. herrschende Bewegung zur Erneuerung von Wissenschaft u. Bildung, die gegen*

aufkleben

Willkürherrschaft, religiösen Aberglauben u. Unwissenheit auftrat

auf│kle│ben ⟨V. 500⟩ *etwas ~ auf etwas kleben, mit Klebstoff auf etwas befestigen;* eine Briefmarke ~; eine Fotografie auf einen Zettel ~

auf│ko│chen ⟨V.⟩ **1** ⟨500⟩ *etwas ~ kurz kochen (lassen);* die Soße nur ~ (lassen); die Milch ~ • **1.1** *kurz kochen (u. dadurch genießbar halten);* Kompott noch einmal ~, damit es nicht sauer wird **2** ⟨400⟩ *zum Kochen kommen u. kurz aufwallen;* wenn die Soße aufkocht, nimm sie vom Feuer; das Wasser kocht schon auf **3** ⟨400; süddt.; österr.⟩ *aus besonderem Anlass reichlich kochen u. auftischen*

auf│kom│men ⟨V. 170(s.)⟩ **1** ⟨410⟩ *aufstehen, gesund werden;* er ist von seiner Krankheit nur langsam, schwer wieder aufgekommen **2** ⟨400⟩ *etwas kommt auf entsteht, entwickelt sich;* ein Gewitter kommt auf; wir wollen kein Misstrauen ~ lassen; ich möchte keinen Zweifel darüber ~ lassen, dass …; eine neue Mode, Sitte kommt auf **3** ⟨400⟩ *ein* **Schiff** *kommt auf wird am Horizont sichtbar* **4** ⟨800⟩ **für jmdn.** od. *etwas ~ einstehen, zahlen, haften;* ich komme für nichts auf; er muss für den Schaden, den Verlust ~ **5** ⟨800⟩ *gegen jmdn.* od. *etwas ~ etwas tun können, sich gegen jmdn.* od. *etwas durchsetzen;* er kommt gegen ihn (in seiner Leistung) nicht auf; die Polizei kommt gegen die nächtlichen Ruhestörungen nicht auf; ich komme gegen seinen Einfluss nicht auf **6** ⟨400⟩ *niemanden neben sich ~ lassen niemanden neben sich hochkommen, sich emporarbeiten lassen, keinen Gleichberechtigten, Mitbewerber usw. neben sich dulden*

Auf│kom│men ⟨n.; -s, -⟩ **1** *Gesamtheit, Anzahl von etwas;* ein hohes Verkehrs-~; Zuschauer~ • **1.1** *Summe der Erträge, Gesamtbetrag,* das Steuer~ eines Staates

auf│krat│zen ⟨V.⟩ **1** ⟨500/Vr 7 od. 503/Vr 5⟩ (**sich**) *etwas ~ durch Kratzen verletzen;* eine Wunde ~; ich habe mir die Haut aufgekratzt; das Kind hat sich das Gesicht aufgekratzt **2** ⟨500⟩ **Wolle** (mit der Raumaschine) ~ ⟨Textilw.⟩ *die Oberfläche der W. aufrauen;* →a. *aufgekratzt (2)*

auf│krem│peln ⟨V. 500⟩ *etwas ~ mehrmals umschlagen od. aufrollen u. dadurch kürzer machen;* die Ärmel ~; er krempelte die Hosenbeine auf

auf│la│den ⟨V. 174⟩ **1** ⟨500⟩ *etwas ~ auf etwas anderes laden;* Holz, Heu (auf ein Fahrzeug) ~ **2** ⟨530/Vr 5⟩ **jmdm.** od. **sich etwas** ~ ⟨a. fig.⟩ *eine Last jmdm. geben od. auf sich nehmen, aufbürden;* er lud sich den Koffer auf; du hast dir zu viel Arbeit aufgeladen; jmdm. die Schuld ~ **3** ⟨500/Vr 7⟩ *etwas* ~ ⟨Phys.⟩ *elektrisch laden;* eine Batterie, einen Kondensator ~ • **3.1** *etwas lädt* **sich** *auf etwas lädt sich elektrisch;* die Autobatterie lädt sich beim Fahren auf

Auf│la│ge ⟨f.; -, -n⟩ **1** *etwas, was man auf etwas legt;* die neue ~ aus Schafwolle macht den Sitz wieder bequem • **1.1** *Überzug (aus Metall);* Metall-~, Gold-~; die ~ des Silberbestecks ist schon sehr abgenutzt **2** ⟨Abk.: Aufl.⟩ *Gesamtzahl der auf einmal hergestellten od. ausgelieferten Exemplare eines Buches od. einer Zeitung;* die ~ beträgt 10 000 Exemplare; das Buch erscheint in einer ~ von 10 000 Exemplaren; erste, zweite, neu bearbeitete, überarbeitete, unveränderte, verbesserte ~ **3** *geforderte Leistung, Verpflichtung für einen Zeitabschnitt;* Steuer~; als ~ bekommen (etwas zu tun, zu zahlen)

auf│las│sen ⟨V. 175/500⟩ **1** *etwas ~* ⟨umg.⟩ *offen, geöffnet lassen;* den Hahn, die Tür ~; das Geschäft ~; lässt du bitte das Fenster auf! **2** *den* **Hut** *~* ⟨umg.⟩ *auf dem Kopf behalten, nicht abnehmen* **3** *jmdn. ~* ⟨umg.⟩ *aufbleiben lassen, nicht ins Bett schicken;* ein Kind, einen Kranken ~ **4** *etwas ~* ⟨Rechtsw.⟩ *das Eigentum an etwas aufgeben, auf jmdn. übertragen;* ein Grundstück, Grab ~ **5** *etwas ~ stilllegen, außer Betrieb setzen;* ein Bergwerk ~

auf│lau│ern ⟨V. 600⟩ *jmdm. ~ in einem Versteck hinterlistig auf jmdn. warten (um ihn zu überfallen);* er lauerte mir die ganze Nacht auf; dem Feind, seinem Opfer ~

Auf│lauf ⟨m.; -(e)s, -läu│fe⟩ **1** *(rechtswidrige) Ansammlung von Menschen auf öffentlichen Straßen od. Plätzen;* Menschen-~ **2** ⟨Kochk.⟩ *in einer Form überbackene Speise;* Grieß-~, Kartoffel-~, Kirschen-~, Nudel-~, Reis-~

auf│lau│fen ⟨V. 176⟩ **1** ⟨411(s.)⟩ **auf jmdn.** od. *etwas ~ im Laufen auf jmdn.* od. *etwas prallen;* auf den Vordermann ~ • **1.1** *auf Grund stoßen, geraten;* das Schiff ist auf eine Sandbank, ein Riff aufgelaufen; das Boot läuft auf den Strand auf • **1.2** ⟨411; Sp.⟩ *während eines Wettlaufs Anschluss nach vorn gewinnen;* er ist beim Rennen erst im Endspurt zur Spitze aufgelaufen **2** ⟨405(s.)⟩ *ein* **Guthaben** *läuft* (**auf** *eine Million*) *auf wird größer u. erreicht den Betrag von einer M.;* Post, Schulden ~ lassen **3** ⟨400(s.)⟩ *das* **Wasser** *läuft auf* ⟨Seemannsspr.⟩ *steigt* **4** ⟨530/Vr 1⟩ *sich die* **Füße** *~* ⟨umg.⟩ *wundlaufen* **5** ⟨400(s.)⟩; meist in der Wendung⟩ *jmdn. ~* **lassen** ⟨umg.⟩ *bewirken, dass jmds. Bemühungen scheitern, jmdn. ohne Vorwarnung in eine unangenehme Situation bringen*

auf│le│ben ⟨V. 400(s.)⟩ **1** *zu neuem Leben erwachen;* die Blumen lebten nach dem Regen auf • **1.1** *wieder munter, fröhlich werden, neue Kraft bekommen;* der Kranke lebte durch den Besuch wieder auf; seit er bei uns wohnt, ist er richtig aufgelebt **2** ⟨fig.⟩ *wieder auftreten, erneut aus-, hervorbrechen;* der Kampf lebte wieder auf; der alte Hass zwischen ihnen lebte wieder auf • **2.1** *wieder lebhafter werden;* am Nachmittag lebt der Verkehr immer auf

auf│le│gen ⟨V. 500⟩ **1** *etwas ~ auf etwas anderes legen, offen hinlegen;* ein Gedeck mehr ~; Karten (zur Patience) ~; ein Pflaster (auf eine Wunde) ~; Puder, Rot, Rouge, Schminke ~; ein frisches Tischtuch ~; Waren ~ • **1.1** *den (Telefon-)Hörer ~ den H. auf die Gabel legen u. damit die Verbindung abbrechen* • **1.1.1** er hat (den Hörer) einfach aufgelegt *das Gespräch kurz u. unhöflich beendet* • **1.2** ⟨530/Vr 5 od. Vr 7⟩ **jmdm.** od. *etwas* ~ **Tier** *eine Last ~ aufbürden, zu tragen geben;* Pferden den Sattel ~ • **1.2.1 jmdm. Steuern ~** *jmdn. zum Zahlen der S. verpflichten* **2** *ein* **Buch** *(neu) ~ eine (neue) Auflage herausbringen;* das Buch wird nicht wieder aufgelegt **3** *eine*

Aufnahme

Anleihe ~ *den Verkauf von Anteilscheinen für eine A. ankündigen, damit beginnen* **4** ein **Schiff** ~ *zeitweilig außer Dienst stellen, zur Werft geben*

auf|leh|nen ⟨V. 500/Vr 3⟩ **1 sich** ~ *sich stützen;* er lehnte sich auf das Fensterbrett auf **2** ⟨505/Vr 3⟩ **sich gegen jmdn. od. etwas** ~ *sich empören, Widerstand leisten;* sich gegen den Diktator auf; sich gegen die Tyrannei, den Staat, das Gesetz, das Schicksal, ein Verbot ~

auf|le|sen ⟨V. 179/500⟩ **1** etwas ~ *vom Boden, vom Tisch einzeln aufheben, einsammeln;* Steine, Scherben, Obst, Perlen ~ **2** ⟨503/Vr 1⟩ **(sich)** etwas ~ ⟨fig.; umg.⟩ *(sich) etwas holen, unfreiwillig bekommen;* Ungeziefer ~; eine Krankheit ~; wo hast du dir bloß diesen Schnupfen aufgelesen? **3** jmdn. od. ein **Haustier** ~ ⟨fig.; umg.⟩ *finden u. mitnehmen;* er hat sie in einer Bar aufgelesen; einen Hund (von der Straße) ~

auf|lo|ckern ⟨V. 500⟩ **1** etwas ~ *(durch Aufschütteln, Bewegen, Graben ö. Ä.) locker machen;* die Erde ~ • **1.1** ⟨Vr 3⟩ **sich** ~ *lockernde Körperbewegungen machen* **2** etwas ~ ⟨fig.⟩ *abwechslungsreich gestalten;* einen Vortrag mit zahlreichen Beispielen ~; eine Grünfläche durch Beete ~

auf|lö|sen ⟨V. 500⟩ **1** etwas ~ *flüssig machen, in einer Flüssigkeit zerfallen lassen;* Zucker ~; eine Tablette in Wasser ~ • **1.1** ⟨Vr 3⟩ **sich** ~ *zergehen;* Salz löst sich im Wasser auf • **1.1.1** er fand sie in Tränen aufgelöst ⟨fig.⟩ *heftig, haltlos weinend* • **1.2** ⟨550/Vr 3⟩ **sich in etwas** ~ *sich in etwas verwandeln, in etwas übergehen;* der Schnee hat sich in Matsch aufgelöst • **1.2.1** sich in Wohlgefallen ~ ⟨fig.⟩ *von selbst zu Ende gehen, verschwinden;* seine Schwierigkeiten haben sich in Wohlgefallen aufgelöst **2** etwas ~ ⟨geh.⟩ *lösen, entwirren, aufknüpfen;* einen Knoten ~; sie erschien mit aufgelöstem Haar • **2.1** ⟨fig.⟩ *von einem Zusammenhang, von einer Bindung befreien;* in aufgelöster Marschordnung **3** ⟨Vr 7⟩ etwas ~ *nicht länger bestehen lassen, beenden, außer Kraft setzen;* einen Kontrakt, eine Versammlung, eine Ehe ~; eine Firma ~ • **3.1** ein Kreuz, ein b ~ ⟨Mus.⟩ *(durch Auflösungszeichen) ungültig machen, aufheben* **4** etwas ~ *eine Lösung für etwas finden;* eine Gleichung ~; ein Rätsel ~ • **4.1** eine Chiffre, Geheimschrift ~ *entziffern*

Auf|lö|sung ⟨f.; -, -en⟩ *das Auflösen;* die ~ einer Verlobung, eines Geschäfts; das Parlament war in ~; ~ der Rätsel auf S. 90; das Heer war in voller ~ begriffen

auf|ma|chen ⟨V. 500⟩ **1** etwas ~ *öffnen;* die Tür, das Fenster ~; den Mantel ~; die Augen ~ • **1.1** mach doch die, deine Ohren auf! ⟨umg.⟩ *hör besser zu!* • **1.2** einen **Knoten** ~ *lösen* • **1.3 Dampf** ~ *einer Dampfmaschine mehr D. zuführen, um die Leistung zu erhöhen* **2** ein **Geschäft** ~ *eröffnen* **3** etwas ~ *ausstatten, verzieren;* ein Buch, eine Theaterinszenierung hübsch, geschmackvoll, prächtig ~ **4** etwas ~ *aufhängen, anbringen;* Gardinen ~ **5** eine **Rechnung** ~ *aufstellen* • **5.1** die **Havarie** ~ *einen Seeschaden berechnen* **6** ⟨Vr 3⟩ **sich** ~ *sich auf den Weg machen, aufbrechen, weggehen;* der Wanderer hatte sich schon vor Sonnenaufgang aufgemacht; wir müssen uns jetzt ~ • **6.1** ein leichter Wind hat sich aufgemacht *hat sich erhoben*

Auf|ma|chung ⟨f.; -, -en⟩ **1** *Ausstattung, äußere Gestaltung;* altertümliche, geschmackvolle, großartige, prächtige, sorgfältige, schäbige ~; die Zeitung erscheint in großer ~ • **1.1** ⟨umg.⟩ *Kleidung;* wohin willst du in dieser ~ gehen? • **1.1.1** in großer ~ erscheinen *prächtig gekleidet*

Auf|marsch ⟨m.; -(e)s, -mär|sche⟩ **1** *Heranmarschieren u. Aufstellung zum Gefecht, zur Kundgebung o. Ä.;* der ~ des Heeres vollzog sich in Viererreihen **2** *feierlicher Vorbeimarsch, festlicher, prunkvoller Zug;* der ~ der Sportler bei den Olympischen Spielen

auf|merk|sam ⟨Adj.⟩ **1** *Sinneswahrnehmungen gut, scharf aufnehmend, scharf beobachtend;* ~ zuhören, zusehen; einen Vorgang ~ verfolgen • **1.1** *geistig wach, gespannt, wachsam;* ~er Zuhörer, Zuschauer; in der Schule ~ sein **2** *auf jmdn. od. etwas gerichtet, gesammelt* • **2.1** auf jmdn. od. etwas ~ machen *hinweisen;* darf ich Sie darauf ~ machen, dass … **3** *liebenswürdig, höflich, zuvorkommend, rücksichtsvoll;* ein ~er junger Mann; einen Kunden ~ bedienen; er ist gegen Damen und Ältere sehr ~ • **3.1** vielen Dank, sehr ~! *(als Antwort auf eine kleine Hilfeleistung)*

Auf|merk|sam|keit ⟨f.; -, -en⟩ **1** ⟨unz.⟩ *die Fähigkeit, Sinneswahrnehmungen gut aufzunehmen, geistige Spannung, Sammlung* • **1.1** *Gerichtetsein aller Gedanken auf etwas;* die ~ lenken auf; (größte) ~ auf etwas verwenden; einer Sache besondere ~ widmen; einer Sache od. jmdm. ~ schenken **2** *liebenswürdige u. höfliche, rücksichtsvolle und zuvorkommende Behandlung;* seine ~ tat ihr sehr gut, wohl; jmdm. ~en erweisen • **2.1** *kleines Geschenk;* die Blumen für sie waren nur eine kleine ~

auf|mun|tern ⟨V. 500⟩ **1** jmdn. ~ *jmdn. aufheitern, jmdn. in eine fröhlichere, lebhaftere Stimmung bringen* • **1.1** der Kaffee hat mich aufgemuntert *mich wieder lebhaft gemacht, meine Müdigkeit verjagt* **2** ⟨505⟩ jmdn. **zu etwas** ~ *jmdm. Mut zusprechen, etwas zu tun, jmdn. zu etwas ermutigen;* sie munterte ihn auf, trotz der Niederlage weiterzumachen

Auf|nah|me ⟨f.; -, -n⟩ *das Aufnehmen (1-5.5)* **1** ⟨unz.⟩ ~ von **Stoffen**, Flüssigkeiten od. Gasen in anderen Stoffen *das Aufsaugen* • **1.1** ~ von **Nahrung** *das Essen, Fressen;* Nahrungs- ~ • **1.2** ~ von **Geld**, Hypotheken *das Leihen, Verpfänden* • **1.3** ~ einer Nachricht, von **Gedanken, Vorschlägen** *das Erfassen, Begreifen, Ansprechen, Eingehen auf;* die ~ eines neuen Romans durch das Publikum **2** *das Einfügen in etwas Vorhandenes;* ~ eines Theaterstücks in den Spielplan; ~ eines modernen Malers in ein Lexikon • **2.1** ~ einer **Person in**, *bei beginnende Mitgliedschaft in einer Gemeinschaft, Zulassung;* ~ in Krankenhaus, eine Schule, Universität usw.; um ~ in eine Partei, einen Verein usw. bitten; ~ als Mitglied • **2.1.1** ~ gewähren *aufnehmen* • **2.2** *Empfangsraum im Krankenhaus;* melden Sie sich bitte alsbald in der ~! • 2.3 ⟨unz.⟩ *Unterkunft, Obdach, Empfang;* ~ als Gast; freundliche, kühle, liebenswürdige ~; sich für die herzliche ~ bedanken • 2.3.1 ~ finden *(gut) aufgenommen werden* **3** ~ einer **Tätigkeit** *Beginn;* ~ der Arbeit, eines Gespräches; die ~ von diplomatischen Beziehungen zu anderen Staaten **4** ~ von Bildern, Personen, Geräuschen, Vorgängen *das Aufnehmen (5), das Aufgenommene;* ~ auf CD, Platte; ~ mit der Kamera; eine Film~, fotografische ~ verwackeln; ~n (fürs Fernsehen, für den Film) machen; eine gute, schlechte, scharfe, unscharfe, über- oder unterbelichtete ~; ich habe von ihr zwei ~n gemacht • 4.1 ~ von **Nachrichten, Äußerungen** *Notiz, Niederschrift;* ~ einer Bestellung; stenografische ~ • 4.1.1 ~ eines **Geländes** *Vermessung* • 4.1.2 *Ort, an dem etwas notiert wird;* Telegramm~

auf∥neh∣men ⟨V. 189/500⟩ **1** etwas ~ *in sich fassen* • 1.1 ein **Behälter** nimmt 5 l **Flüssigkeit** auf *fasst, kann enthalten* • 1.2 Lebewesen nehmen **Nahrung** auf *ernähren sich* **2** eine **Sache** ~ *entgegennehmen* • 2.1 Geld ~ *sich G. leihen;* einen Kredit, eine Anleihe ~ • 2.1.1 eine Hypothek auf ein Grundstück, Haus ~ *ein G., H. für Geld verpfänden* • 2.2 **Gedanken, Vorschläge** ~ *weiterführen, zu verwirklichen suchen;* einen Eindruck in sich ~ • 2.2.1 ⟨513⟩ eine **Nachricht** (gut, günstig, schlecht, übel) ~ *als (gut usw.) betrachten, verstehen;* etwas als Beleidigung ~; das Stück ist vom Publikum gut aufgenommen worden **3** ⟨550⟩ jmdn. od. etwas **in etwas** Vorhandenes ~ *einfügen, mit dazunehmen;* ein Theaterstück in den Spielplan ~; ein Wort in ein Wörterbuch ~; wollen Sie bitte diese Aussage noch ins Protokoll ~ • 3.1 ⟨511⟩ **jmdn.** (bei, in …) ~ *zum Angehörigen einer Gemeinschaft machen;* einen Schüler in die Klasse ~; jmdn. in ein Krankenhaus ~ • 3.1.1 ⟨520⟩ jmdn. als Mitglied in einen Verein, eine Partei ~ *Eintritt, Zutritt, Teilnahme gewähren* • 3.1.2 *beherbergen, Obdach, Zuflucht gewähren;* jmdn. als Gast ~; Flüchtlinge ~; jmdn. freundlich, herzlich, kühl, unfreundlich ~ **4** eine **Tätigkeit** ~ *beginnen;* die Arbeit, ein Gespräch, den Kampf ~; das Studium (an der Universität) ~; Beziehungen ~ (zu) • 4.1 die **Spur** ~ *finden und verfolgen* **5 Bilder, Töne, Zeichen** ~ *durch mechanische, optische, elektrische o. a. Verfahren für spätere Wiedergabe festhalten;* Sy *aufzeichnen (2.1);* eine Fernsehsendung ~ • 5.1 Sichtbares ~ *fotografieren* • 5.2 **Hörbares** ~ *die Schallwellen mechanische od. elektrische aufzeichnen;* ein Musikstück auf CD ~ • 5.3 das gesprochene Wort ~ *aufschreiben, schriftlich festhalten;* eine Ansage, einen Brief, ein Telegramm ~; einen Brief stenografisch ~ • 5.4 **Fakten** ~ *sich Notizen über F. machen;* den Bestand ~; die Polizei nahm den Unfall auf • 5.5 ein **Gelände** ~ *vermessen* **6 jmdn.** od. etwas ~ *nach oben wegnehmen* • 6.1 **Schmutz** ~ (mit einem Lappen) ~ *aufwischen* • 6.2 eine **Masche** ~ *auffangen, festhalten, mehr dazustricken* **7** ⟨550; unpersönl.⟩ **es mit jmdm.** ~ *es jmdn. in einer Fertigkeit, Fähigkeit gleichtun;* im Tennis kann er es mit jedem ~

auf∥op∣fern ⟨V. 550/600/Vr 3⟩ etwas od. **sich** ~ (für) *etwas od. sich ohne Rücksicht auf die eigene Person für jmdn. od. etwas hingeben;* die Soldaten wurden für die Befreiung des Landes aufgeopfert; sich für einen Kranken ~

auf∥pas∣sen ⟨V.⟩ **1** ⟨405⟩ (auf etwas od. jmdn.) ~ *Aufmerksamkeit aufbringen, seine Aufmerksamkeit auf etwas od. jmdn. richten;* pass doch auf!; aufgepasst; in der Schule gut, nicht ~; an der Kreuzung bitte genau ~! • 1.1 auf jmdn. ~ *jmdn. betreuen, vor Gefahr schützen* **2** ⟨500⟩ einen **Gegenstand** ~ *auf etwas anderes setzen, um zu sehen, ob er passt;* einen Hut, Deckel ~

auf∥peit∣schen ⟨V. 500/Vr 7 od. Vr 8⟩ **1** etwas peitscht etwas auf ⟨fig.⟩ *etwas wühlt etwas auf;* der Sturm, der Wind peitscht die Wellen, die Wogen, das Meer auf **2** etwas ~ ⟨fig.⟩ *durch ein Reizmittel stark erregen;* die laute Musik peitschte ihn auf; sich durch Kaffee ~; er wurde durch den Rhythmus aufgepeitscht

auf∥pflan∣zen ⟨V. 500⟩ **1** etwas ~ *etwas deutlich sichtbar, bes. als Merkzeichen, aufstellen, aufrichten;* eine Fahne, Flagge, einen Mast ~ **2** das **Bajonett, Seitengewehr** ~ *auf den Gewehrlauf aufstecken* **3** ⟨511/Vr 3⟩ sich vor jmdm. od. etwas ~ *sich herausfordernd od. als Wächter vor jmdn. od. etwas hinstellen;* er pflanzte sich am Eingang auf; er hatte sich vor ihm aufgepflanzt

auf∥plat∣zen ⟨V. 400(s.)⟩ *aufgehen, entzweigehen, sich platzend öffnen;* die Wunde ist wieder aufgeplatzt; die Tomaten sind alle aufgeplatzt

auf∥plus∣tern ⟨V. 500⟩ **1** die **Federn** ~ *aufrichten, sträuben;* die Henne plustert ihr buntes Gefieder auf • 1.1 ⟨Vr 3⟩ sich ~ *(durch Aufstellen der Federn) scheinbar seinen Umfang vergrößern;* die Tauben plusterten sich auf **2** ⟨Vr 3⟩ sich ~ ⟨fig.; umg.; abwertend⟩ *wichtigtun;* du sollst dich nicht so ~

Auf∣prall ⟨m.; -(e)s, -e⟩ *das Aufprallen;* mit einem ~ auf den Boden fallen

auf∥prall∣len ⟨V. 405(s.)⟩ *mit einem heftigen Schlag gegen etwas od. jmdn. stoßen;* auf ein parkendes Fahrzeug ~

Auf∣preis ⟨m.; -es, -e⟩ *zusätzliche Kosten, Aufschlag, Mehrpreis;* die Ausstattung mit elektrischen Fensterhebern ist gegen (einen) ~ möglich

auf∥pum∣pen ⟨V. 500⟩ **1** etwas ~ *durch Pumpen mit Luft füllen;* einen Fahrradreifen ~ • 1.1 ⟨Vr 3⟩ sich ~ ⟨fig.; umg.⟩ *sich wichtigtun*

auf∥put∣schen ⟨V. 500/Vr 7 od. Vr 8; abwertend⟩ **1** jmdn. od. etwas ~ *zum Putsch aufhetzen;* die Zuhörer, die Bevölkerung ~; die Massen mit Hetzreden ~ **2** jmdn. od. etwas ~ ⟨fig.⟩ *mit Reizmitteln aufpeitschen;* Alkohol putschte ihn immer auf; er putschte sich mit Kaffee auf

auf∥raf∣fen ⟨V. 500⟩ **1** etwas ~ *schnell, eilig sammeln u. hastig, gierig aufheben, an sich nehmen;* er raffte die Papiere vom Schreibtisch auf; sie hat das auf dem Fußboden liegende Geld aufgerafft **2** ⟨Vr 3⟩ • 2.1 sich ~ *mit Mühe aufstehen, sich erheben;* beim Laufen fiel er, raffte sich aber wieder auf • 2.2 sich

~ ⟨fig.⟩ *alle seine Kräfte zusammennehmen u. sich mühsam entschließen, etwas zu tun;* er raffte sich auf und antwortete auf die Frage; er konnte sich nicht zum Handeln ~; er half ihr, sich nach der Enttäuschung wieder aufzuraffen

auf|**rau**|**en** ⟨V. 500⟩ **Stoffe** ~ *raumachen, mit einer rauen Oberfläche versehen*

auf|**räu**|**men** ⟨V.⟩ **1** ⟨500⟩ *etwas* ~ *in Ordnung bringen;* die Wohnung, den Keller, das Zimmer ~; die Kinder räumten ihre Spielsachen auf • 1.1 ⟨400; fig.⟩ *die Zustände ändern;* jetzt wird aber aufgeräumt! **2** ⟨411; fig.; umg.⟩ *Opfer fordern;* die Seuche hat unter der Bevölkerung aufgeräumt **3** ⟨800⟩ **mit jmdm. od. etwas** ~ ⟨umg.⟩ *Schluss machen, beseitigen;* der Staat hat endgültig mit den Verbrechern aufgeräumt; mit den Lügen, Vorurteilen ~; sie hat mit der Vergangenheit aufgeräumt

auf|**recht** ⟨Adj.⟩ **1** *gerade, in aufgerichteter Haltung;* ~ gehen, stehen; einen Kranken ~ halten; diese Hoffnung hält sie noch ~ ⟨fig.⟩; sich vor Müdigkeit nicht mehr ~ halten können; das Aufrechtgehen fällt ihm noch schwer **2** ⟨fig.⟩ *aufrichtig, rechtschaffen, unbestechlich;* ein ~er Mensch, Charakter; eine ~e Gesinnung haben

auf|**recht**|**er**|**hal**|**ten** ⟨V. 160/500⟩ *etwas* ~ *beibehalten, (weiterhin) bestehen lassen, fort-, weiterführen;* eine Zusage ~; die Ordnung ~

auf|**re**|**gen** ⟨V.⟩ **1** ⟨500/Vr 7⟩ *jmdn. od. sich* ~ *erregen;* viel Besuch regt den Kranken auf; regen Sie sich nicht auf; die Kinder sind vor Freude, Spannung ganz aufgeregt; sich wegen jeder Kleinigkeit ~; er kam aufgeregt ins Zimmer gestürzt; ein ~des Buch, Theaterstück • 1.1 deine Leistungen sind nicht sehr ~d ⟨umg.; scherzh.⟩ *sind durchschnittlich* **2** ⟨550/Vr 3⟩ **sich über jmdn.** od. **etwas** ~ ⟨umg.⟩ *sich empören;* das ganze Dorf regt sich über sie auf; die Nachbarn haben sich über ihr Kleid aufgeregt **3** ⟨500⟩ *etwas* ~ ⟨geh.; veraltet⟩ *aufwühlen;* Gedanken, Gefühle in jmdm. ~

Auf|**re**|**gung** ⟨f.; -, -en⟩ **1** *heftige innerliche Bewegung der Gefühle;* er konnte vor ~ kaum sprechen; wir müssen dem Kranken jede ~ ersparen; sie machte in der ~ alles verkehrt; in ~ geraten; in ~ bringen **2** *Unruhe, Durcheinander;* nach dieser Nachricht entstand eine große ~; er fand die Gesellschaft in heller ~

auf|**rei**|**ben** ⟨V. 196/500/Vr 7⟩ **1** ⟨530⟩ **jmdm.** od. **einem Lebewesen etwas** ~ *wundreiben;* der Sattel hat dem Pferd die Haut aufgerieben **2** ⟨Vr 8⟩ *jmdn. od. etwas* ~ *vernichten;* die Truppen des Feindes wurden völlig aufgerieben **3** ⟨Vr 7 od. Vr 8⟩ *jmdn. od. etwas* ~ *überbeanspruchen u. völlig verbrauchen;* seine Kräfte ~; du reibst dich für deine Familie auf; sie reibt sich bei der Pflege für den Kranken (völlig) auf; eine ~de Tätigkeit **4** *den Boden* ~ ⟨österr.⟩ *mit Seife (und Scheuerbürste) säubern*

auf|**rei**|**ßen** ⟨V. 198⟩ **1** ⟨500⟩ *etwas* ~ *durch Reißen öffnen;* einen Brief ~; sie riss das Päckchen gleich auf • 1.1 *auseinanderreißen, zerreißen;* eine Naht, ein Kleid ~ • 1.2 *aufbrechen, aufhacken;* den Fußboden,

das Pflaster, die Straße ~ • 1.3 ⟨fig.⟩ *schnell u. weit öffnen;* die Augen, den Mund ~ **2** ⟨400⟩ *etwas reißt auf öffnet sich durch Druck od. Schlag, platzt auf, spaltet sich;* die Haut, Naht, Wunde ist aufgerissen **3** ⟨500⟩ *etwas* ~ *einen Aufriss von etwas zeichnen* **4** ⟨500⟩ *jmdn.* ~ ⟨salopp⟩ *jmdn. ansprechen, mit jmdn. sexuellen Kontakt suchen;* sie gehen nur in die Diskothek, um Mädchen aufzureißen

auf|**rei**|**zen** ⟨V. 505⟩ **1** *jmdn.* ~ *aufhetzen, zur Auflehnung veranlassen;* jmdn. zum Widerstand ~; die Massen mit Hetzreden ~ **2** *jmdn. od. etwas* ~ *mutwillig, absichtlich erregen;* das Bild reizte seine Fantasie stark auf; sie reizte mit ihrem Lächeln die Männer auf; eine ~de Farbe, Musik; deine Gleichgültigkeit ist (geradezu) ~d

auf|**rich**|**ten** ⟨V. 500⟩ **1** ⟨Vr 7⟩ *jmdn. od. etwas* ~ *geraderichten u. senkrecht stellen;* einen Kranken, Gestürzten ~; sich langsam, mühsam kerzengerade ~; den Oberkörper, den Rücken ~; die Blumen richten sich nach dem Regen auf **2** *etwas* ~ *errichten;* ein Denkmal, ein Gebäude, eine Mauer ~ • 2.1 = *aufstellen (1);* einen Mast, einen Pfahl, ein Zeichen ~ **3** ⟨Vr 7⟩ *jmdn. od. etwas* ~ ⟨fig.⟩ *trösten, seelisch stärken, Mut zusprechen;* sie hat ihn durch freundlichen Zuspruch aufgerichtet; er richtete sich in seiner Verzweiflung an ihr auf; er hat ihr Selbstvertrauen wieder einmal aufgerichtet

auf|**rich**|**tig** ⟨Adj.⟩ *ehrlich, offen;* ~en Dank!; ein ~er Mensch; ~e Teilnahme!; es tut ihm ~ leid; ~ zu jmdn., gegen jmdn. sein; ~ seine Meinung sagen

auf|**rol**|**len** ⟨V. 500⟩ **1** *etwas* ~ *auf eine Rolle wickeln;* Garn ~; ein Seil ~ **2** *Zusammengerolltes* ~ *öffnen, entrollen;* eine Papierrolle ~ • 2.1 ⟨Vr 3⟩ *etwas rollt sich auf wickelt sich von einer Rolle ab;* das Band hat sich aufgerollt **3** *eine Sache* ~ ⟨fig.⟩ *einer Sache nachgehen, eine Sache gründlich untersuchen, umfassend behandeln;* wir müssen die Frage, das Problem noch einmal ~ **4** *das Feld in einem Rennen von hinten* ~ ⟨fig.; Sp.⟩ *in einem Rennen von einer zurückliegenden Position aus nach vorne an die Spitze sprinten*

Auf|**ruf** ⟨m.; -(e)s, -e⟩ **1** *das Aufrufen;* ~ des Namens; bei od. nach ~ bitte vortreten **2** *Vorladung;* ~ zur Aussage (vor Gericht) • 2.1 *öffentliche Aufforderung, Appell;* ~ zum Widerstand; Streik~

auf|**ru**|**fen** ⟨V. 204/500⟩ **1** *jmdn. od. etwas* ~ *(öffentlich) beim Namen nennen* • 1.1 *jmdn.* ~ *durch Rufen zum Erheben od. Sichmelden veranlassen;* einen Schüler ~; Sie müssen warten, bis Sie aufgerufen werden • 1.2 *Banknoten* ~ *für ungültig erklären* **2** ⟨550/Vr 8⟩ *jmdn. zu etwas* ~ • 2.1 *zu einem bestimmten Zwecke rufen, auffordern* • 2.2 *vorladen;* einen Zeugen (zur Aussage) ~ • 2.3 *an jmdn. appellieren;* zur Teilnahme, zum Widerstand ~ **3** *etwas* ~ ⟨geh.⟩ *wachrufen, an etwas appellieren;* die Einbildungskraft, jmds. Gewissen ~

Auf|**ruhr** ⟨m.; -s, -e; Pl. selten⟩ **1** *starke innere Erregung;* ~ der Gefühle; jmdn., jmds. Gefühle in ~ bringen; sein Herz war in ~ **2** ⟨geh.⟩ *heftige Unruhe, Bewegtheit;* der ~ der (Natur-)Elemente; die ganze Natur war in ~ **3** *Erhebung gegen die Staatsgewalt,*

aufrühren

Empörung; einen ~ *stiften, unterdrücken;* der ~ *brach im ganzen Land aus;* die Soldaten stehen in ~

auf|rüh|ren ⟨V. 500⟩ **1** einen dickflüssigen **Stoff** ~ *einen S. rühren, damit seine festen Bestandteile gleichmäßiger verteilt werden;* Farbe ~ **2** *etwas Vergessenes wieder in Erinnerung bringen;* alte Geschichten, Streitereien ~ **3** ⟨selten⟩ *in Aufruhr bringen, aufhetzen;* die Massen, das Volk ~

auf|rüh|re|risch ⟨Adj.⟩ *in Aufruhr befindlich, zum Aufruhr auffordernd;* ~e Reden schwingen

auf|run|den ⟨V. 500⟩ **eine Summe** ~ *nach oben abrunden, die Endziffern einer Zahl durch Nullen ersetzen u. die letzte verbleibende Stelle auf eine runde Zahl erhöhen;* 6,80 € auf 7,00 € ~

auf|rüs|ten ⟨V.; Mil.⟩ **1** ⟨400⟩ *die Streitkräfte u. ihre Ausrüstung verstärken;* ein Staat rüstet auf **2** ⟨500⟩ **etwas** ~ *mit Streitkräften, Waffen versehen* • **2.1** ein Land atomar ~ *mit Atomwaffen versehen*

auf|rüt|teln ⟨V. 500/Vr 7 od. Vr 8⟩ **1** jmdn. ~ *durch Rütteln aufwecken;* einen Schlafenden ~; jmdn. aus dem Schlaf ~ **2** jmdn. od. etwas ~ ⟨fig.⟩ *energisch zum Tun ermahnen;* jmdn. aus seinen Träumereien, seiner Gleichgültigkeit ~ • **2.1** *zu einer Einsicht bringen;* die öffentliche Meinung ~; eine ~de Rede dieser erklären

auf|sa|gen ⟨V. 500⟩ **1** etwas ~ *auswendig hersagen, sprechen;* ein Gedicht ~ **2** jmdm. die **Freundschaft** ~ *jmdm. die F. kündigen, die F. mit jmdm. für beendet erklären*

auf|säs|sig ⟨Adj.⟩ **1** *ungehorsam, widerspenstig, trotzig;* ein ~es Kind; ein ~er Schüler **2** *rebellisch;* man hörte ihn ~e Reden halten; eine Gruppe ~er Soldaten

Auf|satz ⟨m.; -es, -sät|ze⟩ **1** *aufgesetztes Stück, Aufbau;* ein Schreibtisch mit einem ~ für Bücher; Altar~ **2** ⟨Mil.⟩ *Teil der Visiereinrichtung von Geschützen, mit dem die Stellung des Rohrs zur Waagerechten eingestellt wird;* Gewehr~ **3** *mehrere an einem Stab übereinander angeordnete Schalen od. Teller für Obst, Konfekt o. Ä.;* Porzellan-, Obst-, Tafel~ **4** *kurze schriftliche Arbeit zu einem vom Lehrer gestellten Thema;* der beste ~ wird den Schülern vorgelesen; die Aufsätze wurden vom Lehrer korrigiert; Deutsch~ **5** *wissenschaftliche Abhandlung;* einen kritischen, polemischen ~ schreiben, in der Zeitung bringen; dieses Buch enthält mehrere Aufsätze zum Thema Drogen; Zeitschriften~

auf|sau|gen ⟨V. 206/500⟩ **1** etwas ~ *saugend in sich aufnehmen;* das Wasser vom Boden ~ • **1.1** ⟨511⟩ *etwas in sich* ~ ⟨fig.⟩ *etwas begierig in sich aufnehmen, sich etwas mit großem Eifer einprägen;* den neuen Lehrstoff mit großem Wissensdrang in sich ~ **2** etwas saugt jmdn. auf ⟨fig.⟩ *etwas verbraucht jmds. Kräfte*

auf|scheu|chen ⟨V. 500⟩ **1** *durch heftige Bewegungen od. Worte aus der Ruhe bringen, hochjagen, vertreiben;* die Krähen vom Feld ~ • **1.1** jmdn. ~ ⟨fig.⟩ *jmdn. von einer in Ruhe ausgeübten Tätigkeit heftig hochjagen;* das Kind aus dem Schlaf ~

auf|schie|ben ⟨214/500⟩ **1** etwas ~ *durch Schieben öffnen;* eine (Schiebe-)Tür, ein Fenster ~ • **1.1** *zurückschieben;* den Riegel ~ **2** **Förderwagen** ~ ⟨Bgb.⟩ *in den Förderkorb schieben* **3** etwas ~ ⟨fig.⟩ *auf einen späteren Zeitpunkt verlegen, verzögern;* eine Reise, ein Vorhaben ~; etwas von einem Tag zum anderen ~; die Operation lässt sich nicht länger ~ • **3.1** *aufgeschoben ist nicht aufgehoben* ⟨Sprichw.⟩ *wenn man etwas verschoben hat, braucht es noch nicht ungültig zu sein*

auf|schie|ßen ⟨V. 215⟩ **1** ⟨400⟩ **etwas** schießt auf ⟨a. fig.⟩ *etwas schießt in die Höhe, bewegt sich rasch nach oben;* eine riesige Flamme schoss aus dem Dach auf; die Vögel schossen nach dem Schuss in alle Richtungen auf; er schoss vom Sessel auf; eine wilde Angst schoss in ihm auf • **1.1** ⟨fig.⟩ *rasch (aus dem Bodenwachsen, größer werden;* die Saat, das Unkraut schoss nach dem Regen üppig auf; in der Gegend sind die Häuser wie Pilze aus der Erde aufgeschossen **2** ⟨500; Mar.⟩ • **2.1 Tauwerk** ~ *in regelmäßigen Buchten in der Hand od. an Deck gebrauchsfertig zusammennehmen.* **2.2** ein **Segelschiff** ~ *mit dem Bug in den Wind drehen, um es zum Stehen zu bringen*

Auf|schlag ⟨m.; -(e)s, -schlä|ge⟩ **1** *das Aufschlagen, heftiger Fall auf eine Fläche;* das Flugzeug explodierte nach dem ~; man hörte den dumpfen ~ des Körpers **2** ⟨Tennis⟩ *erster Schlag;* er hat einen harten, weichen ~; den ~ haben, verlieren **3** *nach oben umgeschlagener od. aufgesetzter Rand an Kleidungsstücken;* eine Jacke mit roten Aufschlägen; eine Hose mit breiten Aufschlägen **4** *Erhöhung des Preises, Verteuerung;* für die Sondermarken muss ein ~ gezahlt werden; der ~ bei Luxusartikeln beträgt 50 % **5** ⟨Weberei⟩ Kette **6** ⟨Forstw.⟩ *die aus schwerem, ungeflügeltem Samen, wie von Bucheckern, Eicheln, Kastanien, ohne menschliches Nachhelfen entstandenen Bäume u. Sträucher*

auf|schla|gen ⟨V. 218⟩ **1** ⟨400(s.)⟩ *auf einer Fläche auftreffen, aufprallen;* der Körper des Stürzenden schlug auf dem Boden auf; das Geschoss schlug auf der Hauswand auf **2** ⟨500⟩ **etwas** ~ *zerschlagen* • **2.1** *durch einen Schlag öffnen;* ein Ei, eine Nuss ~ • **2.1.1** ein **Fass** ~ *anzapfen* • **2.2** *durch einen Aufprall verletzen;* den Kopf ~; sich das Knie ~ **3** ⟨500⟩ **etwas** ~ *öffnen* • **3.1** ein **Buch** ~ *aufblättern* • **3.2** eine **Seite, Stelle** (im Buch) ~ *aufsuchen, nachschlagen* • **3.3 Karten** ~ *aufdecken, offen hinlegen (um daraus wahrzusagen)* • **3.4** die **Bettdecke** ~ *umschlagen, zurückschlagen, aufdecken* **3.5** die **Augen** ~ *die Lider öffnen* • **3.5.1** die Augen zu jmdm. ~ *zu jmdm. emporblicken* **4** ⟨500⟩ **etwas** ~ *in die Höhe schlagen* • **4.1** die **Ärmel** ~ *aufkrempeln* • **4.2** den **Kragen** ~ *emporstellen, hochschlagen* **5** ⟨500⟩ **etwas** ~ *aufstellen, errichten, aufbauen;* Ggs abschlagen (2); ein Bett ~; ein Lager, ein Zelt ~; die Truppe schlug ihr Quartier in einem Bauernhof auf; seinen Wohnsitz ~ **6** ⟨402 od. 405⟩ (etwas) ~ *den Preis erhöhen;* →a. abschlagen (3); der Lebensmittelhändler hat eine ganze Menge aufgeschlagen • **6.1** ⟨400⟩ **etwas** schlägt auf *wird teurer, angehoben, erhöht sich (im Preis);* eine Ware schlägt auf; die Preise haben wieder aufgeschlagen **7** ⟨400(s.)⟩ etwas schlägt auf *schlägt in die Höhe;* die Flammen schlugen hoch auf **8** ⟨400; Tennis⟩ *den ersten Schlag tun;* wer schlägt auf? **9** ⟨500⟩

Maschen ~ *die ersten M. für eine Strickerei od. Häkelei auf die Nadel nehmen*
auf|**schlie**|**ßen** ⟨V. 222/500⟩ **1** *etwas ~ mit einem Schlüssel öffnen;* eine Tür, ein Schubfach ~ **2** ⟨530/ Vr 7⟩ **jmdm. sich** od. **etwas ~** ⟨fig.; geh.⟩ *offenbaren* • **2.1** jmdm. sein Herz ~ *sich jmdm. anvertrauen* • **2.2** ⟨Vr 3⟩ **sich ~** *sich anvertrauen, andere an eigenen Erlebten teilnehmen lassen;* er schloss sich ihr auf **3** eine Mine ~ ⟨Bgb.⟩ *abbaureif machen, den Abbau eröffnen* **4** Erde ~ *aufbereiten, zerkleinern* **5 wasserunlösliche Stoffe ~** ⟨Chem.⟩ *in Stoffe umwandeln, die in Wasser löslich sind* • **5.1** *die Verdauungssäfte schließen die Nahrung auf lösen sie auf, wandeln sie chemisch um* **6** ⟨400 od. 411⟩ *sich an den Vorder- od. Nebenmann anschließen, nachrücken;* in der Kassenschlange ~
Auf|**schluss** ⟨m.; -es, -schlüs|se⟩ **1** *Aufklärung, Auskunft;* ~ erhalten (über); jmdm. ~ geben (über); sich ~ verschaffen (über) **2** ⟨Geol.⟩ *Stelle, an der ein sonst verborgenes Gestein zutage tritt* **3** ⟨Bgb.⟩ • **3.1** *Fundstelle jeder Lagerstätte* **3.2** *Grubenbau, der (noch) nicht der Förderung von Bodenschätzen dient*
auf|**schluss**|**reich** ⟨Adj.⟩ *reich an Auskünften, aufklärend, informativ;* das Gespräch war sehr ~; eine ~e Darstellung der vorliegenden Zusammenhänge
auf|**schnap**|**pen** ⟨V.⟩ **1** ⟨500⟩ **etwas ~** *mit dem Maul auffangen;* der Hund schnappt die Fleischwurst auf • **1.1** ⟨fig.; umg.⟩ *zufällig hören, zufällig erfahren;* Kinder schnappen aus den Gesprächen der Erwachsenen manches auf **2** ⟨400(s.)⟩ *sich öffnen;* die Tür schnappte endlich auf
auf|**schnei**|**den** ⟨V. 227⟩ **1** ⟨500⟩ **etwas ~** *durch Schneiden öffnen;* einen Briefumschlag, einen Knoten ~; der Arzt hat ihm ein Geschwür aufgeschnitten; sie hat sich die Pulsadern aufgeschnitten; dem Verletzten den Verband ~ • **1.1** ein Buch ~ *seine außen zusammenhängenden Seiten trennen* • **1.2** **etwas ~** *in Scheiben schneiden;* Brot, Wurst ~; aufgeschnittener Braten **2** ⟨400; fig.; umg.⟩ ⟨abwertend⟩ *prahlen, übertreiben;* er hat ziemlich aufgeschnitten
Auf|**schnei**|**der** ⟨m.; -s, -⟩ *jmd., der aufschneidet, übertreibt*
Auf|**schnitt** ⟨m.; -(e)s; unz.⟩ **1** *in Scheiben geschnittenes, verschiedenartiges Fleisch (Wurst, Schinken, Braten);* kalter, gemischter ~ **2** ⟨schweiz.⟩ *Prahlerei, Aufschneiderei*
auf|**schre**|**cken** ⟨V.⟩ **1** ⟨500⟩ **jmdn. ~** *durch einen Schreck jäh auffahren lassen;* ein Aufschrei hat ihn aufgeschreckt; die seltsamen Geräusche in der Nacht schreckten ihn auf • **1.1 Tier ~** ⟨Jägerspr.⟩ *aus dem Lager scheuchen u. wegjagen;* einen Hasen durch Lärm ~ **2** ⟨a. 229 Part. Perf. aufgeschreckt; 400(s.)⟩ *plötzlich vor Schreck auffahren, sich aufrichten;* aus dem Schlaf, aus tiefem Sinnen ~; das Kind schrak nachts aus einem bösen Traum auf
auf|**schrei**|**ben** ⟨V. 230/500/Vr 5⟩ (**sich**) **etwas ~** *niederschreiben, schriftlich festhalten, zu Papier bringen, notieren;* seine Memoiren ~; ich habe mir seine Telefonnummer aufgeschrieben
auf|**schrei**|**en** ⟨V. 231/400⟩ *plötzlich einen kurzen Schrei ausstoßen;* vor Freude, Schmerz, Schreck ~; die Zuschauer schrien auf
Auf|**schrift** ⟨f.; -, -en⟩ *etwas Daraufgeschriebenes, Beschriftung;* ~ auf einem Schild; Pullover mit ~
Auf|**schub** ⟨m.; -(e)s, -schü|be⟩ **1** *Zeit, für od. um die etwas aufgeschoben wird, Verzögerung, Frist;* ~ gewähren (geh.); um ~ bitten; die Sache duldet keinen ~; jmdm. zwei Monate ~ geben (geh.) • **1.1 ohne ~** *sofort, unverzüglich*
auf|**schwin**|**gen** ⟨V. 237⟩ **1** ⟨500/Vr 3⟩ **sich ~** *sich in die Höhe schwingen;* der Vogel schwang sich auf **2** ⟨550/ Vr 3⟩ **sich zu etwas ~** ⟨fig.; umg.⟩ *mit Mühe entschließen, etwas zu tun, sich aufraffen zu etwas;* ich kann mich nicht (dazu) ~, dieses Buch nochmal zu lesen **3** ⟨400⟩ **etwas schwingt auf** *öffnet sich schwingend;* das Tor schwang weit auf
Auf|**schwung** ⟨m.; -(e)s, -schwün|ge⟩ **1** ⟨Sp.⟩ *Wechsel der Position an einem Gerät, vom Hang mit Schwung in den Stütz, wobei der Körper eine volle Drehung um seine Querachse ausführt;* ~ am Reck, am Barren **2** ⟨fig.; geh.⟩ *stimmungsmäßiger Auftrieb;* die Reise gab ihr neuen ~; ~ der Fantasie **3** ⟨Wirtsch.⟩ *eine Phase der Konjunktur, die dem unteren Wendepunkt folgt, Aufstieg;* die Industrie, Wirtschaft erlebte, nahm einen bedeutenden, großen, ungeheueren ~ • **3.1 etwas nimmt** einen ~ *entwickelt sich schnell u. gut*
auf|**se**|**hen** ⟨V. 239⟩ **1** ⟨400⟩ *in die Höhe sehen, emporblicken;* zum Himmel, zu den Sternen ~; fragend, dankend, lächelnd zu jmdm. ~; er arbeitete, ohne aufzusehen; er sah kaum, nicht von der Arbeit auf **2** ⟨800⟩ **zu jmdm. ~** ⟨fig.⟩ *jmdn. bewundern, verehren;* sie sah ehrfürchtig, mit Bewunderung zu ihm auf; er ist jemand, zu dem man ~ kann
Auf|**se**|**hen** ⟨n.; -s; unz.⟩ **1** *durch ein besonderes Ereignis hervorgerufene starke allgemeine Aufmerksamkeit;* Sy *Sensation (1);* seine Heirat erregte großes ~; die Sache ging ohne ~ vor sich; ~ machen, verursachen; ~ vermeiden **2** ⟨Getrennt- u. Zusammenschreibung⟩ • **2.1** ~ erregend = *aufsehenerregend*
auf|**se**|**hen**|**er**|**re**|**gend** *auch:* **Auf**|**se**|**hen er**|**re**|**gend** ⟨Adj.⟩ *so beschaffen, dass es Aufsehen erregt;* ein ~er Vorfall; ⟨bei Steigerung od. Erweiterung der gesamten Fügung nur Zusammenschreibung⟩ die Premiere des „Hamlet" war (viel) aufsehenerregender als erwartet; ein sehr aufsehenerregendes Ereignis; ⟨bei Erweiterung des Erstbestandteils nur Getrenntschreibung⟩ viel Aufsehen erregend
Auf|**se**|**her** ⟨m.; -s, -⟩ *jmd., der Aufsicht führt, Wächter, Aufsicht (2);* ~ im Museum
Auf|**se**|**he**|**rin** ⟨f.; -, -rin|nen⟩ *weibl. Aufseher*
auf|**sein** ⟨alte Schreibung für⟩ *auf sein*
auf|**sei**|**ten** *auch:* **auf Sei|ten** ⟨Präp. m. Gen.⟩ *bei (der Partei);* ~ der Opposition, der Regierung, der Revolutionäre stehen
auf|**set**|**zen** ⟨V.⟩ **1** ⟨500⟩ **etwas ~** *auf etwas anderes setzen;* ein Stockwerk (auf ein Haus) ~; Taschen auf einen Mantel ~ • **1.1** die Brille ~ *auf die Nase setzen* • **1.2** den Hut ~ *auf den Kopf setzen* • **1.3** *zum Kochen auf den Herd stellen;* Essen, Kartoffeln, Wasser ~

Aufsicht

• 1.4 ein **Lächeln,** eine **Miene** ~ *bewusst zeigen;* eine mürrische, unfreundliche Miene, eine Amtsmiene ~ • 1.4.1 seinen Dickkopf, Trotzkopf ~ ⟨fig.⟩ *eigensinnig, trotzig sein;* →a. Horn (6), Krone (1.1; 5.2), Licht (2.1) **2** ⟨400⟩ *auf etwas treffen, eine Unterlage, den Boden berühren;* das Flugzeug setzte hart, weich (auf dem Boden) auf **3** ⟨500/Vr 3⟩ **sich** ~ *sich (aus dem Liegen) zum Sitzen aufrichten;* zum Essen musst du dich ~ **4** ⟨500⟩ **etwas** ~ *(vorläufig schriftlich) abfassen, entwerfen, aufstellen, ins Unreine schreiben;* eine Rechnung ~; den Text für eine Rede ~ **5** ⟨400⟩ Hirsche, Rehe setzen auf ⟨Jägerspr.⟩ *bilden Gehörn, Geweih neu*

Auf|sicht ⟨f.; -, -en⟩ **1** ⟨unz.⟩ *Überwachung, Beaufsichtigung;* Bau-, Rechts~; die ~ führen, haben (über) unter jmds. ~ stehen; jmdn. unter polizeiliche ~ stellen; das Kind darf nicht ohne ~ sein, bleiben; in der großen Pause hat der neue Lehrer ~ auf dem Schulhof **2** ⟨unz.; umg.⟩ *Person od. Stelle, die die Aufsicht hat, Aufseher;* melden Sie sich bitte bei der ~!; er fragte bei der ~ **3** ⟨Math.⟩ *Sicht von oben;* einen Gegenstand, Körper in ~ zeichnen **4** ⟨Getrennt- u. Zusammenschreibung⟩ • 4.1 ~ führen = *aufsichtführend*

auf|sicht|füh|rend *auch:* **Auf|sicht füh|rend** ⟨Adj. 24/60⟩ **1** *die Beaufsichtigung führend, andere beaufsichtigend;* der ~e Lehrer **2** ~er **Richter** ⟨Rechtsw.⟩ *R., der die Dienstaufsicht an einem mit mehreren Richtern besetzten Amtsgericht hat*

auf|sit|zen ⟨V. 246⟩ **1** ⟨400(s.)⟩ *sich auf ein Reittier, ein Fahrzeug setzen;* er hat ihn auf dem Wagen, auf dem Motorrad (hinten) ~ lassen • 1.1 aufgesessen! *zu Pferde! (Kommando)* **2** ⟨400⟩ *nicht zu Bett gehen, aufbleiben;* er ist wieder die ganze Nacht aufgesessen **3** ⟨400(s.); Seemannsspr.⟩ *auf Grund geraten, auf-, festlaufen, stranden* **4** ⟨600(s.)⟩ **jmdm.** ~ *beschwerlich fallen, lästig werden* **5** ⟨600(s.)⟩ **jmdm.** od. einer **Sache** ~ *sich von jmdm. od. einer S. täuschen lassen;* er ist ihm (schön) aufgesessen **6 jmdn.** ~ **lassen** ⟨fig.; umg.⟩ *jmdn. versetzen, jmdn. durch Nichteinhalten einer Verabredung od. Zusage in eine unangenehme Lage bringen*

auf|sper|ren ⟨V. 500⟩ **1** etwas ~ ⟨regional⟩ *mittels Schlüssels od. Riegels öffnen, aufschließen;* eine Tür, ein Schubfach ~ **2 etwas** ~ ⟨umg.⟩ *weit öffnen, aufmachen;* den Schnabel, den Rachen ~; Türen und Fenster weit ~, damit frische Luft hereinkommt • 2.1 Mund u. Nase ~ ⟨fig.; umg.⟩ *sehr verwundert, überrascht sein* • 2.2 die Ohren ~ ⟨fig.; umg.⟩ *genau, aufmerksam zuhören*

auf|spie|len ⟨V.⟩ **1** ⟨500⟩ (zu) **etwas** ~ *Musik machen;* los, spiel eins auf!; zum Tanz ~ **2** ⟨413; Sp.⟩ *in einer bestimmten Weise spielen;* groß, glanzvoll ~ **3** ⟨500/Vr 3⟩ **sich** ~ ⟨fig.; umg.; abwertend⟩ *wichtigtun, angeben, prahlen;* spiel dich nicht so auf; er spielte sich vor ihr gern auf • 3.1 ⟨518⟩ **sich als jmd.** ~ *so tun, als ob man jmd. wäre;* sich als feiner Mann ~; sich als Sachverständiger ~

auf|sprin|gen ⟨V. 253(s.)/400⟩ **1** *in die Höhe springen, sich mit einem Sprung erheben;* vom Stuhl, aus dem Bett ~ • 1.1 *auf etwas* ~ *mit einem Sprung, Satz auf etwas auftreffen;* er ist auf den fahrenden Zug aufgesprungen **2** ⟨411⟩ **etwas** *springt auf* • 2.1 *öffnet sich;* die Tür, das Fenster ist aufgesprungen • 2.2 *wird rissig, wund;* aufgesprungene Hände haben

auf|spü|ren ⟨V. 500⟩ **1** jmdn. od. ein **Tier** ~ *durch Verfolgen der Spur entdecken, im Versteck finden;* der Hund hat zwei Hasen aufgespürt; die Polizei spürte den Verbrecher auf • 1.1 ⟨fig.⟩ *entdecken;* neue, junge Talente ~

Auf|stand ⟨m.; -(e)s, -stän|de⟩ *Empörung, Erhebung gegen eine bestehende Ordnung;* Sy *Revolte;* ~ der Massen; ein ~ bricht aus; bewaffneter ~

auf|stän|disch ⟨Adj.⟩ *in einem Aufstand begriffen, die Gefolgschaft verweigernd, rebellisch;* ~e Truppen; ~e Arbeiter

auf|stau|en ⟨V. 500⟩ **1 etwas** ~ *etwas stauen u. eine größere Menge davon ansammeln;* einen Fluss ~ • 1.1 ⟨Vr 3⟩ etwas staut sich auf *sammelt sich an;* die Eisschollen stauen sich am Ufer auf • 1.2 ⟨511⟩ **etwas in sich** ~ ⟨fig.⟩ *etwas (über einen längeren Zeitraum) in sich ansammeln;* die Wut, der Hass staute sich in ihm auf

auf|ste|cken ⟨V. 500⟩ **1** etwas ~ *auf etwas stecken, draufstecken;* eine Flagge ~ **2** etwas ~ *hochstecken;* seinen Rock, ein Kleid ~; sich das Haar ~ **3** ⟨402⟩ (eine **Sache**) ~ ⟨fig.; umg.⟩ *aufgeben, (damit) aufhören, (darauf) verzichten;* die Arbeit, einen Beruf ~; sie hat das Klavierspielen aufgesteckt; er hat (zu) früh aufgesteckt

auf|ste|hen ⟨V. 256⟩ **1** ⟨400(s.)⟩ *sich auf die Füße stellen, sich zum Stehen aufrichten;* Sy *erheben* (2, 2.1); vom Boden, vom Stuhl ~; beim Aufstehen schmerzt mich der Fuß noch • 1.1 ⟨400⟩ (aus dem Bett) ~ *das Bett verlassen;* früh, spät ~; das Aufstehen am Morgen fällt mir schwer; ich stehe jeden Tag um 6 Uhr auf; nach einer Krankheit wieder ~ • 1.1.1 da musst du (schon) **früher** ~ *(wenn du mich übers Ohr hauen willst)! da musst du dich beeilen, besser aufpassen;* →a. linke (3.1) • 1.2 ⟨800⟩ • 1.2.1 in der Straßenbahn **vor** alten Leuten ~ *ihnen seinen Platz anbieten* • 1.2.2 von der **Mahlzeit,** vom Essen, vom Tisch ~ *die M. beenden* **2** ⟨400(s.)⟩ *ein Prophet ist aufgestanden* ⟨fig.⟩ *hat sich erhoben, ist an die Öffentlichkeit getreten* • 2.1 ⟨800⟩ ~ **gegen** *sich auflehnen, empören, erheben gegen* **3** ⟨411⟩ **auf** etwas ~ *auf einem Untergrund stehen;* der Schrank steht mit der Unterseite auf dem Boden auf **4** ⟨400⟩ Fenster, Türen, Schubfächer stehen auf *sind offen*

auf|stei|gen ⟨V. 258/400(s.)⟩ **1** *auf ein Reittier, ein Fahrzeug steigen;* er hatte Mühe, auf das Pferd aufzusteigen • 1.1 **jmdn.** ~ **lassen** *mit einem Fahrzeug (Motorrad, Fahrrad) mitnehmen* **2** *in die Höhe steigen;* Nebel, Rauch steigt auf; ein Flugzeug, Vogel steigt auf; die Gestirne steigen am Horizont auf; einen Drachen ~ lassen; ein Gewitter steigt auf; die Tränen stiegen ihr auf; gegen die ~den Tränen ankämpfen; Übelkeit stieg in mir auf • 2.1 *sich auf dem ~den Ast befinden* ⟨fig.⟩ *vorwärtskommen* • 2.2 Blutsverwandte in der ~den Linie *alle Vorfah-*

ren von jmdm. • **2.3** ⟨403 od. 410⟩ eine **Sache** steigt auf ⟨fig.; geh.⟩ *taucht auf, kommt hoch; mir stieg der Gedanke auf; ein Bild stieg vor mir, vor meinem inneren Auge auf; Erinnerungen steigen in mir auf* **3** *aufrücken, eine höhere Stellung erreichen* • **3.1** ⟨Sp.⟩ *in eine höhere Leistungsklasse eintreten*

auf|stel|len ⟨V. 500⟩ **1 jmdn.** od. **etwas** ~ *in eine aufrechte Stellung bringen;* ein Denkmal, Zelt ~; etwas Umgefallenes wieder ~ • **1.1** eine **Vorrichtung** ~ *so hinstellen, dass sie richtig arbeiten, wirken kann;* eine Maschine, eine Falle ~ • **1.1.1** ein **Bett** ~ *zusammensetzen, aufschlagen* • **1.2** (eine Gruppe von) **Personen** ~ *für einen bestimmten Zweck auswählen u. ihnen (ihr) eine Aufgabe zuweisen;* Posten, Wachen ~; eine Mannschaft ~ (bes. Sp.) • **1.2.1 Truppen** ~ *einziehen u. kampfbereit machen* • **1.2.2 Kandidaten** ~ *nennen u. zur Wahl vorschlagen;* jmdn. als Wahlkandidaten ~; sich als Kandidaten ~ lassen • **1.2.3** ⟨Vr 3⟩ **sich** ~ *antreten, sich (wartend) hinstellen* **2 etwas** (in einer **Ordnung**) ~ *(schriftlich) zusammenstellen, zusammenfassen, ordnen;* eine Liste, Rechnung ~; in Reihen ~ • **2.1** einen **Rekord** ~ *einen R. erreichen* • **2.2** (neue) Systeme, Theorien, Grundsätze, Regeln ~ *erdenken (u. veröffentlichen od. anwenden);* den Beweis ~, dass … • **2.2.1** einen **Tarif** ~ *festsetzen, schaffen* • **2.2.2** eine Behauptung ~ *etwas behaupten*

Auf|stel|lung ⟨f.; -, -en⟩ **1** *das Aufstellen, Errichtung;* die ~ eines Denkmals, eines Gerüstes; die ~ einer Wache, eines Beobachters • **1.1** ~ **nehmen** *sich aufstellen;* die Soldaten nahmen ~ im Wald **2** *das Zusammenstellen, Formierung;* die ~ eines Heeres, einer Armee, eines Orchesters • **2.1** ⟨Sp.⟩ *vorgeschriebene Verteilung der Spieler am Anfang eines sportlichen Spieles od. nach einer Unterbrechung* **3** *Nominierung für eine Wahl;* die ~ der Kandidaten **4** *Liste;* eine ~ beifügen, einreichen, machen, vorlegen; laut ~; er nahm die ~ der Waren mit **5** *Ausarbeitung u. Formulierung;* die ~ einer Theorie, einer Regel

Auf|stieg ⟨m.; -(e)s, -e⟩ **1** ⟨unz.⟩ *das Aufsteigen (1-3);* ein leichter, schwerer, rascher ~; beim ~ auf den Berggipfel; nach seinem ~ zum Leiter des Unternehmens; der ~ zum führenden Staat Europas; der ~ in die 1. Bundesliga **2** *aufwärtsführender Weg;* ein bequemer, leichter, steiler, steiniger ~

auf|sto|cken ⟨V. 500⟩ **1** ein **Gebäude** ~ *ein Stockwerk aufsetzen, um ein Stockwerk erhöhen* **2 Kapital** ~ ⟨fig.; Wirtsch.⟩ *ein Kapital durch einen Zuschuss vergrößern;* ein Bankkonto um 10.000 € ~; die Finanzierung des Projekts durch öffentliche Anleihen ~

auf|sto|ßen ⟨V. 262⟩ **1** ⟨500⟩ **etwas** ~ *durch einen Stoß, ruckartig öffnen;* das Fenster, die Tür ~ **2** ⟨500 od. 530/Vr 5⟩ **etwas** ~ *heftig mit etwas auf eine Oberfläche stoßen, heftig etwas auf etwas anderes setzen, stellen;* er hat sich den Kopf aufgestoßen; sein Glas (auf den Tisch) ~; seinen Stock (auf den Boden) ~ • **2.1** ⟨411.)⟩ **auf etwas** ~ *mit etwas zusammenstoßen, gegen etwas anstoßen;* er ist (mit dem Kopf) auf den Boden, die Kante aufgestoßen **3** ⟨400.)⟩ *auf Grund stoßen, stranden, auflaufen;* das Schiff ist aufgestoßen **4** ⟨400⟩ *Luft aus dem Magen heraufdringen*

lassen; nach dem Essen hat er mehrere Male aufgestoßen • **4.1** ⟨600⟩ **etwas stößt jmdm.** auf *dringt aus dem Magen herauf;* das Bier stößt mir auf; an saurem Aufstoßen leiden • **4.1.1** das stößt mir sauer (übel) auf ⟨fig.⟩ *stört mich sehr, ärgert mich* **5** ⟨600.(s.)⟩ **etwas** *stößt jmdm. auf fällt jmdm. (als bemerkenswert) auf;* mir ist aufgestoßen, dass …; bei der Durchsicht der Bücher sind mir einige Dinge aufgestoßen, über die wir sprechen müssen

auf|stre|ben ⟨V. 400; geh.⟩ **1** *in die Höhe streben;* die Pappel strebt besonders hoch auf; die ~den gotischen Kirchen **2** (meist im Part. Präs.; fig.) *nach oben, vorwärtsstreben;* sie ist eine junge ~de Frau; die rasch ~de Industrie • **2.1** das ~de **Bürgertum** *das aufblühende, zur Macht strebende B.*

Auf|strich ⟨m.; -(e)s, -e⟩ **1** *das auf etwas Aufgestrichene, aufgestrichene Schicht;* Farb~ **2** ⟨Pl. selten⟩ *alles, was aufs Brot gestrichen wird,* z. B. Butter, Marmelade, Wurst; Brot~ **3** ⟨Mus.; Zeichen: V⟩ *Bogenstrich zu den Saiten hin (bei Streichinstrumenten)* **4** *aufwärtsführender Strich, Haarstrich (beim Schreiben)*

auf|stül|pen ⟨V. 500⟩ **1** ⟨503/Vr 5⟩ **etwas (jmdm. auf etwas)** ~ *achtlos, nachlässig auf etwas anderes setzen, legen;* (sich) den Hut, die Mütze (auf den Kopf) ~ **2 etwas** ~ *nach oben umschlagen;* die Ärmel, die Hutkrempe ~ • **2.1** die **Lippen** ~ *vorschieben, einen Schmollmund machen;* aufgestülpte Lippen

auf|stüt|zen ⟨V. 500⟩ **1** ⟨500/Vr 3⟩ **etwas** od. **sich** ~ *etwas od. sich auf etwas stützen, lehnen;* die Arme auf das/dem Tisch ~; er stützte sich auf das Geländer auf **2 jmdn.** ~ *jmdn. stützend aufsetzen, aufrichten;* einen Kranken, einen am Boden Liegenden ~

auf|su|chen ⟨V. 500⟩ **1** ⟨Vr 8⟩ **jmdn.** od. **etwas** ~ *(aus einem bestimmten Grund) zu jmdm. od. etwas gehen;* er suchte gleich nach seiner Ankunft seine Freunde, seine Verwandten, seine Bekannten auf; eine Bar, ein Gasthaus, eine Toilette ~ • **1.1** *besuchen;* darf ich Sie heute Abend ~?; wann darf ich Sie einmal ~? • **1.2** den **Arzt** ~ *konsultieren* **1.3** sein **Zimmer** ~ *in sein Z. gehen, sich in sein Z. zurückziehen* **2 etwas** ~ *an einer bestimmten Stelle suchen, nachsehen;* eine Straße auf dem Stadtplan ~; jmds. Telefonnummer, Adresse im Notizbuch ~ **3 etwas** ~ *suchend auflesen;* die Glassplitter, das Kleingeld vom Fußboden ~

auf|ta|keln ⟨V. 500⟩ **1** ein **Schiff** ~ ⟨Mar.⟩ *mit Takelwerk versehen;* sie takelte die Jacht nach dem Winter auf **2** ⟨Vr 3⟩ **sich** ~ ⟨fig.; umg.; abwertend⟩ *sich übertrieben anziehen, schminken, mit Schmuck behängen usw.;* sie ist aufgetakelt wie eine Fregatte; heute hat sie sich mächtig aufgetakelt

Auf|takt ⟨m.; -(e)s, -e⟩ **1** ⟨Mus.⟩ *unvollständiger Takt zu Beginn eines Musikstückes;* der erste Satz beginnt mit einem ~ **2** ⟨Metrik⟩ *unbetonter Teil eines Verses vor der ersten Hebung* **3** ⟨unz.; fig.⟩ *Beginn, Einleitung, Vorbereitung, Eröffnung (eines besonderen Ereignisses);* der unmittelbare ~ zum Ersten Weltkrieg war …; die Vorstellung war ein guter ~ zu den diesjährigen Festspielen

auf|tau|chen ⟨V. 400.(s.)⟩ **1** *aus dem Wasser hervorkommen, über dem Wasser sichtbar werden;* der Wal

auftauen

taucht in regelmäßigen Abständen auf, um Luft zu holen; wieder, nach einer Weile, nicht mehr ~ **2** ⟨fig.⟩ *erscheinen, plötzlich u. unerwartet da sein;* nach langer Zeit tauchte er wieder bei uns auf; immer wieder tauchte der Gedanke, tauchten Zweifel auf; ein fremdes Schiff tauchte am Horizont auf; die Gipfel der Berge tauchten in der Ferne auf

auf|tau|en ⟨V.⟩ **1** ⟨400(s.)⟩ *schmelzen;* das Eis taut auf • 1.1 ⟨fig.⟩ *seine Schüchternheit verlieren, zugänglich, gesprächig werden;* nach zwei Stunden taute das Kind auf **2** ⟨500⟩ etwas **Gefrorenes** ~ *zum Tauen bringen, von Eis befreien;* tiefgekühlte Lebensmittel ~; die Autoscheiben ~

auf|tei|len ⟨V. 500⟩ **1** etwas ~ *in Teile aufgliedern (u. restlos verteilen);* Bonbons, den Kuchen unter den Geschwistern ~ • 1.1 ein **Land** ~ *in Gebiete aufgliedern* **2** jmdn. ~ *in Gruppen, Gemeinschaften aufgliedern;* die Schüler wurden in Gruppen aufgeteilt

auf|ti|schen ⟨V.⟩ **1** ⟨503⟩ etwas ~ *auf den Esstisch bringen, auftragen;* mehrere Gerichte ~; sie tischte ihren Gästen ein vorzügliches Mahl auf **2** ⟨530⟩ **jmdm. etwas** ~ ⟨fig.; umg.⟩ *jmdm. etwas (Unwahres) erzählen;* er tischt ihr nur Lügen, Ausreden auf; sie hat ihm das übliche Märchen von der Verspätung des Zuges aufgetischt

Auf|trag ⟨m.; -(e)s, -trä|ge⟩ **1** *zugeteilte Arbeit, Anweisung zur Ausführung einer Arbeit;* jmdm. einen ~ erteilen, geben; einen ~ (pünktlich) erledigen; eine Arbeit in ~ nehmen; einen ~ ausführen; ein diplomatischer, ehrenvoller ~; einen ~ ausrichten **2** *Anweisung;* ich komme im ~ von Herrn XY; in jmds. ~ handeln; ich habe den ~, Ihnen mitzuteilen, dass ... • 2.1 im ~ ⟨Abk.: i. A.⟩ *nicht vom Bevollmächtigten, sondern von einem anderen Beauftragten einer Firma, Behörde usw. unterzeichnet* **3** ⟨Rechtsw.⟩ *Vertrag zur unentgeltlichen Besorgung eines Geschäftes* **4** *Aufstrich, aufgetragene Schicht;* Farb~

auf|tra|gen ⟨V. 265⟩ **1** ⟨500⟩ etwas ~ *auf eine Oberfläche streichen, aufstreichen;* Farbe, Lack, Puder, Schminke ~; Salbe dick, dünn ~ **2** ⟨500⟩ **Speisen** ~ *auf den Esstisch bringen;* Sy *servieren (1);* das Essen ist aufgetragen **3** ⟨500⟩ **Kleidungsstücke** ~ *durch Tragen völlig abnutzen;* die Schuhe sind aufgetragen; das Kleid kann ich noch daheim ~ **4** ⟨530/Vr 6⟩ **jmdm. etwas** ~ *einen Auftrag geben, jmdn. mit etwas beauftragen, jmdn. anweisen, etwas zu tun;* jmdm. eine Arbeit ~; jmdm. Grüße ~ (an); ich habe ihm aufgetragen, auf dich zu warten **5** ⟨400⟩ etwas trägt auf ⟨umg.⟩ *lässt jmdn. dick erscheinen;* dieser Stoff, diese Jacke trägt sehr auf

auf|tref|fen ⟨V. 266/411(s.)⟩ **auf etwas** ~ *auf etwas aufstoßen, aufprallen, treffen;* der Ball trifft auf den Boden auf; auf das Hausdach ~de Sonnenstrahlen

auf|trei|ben ⟨V. 267/500⟩ **1** jmdn. od. etwas ~ *hochtreiben* • 1.1 **jmdn.** ~ *aufstören, aufjagen, aufscheuchen* • 1.2 **etwas** ~ *aufwirbeln;* der Hunger trieb sie auf **2** etwas ~ *blähen, durch inneren Druck erweitern;* Hefe treibt den Teig auf **3** jmdn. od. etwas ~ *nach mühevollem Suchen ausfindig machen u. herbeischaffen;* wo hast du das Buch aufgetrieben?; das ist alles, was ich an Essbarem, an Geld usw. ~ konnte **4** einen **Gang** ~ ⟨Bgb.⟩ *aufwärts aushauen* **5** **Reifen auf ein Fass** ~ *hämmernd befestigen*

auf|tre|ten ⟨V. 268(s.)⟩ **1** ⟨413⟩ *auf den Boden treten, den Fuß aufsetzen;* laut, leise, energisch, kräftig, vorsichtig ~ **2** ⟨410⟩ *in Erscheinung treten, sich (öffentlich) zeigen;* als Bewerber ~; als Zeuge (vor Gericht) ~; öffentlich ~ • **2.1 gegen jmdn.** ~ *gegen jmdn. Partei ergreifen, Stellung nehmen* • **2.2** *vorkommen;* Pocken treten in Europa nur noch selten auf; vereinzelt auftretende Bodenfröste • **2.3 sich in einer bestimmten (guten) Weise benehmen;* würdevoll ~; für diesen Posten brauchen wir jmdn., der ~ kann; ein sicheres, gewandtes Auftreten haben • **2.4** *die Bühne betreten, auf der Bühne erscheinen;* das war heute sein erstes Auftreten; als jugendlicher Liebhaber ~; in einem Theater, einem Stück ~; er tritt im Zirkus mit seiner Hundegruppe auf

Auf|trieb ⟨m.; -(e)s, -e⟩ **1** *Hinauftreiben (des Viehs) auf die Alm;* Ggs *Abtrieb (1)* **2** ⟨Phys.⟩ *eine der Schwerkraft entgegenwirkende, nach oben gerichtete Kraft;* das Flugzeug erhält ~; →a. *dynamisch (1.1), statisch (1.1)* **3** ⟨fig.⟩ *Aufschwung, Schwung, Schaffenskraft;* die Wirtschaft erhielt (einen) neuen ~; ich habe heute gar keinen ~ (etwas zu tun) • **3.1 jmdm.** ~ **geben** *jmdn. (zu einer Leistung) anregen, ermuntern, anspornen;* die gute Note in Deutsch hat ihm sichtlich ~ gegeben

Auf|tritt ⟨m.; -(e)s, -e⟩ **1** *das Auftreten, Erscheinen auf einem Schauplatz, bes. auf der Bühne;* der Präsident hatte einen glänzenden, miserablen ~ im Fernsehen; die Schauspieler warten in der Garderobe auf ihren ~ **2** ⟨Theat.⟩ = *Szene (1);* 1. Akt, 3. ~; im letzten Akt sind zwei ~e gestrichen; im ersten ~ des zweiten Aktes erscheint die berühmte Schauspielerin **3** ⟨fig.⟩ *heftiger Streit, Wortwechsel;* ein hässlicher, peinlicher, unangenehmer ~; es kam zu einem fürchterlichen ~ zwischen den beiden; er hasste ihre ständigen ~e; einen ~ mit jmdm. haben **4** ⟨selten⟩ *Tritt(brett), Stufe, Podest*

auf|trump|fen ⟨V.⟩ **1** ⟨400; Kart.⟩ *einen Trumpf ausspielen* • 1.1 ⟨416⟩ **mit etwas** ~ *mit etwas sein Können, seine Überlegenheit deutlich beweisen* **2** ⟨800⟩ **gegen jmdn.** ~ *sich durch bestimmendes Auftreten gegenüber jmdn. durchzusetzen versuchen, gegenüber jmdn. triumphieren;* er trumpft ständig gegen seinen Vater auf

auf|tun ⟨V. 272⟩ **1** ⟨500⟩ etwas ~ ⟨umg.⟩ *öffnen;* den Mund nicht ~; er hat Angst, den Mund aufzutun; er lügt, sobald er den Mund auftut; eine Tür, ein Fenster ~ ⟨regional⟩ • 1.1 **einen Laden**, ein Geschäft o. Ä. ~ ⟨regional⟩ *eröffnen* • 1.2 tu die **Augen** auf! *pass auf!, schau dich ordentlich um!* **2** ⟨500/Vr 3⟩ **sich** ~ ⟨geh.⟩ *sich öffnen;* die Tür, die Pforte, der Vorhang tat sich langsam auf; ihre Augen taten sich weit auf **3** ⟨530/Vr 3⟩ **etwas tut sich jmdm. auf** ⟨fig.; geh.⟩ *ist plötzlich deutlich zu sehen, zu erkennen;* vor unseren Augen tat sich ein herrliches Bild auf; ein schönes Tal tat sich vor uns auf; neue Möglichkeiten taten sich ihm auf **4** ⟨500⟩ **jmdn. od. etwas ~** ⟨fig.; umg.⟩ *(etwas Günstiges) entdecken, finden;* ich habe einen tollen Friseur, ein preiswertes Lokal, einen billigen Schuhladen aufgetan **5** ⟨530/Vr 5⟩ **jmdn. etwas ~** ⟨umg.⟩ *auf den Teller tun;* er tat sich noch drei Scheiben vom Braten auf; die Servierin tat der alten Dame (die Suppe) zuerst auf

auf|wa|chen ⟨V. 400(s.)⟩ **1** *wach werden* • **1.1** *vom Schlaf erwachen;* ich bin (heute) früh, spät aufgewacht; ich wache jeden Morgen gegen 6 Uhr auf • **1.2** *aus der Ohnmacht ~ das Bewusstsein wiedererlangen* • **1.3** ⟨411⟩ *etwas wacht* in *jmdm. lebendig;* Kindheitserinnerungen wachten in mir auf **2** ⟨fig.⟩ *Interesse an der Umwelt gewinnen, lebhafter, vernünftiger werden;* der Junge ist schon sehr aufgewacht

auf|wach|sen ⟨[-ks-] V. 277/400(s.)⟩ **1** *größer, älter werden, vom Kind zum Erwachsenen heranwachsen;* er ist auf dem Land, in der Stadt, in Südamerika aufgewachsen; ich bin in einer kinderreichen Familie aufgewachsen; er ist unter der Obhut seines Onkels aufgewachsen; wir sind zusammen aufgewachsen **2** ⟨fig.; geh.⟩ *auftauchen;* am Horizont wuchsen die Gipfel der Berge aus dem Nebel auf

auf|wal|len ⟨V. 400(s.)⟩ **1** *aufkochen;* die Suppe nur einmal, kurz ~ lassen; das Wasser wallt schon auf **2** ⟨geh.⟩ *wallend in die Luft steigen;* der Rauch ist langsam aufgewallt **3** ⟨fig.; geh.⟩ *plötzlich aufsteigen (von Gefühlen);* der Hass, der Zorn wallte in ihm auf; in ~der Freude

Auf|wand ⟨m.; -(e)s; unz.⟩ **1** *das Aufwenden, Einsatz;* ~ an Energie, Geld, Kraft, Material, Zeit; mit großem, geringem, viel, wenig ~; etwas mit dem geringsten ~ (an Material) zuwege bringen **2** *das, was aufgewendet worden ist, die Kosten;* der finanzielle ~ hatte sich (nicht) gelohnt; der ~ war beträchtlich **3** *Luxus, unnötige Verschwendung;* großen, viel ~ treiben; ohne ~ leben, sich kleiden

auf|wän|dig ⟨Adj.⟩ *mit großem Aufwand verbunden, betrieben, kostspielig, arbeitsintensiv;* oV *aufwendig;* eine ~e Veranstaltung; sie ist immer ~ gekleidet

auf|wär|men ⟨V. 500⟩ **1** *etwas ~ wieder erwärmen;* den Tee, die Suppe, das Essen, die Milch ~ **2** ⟨Vr 3⟩ **sich ~** ⟨umg.⟩ *sich wieder wärmen, weil einem kalt ist;* die Straßenarbeiter wärmten sich am Feuer auf; zu Hause hat er sich mit heißem Tee aufgewärmt • **2.1** ⟨Sp.⟩ *sich durch Laufen, leichte Übungen usw. auf Höchstleistungen vorbereiten* **3** *etwas ~* ⟨fig.⟩ *eine unerfreuliche, schon vergessene od. erledigte Angelegenheit wieder erzählen od. an sie erinnern;* alte Geschichten immer wieder ~; musst du den alten Kohl wieder ~? ⟨umg.⟩

auf|war|ten ⟨V.⟩ **1** ⟨600⟩ **jmdn. ~** ⟨geh.; veraltet⟩ *jmdn. bedienen;* bei Tisch, bei einer Festtafel ~; den Gästen bei der Feier ~ **2** ⟨803⟩ **(jmdm.) mit etwas ~** ⟨geh.; veraltet⟩ *etwas anbieten, auftischen;* ich wartete den Gästen mit einem Imbiss auf; die Gastgeberin hat der Gesellschaft mit verschiedenen Delikatessen aufgewartet; dem Gast mit einer Tasse Kaffee und Kuchen ~ • **2.1** damit kann ich ihm ~! ⟨fig.; umg.; iron.⟩ *das soll er haben!* **3** ⟨800⟩ **mit etwas ~** ⟨fig.⟩ *etwas bieten;* das Kaufhaus wartete mit einem Sonderangebot auf; mit einer Überraschung, vielen Neuigkeiten, einer großen Sensation ~ **4** ⟨600⟩ **jmdm. ~** ⟨veraltet⟩ *einen höflichen, kurzen Besuch abstatten;* er wartete ihr auf; er bat sie, ihr ~ zu dürfen

auf|wärts ⟨Adv.⟩ *empor, nach oben, in die Höhe*

auf|wärts|fah|ren ⟨V. 130⟩ **1** ⟨400(s.)⟩ *von (hier) unten nach (dort) oben fahren* • **1.1** einen **Fluss ~** *stromaufwärts fahren* **2** ⟨500⟩ **jmdn. od. etwas ~** *mit einem Fahrzeug von (hier) unten nach (dort) oben bringen, transportieren;* er fährt die Gäste bis zur Burg aufwärts

auf|wärts|ge|hen ⟨V. 145/400(s.)⟩ **1** *hinaufgehen;* den Weg aufwärtsgehen **2** ⟨fig.⟩ *bessergehen;* mit ihm wird es bald ~

auf|wärts|stei|gen ⟨V. 258/400(s.)⟩ *hinaufsteigen*

Auf|war|tung ⟨f.; -, -en⟩ **1** ⟨unz.⟩ *das Aufwarten (1 u. 4)* • **1.1** die ~ übernehmen, machen (bei jmdm.) *bei jmdm. regelmäßig gegen Entgelt die Wohnung reinigen* • **1.2** jmdm. seine ~ machen *einen förmlichen Besuch abstatten* **2** *jmd., der als Haushaltshilfe arbeitet;* ich habe, suche eine neue ~

Auf|wasch ⟨m.; -(e)s; unz.⟩ **1** *schmutziges Geschirr, das aufgewaschen werden soll;* in der Küche steht noch der (ganze) ~; ich habe heute viel, wenig ~ **2** *das Aufwaschen;* den ~ machen; heute musst du dich beim ~ beeilen • **2.1** das geht in **einem ~** ⟨fig.; umg.⟩ *das kann man alles mit einem Male erledigen*

auf|wa|schen ⟨V. 279/500 od. 400⟩ **Geschirr ~** *spülen;* Teller, Tassen, Besteck ~; die Mutter ist in der Küche und wäscht auf

auf|we|cken ⟨V. 500⟩ **jmdn. ~** *wachmachen;* sei bitte leise, damit du das Kind nicht aufweckst!; dieser Krach weckt ja Tote wieder auf! ⟨umg.; scherzh.⟩; →a. *aufgeweckt (2)*

auf|wei|chen ⟨V.⟩ **1** ⟨500⟩ **etwas ~** *durch Flüssigkeit weich machen, erweichen;* hartes Brot in Wasser, Kaffee, Suppe ~; der Regen hat den Weg aufgeweicht • **1.1** *(durch Wärme) schmelzen;* die Sonne weicht die Eisschicht langsam auf **2** ⟨500⟩ **etwas ~** ⟨fig.⟩ *allmählich von innen her zerstören, aushöhlen;* eine Partei ideologisch ~; ein Bündnis ~ **3** ⟨400(s.)⟩ *durch Flüssigkeit weich werden;* das Brötchen weichte in der Milch auf; die Wege sind vom Regen aufgeweicht • **3.1** *(durch Wärme) erweichen;* der Asphalt weicht unter der prallen Sonne auf

auf|wei|sen ⟨V. 282/500⟩ **1** **etwas ~** *auf etwas weisen, zeigen;* er weist alle Anzeichen von Masern auf; die Bilanz weist einen Gewinn auf; der Lehrer wies den Schülern neue Methoden auf **2** **etwas ~** *erkennen lassen;* der Apparat weist viele Mängel auf; der Sand wies frische Spuren auf **3** **etwas aufzuweisen haben** *über etwas verfügen, etwas besitzen, etwas vorweisen;* die Forschung hat neue Ergebnisse, große Erfolge aufzuweisen; haben Sie keine Referenzen aufzuweisen?

auf|wen|den ⟨V. 283/500⟩ **1** **etwas ~** *für einen Zweck, für ein Ziel aufbringen, aufbieten, verwenden;* große Energie, viel Mühe, alle Kräfte für ein Unternehmen

aufwendig

~; für eine Arbeit viel Fleiß, Zeit ~; es lohnt nicht die aufgewendete/aufgewandte Mühe; er hat für sie seine ganze Freizeit aufgewendet/aufgewandt • 1.1 *zahlen, ausgeben;* er musste für den Umbau des Hauses viel Geld ~; eine halbe Million wurde für den Plan bereits aufgewendet/aufgewandt

auf|wen|dig ⟨Adj.⟩ = *aufwändig*

Auf|wen|dung ⟨f.; -, -en⟩ **1** ⟨unz.⟩ *das Aufwenden;* unter ~ aller Kräfte **2** ⟨nur Pl.⟩ ~en *Ausgaben, Zahlungen, Kosten;* sehr hohe ~en haben

auf|wer|fen ⟨V. 286⟩ **1** ⟨500⟩ etwas ~ *in die Höhe werfen;* Schnee, Erde ~ • 1.1 ⟨400⟩ **Schalenwild** (außer Schwarzwild) wirft auf ⟨Jägerspr.⟩ *hebt plötzlich rasch u. aufmerksam den Kopf* **2** ⟨500⟩ die **Lippen** ~ *vorschieben, schürzen* • 2.1 aufgeworfene Lippen *sehr breite L.* **3** ⟨500⟩ etwas ~ *aufhäufen, aufschütten;* einen Wall, Erdhaufen ~; Kohlen ~ **4** ⟨500⟩ eine **Frage** ~ *zur Sprache bringen;* ein Problem ~ **5** ⟨550/Vr 3⟩ **sich zu etwas** ~ *sich eigenmächtig zu etwas erklären, eine anmaßende Rolle übernehmen;* sich zum Richter (über andere) ~

auf|wer|ten ⟨V. 500⟩ Ggs *abwerten* **1** etwas ~ *höher bewerten, an Wert zunehmen, an Währung* ~ • 1.1 etwas wertet jmdn. od. etwas auf ⟨fig.⟩ *erhöht das Ansehen, die Bedeutung von jmdm. od. etwas;* die Kette wertet das Kleid auf; mit dieser Rede versuchte er, seine Stellung in der Firma aufzuwerten

auf|wi|ckeln ⟨V. 500/Vr 7⟩ **1** etwas ~ *auf etwas wickeln;* die Wolle auf ein Knäuel ~; die Schnur, die Wäscheleine auf eine Rolle ~ • 1.1 Haar ~ *auf Lockenwickler drehen* **2** etwas ~ *die Verpackung von etwas entfernen, auseinanderwickeln;* ein Päckchen ~; er wickelte vorsichtig das Papier auf

auf|wie|geln ⟨V. 500⟩ jmdn. ~ *zur Empörung, Auflehnung, zum Aufstand anstiften;* die Soldaten gegen die Regierung ~; die Kollegen gegen den Chef ~

auf|wie|gen ⟨V. 287/500⟩ **1** etwas ~ *ausgleichen, ein Gegengewicht herstellen;* die Vorteile wiegen die Nachteile kaum, nicht, bei weitem auf; der Erfolg wog alle Mühe und Anstrengungen auf • 1.1 Ersatz bieten für; das Geld, das er bekam, wog den Verlust des Bildes nicht auf **2** etwas od. **jmd.** ist **nicht mit Gold** aufzuwiegen ⟨umg.⟩ *ist unbezahlbar, unersetzlich;* das lasst sich nicht mit Gold ~

auf|wir|beln ⟨V.⟩ **1** ⟨500⟩ etwas ~ *drehend in die Höhe wehen;* der Wind wirbelte den Staub auf; der Sturm hat Blätter, Schnee, Sand aufgewirbelt • 1.1 **Staub** ~ ⟨fig.; umg.⟩ *Aufsehen in der Öffentlichkeit erregen, Aufregung bringen;* der Prozess, der Skandal, die Affäre hat eine Menge Staub aufgewirbelt **2** ⟨400⟩ **etwas** wirbelt auf *steigt wirbelnd in die Höhe;* die trockenen Blätter wirbelten im Sturm auf; Schnee, Sand wirbelt auf

auf|wi|schen ⟨V. 500⟩ etwas ~ *wegwischen, durch Wischen reinigen;* die verschüttete Milch ~; ich habe den Boden aufgewischt

auf|wüh|len ⟨V. 500⟩ **1** etwas ~ *durch Wühlen an die Oberfläche bringen;* Kartoffeln, Steine ~ **2** die **Erde** ~ *durch Wühlen aufreißen;* die Wildschweine wühlten den Acker auf **3** jmdn. ~ ⟨fig.⟩ *in starke innere Bewegung versetzen, erschüttern;* das Buch, das Theaterstück, die Nachricht hat mich tief, bis ins Innerste aufgewühlt

auf|zäh|len ⟨V. 500⟩ **1** etwas ~ *auflisten, einzeln, eins nach dem anderen nennen;* alle Geburtstagswünsche ~; die eingeladenen Gäste ~; er hat alle Untugenden des Hundes aufgezählt • 1.1 **Geld** ~ *Stück für Stück zählend hinlegen*

auf|zeich|nen ⟨V. 500⟩ **1** etwas ~ *auf etwas zeichnen;* eine Skizze, einen Plan auf ein Papier ~; ein Monogramm auf Stoff ~ • 1.1 *erklärend hinzeichnen;* jmdm. einen Plan, einen Weg ~ **2** etwas ~ *schriftlich festhalten, notieren;* du solltest deine Erinnerungen, Erlebnisse einmal ~ • 2.1 = *aufnehmen (5)*

Auf|zeich|nung ⟨f.; -, -en⟩ **1** *das Aufzeichnen;* die ~ im Studio hat gerade begonnen; die ~ des Musters auf Stoff muss sorgfältig gemacht werden **2** *das Aufgezeichnete;* ~en veröffentlichen; ~en eines Malers (Untertitel von Lebenserinnerungen); es sind geheime ~en gefunden worden; hast du noch die ~en von dem Hauptseminar über Goethe?

auf|zei|gen ⟨V.⟩ **1** ⟨500⟩ etwas ~ *deutlich vor Augen führen, darlegen, deutlich auf etwas hinweisen;* die Entwicklung eines Lebewesens (in einem Vortrag o. Ä.) ~; der Lehrer zeigte die Fehler, die Probleme auf; der Erfolg hat die Bedeutung der neuen Methode aufgezeigt **2** ⟨500⟩ **jmdn.** ~ ⟨österr.⟩ *anzeigen* **3** ⟨400⟩ *die Hand heben, sich melden;* der Schüler zeigt auf

auf|zie|hen ⟨V. 293⟩ **1** ⟨500⟩ etwas ~ *in die Höhe ziehen;* eine Flagge, Jalousie, Schleuse, Zugbrücke ~ **2** ⟨500⟩ etwas ~ *durch Ziehen öffnen;* eine Schublade, den Vorhang ~ **3** ⟨500⟩ etwas ~ *auf etwas spannen;* eine Landkarte, ein Foto auf Pappe ~; die Leinwand ~; einen Reifen ~; Saiten ~; die Kette auf dem Webstuhl ~ ⟨Web.⟩ **4** ⟨500⟩ etwas ~ *die Feder von etwas spannen;* die Uhr, ein Uhrwerk ~; die Uhr ist (noch nicht) aufgezogen • 4.1 er redete wie aufgezogen *als ob er aufgezogen sei (wie ein Uhrwerk), ununterbrochen u. lebhaft* • 4.2 den Hahn einer Schusswaffe ~ ⟨veraltet⟩ *den Verschluss spannen* **5** ⟨500⟩ etwas ~ *durch Ziehen (des Fadens) auftrennen;* eine Strickerei, einen Pullover (wieder) ~ **6** ⟨500⟩ ein **Kind,** ein **Tier,** eine **Pflanze** ~ *großziehen, zum Gedeihen bringen;* ein Tier mit der Flasche ~ **7** ⟨500⟩ eine Spritze ~ ⟨Med.⟩ *mit Flüssigkeit, die injiziert werden soll, füllen* **8** andere **Saiten** ~ ⟨fig.⟩ *härter, energischer vorgehen* **9** ⟨500⟩ etwas ~ ⟨fig.⟩ *organisieren, ins Werk setzen;* ein Fest, einen bunten Abend ~; ein Unternehmen (ganz) groß ~; ein Theaterstück als Posse, Schwank ~ **10** ⟨500/Vr 8⟩ **jmdn.** ~ ⟨fig.; umg.⟩ *necken, ärgern, foppen, zum Besten haben* • 10.1 jmdn. mit einer Angewohnheit ~ *wegen einer A. hänseln* **11** ⟨400(s.)⟩ *heranziehen, näher kommen;* ein Gewitter zieht auf; Wolken ziehen auf • 11.1 *(in militär. Ordnung) heranmarschieren u. sich aufstellen;* in Marschordnung ~; der Posten, die Wache zieht auf

Auf|zug ⟨m.; -(e)s, -züge⟩ **1** *das Aufziehen (9);* in feierlichem ~ erscheinen, einherschreiten; den ~ der

Auge

Wachen beobachten **2** *Vorrichtung zur Beförderung von Personen u. Lasten nach oben od. unten;* Sy *Fahrstuhl (1), Lift¹;* Lasten~, Personen~ **3** *äußere Erscheinung, Art der Kleidung, Aufmachung;* in einem derartigen ~ kannst du dich nirgendwo sehen lassen **4** = *Akt² (3);* 1. ~, 3. Auftritt; Tragödie in 5 Aufzügen **5** 〈Web.〉 *das Aufziehen (3) der Kette auf dem Webstuhl* • 5.1 *die beim Aufzug (5) befestigte Kette*

auf|zwin|gen 〈V. 294/530〉 **1** jmdm. etwas ~ *gewaltsam aufdrängen, jmdn. nötigen, etwas entgegenzunehmen;* zwing dem Kind das Essen nicht auf; jmdm. seinen Willen ~; einem Volk eine Staatsform, eine fremde Kultur ~; ich lasse mir diese Lösung nicht ~ **2** 〈Vr 3〉 **etwas** zwingt **sich** jmdm. auf 〈geh.〉 *wird jmdm. zwingend bewusst;* ihr zwang sich immer der Gedanke, die Ahnung auf, dass er sie betrügt

Aug|ap|fel 〈m.; -s, -äp|fel〉 **1** *fast kugelförmiger, beweglicher Teil des menschlichen (zum Teil a. tierischen) Auges: Bulbus oculi* **2** 〈fig.; geh.〉 *etwas Kostbares;* jmdn. od. etwas wie seinen ~ hüten, hegen

Au|ge 〈n.; -s, -n〉 **1** *Sinnesorgan des Menschen u. der Tiere zur Wahrnehmung von Lichtwellen;* blaue, braune, graue, grüne ~n; ein künstliches ~; die ~n öffnen, aufschlagen, niederschlagen; mit den ~n rollen; einen Fremdkörper im ~ haben; mir ist etwas ins ~ gekommen, geflogen; die ~n brennen, tränen mir; mit den ~n zwinkern • 1.1 ~n rechts!, ~n geradeaus!, die ~n links! 〈Mil.〉 *(Kommando)* • 1.2 gute, schlechte ~n haben *gut, schlecht sehen können* • 1.3 so weit das ~ reicht *so weit man sehen kann* • 1.4 die ~n **anstrengen** *angestrengt auf etwas schauen* • 1.5 sich die ~n **verderben** *einen Teil der Sehkraft verlieren* • 1.6 die ~n **richten auf** *blicken auf, ansehen* • 1.6.1 sich **nach** jmdm. die ~ **ausschauen** *jmdn. angestrengt zu entdecken suchen* • 1.6.2 ein ~ **riskieren** *einen raschen, vorsichtigen Blick auf etwas werfen* • 1.7 er konnte **kein** ~ **von** ihr (**ab**)**wenden** *er musste sie immer ansehen* • 1.8 etwas **fürs** ~ 〈fig.〉 *etwas, woran das A. sich erfreut, etwas, was hübsch hergerichtet, appetitlich zurechtgemacht ist* • 1.9 jmdm. wie **aus den** ~n **geschnitten sein** *jmdm. äußerlich sehr ähnlich sein;* →a. *bloß (2.1), Faust (1.1), Luchs (1.1)* **2** *Organ der bewussten Wahrnehmung* • 2.1 kein ~ **zutun** *nicht schlafen können* • 2.2 **schwere,** verschlafene ~n haben, bekommen *müde sein, werden* • 2.3 mir wurde **schwarz vor** (den) ~n *mir wurde übel, ich drohte ohnmächtig zu werden* • 2.4 es **schwimmt** mir (alles) **vor den** ~n *mir ist schwindelig* • 2.5 ich kann vor Arbeit **nicht mehr aus den** ~ **sehen** *die A. kaum bewältigen* **3** *Organ der Beobachtung* • 3.1 seine ~n **überall haben** *gut beobachten, sich nichts entgehen lassen, umsichtig sein* • 3.2 mit **offenen** ~n durch die Welt gehen, die ~n offen halten *aufmerksam sein, die Umwelt gut beobachten* • 3.2.1 die ~n **aufmachen** 〈fig.〉 *sich umschauen, auf alles achten* • 3.3 jmdn. od. etwas (fest, scharf) **ins** ~ **fassen** *ansehen* • 3.4 jmdn. od. etwas (genau, gut) **im** ~ **behalten** *(genau, gut) beobachten* • 3.5 jmdn. nicht **aus den** ~n **lassen** *ständig beob-*

achten • 3.6 ein ~ **haben auf** etwas od. jmdn. *etwas od. jmdn. sorglich beobachten, darauf od. auf ihn achtgeben, aufpassen* **4** *Organ zur aufmerksamen Wahrnehmung* • 4.1 wo hattest du denn deine ~n?, hast du keine ~n (im Kopf)? *das musst du doch gesehen haben* • 4.2 die ~n in die Hand nehmen 〈fig.; umg.〉 *genau hinschauen, etwas zu erkennen suchen, bes. bei Dunkelheit* • 4.3 es **fällt, springt in** die ~n *fällt sofort auf, erregt die Aufmerksamkeit* • 4.4 jmdn. **aus** den ~n **verlieren** *nichts mehr von jmdm. hören* • 4.4.1 aus den ~n, aus dem Sinn *nicht mehr gesehen, schon vergessen* • 4.5 ~n **auf**(gemacht)! *aufgepasst!* • 4.6 ein **wachsames** ~ haben auf *aufpassen, achtgeben auf* • 4.7 du **schläfst** wohl **mit offenen** ~n? *du passt nicht auf!* • 4.8 das ~ **des Herrn** macht das Vieh fett 〈Sprichw.〉 *was gut gedeihen soll, muss gut beaufsichtigt werden* • 4.9 das ~ **des Gesetzes** *die Polizei* **5** *Organ des Erkenntnisvermögens* • 5.1 das ~ **der Vernunft** *die menschliche Erkenntnisfähigkeit* • 5.2 er **hat dafür keine** ~n *sieht es, merkt es nicht, ist blind dafür* • 5.3 **jmdm.** die ~n **öffnen** 〈fig.〉 *jmdn. aufklären über* • 5.4 ein (sicheres) ~ **haben** *bestimmte Eindrücke besonders gut aufnehmen, das Wesentliche von etwas schnell erfassen* • 5.4.1 *gut schießen können* • 5.5 jetzt **gehen** mir die ~n **auf!** *jetzt erst erkenne ich die Zusammenhänge* • 5.6 sich eine Tatsache **vor** ~n **halten** *eine T. bedenken, nicht vergessen, beherzigen* • 5.7 jmdm. etwas **vor** ~n **führen** *jmdn. auf etwas aufmerksam machen* • 5.8 was die ~n sehen, glaubt das Herz 〈Sprichw.〉 *das Herz lässt sich durch den äußeren Schein täuschen* • 5.9 ich **traute** meinen ~n **nicht,** als ich das sah *ich wollte es nicht glauben* • 5.9.1 die ~n (vor einer Tatsache) **verschließen** *(etwas) nicht sehen wollen* • 5.9.2 ein ~ **zudrücken** 〈fig.〉 *etwas nicht genau nehmen, (wohlwollend) nicht bemerken (wollen);* →a. *eigen (1.4.4), Schuppe (2.1)* **6** *Organ des Vorstellungsvermögens* • 6.1 etwas **vor** ~n **haben** *sich deutlich vorstellen* • 6.2 etwas vor seinem geistigen ~ **sehen** *sich vorstellen* • 6.3 geistiges, **inneres** ~ *Vorstellung;* vor meinem geistigen ~ **7** *Organ der Urteilsfähigkeit* • 7.1 etwas **mit anderen** ~n **ansehen** *von einem anderen Gesichtspunkt aus beurteilen* • 7.2 in meinen ~n ist er ein Schuft *meiner Ansicht nach* • 7.3 meine ~n waren **größer als der Magen** 〈umg.; scherzh.〉 *ich habe mir mehr auf den Teller genommen, als ich essen kann;* →a. *Sand (1.3), Splitter (1.1)* **8** etwas **im** ~ **haben** 〈a. fig.〉 *beabsichtigen, erstreben;* ich habe einen anderen Weg im ~ (den wir gehen können); ich habe ein bestimmtes Kleid im ~ (das ich kaufen möchte); (nur) seinen eigenen Vorteil im ~ haben • 8.1 eine **Sache ins** ~ **fassen** *in Erwägung ziehen, beabsichtigen, sich vornehmen* • 8.2 ein ~ **auf etwas werfen** *etwas gern besitzen wollen* • 8.2.1 er hat **ein** ~ **auf sie geworfen** *es kann sein, dass er sich in sie verliebt* • 8.3 **mit** den ~n **verschlingen** *begehrlich betrachten* • 8.4 einer **Sache ins** ~ **blicken,** sehen *einer unangenehmen S. mutig begegnen;* einer Gefahr ins ~ blicken • 8.5 dem Tod ins ~ sehen *in Todesgefahr sein* • 8.6 jmdm. etwas **an den** ~n **ablesen,**

Augenblick

absehen *einen unausgesprochenen Wunsch erraten* **9** *Organ zum Ausdruck von Gefühlen;* blitzende, funkelnde, glänzende, strahlende, sanfte, schöne, treue ~n; ihre ~n blitzten, funkelten, strahlten, schossen Blitze; jmdn. od. etwas mit scheelen ~n ansehen; ihm quollen (vor Staunen) fast die ~n aus dem Kopf • **9.1** mit **niedergeschlagenen** ~n *verschämt, verlegen* • **9.1.1 um** seiner **schönen** ~n **willen** *nur wegen seines Aussehens, weniger wegen seiner persönlichen Verdienste* • **9.2 verquollene** ~n *(vom Weinen) angeschwollene A.* • **9.3 die** ~n **gingen ihm über** • **9.3.1** *er begann zu weinen* • **9.3.2** ⟨fig.⟩ *er war stark beeindruckt, ergriffen (von einem Anblick)* • **9.4** da **blieb kein** ~ **trocken** • **9.4.1** *alle waren sehr gerührt* • **9.4.2** ⟨umg.⟩ *alle waren begeistert* • **9.5** jmdm. **zu tief in** die ~n **sehen** *sich in jmdn. verlieben* • **9.6** jmdm. **ins** ~ **sehen können** *keine Hintergedanken, ein reines Gewissen jmdm. gegenüber haben;* jmdm. fest, scharf ins ~ sehen • **9.7** jmdm. (nicht mehr) **unter die** ~n **treten können** *ein gutes (bzw. schlechtes) Gewissen jmdm. gegenüber haben, sich vor jmdm. nicht zu schämen brauchen (bzw. schämen müssen)* • **9.8** sich die ~n **aus dem Kopf weinen** *sehr weinen;* →a. *Dorn¹ (1.2), groß (1.4.1), lachen (1.3), Schalk (2.2), schön (1.3), verlieben (1.1.1)* • **10** zwei ~n *eine Person* • **10.1** eine Sache auf zwei ~n stellen *die Verantwortlichkeit einer einzigen Person übertragen* • **10.2** jmdm. etwas **unter vier** ~n sagen, etwas unter vier ~n besprechen *jmdm. etwas allein sagen, zu zweit, ohne Zeugen besprechen* • **10.3** vier ~n sehen mehr als zwei *zwei Personen erledigen eine Sache besser als eine* • **10.4 vor, unter** meinen ~n *vor mir, in meiner Gegenwart* • **10.4.1 vor aller** ~n *öffentlich, vor allen anderen* • **10.5** geh mir **aus den** ~n *ich will dich nicht mehr sehen* • **10.6** ~ **in** ~ *von Angesicht zu Angesicht, einander fest ansehend* • **10.7** er war **ganz** ~ (und Ohr) *schaute (und lauschte) gespannt, voller Aufmerksamkeit* • **10.8** die ~n **schließen, zutun** ⟨fig.⟩ *sterben* • **10.8.1** seine ~n **brechen** *er stirbt;* mit brechenden ~n • **11** *unersetzliches Organ des Menschen* • **11.1** ich könnte ihm die ~n **auskratzen** *bin wütend auf ihn, kann ihn nicht leiden* • **11.2** das wäre fast **ins** ~ **gegangen**! *wäre fast schlimm ausgegangen* • **11.3** ~ **um** ~, **Zahn um Zahn** *(2. Mose 21, 24) Gleiches muss mit Gleichem vergolten werden;* →a. *Krähe (2)* • **12** *ein runder Gegenstand, eine runde Figur* • **12.1** ⟨Spiel⟩ *Punkt, Figur, Zahl (auf Würfeln, Dominosteinen, Spielkarten);* vier, sechs acht, ~n werfen (beim Würfeln) • **12.2** ~ **auf die Suppe,** Soße *schwimmender Fetttropfen;* Fett~ • **12.3** *kreisrunde, farbige Zeichnung in den Schwanzfedern des Pfaus* • **12.4** ⟨Bot.⟩ *ruhende Knospe, Knospenansatz;* Pfropf~; schlafendes ~ • **12.5** ⟨Maschinenbau⟩ *Verdickung am Bohrungsende* **13** *eine runde Öffnung, Luke* • **13.1** ⟨Web.⟩ *Öffnung an den Litzen des Webgeschirrs, durch die die Kettfäden gezogen werden* • **13.2** ⟨Müllerei⟩ *Einfüllöffnung am Mühlstein* • **13.3** ⟨Arch.⟩ *Kuppelöffnung* • **13.4** ⟨Meteor.⟩ *Zentrum eines Tiefdruckgebietes* **14** ⟨Geom.⟩ *Projektionszentrum bei perspektivischen Darstellungen*

Au|gen|blick ⟨a. [--'-] m.; -(e)s, -e⟩ **1** *sehr kurze Zeitspanne; ein entscheidender* ~; *ein unangenehmer* ~; *der große, erwartete* ~ *war gekommen;* schreckliche ~e durchleben • **1.1 lichte** ~e haben • **1.1.1** *kurze Zeitspannen klaren Bewusstseins (bei Krankheit)* • **1.1.2** ⟨fig.; meist scherzh.⟩ *schöpferische, einfallsreiche Zeiten* • **1.2** einen kleinen ~, bitte! *bitte noch ein (klein) wenig Geduld* • **1.3** es geschah in **einem** ~ *sehr schnell, zu gleicher Zeit* **2** *Zeitpunkt* • **2.1** alle ~e *sehr oft, häufig wiederholt* • **2.2 jeden** ~ *unmittelbar bevorstehender Zeitpunkt;* Sy *sofort, sogleich;* er muss jeden ~ da sein • **2.3 im** ~ *zurzeit, gerade jetzt, soeben;* ich bin im ~ sehr beschäftigt; im ~ ist er fortgegangen • **2.4** *bestimmter Zeitpunkt;* im schönsten ~; er erschien im ungeeignetsten ~; bis zu diesem ~; (gerade) in dem ~, als …; einen günstigen ~ erwischen ⟨umg.⟩ • **2.4.1** er kam im letzten ~ *gerade noch rechtzeitig* • **2.4.2** im nächsten ~ *unmittelbar darauf* • **2.4.3** im ersten ~ *dachte ich … zuerst*

au|gen|blick|lich ⟨a. [--'--] Adj. 24⟩ **1** *sofort, jetzt;* komm bitte ~ her; etwas ~ erledigen **2** *im Augenblick, derzeit, zurzeit, zu diesem Zeitpunkt, momentan;* ~ ist er unterwegs, bei der Arbeit

au|gen|fäl|lig ⟨Adj.⟩ *auffällig, deutlich erkennbar;* seine Vorliebe für schnelle Autos ist ~; eine ~e Intrige

Au|gen|licht ⟨n.; -(e)s; unz.⟩ **1** *Sehkraft* **1.1** das ~ **verlieren** *blind werden*

Au|gen|merk ⟨n.; -s; unz.⟩ **1** ⟨in festen Wendungen⟩ *Aufmerksamkeit;* sein ~ auf jmdn. od. etwas richten; jmds. ~ auf jmdn. od. etwas lenken; jmdm. od. etwas sein ~ zuwenden **2** ⟨veraltet⟩ *Ziel*

Au|gen|schein ⟨m.; -s; unz.⟩ **1** *das Anschauen, äußerer Anschein;* dem ~ nach; wie der ~ lehrt, zeigt; der ~ trügt in diesem Falle; nach dem ~ zu urteilen; der bloße ~ genügt **2** ⟨a. Rechtsw.⟩ *Prüfung durch (eigene) Besichtigung;* sich durch ~ von etwas überzeugen; einen (gerichtlichen) ~ vornehmen • **2.1** jmdn. od. etwas in ~ **nehmen** *durch eigene Besichtigung prüfen*

Au|gen|zeu|ge ⟨m.; -n, -n⟩ *jmd., der einen Vorfall mit angesehen hat (u. ihn schildern kann);* er hat es als ~ berichtet; ~ bei einem Unfall sein

Au|gust¹ ⟨m.; -(e)s, -e; Abk.: Aug.⟩ *der achte Monat im Jahr;* ein heißer, verregneter, trockener ~

Au|gust² ⟨m.; -(e)s, -e⟩ *(dummer)* ~ = *Clown*

Auk|ti|on ⟨f.; -, -en⟩ = *Versteigerung (1)*

Au|la ⟨f.; -, Au|len⟩ **1** *Saal für Veranstaltungen (an Schulen, Universitäten)* **2** ⟨urspr.⟩ *Vorhof des griechischen Hauses*

Au|pair-Mäd|chen *auch:* **Au-pair-Mäd|chen** ⟨[opɛːr-] n.; -s, -⟩ *Mädchen, das gegen Unterkunft, Verpflegung u. Taschengeld im Ausland in einer Familie arbeitet*

Au|ra ⟨f.; -, Au|ren⟩ **1** ⟨unz.⟩ *grch. Göttin, Gefährtin von Artemis u. Geliebte von Dionysius* **2** ⟨zählb.⟩ *okkulte Strahlungserscheinungen, die einen Menschen (angeblich) umgeben, Strahlenkranz* • **2.1** ⟨fig.⟩ *Gesamtheit der Wirkungen, die einen Menschen umgeben, Ausstrahlung;* sie ist von einer ~ des Glücks umgeben • **2.2** *von einem Kunstwerk ausgehende Wirkung;* das Gemälde strahlt eine ~ von Düsternis aus

3 ⟨zählb.; Med.⟩ *Gesamtheit von psychischen od. physischen Wahrnehmungen, die einem epileptischen Anfall od. einer Migräne vorausgehen*

aus¹ ⟨Präp. m. Dat.⟩ **1** ~ einem **Ort**, einer Gegend *herkommend von;* er hat mir ~ München geschrieben; einen Brief ~ Leipzig bekommen; er ist ~ der Bretagne gekommen • **1.1** er stammt ~ Berlin *ist in B. geboren, aufgewachsen* • **1.2** ~ einem **Raum,** Hohlraum (heraus) *von einem R. her, sich wegbewegend;* ~ dem Haus gehen, kommen, treten; ~ dem Fenster fallen; das Bild stammt ~ dem vorigen Jahrhundert; etwas ~ dem Fenster werfen; ~ einem Glas trinken • **1.2.1** ich kann das Buch nicht ~ der Hand geben *weggeben, verleihen* • **1.2.2** das Tier frisst ~ der Hand *holt sich das Futter von der H.* • **1.2.2.1** ⟨fig.⟩ *das T. ist zahm* **2** (**Zeit**) *von früher her;* ein Lied ~ alten Zeiten; ein Schrank ~ dem Biedermeier; das Bild stammt ~ dem vorigen Jahrhundert **3** (**Sachverhalt**) *aus … heraus, weg von;* jmdm. ~ einer Verlegenheit (heraus)helfen • **3.1** geh mir ~ den Augen! ⟨fig.⟩ *ich will dich nicht mehr sehen, verschwinde!* • **3.2** jmdn. od. etwas ~ den Augen verlieren ⟨fig.⟩ *nichts mehr von jmdm. od. einer Sache sehen und hören* • **3.3** er ist ganz ~ dem Häuschen ⟨fig.⟩ *sehr aufgeregt* • **3.4** ~ ihm spricht der Hass ⟨fig.⟩ *er spricht hasserfüllt, man merkt ihm seinen Hass deutlich an* • **3.5** ~ der Mode kommen *unmodern werden* • **3.6** ~ vollem Hals lachen, schreien *laut lachen, schreien* • **3.7** ~ Leibeskräften schreien *mit aller Kraft;* ⟨im Präpositionalobjekt⟩ →a. *bestehen ~, erwachsen ~, folgen ~ usw.* **4** ~ einer **Menge,** Anzahl *als Teil einer M., A.;* er stammt ~ guter Familie; der Roman besteht ~ mehreren Teilen; ein Gegenstand ~ meinem Besitz; das lässt sich nur ~ dem Zusammenhang entnehmen • **4.1** einer ~ unserer Mitte *einer von uns* • **4.2** ~ einem **Stoff,** Material bestehen *als einzigen oder hauptsächlichen Bestandteil haben;* ~ Glas, ~ Gold; ein Kleid ~ Wolle; ~ Holz geschnitzt • **4.2.1** er hat ein Herz ~ Stein ⟨fig.⟩ *er ist unbarmherzig* **5** (**Instrument**) *mittels;* das habe ich ~ einem Buch gelernt; wie Sie ~ der beigefügten Rechnung ersehen; etwas ~ dem Gedächtnis wiederholen; etwas ~ Erfahrung wissen • **5.1** etwas ~ dem Kopf wissen, hersagen *auswendig* • **5.2** ~ der Not eine Tugend machen *eine unangenehme Lage geschickt ausnützen* **6** ~ einem **Grund** *(infolge) von;* ~ welchem Grund?; ~ verschiedenen Gründen; ~ Liebe; ~ Verzweiflung; ~ bester Absicht (heraus); ~ diesem Anlass; ~ Furcht

aus² ⟨Adv.⟩ von … ~ **1** von einem **Ort** ~ *ausgehend von;* von hier ~ kann man es sehen • **1.1** ein und ~ gehen *durch die Tür hereinkommen und hinausgehen* • **1.2** bei jmdm. ein und ~ gehen ⟨fig.⟩ *mit jmdm. häufig und ungezwungen verkehren* **2 von Grund** ~ • **2.1** von Grund ~ verdorben *von Anfang an, durch und durch* • **2.2** von Grund ~ erneuern *vollständig* **3** ~ sein • **3.1** *beendet sein* • **3.2** auf etwas ~ sein *eine Absicht verfolgen, etwas verfolgen;* der Löwe ist auf Beute ~; sie ist nur auf Männer ~; wer nur darauf ~ ist, Geld zu verdienen … **4** von mir ~ ⟨umg.⟩ *ich bin einverstanden, meinetwegen* **5 ein und** ~ • **5.1 weder**

ein noch ~ wissen *völlig, total ratlos sein;* →a. *ausgehen (1.1-1.2)* **6** ⟨kurz für⟩ • **6.1** *ausgeschaltet, ausschalten;* Licht ~!; das Licht ist ~ • **6.2** jmd. ist ~ ⟨umg.⟩ *ausgegangen* • **6.3** ~! *Schluss!, Ruhe!*

Aus ⟨n.; -; unz.; Sp.⟩ **1** *Ende, Abschluss;* das ~ kam kurz nach dem zweiten Tor **2** *Raum außerhalb eines Spielfeldes;* der Ball flog ins ~

aus… ⟨abtrennbare, betonte, verbale Vorsilbe⟩ **1** *weg von, hinaus;* ausgehen, aussenden, ausrufen, ausstellen **2** *hervor, heraus;* ausbrechen, ausgraben **3** *bis zu Ende, gründlich;* ausstrecken, auskochen, ausweinen **4** *Wahl unter mehreren;* auslesen, auswählen aus …; →a. *hinaus …, heraus…*

aus|**ar**|**bei**|**ten** ⟨V. 500⟩ **1** etwas ~ *schriftlich zusammenstellen, in gültige Form bringen, (ausführlich) verfassen;* einen Vortrag, ein Gesetz, eine Zeichnung, einen Plan ~ • **1.1** *vervollkommnen, verbessern, den letzten Schliff geben* • **1.1.1** *handwerklich die Feinheiten herausholen;* Ornamente ~ **2** ⟨Vr 3⟩ **sich** ~ *sich durch Arbeit körperlich(e) Bewegung verschaffen, seine Kräfte in körperliche Bewegung umsetzen;* sich im Garten tüchtig ~

aus|**ar**|**ten** ⟨V. 405(s.)⟩ **1** etwas artet aus **in** od. **zu** etwas *etwas geht über das übliche Maß hinaus zu etwas Negativem, entwickelt sich schlecht;* ihr Streit artete plötzlich in eine Schlägerei aus; die Demonstration ist in eine Straßenschlacht ausgeartet; deine Großzügigkeit darf nicht zu unbegrenzter Verschwendung ~ **2 jmd.** artet aus *jmd. verliert das rechte Maß, die Beherrschung, benimmt sich schlecht;* die Kinder arten aus; in seiner Betrunkenheit, seinem Zorn artet er immer aus **3** ⟨veraltet⟩ *aus der Art schlagen, entarten;* ein ausgearteter Mensch

aus|**at**|**men** ⟨V. 402⟩ *eingeatmete Luft durch Mund od. Nase ausstoßen;* Ggs *einatmen*

aus|**ba**|**den** ⟨V. 500; umg.⟩ etwas ~ *die Folgen von etwas (meist nicht selbst) Verschuldetem tragen;* er muss diese Dummheit, diese Sache, diesen Fehler jetzt ~

aus|**bau**|**en** ⟨V. 500⟩ **1** etwas ~ *aus einem Bau oder Gefüge herausnehmen;* ein Maschinenteil, einen Motor ~ **2** *durch Bauen erweitern, vergrößern;* den Hafen ~; ein Geschäft ~ • **2.1** *die Einzelheiten von etwas vollenden, die Inneneinrichtung von etwas fertigstellen;* den Dachstuhl ~ **3** ⟨fig.⟩ *planvoll weiterentwickeln;* Beziehungen ~; ein System ~; eine Theorie ~; eine Abhandlung zur Doktorarbeit ~

aus|**be**|**din**|**gen** ⟨V. 120/530/Vr 1; geh.⟩ **sich** etwas ~ *zur Bedingung machen, sich vorbehalten, verlangen;* ich bedinge mir aus, dass…; sich das Recht ~, etwas zu tun

aus|**bes**|**sern** ⟨V. 500⟩ **1** etwas ~ *Schäden beseitigen an, etwas instand setzen, reparieren;* ein Dach, ein Gebäude, ein Gerät, eine Straße ~ • **1.1** *flicken, stopfen;* alte Kleidung, Wäsche ~ • **1.2** *restaurieren;* ein altes Gemälde ~

Aus|**beu**|**te** ⟨f.; -, -n; Pl. selten⟩ *Gewinn, Nutzen, Ertrag;* eine geringe, große ~; ~ an Bodenschätzen

aus|**beu**|**ten** ⟨V. 500⟩ **1** Bodenschätze, Naturkräfte ~ *fördern, gewinnen, nutzbringend anwenden, verwerten;* ein Bergwerk, eine Grube ~ **2 jmdn.** od. **etwas**

ausbilden

~ ⟨abwertend⟩ *zum eigenen Vorteil skrupellos ausnutzen;* er beutet die Arbeiter schamlos aus; das römische Imperium beutete die besetzten Gebiete aus; jmds. Notlage, Unkenntnis ~

aus‖bil|den ⟨V. 500/Vr 7 od. Vr 8⟩ **1 jmdn.** ~ *schulen, unterrichten;* Schüler, Lehrlinge, Nachwuchs ~; er ist am Konservatorium ausgebildet (worden); sie ist ausgebildete Zahnarzthelferin; sie lässt sich als, zur Schauspielerin ~; sich an einem Instrument, in der Malerei ~ (lassen) **2 etwas** ~ *entwickeln, weiterbilden, vervollkommnen;* Fähigkeiten ~; seine Stimme ~ **3** ⟨Vr 3⟩ **etwas bildet sich aus** *entwickelt sich, entsteht;* im 19. Jh. bildete sich der historische Roman aus

Aus|bil|dung ⟨f.; -, -en⟩ **1** *das Ausbilden* **2** *Ergebnis des Ausbildens*

aus‖bit|ten ⟨V. 112/530/Vr 1; geh.⟩ **1 sich** (von jmdm.) **etwas** ~ *etwas durch Bitten erreichen, verlangen od. zu erreichen versuchen;* sich vom Chef eine Bedenkzeit ~; ich habe mir von ihm ein Buch ausgebeten; sich von den Eltern eine Erlaubnis ~ **2 sich** (von jmdm.) **etwas** ~ *etwas mit Nachdruck fordern, verlangen;* ich bitte mir aus, dass Sie pünktlich sind; ich bitte mir anständiges Benehmen aus!; ich bitte mir aus, dass du um elf Uhr zu Hause bist! • **2.1** *das möchte ich mir (auch) ausgebeten haben! das habe ich auch nicht anders erwartet!*

aus‖blei|ben ⟨V. 114(s.)/400⟩ **1** *(wider Erwarten) nicht kommen, nicht eintreffen, fernbleiben;* zwei Teilnehmer sind ausgeblieben **2** *(wider Erwarten) nicht eintreten, nicht erfolgen;* die Menstruation ist ausgeblieben; die beabsichtigte Wirkung blieb aus • **2.1** *aussetzen, stillstehen;* der Pulsschlag blieb aus

Aus|blick ⟨m.; -(e)s, -e⟩ **1** *Blick in die Ferne, Aussicht;* vom Turm hat man einen schönen, weiten, herrlichen ~ auf die Landschaft; ein Zimmer mit ~ aufs Meer; die Bäume versperren den ~ **2** ⟨fig.⟩ *Blick in die Zukunft, Vorausschau;* der modernen Medizin eröffnen sich durch diese Methode neue ~

aus‖bre|chen ⟨V. 116⟩ **1** ⟨500⟩ **etwas** ~ *losbrechen, herausbrechen;* Mauersteine, Zähne ~ **2** ⟨500⟩ **den Mageninhalt** ~ *erbrechen* **3** ⟨400(s.)⟩ *sich mit Gewalt befreien;* der Häftling ist ausgebrochen; aus dem Gefängnis ~; der Löwe ist aus dem Käfig ausgebrochen **4** ⟨400(s.)⟩ **etwas bricht aus** *beginnt plötzlich, setzt heftig ein;* ein Brand, Krieg bricht aus; eine Seuche brach aus; ein Streik ist ausgebrochen • **4.1** ein Vulkan bricht aus *wird plötzlich tätig, beginnt zu arbeiten* • **4.2** der Schweiß bricht ihm aus *ich begann heftig zu schwitzen* **5** ⟨800(s.)⟩ **in Gefühlsbewegungen** ~ *plötzlich heftige G. zeigen;* in Gelächter ~; in Schmähungen ~; in Tränen ~; in Zorn ~; mit plötzlich ~dem Zorn

aus‖brei|ten ⟨V. 500/Vr 7⟩ **1 etwas** ~ *auf eine Fläche verteilt hinlegen, nebeneinanderlegen;* die Karten ~; Ware zur Ansicht, zum Verkauf ~; Wäsche zum Trocknen ~ **2 etwas** ~ *auseinanderbreiten, entfalten;* eine Decke, ein Tischtuch ~; sie breitete ihre ganze Lebensgeschichte vor mir aus ⟨fig.⟩ **3 etwas** ~ *nach den Seiten ausstrecken;* die Arme, Flügel ~ **4** ⟨Vr 3⟩ **etwas breitet sich aus** • **4.1** *vergrößert seine Ausdehnung, verbreitet sich;* ein Gerücht, eine Nachricht breitet sich aus; die Panik hat sich ausgebreitet; der Fleck, das Feuer hat sich ausgebreitet • **4.2** *erstreckt sich;* jenseits des Gebirges breitet sich die Ebene aus

aus‖bren|nen ⟨V. 117⟩ **1** ⟨500⟩ **etwas** ~ *durch Brennen entfernen, vernichten;* eine Warze ~ **2** ⟨500⟩ **eine Wunde** ~ *reinigen, keimfrei machen* **3** ⟨400(s.)⟩ **etwas brennt aus** *brennt zu Ende, verbrennt ganz;* das Feuer, die Kerze, die Batterie ist ausgebrannt • **3.1** ein ausgebrannter **Vulkan** *ein erloschener, nicht mehr tätiger V.* **4** ⟨400(s.)⟩ *im Innern völlig verbrennen, leerbrennen;* das Gebäude ist gänzlich ausgebrannt • **4.1** jmd. ist ausgebrannt ⟨fig.⟩ *hat seine seelischen u. körperlichen Kräfte völlig verbraucht*

aus‖brin|gen ⟨V. 118/500⟩ **etwas** ~ **1** einen **Trinkspruch** ~ *mit, bei einem Trunk aussprechen;* einen Trinkspruch auf jmdn., auf jmds. Gesundheit ~ **2** ein **Geheimnis** ~ ⟨schweiz.⟩ *ausplaudern* **3** eine **Zeile** ~ ⟨Typ.⟩ *die Wortzwischenräume so vergrößern, dass es eine Zeile mehr ergibt* **4 Eier** ~ ⟨Jägerspr.⟩ *ausbrüten*

Aus|bruch ⟨m.; -(e)s, -brü|che⟩ **1** *das Ausbrechen (3-5);* Vulkan~; ~ aus einem Gefängnis; ~ einer Seuche; bei ~ des Krieges; ~ der Freude, des Zorns • **1.1** zum ~ kommen *ausbrechen* ⟨4⟩ **2** *süßer Wein aus überreifen, am Stock halb eingetrockneten Beeren, aus denen die geeigneten ausgebrochen (ausgelesen) werden*

aus‖brü|ten ⟨V. 500⟩ **1 Eier** ~ *so lange brüten, bis der junge Vogel ausschlüpft;* die Henne brütet die Küken aus • **1.1** eine **Krankheit** ~ ⟨fig.; scherzh.⟩ *einige Zeit undeutliche Symptome aufweisen, ehe sich die Krankheit zeigt;* ich brüte eine Grippe, einen Schnupfen aus **2** ~ ⟨fig.; umg.⟩ *so lange über etwas grübeln, bis ein Ergebnis zustande kommt;* einen Plan ~; finstere, seltsame Gedanken ~

Aus|bund ⟨m.; -(e)s; unz.⟩ *Inbegriff, mustergültiges Beispiel, Vorbild;* ein ~ an Tugend, Frechheit, Sturheit; ein ~ von Unfähigkeit

aus‖bürs|ten ⟨V. 500⟩ **1 etwas** ~ *durch Bürsten säubern;* Dreck, Staub aus einer Jacke, Hose ~; einem Hund das Fell ~ • **1.1 Haare** ~ *H. kräftig durchbürsten*

Aus|dau|er ⟨f.; -; unz.⟩ **1** *Fähigkeit, etwas über längere Zeit auszuhalten, Zähigkeit;* er hat fast keine ~; sie beweist, zeigt in diesem Falle große, bewundernswerte ~; die Entwicklung wird von uns mit ~ verfolgt; sie wurde für ihre ~ belohnt • **1.1** anhaltender Fleiß; mit ~ arbeiten

aus‖dau|ernd 1 ⟨Part. Präs. von⟩ *ausdauern* **2** ⟨Adj.⟩ *beharrlich, zäh, geduldig* • **2.1** ⟨Bot.⟩ *mehrere Jahre hindurch fortlebend;* ~e Pflanzen

aus‖deh|nen ⟨V. 500⟩ **1** ⟨Vr 7⟩ **etwas** ~ *den Umfang von etwas vergrößern;* dehne mir meine Handschuhe nicht aus! • **1.1** ⟨Vr 3⟩ **etwas dehnt sich aus** *etwas vergrößert seinen Umfang;* Metall dehnt sich durch Erwärmung aus; die Stadt dehnt sich immer mehr, immer weiter aus **2 etwas** ~ *(zeitlich) verlängern;* eine Frist, Lieferzeit ~; eine Reise übers Wochenende ~ • **2.1** wir wollen den Abend nicht zu lange ~

nicht zu spät auseinandergehen • 2.2 ein ausgedehnter Spaziergang *ein weiter, langer S.* • 2.3 ein ausgedehntes Frühstück *ein reichhaltiges, langes Frühstück* • 2.4 ⟨Vr 3⟩ **etwas** dehnt **sich** aus *etwas zieht sich in die Länge, zieht sich hin;* die Feier dehnte sich bis in den Morgen aus **3** eine **Sache** ~ *erweitern;* seinen Einfluss, seine Herrschaft ~; das schlechte Wetter dehnt sich auch auf die südlichen Landesteile aus • 3.1 ausgedehnte Beziehungen *weit verzweigte, weitläufige, weitreichende B.* • 3.2 eine ausgedehnte Praxis haben *eine große P.* **4** ⟨550⟩ ein **Gesetz,** Verbot **auf jmdn.** od. **etwas** ~ *in seinem Anwendungsbereich auf jmdn. od. etwas erweitern;* Vorschriften auf einen größeren Personenkreis ~

Aus|deh|nung ⟨f.; -, -en⟩ **1** *das Ausdehnen* • 1.1 *Zunahme, Vergrößerung des Volumens od. der Länge;* isotrope, lineare, kubische ~ ⟨Phys.⟩ • 1.2 *räumliche Ausweitung;* die ~ eines Hochs über Deutschland; die ~ einer Epidemie verhindern • 1.3 ⟨fig.⟩ *Vergrößerung;* das Land bemühte sich um ~ seiner Macht, seines Einflusses; die weitere ~ des Handels anstreben • 1.4 *zeitliche Verlängerung;* die ~ der Tagung auf mehrere Tage; die ~ der Besuchszeit **2** ⟨Math.⟩ = *Dimension (1)* • 2.1 *Größe, Umfang;* die Stadt hat eine ~ von 10 km²; die Hauptstadt hat eine gewaltige, beträchtliche ~ erreicht; hier kann man den See in seiner vollen ~ sehen

aus|den|ken ⟨V. 119/500 od. 530/Vr 1⟩ **1 (sich) etwas** ~ *(sich) durch Denken etwas zurechtlegen od. schaffen;* er hat (sich) einen Plan ausgedacht; sich eine Überraschung für jmdn. ~; sich einen Scherz, einen Trick, einen Spaß, ein Spiel ~; ist das wahr oder hast du es dir nur ausgedacht?; er muss sich immer neue Ausreden aus • 1.1 da musst du dir schon **etwas anderes** ~ *das glaube ich dir nicht* **2 etwas** ist **nicht** auszudenken *etwas ist unvorstellbar;* die Folgen, die Auswirkungen sind nicht auszudenken

Aus|druck ⟨m.; -(e)s, -drü|cke⟩ **1** ⟨unz.⟩ *die Art, sich auszudrücken, zu sprechen, zu singen, zu spielen;* dein Aufsatz ist inhaltlich gut, aber der ~ muss noch besser werden; mit leidenschaftlichem ~ singen, spielen, sprechen **2** ⟨unz.⟩ *äußerliches Zeichen, Kundgeben inneren Erlebens;* Gefühls~; seinen Gefühlen ~ geben; einer Hoffnung ~ geben; eine Äußerung mit dem ~ des Bedauerns zurücknehmen; mit dem ~ vorzüglicher Hochachtung (veralteter Briefschluss); in seinem Vortrag kam (deutlich) zum ~, dass … • 2.1 etwas zum ~ bringen *(deutlich) sagen, ausdrücken, in Worte fassen* • 2.2 *Miene, Mienenspiel;* Gesichts~; der ~ seines Gesichts wechselte ständig; ihr Gesicht hatte einen mitleidigen ~; in seinem Gesicht lag ein ~ von Güte, Hass, Mitleid • 2.3 *Betonung, Nachdruck;* ein Gedicht mit ~ vortragen; einem Lied (beim Singen) mehr ~ geben; er spielt, singt ohne (jeden) ~ • 2.4 *künstlerische Gestalt(ung), Form(ung);* dieses Porträt hat gar keinen ~ **3** *Wort, Bezeichnung, Redensart, Redewendung;* Fach~, Kraft~; beleidigende Ausdrücke; den richtigen ~ nicht finden; „pürschen" ist ein ~ aus der Jägersprache; nach einem, einem geeigneten ~ suchen; kannst du mir einen anderen ~ für „romantisch" sagen?; beschönigender, bildlicher, falscher, geläufiger, mundartlicher, neuer, richtiger, treffender, veralteter, verhüllender, volkstümlicher ~; „weeß Knöbbchen" ist ein sächsischer ~ • 3.1 Ausdrücke gebrauchen *vulgäre, derbe Wörter, Schimpfwörter*

aus|drü|cken ⟨V. 500⟩ **1** etwas ~ *durch Drücken die Flüssigkeit aus etwas entfernen;* ein Kleidungsstück ~; einen Schwamm ~; eine Zitrone ~ • 1.1 **Flüssigkeit** ~ *durch Drücken herausholen;* Saft ~ **2** eine **Zigarette** ~ *durch Drücken auslöschen* **3 etwas** ~ *in einer bestimmten Art formulieren;* es ist nicht auszudrücken, wie schön es war; ich will es noch anders od. besser ~; man kann es nicht anders ~ als „unverantwortlich"; etwas in, mit Worten, Gesten ~ • 3.1 ⟨Vr 3⟩ **sich** ~ *sich in einer bestimmten Art äußern;* sich derb, deutlich, falsch, gewählt, gut, klar, richtig ~; habe ich mich richtig ausgedrückt?; ich weiß nicht, wie ich mich ~ soll • 3.1.1 seine Art, sich auszudrücken, ist erheiternd *seine Redeweise* • 3.1.2 = *artikulieren (3)* • 3.2 ⟨550⟩ **etwas** ~ *angeben;* einen Sachverhalt in Zahlen ~; in Zahlen, Quadratmetern ausgedrückt beträgt die Größe des Grundstücks 350 m² **4** etwas ~ *in Worte fassen, aussprechen;* Gefühle, seinen Dank ~; seine Freude ~ (über etwas) • 4.1 ⟨530⟩ **jmdm. etwas** ~ *äußerlich zeigen, kundtun;* jmdm. seine Hochachtung ~; jmdm. seine Anteilnahme ohne Worte ~

aus|drück|lich ⟨a. [-'--] Adj.⟩ *besonders betont, bestimmt, deutlich, klar;* ~e Erlaubnis, ~es Verbot; auf ~en Wunsch; mit ~em Vorbehalt; ich habe ~ gesagt, dass er kommen soll; etwas ~ verbieten, erklären; auf etwas ~ hinweisen, verzichten

aus|drucks|los ⟨Adj.⟩ *ohne Ausdruck, ohne Anzeichen innerer Regung;* er spielte ~ Klavier

aus|drucks|voll ⟨Adj.⟩ *voller Ausdruck, mit viel Ausdruck, leidenschaftlich;* ein ~er Gesang; ~es Gesicht; ~er Wein

Aus|drucks|wei|se ⟨f.; -, -n⟩ *die Art sich auszudrücken, zu sprechen, Sprachstil;* eine gehobene ~

aus|duns|ten ⟨V. 500⟩ = *ausdünsten*

aus|düns|ten ⟨V. 500⟩ etwas ~ *einen unangenehmen Dunst od. Geruch absondern, ausscheiden;* oV *ausdunsten;* der modrige Teich dünstete üble Gerüche aus; die Tiere haben einen scharfen Geruch ausgedünstet

♦ Die Buchstabenfolge **aus|ein…** kann in Fremdwörtern auch **aus|ei|n…** getrennt werden.

♦ **aus|ein|an|der** ⟨Adv.⟩ **1** *einer vom anderen getrennt, abgesondert, weg;* diese Ereignisse liegen um einige Tage, Jahre ~; die Geschwister sind fast 15 Jahre ~ • 1.1 wir sind schon lange ~ ⟨umg.⟩ *nicht mehr befreundet* **2** *eines aus dem anderen;* etwas theoretisch ~ ableiten

♦ **aus|ein|an|der|ge|hen** ⟨V. 145/400(s.)⟩ **1** *getrennte Wege gehen, sich trennen;* die Ehepartner sind auseinandergegangen • 1.1 die Meinungen gehen aus-

auseinanderschreiben

einander *unterscheiden sich voneinander* **2** *etwas geht auseinander geht entzwei, zerbricht;* der Stuhl, der Roller geht auseinander **3** ⟨umg.⟩ *an Leibesumfang zunehmen;* im letzten Jahr ist er ganz schön auseinandergegangen

◆ **aus|ein|an|der|schrei|ben** ⟨V. 230/500⟩ *etwas ~ getrennt schreiben;* dieses Wort schreibt man auseinander

◆ **aus|ein|an|der|set|zen** ⟨V.⟩ **1** ⟨500⟩ *jmdn. ~ einen anderen, entfernteren Sitzplatz zuweisen;* der Lehrer musste die beiden Schüler auseinandersetzen **2** ⟨530; fig.⟩ *jmdm. etwas ~ darlegen, erklären;* er hat ihm seine Pläne, seine Gründe klar auseinandergesetzt **3** ⟨550/Vr 3; fig.⟩ **sich ~ • 3.1** *sich mit etwas ~ sich mit etwas kritisch befassen, gründlich beschäftigen;* sich mit einer Lehre, einer anderen Meinung, einem Problem ~ **• 3.2** *sich mit jmdm. ~ mit jmdm. einen Sachverhalt in einem ernsten Gespräch klären;* der Autor dieses Romans hat versucht, sich mit dem Leser auseinanderzusetzen; er setzt sich mit dem Gegner auseinander **4** ⟨500/Vr 4; Rechtsw.; fig.⟩ **sich** (über etwas) *~ sich über die Aufteilung von gemeinsamem Besitz einigen;* die Erben müssen sich ~

◆ **Aus|ein|an|der|set|zung** ⟨f.; -, -en⟩ **1** *eingehende Erklärung von etwas, kritische Beschäftigung mit etwas;* ohne eine ~ mit dieser Frage wird es nicht gehen; wir müssen uns der ~ mit den Problemen stellen **2** *Meinungsaustausch, Diskussion;* eine wissenschaftliche, kritische, politische ~; es gab mehrere fruchtbare ~en über dieses Thema **3** *Streit;* wir hatten eine (heftige) ~ zu Hause; es kam zu blutigen, dramatischen, scharfen ~en zwischen den Anwesenden **4** ⟨Rechtsw.⟩ *Aufteilung gemeinsamen Besitzes;* die ~ bei einer Erbschaft

aus|fah|ren ⟨V. 130⟩ **1** ⟨400(s.)⟩ *nach draußen fahren* **• 1.1** die **Bauern** *fahren aus fahren (zum ersten Mal im Jahr) zur Arbeit auf den Acker* **• 1.2 Bergleute** *fahren aus verlassen das Bergwerk;* Ggs einfahren (1.1) **• 1.3 Verkehrsmittel,** ein Zug, ein Schiff *fährt aus verlässt den Bahnhof, den Hafen,* →a. einfahren (1) **2** ⟨500⟩ **• 2.1** *jmdn. ~ spazieren fahren;* ein Kind im Wagen, einen Kranken im Rollstuhl ~ **• 2.2** ⟨h.⟩ od. ⟨s.⟩ *ein* **Rennen** *~* ⟨Sp.⟩ *an einem R. teilnehmen, an einem R. bis zum Ende mitfahren* **• 2.3** ⟨h.⟩ od. ⟨s.⟩ *Kurven ~ in der K. am rechten Straßenrand fahren;* Ggs schneiden (9) **• 2.3.1** *einen* **Wagen** *~ bis zur höchsten Geschwindigkeit beschleunigen* **• 2.4 Gleise,** einen **Weg** *~ durch Fahren abnutzen* **• 2.4.1** *er bewegt sich in ausgefahrenen Gleisen* ⟨fig.⟩ *wiederholt nur längst Bekanntes* **• 2.5** Dachs u. Fuchs fahren **Erde** aus ⟨Jägerspr.⟩ *werfen E. aus dem Bau* **3** ⟨Part. Präs.⟩ eine ~de Bewegung *eine plötzliche, unwillkürliche B.*

Aus|fahrt ⟨f.; -, -en⟩ **1** *das Ausfahren, Spazierfahrt;* eine ~ unternehmen **2** *Ausgang für Fahrzeuge;* Tor~, Hafen~; ~ freihalten! **3** *Erlaubnis zum Ausfahren;* der Zug hat noch keine ~ **4** *Straße zum Verlassen der Autobahn od. Schnellstraße;* Sy ⟨österr.⟩ Abfahrt (3)

Aus|fall ⟨m.; -(e)s, -fäl|le⟩ **1** *das Ausfallen* **• 1.1** ⟨Fechten⟩ *rasches Vorsetzen des rechten Fußes mit Beugen des Knies u. Vorschnellen des Körpers sowie der damit verbundene Stoß od. Hieb* **2** ⟨fig.⟩ *beleidigender Angriff gegen jmdn.*

aus|fal|len ⟨V. 131/400(s.)⟩ **1** *etwas fällt aus fällt heraus;* die Haare, Zähne fallen aus **2** *etwas fällt aus fällt unerwartet weg;* mein Lohn fällt für diese Zeit aus; der fahrplanmäßige Zug fällt aus **• 2.1** *eine* **Sitzung** *fällt aus findet nicht statt;* der Unterricht fällt heute aus **3** ⟨413⟩ *etwas fällt* **gut, schlecht** *aus hat ein gutes, schlechtes Ergebnis;* die Ernte ist gut ausgefallen; die Prüfung fiel nicht so besonders aus; die Arbeit wird gut od. schlecht ~; wie ist das Spiel ausgefallen? **4** *jmd. fällt aus* ⟨bes. Sp.⟩*nimmt an einem Spiel, einem Wettbewerb (kurzfristig) nicht teil;* er wird die nächsten drei Wochen ~

aus|fin|dig ⟨Adj. 24/51⟩ *jmdn.* od. **etwas** *~* **machen** *nach langem, angestrengtem Suchen od. Nachdenken finden;* den Täter ~ machen; er hat ein nettes Lokal ~ gemacht; seine Spur wurde ~ gemacht

Aus|flucht ⟨f.; -, -flüch|te⟩ *Ausrede, mit der etwas unglaubwürdig entschuldigt wird;* immer eine ~ haben; Ausflüchte machen, gebrauchen; sich hinter Ausflüchten verstecken

Aus|flug ⟨m.; -(e)s, -flü|ge⟩ **1** *das Wegfliegen;* ~ der Bienen, der Vögel **2** *eine (kurze) Wanderung od. Fahrt zum Vergnügen od. zur Erholung;* einen ~ (ins Grüne, nach X usw.) machen; ein schöner, großer, gemeinsamer ~ aufs Land, in die Berge; es war ein ~ in die Vergangenheit, in die Mythologie ⟨fig.⟩

Aus|fluss ⟨m.; -es, -flüs|se⟩ **1** *Stelle, an der eine Flüssigkeit ausfließt, Öffnung für den Abfluss;* der ~ eines Teiches, Sees **2** ⟨Med.⟩ *krankhafte Absonderung von Flüssigkeit aus der Scheide;* eitriger, blutiger ~ **3** ⟨unz.; fig.; geh.⟩ *Ergebnis, Folge;* es war ein ~ seiner Fantasie, schlechter Laune, augenblicklicher Stimmung

aus|fra|gen ⟨V. 505⟩ *jmdn.* (**über etwas**) *~ jmdn. anhaltend nach etwas befragen, jmdn. über etwas aushorchen;* der Mann fragte die Kinder nach ihren Eltern aus

aus|fres|sen ⟨V. 139/500⟩ **1** *etwas ~ leerfressen;* die Schweine haben den Trog ausgefressen; das Pferd frisst den Hafer nicht aus **2** *etwas ~ aus etwas herausfressen;* die Säure hat ein Loch ausgefressen **3** *etwas ausgefressen* **haben** ⟨fig.; umg.⟩ *etwas angestellt haben, sich etwas zuschulden haben kommen lassen;* was hast du denn ausgefressen?

aus|frie|ren ⟨V. 140⟩ **1** ⟨400(s.)⟩ **• 1.1** *zu Eis erstarren, erfrieren;* zum Trocknen aufgehängte Wäsche ~ lassen; im vorigen Winter fror die Saat aus **• 1.2** ⟨regional⟩ *vor Kälte durch u. durch frieren;* ich bin ganz ausgefroren **2** ⟨500⟩ *ein* **Gemisch** *~* ⟨Tech.⟩ *durch Abkühlen in seine Bestandteile trennen*

Aus|fuhr ⟨f.; -; unz.⟩ *der Verkauf von Waren ins Ausland;* Sy Export; Ggs Einfuhr

aus|füh|ren ⟨V. 500⟩ **1** *jmdn. ~ jmdn. zu einer Veranstaltung, in ein Lokal führen u. freihalten* **2** *den* **Hund** *~ spazieren führen* **3 Waren** *~ ins Ausland bringen, verkaufen;* Sy exportieren (1) **4** *eine* **Arbeit** *~ durchführen, vollenden* **5 Gedanken** *~ (mündlich* *od. schriftlich) darlegen, auseinandersetzen, ausführlich erklären;* er führte seine Theorien, Ideen weitschweifig aus; wie ich oben ausgeführt habe

aus|führ|lich ⟨schweiz. ['---] Adj.⟩ *bis ins Einzelne gehend, eingehend, sehr genau, breit darstellend;* ein ~er Brief, Bericht; ein Thema ~ behandeln; etwas ~ erklären, beschreiben, erzählen

Aus|füh|rung ⟨f.; -, -en⟩ **1** *Durchführung, Vollendung;* die ~ der Bauarbeiten dauert drei Wochen **2** *Ausarbeitung;* die weitere ~ einer Zeichnung **3** *Art der Herstellung, Ausstattung;* die ~ des Einbandes war mangelhaft; in sorgfältiger ~ **4** *ausführliche Erklärung, Darlegung;* gelehrte ~en; wie ich Ihren ~en entnommen habe; wir danken dem Redner für seine interessanten ~en

aus|fül|len ⟨V.⟩ **1** ⟨505⟩ etwas (mit etwas) ~ *etwas Leeres od. Hohles vollständig füllen;* einen Zahn mit Amalgam, Kunststoff ~; eine Grube mit Sand ~; eine Lücke in seiner Bildung ~ ⟨fig.⟩ • **1.1** **etwas** *od.* **jmd.** füllt **etwas** aus *bedeckt od. nimmt nur einen begrenzten Raum od. Platz ein;* die zwei Schränke füllen den ganzen Flur aus; die Bilder füllten die ganze Wand aus; sie hat mit ihrem dicken Körper den ganzen Sessel ausgefüllt **2** etwas ~ *alle erforderlichen Angaben in ein Schriftstück eintragen, in einem Schriftstück gestellte Fragen beantworten;* einen Fragebogen, ein Formular, eine Anmeldung in Druckschrift ~; füllen Sie bitte diesen Meldezettel deutlich aus! **3** eine begrenzte **Zeit** (mit etwas) ~ *verbringen;* sie füllte die Wartezeit mit Lesen aus; die Pause unterhaltsam ~; ihr ganzes Leben war mit Arbeit ausgefüllt **4** einen **Posten** ~ ⟨fig.⟩ *bekleiden, einer Aufgabe gewachsen sein;* er füllt seine Stellung, seinen Platz gut, gewissenhaft aus **5 etwas** füllt **jmdn.** aus ⟨fig.⟩ *etwas erfüllt jmdn., nimmt jmdn. voll in Anspruch;* ein Gedanke, eine Idee, ein Vorhaben füllt ihn gänzlich aus; das unvorstellbare Glück füllte ihn aus • **5.1** *befriedigen;* die Arbeit füllte sie nicht aus; seine Tätigkeit hat ihn ganz ausgefüllt

Aus|ga|be ⟨f.; -, -n⟩ **1** *Zahlung, Geldaufwand;* kleine, große, viele ~n haben, machen; laufende ~n; keine ~n scheuen; ~n u. Einnahmen **2** ~ von Schriftwerken ⟨Abk.: Ausg.⟩ *Veröffentlichung;* Abend~, Erst~ • **2.1** ~ **letzter Hand** *letzte vom Verfasser selbst autorisierte Veröffentlichung eines Werkes* • **2.2** *Ausstattung, Form eines Druckwerkes;* Pracht~, Liebhaber~, Sonder~, Taschen~; erweiterte, verkürzte ~ • **2.3** *Nummer einer Zeitung;* in welcher ~ stand die Nachricht? **3** ⟨unz.⟩ *das Herausgeben (2);* Waren~, Essen~ • **3.1** *Stelle, an der etwas herausgegeben wird;* Ggs Annahme (1); Paket~; fragen Sie an der ~!

Aus|gang ⟨m.; -(e)s, -gän|ge⟩ **1** *Öffnung eines Raumes zum Hinausgehen;* Ggs Eingang (1); alle Ausgänge besetzen!; den ~ versperren • **1.1** *Tür zum Hinausgehen, Tür ins Freie;* bitte den ~ an der Seite benutzen!; am ~ des Theaters • **1.2** ~ *eines Stollens, unterirdischen Ganges usw. Öffnung, Loch* **2** ~ *eines* **Geschehens, Zeitraumes,** einer **Abfolge** *Ende;* eine Geschichte mit bösem, glücklichem, gutem ~; töd-

ausgelassen

licher ~ einer Krankheit, eines Unfalls; am ~ des 19. Jh.; der ~ eines Romans, Wortes, Verses, einer Zeile • **2.1** ~ einer Verhandlung, eines **Unternehmens** *Erfolg bzw. Misserfolg* • **2.2** ~ eines **Konflikts** *Lösung* **3** *Ergebnis einer Bearbeitung* • **3.1** ~ einer **Datenverarbeitungsanlage** *derjenige Teil einer D., der das Ergebnis einer Berechnung darstellt;* Ggs Eingang (1.1) • **3.2** ⟨meist Pl.⟩ Ausgänge *an einem Tag gelieferte Waren, abgesandte Briefe usw.* **4** *das Ausgehen (1);* es war sein erster ~ nach der Krankheit • **4.1** ⟨bes. von Dienstboten u. Soldaten⟩ *Ausgehtag, freier Tag od. Nachmittag;* das Personal hat heute ~

aus|ge|ben ⟨V. 143/500⟩ **1** etwas ~ *weg-, her-, fortgeben;* Geld ~ • **1.1** mit vollen Händen Geld ~ *verschwenderisch sein* • **1.2** einen **Schnaps** ~ ⟨umg.⟩ *spendieren* • **1.3** eine **Runde** ~ *für jeden im geselligen Kreis ein Getränk spendieren* **2** etwas ~ *verteilen, übergeben;* Essen, Gepäck ~ • **2.1** etwas (zum Verkauf) ~ *herausgeben, herausbringen, in Umlauf setzen;* Aktien, Briefmarken, Fahrscheine, Eintrittskarten ~ • **2.2** Befehle, Parolen ~ *bekanntgeben* **3** ⟨Vr 3⟩ sich ~ *sich verausgaben, seine Kraft verbrauchen* **4** ⟨518/Vr 7⟩ **jmdn.** *od.* **etwas** als, für **jmdn.** *od.* **etwas** ~ *fälschlich als jmdn. od. etwas vorstellen, für jmdn. od. etwas gelten (lassen) wollen;* er gibt sich für den Sohn des X aus; er gibt sich als Deutscher aus (ist es aber nicht) **5** ⟨413⟩ etwas gibt **viel** (**wenig**) aus *bringt (keinen) Ertrag, reicht (nicht) weit, lange;* diese Wolle gibt viel aus

Aus|ge|burt ⟨f.; -, -en; fig.⟩ ⟨*übles*⟩ *Erzeugnis;* ~ der Hölle; eine ~ seiner krankhaften Fantasie

aus|ge|fal|len 1 ⟨Part. Perf. von⟩ *ausfallen* **2** ⟨Adj. 70⟩ *nicht alltäglich, merkwürdig;* eine ~e Idee!; eine ~e Angelegenheit

aus|ge|gli|chen 1 ⟨Part. Perf. von⟩ *ausgleichen* **2** ⟨Adj.⟩ *gleichbleibend, ohne Schwankungen, schwer zu erschüttern, gleichmäßig;* ein ~er Charakter, ein ~es Gemüt, Wesen; ein ~es Klima, Spiel

aus|ge|hen ⟨V. 145(s.)⟩ **1** ⟨400⟩ *nach draußen gehen, seine Wohnung verlassen, um einer Beschäftigung od. einem Vergnügen nachzugehen;* nicht gern ~ **2** ⟨400⟩ **etwas** geht aus *wird weniger;* der Atem ging ihm aus; jetzt geht ihm die Geduld aus • **2.1** **Geld, Waren** gehen aus *gehen zur Neige, brauchen sich auf* • **2.2 Haare** gehen aus *fallen aus* • **2.3 Farben** gehen aus *laufen (beim Waschen) ineinander, laufen aus* • **2.4** das **Feuer** geht aus *erlischt;* das Feuer ~ lassen **3** einen **Befehl,** ein Verbot ~ **lassen** *verkünden, verbreiten, aussenden* **4** ⟨800⟩ **in** eine **Spitze** ~ *auslaufen (6.1)* **5** ⟨413⟩ eine Sache wird gut aus. schlecht ~ *ein gutes od. schlechtes Ergebnis haben* **6** ⟨413⟩ **frei, leer** ~ *durch etwas Unangenehmes, Angenehmes nicht betroffen werden* **7** ⟨800⟩ **7.1 auf etwas** ~ *nach etwas heftig streben;* auf Abenteuer, Beute, Raub, seinen Vorteil ~ **7.2 von etwas** ~ *etwas zum Ausgangspunkt nehmen; von bestimmten Voraussetzungen ~;* ich gehe davon aus, dass … **8** ⟨Vr 7⟩ es geht sich nicht aus ⟨österr.⟩ *es reicht nicht, passt nicht*

aus|ge|las|sen 1 ⟨Part. Perf. von⟩ *auslassen* **2** ⟨Adj.⟩ *übermütig, sehr fröhlich u. wild;* ein ~es Kind; die

ausgemacht

Gesellschaft war gegen Mitternacht schon sehr ~; in ~er Laune sein

aus|ge|macht 1 ⟨Part. Perf. von⟩ *ausmachen* 2 ⟨Adj. 24/70⟩ • 2.1 *gewiss, bestimmt, sicher;* es ist schon ~, dass ...; es galt als ~, dass ... • 2.2 ⟨60⟩ eine ~e **Sache** ⟨umg.⟩ *er-, bewiesene S., feststehende Tatsache;* es ist eine ~e Sache, dass sie gewinnen wird • 2.2.1 ⟨verstärkend; umg.⟩ *sehr groß, ausgesprochen, vollkommen;* das ist ein ~er Blödsinn; er ist ein ganz ~er Schurke

aus|ge|nom|men ⟨Präp. (oft nachgestellt) m. Akk.⟩ *außer, nicht enthaltend;* wir alle, mich ~; Anwesende ~; ~ die letzten beiden Tage

aus|ge|rech|net 1 ⟨Part. Perf. von⟩ *ausrechnen* 2 ⟨Adj.⟩ • 2.1 ⟨24/50⟩ *gerade (so, wie es nicht zu erwarten war);* ~ mir muss das passieren!; musst du ~ jetzt zu mir kommen? • 2.2 ⟨Adj. 60⟩ ein ~er **Mensch** ⟨schweiz.⟩ *ein berechnender, auf seinen geldlichen Vorteil bedachter M.*

aus|ge|schlos|sen 1 ⟨Part. Perf. von⟩ *ausschließen* 2 ⟨Adj. 24/80⟩ *unmöglich;* das ist ganz ~; das halte ich für ~ • 2.1 ~! *kommt nicht in Frage*

aus|ge|spro|chen 1 ⟨Part. Perf. von⟩ *aussprechen* 2 ⟨Adj. 24⟩ • 2.1 ⟨60⟩ *unverkennbar, besonders ausgeprägt;* er hat einen ~en Sinn für Humor; er hat eine ~e Trinkernase; er hat eine ~e Vorliebe für Musik; das ist (ein) ~es Pech • 2.2 ⟨50; verstärkend; umg.⟩ *sehr, ganz besonders;* ich mag ihn ~ gern; ein ~ hübsches Kind; es war ein ~ heißer Sommer; das finde ich ~ komisch

aus|ge|zeich|net ⟨a. [--'--]⟩ 1 ⟨Part. Perf. von⟩ *auszeichnen* 2 ⟨Adj. 24⟩ *sehr gut, vorzüglich, ganz hervorragend (auch als Zensur);* ein ~er Wein; danke, es geht (mir) ~; das hast du ~ gemacht; ganz ~!; sie kann ~ kochen, tanzen

aus|gie|big ⟨Adj.⟩ 1 ⟨umg.⟩ *reichlich;* eine ~e Mahlzeit; ~ frühstücken; ~ schlafen; in der Nacht hat es ~ geregnet 2 ⟨veraltet⟩ *ergiebig;* das Fett, die Wolle ist sehr ~

aus|gie|ßen ⟨V. 152/500⟩ 1 eine **Flüssigkeit (aus etwas)** ~ *gießen;* die Milch (aus der Kanne) ~; er goss das Bier (aus der Flasche) in ein Glas aus 2 ein **Gefäß** ~ *durch Gießen leeren;* einen Eimer, eine Flasche, eine Vase, ein Glas ~ 3 ein **Feuer, eine Flamme** ~ *durch Übergießen löschen* 4 ⟨516⟩ *etwas mit etwas* ~ *mit einer flüssigen (später erstarrenden) Masse ausfüllen;* eine Spur, eine Form mit Gips ~; er hat die Risse mit Zement ausgegossen; die Löcher in der Straßendecke mit Asphalt ~ 5 ⟨550⟩ **Zorn, Hohn, Verachtung, Spott über jmdn.** ~ ⟨fig.⟩ *ausschütten;* er goss seine Verachtung über ihn aus

Aus|gleich ⟨m.; -(e)s, -e; Pl. selten⟩ *das Ausgleichen;* Lasten~; zum ~ Ihres Kontos; einen ~ schaffen für etwas; einen ~ vornehmen; in letzter Minute den ~ erzielen ⟨Sp.⟩

aus|glei|chen ⟨V. 153/500⟩ 1 etwas **Ungleiches** ~ *einander angleichen, gleichmachen* • 1.1 **Unterschiede** ~ *durch gegenseitiges Ausgleichen aufheben;* Unebenheiten des Bodens ~ • 1.1.1 ein **Konto** ~ *Soll- und Habenseite auf den gleichen Stand bringen* • 1.2 **Gegensätze** ~ *durch Vermitteln versöhnen;* Spannungen, kontroverse Meinungen ~ • 1.3 **Mängel** ~ *wiedergutmachen, ersetzen;* den Schaden ~; Verluste ~ • 1.4 eine **Rechnung** ~ ⟨Kaufmannsspr.⟩ *begleichen, bezahlen* • 1.5 (etwas) ~ ⟨Sp.⟩ *einen unentschiedenen Spielstand erreichen;* die Führung ~; sie konnten zwischenzeitlich ~ 2 ⟨Vr 7⟩ **sich** ~ *sich aufheben;* Verluste u. Gewinne gleichen sich aus

aus|glei|ten ⟨V. 155(s.); geh.⟩ 1 ⟨400⟩ jmd. gleitet aus *verliert durch plötzliches, unerwartetes Gleiten das Gleichgewicht;* sie ist auf der vereisten Straße, auf dem nassen Gras ausgeglitten 2 ⟨600⟩ **etwas** gleitet **jmdm.** aus *rutscht, fällt nach unten;* das Messer, die Tasse glitt ihm aus

aus|glü|hen ⟨V. 500⟩ 1 eine **Nadel** ~ ⟨Med.⟩ *durch Glühen reinigen* 2 **Metalle** ~ *auf hohe Temperatur erwärmen u. langsam abkühlen, um sie weich u. dehnbar zu machen* 3 **Glasgefäße** ~ *bis zum Glühen erhitzen, um Spuren von Verunreinigungen zu beseitigen*

aus|gra|ben ⟨V. 157/500⟩ 1 jmdn. od. etwas ~ *durch Graben aus der Erde holen;* einen Toten wieder ~; die Pflanzen muss man mit den Wurzeln ~; ein Lawinenhund hat die Verschütteten ausgegraben • 1.1 ⟨Archäol.⟩ *freilegen;* einen griechischen Tempel ~; Waffen, Urnen ~ • 1.2 das **Kriegsbeil** ~ ⟨fig.; umg.; scherzh.⟩ *einen Streit beginnen* 2 etwas (längst) **Vergessenes** ~ ⟨fig.⟩ *neu hervorbringen, neu beleben;* musst du den alten Zwist wieder ~?; das Bild grub er in einem Archiv aus; er hat einen Roman aus dem vorigen Jahrhundert ausgegraben

Aus|guss ⟨m.; -es, -güs|se⟩ 1 *Becken mit Abfluss zum Ausgießen von schmutzigem Wasser, z. B. in der Küche;* der ~ war schon wieder verstopft 2 *an Kannen, Krügen als Röhre od. Mulde geformter Teil eines Gefäßes, der das Ausgießen von Flüssigkeit erleichtern soll;* Sy Schnauze (3)

aus|ha|ben ⟨V. 159; umg.⟩ 1 ⟨500⟩ **etwas** ~ *ausgelesen, ausgetrunken, ausgezogen haben usw.;* hast du das Buch schon aus?; ich habe das Glas Milch schon aus; hat er schon den Mantel aus? 2 ⟨400⟩ *dienstfrei, schulfrei haben;* wann hast du heute aus?

aus|hal|ten ⟨V. 160⟩ 1 ⟨500⟩ **etwas** ~ *ertragen;* Kälte, Schmerzen, Lärm ~; ich halte es vor Hunger nicht mehr aus; das ist nicht auszuhalten; es ist nicht zum Aushalten 2 ⟨412⟩ *durchhalten, ausharren;* sie hielt bei ihm bis zum Ende aus; er hält in keiner Stellung lange aus 3 ⟨500⟩ **jmdn.** ~ ⟨abwertend⟩ *jmds. Lebensunterhalt bezahlen;* eine Geliebte ~ 4 ⟨500⟩ **etwas** ~ *lange tönen lassen, anhalten;* eine Note, einen Ton ~

aus|hän|di|gen ⟨V. 530⟩ **jmdm. etwas** ~ *jmdm. etwas (offiziell) überreichen, übergeben;* er händigte ihm den Brief, das restliche Geld, die Autoschlüssel aus

Aus|hang ⟨m.; -(e)s, -hän|ge⟩ *ausgehängter Anschlag, öffentlich ausgehängte Bekanntmachung*

aus|hän|gen[1] ⟨V. 161/400⟩ 1 etwas hängt aus *ist irgendwo öffentlich zur allgemeinen Information angebracht;* die Bekanntmachung, die Anzeige hing vier Wochen aus 2 jmd. hängt aus ⟨umg.⟩ *jmds. Name od. Bild ist irgendwo öffentlich aus bestimmtem Anlass*

aus|hän|gen² ⟨V. 500⟩ **1** etwas ~ *irgendwo öffentlich zur allgemeinen Information anbringen;* die neuen Waren im Schaufenster ~ **2** jmdn. ~ ⟨umg.⟩ *jmds. Name od. Bild aus einem bestimmten Anlass irgendwo öffentlich anbringen;* man hat alle Kandidaten vor der Wahl ausgehängt **3** eine **Tür**, ein Fenster ~ *aus den Angeln od. Scharnieren herausheben* **4** ⟨500/Vr 3⟩ **sich** ~ *durch Hängen wieder glatt werden;* das Kleid, der Anzug hängt sich wieder aus; die Falten haben sich noch nicht ausgehängt

aus|har|ren ⟨V. 400; geh.⟩ *(trotz widriger Umstände) ausdauernd warten, lange Zeit aus-, durchhalten;* sie harrte noch zwei Stunden in der Kälte aus, aber er ist nicht gekommen

aus|he|ben ⟨V. 163/500⟩ **1** etwas ~ *graben, ausschachten;* Gräben ~ **2** etwas ~ *grabend aus der Erde holen;* Bäume ~; Erdreich ~ **3** etwas ~ *aus einer Haltevorrichtung heben;* die Tür, das Fenster ~ **4** ein **Nest** ~ *die Eier herausnehmen* • **4.1** ein **Diebesnest** ~ ⟨fig.⟩ *ausfindig u. die Diebe unschädlich machen* **5** jmdn. ~ *zum Wehrdienst verpflichten;* Rekruten ~ **6** ⟨530/Vr 5⟩ **jmdn. etwas** ~ *ausrenken;* sich den rechten Arm ~ **7** jmdm. den **Magen** ~ ⟨umg.⟩ *auspumpen* **8** den **Guss** ~ *das gegossene Stück aus der Gussform nehmen* **9** einen **Briefkasten** ~ ⟨österr.⟩ *leeren* **10** jmdn. ~ ⟨Ringen⟩ *durch Heben zu Fall bringen*

Aus|he|bung ⟨f.; -, -en⟩ *das Ausheben;* Erd~; die ~ einer kriminellen Bande; die ~ von Rekruten; die ~ des Briefkastens ⟨österr.⟩

aus|hel|fen ⟨V. 165/600 od. 411⟩ **1** jmdm. ~ *aus einer vorübergehenden Notlage helfen;* könntest du mir mit zehn Euro ~?; ich werde ihm schon ~ **2** bei einer Arbeit helfen, einspringen; sie arbeitet nicht mehr, hilft aber gelegentlich noch bei uns aus

aus|höh|len ⟨V. 500⟩ **1** etwas ~ *eine Höhlung in etwas machen;* eine Melone ~; ein ausgehöhlter Baum, Felsen • **1.1** *untergraben, auswaschen;* der starke Strom hat die Flussufer ausgehöhlt **2** jmdn. od. etwas ~ *innerlich schwächen;* die Krankheit hat ihn stark ausgehöhlt; diese Kräfte versuchen, das demokratische System auszuhöhlen

aus|hol|len ⟨V.⟩ **1** ⟨400⟩ *mit einer schwungvollen Bewegung zu etwas ansetzen;* zum Schlag, Wurf ~; mit der Hand ~ *zum Schlag ansetzen* • **1.1** *ausgreifen, große Schritte machen;* die Pferde holten weit aus **2** ⟨410⟩ *(beim Erzählen) weit zurückgehen, weitschweifig erzählen;* wenn ich das erzählen will, muss ich weit ~ **3** ⟨500/Vr 8⟩ **jmdn.** ~ *ausfragen, aushorchen*

aus|hor|chen ⟨V. 500⟩ **jmdn. (nach etwas)** ~ *ausfragen, jmdn. begierig Neuheiten, geheime Informationen o. Ä. zu entlocken versuchen*

aus|hun|gern ⟨V.⟩ **1** ⟨500⟩ **jmdn.** ~ *hungern lassen* • **1.1** ⟨Mil.⟩ *durch Hunger zum Nachgeben, zur Aufgabe zwingen;* die Bewohner einer belagerten Stadt, die Besatzung einer Festung ~ **2** ⟨400 Passiv⟩ *ausgehungert* **sein** *sehr hungrig sein, durch Hunger geschwächt sein* • **2.1** ⟨800 Passiv⟩ **nach etwas** *ausgehungert* **sein** ⟨fig.⟩ *stark, begierig nach etwas verlangen;* er war nach Liebe, Sonne ausgehungert

aus|ken|nen ⟨V. 166/500/Vr 3⟩ **sich** ~ *sich zurechtfinden, Bescheid wissen;* sich in einem Gebiet, Fach, einer Gegend, Stadt ~; kennst du dich hier aus?

aus|klam|mern ⟨V. 500⟩ **1** einen **Faktor** ~ ⟨Math.⟩ *den bei mehreren Summanden sich wiederholenden F. herausziehen u. ihn vor od. hinter eine Klammer, die die veränderte algebraische Summe einschließt, setzen,* z. B. $ab + ac = a(b + c)$ **2** jmdn. od. etwas ~ ⟨fig.⟩ *ausschließen;* man darf den Menschen bei solchen Problemen nicht ~; eine Frage, Problemstellung ~

Aus|klang ⟨m.; -(e)s, -klän|ge⟩ **1** *letzter Ton eines Musikstücks;* der fröhliche ~ eines Liedes **2** ⟨fig.⟩ *langsamer Abschluss, Ende;* der ~ eines Festes, einer Geschichte

aus|klin|gen ⟨V. 168/400(s.); geh.⟩ **1** ein **Ton** klingt aus *hört auf zu klingen, verhallt;* ein Lied, ein Musikstück klingt harmonisch aus **2** etwas klingt aus ⟨fig.⟩ *schließt (langsam, harmonisch) ab, endet;* seine Rede klang mit einer Mahnung aus; die Feier klang in einem gemeinsamen Lied aus

aus|klin|ken ⟨V. 500/Vr 7⟩ **1** etwas od. **sich** ~ *etwas od. sich durch Druck auf eine Klinke aus der Verbindung lösen (u. fallen lassen);* das Schlepp-, Startseil vom Segelflugzeug ~; der Segelflieger hat (seine Maschine) zu spät ausgeklinkt; die erste Stufe der Rakete klinkt sich automatisch aus; Bomben aus dem Flugzeug ~ • **1.1** *mit Druck auf die Klinke öffnen;* lass die Tür bitte ausgeklinkt! **1.2 sich** ~ ⟨aus etwas⟩ ⟨fig.⟩ *sich zurückziehen (von etwas), seine Anteilnahme (an etwas) beenden* • **1.3** er ist völlig ausgeklinkt ⟨fig.; umg.⟩ *er hat die Beherrschung gänzlich verloren* **2** eine **Druckplatte** ~ ⟨Typ.⟩ *ein Stück aus einer D. herausnehmen*

aus|klop|fen ⟨V. 500⟩ etwas ~ *durch Klopfen reinigen, von Schmutz befreien;* Teppiche, Decken ~; eine Pfeife ~

aus|klü|geln ⟨V. 500⟩ etwas ~ *scharfsinnig, bis in die letzten Feinheiten ausdenken;* er hat seinen Plan, seine Methode bis ins Kleinste ausgeklügelt; nach einem ausgeklügelten Plan arbeiten

aus|knei|fen ⟨V. 169/400(s.); umg.⟩ **1** *ausreißen, heimlich weglaufen;* er ist in der Schule, aus dem Gefängnis ausgekniffen; in seiner Jugend kniff er seinen Eltern mehrmals aus **2** ⟨fig.⟩ *sich einer Verpflichtung entziehen*

aus|ko|chen ⟨V. 500⟩ **1** etwas ~ *durch Kochen Nährstoffe, Fett usw. herauslösen;* Knochen, ein Stück Fleisch für die Suppe ~ **2** ~ *Schmutz aus etwas durch Kochen lösen u. entfernen;* Wäsche, Hemden, Handtücher ~; einen neuen Topf ~ • **2.1** **Instrumente** ~ ⟨Med.⟩ *durch Kochen sterilisieren* **3** etwas **Übles** ~ ⟨fig.; umg.⟩ *ausbrüten* • **3.1** ⟨nur im Part. Perf.⟩ *ausgekocht hintertrieben, berechnend;* er ist ein ausgekochtes Schlitzohr

aus|kom|men ⟨V. 170(s.)⟩ **1** ⟨417⟩ **mit jmdm. od. etwas, ohne jmdn. od. etwas** ~ *zurechtkommen;* wir kommen gut miteinander aus; mit ihm kann man nicht ~; mit seinem Geld gut, nicht ~; mit seinen

Auskommen

Vorräten ~; ich muss nun ohne es, ohne ihn ~ **2** ⟨400⟩ **etwas** kommt aus ⟨regional⟩ *kommt heraus* • **2.1 sich nichts ~ lassen** ⟨südd.⟩ *sich nichts entgehen lassen, nichts hergeben, geizig sein;* ihm kommt nichts aus

Aus|kom|men ⟨n.; -s; unz.⟩ **1** *Lebensunterhalt;* Sy *Existenz (2);* er fand ein bescheidenes, sicheres ~; sein gutes ~ haben **2 mit jmdm.** ist **kein** ~ *jmd. ist unerträglich;* mit ihm ist kein ~ (möglich)

aus|kos|ten ⟨V. 500⟩ etwas ~ *(in allen Einzelheiten) genießen, ausnutzen, erleben;* seine neu gewonnene Freiheit, Unabhängigkeit ~; er kostete aus, dass er im Mittelpunkt des Interesses stand

Aus|kul|ta|ti|on ⟨f.; -, -en; Med.⟩ *Abhorchen der Körpergeräusche mit Ohr od. Hörrohr;* ~ von Herz u. Lunge

aus|kund|schaf|ten ⟨V. 500⟩ jmdn. od. **etwas** ~ *durch Nachforschen herausfinden, erkunden;* die Polizei hat bald ausgekundschaftet, wo er wohnt; dieses Geheimnis müssen wir ~; jmds. Meinung zu etwas ~; ein Versteck, die feindlichen Stellungen ~

Aus|kunft ⟨f.; -, -künf|te⟩ **1** *aufklärende Mitteilung, Belehrung, Unterrichtung, Antwort (auf eine Anfrage);* ich hätte gern eine ~; darüber kann, darf ich keine ~ geben; Auskünfte einziehen; können Sie mir ~ geben über …?; um ~ bitten; er gibt keine ~ **2** *Ort, an dem Auskunft (1) erteilt wird;* Bahnhofs~; Telefon~; wo ist bitte die ~?

aus|la|chen ⟨V. 500⟩ **1 jmdn.** ~ *jmdn. durch Lachen verspotten, sich über jmdn. lustig machen;* man hat ihn oft wegen seiner großen Nase, seiner Dummheit, seiner unvorteilhaften Kleidung ausgelacht • **1.1 lass dich nicht ~**! *so ein Unsinn!, mach dich nicht lächerlich!* **2** ⟨Vr 2⟩ **sich** ~ *lange, bis zur Genüge lachen;* wir warten ab, bis du dich ausgelacht hast

aus|la|den ⟨V. 174/500⟩ **1 etwas** ~ *eine Ladung, eine Fracht aus einem Fahrzeug herausnehmen;* Holz, Sand, Kisten mit Bier ~ • **1.1 Truppen** ~ *aussteigen lassen* **2** ein **Fahrzeug** ~ *leeren;* den Kahn, den Waggon, den Lastkraftwagen ~ **3 jmdn.** ~ ⟨umg.⟩ *eine bereits ausgesprochene Einladung wieder rückgängig machen;* wir mussten die Gäste leider wieder ~ **4** ⟨400⟩ **Bauteile** laden aus ⟨Arch.⟩ *ragen aus der Wand, die ihnen als Stütze dient, heraus;* die Konsolen laden aus; das Haus hat einen weit ~den Erker • **4.1** mit weit ~den Gesten, Gebärden ⟨fig.⟩ *weit ausholenden G., G.*

Aus|la|ge ⟨f.; -, -n⟩ **1** *(in einem Schaufenster) ausgestellte Ware;* eine geschmackvolle, reiche ~; die ~en des Juweliers • **1.1** ⟨südd.; österr.⟩ *Stelle, wo die Ware ausgelegt wird, Schaufenster;* ich möchte das Hemd aus Ihrer ~ haben; Geschäft mit großen ~n **2** ⟨nur Pl.⟩ *ausgelegtes Geld;* die ~n werden erstattet, vergütet, ersetzt; Bar~n; Porto~n **3** ⟨Sp.⟩ *Grund-, Ausgangsstellung beim Fechten, Boxen, Rudern;* steile, verhängte ~ ⟨Fechten⟩; der Boxer wechselte die ~; Links-, Rechts~ **4** ⟨Jagdw.⟩ *der größte Abstand der beiden Stangen eines Geweihs* **5** ⟨Tech.⟩ *maximale Reichweite für die zugelassene Belastung;* ein Kran mit einer ~ von 10 m

Aus|land ⟨n.; -(e)s; unz.⟩ Ggs *Inland* **1** *das nicht zum eigenen Staat gehörige Gebiet, fremdes Land;* Pressestimmen aus dem ~; sich im ~ aufhalten; ins ~ gehen **2** *die Bewohner des Auslands (1);* Handel mit dem ~; die Meinung des ~es

Aus|län|der ⟨m.; -s, -⟩ *jmd., der aus dem Ausland (1) stammt, Angehöriger eines anderen Staates*

Aus|län|de|rin ⟨f.; -, -rin|nen⟩ *weibl. Ausländer*

aus|län|disch ⟨Adj.⟩ *das Ausland betreffend, von ihm stammend, zu ihm gehörig*

aus|las|sen ⟨V. 175/500⟩ **1 etwas** ~ *weglassen, überschlagen;* ein Wort im Satz, eine Zahl ~ **2 etwas** ~ *herauslaufen, -fließen lassen, ablassen;* Wasser ~ **3** ⟨550⟩ **eine Stimmung an jmdm.** ~ *einer S. (ungehemmt, zügellos) Ausdruck geben u. sie jmd. anderen spüren lassen;* lass deine schlechte Laune nicht immer an mir aus **4** ⟨550/Vr 3⟩ **sich über etwas** od. **jmdn.** ~ *seine Meinung sagen über etwas od. jmdn.;* sich anerkennend ~ über die Neuerungen; sich lang und breit über etwas ~ **5 etwas** ~ *durch Auftrennen der Naht od. des Saums erweitern, verlängern;* Hosen, Kleider ~ **6 etwas** ~ *ausschmelzen, flüssig werden lassen;* Butter, Speck ~ **7 jmdn.** od. ein **Tier** ~ ⟨österr.⟩ *frei-, loslassen;* den Hund von der Leine ~ • **7.1 jmdn.** ~ ⟨österr.⟩ *jmdn. in Ruhe lassen*

Aus|las|sung ⟨f.; -, -en⟩ **1** *das Weglassen;* ~ eines Wortes im Satz, eines Lautes im Wort **2** ⟨nur Pl.;⟩ ~en ⟨fig.; abwertend⟩ *(weitschweifige) Äußerung, Bemerkung;* seine ~en über …; die neuesten ~en der Presse

aus|las|ten ⟨V. 500⟩ **etwas** od. **jmdn.** ~ *Trag-, Arbeitsfähigkeit ausnutzen;* einen Wagen voll ~; die Kapazität einer Fabrik, die neuen Maschinen ~; die Arbeitskräfte ~; ausgelastete Fahrzeuge; ich bin in, mit meiner Arbeit (nicht) voll ausgelastet

Aus|lauf ⟨m.; -(e)s, -läu|fe⟩ **1** ⟨unz.⟩ *das Auslaufen (1)* **2** *Stelle, an einer eine Flüssigkeit auslaufen kann, Abflussöffnung* **3** ⟨unz.⟩ *Spielraum zum Stoppen des Laufs;* ~strecke **4** ⟨unz.⟩ *Möglichkeit, sich in einem größeren Areal ausreichend zu bewegen, Bewegungsfreiheit;* Kinder, Hunde, Pferde brauchen ~; genügend ~ haben **5** *(umzäuntes) Grundstück, Gebiet, in dem sich Lebewesen frei bewegen können;* ein Pferd in den ~ stellen

aus|lau|fen ⟨V. 176⟩ **1** ⟨400(s.)⟩ ein **Schiff** läuft aus *fährt aus dem Hafen hinaus, sticht in See* **2** ⟨400(s.)⟩ eine **Flüssigkeit** läuft aus *fließt aus (einem Behälter);* das Öl ist ausgelaufen **3** ⟨400(s.)⟩ ein **Behälter** läuft aus *läuft leer;* der Tank ist ausgelaufen **4** ⟨400(s.)⟩ **Farben** laufen aus *laufen ineinander, verwischen sich;* die Farben des Stoffes sind beim Waschen ausgelaufen **5** ⟨400(s.)⟩ *langsamer werdend bis zum Stillstand laufen;* die Maschine läuft aus **6** ⟨400(s.)⟩ **etwas** läuft aus *geht zu Ende, endet;* wir lassen das Programm, diese Serie jetzt ~ und fangen dann etwas Neues an; ist die Sache noch gut ausgelaufen? • **6.1** ⟨800(s.)⟩ **in etwas** ~ *enden, zulaufen;* Sy *ausgehen (4);* die Straße läuft in einen Park aus; die Säule läuft in eine flache Spitze aus **7** eine **Kurve** ~ *genau auf der vorgeschriebenen Bahn durchlaufen* **8** ⟨500⟩ **Schuhe** ~ *durch Laufen ausweiten* **9** ⟨500/Vr 3⟩ **sich** ~ ⟨umg.⟩

ausnehmen

sich müde laufen, weit umherlaufen, seine Wanderlust befriedigen; im Urlaub habe ich mich einmal tüchtig ausgelaufen

aus‖lee|ren ⟨V. 500⟩ etwas ~ **1** *den Inhalt von etwas ausschütten, vollständig leeren;* den Mülleimer ~ • 1.1 *austrinken;* das Glas auf einen Zug ~

aus‖le|gen ⟨V. 500⟩ **1** etwas ~ *hinlegen, in die für einen bestimmten Zweck notwendige Lage bringen;* Minen, Schlingen ~ • 1.1 *ausgebreitet, offen zur Ansicht hinlegen;* Waren, Zeitschriften ~ **2** ⟨516⟩ einen **Raum mit etwas** ~ *den Boden eines Raumes mit etwas ganz bedecken;* ein Schubfach mit Papier ~; ein Zimmer mit Teppichen ~ **3** Geld ~ *leihweise bezahlen;* kannst du den Betrag für mich ~? **4** einen **Text, Ausspruch** ~ *deuten, erklären;* den Text der Bibel ~; das hast du falsch, richtig ausgelegt **5** ⟨Vr 3⟩ sich ~ ⟨Fechten⟩ *sich vorbeugen*

Aus‖lei|he ⟨f.; -, -n⟩ *Stelle in Büchereien u. Bibliotheken, an der ausleihbare Bücher ausgegeben werden*

aus‖lei|hen ⟨V. 178⟩ **1** ⟨503/Vr 5 od. Vr 6⟩ **(jmdm.)** etwas ~ *leihen;* diese Bibliothek leiht Bücher aus; Geld auf Zinsen ~; ich habe ihm mein Fahrrad ausgeliehen; an ihn, sie werde ich nie wieder etwas ~ **2** ⟨530/Vr 1⟩ **sich etwas (von jmdm.)** ~ *sich leihen;* ich habe mir ein Buch ausgeliehen; er hat sich das Geld von seinem Freund ausgeliehen

Aus‖le|se ⟨f.; -, -n⟩ **1** *Auswahl (der Besten);* eine ~ treffen; eine natürliche, strenge, bewusste ~ **2** *die Besten aus einer Anzahl von Personen od. Dingen, die Elite;* nur eine ~ der Sportler kann an diesem Wettkampf teilnehmen **3** *aus überreifen Trauben bereiteter Wein;* Trockenbeeren~ **4** *Auswahl von (vorbildlichen) Prosawerken verschiedener Schriftsteller, bes. für den Unterricht;* eine ~ aus den Werken deutscher Klassiker

aus‖le|sen ⟨V. 179/500⟩ **1** etwas ~ ⟨umg.⟩ *zu Ende lesen;* hast du das Buch schon ausgelesen?; ich muss erst diesen Roman ~ **2** jmdn. od. etwas ~ *nach einer bestimmten Beschaffenheit auswählen;* die besten Schüler ~; die faulen Kartoffeln, Pilze ~; wir haben die reifsten Früchte ausgelesen

aus‖lie|fern ⟨V.⟩ **1** ⟨500⟩ **Waren** ~ *zum Verkauf an den Handel liefern;* Ware, Bücher ~; die erste Auflage wird im Mai ausgeliefert • 1.1 jmdn. ~ ⟨Rechtsw.⟩ *dem Heimatstaat, der zuständigen Gerichtsbarkeit übergeben;* einen geflohenen Verbrecher ~; politische Flüchtlinge ~ **2** ⟨503/Vr 7 od. Vr 8⟩ jmdn. od. **etwas** ~ *in jmds. Gewalt geben, übergeben;* die Stadt dem Feind(e) ~ • 2.1 jmdn. od. einer **Sache** ausgeliefert sein *schutzlos preisgegeben sein;* wir waren dem Unwetter völlig ausgeliefert

Aus‖lie|fe|rung ⟨f.; -, -en⟩ *das Ausliefern;* die ~ der Waren, der Bücher; die ~ der Unterlagen fordern; die ~ des Verbrechers, des Flüchtlings an sein Heimatland wurde beschlossen

aus‖lie|gen ⟨V. 180/400⟩ etwas liegt aus *ist zur Ansicht od. zum Verkauf ausgelegt, ausgestellt;* in den Schaufenstern liegen schöne Juwelen aus; im Zeitschriftensaal liegen folgende Zeitungen u. Zeitschriften aus

aus‖lö|schen ⟨V. 500⟩ **1** etwas ~ *ab-, auswischen, beseitigen;* Schrift ~ • 1.1 Feuer, Licht ~ *(vollständig) löschen* **2** jmdn. od. jmds. **Leben** ~ ⟨fig.⟩ *jmdn. töten*

aus‖lo|sen ⟨V. 500⟩ jmdn. od. etwas ~ *durch das Ziehen von Losen bestimmen;* die Kinder haben ausgelost, wer beginnen darf; die Gewinne ~

aus‖lö|sen ⟨V. 500⟩ **1** jmdn. od. etwas ~ *zurückkaufen, loskaufen* • 1.1 **Gefangene** ~ *durch Lösegeld befreien* • 1.2 **Verpfändetes** ~ *wieder eintauschen* **2** einen **Mechanismus** ~ *in Gang setzen, betätigen;* den Kameraverschluss ~ **3** eine **Sache** ~ *hervorrufen, veranlassen;* großen Beifall ~; der Scherz löste allgemeine Heiterkeit aus

aus‖ma|chen ⟨V. 500⟩ **1** etwas ~ *löschen, auslöschen;* das Licht, Feuer ~ • 1.1 *ausschalten;* mach bitte das Licht aus! **2** etwas ~ *mit jmdm. zum Abschluss bringen* • 2.1 *verabreden, vereinbaren;* einen Termin ~; wir haben ausgemacht, dass … • 2.2 ⟨413⟩ *klären, erledigen;* etwas in Güte ~; das machen wir unter uns aus! **3** jmdn. od. etwas ~ *das Wesentliche von jmds. od. etwas darstellen, bilden;* das macht den Zauber dieser Landschaft aus • 3.1 *machen* etwas *aus beträgt, beläuft sich auf;* die Kosten machen 50 Euro aus; wie viel macht es aus? **4** etwas macht (**nichts**) aus *fällt (nicht) ins Gewicht, spielt (k)eine Rolle;* das macht nichts aus • 4.1 *wenn es Ihnen nichts ausmacht wenn es Sie nicht stört* **5** jmdn. od. etwas ~ ⟨schweiz.⟩ *mitteldt.⟩ erkennen, wahrnehmen* • 5.1 ⟨Jägerspr.⟩ *aufspüren, entdecken* **6** etwas ~ *ausgraben, aus der Erde holen;* Kartoffeln ~

Aus|maß ⟨n.; -es, -e⟩ **1** ~e *Größe, räumliche Ausdehnung;* die ~e des Übungsgeländes, des Kraters, des neuen Gebäudes sind gewaltig **2** ⟨fig.⟩ *Umfang, Grad, in dem etwas geschieht;* die Sache hat ein ~ angenommen, das sich nicht mehr übersehen lässt; das ganze ~ der Katastrophe ist noch nicht zu übersehen; in, von gewaltigem, großem, geringem ~

aus‖mer|zen ⟨V. 500⟩ **1** ⟨urspr.⟩ **Tiere** ~ *zur Zucht untaugliche T. aussondern* **2** jmdn. od. etwas ~ *als untauglich od. falsch restlos beseitigen, tilgen, ausrotten;* er hat ihn aus seinem Gedächtnis ausgemerzt; Schädlinge ~; Fehler aus einer (schriftlichen) Arbeit ~; eine Stelle im Text ~

aus‖mus|tern ⟨V. 500⟩ **1** *nicht mehr Verwendetes musternd auswählen, aussortieren;* sie musterte einige Sachen für das Rote Kreuz aus **2** ⟨Mil.⟩ jmdn. ~ • 2.1 *jmdn. als untauglich ausscheiden* **3** **Fahrzeuge** ~ *(wegen Schadhaftigkeit) aus dem Betrieb nehmen*

Aus|nah|me ⟨f.; -, -n⟩ **1** *Abweichung von gleichgearteten Fällen, Sonderfall;* Ggs **Regel** (1, 3); eine ~ bilden, machen; darin ist er keine ~; seltene ~n; keine Regel ohne ~; ~n bestätigen die Regel; als ~ ansehen, dass … **2** **mit (von)** *ausgenommen, nicht enthalten;* mit ~ von zwei Schülern; mit ~ zweier Schüler

aus‖neh|men ⟨V. 189/500⟩ **1** etwas ~ *aus etwas den Inhalt herausnehmen* • 1.1 die **Ladenkasse** ~ ⟨umg.⟩ *das in der L. befindliche Geld stehlen* • 1.2 ein **Tier** ~ *einem T. die Innereien entfernen* • 1.3 ein **Vogelnest** ~ *die Eier od. jungen Vögel aus einem V. herausnehmen* **2** jmdn. ~ ⟨fig.; umg.⟩ *jmdm. etwas entlocken*

• 2.1 *von jmdm. durch geschicktes Fragen etwas in Erfahrung bringen* • 2.2 *jmdm. durch listiges Vorgehen einen Großteil seines Vermögens abnehmen* 3 ⟨505⟩ **jmdn.** od. **etwas (von etwas) ~** *ausschließen, nicht berücksichtigen;* ihn muss ich natürlich von dieser Behauptung ~; bitte nehmt mich davon aus; ich möchte diesen Vorfall bei der Beurteilung ~ 4 ⟨513/Vr 3⟩ **sich gut (schlecht) ~** *gut (schlecht) wirken*

aus|neh|mend ⟨Adj. 24; geh.⟩ *besonders, äußerst, außerordentlich;* dieses Kleid steht dir ~ gut; er entgegnete ihr mit ~er Härte

aus|nut|zen ⟨V. 500⟩ oV *ausnützen* 1 etwas ~ *Vorteil aus etwas ziehen, ganz nutzen;* seinen Einfluss ~; eine Gelegenheit ~; den Sieg ~ • 1.1 *nutzbringend verwenden;* die Zeit (gut) ~; die Konjunktur ~; die Errungenschaften der modernen Technik ~; den Boden, den Raum besser ~ 2 **jmdn.** od. **etwas ~** *rücksichtslos gebrauchen, unberechtigt für seine Zwecke in Anspruch nehmen;* er nutzt sie gewissenlos aus; er hat ihre Schwäche, finanzielle Notlage bedenkenlos ausgenutzt; jmds. Gutmütigkeit ~

aus|nüt|zen ⟨V. 500⟩ = *ausnutzen*

aus|pa|cken ⟨V. 500⟩ **1** etwas ~ 1 ⟨500⟩ *aus der Verpackung herausnehmen;* Gegenstände ~ 2 ⟨500⟩ *durch Herausnehmen des Verpackten leeren;* ein Paket, einen Koffer ~; ich will zuerst ~ 3 ⟨402⟩ **etwas Geheimes ~** ⟨fig.; umg.⟩ *bereitwillig, ausführlich erzählen, ein Geständnis machen;* ein Geheimnis ~, Neuigkeiten ~ • 3.1 *pack aus! sag, was du weißt!* 4 ⟨400 od. 410; fig.; umg.⟩ *gründlich seine Meinung sagen;* er hat (bei mir) einmal richtig ausgepackt

aus|plau|dern ⟨V. 500; umg.⟩ 1 etwas ~ *leichtsinnig, gedankenlos etwas Geheimes verraten;* einen Plan, ein Geheimnis ~; er plaudert alles aus 2 ⟨Vr 3⟩ **sich ~** *sich nach Herzenslust unterhalten, bis der Gesprächsstoff erschöpft ist;* wir haben uns einmal richtig ~ können

aus|prä|gen ⟨V. 500⟩ 1 **Münzen, Medaillen ~** *prägen;* Gold, Silber zu Münzen ~; eine Medaille aus Bronze ~ lassen 2 ⟨Vr 3⟩ **etwas prägt sich aus** ⟨fig.⟩ *etwas bildet sich heraus, formt sich;* seine Charakterzüge haben sich immer mehr ausgeprägt; er hat einen stark ausgeprägten Sinn für Familie; sie hat eine ausgeprägte Neigung zu …; er ist eine ausgeprägte Persönlichkeit; ausgeprägte Gesichtszüge 3 ⟨550/Vr 3⟩ **etwas prägt sich in etwas aus** ⟨fig.⟩ *zeigt sich deutlich, wird offenbar;* sein Denken, sein Charakter prägt sich in seinem künstlerischen Schaffen aus; Angst und Leid prägen sich in seinem Gesicht aus

aus|pro|bie|ren ⟨V. 500⟩ *durch Probieren testen, probeweise verwenden, erproben;* ein neues Auto ~; dieses Rezept habe ich schon ausprobiert

Aus|puff ⟨m.; -(e)s, -e; Tech.⟩ *bei Verbrennungsmotoren* 1 *Ausstoß von Abgasen* 2 *die Vorrichtung zur Wegleitung der Abgase;* der ~ ist durchgerostet und muss erneuert werden

aus|ra|die|ren ⟨V. 500⟩ 1 etwas ~ *durch Radieren auslöschen, entfernen* • 1.1 eine **Stadt ~** ⟨fig.⟩ *vollständig zerstören, dem Erdboden gleichmachen* • 1.2 ein **Volk ~** ⟨fig.⟩ *töten, ermorden*

aus|ran|gie|ren ⟨[-raŋʒiː-] V. 500⟩ etwas ~ 1 ⟨Eisenb.⟩ *durch Rangieren entfernen, ab-, wegschieben* 2 ⟨fig.⟩ *aussondern, aussortieren, wegwerfen;* alte Kleider, unbrauchbares Hausgerät ~

aus|ras|ten ⟨V.⟩ 1 ⟨400(s.)⟩ *aus einer Befestigung herausspringen;* das Fenster ist ausgerastet • 1.1 ⟨fig.; salopp⟩ *die Beherrschung, die Kontrolle über sich selbst verlieren, zornig werden;* bei dieser Bemerkung ist er total ausgerastet 2 ⟨402/Vr 7; österr.⟩ **sich ~** *sich ausruhen, Rast machen*

aus|räu|chern ⟨V. 500⟩ 1 **Lebewesen ~** L. *durch Rauch od. Gas vertreiben od. vernichten;* Wanzen, Schaben ~; Ratten ~; die Polizisten räucherten die Verbrecher in ihrem Versteck aus ⟨fig.⟩ • 1.1 ⟨Jagdw.⟩ *einen Dachs, Fuchs od. Marder aus einem Bau (durch Anzünden eines Feuers in einer Röhre) vertreiben* 2 **etwas ~** *durch Rauch od. Gas von etwas befreien;* ein verwanztes Zimmer ~; ein Wespennest ~; ein Diebesnest, den Schlupfwinkel einer Bande ~ ⟨fig.⟩

aus|räu|men ⟨V. 500⟩ 1 etwas ~ *ganz vom Inhalt befreien, leeren;* ein Zimmer, eine Wohnung, einen Schrank ~; eine verstopfte Leitung ~; den Magen, Darm ~ • 1.1 ⟨fig.; umg.⟩ *plündern;* Einbrecher haben ihm die ganze Wohnung, das Geschäft ausgeräumt; ein Dieb räumte in der Nacht den Tresor aus 2 etwas ~ *völlig aus etwas herausnehmen;* alte Bücher ~; alle Sachen aus dem Schrank ~; vor dem Tapezieren müssen wir alle Möbel ~ 3 etwas ~ ⟨fig.⟩ *ein Hindernis aus dem Wege räumen, beseitigen;* alle Unklarheiten, Missverständnisse, Schwierigkeiten ~

aus|rech|nen ⟨V. 503/Vr 5⟩ 1 (sich) etwas ~ *durch Rechnen herausfinden;* den Preis, das Gewicht, die Höhe genau ~; kannst du bitte ~, wie viel es kostet?; ich rechnete mir aus, wie viel Zeit ich noch habe • 1.1 eine **Aufgabe ~** *lösen* 2 ⟨530/Vr 3⟩ **sich etwas ~** • 2.1 ⟨fig.⟩ *etwas durch genaues Überlegen ermitteln;* du kannst dir deine Chancen, Möglichkeiten ~ • 2.2 ⟨umg.⟩ *sich etwas von selbst denken, etwas erwarten;* das kann ich mir ~, was er dazu sagen wird; das kannst du dir an den (fünf) Fingern ~; →a. *ausgerechnet*

Aus|re|de ⟨f.; -, -n⟩ *Entschuldigung, bei der der wahre Grund verschwiegen, dafür aber ein anderer genannt wird;* faule ~n ⟨umg.; abwertend⟩; immer eine ~ bei der Hand, bereit haben; nach einer ~ suchen; nie um eine ~ verlegen sein

aus|re|den ⟨V.⟩ 1 ⟨400⟩ *zu Ende, fertig reden;* jmdn. ~ lassen; lass mich doch erst ausreden! 2 ⟨530/Vr 5 od. Vr 6⟩ **jmdm. etwas ~** *jmdn. durch Reden umstimmen, zu einer anderen Meinung über etwas bringen, ihn von einer Meinung, einem Vorhaben abbringen;* das lasse ich mir nicht ~; kannst du es ihm nicht ~, dorthin zu gehen?; ich habe vergeblich versucht, ihm den Gedanken auszureden 3 ⟨500/Vr 3⟩ **sich ~** *sein Herz ausschütten, sich aussprechen* 4 ⟨500/Vr 3⟩ **sich ~** ⟨selten⟩ *sich herausreden, Ausflüchte machen*

aus|rei|chen ⟨V.⟩ 1 ⟨400⟩ **etwas reicht aus** *reicht, genügt;* wird das Geld, das Essen, der Stoff, die Zeit ~?; seine Kenntnisse reichen völlig aus, um …; die

Kredite haben nicht ausgereicht, um … **2** ⟨417⟩ **mit etwas** ~ *auskommen;* sie werden mit den Vorräten nicht ~; die Tochter reichte mit dem Taschengeld nicht aus

aus|rei|chend ⟨Adj. 24⟩ *genügend, genug;* er bekam ~ Geld, Essen, Zeit; über ~e Beweise, Mittel, Kenntnisse verfügen; etwas ~ erklären, begründen, darlegen; →a. *Note (2.4)*

aus|rei|fen ⟨V.⟩ **1** ⟨400(s.)⟩ **Pflanzen** reifen aus *reifen zu Ende, fertig, werden ganz reif;* Früchte am Baum ~ lassen; die Tomaten sind noch nicht ausgereift • 1.1 einen **Plan** ~ lassen ⟨fig.⟩ *erst in allen Einzelheiten vorbereiten* **2** ⟨500⟩ **etwas** ~ *zur Reife bringen, ganz reif werden lassen;* die Herbstsonne wird die Trauben gut ~

Aus|rei|se ⟨f.; -, -n⟩ **1** *Reise ins Ausland;* die ~ mit dem Auto, mit dem Zug; es ist während der ~ passiert **2** *Grenzübertritt ins Ausland;* Geldmittel bei der ~ angeben; bei der ~ wird der Pass kontrolliert **3** *Genehmigung zur Ausreise;* die ~ beantragen; ihm wurde die ~ verweigert

aus|rei|sen ⟨V. 400(s.)⟩ *sich gerade auf der Ausreise befinden;* ~ nach; er will mit der Bahn, dem Auto aus Frankreich ~

aus|rei|ßen ⟨V. 198⟩ **1** ⟨500⟩ **etwas** ~ *herausreißen, durch Reißen entfernen;* Unkraut, Federn ~; ausgerissenes Blatt (aus einem Buch); er fühlt sich schon wieder so kräftig, als könne er Bäume ~ **2** ⟨400(s.)⟩ **etwas** reißt aus *geht durch Reißen entzwei, löst sich, trennt sich;* der Stoff, die Naht ist an dieser Stelle ausgerissen **3** ⟨400(s.); umg.⟩ *die Flucht ergreifen, fliehen, davonlaufen;* er riss voriges Jahr zweimal aus der Schule aus

aus|ren|ken ⟨V. 530/Vr 5⟩ **1** jmdm. od. **sich** ein **Glied** ~ *so aus dem Gelenk drehen, dass der Knochen herausspringt, verrenken;* beim Sturz renkte ich mir den Arm, den Knöchel, das Bein, den Fuß aus; bei der Schlägerei hat man ihm seinen Kiefer ausgerenkt **2** ⟨530/Vr 1 m. PräpO⟩ **sich** den **Hals nach jmdm.** od. **etwas** ~ ⟨fig.; umg.⟩ *jmdn. od. etwas mit Blicken verfolgen od. suchen;* ich habe mir fast den Hals ausgerenkt, um das Bild besser sehen zu können

aus|rich|ten ⟨V. 500⟩ **1** ⟨Vr 7⟩ jmdn. od. etwas ~ *(gerade)richten* • 1.1 **dies.** ~ *geraderichten, genau in eine Reihe stellen;* ~! (als Kommando) • 1.2 einen **Gegenstand** ~ *in eine vorgegebene Lage bringen;* einen Zeiger auf einen Punkt ~ • 1.3 jmdn. od. eine **Sache** ~ ⟨fig.⟩ *in eine bestimmte gesinnungsmäßige Richtung lenken;* eine kommunistisch ausgerichtete Splittergruppe **2** eine **Nachricht** ~ *bestellen, übermitteln, weitergeben;* einen Auftrag, eine Botschaft, einen Gruß ~; ich werde es ihm ~; ich soll einen Gruß von ihm ~ **3** etwas ~ *erreichen, erwirken, durchsetzen;* ich konnte bei ihm nichts ~; weder mit Geld noch mit guten Worten kannst du in dieser Angelegenheit etwas ~; mit Güte kannst du bei ihm viel ~ **4** ein **Fest** ~ *veranstalten, gestalten (u. die Kosten tragen);* jmdm. eine Hochzeit ~ **5** ⟨schweiz.⟩ • 5.1 einen **Betrag** ~ *zahlen* • 5.2 **Geld** ~ *ausgeben* • 5.3 **einen Preis** ~ *aussetzen*

aus|rot|ten ⟨V. 500/Vr 8⟩ **1 Lebewesen** ~ *völlig u. für immer vernichten, alle töten;* die Feinde ~; im Krieg wurde das ganze Volk ausgerottet; diese Tierrasse ist schon längst ausgerottet worden; Mäuse, Fliegen, Ratten ~ **2 etwas** ~ ⟨fig.⟩ *restlos beseitigen;* den Aberglauben, die schlechte Gewohnheit, das Verbrechertum ~; etwas mit Stumpf und Stiel ~; das Übel mit der Wurzel ~

aus|rü|cken ⟨V.⟩ **1** ⟨400(s.)⟩ *aus-, hinausmarschieren;* die Truppe ist ausgerückt **2** ⟨400(s.); umg.⟩ *ausreißen, davonlaufen;* das Kind ist von zu Hause ausgerückt **3** ⟨500⟩ **etwas** ~ *vom Mittelpunkt wegrücken* • 3.1 **Zeilen** ~ ⟨Typ.⟩ *vorrücken, vor dem linken Rand beginnen* • 3.2 ⟨Tech.⟩ *abkoppeln, vom Antrieb trennen*

Aus|ruf ⟨m.; -(e)s, -e⟩ **1** *plötzliche kurze, laute Äußerung;* ein ~ der Freude, der Bewunderung, des Erstaunens; ein zorniger, empörter ~ des Mitleids, des Entsetzens wurden laut **2** ⟨unz.⟩ *das Ausrufen* • 2.1 *öffentliche mündliche Bekanntmachung*

aus|ru|fen ⟨V. 204/500⟩ **1** jmdn. od. etwas ~ *durch Rufen öffentlich verkünden;* die Republik ~; der Nachtwächter ruft die Stunden aus; einen verlorenen Gegenstand ~; jmdn. durch (über) Lautsprecher ~ (lassen) **2 Waren,** Zeitungen ~ *laut anpreisen, feilbieten* **3** etwas ~ *sich plötzlich laut, kurz äußern, leise (auf)schreien;* „nein!", rief er aus **4** ⟨550⟩ **jmdn. zu etwas** ~ *in ein Amt einsetzen (nach einer Wahl od. laut Gesetz);* jmdn. zum König ~

aus|ru|hen ⟨V. 500⟩ **1** etwas ~ *ruhen lassen;* die Beine, die Hände, die Nerven, die Augen ~; seine müden Knochen ~ ⟨umg.⟩ **2** ⟨Vr 3⟩ **sich** ~ *sich durch Ruhe erholen;* willst du dich nicht eine Weile ~?; er muss sich von, nach den Anstrengungen des Tages, der Arbeit ~; er ruhte sich zu Hause, im Garten, bei einem Glas Wein aus; wir sind gut, schlecht ausgeruht; jetzt hat er endlich einen ausgeruhten Kopf • 2.1 (**sich**) **auf** seinen **Lorbeeren** ~ ⟨umg.; fig.⟩ *(sich) nach einem Erfolg od. Lob nicht mehr anstrengen*

aus|rüs|ten ⟨V. 500⟩ **1** ⟨Vr 7 od. Vr 8⟩ jmdn. od. **etwas** ~ *mit allem Nötigen versehen, ausstatten;* eine Expedition, ein Schiff ~; Truppen ~; sportlich gut ausgerüstet sein; sich für die Reise ~; mit Waffen, Werkzeug, Mannschaften ~ **2** ⟨fig.⟩ *mit dem nötigen (geistigen) Rüstzeug versehen;* mit guten Vorsätzen ausgerüstet sein **3** Gewebe ~ *mechanisch u. chemisch-physikalisch nachbehandeln*

Aus|rüs|tung ⟨f.; -, -en⟩ **1** ⟨unz.⟩ *das Ausrüsten* **2** *(Gesamtheit der) Gegenstände, mit denen jmd. od. etwas ausgerüstet wurde, Ausstattung;* nach dem Unfall hat er seine Ski~ verkauft

aus|rut|schen ⟨V.(s.)⟩ **1** ⟨400⟩ *ausgleiten, rutschend hinfallen;* auf glatter Straße, Glatteis ~ • 1.1 ⟨403⟩ **etwas** rutscht **jmdm.** aus *gleitet jmdm. aus der Hand* • 1.1.1 ⟨fig.⟩ *jmd. hat (ungewollt, im Affekt) jmdm. eine Ohrfeige gegeben*

Aus|sa|ge ⟨f.; -, -n⟩ **1** *sprachlich gefasste Mitteilung, kurzer Bericht, Erklärung vor einer Behörde, bes. vor Gericht;* Zeugen~; eine ~ machen; die ~ verweigern;

aussagen

laut, nach ~ von; er blieb bei seiner ~ **2** ⟨fig.; geh.⟩ geistiger Inhalt, der durch ein Kunstwerk ausgedrückt wird, innerer Gehalt; ein Bild, Film mit einer starken ~; dem Bild fehlt die ~ **3** ⟨Gramm.⟩ = Prädikat; Satz~

aus‖**sa**‖**gen** ⟨V.⟩ **1** ⟨500⟩ etwas ~ *sprachlich mitteilen, berichten;* dies ist ein altes Sprichwort, das aussagt, dass …; *etwas über die Beschaffenheit, das Wesen der Dinge ~* **1.1** ⟨fig.⟩ *Inhalt, inneren, geistigen Gehalt haben u. ausdrücken;* das Bild, der Film sagt etwas aus **2** ⟨400 od. 410⟩ *eine Aussage vor Gericht machen, sagen, was man über jmdn. od. etwas weiß;* wollen Sie ~? (als Frage an den Zeugen); alle sagen übereinstimmend aus; unter Eid ~; er hat falsch, gegen ihn, zu seinen Gunsten ausgesagt

Aus‖**satz** ⟨m.; -es; unz.; Med.⟩ = Lepra

aus‖**sät**‖**zig** ⟨Adj.; Med.⟩ *an Lepra erkrankt*

aus‖**schach**‖**ten** ⟨V. 500⟩ **1** Erde, Boden ~ *ausheben, herausholen;* den Boden bis zu einem Meter Tiefe ~ • **1.1** *durch Herausholen von Erde Raum für etwas schaffen od. etwas herstellen;* einen Kanal, einen Keller, einen Bunker, ein Fundament ~; eine Grube, einen Schacht ~

aus‖**schal**‖**ten** ⟨V. 500⟩ **1** etwas ~ *durch Schalten abstellen, den Stromkreis unterbrechen;* den Strom, das Licht, Radio, eine Maschine ~ **2** jmdn. od. etwas ~ ⟨fig.⟩ *ausschließen, beseitigen, kaltstellen;* eine Fehlerquelle, alle Zweifel ~; einen Rivalen ~

Aus‖**schank** ⟨m.; -(e)s, -schän‖ke⟩ **1** *Ausgabe von Getränken;* der ~ von Bier, alkoholischer Getränke; heute kein ~ • **1.1** *auch* **über** die **Straße** *zum Mitnehmen* **2** *Schankwirtschaft, Kneipe;* wir trafen uns im ~; als er den ~ betrat **3** *Schanktisch;* noch drei Betrunkene saßen beim ~; vom ~ aus konnte er das ganze Lokal übersehen

Aus‖**schau** ⟨f.; -; unz.⟩ *nach jmdm. od. etwas ~* **halten** *nach jmdm. od. etwas erwartend sehen;* er hielt ~ nach seiner Frau, nach seinen Koffern

aus‖**schei**‖**den** ⟨V. 209⟩ **1** ⟨500⟩ etwas ~ *ohne Hilfsmittel aus dem Körper entfernen, absondern;* Kot durch den Darm ~ • **1.1** ⟨Met.⟩ *aus einer Legierung lösen* • **1.2** jmdn. od. etwas ~ *(als untauglich) aussondern;* geknickte Blumen ~ **2** ⟨400(s.)⟩ *etwas scheidet aus kommt nicht in Betracht;* das scheidet (von vornherein) aus **3** ⟨400⟩ *nicht mehr mitwirken, -spielen, -arbeiten, den Dienst, die Stellung verlassen;* aus einem Amt, aus dem Dienst ~; aus einem Wettbewerb ~

Aus‖**schei**‖**dung** ⟨f.; -, -en⟩ **1** *das Ausscheiden (1), Absondern* • **1.1** ⟨Zool.⟩ *das Entleeren von Stoffen, die im Körper keine Aufgaben mehr haben;* die ~ von Harn, Schweiß; ~ der Stoffwechselprodukte • **1.2** ⟨Bot.⟩ *Abgabe überflüssiger od. nutzloser Stoffe od. Aussonderung von Substanzen, die bestimmten Zwecken dienen, z. B. der Anlockung von Insekten* **2** = Exkret • **2.1** *menschliche, tierische ~en Kot, Harn, Schweiß* **3** ⟨Sp.⟩ *ein Kampf, bei dem die Besten für den Endkampf ermittelt werden;* die ~kämpfe haben schon begonnen **4** ⟨Met.⟩ *das Ausscheiden von Kristallen aus einer Schmelze*

aus‖**schen**‖**ken** ⟨V. 500⟩ **1** Getränke ~ *am Ausschank einfüllen u. ausgeben od. verkaufen;* Bier, Wein, Schnaps ~; Alkohol darf an Jugendliche nicht ausgeschenkt werden **2** Kaffee, Tee, Suppe ~ ⟨umg.⟩ *ausgießen;* der Tee ist schon ausgeschenkt

aus‖**schlach**‖**ten** ⟨V. 500⟩ **1** ein Tier ~ *seine Eingeweide entfernen, herausnehmen u. es in Einzelteile zerlegen;* ein Schwein, ein Kalb ~ **2** etwas ~ ⟨fig.; umg.⟩ *die brauchbaren Teile aus etwas ausbauen;* ein altes Auto, ein Schiff, einen Computer ~ **3** etwas ~ ⟨fig.; umg.; abwertend⟩ *für seine Zwecke ausnutzen, ausbeuten;* für sein Buch hat er eine ähnliche wissenschaftliche Abhandlung ausgeschlachtet; der Spionagefall wurde von der Presse politisch ausgeschlachtet

aus‖**schla**‖**fen** ⟨V. 217⟩ **1** ⟨400 od. 500/Vr 3⟩ *so lange schlafen, bis man völlig erfrischt ist;* im Urlaub will ich morgens mal richtig ~; ich habe, bin heute nicht ausgeschlafen; er musste sich einmal ordentlich ~ • **1.1** na, hast du endlich ausgeschlafen? ⟨fig.; umg.⟩ *gibst du jetzt acht?, bist du endlich aufmerksam?* **2** ⟨500⟩ etwas ~ ⟨umg.⟩ *durch Schlaf beseitigen, vergehen lassen;* seinen Rausch, Ärger ~

Aus‖**schlag** ⟨m.; -(e)s, -schlä‖ge⟩ **1** *krankhafte Veränderung der Haut;* einen ~ bekommen, haben **2** *das Ausschlagen (4);* der ~ der Waage, des Zeigers bei Messinstrumenten • **2.1** *Schwingungsweite (eines Pendels)* • **2.2** *das Gewicht, die Menge, die bei der Waage das Sinken einer Waagschale veranlasst* **3** den ~ **geben** (für) ⟨fig.⟩ *(zugunsten jmds. od. einer Sache) entscheidend sein*

aus‖**schla**‖**gen** ⟨V. 218⟩ **1** ⟨500 od. 503⟩ etwas ~ *herausschlagen, durch Schlag entfernen, zerstören;* jmdm. ein Auge ~; →a. *Fass* (1.2) **2** ⟨400⟩ etwas schlägt aus *schlägt zu Ende, hört auf zu schlagen;* die Uhr hat ausgeschlagen **3** ⟨400⟩ *um sich schlagen;* er schlug vor Wut mit Händen u. Füßen aus • **3.1** das **Pferd** schlägt aus *tritt mit den Hinterhufen* **4** ⟨400(s. od. h.)⟩ etwas schlägt aus *weicht von der Ruhe-, Gleichgewichtslage ab, schwingt;* die Waage, ein Pendel, der Zeiger eines Messinstrumentes schlägt aus **5** ⟨400(s. od. h.)⟩ **Knospen**, **Bäume** schlagen aus *treiben, sprossen, grünen;* der Mai ist gekommen, die Bäume schlagen aus (Volkslied) **6** ⟨500⟩ einen **Innenraum** ~ *auskleiden, bedecken;* einen Raum schwarz ~; Kisten mit Papier ~ **7** ⟨500⟩ ein **Angebot** ~ ⟨fig.⟩ *zurückweisen, ablehnen;* eine Einladung, Erbschaft ~; wie konnte er nur dieses günstige Angebot ~? **8** ⟨800(s.)⟩ eine **Sache** schlägt **zum Guten, Schlechten** aus ⟨geh.⟩ *entwickelt sich zum Guten, Schlechten;* das wird dir zum Nutzen ~

aus‖**schlag**‖**ge**‖**bend** ⟨Adj. 24/70⟩ *entscheidend;* dieser Hinweis war ~ für die Verhaftung des Täters

aus‖**schlie**‖**ßen** ⟨V. 222/500⟩ **1** jmdn. ~ *von etwas fernhalten* • **1.1** ⟨Vr 7 od. Vr 8⟩ *durch Zuschließen aussperren;* er hat sich selbst ausgeschlossen • **1.2** ⟨550⟩ *aus einer Gemeinschaft entfernen, nicht teilnehmen lassen;* wir müssen ihn davon ~ **2** eine Sache ~ *nicht berücksichtigen, nicht für möglich halten;* einen Sachverhalt, einen Fall ~; er schloss diese Möglichkeit von vornherein aus **3** eine Sache ~ ⟨Logik⟩ *durch lo-*

gische Schlussfolgerungen als nicht möglich od. nicht zutreffend erkennen **4** eine **Zeile** ~ ⟨Typ.⟩ *die Wortzwischenräume einer Zeile mit Ausschluss (2) füllen u. ihr dadurch die gewünschte Länge geben*

aus|schließ|lich ⟨a. [-'--]⟩ **1** ⟨Adj.⟩ *alleinig, ungeteilt, uneingeschränkt, nur, nichts anderes als;* sein ~es Recht; sie ist jetzt ~ Hausfrau und Mutter; sich ~ mit … beschäftigen; ~ von vegetarischer Kost leben **2** ⟨Präp. m. Gen.⟩ *nicht mitgerechnet, ungerechnet;* wir sehen uns täglich ~ des Sonntags; Preise ~ Mehrwertsteuer

Aus|schluss ⟨m.; -es, -schlüs|se⟩ **1** *das Ausschließen;* der ~ eines Mitgliedes; unter ~ der Öffentlichkeit; nach ~ dieses Falles **2** ⟨Typ.⟩ *nicht mitdruckendes, niedriges Material zum Setzen (ohne Schriftbild), mit dem die Wortzwischenräume ausgefüllt werden*

aus|schnei|den ⟨V. 227/500⟩ etwas ~ **1** *(formgerecht) herausschneiden;* Schattenbilder, Scherenschnitte ~; Figuren aus Papier ~; ein Inserat aus der Zeitung ~ **2** *durch Schneiden erweitern;* den Ausschnitt, das Armloch am Kleid ~; tief ausgeschnittenes Kleid **3** Bäume ~ *von überflüssigen Zweigen befreien*

Aus|schnitt ⟨m.; -(e)s, -e⟩ **1** *das Ausschneiden (3)* **2** *ausgeschnittene Stelle;* Kleid~, Ärmel~; sie trug ein Kleid mit einem gewagten ~. **2.1** *Loch, Lücke, z. B. am Visier für die Augen* **3** *das Ausgeschnittene;* Zeitungs~ • **3.1** ⟨Math.⟩ *Kreisausschnitt* **4** ⟨fig.⟩ *Einzelheit, Teil;* einen ~ aus einem Film zeigen; ein ~ aus dem Gemälde wurde in diesem Buch reproduziert

aus|schrei|ben ⟨V. 230/500⟩ etwas ~ **1** *mit (allen) Buchstaben schreiben, nicht abkürzen;* den Vornamen bitte ~! • **1.1** *nicht in Ziffern schreiben;* der Betrag muss ausgeschrieben werden **2** *ausfüllen, ausfertigen, ausstellen;* ein Formular ~; ein Rezept, eine Rechnung ~ **3** *durch Inserat bekanntmachen, veröffentlichen;* in der Zeitung Stellen ~ **4** *durch langes, vieles Schreiben zügig machen, ausprägen;* eine ausgeschriebene Handschrift haben

Aus|schrei|bung ⟨f.; -, -en⟩ **1** *das Ausschreiben (3)* **2** ⟨Rechtsw.⟩ *öffentliche Aufforderung, für Leistungen od. Lieferungen Angebote zu machen;* eine öffentliche, beschränkte ~ **3** ⟨Sp.⟩ *Ankündigung eines Wettkampfs mit allen festgelegten Einzelheiten*

Aus|schrei|tung ⟨f.; -, -en⟩ **1** (meist nur Pl.) ~en *Gewalttätigkeit;* ~en begehen; wegen ~en gegen jmdn. verurteilt werden; es kam zu schweren ~en **2** ⟨geh.; veraltet⟩ *Ausschweifung*

Aus|schuss ⟨m.; -es, -schüs|se⟩ **1** ⟨unz.⟩ *als fehlerhaft, mangelhaft ausgesonderte Ware* **2** *Stelle, an der ein Geschoss aus dem Körper wieder ausgetreten ist;* ~öffnung **3** *für besondere Aufgaben ausgewählte Gruppe von Personen;* Sy *Kommission (2);* Prüfungs~; geschäftsführender, ständiger, vorbereitender ~; erweiterter ~

aus|schüt|ten ⟨V.⟩ **1** ⟨505⟩ etwas (aus etwas) ~ *durch Schütten entfernen;* Kartoffeln, Getreide (aus einem Sack) ~; Wasser (aus der Vase) ~; →a. *Kind (5.8)* **2** ⟨530⟩ jmdm. seinen **Kummer**, seine Sorgen, seinen Schmerz ~ ⟨fig.⟩ *jmdm. von seinem K., seinen S., seinem S. erzählen* • **2.1** jmdm. sein **Herz** ~ ⟨fig.⟩ *jmdm. das erzählen, was einen bewegt* **3** ⟨500⟩ etwas ~ *durch Schütten leeren;* einen Korb, einen Mülleimer, einen Aschenbecher ~; eine Vase, einen Kübel ~ **4** ⟨550/Vr 3⟩ **sich ~ vor Lachen** ⟨fig.⟩ *sehr lachen, laut, herzhaft u. anhaltend lachen* **5** ⟨500⟩ *Geldsummen* ~ *nach einem bestimmten Schlüssel verteilen;* Prämien, Gewinn, Dividenden ~

aus|schwei|fen ⟨V.⟩ **1** ⟨500⟩ etwas ~ *mit einer nach außen gebogenen Linie versehen;* der Tischler hat die Rundung ausgeschweift **2** ⟨400(s.); fig.⟩ *das rechte Maß, den Rahmen überschreiten;* eine ~de Fantasie besitzen • **2.1** *abschweifen, vom Thema abkommen* • **2.2** ein ~des Leben führen *ein moralisch u. gesundheitlich ungezügeltes Leben voller Genuss führen*

Aus|schwei|fung ⟨f.; -, -en⟩ **1** *das normale Maß überschreitender Genuss;* er lebte nie in Leben ohne ~en • **1.1** ~ der Fantasie *übertriebenes Gebilde der F.* • **1.2** *sexuelle Zügellosigkeit;* er hat ihn zu wüsten ~en verleitet; sinnliche ~en

aus|seh|en ⟨V. 239⟩ **1** ⟨413⟩ **gut** (**schlecht**) ~ *ein gutes (schlechtes) Äußeres, Erscheinungsbild haben;* schön, hässlich, hübsch, vergnügt ~; wie siehst du denn aus? • **1.1** bei mir sieht es aus ...! ⟨umg.⟩ *bei mir ist es sehr unordentlich* • **1.2** *aufgrund von (sichtbaren) Anzeichen vermuten lassen;* er sieht jünger (älter) aus (als er ist); er sieht krank aus; er sieht aus, als ob er krank sei; es sieht nach Regen, Schnee aus; so od. danach sieht er gar nicht aus; es sieht danach aus, als ob … • **1.2.1** wie sieht es geschäftlich aus? *wie stehen die Geschäfte?, wie geht es dem Geschäft?* • **1.2.2** die Sache sieht nicht gut aus *scheint bedenklich, gefährlich* • **1.2.3** **wie** etwas od. **jmd.** ~ *den Eindruck machen, ähnlich sein;* das sieht wie Gold aus; er sieht (genau) aus wie sein Vater; er ist nicht so jung, wie er aussieht; er sieht nicht aus wie 70 • **1.3** ⟨813⟩ (gut) **zu** etwas ~ ⟨umg.⟩ *(gut) passen;* der Pullover sieht gut zu dem Rock, der Hose aus • **1.4** ⟨800⟩ **nach** etwas ~ ⟨fig.⟩ *mehr od. besser scheinen, als es ist, den Anschein von etwas Besserem od. Größerem haben* • **1.4.1** nach nichts ~ *nicht besonders gut od. ansprechend scheinen, unansehnlich sein* • **1.5** so siehst du (gerade) aus! ⟨umg.⟩ *das könnte dir so passen!, das hast du dir gedacht!, da hast du dich (aber) geirrt!* **2** ⟨800⟩ **nach** jmdm. od. etwas ~ ⟨selten⟩ *ausschauen, Ausschau halten (nach)* **3** ⟨530/Vr 1 m. PräpO⟩ **sich die Augen nach** jmdm. ~ *lange vergeblich nach jmdm. Ausschau halten*

Aus|se|hen ⟨n.; -s; unz.⟩ **1** *äußere Erscheinung, Anblick, Anschein;* ihr ~ macht mich besorgt; ein Kind von gesundem, krankem, rosigem ~ • **1.1** dem ~ nach zu urteilen … *dem äußeren Anblick, dem Anschein nach zu urteilen …*

aus|sein ⟨alte Schreibung für⟩ *aus sein*

au|ßen ⟨Adv.⟩ **1** *außerhalb eines Raumes, an der äußeren Seite;* Ggs *innen;* die Tür von ~ streichen; das Fenster ist nach ~ zu öffnen; von ~ (her) kam ein kalter Wind ins Zimmer; ~ am Topf, ~ an der Tür; einen Mantel von innen nach ~ kehren, drehen, wenden; das Haus sieht von ~ nicht gerade schön aus **2** nach ~ hin wahrt er den Schein ⟨fig.⟩ *anderen*

aus|sen|den *Personen gegenüber* **3** ⟨Getrennt- u. Zusammenschreibung⟩ • 3.1 ~ Stehender = *Außenstehender*

aus|sen|den ⟨V. 241/500⟩ **1** *jmdn.* ~ ⟨geh.⟩ *(mit einem Auftrag) wegschicken;* die Regierung sandte/sendete einen Kundschafter aus; die katholische Kirche hat Missionare ausgesandt/ausgesendet; man hat einen Boten nach ihm ausgesandt/ausgesendet **2** *etwas* ~ ⟨Funkw.⟩ *senden* **3** *Energie* ~ ⟨Phys.⟩ *E. von sich geben, ausstrahlen;* Radium sendet radioaktive Strahlen aus; das Gerät sendet elektromagnetische Wellen aus

Außen|po|li|tik ⟨f.; -; unz.⟩ *Politik der zwischenstaatlichen Beziehungen, Verkehr eines Staates mit anderen*

Au|ßen|sei|ter ⟨m.; -s, -⟩ **1** *jmd., der außerhalb der Gesellschaft od. abseits einer Gruppe steht* • 1.1 *Mensch, der seiner eigenen Wege geht, Einzelgänger* **2** ⟨Sp.⟩ *Teilnehmer an einem sportlichen Wettbewerb, dem nur geringe Gewinnchancen eingeräumt werden;* als ~ an den Start gehen • 2.1 *Rennpferd, auf das nur geringe Wetteinsätze getätigt werden und das im Falle eines Sieges eine hohe Gewinnquote bringt;* auf einen ~ setzen

Au|ßen|sei|te|rin ⟨f.; -, -rin|nen⟩ *weibl. Außenseiter*

Au|ßen|ste|hen|de(r) *auch:* **au|ßen Ste|hen|de(r)** ⟨f. 2 (m. 1)⟩ **1** *jmd., der in etwas nicht eingeweiht ist;* er ist ein ~ **2** *nicht zu einem bestimmten Kreis od. zur Familie gehörige Person;* sich als ~ fühlen

au|ßer 1 ⟨Präp. m. Dat.⟩ • 1.1 ⟨Ort⟩ *nicht (mehr) dort befindlich* • 1.1.1 jmd. ist ~ Haus(e) *ausgegangen, nicht zu Hause* • 1.1.2 ~ Landes gehen ⟨nur m. Gen.⟩ *ins Ausland gehen, auswandern* • 1.2 ~ der **Zeit** *nicht zur rechten Zeit, unpassend, ungelegen* • 1.3 ⟨Tätigkeit⟩ *eine T. nicht (mehr) ausübend;* die Maschine ist ~ Betrieb, ~ Tätigkeit; ein Schiff ~ Dienst stellen • 1.3.1 ~ **Gefecht** setzen *kampfunfähig machen* • 1.3.2 ~ **Fassung** geraten *die Beherrschung verlieren* • 1.3.3 ~ **Dienst** ⟨Abk.: a. D.⟩ *pensioniert, im Ruhestand;* Beamter, Offizier ~ Dienst • 1.4 ⟨**Zustand**⟩ *nicht (mehr) in einem Z. befindlich;* er ist ~ Gefahr • 1.4.1 Geld, Wertpapiere ~ **Kurs** setzen *für ungültig erklären* • 1.5 jmdn. ~ der **Reihe** bedienen *bevorzugt* • 1.6 es steht ~ (allem) **Zweifel** *es steht fest, daran ist nicht zu zweifeln* • 1.7 ~ **sich** sein *erregt, empört, zornig, unbeherrscht (vor Empörung, Zorn) sein* • 1.7.1 ~ sich geraten *sich sehr erregen, die Beherrschung verlieren* • 1.8 *ohne, nicht mit (enthalten)* • 1.8.1 ~ **Atem** sein *atemlos sein, keuchen* • 1.8.2 ~ **Acht** lassen *nicht beachten* • 1.8.3 *mit Ausnahme von, ausgenommen, abgesehen von;* ich esse alles gern ~ Fisch; alle ~ mir; ~ dir wird niemand kommen; das Kind schreit nie, ~ in der Nacht; ich bin immer zu Hause, ~ nachmittags • 1.8.4 *noch dazu, darüber hinaus, neben;* ~ dem Gehalt bekommt er noch Provision; ~ den beiden Jungen haben sie noch ein kleines Mädchen **2** ⟨Konj.⟩ *es sei denn (dass);* du wirst wohl noch lange auf Hilfe warten müssen, ~ du hilfst dir selbst • 2.1 ~ **dass** *ausgenommen, dass, abgesehen davon, dass, wenn nicht;* der Urlaub war sehr schön, ~ dass ich mich erkältet habe • 2.2 ~ **wenn** *nur nicht, wenn, es sei denn, dass;* ich komme, ~

wenn es regnet **3** ⟨Getrennt- u. Zusammenschreibung⟩ • 3.1 ~ **Frage** = *außerfrage* • 3.2 ~ **Stande** = *außerstande*

au|ßer|dem ⟨a. [--'-] Konj.⟩ *(noch) dazu, überdies, darüber hinaus, ferner;* fünf Kühe, zwei Schweine u. ~ (noch) Hühner u. Enten; ich habe keine Zeit mitzukommen, u. ~ bin ich auch gar nicht eingeladen

äu|ße|re(r, -s) ⟨Adj. 70⟩ **1** *außen (1) befindlich;* Ggs *innere(r, -s)* (1) • 1.1 *an der Außenseite, an der Oberfläche (befindlich), von außen sichtbar;* die ~ Seite • 1.2 ⟨60⟩ ~ **Mission** *Vereinigung zur Aussendung von Missionaren in nichtchristliche Länder* • 1.3 ⟨60⟩ die ~n Angelegenheiten *eines Staates die auswärtigen, die außenpolitischen A.* • 1.4 ⟨60⟩ der ~ **Mensch** *die Erscheinungsform des Menschen, sein Aussehen betreffend* • 1.4.1 du musst etwas für deinen ~n Menschen tun ⟨umg.⟩ *dich mehr pflegen* ⟨60⟩ *nur für andere Personen bestimmt, um der Wirkung willen gezeigt;* der ~ Eindruck; dem ~n Anschein nach zu urteilen

Äu|ße|re(s) ⟨n. 3; unz.⟩ Ggs *Innere(s)* **1** *Außenseite, Oberfläche;* das Äußere des Hauses ist recht hübsch **2** ⟨fig.⟩ *äußere Erscheinung, äußere Ansicht, Anblick von außen, Aussehen;* ein gepflegtes, anziehendes, vornehmes ~; er hält, gibt viel auf sein ~; Wert auf (sein) ~ legen; ein angenehmes ~ haben; man soll nicht (nur) nach dem Äußeren urteilen **3** **Minister** des Äußeren *Außenminister*

au|ßer|fra|ge *auch:* **au|ßer Fra|ge** ⟨Adv.⟩ ~ stehen *feststehen;* es steht ~, dass …

au|ßer|ge|wöhn|lich ⟨Adj.⟩ *über das Gewöhnliche, Gewohnte weit hinausgehend, auffallend, ungewöhnlich, hervorstechend;* eine ~e Leistung; ~ heiß, kalt, gut, schlecht; ein ~ schönes Mädchen

au|ßer|halb 1 ⟨Präp. m. Gen.⟩ *nicht in einem bestimmten Raum od. Zeitraum;* Ggs *innerhalb;* ~ des Hauses; ~ der Stadt; ~ der Arbeitszeit **2** ⟨Adv.⟩ *draußen, auswärts;* er wohnt ~; Briefe nach ~; sie kommen von ~

au|ßer|ir|disch ⟨Adj. 24⟩ *außerhalb der Erde befindlich, nicht von der Erde stammend, außerweltlich;* ~e Wesen

äu|ßer|lich ⟨Adj. 24⟩ **1** *das Äußere betreffend, von außen;* Ggs *innerlich;* das ist ~ überhaupt nicht erkennbar • 1.1 (nur) ~! ⟨Aufschrift auf Rezepten od. Arzneiflaschen⟩ *nur zum Einreiben oder Baden, nicht zum Einnehmen* **2** ⟨fig.⟩ *den äußeren Schein betreffend, auf ihm beruhend, oberflächlich, scheinbar; rein* ~ *betrachtet;* das ist nur ~ • 2.1 ⟨80⟩ dieser **Mensch** ist sehr ~ *legt Wert darauf, gut auszusehen u. einen positiven Eindruck zu machen, ohne entsprechende geistige od. seelische Qualitäten zu haben*

äu|ßern ⟨V.⟩ **1** ⟨500⟩ *etwas* ~ *sagen, aussprechen;* er hat eine Bitte, einen Wunsch geäußert; Gefühle ~; eine Meinung, einen Verdacht ~ • 1.1 ⟨Vr 3⟩ **sich** ~ *seine Meinung sagen;* bitte ~ Sie sich dazu; sich über jmdn. od. etwas abfällig, lobend, vorsichtig ~; zu diesem Thema kann ich mich nicht ~ **2** ⟨550/Vr 3⟩ etwas äußert **sich durch, in, als** *etwas zeigt sich, wird in bestimmter Weise sichtbar;* die Krankheit äußert sich durch hohes Fieber; ihre Nervosität äußerte sich im Zittern ihrer Hände

au|ßer|or|dent|lich ⟨a. [--'---] Adj.⟩ **1** *ungewöhnlich, außerhalb der gewöhnlichen Ordnung stehend, stattfindend;* eine ~e Gelegenheit; ein ~es Ereignis; eine ~e Versammlung des Kabinetts; ich muss dir etwas Außerordentliches mitteilen **2** *sich aus dem Übrigen heraushebend, hervorstechend, einzigartig;* eine ~e Leistung; ein ~er Mensch; sie ist von ~er Schönheit **3** ⟨50; verstärkend⟩ *sehr, ganz besonders;* er ist ~ begabt, klug; ich habe mich ~ gefreut; sie ist ~ hübsch **4** ⟨60⟩ *Sonder...;* ein ~es Gericht; eine ~e Vollmacht; ein ~er Gesandter • **4.1** ⟨Abk.: a. o.⟩ ~er Professor *planmäßiger P. an einer Universität, oft ohne eigenes Institut*

äu|ßerst ⟨Adj.; Superlativ⟩ **1** *am weitesten von einem Punkt entfernt, außen liegend;* am ~en Ende der Stadt, des Landes, des Bezirks; die Eisbären leben im ~en Norden • **1.1** die ~e **Linke, Rechte** ⟨Pol.⟩ *Partei mit radikalem extremistischem Programm* **2** *größte, stärkste;* eine Sache von ~er Bedeutung, Wichtigkeit; er war in ~er Gefahr; er wurde mit ~em Nachdruck gebeten; hier ist ~e Vorsicht geboten **3** ⟨50; verstärkend bei Adj.⟩ *sehr, im höchsten Grade;* ~ erregt; ~ wichtig; er ist ~ liebenswürdig, unzufrieden, streng; es war ihm ~ peinlich, angenehm, verdächtig, sie dort anzutreffen; sie war ~ elegant, schlampig gekleidet • **3.1** auf das äußerste/ Äußerste gereizt sein; er ist aufs äußerste/Äußerste gespannt **4** ⟨60⟩ • **4.1** *letztmöglich;* das ist der ~e Preis; das Äußerste wagen, tun; etwas aufs Äußerste ankommen lassen • **4.2** bis zum Äußersten gehen; jmdn. bis zum Äußerste reizen • **4.3** *schlimmste;* im ~en Fall; das Äußerste befürchten, verhindern; er muss aufs Äußerste gefasst sein

au|ßer|stan|de *auch:* **au|ßer Stan|de** ⟨Adv.; nur in Verbindung mit bestimmten Verben⟩ **1** ~ **sein,** etwas zu tun *nicht imstande, nicht in der Lage sein, etwas zu tun, etwas nicht tun können;* er war ~, ihm zu helfen; er ist ~, sich daran zu erinnern • **1.1 sich ~ fühlen,** etwas zu tun *glauben, dass man etwas nicht tun kann;* er fühlte sich ~, ihm zu antworten • **1.2 sich** od. **jmdn. ~ sehen,** etwas zu tun *sehen, dass man* od. *jmd. etwas nicht tun kann;* er sah sich ~, den Fall zu übernehmen • **1.3** jmdn. ~ **setzen,** etwas zu tun *jmdm. etwas unmöglich machen;* durch diese Ereignisse wurde er ~ gesetzt, ...

Äu|ße|rung ⟨f.; -, -en⟩ **1** *das Geäußerte, Gesagte, Gesprochene* • **1.1** ⟨fig.⟩ *Ausdruck (von etwas), Signal, Zeichen;* das Kopfnicken ist eine ~ der Zustimmung **2** *Aussage, Bemerkung, Ausspruch;* seine letzte ~ hätte er besser vermeiden sollen; eine verletzende, unbedachte ~; sich jeglicher ~ enthalten *nichts sagen, bemerken*

aus|set|zen ⟨V.⟩ ⟨500⟩ **jmdn.** od. **etwas ~** *hinaussetzen* • **1.1** ein **Kind ~** *irgendwo hinlegen und hilflos liegen lassen* • **1.2** ein **Boot ~** *ins Wasser lassen, setzen (bes. vom Schiff aus)* • **1.3 Wild ~** *gekaufte Tiere im Wald freilassen (um den Bestand aufzufrischen od. eine neue Wildart einzubürgern)* • **1.4 Pflanzen ~** *ins Freie setzen* • **1.5** das **Allerheiligste ~** *zur Anbetung ausstellen* • **1.6** den **Ball ~** ⟨Billard⟩ *zum Anspiel hinlegen* **2** ⟨530/Vr 7 od. Vr 8⟩ **jmdn.** od. **etwas** einer **Sache ~** *preisgeben, ausliefern;* sich od. jmdn. der Ansteckung ~; sich od. jmdn. einer Gefahr ~; sich, jmdn. od. etwas (dem) Wind u. Wetter ~; du setzt dich mit deinem Verhalten dem Gelächter, dem Spott der andern aus; auf diesem Platz sind wir zu sehr den Blicken der andern ausgesetzt **3** ⟨400⟩ *vorübergehend, unerwartet aufhören, stocken;* der Puls, Motor setzte aus; die Atmung des Kranken hat ausgesetzt • **3.1** ⟨800⟩ **mit etwas ~** *etwas unterbrechen;* mit der Arbeit, dem Unterricht ~ • **3.2** ein paar Minuten ~; beim Laufen, Spielen ~ *eine Pause machen* **4** ⟨500⟩ eine **Prämie ~** *als Belohnung festsetzen, festlegen, ausschreiben, zur Verfügung stellen;* auf seinen Kopf sind 10.000 € (Belohnung) ausgesetzt **5** ⟨500⟩ einen **Vorgang ~** *unterbrechen, verschieben;* den Unterricht ~; das Verfahren aussetzen bis ... ⟨Rechtsw.⟩ **6** ⟨550⟩ **an jmdm.** od. einer **Sache etwas ~** *tadeln, bemängeln;* er hat an allem etwas auszusetzen; es ist nichts daran auszusetzen **7** ⟨500⟩ **Sägeblätter ~** *die Zähne von Sägeblättern abwechselnd nach rechts u. links abbiegen*

Aus|set|zung ⟨f.; -, -en⟩ **1** *das Aussetzen;* ~ eines Verfahrens; ~ eines Kindes; ~ einer Belohnung, Rente, eines Preises; ~ einer Strafe • **1.1 Amt mit ~** ⟨kath. Kirche⟩ *feierliche Messe mit Gesang, bei der das Allerheiligste ausgesetzt wird*

Aus|sicht ⟨f.; -, -en⟩ **1** *begründete Hoffnung, Möglichkeit, Chance, dass ein Ereignis eintritt;* günstige, ungünstige, berufliche ~en; es besteht (keine) ~; es ist ~ vorhanden, dass ...; er hat (keine) ~ zu gewinnen; ~ auf Erfolg, Gewinn; die sichere ~ auf Befreiung; jmdm. ~en machen auf; er hat (keine) ~ auf den ersten Preis • **1.1 in ~** *möglicherweise, wahrscheinlich;* etwas in ~ haben; eine Überraschung steht in ~ • **1.1.1** etwas in ~ **nehmen** *planen, beabsichtigen* • **1.1.2** (jmdm.) etwas in ~ **stellen** *versprechen, zusichern* **2** ⟨unz.⟩ *Blick, Rund-, Aus-, Fern-, Weitblick;* eine gute, schöne, weite ~ bietet sich; die ~ aus dem Fenster; die ~ vom Berggipfel, Fenster, Zimmer (aus); ~ auf den Hof, auf die Straße, aufs Meer; die ~ (weit) über den See, übers Land

aus|sichts|los ⟨Adj.⟩ *keine Aussicht auf Erfolg bietend, hoffnungslos;* Ggs *aussichtsreich;* seine momentane Situation ist ~; ein ~er Plan

aus|sichts|reich ⟨Adj.⟩ *gute Aussicht auf Erfolg bietend, erfolgversprechend;* Ggs *aussichtslos;* seine Bewerbung ist ~; ein ~es Unterfangen

aus|söh|nen ⟨V. 550/Vr 7 od. Vr 8⟩ **1 jmdn.** od. **sich (mit jmdm.) ~** *die Feindschaft nach einem Streit einstellen u. Frieden schließen, sich versöhnen;* er söhnte sie mit ihrem Vater aus; die Mutter hat die streitenden Brüder ausgesöhnt; hast du dich mit deinem Freund ausgesöhnt? **2 sich mit etwas ~** ⟨geh.⟩ *sich damit abfinden, zufriedengeben;* ich habe mich mit dem schlechten Wetter ausgesöhnt; er söhnte sich mit seinem Schicksal aus

aus|son|dern ⟨V. 500⟩ **jmdn.** od. **etwas ~** *prüfend aus* einer Menge heraussuchen (u. entfernen); man hat die Nichtschwimmer ausgesondert; verschimmelte Erdbeeren, schlechte Kartoffeln ~; alte Kleider für eine Sammlung des Roten Kreuzes ~

aus|span|nen ⟨V.⟩ **1** ⟨500⟩ • **1.1 ein Seil**, eine Leine ~ *straff zwischen zwei Punkten spannen* • **1.2 ein Netz**, ein Tuch ~ *gestreckt, gespannt aufhängen od. aufstellen;* die Fischer spannten ihre Netze zum Trocknen aus • **1.3 ein Zugtier** od. **etwas** ~ *aus einem Gespann lösen;* der Kutscher spannte die Pferde aus; der Bauer hat den Wagen, den Pflug ausgespannt • **1.4 etwas (aus etwas)** ~ *etwas Eingespanntes herausnehmen;* einen Bogen (aus der Schreibmaschine) ~; eine Stickerei (aus dem Rahmen) ~; ein Werkstück (aus dem Schraubstock) ~ **2** ⟨530⟩ **jmdm. jmdn.** ~ ⟨fig.; umg.⟩ *abspenstig machen, wegschnappen;* er hat ihm die Freundin ausgespannt • **2.1 darf ich für dich heute Abend deine Frau ~?** ⟨scherzh.⟩ *darf ich mit ihr heute Abend ausgehen?* • **2.2 jmdm. etwas** ~ ⟨fig.; umg.⟩ *nach langem Bitten od. durch List od. Schmeichelei von jmdm. bekommen;* den Schirm hat sie ihrer Freundin ausgespannt; die Uhr spannte er seinem Vater aus • **2.3 ich möchte dir heute Abend deine Perlenkette** ~ ⟨scherzh.⟩ *sie mir leihen* **3** ⟨400⟩ *für einige Zeit nicht arbeiten u. sich dadurch erholen;* sie muss jetzt ein paar Wochen richtig ~; du sollst einmal von der Arbeit ~

aus|sper|ren ⟨V. 500⟩ **1 jmdn.** ~ *die Tür vor jmdm. zuschließen, jmdn. nicht hereinlassen;* sie sperrte ihn nach dem Streit aus; ich habe mich gestern versehentlich ausgesperrt **2 jmdn.** ~ ⟨fig.⟩ *jmdn. von etwas ausschließen (bes. von der Arbeit), nicht zulassen zu etwas;* Fabrikarbeiter ~

aus|spie|len ⟨V.⟩ **1** ⟨402⟩ *eine* **Karte** ~ *als Erster (eine K.) hergeben, anfangen zu spielen* • **1.1** ⟨Kart.⟩ *das Spiel eröffnen;* wer spielt aus? • **1.2** ⟨500⟩ *etwas* ~ *ins Spiel bringen;* eine Karte, einen Trumpf, ein Ass, einen König ~ • **1.2.1 den letzten Trumpf** ~ ⟨a. fig.⟩ *die letzte Entgegnung* • ⟨402⟩ *eine* **Rolle** ~ *zu Ende spielen;* er hat ausgespielt • **2.1 ausgespielt haben** ⟨fig.⟩ *nichts mehr ausrichten können, nichts mehr zu sagen haben* **3** ⟨500⟩ *etwas* ~ *als Spielgewinn festsetzen;* in der Lotterie wird ein hoher Betrag ausgespielt **4** ⟨550⟩ **jmdn. gegen jmdn.** ~ *Personen gegeneinander aufwiegeln, aufhetzen, um daraus Nutzen zu ziehen*

Aus|spra|che ⟨f.; -, -n⟩ **1** *das Aussprechen (1);* gute, schlechte, (un)deutliche, falsche, richtige, reine ~; deutsche, englische ~; dieses Wort hat mehrere ~n; →a. *feucht (1.2)* **2** *das Aussprechen (6);* eine ~ mit jmdm. haben; jmdn. zu einer ~ bitten

aus|spre|chen ⟨V. 251⟩ **1** ⟨500⟩ **Wörter, Sätze, Laute** ~ *mit den Sprechwerkzeugen bilden; etwas deutlich, falsch, richtig ~; wie spricht man dieses Wort aus?* **2** ⟨500⟩ *eine* **Sache** ~ *(durch Sprechen) zum Ausdruck bringen, äußern, in Worte fassen, vorbringen;* eine Bitte, einen Tadel, einen Wunsch ~; du sprichst ein großes Wort gelassen aus • **2.1** ⟨503⟩ **(jmdm.)** *seine* **Anteilnahme,** seinen Dank, sein Mitgefühl ~ *mitteilen, bezeugen* **3** ⟨400⟩ *zu Ende sprechen;* lassen Sie

ihn (doch) ~!; er hatte kaum ausgesprochen, als die Tür aufging **4** ⟨513 od. 550/Vr 3⟩ **sich** ~ *(über jmdn. od. etwas) wertend Stellung nehmen, seine Meinung äußern;* er hat sich darüber nicht ausgesprochen; sich offen, anerkennend über jmdn. ~ • **4.1** ⟨550/Vr 3⟩ **sich für** etwas ~ *sich zu etwas bekennen, für etwas Partei ergreifen* • **4.2** ⟨550/Vr 3⟩ **sich gegen** etwas ~ *gegen etwas stimmen, gegenteilige Meinung äußern über etwas* **5** ⟨500/Vr 3⟩ **sich** ~ *über eigene Probleme mit einem anderen sprechen;* sie wollte sich einmal ~; sprich dich (ruhig) aus! ⟨a. iron.⟩ **6** ⟨500/Vr 4⟩ **sich** ~ *eine Unterredung, ein klärendes Gespräch (über Meinungsverschiedenheiten) führen*

Aus|spruch ⟨m.; -(e)s, -sprüche⟩ *(meist kürzere) Äußerung mit bedeutendem Inhalt;* ein ~ Bismarcks; (gesammelte) Aussprüche großer Männer (als Untertitel)

Aus|stand ⟨m.; -(e)s, -stän|de⟩ **1** ⟨unz.⟩ *Streik* • **1.1** im ~ sein, sich im ~ befinden, in den ~ treten *streiken* **2** ⟨nur Pl.; schweiz.⟩ *ausstehende Geldforderung;* ich habe noch einige Ausstände **3** *Feier anlässlich des Ausscheidens aus einem Betrieb;* seinen ~ aus dem Verlag geben

aus|stat|ten ⟨V. 500⟩ **1** ⟨516⟩ **jmdm.** ~ *jmdm. eine Ausstattung geben, jmdn. mit einer A., mit allem Notwendigen versehen, ausrüsten;* jmdn. mit Kleidern, Geräten, Lebensmitteln ~ • **1.1** mit guten, reichen **Anlagen** ausgestattet sein *gute, reiche A. besitzen* **2** einen **Raum** (mit etwas) ~ *einrichten;* einen Raum geschmackvoll, prunkvoll ~ **3** *etwas* ~ *mit einer besonderen äußeren Aufmachung versehen;* ein gut ausgestattetes Buch

Aus|stat|tung ⟨f.; -, -en⟩ **1** ⟨unz.⟩ *das Ausstatten;* die ~ des neuen Krankenhauses übernahm eine ausländische Firma **2** ⟨unz.⟩ *äußere Gestaltung, Aufmachung;* künstlerische ~ von Büchern **3** *Sachen, Geräte od. Ähnliches, mit denen jmd. od. etwas ausgestattet wird* • **3.1** *Zuwendungen, die ein Kind von seinen Eltern od. einem Elternteil zum Aufbau einer selbstständigen Existenz od. anlässlich seiner Verheiratung erhält;* Sy *Aussteuer;* einer Braut eine reichliche, vollständige ~ mitgeben • **3.2** *Einrichtung (von Räumen) jeder Art, bes. Möbel;* die ~ des Raumes; ~ einer ärztlichen Praxis • **3.3** *Ausrüstung;* technische ~ der Autos • **3.4** ⟨Theat.⟩ *Gesamtheit aller Gegenstände, die bei der Aufführung eines Stückes verwendet wurden, z. B. Kulissen, Requisiten, Kostüme usw.;* ein Theaterstück, ein Film in großer ~

aus|ste|chen ⟨V. 254/500⟩ **1** ⟨530/Vr 5 od. Vr 6⟩ **jmdm. etwas** ~ *durch einen Stich zerstören, vernichten;* jmdm. ein Auge ~ **2** *etwas* ~ *durch Stechen, durch Spatenstiche entfernen bzw. entnehmen;* Pflanzen, Rasen ~ **3** *Teig* ~ *durch Stechen formen;* kleines Gebäck, Plätzchen (mit Ausstechformen) ~ **4** **jmdn.** ~ ⟨fig.⟩ *jmdn. übertreffen;* einen Nebenbuhler, Mitbewerber ~ • **4.1** ⟨511⟩ **jmdn.** bei einem andern ~ *jmdn. aus jmds. Gunst verdrängen*

aus|ste|hen ⟨V. 256⟩ **1** ⟨500⟩ *etwas* ~ *erleiden, erdulden, ertragen, aushalten;* ich habe große Angst ausgestanden; er hat viel (Böses) ~ müssen; große

Schmerzen ~; er hat hier, bei ihm nichts auszustehen • **1.1** *jmdn. od. etwas nicht ~ können nicht leiden können, (ganz u. gar) nicht mögen* **2** ⟨400⟩ **etwas** steht aus *fehlt; seine Antwort steht noch aus; die Entscheidung steht noch aus* • **2.1** *nicht bezahlt sein;* ~*de Forderungen;* ~*de Zahlungen*

aus|stei|gen ⟨V. 258/411/(s.)⟩ **1 aus** einem **Fahrzeug** ~ *ein F. verlassen; beim Aussteigen bitte beeilen!* **2** aus einem **Unternehmen** ~ ⟨umg.⟩ *nicht mehr mitmachen* • **2.1** *den beruflichen Werdegang abbrechen, um ein Leben abseits der bislang ausgeübten gesellschaftlichen Gepflogenheiten zu führen*

Aus|stei|ger ⟨m.; -s, -⟩ *jmd., der aus seiner beruflichen Tätigkeit aussteigt u. ein Leben abseits der gesellschaftlichen Gepflogenheiten führt; viele ~ zieht es aufs Land; die ~ aus der Gesellschaft*

Aus|stei|ge|rin ⟨f.; -, -rin|nen; salopp⟩ *weibl. Aussteiger*

aus|stel|len ⟨V. 500⟩ **1 etwas** ~ *zur Schau stellen, zur Ansicht hinstellen, hinlegen;* Waren, Bilder, Hunde ~; im Schaufenster einen Mantel ~ **2 ein Schriftstück** ~ *ausschreiben, ausfertigen;* Pass, Quittung, Rechnung, Zeugnis ~ **3 etwas** od. **jmdn.** ~ *an einen geeigneten Platz stellen;* Wachen ~; Fallen ~ **4** ⟨550⟩ **an jmdm. etwas** ~ ⟨veraltet⟩ *an jmdm. etwas zu tadeln, zu bemängeln haben*

Aus|stel|lung ⟨f.; -, -en⟩ **1** *zur Ansicht zusammengestellte Sammlung;* Bilder~, Hunde~, Möbel~; ~ alter Meister; eine ~ gehen; eine ~ besuchen, veranstalten; sich eine ~ ansehen **2** *das Ausstellen (2);* ~ von Pässen, Wechseln, Rechnungen, Zeugnissen **3** ⟨nur Pl.; veraltet⟩ *Beanstandung, das Ausstellen (4);* ~en machen

aus|ster|ben ⟨V. 259/400(s.)⟩ **1** *sich nicht mehr fortpflanzen u. dadurch aufhören, auf der Erde zu existieren;* Pflanzen, Tiere, Völker sterben aus • **1.1 die Dummen** sterben nicht aus ⟨umg.; scherzh.⟩ *die D. wird es immer geben* **2** *etwas stirbt aus* ⟨fig.⟩ *wird vergessen, verschwindet allmählich;* eine Sprache, Mundart, im Brauch stirbt aus **3** ⟨Part. Perf.⟩ **wie ausgestorben** ⟨fig.⟩ *menschenleer;* die Stadt war wie ausgestorben

Aus|steu|er ⟨f.; -, -n⟩ = *Ausstattung (3.1);* einem Mädchen eine kostbare, reiche, vollständige ~ (in die Ehe) mitgeben

aus|steu|ern ⟨V. 500⟩ **1 jmdn.** ~ *mit einer Aussteuer versehen, ausstatten;* er konnte seine Tochter reich ~ **2 jmdn.** ~ ⟨Rechtsw.⟩ *Unterstützung (aus einer Versicherung) beenden;* seine Kasse hat ihn ausgesteuert • **2.1** *er ist ausgesteuert er hat nach Gewährung der höchstmöglichen Leistungen keine Ansprüche mehr an die Sozialversicherung, Krankenkasse* **3** *etwas so einstellen, dass eine einwandfreie Wiedergabe gewährleistet ist;* eine Aufnahme ~

Aus|stieg ⟨m.; -(e)s, -e⟩ **1** *das Aussteigen (1);* der ~ ging schnell **2** *Tür, Öffnung zum Aussteigen;* ~ an Straßenbahnen, Autobussen; bitte den hinteren ~ benutzen, frei machen

Aus|stoß ⟨m.; -es, -stö|ße⟩ **1** ⟨unz.⟩ *das Ausstoßen (1-3)* **2** *Produktion eines Industriebetriebes, einer Maschine;* die Maschine hat einen ~ von 100 000 Flaschen täglich; Jahres~, Monats~, Produktions~ **3** *das Anstechen eines Bierfasses*

aus|sto|ßen ⟨V. 262/500⟩ **1 etwas** ~ *durch Stoßen entfernen* • **1.1** ein **Auge** ~ *durch einen Stoß zerstören* • **1.2** *(die Haut geschlachteter Tiere) vom Tierkörper lösen* **2 etwas** ~ *durch Innendruck heraustreiben, hervorbringen;* Dampf, Rauchwolken ~ **3 Laute** ~ *von sich geben, (heftig) äußern;* Flüche, Schreie, Verwünschungen ~; einen Seufzer ~ **4** ⟨511/Vr 8⟩ **jmdn.** od. **etwas aus** einer **Gemeinschaft,** einem **Verband** ~ *ausschließen;* jmdn. aus der Kirche, Armee ~; von aller Welt ausgestoßen sein; ein Wort stößt im Lauf seiner Entwicklung einen Vokal, Konsonanten aus ⟨Sprachw.⟩ **5 Waren** ~ *produzieren;* das Werk stößt täglich 4000 Autos aus

aus|strah|len ⟨V.⟩ **1** ⟨500⟩ **etwas** ~ ⟨a. fig.⟩ *in od. durch Strahlen nach allen Richtungen verbreiten;* der Ofen strahlt Wärme, eine starke Hitze aus; die Lampe strahlte ein gelbes Licht aus; das Bild strahlt eine unsagbare Harmonie aus ⟨fig.; geh.⟩; die Frau, ihr Wesen, ihr Gesicht strahlt Ruhe, Güte, Heiterkeit, eisige Kälte aus • **1.1** ⟨Funkw.⟩ *senden;* die Sendung wird von Deutschlandfunk ausgestrahlt; das Fernsehen hat dann ein anderes Programm ausgestrahlt **2** ⟨411(s.)⟩ • **2.1 von etwas** ~ ⟨a. fig.⟩ *sich in Strahlen verbreiten;* vom Ofen strahlt Wärme aus; von ihrem Wesen strahlte Ruhe aus ⟨fig.; geh.⟩ • **2.2 auf jmdn.** od. **etwas** ~ ⟨fig.⟩ *einwirken, Einfluss haben;* von ihm strahlte Ruhe auf sie aus; seine Werke strahlten auf die Werke seiner Nachfolger aus

aus|stre|cken ⟨V. 500⟩ **1 ein Glied** (des Körpers) ~ *ein G. in seiner ganzen Länge strecken;* die Hände, die Arme (nach jmdm. od. etwas) ~ • **1.1** ⟨550⟩ die **Hand nach jmdm. od. etwas** ~ ⟨a. fig.⟩ *nach jmdm. begehren, etwas haben wollen;* →a. Finger (1.2.5) **2** ⟨Vr 3⟩ **sich** ~ *sich hinlegen, den ganzen Körper der Länge nach im Liegen strecken;* er streckte sich auf dem Bett, im Gras aus; sie lag ausgestreckt am Strand

aus|strei|chen ⟨V. 263/500⟩ **1 etwas Geschriebenes** od. **Gedrucktes** ~ *einen Strich hindurchziehen u. dadurch ungültig machen;* ein (falsches) Wort, eine Zahl ~; er strich mehrere Sätze aus • **1.1 etwas aus** dem **Gedächtnis** ~ ⟨fig.⟩ *völlig vergessen* **2 Falten,** Nähte ~ *oberflächlich bügeln, glattstreichen* **3 Teig** ~ *breitstreichen* • **3.1** ⟨Med.⟩ *etwas im dünnen Film verteilen;* Blutstropfen auf einer Glasplatte zum Mikroskopieren ~; Bakterien auf Nährboden ~ **4 etwas** (**mit etwas**) ~ *innen ausschmieren, Zwischenräume ausfüllen;* sie hat die Backform (mit Butter) ausgestrichen; Mauerfugen, Risse in der Wand (mit Zement) ~ **5** ⟨Jagdw.⟩ • **5.1** einen **Hund** ~ *lassen einen H. in der Weite suchen lassen* **5.2** ⟨400⟩ **ein Tier** streicht aus *verlässt seinen Bau, sein Nest;* der Fuchs ist schon ausgestrichen

aus|strö|men ⟨V.⟩ **1** ⟨500⟩ **etwas** ~ *abgeben u. nach allen Richtungen verbreiten;* die Blume strömt einen wunderbaren Duft aus; der Ofen strömte Wärme aus **2** ⟨500 od. 411(s.); fig.; geh.⟩ **(etwas)** ~ *ausstrahlen;* ihr Zimmer strömte Behaglichkeit aus; von ihm strömte Ruhe, Zufriedenheit aus **3** ⟨400(s.)⟩ **etwas**

strömt aus *etwas kommt strömend in größeren Mengen heraus u. verbreitet sich dabei;* Gas strömt (aus der Leitung) aus; an dieser Stelle ist der Dampf, das Wasser ausgeströmt; durch ~des Gas getötet, vergiftet werden

aus∥su∣chen ⟨V. 503/Vr 5⟩ **1** (sich) jmdn. od. etwas ~ *aus einer Menge prüfend heraussuchen u. auswählen;* er suchte für seine Frau einen schönen Ring aus; du hast dir für die Bedienung ein nettes Mädchen ausgesucht; ich muss mir ein Buch, ein Kleid ~; sich einen guten Platz ~; du darfst dir etwas (Schönes) ~ • **1.1 Beeren** ~ *auslesen, die guten B. von den schlechten trennen* • **1.2** ⟨Part. Perf.⟩ ausgesucht ⟨umg.⟩ *nicht mehr viel Auswahl bietend;* die Bestände, Lager waren schon sehr ausgesucht

Aus∣tausch ⟨m.; -(e)s, -e; Pl. selten⟩ **1** *das Austauschen;* etwas im ~ für etwas anderes geben od. erhalten; ~ von Waren, Waren~; Weizen im ~ gegen Öl erhalten; Kultur~ • **1.1** *Aufenthalt im Ausland, der auf Gegenseitigkeit beruht;* Schüler~, Studenten~ **2** ⟨fig.⟩ *wechselseitige Mitteilung;* Gedanken~, Meinungs~, Erfahrungs~; ~ von Gedanken, von Meinungen, von Erfahrungen

aus∥tau∣schen ⟨V. 500⟩ **1** jmdn. od. etwas ~ *sich wechselseitig jmdn. od. etwas schicken, übergeben;* Gefangene, Verwundete ~; Schüler, Studenten, Professoren ~; Botschafter ~; ich tausche mit ihm Briefmarken, Briefe, Bilder aus **2** ⟨fig.⟩ *sich wechselseitig etwas mitteilen;* Gedanken, Höflichkeiten, Erlebnisse, Erinnerungen, Erkenntnisse, Meinungen ~; sie tauschten bedeutungsvolle Blicke aus • **2.1** ⟨517/Vr 4⟩ *sich mit jmdm. (über etwas) ~ einer dem anderen seine Meinung mitteilen* **3** jmdn. od. etwas ~ *gegen jmdn. od. etwas (in gleicher Qualität) tauschen, auswechseln;* der Trainer musste den Torwart ~; Maschinenteile ~ • **3.1** er war plötzlich **wie** ausgetauscht ⟨fig.⟩ *völlig verändert*

aus∥tei∣len ⟨V. 500⟩ **1** etwas ~ *an bestimmte Personen geben, verteilen;* Geschenke an die Kinder ~; der Lehrer teilte die Hefte an die Schüler aus; Karten für die Vorstellung ~; das Sakrament ~ • **1.1 bei Tisch** ~ *Speisen aufgeben* • **1.2 Schläge,** Prügel, Ohrfeigen ~ ⟨fig.⟩ *schlagen* • **1.3 mit vollen Händen** ~ *verschwenderisch leben;* →a. *Korb (2.1)*

Aus∣ter ⟨f.; -, -n; Zool.⟩ *Angehörige einer Familie essbarer Meeresmuscheln: Ostreidae;* er beträufelte die ~ mit Zitronensaft u. schlürfte sie dann aus

aus∥to∣ben ⟨V.⟩ **1** ⟨500/Vr 7⟩ sich od. seine **Gefühle** ~ *seinen Gefühlen freien Lauf lassen, seine G. ungezügelt entladen;* habt ihr euch nun ausgetobt? ⟨umg.⟩; er hat seinen Zorn, seine Wut ausgetobt **2** ⟨500/Vr 3⟩ sich ~ *bis zum Erschöpfen seiner Kräfte toben;* lass ihn sich ~, dann ist er wieder vernünftig; das Gewitter hat sich (endlich) ausgetobt ⟨fig.⟩ • **2.1** *tollen, überschüssige Kraft durch Toben erschöpfen lassen;* Jugend will sich ~; auf dem Spielplatz können sich die Kinder (nach Herzenslust) ~; er tobt sich beim Sport, Tanzen immer aus • **2.2** sich **vor** der **Ehe** ~ ⟨fig.; umg.⟩ *das Leben vor der E. ohne Hemmungen genießen*

Aus∣trag ⟨m.; -(e)s, -trä∣ge⟩ **1** ⟨unz.⟩ *das Austragen (3);* gerichtlicher ~; einen Streit zum ~ bringen; zum ~ kommen **2** ⟨Pl. selten; südd., österr.⟩ *Altenteil;* der alte Bauer lebte im ~

aus∥tra∣gen ⟨V. 265/500⟩ **1** etwas ~ *den Empfängern, Kunden ins Haus tragen, austeilen;* Briefe, Zeitungen, Waren ~ • **1.1** Klatsch, Neuigkeiten ~ ⟨fig.⟩ *verbreiten* **2** ein **Kind** ~ *bis zur Geburt im Mutterleib tragen, ausreifen lassen* **3** einen **Streit, Wettkampf** ~ ⟨fig.⟩ *bis zur Entscheidung führen*

aus∥trei∣ben ⟨V. 267/500⟩ **1** Vieh ~ *auf die Weide treiben* **2** jmdn. ~ ⟨geh.⟩ *vertreiben, verdrängen, verstoßen, verbannen;* die Bevölkerung aus einem Gebiet ~; den Winter ~ ⟨fig.⟩ **3** etwas ~ *aus dem Körper ausstoßen, hervorbringen;* das Kind ~ *gebären* **4** etwas ~ *durch Beschwörung verbannen;* den Teufel (aus einem Besessenen) ~; Geister ~ **5** ⟨530⟩ jmdm. eine Unart ~ *abgewöhnen* **6** zwei **Zeilen** ~ ⟨Typ.⟩ *den Text erweitern, so dass er um zwei Z. länger wird*

aus∥tre∣ten ⟨V. 268⟩ **1** ⟨400(s.)⟩ *heraustreten, einen Raum verlassen;* Blut tritt aus den Gefäßen aus • **1.1** *ein Eingeweideteil tritt (bei einem Bruch) aus* • **1.2** Wild tritt aus dem Wald aus ⟨Jägerspr.⟩ *tritt ins Freie* • **1.3** ⟨umg.⟩ *die Toilette aufsuchen* **2** ⟨411(s.)⟩ **aus etwas** ~ *eine Gemeinschaft, Vereinigung verlassen, die Mitgliedschaft, Zugehörigkeit aufgeben;* aus einem Geschäft, einer Partei ~; aus der Kirche ~ • **3** ⟨500⟩ etwas ~ *aus einem Verein* ~ **3** ⟨500⟩ etwas ~ *durch Darauftreten auslöschen;* Feuer ~; eine Zigarette ~ **4** ⟨500⟩ etwas ~ *durch häufiges Treten abnutzen* • **4.1 Stufen** ~ *durch häufiges Darauftreten abnutzen* **4.2 Schuhe** ~ *durch vieles Tragen ausweiten, abnutzen; ausgetretene Schuhe;* →a. *Kinderschuh (2.1)* • **4.3** einen **Weg** ~ *durch vieles Treten, Begehen bahnen, festtreten;* ein ausgetretener Pfad, Weg • **4.3.1** ausgetretene Pfade, Wege gehen ⟨fig.⟩ *Altbekanntes wiederholen, nichts Neues wagen*

aus∥trin∣ken ⟨V. 270⟩ **1** ⟨402⟩ *zu Ende trinken;* ich möchte noch ~; trinkst du (den Sekt) nicht aus? **2** ⟨500⟩ ein **Glas** ~ *durch Trinken restlos leeren*

Aus∣tritt ⟨m.; -(e)s, -e⟩ **1** ⟨unz.⟩ *das Austreten aus einem Raum;* der ~ des Wassers, des Gases • **1.1** ⟨Jägerspr.⟩ *das Ziehen des Wildes aus der Deckung ins Freie;* ~ des Wildes aus dem Wald **2** *das Verlassen einer Gemeinschaft, der man als organisiertes Mitglied angehört;* ~ eines Teilhabers; seinen ~ erklären (aus der Kirche, aus einer Partei) **3** *Platz in der Art eines kleinen Balkons, der das Hinaustreten aus dem Zimmer ins Freie ermöglicht* • **3.1** *Absatz einer Treppe*

aus∥trock∣nen ⟨V.⟩ **1** ⟨400(s.)⟩ etwas trocknet aus *wird völlig trocken;* der Bach, Boden trocknet aus; der Neubau muss noch ~; meine Kehle ist (vor Durst) ausgetrocknet **2** ⟨500⟩ etwas ~ *(innen) trocknen;* Gläser innen gut ~; die Sonne hat die Pfützen ausgetrocknet; Sümpfe ~

aus∥üben ⟨V. 500⟩ **1** eine **Tätigkeit** ~ *betreiben, gewohnheitsmäßig verrichten;* einen Beruf, ein Gewerbe ~; er hat Musik studiert, übt sie aber nicht aus; eine Pflicht ~; einen erlernten Beruf, eine Fähigkeit praktisch ~ • **1.1** ~der **Arzt** = *praktizierender A.*

• 1.2 ~der **Künstler** *(auf seinem Gebiet) tätiger K.* **2** *etwas* ~ *innehaben u. anwenden;* die Macht, die Herrschaft ~ • **2.1** ~de **Gewalt** = *Exekutive* **3** ⟨550⟩ **etwas auf jmdn.** od. **etwas** ~ *wirksam werden lassen;* Druck, Einfluss auf jmdn. ~; großen Reiz ~ (auf); eine starke Wirkung ~ (auf jmdn. od. etwas) ~

Aus\|ver\|kauf ⟨m.; -(e)s, -käu\|fe⟩ *(meist verbilligter) Verkauf einer Ware, um die Lager zu leeren;* das Kleid hat sie im ~ erworben; ~ wegen Aufgabe des Geschäfts

aus\|ver\|kau\|fen ⟨V. 500⟩ **1** *etwas* ~ *bis zum letzten Stück verkaufen;* die Ware ist ausverkauft; wir müssen die Kleider aus der alten Kollektion ~ • **1.1** das **Haus** ist ausverkauft ⟨Theat.⟩ *alle Eintrittskarten sind verkauft* • **1.2** vor ausverkauftem **Hause spielen** ⟨Theat.⟩ *vor voll besetztem H.*

aus\|wach\|sen ⟨[-ks-] V. 277⟩ **1** ⟨550/Vr 3⟩ *sich zu etwas* ~ *zu etwas werden, sich zu etwas entwickeln;* der unscheinbare Junge hat sich zu einem hübschen, jungen Mann ausgewachsen; die anfängliche Spielerei hat sich ja zu regelrechter Arbeit ausgewachsen ⟨umg.; scherzh.⟩ **2** ⟨500⟩ **Kleidungsstücke** ~ ⟨umg.⟩ *aus K. herauswachsen;* das Kind hat das Kleid (schon wieder) ausgewachsen **3** ⟨400(s.)⟩ **Korn** wächst aus *keimt (wegen feuchter Witterung) auf dem Halm* **4** ⟨400(s.); umg.⟩ *die Geduld verlieren;* dabei kann man ja ~!; das ist ja zum Auswachsen!

Aus\|wahl ⟨f.; -; unz.⟩ **1** *das Auswählen;* eine ~ der, des Besten, Schönsten; die ~ unter den vielen schönen Kleidern war schwer; etwas zur ~ stellen • **1.1** eine ~ **treffen** *auswählen;* haben Sie schon Ihre ~ getroffen? • **1.2** die ~ **haben** *die Möglichkeit zu wählen* **2** *Menge von Waren, aus der man wählen kann;* eine reiche ~; große, kleine, gute ~ **3** *das Ausgewählte;* eine ~ aus Schillers Werken • **3.1** ⟨Sp.⟩ *ausgewählte Mannschaft;* in der ~ mitspielen

aus\|wäh\|len ⟨V. 503/Vr 5⟩ **1** (**sich**) **jmdn.** od. **etwas** ~ *aus einer Menge wählen, sich durch Wahl für jmdn. od. etwas entscheiden;* er hat schon einen Nachfolger, Bewerber ausgewählt; das Beste, die Besten ~; er wählte schnell noch ein Buch aus; du hast dir das schönste Mädchen ausgewählt; ich habe mir den günstigsten Augenblick ausgewählt • **1.1** *etwas* ~ *passend zusammenstellen;* Bilder, Bücher für eine Sammlung ~; ausgewählte Werke, Gedichte, Beispiele

aus\|wal\|zen ⟨V. 500⟩ **1** *etwas* ~ ⟨Tech.⟩ *durch Walzen in der Länge u. Breite strecken, flachmachen;* Stahl, Blech ~ • **1.1 Teig** ~ *ausrollen* **2** *etwas* ~ ⟨fig.; umg.⟩ *unnötig viele Worte machen (über, um etwas);* der Redner hat die ganze Geschichte viel zu breit, zu sehr ausgewalzt; das Ereignis wurde in der Zeitung breit ausgewalzt

aus\|wan\|dern ⟨V. 400(s.)⟩ *seine Heimat für immer verlassen;* er wanderte aus politischen Gründen nach Amerika aus

aus\|wär\|tig ⟨Adj. 24/70⟩ **1** *außerhalb des eigenen ständigen (Wohn-)Ortes befindlich;* ein ~es Unternehmen **2** *von auswärts (her)kommend;* ein ~er Schüler; wir haben ~en Besuch **3** *die Beziehungen mit dem Ausland betreffend;* ~e Politik, Angelegenheiten • **3.1** Auswärtiges **Amt** *zentrale Behörde der Bundesrepublik Deutschland für auswärtige Angelegenheiten* • **3.2 Bundesminister** des Auswärtigen *Leiter des Auswärtigen Amtes in der BRD*

aus\|wärts ⟨Adv.⟩ **1** *außerhalb des Hauses;* ~ schlafen, essen **2** *außerhalb des Wohnortes;* ~ studieren; von ~ kommen; jmdn. nach ~ schicken; Besuch von ~ haben **3** *nach außen (gerichtet);* die Tür ist ~ zu öffnen

aus\|wärts\|dre\|hen ⟨V. 500⟩ *etwas* ~ *nach außen drehen;* er dreht die Füße beim Laufen auswärts

aus\|wa\|schen ⟨V. 279/500⟩ **etwas** ~ **1** *durch Waschen (aus einem Gewebe usw.) entfernen;* einen Fleck ~ **2** *durch Waschen (Spülen) säubern;* Gläser, Wäsche ~; eine Wunde ~ **3** *durch Wassereinwirkung abnutzen, aushöhlen;* die Felsen, das Ufer ~

aus\|wech\|seln ⟨[-ks-] V. 500⟩ **1** jmdn. od. etwas ~ *gegen jmdn. od. etwas (in gleicher Qualität) austauschen;* der Trainer musste den Torwart ~; ein Teil, ein Stück gegen ein anderes ~ • **1.1** *etwas nicht mehr Brauchbares durch Neues ersetzen;* ein Rad ~; er hat die Zündkerzen, Glühbirne ausgewechselt • **1.2** er war **wie** ausgewechselt ⟨fig.⟩ *plötzlich ganz anders, verändert*

Aus\|weg ⟨m.; -(e)s, -e⟩ *Möglichkeit, sich aus einer schwierigen od. unangenehmen Lage zu befreien, rettende Lösung in der Notlage;* jmdm. den (letzten) ~ abschneiden, verbauen; einen (rettenden) ~ finden; es ist kein ~ mehr offen; einen ~ suchen; es gibt keinen anderen ~ (als)

aus\|weg\|los ⟨Adj.⟩ *ohne Ausweg, ohne die Möglichkeit einer Lösung, hoffnungslos;* seine Situation ist ~

aus\|wei\|chen ⟨V. 281/600/Vr 6(s.)⟩ **1 jmdm.** od. **etwas** ~ *aus dem Wege gehen, Platz machen;* er konnte dem Wagen gerade noch ~; rechts, links, seitlich, rückwärts ~; der Fahrer wich dem Betrunkenen in der letzten Minute aus **2 jmdm.** od. einer **Sache** ~ *zu entgehen suchen, indem man zur Seite weicht;* der Boxer wich geschickt dem Gegner aus; einem Hieb, Stoß, Tritt ~; sie weicht einer Begegnung mit ihm aus; er konnte dem Kampf nicht mehr ~ **3** einer **Sache** ~ ⟨fig.⟩ *etwas (Unangenehmes) vermeiden;* er wich ihren neugierigen Fragen mit einem Scherz aus; einer Bitte, Gefahr, Versuchung ~; sie weicht seinen Blicken aus • **3.1** eine ~de **Antwort geben** *Ausflüchte machen* **4** ⟨411⟩ **auf etwas** ~ *sich für etwas anderes entscheiden;* von der Autobahn auf die Bundesstraße ~; die Verbraucher weichen auf billigere Produkte aus

Aus\|weis ⟨m.; -es, -e⟩ **1** *Urkunde, die etwas beglaubigt* • **1.1** *Urkunde, die bescheinigt, dass ihr Inhaber eine bestimmte Person ist;* Personal~; einen ~ ausstellen, beantragen, vorzeigen • **1.2** *Urkunde, die bescheinigt, dass eine Person einer bestimmten Gemeinschaft angehört;* Mitglieds~, Schüler~, Studenten~, Betriebs~ • **1.3** *Urkunde, die bescheinigt, dass ihr Inhaber bestimmte Rechte hat;* Fahrt~, Theater~ **2** **nach** ~ *wie gezeigt wird (durch);* nach ~ der Statistik • **2.1** nach ~ des Kontos *laut Kontostand, Kontoauszug*

aus\|wei\|sen ⟨V. 282/500⟩ **1** jmdn. ~ *jmdn. aus dem*

Ausweisung

Lande weisen **2** ⟨Vr 3⟩ **sich ~ den Nachweis über seine Person erbringen;** sich durch Vorlegen des Passes ~; sich als Vertreter einer Firma, als Besitzer eines Wagens ~ **3** ⟨550/Vr 3⟩ **sich über Kenntnisse ~** ⟨schweiz.⟩ *K. nachweisen*

Aus|wei|sung ⟨f.; -, -en⟩ **1** *das Ausweisen (1)* • 1.1 *das Ausgewiesenwerden*

aus|wei|ten ⟨V. 500⟩ **1** *(durch Gebrauch) weiter, größer machen, dehnen;* ein Kleidungsstück, Schuhe ~; sein Grundstück ~ **2** ⟨a. fig.⟩ *erweitern, vergrößern;* seinen Einfluss, seine Beziehungen ~; den Handel nach Übersee ~ • 2.1 ⟨Vr 3⟩ **sich ~** *(unerwünscht) größer werden, sich ausdehnen;* die Seuche wird sich über den gesamten Viehbestand ~; die Unruhen haben sich über das ganze Land ausgeweitet

aus|wen|dig¹ ⟨Adj.; veraltet; österr.⟩ *außen, außenseitig, auf, an der Außenseite;* Ggs *inwendig*

aus|wen|dig² ⟨Adv.⟩ **1** *aus dem Gedächtnis, ohne auf eine Vorlage zu sehen;* ein Gedicht ~ lernen; ein Musikstück ~ spielen; etwas ~ können od. wissen **2** *das weiß ich schon ~!* ⟨a. fig.; umg.⟩ *das habe ich nun oft genug gehört!*

aus|wer|fen ⟨V. 286/500⟩ **1** *etwas ~ zu einem bestimmten Zweck heraus-, hinausschleudern, -werfen;* die Angel, das Netz ~; den Anker ~; einen Köder ~ **2** *etwas* wirft *etwas* aus *schleudert etwas nach außen;* der Vulkan wirft Lava aus **3** *etwas ~ aushusten, ausspucken;* Blut, Schleim ~ **4** *etwas ~ durch Herausschaufeln von Erde anlegen;* einen Graben ~ **5** ⟨530⟩ **jmdm. ein Auge ~** *durch (Stein-)Wurf ein Auge verletzen, zerstören* **6** *eine Geldsumme ~* ⟨fig.⟩ *festsetzen, bestimmen (für), zur Verfügung stellen, verteilen;* einen Betrag ~ (für einen bestimmten Zweck); Gewinne ~

aus|wer|ten ⟨V. 500⟩ **1** *etwas ~ dem Wert nach bestimmen, den Wert von etwas ermitteln;* Vorschläge, Erfahrungen, Kenntnisse ~; Material, Zahlen für eine Arbeit ~ • 1.1 *etwas* **Gesameltes** *~ durch Ordnen wertvoll, nutzbar machen, verwerten;* die Polizei wertete die Berichte aus; die Bilder vom Mond sind noch nicht ausgewertet worden; ich habe die eingegangenen Briefe ausgewertet

aus|wir|ken ⟨V.⟩ **1** ⟨505/Vr 3⟩ **sich ~ (auf etwas)** *seine Wirkung zeigen, bestimmte Folgen haben;* der Regen hat sich günstig, ungünstig ausgewirkt; der Klimawechsel hat sich vorteilhaft, nachteilig auf seine Gesundheit ausgewirkt; die Krise in der Automobilindustrie wirkt sich auf die Wirtschaft aus **2** ⟨530/Vr 5⟩ **jmdm. etwas ~** ⟨veraltet; geh.⟩ *jmdm. etwas erwirken, für jmdn. etwas erreichen;* sie hat ihm eine Unterstützung ausgewirkt **3** ⟨500⟩ *Teig ~ durchkneten*

aus|wi|schen ⟨V.⟩ **1** ⟨500⟩ *etwas ~* • 1.1 *durch Wischen säubern;* einen Schrank ~; Gläser, Tassen ~; sich die Augen ~ • 1.2 *durch Wischen entfernen;* Schrift, eine Zeichnung ~ **2** ⟨600(s.)⟩ **jmdm. ~** *entwischen, ausreißen, entkommen* **3** ⟨530⟩ **jmdm. eins ~** ⟨fig.; umg.⟩ *einen bösen Streich spielen, eine Bosheit antun, willkürlich Schaden zufügen;* die Kollegen wollten ihm eins ~

Aus|wuchs ⟨[-ks] m.; -es, -wüch|se⟩ **1** *etwas krankhaft Herausgewachsenes, Wucherung, Geschwulst, Buckel;* er hat einen ~ an der Stirn; bei vielen Bäumen sind knollenartige Auswüchse zu beobachten **2** ⟨unz.; Landw.⟩ • 2.1 *Keimen des Getreides auf dem Halm (infolge Feuchtigkeit)* • 2.2 *derart keimendes Getreide* **3** ⟨nur Pl.; fig.⟩ *Missstand, unangenehme Nebenerscheinung;* Auswüchse einer Entwicklung; die Auswüchse der Bürokratie hart bekämpfen **4** *~ der* **Fantasie** ⟨fig.⟩ *abwegige Vorstellung, krankhafte Übertreibung*

Aus|wurf ⟨m.; -(e)s, -wür|fe⟩ **1** *das Auswerfen (1-4)* • 1.1 ⟨Med.⟩ *aus den Atmungswegen entleerte Stoffe (Schleim, Blut);* blutiger, eitriger ~ • 1.2 *vom Vulkan bei einer Eruption ausgeworfene Masse* **2** *~ der* **Menschheit** ⟨fig.; abwertend⟩ *Abschaum der M.*

aus|zah|len ⟨V.⟩ **1** ⟨530⟩ **jmdm. etwas ~** *eine bestimmte Menge Bargeld geben;* jmdm. seinen Anteil (in bar) ~; den Arbeitern ihren Lohn ~; dem Gewinner 500 € ~; Prämien, Gehälter ~ • 1.1 **sich etwas ~ lassen** *sich den Betrag, der einem zukommt, aushändigen lassen;* er ließ sich die Rente, die Lebensversicherung ~; ich habe mir mein Erbteil ~ lassen **2** ⟨500⟩ **jmdn. ~** *jmdn. mit einer ihm zustehenden Summe abfinden;* er hat die Erben ausgezahlt; er zahlte seinen Teilhaber aus **3** ⟨500/Vr 3⟩ *etwas* zahlt sich aus ⟨fig.; umg.⟩ *lohnt sich;* das zahlt sich nicht aus; diese Arbeit, die Mühe hat sich ausgezahlt

aus|zäh|len ⟨V. 500⟩ **1** *etwas ~ durch Zählen genau feststellen;* die Stimmen nach der Wahl ~ **2** **jmdn. ~** ⟨regional⟩ *durch Zählen auswählen u. für eine Aufgabe bestimmen (bei Kinderspielen)* **3** ⟨Boxsp.⟩ *durch Zählen bis 10 Niederlage des am Boden liegenden Kämpfers feststellen;* der Titelverteidiger wurde schon in der vierten Runde ausgezählt

aus|zeich|nen ⟨V. 500⟩ **1** *Waren ~ mit Preisschild versehen;* Bücher, Schuhe ~ **2** **jmdn. (durch etwas) ~** *ehren, mit Vorzug behandeln;* der hohe Besuch wurde durch besonderen Applaus ausgezeichnet • 2.1 **jmdn. mit einem Orden, Titel usw. ~** *jmdn. durch Verleihen eines Ordens, Titels usw. ehren, ihm einen Orden, Titel zuteilwerden lassen;* er wurde mit dem Bundesverdienstkreuz, mit dem Nobelpreis ausgezeichnet **3** *etwas zeichnet etwas od.* **jmdn.** aus *hebt etwas od. jmdn. (aus einer Menge) hervor, lässt etwas od. jmdn. hervorragen;* sein Mut zeichnet ihn (vor anderen) aus **4** ⟨Vr 3⟩ **sich ~** *sich hervortun, sich (aus einer Menge) herausheben;* er hat sich durch Entschlossenheit, Liebenswürdigkeit ausgezeichnet; er hat sich in der Mathematik, im Sport besonders ausgezeichnet **5** *einen Text, ein Manuskript ~ Schriftarten u. -größen angeben, anzeichnen* **6** *ein Wort (im Text) ~ durch Sperrung, andere Schriftart od. -größe hervorheben*

Aus|zeich|nung ⟨f.; -, -en⟩ **1** *Preisangabe (bei Waren)* **2** *Ehrung, Belobigung;* eine Prüfung mit ~ bestehen • 2.1 **mit ~** *(als Prüfungsnote) hervorragend, herausragend* • 2.2 *auszeichnendes Abzeichen, Kennzeichen, Orden, Titel;* er hat mehrere ~en erhalten **3** ⟨Typ.⟩ *Auszeichnungsschrift;* Kapitälchen als, zur ~ verwen-

den **4** ⟨Typ.⟩ *Hinweis auf die Schriftart; der Text ist mit viel(en) ~(en) versehen*
aus|zie|hen ⟨V. 293⟩ **1** ⟨400(s.)⟩ *wegziehen, herausgehen;* die Soldaten sind aus den besetzten Gebieten ausgezogen • 1.1 *die Wohnung mit Hab und Gut verlassen;* aus einem Haus ~; sie sind vor einem Jahr ausgezogen • 1.2 ⟨415(s.)⟩ ~ **auf, zu** *fortgehen, fortziehen, um etwas zu finden od. zu tun;* auf Raub ~; auf Abenteuer ~; zum Kampf ~ **2** ⟨500⟩ **etwas** ~ • 2.1 *in die Länge ziehen, auseinanderziehen;* der Tisch war ganz, halb ausgezogen; ein Fernrohr, Stativ ~ • 2.2 **Gummiband, Seil** ~ *dehnen, spannen, straffziehen* • 2.3 **Nagel** ~ *aus einem Körper ziehen* • 2.4 **Stoffe,** *flüchtige Bestandteile von Pflanzen* ~ *einen Extrakt daraus herstellen* • 2.5 eine **Abhandlung, ein Werk** ~ *das Wichtigste daraus zusammenstellen;* Sy *exzerpieren;* Stellen aus einem Buch ~ • 2.6 *die Luft, Sonne zieht die Feuchtigkeit aus verflüchtigt sie* • 2.7 *die Sonne zieht die Farben aus macht sie blasser* • 2.8 eine **Linie** mit Tusche ~ *(nach)ziehen, (nach)zeichnen* **3** ⟨500/Vr 7⟩ **jmdn.** ~ *jmdm. die Kleider abnehmen;* Ggs *anziehen (1);* hast du das Kind schon ausgezogen?; es hat sich selbst ausgezogen • 3.1 ⟨fig.⟩ *jmdn. ausplündern, ihm sein Eigentum wegnehmen;* sie haben ihn bis aufs Hemd ausgezogen **4** ⟨503/Vr 5⟩ ein **Kleidungsstück** ~ *ablegen;* jmdm. etwas ~; Handschuhe, Kleid, Mantel ~ • 4.1 die **Uniform** ~ ⟨a. fig.⟩ *den Abschied nehmen, aufhören, Soldat zu sein;* →a. *Kinderschuh (2.1), Stiefel (1.1)*
Aus|zu|bil|den|de(r) ⟨f. 2 (m. 1); Kurzwort: Azubi⟩ *jmd., der in einem Lehrverhältnis steht, Lehrling*
Aus|zug ⟨m.; -(e)s, -zü|ge⟩ **1** ⟨unz.⟩ *das Ausziehen (1);* ~ aus einer Wohnung; ~ aus einem besetzten Gebiet; ~ der Kinder Israels (aus Ägypten) **2** ⟨unz.; südd.⟩ *Altenteil;* die Großeltern sitzen auf dem ~ **3** ⟨unz.; schweiz.⟩ *die wehrfähige männliche Bevölkerung zwischen 20 u. 32 Jahren* **4** *Teil, den man ausziehen, verlängern kann;* Kamera~ **5** *Teilabschrift;* Konto~ • 5.1 ~ *aus einem Buch, einer Abhandlung herausgeschriebene Stelle, kurze Zusammenfassung;* eine Rede in Auszügen wiedergeben • 5.2 *Bearbeitung eines Orchesterstückes für ein einzelnes Instrument;* Klavier~ **6** ~ *aus Heilkräutern herausgezogener Stoff;* Sy *Extrakt* • 6.1 *feinste Verarbeitungsstufe;* ~smehl
aut|ark auch: **au|tark** ⟨Adj. 24⟩ *unabhängig, selbstständig, sich selbst versorgend;* ~e Wirtschaft
au|then|tisch ⟨Adj. 24⟩ **1** *verbürgt, echt, zuverlässig;* ~e Information, Nachricht, Abschrift **2** ⟨Mus.⟩ • 2.1 ~e **Töne** *1., 3., 5. und 7. Kirchenton* • 2.2 ~e **Kadenz** *K. Dominante - Tonika*
Au|tis|mus ⟨m.; -; unz.; Med.; Psych.⟩ *psychische Störung, die sich in krankhafter Ichbezogenheit, Teilnahmslosigkeit gegenüber der Umwelt u. Flucht in eigene Fantasiewelten äußert;* frühkindlicher ~
Au|to ⟨n.; -s, -s; kurz für⟩ *Automobil;* jmd. kann gut, schlecht ~ fahren; das Autofahren mit Kindern kann im Sommer zur Qual werden
Au|to|bahn ⟨f.; -, -en⟩ *vier- od. mehrspurige Schnellstraße für Kraftfahrzeuge mit einem Mittelstreifen zwischen den beiden entgegengesetzten Fahrtrichtungen*
Au|to|bio|gra|fie ⟨f.; -, -n⟩ *Selbstbeschreibung, Beschreibung des eigenen Lebens;* oV *Autobiographie;* der Künstler veröffentlichte eine ~
Au|to|bio|gra|phie ⟨f.; -, -n⟩ = *Autobiografie*
Au|to|bus ⟨m.; -ses, -se⟩ = *Omnibus*
au|to|ch|thon auch: **au|toch|thon** ⟨Adj. 24⟩ *alteingesessen, bodenständig, eingeboren;* ~e Bevölkerung
Au|to|di|dakt ⟨m.; -en, -en⟩ *jmd., der sich durch Selbstunterricht bildet od. gebildet hat;* er hat als ~ komponiert
Au|to|fah|rer ⟨m.; -s, -⟩ *jmd., der Auto fährt*
Au|to|fah|re|rin ⟨f.; -, -rin|nen⟩ *weibl. Autofahrer*
au|to|gen ⟨Adj. 24⟩ **1** *ursprünglich, selbsttätig* • 1.1 ~es **Schweißen** und Schneiden ⟨Tech.⟩ *Bearbeitung von Metall durch die Stichflamme eines Gemisches von Brenngas u. Sauerstoff* **2** ⟨Med.⟩ *aus dem Körper heraus* • 2.1 ~es **Training** *allein auszuführende Entspannungsübungen*
Au|to|gramm ⟨n.; -(e)s, -e⟩ *handschriftlicher Namenszug, Signatur (einer bekannten Persönlichkeit);* ~e geben, verteilen
Au|to|mat ⟨m.; -en, -en⟩ **1** ⟨Kyb.⟩ *ein System (z. B. Maschine), das Informationen aus der Umgebung aufnimmt, speichert, verarbeitet u. Informationen an die Umgebung abgibt* • 1.1 *selbsttätige Maschine* **2** *selbsttätiger Arbeits- od. Verkaufsapparat;* Fahrkarten~, Geld~, Waren~
Au|to|ma|tik ⟨f.; -, -en⟩ **1** ⟨unz.⟩ *Lehre von der Selbsttätigkeit, Selbststeuerung* **2** *Steuer- od. Kontrollvorrichtung (an einer Maschine, einem Gerät), die automatisch arbeitet* • 2.1 ⟨kurz für⟩ *Automatikgetriebe, automatisch arbeitendes Getriebe bei Kraftfahrzeugen;* ein Auto mit, ohne ~ **3** ⟨fig.; geh.⟩ *unwillkürlich ablaufende Prozesse, Vorgänge;* die ~ der zunehmenden Gewalttätigkeit
au|to|ma|tisch ⟨Adj. 24⟩ **1** *selbsttätig, selbststeuernd, mit Hilfe eines Automaten;* ~e Maschinen, Produktion; ~es Getriebe (bei Kraftfahrzeugen) **2** ⟨fig.⟩ *unwillkürlich, ohne zu überlegen, wie ein Automat;* das mache ich ganz ~
Au|to|mo|bil ⟨n.; -(e)s, -e; Kurzw.: Auto⟩ *Personenkraftwagen*
au|to|nom ⟨Adj.⟩ **1** *selbstständig, unabhängig, nach eigenen Gesetzen lebend;* ~e militante Gruppen G., deren Anhänger zu gewalttätigen, politisch motivierten Auseinandersetzungen (mit dem Staat) neigen **2** ⟨24⟩ ~es **Nervensystem** = *vegetatives Nervensystem,* → *vegetativ*
Au|to|no|mie ⟨f.; -; unz.⟩ *Selbstständigkeit, (selbstverwaltete) Unabhängigkeit;* die ~ eines Staates fordern; Kolonien in die ~ entlassen
Au|top|sie auch: **Au|top|sie** ⟨f.; -, -n⟩ **1** *eigene Beobachtung, Selbstwahrnehmung* **2** ⟨Med.⟩ *Leichenöffnung, Obduktion*
Au|tor ⟨m.; -s, -en⟩ *Verfasser, Urheber;* ~ eines Kunst- od. Schriftwerkes; Drehbuch~, Erfolgs~
Au|to|rin ⟨f.; -, -rin|nen⟩ *weibl. Autor*
au|to|ri|tär ⟨Adj. 24⟩ **1** *auf Autorität beruhend;* ~e Erzie-

hung **2** *mit (unumschränkter) Autorität herrschend;* ein ~es Regime, ~er Staat

Au|to|ri|tät ⟨f.; -, -en⟩ **1** ⟨unz.⟩ *Geltung, Ansehen, maßgebender Einfluss;* jmds. ~ untergraben; sich ~ verschaffen; seine ~ wahren **2** *Person mit maßgebendem Einfluss, Person, deren Wissen u. Urteil allgemein anerkannt wird, anerkannter Fachmann;* eine ~ auf einem Gebiet sein

Avant|gar|de ⟨[avã-] f.; -, -n⟩ **1** *Gruppe von Vorkämpfern (einer Idee od. Bewegung)* • 1.1 *Kunstrichtung, die sich vom traditionellen, bisherigen Stil u. Kunstverständnis deutlich absetzt;* er gehörte der französischen ~ der 20er Jahre an

Aver|si|on ⟨[avɛr-] f.; -, -en⟩ *Abneigung, Widerwille;* ~en gegen jmdn. od. etwas haben, hegen

Avo|ca|do ⟨[avo-] f.; -, -s; Bot.⟩ *dunkelgrüne, birnenförmige Frucht mit einer lederartig genarbten Außenschale, einem großen Kern u. hellgrünem, weichem, sehr nahrhaftem Fruchtfleisch*

Axt ⟨f.; -, Äx|te⟩ **1** *Hauwerkzeug zum Fällen von Bäumen, Spalten u. Zurichten von Holz, mit langem Stiel u. schmaler, zweiseitig geschliffener Schneide;* eine scharfe, stumpfe ~; die ~ schleifen, schärfen; die ~ schwingen; die ~ im Haus erspart den Zimmermann ⟨Sprichw. nach Schillers „Wilhelm Tell"⟩; jmdn. mit der ~ erschlagen • **1.1 sich wie** eine ~ **im Walde benehmen** ⟨fig.; umg.⟩ *rücksichtslos vorgehen* • 1.2 die ~ **an** die **Wurzel**(n) **legen** ⟨fig.; Bibel⟩ *ein Übel von Grund auf beseitigen*

Aza|lee ⟨[-le:ə] f.; -, -n; Bot⟩ *Angehörige einer Gattung der Erikagewächse, meist immergrüne Sträucher, mit dem Rhododendron verwandt: Azalea*

Azu|bi ⟨a. ['---] m.; -s, -s; umg.; Kurzw. für⟩ *Auszubildende(r)*

Ba|by ⟨[be:bi] n.; -s, -s⟩ *Säugling*
Bach ⟨m.; -(e)s, Bä|che⟩ *kleiner Fluss, Rinnsal;* Dorf~, Gebirgs~, Wald~, Mühl~; *ein heller, klarer, murmelnder, rauschender, reißender ~; ein ~ windet, schlängelt sich durch das Tal; Bäche von Blut, Schweiß, Tränen* ⟨fig.⟩
Back|bord ⟨n.; -s; unz.; Flugw.; Mar.⟩ *linke Seite des Schiffs od. Flugzeugs;* Ggs *Steuerbord*
Ba|cke[1] ⟨f.; -, -n⟩ **1** *Teil des Gesichts, Seitenwand der Mundhöhle, Wange;* die *~n aufblasen; dicke, rote, runde ~n haben;* Sy ⟨geh.⟩ *Wange (1)* eine geschwollene *~ haben; mit vollen ~n kauen* • **1.1** *über beide ~n strahlen* ⟨umg.⟩ *überaus glücklich sein* **2** ⟨fig.⟩ *Seitenflächen, die meist paarweise auftreten;* Lehnstuhl mit großen *~n; die ~n an der Skibindung* • **2.1** *eine der beiden verstellbaren Flächen eines Werkzeugs (Schraubstocks u. Ä.), zwischen denen ein Werkstück zum Bearbeiten festgeklemmt wird* • **2.2** *Fläche der Bremsvorrichtung, die an die Räder des Fahrzeugs angedrückt wird;* Brems~ • **2.3** *Stelle des Gewehrschafts, die an die Backe (1) angelegt wird*
Ba|cke[2] ⟨f.; -, -n⟩ ⟨Mar.⟩ • **1.1** *die Rundung an beiden Seiten des Bugs eines Schiffes* • **1.2** *Vorbau am oberen Teil eines Mastes* **2** *einer der beiden Teile des Gesäßes;* oV *Backen;* Hinter~, Sitz~; →a. *au!* (3)
ba|cken[1] ⟨V. 101⟩ **1** ⟨500⟩ (**etwas** aus **Teig**) ~ *durch trockene Hitze (im Ofen) gar machen;* Brot, Eierkuchen, Kuchen *~; die Semmeln sind braun, leicht knusprig, scharf gebacken; frisch gebackenes Brot* • **1.1** *Gebäck herstellen; ich backe gern; wo haben Sie das Backen gelernt?* • **1.2** ⟨530/Vr 1⟩ *sich etwas* od. **jmdn.** ~ *lassen* ⟨fig.; umg.⟩ *in einer Sonderanfertigung herstellen lassen; sein Ideal muss man sich ~ lassen* **2** ⟨500⟩ *etwas ~ in heißem Fett (in der Pfanne) garen, braten;* Eier, Fleisch *~; gebackener Fisch* **3** ⟨500⟩ **Obst** ~ *dörren, trocknen* **4** ⟨400⟩ *etwas bäckt wird im Ofen od. in der Pfanne gar; der Kuchen bäckt noch; der Kuchen muss 40 Minuten ~*
ba|cken[2] ⟨V. 411; bes. norddt.⟩ *kleben, sich zusammenballen;* Schmutz backt an den Schuhen; der Schnee backt an den Skiern, an den Schuhsohlen
ba|cken[3] ⟨V. 400; Seemannsspr.⟩ **1** *Essen einnehmen, fassen* • **1.1** *~ und banken* zu Tisch!, zum Essen!
Ba|cken ⟨m.; -s, -⟩ = *Backe*[2] *(2)*
Bä|cker ⟨m.; -s, -; Berufsbez.⟩ *Handwerker, der gewerblich Backwaren anfertigt*
Bä|cke|rei ⟨f.; -, -en⟩ **1** *das Backen;* Weihnachts~ **2** *Betrieb, in dem Backwaren angefertigt (u. verkauft) werden*

Bä|cke|rin ⟨f.; -, -rin|nen⟩ *weibl. Bäcker*
Back|wa|ren ⟨Pl.; Sammelbez. für⟩ *in einer Bäckerei gebackene Ware (Brot, Brötchen, Kuchen, Gebäck)*
Bad ⟨n.; -(e)s, Bä|der⟩ **1** *das Baden (1);* ein Dusch~, Wannen~; *ein belebendes ~; ein ~ nehmen; ein heißes, kaltes ~; ein ~ im Meer* • **1.1** *ein ~ in der Menge nehmen* ⟨fig.⟩ *sich unter eine Menschenmenge, unter das Volk mischen;* nach der Begrüßung nahm der Präsident ein *~ in der Menge* **2** *(Behälter mit) Wasser zum Baden (1);* jmdm. ein *~ bereiten; das ~ ist fertig, gerichtet; ins ~ steigen* • **2.1** *Wasser mit Zusätzen von Mineralien u. a. Stoffen mit stärkender od. heilender Wirkung auf den Menschen;* Kohlensäure~, Moor~ • **2.2** *(Behälter mit) Flüssigkeit zur chem. od. physikal. Bearbeitung;* Wasser~; Fixier~ ⟨Fot.⟩; *galvanisches ~;* →a. *Kind (5.8)* **3** *Anlage, Gebäude, Raum zum Baden;* Schwimm~, Hallen~, Frei~; *das städtische ~; ins ~ gehen* • **3.1** *Raum zum Baden in einer Wohnung; ein gekacheltes ~; Wohnung mit Küche u. ~* **4** *Kurort mit Heil- od. Seebad; ~ Elster, ~ Nauheim; ins ~ reisen*
Ba|de|an|zug ⟨m.; -(e)s, -zü|ge⟩ *zum Schwimmen getragenes einteiliges Kleidungsstück (für Frauen u. Mädchen)*
Ba|de|ho|se ⟨f.; -, -n⟩ *zum Schwimmen getragene kurze Hose (für Kinder, Jungen u. Männer)*
ba|den ⟨V. 500/Vr 7 od. 400⟩ **1** (**jmdn.** od. **etwas**) ~ *zur Reinigung, Erfrischung od. zu Heilzwecken in Wasser od. eine heilkräftige Flüssigkeit tauchen; ich habe mich gebadet; ein Kind ~; sich die Füße ~; kalt, warm, heiß ~; täglich ~; im Meer ~* **2** (*mit etwas*) *~ gehen* ⟨fig.; salopp⟩ *einen Misserfolg haben, scheitern* **3** *wie eine gebadete Maus aussehen* ⟨fig.⟩ *völlig durchnässt sein*
Ba|de|wan|ne ⟨f.; -, -n⟩ *Wanne zum Baden (im Badezimmer)*
Ba|de|zim|mer ⟨n.; -s, -⟩ *mit sanitären Vorrichtungen zum Waschen, Duschen und Baden ausgestatteter Raum (in einer Wohnung)*
Ba|ga|tel|le ⟨f.; -, -n⟩ **1** *kurzes, leicht spielbares Musikstück* **2** *Kleinigkeit, Geringfügigkeit*
Bahn ⟨f.; -, -en⟩ **1** *glatter Weg;* Bob~, Rodel~, Fahr~ • **1.1** *ebene, nach festen Regeln vorbereitete Fläche für Wettrennen;* Renn~, Kampf~, Eis~ **2** *durch Schienen befestigter Weg u. (od.) die dazugehörigen Fahrzeuge;* Eisen~, Straßen~; *wann fährt die letzte ~?; die ~ nehmen; der Weg verläuft unmittelbar neben der ~; (mit der) ~ fahren; die ~ verpassen* • **2.1** *Eisenbahn; er ist bei der ~ beschäftigt* • **2.1.1** **an, von** *der ~ am, an den, vom Bahnhof; er war an der ~, um mich abzuholen; jmdn. an die ~ bringen; jmdn. von der ~ abholen* • **2.1.2** *eine Sendung frei ~ schicken kostenlos bis zum Bahnhof;* →a. *deutsch (1.1)* **3** *~ eines Geschosses, eines Gestirns Weg, Verlauf* **4** *~ aus* **Stoff, Papier** *langer Streifen;* Tapeten~, Zelt~; *ein Rock aus mehreren ~en* **5** *~ eines* **Hammers, Ambosses** *ebene Seite zum Schlagen od. Formen eines Werkstücks* **6** *die ~ für eine* **Entwicklung,** *für einen* **Menschen** ⟨fig.⟩ *Weg, Lebensweg; eine Bewegung, Tätigkeit in die richtigen ~en lenken; freie ~ dem Tüchtigen!;*

bahnbrechend

aus der ~ geschleudert werden ⟨a. fig.⟩ • 6.1 sich ~ **brechen** ⟨fig.⟩ *Widerstände überwinden, sich durchsetzen* • 6.2 *einer Idee, einer neuen Entwicklung* ~ **brechen** *helfen, sie durchzusetzen;* →a. *recht (2.1), schief (1.2)*

bahn|bre|chend ⟨Adj. 70⟩ *umwälzend, eine neue Entwicklung beginnend, neue Möglichkeiten weisend;* eine ~e Erfindung, Tat, Leistung

Bahn|card ⟨f.; -, -s⟩ *Karte, Ausweis mit Passbild, der von der Deutschen Bahn bezogen werden kann u. zum Erwerb von ermäßigten Fahrkarten berechtigt;* bei der Kontrolle der Fahrscheine die ~ vorzeigen

bah|nen ⟨V. 530/Vr 5⟩ **1** jmdm. einen Weg ~ (durch etwas) *ebnen, freie Bahn schaffen;* er musste sich einen Weg durch die wartende Menschenmenge ~; er bahnte ihr mühsam den Weg durch den Schnee; es waren gut gebahnte Wege; der Fluss hat sich ein neues Bett gebahnt **2** jmdm. od. einer **Sache** den **Weg** ~ ⟨fig.; geh.⟩ *jmdm. od. eine Sache fördern;* der Freiheit eine Gasse ~ ⟨poet.⟩

Bahn|hof ⟨m.; -(e)s, -hö|fe; Abk.: Bhf., Bf.⟩ **1** ⟨i. w. S.⟩ *Anlage zur Abwicklung des Personen- u. Güterverkehrs (der Eisenbahn);* Sy Station (1.2) • 1.1 ⟨i. e. S.⟩ *Haltestelle der Eisenbahn;* Personen-, Güter-, Kopf-, Durchgangs~; in den ~ einfahren; jmdn. vom ~ abholen; jmdn. zum ~ begleiten, bringen; der Zug hält auf einem ~ • 1.2 *Anlage zur Abwicklung des Personenverkehrs mit Omnibussen;* Omnibus~ **2 großer** ~ ⟨umg.⟩ *festlicher Empfang für eine bedeutende Person des öffentlichen Lebens auf dem Bahnsteig od. Flugplatz;* der Präsident wurde mit einem großen ~ empfangen **3** (**immer**) **nur** ~ **verstehen** ⟨fig.; umg.⟩ *überhaupt nichts verstehen*

Bahn|steig ⟨m.; -(e)s, -e⟩ *erhöhter Weg zwischen den Schienen auf Bahnhöfen, auf dem Personen von u. zu den Zügen ein- u. aussteigen können u. Gepäck verladen werden kann;* Sy ⟨österr.; schweiz.⟩ *Perron;* der Zug nach Hamburg fährt von ~ 12

Bah|re ⟨f.; -, -n⟩ **1** *längliches Gestell zum Tragen von Kranken, Verletzten od. Toten;* Trag~, Toten~; der Kranke wurde auf einer ~ weggetragen • 1.1 **von** der **Wiege bis zur** ~ ⟨fig.; geh.⟩ *von Anfang bis Ende des Lebens*

Bai|ser ⟨[beze:] n.; -s, -s⟩ *Schaumgebäck aus Eischnee u. Zucker;* Sy Meringe

Bak|te|rie ⟨[-riə] f.; -, -n⟩ = Bakterium

Bak|te|ri|um ⟨n.; -s, -ri|en⟩ *einzelliges, stäbchenförmiges, pflanzliches Lebewesen, Gärungs-, Fäulnis-, Krankheitserreger;* oV Bakterie; Sy Spaltpilz

Ba|lan|ce ⟨[balɑ̃sə] od. [balɑ̃:s(ə)] f.; -, -n⟩ *Gleichgewicht;* die ~ halten; die ~ verlieren

ba|lan|cie|ren ⟨[-lɑ̃si:-] od. [-lãsi:-] V.⟩ **1** ⟨400⟩ *Balance, Gleichgewicht halten;* auf einem Seil ~ **2** ⟨500⟩ **etwas** ~ *etwas im Gleichgewicht halten;* ein rohes Ei auf einem Löffel ~

bald ⟨Adv.⟩ **1** *wenig später, kurz danach;* ich werde ~ kommen; komm bitte ~ zurück!; ~ danach, darauf • 1.1 *in kurzer Zeit, binnen kurzem, schnell;* sehr ~, möglichst ~, so ~ wie möglich; komm ~!; er wird so ~ nicht kommen • 1.1.1 das ist nicht so ~ ge-

tan *das geht nicht so schnell* • 1.1.2 (all)zu ~ *(all)zu schnell, (all)zu rasch* **2** *beinahe, fast;* er wäre ~ verzweifelt; ich wäre ~ hingefallen • 2.1 ich hätte ~ etwas gesagt *wäre fast unhöflich od. energisch geworden* **3** ~ **so**, ~ **so** *abwechselnd, einmal so, einmal anders* • 3.1 ~ lachte, ~ weinte sie vor Freude *manchmal, abwechselnd*

bal|dig ⟨Adj. 24⟩ *in Kürze erfolgend, kurz bevorstehend;* wir hoffen sehr auf ein ~es Wiedersehen!; um ~e Antwort wird gebeten; sein ~er Eintritt in die Schule

bal|digst ⟨Adv.⟩ *so bald wie möglich, möglichst bald;* ich werde das ~ erledigen

Balg[1] ⟨m.; -(e)s, Bäl|ge⟩ **1** *abgezogenes Fell, abgezogene Haut (von Tieren);* einem Tier den ~ abziehen • 1.1 jmdm. auf den ~ rücken ⟨derb⟩ *(zu) nahe rücken* • 1.2 ⟨oberdt.⟩ *Hülse (von Hülsenfrüchten)* **2** *ausgestopfter Körper, Strohmann, Rumpf;* den ~ (der Puppe) ausstopfen • 2.1 ⟨westdt.⟩ *Wanst, Fettbauch* **3** *Behälter für Luft u. Wind (bei Dudelsack, Orgel, Harmonium, Ziehharmonika);* Blase~ • 3.1 die Bälge treten (bei der Orgel, um ihr Luft zuzuführen) ⟨fig.⟩ *geistlose, untergeordnete Hilfsarbeit* **4** *harmonikaartig ausziehbare Hülle, z. B. an Fotoapparaten* • 4.1 *ausziehbares Verbindungsteil zwischen Eisenbahnwagen*

Balg[2] ⟨n. od.⟩ m.; -(e)s, Bäl|ge od. Bäl|ger⟩ *(ungezogenes, lästiges) Kind;* freches, unerzogenes ~; ein süßes kleines ~

bal|gen ⟨V. 500/Vr 3 od. Vr 4⟩ **sich** ~ *sich (spielend) raufen, sich miteinander auf dem Boden herumwälzen*

Bal|ken ⟨m.; -s, -⟩ **1** *vierkantig gesägtes Bauholz zum Tragen u. Stützen von Bauteilen;* Quer~, Stütz~ • 1.1 das Wasser hat keine ~ *im Wasser kann man sich nicht festhalten* • 1.2 lügen, dass sich die ~ biegen ⟨sprichwörtl.⟩ *sehr lügen, so dass es jeder merkt;* →a. *Splitter (1.1)* **2** *einer der beiden Arme der Waage* **3** *vom Pflug aufgeworfene Erde* **4** ⟨Anat.⟩ *Nervenbrücke zwischen den Großhirnhälften: Corpus callosum* **5** ⟨Her.⟩ *durch zwei waagerechte Linien begrenzter Streifen im Wappen;* roter ~ im weißen Feld

Bal|kon ⟨[balkõ:] od. [-kɔŋ] m.; -s, -s od. süddt., österr., schweiz. [balko:n] m.; -s, -e⟩ **1** *durch Gitter od. Brüstung abgeschlossener Vorbau eines Hauses* **2** *erster Rang (im Theater);* Mittel~, Seiten~

Ball[1] ⟨m.; -(e)s, Bäl|le⟩ **1** *kugelförmiges Spielzeug od. Sportgerät;* Fuß~, Tennis~, Wasser~, Gummi~, Leder~; ~ spielen; den ~ (auf)fangen, abgeben, einwerfen, schlagen, stoßen, werfen, jmdm. zuspielen • 1.1 jmdm. die Bälle zuwerfen, zuspielen ⟨a. fig.⟩ *jmdn. (im Gespräch) durch geschicktes Fragen zum Sprechen ermuntern* • 1.2 am ~ bleiben ⟨a. fig.⟩ *eine dem eigenen Nutzen dienende Sache weiterhin betreiben* **2** *etwas, was in seiner Form an einen Ball (1) erinnert;* Signal~, Sonnen~

Ball[2] ⟨m.; -(e)s, Bäl|le⟩ *festliche Tanzveranstaltung (größeren Umfanges);* einen ~ eröffnen, veranstalten; auf einen ~ gehen

Bal|la|de ⟨f.; -, -n⟩ **1** ⟨Mus.; urspr.⟩ *zuerst einstrophiges, später dreistrophiges Tanzlied (bes. im 13. u. 14. Jahr-*

hundert in Frankreich verbreitet) **2** ⟨heute⟩ *episch-dramatisches Gedicht (in Deutschland bes. in der Romantik verbreitet), Erzähllied*

Bal|last ⟨m.; -(e)s, -e; Pl. selten⟩ **1** *wertlose Fracht zum Ausgleich des Gewichts od. (bei Schiffen) des Tiefgangs;* ~ *abgeben, ab- od. auswerfen* (um das Gewicht od. den Tiefgang zu verringern); *mit* ~ *beladen od. beschweren* **2** ⟨fig.⟩ *unnützes Beiwerk, unnötige Belastung, Bürde;* jmdn. od. etwas als ~ empfinden; überflüssigen ~ mitschleppen

bal|len ⟨V.⟩ **1** ⟨500⟩ **etwas** ~ *zusammendrücken, verdichten u. in eine ballähnliche Form bringen;* die Faust, die Fäuste ~; die Hand zur Faust ~; mit geballter Faust • **1.1** *geballte Ladung mehrere zusammengebundene Handgranaten zum Sprengen von Hindernissen* • **1.1.1** *das war eine geballte Ladung Wissen* ⟨fig.⟩ *eine große Menge, hohe Konzentration an Wissen* **2** ⟨500/Vr 3⟩ **etwas** ballt **sich** *bildet eine dichte Masse, einen Klumpen;* der Schnee, die Erde ballt sich (zu Klumpen) • **2.1** *Menschen in geballten Massen, geballten Klumpen* ⟨scherzh.⟩ *dichte Menschengruppen, sehr viele Menschen auf einmal* **3** ⟨400; selten⟩ *mit dem Ball spielen;* die Kinder ballen vor dem Haus

Bal|len ⟨m. 7; -s, -⟩ **1** *in Leinwand o. Ä. fest verpacktes Frachtstück in bestimmter, meist rundlicher Form;* ein ~ Baumwolle, Stroh, Tabak **2** *Maßeinheit für Papier, Tuch u. Leder;* ein ~ Papier **3** *zusammengerollte od. auf Pappe gewickelte Stoffbahn;* Stoff~ **4** ⟨Zool.⟩ *verdickte Stellen an den Laufflächen der Gliedmaßen der Säugetiere sowie unter Daumen u. Zehen beim Menschen;* auf den ~ gehen • **4.1** ⟨krankhafte⟩ *Verdickung an der Innenseite des ersten Mittelfußknochens*

Bal|lett ⟨n.; -(e)s, -e⟩ **1** *auf einer Bühne vorgeführter Tanz* **2** *Tänzer u. Tänzerinnen, die Ballett (1) tanzen*
Bal|lett|tän|zer ⟨alte Schreibung für⟩ *Balletttänzer*
Bal|lett|tän|ze|rin ⟨alte Schreibung für⟩ *Balletttänzerin*
Bal|lett|tän|zer ⟨m.; -s, -⟩ *Tänzer bei einem Ballett*
Bal|lett|tän|ze|rin ⟨f.; -, -rin|nen⟩ *Tänzerin bei einem Ballett*

Bal|lon ⟨[-lõː] od. [-lɔŋ] od. [-loːn] m.; -s, -s od. österr., süddt., schweiz. [baloːn] m.; -s, -e⟩ **1** *mit Gas gefülltes, ballförmiges Luftfahrzeug, leichter als Luft;* Frei~, Fessel~ • **1.1** *mit Gas gefüllter Ball aus dünner Gummihaut, Kinderspielzeug;* Luft~ **2** *große, bauchige Flasche (zum Aufbewahren von Säuren, Herstellen von Most usw.)*

Bal|sam ⟨m.; -s, -e⟩ **1** *natürliches Gemisch von Harzen u. ätherischen Ölen;* ein Tropfen ~ **2** ⟨fig.; poet.⟩ *Linderung, Wohltat;* deine Worte sind ~ für meine Seele, mein verwundetes Herz • **2.1** ~ *auf jmds. Wunde träufeln jmds. seelischen Schmerz lindern, jmdn. trösten*

Balz ⟨f.; -, -en; Zool.⟩ **1** *Paarungsspiel gewisser Vögel, das aus Gesängen, bestimmten Bewegungen u. Flügen besteht u. bei manchen Arten an bestimmte Plätze gebunden ist;* ~ *des Auerhahnes, der Wildtauben, Kraniche, Waldhühner, Fasane, Trappen, Schnepfen* **2** *Paarungszeit gewisser Vögel;* die ~ der Auerhähne

geht zu Ende **3** *auf die* ~ *gehen in der Balz (2) Vögel jagen*

ba|nal ⟨Adj.; abwertend⟩ *alltäglich, geistlos, abgedroschen, nichtssagend, fade*

Ba|na|ne ⟨f.; -, -n; Bot.⟩ **1** *Angehörige einer Gattung tropischer Pflanzen, die Früchte od. Fasern liefern: Musa* • **1.1** (i. e. S.) *krautartige, zum Teil auch holzige Pflanze, die längliche gelbe Früchte liefert: Musa paradisiaca* **2** *Frucht der Banane (1.1)*

Ba|nau|se ⟨m.; -n, -n; abwertend⟩ *Mensch ohne Kunstverständnis, ohne Sinn für Kunst, Spießbürger*

Band[1] ⟨n.; -(e)s, Bän|der⟩ **1** *biegsamer, schmaler Streifen aus Stoff o. ä. Material* • **1.1** *schmaler Streifen Stoff mit festen Rändern;* ein ~ annähen; ein ~ im Haar tragen • **1.2** *Lederstreifen als Treibriemen* • **1.3** *metallener Reifen um ein Fass* • **1.4** *Metallstreifen, der zwei Teile fest u. gleichzeitig beweglich verbindet* • **1.5** ⟨Anat.⟩ *faseriger Strang aus Bindegewebe zur Befestigung der gegeneinander beweglichen Knochen: Ligamentum* • **1.6** *Streifen aus Kunststoff zur magnetischen Aufzeichnung u. Wiedergabe;* Ton~; Informationen auf ~ speichern; ein ~ besprechen, bespielen; etwas auf ~ aufnehmen • **1.7** *mechanisch bewegter Streifen, der einzelne Werkstücke von einem Arbeitsplatz zum anderen befördert;* Fließ~; laufendes ~ • **1.7.1** *am laufenden* ~ ⟨fig.⟩ *ohne Unterbrechung, sich ständig wiederholend* **2** ⟨Rundfunk⟩ *Frequenz- od. Wellenbereich, der für einen bestimmten Zweck freigegeben ist*

Band[2] ⟨m.; -(e)s, Bän|de; Abk.: Bd.⟩ **1** *gebundenes Buch (als Teil eines Gesamtwerkes);* Sy *Volumen (2);* Leder~, Leinen~; gebunden in 5 Bänden; Schillers Werke in 10 Bänden • **1.1** *darüber könnte man Bände erzählen, schreiben* ⟨fig.⟩ *sehr viel erzählen, schreiben* • **1.2** *das spricht Bände!* ⟨fig.⟩ *das sagt genug*

Band[3] ⟨n.; -(e)s, -e; meist Pl.⟩ **1** ⟨veraltet od. poet.⟩ *Fessel;* zu Mantua in ~en ... (Anfang eines Gedichtes auf Andreas Hofer von Julius Mosen) • **1.1** in ~e(n) *schlagen fesseln* • **1.2** *in* ~en *liegen gefangen, eingekerkert, gefesselt sein* **2** ⟨fig.; poet.⟩ *durch Gesetz, Überlieferung od. inniges Gefühl bewirkte enge Verbindung zweier od. mehrerer Menschen;* zarte ~e; ~e der Freundschaft, Liebe; das ~ der Ehe; frei von ~en; →a. *Rand (2.1)*

Band[4] ⟨[bænd] f.; -, -s; Mus.⟩ *Kapelle für Tanzmusik od. Jazz*

Ban|de[1] ⟨f.; -, -n⟩ **1** *organisierte Vereinigung von Verbrechern unter einem Anführer;* eine bewaffnete, berüchtigte ~; eine ~ terrorisiert die ganze Stadt **2** ⟨fig.; umg.⟩ *abwertend od. scherzh.⟩ ausgelassene Schar von Kindern od. jungen Leuten;* ihr seid ja eine ~! die ganze ~ zog mit

Ban|de[2] ⟨f.; -, -n⟩ **1** *innere Umrandung des Billardtisches* **2** *Einfassung der Reitbahn u. der Zirkusmanege* • **2.1** *seitliche Begrenzung einer Kegel- od. Eisbahn*

Ban|del ⟨n.; -s, -; bair.-österr.⟩ = *Bändel*
Bän|del ⟨n.; -s, -⟩ oV ⟨bair.-österr.⟩ *Bandel* **1** *kleines Band, Schnur, Schnürsenkel* • **1.1** *jmdm. am* ~ *hängen* ⟨fig.; umg.⟩ *sich an jmdn. anklammern, nicht*

bändigen

von seiner Seite weichen • **1.2** *jmdn.* **am** ~ **haben** ⟨fig.; umg.⟩ • **1.2.1** *über jmdn. verfügen können, jmdn. in seiner Gewalt haben* • **1.2.2** *einen Freund, eine Freundin haben* • **1.3** *jmdn.* **am** ~ **herumführen** ⟨fig.; umg.⟩ *jmdn. foppen, zum Narren halten*

bän|di|gen ⟨V. 500⟩ **1** *ein Tier* ~ *zähmen, unterwerfen; das Pferd war kaum zu* ~ **2** *jmdn.* ~ *zur Ruhe, zum Gehorsam bringen, beruhigen; ich weiß nicht, wie ich das wilde Kind* ~ *soll; der sich wehrende Gefangene war kaum zu* ~ **3** *ein Gefühl* ~ *bezwingen, unterdrücken; er konnte seine Wut nicht* ~

Ban|dit ⟨m.; -en, -en⟩ **1** *gewerbsmäßiger Verbrecher, Räuber* • **1.1** *einarmiger* ~ ⟨fig.; scherzh.⟩ *mit einem Hebel zu betätigender Spielautomat* **2** ⟨fig.; scherzh.⟩ *jmd., der frech und zu Streichen aufgelegt ist;* diese Kinder sind richtige ~en

bang ⟨Adj.⟩ = *bange*

ban|ge ⟨Adj.⟩ oV *bang* **1** *furchtsam, ängstlich, beklommen, besorgt;* ~ *Erwartungen;* ~ *Stunden durchleben; von* ~r *Sorge erfüllt* • **1.1** ⟨40⟩ **jmdm. ist** ~ *jmd. hat Angst, ist ängstlich, besorgt;* ~ *bleiben, sein, werden; mir ist* ~ *um ihn; mir ist angst und* ~ *geworden; vor ihm ist mir nicht* ~; →a. *angst, Bange*

Ban|ge ⟨f.; -; unz.; umg.⟩ **1** *Angst, Furcht, Sorge, Beklommenheit* • **1.1** *jmdm.* Bange *machen jmdn. ängstlich machen; du machst mir* Bange • **1.2** ~-*machen gilt nicht! nur keine Angst, nicht einschüchtern lassen!;* →a. *Bange*

ban|gen ⟨V.⟩ **1** ⟨802/Vr 7⟩ **(sich) um jmdn.** od. **etwas** ~ ⟨geh.⟩ *Angst, Furcht, Sorge haben; ich bange um sein Leben; er bangt um seine Stellung; ich bange mich um ihn* • **1.1** ⟨650/Vr 5⟩ **(sich) vor etwas** ~ *sich fürchten; mir bangt, es bangt mir (vor); er bangt sich vor dem Tode; ihm bangt vor der Zukunft* **2** ⟨803/Vr 7⟩ **(sich) nach jmdm.** od. **etwas** ~ ⟨norddt.⟩ *sich angstvoll sehnen nach; die Kinder* ~ *nach der Mutter; sie bangte sich nach ihm*

Bank[1] ⟨f.; -, Bän|ke⟩ **1** *(meist ungepolstertes) Sitzmöbel für mehrere Personen; Ofen*~*, Eck*~ • **1.1** (alle) durch die ~ ⟨fig.⟩ *allesamt, alle miteinander, alle ohne Ausnahme;* →a. *lang (4.9), leer (3.3)* • **1.2** ⟨Turnen⟩ *kombiniertes Turngerät in Form einer Bank (1), die umgekehrt als Schwebebalken dient; Turn*~ **2** *fester, schwerer Tisch als Arbeitsgerät für Handwerker; Werk*~*, Hobel*~ • **2.1** (meist in Zus.) *Ort zum sachgerechten Aufbewahren von. Speichern von Organen, Daten u. a.; Organ*~*, Blut*~*, Daten*~ **3** *geringe Tiefe in Gewässern* • **3.1** *Kies- od. Sandablagerungen in bewegten Gewässern; Sand*~*, Kies*~ • **3.2** *Ansammlung von Ablagerungen mancher Meereslebewesen; Korallen*~ • **3.3** *gehäuftes Vorkommen von Schalentieren in seichten Gewässern od. im Watt; Austern*~ **4** ⟨Geol.⟩ *Gesteinsschicht, die von anderem Gestein eingefasst ist* **5** ⟨Sp.⟩ *Stellung eines Sportlers mit angezogenen Beinen, ausgestreckten Armen und Gesicht zum Boden*

Bank[2] ⟨f.; -, -en⟩ **1** *Anstalt, Unternehmen für den Geldverkehr; Geld von der* ~ *holen; Geld auf der* ~ *einzahlen; ein Konto bei einer* ~ *eröffnen;* ~*automat* • **1.1 bei der** ~ **sein** *Angestellter einer Bank sein* **2** ⟨Glücksspiel⟩ *die vom Bankhalter verwaltete Kasse*

• **2.1** *die* ~ **halten** *das Amt des Bankhalters ausüben, gegen alle Mitspieler spielen, setzen* • **2.2** *die* ~ **sprengen** *das gesamte Geld des Bankhalters gewinnen*

Bän|kel|sang ⟨m.; -(e)s; unz.; im 17./18. Jh.⟩ *einförmiger, kunstloser Vortrag von Liedern über meist schaurige Ereignisse, bes. auf Jahrmärkten*

Bank|no|te ⟨f.; -, -n⟩ *von der Notenbank ausgegebenes Geld in Form eines Papierscheines*

bank|rott *auch:* **ban|krott** ⟨Adj. 24⟩ *zahlungsunfähig;* Sy ⟨umg.⟩ *pleite; die Firma ist* ~

Bank|rott *auch:* **Ban|krott** ⟨m.; -(e)s, -e⟩ **1** *Zahlungsunfähigkeit, finanzieller Zusammenbruch;* Sy ⟨umg.⟩ *Pleite seinen* ~ *erklären* • **1.1** ~ **machen** *zahlungsunfähig werden* • **1.2** **betrügerischer** ~ *strafbare Bankrotterklärung mit der Absicht, seine Gläubiger zu benachteiligen, indem man noch vorhandenes Vermögen verheimlicht*

bank|rott|ge|hen *auch:* **ban|krott|ge|hen** ⟨V. 145/400(s.)⟩ *zahlungsunfähig werden; die Firma ist* bankrottgegangen

Bann ⟨m.; -(e)s, -e⟩ **1** *gegen Personen, Orte* od. *Gegenstände verhängtes Gebot des Meidens; mit dem* ~ *belegen* • **1.1** *den* ~ **brechen** *den Eid brechen, den der Verbannte schwören musste, nicht vor Ablauf des Bannes zurückzukehren* • **1.2** *Ausschluss aus einer kirchlichen* od. *weltlichen Gemeinschaft, Verbannung;* Sy *Acht*[3]*; jmdn. in den* ~ *tun* **2** ⟨MA⟩ *königliche bzw. gräfliche Regierungsgewalt, die sich auf das Recht des Grundherrn stützt, Verbote zu erlassen u. Strafen zu verhängen; Heer*~*, Gerichts*~ • **2.1** *Bereich, in dem der Bann (2) des Bannherrn gilt* **3** ⟨fig.⟩ *Zauber, Verzauberung, Fessel; die Zuhörer standen noch ganz im* ~e *der Erzählung, der Musik; jmdn. in* ~ *schlagen* • **3.1** *den* ~ **brechen** ⟨fig.⟩ *eine Befangenheit, eine verlegene Stimmung überwinden* • **3.2** *Kreis, Bereich, in dem ein solcher Zauber wirkt; jmdn. in seinen* ~ *ziehen, zwingen*

ban|nen ⟨V. 500⟩ **1** *jmdn.* ~ *(früher) mit dem Bann belegen, aus der Kirche ausschließen; der Papst bannte den abtrünnigen Kaiser; einen Ketzer* ~ **2** *jmdn.* etwas ~ ⟨geh.⟩ *mit magischer Kraft an einem Ort* od. *in einem Zustand festhalten, zu bleiben zwingen; wie gebannt lauschen, zuhören; er blieb wie gebannt stehen; er bannte die Zuhörer mit seiner Stimme* • **2.1** *jmd.* **ist ans Bett gebannt** ⟨fig.⟩ *ist bettlägerig* • **2.2** ⟨fig.⟩ *im Bild* od. *Ton festhalten; ein Bild auf den Film* ~*; ein Lied auf CD* ~ **3** *jmdn.* od. *etwas* ~ ⟨geh.⟩ *mit magischer Kraft abwehren, vertreiben; eine Gefahr* ~ ⟨fig.⟩; *Geister, den Teufel* ~*; die Not war fürs Erste gebannt*

Ban|ner ⟨n.; -s, -⟩ **1** *an einer mit dem Fahnenschaft verbundenen, frei beweglichen Querstange befestigte Fahne; Heer*~*, Herzogs*~*, Lilien*~*, Sternen*~*; das* ~ *aufrollen, aufpflanzen; ein seidenes, rotes* ~ **2** *Feldzeichen, unter dem sich das Aufgebot des Befehlshabers versammelte; unter einem* ~ *stehen* • **2.1** ⟨fig.⟩ *das unter dem Banner (2) stehende Aufgebot; „Das* ~ *der freiwilligen Sachsen"*

bar ⟨Adj. 24⟩ **1** ⟨90; früher⟩ *in Geldscheinen* od. *Münzen (nicht in Schecks* od. *Wechseln, nicht durch Über-*

weisung); ~ *bezahlen; nur gegen* ~ *verkaufen; in* ~ *bezahlen; in* ~*em Gelde* • 1.1 ⟨heute⟩ *bar (1) od. mit Scheck, durch Überweisung, nicht auf Raten* • 1.2 *eine Bemerkung, Behauptung, einen Scherz, Witz* **für** ~*e* **Münze** nehmen ⟨fig.⟩ *als wahr hinnehmen, glauben* **2** ⟨60; geh.⟩ *nackt, unbekleidet, bloß, entblößt;* er ging mit ~em Haupt **3** ⟨44; fig.; geh.⟩ *ohne etwas, entblößt von etwas;* ~ *aller Hoffnung;* ~ *allen, jeden Schamgefühls* **4** ⟨60⟩ *rein, lauter, offensichtlich;* das ist ~er Unsinn

Bar[1] ⟨n. 7; -, -; Zeichen: bar⟩ *Maßeinheit für Druck*

Bar[2] ⟨f.; -, -s⟩ **1** *Gaststätte od. Raum mit erhöhter Theke zur Einnahme von Getränken* • 1.1 *intimes Nachtlokal* • 1.2 *der Schanktisch einer Bar*[2] *(1)* **2** *engl. Anwaltskammer*

Bär ⟨m.; -en, -en⟩ **1** *Angehöriger einer meist als Einzelgänger lebenden Raubtierfamilie mit dickem Pelz u. von gedrungener Gestalt: Ursidae;* Braun~; Eis~; Brillen~; Kragen~; Lippen~; Höhlen~; *brummig, unbeholfen, ungeschickt wie ein* ~ • 1.1 jmdm. einen ~en **aufbinden** ⟨fig.⟩ *jmdm. eine Lügengeschichte erzählen, jmdn. neckend verspotten* • 1.2 sich einen ~en aufbinden lassen ⟨fig.⟩ *eine erlogene Geschichte glauben, sich veralbern lassen* **2** ⟨Astron.⟩ *eins der beiden ähnlichen Sternbilder des nördlichen Himmels;* Großer ~, Kleiner ~ **3** *eisernes Fallgewicht an Rammen u. Schmiedehämmern;* Schlag~, Ramm~

...bar ⟨Nachsilbe für Adj.⟩ *so, dass man etwas Bestimmtes damit tun kann;* heilbar; auswechselbar

Ba|ra|cke ⟨f.; -, -n⟩ *einfacher, flacher, nicht unterkellerter Bau (als Notwohnung od. Schuppen)*

Bar|bar ⟨m.; -en, -en⟩ *Ungebildeter, Rohling*

bar|fuß ⟨Adj. 24/80⟩ *mit bloßen Füßen, ohne Schuh u. Strümpfe;* oV barfüßig; ~ *gehen, laufen*

bar|fü|ßig ⟨Adj. 24⟩ = *barfuß*

Bar|geld ⟨n.; -(e)s; unz.⟩ *vorhandene Geldscheine u. Münzen;* Ggs *Scheck, Wechsel*[1] *(2);* er hatte nicht viel ~ zu Hause

Ba|ri|ton ⟨m.; -(e)s, -e; Mus.⟩ **1** *Männerstimme in der Mittellage* **2** *Sänger mit Bariton (1)*

Bar|ke ⟨f.; -, -n; a. poet.; bes. in Mittelmeerländern⟩ *kleines Boot, Kahn*

barm|her|zig ⟨Adj.⟩ **1** ⟨geh.⟩ *mitleidig u. hilfreich;* er ist ein ~er Mensch; mit jmdm., gegen jmdn. ~ sein **2** ⟨60⟩ • 2.1 ~er **Himmel, Gott!** *Ausruf des Erstaunens, des Schreckens* • 2.2 Barmherzige **Brüder** ⟨kath. Kirche⟩ *ursprünglich Laienvereinigung zur Pflege männl. Kranker, seit 1572 Orden* • 2.3 Barmherzige **Schwestern** ⟨kath. Kirche⟩ *alle Mitglieder weibl. Orden u. Kongregationen, die sich der Pflege der Armen u. Kranken widmen*

ba|rock ⟨Adj.⟩ **1** *zum Barock gehörend, aus ihm stammend* **2** ⟨fig.⟩ *verschnörkelt, überladen*

Ba|rock ⟨n. od. m.; - od. -s; unz.⟩ **1** *schmuckreicher, schwungvoller Kunststil vom Anfang des 17. bis zur Mitte des 18. Jh.* **2** *das Zeitalter des Barocks (1)*

Ba|ro|me|ter ⟨n.; -s, -; Meteor.⟩ *Gerät zum Messen des Luftdrucks*

Ba|ron ⟨m.; -s, -e⟩ **1** *Adelstitel;* Sy *Freiherr* • 1.1 ⟨urspr.⟩ *Adliger, der sein Lehen unmittelbar vom König erhalten hat* **2** ⟨fig.; umg.; meist abwertend⟩ *jmd., der als Besitzender in einem Wirtschaftszweig führend ist;* Öl~

Bar|ren ⟨m.; -s, -⟩ **1** *Gussform (Stangen, Ziegel) der Edelmetalle als Zahlungsmittel;* Gold~, Silber~ **2** *Turngerät aus zwei fest stehenden, waagerechten Stangen*

Bar|ri|e|re ⟨[-ri̯eː-] f.; -, -n⟩ *Schranke, Schlagbaum, Sperre*

Bar|ri|ka|de ⟨f.; -, -n⟩ **1** *Schanze, Hindernis, Straßensperre (bes. zur Verteidigung)* **2** *Sinnbild der Revolution* • 2.1 **auf** die ~n **gehen,** steigen ⟨fig.⟩ *sich erheben, empören* • 2.2 dafür würde ich auf die ~n gehen *dafür würde ich meine ganze Kraft u. mein Leben einsetzen*

barsch ⟨Adj.⟩ *grob, unfreundlich;* eine ~e Antwort; jmdn. ~ anreden

Bart ⟨m.; -(e)s, Bär|te⟩ **1** *Haarwuchs im Gesicht u. am Hals bei Menschen u. Säugetieren;* sich den ~ abnehmen, schneiden (lassen); sich den ~ raufen (vor Zorn, Sorge, Verzweiflung); er lässt sich einen ~ stehen, wachsen; beim ~(e) des Propheten! *(Ausruf der Moslems zum Bekräftigen einer Behauptung)* • 1.1 ⟨fig.⟩ • 1.1.1 der ~ ist ab ⟨fig.; umg.⟩ *es ist zu Ende, es ist aus* • 1.1.2 das hat so einen ~! *das ist doch längst bekannt!* • 1.1.3 *etwas in seinen* ~ *brummen, murmeln undeutlich vor sich hin, zu sich selbst sprechen* • 1.1.4 jmdm. um den ~ gehen ⟨fig.⟩ *jmdm. umschmeicheln* • 1.1.5 sich um des Kaisers ~ streiten ⟨fig.⟩ *sich um Nichtigkeiten streiten* • 1.2 *(bei Hunden, Katzen u. a. Tieren) Schnauzhaare* • 1.3 *zottiges Anhängsel, Fleischlappen an Schnauze od. Schnabel* **2** *der das Schloss bewegende Teil des Schlüssels*

bär|tig ⟨Adj.⟩ *mit einem Bart versehen, einen Bart tragend;* er traf einen ~en Mann; ein ~es Gesicht; ~ herumlaufen ⟨umg.⟩; ~es Moos, ~e Fichten ⟨fig.⟩

Ba|salt ⟨m.; -(e)s, -e; Geol.⟩ *schwärzliches Vulkangestein in charakteristischen säulenförmigen Absonderungen*

Ba|se[1] ⟨f.; -, -n; veraltet⟩ **1** *Tochter des Onkels od. der Tante;* Sy *Cousine, Kusine;* meine ~ kam zu Besuch **2** ⟨schweiz. a.⟩ *Tante* **3** *Nachbarin*

Ba|se[2] ⟨f.; -, -n⟩ = *Alkali*

ba|sie|ren ⟨V. 800⟩ ~ **auf** *beruhen, sich gründen, sich stützen auf*

Ba|si|li|ka ⟨f.; -, -li|ken⟩ **1** *altgriech. Amtsgebäude, altröm. Markt- u. Gerichtshalle* **2** *altchristl. Versammlungsraum der Gemeinde, Kirche mit Mittelschiff u. zwei niedrigeren Seitenschiffen, später vielfach abgewandelt*

Ba|sis ⟨f.; -, Ba|sen⟩ **1** *Grundlage, Ausgangspunkt;* die schriftlichen Aufzeichnungen dienen als ~ für die Untersuchung; jmdm. die ~ für seine Existenz entziehen; etwas steht auf einer breiten, schmalen ~; in der Diskussion eine gemeinsame ~ finden • 1.1 *Unterlage, Stützpunkt;* Militär~ **2** ⟨Math.⟩ *Grundzahl;* ~ einer Potenz, eines Logarithmus • 2.1 ⟨Geom.⟩ *Grundlinie, Grundfläche* **3** ⟨Arch.⟩ *Grundlage, Sockel, Unterbau* **4** ⟨Sprachw.⟩ *Grundwort, Wurzel eines Wortes* **5** ⟨histor. Materialismus⟩

basisch

die ökonomische Struktur einer Gesellschaftsordnung; Ggs **Überbau** (4) • **5.1** ⟨Pol.⟩ *die Mitglieder einer politischen Partei, die nicht den Führungsgremien angehören;* Partei~; *von der* ~ *geäußerter Widerspruch* • **5.2** ⟨Pol.⟩ *Masse des Volkes; an der* ~ *arbeiten*

ba|sisch ⟨Adj.; Chem.⟩ **1** *zu den Alkalien gehörig* **2** ~es **Gestein** ⟨Geol.⟩ *mit sehr niedrigem Kieselsäuregehalt*

bass ⟨Adv.; nur noch in der Wendung⟩ ~ **erstaunt, verwundert** *sehr, ungemein erstaunt*

Bass ⟨m.; -es, Bäs|se; Mus.⟩ **1** ⟨kurz für⟩ *Kontrabass* **2** *tiefste Tonlage bei Musikinstrumenten;* ~flöte, ~klarinette, ~trompete, ~geige **3** *tiefe Stimmlage begleitender Instrumente* • **3.1 bezifferter** ~ *Bass (3) mit Ziffern über oder unter den einzelnen Noten zur Ausführung auf einem Tasteninstrument* **4** *tiefste Tonlage der männlichen Stimme* **5** *Sänger der tiefsten Stimmlage, Bassist* **6** *Gesamtheit der tiefen Stimmen bzw. Instrumente im Chor bzw. Orchester*

Bass|stim|me ⟨f.; -, -n; Mus.⟩ **1** *Stimme (eines Musikstückes) in der tiefsten Tonlage* **2** *Männerstimme in der tiefsten Tonlage*

Bast ⟨m.; -(e)s, -e⟩ **1** *unter der Rinde liegendes pflanzliches Fasergewebe, zum Flechten od. Binden geeignet; eine Tasche, Matte, Teppich aus* ~ **2** *äußere, gelbliche Schicht der Naturseide* **3** ⟨Jägerspr.⟩ *behaarte Haut am wachsenden Geweih od. Gehörn; der Hirsch ist (noch) im* ~

Bas|tard ⟨m.; -(e)s, -e⟩ *Nachkomme von Eltern unterschiedlicher Rasse, Gattung od. Art;* Sy *Mischling*

bas|teln ⟨V. 400 od. 503/Vr 5 od. Vr 6⟩ *spielerisch zusammenbauen, aus Liebhaberei handwerklich fertigen;* Weihnachtsarbeiten ~; *sich ein Radio* ~; *er bastelt gern*

Ba|tail|lon ⟨[bataljoːn] n.; -s, -e; Abk.: Bat.⟩ *Truppenabteilung, Teil eines Regimentes*

Bat|te|rie ⟨f.; -, -n⟩ **1** ⟨Abk.: Batt(r).⟩ *aus mehreren Geschützen (mit Bedienungsmannschaft) bestehende kleinste Einheit der Artillerie* **2** ⟨Tech.⟩ *mehrere gleichartige Geräte, die hinter- od. nebeneinander gekuppelt od. zusammengeschlossen werden, um ihre Leistung zusammenzufassen;* Koksofen~, Dampfkessel~ • **2.1** *zu einer Stromquelle zusammengeschlossene elektrische Elemente;* Akkumulatoren~, Taschenlampen~, -

Bat|zen ⟨m.; -s, -⟩ **1** ⟨umg.⟩ *Klumpen, Haufen; ein* ~ *Erde, Lehm* • **1.1 ein** ~ **Geld** ⟨fig.; umg.⟩ *sehr viel G.; das wird noch einen schönen* ~ *Geld kosten; er verdient, besitzt, erbt einen hübschen* ~ *Geld* **2** ⟨histor.⟩ *alte Münze, in Deutschland 4 Kreuzer, in der Schweiz 10 Rappen; ein Heller und ein* ~

Bau¹ ⟨m.; -(e)s, -ten⟩ **1** ⟨unz.⟩ *das Bauen, das Errichten, die Bauarbeit; der* ~ *eines Hauses, eines Schiffes, einer Straße; (noch) im* ~; *mit dem* ~ *beginnen* • **1.1 auf** dem ~ *auf einer Baustelle; auf dem* ~ *arbeiten* • **1.2** *Aufbau, Struktur, Gestalt* • **1.2.1 jmd. ist von** *starkem, zartem, kräftigem, schlankem* ~ *Körperbau, Gestalt, Wuchs* • **1.2.2 der** ~ *einer Blüte, eines Dramas, einer Maschine Anordnung der einzelnen Teile* • **1.3** *Anbau (von Früchten, Getreide);* Acker~, Feld~ • **1.4 jmd. ist vom** ~ *ist Fachmann,*

hat reichlich Erfahrungen **2** *Gebäude, Bauwerk; ein düsterer, gewaltiger, mächtiger, schöner, solider, stattlicher* ~ **3** ⟨unz.; umg.; Mil.⟩ *Gefängnis; in den* ~ *wandern* • **3.1** *Arrest, Freiheitsstrafe; drei Tage* ~

Bau² ⟨m.; -(e)s, -e⟩ **1** *Erdhöhle, Tierwohnung unter der Erde; ein* ~ *von Fuchs, Dachs, Otter, Kaninchen, Wildkatze u. a.* • **1.1** *nicht aus dem* ~ *kommen* ⟨fig., umg.⟩ *nicht aus der Wohnung, nicht unter Menschen kommen;* →a. *Fuchs* **2** *Bergwerksanlage;* Gruben~, Tage~

Bauch ⟨m.; -(e)s, Bäu|che⟩ **1** *unterer Teil des Rumpfes; auf dem* ~ *liegen; sich auf den* ~ *legen; auf dem* ~ *kriechen; den* ~ *einziehen; einen* ~ *bekommen, haben; ein dicker, fetter, spitzer* ~; *der* ~ *tut mir weh* • **1.1 sich den** ~ **vollschlagen (mit)** ⟨umg.⟩ *viel essen (von)* • **1.2 sich den** ~ **halten vor Lachen** ⟨fig.⟩ *sehr heftig lachen* • **1.3 (eine) Wut im** ~ **haben** ⟨umg.⟩ *äußerst wütend sein (u. dabei nichts äußern dürfen)* • **1.4 vor jmdm. auf dem** ~ **kriechen** ⟨fig.⟩ *jmdm. gegenüber unterwürfig, kriecherisch sein;* →a. *Loch (7.5), voll (1.7)* **2** *Hohl-, Innenraum;* Schiffs~; *die Ladung verschwand im* ~ *des Schiffes* **3** ⟨fig.⟩ *Wölbung, gewölbter Teil eines Gegenstandes;* Flaschen~

Bauch|fell ⟨n.; -(e)s, -e; Anat.⟩ **1** ⟨Anat.⟩ *glatte, feuchte Haut, die die innere Wand der Bauchhöhle u. die Oberfläche der meisten Bauchorgane überkleidet: Peritoneum* **2** *Fell auf der Bauchseite bei den Pelztieren*

bau|chig ⟨Adj. 24/70⟩ *wie ein Bauch geformt, gewölbt; eine* ~ *Flasche*

bäuch|lings ⟨Adv.⟩ **1** *auf dem Bauch;* ~ *auf das Bett liegen* **2** *auf den Bauch, mit dem Bauch voran;* ~ *ins Wasser fallen*

bau|en ⟨V. 503/Vr 5⟩ **1** *etwas* ~ *planmäßig zusammenfügen, errichten, aufbauen, konstruieren;* Wege, Straßen, eine Brücke, ein Haus, eine Maschine, ein Schiff, Nester, Höhlen, eine Geige ~; *an einer Sache, an einem neuen Modell* ~; *Atombomben* ~ • **1.1** *sinnlose Sätze* ~ ⟨fig.⟩ *konstruieren, äußern* • **1.2** *einen neuen Staat* ~ ⟨fig.⟩ *begründen u. erschaffen* • **1.3** *sein* **Bett** ~ ⟨Soldatenspr.⟩ *sein B. machen* **2** *eine* **Sache** ~ ⟨umg.⟩ *aktiv an einer S. beteiligt sein* • **2.1 einen Unfall, einen Sturz** ~ ⟨umg.⟩ *einen U., St. verursachen* • **2.1.1 Scheiße** ~ ⟨derb⟩ *einen großen Fehler begehen* **3** *Feldfrüchte* ~ *anpflanzen, anbauen;* Getreide, Gemüse, Obst ~ **4** *ein Haus bauen (1); hoch, teuer* ~ **5** *breit, kräftig, schmal, stark gebaut sein einen breiten usw. Bau¹ (1.2) haben* • **5.1** *so wie du gebaut bist, schaffst du es leicht* ⟨a. fig.; umg.⟩ *du hast die Kraft, Fähigkeit dazu* **6** ⟨800⟩ **auf jmdn.** ~ *jmdm. vertrauen, sich auf jmdn. verlassen; ich baue auf dich; er baut auf ihre Freundschaft; ich baue auf Ihr Wort, Ihre Diskretion*

Bau|er¹ ⟨m.; -n, -n⟩ **1** *jmd., der berufsmäßig ein eigenes od. gepachtetes Stück Land bebaut;* Acker~, Wein~ • **1.1** *die dümmsten* ~n *haben die größten/dicksten Kartoffeln* ⟨Sprichw.⟩ *diejenigen haben das meiste Glück, die es am wenigsten verdienen* **2** *kleinste Schachfigur;* Sy *Soldat (2)* **3** ⟨Kart.⟩ *Bube*

Bau|er² ⟨n.; -s, -⟩ *Käfig für Vögel;* Vogel~

...bau|er ⟨m.; -s, -; in Zus.⟩ *jmd., der etwas baut;* Brü-

Bäu|e|rin ⟨f.; -, -rin|nen⟩ *Frau des Bauern, Bauersfrau*
bäu|e|risch ⟨Adj.⟩ oV *bäurisch* **1** *wie ein Bauer* **2** ⟨abwertend⟩ *plump, urwüchsig, nicht verfeinert;* seine Kleider waren ~; ~e Sitten; sich ~ benehmen
bäu|er|lich ⟨Adj. 24⟩ *den Bauern betreffend, zu ihm gehörend, von ihm stammend;* das ~e Leben; die ~e Kunst; ein Zimmer ~ einrichten; ~e Schlauheit
Bau|ern|hof ⟨m.; -(e)s, -hö|fe⟩ *Hof, Landbesitz u. Vieh eines Bauern;* auf dem ~ leben; einen ~ bewirtschaften; frisches Gemüse vom ~
bau|fäl|lig ⟨Adj.⟩ *dem Zusammenbruch nahe;* ein ~es Haus, Gebäude; die Brücke war ~ geworden
Bau|kas|ten ⟨m.; -s, -käs|ten⟩ *Spielzeug für Kinder, Kasten mit Einzelteilen zum Bauen;* er bekam zum Geburtstag einen ~
bau|lich ⟨Adj. 24/90⟩ *den Bau betreffend;* ~e Veränderungen anbringen, vornehmen
Baum ⟨m.; -(e)s, Bäu|me⟩ **1** *Holzgewächs aus Stamm u. verzweigtem Wipfel (Krone) mit Blättern od. Nadeln;* der ~ blüht, nadelt, schlägt aus; der Sturm hat viele Bäume entwurzelt; einen ~ fällen, pflanzen, veredeln, verschneiden; ein alter, belaubter, blühender, hoher, junger, morscher ~; der Junge ist groß, kräftig wie ein ~ • **1.1** Bäume ausreißen ⟨fig.; umg.⟩ *viel leisten können;* ich fühle mich so gesund, als könnte ich Bäume ausreißen • **1.2** einen alten ~ soll man nicht verpflanzen ⟨fig.⟩ *einen alten Menschen soll man in seiner gewohnten Umgebung lassen* • **1.3** es ist immer dafür gesorgt, dass die Bäume nicht in den Himmel wachsen ⟨Sprichw.⟩ *dass alles seine Grenze findet* • **1.4** das ist ja, um auf die Bäume zu klettern! *das ist ja zum Verzweifeln!* • **1.5** das steigt ja auf die Bäume! *das ist unerhört* • **1.6** vom ~ der Erkenntnis essen • **1.6.1** *sich seiner Geschlechtlichkeit od. sich seiner selbst als geschlechtliches Wesen bewusstwerden (nach dem verbotenen Apfelbaum im Paradies)* • **1.6.2** *durch Erfahrung, Wahrnehmung wissend werden;* →a. Hieb (3.2), Wald (1.1) • **1.7** *Tanne, Fichte, die zum Weihnachtsfest geschmückt wird;* den (Weihnachts)~ anzünden, schmücken **2** *Balken, dicke Stange;* Hebe~, Lade~, Schlag~ • **2.1** *Walze am Webstuhl, auf die die Kettfäden od. das fertige Gewebe gewickelt werden;* Kett~, Zug~ • **2.2** *Rundholz der Takelung;* Klüver~, Mast~
bau|meln ⟨V. 400; umg.⟩ **1** *lose schwingend hängen;* an einem Ast baumelt ein Affe, ein Schild, ein Seil; er ließ die Beine ins Wasser ~ • **1.1** er wird ~ **müssen** *er wird gehenkt werden;* er soll am Galgen, Strick ~ **2** mit den **Beinen,** Füßen ~ *sie hin u. her bewegen, schaukeln*
bäu|men ⟨V. 500/Vr 3⟩ **1** *sich erregt od. erschrocken ruckartig aufrichten;* die Schlange bäumte sich vor ihm; der getroffene Soldat hat sich noch einmal gebäumt… • **1.1** von **Pferd** bäumt sich (auf) *stellt sich auf die Hinterbeine* **2** ⟨fig.; geh.⟩ *sich widersetzen, sich empören;* ihr Stolz bäumte sich gegen ein solches Angebot
Baum|gren|ze ⟨f.; -; unz.⟩ *Grenze im Hochgebirge od. polwärts, an der noch einzelne aufrecht stehende Bäume vorkommen;* die ~ lag schon hinter uns
Baum|schu|le ⟨f.; -, -n⟩ *Gärtnerei für Bäume*
Baum|wol|le ⟨f.; -; unz.⟩ **1** *meist einjährige Pflanze der Tropen u. Subtropen, mit behaartem Stängel, großen Blättern u. walnussgroßen, kapselartigen Früchten, in denen die mit langen Haaren besetzten Samen sitzen:* Gossypium; ~ anpflanzen **2** *die Samenhaare der Baumwolle (1);* ~ pflücken **3** *Gewebe od. Garne, die aus Baumwolle (2) hergestellt sind;* dieses Kleid ist aus ~; es fehlen noch 3 m ~
bäu|risch ⟨Adj.⟩ = *bäuerisch*
Bausch ⟨m.; -(e)s, Bäu|sche⟩ **1** *locker zusammengedrehtes Bällchen aus einem leichten Material;* Watte~ • **1.1** ⟨österr.⟩ *Umschlag, Kompresse* **2** in ~ und **Bogen** ⟨fig.⟩ *alles in einem (genommen), ohne es genau zu nehmen;* etwas in ~ und Bogen verurteilen • **2.1** Waren in ~ und Bogen kaufen, berechnen *Waren insgesamt kaufen, ohne zu zählen, zu messen od. zu wiegen*
bau|schen ⟨V. 500⟩ **1** etwas ~ *aufblähen, prall u. rund machen;* der Wind bauscht die Segel, die Gardinen, die Vorhänge **2** ⟨Vr 3⟩ sich ~ *Falten schlagen, abstehen, sich blähen;* der Ärmel bauscht das Kleid; das Kleid sitzt nicht gut, es bauscht sich über den Hüften; ein Kleid mit gebauschten Ärmeln
bau|schig ⟨Adj.⟩ *in lockeren Falten hervortretend, abstehend, weit, gebläht;* ein ~es Gewand; ~e Falten
Bau|stein ⟨m.; -(e)s, -e⟩ **1** *ein Stein zum Bauen;* ~ transportieren, brechen **2** ⟨fig.⟩ *Beitrag, Unterstützung;* ein ~ zum Gelingen des Plans
Bau|stel|le ⟨f.; -, -n⟩ *Stelle, Ort, wo gebaut wird;* auf der Autobahn staut sich der Verkehr vor einer ~; auf einer ~ arbeiten; Vorsicht ~!
Bau|werk ⟨n.; -(e)s, -e⟩ **1** *das Erbaute* **2** *größerer, bes. künstlerisch bedeutender Bau;* ein gotisches ~; historische ~e
Bau|we|sen ⟨n.; -s; unz.⟩ *alle Vorgänge u. Einrichtungen, die mit dem Bauen zusammenhängen;* die Mechanisierung im ~
Ba|zil|lus ⟨m.; -, -zil|len⟩ *stäbchenförmiger Spaltpilz, sporenbildendes Bakterium*
be|ab|sich|ti|gen ⟨V. 500⟩ etwas ~ *vorhaben, tun wollen;* ich beabsichtige, nächste Woche nach Rom zu fahren; ich hatte nicht beabsichtigt, ihn zu beleidigen; das war (doch) nicht beabsichtigt!; was ~ Sie damit?
be|ach|ten ⟨V. 500/Vr 8⟩ jmdn. od. etwas ~ *auf jmdn. od. etwas achten, seine Aufmerksamkeit richten;* einen Ratschlag, ein Verbot, Verkehrszeichen ~; ~ Sie bitte die Farben dieses Bildes; er hat sie, ihr Geschenk überhaupt nicht beachtet; ich beachtete das gar nicht weiter
be|acht|lich ⟨Adj.⟩ *erstaunlich (groß), beträchtlich;* ein ~er Erfolg; seine Bemühungen sind ~; Beachtliches erreicht haben
be|ackern ⟨V. 500⟩ **1** ein Feld ~ *mit Pflug und Egge bearbeiten* **2** ein **Thema,** eine Frage ~ ⟨fig.; umg.⟩ *gründlich durcharbeiten, genau bearbeiten*
Be|am|te(r) ⟨m. 1⟩ *Inhaber eines öffentlichen Amtes, ent-*

Beamtin

weder im Staats- od. Kommunaldienst od. im Dienst privatwirtschaftlicher Unternehmen; Staats~, städtischer ~

Be|am|tin ⟨f.; -, -tin|nen⟩ *weibl. Beamter*

be|ängs|ti|gen ⟨V. 500/Vr 7⟩ *jmdn. ~ jmdn. Angst machen, jmdn. beklemmen;* der Traum, die Ungewissheit beängstigte sie; sein schlechtes Aussehen ist ~d; er sieht ~d bleich aus; der Junge wird ja geradezu ~d groß! ⟨scherzh.⟩

be|an|spru|chen ⟨V. 500/Vr 8⟩ **1** *etwas ~* ⟨*zu Recht od. Unrecht*⟩ *fordern, verlangen;* Körperbehinderte können einen Sitzplatz ~; Erbe ansprüche sein Erbe • **1.1** *brauchen, nötig haben;* die neuen Möbel ~ viel Platz; viel Raum, Zeit ~ **2** *jmdn. od.* **etwas** *~ große Anforderungen an jmdn. od. etwas stellen;* meine Arbeit beansprucht meine ganze Kraft, Zeit; ich bin zurzeit stark beansprucht; er wird von seiner Familie sehr beansprucht • **2.1** *belasten;* die Maschinen, die Bremsen, die Reifen sind zu stark beansprucht worden **3** *etwas ~ in Anspruch nehmen, von etwas Gebrauch machen;* jmds. Gastfreundschaft nicht länger ~ wollen; ich möchte Ihre Hilfe nicht weiter ~

be|an|stan|den ⟨V. 500⟩ *etwas ~ tadeln, etwas auszusetzen haben an, sich beschweren über, reklamieren;* eine Rechnung, Ware ~; das Einzige, was ich an der Sache zu ~ habe, ist …; es gab nichts zu ~; die Behörde beanstandete den Pass

be|an|tra|gen ⟨V. 500⟩ **1** *jmdn. od.* **etwas** *~ einen Antrag auf jmdn. od. etwas stellen, förmlich um jmdn. od. etwas bitten;* zwei neue Mitarbeiter ~; einen Sonderurlaub, seine Versetzung, Pensionierung ~; ein Visum, einen Pass ~ • **1.1** ⟨Rechtsw.⟩ *fordern;* eine polizeiliche Untersuchung ~; der Verteidiger hat Freispruch beantragt; der Staatsanwalt beantragte die Höchststrafe **2** *jmdn. od.* **etwas** *~ vorschlagen;* einen Kandidaten ~; eine Änderung der Tagesordnung ~; die beantragte Unterstützung

be|ant|wor|ten ⟨V. 503/Vr 5 od. Vr 6⟩ **1** *etwas ~ antworten auf, eine Antwort geben auf;* einen Brief, eine Frage ~; das kann ich nicht ~ • **1.1** ⟨fig.⟩ *reagieren;* die Regierung beantwortet die Provokation mit der Verhängung des Ausnahmezustands

be|ar|bei|ten ⟨V. 500⟩ **1** *etwas ~ an etwas körperlich arbeiten* • **1.1** *Land ~ bebauen;* den Boden ~; ein Stück Land ~ • **1.2 Rohstoffe** *~ zurichten, zurechtmachen, Rohstoffen eine bestimmte Form geben;* Holz, Metall, Stein ~; Metall mit dem Hammer, Stein mit dem Meißel ~ **2** *eine* **Sache** *~ an einer S. geistig arbeiten* • **2.1 Schriftstücke** *~ durchsehen u. sachgemäß erledigen;* einen Antrag, ein Gesuch ~ • **2.2** ⟨*zu einem bestimmten Zweck*⟩ *überarbeiten, einer S. eine neue Form geben;* ein Buch, einen Text ~; neu bearbeitete Auflage (eines Buches); ein Theaterstück für die Bühne ~; ein Musikstück für ein anderes Instrument ~; ein Musikstück für Orchester ~ **3** ⟨516⟩ *jmdn. od.* **etwas** *mit etwas ~ heftig schlagen, verprügeln;* jmdn. mit den Fäusten ~ **4** ⟨Vr 8⟩ *jmdn. ~* ⟨fig.⟩ *jmdn. zu beeinflussen versuchen;* er hat mich so bearbeitet, dass ich nicht Nein sagen konnte

Be|ar|bei|tung ⟨f.; -, -en⟩ **1** ⟨unz.⟩ *das Bearbeiten, Vorgang des Bearbeitens; schnelle ~ einer Angelegenheit* **2** ⟨zählb.⟩ *etwas* (*bes. Literatur od. Musikstück*), *das bearbeitet wurde;* die ~ der 6. Symphonie von Beethoven für Klavier

Beat ⟨[biːt] m.; -s; unz.; Mus.⟩ **1** ⟨Mus.⟩ *betonter Taktteil im Jazz* • **1.1** *Schlagrhythmus (von der Rhythmusgruppe gespielt)* • **1.2** ⟨kurz für⟩ *Beatmusik*

be|auf|sich|ti|gen ⟨V. 500/Vr 8⟩ *jmdn. od.* **etwas** *~ Aufsicht führen über, überwachen, kontrollieren;* Kinder ~; Schularbeiten ~; jmdn. beim Arbeiten ~

be|auf|tra|gen ⟨V. 580 od. 550⟩ *jmdn. ~ jmdn.* (*od. einer Institution*) *einen Auftrag erteilen, ihm etwas zu tun aufgeben;* ich habe ihn beauftragt, die Bücher abzuholen; jmdn. mit einer Arbeit ~; ich bin beauftragt, die Sachen abzuholen

be|bau|en ⟨V. 500⟩ **1** *Gelände ~ mit Gebäuden versehen;* dieses Gebiet wird bebaut; ein Grundstück mit Häusern ~ **2** *Land ~ bestellen, etwas darauf anpflanzen;* ein Feld haben wir mit Kartoffeln bebaut; er bebaut seinen Garten mit Gemüse; alle Felder müssen bebaut werden

be|ben ⟨V.⟩ **1** ⟨400⟩ *etwas bebt wird heftig erschüttert;* die Erde bebt; das Haus bebte beim Einschlag der Bombe **2** ⟨400; geh.⟩ *heftig zittern;* die Knie bebten mir; seine Stimme bebte; er bebte am ganzen Leib; mit ~der Stimme; vor Erregung, Furcht, Kälte, Wut, Zorn ~ **3** ⟨800⟩ • **3.1** *vor jmdm. ~ große Angst vor jmdm. haben* • **3.2** *um jmdn. ~ um jmdn. Angst haben, sich sehr sorgen*

Be|cher ⟨m.; -s, -⟩ **1** *Trinkgefäß, bes. ohne Fuß u. ohne Henkel;* ein ~ Eis, Milch, Wein; den ~ füllen, heben, leeren, kreisen lassen, die Runde machen lassen; den ~ an den Mund setzen; den ~ des Leidens bis zur Neige leeren ⟨fig.; poet.⟩ • **1.1** *den* (*Gift-*)*~ nehmen, trinken* ⟨poet.⟩ *Selbstmord begehen* • **1.2** *er hat zu tief in den ~ geschaut* ⟨fig.⟩ *er hat zu viel getrunken, er ist beschwipst* **2** *etwas Becherförmiges, z. B. Fruchthülle, unterster Teil der Holzblasinstrumente, Gefäß zum Würfeln;* Würfel~ • **2.1** *Gefäß am Förderband zum Aufnehmen des Materials;* Förder~

Be|cken ⟨n.; -s, -⟩ **1** *große, flache Schüssel, Schale;* Tauf~, Spül~, Wasch~ **2** *großer, eingefasster, ausgemauerter Wasserbehälter;* Schwimm~ **3** *Mulde, Vertiefung in der Erdoberfläche* **4** *Schlaginstrument aus zwei flachgewölbten Metallscheiben* **5** ⟨Anat.⟩ *Knochenring der höheren Wirbeltiere u. des Menschen, der aus einem Teil der Wirbelsäule, Kreuz- u. Schambein gebildet ist: Pelvis*

be|dacht 1 ⟨Part. Perf. von⟩ *bedenken* **2** ⟨Adj. 24⟩ • **2.1** ⟨74⟩ *auf etwas ~ nach etwas strebend;* der war auf seinen Ruf, Vorteil ~e Manager; er war darauf ~ • **2.2** *von Überlegung zeugend, mit Überlegung handelnd;* sie handelte stets ~; sein ~es Auftreten machte allgemein Eindruck; das Vorgehen in der Angelegenheit ist sehr ~

Be|dacht ⟨m.; -(e)s; unz.⟩ **1** *mit, ohne, voll ~ Überlegung, Ruhe, Umsicht;* etwas mit ~ tun; mit (gutem) ~ vorgehen; er sagte es ohne ~ **2** *auf etwas ~ nehmen auf etwas bedacht sein;* auf seinen Vorteil (keinen) ~ nehmen

Bedeutung

be|däch|tig ⟨Adj.⟩ *langsam, vorsichtig, ruhig, besonnen;* ~ gehen, handeln, sprechen; mit ~em Schritt; er nickte ~; sie ist ein ~er Mensch

be|dan|ken ⟨V. 505/Vr 3⟩ **1 sich (bei jmdm. für etwas)** ~ *jmdm. Dank sagen, jmdm. (für etwas) danken;* er bedankte sich bei ihm für die Einladung; vergiss nicht, dich zu ~! • **1.1** sei ~ (von Herzen) bedankt! ⟨geh.⟩ *Dank sei dir gesagt* • **1.2** dafür bedanke ich mich! ⟨fig.; umg.; iron.⟩ *das lehne ich ab, das will ich nicht!* • **1.3** dafür wird sich jeder ~ ⟨fig.; umg.; iron.⟩ *das will niemand*

Be|darf ⟨m.; -s; unz.⟩ **1** *Bedürfnis, Erfordernis, erforderliche Menge;* einem ~ abhelfen; seinen ~ decken; nach ~ auswählen, einkaufen; bei ~ bitte wieder nachbestellen; wir haben über unseren ~ (hinaus) Vorräte • **1.1** mein ~ ist gedeckt ⟨a. fig.; umg.⟩ *danach habe ich kein Bedürfnis, dazu habe ich keine Lust mehr* **2** ~ **an** *Verbrauch, Nachfrage;* (dringender) ~ an Lebensmitteln, Obst, Erdöl

be|dau|er|lich ⟨Adj.⟩ *unerfreulich, zu bedauern (2), schade*

be|dau|ern ⟨V. 500⟩ **1** jmdn. ~ *bemitleiden;* der arme Kerl ist zu ~ **2** einen **Vorgang,** etwas **Vergangenes** ~ *wünschen, dass es nicht geschehen sei, nicht gern sehen, als schade empfinden;* den Vorfall ~; jmd. bedauert, dass etwas geschehen ist; ich bedauere es (sehr), dass ich nicht mitkommen kann • **2.1** ⟨400⟩ bedaure! *(als Ausdruck des Ablehnens, Abweisens) tut mir leid, kein Bedarf*

Be|dau|ern ⟨n.; -s; unz.⟩ **1** *Mitgefühl, leichtes Mitleid* **2** *Wunsch, dass etwas nicht geschehen sein möge;* jmdm. sein ~ ausdrücken; mit ~ zur Kenntnis nehmen • **2.1** zu meinem größten ~ *leider*

be|de|cken ⟨V. 500/Vr 7⟩ jmdn. od. etwas. ~ **1** *zudecken (und dadurch unsichtbar machen);* Schnee bedeckt die Erde; der Rock bedeckt (gerade) die Knie; der Garten war mit Blütenblättern bedeckt; das Gesicht mit den Händen ~; der Himmel hat sich bedeckt; der Himmel ist bedeckt; bedecktem Himmel; einen Toten mit einem Tuch ~ • **1.1** jmds. Gesicht mit Küssen ~ *überschütten, heftig küssen* • **1.2** ⟨Vr 3⟩ **sich** ~ ⟨veraltet⟩ *einen Hut aufsetzen* • **1.3** das **Haupt** ~ ⟨geh.⟩ *eine Kopfbedeckung aufsetzen* **2** ⟨Mil.⟩ *zum Schutz geleiten* **3 sich bedeckt geben, halten** ⟨fig.⟩ *wenig Auskunft erteilen, sich nicht äußern;* nach der Versammlung hielt sich der Vorsitzende bedeckt

be|den|ken ⟨V. 119/500⟩ **1** etwas ~ *über etwas nachdenken, etwas überlegen, etwas erwägen;* es ist zu ~, dass ...; ich gab es zu ~; du solltest die Folgen ~; das hast du nicht gründlich genug bedacht; wenn man es recht bedenkt **2** ⟨Vr 3⟩ **sich** ~ *eine Entscheidung überlegend aufschieben;* ich muss mich erst ~; ohne mich lange zu ~ **3** ⟨505/Vr 7 od. Vr 8⟩ **jmdn. (mit etwas)** ~ *jmdm. etwas vermachen, schenken;* er hat sie in seinem Testament bedacht; zum Jubiläum wurde sie mit großen Ehrungen bedacht; jmdn. mit einem Geschenk ~

Be|den|ken ⟨n.; -s, -⟩ **1** *Überlegung, Besinnung, Nachdenken;* nach langem ~, ohne ~ zustimmen **2** *Zweifel, Einwendung;* ~ äußern, anmelden; es bestehen ~; ~ haben, hegen, tragen; es kommen ~; jmds. ~ teilen, zerstreuen; schwerwiegende ~; zu ~ Anlass geben

be|denk|lich ⟨Adj.⟩ **1** *Bedenken (2) hervorrufend, besorgniserregend;* der Zustand des Patienten ist ~; das Wetter sieht ~ aus; er befindet sich in einer ~en Lage **2** *zweifelhaft;* das wirft ein ~es Licht auf seinen Charakter; es handelt sich um ein ~es Unternehmen; das scheint mir recht ~; die ganze Angelegenheit macht einen ~en Eindruck **3** *zweifelnd, voll Sorge, Vorbehalt, besorgt;* er machte ein ~es Gesicht, als er von dem Vorschlag hörte; das stimmt, macht mich ~

be|deu|ten ⟨V. 500⟩ **1** etwas bedeutet etwas *hat einen bestimmten Sinn, ist ein Zeichen für etwas, ist gleichzusetzen mit etwas;* „Hobbyraum" bedeutet so viel wie „Werkraum, Bastelzimmer"; es bedeutet Folgendes; was soll das eigentlich ~? • **1.1** sprachliche **Ausdrücke** ~ etwas ⟨Sprachw.⟩ *ordnen einem od. mehreren Zeichen (z. B. Wörtern) einen Inhalt zu, bezeichnen sie, benennen Begriffe;* Aphasie bedeutet „Verlust des Gedächtnisses" **2** etwas bedeutet eine **Sache** *ist ein Anzeichen für eine S., hat eine S. zur Folge;* diese Wolken ~ Sturm; das bedeutet nichts Gutes; das hat etwas (nichts) zu ~; das bedeutet eine erhebliche Einbuße für uns **3** ⟨530 od. 550⟩ **jmdm.** od. **für jmdn. etwas** (viel, wenig) ~ *wichtig sein;* die Kinder ~ ihr alles; das Mädchen bedeutet mir wenig; seine Anteilnahme bedeutet mir sehr viel; hundert Euro ~ viel für mich **4** ⟨530 (od. veraltet 520)⟩ **jmdn.** (veraltet **jmdn.**) **etwas** ~ ⟨geh.⟩ *jmdm. etwas zu verstehen geben, andeuten, befehlen;* er bedeutete ihm zu gehen; mir wurde bedeutet, meine Haltung in dieser Angelegenheit zu ändern; sich etwas ~ lassen

Be|deu|ten ⟨n.; -s; unz.; geh.; nur in der Wendung⟩ mit dem ~, dass ... *unter der Voraussetzung, Bedingung, dass ...*

be|deu|tend ⟨Adj.⟩ **1** *umfangreich, groß, beträchtlich;* er hat bereits ~e Erfolge erzielt; er konnte ~e Geschäfte machen; ein ~es Kapital hat sich angesammelt; das Vermögen, das er erbte, war ~ **2** *wichtig;* ein ~es Ereignis; dieser Vortrag war recht ~; sein Anteil daran ist ~; es war nichts Bedeutendes **3** *bekannt, berühmt, einflussreich;* er ist ein ~er Gelehrter; es handelt sich um eine ~e Persönlichkeit; er gehört zu den ~sten Vertretern seines Faches; auf diesem Gebiet ist er am ~sten; er war der Bedeutendste (von allen) • **3.1** *künstlerisch wertvoll;* ein ~es Buch, Werk **4** ⟨50; verstärkend bei Verben u. vor dem Komparativ⟩ *sehr;* er erhielt ~ weniger, als er erwartet hatte; in letzter Zeit hat er sich ~ verbessert; der Umsatz hat um ein Bedeutendes zugenommen

Be|deu|tung ⟨f.; -, -en⟩ **1** *das Bedeuten (1-3);* die ~ eines Begriffes erläutern; die ~ eines Wortes kennen • **1.1** *der durch das Bedeuten (1) entstandene Inhalt;* dieses Wort hat mehrere ~en; dieser Ausdruck wird in übertragener ~ verwendet; die ursprüngliche ~

153

bedienen

eines Wortes; die wörtliche ~ lautet; in der wahren ~ des Wortes 2 *Wichtigkeit;* einer Sache ~ beimessen; erst nach seinem Tode hat man die ~ seiner Forschungen erkannt; an ~ gewinnen; dieser Angelegenheit kommt keinerlei ~ zu; es ist von ~ 3 *Tragweite, Auswirkung;* seine Arbeit hat große ~ auf dem Gebiet der Elektronik erlangt; bist du dir über die ~ deiner Aussage im Klaren?; ein Ereignis von historischer ~ 4 *jmd. von ~ eine einflussreiche, große Persönlichkeit;* ein Mann von ~

be|die|nen ⟨V. 500⟩ **1** *jmdm. Dienste leisten;* er lässt sich immer von seiner Frau ~ • **1.1 Kunden** ~ *als Verkäufer dem K. Dienste leisten;* hier wird die Kundschaft gut bedient; werden Sie schon bedient? • **1.2 Gäste** ~ *den G. Speisen u. Getränke reichen;* die Gäste aufmerksam ~ • **1.3** ⟨Vr 3⟩ **sich** ~ *sich nehmen, zugreifen;* bitte ~ Sie sich; das Kind bedient sich schon selbst beim Essen • **1.4** *ich bin bedient!* ⟨fig.; umg.⟩ *ich habe genug davon, meine schlechten Erfahrungen reichen mir* **2** *eine* **Maschine,** *ein* **Gerät** ~ *handhaben, steuern, betätigen* **3 Farbe, Trumpf** ~ ⟨Kart.⟩ *die gleiche F. od. den gleichen T. ausspielen* **4** ⟨540/Vr 3⟩ **sich** *einer* **Sache** ~ *sie nehmen u. benutzen, Gebrauch davon machen;* darf ich mich Ihres Angebots ~?

be|dienst|et ⟨Adj. 24/70⟩ **bei jmdm.** ~ **sein** *in jmds. Dienst stehen, beschäftigt sein*

Be|die|nung ⟨f.; -, -en⟩ **1** ⟨unz.⟩ *das Bedienen;* schlechte ~; Selbst~; Fern~; die ~ der Küchenmaschine ist einfach; prompte, schnelle ~ • **1.1** *Geld für das Bedienen, ein Zuschlag von 10–20 % auf den Preis von Restaurant- u. Hotelrechnungen;* ~ ein-, inbegriffen • **1.2 zur freien** ~ *zum Mitnehmen (ohne Bezahlung)* **2** *jmd., der bedient, z. B.* Kellner(in), Verkäufer(in); wo bleibt die ~?; die ~ lässt auf sich warten **3** ⟨Mil.⟩ *Einheit, die größere Schusswaffen u. technische Geräte bedient*

be|din|gen¹ ⟨V. 120/530/Vr 1⟩ **sich etwas** ~ *durch Kontrakt od. andere bindende Abmachung festsetzen;* der bedungene Lohn

be|din|gen² ⟨V. 500/Vr 8⟩ **1** *ein* **Vorgang** *bedingt einen anderen hat einen anderen notwendig zur Folge;* eine Untersuchung bedingt die nächste **2** *eine* **Sache** *bedingt eine andere hängt von einer anderen als Voraussetzung ab;* diese Tätigkeit bedingt Einfühlungsvermögen

be|dingt **1** ⟨Part. Perf. von⟩ *bedingen²* **2** ⟨Adj. 24⟩
• **2.1** *eingeschränkt;* ~es Lob • **2.2** *an Bedingungen geknüpft, von Bedingungen abhängig* • **2.2.1** ~e **Annahme,** ~es **Akzept** ⟨Kaufmannsspr.⟩ *Anerkennung einer nicht in bar erfolgenden Zahlung unter der Voraussetzung, dass Deckung vorhanden ist* • **2.2.2** ~e **Strafaussetzung,** ~er **Straferlass** ⟨Rechtsw.⟩ *Straferlass, unter der Bedingung, dass sich der Straffällige für eine bestimmte Zeit (Bewährungsfrist) gut führt*
• **2.3** *von den Verhältnissen abhängig* • **2.3.1** ~e **Reflexe** ⟨Physiol.⟩ *diejenigen R., die durch Dressur od. Gewohnheit entstanden sind; = relativ (1)*

Be|din|gung ⟨f.; -, -en⟩ **1** *Voraussetzung;* viel Ruhe und Schonung sind unumgängliche ~en für ihre baldige Genesung; unter jeder ~ **2** *Verpflichtung, Bestimmung, Abmachung;* die ~en anerkennen, einhalten; jmdm. ~en auferlegen, stellen, vorschreiben; wir müssen noch die ~en vereinbaren, unter denen …; günstige, harte, (un)annehmbare, (un)vorteilhafte ~en stellen; sich an die ~en halten; lass dich auf diese ~en nicht ein; ich kann auf seine ~en nicht eingehen; mit der ~, dass; mit der ~ nicht einverstanden sein **3** ⟨meist Pl.⟩ *Umstände, Verhältnisse;* unter diesen ~en könnte ich nicht leben; unter guten, schlechten ~en arbeiten **4** ⟨Philos.⟩ *Zutreffen einer Sache, wenn gleichzeitig eine andere Sache ebenfalls zutrifft;* a ist ~ für b

be|din|gungs|los ⟨Adj.⟩ **1** *ohne Bedingungen, Forderungen zu stellen;* die Aufständischen haben ~ kapituliert **2** *uneingeschränkt, kompromisslos, unbedingt;* ein ~es Vorgehen; jmdm. ~ vertrauen

be|drän|gen ⟨V. 500/Vr 8⟩ **1 jmdn. (mit etwas)** ~ *jmdn. unter Druck setzen, in eine Notlage drängen, um ein bestimmtes Handeln zu erzwingen;* jmdn. hart, heftig ~; die Gläubiger haben ihn von allen Seiten bedrängt; jmdn. mit seinen Bitten, Wünschen ~; von Hunger, Nöten, Sorgen bedrängt werden • **1.1** *ein* **Mädchen** ~ *belästigen* **2** *eine* **Stellung,** *eine* **Stadt** ~ *stürmen* **3** *sich in einer bedrängten* **Lage,** *bedrängten Umständen befinden in Schwierigkeiten, in Not sein* **4** ⟨fig.⟩ *seelisch bedrücken;* ich muss meinem bedrängten Herzen Luft machen; Zweifel, Sorge, Gedanken haben ihn bedrängt

Be|dräng|nis ⟨f.; -, -se; Pl. selten⟩ *(materielle od. seelische) Notlage;* in ~ geraten; sich in (einer) ~ befinden

be|dro|hen ⟨V. 500/Vr 8⟩ **1 jmdn.** ~ *jmdm. mit Anwendung von Gewalt drohen;* er bedrohte ihn mit dem Messer; jmdn. mit einer Waffe ~; sich bedroht fühlen • **1.1 tätlich** ~ ⟨Rechtsw.⟩ *(ungesetzliche) Anwendung von Gewalt ankündigen* • **1.2 mit Strafe** ~ *S. ankündigen* **2** *etwas bedroht* **jmdn.** *od.* **etwas** *etwas ist für jmdn. od. etwas gefährlich;* eine Seuche bedroht die Bevölkerung; das steigende Wasser bedrohte die Stadt; sein Leben ist bedroht

be|droh|lich ⟨Adj.⟩ *gefährlich, unheildrohend;* das Unwetter rückt in ~e Nähe; am politischen Horizont sieht es ~ aus; die Sache nimmt einen ~en Charakter an; er hat sich mir ~ genähert

be|drü|cken ⟨V. 500⟩ **1 jmdn.** ~ *jmdm. Zwang auferlegen, jmdn. unterdrücken, quälen* **2 etwas** *bedrückt* **jmdn.** *lässt jmdn. seelisch leiden, macht jmdn. traurig, niedergeschlagen;* Geldschwierigkeiten ~ ihn; was bedrückt euch?; die Krankheit des Kindes bedrückt sie • **2.1** ⟨Part. Perf.⟩ *bedrückt niedergeschlagen;* er ist bedrückt; wegen geschäftlicher Schwierigkeiten ist er augenblicklich sehr bedrückt; sie wirkt heute so bedrückt; sie machte einen bedrückten Eindruck

be|dür|fen ⟨V. 124/700⟩ **jmds.** od. **einer Sache** ~ ⟨geh.⟩ *jmdn. od. eine Sache nötig haben, brauchen;* der Verunglückte bedarf dringend des Arztes; sie ~ unserer Hilfe; es bedurfte nur geringer Mühe; der Patient bedarf äußerster Schonung; es hat ihrer ganzen Überredungskunst bedurft, damit er …; die schwierige Abhandlung bedarf einer ausführlichen Erläuterung; das bedarf einer Erklärung; es bedarf keines weiteren Wortes

Be|dürf|nis ⟨n.; -ses, -se⟩ **1** *Notwendigkeit od. Wunsch, einem Mangel abzuhelfen, Verlangen;* ein ~ fühlen nach; es besteht ein allgemeines, dringendes, geringes, großes ~ nach …; es ist mir ein ~, Ihnen mitzuteilen, dass … • **1.1** es ist mir ein angenehmes ~ ⟨Höflichkeitsformel⟩ *ich tue es gern, aus eigenem Antrieb* • **1.2** ich habe das ~ (zu) *ich möchte gern …* • **1.3** einem ~ abhelfen, ein ~ befriedigen *einer Notwendigkeit (einem Wunsch) entsprechend einen Mangel, Missstand beseitigen* • **1.4** ⟨veraltet; geh.⟩ *Notdurft;* ein ~ haben

be|dürf|tig ⟨Adj.⟩ **1** *Mangel leidend, arm;* einer ~en Frau helfen; ~e Familien; wir müssen für die Bedürftigen sammeln **2** ⟨73⟩ **jmds. od. einer Sache sein** *jmdn. od. eine Sache nötig haben, brauchen;* seiner Freundschaft ~ sein; des Trostes, Zuspruchs ~ sein

be|ei|len ⟨V. 500/Vr 3⟩ **1 sich ~** *sich eilen, möglichst schnell, rasch machen;* so beeil dich doch endlich!; wenn du den Zug noch erreichen willst, musst du dich ~ • **1.1 sich ~ etwas zu tun** *beflissen, eilfertig sein, etwas zu tun;* er beeilte sich, dem Vorschlag zuzustimmen

be|ein|dru|cken ⟨V. 500⟩ **1** jmdn. ~ *auf jmdn. Eindruck machen, jmdm. imponieren;* das Theaterstück hat mich sehr beeindruckt; die Begegnung beeindruckte ihn zutiefst • **1.1** beeindruckt sein *berührt, ergriffen sein;* er war von ihrer Schönheit sichtlich beeindruckt; ich bin von ihrer Kunst sehr beeindruckt

be|ein|flus|sen ⟨V. 500/Vr 8⟩ **jmdn. od. etwas ~** *auf jmdn. od. etwas Einfluss nehmen, einwirken;* er ist leicht zu ~; beeinflusst sein von; jmdn. günstig, ungünstig ~; dieses Ereignis hat seine Arbeit beeinflusst; die Kinder ~ sich gegenseitig

be|ein|träch|ti|gen ⟨V. 500⟩ **1 jmdn. od. etwas ~** *stören, behindern, einschränken;* die Nachtruhe wird durch den Flugverkehr erheblich beeinträchtigt; er ließ sich in seiner Arbeit nicht ~ **2** etwas ~ *vermindern, verringern;* seine Sehfähigkeit wurde durch den Unfall stark beeinträchtigt

be|en|den ⟨V. 500⟩ **etwas ~** *zu Ende bringen, fertig machen, vollenden, Schluss machen mit etwas;* oV *beendigen;* Sy *aufhören (1.1);* Ggs *anfangen (1.2), beginnen (1.2);* die Arbeit, den Streit ~

be|en|di|gen ⟨V. 500; älter für⟩ = beenden

Be|en|di|gung ⟨f.; -; unz.⟩ *das Beenden, Beendigen;* oV *Beendung*

Be|en|dung ⟨f.; -; unz.⟩ = Beendigung

be|en|gen ⟨V. 500/Vr 8⟩ **1 jmdn. od. etwas ~** *im Raum beschränken, einengen;* die niedrige Decke beengte sie; die Kleider ~ mich; der steife Kragen beengt seinen Hals; die Familie wohnt sehr beengt • **1.1** ⟨fig.⟩ *die Bewegungsfreiheit einschränken;* er fühlt sich durch Gesetze, Verbote, Vorschriften beengt; er konnte das beengende Gefühl auf der Brust nicht loswerden

be|er|di|gen ⟨V. 500⟩ jmdn. ~ *begraben, bestatten, zur letzten Ruhe betten;* der Verstorbene wurde auf dem alten Friedhof beerdigt; kirchlich ~; sie hatte gerade ihren Bruder beerdigt

Be|er|di|gung ⟨f.; -, -en⟩ **1** *das Beerdigen, Bestattung, Begräbnis, Trauerfeier;* auf eine ~ gehen; zu einer ~ kommen • **1.1** auf der **falschen** ~ sein ⟨fig.; salopp⟩ • **1.1.1** *am falschen Ort, unerwünscht sein* **1.1.2** *eine falsche Meinung, unpassende Vorstellung von etwas haben*

Bee|re ⟨f.; -, -n⟩ *kleine runde od. ovale Frucht mit völlig fleischiger Fruchtwand u. meist mehreren Samenkernen;* Heidel~, Him~, Johannis~, Preisel~, Erd~, Stachel~; eine reife, saftige, rote, süße ~; ~n pflücken, essen; ~n reifen, fallen ab

Beet ⟨n.; -(e)s, -e⟩ *begrenztes, gärtnerisch bearbeitetes Stück Boden;* Blumen~, Gemüse~, Mist~; ein ~ mit Blumen, Gemüse anlegen, bepflanzen; ein langes, gepflegtes, erhöhtes ~; in ~e unterteilen

be|fä|hi|gen ⟨V. 515⟩ **jmdn. zu etwas ~** *jmdn. in die Lage versetzen, etwas zu tun, jmdm. etwas ermöglichen;* seine Kenntnisse ~ ihn zu dieser Arbeit; das befähigte ihn auszuhalten

be|fah|ren[1] ⟨V. 130/500⟩ **1 Straßen,** Wege ~ *mit dem Fahrzeug benutzen, auf S., Wegen fahren;* eine stark ~e Bundesstraße **2** etwas ~ ⟨Bergmannsspr.⟩ *in etwas zum Abbau fahren;* das Bergwerk wird nicht mehr ~ **3** ⟨540/Vr 3⟩ **sich** einer **Sache ~** ⟨veraltet⟩ *eine Sache befürchten*

be|fah|ren[2] **1** ⟨Part. Perf. von⟩ befahren¹ **2** ⟨Adj. 70⟩ • **2.1** ⟨Jägerspr.⟩ *bewohnt;* ein ~er Bau • **2.2** ⟨Seemannsspr.⟩ *in der Seefahrt erprobt;* ~es Volk

be|fal|len ⟨V. 131/500⟩ **etwas** befällt **jmdn. od. etwas** *etwas ergreift, überkommt plötzlich jmdn. od. etwas;* Sorge befiel mich; vom Fieber ~ sein; von Schlaf ~ werden; plötzlich von Furcht ~ werden; die Obstbäume sind von Schädlingen ~; das Land wurde von einer Seuche ~

be|fan|gen ⟨Adj.⟩ **1** *gehemmt, schüchtern, verlegen;* eine ~e Konversation; die neue Umgebung macht das Kind ganz ~; er antwortete ihr ~; er machte einen ~en Eindruck **2** *voreingenommen, nicht objektiv;* ein ~er Gutachter, Kritiker; ~ an eine Sache herangehen • **2.1** ⟨Rechtsw.⟩ *parteiisch;* einen Geschworenen als ~ ablehnen; jmdn. für ~ erklären; ein ~er Richter **3** ⟨74⟩ **in etwas ~ sein** ⟨geh.⟩ *sich in etwas befinden, in etwas verstrickt sein;* in einem Irrtum, einer Illusion, einer Täuschung ~ sein

be|fas|sen ⟨V. 550⟩ **1** ⟨Vr 3⟩ **sich mit jmdm. od. etwas ~** *sich mit jmdm. od. etwas beschäftigen, abgeben;* ich befasste mich oft mit ihr; mit dieser Angelegenheit haben wir uns nun lange genug befasst; er befasst sich gerade mit Literatur; damit muss ich mich erst noch ~; die Zeitung befasste sich mit dem gestrigen Fußballspiel **2 jmdn. mit etwas ~** ⟨Amtsdt.⟩ *jmdn. dazu bewegen, dass er sich mit etwas beschäftigt, jmdn. mit etwas beauftragen;* einen Beamten mit einer Angelegenheit ~; er wurde mit dieser Angelegenheit befasst; das Gericht mit einer Anklage ~; die mit der Akte befasste Staatsanwältin

Befehl

Be|fehl ⟨m.; -(e)s, -e; bes. Mil.⟩ **1** *Aufforderung, etwas sofort u. ohne Widerrede zu tun;* ein dienstlicher, mündlicher, schriftlicher, strenger ~; einen ~ ausführen, befolgen, verweigern, bekommen, empfangen, erhalten, erlassen, erteilen; einem ~ Folge leisten, gehorchen, nachkommen; sich einem ~ widersetzen; ~ zum Angriff geben; unter dem ~ von; mein Vorgehen geschah auf seinen ~ (hin); auf höheren ~; ~ ausgeführt! ● 1.1 zu ~! ⟨Mil.⟩ *jawohl, ich gehorche* ● 1.2 ~ ist ~ *einem Befehl muss gehorcht werden* **2** ⟨unz.⟩ *Befugnis, Befehle zu erteilen;* Sy *Kommando (1);* den ~ über jmdn. haben

be|feh|len ⟨V. 102⟩ **1** ⟨400⟩ *die Befugnis haben, Befehle zu erteilen;* hier habe ich zu ~! **2** ⟨500⟩ *etwas ~ etwas anordnen;* „komm her!" befahl er; der Oberst hat befohlen, dass ... **3** ⟨530⟩ *jmdm. etwas ~ einen Befehl od. Befehle erteilen;* du hast mir gar nichts zu ~!; von dir lasse ich mir nichts ~! ● 3.1 ⟨511⟩ **jmdn. zu sich ~** *zu sich kommen lassen* **4** ⟨530⟩ **jmdm. eine Sache ~** ⟨poet.⟩ *anvertrauen, empfehlen;* seine Seele Gott ~; Gott befohlen! **5** ⟨402⟩ (etwas) ~ ⟨veraltet; noch scherzh.⟩ *wünschen;* bitte ~ Sie!; ~ Sie sonst noch etwas?; wie Sie ~!

be|feh|li|gen ⟨V. 500; Mil.⟩ *jmdn. od. etwas ~ über jmdn. od. etwas den Befehl haben, jmdn. od. etwas kommandieren;* der General befehligte die Truppen; eine Kompanie ~

be|fes|ti|gen ⟨V. 500⟩ **1** etwas (an, durch, in, mit etwas) ~ *festmachen, mit etwas fest verbinden;* ein Schild an der Tür ~; etwas mit Klebstoff, Leim, Nägeln, Schrauben ~ **2** etwas ~ *haltbar machen;* einen Deich, einen Weg, ein Ufer ~ ● **2.1** jmdn. od. etwas ~ ⟨fig.; geh.⟩ *stärken;* die Freundschaft, das Vertrauen zu jmdm. ~; jmdn. in seinem Vorhaben ~ **3** etwas ~ ⟨Mil.⟩ *zur Verteidigung bereiten, ausbauen;* eine Stadt, eine Grenze ~; eine befestigte Burg

Be|fes|ti|gung ⟨f.; -, -en⟩ **1** ⟨unz.⟩ *das Befestigen;* die ~ eines Gemäldes an der Wand **1.1** *Fest-, Haltbarmachen, Herstellen einer festen Verbindung;* die ~ gelockerter Dachziegel **2** ⟨fig.⟩ *Stärkung, Verankerung;* ~ eines politischen Regimes **3** ⟨Mil.⟩ *Errichtung, Bau von Verteidigungsanlagen;* die ~ einer Stadt ● **3.1** *Verteidigungsanlage*

be|feu|ern ⟨V. 500⟩ **1** eine **Heizung** (mit Kohlen, Öl) ~ *heizen* **2** ⟨Mar.⟩ **Seewege** ~ *die wichtigen Punkte zur Orientierung der Schiffe mit Strahlungsquellen (Leuchtfeuern od. Funkfeuern) versehen;* die Küste, die Hindernisse ~ **3** ⟨Flugw.⟩ *die Luftstraßen, Landebahnen ~ mit Leuchtfeuern, Funkfeuern u. Lampen versehen* **4** jmdn. ~ ⟨fig.; geh.⟩ *ansporen;* diese Aufgabe befeuert mich

be|fin|den ⟨V. 134⟩ **1** ⟨511/Vr 3⟩ **sich ~** *sich aufhalten, (anwesend) sein;* sich auf dem Land, in der Stadt, im Zimmer ~; befindet sich jmd. unter Ihnen, der ...; wir befanden uns in einer schwierigen Lage, er befindet sich häufig auf Reisen; meine Wohnung befindet sich im zweiten Stock(werk); sich in einem Buche, einem Katalog, einer Liste ~; sich im Zustand völliger Erschöpfung ~ **2** ⟨513/Vr 3⟩ **sich ~** *sich fühlen;* sich unpässlich, wohl ~; wie ~ Sie sich?

3 ⟨800⟩ **über jmdn. od. etwas ~** *urteilen, entscheiden;* hierüber hat nur der Arzt zu ~; nur der Richter hat über diese Sache zu ~; ich habe nicht darüber zu ~ **4** ⟨513⟩ **jmdn. od. etwas für gut, schlecht ~** *für gut, schlecht ansehen, halten;* der Verräter wurde schuldig befunden

Be|fin|den ⟨n.; -s; unz.; geh.⟩ **1** *gesundheitlicher Zustand;* wie ist Ihr ~?; ⟨geh.⟩; mein ~ lässt insgesamt zu wünschen übrig; sich nach jmds. ~ erkundigen **2** ⟨geh.⟩ *Urteil, Gutachten;* nach meinem ~ verhält es sich so ...; man muss nach eigenem ~ entscheiden

be|find|lich ⟨Adj. 24/60⟩ *sich befindend, vorhanden*

Be|find|lich|keit ⟨f.; -, -en⟩ **1** *Befinden, (geistiger u. körperlicher) Zustand;* er beschreibt seine derzeitige ~; die ~ der Regierungspartei **2** *Zeitgeist;* sich nach der ~ der Jugend richten

be|fle|cken ⟨V. 500/Vr 7 od. Vr 8⟩ **jmdn. od. etwas ~ 1** *mit Flecken versehen, fleckig machen, beschmutzen;* er befleckte sich mit Obstsaft; das Tischtuch ist schon wieder befleckt; die mit Blut befleckte Kleidung verriet den Mörder; mit Farbe, Rotwein ~ **2** ⟨fig.; geh.⟩ *entehren, entweihen;* jmds. Ehre ~; seinen Ruf ~

be|flei|ßen ⟨V. 103/540/Vr 3; geh.⟩ **sich einer Sache ~** *sich um etwas bemühen, Fleiß aufwenden;* Sy *befleißigen*

be|flei|ßi|gen ⟨V. 540/Vr 3⟩ = *befleißen*

be|flis|sen ⟨Adj.⟩ *eifrig bemüht;* dienst~; kunst~; er ist sehr ~; um jmds. Wohlergehen ~ sein

be|flü|geln ⟨V. 500; geh.⟩ **1** jmdn. od. etwas ~ *beschleunigen;* er beflügelte seine Schritte; beflügelten Schrittes eilte er zu ihr ⟨poet.⟩ **2** jmdn. od. etwas ~ ⟨fig.⟩ *beleben, antreiben;* die Hoffnung beflügelte ihn; der Wein hat seine Fantasie beflügelt

be|fol|gen ⟨V. 500⟩ *etwas ~ sich nach etwas richten, nach etwas handeln;* Befehle, Gebote, Gesetze, Vorschriften, einen Rat, Vorschläge ~; einen Wink ~

be|för|dern ⟨V. 500⟩ **1** jmdn. od. etwas ~ *an einen anderen Ort bringen, fortschaffen;* Sy *transportieren;* Briefe, Gepäck, Güter, Pakete, Waren ~; die Fähre befördert täglich etwa 100 Fahrgäste; dieser Brief muss durch Eilboten, durch Luftpost befördert werden; ● **1.1** jmdn. an die (frische) Luft ~ ⟨fig.; umg.⟩ *hinauswerfen* **2** ⟨505⟩ **jmdn. ~ (zu)** ... *im Rang erhöhen, in eine höhere Stellung aufrücken lassen;* zum Oberleutnant ~; er ist zum Oberregierungsrat befördert worden

Be|för|de|rung ⟨f.; -, -en⟩ **1** ⟨unz.⟩ *das Befördern, Transport;* die ~ mit dem Flugzeug **2** ⟨zählb.⟩ *Beförderwerden, Aufsteigen in eine höhere Stellung;* im Büro wurde heute seine ~ gefeiert

be|frach|ten ⟨V. 500⟩ *etwas ~ mit Fracht beladen;* ein Schiff mit Erz ~

be|fra|gen ⟨V.⟩ **1** ⟨500⟩ **jmdn. ~** *an jmdn. Fragen richten, um Auskunft bitten;* er hat den Arzt, den Rechtsanwalt befragt; jmdn. über seine Herkunft, Vergangenheit ~; er wurde um seine Einschätzung befragt ● **1.1** ein **Buch**, Wörterbuch, Lexikon ~ ⟨fig.⟩ *darin* nachschlagen **2** ⟨Vr 3⟩ **sich ~** ⟨veraltet⟩ *sich erkundigen, Erkundigungen einziehen;* ich muss mich erst ~; ich habe mich in dieser Sache überall befragt; du befragst dich bei ihr

be|frei|en ⟨V. 500/Vr 7 od. Vr 8⟩ **1 jmdn. ~** *frei machen, in Freiheit setzen;* Gefangene ~; jmdn. unter großen Opfern, Mühen, Schwierigkeiten aus der Gefangenschaft ~; jmdn. aus einer Gefahr, aus einer unangenehmen Lage ~; Sklaven gegen Lösegeld ~; nach den Jahren der Knechtschaft atmete das befreite Volk auf **2** ⟨550⟩ **jmdn. od. etwas von etwas ~** *von etwas Störendem, Unangenehmen frei machen, erlösen, entlasten, erretten;* die Stadt vom Tyrannen ~ (Schiller, Bürgschaft); jmdn. von Abgaben, einer Arbeit, einer Krankheit, Sorgen ~; sein Gewissen von Vorwürfen ~; er ist als Rentner von Steuern befreit; jmdn. vom Militärdienst ~; sich endlich von Schulden ~; das Gartenbeet vom wuchernden Unkraut ~

be|frem|den ⟨V. 500⟩ **etwas** befremdet **jmdn.** *setzt jmdn. in Erstaunen, macht jmdn. stutzig, berührt ihn unangenehm;* ihr ablehnendes Verhalten hat ihn befremdet; er blickte sie befremdet an; etwas befremdend finden

be|freun|den ⟨V. 550/Vr 3⟩ **1 sich mit jmdm. ~** *mit jmdm. Freundschaft schließen, jmds. Freund werden;* ich habe mich schnell mit ihm befreundet; es bleibt abzuwarten, ob sie sich miteinander ~ • 1.1 ⟨Part. Perf.⟩ befreundet *in Freundschaft verbunden, nahe stehend;* befreundete Familien, Staaten **2 sich mit etwas ~** *sich an etwas gewöhnen, mit etwas vertraut werden;* ich kann mich nicht mit dem Gedanken ~, dass …; es hat lange gedauert, bis ich mich mit seinen Plänen ~ konnte

be|frie|di|gen ⟨V. 500/Vr 7 od. Vr 8⟩ **1 jmdn.** od. eine **Sache ~** *zufriedenstellen, jmdn. od. einer Sache Genüge tun, genügen;* jmds. Ansprüche, Forderungen, Verlangen, Wünsche ~; seinen Appetit, Durst, Hunger ~; um ein dringendes Bedürfnis zu ~, …; die Gläubiger müssen befriedigt werden; hast du deine Neugierde befriedigt?; er sinnt darauf, seinen Rachedurst zu ~; er ist leicht, schwer zu ~; mit dieser Antwort wird er doch befriedigt sein?; bist du nun endlich befriedigt?; mit seinen Leistungen bin ich vollkommen, vollauf befriedigt • **1.1 sich** (**selbst**) **~** *masturbieren* • **1.2** ⟨Part. Präs.⟩ befriedigend *zufriedenstellend, genügend;* ~e Verhältnisse; →a. *Note (2.)*

Be|frie|di|gung ⟨f.; -, -en⟩ **1** *das Befriedigen;* die ~ der Bedürfnisse, Wünsche, aller Forderungen; die soziale ~; sexuelle ~ **2** *Zufriedenheit, Genugtuung;* jmdm. volle ~ bieten; diese Arbeit gewährt ihm nicht die gewünschte ~; mir fehlt dabei die ~; dauernde, volle, wahre ~ finden in …; die erhoffte, ersehnte ~ in einem neuen Beruf suchen; mit ~ feststellen, dass …; die neu entwickelte Marketingstrategie könnte zu unserer ~ beitragen

be|fruch|ten ⟨V. 500⟩ **1** *die Befruchtung vollziehen, indem der männliche Same auf die weibliche Eizelle übertragen wird u. sich mit dieser vereinigt, begatten;* aus dem befruchteten Ei entwickelt sich der Embryo; Blüten werden von Insekten oder vom Wind befruchtet **2** ⟨fig.⟩ **jmdn.** od. **etwas ~** *zu fruchtbarer Tätigkeit anregen;* seine Ausführungen haben meine eigene Arbeit (geistig) befruchtet; das Ideengut der Klassik hat auf sein Lebenswerk ~d gewirkt

be|fu|gen ⟨V. 550⟩ **1 jmdn. zu etwas ~** *ermächtigen, berechtigen* **2 zu etwas** befugt **sein** *zu etwas berechtigt, ermächtigt sein;* zu einer Auskunft bin ich nicht befugt; ich bin nicht befugt zu entscheiden, ob …; amtlich, dienstlich befugt sein, darüber zu entscheiden

Be|fug|nis ⟨f.; -, -se⟩ *Erlaubnis, Berechtigung, Ermächtigung;* jmdm. ~se einräumen, erteilen, vergeben; besondere ~se besitzen, erhalten, erlangen, haben; ich kenne meine ~!; seine ~se überschreiten; dazu hast du keine ~!

Be|fund ⟨m.; -(e)s, -e⟩ **1** *Feststellung, Ergebnis einer Untersuchung,* wir müssen noch den ~ abwarten; der ~ war negativ, positiv; der ~ liegt noch nicht vor; wie lautet der ärztliche ~?; je nach ~; nach dem ~ des Sachverständigen • **1.1 ohne ~** ⟨Med.; Abk.: o. B.⟩ *die Untersuchung hat nichts ergeben*

be|fürch|ten ⟨V. 500⟩ **etwas ~** *etwas Unangenehmes fürchten, besorgt ahnen;* ich befürchte das Schlimmste; es ist, steht zu ~, dass …; er hat von ihm nichts zu ~!

be|für|wor|ten ⟨V. 500⟩ **etwas ~** *wohlwollend unterstützen, empfehlen, für etwas eintreten;* eine Bitte, ein Gesuch (warm) ~; der Plan wurde von ihm befürwortet; dieses Vorhaben kann ich nur ~

be|gabt ⟨Adj.⟩ *mit besonderen Fähigkeiten, Gaben ausgestattet, talentiert;* ein ~er Schüler, Künstler, Wissenschaftler; sie ist sehr ~

Be|ga|bung ⟨f.; -, -en⟩ **1** *angeborene Befähigung, Anlage zu besonderen (geistigen, künstlerischen o. a.) Fähigkeiten;* Sy *Talent (2);* eine ~ für Sprachen haben; eine musikalische, dichterische ~; seine ~ entfalten **2** *begabter Mensch;* er ist eine große ~

be|gat|ten ⟨V. 500/Vr 8⟩ **jmdn. od. sich ~** *sich paaren mit, sich geschlechtlich vereinigen mit (bes. von Tieren)*

be|ge|ben ⟨V. 143/500⟩ **1** ⟨511/Vr 3⟩ **sich irgendwohin ~** ⟨geh.⟩ *gehen;* sich nach Hause ~; sich zu jmdm. ~ • **1.1 sich in Gefahr ~** *sich einer G. aussetzen;* du sollst dich nicht unnötig in Gefahr ~! • **1.2 sich zur Ruhe ~** *sich schlafen legen* • **1.3 sich in jmds. Schutz ~** *sich unter jmds. S. stellen;* er hat sich in dessen Schutz ~ **2** ⟨550/Vr 3⟩ **sich an etwas ~** ⟨geh.⟩ *mit etwas beginnen;* sich an die Arbeit ~ **3** ⟨Vr 3⟩ **etwas begibt sich** ⟨geh.⟩ *geschieht, ereignet sich;* es begab sich aber zu der Zeit, … (Lukas 2, 1); da begab es sich, dass … **4** ⟨540/Vr 3⟩ **sich einer Sache ~** ⟨geh.⟩ *sich um eine Sache bringen, auf eine Sache verzichten;* damit hat er sich seines Anrechts, dieses Vorteils ~ **5 etwas ~** ⟨Kaufmannsspr.⟩ *ausgeben, in Umlauf setzen, weitergeben;* Anleihen, einen Wechsel, Wertpapiere ~

Be|ge|ben|heit ⟨f.; -, -en⟩ *Ereignis, Geschehnis, Geschehen*

be|geg|nen ⟨V. 600/Vr 6(s.)⟩ **1 jmdm.** od. **etwas ~** *auf jmdn. od. etwas unerwartet treffen;* in dieser kleinen Stadt begegnet man sich oft; jmdm. unterwegs, zufällig ~; wir werden diesem Ausdruck in dem Roman noch recht häufig ~; ihr ist das Glück begegnet • 1.1 ⟨Vr 2⟩ **sich ~** • 1.1.1 ihre Blicke begegneten sich *trafen aufeinander* • 1.1.2 unsere Vorlieben, Wünsche ~ sich *stimmen überein* **2** einer **Sache ~** *gegen eine S. etwas tun;* einem Fehler, einer Gefahr, drohendem Unheil ~ **3** ⟨613⟩ **jmdm.** in bestimmter Weise ~ *jmdn. auf eine bestimmte W. behandeln;* jmdm. hochmütig, abweisend, (un)freundlich ~; jmdm. mit Achtung, Rücksicht ~

Be|geg|nung ⟨f.; -, -en⟩ **1** *Zusammentreffen;* eine unangenehme, zufällige, erfreuliche ~ **2** ⟨Sp.⟩ *Wettkampf;* die ~ der deutschen Nationalmannschaft mit der englischen Auswahlmannschaft endete unentschieden

be|ge|hen ⟨V. 145/500⟩ **etwas ~ 1** *zu Fuß benutzen;* ein häufig begangener Weg • 1.1 *prüfend abschreiten, entlanggehen;* eine Eisenbahnstrecke, Felder ~ **2** *(etwas Schlechtes) tun, verüben;* eine Dummheit, einen Fehler, eine Sünde, ein Unrecht, ein Verbrechen ~; er beging Selbstmord • 2.1 er beging die Unvorsichtigkeit, seine Pläne zu verraten *er war so unvorsichtig, …* **3** ⟨geh.⟩ *feiern;* ein Fest, seinen 75. Geburtstag, ein Jubiläum ~

be|geh|ren ⟨V.⟩ **1** ⟨500/Vr 8 (od. veraltet 700)⟩ **jmdn.** od. **jmds., etwas** od. einer **Sache ~** *sehnlich wünschen, heftig verlangen, Verlangen haben nach jmdm. od. etwas;* du sollst nicht ~ … (2. Mose, 20, 17); ein Mädchen zur Frau ~; (man kann nicht) alles haben, was das Herz begehrt; sie war eine begehrte Partnerin, Tänzerin; eine begehrte Rolle für Charakterschauspieler • 1.1 **jmdn. ~** *geschlechtliches Verlangen nach jmdm. haben;* eine Frau ~ **2** ⟨500⟩ **etwas ~** ⟨geh.⟩ *verlangen, um etwas fordernd bitten;* etwas zu wissen ~

be|geis|tern ⟨V. 500⟩ **1** ⟨Vr 8⟩ **jmdn. ~** *zur Begeisterung bringen, mit Begeisterung erfüllen;* jmdn. für eine Sache ~; er ist für nichts zu ~; die Zuhörer waren von dem Konzert begeistert; das begeisterte Publikum rief die Darsteller immer wieder vor den Vorhang; der Präsident wurde von der Bevölkerung begeistert empfangen; ein begeisterter Verehrer ihrer Kunst; er schilderte begeistert seine Reiseerlebnisse **2** ⟨Vr 3⟩ **sich ~** *in Begeisterung geraten;* dafür könnte ich mich (nicht) ~; sich für jmds. Kunst ~

Be|geis|te|rung ⟨f.; -; unz.⟩ **1** *freudige Erregung, Jubel;* einen Sturm der ~ entfesseln; die Wogen der ~ gingen hoch; ~ auslösen, entfachen, erwecken, hervorrufen; die ~ hielt nicht lange an; die ~ kannte keine Grenzen; die ~ ließ schnell nach; in glühende, große, helle ~ geraten; es herrscht allgemein ~ über …; die Zuhörer klatschten vor ~ **2** *leidenschaftlicher Eifer;* voller ~ ans Werk gehen

Be|gier|de ⟨f.; -, -n⟩ *heftiges Verlangen (a. geschlechtlich) nach etwas, leidenschaftlicher Wunsch, Gelüst;* seine ~ (nicht) bezähmen können; sich in der ~ verzehren, zu …; große, heftige, wachsende ~ haben,

verspüren nach …; voller ~ seine Augen schweifen lassen

be|gie|rig ⟨Adj.⟩ *voller Begierde, in ungeduldiger Erwartung;* er ist ~ darauf, endlich etwas Neues zu erfahren; er verfolgte sie mit ~en Blicken

be|gie|ßen ⟨V. 152/500⟩ **1 jmdm.** od. **etwas ~** *Flüssigkeit auf jmdn. od. etwas gießen;* man hat ihn mit kaltem Wasser begossen; sie begoss gerade die Blumen; den Braten ~ • 1.1 **wie** ein begossener **Pudel** abziehen, dastehen, umherlaufen ⟨fig.; umg.⟩ *kleinlaut, sehr beschämt, verlegen* **2 etwas ~** ⟨fig.; umg.⟩ *mit Alkohol feiern;* ein Ereignis, ein Wiedersehen, einen Kauf ~; das müssen wir ~! ⟨scherzh.⟩

Be|ginn ⟨m.; -(e)s; unz.⟩ *Anfang;* ~ des Schuljahres, der Vorlesungen; ~ der Vorstellung ist 20 Uhr; ich kam zu spät und versäumte den ~; den ~ des Urlaubs (vor)verlegen auf den …; pünktlicher, verfrüher, verspäteter ~; am ~, bei ~, zu ~ der Sendung; seit ~ dieses Jahrhunderts; eine Entwicklung von ihrem ~ an verfolgen; gleich zu ~

be|gin|nen ⟨V. 104⟩ Sy *anfangen* **1** ⟨400⟩ *seinen Anfang haben, nehmen;* Ggs *enden, aufhören (1);* ein Zeitraum, eine Strecke, ein Vorgang beginnt; der Unterricht beginnt um 8.00 Uhr; eine ~de Verschlechterung der Beziehungen • 1.1 jmd. beginnt *ist der Erste;* wer beginnt? • 1.2 ⟨500 od. 800⟩ eine **Tätigkeit** od. **mit** einer T. ~ *den Anfang machen mit einer T.;* Ggs *beenden;* hast du den Brief schon begonnen?; einen Bericht ~; etwas geschickt, schlau ~; ich weiß nicht, wie ich es ~ soll; mit einer Arbeit ~; von vorn, von neuem ~; sie beginnt, alt zu werden; zu weinen ~; ich beginne zu verstehen; es hat zu schneien begonnen **2** ⟨500⟩ **etwas ~** *tun, unternehmen;* was ~ wir nun?; sie weiß nicht, was sie vor Freude ~ soll **3** ⟨516 m. Modalverb⟩ **mit** jmdm. od. einer Sache **etwas ~ können** (**sollen**) *ein Ziel erreichen* • 3.1 mit einer **Sache** etwas ~ können *(zu einem Zweck) verwenden, nutzen;* was soll ich mit den Schrauben ~?; mit diesem Computer kann ich nichts ~ • 3.2 **mit jmdm.** etwas ~ können ~ • 3.2.1 *jmdm. eine Arbeit übertragen können* • 3.2.2 *sich mit jmdm. verstehen, mit jmdm. harmonieren;* mit dir kann man heute wirklich nichts ~

be|glau|bi|gen ⟨V. 500⟩ **etwas ~** *glaubhaft machen, (amtlich) bestätigen, bezeugen;* die Abschrift vom Zeugnis durch die Polizei ~ lassen; eine Unterschrift, Urkunden, Vollmachten ~; eine notariell beglaubigte Abschrift vorlegen

be|glei|chen ⟨V. 153/500; geh.⟩ **etwas ~** ⟨a. fig.⟩ *tilgen, bezahlen;* eine Rechnung ~; die Summe ist noch nicht beglichen

be|glei|ten ⟨V. 500⟩ **1 jmdn. ~** *mit jmdm. mitgehen;* darf ich Sie ~?; wir werden dich ins Konzert ~; jmdn. nach Hause ~ **2 etwas begleitet etwas** od. **jmdn.** *ist mit etwas od. jmdm. verbunden, geht mit etwas od. jmdm. einher;* die ~den Umstände waren sehr unerfreulich; jede Rolle, die sie spielt, ist von Erfolg begleitet; das Glück begleitete ihn während der ganzen Reise **3** jmdn. ~ *zum Gesang od. zu einem melodieführenden Instrument auf einem anderen*

Instrument spielen; er begleitete die Opernsängerin auf dem Klavier; kannst du mich bitte beim Flötenspiel ~?

Be|glei|tung ⟨f.; -, -en⟩ **1** *das Begleiten (1);* wäre Ihnen meine ~ angenehm?; ich habe ihr meine ~ angeboten; sich jmds. ~ anvertrauen • **1.1 in** ~ *in Gesellschaft;* ich bin in ~ von Freunden hier; der Präsident erschien in großer ~; sie wird häufig in ~ von Herrn X gesehen • **1.2** ⟨Mil.⟩ *Begleit-, Bedeckungsmannschaft* **2** ⟨Mus.⟩ *das Begleiten (3);* die ~ der Sängerin übernahm Herr K. • **2.1** *begleitende Stimme*

be|glü|cken ⟨V. 505/Vr 7 od. Vr 8⟩ **jmdn. (mit etwas)** ~ *jmdn. glücklich machen, jmdm. eine Freude machen;* jmdn. mit einem Buch, einem Geschenk, einem Kompliment ~; womit kann ich dich ~?; ein ~des Erlebnis, Gefühl; es ist ~d zu wissen, dass …; beglückt aussehen; beglückt sein über etwas; er hat uns mit seiner Gegenwart, seinem Besuch beglückt ⟨umg.; a. iron.⟩

be|glück|wün|schen ⟨V. 505/Vr 7 od. Vr 8⟩ **1 jmdn. (zu etwas)** ~ *jmdm. seine Mitfreude, Anerkennung aussprechen;* Sy *gratulieren (1);* jmdn. feierlich, herzlich, offiziell ~; jmdn. zum Geburtstag, zum Jubiläum, zur bestandenen Prüfung ~ • **1.1** du kannst dich zu deiner Entscheidung ~ *du kannst stolz auf deine E. sein*

be|gna|di|gen ⟨V. 500⟩ **jmdn.** ~ *jmds. Strafe vermindern od. erlassen;* jmdn. vom Tode Verurteilten ~

be|gnü|gen ⟨V. 505/Vr 3⟩ **sich (mit etwas)** ~ *mit etwas zufrieden sein, sich mit etwas zufriedengeben;* ich begnüge mich damit; sie hat sich mit der Mitteilung begnügt

be|gra|ben ⟨V. 157/500⟩ **1** ⟨Abk. für das Part. Perf.: begr.⟩ **jmdn.** ~ *beerdigen, bestatten, zu Grabe tragen;* gestern haben sie ihn auf dem Südfriedhof ~; jmdn. in aller Stille ~; wo ist, liegt er ~? • **1.1** ⟨Vr 3⟩ sich ~ lassen können ⟨fig.; umg.⟩ *zu nichts zu gebrauchen sein* • **1.2** an einem Ort nicht ~ sein wollen ⟨fig.; umg.⟩ *sich an einem O. unter keinen Umständen aufhalten wollen* • **1.3** in den Wellen ~ sein ⟨poet.⟩ *ertrunken* **2** ⟨511⟩ **jmdn. od. etwas unter etwas** ~ *verschütten, mit etwas bedecken;* unter den Trümmern eines Hauses ~ werden **3 eine Sache** ~ *aufgeben, ganz auf eine S. verzichten;* Feindschaft, Freundschaft, Liebe ~; diese Hoffnung habe ich längst ~; lass uns unseren Streit endlich ~; längst ~e Hoffnungen werden dadurch wieder wach

Be|gräb|nis ⟨n.; -ses, -se⟩ *das Begraben (1), Bestattung, Beisetzung eines Toten;* ein großes Staats~; zu einem ~ kommen; an einem ~ teilnehmen

be|grei|fen ⟨V. 158/500⟩ **1** ⟨Vr 7 od. Vr 8⟩ **jmdn. od. eine Sache** ~ *verstehen, eine Sache od. jmds. Verhalten nachvollziehen können;* etwas allmählich, langsam, leicht, mühsam, schnell, schwer ~; hast du es jetzt endlich begriffen?; können Sie mich ~?; es ist ganz einfach nicht zu begreifen **2** ⟨550⟩ **etwas in sich** ~ *enthalten, einschließen;* die Frage begreift die Antwort in sich **3 einen Gegenstand** ~ ⟨veraltet⟩ *anfassen, betasten*

be|gren|zen ⟨V. 500⟩ **etwas** ~ **1** *in Grenzen einschließen, mit Grenzen versehen, umranden;* den Garten durch eine Hecke, einen Zaun ~; die Fahrrinne durch Seezeichen ~ • **1.1 etwas** begrenzt **etwas** *bildet die Grenze zu etwas, schließt an etwas an;* im Norden ~ Berge das Land **2** ⟨505; fig.⟩ *beschränken, einengen;* ein Arbeitsgebiet, ein Thema ~ auf …; die Redezeit der Diskussionsteilnehmer auf fünf Minuten ~; meine Zeit ist begrenzt • **2.1** er hat einen begrenzten Horizont ⟨fig.; umg.⟩ *er ist geistig wenig rege, er hat geringe geistige Interessen*

Be|griff ⟨m.; -(e)s, -e⟩ **1** *meist mit einem Wort benannte, von den sinnlichen Empfindungen u. Wahrnehmungen abgeleitete Verallgemeinerung des Inhalts von Sachen der Außenwelt u. der menschlichen Vorstellung;* mathematischer ~; ein deutlicher, eindeutiger, falscher ~; ich muss diesen ~ umschreiben, da mir das rechte Wort dafür fehlt; ich weiß diesen ~ nicht klar zu benennen, bezeichnen **2** *Vorstellungsvermögen, Fähigkeit, etwas zu verstehen;* sich einen ~ von etwas machen; einen, keinen deutlichen ~ von etwas haben; das geht über meine ~e; langsam, leicht, schwer von ~ sein ⟨umg.⟩ • **2.1 für** meine ~e, **nach** unseren ~en *Ansichten, Meinungen* **2.2** sich einen (keinen) **von** etwas machen *(nicht) ahnen, (k)einen Eindruck bekommen;* du machst dir keinen ~ davon, was da los war • **2.3** ein **sein** *bekannt, berühmt sein;* ist dir das ein ~?; dieser Name ist mir kein ~; ein ~ für Qualität; ~ **2.4 über alle** ~ *außerordentlich* **3 im** ~ **sein,** stehen, etwas zu tun *gerade anfangen, beginnen;* ich bin im ~ zu gehen

be|grif|fen 1 ⟨Part. Perf. von⟩ *begreifen* **2** ⟨Adj. 24/40; nur in der Wendung⟩ **in etwas** ~ **sein** *mit etwas beschäftigt sein, (gerade) dabei sein;* das neue Konzept ist bisher noch in der Entwicklung ~; er ist mitten in den Reisevorbereitungen ~; die Pflanzen sind im Wachstum ~

be|grün|den ⟨V. 500⟩ **etwas** ~ **1** *den Grund legen für etwas, gründen;* eine neue Lehre ~; ein Geschäft, einen Hausstand ~ **2** *(durch Gründe) erklären;* seine Ablehnung, seine Abwesenheit, seinen Antrag, sein Verhalten ~; eine Behauptung ~; sie begründete ihr Fehlen mit Krankheit; wie willst du das ~?; womit begründest du das?; eine begründete Abneigung gegen etwas haben, hegen; es besteht begründete Hoffnung, dass …; halte ich für nicht begründet • **2.1 etwas ist in/ durch etwas** begründet *hat seinen Grund in etwas, erklärt sich aus etwas;* das ist in seiner schlechten Erziehung begründet; ihr Verhalten ist durch mangelndes Mitgefühl begründet **3** ⟨Part. Präs.⟩ ~d = *kausal (2)*

be|grü|ßen ⟨V. 500⟩ **1** ⟨Vr 8⟩ **jmdn.** ~ *bei einer Begegnung, beim Empfang grüßen, willkommen heißen;* jmdn. freundlich, herzlich, kühl, liebenswürdig, offiziell, unfreundlich ~; jmdn. mit großer Herzlichkeit, mit freundlichen Worten ~ **2 eine Sache** ~ ⟨fig.⟩ *billigen, für erfreulich, gut, richtig halten;* wir ~ es sehr, dass …; auch ich würde es ~, wenn …; wir ~ seinen Entschluss, seinen Plan, sein Verhalten, sein Vorhaben **3 jmdn.,** bes. **eine Behörde** ~

begünstigen

⟨schweiz.⟩ *sich an jmdn. wenden, um seine Meinung zu erfahren, seine Unterstützung zu erhalten*

be|güns|ti|gen ⟨V. 500/Vr 8⟩ **1** *jmdn. od.* **etwas** ~ *vorziehen, bevorzugen;* seine Mutter hat ihn vor den anderen Geschwistern begünstigt; er war vom Schicksal begünstigt; sein Unternehmen ist vom Glück begünstigt; meistbegünstigt, steuerbegünstigt; begünstigt durch das milde Klima **2** *jmdn. od.* **etwas** ~ *fördern, Beihilfe leisten;* ein Verbrechen ~; die Flucht eines Verbrechers ~

be|gut|ach|ten ⟨V. 500⟩ *etwas od.* **jmdn.** ~ **1** *etwas od. jmdn. beurteilen, prüfen, ein Gutachten über etwas od. jmdn. abgeben;* die Qualität von Fleisch, Gemüse, Saatgut ~; die Wehrpflichtigen wurden begutachtet **2** *prüfend anschauen, mustern;* sie begutachtete die Kleidung der Gäste; das Essen wurde von den Kindern kritisch begutachtet

be|gü|ti|gen ⟨V. 500; veraltet⟩ **jmdn.** ~ *jmdm. gut zureden, jmdn. beruhigen, besänftigen, beschwichtigen;* er versuchte, den aufgebrachten Mann zu ~; sie war durch das Geschenk schnell begütigt; begütigend lächeln; auf jmdn. ~d einreden

be|haa|ren ⟨V. 500/Vr 3⟩ **sich** ~ *Haare bekommen;* die behaarten Stellen des Körpers; dicht, spärlich, stark behaart

be|hä|big ⟨Adj.; häufig abwertend⟩ **1** *beleibt, dicklich u. dabei bequem;* ein ~er Herr; er ist im Alter recht ~ geworden; ein ~es Leben führen ● **1.1** ⟨fig.⟩ *umfangreich, breit;* ein alter ~er Sessel; die Möbel wirkten ~ und gediegen **2** *langsam, schwerfällig;* ~ daherkommen; in ~er Ruhe; mit ~er Stimme **3** ⟨schweiz.⟩ *wohlhabend*

be|haf|tet ⟨Adj. 46⟩ **mit etwas** ~ **sein** *mit etwas Unangenehmem versehen, belastet sein;* er war mit einer ansteckenden Krankheit ~; die Sache ist mit einem Fehler, Makel ~

be|ha|gen ⟨V. 600⟩ **etwas behagt jmdm.** ⟨geh.⟩ *etwas gefällt jmdm., sagt jmdm. zu, ist jmdm. angenehm;* der Unbekannte behagte mir nicht; ihm scheint dein Vorhaben zu ~

Be|ha|gen ⟨n.; -s; unz.⟩ *Zufriedenheit, Wohlgefallen;* sein ~ finden an, in …; außerordentliches, äußerstes, nur geringes, größtes ~; mit ~ essen; den Wein mit ~ schlürfen; voller ~ lauschen, zuhören

be|hag|lich ⟨Adj.⟩ **1** *Behagen verbreitend, gemütlich, angenehm;* ein ~es Leben führen; ~e Wärme verbreitend; ein ~es Zimmer; die Wohnung ~ einrichten; obwohl er nur eine kleine Wohnung besitzt, hat er es sich doch recht ~ gemacht **2** *Behagen empfindend, bequem;* ~ seine Pfeife rauchen

be|hal|ten ⟨V. 160/500⟩ **1** *jmdn. od.* **etwas** ~ *nicht weg-, hergeben, zurückhalten, bei sich lassen;* wir haben unseren Gast über Nacht bei uns ~; etwas widerrechtlich ~; eine Ware auf Lager ~ ● **1.1** den Hut auf dem Kopf ~ *nicht abnehmen* **2** *jmdn. od.* **etwas** (im Gedächtnis) ~ *im Bewusstsein, im Gedächtnis bewahren, sich merken, nicht vergessen;* ich habe von seinen Ausführungen nichts ~; ich kann seinen Namen einfach nicht ~; jmdn. in gutem Andenken ~; im Kopf ~ ● **2.1** ein Geheimnis **für sich** ~ *es nicht ausplaudern* **3** *etwas* ~ *unverändert lassen, bleiben, weiterhin haben;* er hat sein jugendliches Aussehen ~; Schmuck wird im Allgemeinen seinen Wert ~; du hast wieder einmal Recht ~; er konnte seine Stellung (nicht) ~; →a. *Auge* (3.4), *Kopf* (6.2)

Be|häl|ter ⟨m.; -s, -⟩ *ein (meist verschließbarer) Hohlkörper, der zur Aufbewahrung od. zum Transport von festen, flüssigen u. gasförmigen Stoffen dient, z. B. Becken, Etui, Kasten, Topf, Tank, Truhe usw.;* ein großer, kleiner ~; ein ~ für Öl, Wasser, Kohlen; einen ~ öffnen, leeren; Metall~, Holz~; Benzin~, Gas~; Brief~; Versand~

be|händ ⟨Adj.⟩ = *behände*

be|hän|de ⟨Adj.⟩ *flink u. geschickt, gewandt;* oV *behänd;* sie ist ~ wie eine Katze; mit einem ~n Sprung warf er sich zur Seite

be|han|deln ⟨V. 500⟩ **1** ⟨513/Vr 8⟩ *jmdn. od.* **etwas** ~ (mit) *sich beschäftigen mit jmdm. od. etwas, um auf ihn od. es einzuwirken;* die Apparate, Maschinen usw. müssen mit größter Sorgfalt behandelt werden; mit Säure, Wärme ~; jmdn. mit ausgesuchter Höflichkeit, mit Hochachtung ~; er hat ihn als Freund behandelt; er ist leicht, schwierig zu ~; jmdn. gut, freundlich, liebevoll, schlecht, schonend, ungerecht, unwürdig, verständnisvoll ~ ● **1.1** ⟨Vr 7 od. Vr 8⟩ einen **Kranken** od. eine **Krankheit** ~ *auf einen Kranken od. eine Krankheit (als Arzt) heilend u. helfend einwirken;* sich gegen Kreislaufbeschwerden ~ lassen; sich ärztlich ~ lassen; das Geschwür muss vom Arzt behandelt werden; von wem werden Sie behandelt?; wer hat Sie bisher behandelt?; ~der Arzt ist Dr. X **2** *ein* **Thema,** *einen* **Gegenstand** ~ *einem Vortrag, einer Lehrveranstaltung zugrunde legen, darüber sprechen u. diskutieren;* etwas ausführlich, erschöpfend, fachmännisch, falsch, flüchtig, kurz, sorgfältig ~; das Drama, der Roman behandelt die Bauernkriege ● **2.1** eine **Angelegenheit** (bevorzugt) ~ *erledigen, mit einer A. fertigwerden*

Be|hand|lung ⟨f.; -, -en⟩ **1** ⟨unz.⟩ *das Behandeln, Art u. Weise, mit jmdm. umzugehen;* diese ~ lasse ich mir nun nicht länger gefallen! **2** *das Bearbeiten (mit einem Mittel), Auftragen (auf etwas);* die ~ von Obst mit Pflanzenschutzmitteln **3** *das Behandeltwerden* ● **3.1** sich in **ärztliche** ~ *begeben einen Arzt konsultieren, zu einem Arzt in die Sprechstunde gehen* **4** *Besprechung, Auseinandersetzung, Untersuchung;* die ~ eines Themas

Be|hang ⟨m.; -(e)s, -hän|ge⟩ **1** *das, was an jmdm. od. etwas hängt* ● **1.1** *Wandteppich;* Wand~; kunstvoll gestickte Behänge **2** ⟨Jägerspr.⟩ *Ohren des Jagdhundes*

be|hän|gen ⟨V. 517/Vr 7 od. Vr 8⟩ **1** *jmdn. od.* **etwas mit etwas** ~ *mit etwas, was man aufhängen kann, versehen, ausstatten;* die Wände mit Bildern, Fotografien, Gemälden, Teppichen ~; den Christbaum mit bunten Kugeln und Lametta ~; die Tür mit Girlanden ~ ● **1.1** ⟨Vr 3⟩ **sich mit Schmuck** ~ ⟨umg.; abwertend⟩ *zu viel S. tragen;* sich mit Perlen ~ **2** ⟨500⟩ einen Leit- od. Schweiß**hund** ~ ⟨Jägerspr.⟩ *ihn an der Leine abrichten*

be|har|ren ⟨V. 800⟩ **1 auf, bei etwas** ~ *an etwas festhalten, auf etwas bestehen;* auf einer Ansicht, einem Entschluss, einer Meinung ~; er beharrte bei seinem Irrtum **2 in etwas** ~ *bleiben, standhaft in etwas sein;* er beharrte in seinem Trotz; in Ergebenheit, Liebe, Treue ~

be|haup|ten ⟨V. 500⟩ **1 etwas** ~ *etwas für wahr, zutreffend erklären (ohne es zu beweisen);* er behauptete, mich (nicht) gesehen zu haben; das kannst du nicht einfach ~, wenn du es nicht beweisen kannst; du willst doch nicht etwa ~, dass … **2 etwas** ~ *erfolgreich verteidigen, aufrechterhalten;* seine Meinung, seinen Standpunkt, seine Stellung ~; das Feld ~ ⟨a. fig.⟩ **3** ⟨Vr 3⟩ **sich** ~ *standhaft bleiben, sich durchsetzen;* es gelang ihm mühelos, nicht, schnell, sich in seiner neuen Stellung zu ~

Be|haup|tung ⟨f.; -, -en⟩ **1** *bestimmte, aber nicht bewiesene Äußerung einer Ansicht;* eine ~ aufstellen, vorbringen, zurücknehmen; die Tatsachen beweisen, widerlegen deine ~; wir wollen die ~ gelten lassen; eine gewagte, kühne, unhaltbare, unverschämte ~; bei seiner ~ bleiben; er geht von seiner ~ nicht ab; wie kommst du zu dieser ~? **2** ⟨unz.; geh.⟩ *das Sichbehaupten;* →a. *behaupten (3);* die ~ des Rechtes, der Freiheit; Macht~; Selbst~

be|he|ben ⟨V. 163/500⟩ **1 etwas** ~ *beseitigen;* einen Mangel, einen Schaden ~; er hat rasch alle Zweifel, Schwierigkeiten behoben **2 Geld** ~ ⟨österr.⟩ *von der Bank, von seinem Konto abheben*

be|hel|fen ⟨V. 165/500/Vr 3⟩ **1 sich (mit etwas)** ~ *sich zu helfen wissen, sich (einstweilen) einen Ersatz nehmen;* du musst dich vorübergehend mit diesem alten Mantel ~; ich habe mich mit einem Sofa beholfen; sich kümmerlich, notdürftig mit etwas ~ **2 sich ohne jmdn.** od. **etwas** ~ *ohne jmdn.* od. *etwas auskommen;* er musste sich ohne sein Auto ~; du wirst dich schon ohne uns zu ~ wissen; er hat sich ohne Geld ~ müssen

be|helfs|mä|ßig ⟨Adj.⟩ *vorübergehend, provisorisch, als notdürftiger Ersatz dienend;* ein Lager für Flüchtlinge ~ errichten; eine ~e Konstruktion, Wohnungseinrichtung

be|hel|li|gen ⟨V. 505/Vr 8⟩ **jmdn.** ~ *belästigen;* darf ich Sie mit einer Bitte, Frage ~?; sein Nachbar hat ihn ständig mit verschiedenen Angelegenheiten behelligt

be|hend ⟨alte Schreibung für⟩ *behänd*
be|hen|de ⟨alte Schreibung für⟩ *behände*

be|her|ber|gen ⟨V. 500⟩ **1 jmdn.** ~ *jmdm. Unterkunft geben, jmdn. unterbringen;* er hat sie in seinem Haus beherbergt; ich beherberge den Gast einige Tage **2 etwas** ~ ⟨fig.; geh.⟩ *bei sich, in sich haben, den Raum bieten für;* eine Hoffnung, einen Gedanken, ein Gefühl ~; das ehemalige Schloss beherbergt jetzt ein Museum

be|herr|schen ⟨V. 500⟩ **1 jmdn.** od. **etwas** ~ *über jmdn.* od. *etwas herrschen, Macht haben, regieren;* sie beherrscht ihn völlig; ein Land ~; er ist von dem Wunsch beherrscht, … **2** ⟨Vr 7⟩ **etwas** od. **sich** ~ *in der Gewalt haben, zügeln;* seine Leidenschaften, seine Miene, seinen Zorn ~; sie weiß sich zu ~; er kann sich gut, schlecht, schwer ~; ein beherrschter Mensch; sehr beherrscht erscheinen, sein; beherrscht sprechen • **2.1** ⟨Vr 3⟩ ich kann mich ~! ⟨umg.⟩ *ich denke nicht daran, ich werde mich hüten;* **3 etwas** ~ *können, meistern, sehr bewandert sein in etwas;* eine Kunst, eine Sprache, eine Technik, ein Thema, ein Wissenschaftsgebiet ~ **4 etwas beherrscht etwas** *überragt etwas (wirkungsvoll);* der Berg beherrscht die Insel; der Kirchturm beherrscht die ganze Stadt; der ~de Gedanke seiner Ausführungen war …

Be|herr|schung ⟨f.; -; unz.⟩ **1** *das Beherrschen, Sichbeherrschen;* die ~ eines Volkes • **1.1** die ~ **verlieren** *sich nicht mehr unter Kontrolle haben, wütend, ungehalten werden* **2** *Können, Fähigkeit, Vermögen;* ~ mehrerer Sprachen; die ~ eines Fahrzeugs

be|her|zi|gen ⟨V. 500⟩ **etwas** ~ *sich zu Herzen nehmen, sich merken u. danach richten;* einen Rat, seine Worte ~; ich habe deine Warnung beherzigt

be|herzt ⟨Adj.⟩ *mutig, tapfer, unerschrocken, entschlossen;* seinem ~en Handeln, Vorgehen war es zu danken, dass …; ~ vorgehen, zupacken, an etwas herangehen

be|hilf|lich ⟨Adj. 40; nur in der Verbindung⟩ **jmdm.** ~ **sein** *jmdm. helfen;* würden Sie mir wohl dabei ~ sein?; er ist gern, jederzeit ~; er war mir beim Umzug ~

be|hin|dern ⟨V. 505/Vr 7 od. Vr 8⟩ **1 jmdn.** od. **etwas** ~ *jmdn.* od. *etwas an etwas hindern, Hindernisse in den Weg legen;* ein Hustenanfall behinderte ihn beim Sprechen; die Kinder haben ihn bei seiner Arbeit behindert; er ist durch seine Verwundung schwer behindert; die Militärkolonne behindert den Verkehr; jmdn. in seinem Fortkommen ~ • **1.1 jmdn.** ~ ⟨Sp.⟩ *jmdm. den Wettkampf unfair erschweren;* am, beim Laufen ~; er hat den Gegner durch Festhalten, Versperren des Weges behindert

be|hin|dert ⟨Adj. 24⟩ **1** ⟨Part. Perf. von⟩ *behindern* **2** *bezüglich der körperlichen* od. *geistigen Verfassung dauerhaft beeinträchtigt;* der Junge ist schon von Geburt an ~; ein Kindergarten für körperlich ~e Kinder; seh~

Be|hin|der|te(r) ⟨f. 2 (m. 1)⟩ *jmd., dessen körperliche* od. *geistige Verfassung dauerhaft beeinträchtigt ist;* Arbeitsplätze für ~; Körper~; Hör~

Be|hör|de ⟨f.; -, -n⟩ **1** *Organ zur Erledigung von Amtsgeschäften in Bund, Land, Gemeinde u. Kirche, bestehend aus Verwaltungsapparat u. Bediensteten;* die hierfür zuständige ~ war nicht vorgesetzte ~; ein Vertreter der ~ sprach zu den Versammelten **2** *der Raum, das Gebäude, in dem diese Bediensteten untergebracht sind*

be|hü|ten ⟨V.⟩ **1** ⟨500⟩ **jmdn.** od. **etwas** ~ *in seinen Schutz nehmen, bewachen;* er hat in unserer Abwesenheit die Kinder, das Haus behütet; einen Schatz ~; jmdn. liebevoll, fürsorglich, sorgsam ~; jmdn. wie seinen Augapfel ~ ⟨geh.⟩ • **1.1** behüt dich **Gott** ⟨veraltet; geh.⟩ *Gruß zum Abschied* **2** ⟨505⟩ **jmdn.** od. **etwas (vor jmdm.** od. **etwas)** ~ *bewahren;* sie hat

behutsam

das Kind davor behütet, dass …; jmdn. vor jmds. Einfluss, vor Gefahr, vor Unheil ~; ein Geheimnis ~ • **2.1 Gott** behüte (mich davor)! ⟨umg.⟩ *Ausruf der entschiedenen Ablehnung*

be|hut|sam ⟨Adj.⟩ *sorgsam, vorsichtig, umsichtig, zart*; jmdm. eine Nachricht ~ beibringen; ein Problem ~ anfassen; wir müssen ~ vorgehen; eine ~e Hand, Stimme

bei ⟨Präp.⟩ **1** ~ einem **Ort** *in der Nähe von, neben*; in der Schlacht ~ Leuthen; Borsdorf ~ Leipzig; gleich ~m Flugplatz befindet sich …; dicht ~ der Fabrik gelegen • **1.1** hier steht **Haus** ~ **Haus** *stehen die Häuser dicht nebeneinander* • **1.2** ~ einem **Arbeitgeber**, einer Firma, einer Behörde sein *als Arbeitnehmer tätig, dort beschäftigt, angestellt*; er arbeitet ~ der Firma …; er dient ~ der Bundeswehr; er ist ~ der Bahn, ~ der Post; Botschafter ~m Vatikan • **1.3** ~m Verlag, ~m Bäcker *in den Geschäftsräumen von*; gedruckt ~ (auf Buchtiteln) • **1.4** ~ **jmdm.** sein *in der Wohnung, im Haus von jmdm.*; er wohnt ~ einer netten alten Dame; er ist heute ~ meinem Bruder; wollen Sie ~ uns zu Mittag essen?; wollen wir nicht alle zusammen ~ uns Silvester feiern?; ~ Hofe war es üblich, dass …; wir werden ~ ihm auf euch warten; ~ mir, ~ uns zu Hause • **1.5** ~ einem **Volk**, einer **Gruppe** von Personen *in dem Land, im Gebiet von*; ~ den Germanen war es Brauch; ~ den Engländern wird Weihnachten so gefeiert: … • **1.6** ~ Goethe *in den Werken von G.* • **1.7** Unterricht haben ~ jmdm. *veranstaltet durch jmdn.*; Vorlesungen hören ~ Professor …; sie nimmt Gesangsunterricht ~ Frau … • **1.8** *(Teil eines Gegenstandes, einer Person)*; Sy *an*; ~ der Hand nehmen; jmdn. ~ den Ohren ziehen; ~m Henkel anfassen; den Hund ~m Schwanz packen • **1.8.1** die Gelegenheit ~m **Schopf(e) fassen** ⟨fig.⟩ *eine günstige Gelegenheit schnell wahrnehmen* • **1.8.2** etwas ~ **der Hand** haben *griffbereit* • **1.8.3** sie sind schon ~ Tisch *sie essen bereits* **2** ⟨mit Reflexivpronomen⟩ • **2.1 jmd.** (hat etwas) ~ **sich** *besitzt etwas, trägt etwas in seiner Hand, an seinem Körper*; der flüchtige Verbrecher hat eine Schusswaffe ~ sich; genügend, kein Geld ~ sich haben; ich habe die Wagenpapiere nicht ~ mir • **2.2** jmd. **denkt** ~ **sich** *im Inneren, ohne es zu äußern*; ich dachte ~ mir • **2.3 jmd. sagt** etwas ~ **sich** *kaum verständlich* • **2.4** jmd. **ist** nicht ~ **sich** *ist sich einer Sache nicht bewusst* **3** (**Zeit, Dauer**) *während, als, zur Zeit von*; ~ Tage, Nacht, ~ Sonnenaufgang; ~ Lebzeiten meiner Eltern • **3.1** sich ~ **Tag und Nacht sorgen** um … *ständig* **4** *in Verbindung mit*; ~ dieser Präposition steht der Genitiv; hast du nichts Ungewöhnliches ~ ihm bemerkt?; kommt das oft ~ ihm vor?; • **4.1** alles ~m **Alten** lassen *nichts ändern* • **4.2** ~ bestimmten **Umständen** *in Anbetracht, angesichts, wenn es so u. so ist*; ~ derartigen Unglücksfällen; ~ näherer Betrachtung; nicht ~ Besinnung sein; ~ Appetit sein; ~ (guter) Laune sein; (noch nicht) wieder ~ Kräften sein; der Tenor ist heute nicht ~ Stimme; ~ einer Flasche, einem Glas Wein gemütlich zusammensitzen; feierlich ~ Kerzenlicht essen • **4.2.1** ~ **Wasser und Brot** sitzen *eine Gefängnisstrafe verbüßen* • **4.2.2** du bist **nicht** recht ~ **Trost** ⟨fig.⟩ *nicht recht bei Verstand* • **4.2.3** gut, schlecht ~ **Kasse** sein ⟨umg.⟩ *mit Geld versehen* **5** ~ einer **Tätigkeit,** einem **Vorgang** *augenblicklich beschäftigt mit, stattfindend*; ~ Regen bleiben wir zu Hause; ~ meiner Abfahrt, Ankunft, meinem Aufenthalt in …; ~ der Arbeit; ~m Frühstücken, ~m Waschen; ~ den Reisevorbereitungen; ~m Erwachen; Vorsicht ~ der Einfahrt des Zuges, Vorsicht ~m Aussteigen! • **5.1** ~ einem **Zustand** *bestehend*; ~ fünf Grad unter dem Gefrierpunkt **6** (**Ursache, Grund**) ~ *aufgrund von, unter Berücksichtigung von, angesichts*; ~ dieser Nachricht, diesen Worten; ~ seinen Fähigkeiten sollte es ihm gelingen; ~ so vielen Schwierigkeiten sehe ich lieber davon ab; ~ so vielen Besuchern, Teilnehmern, Zuschauern wird es möglich sein; ~ diesem Regen, deiner Erkältung bleiben wir zu Hause; das Unangenehme ~ dieser Angelegenheit ist …; ~ alledem; ~ seiner Jugend • **6.1** ~ all seiner Klugheit konnte er doch nicht verhindern … *trotz* • **6.2** Betreten ~ **Strafe** verboten *B. wird bestraft* • **6.3** jmdn. ~ seinem **Namen** rufen *mittels, mit Hilfe* **7** *(zur Einleitung von Formeln zur Beteuerung)*; ~ Gott! (Schwurformel); ~ meiner Ehre!; ~m Bart(e) des Propheten (schwören) ⟨umg.; scherzh.⟩ **8** ~ 3000 Mann ⟨veraltet; vor Mengenangaben⟩ *ungefähr* **9** ~ **weitem/ Weitem** *überaus, viel, ganz und gar*; ~ weitem/Weitem nicht zufrieden sein; das ist ~ weitem/Weitem besser, schöner

bei|be|hal|ten ⟨V. 160/500⟩ *eine Sache ~ weiterhin behalten, (wie gewohnt) fortführen, nicht aufgeben*; diese regelmäßigen Treffen werden wir ~; eine Angewohnheit, Mode, einen Brauch ~

bei|brin|gen ⟨V. 118⟩ **1** ⟨530/Vr 5 od. Vr 6⟩ **jmdm. etwas** ~ *jmdn. etwas lehren, jmdn. in etwas unterweisen*; jmdm. gutes Benehmen, das Tennisspielen, die Zeichensetzung ~; ich werde dir schon noch die Flötentöne ~! ⟨fig.; umg.⟩ **2** ⟨530⟩ **jmdm. etwas** ~ *schonend mitteilen, zu verstehen geben*; wir müssen ihm ~, dass sie abgesagt hat **3** ⟨530⟩ **jmdm. etwas** ~ *zufügen*; jmdm. eine Niederlage, einen Schlag, Verluste, eine Wunde ~ • **3.1** jmdm. eine **Arznei, Gift** ~ *einflößen* **4** ⟨500⟩ **jmdn.** od. **etwas** ~ *herbeiholen, beschaffen*; Zeugen, Zeugnisse ~

Beich|te ⟨f.; -, -n⟩ **1** *Geständnis, Bekenntnis*; er hörte sich die ~ seines Freundes, seines Kindes an; ich muss dir eine ~ ablegen ⟨umg.; scherzh.⟩ **2** ⟨christl. Rel.⟩ *öffentliches od. geheimes Aussprechen seiner Sünden*; die ~ ablegen; die ~ abnehmen, hören; zur ~ gehen; allgemeine ~ (ev. Kirche) • **2.1** der **Geistliche hört, sitzt** ~ *der G. sitzt im Beichtstuhl u. hört die Beichte an*

beich|ten ⟨V.⟩ **1** ⟨503/Vr 6⟩ (**jmdm.**) **etwas** ~ *etwas Bedrückendes, eine Schuld, ein Vergehen bekennen, gestehen*; ich muss dir etwas ~; er hat seiner Mutter alles gebeichtet **2** ⟨402; christl. Rel.⟩ *öffentlich od. geheim Sünden bekennen*; in Demut, voller Reue ~; beim Pfarrer, beim Kaplan ~; ~ gehen; seine Sünde ~

bei|de ⟨Pron. 10 (Pl.)⟩ **1** *alle zwei* • 1.1 ~ *Mal* kam er zu spät *(alle) zwei Mal* • 1.2 *mit ~n Beinen, Füßen auf der Erde stehen* ⟨fig.⟩ *das Leben richtig anpacken, Wirklichkeitssinn haben*

◆ Die Buchstabenfolge **bei|ein…** kann in Fremdwörtern auch **bei|e|in…** getrennt werden.

◆ **bei|ein|an|der** ⟨Adv.⟩ **1** *einer beim anderen, nahe zusammen;* am Sonntag muss die ganze Familie ~ sein • 1.1 *gut ~ sein gesund, rüstig, sein;* er ist mit seinen 80 Jahren noch gut ~ • 1.2 *nicht recht,* nicht ganz ~ sein *nicht recht bei Verstand sein;* er ist wohl nicht ganz ~!

◆ **bei|ein|an|der|ha|ben** ⟨V. 159/500⟩ **1** *etwas ~ etwas zusammengebracht, beisammen haben;* er hat alle Unterlagen, Bücher beieinander **2** *seine Gedanken, seine fünf Sinne ~ seine Gedanken sammeln, sich konzentrieren* • 2.1 *du hast wohl nicht alle beieinander!* ⟨umg.⟩ *du bist nicht gescheit, nicht recht bei Verstand*

bei|ein|an|der‖sein ⟨alte Schreibung für⟩ *beieinander sein*

◆ **bei|ein|an|der|sit|zen** ⟨V. 246/400⟩ *einer neben dem anderen sitzen, zusammensitzen*

Bei|fah|rer ⟨m.; -s, -⟩ *jmd., der (vorne) neben dem Fahrer eines Kraftfahrzeugs sitzt*

Bei|fah|re|rin ⟨f.; -, -rin|nen⟩ *weibl. Beifahrer*

Bei|fall ⟨m.; -(e)s; unz.⟩ **1** *Billigung, Zustimmung;* ~ äußern, ernten, finden, haben, klatschen, zollen; das Stück fand bei den Zuschauern großen ~; der Vorschlag findet allgemein ~ **2** *Händeklatschen (als Ausdruck der Zustimmung, Begeisterung), Applaus;* ein Sturm des ~s brach los; anhaltender, begeisterter, brausender, herzlicher, jubelnder, nicht enden wollender, spärlicher, starker, tosender, verdienter ~; ~ für eine Darbietung, für einen Künstler; unter dem ~ von Tausenden; vom ~ umbrandet, umwogt **3** ⟨Getrennt- u. Zusammenschreibung⟩ • 3.1 ~ heischend = *beifallheischend*

bei|fall|hei|schend *auch:* **Bei|fall hei|schend** ⟨Adj. 24⟩ *um Beifall werbend, Beifall erwartend, nach Zustimmung, Lob strebend;* er blickte ~ in die Runde

bei|fäl|lig ⟨Adj. 90⟩ *billigend, zustimmend;* ~ nicken; eine ~e Äußerung, Bemerkung

bei|fü|gen ⟨V. 530⟩ *einer Sache etwas ~ beilegen, hinzufügen;* einer Sendung etwas ~; dem Geschenk war noch eine Grußkarte beigefügt; das beigefügte Gutachten

beige ⟨[bεːʒ] Adj. 11⟩ *von der natürlichen Farbe der Wolle, sandfarben, gelbbraun*

bei|ge|ben ⟨V. 143/530⟩ **1** *einer Sache etwas ~ als Ergänzung geben, hinzufügen;* dem Gulasch noch etwas Paprika ~; dem Reiseführer eine Landkarte ~ **2** *jmdm. jmdn. ~ jmdm. jmdn. zur Unterstützung, zur Hilfe, zur Verfügung stellen;* den Bergsteigern einen Bergführer ~; dem Fahrer einen Helfer ~ **3** ⟨410⟩ *klein ~* ⟨fig.; umg.⟩ *sich fügen, den Widerstand aufgeben;* nachdem er lange gedroht hatte, gab er schließlich klein bei

Bei|ge|schmack ⟨m.; -(e)s, -schmä|cke⟩ **1** *Nebengeschmack, der den eigentlichen Geschmack verdrängt;* ein bitterer, süßlicher ~; der Wein hat einen merkwürdigen ~ **2** ⟨fig.⟩ *störende Nebeneigenschaft;* diese Angelegenheit hat einen unangenehmen ~

Bei|hil|fe ⟨f.; -, -n⟩ **1** *kleine finanzielle Hilfe, Unterstützung, z. B. für Beamte;* ~ des Landes NRW für seine Beamten; jmdn. mit einer ~ unterstützen • 1.1 *Stipendium;* Studien~ **2** ⟨Rechtsw.⟩ *wissentliche Hilfe bei einer Straftat;* die Anklage lautet auf ~ zum Mord; ~ zu einem Verbrechen leisten

Bei|klang ⟨m.; -(e)s, -klän|ge⟩ **1** *Nebenton, mitschwingender Klang;* die Musik hat einen fremdartigen ~ **2** ⟨unz.; fig.⟩ *heraushörendes Gefühl;* seine Worte haben einen ~ von Unbehagen

bei|kom|men ⟨V. 170/600(s.)⟩ **1** *jmdm. ~ jmdn. zu fassen bekommen;* ihm ist absolut nicht beizukommen • 1.1 ⟨fig.⟩ *aus der Zurückhaltung herauslocken* **2** *einer Sache ~ eine S. meistern, mit einer S. fertigwerden;* ich weiß nicht, wie ich der Sache ~ soll **3** *sich etwas ~ lassen* ⟨umg.⟩ *sich einfallen lassen*

Beil ⟨n.; -(e)s, -e⟩ **1** *Hauwerkzeug mit kurzem Stiel u. breiter, einseitiger Schneide zum Be- u. Zerhauen von Holz u. Fleisch;* mit dem ~ zerhacken, zerkleinern, spalten; ein kleines, scharfes, stumpfes ~; ein ~ schleifen, schärfen; Feuerwehr~, Fleischer~, Henker(s)~, Kriegs~ • 1.1 *Gerät zur Hinrichtung;* durch das ~ hinrichten; Fall~

Bei|la|ge ⟨f.; -, -n⟩ **1** *etwas, was zu einem Druckwerk beigelegt wird;* die literarische ~ einer Zeitung; diese Zeitschrift erscheint mit einer wissenschaftlichen ~; Mode~, Reklame~, Roman~ • 1.1 ⟨schweiz.; österr.⟩ *Anlage (zu einem Brief o. Ä.)* **2** *einem Gericht beigegeben wird;* Kartoffeln, Reis als ~ zum Fleisch; Salat als ~ zum Braten; Gemüse~ **3** ⟨Tech.⟩ *Streifen aus Blech zum Ausgleichen von Spielräumen bei Maschinen*

bei|läu|fig ⟨Adj. 90⟩ **1** *nebenbei gesagt, wie zufällig geäußert;* eine ~e Bemerkung machen; ein paar ~e Fragen stellen; etwas ~ erwähnen, erzählen, fragen **2** ⟨österr. a.⟩ *etwa, ungefähr;* ~ 10 Euro

bei|le|gen ⟨V.⟩ **1** ⟨530⟩ *einem Gegenstand etwas ~ zu etwas Vorhandenem als Ergänzung beifügen, hinzulegen;* einem Brief ein Foto, das Rückporto ~ **2** ⟨500⟩ *Auseinandersetzungen ~ im Guten beenden, schlichten;* eine Meinungsverschiedenheit, einen Streit ~ **3** ⟨530/Vr 5 od. Vr 6⟩ *jmdm. od. sich eine Bezeichnung ~* ⟨fig.⟩ *jmdm. od. sich ohne Berechtigung eine B. geben;* er hat sich den Titel Konsul beigelegt **4** ⟨500⟩ *einer Angelegenheit etwas ~* ⟨fig.⟩ *beimessen, zuschreiben;* wir haben der Sache weiter keine Bedeutung beigelegt; er legt ihren Worten einen anderen Sinn bei

bei|lei|be ⟨Adv.; verstärkend in Verneinungen⟩ ~ *nicht* **1** *bestimmt nicht, wirklich nicht;* das hat er ~ nicht getan; das ist ~ nicht das erste Mal • 1.1 *auf keinen Fall, um keinen Preis;* er ist ~ kein großer Künstler!; du darfst ~ nicht daran denken; frage ~ niemals danach **2** ~ *nicht! (dies ist) um jeden Preis zu vermeiden!*

Beileid

Bei|leid ⟨n.; -(e)s; unz.⟩ *Anteilnahme an jmds. Trauer;* mein ~!; herzliches ~!; sein ~ ausdrücken, aussprechen, bekunden, bezeigen

bei|lie|gen ⟨V. 180/600⟩ **1** etwas liegt **einer Sache** bei *etwas ist einer Sache beigefügt, beigelegt;* Zeugnisse liegen dem Schreiben bei; die Rechnung lag der Sendung bei; die beiliegenden Formulare, Prospekte, Unterlagen **2** jmdm. ~ ⟨veraltet; geh.⟩ *mit jmdm. Geschlechtsverkehr haben;* einer Frau ~ **3** ⟨400; Mar.⟩ *vor dem Wind liegen*

beim ⟨Präp. + Art.⟩ *bei dem*

bei|mes|sen ⟨V. 185/530⟩ jmdm. od. **einer Sache** Bedeutung, Wichtigkeit, Wert, Gewicht ~ *zuschreiben, jmdn. od. eine Sache für bedeutend, wichtig, wertvoll, gewichtig halten;* einer Angelegenheit besondere, geringe, große, keine, nur wenig, zuviel Bedeutung ~; jmdm. die Schuld an etwas ~; sie *misst* dieser Tatsache kein Gewicht bei

Bein ⟨n.; -(e)s, -e⟩ **1** *eine der meist paarigen Gliedmaßen von Tieren;* die ~e des Kraken, des Krebses, des Storches, der Kuh **2** *eine der beiden unteren, der Fortbewegung dienenden Gliedmaßen des Menschen;* gerade, dicke, krumme, kurze, lange, schlanke, schöne ~ haben; ein gebrochenes, geschientes ~; ein künstliches ~; das linke, rechte ~ heben; mit den ~en baumeln; die ~e anziehen, ausstrecken; mit gekreuzten, übergeschlagenen ~en dasitzen; mit gespreizten ~en dastehen; sich kräftig mit den ~en abstoßen (beim Schwimmen, beim Springen); auf einem ~ hüpfen; sich ans ~ stoßen **3** *Mittel der Bewegung* • **3.1** auf den ~en sein *unterwegs;* die ganze Stadt war auf den ~en; den ganzen Tag, von früh an auf den ~en sein • **3.2** alles, was ~e hat ⟨umg.⟩ *jedermann;* alles, was ~e hatte, war zum Wochenende unterwegs • **3.3** sich die ~e (ein wenig) vertreten *sich Bewegung machen* • **3.4** sich die ~e nach etwas ablaufen *viele Wege machen, um etwas zu bekommen* • **3.5** sich die ~e in den Leib (Bauch) stehen ⟨fig.; umg.⟩ *lange warten müssen* • **3.6** ich muss mich auf die ~e machen *ich muss weggehen* • **3.7** jmdm. ~e machen ⟨fig.; umg.⟩ *jmdn. wegjagen, antreiben;* soll ich dir ~e machen? • **3.8** die ~e in die Hand (unter den Arm) nehmen *schnell entwischen* • **3.9** meine Geldbörse hat ~e bekommen ⟨fig.; umg.⟩ *ist abhandengekommen, gestohlen worden* **4** ⟨*Tätigkeit, Aktivität*⟩ • **4.1** sich kein ~ ausreißen ⟨fig.; umg.⟩ *sich nicht übermäßig anstrengen* • **4.2** etwas auf die ~e stellen *zustande bringen* • **4.3** tausend Mann auf die ~e bringen *zusammenbringen, aufstellen* • **4.4** von einem ~ aufs andere treten *ungeduldig, nervös sein* • **4.5** über seine eigenen ~e stolpern *ungeschickt sein;* →a. *Kopf (3.1.1)* **5** ⟨*Bestandteil menschlichen Daseins*⟩ • **5.1** noch gut auf den ~en sein ⟨fig.⟩ *noch rüstig sein* • **5.1.1** nach langer Krankheit wieder auf die ~e kommen *gesund werden, genesen* • **5.1.2** jmdm. (einem Gestürzten) wieder auf die ~e helfen ⟨a. fig.⟩ *jmdn. aufrichten, jmdm. so helfen, dass er weiterhin ohne fremde Hilfe leben kann* • **5.1.3** er hat etwas Geschäft wieder auf die ~e gebracht ⟨fig.⟩ *wieder hochgebracht, ihm neuen Aufschwung gegeben* • **5.1.4** einen Kranken wieder auf die ~e bringen ⟨fig.⟩ *zu seiner Genesung, Kräftigung beitragen* • **5.2** jmdm. ein ~ stellen • **5.2.1** *versuchen, ihn zu Fall zu bringen* • **5.2.2** ⟨a. fig.⟩ *ihm absichtlich Schaden zufügen* • **5.3** sich etwas ans ~ binden ⟨a. fig.; umg.⟩ *sich mit etwas belasten* • **5.4** mit einem ~ im Grabe stehen ⟨fig.⟩ *dem Tode nahe sein* • **5.5** die ~e unter den Tisch strecken ⟨fig.⟩ *sich ernähren lassen, nichts tun* • **5.6** auf einem ~ kann man nicht stehen ⟨fig.⟩ *Aufforderung, noch ein Glas (Schnaps) zu trinken;* →a. *beide (1.1), eigen (1.4.2), Klotz (1.2), Knüppel (2.3), linke(r, -s) (3.1), Lüge (1.1)* **6** ~ eines **Möbelstückes** *senkrechte Stütze aus Holz, Metall o. Ä.;* Tisch~, Stuhl~; ein Schemel mit drei ~en **7** ⟨veraltet⟩ *Knochen;* Elfen~; von meinem ~e (in alten Zauberformeln) • **7.1** der **Schreck** ist mir in die ~e gefahren ⟨fig.; umg.⟩ *ich bin sehr erschrocken;* →a. *Mark³ (3.1), Stein (2.6-2.7)*

bei|nah ⟨a. [-'-] Adv.⟩ = *beinahe*

bei|na|he ⟨a. [-'--] Adv.⟩ *fast;* oV *beinah*

Bei|na|me ⟨m.; -ns, -n⟩ *Name, den jmd. zu seinem eigentlichen Namen später bekommen hat, z. B. Ehrenname, Spitzname;* Friedrich I. mit dem ~n „Barbarossa"; Kaiser Karl erhielt den ~n „der Große"; Zar Iwan bekam den ~n „der Schreckliche"

Bein|bruch ⟨m.; -(e)s, -brü|che⟩ **1** ⟨veraltet⟩ *Bruch eines Beinknochens* **2** ⟨Geol.⟩ *Kalkstein, der durch Ablagerung aus kalkhaltigem Wasser entstanden ist* **3** das ist kein ~ ⟨fig.⟩ *das ist nicht schlimm;* →a. *Hals (2.1)*

bei|ord|nen ⟨V.⟩ **1** ⟨530⟩ jmdm. jmdn. ~ *beigeben, zur Seite stellen;* dem Minister waren viele Fachleute als Berater beigeordnet **2** ⟨500⟩ etwas ~ *gleichberechtigt nebeneinanderstellen* • **2.1** ⟨Gramm.⟩ Wörter, Wortgruppen u. Sätze ~ *als gleichwertig bzw. von gleichem strukturellem Rang nebeneinanderstellen* • **2.2** ⟨Part. Perf.⟩ beigeordnet *einer anderen Ordnung angepasst, koordiniert*

bei|pflich|ten ⟨V. 600/Vr 6⟩ jmdm. od. einer Sache ~ *Recht geben, zustimmen;* du musst mir ~, dass …; er hat ihr in diesem Punkt beigepflichtet; einer Ansicht, Bemerkung, Meinung ~; er pflichtete diesem Vorschlag bei

Bei|rat ⟨m.; -(e)s, -rä|te⟩ *beigeordnete Berater, beratende Körperschaft;* eine Sitzung des ~(e)s einberufen; er ist Mitglied verschiedener Beiräte

be|ir|ren ⟨V. 500/Vr 7 od. Vr 8⟩ jmdn. ~ *irremachen, verwirren;* lass dich dadurch nicht ~; diese Tatsache konnte ihn nicht ~; sich durch etwas, von jmdm. (nicht) ~ lassen

bei|sam|men ⟨Adv.⟩ **1** *zusammen, beieinander;* sobald ich alle meine Unterlagen ~ habe; wir waren gestern Abend noch lange gemütlich ~; sie sind viele Jahre ~ gewesen • **1.1** für diese Arbeit muss ich meine Gedanken ~ haben *muss ich mich konzentrieren* • **1.2** er kann doch seinen Verstand, seine fünf Sinne nicht recht ~ haben! *er muss geistig beschränkt sein* • **1.3** ich bin heute nicht ganz ~ ⟨umg.⟩ *fühle mich nicht wohl* • **1.4** gut ~ sein ⟨umg.⟩ *gesund sein, gut aussehen*

bei|sam|men|ste|hen ⟨V. 256/400 (h.) od. süddt., österr., schweiz. (s.)⟩ *einer beim anderen stehen;* wir standen beisammen, als …

Bei|schlaf ⟨m.; -(e)s; unz.⟩ *Geschlechtsverkehr;* den ~ ausüben, vollziehen

bei|sei|te ⟨Adv.⟩ **1** *auf die Seite, zur Seite, fort, weg* • 1.1 **Spaß, Scherz** ~! ⟨fig.; umg.⟩ *es ist ernst gemeint* **2** *auf der Seite, seitlich;* er hielt sich immer ~

bei|sei|te|ge|hen ⟨V. 145/400(s.)⟩ *zur Seite gehen*

bei|sei|te|las|sen ⟨V. 175/500; a. fig.⟩ **etwas** ~ *etwas (vorübergehend) unberücksichtigt lassen*

bei|sei|te|le|gen ⟨V. 500⟩ **etwas** ~ *zur Seite legen, aufheben;* ein Buch, eine Brille ~; Geld ~

bei|sei|te|neh|men ⟨V. 189/500; fig.⟩ **jmdn.** ~ *allein mit jmdm. sprechen*

bei|sei|te|schaf|fen ⟨V. 500; a. fig.⟩ **etwas** ~ *etwas verstecken*

bei|sei|te|schie|ben ⟨V. 214/500; a. fig.⟩ **jmdn.** od. **etwas** ~ *etwas verdrängen*

bei|sei|te|spre|chen ⟨V. 251/400; fig.; Theat.⟩ *nur für die Zuschauer sprechen, nicht für die Mitspieler;* der Schauspieler sprach beiseite

Bei|sel ⟨n.; -s, - od. -n; süddt.; österr.⟩ *Wirtshaus, Kneipe;* oV *Beisl*

bei|set|zen ⟨V.⟩ **1** ⟨503⟩ (einer **Sache**) **etwas** ~ *hinzufügen, dazusetzen* **2** ⟨500⟩ **jmdn.** ~ ⟨geh.⟩ *(feuer)bestatten, begraben, beerdigen;* jmdn. in aller Stille, mit militärischen Ehren ~; die Urne mit der Asche des Verstorbenen wurde in der Familiengruft beigesetzt

Bei|set|zung ⟨f.; -, -en⟩ *das Beisetzen (2), Beerdigung, Bestattung;* an einer ~ teilnehmen; die ~ fand im Familienkreis, in aller Stille statt

Bei|sit|zer ⟨m.; -s, -⟩ **1** *Mitglied eines kollegialen Organs, z. B. eines Gerichts, das nicht den Vorsitz führt, Nebenrichter* **2** *Mitglied eines Vorstands, das nicht den Vorsitz führt*

Bei|sit|ze|rin ⟨f.; -, -rin|nen⟩ *weibl. Beisitzer*

Beisl ⟨n.; -s, - od. -n; süddt.; österr.⟩ = *Beisel*

Bei|spiel ⟨n.; -(e)s, -e⟩ **1** *Vorbild, Muster;* dies kann uns als ~ dienen; ein gutes, lehrreiches, schlechtes, treffendes ~; ein abschreckendes, warnendes ~; nimm dir ein ~ an deinem Bruder!; nach dem ~ von; ein ~ (ab)geben; ich folge seinem ~; schlechte ~e verderben gute Sitten (Sprichw.); mit gutem ~ vorangehen **2** *einzelner Fall, der zur Veranschaulichung anderer, ähnlicher Fälle dient;* etwas an einem ~ klarmachen; ein ~ geben, nennen; zum ~ ⟨Abk.: z. B.⟩; wie zum ~; nehmen wir zum ~ an, dass …

bei|spiel|los ⟨Adj.⟩ *ohne Beispiel, noch nie dagewesen, unerhört;* ein ~er Erfolg; er hat sich ~ mutig geschlagen

bei|spiels|wei|se ⟨Adv.⟩ *zum Beispiel*

bei|sprin|gen ⟨V. 253/600(s.); geh.⟩ **jmdm.** ~ *jmdm. zu Hilfe kommen;* jmdm. in Gefahr, im Notfall ~; einem Verwundeten, Kranken beistehen

bei|ßen ⟨V. 105⟩ **1** ⟨405/Vr 7 od. Vr 8⟩ **jmdn.** od. **etwas** ~ *mit den Zähnen erfassen (u. zerkleinern);* Hunde ~ sich; jmdm./jmdn. in die Hand ~; ins Brot ~; auf einen Kern ~; biss sich auf die Zunge ~; der alte Mann kann das Brot nicht mehr ~ • 1.1 nichts zu ~ und zu brechen haben *nichts zu essen haben, Not leiden* • 1.2 sich auf die Zunge, auf die Lippen ~ ⟨fig.⟩ *das Lachen od. ein Wort der Entgegnung zurückhalten;* →a. *Gras (3.3), letzte(r, -s) (1.2)* • 1.3 ⟨400⟩ manche **Tiere** ~ *greifen gewöhnlich Menschen od. andere Lebewesen mit den Zähnen an od. stechen sie;* beißt dieser Hund?; die Flöhe, Läuse, Wanzen ~ **2** ⟨410⟩ **etwas** beißt *verursacht ein brennendes Gefühl, ist scharf;* Säure, das Essen, Pfeffer beißt auf der Zunge; der Rauch beißt in die Augen; der scharfe Wind beißt einem ins Gesicht; ein ~der Geruch; eine ~d scharfe Soße ~; ~der **Hohn, Spott** *verletzender, scharfer H., S.* ⟨500/Vr 4⟩ die **Farben** ~ *sich passen nicht zueinander, vertragen sich nicht;* Orange und Rot beißen sich

Bei|stand ⟨m.; -(e)s, -stän|de⟩ **1** ⟨unz.; geh.⟩ *Hilfe, Stütze, Unterstützung;* (keinen) ~ haben, finden; jmdm. ~ leisten; ich habe meinen Freund um ~ gebeten; ärztlicher, militärischer ~ **2** ⟨Rechtsw.⟩ *Helfer* • 2.1 *Helfer des Angeklagten im Prozess;* Rechts~ • 2.2 *ein von dem Vormundschaftsgericht einem allein stehenden Elternteil zugeteilter Helfer* **3** *Sekundant (im Duell)* **4** ⟨österr.; veraltet⟩ *Trauzeuge*

bei|ste|hen ⟨V. 256/600⟩ **jmdm.** ~ *jmdm. helfen, jmdn. unterstützen;* Gott steh(e) mir bei!; er hat mir in der Not beigestanden; jmdm. mit Rat und Tat ~

bei|steu|ern ⟨V. 505⟩ **etwas** (**zu einer Sache**) ~ ⟨a. fig.⟩ *seinen Beitrag zu einer S. geben, leisten;* seinen Anteil ~; sein Scherflein ~; etwas zum Programm ~; er hat zu der Sammlung seinen Anteil beigesteuert

bei|stim|men ⟨V. 600⟩ **jmdm.** od. **einer Meinung** ~ *Recht geben, zustimmen, beipflichten;* ich stimme Ihnen bei; einem Vorschlag, einem Beschluss ~

Bei|strich ⟨m.; -(e)s, -e; veraltet⟩ = *Komma*

Bei|trag ⟨m.; -(e)s, -trä|ge⟩ **1** *Anteil, Mitarbeit eines Einzelnen an der Verwirklichung eines größeren Vorhabens, Werkes;* ~ zu einem Programm, einer Sammlung, einem Thema, einer Zeitschrift • 1.1 *einen ~ leisten (zu etwas) seinen Anteil geben (zu etwas), zum Gelingen von etwas beitragen* • 1.1.1 einen ~ zu einem Literaturwerk leisten *ein Teilgebiet des Werkes bearbeiten* **2** *Artikel, Aufsatz (in Sammelschriften);* einer Zeitung Beiträge einschicken, liefern; einen ~ (für eine Zeitschrift, ein Werk) schreiben; ein belehrender, literarischer ~ • 2.1 *Beiträge zu …* (als Titel eines wissenschaftlichen Werkes) *gesammelte Aufsätze, Abhandlungen zu …* **3** *regelmäßige Zahlung eines Mitglieds an einen Verein od. eine Organisation;* Jahres~, Monats~, Mitglieds~

bei|tra|gen ⟨V. 265/505 od. 800⟩ (**etwas**) **zu etwas** ~ ⟨a. fig.⟩ *seinen Beitrag (zu etwas) leisten, (bei etwas) mithelfen;* sein Äußeres hat sehr viel zu seiner Popularität beigetragen; er trug zur Unterhaltung (mit) bei; etwas zum Gelingen des Abends ~

bei|trei|ben ⟨V. 267/500; Rechtsw.⟩ **ausstehende Forderungen** ~ *einziehen;* Geld ~; Schulden ~; Steuern ~

bei|tre|ten ⟨V. 268/600(s.)⟩ **1** einer **Organisation** ~ *Mitglied einer O. werden, sich einer O. anschließen;* er

Beiwerk

ist diesem Verein, Klub, dieser Partei, Gewerkschaft, Genossenschaft beigetreten; die Bundesrepublik Deutschland trat der NATO bei **2** einer **Meinung,** einem Plan, einem Vorschlag ~ ⟨fig.⟩ *beipflichten, zustimmen*

Bei|werk ⟨n.; -(e)s; unz.⟩ *etwas, was ergänzend od. schmückend zu etwas hinzukommt, Zutat, (unwichtige, überflüssige) Ausschmückung;* alles zusätzliche, unnütze, nebensächliche, dekorative ~ weglassen; auf modisches ~ verzichten

bei|woh|nen ⟨V. 600⟩ **1** einer **Sache** ~ ⟨geh.⟩ *an etwas als Gast od. Zuschauer teilnehmen, bei etwas zugegen sein;* einer Feier, einer Gerichtsverhandlung ~; der Autor wohnte der Premiere bei **2** einer **Frau** ~ ⟨veraltet⟩ *mit einer F. Geschlechtsverkehr haben*

Bei|ze ⟨f.; -, -n⟩ **1** *(chemisches) Mittel zur Behandlung der Oberfläche von verschiedenem Material* ● **1.1** *färbendes Mittel für Holz* ● **1.2** ⟨Met.⟩ *Flüssigkeit, die Metalle vor Korrosion schützt od. einen bestimmten Farbton hervorruft* ● **1.3** ⟨Landw.⟩ *Chemikalie zur Desinfektion des Saatgutes* ● **1.4** ⟨Gerberei⟩ *Mittel, das zum Gerben verwendet wird* ● **1.5** ⟨Textilw.⟩ *Flüssigkeit, die Stoffe zur Aufnahme von Farbstoff vorbereitet* ● **1.6** ⟨Kochk.⟩ *gewürzter Aufguss mit Salz u. Essig* ● **1.7** *konzentrierte Lösung des Kochsalzes zum Salzen von Käse* **2** ⟨unz.; Jägerspr.⟩ *Jagd mit abgerichteten Raubvögeln, bes. Falken;* Falken~

bei|zei|ten ⟨Adv.⟩ *zur rechten Zeit, bevor es zu spät ist;* ich möchte ~ da sein; morgen müssen wir ~ aufstehen

bei|zen ⟨V. 500⟩ **1** etwas ~ *mit Beize behandeln* ● **1.1 Holz** ~ *die Oberfläche färben, wobei die Maserung sichtbar bleibt od. verstärkt wird;* einen Stuhl, Tisch ~ ● **1.2 Metall** ~ ⟨Met.⟩ *nichtmetallische anorganische Schichten der Oberfläche, z. B. Oxide, Rost, beseitigen;* Zink in alkalischer Lösung ~; elektrolytisch ~ ● **1.3 Saatgut** ~ ⟨Landw.⟩ *S. mit Chemikalien zum Schutz gegen aufgehende, schmarotzende Pilze behandeln* ● **1.4 Tabak** ~ *T. mit Lösungen scharfer Säuren od. Laugen behandeln, die ihm scharfe u. brenzlige od. bittere Bestandteile entziehen* ● **1.5 Leder** ~ *enthaarte Häute mit Eiweiß abbauenden Fermenten behandeln, um sie weich zu machen* ● **1.6 Textilien** ~ ⟨Textilw.⟩ *T. mit Salzen behandeln, um sie besser zur Aufnahme von Farbstoffen vorzubereiten* ● **1.7 Schmucksteine** ~ *S. durch Einlegen in Lösungen, z. T. nach Erhitzen, verfärben* ● **1.8 Fisch, Fleisch** ~ ⟨Kochk.⟩ *in eine Beize (1.6) legen* ● **1.9 Käse** ~ *den geformten K. in eine starke Kochsalzlösung legen* ● **1.10** eine **Wunde** ~ *ätzen, ausbrennen* **2** etwas **beizt etwas** *etwas wirkt auf etwas mit ätzender Schärfe ein;* der Rauch, Qualm beizte uns die Augen; ~der Geruch **3** ⟨Jägerspr.⟩ *mit abgerichteten Greifvögeln jagen;* man beizt mit Falken; Enten ~

be|ja|hen ⟨V. 500⟩ **etwas** ~ **1** *Ja sagen zu etwas;* Ggs *verneinen;* eine Frage ~; etwas lebhaft, zögernd ~; ~de Antwort **2** ⟨fig.⟩ *zu etwas positiv eingestellt sein, etwas billigen;* jmds. Handeln ~; das Leben ~; ein (lebens)~der Mensch

be|jahrt ⟨Adj. 24⟩ *alt, in die (höheren) Jahre gekommen,* *reiferen Alters;* ein ~er Herr, Mann; sie war schon ~, als er sie kennenlernte

be|kämp|fen ⟨V. 500/Vr 8⟩ **1** jmdn. od. etwas ~ *gegen jmdn. od. etwas kämpfen;* einander (bis aufs Blut) ~; einen politischen Gegner ~; Schädlinge ~; ● **1.1** *gegen etwas vorgehen;* eine Krankheit ~; eine falsche Meinung ~

be|kannt ⟨Adj.⟩ **1** ⟨70⟩ **etwas** ist ~ *von jmdm. (od. vielen) gewusst, nicht neu;* das ist mir ~; es ist allgemein ~, dass …; ich darf wohl als ~ voraussetzen, dass …; eine ~e Tatsache **2** ⟨70⟩ **jmd.** ist ~ *man kennt ihn, viele kennen ihn;* er ist in der Musikszene ~; er ist für seine Gewissenhaftigkeit ~ ● **2.1** er ist ~ wie ein bunter (scheckiger) Hund ⟨umg.; scherzh.⟩ *ungewöhnlich viele kennen ihn* **3** ⟨46⟩ **mit jmdm.** ~ sein *kennen, den Namen wissen, vertraut sein;* wir sind gut ~ (miteinander) **4** ⟨Getrennt- u. Zusammenschreibung⟩ ● **4.1** ~ geben = *bekanntgeben* ● **4.2** ~ machen = *bekanntmachen* ● **4.3** ~ werden = *bekanntwerden*

Be|kann|te(r) ⟨f. 2 (m. 1)⟩ *jmd., mit dem man bekannt (3) ist;* sie begrüßten sich wie alte ~; ein ~r von mir; ein alter, flüchtiger, guter ~r; ich habe eine(n) ~(n) getroffen

be|kannt|ge|ben *auch:* **be|kannt ge|ben** ⟨V. 143⟩ **1** ⟨500⟩ **etwas** ~ *öffentlich mitteilen, verkünden;* Ergebnisse, Neuigkeiten, Zensuren ~ ● **1.1** ⟨530⟩ **jmdm. etwas** ~ *jmdm. etwas offiziell mitteilen;* er hat uns seine Vermählung bekanntgegeben / bekannt gegeben; sie gab uns ihren Entschluss bekannt

be|kannt|lich ⟨Adv.⟩ *wie allgemein bekannt, wie jedermann weiß;* Goethe ist ~ in Frankfurt am Main geboren

be|kannt|ma|chen *auch:* **be|kannt ma|chen** ⟨V.⟩ **1** ⟨500⟩ **etwas** ~ *öffentlich wissen lassen, behördlich mitteilen;* die Presse machte die Nachricht bekannt; das neue Gesetz wird bald bekanntgemacht / bekannt gemacht **2** ⟨550/Vr 7 od. Vr 8⟩ **jmdn.** od. **sich mit etwas** ~ *jmdn. od. sich mit etwas vertraut machen;* er hat ihn mit der neuen Verordnung bekanntgemacht / bekannt gemacht; du musst dich mit dem neuen Gesetz bekanntmachen / bekannt machen; die Wähler werden noch heute mit den Ergebnissen der Wahl bekanntgemacht / bekannt gemacht ● **2.1** (**sich** od. **jmdn.**) **mit jmdm.** ~ *sich od. jmdn. jmdm. vorstellen;* darf ich Sie mit meiner Mutter bekanntmachen / bekannt machen?; haben Sie sich schon bekanntgemacht / bekannt gemacht?

Be|kannt|ma|chung ⟨f.; -, -en⟩ **1** *amtliche öffentliche Mitteilung, Veröffentlichung* **2** *Anzeige, Anschlag* **3** *Zettel, Plakat, auf dem etwas bekanntgemacht wird*

Be|kannt|schaft ⟨f.; -, -en⟩ **1** ⟨unz.⟩ *das Bekanntwerden, Bekanntsein mit jmdm. od. etwas;* unsere ~ besteht schon seit Jahren; meine ~ mit ihm ist schon alt; meine ~ mit der englischen Literatur währt noch nicht lange ● **1.1** jmds. ~ **machen,** ~ schließen mit jmdm. *jmdn. kennenlernen;* ich freue mich, Ihre ~ zu machen ● **1.2 mit etwas** ~ **machen** ⟨häufig scherzh.⟩ *etwas (Unangenehmes) kennenlernen* **2** Bekannte(r), Bekanntenkreis; er hatte zahlreiche ~en; eine nette kleine ~; in meiner ~ ist neulich Folgendes passiert

be|kạnnt|wer|den auch: **be|kạnnt wer|den** ⟨V. 285/500(s.)⟩ **1** an die Öffentlichkeit gelangen; das darf nicht bekanntwerden / bekannt werden / von der Öffentlichkeit wahrgenommen werden; er ist durch seinen Roman bekanntgeworden / bekannt geworden **3** mit jmdm. ~ jmdm. kennenlernen; ich möchte mit ihm bekanntwerden / bekannt werden

be|keh|ren ⟨V. 505/Vr 7 od. Vr 8⟩ **1** jmdn. od. **sich** (**zu etwas**) ~ von etwas überzeugen, dazu bringen, etwas zu glauben od. zu tun; sich zu einer Ansicht ~; sie bekehrte ihn zu einer anderen Weltanschauung; du kannst mich nicht (dazu) ~!; er wollte mich zu seiner Überzeugung ~ • **1.1** ⟨Rel.⟩ bei jmdm. od. sich durch innere Wandlung die religiöse Einstellung ändern; sich zu einem anderen Glauben ~; jmdn. od. sich zum Christentum ~; Heiden ~

be|kẹn|nen ⟨V. 166⟩ **1** ⟨500⟩ etwas ~ gestehen, offen sagen, zugeben; seinen Fehler, seine Schuld ~; ich bekenne, dass es so getan habe; die Wahrheit ~ • **1.1 Farbe** ~ • **1.1.1** ⟨Kart.⟩ eine Karte gleicher Farbe ausspielen • **1.1.2** ⟨fig.⟩ seine wahre Meinung offenbaren • **1.2** ⟨513/Vr 3⟩ **sich schuldig** ~ sich für schuldig erklären **2** ⟨550/Vr 3⟩ **sich zu jmdm. od. etwas** ~ für jmdn. od. etwas eintreten, zu jmdm. od. etwas stehen; sich zu einer Auffassung, einem Glauben, einer Lehre ~; sich zum Christentum ~ **3** ⟨402⟩ (seinen **Glauben**) ~ (für seinen Glauben) Zeugnis ablegen; öffentlich ~

Be|kẹnnt|nis ⟨n.; -ses, -se⟩ **1** das Bekennen; ~ einer Auffassung, Meinung des Glaubens; ~ zur Demokratie **2** Geständnis, Eingeständnis, Beichte; Sünden~; ein ~ ablegen **3** Glaubenssätze einer Religionsgemeinschaft; Glaubens~ **4** (Zugehörigkeit zu einer) Religionsgemeinschaft; evangelisches, katholisches, religiöses ~

be|kla|gen ⟨V.⟩ **1** ⟨500⟩ **jmdn. od. etwas** ~ ⟨geh.⟩ um, über jmdn. od. etwas klagen, jmdn. od. etwas schmerzlich bedauern; er beklagte den Toten; den Tod des Freundes ~; einen Verlust ~ • **1.1 Menschenleben** sind (nicht) zu ~ es gab (keine) Tote(n) **2** ⟨550/Vr 3⟩ **sich über jmdn. od. etwas (wegen) etwas** ~ sich beschweren, Klage führen; Sie können sich nicht ~; ich habe mich (bei seinen Eltern) über seine Worte/wegen seiner Worte beklagt; der Lehrer beklagte sich über die Störung **3** ⟨Part. Perf.⟩ die beklagte Partei, Person ⟨Rechtsw.⟩ Partei od. Person, gegen die im Zivilprozess die Klage gerichtet ist

be|klei|den ⟨V. 500⟩ **1** ⟨Vr 7⟩ **jmdn. od. sich** ~ mit Kleidern versehen, anziehen; er bekleidete den Bettler; in der Eile hat sie sich nur notdürftig bekleidet • **1.1** (meist in der Verbindung) (**mit etwas**) bekleidet **sein** etwas anhaben; er war nur leicht, mit Hemd und Hose bekleidet; das vermisste Kind ist mit einem blauen Anorak bekleidet **2** etwas ~ ⟨fig.; geh.⟩ etwas innehaben; er bekleidet ein hohes Amt; während des Krieges hat er den Rang eines Oberleutnants bekleidet; seit langem bekleidet sie eine wich-

tige Stelle, einen bedeutenden Posten **3** ⟨516⟩ **jmdn. mit Macht**, Würde, einem Amt ~ ⟨fig.; geh.⟩ jmdn. mit M., W., einem A. versehen **4** ⟨516⟩ **etwas mit etwas** ~ beziehen, bedecken; eine Wand mit Papier, Stoff, Tapete ~

be|klẹm|men ⟨V. 503⟩ **1** etwas beklemmt jmdn. od. (jmdm.) etwas etwas bedrückt, beengt jmdn. od. (jmdm.) etwas; der schreckliche Gedanke beklemmte ihn; Angst, Sorge beklemmt mich, mein Herz; eine bange Ahnung beklemmte (mir) mein Herz, meine Brust; der Kragen beklemmt mich • **1.1 etwas** beklemmt **jmdm. den Atem** etwas nimmt jmdm. den A.; der Nebel, die Hitze beklemmt mir den Atem

be|klẹm|mend ⟨Adj.⟩ bedrückend, beengend, unheilvoll; ein ~es Angstgefühl; eine ~e Stille, Stimmung trat ein; die Situation war ~

be|klọm|men ⟨Adj. 24; geh.⟩ bedrückt, ängstlich; sie stieg ~en Herzens die Treppe hinauf; sie schwieg ~; mir war ~ zumute; sie wartete mit ~em Herzen

be|kọm|men ⟨V. 170⟩ **1** ⟨500⟩ **jmd. bekommt etwas** es wird bewirkt, dass jmd. etwas hat; ich bekomme noch drei Euro; einen Brief ~; Gehalt, Geld ~; eine Nachricht ~; die Mitteilung ~, dass …; er hat seinen Teil ~; (keine) Antwort ~; die Erlaubnis ~ (etwas zu tun); (telefon.) Verbindung ~; das Kind hat einen Zahn ~; Besuch, vier Wochen Urlaub ~ • **1.1 was** ~ Sie bitte? was wünschen Sie, was möchten Sie kaufen? • **1.2 was** ~ Sie? was habe ich zu zahlen?, was bin ich Ihnen schuldig? • **1.3** ⟨400⟩ ~ Sie schon? werden Sie schon bedient?; danke, ich bekomme schon! • **1.4** sie bekommt ein Kind sie erwartet ein K., ist schwanger • **1.5** sie hat ein Kind ~ sie hat ein K. geboren, zur Welt gebracht • **1.6** ⟨580 od. mit Part. Perf.⟩ erfahren, erhalten; was kann ich zu essen ~?; du wirst es noch zu hören ~; kann ich etwas anderes zu tun ~?; ich habe nichts davon zu sehen ~; ich habe das Buch geborgt ~; wir ~ es zugeschickt; etwas geschenkt ~ **2** ⟨500⟩ **jmd. od. etwas bekommt etwas** (anderes) unterliegt einer Änderung; graue Haare ~; die Mauer bekommt Risse; wir ~ Kälte; wir ~ anderes Wetter; Übung (im Autofahren o. Ä.) ~; Hunger, einen Schrecken, Herzklopfen, Schläge, Angst ~; Lust ~, etwas zu tun; einen Wutanfall ~; (die nötige) Sicherheit (im Auftreten usw.) ~ • **2.1** einen **Bauch** ~ dick werden • **2.2 Farbe** ~ allmählich gesünder, frischer aussehen • **2.3** eine **Krankheit** ~ erkranken (an), sich eine K. zuziehen; die Masern, den Schnupfen ~ • **2.4** ⟨550 + Inf.⟩ es **mit** der **Angst zu tun** ~ ängstlich werden • **2.5** ⟨550 + Inf.⟩ es **mit jmdm. zu tun** ~ jmdn. von der unangenehmen Seite kennenlernen; benimm dich anständig, sonst bekommst du es mit mir zu tun! • **2.6** ⟨513⟩ • **2.6.1** etwas od. jmdn. **in seine Gewalt** ~ sich einer Sache od. einer Person bemächtigen • **2.6.2** ⟨550⟩ etwas od. jmdn. **zu Gesicht** ~ sehen, erblicken **3** ⟨600(s.)⟩ **etwas bekommt jmdm.** ist jmdm. bekömmlich, tut jmdm. gut; es bekommt mir gut (schlecht); der Klimawechsel ist mir schlecht ~; das Essen ist mir nicht ~; ist Ihnen der gestrige Abend gut ~?; die Luft,

bekömmlich

die Ruhe wird ihm gut ~; wie ist Ihnen das Bad ~?; wohl bekomm's! (Wunsch beim Essen od. Trinken)

be|kömm|lich ⟨Adj.⟩ *gesund, zuträglich;* ein ~es Essen, Getränk; eine ~e Mahlzeit; fette Speisen sind schwer ~

be|kräf|ti|gen ⟨V. 505⟩ **1** etwas mit od. durch etwas ~ *nachdrücklich bestätigen;* die Meinung eines anderen ~; einen Vorschlag ~; er hat die Aussage durch seinen Eid, mit seiner Unterschrift bekräftigt **2** ⟨Vr 8⟩ **jmdn. od. etwas (in etwas) ~** ⟨geh.⟩ *unterstützen, bestärken;* diese Ereignisse haben mich in meinem Vorhaben bekräftigt; jmds. Plan ~

be|kreu|zi|gen ⟨V. 500/Vr 3⟩ **1** sich ~ ⟨christl. Kirche außer evang.⟩ *das Zeichen des Kreuzes mit einer Bewegung der Hand über Stirn u. Brust andeuten;* sie bekreuzigte sich beim Eintreten in die Kirche; er hat sich vor dem Altar bekreuzigt • 1.1 ⟨550/Vr 3⟩ **sich vor jmdm. od. einer Sache ~** ⟨umg.⟩ *sich aus Abscheu od. abergläubischer Furcht vor jmdm. od. einer Sache hüten*

be|krie|gen ⟨V. 500/Vr 8⟩ **1 jmdn. od. ein Land ~** *gegen jmdn. od. ein L. Krieg führen;* den Feind ~ • 1.1 ⟨Vr 4⟩ **sich** od. **einander ~** *sich gegenseitig bekämpfen, ständige Auseinandersetzungen führen, sich andauernd streiten*

be|küm|mern ⟨V. 500⟩ **1 etwas bekümmert jmdn.** *etwas macht jmdm. Sorge, betrübt jmdn.;* das bekümmert ihn gar nicht; dein Leichtsinn, dein Zustand, deine Haltung bekümmert mich; das braucht dich nicht zu ~ • 1.1 was bekümmert Sie das? *was geht Sie das an?* **2** ⟨550/Vr 3⟩ **sich um jmdn. od. etwas ~** ⟨veraltet⟩ *sich um jmdn. od. etwas kümmern, sorgen, sich für jmdn. od. etwas einsetzen;* ich werde mich um die Angelegenheit ~; bitte bekümmere dich ein wenig um die Kinder!

be|küm|mert **1** ⟨Part. Perf. von⟩ *bekümmern* **2** ⟨Adj.⟩ *betrübt, besorgt, bedrückt;* ein ~es Gesicht machen; er schwieg ~; warum siehst du so ~ aus?

be|kun|den ⟨V. 500⟩ **1 etwas ~** ⟨geh.⟩ *etwas deutlich zeigen, zum Ausdruck bringen;* er bekundete keinerlei Absicht, Neigung, zu ...; sein Beileid, Mitgefühl ~; seine Reue, Unwissenheit ~ • 1.1 **etwas vor Gericht ~** ⟨Rechtsw.⟩ *bezeugen* • 1.2 ⟨Vr 3⟩ **etwas bekundet sich** ⟨geh.⟩ *zeigt sich, wird deutlich;* sein Verdacht bekundete sich schon am nächsten Tag

be|la|den ⟨V. 174/505⟩ **1 ein Transportmittel, Behältnis, Möbelstück (mit Gegenständen) ~** *G. hinbringen u. sie dort niederlegen, stapeln od. befestigen;* ein Lasttier mit Gepäck ~; einen Wagen (mit Holz, Kies) ~; ich hab mit Heu ~er Anhänger **2** ⟨Vr 7 od. Vr 8⟩ **jmdn. mit seinen Sorgen ~** ⟨fig.⟩ *jmdm. von seinen S. berichten u. ihn damit (seelisch) belasten* • 2.1 ⟨Part. Perf.⟩ *mit Sorgen, Sünden ~ (sein) voller Sorgen, Sünden (sein);* kommt alle zu mir, die ihr mühselig und ~ seid (Matth. 11,28)

Be|lag ⟨m.; -(e)s, -läge⟩ **1** *das Aufgelegte;* ~ aus Brettern (auf dem Boden); den ~ der Bremsen erneuern; Fußboden~ • 1.1 *dünne Schicht, mit der etwas überzogen ist;* ~ auf der Fensterscheibe; ~ auf dem Spiegel; einen ~ auf der Zunge haben ⟨Med.⟩ • 1.2 *Aufstrich, Aufschnitt auf dem Brot;* Brot~ • 1.3 ⟨Schneiderei⟩ • 1.3.1 = *Besatz (1)* • 1.3.2 *Aufschlag (an Jacke, Kleid od. Mantel)*

be|la|gern ⟨V. 500⟩ **1 etwas ~** *mit einem Heer umschlossen halten;* eine Festung, eine Stadt ~ **2 jmdn. od. etwas ~** ⟨fig.; umg.⟩ *sich um jmdn. od. etwas drängen, jmdn. od. etwas von allen Seiten bedrängen, bestürmen;* die Theaterkasse, einen Verkaufsstand ~; die Reporter belagerten die Schauspielerin

be|läm|mert ⟨Adj.; umg.⟩ **1** *verwundert, verwirrt, betreten;* ein ~es Gesicht machen **2** *ärgerlich, unangenehm, scheußlich;* das ist heute ein ~er Tag, ein ~es Wetter

Be|lang ⟨m.; -(e)s, -e⟩ **1** ⟨nur Pl.⟩ *Interessen;* wirtschaftliche ~e; jmds. ~e vertreten, wahren **2** ⟨nur in den Wendungen⟩ **(nicht) von, ohne ~** *(nicht) ohne Bedeutung, (nicht) unwichtig;* das ist für mich an dieser Stelle nicht von ~; diese Frage ist für dich (nicht) von ~ • 2.1 *nichts von ~! nichts Wichtiges!*

be|lan|gen ⟨V. 500⟩ **1 jmdn. ~** *zur Verantwortung ziehen, verklagen;* jmdn. gerichtlich ~; jmdn. wegen Diebstahls ~; für diese Tat werde ich Sie ~ **2 was jmdn. od. etwas (an)belangt** *was jmdn. od. etwas betrifft;* was mich (an)belangt, so ist es mir gleichgültig

be|lang|los ⟨Adj.⟩ *nicht von Belang, bedeutungslos, unwichtig;* seine Kritik an dem Buch ist ~

be|las|sen ⟨V. 175/505⟩ **1 jmdn. od. etwas ~** *im gegenwärtigen Zustand, ohne Änderung lassen;* die Möbel vorläufig in einem Raum ~; jmdn. in seiner Stellung (noch) ~; alles beim Alten ~; er belässt es bei der bisherigen Regelung • 1.1 *wir wollen es dabei ~ bewenden lassen*

be|las|ten ⟨V. 500⟩ **1 etwas ~** *mit einer Last beladen, beschweren;* eine Brücke, einen Fahrstuhl (zu sehr) ~ **2** ⟨505/Vr 7 od. Vr 8⟩ **jmdn. od. etwas (mit etwas) ~** *stark beanspruchen;* ich will dich nicht mit meinen Sorgen ~; ich kann mich nicht mit Kleinigkeiten, Kleinkram ~ • 2.1 **etwas belastet jmdn.** *bedrückt jmdn., macht jmdm. zu schaffen;* sein Unglück belastet mich sehr; ein Kummer belastet ihn • 2.1.1 **erblich belastet sein** *eine bestimmte (krankhafte) Erbanlage haben;* er ist von seines Vaters Seite her erblich belastet **3** ⟨Vr 7 od. Vr 8⟩ **jmdn. ~** *schuldig erscheinen lassen;* den Angeklagten durch eine Aussage ~; ~de Aussagen machen; seine Aussagen, seine Worte fallen ~d ins Gewicht; ein ~der Umstand **4** ⟨550/Vr 7⟩ **jmdn. od. etwas mit einer Verpflichtung ~** *jmdm. od. etwas eine finanzielle Belastung auferlegen;* wir müssen Sie mit den Kosten ~; ein Konto mit einem Betrag ~; ein Haus mit Hypotheken ~

be|läs|tigen ⟨V. 500/Vr 8⟩ **1 jmdn. ~** *jmdm. unangenehm sein, jmdn. stören;* jmdn. mit seiner Anwesenheit, mit seinen Besuchen ~; jmdn. mit Fragen ~; ich möchte Sie nicht ~, aber darf ich fragen ... • 1.1 *sich jmdm. aufdrängen, jmdn. behelligen;* jmdn. auf der Straße ~; bitte ~ Sie mich nicht länger!

Be|las|tung ⟨f.; -, -en⟩ **1** *das Belasten, Belastetwerden;* zulässige ~ eines Fahrstuhls, einer Brücke, Maschine; finanzielle ~; steuerliche ~; ~ eines Hauses, eines Kontos **2** *Eintragung auf der Sollseite* **3** *Last, Druck;* eine große seelische ~

be|lau|fen ⟨V. 176⟩ **1** ⟨500⟩ ein **Gebiet** ~ ⟨umg.⟩ *prüfend, suchend abgehen* **2** ⟨550/Vr 3⟩ *etwas* beläuft **sich auf etwas** *etwas beträgt, ergibt etwas;* sein Alter belief sich auf 60 Jahre; die Kosten ~ sich auf 300 Euro; die Zahl der Teilnehmer beläuft sich auf 200

be|le|ben ⟨V. 500⟩ **1** jmdn. od. etwas ~ *(wieder) Leben geben;* einen Erschöpften durch stärkende Getränke ~; ein ~der Regen • **1.1** ⟨Part. Perf.⟩ belebt *organisches Leben habend;* die belebte Welt **2** jmdn. od. etwas ~ *lebhafter machen, anregen;* den Geschäftsgang ~ **3** ⟨Vr 3⟩ *sich* ~ *(wieder) lebhaft, lebendiger werden;* die Straße, der Verkehr belebt sich; seine (Gesichts)züge ~ sich • **3.1** ⟨Part. Perf.⟩ belebt *mit Leben, Bewegung erfüllt;* eine belebte Straße **4** etwas ~ *lebendig(er) gestalten;* ein kahles Zimmer durch Bilder, Vorhänge ~

Be|leg ⟨m.; -(e)s, -e⟩ **1** *etwas, was als Beweis dient;* einen schriftlichen ~ finden, vorzeigen; kann ich für die Zahlung einen ~ haben? • **1.1** *Originalunterlage (Rechnung, Quittung) für die Buchung;* Rechnungs~ **2** *Nachweis;* ~e suchen; für diese Form gibt es im Germanischen keinen ~; ~exemplar; ~stelle

be|le|gen ⟨V. 500⟩ **1** etwas ~ *(mit einem Belag) bedecken;* den Boden mit Brettern, Dielen, Fliesen, Matten ~; Brote (mit Wurst-, Käsescheiben) ~; ein Brot mit Käse ~; belegte Brötchen; seine Zunge ist belegt; eine belegte Zunge • **1.1** belegte **Stimme** *heisere S.* • **1.1.1** seine Stimme klingt belegt *gedämpft, nicht frei* • **1.2** ⟨516⟩ eine Stadt mit Bomben ~ *bombardieren* **2** etwas ~ *besetzen, sein Anrecht auf etwas sichern;* **2.1** im Gasthaus sind alle Zimmer belegt *besetzt* • **2.2** ⟨516⟩ ein Haus, eine Stadt **mit Truppen** ~ *Truppen einquartieren in einem H., einer S.* **2.3** einen **Platz** ~ *sich einen P. (durch Darauflegen eines Gegenstandes) sichern, freihalten* **2.4** ein **Kolleg** ~, einen **Kursus, ein Seminar** ~ *als Hörer, Teilnehmer dafür einschreiben* **3** *etwas* ~ *mit einem Schriftstück beweisen, mit einem schriftlichen Zeugnis nachweisen;* eine Behauptung ~; Ausgaben (durch Quittungen) ~; dieses Wort ist schon bei Walther von der Vogelweide belegt; diese Form ist schon (nicht) im Germanischen belegt **4** ⟨516⟩ **jmdn. mit etwas** ~ *jmdm. etwas auferlegen;* jmdn. mit einer Geldstrafe ~; eine Stadt mit Abgaben ~ **5** ein weibliches **Tier** ~ *begatten, decken* **6** ein **Boot** ~ *an Land festmachen* **7** ⟨516⟩ eine Sache **mit** einem **Namen** ~ *einer S. einen Namen geben*

Be|leg|schaft ⟨f.; -, -en⟩ *alle Beschäftigten eines Betriebes*

be|leh|ren ⟨V. 505/Vr 8⟩ **1** jmdn. ~ *jmdn. etwas lehren, jmdn. etwas wissen lassen;* er hat ihn belehrt, wie er sich zu verhalten hat; ein ~des Buch, Gespräch; ~de Schriften **1.1** jmdn. **über etwas** ~ *jmdn. über etwas aufklären;* er belehrte uns über die Vorschriften; das Buch belehrte mich über die Pflege der Zimmerpflanzen **2** jmdn. ~ *jmdn. von seiner (irrigen) Ansicht abbringen, jmds. Meinung ändern;* er ist nicht

zu ~; du brauchst dich nicht von ihm ~ zu lassen; ich habe mich ~ lassen (müssen) • **2.1** ⟨504/Vr 7 od. Vr 8⟩ **jmdn.** (eines **Besseren, anderen**) ~ ⟨geh.⟩ *jmdn. von der Richtigkeit einer (besseren, anderen) Auffassung überzeugen*

be|leibt ⟨Adj.⟩ *dick, dickbäuchig, korpulent;* eine ~e ältere Dame; er war ganz schön ~

be|lei|di|gen ⟨V. 500/Vr 8⟩ **1** jmdn. od. etwas ~ *verletzen, kränken;* dieser Anblick beleidigt das Auge; solche Klänge ~ das Ohr; sie ist leicht, schnell beleidigt; sich beleidigt fühlen; beleidigt sein; einen ~den Brief schreiben; ~de Worte sprechen • **1.1** die beleidigte Leberwurst spielen ⟨fig.; umg.⟩ *lange gekränkt sein, schmollen*

be|lem|mert ⟨alte Schreibung für⟩ *belämmert*

be|le|sen ⟨Adj.⟩ *durch vieles Lesen gut unterrichtet, gelehrt;* ein ~er Schüler; er ist sehr ~

be|leuch|ten ⟨V. 500⟩ **1** etwas ~ *in helles Licht setzen, anstrahlen;* der Platz, die Straße ist gut, schlecht beleuchtet; einen Saal festlich ~ **2** eine **Angelegenheit** ~ ⟨fig.⟩ *genau untersuchen, betrachten, behandeln;* das müssen wir etwas näher ~; einen Gegenstand einseitig, von allen Seiten ~

be|leum|det ⟨Adj. 24/70; geh.⟩ *im Ruf stehend;* gut, schlecht, übel ~; eine gut ~e Familie

be|lie|ben ⟨V.; veraltet⟩ **1** ⟨400 od. 408⟩ *wünschen;* ~ der Herr Graf, Eure Majestät zu speisen?; wie Sie ~ • **1.1** was beliebt? *was wünschen Sie?* **2** ⟨480⟩ *geneigt sein, sich (gnädig) herbei-, herablassen (etwas zu tun);* er beliebt zu scherzen **3** ⟨600⟩ **es** beliebt **jmdm.** *es gefällt jmdm.;* schreiben Sie, wann es Ihnen beliebt

be|lie|big ⟨Adj. 24⟩ **1** ⟨70⟩ *irgendein;* ein ~es Beispiel herausgreifen; ein ~er Gegenstand; einen ~en Zuhörer bitten, auf die Bühne zu kommen • **1.1** jeder Beliebige *irgendeiner, jeder* **2** ⟨50⟩ *nach Wunsch, nach Wahl;* du kannst hier ~ spazieren gehen; ~ lange, ~ viel, ~ oft

be|liebt **1** ⟨Part. Perf. von⟩ belieben **2** ⟨Adj.⟩ • **2.1** *allgemein u. überall gern gesehen u. geschätzt;* ein ~er Lehrer, Schauspieler; er ist bei allen Kollegen ~; beim Volke ~ • **2.1.1** sich ~ **machen** *sich durch etwas die Zuneigung anderer verschaffen;* wenn du dich bei mir ~ machen willst, dann hilf mir bitte ⟨scherzh.⟩ • **2.2** *gern u. oft gebraucht;* eine ~e Ausrede; das ist ein ~er Scherz; ein ~er Vorwand • **2.2.1** *oft besucht;* dieses Lokal war bei den Gästen sehr ~

bel|len ⟨V. 400⟩ **1** *Laut geben;* Hunde, Füchse, Wölfe ~; →a. Hund (3.1) **2** ⟨fig.; umg.⟩ *heftig u. hart, trocken husten;* ~der Husten

be|loh|nen ⟨V. 505/Vr 7⟩ jmdn. (für etwas) ~ *jmdm. einen Gegenwert als Dank (für eine nicht bestellte Leistung) geben;* Ggs bestrafen; jmdn. mit Undank ~; jmdn. für seine Hilfe, seine Mühe ~; jmdn. reichlich ~

Be|loh|nung ⟨f.; -, -en⟩ *Gegenwert als Dank für eine (nicht bestellte) Leistung;* Ggs Strafe, Bestrafung; eine hohe ~ aussetzen für etwas; als od. zur ~ für …; einen verlorenen Gegenstand gegen ~ abgeben

be|lü|gen ⟨V. 181/500⟩ **jmdn.** ~ *jmdm. etwas Unwahres sagen;* er hat mich mehrmals belogen

be|lus|ti|gen ⟨V.⟩ **1** ⟨500/Vr 7 od. Vr 8⟩ jmdn. od. **sich** ~ *jmdn. od. sich zum Lachen bringen, bei jmdm. od. sich Heiterkeit hervorrufen;* er belustigte mit seinen Reden die ganze Gesellschaft; sein Benehmen hat sie belustigt; es hat mich belustigt, ihn anzusehen; er fand es äußerst belustigend, dass … **2** ⟨550/Vr 3⟩ **sich über jmdn.** od. **etwas** ~ *lustig machen;* die ganze Stadt hat sich damals über seine Manieren belustigt **3** ⟨500/Vr 3⟩ **sich** ~ ⟨veraltet⟩ *sich amüsieren;* die jungen Leute belustigen sich beim Tanz

be|mäch|ti|gen ⟨V. 540/Vr 3; geh.⟩ **1 sich** einer **Sache** ~ *sich etwas mit Gewalt nehmen, sich gewaltsam etwas aneignen;* sich einer Stadt, eines Landes ~; er bemächtigte sich plötzlich der Waffe **2 sich jmds.** ~ *jmdn. in seine Gewalt bekommen;* sich des Kindes ~ (um es zu entführen); die Polizisten bemächtigten sich des Entflohenen • **2.1 etwas bemächtigt sich jmds.** ⟨fig.; poet.⟩ *etwas ergreift, überkommt jmdn.;* Furcht, Angst bemächtigte sich meiner

be|ma|len ⟨V. 500/Vr 7⟩ **1 etwas** ~ *mit Farbe anstreichen, bunt machen;* er bemalte die Teller mit Blümchen; eine bemalte Truhe **2 sich** ~ ⟨umg.; scherzh.⟩ *sich schminken*

be|män|geln ⟨V. 500⟩ **etwas** ~ *etwas tadeln, es jmdm. als Fehler vorhalten;* jmds. Verhalten ~; ich muss ~, dass …; an allem etwas zu ~ haben

be|man|nen ⟨V. 500⟩ **etwas** ~ *etwas mit einer Mannschaft versehen;* ein Schiff, Flugzeug ~; ein mit acht Ruderern bemanntes Boot

be|män|teln ⟨V. 500⟩ **etwas** ~ *etwas verbergen, verhüllen, beschönigen;* einen Fehler, einen Fehltritt ~; er versuchte, seine wahren Absichten zu ~

be|merk|bar ⟨Adj. 24⟩ **1** *so geartet, dass man es bemerken kann* • **1.1 sich** ~ **machen** *auf seine Anwesenheit (durch Geräusche) hinweisen;* die Gefangenen machten sich durch Klopfzeichen ~ • **1.2 etwas macht sich** ~ *etwas ist erkennbar, zeigt Auswirkungen;* die Krankheit macht sich seit zwei Monaten ~

be|mer|ken ⟨V. 500⟩ **1** ⟨Vr 3⟩ **jmdn.** od. **etwas** ~ *jmdn. od. etwas wahrnehmen, darauf aufmerksam werden;* ich bemerkte ein leises Geräusch, eine Bewegung im Gebüsch; einen Schaden rechtzeitig, zu spät ~; jmdn. nicht ~ **2 etwas** ~ *mit wenigen Worten äußern, sagen;* er tat den Einwand mit dem Bemerken ab, er sei unwichtig; nebenbei bemerkt, ich habe ihn gar nicht gesehen; haben Sie noch etwas dazu zu ~?; ich möchte dazu ~, dass …; „…", bemerkte er

Be|mer|kung ⟨f.; -, -en⟩ **1** *kurze mündliche od. schriftliche Äußerung;* eine kritische, spöttische, treffende, witzige, zynische ~; er machte über ihn **1.1** deine (dummen) ~en kannst du dir sparen! ⟨umg.⟩ *deine (dummen) B. sind unpassend* **2** ⟨veraltet⟩ *Wahrnehmung, Beobachtung*

be|mes|sen ⟨V. 185/500⟩ **etwas** ~ *etwas nach Schätzung od. bestimmtem Maß (Größe, Menge, Dauer usw.) zuteilen, abmessen;* er hat das Geld zu knapp ~; eine genau ~e Dosis; unsere Zeit ist kurz ~

be|moost ⟨Adj.⟩ **1** *mit Moos bewachsen, bedeckt;* ~e Felsen, Bäume; alte Dächer sind ~ **2** ⟨fig.; scherzh.⟩ *alt* • **2.1** ein ~es **Haupt** • **2.1.1** ⟨urspr.⟩ *Student, der schon sehr lange studiert* • **2.1.2** ⟨allg.⟩ *alter Mann, alter Herr*

be|mü|hen ⟨V. 500⟩ **1 jmdn.** ~ ⟨geh.⟩ *bitten, veranlassen, etwas zu tun;* darf ich Sie noch einmal wegen dieser Sache ~ • **1.1 jmdm. Mühe, Arbeit bereiten;** es tut mir leid, dass ich Sie vergeblich bemüht habe **2** ⟨500/Vr 3⟩ **sich** ~ *sich Mühe geben, sich anstrengen;* du solltest dich ~, deine Aufgaben sorgfältiger zu machen; bitte, ~ Sie sich nicht (als höfliche Ablehnung einer Dienstleistung) • **2.1** ⟨515⟩ **sich für jmdn.** ~ *an jmds. Stelle tätig werden* • **2.2** ⟨550⟩ **sich um etwas** ~ *nach etwas streben* • **2.3** ⟨550⟩ **sich um jmdn.** ~ *jmds. Gunst, Freundschaft zu gewinnen suchen* **3** ⟨511/Vr 3; veraltet⟩ sich **an** einen **Ort** ~ (Höflichkeitsformel) *sich an einen Ort begeben, an einen Ort gehen;* ich danke Ihnen, dass Sie sich hierher bemüht haben; wenn Sie sich bitte ins Nebenzimmer ~ würden

be|mü|ßigt ⟨Adj. 50/24 nur in den Wendungen⟩ **sich** ~ **fühlen, sehen, finden** ⟨meist scherzh.⟩ *sich genötigt, veranlasst fühlen, sehen, finden;* ich fühlte mich bemüßigt, sie nach Hause zu begleiten

be|mut|tern ⟨V. 500⟩ **jmdn.** ~ *wie eine Mutter für jmdn. sorgen, jmdn. sanft bevormunden;* er bemutterte gern seine jüngeren Geschwister

be|nach|rich|ti|gen ⟨V. 505/Vr 8⟩ **1 jmdn.** ~ *jmdm. eine Nachricht übermitteln;* wir haben seine Schwester benachrichtigt; die Polizei ~ • **1.1 jmdn. von etwas** ~ *jmdn. von etwas unterrichten, ihm etwas mitteilen;* er benachrichtigte die Eltern von der Geburt des Kindes; ich muss ihn von meinem Vorhaben ~

be|nach|tei|li|gen ⟨V. 500/Vr 7 od. Vr 8⟩ **jmdn.** ~ *jmdn. zurücksetzen, jmdm. (zugunsten eines anderen) weniger zugestehen;* Ggs *bevorzugen;* er benachteiligt nur die Mädchen; warum fühlst du dich benachteiligt?

Ben|del ⟨alte Schreibung für⟩ *Bändel*

be|ne|beln ⟨V. 500/Vr 7⟩ **1 jmdn.** od. **sich** ~ *jmdn. od. sich den Verstand trüben;* der Erfolg benebelte seinen Kopf • **1.1** ⟨umg.⟩ *jmdn. od. sich ein wenig betrunken machen;* der Wein hatte ihn, hatte ihm die Sinne benebelt • **1.2** ⟨Part. Perf.⟩ benebelt **sein** ⟨umg.⟩ *leicht betrunken sein;* er war ganz schön benebelt

be|neh|men ⟨V. 189⟩ **1** ⟨513/Vr 3⟩ **sich** ~ *sich betragen, sich verhalten;* sich anständig, schlecht, tadellos ~; er hat sich unmöglich benommen ⟨umg.⟩ • **1.1** ⟨500/Vr 3⟩ *sich gut, anständig, betragen, verhalten;* bitte benimm dich!; er weiß sich zu ~ **2** ⟨530⟩ **etwas** benimmt **jmdm. etwas** ⟨geh.; poet.⟩ *nimmt jmdm. etwas;* der Wind, der Schreck benahm ihm den Atem; der Alkohol benahm ihm den klaren Blick

Be|neh|men ⟨n.; -s; unz.⟩ **1** *Art, wie sich jmd. benimmt;* albernes, anständiges, bescheidenes, feines, gewandtes, höfliches, tadelloses, unverschämtes ~; sein ~ war einwandfrei **2 sich mit jmdm. ins** ~ **setzen** ⟨geh.⟩ *sich mit jmdm. aussprechen über etwas, mit jmdm. übereinkommen*

be|nei|den ⟨V. 500⟩ **1** ⟨Vr 8⟩ **jmdn.** ~ *jmdm. etwas nicht gönnen* • **1.1** *sein wollen wie jmd., an jmds. Stelle sein wollen;* ich habe dich glühend beneidet, als dir die Leute zujubelten; der arme Kerl ist nicht zu ~ • 1.2 ⟨550/Vr 8⟩ jmdn. **um etwas** ~ *dasselbe haben wollen wie jmd.;* ich beneide ihn um seine Energie; ich beneide ihn nicht um sein Schicksal

be|nen|nen ⟨V. 190/505/Vr 7 od. Vr 8⟩ **1 jmdn. od. etwas (nach jmdm.** od. einer **Sache)** ~ *jmdm. od. einer Sache (nach jmdm.* od. einer Sache*) einen Namen geben, jmdn. od. etwas bezeichnen;* die Mutter benannte die Tochter nach ihrer Freundin; den Platz hat man nach dem berühmten Schriftsteller benannt; das Meer wurde nach seiner Farbe benannt • 1.1 einen **Begriff** ~ ⟨Sprachw.⟩ *einen B., einen sprachlichen Ausdruck (z. B. ein Wort) zuordnen;* →a. *bezeichnen (3)* **2 jmdn.** ~ *jmds. Namen angeben;* jmdn. als Kandidaten, Zeugen ~

Ben|gel[1] ⟨m.; -s, -; veraltet⟩ **1** *kurzes Stück Holz, Prügel, Knüppel* **2** *mittelalterliche Waffe, Keule mit Kopf, der Stacheln trägt*

Ben|gel[2] ⟨m.; -s, -; umg. m.; -s, -s⟩ *(frecher) Junge;* kleiner, hübscher, süßer ~; er ist ein fauler, ungezogener ~

be|nom|men 1 ⟨Part. Perf. von⟩ *benehmen* **2** ⟨Adj. 24⟩ *verwirrt, leicht betäubt;* er befand sich in einem ~en Zustand; vom Alkoholgenuss, von einem Schlafmittel (noch) ~ sein; er ist von dem Schrecken, dem Unfall noch ganz ~; sie lag ~ im Bett

be|nö|ti|gen ⟨V. 500/Vr 8; geh.⟩ **jmdn. od. etwas** ~ *jmdn. od. etwas notwendig brauchen, dringend nötig haben;* Geld, Kleidung ~; ich benötige deine Hilfe; wir ~ weitere Mitarbeiter

be|nut|zen ⟨V. 500⟩ **1** ein **Werkzeug, Hilfsmittel** ~ *gebrauchen;* einen Schraubenzieher ~; ein Buch, Nachschlagewerk ~ **2** einen **Zeitraum** ~ *vorteilhaft verbringen* **3** eine **Gelegenheit** ~ *Nutzen ziehen aus einer G.*

Be|nut|zung ⟨f.; -; unz.⟩ *das Benutzen, Gebrauch;* die ~ öffentlicher Verkehrsmittel; ~ auf eigene Gefahr!

Ben|zin ⟨n.; -s; unz.⟩ *die bis 200 °C siedenden Bestandteile des Erdöls, als Motorentreibstoff, Fleckenentferner u. Lösungsmittel verwendet*

be|ob|ach|ten ⟨V. 500⟩ **1** ⟨Vr 7 od. Vr 8⟩ **jmdn. od. etwas** ~ *eine Zeit lang genau betrachten, mit den Augen verfolgen u. bewusst wahrnehmen, bemerken, feststellen;* einen Vorgang ~; eine, keinerlei Veränderung ~; das habe ich noch nie an ihm beobachtet; ich habe schon oft beobachtet, dass …; genau, gut, scharf, unausgesetzt ~; aus der Nähe ~; von weitem ~; jmdn. aus den Augenwinkeln, bei einer Beschäftigung ~; jmdn. ärztlich ~ (lassen) **2 Regeln, Gesetze, Vorschriften** ~ ⟨geh.; veraltet⟩ *beachten;* bitte ~ Sie genau meine Anweisungen • 2.1 **Stillschweigen** ~ *schweigen*

be|quem ⟨Adj.⟩ **1** *angenehm;* ein ~er Weg; ein ~es Leben führen **2** *behaglich;* ein ~er Sessel; sitzt du ~?; mach es dir ~! **3** *gut passend;* ~e Schuhe, ~es Kleid **4** *leicht, mühelos;* man kann den Ort ~ in einer halben Stunde erreichen; ein Werkzeug ~ zur Hand haben; eine ~e Ausrede **5** *träge, jeder Mühe abgeneigt;* er wird im Alter etwas ~

be|que|men ⟨V.⟩ **1** ⟨580/Vr 3⟩ **sich zu etwas** ~ ⟨geh.; abwertend⟩ *sich (endlich) bereit finden, anschicken, etwas zu tun;* er bequemte sich schließlich, die Sache zu erklären; du wirst dich dazu ~ müssen aufzustehen **2** ⟨505/Vr 3⟩ **sich** ~ ⟨veraltet⟩ *sich in etwas fügen, sich anpassen*

Be|quem|lich|keit ⟨f.; -, -en⟩ **1** *Einrichtung, die das Leben angenehm, behaglich macht;* ein Zimmer mit allen ~en ausstatten • 1.1 ⟨umg.; veraltet⟩ *Abtritt, Abort;* die ~ finden Sie auf halber Treppe **2** ⟨unz.⟩ *angenehme, behagliche Lebensweise;* er liebt die ~; brauchen Sie noch etwas zu Ihrer ~? **3** ⟨unz.⟩ *Faulheit, Nachlässigkeit;* er hat aus ~ die Tür nicht abgeschlossen

be|ra|ten ⟨V. 195/500⟩ **1** ⟨Vr 8⟩ **jmdn.** ~ *jmdm. einen Rat geben, ratend beistehen;* jmdn. gut, schlecht, übel ~; sich von jmdm. ~ lassen; jmdm. ~d beistehen; ~ des Mitglied einer Körperschaft, Vereinigung • 1.1 damit bist du gut, wohl, schlecht ~ *das ist ein guter, schlechter Rat* **2** ⟨Vr 7⟩ **etwas** od. **sich** ~ *sich besprechen (über etwas), gemeinsam überlegen, sich gegenseitig raten;* wir haben den neuen Plan, das neue Projekt ~; sie haben stundenlang ~, ob u. wie es geschehen soll; sich mit jmdm. ~; ich habe mich mit ihm darüber ~, ob …, wie …; sie haben über die Ausführung des Planes ~

Be|ra|ter ⟨m.; -s, -⟩ *jmd., der anderen einen Rat erteilt, der andere berät* (Fach~, Finanz~); politischer ~ des Präsidenten

Be|ra|te|rin ⟨f.; -, -rin|nen⟩ *weibl. Berater*

Be|ra|tung ⟨f.; -, -en⟩ **1** *Erteilung von Ratschlägen;* Mütter~; Berufs~ • 1.1 *Beratungsstelle;* ~ für Drogenabhängige **2** *Besprechung, Unterredung;* das Gericht hat sich zur ~ zurückgezogen

be|rau|ben ⟨V. 500⟩ **1 jmdn.** ~ *jmdn. etwas (mit Gewalt durch einen Überfall) wegnehmen;* jmdn. seines Geldes ~ **2** ⟨540/Vr 7 od. Vr 8⟩ **jmdn. einer Sache** ~ ⟨geh.⟩ *jmdm. eine S. entziehen;* jmdn. des Rechtes ~, etwas zu tun; jmdn. seiner Freiheit ~

be|rau|schen ⟨V. 500⟩ **1 etwas** berauscht **jmdn.** *macht jmdn. betrunken;* der Wein hatte ihn berauscht; in berauschtem Zustand • 1.1 leicht, schwer, stark berauscht sein *betrunken sein* • 1.2 ⟨Part. Präs.⟩ ~d *in Rausch versetzend, trunken machend;* ~de Getränke, Mittel, Gifte; ein ~der Duft von Rosen **2** eine **Sache** berauscht **jmdn.** ⟨fig.⟩ *versetzt jmdn. in Begeisterungstaumel;* ich war von der (Schönheit der) Musik ganz berauscht • 2.1 ⟨Part. Präs.⟩ **nicht** ~d ⟨umg.; iron.⟩ *mittelmäßig, nicht besonders gut, schön;* wie war es gestern auf dem Fest? Nicht ~d!; dein Zeugnis ist nicht gerade ~d **3** ⟨505/Vr 3⟩ **sich** ~ *sich betrinken* • 3.1 **sich (an etwas)** ~ ⟨fig.⟩ *in Begeisterungstaumel geraten (über etwas);* sich an einem Anblick ~ • 3.1.1 sich an seinen eigenen **Worten** ~ *sich gern reden hören*

be|rech|nen ⟨V. 500⟩ **1 etwas** ~ *ausrechnen;* Kosten, den Preis, Zinsen ~; den Umfang eines Kreises ~; die Wirkung eines Geschosses ~ **2** eine **Sache** ~ *vorher genau überlegen, erwägen, berücksichtigen, planen;* bestimmte Umstände ~; alles, was er sagt u. tut, ist nur auf Effekt, auf Wirkung berechnet

be|rech|nend 3 ⟨530/Vr 6⟩ jmdm. etwas ~ *in Rechnung stellen, anrechnen, Bezahlung verlangen (für etwas);* für die Verpackung, die Zutaten berechne ich Ihnen nichts; wie viel ~ Sie mir?

be|rech|nend 1 ⟨Part. Präs. von⟩ *berechnen* **2** ⟨Adj.⟩ *stets vorausschauend, auf seinen Vorteil bedacht;* sie ist sehr ~; ein (kalt, kühl) ~er Mensch

Be|rech|nung ⟨f.; -, -en⟩ **1** *das Berechnen;* eine mathematische, statistische ~; genaue, ungefähre ~; seine ~en stimmen; nach meiner ~ müssen wir in 10 Minuten da sein • **1.1** ~en **anstellen** *berechnen* **2** ⟨fig.⟩ *vorherige genaue, nüchterne Überlegung;* nach menschlicher ~; alle ~en wurden zunichte; es liegt außerhalb aller ~ • **2.1** ⟨abwertend⟩ *auf eigenen Vorteil bedachte Überlegung, Eigennützigkeit;* aus ~ (heraus) handeln; etwas nur aus ~ tun

be|rech|ti|gen ⟨V.⟩ **1** ⟨550/Vr 8⟩ jmdn. zu etwas ~ *jmdm. das Recht geben, etwas zu tun;* der Ausweis berechtigt (nicht) zum kostenlosen Eintritt • **1.1** berechtigt sein, etwas zu tun, berechtigt sein zu *das Recht, die Befugnis, Vollmacht haben;* ich bin nicht berechtigt, Sie hereinzulassen **2** ⟨800⟩ seine Anlagen ~ zu den schönsten Hoffnungen *lassen das Beste hoffen*

Be|rech|ti|gung ⟨f.; -, -en⟩ **1** *Anrecht, Befugnis, Vollmacht, Erlaubnis;* Aufenthalts~; ~ zur Teilnahme, zum Eintritt **2** *das Berechtigtsein;* etwas mit voller ~ behaupten; dieser Einwand hat seine ~

be|re|den ⟨V.⟩ **1** ⟨505⟩ etwas (mit jmdm.) ~ *besprechen;* er muss die Sache mit ihr ~; ich wollte den Fall erst mit meinem Freund ~ **2** ⟨505/Vr 3⟩ sich (mit jmdm.) ~ *beraten;* ich habe mich mit ihm noch nicht beredet; wir müssen uns noch ~ **3** ⟨505 od. 580⟩ jmdn. zu etwas ~ *überreden, veranlassen, etwas zu tun;* er beredete mich, die Reise mitzumachen; er ließ sich nicht ~ **4** ⟨500⟩ jmdn. od. etwas ~ ⟨umg.⟩ *abfällig, schlecht über jmdn. od. etwas reden;* jmds. Verhalten ~; es gibt Leute, die alles und jedes ~ müssen

be|red|sam ⟨Adj.⟩ = *beredt*

be|redt ⟨Adj.; geh.⟩ oV *beredsam* **1** *redegewandt, viel redend, wortreich, viele Worte machend;* ein ~er Anwalt; er ist sehr ~ **2** ⟨fig.⟩ *eindringlich, ausdrucksvoll, vielsagend;* ein ~es Schweigen; diese Tat ist ein ~es Zeugnis für seine Hilfsbereitschaft

Be|reich ⟨m.; -(e)s, -e od. (selten) n.; -(e)s, -e⟩ **1** *Bezirk, Umgebung, Gebiet;* im ~ der Stadt; in nördlichen ~en; das Flugzeug befand sich im ~ der Berge; Küsten~, Hafen~ **2** *einer Sache od. jmdm. zukommende Sphäre, Sachgebiet;* ein Problem aus dem ~ der Mathematik, Physik; diese Aufgabe fällt nicht in meinen ~; Interessen~, Arbeits~ • **2.1** das liegt durchaus (nicht) im ~ der Möglichkeiten *das ist durchaus (nicht) möglich* **3** *Wirkungskreis, -feld;* im privaten, politischen, öffentlichen ~; im ~ seiner Macht; Einfluss~; Wellen~, Frequenz~ ⟨Phys.⟩

be|rei|chern ⟨V. 500⟩ **1** etwas ~ *etwas reicher machen, vergrößern;* ich konnte meine Sammlung um einige wertvolle Stücke ~; seine Kenntnisse, sein Wissen, seinen Wortschatz ~ **2** etwas bereichert jmdn. *etwas macht jmdn. innerlich reicher, vervollkommnet jmdn.;* sie fühlte sich durch dieses Gespräch sehr bereichert; das neue Erlebnis hat ihn bereichert **3** ⟨505/Vr 3⟩ sich (an jmdm. od. etwas) ~ *sich ohne Skrupel auf Kosten anderer Gewinn verschaffen;* er hat sich mit dieser Tätigkeit ungeheuer bereichert; sich am Eigentum anderer ~

be|rei|ni|gen ⟨V. 500⟩ **1** etwas ~ *säubern, reinigen, von etwas befreien;* einen Text von Fehlern ~ **2** eine Sache ~ *etwas in Ordnung bringen, klären, lösen, beseitigen;* eine Angelegenheit, Schwierigkeiten ~ **3** ⟨Vr 3⟩ etwas, eine Sache bereinigt sich (von selbst) ⟨fig.⟩ *kommt (von selbst) wieder in Ordnung, löst sich auf;* die Unklarheiten haben sich von selbst bereinigt

be|rei|sen ⟨V. 500⟩ etwas ~ *durch Reisen kennenlernen, erforschen;* Städte, Länder, die Welt ~

be|reit ⟨Adj. 24/70⟩ **1** *fertig, vorbereitet;* wir sind (der Zug ist) zur Abfahrt ~; seid ihr ~?; ~ (sein) zu gehen, zu sterben **2** *geneigt, gewillt;* ~ sein, etwas zu tun; wärst du ~, mir zu helfen? **3** ⟨Getrennt- u. Zusammenschreibung⟩ • **3.1** ~ erklären = *bereiterklären*

be|rei|ten[1] ⟨V. 500⟩ **1** ⟨503/Vr 5 od. Vr 6⟩ (jmdm.) etwas ~ *zubereiten, herstellen;* Speisen ~; das Essen ~; jmdm. ein Bad ~ • **1.1** Häute ~ *gerben* **2** ⟨505/Vr 3⟩ sich (zu etwas) ~ *bereitmachen, fertig machen, zurichten;* sich zum Sterben ~ **3** ⟨530/Vr 5 od. Vr 6⟩ jmdm. eine Sache ~ *verursachen, zuteilwerden lassen;* jmdm. Freude, Kummer, Schmerz ~; jmdm. einen guten Empfang ~; jmdm. Schwierigkeiten ~; das Spiel bereitet mir großes Vergnügen

be|rei|ten[2] ⟨V. 199/500⟩ **1** ein Pferd ~ *reiten u. ausbilden* **2** ein Gebiet, eine Strecke ~ *zu Pferde durchmessen*

Be|rei|ter ⟨m.; -s, -; Berufsbez.⟩ **1** *jmd., der etwas zubereitet* **2** *jmd., der beruflich Pferde reitet u. ausbildet*

Be|rei|te|rin ⟨f.; -, -rin|nen⟩ *weibl. Bereiter*

be|reit|er|klä|ren auch: **be|reit erklären** ⟨Vr 3⟩ sich ~, etwas zu tun *zum Ausdruck bringen, dass man bereit ist, etwas zu tun*

be|reit|fin|den ⟨V. 134/Vr 3⟩ sich ~, etwas zu tun *zum Ausdruck bringen, dass man bereit ist, etwas zu tun*

be|reit|hal|ten ⟨V. 160/500/Vr 7⟩ **1** etwas ~ *bereit, zur Verfügung haben, gebrauchsfertig halten;* eine Überraschung ~; die Ausweise ~ **2** ⟨Vr 3⟩ sich ~ *jederzeit zur Verfügung stehen; abrufbereit sein;* sich zum Abmarsch ~

be|reits ⟨Adv.⟩ = *schon (1);* ich habe ~ gegessen; ich bin ~ fertig

Be|reit|schaft ⟨f.; -, -en⟩ **1** ⟨unz.⟩ *das Bereitsein;* militärische ~; ~ zum Kampf; Alarm~, Abwehr~ • **1.1** jmdn. od. etwas **in** ~ **halten** *jmd. od. etwas zum sofortigen Einsatz bereithalten, parat haben;* der Polizist hielt seine Waffe in ~ • **1.2** etwas od. jmd. ist (liegt, steht) **in** ~ *ist (liegt, steht) zur Verfügung* • **1.3** etwas in ~ **haben** *etwas bereithaben* **1.4** *Bereitwilligkeit;* ~ zur Verteidigung, zu Verhandlungen zeigen; seine ~ erklären; Hilfs~; Kompromiss~ **2** ⟨unz.⟩ ~ **haben** *Bereitschaftsdienst haben;* der Arzt hat die ganze Nacht ~ **3** ⟨zählb.⟩ *eine Einheit der Polizei,* *die für den Einsatz bereit ist;* Polizei~ • **3.1** *Gruppe der Schutzpolizei;* ~spolizei

be|reit|ste|hen ⟨V. 256/400⟩ *fertig, vorbereitet sein, zur Verfügung stehen;* der Zug steht zur Abfahrt bereit; das Mittagessen steht bereit

be|reit|stel|len ⟨V. 500⟩ *etwas ~ zur Verfügung stellen, zur Benutzung, Verwendung hinstellen;* finanzielle Mittel ~; sie hat das Gepäck, den Proviant schon bereitgestellt

be|reit|wil|lig ⟨Adj.⟩ *gern bereit (zu etwas), geneigt, entgegenkommend;* er sagte seine Hilfe ~ zu; ~ Auskunft erteilen; sie fand ~e Unterstützung

be|reu|en ⟨V. 500⟩ **1** *etwas ~ Reue über etwas empfinden, etwas ungeschehen wünschen;* seine Sünden ~; eine Tat ~; etwas bitter ~; eine Geldausgabe ~ • **1.1** *bedauern;* ich bereue es nicht, mitgekommen zu sein

Berg ⟨m.; -(e)s, -e⟩ **1** *deutlich sichtbare, größere Geländeerhebung;* Ggs Tal; einen ~ besteigen; auf einen ~ steigen; die ~e (~ und Tal) kommen nicht zusammen, wohl aber die Menschen • **1.1** der Glaube kann ~e versetzen ⟨Sprichw.⟩ *Gewaltiges leisten* • **1.2** wenn der ~ nicht zum Propheten kommt, muss der Prophet wohl zum ~e kommen ⟨Sprichw.⟩ *man muss sich selbst bemühen u. den ersten Schritt tun* • **1.3 über alle** ~e *unerreichbar weit fort;* er ist schon über alle ~e • **1.4** hinter dem ~e wohnen auch Leute *es gibt noch andere Leute, die etwas vermögen, andere können auch etwas* • **1.5** die Haare stehen jmdm. zu ~e *sträuben sich (vor Schreck)* • **1.6** der ~ kreißt und gebiert eine Maus *ein großer Aufwand hat ein lächerlich kleines Ergebnis* • **1.7** mit etwas hinter dem ~(e) halten ⟨fig.⟩ *etwas verheimlichen* • **1.8 über** den ~ *über das Schlimmste, Schwierigste hinweg;* wir sind mit den Schwierigkeiten noch lange nicht über den ~; der Kranke ist über den ~; jmdm. über den ~ helfen; →a. Ochse (1.1) **2** ⟨nur Pl.⟩ die ~e *das Gebirge;* in die ~e fahren **3** ⟨umg.⟩ *große, sich auftürmende Menge;* ein (ganzer) ~ Schokolade; einen ~ von Arbeit; →a. golden (1.1) **4** ⟨nur Pl.; Bgb.⟩ ~e *taubes Gestein*

berg|ab ⟨Adv.⟩ **1** *den Berg hinunter, abwärts, talwärts;* ~ fahren, fließen, steigen **2 es geht** mit jmdm. od. etwas (immer mehr) ~ ⟨fig.; umg.⟩ *jmds. (Gesundheits-)Zustand od. der Zustand einer Sache verschlechtert sich, die finanzielle Lage wird schlechter*

berg|auf ⟨Adv.⟩ **1** *den Berg hinauf, aufwärts;* ~ gehen; der Pfad führt steil ~ **2 es geht** mit jmdm. od. etwas (wieder) ~ ⟨fig.; umg.⟩ *jmds. (Gesundheits-)Zustand od. der Zustand einer Sache bessert sich, die finanzielle, wirtschaftliche Lage wird besser*

Berg|bau ⟨m.; -(e)s; unz.⟩ *industrielle Gewinnung von Bodenschätzen;* im ~ arbeiten; ~ betreiben

ber|gen ⟨V. 106/500⟩ **1** ⟨Vr 7⟩ **jmdn.** od. **etwas ~** *in Sicherheit bringen, retten;* Tote, Verunglückte ~ (nach Unfällen) • **1.1** sich geborgen fühlen *sich zu Hause fühlen, sich geschützt, behaglich fühlen* • **1.2** geborgen sein *in Sicherheit sein;* hier bist du geborgen (vor deinen Feinden) • **1.3** die **Segel ~** *niederholen, ein-*

ziehen **2** *etwas ~* ⟨geh.⟩ *verbergen, verhüllen;* er barg das Päckchen unter seinem Mantel **3** *etwas birgt etwas* ⟨geh.⟩ *etwas enthält etwas;* die Erde birgt viele Schätze; der Wald birgt ein Geheimnis • **3.1** ⟨550⟩ **etwas** birgt **etwas in sich** *fasst, schließt etwas in sich;* das Unternehmen birgt Gefahren in sich

ber|gig ⟨Adj.⟩ *mit Bergen versehen, Berge aufweisend;* ein ~es Gelände; eine ~e Insel

Berg|mann ⟨m.; -(e)s, -leu|te⟩ *jmd., der im Bergwerk arbeitet*

Berg|werk ⟨n.; -(e)s, -e⟩ *Einrichtung für Bergbau, Anlage zur Gewinnung von Bodenschätzen*

Be|richt ⟨m.; -(e)s, -e⟩ *schriftliche od. mündliche sachliche Darstellung von Sachverhalten u. Tatsachen, Reportage;* Bild~, Erlebnis~, Tatsachen~; ~ erstatten (über); einen ~ schreiben, verfassen, anfordern; laut ~ vom 10. 1.; nach ~en unserer Mitarbeiter

be|rich|ten ⟨V. 410 od. 503 od. 803/Vr 8⟩ **1 (jmdm.) von** od. **über etwas** od. **jmdn. ~** *erzählen, etwas sachlich darstellen;* ausführlich, atemlos, genau, stockend ~; „...", berichtete er; (über) ein Erlebnis ~; von einer Urlaubsreise ~; nun berichte (von dir), wie es dir geht; über einen Vorgang ~; man hat mir berichtet, dass ...; an seine Dienststelle ~ **2** ⟨417⟩ **miteinander ~** ⟨schweiz.⟩ *sich unterhalten* **3** ⟨Zustandspassiv⟩ jmd. ist falsch berichtet ⟨schweiz.⟩ *falsch unterrichtet*

be|rich|ti|gen ⟨V. 500/Vr 7 od. Vr 8⟩ **jmdn.** od. **sich, etwas ~** *richtig stellen, richtig machen, verbessern, korrigieren;* bitte ~ Sie mich, wenn ich etwas Falsches sage; einen Fehler, einen Irrtum ~; wir müssen uns ~

Ber|mu|das ⟨Pl.; kurz für⟩ *Bermudashorts*

Ber|mu|da|shorts *auch:* **Ber|mu|da-Shorts** ⟨[-ʃɔːrts] Pl.⟩ *knielange, kurze Sommerhosen*

bers|ten ⟨V. 107⟩ **1** ⟨400(s.)⟩ *etwas* birst ⟨geh.⟩ *etwas zerspringt, platzt, bricht mit großer Gewalt auseinander;* die Erde, das Eis birst; beim Erdbeben barsten die Häuser, die Wände; geborstene Mauer; ich bin zum Bersten voll ⟨umg.; scherzh.⟩ • **1.1** der Saal, der Bus war **zum Bersten voll** *überfüllt, brechend voll* • **1.2** ⟨800⟩ **vor etwas ~** ⟨fig.⟩ *von etwas übervoll sein;* er hätte vor Ungeduld, vor Wut, vor Ärger, vor Neid ~ mögen • **1.2.1** wir sind **vor Lachen** fast geborsten *haben unmäßig gelacht*

be|rüch|tigt ⟨Adj.; abwertend⟩ **1** *übelbeleumdet, in schlechtem Ruf stehend, verrufen, auf traurige Weise berühmt;* ein ~er Ausbilder, Schinder; eine ~e Kneipe; die ganze Gegend war ~ • **1.1** *gefürchtet;* er war für seine od. wegen seiner Grausamkeit ~

be|rü|cken ⟨V. 500; geh.⟩ *jmdn.* od. *etwas ~ jmdn.* od. *etwas entzücken, bezaubern;* ihre Anmut berückte ihn; sich ~ lassen von etwas od. jmdn.; das schöne Mädchen berückte sein Herz; ein ~des Lächeln; ein Mädchen von ~der Schönheit

be|rück|sich|ti|gen ⟨V. 500⟩ **1 jmdn.** od. **etwas ~** *jmdn. od. etwas beachten, jmdn. od. etwas zu seinem Recht kommen lassen;* jmds. Verdienste entsprechend ~; ein Gesuch ~; sie muss bei der Erbschaft berücksichtigt werden **2 jmdn.** od. **etwas ~** *auf jmdn.* od.

Beruf

etwas Rücksicht nehmen, in Betracht ziehen; die besonderen Umstände, Verhältnisse ~; man muss dabei ~, dass …; jmds. Eigenart(en), Gesundheitszustand ~

Be|ruf ⟨m.; -(e)s, -e⟩ **1** *gewerblich ausgeübte od. auszuübende, meist dem Erwerb des Lebensunterhaltes dienende Tätigkeit;* keinen (festen) ~ haben; er hat seinen ~ verfehlt; was sind Sie von ~?; er ist von ~ Lehrer; einen ~ ausüben, erlernen; ausgeübter, erlernter ~; seinen ~ an den Nagel hängen; seinem ~ nachgehen; welchen, was für einen ~ willst du einmal ergreifen?; →a. *frei (1.1.1)* **2** ⟨geh.; veraltet⟩ *Berufung, innere Bestimmung, Aufgabe, Sendung;* den ~ zum Politiker, Geistlichen, Arzt, Lehrer, Maler, Musiker in sich fühlen

be|ru|fen ⟨V. 204⟩ **1** ⟨510⟩ *jmdn.* ~ *jmdm. ein Amt anbieten, jmdn. in ein Amt einsetzen;* einen Professor an eine Universität ~; er ist zum Nachfolger des Verstorbenen ~ worden; er ist als Ordinarius nach Göttingen ~ worden **2** ⟨550/Passiv⟩ • **2.1 sich zu etwas ~ fühlen** *sich zu etwas ermächtigt fühlen;* ich fühle mich nicht dazu ~, hier einzugreifen • **2.2 zu etwas ~ sein** *besonders befähigt sein;* er ist dazu ~, anderen Menschen zu helfen **3** ⟨550/Vr 3⟩ *sich auf jmdn. od. etwas ~ stützen, jmdn. od. etwas als Zeugen od. als Beweis nennen* **4** ⟨500⟩ *jmdn.* ~ ⟨veraltet⟩ *bestellen, kommen lassen;* jmdn. zu sich ~; viele sind ~, aber wenige sind auserwählt (Matth. 20,16) • **4.1** *beschwören;* Geister, ein Unglück ~ • **4.2** *wir wollen es nicht* ~ ⟨umg.⟩ *wir wollen nicht davon sprechen aus (abergläubischer) Furcht, dass es dadurch gefährdet wird od. eintritt* **5** ⟨800⟩ **gegen** eine Verordnung, ein Urteil ~ ⟨österr.⟩ *Berufung einlegen*

be|rufs|tä|tig ⟨Adj. 24/70⟩ *im Beruf tätig, einen B. ausübend, erwerbstätig;* ~e Frauen; er war nicht mehr ~

Be|ru|fung ⟨f.; -, -en⟩ **1** *das Berufen, Sichberufen;* ~ eines Professors an eine Universität • **1.1** *eine* ~ *an eine Universität erhalten einen Ruf erhalten* • **1.2** *unter* ~ *auf* ⟨förml.⟩ *unter Hinweis auf* **2** ⟨fig.⟩ *innere Bestimmung für einen Beruf od. eine Tätigkeit, Aufgabe, Sendung;* die ~ zum Arzt in sich fühlen **3** *Einspruch, Rechtsmittel zur Nachprüfung od. Änderung eines gerichtlichen Urteils* • **3.1** ~ einlegen gegen (bei) ⟨Rechtsw.⟩ *Einspruch erheben gegen*

be|ru|hen ⟨V. 800⟩ **1** *etwas beruht* **auf etwas** *gründet, stützt sich auf etwas, hat seine Ursache in etwas;* die Abneigung, Zuneigung beruht auf Gegenseitigkeit; seine Furcht beruht auf einem Schock, den er als Kind erlitten hat; seine Behauptungen ~ auf Wahrheit, auf einem Irrtum • **etwas auf sich ~ lassen** *etwas nicht weiterverfolgen, etwas so lassen, wie es ist;* er wollte die Sache auf sich ~ lassen

be|ru|hi|gen ⟨V. 500⟩ **1** ⟨Vr 7 od. Vr 8⟩ *jmdn. od. etwas* ~ *ruhig machen* • **1.1** *jmdn.* ~ *zur Ruhe, beschwichtigen, zum Schweigen bringen, trösten;* ich habe das Kind nur mit Mühe ~ können; ~de Worte sprechen • **1.1.1** *beruhigt (sein) ohne Sorge, unbesorgt (sein);* beruhigt einschlafen; bitte sieh noch einmal nach, damit ich beruhigt bin; seien Sie ganz beruhigt! **2** ⟨Vr 3⟩ *sich* ~ *ruhig werden;* mein Gewissen hat sich wieder beruhigt • **2.1** *das aufgeregte Meer hat sich wieder beruhigt hat sich geglättet* • **2.2** *sich legen;* der Sturm, die Aufregung hat sich beruhigt

be|rühmt ⟨Adj. 70⟩ **1** *weithin bekannt, überall sehr angesehen;* ein ~er Dichter, Musiker, Politiker; er ist durch seine Theaterstücke ~ geworden; er ist wegen seiner Mildtätigkeit ~; ein ~es Buch, Werk **2** *nicht (gerade)* ~ ⟨iron.⟩ *nicht besonders gut, mittelmäßig;* dein Aufsatz ist nicht ~

Be|rühmt|heit ⟨f.; -, -en⟩ **1** ⟨unz.⟩ *weitreichender Ruf, Ruhm;* ~ erlangen; er hat durch seine geschickten Einbrüche eine traurige ~ erlangt **2** ⟨umg.⟩ *berühmte Persönlichkeit;* er ist in den letzten Jahren eine ~ geworden; bei der Tagung sah man einige ~en

be|rüh|ren ⟨V. 500⟩ **1** ⟨Vr 7 od. Vr 8⟩ *jmdn. od.* **etwas** ~ *in Kontakt mit jmdn. od. etwas kommen;* die Figuren, Waren usw. bitte nicht ~!; mit der Hand ~; die Tangente berührt den Kreis in einem Punkt; sie standen so nahe beisammen, dass sie sich fast berührten; die Figuren ~ sich; jmd. berührt sich mit der Hand; Grundstücke ~ sich; ihre Interessen ~ sich; wir haben (auf unserer Fahrt) Berlin nur berührt; das Berühren (der Gegenstände, Waren usw.) ist verboten **2** *eine* **Sache** *berührt* **jmdn. od. etwas** *betrifft jmdn. od. etwas, hat eine Wirkung auf jmdn. od. etwas;* dein Vorschlag berührt meine Gedanken, Bestrebungen; das berührt uns nicht, kaum, wenig • **2.1** ⟨513⟩ *eine* **Sache** *berührt* **jmdn.** *weckt in jmdm. Gefühle;* es berührt mich angenehm, schmerzlich, unangenehm, wohltuend; jmd. ist von etwas (un)angenehm berührt • **2.2** *eine* **Sache** *(am Rande)* ~ *(flüchtig) erwähnen;* ein Thema ~; eine Angelegenheit gesprächsweise ~

Be|rüh|rung ⟨f.; -, -en⟩ **1** *das Berühren;* er empfindet bei jeder, bei der kleinsten ~ Schmerzen; Ansteckung durch ~ **2** ⟨fig.⟩ *Kontakt, das Zusammentreffen mit jmdm. od. einer Sache;* zwei Dinge miteinander in ~ bringen; der Kranke darf nicht mit Gesunden in ~ kommen; ich war mit ihm (durch die Arbeit) in ~ gekommen **3** ⟨fig.⟩ *Erwägung;* die ~ dieser Frage war ihm peinlich

be|sa|gen ⟨V. 500⟩ *etwas besagt* **etwas** *etwas bringt etwas zum Ausdruck, bedeutet etwas;* der Abschnitt besagt Folgendes; diese Bemerkung will ~, dass …; das hat nichts zu ~

be|sagt 1 ⟨Part. Perf. von⟩ *besagen* **2** ⟨Adj. 24/60⟩ *erwähnt, bereits genannt;* der Besagte; ~er Schüler hat …; in dem ~en Ort • **2.1** *um auf den* ~*en* **Hammel zurückzukommen** ⟨fig.⟩ *um zur Sache zurückzukommen*

be|sänf|ti|gen ⟨V. 500/Vr 7 od. Vr 8⟩ *jmdn. od.* **etwas** ~ *beruhigen, beschwichtigen, mildern;* einen Wütenden ~; er versuchte, ihren Zorn zu ~; das Meer hatte sich am nächsten Tag besänftigt

Be|satz ⟨m.; -es, -sät|ze⟩ **1** *Teile, mit denen ein Kleidungsstück zur Verzierung besetzt ist;* Sy *Belag (1.3.1);* ein Kleid mit schwarzem ~; Spitzen, Bänder, Borten sind als ~ sehr beliebt **2** ⟨unz.; Jagdw.⟩ *Bestand eines Reviers an Niederwild od. einer Niederwildart;* Hühner~ **3** ⟨unz.; Landw.⟩ *die Zahl der Tiere je Flächen-*

Be|sat|zung ⟨f.; -, -en⟩ **1** *Truppen, die zur Bedienung einer festen Anlage bestimmt sind;* die ~ einer Festung, einer Burg, einer Radarstation **2** *Bemannung eines Schiffes, eines Flugzeuges od. eines Kampffahrzeugs;* Schiffs~; Flugzeug~; Panzer~ **3** ⟨unz.⟩ *Truppen, die fremdes Staatsgebiet besetzt halten;* die ~ zog ab; die ~ wurde verstärkt **4** ⟨unz.⟩ *Zustand des Besetztseins;* die ~ dauerte schon 10 Jahre

be|sau|fen ⟨V. 205⟩ **1** ⟨500/Vr 3⟩ **sich** ~ ⟨derb⟩ *sich betrinken;* er ist jeden Tag besoffen **2** ⟨Part. Perf.⟩ besoffen ⟨fig.; umg.⟩ *nicht recht bei Verstand;* ich muss wohl besoffen gewesen sein, als ich das zugesagt habe

be|schä|di|gen ⟨V. 500⟩ **1** *etwas* ~ *etwas schadhaft machen, versehren;* das Haus wurde vom Blitz schwer beschädigt; ein beschädigtes Buch, Glas **2** ⟨Vr 7 od. Vr 8⟩ **jmdn.** od. **sich** ~ ⟨veraltet⟩ *sich verletzen*

Be|schä|di|gung ⟨f.; -, -en⟩ **1** *das Beschädigen, Versehren;* Sach~; die ~ eines Fahrzeugs **2** *etwas, das beschädigt wurde, beschädigte Stelle;* ~ an einer Mauer, einem Zaun

be|schaf|fen¹ ⟨V. 530/Vr 5 od. Vr 6⟩ *jmdm. etwas* ~ *herbeibringen, herbeischaffen, besorgen, kaufen;* sich das Geld für etwas ~; das notwendige Material für eine Arbeit ~; es ist nicht zu ~; jmdm. eine Arbeitsstelle ~

be|schaf|fen² ⟨Adj. 24/40⟩ **1** *geartet, veranlagt, in einem bestimmten Zustand;* ich bin nun einmal so ~; der Gegenstand ist so ~, dass …; so ~ wie (etwas anderes) • **1.1** wie ist es mit deiner Gesundheit ~? *wie steht es mit deiner G.?* • **1.2** mit ihr ist es schlecht ~ *es geht ihr schlecht*

Be|schaf|fen|heit ⟨f.; -; unz.⟩ **1** *das Beschaffensein, Sosein, Natur, natürliche Eigenart, Zustand;* Boden~; ~ eines Materials, eines Stoffes; ~ einer Ware; von eigentümlicher ~ • **1.1** *Veranlagung, Disposition;* Körper~; seelische, körperliche ~

be|schäf|ti|gen ⟨V. 500⟩ **1** ⟨Vr 7 od. Vr 8⟩ **jmdn.** ~ *arbeiten, tätig sein lassen;* die Kinder ~ • **1.1** *ein Arbeitgeber beschäftigt Arbeitnehmer lässt sie gegen Bezahlung arbeiten;* er beschäftigt in seinem Betrieb 50 Arbeiter; in der Fabrik sind 100 Arbeiter beschäftigt • **1.2** er ist bei der Firma X beschäftigt *angestellt* **2** ⟨516/Vr 7⟩ *jmdn. mit einer Arbeit* ~ *jmdn. eine A. tun lassen* **2.1** ⟨Vr 3⟩ **sich mit einem Zeitvertreib** ~ *(zum Vergnügen) tätig sein;* sich mit Gartenarbeit, mit seinen Gedanken, mit einem Problem ~; sie war gerade damit beschäftigt, Gardinen aufzuhängen, als ich kam; er kann sich gut, nicht (allein) ~ • **2.2** ⟨Vr 3⟩ **sich mit jmdm.** ~ *sich um jmdn. kümmern, jmdn. fördern;* die Eltern ~ sich viel, wenig mit den Kindern **3** ⟨500⟩ *die Angelegenheit* beschäftigt mich sehr ⟨fig.⟩ *gibt mir zu denken* • **3.1** *sehr, stark beschäftigt sein emsig, tätig sein, sehr in Anspruch genommen sein, viel Arbeit haben*

Be|schäf|ti|gung ⟨f.; -, -en⟩ **1** *Tätigkeit, Zeitvertreib;* eine interessante, gesunde, dauernde, geregelte ~; er muss eine ~ haben, damit er sich nicht langweilt **2** *Beruf, Arbeit;* einer ~ nachgehen; er sucht eine ganztägige ~; bisherige ~ (auf Fragebogen); ohne ~ sein **3** ⟨unz.⟩ *das Beschäftigen;* die ~ von Kindern ist nicht erlaubt **4** ⟨unz.⟩ *das Beschäftigtsein;* seine ~ bei der Bahn ist nicht mehr gesichert **5** ⟨unz.⟩ ~ mit etwas *das Sichbeschäftigen (Studium, Nachdenken);* die ~ mit der englischen Sprache; die ~ mit diesem Thema

be|schä|men ⟨V. 500⟩ **jmdn.** ~ **1** *in jmdm. Scham über (s)ein Fehlverhalten erwecken;* sie schlug beschämt die Augen nieder; ein ~des, demütigendes Gefühl; dein Verhalten ist ~d • **1.1** ich beschäme mich *sich schämen* **2** ⟨geh.⟩ *jmdn. durch das Unerwartete u. Unverdiente einer Wohltat irritieren;* ich bin von seiner Güte (tief) beschämt; deine Güte beschämt mich

be|schat|ten ⟨V. 500⟩ **1** ⟨Vr 7 od. Vr 8⟩ **etwas** ~ *vor Sonne schützen, in den Schatten bringen, einen Schatten werfen auf;* ein großer Hut beschattete ihr Gesicht; eine alte Linde beschattet das Haus • **1.1** ⟨fig.; geh.⟩ *betrüben;* die Feier war durch diese traurige Nachricht beschattet **2** ⟨Vr 8⟩ **jmdn.** ~ ⟨fig.⟩ *jmdn. heimlich verfolgen u. beobachten, überwachen;* jmdn. von Kriminalbeamten, Detektiven ~ lassen

be|schau|en ⟨V. 500/Vr 7 od. Vr 8 od. 503/Vr 1; regional⟩ *jmdn. od. etwas* ~ *jmdn. od. etwas prüfend anschauen, genau betrachten, besichtigen;* er beschaute (sich) misstrauisch die Bilder; das muss ich mir genauer, näher, gründlich ~; sich im Spiegel ~

be|schau|lich ⟨Adj.⟩ **1** *behaglich, friedlich;* ein ~es Dasein führen; ~ auf einer Bank sitzen; in ~er Ruhe **2** *verträumt, besinnlich in Betrachtungen versunken, ruhig sinnend;* ein ~er Mensch, Roman; über etwas ~ schreiben; ich bin mehr fürs Beschauliche

Be|scheid ⟨m.; -(e)s, -e⟩ **1** ⟨unz.⟩ *Antwort, Nachricht, Auskunft;* Sie bekommen (noch) ~; auf ~ warten • **1.1** jmdm. ~ geben *Auskunft erteilen, jmdn. benachrichtigen* • **1.2** jmdm. ~ sagen *jmdm. etwas mitteilen, jmdn. von etwas in Kenntnis setzen;* bitte sagen Sie mir ~, wann ich aussteigen muss • **1.3** jmdm. ordentlich ~ sagen, stoßen ⟨umg.⟩ *jmdm. deutlich der Meinung sagen* **2** *(behördliche) Entscheidung;* abschlägiger ~; der endgültige ~ geht Ihnen schriftlich zu; vorläufiger ~; wann kann ich mir den ~ holen? **3** ~ wissen *Kenntnis haben von etwas, etwas gut kennen, sich zurechtfinden (in);* danke, ich weiß ~!; bitte geh ins Zimmer, du weißt ja ~!; in einer Stadt ~ wissen; in, auf einem Fachgebiet ~ wissen; ich weiß über seinen Plan nicht ~; damit du ~ weißt! (als Drohung) • **3.1** ich weiß hier nicht ~ *ich bin hier fremd* • **3.2** er weiß überall ~ *er findet sich in jeder Lage schnell zurecht, kennt sich in jedem Handwerk aus*

be|schei|den¹ ⟨V. 209/500⟩ **1** ⟨505/Vr 3⟩ **sich (mit etwas)** ~ ⟨geh.⟩ *sich (mit etwas) begnügen;* mit dieser Antwort musste ich mich ~; ich will mit wenigem ~ **2** ⟨530⟩ *jmdm. etwas* ~ ⟨geh.⟩ *zuteilwerden lassen, geben;* **Gott** hat ihm beschieden, zu …, dass …; ihm war kein Erfolg beschieden • **2.1** jmdm. ist es nicht beschieden *es ist jmdm. nicht vergönnt, es sollte nicht sein, dass jmd. …;* es war ihm nicht beschieden, ein

bescheiden

großer Künstler zu werden **3** ⟨511⟩ **jmdn. an** einen Ort ~ ⟨veraltet⟩ *bestellen, kommen lassen;* jmdn. vor Gericht ~ • **3.1** jmdn. zu sich ~ *zu sich bitten, zu sich kommen lassen* **4** jmdn. ~ ⟨Amtsdt.⟩ *jmdm. etwas mitteilen, einen Bescheid geben* • **4.1** ⟨513⟩ jmdn. abschlägig ~ *jmdm. eine Absage mitteilen, etwas ablehnen, absagen*

be|schei|den[2] ⟨Adj.⟩ **1** *genügsam, anspruchslos;* ein ~er Mensch; ~ leben **2** *einfach, gering, mäßig, mittelmäßig;* ~e Ansprüche, Forderungen; ein ~es Gehalt, Einkommen beziehen; deine Leistungen sind ja sehr ~; etwas zu einem ~en Preis einkaufen; er drängt sich nie vor, dazu ist er viel zu ~ • **2.1** wie geht es dir? ~! *mäßig* • **2.1.1** ⟨a. verhüllend für⟩ *beschissen*

be|schei|ni|gen ⟨V. 503/Vr 6⟩ **(jmdm.) etwas** ~ *schriftlich bestätigen, bezeugen;* den Empfang eines Briefes, einer Sendung ~; das muss ich mir vom Arzt ~ lassen

Be|schei|ni|gung ⟨f.; -, -en⟩ **1** ⟨unz.⟩ *das Bescheinigen* **2** ⟨zählb.⟩ *schriftliche Bestätigung, Schriftstück, mit dem etwas bescheinigt wird;* eine ~ (über etwas) ausstellen, benötigen, anfordern

be|schen|ken ⟨V. 500⟩ **jmdn.** ~ *jmdm. ein Geschenk machen;* die Kinder wurden zu Weihnachten reich beschenkt; jmdn. mit Schmuck ~

be|sche|ren ⟨V.⟩ **1** ⟨530/Vr 6⟩ **jmdm. etwas** ~ *jmdm. zu Weihnachten etwas schenken;* was hat dir das Christkind beschert?; was hast du zu Weihnachten beschert bekommen? **2** ⟨400⟩ *Geschenke austeilen (bes. zu Weihnachten);* bei uns wird nachmittags um fünf Uhr beschert (am Heiligen Abend); wir ~ erst morgens am 25. Dezember; den Erwachsenen wird später beschert **3** ⟨530/Vr 7 od. Vr 8⟩ **jmdm. jmdn. od. etwas** ~ *zuteilwerden lassen, bringen;* der Besuch hat uns eine böse Überraschung beschert; was wird uns die Zukunft ~?; das Schicksal bescherte ihnen ein sorgenreiches Leben

Be|sche|rung ⟨f.; -, -en⟩ **1** *(feierliches) Austeilen, Überreichen von Geschenken (bes. am Heiligen Abend);* am 24. Dezember abends ist (die) ~; Weihnachts~ **2** ⟨unz.; fig.; umg.; scherzh.⟩ *unangenehme Überraschung;* jetzt haben wir die ~!; das ist ja eine schöne ~!

be|schi|cken ⟨V. 500⟩ **1 eine Messe, eine Ausstellung** ~ *Waren od. Ausstellungsgegenstände auf eine M., A. schicken;* der Aussteller hat die Messe mit Mustern beschickt; der Markt war reich beschickt **2 eine Versammlung, einen Kursus** ~ *durch Vertreter besuchen lassen;* die Tagung wurde international beschickt **3 ein Hochofen** od. **metallurgischen Ofen (mit etwas)** ~ ⟨Techn.; Met.⟩ *mit einem Material, das beod. verarbeitet werden soll, füllen;* einen Hochofen mit Erzen, Zuschlägen und Brennmaterial ~ **4 etwas** ~ ⟨regional⟩ *besorgen, erledigen;* heute konnte ich nichts ~

be|schimp|fen ⟨V. 500/Vr 8⟩ **jmdn.** ~ *seinen Zorn gegen jmdn. laut äußern, jmdn. mit groben Worten beleidigen;* er hat mich heftig beschimpft; sie ~ sich gegenseitig

be|schla|fen ⟨V. 217/500⟩ **1 eine Sache** ~ ⟨umg.⟩ *eine Nacht schlafen, bevor man die Sache entscheidet, eine Entscheidung bis zum Morgen aufschieben, sie sich gründlich vorher überlegen;* deinen Vorschlag muss ich (mir) noch einmal ~; ich werde (mir) den Plan erst ~ **2 eine Frau** ~ ⟨veraltet⟩ *mit einer Frau geschlechtlich verkehren*

Be|schlag ⟨m.; -(e)s, -schlä|ge⟩ **1** *Metallstück zum Zusammenhalten von beweglichen Teilen (z. B. von Fenstern, Türen), zum Schutz (z. B. der Ecken eines Buchdeckels, des Pferdehufes), zur Verzierung (z. B. an Schränken, Schubfächern)* **2** *feiner Niederschlag, Hauch, Überzug (auf Fensterscheiben, Metallflächen usw.)* **3** ⟨unz.; Jägerspr.⟩ *das Beschlagen*[1] **4** ⟨nur in der Wendung⟩ **jmdn.** od. **etwas in ~ nehmen, mit ~ belegen** *ganz für sich allein beanspruchen;* einen Raum in ~ nehmen; jmds. Zeit mit ~ belegen

be|schla|gen[1] ⟨V. 218⟩ **1** ⟨500⟩ **ein Tier** od. **etwas** ~ *einen Metallbeschlag anbringen an etwas, bes. an den Hufen eines Tieres;* ein Pferd mit Hufeisen ~; mit Eisen ~; mit Nägeln ~e Schuhe **2** ⟨400⟩ **etwas beschlägt** *überzieht sich mit einem Beschlag;* Glas, Metall beschlägt leicht; die Fensterscheibe beschlägt • **2.1** das Glas ist mit Rost ~ *überzogen, bedeckt* **3** ⟨500⟩ **weibl. Tiere des Schalenwilds** ~ ⟨Jägerspr.⟩ *begatten, befruchten* • **3.1** das Tier ist ~ *befruchtet* **4** ⟨500⟩ **Segel** ~ ⟨Seemannsspr.⟩ *befestigen*

be|schla|gen[2] ⟨Part. Perf. von⟩ *beschlagen*[1] **2** ⟨Adj. 70⟩ *in etwas erfahren, reich an Kenntnissen;* auf, in einem Fachgebiet gut, sehr ~ sein

be|schlag|nah|men ⟨V. 500⟩ **etwas** ~ *jmdm. im behördlichen Auftrag das Verfügungsrecht über etwas entziehen, etwas behördlich wegnehmen;* die Polizei beschlagnahmte die Schmuggelware

be|schleu|ni|gen ⟨V.⟩ **1** ⟨500⟩ **etwas** ~ *etwas schneller werden lassen;* eine Bewegung ~; die Fahrt ~; er beschleunigte seine Schritte; beschleunigter Puls; mit beschleunigter Geschwindigkeit • **1.1** ⟨500/Vr 3⟩ **etwas beschleunigt sich** *wird schneller;* das Tempo, der Puls beschleunigt sich • **1.2** ⟨413⟩ **ein Fahrzeug beschleunigt leicht**, *gut, schnell, sofort ein F. erhöht leicht usw. die Geschwindigkeit* **2** ⟨500; Phys.⟩ **etwas** ~ *die Geschwindigkeit innerhalb einer Zeiteinheit (Maßeinheit m/sec²) heraufsetzen* • **2.1** **negativ** ~ *bremsen, verzögern* **3** ⟨500⟩ **etwas** ~ ⟨fig.⟩ *dafür sorgen, dass etwas früher geschieht, schneller eintritt od. vorangeht;* die Vorbereitungen, die Abreise ~; er wollte den Umzug ~; die Entwicklung, das Wachstum ~ • **3.1** **beschleunigtes Verfahren** ⟨Rechtsw.⟩ *ein Verfahren, bei dem das Zwischenverfahren (die Einreichung der Anklageschrift) wegfällt*

be|schlie|ßen ⟨V. 222/500⟩ **1 etwas** ~ *einen Beschluss (1) fassen;* er beschloss, sofort abzureisen; es ist noch nichts (endgültig) beschlossen; was habt ihr beschlossen?; es ist beschlossene Sache **2 etwas** ~ *etwas beenden, mit etwas Schluss machen;* seine Tage, sein Leben in beschaulicher Ruhe ~; ich möchte meinen Vortrag nun mit dem Wunsch ~, dass …

Be|schluss ⟨m.; -es, -schlüs|se⟩ **1** *Entscheidung, etwas zu tun als Ergebnis einer Beratung;* einen ~ fassen;

beschwichtigen

einstimmiger ~; laut ~ der Versammlung; einen Antrag zum ~ erheben **2** ⟨unz.; veraltet⟩ *Ende, Schluss, Abschluss;* zum ~ wollen wir noch gemeinsam ein Lied singen; den ~ einer Kolonne, Reihe machen

be|schmut|zen ⟨V. 500/Vr 7 od. Vr 8⟩ **1** *etwas, jmdn.* od. *sich (mit etwas)* ~ *etwas, jmdn.* od. *sich schmutzig machen, verunreinigen;* ich habe meine Hose beschmutzt; er hat die anderen Kinder beschmutzt; wie konntest du dich denn wieder so beschmutzen? • 1.1 ⟨530/Vr 1⟩ **jmdm.** od. **sich etwas** ~; er hat ihr das Kleid beschmutzt; ich habe mir beim Spazieren die Schuhe beschmutzt **2** *eine Sache* ~ *verunglimpfen, entweihen, entehren;* jmds. Ansehen, Andenken, Ehre ~

be|schnei|den ⟨V. 227/500⟩ **1** *etwas* ~ *den Rand glatt schneiden (von Papier, Leder, Stoff usw.);* die Bogen eines Buches ~ **2** *etwas* ~ *kürzer machen, stutzen, zurückschneiden;* Äste, Bäume, Fingernägel, Fußnägel ~; einen Bart ~; einem Vogel die Flügel ~ **3** *eine Sache* ~ ⟨fig.⟩ *herabsetzen, einschränken, schmälern;* die Ausgaben, Löhne ~; jmds. Freiheit, Rechte, jmdm. die Freiheit ~ **4** *jmdn.* ~ *bei jmdm. die Vorhaut, die Klitoris* od. *die kleinen Schamlippen entfernen (als Ritual)*

be|schö|ni|gen ⟨V. 500⟩ **1** *etwas* ~ *etwas Negatives in einem besseren Licht erscheinen lassen, etwas harmloser darstellen, als es in Wirklichkeit ist;* er beschönigt seine Fehler, Schwächen, Vergehen; jmds. Handlung, Tun, Verhalten ~ • 1.1 ~*der* **Ausdruck** = *Euphemismus*

be|schrän|ken ⟨V. 500⟩ **1** ⟨500⟩ *etwas* ~ *etwas begrenzen, einer Sache Schranken setzen;* den Export ~; die Zahl der Studienbewerber ~; jmds. Rechte ~; seine Ausgaben ~ • 1.1 ⟨550⟩ **jmdn. in etwas** ~ *jmdn. in etwas einengen;* jmdn. in seinen Rechten, in seiner (Handlungs-)Freiheit ~ • 1.2 ⟨550⟩ **etwas auf** ein **bestimmtes Maß** ~ *ein Maß nicht überschreiten lassen;* er hat seine Geldausgaben auf ein Mindestmaß beschränkt; sie muss ihren Vortrag auf 30 Minuten ~ **2** ⟨550/Vr 3⟩ *sich auf jmdn.* od. *etwas* ~ *sich mit jmdm.* od. *einer Sache begnügen;* wir müssen uns auf das Notwendigste, das Wesentliche ~; wir wollen versuchen, das Feuer auf den Brandherd zu ~ • 2.1 *etwas beschränkt* **sich auf jmdn.** od. **etwas** *etwas ist nur für jmdn.* od. *etwas gültig;* sein Einfluss beschränkte sich nicht nur auf die Politik; die Maßnahme beschränkt sich auf die Rentner

be|schränkt 1 ⟨Part. Perf. von⟩ *beschränken* • 1.1 *räumlich begrenzt, knapp;* unser Platz ist ~; ~er Raum • 1.2 *zeitlich begrenzt;* meine Zeit ist ~ • 1.3 *gering;* seine Möglichkeiten sind ~; wir haben nur ~e Mittel zur Verfügung • 1.3.1 *in* ~*en Verhältnissen leben in ärmlichen V. leben* • 1.4 *in seiner Geltung begrenzt;* Gesellschaft mit ~er Haftung; er hat nur ~e Vollmachten **2** ⟨Adj.; fig.; abwertend⟩ *geistig begrenzt, von geringer Intelligenz, einfältig;* einen ~en geistigen Horizont haben; er ist geistig etwas ~; ein ~er Mensch

be|schrei|ben ⟨V. 230/500⟩ **1** *etwas* ~ *mit Schriftzeichen versehen, vollschreiben;* ein Stück Papier, eine Tafel ~; die Seiten waren dicht, eng beschrieben; ein beschriebenes Stück Papier **2** *jmdn.* od. **etwas** ~ *durch Worte einen Eindruck von jmdm.* od. *etwas vermitteln;* eine Person ~; etwas anschaulich, ausführlich, genau, näher ~; können Sie den Täter ~?; sein Glück war nicht zu ~; wer beschreibt mein Erstaunen, meine Freude, meinen Schrecken, als ... **3** *etwas beschreibt einen* **Kreis,** *eine* **Kurve** *führt einen K., eine K. aus;* das Flugzeug, der Wagen beschrieb einen Kreis, Bogen

Be|schrei|bung ⟨f.; -, -en⟩ **1** *das mündliche* od. *schriftliche Beschreiben;* nach einer Pause fuhr sie in ihrer ~ fort; ich kenne ihn nur aus ihrer ~; er wurde in seiner ~ unterbrochen • 1.1 *etwas spottet jeder, aller* ~ ⟨umg.⟩ *etwas ist unbeschreiblich, übersteigt jedes Maß;* seine Frechheit spottet jeder ~; der Zustand des Zimmers spottete jeder ~ **2** *genaue Angaben über etwas* od. *jmdn.;* eine ~ des Täters, einer Person geben; Personen~; eine ~ für den Gebrauch

be|schul|di|gen ⟨V. 504/Vr 7 od. Vr 8⟩ **1** *jmdn.* od. *sich (einer* **Sache)** ~ *jmdm.* od. *sich die Schuld an etwas geben;* jmdn. des Betruges, des Diebstahls ~; man hat ihn beschuldigt, Geld gestohlen zu haben; jmdn. falsch, zu Unrecht ~ • 1.1 ⟨Rechtsw.⟩ *jmdn. wegen einer Straftat bei Gericht anzeigen (vor der öffentlichen Klage)*

be|schüt|zen ⟨V. 500/Vr 8⟩ **jmdn.** (vor etwas) ~ *jmdn. Schutz geben, jmdn. (vor etwas) schützen, behüten, bewahren;* jmdn. vor den Feinden ~; sie ~ sich, einander vor den Gefahren des Lebens

Be|schwer|de ⟨f.; -, -n⟩ **1** *Mühe, Last, Mühsal, Mühseligkeit;* der Weg, die Arbeit macht mir viel(e) ~(n) **2** ⟨Pl.⟩ *körperliche Leiden, Schmerzen;* die ~n des Alters; das Treppensteigen macht, verursacht mir ~n; keinerlei ~n (mehr) haben; über ~n (beim Atmen, bei der Verdauung usw.) klagen; wo haben Sie ~n? **3** *an zuständiger Stelle vorgebrachte Klage über jmdn.* od. *etwas;* große, kleine ~n; üble ~n. Grund zur ~ geben; was haben Sie für ~n?; eine ~ vorbringen • 3.1 ~ *führen sich beschweren* • 3.2 *Rechtsmittel gegen Beschlüsse (von Verwaltungsbehörden)* • 3.2.1 ~ *einlegen einreichen*

be|schwe|ren ⟨V. 500⟩ **1** *etwas* ~ *belasten, schwerer machen;* Schriftstücke ~ (damit sie nicht weggeweht werden); den Magen mit fetten Speisen ~ **2** ⟨550/Vr 7 od. Vr 8⟩ *jmdn. mit etwas* ~ *seelisch belasten;* jmdn. mit Sorgen, Nöten, einer schlimmen Nachricht ~ **3** ⟨Vr 3⟩ *sich* ~ *eine Beschwerde (3) vorbringen, sich beklagen;* Sy *reklamieren (2);* sich beim Geschäftsführer ~; sich über ungerechte Behandlung, schlechte Bedienung ~

be|schwer|lich ⟨Adj.⟩ **1** *Beschwerde(n) bereitend, mühselig, mühsam, ermüdend;* ~e Arbeit; ein ~er Weg; die Reise war lang und ~ • 1.1 *jmd.* **od. etwas wird jmdm.** ~ *fällt jmdm. schwer, wird jmdm. lästig*

be|schwich|ti|gen ⟨V. 500/Vr 7 od. Vr 8⟩ **jmdn.** od. **etwas** ~ *beruhigen;* jmds. Erregung, Wut, Zorn ~; sein (schlechtes) Gewissen ~; einen Zornigen ~; eine ~de Geste

beschwingt

be|schwịngt ⟨Adj.; fig.⟩ *leicht, schwungvoll, heiter, beflügelt, freudig eilend;* ~e Melodie, ~er Rhythmus; ~en Schrittes, mit ~en Schritten; ~ nach Hause gehen

be|schwö̱|ren ⟨V. 238/500⟩ **1** eine **Aussage** ~ *durch Schwur bekräftigen, beeiden* **2** ⟨580⟩ jmdn. ~, **etwas** (nicht) **zu tun** *flehentlich bitten;* sie beschwor ihn, sie nicht zu verlassen **3 Dämonen, Geister, Naturmächte** ~ *herbeizaubern, -rufen od. bannen, wegzaubern, austreiben* • 3.1 **Erinnerungen** ~ *ins Gedächtnis rufen*

be|se̱|hen ⟨V. 239/500/Vr 7 od. Vr 8 od. 503/Vr 1⟩ **1** (**sich**) jmdn. od. etwas ~ *(sich) jmdn. od. etwas genau beschauen, jmdn. od. etwas betrachten, ansehen;* er besah sie (sich) aufmerksam, von oben bis unten; ich besah mich im Spiegel • 1.1 bei Licht(e), in der Nähe, genau, recht ~ ⟨fig.; umg.⟩ *genau genommen, in Wirklichkeit, recht überlegt;* bei Lichte ~, ist es doch anders

be|sei̱|ti|gen ⟨V. 500⟩ **1** etwas ~ ⟨a. fig.⟩ *etwas entfernen, zum Verschwinden bringen;* Schmutz, Abfälle, Essensreste, Flecken ~; Fehler, Hindernisse, Schwierigkeiten, Störungen, Ursachen, Vorurteile ~ **2** jmdn. ~ ⟨verhüllend⟩ *ermorden, umbringen;* einen Mitwisser ~; man hat ihn beseitigt, weil er zu viel wusste

Be̱|sen ⟨m.; -s, -⟩ **1** *Werkzeug zum Kehren;* Hand~, Kehr~ • 1.1 ich fresse einen ~, wenn das stimmt ⟨umg.; scherzh.⟩ *ich glaube es nicht, das kann nicht stimmen* • 1.2 jmdn. auf den ~ laden ⟨fig.⟩ *täuschen, foppen, zum Besten haben;* →a. neu (1.2); eisern (3.2) **2** *Gerät zum Schaumschlagen;* Schnee~ **3** ⟨umg.; scherzh.⟩ *Mann, Mensch;* du alter ~!; so ein alter ~! • 3.1 ⟨umg.; abwertend⟩ *kratzbürstige, zänkische Frau*

be|se̱s|sen 1 ⟨Part. Perf. von⟩ besitzen **2** ⟨Adj.⟩
• 2.1 *von bösen Geistern beherrscht, ergriffen, irr, wahnsinnig;* er ist vom Teufel ~; wie ~ herumspringen, schreien, davonrennen • 2.2 *von etwas übermäßig erfüllt, begeistert sein;* von einer (fixen) Idee, Vorstellung, einem Wunsch ~ sein; sie war von ihrer Arbeit ~ • 2.2.1 *leidenschaftlich;* ein ~er Spieler, Rennfahrer

be|se̱t|zen ⟨V. 500⟩ **1** einen **Platz** ~ *belegen, freihalten;* alle Plätze waren schon besetzt; einen Stuhl für jmdn. ~; das Theater war (dicht, voll) besetzt; die Straßenbahn war (voll) besetzt; Besetzt (Aufschrift auf den Schlössern von Toilettentüren) • 1.1 ein **Sitzmöbel** ~ *sich darauf setzen* • 1.2 der Platz ist besetzt *ist bereits belegt* • 1.3 die Telefon ist besetzt *die Telefonleitung ist belegt* **2** einen **Staat**, Teil eines Staates ~ *der eigenen Herrschaft, Kontrolle unterstellen;* die besetzten Gebiete; ein Land, eine Stadt ~; leerstehende Häuser ~ **3** eine (offene) **Stelle** ~ *einen Arbeitnehmer für eine S. einstellen;* die guten Posten waren schon besetzt • 3.1 **Rollen** ~ ⟨Theat.⟩ *einzelne Schauspieler verteilen;* das Stück war mit guten Schauspielern besetzt **4** ⟨516⟩ **Stoff mit etwas** ~ *auf etwas etwas nähen;* ein mit Pelz besetzter Mantel **5** ein **Beet** ~ *bepflanzen;* die Rabatte mit Tulpen ~

be|si̱ch|ti|gen ⟨V. 500⟩ etwas ~ *etwas zwecks Bildung od. Prüfung bei einem Rundgang ansehen, anschauen;* ein Bauwerk, ein Museum, eine Stadt ~; ein Krankenhaus, eine Schule, Truppen ~; etwas durch Sachverständige ~ lassen

Be|si̱ch|ti|gung ⟨f.; -, -en⟩ *das Besichtigen;* ~ durch Sachverständige; ~ von Kunstwerken

be|sie̱|geln ⟨V. 500⟩ etwas ~ **1** ⟨veraltet⟩ *mit Siegel versehen, durch Siegel versiegeln, fest verschließen* **2** ⟨505; geh.⟩ *bekräftigen, bindend bestätigen;* er hat seine Treue mit seinem Blut, seinem Tod besiegelt; ein Versprechen mit Handschlag ~; eine Liebeserklärung mit einem Kuss ~ • 2.1 besiegelt sein *entschieden sein, unverrückbar feststehen;* sein Schicksal ist (damit, durch das Urteil usw.) besiegelt

be|sie̱|gen ⟨V. 500/Vr 7 od. Vr 8⟩ **1** jmdn. od. **sich, etwas** ~ *den Sieg erringen über, im Kampf gewinnen gegen;* jmdn. im Wettkampf, im Spiel ~; den Gegner (geistig) ~; sich selbst ~ ist der schönste Sieg (F. von Logau); ein besiegtes Land; wehe den Besiegten! (Ausspruch des Galliers Brennus, als er 390 v. Chr. Rom eroberte) • 1.1 seine **Leidenschaften** ~ *zügeln, bezähmen* • 1.2 **überwinden;** Schwierigkeiten, Furcht, Zweifel ~ • 1.3 sich für besiegt erklären *sich zum Verlierer erklären, den Kampf aufgeben*

be|si̱n|nen ⟨V. 245/500/Vr 3⟩ **1** sich ~ *überlegen, nachdenken, zur Ruhe kommen;* sich einen Augenblick ~; ich muss mich erst ~; ohne sich zu ~ • 1.1 ⟨513 od. 540⟩ sich anders, eines Besseren ~ *sich etwas anders, besser überlegen;* ich habe mich anders besonnen • 1.1.1 sie hat sich schließlich besonnen *sie ist schließlich vernünftig geworden* **2** ⟨505⟩ **sich** (**auf jmdn.** od. **etwas**) ~ *sich (an jmdn. od. etwas) erinnern;* ich kann mich nicht (mehr) ~, wie er ausgesehen hat • 2.1 wenn ich mich recht besinne *wenn ich nicht irre, wenn mich meine Erinnerung nicht täuscht* • 2.2 jetzt besinne ich mich wieder *jetzt fällt es mir wieder ein*

be|si̱nn|lich ⟨Adj.⟩ *nachdenklich, beschaulich;* eine ~e Stunde verbringen; ~e Worte; sie schaute ~ zum Himmel auf

Be|si̱n|nung ⟨f.; -; unz.⟩ **1** *Bewusstsein* • 1.1 die ~ verlieren *bewusstlos werden, in Ohnmacht fallen* • 1.2 wieder zur ~ kommen *aus der Bewusstlosigkeit erwachen* **2** *ruhige Überlegung, ruhiges Nachdenken, das Besinnen;* in dem Rummel kommt man nicht zur ~ • 2.1 jmdn. zur ~ bringen *jmdn. zur Vernunft bringen* **3** ⟨geh.⟩ *Erinnerung;* die ~ auf den Ursprung des Weihnachtsfestes

be|si̱n|nungs|los ⟨Adj. 24⟩ **1** *bewusstlos, ohnmächtig;* sie stürzte ~ zu Boden; der ~e Mann war verletzt **2** *außer sich, aufs Höchste erregt, nicht bei Vernunft;* ~ vor Wut sein; sie war ~ vor Schreck; sich ~ in die Arbeit stürzen **3** *maßlos;* ~e Furcht, Angst, Eile

Be|si̱tz ⟨m.; -es; unz.⟩ **1** ⟨Rechtsw.⟩ *tatsächliche Herrschaft, Gewalt über eine Sache* ~ →a. *unmittelbar (2.1)* • 1.1 *die Sache selbst, deren Gebrauchs- u. Nutzungsrecht man hat;* das Haus ist sein rechtmäßiger ~ **2** *alles, worüber man (begrenzt) verfügen darf;* →a. *Eigentum* ⟨umg.⟩; an seinen Erinnerungen einen kostbaren, köstlichen, unverlierbaren (geistigen) ~ haben; das Gut ging vor einigen Jahren in seinen ~ über • **2.1** *Besitzung, Grundstück, Landgut;* er hat in Italien einen sehr schönen ~ **3** *das Besitzen;* unerlaubter ~ (z. B. von Waffen) • **3.1** in den ~ einer Sache kommen *etwas bekommen;* **3.2** von etwas ~ ergreifen, etwas in ~ nehmen *sich etwas aneignen* • **3.3** im ~ einer Sache sein *eine S. besitzen* • **3.3.1** ich bin im ~ Ihres Schreibens *ich habe Ihr Schreiben erhalten*

be|sit|zen ⟨V. 246/500⟩ **etwas** ~ **1** *in Besitz haben, darüber herrschen, verfügen;* einen Gegenstand ~; ein Grundstück, ein Haus, viel Geld, großen Reichtum ~ • **1.1** die ~de **Klasse** *Gesellschaftsklasse mit viel Besitz;* die Besitzenden **2** ⟨geh.⟩ *haben;* Mut, Fantasie, ein Talent, Temperament ~; er hat die Frechheit besessen zu behaupten, … **3** *teilhaben an;* jmds. Liebe, Vertrauen, Zuneigung ~

Be|sit|zer ⟨m.; -s, -⟩ *jmd., der etwas besitzt, Eigentümer;* →a. *unmittelbar (2.1.1)*

Be|sit|ze|rin ⟨f.; -, -rin|nen⟩ *weibl. Besitzer*

Be|sit|zung ⟨f.; -, -en⟩ *größeres Grundstück, Landgut, Grundbesitz;* er wohnt auf seinen ~en

be|son|de|re(r, -s) ⟨Adj. 24/60⟩ **1** *einzeln, nicht allgemein, nicht auf alle zutreffend, nicht für alle geeignet, für sich;* Ggs *allgemein (1);* im Allgemeinen und im Besonderen; ~ Kennzeichen, Umstände, Wünsche **2** *außerordentlich, außergewöhnlich;* ein ganz ~r Fall; das ist etwas ganz Besonderes, nichts Besonderes • **2.1** *speziell;* zur ~n Verwendung ⟨Mil.; Abk.: z. b. V.⟩ **3** *eigen, eigenartig, eigentümlich;* ein ganz ~s Gefühl

be|son|ders ⟨Adv.⟩ **1** *getrennt, gesondert, abseits, für sich;* Ggs *allgemein (1);* einen Gegenstand ~ aufstellen, legen, stellen **2** *hauptsächlich, vor allem;* ich rechne ihm seine Haltung hoch an, ~ wenn man bedenkt, dass …; ich habe mich ~ darüber gefreut, dass …; ich habe dabei ~ an dich gedacht **3** *in hohem Maße, sehr (hervorragend);* wie geht es dir? nicht ~; (nicht) ~ gut, schön, schlecht **4** *ausdrücklich, nachdrücklich;* ich möchte ~ betonen, hervorheben • **4.1** *speziell;* er eignet sich ~ zum Lehrer

be|son|nen¹ ⟨V. 500⟩ **1** jmdn. od. etwas ~ *mit Sonne bescheinen* • **1.1** *besonnt* ⟨geh.⟩ *von Sonne beschienen*

be|son|nen² ⟨Part. Perf. von⟩ *besinnen* **2** ⟨Adj.⟩ *überlegt, bedächtig, vorsichtig, umsichtig;* ein ~er Mensch; ~ handeln; ~ zu Werke gehen

be|sor|gen ⟨V. 500⟩ **1** etwas ~ *erledigen;* einen Botengang, Einkauf, ein Geschäft ~ **2** ⟨530/Vr 5⟩ **jmdm. etwas** ~ *kaufen, einkaufen, beschaffen, verschaffen, holen;* jmdm. eine Theaterkarte, ein Zimmer ~; bitte besorge mir ein Taxi; sich etwas ~ lassen **3** **jmdn. od. etwas** ~ *betreuen, pflegen, versorgen, sich um jmdn. od. etwas kümmern;* Kranke, Kinder, das Hauswesen ~ **4** ⟨530; umg.⟩ **es jmdm.** ~ *vergelten, heimzahlen* • **4.1** dem habe ich es (aber) besorgt! *dem habe ich deutlich die Meinung gesagt* **5** ~, **dass**… ⟨veraltet⟩ *Sorge haben (um od. dass …), befürchten, argwöhnen;* ich besorge, dass er einen Unfall gehabt hat **6** ⟨Part. Perf.⟩ **besorgt sein** (**um**) *sich Sorgen machen, in Sorge sein;* eine besorgte Mutter; um jmds. Gesundheit besorgt sein

Be|sorg|nis ⟨f.; -, -se⟩ **1** *Sorge, Furcht, Befürchtung;* diese Nachricht erfüllte ihn mit ~; jmds. ~se zerstreuen; etwas hat seine ~ erregt; Anlass zur ~ geben **2** (Getrennt- u. Zusammenschreibung) • **2.1** ~ erregend = *besorgniserregend*

be|sorg|nis|er|re|gend auch: **Be|sorg|nis er|re|gend** ⟨Adj.⟩ *Anlass zur Besorgnis, zur Sorge gebend;* ihr Zustand ist ~; ⟨bei Steigerung od. Erweiterung der gesamten Fügung nur Zusammenschreibung⟩ ihr Zustand ist (viel) besorgniserregender, als alle dachten; ein sehr besorgniserregender Bericht; ⟨bei Erweiterung des Erstbestandteils nur Getrenntschreibung⟩ eine große Besorgnis erregende Mitteilung

be|spre|chen ⟨V. 251/500⟩ **1** etwas ~ *erörtern, beraten, über etwas sprechen;* die Ereignisse der Woche (im Fernsehen) ~; eine Frage, ein Problem, einen Vorfall ~; etwas eingehend, gründlich ~; ich habe Folgendes mit ihm besprochen … **2** ⟨517/Vr 3⟩ **sich mit jmdm.** ~ *mit jmdm. über etwas sprechen, Meinungen austauschen;* er besprach sich mit seinem Berater **3** **jmdn.** od. **etwas** ~ *beurteilen, eine Kritik schreiben über jmdn. od. etwas;* ein neues Buch ~; eine Theateraufführung ~ **4** **jmdn. od. etwas** ~ *durch magische Worte zu heilen suchen;* eine Krankheit, Warzen ~ **5** einen **Tonträger** ~ *etwas auf einen T. sprechen, gesprochene Worte auf einen T. aufnehmen (lassen)*

Be|spre|chung ⟨f.; -, -en⟩ **1** *Beratung, Sitzung, gemeinsames Überlegen, Erörterung;* Herr Meier ist gerade in einer ~ **2** *kritische Beurteilung, Rezension;* Buch~; ~ einer Uraufführung **3** *(medizinische) Behandlung durch das Sprechen beschwörender, magischer Worte*

be|sprin|gen ⟨V. 253/500; umg.⟩ ein weibl. **Tier** ~ (vom Rind, Pferd, Edelwild u. a.) *auf es aufsteigen, um es zu begatten*

bes|ser ⟨Adj.⟩ **1** ⟨Komparativ von⟩ *gut;* ich komme wieder, wenn du ~e Laune hast; fühlst du dich (wieder) ~?; meine Kinder sollen es einmal ~ als ich haben; du kannst das ~ als ich; er ist zu faul zum Arbeiten, ~ gesagt: Er will gar nicht arbeiten; es ist ~, du kommst sofort, dass du sofort kommst; ihre Leistungen sind ~ als deine; es wäre ~, wenn du sofort kämst; es muss doch einmal (wieder) ~ werden; er will immer alles ~ wissen; ~ spät als nie; das ist ~ als nichts; auf ~es Wetter warten; auf ~e Zeiten hoffen; desto ~!; für ein ~es Leben arbeiten; es kommt noch ~! (beim Erzählen eines Ereignisses); umso ~! • **1.1** ~ ist ~! *lieber vorbeugen!* **1.2** ⟨60⟩ er ist nur ein ~er Hilfsarbeiter *kaum mehr als ein H., etwas Ähnliches wie ein H.* • **1.3** ⟨60⟩ meine ~ **Hälfte** ⟨umg.; scherzh.⟩ *meine Frau* • **1.4** ⟨60⟩ mein ~es Ich *mein Gewissen* **1.5** ⟨60⟩ in ~en **Kreisen** verkehren *in höheren Gesellschaftsschichten* **1.6** ⟨60⟩ das ~ **Teil** gewählt haben *sich richtig entschieden haben* **2** (Getrennt- u. Zusammenschreibung) • **2.1** ~ Verdienende(r) = *Besserverdienende(r)* • **2.2** ~ gehen = *bessergehen*

Bes|se|re(s) ⟨n. 3⟩ **1** *etwas, das besser ist als anderes;* ich habe ~s zu tun, als ...; etwas ~s ist dir wohl nicht eingefallen?; haben Sie nicht noch etwas ~s? (beim Einkaufen); er hat das ~ gewählt; ich kann im Augenblick nichts ~s tun als ...; wenn du nichts ~s vorhast, komm doch heute Abend; in Ermangelung von etwas Besserem; eine Wendung zum Besseren ● 1.1 eines Besseren belehren *jmdn. von einer falschen Meinung abbringen* ● 1.2 sich eines Besseren besinnen *es sich anders (besser) überlegen*

bes|ser|ge|hen *auch:* **bes|ser ge|hen** ⟨V. 145/400(s.)⟩ es geht jmdm. besser *jmd. befindet sich in einem besseren Gesundheitszustand, in einer besseren wirtschaftlichen Lage o. Ä. als zuvor;* es wird ihm bald wieder ~; geht es ihm finanziell wieder besser?

bes|sern ⟨V. 500⟩ **1** jmdn. od. etwas ~ *besser machen, verbessern;* wir müssen ihn zu ~ suchen; die Strafe hat ihn nicht gebessert; an den Verhältnissen war viel zu ~; ein Kleidungsstück ~ ⟨geh.⟩ **2** ⟨Vr 3⟩ **sich ~** *besser werden;* du musst dich ~; die Kurse ~ sich; deine Leistungen müssen sich noch ~; seine Krankheit, sein Leiden bessert sich zusehends; er hat versprochen, sich zu ~

bes|ser|stel|len ⟨V. 500⟩ **1** jmdn. ~ *jmdn. in eine höhere Gehaltsklasse einstufen, jmds. Gehalt aufbessern;* er ist bessergestellt als ich **2** ⟨Vr 3⟩ **sich ~** *über mehr Geld verfügen, seine finanzielle Situation verbessern*

Bes|se|rung ⟨f.; -, -en⟩ **1** *das Besserwerden, Sichbessern, Hinwendung zum Guten, Besseren;* die frische Luft hat viel zur ~ seiner Krankheit beigetragen ● 1.1 es ist eine (merkliche) ~ eingetreten *es ist (merklich) besser geworden* ● 1.2 gute ~! *möge sich deine Krankheit bald bessern!, alles Gute für deine Gesundheit!, werde bald wieder gesund!* ● 1.3 ist er auf dem Wege der ~ *befinden der Gesundung entgegengehen*

Bes|ser|ver|die|nen|de(r) *auch:* **bes|ser Ver|die|nen|de(r)** ⟨f. 2 (m. 1)⟩ *Person mit hohen Einkünften*

Be|stand ⟨m.; -(e)s, -stän|de⟩ **1** ⟨unz.⟩ *das Bestehen, Fortbestehen, Dauer;* das ist nicht von ~ ● 1.1 das hat keinen ~ *ist nur von Dauer* **2** *das Vorhandene* ● 2.1 *augenblicklicher Vorrat; Kassen-, Waren-~;* der ~ der Bibliothek beträgt 10 000 Bände; der ~ an Büchern, an Kleidern ● 2.2 *immer verfügbarer Vorrat;* den ~ auffüllen, erneuern; in meinen Beständen wird sich schon etwas Passendes finden **3** ⟨Forstw.⟩ *Gesamtheit der Nutzbäume eines Reviers*

be|stan|den 1 ⟨Part. Perf. von⟩ **bestehen 2** ⟨Adj. 24/70⟩ *bewachsen;* der Garten war mit Bäumen ~; ein dünn ~er Wald

be|stän|dig ⟨Adj.⟩ **1** *andauernd, ständig, ununterbrochen;* der ~e Regen macht mich ganz trübselig; ~es Wetter; in ~er Angst, Sorge, Unruhe leben ● 1.1 ⟨50⟩ *immer(zu), in einem fort;* es hat heute ~ geregnet; er hat ~ etwas auszusetzen, zu klagen; er kommt ~ zu mir gelaufen **2** *dauerhaft, widerstandsfähig;* wetter-~; der Stoff ist sehr ~ gegen Wasser, Witterungseinflüsse **3** *beharrlich, treu, nicht wankelmütig;* ein ~er Mensch; er ist sehr ~ in seiner Arbeit, seinem Fleiß

Be|stand|teil ⟨m.; -(e)s, -e⟩ **1** *Teil einer größeren Einheit;* die Methodik ist ein wesentlicher ~ der Pädagogik; die ~e einer Uhr, Maschine, eines Motors; Haupt~; einen Gegenstand in seine ~e zerlegen; Nahrungs~ ● 1.1 das Stück hat sich in seine ~e aufgelöst ⟨umg.; scherzh.⟩ *ist entzweigegangen*

be|stär|ken ⟨V. 505/Vr 8⟩ **jmdn. (in etwas) ~** *bestätigen, unterstützen;* jmdn. in seiner Meinung, in einem Vorsatz ~; seine Antwort bestärkte meinen Verdacht

be|stä|ti|gen ⟨V. 500⟩ **1** etwas ~ *als richtig anerkennen, für zutreffend, gültig erklären;* jmds. Ansicht, Meinung ~; eine Aussage ~; eine Behauptung ~; eine Urkunde ~; eidlich, unterschriftlich ~; ich kann die Ausführungen meines Vorgängers nur ~ ● 1.1 **etwas bestätigt etwas** *zeigt die Richtigkeit von etwas;* das bestätigt meinen Verdacht; damit sehe ich meine Auffassung bestätigt ● 1.2 ⟨Vr 3⟩ **etwas bestätigt sich** *stellt sich als richtig, zutreffend heraus;* es hat sich bestätigt, dass ...; meine Befürchtungen haben sich bestätigt **2** den **Empfang** einer Sendung ~ ⟨Kaufmannsspr.⟩ *mitteilen, dass eine S. angekommen ist* **3** etwas ~ *als rechtskräftig anerkennen;* jmds. Amtseinsetzung ~; Beschlüsse ~

Be|stä|ti|gung ⟨f.; -, -en⟩ *das Bestätigen, Zustimmung, Anerkennung, Beglaubigung;* um die ~ einer Kündigung bitten; die ~ eines Gerichtsurteils; amtliche ~

be|stat|ten ⟨V. 500; geh.⟩ **jmdn. ~** *jmdn. begraben, beerdigen, einäschern;* man hat ihn feierlich, kirchlich, mit militärischen Ehren in seiner Heimat, im fremden Land bestattet

Be|stat|tung ⟨f.; -, -en⟩ *das Bestatten, Begräbnis, Beerdigung, Beisetzung;* Feuer~

be|stau|nen ⟨V. 500⟩ etwas od. jmdn. ~ *über etwas od. jmdn. staunen, mit Bewunderung betrachten;* die Kinder bestaunten den Seiltänzer

bes|te(r, -s) ⟨Adj.⟩ **1** ⟨Superlativ von⟩ *gut;* der ~ Freund, Schüler; ~r Freund, so geht das nicht!; er hat den ~n Willen dazu, aber er schafft es nicht; es ist am ~n, du kommst sofort; das gefällt mir am ~n; er hat am ~n gesungen; das musst du selbst am ~n wissen; er ist auf dem ~n Wege, ein großer Künstler zu werden; er ist im ~n Alter für einen Berufswechsel; im ~n Sinne des Wortes; nach ~m Wissen handeln; das Leben von der ~n Seite sehen; sich von seiner ~n Seite zeigen; mein Bester!; du bist doch meine Beste!; ich kaufe stets nur das Beste; man muss aus jeder Lebenslage das Beste machen; ich will doch nur dein Bestes; der, die Beste (in) der Klasse; es geschieht zu deinem Besten; das Beste vom Besten; das Beste seiner Werke; ich halte es für das Beste, ... ; es wird das Beste sein ...; ● 1.1 das geht beim ~n Willen nicht *wirklich nicht, mit aller Mühe nicht* ● 1.2 er ist im ~n Alter, in den ~n Jahren *im mittleren Alter, zwischen 45 und 55, in den Lebensjahren, in denen man schon gereift, aber noch rüstig u. tatkräftig ist* ● 1.3 er war im ~n Zuge (beim Reden, Spielen, Arbeiten) *mittendrin* ● 1.4 es war alles aufs ~/Beste bestellt *so gut wie möglich, sehr gut* ● 1.5 mit seiner Gesundheit steht es nicht zum Besten *nicht gut* ● 1.6 einen Witz zum Besten geben *zur Unterhaltung vortragen, erzählen* ● 1.7 jmdn. zum

bestimmen

Besten haben, halten *zum Scherz täuschen* • 1.8 sein Bestes tun *sich alle Mühe geben* • 1.9 ein Konzert zum Besten notleidender Künstler *zugunsten, für* **2** der, die, das **erste, nächste** Beste *der, die, das nächste;* ich habe den ersten ~n/Besten gefragt, der mir begegnete; wenn du einen Mantel kaufen willst, darfst du nicht den ersten Besten nehmen; die erste ~ Gelegenheit ergreifen; ich könnte mich vor Verzweiflung am nächsten ~n Baum aufhängen

be|ste|chen ⟨V. 254⟩ **1** ⟨500/Vr 8⟩ **jmdn.** ~ *jmdn. durch unerlaubte Geschenke für sich gewinnen, beeinflussen;* Beamte ~; einen Richter, Zeugen ~; er ließ sich leicht ~ **2** ⟨414⟩ **mit, durch etwas** ~ *für sich einnehmen, einen gewinnenden, günstigen Eindruck auf jmdn. machen;* sie besticht durch ihr gutes Aussehen; das Buch hat mich durch seine hübsche Ausstattung bestochen; sie hat ein ~des Lächeln; sein Auftreten hat etwas Bestechendes

Be|steck ⟨n.; -(e)s, -e⟩ **1** ⟨umg. Pl. auch: -s⟩ *Gerät, mit dem eine Person Essen zu sich nimmt od. mit Hilfe dessen sie das Essen zerkleinert od. serviert (Löffel, Messer, Gabel);* ein ~ mehr auflegen; bringe noch ein ~!; die ~e waren aus Silber; Ess~, Tisch~, Vorlege~; Obst~, Kuchen~ **2** ⟨Med.⟩ *eine Zusammenstellung von Instrumenten für den Arzt, handlich u. staubdicht verpackt;* anatomisches, chirurgisches ~; mikroskopisches ~ **3** ⟨Mar.⟩ *Stand eines Schiffes auf See, nach Längen- u. Breitengrad;* geschätztes, beobachtetes ~; nautisches ~ • **3.1** das ~ **nehmen** *den Standort eines Schiffes bestimmen*

be|ste|hen ⟨V. 256⟩ **1** ⟨400 od. 410⟩ *vorhanden sein, da sein, existieren;* ~ irgendwelche Bedenken gegen meinen Vorschlag?; seit Bestehen des Geschäfts; die Firma besteht schon seit 10 Jahren; das Geschäft besteht nicht mehr; dein Vorwurf besteht zu Recht; darüber besteht kein Zweifel; Schönheit vergeht, Tugend besteht ⟨Sprichw.⟩ • **1.1** *in Kraft, gültig sein;* die ~den Gesetze • **1.2** ⟨401⟩ **es** besteht … *es gibt;* es besteht ein Gesetz, eine Vorschrift, dass … • **1.3** ⟨mit Modalverb⟩ *leben;* mit so wenig Nahrung kann niemand ~ **2** ⟨400⟩ ~ **bleiben** *weiterhin bestehen, an-, fortdauern, sich nicht ändern;* diese Regelung sollte ~ bleiben; es bleibt alles so ~; etwas bleibt ~, besteht weiter **3** ⟨800⟩ **3.1 vor jmdm.** ~ *jmds. Zweifel od. Ansprüchen standhalten;* vor jmds. Kritik, kritischem Blick ~; er hat glänzend vor uns bestanden • **3.2 auf etwas** ~ *beharren, etwas energisch verlangen;* ich bestehe auf meinem Recht; er bestand hartnäckig auf seiner Forderung; wenn du darauf bestehst, muss ich es dir sagen; ich bestehe darauf, dass mir der Schlüssel ausgehändigt wird; er besteht auf seinem Willen • **3.2.1** er besteht **auf seinem Kopf** ⟨umg.⟩ *er ist unnachgiebig, eigensinnig* • **3.3** ~ **aus** *zusammengesetzt sein aus;* dieser Gegenstand besteht aus Gummi, Holz, Silber • **3.4** ~ **in** *ausgefüllt sein mit, gebildet werden durch;* sein Leben bestand in Hilfe u. Aufopferung für andere; die Ursache besteht in …; der Unterschied besteht darin, dass …; meine Aufgabe besteht darin … **4** ⟨500⟩ **etwas** ~ *erfolgreich durchstehen, siegreich überstehen;*

Abenteuer, Kampf, Probe, Prüfung ~; er hat die Probe gut, schlecht, nicht bestanden; eine Prüfung mit Auszeichnung ~; nach bestandenem Examen • **4.1** ⟨800⟩ in einer **Gefahr**, einem Kampf ~ *sich behaupten, bewähren*

be|stel|len ⟨V.⟩ **1** ⟨503/Vr 5⟩ **(jmdm.) etwas** ~ *verlangen, dass (jmdm.) etwas gebracht wird;* Lieferungen, Waren ~; ein Taxi (telefonisch) ~; eine Flasche Wein ~; ich habe bei der Firma X 100 Stück bestellt; ich habe das Essen für (auf) 12 Uhr bestellt • **1.1** das ist bestellte Arbeit *im Auftrag verrichtete A.* • **1.2** unser Junge hat sich ein Geschwisterchen bestellt ⟨umg.; verhüllend⟩ *er möchte ein G. haben, d. h. wir bekommen bald ein Kind* **2** ⟨500⟩ **jmdn.** ~ *verlangen, dass jmd. kommt;* jmdn. an einen Ort ~; er hat mich auf, für Montag bestellt; jmdn. zu sich ~; ich bin hierher bestellt worden • **2.1** er stand wartend da u. wusste nicht, was er tun sollte **3** ⟨800⟩ jmdn. **zum** Richter, zum Vormund ~ *amtlich als R., V. einsetzen, zum R., V. ernennen;* amtlich bestellter Vormund **4** ⟨500⟩ das **Feld** ~ *bearbeiten, bebauen;* die Felder stehen gut, schlecht bestellt **5** ⟨500⟩ sein **Haus** ~ *(abschließend) versorgen, ordnen* **6** ⟨500; selten⟩ einen **Brief** ~ *zur Post geben, überbringen, zustellen* **7** ⟨530⟩ **jmdm. etwas** (eine Nachricht) ~ *ausrichten, eine Botschaft überbringen;* bestelle deinem Vater einen schönen Gruß von mir; ich soll Ihnen ~, dass meine Mutter nicht kommen kann; haben Sie mir etwas zu ~? • **7.1** ⟨530 od. 550⟩ jmdm. od. an jmdn. einen Gruß (von jmdm.) ~ *jmdn. grüßen lassen* **8** etwas zu ~ haben ⟨umg.⟩ • **8.1** *etwas zu sagen haben, Entscheidungen fällen können* • **8.2** *etwas zu tun, zu erledigen haben;* ich hatte nichts mehr zu ~ **9** es ist schlecht **um** ihn bestellt ⟨umg.⟩ *es geht ihm schlecht, er befindet sich in einer misslichen Situation*

bes|tens ⟨Adv.⟩ **1** *aufs Beste, so gut wie möglich, sehr gut, ausgezeichnet;* wie geht es dir? ~!; wir werden Sie ~ bedienen, es ~ erledigen • **1.1 danke** ~! ⟨iron.⟩ *ich denke nicht daran (etwas zu tun)!* **2** *sehr herzlich;* ich danke Ihnen ~ für …

be|steu|ern ⟨V. 500⟩ jmdn. od. etwas ~ *mit einer Steuer belegen;* ein Einkommen ~; die Regierung besteuert die Luxusartikel, die Einkommen ihrer Bürger zu hoch; Importe sind zu hoch besteuert

Bes|tie ⟨[-tjə] f.; -, -n⟩ **1** *wildes Tier* **2** ⟨fig.⟩ *roher, grausamer Mensch*

be|stim|men ⟨V. 500⟩ **1 etwas** ~ *festsetzen, entscheiden;* den Ort, den Preis, die Zeit ~; er bestimmt, dass …; einen Tag, einen Termin ~; du hast hier nichts zu ~! • **1.1** *verfügen, entscheiden können;* hier habe ich zu ~!; hier bestimme ich! **2** ⟨518 od. 517/Vr 7 od. Vr 8⟩ **jmdn. od. etwas (als, zu etwas)** ~ *als, zu etwas vorsehen;* einen Nachfolger ~; jmdn. als, zum Nachfolger ~ • **2.1** ⟨530⟩ **jmdm. etwas** ~ *festsetzen, dass jmd. etwas bekommt;* ihm war eine große Zukunft (vom Schicksal) bestimmt **3** jmdn. od. etwas ~ *ermitteln, feststellen;* den Standort ~; den Gewinner durch das Los ~ • **3.1 Pflanzen** ~ ⟨Bot.⟩ *nach Art,*

bestimmt

Familie, Gattung ermitteln u. einordnen **4** ⟨500/Vr 8⟩ **jmdn.** od. **etwas ~** *entscheidend beeinflussen;* sich von seinen Launen, Neigungen ~ lassen • **4.1** ~den **Einfluss** auf jmdn. haben *entscheidenden E.* **5** ⟨550/Vr 7⟩ **jmdn. zu etwas ~** *bewirken, festlegen, dass jmd. etwas tut;* ich habe mich dazu ~ lassen, das Amt zu übernehmen; jmdn. ~, etwas zu tun

be|stimmt ⟨Adj.⟩ **1** ⟨60⟩ *genau festgesetzt, festgelegt, begrenzt;* ich suche etwas Bestimmtes; ich brauche es für einen ~en Zweck; zur ~en Zeit • **1.1** der ~e **Artikel** ⟨Gramm.⟩ *der, die, das* • **1.2** ~es **Pronomen** ⟨Gramm.⟩ *durch Person und Numerus festgelegtes Pronomen, z. B. ich, mein* **2** *entschieden, energisch, stark ausgeprägt;* eine sehr ~e Anordnung; seine Rede war sehr ~; er sprach sehr ~ **3** ⟨50⟩ *sicher, gewiss;* wir kommen ~ (nicht); ich kann es nicht ~ sagen

Be|stim|mung ⟨f.; -, -en⟩ **1** *das Bestimmen;* Begriffs~; ein Adjektiv als nähere ~ zum Subjekt, Objekt ⟨Gramm.⟩ **2** *Anordnung, Vorschrift;* den ~en gemäß; gesetzliche ~en; ich muss mich nach den (geltenden) ~en richten **3** *Ziel;* das Schiff war mit ~ (nach) Hamburg unterwegs **4** *Schicksal, Los;* es war wohl ~, dass alles so kommen musste **5** *Aufgabe, Sendung;* seiner ~ getreu; es ist die natürliche ~ jedes Menschen, einem Bedürftigen zu helfen

be|stra|fen ⟨V. 500⟩ **jmdn. ~** *jmdm. eine Strafe auferlegen;* jmdn. mit Gefängnis, mit dem Tode ~

be|strah|len ⟨V. 500/Vr 7 od. Vr 8⟩ **1 jmdn.** od. **etwas ~** *hell beleuchten, mit Strahlen bescheinen, Strahlen aussetzen;* die Sonne bestrahlte die Erde; die Scheinwerfer ~ die Szene • **1.1** ⟨Med.⟩ *mit Strahlen behandeln;* jmdn. mit Höhensonne, mit Kurzwellen, mit radioaktiven Substanzen ~; bösartige Geschwülste, Tumore ~

be|stre|ben ⟨V. 580/Vr 3; geh.⟩ **1 sich~,** *etwas zu tun* ⟨veraltet⟩ *sich bemühen, ernstlich versuchen, etwas zu tun;* er bestrebt sich, noch mehr zu leisten; ich habe mich bestrebt, keinen Unrecht zu tun • **1.1** (meist Part. Perf.) bestrebt sein, etwas zu tun *bemüht sein, etwas zu tun;* er ist bestrebt, ihr jeden Wunsch zu erfüllen; ich bin bestrebt, gute Arbeit zu leisten

be|strei|chen ⟨V. 263/500⟩ **1** ⟨505⟩ *etwas mit etwas ~ beschichten, streichend auftragen;* ein Brötchen mit Butter ~, eine Truhe mit Farbe ~ **2** ⟨fig.⟩ *streichend hinweggehen über;* der Wind bestreicht das Meer **3** ⟨Mil.⟩ *beschießen, unter Beschuss nehmen;* bestrichenes Gelände

be|strei|ten ⟨V. 264/500⟩ **etwas ~ 1** *für falsch erklären, in Zweifel ziehen, anzweifeln, nicht glauben, das Gegenteil von etwas behaupten;* eine Aussage, Behauptung, Tatsache, ein Urteil ~; du kannst doch nicht ~, dass …; das hat ja auch gar niemand bestritten!; ich will seine gute Absicht gar nicht ~, aber …; ich bestreite entschieden, dass … **2** *bezahlen, finanzieren, aufbringen, aufkommen für etwas,* die Kosten von etwas ~; den Unterhalt einer Familie ~; sein Studium aus eigener Tasche ~ **3** *den für eine Veranstaltung, Unterhaltung nötigen Aufwand übernehmen;* einen Teil des Programms ~; er hat die Unterhaltung allein bestritten; ein Spiel um einen Pokal ~

be|stri|cken ⟨V. 500/Vr 8⟩ **1 jmdn. ~** *jmdn. bezaubern, auf jmdn. einen gewinnenden Eindruck machen;* sie hat ihn durch ihren Charme bestrickt; ein ~des Wesen haben; er ist ~d liebenswürdig; sie ist von ~der Liebenswürdigkeit **2 jmdn. ~** ⟨umg.; scherzh.⟩ *viel für jmdn. stricken, jmdn. mit selbst gestrickter Kleidung versorgen;* ein Kind, eine Puppe mit Pullovern, Handschuhen, Mützen usw. ~

be|stür|zen ⟨V. 500⟩ **1 etwas** bestürzt **jmdn.** *etwas erschreckt jmdn., bringt jmdn. aus der Fassung, macht jmdn. ratlos;* die Nachricht hat mich sehr, tief bestürzt • **1.1** (meist Part. Perf.) bestürzt *fassungslos, ratlos, erschreckt;* sie war über die unbeabsichtigte Wirkung ihrer Worte ganz bestürzt; „…?", fragte sie bestürzt

Be|such ⟨m.; -(e)s, -e⟩ **1** *das Besuchen;* jmdm. einen ~ machen od. abstatten; einen Kunden, Vertreter von seinen ~ bitten; er hat seinen ~ für Montag angekündigt; ~ einer Schule, eines Theaters, einer Versammlung; ~ einer Stadt • **1.1** jmds. ~ erwidern *einen Gegenbesuch machen* **2** *Aufenthalt als Gast;* seinen ~ absagen, abbrechen, ausdehnen; seine häufigen, vielen ~e werden uns allmählich lästig; ein kurzer, langer ~; bei jmdm. auf, zu ~ sein; während meines ~s bei den Freunden, Verwandten; bei Freunden zu ~ sein **3** *Anzahl derer, die etwas besuchen;* der ~ der Versammlung lässt zu wünschen übrig; starker, schwacher, mäßiger ~ (einer Versammlung) **4** *jmd., der jmdn. besucht, Gast, Gäste;* ~ empfangen, erwarten; wir haben heute ~; es kommt ~; wir wollen unserem ~ die Stadt zeigen; lieber ~; hoher ~; wir haben viel ~

be|su|chen ⟨V. 500⟩ **1** ⟨Vr 8⟩ **jmdn. ~** *aufsuchen (u. bei jmdn. zu Gast sein);* ~ Sie mich bald einmal, bald wieder!; einen Freund, einen Kranken ~; unsere Vertreter ~ die Kunden einmal im Monat; jmdn. häufig, regelmäßig ~; jmdn. gern, oft ~; jmdn. im Krankenhaus ~ **2 etwas ~** *aufsuchen, um sich etwas anzusehen od. anzuhören;* ein Konzert, Museum, Theater ~; eine Stadt ~ • **2.1** etwas ist gut, schlecht besucht *viele, wenige Leute waren in etwas;* das Theater war gut, schlecht besucht; ein gut besuchter Kurort; eine stark besuchte Aufführung • **2.2** *an etwas teilnehmen;* die Schule ~; eine Versammlung ~; Vorlesungen ~

Be|su|cher ⟨m.; -s, -⟩ *jmd., der jmdn. od. eine Veranstaltung, einen Ort o. Ä. besucht, Teilnehmer, Zuschauer, Gast;* die ~ werden gebeten, sich während der Vorführung ruhig zu verhalten

Be|su|che|rin ⟨f.; -, -rin|nen⟩ *weibl. Besucher.*

be|su|deln ⟨V. 516/Vr 7 od. Vr 8; abwertend⟩ **jmdn.** od. **sich, etwas ~** *stark schmutzig machen, beflecken;* mit Blut, Schmutz besudelt; ich habe mich mit Farbe besudelt; seine od. jmds. Ehre, guten Namen, Ruf ~ ⟨fig.⟩

be|tagt ⟨Adj.⟩ *alt, hoch an Jahren;* ein ~er Rentner; ein Mann, schon etwas ~, kam vorbei

be|tä|ti|gen ⟨V. 500⟩ **1** ⟨Vr 3⟩ **sich ~** *arbeiten, sich beschäftigen, eine Tätigkeit ausführen;* sich politisch ~; du kannst dich ruhig etwas (mit) ~!; sich im Garten, im Haushalt ~; er betätigt sich in seiner Freizeit als Gärtner **2** etwas ~ *zur Wirkung bringen, bedienen;* einen Hebel, Mechanismus ~; die Bremse, ein Signal ~ **3** eine **Sache** ~ ⟨geh.⟩ *in die Tat umsetzen;* seine Gesinnung ~

be|täu|ben ⟨V. 500⟩ **1** ⟨Vr 7⟩ **jmdn.** od. **etwas** ~ *gegen Schmerz unempfindlich machen;* jmdn. durch, mittels Narkose ~; ein Glied, eine Stelle des Körpers, einen Zahn ~; den Fuß örtlich ~ **2** ⟨Vr 7⟩ **jmdn.** ~ *jmds. Bewusstsein trüben, jmdn. benommen machen;* jmdn. durch einen Schlag auf den Kopf ~; sie war vor Schreck ganz betäubt, wie betäubt • **2.1** ein ~der **Duft** von Blüten *berauschender, starker D.* • **2.2** ~der **Lärm** *sehr starker, unerträglicher L.* **3** eine **Sache** ~ ⟨fig.⟩ *die Schmerzlichkeit einer Sache weniger fühlbar machen;* er suchte seinen Kummer durch Alkohol, durch Arbeit zu ~

be|tei|li|gen ⟨V. 550⟩ **1** ⟨Vr 3⟩ **sich an etwas** ~ *an etwas teilnehmen, mitwirken;* sich an einem Gespräch ~; sich an, bei einem Unternehmen, einem Wettbewerb ~ • **1.1** sich finanziell an einem Geschäft ~ *seinen Anteil beisteuern, einen Teil der Finanzierung übernehmen* • **1.2** an etwas beteiligt sein *teilhaben, in etwas verwickelt sein;* mit wie viel Prozent ist er an dem Geschäft beteiligt?; waren Sie an dem Unfall, dem Vorgang beteiligt? **2 jmdn. an etwas** ~ *jmdm. einen Anteil geben von etwas;* Arbeiter am Gewinn ~

be|ten ⟨V.⟩ **1** ⟨405⟩ (**zu Gott**) ~ *sich mit einem persönlichen Anliegen im Gebet an Gott wenden, zu Gott sprechen;* bete und arbeite!; sie betete innig und lange; lasst uns ~!; um die Ernte ~ • **1.1** Not lehrt ~ ⟨Sprichw.⟩ *in der Not wendet sich auch der Ungläubige an Gott* • **1.2 für etwas** ~ *Gott um etwas bitten* • **1.3 für jmdn.** ~ *Gott um Schutz od. Hilfe für jmdn. bitten* • **1.4** vor bzw. nach Tisch ~ *das Tischgebet sprechen* **2** ⟨500⟩ ein **Gebet** ~ *ein G. sagen;* das Ave-Maria, den Rosenkranz, das Vaterunser ~

be|teu|ern ⟨V. 503/Vr 6⟩ (**jmdm.**) **etwas** ~ *feierlich, nachdrücklich versichern, erklären;* seine Unschuld ~; er beteuerte (hoch u. heilig), es nicht getan zu haben

Be|ton ⟨[bətɔŋ] od. [bətõː], süddt., österr., schweiz. [-toːn] m.; -s; unz.⟩ *Mörtel aus Sand mit Zement, meist in Schalungen od. Formen eingebracht, ein Baustoff*

be|to|nen ⟨V. 500⟩ etwas ~ **1** *mit Nachdruck aussprechen od. spielen;* eine Note, Silbe, ein Wort ~; stark, schwach ~; eine schwach, stark, wenig betonte Silbe, Note; betonter Takteil; er betonte fast alle Fremdwörter falsch **2** ⟨a. fig.⟩ *auf etwas Nachdruck legen, etwas nachdrücklich mit Worten unterstreichen;* ich möchte ~, dass ich mit der Sache nichts zu tun habe; er betont seine vornehme Abstammung allzu deutlich; er hat noch einmal seinen Standpunkt betont • **2.1** ⟨fig.⟩ *auf etwas Gewicht legen, etwas für den Schwerpunkt halten;* die neue Mode betont die elegante Linie; diese Schule betont die naturwissenschaftlichen Fächer • **2.1.1** ⟨Part. Perf.⟩ betont *bewusst (zur Schau getragen);* er verhält sich ihr gegenüber betont höflich; sich mit betonter Einfachheit kleiden

be|to|nie|ren ⟨V. 500⟩ **etwas** ~ *mit Beton befestigen, ausfüllen*

Be|to|nung ⟨f.; -, -en⟩ **1** *das Betonen, Hervorheben durch stärkere Tongebung* **2** *Akzent;* ~ auf der ersten Silbe **3** ⟨fig.⟩ *Nachdruck, Schwerpunkt, besondere Hervorhebung;* die ~ seiner außerordentlichen Leistungen im Dienste der Wissenschaft

be|tö|ren ⟨V. 505/Vr 8⟩ **jmdn.** (**mit, durch etwas**) ~ *zu törichtem Handeln verleiten, durch verführerisches Benehmen um den klaren Verstand bringen;* sie hat ihn durch ihren Liebreiz betört; er hat sich von ihrer Koketterie ~ lassen; jmdn. ~d anlächeln; sie hat eine Stimme von ~dem Wohllaut

Be|tracht ⟨m.; -(e)s; unz.⟩ **1 in ~ kommen** *in Frage kommen, erwogen, berücksichtigt werden;* es kommen auch noch andere Möglichkeiten in ~; das kommt nicht in ~; er, sie kommt für diese Arbeit, diesen Posten nicht in ~ **2 etwas in ~ ziehen** *etwas erwägen, berücksichtigen* **3 außer ~ bleiben** *unberücksichtigt bleiben* **4** jmdn. od. eine **Sache außer ~ lassen** *von jmdm. od. einer Sache absehen, nicht berücksichtigen*

be|trach|ten ⟨V. 500/Vr 7 od. Vr 8⟩ **1** jmdn. od. **etwas** ~ *längere Zeit u. nachdenklich od. genussvoll ansehen, anschauen, beobachten;* ein Bild, eine Landschaft ~; jmdn. forschend, heimlich, prüfend, sinnend, verstohlen, wohlgefällig, wohlwollend ~; das muss ich mir einmal genauer, näher ~; wenn man die Sache aus der Nähe betrachtet, erscheint sie doch etwas anders; etwas in aller Ruhe ~; sich im Spiegel ~; etwas mit Muße, mit Wohlgefallen ~ **2** ⟨518⟩ **jmdn.** od. **etwas als etwas** ~ *als etwas ansehen, für etwas halten;* eine Angelegenheit als erledigt ~; ich betrachte ihn als den größten Dichter unserer Zeit; er betrachtet ihn als seinen Freund, Feind; er betrachtet sie als seine Tochter

be|trächt|lich ⟨Adj.⟩ **1** ⟨60⟩ *erheblich, beachtlich, ziemlich groß;* eine ~e Entfernung, Summe; ein ~es Stück; ~e Verluste; ein Gegenstand von ~en Ausmaßen **2** ⟨50; verstärkend⟩ *sehr, um vieles;* ~ größer, schneller, weiter als …; die Preise sind um ein Beträchtliches gestiegen

Be|trach|tung ⟨f.; -, -en⟩ **1** *das Betrachten, Beschauen;* bei der ~ dieses Bildes kamen mir folgende Gedanken … **2** *Überlegung, Nachdenken, Gedanke* • **2.1** ~en über etwas anstellen *über etwas nachdenken, sich Gedanken machen über etwas*

Be|trag ⟨m.; -(e)s, -trä|ge⟩ **1** *Geldsumme;* Geld~, Gesamt~; ~ dankend erhalten (auf Quittungen, Rechnungen); ein ~ von 50 € steht noch offen; überweisen Sie den ~ bitte auf mein Konto; ein bestimmter, geringfügiger, großer, hoher, kleiner ~; eine Quittung über den bezahlten ~ ausstellen • **1.1** eine Rechnung im ~(e) von 100 € *in Höhe von 100 €*

be|tra|gen ⟨V. 265/500⟩ **1** etwas beträgt **etwas** *beläuft sich auf etwas, erreicht die Summe von etwas;* die Breite, Höhe, Länge beträgt 1,50 m; die Gebühr, Miete, Rechnung beträgt 800 €; die Kosten ~ mehr

Betragen

als der Gewinn; wie viel beträgt es? **2** ⟨Vr 3; veraltet⟩ **sich** ~ *sich benehmen, sich verhalten;* betrage dich anständig!; sich artig, unartig, freundlich, gut, unfreundlich, schlecht, höflich, unhöflich ~

Be|tra|gen ⟨n.; -s; unz.⟩ *Benehmen, Verhalten, Manieren;* ein vorbildliches ~; sein ~ lässt zu wünschen übrig; ihr ~ war lobenswert

Be|treff ⟨m.; -(e)s; unz.; Abk.: Betr.; Amtsdt.⟩ **1** *Gegenstand, Inhalt;* in diesem, dem ~ teilen wir Ihnen mit, dass ... • **1.1** ~: Ihre Anfrage vom 20.10. *(als Überschrift eines Schreibens)* • **1.2** in Betreff (Ihrer Anfrage, dieser Angelegenheit usw.) *betreffs, betreffend*

be|tref|fen ⟨V. 266/500⟩ **1** jmdn. od. etwas ~ *angehen, anbelangen, sich auf jmdn. od. etwas beziehen;* das betrifft dich!; was mich betrifft; was meine Arbeit betrifft, so kann ich sagen, dass ...; es betrifft unsere Verabredung; alle den Unfall ~den Hinweise; Betrifft: (am Anfang von Geschäftsbriefen) • **1.1** der ~de Kollege *der genannte, zuständige K.* **2** etwas betrifft jmdn. ⟨geh.⟩ *etwas Unangenehmes stößt jmdm. zu;* sie wurden von einer Epidemie betroffen; von einem (schmerzlichen) Verlust betroffen; die vom Brand betroffenen Häuser **3** ⟨510⟩ jmdn. ~ ⟨veraltet⟩ *ertappen, erwischen, antreffen;* ich habe ihn betroffen, als er ...; ein Kind beim Naschen ~

be|treffs ⟨Präp. m. Gen.; Abk.: betr.; Amtsdt.⟩ *betreffend, bezüglich;* ~ Ihres Angebotes benötigen wir weitere Informationen; Ihre Anfrage ~ Kindergeldes

be|trei|ben ⟨V. 267/500⟩ etwas ~ **1** *sich mit etwas beschäftigen;* Studien ~; Ackerbau ~; Handel mit gebrauchten Büchern ~; eine Liebhaberei ~; das Fotografieren ~; einen Sport nicht länger ~ • **1.1** eine berufliche **Tätigkeit** ~ *ausüben, leiten, führen;* ein Handwerk, ein Gewerbe ~; ein Geschäft ~ **2** eine **Sache** ~ *vorantreiben, versuchen, etwas zu beschleunigen, weiterführen;* Pläne, Angelegenheiten ~ • **2.1 auf jmds. Betreiben,** auf Betreiben von jmdm. (hin) *auf jmds. Anregung, Initiative (hin)* **3 Geld** ~ ⟨schweiz.⟩ *eintreiben, pfänden* **4** ⟨500 od. 516⟩ *antreiben;* eine Maschine, Lokomotive elektrisch ~; einen Motor mit Benzin ~; eine Heizung mit Gas ~

be|tre|ten[1] ⟨V. 268/500⟩ etwas ~ **1** *auf etwas treten (u. darauf weitergehen wollen);* den Rasen ~; ein häufig ~er Weg; nach einer Schiffsreise wieder festen Boden ~; das Betreten der Baustelle, des Grundstücks ist verboten; eine Brücke ~ **2** *in etwas treten;* einen Raum ~; ein Haus ~; kaum hatte ich das Zimmer ~, als ... **3** der **Hahn** betritt die **Henne** ⟨Jägerspr.⟩ *begattet sie*

be|tre|ten[2] ⟨Adj.⟩ *verlegen, verwirrt, peinlich berührt, beschämt;* ein ~es Gesicht machen; ~ dastehen, dreinschauen

be|treu|en ⟨V. 500⟩ **1** jmdn. od. etwas ~ *sich um jmdn. od. etwas kümmern, für jmdn. od. etwas sorgen;* einen Säugling, eine Kranke, ein Haustier ~; er betreute in ihrer Abwesenheit das Geschäft, die Praxis • **1.1** ein **Arbeits-, Sachgebiet** ~ *bearbeiten*

Be|treu|er ⟨m.; -s, -⟩ **1** *jmd., der jmdn. od. etwas betreut*

• **1.1** *Bearbeiter eines Sachgebiets* • **1.2** ⟨Sp.⟩ *Trainer* **2** *Pfleger, Helfer* (Jugend~, Alten~)

Be|treu|e|rin ⟨f.; -, -rin|nen⟩ *weibl. Betreuer*

Be|trieb ⟨m.; -(e)s, -e⟩ **1** *Einheit von zusammenwirkenden Personen u. Produktionsmitteln zum Hervorbringen von Gütern u. Leistungen;* einen ~ aufbauen, stilllegen; einen ~ leiten; in dem ~ sind 200 Arbeiter beschäftigt • **1.1** (i. e. S.) *die zum Betrieb (1) nötigen Räume (u. technischen Anlagen) im Unterschied zur wirtschaftlichen Einheit des Unternehmens* • **1.2** *Fabrik, größere Werkstatt, Geschäft;* Industrie~, Schneiderei~; er ist noch im ~, geht jeden Morgen in den ~, in seinen ~ **2** ⟨unz.⟩ *das Arbeiten, Wirken eines Betriebes (1.1) od. einer Maschine, Wirksamkeit;* elektrischer ~; die Maschine ist in ~; einen Mechanismus, eine neue Maschine in ~ nehmen, setzen; ~ mit Gas, Dampf • **2.1** die Firma hat den ~ aufgenommen *hat zu arbeiten begonnen* • **2.2** etwas dem ~ übergeben *in Dienst stellen* • **2.3** die Maschine, Fabrik ist außer ~ *wird nicht mehr benutzt, arbeitet nicht mehr* **3** ⟨unz.; fig.⟩ *Verkehr, lebhaftes Treiben, Rummel;* auf der Straße, im Geschäft war lebhafter ~; hier herrscht viel, wenig, gar kein ~; in dem Lokal ist jeden Abend viel ~

be|trieb|sam ⟨Adj.⟩ **1** *tätig, emsig, unternehmend, rührig;* er ist ein ~er Mensch; in der Nacht wurde er immer ~ • **1.1** ⟨abwertend⟩ *übertrieben rührig*

Be|triebs|rat ⟨m.; -(e)s, -räte⟩ *Vertretung der Arbeitnehmer eines Betriebes zur Wahrung ihrer wirtschaftlichen u. sozialen Interessen;* ein Gespräch zwischen ~ und Geschäftsleitung

be|trin|ken ⟨V. 270/500/Vr 3⟩ **sich** ~ *sich durch reichlichen Genuss von Alkohol berauschen;* sich (aus Kummer) ~; betrunken sein; er ist schwer, völlig betrunken; er kommt oft betrunken nach Hause

be|trof|fen 1 ⟨Part. Perf. von⟩ *betreffen* **2** ⟨Adj.⟩ • **2.1** *bestürzt;* es herrschte ein ~es Schweigen; sie schwieg ~; er machte ein ~es Gesicht • **2.2** *unangenehm od. schmerzlich überrascht;* jmdn. ~ ansehen; sein letzter Vorschlag machte mich ~

be|trü|ben ⟨V. 500/Vr 7 od. Vr 8⟩ jmdn. ~ *jmdn. traurig machen, bekümmern;* diese Nachricht hat uns sehr betrübt; betrübt sein; ich bin sehr betrübt darüber; meine Seele war betrübt bis an den Tod (bibl.; Matth. 26,38); ein betrübtes Gesicht machen; „...", sagte sie betrübt; sich über etwas ~ ⟨veraltet⟩

be|trüb|lich ⟨Adj.⟩ *traurig, bedauerlich;* eine ~e Mitteilung machen; eine ~e Situation

Be|trug ⟨m.; -(e)s; unz.⟩ *die wissentliche Täuschung eines anderen mit dem Ziel, einen Vorteil zu erlangen od. dem Getäuschten Schaden zuzufügen;* einen ~ von vornherein durchschauen; einen ~ aufdecken; Selbst~; einen ~ begehen; →a. *fromm (3)*

be|trü|gen ⟨V. 271/500/Vr 8⟩ **1** jmdn. od. etwas ~ *hintergehen, täuschen, übervorteilen, beschwindeln;* bei diesem Geschäft hat er ihn betrogen • **1.1** jmd. sieht sich in (allen) seinen Erwartungen, Hoffnungen betrogen, jmd. ist in seinen Erwartungen, Hoffnungen betrogen worden *seine E., H. haben sich nicht erfüllt, jmd. hat vergebens gehofft* • **1.2** seinen **Ehepartner** ~

Ehebruch begehen; er hat seine Frau, sie hat ihren Mann betrogen; er hat seine Frau mit ihrer Freundin betrogen • 1.3 ⟨Vr 3⟩ **sich** (selbst) ~ *sich nicht die Wahrheit eingestehen, sich etwas vormachen, sich Illusionen hingeben* 2 ⟨400⟩ *einen Betrug begehen, sich einen Vorteil erschleichen* • 2.1 **beim, im Spiel** ~ *falschspielen* 3 ⟨550/Vr 8⟩ **jmdn. um etwas** ~ *arglistig um etwas bringen;* jmdn. um sein Geld, sein Vermögen ~

Be|trü|ger ⟨m.; -s, -⟩ *jmd., der andere betrügt*

Be|trü|ge|rin ⟨f.; -, -rin|nen⟩ *weibl. Betrüger*

be|trun|ken 1 ⟨Part. Perf. von⟩ *betrinken* **2** ⟨Adj.; fig.; umg.⟩ *nicht recht bei Verstand;* du warst wohl ~, als du diesen Vertrag unterschrieben hast

Bett ⟨n.; -(e)s, -en⟩ **1** *Möbelstück, auf das man sich zum Ruhen u. Schlafen legt;* Eisen~; Ehe~; Kinder~; ein ~ aufschlagen, aufstellen • 1.1 *Nachtlager;* das ~ (frisch) beziehen; jmdm. das Frühstück ans ~ bringen; aus dem ~ springen; ins ~ fallen, sinken (vor Müdigkeit); wann gehst du abends ins ~?; ins ~ kriechen; sich ins ~ legen • 1.1.1 das ~, die ~en machen *das Laken glatt ziehen, die Kissen aufschütteln u. ordentlich hinlegen* • 1.1.2 morgens nicht aus dem ~ finden *schwer, ungern aufstehen* • 1.1.3 sich ins gemachte ~ legen ⟨fig.⟩ *sich seine Existenz nicht selbst aufbauen* • 1.1.4 ein Kind ins ~ bringen *schlafen legen* • 1.1.5 zu ~ gehen *schlafen gehen;* →a. *Huhn (5.3)* • 1.2 *Krankenlager;* nimm dein ~ und gehe hin (Joh. 5,8); ans ~ gefesselt sein (durch Krankheit) • 1.2.1 das ~ hüten *wegen Krankheit im Bett (1) bleiben* • 1.3 *Lager der Liebe u. Ehe* • 1.3.1 mit jmdm. ins ~ gehen ⟨fig.; umg.⟩ *Geschlechtsverkehr haben* **2** *großes Federkissen zum Zudecken;* Feder~; Daunen~; das ~, die ~en aufschütteln; die ~en lüften **3** ⟨Jägerspr.⟩ *Lager des Hochwildes* **4** *von fließendem Gewässer ausgespülte Rinne, Vertiefung;* Bach~, Fluss~; einen Fluss in ein neues ~ leiten **5** *waagerechter Hauptteil, Träger einer Werkzeugmaschine, z. B. einer Drehbank, auf dem die übrigen Teile befestigt sind*

be|teln ⟨V.⟩ **1** ⟨400⟩ *öffentlich (auf der Straße u. in Häusern) um Almosen bitten;* ~ gehen; Betteln und Hausieren verboten!; um etwas ~ **2** ⟨408 od. 800; fig.⟩ *unaufhörlich, dringlich, flehentlich bitten (bes. von Kindern);* der Junge hat so (darum) gebettelt, mitkommen zu dürfen; er bettelte um Verzeihung, um ihre Liebe

bet|ten ⟨V.⟩ **1** ⟨500/Vr 7⟩ **jmdn. od. etwas** ~ *behutsam, sorglich (zur Ruhe) hinlegen, in eine bequeme Lage bringen;* jmdn. auf eine Bahre ~; den Kopf des Verletzten auf ein Kissen ~ • 1.1 nicht auf Rosen gebettet sein *es im Leben nicht leicht haben* • 1.2 ⟨Vr 3⟩ **sich** ~ *sich zur Ruhe legen, sich (bequem) hinlegen* • 1.2.1 wie man sich bettet, so liegt, schläft man ⟨Sprichw.⟩ *wie man sein Leben gestaltet, so muss man es dann auch ertragen* **2** ⟨400⟩ *die Betten machen*

bett|lä|ge|rig ⟨Adj. 70⟩ *(wegen Krankheit) gezwungen, im Bett zu liegen;* er war schon lange ~; ein ~er Patient

Bett|la|ken ⟨n.; -s, -⟩ *großes, die Matratze bedeckendes Tuch, Laken,* Sy *Betttuch*

Bett|ler ⟨m.; -s, -⟩ *jmd., der bettelt, andere um Almosen bittet*

Bett|le|rin ⟨f.; -, -rin|nen⟩ *weibl. Bettler*

Bett|tuch ⟨n.; -(e)s, -tü|cher⟩ = *Bettlaken*

be|tucht ⟨Adj.; umg.⟩ *reich, wohlhabend;* jmd. ist ~

be|tu|lich ⟨Adj.; häufig abwertend⟩ **1** *(andere Personen) mütterlich umsorgend;* sie ist immer sehr ~ zu uns **2** *umständlich, langsam, beschaulich;* sie hat ein ~es Wesen

beu|gen ⟨V. 500⟩ **1 jmdn. od. etwas** ~ *(nach unten) biegen, krümmen;* den Kopf, Rumpf ~; die Arme, Knie ~; den Nacken, den Rücken ~; unter einer Last gebeugt; vom Alter gebeugt • 1.1 der Kummer hat ihn gebeugt *niedergedrückt* • 1.2 ⟨511/Vr 3⟩ **sich** ~ *neigen;* sich aus dem Fenster ~; sich nach vorn ~; sich über ein Geländer ~ **2** ⟨530 od. 550/Vr 3⟩ **sich (vor) jmdm.** ~ ⟨fig.⟩ *sich jmdm. unterordnen, fügen, unterwerfen;* sich dem Stärkeren, dem Schicksal ~ **3** jmds. **Stolz** ~ *jmdn. zwingen, in seinem S. nachzugeben* **4** das **Recht** ~ *missachten, unehrlich anwenden* **5 Strahlen** ~ ⟨Phys.⟩ *vom geradlinigen Strahlengang ablenken* **6 Nomen, Verben** ~ ⟨Gramm.⟩ *durch die Veränderung der Wortform die verschiedenen grammatischen Funktionen eines Wortes, wie Fall, Geschlecht, Numerus usw. ausdrücken*

Beu|gung ⟨f.; -, -en⟩ **1** *das Beugen, Gebeugtwerden;* ~ der Arme, Beine **2** = *Flexion*

Beu|le ⟨f.; -, -n⟩ **1** *Schwellung, Vorwölbung der Haut;* sich eine ~ fallen, schlagen; eine ~ am Kopf, an der Stirn **2** *durch Stoß od. Schlag entstandene Wölbung nach außen (od. innen);* der Topf ist voller ~n; ~n im Hosenbein • 2.1 *kleiner Blechschaden an einem Kraftfahrzeug*

be|un|ru|hi|gen ⟨V. 500⟩ **1 jmdn.** ~ *jmdm. Unruhe verursachen, Sorge bereiten;* sein schlechtes Aussehen beunruhigt mich; eine ~de Nachricht; es ist sehr ~d, dass er nicht kommt **2** ⟨Vr 3⟩ **sich** ~ *sich sorgen, sich Sorgen machen;* bitte ~ Sie sich nicht!; sich um etwas, um jmdn. ~; sich des Vaters wegen ~; du brauchst dich ihretwegen nicht zu ~

be|ur|kun|den ⟨V. 500⟩ eine **Sache, A**ngelegenheit ~ **1** *aufgrund von Urkunden, Schriftstücken nachweisen, bezeugen;* die Gründung der Stadt ist im Mittelalter beurkundet **2** *mit einer Urkunde beglaubigen, bestätigen;* einen Kaufvertrag ~

be|ur|lau|ben ⟨V. 500⟩ **1 jmdn.** ~ • 1.1 *jmdm. Urlaub gewähren* • 1.2 *jmdn. vorübergehend von seinen dienstlichen Pflichten entbinden;* der Vorsitzende wird bis zur Klärung der gegen ihn erhobenen Vorwürfe beurlaubt **2** ⟨Vr 3⟩ **sich** ~ (lassen) *(dem Vorgesetzten) mitteilen, dass man Urlaub nimmt;* ich habe mich bei Herrn Meier beurlaubt; er hat sich ~ lassen

be|ur|tei|len ⟨V. 500/Vr 7 od. Vr 8⟩ **jmdn. od. etwas** ~ *sich über jmdn. od. etwas ein Urteil bilden, ein Urteil abgeben;* jmds. Arbeit, Leistung ~; ein Buch, ein Theaterstück, einen Kunstgegenstand ~; einen Menschen, einen Schüler ~; etwas od. jmdn. abfällig, falsch, gerecht, günstig, richtig, streng ~; das kann man nur schwer ~; ich kann die Dinge nur da-

Beurteilung

nach ~, was ich in der Zeitung darüber lese; das kann ich nicht ~; wie ~ Sie den Wert dieses Bildes?

Be|ur|tei|lung ⟨f.; -, -en⟩ **1** ⟨unz.⟩ *das Beurteilen, Meinungsbildung;* die ~ der vorliegenden Entwürfe **2** ⟨zählb.⟩ *Urteil, Bewertung, Zeugnis;* eine gute, schlechte ~ erhalten

Beu|te[1] ⟨f.; -; unz.⟩ **1** *Gewinn bei Jagd, Krieg, Plünderung, Einbruch u. Diebstahl;* Diebes~, Jagd~, Kriegs~; die ~ der Einbrecher konnte sichergestellt werden; auf ~ ausgehen (von Raubtieren, Verbrechern); einem Dieb seine ~ wieder abjagen, abnehmen • **1.1** ~ machen *etwas erbeuten* • **1.2** das Munitionslager wurde eine ~ des Feindes *fiel dem Feind in die Hände* • **1.3** der Schmuck war für den Dieb eine leichte ~ *fiel ihm leicht in die Hände* **2** ⟨fig.⟩ *Opfer;* das Haus wurde eine ~ der Flammen; er wurde eine ~ der wilden Tiere

Beu|te[2] ⟨f.; -, -n; mitteldt.⟩ **1** *Trog, in dem der Teig zum Backen vorbereitet wird;* Back~ **2** *ausgehöhlter Baumstamm als Bienenstock;* Klotz~; Bienen~

Beu|tel[1] ⟨m.; -s, -⟩ **1** *Behälter in der Form eines kleineren Sackes;* Schuh~, Wäsche~ • **1.1** *Geldbörse, Geldtasche;* Geld~; arm am ~, krank am Herzen (Goethe, „Der Schatzgräber") • **1.1.1** seinen ~ füllen ⟨fig.⟩ *sich bereichern* • **1.1.2** der eine hat den ~, der andere hat das Geld (Sprichw.) *niemand hat alles, was er braucht, dem einen fehlt dies, dem anderen das* • **1.1.3** den ~ ziehen *die Geldbörse öffnen (um etwas zu bezahlen)* • **1.1.4** den ~ zuhalten *nichts bezahlen (wollen)* • **1.1.5** mein ~ ist leer *ich habe kein Geld* • **1.1.6** die Hand auf dem ~ haben *nichts bezahlen (wollen), geizig sein* • **1.1.7** (tief) in den ~ greifen (müssen) *(viel) bezahlen (müssen)* • **1.1.8** tho reißt in ein großes, schönes Loch in meinen ~ *das kostet mich viel* **2** *der Brutsack der Beuteltiere;* ein Känguru mit seinem Jungen im ~

Beu|tel[2] ⟨m.; -s, -⟩ **1** *Stechwerkzeug für Holzbearbeitung* **2** *Rundholz zum Klopfen des Flachses vor dem Brechen*

beu|teln ⟨V.⟩ **1** ⟨500⟩ jmdn. ~ *schütteln;* er packte den Jungen im Nacken u. beutelte ihn ein wenig, tüchtig • **1.1** Mehl ~ *mit dem Beutel sieben* • **1.2** Flachs ~ *klopfen* **2** ⟨402/Vr 3⟩ etwas beutelt (**sich**) *etwas bildet einen Beutel, bauscht sich, wirft Falten;* das Kleid beutelt (sich)

be|völ|kern ⟨V. 500⟩ **1** etwas ~ *die Bevölkerung von etwas bilden;* die Erde ~; dicht, stark bevölkerte Gebiete • **1.1** ⟨505⟩ ein **Land (mit Menschen)** ~ *Einwohner in einem L. ansiedeln* **2** etwas ~ ⟨fig.⟩ *etwas in großer Zahl, in Scharen füllen, beleben;* das Theater war besonders von jungen Leuten bevölkert; Tausende von Vögeln ~ die Insel; der Spielplatz ist von Kindern bevölkert • **2.1** ⟨Vr 3⟩ etwas bevölkert **sich** *füllt sich mit Menschen;* die Straßen, die Lokale bevölkern sich allmählich

Be|völ|ke|rung ⟨f.; -, -en⟩ *Gesamtheit der Bewohner eines bestimmten Gebietes*

be|voll|mäch|ti|gen ⟨V. 580 od. 515/Vr 8⟩ jmdn. ~ *jmdm. (od. einer Institution) eine Vollmacht erteilen;* ich bevollmächtigte ihn, das Geld für mich abzuholen; jmdn. zum Abschluss eines Kaufs, eines Vertrages ~

be|vor ⟨Konj.⟩ *ehe, früher als;* ~ ich nicht weiß, was geschehen ist, kann ich nicht helfen; komm noch einmal zu mir, ~ du gehst

be|vor|mun|den ⟨V. 500⟩ jmdn. ~ **1** *unter Vormundschaft stellen* **2** ⟨Vr 8⟩ ⟨fig.⟩ *nicht selbstständig entscheiden lassen;* ich lasse mich von dir nicht ~

be|vor|ste|hen ⟨V. 256/403⟩ etwas steht (**jmdm.**) bevor *etwas ist zu erwarten, etwas wird bald geschehen;* ihr steht Erfreuliches bevor; wer weiß, was uns noch bevorsteht!; die ~de Ereignis; die ~de Gefahr

be|vor|zu|gen ⟨V. 500/Vr 8⟩ **1** jmdn. od. etwas ~ *jmdm. od. etwas den Vorzug geben, jmdn. bevorrechten, begünstigen, günstiger behandeln;* ein Kind, einen Schüler ~; ich bevorzuge Seefische; einen Freund vor anderen ~; bevorzugte Lage eines Ortes; bevorzugter Schüler; eine bevorzugte Stellung einnehmen • **1.1** jmdn. bevorzugt abfertigen, behandeln *vor den anderen, früher als die anderen*

be|wa|chen ⟨V. 500⟩ etwas od. jmdn. ~ **1** *aufpassen auf, scharf beobachten, unter Kontrolle behalten;* die Gefangenen werden scharf bewacht **2** *beschützen, behüten;* der Hund bewacht das Haus

be|wach|sen ⟨[-ks-] V. 277/500⟩ **1** Pflanzen ~ etwas *wachsen über etwas, überziehen, bedecken etwas;* der Efeu bewächst die Mauer • **1.1** ⟨550⟩ **etwas mit Pflanzen** ~ *etwas mit Pflanzen bedecken;* einen Balkon mit Kletterpflanzen ~

be|waff|nen ⟨V. 500/Vr 7 od. Vr 8⟩ jmdn., etwas od. **sich** ~ **1** *mit Waffen versehen;* er bewaffnete sich mit einem Messer, einer Pistole; ein bewaffneter Dieb; leicht, schwer bewaffnet; bis an die Zähne bewaffnet **2** ⟨fig.; umg.; scherzh.⟩ *ausrüsten;* mit einem Fernglas bewaffnet; er bewaffnete sich mit Hacke u. Spaten u. ging daran, den Garten umzugraben

be|wah|ren ⟨V.⟩ **1** ⟨550/Vr 7 od. Vr 8⟩ jmdn. od. etwas **vor** etwas ~ *schützen, behüten;* jmdn. od. etwas vor einer Gefahr ~; einen Gegenstand vor Feuchtigkeit ~; jmdn. od. etwas vor Schaden ~; möge uns der Himmel vor Unheil ~; Gott bewahre mich davor! • **1.1** bewahre!, Gott bewahre! ⟨umg.⟩ *absolut nicht!, gar nicht daran zu denken!, aber nein!* **2** ⟨500⟩ **Gegenstände** ~ ⟨geh.⟩ *verwahren, für längere Zeit aufheben;* bewahre es mir gut, bis ich wiederkomme!; etwas Anvertrautes treu ~ **3** ⟨500⟩ **Worte** (bei sich) ~ *behalten, nicht vergessen;* jmds. Worte bei sich ~; jmds. Worte im Gedächtnis, im Herzen ~ **4** ⟨505⟩ über eine Sache Stillschweigen ~ *nicht mit anderen (weiteren) Personen darüber sprechen, nicht öffentlich bekanntmachen* • **4.1** ⟨530⟩ jmdm. die **Treue,** das **Andenken** ~ *weiterhin entgegenbringen* • **4.2** ⟨530/Vr 1⟩ sich eine **Eigenschaft** ~ *erhalten;* sich seine Unabhängigkeit ~ • **4.3** ⟨500/Vr 3⟩ etwas bewahrt **sich** *hält sich;* dieser Brauch hat sich bis heute bewahrt

be|wäh|ren ⟨V. 500/Vr 3⟩ **sich** ~ *sich als zuverlässig erweisen, sich als geeignet herausstellen, sich erproben, eine Probe bestehen;* er hat sich als treuer Freund, als guter Schwimmer bewährt; er muss sich erst ~, ehe wir ihm größere Aufgaben übertragen können; diese Einrichtung hat sich nicht bewährt; dieser Mantel hat sich schon sehr bewährt; ein bewährtes Mittel gegen Heuschnupfen; unter seiner bewährten Führung

be|wahr|hei|ten ⟨V. 500/Vr 3⟩ **etwas bewahrheitet sich** *erweist sich als wahr, richtig;* seine Voraussagen haben sich bewahrheitet; es hat sich leider bewahrheitet, dass …

Be|wäh|rung ⟨f.; -; unz.⟩ **1** *das Sichbewähren, Nachweis der Fähigkeit;* er hat die ~ gut, glänzend, gerade so, nicht bestanden • **1.1** eine **Strafe zur, auf ~** aussetzen ⟨Rechtsw.⟩ *die Vollstreckung der S. aufschieben u. bei guter Führung erlassen, Bewährungsfrist;* jmdn. zu drei Jahren Gefängnis ohne ~ verurteilen

be|wäl|ti|gen ⟨V. 500⟩ **1 etwas ~** *mit Mühe, nach großer Anstrengung mit etwas fertigwerden, etwas meistern;* die Arbeit ~; ich weiß kaum, wie ich alles ~ soll; man konnte den Andrang kaum ~ • **1.1** ein **Problem ~** *lösen* • **1.2** eine **Portion** kann ich nicht allein ~ *nicht allein aufessen* • **1.3** ⟨fig.⟩ *seelisch überwinden, verarbeiten;* die Vergangenheit, die große Enttäuschung ~

be|wan|dern ⟨V. 500⟩ eine **Gegend ~** *wandernd begehen, wandernd kennenlernen, ansehen*

be|wan|dert 1 ⟨Part. Perf. von⟩ *bewandern* **2** ⟨Adj. 74⟩ • **2.1** ⟨46⟩ *in etwas, auf einem Gebiet ~ sein in etwas, auf einem G. gut Bescheid wissen;* er ist in der Musik, Technik sehr ~; er ist auf dem Gebiet der Biologie gründlich ~ • **2.2** *erfahren, versiert;* eine juristisch ~e Abgeordnete

Be|wandt|nis ⟨f.; -; unz.⟩ **1 mit jmdm.** od. **etwas** hat es eine **besondere** od. (s)eine **eigene** od. **folgende ~** *für jmdn. od. etwas sind besondere od. folgende Umstände maßgebend, für jmdn. od. etwas steht es so …;* mit ihrem Mann hat es eine besondere ~; mit diesem Ereignis hat es seine eigene ~ • **1.1** was hat es damit für eine ~? *was ist damit los?, wie hat man das zu verstehen?*

be|we|gen¹ ⟨V. 500⟩ **1 etwas** od. **jmdn. ~** *veranlassen, dass etwas od. jmd. seine Lage verändert;* die Arme, die Füße ~; er konnte kein Glied ~; ich kann den Schrank nicht allein von der Stelle ~ • **1.1 Pferde ~** *reiten, laufen lassen;* Pferde sollen regelmäßig bewegt werden • **1.2** ⟨Vr 3⟩ **sich ~** *seine Lage verändern;* der Zug bewegte sich durch die Straßen; der Raum war so überfüllt, dass man sich kaum ~ konnte; er bewegte sich nicht vom Fleck, von der Stelle; die Erde bewegt sich um die Sonne; er wird bewacht, kann sich aber frei ~; sich anmutig, geziert, unbeholfen ~; langsam bewegte er sich auf uns zu • **1.2.1** ich muss mich noch etwas ~ *an die frische Luft gehen* • **1.2.2 sich** in einer bestimmten Weise in **Gesellschaft ~** *in G. verkehren, auftreten;* sie bewegt sich auf dem Parkett (in der Öffentlichkeit) genauso sicher u. unbefangen wie zu Hause; sich in feinen, gehobenen, schlechten Kreisen ~ • **1.2.3 Werte ~** *sich verändern sich;* Preise, Kurse ~ sich geringfügig • **1.3** ⟨511⟩ **Gedanken im Herzen ~** ⟨veraltet⟩ *gründlich über etwas nachdenken;* Maria aber behielt alle diese Worte u. bewegte sie in ihrem Herzen (Luk. 2,19) **2 jmdn. ~** ⟨fig.⟩ *rühren, innerlich ergreifen, erregen, jmds. Gemüt beeindrucken;* das Lied, der Vortrag, sein Tod, seine Worte haben mich sehr, tief bewegt; es war ein ~der Moment

be|we|gen² ⟨V. 108/580 od. 515⟩ **jmdn. ~ etwas zu tun, jmdn. zu** einer **Handlung ~** *bestimmen, veranlassen;* er bewog ihn, das Haus zu verkaufen, zum Verkauf des Hauses; ich fühlte mich bewogen, etwas dazu zu sagen; die dringenden Mahnungen des Arztes haben mich (dazu) bewogen, meine Reise zu verschieben; was hat dich dazu bewogen, so schnell abzureisen?; er war nicht dazu zu ~; ich habe mich dazu ~ lassen, in dieser Sache einzugreifen

be|weg|lich ⟨Adj.⟩ **1** *so beschaffen, dass man es bewegen kann;* die einzelnen Teile des Spielzeugs sind ~; einen Gegenstand an einem anderen ~ befestigen; ~e Güter, ~e Habe, ~es Kapital (im Unterschied zum Grund- u. Hausbesitz) • **1.1** ⟨60⟩ **~e Feste** *F., die sich nach dem Mondjahr richten u. nicht jedes Jahr auf den gleichen Tag fallen, z. B. Ostern* **2** ⟨fig.⟩ *gelenk, behände, regsam, lebhaft; geistig ~*

be|wegt 1 ⟨Part. Perf. von⟩ *bewegen* **2** ⟨Adj.⟩ • **2.1** *unruhig;* ~e See, ~es Meer • **2.2** *unruhig, voller Ereignisse;* ein ~es Leben führen; eine ~e Vergangenheit hinter sich haben; wir leben in einer ~en Zeit • **2.3** ⟨fig.⟩ *ergriffen; freudig, tief ~;* „…", sagte er mit ~er Stimme; mit ~en Worten danken; von Freude, Furcht, Sorge ~

Be|we|gung ⟨f.; -, -en⟩ **1** *das Bewegen;* Kreis~, Pendel~, Vorwärts~; er wies ihn mit einer ~ der Hand, des Kopfes zurück; anmutige, eckige, geschmeidige, unbeholfene ~en haben (von Personen od. Tieren); (gleichförmig) beschleunigte ~ (beim freien Fall); eine hastige, unbedachte, unvorsichtige ~ machen; du hast zu wenig ~; jeder war in emsiger, geschäftiger ~; (körperliche) ~ in frischer Luft • **1.1** in ~ werde ihn schon ~ bringen! ⟨fig., umg.⟩ *ich werde schon dafür sorgen, dass er etwas arbeitet, hilft, tut* • **1.2 sich in ~ setzen** *sich zu bewegen beginnen, in Gang kommen, vorwärtsgehen, -fahren;* der Zug setzte sich in ~ • **1.3 sich ~ machen** *sich körperlich (zur Erhaltung der Gesundheit) bewegen, spazieren gehen, körperlich arbeiten* **2** ⟨fig.⟩ *Rührung, innere Anteilnahme, Ergriffenheit;* sich seine (innere) ~ nicht anmerken lassen; (tiefe) innere ~; seine Stimme zitterte vor (innerer) ~; er konnte vor tiefer ~ nicht sprechen **3** *geistiges od. weltanschauliches Bestreben mehrerer od. einer Masse;* Arbeiter~, Friedens~, künstlerische, literarische, politische, religiöse ~

Be|weis ⟨m.; -es, -e⟩ **1** *Darlegung von Zeugnissen, Gründen u. Ä. zur Sicherung, Bestätigung der Richtigkeit einer Behauptung od. Erkenntnis, Nachweis;* ~ des Gegenteils; unter der Last der ~e zusammenbrechen; den ~ antreten, führen, liefern für; ein schlagender, sprechender, untrüglicher ~; als ~ für meine Behauptung kann ich anführen, dass …; einen Angeklagten aus Mangel an ~en freisprechen • **1.1** eine **Behauptung**, eine **Fähigkeit** unter **~ stellen** *beweisen;* →a. *indirekt (2.6)* **2** *Zeichen, sichtbarer*

Ausdruck; sie errötete - ein ~, *dass sie geschwindelt hatte;* als ~ *seiner Verehrung;* als ~ *dafür, dass ich es ernst meine, werde ich …;* ihre Verlegenheit war ein ~ für ihre Lüge; dieses Versagen ist ein ~ von Unfähigkeit; zum ~ für **3** ⟨Philos.⟩ *Schluss, Bestätigung;* logischer ~

be|wei|sen ⟨V. 282/503/Vr 6⟩ **(jmdm.) etwas** ~ *einen Beweis liefern für, durch Beweise glaubhaft machen, sichern, bestätigen, bezeugen;* jmdm. ~, dass er Unrecht hat; dieses Argument, diese Tatsache beweist noch gar nichts!; er hat seine Aufrichtigkeit, seinen Mut oft beweisen; eine Behauptung ~; jmds. Unschuld, Schuld ~; er hat ihr seine Verehrung bewiesen, indem er …; sein Verhalten beweist (mir, uns) seinen ehrlichen Willen; etwas durch Belege, Urkunden ~; das musst du mir erst ~!; diese Behauptung ist durch nichts zu ~; es ist längst bewiesen, dass …; dieser Lehrsatz braucht nicht bewiesen zu werden, weil er unmittelbar einleuchtet

be|wen|den ⟨V.; nur als Inf. in der Wendung⟩ **1 es bei** od. **mit etwas ~ lassen** *es mit etwas gut sein lassen, die Sache nicht weiter verfolgen od. -besprechen;* wir wollen es dabei ~ lassen • **1.1** man damit soll es sein Bewenden haben *damit soll die Sache erledigt sein*

be|wer|ben ⟨V. 284⟩ **1** ⟨500/Vr 3⟩ **sich** ~ *seine Arbeitskraft anbieten;* ich habe mich schon mehrmals (vergeblich) beworben; sich als Buchhalter ~ (bei); sich an der Universität (um Zulassung) ~ **2** ⟨550/Vr 3⟩ **sich um jmdn.** od. **etwas** ~ *sich um jmdn.* od. *etwas bemühen;* sich um ein Amt, eine Kandidatur, einen Posten, eine Stelle ~

Be|wer|bung ⟨f.; -, -en⟩ **1** *das Sichbewerben* **2** *Stellengesuch;* ~ um eine Arbeitsstelle, einen Posten • **2.1** *Anschreiben, in dem man sich um eine Stelle bewirbt, Bewerbungsschreiben;* eine ~ ablehnen, einreichen, schreiben, abschicken; seine ~en waren erfolglos

be|wer|fen ⟨V. 286/516/Vr 8⟩ **1 jmdn.** od. **etwas mit etwas** ~ *mit etwas nach jmdn.* od. *etwas anderem werfen;* die Kinder bewarfen sich mit Schneebällen; der Karnevalszug wurde mit Konfetti beworfen • **1.1 jmdn.** ~ ⟨fig.⟩ *jmdn. verleumden, hässlich über jmdn. reden;* er hat ihn mit Schmutz beworfen **2** ⟨Bauw.⟩ **etwas** ~ *mit Mörtel bedecken, verputzen;* die Wände, eine Mauer mit Kalk ~

be|werk|stel|li|gen ⟨V. 500⟩ **etwas ~** *zustande bringen, ausführen;* ich werde es schon ~, dass er …; ich weiß nicht, wie ich das ~ soll

be|wer|ten ⟨V. 513/Vr 7 od. Vr 8⟩ **jmdn.** od. **etwas ~** ⟨a. fig.⟩ *jmdn.* od. *etwas (seinem Werte nach) (ein)schätzen, bestimmen, würdigen;* etwas hoch, niedrig, günstig, ungünstig, gut, schlecht ~; ein Schmuckstück mit 500 Euro ~; die Arbeit wurde nur mit „ausreichend" bewertet; man soll Menschen nicht nach ihrem Äußeren ~; es ist besonders hoch zu ~, dass …; wie ~ Sie seine Leistung?

be|wil|li|gen ⟨V. 503⟩ **(jmdm.) etwas** ~ *offiziell genehmigen, gewähren;* Gelder, Kredite, Zuschüsse ~; eine Gehaltserhöhung ~; eine Summe (für) ~; jmdm. eine Unterstützung ~; man hat ihm zwei Mitarbeiter bewilligt

be|wir|ken ⟨V. 500⟩ **1** eine **Sache** ~ *zustande bringen, hervorbringen, hervorrufen, herbeiführen, veranlassen;* Vitamin C bewirkt eine größere Widerstandsfähigkeit des Körpers gegen Erkältungen • **1.1** ~des **Zeitwort** ⟨Sprachw.⟩ *Verbum, das eine Tätigkeit bezeichnet, durch die ein Vorgang veranlasst wird, z. B. fällen = fallen machen*

be|wir|ten ⟨V. 500⟩ **1** einen **Gast** ~ *ihm zu essen u. zu trinken geben;* jmdn. festlich, gastlich, reichlich ~ **2** ein **Landgut** ~ ⟨schweiz.⟩ *bewirtschaften*

be|woh|nen ⟨V. 500⟩ **etwas** ~ *in, auf etwas wohnen, seine Wohnung, sein Heim haben;* ein Haus, ein Zimmer ~; die Insel ist nicht bewohnt

Be|woh|ner ⟨m.; -s, -⟩ *jmd., der etwas bewohnt;* die ~ eines Landes, eines Hauses, einer Etage

Be|woh|ne|rin ⟨f.; -, -rin|nen⟩ *weibl. Bewohner*

be|wöl|ken ⟨V. 500/Vr 3⟩ **sich** ~ **1** der **Himmel** bewölkt sich *bedeckt sich mit Wolken;* der Himmel bewölkte sich (allmählich, plötzlich, rasch); ein leicht, stark, schwer bewölkter Himmel; tagsüber leicht bewölkt **2** ⟨fig.⟩ jmds. **Miene** bewölkt sich *wird finster, unfreundlich;* seine Stirn bewölkte sich; mit bewölkter Stirn

be|wun|dern ⟨V. 500/Vr 7 od. Vr 8⟩ **jmdn.** od. **etwas** ~ *jmdn.* od. *etwas als außergewöhnlich anerkennen u. hochachten;* jmds. Leistung, Mut ~; jmdn. od. etwas aufrichtig, ehrlich, glühend, heimlich, neidlos ~; sie ließ sich in ihrem neuen Kleid ~; seine Ausdauer ist zu ~; sie möchte gern bewundert werden; bewundernde Blicke; ein bewundertes Beispiel

be|wusst ⟨Adj. 24⟩ **1** *von etwas wissend* • **1.1** *klaren Geistes, klar denkend, geistig wach;* ein ~er Mensch • **1.2** ⟨73⟩ *sich* ~ *sein sich einer ~en S. klar sein, eine S. in ihrer vollen Bedeutung erkennen;* sich eines Fehlers, Irrtums ~ sein; ich bin mir keiner Schuld ~; ich bin mir meines Fehlers genau, sehr wohl ~ • **1.3** ⟨44⟩ *ins Bewusstsein gedrungen, im B. vorhanden, bekannt;* mir ist nicht ~, dass …; dir ist anscheinend gar nicht ~, was du angerichtet hast! **2** *gewollt, absichtlich;* ~e Irreführung; du hast mich ~ betrogen; das habe ich wirklich nicht ~ getan **3** ⟨60⟩ *genannt, erwähnt, bekannt;* dies ist das ~e Haus (von dem ich sprach) • **3.1** der **Bewusste** *der Genannte, Erwähnte* • **3.2** das ~e **Örtchen** ⟨umg.; scherzh.; verhüllend⟩ *Toilette* **4** ⟨Getrennt- u. Zusammenschreibung⟩ • **4.1** ~ **machen** = *bewusstmachen* • **4.2** ~ **werden** = *bewusstwerden*

be|wusst|los ⟨Adj. 24⟩ *ohne Bewusstsein, besinnungslos, ohnmächtig;* jmd. bricht ~ zusammen; sie war nur ganz kurz ~; der ~e Körper

be|wusst|ma|chen *auch:* be|wusst ma|chen ⟨V. 530/Vr 5⟩ **jmdm. etwas** ~ *ins Bewusstsein bringen, deutlich machen, klarmachen;* jmdm. die Folgen seines Handelns ~

Be|wusst|sein ⟨n.; -s; unz.⟩ **1** *geistige Klarheit, Besinnung;* das ~ verlieren; das ~ wiedererlangen; er starb, ohne das ~ wiedererlangt zu haben; er ist (nicht) bei ~; jmdn. ins ~ zurückrufen; wieder zu ~ kommen **2** *das Wissen um etwas;* im ~ seiner Stärke; die Tat geschah bei, mit vollem ~; jmdm. etwas zum

~ bringen • 2.1 mir ist erst jetzt zum ~ gekommen, dass … *mir ist erst jetzt klargeworden, dass …*

be|wusst‖wer|den *auch:* **be|wusst wer|den** ⟨V. 285⟩ **1** ⟨700/Vr 3⟩ **sich** einer Sache, sich **seiner selbst** ~ *eine Sache, sich selbst besser kennen- und verstehen lernen* **2** ⟨600(s.)⟩ jmdm. ~ *jmdm. klarwerden, etwas realisieren*

be|zah|len ⟨V. 500⟩ **1** eine **Ware** od. **Leistung** ~ *für eine W. od. L. den Gegenwert in Geld geben;* eine Arbeit ~; eine Ware (in) bar, mit Scheck, mit Kreditkarte ~; das kann ich gar nicht ~; wenn es ans Bezahlen geht, zieht er sich zurück; →a. *Geld (1.4.3)* • **1.1** *das macht sich (nicht) bezahlt das ist sein Geld, seinen Preis (nicht) wert, das lohnt sich (nicht)* • **1.2** eine **Sa****che** ~ *müssen büßen müssen;* das habe ich teuer ~ müssen; er hat es mit dem Leben ~ müssen **2** ⟨Vr 8⟩ **jmdn.** ~ *jmdm. für eine Leistung Geld geben, jmdn. entlohnen;* sich ~ lassen; ein gut, schlecht bezahlter Posten • **2.1** er isst, trinkt als ob er's bezahlt bekäme ⟨umg.; scherzh.⟩ *sehr schnell, sehr viel* • **2.2** bezahlte **Kräfte** *gegen Entgelt (Lohn) Arbeitende* • **2.3** bezahlter **Urlaub** *U. mit ununterbrochener Lohnzahlung* **3** Geld ~ *als Gegenwert für etwas zahlen;* ich habe hundert Euro bezahlt **4** eine **Schuld** ~ *sich durch das Zahlen von Geld von einer S. befreien;* die Rechnung, Schuld ist (noch nicht) bezahlt; →a. *Zeche (1.3).*

Be|zah|lung ⟨f.; -, -en⟩ **1** *das Bezahlen;* die ~ einer Rechnung **2** *Lohn, Gehalt, Verdienst;* bei guter, schlechter ~ arbeiten

be|zäh|men ⟨V. 500/Vr 7⟩ **1** jmdn. od. **sich**, etwas ~ *bezwingen, bändigen, im Zaum halten, beherrschen;* Leidenschaften ~; seine Neugier, Ungeduld, seinen Zorn ~; ich konnte mich nicht länger ~ **2** ein Tier ~ ⟨veraltet⟩ *zahm machen*

be|zau|bern ⟨V. 500/Vr 8⟩ jmdn. od. etwas ~ ⟨fig.⟩ *einen Zauber auf jmdn. od. etwas ausüben, jmdn. entzücken, begeistern;* die Sprache dieser Dichtung bezaubert mich; seine Musik bezauberte das Publikum; sie hat uns alle durch ihren Liebreiz bezaubert; er ist von ihrer Schönheit ganz bezaubert

be|zau|bernd 1 ⟨Part. Präs. von⟩ *bezaubern* **2** ⟨Adj.⟩ *reizend, entzückend, voller Liebreiz u. Anmut;* ein ~er Abend; du siehst ~ aus; das Kind ist wirklich ~

be|zeich|nen ⟨V. 500⟩ **1** etwas ~ *durch ein Zeichen kenntlich machen;* einen Buchstaben mit einem Akzent ~; die Sitzplätze sind mit Nummern bezeichnet **2** ⟨Vr 7 od. Vr 8⟩ **jmdn.** od. **etwas** ~ *nennen, angeben, näher beschreiben, kennzeichnen, charakterisieren;* diese Tat bezeichnet (den bezeichnend für) ihren Mann!; kannst du mir den Ort ~, an dem …; kannst du den Ort nicht genauer, näher ~?; im Einzelnen ~; ich weiß nicht, wie ich es ~ soll • **2.1** ⟨518⟩ **etwas** od. **jmdn.** ~ **als** *benennen (mit), nennen;* jmdn. als Betrüger ~; er hat ihn als den größten Politiker unserer Zeit bezeichnet; diese Leistung kann, muss man als hervorragend ~ **3** ein **sprachlicher Ausdruck** bezeichnet einen **Begriff** *wird einem B. zugeordnet;* dieses Wort bezeichnet verschiedene Dinge; →a. *benennen (1.1)*

be|zeich|nend 1 ⟨Part. Präs. von⟩ *bezeichnen* **2** ⟨Adj.⟩ *charakteristisch, kennzeichnend, typisch;* diese Äußerung, Haltung ist ~ für ihn • **2.1** das ist mal wieder ~! ⟨umg.; abwertend⟩ *das ist typisch, das war nicht anders zu erwarten*

Be|zeich|nung ⟨f.; -, -en⟩ **1** ⟨unz.⟩ *das Bezeichnen, Kenntlichmachen;* die ~ von Gütern, Waren **2** *Benennung, Name, Begriff;* nach der richtigen ~ für etwas suchen; hierfür gibt es mehrere ~en

be|zei|gen ⟨V.; geh.⟩ **1** ⟨530⟩ **jmdm. etwas** ~ *jmdm. etwas bekunden, ausdrücken;* jmdm. Achtung, Ehre, Gnade ~; jmdm. seine Dankbarkeit, Hochachtung, Teilnahme ~; →a. *bezeugen (3)* **2** ⟨500⟩ **etwas** ~ *etwas zeigen, zu erkennen geben;* Freude, Furcht, Schmerz ~ **3** ⟨513/Vr 3⟩ **sich** ~ *sich zeigen;* sich dankbar, unruhig ~

be|zeu|gen ⟨V. 500⟩ eine **Sache** ~ **1** *aufgrund eigenen Augenscheins, eigenen Wissens bestätigen;* er konnte ~, dass der Angeklagte die Wahrheit gesagt hat; ich kann (ihm) seine Aufrichtigkeit ~ **2** *(durch Zeugen, durch Zeugnisse, urkundlich) nachweisen;* die Wahrheit ~; das Auftreten dieses Wortes ist für das 16. Jh. bezeugt **3** ⟨530/Vr 6⟩ **jmdm. etwas** ~ *bezeigen, ausdrücken;* jmdm. seine Achtung ~

be|zich|ti|gen ⟨V. 580 od. 540/Vr 7 od. Vr 8⟩ **jmdn.** od. **sich** einer **Sache** ~ *beschuldigen;* jmdn. eines Vergehens ~; er wurde bezichtigt, den Diebstahl begangen zu haben

be|zie|hen ⟨V. 293/500⟩ **1** etwas ~ *etwas auf, über etwas ziehen* • **1.1** *einen Überzug darüber ziehen;* ein Bett, Kissen ~; Polstermöbel ~; ein Bett frisch, neu ~ • **1.2** *bespannen (bes. mit Saiten);* ein Saiteninstrument, einen Tennisschläger ~ • **1.3** ⟨Vr 3⟩ der **Himmel** bezieht **sich** *bedeckt sich mit Wolken* **2** **Räu****me** ~ *in etwas einziehen;* ein Büro, ein Haus, eine Wohnung ~ • **2.1** die **Universität** ~ ⟨veraltet⟩ *mit dem Studium an der U. beginnen* • **2.2** Quartier ~ **nehmen** • **2.3** (einen) **Posten** ~ ⟨Mil.⟩ *sich auf (s)einem P. aufstellen* • **2.4** (die) **Wache** ~ ⟨Mil.⟩ *auf W. ziehen, den Wachtposten einnehmen* **3** etwas ~ *(regelmäßig) erhalten, bekommen;* ein Gehalt ~; Prügel ~ ⟨umg.⟩; eine Rente ~; Waren ~; eine Zeitschrift ~; Waren aus dem Ausland ~; wir haben unsere Möbel von der Firma X bezogen; woher beziehst du deine Informationen? • **3.1** Steuern ~ ⟨schweiz.⟩ *einfordern* **4** ⟨550/Vr 3⟩ **sich auf jmdn.** od. **etwas** ~ *berufen, auf jmdn. od. etwas verweisen, anspielen;* er bezieht sich bei, mit dieser Bemerkung auf einen bestimmten Vorfall; wir ~ uns auf Ihr Schreiben vom 10. 1. u. teilen Ihnen mit, … • **4.1** ⟨Vr 3⟩ **etwas** bezieht **sich auf jmdn.** od. **etwas** *betrifft jmdn. od. etwas;* seine Äußerung bezieht sich auf unser gestriges Gespräch • **4.2** **etwas auf jmdn.** od. **etwas** ~ *mit jmdm. od. etwas in Zusammenhang bringen;* diese Regel kann man nicht auf diesen Fall ~; diese Bemerkung brauchst du nicht auf dich zu ~

Be|zie|hung ⟨f.; -, -en⟩ **1** *Verbindung;* die ~en zu jmdm. abbrechen, wiederaufnehmen; ~en anknüpfen (mit, zu); die ~en (zu jmdm.) einschlafen lassen; die ~en (zu jmdm.) pflegen; diplomatische ~en (zu einem Staat) aufnehmen; freundschaftliche, verwandtschaftliche, wirtschaftliche ~en; langjährige ~en (zwischen, zu); geschlechtliche, intime ~en mit jmdm. haben • 1.1 (gute) ~en haben ⟨umg.⟩ einflussreiche Bekannte haben, die einem nützlich sein können; seine ~en spielenlassen; etwas über, durch, mit Hilfe von ~en erreichen **2** *innerer Zusammenhang, wechselseitiges Verhältnis;* zwei Dinge miteinander in ~ bringen; eine Sache, Tatsache zu einer anderen in ~ setzen; mit jmdm. oder einer Sache in ~ stehen; in freundschaftlichen ~en zu jmdm. stehen; die beiden Dinge stehen in keiner ~ zueinander; mit jmdm. in freundschaftliche ~en treten **3 in** dieser ~ *Hinsicht;* in dieser, in gewisser, in mancher ~ muss ich dir Recht geben; es ist in jeder ~ zu begrüßen, dass …; es ist in keiner ~ zu vertreten, dass …; es wäre in vielen ~en zu begrüßen, wenn …

be|zie|hungs|wei|se ⟨Konj.; Abk.: bzw.⟩ *oder, oder auch;* Kaffee ~ Tee regt den Kreislauf an • **1.1** *oder besser, genauer gesagt;* die Kinder ~ der Sohn unseres Nachbarn war gestern auf dem Grundstück **2** *im anderen Fall, und;* die Sänger ~ Sängerinnen dieser Aufführung erhielten begeisterten Applaus

Be|zirk ⟨m.; -(e)s, -e⟩ **1** *abgegrenztes Gebiet;* Wohn~ **2** ⟨Abk.: Bez.⟩ *Verwaltungseinheit in Ländern, Städten, Gemeinden;* Stadt~ **3** ⟨fig.⟩ *Bereich;* das Buch stammt aus dem religiösen ~ der Literatur

Be|zug ⟨m.; -(e)s, -züge⟩ **1** ⟨unz.⟩ *das Beziehen (3);* der ~ von Waren, Zeitungen; bei ~ von mehr als 10 Stück **2** ⟨nur Pl.⟩ Bezüge *Einnahmen, Gehalt;* wie hoch sind Ihre Bezüge? **3** *Überzug;* einen ~ für Betten, Polstermöbel; die Bezüge der Betten waschen, wechseln; die Couch mit einem neuen ~ versehen **4** ⟨unz.⟩ **in Bezug auf** *hinsichtlich, was … betrifft;* in Bezug auf die Lage war unser altes Haus schöner • **4.1** ~ nehmen auf *sich beziehen auf* • **4.2** mit ~ auf unser Schreiben vom 10. 1. teilen wir Ihnen mit *wir beziehen uns auf unser S. vom 10. 1. u. teilen Ihnen mit*

be|züg|lich 1 ⟨Adj.⟩ *(auf etwas) bezogen, Beziehung habend (zu etwas)* • **1.1** ~es **Fürwort** *F., das in einem untergeordneten Gliedsatz anstelle der Benennung einer Person od. Sache steht* **2** ⟨Präp. m. Gen.; Abk.: bez.⟩ *mit Beziehung auf;* ~ Ihres Schreibens; ~ unserer Verabredung möchte ich noch sagen …

be|zwe|cken ⟨V. 500⟩ **etwas** ~ *etwas beabsichtigen, erreichen wollen, einen Zweck verfolgen;* was bezweckst du mit deiner Drohung?; was soll denn das ~?; ich verstehe nicht, was er damit ~ möchte

be|zwin|gen ⟨V. 294/500⟩ **1 jmdn.** od. **etwas** ~ *besiegen, überwinden;* eine Festung, einen Gegner ~; er wollte etwas Heftiges erwidern, aber er bezwang sich • **1.1 Tiere** ~ *zähmen, unterwerfen, im Zaum halten* • **1.2** eine **Schwierigkeit** ~ *mit einer S. fertigwerden, eine S. bewältigen;* den letzten Anstieg eines Berges, einen Berg ~; er hat die Strecke in wenigen Tagen (zu Fuß) bezwungen • **1.3 Leidenschaften** ~ *in Schranken halten, unterdrücken, beherrschen;* seine Enttäuschung, Ungeduld, seinen Schmerz, Zorn ~

BH ⟨Abk. für⟩ *Büstenhalter*

Bi|bel ⟨f.; -, -n⟩ **1** *von den christlichen Kirchen als Wort Gottes anerkannte Schriften, die das Alte u. das Neue Testament umfassen, Buch der Bücher;* Sy Heilige Schrift; die ~ auslegen, übersetzen; auf die ~ schwören; Familien~, Bilder~, Taschen~ • **1.1** das steht schon in der ~ ⟨umg.⟩ *das ist eine alte Weisheit* • **1.2** ⟨fig.⟩ *ein bedeutsames Buch;* der „Macbeth" ist seine ~

Bi|ber¹ ⟨m.; -s, -; Zool.⟩ **1** *Angehöriger einer Familie der Nagetiere, an fließenden Gewässern u. Uferzonen mit Laubholz heimisch: Castoridae;* der Europäische ~; der Kanada~ • **1.1** *dessen Pelz*

Bi|ber² ⟨m. od. n.; -s, -⟩ *raues Baumwollgewebe in Köperbindung (bes. für Bettwäsche verwendet)*

◆ Die Buchstabenfolge **bi|bl...** kann in Fremdwörtern auch **bibl...** getrennt werden.

◆ **Bi|blio|gra|fie** ⟨f.; -, -n⟩ oV Bibliographie **1** *Verzeichnis von Druckwerken (Büchern, Zeitschriften) zu einem bestimmten Fachgebiet od. Thema, in dem Verfasser, Titel u. Erscheinungsdatum u. -ort angegeben sind;* in der Erziehungswissenschaft **2** ⟨früher⟩ *Bücherkunde, Buchwesen*

◆ **Bi|blio|gra|phie** ⟨f.; -, -n⟩ = *Bibliografie*

◆ **Bi|blio|thek** ⟨f.; -, -en⟩ Sy Bücherei **1** *Büchersammlung* **2** *Raum od. Gebäude, in dem die Büchersammlung aufbewahrt wird;* Fach-, Leih-, Universitäts-, Bereichs~; Werks~

bie|der ⟨Adj.; häufig abwertend⟩ **1** *rechtschaffen, ehrenwert;* eine ~e Hausfrau; er spielte den ~en Bürger **2** *brav, aufrichtig, verlässlich, treuherzig;* brav u. ~ wie er war, hat er …

bie|gen ⟨V. 109⟩ **1** ⟨500⟩ **etwas** ~ *aus seiner bisherigen (geraden) Form in eine andere Richtung krümmen;* Zweige zur Seite ~; mit vor Alter krummgebogenem Rücken • **1.1** mag es ~ oder brechen, auf Biegen oder Brechen *auf jeden Fall, um jeden Preis, unter allen Umständen* • **1.2** es geht auf Biegen oder Brechen ⟨fig.⟩ *hart auf hart, es wird rücksichtslos vorgegangen* • **1.3** ⟨Vr 3⟩ **sich** ~ *eine gekrümmte Form annehmen, krumm werden;* die Zweige ~ sich unter der Last der Früchte, des Schnees; die Bäume ~ sich im Wind • **1.3.1** sich ~ vor Lachen *heftig, sehr lachen* • **1.3.2** lieber (erg.: sich) ~ als brechen ⟨fig.⟩ *lieber nachgeben als gezwungen werden* **2** ⟨411(s.)⟩ **um etwas** ~ *eine Krümmung, Kurve gehen od. fahren;* um die Ecke ~ **3** ⟨500; Gramm.; veraltet⟩ = *beugen (6)*

bieg|sam ⟨Adj.⟩ **1** *so beschaffen, dass man es biegen kann;* ein ~er Ast, Zweig **2** *gelenkig, geschmeidig;* ~er Körper **3** ⟨fig.⟩ *leicht zu formen, fügsam;* ein ~er Charakter

Bie|gung ⟨f.; -, -en⟩ *von der Geraden in eine Bogenform übergehende Richtungsänderung, Kurve;* Fluss~

Bie|ne ⟨f.; -, -n; Zool.⟩ **1** *Angehörige einer Familie der Hautflügler, zuweilen staatenbildend: Apidae;* emsig, fleißig wie eine ~; die ~n schwärmen, summen, Honig~ **2** ⟨fig.; umg.; veraltet⟩ *Mädchen;* eine flotte, hübsche, kesse ~

Bie|nen|stock ⟨m.; -(e)s, -stö|cke⟩ *Kasten mit kleiner*

Öffnung (Flugloch) als Unterkunft für Bienen mit Vorrichtungen zum Wabenbau, Futterstelle usw.; es wimmelt wie in einem ~!

Bier ⟨n.; -(e)s, -e⟩ **1** *aus Hopfen, Malz, Hefe u. Wasser durch Gärung gewonnenes alkoholisches Getränk;* ein Glas, ein Krug ~; ein Liter ~ ausschenken, brauen, zapfen; ein ~ trinken; dunkles, helles, Pilsner ~; beim ~ (im Gasthaus) sitzen **2** *das ist (nicht) mein ~* ⟨fig.; umg.⟩ *(nicht) meine Angelegenheit*

Bier|gar|ten ⟨m.; -s, -gär|ten⟩ *Gartenlokal, in dem vorzugsweise Bier ausgeschenkt wird*

Biest ⟨n.; -(e)s, -er⟩ **1** ⟨niederdt.⟩ *Vieh, bes. Rinder* **2** ⟨fig.⟩ *schreckliches od. unangenehmes, lästiges Tier;* nehmen Sie das ~ an die Leine! **3** ⟨fig.⟩ *verwünschter Gegenstand;* das ~ funktioniert nicht mehr **4** ⟨umg.; Schimpfw.⟩ *gemeiner Mensch, hinterhältige, intrigante Person;* so ein elendes ~!

bie|ten ⟨V. 110/500⟩ **1** ⟨530⟩ **jmdm. etwas ~** *jmdn. vor die Wahl stellen, etwas zu nehmen;* jmdm. Geld, eine Stellung ~; jmdm. eine Belohnung, eine Entschädigung ~ (für etwas); jmdm. Gelegenheit ~, etwas zu tun • **1.1** wir müssen unserem Besuch, Gast doch etwas ~ *etwas Gutes (zu essen) vorsetzen sowie ihn unterhalten, ihm etwas zeigen* • **1.2** *ein Angebot machen (bei Versteigerungen);* er hat mir 800 Euro für das Bild geboten; 100 Euro sind geboten (worden), wer bietet mehr? • **1.2.1** ⟨Skat⟩ *reizen* • **1.3** ⟨503/Vr 3⟩ **etwas bietet sich (jmdm.)** *bietet sich an, zeigt sich, kommt vor;* unseren Augen bot sich ein herrlicher Anblick; es hat sich mir noch keine Gelegenheit dazu geboten; wenn sich eine Handhabe (gegen ihn), ein Vorwand böte, dann könnten wir ...; bei der nächsten sich ~den Gelegenheit **2** ⟨530⟩ **jmdm. etwas ~** ⟨geh.⟩ *(dar)reichen, anbieten, entgegenhalten;* jmdm. den Arm ~ (als Stütze, zum Unterhaken); jmdm. die Hand ~; jmdm. die Lippen, die Wange zum Kuss ~; →a. *Blöße (2.1), Schach (2.1), Spitze (1.2), Stirn (1.1)* **3** *etwas ~ zeigen, darbieten;* die beiden Kinder boten ein hübsches Bild; der Künstler bot ein ausgezeichnetes Programm **4** ⟨530/Vr 6⟩ **jmdm.** einen guten Morgen, **guten Tag ~** ⟨veraltet⟩ *wünschen, jmdn. grüßen* **5** ⟨530/Vr 5⟩ **jmdm. etwas ~ zumuten 6** ⟨Getrennt- u. Zusammenschreibung⟩ • 6.1 ~ lassen = *bietenlassen*

bie|ten|las|sen *auch:* **bie|ten las|sen** ⟨V. 175/500/Vr 3⟩ *das darf, kann man sich nicht ~ lassen das darf, kann man sich nicht gefallen lassen*

Big|band ⟨[bɪgbænd]⟩ *auch:* **Big Band** ⟨f.; (-) -, (-) -s⟩ *großes Tanz- od. Jazzorchester*

Big Busi|ness ⟨[bɪg bɪznɪs] n.; - -; unz.⟩ **1** *Geschäftswelt der Großunternehmen;* Einflussnahme des ~ auf die Wirtschaftspolitik **2** *großes, einträgliches Geschäft eines Großunternehmens;* im ~ erfolgreich sein

Bike ⟨[baɪk] n.; -s, -s⟩ *Sportfahrrad*

Bi|lanz ⟨f.; -, -en⟩ **1** *Übersicht über zwei verschiedene Zahlenreihen* • **1.1** *das durch den Vergleich beider gewonnene Ergebnis* • **1.2** *jährlicher Kontenabschluss* **2** ⟨fig.⟩ *abschließender Überblick* • **2.1** die ~ **ziehen** ⟨a. fig.⟩ *sich einen Überblick (über Vergangenes, Geschehenes) verschaffen, die Auswirkungen betrachten*

Bild ⟨n.; -(e)s, -er⟩ **1** *Darstellung von etwas od. jmdm. auf einer Fläche, z. B. Gemälde, Zeichnung, Druck, Fotografie od. plastisch, z. B. Relief, Statue;* Licht~, Öl~; Marmor~, Stand~; ein ~ aufhängen, betrachten, malen, zeichnen; ein buntes, farbenfrohes, gelungenes, herrliches, meisterhaftes ~; ein gerahmtes, ungerahmtes ~; ein ~ auf Glas, Holz, Leinwand; ein ~ aus, von Erz, Marmor, Stein; ein ~ aus dem vorigen Jh.; ein ~ von Dürer; ein ~ aufnehmen ⟨Fot.⟩; ein scharfes, unscharfes, verwackeltes ~ ⟨Fot.⟩; →a. *leben (1.9)* **2** ⟨Opt.⟩ *Abbildung* **3** *Darstellung einer Sache durch eine andere, Zeichen, Symbol;* Sinn~ • **3.1** in ~ern sprechen *Gleichnisse, übertragene Ausdrücke gebrauchen* **4** *Erscheinungsform;* Krankheits~ **5** *Ebenbild;* er ist ganz das ~ seines Vaters; und Gott schuf den Menschen ihm (sich) zum ~e (1. Mose, 1,27) **6** *Anblick;* als wir ins Zimmer traten, bot sich uns ein überraschendes ~ • **6.1** ein ~ für (die) Götter ⟨umg.; scherzh.⟩ *ein köstlicher, komischer Anblick* • **6.2** ein ~ des Jammers sein *einen bejammernswürdigen Anblick bieten* • **6.3** ein ~ von einem Mädchen, Manne sein *sehr schön sein* **7** *Vorstellung von etwas;* die ~er meiner Fantasie, meiner Träume; in meiner Erinnerung, vor meinem geistigen Auge stiegen alle alten ~er auf; er entwarf ein ~ des Lebens im 18. Jh.; er vermittelte uns ein anschauliches, fesselndes, genaues, wahrheitsgetreues ~ (von ...); ein deutliches, flüchtiges, klares ~ (in der Erinnerung); ein falsches, richtiges ~ von etwas haben • **7.1** sich ein ~ (von etwas) machen können *sich etwas vorstellen können* • **7.2** sein ~ ist mir gut im Gedächtnis geblieben *ich kann mich gut an ihn erinnern* • **7.3** *genaue Vorstellung, aufgrund deren eine Beurteilung der Lage möglich ist* • **7.3.1** sich ein ~ von etwas machen *sich eine Meinung über etwas bilden* • **7.3.2** im ~e sein *sich über etwas im Klaren sein, die Zusammenhänge kennen;* damit Sie im ~e sind; ich bin darüber nicht im ~e • **7.3.3** jmdn. ins ~ setzen *jmdn. genau unterrichten*

bil|den ⟨V.⟩ **1** ⟨500⟩ **etwas ~** *erzeugen, machen, hervorbringen, schaffen;* die Fälle, Verbformen (von Wörtern) ~; die Kinder bildeten einen Kreis; das Wort „Unzahl" bildet keinen Plural; aus zehn Buchstaben ein Wort ~ (bei Buchstabenrätseln); sich eine Meinung, ein Urteil über etwas ~; eine Regierung ~ • **1.1** ⟨Vr 3⟩ **etwas bildet sich** *entsteht, entwickelt sich;* Nebel, Rauch, Staub bildet sich; Geschwüre haben sich gebildet **2** ⟨500⟩ **etwas ~** *formen, gestalten;* eine Gestalt, Figur aus, in Marmor, Ton ~ • **2.1** ~de Kunst *(Sammelbez. für) Baukunst, Plastik, Malerei, Grafik* **3** ⟨500⟩ **etwas ~** *sein;* der Vorfall von gestern bildete den ganzen Abend das Gesprächsthema; die Straße bildet hier die Grenze; sein Vortrag bildete den Höhepunkt des Abends **4** ⟨500/Vr 7⟩ **jmdn. od. etwas ~** *belehren, erziehen, jmdm. od. etwas Bildung geben;* jmds. Charakter, Verstand ~ • **4.1** gebildet sein *Bildung besitzen;* wissenschaftlich gebildet sein • **4.2** ein gebildeter Mensch, Gebildeter *Mensch mit Bildung* • **4.3** ⟨Vr 3⟩ **sich ~** *sich Bildung aneignen;* sich geistig ~ • **4.4** ⟨400⟩ **etwas bildet** *vermittelt*

Bilderbuch

Bildung; Bücher können ~ • 4.4.1 ~de **Bücher** *Bildung vermittelnde B.*

Bil|der|buch ⟨n.; -(e)s, -bü|cher⟩ *mit vielen großen farbigen Bildern ausgestattetes Buch (für Kinder)*

Bil|der|buch... *(in Zus.; umg.) besonders schön, vorbildlich, problemlos;* ein ~wetter; eine ~ehe

Bild|flä|che ⟨f.; -; -n⟩ **1** *bei unbewegtem Auge überschaubarer Raum (bes. beim Übertragen vom Räumlichen auf eine Fläche);* die Gestalt nimmt die ganze ~ ein **2** *Leinwand für Filmvorführung;* eine große, kleine ~ **3** ⟨fig.; umg.⟩ • **3.1 auf** der ~ **erscheinen** *plötzlich auftreten, kommen, sichtbar werden* • **3.2 von** der ~ **verschwinden** *sich plötzlich entfernen, in Vergessenheit geraten*

Bild|hau|er ⟨m., -s, -⟩ *ein Künstler, der aus festen Werkstoffen, bes. aus Stein, Plastiken herstellt*

Bild|hau|e|rin ⟨f.; -, -rin|nen⟩ *weibl. Bildhauer*

bild|lich ⟨Adj. 90⟩ **1** *in Bildern, mit Hilfe eines Bildes od. von Bildern;* die ~ dargestellte Entwicklung des Embryos **2** ~er **Ausdruck** *A., der ein Bild gebraucht, um einen Gegenstand od. Sachverhalt anschaulich od. poetisch darzustellen, z. B. „Segler der Lüfte" für „Wolken" (Schiller);* eine Sache ~ darstellen; ein ~er Vergleich; er hat mich veraltet, ~ gesprochen: er hat mich auf den Besen geladen

Bild|nis ⟨n.; -ses, -se⟩ *bildliche Darstellung eines Menschen;* Sy *Porträt;* ein ovales, auf Holz gemaltes ~; Jugend~, Selbst~

Bild|schirm ⟨m.; -(e)s, -e⟩ **1** *Leuchtschirm von Fernsehapparaten u. Computern, Monitor* • **1.1** ⟨umg.; kurz für⟩ *Fernsehapparat od. Computer;* den ganzen Abend vor dem ~ sitzen

Bil|dung ⟨f.; -, -en⟩ **1** ⟨unz.⟩ *das Bilden, Sichbilden;* ~ eines Ausschusses, einer Regierung; ~ einer Geschwulst; ~ einer Form, ~ eines Wortes; ~ von Nebel, Rauch, Schaum, Staub **2** ⟨zählb.⟩ *etwas, was in bestimmter Weise gebildet ist, Form, Gestalt;* Wolken~; Gesichts~, Körper~ **3** ⟨unz.⟩ *geistige u. innere Formung, Vervollkommnung, geistiges u. inneres Geformtsein des Menschen, vielseitige Kenntnisse, verbunden mit Geschmack, Urteil, Sinn für Wert;* sich ~ aneignen; jmdm. ~ beibringen; eine gediegene, vielseitige ~ genossen haben; (keine) ~ haben; ein zur Vervollkommnung seiner ~ eine Weltreise machen • **3.1** das zu wissen gehört zur allgemeinen ~ *das muss man wissen, wenn man für gebildet gelten will* • **3.2** *Anstand, Takt u. Herzensgüte;* Herzens~

Bil|lard ⟨[bɪljart], österr. [bija:r] n.; -s, -e⟩ **1** *Spiel, bei dem Kugeln mit Hilfe eines Stabes (Queue) auf stoffbezogenem Tisch mit federndem Rand (Bande) gestoßen werden* **2** *der Tisch für das Billard (1)*

Bil|lett ⟨[bɪljet] n.; -s, -s od. -e⟩ **1** ⟨schweiz.⟩ *Fahrkarte, Eintrittskarte* **2** *kurzes Schreiben, Zettel mit einer Nachricht od. Notiz* **3** ⟨österr. a.⟩ *Glückwunsch-, Briefkarte mit Umschlag*

bil|lig ⟨Adj.⟩ **1** *wohlfeil, preiswert, nicht teuer;* ~e Waren; eine Ware ~ kaufen, verkaufen; hier kann man sehr ~ leben **2** ⟨70⟩ *gerecht, berechtigt, angemessen, vernünftig;* eine ~e Forderung; dein Verlangen ist nur ~, ist nicht mehr als ~; →a. *recht (2.2.1)* **3** *minderwertig, dürftig;* ein ~es Kleid **4** *abgedroschen, nichtssagend;* eine ~e Ausrede, Redensart; ein ~er Trost

bil|li|gen ⟨V. 500⟩ *etwas ~ gutheißen, genehmigen, einverstanden sein mit;* jmds. Verhalten, einen Vorschlag ~; ich kann deinen Entschluss auf keinen Fall ~

Bil|lig|keit ⟨f.; -; unz.⟩ **1** *billige Beschaffenheit* **2** *Dürftigkeit* **3** *Angemessenheit, Berechtigung*

bim|meln ⟨V. 400; umg.⟩ *klingeln, läuten;* bei jmdm. an der Haustür ~

Bin|de ⟨f.; -, -n⟩ **1** *Streifen aus Verbandstoff zum Verbinden;* Mull~; ein verletztes Glied mit einer ~ umwickeln **2** *Stoffstreifen als Schmuck, Krawatte od. Abzeichen;* Arm~, Stirn~, Hals~ • **2.1** (sich) einen hinter die ~ *gießen* (umg.; scherzh.) *einen Schnaps trinken* **3** *Tuch zum Zubinden, Festhalten, Stützen od. Wärmen;* Leib~; den Arm in der ~ tragen

Bin|de|ge|we|be ⟨n.; -s; unz.; Anat.⟩ *Stützgewebe aus Zellen u. Fasern, das zum Aufbau des Körpers dient u. Bänder u. Sehnen bildet*

Bin|de|haut ⟨f.; -, -häu|te; Anat.⟩ *schleimige, die Innenseite der Augenlider u. die Vorderseite des Augapfels überziehende Haut*

bin|den ⟨V. 111/500⟩ **1** *jmdn. od. etwas ~ mit Band, Faden, Riemen, Kette o. Ä. festmachen, verbinden, verknüpfen, zusammenfügen;* einen Baum an einen Pfahl ~; Korn in Garben ~; Blumen zum Kranz, zum Strauß ~; →a. *Nase (1.10), Seele (1.8)* • **1.1** ein **Band an, in, um etwas** ~ *an, in etwas befestigen, um etwas herumführen u. festbinden;* ein Band ins Haar ~; jmdm. ein Tuch um die Augen ~; eine Schnur um ein Paket ~ • **1.1.1** die **Krawatte**, eine **Schleife** ~ *formgerecht schlingen* **2** *etwas ~ durch Zusammenbinden herstellen;* Besen ~; Fässer ~; einen Kranz aus Blumen ~ **3** *jmdn. od. etwas ~ fesseln;* einem Gefangenen die Hände ~; einen Gefangenen mit gebundenen Händen vorführen; →a. *Hand (2.6.13)* **4** ⟨Vr 7 od. Vr 8⟩ **jmdn. od. etwas ~** ⟨fig.⟩ *verpflichten, festlegen, abhängig machen;* sich durch ein Versprechen ~ • **4.1** sich als gebunden betrachten *sich durch Abmachung, Zusage verpflichtet fühlen* • **4.2** eine ~de Abmachung, Zusage *eine verpflichtende A., Z.* • **4.3** an einen Zeitpunkt, an feste Preise gebunden sein *sich an eine bestimmte Zeit, an feste Preise halten müssen* • **4.4** ⟨Vr 3⟩ sich ~ *ein festes Verhältnis mit einem Mann od. einer Frau eingehen;* sich an eine Frau ~ *mit ihr ein festes Verhältnis eingehen, sich verloben* • **4.5** gebundene **Rede** *R. in Gedichtform, in Versen* **4.6** gebundenes **System** ⟨Arch.⟩ *Konstruktionsart romanischer Basiliken mit dem Quadrat der Vierung als grundlegender Maßeinheit* **5** *etwas ~ zusammenhalten, festhalten;* gebundene Wärme, Elektrizität • **5.1 feindliche Kräfte** ~ *kämpfend festhalten, an der Bewegung hindern* • **5.2** eine **Soße** mit Mehl ~ ⟨Kochk.⟩ *dickflüssiger machen* • **5.3 Stoffe** ~ ⟨Chem.⟩ *miteinander vereinigen* • **5.4 Bücher** ~ *mit Rücken u. Deckeln versehen* • **5.5 Laute, Töne** ~ ⟨Phon.; Mus.⟩ *miteinander verbinden, ohne Unter-*

brechung aufeinander folgen lassen; mehrere Töne ~; mehrere Töne gebunden singen, spielen

Bin|der 〈m.; -s, -〉 **1** *jmd., der etwas bindet;* Besen~ **2** 〈Landw.〉 *Maschine, die etwas bindet;* Garben~, Mäh~ **3** = *Krawatte (1);* ein bunter, einfarbiger, geschmackloser ~ **4** 〈Arch.〉 • **4.1** *auf den Mauern ruhender Balken, der den Dachstuhl trägt od. versteift;* Dach~ • **4.2** *Mauerstein, der mit der Schmalseite nach außen liegt;* Ggs *Läufer (9)* **5** 〈süddt., österr.〉 *Böttcher;* Fass~

Bin|de|strich 〈m.; -(e)s, -e; Gramm.; Zeichen: -〉 *kurzer Querstrich, der zwei Wörter od. Wortbestandteile verbindet od. als Silbentrennungszeichen verwendet wird*

Bind|fa|den 〈m.; -s, -fäden〉 **1** *Faden zum Binden, dünne Schnur, dünner Strick;* eine Rolle ~ **2 es regnet** Bindfäden 〈fig.; umg.; scherzh.〉 *sehr stark*

Bin|dung 〈f.; -, -en〉 **1** 〈fig.〉 *das enge innere Verbundensein, verpflichtende Beziehung;* eine starke, lose ~; eine menschliche, politische, konfessionelle ~; eine vertragliche ~; er löste alle alten ~en; sie will keine neuen ~ eingehen **2** 〈Sp.〉 *eine Vorrichtung zur Verankerung des Skischuhs auf dem Ski;* die ~ geht, springt (nicht) auf; Sicherheits~ • **2.1** 〈Wasserski〉 *eine verstellbare, pantoffelförmige Halterung aus Gummi auf den Skiern* **3** 〈Textilw.〉 *die Art, wie sich in einem Gewebe die Fäden kreuzen;* Leinwand~, Kreuz~, Tuch~, Körper~, Atlas~ **4** 〈Chem., Phys.〉 *Art des Zusammenhalts der Atome u. der Bausteine des Atomkerns* **5** 〈Mus.〉 *die möglichst lückenlose Verbindung zweier od. mehrerer Töne*

bin|nen 〈Präp. mit Dativ, seltener u. geh. mit Genitiv〉 **1** *innerhalb, im Laufe von;* ~ Jahresfrist; ~ 10 Minuten; ~ zweier Tage; ~ 24 Stunden • **1.1 kurzem/ Kurzem** *bald*

Bin|nen|land 〈n.; -(e)s, -län|der〉 *nicht an der Küste gelegenes Land*

Bin|se 〈f.; -, -n; Bot.〉 **1** *zur Familie der Binsengewächse (Juncaceae) gehörige Pflanzengattung mit stängelähnlichen, Pflanzennahrung enthaltenden Blättern, die für Geflechte verwendet werden: Juncus;* er hat aus ~n Körbe und Matten geflochten; Sumpf~, Wasser~ **2 in** die ~n **gehen** 〈fig.; umg.〉 *entzweigehen, schiefgehen; verlorengehen;* das Geschäft, das Gerät ist in die ~n gegangen

bio…, Bio… 〈in Zus.〉 *leben(s)…, Leben(s)…*

Bio|che|mie 〈[-çe-] f.; -; unz.〉 *Wissenschaft von der Zusammensetzung u. der Funktionsweise chemischer Verbindungen, die am Aufbau u. dem Stoffwechsel lebender Lebewesen beteiligt sind*

Bio|gra|fie 〈f.; -, -n〉 *Lebensbeschreibung einer bekannten Person;* oV *Biographie;* Auto~

Bio|gra|phie 〈f.; -, -n〉 = *Biografie*

Bio|lo|ge 〈m.; -n, -n〉 *Wissenschaftler, Student, Kenner der Biologie*

Bio|lo|gie 〈f.; -; unz.〉 *Wissenschaft vom Leben u. von den Lebewesen*

Bio|lo|gin 〈f.; -, -gin|nen〉 *weibl. Biologe*

bio|lo|gisch 〈Adj.〉 **1** *die Biologie betreffend, zu ihr gehörig, auf ihr beruhend* • **1.1** ~**e Waffen** *Bakterien,* *Viren u. a. Seuchen verbreitende Mittel einer (bisher nicht angewendeten) Kriegführung* **2** *naturbedingt, natürlich* • **2.1** ~**es Gleichgewicht** *G. zwischen Entstehen u. Vergehen der Lebewesen*

bio|lo|gisch-dy|na|misch 〈Adj. 24〉 *ohne die Verwendung od. den Zusatz chemischer Stoffe erzeugt;* ~er Landbau; ~es Gemüse

Bir|ke 〈f.; -, -n; Bot.〉 *Laubbaum aus der Familie der Birkengewächse (Betulaceae) mit weißer Borke, Kätzchenblüten u. geflügelten Früchten: Betula;* Weiß~, Zwerg~

Birn|baum 〈m.; -(e)s, -bäu|me; Bot.〉 *weißblühendes Kerngewächs mit länglichen gelben Früchten: Pyrus communis;* Sy *Birne (1)*

Bir|ne 〈f.; -, -n〉 **1** = *Birnbaum* • **1.1** *längliche, süße, saftige Frucht des Birnbaums;* eine gelbe, reife, grüne ~ **2** *elektrischer Glühkörper;* Glüh~; eine 100-Watt-~; die ~ ist durchgebrannt; eine neue ~ einsetzen, einschrauben **3** *birnenförmiges Glasgefäß* **4** 〈umg.; scherzh.〉 *Kopf* • **4.1 eine weiche** ~ **haben** *nicht ganz richtig im Kopf sein* • **4.2** jmdm. eins auf, vor die ~ **geben** *jmdn. auf den Kopf schlagen*

bis 〈Präp. mit Akk., meist mit einer weiteren Präp.〉 **1** ~ **an, zu einem Ort** *hin zu dem O. als Endpunkt einer Strecke;* von Berlin ~ München, ~ nach Hannover; ~ an die Knie im Wasser stehen; der Ball ist ~ aufs Dach geflogen; ~ dahin, hierher begleite ich dich; ~ vor die Tür, ~ hinter die Garage; ~ zum Ende der Straße; ~ wohin fahren Sie? **2** ~ **zu einem Zeitpunkt** *hin zu dem Z. als Ende eines Zeitraumes;* ~ drei Uhr warten; Sprechzeit von 10 ~ 12 Uhr; vom Morgen ~ zum Abend; von morgens ~ abends; von Dienstag ~ Donnerstag; ~ etwa gegen Mitternacht; ~ um sechs; ~ in den Abend; ~ nach Weihnachten; ~ vor hundert Jahren; Kinder ~ sechs Jahre, ~ zu sechs Jahren; ~ dahin vergeht noch viel Zeit; ~ auf Widerruf; sie wartet, ~ er kommt, ~ es zu spät ist, ~ sie weiß, was geschehen ist 〈als Konjunktion〉; ~ dass der Tod sie scheidet • **2.1** ~ **bald,** *gleich, nachher, später* 〈umg.〉 *auf (baldiges usw.) Wiedersehen* • **2.2** ~ **auf weiteres/Weiteres** *eine unbestimmte Zeit lang* • **2.3** ~ **und mit** 〈bes. schweiz.〉 *bis (2) einschließlich;* der Film läuft ~ (und) mit Donnerstag **3** ~ **auf** *außer;* die Wohnung ~ auf die Küche herrichten; sie kamen alle ~ auf einen • **3.1** *einschließlich;* sie wurden ~ auf den letzten Mann gerettet **4** ~ **ins Kleinste, Letzte** *sehr genau;* wir müssen das Programm ~ auf das i-Tüpfelchen durchtesten **5 ein Wert** (von) ~ *mit einem unteren W. beginnend u. einem oberen W. endend;* vier ~ fünf Euro; 20 ~ 40 Küken; 10 ~ 12 Prozent; eine Arbeit mit der Note „zwei ~ drei" bewerten; das Konzert war mittelmäßig ~ schlecht

Bi|schof 〈m.; -(e)s, -schö|fe〉 **1** *leitender Geistlicher in christlichen Kirchen* • **1.1** 〈kath. Kirche〉 *Leiter einer Diözese, eines Bistums, der vom Papst ernannt wird;* jmdn. zum ~ weihen; Weih~ • **1.2** 〈ev. Kirche〉 *der oberste Geistliche einer Landeskirche* **2** *kaltes Getränk aus Rotwein, Zucker u. Pomeranzenschalen*

bis|her 〈schweiz. a. ['- -] Adv.〉 *bis jetzt, bislang*

bis|he|rig ⟨Adj. 24/60⟩ **1** *bisher gewesen, vorhanden, bislang sich ereignet habend;* meine ~en Freunde; sein ~es Verhalten hat mich sehr verwundert • **1.1 im Bisherigen** *im Vorangegangenen*

bis|lang ⟨Adv.⟩ *bisher, bis jetzt*

Bis|mut ⟨n.; -(e)s; unz.; Zeichen: Bi⟩ *silberweißes Metall, Ordnungszahl 83;* oV *Wismut*

Biss ⟨m.; -es, -e⟩ **1** *das Hineinbeißen mit den Zähnen;* ein scharfer, giftiger ~; sich vor dem ~ des Hundes schützen • **1.1** ⟨fig.; geh.⟩ *stechender Schmerz, Reue; Gewissensbisse* **2** *die durch Beißen entstandene Verletzung;* der ~ wollte nicht verheilen; er hat einen ~ am Bein

biss|chen ⟨unbestimmtes Numerale⟩ **1** *wenig;* ihr ~ Schmuck; das ~ Schnee, das heute gefallen ist **2** **ein ~** *ein wenig, eine Kleinigkeit, etwas;* ein ~ Brot, Geld, Liebe; gib dir ein ~ Mühe; komm ein ~ näher; sei ein ~ netter zu mir!; geh ein ~ schneller!; tut es weh? Nicht ein ~! **3** **kein ~** *gar nicht(s), überhaupt nicht(s), gar kein;* es ist kein ~ Wurst mehr da; das Kind hat kein ~ geweint

Bis|sen ⟨m.; -s, -⟩ **1** *die Menge, die man auf einmal abbeißen kann, Mundvoll;* ein ~ Brot; einen großen ~ machen, nehmen; ihm blieb vor Schreck der ~ im Halse stecken; sie brachte vor Aufregung keinen ~ hinunter • **1.1** *jmdm. keinen ~ Brot gönnen* ⟨fig.⟩ *neidisch, missgünstig sein* • **1.2** *jmdm. jeden ~ in den Mund zählen aufpassen, wie er isst, neidisch beim Essen zusehen* • **1.3** *er hat sich für seine Familie jeden ~ vom Munde abgespart er hat auf vieles verzichtet, um die Familie ernähren zu können* **2** ⟨fig.⟩ *eine Kleinigkeit zu essen, Happen;* ich muss ganz schnell erst einen ~ essen; keinen ~ anrühren; ein leckerer ~ • **2.1** *iss doch einen ~ mit uns!* ⟨umg.⟩ *komm od. bleib zu einer kleinen zwanglosen Mahlzeit bei uns;* →a. *fett (1.1)*

bis|sig ⟨Adj.⟩ **1** ⟨70⟩ *schnell, gern beißend, durch Beißen angreifend;* Vorsicht, ~er Hund! (Warnungsschild an Hof- od. Gartentüren); der Esel war sehr ~ **2** ⟨fig.⟩ *scharf, höhnisch, auf barsche Weise verletzend;* eine ~e Bemerkung, Kritik

Bis|tum ⟨n.; -(e)s, -tümer⟩ *Verwaltungsbereich eines Bischofs, bischöflicher Sprengel;* Sy *Diözese*

bis|wei|len ⟨Adv.; geh.⟩ *manchmal, mitunter, ab u. zu;* ~ habe ich den Eindruck, dass …

bit|te ⟨Adv.; Höflichkeitsformel⟩ **1** *wenn ich dich od. Sie darum bitten darf!, sei od. seien Sie so freundlich!;* sieh dir das ~ an!; hören Sie ~!; entschuldigen Sie ~!; würden Sie mir ~ helfen?; sagen Sie mir ~ …; komm ~ etwas später; ~ einen Kaffee!; möchten Sie Wurst oder Käse? ~ Wurst!; ~ Tür schließen! (auf Türschildern); ~ Füße abtreten od. abstreifen (auf Schildern an Türen od. Treppen); ~ lauter! (Aufforderung an einen Redner); ach, ~, können Sie mir sagen …; ~, langen Sie zu, nehmen Sie sich! • **1.1** ~ **wenden!** (Abk.: b. w.) *(Aufforderung am Ende einer Seite, eines Formulars o. Ä.)* • **1.2 (wie) ~?** *(Rückfrage bei nicht verstandener Äußerung)* **2** *gern, selbstverständlich, ja;* vielen Dank! ~!; darf ich mir das Buch einmal ansehen? ~ sehr!; ist der Platz hier frei? ~!; ja, ~! • **2.1 oh, Verzeihung! ~!** *es macht nichts, schadet nichts* • **2.2 kann ich das Telefonbuch haben? ~!** *(beim Überreichen)* **hier 3** ja, ~? *(Meldung am Telefon)* **4** ~! *das war schon immer meine Meinung, ich habe es gewusst;* ~! hab ich's nicht gesagt?

Bit|te ⟨f.; -, -n⟩ **1** *Mitteilung eines Wunsches, Wunsch, höfliches Verlangen, Gesuch, Ersuchen;* jmdm. eine ~ abschlagen; eine ~ aussprechen, äußern; eine ~ erfüllen, gewähren; ich habe eine ~; jmds. ~n nachgeben, nachkommen; die sieben ~n des Vaterunsers; eine dringende, flehentliche, inständige, vergebliche ~; ich habe, hätte eine ~ an Sie; auf seine dringende ~ hin bin ich gekommen • **1.1** *an jmdn. eine ~ richten, stellen jmdn. bitten*

bit|ten ⟨V. 112⟩ **1** ⟨800⟩ **(um etwas) ~** *eine Bitte aussprechen (um etwas zu erhalten);* „…!", bat er; auf Bitten von Herrn X; sich aufs Bitten verlegen; durch vieles Bitten hat er schließlich erreicht, dass …; du kannst ~ und betteln, so viel du willst, ich tue es doch nicht; wenn ich ~ darf; ich bitte Sie (herzlich) darum; ich bitte (tausendmal) um Entschuldigung; um Geduld, Hilfe, Nachsicht, Schonung, Verzeihung ~; darf ich um das Salz ~? (bei Tisch); darf ich um den nächsten Tanz ~?; →a. *Wort (7.4)* • **1.1** *da muss ich doch sehr ~! das gehört sich nicht!* • **1.2** *darum möchte ich gebeten haben! das bitte ich mir aus, das verlange ich* **2** ⟨500⟩ **jmdn. ~** *höflich auffordern, ersuchen;* bitte Sie, mir zu helfen; sich lange ~ lassen; jmdn. dringend, flehentlich, fußfällig, inständig ~; ich hatte ihn gebeten zu warten; er will immer erst gebeten sein • **2.1** *ich bitte Sie! aber nein!, so etwas!, hält man das für möglich!, kaum zu glauben!* • **2.2** *aber ich bitte dich! aber selbstverständlich!, das ist doch keine Frage!* **3** ⟨550⟩ **jmdn. zu etwas ~** ⟨geh.⟩ *einladen;* dürfen wir Sie für morgen zum Essen, zum Tee ~? • **3.1** *eine Dame zum Tanz ~ auffordern* • **3.2** *jmdn. zu Tisch ~ auffordern, zum Essen zu kommen* • **3.3 jmdn. irgendwohin ~** *jmdn. höflich auffordern, irgendwohin zu kommen;* jmdn. ins Sprechzimmer ~ • **3.3.1** *jmdn. zu sich ~ jmdn. einladen, jmdn. zu sich kommen lassen* **4** ⟨800⟩ **für jmdn. ~** *eintreten, zu jmds. Gunsten sprechen*

bit|ter ⟨Adj.⟩ **1** ~**er Geschmack** *sehr herb;* Ggs *süß (1);* einen ~en Geschmack im Munde haben; ~e Mandel, Medizin, Schokolade • **1.1** *ein Bitterer stark mit bitteren Kräutern gewürzter Likör* **2** ⟨fig.⟩ *hart, schmerzlich;* ~e Tränen weinen; ~e Not leiden; jmdm. ~e Vorwürfe machen; aus dem harmlosen Streit wurde ~er Ernst • **2.1** *ein ~er Tropfen im Becher der Freude ein wenig Bitterkeit, Trauer bei aller Freude* • **2.2** ⟨40⟩ *verbittert, unfroh, an nichts mehr Freude habend;* ~ werden; er ist durch böse Erfahrungen ~ geworden **3** ⟨50; fig.; verstärkend⟩ *sehr, tüchtig, heftig;* ~arm sein; es ist ~kalt; es ist mir ~ernst damit!; eine Tat ~ bereuen; er hat das Geld ~ nötig

bit|ter|bö|se ⟨Adj.⟩ *sehr, äußerst böse;* er war ~; das waren ~ Worte

bit|ter|lich ⟨Adj. 90; verstärkend⟩ *sehr heftig, schmerzerfüllt;* ~ weinen, schluchzen

bi|zarr ⟨Adj.⟩ **1** *seltsam, ungewöhnlich* **2** *wunderlich, verschroben*

Bi|zeps ⟨m.; -es, -e; Anat.⟩ *zweiköpfiger Muskel, z. B. am Oberarm u. am Oberschenkel*

Black-out *auch:* **Black|out** [blækaʊt] ⟨n.; -s, -s od. m.; -s, -s⟩ **1** ⟨Theat.⟩ *kurze (witzige) Szene, nach der die Beleuchtung ausgeschaltet wird* • 1.1 *plötzliches Ausschalten der Beleuchtung nach Szenenschluss* **2** ⟨Med.⟩ *Ausfall von Körperfunktionen, z. B. des Erinnerungsvermögens, des Sehvermögens od. der Gehirnfunktionen* • 2.1 *plötzliche Bewusstseinstrübung;* einen ~ haben **3** *vorübergehender Ausfall von Funkverbindungen* **4** *vollständiger Stromausfall während der Nacht (bes. in Städten)*

blä|hen ⟨V.⟩ **1** ⟨400⟩ eine **Speise** bläht *eine S. bildet übermäßig viel Gas in Darm u. Magen;* Hülsenfrüchte, Kohl, Zwiebeln ~ **2** ⟨500/Vr 7⟩ **etwas** bläht **etwas** od. **sich** *etwas macht etwas od. sich prall u. füllig, füllt etwas od. sich mit Luft;* der Wind bläht die Segel, die Vorhänge; die Gardine, der Rock blähte sich (im Wind) **3** ⟨500/Vr 3⟩ **sich** ~ ⟨fig.; abwertend⟩ *sich wichtigtun, angeben, prahlen;* du bläst dich wie ein Pfau

Bla|ma|ge ⟨[-ʒə] f.; -, -n⟩ *beschämende, peinliche Bloßstellung, Schande;* der Auftritt war eine ~

bla|mie|ren ⟨V. 500⟩ **jmdn.** ~ = *bloßstellen;* da habe ich mich ja wieder schön blamiert; jmdn. vor allen Leuten ~

blank ⟨Adj.⟩ **1** *blinkend, glänzend, hell;* ~e Augen, Fensterscheiben; ~es Metall • 1.1 ~e **Waffen** *Hieb- u. Stichwaffen* • 1.2 *sauber, rein;* die Schuhe sind ~ • 1.3 *abgegriffen, abgewetzt;* ein ~er Hosenboden, ~e Ärmel **2** ⟨60⟩ *unbedeckt, bloß;* er drang mit ~em Degen auf ihn ein; Prügel auf den ~en Hintern bekommen ⟨umg.⟩; er trug die Jacke auf dem ~en Körper; auf der ~en Erde schlafen • 2.1 ⟨50⟩ ~ **gehen** ⟨schweiz. u. österr.; veraltet⟩ *ohne Mantel gehen* • 2.2 eine **Farbe** ~ haben ⟨Kart.⟩ • 2.2.1 *nur eine Karte von einer Farbe haben* • 2.2.2 *die letzte, unstechbare Karte haben* • 2.3 ⟨40⟩ ~ **sein** ⟨umg.⟩ *kein Geld haben;* ich bin völlig ~ **3** ⟨60; umg.⟩ *offensichtlich, rein;* ~er Unsinn **4** ⟨60⟩ der Blanke **Hans** ⟨poet.⟩ *die Nordsee (bei Sturm)* **5** ⟨Getrennt- u. Zusammenschreibung⟩ • 5.1 ~ polieren = *blankpolieren* • 5.2 ~ reiben = *blankreiben* • 5.3 ~ scheuern = *blankscheuern* • 5.4 ~ poliert = *blankpoliert*

blan|ko ⟨Adj. 11⟩ *unterschrieben, aber nicht vollständig ausgefüllt;* Formulare, Schecks ~ unterschreiben

blank‖po|lie|ren *auch:* **blank po|lie|ren** ⟨V. 500⟩ etwas ~ *so lange polieren, bis es sauber und glänzend ist;* die Fenster ~

blank|po|liert *auch:* **blank po|liert** ⟨Adj.⟩ *sauber, glänzend poliert;* ~e Stiefel, Schuhe

blank‖rei|ben *auch:* **blank rei|ben** ⟨V. 196/500⟩ etwas ~ *so lange reiben, bis es sauber und glänzend ist;* eine Münze ~

blank‖scheu|ern *auch:* **blank scheu|ern** ⟨V. 500⟩ etwas ~ *so lange scheuern, bis es sauber und glänzend ist;* den Fußboden ~

Bla|se ⟨f.; -, -n⟩ **1** *mit Luft od. Flüssigkeit gefüllter Hohlraum* • 1.1 ⟨Med.⟩ *häutiges Hohlorgan bei Menschen u. Tieren für Flüssigkeiten od. Luft;* Gallen~, Harn~; Schwimm~; die ~ entleeren; sich die ~ erkälten • 1.2 *mit Schwellung verbundene Flüssigkeitsansammlung unter der obersten Schicht der Haut;* Brand~; eine ~ aufstechen; sich ~n (an den Füßen) laufen; eine ~ am Fuß, an der Hand haben • 1.3 *Ansammlung von Gas od. Flüssigkeit unter der Oberfläche von etwas od. frei schwebend mit feiner Haut;* Seifen~; der Teig, das Wasser schlägt ~n • 1.3.1 ~n werfen ⟨fig.; umg.⟩ *Aufsehen erregen* • 1.3.2 ~n ziehen ⟨fig.; umg.⟩ *Folgen haben* • 1.4 *Behälter zum Verdampfen, Destillieren* **2** ⟨unz.; derb; abwertend⟩ *Bande, Pack, Gesindel;* das ist eine ~!; er und seine ganze ~

bla|sen ⟨V. 113⟩ **1** ⟨400⟩ *Luft aus dem Munde ausstoßen u. dadurch eine Luftbewegung (in einer bestimmten Richtung) erzeugen;* in die Hände ~ (um sie zu erwärmen) • 1.1 ⟨500⟩ **etwas** ~ *durch Ausstoßen der Luft kühlen;* den Kaffee ~ • 1.2 ⟨500⟩ **etwas** ~ *durch Ausstoßen der Luft erzeugen;* Ringe ~ (beim Rauchen) **2** ⟨500⟩ ein **Blasinstrument** ~ *zum Tönen bringen, spielen;* Trompete ~ • 2.1 ⟨523⟩ jmdm. den Marsch, die Meinung ~ *jmdm. die Meinung sagen, jmdn. energisch zurechtweisen* • 2.2 ⟨530⟩ ich werde dir was ~! ⟨umg.⟩ *ich denke nicht daran!* • 2.3 ⟨418⟩ mit jmdm. ins gleiche Horn ~ ⟨fig.⟩ *jmds. Meinung vertreten, nachreden* • 2.4 ⟨500⟩ **Trübsal** ~ *trübe gestimmt, trübselig, hoffnungslos sein* • 2.5 ⟨530; derb⟩ jmdm. einen ~ *jmdn. durch Reizung der Geschlechtsteile mit Zunge u. Lippen sexuell befriedigen;* →a. *tuten (1.1)* **3** ⟨515⟩ *zum Angriff, zum Rückzug, zum Sammeln* ~ *mittels Blasinstruments Signal zum A., R., S. geben* **4** ⟨400⟩ der **Wind** weht heftig; ein eisiger Wind blies mir ins Gesicht • 4.1 ⟨fig.⟩ daher bläst der Wind! *also das steckt dahinter!* • 4.2 woher bläst der Wind? ⟨fig.⟩ *was steckt dahinter?, wer ist der Anstifter?* **5** ⟨500⟩ **Glas** ~ *mittels Luftstroms u. Glasbläserpfeife Gegenstände aus Glas herstellen* **6** ⟨400; Brettspiel⟩ *einen feindlichen Stein entfernen*

Blä|ser ⟨m.; -s, -⟩ **1** *jmd., der etwas bläst;* Glas~ **2** *Musiker, der ein Blasinstrument spielt;* Blech~, Flöten~, Holz~; die ~ im Orchester

bla|siert ⟨Adj.; abwertend⟩ *eingebildet, arrogant, hochnäsig u. dabei dumm;* ein ~es Gehabe; wie kann man nur so ~ sein!

Blas|in|stru|ment *auch:* **Blas|ins|tru|ment** *auch:* **Blasinstru|ment** ⟨n.; -(e)s, -e; Mus.⟩ *Musikinstrument, das mittels Atemluft od. Gebläse gespielt wird (z. B. Flöte, Oboe, Orgel, Posaune, Trompete);* Holz~; Blech~

blass ⟨Adj. 70⟩ **1** *bleich, farblos, fahl, weißlich;* ein ~es Blau; ein ~es Gesicht; ~e Haut; ~ aussehen; ~ werden (vor Schreck usw.); diese Farbe macht dich ~ **2** ⟨fig.⟩ *schwach, unklar;* ich habe nur noch eine ~e Erinnerung an ihn; ich habe keine ~e Ahnung, keinen ~en Dunst, Schimmer, was das heißen soll

Bläs|se ⟨f.; -; unz.⟩ **1** ⟨geh.⟩ *das Blasssein, Farblosigkeit;* die ~ seines Gesichts war auffallend **2** ⟨fig.⟩ *Langweiligkeit*

Bläss|huhn ⟨n.; -(e)s, -hüh|ner⟩ *an Gewässern lebender hühnergroßer schwarzgrauer Wasservogel mit weißer Blesse: Fulica atra;* oV *Blesshuhn*

Blatt ⟨n.; -(e)s, Blät|ter⟩ **1** *flächig ausgebildetes, durch Blattgrün gefärbtes Organ höherer Pflanzen; Baum~; Blüten~; die Bäume treiben Blätter; ein frisches, gelbes, grünes, trockenes, verwelktes ~; die Blätter fallen, knospen, sprießen* • **1.1** *kein ~ vor den Mund nehmen* ⟨fig.⟩ *deutlich u. offen seine Meinung sagen* **2** ⟨n. 7⟩ *(gleichmäßig beschnittenes) Stück Papier; 50 ~ Papier; fliegende Blätter; ein neues ~ beginnen (beim Schreiben)* • **2.1** *das ~ hat sich gewendet* ⟨fig.⟩ *die Umstände haben sich geändert* • **2.2** *das steht auf einem anderen ~* ⟨fig.⟩ *das ist eine andere Sache, das gehört nicht hierher* • **2.3** *vom ~ singen, spielen* ⟨Mus.⟩ *ohne vorheriges Üben nach Noten singen, spielen* • **2.4** (**grafisches**) *~ Holzschnitt, Radierung, Kupfer- od. Stahlstich, Zeichnung* • **2.5** *Zeitung, Zeitschrift; Tage~, Wochen~* • **2.6** *ein neues ~ der Weltgeschichte* ⟨fig.⟩ *ein neuer Zeitabschnitt* **3** ⟨Kart.⟩ *Spielkarte* • **3.1** *Gesamtheit der ausgeteilten Karten eines Spielers* • **3.1.1** *ein* **gutes** (**schlechtes**) *~ haben eine günstige (ungünstige) Zusammenstellung von Spielkarten* **4** *fein ausgewalztes Blech, Folie* **5** *(breiter, flacher, blattförmiger) Teil eines Gerätes, Werkzeugs, einer Klinge; Degen~; Ruder~; Säge~* • **5.1** *breites, flaches Ende eines Riemens für Ruderboote* • **5.2** ⟨Luftf.⟩ *Flügel einer Luftschraube od. eines Hubschraubers* • **5.3** ⟨Web.⟩ *beweglicher Teil des Webstuhls, durch den die Kettfäden geführt sind und mit dem der Schuss an das fertige Gewebe angedrückt wird* • **5.4** *Teil des Schuhs über dem Spann* **6** *Rumpfteil bei Tieren;* Schuss aufs *~* • **6.1** *Schulterstück vom Rind* • **6.2** *vorderer Rumpfteil mit Schulterblatt beim Schalenwild*

blät|te|rig ⟨Adj. 24⟩ oV *blättrig* **1** *voll Blätter, belaubt, blattreich* **2** ⟨fig.⟩ *Blättern ähnlich* **3** *abblätternd, in dünnen Schichten auseinanderfallend; ~er Teig*

blät|tern ⟨V.⟩ **1** ⟨411⟩ **in etwas** *~ bedruckte od. beschriebene Blätter umschlagen, alles zu lesen; er blätterte in einem Buch, in einer Zeitschrift* **2** ⟨400(s.)⟩ **etwas** *blättert* • **2.1** *etwas löst sich in dünnen Schichten ab; die Farbe, der Rost blättert; der Verputz blättert von den Wänden* • **2.2** *etwas teilt sich in dünne Schichten; Schiefer, Teig blättert* **3** ⟨511⟩ *Geldscheine* **auf den Tisch** *~ in einzelnen Blättern nacheinander hinlegen* **4** ⟨500⟩ **Rüben** *~* ⟨Landw.⟩ *einzelne Blätter von den R. entfernen*

blätt|rig ⟨Adj.⟩ = *blätterig*

blau ⟨Adj.⟩ **1** *von der Farbe des wolkenlosen Himmels; ~e Augen haben; der ~e Himmel; ein ~es Kleid; das ~e Meer; ~ in ~ malen; die Blaue Grotte auf Capri* • **1.1** ⟨60⟩ *das Blaue* **Band** *Auszeichnung für das schnellste Passagierschiff zwischen Amerika u. Europa* • **1.2** ⟨60⟩ *~e* **Bohnen** *Gewehrkugeln* • **1.3** ⟨60⟩ *ein ~er/*Blauer *Brief* ⟨allg.⟩ *Kündigungsbrief* • **1.3.1** ⟨60; Schülerspr.⟩ *Mitteilung über schlechte Leistungen;* einen *~en/*Blauen *Brief bekommen* • **1.4** ⟨60⟩ *~e* **Jung(en)**s *Matrosen* • **1.5** ⟨60⟩ *der* Blaue *Planet die Erde* **2** *von der Farbe des durch die Haut hindurch-*

schimmernden (venösen) Blutes • **2.1** *blutunterlaufen; ein ~es Auge, ein ~er Fleck* • **2.1.1** *mit einem ~en Auge davonkommen noch glimpflich davonkommen;* →a. *grün (1.3)* • **2.2** *blutleer; ~e Lippen haben; ~ vor Kälte sein* • **2.3** ⟨60⟩ *~es Blut in den Adern haben adlig sein* **3** ⟨fig.; umg.⟩ *betrunken; er war schon am Nachmittag völlig ~* **4** ⟨90⟩ *~er* **Montag** ⟨fig.; umg.⟩ *über den Sonntag hinaus bis einschließlich Montag verlängerte Arbeitsruhe; ~en Montag machen* **5** ⟨60⟩ *von der Farbe des Horizontes, der unbestimmten Ferne* • **5.1** *die ~e* **Blume** *nach Novalis Sinnbild der Romantik* • **5.2** *die ~e* **Stunde** *(stimmungsvolle S. in der) Dämmerung* • **5.3** *ins* Blaue ⟨umg.⟩ *ins Unbestimmte, ohne bestimmtes Ziel; eine Fahrt ins Blaue; ins Blaue hineinfahren* • **5.3.1** *ohne Plan u. Zweck; ins Blaue reden* **6** ⟨60; fig.⟩ *lügnerisch, täuschend* • **6.1** *jmdm. ~en* **Dunst** *vormachen* ⟨fig.⟩ *jmdm. etwas Falsches sagen, etwas vorspiegeln* • **6.2** *sein ~es* **Wunder** *erleben* ⟨fig.; umg.⟩ *eine unangenehme, peinliche Überraschung erleben; du wirst noch dein ~es Wunder erleben!* • **6.3** *das Blaue vom* **Himmel** *herunterlügen, reden* ⟨fig.; umg.⟩ *hemmungslos Lügen erzählen* • **6.4** *jmdm. das Blaue vom* **Himmel** *versprechen Unerfüllbares versprechen* **7** ⟨Getrennnt- u. Zusammenschreibung⟩ **7.1** *~* **färben** = *blaufärben* • **7.2** *~* **machen** = *blaumachen (I)* • **7.3** *~* **gestreift** = *blaugestreift*

Blau ⟨n.; -s, -s⟩ **1** *Farbe des wolkenlosen Himmels; das ~ des Himmels* • **1.1** *sie ging ganz in ~ sie war blau gekleidet* • **1.2** *das Zimmer war überwiegend in ~ gehalten war überwiegend mit blauen Tapeten, Vorhängen, Polstermöbeln usw. ausgestattet*

blau|äu|gig ⟨Adj.⟩ **1** *mit blauen Augen ausgestattet* **2** ⟨fig.; abwertend⟩ *einfältig, treuherzig, naiv, dumm; sie ist ~; ein ~es Vorhaben*

blau|fär|ben *auch:* **blau fär|ben** ⟨V. 500⟩ *etwas ~ mit einer blauen Färbung versehen; einen Stoff ~*

blau|ge|streift *auch:* **blau ge|streift** ⟨Adj. 24⟩ *mit blauen Streifen versehen; ein ~es Kleid*

blau|grün ⟨Adj. 24⟩ *von einer grünen, ins Bläuliche spielenden Farbe; ein ~er Teppich*

bläu|lich ⟨Adj. 24⟩ *blau schimmernd, leicht blau; ein ~er Farbton; ~ grün*

blau|ma|chen *auch:* **blau ma|chen** ⟨V.⟩ **I** ⟨500/Vr 7; Zusammen- u. Getrenntschreibung⟩ *etwas od. sich* blaumachen */ blau machen blaufärben, mit etwas Blauem beschmutzen* **II** ⟨402; nur Zusammenschreibung; umg.⟩ *ohne einen wohlbegründeten Anlass nicht zur Arbeit gehen, schwänzen; den Montag blaumachen; er macht eine Woche blau*

blau|rot ⟨Adj. 24⟩ *von einer roten, ins Bläuliche spielenden Farbe, violett; ein ~es Kleid*

Bla|zer ⟨[ble̯ɪzə(r)] m.; -s, -⟩ *sportliches Jackett für Herren od. Damen*

Blech ⟨n.; -(e)s, -e⟩ **1** *zu Tafeln od. Folien ausgewalztes Metall; dünnes, starkes, verzinktes ~; ~e biegen, schneiden, hämmern; eine Kiste aus ~ machen; Silber~, Gold~* **2** *Backblech, Kuchenblech; das ~ in den Ofen schieben; den Kuchen vom ~ nehmen* **3** ⟨unz.; Mus.⟩ *die Blechblasinstrumente im Orchester; im 2.*

Satz trat das ~ stärker hervor • 3.1 *die Bläser von Blech ⟨3⟩* **4** ⟨unz.; fig.; umg.⟩ *Unsinn;* so ein ~!; red nicht solches ~!

Blech|blas|in|stru|ment *auch:* **Blech|blas|ins|tru|ment** *auch:* **Blech|blas|inst|ru|ment** ⟨n.; -(e)s, -e; Mus.⟩ *aus Metall gefertigtes Blasinstrument im modernen Orchester, Horninstrument, z. B. Trompete, Posaune, Tuba*

ble|chen ⟨V. 402; umg.⟩ (**etwas**) ~ *zahlen;* für diesen Fehltritt wird er ganz schön ~ müssen

ble|chern ⟨Adj. 24⟩ **1** ⟨60⟩ *aus Blech* **2** ⟨fig.⟩ *wie Blech, metallisch klappernd, dünn;* sie hat eine ~e Stimme; er lachte ~

Blei[1] ⟨m.; -(e)s, -e; Zool.⟩ *bleigrauer Karpfenfisch mit rötlichen Flossen: Abramis brama*

Blei[2] ⟨n.; -(e)s, -e⟩ **1** ⟨unz.; Zeichen: Pb⟩ *chem. Element, weiß glänzendes Metall, das an der Luft grau anläuft, leicht schmelzbar, weich ist, Ordnungszahl 82;* reines ~; ~ schmelzen; die Füße waren ihm schwer wie ~ ⟨fig.⟩; die Müdigkeit lastet wie ~ auf mir ⟨fig.⟩; das Gefühl, ~ in den Gliedern zu haben ⟨fig.⟩ • 1.1 ~ **gießen** *geschmolzenes B. in kaltes Wasser gießen u. die dadurch entstandenen Figuren als Orakel deuten (als Silvesterbrauch)* **2** *Lot;* Senk~, Richt~

Blei[3] ⟨m. od. (südwestdt.) n.; -(e)s; unz.; umg.⟩ *Bleistift;* mit einem weichen ~ schreiben

Blei|be ⟨f.; -; unz.; umg.⟩ *Unterkunft, Herberge, Obdach;* keine ~ haben; jmdm. eine ~ anbieten

blei|ben ⟨V. 114(s.)⟩ **1** ⟨311⟩ an einem **Ort** ~, eine **Zeit lang** ~ *den Standort nicht verändern;* bei den Kindern, bei den Kranken ~; die Nacht über im Hotel ~; in Berlin ~; kannst du nicht noch etwas eine Weile ~?; wie lange kannst du (bei uns) ~?; ich kann jetzt nicht länger ~ • 1.1 hier ist meines Bleibens nicht länger ⟨geh.⟩ *hier kann ich mich nicht länger aufhalten* • 1.2 wo ~ Sie denn? *warum kommen Sie nicht?* • 1.3 **im Krieg** ~ *fallen, sterben;* auf dem Schlachtfeld ~ • 1.4 das bleibt **unter uns!** *darüber sprechen wir nicht zu anderen* **2** ⟨313⟩ in einer **Lage, Stellung, Verfassung** ~ *einen Zustand nicht verändern;* wach, gesund, nüchtern, ruhig, gefasst ~; ~ Sie gesund!; offen, geschlossen ~; diese Untat kann nicht verborgen ~; so kann es nicht ~; von ~ dem Wert; wir ~ Freunde!; ein ~ der Erfolg, Gewinn; die Sache wird nicht ohne Folgen, ohne Nachspiel, ohne Wirkung ~; jmdm. od. etwas treu ~; er ist seinen Grundsätzen immer treu geblieben • 2.1 ⟨300⟩ er ist derselbe geblieben *er hat sich (im Lauf der Jahre) nicht verändert* • 2.2 ⟨300⟩ wir ~ die **Alten!** *wir wollen u. werden uns nicht verändern* • 2.3 ⟨313⟩ hier ist alles beim Alten geblieben *hier hat sich nichts verändert* • 2.4 bleibt! (bei handschriftl. Korrekturen) *nichts ändern!* • 2.5 ⟨330/Vr 1; unpersönl.⟩ es bleibt **sich gleich** *es ist eines wie das andere, es kommt auf dasselbe heraus* • 2.6 ⟨313⟩ **am Leben** ~ *nicht sterben* • 2.7 ⟨330⟩ es ist mir im **Gedächtnis** geblieben *ich habe es nicht vergessen* **3** ⟨313⟩ **bei** einer **Meinung** ~ *seine M. nicht ändern* • 3.1 ⟨unpersönl.⟩ **es** bleibt **dabei!** *abgemacht, wie besprochen!;* es bleibt dabei,

dass … • 3.2 **ich** bleibe **dabei,** dass er ein Betrüger ist *ich behaupte weiterhin* • 3.3 ⟨nicht⟩ **bei** der **Wahrheit** ~ *(nicht) die Wahrheit sagen* • 3.4 bei einer **Tätigkeit** ~ *eine T. nicht unterbrechen, nicht aufhören mit einer T.;* ich kann nie bei meiner Arbeit ~; in Bewegung, in Gang ~ **4** ⟨313⟩ das Gesetz bleibt **in Kraft** bis … *wird weiterhin angewendet* **5** ⟨300⟩ etwas od. jmd. keiner Anzahl (Menge) bleibt *bildet einen Rest;* ihr ist von ihren Kindern keines geblieben • 5.1 ⟨300⟩ 10 weniger 7 bleibt 3 ⟨veraltet⟩ *ist gleich* **6** ⟨300 mit Part. Perf. od. Infinitiv⟩ • 6.1 dahingestellt ~ *nicht entschieden werden* • 6.2 das bleibt **abzuwarten** *das muss (noch) abgewartet werden* • 6.3 es bleibt mir **nichts** weiter (zu tun), **als** … *ich kann nichts anderes mehr tun, als …* • 6.4 es bleibt mir nichts anderes (zu tun) **übrig, als** … *ich kann nichts anderes tun, als …, ich habe keine andere Möglichkeit* **7** ⟨Getrennt- u. Zusammenschreibung⟩ • 7.1 ~ **lassen** = *bleibenlassen*

blei|ben||las|sen *auch:* **blei|ben las|sen** ⟨V. 175/500; umg.⟩ **etwas** ~ *etwas seinlassen, nicht beginnen, nicht in Angriff nehmen, mit etwas aufhören;* das werde ich schon ~; lass das bleiben!

bleich ⟨Adj.⟩ **1** *sehr blass aussehend, fast ohne Farbe;* ein ~es Gesicht; ihre Lippen waren ganz ~; die Farben sind ~ geworden; sie war ~ wie Wachs, wie die Wand, wie der Tod; er wurde vor Schreck, vor Wut ~ **2** ⟨geh.⟩ *fahl;* das ~e Licht des Mondes; der ~e Morgenhimmel • 2.1 ⟨fig.⟩ *bleich machend;* das ~e Entsetzen, die ~e Furcht befiel ihn

blei|chen[1] ⟨V. 500⟩ **1** etwas ~ *bleich, weiß machen;* die Wäsche, die Leinwand ~; ein gebleichtes Hemd **2** das **Haar** ~ *grau, weiß machen, blondieren;* die Sonne hat ihr Haar gebleicht; ich lasse mir das Haar vom Friseur ~; vom Alter gebleichtes Haar

blei|chen[2] ⟨V. wie 126/400; geh.⟩ **etwas** bleicht *etwas wird farblos, etwas entfärbt sich;* die gesunde Farbe auf ihren Wangen blich; ihr Haar ist von der Sonne geblichen

blei|ern ⟨Adj. 24⟩ **1** *aus Blei;* ~e Gewichte, Rohre • 1.1 wie eine ~e **Ente** schwimmen ⟨umg.; scherzh.⟩ *überhaupt nicht od. schlecht schwimmen* **2** *bleifarben;* ein ~es Grau; ~er Himmel **3** ⟨fig.⟩ *wie Blei, schwer, lastend;* ~e Müdigkeit; ~er Schlaf

Blei|stift ⟨m.; -(e)s, -e; südwestdt. n.; -(e)s, -e⟩ *Grafitstift (meistens in einer Holzfassung)*

Blen|de ⟨f.; -, -n⟩ **1** *eine abschirmende Vorrichtung* • 1.1 *Panzerung, Schutzwand (z. B. am Schießstand)* • 1.2 *innerer Laden des Bullauges* • 1.3 *Farbglas an der Signallaterne* **2** ⟨Fot.⟩ • 2.1 *Einrichtung in der Kamera zur Verkleinerung u. Vergrößerung der Objektivöffnung* • 2.2 *durch Zahl bezeichnete Öffnungsweite des Objektivs;* die ~ einstellen **3** *angesetzter Streifen am Kleid* **4** *zur Verzierung od. Gliederung der Mauer eingesetzter Bauteil, blinde Tür, blindes Fenster, blinder Bogen o. Ä.* **5** *sulfidisches Mineral mit oft starkem Glanz*

blen|den ⟨V.⟩ **1** ⟨402⟩ (**jmdn.** od. **etwas**) ~ *durch übermäßige Helligkeit das Sehvermögen beeinträchtigen;* das helle Licht blendet mich, meine Augen • 1.1 *un-*

blendend

mittelbar, schmerzhaft ins Auge strahlen; die Sonne (auf dem Schnee, auf der Wasserfläche) blendet **2** ⟨500⟩ **etwas** blendet **jmdn.** ⟨fig.⟩ beeindruckt jmdn. so stark, dass der Betreffende nichts anderes mehr wahrnimmt; er war von ihrer Schönheit geblendet; sich durch den schönen, äußeren Schein ~ lassen **3** ⟨402⟩ **(jmdn.)** ~ jmdm. erfolgreich Gutes vortäuschen; er blendete (sie) durch sein sicheres Auftreten • **3.1** mehr scheinen, als man ist; er blendet durch seine geistreichen Einfälle, sein liebenswürdiges Benehmen **4** ⟨500; Jägerspr.⟩ **Wild** ~ durch aufgehängte Lappen zurückscheuchen **5** ⟨500⟩ **jmdn.** ~ jmdm. die Augen ausstechen, jmdn. blind machen (als Strafe); einen Verurteilten ~; auf beiden Augen geblendet sein **6** ⟨500⟩ **etwas** ~ mit einer Blende (1) versehen • **6.1** ⟨Mil.⟩ tarnen, verdecken, dem Einblick entziehen **7** ⟨500⟩ **Pelzwerk** ~ ⟨Kürschnerei⟩ dunkel färben

blen|dend 1 ⟨Part. Präs. von⟩ blenden **2** ⟨Adj. 90; umg.⟩ großartig, ausgezeichnet, hervorragend; wie hat es dir gefallen? ~!; ein ~er Redner, Schauspieler; eine Frau von ~er Schönheit; wir haben uns ~ amüsiert; du siehst heute ~ aus; sie haben ~ gespielt; ein ~ weißer Anzug

Bles|se ⟨f.; -, -n⟩ **1** weißer Fleck auf der Stirn eines Tieres; ein Kalb mit einer ~ **2** Tier (bes. Kuh, Pferd) mit weißem Stirnfleck

Bless|huhn ⟨n.; -(e)s, -hüh|ner⟩ = *Blässhuhn*

Bles|sur ⟨f.; -, -en⟩ Verwundung, Körperverletzung; sich ~en zuziehen

Blick ⟨m.; -(e)s, -e⟩ **1** Wahrnehmung mit dem Auge, (kurzes) Hinschauen; mit einem ~ eine Sachlage erfassen; ein flüchtiger ~ genügte, um festzustellen ...; den ~ abwenden • **1.1** den ~ auf etwas od. jmdn. richten etwas od. jmdn. ansehen • **1.2** einen Gegenstand. jmdn. mit den ~en verfolgen lange u. gründlich ansehen • **1.3** einen ~ auf jmdn. od. etwas werfen sich etwas kurz ansehen • **1.4** einen ~ in ein Buch tun es kurz betrachten, durchblättern • **1.5** den ~ auf jmdn. od. etwas lenken bewirken, dass etwas od. jmd. angesehen wird • **1.6** etwas od. jmdn. auf den ersten ~ erkennen sofort, unverzüglich • **1.7** Liebe auf den ersten ~ L. beim ersten Ansehen **2** Sicht, Blickfeld; das Flugzeug entschwand unseren ~en • **2.1** Aussicht, Fernsicht; Aus-~, Rund-~; ein Zimmer mit ~ aufs Meer; ~ ins Grüne, in die Weite; von hier aus hat man einen herrlichen, weiten ~ **3** Ausdruck der Augen (als Folge einer seelischen Regung od. Einstellung); er hat einen offenen ~; ein dankbarer, finsterer, freundlicher, heimlicher, rascher, verstohlener ~; jmdn. mit bösen ~en bedenken; ein durchdringender, scharfer, stechender ~ • **3.1** wenn ~e töten könnten ...! jmd. blickt äußerst feindselig • **3.2** jmdn. mit ~en durchbohren durchdringend (u. feindselig) ansehen • **3.3** jmdn. mit seinen ~en verschlingen aufdringlich ansehen • **3.4** jmds. ~ ausweichen Unsicherheit od. schlechtes Gewissen vor jmdm. zeigen; →a. böse (2.1) **4** ⟨a. fig.⟩ Zeichen (des Einverständnisses); jmdm. einen ~ zuwerfen; er begegnete ihrem ~; einen ~ (des Einverständnisses mit jmdm.) wechseln **5** Wahrnehmungsvermögen,

etwas mit sicherem ~ erkennen • **5.1** jmdm. den ~ schärfen jmds. Wahrnehmungsvermögen verbessern • **5.2** einen guten oder keinen ~ für etwas haben Fähigkeit zu beurteilen • **5.3** sich (durch Einzelheiten) den ~ (aufs Ganze) trüben lassen in seinem Urteil unsicher werden • **5.4** einer Sache od. jmdm. (k)einen ~ schenken, eine Sache od. jmdm. keines ~es würdigen (als Zeichen der Verachtung) (nicht) ansehen, (nicht) beachten

bli|cken ⟨V. 400⟩ **1** ⟨411⟩ die Augen, den Blick auf ein Ziel richten; er blickte gespannt aus dem Fenster, in die Zeitung, zu ihr; die Sonne blickt ins Zimmer ⟨fig.⟩; sie blickt zur Seite, zu Boden, geradeaus, vor sich hin, von einem zum anderen; von hier aus kann man weit in die Ferne ~; →a. Auge (8.5); →a. Kulisse (2.2) **2** ⟨413⟩ in bestimmter Weise schauen; böse, finster, freundlich, scheu ~; ihre Augen blickten fragend, vorwurfsvoll, heiter; →a. tief (8.6) **3** ⟨413; a. fig.⟩ sichtbar sein; das Haus blickt durch die Bäume; die Sonne blickte durch die Wolken; das Glück blickte ihm aus den Augen **4** ⟨Getrennt- u. Zusammenschreibung⟩ • **4.1** ~ lassen = *blickenlassen*

bli|cken|las|sen auch: **bli|cken las|sen** ⟨V. 175/500/Vr 3; umg.⟩ **sich** ~ zu Besuch kommen; er hat sich nie mehr bei uns ~; lass dich ja nicht wieder hier blicken!

Blick|feld ⟨n.; -(e)s, -er⟩ **1** das durch Augenbewegungen erweiterte Gesichtsfeld; das ~ beträgt beim Menschen für das einzelne Auge nach allen Seiten etwa 45° **2** etwas ins ~ rücken ⟨fig.⟩ die Aufmerksamkeit auf etwas richten

Blick|win|kel ⟨m.; -s, -⟩ **1** der imaginäre Winkel, den das Auge beschreibt, wenn der Blick von einem Objekt zum anderen wandert **2** ⟨fig.⟩ Gesichtspunkt, Standpunkt; Sy *Perspektive (4)*; unter diesem ~; aus dem ~ des Freundes stellte sich die Angelegenheit vollkommen anders dar

blind ⟨Adj. 24⟩ **1** kein Sehvermögen habend; von Geburt an ~ sein; die Augen ~ vom vielen Weinen ⟨fig.⟩ • **1.1** ~er **Fleck** Stelle, an der Sehnerv ins Auge eintritt u. an der die Sehzellen fehlen • **1.2** ein ~es Huhn findet auch mal ein Korn ⟨Sprichw.⟩ auch ein Dummer hat zuweilen Erfolg • **1.3** jmd. ist ~ für etwas sieht etwas nicht, will etwas nicht sehen; er war ~ für die Schönheit der Landschaft • **1.4** ohne hinzusehen; eine Arbeit ~ machen können; ~ auf der Maschine schreiben, Schach spielen • **1.4.1** ~er **Schuss** nicht gezielter Schuss **2** ⟨fig.⟩ ohne Einsicht, ohne Überlegung; er war ~ vor Eifersucht, Zorn; ~e Wut; ~er Eifer schadet nur ⟨Sprichw.⟩ • **2.1** ⟨50⟩ Liebe macht ~ Liebende sehen nicht die Fehler des geliebten Menschen • **2.2** bedingungslos, uneingeschränkt; ~er Glaube; ~es Vertrauen; jmdm. ~ vertrauen • **2.3** ~er **Gehorsam** Befolgung von Befehlen unter Ausschaltung der eigenen Urteilskraft **3** angelaufen, nicht spiegelnd, nicht durchsichtig; ~e Fensterscheiben; ein ~es Glas; ein ~er Spiegel **4** ⟨60⟩ nicht sichtbar; eine ~e Naht • **4.1** ~er **Passagier** P., der heimlich u. ohne Fahrkarte mitfährt **5** ⟨90⟩ vorgetäuscht, falsch; ~er Alarm, ~es Fenster • **5.1** ~e **Rotte** ⟨Mil.⟩

R. einer Marschkolonne, die nicht voll besetzt ist **6** ⟨50⟩ die **Straße** endet ~ als Sackgasse **7** ⟨60⟩ ~er **Schacht** ⟨Bgb.⟩ nicht bis zu Tage gehender S.

Blind|darm ⟨m.; -(e)s, -där̀me; Anat.⟩ **1** ⟨Med.⟩ blind endender Teil des Dickdarms **2** ⟨umg.; fälschl. für⟩ Wurmfortsatz des Blinddarms

Blin|de(r) ⟨f. 2 (m. 1)⟩ **1** jmd., der blind ist • **1.1** das sieht doch ein ~r im Dunkeln (mit dem Krückstock)! ⟨umg.; scherzh.⟩ das sieht doch jeder sofort • **1.2** unter ~n ist der Einäugige König ⟨Sprichw.⟩ der Mittelmäßige ist unter Schlechten der Beste • **1.3** du redest davon wie der ~ von der Farbe ohne Sachkenntnis, ohne Urteilsvermögen, ohne etwas davon zu verstehen

Blind|heit ⟨f.; -; unz.⟩ **1** das Blindsein, fehlendes Sehvermögen; die völlige ~; seine ~ war angeboren; Farben~, Nacht~ • **1.1** wie **mit ~ geschlagen** sein ⟨geh.⟩ verblendet sein, die Tatsachen, die Lage nicht erkennen **2** ⟨fig.⟩ Verblendung, Mangel an Urteilskraft; politische, geistige ~

blind|lings ⟨Adv.⟩ **1** ohne hinzusehen, ohne Vorsicht; er stürmte ~ drauflos; er rannte ~ in sein Verderben; er schlug ~ um sich **2** ⟨fig.⟩ ohne jede Überlegung, ohne Bedenken, Kritik; jmdm. ~ gehorchen, vertrauen, folgen; etwas ~ tun

Blind|schlei|che ⟨f.; -, -n; Zool.⟩ nützliche, ungiftige, lebendgebärende fußlose Echse aus der Familie der Schleichen: Anguis fragilis

blin|ken ⟨V.⟩ **1** ⟨400⟩ etwas blinkt etwas blitzt, glänzt funkelnd; die Sterne ~ am Himmel; in der Ferne blinkte ein Licht; der Spiegel blinkt in der Sonne **2** ⟨400⟩ in kurzen u. regelmäßigen Abständen ein Licht aufleuchten lassen, ein Lichtsignal geben; er blinkte mit einer Lampe; der Leuchtturm blinkt; der Wagen vor mir blinkte links • **2.1** ⟨500⟩ **Notsignale ~** N. durch Blinken übermitteln; SOS ~ **3** ⟨416⟩ **mit** den **Augen ~** blinzeln

Blink|feu|er ⟨n.; -s, -⟩ = Leuchtfeuer (1)

blin|zeln ⟨V. 400⟩ **1** die Augenlider bis auf einen Spalt zusammenkneifen u. rasch auf u. ab bewegen; sie blinzelt in die Sonne, ins Licht; er blinzelte verschlafen • **1.1** die Augenlider absichtlich rasch bewegen u. dadurch heimlich jmdm. ein Zeichen geben; er verstand nicht, warum sie blinzelte; als Antwort blinzelte er mit beiden Augen; listig ~

Blitz ⟨m.; -es, -e⟩ **1** elektrische Entladung bei Gewitter; der ~ hat eingeschlagen; zuckende ~e; vom ~ erschlagen werden; ein vom ~ getroffener Baum • **1.1 wie** ein **~** plötzlich; er verschwand wie der ~; wie vom ~ getroffen zu Boden stürzen • **1.2** wie ein **~ aus heiterem Himmel** plötzlich u. völlig unerwartet • **1.3** mit den Augen ~e **schießen** zornig um sich blicken; →a. ölen (1.2)

Blitz|ab|lei|ter ⟨m.; -s, -⟩ **1** eine aus einer hochragenden Metallstange mit Drahtverbindung zur Erde bestehende Anlage an Gebäuden, Fahrzeugen, Hochspannungsleitungen u. a., die Blitze unschädlich ableiten soll • **1.1 jmdn. als ~ benutzen,** vorschieben ⟨fig.⟩ eine unangenehme Sache, einen Zornausbruch o. Ä. auf einen anderen ablenken

blit|zen ⟨V. 400⟩ **1 es** blitzt Blitze sind am Himmel zu sehen; es blitzte schon; es blitzt und donnert **2** etwas blitzt etwas leuchtet plötzlich auf, glänzt funkelnd im Licht; ein Brillant blitzte in ihrem Ring; ein Messer blitzt in seiner Hand; ein Licht blitzte durch die Bäume; Wut, Leidenschaft blitzt aus, in ihren Augen; ~des Metall, ~de Edelsteine • **2.1** die ganze Wohnung, die Küche, alles blitzt (vor Sauberkeit) ⟨umg.⟩ ist peinlich sauber

blitz|sau|ber ⟨Adj. 24; umg.⟩ **1** sehr sauber, vor Sauberkeit blitzend • **1.1** ein ~es Mädchen ⟨süddt.⟩ ein hübsches, adrettes, prächtiges M.

blitz|schnell ⟨Adj. 24⟩ schnell wie ein Blitz, außerordentlich schnell; eine ~e Antwort; sich ~ entscheiden

Block ⟨m.; -(e)s, -s od. Blö|cke⟩ **1** ⟨Pl. nur: Blö|cke⟩ großes, ungefüges Stück aus Holz, Metall od. Stein; Fels~, Marmor~; roher, unbehauener ~ • **1.1** kurzer Baumstamm, Klotz • **1.2** viereckiges Holzstück mit Vorrichtungen zum Befestigen der Gliedmaßen als Folterwerkzeug; einen Verurteilten an, in den ~ schließen • **1.3** großes, würfelähnliches Stück Holz od. Stein zum Auflegen des Kopfes für den zum Tod durch das Beil Verurteilten; Richt~, Henkers~ • **1.4** in Formen mit rechteckigem Querschnitt gegossene Masse aus Rohmetall • **1.5** Einrichtung zum Sperren von Eisenbahnstrecken durch Signale; ~system • **1.6** ein Gehäuse für die Rollen des Flaschenzuges • **1.7** Gebirgsmassiv • **1.8** ⟨Geol.⟩ ursprünglich Anlage eines Kontinents **2** ein aus gleichartigen Teilen bestehendes Ganzes • **2.1** Gesamtheit mehrerer zusammengebauter Miethäuser; Häuser~, Wohn~; die Familie X wohnt mit uns im gleichen ~; abends noch einmal um den ~ gehen • **2.2** ⟨Pol.⟩ von mehreren Staaten od. Parteien, die in einer bestimmten politischen Zielsetzung übereinstimmen, gebildete Einheit **3** an einer Seite od. an allen vier Seiten zusammengeklebte od. -geheftete Papierbogen, die man abreißen kann; Notiz~, Schreib~, Zeichen~

Blo|cka|de ⟨f.; -, -n⟩ **1** Absperrung eines (Staats-)Gebietes von jeglicher Zufuhr; Hunger~; Straßen~ **2** ⟨Med.⟩ Ausschaltung von Teilen des Nervensystems zu Heilzwecken

Block|flö|te ⟨f.; -, -n; Mus.⟩ ein Blasinstrument aus Holz, bei dem das Blasrohr oben bis auf einen Spalt durch einen Block verschlossen ist

blo|ckie|ren ⟨V. 500⟩ **1** jmdn. od. etwas ~ sperren, absperren • **1.1** (Abschnitte von) **Eisenbahnstrecken ~** ⟨Eisenb.⟩ durch Block (1.5) sperren

Block|schrift ⟨f.; -; unz.⟩ lateinische Druckschrift aus Großbuchstaben mit gleichmäßig starken Strichen

blöd ⟨Adj.⟩ = blöde

blö|de ⟨Adj.⟩ oV blöd **1** ⟨veraltet⟩ geistig behindert **2** ⟨umg.; abwertend⟩ langweilig, einfallslos, sinnlos, närrisch; ein ~s Buch; ein ~r Kerl, Hund ⟨derb⟩; lass die ~n Bemerkungen! **3** ⟨umg.⟩ dumm, ungeschickt; sei nicht so ~!; stell dich nicht so ~ an!; er ist gar nicht so ~, wie er aussieht **4** ⟨umg.⟩ ärgerlich, unangenehm; es war ein ~s Gefühl; er machte einen ~n Fehler; so etwas Blödes!

blödeln

blö|deln ⟨V. 400; umg.⟩ *sich absichtlich albern benehmen, bewusst Unsinn reden;* den ganzen Abend hat sie mit ihm nur geblödelt

Blö|di|an ⟨m.; -(e)s, -e; umg.⟩ *blöder, dummer Kerl;* so ein ~!

Blöd|sinn ⟨m.; -(e)s; unz.; umg.; abwertend⟩ *Unsinn, Dummheit, dummes Zeug;* ~ machen, reden; so ein ~!; mach keinen solchen ~!

Blog ⟨m. od. n.; -s, -s; EDV⟩ *regelmäßig aktualisiertes, im Internet öffentlich zugängliches Tagebuch, Weblog*

blö|ken ⟨V. 400⟩ *das* **Schaf, Rind** *blökt stößt langgezogene Schreie aus;* eine ~de Herde

blond ⟨Adj. 70⟩ **1** *hell, gelblich;* ~es Haar • **1.1** *hellhaarig;* ein ~es Mädchen • **1.2** ein ~es **Gift** ⟨umg.; scherzh.; veraltet⟩ *eine verführerische Frau mit blondem Haar* **2** ein (kühles) Blondes ⟨umg.; scherzh.⟩ *ein Glas helles Bier* **3** ⟨Getrennt- u. Zusammenschreibung⟩ **3.1** ~ **gelockt** = *blondgelockt*

blond|ge|lockt *auch:* **blond ge|lockt** ⟨Adj. 24⟩ *mit blonden Locken ausgestattet;* ~es Haar; ein ~es Kind

blon|die|ren ⟨V. 500⟩ *Haar* ~ *künstlich aufhellen, blond färben*

Blon|di|ne ⟨f.; -, -n⟩ *Frau mit blondem Haar*

bloß ⟨Adj. 24⟩ **1** *nackt, unbekleidet;* mit der ~en Hand eine Flamme löschen; mit ~en Füßen herumlaufen; nackt und ~ • **1.1** ⟨60; veraltet⟩ mit ~em Kopf spazieren gehen *ohne Kopfbedeckung* • **1.2** ⟨60⟩ im ~en **Hemd** dastehen *nur mit dem H., mit sonst nichts bekleidet* • **1.3** ⟨60⟩ auf der ~en Erde *ohne Unterlage* • **1.4** ~ **liegen** *frei, unbedeckt liegen;* das Kind hat die halbe Nacht ~ **gelegen**; ⟨aber Getrennt- u. Zusammenschreibung⟩ ~ **liegen** ⟨fig.⟩ = *bloßliegen* **2** ⟨60⟩ *alleinig, nichts weiter als;* vom ~en Hinschauen wird mir schon schwindlig; auf den ~en Verdacht hin; der ~e Anblick macht mich schaudern; ich möchte ~ liegen • **2.1** mit ~em **Auge** *ohne Brille, Fernglas od. Lupe* • **2.2** das kann ich, weiß ich **aus** dem ~en **Kopf** ⟨umg.; scherzh.⟩ *auswendig, von selbst* **3** ⟨24/50⟩ *nur, doch* ⟨als Verstärkung⟩; nimm ~ einmal an, ich hätte …; was kann dort ~ passiert sein?; ich habe ~ noch fünf Euro; ~ nicht!; geh ~ nicht hin!

Blö|ße ⟨f.; -, -n⟩ **1** *Nacktheit;* seine ~ bedecken **2** *Mangel an Deckung* • **2.1** dem Gegner eine ~ bieten *eine Gelegenheit zum Angriff geben* • **2.2** sich eine ~ geben *es an Deckung fehlen lassen, einen Angriffspunkt bieten* • **2.3** ⟨fig.⟩ *schwache Stelle, Schwäche* • **2.3.1** ich möchte mir keine ~ geben ⟨fig.⟩ *ich möchte mich nicht bloßstellen, keine Schwäche zeigen* **3** *Lichtung* (im Wald) **4** ⟨Gerberei⟩ *gereinigte, ungegerbte Lederhaut*

bloß||lie|gen *auch:* **bloß lie|gen** ⟨V. 180/400; fig.⟩ man merkt ihm an, dass seine Nerven ~ *dass er nervös ist, seine Nerven nicht unter Kontrolle hat;* →a. *bloß (1.4);* ⟨aber nur Getrenntschreibung⟩ bloß liegen → *bloß (2)*

bloß||stel|len ⟨V. 500/Vr 7 od. Vr 8⟩ **jmdn.** od. **sich** ~ *bei jmdm. od. sich eine schwache Seite od. Stelle offenbaren, jmdn. od. sich zum Gespött machen;* Sy *blamieren*

Blou|son ⟨[bluzõ:] od. [-zɔŋ] m.; -s, -s od. n.; -s, -s⟩ *Sportjacke, die auf den Hüften aufliegt*

blub|bern ⟨V. 400; umg.⟩ **1** *Blasen bilden, sprudelnd gluckern;* der Kartoffelbrei blubbert im Topf **2** ⟨fig.; umg.; abwertend⟩ *sprechen;* was blubberst du da?

Blue|jeans ⟨[blu:dʒi:nz] Pl.; umg. auch Sg.: f.; -, -⟩ = *Jeans*

Blues ⟨[blu:z] m.; -, -⟩ **1** ⟨urspr.⟩ *getragener, schwermütiger Gesang der Schwarzen in den USA* • **1.1** *aus dem Blues (1) entwickelte Urform des Jazz* • **1.2** *langsamer Tanz*

Bluff ⟨[blœf] od. [blʌf] m.; -s, -s⟩ **1** *auf Prahlerei beruhende Irreführung* **2** *durch dreistes Auftreten, Verblüffung erzielte Täuschung*

bluf|fen ⟨[blœfən] od. [blʌfən] V. 402⟩ ⟨**jmdn.**⟩ ~ *durch prahlerische Behauptungen, dreistes Auftreten, Verblüffung irreführen, täuschen;* er blufft ja nur; damit hat er uns geblufft

blü|hen ⟨V.⟩ **1** ⟨400⟩ **Pflanzen** ~ *haben (offene) Blüten;* ~de Bäume, Sträucher, Felder **2** ⟨400⟩ **Mineralien** ~ *sind an der Oberfläche der Erde sichtbar* **3** ⟨400⟩ *gedeihen, günstig, rege sein;* das Geschäft, der Handel blüht • **3.1** sie **sieht** ~d aus ⟨fig.⟩ *frisch, rotwangig, gesund* • **3.2** im ~den **Alter** von 18 Jahren ⟨fig.⟩ *im jugendlichen A.* • **3.3** du hast eine ~de **Fantasie** ⟨fig.⟩ *große Einbildungskraft* **4** ⟨600⟩ **jmdm.** blüht **etwas** *jmd. hat etwas zu erwarten;* wer weiß, was uns noch (alles) blüht; das blüht uns noch • **4.1** wer weiß, wo mir mein Glück noch blüht *wer weiß, wo ich mein G. noch finden werde*

Blu|me ⟨f.; -, -n⟩ **1** *Pflanze, die Blüten treiben kann;* Sommer~; Herbst~; Garten~; Wiesen~; ~ gießen, pflanzen **2** *blühende Pflanze;* ~ pflücken, schneiden; frische, künstliche, verwelkte ~; eine ~ am Hut, im Knopfloch tragen; ~n in Vasen ordnen; (bei einer Hochzeit) ~n streuen • **2.1** jmdm. ~n auf den Weg streuen ⟨a. fig.⟩ *jmdm. Angenehmes bereiten* • **2.2** vielen Dank für die ~n ⟨umg.; iron.⟩ *das möchte ich ganz u. gar nicht, das ist mir unangenehm* **3** die ~ des **Weines** *den Wein kennzeichnender Duft;* Sy *Bukett (2)* • **3.1** *Schaum (auf frisch eingeschenktem Bier)* **4** etwas **durch** die ~ **sagen** *in Andeutungen, verhüllt sagen;* →a. *blumenreich (2)* **5** *Keule vom Rind* **6** ⟨Jägerspr.⟩ *der kurze, weiße Schwanz des Hasen, die weiße Schwanzspitze von Fuchs u. Wolf*

Blu|men|kohl ⟨m.; -(e)s; unz.; Bot.⟩ *Kreuzblütler mit einer dickfleischigen, kopfförmigen weißen Blütensprosse, die als Gemüse dient: Brassica oleracea var. botrytis subvar. cauliflora;* Sy ⟨österr.⟩ *Karfiol*

blu|men|reich ⟨Adj.⟩ **1** ⟨geh.⟩ *reich an Blumen;* ein ~er Garten **2** ⟨fig.⟩ *reich an schmückenden Beiwörtern u. Vergleichen;* ~er Stil

Blu|men|strauß ⟨m.; -es, -sträu|ße⟩ *aus Schnittblumen gebundener Strauß²*

Blu|men|topf ⟨m.; -(e)s, -töp|fe⟩ **1** *ein Topf aus Ton, Kunststoff, Porzellan o. Ä. zum Einpflanzen eines Ziergewächses;* die Pflanze braucht einen größeren ~; ein Untersatz für den ~ **2** damit kannst du **kei**nen ~ **gewinnen** ⟨fig.; umg.⟩ *damit kannst du nichts erreichen, das ist nicht viel wert*

Blu|se ⟨f.; -, -n⟩ **1** *lose sitzendes Kleidungsstück für den Oberkörper (bes. für Damen);* Hemd~; Seiden~; eine kurzärmelige, langärmelige ~ **1.1** *kurze Windjacke;* Wind~ • **1.2** *kurzes Oberteil einer Uniform;* Matrosen~, Flieger~

Blut ⟨n.; -(e)s; unz.⟩ **1** *Flüssigkeit zum Transport für Sauerstoff u. Nährstoffe im Körper der Menschen u. Tiere;* jmdm. ~ ablassen, abzapfen ⟨Med.⟩; ein Tropfen ~; ~ spenden; seine Jacke war mit ~ befleckt, besudelt; der Verletzte hat viel ~ verloren; ~ übertragen ⟨Med.⟩; das ~ pocht (in den Adern, den Schläfen); ~ konservieren ⟨Med.⟩; das ~ fließt, quillt, schießt, sickert, strömt aus der Wunde **2** *zum Leben notwendige Flüssigkeit, die bei Verletzung ausfließt* • **2.1** in seinem ~e liegen ⟨geh.⟩ *schwer verletzt sein* • **2.2** ~ vergießen *töten;* im Kampf wurde viel ~ vergossen; wir wollen kein unnötiges ~ vergießen • **2.3** dieser Boden ist mit ~ getränkt ⟨fig.; geh.⟩ *hier ist jmd. (sind viele Menschen) getötet worden* • **2.4** an seinen Händen klebt ~ ⟨a. fig.⟩ *er hat jmdn. ermordet* • **2.5** eine Schande mit ~ abwaschen ⟨poet.⟩ *durch Kampf u. Tod rächen* • **2.6** sein ~ schreit nach Rache ⟨fig.; poet.⟩ *der Tote muss gerächt werden* • **2.7** jmdn. bis aufs ~ peinigen *bis zum Letzten* • **2.8** ~ geleckt haben ⟨a. fig.⟩ *auf den Geschmack gekommen sein* • **2.9** das ~ **Christi** *Wein beim Abendmahl* **3** ⟨fig.⟩ *Gemütslage, Temperament;* nur ruhig ~! • **3.1** feuriges, **heißes** ~ haben *leicht erregbar, sehr temperamentvoll sein* • **3.2** das ~ schoss, stieg ihm vor Scham, vor Zorn in den Kopf, zu Kopf *er wurde rot vor Scham, vor Zorn* • **3.3** sie stand da wie mit ~ übergossen *heftig errötet vor Scham od. Zorn* • **3.4** alles ~ war aus ihrem Gesicht gewichen *sie war totenblass* • **3.5** das ~ erstarrte in meinen Adern *mich packte Entsetzen* • **3.6** ~ schwitzen (vor Angst, Aufregung) *große Angst haben, aufgeregt sein;* →a. *böse (3.2), kalt (3.1.1)* **4** ⟨fig.⟩ *Abstammung, Herkunft;* sein ~ komme über uns und unsere Kinder (NT; Matth. 27,25); ein reines Geschlecht von edlem ~ *adelig;* →a. *blau (2.3)* • **4.2** die **Bande** des ~es *die B. der Familie, Verwandtschaft* • **4.3** die **Stimme** des ~es ⟨fig.⟩ *die Abstammung, die sich nicht verleugnen lässt* • **4.4** etwas liegt jmdm. im ~ *ist jmds. Veranlagung* **5** ⟨Tierzucht⟩ *Eigenart eines Tieres hinsichtlich seiner gezüchteten Eigenschaften;* Kalt~, Voll~, Warm~ **6** ⟨poet.⟩ *Mensch;* ein junges ~; ein lustiges ~ **7** ⟨Getrennt- u. Zusammenschreibung⟩ • **7.1** ~ **stillend** = *blutstillend*

Blut|bild ⟨n.; -(e)s, -er; Med.⟩ **1** *mikroskopische Untersuchung hinsichtlich der Zahl der roten u. weißen Blutkörperchen, des Blutfarbstoffes usw.;* ein ~ machen **2** *die so festgestellte Beschaffenheit des Blutes;* ein schlechtes ~ haben

Blü|te ⟨f.; -, -n; Bot.⟩ **1** *Fortpflanzungsorgan höherer Pflanzen* • **1.1** ~n **treiben** *Knospen bilden* • **1.1.1** seltsame, wunderliche ~n treiben ⟨fig.⟩ *seltsame, erstaunliche Formen, Ausmaße annehmen;* die Übersetzung fremdsprachiger Bücher treibt zuweilen wunderliche ~n • **1.2** ⟨fig.⟩ *das Beste, die Besten* **2** ⟨unz.⟩ *das Blühen;* die Bäume standen in (voller) ~ • **2.1** in der ~ seiner Jahre *in der Mitte des Lebens;* er steht in der ~ seiner Jahre; sein Vater starb in der ~ seiner Jahre • **2.2** ⟨fig.⟩ *Höhepunkt einer Entwicklung;* eine neue ~ der Malerei, Literatur **3** ⟨umg.⟩ *falsche Banknote* **4** ⟨Med.⟩ *krankhaft bedingte Hauterscheinung, Pickel*

Blut|egel ⟨m.; -s, -; Zool.⟩ *10-15 cm langer, blutsaugender Kieferegel, der medizinisch zur Blutentziehung u. Steuerung der Blutgerinnung verwendet wird: Hirudo medicinalis*

blu|ten ⟨V. 400⟩ **1** *Blut verlieren;* an der Hand ~; aus der Nase ~; stark ~de Wunden • **1.1** das Herz blutet mir dabei *es tut mir unendlich leid, mein Kummer ist unermesslich* • **1.2** mit ~dem Herzen *mit großem Kummer, sehr ungern* **2** ein **Baum** blutet *lässt Harz ausfließen* **3** eine **Rebe** blutet *verliert Saft* **4** Beton blutet *stößt Wasser auf der Oberfläche ab* **5** die **Farbe** des Untergrundes blutet *durchdringt einen neu aufgetragenen Farbanstrich* **6** ⟨mit Modalverb; fig.⟩ *zahlen, büßen;* er wird schön ~ müssen!

Blü|ten|stand ⟨m.; -(e)s, -stän|de; Bot.⟩ *der blütentragende, blattlose Teil des Pflanzensprosses*

Blut|er|guss ⟨m.; -es, -güs|se⟩ *Blutung innerhalb des Körpergewebes*

Blut|ge|fäß ⟨n.; -es, -e; Med.⟩ = *Ader (1)*

blu|tig ⟨Adj.⟩ **1** *voller Blut, mit Blut vermischt, mit Blut befleckt;* ~e Hände; ein ~er Verband; sich die Hände ~ machen **2** *mit körperlichen Verletzungen u. Töten verbunden;* ein ~er Kampf; ein ~es Drama; ~e Rache nehmen • **2.1** ~es **Handwerk** ⟨fig.⟩ *mit Mord od. Kampf u. Tod zusammenhängende Tätigkeit* **3** ⟨60; verstärkend⟩ • **3.1** ein ~er **Anfänger, Laie** *jmd., der von einer Sache (noch) nicht das Geringste versteht, weiß* • **3.2** es ist mein ~er **Ernst** *absoluter, völliger, tiefer E.* • **3.3** ~e **Tränen weinen** *bittere, schmerzliche T. weinen*

Blut|kör|per|chen ⟨n.; -s, -; Med.⟩ *freie Zelle, die ein geformter Bestandteil des Blutes ist;* →a. *rot (1.22), weiß (2.5)*

Blut|pro|be ⟨f.; -, -n⟩ **1** ⟨Med.⟩ *Blutentnahme für Blutuntersuchung* • **1.1** *Untersuchung des Blutes auf den Gehalt an Alkohol*

blut|rüns|tig ⟨Adj.⟩ **1** *Freude an Grausamkeiten habend, die mit körperliche Verletzungen u. Töten verbunden sind;* ein ~er Mensch **2** *von viel Mord u. Totschlag handelnd;* er erzählte eine ~e Geschichte; ein ~es Buch

Blut|sau|ger ⟨m.; -s, -⟩ ⟨Zool.⟩ • **1.1** *Tiere, die anderen lebenden Tieren od. Menschen das Blut durch die Haut entziehen u. sich dadurch ernähren: Haematophagen (z. B. Mücken, Flöhe usw.)* • **1.2** *eine baumbewohnende südasiatische Echsenart der Agamen mit langen Hinterbeinen u. dünnem Schwanz: Calotes versicolor* • **1.3** = *Vampir (1)* **2** ⟨Volksglauben⟩ = *Vampir (2)* **3** ⟨fig.; umg.; abwertend⟩ *jmd., der sich auf Kosten anderer in rücksichtsloser Weise bereichert;* Sy *Vampir (3)*

Bluts|bru|der ⟨m.; -s, -brü|der⟩ *Freund, mit dem man, durch feierliches Mischen des Blutes, Blutsbrüderschaft geschlossen hat*

Blutsenkung

Blut|sen|kung ⟨f.; -, -en; Med.⟩ **1** *das Absinken der roten Blutkörperchen in ungerinnbar gemachtem Blut, wobei die Geschwindigkeit auf bestimmte Krankheiten schließen lässt* **2** *die Untersuchung selbst;* eine ~ machen
blut|stil|lend auch: **Blut stil|lend** ⟨Adj.⟩ *Blutungen zum Stillstand bringend;* ein ~es Medikament
Blut|ver|gif|tung ⟨f.; -, -en; Med.⟩ *Erkrankung durch Eintritt von Bakterien in die Blutbahn,* Sy *Sepsis*
Blut|wurst ⟨f.; -, -würs|te⟩ *Wurst aus Schweinefleisch u. -speckstückchen mit viel Blut*
Bö ⟨f.; -, -en⟩ *heftiger Windstoß;* oV *Böe*
Bob ⟨m.; -s, -s; Sp.; kurz für⟩ *Bobsleigh*
Bob|sleigh ⟨[-sleɪ] m.; -s, -s; Sp.⟩ *lenkbarer Rennschlitten für 2-4 Personen*
Bock ⟨m.; -(e)s, Bö|cke⟩ **1** *männl. Tier, bes. bei geweihod. gehörntragenden Arten, auch beim Kaninchen;* Reh~, Schaf~, Ziegen~ • **1.1** die Böcke von den Schafen scheiden (Matth. 25,32) *die Bösen von den Guten* • **1.2** einen ~ schießen ⟨fig.⟩ *einen Fehler machen, einen Missgriff begehen* • **1.3** jdmd., bes. ein Kind, stößt der ~ *jmd. ist trotzig, aufsässig* • **1.4** den ~ zum Gärtner machen ⟨fig.⟩ *jmd. am falschen Platze einsetzen* • **1.5** (keinen, null) ~ (auf etwas) haben (Jugendspr.) *(keine) Lust haben (etwas zu tun);* ich hab keinen ~ auf Feiern **2** *vierbeiniges Gestell, Gerät* • **2.1** *Gestell, Stützkonstruktion zum Auflegen von Werkstücken;* Rüst~, Säge~ • **2.2** *hochbeiniger Schemel* • **2.3** *gepolsterter, lederbezogener Holzkasten auf vier ausziehbaren Beinen als Turngerät für Sprungübungen;* (über den) ~ springen • **2.3.1** den ~ machen *sich gebückt hinstellen, so dass der andere darüberspringen kann* **3** *Sitz des Kutschers auf dem Wagen;* Kutsch~; auf dem ~ sitzen **4** *Ramme, Rammbalken zum Einbrechen von Mauern beim Sturm auf Befestigungen;* Sturm~ **5** *Folterwerkzeug zum kreuzweisen Zusammenschrauben von Daumen u. großen Zehen*
bo|cken ⟨V.⟩ **1** ⟨400⟩ ein **Tier** bockt *bäumt sich auf u. will nicht weitergehen;* das Pferd, der Esel bockte • **1.1** ein **Kind** bockt ⟨fig.; umg.⟩ *ist widerspenstig, störrisch, trotzig, unwillig* • **1.2** etwas bockt ⟨fig.; umg.⟩ *etwas funktioniert nicht;* der Wagen, der Motor bockt **2** ⟨400⟩ **Ziegen, Schafe** ~ *verlangen nach dem Bock*
bo|ckig ⟨Adj.⟩ *trotzig, störrisch, widerspenstig;* ein ~es Tier, Kind; er gab eine ~e Antwort; ~ stehen bleiben
Bo|den ⟨m.; -s, Bö|den⟩ **1** *äußere (nutzbare) Schicht der Erde, Erdoberfläche;* den ~ bearbeiten, bebauen; fruchtbarer, guter, sandiger, schwerer, steiniger ~ • **1.1** den ~ (vor)bereiten ⟨fig.⟩ *für ein Ziel vorarbeiten* • **1.2** günstigen ~ (für ein Vorhaben) vorfinden *günstige Stimmung od. Bedingungen* • **1.3** seine Vorschläge fielen auf fruchtbaren ~ *fanden Anklang, wurden aufgenommen* • **1.4** ⟨Stück⟩ Land; sie eigenem ~ stehen • **1.4.1** auf deutschem ~ *innerhalb Deutschlands, auf rechtlich zu Deutschland gehörendem Gebiet;* →a. *Grund (1.1.1-1.3)* **2** *Fläche, auf der man geht u. steht;* auf den ~ fallen; auf dem ~ liegen;

zu ~ stürzen; zu ~ werfen; sie hätte vor Verlegenheit in den ~ (ver)sinken mögen • **2.1** der ~ wird jmdm. zu heiß, der ~ brennt jmdm. unter den Füßen ⟨fig.⟩ *jmd. ist nicht mehr sicher, muss fliehen* • **2.2** am ~ zerstört sein ⟨fig.; umg.; scherzh.⟩ *völlig erschöpft sein (nach den Flugzeugen im 2. Weltkrieg, die am Boden vernichtet wurden, ohne im Einsatz gewesen zu sein)* • **2.3** wie aus dem ~ gewachsen *plötzlich, unerwartet, ohne dass man das Kommen (von jmdm. od. etwas) gesehen hätte;* da stand wie aus dem ~ gewachsen ein Mann vor ihm • **2.4** etwas aus dem ~ stampfen *aus dem Nichts schaffen* • **2.5** zu ~ gehen ⟨Boxsp.⟩ *niederstürzen* • **2.6** die Augen zu ~ schlagen *(vor Scham, vor Verlegenheit) nach unten blicken* • **2.7** etwas drückt jmdn. zu ~ ⟨fig.⟩ *macht jmdn. niedergeschlagen;* Kummer, Schuldgefühl drückte ihn zu ~; die Sorgen drückten sie zu ~; →a. *Grund (1.1.1-1.1.3)* • **2.8** ⟨fig.⟩ *sichere Grundlage, fester Grund* • **2.8.1** ~ gewinnen ⟨fig.⟩ *Sicherheit gewinnen, andere für seine Ziele gewinnen, andere überzeugen;* er konnte in seinem Beruf noch keinen ~ gewinnen • **2.8.2** auf dem ~ der Tatsachen stehen *real denken, sachlich sein, Wirklichkeitssinn besitzen* • **2.8.3** festen ~ unter den Füßen haben, unter die Füße bekommen *sicher sein, werden, eine sichere Existenzgrundlage haben, sich schaffen* • **2.8.4** den ~ unter den Füßen verlieren ⟨fig.⟩ *den inneren Halt, die Sicherheit verlieren* • **2.8.5** jmdm. den ~ unter den Füßen wegziehen ⟨fig.⟩ *jmdm. die Existenzgrundlage nehmen* **3** *untere abschließende Fläche eines Raumes od. Hohlgefäßes;* Fuß~, Fass~, Flaschen~; ein Koffer mit doppeltem ~; →a. *Fass (1.2 u. 1.4), Handwerk (1.2)* **4** *unbewohnter Raum unter dem Dach eines Hauses;* Dach~, Korn~, Trocken~, Wäsche~; auf den ~ gehen, steigen; Wäsche auf den ~ hängen
bo|den|los ⟨Adj. 70⟩ **1** *unergründlich tief;* der Abgrund war, schien (ihm) ~; die ~e Tiefe; sich ins Bodenlose verlieren **2** ⟨fig.; umg.⟩ *unerhört;* eine ~e Frechheit, Gemeinheit
Bo|den|satz ⟨m.; -es, -sät|ze⟩ *feste Teilchen in einer Flüssigkeit, die sich auf dem Boden des Gefäßes abgesetzt haben;* ein dicker ~
Bo|den|schät|ze ⟨Pl.⟩ *Werte im Erdboden, wichtige Rohstoffe für die Industrie, z. B. Kohle, Metalle usw.;* dieses Land ist reich an ~n
Bo|dy ⟨[bɔdɪ] m.; - od. -s, -s; umg.⟩ *Bodysuit*
Bo|dy|suit ⟨[bɔdɪsjuːt] m.; - od. -s, -s; Abk.: Body⟩ *eng anliegendes einteiliges Kleidungsstück (bes. für Damen), das den Rumpf bedeckt (und als Unterwäsche getragen wird)*
Böe ⟨f.; -, -n⟩ = *Bö*
Bo|gen ⟨m.; -s, - od. ⟨süddt.⟩ Bö|gen⟩ **1** *Teil einer gekrümmten Linie, Krümmung, Kurve;* Kreis~, Regen~; einen ~ beschreiben; in hohem ~ hinausfliegen, hinausgeworfen werden • **1.1** den ~ heraushaben ⟨fig.⟩ *auf geschickte Weise mühelos etwas erreichen, zustande bringen* • **1.2** große ~ spucken ⟨umg.⟩ *prahlen, angeben;* →a. *Bausch (2)* • **1.3** *Umweg* • **1.3.1** einen ~ um jmdn. od. etwas machen *jmdn. od. et-*

was aus dem Wege gehen • **1.4** ⟨Mus.⟩ • **1.4.1** *Zeichen über zwei Noten gleicher Höhe zur Verlängerung des ersten Tones um die Länge des zweiten* • **1.4.2** *Zeichen für die Bindung von Noten ungleicher Höhe* **2** *gekrümmtes tragendes Teil eines Bauwerkes aus verbundenen Steinen zum Überbrücken einer Öffnung, Wölbung;* Gewölbe~, Rund~, Spitz~, Tor~, Brücken~; gotische, romanischer ~ **3** *Holzgerüst des Sattels,* Sattelbaum; Sattel~ **4** *aus einem biegsamen, mit einer Sehne bespannten Holzstab bestehende Waffe zum Abschießen von Pfeilen;* mit Pfeil und ~ schießen • **4.1** man soll den ~ nicht überspannen ⟨fig.⟩ *keine übertrieben hohen Forderungen stellen, nichts übertreiben* **5** *biegsamer, mit Ross- od. künstlichen Haaren bespannter Holzstab zum Streichen der Saiten von Streichinstrumenten;* Fiedel~, Geigen~ **6** *rechteckig beschnittenes Schreibpapier od. Packpapier;* Papier~ • **6.1** ⟨Typ.⟩ *ungefaltetes großes Blatt Papier, auf das in der Regel mehrere Seiten eines Buches od. einer Zeitung gedruckt werden;* Druck~; ein Druckwerk aus, von 60 ~ • **6.2** ⟨Typ.⟩ *durch den Umbruch in Druckseiten eingeteilter Satz*

Boh|le ⟨f.; -, -n⟩ **1** *dickes Brett, Planke;* schwere, dicke ~; etwas mit ~n verschalen; Eichen~, Tannen~ **2** ⟨veraltet; schweiz.⟩ *Anhöhe*

Boh|ne ⟨f.; -, -n⟩ **1** ⟨Bot.⟩ *Gattung der Schmetterlingsblütler als Gemüsepflanze, deren Früchte grün u. deren Samen getrocknet als Nahrung dienen: Phaseolus* **2** *längliche Hülsenfrucht der Bohne (1);* grüne ~n **3** *nierenförmiger Samen der Bohne (1);* weiße ~n • **3.1** keine ~ davon verstehen *nichts davon verstehen* • **3.2** nicht die ~! *absolut nicht!, nichts!, kein Gedanke daran!;* →a. blau (1.2) **4** *Frucht von Kaffee od. Kakao;* Kaffee~, Kakao~ **5** *Vertiefung an der Reibfläche des Schneidezahns beim Pferd, aufschlussreich für die Altersbestimmung*

Boh|ner ⟨m.; -s, -⟩ *dichte, kurze, schwere Bürste mit langem Stiel, die zur Pflege des Fußbodens verwendet wird*

boh|nern ⟨V. 500⟩ etwas ~ *mit Wachs einreiben u. mit der Bohnerbürste blankreiben;* den Fußboden, das Parkett ~; die Treppe ist frisch gebohnert

boh|ren ⟨V.⟩ **1** ⟨400 od. 402 od. 411⟩ (etwas) ~ *mit dem Bohrer, Finger od. einem spitzen Gegenstand drehend ein Loch machen od. in einem Loch suchen, prüfend umherfahren;* einen Brunnen, Gang, Schacht ~; ein Loch ~; jmdm. ein Messer in den Leib ~; (mit dem Finger) in der Nase ~ • **1.1** ⟨500⟩ **Gewinde** ~ *ein G. in die Wände eines Loches schneiden* • **1.2** ⟨511/Vr 3⟩ **sich in etwas** ~ *bohrend eindringen;* das abstürzende Flugzeug bohrte sich tief in den Erdboden; das Schiff bohrte sich in den Grund **2** ⟨515⟩ **nach Öl, Wasser** ~ *mittels Bohrern in der Erde nach Ö., W. suchen* **3** ⟨400⟩ etwas bohrt *peinigt;* ein ~der Schmerz **4** ⟨400; fig.⟩ *drängen, inständig bitten;* er hat so lange gebohrt, bis er es erfahren hat

Boh|rer ⟨m.; -s, -⟩ **1** *spitzes, spiralförmiges Werkzeug zum Bohren;* den ~ auswechseln; ein feiner, spitzer ~; Gewinde~, Metall~ **2** *jmd., der bohrt, Arbeiter an der Bohrmaschine;* Tief~, Glas~

Boi|ler ⟨m.; -s, -⟩ *Gerät zum Erhitzen u. Speichern von Wasser, Warmwasserspeicher*

Bo|je ⟨f.; -, -n⟩ *verankerter Schwimmkörper, Seezeichen*

Boll|werk ⟨n.; -(e)s, -e⟩ **1** *Bauwerk zum Schutz gegen Angriffe;* ein ~ errichten • **1.1** = *Bastion* **2** ⟨fig.⟩ *Schutz vor einem Übel;* ein ~ des Friedens (gegen den Krieg) errichten **3** = *Kai*

Bol|zen ⟨m.; -s, -⟩ **1** ⟨Maschinenbau⟩ *runder Metallstift zur unmittelbaren Verbindung von Maschinenteilen;* einen ~ mit dem Hammer einschlagen; Niet~, Schrauben~, Gelenk~ **2** *Geschosshaar für Armbrust od. Luftgewehr;* ein tödlicher, vergifteter ~; einen ~ schnitzen **3** ⟨regional⟩ *längliches, spitz zulaufendes Metallstück, Keil, Pflock, Zapfen, z. B. früher bei Bügeleisen die im Ofen zum Glühen gebrachte Einlage;* Plätt~

Bom|bar|de|ment ⟨[-mã:] n.; -s, -s⟩ **1** ⟨Mil.⟩ *heftiger Beschuss mit Bomben* **2** ⟨fig.⟩ *geballte Menge, die auf jmdn. eindringt;* ein ~ von Neuigkeiten

Bom|bast ⟨m.; -(e)s; unz.⟩ **1** ⟨urspr.⟩ *Baumwollstoff zum Aufbauschen der Kleider* **2** ⟨abwertend⟩ *Schwulst (des Rede- od. Schreibstils), Wortschwall* **3** ⟨abwertend⟩ *Prunk, Überladenheit*

bom|bas|tisch ⟨Adj.⟩ **1** *mit viel Bombast, schwülstig, hochtrabend* **2** *prunkvoll, überladen*

Bom|be ⟨f.; -, -n; Mil.⟩ **1** *mit Sprengstoff gefüllter geschlossener Metallbehälter mit Zünder;* Brand~; Spreng~; ~n abwerfen, zünden; eine ~ platzt, schlägt ein, detoniert • **1.1** eine Stadt **mit** ~n belegen *bombardieren* **2** ⟨fig.⟩ *runder Gegenstand;* Eis~ **3** *unerhörtes, unerwartetes Ereignis;* die Nachricht schlug wie eine ~ ein • **3.1** die ~ ist **geplatzt, ging hoch** ⟨a. fig.⟩ *es hat einen Skandal gegeben, die Wahrheit ist ans Licht gekommen*

Bom|mel ⟨f.; -, -n; umg.⟩ *Troddel, Quaste;* oV *Bummel²;* ~mütze

Bon|bon ⟨[bõbõ:] od. [bɔŋbɔŋ] n.; -s, -s ⟨österr. u. schweiz. nur so⟩; od. m.; -s, -s⟩ *kleines Zuckerzeug, Zuckerware*

Bon|bo|nie|re ⟨[bõbɔnjɛːrə] f.; -, -n⟩ oV *Bonboniere* **1** *Behältnis zum Anbieten von Bonbons u. Pralinen* **2** *dekorative Pralinenpackung*

Bon|bon|nie|re ⟨[bõbɔnjɛːrə] f.; -, -n⟩ = *Bonboniere*

Boom ⟨[buːm] m.; -s, -s⟩ *sprunghafter Anstieg, plötzlicher wirtschaftlicher Aufschwung;* Baby~; Auto~; der Tourismus in Nordafrika erlebt einen ~

boo|men ⟨[buː-] V. 400; bes. Wirtsch.⟩ *sprunghaft ansteigen, einen Boom erleben;* der Handel mit Gebrauchtwagen boomt

Boot ⟨n.; -(e)s, -e; Pl. regional a.: Böte⟩ **1** *kleines, meist offenes Wasserfahrzeug;* ein schnelles, schnittiges, wendiges ~; das ~ sticht in See ⟨Seemannsspr.⟩; das ~ klarmachen ⟨Seemannsspr.⟩; Paddel~, Ruder~, Segel~, Motor~; das ~ ist leck, reparaturbedürftig; wir fahren gern ~; wir sind in, mit einem ~ (über den See) gefahren • **1.1** ein (Rettungs)~ **aussetzen** *von einem größeren Schiff herablassen u. aufs Meer setzen* • **1.2** wir sitzen **alle in** einem ~ ⟨fig.; umg.⟩ *sind alle in der gleichen Lage, der gleichen Gefahr ausgesetzt*

Boots|mann ⟨m.; -(e)s, -leu|te⟩ **1** ⟨Handelsmarine⟩ *Gehilfe des wachhabenden Offiziers* **2** ⟨Kriegsmarine⟩ *Soldat im Range eines Feldwebels* (1)

Bord[1] ⟨m.; -(e)s, -e⟩ *Gestell, Regal, Brett;* Bücher~, Wand~

Bord[2] ⟨n.; -(e)s, -e; norddt.⟩ **1** *Deckplatte, Seitenplatte, Rand, Einfassung;* ~stein **2** *oberster Rand des Schiffes;* über ~ gespült werden; über ~ fallen, gehen; eine Flasche über ~ werfen ● **2.1** Mann über ~! Hilfe! *jmd. ist aus dem Schiff ins Wasser gefallen* ● **2.2** eine Sache über ~ werfen ⟨fig.⟩ *sich von einer S. freimachen;* die Sorgen über ~ werfen; die Vorsicht über ~ werfen ● **2.3** ⟨in bestimmten Zus.⟩ *Schiff, Flugzeug* ● **2.3.1** an ~ *auf dem Schiff, im Flugzeug;* alle Passagiere befinden sich an ~ ● **2.3.2** an ~ bringen, gehen, nehmen *aufs Schiff, ins Schiff* **2.3.3** von ~ gehen *das Schiff, Flugzeug verlassen* **3** ⟨Her.⟩ *Schildrand*

Bor|dell ⟨n.; -s, -e⟩ *Einrichtung zur Ausübung der Prostitution;* Sy Freudenhaus

bor|gen ⟨V. 530⟩ **1** *jmdm. etwas ~ jmdm. etwas unter dem Versprechen der Rückgabe vorübergehend geben;* ich borge dir dieses Buch; würdest du mir bitte dieses Buch ~?; er borgt mir gerne **2** ⟨Vr 1⟩ *sich* ⟨**von jmdm.**⟩ *etwas ~ sich etwas* ⟨*von jmdm.*⟩ *mit dem Versprechen der Rückgabe für eine bestimmte Zeit geben lassen;* dieses Buch hier hatte ich mir von dir geborgt; ich muss mir Geld ~; ich habe (mir) (von meinem Bruder) 50 € geborgt; diese Ideen hat er sich geborgt ⟨fig.⟩; Borgen macht Sorgen ⟨Sprichw.⟩

Bor|ke ⟨f.; -, -n⟩ **1** *Rinde des Baumes;* die ~ abschälen; glatte ~ **2** ⟨niederdt.⟩ *Wundschorf*

bor|niert ⟨Adj.⟩ *geistig beschränkt, engstirnig;* ein ~er Mensch; ich finde ihn ausgesprochen ~; er galt bei allen als ~

Bör|se ⟨f.; -, -n⟩ **1** ⟨geh.; veraltet⟩ *Geldbeutel, Geldtäschchen;* eine kleine, volle, lederne ~; seine ~ verlieren, suchen, zücken ● **1.1** eine **dicke** ~ *viel Geld bei sich haben* **2** ⟨Wirtsch.⟩ *regelmäßige Zusammenkunft von Händlern bestimmter Warengattungen od. Effekten zu Geschäftsabschlüssen;* Waren~, Wertpapier~; auf die ~ gehen; an der ~ handeln, (ver)kaufen, spekulieren; an der ~ zugelassen (Wertpapier) **3** *Gebäude für Börse* (2); neben der ~ ist das Rathaus; die ~ liegt im Zentrum der Stadt

Bors|te ⟨f.; -, -n⟩ **1** *steifes, dickes Haar einiger Säugetiere;* die ~n des Schweines, Ebers; eine schwarze, braune ~; Natur~, Kunst~; Rücken~, Schwanz~ ● **1.1** ⟨fig.; umg.; scherzh.⟩ *Haar*

bors|tig ⟨Adj.⟩ **1** *mit Borsten versehen;* ein ~es Tier ● **1.1** ⟨fig.⟩ *struppig, zerzaust;* er hat ~es Haar; die Haare stehen ~ ab **2** ⟨fig.; umg.⟩ *grob, unhöflich, mürrisch, kratzbürstig;* eine ~e Antwort; sich ~ benehmen

Bor|te ⟨f.; -, -n⟩ *schmales, dicht gewebtes, einfarbiges od. mehrfarbiges, auch mit Stickerei verziertes Band mit od. ohne Musterung, das zur Verzierung auf Stoff aufgenäht wird;* ein Kleid mit goldenen ~n; einen Rock mit breiten ~n besetzen

bös ⟨Adj.⟩ = böse

bös|ar|tig ⟨Adj.⟩ **1** *von böser Art, tückisch, hinterhältig;* ein ~er Charakter, Mensch; ~ lachen, handeln **2** *überaus gefährlich;* eine ~e Krankheit **2.1** ~e **Geschwulst** ⟨Med.⟩ *G., z. B. Karzinom od. Sarkom, die durch Druck, Einbruch u. Absiedelung von Tochtergeschwülsten Körpergewebe verdrängt u. zerstört;* Ggs gutartige Geschwulst, → gutartig (1.1)

Bö|schung ⟨f.; -, -en⟩ *befestigter Abhang, schräge Grabenwand;* eine steile, betonierte, bepflanzte ~; die ~ der Autobahn

bö|se ⟨Adj.⟩ oV bös **1** *schlimm, schlecht, unangenehm, Übles herbeiführend;* ein ~s Wetter; das ist eine ~ Angelegenheit, Sache; weißt du, er erleben ~ Zeiten; der Kranke ist ~ dran; sich zum Bösen wenden ● **1.1** eine ~ **Ecke** *eine gefährliche Straßenecke, eine E., an der viele Unfälle passieren* ● **1.2** ⟨60⟩ die ~ **Sieben** *Unglückszahl (nach der alten dt. Spielkarte „7", die alle anderen stach, mit dem Bild eines alten Weibes)* **2** *boshaft, schädigend;* Ggs gut (5); er ist ein durch u. durch ~r Mensch; er hat es nicht ~ gemeint; etwas Böses sagen, tun, vorhaben; jmdm. etwas Böses wünschen; man soll Böses nicht mit Bösem vergelten ● **2.1** ⟨60⟩ der ~ **Blick** *angebliche Zauberkraft, durch den Blick andere zu behexen od. ihnen zu schaden* ● **2.2** ⟨60⟩ der ~ **Feind** ⟨verhüllend⟩ *der Teufel* **2.3** ⟨60⟩ ein ~r **Geist** *Kobold, Teufel* ● **2.4** ⟨60⟩ jmdm. ~ **Worte** geben *jmd. beschimpfen* ● **2.5** ⟨60⟩ sie hat eine ~ Zunge *sie spricht gehässig über andere* ● **2.6** im Bösen *mit Gewalt, erzwungenermaßen;* etwas nur im Bösen erreichen; wenn es im Guten nicht geht, dann im Bösen **3** *zornig, wütend;* ~ sein (auf jmdn., mit jmdm.); wenn ich das höre, könnte ich ~ werden! ● **3.1** im Bösen auseinandergehen, sich trennen *ohne sich zu einigen, im Unfrieden* ● **3.2** ⟨60⟩ das wird ~s Blut machen ⟨fig.⟩ *Unwillen erregen* **4** *sündhaft;* sich vom Bösen abwenden; das Gute stets vom Bösen trennen; vom Bösen verführt ● **4.1** jenseits von Gut und Böse *völlig realitätsfern, die Grenzen des Bewertbaren überschreitend* ● **4.2** ⟨60⟩ er sieht aus wie das ~ Gewissen ⟨umg.⟩ *schuldbeladen* **5** *schlimm, entzündet, schmerzend;* einen ~n Fuß, ein ~s Knie haben; die Verletzung sieht ~ aus

Bö|se|wicht ⟨m.; -(e)s, -e⟩ **1** ⟨veraltet⟩ *schlechter, böser Mensch, Verbrecher* **2** ⟨umg.; scherzh.⟩ *Schlingel, kleiner Übeltäter;* wer war der ~?

bos|haft ⟨Adj.⟩ *schadenfroh, hinterlistig, höhnisch;* sie ist eine ~e Person; er machte ~e Bemerkungen; er lachte, grinste ~

Bos|heit ⟨f.; -, -en⟩ **1** ⟨unz.⟩ *Gemeinheit, Hinterlist;* das hat er nur aus ~ getan **2** *boshafte Handlung, Äußerung;* ~en von sich geben

Boss ⟨m.; -es, -e⟩ *Chef, Leiter, Führer, Anführer;* wer ist hier der ~?; ich bin hier der ~!

bos|se|lie|ren ⟨V. 500⟩ *etwas ~* = bossieren

bos|seln ⟨V.⟩ **1** ⟨800⟩ **an** einer **Sache** ~ *an einer S. leichte kleine Arbeiten genauestens ausführen;* lange Zeit an etwas ~; ich habe an der Modelleisenbahn gebosselt **2** ⟨400⟩ *kegeln, Eisschießen spielen* **3** ⟨500⟩ = bossieren

bos|sie|ren ⟨V. 500⟩ oV bosselieren, bosseln (3) **1** Stein

~ *grob behauen, meißeln* **2** *weiches Material* ~ *formen*

Bo|ta|nik ⟨f.; -; unz.⟩ *Pflanzenkunde*

bo|ta|nisch ⟨Adj. 24⟩ **1** *die Botanik betreffend, zu ihr gehörig* • 1.1 ~er **Garten** *G., in dem Pflanzen aus allen Erdteilen gezogen u. zu Unterrichtszwecken verwendet werden* • 1.2 ~es **Institut** *I. zur Erforschung des Lebens der Pflanzen*

Böt|chen ⟨n.; -s, -⟩ *kleines Boot*

Bo|te ⟨m.; -n, -n⟩ **1** *Überbringer von Dingen od. Nachrichten; Post~, Zeitungs~; ein reitender, schneller, zuverlässiger* ~ **2** ⟨poet.⟩ *Gesandter, Abgesandter, Verkünder;* Schneeglöckchen als erste ~n des Frühlings; ein ~ des Todes

bot|mä|ßig ⟨Adj. 43; veraltet geh.⟩ **jmdm.** ~ **sein** *tributpflichtig, untertan sein, pflichtgemäß gehorsam;* ein fremdes Volk ~ machen

Bot|schaft ⟨f.; -, -en⟩ **1** *Nachricht, Meldung;* eine ~ bekommen, erhalten, hören, vernehmen; jmdm. eine ~ senden, überbringen, übermitteln, zukommen lassen; eine ~ durch Rundfunk u. Fernsehen, über das Internet verbreiten; →a. *froh (2.1)* • 1.1 *feierliche amtliche Verlautbarung, politische Kundgebung;* eine ~ des Bundespräsidenten **2** *ständige diplomatische Vertretung 1. Ranges;* zur deutschen ~ in Paris gehen; sich an die französische ~ in London wenden • 2.1 *das ihr zur Verfügung stehende Gebäude*

Bot|schaf|ter ⟨m.; -s, -⟩ **1** *Gesandter 1. Klasse, oberste Rangstufe eines diplomatischen Vertreters;* der deutsche, englische ~ in Washington • 1.1 **päpstlicher** ~ *Nuntius*

Bött|cher ⟨m.; -s, -⟩ *Handwerker, der (große) Gefäße aus Holz herstellt*

Bot|tich ⟨m.; -(e)s, -e⟩ *ein großes, offenes hölzernes Daubengefäß von meist zylindrischer Form;* die Wäsche in einem ~ einweichen; Brau~, Gär~; Bier~, Kalk~, Fisch~

Bou|clé *auch:* **Bou|clé** ⟨[bukle:] n.; -s, -s od. m.; -s, -s; Textilw.⟩ = *Buklee*

Bouil|lon ⟨[buljõ:] österr.: [bujõ:] f.; -, -s; Kochk.⟩ *Fleischbrühe*

Bou|quet ⟨[buke:] n.; -s, -s⟩ = *Bukett*

Bour|geoi|sie ⟨[burʒoazi:] f.; -; unz.⟩ *das (besitzende) Bürgertum (als Klasse)*

Bou|tique ⟨[buti:k] f.; -, [-kən]⟩ *kleiner Laden (bes. für modische Damenkleidung);* oV *Butike*

Bow|le ⟨[bo:lə] f.; -, -n⟩ **1** *Getränk aus Wein, Früchten, Gewürzen u. Zucker mit Sekt* **2** *Gefäß, in dem das Getränk angesetzt wird*

Bow|ling ⟨[bo:lɪŋ] n.; - od. -s; unz.⟩ **1** *amerikanische Art des Kegelspiels, das mit 10 Kegeln gespielt wird;* ~bahn **2** *englisches Kugelspiel auf Rasenplätzen*

Box ⟨f., -en⟩ **1** *abgeteilter Raum im Pferdestall zur Unterbringung eines Pferdes;* Pferde~ • 1.1 *Unterstellraum, Einstellplatz für Autos in einer Garage* • 1.1.1 ⟨Motorsp.⟩ *kleine Werkstatt neben Rennstrecken zum Reparieren und Auftanken der Rennwagen;* in die ~ fahren **2** *kleine Schachtel;* Hut~ **3** ⟨kurz für⟩ *Lautsprecherbox*

bo|xen ⟨V.⟩ **1** ⟨400⟩ *den sportlichen Faustkampf nach bestimmten Regeln ausüben* **2** ⟨500/Vr 8⟩ **jmdn.** ~ *schlagen, prügeln*

Bo|xer ⟨m.; -s, -⟩ **1** *jmd., der den sportlichen Faustkampf betreibt* **2** *mittelgroße gedrungene Hunderasse mit schwarzbraunem, kurzem Fell*

Boy|kott ⟨[bɔɪ-] m.; -(e)s, -e⟩ *wirtschaftliche, soziale od. politische Ächtung, Absperrung, Weigerung des Warenein- od. -verkaufs;* Wirtschafts~; jmdn. den ~ erklären; den ~ über etwas verhängen; jmdn. mit ~ belegen

brab|beln ⟨V. 402; umg.⟩ **(etwas)** ~ *undeutlich reden, murmeln;* was brabbelst du denn da?

brach ⟨Adj. 24/90⟩ **1** *unbebaut, unbestellt;* der ~e Acker; die ~en Länder **2** ⟨fig.⟩ *ungenutzt;* die ~en, ~liegenden Kräfte

Bra|che ⟨f.; -, -n; Landw.⟩ **1** *gepflügter, unbebauter Acker;* Sy *Brachland;* auf der ~ pflügen **2** *Zeit, während der ein Acker unbestellt bleibt;* während der ~ kann sich der Boden erholen

Brach|land ⟨n.; -(e)s; unz.; Landw.⟩ = *Brache (1)*

Brack|was|ser ⟨n.; -s, -⟩ *Mischung von Süß- u. Salzwasser, bes. in Flussmündungen*

Bran|che ⟨[brã:ʃə] f.; -, -n⟩ **1** ⟨Kaufmannsspr.⟩ *Geschäfts-, Wirtschaftszweig,* Mode~, Schuh~, Werbe~) **2** *Fachgebiet;* in welcher ~ sind Sie tätig?

Brand ⟨m.; -(e)s, Brän|de⟩ **1** *Feuer, Feuersbrunst;* Dachstuhl~; die Feuerwehr konnte den ~ schnell eindämmen, löschen; trockenes Stroh kann leicht in ~ geraten • 1.1 in ~ **stehen** *brennen;* der Dachstuhl stand in ~ • 1.2 ein Haus in ~ **stecken,** *setzen anzünden* **2** *das Brennen, Ausglühen (von Porzellan, Ziegeln)* **3** *Feuerung, Heizmaterial* **4** *Brandmal, eingebrannte Marke, z. B. Zeichen für eine Pferderasse;* Hannoveraner ~ **5** ⟨umg.⟩ *Durst;* nach dem Essen hatte ich einen tüchtigen ~; ich muss meinen ~ löschen **6** ⟨Pathol.⟩ *Absterben von Körperzellen* **7** ⟨Bot.; Bez. für⟩ *verschiedene Pflanzenkrankheiten, die Ähnlichkeit mit äußerer Verbrennung haben;* Mais~

bran|den ⟨V. 400 od. 411⟩ *die* **Wellen** ~ ⟨geh.⟩ *prallen tosend an etwas u. strömen schäumend zurück, brechen sich;* das Meer brandet an die Küste, an die Felsen; die Wogen der Empörung brandeten um den Attentäter ⟨fig.⟩

bran|dig ⟨Adj. 24⟩ **1** ⟨geh.⟩ *verbrannt aussehend, riechend, schmeckend;* ein ~er Geruch **2** ⟨Pathol.⟩ *vom Brand (6) befallen;* die ~en Zellen; ~es Gewebe **3** ⟨Bot.⟩ *vom Brand (7) befallen;* ~es Getreide

Brand|mal ⟨n.; -(e)s, -e od. (selten) -mä|ler⟩ **1** ⟨im MA⟩ *in die Haut gebranntes Schandmal für Verbrecher* **2** *angeborener roter Fleck auf der Haut, Muttermal* **3** *eingebranntes Zeichen bei Zuchtvieh*

brand|mar|ken ⟨V. 500⟩ **1** ⟨urspr.⟩ *ein Schandmal einbrennen* **2** ⟨heute⟩ **jmdn.** ~ ⟨fig.; abwertend⟩ *jmdn. öffentlich bloßstellen, anprangern, scharf kritisieren, verurteilen;* man hat ihn für sein ganzes Leben gebrandmarkt

Brand|stif|tung ⟨f.; -, -en⟩ *fahrlässige od. vorsätzliche Beschädigung od. Zerstörung von Gegenständen, bes. Gebäuden, durch Verbrennen;* ihm wird ~ vorgeworfen

Brandung

Bran|dung ⟨f.; -, -en⟩ *das Brechen, Überstürzen der Wellen an der Küste;* die tobende, tosende ~; er schwamm durch die ~

Brannt|wein ⟨m.; -(e)s, -e⟩ *aus gegorenen Flüssigkeiten durch Destillation („Brennen") gewonnenes alkoholisches Getränk;* eine Flasche ~; reiner ~

bra|ten ⟨V. 115⟩ **1** ⟨500⟩ etwas ~ ⟨Kochk.⟩ *(in der Pfanne) in wenig heißem Fett garen;* Fisch, Fleisch, Kartoffeln ~; etwas braun, goldgelb, knusprig, kräftig, leicht, scharf ~; Hähnchen am Spieß ~; auf dem Herd, auf dem Rost ~; in Butter, Öl, zerlassenem Speck ~; in der Pfanne, in der Röhre ~; ich darf nichts Gebratenes essen • 1.1 Gebratenes und **Gesottenes** ⟨fig.; bes. im Märchen⟩ *viel gutes Essen* • **1.2** ⟨530⟩ nun brate mir einer einen Storch! ⟨fig.; umg.⟩ *das ist ja merkwürdig!, ich muss mich wundern* • **1.3** die gebratenen Tauben fliegen einem nicht ins Maul, in den Mund ⟨fig.; umg.⟩ *man muss etwas tun, um etwas zu bekommen* **2** ⟨400⟩ etwas brät *gart in ein wenig heißem Fett;* das Fleisch brät schon in der Pfanne **3** ⟨410; umg.⟩ *sich starker Hitze, Sonnenbestrahlung aussetzen (um braun zu werden);* am Strand werde ich in der Sonne ~

Bra|ten ⟨m.; -s, -⟩ **1** *größeres gebratenes od. zum Braten bestimmtes Stück Fleisch;* Rinder~, Schweine~; den ~ anbrennen lassen; am Abend kalten ~ zum Brot essen • **1.1** den ~ riechen ⟨fig.; umg.⟩ *etwas Unangenehmes frühzeitig bemerken od. ahnen;* →a. *fett (1.1)*

Brat|kar|tof|feln ⟨Pl.; Kochk.⟩ *in Fett gebratene Kartoffelscheiben;* ~ mit Speck

Brat|sche ⟨f.; -, -n; Mus.⟩ *das Instrument in Altlage im Streichquartett;* Sy *Viola² (1), Viola da braccio*

Bräu ⟨n.; -(e)s, -e od. -s⟩ **1** *Brauereierzeugnis, das gebraute Getränk* **2** *Biermenge, die mit einem Male gebraut wird* **3** *Brauerei, Brauhaus* **4** *Schenke, brauereieigene Gastwirtschaft*

Brauch ⟨m.; -(e)s, Bräu|che⟩ **1** *(aus früherer Zeit) überkommene Sitte, Gewohnheit;* Seemanns~, Weidmanns~; Advents~, Hochzeits~; Volks~, Orts~; alte Bräuche am Leben erhalten; das ist bei uns so ~; es ist alter ~, dass …; Ostern, Pfingsten, Weihnachten nach altem ~ feiern **2** ⟨veraltet⟩ *Gebrauch;* Miss~

brauch|bar ⟨Adj.⟩ **1** *zur Benutzung, Verwendung gut geeignet;* ~es Material; die Jacke ist noch ganz gut ~ • **1.1** *nützlich;* er ist ein ~er Mensch; ~e Vorschläge

brau|chen ⟨V.⟩ **1** ⟨500⟩ jmdn. od. etwas ~ *nötig haben, seiner bedürfen;* einen Freund, Pflege, Ruhe, Zeit ~; Beistand, Erholung, Geld, Unterstützung ~; er braucht mehr Bewegung; er braucht deine Hilfe nicht; eine Geschäftsgründung braucht zunächst Kapital; etwas dringend, rasch, später ~; sie braucht viel Geld für … • **1.1** ⟨550⟩ der Zug braucht für diese Strecke zwei Stunden *der Zug fährt zwei Stunden lang* • **1.2** ⟨550⟩ er hat 6 Jahre zum Studium gebraucht *er ist erst nach 6 Jahren mit dem Studium fertiggeworden* • **1.3** ⟨513⟩ wie viel Zeit braucht man, um zu … *wie lange dauert es, um …* **1.4** ⟨700⟩ **es** braucht einer **Sache** ⟨geh.⟩ *es bedarf einer S.;* es braucht keiner Überredung, um …; was braucht es

da noch vieler Erklärungen? • **1.5** ⟨480 od. ⟨umg.⟩ 470⟩ etwas **(nicht)** zu tun ~ *etwas (nicht) tun müssen;* bei diesem Gerät braucht man nur den Knopf zu drücken; Sie ~ gar nicht erst hinzugehen; du brauchst es ihr nicht zu sagen; das braucht nicht so zu sein!; es braucht wohl nicht erst gesagt zu werden, dass …; ich brauche nur zu wissen, ob … • **1.5.1** deshalb brauchtest du doch nicht gleich zu kündigen! *das war doch kein Grund dafür!* • **1.5.2** Sie ~ es mir nur zu sagen *es genügt, wenn Sie es mir sagen* • **1.5.3** er hätte es nicht zu wissen ~ *es wäre besser gewesen, er hätte es nicht gewusst* **2** ⟨500⟩ jmdn. od. et**was** ~ *verwenden, gebrauchen;* ich kann dich jetzt nicht ~; ich kann es ~ als …; dieses Buch kann ich gut für meine Arbeit ~

Brauch|tum ⟨n.; -s, -tü|mer; Pl. selten⟩ *Gesamtheit der Bräuche eines Volkes, die Volksbräuche;* das alte ~ pflegen; jagdliches ~

Braue ⟨f.; -, -n⟩ *feiner Haarwuchs über dem Auge in Form eines Bogens;* Augen~; schwarze, dichte ~n; die ~n runzeln

brau|en ⟨V.⟩ **1** ⟨500⟩ ein **Getränk** ~ *aus mehreren Zutaten herstellen, zubereiten;* Bier ~; einen Punsch ~; wir wollen uns einen guten Trunk ~ **2** ⟨400⟩ etwas braut *brodelt, wallt;* Nebel braut im Tal

Braue|rei ⟨f.; -, -en⟩ **1** ⟨unz.⟩ *das Brauen (von Bier), Bierherstellung;* er versteht viel von der ~ **2** *Brauegewerbe* **3** *Unternehmen, in dem Bier hergestellt wird;* er arbeitet in einer ~; Kloster~, Stadt~

braun ⟨Adj.⟩ **1** *gelb-rot-schwarz gemischt in der Farbe;* Erde, Holz, Kaffee ist ~; ~e Augen, ~es Haar haben • **1.1** *sonnengebräunt;* er hat ~e Haut • **1.2** ⟨60⟩ ~e **Butter** *durch Erhitzen flüssig gemachte, gebräunte B.* **2** ⟨fig.; umg.; abwertend⟩ *dem Nationalsozialismus anhängend (nach den braunen Uniformen der Nationalsozialisten)* **3** ⟨Getrennt- u. Zusammenschreibung⟩ • **3.1** ~ **gebrannt** = *braungebrannt*

Braun ⟨n.; -s, -s⟩ **1** *braune Farbe;* ein schönes, dunkles, helles ~ **2 Meister** ~ *der Bär (in der Tierfabel)*

Bräu|ne ⟨f.; -; unz.⟩ *braune Tönung der Haut, bräunlicher Teint;* die tiefe ~ ihrer Haut

bräu|nen ⟨V.⟩ **1** ⟨500/Vr 7⟩ jmdn. od. **sich, etwas** ~ *braun machen, braun färben;* das Fleisch, das Omelett, die Zwiebeln in der Pfanne ~; die Sonne bräunt die Haut; mein Gesicht hat sich schnell gebräunt; im Herbst ~ sich die Wälder **2** ⟨400(s.)⟩ *braun werden;* ich bräune langsam, leicht, schnell, schwer; der Braten bräunt gleichmäßig

braun|ge|brannt *auch:* **braun ge|brannt** ⟨Adj.⟩ *von der Sonne braun geworden;* von der Sonne ~ sein

Braun|koh|le ⟨f.; -, -n⟩ *dem geologischen Alter nach zwischen dem Torf u. der Steinkohle liegende, hell- bis dunkelbraun gefärbte Kohle von holziger od. erdiger Beschaffenheit u. meist hohem Wassergehalt*

bräun|lich ⟨Adj. 24⟩ *braun schimmernd, leicht braun;* ein ~er Farbton

Braus ⟨m.; nur in der Wendung⟩ **in Saus und** ~ *verschwenderisch, üppig, prunkvoll, mit allem Komfort*

Brau|se ⟨f.; -, -n⟩ **1** *siebartig durchlöcherter, trichterförmiger Aufsatz zur Wasserverteilung, z. B. bei Gieß-*

kannen u. Duschen; die ~ aufstecken, reinigen; ein Blumenbeet mit der ~ gießen **2** = *Dusche* **3** ⟨kurz für⟩ *Brauselimonade*; eine kalte ~ trinken

brau|sen ⟨V. 400⟩ **1** Wasser braust *wallt geräuschvoll auf* **2 Töne** ~ *ertönen rauschend, sausend*; der Wind braust; die Brandung braust; die Wellen ~; der Künstler erntete ~den Beifall • **2.1** es braust mir in den Ohren *es saust, rauscht mir in den Ohren* **3** ⟨500/Vr 7 od. Vr 8⟩ **jmdn. od. sich ~** *die Brause benutzen, duschen*; ich brause mich täglich heiß, kalt **4** ⟨411(s.); umg.⟩ *geräuschvoll u. mit hoher Geschwindigkeit fahren*; plötzlich brauste ein Auto, Motorrad um die Ecke

Braut ⟨f.; -, Bräu|te⟩ **1** *Frau, die vor der Hochzeit steht, Verlobte*; er machte seine ~ mit seinen Eltern bekannt • **1.1** ⟨umg.⟩ *Freundin (bes. in sexueller Hinsicht)*; er fährt zu seiner ~ **2** *Frau an ihrem Hochzeitstag*; er führte die ~ in die Kirche, zum Altar; das Gefolge der ~ **3** ~ **Christi** ⟨Rel.⟩ *Nonne* **4** ~ **in Haaren** ⟨Bot.⟩ *im Mittelmeergebiet verbreitete Hahnenfußart mit hellblauen, von einer vielteiligen Hülle umgebenen Blüten: Nigella damascena*

Bräu|ti|gam ⟨m.; -s, -e⟩ **1** *Mann, der vor der Hochzeit steht, Verlobter* **2** *(junger) Mann an seinem Hochzeitstag*; ~ und Braut **3** der **himmlische** ~ ⟨Rel.; Bez. für⟩ *Christus*

brav ⟨[-f] Adj.⟩ **1** *gehorsam, artig*; das Kind ist sehr ~ gewesen **2** *bieder*; dieses Kleid fand sie zu ~ **3** ⟨90⟩ *tüchtig, tapfer, wacker*; der ~e Mann denkt an sich selbst zuletzt (Schiller) • **3.1** sich ~ halten *sich wacker halten, tapfer sein* **4** *ordentlich, schulmäßig* • **4.1** ⟨50⟩ er hat das Stück ~ (herunter)gespielt *fehlerlos, aber ohne eine wirklich besondere Leistung zu zeigen*

bra|vo ⟨[-vo] Adj. 11⟩ ~! *gut!* (als Beifallskundgebung); ~/Bravo rufen

Bra|vour ⟨[-vu:r] f.; -; unz.⟩ = *Bravur*

Bra|vur ⟨[-vu:r] f.; -; unz.⟩ *herausragende Meisterschaft, Großartigkeit, Schneid*; oV *Bravour*; etwas mit großer ~ meistern

Brech|ei|sen ⟨n.; -s, -⟩ = *Brechstange*

bre|chen ⟨V. 116⟩ **1** ⟨500⟩ **etwas ~** *durch Druck in Stücke teilen*; einen Stock, Zweig ~; →a. *beißen (1.1), Knie (1.2), Lanze (2), Stab (1.2), Zaun (2), Herz (8.1-8.2.6.2 u. 11.1)* • **1.1 Papier ~** *falten, knicken* • **1.2 Flachs ~** *bearbeiten, Holzteilchen daraus entfernen* • **1.3 Nüsse ~** *knacken, zerknacken* • **1.4 Körner ~** *schroten* • **1.5 Steine ~** *im Steinbruch gewinnen, abschlagen*; Marmor ~ • **1.6 Blumen ~** ⟨poet.⟩ *pflücken*; er brach eine Rose für sie • **1.6.1 Herzen ~** ⟨fig.⟩ *andere in sich verliebt machen* • **1.7 Teig ~** *durchkneten* • **1.8 den Acker ~** *pflügen, umpflügen* • **1.9** ⟨530/Vr 1⟩ **sich etwas ~** *sich durch Druck od. Sturz einen Knochen verletzen*; er brach sich den Arm, ein Bein; der gebrochene Arm muss geschient werden; →a. *Genick (1.1)* **2** ⟨400⟩ **etwas bricht** *geht unter Druck in Stücke*; der Ast bricht; →a. *Eis (2.1.1-2.1.2), biegen (1.1-1.2)* • **2.1** jmds. **Augen** ~ ⟨geh.⟩ *werden im Tode starr, jmd. stirbt*; ~den Auges sagte er …; ihre Augen sind gebrochen • **2.2** ⟨600⟩ **jmdm.** bricht das **Herz** ⟨geh.⟩ *ein großer Kummer überwältigt jmdn.*; das Herz brach ihr vor Heimweh • **2.2.1** an gebrochenem Herzen stirbt man nicht ⟨fig.⟩ *selbst an großem Kummer stirbt man nicht* • **2.3** ⟨530⟩ **jmdm. ~ die Knie** *die Knie geben unter jmdm. nach* • **2.4** ⟨400⟩ jmds. **Stimme** bricht *setzt aus* • **2.4.1** *verändert sich während der Pubertät, nimmt eine andere Klangfarbe an* • **2.4.2** *versagt*; seine Stimme brach; ihm brach die Stimme • **2.4.3** mit gebrochener Stimme *mit einer durch heftige Erschütterung klanglos gewordenen Stimme* • **2.5** ⟨400⟩ **Milch** bricht ⟨schweiz.⟩ *gerinnt* • **2.6** ⟨400⟩ **Wein** bricht *wird trübe* • **2.7** es war ~d, zum Brechen voll *überfüllt*; der Versammlungsraum war ~d voll ⟨fig.; Vr 3⟩ **etwas bricht sich an etwas** *wird zurückgeworfen, weicht von der ursprünglichen Richtung ab*; die Wellen ~ sich am Felsen • **3.1** ⟨500⟩ **etwas ~** *die ursprüngliche Richtung von etwas verändern, von der Richtung abweichen lassen, zurückwerfen*; Lichtstrahlen ~; der Felsen bricht die Wellen; die Wellen werden an der Küste gebrochen • **3.2** eine gebrochene **Linie** *L., die plötzlich ihre Richtung ändert* **4** ⟨500⟩ **eine Sache ~** ⟨fig.⟩ *bezwingen, überwinden*; jmds. Trotz, Widerstand ~; die Gewalt des Stromes ~; die Blockade ~ • **4.1** Bundesrecht bricht Landesrecht *Bundesrecht geht vor Landesrecht* • **4.2** einen **Rekord** ~ *überbieten* **5** ⟨800⟩ **mit jmdm.** od. einer **Sache ~** *die Verbindung zu jmdm. od. einer S. aufgeben*; mit dem Elternhaus ~ • **5.1** mit einer lieben Gewohnheit ~ müssen *eine liebe G. aufgeben müssen* **6** ⟨500⟩ **eine Sache ~** ⟨fig.⟩ *nicht (ein)halten, einer S. zuwiderhandeln*; einen Eid, ein Gelübde ~; einen Vertrag ~; sein Wort ~ • **6.1** die **Ehe** ~ *Ehebruch begehen* • **6.2** das **Fasten** ~ *das Fastengebot nicht einhalten* • **6.3** das **Gesetz** ~ *übertreten* • **6.4** das **Schweigen** ~ *es beenden, wieder reden* • **6.5** den **Streik** ~ *sich nicht an ihn halten, trotzdem arbeiten* • **6.6** die **Treue** ~ *untreu werden* **7** ⟨411⟩ **aus, durch etwas ~** *gewaltsam aus etwas hervorkommen*; das Wild bricht aus dem Gebüsch; plötzlich brach der Mond aus den Wolken (hervor); laut schreiend brachen die Kinder aus dem Versteck (hervor); durch die Reihen des Gegners ~; die Sonne bricht durch die Wolken; →a. *Bahn (6.1 - 6.2)* **8** ⟨400; umg.⟩ *den Magen durch den Mund entleeren, sich erbrechen*; ich muss ~ • **8.1** ich fand diese ordinäre Darbietung zum Brechen ⟨fig.⟩ *abscheulich* • **8.2** ⟨500⟩ **etwas ~** *durch den Mund aus dem Magen wieder herausbringen*; nur Schleim ~ **9** ⟨400⟩ **Schwarzwild** bricht ⟨Jägerspr.⟩ *wühlt den Boden auf*

Bre|cher ⟨m.; -s, -⟩ **1** *hohe, sich überstürzende Welle* **2** *Maschine zur Zerkleinerung von festem Gestein*; Marmor~; Kegel~, Hammer~

Brech|stan|ge ⟨f.; -, -n⟩ Sy *Brecheisen* **1** *kurze Eisenstange, am Ende etwas abgebogen, zum Heben von Lasten, Ausreißen von Haken usw.* • **1.1** mit der ~ ⟨fig.⟩ *mit Gewalt, mit allen Mitteln*

Brei ⟨m.; -(e)s, -e⟩ **1** *dickflüssige, pflanzliche Speise*; Sy *Mus*; ein süßer, heißer, dünner ~; einen ~ kochen, essen; die Kleinkinder bekommen Milch~, Grieß~, Bananen~, Reis~ **2** *unförmige weiche Mas-*

breit

se; ein ~ von tauendem Schnee; etwas zu ~ zermalmen, zerstampfen; Lehm~ • **2.1 jmdn. zu ~ schlagen** ⟨fig.; umg.⟩ *jmdn. heftig verprügeln* **3 um** den (heißen) ~ **herumreden** ⟨fig.; umg.⟩ *nicht über das Wesentliche reden;* →a. Koch (3)

breit ⟨Adj.⟩ **1** *in der Querrichtung gemessen;* dieser Stoff liegt 90 cm ~ **2** *seitlich ausgedehnt, geräumig;* Ggs *schmal (1);* ein ~er Graben versperrte den Weg; er hat ~e Schultern • **2.1** er hat einen ~en Buckel, Rücken ⟨fig.; umg.⟩ *er verträgt viel, er lässt sich nicht so leicht aus der Ruhe bringen* • **2.2 ~ dastehen** *breitbeinig* **3** *groß, ausgedehnt;* die ~e Öffentlichkeit • **3.1** die Volkshochschule will auf ~ester Grundlage arbeiten *so arbeiten, dass jeder einen Nutzen davon haben kann* • **3.2** ⟨60⟩ ~e Schichten der Bevölkerung *der Allgemeinheit, ein großer Teil der Bevölkerung;* →a. weit (1.2.1) **4** ⟨fig.⟩ *weitschweifig, umständlich* • **4.1** eine Angelegenheit /des (Langen) und) Breiten darlegen *sehr ausführlich* **5** *behäbig, unakzentuiert;* eine ~e Aussprache haben **6** ⟨Mus.⟩ *langsam u. ausdrucksvoll* **7** ⟨Getrennt- u. Zusammenschreibung⟩ • **7.1** ~ gefächert = breitgefächert

Brei|te ⟨f.; -, -n⟩ **1** *messbare Ausdehnung in der Querrichtung;* die Fahrbahn hat eine ~ von fünf Metern; die ~ des Stoffes beträgt 140 cm • **1.1** der ~ nach *in der Querrichtung* **2** *große seitliche Ausdehnung;* die ~ der Straßen und die Weite der Plätze erstaunte die Touristen • **2.1** sie ist in letzter Zeit sehr in die ~ gegangen ⟨umg.⟩ *dick geworden* • **2.2** ⟨fig.⟩ *Weitschweifigkeit;* einen Vorgang in aller, in großer ~ schildern **3** ⟨Pl.⟩ *Gegend;* in unseren ~n ist das nicht üblich **4** ⟨unz.; Geogr.⟩ *Abstand (eines Ortes) vom Äquator, Polhöhe;* →a. Länge (2-2.1); geographische ~; nördliche ~ ⟨Abk.: n. Br. od. Abk.: nördl. Br.⟩; südliche ~ ⟨Abk.: s. Br. od. Abk.: südl. Br.⟩; der Ort liegt auf 34 Grad südlicher Breite **5** ⟨unz.; Astron.⟩ *Abstand eines Sternortes vom Himmelsäquator*

Brei|ten|grad ⟨m.; -(e)s, -e⟩ *in Winkelgrad aus dem gedachten Erdmittelpunkt gemessener Breitenkreis;* der nördliche, südliche ~; jede Halbkugel der Erde hat 90 ~e

Brei|ten|kreis ⟨m.; -es, -e⟩ *parallel zum Äquator um die Erde laufende gedachte Linie;* Ggs *Längenkreis*

breit|ge|fä|chert auch: **breit ge|fä|chert** ⟨Adj. 24⟩ *vielseitig, umfassend, große Auswahl bietend;* ein ~es Angebot

breit‖schla|gen ⟨V. 218/500; fig.; umg.⟩ **1** jmdn. ~ *überreden, durch Überredung beeinflussen;* er schlug ihn endlich breit **2** sich ~ lassen *sich überreden lassen;* warum hast du dich von ihm ~ lassen?

breit‖tre|ten ⟨V. 268/500; fig.; umg.⟩ etwas ~ *etwas (Unangenehmes) in allen Einzelheiten weitschweifig erzählen od. verbreiten;* er hat die alte Geschichte unnötig breitgetreten; in dem Vortrag wurde das Thema zu sehr breitgetreten

Brem|se¹ ⟨f.; -, -n⟩ **1** *eine Vorrichtung, die die Bewegung eines umlaufenden Maschinenteils (Welle, Rad) u. damit verbundener Teile verlangsamen, ganz aufheben od. den stillgesetzten Teil festhalten soll;* Hinterrad~, Vorderrad~; Scheiben~, Backen~; Druckluft~, Kurzschluss~, Magnet~; Hand~; Not~; eine zuverlässige ~; die ~ anziehen, betätigen, ziehen; die ~ funktioniert nicht; auf die ~ treten (im Auto); hydraulische, automatische, elektromagnetische ~ **2** ⟨fig.⟩ *Hemmung;* seine Bedenken gegen unseren Plan wirkten als ~ • **2.1** ziehe die ~ an! ⟨umg.⟩ *hör auf!, übertreibe nicht!* **3** *eine Vorrichtung zur Bändigung von Pferden, seltener Rindern, meist in der Form einer Klemme;* Nasen~, Lippen~, Schenkel~

Brem|se² ⟨f.; -, -n⟩ ⟨Zool.⟩ *kräftige Fliege mit dickem, meist graubraunem Hinterleib: Tabanidae;* Rinder~, Schaf~, Vieh~; Regen~; die Weibchen von ~n saugen Blut

brem|sen ⟨V.⟩ **1** ⟨400⟩ *die Bremse¹ (1) betätigen;* der Fahrer bremste scharf; der Wagen musste plötzlich ~; durch plötzliches Bremsen des Busses wurde ein Fahrgast verletzt **2** ⟨500⟩ etwas ~ *verlangsamen, anhalten;* der Fahrer konnte die Straßenbahn noch rechtzeitig ~ • **2.1** etwas ~ ⟨fig.⟩ *aufhören lassen, hemmen, dämpfen, drosseln;* die Entwicklung, die Begeisterung ~; jmds. Redestrom zu ~ suchen; sein Arbeitstempo wird sich von selbst ~ • **2.2** ⟨Vr 7⟩ jmdn., sich ~ ⟨fig.; umg.⟩ *zurückhalten, hindern, zu weit zu gehen;* man muss ihn ~; ich kann mich nicht ~!

bren|nen ⟨V. 117⟩ **1** ⟨400⟩ etwas brennt *fängt Feuer, steht in Flammen, wird von Feuer verzehrt;* der Dachstuhl brannte lichterloh; das Streichholz brennt nicht • **1.1** ⟨401⟩ es brennt *Feuer ist ausgebrochen;* es brennt! (Alarmruf bei Ausbruch eines Feuers); im Nebenhaus brennt es; wo brennt es? • **1.1.1** es brennt! (bei Suchspielen) *du bist der Lösung ganz nah, das Versteckte ist ganz in deiner Nähe* • **1.1.2** wo brennt's denn? ⟨fig.; umg.⟩ *warum so eilig?, was ist eigentlich los?, wo liegt das Problem?* • **1.2** hat bestimmte Brenneigenschaften; Öl brennt am besten **2** ⟨500⟩ etwas ~ *von Feuer verzehren lassen, als Heizstoff verwenden;* Briketts ~; wir ~ nur Koks • **2.1** (veraltet) *Brand stiften, Feuer legen, verwüsten;* morden und ~, sengen und ~ **3** ⟨400⟩ die **Sonne** brennt *scheint heiß wie Feuer;* die Sonne brannte über den Dächern der Stadt; die ~de Glut der Mittagssonne **4** ⟨400⟩ eine **Lichtquelle** brennt *leuchtet;* die Lampe brennt; auch über Nacht lasse ich im Flur (das) Licht ~; im Wohnzimmer brennt noch Licht • **4.1** ⟨500⟩ etwas ~ *als Beleuchtung verwenden;* zum Abendessen ~ wir gern Kerzen **5** ⟨511⟩ **etwas auf, in etwas** ~ *einbrennen;* ein Muster in das Holz ~; er hat mir mit der Zigarette ein Loch ins Tischtuch gebrannt • **5.1** ⟨531⟩ jmdm. eins auf den Pelz ~ ⟨fig.; umg.⟩ *auf jmdn. schießen u. ihn treffen* • **5.2 Vieh** ~ *mit einem Brandmal versehen, brandmarken* • **5.2.1** die Pferde wurden gebrannt *mit dem Gestütszeichen versehen* **6** ⟨500/Vr 7⟩ jmdn. ~ *durch starke Hitze verletzen;* ich habe mich am Bügeleisen gebrannt • **6.1** was dich nicht brennt, das blase nicht ⟨fig.; umg.⟩ *kümmere dich nicht um Dinge, die dich nichts angehen* • **6.2** (ein) gebranntes Kind scheut das Feuer ⟨Sprichw.⟩ *wenn einem einmal ein Missgeschick passiert ist, sieht man sich beim nächsten Mal vor*

• 6.3 *jmdm. einen stechenden Schmerz auf der Hautoberfläche zufügen, z. B. durch Berührung mit Brennnesseln;* am Wegrand brennt man sich leicht an den Brennnesseln **7** ⟨400⟩ **etwas** brennt *ist heiß u. schmerzt prickelnd u. stechend;* meine Fußsohlen ~; meine Haut brennt (vom Sonnenbad); die Wunde brennt heftig, wie Feuer • **7.1** ⟨600/Vr 1⟩ **jmdm.** brennt **etwas** *jmd. spürt einen prickelnden, stechenden Schmerz in etwas;* mir ~ die Augen (vom vielen Lesen, vor Kälte); mir ~ die Füße vom vielen Gehen **8** ⟨400 od. 410⟩ **etwas** brennt *ist glühend heiß, so dass man sich daran verbrennen kann* • **8.1** dem Verbrecher brennt der Boden unter den Füßen ⟨fig.⟩ *er möchte fliehen* • **8.2** die Arbeit brennt mir auf den Nägeln, Nähten ⟨fig.⟩ *es ist eilig, dringend* • **8.3** das Geheimnis brennt mir auf der Zunge ⟨fig.⟩ *ich möchte ein G. loswerden* • **8.4** ein ~des Geheimnis *ein schwer zu bewahrendes Geheimnis* • **8.5** *verursacht einen beißenden, stechenden Schmerz;* das Jod brennt in der Wunde • **8.6** *ist scharf, verursacht einen beißenden Reiz;* der Pfeffer brannte auf der Zunge; der Paprika brennt im Mund **9** ⟨400 od. 410; fig.⟩ *tief ergriffen sein, leidenschaftlich erregt sein;* er brennt vor Begierde, Ehrgeiz, Neugier, Ungeduld; sein ~der Ehrgeiz treibt ihn zu weit; das Gefühl ~der Scham ließ ihn heftig erröten; mit ~der Sorge … (Pius XI.) • **9.1** ⟨800⟩ **auf etwas** ~ ⟨fig.⟩ *begierig, neugierig sein auf etwas, es kaum erwarten können;* ich brenne darauf, sie zu sehen **10** ⟨500⟩ **etwas** ~ *mit Feuer, Hitze behandeln, herstellen;* Holz zu Kohlen ~; aus Getreide, Kartoffeln, Obst, Wein kann man Branntwein ~ • **10.1** gebrannte **Wasser** ⟨schweiz.⟩ *Schnäpse* • **10.2 Kaffee** ~ *rösten* • **10.3** gebrannte **Mandeln** *gezuckerte u. geröstete M.* • **10.4 Glas** ~ *schmelzen* • **10.5 Porzellan, Ziegel** ~ *härten* • **10.6 Haare** ~ ⟨früher⟩ *mit der Brennschere kräuseln;* es ist nicht mehr üblich, das Haar zu ~ • **10.7 eine CD, DVD** ~ *mit Hilfe eines Brenners mit Daten beschreiben*

Brenn|nes|sel ⟨f.; -, -n; Bot.⟩ *mit Brennhaaren ausgestattetes Kraut der Nesselgewächse: Urtica;* Sy *Nessel¹ (1)*

Brenn|punkt ⟨m.; -(e)s, -e⟩ **1** ⟨Opt.⟩ *der Punkt, in dem sich parallele Lichtstrahlen nach der Brechung durch eine Linse od. Reflexion an einem Hohlspiegel annähernd vereinigen;* den ~ einer Linse bestimmen; der Abstand jedes ~es vom Mittelpunkt heißt Brennweite **2** ⟨Math.⟩ *ein Punkt, um den Kegelschnitte konstruiert werden* **3** ⟨fig.⟩ *zentraler Punkt, Mittelpunkt, Stelle, auf die die allgemeine Aufmerksamkeit gerichtet ist*

Brenn|stoff ⟨m.; -(e)s, -e⟩ *leicht entzündlicher u. bei der Verbrennung Wärme abgebender Stoff, bes. zur Heizung;* feste, flüssige ~e; die Versorgung mit ~en

brenz|lich ⟨Adj.; österr.⟩ = *brenzlig*

brenz|lig ⟨Adj.⟩ oV ⟨österr.⟩ *brenzlich* **1** *nach Brand riechend;* einen ~en Geruch wahrnehmen **2** ⟨fig.; umg.⟩ *bedenklich, gefährlich, heikel;* in eine ~e Situation hineingeraten; die Sache, Angelegenheit wird mir zu ~

Bre|sche ⟨f.; -, -n; Mil.⟩ **1** ⟨Mil.⟩ *Lücke (in einer Befestigung od. Front), an der man angreifen kann* • **1.1** eine ~ **schlagen** ⟨a. fig.⟩ *Widerstand überwinden, sich Bahn brechen* • **1.2** in die ~ **springen** ⟨fig.⟩ *einspringen, zu Hilfe kommen*

Brett ⟨n.; -(e)s, -er⟩ **1** *aus einem Baumstamm geschnittene, flache Holzplatte;* eine Kiste mit ~ern vernageln • **1.1** das ~ bohren, wo es am dünnsten ist ⟨fig.⟩ *den Weg des geringsten Widerstandes gehen, sich eine Sache leichtmachen* • **1.2** durch drei (od. mehr) ~er sehen ⟨fig.; umg.⟩ *sehr klug, pfiffig sein* • **1.3** ein ~ vorm Kopf haben ⟨fig.; umg.⟩ *begriffsstutzig, beschränkt sein;* →a. *Welt (2.3)* • **1.4** *Bord, flacher Holzträger für Bücher, Geschirr usw.;* Bücher~; ein ~ für Bücher über dem Schreibtisch anbringen • **1.5** *eine Holztafel zum Aufhängen von kleinen Gegenständen;* Schlüssel~ • **1.6** *umränderte Platte, Spieltafel;* stell schon die Figuren auf das ~; Schach~ • **1.6.1** er hat bei ihr einen Stein im ~ ⟨fig.; umg.⟩ *er steht bei ihr in Gunst (eigtl. „einen Stein auf dem Spielbrett haben")* • **1.7** *lange, schmale, federnde Holztafel;* Sprung~ • **1.8** *Schalttafel zur Bedienung von Maschinen, Kraftfahrzeugen usw.;* Schalt~ • **1.9** *Anschlagtafel für Bekanntmachungen, bes. in der Universität;* schwarzes/Schwarzes ~ • **1.10** ⟨veraltet⟩ *Tablett;* Auftrage~ • **1.11** *Griffbrett an Lauten usw.* **2** ⟨nur Pl.⟩ ~er *Skier;* sich die ~er anschnallen; die ~er gut wachsen; noch nicht sicher auf den ~ern sein, stehen **3** ⟨nur Pl.⟩ ~er ⟨fig.⟩ *Bühne;* auf den ~ern, die die Welt bedeuten, stehen • **3.1** das Musical ging ein Jahr lang über die ~er *wurde ein Jahr lang gespielt*

Bret|zel ⟨f.; -, -n; schweiz.⟩ = *Brezel*

Bre|vier ⟨[-vi:r] n.; -s, -e⟩ **1** *Gebetbuch der katholischen Geistlichen* **2** *kleine Auswahl aus den Werken eines Dichters;* Goethe~

Bre|zel ⟨f.; -, -n⟩ *Gebäck etwa in Form einer 8;* oV ⟨schweiz.⟩ *Bretzel;* Salz~, Kümmel~, Zucker~

Brief ⟨m.; -(e)s, -e⟩ **1** *schriftliche, bes. durch die Post zugestellte Mitteilung;* einen ~ frankieren, freimachen; ein eingeschriebener, doppelter, eingeschriebener ~; →a. *blau (1.3 - 1.3.1), offen (1.9.4)* **2** *Urkunde;* Gesellen~ • **2.1** ~ und Siegel auf etwas geben ⟨fig.⟩ *etwas fest zusichern* **3** *kleines Päckchen od. Heftchen mit einer Ware, bes. Nadeln;* ein ~ Nähnadeln, Streichhölzer **4** ⟨Börse⟩ *Wertpapier, Wechsel* • **4.1** ⟨Abk.: B.⟩ *Kurswert von angebotenen Aktien*

Brief|kas|ten ⟨m.; -s, -käs|ten⟩ **1** *von der Post aufgestellter u. regelmäßig geleerter Kasten, in den die zu versendenden Briefe eingeworfen werden* **2** *(mit Name versehener) Kasten an Hauswänden od. Wohnungstüren für den Empfänger von Briefsendungen*

Brief|mar|ke ⟨f.; -, -n⟩ *von der Post herausgegebenes, käufliches, aufklebbares Wertzeichen zum Freimachen von Postsendungen;* ~n sammeln; einen Satz ~n kaufen; eine wertvolle ~

Brief|ta|sche ⟨f.; -, -n⟩ *kleine Mappe zum Verwahren von Ausweisen, Kreditkarten u. Ä.* • **1.1** jmd. hat eine dicke ~ ⟨fig.; umg.⟩ *jmd. ist sehr reich*

Brief|trä|ger ⟨m.; -s, -⟩ *Postangestellter, der die Post austrägt, dem Empfänger zustellt;* Sy *Postbote*

Briefträgerin

Brief|trä|ge|rin ⟨f.; -, -rin|nen⟩ *weibl. Briefträger*
Brief|um|schlag ⟨m.; -(e)s, -schlä|ge⟩ *verschließbare Papierhülle zum Verschicken von Briefen, Kuvert*
Brief|wech|sel ⟨[-ks-] m.; -s, -⟩ *1 brieflicher Austausch, Schriftverkehr mit anderen Personen;* mit jmdm. in einem ~ stehen; den ~ mit jmdm. beenden • 1.1 *Gesamtheit des Schriftverkehrs zwischen zwei (bekannten) Personen;* der ~ zwischen Wagner u. Nietzsche
Bri|ga|de ⟨f.; -, -n⟩ *1* ⟨Mil.⟩ *Einheit des Heeres, die aus Truppen verschiedener Waffengattungen besteht* *2* ⟨DDR⟩ *Arbeitsgruppe innerhalb eines Betriebes*
Bri|kett ⟨n.; -s, -s od. -e⟩ *in Form gepresste Braun- od. Steinkohle*
bril|lant ⟨[brɪljant] Adj.⟩ *glänzend, hervorragend*
Bril|lant ⟨[brɪljant] m.; -en, -en⟩ *1 geschliffener Edelstein, bes. Diamant 2* ⟨Typ.⟩ *ein Schriftgrad (3 Punkt)*
Bril|le ⟨f.; -, -n⟩ *1 Vorrichtung zum Ausgleich von Augenfehlern od. zum Schutz gegen Licht, Funken, Staub u. Ä.;* Schutz~, Sonnen~; eine schärfere, schwächere ~ brauchen; eine ~ für die Ferne, für die Nähe; eine ~ mit dunklen Gläsern gegen grelles Sonnenlicht; eine ~ zum Lesen; →a. *rosig (2.4), schwarz (3.6.1)* *2 ringförmige Zeichnung um die Augen von Tieren;* ~nschlange *3 ringförmiger Rand um eine runde Öffnung;* Klosett~
brin|gen ⟨V. 118/500⟩ *1* jmdn. od. etwas ~ *an einen Ort tragen, befördern, bewegen* • 1.1 *holen, herbeischaffen, überbringen, übermitteln;* ~ Sie es mir!; jmdm. eine Erfrischung ~; jmdm. einen Stuhl ~; sich eine Tasse Tee ~ lassen; der Postbote hat ein Paket gebracht; jmdm. eine Botschaft, Mitteilung, Nachricht ~; was ~ Sie mir? • 1.1.1 was ~ Sie Neues? *haben Sie Neuigkeiten für mich?* • 1.2 ⟨511⟩ **jmdn.** od. einen **Gegenstand** an eine bestimmte **Stelle** ~ *schaffen, hinschaffen, fortbewegen;* den Kranken ins Krankenhaus ~; das bringt Devisen ins Land; →a. *zehn (1.1)* *2* ⟨511⟩ **jmdn. irgendwohin** ~ *begleiten, führen;* jmdn. nach Haus ~; den Gast zur Bahn, zum Bahnhof, zum Wagen ~ *3* **etwas** ~ *veröffentlichen, erscheinen lassen;* die heutige Zeitung bringt einen Artikel über …; unser Theater bringt zurzeit eine neue Oper von …; das Fernsehprogramm bringt heute Abend …; einen Bericht im Fernsehen ~; was brachte die Tagesschau, der Wetterbericht, die Zeitung? *4* ⟨530⟩ **jmdn. eine Sache** ~ *darbieten, zuteilwerden lassen;* jmdm. ein Opfer ~, Hilfe, Trost, Unterstützung ~; dem Jubilar ein Ständchen ~ • 4.1 **etwas** bringt (**jmdm.**) **eine Sache** *ruft eine S. hervor, zeitigt eine S., verursacht (jmdm.) eine S., hat (für jmdn.) eine S. zur Folge;* das wird uns Ehre, Nutzen, Schaden, Verluste ~; das wird uns noch viel Ärger, Verdruss ~; der Luftröhrenschnitt hat dem Verletzten sofort Erleichterung gebracht; der Talisman soll Glück ~; Neid kann nichts Gutes ~ *5* **etwas** bringt **etwas** *ergibt, erzielt etwas, gibt einen Ertrag;* Gewinn, Zinsen ~; die Felder ~ in diesem Jahr reiche Ernte; was bringt das Haus monatlich an Miete?; was soll das ~? • 5.1 *die Masse muss es* ~ *durch großen Absatz kommt der Verdienst* *6* **etwas** ~ *erreichen, schaffen* • 6.1 ⟨umg.⟩ *(leisten) können,*

schaffen, vermögen; das bringe ich nicht • 6.2 ⟨550⟩ es dahin ~, dass … *erreichen, dass …* • 6.3 ⟨550; unpersönl.⟩ es zu etwas ~ *etwas erreichen, eine gute Stellung erlangen, erfolgreich sein;* wenn er weiter so wenig Initiative entwickelt, wird er es zu nichts ~; er hat es bis zum Oberregierungsrat gebracht; es zu Weltruf ~; →a. *weit (4.1)* • 6.4 ⟨550⟩ es auf etwas ~ *eine (hohe) Zahl von etwas erreichen* • 6.4.1 er hat es auf 90 Jahre gebracht *er hat das hohe Alter von 90 J. erreicht* • 6.4.2 dieser Sportwagen bringt es auf 260 Stundenkilometer *erreicht die Geschwindigkeit von 260 S.* *7* ⟨550⟩ **jmdn. um etwas** ~ *schuld sein, dass jmd. etwas verliert, jmdm. etwas nehmen;* hat sie um ihre gesamten Ersparnisse gebracht; du hast mich um die Freude, das Vergnügen, die Vorfreude gebracht • 7.1 jmdn. ums Leben ~ *töten* • 7.2 er hat sich um Lohn und Brot gebracht *durch eigenes Verschulden seine Stellung verloren* *8* ⟨517⟩ **etwas** bringt **etwas mit sich** *ist eine Begleiterscheinung von etwas;* sein Alter bringt es mit sich, dass …; die Umstände ~ es so mit sich; diese Expedition wird Gefahren mit sich ~; das bringt Nachteile mit sich *9* ⟨511/Vr 8⟩ **jmdn. od. etwas irgendwohin** ~ *dafür sorgen, dass jmd. od. etwas irgendwohin kommt;* ein Buch auf den Index ~; einen neuen Artikel auf den Markt ~; dieser Hinweis brachte die Polizei auf die Spur des Verbrechers; das Gespräch unauffällig auf ein anderes Thema ~; das Essen auf den Tisch ~; sein Leichtsinn wird ihn noch ins Gefängnis ~; etwas in seinen Besitz, in seine Hand ~; in seine Gewalt ~; Leben in die Bude ~; etwas in die Zeitung ~; unter seine Gewalt, Herrschaft ~; etwas vor Gericht, vor den Richter ~; die Kinder zu Bett ~ • 9.1 **etwas an sich** ~ *etwas sich aneignen* • 9.2 **jmdn. auf etwas** ~ *jmdm. einen Gedanken eingeben, ihm zu einem Plan u. Ä. verhelfen;* ich brachte ihn darauf, einen Abendkursus zu besuchen • 9.3 **etwas hinter sich** ~ *etwas bewältigen* • 9.4 **jmdn.** wieder **zu sich** ~ *jmdm. helfen, wieder zu Bewusstsein, zu Vernunft, zur Besinnung zu kommen;* →a. *Bein (2.2.1), Galgen (1.1), Grab (1.8), Haube (4.1), Herz (2.6.4), Höhe (6.2), Hut[1] (2.1), Leute (6.2-6.3), Licht (3.2.2-3.2.5), Lippe (2.1.1), Mann (3.1 u. 4.14), Nenner (1.1), Papier (1.1), Seite (6.8 u. 10.2.1), Tapet (2), Welt (3.1)* *10* ⟨550/Vr 7 od. Vr 8⟩ **jmdn.** od. **etwas** in einen, **aus** einem **Zustand** ~ *versetzen, geraten lassen;* jmdn. in Aufregung, Erregung, Unruhe, Verlegenheit, Wut, Zorn ~; jmdn. ins Elend, in **Not** ~; etwas in Gang ~; in Gefahr ~; etwas in Ordnung, ins Reine ~; in Sicherheit ~; du wirst dich noch ins Unglück ~; die Kinder ~ schnell alles in Unordnung; in Verbindung ~ mit; er war nicht aus der Fassung zu ~; →a. *Konzept (3), Trab (2.3)* • 10.1 ⟨850⟩ vom Leben zum Tode ~ *hinrichten* • 10.2 du kannst mich zur Verzweiflung ~ ⟨fig.⟩ *bis zur Verzweiflung reizen* *11* ⟨513⟩ **etwas in** eine bestimmte **Form** ~ *etwas (einer Sache) eine bestimmte F. geben;* etwas in Reime, Verse ~ *12* ⟨550⟩ **jmdn. od. etwas zu etwas** ~ *zu einem Verhalten, einer Entwicklung veranlassen;* zum Schweigen ~; er war nur mit Mühe zum Sprechen zu ~; etwas zur Entfaltung ~ • 12.1 ⟨514⟩ etwas od. jmdn. dahin ~, dass …, jmdn. dazu ~, dass … veranlassen, zu …; ich habe mich im Zorn dazu ~ lassen; ich habe mich von euch dazu ~ lassen; →a. Fall¹ (1.1.1), Sprache (3.1) **13** ⟨550; Funktionsverb⟩ • 13.1 zum Abschluss, zu Ende ~ beenden, beschließen • 13.2 in Ansatz, Anschlag ~ ⟨veraltet⟩ bemessen, berechnen, veranschlagen • 13.3 zur Anwendung ~ ⟨geh.⟩ anwenden • 13.4 etwas zum Ausdruck ~ ausdrücken • 13.5 eine Tatsache zum Bewusstsein ~ bewusstmachen, bewusstwerden lassen **13.6** konntest du in Erfahrung ~, ob …? konntest du feststellen, hast du erfahren, ob …? • 13.7 etwas zur Kenntnis ~ ⟨geh.⟩ mitteilen • 13.8 in Erinnerung ~ erinnern an • 13.9 jmdn. in Verdacht ~ verdächtig machen

bri|sạnt ⟨Adj.⟩ **1** ⟨Mil.⟩ mit großer Sprengkraft, zermalmend **2** ⟨fig.⟩ Konflikte hervorrufend, brennend aktuell; ein ~es Thema ansprechen

Bri|sạnz ⟨f.; -; unz.⟩ **1** ⟨Mil.⟩ Sprengkraft **2** ⟨unz.⟩ ⟨fig.⟩ brennende Aktualität, Zündstoff; ein Thema von großer ~

Bri̞|se ⟨f.; -, -n⟩ gleichmäßiger Wind mittlerer Geschwindigkeit, guter Segel-, Fahrwind; eine frische, steife ~

Broc|co|li ⟨a. [bro:-] nur Pl.; Bot.⟩ = Brokkoli

brö|ckeln ⟨V.⟩ **1** ⟨400(s.)⟩ etwas bröckelt etwas zerfällt in kleine Stücke; der Putz bröckelt von den Wänden; das Brot bröckelt sehr stark **2** ⟨500⟩ etwas ~ etwas in kleinen Stücken abbrechen; er bröckelt das Brot in die Kartoffelsuppe

Brọ|cken ⟨m.; -s, -⟩ **1** verhältnismäßig großes abgebrochenes Stück; Brot~, Fels~ • **1.1** jmdm. ein paar ~ hinwerfen ⟨fig.; umg.⟩ jmdn. mit ein paar Worten abfertigen; →a. dick (1.2), fett (1.1), hart (4.4) **2** ⟨Jägerspr.⟩ Köder einer Fangvorrichtung **3** ⟨fig.⟩ großer, breiter, schwerfälliger Mensch **4** ⟨fig.⟩ zusammenhangloses einzelnes Teil • **4.1** ein paar ~ Französisch können ⟨fig.⟩ einige Sätze • **4.2** mit gelehrten ~ um sich werfen ⟨fig.; umg.⟩ gelehrt tun

bro|deln ⟨V. 400⟩ **1 etwas** brodelt kocht wallend, sprudelnd; das Wasser, die Suppe brodelte im Topf; ~de Lava • **1.1** dampfend aufsteigen; ~der Nebel füllte das Tal; ~de Dämpfe, Fluten **2 es** brodelt ⟨fig.⟩ Unruhe, Aufruhr breitet sich aus; in der Masse brodelte es; es brodelt in der Bevölkerung

Broi|ler ⟨m.; -s, -; ostdt.⟩ gegrilltes Hähnchen

Bro|kạt ⟨m.; -(e)s, -e; Textilw.⟩ schwerer, mit Gold- u. Silberfäden durchwirkter Seidenstoff (für festliche Kleidung); in ~ gekleidet; ein ~kleid tragen

Brọk|ko|li ⟨a. [bro:-] nur Pl.; Bot.⟩ dem Blumenkohl ähnliches Gemüse mit grünen, langstieligen Blütensprossen; oV Broccoli

Brọm|bee|re ⟨f.; -, -n; Bot.⟩ **1** Angehörige einer Gattung der Rosengewächse; Rubus • **1.1** Echte ~ Brombeere (1) mit glänzend schwarzen Früchten: Rubus fruticosus **2** Frucht der Brombeere (1.1)

Brọn|ze ⟨[brõːsə] od. [brɔŋsə] f.; -, -n⟩ **1** Legierung aus Kupfer und Zinn • **1.1** ⟨i. w. S.⟩ Legierung aus Kupfer und einem anderen Metall; Aluminium~, Mangan~, Silizium~ **2** Gegenstand der (bildenden) Kunst aus Bronze (1) **3** ⟨unz.⟩ rotbrauner Farbton **4** Mischung von Metallstaub mit Anstrichmitteln zur Erzielung eines Metalleffektes

Brọ|sa|me ⟨f.; -, -n; meist Pl.; poet.⟩ **1** kleines Stück von zerbröckeltem Brot od. Gebäck, Krümel; den Vögeln ~n streuen; die ~n vom Kuchen auf der Tischdecke • **1.1** die ~n, die von des Reichen Tische fallen (nach Matth. 15,27) der Abfall vom Überfluss

Brọ|sche ⟨f.; -, -n⟩ Schmuckstück mit Nadel zum Anstecken

Bro|schü|re ⟨f.; -, -n.⟩ **1** geheftetes Buch • **1.1** kleine nicht eingebundene Druckschrift od. Flugschrift; Prospekt

Brö|sel ⟨m.; -s, -; österr. n.; -s, -; Pl. umg. a.: -n⟩ Krümel, (Brot-)Bröckchen; Semmel~

Brot ⟨n.; -(e)s, -e⟩ **1** Gebäck aus Mehl, Wasser, etwas Salz u. einem Mittel zum Auflockern; ein Laib, eine Schnitte, eine Scheibe, ein Stück ~; ~ backen, brechen, schneiden; altbackenes, frisches, geriebenes, geröstetes, gesäuertes, hausbackenes, trockenes, ungesäuertes ~ • **1.1** er kann mehr als ~ essen ⟨fig.; umg.⟩ er ist ein tüchtiger, zu vielen Arbeiten geschickter Mensch; →a. Huhn (5.2), lieb (8.6), schießen (4.2), Wasser (1.2) **1.2** ~ und Salz ⟨fig.⟩ die unentbehrlichsten Nahrungsmittel • **1.3** ~ und Wein ⟨Rel.⟩ Hostie u. Wein beim Abendmahl, Leib u. Blut Jesu Christi **2** eine Scheibe Brot (1); ein gut belegtes ~; ein ~ streichen; ein ~ schmieren ⟨umg.⟩; →a. Butter (1.3-1.4) **3** ⟨fig.⟩ Nahrung, Unterhalt; sein ~ verdienen; unser täglich ~ (im Vaterunser) • **3.1** jmdm. sein ~ nehmen jmdn. um seinen Verdienst, seine Stellung bringen • **3.2** das ist ein hartes, saures ~ ⟨fig.⟩ schwere, anstrengende, mühsame Arbeit • **3.3** wes ~ ich ess', des Lied ich sing' ⟨Sprichw.⟩ in wessen Dienst ich stehe, auf dessen Seite muss ich mich stellen; →a. Lohn (2.1)

Brọ̈t|chen ⟨n.; -s, -⟩ **1** kleines Gebäck aus Weizenmehl, Wasser od. Milch u. Hefe; Sy Semmel (1) • **1.1** belegtes ~ Brötchen mit Butter u. Wurst od. Käse **2** seine ~ **verdienen** ein bescheidenes Gehalt beziehen

brot|los ⟨Adj. 24⟩ **1** ⟨80⟩ ohne Arbeit, Verdienst, erwerbslos; er ist plötzlich ~ geworden • **1.1** jmdn. ~ **machen** ⟨fig.⟩ jmdm. seinen Verdienst nehmen, ihn um seine Stellung bringen **2** ~e **Kunst** eine Fertigkeit, die nichts einbringt

Brow|ser ⟨[brau-] m.; -s, -; EDV⟩ Programm, das u. a. einen Zugriff auf das World Wide Web ermöglicht (Web~)

Bruch¹ ⟨m.; -(e)s, Brü|che⟩ **1** das Brechen (1-2, 5-6) • **1.1** Auseinandergehen, das Zerbrechen durch Druck, Stoß, Schlag usw.; Achsen~, Damm~ • **1.1.1** zu ~ gehen zerbrechen • **1.2** ⟨fig.⟩ Lösung einer Beziehung, eines Verhältnisses, Verletzung eines Abkommens u. Ä.; Vertrags~; der ~ eines Ehrenwortes, Eides, Gesetzes, Gelübdes, Vertrages; der ~ einer Freundschaft, einer Geschäftsverbindung, eines Verlöbnisses; ein ~ mit der Vergangenheit • **1.2.1** es kam zwischen ihnen zum ~ ⟨fig.⟩ sie verkehren nicht mehr miteinander • **1.2.2** er will es nicht zum völligen ~ kommen lassen ⟨fig.⟩ die Verbindung nicht völlig abbrechen • **1.3** Unterbrechung, Abgehen von einer bestimmten Darstellungsweise; Stil~ **2** das Gebrochene

Bruch

• 2.1 *Scherben, Trümmer* • 2.1.1 ~ *machen* ⟨Fliegerspr.⟩ *so landen, dass das Flugzeug dabei beschädigt wird;* bei der Landung machte das Flugzeug ~ • 2.1.2 *etwas geht in die Brüche zerbricht, wird zerbrochen, misslingt;* Geschirr kann leicht in die Brüche gehen; unser Plan ist in die Brüche gegangen ⟨fig.⟩; ihre Ehe ist in die Brüche gegangen ⟨fig.⟩ • 2.2 *entzweigegangene, zerbrochene, minderwertige Ware;* ~schokolade; der ~ von Keks, Schokolade, Waffeln • 2.2.1 da hast du dir ~ aufschwatzen lassen ⟨umg.⟩ *minderwertige Ware* 3 *Stelle, an der etwas gebrochen ist od. gebrochen wird;* ein gezackter, glatter, rauer, unebener ~ • 3.1 ⟨Med.⟩ *Knochenbruch;* der ~ eines Arms, Beins, Fingers, Wirbels, Zehs; ein einfacher, glatter, komplizierter ~ • 3.2 ⟨Med.⟩ *Heraustreten von Nabel od. Gewebe durch eine schwache Stelle im bedeckenden Gewebe;* Nabel~; einen ~ operieren; sich am ~ operieren lassen; sich einen ~ heben, zuziehen • 3.3 *Steinbruch* 4 *durch Faltung entstandene Kante, Knick, Falte, Bügelfalte;* einen scharfen ~ in die Hose bügeln; der Faltenrock hat keine Brüche mehr 5 ⟨Math.⟩ *Verhältnis zwischen zwei ganzen Zahlen;* einen ~ erweitern, kürzen, verwandeln; rechnet ihr Brüche in der Schule schon mit Brüchen?; →a. *echt (6)* 6 ⟨Forstw.⟩ *Beschädigung von Bäumen durch Wind od. Schnee;* Wind~ 7 ⟨Geol.⟩ *Verwerfung* 8 ⟨Jägerspr.⟩ *ein als Kennzeichen auf erlegtes Wild od. auf die Fährte gelegter grüner Zweig* • 8.1 *Zweig als Hutschmuck des erfolgreichen Jägers* 9 *Milchgerinnsel bei der Käseherstellung* 10 *Weinfehler* 11 ⟨umg.⟩ = *Einbruch (1.1)*

Bruch² ⟨m.; -(e)s, Brü|che; a. n.; -(e)s, Brü|che⟩ *Moor, Sumpfland, -wald;* den (das) ~ austrocknen

brü|chig ⟨Adj.⟩ 1 *(leicht) zerbrechlich, Brüche¹ aufweisend;* ~es Gestein; ~er Knochen • 1.1 ~er **Lehm** *rissiger L.* • 1.2 ~e **Seide** *zerfallende S.* 2 ~e **Stimme** ⟨fig.⟩ *ungleichmäßige, klanglose S.* 3 ~e **Moral** ⟨fig.⟩ *nicht einwandfreie, uneinheitliche M.*

bruch|rech|nen ⟨V. 400; nur. Inf.⟩ *mit Brüchen¹ (5) rechnen*

Bruch|stück ⟨n.; -(e)s, -e⟩ 1 *von einem Ganzen abgebrochenes Stück;* die ~e der Vase zusammenkleben; sie konnte nur einzelne ~e ihrer Unterhaltung hören ⟨fig.⟩ 2 = *Fragment (1-2);* nur ~e seines Werkes sind uns erhalten 3 ⟨Bildhauerei⟩ *unvollständiger Körper*

Bruch|teil ⟨m.; -(e)s, -e⟩ 1 *ein bestimmter Teil eines Ganzen;* der ~ eines Millimeters, einer Sekunde, einer Summe, eines Wertes • 1.1 *im* ~ *einer* **Sekunde** ⟨fig.⟩ *äußerst schnell* 2 *sehr kleiner Teil;* nur ein ~ der Arbeit konnte heute geleistet werden; nur ein ~ des Schadens wurde von der Versicherung ersetzt

Brü|cke ⟨f.; -, -n⟩ 1 *Bauwerk zur Führung von Verkehrswegen über Straßen, Eisenbahnlinien, Flüsse, Schluchten usw.;* eine ~ abbrechen, bauen, konstruieren, schlagen, sprengen; eine aufklappbare, breite, drehbare, hochziehbare, hölzerne, provisorische, schmale, schwankende, stählerne, steinerne ~; auf der ~ stehen und in den Fluss hinabschauen; eine ~ über eine Eisenbahnlinie, einen Fluss, ein Tal; über die ~ *fahren, gehen* • 1.1 *alle* ~n *hinter sich abbrechen* ⟨fig.⟩ *alle Verbindungen lösen, sich eine Rückkehr unmöglich machen;* →a. *golden (4.1)* 2 *Haltevorrichtung für künstliche Zähne an den benachbarten, gesunden Zähnen;* Zahn~ 3 ⟨Mar.⟩ *Kommandosteg auf dem Oberdeck von Schiffen;* Kommando~; auf der ~ stehen und Befehle geben; von der ~ aus das Gefecht beobachten 4 ⟨Theat.⟩ *Arbeitssteg über der Bühne;* Beleuchter~ 5 ⟨Tech.⟩ *Querleitung bei Messschaltungen;* Wheatstone~ 6 ⟨Sp.⟩ *Rückbeuge des Körpers, bis die Hände den Boden erreichen, als turnerische Übung;* die ~ machen 7 ⟨Sp.⟩ *Verteidigungsstellung beim Ringen* 8 *kleiner schmaler Teppich;* zwischen Wohnzimmer und Esseck liegt eine ~ 9 ⟨schweiz.⟩ *Fußbank* 10 ⟨schweiz.⟩ *Heuboden* 11 ⟨österr.⟩ *Schlachthof*

Bru|der ⟨m.; -s, Brü|der⟩ 1 *von demselben Elternpaar abstammender männlicher Verwandter;* ich habe noch einen ~; er ist ihr ~; mein älterer, großer, kleiner, jüngerer, leiblicher ~; der ~ mütterlicherseits, väterlicherseits; der Schlaf ist der ~ des Todes ⟨poet.⟩ 2 *Freund, Genosse, Mitglied derselben Vereinigung od. Gemeinschaft;* Bundes~, Kegel~, Vereins~ • 2.1 das Gemälde ist unter Brüdern 500 Euro wert ⟨umg.⟩ *billig gerechnet in ehrlichem, freundschaftlichem Handel* • 2.2 *Mönch;* Kloster~, Laien~, Ordens~; Barmherzige Brüder; geistlicher ~ • 2.3 *Kamerad, Kerl;* ein finsterer ~ • 2.3.1 *gleiche Brüder, gleiche Kappen* ⟨Sprichw.⟩ *einer wie der andere, gleich u. gleich gesellt sich gern* • 2.3.2 ~ **Liederlich** ⟨umg.; scherzh.⟩ *liederlicher, unordentlicher Bursche (bes. als Anrede)* • 2.3.3 ~ **Saufaus** ⟨umg.; scherzh.⟩ *Trunkenbold (bes. als Anrede)* • 2.3.4 ~ **Lustig** ⟨umg.; scherzh.⟩ *lustiger Mensch;* →a. *nass (3), warm (5)*

brü|der|lich ⟨Adj.⟩ *wie unter Brüdern üblich, voller Zuneigung, gerecht;* eine ~e Umarmung; etwas ~ teilen

Brü|der|schaft ⟨f.; -; unz.⟩ 1 *enge Freundschaft, brüderliches Verhältnis;* in ~ zusammenleben • 1.1 *jmdm.* ~ *antragen,* anbieten *die Anrede mit Du anbieten* • 1.2 ~ **schließen, trinken** *in der Anrede vom Sie zum Du übergehen* 2 *Zusammenschluss von Gleichgesinnten*

Brü|he ⟨f.; -, -n⟩ 1 *durch Kochen von Nahrungsmitteln (bes. von Fleisch u. Knochen) gewonnene Flüssigkeit;* Fleisch~, Knochen~; eine heiße, klare, kräftige, würzige ~ trinken; ~ mit Ei veredeln; ~ von Geflügel, Gemüse, Knochen, Rindfleisch kochen • 1.1 *die* ~ *kostet mehr als der Braten* ⟨fig.⟩ *das ganze Drum u. Dran ist kostspieliger als die Sache selbst;* →a. *körnen (1.1)* 2 ⟨umg.; abwertend⟩ *schmutzige, trübe Flüssigkeit;* diese ~ soll Kaffee sein?; in dieser ~ willst du baden?

brü|hen ⟨V. 500⟩ *etwas* ~ *mit kochendem Wasser übergießen, auf etwas kochendes Wasser einwirken lassen;* Reis, Gemüse, Mandeln ~; ich brühte das Huhn

brüh|warm ⟨Adj.; umg.⟩ 1 ⟨70⟩ *ganz frisch, neu;* eine ~e Neuigkeit; die Geschichte ist noch ~ 2 ⟨50⟩ *etwas* ~ *weitererzählen sofort, umgehend;* etwas jmdm. ~ auftischen

brüllen ⟨V.⟩ **1** ⟨400 od. 410⟩ *dumpf, laut schreien;* der Ochse brüllte; die Raubtiere brüllten; die Kinder ~ auf dem Hof; wie am Spieß ~ ⟨umg.⟩; vor Schmerz, Wut, Zorn ~ **1.1** vor Dummheit ~ ⟨umg.⟩ *sehr dumm sein* • **1.2** das ist ja zum Brüllen ⟨umg.⟩ *so komisch, dass man laut darüber lachen muss* **2** ⟨500⟩ **etwas** ~ *laut schreiend rufen;* er brüllte die Kommandos; „das ist eine Frechheit!" brüllte er

brummen ⟨V.⟩ **1** ⟨400⟩ *tiefe, dumpfe Laute von sich geben;* der Bär brummt; die Fliege, der Käfer, ein Kreisel, eine tiefe Stimme brummt **2** ⟨600⟩ **jmdm.** brummt der **Kopf** *jmd. hat (dumpfe) Kopfschmerzen;* mir brummt der Kopf, der Schädel vor lauter Lernen **3** ⟨410; fig.⟩ *mürrisch sein, schmollen, unverständlich sprechen;* er brummt in letzter Zeit sehr oft **4** ⟨400⟩ ~ **müssen** ⟨fig.; umg.⟩ *eine Strafe absitzen müssen* • **4.1** *im Gefängnis eine Strafe abbüßen müssen;* er muss vier Wochen ~ **5** ⟨500⟩ **etwas** ~ *undeutlich (u. ärgerlich) sagen;* „das hättest du besser machen können", brummte er; was brummst du vor dich hin?; was brummst du da in deinen Bart?

Brummer ⟨m.; -s, -⟩ **1** (i. e. S.) *ein Insekt, das beim Flug brummende Geräusche verursacht, z. B. Schmeißfliege, Hummel* **2** (i. w. S.) *jedes brummende Tier, bes. Stier* **3** ⟨umg.; scherzh.⟩ *schlechter Sänger* **4** ⟨umg.⟩ *etwas (Großes, Dickes u. Schwerfälliges), was ein brummendes Geräusch erzeugt* • **4.1** *schweres Geschoss;* ein großer, dicker ~ • **4.2** *Lastkraftwagen mit großer Motorleistung*

brünett ⟨Adj. 24⟩ *von bräunlicher Farbe, braunhaarig;* eine ~e Frau; einen ~en Teint besitzen

Brunnen ⟨m.; -s, -⟩ **1** *Anlage zur Förderung von Grundwasser durch Schöpfeimer od. Pumpe;* Zieh~; einen ~ anlegen, bohren, graben; ein artesischer, künstlicher, natürlicher ~ **1.1** den ~ zudecken, wenn das Kind hineingefallen ist ⟨fig.⟩ *erst dann Maßnahmen treffen, wenn ein Unglück geschehen ist* **2** *Wasser einer natürlichen Quelle, bes. Heilquelle;* Mineral~; ein heißer, kohlensäurehaltiger, salziger, warmer ~ **3** *Badeort*

Brunst ⟨f.; -, Brünste⟩ *der bei vielen Säugetieren periodisch über einen längeren od. kürzeren Zeitraum (Brunstzeit) auftretende Zustand geschlechtlicher Erregung*

brüsk ⟨Adj.⟩ *unvermittelt, abrupt, schroff;* jmdn. ~ abweisen; jmdm. eine ~e Antwort erteilen

Brust ⟨f.; -, Brüste⟩ **1** ⟨unz.⟩ *die vordere Hälfte des Rumpfes des Menschen u. der Wirbeltiere;* eine breite, schmale ~; sich an jmds. ~ ausweinen; jmdn. an die ~ drücken; an jmds. ~ sinken • **1.1** die ~ schwillt ihm vor Freude, Glück, Stolz ⟨fig.⟩ *er ist sehr glücklich, stolz* **1.2** jmd. hat es auf der ~ ⟨umg.⟩ *leidet an Bronchitis, ist lungenkrank* **1.3** schwach auf der ~ sein ⟨fig.; umg.⟩ *zahlungsunfähig sein, wenig Geld bei sich haben* • **1.4** aus voller ~ singen *kräftig, laut, mit voller Lungenkraft* • **1.5** sich in die ~ werfen ⟨fig.⟩ *sich ein Ansehen geben, prahlen* **2** *beim weiblichen Oberkörper (milchgebendes) paariges Organ von halbkugeliger Form;* dem Säugling die ~ geben; der Säugling nimmt die ~; den Säugling von der ~ entwöhnen • **2.1** an den Brüsten der Weisheit saugen ⟨poet.⟩ *studieren, eifrig lernen* **3** ⟨Getrennt- u. Zusammenschreibung⟩ • **3.1** ~ schwimmen = brustschwimmen

Brust|drüse ⟨f.; -, -n; Anat.⟩ *bei Menschen u. Säugetieren vorkommende paarige Drüse mit äußerer Sekretion (Milchbildung)*

brüsten ⟨V. 500/Vr 3; abwertend⟩ **sich mit etwas** ~ *mit etwas angeben, prahlen;* er brüstet sich damit, alle Prüfungen mit Auszeichnung bestanden zu haben

Brust|fell ⟨n.; -(e)s, -e; Anat.⟩ **1** *die den Brustraum der Wirbeltiere innen auskleidende Membran: Pleura;* Sy Rippenfell **2** *Fell auf der Brustseite eines Tieres*

Brust|korb ⟨m.; -(e)s, -kör|be⟩ *das knöcherne korbförmige Gerüst der Brust bei Menschen u. höheren Tieren, das aus den Rippen, der oberen Wirbelsäule u. dem Brustbein gebildet wird*

brust|schwim|men ⟨V. 400; nur im Inf. üblich⟩ *auch:* **Brust schwim|men** ⟨V. 235/400(s.) od. (h.)⟩ *in Brustlage schwimmen;* ich kann ~; du schwimmst Brust

Brüs|tung ⟨f.; -, -en⟩ *eine bis zur Brust od. halben Höhe eines Menschen reichende Ausmauerung einer Fensteröffnung od. Schutzwand einer Terrasse;* Fenster~, Balkon~; eine Marmor~, Holz~; er beugte sich über die ~; sie lehnte sich an die ~

Brut ⟨f.; -, -en⟩ **1** ⟨unz.⟩ *das Brüten (1); die erste, zweite* ~ **2** *Nachkommenschaft aller brutpflegenden Tiere, bes. der eierlegenden;* die ~ der Fische, Fliegen, Insekten, Vögel; die ~ aufziehen, ausrotten **3** ⟨fig.; abwertend⟩ *Gesindel, Pack;* diese ~ hat hier nichts zu suchen **4** *Pflanzenteile zur Aufzucht neuer Pflanzen* **5** *ungeschliffene Edelsteine*

brutal ⟨Adj.⟩ *roh, gewaltsam, rücksichtslos;* ein ~er Mensch; das ~e Vorgehen des Militärs

brü|ten ⟨V.⟩ **1** ⟨400⟩ *die Eier durch eigene Körperwärme erwärmen bis zum Ausschlüpfen der Jungen;* die Glucke brütet **2** ⟨400; Atomphys.⟩ *im Brutreaktor spaltbares Material erzeugen* **3** ⟨400⟩ **etwas** brütet *lastet drückend auf etwas;* die Hitze, der Mittag, die Sonne brütet über dem Tal; eine ~de Hitze, es ist ~d heiß **4** ⟨800⟩ **über etwas** ~ ⟨fig.⟩ *über etwas nachgrübeln, nachsinnen;* über den Schulaufgaben ~; über einem Entschluss ~ **5** ⟨500⟩ **etwas** ~ *auf etwas sinnen, nach etwas trachten;* Rache ~

Brut|kas|ten ⟨m.; -s, -käs|ten⟩ **1** ⟨Med.⟩ *Gerät zur Aufzucht von Frühgeburten* **2** ⟨fig.; umg.⟩ *sehr heißer Ort;* hier ist es wie im ~!

Brut|stät|te ⟨f.; -, -n⟩ **1** *Brutplatz, Ort zum Ausbrüten der Eier* **2** ⟨fig.; abwertend⟩ *Ort, an dem sich Seuchen, Ungeziefer, Verbrechen usw. bes. günstig entwickeln können;* eine ~ des Lasters, Unheils

brut|to ⟨Adj. 11; Kaufmannsspr.⟩ Ggs netto **1** *einschließlich Verpackung* **2** *ohne Abzug* • **2.1** *ohne Rabatt* • **2.2** *ohne Steuerabzug;* ein Einkommen von 2.000 € ~

brut|zeln ⟨V.; umg.⟩ **1** ⟨400⟩ **etwas** brutzelt *brät in spritzendem Fett;* das Schnitzel brutzelt in der Pfanne **2** ⟨500⟩ **etwas** ~ *bratend zubereiten;* ich werde uns noch ein Spiegelei ~

Bub ⟨m.; -en, -en; süddt., österr., schweiz.⟩ = *Bube*
Bu|be ⟨m.; -n, -n⟩ **1** oV ⟨süddt., österr., schweiz.⟩ *Bub*
• **1.1** *Junge, Knabe;* ein lieber, fleißiger, aufgeweckter, schlauer, wilder ~; ~ oder Mädchen; Laus~, Schul~ • **1.2** ⟨veraltet⟩ *Lehrling, Auszubildender;* Lehr~ • **1.3** ⟨früher⟩ *junger Ritter vor dem Ritterschlag;* Stahl~ • **1.4** ⟨Kart.⟩ *französische vierthöchste Spielkarte;* →a. *Unter, Wenzel;* den ~n ausspielen
Buch ⟨n.; -(e)s, Bü|cher⟩ **1** ⟨früher⟩ *zusammengebundene Schreibtafeln aus Buchenholz* **2** *größeres (Schriftod.) Druckwerk aus miteinander verbundenen Papierbogen u. einem festen Einband;* ein ~ wieder auflegen, binden, erscheinen lassen, verlegen, vertreiben; ein antiquarisches ~ kaufen; ein gutes, interessantes, langweiliges, spannendes ~ lesen; dieses ~ ist vergriffen, nicht mehr erhältlich; ein ~ für anspruchsvolle, junge Leser; in einem ~ blättern, lesen • **2.1** steck deine Nase ins ~! ⟨umg.⟩ *lerne!* • **2.2** du solltest öfter ein ~ in die Hand nehmen! ⟨umg.⟩ *du solltest mehr lesen!* • **2.3** über den Büchern sitzen ⟨umg.⟩ *fleißig lernen, geistig arbeiten* • **2.4** er redet wie ein ~ *gewandt u. pausenlos* • **2.5** in jmds. Seele wie in einem ~ lesen können ⟨fig.⟩ *jmdn. genau kennen* • **2.6** das ist für mich ein ~ mit 7 Siegeln ⟨fig.⟩ *das ist mir nicht verständlich, ein großes Geheimnis;* →a. *Monat (1.1)* • **2.7** wie es im ~e steht! ⟨fig.⟩ *besonders typisch;* ein Geschäftsmann, wie er im ~e steht! • **2.8** das ~ zum Film, zu einer Oper *Drehbuch, Textbuch* **3** *Teil eines größeren Schriftwerkes, z. B. der Bibel;* das ~ Hiob **4** *ein in einem Umschlag od. Einband zusammengefasste meist größere Anzahl von leeren Papierblättern, die für bestimmte Eintragungen benutzt werden;* Tage~ • **4.1** ~ führen (über) *systematische Ausgaben, Vorfälle usw. aufschreiben* • **4.2** damit hat er sich ins ~ der Geschichte eingetragen ⟨fig.⟩ *unsterblichen Ruhm verdient;* →a. *golden (2.3)* • **4.3** ⟨meist Pl.⟩ Bücher ⟨Wirtsch.⟩ *die der Buchführung dienenden Unterlagen in Form von gebundenen Büchern (4) od. losen Blättern;* jmdm. die Bücher führen; die Bücher prüfen • **4.3.1** das Haus steht mit 80.000 Euro zu ~ ⟨Kaufmannsspr.⟩ *ist mit dem Wert eingetragen* **5** ⟨Sp.⟩ *Wettliste bei Pferderennen* • **5.1** ~ machen *Rennwetten eintragen* **6** ein ~ **Spielkarten** *ein Satz S.* **7** *Mengenmaß für Papierbogen u. für Blattgold u.-silber* **7.1** ein ~ **Papier** 100 Bogen • **7.2** ein ~ **Blattgold od. - silber** 250 Blatt
Bu|che ⟨f.; -, -n; Bot.⟩ *ein Laubbaum mit silberglatter Rinde u. rötlichem Holz aus der Familie der Buchengewächse, die in Europa nur durch eine Art vertreten ist: Fagus silvatica;* ein Wald mit alten ~n
Buch|ecker ⟨f.; -, -n; Bot.⟩ *kleine dreikantige, ölhaltige Frucht der Buche*
bu|chen ⟨V. 500⟩ **1** ⟨Kaufmannsspr.⟩ **etwas** ~ *etwas in Geschäftsbuch od. Liste eintragen;* eine Summe auf ein Konto ~; die Bank buchte die Zinsen, Gewinne **2** etwas (als etwas) ~ ⟨fig.⟩ *etwas Vorteilhaftes für sich od. jmdn. registrieren;* er hat es zu seinen Gunsten gebucht; er bucht es als Erfolg, Gewinn für sich **3** etwas ~ *bei einem Reiseunternehmen od. -büro einen Platz für eine Reise rechtsverbindlich bestellen;* ei-

nen Platz im Flugzeug, auf dem Schiff, im Schlafwagen ~; er hat einen Flug nach Madrid gebucht; schon 8000 Urlauber haben für die Nebensaison gebucht
Bü|che|rei ⟨f.; -, -en⟩ = *Bibliothek*
Bü|cher|wurm ⟨m.; -(e)s, -wür|mer⟩ **1** *in Büchern lebende Art der Bohrkäfer* **2** ⟨fig.; umg.; scherzh.⟩ *jmd., der ständig u. eifrig Bücher liest, Bücherliebhaber;* er ist ein richtiger ~
Buch|füh|rung ⟨f.; -; unz.⟩ *systematisches Aufschreiben aller Geschäftseinnahmen u. -ausgaben;* Sy *Buchhaltung (1);* →a. *doppelt (1.2), einfach (2.2)*
Buch|hal|tung ⟨f.; -, -en⟩ **1** = *Buchführung* **2** *die für die Buchführung zuständige Abteilung eines Betriebes;* sie arbeitet in der ~
Buch|hand|lung ⟨f.; -, -en⟩ *Geschäft, in dem Bücher verkauft werden;* Sy ⟨umg.⟩ *Buchladen*
Buch|la|den ⟨m.; -s, -lä|den; umg.⟩ = *Buchhandlung*
Buch|ma|cher ⟨m.; -s, -⟩ *jmd., der gewerbsmäßig bei Pferderennen Wetten vermittelt*
Büch|se ⟨[-ks-] f.; -, -n⟩ **1** *kleiner Behälter aus Holz, Metall o. Ä., Dose, Schachtel;* Blech~, Konserven~ • **1.1** *Konservendose;* eine ~ Ananas, Gulasch, Milch, Thunfisch, Würstchen; das Fleisch in der ~ erwärmen • **1.2** *Sammelbüchse;* ein Scherflein in die ~ werfen ⟨poet.⟩ **2** ⟨früher⟩ *jede Art Handfeuerwaffe od. Geschütz* • **2.1** ⟨später⟩ *Gewehr mit gezogenem Lauf;* die ~ knallt; die ~ laden, spannen, umhängen • **2.2** ⟨heute meist⟩ *Jagdgewehr;* Wild vor die ~ bekommen
Buch|sta|be ⟨m.; -ns, -n⟩ **1** *Schriftzeichen für einen Sprachlaut;* A, der erste ~ des Alphabets; deutsche, griechische, kyrillische, lateinische ~n; ein gedruckter, geschriebener, großer, kleiner ~ • **1.1** eine Zahl in ~n schreiben *nicht in Ziffern angeben, sondern als Wort ausschreiben;* →a. *vier (2.2)* **2** ⟨fig.⟩ *Wortlaut, formale Vorschrift;* sich zu sehr an den ~n halten; man darf nicht nur nach dem ~n gehen!; nur nach dem ~n richten, verurteilen; etwas nur nach dem ~n des Gesetzes erfüllen **3** seine **vier** ~n ⟨verhüllend⟩ *Gesäß,* ⟨umg.⟩ *Popo*
buch|sta|bie|ren ⟨V. 500⟩ **1** ein **Wort** ~ *die Buchstaben eines Wortes in der Reihenfolge einzeln nennen;* seinen Namen am Telefon ~; ein fremdes Wort ~ • **1.1** jedes **Wort** ~ *langsam, schülerhaft lesen* **2** eine unleserliche **Schrift** ~ *mit Mühe zu entziffern versuchen*
buch|stäb|lich ⟨Adj. 24⟩ **1** ⟨90⟩ *dem Wortlaut, nicht dem Sinn entsprechend, genau dem Buchstaben nach;* eine Textstelle ~ übersetzen, auslegen **2** ⟨50; fig.⟩ *tatsächlich, im wahrsten Sinne des Wortes, wirklich;* die Veranstaltung fiel ~ ins Wasser
Bucht ⟨f.; -, -en⟩ **1** *ins Land eingreifender Teil von Meeren od. Binnengewässern* **2** *in ein Gebirge eingreifender Teil des Flachlandes;* Tiefland~ **3** *in den Bürgersteig eingreifender, als Parkplatz od. Haltestelle gekennzeichneter Teil der Straße;* Park~ **4** ⟨Mar.⟩ • **4.1** *seitliche Krümmung des Schiffsdecks* • **4.2** *Biegung, Schleife, Windung in einem Tau od. einer Leine* **5** *Schweinekoben, Verschlag;* Sau~

Bu|chung ⟨f.; -, -en⟩ **1** *das Buchen* **2** *rechtsverbindliche Bestellung eines Platzes für eine Reise, einen Flug o. Ä. bei einem Reiseveranstalter;* eine ~ *bestätigen, stornieren* **3** ⟨Wirtsch.⟩ *Eintragung eines Geschäftsvorganges in ein Rechnungsbuch*

Buch|weizen ⟨m.; -s; unz.; Bot.⟩ *Gattung der Knöterichgewächse, deren dreikantige Früchte den Bucheckern ähneln u. deren Mehl als Grütze gegessen wird: Fagopyrum;* Gemeiner ~; Tatarischer ~

Bu|ckel ⟨m., -s, -⟩ **1** ⟨umg.⟩ *Rücken* • **1.1** er kann mir den ~ hinunterrutschen! ⟨fig.; umg.⟩ *er ist mir ganz gleichgültig* • **1.2** jmdn. den ~ zudrehen ⟨fig.; umg.⟩ *jmdn. nicht beachten* • **1.3** den ~ vollkriegen ⟨umg.⟩ *eine Tracht Prügel* • **1.4** er hat schon seine 90 Jahre auf dem ~ ⟨fig.; umg.⟩ *ist schon 90 Jahre alt* • **1.5** er hat schon genug auf seinem ~ ⟨fig.; umg.⟩ *er hat es schon schwer genug* • **1.6** etwas auf seinen ~ nehmen ⟨fig.⟩ *die Verantwortung auf sich nehmen* • **1.7** ihr lief es kalt den ~ hinunter ⟨fig.; umg.⟩ *ihr schauderte;* →a. *breit (2.1), krumm (1.1)* **2** *Wölbung der Wirbelsäule nach hinten;* sie hat einen ~ • **2.1** sich einen ~ lachen ⟨fig.; umg.⟩ *tüchtig lachen* **3** *Höcker, Beule, Ausbuchtung* • **3.1** *erhabene Metallverzierung*

bu|cke|lig ⟨Adj.⟩ = *bucklig*

bü|cken ⟨V. 500/Vr 3⟩ **sich** ~ *sich den Rücken krummmachen, nach vorne u. gleichzeitig nach unten beugen;* sich schnell, tief ~; sich zur Erde, zu Boden ~; ich bückte mich nach einem Pilz; sie geht gebückt am Stock; das Bücken strengt an

buck|lig ⟨Adj.⟩ oV *buckelig* **1** *mit einem Buckel (2), einer Rückenkrümmung ausgestattet;* ein ~er alter Mann **2** *mit Hügeln, Ausbuchtungen (u. Löchern) versehen, uneben;* eine ~e Straße

Bück|ling[1] ⟨m.; -s, -e; scherzh.⟩ *Verbeugung, Diener;* er verabschiedete sich mit vielen ~en; sie machten einen tiefen ~

Bück|ling[2] ⟨m.; -s, -e⟩ *warm geräucherter Hering*

Bud|del ⟨f.; -, -n; norddt.; umg.⟩ *Flasche;* eine ~ voll Rum

bud|deln ⟨V.; umg.⟩ **1** ⟨400⟩ *wühlen, graben, im Sand spielen;* Kinder ~ gern im Sand **2** ⟨500⟩ **Kartoffeln** ~ *mit der Hacke aus der Erde graben*

Bud|dhis|mus ⟨m.; -; unz.⟩ *die von Buddha (560-480 v. Chr.) begründete indische Religion*

Bu|de ⟨f.; -, -n⟩ **1** *leichtes Bretterhäuschen, bes. als Verkaufsstelle;* Bretter~ **2** *Verschlag od. Zelt auf dem Jahrmarkt mit öffentlichen Darbietungen;* Schausteller~ **3** *kleines baufälliges Haus, alte behelfsmäßig eingerichtete Wohnung, Spelunke* **4** ⟨umg.; abwertend⟩ *Laden, Geschäft* • **4.1** die ~ zumachen ⟨fig.; umg.⟩ *sein Geschäft schließen (bes. wegen Zahlungsunfähigkeit)* **5** ⟨umg.; scherzh.⟩ *Stube, Heim, Büro o. Ä.;* Studenten~ • **5.1** jmdm. die ~ einlaufen, einrennen ⟨fig.; umg.⟩ *ihn wiederholt aufsuchen u. mit Wünschen belästigen* • **5.2** jmdm. auf die ~ rücken ⟨umg.⟩ *ihn aufsuchen, bes. um ihn dann zur Rede zu stellen)* • **5.3** die ~ auf den Kopf stellen ⟨umg.; scherzh.⟩ *Unsinn treiben* • **5.4** er kam mir unerwartet, unverhofft in die ~ geschneit ⟨fig.; umg.⟩ *unangemeldet, mich zu besuchen* • **5.5** Leben in die ~ bringen ⟨fig.;

umg.⟩ *in einer Gesellschaft die Unterhaltung beleben;* →a. *sturmfrei (2)*

Bud|get ⟨[bydʒeː] n.; -s, -s⟩ *finanzieller Rahmen, Haushaltsplan, zur Verfügung stehende Geldsumme;* für das Projekt steht ein ~ von einer halben Million zur Verfügung; mein ~ ist erschöpft

Bü|fett ⟨[byfeː] n.; -s, -s od. -e⟩ oV ⟨österr.; schweiz.⟩ *Buffet* **1** *Anrichte, Porzellan- u. Glasschrank* **2** *Schanktisch* **3** *Tisch mit Speisen zum Selbstbedienen* • **3.1** *die am Büfett (3) gereichten Speisen;* kaltes ~, warmes ~

Büf|fel ⟨m., -s, -; Zool.⟩ *Angehöriger einer Gruppe der Rinder mit langen, im Querschnitt fast dreieckigen Hörnern mit Ringen an der Basis u. einer Schulterhöhe von 180 cm*

büf|feln ⟨V. 402; umg.⟩ **(etwas)** ~ *intensiv lernen, pauken;* ich muss heute noch Mathe ~; er büffelt für sein Abitur

Buf|fet ⟨[byfeː], schweiz. [byfeː] n.; -s, -s⟩ = *Büfett*

Bug ⟨m.; -(e)s, Bü|ge od. (Mar. nur so) -e⟩ **1** ⟨Mar.; Luftfahrt⟩ *vorderer Teil eines Schiffes od. Flugzeugs;* vorn am ~ stehen; der Pilot sitzt im ~ **2** ⟨Zool.⟩ *Schulterteil bei Pferd, Rind u. Hochwild* **3** ⟨Kochk.⟩ *Schulterstück (vom Schlachttier)* **4** ⟨Arch.⟩ *kurze Strebe am oberen Ende eines Pfostens im Fachwerk, die meist paarweise vorkommt*

Bü|gel ⟨m., -s, -⟩ **1** *gebogene Leiste aus Holz od. Kunststoff mit einem nach oben greifenden Haken zum Aufhängen von Kleidungsstücken;* Kleider~; ich mag das grüne Kleid vom ~!; er hängte die Hose auf den ~ **2** = *Steigbügel (1);* in den ~ steigen; dem Reiter den ~ halten **3** *Teil der Brille, das über die Ohren gelegt wird;* Brillen~; der rechte ~ ist verbogen **4** *gebogene metallene Einfassung des Verschlusses der Handtasche;* den ~ zuklappen **5** *Stromabnehmer bei elektrischen Bahnen;* der ~ hat keinen Kontakt **6** *gebogene federnde Metallklammer zum Anpressen des Deckels auf das Glas beim Einkochen* **7** *gebogenes Teil der Säge über dem Sägeblatt;* eine Säge mit hölzernem ~

Bü|gel|ei|sen ⟨n.; -s, -⟩ *metallenes, elektrisch beheiztes Gerät zum Bügeln von Wäsche*

bü|geln ⟨V. 402⟩ **(Kleidungsstücke** u. **Wäsche)** ~ *mit dem Bügeleisen glätten;* Sy *plätten;* ich muss noch (die Hosen) ~

Bug|gy ⟨[bʌgi] m.; -s, -s⟩ **1** *leichter, zusammenklappbarer Kindersportwagen* **2** ⟨urspr.⟩ *einspänniger, offener Kutschwagen*

bug|sie|ren ⟨V. 500⟩ **1** ⟨Seemannsspr.⟩ *ein* **Schiff** ~ *(innerhalb des Hafens) schleppen, ins Schlepptau nehmen* **2** *jmdn. od. etwas* ~ ⟨fig.; umg.⟩ *(mit Geschick u. Einfallsreichtum) irgendwohin befördern, an einen anderen Platz schleppen;* einen Koffer auf den Dachboden ~

bu|hen ⟨V. 400; umg.⟩ *als Zeichen des Missfallens „Buh" rufen;* nach der Aufführung wurde gebuht, buhten viele Zuschauer

buh|len ⟨V. 800⟩ **1 mit jmdm.** ~ ⟨veraltet; poet.⟩ *jmdm. seine Liebe zeigen (u. Zärtlichkeiten austauschen)* • **1.1** ⟨heute abwertend⟩ *eine Liebschaft haben* **2 um etwas od. jmdn.** ~ ⟨veraltet⟩ *sich um etwas od. jmdn. bemühen, mit Schmeichelei werben;* um jmds.

215

Bühne

Gunst, Anerkennung ~ • 2.1 (**mit jmdm.**) **um etwas** ~ **wetteifern**

Büh|ne 〈f.; -, -n〉 **1** *der nach dem Zuschauerraum hin geöffnete, für die Aufführung bestimmte Teil des Theaters;* die ~ der Oper, des Schauspielhauses; eine drehbare, große, kleine ~ • 1.1 die ~ betreten *auftreten* • 1.2 ein Stück auf die ~ bringen *aufführen* • 1.3 ein Stück geht über die ~ *wird aufgeführt* • 1.3.1 die Sache geht über die ~ 〈fig.; umg.〉 *die Sache geht in Ordnung, es wird keine Schwierigkeiten geben* • 1.4 〈fig.〉 *Schauplatz* • 1.4.1 von der ~ abtreten 〈fig.〉 *sich (von der Öffentlichkeit) zurückziehen* **2** 〈fig.〉 *Theater;* die städtischen ~n, die ~n der Stadt Hamburg • 2.1 sich von der ~ zurückziehen *nicht mehr Theater spielen* • 2.2 er will zur ~ gehen *Schauspieler werden* **3** *Podium, erhöhter Teil des Fußbodens, Tribüne;* Redner~

Bu|kett 〈n.; -(e)s, -e〉 oV *Bouquet* **1** *Blumenstrauß* **2** = *Blume (3)*

Bu|klee auch: **Buk|lee** 〈Textilw.〉 oV *Bouclé* **1** 〈n.; -s, -s〉 *knötchenartiges Garn* **2** 〈m.; -s, -s〉 *Gewebe aus Buklee (1)*

Bu|let|te 〈f.; -, -n; regional〉 **1** = *Frikadelle* • 1.1 ran an die ~n! 〈fig.; umg.〉 *los, auf geht's, lasst uns zugreifen, zupacken*

Bull|au|ge 〈n.; -s, -n; an Schiffen〉 *rundes Fenster an Schiffen*

Bul|le¹ 〈m.; -n, -n〉 **1** *geschlechtsreifes männl. Rind, Zuchtstier;* ein großer, starker ~ **2** 〈fig.; umg.〉 *großer, starker Mann;* er ist ein richtiger ~ **3** 〈derb; abwertend〉 *Polizei- od. Kriminalbeamter;* die ~n waren hinter ihm her

Bul|le² 〈f.; -, -n〉 **1** *Kapsel für das Siegel einer Urkunde* • 1.1 *das Siegel einer Urkunde* **2** *Urkunde mit Metallsiegel;* →a. *golden (1.2)* **3** *päpstlicher Erlass*

bul|lern 〈V. 400; umg.〉 **1** *dumpf poltern, knacken;* das Feuer bullert im Ofen **2** *poltern, pochen;* an die Haustür ~

Bu|me|rang 〈a. [bụ-] m.; -s, -e od. m.; -s, -s〉 **1** *gebogenes Wurfholz, das zu dem Werfenden zurückkehrt* **2** 〈fig.〉 *auf den Verursacher, Initiator einer Sache sich nachteilig auswirkender Effekt;* die Maßnahme ist zu einem ~ geworden, hat sich als ein ~ erwiesen

Bụm|mel¹ 〈m.; -s, -; umg.〉 *gemütlicher Spaziergang ohne ein bestimmtes Ziel;* Schaufenster~; auf einem ~ durch die Geschäftsstraßen sein; einen ~ durch die Stadt machen

Bụm|mel² 〈f.; -, -n; umg.〉 = *Bommel*

bụm|meln 〈V. 410; umg.〉 **1** 〈(s.)〉 *ohne ein bestimmtes Ziel gemütlich spazieren gehen, umherschlendern;* ich bin durch ganz Paris gebummelt **2** *trödeln, sehr langsam arbeiten;* bumm(e)le nicht, beeile dich ein bisschen! **3** *nichts tun, leichtsinnig leben;* in den ersten Semestern hat er nur gebummelt

bụm|sen 〈V.; umg.〉 **1** 〈400 od. 411〉 *dröhnen, knallen, pochen;* er ist gegen die Tür, an das Fenster gebumst **2** 〈405 od. 500〉 (**mit jmdm.**) od. **jmdn.** ~ 〈derb〉 *Geschlechtsverkehr ausüben*

Bụnd¹ 〈m.; -(e)s, Bün|de〉 **1** *enge dauernde Verbindung zwischen gleichgesinnten Personen;* Ehe~; ein ~ der Freundschaft; ein dauerhafter, fester, langjähriger ~; einen ~ eingehen, erneuern, festigen, lösen, schließen; jmdm. die Hand zum ~ reichen 〈fig.〉 • 1.1 den ~ fürs Leben schließen *heiraten* • 1.2 im ~e mit jmdm. sein *mit jmdm. verbündet sein, ihn unterstützen* **2** *Vereinigung, Gemeinschaft, Vereinsverband;* Jugend~; politischer ~ • 2.1 *Partei;* ~ der Heimatvertriebenen • 2.2 *Standesvereinigung;* Lehrer~ • 2.3 〈Pol.〉 *Zusammenschluss von Staaten;* Staaten~ • 2.3.1 *die obersten staatlichen Instanzen der Bundesrepublik Deutschland;* ~ u. Länder • 2.3.2 〈Buchw.〉 *die Streitkräfte der Bundesrepublik Deutschland, Bundeswehr* **3** 〈Rel.〉 *das Verhältnis zwischen Gott u. seinem Volk* **4** *zusammenhaltendes Element* • 4.1 *eingefasster oberer Rand an Hose od. Rock;* Hosen~, Rock~; der ~ an der Hose, am Rock ist 70 cm weit **4.2** 〈Buchw.〉 *die Schnüre am Buchrücken* • 4.3 〈Mus.〉 *Querleiste auf dem Griffbrett bei Zupfinstrumenten, z. B. bei Gitarren* • 4.4 〈Tech.〉 *ringförmige Auflage zur Begrenzung od. Verstärkung bei Achsen u. Wellen*

Bụnd² 〈n. 7; -(e)s, -e〉 **1** *etwas Zusammengebundenes, Zusammengefasstes;* Stroh~; Schlüssel~ • 1.1 *Maßeinheit für Zusammengebundenes;* ein ~ Karotten; ein ~ Radieschen, Spargel, Schnittlauch

Bün|del 〈n. 7; -s, -〉 **1** *etwas Zusammengebundenes;* Reisig~, Stroh~ • 1.1 sie ist nur ein ~ Nerven 〈fig.; umg.〉 *übernervöser Mensch* **2** *Gepäck, Paket;* Akten~; ein festes, großes, loses, schweres ~ • 2.1 sein ~ schnüren 〈fig.; umg.〉 *sich zum Aufbruch fertig machen* • 2.2 auch er hat sein ~ zu **tragen** 〈fig.; umg.〉 *auch er hat Sorgen* **3** *Maßeinheit für Garn* **4** 〈Math.〉 *unendliche Schar von Geraden. Ebenen im Raum, die sich in einem Punkt od. einer Geraden schneiden*

bün|deln 〈V. 500〉 **etwas** ~ *zu einem Bündel zusammenbinden, -schnüren;* Altpapier ~

Bụn|des|kanz|ler 〈m.; -s, -〉 **1** (in der Bundesrepublik Dtschld. u. Österr.) *Leiter der Bundesregierung* **2** 〈Schweiz.〉 *Leiter der Bundeskanzlei*

Bụn|des|land 〈n.; -(e)s, -län|der〉 **1** (i. w. S.) *zu einem Bundesstaat gehörendes Land* **2** (i. e. S.) *eines der sechzehn Länder der Bundesrepublik Deutschland* • 2.1 **alte** Bundesländer *die elf westdeutschen Bundesländer (die bereits vor der dt. Wiedervereinigung der BRD angehörten)* • 2.2 **neue** Bundesländer *die fünf ostdeutschen Bundesländer (die nach der dt. Wiedervereinigung der BRD beitraten)*

Bụn|des|mi|nis|ter 〈m.; -s, -〉 *Minister der Bundesregierung;* ~ für Wirtschaft

Bụn|des|prä|si|dent 〈m.; -en, -en〉 *Staatsoberhaupt eines Bundesstaates*

Bụn|des|rat 〈m.; -(e)s, -rä|te〉 **1** *regierendes u. aus den Vertretern der Gliedstaaten bestehendes Organ eines Bundesstaates* **2** *Regierung der Schweizerischen Eidgenossenschaft*

Bụn|des|staat 〈m.; -(e)s, -en〉 **1** *Vereinigung mehrerer Staaten zu einem (neuen) souveränen Gesamtstaat* **2** *einzelner Gliedstaat eines Bundesstaates (1)*

Bụn|des|stra|ße 〈f.; -, -n; Abk.: B〉 *für den Fernverkehr*

in Deutschland bestimmte, besonders gekennzeichnete u. nummerierte Autostraße, z. B. B 68

Bun|des|tag ⟨m.; -(e)s; unz.; BRD⟩ **1** *regierendes u. gesetzgebendes Organ der Bundesrepublik Deutschland* **2 Deutscher ~** ⟨1815-1866 nicht offizielle Bez. für⟩ *das in Frankfurt a. Main tagende Organ der 38 Staaten des Deutschen Bundes*

Bun|des|wehr ⟨f.; -; unz.; Mil.⟩ *die Streitkräfte der Bundesrepublik Deutschland*

bün|dig ⟨Adj. 24⟩ **1** *überzeugend, treffend, klar;* ein ~er Beweis, Schluss; etwas kurz und ~ beantworten, erklären **2** ⟨Arch.⟩ *auf gleicher Ebene liegend;* ~e Balken; die Dielenbretter liegen ~

Bünd|nis ⟨n.; -ses, -se⟩ **1** *feste Verbindung zwischen gleichgesinnten Personen od. Gruppen;* ein ~ schließen, eingehen, lösen; ein freundschaftliches, enges, festes ~ **2** *völkerrechtlicher Vertrag zwischen Staaten zur Verfolgung gemeinsamer Interessen;* ein ~ beraten, erneuern; ein ~ zweier Staaten, zwischen zwei Staaten

Bun|ga|low ⟨[-lo:] m.; -s, -s⟩ **1** ⟨urspr.⟩ *leicht gebautes, einstöckiges Haus der Europäer in Indien* **2** ⟨i. w. S.⟩ *ein- od. anderthalbstöckiges Wohnhaus mit flachem Dach*

Bun|ker ⟨m.; -s, -⟩ **1** *Schutzraum, betonierter Unterstand;* Luftschutz~ **2** *Sammelbehälter, der zur Aufbewahrung für Kohle, Getreide, Öl usw. dient* **3** *Sandloch beim Golfspiel*

bun|kern ⟨V. 500⟩ *etwas ~* **1** *in einem Bunker verwahren, speichern* **1.1** ⟨umg.; salopp⟩ *etwas horten, ansammeln, für sich behalten, versteckt aufbewahren;* er hat die ganzen Nüsse gebunkert; Geld, alte Münzen ~

bunt ⟨Adj.⟩ **1** *farbig, nicht nur schwarzweiß;* die Gärten boten ein ~es Bild • **1.1** in schreiendes Bunt gekleidet sein *sehr grelle Farben tragen* • **1.2** der ~e **Rock** ⟨veraltet⟩ *Soldatenrock* • **1.2.1** den ~en Rock anziehen *in den Militärdienst treten* • **1.2.2** den ~en Rock ausziehen *aus dem Militärdienst ausscheiden* **2** *mehrfarbig;* ~e Blumen, Fahnen, Kleider, Tücher • **2.1** ~es **Laub** *herbstlich gefärbtes L.* • **2.2** *gefleckt;* eine ~e Kuh • **2.2.1** wie ein ~er Hund bekannt sein ⟨fig.⟩ *überall bekannt sein* **3** ⟨fig.⟩ *gemischt, mannigfaltig, vielgestaltig, abwechslungsreich* • **3.1** ⟨60⟩ ~er **Abend** *Veranstaltung mit verschiedenen unterhaltsamen Darbietungen;* zu einem ~en Abend gehen • **3.2** ⟨60⟩ ~e **Platte** *P. mit Aufschnitt* • **3.3** ⟨60⟩ ~er **Teller** *T. mit verschiedenem Gebäck u. Süßigkeiten* • **3.4** ⟨60⟩ in ~er **Reihe** *nicht gleichmäßig zusammengesetzt;* die Hochzeitsgäste saßen in ~er Reihe **4** *wirr, ungeordnet;* im Schubkasten lag alles ~ durcheinander • **4.1** treibs es nicht zu ~! *werdet nicht übermütig!* • **4.2** hier geht es aber ~ zu! ⟨fig.⟩ *besonders lebhaft* • **4.3** ⟨40⟩ jetzt wird mir das Lärmen der Kinder aber zu ~! *zu arg* **5** ⟨Getrennt- u. Zusammenschreibung⟩ **5.1** ~ **gemischt** = *buntgemischt* • **5.2** ~ **gestreift** = *buntgestreift*

bunt|ge|mischt *auch:* **bunt ge|mischt** ⟨Adj. 24/60⟩ *aus vielen verschiedenen Teilen od. Personen bestehend;* eine ~e Gesellschaft

bunt|ge|streift *auch:* **bunt ge|streift** ⟨Adj. 24⟩ *mit bunten Streifen versehen;* ein ~es Hemd

Bür|de ⟨f.; -, -n⟩ **1** *schwere Traglast;* die Äste brachen unter der ~ des Schnees; eine drückende, leichte, schwere ~; eine ~ tragen, abwerfen **2** ⟨fig.⟩ *seelische Last, Mühe, Kummer;* mit dieser Aufgabe hast du mir eine große ~ aufgeladen; eine ~ auf sich nehmen; schwer unter der ~ des Alters leiden; unter einer ~ zusammenbrechen; etwas als ~ empfinden • **2.1** die ~ seiner **Jahre spüren** *das Alter spüren*

Burg ⟨f.; -, -en⟩ **1** *meist aus Stein errichtete, befestigte Gebäudeanlage, die im MA als Wohnsitz eines Territorialherrn diente;* Flieh~, Wohn~; Wasser~, Felsen~, Vor~; Hof~, Ritter~, Stamm~; die ~ wurde belagert, erstürmt, zerstört; eine mittelalterliche ~ besteht aus Bergfried, Palas, Kemenate und Kapelle **2** *Bau aus Sand, bes. am Strand;* Sand~ **3** ⟨Jägerspr.⟩ *hoch über das Wasser hinausgebauter Bau der Biber;* Biber~ **4** die ~ ⟨umg.; kurz für⟩ *Wiener Burgtheater*

Bür|ge ⟨m.; -n, -n⟩ **1** *jmd., der für eine andere Person bürgt;* als ~ für jmdn. eintreten **2** ⟨Rechtsw.⟩ *jmd., der für eine andere Person eine Bürgschaft übernimmt*

bür|gen ⟨V. 800⟩ **1 für jmdn.** od. **etwas ~** *haften, Sicherheit leisten;* ich bürge für meinen Bruder, für jmds. Ehrlichkeit, Zuverlässigkeit ~; er bürgt für die Echtheit der Unterschrift • **1.1** ⟨803⟩ **(jmdm.) für jmdn.** od. **etwas ~** *sich für jmdn. od. etwas verbürgen;* wer bürgt mir dafür, dass er die Schulden bezahlt; dafür bürge ich dir mit meinem Wort

Bür|ger ⟨m.; -s, -⟩ **1** *Bewohner einer Stadt od. eines Staates;* Staats~; ein ~ der Vereinigten Staaten **2** *Angehöriger des 3. Standes, des besitzenden Bürgertums, der Bourgeoisie;* ein angesehener ~

Bür|ge|rin ⟨f.; -, -rin|nen⟩ *weibl. Bürger*

Bür|ger|i|ni|ti|a|ti|ve ⟨[-və] f.; -, -n⟩ *Vereinigung von Bürgern zur Durchsetzung bestimmter Forderungen u. Interessen, Bürgerbewegung;* eine ~ gründen

Bür|ger|krieg ⟨m.; -(e)s, -e⟩ *mit den Waffen ausgetragener Machtkampf streitender Parteien innerhalb eines Staates*

bür|ger|lich ⟨Adj. 24⟩ **1** ⟨60⟩ *den Staatsbürger betreffend* • **1.1** Bürgerliches **Gesetzbuch** ⟨Abk.: BGB⟩ *einheitliches deutsches Gesetzbuch zur Regelung des bürgerlichen Rechts* • **1.2** ~es **Recht** *das allgemeine, jeden Bürger betreffende Privatrecht;* Sy Zivilrecht **2** *den 3. Stand, das Bürgertum betreffend, ihm zugehörig* • **2.1** ⟨fig.⟩ *spießig, eng;* ~e Ansichten; das sind ~e Vorurteile! • **2.2** *nach hergebrachter Art, nicht überfeinert;* ~e Küche • **2.3** *nicht militärisch;* Sy zivil (1)

Bür|ger|meis|ter ⟨m.; -s, -⟩ *Oberhaupt einer Stadt od. Gemeinde;* man ernannte ihn zum ~; einen neuen ~ wählen; Ober~

Bür|ger|meis|te|rin ⟨f.; -, -rin|nen⟩ *weibl. Bürgermeister*

Bür|ger|steig ⟨m.; -(e)s, -e⟩ *für Fußgänger bestimmter Weg neben der Fahrbahn*

Burg|frie|de ⟨m.; -ns, -n⟩ **1** ⟨veraltet; MA⟩ • **1.1** *Hoheitsbezirk eines Burgherrn sowie der rechtliche Schutz innerhalb dieses Bezirks* • **1.2** *Verbot der Fehde in ei-*

nem ummauerten Bezirk (Burg od. Stadt) **2** ⟨fig.; heute⟩ *zeitweilige Einstellung eines parlamentarischen Parteikampfes;* mit jmdm. einen ~n schließen

Bürg|schaft ⟨f.; -, -en⟩ **1** *Sicherheit, Haftung für jmdn. durch einen Bürgen;* Sy *Kaution (1);* eine ~ leisten, stellen, übernehmen für jmdn. **2** *der Vertrag über die Bürgschaft (1)*

bur|lesk ⟨Adj.⟩ *(derb) possenhaft, (ins Absurde gehend) komödiantisch*

Bü|ro ⟨n.; -s, -s⟩ **1** *ein od. mehrere Räume, in denen schriftliche Arbeiten erledigt werden* • **1.1** *kleine Firma;* Schreib~ • **1.2** *Geschäftsstelle* **2** *Gesamtheit der im Büro (1) Tätigen;* das ~ macht heute einen Betriebsausflug

Bü|ro|kra|tie ⟨f.; -, -n⟩ **1** *Beamtenherrschaft* **2** *die Gesamtheit einer aus Beamten u. Angestellten bestehenden Verwaltung* **3** ⟨fig.; abwertend⟩ *von geistig wenig beweglichen Beamten beherrschte Verwaltung*

bü|ro|kra|tisch ⟨Adj.⟩ **1** *in der Art der Bürokratie* **2** ⟨fig.; abwertend⟩ *pedantisch, unnachgiebig, starr (an Gesetzen u. Vorschriften festhaltend);* ein ~es Vorgehen

Bur|sche ⟨m.; -n, -n⟩ **1** *junger Mann, Halbwüchsiger;* ein flinker, frischer, hübscher, strammer ~; die jungen ~n; er ist ein leichtsinniger ~ **2** ⟨umg.; abwertend⟩ *Spitzbube, ein Taugenichts;* ein sauberer ~! • **2.1** ich werde mir den ~n noch kaufen ⟨umg.⟩ *ich werde ihn zur Rede stellen* **3** ⟨früher⟩ *Diener, Gehilfe* • **3.1** ⟨Mil.⟩ *der Diener eines Offiziers;* Offiziers~ • **3.2** *Hoteldiener, Hausdiener;* Hotel~ • **3.3** *Botenjunge;* Lauf~ • **3.4** *Geselle;* Müller~ **4** ⟨Studenspr.⟩ *älteres Mitglied einer Studentenverbindung*

bur|schi|kos ⟨Adj.⟩ *jungenhaft ungezwungen, formlos*

Bürs|te ⟨f.; -, -n⟩ **1** *Reinigungsgerät mit Borsten* **2** ⟨El.⟩ *beim Elektromotor Kohlestückchen zum Zu- u. Ableiten des Stroms* **3** ⟨Tech.⟩ *Gerät zum Glätten u. Rauhen*

bürs|ten ⟨V.⟩ **1** ⟨500⟩ *etwas ~ mit einer Bürste durch Hin- und Herreiben reinigen* **2** ⟨530/Vr 5⟩ *jmdm.* od. *sich (das Haar, die Zähne) ~ mit einer Bürste über (das Haar, die Zähne) streichen;* habt ihr euch schon die Zähne gebürstet?

Bür|zel ⟨m.; -s, -⟩ **1** *Schwanzwurzel der Vögel mit oftmals auffallender Färbung u. einer paarigen Drüse* **2** ⟨Jägerspr.⟩ *Schwanz des Bären, des Schwarzwildes u. des Dachses*

Bus ⟨m.; -ses, -se; kurz für⟩ *Autobus, Omnibus*

Busch ⟨m.; -(e)s, Bü|sche⟩ **1** *dicht belaubter einzelner Strauch* • **1.1** (bei jmdm.) auf den ~ klopfen ⟨fig.; umg.⟩ *jmdn. nach etwas fragen, versuchen, jmds. Standpunkt in Erfahrung zu bringen* • **1.2** (mit einer Sache) hinter dem ~ halten ⟨fig.; umg.⟩ *eine S. verheimlichen, nicht preisgeben* • **1.3** sich (seitwärts) in die Büsche schlagen ⟨fig.; umg.⟩ *heimlich verschwinden* **2** ⟨unz.⟩ *dichter halbhoher Wald;* im afrikanischen ~ jagen **3** *großer Strauß, großes Büschel;* Feder~

Bü|schel ⟨n.; -s, -⟩ **1** *viele, zu einem Bündel zusammengeraffte lange, dünn gewachsene Dinge gleicher Art;* ein ~ Haare, Gras, Stroh **2** ⟨Geom.⟩ • **2.1** *eine unendliche Schar von Geraden einer Ebene, die sich alle in einem Punkt schneiden;* Geraden~ • **2.2** *eine unendliche Schar von Ebenen, die sich alle in einer Geraden schneiden;* Ebenen~

bu|schig ⟨Adj.⟩ **1** *dicht wie ein Busch wachsend (meist von Haaren);* ~es Haar, ~e Wimpern, ~er Bart; der Schwanz des Fuchses ist ~ **2** *mit Gebüsch bewachsen;* ein ~es Gelände, Ufer

Bu|sen ⟨m.; -s, -⟩ **1** *weibliche Brust;* ein schöner ~ **2** ⟨poet.⟩ *menschliche Brust;* am ~ des Freundes ruhen • **2.1** einen Brief in den ~ stecken *in den Halsausschnitt* • **2.2** am ~ der Natur *im Freien* **3** ⟨fig.; geh.⟩ *das Innere des Menschen, Gesinnung;* einen Wunsch im ~ hegen • **3.1** jmdm. seinen ~ öffnen *sich ihm anvertrauen* • **3.2** ein Geheimnis in seinem ~ verschließen *geheim halten* **4** *Bucht, große, besonders tief in die Küste einschneidende Meeresbucht;* Meer~

Bus|sard ⟨m.; -s, -e; Zool.⟩ *Greifvogel mit breiten Flügeln u. krallenartigen Zehen:* Buteonina; Mäuse~

Bu|ße ⟨f.; -, -n⟩ **1** *religiöse Handlung zur Wiedergutmachung einer Tat od. zur Besserung, z. B. Fasten, Beten, Wallfahrten;* jmdm. für ein Vergehen eine ~ auferlegen; ~ tun; das Sakrament der ~ ⟨kath. Kirche⟩ **2** *Einsicht, vor Gott schuldig zu sein, Reue u. Wille zur Besserung;* Sünder zur ~ ermahnen **3** ⟨Rechtsw.⟩ *Strafe für geringfügige Rechtsverletzungen, Entschädigung, Schadensersatz;* Geld~; jmdn. mit ~ belegen; ~ entrichten, leisten, zahlen; die ~ wird ihm erlassen

bü|ßen ⟨V.⟩ **1** ⟨400⟩ *Buße tun, eine Schuld sühnen, wiedergutmachen;* die ~de Magdalena **2** ⟨500 od. 800⟩ (für) etwas ~ *eine Strafe für etwas auf sich nehmen, erleiden;* lange, schwer für etwas ~ müssen; das sollst er mir ~! ⟨Drohung⟩; er wird seine Vertrauensseligkeit noch einmal ~ müssen **3** ⟨550⟩ **etwas mit etwas ~** *mit etwas bezahlen;* er musste seinen Leichtsinn mit dem Tode ~ **4** ⟨500⟩ seine Lust ~ ⟨veraltet⟩ *befriedigen, sein Verlangen stillen*

Bus|serl ⟨n.; -s, -n; oberdt..⟩ *Kuss*

buß|fer|tig ⟨Adj. 24⟩ *zur Buße bereit*

Büs|te ⟨f.; -, -n⟩ **1** *plastische Darstellung des Menschen vom Kopf bis zur Brust;* eine ~ aus Marmor, Gips aufstellen; die ~ des Königs **2** ⟨Schneiderei⟩ *Nachbildung des Oberkörpers zum Anprobieren;* Schneider~ **3** ⟨veraltet⟩ *weibl. Brust;* eine gut geformte ~

Büs|ten|hal|ter ⟨m.; -s, -; Abk.: BH⟩ *Kleidungsstück, das der weibl. Brust Form u. Halt gibt*

Bu|ti|ke ⟨f.; -, -n⟩ = *Boutique*

But|ler ⟨[bʌtlə(r)] m.; -s, -⟩ *männlicher Hausdiener (der sich bes. durch dezentes Benehmen auszeichnet)*

Butt ⟨m.; -(e)s, -e; Zool.⟩ *Angehöriger einer Gattung der Schollenfische;* Stein~, Heil~

Bütt ⟨f.; -, -en⟩ *Rednerpult des Karnevalredners;* oV *Bütte (3);* die ~ besteigen

But|te ⟨f.; -, -n; Nebenform von⟩ = *Bütte*

Bü|te ⟨f.; -, -n⟩ **1** *ein offenes hölzernes Daubengefäß, das nach unten etwas enger wird;* oV ⟨oberdt.⟩ *Butte,* Most~, Trag~; eine ~ mit Trauben auf dem Rücken tragen; eine ~ mit Wasser füllen **2** *Holzfass für den Papierbrei bei der Papierherstellung* **3** = *Bütt*

Büt|tel ⟨m.; -s, -⟩ **1** ⟨veraltet⟩ *Gerichtsbote, der Vorladungen austrägt u. Bekanntmachungen verbreitet;* Sy *Häscher (1)* **2** ⟨abwertend⟩ *Polizist* **3** ⟨abwertend⟩ *jmd., der zu Handlangerdiensten missbraucht wird*

But|ter ⟨f.; -; unz.⟩ **1** *aus Milch gewonnenes Speisefett;* frische, gesalzene, ranzige, ungesalzene ~; in ~ braten, dünsten; mit ~ backen; eine Scheibe Brot mit ~ bestreichen • 1.1 jmd. ist weich wie ~ *sanft u. nachgiebig* • 1.2 ihm zerrinnt das Geld wie ~ an der Sonne *er kann nicht sparsam leben* • 1.3 jmdm. die ~ vom Brot nehmen ⟨fig.⟩ *jmdm. zuvorkommen, jmdn. hemmen, lahmlegen* • 1.3.1 jmd. sieht aus, als hätte man ihm die ~ vom Brot genommen ⟨fig.; umg.⟩ *sieht sehr enttäuscht aus* • 1.4 jmdm. ist die ~ vom Brot gefallen ⟨fig.; umg.⟩ *jmd. ist bestürzt, enttäuscht* • 1.5 (es ist) alles in ~! ⟨fig.; umg.⟩ *(es ist) alles in Ordnung;* →a. *braun (1.2), Kamm (14.3)*

But|ter|brot ⟨n.; -(e)s, -e⟩ **1** *mit Butter bestrichene Scheibe Brot* • 1.1 belegtes ~ *Butterbrot mit Wurst, Käse u. Ä.* **2** jmdm. etwas aufs ~ schmieren ⟨fig.; umg.⟩ *sehr deutlich u. immer wieder zu verstehen geben, vorwerfen* **3** etwas für ein ~ bekommen, kaufen, verkaufen ⟨fig.; umg.⟩ *spottbillig, weit unter dem sonst üblichen Preis* **4** für ein ~ arbeiten ⟨fig.; umg.⟩ *fast umsonst*

but|tern ⟨V.⟩ **1** ⟨400⟩ *aus Milch Butter herstellen;* die Bäuerin hat gerade gebuttert • 1.1 *zu Butter werden;* der Rahm will heute nicht ~ **2** ⟨400⟩ eine **Wunde** buttert ⟨umg.⟩ *eitert* **3** ⟨500⟩ eine **Speise** ~ *mit Butter versehen;* den Kuchen ~ **4** ⟨511⟩ **Geld in** ein **Unternehmen** ~ ⟨fig.; umg.⟩ *G. für ein U. geben*

but|ter|weich ⟨Adj.⟩ **1** *sehr weich, knetbar* **2** ⟨fig.; umg.⟩ *mitleidig, teilnahmsvoll, nachgiebig*

bzw. ⟨Abk. für⟩ *beziehungsweise*

Ca|ba|ret ⟨[kabare:] od. [kabare:] n.; -s, -s⟩ = Kabarett (1)
Ca|brio auch: **Cab|rio** ⟨n.; -s, -s; kurz für⟩ Cabriolet
Ca|bri|o|let auch: **Cab|ri|o|let** ⟨[kabriole:] n.; -s, -s⟩ = Kabriolett
Cad|mi|um ⟨n.; -s; unz.; chem. Zeichen: Cd; fachsprachl.⟩ = Kadmium
Ca|fé ⟨[-fe:] n.; -s, -s⟩ **1** Lokal, Kaffeehaus, in dem überwiegend Kaffee und Kuchen serviert werden **2** ⟨m.; -s, -s; schweiz.⟩ = Kaffee (3)
Cal|ci|um ⟨n.; -s; unz.; chem. Zeichen: Ca; fachsprachl.⟩ = Kalzium
Cal|vi|nis|mus ⟨[-vi-] m.; -; unz.⟩ = Kalvinismus
Ca|mi|on ⟨[kamjɔ̃:] m.; -s, -s; schweiz.⟩ Lastkraftwagen
Camp ⟨[kæmp] n.; -s, -s⟩ **1** Zelt-, Ferienlager; ein Ferien~ veranstalten, abhalten **2** Militärlager, Wohnanlage (bes. für amerikanische Soldaten, die in Deutschland stationiert sind) • **2.1** Gefangenenlager
Cam|pa|gne auch: **Cam|pag|ne** ⟨[-panjə] f.; -, -n⟩ = Kampagne
cam|pen ⟨[kæmpən] V. 400⟩ im Zelt übernachten, mit einem Z. verreisen
Cam|pher ⟨m.; -s; unz.; Chem.⟩ = Kampfer
Cam|ping ⟨[kæm-] n.; -s; unz.⟩ Freizeit- u. Feriengestaltung mit Zelt od. Wohnwagen
Ca|na|pé ⟨[-pe:] n.; -s, -s⟩ = Kanapee
Ca|nos|sa|gang ⟨m.; -(e)s, -gän|ge⟩ = Kanossagang
Cape ⟨[ke:p] n.; -s, -s⟩ = Umhang
Ca|ra|van® ⟨[karava:n] m.; -s, -s⟩ **1** Kombiwagen • **1.1** Wohnwagen; mit dem ~ durch Amerika reisen **2** als Verkaufsstand zu nutzender Wagen
Ca|ri|tas ⟨f.; -; unz.⟩ = Karitas
Ca|ro|tin ⟨n.; -(e)s; unz.; Biochem.; fachsprachl.⟩ = Karotin
Cä|si|um ⟨n.; -s; unz.; chem. Zeichen: Cs; fachsprachl.⟩ = Zäsium
cat|chen ⟨[kætʃən] V. 400⟩ Ringkampf im Freistil betreiben
Ca|te|ring ⟨[kɛɪ-] n.; - od. -s; unz.⟩ Herstellung, Anlieferung u. Bereitstellung von Speisen u. Getränken für eine größere Anzahl von Personen, z. B. im Flugzeug, bei Kongressen od. Partys
CD ⟨Abk. für⟩ **1** Compact Disc **2** Corps diplomatique
CD-Play|er auch: **CD-Pla|yer** ⟨[tsede:plɛɪə(r)] m.; -s, -⟩ = CD-Spieler
CD-ROM ⟨f.; -, -s; EDV; Abk. für engl.⟩ Compact Disc Read Only Memory, kleine Scheibe, kann als optische Speicherplatte große Mengen an Daten speichern, die mit einem Lesegerät aufgerufen, aber nicht verändert werden können (bes. für Nachschlagewerke verwendet)
CD-Spie|ler ⟨m.; -s, -⟩ Apparat zum Abspielen von Musik-CDs; Sy CD-Player
Cel|lo ⟨[tʃɛl-] n.; -s, -s od. Cel|li; Mus.⟩ Streichinstrument in Tenorlage, das beim Streichen auf einem Metallstachel stehend zwischen den Knien gehalten wird; Sy Violoncello
Cel|lo|phan® ⟨n.; -s; unz.; fachsprachl.⟩ = Zellophan
Cel|lu|lo|id ⟨n.; -s; unz.; fachsprachl.⟩ = Zelluloid
Cel|lu|lo|se ⟨f.; -; unz.; fachsprachl.⟩ = Zellulose
Cem|ba|lo ⟨[tʃɛm-] n.; -s, -s od. -ba|li; Mus.⟩ altes Tasteninstrument in Flügelform mit Zupfmechanik (teilweise mit zwei Manualen)
Cen|ter ⟨[sɛntə(r)] n.; -s, -⟩ großes Verkaufszentrum, Ansammlung von mehreren Geschäften auf einem größeren Areal; Einkaufs~; Shopping~
Cer|ve|lat ⟨a. [zɛrvə-] f.; -, -s od. m.; -s; schweiz.⟩ = Zervelatwurst
Ce|vap|ci|ci auch: **Će|vap|či|ći** ⟨[tʃɛvaptʃitʃi] Pl.⟩ scharf gewürzte, gegrillte kleine Röllchen aus Hackfleisch
Cha|mä|le|on ⟨[ka-] n.; -s, -s⟩ **1** ⟨Zool.⟩ kleines, echsenartiges Schuppentier, das auf Bäumen und Sträuchern lebt und seine Hautfarbe ändern u. seiner Umgebung anpassen kann **2** ⟨fig.; abwertend⟩ Mensch, der seine Anschauungen ständig ändert, um sich anderen anzupassen
Cham|pi|gnon auch: **Cham|pig|non** ⟨[ʃampinjɔŋ] m.; -s, -s; Bot.⟩ weißer bis dunkelbrauner mittelgroßer Speisepilz; Zucht~; Feld~
Cham|pi|on ⟨[tʃæmpjən], frz. [ʃãpjɔ̃:] m.; -s, -s; Sp.⟩ erfolgreichster Sportler in einer Sportart (der einen Meistertitel errungen hat); der ~ im Kugelstoßen; Box~
Chan|ce ⟨[ʃã:s(ə)] f.; -, -n⟩ **1** günstige Gelegenheit, Aussicht auf einen glücklichen Zufall; ~n haben; eine ~ ausnutzen, wahrnehmen, verpassen, versäumen; eine ~ haben, das Spiel zu gewinnen; geringe, große, keine, wenig ~n; ~n auf einen Gewinn, bei einem Wettkampf • **1.1** jmdm. eine ~ **bieten** Möglichkeit zur Bewährung geben • **1.2 bei jmdm.** (keine) ~n **haben** ⟨fig.⟩ • **1.2.1** einen gewünschten Einfluss auf jmdn. (nicht) ausüben können • **1.2.2** jmdm. nicht sympathisch genug für ein Liebesverhältnis sein
chan|gie|ren ⟨[ʃãʒi:-] V. 400⟩ **1** etwas changiert schillert **2** ⟨Reitsp.; veraltet⟩ vom Rechtsgalopp in den Linksgalopp (od. umgekehrt) übergehen **3** Jagdhunde ~ ⟨Jägerspr.⟩ wechseln von einer Fährte auf eine andere
Chan|son ⟨[ʃãsɔ̃:] n.; -s, -s; Mus.⟩ **1** ⟨urspr. in der altfrz. Dichtung⟩ einstimmiges episch-lyrisches Lied • **1.1** ⟨später⟩ mehrstimmiges Lied mit Tendenz zur politischen Satire **2** ⟨heute⟩ einstimmiges, strophisch gegliedertes Lied mit vielfältiger Thematik (Liebe, Gesellschaftskritik, Satire), das bes. im Kabarett verbreitet ist
Chan|so|ni|er ⟨[ʃãsɔnje:] m.; -s, -s⟩ = Chansonnier
Chan|son|ni|er ⟨[ʃãsɔnje:] m.; -s, -s⟩ Chansonsänger, -dichter, Kabarettsänger; oV Chansonier

Cha|os ⟨[ka:ɔs] n.; -; unz.⟩ **1** ⟨Myth.⟩ *der ungeordnete Urstoff vor der Weltschöpfung* **2** ⟨i. w. S.⟩ *Durcheinander, Wirrwarr;* ~ *anrichten*

cha|o|tisch ⟨[ka-] Adj.⟩ *durcheinander, ungeordnet, wirr;* hier sieht es ~ aus; eine ~e Planung, Durchführung; jmd. ist ~

Cha|rak|ter ⟨[ka-] m.; -s, -te|re⟩ **1** ⟨unz.⟩ *Merkmal, Gepräge, Eigenart;* der ~ einer Landschaft • **1.1** die Geschwulst hat einen bösartigen ~ angenommen *ist bösartig geworden* • **1.2** die Besprechungen trugen vertraulichen ~ *waren vertraulich* • **1.3** ~ einer **Schrift** *Art u. Weise der Gestaltung einer S.* **2** ⟨unz.⟩ *sittliche Veranlagung, Wesensart;* einen ausgeprägten, edlen, guten, haltlosen, schwierigen, starken ~ haben • **2.1** ein Mann **von** ~ *ein M., der zu seiner Meinung steht* • **2.1.1** ~ **beweisen** *eine feste Haltung einnehmen* • **2.2** er **hat keinen** ~ *ist wankelmütig* • **2.3** ⟨veraltet⟩ *Rang* **3** *Mensch von ausgeprägter Eigenart;* er ist ein ~ **4** *Schriftzeichen*

cha|rak|te|ri|sie|ren ⟨[ka-] V. 500⟩ **1** *jmdn. od. etwas* ~ *die kennzeichnenden Eigenschaften von jmdm. od. etwas beschreiben;* wie würdest du ihn ~?; der Verlauf dieser Krankheit ist schwer zu ~ **2** *etwas* charakterisiert **jmdn.** od. **etwas** *ist kennzeichnend, typisch für jmdn. od. etwas;* die Häufung von Adjektiven charakterisiert seinen Stil

cha|rak|te|ris|tisch ⟨[ka-] Adj.⟩ *kennzeichnend, unterscheidend;* eine ~e Geste, Äußerung; grelle Farben sind ~ für seinen Malstil

Char|ge[1] ⟨[ʃarʒə] f.; -, -n⟩ **1** *Würde, Rang, Amt;* eine ~ in einer Studentenverbindung **2** ⟨Mil.⟩ *Dienstgrad* • **2.1** ⟨nur Pl.⟩ *Unteroffiziere* **3** ⟨Tech.⟩ *Beschickung eines metallurgischen Ofens, z. B. des Hochofens* **4** ⟨Pharm.; Chem.⟩ *Serie von Wirkstoffen, die in einem bestimmten Prozess hergestellt u. verpackt worden sind*

Char|ge[2] ⟨[ʃarʒə] f.; -, -n; Theat.⟩ *kleine Rolle*

char|mant ⟨[ʃar-] Adj.⟩ *voller Charme, liebenswürdig, zuvorkommend, bezaubernd;* oV *scharmant;* jmd. ist sehr, außerordentlich ~; ein ~er Abend, eine ~e Feier

Charme ⟨[ʃarm] m.; -s; unz.⟩ *Liebenswürdigkeit, Liebreiz, gewinnendes Wesen;* oV *Scharm;* sie besitzt sehr viel ~

Char|ta ⟨[kar-] f.; -, -s⟩ **1** ⟨im Altertum⟩ *Papierblatt zum Schreiben* **2** ⟨im MA⟩ *Urkunde* **3** ⟨heute⟩ *Verfassungsurkunde;* ~ der Vereinten Nationen

char|tern ⟨[(t)ʃar-] V. 500⟩ *ein* **Schiff, Flugzeug** ~ *zur Beförderung von Fracht od. Personen mieten*

Charts ⟨[tʃa:ts] Pl.; Mus.⟩ *Liste der Spitzenschlager;* in die ~ kommen; dieses Lied ist in den ~

Cha|teau *auch:* **Châ|teau** ⟨[ʃato:] n.; -s, -s⟩ *Schloss, größerer Landsitz, Weingut*

Chauf|feur ⟨[ʃofø:r] m.; -s, -e⟩ *Kraftwagenfahrer (als Beruf)*

chauf|fie|ren ⟨[ʃɔf-] V. 500⟩ *jmdn.* ~ *(als Chauffeur) jmdn. in einem Auto befördern*

Chaus|see ⟨[ʃɔ-] f.; -, -n; veraltet⟩ *Landstraße*

Chau|vi|nis|mus ⟨[ʃovi-] m.; -; unz.⟩ **1** ⟨unz.⟩ *übertriebene Liebe zum eigenen Vaterland, verbunden mit Hass u. Verachtung gegen andere Völker* • **1.1** *Äußerung in der Art des Chauvinismus (1)* **2** ⟨unz.⟩ *überhebliches Herausstellen männlicher Eigenschaften u. Fähigkeiten (verbunden mit der Herabsetzung u. Benachteiligung der Frau);* eine krasse Form von ~ • **2.1** *Äußerung in der Art des Chauvinismus (2);* ich bin diese ständigen Chauvinismen leid

chau|vi|nis|tisch ⟨[ʃovi-] Adj.; abwertend⟩ *in der Art des Chauvinismus, ihm anhängend, ihn betreffend;* sich ~ benehmen; ~e Ansichten äußern; er ist ein ~er Mensch

Check ⟨[tʃɛk] m.; -s, -s⟩ **1** ⟨Eishockey⟩ *erlaubte Behinderung eines Gegenspielers* **2** *Überprüfung, Kontrolle;* sich einem Gesundheits~ unterziehen

che|cken ⟨[tʃɛkən] V. 500⟩ **1** ⟨Eishockey⟩ *jmdn.* (einen Gegenspieler) ~ *in erlaubter Weise behindern* **2** *etwas* ~ *vergleichend überprüfen, kontrollieren;* Daten, Texte ~ **3** ⟨umg.; salopp⟩ *etwas* ~ *verstehen, begreifen;* hast du noch nicht gecheckt, was er mit seinem Angebot bezweckt?; endlich hat er es gecheckt

Chef ⟨[ʃɛf] m.; -s, -s⟩ **1** *Vorgesetzter* • **1.1** *Vorsteher, Leiter einer Dienststelle* **2** *Arbeitgeber, Unternehmer*

Che|fin ⟨[ʃɛ-] f., -, -fin|nen⟩ *weibl. Chef*

Che|mie ⟨[çe-], südd., österr.: [ke-] f.; -; unz.⟩ **1** *Wissenschaft von den chem. Grundstoffen u. den chem. Verbindungen sowie deren Veränderungen, soweit sie nicht auf Atomkernreaktionen beruhen* **2** *zwischen ihnen stimmt die* ~ ⟨fig.; umg.⟩ *sie passen gut zueinander, harmonieren miteinander*

Che|mi|ka|lie ⟨[çe-liə] f.; -, -n⟩ *auf chemischem Weg hergestelltes Erzeugnis*

Che|mi|ker ⟨[çe:-] od. bair.; österr. [ke:-] m.; -s, -⟩ *Wissenschaftler, Student der Chemie*

Che|mi|ke|rin ⟨[çe:-] od. bair.; österr. [ke:-] f.; -, -rin|nen⟩ *weibl. Chemiker*

che|misch ⟨[çe:-] bair.; österr. [ke:-] Adj. 24⟩ **1** *die Chemie betreffend, mit Stoffumwandlung verbunden* **2** ~es **Element,** ~er Grundstoff *einer der mit Hilfe chem. Methoden nicht weiter in einfachere Stoffe zerlegbaren Grundbestandteile der Materie* **3** ~e **Formel** *symbolische Darstellung der chemischen Verbindungen* **4** ~e **Gleichung** *in Form einer Gleichung geschriebene symbolische Darstellung einer chemischen Reaktion* **5** ~e **Reaktion** *Vorgang, durch den verschiedene chemische Stoffe od. Verbindungen ineinander übergeführt werden* **6** ~es **Zeichen** *für chem. Grundstoffe verwendete(r) Buchstabe(n)* **7** ~e **Verbindung** *Vereinigung der Atome mehrerer chemischer Elemente zu einem Molekül* **8** ~e **Reinigung** *R. von Kleidungsstücken durch chemische Lösemittel*

…chen ⟨Nachsilbe; Verkleinerungssilbe⟩ Herzchen, Häuschen, Bettchen, Kleidchen

chic ⟨[ʃik] Adj. 40⟩ = *schick*

Chic ⟨[ʃik] m.; -s; unz.⟩ = *Schick*

Chi|co|rée ⟨[ʃikore:] od. [ʃikore:] f.; -; unz. od. m.; -s; unz.⟩ = *Schikoree*

Chif|fre *auch:* **Chiff|re** ⟨[ʃɪfrə] od. [ʃɪfər] f.; -, -n⟩ **1** *Ziffer, Zahl* **2** *Namenszeichen, Monogramm* **3** *Geheimzeichen* **4** *Kennziffer in Anzeigen;* unter einer ~ annoncieren; ~anzeige

chif|frie|ren auch: **chiff|rie|ren** ⟨[ʃif-] V. 500⟩ Buchstaben, einen Text ~ in Geheimschrift schreiben, verschlüsseln; Ggs dechiffrieren

Chi|mä|re ⟨[çi-] f.; -, -n⟩ = Schimäre

Chip ⟨[tʃip] m.; -s, -s⟩ **1** Spielmarke im Roulette **2** kleiner Span, Splitter **3** ⟨Pl.⟩ frittierte u. gewürzte Scheiben aus Kartoffeln, Mais o. Ä. **4** ⟨El.⟩ dünnes Halbleiterplättchen, auf dem sich elektronische Halbleiterschaltungen befinden

Chir|urg auch: **Chi|rurg** ⟨[çir-] m.; -en, -en; Med.⟩ jmd., der operative Eingriffe vornimmt, Facharzt für Chirurgie

Chir|ur|gie auch: **Chi|rur|gie** ⟨[çir-] f.; -; unz.; Med.⟩ **1** Heilkunst durch operative Eingriffe **2** Klinik für Chirurgie (1)

Chir|ur|gin auch: **Chi|rur|gin** ⟨[çir-] od. bair.; österr. [kir-] f.; -, -rin|nen⟩ weibl. Chirurg

Chlor ⟨[klo:r] n.; -s; unz.; chem. Zeichen: Cl⟩ in der Natur nicht frei vorkommendes chem. Element, ein gelbgrünes, stechendes Gas, Chlorgas

Cho|le|ri|ker ⟨[ko-] m.; -s, -; nach der antiken Temperamentenlehre⟩ zu Wutanfällen neigender, leicht aufbrausender Mensch

cho|le|risch ⟨[ko-] Adj.⟩ zu Wutanfällen neigend, aufbrausend, jähzornig; ein ~er Mensch

Chor[1] ⟨[ko:r] m.; -(e)s, Chö|re⟩ **1** ⟨Antike⟩ Platz für kultische Gesänge u. Tänze **2** Gruppe, die kultische Tänze vorführt **3** ⟨griech. Theat.⟩ derjenige Teil der Tragödie, der - von mehreren Sprechern gleichzeitig gesprochen - die Meinung des Volkes ausdrücken soll **4** ⟨Mus.⟩ • **4.1** mehrstimmige Gesangsgemeinschaft, größere Sängergruppe; gemischter ~ • **4.2** eine Vereinigung gleicher od. verwandter Instrumente; Bläser~ • **4.3** gemeinsamer, meist mehrstimmiger Gesang • **4.4** Musikstück für eine Sängergruppe

Chor[2] ⟨[ko:r] m. od. n.; -(e)s e. od. Chö|re⟩ den Geistlichen vorbehaltener, das Kirchenschiff abschließender Raum mit Hochaltar u. Chorgestühl

Cho|ral ⟨[ko-] m.; -s, -rä|le; Mus.⟩ **1** Gregorianischer ~ einstimmiger, unbegleiteter Chorgesang der römisch-katholischen Kirche • **1.1** protestantisches Kirchenlied

Cho|reo|gra|fie ⟨[ko-] f.; -, -n⟩ oV Choreographie **1** Schrift zum Beschreiben von Tänzen **2** Entwurf von Tänzen in einem Ballett

Cho|reo|gra|phie ⟨[ko-] f.; -, -n⟩ = *Choreografie*

Christ ⟨[krıst]⟩ **1** ⟨m.; -; unz.; volkstüml. für⟩ Christus • **1.1** der **heilige** ~ Christkind **2** ⟨m.; -en, -en⟩ Anhänger des Christentums

Christ|baum ⟨[krıst-] m.; -(e)s, -bäu|me⟩ = Weihnachtsbaum

Chris|ten|tum ⟨[krıs-] n.; -s; unz.⟩ **1** religiöse, auf Jesus Christus zurückgeführte Lehre; das ~ annehmen, verbreiten; sich zum ~ bekennen; vom ~ abfallen **2** christlicher Glaube, die gelebte Lehre Christi; ein echtes, weltoffenes, praktisches ~

christ|lich ⟨[krıst-] Adj.⟩ **1** auf Christus od. dessen Lehre zurückgehend, von Christus stammend; die ~e Religion, Lehre, Taufe; der ~e Glaube **2** zu Christus u. dem Christentum gehörig, an Christus glaubend; eine ~e Gemeinde, Bevölkerung, Kirche **3** vom Christentum geprägt, auf Christus gerichtet; eine ~e Kunst, Kultur, Moral, Ethik; das ~e Abendland **4** dem Christentum u. seinen Grundsätzen entsprechend; ein ~es Leben führen; ~ denken, handeln; ~e Güte, Nächstenliebe • **4.1** Christlich-Demokratische Union Deutschlands ⟨Abk.: CDU⟩ 1945 gegründete politische Partei auf christlicher Grundlage • **4.2** Christlich-Soziale Union in Bayern ⟨Abk.: CSU⟩ 1945 in Bayern gegründete politische Partei auf christlicher Grundlage • **4.3** Christlicher Verein Junger Menschen (früher: Männer) ⟨Abk.: CVJM⟩ 1883 gegründeter evangelischer Jugendverband mit religiösen u. sozialen Zielen • **4.4** Christliche Wissenschaft eine von Mary Baker-Eddy 1876 gegründete Glaubensgemeinschaft mit religiöser Weltanschauung u. Heilmethode **5** ⟨24⟩ kirchlich; ~es Begräbnis; jmdn. ~ trauen, bestatten

Chrom ⟨[kro:m] n.; -s; unz.; chem. Zeichen: Cr⟩ chemisches Element, silberweißes, glänzendes Schwermetall, das bei Normaltemperatur nicht oxidiert

chro|ma|tisch ⟨[kro-] Adj. 24⟩ **1** ⟨Mus.⟩ in Halbtönen fortschreitend; Ggs diatonisch (2) • **1.1** ~e **Tonleiter** aus den 12 Halbtönen gebildete Tonleiter **2** ⟨Opt.⟩ auf Zerlegung von Farben beruhend

Chro|nik ⟨[kro:-] f.; -, -en⟩ Bericht über geschichtliche Vorgänge in der Reihenfolge ihres Geschehens

chro|nisch ⟨[kro:-] Adj. 24⟩ ~e **Krankheiten** langsam verlaufende, schleichende K.; Ggs akut (2)

Chro|nist ⟨[kro-] m.; -en, -en⟩ Verfasser einer Chronik

Chro|no|lo|gie ⟨[kro-] f.; -, -n⟩ **1** Zeitkunde **2** Zeitfolge, zeitlicher Ablauf

chro|no|lo|gisch ⟨[kro-] Adj. 24⟩ dem zeitlichen Ablauf entsprechend; die ~e Abfolge von Geschehnissen; eine Biografie ~ gliedern

Chrys|an|the|me auch: **Chry|san|the|me** ⟨[krys-] f.; -, -n; Bot.⟩ einer Gattung der Korbblütler angehörige Pflanze mit großen, üppig gewachsenen strahlenförmigen Blütenköpfen; Sy Wucherblume

cir|ca ⟨[tsırka] Adv.; Abk.: ca.⟩ = zirka

Cir|cus ⟨[-] m.; -, -se⟩ = Zirkus

Ci|trat auch: **Cit|rat** ⟨n.; -(e)s, -e; fachsprachl.⟩ = Zitrat

City ⟨[sıti] f.; -, -s⟩ Innenstadt, Stadtzentrum (mit Geschäften) einer Großstadt; die ~ von Dortmund; als Fußgängerzone gestaltete ~

Clan ⟨[klæn] m.; -s, -s od. eindeutschend [kla:n] m.; -s, -e⟩ = Klan

clean ⟨[kli:n] Adj. 24/40; umg.⟩ nicht mehr drogenabhängig; nach der Entziehungskur war er ein halbes Jahr ~

cle|ver ⟨[klɛvɐ(r)] Adj.⟩ schlau, klug, geschickt handelnd; ein ~er Geschäftsmann; bei den Verhandlungen ist sie sehr ~ vorgegangen

Cle|ver|ness ⟨[klɛvɐ(r)nɛs] f.; -; unz.⟩ cleveres Wesen, Schlauheit, Klugheit, geschickte u. wendige Vorgehensweise; dieser Beruf erfordert ein hohes Maß an ~

Clinch ⟨[klıntʃ] od. [klıntʃ] m.; -es; unz.⟩ **1** ⟨Boxen⟩ Umklammerung des Gegners **2** ⟨fig.⟩ Streit, Auseinandersetzung; mit jmdm. im ~ liegen; wir haben wegen dieser Angelegenheit schon seit mehr als zwei Monaten ~

Cli|que ⟨[klɪkə] f.; -, -n⟩ **1** *Gruppe miteinander befreundeter Personen* **2** ⟨abwertend⟩ *durch gemeinsame egoistische Interessen verbundene Gruppe, Sippschaft, Klüngel;* Macht~

Clou ⟨[klu:] m.; -s, -s⟩ **1** *Höhepunkt;* der ~ vom Ganzen **2** *Zugstück, Schlager;* das war der ~!; der ~ des Abends, der Saison, der Vorstellung

Clown ⟨[klaun] m.; -s, -s⟩ **1** ⟨urspr.⟩ *die lustige Person der englischen Bühne* **2** ⟨heute⟩ *Spaßmacher im Zirkus u. Varieté;* Sy *August*[2] **3** ⟨fig.⟩ *stetig unernste od. alberne Person*

Club ⟨m.; -s, -s⟩ = *Klub (1)*

cm ⟨Abk. für⟩ *Zentimeter*

cm² ⟨Abk. für⟩ *Quadratzentimeter*

Coach ⟨[koutʃ] m.; -s, -s⟩ *Trainer, Betreuer, Manager eines Sportlers od. einer Sportmannschaft;* als ~ eines Tennisspielers tätig sein; der ~ der deutschen Nationalmannschaft

coa|chen ⟨[koutʃən] V. 500⟩ **jmdn.** ~ *als Coach für jmdn. tätig sein, jmdn. trainieren;* einen Sportler, eine Mannschaft ~; er hat die Nationalmannschaft zwei Jahre lang gecoacht

Co|balt ⟨n.; -(e)s; unz.; chem. Zeichen: Co; fachsprachl.⟩ = *Kobalt*

Co|ca-Co|la® ⟨f.; -, -s od. n.; -s, -s⟩ *mit Kohlensäure versetztes, koffeinhaltiges Erfrischungsgetränk*

Cock|pit ⟨n.; -s, -s⟩ **1** ⟨Mar.⟩ *vertiefter Sitz des Steuermanns* **2** *Vorratsraum des Schiffes* **3** ⟨Luftf.⟩ *Sitz des Piloten*

Cock|tail ⟨[kɔktɛɪl] m.; -s, -s⟩ *alkoholisches Mischgetränk*

Co|da ⟨f.; -, -s⟩ = *Koda*

Code ⟨[koud] od. [ko:d] m.; -s, -s⟩ **1** = *Kode (2)* **2** *Gesetzbuch;* oV *Kode (1);* →a. *Codex* • **2.1** ~ **civil** [ko:d sivi:l] *auf Veranlassung von Napoleon 1804 geschaffenes franz. bürgerliches Gesetzbuch* • **2.2** ~ **Napoléon** [ko:d napoleɔ̃:] *Code civil im ersten u. zweiten frz. Kaiserreich*

Co|dex ⟨m.; -, -di|ces [-tse:s]⟩ **1** = *Kodex (1)* • **1.1** ~ **argenteus** *gotische Bibelhandschrift des Wulfila (6. Jh.) in silberverziertem Einband* • **1.2** ~ **aureus** *mittelalterliche Prachthandschrift mit goldverziertem Einband* **2** = *Kodex (2)* • **2.1** ~ **Iuris Canonici** ⟨Abk.: CIC⟩ *Gesetzbuch der katholischen Kirche von 1917* • **2.2** ~ **Rubricarum** *ein von Papst Johannes XXIII. veröffentlichtes Reformwerk zur Vereinfachung der Rubriken ab 1.1.1961*

co|die|ren ⟨V. 500⟩ = *kodieren*

Cof|fe|in ⟨n.; -s; unz.; fachsprachl.⟩ = *Koffein*

Co|gnac® *auch:* **Cog|nac®** ⟨[kɔnjak] m.; -s, -s⟩ *in der Region der frz. Stadt Cognac hergestellter Weinbrand;* →a. *Kognak*

Coif|feur ⟨[koafø:r] m.; -s od. -e; bes. schweiz.⟩ *Friseur*

Coif|feuse ⟨[koafø:z(ə)] f.; -, -n; bes. schweiz.⟩ *Friseuse*

Co|i|tus ⟨m.; -; unz.⟩ = *Koitus*

Co|la ⟨f.; -, -s od. n.; -s, -s; kurz für⟩ *Coca-Cola®*

Col|la|ge ⟨[-ʒə] f.; -, -n⟩ **1** ⟨bildende Kunst⟩ *aus Papier, Fotos od. anderem Material geklebtes Bild* **2** ⟨Lit.⟩ • **2.1** *Technik der Kombination unverändert übernommener Textteile aus verschiedenen literar. Werken innerhalb eines neuen Werkes* • **2.2** *mit Hilfe dieser Technik gestaltetes Werk* **3** ⟨Mus.⟩ *Einarbeitung vorhandener musikal. Fragmente in neue Kompositionen*

Col|lie ⟨m.; -s, -s; Zool.⟩ *schottischer Schäferhund, mittelgroße, langhaarige Hunderasse mit langer, flacher Schnauze*

Colt® ⟨[kɔlt] m.; -s, -s⟩ *Revolver*

Com|bo ⟨f.; -, -s; Mus.; Jazz⟩ *kleine Musikkapelle für Jazz- od. Tanzmusik*

Come-back *auch:* **Come|back** ⟨[kʌmbæk] n.; -s, -s⟩ *erfolgreiches Wiederauftreten, Rückkehr eines Künstlers od. einer bekannten Person (nach längerer Pause)*

Com|pact Disc ⟨[kɔmpɛkt dɪsk] f.; - -, - -s; Abk.: CD⟩ *dünne runde Scheibe, auf der Musik od. andere Information gespeichert u. durch Laserstrahl abgetastet u. wiedergegeben wird;* oV *Compact Disk*

Com|pact Disk ⟨[kɔmpɛkt dɪsk] f.; - -, - -s; Abk.: CD⟩ = *Compact Disc*

Com|pu|ter ⟨[-pju:-] m.; -s, -; EDV⟩ *elektronische Datenverarbeitungsmaschine*

Com|pu|ter|pro|gramm ⟨[-pju:-] n.; -(e)s, -e; EDV⟩ *eindeutige Befehle, die den Computer veranlassen, bestimmte Abläufe od. Aufträge in einer bestimmten Reihenfolge auszuführen;* ein neues ~ installieren

Con|fi|se|rie ⟨f.; -, -n; schweiz.⟩ = *Konfiserie*

Con|tai|ner ⟨[-tɛ:-] m.; -s, -⟩ *Großbehälter zur Aufbewahrung (u. Beförderung) von Gütern;* Altglas~

con|tra *auch:* **con|tra** ⟨Präp.⟩ = *kontra*

cool ⟨[ku:l] Adj.; umg.⟩ **1** ⟨salopp⟩ *kühl, nüchtern, ohne Erregung, ohne Gefühl;* er bleibt in jeder Situation ~ • **1.1** immer schön ~ bleiben! *nicht aufregen!* **2** ⟨Jugendspr.⟩ *prima, super;* du siehst echt ~ aus

Co|pi|lot ⟨m.; -en, -en⟩ = *Kopilot*

Co|py|right ⟨[kɔpiraɪt] n.; -s, -s; Zeichen: ©⟩ *Urheberrecht*

Cord ⟨m.; -(e)s, -e⟩ = *Kord*

Cor|ned|beef ⟨[kɔ:rn(ə)dbi:f]⟩ *auch:* **Cor|ned Beef** ⟨n.; (-) -; unz.⟩ *zerkleinertes u. gepökeltes Rindfleisch (in Büchsen)*

Corps ⟨[ko:r] n.; - [ko:rs], - [ko:rs]⟩ **1** = *Korps* • **1.1** ~ **consulaire** [ko:r kɔ̃syle:r] ⟨Abk.: CC⟩ *Gesamtheit der Angehörigen fremder Konsulate in einem Land* • **1.2** ~ **diplomatique** [ko:r -ti:k] ⟨Abk.: CD⟩ *diplomatisches Korps*

Cor|pus ⟨n.; -, Cor|po|ra⟩ **1** ⟨Pl.: -se; Med.⟩ = *Korpus' (2)* • **1.1** ~ **Christi** ⟨kath. Rel.⟩ *der Leib Christi im Abendmahl (der in der Hostie versinnbildlicht wird)* • **1.2** ~ **Delicti** ⟨Rechtsw.⟩ *als Beweismaterial für die Aufklärung eines Verbrechens dienender Gegenstand* • **1.2.1** ⟨geh.; scherzh.⟩ *Beweisstück, ein Missgeschick od. eine Untat bezeugender Gegenstand;* das ~ Delicti, die teuer erstandene Vase, lag zerschlagen am Boden **2** = *Korpus² (1)* **3** ⟨Bot.⟩ *zentraler Teil der Sprossspitze bei Samenpflanzen*

Cot|ton ⟨[kɔtən] m. od. n.; -s; unz.; Textilw.⟩ *Baumwolle, Gewebe aus Baumwolle;* 100 % ~

Couch ⟨[kautʃ] f.; -, -es [-tʃɪz] od. -en⟩ *breites Liegesofa mit niedriger Lehne;* Schlaf~

Count-down

Count-down *auch:* **Count|down** ⟨[kaʊntdaʊn] m.; -s, -s od. n.; -s, -s⟩ **1** *hörbares Rückwärtszählen (von zehn od. einer anderen Ziffer) bis null als Vorbereitung auf einen zeitlich genau terminierten Start;* der ~ läuft **2** ⟨a. fig.⟩ *die letzte Phase vor dem Beginn eines wichtigen Unternehmens;* der ~ hat begonnen

Coup ⟨[kuː] m.; -s, -s⟩ **1** *Schlag, Hieb* **2** *Trick, Kniff, Kunstgriff* **3** *überraschendes Vorgehen* • 3.1 ~ d'État [- detɑ] *Staatsstreich*

Cou|pé ⟨[kupeː] n.; -s, -s⟩ = *Kupee*

Cou|pon ⟨[-põː] m.; -s, -s⟩ = *Kupon*

Cou|ra|ge ⟨[kuraːʒə] f.; -; unz.⟩ *Mut, Schneid;* dazu gehört ~!; er hat dabei viel ~ gezeigt

Cou|sin ⟨[kuzɛ̃ː] m.; -s, -s⟩ = *Vetter*

Cou|si|ne ⟨[ku-] f.; -, -n⟩ = *Kusine*

Cou|vert ⟨[kuvɛrt] od. [kuveːr] n.; -s, -s; schweiz.⟩ = *Kuvert*

Co|ver ⟨[kʌvə(r)] n.; -s, - od. -s⟩ **1** *Hülle einer CD, Schallplatte, DVD usw.* **2** *Titelseite von Illustrierten* (~girl)

Cow|boy ⟨[kaʊbɔɪ] m.; -s, -s⟩ *berittener nordamerikanischer Rinderhirt*

Co|yo|te ⟨m.; -n, -n⟩ = *Kojote*

Crack¹ ⟨[kræk] m.; -s, -s⟩ **1** *Spitzensportler, sehr erfolgreicher Sportler* • 1.1 *hervorragender Fachmann, Kapazität (3);* er ist ein ~ in der Atomphysik **2** *hervorragendes, Spitzenleistungen erbringendes Rennpferd*

Crack² ⟨[kræk] n.; -s; unz.⟩ *ein synthetisches Rauschmittel, das Kokain enthält*

Cre|do ⟨n.; -s, -s⟩ = *Kredo*

creme ⟨[kreːm] Adj. 11/40⟩ *cremefarben, beige, von leicht gelblicher Farbe*

Creme ⟨[kreːm] f.; -, -s⟩ oV *Krem, Kreme* **1** *steife, die Form haltende, schlagsahne- od. salbenähnliche Flüssigkeit* • 1.1 *feine, mit Sahne zubereitete Süßspeise, bes. als Füllung für Süßigkeiten u. Torten;* ~schnittchen • 1.2 *Hautsalbe* **2** ⟨unz.; fig.⟩ *das Erlesenste* • 2.1 die ~ der **Gesellschaft** *gesellschaftliche Oberschicht*

Crème de la Crème ⟨[krɛːm də la krɛːm] f.; - - - -; unz.; umg.; auch abwertend od. iron.⟩ *auserlesener Kreis der gesellschaftlichen Oberschicht*

Crêpe ⟨[krɛp] m.; -s, -s od. -e⟩ = *Krepp*

Crux ⟨f.; -; unz.⟩ oV *Krux* **1** *Last, Bürde;* das ist eine ~! **2** *entscheidende Schwierigkeit, Knackpunkt;* die ~ dabei ist Folgendes …

Csar|das *auch:* **Csár|dás** ⟨[tʃɑrdɑʃ] m.; -, -; Mus.⟩ *ungarischer Nationaltanz im ³/₄-Takt*

Cup ⟨[kʌp] m.; -s, -s⟩ **1** *Pokal* **2** *Ehrenpreis bei Sportwettkämpfen* **3** *der Wettkampf um einen Cup (2);* Davis~

Cur|ry ⟨[kœrɪ] od. [kʌrɪ] m.; -s, -s od. n.; -s, -s⟩ **1** ⟨unz.⟩ *dunkelgelbes Gewürzpulver aus indischen Gewürzen* **2** ⟨zählb.; Kochk.⟩ *indisches Gericht mit Fleisch od. Fisch in einer scharfen, mit Curry (1) gewürzten Soße*

cut|ten ⟨[kʌtən] V. 402⟩ *Filmaufnahmen ~ zurechtschneiden, für die endgültige Fassung nach künstlerischen Gesichtspunkten schneiden, umstellen u. wieder zusammenkleben*

Cut|ter ⟨[kʌtə(r)] m.; -s, -⟩ *jmd., der beruflich Filmaufnahmen für die endgültige Fassung zurechtschneidet, Schnittmeister*

Cut|te|rin ⟨[kʌt-] f.; -, -rin|nen⟩ *weibl. Cutter*

da¹ ⟨Adv.⟩ **1** ⟨örtlich⟩ • **1.1** *dort, an jener Stelle;* der Mann ~ kommt mir verdächtig vor; das Unglück geschah ~, wo die Straße stark abfällt; ~ habe ich vor Jahren einmal gewohnt; ~ kommt er endlich!; lass das ~ liegen!; ~ sehen Sie die höchste Erhebung des Taunus; sieh ~!; ~ draußen, drinnen, drüben wartet er; ~ steht er ja schon!; der Weg führt ~ durch, entlang, hinauf, hinüber, hinunter; ~ hinten, oben, unten, vorn liegt das Buch; hier und ~, ~ und dort sahen wir Pilze im Walde; von ~ ging es weiter zur Raststätte; wer ist ~?; hallo, du ~, …! ⟨umg.⟩; bitte von dieser Sorte Wurst ~ ⟨umg.⟩ • **1.1.1** (halt,) wer ~? ⟨Mil.⟩ *(Ruf des Postens)* • **1.2** *hier, an dieser Stelle;* ~ hast du das Gewünschte; ~, nimm den Brief mit! • **1.2.1** ~ **sein** *anwesend, gegenwärtig, zugegen sein, vorhanden;* ich komme erst, wenn er ~ ist, ~ war; ist jemand ~?; es ist niemand ~; wäre er nicht ~, so hätte er …; es ist kein Brot mehr ~ • **1.2.1.1** ich bin gleich wieder ~ *gleich wieder zurück* • **1.2.1.2** **für, zu etwas** ~ **sein** *vorgesehen, bestimmt sein;* du kannst das Geld verbrauchen, dazu ist es ja ~; dafür bin ich nicht ~, dass ich diese Arbeit erledige • **1.2.1.3** *leben, bestehen, existieren;* ich will nur für dich ~ sein • **1.2.1.4** das ist noch nicht ~ gewesen! *noch nicht vorgekommen* • **1.3** nichts ~! ⟨umg.⟩ *das gibt es nicht, das kommt nicht infrage* **2** ⟨zeitlich⟩ *zu dieser Zeit, in diesem Augenblick;* haben wir ~ alle gelacht!; doch ~ sagte er plötzlich, …; von ~ an war nicht mehr mit ihm zu reden • **2.1** hier und ~ *zuweilen* • **2.2** ~ siehst du, … *(erst) jetzt merkst du, stellst du fest …* **3** ⟨folgend⟩ *unter diesen Umständen, in diesem Fall;* ~ haben Sie Unrecht!; was kann ich ~ machen?; ~ kann man nur noch resignieren; ~ muss man vorsichtig sein!; und ~ wagst du noch zu behaupten … • **3.1** ~ hast du's *jetzt musst du auch einsehen, was ich vorausgesehen habe* **4** ⟨abstrakt⟩ **als** ~ **sind** (bei Aufzählungen) *nämlich* • **4.1** ~ **schau her!** *(Ausruf des Erstaunens)* **5** ⟨Relativadv.; veraltet; noch poet.⟩ *die Stelle,* ~ *er begraben liegt; der Tag,* ~ *die Wende eintrat*

da² ⟨kausale Konj.; im Unterschied zu „weil" häufig dann verwendet, wenn das Geschehen im kausalen Gliedsatz als bekannt vorausgesetzt wird⟩ *aus dem Grunde, dass …;* ~ es doch nicht mehr zu ändern ist, müssen wir uns damit abfinden; ~ ich nicht kommen kann, wird mein Bruder mich vertreten; ~ aber, ~ doch, ~ ja, ~ jedoch, ~ nun einmal …

da|bei ⟨a. ['--], bes. bei betonten Hinweisen auf etwas Bestimmtes; Pronominaladv.⟩ **1** *nahe, in der Nähe,* daneben; ein Haus mit Garten ~; ganz nahe ~ befindet sich … • **1.1** ~ **sein** *anwesend, beteiligt sein;* der Junge ist ~ gewesen; er ist jedes Mal ~, wenn ein Streich geplant ist; ~ zu sein bedeutet mir sehr viel • **1.1.1** ich bin ~! ⟨umg.⟩ *bin einverstanden, mache mit* • **1.1.2** ~ **sein** *etwas zu tun damit beschäftigt sein;* ihr könntet schon lange ~ sein, den Koffer zu packen • **1.1.3** ich bin schon ~! *ich habe schon damit begonnen* • **1.2** *dazu;* eine Suppe mit Fleisch ~ **2** *bei dieser Tätigkeit, diesem Vorgang, Zustand, währenddessen, zudem;* er arbeitete und hörte ~ Radio; er stürzte und verletzte sich ~; er ist taub und ~ gelähmt; ~ kann man nichts lernen; ohne sich etwas ~ zu denken; er fühlt sich wohl ~; stell dir doch zum Bügeln das Bügelbrett möglichst niedrig ein, damit du ~ sitzen kannst; manche können besser bügeln, wenn sie ~ stehen • **2.1** ~ kommt nichts heraus *das führt zu nichts* • **2.2** es bleibt ~! *wie vereinbart, es wird nichts geändert* **3** *was das betrifft;* du bekommst das Geld, aber ~ handelt es sich nur um einen Zuschuss; das ist ~ noch nicht einmal das Schlimmste **4** *entgegengesetzt zu dem, wovon gerade gesprochen wird, doch;* bei ihm zeigen sich schon früh Alterserscheinungen, und ~ hat er stets gesund gelebt; er ist reich und ~ bescheiden **5** ~ **bleiben** *darauf beharren;* er bleibt ~, dass er mir Bescheid gesagt habe **6** ~ **sein, finden** ⟨umg.⟩ *daran bedenklich sein, finden;* was ist denn schon ~?; es ist doch nichts ~, wenn man …; ich kann ~ nichts finden

da|bei|blei|ben ⟨V. 114/400(s.)⟩ *bei einer Person, Sache, Tätigkeit bleiben;* auch als die anderen gingen, blieb sie dabei; er war als Bäcker tätig und ist dabeigeblieben; ⟨aber Getrenntschreibung⟩ dabei bleiben → *dabei (5)*

da|bei|sein ⟨alte Schreibung für⟩ *dabei sein*

da|bei|sit|zen ⟨V. 246/400⟩ *bei jmdm. (od. etwas) sitzen, bleiben;* ich möchte gern ~, wenn ihr euch unterhaltet; ⟨aber Getrenntschreibung⟩ dabei sitzen → *dabei (2)*

da|blei|ben ⟨V. 114/400(s.)⟩ **1** *nicht fortgehen, hierbleiben;* könnt ihr noch eine Weile ~?; du kannst die Nacht über ~; bleib doch noch einen Augenblick da! • **1.1** *nachsitzen in der Schule;* ⟨aber Getrenntschreibung⟩ da bleiben → *da (1)*

Dach ⟨n.; -(e)s, Dä|cher⟩ **1** *oberer Abschluss eines Gebäudes;* Flach~, Ziegel~; ein abgeschrägtes, flaches, spitzes ~; ein ~ abtragen, aufsetzen, ausbessern, decken • **1.1** mit jmdm. unter einem ~ wohnen *in demselben Haus* • **1.2** unterm ~ wohnen *im obersten Stockwerk, in einer Mansarde* • **1.3** noch kein ~ überm Kopf haben ⟨fig.⟩ *noch nirgends untergekommen sein* • **1.4** die Ernte unter ~ bringen *einbringen, sichern* • **1.5** die Spatzen pfeifen es vom ~, von den Dächern ⟨fig.⟩ *es ist allgemein bekannt* • **1.6** unter ~ und **Fach** *in Sicherheit, geschützt;* unter ~ und Fach sein; eine Angelegenheit unter ~ und Fach bringen • **1.7** jmdm. aufs ~ **steigen** ⟨fig.; umg.⟩ *jmdn. rügen, tadeln, schelten* • **1.8** **eins aufs** ~ **bekommen** ⟨fig.; umg.⟩ *gerügt, zurechtgewiesen werden* **2** *Bedeckung, Wetterschutz;* Schirm~; Wagen~; Wetter~ **3** ⟨meist in Zus.⟩ *Zentrale, übergeordnete Organisation;* ~organisation; ~verband **4** ⟨Bgb.⟩ *über dem Abbau überhängendes Gestein* **5** *das* ~ *der Welt* ⟨fig.⟩ *das Hochland von Pamir*

Dach|de|cker ⟨m.; -s, -⟩ *Bauhandwerker, der Dächer herstellt u. ausbessert*

Dach|gar|ten ⟨m.; -s, -gär|ten⟩ *Gartenanlage, Terrasse auf dem Flachdach eines Hauses*

Dach|or|ga|ni|sa|ti|on ⟨f.; -, -en; fig.⟩ *übergeordnete Organisation, die verschiedene Organisationen zusammenfasst u. einheitlich leitet*

Dach|rin|ne ⟨f.; -, -n⟩ *an der unteren Kante des Daches befestigte Rinne zum Auffangen des Regenwassers;* Sy *Dachtraufe, Regenrinne*

Dachs ⟨[-ks] m.; -es, -e; Zool.⟩ **1** *Angehöriger einer Unterfamilie der Familie der Marder, plumpes Tier mit fast rüsselförmiger Schnauze: Meles meles* ● **1.1** *schlafen wie ein ~ sehr fest u. lange schlafen* **2** ⟨fig.; umg.⟩ *unerfahrener, junger Bursche;* so ein junger ~!

Dachs|hund ⟨[-ks-] m.; -(e)s, -e; Zool.⟩ *zur Dachs- u. Fuchsjagd bes. gut geeignete krumm- u. kurzbeinige Hunderasse mit Hängeohren;* Sy *Dackel*

Dach|stuhl ⟨m.; -(e)s, -stüh|le⟩ *das tragende Gerüst des Daches;* den ~ *aufsetzen*

Dach|trau|fe ⟨f.; -, -n⟩ = *Dachrinne*

Dach|zie|gel ⟨m.; -s, -⟩ *zum Dachdecken verwendetes Bauelement aus Lehm od. Ton*

Da|ckel ⟨m.; -s, -⟩ = *Dachshund;* oV *Teckel*

da|durch ⟨a. ['--] Pronominaladv.⟩ **1** *durch diesen Umstand;* ~ *geriet er in Rückstand; er hatte* ~ *große Verluste* ● **1.1** ~, **dass** … *durch den Umstand, dass* …; ~, *dass mein Zug Verspätung hatte, konnte ich nicht rechtzeitig kommen; er genießt viele Vorteile* ~, *dass er der Älteste ist* **2** ⟨nur ['--]⟩ *durch diese Öffnung, Gegend usw.;* soll ich *durch diese Tür gehen od.* ~?; ⟨aber Getrenntschreibung⟩ da durch ⟨umg.⟩ → **da¹** (1)

da|für ⟨a. ['--], bes. bei betonten Hinweisen auf etwas Bestimmtes; Pronominaladv.⟩ **1** *für dieses;* Ggs *dagegen (2)* ● **1.1** ich werde ~ *sorgen, dass bald mit der Arbeit begonnen wird* ich werde mich darum kümmern, dass … ● **1.2** *er ist kein Fachmann, hält sich aber* ~ *für einen solchen* ● **1.3** *für diesen Umstand, hinsichtlich dieser Sache;* er ist ~ *bestraft worden, dass er* …; ~ *ist er noch zu jung; er ist bekannt* ~, *stets schnell zu handeln* ● **1.3.1** *das Kind kann nichts* ~ ⟨umg.⟩ *hat keine Schuld daran* ● **1.4** ~ *sein zustimmen, einverstanden sein, einer bestimmten Ansicht sein;* Ggs *dagegen (2);* wer ist ~?; alle sind ~; er ist ~, *bald umzuziehen; er ist* ~, *dass wir umziehen* ● **1.4.1** *zugunsten dieser Sache;* ~! (bei Abstimmungen); wer stimmt ~? ● **1.5** *als Gegenwert, Ausgleich für dieses;* ~ *bekommt man nichts* ● **1.5.1** *als Preis, Entgelt für dieses;* ~ *will er nur ein paar Cent berechnen; und dies ist nun der Dank* ~! ⟨iron.⟩ ● **1.5.2** *als Ersatz für dieses, stattdessen;* er beherrscht die französische Sprache nur schlecht, ~ *aber die englische umso besser* ● **1.6** *für diesen Zweck, diese Bestimmung;* ~ *hat er nicht die geringsten Voraussetzungen* **2** ⟨umg.⟩ *dagegen (2.1);* ~ gibt es kein Mittel

3 ⟨umg.⟩ *aufgrund bestimmter Umstände;* er wurde nicht seekrank, ~ *war er ja Seemann* **4** ⟨Getrennt- u. Zusammenschreibung⟩ ● **4.1** ~ können = *dafürkönnen* ● **4.2** ~ stehen = *dafürstehen*

da|für|hal|ten ⟨V. 160/500; veraltet⟩ **etwas** ~ *der Meinung sein, meinen;* ich halte dafür, dass es besser sei, es zu sagen; nach meinem Dafürhalten; ⟨aber Getrenntschreibung⟩ dafür halten → *dafür (1.3)*

da|für|kön|nen auch: **da|für kön|nen** ⟨V. 171/500; umg.⟩ **etwas** ~ *Schuld haben;* ich kann nichts dafür

da|für|spre|chen ⟨V. 251/400⟩ **1** *etwas od. jmdn. positiv kennzeichnen* **2** *auf etwas hindeuten, eine Annahme nahelegen;* alles spricht dafür, dass es sich so zugetragen hat

da|für|ste|hen auch: **da|für ste|hen** ⟨V. 256⟩ **1** *gutstehen, einstehen für etwas* ● **1.1** ⟨401(s.)⟩ *es steht nicht dafür* ⟨österr.⟩ *hat keinen Wert, lohnt sich nicht*

da|ge|gen ⟨a. ['--], bes. bei betonten Hinweisen auf etwas Bestimmtes; Pronominaladv.⟩ **1** ⟨räuml.⟩ *gegen das Erwähnte, Bezeichnete* ● **1.1** als er an der Mauer stand, lehnte er sich ~ *an sie an* ● **1.2** ein Felsbrocken lag im Weg und er fuhr ~ *auf ihn auf* **2** *gegen dieses;* Ggs *dafür (1.5);* wir wenden uns ~; sie kämpfen ~, solange sie können ● **2.1** *zum Schutz, zur Abwehr, Abhilfe;* was kann man ~ tun?; gibt es kein Mittel ~? ● **2.1.1** ~ *ist nichts zu machen damit muss man sich abfinden* ● **2.2** *zuungunsten dieser Sache;* ~! (bei Abstimmungen); er hat 1000 Einwendungen ~; er sagte nichts ~, aber auch nichts dafür ● **2.2.1** wenn Sie nichts ~ haben, würde ich gern … *wenn Sie einverstanden sind* ● **2.3** ~ **sein** *nicht zustimmen, nicht einverstanden sein;* wer ist ~?; ich bin ~; die öffentliche Meinung ist ~ ● **2.4** *hierauf, hierzu;* ~ *nichts einzuwenden* ● **2.5** *jedoch, im Gegensatz dazu, indessen;* ich habe stets Zeit für dich, du für mich ~ nie; er tanzt großartig, ~ bist du nur ein Anfänger ● **2.6** *dafür (1.6), als Gegenwert, Ersatz für dieses;* im Tausch ~ versprach er ihr ein neues Auto

da|ge|gen|hal|ten ⟨V. 160/500⟩ **1 etwas** ~ *etwas vergleichen, nebeneinanderstellen;* man müsste zum Vergleich einmal den Originaltext ~ **2** ⟨503⟩ **(jmdm.) etwas** ~ *entgegnen, antworten;* was hast du ihm dagegengehalten?

da|heim ⟨Adv.⟩ **1** *zu Hause;* ~ sein; ~ bei mir …; wir wollen es uns ~ *gemütlich machen;* bitte fühlen Sie sich hier ganz wie ~!; *auf eine Nachricht von* ~ *warten* ● **1.1** für niemanden ~ sein *nicht zu sprechen sein* ● **1.2** ~ ist ~! *zu Hause fühlt man sich am wohlsten* ● **1.3** wie geht's ~? ⟨umg.⟩ *den nächsten Angehörigen* **2** *auf* einem **Gebiet** ~ sein ⟨fig.; umg.⟩ *es beherrschen*

da|her ⟨Pronominaladv.⟩ **1** ⟨räuml.⟩ *(von) dorther, aus dieser bestimmten Richtung;* von ~ *muss er gekommen sein* ● **1.1** *weht also der Wind* ⟨fig.; umg.⟩ *so ist das also, jetzt merke ich die Absicht* **2** *(von) diesem Umstand her, deshalb, deswegen, darum;* ~ *rührt seine Abneigung gegen* …; ~ also!; ~ kommt es, dass er sich benachteiligt fühlt; das kommt nur ~, weil du nicht genug gearbeitet hast; ~ hat er seine Geschicklichkeit; er hat sich jahrelang mit diesem

Problem beschäftigt, ~ kann er es am besten beurteilen; ich war Augenzeuge und kann ~ den Unfall genau beschreiben

da|her|ge|lau|fen ⟨Adj. 24/60; abwertend⟩ *von ungewisser, zweifelhafter Herkunft, heruntergekommen, schäbig;* ein ~er Mensch

Da|her|ge|lau|fe|ne(r) ⟨f. 2 (m. 1)⟩ *abwertend⟩ jmd., der von ungewisser, zweifelhafter Herkunft ist, Person ohne Ansehen;* diese Unterlagen können sie doch nicht jedem ~n zeigen

da|her|kom|men ⟨V. 170/400(s.); umg.⟩ **1** *(unerwartet) kommen, hinzukommen, sich nähern;* er ist einfach ~ u. hat mich getreten • **1.1** ⟨umg.⟩ *sich jmdm. gegenüber unpassend verhalten od. äußern;* er ist mir so blöd dahergekommen, dass ich seine Bitte gleich abgelehnt habe; ⟨aber Getrenntschreibung⟩ daher kommen → *daher (1, 2)*

da|her|re|den ⟨V. 410 od. 500; umg.; abwertend⟩ *etwas ~ planlos, ohne Sinn u. Gehalt reden;* du solltest nicht so viel ~!; er hat nur Unsinn dahergeredet

da|hin ⟨a. ['--], bes. bei betonten Hinweisen auf etwas Bestimmtes; Pronominaladv.⟩ **1** *an diesen Ort, zu dieser bestimmten Stelle;* auf diesem Weg kommen wir nie ~; ~ und dorthin gehen; bis ~ kannst du fahren, den Rest des Weges musst du gehen **2** *in diese Richtung;* meine Meinung geht ~, dass ... • **2.1** seine Bemühungen gehen ~, dass ... *zielen darauf* **3** *so weit, bis zu diesem Zustand;* ~ hat ihn seine Trägheit gebracht; schließlich ist es ~ gekommen, dass ...; musste es ~ mit dir kommen? • **3.1** *jmdn. ~ bringen, dass ... in der Art beeinflussen, dass ...* • **3.2** *jmd. bringt es ~ erreicht es* **4** *bis ~ bis zu diesem Zeitpunkt;* es ist noch genug Zeit bis ~; bis ~ müssen wir warten • **4.1** ich freue mich auf unser Wiedersehen, bis ~ viele Grüße *inzwischen* **5** ⟨nur [-'-] Adv.; fig.⟩ *vergangen, verloren, vorbei;* alles Geld ist ~; Jugend und Schönheit sind schnell ~; sein Leben ist ~; sein guter Ruf ist endgültig ~ • **5.1** *jmd. ist ~ tot* **6** ⟨Getrennt- u. Zusammenschreibung⟩ • **6.1** ~ *gehend = dahingehend*

da|hin|ei|len ⟨V. 400(s.)⟩ **1** *sich schnell fortbewegen;* er eilte dahin, um ... **2** *etwas eilt dahin* ⟨fig.⟩ *verfliegt, vergeht schnell;* die Zeit eilt nur so dahin

da|hin|ge|gen ⟨Konj.; geh.⟩ *jedoch;* sie ~ wollte ...

da|hin|ge|hen ⟨V. 145/400(s.)⟩ **1** *seines Weges gehen* **2** *etwas geht dahin* ⟨fig.; geh.⟩ *vergeht;* wie schnell sind doch die letzten Jahre dahingegangen; die Zeit geht dahin **3** ⟨poet.⟩ *sterben;* er ist dahingegangen; ⟨aber Getrenntschreibung⟩ dahin gehen → *dahin (1)*

da|hin|ge|hend *auch:* **da|hin ge|hend** ⟨Adv.⟩ *auf ein bestimmtes Ziel gerichtet;* sich ~ äußern, einigen, dass ...

da|hin|stel|len ⟨V. 500; nur Part. Perf. in der Wendung⟩ **1** *etwas dahingestellt sein lassen etwas unentschieden lassen, offenlassen;* wir wollen wir einstweilen dahingestellt sein lassen **2** *etwas bleibt ~,* ist, sei dahingestellt *etwas ist offen, fraglich;* es bleibe dahingestellt, ob ...; ⟨aber Getrenntschreibung⟩ dahin stellen → *dahin (1)*

da|hin|ten ⟨Adv.⟩ *dort hinten;* ~ siehst du das Haus

da|hin|ter ⟨Pronominaladv.⟩ **1** *hinter diesem, hinter diese(n, -s);* Ggs *davor (1);* bald kommen Sie an den Ortsausgang und ~ beginnt gleich der Wald • **1.1** ⟨fig.⟩ *als Grundlage* • **1.1.1** er schießt zwar auf das Tor, aber es steckt keine Kraft ~ *aber nicht kraftvoll* • **1.1.2** es ist **nichts,** nicht viel ~ ⟨umg.⟩ *es ist nicht viel wert* • **1.1.3** große Klappe und nichts ~ ⟨fig.; umg.⟩ *jmd. hat viel angekündigt u. wenig davon eingehalten*

da|hin|ter|kom|men ⟨V. 170/400 od. 410(s.); fig.; umg.⟩ *entdecken, erfassen, ausfindig machen;* ich konnte einfach nicht ~, was das bedeuten soll; wir werden ~, was er vorhat; ⟨aber Getrenntschreibung⟩ dahinter kommen → *dahinter (1)*

Dah|lie ⟨[-ljə] f.; -, -n; Bot.⟩ *einer Gattung der Korbblütler angehörende Zierpflanze, die in vielen Farben blüht u. sich in der Erde durch Teilung der Knollen vermehrt*

da|mals ⟨Adv.⟩ *zu einem bestimmten vergangenen Zeitpunkt, zu jener Zeit;* das war schon ~ der Fall; ~ war sie noch ledig; es ging ihm ~ nicht besonders gut

Da|mast ⟨m.; -(e)s, -e; Textilw.⟩ *Gewebe mit eingewebtem gleichfarbigen Muster*

Da|me ⟨f.; -, -n⟩ **1** ⟨urspr.⟩ *Frau von Adel* **2** ⟨danach⟩ *gebildete Frau mit gepflegtem Äußeren u. Benehmen (aus guter bürgerlicher Familie);* eine ~ der besten Gesellschaft; die vornehme ~ hervorkehren, spielen **3** ⟨höfl. für⟩ *Frau;* ~nfußball; ~mode; ~nriege; eine alte, ältere, junge, jüngere, vornehme, würdige ~; eine junge ~ möchte Sie sprechen; ich habe ihn mit einer mir unbekannten ~ gesehen; die ~ seines Herzens ⟨scherzh.⟩; meine ~n und Herren! (Anrede); (für) ~n (Aufschrift an Toiletten); Mode für ~n • **3.1** die ~ **des Hauses** ⟨geh.⟩ *Hausherrin, Gastgeberin* • **3.2** nach dem Tanz führt der Herr seine ~ an ihren Platz zurück ⟨geh.⟩ *seine Tischnachbarin, Tanzpartnerin* **4** ⟨Schachspiel⟩ *für den Angriff die stärkste Figur, die geradlinig in allen Richtungen u. schlagen kann;* Sy *König (3);* mit der ~ ziehen **5** *Damespiel, ein Brettspiel;* ~ spielen • **5.1** *Doppelstein im Damespiel* **6** ⟨Kart.⟩ *dritthöchste Spielkarte;* die ~ ausspielen

da|mit ⟨a. ['--], bes. bei betonten Hinweisen auf etwas Bestimmtes; Pronominaladv.⟩ **1** *mit diesem;* du sollst endlich ~ aufhören!; er kann nicht ~ umgehen; ~ ist es jetzt aus! • **1.1** wie steht's ~ ? *wie weit ist diese Angelegenheit gediehen?* • **1.2** und ~ basta! ⟨umg.⟩ *Schluss jetzt!* • **1.3** es ist aus ~ *die Angelegenheit hat sich erledigt, wurde beendet, ich will nichts mehr mit dieser Sache zu tun haben* • **1.4** es ist nichts ~ *es taugt nichts* • **1.5** her ~! ⟨umg.⟩ *gib es mir!* • **1.6** heraus ~! ⟨umg.⟩ *nun sag' schon!* • **1.7** ~ anfangen zu arbeiten *mit der Arbeit anfangen* • **1.8** er rechnet ~, den ersten Preis zu gewinnen *mit dem Gewinn des ersten Preises* • **1.9** *mittels dieses Gegenstands, mit dessen Hilfe;* er nahm den Hammer und zerschlug ~ die Scheibe • **1.10** *mit diesem ausgestattet, versehen;* er hat sein Gehalt, ~ muss er auskommen • **1.11** *dadurch, infolgedessen, somit;* er hat ihn zum Arzt ge-

dämlich

bracht und ihm ~ das Leben gerettet; sie hätte langsamer und ~ gründlicher arbeiten müssen; der Franzose hatte die höchste Punktzahl erreicht und war ~ Sieger; ~, dass er weiter lügt, schadet er sich selbst; das Haus ist baufällig und ~ unbewohnbar • 1.12 *zugleich mit diesem, unmittelbar darauf;* der Vorhang öffnete sich und ~ begann das Spiel **2** ⟨nur [-'-] Konj.⟩ *in der Absicht, zu dem Zweck, dass …;* Sy *dass (3.6);* →a. *auf¹ (1.4.4);* ich sage es, ~ ihr Bescheid wisst; ~ wir uns recht verstehen, ich …

däm|lich ⟨Adj.; umg.; abwertend⟩ *dumm, unwissend, einfältig;* wie kann man nur so ~ sein!

Damm ⟨m.; -(e)s, Däm|me⟩ **1** *aufgeschütteter, fester Erdkörper als Unterbau von Eisenbahnlinien, Straßen usw. zum Schutz gegen Hochwasser (Deich), gemauert zur Sicherung von Hafenanlagen usw.;* Bahn~, Erd~, Straßen~; Hafen~; einen ~ aufschütten, errichten • 1.1 jmdn. wieder **auf den** ~ **bringen** ⟨fig.; umg.⟩ *jmdm. helfen, jmdn. aufrichten, ermuntern, gesundmachen* • 1.2 wieder **auf dem** ~ **sein** ⟨fig.; umg.⟩ *gesund, munter sein* • 1.3 ⟨veraltet; noch regional⟩ *befestigte Fahrstraße;* Kurfürsten~ **2** ⟨fig.⟩ *Widerstand, innerliches Absperren gegen etwas;* der Willkür einen ~ entgegensetzen **3** ⟨Anat.⟩ *Gegend zwischen After u. Geschlechtsteilen: Perineum* **4** ⟨Orgelbau⟩ *Holz, auf dem der Stimmstock liegt*

däm|men ⟨V. 500⟩ **1** das **Wasser**, den Fluss ~ *stauen, durch einen Damm aufhalten* • 1.1 **Räume gegen Wärme (Kälte)** ~ ⟨Tech.⟩ *vor Temperatureinflüssen schützen* **2** etwas ~ ⟨fig.⟩ *einschränken, hemmen, eindämmen;* jmds. Zorn ~; die Seuche war nicht zu ~

däm|me|rig ⟨Adj.⟩ oV *dämmrig* **1** *halbdunkel, schwach hell, vom Tageslicht zum Dunkel od. von der Finsternis ins Helle übergehend;* ein ~er Hof, Flur; ein ~er Tag, Nachmittag • 1.1 es wird ~ *der Abend bzw. der Tag bricht an*

däm|mern ⟨V. 400⟩ **1** *der* **Morgen**, **Abend** dämmert *es wird langsam hell, bzw. dunkel* • 1.1 ⟨401⟩ *es dämmert der Morgen bzw. Abend bricht an* **2** ⟨405⟩ **jmd.** dämmert **(vor sich hin)** *befindet sich im Halbschlaf, träumt;* der Kranke dämmerte den ganzen Tag vor sich hin **3** ⟨403; unpersönl.⟩ **es** dämmert **(jmdm.)** ⟨fig.; umg.⟩ *etwas wird jmdm. klar, jmd. ahnt etwas;* mir dämmert Schreckliches • 3.1 ⟨412; unpersönl.⟩ dämmert's endlich? *wird es dir endlich klar?, verstehst du es endlich?*

Däm|me|rung ⟨f.; -, -en⟩ **1** *Übergang zwischen Nacht u. Tag, Halbdunkel;* die ~ brach herein, breitete sich aus; es geschah in der ~; bei Einbruch, Eintritt der ~; Morgen~, Abend~ **2** ⟨Astron.⟩ *Zeit zwischen Sonnenuntergang u. Sternenaufgang bzw. vom Verblassen der Sterne bis Sonnenaufgang*

dämm|rig ⟨Adj.⟩ = *dämmerig*

Dä|mon ⟨m.; -s, -mo̱|nen⟩ **1** *Teufel, böser Geist;* er schien von einem ~ besessen zu sein **2** *dem Menschen innewohnende übermenschliche Macht, guter od. böser Geist;* von seinem ~ getrieben

dä|mo|nisch ⟨Adj.⟩ **1** *teuflisch* **2** *urgewaltig* **3** *unheimlich, im Besitz übernatürlicher Kräfte* **4** *besessen*

Dampf ⟨m.; -(e)s, Dämp|fe⟩ **1** ⟨Phys.⟩ *Materie in gasförmigem Zustand;* in ~ verwandeln **2** *unter Druck stehendes Wasser in gasförmigem Zustand;* eine Maschine mit ~ betreiben; im ~ garen ⟨Kochk.⟩; einen Kessel unter ~ halten; eine Lokomotive, ein Schiff steht unter ~ **3** ⟨fig.⟩ *Druck, Nachdruck, Spannung* • 3.1 ~ ablassen ⟨a. fig.⟩ *seiner Erregung freien Lauf lassen, Spannung abbauen* • 3.2 ~ hinter etwas machen, setzen *etwas mit (bes.) Nachdruck betreiben* • 3.3 jmdm. ~ machen *jmdn. unter Druck setzen* **4** *feinstverteilte Flüssigkeit, feuchte Luft, Nebel, Dunst;* dicker ~ quillt aus der Waschküche; die giftigen Dämpfe verflüchtigten sich **5** ⟨der Hirsch liegt im ~⟩ ⟨Jägerspr.⟩ *er bricht im Gewehrfeuer verendet zusammen* **6** Hans~ in allen Gassen sein ⟨fig.; umg.; abwertend⟩ *überall dabei sein u. den Anschein erwecken, sich überall auszukennen* **7** ~ **haben, bekommen** ⟨fig.; umg.⟩ *Hunger;* Kohl~

damp|fen ⟨V. 400⟩ **1** etwas dampft *entwickelt Dampf, stößt D. aus;* das Essen dampfte noch, als es aufgetragen wurde; die Täler, die Wiesen ~; das Wasser dampft bereits auf dem Herd **2** ⟨411(s.); umg.⟩ *mit einem (von Dampf betriebenen) Fahrzeug fahren;* vor zwei Jahren ist er nach Malta gedampft **3** ⟨411(s.)⟩ etwas dampft ⟨umg.⟩ *fährt (urspr. unter Dampfentwicklung)* • 3.1 die Lokomotive, der Zug dampft aus dem Bahnhof *fährt soeben ab*

dämp|fen ⟨V. 500⟩ **1 Gegenstände** ~ *mit Wasserdampf behandeln;* Fasern, Stoffe ~ • 1.1 **Kleidungsstücke** ~ *feucht bügeln;* eine Hose, einen Mantel ~ **2 Nahrungsmittel** ~ ⟨Kochk.⟩ *etwas mit Dampf im geschlossenen Topf garen, mit wenig Fett im eigenen Saft kochen, dünsten;* Fleisch, Gemüse ~ **3** ⟨fig.⟩ • 3.1 **Licht** ~ *weniger hell machen;* gedämpfte Farben **3.2** den **Schall** ~ *Geräusche verringern;* Lärm ~; gepolsterte Türen ~ den Schall; mit gedämpften Trompeten spielen • 3.3 einen **Aufprall, Stoß** ~ *die Wirkung eines A., S. abschwächen* • 3.4 **Erwartungen** ~ *verringern, niedriger einschätzen;* seinen Optimismus ~ • 3.5 seine **Gefühle** ~ *nicht voll zum Ausdruck bringen;* seine Wut, seinen Eifer ~

Damp|fer ⟨m.; -s, -; kurz für⟩ **1** *Dampfschiff;* einen Ausflug mit, auf einem ~ machen; der ~ legt an, fährt ab; Fisch~, Luxus~, Ozean~, Passagier~ **2 auf dem falschen** ~ *sein, sitzen* • 2.1 ⟨fig.; umg.⟩ *auf einem Irrtum beharren, eine falsche Auffassung vertreten* • 2.1.1 *am falschen Ort, fehl am Platz sein*

Dämp|fer ⟨m.; -s, -⟩ **1** ⟨Mus.⟩ *eine Vorrichtung zum Abschwächen der Tonstärke u. gleichzeitig zur Veränderung der Klangfarbe;* den ~ aufsetzen; mit ~ spielen • 1.1 beim Klavier *das Hämmer verschiedene Pedal* • 1.2 Streichinstrumente: *ein auf die Saiten zu setzender Bügel* • 1.3 bei Blasinstrumenten *ein durchbohrter Kegel* **2** ⟨Mech.⟩ *Vorrichtung an Kraftfahrzeugen zum Auffangen von Stößen durch Unebenheiten des Bodens* **3** ⟨Kochk.⟩ *Gerät zum Dämpfen von Speisen u. Futter;* die Kartoffeln im ~ kochen; Kartoffel~ **4** jmdm. einen ~ **geben** ⟨fig.; umg.⟩ *jmds. Überschwang zügeln, mäßigen*

Dampf|ma|schi|ne ⟨f.; -, -n⟩ *eine Kraftmaschine, die mit gespanntem Wasserdampf betrieben wird*

da|nach ⟨a. ['--], bes. bei betonten Hinweisen auf etwas Bestimmtes; Pronominaladv.⟩ **1** *in diese(r) Richtung* • **1.1** *nach diesem hin;* sie streckte schon die Hand ~ aus • **1.2** *auf dieses abzielend, gerichtet;* sein Streben, Verlangen, Wunsch ~ war stärker; er trachtet ~, dich zu übervorteilen • **1.3** *dieses betreffend;* ich fragte ihn wiederholt ~, ohne eine Antwort zu erhalten; ich habe mich noch nicht ~ erkundigt **2** *hierauf folgend;* Ggs *davor (2)* • **2.1** *hinterher, dann, hierauf, später;* wir fahren zuerst in die Bayerischen Alpen u. ~ halten wir uns noch einige Tage in München auf; gleich ~ begann die Vorstellung • **2.2** *im Anschluss daran, dahinter;* am Weg stehen erst Erlen und ~ Weiden • **2.3** *als Nächster in der Rangfolge, an nächster Stelle;* Sieger in dem Wettbewerb war ein Schwede, ~ kam ein Finne **3** *diesem entsprechend, so;* er sieht ganz ~ aus, als ob …; er hat früher verschwenderisch gelebt und heute geht es ihm auch ~ ⟨umg.⟩; du sollst ~ handeln • **3.1** die Ware ist billig, aber sie ist auch ~ ⟨umg.⟩ *entsprechend schlecht* • **3.2** das Wetter ist heute nicht ~ ⟨umg.⟩ *es ist ungünstig für ein Vorhaben* • **3.3** richten Sie sich bitte ~! *verhalten Sie sich dementsprechend!*

da|ne|ben ⟨selten ['---], bes. bei betonten Hinweisen auf etwas Bestimmtes; Pronominaladv.⟩ **1** *(räumlich) neben diesem, in unmittelbarer Nähe von diesem, neben diese(n, -s);* sein Haus befindet sich gleich ~; vor dem Fenster befindet sich mein Schreibtisch, ~ steht das Tischchen mit dem Computer; ich stand (direkt) ~, als es geschah; die breite Tür führt ins Konferenzzimmer, die rechts ~ in den Zeichenraum, die links ~ in den Musiksaal; er sitzt in der ersten Reihe, setz dich doch ~! • **1.1** ~ sein • **1.1.1** *sich schlecht, unwohl, krank fühlen;* ich bin heute irgendwie ~ • **1.1.2** *in einer schlechten Stimmung sein;* der Chef war letzte Woche ziemlich ~ **2** *außerdem, ferner, gleichzeitig;* wir tranken Wein, ~ einen Kognak und zum Schluss Sekt; wir einigten uns über etliche Fachfragen, doch ~ fanden wir glücklicherweise noch die Zeit für ein persönliches Gespräch; ~ fielen aber leider auch vollkommen unsachliche Äußerungen

da|ne|ben|be|neh|men ⟨V. 189/500/Vr 3; umg.⟩ *sich* ~ *sich schlecht benehmen, ein unpassendes Verhalten zeigen;* bei meinen Eltern hat er sich ganz schön danebenbenommen

da|ne|ben|ge|hen ⟨V. 145/400(s.)⟩ **1** ein **Schuss** geht daneben *verfehlt das Ziel* **2** ⟨umg.; fig.⟩ *missglücken, nicht gelingen;* der Vortrag ist danebengegangen; ⟨aber Getrenntschreibung⟩ daneben gehen → *daneben (1)*

da|ne|ben|hau|en ⟨V. 400; fig.; umg.⟩ *etwas falsch machen, eine falsche Antwort geben, sich irren, nicht das richtige Wort treffen;* mit dieser Behauptung haute er kräftig daneben; du hast mit deiner Schätzung ziemlich danebengehauen; ⟨aber Getrenntschreibung⟩ daneben hauen → *daneben (1)*

da|ne|ben|sein ⟨alte Schreibung für⟩ *daneben sein*

da|nie|der|lie|gen ⟨V. 180/400⟩ **1** ⟨geh.⟩ *krank, bettlägerig sein;* mit einer Lungenentzündung ~ **2** ⟨fig.⟩ *brachliegen, nicht ausgeübt werden;* er lässt seine Fähigkeiten ~; der Handel darf nicht ~

dank ⟨Präp. mit Dat. od. Gen. im Sing., im Pl. meist mit Gen.⟩ *durch, mit Hilfe von, infolge;* ~ seinem (od. seines) guten Willen(s) gelang es; ~ seines raschen Handelns verhinderte er den Unfall; ~ seiner großen Erfahrungen hat er die Stelle bekommen

Dank ⟨m.; -(e)s; unz.⟩ **1** *Gefühl, Ausdruck der Anerkennung für eine erwiesene Wohltat, Hilfe usw.;* jmdm. seinen ~ abstatten, ausdrücken, aussprechen; ich vermag meinen ~ kaum in Worte zu fassen; Ihre freundliche Hilfe nehme ich mit ~ an; auf ~ verzichten; nicht auf, mit ~ rechnen; keinen ~ für etwas beanspruchen, erfahren, erhalten, ernten; ist das der ~ dafür?; zum ~ für Ihre Bemühungen erlaube ich mir, Ihnen …; jmdm. ~ schulden, wissen; jmdm. zu ~ verpflichtet sein; von ~ erfüllt sein; Lob und ~!; Gott sei ~! • **1.1** es ist Gott sei ~ noch einmal gutgegangen *glücklicherweise* • **1.2** haben Sie vielen ~! *ich danke Ihnen sehr!* • **1.3** aufrichtigen, besten (vielen), herzlichen, innigen, verbindlichen ~! *ich bedanke mich aufrichtig, sehr, herzlich, innig, verbindlich* **2** ⟨Getrennt- u. Zusammenschreibung⟩ • **2.1** jmdm. ~ sagen = *danksagen*

dank|bar ⟨Adj.⟩ **1** *von Dank erfüllt;* ein ~es Publikum, Kind; jmdm. einen ~en Blick zuwerfen; jmds. Hilfe ~ annehmen; er drückte ihm ~ die Hand **2** *stets zu Dank bereit, erkenntlich;* ich wäre dir ~, wenn …; ein ~es Wesen haben; sich jmdm. gegenüber ~ erweisen, zeigen; jmdm. ~ sein; er ist stets ~ für Hinweise, Kritik **3** ⟨70; fig.⟩ *ergiebig, lohnend, befriedigend;* eine ~e Aufgabe, Rolle • **3.1** eine ~e **Qualität** *haltbare Q.* • **3.2** eine ~e **Pflanze** *P., die ohne viel Pflege gedeiht*

dan|ke ⟨Adv.; Höflichkeitsformel⟩ **1** *(kurzer Ausdruck des Dankes);* ich bedanke mich; ~ sehr, ~ vielmals; wie geht es dir? ~, gut; (jmdm.) ~/Danke sagen • **1.1 ja,** ~ *(höflicher Zusatz, wenn man etwas Angebotenes annimmt);* darf ich dir nachschenken? ja, ~ • **1.2 nein,** ~ *(höflicher Zusatz, wenn man ein Angebot ablehnt);* möchten Sie ein Stück Torte? nein, ~

dan|ken ⟨V.⟩ **1** ⟨605⟩ jmdm. (für etwas) ~ *Dank aussprechen;* jmdm. herzlich, innig, wiederholt ~; er lässt von Herzen ~; ich danke ihm für seine Teilnahme; im Voraus ~; eine Einladung ~d ablehnen, annehmen; Ihr Schreiben habe ich ~d erhalten • **1.1** ⟨400 od. 413⟩ danke! *ich bedanke mich!;* danke schön, sehr, vielmals!; danke, gleichfalls! (Antwort auf einen Wunsch); wie geht es Ihnen? Danke, gut!; ja (nein) danke!; danke, ja (nein)! • **1.2** nichts zu ~! *es ist nicht notwendig, sich zu bedanken* • **1.3** ⟨400⟩ *den Gruß erwidern;* er grüßte sie u. sie dankte freundlich • **1.4** ⟨fig.; umg.⟩ *nicht wollen* • **1.4.1** na, ich danke, mir reicht es! *ich habe genug davon, ich will nichts mehr davon wissen!* • **1.4.2** ⟨800⟩ für solche Aufgaben danke ich! *ich weise solche A. zurück* **2** ⟨530⟩ jmdm. etwas ~ *mit Dank vergelten;* wie kann ich dir das jemals ~?; diese Aufopferung wird man dir niemals ~!; all die Mühe dankt dir keiner **3** ⟨530⟩ jmdm. od. einer **Sache** etwas ~ ⟨geh.⟩ *ver-*

danken; meine Ausbildung danke ich meinen Eltern; ihren Erfolg dankt sie ihrem Talent und Fleiß; seine Position dankt er dem Einfluss seines Vaters

dank|sa|gen *auch:* **Dank sa|gen** ⟨V. 400; geh.; selten⟩ jmdm. ~ *sich mündlich od. schriftlich bei jmdm. bedanken;* ich danksage ihm / sage ihm Dank; ich habe ihm dankgesagt / Dank gesagt; um ihm dankzusagen / Dank zu sagen

dann ⟨Adv.⟩ **1** *nachher, später, danach;* erst überlegen, ~ sprechen • 1.1 und was ~? *und was soll danach geschehen?* **2** *ferner, außerdem;* ~ müsste man noch besprechen, ob …; und ~ sagte er noch …; erst belügst du mich u. ~ versuchst du auch noch … **3** *in dem Falle, zu dem Zeitpunkt, (wenn eine bestimmte Voraussetzung erfüllt ist);* wenn du wieder gesund bist, ~ ruf mich bitte einmal an; selbst ~ ist er noch nicht damit einverstanden, wenn …; wenn du Hilfe brauchst, ~ sage es mir; ~ (also) nicht!; ich werde erst ~ eurem Plan zustimmen, wenn … **4** *zu einem nicht näher bestimmten Zeitpunkt* • 4.1 ~ und **wann** *ab und zu, gelegentlich, manchmal;* ~ und wann schaute ich aus dem Fenster • 4.2 ~ und ~ *zu einem bestimmten (an dieser Stelle nicht zu benennenden) Zeitpunkt;* er sagte, er käme ~ und ~

dan|nen ⟨Adv.; veraltet, nur noch bibl. u. poet. in der Wendung⟩ **von** ~ *von dort (weg);* aufgefahren in den Himmel, von ~ er kommen wird … (Glaubensbekenntnis); von ~ eilen, gehen, ziehen

♦ Die Buchstabenfolge **dar|an…** kann auch **da|ran…** getrennt werden.

♦ **dar|an** ⟨a. ['--], bes. bei betonten Hinweisen auf etwas Bestimmtes; Pronominaladv.⟩ oV ⟨umg.⟩ dran **1** *an dieses, an diesem;* ich muss immer ~ denken; ~ ist keinem etwas gelegen; man erkennt ~, dass es gar nicht so einfach ist; ich erkenne ihn ~, dass er einen Schirm trägt; ich zweifle ~, dass er immer die Wahrheit gesagt hat; du hast recht ~ getan, es ihm zu sagen; es ist etwas Wahres ~; ~ bin ich nicht beteiligt; er ist nicht schuld ~; ~ kannst du nichts machen • 1.1 er hat jung ~ glauben müssen ⟨umg.⟩ *er ist jung gestorben* • 1.2 ich denke gar nicht ~! ⟨umg.⟩ *ich weigere mich, das zu tun, das kommt gar nicht infrage* • 1.3 mir liegt gar nicht, viel, wenig ~ *ich lege keinen, großen, geringen Wert darauf* • 1.4 ⟨räumlich⟩ *an dieses (heran), an diesem, mit diesem verbunden;* zunächst kommt man an Feldern und Wiesen vorbei, ~ schließt sich gleich der Wald an; ein Hut mit einer Feder ~ • 1.4.1 er will nicht recht ~ ⟨fig.; umg.⟩ *er hat keine Lust dazu, will sich nicht damit befassen* • 1.4.2 komm nicht ~! berühre es nicht! • 1.4.3 da ist aber alles ~! ⟨fig.; umg.⟩ *alle Vorzüge, Nachteile sind hier vereint* • 1.4.4 es ist nichts ~ ⟨fig.; umg.⟩ *es ist völlig belanglos, es ist nicht wahr (was behauptet wird)* • 1.5 **nahe** ~ **sein,** im Begriff *sein, zu …;* er war nahe ~, zu sterben; das Licht ist nahe ~, auszugehen; →a. *drauf (1.2)*

♦ **dar|an||ge|hen** ⟨V. 145/400(s.); umg.⟩ oV *drangehen* **1** *beginnen, etwas zu tun;* er wollte gerade ~, den Brief zu schreiben, als er unterbrochen wurde; ⟨aber Getrenntschreibung⟩ daran gehen →a. *daran (1.4)*

♦ **dar|an||ma|chen** ⟨V. 500/Vr 3; umg.⟩ **sich** ~ *beginnen, anfangen;* oV *dranmachen;* sich ~, etwas zu tun; ⟨aber Getrenntschreibung⟩ daran machen → *daran (1)*

dar|auf *auch:* **da|rauf** ⟨a. ['--], bes. bei betonten Hinweisen auf etwas Bestimmtes; Pronominaladv.⟩ oV ⟨umg.⟩ *drauf* **1** *auf diesem, auf dieses;* ~ basieren, beruhen, fußen, dass …; du hättest mich ~ aufmerksam machen sollen!; ich freue mich schon ~, wenn du kommst; wir haben ausdrücklich ~ hingewiesen; Sie können sich ~ verlassen; ich werde noch ~ zurückkommen • 1.1 nichts, viel ~ geben *davon halten* • 1.2 es kommt (jmdm., für jmdn.) ~ an *das ist wichtig (für jmdn.), hängt davon ab;* ~ kommt es mir nicht an; es kommt ~ an, ob schönes Wetter ist • 1.3 ich muss ~ bestehen, dass … *ich gehe nicht davon ab* • 1.4 er ging verständnisvoll ~ ein *er zeigte Verständnis dafür* • 1.5 ich möchte mich nicht ~ einlassen *ich möchte damit nichts zu tun haben* • 1.6 ~ steht Freiheitsstrafe nicht unter 2 Jahren *diese Tat wird mit F. nicht unter 2 Jahren bestraft* • 1.7 *auf dieses Ziel, dieses Ergebnis;* er geht nur ~ aus, sich überall einladen zu lassen; sie ist nur ~ aus, … • 1.7.1 ~ wollte ich hinaus *das hatte ich beabsichtigt, im Sinn gehabt* • 1.7.2 die Sache wird schließlich ~ hinauslaufen, dass … *so enden, dass …* • 1.8 *oben auf diesem, auf dieses herauf;* das Grundstück ist verkauft, und es steht bereits ein Haus ~; stell die Vase ~!; das Grab sieht kahl aus, wir wollen Stiefmütterchen ~ pflanzen; was nützt ein Sparbuch, wenn kein Geld ~ ist? • die **Hand** ~! ⟨fig.⟩ *versprich es mir mit Handschlag* **2** *danach, dann, später* • 2.1 ⟨zeitl.⟩ am Tag ~; eine Woche ~; ~ sagte er: …; gleich ~; ~ ereignete sich Folgendes: … • 2.2 ⟨räuml.⟩ vornweg ging die Musikkapelle, ~ kamen die Wagen mit den Tieren vom Zirkus

dar|auf|hin *auch:* **da|rauf|hin** ⟨a. [--'-] Adv.⟩ **1** *unter einem bestimmten Gesichtspunkt, Aspekt, im Hinblick darauf;* etwas ~ analysieren, untersuchen, prüfen; sieh deine Sachen ~ durch, was du noch gebrauchen kannst **2** *deshalb, im Anschluss daran, infolgedessen;* es begann zu regnen, ~ gingen alle Zuschauer nach Hause; die Sache wurde ihm zu gefährlich, ~ änderte er seinen Plan

dar|aus *auch:* **da|raus** ⟨a. ['--], bes. bei betonten Hinweisen auf etwas Bestimmtes; Pronominaladv.⟩ oV ⟨umg.⟩ *draus* **1** *(räumlich) aus diesem, dieser heraus;* die Kasse war verschlossen, trotzdem ist ~ Geld verschwunden **2** ⟨auf die inhaltliche od. materielle Herkunft verweisend⟩ *aus, von diesem, dieser* • 2.1 ~ folgt, dass … *aus dem Gesagten, diesem Umstand* • 2.2 das ist misslungen, u. ~ solltest du lernen *aus dieser Tatsache, diesem Umstand* • 2.3 das zu tun genau, ~ lässt sich nichts ablesen *aus dem Vorliegenden, dieser Quelle* • 2.4 es ist noch Stoff übrig, ~ kann man einen Rock nähen *aus diesem Material;* →a. *Strick (3.1)* • 2.5 was soll ~ werden? *wie soll die Sache weitergehen?* • 2.6 ich werde nicht klug ~ *ich* *verstehe es nicht* • **2.7** ich mache mir nichts ~ *es bekümmert mich nicht, ich ärgere mich nicht darüber* • **2.7.1** ich mache mir nichts ~ *(z. B. aus einer Speise) ich mag das nicht, ich habe keine Freude daran*

dar|ben ⟨V. 400;⟩ *geh.*⟩ **1** *entbehren, Mangel an etwas haben, Mangel leiden;* sie haben gehungert u. gedarbt • **1.1** die Stadt, Wirtschaft darbt *leidet Not, verfällt*

dar|bie|ten ⟨V. 110; geh.⟩ **1** ⟨530⟩ *jmdm. etwas ~ jmdm. etwas reichen, anbieten, hinhalten;* den Gästen wurde Konfekt dargeboten; er bot ihr die Hand zum Gruß dar **2** ⟨500⟩ *etwas ~* • **2.1** *künstlerische od. unterhaltende Werke zeigen, aufführen;* es wurden Lieder und Tänze dargeboten; die dargebotene Szene, Probe • **2.2** *etwas vortragen;* der Lehrer bot den Lehrstoff in anschaulicher Form dar; die dargebotenen Gedichte **3** ⟨530/Vr 3⟩ **sich jmdm.** ~ *sich zeigen, sichtbar werden;* ein herrlicher Anblick bot sich uns dar • **3.1** *sich anbieten;* es bot sich ihm eine günstige Gelegenheit, Möglichkeit dar • **3.2** ⟨scherzh.⟩ *sich zur Schau stellen;* er bot sich uns in seiner vollen Größe dar

Dar|bie|tung ⟨f.; -, -en⟩ *künstlerische, unterhaltsame Vorstellung, Vortrag;* das war eine gekonnte ~

dar|ein *auch:* **da|rein** ⟨a. ['--], wenn mit bes. Nachdruck auf etwas hingewiesen wird; Pronominaladv.; poet.⟩ *in dieses, in diesen Zustand;* oV ⟨umg.⟩ *drein;* dieser Sessel ist kaputt, ~ kannst du dich nicht setzen

dar|ein|set|zen *auch:* **da|rein|set|zen** ⟨V. 500; geh.⟩ *alle Möglichkeiten einsetzen, alle Kräfte aufbieten;* sie hat alles dareingesetzt, einen Studienplatz in ihrer Heimatstadt zu bekommen; ⟨aber Getrenntschreibung⟩ darein setzen → *darein*

dar|in *auch:* **da|rin** ⟨a. ['--], bes. bei betonten Hinweisen auf etwas Bestimmtes; Pronominaladv.⟩ **1** *hierin, in diesem (Punkt);* er wird es ~ nie weit bringen; ~ irrst du dich gründlich!; ~ ist er mir überlegen; ~, dass wir den Plan zustimmen, sind wir uns also einig • **1.1** *an diesem Ort, in diesem;* oV ⟨umg.⟩ *drin;* ist etwas ~?; ein Nest mit zwei Jungen ~; ich habe die Zeitung schon gelesen, es steht nichts Neues ~

dar|le|gen ⟨V. 503⟩ **(jmdm.) etwas** ~ *erklären, klärend ausführen;* etwas im Einzelnen ~; er versuchte vor Gericht darzulegen, wie es dazu kam

Dar|le|hen ⟨n.; -s, -⟩ *Summe, die man gegen Zahlung von Zinsen von jmdm. geliehen bekommt od. die man jmdm. leiht;* Sy *Kredit¹;* ein ~ aufnehmen, bekommen; jmdn. um ein ~ bitten; ein hohes, staatliches, verzinsliches ~; die Tilgung, Gewährung eines ~s

Darm ⟨m.; -(e)s, Där|me; Anat.⟩ **1** *ein Röhren- u. Hohlraumsystem im Inneren der Tiere u. des Menschen, das zur Aufnahme u. Verdauung der Nahrung dient;* eine Erkrankung des ~s; Dünn~, Mast~ **2** *verarbeitetes Eingeweide von Schlachttieren (Wurstdarm, Saiten)*

Dar|re ⟨f.; -, -n⟩ **1** *Draht- od. Holzgitter, auch Schuppen zum Trocknen od. Rösten von Obst, Getreide, Hopfen usw.* • **1.1** *das Rösten selbst* **2** *Erkrankungen junger Tiere (bes. Fohlen), die mit chronischer Ernährungsstörung einhergehen*

dar|stel|len ⟨V. 50c⟩ **1** *etwas* ~ *beschreiben, schildern;* er kann die Angelegenheit nicht objektiv ~; er versuchte es so darzustellen, als ob … **2** *jmdn. od. etwas* ~ *wiedergeben, anschaulich machen (in Bild od. Nachbildung);* das Gemälde stellt den Künstler selbst in jungen Jahren dar; der Bildhauer versuchte, in seinem Werk die Lebensfreude darzustellen; die zunehmende Berufstätigkeit der Frau grafisch ~ • **2.1** die ~den **Künste** *auf der Bühne, in Film und Fernsehen ausgeübte Kunst* • **2.2** ~de **Geometrie** *G., die die Abbildung geometrischer Gebilde auf der Bild- od. Zeichenebene behandelt* **3** *jmdn. od. etwas* ~ *(als Schauspieler) verkörpern;* er vermag den Faust ebenso überzeugend darzustellen wie den Mephisto • **3.1** *etwas* (**nichts**) ~ ⟨fig.; umg.⟩ *(nicht) den Eindruck einer besonderen Persönlichkeit erwecken, gut (schlecht) wirken;* Sy *repräsentieren (2);* man muss schon etwas ~, um in die Kreise des Adels aufgenommen zu werden; er stellt nichts dar **4** *etwas* ~ *sein, bedeuten;* diese Arbeit stellt eine vollendete Leistung dar **5** ⟨503/Vr 3⟩ **sich (jmdm.)** ~ *sich zeigen, erscheinen;* so, wie sich das Problem mir darstellt, gibt es nur eine Lösung

Dar|stel|ler ⟨m.; -s, -⟩ *Schauspieler, Opernsänger;* der ~ des Hamlet; Charakter~

Dar|stel|le|rin ⟨f.; -, -rin|nen⟩ *weibl. Darsteller*

Dar|stel|lung ⟨f.; -, -en⟩ **1** *Beschreibung, Schilderung;* nach seiner ~ war die Haustür verschlossen **2** *bildliche Wiedergabe, Nachbildung, Abbildung;* die ~ des Jesuskindes im Mittelalter **3** *Verkörperung, Repräsentation;* die ~ des Hamlet

dar|ü|ber *auch:* **da|rü|ber** ⟨a. ['---], bes. bei betonten Hinweisen auf etwas Bestimmtes; Pronominaladv.⟩ oV ⟨umg.⟩ *drüber* **1** *(räumlich) über, auf, oberhalb von diesem, über, auf dieses;* Ggs *darunter (1);* ein kleines Haus mit einem flachen Dach ~; die Toreinfahrt ist für den Mieter ungünstig, denn das Zimmer ~ ist sehr kalt; ~ stand als Überschrift zu lesen: …; die Rosenstöcke sind vom Frost bedroht, nimm die alten Säcke und decke sie ~ • **1.1** sie sitzt schon lange ~, trotzdem wird die Arbeit nicht fertig ⟨fig.⟩ *sie beschäftigt sich schon lange damit* • **1.2** ~ (**hinaus,** hinweg) *über dieses hinaus, hinweg;* der Ball flog weit ~ hinaus; der Fluss bildet eine Trennungslinie, aber die Grenze läuft ~ (hinaus, hinweg); ~ hinweggehen, hinwegkommen, hinwegsehen ⟨a. fig.⟩; ich bin ~ hinaus ⟨a. fig.⟩ • **1.2.1** ⟨fig.⟩ *außerdem;* ~ hinaus möchte ich noch Folgendes bemerken: … • **1.2.2** ⟨fig.⟩ *mehr (als dieses);* Ggs *darunter (1.1);* 20 € und keinen Cent ~! **2** *über dieses, was diese Sache betrifft;* ich dachte, wir sind uns ~ einig?; er schwert sich ~, dass …; ~ ließe sich diskutieren, reden, streiten, verschiedener Meinung sein; mehr konnte ich nicht ~ erfahren; ich freue mich sehr ~, dass Sie …; er ist weit in der Welt herumgekommen und ~ will er jetzt ein Buch schreiben; ~ bin ich nicht unterrichtet; sich keine Gedanken ~ machen; in der nächsten Ausgabe einer Zeitschrift ~ schreiben **3** *währenddessen;* Jahre gingen ~ hin; er ist ~ gestorben; sie erzählte u. erzählte, u. ~ verging die

darüberstehen

Zeit; er kam mit seinen Untersuchungen nie zu einem Ende, er ist alt ~ geworden • 3.1 ~ (**hinaus**) *über dieses hinaus, länger, später;* der Zug sollte um Mitternacht einlaufen, jetzt ist es schon mehr als eine Stunde ~

dar|ü|ber|ste|hen *auch:* **da|rü|ber|ste|hen** ⟨V. 256/400⟩ *geistig überlegen sein;* ihr solltet doch mittlerweile ~!; (aber Getrenntschreibung) darüber stehen → *darüber (1)*

dar|um *auch:* **da|rum** ⟨a. ['--], bes. bei betonten Hinweisen auf etwas Bestimmtes; Pronominaladv.⟩ oV ⟨umg.⟩ *drum* **1** *um dieses;* es handelt sich ~, dass er mehrfach unentschuldigt gefehlt hat; es handelt sich ~, zu erfahren, ob …; er bat mich ~, ihn zu entschuldigen • **1.1** ~ geht es ja gerade! ⟨umg.⟩ *eben um diese Angelegenheit handelt es sich!* • **1.2** jmdm. ist (es) ~ **zu tun** *jmdm. liegt daran, jmd. strebt danach;* ist es dir wirklich nur ~ zu tun?; es ist mir sehr ~ zu tun, zu erfahren … • **1.3** *jmd. weiß* ~ *weiß darüber Bescheid;* wer weiß ~, dass… • **1.4** *in Beziehung darauf, was das betrifft;* wir wollen ~ losen; wollt ihr euch wirklich ~ streiten?; er hatte den Sieg verdient, aber er wurde ~ betrogen; nur weil du plötzlich keine Lust mehr hast, ~ kannst du doch nicht gleich den ganzen Plan fallen lassen • **1.4.1** ich gäbe etwas ~, wenn ich wüsste … ⟨umg.⟩ *ich möchte zu gerne wissen, ob …* **2** ~ (**herum**) *(räumlich) um dieses herum, dort herum;* ein Park mit einer hohen Mauer ~; dieses Päckchen ist nicht gut verpackt, binde das Band lieber noch ~; fahre nicht durch das Schlagloch, sondern ~ herum!; rede doch nicht ~ herum ⟨fig.⟩; man wird kaum ~ herumkommen ⟨fig.⟩ **3** *deshalb, aus diesem Grunde, zu diesem Zweck;* ~ muss ich immer wieder vor den Schwierigkeiten warnen, die das Unternehmen mit sich bringt; und ~ weise ich erneut auf diese Gefahr hin; er hat es nur ~ getan, weil er keinen anderen Ausweg wusste; ~ ziehen wir alle an einem Strang • **3.1** *warum?* ~! ⟨umg.⟩ *das geht dich gar nichts an, warum das so ist!* • **3.2** ⟨vor Verneinungen⟩ *dennoch, trotzdem;* das Haus ist alt, aber ~ nicht baufällig; er war vorsichtig, aber ~ doch nicht feige

dar|um|kom|men *auch:* **da|rum|kom|men** ⟨V. 170/400(s.); umg.⟩ **1** *einer bevorstehenden (unangenehmen) Angelegenheit entgehen, verschont bleiben;* er ist glücklicherweise um die schwere Operation darumgekommen **2** *um eine Sache* ~ *um eine S. gebracht werden, sie nicht erleben;* wir sind um den Opernabend darumgekommen, weil unsere Tochter krank wurde; (aber Getrenntschreibung) darum kommen → *darum (2)*

dar|un|ter *auch:* **da|run|ter** ⟨a. ['--], bes. bei betonten Hinweisen auf etwas Bestimmtes; Pronominaladv.⟩ oV ⟨umg.⟩ *drunter* **1** *unter, unterhalb von diesem, unter dieses;* Ggs *darüber (1);* ein Tisch mit einem Teppich ~; unsere Wohnung ist im ersten Stock, ~ befinden sich unsere Geschäftsräume; wenn du den Zettel auf dem Tisch nicht findest, dann sieh doch einmal ~ nach • **1.1** *unter diese(r) Grenze;* Ggs *darüber (1.2.2);* ich habe Ihnen den Preis genannt, ~ kann ich nicht gehen; es betrifft nur Gehälter von 3.000 € und ~ **2** *unter diesem, diesbezüglich;* ihre Überreiztheit wird allmählich unerträglich, die ganze Familie leidet ~ • **2.1** was verstehen Sie ~? *was meinen Sie damit?* **3** *dazwischen, dabei;* eine große Menschenmenge, ~ viele Kinder; mitten ~; sie sind ~ geraten

dar|un|ter|fal|len *auch:* **da|run|ter|fal|len** ⟨V. 131/400(s.); fig.⟩ *zu etwas gerechnet werden, (von etwas) betroffen sein;* diese Regelung ist neu, es wird sich zeigen, ob er darunterfällt

das ⟨n. 5⟩ **1** ⟨bestimmter Artikel⟩ ~ Haus, ~ Kind **2** ⟨Demonstrativpron.; Gen. a.: dessen, Gen. Pl. a.: deren⟩ *dies, dieses, dasjenige;* ~ habe ich nicht behauptet!; von wem hast du denn ~ gehört?; ja, ~ ist es!; ~ ist der Gesuchte!; ~ ist der berühmte Schauspieler X; ich bin krank, ~ bist du nicht; ich habe ausdrücklich davon abgeraten, ~ ist die Wahrheit; ~ ist sehr freundlich von Ihnen; ~ war eine erholsame Zeit für uns; er hat ihn weiterempfohlen u. ~ auf meine Bitte hin; ~ da, dort, hier; nur ~ nicht!; ~ heißt ⟨Abk.: d. h.⟩; ~ ist ⟨Abk.: d. i.⟩ • **2.1** ⟨als Korrelat mit dem Relativpronomen „was" zur Einleitung eines Relativsatzes⟩ ~, was du dir soeben gesagt habe, muss noch unter uns bleiben **3** ⟨Relativpron.; Gen. dessen, Gen. Pl. deren⟩ sein Vorgesetzter, von dessen Wohlwollen unser Plan abhing, …; ein Kind, ~ so faul ist, wird das Klassenziel nicht erreichen; es ist das beste Theaterstück, ~ ich in letzter Zeit gesehen habe

da|sein ⟨alte Schreibung für⟩ *da sein*

Da|sein ⟨n.; -s; unz.⟩ **1** *Leben, bes. die einfachsten Voraussetzungen dafür;* Bettler~, Junggesellen~, Emigranten~, Rentner~, Sklaven~; ein besseres ~ erstreben; ein elendes, trauriges ~ führen, haben; für ein besseres ~ eintreten, kämpfen; der Kampf ums ~ • **1.1** *ins* ~ **treten** ⟨geh.⟩ *geboren werden* **2** *das Vorhandensein;* Sy *Existenz (1);* das ~ Gottes leugnen; sie hat noch eine Schwester, von deren ~ er bisher nichts wusste **3** *Anwesenheit;* sein bloßes ~ erregte allerseits Interesse

das|je|ni|ge ⟨Demonstrativpron.; n. 6⟩ → *derjenige*

dass ⟨Konj. zur Einleitung eines Nebensatzes, der für ein Satzglied od. Attribut steht⟩ **1** ⟨als Subjekt⟩ ~ du kommst, ist doch wohl sicher **2** ⟨als Objekt⟩ ich hoffe, ~ ich bald mit der Arbeit fertig bin; ich weiß, ~ er kommen wollte **3** ⟨als Adverbialbestimmung⟩ • **3.1** ⟨temporal⟩ kaum ~ er da war, begann er Streit; bis ~ der Tod euch scheidet ⟨veraltet⟩ • **3.2** ⟨modal⟩ er grüßt mich nicht mehr, ohne ~ ich einen Grund dafür wüsste • **3.3** ⟨kausal⟩ sein schlechtes Gewissen mir gegenüber zeigt sich daran, ~ er mir aus dem Wege geht; er war zu gutmütig, als ~ er mir etwas hätte abschlagen können • **3.4** ⟨konditional⟩ das kommt davon, ~ du ihn nicht streng genug erzogen hast • **3.5** ⟨konsekutiv⟩ er war so gut, ~ er nicht zu schlagen war • **3.6** ⟨final⟩ beeil dich doch, ~ du endlich damit fertig wirst = *damit (2)* • **3.6.1** so ~ / *sodass;* er war sehr entgegenkommend, so ~ / *sodass* es leicht war, ihn für unseren Plan zu gewinnen

232

• 3.6.2 auf ~ ⟨geh.⟩ *damit;* du sollst Vater und Mutter ehren, auf ~ es dir wohl ergehe • 3.7 ⟨instrumental⟩ *dadurch,* ~ er jetzt den Lehrstoff wiederholt, wird er das Versäumte bald nachgeholt haben; er verbrachte Jahre seines Lebens damit, ~ er an seiner Erfindung arbeitete **4** ⟨als Attribut⟩ *die Angelegenheit hat den großen Nachteil,* ~ sie sich nun schon über Jahre hinzieht; ich habe die Hoffnung, ~ sich alles noch zum Guten wenden wird **5** ⟨als Gliedsatz, der einen Imperativ vertritt; umg.⟩ ~ dich der Teufel (hole)!; ~ du mir ja nicht an die Torte rangehst!; ~ du nicht etwa auf den Gedanken kommst, zu ihm zu gehen!; o ~ es endlich so weit wäre!

das|sel|be ⟨Demonstrativpron.; n. 6⟩ → selbe **1** ein und ~, genau ~; es ist ~ Haus, in dem ich meine Kindheit verbracht habe; es läuft auf ~ hinaus **2** ⟨umg.⟩ *das Gleiche;* sie hat sich gestern ~ Kleid gekauft wie ich

Dass|satz auch: **dass-Satz** ⟨m.; -es, -sät|ze⟩ *mit der Konjunktion „dass" eingeleiteter Nebensatz*

da|ste|hen ⟨V. 256/400⟩ **1** *stehen;* du sollst nicht so krumm ~!; wie versteinert ~ • 1.1 ~ und Maulaffen feilhalten ⟨fig.⟩ *tatenlos herumstehen* **2** ⟨fig.⟩ *vorkommen;* das ist eine einmalig ~de Unverschämtheit! **3** ⟨413; fig.; umg.⟩ *leben;* glänzend, gut, mittellos ~ • 3.1 wenn der Vater stirbt, wird sie ganz allein ~ *keine Angehörigen mehr haben* **4** ⟨413; fig.⟩ *Geltung haben* • 4.1 jetzt steht er ganz anders da *jetzt genießt er weit mehr Ansehen* • 4.2 wie stehe ich nun da! *habe ich das nicht gut gemacht?* • 4.3 wie stehe ich nun vor meinen Freunden da! *was müssen meine F. jetzt von mir halten!, ich bin blamiert!;* ⟨aber Getrenntschreibung⟩ da stehen → *da¹ (1)*

Date ⟨[deɪt] n.; -s, -s; umg.⟩ **1** *Termin, Verabredung;* ich habe heute ein ~ **2** *Person, mit der man ein Date (1) hat;* mein ~ ist leider nicht erschienen

Da|tei ⟨f.; -, -en⟩ **1** *Sammlung sachlich zusammengehöriger Daten* **2** ⟨EDV⟩ *ein (auf CD-ROM, USB-Stick od. Festplatte) gespeicherter Bestand an elektron. Daten*

Da|ten 1 ⟨Pl. von⟩ *Datum* **2** ⟨nur Pl.⟩ *(aus Untersuchungen, Statistiken, Messungen, Erhebungen u. Ä. gewonnene) Ergebnisse, Zahlenwerte;* neue ~ zur Luftverschmutzung; ~ sammeln, auswerten, veröffentlichen • 2.1 ⟨Math.; EDV⟩ *(kodierte) elektronisch verwertbare Informationen, Größen, Werte u. a.;* ~ im Computer speichern

Da|ten|bank ⟨f.; -, -en; EDV; kurz für⟩ *EDV-Programme, in denen große Mengen an Daten (2) gespeichert werden können;* eine ~ aufbauen, anlegen

da|tie|ren ⟨V.⟩ **1** ⟨500⟩ *einen* **Brief** ~ *mit Datum versehen* **2** ⟨500⟩ *geologische od. historische* **Funde** ~ *die Entstehungszeit bestimmen* **3** ⟨412⟩ ~ **von, aus** *stammen, herrühren von*

Da|tiv ⟨m.; -(e)s, -e; Gramm.; Abk.: Dat.⟩ **1** *Kasus, der für das Dativobjekt verwendet wird, dritter Fall der Deklination;* Sy *Wemfall* **2** *Wort, das im Dativ (1) steht*

Dat|scha ⟨f.; -, -s od. Dat|schen⟩ = *Datsche*

Dat|sche ⟨f.; -, -n; ostdt.⟩ *Wochenendhaus, Sommerhaus auf dem Lande;* oV *Datscha*

Dat|tel ⟨f.; -, -n⟩ *saftige, zuckerreiche, z. T. mehlige, dickfleischige Frucht der Dattelpalme*

Da|tum ⟨n.; -s, Da|ten⟩ **1** *bestimmter Zeitpunkt;* die Daten der Weltgeschichte; Daten aus dem Leben eines Künstlers • 1.1 *Angabe eines Tages nach dem Kalender;* ~ des Poststempels; ein früheres ~ angeben; unter dem heutigen ~; welches ~ haben wir heute? • 1.2 **neueren** ~s *der Gegenwart näher liegend, noch nicht alt;* eine Information neueren ~s; →a. *Daten*

Dau|be ⟨f.; -, -n⟩ **1** *gebogenes Brett des Fasses* **2** ⟨Sp.⟩ *Zielwürfel beim Eisschießen*

Dau|er ⟨f.; -; unz.⟩ **1** *das begrenzte Fortbestehen in einem Zustand, bestimmte Zeitspanne;* Jahres~, Monats~, Arbeits~, Aufenthalts~, Lebens~; die ~ seines Aufenthalts steht noch nicht fest; für die ~ eines Augenblicks • 1.1 etwas ist nur **von kurzer, nicht von langer** ~ *etwas wird nicht lange bestehen* • 1.2 **für die** ~ **von** *für die Zeitspanne von;* er bekam die Genehmigung für die ~ von 5 Jahren **2** *das unbegrenzte Fortbestehen in einem Zustand, lange Zeit;* es war nicht für die ~ so vorgesehen • 2.1 auf die ~ *für lange Zeit;* auf die ~ ist es unerträglich • 2.2 *etwas ist* **von** ~ *etwas hat Bestand;* ihr Glück war leider nicht von ~

dau|er|haft ⟨Adj.⟩ *sich lange Zeit erhaltend, fest, beständig, widerstandsfähig über einen längeren Zeitraum;* ein ~es Material; einen ~en Frieden schließen; diese Tapete ist nicht sehr ~

dau|ern¹ ⟨V. 400⟩ **1** ⟨412⟩ *etwas* dauert *eine* **Zeit lang** *währt, hält an;* die Krankheit dauert nun schon drei Wochen; wie lange dauert der Flug?; es kann nun noch einige Minuten ~; es dauerte nicht lange **2** *etwas* dauert *bleibt unverändert, dauert an;* sein Nachruhm wird ~; →a. *dauernd*

dau|ern² ⟨V. 500; veraltet⟩ jmdn. ~ *jmdm. leidtun;* er dauert mich; der Kranke dauert ihn; mich dauert mein schönes Geld, das ich dafür ausgegeben habe; all die Mühe und Zeit, die er darauf verwendet hat, dauert ihn jetzt

dau|ernd 1 ⟨Part. Präs. von⟩ *dauern¹* **2** ⟨Adj. 24/90⟩ *ständig, immer wieder, ununterbrochen;* eine ~e Gefahr; er ist ~ unterwegs; sein Vortrag wurde ~ unterbrochen

Dau|er|wel|le ⟨f.; -, -n⟩ *durch Einwirkung bestimmter Chemikalien gekrauster Haar, das über einen längeren Zeitraum die Kräuselung behält*

Dau|men ⟨m.; -s, -⟩ **1** *zweigliedriger, stärkster Finger der Hand, der gegen die übrigen vier Finger bewegen lässt;* ich habe mich in den ~ geschnitten; am ~ lutschen • 1.1 jmdn. über den ~ drehen ⟨fig.; umg.⟩ *jmdn. betrügen.* • 1.2 etwas über den ~ peilen ⟨fig.⟩ *etwas ganz grob überschlagen, ungefähr bestimmen;* die Entfernung, den Kostenaufwand über den ~ peilen • 1.3 jmdm. den ~ drücken, halten ⟨fig.⟩ *jmdm. zu einer Sache Erfolg wünschen* • 1.4 die ~ drehen ⟨fig.⟩ *faul sein, sich langweilen* • 1.5 den ~ draufdrücken ⟨a. fig.; umg.⟩ *mit Nachdruck auf etwas bestehen* • 1.6 jmdm. den ~ aufs Auge setzen ⟨fig.;

Daune

umg.) *jmdn. zwingen, ihm hart zusetzen* **2** ⟨Tech.⟩ *Griffhebel*

Dau|ne ⟨f.; -, -n⟩ **1** ⟨i. w. S.⟩ *Flaumfeder der Vögel, bei der die Äste der Federn locker angeordnet sind u. sich nicht zu einer Federfahne zusammenschließen* **2** ⟨i. e. S.⟩ *Flaumfeder der Gans od. Ente zum Füllen von Kissen u. Decken;* eine Steppdecke mit ~n füllen

Daus[1] ⟨n.; -es, -e od. n.; -es, Däu|ser⟩ **1** = *Ass (2)* **2** ⟨Würfelspiel⟩ *zwei Augen*

Daus[2] ⟨m.; -es, -e; veraltet; verhüllend für⟩ *ei der ~!, was der ~!* ⟨Hüllwort für⟩ *Teufel*

da|von ⟨a. ['--], bes. bei betonten Hinweisen auf etwas Bestimmtes; Pronominaladv.⟩ **1** *von diesem;* selbst wenn ich ~ absehe, dass mir das Geld für ein solches Unternehmen fehlt, …; was habe ich ~?; er hält nicht viel ~; reden, sprechen wir nicht mehr ~; wenn du 2 ~ abziehst, bleiben dir noch 10; ~ bleiben drei Viertel übrig; ~ lassen wir noch 50 Stück anfertigen; ~ machen wir weitere Abzüge • **1.1** *von diesem, was das betrifft;* das nächste Mal mehr ~; genug ~! • **1.1.1** nichts mehr ~! sprechen wir nicht mehr darüber! • **1.2** ⟨räumlich⟩ *von diesem, von dort (entfernt, weg);* hier ist die Schule, und die Haltestelle ist nicht weit ~ (entfernt); auf und ~ gehen, laufen; ich bin weit ~ entfernt, das zu glauben ⟨fig.⟩; weg ~; könnt ihr euch nicht ~ losreißen? ⟨a. fig.⟩ • **1.2.1** ⟨Adv. ohne pronominale Funktion; umg.⟩ *weg, fort;* er ist auf und ~ (gegangen) • **1.3** *von dieser Menge, Anzahl;* wer will noch etwas ~? (z. B. von dieser Speise); hundert Preise waren zu gewinnen, aber ~ sind nur noch wenige übrig; ~ fahren zehn nach Frankreich; fünf ~ gehen mit uns zu Fuß • **1.4** *mit diesen Mitteln, daraus, aus diesem Material;* es sind nur noch ein paar Bohnen da, ~ kann ich keine Suppe kochen; ~ kann kein Mensch existieren • **1.5** *dadurch, daher;* das kommt ~, dass du nicht auf meine Warnung hören wolltest; er wurde nicht gesund ~

da|von||kom|men ⟨V. 170/410(s.); fig.⟩ *einer drohenden Gefahr entgehen, sich vor einer Gefahr retten können;* mit dem Leben, mit heiler Haut, mit dem Schrecken ~; glimpflich, gut, heil ~; wir sind noch einmal glücklich davongekommen!; er kam mit einer Geldstrafe davon; er ist mit einem blauen Auge davongekommen ⟨a. fig.; umg.⟩; ⟨aber Getrenntschreibung⟩ d̲avon kommen → *davon (1.5)*

da|von||lau|fen ⟨V. 176/400(s.)⟩ **1** *fort-, weglaufen, fliehen;* er ist vor lauter Angst davongelaufen • **1.1** es ist zum Davonlaufen *es ist unerträglich* **2** *etwas läuft davon* ⟨fig.⟩ *etwas entzieht sich der Kontrolle, wird unbeherrschbar;* die Zeit läuft uns davon!

da|von||ma|chen ⟨V. 500/Vr 3⟩ *sich ~* ⟨umg.⟩ *unbemerkt weggehen, heimlich fortlaufen;* er hat sich gleich nach dem offiziellen Empfang davongemacht

da|von||tra|gen ⟨V. 265/500⟩ **1** *jmdn. od. etwas ~ durch Tragen von einem Ort entfernen, weg-, forttragen;* sie fiel in Ohnmacht und wurde davongetragen; ihr sollt nicht alles ~, lasst noch etwas hier **2** *etwas ~* ⟨fig.⟩ • **2.1** *etwas erringen;* diesmal konnten wir den Sieg ~ • **2.2** *etwas erleiden, als Folge bekommen;* er hat von dem Unfall schwere Verletzungen davongetragen

da|vor ⟨a. ['--], bes. bei betonten Hinweisen auf etwas Bestimmtes; Pronominaladv.⟩ **1** ⟨räumlich⟩ Ggs *dahinter (1)* • **1.1** *vor dem eben Erwähnten;* ein Haus mit einem Baum ~; ein Park mit einem Brunnen ~; da ist der Laden und ~ ist die Haltestelle • **1.2** *vor das eben Erwähnte;* hier ist der Eingang, stell dich ~! **2** ⟨zeitlich⟩ *vor der betreffenden Zeit, vorher;* Ggs *danach (2);* fünf Minuten ~ musste ich feststellen, dass …; kurz, unmittelbar, einige Stunden ~ **3** *im Hinblick auf die betreffende Sache, vor der eben erwähnten Sache;* ich habe Angst, Furcht ~; ~ behüte dich Gott!; hüte dich ~!; er hat mich ~ gewarnt

da|zu ⟨a. ['--], bes. bei betonten Hinweisen auf etwas Bestimmtes; Pronominaladv.⟩ **1** *zu diesem* • **1.1** *zu diesem, was das betrifft;* ich will mich nicht äußern; was meinen, sagen Sie ~?; ich muss Ihnen ~ Folgendes schreiben • **1.1.1** ich kann nichts ~ tun *ich kann dabei nicht helfen* • **1.2** *zu (mit) diesem Ergebnis, Ziel, Zweck, hierfür;* man sollte es gar nicht erst ~ kommen lassen!; und ~ brauche ich …; er ist kein Fachmann, aber man könnte ihn ~ ausbilden; wenn ich einen Nagel einschlagen soll, musst du das Brett ~ halten; wie kann man so etwas wagen, ~ gehört viel Mut • **1.2.1** *jmdn. ~ bringen, dass er … so beeinflussen, dass …* • **1.2.2** *er ist ~ da, um … das ist seine Aufgabe,* … • **1.2.3** *~ bin ich ihm wohl gut genug! das glaubt er mir zumuten zu können* • **1.3** *zu diesem, da hinzu;* wir könnten ihn doch ~ einladen • **1.4** ⟨ergänzend⟩ *zu diesem, außerdem, überdies;* sie sang und er begleitete sie ~; ~ gehört noch mehr; ich brauche hierfür Draht, ~ Bast und Klebstoff; sie ist nicht sehr begabt, ~ ist sie auch noch faul; noch ~, wo (doch) … • **1.4.1** wollen wir nicht Beckers noch mit ~ einladen *noch außer den Übrigen, zusätzlich*

da|zu||ge|hö|ren ⟨V. 400⟩ *mit etwas od. jmdm. eng verbunden sein, zu etwas od. jmdm. gehören;* er will auch mit ~; ⟨aber Getrenntschreibung⟩ d̲azu gehören → *dazu (1.2)*

da|zu||ge|hö|rig ⟨Adj. 24/60⟩ *mit etwas od. jmdm. eng verbunden, zu etwas od. jmdm. gehörig;* die ~en Ersatzteile befinden sich in dem Regal

da|zu||kom|men ⟨V. 170/400(s.)⟩ **1** *zu einem Geschehen kommen, eintreffen;* er kam gerade dazu, als … **2** *zu dem eben Erwähnten noch zusätzlich hinzukommen, hinzugefügt werden;* Folgendes wird noch ~; wenn noch mehr Ausgaben ~, wird das Geld nicht reichen **3** kommt noch etwas dazu? wollen Sie noch mehr kaufen?; ⟨aber Getrenntschreibung⟩ d̲azu kommen → *dazu (1.2)*

da|zwi|schen ⟨a. ['---], bei betonten Hinweisen auf etwas Bestimmtes; Pronominaladv.⟩ **1** ⟨räumlich⟩ • **1.1** *zwischen den eben erwähnten Sachen od. Personen;* zwei Felder mit einer Hecke ~; es war viel Unkraut ~; die Gäste saßen im Garten, ~ spielten die Kinder; ~ kommen Wiesen und Wälder; auf der Straße stauen sich die Fahrzeuge, ~ fahren Jugendliche auf ihren Rollschuhen; • **1.2** *zwischen die eben* erwähnten Sachen od. Personen; der Tisch steht links und das Fenster ist rechts, ~ muss der Schrank gestellt werden; er drängte sich ~ **2** ⟨zeitlich⟩ *zwischen diese(n) Zeiten, Ereignisse(n), ab und zu;* ~ *liegen immerhin fünf Jahre;* er wanderte lange Zeit u. ruhte sich ~ einige Male aus; am Nachmittag gibt es Musik und ~ Verkehrsmeldungen; und was geschah ~?; ~ reden Vertreter beider Parteien; ~ ruft die Klingel zur Mittagspause **3** *darunter, unter diese(r) Menge, dabei;* man hat ihm alle gefundenen Sachen gezeigt, sein Regenschirm war nicht ~

da|zwi|schen|fah|ren ⟨V. 130/400(s.)⟩ **1** *sich heftig u. unaufgefordert in etwas einmischen;* der Junge ist den Kindern ständig dazwischengefahren • **1.1** *jmdm. ins Wort fallen;* warum fährst du mir ständig dazwischen?; ⟨aber Getrenntschreibung⟩ d̲azwischen fa̲hren → *dazwischen* (1.1)

da|zwi|schen|fun|ken ⟨V. 400; umg.⟩ *sich in etwas einmischen, in einen Ablauf störend eingreifen;* ständig funkt er uns dazwischen!

da|zwi|schen|re|den ⟨V.⟩ **1** ⟨400 od. 600⟩ *ungefragt reden, anderen ins Wort fallen, das Gespräch anderer Personen redend unterbrechen;* er redet ständig dazwischen; jmdm. ~ **2** ⟨500⟩ **etwas** ~ *ungefragt Bemerkungen während eines Gespräches einwerfen;* ⟨aber Getrenntschreibung⟩ d̲azwischen r̲eden → *dazwischen* (2)

da|zwi|schen|ru|fen ⟨V. 204⟩ **1** ⟨400⟩ *durch Rufen (einen Vortrag o. Ä.) stören, unterbrechen;* bei seiner letzten Vorlesung wurde häufig dazwischengerufen **2** ⟨500⟩ **etwas** ~ *etwas laut rufend einbringen, einwerfen;* ⟨aber Getrenntschreibung⟩ d̲azwischen r̲ufen → *dazwischen*

De|ba|kel ⟨n.; -s, -⟩ **1** *schlimme Niederlage, Fiasko, Zusammenbruch;* das Spiel der deutschen Mannschaft wurde zu einem ~; der Film war ein finanzielles ~ **2** *missliche, ausweglos erscheinende Situation, Unglück, Katastrophe;* die Angelegenheit wird zu einem ~; so ein ~!

De|bat|te ⟨f.; -, -n⟩ **1** *Erörterung* • **1.1 zur ~ stehen** *erörtert werden* • **1.2** *etwas* **zur ~ stellen** *veranlassen, dass etwas erörtert wird* • **1.3** *Wortgefecht;* eine erregte, lebhafte, stürmische, unsachliche ~; sich in eine ~ einlassen **2** *Verhandlung vor einem Parlament;* Bundestags~; eine ~ eröffnen, führen

de|bat|tie|ren ⟨V. 500 od. 800⟩ **(über)** *etwas* ~ *etwas erörtern, diskutieren;* über dieses Thema wurde im Ausschuss noch nicht debattiert

De|büt ⟨[-by:] n.; -s, -s⟩ **1** *erstes öffentliches Auftreten, bes. auf der Bühne;* sein ~ geben, liefern **2** *erste Vorstellung bei Hofe*

De|bü|tant ⟨m.; -en, -en⟩ *jmd., der sein Debüt gibt*

De|bü|tan|tin ⟨f.; -, -tin|nen⟩ *weibl. Debütant*

de|chif|frie|ren *auch:* **de|chif|frie|ren** ⟨[deʃifri:-] V. 500⟩ **Buchstaben,** einen **Text** ~ *entziffern, entschlüsseln;* Ggs *chiffrieren;* einen Brief, eine Nachricht, einen Kode ~

Deck ⟨n.; -s, -e od. n.; -s, -s⟩ **1** *die waagerechte Unterteilung des Schiffsraumes durch Stahlplatten od. Planken, Stockwerk im Schiff, bes. das oberste;* das ~ scheuern, waschen; alle Mann an ~!; auf ~ promenieren; von ~ gehen • **1.1 klar ~** *fertig auf dem D.* **2 nicht** (recht) **auf ~ sein** ⟨fig.; umg.⟩ *sich gesundheitlich nicht wohlfühlen*

De|cke ⟨f.; -, -n⟩ **1** *flächiger schmiegsamer Gegenstand, der zum Zudecken, Bedecken geeignet ist (meist aus Textil);* Bett~; Tisch~; Woll~; eine dicke, dünne, karierte, warme, weiche, wollene ~; sich in eine ~ hüllen, wickeln; eine ~ über etwas breiten, legen; eine ~ auflegen • **1.1 mit jmdm. unter einer ~ stecken** ⟨fig.; umg.⟩ *gemeinsame Sache machen* • **1.2** *sich nach der ~ strecken* ⟨fig.; umg.⟩ *sich anpassen, sparen* **2** *Auflage, (obere) Schicht;* Schnee~; Straßen~; das Eis bildet eine feste ~ zum Schlittschuhlaufen • **2.1** *Mantel des Radreifens;* Reifen~ • **2.2** *Bucheinband* • **2.3** ⟨Geol.⟩ *durch Bewegungen der Erdkruste aufgeschobene Gesteinsmasse von bedeutender Länge u. Breite* **2.4** ⟨Geol.⟩ *flächenhafter, vulkanischer Lavaerguss* **3** ⟨Jägerspr.⟩ *behaarte Haut (der wiederkäuenden Huftiere u. der großen Raubtiere)* **4** *oberer Abschluss eines Raumes;* Zimmer~; die Räume haben getäfelte, hohe, kräftig getönte, mit Stuck verzierte, niedrige ~n • **4.1 an die ~ gehen** ⟨fig.; umg.⟩ *jähzornig sein, aufbrausen* • **4.2 vor Freude bis an die ~ springen** ⟨fig.⟩ *sich sehr freuen*

De|ckel ⟨m.; -s, -⟩ **1** *oberer Verschluss (eines Behälters od. Gerätes);* Topf~; Koffer~; Klavier~; Sarg~; den ~ aufklappen, zuklappen, öffnen, schließen; den ~ vom Topf abnehmen, abheben; mit einem ~ schließen, versehen, verschließen; der ~ passt auf diesen Topf; einen ~ auf den Topf geben, setzen • **1.1 sie passen zusammen wie Topf und ~** ⟨fig.; umg.⟩ *sehr gut zusammen* **2** *vorderer od. hinterer fester Teil des Bucheinbands* **3** ⟨umg.; scherzh.⟩ *Hut* • **3.1 jmdm. eins auf den ~ geben** *jmdn. zurechtweisen* • **3.2 eins auf den ~ kriegen** *zurechtgewiesen werden*

de|cken ⟨V. 500⟩ **1** *Gegenstände od. Personen ~ mit einer (schützenden, verhüllenden) Schicht versehen* • **1.1** *einen* **Gegenstand (mit etwas)** ~ *bedecken, zudecken, belegen;* das Dach (mit Schiefer, Ziegeln) ~; ein Grab (mit Tannenzweigen) ~ • **1.1.1** *den* **Tisch** (für 6 Personen) ~ *Geschirr u. Bestecke für eine Mahlzeit auflegen* • **1.1.2** *sich an den gedeckten Tisch setzen* ⟨fig.⟩ *nicht für das Essen zu sorgen brauchen, ernährt, versorgt werden* • **1.2** *etwas* **über etwas od. jmdn.** ~ *auf etwas od. jmdn. legen;* sie deckte ein Tuch über den Käfig **2** *etwas deckt* **jmdn. od. etwas** *liegt über etwas od. jmdn.;* der Schnee deckt die junge Saat • **2.1** *auch ihn deckt nun schon der grüne Rasen* ⟨poet.⟩ *er ruht im Grab* • **2.2** *die* **Farbe** *deckt* **(etwas)** *bildet eine undurchsichtige Schicht (über etwas), verdeckt (etwas);* ich habe ein gut ~des Rot verwendet; diese Farbe deckt den hellen Untergrund (nicht) gut **3** ⟨Vr 3 od. Vr 4⟩ *etwas deckt* **sich (mit etwas)** *stimmt (mit etwas) überein;* unsere Ansichten, Interessen ~ sich nicht völlig; ihre Aussage deckt sich nicht mit der seinen; die beiden Begriffe ~ sich nicht • **3.1** ⟨Vr 3⟩ **geometrische Figuren** ~ **sich** *sind deckungsgleich, kongruent;* die beiden Dreiecke müssen sich ~ **4** ⟨Vr 7 od. Vr 8⟩ **jmdn. od. etwas**

Deckmantel

~ *schützen, sichern;* gegen diese Beschuldigung müsste ich ihn ~; jmdn. mit den eigenen Leibe ~; er wird von seinen Komplizen gedeckt; du musst dich gegen seine Angriffsversuche besser ~; die Flanke, den Rückzug ~ ⟨Mil.⟩; du musst deinen König besser ~ ⟨Schachspiel⟩; der Boxer deckt sein Gesicht gegen einen Haken des Gegners • **4.1 sich** ~ ⟨Jägerspr.⟩ *Deckung aufsuchen* • **4.2** ⟨Sp.⟩ *bewachen (in Mannschaftssportarten);* den eigenen Torraum ~ • **4.2.1 einen gegnerischen Spieler** ~ *am Einsatz, in seiner Bewegungsfreiheit behindern;* ihr müsst die Stürmer enger ~ **5 die Nachfrage, den Bedarf** ~ ⟨Hdl.⟩ *befriedigen;* ~ Sie rechtzeitig Ihren Bedarf an Weihnachtsartikeln! • **5.1** mein Bedarf ist gedeckt! ⟨umg.; iron.⟩ *ich habe es satt* **6** ⟨505; Wirtsch.⟩ einen **Wert** (**durch** einen **Gegenwert**) ~ *sichern;* der Scheck ist nicht gedeckt; das Darlehen ist durch Hypotheken gedeckt; der Schaden wird durch die Versicherung voll gedeckt • **6.1 einen Fehlbetrag, ein Soll** ~ *ausgleichen, begleichen;* Kosten, Schulden, einen Verlust ~ **7 ein weibliches Haustier** ~ *begatten;* er hat die Stute ~ lassen; ein Rüde mit Stammbaum soll die Hündin ~ **8 Hunde** ~ ein **Wild** ⟨Jägerspr.⟩ *packen u. halten ein W. fest*

Deck|man|tel ⟨m.; -s; unz.; fig.⟩ *vorgetäuschte Eigenschaft od. Tätigkeit, Vorwand für ein schlechtes Verhalten;* das dient ihm nur als ~!; unter dem ~ der Freundschaft hat er uns sehr geschadet

Deck|na|me ⟨m.; -ns, -n⟩ *angenommener Name, den eine Person od. eine Sache zur Geheimhaltung trägt;* Sy *Pseudonym*

De|ckung ⟨f.; -, -en; meist unz.⟩ **1** *Übereinstimmung, Gleichsein;* es ist unmöglich, alle Vorstellungen zur ~ zu bringen **2** *Sicherung,* **2.1** ⟨bes. Mil.⟩ *Schutz (vor feindlichem Feuer od. gegen Sicht);* über eine aussichtsreiche, schwache, starke ~ verfügen; dieses Gelände bietet genügend, gute, keine ~; für die ~ des Rückzuges sorgen; die Stellung ohne ~ lassen; in ~ gehen; volle ~! (militärisches Kommando); volle ~ nehmen; ~ suchen vor dem feindlichen Feuer • **2.1.1** ~ **geben** *Schutz (durch Schießen auf den Gegner) bieten* • **2.2** ~ **des eigenen Tors** ⟨Sp.⟩ *Verteidigung (im Mannschaftsspiel)* • **2.2.1 Gesamtheit der Spieler, die in der Deckung (2.2) spielen;* die ~ war mit den Stürmern völlig überfordert • **2.3** ~ **der gegnerischen Spieler** ⟨Sp.⟩ *Bewachung, Verhinderung eines erfolgreichen Spiels der gegnerischen Mannschaft (im Mannschaftsspiel);* die ~ des Linksaußen ließ viel zu wünschen übrig • **2.4** ⟨Sp.⟩ *Schutz des Körpers durch Fäuste u. Arme (beim Boxen);* die ~ durchschlagen • **2.5** ⟨Schachspiel⟩ *vor dem Zugriff des Gegners schützende Figur(en);* die Dame ohne ~ lassen **3** ~ **von Nachfrage, Bedarf** ⟨Hdl.⟩ *Befriedigung* **4** ⟨Wirtsch.⟩ *Sicherung durch einen Gegenwert;* für diesen Scheck ist keine ~ vorhanden; ~ in bar • **4.1** *Ausgleich, Begleichung eines Fehlbetrags, eines Solls;* als, zur ~ von …; zur ~ der Kosten beitragen **5** ~ **eines weiblichen Haustiers** (Säugetier) *das Decken (7);* der Bulle wurde zur ~ zugelassen

de|ckungs|gleich ⟨Adj. 24/70; Geom.⟩ *in allen Merk-* *malen übereinstimmend;* Sy *kongruent (2);* die beiden Dreiecke sind ~

de|fekt ⟨Adj.⟩ **1** *fehlerhaft, mangelhaft;* die Waschmaschine ist ~ **2** *beschädigt, schadhaft;* ein ~es Fahrzeug

De|fekt ⟨m.; -(e)s, -e⟩ **1** *Mangel, Fehler, Gebrechen;* ein körperlicher, geistiger ~ **2** *Beschädigung, Schaden;* Motor-, Reifen~ **3** *Ausfall, Fehlbetrag*

de|fen|siv ⟨Adj.⟩ *abwehrend, verteidigend;* Ggs *offensiv (1);* ~ Auto fahren; ein ~es Verhalten

De|fi|lee ⟨n.; -s, -le|en⟩ *feierliches Vorbeimarschieren (bes. an bedeutenden Repräsentanten eines Staates)*

de|fi|lie|ren ⟨V. 400; Mil.⟩ *feierlich vorbeimarschieren;* die Soldaten defilierten vor dem Staatspräsidenten

de|fi|nie|ren ⟨V. 500⟩ *eine Sache* ~ *(genau) erklären, begrifflich bestimmen, festlegen*

De|fi|ni|ti|on ⟨f.; -, -en⟩ **1** *Begriffsbestimmung;* die ~ von Wörtern • **1.1** *Selbsteinschätzung, Standortbestimmung;* nach unserer ~ sind wir ein gemeinnütziger Verein **2** ⟨kath. Theol.⟩ *dogmatische* ~ *unfehlbare Entscheidung des Papstes od. eines Konzils in Glaubensfragen*

De|fi|zit ⟨a. [- - '- -] m.; -(e)s, -e⟩ **1** *Mangel, Nachholbedarf;* ~ an Vitaminen, Nährstoffen; ein Wissens~ ausgleichen **2** *Fehlbetrag, Verlust;* das Geschäftsjahr endete mit einem ~

De|fla|ti|on ⟨f.; -, -en⟩ **1** *starke Einschränkung des Geldumlaufs ohne entsprechende Verringerung der Produktion;* Ggs *Inflation* **2** ⟨Geol.⟩ *Abtragung von lockerem Gestein u. Sand durch Wind*

def|tig ⟨Adj.⟩ **1** *derb, grob, unverblümt, bodenständig;* eine ~e Komödie; er gab ihm eine ~e Antwort; jmdm. eine ~e Ohrfeige geben **2** *kräftig, sehr nahrhaft;* ein ~es Essen **3** *stark, sehr hoch;* das sind aber ~e Preise • **3.1** *eine ~e Überraschung eine große Ü.*

De|gen[1] ⟨m.; -s, -; poet.⟩ *tüchtiger Kriegsmann, Gefolgsmann, Held*

De|gen[2] ⟨m.; -s, -⟩ *Hieb- u. Stichwaffe mit langer, schmaler, zweischneidiger Klinge;* den ~ ziehen; zum ~ greifen; die ~ kreuzen

De|ge|ne|ra|ti|on ⟨f.; -, -en; Med.⟩ *Rückbildung, Entartung, (körperlicher u. geistiger) Verfall;* Ggs *Regeneration*

de|ge|ne|rie|ren ⟨V. 400(s.)⟩ *sich zurückbilden, entarten, (körperlich u. geistig) abbauen, verfallen;* Ggs *regenerieren*

de|gra|die|ren ⟨V. 500⟩ **1 jmdn.** ~ ⟨Mil.⟩ *im Rang herabsetzen;* einen Offizier zum Gefreiten ~ **2 den Boden** ~ *durch Entzug wertvoller Nährstoffe verschlechtern* **3 Energie** ~ ⟨Phys.⟩ *zerstreuen*

deh|nen ⟨V. 500⟩ **1 etwas** ~ *durch Ziehen verlängern, strecken, spannen, weiten;* →a. *stauchen (1.1);* du darfst das Gummiband, den Stoff nicht zu sehr ~ • **1.1 Laute, Vokale, Sätze** ~ ⟨Gramm.⟩ *langziehen, langgezogen aussprechen;* eine Silbe, ein Wort beim Sprechen ~; in gedehntem Ton sprechen • **1.2 Töne** ~ *lange aushalten, klingen lassen* **2** ⟨Vr 3⟩ **sich** ~ *größer, weiter, länger werden;* die Ärmel des Pullovers haben sich gedehnt • **2.1** *sich recken, die Glieder strecken;* sich nach dem Schlaf recken und ~ • **2.2** ⟨Sp.⟩

sich vor einem Wettkampf aufwärmen **3** ⟨Vr 3⟩ **Flächen ~ sich** *erstrecken sich, breiten sich aus;* die Felder ~ sich bis zum Horizont

Deh|nung ⟨f.; -, -en⟩ *das Dehnen (1-2);* Vokal~; durch die starke ~ zerriss das Gummiband

Deich ⟨m.; -(e)s, -e⟩ *Schutzdamm gegen Hochwasser am Meer od. Flussufer;* einen ~ bauen, verstärken

Deich|sel ⟨[-ks-] f.; -, -n⟩ *an der Vorderachse eines Wagens angebrachte Stange od. Doppelstange zum Ziehen, Lenken u. Anschirren der Zugtiere;* ein Pferd an die ~ spannen

deich|seln ⟨[-ks-] V. 500⟩ **etwas ~** ⟨fig.; umg.⟩ *etwas Schwieriges durch Geschick zuwege bringen, geschickt durchführen;* ich werde die Sache schon ~

dein[1] ⟨Possessivpron. 4; 2. Person Sg.; in Briefen Groß- u. Kleinschreibung⟩ →a. *mein (1.1 - 3.4)* **1** ~ Buch (usw.) *du hast ein B. (usw.)* • **1.1** *dir gehörend, aus deinem Eigentum od. Besitz stammend* • **1.1.1** das **deine**/Deine, das **deinige**/Deinige *dein Eigentum* • **1.1.2** ein Streit um Mein und Dein *ein S. um Besitzverhältnisse* • **1.2** *mit dir verwandt, bekannt, befreundet* • **1.2.1** die **deinen**/Deinen *deine (engen) Verwandten* • **1.3** *einen Teil von dir bildend* • **1.4** *von dir ausgehend, bei dir Ursprung habend* • **1.5** *dir zukommend* **2** *eine Eigenschaft von dir darstellend* • **2.1** *dir zur Gewohnheit geworden* **3** *von dir getan* • **3.1** *von dir verursacht* • **3.2** *von dir vertreten, gerechtfertigt* • **3.3** *dir erwünscht* • **3.4** *von dir benutzt* **4** es grüßt **dich**/Dich **dein(e)**/Deine(e) ... *(vertrauliche Schlussformel in Briefen)*

dein[2] ⟨Gen. des Personalpron.; veraltet; in Briefen Groß- u. Kleinschreibung⟩ *du;* ich gedenke ~

dei|ner ⟨Gen. des Personalpron.; in Briefen Groß- u. Kleinschreibung⟩ *du*

dei|ner|seits ⟨Adv.; in Briefen Groß- u. Kleinschreibung⟩ *von dir, von dir aus, von deiner Seite;* du musst auch ~ etwas unternehmen

dei|nes|glei|chen ⟨Pron.; in Briefen Groß- u. Kleinschreibung⟩ *wie du, Leute wie du;* du und ~

dei|net|we|gen ⟨Adv.; in Briefen Groß- u. Kleinschreibung⟩ *wegen dir, um dich, für dich;* ich habe den Hund, die Katze nur ~ gekauft; ~ mache ich mir Sorgen

dei|ni|ge ⟨substantiviertes Possessivpron.⟩ *deine;* ist dieser Koffer der ~?; der, die, das **Deinige**/deinige *das, was zu dir gehört;* die deinigen/**Deinigen** *deine Familie, deine Angehörigen*

De|ka|de ⟨f.; -, -n⟩ **1** *Gesamtheit von zehn Stück* • **1.1** *Zeitraum von zehn Tagen, Wochen, Monaten od. Jahren*

de|ka|dent ⟨Adj.; abwertend⟩ *angekränkelt, heruntergekommen, entartet*

De|ka|denz ⟨f.; -; unz.⟩ *sittlicher od. kultureller Verfall, Entartung, Verwahrlosung*

De|kla|ma|ti|on ⟨f.; -, -en⟩ **1** *(ausdrucksvolle, künstlerisch gestaltete) Vortragsweise;* ~ eines Gedichtes von Goethe • **1.1** ⟨umg.; scherzh.⟩ *übertrieben ausdrucksvoll, pathetisch gestalteter Vortrag* **2** ⟨Mus.⟩ *Verbindung von Sprache u. Musik (innerhalb eines Musikwerkes), Wort-Ton-Verhältnis*

de|kla|mie|ren ⟨V.⟩ **1** ⟨500⟩ ein **Gedicht** ~ *ausdrucksvoll vortragen* **2** ⟨400⟩ beim Gesang ~ *deutlich sprechen* • **2.1** ⟨umg.; scherzh.⟩ *übertrieben pathetisch sprechen*

De|kla|ra|ti|on ⟨f.; -, -en⟩ **1** *offizielle Erklärung;* eine ~ zur innenpolitischen Lage abgeben **2** ⟨Wirtsch.⟩ *Zoll-, Steuererklärung* • **2.1** *Inhalts-, Wertangabe bei Versandgut*

de|kla|rie|ren ⟨V. 500⟩ **etwas ~** *eine Deklaration über etwas abgeben, etwas erklären, kundgeben, etwas ausweisen als;* Ware als zollfrei ~

De|kli|na|ti|on ⟨f.; -, -en⟩ **1** ⟨Gramm.⟩ *Flexion (Beugung) der Substantive, Adjektive, Pronomen u. Numeralien nach Genus, Kasus u. Numerus;* starke, schwache ~ **2** ⟨Astron.⟩ *Winkelabstand eines Gestirns vom Himmelsäquator* **3** ⟨Geophys.⟩ *Abweichung der nach Norden zeigenden Kompassnadel von der wahren Nordrichtung;* Sy Missweisung

de|kli|nie|ren ⟨V. 500⟩ **Substantive,** Adjektive, Pronomen, Numeralien ~ *nach Genus, Kasus u. Numerus beugen, abwandeln*

De|kol|le|té ⟨[-kɔlteː] n.; -s, -s⟩ = **Dekolletee**

De|kol|le|tee ⟨[-kɔlteː] n.; -s, -s⟩ *tiefer Ausschnitt an Damenkleidern;* oV *Dekolleté;* ein tiefes ~ tragen

De|kor ⟨m.; -s, -e od. m.; -s, -s, auch n.; -s, -e od. n.; -s, -s⟩ **1** *Muster, Verzierung (bes. auf Porzellanod. Glaswaren);* diese Teller haben ein hübsches ~ **2** = *Dekoration (2)*

De|ko|ra|ti|on ⟨f.; -, -en⟩ **1** *Ausschmückung, Schmuck;* festliche Tisch~ **2** ⟨Theat.; Film⟩ *Ausstattung;* Sy *Dekor (2);* Bühnen~ **3** *Orden, Ehrenzeichen*

de|ko|rie|ren ⟨V. 500⟩ **1 etwas ~** *schmücken, verzieren* **2 jmdn.** ~ *auszeichnen, jmdm. einen Orden verleihen;* er ist mit einem Orden dekoriert worden

De|kret ⟨n.; -(e)s, -e⟩ *behördliche Verordnung, Verfügung;* ein ~ erlassen

De|le|ga|ti|on ⟨f.; -, -en⟩ **1** *Abordnung;* eine ~ des Europaparlaments besuchte letztes Jahr den Nahen Osten **2** ⟨Rechtsw.⟩ *Übertragung;* ~ einer Vollmacht, Befugnis, Schuld

de|le|gie|ren ⟨V. 500⟩ **1 jmdn.** ~ *jmdn. (zur Ausführung einer Sache) abordnen;* einen Abgeordneten ~ **2 etwas,** eine Aufgabe ~ *etwas, eine Aufgabe an jmdn. übertragen, übergeben*

Del|fin ⟨m.; -(e)s, -e; Zool.⟩ *Angehöriger einer Familie stromlinienförmiger Zahnwale, der in Herden lebt u. sehr intelligent u. gelehrig ist;* oV *Delphin*

de|li|kat ⟨Adj.⟩ **1** ~e **Speisen** *köstliche, leckere S.* **2** ~e **Angelegenheiten** ⟨fig.⟩ *heikel, behutsam zu behandelnde A.*

De|li|ka|tes|se ⟨f.; -, -n⟩ **1** *Köstlichkeit, Leckerbissen;* Kaviar ist eine ~ • **1.1** ⟨Pl.⟩ *Feinkost;* ~n anbieten; Geschäft für ~n **2** ⟨unz.; fig.⟩ *Feingefühl, Behutsamkeit;* diese Angelegenheit ist mit besonderer ~ zu behandeln

De|likt ⟨n.; -(e)s, -e; Rechtsw.⟩ *strafbare Handlung*

De|lin|quent ⟨m.; -en, -en; geh.⟩ *Misse-, Übeltäter, Verbrecher*

De|lin|quen|tin ⟨f.; -, -tin|nen⟩ *weibl. Delinquent*

De|li|ri|um ⟨n.; -s, -ri|en⟩ *Zustand der Bewusstseins-*

Delle

trübung, Wahnvorstellung (bei hohem Fieber, Gehirnkrankheiten, auch bei ständigem Alkoholmissbrauch); sich im ~ befinden

Del|le ⟨f.; -, -n⟩ **1** ⟨umg.⟩ Vertiefung, Ausbuchtung, Beule **2** ⟨Geomorphol.⟩ muldenförmige Einsenkung der Erdoberfläche ohne eigenes Bachbett

Del|phin ⟨m.; -(e)s, -e; Zool.⟩ = *Delfin*

del|phisch ⟨Adj.⟩ **1** Delphi betreffend, zu Delphi gehörig, von, in Delphi • **1.1** das Delphische **Orakel** das in Delphi bestehende O. **2** ⟨fig.⟩ doppelsinnig, rätselhaft; ein ~es Orakel; eine ~e Weisheit

Del|ta¹ ⟨n.; -s od. -, -s; Zeichen: δ, Δ⟩ **1** vierter Buchstabe des griech. Alphabets **2** ⟨Math.⟩ Symbol für das Dreieck od. den Zuwachs einer Größe

Del|ta² ⟨n.; -s, -s od. Del|ten⟩ **1** dreieckförmige Flussmündung **2** das von den äußeren Mündungsarmen umschlossene Gebiet

dem ⟨Dat. von⟩ **1** *der¹* **2** *das*

Dem|a|go|ge auch: **De|ma|go|ge** ⟨m.; -n, -n⟩ **1** ⟨urspr.⟩ Volksführer • **1.1** ⟨heute abwertend für⟩ Aufwiegler, Volksverführer

Dem|a|go|gie auch: **De|ma|go|gie** ⟨f.; -; unz.⟩ Aufwiegelung, Volkshetzung; mit reiner ~ gegen den politischen Gegner vorgehen

de|mas|kie|ren ⟨V. 500⟩ **1** jmdn. ~ • **1.1** jmdm. die Maske abnehmen • **1.2** ⟨fig.⟩ jmdn. entlarven

de|men|tie|ren ⟨V. 500⟩ eine **Nachricht** ~ **1** leugnen, bestreiten **2** widerrufen **3** berichtigen

dem|ge|gen|über ⟨Adv.⟩ auf der anderen Seite, andererseits, im Vergleich zu etwas

De|mis|si|on ⟨f.; -, -en⟩ oV ⟨veraltet⟩ *Dimission* **1** = *Rücktritt (1)* **2** *Entlassung, Verabschiedung*

de|mis|si|o|nie|ren ⟨V. 400⟩ seine Demission annehmen, abdanken

dem|je|ni|gen ⟨Dat. von⟩ **1** derjenige **2** dasjenige

dem|nach ⟨Adv. od. konsekutive Konj.⟩ also, infolgedessen, aufgrund des Gesagten; es ist ~ aussichtslos, noch auf Besserung zu hoffen; ~ warst du gestern dort?

dem|nächst ⟨a. [- '-] Adv.⟩ bald, in Kürze

De|mo ⟨f.; -, -s; umg.; kurz für⟩ *Demonstration*

De|mo|gra|fie ⟨f.; -, -n⟩ Beschreibung von Struktur u. Bewegung der Bevölkerung aufgrund von Statistiken, Bevölkerungslehre; oV *Demographie*

De|mo|gra|phie ⟨f.; -, -n⟩ = *Demografie*

De|mo|krat ⟨m.; -en, -en⟩ Anhänger der Demokratie

De|mo|kra|tie ⟨f.; -, -n⟩ Volksherrschaft, Staatsform, bei der ein Staat nach dem Willen des Volkes regiert wird

De|mo|kra|tin ⟨f.; -, -tin|nen⟩ weibl. Demokrat

de|mo|kra|tisch ⟨Adj.⟩ der Demokratie entsprechend, nach den Grundsätzen der Demokratie verfahrend

de|mo|lie|ren ⟨V. 500⟩ **1** etwas ~ niederreißen, zerstören • **1.1** eine **Festung** ~ schleifen

◆ Die Buchstabenfolge **de|mons|tr...** kann in Fremdwörtern auch **de|monst|r...** getrennt werden.

◆ **De|mons|trant** ⟨m.; -en, -en; Pol.⟩ jmd., der an einer Demonstration (3) teilnimmt

◆ **De|mons|tran|tin** ⟨f.; -, -tin|nen⟩ weibl. Demonstrant

◆ **De|mons|tra|ti|on** ⟨f.; -, -en⟩ **1** Beweisführung, Darlegung, anschauliche Schilderung; eine ~ der Funktionsweise einer neuen Maschine geben **2** nachhaltige Bekundung, Zurschaustellung; das war eine ~ der politischen, militärischen Stärke **3** ⟨Politik⟩ Massenkundgebung • **3.1** Protestkundgebung

◆ **de|mons|tra|tiv** ⟨Adj.⟩ **1** beweisend **2** anschaulich darlegend **3** absichtlich, auffallend, betont; ~er Beifall; ~ zustimmen **4** ⟨Gramm.⟩ hinweisend

◆ **de|mons|trie|ren** ⟨V.⟩ **1** ⟨500⟩ eine **Sache** ~ anschaulich vorführen • **1.1** etwas **ad oculos** ~ etwas anschaulich vor Augen führen • **1.2** darlegen, beweisen **2** ⟨400⟩ eine Demonstration (3) veranstalten, an ihr teilnehmen

De|mon|ta|ge ⟨[-ta:ʒə] f.; -, -n⟩ **1** Abbau, Abbruch, bes. von Industrieanlagen • **1.1** ~ einer Person ⟨fig.⟩ allmählicher Abbau des Ansehens, der Einflussnahme einer Person; die ~ des Ministerpräsidenten

de|mon|tie|ren ⟨V. 500⟩ etwas ~ ⟨Tech.⟩ **1** in seine Bestandteile zerlegen **2** abbauen, abtragen; industrielle Anlagen wurden nach dem 2. Weltkrieg demontiert; den Vorsitzenden einer politischen Partei ~ ⟨fig.⟩

De|mo|sko|pie auch: **De|mos|ko|pie** ⟨f.; -, -n⟩ Meinungsforschung

dem|sel|ben ⟨Demonstrativpron.; Dat. m. u. n.⟩ → *selbe*

De|mut ⟨f.; -; unz.⟩ Liebe u. Bereitschaft zum Dienen, tiefe Bescheidenheit, Unterwürfigkeit, Ergebenheit; christliche, wahre, echte ~; in ~ dienen

de|mü|tig ⟨Adj.⟩ von Demut erfüllt, ergeben, ohne Geltungsbedürfnis; eine ~e Bitte; ~ blicken

de|mü|ti|gen ⟨V. 500/Vr 7⟩ jmdn., sich ~ jmdn., sich erniedrigen, in seiner Würde verletzen; er hat den Freund öffentlich gedemütigt; er hat sich vor seinem Vater ~ müssen

den 1 ⟨Akk. von⟩ *der¹* **2** ⟨Dat. von⟩ *die²*

de|nen 1 ⟨Dat. Pl. von der¹(2)⟩ diesen, denjenigen; ~, die unter diese Bestimmung fallen, wird geraten ... **2** ⟨Dat. Pl. von der¹(3)⟩ welchen; er gab es den Freunden, ~ er schon immer vertraut hatte **3** ⟨Dat. Pl. von der¹ (4); umg.⟩ ihnen; wie konntest du ~ nur vertrauen?

den|je|ni|gen 1 ⟨Akk. von⟩ derjenige **2** ⟨Dat. von⟩ diejenigen

denk|bar ⟨Adj. 24⟩ **1** ⟨70⟩ möglich, vorstellbar; das ist durchaus ~; ein ~es Vorhaben **2** ⟨50; verstärkend⟩ kaum vorstellbar, äußerst; sie hat sich ~ ungünstig angezogen, eine ~ schlechte Vorstellung geben

den|ken ⟨V. 119⟩ **1** ⟨400⟩ geistig arbeiten, überlegen; der Mensch als ~des Wesen; die lateinische Sprache wird als gute Schulung für das Denken betrachtet; erst ~, (und) dann handeln; lernen zu ~; das Denken lernen; logisch, scharf, vernunftgemäß ~; ich dachte mir nichts Böses dabei • **1.1** das gibt zu ~ das ist bedenklich, hier heißt es vorsichtig sein • **1.2** ⟨550⟩ einen **Gedanken** zu Ende ~ bis zu Ende verfolgen • **1.3** du sollst nicht so viel ~ ⟨umg.⟩ nicht so viel grübeln • **1.4** und wenn ich denke, dass ... wenn ich mir vorstelle, dass ... • **1.5** ⟨410⟩ bei sich ~ (heimlich) überlegen • **1.6** ⟨412 m. Modalverb⟩ solange ich ~

kann, ... *soweit meine Erinnerung zurückreicht, ...*
• **1.7** gedacht, getan *kaum war der Plan gefasst, so wurde mit seiner Ausführung begonnen* • **1.8** ~ Sie mal an! ⟨umg.⟩ *ist es möglich!, so etwas!, was Sie nicht sagen!* **2** ⟨500⟩ **etwas** ~ *glauben, meinen, annehmen; das hätte ich nicht von ihm gedacht!; ich dachte, Wunder wie reich er wäre!; man sollte* ~*, dass ...; sie dachte, es sei ihre Pflicht; du denkst wohl, du brauchst dir jetzt keine Mühe mehr zu geben?; ich dächte, es wäre besser für dich, erst einmal dein Studium abzuschließen; wann ist er mit dem Studium fertig? Ich denke, in einem Jahr etwa;* ~ *wir einmal, wir wären in ...; ganz wie Sie* ~*!* • **2.1** ⟨550⟩ was ~ Sie von ...? *was halten Sie von ...?, wie beurteilen Sie ...?* • **2.2** wer hätte das gedacht! *das hätte niemand für möglich gehalten!* • **2.3** machen Sie es, wie Sie ~ *wie Sie es für richtig halten* **3** ⟨700 od. 800⟩ **an jmdn.** od. **etwas** *seine Gedanken auf jmdn. od. etwas richten; wir denken auch an die Kosten; ich denke oft an dich* • **3.1** daran ist im Augenblick überhaupt noch nicht zu ~! *darauf besteht jetzt noch nicht die geringste Aussicht!* • **3.2** **nicht daran** ~ *(etwas) nicht in Betracht ziehen, sich weigern; er denkt gar nicht daran zu antworten; ich denke nicht daran!* • **3.3** denke an deine Verpflichtungen! *vergiss deine V. nicht!*
• **3.4** *sich an jmdn., etwas erinnern, jmds., einer Sache gedenken;* ~ *wir doch einmal an die Revolution*
• **3.4.1** ~ Sie noch daran? *erinnern Sie sich noch gelegentlich?, haben Sie es noch nicht vergessen?* • **3.5** *an jmdn., einer Sache interessiert, um jmdn., etwas bemüht, auf jmdn., etwas bedacht sein; bei allem dachte er nur an seine Familie* • **3.5.1** du musst endlich auch an dich selbst ~! *du darfst nicht zu selbstlos, uneigennützig sein!* **4** ⟨530/Vr 1⟩ **sich** jmdn. od. etwas ~ *(im Geiste) vorstellen; ich kann es mir* ~*; ich denke ihn mir groß und blond; ich dachte mir die Sache so: ...; sie können sich sicher* ~*, dass ..., wie sehr ...; ich hatte mir das ganz anders gedacht!; er hatte sich das so, zu leicht gedacht* • **4.1** das habe ich mir beinahe gedacht! *das habe ich vermutet* • **4.2** ich habe es mir gleich gedacht! *ich habe es kommen sehen!; ich habe es gleich vermutet* • **4.3** **etwas lässt sich** ~ *versteht sich von selbst* • **4.4** das hast du dir gedacht! ⟨umg.⟩ *da hast du dich gründlich getäuscht!* • **4.5** was ~ Sie sich eigentlich? ⟨umg.⟩ *was erlauben Sie sich?*
• **4.6** ich denke mir mein Teil dabei ⟨umg.⟩ *ich habe da meine eigene Meinung* • **4.7** ⟨mit Modalverb⟩ das hätte ich mir ~ können! *das hätte mich nicht überraschen sollen, es war zu erwarten gewesen* • **4.8** dacht ich mir's doch! *das vermutete ich!* **5** ⟨505/Vr 3⟩ **sich (in etwas)** ~ *sich im Geiste (in etwas) versetzen; wir dachten uns in seine Situation* • **5.1** ~ Sie sich an meine Stelle! *versetzen Sie sich in meine Lage!* **6** ⟨480 od. 500⟩ *gesonnen sein, beabsichtigen, gedenken; wir* ~ *noch ein wenig zu bleiben; ich denke, wir warten noch ein paar Minuten* • **6.1** ⟨400⟩ der Mensch denkt, und Gott lenkt ⟨Sprichw.⟩ *des Menschen Pläne vermögen nichts gegen Gottes Willen* **7** ⟨413⟩ **auf bestimmte Art** ~ *gesinnt sein; edel, engstirnig, freundschaftlich, kleinlich, gemein* ~ • **7.1** sein großherziges Denken erlaubte keine Lüge *seine großherzige Gesinnung* **8** ⟨550⟩ **von** jmdm. od. einer Sache, **über** jmdn. od. etwas *in bestimmter Weise* ~ *eine bestimmte Meinung von jmdm. od. einer Sache haben, jmdn. od. etwas in bestimmter W. beurteilen; gering, gut, hässlich, niedrig von jmdm.* ~*;* ~ *Sie nach diesem ersten Zwischenfall bitte nicht schlecht von mir!*

...den|ken ⟨n.; -s; unz.; in Zus.⟩ **1** *auf ein bestimmtes Ziel gerichtetes, zweckorientiertes Denken;* Anspruchs~, Sicherheits~ **2** *von einer bestimmten Sichtweise geprägtes Denken;* Feindbild~, Konkurrenz~, Partei~

denk|faul ⟨Adj. 24; abwertend⟩ *zu faul zum Denken, geistig träge*

Denk|mal ⟨n.; -(e)s, -mä|ler od. ⟨selten⟩ -e⟩ **1** ⟨i. w. S.⟩ *denk- u. erhaltungswürdiges Gegenstand der Kunst, Geschichte, Natur;* Bau~, Natur~, Sprach~; *ein literarisches, historisches* ~ **2** ⟨i. e. S.⟩ *Bildwerk, Gedenkstein zur Erinnerung an ein Ereignis od. eine Person; ein* ~ *aus Marmor, Granit; ein* ~ *bauen, errichten, enthüllen* • **2.1 jmdm.** ein ~ **setzen** *eine Persönlichkeit u. ihre Verdienste in einem Kunstwerk (meist literarisch) verewigen* • **2.2 sich** ein ~ **setzen** ⟨fig.⟩ *etwas Hervorragendes von bleibendem Wert leisten*

Denk|wei|se ⟨f.; -, -n⟩ *Art u. Weise zu denken, Gesinnung, Einstellung; diese* ~ *lehne ich ganz entschieden ab*

Denk|zet|tel ⟨m.; -s, -⟩ *fühlbare, handgreifliche Lehre, die man nicht so leicht vergessen kann, exemplarische Strafe; einen* ~ *bekommen, erhalten; jmdm. einen* ~ *geben, verpassen; er hat endlich einmal einen* ~ *verdient*

denn[1] ⟨Konj. zur Verbindung zweier Hauptsätze⟩ **1** *(Ausdruck, der eine Begründung einleitet);* →a. *weil; beende erst deine Ausbildung,* ~ *das bringt dich beruflich weiter* **2** ⟨norddt. für die temporale Konj.⟩ *dann; na,* ~ *geht es eben nicht*

denn[2] ⟨Adv.⟩ **1** ⟨einräumend⟩ *es sei* ~*, dass ... außer ..., außer, wenn; ich lasse dich nicht, du segnest mich* ~ ⟨biblisch⟩ **2** ⟨verstärkend⟩ *nur, bloß; wo kann er* ~ *sein?; was ist* ~ *eigentlich geschehen?* • **2.1 auf, nun,** wohlauf ~! *jetzt soll es aber beginnen!* **3** ⟨identifizierend⟩ *genau(er), bestimmt(er); wann, welcher, wer, wo, weshalb* ~*?*

denn[3] ⟨Vergleichspartikel⟩ **1** ⟨veraltet⟩ *als* • **1.1** ⟨noch in der formelhaften Wendung⟩ mehr ~ je; *er war der Aufklärung des Verbrechens näher* ~ *je zuvor*
• **1.2** ⟨mitunter noch, um zu vermeiden, dass zwei „als" nebeneinanderstehen⟩ *er berät ihn mehr als Freund* ~ *als Vormund; er war größer als Künstler* ~ *als Mensch*

den|noch ⟨Konj.⟩ *trotz des vorher Gesagten, doch, trotzdem; er ist schon mehrmals abgewiesen worden,* ~ *will er es noch einmal versuchen; ich werde es* ~ *tun*

den|sel|ben ⟨Demonstrativpron.; Akk. m.⟩ → *selbe*

De|nun|zi|ant ⟨m.; -en, -en⟩ *jmd., der andere Personen denunziert*

Denunziantin

De|nun|zi|an|tin ⟨f.; -, -tin|nen⟩ *weibl. Denunziant*
de|nun|zie|ren ⟨V. 500⟩ *jmdn. od. etwas ~ aus niedrigen Beweggründen anzeigen;* Sy ⟨fig.; umg.⟩ *anschwärzen*
Deo ⟨n.; -s, -s; kurz für⟩ *Deodorant*
Deo|do|rant ⟨n.; -s, -s od. -e⟩ *kosmetisches, meist parfümiertes Mittel zur Beseitigung von Körpergeruch;* oV *Desodorant*
deo|do|rie|ren ⟨V. 500/Vr 3⟩ *etwas od. sich ~ unangenehmen (Körper-) Geruch mit Hilfe eines kosmetischen, meist parfümierten Mittels überdecken;* oV *desodorieren;* Toiletten ~
De|pe|sche ⟨f.; -, -n; veraltet⟩ *eilige Nachricht*
De|po|nie ⟨f.; -, -n⟩ **1** *Stelle zum Ablagern von Abfällen, Schuttabladeplatz;* Müll~ **2** *das Ablagern von Abfällen;* die ~ *von Schadstoffen bereitet zunehmend Schwierigkeiten*
de|po|nie|ren ⟨V. 500⟩ *etwas ~* **1** *hinterlegen, (in einem Depot) aufbewahren; ich habe meinen Schmuck in der Bank deponiert* **2** *auf einer Deponie (1) lagern*
De|pot ⟨[depo:] n.; -s, -s⟩ **1** *Aufbewahrungsort;* Bank~ • **1.1** *die im Depot (1) einer Bank aufbewahrten Gegenstände* **2** ⟨veraltet⟩ *Straßenbahnhof* **3** ⟨Archiv, Magazin, Lager; Dental-⟩ **4** ⟨Med.⟩ *Speicher, Ansammlung, Ablagerung;* Fett~ **5** ⟨Med.⟩ *Behandlung mit Arzneien, die über längere Zeit wirken* **6** ⟨schweiz.⟩ = *Pfand (2);* Flaschen~
De|pres|si|on ⟨f.; -, -en⟩ **1** ⟨meist Pl.⟩ *Niedergeschlagenheit, gedrückte Stimmung;* Sy ⟨umg.⟩ *Tief (3)* **2** ⟨Wirtsch.⟩ *Phase des Rückgangs der Konjunktur, wobei das reale Bruttoinlandsprodukt fällt;* Sy ⟨umg.⟩ *Tief (4)* **3** ⟨Meteor.⟩ *Gebiet niedrigen Luftdrucks;* Sy *Tief (1)* **4** ⟨Geogr.⟩ *unter dem Meeresspiegel liegendes Land* **5** ⟨Astron.⟩ *unter dem Horizont liegende Teil des Höhenkreises eines Gestirns* **6** ⟨Bgb.⟩ *Unterdruck bei der Grubenbewetterung* **7** ⟨Phys.⟩ *Absinken unter einen Normalwert*
de|pri|mie|ren ⟨V. 500⟩ *jmdn. ~ niederdrücken, entmutigen; das deprimiert mich; jmd. ist deprimiert*
der^1 ⟨m. 5⟩ **1** ⟨bestimmter Artikel⟩ ~ *Mann;* ~ *Baum;* ~ *Peter* ⟨umg. a. vor Eigennamen⟩ • **1.1** *er ist sicherlich* **der** *Komponist unserer Zeit der bedeutendste K.* • **1.2** ~ *Möller männliches Mitglied der Familie M.* **2** ⟨Demonstrativpron.; Gen. a.: dessen, Gen. Pl.: a. deren/derer⟩ *dieser, derjenige;* ~*, den ich gesehen habe, hatte …;* ~ *da, dort, hier war es!* • **2.1** ⟨Gen. Pl. rückweisend: deren⟩ *die Opfer, deren wir heute gedenken wollen* • **2.2** ⟨Gen. Pl. vorausweisend: derer⟩ *das Bemühen derer (derjenigen), die bereits seit Jahrzehnten in diesem Verein tätig sind* • **2.3** ~ *und* ~ *soll auch dabei gewesen sein! (als Ersatz für Eigennamen) ein bestimmter Herr X* **3** ⟨Relativpron.; Gen. dessen, Gen. Pl. deren⟩ *welcher; er war der Erste,* ~ *die Erde umkreiste* **4** ⟨umg. für das Personalpron.⟩ *er; wie konnte* ~ *nur dein Vertrauen gewinnen!*
der^2 **1** ⟨Gen., Dat. von⟩ *die^1* **2** ⟨Gen. von⟩ *die^2*
der|art ⟨Adv.⟩ *so; die Wolle war* ~ *verknotet, dass sie nicht entwirren konnte*
der|ar|tig ⟨Adj. 24⟩ *so beschaffen, von solcher Art; eine* ~*e Unverschämtheit habe ich bisher noch nicht erlebt!; etwas* Derartiges *gibt es hier nicht;* Derartiges *hatte er noch nicht gesehen*
derb ⟨Adj.⟩ **1** *rau, grob, hart;* ~*er Stoff,* ~*es Schuhwerk,* ~*e Kost;* ~ *zugreifen, anfassen* • **1.1** ⟨Geol.⟩ *grobkörnig, unregelmäßig;* ~*es Mineral, Gestein* • **1.2** *kräftig, heftig;* ~*er Stoß; jmdm.* ~ *die Hand schütteln* • **1.3** *urwüchsig, bäurisch; ein* ~*er Bursche, Junge* **2** *grob, offen, ohne jede Rücksicht, nicht salonfähig, unfein; eine* ~*e Antwort;* ~*e Witze, Reden; sich* ~ *ausdrücken; jmdn.* ~ *anfahren*
der|einst ⟨Adv.; geh.⟩ **1** *künftig* **2** *früher einmal*
de|ren ⟨Gen. Pl. von⟩ **1** *der^1 (2, 3)* **2** *die^1 (2, 3)* **3** *die^1 (2, 3)*
de|rer ⟨Gen. Pl. von⟩ **1** *der^1 (2)* **2** *das (2)* **3** *die^1 (2);* →a. *der^1 (2)*
der|glei|chen ⟨Demonstrativpron. 11; Abk.: dgl.⟩ **1** *so beschaffen, ähnlich geartet;* ~ *Dinge hielt er für unvermeidlich;* ~ *Fälle kommen immer wieder vor* • **1.1** *und* ~ *mehr* ⟨Abk.: u. dgl. m.⟩ *mehr von dieser Art* • **1.2** *nichts* ~ *nichts davon, es ist nichts in dieser Art geschehen* **2** *nicht* ~ *tun etwas od. jmdn. nicht beachten, nicht reagieren; er tat nicht* ~
der|je|ni|ge ⟨Demonstrativpron. m. 6; in Relativsätzen verstärkend für⟩ **1** *der^1 (2), die^1 (2), das (2);* ~ *Gast, den wir gestern trafen* • **1.1** *du bist also* ~*, welcher!* ⟨iron.⟩ *der, von dem die Rede ist, der verantwortlich ist*
der|je|ni|gen 1 ⟨Gen.; Dat. von⟩ *diejenige* **2** ⟨Gen. Pl. von⟩ *diejenigen;* →a. *derjenige*
der|sel|be ⟨Demonstrativpron.; m. 6⟩ **1** *(genau) der, ebender; es war* ~ *Mann, den ich zwei Stunden zuvor gesehen hatte* **2** ⟨veraltet⟩ *er, dieser; ich ließ den Verdächtigen festnehmen, da* ~ *sich nicht ausweisen konnte*
der|zeit ⟨Adv.⟩ **1** *jetzt, augenblicklich, zurzeit;* ~ *ist die Lage kritisch; die* ~ *beste Methode* **2** ⟨veraltet⟩ *damals, seinerzeit; der* ~ *beste Tänzer;* ~ *sah die Stadt anders aus*
des ⟨Gen. von⟩ **1** *der^1* **2** *das*
De|ser|teur ⟨[-tø:r] m.; -s, -e⟩ *jmd., der desertiert, Fahnenflüchtiger*
de|ser|tie|ren ⟨V. 400⟩ **Soldaten ~ 1** *entfernen sich von ihrer Truppe, um nicht wieder zurückzukehren, begehen Fahnenflucht* **2** *laufen zum Gegner über, um sich zu ergeben;* Sy *überlaufen^1 (3)*
des|glei|chen 1 ⟨Adv.; Abk.: desgl.⟩ *das Gleiche, so, ebenso; tue* ~*!* **2** ⟨Konj.⟩ *ebenso, auch; aufgerufen wurden zunächst die Nummern eins bis zehn,* ~ *noch einige dringende Fälle*
des|halb ⟨Adv.⟩ *aus diesem Grunde, darum;* Sy *deswegen; dieses Buch wendet sich nur an Fachleute,* ~ *habe ich kein Interesse daran; er kommt nur* ~*, weil er dich nicht enttäuschen will* ⟨als Ergänzung zur Konj. „weil"⟩
De|sign ⟨[dizaɪn] n.; -s, -s⟩ **1** *künstlerisch gestalteter Entwurf, Skizze, Modell* **2** *formgerechte u. funktionelle Gestaltung, Stil; ultramodernes* ~
Des|in|fek|ti|on ⟨f.; -, -en⟩ *Vernichtung von Krankheitserregern mit chemischen od. physikalischen Mitteln*

Des|in|fek|tor ⟨m.; -s, -en⟩ **1** *jmd., der (von Berufs wegen) desinfiziert* **2** *Gerät zum Desinfizieren*

des|in|fi|zie|ren ⟨V. 500⟩ *jmdn. od.* **etwas** *~ durch Desinfektion keimfrei machen*

Des|in|te|res|se *auch:* **Des|in|te|res|se** ⟨n.; -s; unz.⟩ *mangelndes Interesse, Uninteressiertheit, Gleichgültigkeit;* sein Vorschlag stieß auf ~; *Ggs Interesse*

des|in|te|res|siert *auch:* **des|in|te|res|siert** ⟨Adj.⟩ *nicht interessiert, gleichgültig, unbeteiligt;* er wohnte dem Geschehen ~ bei

des|je|ni|gen ⟨Gen. von⟩ **1** *derjenige* **2** *dasjenige*

Des|o|do|rant *auch:* **De|so|do|rant** ⟨n.; -s, -s od. -e⟩ *= Deodorant*

des|o|do|rie|ren *auch:* **de|so|do|rie|ren** ⟨V. 500/Vr 3⟩ *= deodorieren*

de|so|lat ⟨Adj.⟩ **1** *ausweg-, hoffnungslos;* er ist in einer ~en Situation **2** *trostlos, miserabel;* der Zustand des Hauses ist ~

Des|pot ⟨m.; -en, -en⟩ **1** *Gewaltherrscher, Willkürherrscher* **2** ⟨abwertend⟩ *Tyrann, herrischer Mensch*

des|po|tisch ⟨Adj.⟩ **1** *wie ein Despot, gewalttätig, willkürlich* **2** ⟨abwertend⟩ *herrisch, rücksichtslos*

des|sen ⟨Gen. von⟩ **1** *der¹ (2.3)* **2** *das (2.3)*

Des|sert [dɛseːr] n.; -s, -s⟩ *= Nachtisch*

Des|sin ([dɛsɛ̃ː] n.; -s, -s⟩ **1** *Muster, Dekoration;* ein Stoff mit hübschem ~ **2** *zeichnerischer Entwurf, Plan*

De|stil|la|ti|on *auch:* **Des|til|la|ti|on** ⟨f.; -, -en⟩ **1** ⟨veraltet⟩ *Schankwirtschaft* **2** ⟨Chem.⟩ *Verdampfung u. anschließende Kondensation (Wiederverflüssigung durch Abkühlen) einer Flüssigkeit zur Abtrennung einer Flüssigkeit von darin gelösten Feststoffen u. zur Trennung verschiedener Flüssigkeiten*

de|stil|lie|ren *auch:* **des|til|lie|ren** ⟨V. 500⟩ **etwas** ~ *durch Destillation (2) trennen*

des|to ⟨proportionale Konj., steht nur vor einem Komparativ⟩ **1** *umso;* ~ früher kann ich kommen!; je mehr hierbei mitarbeiten, ~ schneller wird die Arbeit beendet sein **2** *~ besser! (Ausruf der Erleichterung)*

des|we|gen ⟨Konj.⟩ *= deshalb;* sie ist krank, ~ kann sie nicht kommen

De|tail ⟨[detaj] n.; -s, -s⟩ *etwas Einzelnes, Einzelheit;* ~s angeben; sich an alle ~s erinnern; auf jedes ~ eingehen; auf ~s verzichten; sich auf jedes ~ einlassen; ins ~ gehen; bis ins kleinste ~ berichten; mit ~s ausschmücken

de|tail|liert ⟨[detaji:rt] Adj.⟩ *bis ins Detail gehend, in allen Einzelheiten dargestellt, sehr genau;* eine ~e Schilderung des Täters geben

De|tek|tiv ⟨m.; -s, -e⟩ *privater, berufsmäßiger Ermittler von Straftaten u. zivilrechtlichen Angelegenheiten*

De|tek|ti|vin ⟨f.; -, -vin|nen⟩ *weibl. Detektiv*

De|to|na|ti|on ⟨f.; -, -en⟩ *eine mit Knall u. unter Gasentwicklung sehr rasch, aber langsamer als eine Explosion verlaufende chemische Reaktion;* →a. *Explosion (1.1)*

de|to|nie|ren ⟨V. 400⟩ **1** *in Form einer Detonation verbrennen;* →a. *explodieren (1.1)* **2** *unrein singen, spielen*

det|to ⟨Adv.; österr.⟩ *= dito*

deu|ten ⟨V.⟩ **1** ⟨500⟩ **etwas** ~ *etwas auslegen, erklären, erläutern;* ich kann es mir nicht ~; ein Gleichnis, Handlinien, die Sterne, einen Text, ein Zeichen ~; etwas falsch, richtig ~; wir haben es in unserem Sinn gedeutet **2** ⟨411⟩ **(mit etwas) auf etwas** od. **jmdn.** ~ *auf etwas od. jmdn. deutlich zeigen;* sie deutete auf ihn; mit dem Finger, der Hand, dem Zeigestock auf etwas ~ • **2.1 etwas** deutet **auf etwas** ⟨fig.⟩ *etwas lässt etwas erkennen, erwarten;* alles deutet auf eine baldige Wetteränderung; das deutet auf nichts Gutes!; alles deutet darauf, dass …

deut|lich ⟨Adj.⟩ **1** *klar (erkennbar);* ich kann den Ort am Horizont ~ erkennen, sehen, wahrnehmen • **1.1 etwas** ~ **machen** *etwas verständlich machen, erklären* **2** *akustisch gut verständlich;* ein Wort ~ aussprechen; du sollst ~ reden! **3** *leicht lesbar;* er hat eine ~e Schrift **4** ⟨a. fig.⟩ *leicht festzustellen;* es war ~ seine Absicht **5** *eindeutig;* das war aber eine ~e Antwort!; du musst dich ~er ausdrücken! • **5.1** *nachdrücklich;* jmdm. einen ~en Wink geben • **5.2** *rücksichtslos offen, grob;* eine ~e Sprache mit jmdm. sprechen; das war aber ~!; er wurde ziemlich ~

Deut|lich|keit ⟨f.; -, -en⟩ **1** ⟨unz.⟩ *Verständlichkeit, Eindeutigkeit, Erkennbarkeit, Klarheit;* die ~ seiner Erklärung, Aussprache; etwas gewinnt an ~ • **1.1 etwas in, mit aller** ~ **sagen** ⟨fig.⟩ *mit allem Nachdruck, rücksichtslos offen* **2** ⟨fig.; umg.⟩ *grobe Antwort, derb Gesprochenes;* jmdm. eine ~ sagen; diese ~en waren nicht nötig!

deutsch ⟨Adj. 24⟩ **1** ⟨70⟩ *zu Deutschland gehörig, Deutschland betreffend;* die ~e Außenpolitik; die ~en Grenzen • **1.1** die ~e Bundesrepublik ⟨ungenaue Bez. für⟩ *Bundesrepublik Deutschland* • **1.2** ⟨Großschreibung in Titeln, Namen⟩ die Deutsche Bibliothek (in Frankfurt a. M.); die Deutsche Bücherei (in Leipzig); der Deutsche Bund; Deutsche Bahn AG ⟨Abk.: DB⟩; Deutsches Bundesgebrauchsmuster ⟨Abk.: DBGM⟩; Deutsches Bundespatent ⟨Abk.: DBP⟩; Deutsche Demokratische Republik ⟨Abk.: DDR⟩; Deutscher Gewerkschaftsbund ⟨Abk.: DGB⟩; Deutsche Post AG; Deutsches Reichspatent ⟨Abk.: DRP⟩; Deutsches Rotes Kreuz ⟨Abk.: DRK⟩ • **1.2.1** Deutsche Mark ⟨Abk.: DM⟩ *Währungseinheit in Deutschland 1948-2001* • **1.2.2** der Deutsch-Französische Krieg *der K. von 1870/71* • **1.2.3** ⟨aber⟩ ein deutsch-französischer Krieg *irgendein Krieg zwischen Deutschland u. Frankreich* • **1.2.4** Deutsches Reich • **1.2.4.1** ⟨962-1806⟩ *die deutschsprachigen Fürstentümer des Heiligen Römischen Reiches (Deutscher Nation)* • **1.2.4.2** ⟨1871-1945; amtl. Bez. für⟩ *Deutschland* • **1.2.5** Deutscher **Orden** *Ritterorden seit 1190* • **1.2.6** Deutsche **Dogge** *große schlanke D.* • **1.2.7** Deutsche **Schabe** *bis 13 mm lange, weltweit verbreitete Schabe¹ mit zwei dunklen Streifen auf dem gelbl. Halsschild: Blattella germanica* • **1.2.8** Deutscher Schäferhund *mittelgroße bis große Gebrauchshundrasse* **2** *für Deutschland u. seine Bevölkerung eigentümlich;* nach alter ~er Sitte; die ~e Sprache **3** *in der Sprache der Bevölkerung Deutschlands;* dieses

Deutsch

Fremdwort kann man auch ~ aussprechen; er hat ~ geschrieben, gesprochen; wir haben uns ~ unterhalten • 3.1 auf, in, zu Deutsch *in dt. Text, Wortlaut;* wie heißt das auf Deutsch? • 3.2 ⟨50; fig.⟩ ~ mit jmdm. reden *jmdm. ohne Umschweife die Wahrheit sagen* • 3.3 auf gut Deutsch ⟨fig.; umg.⟩ *einfach u. deutlich (gesagt), unmissverständlich;* das heißt auf gut Deutsch, *dass du nicht kommen willst* • 3.4 die ~e Schweiz *die deutschsprachige S.* **4** ⟨60⟩ *aus Deutschland stammend, in Deutschland hergestellt;* der ~e Arbeiter; ~e Erzeugnisse **5** ⟨Getrennt- u. Zusammenschreibung⟩ • 5.1 ~ sprechend, Deutsch sprechend = *deutschsprechend*

Deutsch ⟨n.; - od. -s; unz.⟩ **1** *die deutsche Sprache als Sprache eines Einzelnen od. einer bestimmten Gruppe od. wenn sie sonst wie näher bestimmt ist;* sein ~ ist akzentfrei, einwandfrei, gut, schlecht; im heutigen ~ gibt es viele englische Wendungen; wir legen Wert auf gutes ~ **2** ⟨ohne Art.⟩ *die deutsche Sprache im Allgemeinen;* er kann, lehrt, lernt, spricht, versteht (kein) ~; er versteht kein Wort ~; Unterricht in Deutsch erhalten, erteilen, geben, haben, nehmen • 2.1 du verstehst wohl kein ~? ⟨fig.; umg.⟩ *kannst du nicht gehorchen, nicht hören?* **3** ⟨ohne Art.⟩ *die dt. Sprache u. Literatur als Unterrichtsfach;* er hat in ~ eine 3; wer hat hier den Lehrstuhl für ~?; →a. *deutsch* **4** ⟨Getrennt- u. Zusammenschreibung⟩ • 4.1 ~ sprechend = *deutschsprechend*

Deut|sche ⟨n. 3; unz.; nur mit best. Artikel⟩ *das ~* **1** *die deutsche Sprache; etwas aus dem ~n ins Französische übersetzen, übertragen* **2** ⟨in Zus.⟩ *einzelner Zweig der dt. Sprache;* das Nieder-, Mittelhochdeutsche **3** *für Deutschland u. die Deutschen bezeichnende Eigenart;* das typisch ~ an ihm

Deut|sche(r) ⟨f. 2 (m. 1)⟩ **1** *jmd., der nach Abstammung u. Muttersprache dem deutschen Volk angehört;* alle ~n; sie ist (eine) ~; sie hat einen ~n geheiratet; ihr Mann ist (ein) ~r **2** *jmd., der deutscher Staatsbürger ist;* sie spricht nur französisch, ist aber ~

deutsch|spre|chend *auch:* **deutsch spre|chend** *auch:* **Deutsch spre|chend** ⟨Adj. 24/70⟩ *die deutsche Sprache sprechend, beherrschend;* die ~en Länder

De|vi|se ⟨[-viː-] f.; -, -n⟩ **1** = *Wahlspruch* **2** ⟨nur Pl.⟩ *Zahlungsmittel in ausländischer Währung*

De|von ⟨[-voːn] n.; -s; unz.; Geol.⟩ *geologische Formation des Erdaltertums zwischen Silur u. Karbon*

de|vot ⟨[-voːt] Adj.; abwertend⟩ *unterwürfig, übertrieben ehrerbietig, ergeben;* er verhält sich sehr ~ gegenüber seinem Vorgesetzten

De|zem|ber ⟨m.; -s od. -, -; Abk.: Dez.⟩ *der 12. Monat des Jahres*

de|zent ⟨Adj.⟩ **1** *unauffällig, zurückhaltend, gedämpft;* sich ~ kleiden; ~e Farben **2** *feinfühlig, taktvoll, schicklich;* sich ~ nach jmdm. erkundigen; ~ auf etwas hinweisen

de|zi|mal ⟨Adj. 24⟩ *auf der Zahl Zehn beruhend*

de|zi|mie|ren ⟨V. 500⟩ ein **Volk,** eine Truppe ~ **1** ⟨eigtl.⟩ *jeden zehnten Mann töten* **2** ⟨fig.⟩ *stark vermindern, große Verluste zufügen*

Dia ⟨n.; -s, -s; kurz für⟩ *Diapositiv*

di|a|bo|lisch ⟨Adj.; geh.⟩ *teuflisch;* ein ~er Plan

Di|a|dem ⟨n.; -s, -e⟩ *Schmuckreif, der um die Stirn od. im Haar getragen wird*

Di|a|gno|se *auch:* **Di|ag|no|se** ⟨f.; -, -n⟩ **1** ⟨Med.⟩ ~ einer **Krankheit** *Erkennung, Feststellung;* eine ~ stellen **2** ⟨Bot.; Zool.⟩ *Bestimmung der systematischen Stellung einer Tier- od. Pflanzenart nach ihren Merkmalen*

di|a|go|nal ⟨Adj. 24⟩ **1** *zwei nicht benachbarte Ecken eines Vielecks od. eines durch fünf od. mehr ebene Flächen begrenzten geometrischen Körpers geradlinig verbindend* **2** *weder waagerecht noch senkrecht, sondern schräg laufend* **3** ein Buch ~ **lesen** ⟨umg.⟩ *sehr flüchtig*

Di|a|gramm ⟨n.; -(e)s, -e⟩ *grafische Darstellung von unterschiedlichen, voneinander abhängigen (Mess-)Größen od. Werten, Schaubild;* etwas in einem ~ darstellen

Di|a|lekt ⟨m.; -(e)s, -e; Sprachw.⟩ = *Mundart*

di|a|lek|tal ⟨Adj. 24⟩ *den Dialekt betreffend, zu ihm gehörig;* oV *dialektisch (1);* ~e Verschiedenheiten

Di|a|lek|tik ⟨f.; -; unz.⟩ **1** *Kunst der (wissenschaftlichen) Gesprächsführung, Redekunst* **2** ⟨Philos.⟩ *Kunst der Beweisführung (durch Denken in gegensätzlichen Begriffen), Logik;* →a. *dialektisch (2.1)* **3** ⟨geh.⟩ *innerhalb einer Sache od. eines Sachverhaltes inbegriffene Gegensätzlichkeit;* die ~ der Beziehung zwischen Mann u. Frau

di|a|lek|tisch ⟨Adj.⟩ **1** = *dialektal* **2** *die Dialektik betreffend* • 2.1 ~er **Materialismus** ⟨Kurzw.: Diamat; umg.⟩ *philosophische Anschauung, nach der jede Entwicklung als Ergebnis der sich aufgrund von Gegensätzen u. Widersprüchen ständig wandelnden, zueinander in Wechselbeziehung stehenden Formen der Materie anzusehen ist*

Di|a|log ⟨m.; -(e)s, -e⟩ **1** *Gespräch zwischen zweien od. mehreren, Wechselrede;* Ggs *Monolog (1)* **2** *philosophische Erörterung*

Di|a|ly|se ⟨f.; -, -n⟩ **1** ⟨Med.⟩ *Reinigung des Blutes von giftigen Stoffen (bei unzureichender Nierenfunktion)* **2** *chemisches Verfahren, bei dem Flüssigkeiten mit Hilfe einer halbdurchlässigen Membran getrennt werden*

Di|a|mant[1] ⟨m.; -en, -en⟩ **1** *aus reinem Kohlenstoff bestehendes, härtestes Mineral, ein wertvoller Edelstein wegen der hohen Lichtbrechung seiner Kristalle;* ~en facettieren, schleifen, fassen; ein ~ von 3 Karat **2** ~en **tragen** *Schmuck mit D. tragen* **3 hart wie** (ein) ~ ⟨a. fig.⟩ *sehr hart;* →a. *schwarz (1.5)*

Di|a|mant[2] ⟨f.; -; unz.; Typ.⟩ *ein Schriftgrad, 4 Punkt*

Di|a|po|si|tiv ⟨n.; -(e)s, -e; kurz: Dia⟩ *durchsichtiges Lichtbild, Fotografie (zur Projektion auf eine Leinwand)*

Di|ät ⟨f.; -, -en⟩ **1** *eine der Konstitution (des Kranken) gemäße Lebens- u. Ernährungsweise,* Sy *Schonkost;* eine (strenge) ~ (ein)halten; eine ~ verordnen; ~ für Gallen-, Magen-, Zuckerkranke **2** *kalorienarme, eine Gewichtsabnahme herbeiführende Ernährungsweise;* nach einer bestimmten ~ leben; er lebt Diät; eine ~ machen

Di|ä|ten ⟨nur Pl.⟩ *Bezüge der Abgeordneten eines Par-*

lamentes; die geplante Erhöhung der ~ erregt den Unmut der Bevölkerung

dia|to|nisch ⟨Adj. 24; Mus.⟩ **1** *sich überwiegend durch Ganztonschritte bewegend* **2** *in der Tonfolge einer Dur- od. Molltonleiter;* Ggs *chromatisch* (1)

dich ⟨in Briefen Groß- u. Kleinschreibung; Akk. von⟩ *du;* →a. *sich*

dicht ⟨Adj.⟩ **1** *undurchlässig;* das Boot ist ~; die Fenster schließen nicht ~; die Schuhsohlen sind nicht mehr ~; ~ halten, bleiben • **1.1** →a. *dichthalten* **2** ⟨50⟩ *nahe, eng;* er stand ~ dabei, als der Unfall geschah; ~ neben dem Haus stand … • **2.1** jmdm. ~ auf den Fersen sein *jmdm. unmittelbar folgen* **3** *ohne od. mit geringem Zwischenraum zusammengefügt;* ein ~es Gewebe; er hat ~es Haar • **3.1** *schwer zu durchdringen;* eine ~e Hecke umsäumte das Grundstück; ~er Nebel behinderte den Verkehr; ein ~er Wald **4** ⟨Getrennt- u. Zusammenschreibung⟩ • **4.1** ~ bebaut = *dichtbebaut*

dicht|be|baut *auch:* **dicht be|baut** ⟨Adj. 90⟩ *eng bebaut, mit vielen Gebäuden bebaut;* ein ~es Gelände, Gebiet

Dich|te ⟨f.; -; unz.⟩ **1** ⟨allg.⟩ *die Menge eines Stoffes in der Raumeinheit* • **1.1** *Menge od. Anzahl von Organismen je Flächeneinheit, dichtes Nebeneinander, Enge, Nähe;* Bevölkerungs~, Einwohner~, Verkehrs~; die ~ des Bewuchses; die ~ des Straßenverkehrs **2** ⟨Phys.⟩ *die in der Raumeinheit od. Flächeneinheit enthaltene Masse eines Stoffes, das Verhältnis der Masse eines Körpers zu seinem Volumen;* Gas~, Strom~, Luft~; Raum~, Flächen~, Linien~; →a. *relativ* (1.7)

dich|ten¹ ⟨V. 402⟩ (*etwas*) ~ **1** *ein sprachliches Kunstwerk (insbes. in Versen) schaffen, verfassen, ausdenken;* ein Gedicht, ein Drama, ein Lied ~; er dichtet; er hat diese Ballade gedichtet **2** ⟨umg.⟩ *schwindeln, erträumen* **3** sein Dichten **und Trachten** war darauf gerichtet *seine Gedanken, Absichten, Wünsche zielten auf …*

dich|ten² ⟨V. 500⟩ etwas ~ *dicht, undurchlässig machen;* eine Tür, ein Fenster ~; das Dach, den Wasserhahn ~; ein Leck mit Teer ~

Dich|ter ⟨m.; -s, -⟩ **1** *Schöpfer von Sprachkunstwerken* **2** *Träumer, Schwärmer, fantasievoller Mensch, der die Welt beseelt sieht*

Dich|te|rin ⟨f.; -, -rin|nen⟩ *weibl. Dichter*

dich|te|risch ⟨Adj. 24⟩ **1** *zum Dichter, zur Dichtung gehörig, auf sie bezüglich;* ein glänzender ~er Einfall; seine ersten ~en Versuche • **1.1** ~e **Freiheit** *die F. des Dichters, aus künstlerischen Gründen vom Herkömmlichen (sprachlich) u. Wirklichen abzuweichen* **2** *in formvollendeter Sprache abgefasst;* der Roman ist eine große ~e Leistung **3** *seelen-, fantasievoll;* wahrhaft ~e Worte finden

dicht‖hal|ten ⟨V. 160/400; umg.⟩ *etwas für sich behalten, schweigen;* du musst ~; er hat (nicht) dichtgehalten ⟨aber Getrenntschreibung⟩ dicht halten → *dicht* (1)

Dich|tung¹ ⟨f.; -, -en⟩ **1** *Werk eines Dichters, sprachliches Kunstwerk;* Roman~, Balladen~; Heimat~; eine lyrische, epische, dramatische ~;

~ der Romantik; geistliche, weltliche ~ • **1.1** *epische* ~ = *erzählende D.,* → *erzählen* **2** ⟨fig.; umg.⟩ *Schwindel, Fantasiegebilde;* das ist doch reine ~!

Dich|tung² ⟨f.; -, -en⟩ **1** ⟨unz.⟩ *das Undurchlässigmachen, Verstopfen* **2** ⟨Tech.⟩ *flaches Zwischenstück an Verbindungsstellen technischer Geräte u. Maschinen zum Abdichten;* Schlauch~; Gummi~, Filz~; eine neue ~ in den Wasserhahn einlegen; die ~ erneuern

dick ⟨Adj.⟩ **1** *eine große Masse aufweisend, umfangreich;* ein ~er Ast • **1.1** ein ~er **Brocken** ⟨a. fig.; umg.⟩ *eine schwierige Aufgabe* • **1.2** ~er **Bruder** ⟨fig.; umg.; schweiz.⟩ *Mann* • **1.2.1** es ist nicht so ~ haben ⟨fig.; umg.⟩ *nicht viel Geld besitzen* • **1.3** einen ~en **Schädel** haben ⟨a. fig.; umg.⟩ *eigensinnig, hartnäckig sein* • **1.4** es ~ hinter den Ohren haben ⟨fig.; umg.⟩ *gewitzt, gerissen sein* • **1.5** ein ~er **Hund** ⟨a. fig.; umg.⟩ *ein starkes Stück* **2** *mit großem Leibesumfang;* ein ~er Mann • **2.1** sich ~ und rund essen ⟨umg.⟩ *sehr viel essen* • **2.2** eine **Hündin, Raubwild** ist, geht, wird ~ ⟨Jägerspr.⟩ *trächtig* **3** *(krankhaft) geschwollen;* eine ~e Backe; einen ~en Finger haben **4** *im Querschnitt von großer Ausdehnung;* ein ~es Buch; ein ~er Stoff • **4.1** ein ~es **Fell** haben ⟨a. fig.; umg.⟩ *unempfindlich sein* • **4.2** *in reichlicher Menge, kräftig;* ein Brot ~ mit Butter bestreichen • **4.2.1** jmdm. etwas ~ **ankreiden** ⟨fig.; umg.⟩ *nicht vergessen, bes. nachtragen* • **4.2.2** ~ **auftragen** ⟨a. fig.; umg.⟩ *übertreiben* • **4.3** *im Querschnitt stark;* das Brett war 3 cm ~ **5** *dicht, in gedrängter Masse;* im ~sten Verkehr; die Katze hat sich im ~sten Gestrüpp verkrochen; aus der Küche kam ~er Rauch • **5.1** durch ~ und dünn ⟨fig.; umg.⟩ *durch alle Schwierigkeiten hindurch* • **5.1.1** die beiden gehen durch ~ und dünn miteinander *stehen einander bei allen Gefahren zur Seite* • **5.2** die Luft ist zum Schneiden ~ *verbraucht, sehr stickig* • **5.3** hier ist ~e **Luft** *verbrauchte L.* • **5.3.1** ⟨fig.; umg.⟩ *gespannte Stimmung, Gefahr* • **5.4** *zähflüssig;* ein ~er Brei **6** ⟨fig.; umg.⟩ *groß, gewichtig* • **6.1** das ~e **Ende** kommt nach *das Allerschlimmste steht noch bevor* • **6.2** ein ~es **Geschäft** machen *ein recht einträgliches G.* • **6.3** ein ~es **Lob** ernten *sehr gelobt werden* • **6.4** eine ~e **Rechnung** *eine hohe R.* • **6.5** ~e **Töne** spucken *prahlen* **7** ⟨90; fig.; umg.⟩ *eng, innig, vertraut;* die beiden sind ~e Freunde • **7.1** mit jmdm. ~e **Freundschaft** halten *eng befreundet sein* **8** ⟨Getrennt- u. Zusammenschreibung⟩ • **8.1** ~ machen = *dickmachen*

Di|ckicht ⟨n.; -(e)s, -e⟩ *dichtes Gebüsch, dichter, junger Wald, Gestrüpp;* ein ~ von Fichten; das finstere ~ des Waldes; das undurchdringliche ~ des Urwaldes

Dick|kopf ⟨m.; -(e)s, -köp|fe; fig.⟩ **1** *eigensinniger, starrsinniger Mensch;* so ein ~!; du ~! **2** seinen ~ **haben, aufsetzen** *trotzig sein*

dick‖ma|chen *auch:* **dick ma|chen** ⟨V. 1⟩ **1** ⟨400⟩ *das Gewicht erhöhen;* Süßigkeiten machen dick **2** ⟨500⟩ jmdn. ~ *jmdn. beleibter werden lassen*

die¹ ⟨f. 5⟩ **1** ⟨bestimmter Artikel⟩ ~ Mutter, ~ Schule; ~ Johanna ⟨umg. a. vor Eigennamen⟩ • **1.1** sie ist **die** (betont) Schriftstellerin der englischen Kriminalliteratur *die bedeutendste S.* • **1.2** nach der und der Zeit *nach einer bestimmten Z.* **2** ⟨Demonstrativpron.; Gen. a. deren/derer⟩ *diese, diejenige;* ~, *welche ich gesehen habe, hatte …;* ~ *da, dort, hier war es!* • **2.1** *und* ~ *soll auch dabei gewesen sein eine bestimmte Frau Gathmann (als Ersatz für Eigennamen)* **3** ⟨Relativpron.; Gen. deren⟩ *welche;* sie war die Erste, ~ eintrat; die Tochter, ~ im Garten spielt **4** ⟨umg. für das Personalpron.⟩ *sie;* wie konnte ~ nur dein Vertrauen gewinnen!

die² ⟨Pl. von⟩ *der, die, das*

Dieb ⟨m.; -(e)s, -e⟩ *jmd., der stiehlt;* einen ~ bestrafen, ertappen, fangen, festnehmen; ein vorbestrafter ~; haltet den ~! (Alarmruf, um einen flüchtenden Dieb zu fassen)

Die|bin ⟨f.; -, -bin|nen⟩ *weibl. Dieb*

die|bisch ⟨Adj. 24⟩ **1** ⟨60⟩ *zum Stehlen neigend, gern stehlend;* ein ~er Kerl; sie ist eine ~e Person • **1.1** ~ **Elster** ⟨fig.⟩ *Person, die gern stiehlt* **2** ⟨90; umg.⟩ *sehr groß, mit Schadenfreude vermischt;* eine ~e Freude an, auf, über etwas haben; ein ~es Vergnügen daran haben; ich freue mich ~

Dieb|stahl ⟨m.; -(e)s, -stäh|le⟩ **1** *die heimliche, unrechtmäßige Aneignung fremden Eigentums, das Stehlen;* einen ~ aufdecken, begehen, beobachten, bestrafen, entdecken; einfacher, schwerer ~; sich des ~s schuldig machen; sich gegen ~ versichern; Auto~, Geld~, Juwelen~ • **1.1 geistiger** ~ = *Plagiat*

die|je|ni|ge ⟨Demonstrativpron.; f. 6⟩ → *derjenige*

die|je|ni|gen ⟨Pl. von⟩ → *derjenige, dasjenige, diejenige*

Die|le ⟨f.; -, -n⟩ **1** *langes Brett, das als Belag für den Fußboden verwendet wird;* eine knarrende ~; ~n schneiden, legen **2** *Vorraum einer Wohnung;* durch die ~ gehen; in der ~ warten, ablegen **3** *Gaststätte, Vergnügungsstätte;* in der ~ wird getanzt; Tanz~, Eis~

die|nen ⟨V.⟩ **1** ⟨600⟩ *jmdm. od. einer* **Institution** ~ *für jmdn. od. eine I. (gegen Entgelt) arbeiten;* er hat ihm sein Leben lang treu gedient; als Beamter dient er dem Staat • **1.1** ~*der Bruder Laienbruder, Mönch, der die Hausarbeit im Kloster verrichtet* • **1.2** ⟨Mil.⟩ *Soldat sein, Dienst tun;* bei der Luftwaffe, Marine ~ **2** ⟨600⟩ **Gott,** Göttern ~ *Gott, G. untertan sein u. seinen, ihren Vorschriften gemäß leben;* falschen Götzen ~ **3** ⟨600⟩ *jmdm. od. einer Sache* ~ *jmdn. od. eine Sache fördern, indem man sich für ihn od. etwas einsetzt;* der Allgemeinheit, der Bequemlichkeit, dem Fortschritt, der Gerechtigkeit, seiner Karriere, dem Mitmenschen, dem Wohl der Menschheit ~; niemand kann zwei Herren ~ ⟨Sprichw.⟩ • **3.1** zu ~! ⟨veraltet; eigtl.⟩ *zu Diensten bereit, ja, bitte sehr* **4** ⟨413 od. 416⟩ **als, zu etwas** ~ *brauchbar, nützlich sein;* als, zur Ausschmückung, Zierde ~; als Ersatz, als Hilfe ~ für; deine Erfahrungen werden mir als Richtschnur ~; es dient ihm als, zum Zeitvertreib; die Burgruine dient heute als beliebtes Ausflugsziel; ein Holzklötzchen dient dem Kind als Schiff; dieser Posten dient ihm nur als Sprungbrett für weiteres Vorwärtskommen; er kann dir als Vorbild ~; lass dir das als, zur Warnung ~!; wozu soll das ~?; er dient

ihm stets als Blitzableiter für seinen Zorn ⟨umg.⟩ • **4.1** *jmdm.* **zum Spott** ~ *zum Gegenstand seines Spotts werden* **5** ⟨416⟩ **jmdm. mit etwas** ~ *behilflich sein;* wenn Ihnen damit gedient ist …; damit ist mir nicht gedient; kann ich Ihnen mit etwas ~? • **5.1** damit können wir (Ihnen) hier leider nicht ~ ⟨Kaufmannsspr.⟩ *das haben wir leider nicht vorrätig, das führen wir nicht*

Die|ner ⟨m.; -s, -⟩ **1** *Hausangestellter;* ein treuer ~ seines Herrn **2** *jmd., der sich jmdm. od. einer Sache widmet, sich ganz od. für bestimmte Aufgaben zur Verfügung stellt;* ein ~ Gottes, der Kirche, des Staates, des Fortschritts • **2.1** ergebenster ~!, Ihr ~! ⟨Höflichkeitsformel⟩ • **2.2** gehorsamster ~ ⟨veraltet; österr.⟩ *(Begrüßung in Gaststätten seitens des Personals od. des Inhabers)* **3** *Verbeugung (von Jungen)* • **3.1** einen ~ machen ⟨früher⟩ *sich verbeugen;* →a. *stumm* (5)

Die|ne|rin ⟨f.; -, -rin|nen⟩ *weibl. Diener*

Dienst ⟨m.; -(e)s, -e⟩ **1** *abhängiges Arbeitsverhältnis;* in jmds. ~(e) treten; in jmds. ~(en) stehen; bei jmdm. in ~ stehen; einen Beamten seines ~es entheben; mit Vollendung seines 65. Lebensjahres wird er aus dem ~ ausscheiden • **1.1** *jmdn. in, seine* ~*e* **nehmen** *an-, einstellen* • **1.2** den ~ kündigen, quittieren (als Arbeitnehmer) *sein Arbeitsverhältnis aufgeben* • **1.3** jmdm. den ~ kündigen (als Arbeitgeber) *jmdn. entlassen* **2** *Ausübung der Berufs-, Amtspflicht;* er wird seinen ~ am 1. März antreten; seinen ~ gewissenhaft, gut, schlecht versehen; er vernachlässigt seinen ~; im ~ sein • **2.1** im ~ ergrauen ⟨fig.⟩ *alt werden* • **2.2** ich muss um 8 Uhr im ~ sein *in der Dienststelle* • **2.3** ~ ist ~ (und Schnaps ist Schnaps) ⟨Sprichw.⟩ *man muss die Arbeit vom Persönlichen trennen* • **2.4** im ~ außer ~ ⟨Abk.: a. D.⟩ *in Pension* • **2.5** Offizier vom ~ ⟨Mil.⟩ *diensttuender O.* • **2.6** Chef vom ~ ⟨Zeitungswesen⟩ *leitender Redakteur* • **2.7** des ~es immer gleichgestellte Uhr (Schiller, „Piccolomini") ⟨fig.⟩ *die immer wiederkehrenden Anforderungen der Pflicht* **3** *Erfüllung einer Funktion, Aufgabe.* **3.1** das tut noch seinen ~ *erfüllt noch seinen Zweck* • **3.2** ein Schiff wieder in ~ stellen *in Gebrauch nehmen* • **3.3** ein veraltetes Verkehrsmittel außer ~ stellen *aus dem Verkehr ziehen* • **3.4** unsere neue Ölheizung wird uns im nächsten Winter gute ~e leisten *großen Nutzen bringen* **4** *Organisation mit der Zuständigkeit für bestimmte Arbeiten;* Abschlepp~, Fähr~, Funk~, Nachrichten~, Warn~; öffentlicher ~ **5** *Hilfe, freiwillige Unterstützung;* jmdm. seine ~e anbieten; jmdm. einen guten, schlechten, üblen ~ erweisen; Sie würden mir einen großen ~ erweisen, wenn …; jmds. ~e in Anspruch nehmen; ich stehe zu Ihren ~en! • **5.1** ~ am Kunden *kleine, unentgeltliche Gefälligkeiten des Geschäftsmannes gegenüber dem Kunden* • **5.2** was steht zu ~en? *was wünschen Sie?* • **5.3** im ~ einer Sache *im Interesse, zur Förderung einer S.;* ärztliche Forschung im ~(e) der Menschheit; im ~ einer guten, schlechten Sache stehen **6** ⟨kurz für⟩ *Gottesdienst, bes. Messe* **7** ⟨Arch.⟩ *dünne Säule als Bestandteil eines Bündel- od. Wandpfeilers;* junge, alte ~e **8** ⟨Getrennt- u.

Zusammenschreibung • 8.1 ~ habend = dienst-habend

Diens|tag ⟨m.; -(e)s, -e; Abk.: Di⟩ *der zweite Tag der Woche;* gestern war ~, der 20. Mai; jeden ~ im Monat; am Dienstagabend, am Dienstagmorgen, am Dienstagnachmittag; der kommende, nächste ~

Diens|tag|abend ⟨m.; -(e)s, -e⟩ *Abend eines od. jeden Dienstags;* am ~; eines ~s; →a. *Dienstag*

diens|tag|abends ⟨Adv.⟩ *am Abend jeden Dienstags;* ⟨aber getrennt⟩ *dienstags abends;* ~ gehen wir immer schwimmen

diens|täg|lich ⟨Adj. 24⟩ *jeden Dienstag stattfindend;* unsere ~e Veranstaltung fällt heute aus

diens|tags ⟨Adv.⟩ **1** *an jedem Dienstag;* wir treffen uns seit Jahren immer ~ • 1.1 ~ abends ⟨auch für⟩ *dienstagabends*

dienst|be|flis|sen ⟨Adj.⟩ *(übertrieben) dienstwillig, eifrig bemüht, seinen Dienst¹ zu erfüllen*

dienst|ha|bend *auch:* **Dienst ha|bend** ⟨Adj. 24/60⟩ *im Dienst befindlich, zum Dienst eingeteilt;* ~er Arzt

Dienst|leis|tung ⟨f.; -, -en⟩ **1** *Dienst, den jmd. auftragsgemäß od. freiwillig leistet;* seine ~ anbieten; persönliche, freundliche, kleine ~ **2** ⟨meist Pl.⟩ *Arbeiten, Leistungen in der Wirtschaft, die nicht der Produktion von Sachgütern dienen;* die kommunalen ~en; Reparaturen, chemische Reinigung sind ~en **3** ⟨Mil.⟩ *vorübergehende Einstellung eines Offiziers bei einer anderen Waffe od. Behörde für eine besondere Aufgabe;* zur ~ kommandiert sein

dienst|lich ⟨Adj. 24⟩ **1** *den Dienst betreffend, zu ihm gehörig, amtlich, streng;* eine ~e Angelegenheit; ein ~er Befehl; ein ~es Schreiben • 1.1 **verhindert sein** (am Kommen) *durch den Dienst* **2** ⟨fig.; umg.⟩ *unpersönlich, betont offiziell;* er wurde wieder ~

dies ⟨Demonstrativpron.; unreflektiert vor allem, wenn es allein stehend verwendet wird⟩ **1** *dieser, dieses* • 1.1 ~ und das *Verschiedenes*

dies|be|züg|lich ⟨Adj. 90⟩ *sich hierauf beziehend, das Erwähnte betreffend, in dieser Hinsicht, hierzu, dazu;* die ~e Vereinbarung; ~ möchte ich noch sagen …

die|se(r, -s) ⟨Demonstrativpron. 6; allein stehend od. attributiv⟩ **1** *(Hinweis auf etwas dem Sprecher, Hörer od. Schreiber näher Befindliches od. näher Liegendes);* →a. *jene(r, -s);* ~r hoher Baum; ein Kind. Dieses sagte … ist es ~?; ~(r, -s) ist es!; ~ hier; sich aller ~r Kinder annehmen; ~s Jahr, ~ Woche; ~r Tage, in ~n Tagen **2** ~(r, -s) **und jene**(r, -s) *manche(r, - s)*

Die|sel ⟨m.; - od. -s, -; Kfz; kurz für⟩ **1** *Dieselmotor* **2** *Fahrzeug mit Dieselmotor* **3** ⟨unz.⟩ *Dieselkraftstoff*

die|sel|be ⟨Demonstrativpron.; f. 6⟩ → *selbe*

Die|sel|kraft|stoff ⟨m.; -(e)s, -e; Kfz⟩ *Kraftstoff für (Fahrzeuge mit) Dieselmotoren*

Die|sel|mo|tor ⟨m.; -s, -en; Kfz⟩ *eine Verbrennungskraftmaschine, ein Zwei- od. Viertaktmotor, in dessen Zylinder nur reine Luft eingesaugt u. erst im Moment der höchsten Verdichtung der Kraftstoff (meist Leichtöl) eingespritzt wird, der sich ohne Zündvorrichtung selbst entzündet*

die|sig ⟨Adj. 24/60⟩ *dunstig, regnerisch;* ~es Wetter; es ist ~ und feucht

dies|jäh|rig ⟨Adj. 60⟩ *in diesem Jahre stattfindend, aus diesem Jahr stammend;* die ~e Ernte; sein ~er Urlaub

dies|mal ⟨Adv.⟩ *dies, dieses eine Mal*

dies|sei|tig ⟨Adj. 24⟩ *Ggs jenseitig* **1** *auf dieser Seite gelegen* **2** *das Diesseits betreffend*

dies|seits ⟨Adv.⟩ *auf dieser Seite; Ggs jenseits;* ~ der Alpen, des Flusses, des Gebirges, der Grenze; wir wohnen ~ des Stromes

Dies|seits ⟨n.; -; unz.⟩ *die Welt, das irdische Leben; Ggs Jenseits;* im ~

Diet|rich ⟨m.; -s, -e⟩ *Werkzeug (Drahthaken) zum Öffnen von Schlössern (bes. von zugesperrten Wohnungstüren)*

dif|fa|mie|ren ⟨V. 500⟩ jmdn. ~ *herabsetzen, verleumden, jmdm. Übles nachreden*

dif|fe|ren|ti|ell ⟨Adj. 24/70; fachsprachl.⟩ = *differenziell*

Dif|fe|renz ⟨f.; -, -en⟩ **1** ⟨allg.⟩ *Unterschied* **2** ⟨Math.⟩ *Ergebnis einer Subtraktion;* die ~ zwischen 10 u. 15 ist 5 • 2.1 ⟨Kaufmannsspr.⟩ *Rest, Restposten, Fehlbetrag;* bei einer Revision ~en feststellen **3** *Meinungsverschiedenheit;* es gab ~en • 3.1 *Streit;* dauernd ~en mit jmdm. haben

dif|fe|ren|zi|ell ⟨Adj. 24/70⟩ *eine Differenz begründend od. darstellend, unterscheidend, differenzierend;* oV ⟨fachsprachl.⟩ *differentiell*

dif|fus ⟨Adj.⟩ **1** *zerstreut, verschwommen;* ~es Licht **2** ~es Gerede *nicht klar abgegrenztes, wirres, verschwommenes G.*

di|gi|tal ⟨Adj. 24⟩ **1** ⟨Med.⟩ *mit dem Finger;* ~e Untersuchung **2** ⟨EDV⟩ *mit Hilfe von Ziffern, in Ziffern dargestellt; Ggs analog* • 2.1 ~e Signale *durch Ziffern angezeigte S.*

Dik|ta|fon ⟨n.; -s, -e⟩ *Diktiergerät;* oV *Diktaphon*

Dik|ta|phon ⟨n.; -s, -e⟩ = *Diktafon*

Dik|tat ⟨n.; -(e)s, -e⟩ **1** *Ansage (zum Nachschreiben)* **2** *Nachschrift nach Ansage (als Rechtschreibübung in der Schule);* ein ~ schreiben **3** ⟨fig.⟩ *aufgezwungene Verpflichtung* • 3.1 *aufgezwungener Vertrag*

Dik|ta|tor ⟨m.; -s, -en⟩ **1** ⟨im alten Rom⟩ *in Notzeiten für sechs Monate eingesetztes Regierungsoberhaupt mit höchster Gewalt* **2** ⟨allg.⟩ *Herrscher mit unbeschränkter Gewalt*

dik|tie|ren ⟨V. 530⟩ jmdm. etwas ~ **1** *zum Nachschreiben vorsprechen;* jmdm. einen Brief ~ **2** *aufzwingen, befehlen;* jmdm. einen Vertrag, Bedingungen ~

Di|lem|ma ⟨n.; -s, -s od. -ma|ta⟩ *schwierige Wahl (zwischen zwei Übeln);* →a. *Zwangslage*

Di|let|tant ⟨m.; -en, -en⟩ **1** ⟨meist abwertend⟩ *jmd., der eine Tätigkeit nicht berufsmäßig, sondern aus Liebhaberei betreibt, Laie, Liebhaber* **2** ⟨abwertend⟩ *jmd., der eine Arbeit ohne die nötigen Kenntnisse u. Fähigkeiten nachlässig erledigt*

Di|let|tan|tin ⟨f.; -, -tin|nen⟩ *weibl. Dilettant*

di|let|tan|tisch ⟨Adj.⟩ **1** *in der Art eines Dilettanten, laienhaft* **2** ⟨abwertend⟩ *nachlässig, unsachgemäß*

Dill ⟨m.; -s, -e; Bot.⟩ *als Salatgewürz verwendetes Doldengewächs mit schlitzförmigen Blättern;* oV ⟨österr.⟩ *Dille*

Dil|le ⟨f.; -, -n; österr.; Bot.⟩ = *Dill*

Di|men|si|on ⟨f.; -, -en⟩ **1** *Richtungserstreckung eines Körpers (Breite, Höhe, Tiefe);* Sy *Ausdehnung (2);* die vierte ~ **2** ⟨a. fig.⟩ *Erstreckung, Abmessung;* ein Raum von ungeheuren ~en

Di|mis|si|on ⟨f.; -, -en⟩ = *Demission*

Di|ner ⟨[-ne:] n.; -s, -s⟩ **1** *Festessen, festliches Mahl;* zum ~ einladen **2** ⟨in Frankreich⟩ *abendliche Hauptmahlzeit*

Ding¹ ⟨n.; -(e)s, -e⟩ **1** *(namentlich nicht bestimmte) Sache, Angelegenheit;* bedeutende, beunruhigende, erfreuliche, nützliche, schöne, unangenehme ~e; es gab allerhand gute, leckere ~e (zu essen); bei Gott ist kein ~ unmöglich; reden wir lieber von anderen, erfreulichen ~en!; ich habe noch tausend ~e zu erledigen • **1.1** das ~ beim rechten Namen nennen *offen über eine Sache sprechen, seine Meinung offen äußern* • **1.2** jedes ~ hat (seine) zwei Seiten *man kann alles von zwei Seiten betrachten* • **1.3** das ist ein ~ der Unmöglichkeit *ist unmöglich* • **1.4** das ~ an sich *nach Kant eine Wirklichkeit hinter den Erscheinungen, die unabhängig vom erkennenden Subjekt ist* • **1.5** er hat immer andere ~e im Kopf als die Schularbeiten *er denkt an anderes, arbeitet nicht* • **1.6** ich habe andere ~e im Kopf als ... *ich muss an Wichtigeres denken als an ...* • **1.7** gut ~ will Weile haben ⟨Sprichw.⟩ *ein gutes Ergebnis benötigt Zeit zur Vorbereitung* • **1.8** aller guten ~e sind drei ⟨Sprichw.⟩ *die Anzahl, Folge dreier Gegenstände od. Geschehnisse verheißt Gutes* **2** ⟨nur Pl.⟩ *Gesamtheit von (namentlich nicht bestimmten) Sachen, Zuständen, Ereignissen;* von künstlerischen ~en versteht er nicht viel; wir müssen die ~en nun ihren Lauf lassen • **2.1** so, wie die ~e (nun einmal) liegen *so, wie es (nun einmal) ist* • **2.2** da geht nicht mit rechten ~en zu *das geschieht nicht auf natürliche od. rechtmäßige Weise* • **2.3** es müsste nicht mit rechten ~en zugehen, wenn er heute noch käme *unvorstellbar, dass er heute noch kommt* • **2.4** so, wie ich die ~e sehe *so, wie ich die Lage beurteile* • **2.5** das ist der Lauf der ~e *so ist es nun einmal* • **2.6** vor allen ~en *vor allem, hauptsächlich* • **2.7** unverrichteter ~e *ohne etwas erreicht zu haben* • **2.8** (munter und) guter ~e sein *frohen Mutes, guter Laune sein*

Ding² ⟨n.; -(e)s, -er⟩ **1** *Sache, (die nicht genauer benannt werden soll od. kann);* was sind denn das für komische ~er?; gib mir mal das ~(s) da! ⟨umg.⟩ • **1.1** ⟨umg.⟩ *wertloser od. unbrauchbarer Gegenstand;* was soll ich mit den ~ern? • **1.2** jmdm. ein ~ verpassen *einen Schlag versetzen, etwas Unangenehmes zufügen, eins auswischen* • **1.3** ein ~ drehen ⟨umg.⟩ *ein Verbrechen begehen (bes. Einbruch, Raubüberfall), etwas Unerlaubtes, etwas Ungewöhnliches anstellen* **2** ⟨fig.; veraltet⟩ *kleines Mädchen, junges Mädchen, Kind, ganz junges Tier;* das arme ~!; du dummes ~!; diese jungen ~e!; sie ist ein hübsches junges ~

Ding³ ⟨n.; -(e)s, -e⟩ *german. Volks- u. Gerichtsversammlung;* oV *Thing;* ein ~ abhalten, einberufen

din|gen ⟨V. 120/500⟩ jmdn. ~ **1** ⟨veraltet⟩ *jmdn. in Dienst nehmen;* einen Arbeiter, Dienstboten ~ **2** ⟨geh.⟩ *jmdn. durch Lohn zu jmds. Verfügung gewinnen;* einen Mörder ~

ding|fest ⟨Adj. 51; nur in der Wendung⟩ jmdn. ~ **machen** *verhaften*

di|nie|ren ⟨V. 400; geh.⟩ *festlich speisen, ein Diner einnehmen*

Din|kel ⟨m.; -s, -⟩ *(bereits in vorgeschichtlicher Zeit angebaute) anspruchslose u. winterharte Weizenart, die bes. in der Vollwerternährung verwendet wird*

Di|no|sau|ri|er ⟨m.; -s, -⟩ *ausgestorbene Reptilordnungen Saurischia u. Ornithischia*

Di|oxid ⟨n.; -(e)s, -e; Chem.⟩ *Verbindung mit zwei Sauerstoffatomen, z. B. Kohlendioxid CO_2;* oV *Dioxyd*

Di|oxyd ⟨n.; -(e)s, -e; Chem.⟩ = *Dioxid*

Di|ö|ze|se ⟨f.; -, -n⟩ = *Bistum*

Diph|the|rie ⟨f.; -, -n; Med.⟩ *infektiöse Hals- u. Rachenerkrankung*

Diph|thong auch: **Diph|thong** ⟨m.; -(e)s, -e; Sprachw.⟩ *aus zwei Vokalen bestehender Laut, z. B. äu, ei, au;* Sy *Doppellaut (2);* Ggs *Monophthong*

◆ Die Buchstabenfolge **di|plo**... kann in Fremdwörtern auch **dip|lo**... getrennt werden.

◆ **Di|plom** ⟨n.; -(e)s, -e; Abk.: Dipl.⟩ **1** ⟨urspr.⟩ *amtliches Schriftstück* **2** ⟨heute⟩ *Zeugnis, Urkunde über eine Auszeichnung od. abgelegte Prüfung, bes. von einer höheren Schule od. Universität*

◆ **Di|plo|mand** ⟨m.; -en, -en⟩ *Student, der dabei ist, seine Diplomprüfung abzulegen*

◆ **Di|plo|man|din** ⟨f.; -, -din|nen⟩ *weibl. Diplomand*

◆ **Di|plo|mat** ⟨m.; -en, -en⟩ **1** ⟨urspr.⟩ *Hersteller von Diplomen* **2** ⟨heute⟩ *Staatsmann, höherer Beamter des auswärtigen Dienstes* **3** ⟨fig.; umg.⟩ *geschickt u. vorsichtig verhandelnder Mensch*

◆ **Di|plo|ma|tie** ⟨f.; -; unz.⟩ **1** *Regelung zwischenstaatl. Beziehungen* **2** *Gesamtheit der Diplomaten* **3** ⟨fig.⟩ *geschickte Berechnung, vorsichtiges Verhandeln*

◆ **di|plo|ma|tisch** ⟨Adj.⟩ **1** *die Diplomatie betreffend, zu ihr gehörig, auf ihr beruhend* **2** *zwischenstaatlich* • **2.1** ~es **Corps** *die zur Vertretung eines Staates bevollmächtigten Vertreter in einem anderen Staat* **3** ⟨fig.⟩ • **3.1** *geschickt, gewandt* • **3.2** *vorsichtig verhandelnd, auf Ausgleich bedacht*

dir ⟨Dat. von⟩ *du;* →a. *sich*

di|rekt ⟨a. ['--] Adj.⟩ **1** *geradlinig, ohne Umweg;* eine ~e Verbindung von H. nach M.; wenden Sie sich ~ an den Chef; ich komme ~ von zu Hause **2** *ganz nahe bei;* ~ am Flugplatz **3** ⟨24/60⟩ *unmittelbar, unabhängig;* Ggs *indirekt* • **3.1** ~e **Rede** *wörtlich (in Anführungszeichen) angeführte R.* • **3.2** ~e **Steuer** *von einer Person od. Gruppe von Personen erhobene S.* • **3.3** ~e **Wahl** *W. eines Kandidaten ohne Mittelsperson* **4** ⟨24/50⟩ *geradezu;* du hast ja ~ einen Roman erlebt; das ist mir ~ peinlich • **4.1** *genau;* der Ball flog mir ~ ins Gesicht

Di|rek|ti|on ⟨f.; -, -en⟩ *Leitung, Vorstand, Geschäftsführung*

Di|rek|tor ⟨m.; -s, -en; Abk.: Dir.⟩ *Leiter, Vorsteher;* Bank~, Fabrik~, Schul~

Direktrice auch: **Direktrice** ⟨[-triːs(ə)] f.; -, -n⟩ Abteilungsleiterin, leitende Angestellte (bes. in der Bekleidungsbranche)

Dirigent ⟨m.; -en, -en; Mus.⟩ Leiter eines Orchesters od. Chores

Dirigentin ⟨f.; -, -tin|nen; Mus.⟩ weibl. Dirigent

dirigieren ⟨V.⟩ **1** ⟨400⟩ den Takt schlagen **2** ⟨500⟩ ein **Unternehmen** ~ leiten, verwalten • **2.1 Orchester** od. **Chor** ~ leiten • **2.2** jmdn. ~ ⟨umg.⟩ in eine Richtung, an einen Ort weisen

Dirndl ⟨n.; -s, -n; bair.-österr.⟩ **1** junges Mädchen **2** ⟨kurz für⟩ Dirndlkleid

Dirndlkleid ⟨n.; -(e)s, -er⟩ bayerisches od. österreichisches Trachtenkleid mit weitem Rock u. engem Mieder (häufig mit einer Spitzenbluse getragen)

Dirne ⟨f.; -, -n⟩ **1** ⟨veraltet⟩ (derbes) junges Mädchen, bes. vom Lande, Magd; eine schmucke ~ **2** ⟨abwertend⟩ Freudenmädchen, Prostituierte

Discjockey ⟨[-dʒɔki] od. [-dʒɔke] m.; -s, -s; Abk.: DJ⟩ jmd., der im Fernseh-, Rundfunkveranstaltungen od. in Diskotheken die Musik auswählt u. präsentiert; oV Diskjockey

Disco ⟨f.; -, -s⟩ = Disko

Discothek ⟨f.; -, -en⟩ = Diskothek

Diskette ⟨f.; -, -n; EDV⟩ kleine Kunststoffscheibe zur Speicherung von Daten; Sy Floppy Disk

Diskjockey ⟨[-dʒɔki] od. [-dʒɔke] m.; -s, -s; Abk.: DJ⟩ = Discjockey

Disko ⟨f.; -, -s; kurz für⟩ Diskothek; oV Disco

Diskothek ⟨f.; -, -en⟩ oV Discothek **1** (öffentlich zugängliche) Schallplatten-, CD- od. Tonbandsammlung **2** (bes. von Jugendlichen besuchtes) Tanzlokal, in dem überwiegend CDs aktueller Stilrichtungen der Popmusik gespielt werden

Diskrepanz ⟨f.; -, -en⟩ Abweichung, Unstimmigkeit, Zwiespalt, Widerspruch, Missverhältnis

diskret ⟨Adj.⟩ **1** verschwiegen, taktvoll, unauffällig; Ggs indiskret; ~es Benehmen; ~e Behandlung; ~en Gebrauch von einer Mitteilung machen; eine Angelegenheit ~ behandeln **2** ⟨24⟩ • **2.1** ⟨Math.⟩ nicht zusammenhängend, vereinzelt, gesondert • **2.2** ⟨Phys.⟩ unstetig, in endlichen Schritten

diskriminieren ⟨V. 500⟩ **1** etwas ~ aussondern, unterschiedlich behandeln **2** jmdn., jmds. Arbeit ~ herabsetzen, herabwürdigen); als Ausländer wurde er häufig diskriminiert

Diskurs ⟨m.; -es, -e⟩ **1** ⟨geh.⟩ wissenschaftliche Abhandlung • **1.1** lebhafte Debatte, eingehende Erörterung **2** ⟨Sprachw.⟩ sprachliche Äußerung eines Sprechers, (als Text) zusammenhängende Rede **3** ⟨Philos.⟩ Diskussion, Argumentation, mit dem Ziel, einen Konsens herbeizuführen

Diskus ⟨m.; - od. -ses, -se od. Disken; Sp.⟩ hölzerne Wurfscheibe mit Metallbeschlag

Diskussion ⟨f.; -, -en⟩ lebhafte Erörterung, Meinungsaustausch; in eine ~ eintreten; eine ~ (über ein Thema) entfachen, beginnen

Diskuswerfen ⟨n.; -s; unz.; Sp.⟩ sportlich betriebenes Werfen mit dem Diskus

diskutabel ⟨Adj. 24⟩ so beschaffen, dass man darüber diskutieren kann od. sollte, erwägenswert, annehmbar; Ggs indiskutabel

diskutieren ⟨V. 500 od. 800⟩ (**über**) ein **Thema** ~ es lebhaft erörtern, Meinungen darüber austauschen

Display ⟨[-pleɪ] n.; -s, -s⟩ **1** optisch wirksames Zurschaustellen (von Waren, Werbematerial u. a.) **2** Anzeigeneinheit elektronischer Geräte (mit Leuchtdioden od. als Flüssigkristallanzeige), z. B. bei Handys

disponieren ⟨V.⟩ **1** ⟨500⟩ etwas ~ ordnen, gliedern, einteilen **2** ⟨800⟩ über jmdn. od. etwas ~ verfügen **3** ⟨Part. Perf.⟩ disponiert sein bereit, imstande sein • **3.1** der Sänger ist heute gut disponiert gut bei Stimme; Ggs indisponiert • **3.2 zu** einer **Krankheit** disponiert für eine bestimmte Krankheit empfänglich

Disposition ⟨f.; -, -en⟩ **1** Plan, Einteilung, Gliederung, Anordnung von gesammeltem Material **2** physische u. psychische Verfassung, Anlage, Empfänglichkeit; ~ für eine Krankheit **3** zur ~ stellen ⟨Abk.: z. D.⟩ in den Wartestand od. den einstweiligen Ruhestand versetzen

Disput ⟨m.; -(e)s, -e⟩ Streit mit Worten, heftiges, hitziges Gespräch; Sy Wortgefecht

disqualifizieren ⟨V. 500⟩ **1** jmdn. ~ für untauglich erklären **2** einen Sportler ~ vom Wettkampf (zur Strafe) ausschließen

Dissens ⟨m.; -es, -e⟩ Meinungsverschiedenheit; Ggs Konsens

Dissertation ⟨f.; -, -en; Abk.: Diss.⟩ zum Erlangen des Doktorgrades geschriebene wissenschaftliche Arbeit, Doktorarbeit

Dissident ⟨m.; -en, -en⟩ **1** jmd., der von der offiziellen (politischen) Meinung od. Denkweise abweicht, Andersdenkender **2** jmd., der keiner staatlich anerkannten Religionsgemeinschaft angehört • **2.1** jmd., der aus der Kirche ausgetreten ist

dissonant ⟨Adj.⟩ Ggs konsonant **1** in der Art einer Dissonanz, missklingend • **1.1** ⟨Mus.⟩ nach Auflösung strebend **2** ⟨fig.⟩ unstimmig, nicht vereinbar; ~e Charaktere

Dissonanz ⟨f.; -, -en⟩ Ggs Konsonanz **1** Missklang • **1.1** ⟨Mus.⟩ nach Auflösung strebender Klang **2** ⟨fig.⟩ Unstimmigkeit

◆ Die Buchstabenfolge **dist...** kann in Fremdwörtern auch **dist...** getrennt werden.

◆ **Distanz** ⟨f.; -, -en⟩ **1** Abstand, Entfernung; einen Gegenstand auf eine ~ von 10 m erkennen; das Rennen geht über eine ~ von 5000 m **2** ~ **wahren** (**von, zu** jmdm.) Vertraulichkeit vermeiden

◆ **distanzieren** ⟨V.⟩ **1** ⟨500⟩ jmdn. (im Wettkampf) ~ überbieten, hinter sich lassen **2** ⟨550/Vr 3⟩ **sich von etwas** od. **jmdm.** ~ von etwas od. jmdm. abrücken, nichts damit od. mit ihm zu tun haben wollen

Distel ⟨f.; -, -n; Bez. für⟩ zwei Gattungen der Korbblütler (Compositae) angehörende, mehr od. weniger stachelige Pflanze: Carduus, Cirsium

◆ **Distrikt** auch: **Distrikt** ⟨m.; -(e)s, -e⟩ **1** Region, Gebiet **2** ⟨England, Frankreich, USA⟩ Verwaltungsbezirk

Disziplin

Dis|zi|plin auch: **Dis|zip|lin** ⟨f.; -, -en⟩ **1** ⟨unz.⟩ *Zucht, Ordnung, Einordnung, Unterordnung;* Ggs *Indisziplin;* ~ *halten; die* ~ *wahren; eiserne, strenge* ~*; jmdn., sich an* ~ *gewöhnen; für* ~ *sorgen* **2** *wissenschaftliche Fachrichtung, Fachgebiet; die Dozenten der geisteswissenschaftlichen* ~*en* **3** *Sportart; die olympischen* ~*en* • **3.1** *Teilbereich einer Sportart; der Abfahrtslauf ist seine stärkste* ~

di|to ⟨Adv.; bei wiederholtem Vorkommen derselben Wörter od. Posten auf Rechnungen u. a. Listen; Abk.: do.⟩ *gleichfalls, ebenso;* oV *detto* ⟨österr.⟩

Di|va ⟨[-va] f.; -, -s od. Di|ven [-vən]⟩ **1** *berühmte Künstlerin (bes. Sängerin)* • **1.1** ⟨meist abwertend⟩ *Frau mit auffälligem, betont extravagantem Verhalten;* sie *benimmt sich wie eine* ~

Di|van ⟨[-va:n] m.; -s, -e⟩ = *Diwan*

di|vers ⟨[-vɛrs] Adj. 24; Kaufmannsspr.⟩ **1** *verschieden* **2** *Diverse mehrere* **3** *Diverses verschiedene Gegenstände, die man (in Aufstellungen usw.) nicht in die gegebenen Rubriken einordnen kann*

Di|vi|den|de ⟨[-vi-] f.; -, -n; Bankw.⟩ *auf eine Aktie entfallender Gewinnanteil, Ausschüttung*

di|vi|die|ren ⟨[-vi-] V. 505; Math.⟩ *Zahlen* ~ *der Division (1) unterziehen;* Sy *teilen;* 20 *lässt sich (glatt) durch 5* ~

Di|vi|si|on ⟨[-vi-] f.; -, -en⟩ **1** ⟨Math.⟩ *Aufteilung einer Zahl (Dividend) in so viele gleiche Teile, wie eine andere Zahl (Divisor) angibt;* Sy *Teilung* **2** ⟨Mil.⟩ *aus mehreren Waffengattungen bestehender Truppenverband* **3** ⟨Mar.⟩ • **3.1** *Verband von 3-5 Kriegsschiffen als Teil eines Geschwaders* • **3.2** *Teil der Schiffsbesatzung in Stärke einer Kompanie*

Di|wan ⟨m.; -s, -e⟩ oV *Divan* **1** ⟨früher⟩ *niedriges Sofa ohne Rückenlehne* **2** *Sammlung orientalischer Gedichte* **3** ⟨früher in islam. Staaten⟩ *Staatsrat*

DNA ⟨Abk. für⟩ *Desoxyribonukleinsäure, Hauptbestandteil der Chromosomen, der als Träger der Erbinformation die stoffliche Substanz der Gene bildet*

doch[1] ⟨Partikel⟩ *(Ausdruck der entgegengesetzten od. verstärkenden Antwort); du hast ihn sicher nicht gesehen?* ~*!; komm endlich! Ja* ~*!; nein* ~*! nicht* ~*!; warst du nicht dabei? O* ~*!* **2** ⟨Adv.⟩ • **2.1** *ja, eben; ich habe es* ~ *gleich gesagt; ich habe es dir* ~ *schon dreimal gesagt; das ist* ~ *die Allerletzte!; du bist* ~ *kein Kind mehr!* • **2.2** *Ausdruck zur Verbindung von Gegensätzen; wenn er auch nicht reich ist, so ist er* ~ *(auch) nicht arm; die Luft ist kalt und* ~ *angenehm* • **2.2.1** *wirklich, trotzdem, dennoch, wenn es auch schwierig ist;* und *er kommt* ~*!; das war denn* ~ *zu viel; er kann* ~ *nicht!* • **2.2.2** *also* ~*! ich habe es ja gleich gesagt!* • **2.3** *(Ausdruck der Ungewissheit); er hat dir* ~ *geschrieben(?); er wird* ~ *wohl kommen?; das ist* ~ *nicht dein Ernst!; du weißt* ~*, dass ...* • **2.4** ⟨in Wunschsätzen; bittend, verstärkend⟩ *tatsächlich, wahrhaftig, wirklich; besuch uns* ~ *einmal!; hol' ~ den Arzt!; sei ~ still!; lies ~ die Zeitung!; dass dich* ~ *der Teufel hole!; komm* ~*!; wenn er* ~ *bald käme!; lass das* ~ *(sein); wenn er nicht will, so lass ihn* ~*; sei* ~ *bitte so nett; wäre ich* ~ *noch einmal 20 Jahre!; tun Sie es* ~*!; warte* ~*!*

doch[2] ⟨Konj. zum Anknüpfen eines Hauptsatzes an einen anderen⟩ *aber; ich wurde eingeladen,* ~ *wir hatten schon etwas anderes vor; wir warteten lange,* ~ *er kam nicht*

Docht ⟨m.; -(e)s, -e⟩ *Faden aus besonders saugfähiger Baumwolle, der durch eine Kerze od. Lampe verläuft, der der Flamme durch Kapillarwirkung den Brennstoff zuführt u. gleichzeitig selbst verbrennt*

Dock ⟨n.; -s, -s od. -e⟩ *als Schwimmkörper od. Becken konstruierte Anlage, die leergepumpt werden kann u. es dadurch gestattet, Schiffe ins Trockene zu setzen; Schwimm~; Trocken~;* ins ~ *gehen*

Dog|ge ⟨f.; -, -n; Zool.⟩ *Angehörige einer Gruppe von Hunderassen, große, schlanke bis kurzbeinige, schwere Arten;* Bull~; *Deutsche* ~

Dog|ma ⟨n.; -s, Dog|men⟩ **1** *festgelegte Meinung, die nicht angezweifelt wird* • **1.1** *systematisch formulierte, letztlich aber nicht bewiesene Anleitung zum Handeln* **2** *von einer Glaubensgemeinschaft formulierte u. in offizieller Form proklamierte Grundlage eines Bekenntnisses*

dog|ma|tisch ⟨Adj.⟩ **1** *ein Dogma betreffend, zu ihm gehörig, darauf beruhend, daran gebunden* **2** ⟨fig.⟩ *ohne Prüfung der Voraussetzungen, unkritisch, starr an einem Dogma festhaltend*

dok|tern ⟨V. 400; umg.⟩ *(ohne ärztliche Anweisung) eine medizinische Behandlung ausprobieren, herumdoktern;* er *doktert schon wieder an seinem Fuß herum*

Dok|tor ⟨m.; -s, -en; Abk.: Dr.⟩ **1** *akademischer Grad u. Titel nach besonderer Prüfung* • **1.1** *Dr. agr.* (agronomiae), *Dr. sc. agr.* (scientiarum agrarium) *Dr. der Landwirtschaft* • **1.2** *Dr. disc. pol.* (disciplinarum politicarum) *Dr. der Sozialwissenschaften* • **1.3** *Dr. forest.* (scientiae rerum forestalium) *Dr. der Forstwirtschaft* • **1.4** *Dr. habil.* (habilitatus) *habilitierter Dr.* • **1.5** *Dr. h. c.* (honoris causa) *Doktor ehrenhalber, Ehrendoktor (nur verliehener Titel)* • **1.6** *Dr. h. c. mult.* (honoris causa multiplex) *mehrfacher Ehrendoktor* • **1.7** *Dr.-Ing. Dr. der Ingenieurwissenschaften* • **1.8** *Dr. jur.* (juris) *Dr. der Rechte* • **1.9** *Dr. j. u., Dr. jur. utr.* (juris utriusque) *Dr. beider Rechte* • **1.10** *Dr. med.* (medicinae) *Dr. der Medizin* • **1.11** *Dr. med. dent.* (medicinae dentariae) *Dr. der Zahnheilkunde* • **1.12** *Dr. med. univ.* (medicinae universae) ⟨österr.⟩ *Dr. der gesamten Medizin* • **1.13** *Dr. med. vet.* (medicinae veterinariae) *Dr. der Tierheilkunde* • **1.14** *Dr. mult.* (multiplex) *mehrfacher Dr.* • **1.15** *Dr. nat. techn.* (rerum naturalium technicarum) ⟨österr.⟩ *Dr. der Bodenkultur* • **1.16** *Dr. oec.* (oeconomiae) *Dr. der Betriebswirtschaft* • **1.17** *Dr. oec. publ.* (oeconomiae publicae) *Dr. der Volkswirtschaft* • **1.18** *Dr. paed.* (paedagogiae) *Dr. der Pädagogik* • **1.19** *Dr. pharm.* (pharmaciae) *Dr. der Pharmazie* • **1.20** *Dr. phil.* (philosophiae) *Dr. der Philosophie* • **1.21** *Dr. phil. nat.* (philosophiae naturalis), *Dr. rer. nat.* (rerum naturalium), *Dr. sc. nat.* (scientiarum naturalium) *Dr. der Naturwissenschaften* • **1.22** *Dr. rer. camer.* (rerum cameralium) ⟨schweiz.⟩ *Dr. der Staatswissenschaften*

• 1.23 **Dr. rer. comm. (rerum commercialium)** ⟨österr.⟩ *Dr. der Handelswissenschaften* • 1.24 **Dr. rer. hort. (rerum hortensium)** *Dr. der Gartenbauwissenschaft* • 1.25 **Dr. rer. mont. (rerum montanarum)** *Dr. der Bergbauwissenschaften* • 1.26 **Dr. rer. oec. (rerum oeconomicarum)** *Dr. der Wirtschaftswissenschaften* • 1.27 **Dr. rer. pol. (rerum politicarum), Dr. sc. pol. (scientiarum politicarum)** *Dr. der Staatswissenschaften* • 1.28 **Dr. rer. publ. (rerum publicarum)** *Dr. der Zeitungswissenschaft* • 1.29 **Dr. rer. soc. oec. (rerum socialium oeconomicarumque)** ⟨österr.⟩ *Dr. der Sozial- u. Wirtschaftswissenschaften* • 1.30 **Dr. sc. math. (scientiarum mathematicarum)** *Dr. der mathemat. Wissenschaften* • 1.31 **Dr. rer. techn. (rerum technicarum), Dr. sc. techn. (scientiarum technicarum)** ⟨österr.⟩ *Dr. der techn. Wissenschaften* • 1.32 **Dr. sc. (scientiarum)** ⟨DDR⟩ *Dr. der Wissenschaften (entspricht Dr. habil.)* • 1.33 **Dr. theol. (theologiae)** *Dr. der Theologie* **2** *jmd., der einen Doktortitel besitzt* **3** *Doktorprüfung* • 3.1 *den ~ machen* ⟨umg.⟩ *die Doktorprüfung ablegen* **4** ⟨umg.⟩ *Arzt; wir müssen heute mit dem Kind zum ~ gehen*

Dok|to|rand ⟨m.; -en, -en⟩ *jmd., der an seiner Dissertation arbeitet*

Dok|to|ran|din ⟨f.; -, -din|nen⟩ *weibl. Doktorand*

Dok|to|rin ⟨f.; -, -rin|nen⟩ *weibl. Doktor*

Dok|trin *auch:* **Dokt|rin** ⟨f.; -, -en⟩ **1** = *Lehrsatz* **2** ⟨fig.⟩ *starre Meinung*

Do|ku|ment ⟨n.; -(e)s, -e⟩ **1** *Aufzeichnung, Schriftstück, das als Grundlage für weitere Arbeiten herangezogen werden kann* **2** *Urkunde, amtliche Bescheinigung, amtliches Schriftstück* **3** *als Beweis dienendes Schriftstück*

Dolch ⟨m.; -(e)s, -e⟩ *kurze, zweischneidige Stichwaffe; den ~ ziehen, zücken*

Dol|de ⟨f.; -, -n; Bot.⟩ *büscheliger Blütenstand;* Doppel~; ~ntraube, ~nrispe; Blüten~

Dol|lar ⟨m. 7; -s, -s; Zeichen: $⟩ *Währungseinheit in den USA (u. in anderen Ländern), 1 $ entspricht 100 Cent*

Dol|met|scher ⟨m.; -s, -⟩ *jmd., der mündlich übersetzt, das Gespräch zwischen Sprechern übermittelt, die nicht dieselbe Sprache sprechen*

Dol|met|sche|rin ⟨f.; -, -rin|nen⟩ *weibl. Dolmetscher*

Dom¹ ⟨m.; -(e)s, -e⟩ **1** *große Kirche* • 1.1 *Bischofskirche* • 1.2 *Hauptkirche einer Stadt* **2** *Weihnachtsmarkt am Domplatz in Hamburg* **3** *der ~ des Himmels* ⟨poet.⟩ *Himmelswölbung*

Dom² ⟨m.; -(e)s, -e⟩ **1** *gewölbte Decke* **2** *gewölbter Aufsatz, Kappe, Haube (auf Dampfkesseln)*

Do|mä|ne ⟨f.; -, -n⟩ **1** *staatliches od. landesherrliches Landgut* **2** *jmds. ~* ⟨fig.⟩ *Arbeitsgebiet, Wissensgebiet, auf dem jmd. bes. gut Bescheid weiß*

do|mi|nant ⟨Adj.⟩ **1** *vorherrschend, beherrschend, tonangebend* **2** ⟨24/90; Biol.⟩ *andere Erbanlagen überdeckend*

do|mi|nie|ren ⟨V.⟩ **1** ⟨405⟩ *herrschen, vorherrschen; bei dem Empfang dominierten lange Kleider* **2** ⟨500⟩ *jmdn. od. etwas ~ beherrschen, befehligen; sie dominiert ihre jüngeren Geschwister; das schlechte Gewissen dominierte ihn*

Do|mi|no¹ ⟨m.; -s, -s⟩ **1** *Maskenanzug mit langem, weitem Mantel u. Kapuze* **2** *Person in diesem Anzug*

Do|mi|no² ⟨n.; -s, -s⟩ *Spiel mit 28 Steinen, von denen jeder zwei Felder (mit 0-6 Augen) hat, die jeweils mit der gleichen Augenzahl aneinandergelegt werden müssen*

Do|mi|zil ⟨n.; -(e)s, -e⟩ **1** = *Wohnsitz (1)* **2** *Zahlungsort (bei Wechseln)*

Domp|teur ⟨[-tø:r] m.; -s, -e⟩ *jmd., der wilde Tiere dressiert u. Dressurakte vorführt*

Domp|teu|se ⟨[-tø:zə] f.; -, -n⟩ *weibl. Dompteur*

Don|ner ⟨m.; -s, -⟩ **1** *beim Gewitter dem Blitz folgendes rollendes, krachendes Geräusch infolge plötzlichen Ausdehnens u. Zurückschlagens der vom Blitz erhitzten Luft; der ~ grollt, kracht, rollt* • 1.1 *wie vom ~ gerührt stehen bleiben od. dastehen regungslos vor Überraschung* • 1.2 ⟨umg.⟩ *(Ausruf der Verwunderung, des Unwillens); ~ und Doria! (Fluch des Gianettino Doria in Schillers „Verschwörung des Fiesco"); Blitz und ~!* **2** ⟨fig.⟩ *rollendes Krachen; der ~ der Geschütze*

don|nern ⟨V.⟩ **1** ⟨401⟩ *es donnert ein Donner ist zu hören; in der Ferne hat es gerade schwach gedonnert* • 1.1 ⟨400⟩ *etwas donnert* ⟨a. fig.⟩ *gibt ein donnerndes Geräusch von sich, macht bei einer Bewegung dem Donner ähnlichen Lärm; die Züge ~ über die Brücke; die Maschinen donnerten in der Halle; er hat mit der Faust an die Tür gedonnert; die Lawine war zu Tal gedonnert; ~der Applaus, ~des Lachen* **2** ⟨511⟩ *etwas irgendwohin ~* ⟨umg.⟩ *etwas mit Wucht, heftig irgendwohin schleudern; er donnerte die Bücher in die Ecke; er hat den Ball in den Torwinkel gedonnert* **3** ⟨400 od. 410; umg.⟩ *laut, brüllend zurechtweisen; Vater hat mächtig wegen unseres Zuspätkommens gedonnert; gleich donnert es!*

Don|ners|tag ⟨m.; -(e)s, -e; Abk.: Do⟩ *der vierte Tag der Woche; heute ist ~, der 20. Juli; am nächsten ~;* →a. *Dienstag*

don|ners|tags ⟨Adv.⟩ *an jedem Donnerstag;* →a. *dienstags*

Don|ner|wet|ter ⟨n.; -s, -⟩ **1** *Gewitter* **2** ⟨umg.; scherzh.⟩ *heftige, laute Schelte, heftige Auseinandersetzung; wenn du heimkommst, gibt's ein ~!; ein ~ ging auf ihn nieder* **3** *~! (Ausruf der Anerkennung, der bewundernden Überraschung)* **4** *(Ausruf des Unwillens, der Ungeduld, des Zorns); zum ~ (noch einmal)!*

doof ⟨Adj.; umg.; abwertend⟩ **1** *dumm, geistig beschränkt, einfältig, blöd; ein ~er Mensch, Kerl; du bist richtig ~; deinen Einfall finde ich ~* **2** *langweilig, einfallslos; der Abend mit deinen Freunden war einfach ~; wir haben dieses Jahr nur ~e Lehrer*

Do|ping ⟨n.; -s, -s; Sp.⟩ *unerlaubte Anwendung leistungssteigernder Medikamente bei Wettkämpfen*

Dop|pel ⟨n.; -s, -⟩ **1** *zweite Ausfertigung eines Schriftstückes, Durchschlag, Duplikat, Kopie; ich habe ein ~ des Vertrages bei mir im Büro* **2** ⟨Tennis u. a.⟩ *Spiel von jeweils zwei Spielern gegeneinander; Damen~,*

doppeldeutig

Herren~ • 2.1 *aus zwei Spielern bestehende Mannschaft eines Doppels (2)* • 2.2 **gemischtes** ~ *Mixed, Doppel (2, 2.1) eines gemischten (nicht gleichgeschlechtlichen) Spielerpaares*

dop|pel|deu|tig ⟨Adj.⟩ *mit zwei Bedeutungen, mit zwei Möglichkeiten der Auslegung, zweideutig;* eine ~e Bemerkung machen

Dop|pel|gän|ger ⟨m.; -s, -⟩ *jmd., der einem anderen täuschend ähnlich sieht;* einen ~ haben

Dop|pel|gän|ge|rin ⟨f.; -, -rin|nen⟩ *weibl. Doppelgänger*

Dop|pel|laut ⟨m.; -(e)s, -e; Sprachw.⟩ **1** *aus zwei gleichen Buchstaben (Konsonant od. Vokal) bestehender Laut, z. B. pp oder aa* **2** = Diphthong

Dop|pel|le|ben ⟨n.; -s; unz.⟩ ein ~ führen *zwei verschiedene Lebensstile nebeneinander führen (oft in der Absicht zu täuschen)*

dop|peln ⟨V. 500⟩ etwas ~ **1** *Schuhsohle an den Rahmen od. Zwischensohle an die Sohle nähen* • 1.1 ⟨österr.⟩ *besohlen*

Dop|pel|punkt ⟨m.; -(e)s, -e⟩ **1** ⟨Gramm.⟩ *aus zwei Punkten bestehendes Satzzeichen (:) vor der direkten Rede, vor angekündigten Sätzen, Satzstücken, Aufzählungen* **2** ⟨Mus.⟩ *zwei Punkte nebeneinander hinter einer Note, der 1. Punkt verlängert die Note um die Hälfte ihres Wertes, der 2. um ein weiteres Viertel* **3** ⟨Mus.⟩ *zwei Punkte übereinander vor dem doppelten Taktstrich am Ende eines Teilstückes zum Zeichen der Wiederholung*

dop|pelt ⟨Adj. 24⟩ **1** *noch einmal (so viel), zweimal (so sehr);* dieses Grundstück ist ~ so groß wie das andere; das macht mir ~ so viel Arbeit; mit ~er Kraft; das freut mich ~; das kostet das Doppelte; das Buch besitze ich ~; ~ genäht hält besser ⟨Sprichw.⟩; geteilte Freude ist ~e Freude ⟨Sprichw.⟩ • 1.1 in ~er Ausführung *in zwei gleichen Ausführungen* • 1.2 ~e **Buchführung** *zweifache Aufzeichnung, so dass jede Minderung auf einem Konto zugleich als Mehrung auf einem anderen erscheint* • 1.3 einen ~en Haushalt führen, haben *zwei H. nebeneinander führen, haben* • 1.4 Gegenstände, Personen ~ sehen *zweimal sehen;* ⟨aber⟩ →a. *doppeltsehen* • 1.5 dieser Mantel ist um das Doppelte teurer als dieser *ist noch einmal so teuer* **2** *zweideutig, betrügerisch;* ein ~es Spiel spielen • 2.1 ~e **Moral,** Moral mit ~em Boden *M. mit je nach Situation u. Interesse verschiedenen Maßstäben* **3** ⟨heute a.⟩ *zweifach* • 3.1 ~ und dreifach ⟨umg.⟩ *über das normale Maß hinaus;* ein Paket ~ und dreifach verschnüren; das zählt, wiegt ~ und dreifach

dop|pelt|se|hen ⟨V. 239/400; umg.⟩ *betrunken sein;* →a. *doppelt (1.4)*

dop|pel|zün|gig ⟨Adj.; abwertend⟩ *falsch, je nach Bedarf anderes sprechend;* ein ~er Mensch

Do|ra|do ⟨n.; -s, -s⟩ = Eldorado (2)

Dorf ⟨n.; -(e)s, Dör|fer⟩ **1** *kleinere ländliche Siedlung mit zumeist vielen landwirtschaftlichen Betrieben;* →a. *Kirche (2.1-2.2)* **2** *Gesamtheit der Bewohner eines Dorfes (1);* das halbe ~ spricht schon davon • 2.1 das ganze ~ war auf den Beinen *war anwesend, unterwegs*

Dorn[1] ⟨m.; -(e)s, -en⟩ **1** *aus dem äußeren Gewebe mancher Pflanzen wachsende harte Spitze;* eine Pflanze mit ~en; sich einen ~ in den Fuß treten • 1.1 sein Lebensweg war voller ~en ⟨fig.⟩ *sein L. war beschwerlich, mühsam* • 1.2 es war ihm ein ~ im Auge ⟨fig.⟩ *es störte ihn sehr*

Dorn[2] ⟨m.; -(e)s, -e; Tech.⟩ **1** *spitzer Stahlstab als Werkzeug zum Erweitern von Löchern* **2** *dünner spitzer Metallstift (an Schnallen)*

dor|nen|voll ⟨Adj.⟩ **1** *voller Dornen* **2** ⟨fig.; geh.⟩ *voller Mühsal u. Leid;* ein ~er Weg

dor|nig ⟨Adj.⟩ **1** *mit Dornen versehen, besetzt;* ein ~er Ast, Zweig **2** ⟨fig.; geh.⟩ *voller Schwierigkeiten;* einen ~en Weg vor sich haben

dor|ren ⟨V. 400(s.); poet.⟩ = dörren (2)

dör|ren ⟨V.⟩ **1** ⟨500⟩ etwas ~ *am Feuer od. an der Luft austrocknen;* die sengende Hitze dörrte die Steppe; sie hat die Pflaumen im Backofen gedörrt; gedörrtes Obst; gedörrter Fisch, gedörrtes Fleisch **2** ⟨400(s.)⟩ *dürr werden, vertrocknen;* oV dorren; das Gras dörrte in der Sonne

Dorsch ⟨m.; -(e)s, -e; Zool.⟩ **1** ⟨i. w. S.⟩ *Angehöriger einer Familie der Knochenfische, die bes. in den kalten u. gemäßigten Zonen der nördlichen Weltmeere leben* **2** ⟨i. e. S.⟩ *junger Kabeljau* • 2.1 *in der Ostsee lebende Form des Kabeljaus*

dort ⟨Adv.⟩ **1** *da (weiter weg);* gib mir bitte das Buch ~!; wo ist das Buch? ~ liegt es!; er reist viel umher und ist bald hier, bald ~; ~ hinten, oben, unten, vorn; ~ in der Ecke; ich komme soeben von ~; wer ist ~? (am Telefon) • 1.1 *an dem Ort, von dem ich spreche;* Ggs hier; wir treffen uns dann ~!; von ~ aus sind es noch 10 km; kennst du Berlin? Ja, ich war schon ~; ich möchte gerne ~ bleiben **2** ⟨Getrenntu. Zusammenschreibung⟩ • 2.1 ~ zu Lande = dortzulande

dort|her ⟨Pronominaladv.⟩ **von** ~ *von dem erwähnten Ort her, aus dieser Richtung, von dort;* er kam von ~

dort|hin ⟨Pronominaladv.⟩ *an den erwähnten Ort hin, in diese Richtung, dahin;* geh nicht ~!; er lief da- und ~ und trotzdem fand er nicht den richtigen Weg

dor|tig ⟨Adj. 24/60⟩ *dort befindlich;* der ~e Bürgermeister wird das Weitere veranlassen

dort|zu|lan|de *auch:* **dort zu Lan|de** ⟨Pronominaladv.; geh.⟩ *dort in dem erwähnten Land, in der erwähnten Gegend*

Do|se ⟨f.; -, -n⟩ **1** *kleiner, meist runder od. ovaler, verschließbarer Behälter aus Holz od. Metall usw., Büchse;* Blech~, Butter~, Puder~, Tabaks~, Zucker~; eine flache, vergoldete, silberne ~; etwas aus der ~ nehmen **2** *luftdicht verschlossener Blechbehälter für Lebensmittel;* Konserven~; zwei ~en Milch, Bohnen; eine ~ öffnen, verschließen **3** ⟨umg.⟩ = Dosis (1.1) **4** ⟨El.⟩ *kurz für:* Steckdose; den Stecker aus der ~ ziehen

dö|sen ⟨V. 400; umg.⟩ **1** *schlummern, halb schlafen;* sie hat im Liegestuhl etwas gedöst **2** *nicht aufmerksam sein, im Wachen träumen;* du döst vor dich hin

do|sie|ren ⟨V. 500⟩ etwas ~ *zumessen, zuteilen;* ein Medikament richtig ~

Do|sis ⟨f.; -, Do|sen⟩ **1** bestimmte Menge eines die Gesundheit beeinflussenden Stoffes • 1.1 ärztlich verordnete Menge für die jeweilige Einzelgabe einer Arznei; oV *Dose (3)*; eine kleine, hohe, geringe ~ Chinin; →a. *Überdosis* **2** jmdm. eine Nachricht, eine Wahrheit in kleinen Dosen beibringen ⟨fig.⟩ nach u. nach, schonend, vorsichtig mitteilen

do|tie|ren ⟨V.⟩ **1** ⟨530⟩ **jmdm. etwas ~** schenken, zuwenden, mit Einkünften versehen **2** ⟨550⟩ einen **Preis** mit 5.000 € ~ ausstatten

Dot|ter ⟨n.; -s, - od. m.; -s, -⟩ **1** *das Gelbe im Ei, das dem Keimling zur Nahrung dient;* Sy *Eigelb;* Ei~; das Eiweiß vom ~ trennen (beim Backen) **2** ⟨Bot.⟩ selten angebaute Ölpflanze, Gattung gelb blühender Kreuzblütler: Camelina; Lein~, Flachs~

Dou|blé auch: **Doub|lé** ⟨[duble:] n.; -s, -s⟩ = *Dublee*

Do|zent ⟨m.; -en, -en⟩ *Lehrer an einer Hochschule, Fachhochschule od. Volkshochschule*

Do|zen|tin ⟨f.; -, -tin|nen⟩ *weibl. Dozent*

Dr. ⟨Abk. für⟩ *Doktor*

Dra|che ⟨m.; -n, -n⟩ **1** *riesiges schlangen- od. echsenartiges Ungeheuer (meist mit feuerspeienden Köpfen), Fabeltier* **2** = *Drachen (2)*

Dra|chen ⟨m.; -s, -⟩ **1** *als Spielzeug dienendes Fluggerät mit einem aus Papier od. Stoff bespannten Holzgerüst als Tragfläche, das bei Schrägstellen gegen den Wind in die Höhe steigt u. dabei an einer langen Schnur gehalten wird;* Papier~, Kasten~; einen ~ steigen lassen **2** ⟨fig.; umg.; abwertend⟩ *zänkische (bes. weibliche) Person;* oV *Drache (2);* Haus~; sie ist ein (richtiger) ~

Dra|gee ⟨[-ʒe:] n.; -s, -s od. f.; -, -n⟩ oV *Dragée* **1** *mit einer Zuckermasse überzogene Süßigkeit* **2** *mit Zuckermasse überzogene Pille*

Dra|gée ⟨[-ʒe:] n.; -s, -s od. f.; -, -n⟩ = *Dragee*

Dra|go|ner ⟨m.; -s, -⟩ **1** ⟨Mil.⟩ • 1.1 ⟨urspr.⟩ *berittener Infanterist* • 1.2 ⟨dann⟩ *Kavallerist* • 1.3 ⟨heute⟩ *leichter Reiter* **2** ⟨österr.⟩ *Rückenspange an Rock od. Mantel* **3** ⟨fig.; umg.; scherzh.; abwertend⟩ *sehr energische, derbe Person*

Draht ⟨m.; -(e)s, Dräh|te⟩ **1** *schnurartig ausgewalztes od. ausgezogenes Metall;* eine Wiese mit ~ einzäunen • 1.1 ⟨umg.⟩ *Fernsprech-, Fernschreibleitung;* eine Nachricht per ~ übermitteln • 1.2 **auf ~ sein** ⟨fig.⟩ *in Ordnung, einsatzbereit, in Schwung, gesund, intelligent sein;* der Junge ist auf ~; ich bin heute nicht auf ~ **2** *mit Pech getränktes Hanfgarn als Nähfaden des Schuhmachers*

drah|tig ⟨Adj.⟩ **1** *wie Draht, fest, stark, hart;* sein Haar ist ~ **2** ⟨fig.⟩ *kräftig, sehnig, körperlich gewandt, sportlich trainiert;* ein ~er Mann

Draht|zie|her ⟨m.; -s, -⟩ **1** *Drahthersteller* **2** ⟨fig.; abwertend⟩ *jmd., der durch andere seinen Willen ausführen lässt u. dabei selbst im Hintergrund bleibt;* die ~ des Komplotts sind bisher noch nicht gefasst worden

Drai|na|ge ⟨[drɛnaːʒə] f.; -, -n⟩ **1** ⟨Med.⟩ *Abfluss von Wundflüssigkeit nach außen mit Hilfe eines Stoffstreifens od. eines Röhrchens* **2** ⟨österr., schweiz. Schreibung für⟩ *Dränage*

dra|ko|nisch ⟨Adj.⟩ *sehr streng, rücksichtslos, hart durchgreifend;* ~e Maßnahmen ergreifen

drall ⟨Adj.; meist abwertend⟩ *derb, stämmig, rund u. fest, stramm, pausbäckig (von Personen, bes. Mädchen od. Kindern);* eine ~e Kellnerin

Drall ⟨m.; -(e)s, -e⟩ **1** *Drehung, Drehbewegung;* die Kugel hat einen deutlichen ~ nach links **1.1** *die durch eine Drehbewegung entstehende Abweichung nach der Seite* • 1.1.1 ⟨fig.⟩ *starke Neigung, Tendenz;* politisch hat er einen ~ nach rechts, links **2** *Windung der Züge im Rohr von Feuerwaffen* • 2.1 *durch die Züge den Geschossen verliehene Drehbewegung um ihre Längsachse nach rechts od. links, um das Überschlagen zu verhindern;* Rechts~; Links~ **3** ⟨Phys.⟩ *zurückstrebende Kraft eines am Faden hängenden Körpers, der aus seiner Ruhelage verdreht wurde* **4** ⟨Spinnerei⟩ *bei Garn die Anzahl der Drehungen auf eine bestimmte Fadenlänge*

Dra|ma ⟨n.; -s, Dra|men⟩ **1** *Schauspiel;* ein ~ aufführen, schreiben, inszenieren; ~ in fünf Akten; ein ~ von Shakespeare; das deutsche ~; das ~ zur Zeit Goethes **2** *aufregendes (trauriges) Geschehen;* das ist das reinste ~!

Dra|ma|tik ⟨f.; -; unz.⟩ **1** *das Schauspiel betreffende Dichtkunst* **2** *(Ergriffenheit, Begeisterung verbreitende) Spannung, Aufregung;* ein Vortrag von außergewöhnlicher ~

dra|ma|tisch ⟨Adj.⟩ **1** *das Schauspiel od. die Dramatik betreffend, dazu gehörig, darauf beruhend* **2** ⟨fig.⟩ *spannend, bewegt, lebendig, mitreißend*

dran ⟨Pronominaladv.; umg.⟩ **1** = *daran* **2** *an der Reihe;* ich bin jetzt (noch nicht) ~; →a. *drauf (1.2), drum (1.2-1.3)*

Drä|na|ge ⟨[-ʒə] f.; -, -n⟩ **1** *Entwässerung des Bodens* • 1.1 *(aus Gräben, Rohren o. Ä. bestehende) Anlage zur Entwässerung des Bodens;* →a. *Drainage*

Drang ⟨m.; -(e)s, Drän|ge⟩ **1** ⟨selten⟩ *Druck, Zwang;* im ~ der Zeit **2** *dringendes körperliches Bedürfnis;* ~ zum Wasserlassen ⟨Med.⟩; Harn~, Stuhl~ **3** ⟨fig.⟩ *innerer Trieb, starkes Bedürfnis nach etwas, Sehnsucht;* ~ nach Freiheit, Rache; etwas aus innerem ~ tun; einen unwiderstehlichen, plötzlichen, heftigen ~ in sich fühlen, verspüren; von einem ~ nach etwas ergriffen, besessen sein; →a. *Sturm (6)*

drän|geln ⟨V.; umg.⟩ **1** ⟨402⟩ (**jmdn.**) ~ *in einer Menge unablässig drücken (u. zur Seite schieben), um rasch irgendwohin zu gelangen;* nicht so ~!; wer drängelt da so?; er drängelte ihn in eine Ecke; die Leute drängelten ihn an die Seite, aus der Tür • 1.1 ⟨500/Vr 3⟩ **sich ~** *sich unablässig schiebend u. drückend zu einem Ziel bewegen;* du drängelst dich umsonst; die Leute ~ sich in dem überfüllten Zug **2** ⟨402⟩ (**jmdn.**) **~ auf jmdn.** *hartnäckig u. unablässig einreden, um ihn zu bewegen, etwas zu tun;* das Kind hat so lange gedrängelt, bis ich nachgegeben habe; der Gastwirt drängelte (die Gäste) zum Aufbruch

drän|gen ⟨V.⟩ **1** ⟨400⟩ *in einer Menge schieben u. drücken, um ein Ziel zu erreichen;* die Leute drängten so, dass die Türen nicht geöffnet werden konnten; Tausende drängten sich vor den Kinoeingängen; der

Drangsal

Saal war gedrängt voll **2** ⟨500/Vr 7 od. Vr 8⟩ **jmdn. ~** *schiebend u. drückend vorwärtsbewegen;* die Polizei drängt die Demonstranten von der Straße; sich durch die Menge ~ • **2.1** ⟨511/Vr 3⟩ sich in den Vordergrund ~ ⟨a. fig.⟩ *die Aufmerksamkeit auf sich lenken (wollen)* • **2.2** ⟨511 od. 550/Vr 3⟩ sich zwischen die Streitenden ~ ⟨meist fig.⟩ *zwischen S. zu vermitteln suchen* • **2.3** ⟨550/Vr 3⟩ sich an die Wand ~ lassen ⟨a. fig.⟩ *sich zurücksetzen lassen, zu bescheiden sein* **3** ⟨500⟩ jmdn. ~ ⟨fig.⟩ *antreiben, zur Eile mahnen;* ~ Sie mich nicht!; ich lasse mich nicht ~; einen Schuldner ~ • **3.1** ⟨580 od. 515⟩ **jmdn. zu etwas ~** *antreiben, etwas zu tun;* er drängte ihn, den Antrag zu unterschreiben; lass dich nicht zu dieser Entscheidung ~ • **3.1.1** ⟨580/Vr 3⟩ es drängt mich, Ihnen zu sagen … ich muss Ihnen sagen … **4** ⟨800⟩ **auf etwas ~** *etwas fordern;* die Politiker ~ auf eine Entscheidung; auf Drängen von Herrn X **5** ⟨400⟩ **etwas drängt** *eilt, erfordert schnelles Handeln;* die Zeit drängt; es drängt nicht; das Geschehen drängt zur Entscheidung

Drang|sal ⟨f.; -, -e; geh.⟩ *Leiden, Not, bedrängte Lage, Qual;* die ~ e des Krieges; ~ des Lebens

drang|voll ⟨Adj.; geh.⟩ **1** *(räumlich) sehr gedrängt* **2** ⟨fig.⟩ *voll von Bedrängnis, sehr bedrückend;* in ~ fürchterlicher Enge ⟨poet.⟩

dran||kom|men ⟨V. 170/400(s.); umg.⟩ *an die Reihe kommen;* in der Schule, beim Deutsch-, Mathematikunterricht ~

dra|pie|ren ⟨V. 500⟩ etwas ~ **1** *künstlerisch, wirkungsvoll gestalten, schmücken, anordnen* • **1.1 Stoff ~** *kunstvoll in Falten legen*

dras|tisch ⟨Adj.⟩ **1** ~e Arznei *schnell wirkende A.* **2** ~e **Maßnahmen** *sehr wirksam;* Missstände mit ~en Mitteln beseitigen; zu ~en Maßnahmen greifen **3** *derb, deutlich, handgreiflich;* einen Sachverhalt ~ ausdrücken, erklären; er wurde sehr ~

drauf ⟨Adv.; umg.⟩ **1** = *darauf* • **1.1** ~**!** *(Ruf zur Ermunterung bei Raufereien);* immer feste ~! • **1.2** ~ **und dran sein** *unmittelbar bereit, schon entschlossen sein;* ich war ~ und dran aufzugeben

Drauf|gän|ger ⟨m.; -s, -⟩ *jmd., der viel wagt, ohne sich zu besinnen;* er war schon immer ein ~; er ist ein kühner ~

drauf||le|gen ⟨V. 500; umg.⟩ **etwas ~** *zu etwas dazulegen, zusätzlich (zu einem Betrag) zahlen;* dafür musste ich noch einen Hunderter ~

drauf|los ⟨Adv.⟩ *in Richtung auf etwas, gegen etwas;* immer ~!

drauf|los|re|den ⟨V. 400; umg.⟩ *rasch u. unüberlegt anfangen zu reden*

draus ⟨Pronominaladv.; umg.⟩ = *daraus*

drau|ßen ⟨Adv.⟩ **1** *außerhalb, nicht in diesem Raum;* Ggs *drinnen;* ich warte solange ~; wer ist ~?; ~ vor der Tür • **1.1** er ist wieder ~ ⟨fig.; umg.⟩ *aus der Justizvollzugsanstalt entlassen* **2** *nicht hier, weit entfernt;* ~ in der Welt; ~ auf dem Lande • **2.1** die Fischer sind noch ~ *auf dem Meer*

drau|ßen||blei|ben ⟨V. 114/400(s.)⟩ *außerhalb (eines Raumes) bleiben;* du musst ~; bleib draußen!

drech|seln ⟨[-ks-]; V. 500⟩ **1** etwas ~ *aus Holz, Horn u. a. auf der Drehbank u. mit Schneidwerkzeugen herstellen;* einen Becher ~; gedrechselte Tischbeine **2** ⟨fig.⟩ *kunstvoll formen;* ein Gedicht ~; Schmeicheleien ~; gedrechselte Worte, Sätze • **2.1** wie gedrechselt *steif, künstlich, ohne Leben*

Dreck ⟨m.; -(e)s; unz.; umg.⟩ **1** *Schmutz, Schlamm;* in den ~ fallen; etwas in den ~ schmeißen ⟨derb⟩ • **1.1** voll ~ und Speck *sehr schmutzig* • **1.2** du hast wohl ~ in den Ohren? ⟨derb⟩ *du bist wohl schwerhörig* • **1.3** jmdn. wie ~ (am Stiefel) behandeln *sehr schlecht, verächtlich behandeln* • **1.4** der hat selber ~ am Stecken ⟨fig.⟩ *der hat selbst kein reines Gewissen (u. soll also nicht schlecht über andere reden)* • **1.5** etwas in den ~ ziehen ⟨fig.⟩ *abfällig, hässlich über etwas sprechen* • **1.6** jmdn. mit ~ bewerfen ⟨a. fig.⟩ *etwas Hässliches von jmdm. sagen;* →a. *Karre¹ (3.2-3.3)* **2** *Kehricht* **3** *Kot;* Fliegen~; Mäuse~ **4** ⟨fig.; umg.⟩ *Schwierigkeit, Notlage* • **4.1** jetzt sind wir aus dem gröbsten, ärgsten, schlimmsten ~ heraus *jetzt haben wir die größten Schwierigkeiten überwunden* • **4.2** da sitzen wir schön im ~! ⟨fig.⟩ *da sind wir mitten in den Schwierigkeiten drin* **5** ⟨fig.⟩ *wertlose, verächtliche Kleinigkeit, Plunder;* ich muss mich um jeden ~ (selbst) kümmern • **5.1** jmdn. wie den letzten ~ behandeln *sehr schlecht, verächtlich behandeln* • **5.2** anderen Leuten ihren ~ nachräumen od. wegräumen ⟨derb⟩ *von anderen Leuten Liegengelassenes aufräumen* • **5.3** mach deinen ~ allein! ⟨derb⟩ *mach deine Arbeit allein, mach, was du willst, ich kümmere mich nicht mehr darum!* **6** einen ~ ⟨fig.; derb⟩ *sehr wenig, gar nichts;* du verstehst einen ~ davon; das geht dich einen ~ an; das kümmert mich einen ~; die Sache ist einen ~ wert

dre|ckig ⟨Adj.; umg.⟩ **1** *voller Dreck, schmutzig;* ~e Hände, Schuhe; eine ~e Wohnung; er hat sich bei der Arbeit ~ gemacht; die Straße ist ~ • **1.1** ~ **und speckig** ⟨umg.⟩ *schmutzig u. unappetitlich;* seine Kleidung war ~ und speckig **2** ⟨fig.; umg.⟩ *eklig, obszön, unanständig;* eine ~e Bemerkung; einen ~en Witz erzählen **3** ⟨50⟩ *hämisch, unangenehm;* er lachte, grinste ~ **4** ⟨50⟩ **jmdm. geht es ~** ⟨umg.⟩ *jmdm. geht es (finanziell) schlecht*

Dreh ⟨m.; -(e)s, -e⟩ **1** *Drehung, Drehbewegung;* einem Gegenstand einen ~ nach rechts, links geben **2** ⟨fig.; umg.⟩ *entscheidender Handgriff, Kunstgriff, Weg zur Lösung eines Problems;* übler ~; auf einen ~ verfallen • **2.1** den ~ **heraushaben**, weghaben *wissen, wie man etwas machen muss, wie man zu etwas kommt* • **2.2** er wird schon den **rechten ~ finden** *er wird schon merken, wie er es machen muss;* ich habe den richtigen ~ noch nicht gefunden, leider noch nicht weg • **2.3 auf** den ~ wäre ich nicht **gekommen!** *auf diese Idee* **3** **im ~ sein** ⟨fig.; umg.⟩ *in der Arbeit stecken*

Dreh|bank ⟨f.; -, -bän|ke⟩ *Werkzeugmaschine, die ein Werkstück um eine horizontale Achse in Drehung versetzt, das dann mit Schneidwerkzeugen bearbeitet wird*

Dreh|be|we|gung ⟨f.; -, -en⟩ *drehende Bewegung*

Dreh|buch ⟨n.; -(e)s, -bü|cher⟩ *Manuskript für Filmaufnahmen, in dem die Szenen in Einstellungen (kleinste Aufnahmeeinheiten) geteilt u. mit Hinweisen für Akustik u. Optik versehen sind*

dre|hen ⟨V.⟩ **1** ⟨500⟩ **jmdn.** od. **etwas** ~ *um eine Achse od. einen Punkt bewegen;* er dreht seine Partnerin im Walzertakt; eine Kurbel, einen Handgriff ~; einen Kreisel ~; einen Gegenstand in ~de Bewegung versetzen; →a. *Daumen (1.1, 1.4), Ding² (1.3)* • **1.1** ⟨411⟩ **an etwas** ~ *etwas od. einen Teil von etwas anfassen, so dass es sich um seine Achse bewegt;* nervös drehte sie an ihrem Knopf; er dreht am Radio, um den gesuchten Sender einzustellen • **1.1.1** da muss doch jmd. daran gedreht haben ⟨a. fig.⟩ *darauf eingewirkt, etwas verändert, etwas entzweigebrochen haben* • **1.1.2** daran lässt sich nichts ~ ⟨fig.⟩ *daran lässt sich nichts ändern, da ist nichts zu machen* **1.2** ⟨500⟩ **Leierkasten** ~ *durch Drehen der Kurbel zum Ertönen bringen* **2** ⟨500/Vr 3⟩ **sich** ~ *sich in Bewegung um einen Punkt außerhalb seiner selbst od. um die eigene Achse befinden;* dreh dich bitte einmal (beim Anprobieren); die Räder ~ sich; die Erde dreht sich um die Sonne; sich im Tanze ~ • **2.1** ⟨531/Vr 3⟩ *jmdm. dreht sich alles vor den Augen, im Kreis* **jmdm. ist schwindlig** • **2.2** ⟨Part. Präs.⟩ *jmdm. ist ganz ~d (im Kopf)* **jmdm. ist schwindlig** • **2.3** ⟨513/Vr 3⟩ **etwas** od. **jmd.** *dreht sich im Kreise* ⟨a. fig.⟩ *kommt nicht vorwärts* • **2.4** ⟨500/Vr 3⟩ **sich** ~ u. **winden** ⟨fig.⟩ *Ausflüchte machen* **3** ⟨550/Vr 3 unpersönl.⟩ *es dreht sich um jmdn.* od. **etwas** ⟨fig.⟩ *es handelt sich um jmdn. od. etwas;* in dem Roman dreht es sich um einen Politiker; es dreht sich darum, dass er nie pünktlich ist • **3.1** ⟨550/Vr 3⟩ *alles dreht sich um ihn* **er ist Mittelpunkt, jeder kümmert sich nur um ihn** **4** ⟨500/Vr 7 od. Vr 8⟩ **jmdn.** od. **etwas** (in eine bestimmte Richtung) ~ *jmdn. od. etwas eine andere Richtung geben;* er dreht seinen Kopf nach rechts; der Arzt versuchte, den Verletzten auf die Seite zu ~ • **4.1** *der Fahrer drehte (sich) sein Fahrzeug in die Gegenrichtung* **5** ⟨530⟩ **jmdm.** den **Rücken** ~ *zudrehen, zuwenden* **6** ⟨513; fig.⟩ **etwas** *in bestimmter Weise* ~ *verdrehen, (in der Bedeutung) verändern* • **6.1** er dreht alles, alle Worte so, wie er es braucht legt es so aus, versteht er nur so • **6.2** wie man es auch dreht und wendet ⟨fig.⟩ *von welcher Seite man die Angelegenheit auch betrachtet* **7** ⟨411 od. 511/Vr 3⟩ (**sich**) ~ *seine Stellung durch eine Bewegung um die eigene Achse verändern;* er drehte sich in die falsche Richtung; der Wind hat (sich) gedreht • **7.1** das Schiff dreht (sich) nach Backbord *wechselt seinen Kurs in Richtung B. (nach rechts)* **8 Gegenstände** ~ *durch eine kreisende Bewegung herstellen, ver- od. bearbeiten* • **8.1** einen **Film** ~ *produzieren, herstellen* • **8.2 Stricke** ~ *flechten, winden;* →a. *Strick (3.1)* • **8.3 Pillen** ~ *rund formen* • **8.4** eine **Zigarette** ~ *herstellen, indem Zigarettenpapier um Tabak gerollt wird* • **8.5** ein **Werkstück** ~ *auf der Drehbank (aus Metall) anfertigen;* ein Schraubengewinde ~; eine kupferne Hülse ~ • **8.6 Fleisch durch** den **Wolf** ~ *im Fleischwolf zerkleinern*

Dre|her ⟨m.; -s, -⟩ **1** *Arbeiter an einer Drehbank* **2** *ein Handgriff zum Drehen, bes. Türgriff* **3** ⟨Anat.⟩ *zweiter Wirbel der Landwirbeltiere: Epistropheus, Axis* **4** *volkstümlicher Tanz, Ländler*

Dreh|or|gel ⟨f.; -, -n; Mus.⟩ *fahr- od. tragbare Kleinorgel, bei der eine Kurbel den Blasebalg sowie eine Walze mit Stiften betätigt, die die Ventile der Pfeifen öffnen;* Sy Leierkasten

Dreh|schei|be ⟨f.; -, -n⟩ **1** *drehbare Scheibe mit Schiene zum Wenden u. Umsetzen von Schienenfahrzeugen* **2** *früher mit dem Fuß, heute mechanisch drehbare Töpferscheibe, auf der Gegenstände aus Ton geformt werden*

Dre|hung ⟨f.; -, -en⟩ *das Drehen, Sichdrehen (um eine Achse), Umdrehung, Wendung*

drei ⟨Numerale; Gen. -er, insofern kein vorangehendes Wort den Kasus kennzeichnet; in Ziffern: 3⟩ →a. *achte(r, -s), vier* **1** *erste ungerade Primzahl;* die ersten ~ • **1.1** ~ viertel *drei Teile eines in vier gleichmäßige Teile geteilten Ganzen umfassend;* das Glas ist ~ viertel voll • **1.1.1** es ist ~ viertel fünf (Uhr) *4.45 od. 16.45 Uhr* **2** ⟨fig.⟩ • **2.1** wir haben bisher **keine** ~ **Worte** miteinander gewechselt *wir kennen uns kaum* **2.2 nicht bis** ~ zählen können *sehr dumm sein* • **2.3** ehe man **bis** ~ zählen konnte, war er wieder da *sehr schnell, im Nu* • **2.4** ich will es **in** ~ **Worten** erklären *kurz erklären* • **2.5** ~ **Kreuze** hinter jmdm. od. einer Sache machen ⟨umg.⟩ *froh sein, dass jmd. fort od. eine S. vorüber ist* **3** *ein Schriftstück* ~ **Kreuze** machen *ein Zeichen in dieser Form anstelle der Unterschrift machen, wenn man des Schreibens unkundig ist* **4** ⟨Getrennt- u. Zusammenschreibung⟩ • **4.1** ~ **Mal** = *dreimal*

Drei ⟨f.; -, -en⟩ **1** *die Ziffer 3* • **1.1** ⟨umg.⟩ *die Straßenbahn-, Buslinie Nr. 3;* mit der ~ fahren; in die ~ umsteigen **2** *befriedigend (als Schulnote, Zensur);* eine ~ schreiben; eine Prüfung mit (einer) „~" bestehen

Drei|eck ⟨n.; -(e)s, -e; Geom.⟩ *geometrische Figur mit drei Ecken: durch die kürzesten Verbindungen dreier, nicht auf einer Geraden liegenden Punkte begrenzte Fläche*

drei|eckig ⟨Adj. 24⟩ *in Form eines Dreiecks, mit drei Ecken*

drei|fach ⟨Adj. 24; in Ziffern: 3fach/3-fach⟩ *dreimal(ig), dreifältig;* ein ~es Hoch auf das Geburtstagskind!; ein Stück Papier ~ falten; ein Schriftstück in ~er Ausfertigung; dieser bezaubernde Hut kostet das Dreifache von jenem; →a. *doppelt (3.1)*

Drei|kö|nigs|fest ⟨n.; -(e)s, -e⟩ *Fest der Heiligen Drei Könige, 6. Januar*

Drei|li|ter|au|to ⟨n.; -s, -s⟩ *umweltfreundliches Auto, das nur drei Liter Kraftstoff pro 100 km verbraucht;* die serienmäßige Produktion des ~s

drei|mal ⟨Adv.; in Ziffern: 3-mal⟩ *dreifach wiederholt;* muss man dir immer alles ~ sagen?

drein ⟨Adv.; umg.⟩ = *darein*

drein|re|den ⟨V. 600; umg.⟩ **jmdm.** ~ *unaufgefordert dazwischenreden, unterbrechen, sich einmischen, es anders haben wollen;* ich lasse mir in meine Arbeit nicht, von niemandem ~

dreißig 〈Numerale 11; in Ziffern: 30〉 *dreimal zehn;* er ist ~ 〈Jahre alt〉; über ~, unter ~; jmd. ist Mitte, Ende (der) dreißig, über die dreißig; →a. *achtzig*
Dreißig 〈f.; -, -en〉 *die Zahl 30*
dreist 〈Adj.; abwertend〉 *keck, unverfroren, anmaßend, frech;* ein ~es Benehmen; eine ~e Bemerkung; etwas ~ fordern, sagen, behaupten; ein ~es Kind
drei|vier|tel 〈alte Schreibung für〉 *drei viertel*
Drei|vier|tel|stun|de 〈f.; -, -n〉 *drei Viertel einer ganzen Stunde, 45 Minuten;* er kommt in einer ~ 〈oder〉 in drei viertel Stunden
drei|zehn 〈Numerale 11; in Ziffern: 13〉 **1** *drei und zehn;* um (das Jahr) ~hundert (1300); im Jahre (neunzehnhundert)~ (1913) **2** *jetzt schlägt's ~!* 〈fig.; umg.〉 *jetzt habe ich aber genug!*
Drei|zim|mer|woh|nung 〈f.; -, -en; in Ziffern: 3-Zim­mer-Wohnung〉 *aus drei Zimmern, Bad u. Küche bestehende Wohnung*
Dres. 〈Abk. für lat.〉 *doctores (Doktoren);* ~ Becker und Schmidt
Dre|sche 〈f.; -; unz.; umg.〉 *Schläge, Prügel;* ~ bekommen
dre|schen 〈V. 121/500〉 **1** *Getreide* ~ *durch Schlagen die Körner des Getreides aus den Ähren od. Hülsenfrüchten aus den Schoten lösen;* auf dem Felde, auf der Tenne ~; du drischst den Weizen mit der Dreschmaschine; die Bauern sind schon beim Dreschen; →a. *leer* (3.2) • **1.1** (leere) **Phrasen** ~ 〈fig.〉 *mit großen Worten leere Redensarten vorbringen* • **1.2 Skat** ~ 〈fig.; umg.〉 *eifrig S. spielen* **2** 〈Vr 8〉 *jmdn.* ~ 〈fig.; umg.〉 *jmdn. prügeln;* er hat ihn grün und blau gedroschen; sie droschen sich windelweich **3** *etwas* ~ 〈fig.; umg.〉 *mit Wucht irgendwohin schlagen;* er drischt auf die Tasten; er drosch den Ball ins Tor
Dress 〈m.; - od. -es, -e od. österr. a.: -en〉 **1** *Bekleidung für einen bestimmten Zweck od. Anlass, bes. für eine Sportart;* Sport~, Reit~, Tennis~ • **1.1** (salopp) *auffällige Kleidung;* in diesem ~ kannst du nicht zu der Feier gehen
dres|sie|ren 〈V. 500〉 **1** *Tiere* ~ = *abrichten (1)* • **1.1** 〈550〉 *einen* **Hund auf** *den Mann* ~ *so abrichten, dass er auf Zuruf Menschen angreift* **2 Speisen** ~ *gefällig anrichten* **3 Filzhüte** ~ *in eine Form pressen*
Dres|sur 〈f.; -, -en〉 **1** *das Dressieren, Abrichten* **2** *Vorführen einer Dressur (1)* • **2.1** *Dressurreiten (als Disziplin des Reitsports)*
drib|beln 〈V. 400; Fußb.〉 *den Ball mit kurzen u. schnellen Schritten vor sich hertreiben, ohne ihn abzuspielen*
Drill 〈m.; -(e)s; unz.〉 *strenge Art u. Weise der Wissensvermittlung (durch häufiges, energisches Wiederholen des Lernstoffes)*
dril|len 〈V. 500〉 **1** *etwas* ~ *mit dem Drillbohrer bohren* **2** *die Saat* ~ 〈Landw.〉 *mit der Drillmaschine in Reihen, Furchen säen* **3** 〈Vr 7〉 *jmdn.* ~ *streng erziehen, hart ausbilden;* der Schüler für die letzte Prüfung ~ • **3.1** 〈Mil.〉 *jmdm. besondere Bewegungen u. Handgriffe mit der Waffe, die im Ernstfall Zeit u. Verluste sparen sollen, mechanisch u. monoton u. gleichzeitig hart einüben;* Rekruten ~

Dril|ling¹ 〈m.; -s, -e〉 *Triebrad, Getriebe einer Mühle*
Dril|ling² 〈m.; -s, -e〉 **1** *mit zwei andern gleichzeitig im Mutterleib entwickeltes Kind* **2** *Jagdgewehr mit drei Läufen für Kugel u. Schrot*
drin 〈Adv.; umg.〉 **1** = *darin* • **1.1** (**nicht**) ~ **sein** 〈fig.〉 *(nicht) gehen, (nicht) möglich sein, (keinen) Sinn, Zweck haben, sich (nicht) lohnen;* er sagt, das sei nicht ~; da ist noch alles ~; das ist in dieser Angelegenheit einfach nicht ~
drin|gen 〈V. 122〉 **1** 〈411(s.)〉 *sich einen Weg bahnen, drängen;* Flüssigkeit dringt aus einem undichten Behälter; aus dem Kessel ~ Dämpfe; das Gerücht, der Lärm drang bis zu uns; durch das Gebüsch ~; die Kälte drang uns durch die Kleider; der Feind drang durch unsere Stellungen; die Kugel drang ihm ins Herz • **1.1** *aus dem Zimmer drang Geschrei ertönte, klang* • **1.2** *das Lied drang zu Herzen geht nahe, berührt innerlich* • **1.3** *es dringt mir durchs Herz* 〈fig.〉 *es verursacht mir tiefen Schmerz* • **1.4** *ich fühlte mich gedrungen, die Wahrheit zu sagen ich hatte das Bedürfnis, die W. zu sagen* **2** 〈800 (s.)〉 **in jmdn.** ~ 〈fig.; geh.〉 *jmdn. mit Bitten u. Ä. bedrängen, bestürmen;* versuche nicht, in ~, denn das wäre aussichtslos **3** 〈800〉 **auf etwas** ~ *etwas mit Nachdruck verlangen, auf etwas bestehen;* auf Antwort ~; auf Zahlung ~
drin|gend 〈Adj.〉 **1** *eilig, drängend, keinen Aufschub duldend;* Sy *dringlich;* ein ~er Brief; ein ~es Geschäft; eine ~e Verpflichtung; ich brauche das Buch ~; die Sache ist sehr ~; es ist ~ erforderlich, notwendig, dass … • **1.1** ~e **Gefahr** *unmittelbar drohende G.* **2** *sehr wichtig, nachdrücklich;* einem ~en Bedürfnis abhelfen; hier handelt es sich um eine ~e Notwendigkeit • **2.1** *ein* ~*es* **Ferngespräch, Telegramm** *ein vorrangiges F., T.* • **2.2** *es besteht der ~e Verdacht, dass … der eindeutige, begründete, zwingende V.* • **2.3** *er ist der Tat* ~ *verdächtig es scheint eindeutig, dass er die Tat begangen hat* • **2.4** *ich kann im Augenblick nur das Dringendste erledigen das Notwendigste, Wichtigste, besonders Eilige* **3** *inständig, flehentlich, eindringlich;* seine ~e Mahnung fand bei den Schülern kein Gehör; ich möchte Sie ~ darum bitten
dring|lich 〈Adj.〉 = *dringend (1);* eine ~e **Angelegenheit** *dringende A.*
Drink 〈m.; -s, -s〉 *alkoholisches (Misch-)Getränk;* jmdn. zu einem ~ einladen
drin|nen 〈Adv.〉 *innerhalb, in etwas darin;* Ggs *draußen (1);* er ist ~! (im Zimmer)
drin|ste|cken 〈V. 255/400; umg.〉 **1** *in etwas stecken;* der Schlüssel steckt schon drin **2** 〈fig.〉 *mit etwas beschäftigt sein;* sie steckt ganz in ihrer neuen Aufgabe drin • **2.1** *er steckt bis zum Hals drin! er befindet sich in einer ausweglos erscheinenden Situation* **3 in etwas** od. **jmdm.** ~ *in etwas od. jmdm. (nicht sichtbar) vorhanden sein;* in diesem Projekt steckt noch viel drin • **3.1** *da steckt man nicht drin! da weiß man nicht, wie es ausgeht*
dritt 〈Numerale 11; nur in der Wendung〉 **zu** ~ *drei (Personen) zusammen;* →a. *dritte(r, -s)*

dritt... ⟨Adj. 11; in Zus.⟩ *an dritter Stelle stehend;* der dritthöchste, drittgrößte, drittletzte

drit|te(r, -s) ⟨Numerale 24; Zeichen: 3.⟩ **1** ⟨Ordinalzahl von⟩ *drei;* der ~ Mann beim Skat; zum Ersten, zum Zweiten, zum Dritten! (Ruf des Auktionators bei Versteigerungen vor dem Zuschlag); der, die, das Dritte; der Dritte im Bunde (nach Schiller, „Die Bürgschaft"); ein Verwandter ~n Grades • **1.1** das Dritte **Reich** ⟨nationalsozialist. Sprachgebrauch⟩ *die Zeit des Nationalsozialismus in Deutschland 1933-1945* • **1.2** der ~ **Stand** *das Bürgertum (nach Adel u. Geistlichkeit)* • **1.3** die Dritte **Welt** *die Entwicklungsländer* • **1.4** das ist sein ~s Wort *das sagt er dauernd, wiederholt er immer wieder* • **1.5** Drittenabschlagen (spielen) *jeweils einen dritten Spieler durch ein Spielerpaar zu fangen suchen* • **1.6** der ~ Teil einer Summe *ein Drittel* • **1.7** es gibt kein Drittes *nur zwei Möglichkeiten* • **1.8** die ~n **Zähne** ⟨umg.; scherzh.⟩ *Zahnersatz, falsche Z. (nachdem die natürlichen Z. ausgefallen od. gezogen sind)* **2** ⟨fig.⟩ *fernstehend, unbeteiligt, fremd;* sprich mit keinem Dritten davon! • **2.1** das habe ich **von** ~**r Seite** erfahren *von Unbeteiligten* • **2.2** ~ **Kraft** ⟨meist Pol.⟩ *K., die sich nicht einer von zwei starken, einander entgegengesetzten Parteien od. Weltanschauungen anschließt, sondern einen neuen Weg sucht* • **2.3** ~r **Ort** *neutraler O.;* sich an einem ~n Ort treffen; →a. *lachen (2.3), zwei (2.1)*

drit|tel ⟨Zahladv.; in Ziffern: /3⟩ *den dritten Teil eines Ganzen umfassend;* einen ~ Liter Milch zugeben; mit einer ~ Sekunde Vorsprung ins Ziel gehen

Drit|tel ⟨n.; -s, -; schweiz. m.; -s, -⟩ *dritter Teil eines Ganzen;* ein ~ der Abgeordneten stimmte gegen das Gesetz

drit|teln ⟨V. 500⟩ etwas ~ *in drei (gleichmäßige) Teile teilen, dreiteilen;* den Kuchen, das Brot ~

Dro|ge ⟨f.; -, -n⟩ **1** *pflanzliches od. tierisches Erzeugnis, das zu Arzneien verwendet wird* • **1.1** *das daraus hergestellte Präparat* **2** = *Rauschmittel*

dro|gen|ab|hän|gig ⟨Adj. 24⟩ *von Sucht erzeugenden Medikamenten od. Rauschmitteln abhängig;* er ist ~

Dro|ge|rie ⟨f.; -, -n⟩ *Ladengeschäft für Chemikalien, Kosmetika, Putzmittel, Kerzen u. ä. Haushaltswaren*

dro|hen ⟨V.⟩ **1** ⟨600⟩ jmdm. ~ *jmdm. ankündigen, etwas für ihn Unangenehmes zu tun, als Hilfsmittel einzusetzen;* der Fußgänger drohte dem Autofahrer, ihn anzuzeigen; sie drohte ihm mit der Polizei, als er sie belästigte; jmdm. mit dem Finger, mit der Faust ~ • **1.1** eine ~de Haltung einnehmen *eine H. einnehmen, die jmdn. etwas Unangenehmes erwarten lässt* **2** ⟨403⟩ *als Unannehmlichkeit, Gefahr, Unheil bevorstehen* • **2.1** ⟨501⟩ es droht etwas *es ist zu befürchten, dass etwas eintritt;* es droht zu regnen; es droht eine Inflation • **2.2** ⟨600⟩ **etwas droht jmdm.** *etwas steht jmdm. bevor;* ihm droht Gefängnis, Strafe, der Tod ⟨480⟩ **etwas** droht **zu geschehen** *steht im Begriff, sich als etwas Unangenehmes zu ereignen;* das Haus droht einzustürzen; vor Müdigkeit drohte er einzuschlafen

Drohn ⟨m.; -en, -en; fachsprachl.⟩ = *Drohne (1)*

Droh|ne ⟨f.; -, -n⟩ **1** *männliche Honigbiene, die im Bienenstaat von den weiblichen Bienen gefüttert wird;* oV Drohn **2** ⟨fig.; abwertend⟩ *jmd., der auf Kosten anderer lebt, Nichtstuer, Schmarotzer*

dröh|nen ⟨V. 400⟩ **1** etwas dröhnt *schallt, tönt laut, durchdringend;* die Motoren dröhnten; Schritte ~ auf der Straße; ein ~des Gelächter; die Musik dröhnt mir in den Ohren; er lachte ~d; mit ~der Stimme schreien **2** etwas dröhnt *ist von lautem, vibrierendem Schall erfüllt, erzittert durch Lärm;* der ganze Saal dröhnte von der Musik; mir dröhnt der Kopf von all dem Lärm

drol|lig ⟨Adj.⟩ *lustig, spaßig, komisch;* eine ~e Geschichte; ein ~es Kind; das war so ~, dass ...; mir ist etwas Drolliges passiert

Drops ⟨m.; -, -; meist Pl.⟩ *säuerliches Fruchtbonbon zum Lutschen*

Drosch|ke ⟨f.; -, -n⟩ **1** *leichtes Pferdefahrzeug, Pferdekutsche, die man mieten kann;* Pferde~ **2** ⟨veraltet⟩ *Mietauto, Taxi;* Auto~

Dros|sel¹ ⟨f.; -, -n; Zool.⟩ **1** *Angehörige einer Familie insekten- u. beerenfressender Singvögel, die über die ganze Erde verbreitet ist: Turdidae* **2** *Eigentliche ~ Angehörige der Gattung der Drosseln, die etwa 200 Arten umfasst: Turdus;* Schwarz~, Ring~, Mistel~, Sing~, Wacholder~, Rot~

Dros|sel² ⟨f.; -, -n⟩ **1** ⟨Jägerspr.⟩ *Luftröhre, Kehle des Wildes* **2** ⟨Tech.⟩ *Vorrichtung zum Regeln der Menge von Flüssigkeiten od. Gasen, die durch eine Rohrleitung strömen*

dros|seln ⟨V. 500⟩ **1** etwas ~ *die Zufuhr von etwas verhindern, hemmen;* den Dampf, Strom, das Gas ~ • **1.1** den **Motor** ~ ⟨Tech.⟩ *den M. langsamer laufen lassen u. dadurch seine Leistung verringern* **2 eine Sache** ~ ⟨a. fig.⟩ *verringern, beschränken;* den Handel, die Einfuhr, die Ausgaben ~; das Tempo ~

drü|ben ⟨Pronominaladv.; umg.⟩ **1** *auf der anderen od. auf die andere Seite;* da ~ steht ein Haus; dort ~ beginnt der Wald **2** *jenseits der Grenze, des Ozeans;* ihre Tochter lebt ~ in Amerika; nach ~ gehen, fahren • **2.1** ⟨umg.; veraltet⟩ *im östlichen Gebiet des 1949-1990 geteilten Deutschlands;* sie sind von ~ gekommen; →a. *hüben*

drü|ber ⟨Pronominaladv.; umg.⟩ = *darüber*

Druck¹ ⟨m.; -(e)s, Drü|cke; Pl. nur techn. fachsprachl.⟩ **1** ⟨unz.⟩ *das Drücken, Zusammenpressen;* Hände~; der feste ~ seiner Hand gab ihr wieder Mut; ein ~ auf den Knopf (zum Einschalten eines Apparates) **2** *die senkrecht auf eine Fläche wirkende Kraft, Belastung;* Gas~; Luft~; Wasser~; das Material hält auch starken Drücken stand; hoher, niedriger ~ **3** ⟨unz.; fig.⟩ *Bedrückung, Belastung, unangenehm Lastendes;* es ist mir unmöglich, unter diesem ~ zu arbeiten • **3.1** einen ~ im Kopf, im Magen haben *verspüren ein drückendes Gefühl.* **3.2** *Zwang, starker Einfluss;* ~ ausüben; unter dem ~ der Verhältnisse • **3.2.1** auf den ~ der öffentlichen Meinung hin *erzwungen durch die ö. M.* • **3.3** ⟨umg.⟩ *Bedrängnis, Zeitnot* • **3.3.1** jmdn. unter ~ setzen *mit Forderungen bedrängen, mit Drohungen einschüchtern;* ich lasse

Druck

mich nicht unter ~ setzen! • 3.3.2 jmdm. unter ~ halten *nicht selbstständig handeln lassen, in Angst u. Sorge halten* • 3.3.3 hinter etwas ~ machen, setzen *etwas zu beschleunigen suchen* • 3.3.4 in, im ~ sein *in Bedrängnis sein, es sehr eilig haben*

Druck² ⟨m.; -(e)s, -e⟩ **1** *das Drucken, Abdruck;* die Zensur verbietet den ~ des Artikels 1.1 das Manuskript geht in ~ *mit dem Abdruck des Manuskripts wird begonnen* • 1.2 seinen Aufsatz in ~ geben *einen A. drucken lassen* • 1.3 ~ und Verlag von ... *gedruckt u. verlegt bei* ... **2** *Erzeugnis des Druckens, das Gedruckte;* ein alter, kostbarer, seltener ~ • 2.1 gedruckter Text, Buch; diese alten ~e sind kaum noch zu lesen • 2.1.1 *Auflage, Ausgabe;* Nach~; Neu~ • 2.2 *gedrucktes Bild;* der ~ hat farblich keine gute Qualität **3** ⟨unz.⟩ *die Art, wie ein Buch, eine Schrift gedruckt ist, Schriftart;* großer, klarer, kleiner, gut (schlecht) leserlicher ~; schlechter, sorgfältiger ~

drucken ⟨V. 500⟩ etwas ~ **1** *im Abdruck herstellen, wiedergeben;* Muster auf Stoffe ~ **2** *durch Druck² vervielfältigen;* einen Aufsatz ~ lassen; ein Buch in 1000 Exemplaren ~ • 2.1 er lügt wie gedruckt *er lügt mit unglaublicher Gewandtheit u. Selbstverständlichkeit*

drücken ⟨V.⟩ **1** ⟨402⟩ (jmdn. od. etwas) ~ *Druck ausüben (auf jmdn. od. etwas)* • 1.1 ⟨511⟩ etwas aus etwas ~ *durch Druck bewirken, dass etwas aus etwas herauskommt, herauspressen;* den Saft aus der Zitrone ~; das Wasser aus den Haaren ~ • 1.2 ⟨511⟩ etwas auf, in etwas ~ ⟨a. fig.⟩ *bewirken, dass etwas auf, in etwas gepresst wird;* das Siegel auf den Brief ~; das Erlebnis hat sich mir tief ins Herz, ins Gedächtnis gedrückt • 1.2.1 jmdm. einen Kuss auf die Lippen, die Stirn ~ ⟨geh.⟩ geben • 1.3 ⟨511⟩ etwas od. jmdn. an, in etwas ~ *bewirken, dass etwas, jmd. ganz dicht an etwas herangebracht wird;* das Taschentuch an die Augen ~; das Gesicht schluchzend in die Kissen ~; sich in eine Ecke ~; jmdn. an die Brust ~ • 1.4 ⟨500⟩ jmdn. od. etwas ~ *pressen, belasten;* bitte Knopf ~! (als Aufschrift an Klingeln, Automaten u. Ä.); eine Nation mit Steuern ~ • 1.4.1 jmdn. ~ ⟨umg.⟩ *herzlich, fest umarmen* • 1.4.2 ⟨530⟩ jmdm. etwas ~ *zusammenpressen;* jmdm. die Hand ~ • 1.5 ⟨402⟩ etwas drückt (jmdn.) *verursacht bei jmdm. unangenehme Druckgefühle;* der neue Schuh drückt; eine Speise drückt (im Magen); die Hitze drückt; ~de Hitze • 1.5.1 ~d heiß *übermäßig warm* • 1.6 ⟨500⟩ etwas drückt jmdn. ⟨geh.⟩ *lastet schwer auf jmdm., bedrückt jmdn.;* es drückt mich, dass ...; die (Last der) Verantwortung drückt mich sehr, ihn drückt die Sorge, dass ... • 1.7 ⟨500⟩ **Blech** ~ ⟨Tech.⟩ *durch einen auf der Druckbank ausgeübten Druck umformen* **2** ⟨500⟩ etwas ~ *bewirken, dass etwas niedriger wird, nach unten pressen, herabsetzen;* Preise, Honorare, Löhne ~ • 2.1 **Rekorde** ~ *unterbieten* **3** ⟨500/Vr 3⟩ sich ~ ⟨umg.⟩ *unauffällig weggehen, sich davonmachen;* um elf Uhr habe ich mich aus dem Saal gedrückt • 3.1 ⟨505/Vr 3⟩ sich (**von, vor, um etwas**) ~ *etwas aus dem Wege gehen, sich einer Verpflichtung od. Aufforderung entziehen;* sie haben sich gedrückt; sich von, vor der Arbeit, sich um die Arbeit ~; sich vor einer Einladung ~; sich vor einer Verpflichtung ~ **4** ⟨500⟩ **Gewichte** ~ ⟨Sp.⟩ *ohne mit dem Körper Schwung zu holen, heben* **5** ⟨500⟩ **Spielkarten** ~ ⟨Kart.⟩ *verdeckt ablegen* **6** ⟨500⟩ **Wild** ~ ⟨Jägerspr.⟩ *bei der Drückjagd vor die Schützen treiben*

Drucker ⟨m.; -s, -⟩ **1** ⟨Typ.⟩ *im Buchdruck ausgebildeter Handwerker, Buchdrucker* **2** ⟨EDV⟩ *an Computer(anlagen) angeschlossenes Gerät, das Daten auf Papier druckt u. ausgibt* (Farb~, Laser~)

Drücker ⟨m.; -s, -⟩ **1** *Türklinke* **2** *selbsttätig einschnappendes Türschloss* **3** *Abzug am Jagdgewehr* **4** *Bedienungsknopf für elektrische Anlagen, z. B. zur Türöffnung, Klingelknopf* **5** *drei- od. vierkantiger Schraubenschlüssel* **6** am ~ ⟨fig.; umg.⟩ *an der maßgeblichen, auslösenden Stelle* • 6.1 die Hand am ~ haben ⟨fig.; umg.⟩ *jeden Augenblick bereit sein, Maßnahmen zu ergreifen* • 6.2 am ~ sitzen, sein ⟨fig.; umg.⟩ *eine einflussreiche Stellung haben* **7** auf den letzten ~ ⟨fig.; umg.⟩ *im letzten Augenblick, gerade noch rechtzeitig*

Druckknopf ⟨m.; -(e)s, -knöp|fe⟩ **1** *Knopf zum Drücken (zum Bedienen elektrischer Anlagen)* **2** *zweiteiliger knopfähnlicher Verschluss für Kleidungsstücke*

Drucksache ⟨f.; -, -n; früher⟩ *offene Postsendung, die nur einen gedruckten od. mechanisch vervielfältigten, keinen geschriebenen Text als Inhalt hat, zu ermäßigter Gebühr;* eine Sendung als ~ schicken

Druckschrift ⟨f.; -, -en⟩ **1** *jeder gedruckte, bes. nicht gebundene Text, Broschüre u. Ä.* **2** *Schrift aus Druckbuchstaben;* Ggs *Schreibschrift;* etwas in ~ schreiben

drucksen ⟨V. 400; umg.⟩ *nicht offen reden, zögernde Mitteilungen machen, nicht recht über etwas (Unangenehmes) sprechen wollen;* was druckst du denn so (herum)?

Druckstock ⟨m.; -(e)s, -stö|cke⟩ *eine dünne Platte aus Zink od. Kupfer mit eingeätztem Satz od. Bild für Hochdruck, die auf einer Holz- od. Metallunterlage befestigt wird;* Sy *Klischee (1)*

Druckwerk ⟨n.; -(e)s, -e⟩ *Erzeugnis eines Druckverfahrens, z. B. Buch, Zeitung usw.*

drum ⟨Pronominaladv.; umg.⟩ **1** = *darum* • 1.1 **sei**'s ~ *es macht nichts, nehmen wir's in Kauf, es soll uns nicht stören* • 1.2 mit allem, was ~ **und dran** hängt ⟨umg.⟩ *mit allem, was damit zusammenhängt, was dazugehört* • 1.3 das Drum und Dran *das Zubehör, alles, was dazugehört*

drunten ⟨Adv.⟩ *dort unten, da unten*

drunter ⟨Pronominaladv.; umg.⟩ **1** = *darunter* • 1.1 es geht (alles) ~ **und drüber** *es geht (alles) durcheinander, es herrscht keine Ordnung mehr*

Drüse ⟨f.; -, -n; Anat.⟩ *ein- od. mehrzelliges Organ bei Mensch u. Tier, das Sekrete nach außen od. in die Blut- od. Lymphbahn absondert;* Speichel~, Schild~, Schweiß~, Milch~; exokrine, endokrine ~n

Dschungel ⟨m. od. n.; -s, - od. f.; -, -n⟩ **1** ⟨allg.⟩ *dichter, undurchdringlicher tropischer Busch- und Sumpfwald* • 1.1 *undurchdringliches (Pflanzen-)Dickicht* **2** ⟨urspr.⟩ *subtropischer Urwald Indiens*

Dschunke ⟨f.; -, -n⟩ *chinesisches Segelschiff*

dt. ⟨Abk. für⟩ *deutsch*

du ⟨Personalpron., 2. Person Sg.; Gen. dein(er), Dat. dir, Akk. dich; in Briefen Groß- u. Kleinschreibung⟩ **1** *(Anrede für Verwandte, Freunde, Kinder, Tiere u. Gegenstände);* ~ *gehst; wir erinnern uns deiner* ⟨geh.⟩; *das sieht dir wieder ähnlich; sie liebt dich;* ~ *Dummkopf!;* ~ *mein Heimatland!;* ~ *armes, gutes, liebes Tier; geh* ~ *(betont) doch zu ihr; und wenn* ~ *glaubst (wenn man glaubt), es geht nicht mehr weiter, dann kommt doch plötzlich von irgendwoher eine Hilfe* **2** *und hast* ~, *was kannst* ~ (meist norddt.: *haste, was kannste*) *lief er davon eilig, schleunigst, so schnell er konnte* **3** *und hast* ~ *nicht gesehen, war er fort im Nu war er fort* **4** *jmdn.* ~ **nennen,** *zu jmdm.* ~ *sagen jmdn. vertraulich anreden* • **4.1** *mit jmdm.* **auf Du und Du** *stehen mit jmdm. sehr vertraut sein* **5** *wie* ~ *mir, so ich dir Gleiches wird mit Gleichem vergolten*

Du ⟨n.; -; unz.⟩ **1** *(vertrauliche Anrede)* • **1.1** *jmdm. das* ~ *anbieten Brüderschaft schließen wollen*

du|al ⟨Adj. 24⟩ **1** *eine (sich wechselseitig entsprechende) Zweiheit darstellend, bildend* • **1.1** ~**es System** *der Müllentsorgung, bei dem der wiederverwertbare Müll getrennt von dem Restmüll gesammelt wird*

Dü|bel ⟨m.; -s, -⟩ **1** *kleiner Pflock aus Holz, der Möbelteile zusammenhält* **2** *Hülse (meist aus Kunststoff), die in ein vorgebohrtes Loch (z. B. in der Wand, in der Decke) gesteckt wird u. die sich beim Eindrehen einer Schraube spreizt u. dadurch festhält*

du|bi|os ⟨Adj.⟩ *zweifelhaft, unsicher, unseriös; das ist ein* ~*er Geschäftsmann*

Du|blee *auch:* **Dub|lee** ⟨n.; -s, -s⟩ *mit einem dünnen Überzug aus Edelmetall (z. B. Gold) überzogenes unedles Metall;* oV **Doublé**

du|cken ⟨V. 500⟩ **1** ⟨Vr 3⟩ *sich* ~ *sich rasch beugen, Kopf u. Schultern einziehen, um sich zu verbergen od. einem Schlag o. Ä. auszuweichen; ich duckte mich, um nicht gesehen zu werden; die Katze hat sich zum Sprung geduckt; ein Hase duckte sich in der, der Furche; in geduckter Stellung verharren* • **1.1** *den* **Kopf** ~ *einziehen* • **1.2 jmdn.** ~ ⟨veraltet⟩ *jmdn. den Kopf nach unten drücken; er duckte mich unter Wasser* **2** ⟨Vr 3⟩ *sich* ~ ⟨fig.; umg.; abwertend⟩ *sich ängstlich fügen, sich unterwerfen; du duckst dich vor der Gewalt; vor ihm ducke ich mich nicht; sich unter jmds. Willen, Joch* ~ • **2.1 jmdn.** ~ *jmdn. demütigen, fügsam machen; er duckt die ganze Familie*

Duck|mäu|ser ⟨m.; -s, -; abwertend⟩ *jmd., der sich sofort beim geringsten Widerstand fügt, der seine Meinung nicht zu sagen wagt, nicht offen ist;* Sy **Leisetreter**

du|deln ⟨V. 402; umg.; abwertend⟩ **1** (**etwas**) ~ *auf Blas- od. mechanischen Musikinstrumenten eintönige u. ermüdende Töne erzeugen, monoton od. leise vor sich hin singen od. summen; er dudelt den ganzen Tag (Lieder) (auf seiner Flöte); sie hat heute schon genug Lieder gedudelt* **2 Musikinstrumente** ~ (**etwas**) *spielen ununterbrochen; sein Radio dudelt den ganzen Tag; ständig dudelte eine Klarinette im Nachbarzimmer*

dumm

Du|del|sack ⟨m.; -(e)s, -sä|cke; Mus.⟩ *altes schottisches u. südosteuropäisches Blasinstrument, bei dem aus einem mittels Mundstücks aufgeblasenen Windsack durch Druck mit dem Arm Luft in mehrere Pfeifen (mit u. ohne Grifflöcher) gedrückt wird;* Sy **Sackpfeife:** *den* ~ *spielen, blasen*

Du|ell ⟨n.; -s, -e⟩ *Kampf zwischen zwei Personen; ein* ~ *auf Pistolen, Säbel; Rede*~

Du|el|lant ⟨m.; -en, -en⟩ *jmd., der in einem Duell kämpft*

Du|ett ⟨n.; -(e)s, -e; Mus.⟩ *Musikstück für zwei Singstimmen od. zwei gleiche Instrumentalstimmen;* →a. *Duo (1); Flöten*~

Duft ⟨m.; -(e)s, Düf|te⟩ **1** *zarter, meist angenehmer Geruch; ein* ~ *verfliegt; einen aromatischen* ~ *verbreiten, ausströmen, von sich geben* **2** ⟨poet.⟩ *leichter Nebel, Dunst* **3** ⟨fig.⟩ *besondere Atmosphäre, eigenartiger Reiz; der* ~ *der weiten Welt* **4** ⟨schweiz.⟩ = **Raureif**

duf|ten ⟨V.⟩ **1** ⟨400⟩ *Duft verbreiten; süß, berauschend, betäubend* ~; *das Essen duftet angenehm;* ~*de Rosenblüten* • **1.1** ⟨iron.⟩ *stinken; der Käse duftet* **2** ⟨800⟩ **nach etwas** ~ *nach etwas riechen; hier duftet es nach Flieder*

duf|tig ⟨Adj.; fig.⟩ **1** *wie ein Duft, hauchzart, hauchfein;* ~*e Spitzen; eine* ~*e Steckfrisur; sie war* ~ *gekleidet* **2** ⟨poet.⟩ *in feinen Dunst gehüllt; in* ~*er Ferne*

dul|den ⟨V.⟩ **1** ⟨400⟩ *still leiden; er duldet schweigend, standhaft* **2** ⟨500⟩ **etwas Unangenehmes** ~ *ertragen, über sich ergehen lassen; er duldet große Schmerzen* **3** ⟨500⟩ **etwas** ~ *erlauben, zulassen; ich dulde es nicht, dass …; die Sache duldet keinen Aufschub; ich kann den Betragen nicht länger* ~; *er duldet keinen Widerspruch* • **3.1** ⟨Vr 8⟩ **jmdn.** ~ *jmdn. in seiner Nähe sich aufhalten lassen; sie duldete seine Verwandten nicht in ihrem Haus* • **3.1.1** *er ist hier nur geduldet nicht gern gesehen*

dumm ⟨Adj. 22⟩ **1** *ohne Vernunft, Intelligenz, Können* • **1.1** *unwissend, unerfahren; ein* ~ *es Kind; du behandelst mich wie einen* ~*en Jungen* • **1.2** *einfältig, töricht; sich* ~ *anstellen; er sucht nur einen Dummen, der ihm die Arbeit machen soll; du bist ja dümmer, als die Polizei erlaubt!; er ist so* ~(,) *wie die Nacht (finster ist); du bist gar nicht so* ~, *wie du aussiehst!; ein* ~*es Gesicht machen; du* ~*es Ding,* ~*er Kerl, du* ~*e Gans!* • **1.2.1** *der* ~*e* **August** *der Clown im Zirkus* • **1.2.2** *tu das nicht, sonst bist du bloß der Dumme! sonst fällst du herein, hast den Schaden davon* • **1.2.3** *ich lasse mich doch nicht für* ~ *verkaufen ich lasse mir nichts vormachen, mich nicht irreführen, nicht verspotten* **1.3** *unverständig, unvernünftig, unbegabt; er ist nicht* ~, *sondern nur faul; red nicht so* ~ *(daher)!; sei doch nicht so* ~; ~*es Zeug!* (Ausdruck der ungeduldigen Ablehnung) **2** *ärgerlich, unangenehm, peinlich, heikel; eine* ~*e Angelegenheit, Lage; es war ein* ~*es Gefühl; eine* ~*e Sache; so was Dummes!; das ist aber wirklich* ~!; *ich habe etwas Dummes angestellt* • **2.1** *die Sache wäre beinahe* ~ *ausgegangen schiefgegangen* • **2.2** *jetzt wird's mir aber zu* ~ *jetzt ist meine Geduld am Ende* • **2.3** ~*er* **Witz**

unpassender W. • **2.3.1** ~e Witze machen *(etwas) in unpassender Weise sagen od. tun* **3** ⟨43; umg.⟩ *schwindlig, benommen;* mir ist von dem Lärm ganz ~ im Kopf **4** ⟨Getrennt- u. Zusammenschreibung⟩ • **4.1** ~ **kommen** = *dummkommen*

dumm|dreist ⟨Adj. 24⟩ *dumm u. gleichzeitig frech;* ein ~es Benehmen; ~e Fragen stellen

Dumm|heit ⟨f.; -, -en⟩ **1** ⟨unz.⟩ *Mangel an Einsicht u. Urteilskraft, das Dummsein;* gegen ~ ist kein Kraut gewachsen; mit der ~ kämpfen Götter selbst vergebens (Schiller, „Die Jungfrau von Orleans", 3,6) • **1.1** mit ~ **geschlagen** sein ⟨abwertend⟩ *sehr dumm sein* • **1.2** ~ **und Stolz wachsen auf einem Holz** ⟨Sprichw.⟩ *ein Dummer ist oft auch stolz* **2** *unüberlegte Handlung, törichter Streich;* eine ~ machen, begehen; er hat nur ~en im Kopf

dumm‖kom|men *auch:* **dumm kom|men** ⟨V. 170/600(s.)⟩ **jmdm.** ~ *zu jmdm. frech, unverschämt werden;* er ist mir dummgekommen / dumm gekommen

Dumm|kopf ⟨m.; -(e)s, -köp|fe⟩ *dummer, einfältiger Mensch;* du benimmst dich wieder wie ein ~!; sei doch kein ~!

düm|peln ⟨V. 400⟩ **Boote** ~ *bewegen sich sacht (mit dem Wellenschlag) im Wasser hin u. her*

dumpf ⟨Adj.⟩ **1** *den Atem beklemmend;* eine ~e Schwüle lastete auf der Stadt **2** *muffig, modrig;* das Brot schmeckt, riecht ~; ein ~e Kellerluft **3** *hohl, tief u. undeutlich, gedämpft, erstickt (klingend);* der ~e Schlag von Trommeln; der Donner rollt, grollt ~; mit ~er Stimme **4** *unbestimmt, unklar, nicht bewusst;* ihn beschlich eine ~e Ahnung; ein ~er Schmerz **5** *benommen;* der Alkohol machte ihn ganz ~ im Kopf **6** *geistig unbeweglich, stumpf(sinnig);* in ~em Schweigen dasitzen, verharren; er versank in ein ~es Brüten

Dum|ping ⟨[dʌm-] n.; -s, -s⟩ *Verkauf einer Ware unter dem üblichen Marktpreis;* etwas zu ~preisen verkaufen

Dü|ne ⟨f.; -, -n⟩ *vom Wind zusammengewehter Sandhügel;* Sand~, Wander~; kahle, bewachsene ~n; die ~n wandern

Dung ⟨m.; -(e)s; unz.⟩ *Mist, der als Dünger verwendet wird;* den ~ auf den Acker fahren

dün|gen ⟨V. 500⟩ **etwas** ~ *mit Dünger versehen;* den Acker, die Blumen ~

Dün|ger ⟨m.; -s, -⟩ **1** *Stoffe, die dem Boden zur Verbesserung seiner Fruchtbarkeit u. zur Ernährung der Pflanzen zugeführt werden;* Blumen~; ~ fahren, streuen, untergraben • **1.1 anorganischer** *od.* **künstlicher** ~ *bergmännisch gewonnener od. chem. hergestellter Stoff, der zur Düngung verwendet wird;* Mineral~, Kali~, Phosphor~, Stickstoff~ • **1.2 organischer** *od.* **natürlicher** ~ *vorwiegend tierische Ausscheidungsstoffe, Dung;* Stall~, Kuh~; Wirtschafts~

dun|kel ⟨Adj.⟩ **1** ⟨70⟩ *lichtlos, finster;* Ggs *hell;* eine dunkle Ecke, Straße, ein dunkler Winkel; im Sommer wird es später ~; ihm wurde ~ vor den Augen **2** ⟨70⟩ *in der Färbung (mehr od. weniger) dem Schwarz angenähert;* Ggs *hell;* eine dunkle Gestalt kam auf uns zu; einen dunklen Anzug anhaben; dunkle Augen, dunkles Haar; ein dunkles Rot, Blau, Grün; ~ gefärbtes Haar; mit erleuchteten Kerzen liefen sie durch das Dunkel • **2.1** *gelblich, bräunlich;* dunkler Teint **3** *tief, gedämpft;* Ggs *hell;* eine dunkle Stimme; ein dunkler Ton **4** ⟨fig.⟩ *unklar, nicht zu durchschauen* • **4.1** *unklar, nebelhaft, unbestimmt, verschwommen, verworren;* die Herkunft dieses Wortes ist ~; der Sinn dieses Ausspruches ist mir ~; er redete allerlei dunkles Zeug daher; ich kann mich ~ daran erinnern • **4.1.1** eine **dunkle Stelle** (in einem Text) *unklare, nicht gedeutete S.* • **4.1.2** er hat mich darüber im Dunkeln gelassen *im Ungewissen, er hat mich nicht darüber unterrichtet* • **4.1.3** das liegt noch im Dunkeln *ist noch ungewiss* • **4.1.4** im Dunkeln tappen *vergeblich forschen, im Unklaren sein* • **4.2** *ungewiss, geheimnisvoll, rätselhaft;* er erging sich in dunklen Andeutungen; eine dunkle Ahnung stieg in ihm auf • **4.3** *fragwürdig, zweifelhaft, das Licht des Tages, die Öffentlichkeit scheuend, ehrenrührig;* eine dunkle Existenz; dunkle Geschäfte, Machenschaften; seine Nachrichten aus dunklen Quellen beziehen; dunkle Pläne schmieden; eine dunkle Vergangenheit haben; in seinem Leben gibt es einen dunklen Punkt **5** *unerfreulich, traurig, schwer;* die ~sten Stunden seines Lebens

Dün|kel ⟨m.; -s; unz.; abwertend⟩ *übertrieben hohe Meinung von sich selbst, Hochmut bei innerer Hohlheit*

dun|kel|blau ⟨Adj. 24⟩ *von dunklem Blau, tiefblau;* ein ~es Kleid, Kostüm

Dun|kel|heit ⟨f.; -; unz.⟩ *Lichtlosigkeit, Finsternis;* Ggs *Helligkeit;* ~ brach herein, bei einbrechender ~; bei Eintritt der ~

dun|keln ⟨V. 400⟩ **1** ⟨401⟩ **es dunkelt** *es wird dunkel, es dämmert;* es dunkelte schon, als er kam **2** *etwas dunkelt wird in der Farbe dunkler;* das Holz des Fußbodens dunkelt langsam; ihr Haar ist gedunkelt **3** ⟨poet.⟩ *dunkel leuchten*

dün|ken ⟨V. 123; geh.; veraltet⟩ **1** ⟨601 od. 501⟩ **es dünkt jmdm.** *od.* **jmdn.** *jmd. glaubt, etwas annehmen zu dürfen;* mich deucht ⟨veraltet; poet.⟩; wenn es Ihnen gut dünkt; sein Benehmen dünkt mich seltsam **2** ⟨500/Vr 3; abwertend⟩ **sich** ~ *sich vorkommen (wie), sich halten für, sich einbilden, etwas zu sein;* er dünkt sich etwas Großes, etwas Besseres als wir; er dünkt sich sehr geschickt

dünn ⟨Adj.⟩ **1** *von geringem Durchmesser;* ein ~es Blech; der ~e Ast • **1.1** ~e Bretter bohren ⟨fig.⟩ *es sich bequem machen, nicht viel leisten* • **1.2** *(fast) durchscheinend;* eine ~e Stelle im Stoff (am Ellbogen, Knie); ein ~er Schleier • **1.3** *schmal, sehr schlank, mager;* eine ~e Frau; ein Kind mit ~en Beinen; sie will ~er werden; er ist ~ wie ein Faden • **1.3.1** sich ~ machen *versuchen, wenig Platz einzunehmen;* ⟨aber⟩→*a.* **dünnmachen 2** *wenig konzentriert, nicht dicht (beieinander);* der ~en Luft wegen geriet er außer Atem; ~e Nebel ziehen über das Land • **2.1** sein ~es Haar *sein schütteres H.* • **2.2** es fällt ein ~er Regen *es nieselt* • **2.3** *wässerig, ver-*

dünnt, wenig gehaltvoll; eine ~e Suppe; die Milch ist recht ~ • **2.4** *(verhältnismäßig) flüssig;* der Teig ist zu ~ geraten **3** ⟨fig.⟩ *schwach;* mit ~er Stimme; er brachte nur ein ~es Lächeln zustande **4** ⟨fig.; umg.⟩ *wenig gehaltvoll, inhaltlich unzureichend;* ein ~es Argument, Buch; was er sagt, ist ziemlich ~; →a. **dick** (5.1) **5** ⟨Getrennt- u. Zusammenschreibung⟩ • **5.1** ~ besiedelt = dünnbesiedelt • **5.2** ~ gesät = dünngesät

dünn|be|sie|delt *auch:* **dünn be|sie|delt** ⟨Adj. 24⟩ *von wenigen Menschen bewohnt, spärlich besiedelt;* ein ~er Landstrich

dünn|ne||ma|chen ⟨V. 500/Vr 3; umg.⟩ *sich ~ heimlich od. in aller Eile verschwinden, weglaufen, ausreißen;* oV dünnmachen; ehe man sie fassen konnte, haben sie sich dünnegemacht

dünn|ge|sät *auch:* **dünn ge|sät** ⟨Adj. 24⟩ **1** *spärlich gesät;* ~es Getreide **2** ⟨fig.⟩ *selten vorhanden, selten vorkommend;* Hilfsbereitschaft ist bei euch anscheinend ~

dünn||ma|chen ⟨V. 500/Vr 3; umg.⟩ = dünnemachen; →a. *dünn* (1.3.1)

Dunst ⟨m.; -(e)s, Düns|te⟩ **1** *Lufttrübung, leichter Nebel;* über der Stadt, den Wiesen liegt ein leichter, schwacher ~; die Berge liegen im ~ • **1.1** *Qualm, Rauch, Abgase;* blauer ~ umhüllte den Rauchertisch; →a. *blau* (6.1) • **1.1.1** in ~ aufgehen ⟨fig.⟩ *zunichtewerden* **2** *Ausdünstung, Hauch;* die Tiere strömten einen warmen, scharfen ~ aus **3** ⟨Jägerspr.⟩ *feinster Schrot;* Vogel~ **4** keinen (blassen) ~ haben (von etwas) ⟨fig.; umg.⟩ *keine Ahnung haben (von etwas), nichts wissen (von etwas);* ich habe keinen blassen ~, was er dort sucht

duns|ten ⟨V. 400; geh.⟩ *Dunst ausströmen, Dunst verbreiten, dampfen;* oV dünsten (1); die feuchte Erde dunstet

düns|ten ⟨V.⟩ **1** ⟨400⟩ = dunsten **2** ⟨500⟩ **Speisen** ~ ⟨Kochk.⟩ *in einem verschlossenen Gefäß durch Dampf im eigenen Saft u. wenig Fett ohne Bräunung garen, dämpfen;* Fleisch, Gemüse ~

duns|tig ⟨Adj. 70⟩ *voller Dunst, leicht neblig, trüb;* ~es Wetter

Dunst|kreis ⟨m.; -es, -e; bes. fig.⟩ *Atmosphäre, Wirkungsbereich;* im ~ seiner Berühmtheit, ihrer Fürsorge; er bewegte sich schon lange am liebsten in ihrem ~

Dü|nung ⟨f.; -, -en⟩ *Seegang vor u. nach Sturm mit gleichmäßig langen Wellen (trotz Windstille);* eine leichte, schwere, flache ~; das Schiff hebt und senkt sich in der ~

Duo ⟨n.; -s, -s⟩ **1** *Musikstück für zwei selbstständige, meist verschiedene Instrumentalstimmen* • **1.1** *die beiden ein Duo* (1) *spielenden Musiker* **2** *ein gut zusammenarbeitendes, einander ergänzendes Gespann aus zwei Personen*

dü|pie|ren ⟨V. 500; geh.⟩ *jmdn. ~ täuschen, überlisten, foppen;* er hat alle seine Gegner düpiert

Du|pli|kat ⟨n.; -(e)s, -e⟩ **1** ~ einer **Urkunde** *doppelte Ausfertigung* **2** *Abschrift, Kopie, Durchschlag, Zweitschrift*

du|pli|zie|ren ⟨V. 500; geh.⟩ **etwas** ~ *verdoppeln*

Dur ⟨n.; -s; unz.; Mus.⟩ *Tongeschlecht mit großer Terz im Dreiklang der Tonika;* Ggs Moll; A-~-Tonleiter; ~-Dreiklang

durch 1 ⟨Präp. m. Akk.⟩ • **1.1** ~ **etwas** (**hindurch**) *auf der einen Seite in etwas hinein u. auf der anderen wieder hinaus;* einen Ball ~s Fenster werfen; ~ das Fernrohr sehen; der Schuss ging ihm ~s Herz; ~ die Nase sprechen; der Fluss fließt ~ einen See; er ist ~s Examen gefallen ⟨fig.⟩ • **1.1.1** jmdn. ~ den Kakao ziehen ⟨fig.⟩ *sich über jmdn. lustig machen* • **1.1.2** warum willst du mit dem Kopf ~ die Wand? ⟨fig.⟩ *warum willst du das unbedingt, obwohl es kaum möglich erscheint?* • **1.2** ~ **etwas** *(kreuz u. quer) in einer Sache (herum);* ~ ein Land reisen; ein Ruf scholl ~ den Wald; ein Fisch schwimmt ~ das Wasser; sich ~ das Dunkel tasten; ihm war etwas ~ den Kopf gegangen ⟨fig.⟩ • **1.2.1** (**alle**) ~ die **Bank** *(alle) ohne Ausnahme (eigentlich in der Reihenfolge, wie sie auf der B. sitzen)* • **1.3** ~ **einen Zeitraum** (**hindurch**) *während eines Zeitraums, einen Z. hindurch, über einen Z. hin;* unsere Freundschaft hat ~ das ganze Leben gehalten; die Krankheit begleitete ihn ~ viele Wochen; das ganze Jahr ~; die ganze Nacht ~; den Winter ~ • **1.4** ~ **sein** • **1.4.1** *(hin)durchgekommen sein, vorbeigekommen sein;* der Zug nach Berlin ist schon ~ • **1.4.2** *vorüber, vergangen sein;* es ist schon sechs (Uhr) ~ • **1.4.3** *genehmigt, wirksam sein* • **1.4.3.1** *das Gesetz ist schon ~ verabschiedet* • **1.5 durch etwas** ~ **sein** *etwas überwunden haben, mit etwas fertiggeworden sein;* sie ist ~ das Gröbste ~ • **1.5.1 durch** ei-ne **Gefahr** ~ **sein** *außer G. sein, eine G. überwunden haben;* er war sehr krank, aber jetzt ist er ~ • **1.5.2 durch** eine **Prüfung** ~ **sein** *eine P. bestanden haben;* hätte ich mich richtig auf die Prüfung vorbereitet, könnte ich schon ~ **sein** • **1.6 Speisen** sind ~ *gar, durchgebraten;* das Fleisch ist ~ • **1.6.1 der Käse** ist ~ *reif, weich* • **1.7 Kleidungsstücke** sind ~ *durchgelaufen, -gescheuert, -gerissen;* die Schuhsohlen, Strümpfe sind ~ • **1.8** *mit Hilfe von, mittels, durch Vermittlung von, infolge (von);* er hat mich ~ stichhaltige Argumente überzeugt; ~ Ausdauer, Erfahrungen, Fleiß, Wissen vorwärtskommen; einen Brief ~ Boten, Eilboten senden; einen Kasten ~ Drücken des Knopfes öffnen; ich habe ihn ~ Freunde kennengelernt; den Gewinner ~ das Los ermitteln; ~ das viele Rauchen wirst du noch krank werden; ich habe den Posten ~ seine Vermittlung erhalten; ich bin ~ einen Kunden länger aufgehalten worden • **1.8.1** ~ die Blume sprechen ⟨fig.⟩ *einen versteckten, aber deutlichen Hinweis geben* **2** ⟨Adv.; umg.⟩ • **2.1** ~ und ~ *vollkommen, ganz u. gar;* ~ und ~ nass; er ist ~ und ~ ehrlich • **2.1.1** ich kenne ihn, sie, das Land usw. ~ und ~ *sehr genau* • **2.1.2** der Schrei ging mir ~ und ~ *traf, erschreckte mich bis in mein Innerstes* • **2.2** (**bei jmdm.**) **unten** ~ **sein** *es mit jmdn. verdorben haben, von jmdn. nicht geschätzt werden;* er ist bei mir unten ~ • **2.3** *vorbei;* darf ich bitte ~?

durch||ar|bei|ten ⟨V.⟩ **1** ⟨400⟩ *(eine gewisse Zeit) ohne Pause arbeiten;* die ganze Nacht ~ • **1.1** wir arbeiten heute durch *machen keine Mittagspause* **2** ⟨500⟩ **etwas** ~ *sich eingehend u. bis zu Ende mit etwas beschäftigen, etwas sehr gründlich lesen, sorgsam studieren;* ein Buch, ein Wissensgebiet ~ **3** ⟨500/Vr 3⟩ **sich** ~ *mit Anstrengung hindurchdringen, alle Schwierigkeiten überwindend bis zum Ende vordringen;* sich durch dichtes Gestrüpp, durch ein Wissensgebiet ~ **4** ⟨500⟩ *eine* **zähe Masse** ~ *durchkneten;* Knetmasse, Ton, Teig ~

durch|at|men ⟨V. 400⟩ **1** *kräftig, tief ein- u. ausatmen;* beim Schwimmen musst du richtig ~ • **1.1** *nach dem Bestehen einer schweren Aufgabe wieder tief* ~ ⟨fig.⟩ *nach einer Anspannung erleichtert sein*

durch|aus ⟨a. ['--] Adv.⟩ **1** *völlig, vollkommen, aber mit gewisser Einschränkung;* er möchte ~ mitkommen; wenn du ~ willst …; würde Ihnen das Freude machen? Oh, ~!; ich bin mir ~ klar darüber, dass …, aber … **2** ⟨verstärkend in verneinenden Sätzen⟩ *unbedingt, absolut;* ich habe ~ keinen Grund, das zu denken; ich bin ~ nicht bereit, das zu tun; ich bin damit ~ nicht einverstanden • **2.1** ~ *nicht!* *bestimmt nicht, sicher nicht, keinesfalls*

durch∥bei|ßen¹ ⟨V. 105/500⟩ **1** *etwas* ~ *in zwei Teile zerbeißen, durch Beißen trennen;* er biss seine Fesseln durch; der Hund hat dem Huhn die Kehle durchgebissen **2** ⟨Vr 3⟩ **sich** ~ ⟨fig.; umg.⟩ *hart kämpfen (im Leben), Widerstände überwinden;* er hat sich tüchtig ~ müssen

durch∥bei|ßen² ⟨V. 105/500⟩ *etwas* ~ *beißend durchdringen, zerbeißen, zertrennen, mit den Zähnen durchbohren;* der Hund durchbiss dem Huhn die Kehle

durch∥bil|den ⟨V. 500⟩ **1** *etwas* ~ *vollständig ausbilden* • **1.1** *ein gut durchgebildeter Körper* *schön ausgebildeter, schön gewachsener, gut entwickelter K.*

Durch|blick ⟨m.; -(e)s, -e⟩ **1** *Blick, Sicht durch etwas hindurch* **2** ⟨fig.; umg.⟩ *Fähigkeit, etwas zu begreifen u. Zusammenhänge zu erkennen, Überblick, Übersicht;* du hast doch gar keinen ~

durch∥bli|cken ⟨V. 400⟩ **1** ⟨411⟩ **durch etwas** ~ *hindurchsehen, hindurchschauen;* durch eine Lupe, ein Mikroskop ~; lass mich auch einmal ~! **2** ⟨umg.⟩ *(Zusammenhänge) begreifen, verstehen;* da blickst du doch nicht durch! **3** ⟨400; Inf.⟩ *etwas* ~ *lassen* *andeuten, zu verstehen geben;* er ließ sein Einverständnis ~

durch∥bo|xen ⟨V. 500⟩ **1** ⟨Vr 3⟩ **sich** ~ *sich boxend durch eine Menschenmenge drängen* • **1.1** ⟨fig.; umg.⟩ *gegen Schwierigkeiten ankämpfen u. sie meistern, sich behaupten;* er hat sich schon in seiner Jugend allein ~ müssen **2** *etwas* ~ ⟨fig.; umg.⟩ *etwas (gegen alle Widerstände) energisch, unerbittlich durchsetzen;* das neue Gesetz wurde von der Regierungspartei durchgeboxt

durch∥bre|chen¹ ⟨V. 116⟩ **1** ⟨500⟩ *etwas* ~ *entzweibrechen, durch Brechen in Teile zerlegen;* ein Brett, einen Stab ~ **2** ⟨400⟩ *etwas* bricht durch *geht durch Brechen entzwei;* der Steg über den Bach ist durchgebrochen **3** ⟨500⟩ *etwas* ~ *gewaltsam einen Durchgang schlagen durch;* eine Wand ~ **4** ⟨400(s.); fig.⟩

sich (gewaltsam) einen Weg bahnen, sich Bahn brechen; wir müssen versuchen, durch die feindlichen Stellungen durchzubrechen; das Magengeschwür ist durchgebrochen; die ersten Zähne brechen durch; erst am Nachmittag ist die Sonne durchgebrochen • **4.1** *zum Ausbruch kommen, in Erscheinung treten;* seine alte Wildheit brach durch **5** ⟨411(s.)⟩ **durch** eine **Fläche** ~ *durch etwas, das zerbricht, nach unten sinken, fallen, stürzen;* beim Schlittschuhlaufen ist der Junge durch die dünne Eisdecke durchgebrochen

durch∥bre|chen² ⟨V. 116/500⟩ **1** *etwas* ~ *sich gewaltsam einen Weg durch etwas bahnen, durch etwas durchstoßen;* die Verbände ~ die Front; die Polizeikette wurde von den Demonstranten durchbrochen **2** *eine* **Sache** ~ ⟨fig.⟩ *etwas übertreten, einer Sache zuwiderhandeln;* Gesetze, Vorschriften, Abkommen ~; seine Gewohnheit ~ **3** *etwas* ~ *mit Zwischenräumen versehen* • **3.1** *durchbrochene* **Arbeit** *(in Metall, Holz usw.) Gegenstand mit Verzierung durch ausgeschnittene od. ausgesägte Muster* • **3.2** *durchbrochene* **Stickerei** *bestimmte Art von Lochstickerei*

durch∥bren|nen ⟨V. 117⟩ **1** ⟨400(s.)⟩ *etwas* brennt durch *schmilzt, geht durch zu starke Strombelastung entzwei;* eine elektrische Birne, eine Sicherung brennt durch **2** ⟨500⟩ *etwas* ~ *mittels Feuers zerteilen;* er brannte die Schnur durch, die ihn fesselte **3** ⟨400(s.)⟩ *bis zum Glühen brennen, ganz glühend werden;* den Ofen zuschrauben, wenn die Kohlen durchgebrannt sind **4** ⟨400(s.); fig.; umg.⟩ *heimlich davonlaufen;* er ist seinen Eltern durchgebrannt; mit der Kasse ~; von zu Hause ~

durch∥brin|gen ⟨V. 118/500; umg.⟩ **1** *jmdn.* ~ *jmdm. helfen, eine Krankheit od. Schwierigkeiten zu überwinden, eine Prüfung zu bestehen;* der Arzt meinte, er könne den Kranken ~ **2** ⟨Vr 7⟩ *jmdn.* ~ *(mit Mühe) ernähren, für jmds. Lebensunterhalt sorgen;* er weiß nicht, wie er seine Familie ~ soll; er muss seinen alten Vater mit ~; er bringt sich mühsam mit Stundengeben durch **3** *eine* **Sache** ~ *durchsetzen, gegen den Widerstand anderer zur Geltung, Anerkennung bringen;* die Fraktion konnte ihren Antrag nicht ~ **4** *etwas* ~ ⟨fig.⟩ *vergeuden, verschleudern, sinnlos ausgeben;* er hat sein ganzes Erbteil, Geld durchgebracht

Durch|bruch ⟨m.; -(e)s, -brü|che⟩ **1** *das Durchbrechen, gewaltsames Durchdringen, Durchstoßen;* ~ durch die feindlichen Linien; ~ von Eigenschaften; ~ einer Krankheit; ~ eines Magengeschwürs; ~ der Zähne, einer Sache zum ~ verhelfen • **1.1** *zum* ~ **kommen** *durchbrechen¹ (4.1)* die Pubertätserscheinungen kommen bei ihm verspätet, aber umso heftiger zum ~ **2** *durchgebrochene Öffnung;* ein ~ in der Mauer **3** ⟨fig.⟩ • **3.1** *Erfolg, der zur Berühmtheit verhilft* **3.2** *Erfolg, der zum Gelingen einer Angelegenheit beiträgt*

durch∥dre|hen ⟨V.⟩ **1** ⟨500⟩ *etwas* ~ *mit einer Drehbewegung durch eine Maschine laufen lassen;* Gemüse, Obst, Fleisch (durch den Wolf) ~ **2** ⟨400⟩ *sich auf der Stelle bewegen;* die Autoreifen drehen durch

3 ⟨400; fig.; umg.⟩ *die Nerven, die Fassung, den Verstand verlieren;* ich habe Angst, er dreht noch durch • **3.1 durchgedreht sein** *durcheinander, am Ende seiner Nervenkräfte sein;* er ist völlig durchgedreht

durch|drịn|gen[1] ⟨V. 122/400(s.)⟩ **1** *etwas dringt durch gelangt (gegen Widerstände durch etwas) hindurch;* der Regen ist uns bis auf die Haut durchgedrungen; das Gerücht, die Nachricht ist bis zu uns durchgedrungen • **1.1** ~**de Kälte,** *Nässe eine K., N., die durch alle schützenden Hüllen dringt* • **1.2 ein** ~**der Blick** *scharfer B.;* er maß ihn mit einem ~den Blick • **1.3 ein** ~**der Verstand** *ein scharfer, zum Wesentlichen vorstoßender V., Scharfsinn* • **1.4 ein** ~**der Ton,** Schrei *alles übertönender, gellender T., S.* • **1.5** ~**der Geruch** *starker, intensiver G.* **2** *etwas dringt durch* ⟨fig.⟩ *gewinnt gegen anfänglichen Widerstand Zustimmung;* sein Vorschlag ist durchgedrungen; mit seiner Meinung ~

durch|drịn|gen[2] ⟨V. 122/500⟩ **1** *etwas* ~ *durchbrechen, durchstoßen, eindringen in etwas;* den Urwald ~; ein Licht durchdrang die Dunkelheit; Röntgenstrahlen ~ feste Körper • **1.1 eine Aufgabenstellung,** ein Problem ⟨geistig⟩ ~ *geistig verarbeiten* **2** *etwas durchdringt jmdn. erfüllt jmdn. völlig;* ein Gefühl der Freundschaft durchdrang ihn • **2.1** ⟨Passiv⟩ **von etwas durchdrungen sein** *erfüllt, überzeugt sein von;* von dem stolzen Bewusstsein durchdrungen, dass …; vom Gefühl der Verantwortung durchdrungen

Durch|drịn|gung ⟨f.; -; unz.⟩ **1** *das Durchdringen*[2] **2** ⟨geh.⟩ *geistiges Erfassen;* ~ *eines komplexen Themas* **3** ⟨Math.⟩ *Aufeinandertreffen zweier Körper, z. B. eines Prismas u. eines Kegels, die eine Durchdringungsfigur bilden, deren Oberfläche sowohl dem einen als auch dem anderen Körper angehört* • **3.1** ⟨fig.; geh.⟩ *Ineinandergreifen, Verschmelzen verschiedener Bereiche;* die gegenseitige ~ von Literatur- und Sprachwissenschaft

durch|drụ̈|cken ⟨V. 500⟩ **1** *etwas* ~ *durchpressen, durchtreiben;* Gemüse, Fruchtbrei durch ein Sieb ~ **2** *etwas* ~ *bis zum Widerstand drücken;* einen Hebel ~ • **2.1 das Kreuz, den Ellbogen** ~ *nach hinten drücken, gerade biegen, strecken;* mit durchgedrückten Knien **3** *eine Sache* ~ ⟨fig.; umg.⟩ *etwas gegen Widerstand durchsetzen;* seine Meinung, einen Antrag, Vorschlag ~

durch|ein|an|der *auch:* **durch|ei|nạn|der** ⟨Adv.⟩ **1** *aus Reihe u. Ordnung gekommen, unordentlich, regellos (wechselnd)* **2** ⟨umg.⟩ *verwirrt, aufgeregt;* ich bin noch ganz ~

Durch|ein|an|der *auch:* **Durch|ei|nạn|der** ⟨a. ['----] n.; -s, -⟩ **1** *Unordnung, Wirrwarr;* in der Wohnung herrschte ein heilloses ~ • **1.1** *Regellosigkeit, mangelnde Organisation;* deine Terminplanung ist ein einziges ~ **2** *Verwirrung;* in dem ~ auf der Straße bemerkte niemand den kleinen weißen Hund

durch|ein|an|der|brin|gen *auch:* **durch|ei|nạn|der|brin|gen** ⟨V. 118/500⟩ **1** *etwas* ~ *in Unordnung bringen;* Papiere, Bücher ~; wer hat meine Sachen durcheinandergebracht? **2** *Sachen* ~ *verwechseln;* Begriffe, Vorstellungen ~ **3** ⟨Vr 8⟩ *jmdn.* ~ ⟨fig.⟩ *nervös machen, aufregen;* der Schreck hat mich ganz durcheinandergebracht

durch|ein|an|der|es|sen *auch:* **durch|ei|nạn|der|es|sen** ⟨V. 129/500⟩ *alles* ~ *wahllos die verschiedensten Dinge essen*

Durch|fahrt ⟨f.; -, -en⟩ **1** ⟨unz.⟩ *das Durchfahren, Passieren (1);* freie ~ gewährleisten, haben; ~ verboten!; Torweg zur ~ freihalten! • **1.1 auf der** ~ **sein** *nur eine Zwischenstation machen, nicht bleiben wollen* **2** *Öffnung zum Durchfahren, Strecke, auf der passiert werden kann;* ein altes Stadttor bildet die ~; die ~ zum Hotel ist sehr eng

Durch|fall ⟨m.; -(e)s, -fälle⟩ **1** ⟨Med.⟩ *rasche u. häufige dünnflüssige Darmentleerung;* einen ~ mit Fieber bekommen **2** ⟨fig.⟩ *Misserfolg;* das Stück erlebte bei der Premiere einen ~; ~ im Examen

durch|fal|len ⟨V. 131(s.)⟩ **1** ⟨400⟩ *durch eine Öffnung hinunterfallen* **2** ⟨400; fig.⟩ *Misserfolg haben;* das Stück ist bei der Premiere durchgefallen • **2.1** *eine Prüfung nicht bestehen;* einen Prüfling ~ lassen; er ist (im Examen) durchgefallen • **2.2** ⟨411⟩ *bei einer* **Wahl** ~ *nicht gewählt werden*

durch|fech|ten ⟨V. 133/500⟩ **1** *eine Sache* ~ *für eine S. bis zum Erfolg, Sieg kämpfen, für eine S. energisch eintreten u. sie zum Ziel führen;* er focht seinen Prozess in allen Instanzen durch **2** ⟨Vr 3⟩ *sich* ~ ⟨fig.; regional⟩ *sich seinen Weg mühsam (durchs Leben) bahnen* • **2.1** *seinen Lebensunterhalt bettelnd verdienen*

durch|flie|gen[1] ⟨V. 136/400 od. 405(s.)⟩ **1** *durch etwas hindurchfliegen, sich hindurchbewegen;* der Ball flog (durch das Fenster) durch; die Zugvögel sind durchgeflogen; das Tal ist eng, aber das Flugzeug ist trotzdem durchgeflogen **2** ⟨fig.; umg.⟩ *durchfallen (in einer Prüfung);* er ist im Abitur durchgeflogen

durch|flie|gen[2] ⟨V. 136/500⟩ **1** *eine Strecke* ~ *von einem Ende bis zum anderen fliegend zurücklegen;* das Flugzeug durchflog die Strecke Paris-New York in Rekordzeit; die Störche haben die Strecke Mitteleuropa-Nordafrika in 5 Tagen durchflogen • **1.1** *fliegend durchqueren;* die Rakete hat die Atmosphäre durchflogen; das Flugzeug durchflog die Wolken **2** *Schriftstücke* ~ ⟨fig.; umg.⟩ *eilig u. flüchtig lesen;* ich habe den Brief nur durchflogen

durch|flie|ßen ⟨V. 138/400(s.)⟩ **1** *durch etwas hindurchfließen;* das Wasser ist hier durchgeflossen **2** *weiterfließen, abfließen;* durch die Öffnung kann das Wasser ~

durch|flie|ßen ⟨V. 138/500⟩ *etwas* ~ *fließend durchqueren;* der Strom durchfließt die Stadt

Durch|fluss ⟨m.; -(e)s, -flüs|se⟩ **1** ⟨unz.⟩ *das Hindurchfließen (durch etwas)* **2** ⟨zählb.⟩ *Öffnung, durch die etwas durchfließt*

durch|flu|ten ⟨V. 500⟩ *etwas* ~ **1** *flutend, strömend durchdringen;* ein breiter Strom durchflutet das Land **2** ⟨fig.⟩ *erfüllen;* Licht durchflutet den Raum

durch|füh|ren ⟨V. 500⟩ **1** *jmdn.* ~ *durch etwas hindurchführen, führend begleiten durch;* darf ich Sie rasch ~? (durch eine Ausstellung usw.) **2** *etwas* ~ ⟨fig.⟩ *verwirklichen, in die Tat umsetzen;* eine Arbeit,

Durchgang

Untersuchung, einen Auftrag, Versuch, ein Gesetz, Unternehmen ~; eine begonnene Arbeit bis zum Abschluss ~

Durch|gang ⟨m.; -(e)s, -gän|ge⟩ **1** *Stelle, Öffnung, Weg zum Durchgehen, schmaler Gang;* zwischen den Häusern befindet sich ein ~; ~ verboten! **2** *Abschnitt eines mehrteiligen Geschehens od. Vorganges (bes. bei Wettkämpfen, Prüfungen, Wahlen), Durchlauf;* im ersten ~ lag der Favorit vorn; eine Wahl im ersten ~ gewinnen **3** ⟨Astron.⟩ *Vorbeigehen eines Planeten (Merkur u. Venus) vor der Sonne* **4** ~ von **Waren** *Weiterbefördern, Passieren von Waren, die für ein anderes Land bestimmt sind*

durch|ge|hen ⟨V. 145(s.)⟩ **1** ⟨400⟩ *durch etwas gehen, sich gehend (durch etwas) hindurchbewegen;* das Museum ist nicht groß, man kann bequem in einer Stunde ~; Sie können gleich hier ~ **2** ⟨400⟩ *(bei Kontrollen) unbeanstandet weitergeleitet werden od. weitergehen, passieren;* Nachrichten gehen ohne Zensur durch; Antiquitäten u. lebende Tiere gehen beim Zoll nicht durch **3** ⟨411⟩ **an dieser Stelle,** hier, dort geht **es** durch *ist der Durchgang, der richtige Weg;* geht es hier zum Nachbarhaus durch? **4** ⟨400⟩ *sich durch etwas hindurchschieben, -stecken lassen;* die Löcher sind so klein, dass die Schrauben nicht ~ **5** ⟨411⟩ **durch etwas** ~ *durch etwas hindurchdringen;* die Nässe, Kälte ist durch die Jacke durchgegangen **6** ⟨400⟩ *etwas geht durch findet Zustimmung, wird angenommen, bewilligt;* der Antrag, das Gesetz ist glatt durchgegangen **7** ⟨400⟩ *etwas* ~ **lassen** *jmdm. etwas nachsehen, es dulden, ohne zu tadeln od. zu strafen;* das solltest du den Kindern nicht ~ lassen; einen Fehler ~ lassen • **7.1** *das kann ich nicht ~ lassen nicht dulden* **8** ⟨400⟩ *fortlaufen, außer Kontrolle geraten* • **8.1** *wild werden u. davonstürmen;* die Pferde sind plötzlich mit der Kutsche durchgegangen • **8.2** ⟨umg.⟩ *heimlich davonlaufen, fliehen, ausreißen,* seine Frau ist mit einem andern durchgegangen; er ist mit der Kasse durchgegangen • **8.3** ⟨600⟩ die **Nerven** gehen **jmdm.** durch *jmd. verliert die Beherrschung* • **8.4** ⟨800⟩ *etwas* geht **mit jmdm.** durch *etwas überwältigt jmdn., reißt jmdn. mit;* sein Temperament, seine Fantasie geht mit ihm durch **9** ⟨400⟩ *etwas* geht durch *ist von Anfang bis Ende vorhanden, führt ohne Unterbrechung entlang-, hindurch;* die Heizrohre gehen von unten bis oben durch • **9.1** der Zug geht durch bis ... *ein u. derselbe Zug fährt bis ...* **10** ⟨500 (s. od. h.)⟩ *etwas* ~ *prüfend durchlesen, durchlesen, (kurz) besprechen, sich mit etwas befassen;* eine Liste, einen Wissensstoff ~; seine Aufgaben noch einmal ~

durch|grei|fen ⟨V. 158/400⟩ **1** *durch etwas hindurchgreifen, fassen;* das Gitter ist zu eng, man kann nicht ~ **2** ⟨fig.⟩ *Ordnung schaffen, einen Übelstand durch energische Maßnahmen beseitigen;* hier muss man energisch ~; die Polizei hat gegen die Übeltäter scharf durchgegriffen • **2.1** ~de **Änderungen,** Maßnahmen *einschneidende, äußerst wirksame Ä., M.*

durch|hal|ten ⟨V. 160/402⟩ (eine **Sache**) ~ *aushalten, etwas bis zuletzt ertragen;* er hat eisern, standhaft durchgehalten; einen Streik, Kampf ~; wir haben bis zum letzten Mann durchgehalten; diese ständigen Auseinandersetzungen halte ich nicht mehr durch

durch|hau|en[1] ⟨V. 162/500⟩ **1** etwas ~ *durch Hauen in (zwei) Teile spalten, zerschlagen;* der Fleischer haute/hieb den Knochen durch; er hat einen Ast durchgehauen **2** ⟨Vr 3⟩ sich ~ ⟨umg.⟩ *sich durch Hauen einen Weg bahnen;* ich habe mich durch das Gestrüpp durchgehauen **3** ⟨Vr 8⟩ jmdn. ~ ⟨umg.⟩ *verprügeln;* sie haben ihn tüchtig durchgehauen

durch|hau|en[2] ⟨V. 162/500⟩ **1** etwas ~ = *durchhauen*[1] *(1);* der Fleischer durchhieb/durchhaute den Knochen; er hat den Ast durchhauen **2** den **Wald** ~ ⟨Forstw.⟩ *einen Weg durch den W. schlagen*

durch|hö|ren ⟨V. 500⟩ etwas ~ ⟨umg.⟩ **1** *durch etwas hindurchhören, wahrnehmen;* die Tür war geschlossen, aber ich konnte die Stimmen ~ **2** *aus Andeutungen heraushören, der Redeweise anmerken;* er hat es nicht deutlich ausgesprochen, aber ich konnte doch ~, dass ...

durch|käm|men[1] ⟨V. 500; Vr 7 od. Vr 8⟩ **1** das **Haar, Fell** ~ *gründlich u. kräftig kämmen;* ich kämmte mir das Haar durch; ich habe dem Hund das Fell durchgekämmt **2** etwas ~ ⟨fig.⟩ = *durchkämmen*[2]; die Polizei kämmte den Wald nach entflohenen Sträflingen durch; die Einwohner haben den Sumpf durchgekämmt

durch|käm|men[2] ⟨V. 500⟩ etwas ~ ⟨fig.⟩ *(ein Gebiet) systematisch mit einer Kette von nebeneinander gehenden Menschen durchsuchen, einzeln kontrollieren;* die Polizei durchkämmte den Wald nach entflohenen Sträflingen; die Einwohner haben den Sumpf durchkämmt

durch|kämp|fen ⟨V. 500⟩ **1** eine **Sache** ~ *mit aller Kraft durchsetzen* **2** ⟨Vr 3⟩ sich ~ *kämpfend hindurchdringen;* die Übermacht der Feinde war groß, aber er kämpfte sich durch; sich durch unwegsames Gebiet ~; er hat sich bis zum Eingang durchgekämpft • **2.1** ⟨fig.⟩ *sich mit Mühe behaupten;* sich im Leben ~ müssen

durch|kom|men ⟨V. 170(s.)/402 od. 405 od. 411⟩ **1** *durch etwas hindurchkommen, vorbei-, entlangkommen;* der Präsident muss hier (durch diese Straße) ~ **2** *(hin)durchdringen, sich hindurchzwängen;* ich versuche seit einer Stunde, die Zentrale in München anzurufen, aber ich komme nicht durch; das Gitter ist eng, aber ich werde versuchen durchzukommen; die ersten Knospen, die ersten grünen Spitzen kommen jetzt schon durch **3** ⟨fig.⟩ *(durch etwas) unbeschadet hindurchgelangen;* sieh zu, dass du (irgendwie, allein) durchkommst; er ist heil und unversehrt durchgekommen • **3.1** *etwas zu Ende führen;* ich werde sehen, ob, wie ich durchkomme (bei, mit einer Arbeit) • **3.2** *(Prüfung) bestehen;* die Prüfungen waren so einfach, dass jeder durchgekommen ist • **3.3** *gesund werden, überleben;* wird er ~? • **3.4** *gewählt werden;* bei einer Wahl ~ • **3.5** ⟨805⟩ **mit etwas (bei jmdm.) nicht** ~ *keinen Erfolg haben, Anstoß erregen;* mit Schwindeln kommst du bei mir nicht durch; damit werden Sie nicht ~ **4** 〈416〉 *auskommen;* mit 1.500 € im Monat kannst du ~

Durch|lass 〈m.; -es, -läs|se〉 **1** 〈unz.〉 *das Durchlassen durch einen dafür freigegebenen Raum;* jmdm. ~ geben, gewähren **2** *Öffnung, um etwas od. Personen durchzulassen, enger Durchgang;* der ~ für Autos ist zu schmal **3** 〈Bauw.〉 *Mauerwerk zur Unterführung eines Wasserlaufs mit freiem Gefälle unter einem Verkehrsweg*

durch|läs|sig 〈Adj.〉 **1** *etwas (Licht, Luft, Flüssigkeit) durchlassend, undicht;* licht~, luft~, wasser~; ~e Schuhe • **1.1** *porös;* ~es Gestein

Durch|laucht 〈a. ['--] f.; -; unz.; Titel für〉 *Fürst, Fürstin;* Seine ~ ist gerade in einer Audienz; gestatten Eure ~ …

Durch|lauf 〈m.; -(e)s, -läu|fe〉 **1** *das Durchlaufen¹;* der ~ *des Wassers durch die Leitungen* **2** *das Durchlaufen²;* ~ durch einen Betrieb **3** 〈Sp.〉 *Durchgang, Abschnitt eines mehrteiligen Wettkampfs;* im ersten ~ an den Start gehen; Probe~ **4** 〈EDV〉 *Ablaufen eines Computerprogramms (von Beginn bis Ende)*

durch|lau|fen¹ 〈V. 175(s.)〉 **1** 〈500 od. 411〉 einen Ort ~, **durch** einen Ort ~ *sich laufend hindurchbewegen;* der Bach ist leicht, man kann ~; ich hatte keine Zeit, ich bin (durch die Ausstellung) nur rasch durchgelaufen **2** 〈410〉 *bis zum Ziel od. eine gewisse Zeit laufen, ohne Rast zu machen;* er ist zehn Stunden durchgelaufen; wollen wir bis zum nächsten Dorf ~? **3** 〈400〉 eine **Flüssigkeit** läuft durch *fließt hindurch, sickert durch;* das Dach ist undicht, das Wasser läuft durch; Kaffee ~ lassen (durch den Filter) **4** 〈400〉 *bearbeitet werden;* das Werkstück usw. läuft nebenher mit durch **5** 〈500〉 **Fußbekleidung** ~ *durch vieles Laufen abnutzen, schadhaft machen;* die Schuhe, Strümpfe ~ • **5.1** 〈530/Vr 1〉 **sich** die **Füße** ~ *wundlaufen, auflaufen*

durch|lau|fen² 〈V. 500〉 **1** eine **Strecke** ~ *in sehr eiligem Schritt durchqueren;* einen Weg in kurzer Zeit ~ **2** ein **Gedanke** durchläuft **jmdn.** *erfüllt jmdn. plötzlich* • **2.1** es durchlief mich eiskalt (siedend heiß) *ich fühlte ein kaltes (heißes) Schauern* **3** eine **Ausbildung** ~ *absolvieren, hinter sich bringen;* die Schule, Universität ~ • **3.1** *arbeitend kennenlernen;* er hat jetzt alle Abteilungen des Betriebes ~

durch|leuch|ten¹ 〈V. 400〉 das **Licht** leuchtet durch **(durch etwas)** *das L. scheint (durch etwas) durch;* die Sonne hat (durch die Gardinen) durchgeleuchtet, leuchtete durch

durch|leuch|ten² 〈V. 500〉 **1** jmdn. od. etwas ~ *mit Hilfe von Röntgen- od. Lichtstrahlen untersuchen;* der Arzt hat den Kranken durchleuchtet; ein Werkstück ~; seine Lunge muss durchleuchtet werden; Eier (elektrisch) ~; ich bin morgen zum Durchleuchten bestellt **2** eine **Sache** ~ 〈fig.〉 *kritisch untersuchen;* jmds. Charakter, Verhalten ~; die dunkle Angelegenheit muss durchleuchtet werden

durch|ma|chen 〈V.; umg.〉 **1** 〈500〉 etwas ~ *erdulden, erleiden, erleben;* er hat viel durchgemacht • **1.1** *überstehen, hinter sich bringen;* eine Krankheit ~ **2** 〈500〉 etwas ~ *durchlaufen²* 〈3〉 **3** 〈400〉 *ohne Unterbrechung fortfahren* • **3.1** (bis zum Morgengrauen) ~ *die ganze Nacht hindurch feiern, durchfeiern* • **3.2** wir müssen bis zum Abend ~, um mit der Arbeit fertig zu werden *bis zum Abend arbeiten, durcharbeiten*

Durch|marsch 〈m.; -(e)s, -mär|sche〉 **1** *Durchquerung, Marsch durch etwas* **2** 〈unz.; umg.; scherzh.〉 *Durchfall* **3** 〈Skat〉 *Ramsch, bei dem die anderen Spieler keine Möglichkeit haben, einen Stich zu machen*

durch|neh|men 〈V. 189/500〉 etwas ~ *(ausführlich) besprechen, erörtern;* in Englisch haben wir heute Fragewörter durchgenommen

durch|peit|schen 〈V. 500〉 **1** jmdn. ~ *mit der Peitsche züchtigen* **2** eine **Sache** ~ 〈fig.〉 *sehr nachdrücklich u. eilig gegen Widerstand durchsetzen;* ein Gesetz ~

durch|que|ren 〈V. 500〉 etwas ~ *in seiner Ausdehnung (in gerader Richtung) überwinden, sich durch etwas hindurchbewegen;* einen Fluss, See, Raum ~; ein Land, einen Kontinent ~

durch|rech|nen 〈V. 500〉 etwas ~ *gründlich rechnen, bis zu Ende rechnen, durch Rechnen prüfen;* ich muss das Projekt erst ~, ehe ich darüber etwas sagen kann; ich habe es noch einmal durchgerechnet

Durch|rei|se 〈f.; -; unz.〉 **1** *Reise durch ein Land, ein Gebiet* • **1.1** wir sind auf der ~ *wir machen Zwischenstation, reisen noch weiter*

durch|rei|sen¹ 〈V. 400(s.)〉 *ohne längere Unterbrechung durch einen Ort od. ein Gebiet reisen, weiterfahren u. nicht bleiben;* wir reisten nur durch; die Stadt kenne ich nicht, ich bin nur durchgereist

durch|rei|sen² 〈V. 500〉 etwas ~ *reisend durchqueren, reisend kennenlernen;* Länder ~; er durchreiste die ganze Welt; ich habe schon ganz Europa durchreist

durch|rin|gen 〈V. 202/550/Vr 3〉 **sich zu etwas** ~ *sich nach inneren Kämpfen zu etwas entschließen;* er hat sich zum Verzicht durchgerungen; ich habe mich dazu durchgerungen, es zu tun

Durch|sa|ge 〈f.; -, -n〉 *Übermittlung einer Nachricht von einer zentralen Stelle an alle Personen (durch Lautsprecher, Rundfunk, Telefon usw.);* Achtung, es folgt eine ~ der Polizei; Ende der ~; bitte achten Sie auf die ~n am Bahnsteig!

durch|schau|en¹ 〈V. 400 od. 411〉 *(durch etwas) hindurchschauen;* die Fenster sind so schmutzig, man kann kaum noch ~; hast du schon durchs Fernrohr durchgeschaut?

durch|schau|en² 〈V. 500; fig.〉 **1** jmdn. od. etwas ~ *den wahren Kern von jmdm. od. etwas erkennen, sich über jmdn. od. etwas klarwerden;* jetzt habe ich dich durchschaut; sie durchschaute seinen Trick sofort • **1.1** 〈400〉 endlich schaue ich durch! *jetzt verstehe ich die Sache!* • **1.1.1** ich schaue (noch) nicht durch *habe noch keinen Überblick*

durch|schie|ßen¹ 〈V. 211/500 od. 511〉 eine **Kugel**, einen **Pfeil** **(durch etwas)** ~ *(durch etwas) hindurchsenden;* er schoss ihm den Pfeil durch den Apfel

durch|schie|ßen² 〈V. 211/500〉 **1** Gegenstände ~ *mit einem Schuss durchbohren;* er durchschoss ihm die Hand **2** 〈Typ.〉 **Drucksatz** ~ *die Abstände der Zeilen vergrößern, mit Durchschuss versehen;* durchschossener Satz **3** 〈Buchbinderei〉 Bücher ~ *weiße Papier-*

Durchschlag

blätter zwischen die Buchblätter heften; ein durchschossenes Exemplar

Durch|schlag ⟨m.; -(e)s, -schlä|ge⟩ **1** ⟨früher⟩ *auf der Schreibmaschine hergestellte Durchschrift;* Sy *Kopie (2.1);* einen Brief mit zwei Durchschlägen tippen; den ~ eines Briefes abheften **2** *großes Sieb zum Durchschlagen von Kartoffeln, Quark u. Ä.;* gekochte Kartoffeln durch den ~ rühren **3** *spitzes Stahlgerät zum Schlagen von Löchern* **4** *plötzliche elektrische Entladung starker Spannung durch einen Isolator*

durch|schla|gen[1] ⟨V. 218⟩ **1** ⟨500⟩ etwas ~ *durch Schlag trennen, teilen, zerschlagen, entzweischlagen;* ein Stück Holz ~ **2** ⟨500⟩ etwas ~ *durch Schlag ganz hindurchdringen lassen;* einen Nagel durch ein Brett ~ **3** ⟨500⟩ eine **Öffnung**, ein Loch (**durch etwas**) ~ *eine Ö., ein L. (in etwas) durch die Wirkung von Schlägen erzeugen;* er begann, ein Loch durch die Mauer durchzuschlagen **4** ⟨500⟩ etwas ~ *durch ein Sieb rühren, streichen;* Kartoffeln, Früchte, Quark ~ **5** ⟨500⟩ ein **Manuskript**, einen Brief ~ ⟨früher⟩ *mit einem od. mehreren Durchschlägen schreiben* **6** ⟨400(s.)⟩ **etwas** schlägt durch *dringt (durch etwas) hindurch;* die Bombe ist von oben bis unten durchgeschlagen • **6.1** die Tinte schlägt durch *dringt auf die Rückseite des Papiers durch* • **6.2** das war ein ~der Erfolg ⟨fig.⟩ *das war ein voller Erfolg* **7** ⟨405⟩ etwas schlägt (**auf etwas**) durch *wird wirksam (in etwas);* die Kostensteigerungen spürbar auf die Preise durch **8** ⟨400(s.)⟩ **Erbanlagen** schlagen durch **in** od. **bei** jmdm. *treten deutlich bei jmdm. hervor* • **8.1** bei ihm schlägt der Großvater durch *treten die Erbanlagen des Großvaters deutlich hervor* **9** ⟨500/Vr 3⟩ **sich** ~ • **9.1** sich einen Weg bahnen, erkämpfen; mit wenigen Leuten durch die Reihen des Feindes ~; er konnte sich bis in die Heimat ~ • **9.2** ⟨fig.⟩ *sein Leben mit dem notwendigen Unterhalt fristen;* er hat sich im Leben immer so eben ~ können; sich mit Gelegenheitsarbeiten ~

durch|schla|gen[2] ⟨V. 218/500⟩ ein **Gegenstand** durchschlägt einen anderen *dringt durch Schlag in einen G. ein und wieder hinaus;* die Kugel hat die Bretterwand ~

durch|schlep|pen ⟨V. 500; umg.⟩ **1** jmdn. od. etwas ~ *durch etwas hindurchschleppen, schleppend hindurchtragen, durchziehen* **2** jmdn. (**mit**) ~ ⟨fig.⟩ *mühsam für jmds. Unterhalt mitsorgen, einen Teil der Arbeit von jmdm. miterledigen;* die Klasse hat den Schüler bis zum Abitur durchgeschleppt **3** ⟨Vr 3⟩ **sich** ~ *mühsam ~ sich mühsam durchschlagen, sich mühsam nur das Notwendigste zum Leben verschaffen*

durch|schleu|sen ⟨V. 500⟩ **1** ein **Schiff** ~ *mittels Schleuse durch etwas hindurchbringen, in ein tieferes od. höheres Flussbett leiten* **2** jmdn. od. etwas ~ *durch etwas leiten;* Passanten rasch durch den Verkehr ~; eine Fahrzeugkolonne durch das Stadtzentrum ~ **3** ⟨Vr 8⟩ jmdn. ~ ⟨a. fig.⟩ *durch eine Kontrolle, Sperre bringen;* Reisende durch eine Kontrolle ~

durch|schlüp|fen ⟨V. 400(s.)⟩ **1** *durch etwas schlüpfen, hindurchkriechen, unbemerkt hinein- u. wieder hinauskommen;* die Katze schlüpfte durch den Zaun durch; die Öffnung war groß genug zum Durchschlüpfen; er schlüpfte durch die Büsche durch; er versuchte, durch die Menge durchzuschlüpfen • **1.1** ⟨fig.⟩ *entkommen;* der Dieb ist der Polizei (zwischen den Fingern) durchgeschlüpft

Durch|schnitt ⟨m.; -(e)s, -e⟩ **1** ⟨zählb.⟩ *das Durchschneiden, Schnitt durch etwas* • **1.1** *Querschnitt;* den ~ der Maschine zeichnen **2** ⟨unz.⟩ *Mittelwert (mehrerer gleichartiger Größen);* über, unter dem ~ liegen • **2.1** im ~ *den Mittelwert gerechnet, im Allgemeinen;* die Kuh gibt im ~ täglich 15 l Milch; er arbeitet im ~ 9 Stunden am Tag; →a. *gut (1.3.1)*

durch|schnitt|lich ⟨Adj. 24⟩ **1** *dem Durchschnitt entsprechend, im Durchschnitt, im Mittelwert (gerechnet), mittelmäßig, weder gut od. viel noch bes. schlecht od. wenig;* das ~e Einkommen unserer Angestellten beträgt …; seine Leistungen sind ~; der Stoff ist von ~er Qualität; sie ist ein ~er Mensch **2** ⟨50; umg.⟩ *im Allgemeinen;* er kommt uns ~ einmal in der Woche besuchen; der Bus fährt diese Strecke ~ dreimal täglich

Durch|schrift ⟨f.; -, -en⟩ *mit Durchschlagpapier u. Kohlepapier hergestellte zweite Ausfertigung eines (handgeschriebenen) Schriftstücks;* Sy *Kopie (2)*

durch|se|hen ⟨V. 239⟩ **1** ⟨400⟩ *durch etwas (hindurch)sehen;* lass mich einmal ~! (durchs Fernrohr); die Berge durch den Dunst ~ **2** ⟨500⟩ etwas ~ *prüfend ansehen, nachprüfen, überprüfen;* Papiere ~; die Post, Rechnungen ~; einen Apparat ~; einen Motor ~; eine Magisterarbeit noch einmal auf Schreibfehler ~ **3** ⟨500⟩ ein **Druckwerk** ~ *flüchtig anschauen, durchblättern;* ein Buch ~

durch|sein ⟨alte Schreibung für⟩ *durch sein*

durch|set|zen[1] ⟨V. 500⟩ **1** etwas ~ *nach Überwindung von Widerstand erreichen, verwirklichen;* ich habe es durchgesetzt, dass …; einen Plan ~; seinen Willen stets ~ • **1.1 seinen Kopf** ~ *unnachgiebig seinen Willen geltend machen* **2** ⟨Vr 3⟩ **sich** ~ *sich behaupten, seinen Willen geltend machen, Anerkennung erreichen*

durch|set|zen[2] ⟨V. 550⟩ etwas mit etwas anderem ~ *etwas mit etwas anderem vermischen, einer Masse etwas beimengen;* das Gestein ist mit Erzen durchsetzt

durch|sich|tig ⟨Adj.⟩ **1** *so beschaffen, dass man hindurchsehen kann;* ~es Papier, Gewebe; der Stoff der Bluse war ~ **2** ⟨fig.⟩ *sehr zart, blass, blutarm;* ihr Gesicht war fast ~ **3** ⟨fig.⟩ *leicht durchschaubar, leicht erkennbar;* sein Plan ist allzu ~; ~e Absichten, Vorwände

durch|spre|chen ⟨V. 251⟩ **1** ⟨411⟩ *durch etwas ~ hindurchsprechen;* er sprach durch das Fenster am Schalter durch **2** ⟨500⟩ ein **Telegramm** ~ *telefonisch durchgeben, durchsagen, weiterleiten* **3** ⟨500⟩ eine **Sache** ~ *erörtern, besprechen;* eine Frage, Rolle, einen Plan, Vorfall ~; wir haben dieses Problem, Thema in aller Ruhe durchgesprochen

durch|sto|ßen[1] ⟨V. 262⟩ **1** ⟨400(s.)⟩ *sich gewaltsam einen Weg bahnen;* der Gegner ist an der Front durchgestoßen; die Tunnelbauer stießen endlich ins Freie durch • **1.1** *durch etwas stoßen, stoßend ein- u. auf der anderen Seite wieder hinausdringen;* er hat den Stock (durch den Schnee) durchgestoßen; die Arbeiter stießen (durch die Wand) durch • **1.2 zu jmdm.** ~ ⟨bes. Mil.⟩ *vordringen* **2** ⟨500⟩ *etwas* ~ *durch häufigen Gebrauch schadhaft machen;* er hat die Ärmel an den Ellbogen durchgestoßen; die Knie sind schon durchgestoßen • **2.1** ⟨Vr 3⟩ *etwas stößt* **sich** *durch nutzt sich durch vielen Gebrauch ab;* der Kragen hat sich durchgestoßen

durch|sto|ßen[2] ⟨V. 262/500⟩ **jmdn. od. etwas** ~ *etwas mit Gewalt durchbrechen, jmdn. stoßend durchdringen;* er durchstieß ihn mit einem Dolch; die Sonne durchstieß langsam den Nebel; das Flugzeug hat die Wolkenschicht durchstoßen; die Armee hat die gegnerische Stellung ~

durch|strei|chen[1] ⟨V. 263/500⟩ *etwas* ~ **1** *einen Strich durch etwas Geschriebenes od. Gedrucktes ziehen u. es dadurch ungültig machen;* Nichtgewünschtes, Nichtzutreffendes bitte ~!; er strich den letzten Satz durch; sie hat die Zahl durchgestrichen **2** ⟨Kochk.⟩ *durch ein Sieb streichen, treiben;* Erbsen ~; die Mutter strich das Obst (durch ein Sieb) durch

durch|strei|chen[2] ⟨V. 263/500⟩ *ein* **Gebiet** ~ ⟨geh.⟩ *durch Wandern gründlich kennenlernen;* er durchstrich das ganze Land; wir haben die ganze Gegend durchstrichen

durch|sty|len ⟨[-stai-] V. 500/Vr 3; umg.⟩ **jmdn., sich od. etwas** ~ *nach der neuesten Mode gestalten;* sie hat ihr Wohnzimmer neu durchgestylt

durch|su|chen ⟨V. 500⟩ **jmdn. od. etwas** ~ *gründlich untersuchen, absuchen, um jmdn. od. etwas Bestimmtes zu finden;* jmds. Gepäck, Taschen, Wohnung ~; das Haus polizeilich ~ (lassen); eine Wohnung nach Waffen ~

durch|trie|ben ⟨Adj.; abwertend⟩ *listig, verschlagen, schlau, pfiffig;* er ist ein ganz ~er Bursche; pass auf, sie ist ~!

durch|wach|sen[1] ⟨[-ks-] V. 277/400 od. 411(s.)⟩ **etwas** wächst (**durch etwas**) durch *durchdringt (etwas), während es wächst;* der Strauch wuchs (durch den Zaun) durch; die Blumen sind durch das Fenstergitter durchgewachsen

durch|wach|sen[2] ⟨[-ks-] V. 277/500⟩ *etwas* ~ *etwas wachsend überall durchdringen, sich wachsend durch etwas verbreiten;* Gestrüpp durchwuchs den Baumbestand; der Urwald ist von Schlingpflanzen ~; das Erdreich ist ganz von Wurzeln ~

durch|wach|sen[3] ⟨[-ks-]⟩ **1** ⟨Part. Perf. von⟩ *durchwachsen*[2] **2** ⟨Adj.⟩ • **2.1** *durchsetzt mit Pflanzen;* ein von Gebüsch ~er Hochwald; ein Sumpf, von Röhricht ~ • **2.2** ~es **Fleisch** *von Fett, Sehnen, Knorpeln durchzogenes F.* • **2.3** ~er **Speck** *S. mit Schichten aus Fett u. Fleisch* • **2.4** ⟨fig.; umg.⟩ *nicht sonderlich gut, mittelmäßig;* im Urlaub war das Wetter ~ • **2.4.1** „Wie geht es dir?" „Danke, ~!" *mal gut, mal schlecht*

durch|wär|men[1] ⟨V. 500/Vr 3⟩ **sich** ~ *sich gründlich wärmen;* er hat sich am Feuer durchgewärmt

durch|wär|men[2] ⟨V. 500⟩ **jmdn. od. etwas** ~ *gründlich, vollständig erwärmen, wieder ganz warm machen, mit Wärme erfüllen;* der heiße Kaffee wird dich wieder ~; der Ofen hat das Zimmer gut durchwärmt; der Glühwein hat uns gut durchwärmt; ein wohlig durchwärmtes Zimmer; das Bett ist angenehm durchwärmt

durch|we|ben[1] ⟨V. 500⟩ *etwas* ~ *so einweben, dass es auf beiden Seiten gleich erscheint;* ein durchgewebter Teppich; sie kaufte Stoff mit durchgewebten Rosen

durch|we|ben[2] ⟨V. 280/500⟩ *etwas* ~ *etwas in etwas einweben, mit Mustern od. anderen Fäden versehen;* einen Stoff mit Goldfäden ~; der Wald ist von Sonnenstrahlen durchwoben ⟨poet.⟩; der Roman ist von vielen romantischen Zügen durchwoben ⟨fig.⟩

durch|weg ⟨Adv.⟩ *(fast) ohne Ausnahme, überall, in allen Fällen;* oV ⟨österr., schweiz.⟩ *durchwegs;* die lateinischen Bezeichnungen können wir ~ streichen; es haben ~ alle zugestimmt

durch|wegs ⟨Adv.; österr., schweiz.⟩ = *durchweg*

durch|win|den ⟨V. 288⟩ **1** ⟨511/Vr 3⟩ *sich an einer* **Stelle** ~ *in Windungen hindurchbewegen;* der Fluss muss sich hier durch eine enge Schlucht ~ **2** ⟨511/Vr 3⟩ **sich** ~ *sich mühsam hindurchdrängen, -zwängen;* der Fisch hat sich durch die Maschen des Netzes durchgewunden • **2.1** *sich durch* **Schwierigkeiten** ~ *S. geschickt überwinden od. umgehen* **3** ⟨500⟩ *etwas* ~ *durch eine Presse hindurchdrehen*

durch|wüh|len[1] ⟨V. 500/Vr 3⟩ **sich** ~ *sich wühlend durch etwas hindurcharbeiten;* der Maulwurf wühlte sich langsam (durch die Erde) durch; ich habe mich endlich durch die alten Akten durchgewühlt ⟨fig.⟩

durch|wüh|len[2] ⟨V. 500⟩ *etwas* ~ **1** *etwas (suchend) aufgraben, aufwerfen, wühlend durchdringen;* der Maulwurf durchwühlte die Erde; die Schweine haben die Beete, das Feld durchwühlt **2** *energisch, rücksichtslos durchsuchen, beim Suchen in Unordnung bringen;* Gepäck, Schränke ~; die Koffer, die Wohnung nach Diebesgut ~

durch|zie|hen[1] ⟨V. 293⟩ **1** ⟨411(s.)⟩ (**durch etwas**) ~ *sich (durch etwas) hindurchbewegen;* seit 3 Tagen ziehen Soldaten durch das Dorf durch; ~de Soldaten • **1.1 Vögel** ziehen durch *fliegen (in Scharen) vorbei;* ~de Vögel; im Herbst ziehen hier die Kraniche durch • **1.2** ~ **lassen** *Durchzug machen, durch Zugluft lüften* **2** ⟨500⟩ *etwas* (**durch etwas**) ~ *(hindurch)ziehen;* den Faden (durch ein Öhr) ~ **3** ⟨500⟩ **Linien** ~ *ohne Unterbrechung ziehen, zeichnen* **4** ⟨500⟩ *etwas* ~ *bis zum Anschlag ziehen;* die Ruder, die Säge ~ • **4.1** ⟨fig.; umg.⟩ *etwas unbedingt, ohne Verzögerung zu Ende bringen* **5** ⟨511/Vr 3⟩ **sich** (**durch etwas**) ~ ⟨fig.⟩ *durchgehend (in etwas) vorhanden sein;* es ist nicht sicher, ob sich die Risse durch die ganze Mauer ~ **6** ⟨400(s.)⟩ *etwas zieht durch* ⟨bes. Kochk.⟩ *etwas bekommt durch langes Liegen in einer Flüssigkeit den erwünschten Geschmack;* der Sauerbraten ist gut durchgezogen

durch|zie|hen[2] ⟨V. 293/500⟩ **1** *etwas* ~ *wandernd, fahrend durchqueren;* die Werber des Königs durchzogen das Land **2** *etwas durchzieht* **etwas** ⟨fig.⟩ *erstreckt sich durch etwas, breitet sich in od. auf etwas aus, durchdringt etwas;* Wälder u. Flüsse ~ das Land; der Duft einer Rose durchzieht den Raum • **2.1** *etwas durchzieht* **jmdn.** *erfüllt jmdn. nach u. nach;* ein

durchzucken

Gefühl des Stolzes durchzog ihn **3** ⟨516⟩ **etwas mit etwas ~** *bedecken, durchweben, durchwirken;* einen Stoff mit bunten Fäden ~; den Acker mit Furchen ~
durch|zu|cken ⟨V. 500⟩ **1** ein **Blitz** durchzuckt den **Himmel,** die Wolken *ein B. bewegt sich schnell durch den H., die W.* **2** etwas durchzuckt jmdn. ⟨a. fig.⟩ *etwas durchfährt, durchläuft jmdn. plötzlich;* ein Gedanke durchzuckte mich; ein wilder Schmerz durchzuckte seinen Körper
Durch|zug ⟨m.; -(e)s, -zü|ge⟩ **1** *das Durchziehen, Durchfliegen, Durchmarschieren, Durchmarsch;* ~ der Zugvögel; beim ~ durch die Stadt • **1.1 (freien) ~ gewähren** ⟨Mil.⟩ *unbehinderten friedlichen Durchmarsch fremder Truppen gewähren* **2** ⟨unz.⟩ *sich durch einen Raum bewegende Luft* • **2.1 ~ machen** *durch Gegenzug, Luftzug lüften* **3** *umgebogene Kante, Saum zum Durchziehen von Band, Gummi;* ~ an Gardinen, Hosen, Kleidern
dür|fen ⟨V. 124/ 470; Modalverb⟩ **1** *die Erlaubnis, Einwilligung haben, erlaubt, berechtigt, befugt sein zu;* das darf man nicht tun; darf ich etwas fragen?; darf ich, darf man eintreten?; kommst du mit? Nein, ich darf nicht; er hat nicht kommen ~; darf ich um das Salz bitten?; ich bitte, mich verabschieden zu ~; ein bisschen rasch, wenn ich bitten darf! **2** *können, Grund haben, begründet sein zu;* wie darf er es wagen, das zu tun?; es dürfte ratsam sein, jetzt zu gehen; Sie ~ es mir glauben **3 (nicht) ~** *(nicht, auf keinen Fall) sollen;* das darf nicht sein; er darf nichts davon erfahren; das hättest du nicht tun ~ • **3.1** darüber darf man sich nicht wundern *darüber sollte man sich nicht wundern* • **3.2** was darf es sein? *was wünschen Sie, was soll ich Ihnen zeigen?* (*als Frage des Verkäufers*) **4** etwas dürfte *ist wahrscheinlich;* das dürfte wohl möglich sein; es dürfte allen bekannt sein, dass … **5** nur, bloß ~ ⟨meist süddt.⟩ *brauchen;* Sie ~ es nur sagen **6** ⟨411 mit Adv.; Zusammenschreibung nur in den infiniten Formen⟩ darf ich nach ~; er weg darf
dürf|tig ⟨Adj.⟩ **1** *ärmlich, kümmerlich, armselig;* eine ~e Wohnung, ~ leben, wohnen; sie war ~ gekleidet **2** *knapp, kärglich, unzureichend;* das Essen war ~; das Geschäft brachte nur ~e Einnahmen **3** *unzulänglich, wenig gehaltvoll;* sein Vortrag war ~; ein ~es Ergebnis
dürr ⟨Adj.⟩ **1** *trocken, ausgetrocknet, abgestorben;* ein ~er Ast; die Blätter sind schon ~ **2** *unfruchtbar, ärmlich, unergiebig;* auf dem ~en Boden wächst wenig **3** *mager, abgemagert, sehr dünn;* ein ~er Mensch; ~ wie ein Skelett sein; ein ~es Pferd **4** in ~en **Worten** *in wenigen, knappen, kurzen, nüchternen W.*
Dür|re ⟨f.; -, -n⟩ **1** ⟨unz.⟩ *große Trockenheit, das Dürrsein;* ein Land von trostloser ~ • **1.1** ⟨fig.⟩ *Unergiebigkeit, Unfruchtbarkeit;* eine geistige ~ **2** ⟨zählb.⟩ *Zeit der großen Trockenheit;* langanhaltende ~; das Land wurde von mehreren ~n heimgesucht
Durst ⟨m.; -(e)s; unz.⟩ **1** *Bedürfnis zu trinken;* ~ erregen, haben, leiden, machen; seinen ~ löschen, stillen; brennender, großer, quälender ~; an ~ leiden; ~ auf Bier, Kaffee • **1.1** einen über den ~ trinken

⟨umg.⟩ *sich betrinken* • **1.2** *umkommen, vergehen* vor ~ *sehr durstig sein* **2** ⟨fig.⟩ *drängendes Verlangen, unbezwingliche Sehnsucht;* ~ nach Ruhm, Liebe, Wissen
durs|ten ⟨V. 400⟩ *Durst haben, Durst leiden;* er hat zwei Tage lang ~ müssen
dürs|ten ⟨V.⟩ **1** ⟨501⟩ jmdn. dürstet (**es**) ⟨poet.; veraltet⟩ *jmd. hat Durst;* mich dürstete; es hat ihn gedürstet **2** ⟨550; unpersönl.⟩ **jmdn. dürstet (es) nach etwas** ⟨fig.; geh.⟩ *jmd. verlangt heftig nach etwas;* es dürstete ihn nach Rache, Vergeltung, Zuneigung
durs|tig ⟨Adj.⟩ **1** *Durst verspürend, von Durst geplagt;* ich bin sehr ~; ein ~es Kind • **1.1** ~e **Erde** ⟨fig.; geh.⟩ *trockene, Regen brauchende E.* • **1.2** eine ~e **Kehle** ⟨fig.⟩ *jmd., der gern (Alkohol) trinkt*
durst|lö|schend ⟨Adj. 24⟩ *geeignet, Durst zu stillen;* ein ~es Getränk
Du|sche ⟨f.; -, -n⟩ **1** *eine (bewegliche) Vorrichtung, die zur körperlichen Reinigung od. für Heilzwecke meistens von oben her kaltes, warmes, heißes od. wechselwarmes Wasser fein od. in hartem Strahl versprüht;* Sy *Brause* (2); sich im Bad eine ~ einbauen lassen; unter die ~ gehen; sich unter die ~ stellen **2** *Bad unter der Dusche* (1), *das Duschen;* eine warme, kalte ~; eine tägliche ~; eine ~ nehmen; →a. *kalt* (3.4)
du|schen ⟨V. 400 od. 500/Vr 7⟩ (**jmdn.**) ~ *jmdn. unter die Dusche* (1) *stellen, ein Duschbad nehmen;* (sich) kalt, warm ~; er duschte sich, nachdem er im Meer geschwommen war
Dü|se ⟨f.; -, -n⟩ **1** *Rohrleitung mit allmählich kleiner werdendem Querschnitt, wodurch sich die Geschwindigkeit eines hindurchströmenden Mediums erhöht, sein statischer Druck dagegen abnimmt;* Leerlauf~; eine verstopfte ~ reinigen **2** *Vorrichtung zum Zerstäuben von Flüssigkeit*
dus|ter ⟨Adj.; norddt.⟩ *dunkel;* draußen ist es ~ ⟨verstärkend⟩ stock~
düs|ter ⟨Adj.⟩ **1** *ohne Licht u. dadurch unfreundlich u. bedrückend wirkend;* ~e Gassen; ein ~es Haus, Zimmer; im Wald wird es langsam ~ • **1.1** ⟨fig.⟩ *unheilverkündend, unheimlich, verdächtig;* eine ~e Ahnung von etwas haben; eine ~e Sache, Angelegenheit **2** ⟨fig.⟩ *finster u. unheimlich;* ein ~er Mensch; er hat einen ~en Blick; ~e Augen; er sah ihn ~ an **3** ⟨fig.⟩ *schwermütig, verdrießlich, niedergedrückt, unerfreulich;* ~e Gedanken; es herrschte (ein) ~es Schweigen; ~e Stimmung
Dutt ⟨m.; -(e)s, -e; umg.⟩ *Haarknoten;* sie hatte das Haar zu einem ~ gebunden
Dut|zend ⟨n. 7; -s, -e; Abk.: Dtzd.⟩ **1** *12 Stück von einer Art;* ein, ein halbes ~ frische, frischer Eier; zwei ~ Handtücher; im ~ ist die Ware billiger • **1.1** davon gehen zwölf auf(s) (ein) ~ ⟨umg.⟩ *das ist nichts Besonderes* **2** ⟨bei unbestimmten Mengen Groß- u. Kleinschreibung⟩ ~e/dutzende (**von**) *eine Anzahl in unbestimmter Größe;* ~e/dutzende großer Autos; ~e/dutzende von Passanten; ~(e)/dutzend(e) Mal(e) • **2.1 zu, in** ~en/dutzenden *in großer Zahl;* die Tiere starben zu, in ~en/dutzenden

du|zen ⟨V. 500/Vr 8 od. 550/Vr 3 od. Vr 4⟩ jmdn. ~, sich mit jmdm. ~ *jmdn. mit Du anreden;* Ggs *siezen;* er hat ihn geduzt; er duzte mich; sie ~ sich; wollen wir uns ~?; ich duze mich mit ihm; die beiden ~ sich

DVD ⟨Abk. für engl.⟩ *Digital Versatile Disc, eine beidseitig beschichtete CD mit sehr großer Speicherkapazität, auf der Filme (in hoher Bild- u. Tonqualität) gespeichert werden* (~-Player, ~-Spieler)

Dy|na|mik ⟨f.; -; unz.⟩ **1** ⟨Phys.⟩ *Lehre von der Bewegung von Körpern unter dem Einfluss von Kräften;* Ggs *Statik* **2** ⟨Mus.⟩ *Lehre von der Abstufung der Tonstärke* • 2.1 *die Abstufung selbst* **3** ⟨fig.⟩ *Triebkraft, Kraftentfaltung, Schwung, Lebendigkeit, lebendige, lebhafte, rhythmische Bewegung*

dy|na|misch ⟨Adj.⟩ **1** *die Dynamik betreffend, auf ihr beruhend;* Ggs *statisch (1)* • 1.1 ~er **Auftrieb** ⟨Phys.⟩ *durch die besondere Form eines sich horizontal bewegenden Körpers (z. B. Flügels) senkrecht zur Bewegung nach oben wirkende Kraft (z. B. bei Flugzeugen, Vögeln)* **2** ⟨fig.⟩ *triebkräftig, voll innerer Kraft, lebendig wirksam, lebendig, lebhaft, bewegt;* eine ~e Persönlichkeit

Dy|na|mit ⟨n.; -s; unz.⟩ **1** *Sprengstoff auf der Basis von Glyzerintrinitrat;* der Felsbrocken wurde mit ~ gesprengt **2 mit ~ spielen** ⟨fig.; umg.⟩ *sich leichtsinnig in eine lebensgefährliche Lage bringen*

Dy|na|mo ⟨a. ['---] m.; -s, -s; kurz für⟩ *Dynamomaschine*

Dy|na|mo|ma|schi|ne ⟨a. ['------] f.; -, -n⟩ *Maschine zum Erzeugen von Strom (bes. für die Beleuchtungsanlage des Fahrrads);* Sy *Dynamo*

Dy|nas|tie ⟨f.; -, -n⟩ *Herrscherhaus, Herrscherfamilie*

Dys|funk|ti|on ⟨f.; -, -en⟩ *fehlerhaftes Funktionieren (innerhalb eines Systems od. Organismus);* eine ~ der Leber

D-Zug ⟨m.; -(e)s, -Zü|ge; Kurzwort für⟩ **1** *Durchgangszug (Schnellzug)* • 1.1 *ein alter Mann, eine alte Frau ist doch kein ~* ⟨fig.; umg.; scherzh.⟩ *noch schneller kann ich es unmöglich schaffen*

Ẹb|be ⟨f.; -, -n⟩ **1** regelmäßig zweimal täglich wiederkehrendes Absinken des Meeresspiegels, das im Wechsel der Gezeiten nach einem Ansteigen des Wassers folgt; Ggs *Flut (1)*; es ist ~; in zwei Stunden tritt die ~ ein **2 in der Kasse,** im Geldbeutel **herrscht ~** ⟨fig.; umg.⟩ *es ist wenig od. fast nichts drin*

ebd. ⟨Abk. für⟩ *ebenda (1.1)*

eben ⟨Adj.⟩ **1** *gleichmäßig hoch, gerade, flach, platt, glatt;* eine ~e Fläche, Straße; der Weg läuft ganz ~ (dahin) • **1.1** *zu* ~er *Erde in Höhe der Straße, des Erdbodens;* zu ~er Erde wohnen, Fenster zu ~er Erde • **1.2** *gleichmäßig, ohne Erschütterungen;* das Pferd hat einen ~en Gang **2** ⟨40; als Füllwort od. betonend⟩ • **2.1** *gerade in diesem Augenblick, soeben, gerade jetzt;* Sy *soeben;* er ist ~ abgereist; ~ (erst) angekommen, schrieb er mir …; ~ kommt er herein!; ~ habe ich mit ihm gesprochen; ~ wollte er fortgehen, als …; ~ da ich schreibe, klingelt das Telefon; wann ist er hier gewesen? Gerade ~, vor fünf Minuten • **2.2** ⟨umg.⟩ *schnell einmal;* sag doch bitte mal ~ dem Jungen, dass er kommen soll; kann ich ~ mal das Buch haben? • **2.3** *gerade (dies), genau (dies);* ~ das wollte er; ~ diesem Umstand verdanken wir es, dass …; ~ hier; das ~ nicht! • **2.3.1** das es ist ja ~! *davon rede ich ja die ganze Zeit!, das meine ich ja!* • **2.3.2** ~! ⟨als verstärkende Bestätigung⟩ *das sage ich ja, das ist es ja gerade, genau das, genauso ist es* • **2.4** *gerade passend, gerade noch, kaum, knapp;* das ist ~ (noch) gut genug; er kommt ~ recht; das reicht (so) ~ aus • **2.4.1 so ~** ⟨umg.⟩ *leidlich* • **2.5** *gerade, besonders;* sie ist nicht ~ hübsch, aber sehr sympathisch; fünf Euro sind nicht ~ viel • **2.6** *nun, ja, nun einmal, einfach;* du bist ~ ein Künstler; das ist ~ seine Schwäche; es ist ~ doch wahr; wenn du nicht mitkommen willst, dann bleibst du ~ hier; gut, dann ~ nicht!; ich hätte ~ nicht gehen sollen; er will ~ nicht; es ist ~ so und lässt sich nicht ändern **3** ⟨Getrennt- u. Zusammenschreibung⟩ • **3.1** ~ machen = *ebenmachen* • **3.2** ~ erwähnt = *ebenerwähnt*

Eben|bild ⟨n.; -(e)s, -er⟩ *Abbild, ganz ähnliches Wesen;* er ist dein ~; er ist das ~ seines Vaters

eben|bür|tig ⟨Adj.⟩ **1** *gleichwertig;* ein ~er Gegner, Konkurrent; er ist ihm an Kraft, Geist ~; sie war ihm geistig ~ **2** ⟨früher⟩ *vom gleichen Stand, von gleicher Herkunft;* ~e Familien

eben|da ⟨Adv.⟩ **1** *genau, gerade dort* • **1.1** ⟨in wiss. Abhandlungen; Abk.: ebd.⟩ *am eben angeführten (zitierten) Ort*

Ebe|ne ⟨f.; -, -n⟩ **1** *gleichmäßig flaches Land;* Hoch~,

Tief~ **2** ⟨Geom.; Phys.⟩ *unbegrenzte, nicht gekrümmte Fläche;* eine schiefe ~ **3** *auf der ~* ⟨fig.⟩ *Stufe eines hierarchisch geordneten Systems;* eine Sache auf der mittleren, unteren, oberen ~ beraten

eben|er|dig ⟨Adj.⟩ **1** *in Straßen-, Bodenhöhe* **2** *im Erdgeschoss, zu ebener Erde;* ein Haus mit ~er Terrasse

eben|er|wähnt auch: **eben er|wähnt** ⟨Adj. 24/60⟩ *gerade, vor wenigen Augenblicken angesprochen;* der ~ Vorfall

eben|falls ⟨Adv.⟩ *auch, gleichfalls;* er hat ~ ein Buch geschenkt bekommen; danke, ~!

eben|machen auch: **eben ma|chen** ⟨V. 500⟩ etwas ~ *glätten*

eben|mä|ßig ⟨Adj.⟩ *formschön, gleichmäßig, regelmäßig;* von ~em Wuchs

eben|so ⟨vergleichende Konj.⟩ a. als Korrelat der Konj. … „wie" im Vergleichssatz⟩ *genauso, auch so;* er kann ~ gut dort bleiben; mein Zimmer ist ~ lang; mein Zimmer ist ~ lang wie breit; ich war dort ~ lange; ich musste ~ lange wie vergeblich warten; ich habe es ~ oft versucht; er hat es mir ~ oft wie eindringlich gesagt; er fehlt ihr ~ sehr; heute waren es ~ viel; wir haben ~ viel wie gut gegessen; sie weiß es ~ wenig; er hat ein ~ großes Zimmer; er hat eine ~ umfangreiche Filmsammlung; heute sind es ~ viele Zuschauer wie gestern; er denkt hierüber ~ wie ich

Eber ⟨m.; -s, -⟩ *männliches Schwein*

eb|nen ⟨V. 500⟩ **1 etwas ~** *flach, glatt machen, glätten;* Gartenwege ~; den Boden ~ **2** ⟨530⟩ **jmdm. den Weg ~** ⟨fig.⟩ *alle Schwierigkeiten aus dem Weg räumen*

Echo ⟨n.; -s, -s⟩ **1** ⟨Phys.⟩ *reflektierte Schallwellen, die an ihrem Ausgangspunkt wieder wahrgenommen werden;* Sy *Widerhall (1);* ein einfaches, dreifaches, mehrfaches ~ **2** *Beachtung, Anteilnahme;* der Vortrag fand begeistertes, lebhaftes ~; der Zwischenfall fand sein ~ in der Presse • **2.1** ⟨fig.⟩ *Anklang, Zustimmung;* das Stück fand kein ~ bei den Zuschauern **3** ⟨fig.; umg.; abwertend⟩ *jmd., der fremde Meinungen nachbetet;* sie ist nur das ~ ihres Mannes

Ẹch|se ⟨[-ks-] f.; -, -n; Zool.⟩ *Angehörige einer Unterordnung der Schuppenkriechtiere mit ungefähr 3000 Arten, die sich von den verwandten Schlangen durch die feste Verbindung der Schädelknochen u. besonders der Teile des Unterkiefers unterscheidet: Sauria;* Brücken~, Panzer~, Krusten~, Wühl~

echt ⟨Adj.⟩ **1** ⟨70⟩ *unverfälscht;* ~er Schmuck; ein ~es Dokument, Kunstwerk; Bestecke aus ~em Silber; sie trägt nur ~en Schmuck, keinen Modeschmuck; eine Perücke aus ~em Haar; sind es ~e Perlen?; diese Unterschrift ist nicht ~ • **1.1** ein ~er **Rembrandt** *wirklich von Rembrandt gemaltes Bild* • **1.2** ~es **Wachs** ⟨umg.⟩ *Bienenwachs* • **1.3** *reinrassig;* ein ~er Schäferhund **2** ⟨70⟩ *aufrichtig, wahr;* ein ~er Freund in der Not; ihre Gefühle sind nicht ~; ihre Trauer ist nicht ~ **3** ⟨90⟩ *bezeichnend (für);* das ist wieder einmal ~ Franz!; das ist ~ Murakami! **4** ⟨70⟩ *wirklich, wahr;* ~e Bedürfnisse; ein ~es Anliegen • **4.1** ⟨salopp; verstärkend⟩ *wirklich, richtig;* das ist ~ wahr; das finde ich ~ gemein!; der Film war ~ krass

5 ⟨60⟩ ~e **Farbe** *beständige F.;* farb~, licht~ **6** ein ~er **Bruch** ⟨Math.⟩ *ein B., bei dem der Zähler kleiner als der Nenner ist, z. B.* ²/₃ **7** ⟨Getrennt- u. Zusammenschreibung⟩ ● 7.1 ~ golden = echtgolden

echt|gol|den *auch:* **echt gol|den** ⟨Adj. 24/60⟩ *aus echtem Gold hergestellt (nicht vergoldet);* eine ~e Kette

Eck ⟨n.; -(e)s, -e; österr. n.; -(e)s, -en; oberdt.⟩ *Ecke*

EC-Kar|te ⟨[e:tse:-] f.; -, -n⟩ *Scheckkarte für bargeldlosen Zahlungsverkehr, Euroscheckkarte*

Ecke ⟨f.; -, -n⟩ **1** *Stelle, an der Seiten od. Flächen zusammentreffen* ● **1.1** *vorspringende Spitze;* das Buch hat umgebogene ~n; ich habe mich an der ~ des Tisches gestoßen ● **1.2** *Winkel;* den Besen in die ~ stellen; ein Kind in die ~ stellen (als Strafe) ⟨früher⟩ ● **2** *Stelle, an der zwei Häuserreihen, zwei Straßen zusammentreffen;* ein Eisverkäufer steht an der ~; in schneller Fahrt bog, kam der Wagen um die ~; das ist eine böse, gefährliche ~ ● **2.1** er wohnt gleich um die ~ ⟨umg.⟩ *in nächster Nähe* **3** ⟨fig.⟩ *Gegend;* in einer entfernten ~ der Welt **4** ⟨fig.; umg.⟩ ● **4.1** von allen ~n und Enden *von überall her;* sie kommen von allen ~n und Enden ● **4.2** an allen ~n und Enden, Kanten *überall;* es fehlt noch an allen ~n und Enden ● **4.3** um ein paar ~n herum mit jmdm. verwandt sein *nicht geradlinig, weitläufig;* wir sind um mehrere ~n miteinander verwandt ● **4.4** jmdn. um die ~ bringen *umbringen, töten, ermorden* **5** ⟨Math.⟩ *Punkt, an dem zwei Seiten eines Vielecks od. mindestens drei Kanten eines Körpers zusammentreffen;* die ~n eines Dreiecks, eines Würfels **6** ⟨Sp.⟩ *Freistoß aus einer Ecke (1.2) des Spielfeldes, wenn der Ball von einem Spieler über die eigene Torlinie gespielt wurde;* die ~ wird vom Linksaußen getreten ⟨Fußball⟩; →a. *neutral (1.1)*

eckig ⟨Adj.⟩ **1** *mit Ecken versehen, nicht rund, spitz, kantig;* ein ~er Turm, Tisch; eine ~e Stirn, Gestalt **2** ⟨fig.⟩ *unbeholfen, ungeschickt;* ~e Bewegungen; er grüßte ~ **3** ⟨51⟩ **sich ~ lachen** ⟨fig.; umg.; scherzh.⟩ *heftig, hemmungslos lachen*

Eck|pfei|ler ⟨m.; -s, -⟩ **1** ⟨Arch.⟩ *äußerster Pfeiler an der Ecke eines Gebäudes* ● **1.1** *Pfeiler am Ende einer Brücke* **2** ⟨fig.⟩ *starke Stütze, Grundsatz;* die beiden ~ seiner Lehre

Eck|stein ⟨m.; -(e)s, -e⟩ **1** ⟨Arch.⟩ *eine Mauer begrenzender Stein* ● **1.1** *behauener Stein* **2** *Prellstein an Straßenecken* **3** *Grenzstein einer Gemarkung* **4** ⟨fig.⟩ *Hauptstütze, Grundprinzip, Grundsatz;* diese These ist der ~ seiner Philosophie **5** ⟨eindeutschend; Kart.⟩ = *Karo (3)*

edel ⟨Adj. 21⟩ **1** *kostbar, vortrefflich;* ein edler Wein ● **1.1** ⟨60⟩ edle Metalle *Platin, Gold, Silber u. a.* **2** ⟨60⟩ *rassig;* ein edles Pferd **3** *menschenfreundlich, hilfsbereit, großherzig;* ein edler Mensch; eine edle Tat **4** *ritterlich, vornehm;* von edler Gesinnung **5** ⟨60; veraltet⟩ *adlig, von vornehmer Herkunft;* die ~sten Geschlechter

Edel|mann ⟨m.; -(e)s, -leu|te⟩ **1** *Adliger, Aristokrat;* ein deutscher ~ **2** ⟨fig.; geh.; veraltet⟩ *Mensch von edler, hochherziger Gesinnung*

Edel|mut ⟨m.; -(e)s; unz.⟩ *Selbstlosigkeit, Groß-, Hoch-herzigkeit, Anständigkeit;* aus ~ handeln; seinen ~ beweisen

Edel|stein ⟨m.; -(e)s, -e; Min.⟩ *durch Schönheit u. Klarheit der Farbe, Durchsichtigkeit, Glanz, Härte u. hohe Lichtbrechung ausgezeichnetes Mineral;* ein echter, synthetischer ~; eine mit ~en besetzte Brosche; der Schliff, die Fassung eines ~es

edie|ren ⟨V. 500⟩ ein **Buch,** eine Zeitschrift ~ *herausgeben, veröffentlichen*

Edikt ⟨n.; -(e)s, -e⟩ **1** ⟨histor.⟩ *Verordnung, Erlass, Anweisung eines Herrschers;* ein ~ verkünden ● **1.1** *Bekanntmachung, Erlass (einer Behörde od. der Regierung)*

Edi|ti|on ⟨f.; -, -en; Abk.: Ed.⟩ **1** *das Veröffentlichen, Herausgabe (bes. von wissenschaftlichen Werken);* die kritische ~ der Schriften Kants **2** *Ausgabe (eines Werkes)* **3** ⟨bes. in Firmennamen⟩ *Verlag (als Herausgeber);* der Roman ist in der ~ XY erschienen

Efeu ⟨m.; -s; unz.; Bot.⟩ *immergrüne Kriech- u. Kletterpflanze mit meist dreieckigen, mehrfach gezackten Blättern;* einen Balkon mit ~ beranken

Effekt ⟨m.; -(e)s, -e⟩ **1** *Wirkung, Eindruck, Ergebnis, Erfolg* ● **1.1** *(erstaunliche) Wirkung;* Beleuchtungs~ **2** ⟨Phys.⟩ *Arbeitsleistung*

Effek|ten ⟨Pl.; Wirtsch.⟩ **1** *Wertpapiere* ● **1.1** *Urkunden über langfristige Kapitalanlagen* **2** *bewegliche Habe, Besitz (an Waren)*

effek|tiv ⟨Adj.⟩ **1** *tatsächlich, wirklich* ● **1.1** ~e **Leistung** *(bei Maschinen) nutzbare Leistung* ● **1.2** ~e **Temperatur** *die T. eines Sterns, die ein schwarzer Körper haben müsste, der pro Flächeneinheit u. Zeiteinheit die gleiche Energiemenge ausstrahlt wie der Stern* **2** *wirksam;* seine Erziehungsmethoden sind nicht sehr ~

ef|fi|zi|ent ⟨Adj.; geh.⟩ *wirksam, wirkungsvoll, von wirtschaftlichem Nutzen;* Ggs *ineffizient;* diese Maßnahmen waren nicht sehr ~

egal ⟨Adj. 24/40⟩ **1** *gleichmäßig, gleichförmig;* die Schuhe, Strümpfe sind nicht ganz ~ **2** ⟨90; umg.⟩ *gleichgültig, einerlei;* das ist mir ganz ~ **3** ⟨sächs.⟩ ['--] 50⟩ *fortwährend, immerzu;* im Urlaub hat es ~ geregnet

Eg|ge¹ ⟨f.; -, -n⟩ *der (meist verstärkte) seitliche Rand eines Gewebes*

Eg|ge² ⟨f.; -, -n; Landw.⟩ *kammartiges Gerät zum Lockern, Zerkrümeln u. Einebnen des Ackerbodens*

Ego|is|mus ⟨m.; -; unz.⟩ *selbstsüchtige Haltung, selbstsüchtiges Handeln*

ego|is|tisch ⟨Adj.⟩ = *selbstsüchtig*

eh 1 ⟨Konj.; umg.⟩ = *ehe* **2** ⟨Adv.⟩ *damals* ● **2.1** (seit) ~ und je *schon immer* **2.2** wie ~ und je *wie jeher* ● **2.3** ⟨umg.⟩ *sowieso;* das nützt ~ nichts!; er vergisst das ~ wieder!

ehe ⟨temporale Konj.⟩ *bevor;* oV ⟨umg.⟩ *eh;* ~ wir gehen, wollen wir noch schnell …

Ehe ⟨f.; -, -n⟩ **1** *(durch Sitte od. Gesetz anerkannte) Geschlechts- u. Lebensgemeinschaft zwischen Mann u. Frau;* die ~ eingehen, vollziehen, schließen; in den Stand der (heiligen) ~ treten; eine Frau, einen Mann zur ~ nehmen ⟨veraltet⟩; die Eltern gaben ihm die Tochter zur ~ ⟨veraltet⟩; in harmonischer ~ leben; eine glückliche, unglückliche ~ führen; eine kinderlose ~; Kinder, Grundbesitz usw. in die ~ bringen; Kinder aus erster ~; in zweiter ~ verheiratet; eine ~ auflösen, scheiden, trennen, für ungültig erklären; die ~ brechen; →a. *ehebrechen, linke(r, -s) (3.3), wild (2.1)* **2** ⟨Verhaltensforschung⟩ *Geschlechts- u. Lebensgemeinschaft zwischen weiblichem u. männlichem Tier* **3** ⟨fig.; geh.; bes. poet.⟩ *Verbindung;* bei ihm waren Klugheit u. Güte eine gute ~ eingegangen

ehe... ⟨in Zus.; urspr. Präp.⟩ *vor, bevor;* ehedem; ehedes, ehedessen ⟨selten⟩

ehe|bre|chen ⟨V. 400; nur im Inf. u. Part. Präs.⟩ *die Ehe brechen, die eheliche Treue verletzen;* du sollst nicht ~ (bibl. Gebot)

Ehe|frau ⟨f.; -, -en⟩ *weibliche Partnerin einer ehelichen Gemeinschaft, verheiratete Frau;* wie fühlst du dich als ~?; meine ~ lässt herzliche Grüße bestellen; →a. *Ehemann*

ehe|lich ⟨Adj. 24⟩ **1** *zur Ehe gehörig, in der Ehe üblich;* ~e Pflichten, Rechte • **1.1** ~es **Güterrecht** *gesetzliche Regelung der vermögensrechtlichen Beziehungen zwischen Eheleuten* **2** *aus einer gültigen Ehe stammend;* ~e Kinder

ehe|ma|lig ⟨Adj. 24/60⟩ *einstig, früher;* mein ~er Lehrer, Freund; das ~e Rathaus

ehe|mals ⟨Adv.; geh.⟩ *einst, früher;* ~ konnte er gut turnen

Ehe|mann ⟨m.; -(e)s, -män|ner⟩ *männlicher Partner einer ehelichen Gemeinschaft, verheirateter Mann;* →a. *Ehefrau*

Ehe|paar ⟨n.; -(e)s, -e⟩ *durch die Ehe verbundenes Paar, Ehemann u. Ehefrau;* darf ich Ihnen das ~ Schmidt vorstellen?; ein Tanzkurs für ~e

eher ⟨Adv.; Komparativ von⟩ *ehe* **1** *früher, nach einer kürzeren Zeit;* ich konnte leider nicht ~ kommen; komm doch ein paar Minuten ~; je ~ du kommst, umso lieber ist es mir; sie war ~ da als er; je ~, desto besser, lieber; je ~, je lieber **2** *lieber, leichter;* ich würde es umso ~ tun, als …; ~ will ich verzichten, als dass …; alles andere ~ als das!; ~ heute als morgen • **2.1** morgen würde es ~ passen! besser **3** *mehr, vielmehr;* er ist von mittlerem, ~ kleinerem Wuchs • **3.1** das könnte man schon ~ sagen! *das könnte man schon mit mehr Berechtigung sagen (als etwas anderes)*

ehes|te(r, -s) ⟨Adj.; Superlativ von⟩ *ehe* **1** *früheste(r, -s), schnellste(r, -s);* bei ~er Gelegenheit; ich war am ~en hier • **1.1 mit** Ehestem ⟨Kaufmannsspr.⟩ *in nächster Zeit, frühestmöglich* **2** *so geht es* **am** ~en *am leichtesten*

Eh|re ⟨f.; -, -n⟩ **1** *Achtung od. Bewunderung, die jmdm. od. einer Sache entgegengebracht wird, Ansehen;* ~, wem ~ gebührt; seine ~ stand auf dem Spiel; auf seine ~ achten, bedacht sein, halten; ein Mann von ~; das bringt ihm keine ~; er wird es zu ~n bringen; etwas zu ~n bringen; jmdn. wieder zu ~n bringen; jmdn. um seine ~ bringen; jmdm. die ~ abschneiden ⟨veraltet⟩ • 1.1 er tut es der ~ halber *wegen seines Ansehens;* →a. *ehrenhalber* • **1.2** jmdm. ~ machen *Anerkennung einbringen;* das Werk macht seinem Meister ~; mit deinem Auftreten machst du mir wenig ~ **2** ⟨unz.⟩ *Gefühl der eigenen Würde, das von der Achtung durch andere abhängt;* keine ~ im Leibe haben; bei meiner ~! (Beteuerung); du musst ihn bei seiner ~ packen; seine ~ dareinsetzen, die Prüfung gut zu bestehen • **2.1** auf ~ und Gewissen ⟨umg.⟩ *wirklich u. wahrhaftig* **3** *Ausdruck der Achtung od. Bewunderung, die jmdm. od. einer Sache entgegengebracht wird, Auszeichnung;* jmdn. mit militärischen ~n empfangen; es ist mir eine besondere ~…; es ist eine große ~ für mich!; habe die ~! (als Gruß); was verschafft mir die ~ (Ihres Besuches)?; in, mit allen ~n bestehen • **3.1** jmdm. ~ erweisen *jmdm. ein sichtbares Zeichen der Achtung geben;* →a. *letzte (1.8.4)* • **3.2** sich etwas zur ~ anrechnen *sich geehrt, ausgezeichnet fühlen* **3.3** einer Sache alle ~ antun *sie ehrenvoll behandeln* • **3.4** etwas in ~n halten *treu, sorglich bewahren;* jmds. Andenken in ~n halten • **3.5** das ist aller ~n wert *es ist sehr anständig, lobenswert* • **3.6** um der Wahrheit die ~ zu geben, muss ich gestehen, dass … ⟨geh.⟩ *um ehrlich zu sein* **4** ⟨unz.⟩ sich die ~ geben, die ~ haben, zu … ⟨Höflichkeitsformel⟩ *sich erlauben;* ich habe die ~, zu …; wir geben uns die ~, Sie zu … einzuladen • **4.1** mit wem habe ich die ~? ⟨steife Höflichkeitsfloskel⟩ *mit wem spreche ich?* **5** ⟨unz.; Rel.⟩ *Ruhm, Lobpreisung, Ehrung;* ~ sei Gott in der Höhe!; zur größeren ~ Gottes • **5.1** Gott die ~ geben *Gott anbeten*

eh|ren ⟨V. 500⟩ **1** jmdn. od. etwas ~ *jmdm. od. etwas Achtung, Bewunderung entgegenbringen, jmdn. od. etwas achten, verehren;* du sollst deine Eltern ~; jmds. Verdienste ~; sehr geehrter Herr! (Anrede im Brief) **2** jmdn. ~ *jmdm. seine Achtung od. Bewunderung zeigen, jmdn. auszeichnen;* Ihr Vertrauen ehrt mich; er fühlt sich durch die Einladung sehr geehrt; man ehrte ihn durch einen Nachruf; er wurde mit einer Festschrift, Rede geehrt **3** etwas ehrt **jmdn.** *verdient Anerkennung;* Ihre Bescheidenheit ehrt Sie

Eh|ren|amt ⟨n.; -(e)s, -äm|ter⟩ *unentgeltlich ausgeübtes Amt;* ein ~ bekleiden

eh|ren|amt|lich ⟨Adj. 24⟩ *in der Art eines Ehrenamtes ausgeübt, unentgeltlich;* eine ~e Tätigkeit

eh|ren|hal|ber ⟨Adv.; Abk.: E. H., e. h.⟩ **1** *als Ehrung (zugesprochen, verliehen)* • **1.1 Doktor** ~; →a. *Doktor (1.5)*

Eh|ren|rech|te ⟨Pl.⟩ **1** bürgerliche ~ *eine Summe von Befugnissen u. rechtlichen Eigenschaften, die dem Bürger in seiner Stellung als Mitglied des Staates zustehen* **2** Aberkennung der bürgerlichen ~ • **2.1** (in der BRD bis 1970) *eine Nebenstrafe, die im Verhältnis zur Dauer der Hauptstrafe begrenzt ist* • **2.2** *Verlust der bürgerlichen E. während dieser Zeit*

eh|ren|rüh|rig ⟨Adj.; geh.⟩ *beleidigend, das Ehrgefühl verletzend;* ~e Worte, Taten; eine ~e Behauptung

Eh|ren|sa|che ⟨f.; -, -n⟩ **1** *die Ehre betreffende Angelegenheit;* es ging um eine ~; Diskretion ist ~ **2** ⟨umg.⟩ *selbstverständliche, freudig u. stolz erfüllte*

Pflicht; es ist uns ~, daran teilzunehmen; macht ihr mit? ~! (bekräftigende Zusage) ⟨scherzh.⟩

Eh|ren|wort ⟨n.; -(e)s, -wör|ter⟩ **1** ⟨urspr.⟩ *Verpfändung der Ehre für eine bestimmte Leistung;* jmdm. sein ~ geben; jmdn. auf ~ freilassen **2** ⟨danach⟩ *feierliches Versprechen, feierliche Bekräftigung einer Aussage;* (mein) ~!

Ehr|furcht ⟨f.; -; unz.⟩ *Scheu, die auf tiefer Achtung, heiligem Respekt vor jmdm. od. etwas beruht;* jmdm. seine ~ bezeigen; vor jmdm. od. etwas ~ haben, hegen; er flößt uns ~ ein; sich einem Künstler, einem Kunstwerk mit ~ nahen

Ehr|geiz ⟨m.; -es; unz.⟩ *starkes Streben nach Erfolg, Ruhm u. Ehren;* brennender, heftiger, krankhafter, übertriebener ~; er tut es aus ~; er ist vom, von ~ besessen

ehr|gei|zig ⟨Adj.⟩ *voller Ehrgeiz, Ehrgeiz besitzend;* er ist sehr ~; das ist ein ~es Vorhaben, Unterfangen

ehr|lich ⟨Adj.⟩ **1** *das fremde Eigentum achtend, zuverlässig (bes. in Geldsachen), nicht betrügerisch;* ein ~er Finder; er hat alles ~ bezahlt; er war immer ~; ~ spielen • 1.1 ein ~er **Makler** (nach Bismarcks Ausspruch in seiner Reichstagsrede vom 19. 2. 1878) *uneigennütziger Vermittler* **2** *aufrichtig, redlich;* sei ~!; er meint es ~ mit ihr; ein ~er Mensch; die ~e Absicht haben • 2.1 ⟨60⟩ eine ~e **Haut** ⟨umg.⟩ *ein rechtschaffener, biederer Mensch* • 2.2 ⟨50⟩ *sehr;* sich ~ um etwas bemühen; er war ~ erstaunt, verzweifelt • 2.3 ⟨umg.; bekräftigend⟩ *wirklich;* ich muss ~ sagen, …; ich habe ihn ~ nicht gesehen; aber ~! **3** *anständig, ohne Schande;* einen ~en Namen tragen; ein ~es Handwerk

ehr|wür|dig ⟨Adj.; geh.⟩ *Ehrfurcht einflößend, verehrungswürdig, Achtung gebietend, auf hohes Alter bzw. auf langjährige Tätigkeit hindeutend u. daher Respekt gebietend;* ein ~er Greis; er erreichte ein ~es Alter; (in der Anrede veraltet) ~er Herr Pfarrer

Ei ⟨n.; -(e)s, -er⟩ **1** ⟨Biol.⟩ *die weibliche Fortpflanzungszelle der vielzelligen Lebewesen, Eizelle: Ovum, Ovulum;* ~erstock • 1.1 *von einer zerbrechlichen Schale umgebene Keimzelle der Vögel;* die Henne hat ein ~ gelegt; die ~er ausbrüten; ein angebrütetes ~; die Küken kriechen, schlüpfen aus dem ~ • 1.1.1 wie auf ~ern gehen ⟨fig.; umg.⟩ *sehr vorsichtig* • 1.1.2 die Zwillinge gleichen sich wie ein ~ dem anderen *sind sich zum Verwechseln ähnlich* • 1.1.3 du bist ja kaum aus dem ~ gekrochen! ⟨fig.; umg.⟩ *noch ganz unerfahren* • 1.1.4 das ~ will klüger sein als die Henne ⟨Sprichw.⟩ *die unerfahrenen Jungen meinen, sie seien den erfahrenen Älteren überlegen;* →a. *roh (1.1)* **2** *Hühnerei (als Nahrungsmittel);* ein angeschlagenes, faules, frisches, gebratenes, gefärbtes ~; die ~er aufschlagen, braten, kochen, schälen; zum Frühstück ein hart-, weichgekochtes ~ essen; die ~er abschrecken; den Redner mit faulen ~ern bewerfen (als Missfallensbekundung); pochierte, verlorene, russische ~er ⟨Kochk.⟩; 2.1 ein ~ trennen *Eiweiß u. Eidotter trennen* • 2.2 wie aus dem ~ gepellt ⟨umg.⟩ *sauber u. sorgfältig angezogen, gepflegt* **3** ⟨meist Pl.⟩ ~er ⟨umg.⟩ *Geld, Geldstücke, Euro;* das kostet seine 100 ~er **4** ⟨nur Pl.⟩ ~er ⟨fig.; umg.⟩ *Schwierigkeiten;* das hat seine ~er **5** das ~ des **Kolumbus** ⟨fig.⟩ *überraschend einfache Lösung einer Schwierigkeit* **6** ⟨Getrennt- u. Zusammenschreibung⟩ • 6.1 ~er legend = *eierlegend*

ei! ⟨Int.⟩ **1** *(Ausruf des Erstaunens, Ärgers, Spottes, der Zärtlichkeit);* ~ du meine Güte!; ~ der Daus! • 1.1 ~ machen ⟨Kinderspr.⟩ *jmdn. streicheln* • 1.2 ei, ei! ⟨Kinderspr.⟩ *(scherzhafte Drohung)* **2** = **freilich, ~ gewiss** *(Bekräftigung einer Bejahung)*

Ei|be ⟨f.; -, -n; Bot.⟩ *Angehörige einer auf der Nordhalbkugel weit verbreiteten Gattung der Nadelhölzer: Taxus (abgesehen von den roten Beeren sind alle Pflanzenteile giftig)*

Ei|che ⟨f.; -, -n⟩ **1** *einer Gattung der Buchengewächse angehörender Laubbaum: Quercus;* Stiel~, Sommer~, Winter~, Trauben~, Flaum~, Kork~ • 1.1 eine ~ fällt nicht auf einen Streich ⟨Sprichw.⟩ *jedes Ding braucht seine Zeit*

Ei|chel ⟨f.; -, -n⟩ **1** *Frucht der Eiche;* grüne, reife ~n; ~n sammeln **2** ⟨meist Pl.; Kart.⟩ *Farbe der deutschen Spielkarte, entspricht dem Kreuz der französischen Spielkarte;* ~ass, ~daus **3** ⟨Anat.⟩ *der vorderste Teil des männlichen Gliedes u. des Kitzlers*

ei|chen ⟨V.⟩ **1** ⟨500⟩ Maße ~ *amtlich daraufhin prüfen, ob sie den vorgeschriebenen Werten entsprechen;* geeichte Fässer, Gefäße, Gewichte, Gläser, Maße **2** auf etwas geeicht **sein** ⟨fig.; umg.⟩ *für etwas bes. geeignet sein, sich auf etwas bes. gut verstehen*

Eich|horn ⟨n.; -s, -hör|ner; Zool.⟩ = *Eichhörnchen*

Eich|hörn|chen ⟨n.; -s, -; Zool.⟩ *ein ausgezeichnet kletterndes u. springendes Nagetier mit langem, buschigem Schwanz: Sciurus vulgaris;* Sy *Eichhorn*

Eid ⟨m.; -(e)s, -e⟩ **1** *feierliche Versicherung, die Wahrheit gesagt u. nichts verschwiegen zu haben;* einen ~ ablegen, leisten, schwören; ich kann einen ~ darauf ablegen!; jmdm. einen ~ abnehmen; den ~ brechen; den ~ verweigern; einen falschen ~ schwören; den ~ auf die Verfassung ablegen; etwas auf seinen ~ nehmen; etwas durch (einen) ~ bekräftigen; durch einen ~ gebunden sein; unter ~ vor Gericht aussagen; jmdn. zum ~ zulassen • 1.1 Erklärung an ~es statt *E., die jederzeit beschworen werden kann;* →a. *eidesstattlich*

Ei|dech|se ⟨[-ks-] f.; -, -n; Zool.⟩ *Angehörige einer Familie der Echsen mit langem, leicht abbrechendem Schwanz, schlankem, mit Schuppen bedecktem Körper u. 4 kräftigen Beinen mit je 5 Zehen: Lacertidae;* Zaun~, Berg~, Wald~, Perl~

ei|des|statt|lich ⟨Adj. 24; Rechtsw.⟩ **1** *anstatt eines Eides;* ~e Versicherung; eine ~e Erklärung abgeben; →a. *Eid (1.1)*

Ei|er|be|cher ⟨m.; -s, -⟩ *Gefäß zum Aufstellen eines weichgekochten Eies*

Ei|er|ku|chen ⟨m.; -s, -⟩ = *Pfannkuchen (1)*

ei|er|le|gend *auch:* **Ei|er le|gend** ⟨Adj. 24/60⟩ ~e **Tiere** *T., die Eier legen*

Ei|er|tanz ⟨m.; -es, -tän|ze⟩ **1** ⟨urspr.⟩ *Geschicklichkeitstanz mit od. zwischen Eiern* **2** ⟨fig.⟩ *äußerst vorsichtiges Verhalten in einer heiklen Lage* • 2.1 einen ~ **aufführen** *sich um eine heikle Angelegenheit drücken*

Eifer

Ei|fer ⟨m.; -s; unz.⟩ **1** *ernsthaftes, emsiges Streben, Bemühen, schwungvoller, lebhafter Fleiß*; einen lobenswerten, löblichen ~ zeigen; mit großem, neuem, kindlichem ~ ans Werk gehen; sein ~ ist schon erkaltet, erlahmt; sein ~ hat bereits nachgelassen; etwas mit ~ anfassen, betreiben, unternehmen; mit großem ~ bei der Sache sein; mit übertriebenem ~ etwas beginnen; sich vor ~ überschlagen ⟨umg.⟩; →a. *blind (2)* **2** *Tatendrang, Heftigkeit, Schwung*; beim Reden in ~ geraten; sich in ~ reden • **2.1 etwas im ~ des Gefechts übersehen**, vergessen ⟨fig.; umg.⟩ *vor Aufregung*

Ei|fer|sucht ⟨f.; -; unz.⟩ *leidenschaftliches u. neidisches Streben, jmdn. od. etwas allein zu besitzen (bes. in der Liebe), das oft auch krankhafte Symptome aufweist*; rasende, lächerliche, blinde, kindische ~; ~ empfinden, erregen; aus ~ handeln; er verfolgte sie mit seiner ~

ei|fer|süch|tig ⟨Adj.⟩ *Eifersucht zeigend, empfindend*; sein ~es Verhalten ist unangebracht

eif|rig ⟨Adj.⟩ **1** *mit Eifer tätig, strebend bemüht, emsig*; ein ~er Angestellter, Arbeiter, Beamter, Schüler, Student; ~ arbeiten, lernen, studieren; ~ um etwas bemüht sein **2** *leidenschaftlich, lebhaft, heftig*; ein ~er Anhänger einer Lehre; er vertritt ~ seinen Standpunkt; ~ für etwas od. jmdn. eintreten

Ei|gelb ⟨n. 7; -s, -e⟩ = *Dotter (1)*; man nehme drei ~ (Rezept)

ei|gen ⟨Adj.⟩ **1** ⟨60⟩ *mit einer Person od. Sache eng verknüpft, ihr zugehörig*; →a. *fremd*; man kann nur seinen ~en Augen trauen; er hat die Folgen seiner Tat am ~en Leibe zu spüren bekommen; sein ~ Fleisch und Blut ⟨poet.⟩; etwas auf ~e Gefahr, Rechnung, Verantwortung tun; sein ~es Nest beschmutzen ⟨fig.⟩; es ist zu deinem ~en Nutzen, Schaden, Vorteil; in ~er Sache sprechen; ich habe es aus ~er Tasche bezahlt; sein ~er Vater hat ihn verstoßen ⟨verstärkend⟩; man kann ja vor Lärm sein ~es Wort nicht verstehen! ⟨umg.⟩ • **1.1** *aus ~er Kraft etwas erreichen ohne fremde Hilfe*; er möchte gern etwas Eigenes machen • **1.2** *jmdm. etwas zu ~en Händen übergeben dem Betreffenden persönlich* • **1.3** *jmdm. selbst gehörend (als Eigentum)*; ein ~es Haus, eine ~e Wohnung, ein ~es Zimmer haben; auf ~em Boden stehen; etwas zu ~ haben; jmdm. etwas zu ~ geben • **1.3.1** *das ist sein Eigen sein Eigentum*; etwas sein Eigen nennen • **1.3.2** *ich habe es mir zu ~ gemacht mir geistig angeeignet, es gelernt* • **1.4** *selbständig, unabhängig*; er hat es aus ~em Antrieb getan; keine ~e Meinung haben; das ist doch nicht deine ~e Meinung! • **1.4.1** *in ~er Person selbst* • **1.4.2** *auf ~en Beinen, Füßen stehen* ⟨fig.⟩ *selbständig sein*; trotz seiner Jugend steht er schon auf ~en Füßen • **1.4.3** *sein ~er Herr sein selbst bestimmen können, niemandem unterstellt sein, sich nach niemandem richten müssen* • **1.4.4** *er wollte es mit ~en Augen sehen sich selbst davon überzeugen* • **1.4.5** *etwas auf ~e Faust unternehmen* ⟨fig.⟩ *von sich aus, ohne zu fragen* • **1.4.6** *mit ~er Hand selbst* • **1.4.7** *seine(r) ~en Wege gehen* ⟨fig.⟩ *sich nichts vorschreiben lassen, sich nicht um andere kümmern* • **1.5** *besondere(r, -s)*; eine Landschaft von ~em Reiz; es ist eine ~e Sache damit; damit hat es seine ~e Bewandtnis • **1.5.1** *getrennt*; Sy *separat*; ein Zimmer mit ~em Eingang **2** ⟨72⟩ *jmdm. od. einer Sache ~ (als Eigenschaft) eigentümlich, innewohnend*; dies ist ihm ~; das ihm ~e Verantwortungsgefühl; mit der ihm ~en Tatkraft; ich erkenne ihn von weitem an dem ihm ~en Gang • **2.1** *wunderlich, sonderbar, merkwürdig, eigentümlich, eigenartig*; mir ist so ~ zumute • **2.2** *peinlich genau, bes. sorgsam*; er ist darin sehr ~ • **2.3** *anspruchsvoll, wählerisch*; sie ist in ihrer Arbeit, Kleidung sehr ~; ein sehr ~er Mensch

Ei|gen|art ⟨f.; -, -en⟩ **1** *Gesamtheit der typischen Merkmale, besondere (Wesens-)Art*; eine ~ dieser Pflanze besteht darin, dass … **2** *Eigentümlichkeit, charakteristisches Kennzeichen*; dies ist eine ~ von ihm; er kannte alle ihre ~en

ei|gen|ar|tig ⟨Adj.⟩ **1** *kennzeichnend* **2** *merkwürdig, sonderbar, ungewöhnlich, seltsam*; eine ~e Vorliebe, Veranlagung; ein ~es Wesen

Ei|gen|bröt|ler ⟨m.; -s, -⟩ = *Sonderling*; er ist im Alter ein ~, einsamer, störrischer ~ geworden

ei|gen|hän|dig ⟨Adj. 24⟩ **1** *mit eigenen Händen*; diesen Brief hat der Chef ~ geschrieben **2** *selbst (ausgeführt), persönlich* • **2.1** *einen Brief ~ übergeben dem Empfänger persönlich*

Ei|gen|heim ⟨n.; -(e)s, -e⟩ *(Einfamilien-)Haus, das dem Eigentümer selbst bewohnt*

Ei|gen|lie|be ⟨f.; -; unz.⟩ = *Selbstsucht*; jmds. ~ kränken, sich in seiner ~ verletzt fühlen

ei|gen|mäch|tig ⟨Adj.⟩ **1** *unbefugt, nach eigenem Ermessen, ohne den Zuständigen zu fragen*; ~es Handeln, Vorgehen; er hat ~ gehandelt **2 ~e Abwesenheit** ⟨Mil.⟩ *unerlaubtes Fernbleiben eines Soldaten von seiner Truppe über 3 Tage, Straftatbestand des Wehrstrafgesetzes*

Ei|gen|na|me ⟨m.; -ns, -n; Gramm.⟩ *Nomen, das ein zu Benennendes als Einzelwesen begreift, z. B. Fluss-, Stadt-, Personenname*

Ei|gen|nutz ⟨m.; -es; unz.⟩ **1** *der eigene Vorteil, Nutzen* **2** = *Selbstsucht*; aus ~ handeln

ei|gens ⟨Adv.⟩ **1** *ausschließlich, nur*; ich bin ~ gekommen, um mich mit dir auszusöhnen; seine Worte waren ~ dafür berechnet, mich zu täuschen; es ist ~ für dich bestimmt; ~ zu diesem Zweck **2** *besonders, ausdrücklich, speziell*; ich habe es ihm ~ gesagt; das ist im Vertrag nicht ~ erwähnt

Ei|gen|schaft ⟨f.; -, -en⟩ **1** *Wesen, Beschaffenheit, Besonderheit* • **1.1** *zum Wesen eines Menschen gehörendes Merkmal*; diese ~ schätze ich wenig an ihm; die hierfür notwendigen ~en fehlen ihm; gute, schlechte ~en haben • **1.2** *zur Beschaffenheit einer Sache gehörendes Merkmal*; grüne Farbe ist eine ~ vieler frischer Pflanzen **2** *jmds. ~ als Stellung, Amt, Aufgabe*; in meiner ~ als Vorsitzender erlaube ich mir …

Ei|gen|sinn ⟨m.; -(e)s; unz.⟩ **1** *zähes Festhalten an einer Meinung, einem Vorhaben usw., Starrsinn, Hartnäckigkeit*; sein ~ verärgerte die andern • **1.1** *dieser kleine ~!* ⟨fig.; umg.; veraltet⟩ *trotziges Kind*

ei|gen|sin|nig ⟨Adj.⟩ *voller Eigensinn, starrsinnig, dickköpfig, unnachgiebig auf seiner Meinung beharrend;* er ist ein ~er Mensch

ei|gent|lich ⟨Adj.; 24; Abk.: eigtl.⟩ **1** *tatsächlich, wirklich, in Wirklichkeit;* sein ~er Name ist …; sein ~er Beruf ist Schlosser; die ~e Frage ist ja die: …; das ist ihr Künstlername, ~ heißt sie …; **2** ⟨60⟩ *ursprünglich;* die ~e Bedeutung dieses Wortes war … **3** ⟨50⟩ *im Grunde genommen,* ~ hast du Recht; ~ sollte man sich nicht darum kümmern; ~ wollen wir nur ein Stündchen bleiben **4** ⟨50; verstärkend⟩ *überhaupt, denn;* was will er ~?; was ist ~ mit dir los?; was ist ~ geschehen?

Ei|gen|tum ⟨n.; -s; unz.⟩ *rechtliche Herrschaft über eine Sache mit voller Nutzungs- u. Verfügungsgewalt;* →a. *Besitz* ⟨Rechtsw.⟩; geistiges ~; persönliches, privates, öffentliches ~; das ist mein ~

Ei|gen|tü|mer ⟨m.; -s, -⟩ *Inhaber des Eigentums*

Ei|gen|tü|me|rin ⟨f.; -, -rin|nen⟩ *weibl. Eigentümer*

ei|gen|tüm|lich ⟨Adj.⟩ **1** ⟨43⟩ *eigen, jmdm. od. einer Sache innewohnend, zugehörig;* es ist ihm ~; der ihm ~e Stil; die den Tropen ~e Vegetation **2** ⟨meist [--'--]⟩ *merkwürdig, sonderbar;* eine ~e Sache!; ein ~es Lächeln; sein Verhalten berührte mich ~; sie war ein ~er Mensch

ei|gen|wil|lig ⟨Adj.⟩ *nach eigenen Grundsätzen denkend u. handelnd, eigensinnig;* ein ~es Kind; eine ~e Auffassung, Begabung, Persönlichkeit

eig|nen ⟨V.⟩ **1** ⟨600⟩ etwas eignet **jmdm.** ⟨geh.⟩ *etwas ist jmdm. eigentümlich, gehört jmdm.;* ihm eignet eine große Güte, viel Verständnis **2** ⟨517 od. 518/Vr 3⟩ **sich zu, als, für etwas** ~ *tauglich, geeignet sein, sich verwenden lassen;* dieser Stoff eignet sich nicht für eine Bluse; dieses Buch eignet sich gut als Geschenk; er eignet sich nicht für diese Aufgabe, diesen Beruf; sie eignet sich zur Schauspielerin; für etwas besonders geeignet sein; ein geeignetes Mittel finden für, gegen

Eig|nung ⟨f.; -, -en⟩ *Tauglichkeit, Befähigung;* jmdm. die ~ zu etwas absprechen; die fachliche, körperliche, persönliche ~

Ei|le ⟨f.; -; unz.⟩ **1** *Bemühen, etwas schnell zu machen;* er ist immer in ~; in der ~ habe ich das vergessen; in (aller) ~ möchte ich dir mitteilen, dass … **2** *zeitlicher Druck;* in größter ~ etwas erledigen; er hat ~; es hat ~; damit hat es keine ~

ei|len ⟨V. 400⟩ **1** ⟨(s.)⟩ *sich schnell fortbewegen, schnell kommen, gehen;* nach Hause, nach der Unglücksstelle ~; jmdm. zu Hilfe ~; zum Arzt ~ • 1.1 ~den Fußes aufbrechen *sofort, sogleich* 1.2 ⟨403⟩ eile mit Weile! ⟨Sprichw.⟩ *handle rasch, doch nicht unüberlegt!* **2** etwas eilt *muss schnell erledigt werden,* eilt! (auf Briefen, Bestellungen usw.); die Sache eilt!; es eilt mir damit; damit eilt es noch nicht **3** ⟨500Vr 3⟩ **sich** ~ ⟨umg.⟩ *sich bemühen, etwas schnell zu machen*

ei|lends ⟨Adv.⟩ *schnell, schleunigst, sofort;* er machte sich ~ auf; man holte ~ einen Arzt herbei

eil|fer|tig ⟨Adj.⟩ **1** *eifrig bemüht, dienstbeflissen;* jmd. ist ~ **2** *übereilt, überstürzt, vorschnell;* einen ~en Entschluss fassen

ei|lig ⟨Adj.⟩ **1** *in Eile befindlich, rasch, schnell;* nur nicht so ~!; ~ davonlaufen; hast du es ~?; er hörte ~e Schritte **2** *dringend, dringlich;* es handelt sich um eine ~e Angelegenheit, Mitteilung; die Sache ist sehr ~; wenn du nichts Eiligeres zu tun hast …

Ei|mer ⟨m.; -s, -⟩ **1** *Gefäß mit Henkel zum Tragen od. Aufbewahren von Flüssigkeiten, Abfällen usw.;* Müll~; Wasser~; ein ~ voll Wasser; ein ~ aus Blech, Kunststoff; den ~ mit Abfällen ausleeren • 1.1 es gießt wie aus ~n ⟨fig.; umg.⟩ *es regnet sehr heftig* • 1.2 ⟨früher in Dtschld., Österreich u. der Schweiz⟩ *Flüssigkeitsmaß (56 bis 77 l)* **2** in den ~ gucken ⟨fig.; umg.⟩ *das Nachsehen haben* • 2.1 etwas ist im ~ ⟨fig.; umg.⟩ *ist entzwei, verloren, vorbei, zerstört;* nach dem Unfall war unser Urlaub im ~

ein[1] ⟨Adv.⟩ **1** *hinein, herein* **2** ~ und aus • 2.1 bei jmdm. ~ und aus gehen *bei jmdm. häufiger Gast sein* • 2.2 nicht mehr ~ noch aus wissen *sich in einer ausweglosen Situation befinden*

ein[2] ⟨unbestimmter Artikel 4⟩ **1** ~ Mann, ~e Frau, ~ Kind; ~e andere; ~ jedes; ~ jeglicher; ~en Eid ablegen; das Amt ~es Vorsitzenden übernehmen; es gab ~e Zeit, da …; in ~em derartigen Fall; gibt es ~e günstigere Gelegenheit als …; es ist ~ wahres Glück; bei ~em so wichtigen Geschäft • 1.1 ⟨vor Eigennamen⟩ ein Mann (eine Frau), der (die) die Eigenschaft eines … hat; das konnte nur ein(e) X schaffen

ein[3] ⟨Indefinitpron. 6; allein stehend stark, nach bestimmtem Artikel schwach dekliniert⟩ **1** *jemand, man;* ~er, ~e, ~(e)s, der ~e/Eine, die ~e/Eine, das ~e/Eine; noch so ~(e)s; sie stören ~er den anderen / Einer den Anderen; sie helfen ~er dem anderen / Einer dem Anderen; es war ~er von ihnen; ~er von vielen; mit ~em dieser Kerle; ~er meiner Freunde; die ~en sagen …; so ein Verhalten ärgert ~en; wie kann ~er nur so unklug sein!; das kann ~em leidtun; sie ist sein Ein und Alles; wenn ~er eine Reise tut …; ~s geht ins andere über; immer ~s hübsch nach dem andern!; weder der ~e noch der andere / Eine noch der Andere; der ~e oder der andere / Eine oder der Andere; ~en (Tag) um den andern; der ~e und der andere / Eine und der Andere; ~er ist so viel wert wie der andere; es ist ~ und dasselbe; ~(e)s schickt sich nicht für alle; in ~em und demselben Augenblick; was für ~e?; ~er von beiden; ~(e)s ist wichtig; das ~e, was nottut; und das soll ~er glauben! ⟨umg.⟩; was man nicht weiß, macht ~en nicht heiß ⟨Sprichw.⟩ • 1.1 ~er für alle, alle für ~en ⟨Sprichw.⟩ *jeder hilft jedem* **2** das ist ~er!; *jmd., den man tadelt od. bewundert* • 2.1 er ist geschickt wie nur ~er *sehr geschickt* **3** sich ~en **genehmigen**, ~en **heben** ⟨umg.⟩ *einen Schnaps od. ein anderes alkoholisches Getränk trinken* **4** jmdm. ~e **kleben, reinhauen** ⟨umg.⟩ *eine Ohrfeige geben* **5** das tut ~em wohl *mir*

ein[4] ⟨Numerale 4; immer betont; Zeichen: 1⟩ **1** →a. *eins*[1]; ~ Buch; ~es Buches; des ~en Buches; mit ~em Paar Strümpfe; ~ Herz und ~e Seele; ~er Meinung sein; zwei neue Anzüge und ~ alter; ~

ein..., Ein...

Drittel mal ~ Viertel; dieser ~e Schüler; sein ~er Sohn; er war nicht ~en einzigen Tag krank; zwei Augen sehen mehr als ~(e)s • 1.1 ⟨nicht flektiert⟩ um ~ Uhr; nach ~ Uhr; es wird ~ bis zwei Tage dauern • 1.2 der Eine *Gott* **2** etwas ~ **für alle Mal** sagen *eine Anordnung, einen Befehl, der für immer gilt, nur ein einziges Mal äußern* • **2.1** damit ist ~ für alle Mal Schluss *endgültig* • **2.2** merk dir das ~ für alle Mal *merk dir das für künftige Fälle* **3 in** ~**em fort** *ohne Unterbrechung;* →a. *Zug (1.2.1), Schlag (1.1)* **4 mit** ~**em Wort** *kurz gesagt*

ein...¹, Ein...¹ ⟨Vorsilbe; in Zus. mit Verben trennbar⟩ **1** *in..., hinein..., in Richtung in, auf etwas bezeichnend,* z. B. eintreten, einbiegen, Einbruch **2** *etwas zusätzlich umfassend, einbeziehend,* z. B. einschließen, Einarbeitung **3** *einen Übergang von einem Zustand in einen anderen bezeichnend,* z. B. einlaufen, einfrieren **4** *eine sich wiederholende Tätigkeit, Übung bezeichnend;* z. B. einüben, einreiten **5** ⟨verstärkend⟩ einreden, einhämmern

ein...², Ein...² ⟨Vorsilbe in Zus. mit Adj. u. Subst.⟩ *eins¹;* z. B. einaktig, einphasig, Einbettzimmer

ein|an|der *auch:* **ein|nan|der** ⟨reziprokes Pron.; geh.⟩ *einer dem od. den anderen, (sich) gegenseitig;* sie hatten ~ so lieb; sie helfen ~

ein||ar|bei|ten ⟨V. 500⟩ **1** ⟨Vr 7⟩ jmdn. ~ *in eine Arbeit einführen;* ich muss meinen Nachfolger noch ~; er ist gut eingearbeitet • 1.1 ⟨505/Vr 3⟩ **sich** ~ **(in)** *mit einer Arbeit vertraut machen;* es wird noch einige Zeit dauern, bis ich mich in meine neuen Aufgaben eingearbeitet habe **2** etwas ~ *in eine Arbeit sinnvoll einfügen;* fehlende Stichwörter in ein Wörterbuch ~

ein||äschern ⟨V. 500⟩ **1** ein Gebäude ~ *(zu Asche) verbrennen;* durch den Brand wurden mehrere Häuser eingeäschert; der Brand äscherte das ganze Dorf ein **2** einen **Leichnam** ~ *durch Feuerbestattung beisetzen;* die Leiche ~; sie ist bereits vorige Woche eingeäschert worden

ein||at|men ⟨V. 400⟩ *Luft durch Nase od. Mund aufnehmen, Luft, Atem holen;* kühle Waldluft ~; tief ein- und ausatmen

Ein|bahn|stra|ße ⟨f.; -, -n⟩ *in nur eine Fahrtrichtung zu befahrende Straße*

Ein|band ⟨m.; -(e)s, -bän|de⟩ *Rücken u. Deckel eines Buches;* Hardcover~, Leder~, Leinen~ od. Original~; ein Buch mit prächtigem, haltbarem, zerrissenem, ledernem ~

ein||bau|en ⟨V. 500⟩ **1** etwas **(in etwas)** ~ *hineinbauen, als Zusatz einfügen;* einen Motor (in ein Auto, Boot) ~; neue Fenster (in eine Wohnung) ~; eine Kamera mit eingebautem Belichtungsmesser; in den eingebauten Schränken kann man sehr viel unterbringen **2** ⟨511⟩ **etwas in etwas** ~ ⟨fig.⟩ *(nachträglich) sinnvoll einfügen;* Zitate in einen Vortrag ~

Ein|baum ⟨m.; -(e)s, -bäu|me⟩ *aus einem ausgehöhlten Baumstamm hergestellter Kahn;* Sy *Kanu (1.1)*

ein||be|grif|fen ⟨Adj. 40; geh.⟩ *umschlossen, dazugenommen, -gezählt, eingeschlossen, enthalten;* im Preis ~ sind ...

ein||be|ru|fen ⟨V. 204/500⟩ **1** jmdn. od. etwas ~ *zu einer Versammlung zusammenrufen;* das Parlament, den Parteitag, Bundestag ~; die Abgeordneten wurden zu einer Sitzung einberufen **2** jmdn. ~ *zum Heeresdienst rufen, auffordern;* Rekruten zum Militärdienst ~; man berief ihn zu einer Reserveübung ein

ein||be|zie|hen ⟨V. 293/511/Vr 7 od. Vr 3⟩ **jmdn. od. etwas in etwas (mit)**~ *einschließen, aufnehmen, hinzunehmen, -rechnen, -zählen;* wir sollten dieses neueste Forschungsergebnis mit in unseren Bericht ~; jmdn. in eine Unterhaltung (mit)~; man bezog sie mit ein

ein||bie|gen ⟨V. 109⟩ **1** ⟨411(s.)⟩ *von der bisherigen Richtung abgehen u. um die Ecke in einer anderen Richtung weitergehen od. -fahren;* das Auto bog in einen Seitenweg ein; er wollte nach rechts ~ • **1.1** etwas biegt in **etwas** ein *mündet in etwas;* diese Straße biegt in die Hauptstraße ein **2** ⟨500⟩ etwas ~ *nach innen biegen, falten;* die Hutkrempe ein wenig ~ • **2.1** ⟨Vr 3⟩ etwas biegt **sich** ein *biegt sich nach innen;* das Dach hat sich unter dem Schnee leicht eingebogen

ein||bil|den ⟨V. 530/Vr 1⟩ **1** sich etwas ~ *sich unbegründete, falsche Vorstellungen machen, sich einreden;* ich bilde mir nicht ein, schön zu sein; bilde dir ja nicht ein, dass ich dir das glaube!; er hat sich steif und fest eingebildet, dass ...; sie bildet sich ein, unheilbar krank zu sein; sich allerlei ~ • **1.1** der eingebildete Kranke *Mensch, der sich einredet, krank zu sein* **2 sich etwas (auf jmdn. od. etwas)** ~ *übermäßig stolz sein;* er ist bescheiden geblieben und bildet sich nichts auf seinen Erfolg ein; sich auf seinen Reichtum etwas ~; er bildet sich viel darauf ein

Ein|bil|dung ⟨f.; -, -en⟩ **1** *Vorstellung, die nicht der Wirklichkeit entspricht;* das sind ~en!; ein Kranker ist er nur in seiner ~; das gibt es, existiert nur in deiner ~!; das ist nur in deiner ~ vorhanden **2** ⟨unz.; umg.⟩ *Überheblichkeit, Dünkel;* er platzt vor ~; an ~ leiden • **2.1 ist auch eine Bildung** ⟨umg.⟩ *jmd. ist dünkelhaft und sonst gar nichts*

ein||bin|den ⟨V. 111/505⟩ **1 etwas (in etwas)** ~ *zum Schutz in etwas hineinbinden;* seine Sachen in ein Tuch ~; die verletzte Hand ~ **2** ein **Buch** ~ *ein B. mit Deckel ad. Rücken (Einband) versehen;* Bücher in Leinen, Leder ~ lassen

ein||bläu|en ⟨V. 530⟩ jmdm. etwas ~ *jmdm. etwas eindringlich einschärfen, mit Schlägen beibringen wollen;* den Kindern ~, mit keinem Fremden mitzugehen

ein||blen|den ⟨V.; Funkw., Film, Fernsehen⟩ **1** ⟨402/Vr 1⟩ **(etwas)** ~ *eine Filmaufnahme od. Funksendung od. -szene in eine andere (allmählich stärker werdend) einschalten;* Geräusche, Musik ~; wir blenden in das Stadion ein **2** ⟨500/Vr 3⟩ **sich** ~ *sich in eine laufende Sendung einschalten;* wir blenden uns in wenigen Minuten wieder ein

ein||bleu|en ⟨alte Schreibung für⟩ *einbläuen*

Ein|blick ⟨m.; -(e)s, -e⟩ **1** *Blick in etwas hinein;* der ~ in den Garten **2** *Kenntnis durch eigenen Augenschein;* einen ~ bekommen, gewinnen; jmdm. einen ~ geben, gewähren; nur einen flüchtigen, einen gründlichen ~ haben; ~ nehmen, tun; ich habe mir ~ in die Unterlagen verschafft; mir wurde der ~ in die Unterlagen verweigert

ein∥bre|chen ⟨V. 116⟩ **1** ⟨411⟩ **bei jmdm., in** einen **Raum** ~ *gewaltsam eindringen;* in unsere(r) Wohnung wurde letzte Nacht eingebrochen **2** ⟨(s.)⟩ *durchbrechen u. nach unten stürzen, hineinstürzen;* er ist beim Schlittschuhlaufen auf dem Eis eingebrochen **3** ⟨400(s.)⟩ **Dunkelheit** bricht ein *beginnt plötzlich;* bei ~der Dämmerung muss ich zu Hause sein; mit ~der Nacht

Ein|bre|cher ⟨m.; -s, -⟩ *jmd., der einen Einbruch verübt*

Ein|bre|che|rin ⟨f.; -, -rin|nen⟩ *weibl. Einbrecher*

ein∥bren|nen ⟨V. 117/500⟩ **1** ⟨503/Vr 5 od. Vr 6⟩ **(jmdm. od. einem Lebewesen) etwas** ~ *mit glühendem Eisen o. Ä. eindrücken;* ein Brandmal ~; einem Tier ein Zeichen ~; ein Ornament auf eine Holzplatte ~ **2** ⟨530/Vr 3⟩ **etwas brennt sich jmdm. ein** ⟨fig.; geh.⟩ *etwas prägt sich jmdm. fest ein;* das Bild hat sich mir ins Gedächtnis eingebrannt **3 Mehl** ~ ⟨Kochk.⟩ *rösten, bräunen*

ein∥brin|gen ⟨V. 118/500⟩ **1** die **Ernte** ~ *hineinschaffen, -bringen;* das Getreide, Heu ~ (in die Scheune) **2** eine **Sache** bringt **etwas** ein *bringt Nutzen, Gewinn;* sein Geld so anlegen, dass es Zinsen einbringt; das Haus ist so alt und reparaturbedürftig, dass es seinem Besitzer nichts mehr einbringt **3** *ausgleichen, wettmachen;* die Verluste konnten wieder eingebracht werden; die verlorene Zeit ist nicht wieder einzubringen **4** zwei **Zeilen** ~ ⟨Typ.⟩ *so eng setzen od. so viel streichen, dass zwei Zeilen weniger auf einer Seite stehen* **5** ⟨511⟩ **Werte** in eine **Gemeinschaft** ~ *mitbringen;* 50.000 Euro in eine Firma ~; sie hat ein großes Mietshaus und noch 20.000 Euro bar in die Ehe eingebracht **6 Vorschläge** (in einer Versammlung) ~ *vorlegen, vorbringen;* einen Antrag im Parlament ~; in der Vorstandssitzung eine Entschließung ~

ein∥bro|cken ⟨V.⟩ **1** ⟨500⟩ **etwas** ~ *brockenweise hineintun;* Brot in die Suppe ~ **2** ⟨530/Vr 5 od. Vr 6⟩ **jmdm. etwas** ~ ⟨fig.; umg.⟩ *Unannehmlichkeiten verursachen, jmdn. in eine unangenehme Situation bringen* • **2.1** da hast du dir aber etwas Schönes eingebrockt! *da hast du dich in eine dumme Situation gebracht!*

Ein|bruch ⟨m.; -(e)s, -brü|che⟩ **1** *gewaltsames Eindringen;* der durch den ~ von Wasser entstandene Schaden; den Truppen gelang ein ~ in die gegnerische Front • **1.1** *gewaltsames Eindringen in ein Gebäude (um etwas zu stehlen);* Sy ⟨umg.⟩ *Bruch* (11); einen ~ in ein Haus, in eine Wohnung verüben **2** ⟨unz.; fig.; geh.⟩ *plötzlicher Beginn;* bei, mit ~ der Dämmerung, Nacht **3** ⟨fig.⟩ *plötzliche Veränderung;* ein ~ in seine gewohnte Lebensweise • **3.1** *plötzliche Veränderung zum Schlechten;* einen ~ erleiden **4** ⟨Geol.⟩ *durch Bruch der Erdrinde entstandene Vertiefung* **5** ⟨Bgb.⟩ *herausgesprengte Vertiefung, die bei der Anlage eines Grubenbaus weitere Sprengungen erleichtert*

ein∥buch|ten ⟨V. 500; umg.⟩ **jmdn.** ~ *einsperren*

ein∥bür|gern ⟨V. 500⟩ **1 jmdn.** ~ *jmdm. die Staatsangehörigkeit verleihen;* Sy *nationalisieren* (1), *naturalisieren;* Ggs *ausbürgern* **2** ⟨Vr 3⟩ **etwas** bürgert **sich** ein ⟨fig.⟩ *wird üblich;* es hat sich so eingebürgert; dieser Brauch hat sich vor Jahrhunderten hier eingebürgert; in unserer Sprache haben sich viele Fremdwörter eingebürgert

Ein|bu|ße ⟨f.; -, -n⟩ *Verlust, Schaden;* eine beträchtliche, schwere ~; (keine) ~ erleiden; ~ an Ansehen, Einfluss, Vermögen

ein∥bü|ßen ⟨V.⟩ **1** ⟨500⟩ **etwas** ~ *verlieren;* sein Ansehen, seinen guten Ruf ~; bei einem Unfall ein Bein, sein Leben ~; sein Vermögen beim Glücksspiel ~ • **1.1** ⟨800⟩ **an etwas** ~ ⟨geh.⟩ *einen Teil von etwas verlieren;* dadurch hat er sehr an Ansehen eingebüßt; die Ware hat an Güte, Haltbarkeit, Wert eingebüßt

ein∥däm|men ⟨V. 500⟩ **1** das **Hochwasser,** den **Fluss** ~ *aufhalten, mit einem Damm stauen* **2** eine **Sache** ~ ⟨fig.⟩ *einschränken, beschränken, einer S. Einhalt tun;* jmds. Redeschwall, Übermut ~; es wurde alles getan, um die Seuche einzudämmen

ein∥de|cken ⟨V. 500⟩ **1** etwas ~ *mit etwas bedecken;* die Rosen für den Winter (mit Stroh) ~; ein Dach (mit Schiefer) ~ ⟨Bauw.⟩ **2 Haustiere** ~ *mit Decken vor Kälte schützen;* viele Reitpferde werden im Winter eingedeckt **3** ⟨550/Vr 7 od. Vr 8⟩ **jmdn. od. etwas mit etwas** ~ ⟨a. fig.; umg.⟩ *überhäufen, überschütten;* er hat ihn mit Fragen, Aufgaben eingedeckt; ich bin mit Arbeit reichlich eingedeckt **4** ⟨Vr 3⟩ **sich** ~ *sich für den Notfall mit Vorräten versorgen;* wir haben uns für den Winter ausreichend mit Holzpellets eingedeckt; ich bin gut eingedeckt

ein∥deu|tig ⟨Adj.⟩ **1** *nur eine Bedeutung habend, nur eine Deutung zulassend, unmissverständlich, sehr klar;* einen ~en Beweis liefern; eine ~e Sprache sprechen; einen ~en Befehl geben • **1.1** ⟨fig.⟩ *grob, unmissverständlich, derb;* seine Absage war ~; er bekam eine ~e Abfuhr

ein∥drin|gen ⟨V. 122/410(s.)⟩ **1 in etwas** ~ *gegen Widerstand hineingelangen;* der Splitter ist tief in die Haut eingedrungen; wenn das Hochwasser steigt, wird es noch in unseren Keller ~; in die Wunde sind Bakterien, ist Schmutz eingedrungen • **1.1** *mit Gewalt hineingelangen, sich gewaltsam Zutritt verschaffen;* in eine Gemeinschaft ungebeten ~; der Dieb drang durch ein Fenster in das Haus, die Wohnung ein; bewaffnete Streitkräfte drangen in das benachbarte Land ein • **1.2** ⟨800⟩ *sich vertraut machen mit, kennenlernen, erforschen;* es ist schwer, in seine Gedankenwelt einzudringen; er versucht, in das Geheimnis einzudringen; in den Geist einer Sprache ~; forschen in medizinisches Neuland ~; ich bin noch nicht tief in dieses Problem eingedrungen; in die Zusammenhänge ~ **2** ⟨800⟩ **auf jmdn.** ~ *jmdn. bedrängen;* mit Worten auf jmdn. ~

ein∥dring|lich ⟨Adj.⟩ *nachdrücklich, dringend, mahnend;* eine ~e Bitte, Warnung; ~ sprechen; seine Rede war sehr ~; jmdn. auf das eindringlichste/Eindringlichste warnen

Ein|dring|ling ⟨m.; -s, -e⟩ *jmd., der sich gewaltsam, rücksichtslos od. ungebeten Zutritt verschafft*

Ein|druck¹ ⟨m.; -(e)s, -drü|cke⟩ **1** *durch Druck hervorgerufene Vertiefung;* der ~ *des Fußes war im weichen Boden noch deutlich zu erkennen* **2** *Einwirkung auf Fühlen u. Denken; du solltest einmal neue Eindrücke sammeln; auf meiner letzten Reise habe ich unvergessliche Eindrücke gesammelt; er stand noch unter dem* ~ *des Unglücks, als …; und dieser* ~ *bleibt haften, dauert an, hat sich noch verstärkt; ich hatte zunächst keinen guten* ~ *von ihm; deine Warnung hat ihren* ~ *nicht verfehlt; der erste* ~ *ist immer der beste* ⟨Sprichw.⟩*; einen guten, schlechten* ~ *machen; sein Verhalten hat einen ausgezeichneten, (un)günstigen, guten, schlechten* ~ *auf mich gemacht; er will* ~ *schinden* ⟨umg.⟩

Ein|druck² ⟨m.; -(e)s, -e⟩ **1** ⟨unz.⟩ *das Bedrucken (von Stoffen)* **2** *zusätzlicher Druck;* ~ *in ein Scheckformular*

ein|dru|cken ⟨V. 500⟩ *etwas* ~ *in Stoff, Papier o. Ä. drucken; Muster* ~

ein|drü|cken ⟨V.⟩ **1** ⟨500⟩ *etwas* ~ *nach innen drücken u. es dadurch verbiegen, beschädigen od. zerstören, zerbrechen; die Fensterscheiben wurden von den Dieben eingedrückt; einen Kotflügel* ~*; die gegnerische Front* ~*; eingedrückter Brustkorb, eingedrückte Nase; beim Unfall wurden ihm die Rippen eingedrückt* **2** ⟨511⟩ *etwas in einen Gegenstand* ~ *hineindrücken, so dass ein Abdruck entsteht; Ornamente in Tongefäße* ~ • 2.1 ⟨Vr 3⟩ • **2.1.1** *etwas* drückt **sich in** einen **Gegenstand** *ein hinterlässt einen Abdruck, Eindruck; die Spuren hatten sich in den Boden eingedrückt* • **2.1.2** *etwas* drückt **sich ins Gedächtnis** *ein wird nicht vergessen; dieses Erlebnis, ihr Anblick hatte sich tief in ihrer Erinnerung eingedrückt*

ein|ein|halb ⟨Numerale; in Ziffern: 1 ½⟩ *ein(e, -er, -es) u. noch ein(e) halb(e, -er, -es); oV einundeinhalb; es hat* ~ *Stunden gedauert;* ~ *Pfund Mehl*

ein|en|gen ⟨V. 500⟩ **1** *etwas* ~ *eng, enger machen; der Raum ist durch die Schränke sehr eingeengt* **2** *ein* **Kleidungsstück** *engt jmdn. ein beschränkt jmdn. in seiner Bewegungsfreiheit; dieses Kleid engt mich ein; die Bluse engt sie ein* **3** *etwas* ~ ⟨fig.⟩ *begrenzen, einschränken; einen Begriff noch mehr* ~*; jmds. Freiheit* ~*; etwas engt jmdm. das Herz, den Atem ein*

Ei|ner ⟨m.; -s, -⟩ **1** ⟨Math.⟩ *Zahl zwischen 1 und 9* • **1.1** *letzte Zahl einer mehrstelligen Zahl, Einerstelle* **2** *Sportboot für eine Person*

ei|ner|lei ⟨Adj. 11; umg.⟩ **1** ⟨40⟩ *gleich, gleichgültig; das ist (mir)* ~*;* ~*, was er tut, es glückt ihm auf jeden Fall* **2** *gleichartig, abwechslungsarm, eintönig; es gab immer nur* ~ *Kost;* ~ *Stoff, Tuch; Kleider von* ~ *Farbe*

ei|ner|seits ⟨Adv.⟩ *bei Berücksichtigung bestimmter Dinge, auf der einen Seite, zwar, aber;* ~ *…, andererseits, andrerseits, anderseits;* ~ *bin ich deiner Meinung, anderseits hat er Recht*

ein|fach ⟨Adj.⟩ **1** ⟨90⟩ *nicht zusammengesetzt, aus nur einem (od. aus gleichartigen Teilen) bestehend; ein* ~*er Bruch;* ~*e Zahlen* • **1.1** ~*er* **Satz** ⟨Gramm.⟩ *nur aus Subjekt u. Prädikat bestehender Hauptsatz* **2** ⟨90⟩ *einmal vorhanden, gemacht* • 2.1 ~*e* **Fahrt** ⟨Eisenb.⟩ *nur eine F., ohne Rückfahrt* • **2.2** ~*e* **Buchführung** *B., bei der die Geschäftsvorgänge nur einmal aufgezeichnet werden* • **2.3** ~*e* **Mehrheit** *M., die weniger als 50 % der stimmberechtigten Stimmen umfasst* **3** *leicht (verständlich), mühelos; etwas in* ~*en Worten erklären; das ist nicht ganz* ~ *zu verstehen; die Sache ist gar nicht so* ~*!; das ist sehr* ~ *zu bewerkstelligen, zu erledigen, zu machen* • **3.1** *es ist das* Einfachste*, wenn wir alle zusammen gehen; etwas auf das einfachste/*Einfachste *lösen* **4** *bescheiden, schlicht, anspruchslos; der* ~*e Mann von der Straße; er bevorzugt eine* ~*e Lebensweise; sich* ~ *kleiden; sie ist sehr* ~ *gekleidet;* ~ *essen, leben, wohnen* **5** ⟨50; verstärkend⟩ *geradezu; es war* ~ *großartig, herrlich; die Lage ist* ~ *hoffnungslos* • **5.1** *überhaupt; ich verstehe dich* ~ *nicht!* • **5.2** *kurzum; die Sache ist* ~ *die, dass …* • **5.3** *ohne weiteres; er ist* ~ *davongelaufen; du kannst doch jetzt nicht* ~ *absagen!*

ein|fä|deln ⟨V. 500⟩ **1** *einen* **Faden** ~ *durch ein Nadelöhr ziehen; den Faden in die Nadel* ~ **2** *etwas* ~ ⟨fig.; umg.⟩ *etwas geschickt anbahnen, vorbereiten; eine Intrige* ~*; einen Plan geschickt, schlau* ~ **3** ⟨Vr 3⟩ **sich** ~ *sich (auf einer stark befahrenen Straße) in eine Kolonne von Autos einreihen*

ein|fah|ren ⟨V. 130⟩ **1** ⟨400(s.) od. 410⟩ *fahrend (in etwas) hineingelangen; Ggs ausfahren (1.3); das Schiff fuhr in den Hafen ein; der ICE aus Hamburg wird in wenigen Minuten auf dem Bahnsteig 5* ~*; der Zug ist (in den Bahnhof) eingefahren* • **1.1** ⟨Bgb.⟩ *zur Arbeit (in den Schacht) fahren; Ggs ausfahren (1.2); die Bergleute sind um 8 Uhr in die Grube eingefahren* • **1.2** *ein* **Zug** *fährt in den* **Bahnhof***; Ggs ausfahren (1.3)* • **1.3** ⟨Jägerspr.⟩ *in den Bau kriechen; der Fuchs, Dachs fährt ein* **2** ⟨500⟩ *et*was ~ *hineinfahren (in etwas); den Wagen vorsichtig* ~ *(in die Garage)* • **2.1** *durch Hineinfahren beschädigen, zertrümmern; ein Schaufenster* ~*; unser Zaun wurde in der vergangenen Nacht von einem Wagen eingefahren* • **2.2** *mit einem Fahrzeug einbringen; die Ernte* ~*; wir wollen morgen das Getreide* ~ • **2.3** *durch Fahren allmählich leistungsfähig machen; der Wagen ist noch nicht eingefahren* • **2.4** ⟨Vr 3⟩ **sich** ~ *sich im Fahren üben; er muss sich erst noch* ~ • **2.4.1** *eine* **Sache** *fährt* **sich** *ein* ⟨fig.; umg.⟩ *wird zur Gewohnheit, spielt sich ein; die Sache hat sich gut eingefahren*

Ein|fahrt ⟨f.; -, -en⟩ **1** *das Hineinfahren; die Bergleute machen sich zur* ~ *bereit; Vorsicht bei* ~ *des Zuges!* • **1.1** ⟨Eisenb.⟩ *Erlaubnis zum Einfahren in einen Bahnhof; der Zug hat noch keine* ~ **2** *Öffnung zum Hineinfahren; Hafen*~*, Hof*~*; bitte die* ~ *freihalten; vor der* ~ *darf nicht geparkt werden* **3** ⟨Jägerspr.⟩ *die zum Bau eines Wildes führende Röhre*

Ein|fall ⟨m.; -(e)s, -fäl|le⟩ **1** *plötzlicher Gedanke, ungewöhnliche Idee; es war nur so ein* ~ *von mir; ein genialer, glänzender, glücklicher, launiger, seltsamer, witziger, wunderlicher* ~*; er kam auf den* ~*, sie anzurufen* • **1.1** *Einfälle wie ein altes Haus* ⟨umg.⟩ *sonderbare E.* **2** *Eindringen (aus einer bestimmten Rich-*

tung); der ~ des Lichtes durch die Fenster **3** *gewaltsames Eindringen;* ~ feindlicher Truppen **4** ⟨Mus.⟩ *Einsetzen beim Mitspiel;* ~ der Bläser **5** *Einsturz*

ein‖fal|len ⟨V. 131(s.)⟩ **1** ⟨600⟩ *etwas* fällt jmdm. ein *kommt jmdm. (plötzlich) in den Sinn;* da fällt mir gerade Folgendes ein; plötzlich fiel ihm ein, dass …; mir fällt nichts Besseres ein; mir fällt zu diesem Thema nichts mehr ein; sein Name will mir nicht ~; da hättest du dir aber etwas Besseres ~ lassen können! • **1.1** das fällt mir gar nicht, nicht im Traum(e) ein! ⟨umg.⟩ *ich habe keineswegs die Absicht, das zu tun!* • **1.2** lassen Sie sich ja nicht ~, … *versuchen Sie nicht,* … • **1.3** was fällt ihm ein? *was erlaubt er sich?* • **1.4** jmdm. ~ *ins Gedächtnis kommen;* es wird mir schon wieder ~ **2** ⟨400⟩ **Licht** fällt ein *strömt, dringt herein;* die ~den Lichtstrahlen werden in der Linse gebrochen **3** ⟨405⟩ **Federwild** fällt (auf etwas) ein ⟨Jägerspr.⟩ *lässt sich nieder;* die Enten fallen auf dem Teich ein **4** ⟨411⟩ in etwas ~ *gewaltsam eindringen;* plündernd und mordend ins Land ~ **5** ⟨417⟩ *in etwas einstimmen;* mit dem Chor ~ **6** ⟨400⟩ *einstürzen, zusammenfallen;* die alte Mauer wird bald ~ **7** ⟨400⟩ *mager werden, abmagern, einsinken;* seine Wangen sind ganz eingefallen • **7.1** eingefallene Augen *tiefliegende A.* **8** ⟨400; Part. Präs.⟩ ~d ⟨Bgb.⟩ *sich in einer Richtung senkend;* ~des Gestein

Ein|falt ⟨f.; -; unz.⟩ **1** ⟨geh.⟩ *Einfachheit u. Reinheit des Gemüts, Naivität;* die ~ des Herzens, eines Kindes; reine, fromme, kindliche ~ **2** *arglose, gutmütige Beschränktheit* • **2.1** die **liebe** ~! *einfältige Person*

ein|fäl|tig ⟨Adj.⟩ *töricht-naiv, dumm, gutgläubig;* wie kann man nur so ~ sein!

Ein|falts|pin|sel ⟨m.; -s, -; umg.⟩ *törichter, beschränkter Mensch;* so ein ~!

ein|far|big ⟨Adj. 24⟩ *in nur einer Farbe gehalten, uni;* oV ⟨österr.⟩ *einfärbig;* ein ~es Kleid; ein ~er Stoff

ein|fär|big ⟨Adj. 24; österr.⟩ = *einfarbig*

ein|fas|sen ⟨V. 500⟩ **1** etwas (mit etwas) ~ *umrahmen, mit einem (festen) Rand umgeben;* einen Garten mit einer Hecke, einer Mauer ~; das Wasserbecken ist mit Steinen eingefasst ~ • **1.1** eine **Naht**, ein **Kleid** ~ *mit Borte versäubern, besetzen* • **1.2** **Edelsteine** ~ *E. mit einer Fassung (aus Gold u. a.) versehen* **2** Heringe ~ *in Fässer legen, schichten*

ein|fin|den ⟨V. 134/500/Vr 3⟩ **sich** ~ *eintreffen, kommen;* wir fanden uns zum verabredeten Zeitpunkt pünktlich ein

ein|flech|ten ⟨V. 135/500⟩ **1** ⟨505⟩ *etwas (in etwas) ~ durch Flechten dazwischenbringen;* ein buntes Band ins Haar ~ **2** eine **Sache** ~ ⟨fig.⟩ *erwähnen, einfügen, einwerfen (im Gespräch);* er hatte einige Zitate in seine Rede eingeflochten

ein|flie|gen ⟨V. 136⟩ **1** ⟨500⟩ ein **Flugzeug** ~ *ein neues F. durch Fliegen ausprobieren od. kontrollieren u. es dadurch zur vollen Leistung bringen;* er hat die neue Maschine eingeflogen **2** ⟨500⟩ jmdn. od. etwas ~ ⟨bes. Mil.⟩ *in ein gefährdetes Gebiet od. in einen eingeschlossenen Ort mit dem Flugzeug transportieren;* das Rote Kreuz hat Lebensmittel in die überschwemmten Gebiete eingeflogen; neue Verbände,

Reservisten in die Stadt ~ **3** ⟨400 od. 411(s.)⟩ *hineinfliegen;* feindliche Kampfflugzeuge sind in unser Gebiet eingeflogen

ein|flie|ßen ⟨V. 138/400(s.)⟩ **1** etwas fließt ein *etwas fließt in etwas hinein;* schädliche Abwässer fließen in den Kanal ein; kalte Polarluft floss von Norden ein ⟨Meteor.⟩; einfließende Kaltluft ⟨Meteor.⟩; größere Gelder sind in den Wohnungsbau eingeflossen ⟨fig.⟩ **2** etwas ~ **lassen** ⟨fig.⟩ *etwas (unauffällig) bemerken, beiläufig einflechten;* er ließ ~, dass er verreisen muss; etwas gesprächsweise ~ lassen

ein|flö|ßen ⟨V. 530/Vr 5 od. Vr 6⟩ **1** jmdm. etwas ~ *jmdm. eine Flüssigkeit vorsichtig zu trinken geben;* einem Kranken Medizin, Tropfen, Arznei ~ **2** jmdm. ein **Gefühl** ~ ⟨fig.⟩ *in jmdm. ein G. hervorrufen;* er flößte mir Achtung, Bewunderung, Vertrauen ein; seine Worte haben ihm Furcht, Angst, Respekt eingeflößt

Ein|fluss ⟨m.; -es, -flüs|se⟩ **1** *das Münden, Einfließen* **2** ⟨fig.⟩ *bestimmende Einwirkung auf das Verhalten von jmdm. od. etwas;* sein ~ wächst ständig; sein ~ schwindet immer mehr; du brauchst seinen ~ nicht zu fürchten, solltest ihn aber auch nicht unterschätzen; du musst deinen ~ auch geltend machen; er versteht es nicht, sich ~ zu verschaffen; keiner ist fremden Einflüssen völlig unzugänglich; ein Mann von großem ~; das ist von großem, gutem, nachteiligem, unheilvollem ~ für uns; er steht völlig unter ihrem ~; ~ auf etwas od. jmdn. ausüben, haben, nehmen; ~ gewinnen; der ~ des Wetters auf seine Stimmung; ich habe keinen ~ auf seine Entscheidungen; der ~ polarer Kaltluft auf unsere Wetterlage; ich habe leider keinen ~ darauf

ein|fluss|reich ⟨Adj.⟩ *großen Einfluss ausübend;* ein ~er Gönner

ein|för|mig ⟨Adj.⟩ *wenig Abwechslung bietend, immer gleichbleibend, langweilig, eintönig;* eine ~e Arbeit; ein ~es Leben führen

ein|frie|den ⟨V. 500⟩ etwas ~ *einzäunen, schützend umgeben lassen;* man friedete den Park mit einer Hecke ein; eingefriedete Grundstücke

ein|frie|ren ⟨V. 140⟩ **1** ⟨400(s.)⟩ • **1.1** *von Eis umgeben u. festgehalten werden;* einige Schiffe sind auf dem Rhein eingefroren • **1.2** *durch Frost unbenutzbar werden;* die eingefrorenen Wasserrohre sind geplatzt • **1.3** *gefrieren u. dadurch haltbar werden;* ich koche auf Vorrat und lasse die Gerichte dann in der Tiefkühltruhe ~ **2** ⟨500⟩ etwas ~ *durch Frost haltbar machen;* Fleisch, Gemüse ~ **3** ⟨500⟩ eine **Sache** ~ ⟨fig.⟩ *auf dem gegenwärtigen Stand ruhen lassen, nicht weiterführen;* Verhandlungen ~ • **3.1** eingefrorene **Kredite** *K., die am Fälligkeitstag nicht zurückgezahlt werden können*

ein|fü|gen ⟨V. 500⟩ **1** etwas ~ *in etwas fügen, dazwischenschieben, -legen, -setzen usw., einfügen, einschieben, einarbeiten, zusätzlich anbringen;* noch einige Sätze in ein Manuskript ~; in beschädigtes Mauerwerk einige Steine ~; an dieser Stelle möchte ich noch einige lobende Worte ~ **2** ⟨511/Vr 3⟩ **sich in etwas** ~ *sich anpassen, eingliedern, -ordnen;* er hat

einfühlen

sich schnell in die neue Umgebung eingefügt; er kann sich nur schwer in eine Gemeinschaft ~

ein|füh|len ⟨V. 505/Vr 3⟩ **sich (in etwas)** od. **jmdn. ~** ⟨fig.⟩ sich in jmdn., in jmds. Lage, Stimmung usw. hineinversetzen, jmds. Seelenleben verstehen; ich kann mich nur schwer in diese Stimmung ~

Ein|fuhr ⟨f.; -, -en⟩ das Hereinbringen ausländischer Waren ins Inland; Sy Import; Ggs Ausfuhr; die ~ von Holz, Öl; die Zunahme, Abnahme der ~

ein|füh|ren ⟨V. 500 od. 511⟩ **1** etwas ~ vorsichtig hineinschieben, hineingleiten lassen; den Schlauch in den Magen ~; der Kranke bekam abends ein Zäpfchen eingeführt **2 Waren** ~ aus dem Ausland hereinbringen; Sy importieren (1); im nächsten Jahr sollen noch mehr Waren aus Japan eingeführt werden **3** etwas ~ auf den Markt, in Gebrauch bringen, verbreiten; einen neuen Artikel ~; eine Mode ~; einen Brauch ~; im nächsten Schuljahr werden wir neue Lehrmethoden an unserer Schule ~; dieses System lässt sich bei uns nicht ~ • **3.1** das wollen wir gar nicht erst ~! mit so etwas wollen wir gar nicht erst anfangen • **3.2 gut** eingeführt gut bekannt u. anerkannt; die Firma ist gut eingeführt; Vertreter für gut eingeführten Artikel gesucht **4 jmdn. ~** anleiten, unterweisen; die neuen Mitarbeiter müssen erst eingeführt werden **5** ⟨Vr 7 od. Vr 8⟩ **jmdn. in** ein **Aufgabengebiet** ~ mit einem A. vertraut machen; ich werde sie in ihre Arbeit ~; der neue Rektor wurde gestern in sein Amt eingeführt **6** ⟨Vr 7 od. Vr 8⟩ **jmdn. bei jmdm., in** einem **Kreis** ~ in offizieller Form bekanntmachen, vorstellen; ich werde dich bei ihm ~; bei jmdm. eingeführt sein; jmdn. in eine Familie, Gesellschaft, in ein Haus ~ • **6.1** du hast dich ja gut eingeführt! ⟨iron.⟩ gleich beim ersten Besuch schlecht benommen **7 jmdn.** od. **etwas in etwas ~** zum ersten Mal auftreten, in Erscheinung treten lassen; eine neue Person im Roman ~

Ein|ga|be ⟨f.; -, -n⟩ **1** ⟨unz.⟩ das Eingeben (von Medizin usw.) **2** Bittschrift, Gesuch; eine ~ einreichen, machen, jmds. ~ ablehnen, bearbeiten, prüfen, weiterleiten; eine ~ an eine Behörde, ein Ministerium, eine einflussreiche Persönlichkeit **3** ⟨EDV⟩ das Eingeben von Daten in einen Computer

Ein|gang ⟨m.; -(e)s, -gän|ge⟩ **1** Öffnung zum Eintreten; Ggs Ausgang (1); Haupt~, Neben~; am, vorm ~ auf jmdn. warten; der Park hat vier Eingänge; das Haus durch einen seitlichen, zweiten ~ verlassen **2** ⟨unz.⟩ Zutritt; verbotener ~; ~ verboten!; in eine Gesellschaft, einen Kreis, in ein Wissenschaftsgebiet ~ finden; er versuchte vergeblich, sich in die Gesellschaft ~ zu verschaffen • **2.1** jmdm. ~ verschaffen bei jmdn. einführen bei **2.2** einer Sache ~ verschaffen eine Sache einführen • **2.3** Anfang, Einleitung (einer Rede) **3** ⟨unz.⟩ Eintreffen, Erhalt (von Post- u. Geldsendungen); wir bestätigen gern den ~ Ihres Schreibens vom …; ~ vorbehalten ⟨Kaufmannsspr.; Abk.: E. v.⟩; vorbehaltlich des ~s **4** die Gesamtheit der an einem Tag angekommenen Post-, Geldsendungen usw.; den ~, die Eingänge bearbeiten, buchen, registrieren

ein|gangs 1 ⟨Adv.; förml.⟩ am Anfang; wie ~ erwähnt; der ~ erwähnte … **2** ⟨Präp. mit Gen.⟩ am Anfang; ~ des Schreibens; ~ des zweiten Kapitels

ein|ge|ben ⟨V. 143/530⟩ **1 jmdm. etwas ~** einflößen; jmdm. eine Arznei ~ **2 jmdm. Gedanken, Gefühle ~** in jmdm. aufkommen lassen; jmdm. einen Gedanken ~ **3** ⟨530 od. 511; EDV⟩ **Daten** in einen Computer, in einen Rechner ~ von einem C., R. aufnehmen lassen **4** ⟨500⟩ ein **Gesuch ~** ⟨veraltet⟩ (bei einer Behörde) einreichen

ein|ge|bil|det 1 ⟨Part. Perf. von⟩ einbilden **2** ⟨Adj.⟩ vom eigenen Wert, von der eigenen Tüchtigkeit allzu sehr überzeugt, dünkelhaft, auf andere herabschauend, überheblich; ein ~er Mensch; sie ist maßlos ~

ein|ge|bo|ren¹ ⟨Adj. 24⟩ **1** ⟨60⟩ in einem Lande geboren u. dort lebend, einheimisch, inländisch; die ~e Bevölkerung **2** ⟨geh.⟩ angeboren, ererbt; seine ~e Intelligenz; ~e Rechte verletzen • **2.1** ⟨43⟩ **jmdm.** ist etwas ~ jmd. hat etwas von Geburt an; dieses Streben ist dem Menschen ~

ein|ge|bo|ren² ⟨Adj. 60; christl. Rel.⟩ der ~e **Sohn** Gottes, unseres Herren der einzige S.; Christus

Ein|ge|bo|re|ne(r) ⟨f. 2 (m. 1)⟩ jmd., der in einem bestimmten Lande geboren ist u. dort lebt (bes. von Naturvölkern), Ureinwohner; die ~n Neuguineas

Ein|ge|bung ⟨f.; -, -en⟩ plötzlich auftauchender (wichtiger, entscheidender) Gedanke, Einfall, Intuition; eine ~ haben; dichterische ~en; sie folgte einer plötzlichen ~

ein|ge|denk ⟨Präp. m. Gen.⟩ einer **Sache ~ sein** sich einer Sache bewusst sein, (stets) daran denken, sich vor Augen halten, nicht vergessen; jmds. od. einer Sache ~ bleiben; ~ dessen, dass …; ~ seines Versprechens, seiner Warnung, ging er nicht aus dem Haus

ein|ge|fleischt ⟨Adj.; fig.⟩ **1** ⟨60; oft abwertend⟩ überzeugt, unverbesserlich; ein ~er Junggeselle; er ist ein ~er Optimist **2** ⟨70; selten⟩ zur zweiten Natur geworden, nicht mehr zu ändern; ~e Gewohnheiten; seine tief ~e Sparsamkeit

ein|ge|hen ⟨V. 145(s.)⟩ **1** ⟨800⟩ **in etwas ~** hineingehen, in etwas Aufnahme finden; das wird in die Geschichte ~ • **1.1** in den ewigen Frieden, zur ewigen Ruhe ~ sterben **2** ⟨600⟩ **etwas geht jmdm. ein** ⟨umg.⟩ wird von jmdm. aufgenommen; das Lob geht mir ein wie Milch und Honig • **2.1** das Kompliment geht ihm glatt ein er hört es gern, erhebt keinen Widerspruch **3** ⟨400⟩ **etwas geht ein** trifft ein, kommt an; Briefe, Waren sind eingegangen; das Geld wird morgen ~; ist viel Post eingegangen?; die eingegangene Post durchsehen **4** ⟨400⟩ **etwas geht ein** wird enger, kleiner; der Stoff geht ein; das Kleid ist (beim Waschen) eingegangen **5** ⟨700⟩ aufhören zu existieren, absterben; die Firma, das Geschäft, die Zeitung ist eingegangen; ein Bergwerk, einen Betrieb ~ lassen; der Hund ist an der Staupe eingegangen; während der großen Dürre sind alle Pflanzen eingegangen **6** ⟨400; umg.⟩ Schaden, Verlust haben, den Kürzeren ziehen, bestraft werden; bei diesem Geschäft, dabei ist er (schön) eingegangen **7** ⟨500⟩ eine **Sache ~** einer S. zustimmen, sich mit ihr einverstanden erklären, sich durch eine S. (vertraglich) binden; eine Ehe ~; ein Geschäft ~; Verpflichtungen ~; eine Versicherung, einen Vertrag ~; eine Wette ~ **8** ⟨800⟩ **auf jmdn. od. etwas ~** *sich mit jmdm. od. etwas auseinandersetzen, beschäftigen;* auf ein Kind (aufmerksam, nett, verständnisvoll) ~; auf einen Plan, einen Vorschlag ~; darauf werde ich nachher noch (ausführlicher, näher) ~; darauf kann ich jetzt nicht ~

ein|ge|hend 1 ⟨Part. Präs. von⟩ *eingehen* **2** ⟨Adj. 90⟩ *ins Einzelne gehend, ausführlich, genau, sorgfältig;* eine Angelegenheit ~ prüfen; ein Thema ~ behandeln, erörtern; sich ~ mit einer Sache beschäftigen

ein|ge|ses|sen 1 ⟨Part. Perf. von⟩ *einsitzen* **2** ⟨Adj. 24/70⟩ *(seit Generationen) ansässig, (schon lange) heimisch;* alt~; eine ~e Firma; die Familie ist dort ~

ein|ge|ste|hen ⟨V. 256/500/Vr 5 od. Vr 6⟩ **etwas ~** *bekennen, gestehen, zugeben;* er hat den Diebstahl eingestanden; ich gestehe mir offen ein, dass …

Ein|ge|wei|de ⟨nur Pl.⟩ *die in den großen Körperhöhlen (Brust, Bauch, Becken) liegenden inneren Organe;* menschliche, tierische ~

ein|ge|wur|zelt 1 ⟨Part. Perf. von⟩ *einwurzeln* **2** ⟨Adj. 70⟩ • **2.1** *sehr festsitzend, seit alters geübt;* ein tief ~er Brauch • **2.2** *von jeher vorhanden;* ein ~es Übel • **2.3** *sehr tiefsitzend;* ~er Hass

ein|glie|dern ⟨V. 500/Vr 7⟩ **jmdn. od. etwas ~** *als Glied in etwas einfügen, sinnvoll einordnen;* sich einer Gemeinschaft ~; er kann, will sich nicht ~; die Körperbehinderten wieder in den Arbeitsprozess ~

ein|gra|ben ⟨V. 157/500⟩ **1 etwas ~** *durch Graben so in die Erde bringen, dass es teilweise bedeckt ist;* einen Pfahl ~; eine Pflanze ~ **2 jmdn. od. etwas ~** *durch Graben so in die Erde bringen, dass er od. es vollständig bedeckt ist;* Schätze ~ • **2.1** ⟨Vr 3⟩ **sich ~** ⟨Mil.⟩ *sich zum Schutz einen Graben anlegen.* **2.2** ⟨Vr 3⟩ **sich ~** *sich einen Bau, ein Versteck in die Erde graben;* manche Tiere graben sich ein **3** *eine schmale* **Vertiefung ~** *mit einem spitzen Gegenstand anbringen;* eine Inschrift in Stein ~ **4** ⟨530/Vr 1⟩ **sich eine Sache ins Gedächtnis ~** ⟨fig.⟩ *tief einprägen;* sich etwas ins Gedächtnis ~ • **4.1** ⟨405/Vr 3⟩ *etwas gräbt sich jmdm. in etwas ein hinterlässt Spuren in jmdm.;* das Erlebnis hat sich mir tief ins Herz eingegraben

ein|grei|fen ⟨V. 158/800⟩ **1** *das* **Zahnrad greift ins Getriebe ein** *das Z. greift, fasst ins G. u. treibt es an* **2** ⟨fig.⟩ *etwas unternehmen, einschreiten (gegen etwas), sich energisch, entschlossen in etwas einmischen;* hier muss man (energisch) ~; seinem Eingreifen war es zu verdanken, dass …; er griff in das Gespräch ein; die Polizei hat bei der Schlägerei eingegriffen • **2.1** *in* jmds. **Rechte ~** *jmds. R. verletzen* **3** ⟨Part. Präs.⟩ ~d *entscheidend;* etwas ist von ~der Bedeutung, Wichtigkeit

Ein|griff ⟨m.; -(e)s, -e⟩ **1** ⟨Med.⟩ *Operation;* ein chirurgischer, operativer ~; einen ~ machen, durchführen; er musste sich einem ~ unterziehen • **1.1 verbotener ~** *Abtreibung* **2** *(unrechtmäßiges) Eingreifen, Übergriff (auf);* ~ in jmds. Rechte; ein gewaltsamer, empfindlicher, roher ~; einen ~ in die Privatsphäre abwehren

ein|ha|ken ⟨V.⟩ **1** ⟨500⟩ **jmdn. od. etwas ~** *mit einem Haken befestigen, verbinden* • **1.1** ⟨Vr 3 od. Vr 4⟩ **sich ~** *seinen angewinkelten Arm in jmds. angewinkelten Arm schieben;* Sy *einhängen (2);* sich bei jmdm. ~; mit jmdm. eingehakt gehen **2** ⟨410; umg.⟩ *in das Gespräch eingreifen;* hier muss man einmal ~; ich fand keine Gelegenheit, bei der ich hätte ~ können

Ein|halt ⟨m.; -(e)s; unz.⟩ **1 jmdm. ~ gebieten** ⟨geh.⟩ *weiteres Tun verhindern, jmdn. zur Beendigung seines Tuns auffordern;* ein Sturm gebot uns ~ **2 einer Sache ~ gebieten, tun** ⟨geh.⟩ *eine S. beendigen, an weiterer Ausbreitung hindern, eindämmen, zurückhalten;* einer Seuche, einem Übel ~ gebieten

ein|hal|ten ⟨V. 160⟩ **1** ⟨500⟩ **etwas ~** *vereinbarungsgemäß erfüllen, einer Verpflichtung nachkommen;* er hielt den Termin, die Frist pünktlich ein; er hat die Lieferzeit, den Plan (nicht) eingehalten; eine Diät, einen Vertrag ~; der Zug hielt seine Fahrzeit (nicht) ein; die Zeit ~ **2** ⟨500⟩ **etwas ~** *nicht von etwas abweichen;* das Flugzeug hat den Kurs eingehalten; den Abstand zwischen den Autos ~; die Richtung ~ **3** ⟨500⟩ **etwas ~** *etwas zusammenziehen od. in kleine Fältchen legen u. dadurch die Weite verringern;* eine Naht, einen Saum ~; die Taille muss noch eingehalten werden **4** ⟨410 od. 800⟩ **mit, in etwas ~** ⟨geh.⟩ *aufhören, innehalten, zögern;* halt ein!; er hielt im, mit dem Lesen, Sprechen ein; in der, mit der Arbeit ~; er lauschte mit eingehaltenem Atem

ein|hän|dig ⟨Adj. 24⟩ *mit nur einer Hand;* ~ Fahrrad fahren

ein|hän|gen ⟨V.⟩ **1** ⟨500⟩ **etwas ~** *an der dafür vorgesehenen Stelle durch Hängen befestigen;* das Fenster, die Tür ~ (in die Angeln) • **1.1** ⟨400⟩ *den Telefonhörer auflegen (u. damit ein Gespräch beenden);* er hat schon eingehängt **2** ⟨500/Vr 3 od. Vr 4⟩ **sich ~** ⟨umg.⟩ = *einhaken (1.1);* ich hänge mich bei ihm ein; sie hängen sich ein

ein|hei|misch ⟨Adj. 70⟩ **1** *in einem Land od. Ort od. in einer Provinz geboren u. dort lebend, beheimatet, fest ansässig, alteingesessen;* ~e Bevölkerung, Arbeiter **2** ~e **Pflanze** *bodenständige P.* **3** *inländisch;* ~e Produkte, Industrie

ein|heim|sen ⟨V. 500⟩ **etwas ~ 1** ⟨urspr.⟩ *heimbringen, ernten;* Früchte, die Ernte ~ **2** ⟨fig.; umg.⟩ *für sich erlangen;* Erfolg, Lob ~; Geld, Vorteile ~

ein|hei|ra|ten ⟨V. 411⟩ **in eine Familie, ein Familienunternehmen ~** *durch Heirat Mitglied einer (reichen) Familie u. oft auch Mitbesitzer von deren Vermögen werden;* sie heiratet in eine vornehme Familie ein; er hat in das Geschäft, Unternehmen eingeheiratet

Ein|heit ⟨f.; -, -en⟩ **1** ⟨unz.⟩ *Zusammenhang u. Zusammenwirken von Einzelteilen;* die ~ einer Nation; die innere ~ eines Kunstwerkes; die politische, staatliche, sprachliche, wirtschaftliche ~; die ~ der Zeit, des Ortes und der Handlung (als dramatisches Prinzip) • **1.1** *etwas Zusammengehöriges, Untrennbares, ein Ganzes;* Gegensätze zu einer höheren ~ verbinden; eine ~ bilden • **1.2** *die deutsche* **~** *Zusammengehörigkeit der ost- und westdeutschen Landesteile;*

die Bundeskanzlerin bekräftigte ihr Bekenntnis zur deutschen ~ **2** ⟨Wissth.⟩ *Einzelwesen, einzelne Sache od. einzelne Klasse von Sachen od. Personen eines größeren Ganzen* **3** *Größe, die bei der Bestimmung eines Maßes zugrunde liegt;* Maß~, Gewichts~, Währungs~; der Euro ist die ~ unserer Währung; wir mochten in dieser Hinsicht, physikalische ~ **4** *unterste militärische Gliederungsform, deren Führer Disziplinargewalt hat, z. B. Kompanie, Batterie, Staffel*

ein|heit|lich ⟨Adj.⟩ **1** *eine Einheit bildend, zusammengehörend;* ein ~es Konzept entwickeln **2** *in gleicher Weise (gestaltet), gleichmäßig;* die Mitarbeiter sind ~ gekleidet

ein|hei|zen ⟨V.⟩ **1** ⟨400⟩ *heizen, Feuer machen;* sie hat eingeheizt, aber in dem Zimmer ist es noch kühl; in diesem Jahr musste man schon im September ~; bei dieser Kälte heizen wir tüchtig ein • **1.1** ⟨500⟩ **etwas ~** *etwas durch Heizen wärmen;* den Ofen, das Zimmer ~ **2** ⟨600⟩ **jmdm.** (tüchtig) ~ ⟨fig.; umg.⟩ *jmdm. heftige Vorwürfe machen, jmdn. energisch mahnen;* ich habe ihm gehörig eingeheizt **3** ⟨410; fig.; umg.⟩ *viel trinken;* er hat gestern zu stark eingeheizt

ein|hel|lig ⟨Adj.⟩ *übereinstimmend;* die ~e Meinung aller; alle drei Zeugen haben ~ behauptet, dass …

ein|her… ⟨Vorsilbe; bei Verben trennbar; geh.⟩ *daher, heran, umher;* einherfahren, einherkommen, einherschreiten

ein|her|ge|hen ⟨V. 145(s.); geh.⟩ **1** ⟨410⟩ *in bestimmter Weise* ~ *daher-, heran-, umhergehen;* hochmütig, stolz ~; prächtig gekleidet ~ **2** ⟨417⟩ **mit etwas ~** *zusammen mit etwas anderem auftreten, erscheinen, mit etwas anderem verbunden sein;* Masern gehen mit Fieber u. Ausschlag einher

ein|ho|len ⟨V.⟩ **1** ⟨500⟩ • **1.1** *etwas* ~ *von seinem vorherigen Platz entfernen u. zu sich holen;* ein Boot, Tau ~; eine Flagge, ein Segel ~ • **1.2** **jmdn. od. etwas ~** ⟨geh.⟩ *empfangen u. an einen Ort geleiten;* jmdn. feierlich ~ • **1.3** **jmdn. ~** *nachlaufend erreichen, jmds. Leistungen nach anfänglichem Zurückbleiben gleichkommen* • **1.4 Versäumtes, Verlorenes ~** *wettmachen;* einen Verlust, Vorsprung ~ • **1.5 Informationen, Anweisungen ~** *sich geben lassen;* Auskunft ~; die Erlaubnis oder Genehmigung ~ (für, zu …); jmds. Rat, Urteil ~ **2** ⟨400; umg.⟩ *(den täglichen Bedarf bes. an Lebensmitteln) einkaufen;* ~ gehen

ein|hül|len ⟨V. 500/Vr 7 od. Vr 8⟩ **jmdn. od. etwas ~** *in etwas hüllen, lose einwickeln;* jmdn. warm ~; einen Kranken in Decken ~; sich in einen Mantel ~; in Papier ~; die Berge hatten sich in Wolken eingehüllt ⟨fig.⟩

ei|nig ⟨Adj.⟩ **1** *geeint, fest zusammengehörend;* eine ~e Nation, ein ~es Volk; wir müssen ~ sein **2** *eines Sinnes, einer Meinung seiend, übereinstimmend;* sich mit jmdm. ~ wissen; (sich) mit jmdm. ~ werden, sein; wir sind (uns) darin, darüber völlig, nicht ganz ~; darin (in dieser Hinsicht), darüber sind wir uns ~; wir sind uns noch nicht über die Form ~; über den Preis werden wir schon ~ werden; in dieser Frage bin ich (mir) mit ihm völlig ~ • **2.1** **sich mit sich selbst (noch nicht) ~ sein** *(noch nicht) klar über et-*

was sein; ich bin mir mit mir noch nicht ganz ~, ob ich an dem Ausflug teilnehmen soll • **2.2** er ist heute mit sich selbst nicht ~ *ist schlecht gelaunt, niedergeschlagen* • **2.3** die beiden sind sich ~ ⟨umg.⟩ *wollen heiraten* **3** ⟨60⟩ der ~e **Gott** *der einzige G.*

ei|ni|ge(r, -s) ⟨Indefinitpron.⟩ **1** ⟨Sg.; Deklination eines nachfolgenden Adjektivs schwankt⟩ • **1.1** *ein wenig, etwas;* nach ~r Zeit; mit ~m guten Willen wird es schon gehen; ~s Geld hatte ich noch; ~s davon kenne ich schon • **1.1.1** *nicht allzu groß;* in ~r Entfernung • **1.2** *ziemlich viel;* ich habe dazu noch ~s zu sagen; das hat doch ~n Eindruck gemacht; ich habe darin ~ Erfahrung; es gehört schon ~ Frechheit, ~r Mut dazu; in dem Buch ist ~s Gute zu finden; dazu muss man schon ~s politische Rüstzeug mitbringen **2** ⟨Pl.; nachfolgendes Adjektiv wird stark dekliniert⟩ • **2.1** *manche, mehrere, ein paar, wenige (aber mehr als zwei);* ~ haben dem Vorschlag zugestimmt; ~n ist der Ausflug nicht gut bekommen; ~ der schönsten Bilder; ~ schöne Bücher; ~ meiner Freunde; die Ruinen ~r verbrannter Häuser; ~ Mal / ~ Male bin ich dort gewesen; ~ Menschen, Tiere, Städte; ~ Schritte entfernt; an ~n Stellen; in ~n Tagen; mit ~n anderen; mit ~ treuen Freunden; mit Ausnahme ~r weniger; mit Ausnahme ~r weniger Kollegen; nach ~n Stunden; vor ~n Wochen • **2.2** ⟨vor Grundzahlen⟩ *etwas über, etwas mehr als;* er ist ~ zwanzig (Jahre alt) • **2.3** ⟨vor Grundzahlen⟩ *mehrere;* ~ **hundert**/Hundert Menschen; ~ **hundert(e)**/Hundert(e) Packungen Zigaretten

ei|ni|gen ⟨V. 500⟩ **1** **jmdn. od. etwas ~** *eine (bes. politische) Einheit bilden aus, mehrere Personen miteinander einig machen;* er hat sein Volk geeinigt; der Richter einigte die zerstrittenen Parteien **2** ⟨500/Vr 3⟩ **sich (mit jmdm.) ~** *sich einig werden, zu einem gemeinsamen Beschluss kommen;* ich einigte mich mit ihm (auf einen Preis von 100 Euro); wir haben uns auf die folgende Form geeinigt; sich auf einen Kompromiss ~; sich dahin ~, dass …

ei|ni|ger|ma|ßen ⟨Adv.; umg.⟩ **1** *erträglich, leidlich, in mäßigem Grade;* er verdient ~; ~ gute Qualität; es geht mir ~; ~ niedrige Preise **2** *ungefähr, ziemlich (gut);* hier kenne ich mich ~ aus; das ist ~ erstaunlich; es ist ~ kalt draußen; auf diesem Gebiet weiß ich ~ Bescheid

ein|imp|fen ⟨V. 500⟩ **1 Impfstoff ~** *einspritzen, einflößen* **2** ⟨530⟩ **jmdm. eine Sache ~** ⟨fig.⟩ *tief einprägen, mit großem Nachdruck sagen;* ich habe den Kindern (immer wieder) eingeimpft, nicht mit Fremden mitzugehen

ein|ja|gen ⟨V. 500⟩ **1 Hunde ~** ⟨Jägerspr.⟩ *an die Jagd gewöhnen, in der Jagd sicher machen;* der Hund ist sehr gut eingejagt **2** ⟨600; Funktionsverb; umg.⟩ • **2.1 jmdn. einen Schrecken ~** *jmdn. erschrecken* • **2.2 jmdm. Angst ~** *jmdn. ängstigen;* lass dir doch keine Angst ~!

ein|kap|seln ⟨V. 500⟩ **1 etwas ~** *in eine Kapsel einschließen* • **1.1** ⟨Vr 3⟩ **Tuberkeln** kapseln **sich** ein ⟨Med.⟩ *umgeben sich mit Kalk u. werden dadurch un-*

wirksam **2** ⟨Vr 3⟩ **sich** ~ ⟨fig.⟩ *sich absondern, sich von der Umwelt abschließen;* du kapselst dich zu sehr ein

Ein|kauf ⟨m.; -(e)s, -käu|fe⟩ **1** *das Einkaufen;* ~ *von Waren;* Einkäufe machen, erledigen • **1.1** ⟨kurz für⟩ *Einkaufsabteilung;* im ~ tätig sein **2** *das Gekaufte;* die Einkäufe auspacken **3** *Erwerb der Mitglied- od. Teilhaberschaft durch Zahlen einer Geldsumme*

ein|kau|fen ⟨V. 500⟩ **1** *etwas* ~ *(im Großen) kaufen;* Waren, Lebensmittel ~ • **1.1** *für den täglichen Bedarf kaufen;* ~ gehen • **1.2** ⟨403⟩ *etwas aus einem Laden stehlen* ⟨umg.; scherzh.⟩ *in einem Laden stehlen* **2** ⟨511/Vr 7⟩ **jmdn., sich in etwas** ~ *durch Zahlung eine Berechtigung erwerben;* sich in ein Altersheim ~

Ein|kehr ⟨f.; -; unz.⟩ **1** *das Einkehren, kurze Rast im Gasthaus;* in einem Gasthaus ~ halten; er fuhr ohne ~ weiter; Gasthaus zur ~ (als Name) **2** ⟨fig.; geh.⟩ *Selbstbesinnung, innere Sammlung;* ~ halten; besinnliche ~

ein|keh|ren ⟨V. 410(s.)⟩ **1** *kurze Rast (im Gasthaus) halten;* wir sind heute schon dreimal eingekehrt; im, in einem (auch: in ein) Gasthaus ~; bei Freunden ~ **2** ⟨511⟩ *etwas kehrt* **bei jmdm.** **ein** ⟨geh.⟩ *stellt sich bei jmdm. ein;* der Hunger, die Sorge war bei ihnen eingekehrt

ein|kei|len ⟨V. 500/Vr 8; meist in der Wendung⟩ **eingekeilt sein** *festgehalten, festgeklemmt sein, an der Fortbewegung gehindert sein, nicht vorwärts- u. nicht zurückkönnen;* er hat mich mit seinem Wagen eingekeilt; im Gedränge, zwischen Fahrzeugen eingekeilt sein

ein|kes|seln ⟨V. 500⟩ **etwas** od. **jmdn.** ~ *wie in einem Kessel einschließen, einkreisen, umzingeln;* den Feind, die Truppe, das Wild ~

ein|kla|gen ⟨V. 500⟩ **etwas** ~ *durch Klage eintreiben;* er klagte sein Erbteil ein; eine Schuld von 1 000 € ~

ein|klam|mern ⟨V. 500⟩ **etwas** ~ *in Klammern setzen, in Klammern einschließen;* ein Wort ~

Ein|klang ⟨m.; -(e)s, -klän|ge⟩ **1** ⟨Musik, Gesang⟩ *Zusammenklang zweier od. mehrerer Stimmen auf dem gleichen Ton od. im Abstand einer od. mehrerer Oktaven* **2** *Übereinstimmung;* der ~ der Herzen; ~ von Meinungen • **2.1** eine Sache mit einer anderen in ~ bringen *abstimmen;* zwei Dinge miteinander in ~ bringen; seine Wünsche mit den gegebenen Möglichkeiten in ~ bringen • **2.2** im, in ~ mit etwas od. jmdm. stehen, sein *mit etwas od. jmdm. übereinstimmen;* seine Rechte stehen nicht mit seinen Pflichten in ~; er steht mit seinem Freund im schönsten, besten ~

ein|klei|den ⟨V. 500⟩ **1** ⟨Vr 7⟩ **jmdn.** ~ *mit Kleidung versehen;* jmdn. neu, völlig ~; die ganze Familie hat sich neu eingekleidet • **1.1** *mit Uniform od. einheitlicher Tracht versehen;* Internatsschüler ~ **2** ⟨510⟩ eine **Sache in etwas** ~ ⟨fig.⟩ *indirekt in einer besonderen Form ausdrücken, sprachlich formulieren;* einen Gedanken in Worte ~; sie kleidete ihren Wunsch in eine Frage ein • **2.1** eingekleidete **Rechenaufgaben** *R., die in der Form eines Textes gegeben sind*

Ein|kom|men ⟨n.; -s, -⟩ *Einnahmen innerhalb eines bestimmten Zeitraumes, Gehalt;* ein sicheres ~ haben; sein ~ versteuern; festes, geringes, gutes, hohes, mäßiges, regelmäßiges, sicheres ~; ~ aus Grundbesitz; über ein sicheres ~ verfügen

ein|krat|zen ⟨V. 511 od. 550⟩ **1** *etwas in etwas* ~ *hineinkratzen, einritzen;* eine Inschrift in Stein, ein Zeichen in Metall ~; er kratzte sein Monogramm in den Baum ein **2** ⟨Vr 3⟩ **sich** ~ ⟨umg.; abwertend⟩ *sich einschmeicheln, sich lieb Kind machen;* sich bei Lehrern, Vorgesetzten ~

ein|krei|sen ⟨V. 500⟩ **1** *jmdn.* od. *etwas* ~ *in einem Kreis einschließen, im Kreis umgeben, umzingeln, umstellen;* den Feind, den Gegner ~; die Jäger, die Hunde haben das Wild eingekreist **2** *jmdn.* od. *etwas* ~ *in die Enge treiben, isolieren, die Möglichkeit, Verbündete zu gewinnen, nehmen;* einen Staat (durch Bündnisse mit anderen Staaten) ~; einen flüchtigen Verbrecher ~

ein|la|den ⟨V. 174/500 od. 510⟩ **1** *etwas* ~ *in etwas hineinladen, verladen;* Güter (ins Schiff, in den Waggon) ~ **2** ⟨Vr 7 od. Vr 8⟩ **jmdn.** ~ *auffordern, bitten (zu kommen od. mitzugehen);* jmdn. ins Konzert, ins Theater ~; jmdn. zum Essen, zum Kaffee ~; jmdn. für acht Tage ~; ich bin heute Abend eingeladen; bei Freunden eingeladen sein; er lud ihn mit einer Handbewegung zum Nähertreten, zum Platznehmen ein; mit einer ~den Handbewegung forderte er ihn zum Eintreten auf

ein|la|dend 1 ⟨Part. Präs. von⟩ *einladen* **2** ⟨Adj.⟩
• **2.1** *anziehend, verführerisch, verlockend;* das Wetter ist nicht gerade sehr ~ (für einen Ausflug, zum Spazierengehen); ein ~es Gasthaus; ein wenig ~es Äußeres • **2.2** *appetitlich;* das sieht ~ aus; der Braten sah ~ aus

Ein|la|dung ⟨f.; -, -en⟩ **1** ⟨unz.⟩ *das Einladen, Eingeladenwerden* **2** ⟨zählb.⟩ *Aufforderung zum Besuch* (Geburtstags~); mündliche, schriftliche ~; eine ~ annehmen, absagen, aussprechen; ~en verschicken, verteilen • **2.1** *Veranstaltung mit Gästen;* bei seiner ~ waren alle seine Freunde da

Ein|la|ge ⟨f.; -, -n⟩ **1** *etwas, das hineingelegt wird;* eine ~ in den Brief, in das Paket legen • **1.1** *festere Zutat zu flüssigen Speisen;* Suppen~; Fleischbrühe, Suppe mit ~ • **1.2** *innerer Tabak der Zigarre* • **1.3** *zur Versteifung in Teile der Kleidung eingelegter Stoff;* Kragen~ **2** *(den Fuß stützende) Sohle zum Einlegen in den Schuh;* ~n tragen **3** *(in ein Programm) eingeschobene Darbietung;* Programm~; eine musikalische ~ **4** *(auf ein Konto, von einem Teilhaber, beim Spiel) eingezahltes Geld;* Sparkassen~, Kapital~

Ein|lass ⟨m.; -es, -läs|se⟩ **1** ⟨unz.⟩ *Zutritt, Eintritt;* er bat um ~; jmdm. ~ gewähren; sie verschaffte ihm ~ ins Haus; kein ~! (als Aufschrift an Türen); ~ ab, um 18 Uhr • **1.1** ~ **begehren** ⟨geh.⟩ *bitten, hereingelassen zu werden* • **1.2** wann ist ~? *wann wird (das Kino, Theater) geöffnet?* **2** ⟨selten⟩ *Tür, Öffnung, kleine Pforte im od. neben dem Tor;* vor dem ~ drängten sich die Menschen

ein|las|sen ⟨V. 175/500⟩ **1** *jmdn.* ~ *eintreten lassen* **2** *etwas* **Flüssiges** ~ *einlaufen, einströmen lassen;*

Einlauf

Wasser in ein Becken, einen Teich, in die Badewanne ~ **3** etwas ~ *fest einfügen, einsetzen;* einen Haken, Ring in eine Mauer ~; ein eingelassener Schrank; Perlmutt in Holz ~ • **3.1** eingelassene Arbeit *A., in die andersfarbige Verzierungen eingesetzt sind* **4** ⟨517/Vr 3⟩ **sich mit jmdm. ~** ⟨abwertend⟩ *mit jmdm. eine Beziehung anknüpfen, eingehen;* lass dich nicht mit ihm ein! **5** ⟨550/Vr 3⟩ **sich auf, in etwas ~** *auf etwas eingehen, bei etwas mitmachen;* darauf kann ich mich nicht ~; sich auf nichts ~; sich nicht auf Fragen ~; sich in ein Gespräch ~

Ein|lauf ⟨m.; -(e)s, -läu|fe⟩ **1** *Ankunft;* ~ eines Schiffes, Zuges **2** *eingegangene Post* **3** ⟨Sp.⟩ *das Durchlaufen der Ziellinie* • **3.1** *Reihenfolge der am Ziel ankommenden Sportler od. Rennpferde* **4** ⟨Jägerspr.⟩ *Vorrichtung, durch die das Wild in ein Gatter hinein-, aber nicht wieder hinausgelangen kann* **5** *das Einbringen einer größeren Flüssigkeitsmenge durch den After in den Darm zur Reinigung, künstlichen Ernährung u. a.;* →a. *Klistier;* jmdm. od. sich einen ~ machen

ein|lau|fen ⟨V. 176⟩ **1** ⟨400(s.)⟩ *laufend in etwas gelangen* • **1.1** *einfahren (1);* der Zug, das Schiff läuft ein • **1.2** *(mit der Post) eingehen;* der Auftrag, die Bestellung ist eingelaufen; täglich laufen Angebote, Klagen, Zuschriften ein • **1.3** ⟨Sp.⟩ *das Spielfeld im Laufschritt betreten;* die Spieler laufen ein; die Mannschaft läuft ein • **1.4 Rotwild** läuft ein ⟨Jägerspr.⟩ *kommt durch einen Einlauf (4) herein* • **1.5** *hineinfließen;* Wasser (ins Becken, in die Wanne) ~ lassen; ein Ei in eine Brühe, Suppe ~ lassen **2** ⟨400(s.)⟩ *(beim Waschen) kleiner werden;* dieser Stoff läuft nicht ein; das Kleid ist beim Waschen eingelaufen **3** ⟨500⟩ **neue Schuhe ~** *durch Laufen austreten, dem Fuß anpassen* **4** ⟨500/Vr 3⟩ **sich ~** *sich an einwandfreien, ruhigen Gang gewöhnen;* die Maschine ist, hat sich noch nicht eingelaufen **5** ⟨530⟩ **jmdm. die Bude, das Haus, die Tür ~** ⟨umg.⟩ *jmdn. durch wiederholtes Aufsuchen belästigen*

ein|le|ben ⟨V. 500/Vr 3⟩ **1** ⟨511⟩ **sich ~** *sich eingewöhnen, heimisch werden;* sich an einer neuen Arbeitsstätte ~; sich an einem Ort ~; sich in einer Gemeinschaft ~; sich in der neuen Heimat ~ **2** ⟨550⟩ **sich in etwas** od. **jmdn. ~** ⟨geh.⟩ *sich völlig in etwas od. jmdn. hineinversetzen*

ein|le|gen ⟨V. 500⟩ **etwas ~ 1** *hineinlegen;* ein Buchzeichen (ins Buch) ~; einen Film in die Kamera ~; eine CD in das Abspielgerät ~; ein Foto in einen Brief ~ • **1.1** den **Haar** ~ *in Wellen legen od. auf Lockenwickler wickeln* • **1.2** den ersten **Gang** ~ ⟨Kfz⟩ *mit Hilfe der Gangschaltung den ersten Gang schalten* **2 leicht verderbliche Lebensmittel ~** *in eine gewürzte Flüssigkeit legen (zum Konservieren);* Fleisch, Gurken, Heringe, Oliven ~ **3 Holz (mit andersfarbigem Material) ~** *durch Einsetzen (eines andersfarbigen Materials) verzieren;* eine eingelegte Arbeit; ein eingelegter Schrank; ein mit Perlmutt, Elfenbein eingelegtes Möbelstück **4 die Lanze,** einen **Pfeil ~** *zum Angriff in waagerechte Lage bringen* **5** etwas **~** *zusätzlich einschieben, einfügen;* eine Pause, einen Stopp ~; ein Lied ~ **6 Gelder ~** ⟨Bankw.⟩ *(bei einer Sparkasse) einzahlen* **7** *offiziell aussprechen, geltend machen;* Berufung ~ (gegen ein Gerichtsurteil) • **7.1 Beschwerde ~** (gegen) *sich beschweren* (gegen) • **7.2 Protest ~** (gegen) *protestieren* (gegen) • **7.3 Verwahrung ~** (gegen) ⟨geh.⟩ *sich verwahren* (gegen) • **7.4** sein **Veto ~** *sein V. aussprechen* **8** ein gutes Wort (für jmdn. bei jmdm.) **~** *sich einem Dritten gegenüber positiv über jmdn. äußern u. ihm damit helfen wollen* **9** ⟨550⟩ **Ehre mit etwas ~** ⟨veraltet⟩ *Anerkennung, Ansehen gewinnen;* mit deinen Leistungen kannst du keine Ehre ~

ein|lei|ten ⟨V. 500⟩ **1** einen **Vorgang ~** *vorbereiten u. in Gang bringen;* einen Prozess, eine Verhandlung ~; die nötigen Maßnahmen, Schritte ~; ein Verfahren gegen jmdn. ~ **2** ⟨516⟩ eine **Veranstaltung mit etwas ~** *eröffnen, beginnen;* eine Veranstaltung mit Musik, mit einer künstlerischen Darbietung ~; 'd möchte ich sagen • **2.1** einige **~de** Worte sprechen *einführende W., W. zu Beginn* **3** ein **Buch ~** *mit einer Einleitung, einem Vorwort versehen*

Ein|lei|tung ⟨f.; -, -en⟩ *das Einleiten, Einführung;* eine kurze, knappe, ausführliche ~; eine theoretische ~ in die Mengenlehre; die ~ eines Buches; sie wird zur ~ der Feier sprechen

ein|len|ken ⟨V. 400⟩ **1** ⟨fig.⟩ *(nach einer Auseinandersetzung) milder, versöhnlicher werden, nachgeben;* er sprach zornig, aber auf ihren erstaunten Blick hin lenkte er sofort ein **2** ⟨411⟩ **in etwas ~** *(mit einem Fahrzeug) in etwas einbiegen;* in eine Kurve, eine Seitenstraße ~

ein|leuch|ten ⟨V. 600; fig.⟩ **1** etwas leuchtet **jmdm.** ein ⟨fig.⟩ *etwas überzeugt jmdn., etwas wird jmdm. klar;* dieses schlaltige Argument leuchtete mir sofort ein • **1.1** das will mir nicht ~ *das verstehe ich nicht* • **1.2** ⟨Part. Präs.⟩ **~d** *klar, verständlich;* eine ~de Antwort; das ist ~d

ein|lie|fern ⟨V. 500⟩ **1** etwas **~** *an einer zuständigen Stelle abgeben, abliefern;* eine Postsendung ~; bei der Post eingelieferte Pakete **2** ⟨511⟩ **jmdn. ~** *ins Gefängnis, ins Krankenhaus ~ als Gefangenen, als Patienten hinbringen;* der Verletzte wurde sofort in eine Klinik eingeliefert

ein|lö|sen ⟨V. 500⟩ **1** ein **Pfand ~** *zurückkaufen* **2** etwas **~** *sich auszahlen, bezahlen lassen;* einen Gutschein, Scheck, Wechsel ~ **3** sein Versprechen, Wort ~ ⟨fig.⟩ *erfüllen, halten*

ein|lul|len ⟨V. 500/Vr 8; umg.⟩ **jmdn. ~ 1** *in den Schlaf singen* **2** *eine Gefahr nicht sehen lassen, jmdn. in Sicherheit wiegen;* **2.1** jmdn. durch, mit Versprechungen ~ *durch V. blind machen für die Wirklichkeit*

ein|ma|chen ⟨V. 500⟩ **1 Früchte,** Obst, Gemüse, Fleisch **~** *einlegen, konservieren;* sie hat viele Gläser mit Kirschen eingemacht; die Mutter macht saure Gurken ein; eingemachtes Obst **2 jmdn. ~** ⟨umg.⟩ *jmdn. fertigmachen (3,4), jmds. Existenz zerstören*

ein|mal ⟨Adv.⟩ **1** *ein einziges Mal;* ~ und nicht, nie wieder!; das gibt's nur ~; ich sage es dir ein für alle Mal • **1.1** ~ ist keinmal *ein einziges Mal zählt nicht* • **1.2** noch ~/ ⟨od.⟩ ein Mal *zum letzten Mal;* ich sage es jetzt noch ~/ ⟨od.⟩ ein Mal (und dann nicht wieder) • **1.3** ich habe ihn noch nicht ~/ ⟨od.⟩ ein Mal gesehen *noch kein einziges Mal* • **1.4** *ein (wiederholbares) Mal;* ~ so, ~ anders; ~ links (herum), ~ rechts (herum) **2** *auf* ~ *plötzlich, unversehens;* auf ~ fing es an zu regnen • **2.1** *auf* ~ *gleichzeitig, in einem Zug;* alles zugleich, zusammen; alles auf ~; es kommt immer alles auf ~; ich kann nicht alles auf ~ tun • **2.2** *noch* ~ *zum wiederholten Mal;* ein Stück noch ~ spielen; sich noch ~ (vom) Fleisch nehmen (bei Tisch) • **2.2.1** ich sage es noch ~ *ich wiederhole es, sage es wieder* • **2.3 noch** ~ so … *doppelt so…;* er ist noch ~ so alt wie ich; wenn du dabei bist, ist es noch ~ so schön; noch ~ so viel **3** *zu einer unbestimmten Zeit; irgendwann* • **3.1** *früher;* ich war schon ~ dort; es war ~ ein König • **3.1.1** *das war* ~ *das ist gewesen, das kommt nicht wieder, ist vorbei* • **3.2** *später, eines Tages;* du wirst noch ~ an mich denken!; wenn es ~ so weit ist; kommen Sie doch ~ zu uns! **4** ⟨verstärkend⟩ *eben, gerade, doch;* denk nur ~; sag ~; gib mir doch ~ das Buch; komm doch ~ (her)! • **4.1** es ist nun ~ geschehen *es lässt sich nichts mehr daran ändern* • **4.2** das ist nun ~ so *das ist eben so, man muss sich damit abfinden, kann es nicht ändern* • **4.3** ich bin nun ~ so *ich kann nicht anders, so bin ich eben* • **4.4** *nicht* ~ *sogar… nicht, gar nicht;* er hat nicht ~ „auf Wiedersehen" gesagt; das ist nicht ~ schlecht!; er weiß nicht ~, wo Stuttgart liegt

Ein|mal|eins ⟨n.; -es; unz.⟩ **1** *Reihe der Multiplikationen der Zahlen von 1 bis 20 mit den Zahlen von 1 bis 10;* das ~ aufsagen, können, lernen • **1.1** *kleines* ~ *alle Multiplikationen von je zwei Zahlen zwischen 1 u. 10* • **1.2** *großes* ~ *alle Multiplikationen der Zahlen von 11 bis 20 mit den Zahlen von 1 bis 10* **2** ⟨fig.⟩ *die Grundlagen;* das ~ des Schreibens beherrschen

ein|ma|lig ⟨Adj. 24⟩ **1** ⟨70⟩ *nur einmal vorkommend, nur einmal erforderlich;* eine ~e Gelegenheit; eine ~e Zahlung, Anschaffung **2** ⟨fig.⟩ *großartig, unwiederholbar, hervorragend;* ein ~er Film; das Wetter war ~ schön; es war ein ~es Erlebnis

ein|mi|schen ⟨V. 500⟩ **1** *etwas* ~ *in etwas hineinmischen, untermischen* **2** ⟨505/Vr 3⟩ *sich* **(in fremde Angelegenheiten)** ~ *ungebeten od. ohne Berechtigung dazwischenreden, eingreifen;* er mischt sich in alles ein; er hat sich in jedes Gespräch eingemischt; du hast dich in diese Sache gar nicht einzumischen!

ein|mü|tig ⟨Adj.⟩ *gleichgesinnt, einträchtig, einstimmig;* etwas ~ beschließen, erklären; ~ zusammenstehen; ~e Ablehnung, Zustimmung

Ein|nah|me ⟨f.; -, -n⟩ **1** ⟨unz.⟩ *das Einnehmen;* ~ einer Stadt, eines Landes **2** *Verdienst, Gewinn, Ertrag;* hohe, niedrige ~n

ein|neh|men ⟨V. 189⟩ **1** ⟨500⟩ **Geld** ~ *in Empfang nehmen, verdienen;* monatlich zweitausend Euro ~; viel, wenig ~ • **1.1** er hat ein ~des Wesen ⟨iron.⟩ *er nimmt lieber, als er gibt;* →a. *nehmen* (8) **2** ⟨500⟩ *etwas* ~ *zu sich nehmen;* Arznei ~; eine Mahlzeit ~; das Frühstück, Mittag-, Abendessen ~; die Mahlzeiten im Freien ~ **3** ⟨402⟩ **(Ladung)** ~ *aufnehmen, laden;* das Schiff nimmt (Kohle) ein **4** ⟨500⟩ einen **Platz**, ein **Land** ~ *erobern, besetzen;* eine Festung,

Stadt ~ **5** ⟨500⟩ **Platz, Raum** ~ *benötigen, beanspruchen, ausfüllen;* der Tisch nimmt zu viel Platz, Raum ein • **5.1 seinen Platz** ~ *sich an seinen P. begeben;* seinen Platz am Tisch ~; bitte die Plätze ~! **6** ⟨500⟩ eine **Stellung** ~ *innehaben;* er nimmt die Stelle eines Abteilungsleiters ein • **6.1** jmds. **Stelle** ~ *jmdn. vertreten* • **6.2** ⟨Funktionsverb⟩ eine abwartende Haltung ~ *sich abwartend verhalten* **7** ⟨500⟩ eine **Sache** nimmt **jmdn.** ein *beschäftigt jmdn. stark;* die Sache nimmt alle meine Gedanken ein • **7.1** von einem Gedanken eingenommen sein *beherrscht, erfüllt sein* **8** ⟨550⟩ **jmdn. für sich, etwas, jmd. anderen** ~ *günstig stimmen, anziehen, gewinnen;* seine Zuverlässigkeit nimmt mich sehr für ihn ein; sie nimmt durch ihr heiteres Wesen alle für sich ein; die Wohnung nimmt mich durch ihre ruhige Lage für sich ein; sich ~ lassen ein • **8.1** ~d *anziehend, gewinnend;* ein ~des Äußeres haben; ein Mann von ~dem Äußeren; er hat ein ~des Wesen • **8.2** für jmdn. od. etwas eingenommen sein *jmdm. od. einer Sache günstig, wohlwollend gesinnt sein* **9** ⟨550⟩ **jmdn. gegen sich, etwas** od. **jmd. anderen** ~ *ungünstig stimmen;* seine Unzuverlässigkeit nimmt mich sehr gegen ihn ein • **9.1** gegen jmdn. od. etwas eingenommen sein *jmdm. od. einer Sache ungünstig gesinnt sein, ein Vorurteil gegen jmdn. od. etwas haben*

ein|nis|ten ⟨V. 500. 511/Vr 3⟩ *sich irgendwo* ~ **1** *sich ein Nest bauen;* Schwalben haben sich unter dem Dach eingenistet **2** ⟨fig.; meist abwertend⟩ *fest von einem Platz Besitz ergreifen, sich nicht mehr vertreiben lassen;* ich niste mich bei Verwandten ein

Ein|öde ⟨f.; -, -n⟩ *einsame Gegend;* eine grenzenlose, ungeheuere ~; in einer ~ leben

ein|ord|nen ⟨V. 500⟩ **1** *etwas* ~ *an die richtige Stelle in einer bereits vorhandenen Ordnung bringen, in einen Zusammenhang einfügen;* die Akten ~; die neuen Bücher alphabetisch ~; etwas nach der Größe, Farbe ~ **2** ⟨Vr 3⟩ *sich* ~ *sich in eine bestehende Ordnung einfügen;* du musst dich in die Gemeinschaft ~; sich in die neuen Verhältnisse ~ • **2.1** *in die vorgeschriebene Fahrbahn einlenken;* bitte ~!; der Fahrer hat sich vor der Kreuzung falsch eingeordnet

ein|pa|cken ⟨V. 500⟩ **1** *etwas* ~ *einwickeln, mit einer Hülle umgeben (u. zu einem Paket machen);* können Sie mir die Bücher bitte ~? • **1.1** *jmdn.* ~ ⟨umg.⟩ *warm anziehen, zudecken;* ein Kind, einen Kranken warm ~ **2** *etwas* ~ *zum Transport (in etwas) packen;* ich muss meine Sachen heute noch ~ **3** ⟨400 od. 800 m. Modalverb⟩ ~ **können** ⟨umg.; abwertend⟩ *nichts erreichen, keinen Erfolg haben;* damit, jetzt kannst du ~

ein|pflan|zen ⟨V. 500⟩ **1** *etwas* ~ *in die Erde pflanzen;* Senker erst in Wasser stellen und dann ~; Rosen im Garten ~ **2** ⟨530⟩ **jmdm.** od. einem **Tier** ein **Organ** ~ ⟨Med.⟩ *aus einem anderen Körper übertragen, implantieren;* jmdm. eine fremde Niere ~ **3** ⟨530/Vr 5 od. Vr 6⟩ **jmdm. etwas** ~ ⟨fig.; geh.⟩ *in jmdm. ein bleibendes Bewusstsein von etwas erwecken, etwas mit Nachdruck anerziehen;* das hat man mir von Kindheit an eingepflanzt

ein|pla|nen ⟨V. 500⟩ etwas ~ *in einer Planung (mit)-berücksichtigen, einbeziehen;* diese Ausgaben sind nicht eingeplant; eine neue Stelle ~

ein|prä|gen ⟨V.⟩ **1** ⟨500⟩ etwas ~ *in etwas prägen, scharf eindrücken;* einem Stein, Ring usw. eine Inschrift ~; einem Ledereinband ein Muster ~ **2** ⟨530⟩ jmdm. etwas ~ *so nachdrücklich zu Bewusstsein bringen, dass er es nicht wieder vergisst;* ich habe den Kindern immer eingeprägt, dass … • **2.1** ⟨Vr 1⟩ sich etwas ~ *(genau) merken;* sich etwas fest, gut ~ **3** ⟨405/Vr 3⟩ etwas prägt sich (jmdm.) ein *hinterlässt (jmdm.) einen nachhaltigen Eindruck, bleibt im Gedächtnis;* die Melodie prägt sich dem Gehör leicht ein; das Erlebnis hat sich mir tief, unauslöschlich eingeprägt; seine Worte haben sich mir tief ins Herz eingeprägt

ein|pup|pen ⟨V. 500/Vr 3⟩ Insekten puppen sich ein *spinnen sich zur Puppe ein, umgeben sich mit einer festen Haut od. mit Fäden (um sich von der Larve zum fertigen Insekt zu entwickeln)*

ein|quar|tie|ren ⟨V. 500⟩ jmdn. ~ *in Quartieren, Privathäusern unterbringen;* Truppen ~

ein|rah|men ⟨V. 500⟩ **1** etwas ~ *mit einem Rahmen versehen;* ich möchte dieses Bild ~ lassen **2** etwas ~ ⟨fig.; geh.⟩ *umgeben, umrahmen;* das Gebäude ist von hohen Bäumen eingerahmt; bewaldete Höhen rahmen das Dorf ein • **2.1** jmdn. ~ ⟨fig.; umg.; scherzh.⟩ *jmdn. in der Mitte nehmen;* er wurde bei Tisch von zwei hübschen Mädchen eingerahmt

ein|ras|ten ⟨V. 400(s.)⟩ **1** etwas rastet ein *greift ineinander u. befestigt sich dadurch;* der Verschluss rastete ein; das Zahnrad war nicht eingerastet **2** jmd. ist (hörbar) eingerastet ⟨fig.; umg.; scherzh.⟩ *er ist beleidigt u. lässt es sich stark anmerken*

ein|räu|men ⟨V. 500⟩ **1** Gegenstände (in einen Raum) ~ *in einen dafür bestimmten R. räumen u. ordentlich unterbringen;* Bücher, Spielsachen, Wäsche (in die Fächer, Schränke) ~ **2** einen Raum ~ *mit Gegenständen füllen, versehen, ausstatten;* Schubladen, Schränke ~; den Bücherschrank ~; die Wohnung, ein Zimmer ~ **3** ⟨530/Vr 5 od. Vr 6⟩ jmdm. einen Platz ~ *abtreten, überlassen* **4** ⟨530⟩ jmdm. eine Sache ~ *zubilligen, zugeben, zugestehen, gewähren;* ich muss (allerdings) ~, dass …; jmdm. eine Frist, einen Kredit ~; jmdm. das Recht ~, etwas zu tun • **4.1** ~de Konjunktion *ein Zugeständnis ausdrückende K.,* z. B. obgleich, obwohl

ein|re|den ⟨V.⟩ **1** ⟨530⟩ jmdm. etwas ~ *jmdm. so lange zureden, bis er etwas glaubt od. tut;* wer hat dir das eingeredet? • **1.1** ⟨Vr 1 od. Vr 2⟩ sich etwas ~ *sich vormachen, sich selbst belügen* • **1.1.1** sich etwas ~ lassen *sich etwas weismachen lassen;* das lasse ich mir nicht ~! **2** ⟨800⟩ auf jmdn. ~ *unaufhörlich u. eindringlich zu jmdn. reden* **3** ⟨600⟩ jmdm. ~ ⟨veraltet⟩ *dreinreden* **4** ⟨400; Rechtsw.⟩ *(den in einer Klage vorgebrachten Behauptungen) widersprechen*

ein|rei|chen ⟨V. 500⟩ **1** ein Schriftstück ~ *einer zuständigen Instanz zur Bearbeitung ab-, übergeben;* sie hat die Unterlagen, die Rechnungen, die Zeugnisse eingereicht; ein Gesuch ~ • **1.1** einen Antrag ~ *etwas beantragen* • **1.2** eine Klage ~ gegen jmdn. *klagen* • **1.3** Beschwerde ~ *sich beschweren* **2** den Abschied, Urlaub, die Versetzung ~ *um den A., U., die V. formell, schriftlich bitten*

Ein|rei|se ⟨f.; -, -n⟩ **1** *das Einreisen* **2** *vorschriftsgemäßes Betreten eines fremden Staates* **3** ⟨kurz für⟩ *Einreiseerlaubnis;* jmdm. die ~ verweigern

ein|rei|sen ⟨V. 400(s.)⟩ *in ein fremdes Land reisen, fremdes Staatsgebiet vorschriftsgemäß betreten;* ich bin am 15. Januar in die USA eingereist

ein|rei|ßen ⟨V. 198⟩ **1** ⟨500⟩ etwas ~ *vom Rand her einen Riss in etwas machen;* Stoff, ein Stück Papier ~ **2** ⟨500⟩ ein Gebäude ~ *ab-, niederreißen, abbrechen* **3** ⟨400⟩ schlechte Sitten reißen ein ⟨fig.⟩ *werden zur Gewohnheit, verbreiten sich, greifen um sich;* eine Unsitte, ein Übelstand riss ein; man darf das nicht erst ~ lassen **4** ⟨400(s.)⟩ etwas reißt ein *bekommt vom Rand her einen Riss, beginnt zu reißen;* das Papier, die Seite, die Tapete ist eingerissen

ein|ren|ken ⟨V. 500⟩ **1** ⟨503⟩ (jmdm.) etwas ~ *in die richtige Lage zurückführen;* der Arzt renkte ihm den Arm wieder ein; den Rücken wieder ~ **2** eine Sache ~ ⟨fig.; umg.⟩ *zurechtrücken, zurechtsetzen, in Ordnung bringen;* eine Angelegenheit (wieder) ~; er kann die Sache rasch wieder ~ • **2.1** ⟨Vr 3⟩ eine Sache renkt sich ein *kommt in Ordnung;* diese Angelegenheit wird sich mit der Zeit schon ~; zum Glück hat sich alles wieder eingerenkt

ein|ren|nen ⟨V. 200/500⟩ **1** etwas ~ *durch Dagegenrennen, -stoßen zum Einsturz bringen, gewaltsam öffnen;* eine Mauer ~; ein Tor mit einer Eisenstange, einem Pfahl ~; →a. offen (1.7.2) **2** ⟨530/Vr 1⟩ sich etwas ~ ⟨umg.⟩ *bei einer Bewegung gegen etwas stoßen u. sich dabei verletzen;* sich den Schädel an einer Kante, Wand ~ **3** ⟨530/Vr 6⟩ jmdm. das Haus, die Wohnung, Bude, Tür ~ ⟨fig.; umg.⟩ *jmdn. ständig aufsuchen*

ein|rich|ten ⟨V. 500/Vr 5⟩ **1** einen Raum ~ *(mit Möbeln, Geräten, Bildern) ausstatten;* eine behaglich, bescheiden, elegant, gemütlich, hübsch, modern eingerichtete Wohnung; jmdm. od. sich eine Wohnung, ein Zimmer ~; sie haben sich (ihre Wohnung) neu eingerichtet; eine Wohnung mit Möbeln ~; eine Praxis, Werkstatt mit den neuesten Apparaten ~ • **1.1** ⟨513/Vr 3⟩ sich häuslich ~ *es sich (für längere Zeit) wohnlich machen, sich (für länger) niederlassen* **2** etwas ~ *(zur öffentlichen Nutzung) gründen;* einen neuen Kindergarten ~ **3** eine Sache ~ *nach bestimmten Gesichtspunkten gestalten, anordnen;* eine Sache praktisch, unpraktisch, unzweckmäßig ~; das musst du (dir) anders, besser ~ • **3.1** *bewerkstelligen, zustande bringen;* ich kann es so ~, dass …; das lässt sich gut, schlecht ~; das wird sich ~ lassen; wie willst du das ~? **4** ⟨550⟩ etwas für etwas ~ *passend machen, umarbeiten, umschreiben;* ein Musikstück für Klavier ~; ein Theaterstück für die Bühne ~ **5** eine gemischte Zahl ~ ⟨Math.⟩ *in einen unechten Bruch verwandeln* **6** einen Knochen, Knochenbruch ~ ⟨Med.⟩ *in die richtige Lage bringen* **7** jmdn. ~ ⟨umg.⟩ *in ein Amt, in eine neue Arbeit einführen,* jmdm. beim Einarbeiten helfen **8 sich** ~ *sich den Gegebenheiten, der Lage anpassen, sich einschränken;* man muss sich eben ~ • **8.1** ⟨550/Vr 3⟩ **sich auf etwas** *(eine zu erwartende Situation)* ~ ⟨umg.⟩ *sich auf etwas vorbereiten;* bitte sagen Sie es mir vorher, damit ich mich darauf ~ kann

Ein|rich|tung ⟨f.; -, -en⟩ **1** ⟨unz.⟩ *das Einrichten;* die ~ eines Büros **2** ⟨zählb.⟩ *Gegenstände, mit denen etwas eingerichtet (1) ist;* Wohnungs~; Wohnzimmer~; Praxis~ **3** *öffentliche Institution, Anstalt;* das Obdachlosenheim ist eine städtische ~ • **3.1** *(öffentliche) Maßnahme;* der ärztliche Notdienst ist eine privat organisierte ~ **4** *einem bestimmten Zweck dienende technische Anlage;* Lüftungs~, Heizungs~ **5** *Gewohnheit, regelmäßige Veranstaltung;* die Skatabende sind zu einer festen ~ geworden

ein∥ros|ten ⟨V. 400(s.)⟩ **1** etwas rostet ein *wird durch Rost unbeweglich, verklemmt;* das Schloss der Tür war eingerostet; die Schraube ist eingerostet **2** jmd. od. etwas rostet ein ⟨fig.; umg.⟩ *verliert die Beweglichkeit, wird steif;* wenn du nicht ~ willst, musst du mehr Sport treiben

ein∥rü|cken ⟨V.⟩ **1** ⟨400(s.)⟩ *einmarschieren, einziehen;* die Truppen rücken ein; in ein Land, eine Stadt ~ • **1.1** in die Garnison, die Quartiere ~ *heimkehren* • **1.2** ⟨Mil.⟩ *zum Militär gehen, in den Heeresdienst eintreten* **2** ⟨500⟩ **etwas** ~ *hineinrücken, einsetzen* • **2.1** eine **Anzeige** (in die Zeitung) ~ *(in der Zeitung) aufnehmen lassen* • **2.2** eine **Zeile** ~ ⟨Typ.⟩ *erst nach einem kleinen Abstand vom Rand beginnen lassen* • **2.2.1** ~! *(als Hinweis im Manuskript)* Zeilenanfang etwas zurücksetzen • **2.3** eine **Maschine** ~ ⟨Tech.⟩ *durch Kupplung, Wechselgetriebe od. Auflegen eines Riemens mit dem Antrieb verbinden*

ein∥rüh|ren ⟨V. 500⟩ **1** etwas ~ *durch Rühren hineinmischen, hineinmengen;* Grieß in die Suppe, ein Ei in den Teig ~ **2 etwas** ~ *anrühren, mit Wasser vermengen, flüssig machen;* Gips, Kalk ~ **3** ⟨530/Vr 5⟩ **jmdm. etwas** Unangenehmes ~ ⟨fig.; umg.⟩ *etwas für jmdn. Unangenehmes beginnen, in Gang bringen;* da hast du dir eine dumme Sache eingerührt

eins[1] ⟨ Numerale 11; in Ziffern: 1; röm. Zahlzeichen: I⟩ → a. **vier**, **ein**[4] **1** *die Zahl 1;* ~, zwei, drei; ~ und ~ ist zwei (1 + 1 = 2); einmal ~ ist ~ (1 × 1 = 1) • **1.1** um ~ *ein Uhr;* Schlag, Punkt ~ **2** ~ a ⟨Zeichen: Ia⟩ *ausgezeichnet, prima;* Ia Pralinen, Ia Qualität **3** ⟨fig.⟩ ~, zwei, drei war er weg *sogleich, im Nu*

eins[2] ⟨Adj. 40⟩ **1** *einig, eines Sinnes;* Ggs *uneins;* ~ sein (über etwas od. jmdn.) • **1.1** ~ **werden** *sich vereinen* **2** ⟨43⟩ *einerlei, gleichgültig;* heute ist mir alles ~; das ist mir (doch) ~; das ist alles ~ **3** ~ **zu null** *für mich* ⟨fig.; umg.⟩ *ich habe Recht gehabt u. du hast es nicht geglaubt*

eins[3] ⟨Indefinitpron.⟩ **1** *etwas;* ~ muss ich dir sagen; noch ~; ich will ~ tun, nämlich … • **1.1** jmdm. ~ auswischen *einen (üblen) Streich spielen* **2** *eine Einheit, ein Ganzes;* das sehen und aufspringen war ~ **3** *ein und dasselbe;* es kommt, läuft auf ~ hinaus; es kommt auf ~ heraus

Eins ⟨f.; -, -en⟩ **1** *die Ziffer 1;* eine ~ drucken, malen, schreiben • **1.1** *die Straßenbahn-, Buslinie Nr. 1;* mit der ~ fahren; in die ~ umsteigen **2** *sehr gut (als Schulnote, Zensur);* eine ~ schreiben; eine Prüfung mit (einer) „~" bestehen

ein|sam ⟨Adj.⟩ **1** *allein, verlassen;* ein ~er Mensch; sich ~ fühlen; ~ leben; ~ und allein **2** *abgelegen, unbewohnt, menschenleer, nicht begangen;* eine ~e Gegend, Insel; ein ~er Waldweg; ein ~es Haus bewohnen

Ein|sam|keit ⟨f.; -; unz.⟩ **1** *das Einsamsein, Alleinsein, Verlassenheit;* die ~ einer Gegend; die ~ fliehen, fürchten, lieben, suchen; jmdn. aus seiner ~ reißen; jmdn. in seiner ~ trösten **2** *Abgelegenheit;* er zog sich in die ~ eines Klosters zurück

ein∥sam|meln ⟨V. 500⟩ **1** etwas od. jmdn. ~ *sammeln, auflesen;* Weintrauben, Früchte (in einen Korb) ~; alle Kinder wurden am Spielplatz eingesammelt **2 etwas** ~ *sich von jedem Einzelnen einer Gruppe etwas geben lassen;* Geld, Spenden ~; eine Schülerin sammelte die Hefte ein

Ein|satz ⟨m.; -es, -sät|ze⟩ **1** *einsetzbarer, eingesetzter Teil;* Glas~; Blusen~; Spitzen~; Dose, Kessel, Topf, Schublade mit ~ **2** *das Eintreten, Eingesetztsein für eine bestimmte Aufgabe;* im ~ stehen; in den ~ gehen; freiwilliger, harter, ununterbrochener ~; (unter) ~ von Militär; mit, unter ~ der letzten Kräfte **3** *Wert, den man für Gewinn od. Verlust wagt;* den ~ stehen lassen; den ~ verdoppeln • **3.1** mit dem ~ herauskommen *mindestens den eingesetzten Betrag gewinnen* • **3.2** *Pfand (für Flaschen, geliehene Gegenstände);* fünfzig Cent ~ bezahlen **4** *das Einsetzen (5)* • **4.1** *im ~ des eigenen Lebens nicht scheuen sein Leben aufs Spiel setzen* • **4.2** jmdn. unter ~ des eigenen Lebens retten *unter Lebensgefahr* **5** *Beginn eines Instrumentes od. einer Stimme (im Zusammenspiel);* ~ einer Stimme; ~ der Trompeten; den ~ verpassen (beim Zusammensingen, -spielen) • **5.1** *Zeichen zum Beginn;* der Dirigent gibt den ~

ein∥säu|men ⟨V. 500⟩ **etwas** ~ **1** *säumen, mit einem Saum versehen;* eine Decke, einen Stoff ~; ich muss das Kleid erst ~ **2** ⟨fig.⟩ *umgeben, einrahmen, einfassen;* große Linden säumten den Weg ein; ein mit Bäumen eingesäumter Weg

ein∥schal|ten ⟨V. 500⟩ **1 etwas** ~ *den elektrischen Stromkreis (einer Leitung) schließen, durch Schalten in Gang bringen, in Bewegung, in Tätigkeit setzen;* das Licht, den Motor, den Fernseher, den Strom ~ • **1.1** ⟨Vr 3⟩ **sich** ~ *ein Telefongespräch von einem andern übernehmen;* Herr X möchte Sie sprechen, bitte schalten Sie sich ein **2** einen **Gang** im Auto ~ *einlegen;* den zweiten Gang ~ **3 etwas** ~ *einfügen, ein-, dazwischenschieben;* eine Pause, Programmnummer ~; einen Widerstand ~ ⟨El.⟩; in einen Roman eine Erzählung ~ **3.1** ⟨513⟩ *gesprächsweise* ~ *im Gespräch einflechten, erwähnen* **4 jmdn.** ~ *zum Eingreifen veranlassen* • **4.1** ⟨Vr 3⟩ **sich** ~ *sich einmischen, eingreifen;* sich (nicht) in eine Unterredung, in ein Verfahren ~

ein∥schär|fen ⟨V. 530/Vr 6⟩ jmdm. etwas ~ *eindringlich ins Gedächtnis prägen, jmdn. dringend zu etwas* *ermahnen;* jmdm. Verhaltungsmaßregeln, Höflichkeit, Vorsicht ~; ich habe ihm eingeschärft, mich sofort zu benachrichtigen

ein‖schät|zen ⟨V. 500 od. 510/Vr 7 od. Vr 8⟩ **1** jmdn. od. etwas ~ *schätzen, bewerten;* jmds. Vermögen, Einkommen, Fähigkeiten falsch, richtig, hoch, niedrig ~; wie schätzt du die Lage ein?; er hat ihn nicht allzu hoch eingeschätzt ● **1.1** jmdn. **zur Steuer** ~ *jmds. Steuerkraft veranschlagen*

ein‖schen|ken ⟨V. 503/Vr 5 od. Vr 6⟩ **1** jmdm. ein Getränk ~ *in ein Trinkgefäß gießen;* sie schenkte den Kaffee, Tee ein; ich habe mir schon eingeschenkt; darf ich Ihnen noch einmal (etwas Wein) ~?; →a. **rein**¹ (2.2)

ein‖schich|tig ⟨Adj. 24⟩ **1** *nur aus einer Schicht bestehend* **2** ⟨Industrie⟩ *nur in einer Arbeitsschicht;* diese Fabrik arbeitet ~ **3** *einzeln (von einem zusammengehörigen Paar);* ein ~er Schuh, Strumpf ● **3.1** *ledig;* sie ist, lebt ~

ein‖schi|cken ⟨V. 500⟩ etwas ~ *einsenden, einem Amt, einer Institution schicken;* dem Hersteller einen Apparat zur Reparatur ~; einer Zeitung einen Artikel, ein Manuskript ~

ein‖schie|ben ⟨V. 214/500⟩ **1** etwas (in etwas) ~ *(hinein)schieben;* den Kuchen, das Brot zum Backen (in den Backofen) ~ **2** jmdn. od. etwas ~ *in eine geplante u. geordnete Reihenfolge noch zusätzlich einfügen, aufnehmen;* können Sie mich nicht ~? (in der Sprechstunde o. Ä.); eine Arbeit ~; einen Satz nachträglich ~ ● **2.1** eingeschobener **Satz** ⟨Gramm.⟩ *innerhalb eines Satzes stehender S. (durch Kommata abgetrennt)*

ein‖schie|ßen ⟨V. 215/500⟩ **1** etwas ~ *durch Schießen zerstören, zertrümmern;* er schoss das Fenster mit dem Ball ein **2** eine **Schusswaffe** ~ *durch Probeschüsse die günstigste Lage, die richtige Einstellung von Kimme u. Korn usw. ermitteln u. so allmählich treffsicher machen;* ein Gewehr ~ **3** ⟨Vr 3⟩ **sich** ~ (auf ein Ziel) ~ *durch wiederholtes Schießen sicher im Treffen werden;* die Artillerie hat sich jetzt eingeschossen ● **3.1** sich auf jmdn. ~ ⟨fig.; umg.⟩ *jmdn. wiederholt heftig kritisieren;* die Journalisten haben sich auf den Parteivorsitzenden eingeschossen **4** Brot ~ *in den Ofen zum Backen schieben* **5** Fäden ~ ⟨Textilw.⟩ *durchziehen, (Schussfäden) durch die Kettfäden ziehen* **6** Geld ~ *zur finanziellen Sicherung beisteuern* **7** **Papier** ~ ⟨Buchw.⟩ *P. zwischen die Druckbogen legen, damit diese nicht abfärben* **8** ⟨400(s.)⟩ die **Milch** schießt ein *füllt die Milchdrüsen*

ein‖schif|fen ⟨V. 500⟩ **1** jmdn. od. etwas ~ *vom Land aufs Schiff bringen, verladen;* Truppen ~; Kisten ~ **2** ⟨Vr 3⟩ **sich** ~ (**nach**) *mit dem Schiff abreisen (nach);* ich habe mich gerade eingeschifft, als ...; er hat sich nach Amerika eingeschifft

ein‖schla|fen ⟨V. 217/400(s.)⟩ **1** *in Schlaf versinken;* ich kann nicht, schnell, schwer ~; vor dem Einschlafen noch eine Stunde lesen; bei, über der Arbeit ~ ● **1.1** bei diesem Buch schläft man ein *dieses B. ist sehr langweilig* ● **1.2** schlaf nicht ein! ⟨fig.; umg.⟩ *pass auf, mach rascher!* **2** ⟨verhüllend⟩ *(eines sanften Todes) sterben;* Großvater ist gestern (sanft) eingeschlafen **3 Gliedmaßen** schlafen ein *werden vorübergehend gefühllos;* mein Arm, Bein ist eingeschlafen **4** eine **Sache** schläft ein ⟨umg.⟩ *lässt nach, hört auf;* unser Briefwechsel ist allmählich eingeschlafen

ein‖schlä|fern ⟨V. 500⟩ **1** jmdn. ~ *zum Schlafen bringen;* diese Musik schläfert mich ein; ~de Musik; die schwache Beleuchtung wirkt ~d ● **1.1** *narkotisieren;* ein ~des Mittel **2** ein (altes, krankes) **Tier** ~ *durch Medikament schmerzlos töten* **3** jmdn. od. etwas ~ ⟨fig.⟩ *ablenken, zu zerstreuen suchen;* den Gegner durch schöne Redensarten ~

Ein|schlag ⟨m.; -(e)s, -schlä|ge⟩ **1** *das Einschlagen, Auftreffen (eines Geschosses)* ● **1.1** *Stelle, an der ein Geschoss aufgetroffen ist* **2** *Abweichung von der geraden Richtung;* ~ der Räder, des Steuers **3** *Umschlag nach innen,* z. B. *breiter Saum, Knopfleiste* **4** ⟨Web.⟩ *Schuss* **5** ⟨Forstw.⟩ *das planmäßige Fällen von Holz* ● **5.1** *das geschlagene Holz selbst* **6** mit ~ **verkaufen** *mit Rabatt, Verlust verkaufen* **7** ⟨fig.⟩ *Anteil, Beimischung;* mit nordischem ~; mit einem ~ von Barock

ein‖schla|gen ⟨V. 218⟩ **1** ⟨500⟩ etwas ~ *durch Schlagen hineintreiben;* Nägel, Keile, Pfähle ~ **2** ⟨503/Vr 5 od. Vr 6⟩ jmdm.) etwas ~ *durch Schlagen zerbrechen, zerstören;* die Tür, das Fenster ~; sich den Schädel ~; jmdm. die Zähne ~ ● **2.1 Eier** ~ ⟨Kochk.⟩ *aufschlagen u. in die Pfanne od. den Teig geben* **3** ⟨400⟩ der **Blitz**, ein **Geschoss** schlägt ein *trifft u. beschädigt ez. zerstört;* die Bombe, Granate hat eingeschlagen ● **3.1** es hat (in die Scheune) eingeschlagen *der Blitz hat (die S.) getroffen* **4** ⟨800⟩ **auf** jmdn. od. ein **Tier** ~ *wild drauflosschlagen, ohne darauf zu achten, wohin es trifft* **5** ⟨500⟩ ~ *Papier, Stoff zum Schutz um etwas legen, einpacken;* einen Gegenstand in Papier, in ein Tuch ~; können Sie rair die Puppe etwas ~? ● **5.1** ein **Buch** ~ *ein B. einbinden, mit einem Schutzumschlag versehen* **6** ⟨400⟩ *einer Sache (durch Handschlag) zustimmen;* schlag ein! **7** ⟨500⟩ einen **Weg**, eine **Richtung** ~ *wählen u. gehen od. fahren;* er wusste nicht, welche Richtung er ~ sollte; den Weg über Bernau, durch den Wald ~ ● **7.1** eine **Laufbahn** ~ *wählen u. beginnen* **8** ⟨400⟩ *Erfolg haben, Anklang finden;* der neue Artikel hat eingeschlagen; gut, nicht ~ **9** ⟨500⟩ die **Steuerung** eines **Fahrzeugs** ~ *so drehen, dass das Fahrzeug von der geraden Richtung abweicht;* die Räder, das Steuer ~ **10** ⟨500⟩ einen **Saum** ~ *nach innen umschlagen u. annähen* **11** ⟨500⟩ **Fäden** ~ ⟨Web.⟩ *einschießen, durchziehen* **12** ⟨500⟩ **Holz** ~ ⟨Forstw.⟩ *planmäßig fällen* **13** ⟨500⟩ **Pflanzen** ~ ⟨Landw.⟩ *vorläufig in die Erde setzen, bis zum Auspflanzen mit Erde ab-, bedecken* **14** ⟨500⟩ **Wein** ~ *mit Schwefeldioxid behandeln, um ihn haltbar zu machen*

ein‖schlä|gig ⟨Adj. 24/90⟩ **1** *zu einem Gebiet od. Fach gehörend, bezüglich, zutreffend;* die ~en Bestimmungen nachschlagen, nachschlagen; die ~e Literatur durcharbeiten; in den ~en Geschäften nachfragen **2** ~ **vorbestraft** *für das gleiche Vergehen bereits vorbestraft*

ein‖schlei|chen ⟨V. 219/500/Vr 3⟩ **1** sich ~ *heimlich* hinein-, hereinkommen; die Diebe haben sich (bei Nacht in das Haus) eingeschlichen; du hast dich dort mit falschen Papieren eingeschlichen; sie konnte sich ungesehen ~ • 1.1 **sich in** jmds. **Herz, Vertrauen** ~ ⟨fig.⟩ *geschickt jmds. H., V. erringen, um es auszunützen* **2** eine **Sache** schleicht **sich** ein ⟨fig.⟩ *geschieht unbemerkt;* hier hat sich in (die Arbeit, Rechnung) ein Fehler eingeschlichen; in seinen Bericht hat sich ein Irrtum eingeschlichen • 2.1 *sich langsam ausbreiten, allmählich üblich werden, zur (schlechten) Gewohnheit werden;* wie konnte sich nur diese Unsitte, dieser Übelstand hier ~?

ein‖schlep|pen ⟨V. 500⟩ **1** ein **Schiff** ~ *mit einem Schleppdampfer in den Hafen bringen* **2** eine **Krankheit,** Ungeziefer ~ *unbemerkt hereinbringen u. auf andere übertragen;* er hat aus Indien die Pocken eingeschleppt; die Pest, den Typhus ~

ein‖schleu|sen ⟨V. 500⟩ **1** ein **Schiff** ~ *durch Schleusen hereinbringen* **2** jmdn. od. etwas ~ *unbemerkt durch eine Kontrolle hindurch- u. hereinbringen;* die Agenten waren als Touristen eingeschleust worden; Spione in ein Land ~; Drogen ~; Schmuggelware ~

ein‖schlie|ßen ⟨V. 222/500⟩ **1** jmdn. od. **etwas** ~ *in etwas schließen* • 1.1 **jmdn.** ~ *durch Abschließen der Tür daran hindern, einen Raum zu verlassen;* einen Gefangenen ~; er schloss das kleine Kind im Auto ein • 1.2 ⟨Vr 3 od. Vr 4⟩ **sich** ~ *durch Abschließen der Tür niemand zu sich hereinkommen lassen;* sich in ein, einem Zimmer ~ • 1.3 **etwas** ~ *in einem Raum od. Behälter verschließen;* Geld, Schmuck ~ • 1.3.1 ⟨511⟩ in **Klammern** ~ *einklammern* **2** ⟨500⟩ jmdn. od. **etwas** ~ *von allen Seiten umgeben;* den Feind ~; eine Festung, Stadt ~; hohe Mauern schließen den Park ein; die Burg ist ringsum von einem See eingeschlossen; ein Stück Boden mit einem Zaun ~ **3** ⟨500/Vr 7 od. Vr 8⟩ **jmdn.** od. **etwas** ~ *miteinbeziehen;* alle, mich eingeschlossen; jmdn. in sein Gebet ~ • 3.1 *mitberechnen, in der Rechnung od. Zahl mitberücksichtigen;* Bedienung, Spesen, Trinkgelder eingeschlossen

ein‖schließ|lich ⟨Präp. m. Gen.; Abk.: einschl.⟩ **1** *mitberücksichtigt, eingeschlossen, einbegriffen;* alle ~ der Neuankömmlinge; ~ aller Unkosten; sechs Kilo ~ Verpackung; die Kosten ~ Porto, des (hohen) Portos; der Preis versteht sich ~ Getränke • 1.1 *das Letztgenannte eingeschlossen;* Sprechstunde Montag bis ~ Donnerstag; das Museum ist bis ~ 25. Mai geschlossen

Ein|schluss ⟨m.; -es, -schlüs|se⟩ **1** *das Einschließen* **2** ⟨Min.⟩ *in ein Mineral eingeschlossener Körper;* ein ~ im Bernstein; tierische Einschlüsse **3 mit, unter** ~ **von** *unter Berücksichtigung von, einschließlich des, der*

ein‖schnap|pen ⟨V. 400(s.)⟩ **1** die **Tür,** das **Schloss** schnappt ein *die T., das S. schließt sich schnappend* **2** ⟨fig.; abwertend⟩ *etwas übelnehmen, beleidigt, gekränkt sein;* leicht ~; er schnappt bei, wegen jeder Kleinigkeit ein; sei doch nicht gleich eingeschnappt

ein‖schnei|den ⟨V. 227⟩ **1** ⟨500⟩ **etwas** ~ *mit dem Messer einkerben;* ein Zeichen ~; Namen in die Baumrinde ~ **2** ⟨400⟩ *einen Schnitt machen, schneidend* *eindringen;* der Schmerz schneidet mir in die Eingeweide ein • 2.1 ⟨513⟩ *tief ins Herz* ~ ⟨fig.⟩ *tief u. schmerzhaft ins Herz dringen*

Ein|schnitt ⟨m.; -(e)s, -e⟩ **1** *Schnitt in etwas;* ein Geschwür durch einen ~ öffnen **2** *Stelle, an der eingeschnitten worden ist* • 2.1 *Wunde, die durch Einschneiden entstanden ist;* der ~ heilte gut • 2.2 *durch Abtragen von Gelände entstandene Erdvertiefung, Tal, Schlucht, Graben;* die Straße führt durch einen ~ zwischen den Felsen **3** *das Mähen, Ernte* **4** ⟨fig.⟩ *einschneidende Veränderung, Wandlung, Abschluss u. Neubeginn zugleich;* ein bedeutsamer ~; eine Prüfung, die Heirat ist ein ~ im Leben

ein‖schrän|ken ⟨V. 500⟩ **1** eine **Sache** ~ *einer S. Schranken setzen, etwas verringern, herabsetzen;* sie muss diese Ausgaben ~; er hat das Rauchen (auf ein vernünftiges Maß) eingeschränkt; jmds. Rechte, Macht, Freiheit ~; zu einem Vorwurf ~d bemerken, dass ... **2** ⟨550/Vr 7 od. Vr 8⟩ **jmdn. in** einer **Sache** ~ *einengen;* er wurde in seiner Handlungsfreiheit sehr eingeschränkt **3** ⟨Vr 3⟩ **sich** ~ *sparsam leben;* sich sehr ~ müssen; wir lebten ziemlich eingeschränkt

Ein|schrän|kung ⟨f.; -, -en⟩ *das Einschränken, einschränkende, begrenzende Maßnahme, Vorbehalt;* in diesem Bereich müssen wir (finanzielle) ~en vornehmen; mit der ~, dass ...

ein‖schrei|ben ⟨V. 230/500⟩ **1** etwas ~ *in etwas schreiben, eintragen;* Einnahmen u. Ausgaben ~ • 1.1 er muss den Aufsatz noch ~ *(aus dem Konzept) ins Heft schreiben* **2** ⟨Vr 7⟩ **jmdn.** od. **sich** ~ *jmds. od. seinen Namen in ein Buch, eine Liste o. Ä. eintragen;* einen Schüler ins Klassenbuch ~; als Mitglied, als Student sich ~ (lassen); sich in die Teilnehmerliste ~ (u. dadurch vormerken lassen) • 2.1 ⟨511/Vr 3⟩ sich in ein Album ~ *seinen Namen zur Erinnerung eintragen* **3** einen **Brief,** ein **Päckchen** ~ lassen *auf der Post gegen Quittung in eine Liste schreiben u. dadurch gesondert u. sorgfältiger behandeln lassen;* einen Brief eingeschrieben schicken; eine eingeschriebene Postsendung

Ein|schrei|ben ⟨n.; -s, -⟩ *eingeschriebene Postsendung, Einschreibebrief;* ein ~ erhalten; einen Brief als ~ schicken

ein‖schrei|ten ⟨V. 232/800(s.)⟩ **gegen jmdn.** od. **etwas** ~ *etwas unternehmen, entscheidend gegen jmdn. od. etwas vorgehen;* gegen Aufrührer, randalierende Rowdys ~; gegen Übergriffe, Missbräuche ~; gerichtlich, polizeilich ~ gegen etwas

ein‖schüch|tern ⟨V. 500/Vr 8⟩ **jmdn.** ~ *jmdm. Angst machen, jmdn. unsicher, verlegen machen;* sich (nicht) ~ lassen; jmdn. durch, mit Drohungen ~

ein‖schu|len ⟨V. 500⟩ ein **Kind** ~ *zum ersten Mal auf eine Schule geben;* unser Sohn wurde mit sechs Jahren eingeschult

Ein|schuss ⟨m.; -es, -schüs|se⟩ **1** *Eintrittsstelle eines Geschosses* **2** ⟨Web.⟩ *der eingeschossene Querfaden* **3** *eingeschossenes Kapital, Einlage* **4** *Einsatz (beim Spiel)* **5** ⟨unz.⟩ *akute Entzündung u. Schwellung der Unterhaut an den Beinen der Pferde infolge kleinerer Wunden an Fuß u. Bein*

ein|se|hen ⟨V. 239/500⟩ **1** ein **Gelände,** einen **Raum** ~ überblicken, in einen R. hineinsehen; man kann die feindlichen Stellungen gut ~, nicht ~ **2 Schriftstücke** ~ in S. Einblick nehmen, einen prüfenden Blick werfen; kann ich die Unterlagen ~? **3** eine **Sache** ~ begreifen, verstehen; siehst du das nicht ein?; ich sehe (durchaus) nicht ein, warum ich das tun soll • 3.1 seinen **Irrtum,** sein **Unrecht** ~ erkennen; ich habe eingesehen, dass es so besser ist, dass ich Unrecht habe

ein|sei|fen[1] ⟨V. 500/Vr 7⟩ **jmdn.** ~ **1** ⟨503/Vr 5 od. Vr 6⟩ **jmdn.** od. **etwas** ~ mit Seife einreiben; sich das Gesicht ~ (zum Rasieren); der Friseur seifte den Kunden ein **2** ⟨fig.⟩ mit Schnee einreiben (beim Balgen, bei Schneeballschlachten)

ein|sei|fen[2] ⟨V. 500⟩ **jmdn.** ~ ⟨umg.⟩ wortgewandt zu etwas überreden, überlisten, betrügen, hintergehen; dieser Kerl hat ihn schön eingeseift

ein|sei|tig ⟨Adj.⟩ **1** nur auf einer Seite stattfindend, befindlich; ~e Kopfschmerzen, Lähmung, Lungenentzündung; Papier nur ~ bedrucken, beschreiben; der Stoff ist nur ~ gemustert • 1.1 nur für einen Teil, eine Partei verbindlich; ~er Beschluss, Vertrag; eine ~e Erklärung • 1.1.1 ~es **Rechtsgeschäft** R. aufgrund der Willenserklärung einer Person, z. B. Testament, Kündigung **2** nur eine Seite einer Sache, nur einen Gesichtspunkt hervorhebend, berücksichtigend, subjektiv, parteiisch; eine ~e Beurteilung, Meinung, Auffassung; eine Sache ~ betrachten; einen Vorgang ~ darstellen, schildern **3** nur auf ein Gebiet beschränkt, unvollständig; Ggs allseitig, vielseitig (1-2); er ist sehr ~; ~ ausgebildet sein; eine ~e Ausbildung

ein|sen|den ⟨V. 241/500⟩ **etwas** ~ einer Institution, einem Amt o. Ä. ein-, zuschicken; das Lösungswort bitte an den Rundfunk ~; die Bewerbungsunterlagen habe ich heute eingesandt

Ein|ser ⟨m.; -s, -; bes. süddt.⟩ **1** die Zahl, Ziffer Eins **2** Note (2.1) Eins; sie hat schon wieder einen ~ in Englisch geschrieben **3** Bus, Straßen- od. Untergrundbahn mit der Nummer Eins; wann kommt der nächste ~?

ein|set|zen ⟨V. 500⟩ **1** etwas ~ in etwas hineinsetzen, einfügen; eine neue Fensterscheibe ~ 1.1 eine **Annonce, Anzeige** ~ (lassen) in die Zeitung setzen (lassen) • 1.2 ein **Boot** ~ ins Wasser lassen • 1.3 **Edelsteine** ~ in eine Fassung bringen • 1.4 **Fische** (zur Zucht) ~ in einen Teich setzen • 1.5 einen **Flicken** ~ einnähen • 1.6 **Pflanzen** ~ in die Erde setzen, einpflanzen • 1.7 **Zahlen** ~ in frei gelassene Stellen (auf Formularen) schreiben • 1.8 den **Zirkel** ~ einstechen **2 Obst, Gemüse** ~ einkochen, einmachen, einlegen, konservieren **3** ⟨Vr 7 od. Vr 8⟩ **jmdn.** od. **etwas** ~ bestimmen, ernennen, mit einem Amt betrauen; einen Bürgermeister, Herrscher, Leiter ~; jmdn. als, zum Erben ~; jmdn. als Richter ~; eine Regierung ~ • 3.1 ⟨500⟩ **jmdn.** (**in** eine **Position**) ~ jmdm. eine P. übergeben, die Pflichten u. Rechte einer P. übertragen; jmdn. in ein Amt ~ • 3.1.1 jmdn. an jmds. Stelle ~ jmdm. jmds. Stelle (über)geben • 3.1.2 jmdn. in eines anderen Rechte ~ jmdm. die Rechte eines anderen übernehmen lassen • 3.1.3 jmdn. in seine früheren Rechte ~ jmdm. seine Rechte wiedergeben **4** jmdn. od. **etwas** ~ planmäßig für eine bestimmte Aufgabe verwenden, dazu heranziehen; Hilfsmittel, Maschinen, Truppen ~; freiwillige Helfer ~; Hunde ~ (zum Auffinden Verunglückter, Aufspüren von Verbrechern); seine ganze Kraft ~, um etwas zu erreichen; seine Kraft für eine Sache, für das Gelingen einer Sache ~ • 4.1 den König, die Dame ~ ins Spiel bringen **5** etwas ~ (als Einsatz im Spiel) geben, aufs Spiel setzen; einen Gegenstand zum Pfand ~; sein Leben ~ **6** ⟨515/Vr 7⟩ **sich für etwas** od. **jmdn.** ~ verwenden, seinen Einfluss für etwas od. jmdn. geltend machen; sich für die Einführung neuer Methoden ~ **7** ⟨400⟩ beginnen; das kalte Wetter hat eingesetzt; mit ~dem Herbst ziehen die Zugvögel fort; die Musik setzt ein; ihr müsst etwas früher ~ (mit Singen, Spielen) • 7.1 ⟨410; Mus.⟩ einfallen, in ein Zusammenspiel einstimmen; die Bläser setzen im 3. Takt ein; mit dem 5. Takt ~

Ein|sicht ⟨f.; -, -en⟩ **1** ⟨unz.⟩ Einblick, Kenntnisnahme; ~ nehmen in etwas; ~ in die Akten, Vorgänge haben; jmdm. etwas (Akten, Papiere) zur ~ vorlegen; jmdm. ~ in etwas gewähren **2** ⟨unz.⟩ Verständnis, Vernunft; haben Sie doch ~!; er zeigte wenig ~; mit jmdm. ~ haben; er wird noch zur ~ kommen **3** ⟨zählb.⟩ Erkenntnis, Sachkenntnis; ich kam zu der ~, dass …; neue ~en gewinnen; wichtige, historische, interessante ~en ergeben sich

ein|sich|tig ⟨Adj.⟩ **1** voller Einsicht (2), verständnisvoll; er war sehr ~ **2** verständlich, leicht zu verstehen; diese Argumente sind sehr ~

Ein|sied|ler ⟨m.; -s, -⟩ Sy Eremit **1** einsam lebender Mönch; ein frommer ~; wie ein ~ leben **2** ⟨fig.⟩ einsam lebender Mensch

ein|sil|big ⟨Adj.⟩ **1** ⟨24⟩ aus einer Silbe bestehend; ein ~es Wort • 1.1 ~er **Reim** R. aus einer Silbe, **2** ⟨fig.⟩ wortkarg; eine ~e Antwort geben; sehr ~ sein; ein ~er Mensch

ein|sin|ken ⟨V. 244/400(s.)⟩ **1** in einem weichen Untergrund langsam nach unten sinken, versinken; Vorsicht, hier sinkt man ein!; bis zu den Knien ~; im Morast, im Schlamm, Schnee ~ • 1.1 flach werden, eine Krümmung nach unten od. hinten bekommen; ein eingesunkener Brustkorb; eingesunkene Gräber; eingesunkener Fußboden **2** in sich zusammensinken, einfallen; die hölzerne Brücke sank unter dem Gewicht der Schneemassen ein

ein|span|nen ⟨V. 500⟩ **1** etwas ~ in einen Rahmen, eine Vorrichtung spannen; ein neues Blatt (in die Schreibmaschine) ~; einen Film (in die Kamera) ~; ein Werkstück im, in den Schraubstock ~; Saiten in den Tennisschläger ~ **2 Zugtiere** ~ vor den Wagen spannen; Pferde, Ochsen ~ **3** ⟨515/Vr 7⟩ **jmdn.** (**für, zu etwas**) ~ ⟨fig.; umg.⟩ jmdn. zur Mitarbeit (bei, an etwas) veranlassen; ich habe ihn zum Möbelräumen eingespannt • 3.1 er ist von früh bis spät im, in seinem Beruf eingespannt ⟨fig.⟩ er ist von früh bis spät sehr beschäftigt, hat sehr viel zu tun

ein|sper|ren ⟨V. 500/Vr 7⟩ **1 jmdn.** od. ein **Tier** ~ in einen Raum sperren, einschließen; ich habe mich in mein(em) Zimmer eingesperrt; sie sperrte den Hund in der Wohnung ein; jmdn. eingesperrt halten **2** jmdn. ~ ⟨umg.⟩ *in eine Haft- od. Strafanstalt setzen, gefangen setzen;* Sy *arretieren (1), einstecken (2);* einen Verbrecher ~

ein|spie|len ⟨V. 500⟩ **1** ein **Instrument** ~ *durch Spielen zum besseren, volleren Tönen bringen;* eine Geige ~ **2** ⟨Vr 3⟩ **sich** ~ *sich im Spiel einüben, im Spiel sicher werden;* die Mannschaft, der Pianist, der Schauspieler musste sich erst ~ ● **2.1** ⟨Vr 4⟩ **sich aufeinander** ~ *durch gemeinsame Tätigkeit zu guter Zusammenarbeit kommen* ● **2.1.1** aufeinander eingespielt sein *sich gut ergänzen, im Spiel gut zusammenwirken;* die Mannschaft, das Orchester ist gut aufeinander eingespielt **3** ⟨Vr 3⟩ **etwas** spielt **sich** ein *wird zur Gewohnheit u. bereitet keine Schwierigkeiten mehr;* der Arbeitsablauf hat sich gut eingespielt **4 Kosten** ~ ⟨Film; Theat.⟩ *durch Aufführungen einbringen;* die Produktionskosten wurden innerhalb weniger Monate eingespielt **5** ein **Musikstück** ~ *auf Tonträger (Platte, CD) aufnehmen*

ein|spin|nen ⟨V. 249/500⟩ **1** ⟨Vr 3⟩ **Spinner** spinnen **sich** ein ⟨Zool.⟩ *spinnen um sich herum Fäden, um sich einzupuppen;* die Larve des Seidenspinners spinnt sich ein **2** ⟨505/Vr 3⟩ **sich (in etwas)** ~ ⟨fig.; geh.⟩ *sich (in etwas) völlig zurückziehen;* sich in seine Gedanken, in seine Häuslichkeit ~; sie hat sich ganz in ihre Träumereien eingesponnen

ein|sprin|gen ⟨V. 253/410 od. 800(s.)⟩ **1 für jmdn.** ~ *etwas ersatzweise, stellvertretend tun, ausnahmsweise die Arbeit eines anderen tun, aushelfen;* könnten Sie heute einmal ~?; er springt immer ein, wo, wenn es notwendig ist; für den erkrankten X sprang Y ein **2** ~der **Winkel** *W., der größer ist als 180°*

Ein|spruch ⟨m.; -(e)s, -sprüche⟩ **1** *Einwand, Widerspruch;* Sy *Veto (2);* es erfolgte kein ~; seine Einsprüche vorbringen ● **1.1** ⟨Rechtsw.⟩ *Protest gegen Unrecht od. unrichtige Entscheidung;* ~ erheben gegen einen Befehl, eine (gerichtliche) Entscheidung, eine Maßnahme, ein Unrecht

einst ⟨Adv.⟩ **1** *wie früher, damals, in der Vergangenheit;* ~ dienten die Baracken zur Unterbringung von Flüchtlingen **2** *in ferner Zukunft;* ~ wird hier ein Industriezentrum entstehen

Einst ⟨n.; -; unz.⟩ *Vergangenheit;* das ~ und das Jetzt

ein|stampf|en ⟨V. 500⟩ **1 Sauerkohl** ~ *feststampfen* **2** etwas ~ *durch Stampfen zerkleinern* **3 Druckschriften** ~ *zu Papierrohstoff verarbeiten;* eine Auflage ~

Ein|stand ⟨m.; -(e)s, -stän|de⟩ **1** *festlich begangener Dienstantritt;* jmdm. zum ~ Glück wünschen; seinen ~ geben, feiern; es war ein ~ mit Bier u. Schnaps **2** ⟨unz.; Tennis⟩ *gleicher Punktstand für beide Partner (ab 40 : 40)* **3** ⟨Jägerspr.⟩ *geschützter Standort, an dem das Schalenwild regelmäßig aufhält;* der Hirsch nahm seinen ~

ein|ste|cken ⟨V. 500⟩ **1** etwas ~ *in etwas dafür Bestimmtes stecken* ● **1.1** *an sich nehmen, in die Tasche stecken, um es mitzunehmen;* vergiss nicht, deine Brille, dein Frühstück, dein Geld einzustecken; ich habe die Eintrittskarten vergessen einzustecken ● **1.2** ⟨umg.⟩ *als Gewinn einnehmen;* bei diesem Geschäft hat er einige Tausender eingesteckt **2** jmdn. ~ ⟨umg.⟩ = *einsperren (2)* **3** eine **Sache** ~ ⟨fig.; umg.⟩ *widerspruchslos ertragen, hinnehmen, sich gefallen lassen;* eine Beleidigung, Grobheit, Kränkung ~ müssen; sie steckt nichts ein

ein|ste|hen ⟨V. 256(s.)⟩ **1** ⟨800⟩ **für etwas od. jmdn.** ~ *bürgen, gewährleisten, eintreten;* ich stehe dafür ein, dass …; er will für nichts ~; für deine Tat musst du auch ~ **2** ⟨800⟩ **für etwas** ~ *Ersatz leisten, die Folgen von etwas tragen;* er muss für den verursachten Schaden ~ **3** ⟨400⟩ das **Wild** steht ein ⟨Jägerspr.⟩ *zieht in ein bestimmtes Gebiet*

ein|stei|gen ⟨V. 258(s.)⟩ **1** ⟨411⟩ **in** ein **Fahrzeug** ~ *steigen;* ins Auto, in den Bus, in die Straßenbahn, ins Zugabteil ~; bitte ~! (Ansage über Lautsprecher vor Abfahrt des Zuges) **2** ⟨411⟩ *durch eine hoch gelegene Öffnung in einen Raum eindringen;* durch das Fenster ins Haus ~; der Dieb ist über den Balkon in die Wohnung eingestiegen **3** ⟨800⟩ **in** ein **Geschäft** ~ ⟨fig.; umg.⟩ *sich an einem G. beteiligen;* er will in das Geschäft ~

ein|stel|len ⟨V. 500⟩ **1** etwas ~ *hineinstellen, unter Dach bringen, unterstellen, unterbringen;* die Pferde (in den Stall) ~; das Auto, den Wagen (in die Garage) ~ **2** jmdn. ~ *in Arbeit, in den Dienst nehmen;* wir müssen noch einige Arbeitskräfte ~ ● **2.1** *zum Heeresdienst einziehen;* Rekruten ~ **3** ⟨500⟩ eine **Tätigkeit** ~ *beenden, ruhenlassen;* die Arbeit, Zahlung ~; die Bauarbeiten mussten wegen des Frostes eingestellt werden; die Suche nach dem vermissten Bergsteigern ~; die Kampfhandlungen wurden eingestellt; das Feuer ~ ⟨Mil.⟩; ein Verfahren wegen Geringfügigkeit ~ ⟨Rechtsw.⟩ ● **3.1** die **Arbeit** ~ *mit dem Streik beginnen* **4** ein **technisches Gerät** ~ *so richten, dass es in gewünschter Weise funktioniert;* das Fernglas scharf ~; einen Sender für klassische Musik im Radio ~; das Radiogerät auf Zimmerlautstärke ~; bei diesem trüben Wetter musst du deinen Fotoapparat auf eine große Blende ~ **5** einen **Rekord** ~ ⟨Sp.⟩ *nochmals, ebenfalls erreichen* **6** ⟨Vr 3⟩ **sich** ~ *sich einfinden, erscheinen, kommen;* der Frühling hat sich in diesem Jahr schon früh eingestellt; gegen Abend stellte sich hohes Fieber ein; wir werden uns zum verabredeten Zeitpunkt bei euch ~ **7** ⟨550/Vr 3⟩ **sich auf jmdn. od. etwas** ~ *sich nach jmdm. od. etwas richten, sich jmdm. od. etwas anpassen;* ich muss mich auf meine Schüler ~; ich habe mich noch nicht auf die neuen Arbeitsmethoden eingestellt; er hat sich ganz auf Diät eingestellt; unsere Urlaubsgarderobe ist nicht auf diese kühle Witterung eingestellt

ein|stel|lig ⟨Adj. 70⟩ eine ~e **Zahl** *aus nur einer Ziffer bestehende Z.*

Ein|stel|lung ⟨f.; -, -en⟩ **1** *das Einstellen (2), Anstellung;* bei meiner ~ wurde ich vom Personalchef durch den Betrieb geführt **2** *Beendigung* ● **2.1** die ~ des **Verfahrens** ⟨Rechtsw.⟩ *förmliche Beendigung eines*

Gerichtsverfahrens **3** *das Einstellen (4) eines technischen Gerätes;* die ~ *eines Fernglases;* die ~ *der Kompassnadel* • 3.1 ⟨Film; Fernsehen⟩ *kleinste Einheit einer Film- od. Fernsehaufzeichnung, die durch die Entfernung der Kamera von der aufzunehmenden Wirklichkeit u. die dadurch bedingte Größe des Bildausschnitts bestimmt wird* **4** *(durch Erfahrung erworbenes System von) Anschauungen, Meinungen u. Überzeugungen (eines Menschen);* ich kenne seine ~ zu dieser Sache; eine politische, religiöse ~ **5** *das Einstellen (5) eines Rekordes;* ihm gelang die ~ des Urweltrekordes

Ein|stieg ⟨m.; -(e)s, -e⟩ **1** *das Einsteigen* **2** *Öffnung, Tür zum Einsteigen;* der vordere, hintere ~ bei der Straßenbahn

eins|tig ⟨Adj. 60⟩ *ehemalig, früher;* mein ~er Lehrer

ein‖stim|men ⟨V.⟩ **1** ⟨400⟩ *anfangen, sich an einem Gesang zu beteiligen;* der Chor stimmte ein; darauf stimmten die Flöten ein **2** ⟨800; fig.⟩ *einer Meinung zustimmen, einwilligen;* in einen Plan ~ **3** ⟨500⟩ ein **Instrument** ~ ⟨Mus.⟩ *mit den anderen Instrumenten in Einklang bringen* **4** ⟨515/Vr 3 od. Vr 4⟩ **sich auf (für, zu) etwas** ~ ⟨fig.⟩ *sich gefühlsmäßig, in der Stimmung auf etwas einstellen;* sich auf ein Konzert, einen Vortrag ~

ein|stim|mig ⟨Adj. 24⟩ **1** ⟨Mus.⟩ *aus nur einer Stimme bestehend, nicht mehrstimmig;* ein ~es Lied singen; ~ singen, spielen **2** ⟨fig.⟩ *einmütig, übereinstimmend, von allen ohne Gegenstimme (gebilligt);* ein ~er Beschluss; der Vorschlag wurde ~ angenommen; die ganze Klasse antwortete, rief ~ ...; er wurde ~ zum Vorsitzenden gewählt

ein‖strei|chen ⟨V. 263/500⟩ **1** ⟨316⟩ **etwas mit etwas** ~ *auf etwas durch Streichen etwas auftragen;* die wunde Stelle mit einer Salbe ~; die Tapeten mit Kleister ~ **2 etwas** ~ ⟨fig.; umg.; abwertend⟩ *wie selbstverständlich an sich nehmen, einstecken;* er strich das Geld ein, ohne herauszugeben; große Gewinne ~; Beifall, Ruhm ~ **3** einen **Text** ~ ⟨Theat.⟩ *kürzen*

ein‖stür|men ⟨V. 800(s.)⟩ **auf jmdn.** ~ *plötzlich zustürzen, eindringen, jmdn. überfallen;* auf den Feind ~; viele Fragen stürmten auf mich ein ⟨fig.⟩

Ein|sturz ⟨m.; -es, -stür|ze⟩ *das Einstürzen, Zusammenstürzen, -brechen;* ~ eines Gebäudes; Vorsicht, ~gefahr!

ein‖stür|zen ⟨V.(s.)⟩ **1** ⟨400⟩ *etwas stürzt ein etwas bricht zusammen, zerfällt in Trümmer;* das alte Haus stürzte ein; ihm ist das Dach über dem Kopf eingestürzt **2** ⟨800⟩ **etwas stürzt auf jmdn.** ein ⟨fig.⟩ *überfällt jmdn.;* die alten Erinnerungen stürzten auf ihn ein

einst|wei|len ⟨Adv.⟩ **1** *vorläufig, erst einmal, derzeit;* ~ wohnt sie noch bei den Eltern **2** *unterdessen, inzwischen;* du kannst ~ auf den Hund aufpassen

einst|wei|lig ⟨Adj. 70⟩ **1** *vorläufig;* jmdn. in den ~en Ruhestand versetzen • 1.1 eine ~e **Verfügung** ⟨Zivilprozess⟩ *vorläufige gerichtliche Anordnung zur Abwendung schwerer Nachteile für eine Partei*

ein‖tau|schen ⟨V. 505⟩ *etwas* (gegen, für etwas) ~ *tauschen, wechseln, durch Tausch bekommen, erwerben;* können Sie mir bitte einen Hunderteuroschein gegen zwei Fünfzigeuroscheine ~?; Briefmarken gegen Münzen ~

ein‖tei|len ⟨V. 500⟩ **1** ⟨510⟩ **etwas in etwas** ~ *in Teile zerlegen, teilen;* sie teilte die Torte in mehrere Stücke ein; den Braten in Portionen ~; die Stadt in 5 Bezirke ~ • 1.1 *in Abschnitte gliedern, sinnvoll aufteilen;* ein Buch in 10 Kapitel ~ **2** ⟨503/Vr 5⟩ **etwas** ~ ⟨umg.⟩ *planmäßig verteilen, mit etwas sinnvoll umgehen;* er kann sich die Arbeit nicht ~; du musst dein Geld, deine Zeit besser ~! **3** ⟨515 od. 518/Vr 8⟩ **jmdn. zu, als etwas** ~ *in eine Gruppe (mit bestimmten Aufgaben) einordnen, einreihen;* er wurde zum Außendienst eingeteilt

Ein|tei|lung ⟨f.; -, -en⟩ **1** *das Einteilen* **2** *Gliederung;* ~ in drei Abschnitte, Kapitel, Strophen

ein|tö|nig ⟨Adj.⟩ *ohne Abwechslung, gleichförmig, einförmig u. dadurch langweilig;* eine ~e Arbeit, Gegend, Kost; ~ reden, vorlesen

Ein|topf ⟨m.; -(e)s, -töp|fe; kurz für⟩ *Ein.topfgericht;* Gemüse~, Linsen~

Ein|topf|ge|richt ⟨n.; -(e)s, -e⟩ *in einem einzigen Topf gekochtes einfaches Gericht;* heute gibt es ein ~

Ein|tracht ⟨f.; -; unz.⟩ **1** *gutes Einvernehmen, Einmütigkeit, Einigkeit, Verträglichkeit;* in Liebe und ~; in ~ leben; die ~ stören • 1.1 **stiften** *einen Streit schlichten*

Ein|trag ⟨m.; -(e)s, -trä|ge⟩ **1** *Eintragung, schriftlicher Vermerk, Notiz, Buchung;* ein ~ in den Akten; die letzten Einträge lesen • 1.1 *schriftlicher Tadel;* einen ~ ins Klassenbuch bekommen **2** ⟨unz.; nur in der Wendung⟩ *das tut der Sache keinen* ~ *macht nichts aus, beeinträchtigt die Sache nicht* **3** ⟨Web.⟩ *Querfaden*

ein‖tra|gen ⟨V. 265/500⟩ **1** ⟨511/Vr 7⟩ **jmdn.** od. **etwas** ~ *einschreiben, vermerken;* bitte tragen Sie sich in diese Liste ein; ich muss mir den Termin noch in mein Notizbuch ~ • 1.1 ein eingetragener **Verein** ⟨Abk.: e. V.⟩ *behördlich registrierter u. genehmigter V.* • 1.2 ein eingetragenes **Markenzeichen** *beim Patentamt registriertes M., dessen Verwendung nur dem Inhaber gestattet ist* **2** ⟨530⟩ **jmdm. etwas** ~ *(Nutzen, Gewinn) einbringen;* sein letztes Buch hat ihm Ruhm und großen finanziellen Gewinn eingetragen; sein Versuch zu helfen hat ihm nur Undank eingetragen

ein|träg|lich ⟨Adj.⟩ *gewinnbringend;* ein ~es Geschäft; dieser Handel war für ihn nicht sehr ~

ein‖tref|fen ⟨V. 266/400(s.)⟩ **1** *ankommen;* unsere Besucher trafen pünktlich bei uns ein; sie ist glücklich zu Hause eingetroffen; Spargel frisch eingetroffen (Anpreisung zum Verkauf) **2** *etwas trifft ein geht in Erfüllung, bestätigt sich;* meine Befürchtungen, Vermutungen sind eingetroffen; alles ist genauso eingetroffen, wie er es vermutet hatte

ein‖trei|ben ⟨V. 267/500⟩ **1** *etwas* ~ *einschlagen;* Nägel, Niete, Pfähle ~ **2 Vieh** ~ *in den Stall treiben;* er muss am Abend das Vieh ~ **3 Geldbeträge** ~ *einziehen, kassieren;* Schulden, Steuern ~; ich muss noch meine Außenstände, Beiträge ~

ein|tre|ten ⟨V. 268⟩ **1** ⟨500⟩ etwas ~ • **1.1** *durch Treten eindrücken, zerstören;* der Polizist musste die Tür ~ • **1.2** *durch Darauftreten in den Boden drücken;* er trat den Zigarettenrest in den Sand ein • **1.3 Schuhe** ~ *durch Tragen dem Fuß anpassen;* du musst die neuen Schuhe erst zu Hause ~ **2** ⟨530/Vr 1⟩ **sich etwas** ~ *sich durch Darauftreten in die Fußsohle eindrücken, einziehen;* ich habe mir einen Dorn, Nagel, Splitter eingetreten **3** ⟨400(s.)⟩ • **3.1** *hineingehen, hereinkommen;* bitte treten Sie ein!; bitte ~, ohne anzuklopfen (Türschild); er ist bereits in sein 70. Lebensjahr eingetreten; beim Eintreten blickte er suchend um sich • **3.2** ⟨411⟩ *(in einer Gemeinschaft) Mitglied werden;* in einen Betrieb, eine Firma, einen Club, einen Orden, eine Partei ~ **4** ⟨400(s.)⟩ **etwas** tritt ein • **4.1** *etwas geschieht, wird Wirklichkeit;* was wir befürchteten, trat tatsächlich ein; ein unvorhergesehenes Ereignis trat ein; überraschend trat ein Wetterumschwung ein; es wird keine Änderung ~; nun ist der Fall eingetreten, dass …; unvermutet trat Fieber ein • **4.2** *beginnt;* im Befinden des Kranken ist immer noch keine Besserung eingetreten; die Dunkelheit trat ein **5** ⟨800(s.)⟩ • **5.1 in etwas** ~ *mit etwas beginnen;* in eine Debatte, Diskussion, ein Gespräch ~ • **5.2 für jmdn. od. etwas** ~ *jmdn. od. etwas verteidigen, vertreten, in Schutz nehmen, öffentlich dafür Partei nehmen, seinen Einfluss dafür verwenden;* er ist sehr für mich eingetreten; für eine Änderung, einen Plan, einen Vorschlag ~ • **5.3 auf etwas** ~ ⟨schweiz.⟩ *sich (in einer beschlussfassenden Versammlung) mit etwas beschäftigen;* auf einen Antrag, eine Anzeige ~; die Fraktion beantragte, auf den Vorschlag einzutreten

Ein|tritt ⟨m.; -(e)s, -e⟩ **1** *das Eintreten (3.1);* ~ verboten! **2** *(gegen eine Gebühr erhältliche) Berechtigung zum Besuch von etwas, zur Teilnahme an etwas;* ~ 10 Euro; es kostet keinen ~; ~ frei! **3** *das Eintreten (3.2);* beim ~ ins väterliche Geschäft; sein ~ in die höhere Schule; jmdm. ~ gewähren **4** *das Eintreten (4.2), Beginn;* bei ~ der Dunkelheit

Ein|tritts|kar|te ⟨f.; -, -n⟩ *Karte, die zum Besuch, zur Besichtigung od. zur Teilnahme berechtigt;* eine ~ für den Zoo, das Kino, eine Kunstausstellung erwerben

ein|und|ein|halb ⟨Numerale⟩ = eineinhalb

ein|ver|lei|ben ⟨V. 500; ich verleibe ein od. ich einverleibe, Part. des Perfekts nur einverleibt⟩ **1** *etwas einer* **Sache** ~ *einfügen, eingliedern;* er hat das wertvolle Buch seiner Bibliothek einverleibt; ein Gebiet wird einem Staat einverleibt **2** ⟨Vr 1⟩ **sich etwas** ~ *aneignen;* sich ein Land ~ • **2.1** ⟨scherzh.⟩ *etwas essen od. trinken, verzehren;* er hat sich ein halbes Brot einverleibt; ich verleibte mir drei Gläser Wein ein • **2.2** ⟨fig.⟩ *geistig aneignen;* er hat sich die neuen Erkenntnisse einverleibt **3** *einverleibende* **Sprachen** ⟨Sprachw.⟩ *S., bei denen mehrere Satzteile zu einem einzigen Wort zusammengeschlossen werden, z. B. die Indianersprachen, Bantusprachen, Grönländisch*

Ein|ver|neh|men ⟨n.; -s; unz.⟩ **1** *Übereinstimmung, Eintracht, Einigkeit;* im gegenseitigen ~ handeln; mit jmdm. im ~, in gutem ~ leben, stehen **2 sich mit jmdm. ins** ~ **setzen** *sich mit jmdm. in Verbindung setzen, um zur Übereinstimmung zu kommen*

ein|ver|stan|den ⟨Adj. 24/74⟩ **1 mit** einer **Sache** ~ **sein** *einer S. zustimmen, keine Einwände gegen eine S. haben, eine S. richtig finden;* sie ist damit ~, dass … • **1.1** (mit einem Entschluss, einer Maßnahme, einem Plan) ~! *gut!, in Ordnung!* jmdm. ~ **sein** • **2.1** *mit jmdm. einer Meinung sein* • **2.2** ⟨umg.⟩ *jmdn. billigen, gern mögen* **3** *sich mit etwas* ~ **erklären** *seine Zustimmung zu etwas geben*

ein|ver|ständ|lich ⟨Adj. 24; österr.⟩ *mit Einwilligung des Partners*

Ein|ver|ständ|nis ⟨n.; -ses, -se⟩ **1** *Einvernehmen, Übereinstimmung;* zwischen uns herrscht absolutes, völliges ~ **2** *Billigung, Übereinkommen, Zustimmung;* etwas mit jmds. ~ tun; im ~ mit jmdm. handeln

Ein|wand ⟨m.; -(e)s, -wän|de⟩ *Äußerung eines Gegengrundes, Widerspruch, Protest;* einen ~ erheben, geltend machen, vorbringen; jmds. ~ zurückweisen; ein nichtiger, unbegründeter, unberechtigter ~

ein|wan|dern ⟨V. 410(s.)⟩ *in einen fremden Staat übertreten, einreisen, um sich dort dauernd niederzulassen;* seine Familie ist im Jahre 1888 in Südamerika eingewandert

ein|wand|frei ⟨Adj. 24⟩ **1** *in ordentlichem Zustand, nicht zu beanstanden, ohne Mangel;* der Zustand der Ware ist ~ **2** *tadellos, vorbildhaft;* sein Benehmen war ~ **3** *klar, eindeutig, ohne Zweifel;* es ist ~ nachgewiesen, dass …

ein|wärts ⟨Adv.⟩ **1** *nach innen* • **1.1** *in … hinein;* stadt~, wald~

ein|wärts|bie|gen ⟨V. 109/500⟩ **etwas** ~ *nach innen biegen;* ein Blech ~

ein|wärts|ge|hen ⟨V. 145/400(s.)⟩ *mit nach innen gerichteten Fußspitzen gehen*

Ein|weg… ⟨in Zus.⟩ *nur vom Erzeuger zum Verbraucher gehend, um dann weggeworfen zu werden, nur einmal zu benutzen;* ~glas, ~flasche, ~dose usw.

ein|wei|chen ⟨V. 500⟩ **1 etwas** ~ *zum Weichmachen od. Schmutzlösen in Flüssigkeit legen;* die Erbsen über Nacht ~ lassen; sie hat die trockenen Brötchen in Milch eingeweicht; schmutzige Wäsche ~ **2** *jmdn. od.* **etwas** ~ ⟨fig.; umg.⟩ *durchnässen, durchfeuchten;* ich bin vom Regen völlig eingeweicht

ein|wei|hen ⟨V. 500⟩ **1 etwas** ~ *feierlich in Betrieb nehmen, zum ersten Mal gebrauchen, der Öffentlichkeit übergeben;* die neue Brücke, Sporthalle, Straße ~ • **1.1** ⟨fig.; umg.; scherzh.⟩ *zum ersten Mal tragen od. gebrauchen;* ich habe heute mein neues Kostüm eingeweiht; ich muss die neue Filmkamera ~ **2** ⟨505/Vr 8⟩ **jmdn. (in etwas)** ~ ⟨fig.⟩ *jmdm. ein Geheimnis anvertrauen, jmdn. in eine geheime Angelegenheit einführen;* wir werden ihn in unseren Plan ~; sie hat ihn noch nicht eingeweiht

ein|wei|sen ⟨V. 282/500/Vr 8⟩ **1** *jmdn.* ~ *feierlich in ein Amt einführen* **2** *jmdn.* ~ *zu einer neuen Arbeit anleiten, jmdm. die nötigen Erklärungen dazu geben;* der Meister hat ihn (in seine neue Aufgabe) eingewiesen **3** ⟨511⟩ *jmdn. in einen* **Ort, eine Anstalt** ~ *veranlassen, dass jmd. an einem bestimmten O., in*

ein|wen|den ⟨V. 283/500⟩ etwas ~ einen Einwand erheben, einen Gegengrund vorbringen, widersprechen; etwas gegen eine Sache ~; ich habe nichts dagegen einzuwenden

ein|wer|fen ⟨V. 286/500⟩ **1** ⟨500⟩ etwas ~ durch Wurf zertrümmern; eine Fensterscheibe ~ **2** ⟨500⟩ **etwas (in etwas)** ~ hineinwerfen; einen Brief (in den Briefkasten) ~ **3** ⟨400⟩ (den **Ball**) ~ ⟨Sp.⟩ ins Spielfeld werfen; die deutsche Mannschaft wirft ein **4** etwas ~ ⟨fig.⟩ beiläufig bemerken, dazu sagen; er warf (dagegen) ein, dass …

ein|wi|ckeln ⟨V. 500⟩ **1** jmdn. od. etwas ~ in etwas wickeln, einpacken, einhüllen; jmdn. in Decken ~; eine Ware in Papier ~; das Frühstücksbrot in Pergamentpapier ~ **2** jmdn. ~ ⟨fig.; umg.⟩ geschickt für sich gewinnen; da hast du dich ganz schön von ihm ~ lassen!

ein|wil|li|gen ⟨V. 800⟩ **in** eine **Sache** ~ einer S. zustimmen, sie gestatten, erlauben; sie willigte in die Scheidung ein

ein|wir|ken¹ ⟨V. 500; Web.⟩ etwas ~ einweben; ein Muster in Stoff ~; eingewirkte Streifen

ein|wir|ken² ⟨V. 800⟩ **auf jmdn.** od. etwas ~ Wirkung haben, ausüben, jmdn. beeinflussen, ihm zureden; ein Klimawechsel könnte günstig auf seinen Gesundheitszustand ~; nachteilig, wohltuend auf jmdn. ~

Ein|wir|kung ⟨f.; -, -en⟩ **1** das Einwirken, Einfluss, Wirkung; eine positive ~ auf jmdn. ausüben • **1.1** ohne ~ eines anderen ohne dass ein anderer daran beteiligt war

Ein|woh|ner ⟨m.; -s, -⟩ **1** dauernder Bewohner, Ansässiger (eines Landes, einer Stadt); die ~ von Berlin; diese Gemeinde hat 4000 ~ **2** Bewohner, Mieter (eines Hauses)

Ein|woh|ne|rin ⟨f.; -, -rin|nen⟩ weibl. Einwohner

Ein|wurf ⟨m.; -(e)s, -wür|fe⟩ **1** das Hineinwerfen, z. B. in den Briefkasten **2** Stelle, durch die etwas eingeworfen werden kann, Öffnung, Schlitz; ~ für Großbriefe; der ~ am Briefkasten **3** ⟨Sp.⟩ das Hineinwerfen des Balles ins Spielfeld von außerhalb; ~ für den … Sportverein **4** ⟨fig.⟩ kurzer Einwand, eingeworfene unterbrechende Zwischenbemerkung; Einwürfe machen gegen …

ein|wur|zeln ⟨V. 400(s.) od. 500/Vr 3⟩ **1** eine **Pflanze, ein Baum wurzelt ein** schlägt Wurzeln in die Erde, wächst fest an; diese Birke ist, hat sich tief eingewurzelt; die Sträucher müssen noch ~ **2** eine **Sache** wurzelt ein ⟨fig.⟩ setzt sich fest, wird zur Gewohnheit; diese Meinung ist tief bei ihm eingewurzelt; ein tief eingewurzeltes Misstrauen gegen jmdn. haben

Ein|zahl ⟨f.; -; unz.; Gramm.⟩ = Singular; Ggs Mehrzahl

ein|zah|len ⟨V. 500⟩ Geld ~ **1** in eine Kasse zahlen; den Mitgliedbeitrag in die Vereinskasse ~ **2** (zur Weiterbeförderung) bei einem Geldinstitut auf ein Konto einliefern; 100€ auf ein Sparbuch ~; einen Geldbetrag bei der Post, Sparkasse ~

ein|zei|lig ⟨Adj. 24; in Ziffern: 1-zeilig⟩ eine Zeile umfassend, aus einer Zeile bestehend; eine ~e Notiz, Überschrift

Ein|zel|heit ⟨f.; -, -en⟩ einzelner Teil, Gegenstand, einzelne Frage (aus einem Zusammenhang); auf ~en eingehen; etwas bis in die kleinsten ~en erklären, schildern

ein|zeln ⟨unbest. Zahladjektiv; attr. u. substantivisch⟩ **1** einer für sich allein, vom anderen getrennt, gesondert; als Einzelner kann man sich schwer durchsetzen; jeder Einzelne von uns weiß, dass …; der ~e Mensch; das ~e Buch • **1.1** der, die, das Einzelne ei-ner, eine, eines allein; der Einzelne wird hier nicht berücksichtigt • **1.2** bis ins Einzelne gehen alles genau, mit allen Einzelheiten besprechen • **1.3** wir wollen es noch im Einzelnen besprechen mit allen Einzelheiten • **1.3.1** vom Einzelnen zum Allgemeinen vom Speziellen zum A. **2** ⟨Pl. od. n. Sing.⟩ Einzelne, Einzelnes einige(s), wenige(s), manche(s); Einzelne sind der Meinung; Einzelnes hat mir sehr gefallen **3** ⟨Getrennt- u. Zusammenschreibung⟩ • **3.1** ~ stehend = einzelnstehend

ein|zeln|ste|hend auch: **ein|zeln ste|hend** ⟨Adj. 24/60⟩ allein, für sich stehend; ein ~er Baum

ein|zie|hen ⟨V. 293⟩ **1** ⟨500⟩ etwas ~ in etwas hineinziehen, einfügen; einen Schnürsenkel in den Schuh ~; einen Faden in ein Nadelöhr ~; eine neue Scheibe in das Fenster ~ **2** ⟨500⟩ **Luft, Feuchtigkeit** ~ in sich aufnehmen **3** ⟨500⟩ ein **Körperteil** ~ an sich heranziehen; die Katze zieht die Krallen ein; die Schultern ~; mit eingezogenem Schwanz lief der Hund zurück • **3.1** den Schwanz ~ ⟨a. fig.; umg.⟩ sich nicht durchsetzen, kleinlaut nachgeben **4** ⟨500⟩ **Segel** ~ einholen, ziehend zu sich heranholen; die Ruder, die Segel ~; das Fahrgestell am Flugzeug ~ **5** ⟨530/Vr 1⟩ sich einen **Splitter, Dorn** ~ in die Haut bohren; ich habe mir einen Splitter in den Finger eingezogen **6** ⟨500⟩ **Geldbeträge** ~ (G., zu deren Zahlung eine Verpflichtung besteht) kassieren, einfordern; Schulden, Steuern ~; Schuldbeträge gerichtlich ~ **7** ⟨500⟩ **Privatbesitz** ~ beschlagnahmen **8** ⟨500⟩ etwas ~ aus dem Handel, Verkehr nehmen (weil es nicht den gesetzlichen Bestimmungen entspricht); Banknoten ~; die alten Geldstücke werden eingezogen u. durch neue ersetzt; die letzte Nummer dieser Zeitschrift wurde laut einstweiliger Verfügung eingezogen **9** ⟨500⟩ **Erkundigungen** ~ forschend einholen; über jmds. Vergangenheit Erkundigungen ~ **10** ⟨500⟩ jmdn. ~ zum Militärdienst einberufen; Rekruten ~; demnächst wird ein weiterer Jahrgang eingezogen **11** ⟨500⟩ **Wörter, Zeilen** ~ ⟨Typ.⟩ einrücken (2.2) **12** ⟨400 od. 411(s.)⟩ Wohnung nehmen, sich einmieten, Wohnung, Zimmer beziehen; die neuen Mieter sind gestern in unser Haus eingezogen **13** ⟨411(s.)⟩ in einen Ort ziehen u. ankommen; die Truppen zogen in die Stadt ein; mit vielen Tieren u. Wagen zog der Zirkus in die Stadt ein • **13.1** ⟨411 od. 800; fig.; geh.⟩ Einzug halten, sich einstellen; mit dem Besuch der Kinder zog unbeschwertes Leben bei ihnen ein **14** ⟨400(s.)⟩ **Feuchtigkeit** zieht ein dringt ein; die

Feuchtigkeit ist in die Mauer eingezogen; in diesen Stoff zieht die Feuchtigkeit nicht so leicht ein; eine Creme, Salbe (in die Haut) ~ lassen

ein|zig ⟨Adj. 24⟩ **1** *nur einmal vorhanden, vorkommend, alleinig, einmalig;* der, die, das Einzige; er ist der Einzige, der mich versteht; ein ~es Mal; ein ~er Schlag genügte; sein ~er Sohn; wenn das deine ~e Sorge ist ...; ihr ~er Trost im Alter; das Einzige wäre, dass ...; er hat als Einziger keinen Fehler gemacht • **1.1** das ist das ~ Wahre! ⟨umg.⟩ *das Richtige* • **1.2** er ist unser Einziger *unser einziger Sohn* **2** ⟨nur prädikativ od. adverbial⟩ *hervorragend, einzigartig, unvergleichlich;* seine Hilfsbereitschaft steht ja, es ist ~ in seiner Art; dort ist es ~ schön; eine ~ schöne Plastik **3** ⟨nur adverbial⟩ *nur;* ich habe es dir ~ deshalb gesagt, weil ... • **3.1** ~ **und allein** *nur;* ~ und allein das ist der Grund

ein|zig|ar|tig ⟨Adj. 24⟩ **1** *einmalig, einzig;* eine ~e Gelegenheit **2** *herausragend, außerordentlich, unvergleichlich;* der Abend, das Konzert war ~

Ein|zug ⟨m.; -(e)s, -zü|ge⟩ **1** *das Beziehen einer Wohnung;* wir wollen heute Abend unseren ~ feiern; beim ~ in die neue Wohnung haben wir alles renovieren lassen **2** *das Einziehen (13), Einmarsch;* der ~ der Truppen in die Stadt • **2.1** ⟨fig.; geh.⟩ *Beginn* • **2.1.1** der Frühling hat seinen ~ gehalten *hat begonnen, sich eingestellt* **3** *das Einziehen (eines Wechsels)* **4** ⟨Typ.⟩ *Einrückung, freigelassener Raum bei Beginn eines Absatzes;* eine Zeile mit ~ setzen **5** ⟨Web.⟩ *das Einfädeln der Kettfäden* **6** *in ein Loch einer Bürste eingezogenes Borstenbüschel*

Ein|zugs|ge|biet ⟨n.; -(e)s, -e⟩ **1** ⟨Geogr.⟩ *das gesamte von einem Fluss mit seinen Nebenflüssen entwässerte Gebiet* **2** ⟨fig.⟩ *Versorgungsgebiet eines Verbrauchszentrums (Industriebezirk, Stadt)*

ein|zwän|gen ⟨V. 500/Vr 7⟩ **jmdn.** od. **etwas (in etwas)** ~ ⟨a. fig.⟩ *hineinzwängen, -pressen, einpferchen, mit Gewalt hineinschieben u. einengen;* der steife Stehkragen zwängte ihn, ihm den Hals ein; sie saßen dicht eingezwängt

Eis ⟨n.; -es; unz.⟩ **1** *lichtdurchlässiger, kalter, spröder Stoff mit einer glatten Oberfläche, der durch Gefrieren aus Wasser entsteht;* zu ~ gefrieren, werden; das ~ bricht, schmilzt; ein Block, eine Schicht, eine Stange ~; in ~ verwandeln; kalt wie ~ sein; der Teich hat sich mit einer dicken, dünnen Schicht ~ bedeckt; das ~ trägt noch nicht (zum Schlittschuhlaufen); auf dem ~ Schlittschuh laufen • **1.1** **aufs** ~ **tanzen gehen** ⟨fig.⟩ *übermütig werden* • **1.2** etwas erst einmal **auf** ~ **legen** ⟨fig.; umg.⟩ *nicht weiterbearbeiten, verschieben* **2** ⟨fig.⟩ *Gefühllosigkeit, Härte, unfreundliches, abweisendes Wesen;* ein Herz von ~ • **2.1** *Hemmungen, steifes, förmliches Verhalten* • **2.1.1** das ~ brechen ⟨fig.⟩ *Hemmungen, Widerstand überwinden* • **2.1.2** das ~ ist gebrochen ⟨fig.⟩ *die anfängliche Zurückhaltung wurde aufgegeben, die unpersönlich steife Art überwunden* **3** *gefrorene Süßspeise, Speiseeis;* ein Becher, eine Portion, eine Tüte ~; ~ am Stiel

Eis|bein ⟨n.; -(e)s; unz.⟩ *gepökeltes u. gekochtes Bein vom Schwein*

Eis|berg ⟨m.; -(e)s, -e⟩ *im Meer schwimmende, abgebrochene Randstücke (ant)arktischen Eises od. polarer Gletscher;* einen ~ sichten

Ei|sen ⟨n.; -s, -; chem. Zeichen: Fe⟩ **1** ⟨Zeichen: Fe⟩ *chem. Element, bläulich weißes, ziemlich weiches, an trockener Luft u. in luft- u. kohlendioxidfreiem Wasser unveränderliches, 2-, 3- und selten 6-wertiges Metall, Ordnungszahl 26;* →a. *Stahl;* ~ formen, hämmern, gießen, walzen; geschmiedetes, gewalztes, glühendes ~; einen Willen fest wie ~ haben • **1.1** zwei, mehrere ~ im Feuer haben ⟨fig.⟩ *zwei od. mehrere Pläne gleichzeitig verfolgen, um Erfolg zu haben* • **1.2** man muss das ~ schmieden, solange es heiß, warm ist ⟨Sprichw.⟩ *eine Sache erledigen, solange es günstig ist;* →a. *alt (6.1), heiß (4)* **2** ⟨fig.⟩ *große Widerstandsfähigkeit, starke Belastbarkeit;* Muskeln aus, von ~ haben; →a. *Not (4.6)* **3** *etwas, das aus Eisen (1) hergestellt ist;* Bügel~ • **3.1** *Beschlag für die Hufe des Pferdes;* ein Pferd mit ~ beschlagen • **3.2** ⟨Jägerspr.⟩ *Falle* • **3.3** ⟨Sp.⟩ *Golfschläger* • **3.4** ⟨poet.⟩ *Schwert;* durch das ~ sterben • **3.5** ⟨nur Pl.⟩ *Ketten, Fesseln;* einen Verbrecher in ~ legen; in ~ liegen **4** ⟨Med.⟩ *eisenhaltiges Medikament;* sie muss während der Schwangerschaft ~ nehmen **5** ⟨Getrennt- u. Zusammenschreibung⟩ • **5.1** ~ verarbeitend = *eisenverarbeitend*

Ei|sen|bahn ⟨f.; -, -en⟩ **1** *schienengebundenes Verkehrsmittel mit eigenem Bahnkörper;* die ~ benutzen; mit der ~ fahren; ~en legen • **1.1** *kleine Nachahmung der Eisenbahn (1) als Spielzeug;* der Junge spielte mit seiner ~ **2** es ist **höchste** ~ ⟨fig.; umg.; scherzh.⟩ *es ist höchste Zeit* **3** *Gleise für schienengebundene Verkehrsmittel* • **3.1** ⟨kurz für⟩ *Eisenbahnstrecke;* die Straße führt entlang der ~; das Haus liegt an der ~ **4** *Unternehmen, das den Eisenbahnverkehr organisiert, Bahn;* er arbeitet bei der ~

Ei|sen|hüt|te ⟨f.; -, -n⟩ *industrielle Anlage zur Gewinnung u. Weiterverarbeitung von Eisen (1);* Sy *Eisenwerk (2)*

ei|sen|ver|ar|bei|tend *auch:* **Eisen ver|ar|bei|tend** ⟨Adj. 24/60⟩ ~e Industrie *I., die auf die Verarbeitung von Eisen spezialisiert ist*

Ei|sen|werk ⟨n.; -(e)s, -e⟩ **1** *schmiedeeiserne Verzierung* **2** = *Eisenhütte*

Ei|sen|zeit ⟨f.; -; unz.⟩ *vorgeschichtliches Zeitalter nach der Bronzezeit, etwa ab 800 v. Chr.*

ei|sern ⟨Adj.⟩ **1** ⟨60⟩ *aus Eisen bestehend;* ein ~es Gitter; ~e Kette, Nägel • **1.1** Eiserner **Halbmond** ⟨dt. Bez. für⟩ *die 1915 gestiftete kaiserlich-osmanische „Kriegsmedaille"* • **1.2** Eisernes **Kreuz** ⟨Abk.: EK⟩ *1813 zum ersten Mal gestiftete militärische Auszeichnung in zwei Klassen* • **1.3** Eiserne **Krone** *langobardische Königskrone* • **1.4** der ~e **Vorhang** ⟨Theat.⟩ *feuersicherer V. zwischen Bühne u. Zuschauerraum;* →a. *eisern (1.10)* • **1.5** die Eiserne **Jungfrau** *Folterwerkzeug, eine Art Panzer, innen mit Nägeln besetzt* • **1.6** ~e **Lunge** ⟨Med.⟩ *Gerät zur künstlichen Atmung bei vorübergehender Lähmung der Atemmuskulatur mittels rhythmischer Saugbewegung in einem luftdicht abgeschlossenen Raum* • **1.7** ~er **Hut** *eine*

Eisgang

mit Brauneisenerz in der Nähe der Erdoberfläche durch Verwitterungserscheinungen angereicherte Erzlagerstätte • **1.8** ⟨fig.⟩ *unangreifbar, bleibend* • **1.8.1** ~e Ration, ~er Bestand *Vorrat, Proviant für den Notfall* • **1.8.2** *das Stück gehört zum ~en Bestand unseres Theaters das S. wird immer wieder einmal gespielt* • **1.9** das Eiserne **Tor** *der östliche Ausgang des Donaudurchbruchs zwischen den Südkarpaten u. dem Ostserbischen Gebirge* • **1.10** der Eiserne **Vorhang** ⟨fig.; vor der Öffnung der osteuropäischen Staatsgrenzen⟩ *die Grenze des sowjetischen Machtbereiches gegen die übrige Welt als Trennungslinie zwischen östlichem u. westlichem politischen Machtbereich* • **1.11** der Eiserne **Kanzler** *Bismarck;* →a. *Hochzeit (1.2)* **2** ⟨fig.⟩ *hart, unnachgiebig, unerbittlich, unbeugsam;* in einer Angelegenheit ~ bleiben, sein; mit ~er Hand regieren • **2.1** mit ~er **Faust** jmdn. unterdrücken *mit unerbittlicher Strenge* • **2.2** mit dem ~en **Besen** auskehren, dazwischenfahren *rücksichtslos durchgreifen* **3** ⟨fig.⟩ *unerschütterlich, zäh, unbeirrbar;* ~ schweigen; ~er Fleiß, Wille; ~e Disziplin, Energie, Gesundheit; ~ an etwas festhalten • **3.1** mit ~er **Stirn** lügen *frech, unverschämt lügen* **4** aber ~! ⟨umg.⟩ *aber ja, selbstverständlich!*

Eis|gang ⟨m.; -(e)s, -gän|ge⟩ **1** *das Aufbrechen der Eisdecke eines zugefrorenen Flusses im Frühjahr* **2** *das Wegschwimmen der Eisschollen auf fließenden Gewässern;* ein starker, gefährlicher ~

ei|sig ⟨Adj.⟩ **1** *kalt wie Eis, sehr kalt;* ~e Kälte, Luft; es bläst ein ~er Wind; es ist ~ *kalt;* →a. *eiskalt* **2** ⟨fig.⟩ *unnahbar, durch u. durch abweisend, ablehnend, gefühllos;* es herrschte ~es Schweigen; jmdn. ~ behandeln, empfangen; sein Blick war ~ **3** ⟨90; fig.⟩ jmdn. *mit Gefühl großer Kälte erfüllend, schaurich;* ein ~er Schreck durchfuhr sie; es überläuft jmdn. ~

eis|kalt ⟨Adj. 24⟩ **1** ⟨verstärkend⟩ *kalt wie Eis, sehr kalt;* ~e Getränke servieren; das Meerwasser ist ~ **2** ⟨abwertend⟩ *gefühlskalt, mitleidslos, rücksichtslos;* er ist ~, wenn es um seine eigenen Interessen geht

eis∥lau|fen ⟨V. 176/400(s.)⟩ *mit Schlittschuhen auf dem Eis laufen;* er läuft eis seit mehreren Jahren; er ist eisgelaufen

Eis|zeit ⟨f.; -, -en; Geol.⟩ *Abschnitt der Erdgeschichte, in dem infolge entsprechenden Klimas größere Gebiete der Erdoberfläche von vorrückenden Gletschern u. Inlandeismassen bedeckt waren;* Ggs *Warmzeit*

ei|tel ⟨Adj. 21⟩ **1** ⟨meist abwertend⟩ *selbstgefällig, eingebildet, (zu) viel Wert auf das eigene Äußere legend;* ein eitler Mensch; auf etwas ~ sein; ~ wie ein Pfau sein; sie betrachtete sich ~ im Spiegel **2** ⟨70; poet.⟩ *nichtig, gehaltlos, leer, nutzlos, wertlos;* eitles Gerede, Geschwätz; eitle Wünsche **3** ⟨24/60; veraltet; geh.⟩ *rein, lauter, pur;* ~ Freud u. Wonne; ~ Gold; es herrschte ~ Jubel, Sonnenschein

Ei|ter ⟨m.; -s; unz.⟩ *eine gelbliche Flüssigkeit, die sich als Reaktion des Körpers in den Geweben od. in den Höhlen des Körpers im Laufe einer durch Bakterien ausgelösten Entzündung bildet u. weiße Blutkörperchen u. Gewebszellen enthält;* in der Wunde hat sich ~ gebildet

ei|tern ⟨V. 400⟩ *Eiter bilden, absondern;* der Finger eiterte; eine ~de Wunde

Ei|weiß ⟨n. 7; -es, -e⟩ **1** *das Weiße im Ei; Dotter und ~ trennen* **2** ⟨Chem.⟩ *makromolekulare organisch-chemische Verbindung aus Kohlenstoff-, Wasserstoff-, Stickstoff- u. Sauerstoffatomen, z. T. auch Phosphor u. Schwefel, die neben den Kohlenhydraten u. Fetten die wichtigsten lebensnotwendigen Bestandteile der Nahrungsmittel u. Reservestoffe darstellt;* Sy *Protein;* ~e kommen in allen Zellen eines lebenden Organismus vor; der tägliche Verbrauch an ~

Eja|ku|la|ti|on ⟨f.; -, -en⟩ *Erguss des Samens beim Orgasmus des Mannes*

Ekel[1] ⟨m.; -s; unz.⟩ **1** *heftiger Widerwille, Abneigung, Abscheu;* ~ erregen bei, in jmdm.; ~ bekommen, empfinden, haben vor jmdm. od. etwas; vor ~ ausspucken, sich übergeben; das wird mir zum ~; die Welt ist ihm zum ~ **2** ⟨Getrennt- u. Zusammenschreibung⟩ • **2.1** ~ erregend = ekelerregend

Ekel[2] ⟨n.; -s, -; umg.⟩ *unangenehmer, widerwärtiger Mensch;* ein altes ~; du ~!

ekel|er|re|gend *auch:* **Ekel er|re|gend** ⟨Adj.⟩ *ekelhaft, ein Gefühl des Ekels erzeugend;* ein ~er Anblick

ekel|haft ⟨Adj.⟩ **1** *widerlich, abscheulich, ekelerregend, abstoßend;* er ist ein ~er Mensch **2** ⟨umg.; häufig verstärkend⟩ *unangenehm, scheußlich;* ich hasse diese ~e Gartenarbeit; ich habe draußen ~ gefroren

ekeln ⟨V.⟩ **1** ⟨500⟩ *etwas* ekelt **jmdn.** *etwas erregt jmds. Ekel, etwas widert jmdn. an;* der Geschmack, Geruch ekelt mich; die Suppe hat ihn geekelt • **1.1** ⟨550 od. 650; unpersönl.⟩ **jmdn., jmdm.** ekelt (es) **vor etwas** od. **jmdm.** *etwas od. jmd. flößt jmdm. Ekel ein, erfüllt jmdn. mit Ekel;* es ekelt mich, mir vor ihm, vor diesem Gericht ⟨550/Vr 3⟩ **sich vor jmdm.** od. **etwas ~** *Ekel empfinden;* ich ek(e)le mich vor diesem Anblick; du hast dich immer davor geekelt ...

Ek|lat ⟨[ekla:] m.; -s, -s⟩ *Skandal, Zerwürfnis, aufsehenerregendes Geschehnis;* es kam zu einem ~; die Konferenz endete mit einem ~

ek|la|tant ⟨Adj.⟩ **1** *offenbar, offenkundig* **2** *aufsehenerregend, glänzend*

ek|lig ⟨Adj.⟩ *ekelhaft, widerwärtig, abscheuerregend;* eklige Würmer; das Essen sieht ~ aus

Ek|sta|se *auch:* **Eks|ta|se** ⟨f.; -, -n⟩ **1** *Außersichsein, Verzückung, Entrückung* **2** *übermäßige Begeisterung;* in ~ geraten

ek|sta|tisch *auch:* **eks|ta|tisch** ⟨Adj.⟩ **1** *in Ekstase befindlich, entrückt* **2** *verzückt, schwärmerisch*

Ek|zem ⟨n.; -s, -e; Med.⟩ *(meist nichtansteckender) entzündlicher Hautausschlag*

Elan ⟨[-la:n], frz. [-lã:] m.; -s; unz.⟩ *Schwung, Begeisterung, Stoßkraft;* eine Sache mit großem ~ beginnen, betreiben

elas|tisch ⟨Adj.⟩ **1** *dehnbar, biegsam, nachgebend, federnd;* ~er Stoff; ~es Band **2** ⟨fig.⟩ *spannkräftig, schwungvoll*

Elch ⟨m.; -(e)s, -e; Zool.⟩ *(in Nordeuropa, Nordamerika u. Asien verbreitete) größte Art der Hirsche mit schaufelförmigem Geweih u. überhängender Oberlippe*

El|do|ra|do ⟨n.; -s, -s⟩ **1** *(sagenhaftes) Goldland in Süd-*

amerika **2** ⟨fig.⟩ *Traumland, Paradies;* oV *Dorado;* diese Insel ist ein ~ für Taucher

Ele|fant ⟨m.; -en, -en; Zool.⟩ **1** *einer Familie der Rüsseltiere angehörender, in Herden lebender Pflanzenfresser mit kurzem Hals, zum Rüssel (Greiforgan) verlängerter, schlauchförmiger Nase u. zu Stoßzähnen ausgebildeten oberen Schneidezähnen: Elephantidae; ein zahmer, wilder, junger* ~ • **1.1** *er benimmt sich wie ein* ~ *im Porzellanladen* ⟨fig.; umg.⟩ *er richtet durch seine Ungeschicklichkeit Unheil an;* →a. *Mücke (1.1)*

ele|gant ⟨Adj.⟩ **1** *(auf schlichte Weise) vornehm u. geschmackvoll, erlesen* • **1.1** ~e **Kleidung** *modische, geschmackvolle K.* • **1.2** ~e **Damen, Herren** *elegant (1) gekleidete D., H.* • **1.3** ~er **Wein** *erlesener W.* **2** *fein, gewandt, harmonisch;* ~e *Bewegungen; eine* ~e *Verbeugung, Geste* • **2.1** *kultiviert, gepflegt; ein* ~*es Spanisch sprechen*

Ele|ganz ⟨f.; -; unz.⟩ **1** *modischer Geschmack; die* ~ *der Kleidung, einer Gesellschaft* **2** *Feinheit, blendende Gewandtheit, Harmonie; die* ~ *der Bewegungen* • **2.1** *Kultiviertheit*

◆ Die Buchstabenfolge **elek|tr...** kann in Fremdwörtern auch **elekt|r...** getrennt werden.

◆ **Elek|trik** ⟨f.; -; unz.; Kurzw. für⟩ *Elektrotechnik*
◆ **elek|trisch** ⟨Adj. 24⟩ **1** *mit Elektrizität verbunden, zusammenhängend* • **1.1** ~er **Strom** *Bewegung von Elektronen* • **1.2** ~es **Feld** *Magnetfeld um elektrische Leiter* • **1.3** ~e **Leitfähigkeit** *die Fähigkeit, elektrischen Strom zu leiten* • **1.4** ~e **Ladung** *in Volt gemessene L. eines elektrischen Leiters* • **1.5** ~er **Widerstand** *der W., den ein Leiter dem Durchgang eines elektrischen Stromes entgegensetzt* • **1.6** ~e **Festigkeit** *Beständigkeit eines Isolators gegen Durchschlag od. Überschlag bei einer Spannungsbeanspruchung* **2** *mit Elektrizität betrieben; etwas* ~ *betreiben, beleuchten* • **2.1** ~e **Anlage** *Anordnung u. Zusammenschaltung von Einrichtungen u. Geräten zum Gewinnen u. Benutzen von elektrischer Energie* • **2.2** ~e **Eisenbahn** *(Spielzeug)* • **2.3** ~e **Maschinen** *umlaufende od. ruhende M., die elektrische Energie in mechanische Energie umwandeln od. umgekehrt.* • **2.4** ~e **Steuerung** *Auslösung u. Lenkung von Antrieben u. Maschinen durch elektrische Hilfsgeräte* • **2.5** ~e **Musikinstrumente** *M., bei denen elektrische Wellen in Schallwellen umgewandelt werden* • **2.6** ~es **Klavier** = *mechanisches Klavier,* → *mechanisch (2.1)* **3** *von Elektrizität bewirkt* • **3.1** ~e **Arbeit** *die von einem elektrischen Strom bei gegebener Spannung u. Zeiteinheit geleistete A.* • **3.2** ~er **Unfall** *Gesundheitsschädigung durch Einwirken elektrischen Stromes* **4** *Elektrizität benutzend* • **4.1** ~e **Bäder** *B., bei denen die Elektroden in das Wasser getaucht werden u. die elektrischen Ströme auf den menschlichen Körper wirken* • **4.2** ~e **Linse** *ein statisches elektrisches Feld, das auf Elektronenstrahlen in gleicher Weise wirkt wie eine optische L. auf Lichtstrahlen* • **4.3** ~e **Messtechnik** *Verfahren, Schaltungen, Geräte u. Instrumente für die Anzeige u.*

Aufzeichnung elektrischer Messgrößen wie Strom, Spannung, Widerstand, Leistung, Frequenz od. solcher, die sich in elektrische Größen umwandeln lassen **5** *Elektrizität erzeugend* • **5.1** ~e **Fische** ⟨Zool.⟩ *F., die in elektrischen Organen bis zu 600 Volt Spannung erzeugen* **6** *Elektrizität leitend* • **6.1** ~e **Leitung** *L. für den Transport elektrischer Energie* • **6.2** ~er **Zaun** *elektrisch geladener Draht als Umzäunung*

◆ **elek|tri|sie|ren** ⟨V. 500/Vr 7 od. Vr 8⟩ **1** *jmdn. od. etwas* ~ *elektrische Ladungen in etwas erzeugen u. auf jmdn. od. etwas übertragen* **2** *jmdn.* ~ *mit elektrischen Stromstößen behandeln* **3** *jmdn.* ~ ⟨fig.⟩ *aufschrecken, aufrütteln, begeistern; das hat ihn elektrisiert; sie war wie elektrisiert*

◆ **Elek|tri|zi|tät** ⟨f.; -; unz.⟩ *alle Erscheinungen, die von elektrischen Ladungen u. den sie umgebenden Feldern ausgehen*

◆ **Elek|tro|de** ⟨f.; -, -n⟩ *Ein- od. Austrittsstelle des elektrischen Stromes in Flüssigkeiten od. Gasen od. im Vakuum*

◆ **Elek|tro|herd** ⟨m.; -(e)s, -e⟩ *mit elektrischem Strom betriebener Herd*

◆ **elek|tro|ma|gne|tisch** auch: **elek|tro|magne|tisch** ⟨Adj.⟩ **1** *den Elektromagnetismus betreffend, auf ihm beruhend* • **1.1** ~e **Wellen** *Schwingungen des elektrischen u. magnetischen Feldes, die sich im Raum wellenförmig mit Lichtgeschwindigkeit (300 000 km/sec) ausbreiten*

◆ **Elek|tron** ⟨n.; -s, -tro|nen⟩ *negativ geladenes, leichtes Elementarteilchen*

◆ **Elek|tro|nik** ⟨f.; -; unz.⟩ **1** ⟨unz.⟩ *Zweig der Elektrotechnik, der sich mit dem Verhalten des elektr. Stromes in Vakuum, Gasen u. Halbleitern, seiner Verwendung zur Steuerung von Licht- u. Schallwellen sowie techn. Prozessen u. Rechenoperationen beschäftigt* **2** ⟨zählb.⟩ *Gesamtheit der elektronischen Bauteile eines technischen Gerätes; die* ~ *eines Fotoapparates*

◆ **Elek|tro|tech|nik** ⟨f.; -; unz.; Kurzw.: Elektrik⟩ *Lehre von der technischen Anwendung der physikalischen Grundlagen u. Erkenntnisse der Elektrizitätslehre*

Ele|ment ⟨n.; -(e)s, -e⟩ **1** ⟨im Altertum⟩ *Grund-, Urstoff* • **1.1** *die* **vier** ~e *Feuer, Wasser, Luft u. Erde* • **1.1.1** *das* **nasse** ~ *Wasser* • **1.1.2** *das Toben der* ~e *ein Unwetter* **2** *Grundlage, Grundbestandteil; die* ~e *der Mathematik, Physik, einer Wissenschaft* **3** *Grundsatz, Grundbegriff* **4** *das einem Menschen Angemessene* • **4.1** *er ist in* **seinem** ~ ⟨fig.; umg.⟩ *er hat das ihm Gemäße gefunden, das, was er beherrscht od. worin er sich wohlfühlt* **5** ⟨Chem.⟩ = *chemisches Element* → *chemisch (2)* **6** ⟨El.⟩ *Vorrichtung zum Umwandeln chemischer in elektrische Energie (u. umgekehrt); galvanisches* ~ **7** ⟨Mengenlehre⟩ *abstrakte Einheit, die bei Objekten nur von deren Zugehörigkeit zu einer od. mehreren Mengen als Eigenschaft ausgeht* **8** ⟨Bauw.⟩ *genormtes Bauteil im Fertigbau* **9** ⟨nur Pl.⟩ **gefährliche, kriminelle, schlechte, üble** ~e ⟨fig.; umg.⟩ *schlechte Menschen*

ele|men|tar ⟨Adj.⟩ **1** *grundlegend, wesentlich;* ~e *Kenntnisse* **2** *anfänglich, den Anfang bildend;* ~e *Grundlagen einer Wissenschaft* **3** *naturhaft, ur-*

elend

wüchsig; ~e *Bedürfnisse befriedigen* **4** *heftig;* ein Gewitter von ~er Gewalt

elend ⟨Adj.⟩ **1** *durch seelische Not bedrückt, unglücklich, beklagenswert;* ein ~es Leben führen müssen; er ist ~ dran **2** *durch materielle Not gekennzeichnet, ärmlich, kärglich, kümmerlich;* eine ~e Behausung, Hütte; sie hat ein ~es Los **3** *physisch leidend, kränklich, matt, abgemagert, nicht wohl;* du siehst ~ aus; sich ~ fühlen; mir ist ~ zumute **4** ⟨60⟩ *verächtlich, gemein, schlecht, minderwertig;* ein ~er Kerl; das ist eine ~e Lüge **5** ⟨90; umg.; verstärkend⟩ *unangenehm (groß);* das war eine ~e Arbeit; es ist heute ~ heiß

Elend ⟨n.; -s; unz.⟩ **1** *Unglück, (seelische) Not;* er ist nur noch ein Häufchen ~ ⟨umg.⟩ • **1.1** *trostloser Zustand;* es ist ein ~ mit ihm • **1.2** *trostlose Stimmung;* das graue, große, heulende ~ bekommen, haben, kriegen **2** *große materielle Not;* im ~ leben, sterben; ins ~ geraten; von drückendem ~ umgeben sein **3** er sieht aus wie das leibhaftige ~ *sehr leidend, krank*

elf ⟨Numerale; in Ziffern: 11⟩ *zehn plus eins;* →a. *vier;* wir sind ~; es ist ~ (Uhr); zwanzig vor ~

Elf^1 ⟨f.; -, -en⟩ **1** *die Zahl 11* **2** *die ~ aus elf Spielern bestehende Mannschaft;* Fußball~

Elf^2 ⟨m.; -en, -en⟩ *anmutiger, zarter Märchengeist;* Sy *Alb^2;* Blumen~, Licht~

Elfe ⟨f.; -, -n⟩ *weibl. Elf^2*

Elfenbein ⟨n.; -(e)s; unz.⟩ *Zahnbein der Zähne von Elefant, Mammut, Walross, Nilpferd u. Narwal;* ein helles, gelbliches ~; eine Kette aus ~

elfte(r, -s) ⟨Numerale 24; Zeichen: 11.⟩ **1** ⟨Ordinalzahl von⟩ *elf* • **1.1** das ~ Gebot ⟨umg.; scherzh.⟩ *du sollst dich nicht erwischen (od.) verblüffen lassen!*

eliminieren ⟨V. 500⟩ **1** *etwas ~* ⟨geh.⟩ *auslöschen, entfernen, beseitigen;* alle Fehler, Ungereimtheiten ~ • **1.1** ⟨Chem.⟩ *Atome od. Atomgruppen aus einem Molekül abtrennen* • **1.2** *eine unbekannte Größe aus einer Gleichung ~* ⟨Math.⟩ *mit Hilfe von Rechenoperationen beseitigen* **2** *jmdn. ~ aus dem Weg räumen, ausschalten, beseitigen;* einen Gegner ~

Elite ⟨österr. a. [eli:t] f.; -, -n⟩ *Auslese, das Beste, die Besten;* er gehört zur ~; ~schule; ~ausbildung

Elixier ⟨n.; -s, -e⟩ *Zauber-, Heiltrank;* Lebens~

Ellbogen ⟨m.; -s, -⟩ **1** *hakenförmiger Knochenfortsatz bei Mensch u. höheren Wirbeltieren, der beim Menschen auf der Streckseite des Armes an der Übergangsstelle von Ober- zum Unterarm liegt;* oV *Ellenbogen;* die ~ auflegen, aufstützen; auf die ~ gestützt; mit dem ~ stoßen; die ~ vom Tisch nehmen • **1.1** seine ~ (ge)brauchen ⟨fig.⟩ *sich rücksichtslos durchsetzen* • **1.2** keine ~ haben *sich nicht durchsetzen können*

Ellbogenfreiheit ⟨f.; -; unz.; fig.; umg.⟩ *Bewegungsfreiheit;* (nicht) genug ~ haben

Elle ⟨f. 7; -, -n⟩ **1** ⟨Anat.⟩ *der an der Innenseite liegende Unterarmknochen;* die beiden Unterarmknochen ~ und Speiche **2** *von der Länge des Unterarmes abgeleitetes altes Längenmaß (60-80 cm);* vier ~n Tuch • **2.1** alles mit der gleichen ~ messen ⟨fig.; umg.⟩ *unterschiedslos behandeln*

Ellenbogen ⟨m.; -s, -⟩ = *Ellbogen*

Ellipse ⟨f.; -, -n⟩ **1** ⟨Geom.⟩ *zu den Kegelschnitten gehörende, zentrisch-symmetrische, geschlossene Kurve, bei der für jeden Punkt die Summe der Entfernung von zwei Festpunkten (Brennpunkten) gleich ist* **2** ⟨Gramm.⟩ *durch Aussparen einzelner Satzteile verkürzter Satz, Auslassungssatz,* z. B. sitzen bleiben!; her damit!

Elster ⟨f.; -, -n; Zool.⟩ **1** *schwarzweißer Rabenvogel Eurasiens mit langem Schwanz, der gern Nester anderer Vögel plündert: Pica pica* **2** *jmd. ist eine diebische, schwatzhafte ~* ⟨fig.; umg.⟩ *eine diebische, schwatzhafte Frau*

Elter ⟨n.; -s, -n; naturwissenschaftl. u. statist. Bez. für⟩ *ein Elternteil*

Eltern ⟨nur Pl.⟩ **1** *Vater u. Mutter;* meine ~; sie lebt bei ihren ~; die ~ sind Deutsche • **1.1** etwas ist **nicht von schlechten ~** ⟨fig.; umg.⟩ *etwas lässt nichts zu wünschen übrig, ist äußerst beachtlich, kräftig;* die Ohrfeige war nicht von schlechten ~

Email ⟨[-ma:j] od. [-mail] n.; -s, -s⟩ = *Emaille*

E-Mail ⟨[i:meɪl] f.; -, -s od. n.; -s, -s; kurz für⟩ *Electronic Mail, digitalisierte schriftliche Nachricht an einen Teilnehmer innerhalb eines Netzwerkes* (~-Adresse); eine ~ verschicken, erhalten; die eingegangenen ~s aufrufen

Emaille ⟨[-ma:ljə] od. [-ma:j] f.; -, -n⟩ *meist farbige, Metallgegenständen als Schutz od. Schmuck aufgeschmolzene Glasmasse,* z. B. bei Kochtöpfen; oV *Email*

Emanzipation ⟨f.; -, -en⟩ *Befreiung von Abhängigkeit u. Bevormundung, Gleichstellung;* die ~ der Frau

emanzipieren ⟨V. 500/Vr 7⟩ **jmdn. od. sich ~** *aus einer Abhängigkeit, Bevormundung durch andere befreien, gleichstellen*

Embargo ⟨n.; -s, -s⟩ *(bestimmte Länder betreffendes) vom Staat verhängtes Handelsverbot;* ein Waffen~ gegen ein kriegführendes Land aussprechen

Emblem *auch:* **Emblem** ⟨[ɛmbleːm] od. [ãbleːm] n.; -s, -e⟩ *Abzeichen, Kennzeichen, Sinnbild, bildhaftes Symbol;* ~ eines Fürstenhauses; die Schere als ~ des Friseurs

Embolie ⟨f.; -, -n; Med.⟩ *plötzlicher Verschluss eines Blutgefäßes durch im Blutstrom wandernde Blutgerinnsel od. Fremdkörper*

Embryo *auch:* **Embryo** ⟨m.; -s od. m.; -s, -s od. -o|nen od. österr. a. n.; -s od. -o|nen⟩ *sich aus der befruchteten Eizelle entwickelndes Lebewesen vor der Geburt, vor dem Schlüpfen*

◆ Die Buchstabenfolge **emigr...** kann in Fremdwörtern auch **emig|r...** getrennt werden.

◆ **Emigrant** ⟨m.; -en, -en⟩ *jmd., der emigriert (ist);* Ggs *Immigrant*

◆ **Emigrantin** ⟨f.; -, -tin|nen⟩ *weibl. Emigrant;* Ggs *Immigrantin*

◆ **emigrieren** ⟨V. 400(s.)⟩ *(aus politischen Gründen) sein Heimatland verlassen;* Ggs *immigrieren;* er ist während des Krieges in die USA emigriert

eminent ⟨Adj. 90⟩ *hervorragend, außerordentlich;* ein Thema von ~er Wichtigkeit

Emi|nenz ⟨f.; -, -en⟩ **1** ⟨kath. Kirche⟩ *(Titel u. Anrede für Kardinäle)* • **1.1 graue/Graue** ~ *aufgrund ihrer (beruflichen od. politischen) Stellung, ihrer Erfahrung u. ihres Alters bedeutende Persönlichkeit*

Emir ⟨a. [-'-] m.; -s, -e⟩ *Fürst, Befehlshaber (als Titel)*

Emo|ti|on ⟨f.; -, -en⟩ *Gefühlsregung, Gemütsbewegung, Erregung;* keine ~en zeigen; er war voller ~en gegen seinen früheren Chef

emo|ti|o|nal ⟨Adj.⟩ **1** *auf Emotionen beruhend, voller Emotionen;* eine ~e Rede **2** *gefühlsbetont, gefühlsmäßig;* er ist sehr ~; das war eine ~e Äußerung, Geste

Emp|fang ⟨m.; -(e)s, -fän|ge⟩ **1** ⟨unz.⟩ *das Empfangen, Erhalten, Entgegennehmen;* den ~ einer Ware bescheinigen, bestätigen; bei ~ Ihres Schreibens; zahlbar nach ~ der Ware ⟨Kaufmannsspr.⟩ • **1.1** **etwas in ~ nehmen** *etwas entgegennehmen;* Geld, eine Ware in ~ nehmen **2** ⟨unz.⟩ *(offizielle) Begrüßung;* dem Präsidenten einen festlichen ~ bereiten; der ~ der Gäste war herzlich **3** *festliche offizielle Einladung, Unterredung (bei einer bedeutenden Persönlichkeit);* einen ~ geben, veranstalten; ~ bei Hofe; zum ~ eingeladen sein **4** ⟨unz.; Rundfunk, Fernsehen⟩ *das Hören, Sehen einer Sendung;* heute ist guter, schlechter ~; der ~ ist durch das Gewitter gestört; wir wünschen Ihnen einen guten ~ **5** ⟨unz.⟩ *Stelle in einem Hotel, wo sich die Gäste melden u. eintragen;* wir treffen uns am ~

emp|fan|gen ⟨V. 132/500⟩ **1** etwas ~ *erhalten, annehmen, entgegennehmen;* eine Belohnung, Briefe, Geschenke, Waren ~; ein Geschenk dankend ~; das heilige Abendmahl ~; die Weihen ~ (zum Priester) **2** eine **Hörfunk-, Fernsehsendung** ~ *in einem Empfangsgerät hören od. sehen;* wir können den Südwestfunk nur schlecht ~ **3** ⟨402⟩ (ein **Kind**) ~ ⟨geh.⟩ *schwanger werden;* sie hat empfangen; sie empfängt ein Kind von ihm **4** jmdn. ~ *willkommen heißen, aufnehmen, begrüßen;* empfängt er heute (Besucher)?; einen Besucher, Gast herzlich ~

Emp|fän|ger ⟨m.; -s, -⟩ **1** *jmd., der etwas empfängt, erhält, annimmt* • **1.1** **unbekannt** *(Vermerk auf Postsendungen, die nicht zugestellt werden können)* **2** *Gerät, mit dem man Funksprüche, Rundfunk- od. Fernsehsendungen empfangen kann*

Emp|fän|ge|rin ⟨f.; -, -rin|nen⟩ *weibl. Empfänger (1)*

emp|fäng|lich ⟨Adj.⟩ **1** *Eindrücken, Empfindungen, Einflüssen zugänglich, aufnahmebereit;* ein ~es Gemüt, Publikum; er ist ein ~er Mensch; sie ist ~ für Komplimente, Schmeicheleien; jmdn. für etwas ~ machen • **1.1** jmd. ist (sehr) **für Krankheiten,** Infektionen *anfällig*

Emp|fäng|nis ⟨f.; -, -se; Pl. selten⟩ **1** *Befruchtung einer Eizelle durch eine Samenzelle beim Menschen* **2** die **unbefleckte** ~ (Mariä) ⟨kath. Rel.⟩ *Glaubenssatz, dass Maria frei von Erbsünde war*

emp|feh|len ⟨V. 125/500, Vr 7⟩ jmdm. etwas od. jmdn. ~ *als für jmdn. vorteilhaft, brauchbar darstellen, jmdm. etwas anraten, zu etwas raten;* er empfahl mir, in dieser Angelegenheit noch nichts zu unternehmen; Ihr Geschäft ist mir sehr empfohlen worden; mit ein paar ~den Worten darauf hinweisen; eine gut empfohlene Praxis haben; einen neuen Mitarbeiter ~; ich empfehle mich Ihnen als Sachbearbeiter für … • **1.1** ⟨Vr 3⟩ gute Ware empfiehlt sich selbst *zeigt ohne Werbung, dass es ratsam ist, sie zu kaufen* • **1.2** ⟨580/Vr 3; unpersönl.⟩ **es empfiehlt sich** *es ist vorteilhaft, ratsam;* es empfiehlt sich, die Karten im Vorverkauf zu besorgen; es empfiehlt sich, einen Schirm mitzunehmen **2** ⟨530/Vr 3⟩ **sich jmdm.** ~ ⟨geh.; in Höflichkeitsformeln⟩ *jmdn. bitten, Grüße freundlich entgegenzunehmen;* bitte ~ Sie mich Ihrer Frau Gemahlin; ich empfehle mich Ihnen (a. als Briefschlussformel) **3** ⟨Vr 3⟩ **sich** ~ *verabschieden;* es war dort so langweilig, dass ich mich bald wieder empfohlen habe • **3.1** ⟨513/Vr 3⟩ sich (auf) Englisch, Französisch ~ ⟨umg.; scherzh.⟩ *ohne Abschied eine Gesellschaft verlassen* **4** ⟨530⟩ **jmdm. etwas od. jmdn.** ~ ⟨geh.⟩ *jmdm. dessen Sorge etwas od. jmdn. vertrauensvoll übergeben;* ich empfehle es dir zur treuen Verwahrung; seine Seele Gott ~; ein Buch der Aufmerksamkeit des Lesers ~

Emp|feh|lung ⟨f.; -, -en⟩ **1** *Rat, Vorschlag;* auf ~ des Arztes; auf seine ~ fuhr ich dorthin **2** *lobendes Urteil über jmdn. od. etwas;* Sy *Referenz (1);* haben Sie eine ~?; er gab ihm eine ~ für …; er konnte die besten ~en vorweisen **3** ⟨geh.⟩ *höflicher Gruß;* eine ~ ausrichten; eine ~ an Ihre Frau Gemahlin; mit freundlichen ~en (Formel am Briefschluss)

emp|fin|den ⟨V. 134/500⟩ **1** Reize ~ *mit den Sinnen wahrnehmen;* Durst, Hunger, Kälte, Wärme ~ **2** Gefühle ~ *(durch Gefühle) im Gemüt bewegt werden;* Liebe, Leid ~; Befriedigung, Freude, Reue, Scham ~; einen Verlust schmerzlich, tief ~; Abneigung, Achtung, Antipathie, Bewunderung, Sympathie, Zuneigung für jmdn. ~; Abscheu, Ekel vor etwas od. jmdn. ~ • **2.1** ⟨550⟩ nichts für jmdn. ~ *jmdn. nicht lieben*

emp|find|lich ⟨Adj.⟩ **1** *leicht auf, gegen Reize reagierend;* eine ~e Haut; eine ~e Stelle berühren (auf der Haut); ~ gegen Föhn, Hitze, Kälte sein **2** *seelisch leicht verletzbar, empfindsam;* jmdn. an (s)einer ~en Stelle treffen • **2.1** *leicht zu beleidigen;* sei nicht so ~ **3** *so spürbar, dass es als starke Beeinträchtigung empfunden wird;* eine ~e Strafe; einen ~en Verlust erleiden; jmdn. ~ kränken; deine Anspielung hat ihn ~ getroffen

emp|find|sam ⟨Adj.⟩ **1** *zart empfindend, sensibel;* ein ~er Mensch; sie ist sehr ~; ~e Nerven haben **2** *gefühlvoll, sentimental;* eine ~e Stimmung • **2.1** ⟨60⟩ ~e **Dichtung** *literarische Geschmacksrichtung der zweiten Hälfte des 18. Jahrhunderts, die das Gefühl in den Mittelpunkt stellte*

Emp|fin|dung ⟨f.; -, -en⟩ **1** *Sinneswahrnehmung;* Geruchs~ **2** *Gemütsbewegung, Gefühl;* seine ~en nicht zum Ausdruck bringen; sie singt mit viel ~

Em|pha|se ⟨f.; -, -n⟩ *Nachdruck, eindringliche Hervorhebung, leidenschaftliche Betonung;* er spricht manchmal voller ~

em|pha|tisch ⟨Adj.; geh.⟩ *nachdrücklich, eindringlich, leidenschaftlich;* das waren ~e Worte

Empirie

Em|pi|rie ⟨f.; -; unz.⟩ **1** *Erkenntnis, die auf Erfahrung beruht* ● **1.1** *auf gemessenen, beobachteten Daten u. deren Auswertung beruhende Erkenntnis (als Wissenschaftsmethode)*

em|pi|risch ⟨Adj. 24; geh.⟩ *auf Erfahrung(swissen) beruhend, aus Erfahrung (u. Experiment) gewonnen;* ~e Daten; ~e Forschung

em|por ⟨Adv.; geh.⟩ *nach oben, in die Höhe;* ~ zu den Gipfeln; zum Licht ~!

em|por... ⟨in Zus. mit Verben immer abtrennbar⟩ *hinauf, aufwärts, in die Höhe;* emporhalten, du hältst empor, emporgehalten, emporzuhalten

Em|po|re ⟨f.; -, -n⟩ *(in der Art einer Galerie (1) gebautes) Obergeschoss bes. in Kirchen, das zum Innenraum hin offen ist;* auf der ~ sitzen, stehen

em|pö|ren ⟨V. 500⟩ **1** ⟨505/Vr 3⟩ *sich (über etwas) ~ sich aufregen, entrüsten, zornig sein;* ich empöre mich über sein freches Benehmen; ich bin empört! ● **1.1** ⟨550⟩ *sich gegen jmdn. ~ sich auflehnen, erheben, jmdm. den Gehorsam verweigern;* das Volk empörte sich gegen seine Unterdrücker **2** *jmdn. ~ erregen, zornig machen, in (sittliche) Entrüstung bringen;* das empörte ihn; sein Benehmen, sein Frechheit, sein Verhalten empört mich; die empörten Zuschauer pfiffen das Stück aus

em|por||fah|ren ⟨V. 130/400(s.)⟩ **1** *hinauffahren, aufwärtsfahren, in die Höhe schnellen* **2** ⟨fig.⟩ *aufbrausen*

em|por||kom|men ⟨V. 170/400(s.)⟩ **1** *sich hinauf-, hocharbeiten, vorankommen;* er wollte rasch in dieser Firma ~ **2** *aufkommen, entstehen* **3** ⟨fig.⟩ *reich werden*

em|por||ra|gen ⟨V. 400⟩ **1** *hinausragen (über), hoch aufragen;* der Berg ragt aus der Landschaft empor **2** ⟨fig.⟩ *übertreffen;* seine Begabung ragt weit über den Durchschnitt empor

em|por||schau|en ⟨V.⟩ **1** ⟨400⟩ *auf-, hinaufschauen* **2** ⟨800⟩ *zu jmdm. ~* ⟨fig.⟩ *jmdn. verehren, hoch achten*

Em|pö|rung ⟨f.; -, -en⟩ **1** ⟨unz.⟩ *das Empörtsein, Entrüstung, Zorn;* er sprach voller ~ von seinen Erlebnissen; seiner ~ Luft machen; seine ~ zum Ausdruck bringen **2** ⟨zählb.⟩ *Aufstand, Aufruhr, Rebellion;* die ~ der Unterdrückten

em|sig ⟨Adj.⟩ *rastlos u. unermüdlich tätig, fleißig, eifrig, ununterbrochen geschäftig;* ~e Bienen; ~e Betriebsamkeit; in ~er Kleinarbeit; ~ arbeiten

Emul|si|on ⟨f.; -, -en⟩ **1** ⟨Chem.⟩ *feinste Verteilung einer Flüssigkeit in einer anderen, mit dieser nicht mischbaren Flüssigkeit* ● **1.1** *kosmetische ~ für kosmetische Zwecke hergestellte, meist milchig trübe, dickflüssige E.* **2** ⟨Fot.⟩ *die lichtempfindliche fotografische Schicht*

En|de ⟨n.; -s, -n⟩ **1** ⟨unz.⟩ *Zeitpunkt, an dem etwas aufhört;* Ggs *Anfang (1);* ~ des Jahres, Monats, der Woche; das ~ des Lebens; das ~ der Besprechung, Unterredung, der Verhandlungen; gegen ~ des Stückes wurde es langweilig; der Tag neigt sich dem ~ zu; er ist ~ achtzig ● **1.1** etwas geht zu ~ *etwas nähert sich dem Zeitpunkt, an dem es aufhört;* der Tag geht zu ~ ● **1.2** *Zeitpunkt, an dem das menschliche Leben endet;* er fühlt sein ~ kommen, nahen; noch kurz vor seinem ~ machte er ein Testament ● **1.2.1** es geht mit ihm zu ~ *er ist dem Tod nahe* **2** ⟨unz.⟩ *Aufhören eines Geschehens, eines Zustandes;* alles hat einmal ein ~; meine Geduld ist zu ~ ● **2.1** ein (kein) ~ nehmen *(nicht) aufhören* ● **2.2** *Klagen ohne ~, Klagen und kein ~ unaufhörliche Klagen* ● **2.3** *Regen und kein ~ unaufhörlicher Regen* **3** ⟨unz.⟩ *endgültiger Abschluss;* zum guten ~ führen; glücklich zu ~ führen; mit einer Sache zu ~ kommen; etwas zu ~ bringen, führen; zu ~ lesen, schreiben, spielen usw.; das Fest fand ein frühes, plötzliches, vorzeitiges ~; er kann kein ~ damit finden; damit muss es jetzt ein ~ haben; einer Sache ein ~ bereiten, machen, setzen ● **3.1** seinem Leben ein ~ machen, setzen *sich das Leben nehmen, Selbstmord begehen* **4** ⟨unz.⟩ *letzter Abschnitt von etwas, das eine zeitliche Entwicklung hat, Ausgang, Schluss;* das glückliche, schlimme, traurige ~ eines Fernsehspiels, Films, Theaterstückes; das ~ davon wird sein, dass ...; das wird noch ein schlimmes ~ nehmen; die Angelegenheit war von Anfang bis ~ erlogen; das Stück ist von Anfang bis ~ spannend; am ~ wird sich zeigen, wer Recht behält ● **4.1** ~ gut, alles gut ⟨Sprichw.⟩ *wenn das Resultat gut ist, kann man vergessen, mit welchen Schwierigkeiten es erreicht wurde* ● **4.2** das ist das ~ vom Lied ⟨fig.; umg.⟩ *die unausbleibliche Enttäuschung* **5** am ~ *zuletzt, schließlich;* am ~ kam er doch noch ● **5.1** ⟨umg.⟩ *womöglich, vielleicht, etwa;* du willst doch nicht am ~ gar ...; am ~ kommt er überhaupt nicht? **6** zu dem ~ ⟨veraltet⟩ *zu dem Zweck, in der Absicht* ● **6.1** zu welchem ~? *wozu?, in welcher Absicht?* **7** *Stelle, an der etwas aufhört;* das ~ der Straße; der Speisewagen befindet sich am ~ des Zuges; am oberen, unteren ~ ● **7.1** das ist eine Kette, Schraube ohne ~ ⟨fig.⟩ *das hört nie auf, in dieser Angelegenheit ist kein Ende abzusehen* ● **7.2** am ~ sein *nicht weiterkönnen* ● **7.2.1** ich bin mit meinem Latein am ~ ⟨umg.⟩ *ich weiß nicht weiter* ● **7.2.2** sie ist mit ihrer Kraft am ~ *sie ist völlig erschöpft* **8** *letztes, äußerstes Stück;* das ~ der Insel; am anderen ~ der Straße wohnen ● **8.1** von einem ~ zum anderen laufen *hin u. her* ● **8.2** am ~ der Welt wohnen ⟨fig.; scherzh.⟩ *sehr weit entfernt, weit draußen auf dem Land* ● **8.3** bis ans ~ der Welt laufen ⟨fig.; scherzh.⟩ *weit laufen* ● **8.4** eine Sache am ~ verkehrten ~ anfassen ⟨fig.; umg.⟩ *etwas geschickt, ungeschickt in die Wege leiten, betreiben* ● **8.5** da ist das ~ von ab, fort, weg ⟨umg.; scherzh.⟩ *das hört nicht mehr auf;* →a. Ecke (4.1–4.2) ● **8.6** ⟨umg.⟩ *kleines Stück, Zipfel;* ein ~ Wurst ● **8.6.1** ⟨niederdt.⟩ *kleine Wurst;* Mett~ **9** ⟨unz.; umg.⟩ *Stück Weg, Strecke;* bis zu meiner Wohnung ist es noch ein gutes ~ **10** ⟨meist Pl.; Jägerspr.⟩ *Zacke am Geweih des Rothirsches;* Sy *Sprosse (2)* **11** ⟨Mar.⟩ *Tau* **12** ⟨Web.⟩ *parallel zur Kette verlaufende Kante eines Gewebes, Webkante*

en|den ⟨V. 400⟩ **1** *zeitlich aufhören;* Ggs *anfangen (1), beginnen (1);* die Vorstellung endet gegen 23 Uhr; nicht ~ wollender Beifall **2** ⟨410⟩ *ausgehen, seinen Abschluss finden;* das wird nicht gut ~!; wie wird das mit dir noch ~?; wie wird das alles ~?; die Auseinandersetzung endete vor Gericht **3** ⟨(s.)⟩ *sterben,* *umkommen;* er wird noch am Galgen ~ **4** *räumlich aufhören;* die Straße endet auf den Vorplatz zum Bahnhof; diese Eisenbahnlinie endet an der Grenze **5** ⟨Gramm.⟩ *mit einem Buchstaben od. einer Silbe abschließen;* Wörter, die auf -keit, mit ß ~

end|gül|tig ⟨Adj. 24⟩ *für immer, als Endergebnis gültig, unwiderruflich, unumstößlich;* eine ~e Entscheidung treffen; ein ~es Urteil; sich ~ zu etwas entschließen; das ist ~ aus, vorbei

En|di|vie ⟨[-vjə] f.; -, -n; Bot.⟩ *zu den Zichorien gehörende, leicht bitter schmeckende, grüne Salatpflanze*

end|lich ⟨Adj.⟩ **1** ⟨24⟩ • **1.1** *vergänglich;* Ggs *ewig* (1) • **1.2** ⟨70⟩ *in Raum, Zeit u. Zahl begrenzt;* Ggs *unendlich;* eine ~e Größe, Strecke **2** ⟨90⟩ • **2.1** *nach langer Verzögerung, nach langem Warten;* ~ ist es soweit • **2.1.1** komm doch ~! *(Ausdruck der Ungeduld) komm, dass ich nicht länger warten muss* • **2.2** *am Ende, zuletzt;* →a. *schließlich* (1); jetzt begreife ich ~, warum …

end|los ⟨Adj. 24⟩ **1** *ohne Ende;* eine ~e Straße; ein ~es Kabel • **1.1** *ringförmig;* ein Treibriemen ist ein ~er Riemen **2** ⟨fig.⟩ *unaufhörlich, unabsehbar, unendlich, grenzenlos;* ~es Gerede; ~e Pein; soll das ~ so weitergehen?; das dauert ja ~ lange; ich musste ~ lange warten; und so weiter bis ins Endlose

Ener|gie ⟨f.; -, -n⟩ **1** ⟨Phys.; Chem.⟩ *Fähigkeit, Arbeit zu leisten;* chemische, elektrische ~; Erhaltung, Umwandlung von ~ **2** ⟨allg.⟩ *Tatkraft, Kraft, Nachdruck, Schwung;* ~ aufbringen, besitzen, haben; sich mit aller ~ für etwas einsetzen

ener|gisch ⟨Adj.⟩ **1** *voller Energie, tatkräftig, kräftig, tätig;* ~e Maßnahmen ergreifen; ~ durchgreifen **2** *entschlossen, Energie verratend;* ein ~es Auftreten, Gesicht, Kinn; etwas ~ betonen

eng ⟨Adj.⟩ **1** *schmal, wenig Raum fassend;* Ggs *weit* (1); eine ~e Straße; ein ~es Zimmer; auf ~em Raum zusammengedrängt **2** *dicht (gedrängt);* ~ (beieinander)sitzen, (beieinander)stehen; ~ schreiben **3** *dem Körper fest anliegend;* Ggs *weit* (2); ~e Kleidungsstücke; ein ~es Kleid ~er machen; der Rock ist mir zu ~ geworden **4** *beschränkt, eingeschränkt;* jmdm. ~e Grenzen setzen; ein ~er Gesichtskreis; einen ~en Horizont haben ⟨fig.⟩; im ~eren Sinne; in die ~ere Wahl kommen, nehmen • **4.1** *es* **wird** ~ *es ist nur noch ein geringer Spielraum vorhanden, es wird knapp, es bleibt nicht mehr viel Zeit* **5** *vertraut, nahe;* ~e Freundschaft; ~e Freunde • **5.1** im ~sten Kreise *unter Vertrauten* **6** ⟨Getrennt- u. Zusammenschreibung⟩ • **6.1** ~ anliegend = *enganliegend* • **6.2** ~ anschließend = *enganschließend* • **6.3** ~ befreundet = *engbefreundet*

En|ga|ge|ment ⟨[āgaʒ(ə)mã:] n.; -s, -s⟩ **1** *Anstellung, Beschäftigung (bes. im künstlerischen Bereich);* ein ~ als Schauspieler, Sänger **2** ⟨unz.⟩ *Einsatz, persönliches Bemühen;* sein ~ für die Flüchtlinge ist wirklich außergewöhnlich • **2.1** viel ~ zeigen *sich sehr einsetzen*

en|ga|gie|ren ⟨[āgaʒi:rən] V. 500/Vr 3⟩ **1** *Mitarbeiter* ~ *anstellen, einstellen;* Künstler ~ **2** ⟨Vr 3⟩ *sich* ~ *sich binden, sich festlegen* • **2.1** ⟨515/Vr 3⟩ **sich für et-** *was* ~ *einsetzen;* sie ist sehr engagiert in der Frauenpolitik

eng|an|lie|gend *auch:* **eng an|lie|gend** ⟨Adj.⟩ *fest, dicht an etwas (bes. am Körper) sitzend;* ein ~es Kleid

eng|an|schlie|ßend *auch:* **eng an|schlie|ßend** ⟨Adj. 24/70⟩ *fest, dicht an etwas anschließend;* ein ~er Kragen

eng|be|freun|det *auch:* **eng be|freun|det** ⟨Adj. 60⟩ *sehr eng, innigst befreundet;* zwei ~e Schulkameraden

En|ge ⟨f.; -, -n⟩ **1** ⟨unz.⟩ *das Engsein, enge Beschaffenheit, enger Raum;* die ~ eines Zimmers; die bedrückende ~ eines Hinterhofes **2** ⟨unz.; fig.; geh.⟩ *Beschränktheit, Engherzigkeit, Engstirnigkeit;* die ~ seines Geistes, seiner Anschauungen; aus menschlicher ~ heraus handeln; dogmatische ~ **3** *schmale Stelle, die durch Bergwände od. Ufer eingeengt ist, Engpass;* Land~, Meer~; ein Schiff durch eine gefährliche ~ steuern • **3.1 jmdn. in** die ~ **treiben** ⟨fig.⟩ *jmdm. alle Auswege versperren, jmdn. in Bedrängnis bringen, alle Ausreden, Ausflüchte widerlegen*

En|gel ⟨m.; -s, -⟩ **1** *von Gott geschaffener Geist als Bote Gottes u. zur Hilfe für den Menschen;* Schutz~; ein gefallener ~; schön wie ein ~ • **1.1** es geht ein ~ durchs Zimmer ⟨fig.⟩ *das Gespräch stockt, plötzliches Schweigen tritt ein* • **1.2** die ~ (im Himmel) singen hören ⟨fig.⟩ *sehr starken Schmerz empfinden* **2** *unschuldiger, sanfter od. selbstloser Mensch;* du bist ein ~!; mein ~ (als Kosewort); du ahnungsloser ~! • **2.1** er erschien als rettender ~ *als Helfer in der Not*

En|ger|ling ⟨m.; -s, -e; Zool.⟩ *im Boden lebende Larve der Blatthornkäfer, z. B. des Maikäfers*

eng|lisch[1] ⟨Adj. 24⟩ **1** *zu England gehörig, England betreffend, aus E. stammend* • **1.1** ~er **Garten** *aus England stammende Form einer Gartenanlage;* ⟨aber⟩ der Englische Garten in München • **1.2** ~e **Sprache** *eine westgermanische Sprache* • **1.3** ~e **Vollblut** *eine aus England stammende edle u. ausdauernde Pferderasse (wird bes. als Rennpferd eingesetzt)* • **1.4** ~er **Walzer** ⟨Mus.⟩ *langsamer Walzer* **2** *die Sprache der Engländer betreffend, in der Sprache der Engländer;* er spricht sehr gut Englisch; im Englischen gibt es nur einen bestimmten Artikel

eng|lisch[2] ⟨Adj. 24; veraltet⟩ **1** *die Engel betreffend, zu ihnen gehörig, von ihnen stammend, engelhaft* **2** Englischer **Gruß** ⟨kath. Kirche⟩ • **2.1** *Gruß des Engels bei der Verkündigung Mariä* **2.2** *Gebet, Ave-Maria*

Eng|pass ⟨m.; -es, -päs|se⟩ **1** *Stelle, wo ein Pass, Weg, eine Straße eng ist. Durchfahrt durch Hindernisse eingeengt ist;* die Gebirgsstraße führt durch mehrere Engpässe; der schmale Tunnel erwies sich als ~ für den starken Verkehr **2** ⟨fig.; umg.⟩ *Mangel, beschränkt verfügbare Materialien, Waren, Arbeitskräfte;* es besteht zurzeit ein ~ bei Blutspenden, an Blutkonserven

En|kel[1] ⟨m.; -s, -⟩ **1** *Kind des Sohnes od. der Tochter, Kindeskind;* sie hat schon drei ~ **2** ⟨nur Pl.⟩ *die* ~ ⟨geh.⟩ *die Nachwelt, die Nachkommen;* das werden

Enkel

vielleicht unsere ~ noch erleben; davon werden unsere ~ noch sprechen

En|kel² ⟨m.; -s, -⟩ *Fußknöchel*

En|ke|lin ⟨f.; -, -lin|nen⟩ *weibl. Enkel¹*

En|kla|ve ⟨[-və] f.; -, -n⟩ *fremdes Staatsgebiet, das vom eigenen eingeschlossen ist*; Ggs *Exklave*

enorm ⟨Adj. 24⟩ **1** *sehr groß, riesig, ungeheuer*; ~e Summen; ~ groß, hoch **2** ⟨umg.⟩ *erstaunlich*; das ist ja ~! **3** ⟨umg.⟩ *herrlich, wunderbar*; das Theaterstück war (ganz) ~

En|sem|ble auch: **En|semb|le** ⟨[ãsã:bl] n.; -s, -s⟩ **1** *Gesamtheit der an einem Theater od. Opernhaus fest angestellten Schauspieler, Sänger, Tänzer od. Musiker* • **1.1** *Gruppe von gemeinsam auftretenden Künstlern*; Tanz~, Jazz~, Blechbläser~ **2** ⟨Mode⟩ *aus mehreren, aufeinander abgestimmten Einzelteilen bestehendes (Damen-)Kleidungsstück*; ein ~ aus Rock u. Jacke **3** ⟨geh.⟩ *(harmonische, geschmackvoll strukturierte) Gesamtheit, Gesamtbild*; Tisch, Stühle u. Wanduhr bilden in diesem Raum ein stilvolles ~

ent|ar|ten ⟨V. 400(s.)⟩ **1** *aus der Art schlagen, degenerieren, sich krankhaft ausbilden, rückbilden*; entartete Sitten • **1.1** entartete **Kunst** *(im Sprachgebrauch des Nationalsozialismus) Kunst, die nicht den politischen, propagandistischen u. rassistischen Zielsetzungen des Nationalsozialismus entsprach u. deshalb verboten wurde*

ent|äu|ßern ⟨V. 540/Vr 3⟩ sich einer **Sache** od. eines **Gegenstandes** ~ ⟨geh.⟩ *weggeben, darauf verzichten*

ent|beh|ren ⟨V.⟩ **1** ⟨500/Vr 8⟩ jmdn. od. etwas ~ *vermissen*; sie entbehrte den Kaffee sehr; sie hat ihren Freund sehr entbehrt • **1.1** jmdn. od. etwas (nicht) ~ **können**, müssen, sollen *auf jmdn. od. etwas (nicht) verzichten können, müssen, sollen*; ich kann das Buch nicht länger ~; sie müssen das Nötigste ~; du sollst nichts ~ **2** ⟨700⟩ einer **Sache** ~ ⟨geh.⟩ *ohne etwas sein*; diese Behauptung entbehrt jeder Grundlage; des Trostes, des Zuspruchs ~ • **2.1** der Anblick, die Situation, sein Verhalten entbehrte **nicht** einer **gewissen Komik** *war etwas komisch*

Ent|beh|rung ⟨f.; -, -en⟩ *Mangel an Nötigem, Not*; jmdm. ~en auferlegen; ~en auf sich nehmen; ~ leiden

ent|bie|ten ⟨V. 110/500/Vr 8; veraltet⟩ **1** ⟨530⟩ jmdm. etwas ~ ⟨veraltet⟩ *sagen, übermitteln lassen*; jmdm. seinen Gruß ~ **2** ⟨511 od. 550⟩ jmdn. zu sich ~ ⟨veraltet⟩ *zu sich bitten, kommen lassen*

ent|bin|den ⟨V. 111⟩ **1** ⟨550/Vr 8⟩ jmdn. von etwas ~ ⟨geh.⟩ *befreien*; er entband ihn von seiner Verpflichtung, seinem Versprechen, seinem Wort • **1.1** ⟨540⟩ jmdn. einer **Sache** ~ ⟨geh.⟩ *von etwas lossprechen*; jmdn. seiner Verpflichtung, seines Versprechens, seines Wortes ~ **2** ⟨500⟩ eine **Frau** ~ *einer F. bei der Geburt eines Kindes helfen*; der Chefarzt hat die Frau entbunden; sie ist von einem Mädchen entbunden worden **3** ⟨400⟩ *gebären, ein Kind zur Welt bringen, niederkommen*; sie hat gestern entbunden; in der Klinik, zu Hause ~

ent|blö|ßen ⟨V. 500/Vr 7⟩ **1** *etwas* ~ *von etwas die Hülle, Kleidung wegnehmen*; den Oberkörper ~; sein Haupt ~; das Schwert ~ • **1.1** mit entblößtem Kopf *ohne Kopfbedeckung, mit bloßem K.* **2** ⟨540 od. 550⟩ jmdn. od. etwas des **Schutzes** ~ ⟨geh.⟩ *berauben*; eine Festung, Stellung von Truppen ~ • **2.1** aller Mittel entblößt sein ⟨geh.⟩ *ohne Mittel, ohne Geld sein*

ent|bren|nen ⟨V. 117(s.)⟩ **1** ⟨400⟩ etwas entbrennt *beginnt heftig, bricht heftig aus*; ein harter Kampf (um die Stadt) entbrannte **2** ⟨800⟩ in, von etwas ~ *von einer Gemütsbewegung leidenschaftlich ergriffen werden*; in heißer Liebe ~; er ist für dieses Mädchen entbrannt; er entbrannte von Zorn, in Zorn

ent|de|cken ⟨V. 500⟩ **1** etwas ~ *als Erster etwas in Wissenschaft u. Forschung Unbekanntes finden*; ein Land, Naturgesetz ~; einen Stern, Stoff ~; Kolumbus hat Amerika entdeckt; Marie und Pierre Curie haben das Radium entdeckt **2** ⟨Vr 8⟩ jmdn. od. etwas ~ *überraschend bemerken*; jmdn. unter vielen Menschen ~; in der Ferne etwas od. jmdn. ~; einen Dieb ~; er hat den Diebstahl sofort entdeckt; auf einem Baum ein Vogelnest ~ **3** ⟨530/Vr 7⟩ jmdm. etwas od. sich ~ ⟨geh.⟩ *vertrauensvoll offenbaren, mitteilen*

Ent|de|cker ⟨m.; -s, -⟩ *jmd., der etwas entdeckt hat, der als Erster etwas bislang Unbekanntes gefunden hat*

Ent|de|cke|rin ⟨f.; -, -rin|nen⟩ *weibl. Entdecker*

Ent|de|ckung ⟨f.; -, -en⟩ **1** ⟨unz.⟩ *das Entdecken, das Entdecktwerden*; die ~ der Radioaktivität **2** ⟨zählb.⟩ *etwas, das entdeckt wurde, Neuheit, Fund*; ich habe gerade eine ~ gemacht

En|te ⟨f.; -, -n⟩ **1** ⟨Zool.⟩ *kleine, kurzbeinige Angehörige einer Unterfamilie der Gänsevögel, die auch als Haustier gehalten werden: Anatinae*; schnattern, watscheln wie eine ~ **2** *Gefäß mit langem Hals zum Wasserlassen für bettlägerige Männer* **3** ⟨fig.; umg.; scherzh.⟩ *falsche Meldung*; Zeitungs~; die Nachricht, das Gerücht war nur eine ~

ent|ei|sen ⟨V. 500⟩ etwas ~ *von Eis befreien, auftauen*; Autoscheiben, den Kühlschrank ~

ent|ei|se|nen ⟨V. 500⟩ etwas ~ *den Eisengehalt von etwas verringern, von Eisen befreien*; Wasser ~; das Trinkwasser ist enteisent; enteisentes Mineralwasser

en|tern ⟨V.⟩ **1** ⟨400(s.)⟩ *in die Takelage eines Schiffes klettern* **2** ⟨500⟩ ein **Schiff** ~ *auf dem Meer erobern, in Besitz nehmen*

En|ter|tai|ner ⟨[-te:-] m.; -s, -⟩ *jmd., der (als Beruf) andere unterhält, Unterhaltungskünstler*; ein guter, schlechter ~ sein

ent|fa|chen ⟨V. 500; geh.⟩ **1** Feuer ~ *zum Brennen bringen* **2** Leidenschaften ~ ⟨fig.⟩ *hervorrufen, erregen*; Hass, Leidenschaft ~; ihre Worte entfachten seinen Zorn

ent|fah|ren ⟨V. 130/600(s.)⟩ ein **Wort**, Seufzer, Fluch, Stöhnen entfährt jmdm. *wird unbeabsichtigt ausgesprochen, ausgestoßen, entschlüpft unbeabsichtigt*; ihr war ein Schimpfwort ~; ihr entfuhr ein schriller Schrei; ein unbedachtes Wort ist ihm ~

ent|fal|len ⟨V. 131(s.)⟩ **1** ⟨600⟩ etwas entfällt jmdm. (od. jmds. **Händen**) ⟨geh.⟩ *fällt jmdm. aus der Hand*; das Messer entfiel seiner Hand; die Vase entfiel ihr **2** ⟨600⟩ eine **Sache** entfällt jmdm. *entschwindet* jmdm. *aus dem Gedächtnis;* das Wort, der Name ist mir ~ **3** ⟨800⟩ etwas entfällt **auf jmdn.** od. **etwas kommt als Anteil auf jmdn. od. etwas;** *von der ganzen Summe ~ 500 Euro auf ihn; der Gewinn entfiel auf die Losnummer 10828* **4** ⟨400⟩ **etwas entfällt** ⟨förml.⟩ *fällt weg, aus, findet nicht statt;* Frage 2 (auf Fragebogen) entfällt; die ursprünglich angesetzte Sendung im Fernsehen entfiel wegen der Übertragung des Fußballspiels

ent|fal|ten ⟨V. 500⟩ **1** etwas ~ *auseinanderfalten u. ausbreiten;* eine Fahne, Landkarte, Serviette ~; die Blüten sind jetzt, haben sich voll entfaltet • **1.1** ⟨Vr 3⟩ **sich ~** *öffnen* **2** etwas ~ *ausführlich darlegen;* einen Plan ~ **3** ⟨Vr 7⟩ **sich od. etwas ~** *entwickeln u. zu voller Geltung bringen;* Begabung, Kräfte, Talente ~; die deutsche Schauspielkunst entfaltete sich zu hoher Blüte; sich zu voller Pracht, Schönheit ~; große Pracht, großen Prunk ~; er kann sich beruflich hier nicht ~ **4** eine **Tätigkeit ~** *beginnen u. fortsetzen;* eine fruchtbare, segensreiche, vielseitige Tätigkeit ~

ent|fer|nen ⟨V. 500⟩ **1** jmdn. od. etwas ~ *bewirken, dass jmd. od. etwas nicht mehr da ist;* jmdn. aus einer Stellung, einem Amt ~; einen Schüler aus, von der Schule ~; bitte entfernt das Tier aus meiner Nähe; eine Geschwulst, die Mandeln operativ ~; Flecke, Schmutz ~ **2** ⟨Vr 3⟩ **sich ~** *wegbegeben;* sich heimlich, rasch, schweigend ~; bitte entferne dich nicht zu weit; sich aus, von einer Gesellschaft ~; sich aus dem Haus ~; sich von seinem Posten ~ • **2.1** ⟨550⟩ **sich von der Wahrheit ~** *nicht ganz bei der W. bleiben, nicht genau die W. sagen* • **2.2** ⟨550⟩ **sich vom Thema ~** *vom T. abschweifen, den direkten Bezug zum T. verlieren;* damit ~ wir uns zu weit vom Thema • **2.3** ⟨550⟩ **sich voneinander ~** *das Zusammengehörigkeitsgefühl verlieren, fremd werden;* wir haben uns in den vergangenen Jahren weit voneinander entfernt

ent|fernt 1 ⟨Part. Perf. von⟩ *entfernen* **2** ⟨Adj.⟩ • **2.1** *weit weg gelegen, fern;* der Wald ist nicht sehr weit ~; das Eisenbahnnetz führt bis in die ~esten Teile des Landes • **2.2** ⟨fig.⟩ *weitläufig, nicht nahe;* ein ~er Verwandter; ein ~er Vetter von mir; wir sind nur ~ verwandt miteinander • **2.3** ⟨74⟩ **von in einer Entfernung von jmdm. od. etwas (gelegen);** das Haus liegt weit von uns, vom Dorf ~ • **2.3.1 weit davon ~ sein,** etwas zu tun ⟨fig.⟩ *nicht daran denken, nicht die Absicht haben;* ich bin weit davon ~, ihm schaden zu wollen; ich bin weit davon ~ zu glauben, dass er den Diebstahl begangen hat • **2.4** nicht im Entferntesten *nicht im Geringsten, ganz u. gar nicht;* ich bilde mir nicht im Entferntesten ein, dass …; ich denke nicht im Entferntesten daran, dass alles zu bezahlen

Ent|fer|nung ⟨f.; -, -en⟩ **1** *das Entfernen;* die operative ~ einer Geschwulst **2** *Abstand, Strecke (zwischen zwei Punkten);* die ~ beträgt 200 km; Hunde hören diese Pfeife auf große ~; das Tier beäugte mich aus einiger ~ aufmerksam; bei den großen ~en in dieser Stadt braucht man ein Auto; über diese ~ kann ich

das nicht erkennen; in einiger ~ entdeckte ich ihn **3** ⟨umg.⟩ *Ferne;* aus der ~ sieht das ganz anders aus

ent|flam|men ⟨V.(s.); geh.⟩ **1** ⟨500⟩ **Feuer ~** *zum Brennen bringen* **2** ⟨500⟩ **Leidenschaften ~** ⟨fig.⟩ *hervorrufen, erregen;* jmds. Hass, Liebe, Begeisterung ~ **3** ⟨400⟩ eine Sache entflammt *beginnt heftig;* sein Hass, der Streit entflammte von neuem **4** ⟨800⟩ **in, von Liebe** entflammt sein *leidenschaftlich verliebt sein*

ent|flie|hen ⟨V. 137(s.)⟩ **1** ⟨400⟩ *(vor jmdm. od. etwas) flüchten, fliehen, die Flucht ergreifen, entkommen;* er ist aus der Haftanstalt entflohen **2** ⟨600⟩ einer Sache ~ ⟨fig.⟩ *meiden, sich zurückziehen, sich entziehen;* sie versuchte, dem lauten Treiben zu ~; dem Alltag, der Hektik, dem Stress ~ **3** ⟨400; geh.⟩ *schnell vergehen, entschwinden;* die schönen Jahre waren rasch entflohen

ent|frem|den ⟨V.⟩ **1** ⟨500/Vr 3 od. 530/Vr 7⟩ **jmdn. jmdm. ~** *fremdmachen, die Zuneigung zu jmdm. zerstören;* ich habe mich ihm entfremdet; sie sind einander entfremdet; die lange Trennung hat ihn ihr entfremdet **2** ⟨530⟩ eine **Sache ihrem Zweck ~** *sie für einen anderen Z. als den vorgesehenen verwenden*

ent|füh|ren ⟨V. 500⟩ **1** jmdn. ~ *(unbemerkt od. gewaltsam) an einen unbekannten Ort bringen, rauben;* ein Kind, einen Industriellen ~ **2** etwas ~ ⟨scherzh.⟩ *ausleihen, mitnehmen;* darf ich (dir) das neue Kartenspiel ~?

Ent|füh|rung ⟨f.; -, -en⟩ **1** *das Entführen* **2** *das Entführtwerden*

ent|ge|gen ⟨Präp.m. Dat.⟩ **1** ⟨nachgestellt⟩ einer **(näher kommenden) Person od. Sache ~** *in Richtung auf;* dem Feind ~; dem Schnee, dem Regen, dem Wind ~ (Goethe, Rastlose Liebe) **2** ~ einem **vorangegangenen Geschehen** *im Gegensatz zu, zuwider;* dem Vorschlag ~ müssen wir feststellen, dass …; er hat ~ meinen Anweisungen, meinem Befehl, Rat gehandelt; ~ dieser Nachricht müssen wir mitteilen, dass …

ent|ge|gen||brin|gen ⟨V. 118/530/Vr 8⟩ **1** jmdm. etwas ~ *auf jmdn. zugehen u. etwas bringen;* sie brachten uns die frohe Nachricht (schon auf halbem Wege) entgegen **2** jmdm. od. einer **Sache etwas ~** ⟨fig.⟩ *darbieten, zeigen, bezeigen;* jmdm. Achtung, Wohlwollen, Freundschaft ~; er brachte dem Vorschlag großes Interesse entgegen

ent|ge|gen|ge|hen ⟨V. 145/600(s.)⟩ **1** jmdm. od. etwas ~ *auf jmdn. od. etwas zugehen, sich in Richtung auf jmdn. od. etwas bewegen, sich nähern;* sie ging ihrem Mann entgegen; dem Schicksal furchtlos ~ • **1.1** etwas geht seiner **Vollendung** entgegen ⟨fig.⟩ *wird bald vollendet sein*

ent|ge|gen|ge|setzt 1 ⟨Part. Perf. von⟩ *entgegensetzen* **2** ⟨Adj.⟩ • **2.1** *in umgekehrter Richtung verlaufend, gegenüberliegend;* in ~er Richtung fahren, gehen, liegen • **2.2** *gegenteilig, gegensätzlich, widersprechend;* wir sind genau ~er Meinung; er hat sich genau ~ verhalten

ent|ge|gen||kom|men ⟨V. 170/600/Vr 8(s.)⟩ **1** jmdm. ~ *auf jmdn., der sich nähert, zukommen;* komm mir

entgegennehmen

bitte ein Stück entgegen; er kam ihr freudestrahlend entgegen; er kam ihr mit ausgestreckten Händen entgegen; er kam mir auf halbem Wege entgegen ⟨a. fig.⟩ **2 jmdm. od. einer Sache ~** ⟨fig.⟩ *zum Teil nachgeben, auf jmdn. od. dessen Wünsche eingehen;* dein Vorschlag kommt mir sehr entgegen; das kommt meinen Vorstellungen sehr entgegen

ent|ge|gen||neh|men ⟨V. 189/500⟩ etwas ~ *annehmen, in Empfang nehmen, sich geben lassen;* einen Auftrag, Brief ~; ich kann Ihre Beschwerde ~ und weiterleiten, aber ich selbst kann nichts für Sie tun; nehmen Sie Bestellungen entgegen?

ent|ge|gen||se|hen ⟨V. 239/600⟩ **1 jmdm. ~** *jmdn. (erwartungsvoll) kommen sehen;* von diesem Fenster aus kannst du ihm ~ **2 einer Sache ~** *eine S. erwarten;* ihrer Antwort ~d (als Schlussformel in Geschäftsbriefen); sie sieht ihrer baldigen Entbindung entgegen; sie hat dem Tod gefasst, ruhig entgegen

ent|ge|gen||set|zen ⟨V. 530⟩ **jmdm. od. einer Sache etwas ~** *etwas Gegenteiliges tun od. sagen;* einer Beschuldigung eine gegenteilige Behauptung ~; jmdm. od. einem Plan, Vorhaben (hartnäckigen) Widerstand ~; ich kann seinen Vorwürfen nichts (anderes) ~ (als)

ent|geg|nen ⟨V. 503/Vr 6⟩ **(jmdm.) etwas ~** *antworten, erwidern;* „....!", entgegnete er; (auf jmds. Frage) barsch, freundlich, liebenswürdig, unfreundlich (etwas) ~; darauf wusste er nichts zu ~; sie entgegnete ihm ...

ent|ge|hen ⟨V. 145/600(s.)⟩ **1 jmdm. od. einer Gefahr ~** *entkommen, aus dem Wege gehen können;* er konnte der Rache seines Feindes ~; niemand entgeht seinem Schicksal; er wird der Strafe, Vergeltung nicht ~; dem Tod mit knapper Not ~; du entgehst mir nicht! **2 sich etwas ~ lassen** *(eine Gelegenheit) ungenützt vorübergehen lassen;* da hast du dir wirklich etwas ~ lassen; diesen Anblick, diesen Genuss will ich mir nicht ~ lassen; ich will mir die Gelegenheit nicht ~ lassen; das Vergnügen habe ich mir ~ lassen müssen; er lässt sich keinen Vorteil ~ **3 etwas entgeht jmdm. od. dessen Aufmerksamkeit** *etwas fällt jmdm. nicht auf, wird von jmdm. nicht bemerkt, jmd. übersieht etwas;* dieser Fehler ist mir entgangen; mir ist keines seiner Worte, keine seiner Bewegungen entgangen; mir ist (völlig) entgangen, dass ...; mir ist nicht entgangen, dass ...; es dürfte Ihnen nicht entgangen sein, dass ...; es ist meiner Aufmerksamkeit entgangen, dass ...

ent|geis|tert ⟨Adj.⟩ *unangenehm überrascht, bestürzt;* er blickte, starrte sie ~ an; mit ~er Miene

Ent|gelt ⟨n.; -(e)s, -e⟩ *Lohn, Belohnung, Vergütung, Entschädigung, Ersatz (für Leistungen, Mühen);* er bekommt als ~ zwölf Euro in der Stunde; als ~ bekommst du eine Theaterkarte; für, gegen ein geringes, kleines ~ arbeiten; ohne ~ (unentgeltlich) arbeiten

ent|gel|ten ⟨V. 147/530⟩ **1 jmdm. etwas ~** ⟨geh.⟩ *vergüten, jmdn. für etwas entschädigen, belohnen;* wie kann ich dir deine Hilfe ~?; ich werde es dir später einmal ~ **2 jmdn. etwas ~ lassen** ⟨geh.⟩ *jmdm. für etwas büßen lassen;* lass es das Kind nicht ~, dass der Vater dir Böses getan hat

ent|glei|sen ⟨V. 400(s.)⟩ **1** ein **Schienenfahrzeug** entgleist *springt aus dem Gleis;* einen Zug zum Entgleisen bringen **2** ⟨fig.⟩ *vom rechten Weg abkommen, einen gesellschaftlichen Fehler begehen, etwas Ungehöriges, Unschickliches sagen od. tun;* wenn er betrunken ist, entgleist er leicht

ent|glei|ten ⟨V. 155/600(s.); geh.⟩ **1 etwas entgleitet jmdm. (od. jmds. Händen)** *etwas gleitet, fällt jmdm. aus den Händen;* die Vase entglitt ihren Händen und fiel zu Boden **2 jmdm. ~** ⟨fig.⟩ *sich dem Einfluss od. der Kontrolle von jmdm. od. etwas entziehen;* der Junge ist ihr entglitten; sooft sie auch zu fassen suchte, sie entglitt ihm immer wieder

ent|hal|ten¹ ⟨V. 160/500⟩ **etwas ~** *in sich fassen, umfassen, in sich schließen, in sich haben;* dieser Schnaps enthält 38 % Alkohol; die Flasche enthält zwei Liter Wein; in diesem Buch ist alles ~, was man über Neugeborene wissen muss

ent|hal|ten² ⟨V. 160/540/Vr 3⟩ **1 sich einer Sache ~** *etwas nicht tun, auf etwas verzichten;* sich des Alkohols, Kaffees ~ • 1.1 sich der **Stimme ~** *nicht mit abstimmen, seine Meinung bei einer Abstimmung nicht äußern* **2** ⟨504/Vr 3⟩ **sich (einer Sache) nicht ~ können** *etwas nicht unterlassen können;* ich konnte mich nicht ~ zu sagen, dass ...; ich konnte mich einer boshaften Bemerkung nicht ~; er konnte sich des Lachens kaum ~

ent|he|ben ⟨V. 163/540⟩ **jmdn. einer Sache ~** ⟨geh.⟩ *jmdn. von etwas entbinden, befreien, jmdn. entlassen;* jmdn. seines Amtes ~; damit bin ich aller Sorgen enthoben; jmdn. seiner Verpflichtungen ~; seines Amtes enthoben werden

ent|hül|len ⟨V. 500⟩ **1 etwas ~** *von einer Hülle befreien u. dadurch sichtbar machen;* ein Denkmal, ein Bild ~ • 1.1 ⟨Vr 3⟩ **sich ~** ⟨geh.⟩ *ein od. mehrere Kleidungsstücke ablegen* **2** ⟨503⟩ **(jmdm.) eine Sache ~** ⟨fig.; geh.⟩ *nicht länger geheim halten, offenbaren;* sein Geständnis hat alles enthüllt; er enthüllte ihr die Wahrheit, sein Geheimnis, seinen Plan, seine Liebe • 2.1 ⟨518⟩ **jmdn. als etwas ~** *entlarven;* man hat ihn als Lügner, Schwindler enthüllt

En|thu|si|as|mus ⟨m.; -; unz.⟩ *Begeisterung, freudige Erregung, Schwärmerei;* er erzählte voller ~ von dem gestrigen Konzert

ent|klei|den ⟨V. 500/Vr 7; geh.⟩ **1 jmdn., sich ~** *ausziehen, von den Kleidern befreien;* ein Kind, einen Kranken ~; sie entkleidete sich im Badezimmer **2** ⟨540⟩ **jmdn. od. etwas einer Sache ~** ⟨fig.⟩ *jmd. od. einer S. etwas wegnehmen;* man entkleidete ihn seines Amtes, seiner Macht

ent|kom|men ⟨V. 170/403(s.) od. 600(s.)⟩ **1 (jmdm. od. einer Sache) ~** *(jmdm. od. einer Sache) erfolgreich entfliehen;* der Flüchtling konnte seinen Verfolgern ~; er ist über die Grenze ~ • 1.1 *sich jmds. Gewalt entziehen;* der Täter entkam; der Dieb ist der Polizei ~ • 1.2 *einer Sache entgehen;* er entkam der Gefahr • 1.3 *aus etwas (unbemerkt, unerlaubt) herauskommen;* aus dem Gefängnis ~

ent|kräf|ten ⟨V. 500⟩ **1** etwas entkräftet jmdn. *macht jmdn. kraftlos, schwach, beraubt jmdn. seiner Kräfte;* die Anstrengungen der Reise haben ihn entkräftet; der Patient ist vom Fieber entkräftet **2** etwas ~ ⟨fig.⟩ *widerlegen, das Gegenteil davon beweisen;* er hat die Behauptung, Beschuldigung, das Gerücht entkräftet; einen Verdacht ~

ent|la|den ⟨V. 174/500⟩ **1** etwas ~ *leeren, von seiner Ladung befreien* • **1.1** ein **Transportmittel** ~ *die Ladung von einem T. herunternehmen;* einen Lastwagen, ein Schiff ~ • **1.2** eine **Schusswaffe** ~ *die Munition aus einer S. nehmen* • **1.3** eine **Batterie** ~ *einer B. elektrische Energie entnehmen* **2** ⟨Vr 3⟩ **Spannung** entlädt **sich** *gleicht sich schlagartig aus* • **2.1** ein **Gewitter** entlädt **sich** *geht schlagartig nieder, bricht los* • **2.2 seelische Spannung** entlädt **sich** *kommt heftig zum Ausbruch*

ent|lang 1 ⟨meist nachgestellte Präp. m. Akk., schweiz. meist m. Dat.⟩ *längs, (neben, auf) hindurch in der Längsrichtung;* immer den Bach, den Fluss, das Ufer, den Feldweg ~; die Straße ~; das Tal ~ **2** ⟨Adv.⟩ *am Rande, neben;* am Fluss, am Bach, am Ufer ~

ent|lang|ge|hen ⟨V. 145/411(s.) od. 500(s.)⟩ **an etwas ~** od. **etwas ~** *dem Verlauf von etwas folgen;* an einem Fluss ~; er ging ohne aufzublicken die Straßen entlang; sie ist am Ufer entlanggegangen

ent|lar|ven ⟨V. 500/Vr 7 od. Vr 8⟩ **1** jmdn. ~ *jmdm. die Gesichtsmaske abnehmen* **2** jmdn. od. etwas ~ ⟨fig.⟩ *jmds. wahre Absichten, den wahren Charakter von jmdm. od. einer Sache enthüllen, aufdecken;* einen Betrüger ~; er wurde als Dieb, Spion entlarvt; mit dieser Lüge hat er sich selbst entlarvt; ein Verbrechen, einen Plan ~

ent|las|sen ⟨V. 175/500⟩ **jmdn. ~ 1** *jmdm. erlauben, sich zu entfernen, jmdn. verabschieden;* er entließ ihn mit einer Handbewegung, mit ein paar freundlichen Worten; und damit war ich ~ • **1.1** ⟨511⟩ jmdn. **aus** einer **Institution** ~ *jmdn. von der Verpflichtung befreien, sich in einer I. aufzuhalten;* aus dem Krankenhaus (als geheilt) ~; aus der Schule ~ werden; jmdn. aus der Haftanstalt ~ **2** *jmds. Arbeitsverhältnis lösen u. ihn aus seiner Stellung entfernen;* jmdn. fristlos ~; jmdn. wegen Veruntreuung ~; jmdn. aus dem Amt ~; Soldaten, Truppen aus dem Dienst, aus dem Heer ~

ent|las|ten ⟨V. 500⟩ **1** ⟨505⟩ jmdn. **(von etwas)** ~ *jmds. Belastung (durch etwas) verringern;* jmdn. von einem Verdacht, Vorwurf ~; jmdn. von Verpflichtungen ~ • **1.1** *jmdm. einen Teil der Arbeit abnehmen;* der neue Assistent soll den Chef ~ • **1.2** *von einer Schuld, die ihm zur Last gelegt wird, (teilweise) befreien;* einen Angeklagten ~; ein ~der Umstand • **1.3** ⟨Kaufmannsspr.⟩ *jmds. Geschäftsführung nach Überprüfung gutheißen;* einen Geschäftsführer, Vorstand ~ **2 etwas** ~ *die Belastung von etwas verringern;* einen Balken, einen Träger ~; den innerstädtischen Verkehr ~ • **2.1** *von seelischer Belastung befreien;* sein Gewissen ~ • **2.2** jmds. **Konto** ~ *durch Tilgung einer Schuld ausgleichen*

ent|le|di|gen ⟨V. 540/Vr 3; geh.⟩ **1** sich jmds. od. einer **Sache** ~ *sich von jmdm. od. einer Sache befreien;* sich eines Mitwissers ~; sich einer Bürde, Last ~; sich seiner Schulden ~ • **1.1** sich eines **Kleidungsstücks** ~ *ein K. auszuziehen, ablegen;* sich seines Mantels ~ • **1.2** sich eines **Auftrages** ~ *einen A. ausführen, erledigen;* sich einer Aufgabe, eines Auftrags mit (großem) Geschick ~

ent|lee|ren ⟨V. 500⟩ **1** etwas ~ *ausleeren, leermachen, ausschütten;* den Mülleimer, einen Aschenbecher, eine Schüssel ~ • **1.1** die **Blase**, den **Darm** ~ *Harn, Kot ausscheiden* **2** ⟨Vr 3⟩ **2.1** etwas entleert sich *verliert seinen Sinngehalt, hat seinen eigentlichen Sinn, Inhalt verloren* • **2.2** jmd. entleert sich • **2.2.1** *verrichtet seine Notdurft* • **2.2.2** *erbricht sich*

ent|le|gen ⟨Adj. 70⟩ **1** *fern, weit weg, abseitsliegend, abgelegen;* ein ~es Haus; eine ~e Gegend, Insel **2** ⟨fig.; geh.⟩ *abseitig;* ein ~er Gedanke; ein ~er Romanstoff

ent|leh|nen ⟨V. 500⟩ **1** etwas ~ ⟨veraltet⟩ *entleihen, sich borgen, sich leihen;* ich habe mir das Buch aus der Bibliothek entlehnt **2** etwas (aus einer anderen Sprache od. einem anderen Wissensbereich) ~ *übernehmen;* das Wort „Fenster" ist aus dem Lateinischen entlehnt; unsere heutige Sprache hat viele Wörter aus der Technik entlehnt

ent|lei|hen ⟨V. 178/505/Vr 5⟩ **1** etwas **(von jmdm.)** ~ *ausleihen, borgen;* sie hatte zwei Bücher aus der Bibliothek entliehen; ich habe mir die neuen Zeitschriften von ihm entliehen **2** *entlehnen (2);* das Wort ist aus dem Griechischen entliehen

ent|lo|ben ⟨V. 500/Vr 3⟩ **sich ~** *die Verlobung lösen, rückgängig machen;* Ggs *verloben;* sie haben sich entlobt

ent|lo|cken ⟨V. 530/Vr 5 od. Vr 6⟩ **1** jmdm. etwas ~ *jmdn. veranlassen, etwas zu geben od. zu sagen;* jmdm. ein Geheimnis, ein Geständnis ~; die Musik entlockte ihr heiße Tränen; jmdm. etwas durch Schmeicheln, mit List ~ **2** einer **Sache** etwas ~ ⟨fig.⟩ *aus einer S. etwas hervorbringen;* er entlockte seiner Flöte, Geige herrliche Weisen

ent|mün|di|gen ⟨V. 500⟩ jmdn. ~ *jmdm. (infolge Geisteskrankheit, Geistesschwäche o. Ä.) durch gerichtlichen Beschluss als nicht mündig erklären, ihm seine Geschäftsfähigkeit entziehen u. ihn unter Vormundschaft stellen*

ent|mu|ti|gen ⟨V. 500⟩ jmdn. ~ *jmdm. den Mut nehmen, jmdn. mutlos machen;* seine Kritik hat ihn entmutigt; das Gespräch war ~d; das klingt sehr ~d

ent|neh|men ⟨V. 189/530 od. 510⟩ **1** etwas einer **Sache** od. **aus etwas** ~ *herausnehmen;* er entnahm seiner Brieftasche einen Geldschein; der Kasse 5.000 € ~; dem Lager Waren ~; aus der Vene wird Blut entnommen; er entnahm diese Angaben, Zitate einem wissenschaftlichen Werk **2** etwas einer **Sache** od. **aus etwas** ~ ⟨fig.⟩ *etwas aus etwas schließen, erkennen;* ich entnahm seinem Brief, seinen Worten, dass er nicht kommen wird; aus dem Bericht kann man nicht ~, was wirklich geschehen ist

ent|pup|pen ⟨V. 500/Vr 3⟩ **1** sich ~ *aus der Puppe*

entreißen

schlüpfen; ein Schmetterling, Käfer entpuppt sich **2** ⟨518/Vr 3⟩ sich **als** jmd. od. etwas ~ • **2.1** *sich überraschend als etwas od. jmd. erweisen;* er entpuppte sich als ein lange gesuchter Betrüger; sie hat sich als liebenswürdige Gastgeberin entpuppt; die Sache hat sich als Betrug, Schwindel entpuppt • **2.2** ⟨fig.; umg.⟩ *den eigenen Charakter entwickeln, ein eigenes Gesicht zeigen;* warten wir erst ab, wie er sich entpuppt • **2.3** ⟨500/Vr 3⟩ der hat sich ja entpuppt! ⟨umg.; iron.⟩ *der zeigt sich ganz anders, als man erwartet hat*

ent|rei|ßen ⟨V. 198/530⟩ **1** jmdm. od. einer **Sache** jmdm. od. etwas ~ *mit Gewalt wegnehmen;* sie entriss ihm das Buch, das Kind, den Brief; der Dieb hat ihr die Handtasche entrissen; er konnte ihr das Geheimnis ~ ⟨fig.; geh.⟩ • **1.1** dem Gegner den **Sieg** ~ ⟨fig.; geh.⟩ *den G. (wider Erwarten doch noch) besiegen* • **1.2** jmdn. dem (nassen) **Tode**, den Flammen, den Fluten, dem Wasser ~ ⟨fig.; geh.⟩ *jmdn. vor dem Tod erretten*

ent|rich|ten ⟨V. 505⟩ **1** etwas (**an** jmdn.) ~ *bezahlen;* Steuern, Beiträge (an die zuständige Behörde) ~; er entrichtete pünktlich die Raten • **1.1** seinen **Obolus** ~ ⟨scherzh.⟩ *seinen Beitrag od. Eintritt bezahlen* • **1.2** seinen **Tribut** ~ ⟨fig.; geh.⟩ *sein Opfer bringen*

ent|rin|gen ⟨V. 202/530/Vr 8; geh.⟩ **1** jmdm. etwas ~ *mühevoll, gewaltsam wegnehmen;* endlich konnte er dem Verbrecher die Waffe ~; sie hat ihm ein Geheimnis, Geständnis entrungen ⟨fig.⟩; er hat sich sein Geheimnis nicht ~ lassen ⟨fig.⟩ **2** ⟨Vr 3⟩ **sich** ~ *sich ringend losmachen, befreien;* sie entrang sich seinen Armen • **2.1** etwas entringt **sich jmdm.** ⟨fig.⟩ *kommt mühsam (nach innerem Kampf) aus jmdm. hervor;* ein Seufzer entrang sich seiner Brust

ent|rin|nen ⟨V. 203(s.); geh.⟩ **1** ⟨600⟩ *aus etwas herausrinnen;* die Tränen entrannen ihren Augen **2** ⟨400⟩ **Zeit** entrinnt ⟨fig.⟩ *vergeht schnell;* die Stunden entrannen **3** ⟨600⟩ **jmdm.** od. einer **Sache** ~ *mit knapper Not entkommen, entfliehen;* einer Gefahr, dem Tod, dem Verderben ~; er konnte seinen Verfolgern ~; es gibt kein Entrinnen

ent|rü|cken ⟨V. 500; geh.⟩ **1** ⟨503⟩ jmdn. (einer **Sache**) ~ *in einen Zustand versetzen, in dem er sich im Geist seiner wirklichen Umgebung entzieht (u. sich an einem anderen Ort befindet);* die schöne Musik hat ihn der Gegenwart entrückt • **1.1** ⟨Zustandspassiv⟩ **jmdm.** od. einer **Sache entrückt sein** *in Gedanken fern, weit von jmdm. od. etwas sein;* sie war der Wirklichkeit entrückt; er war allem Irdischen entrückt • **1.2** ⟨Part. Perf.⟩ entrückt *geistesabwesend, gedankenverloren;* entrückt lauschte sie seinen Worten; ein entrückter Ausdruck lag in ihrem Gesicht

ent|rüs|ten ⟨V. 500⟩ **1** etwas entrüstet **jmdn.** *macht jmdn. sehr unwillig, zornig;* er war sehr entrüstet; „…!", erwiderte er entrüstet; er wies den Vorschlag entrüstet von sich **2** ⟨Vr 3⟩ **sich** ~ *sich empören, sehr unwillig werden;* sich über jmds. Handlungsweise ~

ent|sa|gen ⟨V. 600; geh.⟩ **1** einer **Sache** ~ *freiwillig, aber ungern, schmerzlich auf etwas verzichten;* seinem Glauben ~; dem Rauchen, dem Trinken ~;

dem Thron ~; er hat ~ gelernt • **1.1** der **Welt** ~ *sich von der W. abschließen (bes. im Kloster)*

ent|schä|di|gen ⟨V. 500/Vr 7 od. Vr 8⟩ jmdn. ~ *jmdm. Ersatz geben (für Verlust od. Schaden);* jmdn. für entstandene Kosten, für seine Mühe ~; für Verluste entschädigt werden

ent|schär|fen ⟨V. 500⟩ **1** einen **Sprengkörper** ~ *die Vorrichtung zum Zünden entfernen;* die Minen, Granaten, eine Bombe ~ **2** eine **Sache** ~ ⟨fig.; umg.⟩ *einer S. die Schärfe nehmen, sie von scharfen politischen od. von obszönen Anspielungen, Stellen, Szenen befreien;* die gespannte politische Lage muss entschärft werden; die im Buch erwähnten sozialen Konflikte waren in seiner Verfilmung völlig entschärft

ent|schei|den ⟨V. 209⟩ **1** ⟨500⟩ etwas ~ *etwas Strittiges, Zweifelhaftes auf eine darin angelegte Möglichkeit festlegen* • **1.1** ⟨800⟩ *ein maßgebendes Urteil fällen;* nach deutschem Recht ~; über einen Fall, eine Streitfrage ~; über Leben und Tod der politischen Gefangenen ~ • **1.2** *endgültig bestimmen;* er soll ~, ob wir es tun sollen oder nicht; du sollst ~, wie es gemacht werden soll; der Chef hat entschieden, dass es so gemacht werden soll; das kann ich nicht ~; darüber haben Sie nicht zu ~; die Sache ist bereits entschieden; es ist noch nichts entschieden • **1.3** etwas **entscheidet** etwas *etwas gibt für etwas den Ausschlag, bestimmt den Ausgang von etwas;* das Los soll ~, wer gehen, bleiben soll; sein Eingreifen hat die Schlacht (zu unseren Gunsten) entschieden **2** ⟨500/Vr 3⟩ **sich** ~ *eine von mehreren möglichen Handlungsweisen wählen;* ich kann mich nicht so schnell ~; ich werde mich morgen ~, ob ich mitfahre; ich kann mich nicht ~, wie ich es machen soll • **2.1** ⟨550⟩ sich **für jmdn.** od. etwas ~ *jmdm. od. einer Sache den Vorzug geben (vor jmd. od. etwas anderem);* ich kann mich für keinen von beiden ~; sie hat sich für X entschieden • **2.2** sich **gegen etwas** od. **jmdn.** ~ *etwas od. jmdn. ausschließen, indem man etwas od. jmd. anderem den Vorzug gibt*

Ent|schei|dung ⟨f.; -, -en⟩ **1** *das Festlegen von etwas Strittigem, Zweifelhaftem auf eine darin angelegte Möglichkeit;* eine ~ annehmen, ablehnen, anfechten, erzwingen; die ~ steht noch aus; Kampf, Spiel um die ~; die ~ soll morgen fallen; wie ist seine ~ ausgefallen?; eine ~ treffen; eine falsche, gerichtliche, klare, rasche, richtige, schnelle ~ • **1.1** *endgültiges Urteil, Schiedsspruch;* die ~ des Richters, des Unparteiischen **2** *das Sichentscheiden, Wahl einer von mehreren Möglichkeiten;* einer ~ ausweichen, aus dem Wege gehen; eine ~ scheuen; sich vor einer ~ scheuen; die ~ fällt mir schwer; jmdn. zur ~ drängen; die Entwicklung, die Lage drängt zur ~; er stand vor der ~, ob er es tun sollte oder nicht

ent|schie|den 1 ⟨Part. Perf. von⟩ *entscheiden* **2** ⟨Adj. 90⟩ *eine andere Möglichkeit ausschließend, eine eindeutige Meinung vertretend;* er ist ein ~er Gegner der Todesstrafe; eine ~e Haltung einnehmen (bei einer Sache); er lehnt es ~ ab, das zu tun; er bestritt ~, dass es so gewesen sei; er erklärte ~, es nicht tun zu wollen; ~ antworten • 2.1 *eindeutig, klar ersichtlich, zweifellos;* das ist ein ~er Gewinn; es war ~ falsch, richtig, dass du das getan hast

ent|schla|fen ⟨V. 217/400(s.)⟩ **1** ⟨geh.; selten⟩ *einschlafen* **2** ⟨meist verhüllend für⟩ *sterben;* er ist gestern friedlich, sanft ~ • 2.1 der Entschlafene *der (eben) Verstorbene*

ent|schlie|ßen ⟨V. 222/505/Vr 3⟩ **1** sich (zu etwas) ~ *sich etwas überlegen u. beschließen, etwas Bestimmtes zu tun;* schnell, entschließ dich!; ich kann mich stets nur schwer (zu etwas) ~; ich kann mich nicht ~ zu gehen; dazu kann ich mich nicht ~; er entschloss sich für die billigere Lösung; ich habe mich entschlossen, ich bin fest entschlossen, morgen abzureisen; kurz entschlossen fuhr ich nach Berlin in den Urlaub • 1.1 in seiner Verzweiflung war er zu allem entschlossen *war ihm jeder Entschluss recht, war er zu allem bereit*

ent|schlos|sen 1 ⟨Part. Perf. von⟩ *entschließen* **2** ⟨Adj.⟩ *energisch, tatkräftig, beherzt, nicht zögernd;* seinem ~en Handeln, Vorgehen war es zu verdanken, dass größeres Unheil verhütet wurde; ~ eingreifen, handeln, vorgehen

Ent|schluss ⟨m.; -es, -schlüs|se⟩ **1** *(nach vorangegangener Überlegung gefasster) Beschluss, etwas Bestimmtes zu tun;* einen ~ fassen; fester, rascher, schwerer, unabänderlicher ~; es ist mein fester ~, das zu tun; sich zu einem ~ durchringen; er kann zu keinem ~ kommen • 1.1 er ist schnell, schwer von ~ *er entschließt sich schnell, schwer*

ent|schul|di|gen ⟨V. 500⟩ **1** ⟨500/Vr 7 od. 550/Vr 7⟩ **sich od. jmdn. (bei jmdm.)** ~ *sein Bedauern über die eigene od. jmds. andere Handlungsweise ausdrücken u. dafür (bei jmdm.) um Nachsicht, Verständnis, Verzeihung bitten;* er hat sich nicht einmal entschuldigt; ich möchte, muss mich (vielmals) ~, dass ich gestern nicht gekommen bin; du musst dich bei ihm wegen des Vorfalls von gestern ~; wer sich entschuldigt, klagt sich an ⟨Sprichw.⟩; einige ~de Worte sagen; „Ich bin nicht lange hier", sagte sie ~d • 1.1 jmdn. (mit etwas) ~ *jmds. Fehlen erklären u. dafür um Nachsicht, Verständnis bitten;* ich möchte meinen Sohn für morgen ~; mein Sohn lässt sich ~, er kann leider nicht kommen; ich muss meine Tochter in der Schule ~ • 1.1.1 mit Krankheit ~ *fehlen u. K. als Grund angeben* **2** einen **Fehler**, ein **Versäumnis** ~ *so erklären, dass der Vorwurf gemildert wird;* seine Unhöflichkeit ist durch nichts, mit nichts zu ~ • 2.1 etwas entschuldigt etwas *etwas lässt etwas verständlich erscheinen;* seine Müdigkeit entschuldigt sein Schweigen, sein unhöfliches Benehmen **3** etwas od. **jmdn.** ~ *für etwas od. jmdn. Nachsicht, Verständnis zeigen;* unter diesen Umständen kann, muss man sein Verhalten wohl ~; ~ Sie bitte die Störung • 3.1 ⟨512⟩ ~ Sie mich bitte einen Augenblick *nehmen Sie es nicht übel, wenn ich Sie kurze Zeit allein lasse* • 3.2 ~ Sie! ⟨Höflichkeitsformel⟩ *verzeihen Sie, nehmen Sie es nicht übel!*

Ent|schul|di|gung ⟨f.; -, -en⟩ **1** *entschuldigende Worte, Bitte um Nachsicht, Verständnis, Verzeihung;* eine ~ stammeln • 1.1 *Erklärung für jmds. Fehlen, die mit der Bitte um Nachsicht, Verständnis verbunden ist;* einem Kind eine ~ (für die Schule) schreiben; ohne ~ fehlen **2** *Rechtfertigung, Entlastung von einem Vorwurf;* was können Sie zu Ihrer ~ anführen?; für solch ein Benehmen gibt es keine ~ **3** (jmdn.) um ~ **bitten** *Nachsicht, Verständnis;* ich bitte tausendmal um ~

ent|schwin|den ⟨V. 236; geh.⟩ **1** ⟨400 od. 403⟩ *verschwinden, dem Blick verlorengehen;* das Flugzeug entschwand in den Wolken; lautlos ist das Tier meinem Blickfeld entschwunden **2** ⟨600⟩ *etwas entschwindet* **jmdm. aus** dem **Gedächtnis** *jmd. vergisst etwas;* das ist mir aus dem Gedächtnis entschwunden **3** ⟨400⟩ **Zeit** *entschwindet vergeht;* die Zeit ist (mir) sehr schnell entschwunden; die entschwundene Jugend

ent|set|zen ⟨V. 500⟩ **1** jmdn. ~ *erschrecken, in Furcht, Schrecken, Grauen versetzen;* dieser Anblick hat sie sehr entsetzt; entsetzt sein; ich war ganz, völlig entsetzt; ein entsetzter Blick, Schrei • 1.1 ⟨Vr 3⟩ sich ~ *sich erschrecken, in Furcht, Schrecken, Grauen geraten;* ich habe mich vor diesem Anblick entsetzt **2** jmdn. od. etwas ~ ⟨Mil.⟩ *von einer Belagerung befreien;* eine Festung, Stadt, Burg ~ **3** ⟨540⟩ jmdn. seines **Postens**, Amtes ~ ⟨veraltet; geh.⟩ *absetzen*

Ent|set|zen ⟨n.; -s; unz.⟩ *Erschrecken, Schrecken, Furcht, Grauen;* ~ bemächtigte sich der Zuschauer; wer beschreibt mein ~, als ich sah, dass …; ~ ergriff die Menge; die Menschen wurden von ~ erfasst, gepackt, geschüttelt; zu unserem ~, zu unser aller ~; zu meinem größten ~

ent|setz|lich ⟨Adj.⟩ **1** *Entsetzen herbeiführend, schrecklich, grauenvoll, furchtbar;* dieser Anblick war ~; ich hörte ein ~es Geschrei **2** ⟨90; verstärkend; umg.⟩ *sehr, sehr stark, überaus;* er hat ~ gefroren; ich habe ~en Durst

ent|sin|nen ⟨V. 245/540 od. 550/Vr 3⟩ **sich** einer **Sache** od. **jmds., sich an jmdn.** od. eine **Sache** ~ *sich erinnern, sich besinnen auf etwas od. jmdn.;* kannst du dich nicht mehr ~?; soweit ich mich entsinne, war es so; ich kann mich noch des Tages, an den Tag ~, als ich …

ent|span|nen ⟨V. 500⟩ **1** etwas ~ *die Spannung von etwas lockern, lösen, von einer Anspannung befreien;* die Beine, Arme, den Körper ~ **2** ⟨Vr 3⟩ sich ~ *sich ausruhen, sich erholen;* sich im Urlaub ~ **3** ⟨Vr 3⟩ etwas entspannt sich *beruhigt sich, glättet sich, verliert an Spannung;* die politischen Beziehungen zwischen beiden Staaten haben sich entspannt; die Lage hat sich entspannt; die Lehrerin hat ein entspanntes Verhältnis zu ihren Schülern; ein entspannendes Gespräch führen

ent|spre|chen ⟨V. 251/600⟩ **1** einer **Sache** ~ *mit einer S. übereinstimmen;* der „Amor" der römischen Mythologie entspricht dem griechischen „Eros"; seine Behauptung entspricht nicht den Tatsachen, der Wahrheit; es, er, sie entspricht nicht, entspricht völlig meinen Erwartungen, Wünschen **2** einer **Sache** od. **jmdn.** ~ *genügen, etwas, jmds. Wünsche erfüllen;*

entsprechend

den Anforderungen ~; seinem Zweck ~; ich kann ihm nicht ~

ent|spre|chend 1 ⟨Part. Präs. von⟩ *entsprechen* **2** ⟨Adj.⟩ *angemessen, gemäß;* eine der Tat ~e Belohnung, Strafe; ein dem geleisteten Dienst ~es Trinkgeld; jmdn. seinen Leistungen ~ bezahlen; den Anweisungen, den Umständen ~ handeln; sich dem Anlass ~ kleiden; eine tapfere Tat ~ würdigen

ent|sprin|gen ⟨V. 253(s.)⟩ **1** ⟨411⟩ ein **Fluss** entspringt in einer **Landschaft** *kommt als Quelle hervor;* die Elbe entspringt im Riesengebirge; der Rhein entspringt in den Alpen, in der Schweiz **2** ⟨600 od. 800⟩ *etwas* entspringt einer **Sache** ⟨fig.⟩ *hat seinen Ursprung in einer S., entsteht, entwickelt sich aus einer S.;* daraus entsprang die Meinung, die Vorstellung, dass ...; diese Geschichte ist seiner Fantasie entsprungen **3** ⟨411 od. 600⟩ **aus etwas** ~ ⟨geh.⟩ *aus etwas ausbrechen, entfliehen;* ein Löwe ist aus dem Zirkus, dem Käfig entsprungen

ent|ste|hen ⟨V. 256/400(s.)⟩ **1** *etwas* entsteht *beginnt zu sein, zu bestehen, sich zu bilden, sich zu entwickeln;* man sieht daraus, wie Gerüchte ~; wie ist Leben (auf der Erde) entstanden?; die Sache ist erst im Entstehen begriffen; wir wollen nicht den Eindruck ~ lassen, als ob ...; es entstand ein Aufruhr, große Aufregung, Lärm, Unruhe • **1.1** ⟨unpersönl.⟩ *hervorgerufen werden;* es entstand (bei den meisten) der Eindruck, dass ... • **1.2** *hervorgehen;* daraus kann großes Unheil ~; hoffentlich entsteht daraus kein Krieg **2** ⟨800⟩ **aus etwas** ~ *sich ergeben;* Schaden ist (daraus) nicht entstanden; es werden für Sie keine Kosten ~; für ~den Schaden, ~de Verluste haftet der Eigentümer; für den entstandenen Schaden aufkommen • **2.1** ⟨Sprachw.⟩ *gebildet werden, sich herleiten;* das neuhochdeutsche Wort „Tag" ist aus dem gotischen „dags" entstanden; durch die Entwicklung der Technik sind viele neue Wörter und Begriffe entstanden

Ent|ste|hung ⟨f.; -, -en⟩ *das Entstehen, Entwicklung;* die ~ von Krankheiten erforschen

ent|stel|len ⟨V. 500⟩ **1** jmdn. od. etwas ~ *hässlich machen, verzerren, verunstalten, verstümmeln;* die Leiche war grässlich entstellt; durch die Verletzung war er (bis zur Unkenntlichkeit) entstellt; eine ~de Narbe im Gesicht haben **2** etwas ~ *fälschen, verfälschen, falsch darstellen;* einen Vorfall, den Inhalt eines Briefes entstellt wiedergeben; einen ~den Bericht schreiben; einen Text ~

ent|täu|schen ⟨V. 500⟩ **1** ⟨Vr 8⟩ jmdn. od. etwas ~ *(jmds. Hoffnungen, Erwartungen) nicht erfüllen, zunichtemachen;* er hat mich sehr enttäuscht; das Buch, die Aufführung hat mich enttäuscht; ich muss Sie leider ~, ich kann Ihren Wunsch nicht erfüllen; er ist im Leben so oft enttäuscht worden, dass ...; er hat meine Erwartungen, Hoffnungen enttäuscht • **1.1** enttäuscht sein *betrübt, traurig, niedergeschlagen sein, weil sich Hoffnungen, Erwartungen nicht erfüllt haben;* ich bin bitter, tief enttäuscht; bitte sei nicht enttäuscht, aber ich kann nicht kommen; komm nur mit, du wirst nicht enttäuscht sein; lies das Buch besser nicht, du bist bestimmt enttäuscht (davon) • **1.1.1 von jmdm.** od. **etwas** enttäuscht sein *jmd. od. etwas gefällt jmdm. wider Erwarten nicht;* ich war von ihm, von der Stadt enttäuscht; vom Leben enttäuscht sein

ent|waff|nen ⟨V. 500⟩ jmdn. ~ **1** *jmdm. die Waffe(n) wegnehmen;* Gefangene, Truppen ~; einen gestellten Verbrecher ~ **2** ⟨fig.⟩ *jmds. Angriffe durch eine unerwartete, überraschende Reaktion unwirksam machen;* jmdn. mit einer witzigen Antwort ~; eine ~de Antwort; sie war von ~der Offenheit

ent|we|der ⟨Konj.⟩ **1** ~ ... oder ... *eines von beiden;* du kannst ~ den Apfel oder die Birne haben, aber nicht beides; er ist ~ ihr Bruder oder ihr Schwager; ~ du benimmst dich anständig, oder du bleibst zu Hause; ich werde ~ fliegen oder mit dem Nachtzug fahren; ~ komme ich, oder ich schreibe noch, auf jeden Fall gebe ich dir Bescheid; ~ hat er unsere Verabredung vergessen, oder er hat nicht kommen können; ~ alles oder nichts; ~ gleich oder gar nicht; er kommt ~ heute oder morgen • **1.1** ~, oder! *entscheide!, wähle!*

Ent|we|der-oder ⟨n.; -; unz.⟩ **1** *das Entscheiden, Wahl zwischen zwei Möglichkeiten, Handlungen od. Dingen* • **1.1** hier gibt es nur ein ~! *hier muss eine klare Entscheidung zwischen zwei Möglichkeiten getroffen werden* • **1.2** hier gibt es kein ~ *hier ist keine Wahlmöglichkeit*

ent|wei|chen ⟨V. 281/400(s.)⟩ **1** *etwas* entweicht *dringt heraus, tritt aus, strömt aus;* aus dem Ballon entweicht Gas, Luft; Dampfschwaden ~ ins Freie • **1.1** ⟨511⟩ aus seinem Gesicht entwich alle Farbe *verschwand*

ent|wen|den ⟨V. 503⟩ etwas ~ ⟨geh.⟩ *heimlich, widerrechtlich wegnehmen, stehlen;* er hat ihm die Brieftasche entwendet; jmdm. Geld (aus der Tasche) ~

ent|wer|fen ⟨V. 286/500⟩ **1** etwas ~ *planend in seinen wesentlichen Zügen darstellen* • **1.1** *in Umrissen zeichnend andeuten;* ein Gemälde ~ • **1.2** *die Hauptpunkte von etwas schriftlich festlegen;* einen Vertrag, Vortrag ~

ent|wer|ten ⟨V. 500⟩ **1** etwas ~ *den (Geld-)Wert von etwas herabsetzen, vermindern;* aufgrund der steigenden Inflation wurde das Geld entwertet **2 Eintrittskarten, Fahrkarten, Briefmarken** ~ *(durch Einreißen, Lochen, Stempeln) ungültig für den weiteren Gebrauch machen* **3** ⟨fig.⟩ *schmälern, mindern;* seine Leistungen für die Wissenschaft wurden durch die heftige Kritik an seiner Person entwertet

ent|wi|ckeln ⟨V. 500⟩ **1** ⟨Vr 3⟩ sich ~ *seine Anlagen entfalten;* sich günstig, ungünstig, gut, schlecht, rasch, langsam ~ **2** ⟨505/Vr 3⟩ sich ~ (aus etwas) ~ *allmählich entstehen, sich herausbilden;* der Konflikt (im Drama) entwickelt sich; der Frosch entwickelt sich aus der Kaulquappe • **2.1** *etwas* entwickelt **sich** *bildet sich, entsteht;* es ~ sich Dämpfe, Gase; beim Verbrennen von nassem Holz entwickelt sich viel Rauch • **2.2** ⟨550⟩ **sich zu etwas** ~ *zu etwas anderem, Neuem werden;* die Kleine hat sich inzwischen zu einer jungen Dame entwickelt; das Dorf hat sich zu einer kleinen Stadt entwickelt **3** etwas ~ *so ausbil-*

den, dass darin angelegte Möglichkeiten nach u. nach verwirklicht werden, zur Geltung kommen; Geschmack, Instinkt, Scharfsinn, Sprachgefühl ~; einen Stil (in der Malerei, Schauspielkunst usw.) ~; eine Methode, ein neues Verfahren ~ • 3.1 ⟨503/Vr 6⟩ **(jmdm.) etwas** ~ *in allen Einzelheiten darlegen, auseinandersetzen;* Gedanken, Pläne ~ • 3.2 einen **Film** ~ ⟨Fot.⟩ *einen belichteten F. mit Chemikalien behandeln u. dadurch das Bild sichtbar machen* **4 etwas** ~ *(als Ergebnis eines Prozesses) hervorbringen, zeigen;* große Geschwindigkeit ~

Ent|wi|cke|lung ⟨f.; -, -en⟩ = *Entwicklung*

Ent|wick|lung ⟨f.; -, -en⟩ oV *Entwickelung* **1** *das Entwickeln, das Entwickeltwerden, Erzeugung, Herstellung;* ~ eines abgasarmen Autos, einer neuen Technologie • 1.1 ⟨Fot.⟩ *das Entwickeln (3.2);* ~ eines Filmes **2** *das Sichentwickeln, Entstehung, Werden, Wachstum;* die ~ eines Kindes; Rauch~; Dampf~; die ~ einer wissenschaftlichen Theorie; eine besorgniserregende ~

ent|wir|ren ⟨V. 500⟩ **etwas** ~ *auflösen, auseinanderziehen;* einen Knoten, ein Knäuel, eine Schnur ~; ein Durcheinander ~ ⟨a. fig.⟩

ent|wi|schen ⟨V. 403(s.); umg.⟩ *schnell u. unauffällig entkommen, entschlüpfen;* der Junge ist dem Lehrer, der ihn strafen wollte, entwischt; der Dieb ist der Polizei entwischt

ent|wöh|nen ⟨V. 500⟩ **1** ⟨540/Vr 7⟩ **jmdn.** einer **Sache** ~ *jmdm. eine S. abgewöhnen, eine Gewohnheit ablegen;* sich des Rauchens, Trinkens ~; ich bin vollkommen entwöhnt • 1.1 ein **Kind** ~ ⟨veraltet⟩ *abstillen, ein K. an Flaschenmilch, an eine andere Nahrung als Muttermilch gewöhnen*

Ent|wurf ⟨m.; -(e)s, -würfe⟩ **f 1** *Darstellung von etwas Geplantem, einem Vorhaben;* Sy *Projekt (2);* einen ~ ablehnen, annehmen; einen ~ anfertigen, herstellen, machen; jmdm. mehrere Entwürfe (zur Auswahl) vorlegen; erster, zweiter ~ • 1.1 *Zeichnung in groben Umrissen;* Sy *Skizze (1);* der ~ zu einem Gemälde; die Zeichnung ist im ~ fertig • 1.2 *Niederschrift in Stichworten;* Roman~, Vertrags~; der ~ zu einem Roman, Vertrag; der Vertrag liegt im ~ vor

ent|zie|hen ⟨V. 293⟩ **1** ⟨530⟩ **jmdm. etwas** ~ *wegnehmen* • 1.1 *jmdm.* **Blut** ~ ⟨geh.⟩ *abzapfen* • 1.2 *jmdm.* **Kräfte** ~ *jmds. K. vermindern* • 1.3 *wegziehen, nicht länger lassen;* sie entzog ihm ihre Hand • 1.4 *nicht mehr geben, dass er damit keinen Missbrauch treibt;* jmdm. Alkohol, Kaffee, Nikotin ~ • 1.5 *nicht mehr zuteilwerden lassen, für künftige Fälle verweigern;* jmdm. die Erlaubnis ~; jmdm. seine Gunst, Unterstützung ~ • 1.5.1 einem Redner das Wort ~ *ihn nicht (weiter)reden lassen* **2** ⟨530/Vr 3⟩ **sich** einer **Sache** ~ ⟨geh.⟩ *einer S. entfliehen, sich von etwas befreien;* sie entzog sich seiner Umarmung, seinen Zärtlichkeiten • 2.1 *einer Sache entkommen, entgehen;* sich der Strafe, dem Zugriff der Polizei durch die Flucht ~ • 2.2 *einer Sache nicht nachkommen;* sich der Verantwortung ~ **3** ⟨530/Vr 3⟩ **sich jmdm.** ~ ⟨geh.⟩ *sich von jmdm. zurückziehen, fernhalten;* warum entziehst du dich uns, unserer Ge-

sellschaft? **4** ⟨530/Vr 3⟩ **etwas** entzieht **sich** der **Wahrnehmung, Kenntnis** *bleibt verborgen, ist nicht zugänglich;* der See war unseren Blicken durch eine Baumgruppe entzogen; diese Vorgänge ~ sich der Beobachtung; der Fehler hat sich meiner Aufmerksamkeit entzogen • 4.1 das entzieht sich meiner Kenntnis *das weiß ich nicht*

ent|zif|fern ⟨V. 500⟩ **etwas** ~ **1** *lesen, obwohl es schlecht geschrieben ist;* einen Brief, eine Handschrift ~; ich kann die Schrift kaum, nicht, mühelos, nur schwer, nur mit Mühe ~ **2** *in die übliche Schrift umsetzen, die Bedeutung, den Sinn herausfinden aus etwas;* eine Geheimschrift ~; die Hieroglyphen, die Keilschrift ~; eine Geheimschrift mit einem Schlüssel ~

ent|zü|cken ⟨V. 500⟩ **jmdn.** ~ *jmdn. in helle Freude versetzen, jmdn. begeistern;* der Anblick, das Buch, ihr Gesang entzückt mich; ich bin (ganz) entzückt davon

ent|zü|ckend 1 ⟨Part. Präs. von⟩ *entzücken* **2** ⟨Adj.⟩ *wunderschön, reizend, nett;* das Kleid ist einfach ~; Sie haben ganz ~e Kinder; das ist ganz ~ von ihm

Ent|zug ⟨m.; -(e)s; unz.⟩ **1** *das Entziehen (von etwas)* **2** *(kurz für) Entziehungskur (zur Heilung der Alkohol- od. Drogensucht)* • 2.1 **auf ~ sein** ⟨salopp⟩ *eine Entziehungskur machen*

ent|zün|den ⟨V. 500⟩ **1 etwas** ~ *zum Brennen bringen, anzünden;* ein Feuer ~; er hat eine Kerze entzündet; er entzündet ein Streichholz • 1.1 ein **Gefühl** ~ ⟨fig.; geh.⟩ *erregen, verursachen;* jmds. Begeisterung, Leidenschaften, Hass, Liebe ~ **2** ⟨Vr 3⟩ **etwas** entzündet **sich** *beginnt zu brennen;* ein Heuhaufen, ein Holzstoß hat sich entzündet; Kalk entzündet sich bei schlechter Lagerung selbst • 2.1 **Streit** entzündet **sich** ⟨fig.; geh.⟩ *entsteht;* darüber hatte sich ein Streit entzündet **3** ⟨Vr 3⟩ **etwas** entzündet **sich** *etwas rötet sich krankhaft u. schwillt schmerzhaft an;* die Wunde hat sich entzündet; sein Hals ist entzündet

Ent|zün|dung ⟨f.; -, -en⟩ **1** ⟨unz.⟩ *das Entzünden (von Feuer)* **2** ⟨Med.⟩ *vom Körper zur Abwehr durch Krankheitserreger verursachter, durch chemische, physikalische u. a. Schädigungen ausgelöster Vorgang an den Körpergeweben, wobei aus den Gefäßen Blutflüssigkeit u. später weiße Blutzellen austreten;* eine akute, chronische ~

ent|zwei ⟨Adj. 11/40⟩ *zerbrochen, zerrissen, kaputt;* Ggs *ganz (1);* die Tasse ist ~; meine Brille ist ~

ent|zwei|bre|chen ⟨V. 116⟩ **1** ⟨500⟩ **etwas** ~ *etwas in Stücke, in mehrere Teile brechen, zerteilen;* ein Brot ~ **2** ⟨400(s.)⟩ *zerbrechen, auseinanderbrechen;* die Tasse, der Teller ist entzweigebrochen; die dünnen Plätzchen brechen leicht entzwei

En|zi|an ⟨m.; -s, -e; Bot.⟩ **1** *einer im Gebirge vorkommenden Gattung der Enziangewächse angehörende krautige Pflanze mit gelben od. blauen Blüten:* Gentiana **2** *der mit einem Extrakt der Wurzeln des Gelben Enzians hergestellte bittere, klare Branntwein*

En|zy|klo|pä|die *auch:* **En|zyk|lo|pä|die** ⟨f.; -, -n⟩ *umfassendes Nachschlagewerk (Lexikon), in dem alle Wissensgebiete od. der gesamte Wissensstoff eines Fachgebietes in alphabetischer od. systematischer Anord-

Enzym

nung dargestellt sind; eine ~ *der Naturwissenschaften;* eine *musikwissenschaftliche* ~ *in zehn Bänden*

En|zym ⟨n.; -s, -e; Biochem.⟩ *hochmolekulare Eiweißverbindung, die langsam ablaufende biochemische Reaktionen beschleunigt od. ermöglicht u. dadurch den Stoffwechsel des Organismus steuert*

Epi|de|mie ⟨f.; -, -n⟩ *ansteckende, sich rasch u. weit verbreitende, plötzlich auftretende u. abflauende Massenerkrankung;* →a. *Seuche (1); Cholera~; Grippe~*

Epi|der|mis ⟨f.; -, -der|men; Anat.⟩ **1** *äußerste Schicht der Haut der Wirbeltiere;* Sy *Oberhaut* **2** *pflanzliches, meist einschichtiges Abschlussgewebe*

Epi|go|ne ⟨m.; -n, -n⟩ *jmd., der im künstlerischen Bereich Vorhergehendes unschöpferisch nachahmt od. anwendet*

Epi|gramm ⟨n.; -(e)s, -e⟩ **1** ⟨urspr.⟩ *altgriechische Aufschrift (auf Kunstwerken, Grab- od. Denkmälern, Gebäuden u. a.)* **2** ⟨später⟩ *kurzes Spott- od. Sinngedicht, Sinnspruch*

Epik ⟨f.; -; unz.; Lit.⟩ *Gattung der erzählenden Vers- u. Prosadichtung;* Vers~

Epi|lep|sie ⟨f.; -; unz.; Med.⟩ *zeitweilig auftretende Krämpfe am ganzen Körper mit Bewusstlosigkeit*

epi|lep|tisch ⟨Adj. 24⟩ **1** *die Epilepsie betreffend, auf ihr beruhend;* einen ~en *Anfall bekommen* **2** *an Epilepsie leidend;* ein ~es *Kind*

Epi|log ⟨m.; -(e)s, -e; bes. Lit.⟩ Ggs *Prolog* **1** = *Nachwort* **2** ~ *zu einem* **Drama** *Nachspiel* **3** *Schlussworte eines Schauspielers an das Publikum*

Epi|so|de ⟨f.; -, -n⟩ **1** ⟨altgriech. Drama⟩ *zwischen die Chorgesänge eingeschobene Handlung* **2** *eingeschobene Nebenhandlung im Drama od. Roman, Einschaltung* **3** ⟨Mus.⟩ *Zwischenspiel in der Fuge* **4** ⟨allg.⟩ *nebensächliches Ereignis od. Erlebnis, Zwischenspiel*

Epi|stel *auch:* **Epis|tel** ⟨f.; -, -n⟩ **1** *längerer (kunstvoller) Brief* **2** *Apostelbrief im NT* **3** *für den Gottesdienst vorgeschriebene Lesung aus der Apostelgeschichte od. den Apostelbriefen* **4** *jmdm. die* ~ *lesen* ⟨fig.⟩ *jmdm. ermahnen, jmdm. eine Strafpredigt halten*

Epo|che ⟨[ɛpɔxə] f.; -, -n⟩ **1** *(bedeutsamer) Zeitabschnitt* **2** *historischer Wendepunkt* • **2.1** ~ **machen** *durch ein bedeutsames Ereignis einen neuen Zeitabschnitt einleiten* **3** ⟨Astron.⟩ *bestimmter Zeitpunkt, auf den irgendwelche Angaben bezogen werden, z. B. die Elemente der Planetenbahnen, das Minimum im Lichtwechsel veränderlicher Sterne* **4** ⟨[-'-] unz.; Philos.⟩ *Zurückhalten od. Enthaltung des Beifalls od. Urteils* **5** ⟨Getrennt- u. Zusammenschreibung⟩ • **5.1** ~ *machend* = *epochemachend*

epo|che|ma|chend *auch:* **Epo|che ma|chend** ⟨[-xə-] Adj. 24⟩ *eine neue Epoche, einen neuen Zeitabschnitt einleitend, bahnbrechend* eine ~e *Entdeckung*

Epos ⟨n.; -, *E*pen; Lit.⟩ **1** *langes, erzählendes Gedicht in gleichmäßiger Versform;* Vers~ **2** *großangelegte, breit ausgemalte Prosadichtung;* Helden~

Equipe ⟨[ekiːpə] f.; -, -n; Sp.⟩ *(für eine Nation startende) Mannschaft, Team;* die *deutsche, englische, französische* ~

er ⟨Personalpron., 3. Person Sg. m.; Gen. sein(er), Dat. ihm, Akk. ihn; Pl. sie²⟩ *(Ausdruck für ein maskulines Substantiv, das weder Sprecher noch Hörer ist);* ~ *kommt;* ~ *ist es; da ist* ~ *ja!;* ich kenne Müllers schon lange, sie ist eine Schulfreundin von mir und ~ *hat mit mir zusammen studiert;* wir gedenken sein(er); sie gab es ihm; alle sehen ihn; ich habe mir einen neuen Anzug gekauft, ~ *gefällt mir gut*

Er ⟨m.; -, -s; umg.⟩ **1** *Mensch od. Tier männlichen Geschlechts;* ist *die Katze ein* ~ *oder eine Sie?* • **1.1** *ein* ~ *und eine Sie ein Mann u. eine Frau*

er... ⟨Vorsilbe in Zus.⟩ **1** *etwas bewirken, etwas machen;* sich *erkälten, erfreuen, ermuntern* **2** *etwas entstehen lassen, hervorbringen; erbauen, erzeugen* **3** *etwas durch Mühe od. Anstrengung bekommen; erbitten, erhalten, ersingen* **4** *ein Ergebnis herbeiführen; erkunden, erwarten* **5** *zur Bezeichnung einer kurzen Handlung od. des Beginns einer Handlung; erschauern, erzittern, erblühen, erröten*

er|ach|ten ⟨V. 518/Vr 7 od. Vr 8; geh.⟩ **1** *jmdn. od.* **etwas für, als etwas** ~ *jmdn. od. etwas für jmdn. od. etwas halten, als jmdn. od. etwas ansehen;* ich erachte die Zeit für gekommen, um …; zwei Gegenstände für gleich ~; es für nützlich ~ **2** *meines Erachtens* ⟨Abk.: m. E.⟩ *nach meiner Meinung, meiner Ansicht*

er|ar|bei|ten ⟨V. 500⟩ **1** ⟨520/Vr 3⟩ **(sich) etwas** ~ *durch Arbeit erwerben, erlangen, erreichen;* sie haben sich ihr Vermögen hart erarbeitet • **1.1** *durch Lernen, geistiges Arbeiten aneignen, geistig zu eigen machen;* sie haben sich ihre Lateinkenntnisse selbst erarbeitet • **1.2** *(in Einzelheiten) ausarbeiten, erstellen, festlegen;* ein Konzept, einen Plan, einen Vortrag ~

er|bar|men ⟨V. 500⟩ **1** ⟨540 od. 550/Vr 3⟩ **sich jmds.** ~ *mit jmdm. Mitleid haben u. ihm zu helfen suchen;* erbarme dich mein, meiner; er hat sich des kranken Kindes erbarmt • **1.1 sich** *einer* **Sache** ~ ⟨umg.; scherzh.⟩ *sich einer S. annehmen;* keiner wollte sich der Reste vom Mittagessen ~ **2 jmdn.** ~ ⟨geh.⟩ *jmds. Mitleid erregen u. ihn gleichzeitig hilfsbereit machen;* die alte Frau erbarmte ihn; sein Unglück, Elend hat ihn erbarmt; sie sah so elend aus, dass (es) Gott erbarm!

Er|bar|men ⟨n.; -s; unz.⟩ **1** *Mitleid u. Hilfe zugleich;* ~!; er kennt kein ~; jmdn. *aus* ~ *bei sich aufnehmen;* mit jmdm. ~ *haben; ohne* ~ • **1.1** *(das ist)* **zum** ~ ⟨umg.⟩ *sehr schlecht;* er sieht zum ~ aus; sie singt, spielt zum ~

er|bärm|lich ⟨Adj.; umg.⟩ **1** *erbarmenswert, bedauernswert, jämmerlich;* er befand sich in einem ~en Zustand; sie war nur ein ~es *Häufchen Elend;* ihr war ~ *zumute* • **1.1** *dürftig, ärmlich;* eine ~e *Behausung, Hütte;* er war ~ *gekleidet;* wir bekamen ein ~es *Essen* • **1.2** *sehr schlecht. schlecht;* ein ~er *Lohn;* ~es *Trinkgeld;* er sah ~ *aus;* seine *Leistungen sind* ~ • **1.3** ⟨abwertend⟩ *gemein, nichtswürdig, (moralisch) schlecht, verwerflich;* ein ~er *Schuft;* ein ~es *Verhalten;* sich ~ *benehmen* **2** ⟨90⟩ *sehr (groß, stark);* er hat ~ *kalt* ~ *weh;* das ist ~ *wenig (Geld)*

er|bau|en ⟨V. 500⟩ **1** *etwas* ~ *aufbauen, errichten;* das Theater, die Kirche wurde in den Jahren 1858-1863 erbaut **2** ⟨550/Vr 3⟩ **sich an etwas** ~ ⟨fig.; geh.⟩ *erfreuen, sich durch etwas innerlich erheben, stärken las-*

sen; ich erbaue mich gern an guter Musik; er hat sich an diesem Anblick, an dieser Lektüre erbaut **3 von, über etwas** (wenig od. nicht) erbaut **sein** ⟨umg.⟩ *davon angenehm (unangenehm) berührt sein, sich (nicht) darüber freuen;* ich bin von der Nachricht nicht sehr erbaut; er ist von dem Plan wenig erbaut; von seinem Besuch war er nicht sehr erbaut; von dieser Aussicht war er sehr erbaut

Erbe[1] ⟨m.; -n, -n⟩ *jmd., der berechtigt ist, jmdn. zu beerben;* der einzige, gesetzliche ~; Müller(s) ~n (als Firmenbezeichnung); jmdn. als, zum ~n einsetzen; die lachenden ~n ⟨umg.; scherzh.⟩

Erbe[2] ⟨N.; -s; unz.; geh.⟩ **1** *Erbschaft;* ein ~ antreten, ausschlagen; das väterliche ~ **2** *die Gesamtheit dessen, was auf die Gegenwart überkommen ist;* das klassische, kulturelle ~

erben ⟨V. 500⟩ **1** *jmds. Eigentum nach dessen Tod erhalten;* jmds. Vermögen ~; Geld, ein Haus, Schmuck von jmdm. ~ • **1.1** ⟨umg.⟩ *übernehmen, geschenkt bekommen;* vielleicht kann ich hier etwas ~ **2** *als Anlage von den Vorfahren mitbekommen;* die Musikalität hat er von seiner Großmutter geerbt

erbieten ⟨V. 110/580/Vr 3⟩ **sich ~, etwas zu tun** ⟨geh.⟩ *sich bereiterklären, sich anbieten;* er erbot sich, diese Aufgabe zu übernehmen

Erbin ⟨f.; -, -bin|nen⟩ *weibl. Erbe*[1]

erbittern ⟨V. 500⟩ *jmdn. ~ zur Verbitterung bringen, in Zorn bringen, sehr böse, sehr zornig machen;* diese Ungerechtigkeit erbittert mich; er war maßlos erbittert über …

erbittert 1 ⟨Part. Perf. von⟩ *erbittern;* die ~en Zuschauer; das ~e Volk **2** ⟨Adj.⟩ *hartnäckig, unnachgiebig, äußerst heftig (u. ausdauernd);* es war ein ~er Kampf; zwischen ihnen entbrannte ein ~er Streit

erbleichen ⟨V. 126/400(s.); geh.⟩ **1** ⟨schwach konjugiert⟩ *bleich werden, erblassen, die Farbe verlieren;* ihre Lippen erbleichten; er ist vor Zorn erbleicht; sein Gesicht erbleichte; die bunten Blumen ~ **2** ⟨stark konjugiert; poet.⟩ *sterben;* er ist erblichen; der Erblichene war sein Freund

erblich ⟨Adj. 24⟩ **1** *durch Vererbung weitergegeben, als Erbanlage übertragbar, vererbbar, vererblich;* diese Krankheit ist ~; er ist ~ belastet • **1.1** ~**er Titel** *durch Erbfolge bestimmter T.*

erblicken ⟨V. 500⟩ **1** *jmdn. od. etwas ~ mit den Augen wahrnehmen, entdecken* • **1.1** das Licht der Welt ~ *geboren werden* **2** ⟨550⟩ **in etwas od. jmdm. etwas ~** *etwas od. jmdn. für etwas halten;* in ihm erblicke ich meinen schärfsten Gegner; darin kann ich keinen Fehler, Schaden, Vorteil ~

erblinden ⟨V. 400(s.)⟩ **1** *blind werden, das Augenlicht verlieren;* er ist völlig erblindet **2 Glas** erblindet ⟨fig.⟩ *wird matt, undurchsichtig*

erbosen ⟨V. 500⟩ **1** *jmdn. ~ erzürnen;* ihre Bemerkung erboste ihn sehr; erbost sah sie ihn an **2** ⟨505/ Vr 3⟩ **sich (über etwas) ~** *böse werden, zornig werden;* ich habe mich über sein Benehmen erbost

erbötig ⟨Adj. 80; veraltet⟩ ~ **sein,** *etwas zu tun bereit sein;* er war ~, ihm zu helfen

erbrechen ⟨V. 116/500⟩ **1** *etwas ~ gewaltsam öffnen,*

aufbrechen; er erbrach das Siegel; die Tür, den Geldschrank ~; der Brief war erbrochen worden **2** ⟨Vr 7⟩ **etwas** od. **sich ~** *(den Mageninhalt) durch den Mund entleeren, sich übergeben;* der Kranke erbrach alle Speisen; der Betrunkene hat mehrmals erbrochen; das Essen ~; er muss ~ **3** das habe ich **satt bis zum** Erbrechen ⟨fig.; umg.⟩ *ich kann es nicht mehr ertragen*

Erbschaft ⟨f.; -, -en⟩ *das, was jmd. im Falle von jmds. Tod als Eigentum erhält;* eine ~ antreten, ausschlagen; er hat eine große ~ gemacht

Erbse ⟨f.; -, -n; Bot.⟩ **1** *einer Gattung der Schmetterlingsblütler angehörende einjährige krautige Kulturpflanze, die als wichtige Speise- u. Futterpflanze dient: Pisum;* Feld~, Kicher~, Zucker~; die ~n blühen meist weiß • **1.1** *als Gemüse verwendeter kugelförmiger grüner od. gelber Samen dieser Pflanze;* junge, geschälte, trockene ~n; die ~n verlesen

Erdapfel ⟨m.; -s, -äp|fel; oberdt.⟩ *Kartoffel;* geröstete Erdäpfel

Erdbeben ⟨N.; -s, -⟩ *großräumige Erschütterungen des Erdbodens, die durch geologische Vorgänge in der Erdkruste u. im oberen Erdmantel ausgelöst werden;* ein starkes, schweres ~; bei dem letzten ~ gab es viele Verletzte

Erdbeere ⟨f.; -, -n; Bot.⟩ **1** *Angehörige einer Gattung der Rosengewächse mit weißen Blüten u. roten, saftigen, süßlichen Früchten: Fragaria;* ~n setzen, pflanzen **2** *Frucht der Erdbeere (1);* ~n pflücken; ~n einkochen, einzuckern

Erdboden ⟨m.; -s; unz.⟩ **1** *Erdoberfläche, Erde, Boden;* das Kind kroch auf dem ~ • **1.1** der Junge, die Halskette ist **wie vom ~ verschluckt** ⟨fig.⟩ *ganz plötzlich u. spurlos verschwunden* **1.2** ein Haus, eine Stadt dem ~ **gleichmachen** ⟨fig.⟩ *völlig zerstören, niederreißen* • **1.3 vom ~ verschwinden** ⟨fig.⟩ *vernichtet, ausgerottet werden* • **1.4** jmd. wäre am liebsten **in den ~ versunken** ⟨fig.⟩ *jmd. wäre am liebsten aus Scham schnell verschwunden*

Erde ⟨f.; -, -n⟩ **1** *aus verwittertem Gestein u. Humus bestehendes Gemisch, das den Teil der Erdoberfläche bildet, auf dem höhere Pflanzen wachsen können;* Blumen~; fette, feuchte, fruchtbare, gute, lockere, magere, schlechte, trockene ~; denn du bist ~ und sollst zu ~ werden (1. Buch Mose, 3,19) • **1.1** einen Toten der ~ übergeben *ihn bestatten, beerdigen* • **1.2** bald deckt ihn die kühle ~ ⟨poet.⟩ *bald wird er tot sein* **2** *fester Boden;* auf die ~ fallen; zur ~ fallen; auf der blanken, bloßen, nackten ~ schlafen; die ~ erbebte, erzitterte; ich wäre vor Scham am liebsten in der ~ versunken • **2.1** mit beiden Beinen fest auf der ~ stehen ⟨fig.⟩ *im Leben tüchtig sein, sich gut in der Welt zurechtfinden* • **2.2 unter** der ~ *im Grab;* er liegt schon lange unter der ~ • **2.2.1** jmdn. unter die ~ bringen *zu jmds. Tod beitragen, an jmds. Tod schuld sein* **3** *Land, Gegend* • **3.1** in fremder ~ ruhen ⟨geh.⟩ *in einem fremden Land begraben sein* **4** *die von den Menschen bewohnte Welt;* Himmel und ~; unsere Mutter ~ ⟨fig.; poet.⟩ • **4.1 auf ~n** *im Diesseits, im Leben;* er hat den Himmel auf ~n; er hat bei ihr die

erdenklich

Hölle auf ~n **5** *von der Sonne aus der dritte der neun Planeten unseres Sonnensystems; die* ~ *kreist um die Sonne* **6** 〈Pl.; Chem.〉 *Oxide der Erdmetalle, z. B. des Aluminiums;* seltene ~n **7** 〈El.〉 *leitende Verbindung einer elektrischen Anlage mit dem Erdboden; für das Radio die Wasserleitung als* ~ *benutzen*

er|denk|lich 〈Adj. 24/60〉 *was sich denken lässt, soweit man etwas ausdenken kann, erdenkbar;* er wünschte mir alles ~(e) Gute; er hat alles Erdenkliche getan

Erd|ge|schoss 〈n.; -es, -e; Abk.: Erdg.〉 *Stockwerk zu ebener Erde oder wenig darüber;* →a. *Geschoss²; das Zimmer, die Wohnung befand sich im* ~

Erd|nuss 〈f.; -, -nüs|se; Bot.〉 **1** *Angehörige einer Gattung von Schmetterlingsblütlern, deren Hülsenfrüchte sich im Erdboden entwickeln* **2** *ölhaltiger Samen der Erdnuss (1); gesalzene, geröstete Erdnüsse;* ~butter

Erd|ober|flä|che 〈f.; -; unz.〉 *Oberfläche der Erdkugel, Erdboden*

Erd|öl 〈n.; -(e)s; unz.〉 *in der Erde vorkommender Rohstoff, ein kompliziertes Gemisch aus 500 verschiedenen Kohlenwasserstoffen;* ~ *ist einer der wichtigsten Bodenschätze; nach* ~ *bohren;* ~ *fördern, verarbeiten*

Erd|reich 〈n.; -(e)s; unz.〉 *Erdboden, lockere Erde als Grundlage des Pflanzenwachstums*

er|dreis|ten 〈V. 580 od. 520/Vr 3〉 *sich* ~, *etwas zu tun so dreist sein, etwas zu tun;* wie können Sie sich ~, mir das ins Gesicht zu sagen?; sich Frechheiten ~

er|dros|seln 〈V. 500/Vr 7〉 **1** *jmdn.* ~ *mit den Händen od. einem Strick erwürgen;* er hat sich mit einem Seil selbst erdrosselt **2** *etwas* ~ 〈fig.〉 *unterbinden;* eine Kritik, Entwicklung ~; alle Freude war erdrosselt

er|drü|cken 〈V. 500〉 **1** *jmdn.* ~ *zu Tode drücken, ersticken;* die herabstürzende Lawine erdrückte vier Skifahrer; zwei Arbeiter wurden bei dem Unglück erdrückt **2** *etwas erdrückt jmdn.* 〈fig.〉 *etwas belastet jmdn. in übergroßem Maße;* die Arbeit erdrückt mich fast; die hohen Steuern drohten ihn zu ~ • **2.1** ~de **Beweise** (seiner Schuld) *B., die jeden Zweifel ausschließen* **2.2** die ~de **Übermacht** (des Feindes) *die zu große Ü.*

Erd|teil 〈m.; -(e)s, -e〉 *große geschlossene Festlandmasse mit den ihr vorgelagerten Inseln;* Sy *Kontinent (2);* die fünf ~e Asien, Europa, Amerika, Australien und Afrika

er|dul|den 〈V. 500〉 *etwas* ~ *duldend ertragen, über sich ergehen lassen;* sie erduldete alle Demütigungen, die er in ihrer Gegenwart äußerte

er|ei|fern 〈V. 500/Vr 3〉 *sich* ~ *in Eifer geraten, heftig werden, sich (über etwas) aufregen;* sich über eine Behauptung, über jmds. Verhalten ~

er|eig|nen 〈V. 500/Vr 3〉 *etwas ereignet sich geschieht;* gestern hat sich etwas Merkwürdiges, Schreckliches ereignet; hat sich inzwischen irgendetwas (Besonderes) ereignet?

Er|eig|nis 〈n.; -ses, -se〉 **1** *Geschehnis, Vorkommnis, Begebenheit;* ein frohes, fröhliches, schmerzliches, trauriges ~; gab es inzwischen irgendwelche (besonderen) ~se?; seit diesem ~ sind viele Monate vergangen • **1.1** große ~se werfen ihre Schatten voraus *kündigen sich durch gewisse Anzeichen vorher*

an **2** 〈fig.; umg.〉 *großes, eindrucksvolles Erlebnis;* die Aufführung war wirklich ein ~

Erek|ti|on 〈f.; -, -en〉 *das Erigieren, Anschwellen der äußeren Geschlechtsorgane (bei geschlechtlicher Erregung);* ~ *des Penis, der Klitoris*

Ere|mit 〈m.; -en, -en〉 = *Einsiedler*

er|fah|ren¹ 〈V. 130/500〉 eine **Sache** ~ **1** *Kenntnis erhalten, mitgeteilt bekommen, zu wissen bekommen;* ich habe ~, dass er schon hier ist; hast du Einzelheiten, Näheres ~?; wann erfahre ich das Ergebnis?; ich habe nicht ~ können, ob …; ich habe die Nachricht erst aus zweiter Hand ~; ich habe es bereits ~; ich habe es durch seinen Brief, durch die Zeitung, durch Zufall ~ • **1.1** *etwas zu* ~ *suchen auskundschaften, sich erkundigen nach* **2** *erleben, zu spüren bekommen, empfangen;* er hat in seinem Leben viel Böses, nicht viel Freude, Glück, Liebe ~ **3** 〈Funktionsverb in nominaler Umschreibung des Passivs〉 eine gute, schonende, sorgfältige Behandlung ~ *gut, schonend, sorgfältig behandelt werden*

er|fah|ren² 〈Adj. 70〉 *reich an Erfahrung, Kenntnissen u. Übung, allseits erprobt, bewährt;* ein ~er Arzt, Fachmann, Lehrer; in der Behandlung schwieriger Kinder ~ sein

Er|fah|rung 〈f.; -, -en〉 **1** *Erlebnis, aus dem man lernt;* ~en sammeln; böse, bittere, gute, schlechte, trübe ~en machen; jeder muss selbst seine ~en machen; ich habe die ~ gemacht, dass …; das kenne, weiß ich aus (eigener) ~; es ist eine alte ~, dass Kinder immer klüger als die Eltern sein wollen; durch ~ wird man klug • **1.1** ~ ist die Mutter der Wissenschaft (Sprichw.) *aus dem, was man selbst erlebt, lernt man am meisten* **2** *in der Praxis erworbene Kenntnisse u. Übung;* berufliche ~ haben; zu dieser Arbeit gehört einige ~; große, langjährige ~ haben **3** 〈Philos.〉 *die aus eigenem Erleben, eigener Anschauung gewonnene Kenntnis der Wirklichkeit* **4** *etwas in* ~ *bringen durch Nachforschungen erfahren*

er|fas|sen 〈V. 500〉 **1** *jmdn. od. etwas* ~ *ergreifen, packen* • **1.1** *etwas* erfasst *jmdn.* 〈fig.〉 *überkommt jmdn., ergreift als heftige Empfindung von jmdm. Besitz;* Entsetzen, Furcht, Zweifel erfasste ihn **2** *eine* **Sache** ~ *verstehen, begreifen;* er hat (noch nicht) erfasst, worauf es ankommt; eine Situation, einen Vorgang instinktiv, rasch, richtig, schnell, sofort ~; er erfasste die Lage mit einem Blick **3** *jmdn. od. etwas* ~ *Daten über eine bestimmte Gruppe von Personen od. Sachen zusammentragen u. in Listen, Verzeichnisse, Statistiken aufnehmen;* alle schulpflichtigen Kinder ~

er|fin|den 〈V. 134/500〉 **1** *etwas* ~ *noch nicht Vorhandenes, etwas ganz Neues, bes. in der Technik, ersinnend schaffen;* Edison hat die Glühlampe erfunden **2** *etwas od. jmdn.* ~ *sich ausdenken;* Ausreden ~; die ganze Geschichte ist frei erfunden; das hat er glatt erfunden!; eine erfundene Person (zwecks Täuschung) vorschieben

Er|fin|der 〈m.; -s, -〉 *jmd., der etwas Neues, bes. in der Technik, geschaffen hat;* Gutenberg, der ~ der Buchdruckerkunst

Er|fin|de|rin ⟨f.; -, -rin|nen⟩ *weibl. Erfinder*

er|fin|de|risch ⟨Adj.⟩ *einfallsreich, ideenreich, schöpferisch, rasch Neues od. Notwendiges ersinnend;* er ist sehr ~; ein ~er Kopf; Not macht ~ ⟨Sprichw.⟩

Er|folg ⟨m.; -(e)s, -e⟩ **1** *Ergebnis, Folge;* Sy *Resultat (2);* der ~ wird zeigen, ob es richtig war, so zu handeln; der Versuch hatte (nicht) den gewünschten ~; und was war der ~? Die Pflanzen gingen alle ein ⟨iron.⟩ • **1.1** *positives Ergebnis;* einen ~ erzielen; die Sache verspricht (keinen) ~; wir werden sehen, ob die Sache ~ zeitigen wird; er, die Sache hat keine Aussicht auf ~; an einer Prüfung mit ~ teilnehmen; seine Mühe wurde von ~ gekrönt • **1.1.1** *erfolgreiche Sache;* das Konzert, Theaterstück wurde ein ~ **2** *(Eintreten der beabsichtigten, angestrebten) Wirkung;* beispielloser, durchschlagender, geringer, glänzender, großer, nachhaltiger, voller ~; gierig nach ~ sein; seine Bemühungen blieben ohne ~; der ~ gibt ihm Recht • **2.1** ~ haben *Anklang finden;* keinen ~ haben; viel, wenig ~ haben; ~(e) bei Frauen haben; ~ im Beruf, im Leben haben; damit wirst du keinen ~ haben **3** ⟨Getrennt- u. Zusammenschreibung⟩ • **3.1** ~ *versprechend* = *erfolgversprechend*

er|fol|gen ⟨V. 400(s.)⟩ **1** *etwas* erfolgt *geschieht (als Folge auf etwas);* darauf erfolgte eine Detonation **2** ⟨Funktionsverb⟩ *ein Vorgang* erfolgt *etwas geschieht;* die Auszahlung der Renten erfolgt jeweils am 10. des Monats; Ihr Eintritt kann sofort ~; er rief, aber es erfolgte keine Antwort; es ist nichts weiter darauf erfolgt

er|folg|reich ⟨Adj.⟩ **1** *mit Erfolg, viel Erfolg habend, von Erfolg gekrönt;* ein ~es Buch; er hat das Examen ~ bestanden • **1.1** *wirksam, mit positivem Ergebnis;* die ~e Behandlung einer Krankheit

er|folg|ver|spre|chend *auch:* **Er|folg ver|spre|chend** ⟨Adj. 70⟩ *voraussichtlich guten Erfolg habend;* ein ~es Vorhaben

er|for|der|lich ⟨Adj. 24⟩ *nötig, unerlässlich, unentbehrlich;* das ~e Alter für diesen Beruf ist 25 Jahre; ich werde die ~en Schritte unternehmen; es ist dringend, unbedingt ~, dass …; eine Vorbildung ist für diese Arbeit nicht ~

er|for|dern ⟨V. 500⟩ *etwas* erfordert **jmdn.** od. **etwas** *fordert, benötigt, verlangt jmdn. od. etwas (unbedingt);* die Erziehung von Kindern erfordert viel Geduld; diese Arbeit erfordert meine besondere Aufmerksamkeit; der Beruf erfordert seine ganze Kraft

er|for|schen ⟨V. 500⟩ **1** *etwas* ~ *(wissenschaftlich) ergründen, genau kennenlernen suchen, herauszubekommen suchen;* jmds. wirkliche Meinung ~; biologische, chemische Vorgänge ~; das Verhalten von Tieren ~; er erforschte das Innere Afrikas; ein kaum erforschtes Gebiet • **1.1** sein **Gewissen** ~ *prüfen*

er|freu|en ⟨V.⟩ **1** ⟨500/Vr 8⟩ **jmdn.** ~ *jmdm. Freude machen;* jmdn. mit einem Besuch, mit einem Geschenk ~ • **1.1** ⟨550/Vr 3⟩ **sich an etwas** ~ *bei etwas Freude empfinden;* sich an einem Anblick ~ • **1.1.1** „Ja, gern!", sagte er erfreut *Freude empfindend, zeigend* • **1.1.2** erfreut sein über etwas *sich über etwas freuen;* er war über ihren Besuch sehr erfreut • **1.1.3** sehr erfreut! *(veraltete Höflichkeitsformel, wenn man mit jmdm. bekanntgemacht wird)* **2** ⟨540/Vr 3⟩ **sich einer Sache** ~ ⟨geh.⟩ *sich anhaltend über eine Sache freuen können, eine Sache genießen;* er erfreut sich eines ausgezeichneten Rufes als Arzt; diese Einrichtung erfreut sich großer Beliebtheit; sich bester Gesundheit ~

er|freu|lich ⟨Adj.⟩ *Freude bereitend, angenehm, schön;* das ist eine ~e Nachricht; den Zuschauern bot sich kein ~er Anblick

er|frie|ren ⟨V. 140⟩ **1** ⟨400(s.)⟩ *durch Frieren, Kälterwerden zugrunde gehen, umkommen, absterben;* der britische Polarforscher R. Scott erfror auf dem Rückweg vom Südpol; die Blumen sind erfroren; erfrorene Füße haben; erfrorene Kartoffeln schmecken süßlich • **1.1** ich bin **ganz, halb** erfroren ⟨fig.; umg.⟩ *vor Kälte erstarrt* **2** ⟨530/Vr 1⟩ **sich** einzelne **Glieder** ~ *die einzelnen G. sind durch übermäßige Kälteeinwirkung abgestorben;* er hat sich als Soldat die Hände erfroren; ich habe mir die Ohren erfroren

er|fri|schen ⟨V.⟩ **1** ⟨402⟩ *etwas* erfrischt **(jmdn.** od. **etwas)** *macht (jmdn. od. etwas) frisch, wirkt (auf jmdn. od. etwas) belebend;* die Ruhepause hat mich sehr erfrischt; der Regen erfrischt die Natur; dieses Getränk erfrischt außerordentlich; eine kalte Dusche erfrischt fast immer; ~de Kühle; ein ~des Getränk • **1.1** ⟨fig.⟩ *innerlich belebend, anregend auf jmdn. wirken;* er hat einen ~den Humor; ihre Offenheit war ~d **2** ⟨500/Vr 3⟩ **sich** ~ *sich frischmachen, sich erquicken;* er hat sich im Bad erfrischt; ich erfrischte mich mit Obst, einem kühlen Getränk

er|fül|len ⟨V. 500⟩ **1** *etwas* erfüllt **etwas** *füllt etwas ganz aus;* Lärm erfüllte den Saal; die Blumen ~ das Zimmer mit ihrem Duft; ihr Leben war von Arbeit u. Sorge erfüllt **2** *etwas* erfüllt **jmdn.** *etwas beschäftigt jmdn. stark, nimmt jmdn. ganz in Anspruch;* seine Arbeit erfüllt ihn ganz; ich bin von der Begegnung, dem Erlebnis noch ganz erfüllt • **2.1** ⟨550⟩ etwas erfüllt jmdn. **mit etwas** ⟨geh.⟩ *etwas bereitet jmdm. etwas;* seine Tat erfüllt mich mit Abscheu, Bewunderung, Freude, Schrecken; es erfüllt mich mit tiefer Befriedigung, dass … **3** *jmd.* od. *etwas* erfüllt eine **Aufgabe, Verpflichtung,** einen **Wunsch** u. Ä. *jmd. od. etwas entspricht (vollkommen) einer A., V., einem W.;* eine Bedingung, ein Versprechen ~; eine Bitte, Forderung ~; das Gerät erfüllt seinen Zweck vollkommen **4** ⟨Vr 3⟩ **sich** ~ *wahr werden, Wirklichkeit werden;* seine Prophezeiung, sein Wunsch hat sich erfüllt

Er|fül|lung ⟨f.; -, -en⟩ **1** *das Erfüllen, das Erfülltwerden;* die ~ meiner Träume • **1.1 in** ~ **gehen** *Wirklichkeit werden, sich erfüllen;* sein Wunsch ging in ~ **2** *völlige Befriedigung der (persönlichen) Bedürfnisse, inneliches Erfülltsein, Ausgefülltsein;* ihre Aufgabe als Mutter empfand sie nicht als ~; seine ~ im Beruf, in der Arbeit finden

er|gän|zen ⟨V. 500⟩ **1** *etwas* ~ *vervollständigen, einer*

ergattern

Sache Fehlendes hinzufügen; er hat seinen Bericht ergänzt; sie ergänzte seine Aussage; das Lager, Truppen, Vorräte ~; den Wortlaut aus dem Gedächtnis ~; ich möchte ~d hinzufügen **2** ⟨Vr 4⟩ **sich ~** *die Eigenschaften od. Fähigkeiten, die dem anderen fehlen, besitzen, so dass man gut zusammenarbeitet od. gut miteinander auskommt;* Mann und Frau ~ sich; die beiden ~ sich gut

er|gat|tern ⟨V. 500; umg.⟩ *etwas ~ geschickt u. rasch ergreifen, (gerade noch) erringen, sich mit List verschaffen;* ich konnte noch das letzte Stück Kuchen ~; sie hat im Ausverkauf billige Schuhe ergattert; an der Abendkasse die letzten Karten ~

er|ge|ben[1] ⟨V. 143/500⟩ **1** *etwas* ergibt *etwas liefert etwas als Ergebnis;* 4 mal 3 ergibt 12; die Prüfung, Umfrage hat ~, dass … **2** ⟨505/Vr 3⟩ *etwas* ergibt **sich (aus etwas)** *stellt sich als Ergebnis heraus, kommt zustande, entsteht als Folge (aus etwas);* beim Zusammenrechnen ergibt sich eine Summe von 150 Euro; bei der Untersuchung hat sich ~, dass …; es ergibt sich die Frage, ob …; daraus können sich Nachteile, unangenehme Folgen ~ **2.1** ⟨510⟩ es hat sich eben so ~ *es ist nun einmal so gekommen* **2.2** ⟨550⟩ **aus** *etwas* ergibt **sich, dass** … *folgt, kann man folgern, dass …;* daraus ergibt sich, dass …; aus dem eben Gesagten ergibt sich, dass … **3** ⟨Vr 3⟩ **sich ~** *sich fügen, sich unterwerfen;* ich habe mich schließlich doch ~ müssen • **3.1** die Waffen strecken, sich in Gefangenschaft begeben **3.2** ⟨550/Vr 3⟩ sich in **etwas ~** *sich in etwas fügen, schicken;* sich in sein Schicksal ~ • **3.2.1** er ergab sich drein *er fügte sich (den Forderungen od. in die Umstände)* • **3.3** ⟨530⟩ sich **jmdm.** od. einer **Sache ~** *sich jmdm. od. einer S. rückhaltlos hingeben, widmen* • **3.3.1** sich einer **Sache ~** *sich einer S. hemmungslos hingeben u. ihr völlig verfallen;* sich dem Spiel, dem Trunk ~

er|ge|ben[2] ⟨Part. Perf. von⟩ *ergeben*[1] **2** ⟨Adj.⟩ • **2.1** *fügsam, widerspruchslos, untertänig;* „Ja", sagte er ~; er schwieg ~; ließ er den Zornausbruch über sich ergehen; Ihr (Ihnen sehr) ~er X (als veraltete Schlussformel in Briefen); es grüßt (Sie) ~st … (als veraltete Schlussformel in Briefen) • **2.2** *demütig zugetan, hingebungsvoll;* sie ist ihm bedingungslos, treu, völlig ~; er ist sein ~er Freund

Er|geb|nis ⟨n.; -ses, -se⟩ **1** *das, was ein Vorgang ergibt, Erfolg, Resultat;* die Prüfung hat kein ~ gebracht, gehabt; ein befriedigendes, gutes, schlechtes, zufriedenstellendes, unbefriedigendes ~; die Untersuchung wurde mit dem ~ abgeschlossen, dass …; die Suche ist ohne ~ verlaufen; die Verhandlungen führten zu dem ~, dass …, zu keinem ~; wir sind zu dem ~ gekommen, dass …; wir müssen zu einem ~ kommen; ein ~ finden, suchen, zeitigen; das ~ einer Untersuchung, eines Versuchs • **1.1** ⟨Math.⟩ *Lösung;* Sy *Resultat (1);* das ~ einer Gleichung, Rechenaufgabe; ein ~ herausbekommen; was für ein ~ hast du heraus?; das ~ von 2 mal 2 ist 4

er|ge|hen ⟨V. 145⟩ **1** ⟨405(s.); geh.⟩ eine **Aufforderung**, ein **Befehl, Gesetz** ergeht **(an** jmdn.) *wird amtlich erlassen, offiziell an jmdn. gerichtet;* es erging ein Gebot an alle, dass …; an ihn erging die Aufforderung, sich am andern Tag dort einzufinden • **1.1 ~ lassen** *erlassen, ausgeben;* einen Befehl ~ lassen (an) • **1.1.1** ⟨510⟩ Gnade für, vor Recht ~ lassen *walten lassen, jmdn. nicht bestrafen, jmdn. begnadigen, jmdm. verzeihen* **2** ⟨800(s.)⟩ **etwas über sich ~ lassen** *mit sich geschehen lassen, geduldig ertragen, widerspruchslos hinnehmen;* eine Rede über sich ~ lassen **3** ⟨613; unpersönl.(s.)⟩ **es** ergeht **jmdm. gut, schlecht** *jmd. verlebt eine Zeit auf gute, schlechte Weise;* es wird dir schlecht ~, wenn … • **3.1** wie wird es dir dort ~? *was wird mit dir dort geschehen?* • **3.2** wie ist es Ihnen in der Zwischenzeit ergangen? *was haben Sie in der Zwischenzeit erlebt?* **4** ⟨505/Vr 3⟩ **sich (in, über** etwas**) ~** ⟨geh.⟩ *sich mit der Äußerung (von etwas) übermäßig lange aufhalten;* sich in Klagen ~; sie erging sich in Lobeshymnen über ihn, sein Verhalten; sich in Schilderungen ~; sich in Vermutungen ~; sich in Schmähungen gegen jmdn. ~; sich über ein Thema ~ **5** ⟨500/Vr 3⟩ **sich ~** ⟨geh.; veraltet⟩ *spazieren gehen;* er erging sich im Park

er|gie|big ⟨Adj.⟩ **1** *sehr viel ergebend;* das Fett ist sehr ~; das vorhandene Material ist (nicht) sehr ~ für unsere Zwecke • **1.1** *ertragreich;* ein ~es Kohlevorkommen; dieser Boden ist sehr ~ • **1.2** *nutzbringend;* das Thema, das Gespräch war (nicht) sehr ~ • **1.3** *lange ausreichend, sich nicht schnell verbrauchend;* diese Wolle ist sehr ~

er|go ⟨Konj.⟩ *also, demnach, infolgedessen;* er ist nicht gekommen, ~ gehen wir ohne ihn

er|göt|zen ⟨V. 500; geh.⟩ **1** jmdn. **~** *erheitern, unterhalten;* er ergötzte alle Anwesenden durch seine drollige Redeweise; jmdn. mit einer Darbietung, mit heiteren Erzählungen ~; zu meinem, zu unser aller Ergötzen ahmte er Tierstimmen nach **2** ⟨550/Vr 3⟩ **sich an etwas ~** *an etwas Vergnügen haben;* ich habe mich an diesem Anblick ergötzt; er ergötzte sich an dieser Lektüre

er|grei|fen ⟨V. 158⟩ **1** ⟨500⟩ **jmdn.** od. **etwas ~** *nach jmdm. od. etwas greifen u. festhalten;* er ergriff das Kind und hob es hoch; einen Gegenstand, jmds. Hand ~ • **1.1** jmdn. **~** *festnehmen;* der Dieb konnte sofort ergriffen werden • **1.2** das Feuer ergriff die Gardinen *griff auf die G. über, setzte die G. in Brand* • **1.2.1** vom Feuer ergriffen werden *zu brennen beginnen* • **1.3** Entsetzen, Furcht ergriff mich *packte, überfiel mich* • **1.3.1** von Furcht ergriffen werden *sich plötzlich fürchten, sich zu fürchten beginnen* **2** ⟨500⟩ **etwas** ergreift **jmdn.** ⟨fig.⟩ *bewegt, erschüttert jmdn.;* das Theaterstück hat mich stark, tief ergriffen; ich bin von Ihrem Vortrag, Ihrem Spiel tief ergriffen; ein ~des Buch, Schicksal, Theaterstück; es war ~d zu hören, zu sehen, wie …; der Musik, jmds. Worten ergriffen lauschen **3** ⟨500⟩ **etwas ~** *sich für etwas entscheiden, etwas wählen u. es durchführen, (wahr)nehmen* • **3.1** einen **Beruf ~** *wählen u. auszuüben beginnen* • **3.2** ⟨510⟩ **von etwas Besitz ~** *etwas in B. nehmen, sich aneignen* • **3.3** die **Flucht ~** *fliehen* • **3.4** die **Gelegenheit** (beim Schopf) **~** *die G. wahrnehmen, nützen* • **3.5** die **Macht ~** *die M. überneh-*

men • 3.6 Maßnahmen ~ *wählen u. anwenden*
• 3.7 ⟨517⟩ *für jmdn.* **Partei** ~ *sich für jmdn. einsetzen, jmds. Meinung unterstützen* • 3.8 *das* **Wort** ~ *zu sprechen beginnen, eine Rede beginnen*

er|grün|den ⟨V. 500/Vr 8⟩ *eine* **Sache** ~ *einer S. auf den Grund gehen, sie erforschen, auskundschaften, durch Forschen genau feststellen;* ich muss ~, ob …; ein Geheimnis ~; Ursachen ~

Er|guss ⟨m.; -es, -güs|se⟩ **1** *das Sichergießen;* Blut~, Samen~ **2** *das Ausströmen;* unterseeische Ergüsse **3** ⟨fig.⟩ *Redeschwall, wortreiche Aussage;* ein leidenschaftlicher, überschwänglicher ~ des Herzens, der Seele ⟨geh.⟩; lyrische, langatmige, pathetische Ergüsse ⟨meist abwertend⟩

er|ha|ben ⟨Adj.⟩ **1** *erhöht über die Umgebung, plastisch hervortretend;* ein ~es Muster • 1.1 ~e Arbeit *Relief* **2** ⟨74⟩ *über etwas* ~ **sein** *(geistig) hoch über etwas stehen, von etwas nicht berührt werden können;* über diesen Klatsch bin ich ~; darüber muss man ~ sein; er ist über jeden Tadel, jeden Verdacht ~; seine anständige Gesinnung ist über jeden Zweifel ~ **3** *auf feierliche, erhebende, großartige Weise von Würde u. Größe zeugend;* ein ~er Anblick, Augenblick, Gedanke; ein ~es Schauspiel; ~er Stil; der ~e Herrscher, Kaiser

er|hal|ten ⟨V. 160/500⟩ **1** *etwas* ~ *bekommen, kriegen;* eine Antwort, einen Brief, ein Geschenk ~; Beifall ~; Besuch, Nachricht ~; das Bundesverdienstkreuz ~; einen Schlag, einen Treffer ~; er hat das Buch als Auszeichnung, als Geschenk ~; wo kann ich eine Bescheinigung darüber ~? • 1.1 ⟨513⟩ Betrag dankend ~ ⟨auf Quittungen⟩ *mit Dank entgegengenommen* **2** *jmdn. od. etwas* ~ *in seinem Zustand od. Bestand bewahren;* das Denkmal ist für die Nachwelt ~ geblieben; von den Bauwerken der Stadt ist nur diese Kirche ~ geblieben • 2.1 Gott erhalte Sie! ⟨geh.⟩ *lasse Sie lange leben* • 2.2 unser Hund ist uns ~ geblieben *ist am Leben geblieben, nicht gestorben, gesund geblieben* • 2.3 ⟨513/Vr 7 od. Vr 8⟩ *jmdn.* am Leben ~ *dafür sorgen, dass jmd. am Leben bleibt* • 2.4 ⟨513/Vr 7 od. Vr 8⟩ jmdn. bei guter Laune ~ *dafür sorgen, dass jmd. guter Laune bleibt* • 2.5 ⟨513/Vr 7 od. Vr 8⟩ jmdn. bei (guter) Gesundheit ~ *für jmds. Gesundheit sorgen, jmdm. helfen, gesund zu bleiben* • 2.6 ⟨Vr 3⟩ **sich** ~ *fortdauern, bestehen bleiben, lebendig bleiben;* dieser Brauch hat sich bis heute ~ • 2.6.1 ⟨513/Vr 3⟩ die Äpfel ~ sich sehr lange frisch *bleiben lange frisch* • 2.6.2 das Klavier ist noch gut, ist schlecht ~ *in gutem, schlechtem Zustand* **3** ⟨Vr 7⟩ **jmdn.** ~ *unterhalten, für den Unterhalt sorgen, ernähren;* sie muss die ganze Familie (allein) ~; er kann sich selbst ~; er kann sich notdürftig davon ~

er|hält|lich ⟨Adj. 24/70⟩ *zu erhalten, zu bekommen, zu kaufen, lieferbar;* diese Zeitschrift, dieses Buch ist nicht mehr ~; ein nicht mehr ~es Medikament

Er|hal|tung ⟨f.; -; unz.⟩ **1** *das Erhalten, Bewahren, Instandhalten, Fortbestehen;* die ~ alter Baudenkmäler; um die ~ der Arbeitsplätze kämpfen **2** *Unterhalt, Versorgung, Ernährung;* sein Verdienst reicht gerade zur ~ der Familie

er|hän|gen ⟨V. 500⟩ **1** *jmdn.* ~ *durch Aufhängen, durch den Strang töten;* jmdn. zum Tod durch Erhängen verurteilen **2** ⟨Vr 3⟩ **sich** ~ *durch Sichaufhängen Selbstmord verüben;* sich an einem Baum ~

er|här|ten ⟨V.⟩ **1** ⟨500/Vr 7⟩ *eine* **Sache, sich** ~ ⟨fig.⟩ *bekräftigen, bestätigen;* eine Behauptung, eine These durch Beweise ~; die Aussage durch einen Eid ~; sein Verdacht erhärtete sich **2** ⟨410(s.)⟩ *etwas erhärtet wird hart;* Mörtel erhärtet an der Luft; die Lava ist schnell erhärtet

er|he|ben ⟨V. 163⟩ **1** ⟨500⟩ *etwas* ~ *in die Höhe heben;* sein Glas ~ (um auf jmds. Wohl zu trinken); den Kopf stolz ~ • 1.1 mit erhobenem **Haupt(e)**, erhobenen Hauptes ⟨fig.⟩ *in freier, stolzer Haltung;* erhobenen Hauptes, mit erhobenem Haupt(e) schritt er einher • 1.2 ⟨517⟩ die **Hand** gegen jmdn. ~ *jmdn. schlagen (wollen)* • 1.3 die **Augen**, den Blick *zu jmdm.* ~ *emporblicken* **2** ⟨500/Vr 3⟩ **sich** ~ • 2.1 *aufstehen, sich aufrichten;* er erhob sich ehrerbietig, hastig, höflich; sich vom Stuhl ~; der Kranke erhob sich halb (von den Kissen) • 2.2 ⟨511⟩ sich in die **Luft** ~ *vom Boden abheben, aufsteigen;* ein Flugzeug, Vogel erhebt sich in die Luft • 2.3 ⟨500/Vr 3⟩ **etwas** erhebt **sich** *bildet eine Erhöhung, ragt auf;* in der Mitte des Gartens erhebt sich ein kleiner Hügel; das Gebirge erhebt sich bis zu 2000 m über dem Meeresspiegel **3** ⟨505/Vr 7 od. Vr 8⟩ **jmdn.** od. **etwas** (zu etwas) ~ *auf eine höhere Stufe bringen, in einen höheren Rang einsetzen;* jmdn. zum Anführer, Kaiser, zum König ~; jmdn. in den Adelsstand ~; zum Freistaat, zur freien Reichsstadt ~; ich möchte meine Meinung nicht zum Prinzip ~, aber …; ein Verfahren zum System ~ • 3.1 ⟨550/Vr 3⟩ **sich über jmdn.** od. **etwas** ~ ⟨fig.; geh.⟩ *sich über andere, über jmds. Stand stellen, sich für besser halten* **3.2** sich über einen Schmerz ~ *einen S. überwinden, darüber hinauswachsen* **3.3** ⟨500⟩ die **Stimme** ~ *mit lauterer S. weitersprechen;* mit erhobener Stimme fuhr er fort … • **3.4** ⟨510⟩ eine **Zahl ins Quadrat** ~ *mit zwei potenzieren, mit sich selbst malnehmen* **4** ⟨500⟩ **jmdn.** ~ ⟨geh.⟩ *in feierliche Stimmung versetzen;* die Predigt hat mich sehr erhoben; ich fühlte mich durch die feierliche Anrede sehr erhoben; es war ein ~der Augenblick; es war ein ~des Gefühl, als … **5** ⟨500⟩ **jmdn.** ~ ⟨veraltet; geh.⟩ *loben, lobpreisen, rühmen;* meine Seele erhebet den Herrn (Lukas 1,46) **6** ⟨505/Vr 3⟩ **sich** (**gegen jmdn.**) ~ *empören, auflehnen* **7** ⟨500⟩ *etwas* ~ *verlangen, dass etwas gezahlt wird;* Eintrittsgeld, Gebühren, Steuern, Zoll ~ **8** ⟨500/Vr 3⟩ **etwas** erhebt **sich** *kommt auf, entsteht, besteht;* ein Sturm, ein leichter Wind hatte sich erhoben; darüber hat sich ein Streit erhoben; es erhob sich ein lebhafter Disput; es erhebt sich die Frage, ob …; ~ sich Bedenken dagegen? • 8.1 ⟨550⟩ viele Stimmen erhoben sich dagegen *wurden laut* **9** ⟨500⟩ etwas ~ *beginnen, anstimmen;* Geschrei, Klage ~; ein Geheul, Wehklagen ~; lauten Protest ~ (gegen) • 9.1 die **Stimme** ~ *zu reden beginnen;* seine Stimme laut ~ • 9.1.1 ⟨550⟩ die Stimme gegen etwas ~ *sich gegen etwas wenden, dagegensprechen* **10** ⟨505⟩ **Ein-**

spruch gegen etwas ~ geltend machen; Beschwerde ~; Anklage ~ (gegen); Anspruch auf etwas ~

er|heb|lich ⟨Adj.⟩ *groß, beträchtlich, durch das Ausmaß bedeutend;* eine ~e Menge; ~er Schaden; ~e Verluste; er ist ein ~es Stück größer; ein ~er Teil davon; die Verluste sind (nicht) ~; die Sache hat für uns ~e Nachteile, Vorteile; ein Bau von ~em Umfang, von ~er Breite; er ist ~ größer als …; die Sache ist von ~er Bedeutung, Wichtigkeit

Er|he|bung ⟨f.; -, -en⟩ **1** *Berg, Hügel, Höhe;* die Schneekoppe ist die höchste ~ des Riesengebirges; ~ über dem Meeresspiegel **2** *Forderung;* die ~ von Gebühren, Steuern **3** *Ermittlung, Untersuchung, Feststellung, Erkundigung;* gerichtliche, amtliche, statistische ~en • **3.1** ~en **machen** *Erkundigungen einziehen, Ermittlungen, Umfragen anstellen* **4** ⟨fig.; geh.⟩ *Erbauung;* zu seiner inneren ~ **5** *das Erhobenwerden;* seine ~ in den Adelsstand **6** ⟨geh.⟩ *Aufstand, Aufruhr;* eine ~ des Volkes

er|hei|tern ⟨V. 500⟩ **1** jmdn. ~ *belustigen, heiter, fröhlich stimmen, zum Lachen bringen;* das Kind erheiterte die ganze Gesellschaft **2** ⟨Vr 3⟩ **sich** ~ *heiter, klarer werden, sich aufhellen;* der Himmel erheiterte sich; ihr düsteres Gesicht erheiterte sich

er|hel|len ⟨V. 500⟩ **1** *etwas* ~ *hellmachen, beleuchten;* ein Blitz erhellte die Nacht; die Kerzen ~ den Raum nur schwach • **1.1** *fröhlich machen, aufheitern;* ein Lächeln erhellte ihr Gesicht **2** ⟨Vr 3⟩ *etwas* erhellt **sich** *wird hell;* ein Fenster erhellte sich; der Himmel hat sich wieder erhellt • **2.1** *fröhlich, freundlich werden;* bei dieser Nachricht erhellte sich ihr Gesicht **3** ⟨505/Vr 3 od. 800⟩ *etwas* erhellt **sich** (**aus** etwas) ⟨fig.; geh.⟩ *wird durch etwas klar, deutlich, geht aus etwas hervor, ergibt sich aus etwas;* aus dem Gesagten, aus der Tatsache erhellt sich, dass …; daraus erhellt sich, dass …

er|hit|zen ⟨V. 500⟩ **1** *etwas* ~ *heiß machen;* Wasser auf 100 °C, bis zum Kochen ~ • **1.1** ⟨Vr 3⟩ *etwas* erhitzt **sich** *wird heiß;* das Kugellager hat sich stark erhitzt **2** ⟨Vr 3⟩ jmd. erhitzt **sich** *gerät in Hitze, Schweiß;* du siehst ganz erhitzt aus; mit erhitztem Gesicht **3** ⟨Vr 7⟩ jmdn. od. etwas ~ ⟨fig.⟩ *erregen;* das Gerücht erhitzte die Bürger; der Prozess hat die Gemüter erhitzt; erhitz dich doch nicht über solche, wegen solcher Kleinigkeiten

er|hof|fen ⟨V. 503/Vr 5⟩ (**sich**) *etwas* ~ *auf etwas hoffen, etwas hoffend erwarten;* er erhofft sich mehr Freizeit; von jmdm. Geschenke ~; der Kranke erhofft Genesung von seinem Leiden; ich erhoffe mir von dem Urlaub gute Erholung; er hat nichts mehr zu ~; was erhoffst du dir davon?; die erhoffte Wirkung blieb aus

er|hö|hen ⟨V. 500⟩ **1** *etwas* ~ *höher machen;* einen Damm, Wall, eine Mauer ~; ein Haus um zwei Stockwerke ~; das Niveau der Straße ~ • **1.1** ⟨Mus.⟩ eine **Note** ~ *mit einem Kreuz versehen u. dadurch einen Halbton höher setzen* **2** ⟨Vr 7⟩ *etwas* ~ *steigern, vermehren;* den Absatz, Gewinn, Preis ~; sein Gehalt hat sich erhöht; das erhöht die Freude, Schuld, Wirkung; die Geschwindigkeit ~; die Arbeitsfreude ~; einen Wettkampf mit erhöhtem Interesse, erhöhter Anteilnahme verfolgen; Steuern um 3 % ~; die Zahl der Todesopfer hat sich um 3 auf 57 erhöht • **2.1** erhöhte **Temperatur** *leichtes Fieber* **3** ⟨Vr 7 od. Vr 8⟩ jmdn. ~ ⟨geh.⟩ *auf eine höhere Stufe stellen;* jmdn. im Rang ~; denn wer sich selbst erhöht, der wird erniedrigt (Matth. 23,12)

Er|hö|hung ⟨f.; -, -en⟩ **1** ⟨unz.⟩ *das Erhöhen, das Erhöhtwerden;* die ~ der Beiträge für die Krankenversicherung **2** ⟨zählb.⟩ *kleine Erhebung im Gelände, Hügel*

er|ho|len ⟨V. 500/Vr 3⟩ **1** ⟨505/Vr 3⟩ **sich** (**von** einer **Krankheit** od. einer **Anstrengung**) ~ *(nach einer K. od. einer A.) sein körperliches Wohlbefinden wiedererlangen;* wir haben uns sehr gut erholt; er ist ins Gebirge gefahren, um sich zu ~; er hat sich nach seiner Krankheit bald, rasch, nicht, nur schwer wieder erholt; lass ihn sich erst ein wenig ~, ehe du ihn ausfragst • **1.1** *sich ausruhen;* er muss sich einmal gründlich ~; er muss sich einmal richtig ~ ⟨umg.⟩ • **1.1.1** er sieht sehr, nicht sehr, wenig erholt aus *ausgeruht* **2** ⟨505/Vr 3⟩ **sich** (**von** einer **seelischen Erschütterung**) ~ *(nach einer seelischen E.) seine Fassung wiedererlangen;* sich von einem Schrecken ~; ich kann mich von der Überraschung gar nicht ~ **3 sich** ~ ⟨Wirtsch.⟩ *(nach einem Rückgang) den früheren Stand wiedererlangen;* die Börsenkurse erholten sich; das Geschäft hat sich erholt

er|hol|sam ⟨Adj.⟩ *der Erholung dienend, Erholung bewirkend;* einen ~en Urlaub verleben; das Wochenende war sehr ~

Er|ho|lung ⟨f.; -; unz.⟩ *das Sicherholen, Entspannen, Ausruhen, Kräftigung;* er braucht drei Wochen ~; zur ~ in die Kur fahren

er|hö|ren ⟨V. 500⟩ **1** jmdn. od. **jmds. Bitte**, Gebet, Flehen ~ ⟨geh.⟩ *Erbetenes erfüllen, gewähren;* Gott hat mein Flehen erhört; Gott hat ihn erhört; seine Bitten wurden erhört **2** einen **Mann** ~ ⟨geh.; veraltet⟩ *seiner Werbung nachgeben*

eri|gie|ren ⟨V. 400(s.)⟩ *anschwellen u. sich dabei aufrichten (von Geschlechtsorganen);* ein erigierter Penis

Eri|ka ⟨f.; -, *Eri|ken*; Bot.⟩ *einer Gattung der Erikagewächse angehörende immergrüne holzige Pflanze (meist Halbstrauch) mit kleinen, dünnen, nadelförmigen Blättern und gegenständigen od. in Wirteln angeordneten Blüten: Erica;* Sy Heide[2] (2)

er|in|nern ⟨V.⟩ **1** ⟨504 od. 505/Vr 3⟩ **sich** (**an** etwas od. jmdn., einer Sache, jmds.) ~ *etwas noch wissen, etwas od. jmdn. noch kennen, noch im Gedächtnis haben, noch nicht vergessen haben;* ja, ich erinnere mich; wenn ich mich recht erinnere; ich kann mich noch ~, dass …; ich kann mich nicht ~, ihn je gesehen zu haben; daran kann ich mich nicht mehr ~; an meinen Großvater kann ich mich nicht mehr ~; ich erinnere mich dessen; ich kann mich dessen noch deutlich, genau, gut ~; ich erinnere mich dessen nur noch dunkel, schwach **2** ⟨505⟩ jmdn. (**an etwas**) ~ *jmdm. etwas ins Gedächtnis zurückrufen; jmdn. an etwas mahnen;* ~ Sie mich bitte daran, damit ich es nicht vergesse; ich vergesse so viel, ich muss mich an alles ~ lassen; jmdn. an ein Versprechen ~ • **2.1** daran möchte ich nicht gern erinnert werden *das Geschehene ist mir peinlich, unangenehm* **3** ⟨505/Vr 7⟩ **(jmdn.) an etwas** od. **jmdn. ~** *(jmds.) Erinnerung an etwas od. jmdn. hervorrufen;* in diesem Haus erinnert vieles noch an frühere Zeiten; deine Bemerkung erinnert mich an ein Erlebnis; der junge Mann erinnert mich an meinen verstorbenen Bruder

Er|in|ne|rung ⟨f.; -, -en⟩ **1** ⟨unz.⟩ *Fähigkeit, (sich) frühere Eindrücke wieder bewusstzumachen;* wenn mich meine ~ nicht trügt, war es so; hier verlässt mich die ~, lässt mich die ~ im Stich **2** ⟨unz.⟩ *das Bewusstmachen früherer Eindrücke;* meiner ~ nach war es so, dass …; in der ~ sieht manches ganz anders aus, als es wirklich war; das ist wirklich der ~ (nicht) wert • **2.1** bei der ~ an diese Sache muss ich heute noch lachen *wenn ich an diese S. denke, …* • **2.2** *das Erinnern, Mahnung (an frühere Eindrücke)* **3** ⟨unz.⟩ *Bewusstsein früherer Eindrücke;* jmdm. sein Versprechen wieder in ~ bringen, rufen; wir werden ihn stets in dankbarer, ehrender, guter ~ behalten; diesen Tag habe ich in angenehmer, unangenehmer ~ • **3.1** *Erhaltung der Verfügbarkeit früherer Eindrücke;* zur ~ an deine Freundin X (als Widmung in Büchern, auf Fotos usw.) **4** ⟨zählb.⟩ *im Gedächtnis bewahrter Eindruck;* alte ~en auffrischen, ausgraben, austauschen; meine ~en reichen bis in mein zweites Lebensjahr zurück; eine bleibende, liebe, schöne ~; ich habe eine deutliche, dunkle, schwache, gar keine ~ daran; sein Besuch bei uns ist meine letzte ~ an ihn; daran habe ich keine ~ mehr; daran ist mir keine ~ haftengeblieben; im Alter von seinen ~en leben, zehren • **4.1** ⟨Pl.⟩ *(als Buchtitel) Aufzeichnung von Eindrücken (aus dem eigenen Leben);* ~en eines alten Mannes; ~en aus meinem Leben **5** ⟨zählb.⟩ *Gegenstand, der frühere Eindrücke wachhalten soll;* das Foto ist eine hübsche ~ an die Reise; schenk es mir als ~ an dich!

er|kal|ten ⟨V. 400(s.)⟩ **1** etwas erkaltet *wird kalt;* die Suppe erkaltet; einen Pudding ~ lassen; die erkalteten Hände des Toten **2** Gefühle ~ ⟨fig.⟩ *erlöschen, vergehen;* seine Leidenschaft, Liebe für sie war schon längst erkaltet

er|käl|ten ⟨V. 500⟩ **1** ⟨Vr 3⟩ **sich ~** *eine Erkältung bekommen;* ich habe mich beim Schwimmen erkältet; ich bin sehr, stark erkältet **2** ⟨530/Vr 1⟩ **sich einen Körperteil ~** *einen K. durch Kälteeinwirkung krank machen;* ich habe mir die Blase erkältet

Er|käl|tung ⟨f.; -, -en⟩ *Herabsetzung der Abwehrkraft des Körpers gegen Ansteckung durch Abkühlung des ganzen Körpers od. einzelner Körperteile mit den darauf folgenden Entzündungen (Schnupfen, Katarrhe, Entzündungen der oberen Luftwege u. der Lungen, der Harnorgane u. des Magens);* sich eine ~ zuziehen; eine leichte, starke ~; eine tüchtige ~ haben ⟨umg.⟩

er|kämp|fen ⟨V. 500⟩ **1** etwas ~ *durch Kampf erlangen, erringen;* den Sieg ~ **2** ⟨503/Vr 5⟩ **(sich) etwas ~** ⟨fig.⟩ *etwas durch Anstrengung, energisches Vorgehen erreichen;* sich den ersten Platz, Preis ~; sich einen Platz in der vordersten Reihe ~; sein Recht ~ müssen

er|kenn|bar ⟨Adj. 24/90⟩ *(deutlich) zu erkennen, sichtbar, wahrnehmbar;* ein kaum ~er Unterschied

er|ken|nen ⟨V. 166⟩ **1** ⟨500⟩ **etwas ~** *wahrnehmen, sehen, unterscheiden;* es ist zu dunkel, ich kann die Schrift nicht mehr ~; kannst du ~, ob er etwas in der Hand hat?; ich kann von hier aus nicht ~, was es ist; etwas gerade noch, gleich, rechtzeitig, sofort, zu spät ~ **2** ⟨500/Vr 7 od. Vr 8⟩ **jmdn. od. etwas ~** *merken, wer od. was es ist;* erkennst du mich nicht (mehr)?; ich habe Sie nicht gleich erkannt (und deshalb nicht gegrüßt); ich habe ihn schon von weitem erkannt; eine Krankheit ~; ich erkannte ihn am Gang, an der Sprache, Stimme • **2.1** ich erkenne es an deinem Gesicht, dass du nicht zufrieden bist *ich sehe es dir an* • **2.2 sich zu ~ geben** *merken lassen, wer man ist* • **2.3 etwas zu ~ geben** *merken, fühlen lassen;* er hat nicht zu ~ gegeben, ob es ihm leidtat; er hat seine Missbilligung, seinen Unwillen deutlich zu ~ gegeben; du musst deine Absichten, Wünsche schon etwas deutlicher zu ~ geben • **2.4 ~ lassen** *zeigen, durchblicken, sich anmerken lassen;* sein Verhalten lässt doch deutlich ~, dass er es nicht ernst meint **3** ⟨500 od. 510/Vr 7 od. Vr 8⟩ **jmdn. od. eine Sache ~** *merken, wie etwas od. jmd. ist;* erkenne dich selbst!; ich habe ihn gleich als den anständigen Kerl erkannt, der er ist; ich habe sofort erkannt, dass er ein Schwindler ist; seinen Fehler, seinen Irrtum ~; er erkannte, dass man ihn überlistet hatte; etwas als falsch, richtig ~ **4** ⟨800⟩ **auf etwas ~** *ein Urteil fällen;* der Richter erkannte auf Todesstrafe, auf 10 Jahre Freiheitsstrafe

er|kennt|lich ⟨Adj.; nur in den Wendungen⟩ **1** ⟨51⟩ **sich (bei jmdm.) ~ zeigen** *sich zu Gegenleistungen bereit erweisen;* ich werde mich (bei ihm) für seine Hilfe ~ zeigen; er hat sich mit dem Geschenk (bei mir) ~ gezeigt **2** ⟨43⟩ **jmdm. ~ sein** *jmdm. dankbar sein*

Er|kennt|nis ⟨f.; -, -se⟩ **1** ⟨unz.⟩ *das Erkennen, Wahrnehmen, Begreifen, Fähigkeit, etwas zu erfassen* **2** *Ergebnis des Erkennens, das Erkannte, Einsicht;* ich bin zu der (traurigen) ~ gelangt, dass … • **2.1** ⟨verhüllend⟩ *(inoffizielle) geheim gehaltene Information;* es liegen keine ~se über seine politische Betätigung vor

Er|ker ⟨m.; -s, -⟩ **1** *in der Fassade od. Ecke eines Gebäudes vorgelegter, überdachter ein- od. mehrgeschossiger Anbau, der nicht vom Erdboden aufsteigt, sondern durch Vorsprünge in der Mauer getragen wird;* eine gotische Burg mit vielen ~n; einen ~ anbauen; im ~ sitzen **2** ⟨fig.; umg.; scherzh.⟩ *Nase; Gesichts-*

er|kie|sen ⟨V. 127/503/Vr 5; meist im Prät. u. Part., sonst veraltet; geh.⟩ **sich jmdn.** od. **etwas ~** *(sich) jmdn. od. etwas erwählen;* sie hatte (sich) ihn zum Ehemann erkoren

er|klä|ren ⟨V. 500⟩ **1** etwas ~ *den Zusammenhang, Sachverhalt von etwas klarmachen;* einen Begriff, Vorgang ~; das brauche ich wohl nicht erst zu ~; das lässt sich schwer ~; etwas deutlicher, näher ~;

Erklärung

ich will es an einem Beispiel ~; einige ~de Worte hinzufügen; „…", sagte er ~d • 1.1 ⟨530⟩ jmdm. etwas ~ *deuten, verständlich machen;* sich etwas ~ lassen; ich kann es mir nicht ~; ich kann mir die Sache nur so ~, dass … • 1.2 ⟨514/Vr 3⟩ **etwas erklärt sich aus** etwas *findet seine Erklärung, ist begründet in etwas;* das erklärt sich aus der Tatsache, dass …; der Donner erklärt sich aus der plötzlichen Ausdehnung der vom Blitz erwärmten Luft **2** ⟨500 od. 503⟩ eine **Sache ~** *in klarer, verbindlicher Form kundtun;* „…", erklärte er; seinen Austritt (aus der Partei) ~; einem Staat den Krieg ~; seine Unabhängigkeit ~; ich erkläre hiermit an Eides statt; jmdm. seine Liebe ~ • 2.1 ⟨513/Vr 3⟩ **sich** bankrott, bereit, einverstanden, schuldig usw. ~ *in klarer, verbindlicher Form kundtun, dass man bankrott, bereit, einverstanden, schuldig ist.* • 2.1.1 ⟨550/Vr 3⟩ sich ~ **für, gegen jmdm.** ~ *für, gegen jmdn. Stellung nehmen, für, gegen ihn Partei ergreifen* • 2.1.2 ⟨Vr 3⟩ **sich ~** *seine Liebe gestehen;* er hat sich noch immer nicht erklärt • 2.2 ⟨550/Vr 7⟩ **jmdn. od. etwas für etwas ~** *mit Bestimmtheit als etwas bezeichnen;* jmdn. für einen Betrüger ~; er erklärte die Geldbörse für sein Eigentum; einen Vermissten für tot ~ lassen; sich für besiegt ~; einen Vertrag für ungültig ~; einen Verbrecher für vogelfrei ~

Er|klä|rung ⟨f.; -, -en⟩ **1** *Aufschluss über Zusammenhänge, Sachverhalte, Begründung;* eine solche ~!; das genügt nicht als ~; von jmdm. eine ~ fordern; er findet, hat für alles eine ~ **2** *bindende Äußerung, Mitteilung;* eine ~ der Regierung; eine ~ abgeben; eine eidesstattliche ~; eine ~ an Eides statt • 2.1 *Geständnis der Liebe;* eine ~ machen

er|kleck|lich ⟨Adj., umg.⟩ *beträchtlich, erheblich, ziemlich groß;* eine ~e Anzahl; er hat eine ~e Summe gespart; der Betrag ist um ein Erkleckliches größer als erwartet

er|klim|men ⟨V. 167/500⟩ **etwas ~ 1** *mit Mühe auf etwas klettern;* wir haben den Gipfel erklommen **2** (fig.) *durch Fleiß, Mühe od. Zähigkeit erreichen, hinaufsteigen;* die Leiter des Ruhms ~; die höchste Stufe des Erfolgs, seiner Laufbahn ~

er|kran|ken ⟨V. 405(s.)⟩ *krank werden;* er ist an Grippe erkrankt; er erkrankte an einer Grippe

er|küh|nen ⟨V. 580/Vr 3⟩ **sich ~,** etwas zu tun (geh.) *so kühn sein, etwas zu tun, was gefährlich, ungewöhnlich od. nicht ganz korrekt ist;* er hat sich erkühnt, einfach vor den König hinzutreten und die Freilassung des Gefangenen zu fordern

er|kun|den ⟨V. 500⟩ **etwas ~** *festzustellen suchen, auskundschaften, erfragen;* ein Gelände ~; die Stellungen des Feindes ~; kannst du ~, ob …

er|kun|di|gen ⟨V. 505/Vr 3⟩ **sich ~** (**nach jmdm.** od. **etwas)** *fragen (nach), Auskünfte einholen (über);* ich möchte mich ~, ob das bestellte Buch schon da ist; sich bei jmdm. nach etwas ~; hast du dich nach seinem Befinden erkundigt?

er|lah|men ⟨V. 400(s.)⟩ **1** *müde werden;* beim Laufen erlahmt er schnell; sein Puls erlahmte • 1.1 **ein Körperteil** erlahmt **jmdm.** *jmd. kann einen K. nur schwer bewegen;* vom krampfhaften Schreiben erlahmte mir die Hand **2 etwas** erlahmt (fig.) *lässt nach;* das Interesse des Publikums für diese Art Unterhaltung erlahmt immer mehr; sein Eifer, seine Kraft erlahmte; die Aufmerksamkeit der Zuschauer begann zu ~

er|lan|gen ⟨V. 500⟩ **eine Sache ~** *bekommen, erreichen, gewinnen;* die Stadt hat in letzter Zeit die Bedeutung eines Handelszentrums erlangt; die Fähigkeit ~, etwas zu tun; die Gewissheit ~, dass …

Er|lass ⟨m.; -es, -läs|se⟩ **1** *behördliche Verordnung od. Bekanntmachung;* Polizei~; Regierungs~; königlicher, päpstlicher ~ **2** (unz.) *das Erlassen, Aufhebung;* Straf~; Schuld~

er|las|sen ⟨V. 175/500⟩ **1 etwas ~** *amtlich verkünden, verordnen, anordnen;* der Staatsanwalt hat einen Haftbefehl ~; die Regierung erließ eine neue Verfügung, ein neues Gesetz **2** ⟨530/Vr 6⟩ **jmdm. etwas ~** *jmdn. von etwas befreien;* erlass es mir, darauf zu antworten; bitte ~ Sie mir die Antwort; jmdm. eine Arbeit, Schuld, Strafe ~

er|lau|ben ⟨V. 500⟩ **1** ⟨503/Vr 6⟩ **(jmdm.) etwas ~** *die Erlaubnis zu etwas geben;* nein, das erlaube ich nicht!; ich habe ihm erlaubt, mitzugehen; erlaubst du, dass der Junge mitkommt?; ist es erlaubt, hier zu rauchen?; wer hat dir erlaubt, das wegzunehmen?; der Arzt hat dem Kranken Aufstehen, Rauchen nicht erlaubt; Eintritt, Durchgang nicht erlaubt (auf Türschildern); sie ~ ihren Kindern sehr viel, alles; erlaubte Mittel anwenden • 1.1 ~ Sie (ergänze: es, dass …)? ⟨Höflichkeitsformel⟩ *darf ich?* • 1.2 ⟨Imperativ⟩ erlaube mal! *wie kommst du dazu, darauf?* **2** ⟨503⟩ **etwas ~** *ermöglicht* (**jmdm.**) *etwas;* seine finanziellen Verhältnisse ~ ihm ein behagliches Leben **3** ⟨530/Vr 1⟩ **sich etwas ~** *sich die Freiheit nehmen, etwas zu tun* (*bes. als Höflichkeitsformel);* deshalb erlaube ich mir anzufragen, ob … (in Briefen); ich habe mir erlaubt, mir inzwischen Ihre Bilder anzusehen; wenn ich mir die Bemerkung ~ darf …; in seiner Stellung kann er es sich ~, eigenmächtig zu handeln • 3.1 *sich etwas herausnehmen;* sich Übergriffe ~; wie können Sie sich ~, hier einfach hereinzukommen?; was ~ Sie sich eigentlich?; er erlaubt sich manche Frechheiten

Er|laub|nis ⟨f.; -, -se⟩ **1** *Einwilligung, Zustimmung, Billigung;* (jmdn.) um ~ bitten; ich habe es mit seiner ~ getan; mit Ihrer ~ (Höflichkeitsformel) **2** *Bestätigung, dass jmd. etwas tun darf;* Aufenthalts~, Druck~; jmdm. die ~ geben, etwas zu tun

er|laucht ⟨Adj. 60; geh.⟩ *erhaben, hoch(stehend), gnädig;* der ~e Kaiser; es war eine ~e Versammlung großer Geister u. berühmter Persönlichkeiten; ich möchte die ~e Versammlung begrüßen

er|läu|tern ⟨V. 500⟩ **etwas ~** *näher erklären, verständlich machen;* eine schwierige Aufgabe, eine Statistik ~; der Lehrer erläuterte das Problem anhand von Beispielen; ein ~der Text; eine ~de Anmerkung

Er|le ⟨f.; -, -n; Bot.⟩ *einer Gattung der Birkengewächse angehörender Strauch od. Baum, bei dem die männ-*

lichen Blüten zu langen, hängenden Kätzchen vereinigt sind, während die weiblichen Blüten Fruchtstände bilden, die paarweise angeordnet u. später holzig sind: Alnus; Weiß~, Grau~, Schwarz~, Berg~, Grün~

er|le|ben ⟨V. 500⟩ **1** etwas ~ *erfahren, kennenlernen, durchmachen* • **1.1** etwas od. **jmdn.** ~ *bei etwas od. jmds. (öffentlichem) Auftritt (unter großer persönlicher Anteilnahme) dabei sein;* ein Stück Geschichte ~; so etwas habe ich noch nicht erlebt; wir werden es ja ~; er hat Wehner noch im Bundestag erlebt • **1.1.1** erlebte Geschichte, erlebtes Leben *bewusst erlebte G., bewusst gelebtes L.* • **1.1.2** erlebte **Rede** *nicht eigens als solche gekennzeichnete Wiedergabe von Worten od. Gedanken einer Person, z. B. „er hat immer Recht" für „er sagt immer: »ich habe Recht«", ein Stilmittel bes. des modernen Romans* • **1.2** *durch etwas betroffen u. beeindruckt werden;* eine Enttäuschung, Überraschung ~; er hat viel Schweres ~ müssen; er hat an seinen Kindern nur Freude erlebt; er hat von den andern viel Böses erlebt; ich habe etwas sehr Schönes, etwas Schreckliches erlebt • **1.3** *(an sich) erfahren;* das Theaterstück erlebte gestern seine 100. Aufführung; und da habe ich es doch ~ müssen, dass … • **1.3.1** ⟨500 + Modalverb⟩ wenn du das tust, dann kannst du etwas von mir, dann kannst du was ~! ⟨umg.⟩ *dann geht es dir schlecht, dann ist dir die Strafe gewiss* • **1.3.2** du wirst noch dein blaues Wunder ~! *du wirst noch staunen (weil es anders kommen wird, als du denkst)!* **2** eine **Sache** ~ *zu einer bestimmten Zeit, in der ein Ereignis eintritt, leben;* er hat seinen 70. Geburtstag noch erlebt; er erlebte noch die Freude, seine Enkelkinder zu sehen; er durfte es noch ~, dass …; ich möchte es noch ~, dass …; du wirst es noch ~, dass sie dir davonläuft, wenn du dich nicht änderst • **2.1** das werde ich nicht mehr ~ *wenn das geschieht, werde ich schon tot sein*

Er|leb|nis ⟨n.; -ses, -se⟩ **1** *Geschehnis, bei dem jmd. dabei war u. durch das er stark u. nachhaltig beeindruckt wurde;* ~se eines Landpfarrers (als Buch-Untertitel); ein heiteres, lustiges, schönes, schweres, trauriges, unangenehmes ~; ein ~ aus meinem Leben, von meiner Reise; die Aufführung war ein ~ • **1.1** ein ~ **haben** *bei einem (eindrucksvollen) Geschehnis dabei sein;* auf seiner Auslandsreise hatte er einige interessante ~se

er|le|di|gen ⟨V. 500⟩ **1** etwas ~ *besorgen, zu Ende bearbeiten, bringen, führen, aus-, durchführen;* einen Auftrag, ein Geschäft ~; eine Besorgung, Bestellung ~; einen Botengang, Brief ~; notwendige Einkäufe ~; die tägliche Post ~; etwas gewissenhaft, pünktlich, rasch, sorgfältig ~; kannst du das für mich ~?; etwas gleich, nachher, sofort, später ~; wird erledigt! (als Aktenvermerk) • **1.1** die Sache ist erledigt ⟨fig.⟩ *sie soll vergessen sein, ist abgetan, wir wollen nicht mehr über sie sprechen* • **1.2** ⟨Vr 3⟩ etwas erledigt **sich** *klärt sich, kommt zum Abschluss;* die Angelegenheit hat sich von selbst erledigt **2** ⟨Vr 7 od. Vr 8⟩ **jmdn.** ~ *(gesellschaftlich, geschäftlich, beruflich, physisch od. seelisch) zugrunde richten, vernichten* • **2.1** er ist erledigt • **2.1.1** *er ist gesellschaftlich, geschäftlich ruiniert* • **2.1.2** *er ist ganz erschöpft*

er|le|gen ⟨V. 500⟩ **1** ein **Tier** ~ ⟨geh.⟩ *durch einen Schuss töten;* der Jäger erlegte zwei Hasen; das erlegte Wild **2** etwas ~ ⟨veraltet; nur noch österr.⟩ *bezahlen, auszahlen;* die fälligen Gebühren ~; das Eintrittsgeld ~; der erlegte Betrag

er|leich|tern ⟨V. 500⟩ **1** etwas ~ *das Gewicht von etwas verringern;* um seinen Koffer zu ~, nahm er die Stiefel wieder heraus **2** etwas ~ *bequemer, einfacher machen, leichter (zu ertragen) machen;* jmdm. seine Arbeit ~; jmdm. Lage, Los ~; einem Kranken seine Schmerzen ~ **3** ⟨Vr 7⟩ **sich** od. sein **Inneres** ~ *von einer seelischen Belastung, von Sorgen befreien;* sich durch Tränen ~; sein Herz ~; sein Gewissen ~; erleichtert sein; erleichtert aufatmen; „…", sagte er erleichtert **4** ⟨550⟩ **jmdn. um etwas** ~ ⟨umg.⟩ *jmdm. etwas gegen seinen Willen abnehmen;* er hat dich vorige Woche schon um 50 € erleichtert u. jetzt will er schon wieder Geld ~ • **4.1** bei dem Zusammenstoß wurde er um seine Brieftasche erleichtert *wurde ihm die B. gestohlen*

er|lei|den ⟨V. 177/500⟩ etwas ~ **1** ⟨geh.⟩ *(Böses, Schweres) erleben, unter Leiden erfahren, erdulden;* einen Rückfall (nach einer Krankheit) ~; er hat das gleiche Schicksal erlitten wie die andern • **1.1** den **Tod** ~ *sterben* **2** *(Schaden) zugefügt bekommen;* Schmerzen, Verluste ~; eine Niederlage ~; der erlittene Schaden beträgt 10.000 €

er|ler|nen ⟨V. 500⟩ etwas ~ *sich etwas durch Lernen (Üben, Arbeiten) aneignen;* er hat einen interessanten Beruf erlernt; eine Sprache ~

er|le|sen[1] ⟨V. 179/500⟩ **1** ⟨Vr 8 od. 503/Vr 5⟩ **(sich) jmdn.** ~ ⟨veraltet; geh.⟩ *auswählen;* ich habe ihn (mir) zu meinem Freund ~ **2** Linsen, Erbsen ~ ⟨schweiz.⟩ *die guten L., E. heraussuchen*

er|le|sen[2] ⟨Adj.⟩ *ausgesucht, gewählt, sehr fein, von hervorragender Qualität;* ~e Genüsse; ein ~es Publikum; der ~e Geist ist etwas wirklich Erlesenes

er|leuch|ten ⟨V. 500⟩ **1** etwas ~ *mit Licht hellmachen, erhellen;* eine Kerze erleuchtet das Zimmer; ein Blitz erleuchtete die Dunkelheit; ein hell, festlich erleuchteter Saal **2** jmdn. od. etwas ~ ⟨fig.; geh.⟩ *mit Klarheit, Erkenntnis (plötzlich) erfüllen;* ein Einfall hatte ihn plötzlich erleuchtet; den Geist, den Verstand ~

er|lie|gen ⟨V. 180/600(s.)⟩ **1** **jmdm.** od. einer **Sache** ~ *unterliegen, zum Opfer fallen, besiegt werden;* der feindlichen Übermacht ~; einer Versuchung ~; er erlag dem Gegner • **1.1** ⟨Funktionsverb⟩ einer **Täuschung, Verlockung** ~ *sich täuschen, verlocken lassen* **2** einer **Krankheit**, einem **Leiden** ~ *an einer K., einem L. sterben;* er erlag einem Herzinfarkt, seinen Verletzungen **3** etwas **zum Erliegen bringen** *zum Stillstand bringen;* der starke Frost brachte die Bauarbeiten zum Erliegen **4 zum Erliegen kommen** *zum Stillstand kommen, zusammenbrechen;* durch das Unwetter kam der Verkehr zum Erliegen

Er|lös ⟨m.; -es, -e⟩ *das, was man erlöst hat, erlöster Betrag, Gewinn;* der ~ aus dem Verkauf des Hauses;

erlöschen

der ~ der Veranstaltung war für Flüchtlingskinder bestimmt

er|lö|schen ⟨V. 128/400⟩ **etwas** erlischt **1** *zu brennen, zu leuchten aufhören;* die Flamme, das Licht erlischt; ein Blinkfeuer flammt auf und erlischt in regelmäßigem Wechsel • **1.1** erloschene **Vulkane** *ganz od. vorübergehend ruhende, nicht tätige V.* **2** *schwächer, matt werden;* seine Augen waren ganz erloschen; mit ~der Stimme sprechen • **2.1** (fig.; geh.) *zu Ende gehen;* sein Leben ist so still erloschen, wie es verlaufen ist **3** *zu bestehen aufhören;* der Anspruch, die Mitgliedschaft erlischt nach einem Jahr; die Epidemie, Seuche ist erloschen; in seinem Herzen war alle Freude, Liebe, alles Gefühl erloschen • **3.1** *aussterben;* mit ihm erlischt das Geschlecht XY

er|lö|sen ⟨V. 500⟩ **1** ⟨505/Vr 8⟩ **jmdn. (von etwas)** ~ *befreien, loskaufen;* einen Kranken von seinen Schmerzen ~; jmdn. aus einer unangenehmen Lage, aus großer Not ~; jmdn. von seinen Peinigern ~; der Prinz hat die Prinzessin (aus ihrer Verzauberung) erlöst; jmdn. von einem Zauber ~ (im Märchen); Christus hat (durch seinen Opfertod) die Menschen erlöst; …, sondern erlöse uns von dem Bösen (Bitte im Vaterunser); er sprach das ~de Wort; sie atmete erlöst auf; sie war wie erlöst • **1.1** ⟨550⟩ Gott hat ihn von seinem Leiden erlöst *hat ihn sterben lassen* **2** ⟨516⟩ **etwas (aus dem Verkauf von etwas)** ~ *(Geld bei einem V.) einnehmen;* er hat aus dem Verkauf des Hauses, seiner Waren 50.000 Euro erlöst

Er|lö|sung ⟨f.; -, -en; Pl. selten⟩ **1** *das Erlösen, das Erlöstwerden, Befreiung von körperlichen od. seelischen Schmerzen;* ihr Tod war eine ~ für sie • **1.1** (christl. Rel.) *Befreiung von Schuld u. Sühne durch Gottes Gnade*

er|lü|gen ⟨V. 181/500⟩ **1 etwas** ~ *zwecks Täuschung erfinden, vortäuschen;* alles, was er gesagt hat, ist erlogen; ein erlogener Bericht, eine erlogene Nachricht • **1.1** das ist erstunken und erlogen (umg.; derb) *das ist eine gemeine Lüge* **2** ⟨530/Vr 1⟩ **sich etwas** ~ ⟨selten⟩ *durch Lügen erreichen, gewinnen*

er|mäch|ti|gen ⟨V. 550⟩ **jmdn. zu etwas** ~ *jmdm. die Erlaubnis, Vollmacht geben, etwas zu tun;* ich ermächtige Sie zum Abschließen des Vertrages; dazu bin ich nicht ermächtigt

er|mah|nen ⟨V. 505/Vr 8⟩ **jmdn. (zu etwas)** ~ *auffordern, endlich etwas zu tun, ernst an eine Pflicht erinnern, mahnen;* ich ermahne Sie noch einmal, das zu unterlassen; lass dich nicht immer dreimal ~!; muss ich dich immer erst ~?; ich ermahne dich noch einmal im Guten, aber dann werde ich böse; jmdn. zum Fleiß, zum Nachgeben, zur Vorsicht ~

er|man|geln ⟨V.; geh.⟩ **1** ⟨700⟩ **einer Sache** ~ *eine S. nicht haben, eine S. vermissen;* uns ermangelt die Übung; sein Verhalten ermangelte des notwendigen Verständnisses **2** ⟨480⟩ **nicht** ~, **etwas zu tun** ⟨sehr förmlich; veraltet⟩ *etwas bestimmt tun;* ich werde nicht ~, es zu tun

er|man|nen ⟨V. 500/Vr 3⟩ **sich** ~ ⟨geh.⟩ *sich aufraffen, sich Mut machen, sich zusammenreißen;* ermanne dich!

er|mä|ßi|gen ⟨V. 500⟩ **etwas** ~ *verringern, verkleinern, herabsetzen;* den Preis für die Fahrkarten ~; eine Strafe ~; zu ermäßigtem Preis

Er|mä|ßi|gung ⟨f.; -, -en⟩ *das Ermäßigen, Ermäßigtwerden, Herabsetzung, Nachlass;* die ~ von Fahrkarten, Eintrittskarten; die Angehörigen des Betriebes erhalten auf alle Waren eine ~ von 50 %

er|mat|ten ⟨V.⟩ **1** ⟨500⟩ **etwas** ermattet **jmdn.** *macht jmdn. matt;* die Schwüle hat mich ermattet; die lange Fahrt ermattete den Kranken **2** ⟨400(s.)⟩ *matt, müde werden;* ich bin sehr, ganz ermattet; ermattet niedersinken; der Kranke ermattete schnell • **2.1 etwas** ermattet (fig.) *lässt nach;* seine Fantasie, sein Interesse ermattet

er|mes|sen ⟨V. 185/500⟩ **etwas** ~ *(in seiner Ausdehnung, Bedeutung) erfassen, begreifen, sich vorstellen, abschätzen, beurteilen;* ich kann nicht ~, ob sich die Sache lohnen wird; ich kann den Umfang der Arbeit (noch) nicht ~; es lässt sich leicht, schwer ~, ob …, wie …; daraus kann man ~, wie wichtig ihm die Sache ist

Er|mes|sen ⟨n.; -s; unz.⟩ **1** *Entscheidung, Urteil, Gutdünken;* ich stelle es Ihrem ~ anheim • **1.1 etwas in jmds.** (freies) ~ **stellen** *etwas jmds. (freier) Entscheidung überlassen* • **1.2 nach eigenem** (bestem) ~ (handeln) *nach eigener (bester) Entscheidung (handeln)* • **1.3 nach menschlichem** ~ müsste es gelingen *soweit man es überhaupt beurteilen kann, aller Wahrscheinlichkeit nach* • **1.4** etwas liegt in jmds. ~ *wird von jmdm. entschieden;* das liegt (allein) im ~ des Amtes, Richters

er|mit|teln ⟨V.⟩ **1** ⟨500⟩ **jmdn. od. etwas** ~ *durch Nachforschen, Suchen Kenntnis von jmdm. od. etwas erlangen;* ich habe die genauen Zahlen nicht ~ können; können Sie ~, ob …?; es ist nicht (mehr) zu ~; jmds. Aufenthaltsort, Versteck ~; die Polizei hat den Täter ermittelt • **1.1** einen (Durchschnitts-)**Wert** ~ ⟨Math.; Statistik⟩ *errechnen;* die ermittelten Zahlenwerte **2** ⟨800⟩ **gegen jmdn.** ~ ⟨Rechtsw.⟩ *die Untersuchung führen;* die Polizei ermittelt gegen den Verdächtigen, Verhafteten; gegen den Angeklagten wird bereits seit vorigem Sommer ermittelt **3** ⟨410⟩ *nach einem Verbrecher, nach Beweismaterial für ein Verbrechen suchen;* die Polizei hat ein halbes Jahr lang ermittelt; die Polizei ermittelt in Frankfurt

Er|mitt|ler ⟨m.; -s, -⟩ **1** *jmd., der in einer Sache ermittelt* **2** *jmd., der nach Beweismitteln für ein Verbrechen sucht* • **2.1** verdeckter ~ *verdeckt, unter falschem Namen ermittelnder Polizeibeamter*

Er|mitt|le|rin ⟨f.; -, -rin|nen⟩ *weibl. Ermittler*

Er|mitt|lung ⟨f.; -, -en⟩ *das Ermitteln, Nachforschung, Feststellung;* ~ der Vaterschaft; die ~en sind noch nicht abgeschlossen; ~en nach jmds. Verbleib anstellen

er|mög|li|chen ⟨V. 530/Vr 5 od. Vr 6⟩ **1 jmdm. etwas** ~ *möglich machen, Gelegenheit bieten, etwas zu tun;* kannst du es ~, dass …; er hat es mir ermöglicht, ohne finanzielle Sorgen zu studieren; ein Onkel hat ihm sein Studium ermöglicht; wenn es sich ~ lässt, will ich es gern tun • **1.1 etwas** ermöglicht **etwas**

macht etwas möglich; die sonnige Lage der Hänge ermöglicht den Anbau von Wein

er|mor|den ⟨V. 500⟩ **jmdn. ~** *vorsätzlich töten;* jmdn. heimtückisch, brutal ~; er hat seinen Rivalen ermordet; der Ermordete war sein Freund

er|mü|den ⟨V.⟩ **1** ⟨500⟩ **jmdn. ~** *müdemachen;* diese Tätigkeit ermüdet mich sehr; das Sprechen ermüdet den Kranken; jmdn. durch vieles Fragen ~; es ist ~d, seinen langweiligen Reden zuzuhören; diese monotone Musik ist ~d; eine ~de Arbeit, Tätigkeit **2** ⟨400(s.)⟩ *müde werden;* er ermüdet leicht, rasch, nicht so schnell; er war von der Arbeit ermüdet; er schloss die ermüdeten Augen

er|mun|tern ⟨V. 500⟩ **1 jmdn. ~** *jmds. Müdigkeit vertreiben, jmdn. aufwecken;* man kann ihn morgens kaum ~; der Kaffee wird dich wieder ~ • **1.1** ⟨Vr 3⟩ **sich ~** *munter werden, wach werden;* ich kann mich morgens nur schwer ~ • **1.1.1** ⟨fig.⟩ *sich aufraffen;* ich habe mich mit Mühe dazu ermuntert, mit dem Musizieren anzufangen **2** ⟨505⟩ **jmdn. zu etwas ~** *freundlich auffordern, ermutigen;* bitte ermuntere ihn nicht noch dazu; jmdn. zum Sprechen ~; jmdn. zum Zugreifen ~ (bei Tisch); das klingt ja ganz ~d; jmdm. ~d zureden; jmdn. ~d ansehen; einige ~de Worte sagen

er|mu|ti|gen ⟨V. 500⟩ **jmdn. ~** *jmdm. Mut machen, Mut zusprechen;* ich versuchte ihn zu ~, aber es war vergeblich; jmdn. zu einer Tat ~; das sind keine ~den Nachrichten; jmdm. einige ~de Worte zurufen; das klingt nicht sehr ~d; das sind ~de Resultate, Signale

er|näh|ren ⟨V. 500/Vr 7⟩ **jmdn. ~ 1** *(regelmäßig) mit Nahrung versorgen;* die Kinder waren gut, schlecht, unzureichend ernährt; einen Kranken künstlich ~; bei Atrophie werden die Muskeln od. Organe nicht mehr ausreichend ernährt; er ernährt sich nur von Rohkost **2** ⟨fig.⟩ *für jmds. Unterhalt sorgen;* sie muss die ganze Familie allein ~; sie kann sich ganz gut durch, mit Stundengeben ~; sich mit seiner Hände Arbeit ~

Er|näh|rung ⟨f.; -; unz.⟩ **1** *das Ernähren, das Ernährtwerden* **2** *Nahrung;* richtige, ausgewogene, gesunde ~ **3** ⟨fig.⟩ *Unterhalt;* für die ~ der Familie sorgt sie allein

er|nen|nen ⟨V. 190/550/Vr 7⟩ **jmdn. zu etwas ~** *zu etwas bestimmen, jmdn. in ein Amt einsetzen;* Sy *nominieren (2);* jmdn. zum Minister, Botschafter ~; er wurde zum Oberstudienrat ernannt

er|neu|en ⟨V. 500/Vr 7⟩ = *erneuern*

er|neu|ern ⟨ich erneuere od. erneure; V. 500⟩ **etwas ~** oV *erneuen* **1** *mit einem neuen Stück ausbessern;* ein Gebäude, Gemälde ~; die Bezüge von Polstermöbeln, ein schadhaft gewordenes Dach, alte Fresken, den Putz eines Hauses, einen beschädigten Zaun ~ **2** *durch ein neues Stück ersetzen, gegen ein neues Stück auswechseln;* bei unserem Fernsehgerät musste eine Röhre erneuert werden **3** ⟨Vr 7⟩ *neu beleben, wieder wirksam machen;* Beziehungen ~; das Andenken an jmdn. od. etwas ~; eine Bekanntschaft, Freundschaft ~ **4** ⟨Vr 7⟩ *wiederholen, ein weiteres Mal für*

gültig erklären; ein Gesuch ~; ein Abkommen, Bündnis, einen Vertrag ~

er|neut 1 ⟨Part. Perf. von⟩ *erneuen* **2** ⟨Adj. 24⟩ • **2.1** ⟨60⟩ *von neuem auftretend, wiederholt;* ein ~es Angebot; mit ~er Kraft; ~er Versuch • **2.2** ⟨50⟩ *nochmals, abermals, wieder;* ~ etwas anbieten; auf etwas ~ hinweisen; ~ den Kampf aufnehmen

er|nied|ri|gen ⟨V. 500⟩ **1** ⟨Vr 7 od. Vr 8⟩ **jmdn. ~** *moralisch herabsetzen, demütigen, degradieren;* er fühlte sich erniedrigt (durch diese Arbeit, diese Worte) **2 eine Note ~** ⟨Mus.⟩ *einen Halbton tiefer setzen*

ernst ⟨Adj.⟩ **1** *von Ernst (1) bestimmt, erfüllt, zeugend;* ich lache nicht, ich bin ganz ~; du machst so ein ~es Gesicht; eine ~e Miene machen; ein ~es Fernseh-, Hörspiel, Theaterstück; ein ~er Film, Roman; ~e Musik **2** *eindringlich, gewichtig;* ich musste mir ~e Ermahnungen anhören; ~e Worte mit jmdm. sprechen • **2.1** jmdn. od. etwas ~ nehmen *für wichtig halten;* ich kann diese Sache nicht (für) ~ nehmen; seine Arbeit, seinen Beruf, seine Pflichten sehr ~ nehmen; ich kann ihn nicht ~ nehmen; er nimmt die Schule nicht ~ genug **3** *aufrichtig, wirklich (so gemeint);* mit der ~en Absicht kommen, zu …; er meint es ~; es ist mir damit wirklich ~ • **3.1** ~e Absichten haben ⟨umg.⟩ *eine langfristige (Liebes-)Beziehung suchen, wirklich heiraten wollen* **4** *bedenklich, bedrohlich;* ~e geschäftliche Fehlschläge, Verluste erleiden; die internationale Lage ist ~; in eine ~e Situation geraten; es steht ~ um den Kranken; ist es etwas Ernstes? **5** ⟨Getrennt- u. Zusammenschreibung⟩ • **5.1** ~ gemeint = *ernstgemeint* • **5.2** ~ zu nehmend = *ernstzunehmend*

Ernst ⟨m.; -(e)s; unz.⟩ **1** *Haltung od. Gesinnung, die durch Sachlichkeit, Überlegung u. Entschiedenheit geprägt ist;* du lässt es dabei an dem nötigen ~ fehlen!; aus dem Spiel wurde ~; etwas mit ~ betreiben; mit tierischem ~ bei der Sache sein ⟨umg.⟩ **2** *harte Wirklichkeit;* wie leicht kann aus Scherz plötzlich ~ werden!; der ~ des Lebens • **2.1** ~ machen *nicht mehr spaßen* **3** *aufrichtige Meinung, Überzeugung, wirkliche Absicht;* es ist mein bitterer, blutiger, völliger ~; im ~ sprechen; in allem, vollem ~; allen ~es etwas behaupten, sagen • **3.1** ist das Ihr ~? *scherzen Sie auch nicht?* • **3.2** das ist nicht Ihr ~! *das kann nur ein Scherz von Ihnen sein!* • **3.3** im ~? *wirklich?, ist das kein Scherz?* • **3.4** im ~! *das stimmt!, ich scherze nicht* **4** *Bedrohlichkeit;* der ~ der Lage zwingt uns zu dieser Maßnahme

ernst|ge|meint auch: **ernst ge|meint** ⟨Adj. 24/70⟩ *aufrichtig, wirklich so gemeint, ernsthaft, seriös;* ~e Angebote bitte unter…; ein ~er Vorschlag

ernst|haft ⟨Adj.⟩ **1** *ernst, ernst gemeint, ernst gesinnt;* er hat ~e Absichten **2** *bedrohlich, bedenklich, gefährlich;* er ist ~ krank, verletzt

ernst|lich ⟨Adj. 90⟩ **1** ⟨90⟩ *ernst, nachdrücklich;* der Plan wurde ~ untersagt **2** ⟨90⟩ *wirklich, heftig;* wenn du nicht damit aufhörst, werde ich ~ böse **3** ⟨90⟩ *bedenklich, gefährlich;* er ist ~ erkrankt

ernst|zu|neh|mend auch: **ernst zu neh|mend** ⟨Adj. 70⟩ *ernsthaft, ernstlich;* eine ~e Verletzung

Ernte

Ern|te ⟨f.; -, -n⟩ **1** *Tätigkeit, bei der die reifen Feld- u. Gartenfrüchte eingesammelt u. eingebracht werden; dem Bauern bei der ~ helfen, zusehen;* →a. *Tod (2.2)* **2** *Feld- u. Gartenfrüchte, die eingesammelt und eingebracht werden sollen; die ~ reift; die ~ einbringen, einholen* • **2.1** *mir ist die ganze ~ verhagelt* ⟨fig.; umg.⟩ *nur Misserfolg beschieden* **3** *die eingebrachte Menge (an Feld- u. Gartenfrüchten); die ~ an Getreide, Obst; eine durchschnittliche, gute, schlechte ~; die diesjährige, vorjährige ~* **4** ⟨fig.⟩ *Ertrag der eigenen Arbeit; die ~ deines Fleißes*

ern|ten ⟨V.⟩ **1** ⟨402⟩ **Feld-** *od.* **Gartenfrüchte ~** *mähen od. sammeln u. einbringen; Getreide, Kartoffeln, Wein, Obst ~; viel, wenig ~; wir haben in diesem Jahr noch nicht geerntet* **2** ⟨500⟩ *eine* **Sache ~** ⟨fig.⟩ *bekommen, erhalten; Anerkennung, Dank, Lob, Undank ~; die Früchte seiner Arbeit, seines Fleißes ~* • **2.1** *~, ohne gesät zu haben den Erfolg anderer für sich ausnutzen*

er|nüch|tern ⟨V. 500/Vr 7⟩ **jmdn. ~ 1** *nüchtern machen, vom Rausch befreien; die frische Luft wird ihn schnell ~* **2** ⟨fig.⟩ *von einer Einbildung befreien, jmdm. die Begeisterung, Freude nehmen, jmdn. enttäuschen; ihre Frage ernüchterte ihn; seine Rede hat mich ernüchtert*

er|obern ⟨V. 500⟩ **1** *etwas ~ mit Gewalt an sich reißen, im Sturm nehmen, erkämpfen; eine Festung, einen feindlichen Stützpunkt ~; der Gegner hat größere Gebiete erobert* **2** ⟨503/Vr 5⟩ **jmdn.** *od.* **etwas (sich) ~** ⟨fig.⟩ *für sich (durch Vorzüge, Schmeichelei, mit Hilfe von Neigung, Gegenliebe) gewinnen; eine Frau ~; er hat die Herzen, die Sympathien aller Zuschauer erobert; die Firma hat (sich) neue Märkte erobert; jmds. Herz im Sturm ~; er hat sich einen guten Platz erobert*

er|öff|nen ⟨V. 500⟩ **1** *etwas ~ der Öffentlichkeit zugänglich machen; ein Geschäft ~; die Ausstellung wurde vom Wirtschaftsminister eröffnet; gestern wurde der neue Musiksaal mit einem Festkonzert eröffnet* **2** *ein* **Testament ~** *förmlich öffnen u. seinen Inhalt den Beteiligten verkünden* **3** *etwas ~ (etwas, an dem viele teilhaben) beginnen; die Sitzung ~; nach dem Vortrag von … wollen wir nun die Diskussion ~; die Saison ~; die neue Spielzeit wurde mit dem „Don Juan" eröffnet; den Tanz mit einem Walzer ~* • **3.1** *das* **Feuer ~** ⟨Mil.⟩ *zu schießen beginnen; das Feuer auf die feindlichen Linien ~* • **3.2** *ein* **Konto ~** *neu einrichten; ein Konto bei einer Bank ~* **4** ⟨530⟩ **jmdm. etwas ~** *förmlich, feierlich od. vertraulich mitteilen, kundtun; er hat ihr eröffnet, dass sie ein Kind erwartet* **5** ⟨Vr 3⟩ *sich ~* ⟨fig.⟩ *sich zeigen, in Aussicht stellen; in dieser Stellung ~ sich ihm die besten Aufstiegschancen*

ero|gen ⟨Adj. 70⟩ **1** *(durch Berührung) geschlechtlich erregbar* • **1.1** *~e* **Zonen** *Körperstellen, deren Berührung sexuelle Erregung bewirkt*

er|ör|tern ⟨V. 500⟩ *etwas ~ eingehend besprechen, diskutieren; die neue Gesetzesvorlage wurde im Parlament ausführlich erörtert; das Für und Wider eines Vorschlages ~; eine Frage, ein Problem ~*

Eros ⟨m.; -, -ro̱ten⟩ **1** ⟨unz.⟩ *(sinnliche) Liebe* **2** ⟨unz.; Philos.⟩ *Trieb nach Erkenntnis u. schöpferischer geistiger Tätigkeit* **3** *der Gott der Liebe, dargestellt als geflügeltes Kind*

Ero|si|on ⟨f.; -, -en⟩ **1** ⟨Geol.⟩ *Auswaschung, Abtragung (von Land durch Wind od. Wasser)* **2** ⟨Med.⟩ *Abschürfung der Haut od. Schleimhaut*

Ero|tik ⟨f.; -; unz.⟩ **1** *sinnlich-körperliche Liebe, Liebesu. Geschlechtsleben* **2** *Sinnlichkeit des Geschlechtslebens* **3** ⟨verhüllend⟩ *Sexualität*

ero|tisch ⟨Adj.⟩ **1** *die (körperliche) Liebe betreffend, auf sie bezüglich, auf ihr beruhend* • **1.1** *das Liebes- u. Geschlechtsleben betonend od. anreizend* **2** *= sinnlich (2)* **3** ⟨verhüllend⟩ *sexuell; die ~en Szenen in einem Film*

Er|pel ⟨m.; -s, -⟩ *Männchen der Ente, Enterich*

er|picht ⟨Adj. 74⟩ **auf etwas ~ sein** ⟨umg.⟩ *auf etwas versessen, begierig sein; ich bin auf das Ergebnis, Spiel, Essen nicht sonderlich ~; der Reporter war, zeigte sich auf Sensationen, Neuigkeiten ~*

er|pres|sen ⟨V. 500/Vr 8⟩ **1** **jmdn. ~** *durch Drohungen od. Gewalt zu etwas zwingen; er erpresste ihn schon lange Zeit; sie versuchte ihn zu ~; sie erpresst ihn durch Drohbriefe* **2** **etwas ~** *durch Drohungen od. Gewalt von jmdm. bekommen; Lösegeld ~; er hat ihr ein Versprechen, eine Unterschrift erpresst; ein erpresstes Geständnis*

er|pro|ben ⟨V. 500/Vr 7 od. Vr 8⟩ **1** **jmdn.** *od.* **etwas ~** *auf die Probe stellen, prüfen; jmds. Ausdauer, Ehrlichkeit, Geschick, Treue, Zuverlässigkeit ~; ein Gerät praktisch ~; nur erprobte Heilmethoden, Medikamente anwenden* • **1.1** *ein erprobter Freund, Kenner, Diener ein zuverlässiger F., K., D.*

er|qui|cken ⟨V. 500/Vr 7; veraltet⟩ **jmdn.** *od.* **etwas ~** *stärken, erfrischen, beleben; sich an einem Anblick ~; sich von der Hitze des Tages durch ein kühles Bad ~; sich mit einem kühlen Getränk ~; nach dem Gewitter war die Luft ~d; ein ~des Getränk; nach dem Schlaf erquickt erwachen*

er|ra|ten ⟨V. 195/500⟩ **jmdn.** *od.* **etwas ~** *durch Raten herausfinden, entdecken, aus versteckten Andeutungen auf jmdn. od. etwas schließen; du errätst es nicht!; jetzt habe ich ~, was du meinst; jmds. Absichten, Gedanken ~; den Zusammenhang ~; das ist leicht, schwer zu ~; er hat schnell ~, dass …*

er|rech|nen ⟨V. 500⟩ **1** *etwas ~ durch Rechnen herausbekommen, ausrechnen* **2** ⟨530/Vr 1⟩ **sich etwas ~** *etwas erwarten, mit etwas rechnen; diesen Erfolg hatte ich mir nicht errechnet*

er|re|gen ⟨V. 500⟩ **1** ⟨Vr 7 od. Vr 8⟩ **jmdn. ~** *in starke Gefühlsbewegung versetzen; jmdn. sexuell, sinnlich ~; er war vor Empörung, Zorn ganz erregt; sich über jmdn. od. etwas ~; er hat sich sehr darüber erregt; wir hatten eine erregte Auseinandersetzung miteinander; nach erregter Debatte wurde über den Vorschlag abgestimmt* **2** **etwas ~** *hervorrufen, bewirken, erzeugen, erwecken; Anerkennung, Bewunderung, Interesse, Neid ~; das wird Appetit, Durst, Hunger ~; Ärgernis, Aufsehen, Missfallen, Staunen, Verdruss ~; Begierde ~; Besorgnis, Mitleid, Trauer*

~; ihre schlagfertige Antwort erregte Gelächter, Heiterkeit; jmds. Sinnlichkeit ~; hiermit kann man elektrischen Strom ~ • 2.1 ~des **Moment** *erster Hinweis auf die kommende Verwicklung im Drama*

Er|re|gung ⟨f.; -, -en⟩ **1** ⟨unz.⟩ *das Erregen, Aufregen* • 1.1 *Reizen, Hervorrufen;* ~ öffentlichen Ärgernisses; geschlechtliche ~ **2** ⟨zählb.⟩ *das Erregt-, Aufgeregtsein;* man sah ihm die ~ nicht an

er|rei|chen ⟨V. 500⟩ **1** etwas ~ *bis zu etwas reichen (um etwas zu ergreifen);* das Kind kann die Türklinke noch nicht ~ **2** ⟨Vr 8⟩ **jmdn.** ~ *mit jmdm. in Verbindung treten;* unter welcher Nummer kann ich Sie (telefonisch) ~?; wo sind Sie tagsüber zu ~? **3** jmdn. od. etwas ~ *bis zu jmdm. od. bis zu einem gewissen Punkt gelangen, kommen;* mein Anruf, Brief, Telegramm erreichte ihn nicht mehr; Briefe, die ihn nicht erreichten; mit dieser Aufführung erreichte das Theater einen künstlerischen Höhepunkt; mit diesem Wagen ~ Sie eine Spitzengeschwindigkeit von 190 Kilometern in der Stunde; der Schüler konnte das Klassenziel nicht ~; der Zug hatte Verspätung, so dass ich meinen Anschluss nicht erreichte; die Berghütte ist nur zu Fuß zu ~; der Schwimmer erreichte das rettende Ufer nur mit Mühe • 3.1 in einer Stunde werden wir München ~ *in M. ankommen* **4** etwas ~ *durchsetzen, seine Wünsche gegen Widerstände verwirklichen;* ohne Fleiß, Geduld, Mühe wirst du nicht viel ~; eine Absicht, einen Zweck (nicht) ~; bei ihr kann man alles, nichts ~; jmds. Entlassung ~; er hat es auch bei mir zu ~ versucht • 4.1 es ist erreicht! *gelungen!, vollbracht!*

er|ret|ten ⟨V. 505⟩ jmdn. (aus, vor etwas) ~ *retten, in Sicherheit bringen, vor etwas bewahren;* er hat ihn aus größter Gefahr errettet; jmdn. vor dem (sicheren) Tod ~

er|rich|ten ⟨V. 500⟩ **1** etwas ~ *aufrichten, aufstellen;* Barrikaden, Tribünen, Zelte ~; auf einer Geraden eine Senkrechte ~ ⟨Math.⟩ • 1.1 ein **Gebäude,** Denkmal, einen Turm ~ *bauen* **2** etwas ~ ⟨fig.⟩ *gründen, bilden, einrichten;* eine Stiftung, Aktiengesellschaft, Fabrik, ein Geschäft ~ **3** ein **Testament** ~ ⟨Rechtsw.⟩ *ein T. urkundlich niederlegen*

er|rin|gen ⟨V. 202/503/Vr 1⟩ etwas ~ *(im Kampf od. Wettstreit) durch Mühe, Anstrengung erlangen, gewinnen;* einen Preis, den Sieg ~; er hat bei dem Rennen den zweiten Platz errungen; jmds. Achtung, Vertrauen ~; er errang sich innere Unabhängigkeit, geistige Freiheit

er|rö|ten ⟨V. 400(s.)⟩ *rot werden (im Gesicht);* jmdn. ~ machen; tief ~; aus, vor Freude, Verlegenheit ~; über jmdn. oder etwas ~; ~d gestehen, dass ...

Er|run|gen|schaft ⟨f.; -, -en⟩ **1** *etwas durch Anstrengung Erreichtes, Erworbenes, wohltätige Neuerung;* soziale, kulturelle ~en; eine ~ der Technik, Zivilisation; die ~en der Forschung praktisch nutzbar machen; einen Haushalt mit neuesten technischen ~en haben • 1.1 das ist meine neueste ~ ⟨umg.; scherzh.⟩ *Anschaffung*

Er|satz ⟨m.; -es, -sät|ze⟩ **1** *Person od. Sache, die anstelle einer nicht mehr vorhandenen od. nicht mehr geeigneten Person od. Sache eingesetzt werden kann;* ~ ist leicht, schwer zu beschaffen; wo finden wir ~?; wo sollen wir ~ hernehmen?; ~ schaffen für; ~ stellen für etwas od. jmdn.; geeigneter, ungenügender, vollwertiger ~ für; er sprang als ~ für den verletzten Spieler ein; als, zum ~ für; für ~ sorgen **2** *Entschädigung, Gegenwert, Wiedererstattung;* ~ der Kosten, des Schadens, des Verlustes; ~ beantragen, einklagen, fordern, verlangen für einen Schaden, Verlust; ~ bieten, geben, leisten für

Er|satz|teil ⟨n. od. m.; -(e)s, -e⟩ *Gegenstand, der anstelle eines verlorenen od. unbrauchbar gewordenen Stückes eingesetzt wird, Ersatzstück*

er|sau|fen ⟨V. 205/400(s.); umg.⟩ **1** ⟨derb⟩ *ertrinken;* er ist beim Baden fast ersoffen **2** etwas ersäuft *wird überschwemmt;* die Felder, das Getreide, Heu, die Wiesen ~ • 2.1 die **Grube,** der Schacht ersäuft ⟨Bgb.⟩ *wird durch eindringendes Wasser unbenutzbar* • 2.2 das **Mühlrad** ersäuft *es kann nicht umlaufen, weil der Wasserstand zu hoch ist* • 2.3 der **Motor** ersäuft, säuft ab ⟨Tech.⟩ *der M. bekommt zu viel Kraftstoff u. springt nicht an*

er|säu|fen ⟨V. 500; umg.⟩ **1** ein **Tier** ~ *ertränken* **2** seinen **Kummer** im Alkohol ~ ⟨fig.⟩ *vergessen machen, betäuben*

er|schaf|fen ⟨V. 207/500⟩ etwas ~ ⟨geh.⟩ *schaffen, entstehen lassen;* Gott hat Himmel und Erde ~; alles von Menschen Erschaffene

er|schal|len ⟨V. 208/400(s.); geh.⟩ *ertönen, erklingen;* plötzlich erscholl lautes Gelächter; ein Lied erschallt

er|schau|dern ⟨V. 400(s.); geh.⟩ *schaudern, zusammenschrecken, sich plötzlich schütteln;* vor Grauen, Angst ~; bei diesem Gedanken erschauderte sie

er|schau|en ⟨V. 500⟩ jmdn. od. etwas ~ ⟨geh.; veraltet⟩ *mit den Augen wahrnehmen, erblicken (meist von etwas Großem, Erhabenem)*

er|schei|nen ⟨V. 210(s.)⟩ **1** ⟨400⟩ etwas od. **jmd.** erscheint *wird sichtbar, tritt auf;* der Abendstern, der Mond, die Sonne erschien am Himmel; am Horizont erschienen die ersten Gewitterwolken; als Posten in der Rechnung ~ • 1.1 ⟨301; unpersönl.⟩ es erschien die Stunde, der Tag, da ... ⟨geh.⟩ *es kam die S., der T., da ...* • 1.2 ⟨400⟩ *sich sehen lassen, sich einfinden;* die Heldin erscheint gegen Ende des ersten Aktes zum ersten Mal auf der Bühne; am Fenster ~; auf einer Versammlung ~; bei einem Fest ~; sie erschien in einem neuen Kleid; bei seinem Erscheinen stockte das Gespräch; um pünktliches Erscheinen wird gebeten (in einer Einladung); als Zeuge vor Gericht ~; sein Erscheinen vor Gericht war eine Überraschung; sie erschien gestern zum ersten Mal wieder in Gesellschaft **2** ⟨412⟩ ein **Druckwerk** erscheint *wird herausgegeben, kommt in den Handel;* dieses Buch wird in Kürze ~; eine Neuauflage erscheint demnächst; die Zeitschrift, Zeitung erscheint monatlich, täglich, vierteljährlich, wöchentlich; das Buch ist soeben erschienen; das Buch war schon bald nach Erscheinen vergriffen **3** ⟨600⟩

Erscheinung

jmdm. ~ *sich jmdm. in bestimmter Weise darstellen, jmdm. vorkommen, als ob jmd. od. etwas etwas sei;* seine Darlegungen erschienen mir lückenhaft, unvollständig, zu subjektiv; es erscheint mir bemerkenswert, glaubhaft, merkwürdig, unglaublich, wünschenswert; es erscheint mir günstig, ungünstig, vorteilhaft, dass ...; deine Stellungnahme lässt die Angelegenheit in einem ganz anderen Licht ~

Er|schei|nung ⟨f.; -, -en⟩ **1** *wahrnehmbarer Vorgang;* es ist eine auffallende, eigentümliche, seltene ~; es ist eine bekannte ~, dass ...; das ist eine typische ~ für ... • **1.1** in ~ treten *sichtbar, wirksam werden* **2** *Gestalt;* eine liebliche ~; eine stattliche ~ **3** *Traumbild, Vision;* er hat ~en **4** ⟨Philos.⟩ *alles, was mit den Sinnen wahrgenommen wird* **5** die ~ **Christi**, des **Herrn** ⟨christl. Kirche⟩ *Fest, urspr. der Geburt, dann der Taufe Christi*

er|schie|ßen ⟨V. 215/500/Vr 8⟩ **1** jmdn. ~ *durch einen Schuss töten, hinrichten lassen;* jmdn. standrechtlich, auf der Flucht, hinterrücks ~; er erschoss ihn von hinten • **1.1** sich ~ *Selbstmord mit einer Schusswaffe begehen* **2** ich bin völlig erschossen! ⟨fig.; umg.⟩ *abgearbeitet, müde, am Ende meiner Kräfte*

er|schlaf|fen ⟨V.⟩ **1** ⟨500⟩ etwas erschlafft jmdn. *macht jmdn. schlaff;* von ~der Wirkung sein **2** ⟨400⟩ *schlaff, schwach werden, sich entspannen;* die Glieder ~ lassen; nach schwerer Arbeit erschlafft sein; erschlaffte Muskeln; sein Widerstand erschlafft ⟨fig.⟩

er|schla|gen ⟨V. 218/500⟩ **1** ⟨Vr 8⟩ jmdn. od. ein **Tier** ~ *durch einen od. mehrere Schläge töten;* jmdn. mit einem Knüppel, Beil ~ • **1.1** ⟨wie⟩ ~ sein ⟨fig.; umg.⟩ *sehr müde, abgespannt;* nach der langen Reise waren wir ganz ~ **2** etwas erschlägt jmdn. *tötet jmdn. durch Herabstürzen;* er wurde vom Blitz ~; der fallende Baum erschlug einen Waldarbeiter • **2.1** jmd. ist ~ ⟨fig.; umg.⟩ *erstaunt, verblüfft, fassungslos;* ich bin ~!

er|schlei|chen ⟨V. 219/530/Vr 1⟩ sich etwas ~ *unrechtmäßig, durch heimliche Machenschaften erwerben, erreichen, durch Schmeichelei od. Täuschung erlangen;* sich ein Erbe ~; sich jmds. Gunst ~

er|schlie|ßen ⟨V. 222/500⟩ **1** etwas ~ *zugänglich, nutzbar machen;* neue Absatzmärkte ~; neues Baugelände ~; zusätzliche Einnahmequellen ~; eine Gegend als Reisegebiet ~; bevor Hilfsquellen müssen erschlossen werden; eine Ölquelle ~; das Gebiet ist touristisch noch nicht erschlossen **2** ⟨Vr 3⟩ etwas erschließt sich **(**geh.**)** *öffnet sich;* die Knospe wird sich bald ~ • **2.1** ⟨530⟩ sich od. etwas jmdm. ~ *sich jmdm. offenbaren, jmdm. verständlich werden;* er erschloss ihr sein Herz; der Sinn des Textes erschließt sich nur dem aufmerksamen Leser **3** ⟨510⟩ etwas aus etwas ~ *durch Schlussfolgerung ermitteln, herleiten;* daraus ist zu ~, dass ... • **3.1** ein **Wort**, eine **grammatische Form** ist nur erschlossen ⟨Sprachw.⟩ *nicht schriftlich überliefert, nicht belegt, rekonstruiert*

er|schöp|fen ⟨V. 500⟩ **1** etwas ~ *nutzen, bis es nichts mehr hergibt, bis zum Letzten verbrauchen;* einen Kredit, Vorräte ~; alle Mittel, Möglichkeiten, Reserven ~; meine Geduld ist erschöpft • **1.1** ⟨Vr 3⟩ etwas erschöpft sich *wird verbraucht, geht zu Ende;* der Gesprächsstoff erschöpfte sich schnell • **1.2** ein **Thema** ~ *vollständig, eingehend behandeln* • **1.2.1** eine ~de Darstellung eines Themas *eine vollständige, bis in alle Einzelheiten gehende D.* **2** ⟨Vr 7 od. Vr 8⟩ jmdn. ~ *bis zum Ende der Kräfte ermüden;* von den Anstrengungen, der Arbeit, der Hitze erschöpft sein • **2.1** jmd. ist völlig erschöpft *am Ende seiner Kräfte*

Er|schöp|fung ⟨f.; -, -en; Pl. selten⟩ **1** *das Erschöpfen, Ausnutzung, Verbrauch;* die ~ der Bodenschätze **2** *Zustand des Erschöpftseins, Kraftlosigkeit, Müdigkeit;* bis zur völligen ~ arbeiten

er|schre|cken ⟨V. 229⟩ **1** ⟨400⟩ *einen Schrecken bekommen, plötzlich in Schrecken geraten;* erschrick nicht!; wir erschraken über sein Aussehen; ich erschrak über seine Worte; sie erschrak vor ihm; alle Vorübergehenden ~ vor dem Hund; zu Tode erschrocken wandte er sich um **2** ⟨500/Vr 7 od. Vr 8⟩ jmdn. ~ *plötzlich in Schrecken versetzen, jmdm. einen Schreck einjagen;* der Hund erschreckt alle Vorübergehenden; er ist leicht zu ~; habe ich dich erschreckt?; der Anblick, das Erlebnis, der Unfall, Vorfall erschreckte sie sehr; man soll kleine Kinder nicht ~; sie sah ~d aus; der Verletzte bot einen ~den Anblick; ein ~des Beispiel

er|schüt|tern ⟨V. 500⟩ **1** etwas ~ *in heftig zitternde, schwankende Bewegung versetzen;* das Erdbeben erschütterte den Boden; die Explosion erschütterte die nahe gelegenen Gebäude • **1.1** ⟨fig.⟩ *die Grundlage von etwas angreifen, infrage stellen;* unser Vertrauen zu dir kann nicht erschüttert werden; seine Gesundheit ist in letzter Zeit stark erschüttert worden **2** jmdn. ~ *zutiefst bewegen;* diese Nachricht wird ihn ~; er war erschüttert über diesen Vertrauensbruch, Vorfall; tief erschüttert vom Tode Ihres Vaters ⟨in Beileidsbekundungen⟩; wir sahen erschüttert zu, wie ...; die Trauergemeinde stand erschüttert an seinem Grabe; es ist ein ~des Buch; es war ein ~des Erlebnis

Er|schüt|te|rung ⟨f.; -, -en⟩ **1** ⟨zählb.⟩ *das Erschüttern, heftig zitternde, schwankende Bewegung;* ~ des Erdbodens • **1.1** ⟨fig.⟩ *das Infragestellen;* ~ einer Freundschaft, einer guten Beziehung **2** ⟨unz.⟩ *tiefes Ergriffensein, tiefe innere Bewegtheit;* seine ~ war ihm deutlich anzusehen

er|schwe|ren ⟨V.⟩ **1** ⟨503/Vr 5 od. Vr 6⟩ (jmdm.) eine **Sache** ~ *durch Hindernisse schwieriger machen, behindern;* jmdm. seine Arbeit ~; das erschwert mir meine Aufgabe; der Leichtsinn ihres Mannes erschwert ihr das Leben; die Rettung des Bergsteiger wird durch starken Schneefall erschwert; unter erschwerten Bedingungen arbeiten müssen • **1.1** ein ~der Umstand ⟨Rechtsw.⟩ *strafverschärfender U.* **2** Seide ~ *den durch das Entbasten eingetretenen Gewichtsverlust durch Behandeln mit Salzlösungen ausgleichen*

er|schwin|deln ⟨V. 503/Vr 5⟩ (sich) etwas ~ ⟨umg.⟩ *durch Schwindeln od. Betrug erlangen;* (sich) ein Vermögen, ein Darlehen ~

er|schwin|gen ⟨V. 237/500; nur im Inf.; selten⟩ **etwas** ~ *eine (große) Geldsumme für etwas aufbringen, bezahlen;* das Geld für etwas (nicht) ~ können; das ist nicht zu ~

er|schwing|lich ⟨Adj. 70⟩ *so beschaffen, dass man es erschwingen (bezahlen) kann, bezahlbar;* ein ~es Grundstück

er|se|hen ⟨V. 239/505⟩ **1** etwas (aus etwas) ~ *erkennen, entnehmen, wahrnehmen;* er ersah bald seinen Vorteil; soviel ich aus Ihrem Brief ersehe …; wie Sie aus den Unterlagen ~ werden …; daraus ersieht man, dass … **2 jmdn.** od. **etwas** nicht mehr ~ können ⟨regional⟩ *ertragen, leiden, ausstehen können*

er|seh|nen ⟨V. 500/Vr 8⟩ jmdn. od. etwas ~ *sehnsüchtig erwarten, herbeisehnen, herbeiwünschen;* etwas heiß ~; endlich kam der ersehnte Augenblick; das ersehnte Ziel; der ersehnte Brief

er|set|zen ⟨V. 500⟩ **1** jmdn. od. etwas ~ *an die Stelle einer Person od. Sache treten u. deren Funktion übernehmen;* automatisierte Produktion ersetzt heute häufig Arbeitskräfte; sie ersetzt ihm die Mutter; Wanderungen in die Umgebung müssen wir in diesem Jahr eine Urlaubsreise ~ • **1.1** *an die Stelle einer Person od. Sache setzen u. deren Funktion übernehmen lassen;* ich möchte die schweren, alten Sessel durch eine leichte, moderne Polstergarnitur ~ **2** etwas ~ *erstatten, wiedergeben, ausgleichen;* er kann sich die Auslagen, Kosten von der Firma ~ lassen; die Versicherung wird mir den Verlust ~; der Schaden ist nicht zu ~

er|spä|hen ⟨V. 500/Vr 8⟩ **1** ⟨Vr 8⟩ jmdn. od. etwas ~ *durch scharfes Hinschauen erblicken;* ein Wild ~; er hat ein Flugzeug in der Ferne erspäht **2** etwas ~ ⟨fig.⟩ *durch scharfes Aufpassen erkennen;* einen Vorteil ~; sie erspähte eine neue Möglichkeit

er|spa|ren ⟨V. 500⟩ **1** etwas ~ *durch Sparen zusammenbringen;* sich Geld, 1 000 Euro, eine Rücklage ~; er hat 10.000 Euro erspartes Geld auf der Bank **2** ⟨530⟩ **jmdm. etwas** ~ *jmdn. mit etwas verschonen;* ich will dir die Schilderung der Krankheit ~; ihm bleibt aber auch nichts erspart!; der Anblick soll dir erspart bleiben **3** ⟨530/Vr 1⟩ **sich etwas** ~ *etwas vermeiden, unterlassen;* diesen Ärger, diese Enttäuschung hättest du dir ~ können

Er|spar|nis ⟨f.; -, -se od. österr. a. n.; -ses, -se⟩ **1** ⟨meist Pl.⟩ *durch Sparen zusammengebrachte Summe, erspartes Geld;* seine gesamten ~se steckte er in Aktien und Fonds **2** ⟨unz.⟩ *Einsparung, Minderverbrauch;* ~ an Zeit, Kraft, Energie

er|sprie|ßen ⟨V. 252/400(s.); geh.⟩ **1 Blüten, Knospen** ~ *sprießen, wachsen hervor* • **1.1** ⟨fig.⟩ *hervorbringen;* daraus erspross nichts Gutes **2 Pflanzen** ~ *gedeihen*

er|sprieß|lich ⟨Adj.; geh.⟩ *vorteilhaft, günstig, nutzbringend;* eine ~e Beschäftigung; dieser Anblick ist nicht ~; das ist ja wenig ~!

erst ⟨Adv.⟩ **1** *zuerst, zu Beginn einer zeitlichen Abfolge;* ~ die Arbeit und dann das Vergnügen (Sprichw.); ~ komme ich an die Reihe • **1.1** *bevor etwas bestimmtes anderes, das sich aus dem Zusammenhang ergibt, geschieht, zuvor;* du musst ihn ~ einmal richtig kennenlernen; du musst ihn ~ einmal spielen hören; das braucht nicht ~ bewiesen zu werden; ich brauche wohl nicht ~ zu betonen, dass … **2** *nicht (wie erwartet) früher als …, nicht zu einem früheren Zeitpunkt, sondern …;* er kommt ~ am Sonntag; er kam ~, als sein Vater bereits tot war; ich komme ~ dann, wenn …; ~ jetzt verstehe ich ihn ganz; ich kann ~ morgen kommen; ich erfuhr es ~ spät; ich bin eben ~ zurückgekommen; ~ gestern habe ich ihn getroffen, bei ihm angerufen; ich habe mich ~ kürzlich dazu entschlossen • **2.1** *nicht (wie erwartet) später als …;* es ist ~ 7 Uhr • **2.2** *nicht (wie erwartet) mehr als;* wir haben ~ die Hälfte der Strecke hinter uns; er ist ~ 10 Jahre alt; ich bin ~ eine Stunde hier; wir sind ~ zwei Stunden unterwegs **3** *wenn jmd.* ~ … *wenn es so weit sein wird, dass jmd. …;* wenn du ~ einmal in mein Alter kommst …; und wenn er ~ einmal dein Vertrauen missbraucht hat?; wenn er ~ abgereist ist, dann … • **3.1** *wenn jmd. nur* ~ … *wäre! wenn es nur schon so weit wäre, dass jmd. … wäre;* wär ich nur ~ wieder zu Hause!; wenn er nur ~ fort wäre! **4** ⟨verstärkend⟩ *gar, nun gar, noch in gesteigertem Maße;* und ich ~! ⟨zustimmend⟩ • **4.1** nun ging es ~ richtig los *das Vorangegangene war nichts im Vergleich zu dem, was nun folgte* • **4.2** und wenn du das ~ hörst! *u. wenn du das gehört haben wirst, wirst du noch mehr beeindruckt sein* **5** (jmd. tut etwas) **jetzt, nun** ~ **recht** *jmd. lässt sich nicht, wie es zu erwarten wäre, von etwas abhalten, sondern tut es den Umständen od. einer Person zum Trotz* • **5.1** jetzt, nun ~ recht *trotzdem, nun gerade* • **5.2** jetzt, nun ~ recht nicht *nun gerade nicht, dir zum Trotz nicht* • **5.3** so geht es ~ recht nicht *so geht es noch viel weniger*

er|star|ken ⟨V. 400(s.)⟩ *stark werden;* nach der Krankheit erstarkte er, sein Körper; sein Widerstand, seine Freundschaft erstarkte ⟨fig.⟩

er|star|ren ⟨V. 400(s.)⟩ **1** eine **Flüssigkeit** erstarrt *geht in den festen Aggregatzustand über, wird starr;* der See war zu Eis erstarrt; das Blut erstarrte ihm in den Adern vor Furcht, Grauen ⟨fig.⟩; zu Stein ~ ⟨fig.⟩ **2** ⟨405⟩ etwas erstarrt (zu etwas) ⟨fig.; geh.⟩ *wird zu einer Sache, die nicht mehr mit Leben erfüllt ist;* seine Kunst erstarrte zur reinen Routine **3** *(vor Kälte) steif, unbeweglich werden;* trotz der Handschuhe sind meine Finger ganz erstarrt **4** *plötzlich eine starre Haltung annehmen;* wir erstarrten bei diesem furchtbaren Anblick; vor Entsetzen, Schreck ~; er stand wie erstarrt

er|stat|ten ⟨V. 500⟩ **1** ⟨503/Vr 6⟩ **(jmdm.) etwas** ~ *zurückgeben, bezahlen, ersetzen, entschädigen;* jmdm. die Auslagen, den Betrag, die Fahrtkosten ~; alle Unkosten werden erstattet **2** ⟨Funktionsverb⟩ **etwas** ~ *geben, machen;* einen Bericht über etwas ~; eine Anzeige gegen jmdn. ~; Meldung ~; Bericht ~ über

er|stau|nen ⟨V.⟩ **1** ⟨500/Vr 8⟩ **jmdn.** ~ *in Staunen versetzen;* er erstaunte mich durch seine Kenntnisse **2** ⟨405(s.)⟩ **(über etwas)** ~ *in Staunen geraten, sich sehr wundern;* ich bin erstaunt über sein Wissen

er|staun|lich ⟨Adj.⟩ **1** *Staunen erregend, verwunderlich,*

erstbeste(r, -s)

merkwürdig, bewundernswert; ~ *viele waren gekommen;* eine ~e Leistung; ein ~er Vorfall; Erstaunliches leisten, vollbringen; es ist ~, wie er das geschafft hat; es ist doch recht ~, dass … **2** *sehr groß;* eine ~e Geschwindigkeit, Höhe • **2.1** ⟨50; verstärkend⟩ *sehr;* sie sieht ~ jung aus; er ist ~ schlank geworden; er hat ~ lange Beine

erst|bes|te(r, -s) ⟨Adj. 24/60⟩ *der, die, das erste Beste, das einem zufällig begegnet, in die Hände fällt, sich als Erstes, als Nächstes bietend;* bei der ~n Gelegenheit; das ~ Hemd habe ich gekauft; nimm nicht gleich das Erstbeste!

ers|te(r, -s) ⟨Numerale 24; Zeichen: 1.⟩ **1** ⟨Ordinalzahl von⟩ *eins;* wir wohnen im ~n Stock; das ~ Bild wurde später übermalt; die ~ Fassung (eines Werkes); er war unser ~r Vorsitzender; sein ~r Auftritt im Ausland; der ~ und wichtigste Schritt in dieser Angelegenheit; Wilhelm der Erste (als Titel); der Erste Weltkrieg; das ~ Mal; beim ~n Mal; zum ~n Mal; zum Ersten, Zweiten, Dritten (bei Versteigerungen); in den ~n Tagen des Monats; wir kommen am ~n Juni; der Erste des Monats; zum Ersten (des Monats) kündigen; am Ersten (des Monats) die Miete zahlen; vom nächsten Ersten an die Miete erhöhen; der ~ Mai (Datum), der Erste Mai (Feiertag); der, die, das Erste (in der Reihenfolge); er war der Erste, der mich warnte; das ist das Erste, was ich höre; das Erste, was ihm einfiel; ich hörte als Erster davon; als Erster durchs Ziel gehen; als Erstes die Abrechnung machen **2** *den Anfang einer räumlichen od. zeitlichen Reihenfolge bildend* • **2.1** das Erste und das Letzte *Anfang u. Ende* • **2.2** du musst den ~n Schritt zur Versöhnung tun *du musst zuerst die Bereitschaft zur V. erkennen lassen* • **2.3** die ~ **beste** Gelegenheit nutzen *die zunächst sich bietende G.* • **2.4** fürs Erste *für den Anfang, zunächst;* fürs Erste soll es genug sein • **2.5** Erste/erste **Hilfe** *sofortige behelfsmäßige Maßnahmen bei Unglücksfällen;* Erste/erste Hilfe leisten • **2.6** die ~n Menschen ⟨AT⟩ *Adam u. Eva* **3** *die Spitze eines Ranges bildend;* eine Ware von ~r Güte, Qualität; wir saßen im ~n Rang; die ~n beiden Schüler (einer Klasse), die beiden ~n Schüler (zweier Klassen); der, die Erste (dem Rang nach); lieber der Erste hier als der Zweite in Rom (Plutarch); die Ersten unter Gleichen; die Ersten werden die Letzten sein; er ist der (sie ist die) Erste in unserer Klasse; Erstes Deutsches Fernsehen; der Erste Staatsanwalt; der Erste Geiger; Erster Vorsitzender; erster Klasse fahren • **3.1** in ~r Linie *vor allem* • **3.2** die ~ Geige spielen ⟨fig.⟩ *tonangebend sein, viel zu sagen haben* • **3.3** erster Offizier (Abk.: I. O.) *nach dem Kommandanten ranghöchster Offizier an Bord von Schiffen* • **3.4** es ist das ~ Haus am Platze *das beste Haus (Geschäft, Hotel usw.) hier* • **3.5** Erster von hinten ⟨scherzh.⟩ *Letzter* **4** ⟨Getrennt- u. Zusammenschreibung⟩ • **4.1** ~ mal = *erstmal*

er|ste|hen ⟨V. 256⟩ **1** ⟨400(s.); geh.⟩ *aufstehen, wieder aufleben, von neuem entstehen;* Christus ist vom Tode, Grabe erstanden ⟨Rel.⟩; ein neues Leben erstand aus den Ruinen **2** ⟨403 od. 405(s.); geh.⟩ *etwas er-*

steht ⟨jmdm. aus etwas⟩ *etwas entsteht; daraus werden (uns) nur Schwierigkeiten* • **3** ⟨500⟩ etwas ~ *kaufen, erwerben;* sie hat gute Plätze für die Theatervorstellung erstanden; ich erstand billig ein Paar Schuhe

Ers|te-Hil|fe-Lehr|gang ⟨m.; -s, -gän|ge⟩ *Lehrgang zum Erlernen der Ersten Hilfe,* → *erste(r, -s) (2.5)*

ers|tens ⟨Adv.⟩ *als Erstes, zum Ersten;* ~ möchte ich sagen …

ers|te|re(r, -s) ⟨Numerale 24⟩ Ggs *letztere(r, -s)* **1** *der, die, das von zweien zuerst Erwähnte;* in der ~n Bedeutung; der Erstere war mir bekannt; von den beiden Sommerkleidern hat mir Ersteres besser gefallen • **1.1** Ersterer - Letzterer *dieser od. jener, der eine od. der andere*

er|sti|cken ⟨V.⟩ **1** ⟨400⟩ *durch Luft-, Sauerstoffmangel sterben;* er ist durch Gase erstickt; ich bin vor Lachen fast erstickt; die Luft im Abteil war zum Ersticken; es ist zum Ersticken heiß; der Zug war zum Ersticken voll • **1.1** ⟨410⟩ er erstickt (bald) im Geld ⟨fig.; umg.⟩ *er ist sehr reich* • **1.2** ⟨410⟩ er erstickt noch in der Arbeit ⟨fig.; umg.⟩ *er ist schwer überlastet* • **1.3** ⟨fig.⟩ *vergehen, untergehen;* das Gute in ihm erstickt allmählich **2** ⟨500⟩ jmdm. od. etwas ~ *jmdm. od. etwas Luft, Sauerstoff entziehen* • **2.1** jmdn. ~ *am Atmen hindern u. dadurch töten;* jmdn. durch Erdrosseln, Knebelung ~ • **2.1.1** **Tränen** ~ *jmds. Stimme beeinträchtigen jmds. S. durch Luftmangel;* die Tränen erstickten seine Stimme; eine von Tränen erstickte Stimme • **2.2** Feuer ~ *ausmachen, löschen;* einen Zimmerbrand mit Decken ~ • **2.3** etwas ~ ⟨fig.⟩ *unterdrücken;* einen Aufruhr, eine Gefahr im Keim ~; einen Klage, einen Seufzer ~

erst|klas|sig ⟨Adj. 24⟩ *von erster Güte, ausgezeichnet;* ~e Verpflegung; ein ~es Hotel; das Kleid ist ~ gearbeitet

erst|mal *auch:* **erst mal** ⟨Adv.; umg.⟩ *zuerst einmal;* am Wochenende werden wir ~ ausschlafen

erst|mals ⟨Adv.⟩ *zum ersten Mal*

er|stre|ben ⟨V. 500⟩ etwas ~ ⟨geh.⟩ *nach etwas streben, etwas zu erlangen, erreichen suchen;* er erstrebt sein Recht, Ziel

er|stre|cken ⟨V. 500⟩ **1** ⟨510/Vr 3⟩ etwas erstreckt **sich** *dehnt sich räumlich od. zeitlich aus;* die Untersuchungen ~ sich auf einen Zeitraum von fünf Jahren, über fünf Jahre; das Weideland erstreckt sich bis zum Flussufer, über die Ortsgrenze hinaus **2** ⟨550/Vr 3⟩ eine **Sache** erstreckt **sich auf jmdn.** od. etwas ⟨fig.⟩ *betrifft jmdn. od. etwas;* die Maßnahmen ~ sich auf …; diese Verordnung erstreckt sich auf Touristen

er|su|chen ⟨V. 580 od. 550⟩ jmdn. **um etwas** ~ *förmlich bitten, auffordern;* ich ersuche Sie dringend, zu …; ich ersuche Sie (darum), sich recht bald zu entscheiden; jmdn. um Antwort, eine Auskunft, Geduld, Ruhe ~

er|tap|pen ⟨V. 505⟩ **1** ⟨Vr 8⟩ jmdn. ~ *erwischen, bei heimlichem, unrechtem Tun überraschen;* jmdn. auf frischer Tat ~; jmdn. beim Lügen, bei einer Nachlässigkeit, beim Stehlen ~; hat man dich dabei ertappt?; lass dich nicht ~ **2** ⟨505/Vr 3⟩ **sich** (**bei etwas**)

~ *plötzlich feststellen, dass man etwas (Unrechtes) tut od. denkt;* ich ertappte mich bei dem Gedanken, Wunsch, bei einer Nachlässigkeit

er|tei|len ⟨V. 503/Vr 5 od. Vr 6⟩ **1 (jmdm.) etwas ~** *zukommen lassen, zuteilwerden lassen;* der Papst erteilte der Pilgergruppe eine Audienz; jmdm. einen Auftrag, Anweisungen, einen Befehl, eine Vollmacht ~; (die) Prokura ~; Unterricht ~ in …; Befehl ~, auf Eindringlinge zu schießen; die Erlaubnis zum Baden, Rauchen ~; jmdm. ein Lob, eine Rüge, einen Tadel, Verweis ~; eine Auskunft, einen Rat ~; jmdm. in einer Diskussion das Wort ~ • 1.1 jmdm. eine **Lektion** ~ ⟨fig.; umg.⟩ • 1.1.1 *jmdm. scharf zurechtweisen* • 1.1.2 *sich an jmdm. rächen*

er|tö|nen ⟨V. 400(s.)⟩ **etwas ertönt** *tönt plötzlich, beginnt zu tönen, erklingt, erschallt;* eine Stimme, Glocke ertönt; plötzlich ertönte laute Musik

Er|trag ⟨m.; -(e)s, -trä|ge⟩ **1** *Menge der erzeugten Produkte (bes. in der Landwirtschaft);* Boden~, Ernte~, Hektar~, Milch~; die Erträge des Bodens, der Felder; das Feld liefert, bringt geringe, gute, hohe, reiche Erträge **2** *Gewinn, erzielter finanzieller Nutzen;* der ~ seiner Arbeit; ~ abwerfen, bringen, geben, liefern, erzielen; er hat sein Kapital gut angelegt, so dass es reichen ~ abwirft; er lebt gut vom ~ seiner Bücher

er|tra|gen ⟨V. 265/500/Vr 8⟩ **1 etwas Unangenehmes ~** *aushalten, erdulden, erleiden;* das ist kaum zu ~!; man muss viel ~ können; dieser Anblick ist nicht zu ~; sein Leiden, seine Schmerzen geduldig ~; ich kann deine schlechte Laune nicht länger ~ **2 jmdn. ~** *in seiner Nähe dulden, obwohl man unter seinem Verhalten leidet;* dieser Mensch ist schwer zu ~

er|träg|lich ⟨Adj.⟩ **1** *so geartet, dass es sich noch ertragen lässt;* die Schmerzen waren noch ~; die Hitze ist nicht mehr ~ **2** *mittelmäßig, nicht besonders gut;* es ging ihm ~; ein ~es Leben

er|trän|ken ⟨V. 500⟩ **1 ein Lebewesen ~** *dadurch töten, dass man es ins Wasser wirft od. im Wasser untertaucht;* er hat es nicht übers Herz bringen können, die jungen Katzen zu ~ • 1.1 ⟨Vr 3⟩ **sich ~** *sich durch Ertrinken das Leben nehmen* **2 seinen Kummer,** seine Sorgen **in, im Alkohol ~** ⟨fig.; umg.⟩ *durch übermäßigen Alkoholgenuss zu vergessen suchen*

er|träu|men ⟨V. 530/Vr 3⟩ **sich jmdn.** od. **etwas ~** *in Träumen herbeiwünschen, sehnsüchtig wünschen;* das habe ich mir schon seit langem erträumt

er|trin|ken ⟨V. 270/400(s.)⟩ *im Wasser (durch Eindringen des Wassers in die Lunge) ums Leben kommen;* er ist im Meer ertrunken; Tod durch Ertrinken

er|trot|zen ⟨V. 503/Vr 1⟩ **(sich) etwas ~** ⟨geh.⟩ *durch Trotz, Starrsinn erlangen;* sie hat sich die Erlaubnis ertrotzt

er|tüch|ti|gen ⟨V. 500/Vr 7⟩ **jmdn., sich ~** *körperlich kräftig, leistungsfähig machen*

er|üb|ri|gen ⟨V. 500⟩ **1 etwas ~** ⟨selten⟩ *ersparen, durch Sparsamkeit gewinnen;* Geld, Vorräte ~ • 1.1 ⟨550⟩ **Zeit für jmdn.** od. **etwas ~** *Zeit haben;* die Zeit ~, um zu …; ich kann dafür keine Zeit ~ **2** ⟨Vr 3⟩ **etwas erübrigt sich** *etwas ist unnötig, überflüssig;* das erübrigt sich; jedes weitere Wort erübrigt sich; es erübrigt sich, näher darauf einzugehen

Erup|ti|on ⟨f.; -, -en⟩ **1** ⟨Geol., Astron.⟩ *Ausbruch;* ~ von Magma aus Vulkanen, von Gas auf der Sonne **2** ⟨Med.⟩ • 2.1 *plötzliches Auftreten eines Hautausschlags* • 2.2 *plötzlich auftretender Hautausschlag* **3** *Erbrechen*

er|wa|chen ⟨V. 400(s.)⟩ **1** *aufwachen, wach werden, zu Bewusstsein kommen;* aus der Narkose, einer Ohnmacht ~; vom Schlaf ~ • 1.1 ⟨410⟩ **zum Leben ~** *sich des Lebens u. seiner Forderungen bewusst werden;* er ist noch nicht zum Leben erwacht ⟨fig.⟩ *beginnt sich zu regen;* sein Argwohn, Misstrauen erwachte; Erinnerungen erwachten in mir; endlich ist sein Gewissen erwacht; wenn der Morgen, der Tag erwacht ⟨poet.⟩; der Frühling beginnt zu ~ ⟨poet.⟩

er|wach|sen¹ ⟨[-ks-] V. 277(s.)⟩ **1** ⟨400 od. 405⟩ **etwas erwächst (aus etwas)** *etwas entsteht allmählich aus etwas;* daraus kann kein Vorteil ~; die daraus ~den Unkosten; daraus ~der Segen; ein Gerücht erwächst schnell **2** ⟨650⟩ **etwas erwächst jmdm.** od. einer **Sache aus etwas** *etwas ergibt sich für jmdn. od. etwas, etwas hat etwas zur Folge;* daraus erwuchs ihm großes Leid; es werden uns nur Unannehmlichkeiten daraus ~; dem Staat ~ dadurch hohe Ausgaben

er|wach|sen² ⟨[-ks-]⟩ **1** ⟨Part. Perf. von⟩ *erwachsen¹* **2** ⟨Adj. 70⟩ *der Kindheit entwachsen, volljährig;* ein ~er Mensch; du bist nun ~; er wird allmählich ~

Er|wach|se|ne(r) ⟨[-ks-] f. 2 (m. 1)⟩ *erwachsener (volljähriger) Mensch;* Kinder u. ~; Eintritt nur für ~

Er|wach|se|nen|bil|dung ⟨[-ks-] f.; -; unz.⟩ *Vermittlung von Bildung u. Wissen an Erwachsene (in Abendkursen o. Ä.)*

er|wä|gen ⟨V. 278/500⟩ **etwas ~** *überlegen, bedenken, prüfen, gegeneinander abwägen, in Betracht ziehen;* das könnte man ~; alle Möglichkeiten, einen Plan reiflich ~

Er|wä|gung ⟨f.; -, -en⟩ **1** *Überlegung, Prüfung, das Schwanken zwischen den Möglichkeiten;* ~en darüber anstellen, ob …; aus folgenden ~en (heraus) habe ich mich dazu entschlossen, dass …; nach langer, reiflicher ~ • 1.1 *etwas* **in ~ ziehen** *etwas erwägen*

er|wäh|nen ⟨V. 500/Vr 8⟩ **jmdn.** od. **etwas ~** *(in einem größeren Zusammenhang) über jmdn. od. etwas kurz etwas sagen, jmdn. od. etwas beiläufig nennen;* davon ist nichts erwähnt worden; habe ich das nicht erwähnt?; er hat es nur nebenbei erwähnt; jmdn. namentlich ~; hat sie es nicht neulich erwähnt?; du wurdest nicht erwähnt; ich vergaß zu ~, dass …; wie oben erwähnt

er|wär|men ⟨V. 500⟩ **1** ⟨500/Vr 7 od. Vr 8⟩ **etwas ~** *warmmachen;* die Heizung, der Ofen erwärmt das Zimmer; die Sonne erwärmt die Erde, die Luft, das Wasser; ihr Lächeln erwärmte ihm das Herz ⟨fig.⟩ **2** ⟨Vr 3⟩ **sich ~** *warm werden;* das Meer erwärmt sich nur langsam; die Luft hat sich allmählich erwärmt **3** ⟨550/Vr 3⟩ **sich für jmdn.** od. **etwas ~** ⟨fig.; umg.⟩ *sich für jmdn. od. etwas begeistern, an jmdm. od. einer Sache Gefallen finden;* dafür kann ich mich

erwarten

nicht ~; ich kann mich für sie nicht ~; ich kann mich für diesen Gedanken, diese Idee nicht ~

er|war|ten ⟨V. 500⟩ **1** ⟨Vr 8⟩ **jmdn. od. etwas ~** *auf jmds. Kommen od. auf das Eintreffen einer Sache warten;* wir ~ dich sehnsüchtig; er erwartete sie am Bahnhof; wir ~ heute Abend Besuch, Gäste; der erwartete Brief kam nicht an ● **1.1** (in **Baby**, ein **Kind** ~ *schwanger sein* ● **1.2** *etwas ~* **können** *bis zum Eintreffen einer Sache warten, solange warten, abwarten können;* ich kann die Ferien, unser Wiedersehen, das Wochenende kaum ~; ich kann es kaum ~, ihn zu sehen; du wirst es wohl noch ~ können! ● **2** *etwas ~* — *mit etwas rechnen, etwas annehmen;* von ihm ist nicht viel Gutes zu ~; von ihm darf man noch viel ~; ich habe es nicht anders erwartet; das habe ich allerdings nicht erwartet!; es ist über (alles) Erwarten gutgegangen; wider (alles) Erwarten bestand sie die Prüfung ● **2.1** ⟨505⟩ (**von jmdm.**) **, dass** ... *damit rechnen, dass (jmd.) ...;* ich erwarte von dir, dass du ...; es wird allgemein erwartet, dass ...; es steht zu ~, dass ...

Er|war|tung ⟨f.; -, -en⟩ **1** ⟨unz.⟩ *das Warten auf jmdn. od. etwas;* in ~ eines Ereignisses; erregte, freudige, gespannte ~ ● **1.1** *Spannung in Bezug auf ein erwartetes Ereignis;* alle sind voller ~ ● **2** ⟨zählb.⟩ *vorweggenommene Vorstellung;* der ~ entsprechen; die ~en befriedigen, enttäuschen, erfüllen, übertreffen; er hat die auf, in ihn gesetzten ~ enttäuscht; bestimmte ~en an etwas knüpfen; ich sehe mich in meinen ~en getäuscht; zu großen ~en berechtigen ● **2.1** *zuversichtliche Annahme;* wir grüßen Sie in der ~, dass ... (Höflichkeitsfloskel); der ~ Ausdruck geben, verleihen

er|we|cken ⟨V. 500⟩ **1 jmdn. od. etwas ~** *wachmachen, aufwecken;* jmdn. vom tiefen Schlaf ~ ● **1.1** ⟨Rel.⟩ *beleben, ins Leben zurückrufen;* zum Leben ~ vom Tode ~ **2** *etwas ~* ⟨fig.⟩ *erregen, hervorrufen;* den Anschein ~, als ob ...; Argwohn, Freude, Furcht, Mitleid, Zweifel ~; Erinnerungen in jmdm. ~

er|weh|ren ⟨V. 540⟩ **sich einer Sache od. jmds. ~** ⟨geh.⟩ *eine S. od. jmdn. abwehren, fernhalten, sich dagegen zur Wehr setzen;* ich kann mich seiner, der Angreifer nicht ~; ich kann mich der Aufdringlichkeit dieser Person kaum ~; ich kann mich des Eindrucks nicht ~, dass ...; ich konnte mich des Lachens, der Tränen kaum ~

er|wei|chen ⟨V.⟩ **1** ⟨500⟩ **etwas ~** *weich machen;* die Sonne hat das Wachs erweicht; ein Fell ~ ● **1.1** ~de **Mittel** ⟨Pharm.⟩ *M., die die Haut aufweichen u. geschmeidig machen sollen;* zu den ~den Mitteln zählen Fette, Glyzerin, Seife, warme Bäder u. Umschläge ● **1.2** *etwas od.* **jmdn.** ~ ⟨fig.⟩ *milde stimmen, rühren, überreden, nachgiebig machen;* jmds. Herz, Stolz ~; durch Bitten habe ich mich schließlich ~ lassen **2** ⟨400(s.)⟩ *etwas erweicht wird weich;* dieser Kunststoff erweicht bei steigender Temperatur; Linsen ~ in Wasser **3** ⟨400(s.), fig.⟩ *milder, nachgiebiger werden;* durch ihre Tränen erweichte er

er|wei|sen ⟨V. 282⟩ **1** ⟨500⟩ **etwas ~** ⟨geh.⟩ *den Beweis für etwas liefern, nachweisen;* es ist erwiesen **2** ⟨518⟩

Vr 3⟩ **sich** (**als etwas** od. **jmd.**) ~ *sich (als etwas od. jmd.) zeigen, herausstellen;* es hat sich erwiesen, dass ...; es erwies sich als ein Fehler, Irrtum; sie hat sich als eine zuverlässige Freundin, tüchtige Hilfe erwiesen; er hat sich mir gegenüber stets dankbar erwiesen; die Nachricht hat sich als falsch, wahr erwiesen; sich als nützlich, richtig, unbegründet, vergeblich ~ **3** ⟨530⟩ **jmdm. etwas ~** *zuteilwerden lassen;* jmdm. einen Dienst, eine Gunst, Gutes, Wohltaten ~; jmdm. eine Gnade ~; bitte, ~ Sie mir den Gefallen, das Vergnügen, zu ...; für die erwiesene Anteilnahme danken

er|wei|tern ⟨V. 500⟩ **1 etwas ~** *in seinem Umfang, seiner Ausdehnung vergrößern, weiter machen;* Koffein erweitert die Blutgefäße; das Hauptgebäude wurde noch bis zur Straße erweitert; jmds. Befugnisse, Geschäftsbereich ~; das Programm wurde noch erweitert; ein Wort im erweiterten Sinn gebrauchen ● **1.1** seinen **Horizont ~** ⟨fig.⟩ *sein geistiges Blickfeld, sein Wissen vergrößern* ● **1.2** einen **Bruch ~** ⟨Math.⟩ *Zähler u. Nenner eines Bruches mit derselben Zahl multiplizieren* ● **1.3** erweiterter **Satz** ⟨Gramm.⟩ *außer Subjekt u. Prädikat noch weitere Satzteile enthaltender S.* ● **1.4** erweiterte **Oberschule** (DDR) *mit dem Abitur nach der 12. Klasse abschließende Oberschule* **2** ⟨Vr 3⟩ **etwas** erweitert **sich** *wird weiter, dehnt sich aus;* erweiterte Pupillen

er|wer|ben ⟨V. 284/500⟩ **1 etwas ~** *in seinen Besitz bringen, für sich gewinnen, erlangen;* ein Haus käuflich ~ ● **1.1** *(durch Arbeit) verdienen;* seinen Lebensunterhalt durch Klavierunterricht ~ ● **1.2** *durch Verhandlungen, Kauf erlangen;* die Filmgesellschaft erwarb die Rechte zur Verfilmung dieses Romans **2** ⟨503/Vr 1⟩ (**sich**) **etwas ~** ● **2.1** *durch Bemühung, Erfüllung der Voraussetzungen erlangen;* sich die Achtung, Anerkennung, das Vertrauen seines Vorgesetzten ~ ● **2.2** *durch Lernen aneignen;* er hat sich große Fertigkeiten auf diesem Gebiet erworben

er|werbs|los ⟨Adj. 24⟩ = *arbeitslos*

er|wi|dern ⟨V.⟩ **1** ⟨402⟩ **etwas ~** *antworten, entgegnen;* „Ja", erwiderte er; er erwiderte, dass ...; auf seine Frage erwiderte sie ausführlich, ausweichend, freundlich, höflich, kurz, heftig, ungeduldig, dass ...; was soll man darauf ~? **2** ⟨500⟩ **etwas ~** *auf etwas in gleicher Weise reagieren;* einen Besuch, eine Gefälligkeit, jmds. Gefühle, Grüße, Wohltaten ~; ihre Liebe wurde nicht erwidert ● **2.1** das **Feuer ~** ⟨Mil.⟩ *zurückschießen* ● **2.2** ⟨516⟩ **etwas mit etwas ~** *vergelten;* Böses mit Gutem ~

er|wir|ken ⟨V. 500⟩ **etwas ~** *erreichen, durch Bemühung, Bitten, Fürsprache erlangen, veranlassen;* einen Aufschub, die Erlaubnis, eine Zahlung ~; jmds. Entlassung, Bestrafung ~

er|wi|schen ⟨V. 500; umg.⟩ **1 jmdn. ~** *bei heimlichem od. verbotenem Tun überraschen, ertappen;* du darfst dich nicht ~ lassen!; die Kinder beim Lügen, Naschen ~ **2** ⟨511⟩ **jmdn. od. etwas ~** *gerade noch zu fassen bekommen, gerade noch ergreifen können;* ich erwischte ihn, als er gerade über den Zaun klettern wollte; jmdn. noch am Kragen, Rockzipfel ~; den

Hund am Schwanz ~ • 2.1 *(gerade noch) erreichen;* den Bus, Zug gerade noch ~ • 2.2 ⟨fig.⟩ *durch Zufall bekommen, erlangen;* im Ausverkauf konnte ich einige preiswerte Stoffe ~ **3** ⟨unpersönl.⟩ *ihn hat's erwischt* ⟨umg.⟩ *er ist verletzt, tot, vernichtet, ruiniert, ihm ist etwas Unangenehmes passiert* • **3.1** *er ist verrückt geworden* • **3.2** *er hat sich verliebt*

er|wünscht ⟨Adj.⟩ *willkommen, angenehm;* Ihr Anerbieten ist, kommt mir sehr ~; sein Besuch ist mir nicht ~; jetzt bietet sich mir die ~e Gelegenheit

er|wür|gen ⟨V. 500⟩ jmdn. ~ *durch Zuschnüren der Kehle töten, erdrosseln;* er hat seine Frau aus Eifersucht erwürgt

Erz ⟨n.; -es, -e⟩ **1** *Metall enthaltendes Mineral;* ~e aufbereiten, brechen, gewinnen, gießen, läutern, schmelzen, verhütten, waschen • **1.1 gediegene** ~*e Erze, die Metall in nahezu reiner Form enthalten* **2** ⟨unz.; poet.⟩ *Kupfer, Eisen u. ihre Legierungen* • **2.1** wie aus ~ gegossen dastehen ⟨fig.⟩ *unbeweglich*

erz…, Erz… ⟨in Zus.⟩ *sehr groß, besonders;* erzdumm, erzkonservativ, Erzgauner, Erzfeind

er|zäh|len ⟨V. 500⟩ **1** ein **Geschehnis**, etwas **Erfundenes** ~ *ausführlich, auf unterhaltsame Weise in Worten weitergeben;* ein Erlebnis, Geschichten, Märchen, einen Traum ~; den Hergang, Verlauf von etwas ~; ich habe mir ~ lassen, dass …; sie kann anschaulich, gut, spannend ~; kannst du mir etwas über ihn ~?; erzähl mir, was du gesehen hast, wie das gekommen ist • **1.1** ⟨510⟩ davon kann ich etwas ~ ⟨fig.; umg.⟩ *ich weiß Bescheid, die Sache kenne ich* • **1.2** ⟨510⟩ er kann von seiner Reise etwas ~ *er hat viel dabei erlebt* • **1.3** ⟨530/Vr 6; unpersönl.⟩ man erzählt sich, dass … *es geht das Gerücht, dass …* • **1.4** ~de **Dichtung** *D., die in Versen od. Prosa eine abgeschlossene Begebenheit schildert, z. B. Roman, Novelle, Fabel, Märchen;* Sy *epische Dichtung,* → *Dichtung¹* (1) • **1.5** ⟨530⟩ jmdm. etwas ~ ⟨umg.⟩ *weismachen, vortäuschen;* das kannst du anderen ~!; das kannst du deiner Großmutter ~!; erzähl mir doch keine Märchen! • **1.5.1** mir kannst du nichts, viel ~! *ich glaube dir nicht!*

Er|zäh|lung ⟨f.; -, -en⟩ **1** ⟨i. w. S.⟩ *Bericht, Beschreibung, Schilderung von wirklichen od. erdachten Begebenheiten;* jmds. ~ mit Interesse zuhören; die ~ ist frei erfunden **2** ⟨i. e. S.⟩ *Form der erzählenden Dichtung, die sich vom Roman durch Begrenzung des Stoffes, von der Novelle durch weniger straffen Aufbau, vom Märchen durch ihre Wirklichkeitsnähe unterscheidet;* die ~ ist gut, schlecht gebaut; eine historische, naturalistische, romantische ~; eine interessante, langweilige, spannende, rührende, unterhaltsame ~

Erz|bi|schof ⟨m.; -(e)s, -schöfe; kath. Kirche⟩ **1** *regierender Bischof einer Kirchenprovinz (Erzdiözese)* **2** *(vom Papst) verliehener Titel eines verdienten regierenden Bischofs*

er|zei|gen ⟨V. 500; geh.⟩ **1** ⟨530⟩ **jmdm. etwas** ~ *erweisen;* jmdm. Gutes, Gerechtigkeit, Vertrauen ~ **2** ⟨513/Vr 3⟩ **sich dankbar** ~ *zeigen*

er|zeu|gen ⟨V. 500⟩ **1** etwas ~ *hervorbringen, herstellen, produzieren (bes. landwirtschaftliche Produkte);* mehr Milch, Fleisch, Eier ~ als im Vorjahr; Waren, Maschinen ~; elektrischen Strom, Gas ~ **2** eine **Sache** ~ ⟨fig.⟩ *entstehen lassen, verursachen, hervorrufen;* die Sonne erzeugt Wärme; Kraft ~; der Roman hat bei den Lesern Langeweile erzeugt; in jmdm. Angst, Misstrauen ~

Er|zeug|nis ⟨n.; -ses, -se⟩ **1** *das, was erzeugt worden ist, Ergebnis einer Tätigkeit, Ware;* Sy *Produkt (1);* ein landwirtschaftliches, technisches, ~; dieses Gerät ist ein ausländisches ~ **2** ⟨fig.⟩ *Ergebnis der Arbeit;* ein künstlerisches ~

er|zie|hen ⟨V. 293/500⟩ **1** ⟨Vr 7 od. Vr 8⟩ **jmdn.** ~ *geistig, charakterlich u. körperlich formen u. in seiner Entwicklung fördern;* ein Kind gut, schlecht, gar nicht ~; durch Güte, Strenge, gutes Vorbild ~; ein gut, schlecht erzogenes Kind • **1.1** ⟨515⟩ jmdn. **zu etwas** ~ *jmds. Entwicklung zu etwas fördern;* jmdn. zu einem tatkräftigen Menschen ~

Er|zie|her ⟨m.; -s, -; Berufsbez.⟩ **1** ⟨i. w. S.⟩ *jmd., der einen anderen Menschen erzieht* **2** ⟨i. w. S.⟩ *Lehrer, Pädagoge* • **2.1** *ausgebildeter Betreuer von Kindern in Kindergärten, Horten u. Ä.;* Ausbildung zum ~; ein energischer, netter, freundlicher ~

Er|zie|he|rin ⟨f.; -, -rin|nen⟩ *weibl. Erzieher*

Er|zie|hung ⟨f.; -; unz.⟩ **1** *planmäßige u. zielvolle Einwirkung auf junge Menschen, um sie mit all ihren Fähigkeiten und Kräften geistig, charakterlich u. körperlich zu formen u. ihr Verhalten mit den Forderungen der Gesellschaft in Einklang zu bringen;* jmdm. eine gute ~ angedeihen lassen, geben, zuteilwerden lassen; sie vernachlässigt die ~ ihrer Kinder; eine gute, mangelhafte, schlechte, strenge ~ genießen, haben, erhalten; autoritäre, antiautoritäre ~ • **1.1** *Förderung von jmds. Entwicklung zu etwas;* ~ zur Höflichkeit, zur Rücksicht auf andere **2** *den Forderungen der Gesellschaft entsprechendes Verhalten, (gutes) Benehmen;* ihm fehlt jede ~; ihm fehlt es an der nötigen ~ • **2.1** seine gute ~ vergessen ⟨scherzh.⟩ *sich schlecht benehmen* • **2.2** sich auf seine gute ~ besinnen ⟨scherzh.⟩ *sich zu gutem Benehmen aufraffen*

er|zie|len ⟨V. 500⟩ **1** etwas ~ *erlangen, erreichen;* er hat große Erfolge, gute Ergebnisse erzielt; das neue Produkt konnte einen guten Preis, einen hohen Gewinn ~; der Zug erzielt eine Höchstgeschwindigkeit von 300 km pro Stunde; eine Einigung über eine strittige Frage ~ • **1.1** ein **Tor** ~ ⟨Sp.⟩ *(bei einem Schuss auf das Tor) treffen*

er|zür|nen ⟨V. 500⟩ **1** jmdn. ~ *zornig machen, reizen;* er hat ihn mit seinen Forderungen erzürnt; der erzürnte Vater • **1.1** ⟨550/Vr 3⟩ **sich über jmdn.** od. **etwas** ~ *zornig werden;* ich habe mich über sein Benehmen erzürnt

er|zwin|gen ⟨V. 294/505⟩ etwas (von jmdm.) ~ *durch Zwang, Beharrlichkeit, Drohung, Gewalt erreichen;* er hat die Entscheidung, Einwilligung erzwungen; Liebe lässt sich nicht ~

es¹ ⟨Personalpron.; 3. Person Sg. n.; Gen. sein(er), Dat. ihm, Akk. es⟩ **1** ⟨persönl.⟩ • **1.1** ⟨für ein Wort; Pl. sie²⟩ ~ (das Kind) spielt; ich erinnere mich seiner; ich gab ihm einen Ball; ich sehe ~; ~ (das Tor) ist geschlossen • **1.2** ⟨für einen Satzinhalt⟩ er brachte mir die Nachricht, dass der Streit beigelegt sei, doch ~ war mir nicht neu; erzähl doch, was vorgefallen ist! Ja, ~ war so: …; so war ~ nicht!; schade, dass er nicht gekommen ist, er wird ~ noch bereuen • 1.3 ⟨Ersatz für ein Prädikativ⟩ ist Michael dein Freund? Ja, er ist ~ (er ist's/ists); ist er reich? Er ist ~; du bist gesund, ich bin ~ nicht; ist er da? Er ist ~; wer ist ~? Ich bin ~ (Ich bin's/bins) • 1.4 ⟨selten mit Präp.⟩ bringst du das Kind mit? Nein, ich komme ohne ~ • 1.4.1 an ~ = *daran* • 1.4.2 auf ~ = *darauf* • 1.4.3 durch ~ = *dadurch* • 1.4.4 für ~ = *dafür* • 1.4.5 gegen ~ = *dagegen* • 1.4.6 um ~ = *darum* • 1.5 ich bin ~ (bin's/bins) leid, müde, satt, überdrüssig, zufrieden **2** ⟨unpersönl.⟩ • 2.1 ⟨als unbestimmter Satzteil⟩ ~ drängt mich, Ihnen mitzuteilen …; ~ grünt u. blüht bereits überall; ~ klopft, klingelt, knistert, raschelt; ~ ist dunkel, hell, kalt, warm; jetzt wird ~ mir (wird's/wirds mir) zu bunt!; ~ kratzt mir im Hals; mit dir nehme ich ~ noch auf!; ich halte ~ nicht mehr aus!; du wirst ~ noch so weit bringen, dass …; er wird ~ gut bei ihr haben; sie meint ~ gut mit ihm; ich kann ~ mir nicht vorstellen, dass … • 2.2 ⟨für einen Satzinhalt⟩ ~ ist (nicht) ausgeschlossen, dass …; ~ entspricht den Tatsachen, dass …; ~ freut mich, dass …; ~ scheint, als ob …; ~ scheint mir, dass …; ~ sei denn, dass …; ~ ist (nicht) wahr; ~ kann sein; ~ nimmt mich wunder, dass …; ~ ist ('s ist) möglich, wahrscheinlich; ~ ist nicht so; ~ ist wirklich so, dass …; ~ ist (nicht) an dem; ~ ist 8 Tage her, seit …; ~ ist Zeit (z. B. zu gehen); ~ überrascht mich (nicht), dass … • 2.3 ⟨verstärkend bei nachgestelltem Subjekt⟩ ~ geschah etwas Merkwürdiges; ~ lebe die Republik!; ~ ist genügend Arbeit, zu essen usw. da; ~ ist Tag, Nacht; ~ war einmal ein König

es² ⟨n.; -, -; Mus.⟩ **1** ⟨Tonbezeichnung⟩ *Grundton der es-Moll-Tonleiter* **2** ⟨Tonartbezeichnung⟩ *es-Moll*

Es¹ ⟨n.; -, -; Pl. selten⟩ **1** ⟨Sprachw.⟩ *das Wort „es"; die Bedeutung des ~ in unpersönlichen Wendungen* **2** ⟨Psych.⟩ *auf Triebbefriedigung zielende untere (unbewusste) Persönlichkeitsebene; das ~, das Ich und das Über-Ich*

Es² ⟨n.; -, -; Mus.⟩ **1** ⟨Tonbezeichnung⟩ *Grundton der Es-Dur-Tonleiter* **2** ⟨Tonartbezeichnung⟩ *Es-Dur*

Esche ⟨f.; -, -n; Bot.⟩ *einer Gattung der Ölbaumgewächse angehörender Laub abwerfender Baum, der in den nördlichen gemäßigten Zonen verbreitet ist: Fraxinus*

Esel ⟨m.; -s, -⟩ **1** *grau gefärbter Einhufer mit Quastenschwanz u. langen Ohren: Equus asinus; der ~ wird als Trag- u. Zugtier eingesetzt* • **1.1** *Tier, dem Dummheit, Torheit, Störrischkeit zugeschrieben wird; störrisch wie ein ~ sein* • **1.1.1** *ein ~ in der Löwenhaut* ⟨Sprichw.⟩ *ein Dummkopf, der sich ein gewichtiges, grimmiges Aussehen geben will* • **1.1.2** *er passt dazu wie der ~ zum Lautenschlagen* ⟨Sprichw.⟩ *überhaupt nicht, gar nicht* • **1.1.3** *ein ~ schimpft den anderen Langohr* ⟨Sprichw.⟩ *einer wirft dem anderen die eigenen Fehler od. Dummheiten vor* • **1.1.4** *wenn es dem ~ zu wohl wird, geht er aufs Eis (tanzen)* ⟨Sprichw.⟩ *wer dumm ist, wird leicht übermütig, überschätzt sich* **2** ⟨fig.; umg.; Schimpfw.⟩ *dummer, törichter, störrischer Mensch; ich alter ~!* **3** *Gestell, Sägebock*

Esels|brü|cke ⟨f.; -, -n; fig.⟩ *einfache Denkhilfe für schwer merkbare Dinge; ich muss mir eine ~ bauen, sonst vergesse ich das wieder*

Esels|ohr ⟨n.; -(e)s, -en; fig.⟩ *umgeknickte Ecke einer Seite in einem Buch od. Heft*

Es|ka|la|ti|on ⟨f.; -; unz.⟩ *stufenweise Verschärfung, bedrohliche Steigerung, Ausweitung einer Sache; ~ eines politischen Konfliktes*

Es|ka|pa|de ⟨f.; -, -n⟩ **1** ⟨Hohe Schule⟩ *falscher Sprung eines Pferdes* **2** ⟨fig.⟩ *(auf einem plötzlichen Einfall beruhende) abenteuerliche Unternehmung, sprunghaftes, nicht vorhersehbares Handeln u. Verhalten; seine ~n ruinieren die Firma* • **2.1** ⟨verhüllend⟩ *Seitensprung, Ehebruch*

Es|ki|mo ⟨m.; - od. -s, - od. -s; z. T. als diskriminierend empfundene Bez. für⟩ *Angehöriger eines in Grönland, Alaska u. im Nordosten Sibiriens beheimateten Mongolenstammes*

Es|kor|te ⟨f.; -, -n⟩ *Begleit-, Schutztrupp, militärisches Geleit; der Staatspräsident wurde von einer ~ bewacht; Reiter~; Polizei~*

Eso|te|rik ⟨f.; -; unz.⟩ **1** *(mystische, religiöse, philosophische) Geheimlehre, die nur Eingeweihten zugänglich ist* **2** *Lehre von dem nicht rational zu erfassenden (z. B. außersinnlichen, okkulten) Phänomenen* **3** *esoterische Geisteshaltung, esoterische Beschaffenheit*

eso|te|risch ⟨Adj.⟩ **1** *in der Art der Esoterik, nur Eingeweihten zugänglich* **2** *außersinnlich erfassbar, okkult*

Es|pe ⟨f.; -, -n; Bot.⟩ *Pappel mit nahezu runden Blättern, die bei Luftzug sehr leicht in Bewegung geraten: Populus tremula; Sy Zitterpappel*

Es|prit *auch:* **Esprit** ⟨[-pri:] m.; -s; unz.⟩ *Witz, Scharfsinn, lebhafter Ideenreichtum, geistreich beschwingte Art; sie besitzt viel ~; ein Politiker mit ~*

Es|sai ⟨[esɛ:] m.; -s, od. n.; -s, -s; Lit.⟩ = *Essay*

Es|say ⟨[ɛseɪ] m.; -s, -s od. n.; -s, -s; Lit.⟩ *literarische Kunstform, Abhandlung in knapper, geistvoller, allgemeinverständlicher Form; oV Essai*

ess|bar ⟨Adj. 24⟩ *so beschaffen, dass man es essen kann, genießbar; dieser Pilz ist nicht ~*

Es|se ⟨f.; -, -n⟩ **1** (bes. mitteldt.) *Schornstein, Kamin; die ~n rauchen, qualmen; die ~ reinigen* **2** *Rauchfang über dem Herd* • **2.1** *das kannst du in die ~ schreiben* ⟨fig.; umg.⟩ *als verloren aufgeben* **3** ⟨umg.; scherzh.⟩ *Zylinderhut*

es|sen ⟨V. 129⟩ **1** ⟨500⟩ *etwas ~ als Nahrung zu sich nehmen; täglich einen Apfel ~; Brot, Kuchen, Obst, Süßigkeiten, Torte ~; ich möchte nur eine Kleinigkeit ~; ein Ei zum Frühstück ~; was wollen wir ~?; was gibt's zu ~?; der Patient darf wieder alles ~; etwas (nicht) gern ~; dem Bettler etwas zu ~ geben* • *es wird nichts so heiß gegessen, wie es gekocht wird* ⟨Sprichw.⟩ *es ist nichts so schlimm, wie es anfangs aussieht* **2** ⟨400⟩ *(feste) Nahrung zu sich nehmen; unmäßig, viel, wenig ~; ordentlich, tüchtig ~; iss nicht so viel, zu viel!; aus der Schüssel, vom Teller

~; er isst gern und gut; gut ~ und trinken; beim Essen spricht man nicht!; wer ~ will, muss auch arbeiten; selber ~ macht fett ⟨Sprichw.⟩ • 2.1 ⟨403⟩ er isst für vier, wie ein Scheunendrescher ⟨umg.⟩ *unmäßig viel* • 2.2 *eine Mahlzeit einnehmen;* dreimal täglich ~; zu Abend, zu Mittag ~; man kann dort gut und preiswert ~; ich esse gerade; ich bin gerade beim Essen; wir sind zum Essen eingeladen • 2.2.1 wir ~ mittags warm *eine warme Mahlzeit* • 2.2.2 wir ~ abends nur kalt *kalte Speisen* • 2.2.3 ~ gehen *zum Essen in eine Gaststätte gehen* • 2.2.4 auswärts ~ *in einer Gaststätte, nicht zu Hause* 3 ⟨513/Vr 7⟩ **jmdn.** od. **etwas** ... ~ *durch Essen ... machen;* hast du dich auch satt gegessen?; sich dick und rund ~

Es|sen ⟨n.; -s, -⟩ 1 *die zu einer Mahlzeit zusammengestellten Speisen;* das ~ kochen, machen; das ~ ist angebrannt; das ~ auftragen (auf den Tisch); das ~ bestellen (beim Kellner); das ~ ist hier sehr gut und preiswert; das ~ ist fertig; das ~ steht bereits auf dem Tisch; jmdm. ein gutes, leichtes, nahrhaftes, pikantes, schmackhaftes ~ vorsetzen; das ~ wird kalt; das ~ auf den Tisch bringen, stellen 2 *Mahlzeit;* ein festliches ~ geben, veranstalten; ein ~ für zwanzig Personen; nach dem ~ lege ich mich ein Stündchen hin; nach dem ~ sollst du ruhn oder tausend Schritte tun ⟨Sprichw.⟩; vor dem ~ einen Aperitif trinken; bleiben Sie bitte zum ~!; zum ~ einladen • 2.1 bitte zum ~! *zu Tisch*

es|sen|ti|ell ⟨[-tsjɛl] Adj. 24⟩ = *essenziell*
Es|senz ⟨f.; -, -en⟩ 1 ⟨unz.⟩ *Wesen, Wesenheit, Hauptbegriff* 2 ⟨zählb.⟩ *konzentrierte Lösung von Geschmacks- od. Duftstoffen zur Aromatisierung von Nahrungs- u. Genussmitteln;* Essig~; Rosen~
es|sen|zi|ell ⟨Adj. 24⟩ oV *essentiell* 1 *wesentlich, grundlegend;* das Ergebnis ist von ~er Bedeutung für die Wissenschaft; ~e Fragen, Daten, Probleme • 1.1 ~e **Fettsäuren** ⟨Chem.; Biol.⟩ *für den Organismus lebensnotwendige, nur mit der Nahrung aufzunehmende F.*
Es|sig ⟨m.; -s, -e⟩ 1 *im Wesentlichen aus einer verdünnten, wässrigen Lösung von Essigsäure bestehendes, saures Würz- u. Konservierungsmittel;* ~ an eine Speise geben, tun; Früchte, Gurken in ~ einlegen; den Salat mit ~ anmachen; ~ und Öl zur Salatsoße nehmen; der Wein schmeckt sauer wie ~ • 1.1 der Wein ist zu ~ geworden *sauer geworden* 2 es ist ~ damit ⟨fig.; umg.⟩ *es ist aus damit, es wird nichts*
Ess|löf|fel ⟨m.; -s, -⟩ *großer Löffel, der zum Essen von Suppen u. Ä. geeignet ist, Suppenlöffel*
Ess|tisch ⟨m.; -(e)s, -e⟩ *Tisch mit hohen Beinen zum Essen;* am ~ sitzen; sich um den ~ versammeln; den ~ decken
Ess|zim|mer ⟨n.; -s, -⟩ 1 *Zimmer zum Einnehmen der Mahlzeiten, Speisezimmer;* im ~ zu Tisch bitten 2 *Möbel für das Esszimmer (1);* wir haben uns ein neues ~ gekauft
Es|ta|blish|ment *auch:* **Es|tab|lish|ment** ⟨[ɪstæblɪʃ-] n.; -s; unz.⟩ 1 *Gesamtheit der im Bereich Wirtschaft, Politik u. Kultur einflussreichen Personen einer Gesellschaft, Oberschicht;* zum ~ gehören • 1.1 ⟨abwertend⟩ *etablierte Oberschicht, die nur auf den Erhalt ihrer privilegierten Stellung bedacht ist*

Es|ter ⟨m.; -s, -; Chem.⟩ *unter Wasserabspaltung entstehende chem. Verbindung aus einem Alkohol u. einer organischen (od. anorganischen) Säure*
Es|tra|gon *auch:* **Est|ra|gon** ⟨m.; -s; unz.; Bot.⟩ *Korbblütler, der als Gewürzpflanze angebaut wird (u. a. bei der Herstellung von Senf u. Essig verwendet)*
Est|rich ⟨m.; -s, -e⟩ 1 *fugenloser Bodenbelag aus einer Masse, die nach dem Auftragen erhärtet (meist 3-4 cm dicker Mörtel, Asphalt od. Lehm)* 2 ⟨schweiz.⟩ *Dachboden*
eta|blie|ren *auch:* **etab|lie|ren** ⟨V. 500⟩ 1 ein **Unternehmen** ~ *gründen, errichten* 2 ⟨Vr 3⟩ **sich** ~ *sich niederlassen;* sich als Geschäftsmann ~ • 2.1 ⟨Part. Perf.⟩ etabliert *innerhalb einer Gesellschaft eine angesehene (u. einflussreiche) Stellung einnehmend*
Eta|blis|se|ment *auch:* **Etab|lis|se|ment** ⟨[-blɪs(ə)mãː] n.; -s, -s⟩ 1 *Unternehmen, Betrieb, Einrichtung* 2 *kleines, gepflegtes Restaurant* 3 *Vergnügungsstätte;* ein zweifelhaftes ~ • 3.1 ⟨verhüllend⟩ *Bordell*
Eta|ge ⟨[etaːʒə] f.; -, -n⟩ 1 *Stockwerk, Obergeschoss* 2 *große Wohnung in einem Mietshaus*
Etap|pe ⟨f.; -, -n⟩ 1 *Teilstrecke, Abschnitt, Stadium, Stufe* • 1.1 das war vielleicht die wichtigste ~ meines Lebens *der wichtigste Lebensabschnitt* 2 ⟨Mil.⟩ *besetztes Hinterland, Nachschubgebiet;* Ggs *Front (2)*
Etat ⟨[etaː] m.; -s, -s⟩ 1 *Voranschlag, Haushaltsplan, Staatshaushalt;* Haushalts~ 1.1 ⟨umg.⟩ *Summe, mit der man eine bestimmte Zeit auskommen muss;* ich verfüge nur über einen eingeschränkten ~; das überschreitet meinen ~ 2 *Vermögensstand, Bestand;* für das Projekt steht ein ~ von 100.000 € zur Verfügung 3 ⟨schweiz.⟩ *Verzeichnis der Mitglieder u. Funktionäre (eines Verbandes)*
ete|pe|te|te ⟨Adj. 11/80; umg.; abwertend⟩ *übertrieben sauber, ordentlich, geziert;* unsere neuen Nachbarn sind aber ~!
Eter|nit® ⟨m. od. n.; -(e)s; unz.⟩ *in Form von Platten verwendeter feuerfester Asbestzement*
Ether ⟨m.; -s; unz.; Chem.; fachsprachl.⟩ = *Äther (2)*
Ethik ⟨f.; -; unz.⟩ 1 *(philosophische) Lehre vom sittlichen u. moralischen Verhalten des Menschen, Morallehre* 2 *philosophisches Werk, das die Ethik (1) zum Gegenstand hat*
Eth|no|gra|fie ⟨f.; -, -n⟩ *Teilgebiet der Völkerkunde, das die Kulturmerkmale von Stämmen u. Völkern systematisch beschreibt;* oV *Ethnographie*
Eth|no|gra|phie ⟨f.; -, -n⟩ = *Ethnografie*
Ethos ⟨n.; -; unz.⟩ *sittlich-moralische Gesinnung, ethisches Verhalten;* Standes~; Berufs~
Ethyl|al|ko|hol ⟨m.; -s, -e; Chem.; fachsprachl.⟩ = *Äthylalkohol*
Eti|kett ⟨n.; -(e)s, -e od. -s⟩ *Warenkennzeichen, Aufschrift, Preiszettel, -schild;* oV *Etikette[1]*
Eti|ket|te[1] ⟨f.; -, -n⟩ = *Etikett*
Eti|ket|te[2] ⟨f.; -, -n⟩ *feine Sitte, gesellschaftliche Umgangsformen*
et|li|che ⟨Indefinitpron. 10; attr. u. substantivisch⟩ 1 *einige, ein paar;* ~ dieser Beispiele; ~ Male; ~

Neue kamen hinzu; mit ~n Neuen; es liegt schon ~ Tage zurück; ~ der Teilnehmer; nach ~n Stunden; ~ stimmtes zu; ~ unter, von den Zuschauern • 1.1 ~ zwanzig Euro *ungefähr, rund, etwas mehr als 20 Euro*

Etü|de ⟨f.; -, -n; Mus.⟩ *Musikstück zum Üben technischer Fertigkeiten, bes. der Fingerfertigkeit;* Klavier~

Etui ⟨[etvi:] od. [etyi:] n.; -s, -s⟩ *Futteral, Behälter;* Brillen~, Füllhalter~, Zigaretten~

et|wa ⟨Adv.⟩ **1** *ungefähr, annähernd;* es sind jetzt ~ acht Tage, vier Wochen vergangen, seit …; es dauerte ~ fünf Minuten; es sind ~ 35 Schüler in einer Klasse; ~ um zwölf Uhr • **1.1 in** ~ *in gewisser Hinsicht;* er stimmt in ~ mit den politischen Ansichten seines Vaters überein **2** *beispielsweise;* wenn wir ~ sagen wollen **3** *vielleicht, am Ende, womöglich;* Sie denken doch nicht ~, dass …; hast du das ~ vergessen?; willst du ~ schon gehen? • **3.1** ~ nicht? *ist es nicht so?* **4** *nicht* ~ *durchaus nicht, keineswegs;* ich habe es nicht ~ vergessen, sondern hatte keine Zeit dazu • **4.1** nicht ~, dass du meinst … *meine nur nicht, dass …*

et|was ⟨Indefinitpron.; indeklinabel; attr. u. substantivisch⟩ Sy ⟨unbetont; umg.⟩ *was* (3) **1** *eine nicht näher bestimmte Sache;* ~, was unangenehme Folgen haben kann; das ist ~ (ganz) anderes/Anderes!; ~ anderes/Anderes wäre es, wenn …; ~ Ähnliches habe ich schon einmal gesehen!; ~ Gutes; ~ Haltbares, Neues, Praktisches, Preiswertes; es hat ~ Lächerliches an sich, wenn …; haben Sie ~ Passendes gefunden?; ~ Rechtes lernen; ~ Schönes erleben; wenn ich Ihnen mit ~ dienen, helfen, raten kann …; weißt du ~ (über diese Angelegenheit)?; dort muss ~ passiert sein; hast du ~ dazu zu sagen?; da gibt es ~ zu sehen; wenn du ~ erfahren solltest; hast du dem Bettler ~ gegeben?; an ~ denken, glauben; sich auf ~ vorbereiten; wir wollen endlich von ~ anderem/Anderem sprechen; ~ hat ~ **1.1** er hat ~ Professorales an sich *die Art eines Professors* • **1.2** ich will Ihnen einmal ~ sagen ⟨umg.⟩ *meine Meinung* • **1.3 so** ~ *solches, Derartiges;* so ~ möchte ich haben; so ~ von Unhöflichkeit!; so ~ habe ich noch nicht erlebt, gehört, gesehen; so ~! (Ausdruck des Erstaunens od. der Empörung) • **1.3.1** nein, so ~! ⟨umg.⟩ *ist das möglich?* **2** *eine nicht näher bestimmbare bedeutsame Sache;* aus ihm kann noch ~ werden; daraus kann ~ werden; das wäre ~ für mich; es will schon ~ heißen, wenn …; er gilt, kann ~; zu ~ taugen; er versteht ~ davon • **2.1** das doch wenigstens ~! *besser als nichts;* →a. *Etwas* **3** *ein wenig, ein bisschen;* ~ Ausdauer, Geduld, Mut, Pflichtbewusstsein; ~ Brot, Butter, Geld, Salz; ~ Englisch, Französisch, Spanisch sprechen; ich möchte noch ~ warten; zunächst ~ zögern; ~ besser, mehr, schöner, weniger; die Eier sind ~ zu hart, weich gekocht; ich bin ~ müde; das kommt mir ~ plötzlich, ungelegen, überraschend; das Bier ist ~ schal; darf es ~ mehr sein? (Frage des Verkäufers beim Abwiegen); auf ~ mehr od. weniger kommt es nicht an; noch ~!; nur

~; ~ oberhalb, unterhalb davon liegt …; ~ über 1000; gib mir ~ davon • **3.1** du musst ~ essen *eine Kleinigkeit* • **3.2** er hat ~ von einem Gelehrten, Künstler an sich *er wirkt wie ein G., K.*

Et|was ⟨n.; -, -⟩ **1** *nicht genau zu beschreibende Sache od. Eigenschaft;* ein seltsames ~ sitzt auf der Treppe; ein winziges ~ • **1.1** sie hat, besitzt **ein gewisses, das gewisse** ~ *sie übt eine (nicht genau bestimmbare) Anziehungskraft, einen nicht beschreibbaren Reiz auf andere (bes. Männer) aus*

Ety|mo|lo|gie ⟨f.; -, -n; Sprachw.⟩ **1** ⟨unz.⟩ *Lehre von der Herkunft, Entwicklung u. Bedeutung der Wörter, Wortforschung* **2** ⟨zählb.⟩ *Herkunft, Geschichte u. ursprüngliche Bedeutung eines Wortes*

euch ⟨in Briefen Groß- u. Kleinschreibung; Dat. u. Akk. von⟩ *ihr¹;* →a. *sich*

eu|er¹ ⟨Possessivpron. 4; 2. Person Pl.; in Titeln Großschreibung; in Briefen Groß- u. Kleinschreibung⟩ →a. *mein (1.1-3.4)* **1** ~ Buch (usw.) *ihr habt ein B. (usw.)* • **1.1** euch gehörend, aus eurem Eigentum od. Besitz stammend • **1.1.1** das Eu(e)re/eu(e)re, das Eurige/eurige *euer Eigentum* • **1.2** *mit euch verwandt, bekannt, befreundet* • **1.2.1** die Eu(e)ren/eu(e)ren *euere (engen) Verwandten* • **1.3** *einen Teil von euch bildend* • **1.4** *von euch ausgehend, bei euch Ursprung habend* • **1.5** *euch zukommend, zustehend* **2** *eine Eigenschaft von euch darstellend* • **2.1** *euch zur Gewohnheit geworden* **3** *von euch getan* • **3.1** *von euch verursacht* • **3.2** *von euch vertreten, gerechtfertigt* • **3.3** *von euch erwünscht* • **3.4** *von euch benutzt* **4** es grüßt Euch Euer (Eure) / euch euer (eure) … *(vertrauliche Schlussformel in Briefen)* **5** ⟨Abk.: Ew.⟩ Eure Durchlaucht, Exzellenz, Heiligkeit, Hoheit, Magnifizenz, Majestät *(Anrede mit Titel)*

eu|er² ⟨in Briefen Groß- u. Kleinschreibung; Gen. von⟩ *ihr¹*

eu|er|seits ⟨Adv.; in Briefen Groß- u. Kleinschreibung⟩ = *eurerseits*

eu|ers|glei|chen ⟨undeklinierbares Pron.; in Briefen Groß- u. Kleinschreibung⟩ = *euresgleichen*

eu|ert|we|gen ⟨Adv.; in Briefen Groß- u. Kleinschreibung⟩ = *euretwegen*

eu|ert|wil|len ⟨Adv.; in Briefen Groß- u. Kleinschreibung⟩ = *euretwillen*

Eu|ka|lyp|tus ⟨m.; -, - od. -lyp|ten; Bot.⟩ *Angehöriger einer Gattung der Myrtengewächse, hochwachsender Baum, dessen Blätter ein ätherisches Öl enthalten*

Eu|le ⟨f.; -, -n⟩ **1** ⟨Zool.⟩ *einer Familie der Eulenvögel angehörender nächtlich jagender Vogel mit krummem, kurzem Schnabel, weichem Gefieder u. großen Augen, die zum Dämmerungssehen geeignet sind: Striges* • **1.1** ~n nach Athen tragen ⟨fig.⟩ *etwas Überflüssiges tun* • **1.2** *Tier, dem Klugheit, Hässlichkeit u. auch Verdrießlichkeit zugeschrieben wird u. das als Unglücksbringer gilt;* klug wie eine ~ sein • **1.3** sie ist eine alte ~ ⟨abwertend⟩ *hässliche, unfreundliche Frau* **2** ⟨Entomologie⟩ *einer weltweit verbreiteten Familie angehörender Nachtfalter, dessen Flügel dunkel gefärbt sind u. die charakteristische Zeichnung aus 3 Binden u. 3 Flecken aufweisen: Noctuidae* **3** ⟨fig.⟩ • **3.1** *runder*

Eu|len|spie|gel ⟨m.; -s, -⟩ *Schelm, zu Streichen aufgelegter Mensch; Till ~*

Eu|nuch ⟨m.; -en, -en⟩ ⟨Med.⟩ *durch Kastration zeugungsunfähiger Mann, Kastrat* • 1.1 *Kastrat als Haremswächter*

Eu|phe|mis|mus ⟨m.; -, -mis|men⟩ *beschönigende Bezeichnung, sprachliche Verhüllung, mildernde Umschreibung*

Eu|pho|rie ⟨f.; -; unz.⟩ **1** *übersteigerte Begeisterung, Hochstimmung* **2** ⟨Med.⟩ *Gefühl gesteigerten Wohlbefindens (nach dem Genuss von Rauschmitteln od. bei Kranken kurz vor dem Tod)*

eu|rer|seits ⟨Adv.; in Briefen Groß- u. Kleinschreibung⟩ *von eurer Seite; oV euerseits; habt ihr ~ noch etwas dazu zu sagen?*

eu|res|glei|chen ⟨undeklinierbares Pron.; in Briefen Groß- u. Kleinschreibung⟩ *Menschen wie ihr; oV euersgleichen; ihr u. ~*

eu|ret|we|gen ⟨Adv.; in Briefen Groß- u. Kleinschreibung⟩ *für euch, euch zuliebe; oV euertwegen*

eu|ret|wil|len ⟨Adv.; in Briefen Groß- u. Kleinschreibung⟩ **um** *~ für euch, euch zuliebe; oV euertwillen*

Eu|rhyth|mie ⟨f.; -; unz.⟩ **1** ⟨bes. Tanz⟩ *harmonische Ausgeglichenheit von Bewegung u. Ausdruck* **2** ⟨Anthroposophie⟩ *auf der Lehre von Rudolf Steiner basierende Bewegungskunst, die Sprache, Gesang u. Bewegung zu einer Gebärdensprache verbindet; oV Eurythmie*

Eu|ro ⟨m. 7; -, -s; Zeichen: €⟩ *europäische Währungseinheit* (~cent)

Eu|ryth|mie ⟨f.; -; unz.⟩ = *Eurhythmie (2)*

Eu|ter ⟨n.; -s, -⟩ *die bei Paarhufern in der Leistengegend der weiblichen Tiere zusammenstehenden zwei od. vier Milchdrüsen*

Eu|tha|na|sie ⟨f.; -; unz.⟩ **1** ⟨urspr. in der griech.-röm. Antike⟩ *schneller, leichter u. schmerzloser Tod (ohne Eingreifen des Menschen)* **2** *Erleichterung des Sterbens durch das Verabreichen von Medikamenten (strafbar, wenn damit eine Verkürzung des Lebens verbunden ist)* **3** ⟨im Nationalsozialismus; verhüllend⟩ *Tötung von unheilbar kranken u. geisteskranken Menschen*

eva|ku|ie|ren ⟨[-va-] V. 500⟩ **1** einen **Raum** ~ ⟨Phys.⟩ *leeren, luftleer machen, leerpumpen* **2** *ein* **Gebiet** ~ *von Bewohnern räumen* **3** *Bewohner* ~ *dafür sorgen, dass die B. ein gefährdetes Gebiet räumen*

evan|ge|lisch ⟨[-vaŋ-] Adj.⟩ **1** *das Evangelium betreffend, auf ihm beruhend* **2** *die durch die Reformation entstandenen Kirchen betreffend, auf ihnen beruhend, protestantisch* • 2.1 ~-**lutherisch** *zur lutherischen Reformationskirche gehörend, auf der lutherischen Reformation beruhend* • 2.2 ~-**reformiert** *die Reformationskirche Zwinglis u. Calvins betreffend, zu ihr gehörend, auf ihr beruhend*

Evan|ge|li|um ⟨[-vaŋ-] n.; -s, -li|en⟩ **1** *die Botschaft Jesu* **2** *die vier Schriften des NT über das Leben Jesu von Matthäus, Markus, Lukas u. Johannes* • 2.1 *eine dieser vier Schriften* **3** ⟨fig.⟩ *Wort, Schriftwerk o. Ä., das einem heilig ist, an das man bedingungslos glaubt; dieser Roman ist für ihn das ~*

Event ⟨[ivɛnt] m. od. n.; -s, -s⟩ *besonderes Ereignis, Veranstaltung od. Wettkampf*

Even|tu|al|fall ⟨[-vɛn-] m.; -(e)s, -fäl|le⟩ *eventuell, möglicherweise eintretender Fall; Vorbereitungen für den ~ treffen*

even|tu|ell ⟨[-vɛn-] Adj.; Abk.: evtl. (nur adv.)⟩ *möglicherweise (eintretend), gegebenenfalls, vielleicht, unter Umständen*

evi|dent ⟨[-vi-] Adj.⟩ **1** *augenscheinlich, offenkundig, offenbar; seine Beteiligung an der Sache ist ~* **2** *einleuchtend; eine ~e Beweisführung*

Evo|lu|ti|on ⟨[-vo-] f.; -, -en⟩ **1** *allmähliche, stetige Weiterentwicklung* • 1.1 ⟨Gesch.⟩ *friedliche Fortentwicklung im Geschichtsverlauf (als Gegensatz zu gewaltsam herbeigeführten Veränderungen);* →a. *Revolution* **2** ⟨Biol.⟩ *stammesgeschichtliche Entwicklung der Lebewesen*

ewig ⟨Adj. 24⟩ **1** *unendlich in der Zeit; Ggs endlich (1)* • 1.1 *nie endend, endlos; soll das denn immer und ~ so bleiben?* • 1.1.1 *das* ~e **Leben** *L. über den Tod hinaus* • 1.1.2 *in den ~en Frieden, in die ~ Ruhe eingehen* ⟨poet.⟩ *sterben* • 1.1.3 ~er **Schlaf** ⟨poet.⟩ *Tod* • 1.1.4 *es ist ~ schade* ⟨umg.⟩ *sehr schade* **1.2** *unvergänglich, die Zeiten, den Wechsel überdauernd; jmdm. ~e Liebe, Treue schwören; die Ewige Stadt* (Beiname Roms); ~e Jugend; das Ewigweibliche zieht uns hinan („Faust II", Ende) • 1.2.1 *das* ewige **Licht**, *die ~e* **Lampe** *immer brennendes Licht in der katholischen Kirche* • 1.2.2 *Ewiger* **Salat** *im Garten wachsendes Blattgemüse, Gartenampfer* • 1.2.3 ~er **Schnee** *nie ganz schmelzender S. im Hochgebirge* • 1.3 ~e **Jagdgründe** ⟨iron.; umg.⟩ *Reich der Toten; der Hund ist in die ~en Jagdgründe eingegangen* **2** ⟨90; fig; umg.⟩ *sehr lange, zu lange (dauernd) u. daher lästig; ich habe diese ~en Klagen satt!; das dauert ja ~!; ich warte schon ~* • 2.1 *~ und drei Tage* ⟨scherzh.⟩ *unendlich lange*

Ewig|keit ⟨f.; -, -en⟩ **1** ⟨Pl. selten⟩ *das Unvergängliche, Unwandelbare, das Ewige, das jenseits der Zeit u. dieses Lebens liegt; die ~ des Kosmos, der Naturgesetze* • 1.1 **von** *~* **zu** ⟨Bibel⟩ *ewig, immerwährend, in unaufhörlicher Dauer* 1.2 **von** ~en **her** *schon immer* **2** ⟨unz.⟩ *das ewige Leben nach dem Tode; in die ~ eingehen, abberufen werden* **3** ⟨Pl. selten⟩ *zeitliche Unendlichkeit; die Minuten dehnten sich zu ~en* • 3.1 **in** (**alle**) *~ für immer* **4** ⟨Pl. selten; fig.; umg.⟩ *sehr lange Zeit; das dauert ja eine ~; ich habe schon eine ~ gewartet; ich warte seit einer ~, seit ~en auf dich; ich stehe hier seit einer halben ~* • 4.1 *das tut er in ~ nicht! das wird er nie tun*

ex…, Ex…[1] ⟨Vorsilbe; in Zus.⟩ *aus, heraus, von … her*

Ex…[2] ⟨Vorsilbe⟩ *ehemalig; der Exkanzler, Expräsident; der Ex-DDR*

ex|akt ⟨Adj.⟩ **1** *genau, sorgfältig, pünktlich; Ggs inexakt* **2** ⟨24⟩ *streng wissenschaftlich* • 2.1 *die ~en Wissenschaften Mathematik u. Naturwissenschaften*

ex|al|tiert ⟨Adj.; abwertend⟩ **1** *überspannt, überdreht, übertrieben begeistert; eine ~e Schauspielerin* **2** *hys-*

Examen

terisch erregt, aufgeregt; er hat sich gestern ~ benommen

Ex|a|men ⟨n.; -s, - od. -mi|na⟩ *Prüfung (als Abschluss einer Ausbildung, insbes. des Hochschulstudiums);* das ~ bestehen; ~ machen; mündliches, schriftliches ~; sich auf, für das ~ vorbereiten; er ist durchs ~ gefallen; das ~ für das höhere Lehramt; im ~ stehen; ins ~ steigen; er hat das ~ mit (der Note) Eins gemacht

Ex|e|ku|ti|on ⟨f.; -, -en⟩ **1** ~ eines **Urteils** *Vollstreckung, Vollzug* **2** ~ eines **Menschen** *Hinrichtung*

Ex|e|ku|ti|ve ⟨f.; -; unz.⟩ *Teil der Staatsgewalt, der den Vollzug der von Judikative u. Legislative aufgestellten Rechtsnormen u. Entscheidungen betrifft;* Sy *ausübende Gewalt,* → *ausüben (2.1), vollziehende Gewalt,* → *vollziehen (1.1);* →a. *Legislative, Judikative*

Ex|em|pel ⟨n.; -s, -⟩ **1** *Aufgabe, Rechenaufgabe* • **1.1** die **Probe aufs** ~ machen *die Richtigkeit einer Annahme, Behauptung durch Probieren nachweisen* **2** *Beispiel;* etwas zum ~ nehmen • **2.1** ein ~ **statuieren** *jmdn. für etwas bestrafen, um andere zu warnen, Ähnliches zu tun*

Ex|em|plar *auch:* **Ex|emp|lar** ⟨n.; -s, -e; Abk.: Expl.⟩ *Einzelstück, Muster;* Beleg~, Frei~

ex|er|zie|ren ⟨V.⟩ **1** ⟨400⟩ *militärische Übungen machen* **2** ⟨500⟩ **etwas** ~ *immer wieder einüben*

Ex|hi|bi|ti|o|nis|mus ⟨m.; -; unz.⟩ **1** ⟨Psych.⟩ *krankhafte Neigung zum Entblößen der eigenen Geschlechtsorgane vor anderen Personen* **2** ⟨geh.; abwertend⟩ *auffälliges Zurschaustellen der Privat- u. Intimsphäre (das von anderen als aufdringlich od. unpassend empfunden wird)*

ex|hu|mie|ren ⟨V. 500⟩ eine **Leiche** ~ *zwecks gerichtsmedizinischer Untersuchung wieder ausgraben*

Exil ⟨n.; -s, -e⟩ **1** *Verbannung* **2** *Ort der Verbannung* **3** *Zufluchtsstätte;* ins ~ gehen

exis|tent ⟨Adj. 24; geh.⟩ *vorhanden, wirklich existierend;* Ggs *inexistent*

exis|ten|ti|ell ⟨Adj.⟩ = *existenziell*

Exis|tenz ⟨f.; -, -en⟩ **1** ⟨unz.⟩ *wirkliches Vorhandensein, Leben;* Sy *Dasein (2);* die ~ dieser Sache ist nicht zu leugnen **2** ⟨unz.⟩ = *Auskommen (1);* sich eine ~ aufbauen; eine sichere ~ haben **3** ⟨zählb., umg.⟩ *Mensch;* jmd. ist eine dunkle, fragwürdige, gescheiterte ~

exis|ten|zi|ell ⟨Adj.⟩ oV *existentiell* **1** ⟨24; geh.⟩ *die Existenz, das wirkliche Vorhandensein, das Dasein betreffend* **2** *lebenswichtig, lebensnotwendig;* ~e Probleme, Sorgen

exis|tie|ren ⟨V.⟩ **1** ⟨400⟩ *vorhanden sein, bestehen, leben;* hier existiert nicht einmal ein Krankenhaus **2** ⟨414⟩ **von, mit etwas** ~ *mit etwas auskommen;* damit, davon kann ja niemand ~

Exi|tus ⟨m.; -; unz.⟩ *Tod*

Ex|kla|ve ⟨[-və] f.; -, -n⟩ *von fremdem Staatsgebiet eingeschlossener Teil eines Staates;* Ggs *Enklave*

ex|klu|siv ⟨Adj.⟩ **1** *ausschließend* **2** *(gesellschaftlich) abgeschlossen, abgesondert;* eine ~e Gesellschaft; ein ~er Kreis; ein ~es Restaurant • **2.1** *unnahbar* **3** *nicht alltäglich, luxuriös*

ex|klu|si|ve ⟨[-və] Präp. m. Gen.; folgende Substantive ohne Artikel meist ohne -s des Gen.; Abk.: exkl.⟩ *ausschließlich, mit Ausschluss von ..., ausgenommen;* Ggs *inklusive;* ~ Mehrwertsteuer

Ex|kre|ment ⟨n.; -(e)s, -e; meist Pl.⟩ *Ausscheidung (Kot, Harn);* menschliche, tierische ~e

Ex|kret ⟨n.; -(e)s, -e⟩ *vom Körper nicht weiter verwendbares, ausgeschiedenes Stoffwechselprodukt;* Sy *Ausscheidung (2)*

Ex|kurs ⟨m.; -es, -e⟩ **1** *Abschweifung vom Ausgangsthema;* ein ~ in die Naturwissenschaften **2** *Sonderteil einer (wissenschaftlichen) Abhandlung, Anhang*

Ex|kur|si|on ⟨f.; -, -en⟩ *Ausflug (bes. zu Forschungs- od. Bildungszwecken);* eine wissenschaftliche ~ in ein Naturschutzgebiet

ex|or|bi|tant ⟨Adj.; geh.⟩ *außerordentlich, außergewöhnlich, enorm*

Ex|or|zis|mus ⟨m.; -, -zis|men⟩ *Beschwörung u. Austreibung vermeintlich vorhandener böser Geister*

Exo|tik ⟨f.; -; unz.⟩ **1** *exotische, fremdländische Beschaffenheit;* die ~ der Inselbewohner **2** *(Anziehungskraft ausübende) exotische Art, fremdländisches Wesen*

exo|tisch ⟨Adj.⟩ **1** *fremd, fremdländisch* **2** *aus den Tropen stammend*

Ex|pan|si|on ⟨f.; -, -en⟩ **1** *Vergrößerung des Volumens, Ausdehnung* **2** *Ausdehnung des staatlichen Machtbereichs*

Ex|pe|di|ti|on ⟨f.; -, -en⟩ **1** *Forschungsreise;* eine ~ zum Südpol • **1.1** *Gesamtheit der Personen, die an einer Expedition (1) teilnehmen* **2** *Delegation, mit einem bestimmten Auftrag (in fremdes Staatsgebiet) entsendete Personengruppe;* eine ~ entsenden, finanzieren **3** *Versandabteilung (einer Firma);* in der ~ arbeiten • **3.1** ⟨unz.; selten⟩ *das Versenden*

Ex|pe|ri|ment ⟨n.; -(e)s, -e⟩ **1** *wissenschaftlicher Versuch;* chemische, physikalische ~e **2** ⟨fig.⟩ *(gewagtes) Unternehmen;* willst du das ~ wirklich wagen?

ex|pe|ri|men|tie|ren ⟨V. 400⟩ *Experimente machen, Versuche durchführen;* mit Tieren sollte man nicht ~; heute hat mein Mann in der Küche experimentiert

Ex|per|te ⟨m.; -n, -n; häufig in Zus.⟩ *Sachverständiger, Fachmann*

Ex|per|tin ⟨f.; -, -tin|nen⟩ *weibl. Experte*

ex|plo|die|ren ⟨V. 400(s.)⟩ **1** ein **Gegenstand** *explodiert birst, platzt;* Ggs *implodieren* • **1.1** *in der Art einer Explosion (1.1) verlaufen;* →a. *detonieren (1)* **2** **jmd.** *explodiert* ⟨fig.; umg.; scherzh.⟩ *bricht in Zorn aus*

Ex|plo|si|on ⟨f.; -, -en⟩ **1** *das Explodieren;* Ggs *Implosion* • **1.1** ~ eines **Sprengstoffes** *sehr schnell verlaufendes Abbrennen;* →a. *Detonation* • **1.2** ~ eines **Hohlkörpers** *Bersten durch Druck von innen*

Ex|po|nat ⟨n.; -(e)s, -e⟩ *Ausstellungsstück (im Museum, in einer Galerie o. Ä.);* die Ausstellung zur Kunst des Expressionismus umfasst über einhundert ~e

Ex|port ⟨m.; -(e)s, -e⟩ = *Ausfuhr;* Ggs *Import;* ~ von Waren, Dienstleistungen

ex|por|tie|ren ⟨V. 500⟩ Ggs *importieren* **1** = *ausführen (3)* **2** ⟨EDV⟩ **Daten** ~ *in ein Datenformat umwandeln, das von einem anderen Programm gelesen werden kann*

Ex|po|sé ⟨n.; -s, -s⟩ = *Exposee*
Ex|po|see ⟨n.; -s, -s⟩ oV *Exposé* **1** *schriftliche Darlegung, Erläuterung* • **1.1** *Skizze, Entwurf (zu einer schriftlichen, bes. zu einer wissenschaftlichen Arbeit)* **2** ⟨Film, Fernsehen⟩ *Handlungsskizze*
ex|press ⟨Adj. 24/50⟩ **1** ⟨veraltet⟩ *eilig, mit Eilpost;* eine Ware, Postsendung ~ schicken **2** ⟨regional⟩ *nachdrücklich, ausdrücklich;* er hat es ~ gesagt
Ex|press ⟨m.; -es; unz.⟩ **1** ⟨veraltet; noch österr.⟩ *Fernschnellzug, Expresszug* **2** ⟨unz.⟩ eine Sendung per ~ **schicken** *mit Eilpost, durch Eilboten*
ex|pres|siv ⟨Adj.; geh.⟩ *ausdrucksstark, mit viel Ausdruck;* ~es Klavierspiel; ein ~es Kunstwerk
ex|qui|sit ⟨Adj.⟩ *von auserlesener, vorzüglicher Qualität;* ein ~er Wein
ex|tern ⟨Adj. 24⟩ Ggs *intern* **1** *draußen, außerhalb, auswärtig;* ~, nicht in der Firma arbeiten; ~e Kosten • **1.1** ~er **Schüler** *Schüler, der nicht im Internat wohnt* • **1.2** ~er **Speicher** ⟨EDV⟩ *mit einer EDV-Anlage verbundener Speicher, der auf Abruf Daten an den Arbeitsspeicher weitergeben kann, Außenspeicher*

◆ Die Buchstabenfolge **ex|tr...** kann in Fremdwörtern auch **ext|r...** getrennt werden. Davon ausgenommen sind Zusammensetzungen, in denen die fremdsprachigen bzw. sprachhistorischen Bestandteile deutlich als solche erkennbar sind, z. B. *-trahieren, -trakt* (→a. *subtrahieren, Kontrakt*).

◆ **ex|tra** ⟨Adj. 11⟩ **1** ⟨umg.⟩ *besondere(r, -s), über das Übliche hinausgehend;* eine ~ Belohnung; das ist ~ **2** ⟨50⟩ • **2.1** *besonders;* etwas ~ Feines; ~ mild, stark • **2.1.1** es geht mir nicht ~ ⟨regional; umg.⟩ *nicht besonders (gut)* • **2.2** *gesondert, getrennt;* legen Sie es ~ ⟨umg.⟩ • **2.3** *eigens, ausschließlich;* er hat es ~ für dich getan • **2.4** ⟨umg.⟩ *absichtlich, um jmdn. zu ärgern;* das macht er immer ~!
◆ **ex|tra..., Ex|tra...** ⟨in Zus.⟩ **1** *außer ..., außerhalb* **2** *Sonder ..., außerordentlich*
◆ **ex|tra|fein** ⟨Adj. 24⟩ *außerordentlich, besonders fein*

ex|tra|hie|ren ⟨V. 500⟩ **1** ⟨505⟩ *etwas aus etwas ~ herauslösen, ausziehen;* einen Stoff aus einer chem. Verbindung ~ **2** *etwas ~ herausziehen, entfernen;* Zähne ~; einen Fremdkörper aus dem Auge ~
Ex|trakt ⟨m.; -(e)s, -e⟩ = *Auszug (6);* ein ~ aus Heilpflanzen
Ex|trak|ti|on ⟨f.; -, -en⟩ **1** *das Extrahieren, Herauslösen;* ~ eines chem. Stoffes **2** *das Extrahieren, Extrahiertwerden, Herausziehen;* ~ von Zähnen
◆ **ex|tra|va|gant** ⟨[-va-], a. ['----] Adj.⟩ *betont auffällig, vom Üblichen abweichend, ungewöhnlich, ausgefallen;* sich ~ kleiden; er ist, verhält sich sehr ~
◆ **ex|tra|ver|tiert** ⟨[-ver-] Adj.; Psych.⟩ *nach außen gewandt, äußeren Einflüssen zugänglich;* oV *extrovertiert;* Ggs *introvertiert;* ein ~er Mensch, Typ; sie besitzt ein ~es Wesen
◆ **ex|trem** ⟨Adj.⟩ **1** *äußerst, höchst od. niedrigst* • **1.1** ~e **Werte** *Maximum od. Minimum* **2** *übersteigert, übertrieben;* ~e Ansichten • **2.1** ⟨Pol.⟩ *einseitig orientiert;* Sy *radikal (5);* die ~e Linke, Rechte; eine ~e Partei
◆ **ex|tro|ver|tiert** ⟨[-ver-] Adj.⟩ = *extravertiert*
ex|zel|lent ⟨Adj.⟩ *hervorragend, vorzüglich, ausgezeichnet;* er kann ~ Geige spielen; das ist ein ~er Wein
Ex|zen|trik *auch:* **Ex|zent|rik** ⟨f.; -; unz.⟩ **1** *auffallendes, überspanntes Verhalten, absonderliche Wesensart, Eigenwilligkeit* **2** *mit übertriebener Komik dargestellte Artistik*
ex|zen|trisch *auch:* **ex|zent|risch** ⟨Adj.⟩ **1** *nicht im Mittelpunkt gelegen* • **1.1** ~e **Kreise** *K. ohne gemeinsamen Mittelpunkt* **2** ⟨fig.⟩ *überspannt, zu merkwürdigen Einfällen neigend;* ein ~er Milliardär
ex|zer|pie|ren ⟨V. 500⟩ *etwas* (aus Büchern) ~ *Teile des Textes herausschreiben, Auszüge machen*
Ex|zess ⟨m.; -es, -e⟩ **1** *Ausschreitung, Ausschweifung, Überschreitung gebotener Grenzen* **2** **sphärischer** ~ ⟨Math.⟩ *Überschuss der Winkelsumme eines Kugeldreiecks über 180°*
Eye|li|ner ⟨[aɪlaɪnə(r)] m.; -s, -⟩ *kosmetischer Stift od. Pinsel zum Ziehen eines Lidstrichs*

Fa|bel ⟨f.; -, -n⟩ **1** *lehrhafte, oft witzig-satirische Erzählung, in der die Tiere so wie Menschen handeln u. in der eine allgemeine Wahrheit od. Moral zum Ausdruck gebracht werden soll* **2** *der einfache Handlungsablauf ohne Nebenhandlungen, Grundplan einer Dichtung* **3** *erdichtete, unglaubliche Geschichte*

fa|bel|haft ⟨Adj.⟩ **1** ⟨umg.⟩ *großartig, wunderbar;* wie war es auf der Reise? ~!; eine ~e Aufmachung; ein ~er Film, Roman; das ist ja ~!; die Wohnung ist ~ eingerichtet **2** ⟨umg.⟩ *überaus groß;* ein ~er Reichtum; eine ~e Geschwindigkeit, Höhe **3** ⟨24/50; verstärkend⟩ *überaus, unglaublich;* sie ist ~ reich; er ist ~ geschickt

◆ Die Buchstabenfolge **fa|br...** kann in Fremdwörtern auch **fab|r...** getrennt werden.

◆ **Fa|brik** ⟨a. [-brɪ:k] f.; -, -en⟩ *Stätte zur maschinellen Herstellung von Halb- od. Fertigfabrikaten*
◆ **Fa|bri|kat** ⟨n.; -(e)s, -e⟩ *in einer Fabrik hergestelltes Erzeugnis*
◆ **fa|bri|zie|ren** ⟨V. 500⟩ **1** Waren, Güter ~ *in einer Fabrik herstellen* **2** etwas ~ ⟨fig.; umg.; scherzh.⟩ *(laienhaft) herstellen, zurechtbasteln;* da hast du ja wieder etwas fabriziert ● **2.1** Unsinn ~ *anstellen*

fa|bu|lie|ren ⟨V.⟩ **1** ⟨402/405; geh.⟩ *fantasievoll erzählen (u. mit Schwärmereien ausschmücken), erdichten, erfinden;* er kann sehr gut ~; wir fabulierten von unseren Zukunftsplänen **2** ⟨500⟩ etwas ~ *erdichten, erzählen;* einen Roman, eine Geschichte ~; diese Kurzgeschichten sind sehr gut fabuliert

Fa|cet|te ⟨[fasɛtə] f.; -, -n⟩ = *Fassette*

Fach ⟨n.; -(e)s, Fä|cher⟩ **1** *Unterabteilung in einem Raum od. auf einer Fläche;* Schrank~, Wäsche~; das mittlere, obere, rechte ~ (im Schrank); etwas in ein ~ legen, stapeln, stellen ● **1.1** ⟨Web.⟩ *Zwischenraum zwischen den Kettfäden, in den das Schiffchen mit dem Schussfaden eingeführt wird* ● **1.2** *Mauerstück zwischen den Balkengefüge;* ~werk; →a. Dach (1.1) ● **1.3** *innerhalb des Rahmens liegender Teil;* Fenster~, Tür~ **2** *Unterabteilung eines Wissens- od. Arbeitsgebietes;* Studien~, Lehr~, Bau~; Biologie als drittes ~ haben; welche Fächer hast du studiert?; sich auf ein ~ spezialisieren; er weiß nicht ~, hervorragend Bescheid; ein Meister seines ~es sein; das schlägt (nicht) in mein ~ ● **2.1** vom ~ sein *Fachmann sein, etwas von einer Sache verstehen;* hier brauchen wir einen Mann vom ~

...fach ⟨Adj. 24; in Zus.⟩ *vervielfältigend, wiederholend;* die dreifache Menge; in zweifacher Ausfertigung; ein zehnfaches Echo; mannigfach, mehrfach, vielfach; das Vierfache; das 4fache/4-Fache

Fach|ar|bei|ter ⟨m.; -s, -⟩ *Arbeiter mit abgeschlossener Lehre (in einem anerkannten Lehrberuf);* er ist ~ für Maschinenbau

fä|cheln ⟨V.⟩ **1** ⟨400⟩ eine **Brise**, ein Luftzug fächelt *weht sanft* ● **1.1** Blätter ~ *bewegen sich sanft im Wind* **2** ⟨500/Vr 7⟩ jmdn. ~ *jmdm. durch einen Luftzug Kühlung verschaffen;* ich habe mich mit dem Taschentuch gefächelt **3** ⟨500⟩ etwas fächelt **jmdn.** od. etwas *weht jmdn. od. etwas sanft u. kühlend an;* der Wind fächelte mich, meine Stirn

Fä|cher ⟨m.; -s, -⟩ **1** *runder od. halbrunder, starrer od. faltbarer, aus Vogelfedern, Stoff, Papier o. Ä. bestehender Wedel, mit dem man sich od. jmdm. Luft zufächelt;* den ~ entfalten, aufklappen **2** ⟨Jägerspr.⟩ *Schwanzfedern des Auerhahns*

Fach|frau ⟨f.; -, -en⟩ *Frau, die für ein bestimmtes Fachgebiet zuständig, in ihm erfahren ist;* ~ im Bereich Werbung

fach|lich ⟨Adj. 24⟩ *ein bestimmtes Fachgebiet betreffend, zu ihm gehörig;* ~e Erfahrung, Kenntnisse

Fach|mann ⟨m.; -(e)s, -leu|te⟩ *jmd., der für ein bestimmtes Fachgebiet zuständig, in ihm erfahren ist;* ein qualifizierter, alter, bewährter ~; er ist ~ auf diesem Gebiet

fach|män|nisch ⟨Adj.⟩ *in der Art eines Fachmanns, sachkundig, fachgerecht;* er hat die Waschmaschine ~ repariert; jmdm. einen ~en Rat erteilen; ein ~es Gutachten anfordern

fach|sim|peln ⟨V. 405; umg.⟩ **(über etwas)** ~ *Fachkenntnisse (über etwas) austauschen, sich über fachliche Angelegenheiten unterhalten;* sie fachsimpelten den ganzen Abend über Homöopathie

Fach|werk ⟨n.; -(e)s; unz.⟩ **1** *bes. im 16./17. Jh. beliebte Art des Hausbaues, bei der die Zwischenräume (Fächer) zwischen dem Balkengefüge mit Lehm od. Ziegeln ausgefüllt wurden* **2** ⟨selten⟩ *größeres Fachbuch*

Fa|ckel ⟨f.; -, -n⟩ **1** *Beleuchtungskörper aus harz-, pech- od. teergetränktem Gewebe, das um ein Ende eines kurzen Stockes gewickelt ist u. angezündet wird;* eine flackernde, helle ~; die ~ brennt, geht aus **2** ⟨fig.⟩ *etwas, von dem ein erhellender, verzehrender Brand ausgeht;* die ~ des Fortschritts, der Wissenschaft; die ~ des Aufruhrs über das Land tragen

Fa|çon ⟨[fasɔ̃:] f.; -, -s⟩ = *Fasson*

fad ⟨Adj.⟩ oV *fade* **1** *geschmacklos, schal;* einen ~en Geschmack im Munde haben; das Bier, die Suppe schmeckt ~ **2** ⟨fig.; umg.⟩ *reizlos, langweilig, geistlos;* ein ~er Kerl, ein ~er Witz; ~es Zeug reden; der Film, das Buch ist ~

fa|de ⟨Adj.⟩ = *fad*

fä|deln ⟨V.⟩ **1** ⟨500⟩ einen **Faden** (durch, in das Nadelöhr) ~ *durch das N. ziehen* **2** ⟨500⟩ **Perlen** (auf eine Schnur, einen Faden) ~ *ziehen, reihen* **3** ⟨400⟩ ein Stoff fädelt (sehr) *verliert, lässt Fäden, franst aus*

Fa|den[1] ⟨m.; -s, Fä|den⟩ **1** *langes, dünnes, schmiegsames Gebilde aus zusammengedrehten (textilen) Fasern;* Baumwoll~, Seiden~; Bind~; einen Knoten in den

fahren

~ machen • 1.1 (k)einen guten ~ miteinander spinnen *sich (nicht) gut miteinander vertragen* • 1.2 keinen guten ~ an jmdm. od. etwas lassen *nur Schlechtes von jmdm. od. etwas sagen* **2** *Ding, das einem Faden (1) äußerlich ähnlich ist;* Gold~ • **2.1** etwas zieht Fäden *ist zähflüssig;* gekochter Käse zieht Fäden **3** ⟨fig.⟩ *dünnes, schwaches, zerreißbares Band;* Gedulds~ • **3.1** etwas hängt an einem ~ *ist bedroht, befindet sich in einer kritischen Lage;* sein Leben hängt an einem ~; das Unternehmen hing an einem (seidenen) ~ **4** ⟨fig.⟩ *Beziehung, Verbindung, Verbindungslinie;* die (zerrissenen) Fäden wieder anknüpfen • **4.1** ⟨Pl.⟩ *Verbindung, durch die etwas gelenkt wird;* die Fäden (eines Unternehmens, der Unterhaltung) in der Hand behalten, haben; im Betrieb laufen alle Fäden stets in seiner Hand zusammen • **4.2** *gedanklicher Zusammenhang;* den ~ des Gesprächs wieder aufnehmen, fortspinnen • **4.2.1** den ~ verlieren *aus dem Konzept kommen;* →a. *rot (1.9)* **5** ⟨Her.⟩ *dünner, schräger Balken auf dem Wappen, bes. bei unehelich Geborenen;* Bastard~

Fa|den² ⟨m. 7; -s, -⟩ **1** *altes deutsches Längenmaß, bes. zur Angabe von Tiefen u. als Garnmaß, 1,70- u. 1,80 m* **2** *Raummaß für Brennholz, 10 -15 Kubikfuß*

fa|den|schei|nig ⟨Adj. 24/70⟩ **1** *abgetragen, so weit abgenutzt, dass die einzelnen Fäden zu sehen sind* (von Stoffen, Bekleidung) • **1.1** ⟨fig.; abwertend⟩ *unglaubwürdig, leicht zu durchschauen, sichtlich unwahr;* eine ~e Ausrede; seine Erklärung erschien mir sehr ~

Fa|ding ⟨[fɛɪdɪŋ] n.; -s; unz.⟩ **1** ⟨Rundfunktech.⟩ *An- und Abschwellen des Tones* • **1.1** *Ausblenden des Tones durch stetige Abnahme der Lautstärke (bes. bei der Wiedergabe von Musikstücken)* **2** ⟨Kfz⟩ *Nachlassen der Bremswirkung bei anhaltender Betätigung der Bremsen aufgrund von Überhitzung*

Fa|gott ⟨n.; -(e)s, -e; Mus.⟩ *tiefstes Holzblasinstrument mit gebogenem Blasrohr u. zweiblättrigem Rohrblatt*

fä|hig ⟨Adj.⟩ **1** ⟨70⟩ *befähigt, begabt, tüchtig;* ich halte ihn für sehr ~; ein ~er Kopf, Mensch **2** ⟨73 od. 74⟩ *in der Lage, imstande;* dazu bin ich nicht mehr ~ (vor Erschöpfung, Müdigkeit usw.); er ist noch nicht einmal ~, die einfachste Aufgabe zu lösen; er ist zu allem ~; ich halte ihn eines Betruges (nicht) für ~; glaubst du, dass er dessen ~ ist?

Fä|hig|keit ⟨f.; -, -en⟩ **1** ⟨unz.⟩ *das Imstandesein, das Fähigsein, Vermögen;* ~ zur Einsicht, zur Toleranz; Denk~; Leistungs~ **2** ⟨zählb.⟩ *Können, Begabung, Wissen;* sie besitzt große ~en; jmds. ~en nutzen, fördern, bilden; ~en auf künstlerischem, wissenschaftlichem Gebiet; bei deinen ~en könntest du es weit bringen

fahl ⟨Adj.⟩ **1** *blass, bleich, farblos;* das ~e Licht des Mondes; er wurde (vor Schreck usw.) ~ im Gesicht **2** ⟨fig.; geh.⟩ *leblos, kraftlos;* ein ~es Lächeln

fahn|den ⟨V. 800⟩ **nach etwas** od. **jmdn.** ~ *etwas od. jmdn. zu finden, etwas od. jmds. Aufenthaltsort zu erfahren suchen;* nach einem verschollenen Dokument ~; nach einem gestohlenen Gegenstand ~; die Polizei fahndet nach dem Täter, Verbrecher

Fah|ne ⟨f.; -, -n⟩ **1** *farbiges, meist rechteckiges, an einer Stange befestigtes Tuch als Hoheitszeichen;* National~; die ~ einholen, einziehen, hissen, weihen; die ~n wehen auf halbmast; ~nstange **2** *als Kenn- od. Feldzeichen dienendes, an einer Stange befestigtes Stoffstück bes. als Sinnbild der Zusammengehörigkeit;* Kirchen~, Kriegs~, Vereins~; bei der ~ die ~ schwören • **2.1** die ~ nach dem Winde drehen ⟨fig.⟩ *je nach Bedarf seine Anschauung wechseln* • **2.2** sie hatten die Freiheit auf ihre ~n geschrieben ⟨fig.⟩ *sie kämpften für die Freiheit* **3** ⟨fig.⟩ *Ideal, für das man kämpft* • **3.1** die ~ der Freiheit vorantragen *für die F. kämpfen* • **3.2** die ~ hoch halten ⟨umg.⟩ *unbeirrt bei etwas ausharren* **4** *meist dreieckiges, an einer Stange befestigtes Metallstück;* Wetter~ **5** *Wolken- od. Dunststreifen;* Rauch~ **6** ⟨umg.⟩ *nach Alkohol riechender Atem;* eine ~ haben **7** ⟨Typ.⟩ *Korrekturabzug des gesetzten, noch nicht umbrochenen Textes;* ~n lesen, korrigieren **8** ⟨Bot.⟩ *hinteres Kronblatt der Schmetterlingsblütler, das die beiden seitlichen u. die beiden vorderen Kronblätter umgreift* **9** ⟨Zool.⟩ *die Gesamtheit der am Schaft sitzenden Fasern der Vogelfeder* **10** ⟨Jägerspr.⟩ *die langen Haare am Schwanz von langhaarigen Jagdhunden u. Eichhörnchen*

Fahr|bahn ⟨f.; -, -en⟩ *für Fahrzeuge bestimmter Straßenteil;* die ~ überqueren; eine breite, asphaltierte, betonierte ~

Fäh|re ⟨f.; -, -n⟩ *Schiff zum Übersetzen über Flüsse u. Seen;* Auto~, Eisenbahn~; die ~ legt an

fah|ren ⟨V. 130⟩ **1** ⟨400(s.)⟩ ein **Fahrzeug** fährt *bewegt sich mit Hilfe einer antreibenden Kraft fort;* mit Benzin, Diesel ~; die Straßenbahn fährt elektrisch; der Zug fährt nur sonntags; auf und ab ~; hin und her ~; langsam, schnell ~; um die Ecke, Kurve ~; gegen einen Baum ~; durch die Stadt, durch einen Tunnel ~; zu Tal ~ • **1.1** ⟨411⟩ ein **Schiff** fährt **auf Grund** *stößt auf G.* **2** ⟨400(s.)⟩ *sich mit einem Fahrzeug fortbewegen;* Ggs *gehen (1);* wir wollen lieber ~ (anstatt zu gehen); lieber schlecht gefahren als gut gelaufen; rechts, links ~; ins Gebirge ~; wie lange ~ wir bis Berlin?; wie fahre ich am kürzesten, schnellsten nach …?; Karussell ~; mit dem Auto, der Bahn, dem Fahrrad, Schiff ~; Rad ~; ~ Sie über Frankfurt?; in die Ferien, in Urlaub ~; aufs Land ~; nach Berlin ~; sie kann das Fahren nicht gut vertragen • **2.1** erster **Klasse** ~ *die erste Klasse eines Beförderungsmittels benutzen* • **2.2** die **Strecke** kannst du gut in zwei Stunden ~ *bewältigen* • **2.3** ⟨500⟩ eine **Rekordzeit** ~ *eine Strecke in einer R. bewältigen* • **2.4** ⟨411⟩ **zur See** ~ ⟨Seemannsspr.⟩ *von Beruf Seemann sein* • **2.5** ~de **Güter** *bewegliches Eigentum;* Ggs *liegende Güter,* → *liegen (3.1)* • **2.6** ⟨501/Vr 3; umg.⟩ *es fährt sich … man kann … fahren;* auf dieser Straße fährt es sich gut • **2.7** ⟨500⟩ ein **Fahrzeug** ~ *lenken;* Auto ~; ein Motorrad ~; ~ lernen (mit dem Auto); können Sie ~? (mit dem Auto); vierspännig ~; er fährt ausgezeichnet, gut, schlecht, sicher; 10 Jahre unfallfrei ~ (mit dem Auto); den Wagen in die Garage ~; sei beim Fahren vorsichtig!; er versteht sich aufs Fahren • **2.7.1** jmdn. mit dem

fahrenlassen

Auto ~ lassen *es erlauben;* lass mich mal ~!; ⟨aber Getrennt- u. Zusammenschreibung⟩ ~ lassen ⟨fig.⟩ = *fahrenlassen* • 2.8 ⟨500⟩ **jmdn**. od. **etwas** ~ *mit Hilfe eines Fahrzeuges fortbewegen;* jmdn. nach Hause ~; Steine ~ **3** ⟨500⟩ eine **Sendung** ~ (in Funk, Fernsehen) *(nach Plan) ablaufen lassen* **4** ⟨500⟩ **Apparate, Maschinen** ~ ⟨umg.; Techn.⟩ *in Betrieb setzen und in Betrieb halten, bedienen, steuern;* einen Generator im Probelauf ~ **5** ⟨411(s.) od. 800; fig.⟩ *sich plötzlich und sehr schnell in eine bestimmte Richtung bewegen;* in die Höhe ~; aus dem Bett ~; in die Kleider ~ • **5.1** ein **Tier** fährt aus ..., in ... ⟨Jägerspr.⟩ *bewegt sich plötzlich u. sehr schnell in eine bestimmte Richtung;* der Fuchs fährt aus dem Bau; der Biber fährt ins Wasser; der Hase fährt aus dem Lager ~ • **5.2** ⟨613⟩ ein Gedanke fuhr mir durch den Kopf *kam mir plötzlich* • **5.3** ⟨800⟩ **etwas** fährt **in jmdn.** ⟨fig.⟩ *ergreift plötzlich Besitz von jmdm.;* was ist bloß in ihn gefahren?; der Teufel ist in ihn gefahren • **5.3.1** der Schreck ist mir in die Glieder gefahren *ich bin sehr erschrocken* **6** ⟨411(s.); veraltet⟩ *sich aus eigener Kraft fortbewegen* • **6.1** fahr zur Hölle! ⟨fig.; derb⟩ *lass mich in Ruhe!, mach, dass du wegkommst!* • **6.2** gen Himmel ~ *in den Himmel aufsteigen* • **6.3** ⟨413⟩ fahr wohl ⟨poet.⟩ *leb wohl* • **6.4** ⟨Bergmannsspr.⟩ *sich unter Tage fortbewegen (auch dann, wenn man geht)* **7** ⟨411(s.)⟩ **durch, über etwas** ~ *streichen, wischen;* jmdm. durchs Haar ~; jmdm. über das Haar, über den Kopf ~; sich mit der Hand über die Augen ~; mit dem Staubtuch über die Möbel ~ **8** ⟨413(s.)⟩ **mit etwas gut (schlecht)** ~ ⟨umg.⟩ *gute (schlechte) Erfahrungen mit etwas machen;* er ist gut (schlecht) dabei gefahren; ich mache es immer so und bin immer gut damit gefahren

fah|ren||las|sen *auch:* **fah|ren las|sen** ⟨V. 175/500; fig.⟩ **1** etwas ~ *loslassen;* einen Griff, das Seil ~; einen Plan, ein Vorhaben ~ • **1.1** lasst alle Hoffnung fahren *(Übersetzung der letzten Worte der Inschrift über dem Höllentor in Dantes „Göttl. Komödie", Inferno, 3,9)* • **1.2** einen, ⟨od.⟩ einen Wind ~ ⟨derb⟩ *einen Wind, eine Blähung abgehen lassen* **2** eine Sache ~ *auf sie verzichten* • **2.1** lass fahren dahin! *verzichte!, entsage!;* →a. *fahren (2.7.1)*

Fah|rer ⟨m.; -s, -⟩ *Führer eines Fahrzeuges;* der ~ eines Autos, Motorrads; er ist ein hektischer, sicherer, zuverlässiger ~

Fah|re|rin ⟨f.; -, -rin|nen⟩ *weibl. Fahrer*

fah|rig ⟨Adj.⟩ **1** *unausgeglichen, heftig;* mit ~en Bewegungen etwas suchen **2** ⟨fig.⟩ *zerstreut, zerfahren;* sei nicht so ~!

Fahr|kar|te ⟨f.; -, -n⟩ *Karte als Ausweis über bezahltes Fahrgeld, die zur Benutzung eines öffentlichen Verkehrsmittels (bes. eines Zuges) berechtigt;* Sy *Fahrschein;* eine (un)gültige ~; eine ~ (nach Hamburg) lösen; eine ~ der ersten, zweiten Klasse

fahr|läs|sig ⟨Adj.⟩ *sorglos, unachtsam, die erforderliche Sorgfalt außer Acht lassend u. dadurch ein Unglück ermöglichend od. Schaden verursachend;* er ist ein ~er Mensch; ~ handeln; ~e Brandstiftung; jmdn. ~ töten; jmdn. wegen ~er Tötung verurteilen

Fahr|plan ⟨m.; -(e)s, -plä|ne⟩ **1** *Zeitplan, der die An- und Abfahrtszeiten öffentlicher Verkehrsmittel (Bus, Bahn) anzeigt;* Sommer~, Winter~; ~änderung; Einhaltung des ~s; Ankunft ist laut ~ um 20 Uhr • **1.1** *Heft, Broschüre, Verzeichnis, Übersicht über Fahrpläne (1);* im ~ nachschauen, wann der nächste Zug fährt **2** ⟨fig.; umg.⟩ *Termin-, Zeitplan;* wegen des Besuchs muss ich meinen ganzen ~ umstellen

Fahr|rad ⟨n.; -(e)s, -rä|der⟩ *ein einspuriges Fahrzeug mit zwei Rädern, das der Fahrer mit eigener Kraft durch Treten der Pedale fortbewegt;* (auf, mit dem) ~ fahren

Fahr|rad|fah|rer ⟨m.; -s, -⟩ = *Radfahrer*

Fahr|rad|fah|re|rin ⟨f.; -, -rin|nen⟩ = *Radfahrerin*

Fahr|rad|weg ⟨m.; -(e)s, -e⟩ *Fahrweg für Fahrradfahrer;* auf dem ~ fahren

Fahr|rin|ne ⟨f.; -, -n⟩ *durch Seezeichen abgesteckte u. in Seekarten eingetragene Fahrstraße für Schiffe*

Fahr|schein ⟨m.; -(e)s, -e⟩ = *Fahrkarte*

Fahr|schu|le ⟨f.; -, -n⟩ *gewerblicher Betrieb, in dem man das Fahren eines Kraftfahrzeuges erlernen kann*

Fahr|stuhl ⟨m.; -(e)s, -stüh|le⟩ **1** = *Aufzug (2)* • **1.1** *Kabine, Korb eines Aufzuges* **2** *Rollstuhl*

Fahrt ⟨f.; -, -en⟩ **1** *das Fahren;* Vor~; während der ~ nicht aus dem Fenster lehnen!; nach drei Stunden ~ erreichten wir Hamburg; ~ durch die Stadt; endlose, flotte, kurze, lange, schnelle ~ • **1.1** der Zug hat (keine) freie ~ *die Strecke ist (nicht) frei* **2** *Reise;* Auto-, Bahn-, Hin-, Rück-, Rund~; (ich wünsche Ihnen) gute ~!; die (Zug-)~ dreimal unterbrechen; auf der ~ nach Berlin; eine ~ von drei Stunden; einstündige, mehrstündige ~ **3** *größerer Ausflug in Gruppen (mit Zelten);* auf ~ gehen **4** *Geschwindigkeit (des Fahrzeugs);* in rasender ~ ging es den Berg hinunter; mit halber ~; in voller ~ • **4.1** gute, wenig ~ machen (bes. vom Schiff) *schnell, langsam fahren* **5** ⟨fig.; umg.⟩ *Bewegung des Gefühls, z. B. Schwung, Eifer, Zorn;* jmd. ist, kommt in ~; jmdn. in ~ bringen **6** ⟨Bergmannsspr.⟩ *unter Tage aufgestellte Leiter zum Klettern in senkrechten od. schrägen Grubenbauen*

Fähr|te ⟨f.; -, -n⟩ **1** ⟨Jägerspr.⟩ *die Fußabdrücke des Schalenwildes;* auf eine ~ stoßen **2** ⟨fig.⟩ *Reihe von Hinweisen, die zu einer gesuchten Person od. Sache führt;* eine ~ verfolgen; jmdn. auf die richtige ~ bringen; auf der falschen, richtigen ~ sein

Fahr|was|ser ⟨n.; -s, -⟩ **1** *alle Gewässerteile (samt der Fahrrinne), die für Wasserfahrzeuge befahrbar sind;* das ~ frei halten; das tiefe, flache, breite ~ des Flusses • **1.1** (ganz) in seinem, im richtigen ~ sein ⟨fig.; umg.⟩ *in seinem Element sein, genau Bescheid wissen* • **1.2** in jmds. ~ geraten, segeln ⟨fig.; umg.⟩ *unter jmds. Einfluss geraten*

Fahr|zeug ⟨n.; -(e)s, -e⟩ *Gerät zum Fahren, zum Befördern von Personen od. Lasten, z. B. Wagen, Schiff usw.*

Fai|ble *auch:* **Faible** ⟨[fɛ:bl] n.; -s, -s⟩ *Vorliebe, besondere Neigung, Schwäche;* sie hat ein ~ für Orchideen

fair ⟨[fɛ:r] Adj.⟩ **1** ⟨Sp.⟩ *die Spielregeln beachtend;* ~es Match, Spiel; ~ spielen **2** ⟨fig.⟩ *ehrlich, anständig,* *offen, einem Gegner eine Chance lassend;* jmdn. ~ behandeln

Fair|ness ⟨[fɛːr-] f.; -; unz.⟩ **1** *Anständigkeit, gerechtes Wesen, ehrliches Verhalten;* die Regeln der ~ beachten • **1.1** ⟨Sp.⟩ *faires Verhalten, sportlicher Anstand, Einhaltung der (Wettkampf-)Regeln*

Fair|play ⟨[fɛːrpleɪ]⟩ *auch:* **Fair Play** ⟨n.; (-) -; unz.; Sp.⟩ *faires Spielen, Fairness, Anstand;* das ist eine Frage des ~

fä|kal ⟨Adj. 24⟩ *aus Fäkalien (Kot) bestehend, Fäkalien betreffend*

Fä|ka|li|en ⟨Pl.⟩ *von Menschen u. Tieren ausgeschiedener Kot (u. Harn)*

Fa|kir ⟨m.; -s, -ki|re [-kiːrə]⟩ **1** ⟨in islam. Ländern⟩ *Mitglied einer religiös-asketischen Sekte, dessen Körper durch Selbstkasteiung u. Ä. unempfindlich gegen Schmerzen geworden ist* **2** *als Fakir (1) auftretender Gaukler*

Fakt ⟨m. od. n.; -(e)s, -en⟩ oV *Faktum* **1** *(nicht zu widerlegende) Tatsache, etwas, das erwiesen ist, Geschehnis;* ~ ist, dass er sich nicht gemeldet hat; das ist ~! • **1.1** ⟨Pl.⟩ *Zahlen, Daten;* die ~en sprechen für sich; unter Berücksichtigung der uns vorliegenden harten ~en

fak|tisch ⟨Adj. 24⟩ *tatsächlich, wirklich im Hinblick auf die Fakten, in Wirklichkeit;* das bedeutet ~ den Zusammenbruch; es ist ~ unmöglich; das kommt ~ auf dasselbe heraus

Fak|tor ⟨m.; -s, -en⟩ **1** *Leiter einer Faktorei* **2** *Werkmeister in einer Druckerei od. Setzerei* **3** *Zahl, die mit einer anderen multipliziert wird* **4** ⟨fig.⟩ *maßgebender Umstand, Triebfeder, bestimmendes Element*

Fak|tum ⟨n.; -s, Fak|ten od. (veraltet) Fak|ta⟩ = *Fakt*

Fa|kul|tät ⟨f.; -, -en⟩ **1** *Gruppe zusammengehöriger Wissenschaften, z. B. Naturwissenschaften, Philosophie* **2** *eine Gruppe von Wissenschaften umfassende Hochschulabteilung;* die ~ wechseln; juristische, medizinische, naturwissenschaftliche, philosophische ~ **3** *das Gebäude, in dem gelehrt wird* **4** ⟨unz.; Math.; Zeichen: !⟩ *n! das Produkt aller natürlichen Zahlen von 1 bis n;* $5 = ! \cdot 1 \cdot 2 \cdot 3 \cdot 4 \cdot 5 = 120$

fa|kul|ta|tiv ⟨Adj. 24⟩ *freigestellt, nicht Pflicht, wahlfrei;* Ggs *obligatorisch;* ~e Fächer

falb ⟨Adj.⟩ *graugelb, gelblich (bes. von Pferden)*

Fal|ke ⟨m.; -n, -n; Zool.⟩ *einer über die ganze Erde verbreiteten Familie der Greifvögel angehörender zierlicher, gewandt fliegender Vogel mit einer zahnartigen Spitze an der Seite des Oberschnabels: Falconidae;* Baum~, Turm~, Jagd~, Wander- od. Edel~

Fall[1] ⟨m.; -(e)s, Fäl|le⟩ **1** ⟨unz.⟩ *das Fallen;* beim ~ von der Leiter • **1.1** *die freie* ~ ⟨Phys.⟩ *die gleichmäßig beschleunigte Bewegung eines Körpers infolge der Anziehungskraft der Erde auf den Erdmittelpunkt zu, d. h. nach unten* • **1.2** *Sturz u. Aufprall;* man hörte einen (schweren) ~; zu ~ kommen • **1.2.1** jmdn. zu ~ bringen ⟨a. fig.⟩ *zugrunde richten, stürzen, ihm seine Existenz, seine Wirksamkeit nehmen (bes. durch Intrigen)* • **1.2.2** *ein Vorhaben zu ~ bringen* ⟨fig.⟩ *zunichtemachen, verhindern, vereiteln;* →a. *Knall* • **1.3** *Niedergang, Untergang;* Aufstieg u. ~ einer Familie, eines Geschlechtes • **1.3.1** *der ~ Adams* ⟨bibl.⟩ *Sündenfall;* →a. *Hochmut* **2** *(vielleicht eintretender) Umstand;* wenn dieser ~ eintreten sollte, dann ...; für den ~ eines Gewitters; in diesem ~ muss ich leider Nein sagen; im besten, schlimmsten ~ • **2.1** *den ~ setzen* als gegeben annehmen; gesetzt den ~, wir hätten das nötige Geld • **2.2** *für den ~,* **dass** ..., **im** ~(e), **dass** ... *falls, wenn;* für den ~, dass es regnet; im ~e, dass ich nicht kommen kann • **2.3** *auf alle* Fälle, **auf jeden** ~ *ganz bestimmt, unbedingt, unter allen Umständen* • **2.4** *auf keinen ~ bestimmt nicht* • **2.5** *für alle* Fälle *vorsichtshalber;* nimm für alle Fälle etwas Geld mit **3** *bestimmte Angelegenheit, Sache;* der ~ liegt so: ...; ein einmaliger, heikler, hoffnungsloser, interessanter, schwieriger, trauriger ~; es gibt Fälle, in denen man selbst entscheiden muss; ich habe den folgenden ~ erlebt • **3.1** das muss man **von** ~ **zu** ~ *entscheiden jede Angelegenheit muss für sich, muss einzeln entschieden werden* • **3.2** *klarer ~!* ⟨umg.⟩ *selbstverständlich* • **3.3** *das ist (nicht) der ~ das ist (nicht) richtig, das stimmt (nicht), das verhält sich (nicht) so* • **3.4** *Rechtssache;* der ~ Schulze gegen Müller • **3.5** *Vorkommen (einer Krankheit) bei einer einzelnen Person;* wir haben sechs Fälle von Masern gehabt **4** ⟨Gramm.⟩ *Form, die ein Substantiv od. Pronomen annehmen kann, um seine Beziehung zu andern Satzteilen usw. auszudrücken;* Sy *Kasus;* Wer~, Wen~; die Fälle eines Substantivs bilden; erster, zweiter ~; dieses Substantiv steht im dritten ~

Fall[2] ⟨n.; -(e)s, -en; Mar.⟩ **1** *Tau zum Setzen u. Herablassen eines Segels* **2** *Neigung (von Schornsteinen u. Masten) gegen die Senkrechte*

Fal|le ⟨f.; -, -n⟩ **1** *Vorrichtung zum Fangen von Tieren;* Mause~; ~n aufstellen, bauen; ein Tier in, mit einer ~ fangen; die ~ spannen **2** ⟨fig.⟩ *Hinterhalt;* jmdn. (mit etwas) in eine ~ locken • **2.1** *jmdm. eine ~ stellen jmdn. in einen Hinterhalt locken, durch geschickte Fragen überlisten* • **2.2** *(jmdm.)* **in die ~ gehen** *einem Hinterhalt, einer Intrige zum Opfer fallen* • **2.3** *in der ~ sitzen keinen Ausweg mehr wissen;* wenn du darauf eingehst, dann sitzt du wie die Maus in der ~ **3** ⟨fig.; umg.; scherzh.⟩ *Bett;* in die ~ gehen; er liegt noch in der ~ **4** *Riegel des Türschlosses*

fal|len ⟨V. 131(s.)⟩ **1** ⟨400⟩ *sich durch die eigene Schwere ohne Hilfsmittel nach unten bewegen;* langsam, schnell ~; Regen, Schnee fällt; der Nebel fällt; der Vorhang (im Theater) fällt; sich in einen Sessel ~ lassen; einen Gegenstand ~ lassen • **1.1** *eine* **Masche ~ lassen** *von der Nadel gleiten lassen;* ⟨aber Getrennt- u. Zusammenschreibung⟩ ~ *lassen* ⟨fig.⟩ = *fallenlassen* • **1.2** *stürzen, hinfallen;* Vorsicht, fall nicht!; er versuchte noch im Fallen, einen Halt zu finden; auf den Boden, auf die Erde ~; über ein Hindernis ~; vom Pferd ~; ich bin vor Schreck fast vom Stuhl gefallen; →a. *Fuß (1.3), Gewicht (2.1), Hand (2.3.5 u. 2.3.6), Himmel (1.4), Herz (9.2), Kopf (4.4.1), Meister (2), Mund (3.9), Nerv (2.2), Rahmen (2.4.1), Rolle (5.1), Rücken (1.9 u. 3.4), Schoß*[1] *(1.2), Stein (1.1.1), Stängel (2), Tisch (2.2), Tür (6), Wasser (2.10), Wolke (1.1), Würfel (2.2)*

fällen

2 ⟨400⟩ *niedriger werden, sinken;* Ggs *steigen;* der Wasserspiegel fällt; der Fluss ist um einen Meter gefallen; das Barometer, das Fieber, die Temperatur ist gefallen • **2.1** *(im Wert) geringer werden;* die Aktien ~; die Preise ~; der Kurs fällt **3** *schräg nach unten verlaufen, abfallen;* das Fallen einer Erdschicht **4** ⟨410⟩ **Haar, Stoff** fällt *hängt herab, legt sich;* das Haar fiel ihm auf die Schultern; das Kleid fällt gut **5** ⟨400⟩ *zugrunde gehen* • **5.1** jmd. fällt *stirbt im Kampf an der Front* • **5.1.1** die Gefallenen *die Soldaten, die im Kampf an der Front gestorben sind* • **5.2 Haarwild** fällt (Jägerspr.) *geht durch Krankheit, Kälte, Hunger ein;* im Winter sind drei Rehe gefallen • **5.3** eine **Festung**, eine **Stadt** fällt *wird erobert* **6** ⟨800⟩ • **6.1 in** einen **Zustand** ~ *unvermittelt von einem Zustand in einen anderen geraten;* in tiefen Schlaf ~; in Ungnade ~ (bei) • **6.2** etwas fällt **an, auf** jmdn. *kommt in jmds. Besitz, entfällt auf jmdn.;* das Haus fällt nach ihrem Tod an die Stadt; auf mich fällt ein Drittel des Erbes, der Kosten • **6.3** etwas fällt **auf** jmdn. od. etwas *trifft auf jmdn. od. etwas;* sein Blick fiel auf ein Kind; der Verdacht fällt auf ihn; die Wahl fiel auf ihn; Heiligabend fällt dieses Jahr auf einen Montag • **6.4** etwas fällt **in, unter** etwas *gehört zu etwas, wird von etwas betroffen;* in jene Zeit fiel ein Ereignis, das …; Ostern fällt dieses Jahr in den März; das fällt unter dieselbe Kategorie, Rubrik • **6.5** jmdm. ~ od. etwas **in etwas** ~ *durch rasches Eingreifen etwas in seinem Lauf aufhalten;* jmdm. in den Arm ~; jmdm. ins Wort ~; einem Pferd in die Zügel ~ • **6.6** *zu etwas od. jmdm. werden;* jmdm. zur Last ~; einem Mordanschlag zum Opfer ~; jmdm. beschwerlich ~ • **7** ⟨411⟩ etwas fällt **irgendwohin** *gelangt, dringt irgendwohin;* ein Sonnenstrahl fällt ins Zimmer • **7.1** ⟨611⟩ etwas fällt **jmdm. ins Auge, in** die **Augen** (fig.) *etwas wird von jmdm. sofort bemerkt, zieht jmds. Aufmerksamkeit sofort auf sich* **8** ⟨411⟩ *sich (schnell, heftig) an eine bestimmte Stelle bewegen* • **8.1** jmdm. zu Füßen ~ *vor jmdm. niederfallen* • **8.2** jmdm. um den Hals ~ *jmdn. rasch, heftig umarmen* **9** ⟨400⟩ etwas fällt *erfolgt;* die Entscheidung darüber ist (noch nicht) gefallen • **9.1** ein **Schuss** fällt *wird abgefeuert, ertönt* • **9.2 Worte** ~ *werden gesagt;* es fielen böse Worte; darüber ist noch kein Wort gefallen

fällen ⟨V. 500⟩ **1** einen **Baum** ~ *umschlagen, umhauen;* er hat gerade Holz gefällt; er stürzte wie ein gefällter Baum, eine gefällte Eiche • **1.1** jmdm. ~ (fig.) *zu Fall bringen* **2** das **Bajonett**, die **Lanze** ~ ⟨Mil.⟩ *zum Angriff senken* **3** ⟨Funktionsverb⟩ eine **Entscheidung**, ein **Urteil** ~ *entscheiden, urteilen* **4** einen **Stoff aus** einer **Lösung** ~ ⟨Chem.⟩ *in Form eines Niederschlags absondern, ausscheiden* **5** das **Lot** (auf eine Gerade) ~ ⟨Math.⟩ *eine senkrechte Linie ziehen*

fallen‖lassen auch: **fallen lassen** ⟨V. 175/500; fig.⟩ **1** eine **Sache** ~ *aufgeben, nicht weiter verfolgen;* eine Absicht, einen Plan, ein Vorhaben ~; ein Thema ~ **2** jmdn. ~ *nicht mehr unterstützen;* jmdm. seine Gunst entziehen, sich von jmdm. lossagen **3** eine **Bemerkung** ~ *beiläufig äußern;* →a. *fallen (1.1)*

fällig ⟨Adj. 24/70⟩ **1** *an einem bestimmten Zeitpunkt zu geschehen habend* • **1.1** *etwas ist zahlbar, zu bezahlen;* die Zinsen sind am Ende des Monats ~; den ~en Wechsel einlösen • **1.2** *etwas ist zu erwarten;* der Zug ist in 5 Minuten ~ • **1.3** *etwas ist zu erledigen, notwendig;* die Arbeit ist schon lange ~; bei dir ist wohl wieder einmal eine Strafe ~? • **1.4** jmd. ist ~ ⟨umg.⟩ *ist an der Reihe*

Fall-out auch: **Fallout** ⟨[fɔːlaut] m.; -s, -s⟩ **1** *radioaktiver Niederschlag (nach einer Atombombenexplosion o. Ä.)* **2** *Bewusstseinstrübung (durch häufigen Drogenkonsum)*

falls ⟨Konj.⟩ *wenn, für den Fall, dass …;* er kommen sollte; ~ es regnet

Fall‖schirm ⟨m.; -(e)s, -e⟩ *Gerät zum Absprung od. Abwurf aus Luftfahrzeugen;* ein automatischer ~; den ~ öffnen

Fall‖strick ⟨m.; -(e)s, -e; fig.⟩ **1** *Hinterhalt, Hinterlist, Falle* **1.1** jmdm. einen ~, ~e legen *jmdn. in einen Hinterhalt locken, jmdm. eine Falle stellen*

falsch ⟨Adj.⟩ **1** *so, wie es nicht sein soll* • **1.1** *fehlerhaft, mit Mängeln behaftet, inkorrekt;* ein Wort ~ schreiben • **1.1.1** ~ spielen ⟨Mus.⟩ *einen falschen Ton spielen;* ⟨aber⟩ →a. *falschspielen* **1.2** *einer Absicht nicht entsprechend;* etwas ~ verstehen; auf dem ~en Weg(e) sein; in den ~en Zug steigen; in der ~en Richtung fahren, gehen; wie man's macht, macht man's ~ (wenn man es jmdm. nicht recht machen kann) • **1.2.1** ich glaube, wir sind hier ~ ⟨umg.⟩ *wir haben uns verirrt* • **1.2.2** bei jmdm. an den Falschen, die ~e Adresse geraten, kommen *bei jmdm. nichts erreichen, abgewiesen werden* • **1.2.3** etwas in den ~en Hals, die ~e Kehle bekommen ⟨a. fig.⟩ *etwas übelnehmen, obwohl es nicht böse gemeint war;* er hat meine Bemerkung in den ~en Hals bekommen • **1.2.4** ~er Zungenschlag *ein Sichversprechen, bei dem man etwas anderes zum Ausdruck bringt, als man eigentlich sagen wollte* • **1.3** *einer Situation nicht angemessen;* ~e Bescheidenheit • **1.4** *dem tatsächlichen Sachverhalt nicht entsprechend;* ~ unterrichtet sein; einen ~en Eindruck gewinnen • **1.5** *unwahr, irreführend;* ~ schwören; ~e Anzeige, ~e Anschuldigung **2** *die wahre Absicht verbergend, unaufrichtig;* ein ~er Freund **2.1** (ein) ~es **Spiel** mit jmdm. treiben *jmdn. hintergehen, betrügen* **3** *unecht, nachgeahmt, vorgetäuscht;* ein ~er Edelstein • **3.1** ~er/Falscher **Hase** ⟨Kochk.⟩ *zu einem längl. Stück geformter Hackbraten* • **3.2** ~es **Geld** *gefälschtes G.* • **3.3** ~e **Haare, Zähne** *künstliche H., Z.* • **3.4** ~er **Name** *angenommener N.;* unter einem ~en Namen leben

Falsch ⟨n.; -s; unz.⟩ **1 ohne** ~ *ehrlich, aufrichtig, geradlinig;* sie ist ohne ~ **2** es ist **kein** ~ **an** jmdm. *jmd. ist ehrlich u. aufrichtig;* es ist kein ~ an ihm

fäl‖schen ⟨V. 500⟩ etwas ~ *in betrügerischer Absicht nachmachen, bewusst (etwas Unechtes) für echt ausgeben;* Geld ~; eine Unterschrift, ein Dokument ~; einen gefälschten Pass benutzen

fälsch‖lich ⟨Adj. 24/90⟩ **1** *irrtümlich;* etwas ~ annehmen; das Bild wurde ~ dem Maler Dürer zugeschrieben **2** *betrügerisch, in betrügerischer Absicht*

falsch∥spie|len ⟨V. 400⟩ **1** *beim Spielen betrügen*
• 1.1 ⟨fig.⟩ *betrügerisch handeln, sich aus Berechnung unehrlich verhalten, eine bestimmte Absicht mit unaufrichtigen Mitteln verfolgen;* →a. *falsch (1.1.1)*

Fäl|schung ⟨f.; -, -en⟩ **1** ⟨unz.⟩ *das Fälschen, betrügerische Nachahmung;* die ~ eines Bildes; die ~ von Banknoten, Urkunden, Unterschriften ist strafbar • 1.1 eine **begehen** *etwas fälschen, betrügerisch nachahmen* **2** *betrügerische Nachahmung;* Sy *Imitation (2);* das Bild ist eine ~; diese Münzen, Scheine sind grobe ~en

Fal|sett ⟨n.; -(e)s, -e; Mus.⟩ *(durch Brustresonanz verstärkte) Kopfstimme der männlichen Gesangsstimme;* ~ singen

Fal|te ⟨f.; -, -n⟩ **1** *Knick, Bruch (in Papier od. Stoff);* ~n glätten, glattstreichen; Stoff in ~n legen; ~n bügeln **2** *übereinandergelegter Stoffteil;* die Hose schlägt, wirft ~n **3** *vertiefte Linie in der Haut* • 3.1 die Stirn in ~n ziehen *runzeln* **4** ⟨Geol.⟩ *durch seitlichen Druck entstandene, wellenartige Verbiegung von Erdschichten, aus Sattel u. Mulde zusammengesetzt*

fal|ten ⟨V. 500⟩ **1 Papier, Stoff** ~ *in Falten legen, zusammenlegen, -knicken* **2** die **Hände** ~ *ineinanderlegen, miteinander verschränken* **3** die **Stirn** ~ *runzeln*

Fal|ter ⟨m.; -s, -; Zool.⟩ = *Schmetterling;* Nacht~, Tag~; ein blauer, weißer ~

fal|tig ⟨Adj.⟩ **1** *voller Falten, zerknittert;* der Stoff ist ~ **2** *voller Fältchen, runzlig;* ein ~es Gesicht

Falz ⟨m.; -es, -e⟩ **1** ⟨Buchw.⟩ *scharfkantiger Kniff, Bruch, Faltlinie* **2** ⟨Buchw.⟩ *durch Zusammenpressen des Buchblocks gebildete Vertiefung zwischen Buchrücken u. -deckel* **3** ⟨Buchw.⟩ *in den Buchrücken eingehefteter Papier- od. Leinwandstreifen, an dem Bildtafeln angeklebt werden können* **4** ⟨Tech.⟩ *Verbindung abgebogener, zusammengepresster Blechränder* **5** ⟨Bauw.⟩ *ausgesparter Raum od. Vertiefung zum Ineinandergreifen bei Hölzern, Ziegeln, Steinen*

fa|mi|li|är ⟨Adj.⟩ **1** ⟨24/60⟩ *die Familie betreffend, von dort herrührend;* ~e Sorgen, Probleme; seine ~ Situation ist ungünstig **2** *vertraut, zwanglos, anheimelnd;* die Atmosphäre war ~; ~es Zusammensein

Fa|mi|lie ⟨[-ljə] f.; -, -n⟩ **1** ⟨i. e. S.⟩ *Eltern u. Kinder;* ~ Schulze; eine ~ ernähren; eine fünfköpfige, große, kleine, kinderreiche ~ • 1.1 (keine) ~ haben *(nicht) verheiratet sein u. (keine) Kinder haben* • 1.2 unser Freund gehört (mit) zur ~ *geht bei uns ein u. aus, ist ganz vertraut mit uns* • 1.3 die **Heilige** ~ *Maria, Joseph u. das Jesuskind* • 1.4 das kommt in den besten ~n vor ⟨umg.; scherzh.⟩ *das kann jedem passieren, ist nicht so schlimm* **2** ⟨i. w. S.⟩ *Geschlecht, Sippe, alle Verwandten;* der Besitz befindet sich seit Jahrhunderten in der ~, bleibt in der ~ • 2.1 eine **Eigenschaft** liegt **in** der ~ *kommt häufig vor, vererbt sich weiter;* die musikalische Begabung liegt bei ihnen in der ~ **3** ⟨Biol.⟩ *aufgrund von Regeln der Abstammungslehre verwandte Gattungen;* →a. *Gattung (3)*

Fa|mi|li|en|an|ge|hö|ri|ge(r) ⟨f. 2 (m. 1)⟩ *Mitglied der Familie*

Fa|mi|li|en|na|me ⟨m.; -ns, -n⟩ **1** *die Zugehörigkeit zu einer Familie bezeichnender Name;* Sy *Zuname, Nachname;* bitte geben Sie den Vornamen und den ~n an • 1.1 *bei der Eheschließung festgelegter Name (einer der beiden Familiennamen (1) der Ehepartner) für die Familie*

fa|mos ⟨Adj.; umg.⟩ *hervorragend, ausgezeichnet, herrlich;* von dieser Stelle hat man eine ~e Aussicht über das Gebirge; das ist ja ~!; das Kind spielt ganz ~ Klavier

Fan ⟨[fæn] m.; -s, -s⟩ *begeisterter Anhänger;* Film~, Jazz~, Sport~; der Sänger wurde von seinen ~s umringt

Fa|nal ⟨n.; -(e)s, -e⟩ *markantes Ereignis, Tat als Zeichen bzw. Sinnbild für einen bevorstehenden Umbruch od. einen wichtigen Neubeginn;* mit seiner Rede setzte er ein ~ für den politischen Umbruch

fa|na|tisch ⟨Adj.⟩ *sich mit blinder Leidenschaft einsetzend, unduldsam eifernd u. zu überzeugen suchend;* ein ~er Sammler

Fan|fa|re ⟨f.; -, -n; Mus.⟩ **1** *Trompetensignal* **2** *kurzes, signalähnliches Musikstück bes. für Trompete od. Horn* **3** *helle Trompete ohne Ventil*

Fang ⟨m.; -(e)s, Fän|ge⟩ **1** ⟨unz.⟩ *das Fangen (1);* Bären~, Fisch~; auf ~ ausgehen **2** ⟨Pl. selten⟩ *das Gefangene, Beute;* stolz trug er seinen ~ nach Hause • 2.1 einen guten ~ machen, tun *viel fangen, erfolgreich (beim Fangen) sein* **3** ⟨Jägerspr.⟩ *Fangwerkzeug eines Raubtieres* • 3.1 ⟨meist Pl.⟩ *Fuß od. Kralle der Greifvögel* • 3.2 ⟨Pl. selten⟩ *Maul von Raubwild u. Hund* **4** ⟨unz.; Jägerspr.⟩ einem Wild den ~ geben *den Todesstoß, Fangstoß* **5** ⟨Jagdw.⟩ *Vorrichtung zum Fangen von Wild;* Sau~

fan|gen ⟨V. 132/500⟩ **1** jmdn., ein Tier ~ *seiner Freiheit berauben, in seine Gewalt bekommen;* Fische, Fliegen, Vögel ~; die Katze fängt Mäuse • 1.1 jmdn. ~ *fassen, gefangen nehmen;* einen Dieb, Verbrecher ~; sich gefangen geben; der Soldat war lange gefangen • 1.1.1 Fangen spielen *ein Spiel spielen, bei dem einer der davonlaufenden Mitspieler zu greifen versucht* • 1.2 jmdn. ~ *durch List überführen;* jmdn. durch geschickte Fragen ~ **1.3** jmdn. ~ *in seinen Bann ziehen, fesseln;* er war von ihren Reizen gefangen **2** etwas ~ *(einen in Bewegung befindlichen Gegenstand) ergreifen u. festhalten;* einen Ball, Bumerang ~ **3** ⟨511/Vr 3⟩ **sich in etwas** ~ *nicht weiterkönnen, an ein Hindernis geraten;* der Wind fängt sich im Schornstein **4** ⟨Vr 3⟩ **sich** ~ *sein Gleichgewicht wiederfinden;* er stolperte, konnte sich aber noch ~ • 4.1 er hat sich wieder gefangen ⟨a. fig.⟩ *hat sein seelisches Gleichgewicht wiedererlangt* **5** Feuer ~ *anbrennen, zu brennen beginnen* • 5.1 ⟨a. fig.⟩ *sich für etwas begeistern* • 5.2 ⟨a. fig.⟩ *sich verlieben* **6** (sich) eine (**Ohrfeige**) ~ ⟨umg.⟩ *eine O. bekommen;* du wirst (dir) gleich eine ~!

Fan|go ⟨m.; -s; unz.⟩ *zu Heilzwecken (für Bäder, Packungen, Umschläge) verwendeter Mineralschlamm vulkanischen Ursprungs*

Fan|ta|sie ⟨f.; -, -n⟩ oV *Phantasie* **1** ⟨unz.⟩ *Einbildungskraft, schöpferisches Denken, Erfindungsgabe;* Erzeugnis, Produkt, Spiel der ~; er, sie hat ~; eine blü-

fantasieren

hende, schmutzige, ungezügelte ~; dichterische ~; er hat viel, wenig, keine ~; in seiner ~ sah er sich schon als berühmten Naturforscher **2** *Trugbild, Wahngebilde* • **2.1** *Träumerei, vorgestelltes Bild*

fan|ta|sie|ren ⟨V. 400⟩ oV *phantasieren* **1** *sich den wechselnden Vorstellungen der Fantasie hingeben, wach träumen, sich Fantasien ausmalen u. über sie sprechen* • **1.1** ⟨umg.⟩ *Unsinn reden, verrückte Ideen äußern;* er fantasiert von seinem Ruhm als Künstler **2** ⟨Med.⟩ *im Fieber wirre Dinge erzählen* **3** ⟨Mus.⟩ *ohne Noten frei Erfundenes spielen, improvisieren*

fan|ta|sie|voll ⟨Adj.⟩ *voller Fantasie, schöpferisch, erfinderisch;* oV *phantasievoll;* ein ~es Vorhaben

fan|tas|tisch ⟨Adj.⟩ oV *phantastisch* **1** *nur in der Fantasie bestehend, nicht wirklich* **2** *verstiegen, überspannt, etwas verrückt;* die Preise sind ~ **3** ⟨fig.⟩ *merkwürdig, seltsam* **4** ⟨fig.; umg.⟩ *wunderbar, herrlich;* wie war es gestern? ~!; ein ~es Buch, ~er Film; ein ~es Haus

Fa|rad ⟨n.; -s, -; Zeichen: F⟩ *Maßeinheit der elektrischen Kapazität*

Far|be ⟨f.; -, -n⟩ **1** *Empfindung, die Lichtstrahlen ihrer Wellenlänge entsprechend dem Auge vermitteln;* dunkle, grelle, helle, harte, kräftige, lebhafte, leuchtende, matte, satte, schreiende, stumpfe, warme ~; gebrochene, ungebrochene ~; in allen, verschiedenen ~n schillern • **1.1** du redest wie der Blinde von der ~ *ohne Sachkenntnis* • **1.2** *Schattierung, Tönung;* ~n aufeinander abstimmen; die ~n beißen sich • **1.3** *Färbung des Gesichts, der Haut;* frische ~ haben; die ~ wechseln • **1.3.1** ~ **bekommen** *ein gesundes, frisches Aussehen* • **1.3.2** die ~ **verlieren** *blass werden* • **1.4** *Buntheit, Farbigkeit, im Unterschied zu Schwarz u. Weiß;* die Abbildungen sind alle in ~ • **1.4.1** einer Sache mehr ~ **geben** ⟨a. fig.⟩ *mehr Ausdruckskraft* **2** *Farbstoff, Mittel zum Färben, zum Malen;* Öl~, Pastell~, Wasser~; die ~ anreiben, mischen; die ~ ist frisch; die ~ blättert vom Bild, von der Wand ab; die ~ hält (nicht); die ~ geht aus; die ~ ist verblichen, verschossen • **2.1** die ~ dick auftragen ⟨a. fig.⟩ *(beim Erzählen) übertreiben* • **2.2** eine Sache in den leuchtendsten ~n schildern ⟨fig.⟩ *sehr günstig* • **2.3** etwas in den dunkelsten, krassesten ~n schildern ⟨fig.⟩ *sehr ungünstig* **3** *Farbe (1) als Symbol;* Blau ist die ~ der Treue; die ~n eines Landes, einer Partei • **3.1** die ~n einer Studentenverbindung, eines Vereins tragen *Abzeichen od. Mütze mit den Farben der S., des V. tragen* • **3.2** die ~ wechseln ⟨a. fig.⟩ *seine Überzeugung wechseln, die Partei wechseln* **4** ⟨Kart.⟩ *Spielkartenklasse, z. B. Eichel, Herz;* eine ~ spielen, ausspielen; eine ~ bedienen • **4.1** ~ **bekennen** ⟨fig.⟩ *seine Überzeugung, die Wahrheit eingestehen*

fär|ben ⟨V.⟩ **1** ⟨500⟩ *farbig machen, Farbe geben;* Stoff, Baumwolle ~; sich das Haar, die Augenbrauen ~ • **1.1** ⟨Vr 3⟩ etwas **sich** ⟨geh.⟩ *nimmt eine bestimmte Farbe an;* die Blätter ~ sich, das Laub färbt sich; die Kirschen, Pflaumen ~ sich schon **2** ⟨400⟩ etwas färbt ⟨umg.⟩ *gibt Farbe ab;* das dunkelrote Hemd färbt ziemlich **3** ⟨500⟩ **etwas** ~ ⟨a. fig.⟩ *in be-*stimmter Weise verändert, mit einer bestimmten Tendenz darstellen; *ein leicht humoristisch, ironisch gefärbter Bericht*

far|ben|blind ⟨Adj. 24/70⟩ *Farben nur teilweise od. gar nicht unterscheiden können;* er ist ~; ein ~er Mensch

far|ben|froh ⟨Adj. 24⟩ *bunt, lebhaft in den Farben, farbenfreudig;* ein ~es Bild

far|big ⟨Adj.⟩ **1** *mit einer od. mehreren Farben versehen, bunt, gefärbt;* ein ~er Druck; etwas ~ abbilden, fotografieren **2** ⟨fig.⟩ *lebendig, anschaulich;* eine ~e Schilderung

Far|bi|ge(r) ⟨f. 2 (m. 1); umg.; fälschl. für⟩ *Schwarzer (1)*

farb|los ⟨Adj.⟩ **1** *ohne Farbe, blass;* sein Gesicht war völlig ~ • **1.1** ⟨70⟩ *durchsichtig;* ~er Lack **2** ⟨fig.⟩ *fade, eintönig, ausdruckslos, unanschaulich;* er hat eine ~e Stimme; sein Stil, seine Schilderung war ~

Farb|ton ⟨m.; -(e)s, -tö|ne⟩ *Farbabstufung, Farbtönung, Grad der Farbgebung;* ein heller, dunkler, gelblicher, rötlicher ~

Fär|bung ⟨f.; -, -en⟩ **1** *das Färben* **2** *das Farbigsein, Art, in der etwas gefärbt ist, Farbstufe;* die Blätter zeigen schon eine rötliche ~; ihr Gesicht nahm eine bräunliche ~ an **3** ⟨fig.⟩ *Tendenz, Richtung, Neigung;* die politische ~ einer Zeitung

Far|ce ⟨[faːrs(ə)] f.; -, -n⟩ **1** *Einlage im französischen Mirakelspiel von derber Komik* **1.1** ⟨14./16. Jh.⟩ *selbstständiges, kurzes, possenhaftes Spiel in Versen, in dem menschliche Schwächen verspottet wurden;* Sy *Posse* **2** *als wichtig hingestellte, im Grunde aber belanglose Angelegenheit, etwas Lächerliches;* die Besprechung war eine ~, der Prozess war die reinste ~ **3** ⟨Kochk.⟩ *Füllung für Geflügel, Pasteten usw. aus gehacktem Fleisch, Fisch, Ei, Gemüse, Kräutern u. a.*

Farm ⟨f.; -, -en⟩ *Landgut, bes. mit Tierzucht;* Geflügel~, Pelztier~

Farn ⟨m.; -s, -e; Bot.⟩ *Angehöriger einer Klasse der Farnpflanzen mit gefiederten, gelappten u. ausgezackten Blattwedeln: Pteropsida;* Gemeiner Wurm~, Frauen~, Blasen~, Wald~. Zimmer~

Fär|se ⟨f.; -, -n⟩ *junge, geschlechtsreife Kuh, die noch kein Kalb geboren hat*

Fa|san ⟨m.; -s, -e od. -en; Zool.⟩ *Angehöriger einer Unterfamilie der Hühnervögel, deren Männchen oft Prachtgefieder aufweisen: Phasianinae;* Jagd- od. Edel~, Königs~, Gold~, Blut~, Pfau~

fa|schie|ren ⟨V. 500; österr.⟩ **Fleisch** ~ *durch den Fleischwolf drehen*

Fa|schier|te(s) ⟨n. 3; österr.⟩ *Hackfleisch*

Fa|sching ⟨m.; -s, -e od. -s; bair.-österr.⟩ **1** = *Fastnacht;* der ~ in Bayern, in Tirol; im ~ werden Maskenbälle veranstaltet; eine ~sfeier veranstalten **2** *festliche Veranstaltung während der Fastnacht;* die Wohnung für den ~ dekorieren; jmdn. zum ~ einladen

Fa|schis|mus ⟨m.; -; unz.; Pol.⟩ **1** ⟨in Italien 1919 bis 1945⟩ *von Mussolini begründete nationalistische Bewegung mit diktatorischen Zielsetzungen* **2** *antikommunistisch u. nationalistisch ausgerichtete, nach einem starren Führerprinzip aufgebaute politische Ideologie*

- 2.1 *auf dem Faschismus basierende undemokratische Herrschaftsform, Diktatur*

fa|schis|tisch ⟨Adj. 24⟩ *in der Art des Faschismus, auf ihm beruhend, zu ihm gehörig*

fa|seln¹ ⟨V. 400⟩ *Zuchtvieh* faselt *vermehrt sich*

fa|seln² ⟨V.; umg.⟩ **1** ⟨400⟩ *unbedacht u. zerstreut arbeiten, schreiben od. reden* **2** ⟨500⟩ **etwas** ~ ⟨abwertend⟩ *Unsinn reden;* was faselst du da?

Fa|ser ⟨f.; -, -n⟩ **1** ⟨Biol.⟩ *langgestreckte Zelle od. Zellbündel des pflanzlichen, tierischen u. menschlichen Gewebes;* Pflanzen~; Fleisch~, Muskel~, Nerven~ **2** *feines, dünnes (aus Pflanzengewebe gewonnenes) Gebilde, das zu Fäden versponnen wird;* der Stoff ist aus synthetischen ~n hergestellt **3** *etwas mit allen* ~n *seines Herzens ersehnen, wünschen* ⟨fig.⟩ *mit ganzem Herzen*

Fass ⟨n. 7; -es, Fäs|ser⟩ **1** *bauchiges (aus Dauben zusammengesetztes, mit Reifen zusammengehaltenes) Gefäß, das oben u. unten mit einem kreisrunden Boden versehen ist;* Bier~, Wein~; ein ~ anstechen, anzapfen; der Wein schmeckt nach ~; dick wie ein ~ • **1.1** *saufen wie ein* ~ ⟨fig.; umg.⟩ *sehr viel trinken* • **1.2** *das schlägt dem* ~ *den Boden aus!* ⟨fig.⟩ *das ist die Höhe!, das ist deutlich mehr, als man sich gefallen lassen kann* • **1.3** *voll wie ein* ~ *sein* ⟨umg.⟩ *völlig betrunken sein* • **1.4** *ein* ~ *ohne Boden* ⟨fig.⟩ *endloses Bemühen, nutzloses Unterfangen* **2** *altes Hohlmaß unterschiedlicher Größe, 10 -1.600 l;* ~ Bier, Wein

Fas|sa|de ⟨f.; -, -n⟩ **1** *Außenansicht, Vorderfront, Schauseite eines Gebäudes* **2** *nichts als eine hübsche* ~ ⟨fig.; umg.⟩ *ein hübsches Gesicht u. nichts dahinter*

fass|bar ⟨Adj. 24⟩ **1** *so beschaffen, dass man es erfassen kann* **2** *begreiflich, verständlich;* etwas ist leicht, schwer, nicht ~

fas|sen ⟨V.⟩ **1** ⟨500 od. 550/Vr 8⟩ **jmdn.** *od.* **etwas** ~ *ergreifen u. festhalten;* fass! *(Befehl an den Hund);* jmdn. am, beim Arm ~; jmdn. an, bei der Hand ~; jmdn. beim Kragen ~; etwas mit beiden Händen, mit der Zange ~; man muss die Gelegenheit beim Schopf ~ ⟨fig.⟩ • **1.1** ⟨513⟩ jmdn. an, bei seiner schwachen Seite ~ ⟨fig.⟩ *jmdn. da angreifen, wo er verletzbar ist* • **1.2** ⟨513⟩ jmdn. bei seiner Ehre ~ *an jmds. Ehrgefühl appellieren* • **1.3** jmdn. od. etwas gerade noch **zu** ~ **kriegen** *gerade noch erwischen* • **1.4** **jmdn.** ~ *erwischen u. festnehmen;* hat man den Täter schon gefasst?; die Polizei konnte den lange gesuchten Verbrecher ~ • **1.5** **etwas** fasst **jmdn.** *überkommt, befällt jmdn.;* Angst, Ekel, Entsetzen fasste uns bei diesem Anblick • **1.6** ⟨Funktionsverb⟩ • **1.6.1** einen **Beschluss** ~ *etwas beschließen* • **1.6.2** einen **Entschluss** ~ *sich zu etwas entschließen* • **1.6.3** einen **Plan** ~ *etwas planen* • **1.6.4** einen **Vorsatz** ~ *sich etwas vornehmen;* →a. *Herz (9.1)* **2** ⟨500⟩ **etwas** *od.* **jmdn.** ~ *aufnehmen* • **2.1** etwas ~ ⟨Soldatenspr.⟩ *als Zuteilung empfangen, entgegennehmen;* Essen, Munition ~ • **2.2** *in sich aufnehmen, enthalten können, Raum geben;* der Saal konnte die Zuhörer kaum ~; das Sportstadion fasst 100 000 Menschen; die Flasche fasst einen Liter • **2.3** **etwas** ~ *(ein Gefühl, einen Gedanken) entwickeln, (einem Gefühl) Raum ge-*

ben; Mut, Selbstvertrauen ~; Vertrauen, Zuneigung (zu jmdm.) ~; Abneigung, Hass, Misstrauen ~ gegen jmdn.; ich kann vor Aufregung keinen klaren Gedanken ~ • **2.4** *etwas* ~ *verstehen, begreifen;* ich fasse den Sinn dieses Abschnittes nicht; es ist nicht zu ~! **3** ⟨505⟩ **etwas (in etwas)** ~ *einfassen, einrahmen, eine Fassung geben;* Edelsteine ~; ein Bild (in einen Rahmen) ~; ein besonders schön gefasster Aquamarin • **3.1** ⟨513⟩ **etwas (in Worte)** ~ *(in Worten) ausdrücken, formulieren;* etwas schriftlich ~; eine Verordnung bestimmt, klar ~; seine Gedanken in Worte ~; wie soll ich das in Worte ~? **4** ⟨Vr 3⟩ **sich in** einer bestimmten **Art u. Weise** ~ *sich ... ausdrücken;* fasse dich kurz, ich habe keine Zeit **5** ⟨500/Vr 3⟩ **sich** ~ *sich zusammennehmen, beherrschen, sich zur Ruhe zwingen, sich beruhigen;* fasse dich!; nachdem der erste große Schmerz vorüber ist, hat sie sich jetzt wieder gefasst; er kann sich vor Begeisterung, Überraschung kaum ~ • **5.1** ⟨513/Vr 3⟩ sich in Geduld ~ *sich gedulden, geduldig abwarten* **6** ⟨400⟩ **etwas** fasst *greift ineinander, findet Halt;* das Zahnrad, Gewinde fasst nicht

Fas|set|te ⟨f.; -, -n⟩ oV Facette **1** *eckig angeschliffene Fläche, vor allem an Edelsteinen, Glas, Metall o. Ä.* • **1.1** ⟨fig.⟩ *Aspekt, Gesichtspunkt, Ausdrucksmöglichkeit;* die ~n einer multikulturellen Gesellschaft

fass|lich ⟨Adj. 24⟩ *so geartet, dass man es fassen kann, begreiflich;* eine leicht ~e Abhandlung; etwas ist (für jmdn.) leicht, schwer, kaum ~

Fas|son ⟨[-sɔ̃:] *od.* [-sɔŋ] f.; -, -s *od.* österr. [-soːn] f.; -, -en⟩ oV Façon **1** *Form, Gestalt, Art u. Weise;* einem Vorhaben ~ geben • **1.1** *Lebensart, Lebensstil;* jeder sollte nach seiner ~ leben **2** *Schnitt, Sitz, Passform, Halt;* das Haar hält keine ~

Fas|sung ⟨f.; -, -en⟩ **1** *Umrahmung, die einem Gegenstand Halt gibt;* die ~ der Brillengläser; die ~ eines Edelsteins • **1.1** ⟨El.⟩ *Metallzylinder, in den die Glühlampe eingeschraubt od. gesteckt wird* **2** *Form, Wortlaut, Gestaltung (bes. von sprachlichen Kunstwerken);* von diesem Drama, von dieser Oper sind zwei ~en bekannt; die verschiedenen ~en des Gedichtes miteinander vergleichen; im Alter hat er dem Roman eine andere ~ gegeben; die erste, ursprüngliche ~; die zweite ~ weicht nur wenig, stark von der ersten ab; der Film wurde in der überarbeiteten, nicht gekürzt; der Film läuft in französischer ~ **3** ⟨Kunst⟩ *bes. im MA übliche farbige Bemalung von Stein- u. Holzskulpturen* **4** ⟨unz.⟩ *Ruhe, Selbstbeherrschung;* die ~ bewahren, (nicht) verlieren; mit Mühe die ~ wiedergewinnen; aus der ~ geraten, kommen; er lässt sich nicht so leicht aus der ~ bringen; er ist durch nichts aus der ~ zu bringen; der Vorfall hat ihn völlig aus der ~ gebracht; du musst es mit ~ ertragen

fas|sungs|los ⟨Adj.⟩ *aus der Fassung gebracht, außer sich, bestürzt, sprachlos, aufs Höchste erstaunt;* er war ~ vor Schrecken; ~ weinen; er machte ein ~es Gesicht; mit ~em Blick

Fas|sungs|ver|mö|gen ⟨n.; -s; unz.⟩ Sy *Kapazität (1)* **1** *bestimmte Menge, die ein Raum fasst, aufnimmt;* der Behälter hat ein großes, kleines ~; das ~ dieses

Gefäßes beträgt 5 l 2 ⟨fig.⟩ *Fähigkeit, etwas geistig zu erfassen, etwas zu begreifen;* das Kind hat ein ausgezeichnetes ~; das übersteigt sein ~

fast ⟨Adv.⟩ *beinahe, nicht ganz;* wir hatten die Hoffnung ~ aufgegeben, als …; ich habe ~ geglaubt, dass …; wir waren ~ am Ziel, als …; ~ wäre er gestürzt; ~ hätte ich den Fehler übersehen; das Werk ist ~ vollendet; in ~ allen Fällen hat sich gezeigt, dass …; ich konnte ~ nichts davon sehen

fas|ten ⟨V. 400⟩ *sich aller od. bestimmter Speisen enthalten (in der kath. Kirche als Mittel zur Buße u. inneren Einkehr);* er hat jetzt 2 Tage gefastet

Fast|food ⟨[fa:stfu:d]⟩ *auch:* **Fast Food** ⟨n.; (-) -s; unz.⟩ *schnell zubereitete Gerichte, z. B. Bratwürstchen, Hamburger u. Ä.*

Fast|nacht ⟨f.; -; unz.⟩ **1** *mit bestimmten spaßigen Bräuchen verbundene Tage vor Beginn der Fastenzeit;* Sy *Fasching (1), Karneval (1)* **1.1** ⟨i. e. S.⟩ *Abend u. Nacht vor Aschermittwoch;* die ~ feiern

Fas|zi|na|ti|on ⟨f.; -, -en⟩ *Bezauberung, fesselnde Begeisterung, Gebanntsein;* das übt große ~ auf ihn aus

fas|zi|nie|ren ⟨V. 500/Vr 8⟩ *jmdn.* ~ *bezaubern, (ver)blenden, fesseln;* ein ~des Schauspiel; das faszinierte ihn

fa|tal ⟨Adj.⟩ **1** *verhängnisvoll, widrig;* ~e Folgen haben; auf ~e Weise **2** *unangenehm, peinlich;* das Wiedersehen war ~

Fa|ta Mor|ga|na ⟨f.; - -, - -s od. - -ga|nen⟩ **1** *in der Wüste durch Luftspiegelung hervorgerufenes Bild* • **1.1** ⟨fig.⟩ *Sinnestäuschung, Trugbild, Traumbild;* eine ~ sehen, erkennen

fau|chen ⟨V.⟩ **1** ⟨400⟩ *im gereizten Zustand die Luft zischend ausstoßen, schnauben, prusten;* die Katze, der Tiger faucht (wütend); ~d verteidigte der Dachs seinen Bau gegen den Fuchs; die Lokomotive faucht bei der Steigung ⟨fig.⟩ **2** ⟨500⟩ *etwas* ~ ⟨fig.; umg.⟩ *wütend herausplatzen, beißend schimpfen;* „'raus hier!", fauchte er

faul ⟨Adj.⟩ **1** *durch Fäulnis verdorben;* ~e Eier, ~er Fisch, ~es Laub, Obst; ~es Holz, Wasser; ein ~er Geruch; ~ riechen, schmecken; ~e Eier auf die Bühne werfen (als Zeichen des Missfallens) **2** ~es **Gestein** ⟨Bgb.⟩ *weiches, brüchiges, zersetztes G.;* Sy *feiges Gestein* → *feige (3)* **3** ⟨fig.; umg.⟩ *bedenklich, verdächtig, nicht vertrauenswürdig, fragwürdig;* ~e Geschäfte machen; an der Sache ist etwas ~; etwas ist ~ daran • **3.1** ein ~er **Friede** *ein F., dem man nicht trauen kann* • **3.2** ein ~er **Kunde** *ein verdächtiger Kerl* • **3.3** *unglaubwürdig;* das sind ~e Ausreden! • **3.3.1** alles nur ~er **Zauber!** *Schwindel* • **3.4** ein ~er **Witz** *ein schlechter W.* • **3.5** ein ~er **Kompromiss** *ein zweifelhafter, schlechter K.* **4** ⟨fig.⟩ *träge, arbeitsunlustig;* Ggs *fleißig (1);* ein ~er Schüler; stinkend ~ sein • **4.1** auf der ~en Haut liegen ⟨umg.⟩ *faulenzen;* er liegt ständig auf der ~en Haut • **4.2** nicht ~ *flink, ohne zu zögern, schnell reagierend;* er, nicht ~, erwiderte schlagfertig … • **4.3** ein ~er **Schuldner** (Kaufmannsspr.) *ein säumiger S.*

fau|len ⟨V. 400(s. od. h.)⟩ **etwas** fault *wird faul, modrig, geht in Verwesung über, zersetzt sich;* das Obst

fault; das Fleisch begann zu ~; ~de Knochen, Kartoffeln; ein ~der Zahn

fau|len|zen ⟨V. 400⟩ *faul sein, nichts tun, müßiggehen;* während des Urlaubs möchte ich nicht nur ~; er faulenzt, statt …

Faul|heit ⟨f.; -; unz.⟩ **1** *faule Wesensart, Trägheit, Müßiggang;* seine ~ ist durch nichts zu erschüttern **2** er **stinkt vor** ~ ⟨umg.; abwertend⟩ *er ist sehr, außerordentlich faul*

Fäul|nis ⟨f.; -; unz.⟩ **1** *Zersetzung organischer Stoffe durch Fäulnisbakterien, das Faulsein;* die Pilze waren schon in ~ übergegangen; das Obst ist von ~ befallen **2** ⟨fig.⟩ *moralische Zersetzung, sittliche Verderbnis*

Fau|na ⟨f.; -, Fau|nen⟩ **1** *Tierreich;* →a. *Flora* **2** *Gesamtheit der Tiere eines bestimmten Gebietes od. Lebensbereiches;* die Süßwasser~; die Flora u. ~ Afrikas **3** *systematische Beschreibung der Fauna (1)*

Faust ⟨f.; -, Fäus|te⟩ **1** *geballte Hand;* die Hand zur ~ ballen, schließen; die ~ ballen, öffnen; jmdn. mit der ~ ins Gesicht schlagen; mit geballten Fäusten auf jmdn. losgehen, einschlagen; mit dem Messer, Schwert in der ~ • **1.1** das passt wie die ~ aufs Auge ⟨umg.⟩ • **1.1.1** *passt überhaupt nicht zueinander* • **1.1.2** ⟨scherzh.; beim Zusammentreffen zweier negativer Ereignisse⟩ *passt sehr gut zueinander* • **1.2** auf eigene ~ handeln, etwas tun, unternehmen ⟨fig.⟩ *selbstständig, eigenmächtig, auf eigene Verantwortung* • **1.3** etwas mit eiserner ~ durchsetzen ⟨fig.⟩ *mit aller Gewalt* **1.4** mit der ~ auf den Tisch schlagen ⟨fig.; umg.⟩ *deutlich reden, zornig werden, energisch vorgehen* **2** *die Faust (1) als Drohung;* jmdm. eine ~ machen; jmdm. die ~ zeigen; jmdm. die ~ unter die Nase halten • **2.1** mit geballten Fäusten dabeistehen, zusehen müssen *notgedrungen untätig* • **2.2** die ~ in der Tasche ballen *seinen Zorn verbergen, insgeheim grollen*

faust|dick ⟨Adj. 24⟩ **1** *dick wie eine Faust, sehr dick;* ein ~er Stein, eine ~e Beule **2** eine ~e **Lüge**, Beleidigung ⟨fig.; umg.⟩ *sehr große L., B., unglaubliche L., B.* **3** (bei einer Schilderung) ~ **auftragen** ⟨fig.; umg.⟩ *sehr übertreiben* **4** jmd. hat es ~ hinter den Ohren ⟨fig.; umg.⟩ *ist pfiffig, durchtrieben*

Fäust|ling ⟨m.; -s, -e⟩ **1** *Fausthandschuh* **2** ⟨Bgb.⟩ *faustgroßer Stein*

Faust|re|gel ⟨f.; -, -n⟩ *allgemeingültige, einfache, grobe Grundregel;* das gilt als ~

Fau|teuil ⟨[fotø:j] m.; -s, -s; österr.; schweiz.⟩ *gepolsterter Sessel mit Armlehnen, Polstersessel*

Faux|pas ⟨[fopa:] m.; -, - [-pa:s]⟩ *Taktlosigkeit, Unhöflichkeit, gesellschaftlicher Fehltritt, Verstoß gegen die allgemeinen Sitten;* einen ~ begehen

Fa|vo|rit ⟨[-vo-] m.; -en, -en⟩ **1** *Günstling, Liebling* **2** ⟨Sp.⟩ *voraussichtlicher Sieger im Wettkampf*

Fax ⟨n.; -, - od. -e; kurz für⟩ *Telefax*

Fa|xen ⟨Pl.; umg.⟩ **1** *Späße, Grimassen;* ~ machen, schneiden, ziehen **2** *Ausflüchte, Umstände;* mach keine ~! **3** die ~ dicke haben ⟨umg.⟩ *etwas satthaben, genug von etwas haben*

Fa|zit ⟨n.; -s, -e od. -s⟩ *Endsumme, Ergebnis;* das ~ ziehen

FCKW ⟨Abk. für⟩ *Fluorchlorkohlenwasserstoffe*

Fea|ture ⟨[fiːtʃə(r)] n.; -s, -s od. f.; -, -s⟩ **1** ⟨Radio, TV⟩ *Bericht, Reportage aus aktuellem Anlass;* ein ~ über den Regierungswechsel in Polen • 1.1 *Dokumentarsendung, -spiel, -bericht* **2** ⟨Zeitungswesen⟩ *besonders hervorgehobener, auffällig gestalteter Text- od. Bildbeitrag*

Fe|bru|ar *auch:* **Feb|ru|ar** ⟨m.; - od. -s, -e; Abk.: Febr.⟩ *der zweite Monat des Jahres*

fech|ten ⟨V. 133⟩ **1** ⟨402⟩ *mit Stoß- od. Hiebwaffe kämpfen;* einen Gang ~; auf Hieb, Stoß ~; gegen jmdn. ~; mit jmdm. ~; er ficht mit dem Degen, Säbel; du fichst mir mit dem Stock vor meinen Augen **2** ⟨400 od. 530/Vr 1⟩ *(als wandernder Handwerksbursche) betteln;* sich ein paar Zigaretten ~

Fe|der ⟨f.; -, -n⟩ **1** *in großer Zahl die Haut der Vögel bedeckendes leichtes Gebilde aus Horn;* der Vogel sträubt seine ~n; sie ist so leicht wie eine ~ • 1.1 ~n lassen ⟨a. fig.; umg.⟩ *Nachteil, Schaden erleiden* • 1.2 sich mit fremden ~n schmücken ⟨fig.⟩ *Gedanken od. Verdienste eines anderen als seine eigenen ausgeben* • 1.3 ⟨nur Pl.; umg.⟩ *das Bett;* er liegt, steckt noch in den ~n; ich musste sie erst aus den ~n holen; aus den ~n kriechen **2** *kleines, spitz zulaufendes Metallstück zum Schreiben mit Tinte;* Schreib~, Stahl~, Füll~; die ~ aus Stahl hat den Gänsekiel ersetzt; etwas in die ~ diktieren • 2.1 ein Werk aus seiner ~ *von ihm geschrieben* • 2.2 einen Roman unter der ~ haben *an einem R. arbeiten* • 2.3 seiner ~ freien Lauf lassen ⟨fig.⟩ *seinen Gedanken schriftlich freien Lauf lassen* • 2.4 er weiß die ~ zu führen ⟨fig.⟩ *er kann sich gut schriftlich ausdrücken* • 2.5 eine sehr kluge ~ führen ⟨fig.⟩ *klug schreiben* • 2.6 eine scharfe, spitze ~ führen ⟨fig.⟩ *aggressiv u. kritisch schreiben* • 2.7 ein Mann der ~ *Schriftsteller, Journalist, schreibgewandter Mensch* • 2.8 von der ~ leben ⟨fig.; geh.⟩ *vom Verdienst als Schriftsteller* • 2.9 zur ~ greifen ⟨a. fig.⟩ *zu schreiben beginnen, eine schriftstellerische Arbeit beginnen* **3** ⟨Tech.⟩ *Maschinenteil aus einem elastischen, geraden, gebogenen od. gedrehten Metalldraht od. -streifen;* Sprung~, Spiral~, Uhr~; die ~ aufziehen, entspannen, spannen, zusammenpressen; die ~ ist gebrochen, gesprungen **4** ⟨Tischlerei, Zimmerei⟩ *an ein Brett angearbeitete Leiste, die in die Nut eines anderen Brettes passt* • 4.1 Hartholzleiste, die in Nuten zweier benachbarter Bretter eingeschoben wird **5** ⟨meist Pl.; Jägerspr.⟩ • 5.1 *Rückenborsten des Schwarzwildes* • 5.2 *Rippen des Rotwildes*

Fe|der|ball ⟨m.; -(e)s, -bäl|le⟩ **1** *kleiner, gefiederter od. aus Kunststoff gefertigter Spielball* **2** ⟨unz.; kurz für⟩ *Federballspiel*

Fe|der|ball|spiel ⟨n.; -(e)s, -e⟩ *Spiel mit dem Federball, der mit einem kleinen Schläger zwischen den Spielern hin- u. zurückgeschlagen wird*

Fe|der|fuch|ser ⟨[-ks-] m.; -s, -; umg.; abwertend⟩ **1** *kleinlicher, am Buchstaben hängender Mensch;* er ist ein ~ **2** *Schreiber, Schreiberling* **3** *schlechter Schriftsteller*

fe|der|füh|rend ⟨Adj. 24⟩ *verantwortlich, zuständig;* der ~e Ausschuss; der Direktor ist in dieser Frage ~

Fe|der|le|sen ⟨n.; nur noch in bestimmten, verneinenden Wendungen⟩ **1** ⟨urspr.⟩ *das Ablesen angeflogener Federchen vom Anzug* **2** ⟨heute in den Wendungen⟩ • 2.1 nicht viel ~s (mit jmdm. od. etwas) **machen** ⟨umg.⟩ *keine Umstände machen* • 2.2 ohne viel ~(s) jmdm. die Meinung sagen ⟨umg.⟩ *ohne Umstände, ohne Umschweife*

fe|dern ⟨V.⟩ **1** ⟨400⟩ *bei Druck nachgeben u. dann in die alte Lage zurückschnellen, wippen;* die Polster, die Sitze ~ (gut, schlecht); ein ~des Bett, Auto; in den Knien ~ • 1.1 einen ~den Gang haben *einen elastischen G.* **2** ⟨500⟩ **etwas** ~ *mit Federn versehen;* ein Auto, Sofa, eine Matratze ~; das Bett ist gut gefedert **3** ⟨500/Vr 3⟩ ein Vogel federt **sich** *lässt Federn* • 3.1 ⟨500⟩ jmdn. (teeren und) ~ *in Teer u. Federn wälzen (als Strafe)*

Fe|der|strich ⟨m.; -(e)s, -e⟩ **1** *Strich mit der Feder, bes. durch Geschriebenes;* mit ein paar ~en einen Plan, eine Skizze entwerfen • 1.1 mit einem ~ *kurz u. bündig, ohne langes Überlegen;* mit einem ~ etwas auslöschen, rückgängig machen, zunichtemachen; das kann man nicht mit einem ~ aus der Welt schaffen • 1.2 keinen ~ **tun** *nicht arbeiten (geistig)*

Fee ⟨f.; -, -n⟩ *zarte, anmutige, schöne od. düstere weibliche Märchengestalt;* die böse u. die gute ~

Feed-back *auch:* **Feed|back** ⟨[fiːdbæk] n.; -s, -s⟩ **1** = *Rückkoppelung* **2** ⟨fig.⟩ *Rückwirkung, Rückmeldung (im menschlichen Kommunikationsprozess)* • 2.1 ⟨Psych.⟩ *Reaktion (der anderen auf das eigene Verhalten);* ein, kein ~ erhalten

Fee|ling ⟨[fiː-] n.; -s, -s⟩ **1** *erhebendes, wohltuendes Gefühl;* ich hatte ein starkes ~ **2** *Einfühlungsvermögen, Gespür;* er hat kein ~ für klassische Musik • 2.1 *Vorliebe, Begabung;* sie hat ein ~ für das Erkennen junger Talente **3** *Stimmung, Wirkung, Atmosphäre;* das ~ dieser Theateraufführung wirkte noch lange in uns nach

Fe|ge|feu|er ⟨n.; -s; unz.; kath. Lehre⟩ *Läuterungsort der „armen Seelen" vor Eintritt in den Himmel;* im ~ schmoren

fe|gen ⟨V.⟩ **1** ⟨500⟩ *etwas ~ mit dem Besen säubern;* das Zimmer, den Schornstein, die Straße ~; die Treppe täglich ~ • 1.1 ⟨511⟩ *mit dem Besen entfernen;* den Schmutz aus dem Zimmer ~ **2** ⟨500⟩ **Metallenes** ~ ⟨veraltet⟩ *putzen, blankmachen;* in Schwert, Stahl ~ **3** ⟨400; Jägerspr.⟩ *das Geweih an Bäumen u. Sträuchern scheuern, um den Bast abzureiben;* die Hirsche ~ gerade **4** ⟨511⟩ *etwas von etwas ~ in einer heftigen Bewegung entfernen;* der Wind fegte die Blätter von Bäumen u. Sträuchern **5** ⟨411(s.)⟩ *heftig wehen;* der Wind fegt durch die Felder, Straßen; der Sturm fegt über das Land • 5.1 *sich äußerst rasch bewegen;* sie ~ aus dem Zimmer, über die Straße

Feh|de ⟨f.; -, -n⟩ **1** ⟨im MA⟩ *rechtlich zulässige Selbsthilfe gegen Straftaten in Form einer Feindseligkeit od. eines Privatkrieges zwischen zwei Freien od. ihren Sippen;* gegen jmdn. ~ führen **2** ⟨geh.⟩ *Streit, Feindseligkeit, Feindschaft;* eine literarische ~ ausfechten; in ~ liegen mit jmdm.

fehl ⟨Adj. 24/41⟩ ~ **am Platz(e)** sein *falsch, erfolglos,*

Fehl

unangebracht; übertriebene Strenge ist hier ~ am Platz

Fehl ⟨m.; nur noch in der Wendung⟩ **ohne ~** (u. Tadel) *makellos, einwandfrei, untadelig;* sein Verhalten war ohne ~ u. Tadel

Fehl|an|zei|ge ⟨f.; -, -n⟩ **1** *falsche, irrtümlich aufgegebene Anzeige* **2** ⟨umg.⟩ *Meldung, dass etwas nicht vorhanden od. nicht geschehen ist, dass etwas nicht zutrifft, negativer Bescheid*

feh|len ⟨V.⟩ **1** ⟨400⟩ *abwesend sein, nicht da sein;* auf einem Fest ~; bei einem Wettkampf ~; in der Schule ~; es ~ noch einige Gäste; jmdn. als ~d melden; der Schüler hat zwei Tage unentschuldigt gefehlt; in dem Buch fehlen zwei Seiten **2** ⟨401 od. 400⟩ **es fehlt etwas** od. **etwas fehlt** *es mangelt an etwas, etwas ist nicht ausreichend, zu wenig vorhanden;* mir fehlt noch vieles; es ~ noch fünf Minuten bis zur vollen Stunde; es fehlt ihm an Ausdauer, Mut, Unternehmungsgeist, Zielstrebigkeit; es fehlt am Notwendigsten; wir wollen es an nichts ~ lassen; es fehlte nicht an warnenden Stimmen; es soll ihm bei uns an nichts ~; daran soll es nicht ~ • **2.1** ⟨800⟩ *mir soll es nicht* ~ *ich will tun, was in meinen Kräften steht* • **2.2** *es fehlte nicht viel, und er wäre abgestürzt fast wäre er abgestürzt* • **2.3** ⟨600⟩ **jmdm. fehlt jmd.** od. **etwas** *jmd. vermisst jmdn. od. etwas;* du hast mir sehr gefehlt; mir fehlt seit Tagen mein Regenschirm • **2.3.1** *fehlt dir etwas? vermisst du etwas?, brauchst du etwas?* • **2.4** ⟨610⟩ *das, der hat uns gerade noch gefehlt!* ⟨umg.; iron.⟩ *das, den können wir jetzt gar nicht gebrauchen, kommt uns jetzt sehr ungelegen* **3** ⟨600⟩ **jmdm.** fehlt **etwas** ⟨umg.⟩ *jmd. ist krank, hat Kummer;* fehlt dir etwas?; mir fehlt nichts **4** ⟨400 od. 500⟩ *etwas Unrechtes tun, sündigen;* gegen das Gesetz, jmdn. ~; er muss sein Leben lang dafür büßen, dass er einmal im Leben gefehlt hat; alles, was er einst gefehlt hat, büßt er jetzt **5** ⟨500⟩ **etwas ~** ⟨veraltet⟩ *nicht treffen, verfehlen;* den Hasen, das Wild, den Weg, das Ziel ~ • **5.1** *weit gefehlt!* ⟨fig.; geh.⟩ *das ist ein großer Irrtum!*

Feh|ler ⟨m.; -s, -⟩ **1** *Abweichung von der richtigen Form, schlechte Eigenschaft, Mangel;* ein ~ im Material war schuld, dass …; ein angeborener, organischer ~ ⟨Med.⟩ • **1.1** *schlechte charakterliche Eigenschaft;* seine ~ ablegen, bekämpfen, kennen, einsehen, wiedergutmachen; jeder hat seine ~; sie hat viele ~; er hat nur einen ~; du hast einen liebenswerten kleinen ~ an dir; kein Mensch ist ohne ~ **2** *falsches Verhalten;* in einen ~ verfallen; jmdm. bei einem ~ ertappen • **2.1** *das ist nicht mein ~ daran bin ich nicht schuld* **3** *Verstoß gegen die Regeln einer Wissenschaft, einer Kunst, einer Technik;* ein grammatischer, orthografischer, syntaktischer ~; ein grober, kleiner, leichter, schwerer, verhängnisvoller ~; ihr unterlief ein ~; du machst immer wieder denselben ~; einen ~ im Satz finden, korrigieren, stehenlassen, übersehen, verbessern; in die Rechnung hat sich ein ~ eingeschlichen

Fehl|ge|burt ⟨f.; -, -en; Med.⟩ *Geburt einer unreifen, nicht lebensfähigen Leibesfrucht;* Sy *Abort²*

fehl||ge|hen ⟨V. 145/400(s.)⟩ **1** *in falscher Richtung gehen, sich verlaufen;* der Schuss ging fehl; auf diesem Weg kannst du nicht ~ **2** ⟨410; fig.⟩ *sich irren;* ich gehe wohl nicht fehl in der Annahme, dass …

Fehl|griff ⟨m.; -(e)s, -e⟩ **1** *falscher Griff, Griff daneben, vorbei* **2** ⟨fig.⟩ *falsche Maßnahme, Auswahl;* einen ~ machen, begehen, vermeiden

fehl||schla|gen ⟨V. 218/400⟩ **1** *vorbei-, danebenschlagen* **2** ⟨(s.); fig.⟩ *misslingen;* das Unternehmen, der Plan ist fehlgeschlagen

Fehl|tritt ⟨m.; -(e)s, -e⟩ **1** *falscher Tritt, Tritt vorbei, daneben* **2** ⟨fig.; geh.⟩ *Vergehen, Verfehlung, Verstoß gegen sittliche Gebote;* ein schwerer ~; einen ~ begehen, tun

Fehl|zün|dung ⟨f.; -, -en; beim Verbrennungsmotor⟩ **1** ⟨Verbrennungsmotor⟩ *Zündung am falschen Ort (im Auspuffrohr statt im Zylinder)* **2** ⟨fig.; umg.⟩ *unangebrachte Reaktion, Missverständnis*

Fei|er ⟨f.; -, -n⟩ **1** *festliche Begehung eines Gedenktages, Ereignisses usw., festliche Veranstaltung;* Geburtstags-~, Jubiläums-~, Weihnachts-~; eine ~ veranstalten; eine ernste, würdige ~; an einer ~ teilnehmen; auf einer ~ die Festansprache halten; bei einer ~ dabei sein; in, mit einer ~ ausgezeichnet, geehrt werden; zu einer ~ einladen, eingeladen sein, gehen • **1.1** *zur ~ des Tages* ⟨scherzh.⟩ *ausnahmsweise* **2** *Fete, Fest;* eine ausgelassene ~

Fei|er|abend ⟨m.; -(e)s, -e⟩ **1** *Arbeits- od. Dienstschluss;* um 20 Uhr ist in den Geschäften ~; nach ~ kommt er zu uns • **1.1** ~ **machen, haben** ⟨umg.⟩ *mit der Arbeit aufhören* • **1.2** *(nun), jetzt ist aber ~!* ⟨fig.; umg.⟩ *jetzt aber Schluss damit!, meine Geduld ist erschöpft* **2** *Zeit nach Arbeits- od. Dienstschluss;* jmdm. einen schönen ~ wünschen; er genießt seinen wohlverdienten ~

fei|er|lich ⟨Adj.⟩ **1** *festlich, würde-, weihevoll;* es war ein ~er Augenblick; ~e Stille breitete sich aus; in ~er Stimmung; mit ~en Worten; der ~ geschmückte Saal • **1.1** *das ist schon nicht mehr ~!* ⟨umg.⟩ *das ist unerträglich* **2** *ernst;* etwas ~ geloben, versprechen

fei|ern ⟨V.⟩ **1** ⟨V. 500⟩ *etwas ~ festlich begehen;* einen Geburtstag, ein Jubiläum ~ **2** ⟨500/Vr 8⟩ **jmdn. ~** *bejubeln, auszeichnen, (durch ein Fest) ehren;* einen Gast, das Geburtstagskind, eine hohe Persönlichkeit ~; eine gefeierte Sängerin, Schauspielerin **3** ⟨400; umg.⟩ *(gezwungenermaßen) ausruhen, die Arbeit ruhenlassen, wegen schlechter Geschäftslage nicht arbeiten* • **3.1** *die Hälfte der Belegschaft musste eine Woche ~*

Fei|er|tag ⟨m.; -(e)s, -e⟩ *Festtag, arbeitsfreier Tag;* Ggs *Werktag;* gesetzlicher, kirchlicher, staatlicher ~; die ~e beobachten, halten; (jmdm.) frohe, vergnügte ~e (wünschen); dieser Zug verkehrt nur an Sonn- und ~en

fei|er|tags ⟨Adv.⟩ *an Feiertagen;* dieser Zug verkehrt nicht ~; sonn- u. ~

feig ⟨Adj.⟩ = *feige*

fei|ge ⟨Adj.; abwertend⟩ oV *feig* **1** *ängstlich, furchtsam, kleinmütig bei Gefahr;* sich ~ verstecken, verkriechen; ein ~r Kerl, Mensch **2** *hinterhältig, gemein;* ein ~r Mord; jmdn. ~ ermorden **3** ⟨70⟩ ~s **Gestein** ⟨Bgb.⟩ = *faules Gestein,* → *faul (2)*

Fei|ge ⟨f.; -, -n⟩ **1** *(kurz für) Feigenbaum* **2** *Frucht des Feigenbaumes*

Fei|gen|baum ⟨m.; -(e)s, -bäu|me; Bot.⟩ *Angehöriger einer im Mittelmeergebiet u. in den Tropen verbreiteten Gattung der Maulbeergewächse: Ficus*

Feig|ling ⟨m.; -s, -e⟩ *feiger Mensch;* du bist ein ~!

feil|bie|ten ⟨V. 110/500; geh.⟩ **Waren** ~ *zum Verkauf (ausstellen u.) anbieten;* Obst, Gemüse auf dem Markt ~; er bot seine Ware zu einem überhöhten Preis feil

Fei|le ⟨f.; -, -n⟩ **1** *Stahlwerkzeug mit vielen kleinen Zähnen zur spanabhebenden Oberflächenbearbeitung (Glätten) von Metall, Holz, Kunststoff;* eine dreikantige, scharfe, stumpfe ~ **2** die **letzte** ~ an etwas legen ⟨fig.⟩ *zum letzten Mal überarbeiten, den letzten Schliff geben*

fei|len ⟨V.⟩ **1** ⟨500 od. 800⟩ **(an) etwas** ~ *mit der Feile bearbeiten, glätten;* ein Werkstück ~; an einem Werkstück ~ **2** ⟨800⟩ **an etwas** ~ ⟨fig.⟩ *noch vorhandene Unregelmäßigkeiten beheben, noch feiner, genauer ausarbeiten;* du musst an deinem Aufsatz noch ~

feil|schen ⟨V. 405; abwertend⟩ *um den Preis handeln, den Preis herabzusetzen suchen;* um den Preis ~; er feilscht gerne

fein ⟨Adj.⟩ **1** *sehr dünn, zart;* Ggs *grob (1);* ~e Scheiben Wurst schneiden; ~e Linien ziehen; ~es Garn, Gewebe, Papier; ~e Fäden, Handarbeiten, Stoffe; ~es Glas • **1.1** *mit sehr kleinen Zwischenräumen versehen;* ein ~er Kamm; ein ~es Sieb • **1.2** *aus sehr kleinen Teilen bestehend;* ein ~er Regen; ~er Sand • **1.3** *zart, zierlich;* ein Mädchen mit ~en Gliedern • **1.4** *sehr klein, geringfügig;* ~e Unterschiede erkennen **2** *die kleinsten Unterschiede wahrnehmend, etwas sehr genau erfassend* • **2.1** *genau, scharf, empfindlich;* das Fernsehgerät ~ einstellen; ich habe ein ~es Empfinden, Gefühl dafür; er hat ein ~es Gehör; sie entwickelt einen ~en Geschmack • **2.1.1** eine ~e Nase für etwas haben ⟨fig.; umg.⟩ *etwas leicht, schnell merken, ahnen* • **2.2** *schlau, geschickt, listig;* ein ~er Plan; das habt ihr euch ~ ausgedacht **3** *gut, hohe Qualität aufweisend;* eine besonders ~e Ware; die ~ste Sorte einer Ware; die ~ste Sorte Mehl; bei dieser Stickerei handelt es sich um eine besonders ~e Arbeit • **3.1** es ist das Feinste vom Feinen ⟨fig.⟩ *das Beste, Schönste, Erlesenste* • **3.2** ⟨Met.⟩ *rein, lauter, frei von unedlen Zusätzen, wertvoll;* ~es Gold, Silber • **3.3** *sehr gut, erlesen, vorzüglich;* ~e Speisen, Weine; er liebt die ~e Küche • **3.4** *prächtig, anständig;* ein ~er Bursche, Kerl • **3.5** ⟨umg.⟩ *elegant, gepflegt;* ein ~es Kleid; sich zum Ausgehen ~ anziehen • **3.6** ⟨umg.⟩ *sehr schön, erfreulich;* ~!, wie ~! (Ausruf der Freude); das ist aber ~ • **3.6.1** das hast du ~ gemacht (zu einem Kind) *sehr gut gemacht* ⟨aber Getrennt- u. Zusammenschreibung⟩ ~ *machen* = *feinmachen* • **3.6.2** er ist jetzt ~ heraus *er hat es geschafft, es geht ihm gut* **4** *vornehm;* eine wirklich ~e Dame; ein ~er Herr; ~e Leute; die ~e Gesellschaft; eine ~e Fami-

lie; ~e Manieren, Sitten **5** ⟨50; umg.⟩ *ganz, sehr;* ihr Kinder müsst bei Tisch ~ still sein • **5.1** die sind mal ~ still ⟨fig.⟩ *du hast gar keinen Grund, dich zu beklagen, dich darüber aufzuregen* **6** ⟨Getrennt- u. Zusammenschreibung⟩ • **6.1** ~ mahlen = *feinmahlen* • **6.2** ~ schneiden = *feinschneiden* • **6.3** ~ gemahlen = *feingemahlen* • **6.4** ~ geschnitten = *feingeschnitten*

feind ⟨Adj. 11/24/43⟩ *abgeneigt, feindlich gesinnt;* jmdm. od. einer Sache ~ sein, bleiben, werden

Feind ⟨m.; -(e)s, -e⟩ **1** *jmd., der einen anderen mit bösen Absichten verfolgt, Widersacher, Gegner, Gegenspieler;* Ggs *Freund (1);* er ist mein ärgster, geringster, größter, schlimmster ~; er hat keine, viele ~e; der ins Land einfallende ~; sich jmdn. zum ~ machen; ein ~ des Militarismus, der Schönfärberei usw.; →a. *böse (2.2), Freund (1.7)* **2** *Tiergattung, der eine andere als Nahrung dient;* der Fuchs hat keine natürlichen ~e; Löwen sind die ~e der Zebras

Fein|din ⟨f.; -, -din|nen⟩ *weibl. Feind*

feind|lich ⟨Adj.⟩ **1** ⟨60⟩ *dem militärischen Gegner gehörend, gegnerisch;* das ~e Heer; ~e Truppen; ein ~er Angriff **2** *böse, nicht freundlich gesinnt;* ich kenne seine ~e Einstellung gegen mich; sie standen sich ~ gegenüber; er ist mir ~ gesinnt • **2.1** ~e Brüder ⟨fig.⟩ *einander nahe, aber miteinander im Wettstreit liegende Disziplinen o. Ä.;* Politik u. Wissenschaft sind ~e Brüder

Feind|schaft ⟨f.; -, -en⟩ *Gegnerschaft, böse Gesinnung, Hass;* Ggs *Freundschaft;* wir wollen keine ~ aufkommen lassen; zwischen ihnen besteht, herrscht ~; durch dein Verhalten hast du dir seine ~ zugezogen; eine alte, längst begrabene, erbitterte, unversöhnliche ~; ~ auf Leben und Tod; mit jmdm. in ~ leben, liegen

feind|se|lig ⟨Adj.⟩ *feindlich gesinnt, böse, gehässig;* sich ~e Blicke zuwerfen, eine ~e Haltung einnehmen

Feind|se|lig|keit ⟨f.; -, -en⟩ **1** ⟨unz.⟩ *feindliche Gesinnung, Haltung, Bosheit, Gehässigkeit;* ihre Haltung war voller ~ **2** (meist Pl.) *Streitigkeit (im Krieg), kriegerische Handlung* • **2.1** die ~en **einstellen** *die Kampfhandlungen beenden* • **2.2** die ~en **eröffnen** *den Krieg beginnen*

fein|füh|lig ⟨Adj.⟩ **1** *mit feinem Gefühl, mit Fingerspitzengefühl, taktvoll, mit Gespür für die Gefühle anderer;* ein ~es Vorgehen **2** *empfindsam, sensibel;* sie ist sehr ~

fein|ge|mah|len *auch:* **fein ge|mah|len** ⟨Adj. 24/60⟩ *bis zu großer Feinheit gemahlen;* ~es Mehl

fein|ge|schnit|ten *auch:* **fein ge|schnit|ten** ⟨Adj. 24/60⟩ **1** *von feinem Schnitt;* ein ~es Gesicht **2** *bis zu großer Feinheit geschnitten;* ~es Gemüse

Fein|heit ⟨f.; -, -en⟩ **1** ⟨unz.⟩ *zarte, feine Beschaffenheit;* die ~ eines Stoffes, des Mehles, eines Siebes; die ~ der Hände, der Haut • **1.1** *Sorgfalt, Schönheit;* die ~ einer Arbeit, eines Baustils **2** *feinster Unterschied, Nuance, Schattierung;* die ~en beachten, herausarbeiten, hervorheben • **2.1** *kluge Andeutung;* das Gedicht, die Rede ist voller ~en **3** ⟨unz.⟩ *Vornehmheit, Untadeligkeit;* vor lauter ~ aß und trank sie nichts

Fein|kost ⟨f.; -; unz.⟩ *die feineren Lebensmittel, Genussmittel*

fein|ma|chen *auch:* **fein ma|chen** ⟨V. 500/Vr 3⟩ *jmdn. od.* **sich** ~ *sich feine Kleidung anziehen, sich zurechtmachen;* →a. *fein (3.6.1)*

fein|mah|len *auch:* **fein mah|len** ⟨V. 182/500⟩ **Mehl** ~ *sehr klein od.* pulverförmig zerkleinern, zerreiben

fein|schnei|den *auch:* **fein schnei|den** ⟨V. 227/500⟩ **etwas** ~ *sehr klein schneiden*

fein|sin|nig ⟨Adj.⟩ **1** *feinfühlig, fein empfindend (bes. künstlerisch);* ein ~er Dichter, Maler **2** *fein empfunden, gedacht, gestaltet;* ein ~es Kunstwerk

Fein|staub ⟨m.; -(e)s; unz.⟩ *feine Staubpartikel, die als Immission von Schadstoffen gesundheitsschädlich sind u. die Atemwege stark belasten;* neue Grenzwerte für ~ festlegen

feist ⟨Adj. 70; meist abwertend⟩ *dick u. dabei fest, prall, wohlgenährt;* ein ~es Gesicht; ein ~er Kerl

fei|xen ⟨V. 400; du feixt; umg.⟩ *breit, höhnisch lachen, schadenfroh grinsen;* was feixt du so?

Feld ⟨n.; -(e)s, -er⟩ **1** *nicht bebautes, weites Gelände;* auf freiem ~e schlafen, übernachten, zelten; durch Wald und ~ **2** *abgegrenztes Stück Ackerland;* das ~ bebauen, bestellen, düngen, pflügen; ein ~ mit Getreide, Kartoffeln, Rüben; die Früchte des ~es ernten; zur Ernte aufs ~ gehen, fahren; quer übers ~ gehen • **2.1** *die* ~*er stehen gut* ⟨umg.⟩ *das Getreide steht gut, die Ernteaussichten sind gut* • **2.2** Feld-, Wald- und Wiesen-... ⟨umg.⟩ *etwas Durchschnittliches, allgemein Übliches* • **2.2.1** Feld-, Wald- und Wiesen-Doktor *durchschnittlich begabter, nicht besonders tüchtiger Arzt* **3** *umgrenzter, abgegrenzter Teil einer Fläche;* die ~er einer Kassettendecke; Zahlen in die ~er eines Vordrucks eintragen; die ~er des Schachbrettes; auf den weißen ~ern (des Spielbrettes) vorrücken • **3.1** *Spielfläche;* er schoss den Ball weit übers ~ hinaus • **3.2** ⟨Her.⟩ *Hintergrund eines Wappenbildes;* die Stadt hat im Wappen einen Adler im blauen ~ **4** ⟨unz.; Mil.; veraltet⟩ *Kriegsschauplatz, Front;* ins ~ rücken; jmdn. ins ~ schicken; im ~e sein, stehen • **4.1** ⟨meist fig.⟩ *Schauplatz, Ort einer Auseinandersetzung* • **4.1.1** *das* ~ *behaupten* ⟨a. fig.⟩ *seine Stellung mit Erfolg verteidigen* • **4.1.2** *das* ~ *räumen* ⟨a. fig.⟩ *abziehen, Platz machen* • **4.1.3** jmdn. aus dem ~(e) schlagen ⟨a. fig.⟩ *besiegen* • **4.1.4** gegen jmdn. od. etwas zu ~e ziehen ⟨a. fig.; geh.⟩ *jmdn. od. etwas bekämpfen* • **4.1.5** etwas ins ~ führen ⟨fig.⟩ *als Argument anführen, vorbringen;* hast du etwas zu deiner Verteidigung ins ~ zu führen?; Gründe ins ~ führen **5** *Bereich, Gebiet menschlicher Tätigkeit;* sein eigentliches ~ ist die Mathematik; das ist noch ein weites ~ für Entdeckungen; ein weites ~ liegt noch vor uns • **5.1** das ist ein weites ~! *das ist ein schwer überschaubarer Bereich, in dem es keine einfachen Lösungen gibt* **6** ein **elektrisches, magnetisches** ~ ⟨Phys.⟩ *Raum, in dem elektrische, magnetische Kräfte wirken;* Kraft~ **7** ⟨Bgb.⟩ *in der horizontalen u. vertikalen Ausdehnung festgelegter Bereich eines Bergwerkes;* ein ~ abbauen **8** ein **sprachliches** ~ ⟨Sprachw.⟩ *Gruppierung sinnverwandter Wörter* **9** ⟨Sp.⟩ *geschlossene Gruppe, Zusammenballung von Teilnehmern eines Wettkampfes, z. B. beim Langlauf, Radrennen;* der Rennfahrer konnte sich vom ~ lösen und übernahm mit Abstand die Führung; nach fünf Runden war das ~ der Läufer weit auseinandergerissen • **9.1** das **rote** ~ ⟨Jägerspr.⟩ *die Reiter im roten Jagdrock bei der Hetzjagd* **10** der **Vorstehhund** steht im ersten (zweiten, dritten) ~ ⟨Jägerspr.⟩ *er hat das erste (zweite, dritte) Lebensjahr vollendet*

feld|aus ⟨Adv.; nur in der Wendung⟩ ~, **feldein** *durch das ganze Land, kreuz u. quer, überall*

feld|ein ⟨Adv.⟩ *ins Land hinein, feldeinwärts;* →a. *feldaus*

Feld|spat ⟨m.; -(e)s, -e od. -spä|te; Min.; Sammelname für⟩ *das am weitesten verbreitete gesteinsbildende Mineral von heller Färbung, chem. wasserfreie Alkali- od. Tonerdesilikate*

Feld|ste|cher ⟨m.; -s, -⟩ *kleines, handliches Doppelfernrohr;* etwas mit dem ~ beobachten; durch den ~ schauen

Feld|we|bel ⟨m.; -s, -⟩ **1** ⟨Mil.⟩ *höchster Dienstgrad der Unteroffiziere* **2** ⟨fig.; umg.⟩ *grober, barscher Mensch*

Feld|zug ⟨m.; -(e)s, -zü|ge⟩ **1** *die militärischen Bewegungen u. Kampfhandlungen auf einem Kriegsschauplatz in einem bestimmten Zeitabschnitt* **2** ⟨fig.⟩ *Unternehmung, Kampagne;* ein ~ gegen das Böse in der Welt, gegen die Mafia; Rache~, Werbe~

Fel|ge ⟨f.; -, -n⟩ **1** *der äußere kreisförmige Teil des Holzrades bei Fuhrwerken* **2** *bei Fahrrädern, Krafträdern u. Kraftwagen der Radkranz, der die Bereifung aufnimmt u. ihr Halt gibt;* Aluminium~ **3** *Turnübung am Reck, Barren od. an den Ringen, Schwung aus dem Stütz in den Stütz;* Felgumschwung

Fell ⟨n.; -(e)s, -e⟩ **1** *behaarte Tierhaut;* ein glänzendes, glattes, kurzhaariges, langhaariges, struppiges, zottiges ~; der Katze das ~ kraulen, streicheln; dem Hasen das ~ abziehen • **1.1** das ~ des Bären verkaufen, verteilen, ehe man ihn hat ⟨fig.⟩ *voreilig handeln* • **1.2** *gegerbte Tierhaut;* für einen Pelzmantel werden viele ~e verarbeitet • **1.2.1** seine ~e fortschwimmen, wegschwimmen sehen ⟨fig.; umg.⟩ *seine Hoffnungen zerrinnen sehen* **2** ⟨fig.; umg.⟩ *Haut (des Menschen);* dasitzen und sich die Sonne aufs ~ brennen lassen; →a. *dick (4.1)*

Fels ⟨m.; -en, -en⟩ **1** *zusammenhängende Masse harten Gesteins;* an manchen Stellen war das Erdreich bis auf den ~ abgetragen **2** ⟨geh.⟩ = *Felsen;* er stand wie ein ~ inmitten der erregten Menge

Fel|sen ⟨m.; -s, -⟩ *großer Block aus hartem Gestein;* oV ⟨geh.⟩ *Fels (2);* der Weg verlor sich zwischen

fel|sen|fest ⟨Adj. 24⟩ *fest, hart wie ein Fels* **2** ⟨fig.⟩ *unerschütterlich;* er glaubt ~ daran; sie ist ~ davon überzeugt

Fe|me ⟨f.; -, -n⟩ **1** ⟨im MA⟩ *Landgericht in Westfalen* **2** ⟨vom 14. bis ins 18. Jh. a. im übrigen Dtschl.⟩ *heimliches Gericht, zu dessen Sitzungen nur Eingeweihte Zutritt hatten* **3** ⟨heute noch⟩ *geheime Zusammenkunft (bes. von illegalen Vereinigungen), in der Gericht gehalten wird über das Vorgehen gegenüber Ver-*

rätern aus den eigenen Reihen od. politischen Gegnern; ~mord

fe|mi|nin 〈a. [--'-] Adj.〉 **1** 〈24〉 *weiblich, den weiblichen Charakter, die weiblichen Eigenschaften einer Frau betreffend;* Zartheit, Geduldigkeit u. Einfühlsamkeit betrachten viele Männer als ~e Eigenschaften **2** *das Weibliche einer Frau betonend, hervorhebend;* ~e Mode; sie spielte ihre ~en Reize aus; diese Frisur wirkt ausgesprochen ~ **3** 〈meist abwertend〉 *weibisch, unmännlich (von einem Mann);* ein ~er Typ, Mann; er sieht sehr ~ aus **4** 〈24; Gramm.〉 *das Femininum betreffend, zu ihm gehörig, wie ein Femininum;* ein ~es Substantiv; die ~e Deklination der Substantive u. Adjektive

Fe|mi|ni|num 〈a. [--'--] n.; -s, -ni|na; Gramm.; Abk.: f.〉 **1** 〈unz.〉 *das weibliche grammatische Geschlecht, weibliches Genus;* bei diesem Wort handelt es sich um ein ~ **2** 〈zählb.〉 *Wort (Substantiv, Pronomen), das im Femininum (1) steht;* die Deklination (Beugung) der Feminina

Fe|mi|nis|mus 〈m.; -, -nis|men〉 **1** 〈unz.〉 *Frauenbewegung, die für eine Aufhebung der traditionellen geschlechtsspezifischen Rollenverteilung u. die Gleichberechtigung der Frauen in allen gesellschaftlichen Bereichen eintritt* **2** 〈zählb.; Med.; Zool.〉 *Vorhandensein weiblicher Geschlechtsmerkmale bei einem Mann od. einem männlichen Tier, Verweiblichung*

Fe|mi|nis|tin 〈f.; -, -tin|nen〉 *Vertreterin, Anhängerin des Feminismus (1)*

fe|mi|nis|tisch 〈Adj. 24〉 **1** *den Feminismus (1) betreffend, auf ihm beruhend, seine Ziele vertretend;* ~e Literatur, Sprache; der ~en Bewegung angehören **2** 〈Med.; Zool.〉 *den Feminismus (2) betreffend*

Fen|chel 〈m.; -s; unz.; Bot.〉 *einer Gattung der Doldengewächse angehörende Pflanze, deren Kraut u. Früchte als Gemüse, Gewürz od. Heilmittel genutzt werden:* Foeniculum; ~gemüse, ~tee

Fens|ter 〈n.; -s, -〉 **1** *Öffnung in der Wand eines Gebäudes, Wagens usw., um Luft u. Licht ins Innere zu lassen;* Keller~, Zimmer~; die ~ liegen auf der Straßenseite; die ~ des Zimmers gehen auf die Straße; aus dem ~ blicken, schauen, sehen; sich zum ~ hinauslehnen; der Dieb drang durch ein ~ in die Wohnung ein; sie beging Selbstmord, indem sie sich aus dem ~ des sechsten Stocks stürzte; Blumenkästen vor dem ~ anbringen ● **1.1** jmd. ist weg vom ~ 〈fig.; umg.〉 *hat seine bevorzugte Stellung verloren, besitzt keinen Einfluss mehr;* →a. *Geld (2.3)* **2** *Schaufenster;* ich habe ein sehr preiswertes Kleid im ~ gesehen; Blumen ins ~ stellen **3** *gerahmte Glasscheibe in der Fensteröffnung;* ein ungflügeliges, hohes, rundes, vergittertes, zweiflügeliges, zerbrochenes ~; das ~ öffnen, schließen, zuschlagen; wir müssen die ~ putzen; Jungen haben mit einem Stein das ~ eingeschlagen, eingeworfen **4** *(viereckige) Öffnung, durchsichtiger Teil bes. eines Briefumschlags, durch den die Adresse zu sehen ist;* ein Briefumschlag mit ~ **5** 〈EDV〉 *separater Bereich auf dem Bildschirm, der bei gleichzeitiger Nutzung mehrerer Anwenderprogramme einem Programm zugeordnet ist*

Fens|ter|schei|be 〈f.; -, -n〉 *Glas des Fensters;* die ~ ist zerbrochen, eingeschlagen; eine vereiste, matte ~

fe|ri|al 〈Adj. 24; österr.〉 *zu den Ferien gehörend, ungezwungen, unbeschwert;* eine ~e Stimmung, Laune verbreiten

Fe|ri|en 〈nur Pl.〉 **1** *mehrtägige od. -wöchige Arbeitspause, Urlaub;* Semester~, Schul~; ~ bekommen, erhalten, haben, machen, nehmen; die ~ an der See verbringen; die ~ in den Bergen verleben ● **1.1** die **großen** ~ *Sommerferien in der Schule* ● **1.2** ~ vom Ich machen *vom Alltag völlig ausspannen* **2 in** die ~ **fahren** *an den Ort, an dem man die Ferien (1) verbringt*

Fer|kel 〈n.; -s, -〉 **1** *junges Schwein;* ein rosiges ~; ~ aufziehen **2** 〈fig.; umg.; Schimpfwort〉 *unreinlicher Mensch, Schmutzfink;* du bist ein ~!

fern 〈Adj.〉 Ggs *nahe* **1** *räumlich weit weg, weit entfernt, abgelegen;* ~e Gegenden, Länder; die ~ere Umgebung; von hier, von den Übrigen, von uns, vom Dorf; aus, von nah und ~ waren Zuschauer herbeigeströmt ● **1.1** der Ferne Osten *Ostasien;* Ggs *der Nahe Osten,* → *nah* ● **1.2** **von** ~ *aus der Entfernung;* etwas von ~ beobachten, miterleben, sehen; von ~ zuschauen ● **1.2.1** von ~ betrachtet, sieht die Angelegenheit längst nicht so bedrohlich aus 〈fig.〉 *mit Abstand, nüchterner Überlegung betrachtet* ● **1.3** das sei ~(e) von mir! 〈geh.〉 *ich denke nicht daran!, das liegt mir fern!* **1.4** jmdm. ~ **sein** 〈a. fig.; geh.〉 *geistig nicht verwandt, fremd;* sie waren sich sehr ~ **2** *zeitlich weit weg, entfernt* ● **2.1** *weit zurückliegend, lange vergangen;* aus ~en Tagen, Zeiten; in ~er Vergangenheit ● **2.2** *weit voraus in der Zukunft (liegend);* das liegt noch in ~er Zukunft; der Tag, die Zeit ist nicht mehr ~; in nicht mehr (ganz so) ~er Zeit **3** 〈Präp. mit Dat.〉 *weit weg von;* ~ der Großstadt; ~ dem hastigen Treiben des Alltags

fern∥blei|ben 〈V. 114/ 411 od. 600(s.)〉 *einer* **Sache** ~ *zu etwas nicht erscheinen, an etwas nicht teilnehmen;* der Arbeit, der Schule, dem Unterricht, einer Veranstaltung ~; entschuldigt, unentschuldigt ~; aus Zeitmangel, wegen Krankheit ~; das Fernbleiben der Gäste erstaunte ihn

Fer|ne 〈f.; -, -n〉 Ggs *Nähe* **1** *große räumliche Entfernung, Weite;* in der ~ sieht man …; in weiter ~ erkennt man …; aus der ~ beobachten, betrachten, miterleben, in die ~ blicken **2** *große zeitliche Entfernung* ● **2.1** *weit zurückliegende Vergangenheit;* dieses Ereignis rückt immer mehr in die ~ ● **2.2** *weit entfernte Zukunft;* dadurch ist unser Plan weit in die ~ gerückt; der Plan liegt noch in weiter ~

fer|ner **1** 〈Konj.〉 *außerdem, weiter und noch (in der Aufzählung fortfahrend);* ich will heute Wäsche waschen, bügeln, stopfen, ~ Kuchen backen und das Mittagessen für morgen vorbereiten; ~ gehören dazu …; ~ hat er noch zu mir gesagt, dass … ● **1.1** er war unter ~ liefen (im Wettkampf) *nicht erwähnenswert, kaum von Bedeutung* **2** 〈Adv.〉 *fernerhin, länger, noch längere Zeit;* möget ihr auch ~ glücklich sein **3** 〈Adj.; Komparativ von〉 *fern;* die ~e Umgebung, Zukunft

Fern|ge|spräch 〈n.; -(e)s, -e〉 *Telefongespräch mit einer*

Fernglas

Person außerhalb eines Ortsnetzes; Ggs Ortsgespräch (2); ein ~ führen

Fern|glas ⟨n.; -es, -gläser⟩ *ein lichtstarkes Fernrohr mit mehrfacher Vergrößerung in der Form eines Doppelrohres zur Beobachtung weit entfernter Objekte, z. B. Opernglas, Nachtglas*

fern|hal|ten ⟨V. 160/500⟩ **1** *jmdn. od. etwas* ~ *nicht herankommen lassen* • 1.1 ⟨Vr 3⟩ *sich* ~ *fernbleiben*

fern|lie|gen ⟨V. 180⟩ **1** ⟨400 od. 411⟩ *in weiter Entfernung liegen;* ein ~*des Gut* **2** ⟨600⟩ **etwas liegt jmdm.** fern ⟨fig.⟩ *etwas kommt jmdm. nicht in den Sinn, jmd. beabsichtigt etwas nicht;* es lag mir völlig fern, dich zu beleidigen; nichts liegt uns ferner als …; ein ~der Gedanke

Fern|mel|de|we|sen ⟨n.; -s; unz.⟩ *alle Einrichtungen u. Maßnahmen, die die Übermittlung von Nachrichten betreffen*

Fern|rohr ⟨n.; -(e)s, -e⟩ *optisches Gerät, mit dem man entfernte Gegenstände unter einem größeren Gesichtswinkel als mit dem bloßen Auge u. dadurch scheinbar näher sieht;* Sy *Teleskop;* ein astronomisches ~

Fern|seh|ap|pa|rat ⟨m.; -(e)s, -e⟩ = *Fernsehgerät*

fern|se|hen ⟨V. 239/400⟩ *eine Fernsehsendung anschauen;* wir wollen heute Abend ~; er sieht gerade fern

Fern|se|hen ⟨n.; -s; unz.⟩ *funktechnische Übertragung bewegter Bilder;* heute Abend wird im ~ eine Reportage gezeigt; für das ~ Aufnahmen machen, etwas aufnehmen (mit der Fernsehkamera); was bringt das ~ heute Abend?; was gibt es heute Abend im ~?

Fern|se|her ⟨m.; -s, -; umg.⟩ = *Fernsehgerät*

Fern|seh|ge|rät ⟨n.; -(e)s, -e⟩ *Gerät zum Empfang von Fernsehsendungen;* Sy *Fernsehapparat,* ⟨umg.⟩ *Fernseher*

Fern|sicht ⟨f.; -; unz.⟩ Sy *Weitsicht (1)* **1** *weiter Blick, weite Aussicht, weiter Ausblick;* von einem Aussichtspunkt aus eine gute ~ haben **2** *klare (nicht dunstige) Sicht ins Weite;* heute hat man keine ~

Fern|spre|cher ⟨m.; -s, -⟩ = *Telefon*

Fern|ver|kehr ⟨m.; -s; unz.⟩ *Eisenbahn- od. Fahrzeugverkehr zwischen weit voneinander entfernten Orten*

Fern|wir|kung ⟨f.; -, -en⟩ **1** ⟨Phys.⟩ *Übertragung von Kraftwirkungen zeitlos u. ohne Vermittlung des dazwischenliegenden Raumes* **2** ⟨fig.⟩ *Einwirkung auf einen anderen Menschen ohne persönlichen Kontakt, Gedankenübertragung*

Fer|se ⟨f.; -, -n⟩ **1** *hinterer Teil des Fußes;* ich habe mir beim Wandern die ~n wundgelaufen • 1.1 *die* ~*n zeigen* ⟨fig.; umg.⟩ *fliehen* • 1.2 *sich jmds.* ~*n heften* ⟨fig.⟩ *jmdm. (dicht hinter ihm) folgen* • 1.3 *(dicht) auf den* ~*n* ⟨fig.⟩ *dicht hinter jmdm.;* jmdm. (hart) auf den ~n bleiben, folgen, sein **2** *hinterer Teil eines Strumpfes;* die Socke hat ein Loch an der ~

Fer|sen|geld ⟨n.; -(e)s; unz.; nur noch in der Wendung⟩ ~ *geben* ⟨fig.; umg.⟩ *fliehen, davonlaufen*

fer|tig ⟨Adj. 24⟩ **1** *abgeschlossen, vollendet, beendet, zu Ende gebracht;* ich fürchte, das wird nie ~; die Geburtstagstorten bringt der Konditor uns ~ ⟨umg.⟩
• 1.1 *praktisch erfahren, ausgereift, erwachsen;* er ist bereits ein ~er Künstler, Mensch **2** *zu Ende, am Ende;* iss erst ~, dann kannst du spielen!; ich bin ~ (mit meiner Arbeit); ich bin ~ (mit dem, was ich sagen wollte); und damit wären wir ~!; bist du schon (damit) ~? • 2.1 bist du mit dem Buch noch nicht ~? ⟨umg.⟩ *hast du das B. noch nicht ausgelesen?* • 2.2 ich bin mit meinem Glas ~ ⟨umg.⟩ *habe das G. ausgetrunken* • 2.3 ich bin mit den Nerven ~ ⟨fig.; umg.⟩ *nervlich überbeansprucht* • 2.4 **mit jmdm.** ~ **sein** ⟨fig.; umg.⟩ *nichts mehr zu tun haben wollen;* ich bin mit ihr ~ **3** *bereit (zu);* ich bin ~ (zum Ausgehen); er ist schon fix und ~ (zum Weggehen, zur Abfahrt) ⟨umg.⟩; Achtung, ~, los!, auf die Plätze, ~, los! (Startkommando) ⟨Sp.⟩ **4** ⟨fig.; umg.⟩ *abgearbeitet, erschöpft, sehr müde;* die Frau sank völlig ~ auf einen Stuhl; ich bin (vollkommen) ~; ich bin fix und ~ **5** ⟨Getrennt- u. Zusammenschreibung⟩ **5.1** ~ **bekommen** = *fertigbekommen (I)* • **5.2** ~ **bringen** = *fertigbringen (I)* • **5.3** ~ **machen** = *fertigmachen (I)* • **5.4** ~ **stellen** = *fertigstellen* • **5.5** ~ **werden** = *fertigwerden*

fer|tig|be|kom|men *auch:* **fer|tig be|kom|men** ⟨V. 170/500; hat; umg.⟩ **I** ⟨Zusammen- u. Getrenntschreibung⟩ = *fertigbringen (I)* **II** ⟨nur Zusammenschreibung⟩ = *fertigbringen (II)*

fer|tig|brin|gen *auch:* **fer|tig brin|gen** ⟨V. 118/500⟩ **I** ⟨Getrennt- u. Zusammenschreibung⟩ **etwas** ~ *in fertigen Zustand versetzen;* Sy *fertigbekommen (I);* er hat die Abrechnung noch rechtzeitig fertiggebracht / fertig gebracht **II** ⟨nur Zusammenschreibung⟩ Sy *fertigbekommen (II)* **1** *etwas* ~ *zustande bringen, leisten;* er hat es fertiggebracht, die Stelle zu bekommen **2** *etwas* ~ ⟨fig.⟩ *übers Herz bringen;* es ihm jetzt zu sagen, kann ich einfach nicht fertigbringen

fer|ti|gen ⟨V. 500⟩ *etwas* ~ *herstellen, erzeugen, fabrizieren;* mit der Hand gefertigt; sie hat das Kleid selbst gefertigt

Fer|tig|keit ⟨f.; -, -en⟩ *durch Übung erworbene Gewandtheit, Geschicklichkeit beim Ausführen bestimmter Arbeiten;* hierzu sind keine besonderen ~en erforderlich; gewisse ~en in dieser Arbeit sind Voraussetzung; große ~en in Fremdsprachen, im Geigenspiel, im Zeichnen; durch lange Übung eine erstaunliche ~ erlangen in …

fer|tig|ma|chen *auch:* **fer|tig ma|chen** ⟨V. 500⟩ **I** ⟨Getrennt- u. Zusammenschreibung⟩ **1** *etwas* ~ ⟨umg.⟩ *zu Ende bearbeiten, beenden;* sie muss ihre Schularbeiten noch ~ **2** ⟨Vr 7⟩ **jmdn. od. etwas od. sich** ~ ⟨umg.⟩ *bereitmachen, zurechtmachen, vorbereiten;* die Kinder zum Schlafen, Spaziergang ~; wir machten uns zur Abreise fertig • 2.1 ⟨Mil.⟩ *sich bereitmachen, in Stellung gehen* • 2.2 ⟨Sp.⟩ *in Ausgangsstellung gehen* • 2.3 *eine* **Druckform** ~ ⟨Typ.⟩ *zum Druck vorbereiten* **II** ⟨nur Zusammenschreibung⟩ **1** *jmdn.* ~ ⟨umg.⟩ *jmdn. aufs Schärfste zurechtweisen* **2** ⟨Vr 7 od. Vr 8⟩ **jmdn.** fertigmachen ⟨fig.; umg.⟩ *sehr erschöpfen, ermüden, körperlich od. psychisch peinigen, quälen, zermürben* • 2.1 *umbringen, physisch erledigen*

fer|tig|stel|len auch: **fer|tig stel|len** ⟨V. 500⟩ etwas ~ *beenden, abschließen, fertig machen;* die Arbeit soll bis morgen fertiggestellt / fertig gestellt werden

fer|tig|wer|den auch: **fer|tig wer|den** ⟨V. 285/800(s.)⟩ **1** *etwas zum Abschluss bringen;* sie kann nie pünktlich, rechtzeitig, zur rechten Zeit ~ **2** ⟨umg.⟩ **mit jmdm. od. etwas** ~ *mit jmdm. od. etwas umgehen können;* ich kann allein damit ~

Fes ⟨m.; - od. -es, - od. -e⟩ *aus rotem Filz gefertigte Kappe, die in arabischen Ländern als Kopfbedeckung getragen wird;* oV *Fez¹*

fesch ⟨[fɛʃ], österr. [fe:ʃ] Adj.⟩ **1** *flott, schick, hübsch, adrett;* ein ~es Kleid; du siehst ~ aus **2** ⟨österr. a.⟩ *nett, brav;* geh, sei ~!

Fes|sel¹ ⟨f.; -, -n⟩ **1** *Kette od. Strick um Hände od. Füße, um jmdn. gefangen zu halten;* dem Gefangenen die ~n abnehmen, abstreifen, lösen; einem Gefangenen ~ anlegen; einen Gefangenen in ~n legen, schlagen ⟨poet.⟩; den Gefangenen von seinen ~n befreien, lösen **2** ⟨fig.; meist geh.⟩ *Zwang, Einschränkung, Bande, Bindung;* die ~ des Berufs; ~n der Dankbarkeit, Liebe; die ~ der Ehe, der Freundschaft; seine ~n ablegen, abstreifen, abwerfen, sprengen; geistige ~n; eine Verpflichtung als ~ empfinden; sich von jmds. ~n befreien, lösen

Fes|sel² ⟨f.; -, -n⟩ **1** *die Zehe vom Huf bis zum Mittelfußknochen (bei Huftieren)* **2** *Abschnitt des Unterschenkels über dem Knöchel (beim Menschen);* sie hat schlanke ~n

fes|seln ⟨V. 500; ich fessele od. fessle⟩ **1** jmdn. ~ *mit Ketten od. Stricken Hände, Füße zusammenbinden, binden, anketten, in Ketten legen;* beim Spielen fesselten ihn die Kinder an einen Baum; jmdn. an Händen und Füßen ~; den Gefangenen mit Handschellen, Ketten ~ **1.1 an etwas gefesselt sein** ⟨a. fig.⟩ *gebunden sein, in etwas festgehalten sein;* sie ist schon seit Wochen ans Bett gefesselt; durch die kleinen Kinder ist sie ans Haus gefesselt **2** jmdn. ~ ⟨fig.⟩ *jmdn. in Bann ziehen, seine lebhafte u. anhaltende Aufmerksamkeit erregen;* jmds. Aufmerksamkeit ~; der Roman hat mich sehr gefesselt; er versteht es, seine Zuhörer zu ~; sie fesselte ihn durch ihre erhabene Schönheit; sie fesselt ihn mit ihren Reizen; er war von ihr gefesselt • **2.1** ⟨Part. Präs.⟩ ~d *interessant, packend;* ein ~des Buch, Drama, Fernsehspiel; sie ist eine ~de Erscheinung; er kann äußerst ~d erzählen

fest ⟨Adj.⟩ **1** *so beschaffen, dass es einen starken Zusammenhalt hat u. Änderungen der Form Widerstand entgegensetzt;* Ggs *flüssig (1);* ~e Körper; ein Aggregatzustand; der Patient kann keine ~ Nahrung zu sich nehmen; der Pudding wird ~ • **1.1** ⟨fig.⟩ *greifbar, konkret;* allmählich nehmen meine Vorstellungen ~e Gestalt an **2** *stabil, haltbar, dauerhaft, widerstandsfähig;* ~es Holz, Tuch; ein ~er Strick; für die Gartenmöbel brauche ich einen ~en Bezugsstoff; wir können noch nicht Schlittschuh laufen, denn das Eis ist noch nicht ~; die Leiter steht ~ • **2.1** ~er **Platz** *befestigter Ort, Festung* **2.2** eine ~e **Stellung** beziehen ⟨Mil.⟩ *eine gut befestigte S.* **2.3** einen ~en Schlaf haben *einen tiefen S.* **3** *unverrückbar, schwer zu lösen, zu entfernen;* Ggs *locker;* die Schraube ist nicht ~; diese Bräuche sind ~ verankert; du musst die Schnürsenkel ~ (noch ~er) binden • **3.1** die Tür war ~ verschlossen *dicht* **4** *kräftig, tüchtig, alle Kraft anwendend;* ein ~er Schlag; mit einem ~en Griff zupacken; er kann aber ~ zupacken; eine Schnur ganz ~ binden; den Griff ganz ~ halten • **4.1** *bestimmt, energisch;* mit ~em Schritt, ~en Schrittes einherkommen; mit ~er Stimme ~ **4.1.1** er gehört unter eine ~e Hand, er muss eine ~e Hand fühlen, spüren *feste, strenge Führung haben* ~ **4.1.2** die Vorbereitungen ~ in der Hand haben ⟨fig.⟩ ~ die V. energisch leiten; →a. *steif (1.5)* **5** *sicher, unerschütterlich;* ~es Vertrauen; ein ~er Charakter; er hat ~e Grundsätze; der ~en Ansicht, Meinung, Überzeugung sein; ich glaube ~ daran; Sie können sich ~ darauf verlassen; lasst uns ~ zusammenhalten!; sie bleibt ~ bei ihrer Behauptung; er ist ~ entschlossen dazu; die Jahreszahlen sitzen jetzt ~ (im Gedächtnis) • **5.1** (noch nicht) ~ im Sattel sitzen ⟨a. fig.; umg.⟩ *in einer Stellung (noch nicht) sicher sein* • **5.2** *bindend;* ~e Vereinbarungen; er hat mir ~ versprochen; wir haben uns ~ vorgenommen zu ... • **5.2.1** eine ~e **Bestellung** aufgeben ⟨Kaufmannsspr.⟩ *eine verbindliche B.* **6** *ständig, dauernd;* ein ~er Wohnsitz; ein ~es Einkommen; eine ~e Gewohnheit; er hat endlich wieder eine ~e Stellung • **6.1** etwas ist in ~en Händen *ist unverkäuflich* • **6.2** jmd. ist in ~en Händen ⟨fig.; umg.⟩ *hat ein auf Dauer angelegtes Verhältnis* • **6.3** ~en Fuß fassen ⟨fig.⟩ *heimisch werden;* es gelang ihm schnell, hier ~en Fuß zu fassen • **6.4** ~es **Geld,** ~e Gelder *Bankeinlagen mit längerer Laufzeit* • **6.5** *gleichbleibend;* ~e Preise anstreben; ~e Arbeitszeit • **6.5.1** ein Laden mit ~er **Kundschaft** *Stammkundschaft* **7** ⟨Getrennt- u. Zusammenschreibung⟩ • **7.1** ~ **stehend** = *feststehend (I)*

Fest ⟨n.; -(e)s, -e⟩ **1** *Feier, gesellschaftliche Veranstaltung;* Geburtstags~; das war der Höhepunkt des ~es; als Krönung des ~es wurde ...; ein ~ abhalten, begehen, feiern, geben, veranstalten; ein fröhliches, prächtiges, rauschendes ~; an einem ~ teilnehmen; sich bei einem ~ amüsieren; zu einem ~ (ein)geladen sein; eine Einladung zu einem ~ erhalten; zu einem ~ gehen **2** *jährlich wiederkehrender kirchlicher Feiertag bzw. zwei od. mehrere Feiertage nacheinander;* Oster~, Weihnachts~; frohes ~! (Wunschformel); Weihnachten ist ein unbewegliches ~; die drei hohen ~e (Weihnachten, Ostern, Pfingsten); nach dem ~ **3** es war mir ein ~ ⟨umg.⟩ *ein Vergnügen, eine Freude*

fest|an|ge|stellt auch: **fest an|ge|stellt** ⟨Adj. 24/60⟩ *mit einem festen Gehalt angestellt;* die ~en Mitarbeiter

fest|bin|den ⟨V. 111/500⟩ etwas od. jmdn. ~ *anbinden;* ein Schiff am Kai ~; ein Pferd ~; ⟨aber Getrenntschreibung⟩ fest binden → *fest (3)*

fest|fah|ren ⟨V. 130⟩ **1** ⟨400(s.) od. 500/Vr 3(h.)⟩ **(sich)** ~ *stecken bleiben, nicht vorwärts- u. nicht rückwärtsfahren können;* das Fahrzeug hat sich im weichen

festhalten

Schlamm festgefahren; das Fahrzeug ist festgefahren • 1.1 ⟨500/Vr 3⟩ jmd. hat sich festgefahren ⟨fig.⟩ ist gedanklich in eine Sackgasse geraten, weiß nicht weiter; er hat sich mit seinen Plänen gründlich festgefahren • 1.2 ⟨400(s.)⟩ eine **Sache**, Unternehmung ist festgefahren ⟨fig.⟩ kommt nicht weiter, macht keine Fortschritte mehr

fẹst|hal|ten ⟨V. 160/500⟩ **1** ⟨Vr 8⟩ jmdn. od. etwas ~ mit der Hand halten; Ggs loslassen; den Stock, die Tasche ~; Passanten konnten den Dieb ~; jmdn. am Ärmel, Rockzipfel ~ • 1.1 jmdn. ~ ⟨fig.⟩ zurückhalten, nicht weitergehen lassen; er wurde an der Grenze festgehalten • 1.2 sein **Geld** ~ nicht weggeben, nicht ausgeben **2** ⟨Vr 7 od. Vr 8⟩ jmdn. od. etwas ... ~ (in bestimmter Weise) abbilden, aufzeichnen; ein Ereignis in Wort u. Bild ~; eine Szene mit der Kamera ~; eine Vereinbarung schriftlich ~ **3** ⟨Vr 3⟩ **sich (an etwas) ~** sich (an etwas) halten, um nicht zu fallen; in der Kurve ~! (erg.: sich); halte dich am Geländer fest! **4** ⟨800⟩ **an etwas ~** ⟨fig.⟩ bei etwas bleiben, auf etwas beharren, nicht von etwas abgehen; an einem Glauben, einer Meinung, Überzeugung ~; ⟨aber Getrenntschreibung⟩ fẹst halten → fest (4)

fẹs|ti|gen ⟨V. 500⟩ **1** etwas ~ fest, beständig, widerstandsfähig machen, stärken; er hat seine Position so gefestigt, dass ...; das festigt die Freundschaft, die Beziehungen, die Gesundheit **2** ⟨Vr 3⟩ etwas festigt **sich** wird fest, stark, kräftig sich; immer mehr festigte sich in ihm der Glaube, die Überzeugung, dass ...; seine Gesundheit hat sich durch den Aufenthalt in den Bergen gefestigt

Fẹs|tig|keit ⟨f.; -; unz.⟩ **1** das Festsein, Dichte, Härte **2** ⟨Tech.⟩ die Widerstandskraft, die feste Stoffe einer Trennung od. Verformung entgegensetzen; Dauer~, Zeit~; Schlag~, Zug~, Druck~, Biege~, Verdreh~, Stand~; ein Stoff von großer, hoher ~ **3** ⟨fig.⟩ Beharrungsvermögen, Standhaftigkeit, Widerstandskraft; die ~ seines Glaubens, Charakters

Fẹs|ti|val ([-vəl] od. [-val] n.; -s, -s⟩ große kulturelle Festveranstaltung, Festspiele; Musik~, Rock~, Film~

Fẹst|land ⟨n.; -(e)s; unz.⟩ **1** der feste Teil der Erdoberfläche; Ggs Meer; sich aufs ~ retten; das ~ kommt langsam in Sicht; das ~ betreten **2** Erdteil, größerer Landmasse; Sy Kontinent (1); Ggs Insel; das asiatische, europäische ~

fẹst|le|gen ⟨V. 500⟩ **1** etwas ~ verbindlich, endgültig bestimmen; sie legten den Beginn auf 7 Uhr fest; den Ablauf einer Veranstaltung ~; die Reihenfolge, die Tagesordnung ~; die politische Linie ~ **2 Geld(er) ~** ⟨Kaufmannsspr.⟩ langfristig anlegen **3** ⟨Vr 3⟩ **sich ~** sich binden, sich endgültig äußern, etwas bestimmen, versprechen; ich kann, möchte mich noch nicht ~; ich habe mich durch meine Absage bereits festgelegt; er legt sich nicht gern fest

fẹst|lich ⟨Adj.⟩ einem Fest gemäß, feierlich, gehoben, glanzvoll; die Kerzen verbreiten eine ~e Stimmung; sich ~ anziehen; ein ~es Abendessen

fẹst|lie|gen ⟨V. 180/400⟩ **1** etwas liegt fest ist bestimmt, festgesetzt; der Termin der Abreise liegt schon fest; eine festliegende Tatsache **2** das **Kapital** liegt fest ist nicht verfügbar **3** ein **Schiff** liegt fest ist fest-, auf Grund gefahren

fẹst|ma|chen ⟨V.⟩ **1** ⟨511/Vr 7 od. Vr 8⟩ etwas an etwas ~ ⟨umg.⟩ befestigen; das Bild an der Wand ~; das Boot am Ufer ~ **2** ⟨500⟩ eine **Sache** ~ ⟨fig.; umg.⟩ festlegen, bindend vereinbaren; wollen wir's gleich ~?; den Termin beim Zahnarzt ~ **3** ⟨400; Mar.⟩ anlegen; der Frachter hat soeben im Hafen festgemacht **4** ⟨500⟩ einen **Marder, Iltis** ~ ⟨Jägerspr.⟩ aufspüren **5** ⟨500⟩ **Schwarzwild** ~ ⟨Jägerspr.⟩ durch Hunde stellen

fẹst|na|geln ⟨V. 500⟩ **1** etwas ~ mit Nägeln befestigen, annageln; Bretter ~ • 1.1 er sitzt da wie festgenagelt ⟨umg.⟩ starr, unbeweglich **2** ⟨550⟩ jmdn. **auf etwas** ~ ⟨fig.; umg.⟩ festlegen; er ließ sich bei der Unterredung nicht auf eine Zusage ~ **3** jmdn. ~ ⟨fig.; umg.⟩ jmdn. gegen seinen Willen aufhalten; er hat mich festgenagelt

fẹst|neh|men ⟨V. 189/500⟩ jmdn. ~ gefangen nehmen, verhaften; die Polizei nahm den Betrüger fest

Fẹst|plat|te ⟨f.; -, -n; EDV⟩ Speichermedium für große Datenmengen, bei dem mehrere magnetisch beschichtete Platten fest installiert sind (~nspeicher)

fẹst|set|zen ⟨V. 500⟩ **1** etwas ~ verbindlich bestimmen, anordnen, festlegen; eine Frist, ein Gehalt, einen Termin ~; die Versicherungssumme auf 5.000 € ~; ein behördlich festgesetzter Preis; zur festgesetzten Zeit **2** jmdn. ~ einsperren, in eine Straf- od. Haftanstalt bringen **3** ⟨Vr 3⟩ **sich ~** ⟨a. fig.⟩ sich einnisten, ansetzen, ankleben; an den Rändern der Badewanne hat sich Schmutz festgesetzt; in den Ritzen setzt sich leicht Staub fest; diese Idee hat sich bei ihm festgesetzt • 3.1 ⟨umg.⟩ sich niederlassen; ich habe mich an diesem Ort festgesetzt • 3.2 ⟨Mil.⟩ verschanzen; die Soldaten haben sich in den Bergen festgesetzt

fẹst|sit|zen ⟨V. 246/400 od. 411⟩ **1** fest an etwas haften, kleben; der Schmutz sitzt am Fenster fest; der Nagel saß endlich fest **2** ein **Schiff** (auf einer Sandbank), ein **Kraftwagen** (im Schnee) sitzt fest ist stecken geblieben, festgefahren • 2.1 sie werden irgendwo ~ eine Panne haben, nicht weiterfahren können

Fẹst|spiel ⟨n.; -(e)s, -e⟩ **1** zu einem festlichen Anlass verfasstes Theaterstück **2** ⟨nur Pl.⟩ periodisch wiederkehrende Aufführungen von Bühnenstücken od. Filmen in festlichem Rahmen; Film~e; Salzburger ~e

fẹst|ste|hen ⟨V. 256/400⟩ **1** etwas steht fest ist bestimmt, festgelegt, ausgearbeitet; unser Programm, Entschluss stand schon fest, als er ...; steht der Tag der Premiere schon fest? • 1.1 gewiss, sicher sein; da es feststeht, dass ...; so viel, eines steht fest; fest steht, dass ... • 1.2 ⟨Part. Präs.⟩ ~d unumstößlich; ein ~der Brauch; eine ~de Redensart; ⟨aber Getrenntschreibung⟩ fẹst stehen → fest (2)

fẹst|ste|hend auch: **fest stehend** ⟨Adj. 24/60⟩ **I** ⟨Zusammen- u. Getrenntschreibung⟩ sicher, stabil stehend; eine ~e Säule **II** ⟨nur Zusammenschreibung; fig.⟩ unumstößlich; ein feststehender Brauch; eine feststehende Redensart

fest|stel|len ⟨V. 500⟩ **1** etwas ~ *ermitteln, erforschen; das muss ich erst noch ~; kannst du das ~?; das wird sich ~ lassen!; die Höhe des Schadens ~; jmds. Personalien, Schuld, Unschuld ~; einen Tatbestand ~; es wurden Fälle von Typhus festgestellt* • **1.1** *es wurde festgestellt, dass … es hat sich erwiesen, herausgestellt* **2** etwas ~ *wahrnehmen, bemerken; leider musste ich ~, dass ich inzwischen einen Strafzettel bekommen hatte* **3** eine **Sache** ~ *mit Entschiedenheit sagen;* ich möchte ~, dass ich damit nicht einverstanden bin

Fes|tung ⟨f.; -, -en⟩ **1** *eine ständige, stark befestigte größere Anlage, die Angriffen längeren Widerstand leisten kann;* eine ~ *belagern, erstürmen, einnehmen;* eine uneinnehmbare ~ **2** ⟨früher⟩ *Ort zur Verbüßung nicht entehrender Freiheitsstrafen* • **2.1** ⟨kurz für⟩ *in einer Festung (1) zu verbüßende Strafe;* er bekam drei Jahre ~

Fe|te ⟨f.; -, -n; umg.⟩ *Fest, Feier;* ich lade dich zu meiner ~ ein

Fe|tisch ⟨m.; -(e)s, -e⟩ **1** ⟨Völkerk.⟩ *Gegenstand religiöser Verehrung, dem übernatürliche Kräfte zugeschrieben werden;* einen ~ anbeten **2** ⟨allg.; geh.⟩ *Kultobjekt, Gegenstand od. Begriff, dem (bes. in der Konsumgesellschaft) eine übermächtige Bedeutung beigemessen wird;* etwas zum ~ erheben; der ~ Macht bestimmt die Politik

fett ⟨Adj.⟩ **1** *fetthaltig, fettreich;* ~e Speisen; ~e Brühe, Kost; ~es Essen, Fleisch • **1.1** einen ~en Bissen, Braten, Brocken, Happen erwischen, sich einen ~en Brocken schnappen ⟨fig.; umg.⟩ *ein lohnendes Geschäft machen, großen Gewinn erzielen;* →a. *Kohl¹* • **1.2** ⟨60⟩ ~e Öle *chemisch den Fetten entsprechende, flüssige Substanzen* **2** *dick* • **2.1** *beleibt, gut genährt;* eine ~e Ente, Gans; (dick und) ~ sein, werden; er frisst sich bei ihr dick und ~ ⟨derb⟩ • **2.2** ⟨Typ.⟩ *auffällig breit u. stark;* die Überschriften ~ drucken • **2.3** *üppig, kräftig;* ~er Klee, Weizen • **2.3.1 Fette Henne, Fetthenne** ⟨Bot.⟩ *einer Gattung der Dickblattgewächse angehörende Pflanze mit fleischigen Blättern: Sedum* **3** ⟨60⟩ *ergiebig, fruchtbar;* ein ~er Boden; eine ~e Weide • **3.1** *einträglich, lohnend, Gewinn bringend;* ~e Pfründe; ~e Beute **4** ⟨Getrennt- u. Zusammenschreibung⟩ • **4.1** ~ gedruckt = *fettgedruckt*

Fett ⟨n.; -(e)s, -e⟩ **1** *bei der Ernährung u. als Schmiermittel verwendeter fester od. halbfester Stoff, der aus tierischen od. pflanzlichen Zellen gewonnen od. synthetisch hergestellt wird u. chemisch hauptsächlich aus Estern des Glyzerins u. Fettsäuren besteht;* Pflanzen~, Tier~; Schweine~; Schmier~; Maschinenteile mit ~ schmieren; einen Braten mit ~ begießen; das auf der Suppe od. Soße schwimmende ~ abschöpfen • **1.1** das ~ abschöpfen ⟨a. fig.⟩ *sich das Beste auswählen, seinen Vorteil suchen* • **1.2** jmdm. sein ~ geben ⟨fig.; umg.⟩ *jmdn. schelten, rügen* • **1.3** sein ~ kriegen, (weg)haben ⟨fig.; umg.⟩ *die verdiente Schelte od. Strafe erhalten* • **1.4** im ~ schwimmen, sitzen ⟨fig.; umg.⟩ *im Überfluss, in sehr guten Verhältnissen leben* **2** ⟨unz.⟩ *im Körper von Menschen u. Tieren vorkommendes weiches Gewebe;* ~ ansetzen; die heute gezüchteten Schweine haben nicht mehr viel ~

fet|ten ⟨V.⟩ **1** ⟨500/Vr 7⟩ etwas ~ *mit Fett einreiben, bestreichen;* er fettete die Türangel; das Getriebe einer Maschine ~; ein gefettetes Backblech **2** ⟨400⟩ *Fett absondern, Fettflecke machen;* die Salbe fettet; eine fettende Creme

fett|ge|druckt *auch:* **fett ge|druckt** ⟨Adj. 24/70; Typ.⟩ *mit breiten, dicken Buchstaben gedruckt;* ein ~es Wort; du liest ja immer nur das Fettgedruckte!

fet|tig ⟨Adj.⟩ **1** *Fett enthaltend;* eine ~e Salbe, Creme **2** *mit Fett beschmutzt, bestrichen, eingerieben, ölig, schmierig;* ~es Papier; er hat ganz ~e Hände; das Haar ist ~

Fett|näpf|chen ⟨n.; -s, -; nur in der Wendung⟩ (bei jmdm.) **ins ~ treten** ⟨fig.; umg.⟩ *Anstoß erregen, etwas sagen od. tun, was von den andern als peinlich empfunden wird*

Fe|tus ⟨m.; -ses, -se od. Fe|ten⟩ *Leibesfrucht ab dem dritten Schwangerschaftsmonat;* oV *Fötus*

Fet|zen ⟨m.; -s, -⟩ **1** *unregelmäßig (ab)gerissenes Stück (bes. von Papier od. Stoff);* etwas in ~ reißen; das Kleid hing der Verunglückten in ~ am Leibe; das alte Hemd ist nur noch ein ~; in ~ gekleidet gehen • **1.1** sie prügelten sich, dass die ~ flogen ⟨fig.⟩ *heftig, rücksichtslos*

feucht ⟨Adj.⟩ **1** *leicht nass;* das vom Tau ~e Gras; wir haben eine ~e Wand im Wohnzimmer; die vom Regen ~en Schuhe trocknen; bei diesem ~en Wetter erkältet man sich leicht • **1.1** sie hat ~e Augen vor Rührung *vor R. kamen ihr die Tränen* • **1.2** eine ~e Aussprache haben ⟨fig.; umg.⟩ *beim Sprechen Speichel versprühen* • **1.3** ein ~er Abend ⟨fig.; umg.⟩ *A., an dem viel getrunken wird* • **1.4** ein ~es Grab finden ⟨geh.⟩ *ertrinken* • **1.5** das geht dich einen ~en Dreck (Kehricht) an ⟨derb⟩ *das geht dich nichts an* • **1.6** *mit Wasserdampf durchsetzt;* ~e Luft

feucht|fröh|lich ⟨Adj. 24; umg.⟩ *aufgrund des Trinkens größerer Mengen Alkohols fröhlich u. ausgelassen;* es war ein ~er Abend

Feuch|tig|keit ⟨f.; -; unz.⟩ **1** *das Feuchtsein, feuchte Beschaffenheit* • **1.1** *Gehalt an Wasser od. Wasserdampf (bes. in der Luft);* 80 % Luft~ **2** *feuchte Nässe, feuchte Witterung*

feucht|kalt ⟨Adj. 24/70⟩ *feucht u. kalt zugleich;* ~es Wetter

feu|dal ⟨Adj.⟩ **1** *lehnsrechtlich, auf dem Lehnsrecht beruhend* **2** ⟨fig.; umg.⟩ *reich (ausgestattet), prunkvoll, vornehm;* ein ~es Haus

Feu|er ⟨n.; -s, -⟩ **1** *sichtbare Erscheinung der Verbrennung, bei der sich Flammen entwickeln u. Licht u. Wärme abgegeben werden;* ~ anbrennen, anfachen, anzünden, entfachen; ~ anlegen; das ~ ist ausgegangen, erloschen; das ~ auslöschen, ausmachen, ersticken, löschen; die Gardinen haben ~ gefangen; unter der Asche glimmt, schwelt noch ~; ~ schlagen; das ~ schüren; das ~ unterhalten; loderndes ~ • **1.1** wie ~ und Wasser sein ⟨fig.⟩ *völlig anders, gegensätzlich* • **1.2** für jmdn. durchs ~ gehen ⟨fig.⟩ *alles, auch das Schwerste für jmdn. tun* • **1.3** hinter

Feuerbestattung

etwas machen ⟨a. fig.⟩ *etwas beschleunigen* • **1.4** mit dem ~ spielen ⟨a. fig.⟩ *(zu) leichtsinnig handeln;* →a. *Hand (2.7.4), brennen (6.2), Öl (1.2)* • **1.5** *etwas zum Anzünden einer Zigarette, Zigarre od. Pfeife;* ~ erbitten; um ~ bitten; darf ich um ~ bitten?; jmdm. ~ geben • **1.6** ⟨früher⟩ *Wärmequelle (bes. zum Heizen u. Kochen);* etwas zum Trocknen ans ~ stellen; die Pfanne, den Topf aufs ~ stellen; auf, über offenem ~ kochen; etwas bei schwachem, starkem ~ kochen • **1.6.1** ~ machen ⟨umg.⟩ *den Ofen anheizen;* →a. *Eisen (1.1), Kastanie (2.1)* • **1.7** *Brand;* in einem Kaufhaus ist (ein) ~ ausgebrochen; das Haus wurde durch ~ beschädigt, zerstört • **1.7.1** ~ (an ein Gebäude) legen *ein G. in Brand stecken* • **1.7.2** ~! *(Hilferuf bei Ausbruch eines Brandes) es brennt!;* „~!" rufen **2** ⟨Mar.⟩ *Leuchtfeuer;* das ~ der Küste **3** ⟨unz.; Mil.⟩ *Schießen (mit Feuerwaffen);* ~! (Befehl zum Schießen); ~ frei! (Erlaubnis zum Schießen); das ~ eröffnen (auf jmdn. od. etwas) • **3.1** ~ geben *schießen* • **3.2** *Gesamtheit der von einem Truppenteil abgegebenen Schüsse;* das ~ der Geschütze • **3.3** *Beschuss;* heftiges, konzentriertes, schweres ~; ins ~ kommen; ins, unter feindlichem ~ liegen; in, unter ~ stehen **4** ⟨unz.⟩ *Glanz, Funkeln, Leuchten;* das ~ ihrer Augen bezauberte ihn; das ~ des Diamanten **5** ⟨unz.; fig.; meist poet.⟩ *Heftigkeit (der Gefühle), Temperament, Glut, Begeisterung, ungestümes Wesen;* das ~ der Begeisterung, des Hasses, der Leidenschaft, der Liebe, des Zorns; das ~ eines Reitpferdes; etwas mit ~ vortragen; das ~ der Liebe entfachen; das ~ schüren • **5.1** ~ fangen ⟨a. fig.⟩ *plötzlich von Begeisterung, Verliebtheit erfasst werden;* er fängt leicht ~ • **5.2** (ganz) ~ und Flamme sein *hellauf begeistert sein* **6** ⟨Getrennt- u. Zusammenschreibung⟩ • **6.1** ~ speiend = *feuerspeiend*

Feu|er|be|stat|tung ⟨f.; -, -en⟩ *Totenbestattung durch Verbrennen der Leiche*

feu|er|fest ⟨Adj. 24⟩ *gegen Feuer u. Hitze unempfindlich;* ~es Geschirr; dieser Tresor ist ~

feu|ern ⟨V.⟩ **1** ⟨416⟩ *Feuer machen, heizen;* mit Holz, Koks, Öl ~ **2** ⟨410 od. 800; Mil.⟩ *auf jmd. od. etwas schießen;* die Artillerie feuerte auf die feindlichen Stellungen; blind, scharf ~; er feuerte in die Luft **3** ⟨511⟩ **etwas irgendwohin** ~ ⟨fig.; umg.⟩ *schleudern;* sie hat die Tasche wütend in die Ecke gefeuert **4** ⟨500⟩ **jmdn.** ~ ⟨fig.; umg.⟩ *hinauswerfen, entlassen;* man hat ihn unmittelbar nach dem Spendenskandal gefeuert

Feu|er|pro|be ⟨f.; -, -n⟩ **1** ⟨Met.⟩ *Prüfung von Metallen durch Feuereinwirkung* **2** *Feueralarm zum Zwecke der Übung* **3** ⟨im MA⟩ *ein Gottesurteil, bei dem die Angeschuldigten entweder ein Stück glühendes Eisen auf die Handflächen gelegt wurde od. er mit bloßen Füßen über einen glühenden Rost schreiten musste, blieb er dabei unverletzt, galt er sodann als unschuldig* • **3.1** ⟨heute nur in der Wendung⟩ die ~ **bestehen** ⟨fig.⟩ *sich bewähren*

Feu|ers|brunst ⟨f.; -, -brüns|te⟩ *großer Brand;* eine verheerende, wütende ~; eine ~ brach aus

feu|er|spei|end *auch:* **Feu|er spei|end** ⟨Adj. 24/60⟩ *Feuer ausspuckend, auswerfend;* ein ~er Drache, ~es Ungeheuer

Feu|er|stein ⟨m.; -(e)s, -e⟩ **1** ⟨Min.⟩ *knolliges bis plattiges Gemenge aus Kieselsäure, die gemeine Form des amorphen Quarzes, die sehr hart u. zu Klingen spaltbar ist* • **1.1** *oft für Waffen u. Werkzeuge verwendetes Material des vorgeschichtlichen Menschen* **2** *Cer-Eisen-Legierung für Feuerzeuge*

Feu|e|rung ⟨f.; -, -en⟩ **1** ⟨unz.⟩ *das Feuern, Beheizen, Heizung;* langsame ~ **2** ⟨unz.⟩ *Brennstoffe, Brennmaterial;* die ~ ist knapp; die ~ besorgen **3** *Einrichtung zum Verbrennen fester, staubförmiger, flüssiger u. gasförmiger Brennstoffe;* mechanische ~; eine Anlage mit modernster ~

Feu|er|waf|fe ⟨f.; -, -n⟩ *Schusswaffe, bei der ein Geschoss durch die Kraft sich ausdehnender Gase durch ein Rohr befördert wird*

Feu|er|wan|ze ⟨f.; -, -n; Zool.⟩ **1** (i. w. S.) *Angehöriger einer hauptsächlich in den Tropen lebenden Familie der Pflanzenwanzen mit meist schwarzer od. roter Zeichnung: Pyrrhocoridae* • **1.1** (i. e. S.) *in Dtschld. heimische flügellose Feuerwanze (1), die ein Pflanzensauger u. Aasfresser ist: Pyrrhocoris apterus;* Sy *General (3), Soldat (4)*

Feu|er|wehr ⟨f.; -, -en⟩ **1** *Mannschaften u. Geräte zur Brandbekämpfung;* die freiwillige ~; die ~ alarmieren; ihr Mann ist bei der ~ • **1.1** er braust heran, kommt wie die ~ ⟨fig.; umg.⟩ *sehr schnell, eiligst*

Feu|er|werk ⟨n.; -(e)s, -e⟩ **1** *Erzeugung von farbigen Lichtfunken u. Knall durch Abbrennen leicht entzündlicher Stoffe;* ein buntes ~; ein ~ abbrennen **2** ⟨fig.⟩ *sprühende Rede;* er brannte ein ~ geistreicher Einfälle, Gedanken ab

Feuil|le|ton ⟨[fœjətɔ̃ː] n.; -s, -s⟩ **1** ⟨urspr.⟩ *Zeitungsbeilage* **2** ⟨heute⟩ *der kulturelle Teil der Zeitung (enthält Aufsätze, Buchbesprechungen, Kritiken von Kunst-, Musik-, Theaterveranstaltungen u. Ä.)* • **2.1** *Beitrag für das Feuilleton (2);* ein gutes, schlechtes, polemisches ~ schreiben

Fez[1] ⟨[feːs] m.; - od. -es, - od. -e⟩ = *Fes*

Fez[2] ⟨m.; -(e)s; unz.; mitteldt. u. schweiz.⟩ *Ulk, Unsinn, Spaß;* ~ machen

Fi|as|ko ⟨n.; -s, -s⟩ **1** ⟨Theat.⟩ *Durchfallen eines Theaterstückes od. eines Künstlers* **2** *Misserfolg, Zusammenbruch;* ein ~ erleben, erleiden; die Verhandlungen endeten mit einem ~

Fi|bel[1] ⟨f.; -, -n⟩ **1** *Lehrbuch für Anfänger, das auf leicht verständliche Weise die Elementarkenntnisse für ein bestimmtes Gebiet vermittelt;* eine ~ für Fahrschüler, Kleingärtner **2** *bebildertes Lesebuch für Schulanfänger;* eine bunte ~

Fi|bel[2] ⟨f.; -, -n⟩ *von den Germanen an der Kleidung getragene verzierte Nadel;* Sy *Spange (3)*

Fi|ber ⟨f.; -, -n⟩ **1** ⟨Anat.; Bot.⟩ *Muskelfaser, Pflanzenfaser* • **1.1** mit jeder ~ ihres Herzens hing sie an ihrem Ehemann ⟨fig.; poet.⟩ *innig, voller Liebe, Zuneigung* **2** *Kunstfaser*

Fiche ⟨[fiːʃ] m.; -s, -s; EDV⟩ *Datenträger in Form eines Filmblattes, das mit einem Lesegerät abgelesen werden kann*

Fichte ⟨f.; -, -n; Bot.⟩ *einer Gattung der Kieferngewächse angehörender Nadelbaum mit vierkantigen, allseits wenigen spitzen Nadeln u. hängenden Zapfen, die als Ganzes abfallen: Picea;* Mantel~, Säulen~, Stech- od. Blau~

fi|del ⟨Adj.⟩ *vergnügt, fröhlich, lustig, heiter;* ein ~es Fest; ein ~er Kerl; eine ~e Gesellschaft; immer ~ sein

Fi|del ⟨f.; -, -n; Mus.⟩ *kleines Streichinstrument im MA, in der Renaissance u. im Barock, Vorform der Geige;* →a. *Fiedel*

Fie|ber ⟨n.; -s, -⟩ **1** *krankhaft erhöhte Eigenwärme des Körpers;* 39 °C ~; ~ bekommen, haben; das ~ fällt, hält an, steigt; anhaltendes, hitziges, hohes, niedriges, schwaches ~; im ~ fantasieren, sprechen, träumen; vom ~ ergriffen, gepackt, geschüttelt werden **2** ⟨fig.⟩ *Eifer, Betriebsamkeit, geistiger Rausch;* Arbeits~; das ~ des Ehrgeizes, der Leidenschaft, der Liebe, der Spielleidenschaft

fie|ber|haft ⟨Adj. 90⟩ **1** *mit Fieber einhergehend;* eine ~e Erkrankung, Erkältung **2** ⟨fig.⟩ *angespannt, übertrieben eifrig;* ~e Betriebsamkeit

fie|be|rig ⟨Adj.⟩ oV *fiebrig* **1** *fieberhaft, fiebernd, fieberkrank;* eine ~e Erkältung; sich ~ fühlen; er hat ~e Augen **2** ⟨fig.⟩ *aufgeregt, erregt, gespannt;* eine ~e Nervosität; ~ vor Erwartung

fie|bern ⟨V.⟩ **1** ⟨410⟩ *Fieber haben, bekommen;* der Patient fieberte heftig, längere Zeit, stark **2** ⟨405⟩ (**vor etwas**) ~ ⟨fig.⟩ *erregt, gespannt sein;* er fieberte vor Aufregung, Erwartung, Spannung **3** ⟨800⟩ **nach etwas** od. **jmdm.** ~ ⟨fig.⟩ *heftig nach etwas od. jmdm. verlangen;* er fiebert danach, sie kennenzulernen

fieb|rig ⟨Adj.⟩ = *fieberig*

Fie|del ⟨f.; -, -n; volkstüml.⟩ *Geige;* die ~ stimmen; →a. *Fidel*

fie|deln ⟨V. 400 od. 410⟩ **1** ⟨scherzh.⟩ *geigen* **2** ⟨abwertend⟩ *schlecht geigen*

fie|pen ⟨V. 400; umg.⟩ *winseln, hohe, pfeifende Töne von sich geben* (von Tieren); der junge Hund fiepte vor Angst

fies ⟨Adj.; umg.; abwertend⟩ *ekelhaft, widerlich, gemein;* ein ~er Kerl; ein ~er Charakter; ~ aussehen

Fi|es|ta ⟨[fiɛs-] f.; -, -s⟩ *Volksfest*

Fight ⟨[faɪt] m.; -s, -s⟩ **1** *hart, verbissen geführter Kampf, Auseinandersetzung;* um die Aufführungsrechte des nachgelassenen Werkes gab es einen harten ~ • **1.1** *Boxkampf;* die Gegner lieferten sich einen harten ~

Fi|gur ⟨f.; -, -en⟩ **1** *Form des menschlichen Körpers;* eine gute, hübsche, schlanke, ebenmäßige, zierliche ~ • **1.1** *menschen- od. tierähnliche Nachbildung, Gestalt;* eine ~ aus Holz, Stein, Metall; gegossene, gemeißelte, geschnitzte ~en • **1.2** ~ in einem **Spiel** *geformtes Stück Holz, Metall usw. als zu bewegende Einheit;* welche ~ ist jetzt am Zug? • **1.3** ⟨umg.⟩ *Person, Mensch;* diese ~ ist für mich erledigt; es ist nur eine komische ~ **2** ⟨Abk.: Fig.⟩ *gezeichnete Abbildung, Darstellung* • **2.1** ⟨Geom.⟩ *Gebilde aus Linien u. Flächen* **3** *eine gute, schlechte, lächerliche* ~ **machen,** abgeben ⟨fig.⟩ *einen guten (usw.) Eindruck* machen **4** ~ *im* **Tanz, Eiskunstlauf** *aus mehreren Elementen zusammengesetzter Ablauf einer Bewegung* **5** ⟨Mus.⟩ *kurze Folge von Tönen, die melodisch u. (od.) rhythmisch zusammengehören* **6** ⟨Rhet.⟩ *durch besondere Formen- od. Gedankenverbindungen gekennzeichnetes Mittel des literarischen Stils*

Fik|ti|on ⟨f.; -, -en⟩ **1** *Erdichtung* **2** *Annahme, Unterstellung (eines nicht wirklichen Falles, um daraus Erkenntnisse abzuleiten)* **3** ⟨Rechtsw.⟩ *Annahme eines Sachverhaltes, der in Wirklichkeit nicht besteht (um die Anwendung eines sonst nicht zutreffenden Gesetzes zu ermöglichen)*

File ⟨[faɪl] n.; -s, -s; EDV⟩ *Datei*

Fi|let ⟨[fileː] n.; -s, -s⟩ **1** ⟨Kochk.⟩ • **1.1** ~ *von* **Schlachtvieh** *u.* **Wild** *Lendenstück* • **1.2** *vom* **Fisch** *entgrätetes Fischfleisch* • **1.3** *vom* **Geflügel** *abgelöstes Bruststück* **2** ⟨Textilw.⟩ *durchbrochene Kettenwirkware* • **2.1** *bei Spitzen auf quadratischem od. schrägem Netzgrund aufgestickte u. -gestopfte Musterung*

Fi|li|a|le ⟨f.; -, -n⟩ *Zweigstelle, -niederlassung, -geschäft*

fi|li|gran *auch:* **fi|li|gran** ⟨Adj.⟩ *ein Filigran darstellend, in der Art eines Filigrans gearbeitet, feingliedrig* (bes. von Kunstwerken); eine ~e Arbeit; die Brosche ist ~ gearbeitet

Fi|li|gran *auch:* **Fi|li|gran** ⟨n.; -s, -e⟩ *kunstvolles Geflecht aus Silber- od. Golddrähten* (bes. Schmuckstück)

Fi|li|us ⟨m.; -, -lii; Pl. umg. a.: -us|se; scherzh.⟩ *Sohn;* was macht dein ~?

Film ⟨m.; -(e)s, -e⟩ **1** *dünnes Häutchen, sehr dünne Schicht;* Öl~ **2** ⟨Fot.⟩ *mit einer lichtempfindlichen Schicht überzogener durchsichtiger Streifen für fotografische Zwecke;* Schwarzweiß~, Farb~, Negativ~, Positiv~, Umkehr~; den ~ aus der Kassette nehmen, aufrollen, entwickeln; ein ~ von 200 ASA Empfindlichkeit; der ~ ist gerissen, über-, unterbelichtet • **2.1** mir ist der ~ gerissen ⟨a. fig.⟩ *ich habe den Zusammenhang verloren* **3** *zur Vorführung im Kino bestimmter Streifen mit Bildern;* Kino~, Farb~, Stumm~, Ton~; einen ~ drehen, abziehen, vorführen; dieser ~ läuft jetzt im Kino • **3.1** der ~ rollt ab ⟨a. fig.; umg.⟩ *das Geschehen nimmt seinen Lauf (wie vorbereitet)* **4** *gefilmte Folge von Bildern, die einen Vorgang od. eine Handlung wiedergibt;* die Handlung des ~s spielt in Rom; Hauptdarsteller, Regisseur, Produzent eines ~es; einen ~ inszenieren, produzieren, spielen; ein interessanter, lehrreicher, schlechter, spannender ~; das Drehbuch zu einem ~ **5** *Gesamtheit der Einrichtungen u. Personen, die mit der Herstellung von Filmen (3-4) zu tun haben;* er ist beim ~; sie will zum ~

fil|men ⟨V.⟩ **1** ⟨500/Vr 8⟩ **jmdn.** od. **etwas** ~ *von jmdm. od. etwas Filmaufnahmen machen, mit der Filmkamera aufnehmen;* er filmte seine Kinder beim Spielen; er hat seinen Urlaub am Meer, einen Stierkampf gefilmt • **1.1** ⟨400⟩ *einen Film aufnehmen;* er filmte gerne, viel, im Urlaub, bunt, in Farbe, schwarzweiß **2** ⟨400⟩ *bei einem Film mitwirken;* er filmt zurzeit im Ausland; wegen seiner Krankheit hat er schon lange nicht gefilmt

Film|star ⟨m.; -s, -s⟩ *berühmter Filmschauspieler, be-*

Filou

rühmte Filmschauspielerin; sie war schon mit 15 Jahren ein ~

Fi|lou ⟨[filuː] m.; -s, -s⟩ *Spitzbube, Gauner, pfiffiger, gerissener Mensch;* du bist vielleicht ein ~!

Fil|ter ⟨m.; -s, -⟩ **1** *Vorrichtung zum Trennen fester Stoffe von Flüssigkeiten* **2** ⟨Fot.⟩ *Glasscheibe zum Aufsetzen auf das Objektiv, mit der bestimmte Farben zurückgehalten, Reflexionen vermieden od. verschiedene Effekte erzielt werden können;* UV-~, Polarisations~ **3** ⟨Phys.⟩ *Material od. Gerät zur Veränderung der Intensität od. Zusammensetzung einer (elektromagnetischen od. korpuskularen) Strahlung*

Filz ⟨m.; -es, -e⟩ **1** ⟨Textilw.⟩ *Stoff aus gepressten, verschlungenen, nicht gewebten, meist tierischen Fasern (Haaren);* eine Unterlage aus ~ unter der Schreibmaschine; ein Hut, eine Mütze aus ~ • **1.1** ⟨umg.⟩ *(alter) Filzhut* **1.2** *filzartiges Geflecht, etwas filzartig Verwobenes;* ein ~ aus Wollfäden **2** *filzartiger Belag, Überzug an Pflanzen od. Steinen;* die Blätter sind mit weißem ~ bedeckt **3** ⟨österr.⟩ *unausgeschmolzenes Fett;* Speck~ **4** ⟨umg.; abwertend⟩ *sich gegenseitig Vergünstigungen verschaffender u. mit Machtbefugnissen ausgestatteter Personenkreis;* ~ bei der Verteilung öffentlicher Ämter; ~ im städtischen Bauamt

fil|zen ⟨V.⟩ **1** ⟨500⟩ *etwas* ~ *zu Filz verarbeiten* **2** ⟨500⟩ **jmdn. od. etwas** ~ ⟨umg.; abwertend⟩ *auf verbotene od. versteckte Gegenstände, Waren durchsuchen;* die Zollfahnder haben ihn, sein Gepäck gefilzt; einen Häftling, eine Zelle ~ **3** ⟨500⟩ **etwas** ~ ⟨umg.⟩ *stehlen;* er hat dir deine Uhr gefilzt; er filzte, was ihm unter die Finger kam **4** ⟨400⟩ *filzig werden;* Sachen aus Wolle ~ beim Waschen

Fim|mel ⟨m.; -s, -⟩ **1** ⟨Bgb.⟩ *Spaltkeil, schwerer Eisenhammer* **2** ⟨umg.; scherzh. od. abwertend⟩ *kleine Verrücktheit, Verschrobenheit, Schrulle, Spleen, leidenschaftliche Besessenheit für etwas;* Kino~, Theater~, Mode~; er hat einen ~

fi|nal ⟨Adj. 24⟩ **1** ⟨60⟩ *das Finale, den Schlussteil betreffend, abschließend, beendend, letzte(r, -s);* ~e Phase einer Ausbildung, einer Krankheit, einer Prüfung • **1.1** ~er **Rettungsschuss** ⟨Polizeiwesen⟩ *zur Rettung einer (von Geiselnehmern o. Ä.) bedrohten Person abgegebener Todesschuss* **2** ⟨Sprachw.; Philos.⟩ *zweckbestimmt, zweckmäßig;* „damit" ist eine ~e Konjunktion • **2.1 Finalbestimmung** ⟨Sprachw.⟩ *Adverbialbestimmung, die den Zweck oder das Ziel eines Geschehens bezeichnet*

Fi|na|le ⟨n.; -s, -⟩ **1** *Schlussteil* **2** ⟨Mus.⟩ *Schlusssatz, Schlussteil;* ~ einer Symphonie, Oper **3** ⟨Sp.⟩ *Schlussrunde, Endkampf*

Fi|nan|cier ⟨[finãsjeː] m.; -s, -s; veraltet; noch österr.⟩ = *Finanzier*

Fi|nan|zen ⟨nur Pl.⟩ **1** *öffentliches Geldwesen, Staatsgelder, Staatshaushalt* **2** *Vermögen, Vermögenslage*

fi|nan|zi|ell ⟨Adj. 24/90⟩ *die Finanzen, das Vermögen betreffend;* Sy *geldlich*

Fi|nan|zi|er ⟨[-tsjeː] m.; -s, -⟩ *Geldgeber, jmd., der etwas finanziert;* oV ⟨veraltet; noch österr.⟩ *Financier;* wer ist der ~ dieses Projektes?

fi|nan|zie|ren ⟨V. 500⟩ **jmdn. od. ein Unternehmen** ~ *mit Geldmitteln ausstatten*

Fi|nan|zie|rung ⟨f.; -, -en⟩ **1** *das Finanzieren, Finanziertwerden* **2** *Gesamtheit der Maßnahmen zur Beschaffung von Geldmitteln bzw. Kapital* ⟨Eigen~, Fremd~, Zwischen~⟩; die ~ eines Autokaufs, Hauskaufs • **2.1** *Gewährung eines Kredits;* ~ durch die Sparkasse

Fin|del|kind ⟨n.; -(e)s, -er⟩ *von unbekannten Eltern ausgesetztes Kind;* Sy *Findling (2)*

fin|den ⟨V. 134⟩ **1** ⟨500⟩ **jmdn. od. etwas** ~ *durch Suchen entdecken, erlangen;* ich finde meine Brille nicht; am Tatort wurden zahlreiche Fingerabdrücke gefunden; hast du inzwischen gefunden, was du suchtest?; wir konnten keinen Platz mehr ~; suchet, so werdet ihr ~; ich kann das Richtige nicht ~; dieses Motiv ~ wir auch in Mozarts Oper „Così fan tutte" • **1.1** *das ist ein gefundenes* **Fressen** *für jmdn. das kommt jmdm. gerade recht, das ist jmdm. sehr erwünscht, ein unerwarteter Genuss* • **1.2** *gelangen* er fand schon in jungen Jahren zur Musik • **1.2.1** ⟨411⟩ er kann (morgens) nicht aus dem Bett ~ *ihm fällt das Aufstehen schwer* • **1.3** ⟨Vr 3⟩ **sich** ~ *aufgefunden werden, (wieder) zum Vorschein kommen;* das Verlorene hat sich gefunden; der Schlüssel wird sich schon ~ • **1.4** *(passivisches Funktionsverb)* • **1.4.1 Absatz** ~ *abgesetzt, verkauft werden* • **1.4.2** gute **Aufnahme** ~ *gut aufgenommen werden* • **1.4.3** keine **Beachtung** ~ *nicht beachtet werden* • **1.4.4 Gehör** ~ *gehört werden* • **1.4.5** (keinen) **Glauben** ~ *(nicht) geglaubt werden* • **1.4.6** ⟨505⟩ den **Tod** ~ *(auf dem Schlachtfeld, bei einem Unfall, in den Wellen)* ~ ⟨geh.⟩ *getötet werden* • **1.4.7** Trost ~ *getröstet werden;* er versucht, Trost in der Kunst zu ~ • **1.4.8 Verwendung** ~ *verwendet werden;* kannst du dafür noch Verwendung ~?; →a. *Anklang (2), Beifall (1), Gnade (2.1)* **2** ⟨500 od. 505⟩ **jmdn.** ~ *durch Suchen od. durch Zufall auf jmdn. stoßen;* ich kann ihn nirgends ~; sie hat den Richtigen gefunden; er hat seinen Meister in ihm gefunden; in ihm habe ich einen zuverlässigen Freund gefunden • **2.1** ⟨Vr 4⟩ **sich** ~ *sich treffen;* da haben sich zwei gefunden! • **2.1.1** sie haben sich gesucht und gefunden ⟨umg.⟩ *sie passen gut zueinander* **3** ⟨500⟩ **jmdn. od. etwas** ~ *zufällig auf etwas stoßen;* ich finde heute in der Zeitung die Nachricht, …; man findet immer wieder Leute, die … • **3.1** ⟨513⟩ **jmdn. od. etwas in** einem bestimmten **Zustand** ~ *antreffen, vorfinden;* er fand ihn krank, leidend • **3.2** ⟨unpersönl./Vr 3⟩ **sich** ~ *sich herausstellen* • **3.2.1** *vorkommen;* es findet sich häufig, dass … • **3.2.2** *sich ergeben, sich regeln;* das Übrige findet sich schon; das wird sich (alles) ~ **4** ⟨500⟩ **etwas** ~ *durch Nachdenken etwas entdecken, auf etwas kommen;* wir müssen einen Ausweg, Mittel und Wege ~, damit …; ich habe die Lösung gefunden • **4.1** ⟨514⟩ er konnte vor Überraschung keine Worte ~ *er war sprachlos* • **4.2** heureka, ich hab's gefunden! ⟨umg.⟩ *endlich komme ich darauf, fällt es mir ein* • **4.3** ⟨Vr 3⟩ **sich** ~ *zur Selbstbesinnung kommen;* er hat sich (wieder) gefunden • **4.4** ⟨550/Vr 3⟩ **sich**

in etwas ~ *sich in etwas fügen, sich damit abfinden;* du musst dich in das Unabänderliche ~; er kann sich nicht in sein Los, Schicksal ~ **5** ⟨513⟩ **jmdn. od. etwas … ~für etwas halten, erachten;** etwas falsch, gut, praktisch, richtig, schön, unpassend ~; ich fände es nicht ratsam, wenn wir …; ich finde das nicht in Ordnung • **5.1** ⟨513⟩ ich finde nichts Schlimmes dabei *ich halte das nicht für schlimm, verwerflich, schadvoll* • **5.2** *für richtig halten, erachten, meinen;* ich finde, dass …; das finde ich auch; ~ Sie nicht auch, dass …? • **5.2.1** wie ~ Sie das? *was meinen Sie dazu?* • **5.3** *für gut halten, gefallen* • **5.3.1** ⟨513⟩ ich finde nichts daran *es gefällt mir nicht, es reizt mich nichts daran* • **5.3.2** wie ~ Sie das Kleid? *wie gefällt Ihnen das K.?*

fin|dig ⟨Adj.⟩ **1** *klug, schlau, pfiffig, einfallsreich;* ein ~er Kopf!; das Kind ist sehr ~ **2** ⟨Bgb.⟩ = *fündig*

Find|ling ⟨m.; -s, -e⟩ **1** ⟨Geol.⟩ *erratischer Block, von Eiszeitgletschern verschleppter Felsbrocken;* ein ~ aus Granit; ein gewaltiger ~ **2** = *Findelkind*

Fi|nes|se ⟨f.; -, -n⟩ **1** *Feinheit, Raffinesse;* ein Fotoapparat mit allen ~n **2** *Schlauheit, Raffiniertheit, Durchtriebenheit;* mit pädagogischer, diplomatischer, politischer ~ vorgehen

Fin|ger ⟨m.; -s, -⟩ **1** *eines der fünf beweglichen einzelnen Endglieder der Hand, die den fünf Mittelhandknochen aufsitzen;* Mittel~, Ring~, Zeige~; einen bösen, schlimmen ~ haben (umg.); dicke, kurze, lange, schlanke, zarte ~; einen Ring am ~ tragen; etwas an den ~n abzählen • **1.1** sich etwas an den (fünf) ~n abzählen können ⟨fig.; umg.⟩ *etwas leicht begreifen können* • **1.2** etwas an den ~n herzählen *etwas genau wissen u. geläufig aufsagen können* • **1.3** an jedem ~ eine(n), zehn haben ⟨fig.; umg.⟩ *sehr viele Freundinnen (Verehrer) haben* • **1.4** jmdn. durch die ~ sehen ⟨fig.; umg.⟩ *Nachsicht mit jmdm. üben* • **1.5** sich die ~ nach etwas lecken ⟨fig.; umg.⟩ *begierig auf etwas sein* • **1.6** sich etwas aus den ~n saugen ⟨fig.; umg.⟩ *sich etwas ausdenken, etwas erfinden;* das hat er sich aus den ~n gesogen • **1.7** sich an, bei etwas die ~ verbrennen ⟨fig.; umg.⟩ *bei etwas selbstverschuldet zu Schaden kommen;* an dieser Sache kannst du dir leicht die ~ verbrennen • **1.8** sich in den ~ schneiden ⟨a. fig.; umg.⟩ *sich selbst schaden, sich verrechnen;* da hat er sich aber in den ~ geschnitten • **1.9** keinen ~ krummmachen, rühren ⟨fig.; umg.⟩ *untätig sein, sich nicht die geringste Mühe machen;* er rührt keinen ~ für seinen kranken alten Vater • **1.10** etwas mit spitzen ~n anfassen ⟨fig.; umg.⟩ *vorsichtig, um es möglichst wenig zu berühren (weil man sich davor ekelt)* • **1.11** sich die ~ wundschreiben ⟨fig.; umg.⟩ *fleißig schreiben* • **1.12** krumme, lange ~ machen, klebrige ~ haben ⟨fig.; umg.⟩ *stehlen* • **1.13** jmdm. auf die ~ sehen ⟨fig.; umg.⟩ *jmdn. scharf beaufsichtigen* • **1.14** jmdm. auf die ~ klopfen, eins auf die ~ geben ⟨fig.; umg.⟩ *jmdn. warnend strafen, zurechtweisen* **2** der kleine ~ • **2.1** mein kleiner ~ hat es mir gesagt ⟨fig.; umg.⟩ *ich weiß es aus geheimer Quelle* • **2.2** er hat im kleinen ~ mehr, als andere im ganzen Kopf ⟨fig.; umg.⟩ *er weiß viel mehr, ist viel begabter als andere* • **2.3** etwas im kleinen ~ haben ⟨fig.; umg.⟩ *über etwas genau Bescheid wissen;* das muss man im kleinen ~ haben! • **2.4** jmdn. um den (kleinen) ~ wickeln (können) ⟨fig.; umg.⟩ *jmdn. sehr leicht beeinflussen, völlig beherrschen (können);* man kann ihn um den (kleinen) ~ wickeln • **2.5** jmd. braucht nur den kleinen ~ auszustrecken ⟨fig.⟩ *für jmdn. ist es leicht, etwas zu erreichen* **3** *Zeigefinger;* den ~ auf den Mund legen (zum Zeichen des Schweigens); jmdm. mit dem ~ drohen • **3.1** den ~ auf eine (offene) Wunde legen ⟨fig.⟩ *auf eine peinliche, üble Sache deutlich hinweisen* • **3.2** mit (den) ~n, dem ~ auf jmdn. zeigen ⟨fig.⟩ *jmdn. öffentlich bloßstellen;* die Leute werden noch mit ~n auf uns zeigen **4** ⟨Pl.; umg.⟩ *Hand* • **4.1** etwas nicht aus den ~n lassen ⟨fig.; umg.⟩ *nicht hergeben;* er lässt das Buch nicht aus den ~n • **4.2** jmdm. zerrinnt das Geld unter den ~n *jmd. kann nicht sparsam leben* • **4.3** bei etwas seine, die ~ im Spiel haben ⟨fig.; umg.⟩ *hinter etwas stecken, heimlich an etwas beteiligt sein;* er hat dabei die ~ im Spiel • **4.4** er hat überall seine ~ dazwischen ⟨fig.; umg.⟩ *er ist überall beteiligt* • **4.5** die ~ von etwas lassen ⟨fig.; umg.⟩ *sich auf etwas nicht einlassen;* lass die ~ davon! **5** ⟨Getrennt- u. Zusammenschreibung⟩ • **5.1** ~ breit = *Fingerbreit*

fin|ger|breit ⟨Adj. 24⟩ *so breit wie ein Finger;* das Brot ~ schneiden; eine ~e Wunde

Fin|ger|breit *auch:* **Fin|ger breit** ⟨m.; (-) -, (-) -⟩ **1** *Breite von einem Finger;* drei ~ **1.1** um keinen ~ von etwas abgehen ⟨fig.⟩ *unverändert, ohne Wanken bei etwas bleiben*

fin|ger|fer|tig ⟨Adj. 24⟩ *geläufig, geschickt, flink mit den Fingern;* der Zauberer war sehr ~; ~es Klavierspiel

Fin|ger|hut ⟨m.; -(e)s, -hü|te⟩ **1** *Metall- od. Plastikkappe zum Schutz des Mittelfingers beim Nähen;* den ~ aufsetzen **2** einen ~ voll ⟨fig.⟩ *eine geringe Menge* **3** ⟨Bot.⟩ *giftiger Angehöriger einer Gattung der Rachenblütler: Digitalis*

fin|gern ⟨V.⟩ **1** ⟨411⟩ **an etwas** ~ *mit den Fingern berühren, ohne Sinn u. Zweck anfassen u. daran arbeiten;* sie fingert immer an ihrem Kragen herum; musst du immer daran ~!? **2** ⟨500⟩ eine **Sache** ~ ⟨fig.; umg.⟩ *geschickt zuwege bringen;* wir werden die Sache schon ~!

Fin|ger|na|gel ⟨m.; -s, -nä|gel⟩ *Hornplättchen am Ende des menschlichen Fingers;* gepflegte, schmutzige Fingernägel

Fin|ger|spit|ze ⟨f.; -, -n⟩ **1** *Kuppe, Ende des Fingers;* etwas bis in die ~n hinein fühlen; die ~n ins warme Wasser tauchen; etwas mit den ~n berühren, verreiben • **1.1** das muss man **in** den ~n **haben** ⟨fig.; umg.⟩ *dafür muss man schon das richtige Gefühl haben* • **1.2** jmdm. **kribbelt es** (ordentlich) **in** den ~n ⟨fig.; umg.⟩ *jmd. ist sehr ungeduldig* • **1.3** jmd. ist musikalisch, misstrauisch, konsequent **bis in die** ~n ⟨fig.; umg.⟩ *sehr, ganz außerordentlich*

Fin|ger|spit|zen|ge|fühl ⟨n.; -(e)s; unz.; fig.⟩ *feines Gefühl, Verständnis, Einfühlungsvermögen;* hierfür braucht man ~; zu dieser Tätigkeit gehört ~; dafür fehlt ihm das nötige ~; eine Angelegenheit mit ~ behandeln

Fin|ger|zeig ⟨m.; -(e)s, -e; fig.⟩ *Wink, Hinweis;* ein ~ Gottes ⟨geh.⟩; einen ~ erhalten, geben; das mag ihm als ~ dienen

fin|gie|ren ⟨V. 500⟩ eine **Sache** ~ *vortäuschen, erdichten, unterstellen;* einen Überfall ~; eine fingierte Rechnung ausstellen

Fi|nish ⟨[-nɪʃ] n.; -s, -s⟩ **1** *letzter Schliff, Vollendung*
• **1.1** ⟨Tech.⟩ *letztes Produktionsstadium;* wir legen Wert auf ein perfektes ~ **2** ⟨Sp.⟩ *Endspurt, Endkampf;* der als Außenseiter gestartete Vollblüter siegte überraschend im ~; ein packendes ~

fi|nit ⟨Adj. 24; Gramm.⟩ **1** *bestimmt;* Ggs *infinit*
• **1.1** ~e **Verbform** *(nach Person u. Numerus) abgewandelte Form des Verbs*

Fink ⟨m.; -en, -e; Zool.⟩ *Angehöriger einer Unterfamilie der Singvögel, starengroß, mit kräftigem Schnabel: Fringillidae;* Buch~, Edel~, Berg~, Grün~

Fin|ne¹ ⟨f.; -, -n⟩ **1** *Einwohner von Finnland* **2** *jmd., der aus Finnland stammt*

Fin|ne² ⟨f.; -, -n⟩ *Jugendform des Bandwurms*

Fin|nin ⟨f.; -, -nin|nen⟩ *weibl. Finne¹*

fin|nisch ⟨Adj. 24⟩ **1** *Finnland u. seine Einwohner betreffend, zu ihm gehörig, von ihm stammend* • **1.1** ~e **Sprache** *zu den finnisch-ugrischen Sprachen gehörende Sprache, die in Finnland gesprochen wird*

fins|ter ⟨Adj.; fins|te|rer od. fins|trer, fins|ters|te⟩ **1** *dunkel, lichtlos;* eine ~e Nacht; es wird jetzt früh, zeitig ~ • **1.1** im **Finster(e)n** *im Dunkeln, in der Dunkelheit;* im Finstern tappend, stieß er den Krug um • **1.2** im Finstern tappen ⟨a. fig.⟩ *nicht Bescheid wissen,* im Ungewissen sein • **1.3** das ~e **Mittelalter** *das unaufgeklärte M.* • **1.4** die Angelegenheit sieht ~ für uns aus ⟨fig.; umg.⟩ *ungünstig* **2** *unfreundlich, düster, feindselig;* ein ~es Gesicht; jmdn. mit ~en Augen ansehen; jmdm. ~e Blicke zuwerfen; ~e Gedanken gegen jmdn. hegen **3** ⟨70⟩ *zweifelhaft, verdächtig, anrüchig;* das scheint mir eine ~e Angelegenheit zu sein; ein ~er Bursche, Geselle, Kerl; eine ~e Kneipe, ein ~es Lokal; ~e Wege gehen

Fins|ter|nis ⟨f.; -, -se⟩ **1** *tiefe Dunkelheit;* eine tiefe, nächtliche, schwarze ~ **2** ⟨Astron.⟩ *Verdeckung eines Himmelskörpers durch einen andern, von der Erde aus gesehen;* Sonnen~, Mond~

Fin|te ⟨f.; -, -n⟩ **1** *Scheinangriff* **2** *Täuschung* **3** ⟨fig.⟩ *Vorwand, Ausflucht, List*

Fir|le|fanz ⟨m.; -es, -e; umg.⟩ **1** *wertloses Zeug, unnütze Kleinigkeiten;* diesen ~ kannst du weglassen **2** *Unsinn, Albernheit, übertriebener Aufwand;* lass doch diesen ~; dieser ~ interessiert mich nicht

firm ⟨Adj. 11/40⟩ *fest, sicher, bewandert, beschlagen;* in einem Fachgebiet ~ sein

Fir|ma ⟨f.; -, Fir|men; Abk.: Fa.⟩ **1** *Geschäft, Betrieb* **2** *Geschäfts-, Handelsname*

Fir|ma|ment ⟨n.; -(e)s; unz.⟩ *Himmel, Himmelsgewölbe*

fir|men ⟨V. 500; kath. Kirche⟩ **jmdn.** ~ *jmdm. die Firmung erteilen*

Fir|men ⟨Pl. von⟩ *Firma*

Fir|mung ⟨f.; -, -en; kath. Kirche⟩ *vom Bischof durch Salbung u. Handauflegen vollzogenes katholisches Sakrament, das der Kräftigung im Glauben dienen u. Standhaftigkeit verleihen soll*

Firn ⟨m.; -s, -e⟩ **1** *durch mehrfaches Tauen u. Schmelzen zu körnigem Eis gewordener Altschnee im Hochgebirge* **2** ⟨schweiz.; österr.⟩ *mit Firn (1) bedeckter Berggipfel, Gletscher*

Fir|nis ⟨m.; -ses, -se⟩ **1** *rasch trocknende Flüssigkeit, die eine feine durchsichtige Schicht ergibt u. die darunterliegende Fläche, z. B. ein Gemälde, widerstandsfähig macht;* der ~ bewahrt das Bild vor Verschmutzung; den ~ auftragen **2** ⟨fig.; abwertend⟩ *äußerliche Hülle, äußerer Schein;* seine Bildung ist nur ~; der dünne ~ der Zivilisation

First ⟨m.; -(e)s, -e⟩ **1** *oberste Kante des Daches;* Dach~; der ~ des Hauses **2** ⟨Bgb.⟩ *Decke eines Grubenbaues* **3** ⟨poet.⟩ *Berggipfel,* -kamm

Fisch ⟨m.; -(e)s, -e⟩ **1** *im Wasser lebendes, durch Kiemen atmendes Wirbeltier mit paarig angeordneten Brust- u. Bauchflossen, unpaarigen Rücken- u. Schwanzflossen u. mit Schuppen bedeckter Haut: Pisces;* ein fliegender ~; ~e angeln, fangen; ~e mit der Angel, dem Netz, der Reuse fangen; sich wohlfühlen, gesund und munter sein wie ein ~ im Wasser ⟨fig.; umg.⟩; der Kleine kann wie ein ~ schwimmen (so gut); sie ist kalt wie ein ~ ⟨fig.; umg.⟩; er war stumm wie ein ~ ⟨fig.; umg.⟩ • **1.1** faule ~e ⟨fig.; umg.⟩ *dumme Ausreden, Lügen* • **1.2** das sind **kleine** ~e! ⟨fig.; umg.⟩ *das ist eine Kleinigkeit, leicht zu bewältigen, zu bewerkstelligen!* • **1.3** die ~e füttern ⟨a. fig.; umg.⟩ *sich auf einem Schiff übergeben müssen, weil man seekrank ist* • **1.4** *Fischgericht;* gern ~ essen; freitags gibt es bei uns ~ (zu essen); gebratener, gekochter, gepökelter, marinierter, panierter, überbackener ~; ~ mit brauner Butter, Dill, Senfsoße • **1.4.1** (der) ~ will schwimmen ⟨fig.; umg.⟩ *zum Fischessen gehört Wein* • **1.4.2** das ist weder ~ noch Fleisch ⟨fig.; umg.⟩ *nichts Rechtes, Entschiedenes, nur eine halbe Sache* **2** ⟨Pl.; Astron.⟩ *Sternbild des Äquatorzone u. zwölftes Tierkreiszeichen*

fi|schen ⟨V.⟩ **1** ⟨400 od. 500⟩ *(Fische) fangen;* er fischt mit der Angel; er fischt (Heringe) mit dem Netz; er hat Forellen gefischt • **1.1** ⟨403⟩ im Trüben ~ ⟨fig.⟩ *aus unklarer, verworrener Lage Vorteil ziehen, Gewinne aus unsauberen Geschäften ziehen* • **1.2** ⟨400⟩ **fischfressendes Wild** fischt ⟨Jägerspr.⟩ *geht auf Fischfang* **2** ⟨402⟩ (**etwas** od. **jmdn. aus etwas**) ~ ⟨fig.; umg.⟩ *herausziehen;* der Junge fischte eine Murmel aus der Tasche • **2.1** ⟨530/Vr 1⟩ er fischt sich die besten Brocken, Stücke (aus der Suppe) ⟨fig.; umg.⟩ *nimmt sich selbst das Beste* • **2.2** dabei ist nichts zu ~ ⟨fig.; umg.⟩ *zu gewinnen.* **3** ⟨800⟩ **nach etwas** ~ ⟨fig.; umg.⟩ *suchen, auf etwas aus sein;* sie fischte in ihrer Handtasche nach dem Hausschlüssel • **3.1** nach **Komplimenten** ~ ⟨fig.; umg.⟩ *auf Komplimente aus sein, K. herausfordern*

Fi|scher ⟨m.; -s, -⟩ **1** *jmd., der Fische fängt, Angler;* Sport~ **2** *Handwerker der See-, Hochsee-, Küsten-, Binnenfischerei, einschließlich Teichwirtschaft u. Fischzucht*

Fi|sche|rei ⟨f.; -; unz.⟩ *gewerblich betriebener Fang von Nutzfischen, Weich- u. Krebstieren, auch Gewinnung von Naturperlen, Bernstein u. a.*

Fi|si|ma|ten|ten ⟨nur Pl.; umg.⟩ *Ausflüchte, Unerlaubtes, Streiche;* mach bloß keine ~!

Fis|kus ⟨m.; -; unz.⟩ **1** *Staatsvermögen* **2** *der Staat als Eigentümer von Vermögen* **3** *Finanzverwaltungsabteilung;* Steuer~

Fi|so|le ⟨f.; -, -n; österr.⟩ *Bohne*

fis|peln ⟨V. 400; umg.⟩ *unruhig, aufgeregt, zitterig arbeiten*

Fis|sur ⟨f.; -, -en⟩ **1** *Knochenriss* **2** *kleiner Hautriss, oberflächliche Hautverletzung* **3** *Furche, Einschnitt*

Fis|tel ⟨f.; -, -n⟩ *eine abnorme, natürliche od. künstliche kanalartige Verbindung zwischen zwei Hohlorganen od. zwischen Hohlorganen u. der Körperoberfläche*

Fis|tel|stim|me ⟨f.; -, -n⟩ **1** *die hauchige, nicht durch Brustresonanz verstärkte Kopfstimme des Mannes* **2** ⟨umg.⟩ *sehr hohe, feine Stimme;* mit einer ~ reden

fit ⟨Adj.; fit|ter, am fit|tes|ten⟩ *in guter körperlicher Verfassung, gesund u. leistungsfähig, gut trainiert;* sie hält sich durch tägliches Fahrradfahren ~; ein ~ter Sportler; ~ durch gesunde Ernährung

Fit|ness ⟨f.; -; unz.; Sp.⟩ *das Fitsein, körperliches u. geistiges Wohlbefinden, (sportliche) Leistungsfähigkeit;* ~center, ~studio, ~training

Fit|tich ⟨m.; -(e)s, -e⟩ **1** ⟨poet.⟩ *Flügel, Schwinge;* die ~e des Adlers; die ~e ausbreiten; die ~e der Nacht bedeckten ... ⟨fig.⟩ **2** jmdn. unter seine ~e nehmen ⟨fig.; umg.⟩ *beschützen, in Obhut, unter wohlwollende Aufsicht nehmen*

fix¹ ⟨Adj. 24⟩ **1** ⟨60⟩ *fest, feststehend, unverändert;* ~e Kosten; der Vertreter erhält ein ~es Gehalt u. Provision • **1.1** ~e Idee *Wahnvorstellung* **2** ⟨40⟩ ~ und **fertig** *ganz fertig;* die Arbeit ist schon ~ und fertig • **2.1** jmd. ist ~ und **fertig** ⟨umg.⟩ *erschöpft, abgearbeitet*

fix² ⟨Adj.; umg.⟩ *flink, behände, schnell, rasch;* (mach) ~!; ein ~er Bursche, Junge, Geselle; ich ziehe mich noch ~ um

fi|xen ⟨V. 400; umg.⟩ **1** *sich ein Rauschmittel spritzen;* er fixt Heroin **2** ⟨Börse⟩ *Leerverkäufe vornehmen*

fi|xie|ren ⟨V. 500⟩ **1** die **Frisur** ~ *so behandeln, dass sie die Form behält* **2** *Zeichnungen* ~ *gegen Verwischen durch Einpudern od. Einsprühen schützen* **3** *entwickelte **Bilder** ~* ⟨Fot.⟩ *durch chemische Behandlung ein Verfärben der B. verhindern* **4** einen **Zeitpunkt** ~ *festlegen, bestimmen* **5** *Bestimmungen* ~ *schriftlich od. mündlich in eindeutige Worte fassen* **6** jmdn. ~ *starr ansehen, anstarren*

Fix|stern ⟨m.; -(e)s, -e; Astron.⟩ *sehr weit entfernter, selbstleuchtender Himmelskörper, der scheinbar fest steht, in Wirklichkeit aber seinen Ort sehr langsam ändert*

Fjord ⟨m.; -(e)s, -e⟩ *(an steilen Felsküsten) weit ins Festland eingeschnittener, zum Teil verzweigter, schmaler Meeresarm (z. B. in Norwegen)*

flach ⟨Adj.⟩ **1** *ziemlich eben, ohne größere Erhebungen u. Tiefen;* ein ~es Gelände; ~es Land • **1.1** das ~e **Land** *Gebiet außerhalb der Stadt;* er wohnt auf dem ~en Lande • **1.2** die ~e **Hand** *die mit der Innenfläche nach oben ausgestreckte H.* • **1.3** mit der ~en **Klinge** *mit der Breitseite der K.* **2** *niedrig, nicht sehr hoch;* Schuhe mit ~en Absätzen • **2.1** ein ~es *Dach ein wenig geneigtes D.* • **2.2** eine ~e *Nase eine platte N.* • **2.3** eine ~e **Stirn** *eine kaum gewölbte S.* **3** *nicht sehr tief;* Ggs *tief (5);* ein ~es *Gewässer;* eine ~e *Stelle im Fluss;* ~e *Teller* **4** ⟨fig.⟩ *platt, uninteressant, oberflächlich, geistlos;* ein ~es Buch, Gespräch, Urteil; ~e Gedanken; eine ~e Unterhaltung führen **5** ⟨Getrennt- u. Zusammenschreibung⟩ • **5.1** ~ drücken = *flachdrücken*

Flach|bild|schirm ⟨m.; -(e)s, -e⟩ *Bildschirm mit einer geringen Tiefe, der mit einer speziellen Technik (z. B. Plasmatechnik) betrieben wird;* ein PC, Fernseher mit ~

flach‖drü|cken *auch:* **flach drü|cken** ⟨V. 500⟩ *etwas* ~ *drücken, bis es flach ist;* Teigbällchen ~

Flä|che ⟨f.; -, -n⟩ **1** ⟨Math.⟩ *zweidimensionales Gebilde;* eine geometrische, algebraische, abwickelbare ~ **2** *Begrenzung des Körpers;* Grund~, Ober~, Seiten~, Schnitt~; Klebe~, Gleit~; Sitz~, Trag~ **3** ⟨allg.⟩ *größere freie Strecke, Ebene, Gebiet, Platz;* eine breite, kahle, spiegelglatte, grüne ~

Flachs ⟨[-ks] m.; -es; unz.⟩ **1** *blaublühende einjährige Kulturpflanze, aus deren Samen man das Leinöl gewinnt u. die eine wertvolle Textilfaser liefert: Linum usitatissimum;* Sy *Lein;* ~ anbauen, raufen, brechen, rösten, schwingen **2** *Stängelfaser dieser Pflanze;* ~ hecheln, spinnen; Haar gelb wie ~ **3** ⟨fig.; umg.⟩ *Neckerei, Spaß, Scherz;* ~ machen; hör auf mit dem ~!; (jetzt mal) ohne ~

fla|ckern ⟨V. 400⟩ *etwas flackert* **1** *unruhig, zuckend brennen, leuchten;* das Feuer, das Licht flackert im Wind; die Kerze hat gespenstisch geflackert **2** ⟨fig.; geh.⟩ *sich unruhig bewegen, zucken;* seine Augen flackerten, sein Blick flackert; mit flackernden Augen

Fla|den ⟨m.; -s, -⟩ **1** *dünne, flache, in der Pfanne gebackene Süßspeise;* Eier~; Mehl~; einen warmen ~ backen **2** *flacher, runder Haufen Kuhmist;* Kuh~; in einen ~ treten

Flag|ge ⟨f.; -, -n⟩ *meist mit einer Stange od. einem Stab verbundene, fest stehende od. an einem Fahrzeug befestigte, als Hoheits- od. Erkennungszeichen (auch für Winksignale) dienende Fahne*

flag|gen ⟨V. 400⟩ *eine Flagge, Fahne aufziehen*

fla|grant *auch:* **flag|rant** ⟨Adj. 24/70⟩ **1** *offenkundig, schlagend* **2** *brennend* **3** in ~i ertappen *auf frischer Tat ertappen*

Flair ⟨[flɛːr] n. od. m.; -s; unz.⟩ *Hauch, Ausstrahlung, Atmosphäre;* ein besonderes, exotisches ~; sie strahlte ein ~ außergewöhnlicher Schönheit aus; ein ~ von Großstadt

Fla|kon ⟨[flakɔ̃ː] n. od. m.; -s, -s⟩ *dekoratives Glasfläschchen zum Aufbewahren u. Versprühen von Parfüm*

flam|bie|ren ⟨V. 500⟩ *eine Speise* ~ *mit hochprozentigem Alkohol übergießen u. entzünden*

Fla|me ⟨m.; -n, -n⟩ **1** *Einwohner von Flandern* **2** *Flämisch sprechender Einwohner von Belgien*

Fla|men|co ⟨m.; -s, -s; Mus.⟩ *andalusisches Tanzlied;* einen ~ spielen, tanzen

Fla|min ⟨f.; -, -min|nen⟩ = *Flämin*

Flä|min ⟨f.; -, -min|nen⟩ *weibl. Flame;* oV *Flamin*

Fla|min|go ⟨m.; -s, -s; Zool.⟩ *Angehöriger einer Gattung der Regenpfeifervögel mit sehr langen Beinen, langem Hals, nach unten gebogenem Schnabel u. rosafarbenem od. rotem Gefieder: Phoenicopteri*

flä|misch ⟨Adj. 24⟩ **1** *zu den Flamen gehörend, sie betreffend, von ihnen stammend* • 1.1 ~e **Sprache** *zu den westgermanischen Sprachen zählende Form der niederländischen Sprache*

Flam|me ⟨f.; -, -n⟩ **1** *leuchtende Verbrennungserscheinung, hochschlagendes Feuer;* die ~n flackern, lodern, züngeln; ~ speien (Drache im Märchen); eine bläuliche, gelbe, helle ~; die ~n der Hölle • 1.1 in ~n geraten *zu brennen beginnen* • 1.2 ein Haus in ~n setzen *einen Brand anlegen* • 1.3 in ~n stehen *lichterloh brennen* • 1.4 in ~n aufgehen, ein Raub der ~n werden ⟨geh.⟩ *verbrennen* • 1.5 einen Toten den ~n übergeben ⟨geh.⟩ *einäschern* **2** ⟨fig.; geh.⟩ *heftige Erregung, starker Antrieb;* die ~ der Begeisterung, des Zorns • 2.1 dichterische ~ *schöpferischer Antrieb;* →a. *Feuer (5.2)* **3** ⟨fig.; umg.⟩ *Freundin, Geliebte, Angebetete* • 3.1 meine alte ~ ⟨fig.; umg.⟩ *frühere Geliebte, Jugendliebe* **4** ⟨Pl.; Jägerspr.⟩ *rote Augenhaut der Auer- u. Birkhähne*

flam|mend ⟨Adj.; fig.⟩ *leidenschaftlich, zündend;* eine ~e Rede halten; mit ~en Worten

Flam|men|meer ⟨n.; -(e)s, -e⟩ *riesige brennende Fläche;* die Stadt war ein einziges ~

Fla|nell ⟨m.; -(e)s, -e; Textilw.⟩ *weiches, beidseitig gerautes Gewebe aus Baumwolle, Zellwolle od. Wolle*

fla|nie|ren ⟨V. 405(h. od. s.); geh.⟩ *müßig auf u. ab gehen, bummeln, spazieren gehen;* durch die Straßen ~; sie flanierten am Ufer entlang

Flan|ke ⟨f.; -, -n⟩ **1** *Seite;* von der ~ kommen; die ~ des Gegners ⟨Mil.⟩ • 1.1 dem Feind in die ~ **fallen** ⟨Mil.⟩ *von der Seite her angreifen* • 1.2 ⟨Ballspiele⟩ *Zuspielen des Balles quer über das Spielfeld;* der Linksaußen schlug eine präzise ~ • 1.3 ⟨Turnen⟩ *seitlicher Sprung über ein Gerät mit Aufstützen der Hand;* eine ~ über Barren, Kasten, Pferd, Reck machen **2** *an der Seite gelegenes Teil* • 2.1 ⟨Zool.⟩ *seitliche Weichstelle am Rumpf;* die ~n des Pferdes zitterten • 2.2 ⟨Tech.⟩ *die Seite eines Zahnes von einem Zahnrad*

flan|kie|ren ⟨V. 500⟩ **1** jmdn. ~ *an jmds. Seite stehen, gehen* • 1.1 ~de **Maßnahmen** *unterstützende M.* **2** jmdn. od. etwas ~ ⟨Mil.⟩ *von der Seite decken* **3** Figuren ~ ⟨Schach⟩ *seitlich postieren od. entwickeln*

Fla|sche ⟨f.; -, -n⟩ **1** *Gefäß mit Hals zum Aufbewahren von Flüssigkeiten u. Gasen;* eine ~ entkorken, leeren, öffnen; diese ~ faßt zwei Liter; eine große, kleine, bauchige ~; Bier, Wein auf ~n füllen, ziehen; er trinkt gleich aus der ~; Weine in ~n; Kakao, Milch in ~n verkaufen; eine mit Milch, Sauerstoff, Sekt, Wasser, Wein gefüllte ~; dem Säugling die ~ geben; ein Kind, ein Tier mit der ~ großziehen • 1.1 oft zur ~ greifen *sich dem Trunk ergeben* **2** ⟨Techn.⟩ *Verbindung mehrerer neben- od. hintereinanderliegender Rollen beim Flaschenzug* **3** ⟨fig.; umg.⟩ *untauglicher, unsportlicher Mensch, Versager;* so eine ~!

Fla|schen|hals ⟨m.; -es, -häl|se⟩ **1** *schmaler Teil der Flasche zwischen Öffnung u. Bauch;* den ~ abbrechen **2** ⟨fig.⟩ *Engpass*

Fla|schen|zug ⟨m.; -(e)s, -zü|ge⟩ *Vorrichtung zum Heben schwerer Lasten bei geringem Kraftaufwand mittels eines Seiles, das über Rollen läuft*

flat|tern ⟨V. 400 od. 410⟩ *etwas flattert* **1** ⟨⟨s.⟩⟩ *mit schnellen Bewegungen der Flügel fliegen;* die Vögel flatterten aus dem Busch; ein Schmetterling flatterte von Blüte zu Blüte • 1.1 *die Flügel rasch bewegen;* der Kanarienvogel flatterte unruhig im Käfig **2** *rasch im Wind hin u. her bewegt werden, wehen;* die Wäsche flattert auf der Leine; die Fahnen, die Segel im Wind ~ lassen; mit ~dem Haar • 2.1 ⟨⟨s.⟩⟩ ein Brief flatterte mir heute auf den Tisch ⟨fig.; umg.⟩ *kam unerwartet, plötzlich* **3** ⟨fig.⟩ *sich unruhig bewegen, zittern;* sein Blick, Puls, Herz flatterte **4** ein **Rad** flattert ⟨umg.⟩ *bewegt sich um eine Achse senkrecht zur Laufrichtung hin u. her, führt unerwünschte Schwingungen aus*

flau ⟨Adj.⟩ **1** *schwach, matt, ohne Kraft, kraftlos;* ~e Farben • 1.1 das Negativ ist ~ *unterbelichtet, ohne Kontraste* • 1.2 der Wind wird ~er *der W. lässt nach* • 1.3 ⟨umg.⟩ *schwach, leicht übel (vor Hunger);* mir ist, wird ~ • 1.4 *abgestanden, fade;* die Suppe hat einen ~en Geschmack **2** ⟨Kaufmannsspr.⟩ *durch geringe Nachfrage od. fallenden Preis gekennzeichnet, lustlos;* die Geschäfte gehen ~; ~er Markt • 2.1 ~e **Börse** *B. mit geringer Umsatztätigkeit*

Flaum[1] ⟨m.; -s; unz.⟩ *Bauch- u. Nierenfett des Schweins*

Flaum[2] ⟨m.; -s; unz.⟩ **1** *zarte, feine Federn der Vögel unter dem äußeren Gefieder;* ~federn **2** *erster Bartwuchs;* der erste ~ auf der Oberlippe sprießt schon **3** *feines Haar;* ein Säugling mit zartem, blondem ~ auf dem Kopf **4** *feinhaariger, pelziger Überzug auf der Oberfläche von verschiedenen Früchten, Pflanzen u. Stoffen;* der ~ des Pfirsichs, Edelweißes

Flausch ⟨m.; -(e)s, -e⟩ *weicher, haariger Stoff aus Wolle od. Mischgewebe*

flau|schig ⟨Adj.⟩ *weich wie Flausch* (von Stoff, Wolle o. Ä.); ein ~er Teddy; dieser Stoff ist ~

Flau|se ⟨f.; -, -n; meist Pl.; umg.⟩ **1** *dummes Gerede, Unsinn, dumme Gedanken;* ich werde dir die ~n schon austreiben!; sie hat nur ~n im Kopf!; setz ihr keine ~n in den Kopf! **2** *Ausflüchte, Flunkereien;* das sind nur ~n!; mach keine ~n!

Flau|te ⟨f.; -, -n⟩ **1** ⟨Seemannsspr.⟩ *Windstille;* das Segelboot geriet in eine ~ **2** ⟨fig.; Kaufmannsspr.⟩ *Zeit, in der die Wirtschaft keinen od. geringen Absatz hat, Geschäftsstille;* in der Textilindustrie herrscht eine allgemeine ~ **3** ⟨fig.; allg.⟩ *niedergedrückte Stimmung, momentane Leistungsschwäche*

Flech|te ⟨f.; -, -n⟩ **1** ⟨geh.; veraltet⟩ *geflochtenes Haar, Zopf;* sie hat dicke, lange, schwarze ~n **2** ⟨Bot.⟩ *Organismus, der von in Symbiose miteinander lebenden Algen u. Pilzen gebildet wird: Lichen;* der Felsen war von ~n überwachsen **3** ⟨Med.⟩ *schuppiger Hautausschlag;* Borken~, Schuppen~; eine juckende, nässende, trockene ~

flech|ten ⟨V. 135/500⟩ **1** etwas ~ *mehrere Stränge aus biegsamem Material durch regelmäßiges Verschränken verknüpfen;* Blumen (zu Kränzen) ~; das lange Haar (zu Zöpfen, in Zöpfe) ~; warum flichst du dir ein Band ins Haar?; →a. *Rad (2.3)* **2** etwas ~ *durch Flechten herstellen;* Körbe, Rohrstühle, Matten ~; das Mädchen hat einen Kranz geflochten **3** ⟨550⟩ **Bemerkungen,** Zitate **in eine Rede,** ein Gespräch ~ ⟨fig.⟩ *einstreuen, einfließen lassen*

Fleck ⟨m.; -(e)s od. -en, -e od. -en⟩ **1** ⟨umg.⟩ *bestimmte Stelle, bestimmter Punkt, Platz;* es steht immer noch auf dem alten ~; wir mussten 2 Stunden auf einem ~ stehen; rühren Sie sich nicht vom ~! • **1.1** nicht vom ~ kommen ⟨fig.; umg.⟩ *nicht vorankommen;* er kommt mit seiner Arbeit nicht vom ~ • **1.2** vom ~ weg ⟨fig.; umg.⟩ *auf der Stelle, umgehend, sofort;* er hat sie vom ~ weg geheiratet • **1.3** das Herz am, auf dem rechten ~ haben ⟨fig.; umg.⟩ *mutig, beherzt sein* • **1.4** *kleinere Fläche, Stück Land(schaft);* das ist ein schöner ~ **2** *verschmutzte, verdorbene, verletzte, trübe, andersfarbige Stelle;* oV *Flecken (2);* deine Schürze hat schon wieder viele ~e bekommen; ~e entfernen (aus einem Kleidungsstück); der Spiegel hat einen trüben ~; nimm die Serviette, sonst wirst du ~e aufs Kleid bekommen; pass auf, dass du keine ~e in die neue Bluse bekommst; ich habe mich an der Tischkante gestoßen u. gleich davon einen blauen ~ bekommen; →a. *blind (1.1), gelb (1.2), Herz (2.6.3), weiß (4.1)* • **2.1** ⟨fig.⟩ *Makel;* einen ~ auf der Ehre haben • **2.1.1** er hat einen ~ auf seiner weißen Weste ⟨fig.; umg.⟩ *sein Ruf ist nicht makellos* **3** *Flicken;* ich muss einen großen ~ auf das Loch in deiner Hose aufsetzen **4** ⟨nur Pl.; Kochk.⟩ *zerschnittene Kaldaunen;* saure ~e

fle|cken ⟨V.⟩ **1** ⟨400⟩ etwas fleckt *nimmt sehr leicht Flecke an* **2** ⟨400⟩ **Arbeit** fleckt ⟨fig.; regional⟩ *geht rasch voran, von der Hand;* heute fleckt die Arbeit (nicht) **3** ⟨500⟩ etwas ~ ⟨oberdt.⟩ *flicken, ausbessern;* Schuhe ~

Fle|cken ⟨m.; -s, -⟩ **1** *größeres Dorf mit einzelnen städtischen Rechten, z. B. Marktrecht;* Markt~ **2** = *Fleck (2)*

fle|cken|los ⟨Adj.⟩ **1** *keine Flecke (mehr) aufweisend, sauber;* ~e Wäsche, eine ~e Tischdecke **2** ⟨fig.⟩ *tadellos, einwandfrei;* ~e Ehre; ein ~er Lebenswandel

fle|ckig ⟨Adj.⟩ **1** *voller Flecken, mit Flecken versehen, verschmutzt;* die Hose ist ~; ein ~es Tischtuch auswechseln **2** *gesprenkelt, gescheckt;* ein ~es Tierfell

fled|dern ⟨V. 500; Gaunerspr.⟩ Leichen ~ *ausrauben, plündern*

Fle|der|maus ⟨f.; -, -mäu|se; Zool.⟩ *Angehörige einer Ordnung überwiegend nachtaktiver Säugetiere, bei der zwischen den stark verlängerten Fingern u. den Hintergliedmaßen eine Flughaut ausgespannt ist: Chiroptera*

Fle|gel ⟨m.; -s, -⟩ **1** *Werkzeug zum Dreschen;* Dresch~ **2** ⟨fig.; abwertend⟩ *grober, unerzogener Mensch, Lümmel;* er ist ein unverschämter, richtiger ~

fle|hen ⟨V. 800; geh.⟩ **1** um etwas ~ *eindringlich u. demütig bitten;* um Hilfe ~; die Gefangenen flehten um Gnade, um ihr Leben; Gott erhörte sein Flehen; ein ~der Blick; ~d bat sie ihn … **2** zu jmdm. od. etwas ~ *beten;* zu Gott ~; er flehte zum Himmel

fle|hent|lich ⟨Adj.; geh.⟩ *inständig flehend, eindringlich;* jmdn. ~ bitten

Fleisch ⟨n.; -(e)s; unz.⟩ **1** *Muskelgewebe des menschlichen u. tierischen Körpers;* bloßliegendes ~ einer Wunde • **1.1** fest, straff im ~e sein *einen festen, straffen, gesunden Körper haben* • **1.2** vom ~(e) fallen *abmagern, sehr dünn werden* • **1.3** sich ins eigene ~ schneiden ⟨fig.⟩ *sich selbst schaden* • **1.4** er ist ~ von meinem ~e ⟨geh.⟩ *er ist mit mir blutsverwandt, er ist mein Sohn* • **1.5** sein eigen ~ und Blut ⟨geh.⟩ *sein Blutsverwandter, sein leibliches Kind* • **1.6** Menschen aus, von ~ und Blut *lebendige, lebensechte M.;* die Gestalten dieses Romans, Dramas sind Menschen aus, von ~ und Blut • **1.7** etwas geht jmdm. in ~ u. Blut über *wird jmdm. selbstverständlich, zur Gewohnheit;* dieser Handgriff muss dir in ~ und Blut übergehen; →a. *Pfahl (3)* • **1.8** auf den Bildern von Rubens ist viel ~ zu sehen ⟨umg.⟩ *viel nackter Körper* **2** ⟨fig.⟩ *der menschliche Körper, im Hinblick auf seine Ohnmacht u. Vergänglichkeit im Unterschied zu Geist u. Seele;* der Geist ist willig, aber das ~ ist schwach (Matth. 26, 41) • **2.1** ~ werden ⟨geh.⟩ *menschliche Gestalt annehmen, Mensch werden;* Gott, Christus ist ~ geworden **3** *essbare Teile des tierischen Körpers;* Koch~, Rind~, Schweine~; gebratenes, gehacktes, gekochtes, gepökeltes, geschabtes, fettes, mageres, rohes, zartes, zähes ~; ~ zum Kochen, zur Suppe; →a. *Fisch (1.4.2)* **4** *weiches, saftreiches Zellgewebe der Früchte;* Frucht~ **5** ⟨Typ.⟩ *Teil der Drucktype, der über das Schriftbild hinausragt u. durch den der Zwischenraum zwischen den Buchstaben zustande kommt* **6** ⟨Getrennt- u. Zusammenschreibung⟩ • **6.1** ~ fressend = *fleischfressend*

Fleisch|brü|he ⟨f.; -, -n⟩ *durch Auskochen von Fleisch od. Knochen entstandene Brühe;* Sy *Bouillon*

Flei|scher ⟨m.; -s, -⟩ *Handwerker, der Vieh schlachtet u. für die menschliche Ernährung verarbeitet;* Sy *Fleischhacker, Fleischhauer, Metzger, Schlächter (1), Schlachter*

Flei|sche|rei ⟨f.; -, -en⟩ *Ladengeschäft, in dem Fleisch u. Wurst verkauft wird;* Sy *Metzgerei*

Flei|sche|rin ⟨f.; -, -rin|nen⟩ *weibl. Fleischer*

Flei|sches|lust ⟨f.; -, -lüs|te⟩ *Sinnengenuss, Sinnenfreude, bes. geschlechtlicher Art*

fleisch|fres|send *auch:* **Fleisch fres|send** ⟨Adj. 24; Biol.⟩ *sich von Fleisch ernährend;* ~e Pflanzen, Tiere

Fleisch|ha|cker ⟨m.; -s, -; österr.⟩ = *Fleischer*

Fleisch|hau|er ⟨m.; -s, -; österr.⟩ = *Fleischer*

flei|schig ⟨Adj. 24/70⟩ **1** *viel Fleisch enthaltend, üppig, dick;* ein ~es Gesicht; sie hat eine ~e Nase; ihre Hände sind ~ **2** *reich an Fruchtfleisch;* die Pfirsiche sind sehr ~

fleisch|lich ⟨Adj. 24⟩ **1** *leiblich, aus Fleisch bestehend* **2** ⟨fig.⟩ *sinnlich (bes. hinsichtlich des Geschlechtstriebes);* ~e Begierden, Genüsse

Fleisch|wolf ⟨m.; -(e)s, -wöl|fe⟩ *Maschine zum Zerkleinern von Fleisch;* Sy *Wolf (4)*

Fleiß ⟨m.; -es; unz.⟩ **1** *tatkräftiges Streben nach einem Ziel, Eifer u. Sorgfalt;* eiserner, emsiger, unermüdlicher ~; ~ auf etwas verwenden • **1.1** ohne ~ kein Preis ⟨Sprichw.⟩ *jedes Ziel muss erarbeitet werden* • **1.2** etwas mit ~ tun ⟨veraltet⟩ *mit Absicht*

flei|ßig ⟨Adj.⟩ **1** *arbeitsam, strebsam, eifrig, seine Zeit nutzend;* Ggs *faul (4);* ~ arbeiten, studieren; er ist sehr ~; ein ~er Junge, Arbeiter; ~e Bienen; ~e Hände **2** ⟨90; umg.⟩ *regelmäßig, oft, häufig;* Museen, Vorlesungen ~ besuchen; ~ trinken, spazieren gehen **3** *Fleiß beweisend;* eine ~e Arbeit **4** Fleißiges Lieschen ⟨Bot.⟩ *fast ununterbrochen blühende krautige Zierpflanze mit roten Blüten: Impatiens sultani*

flek|tie|ren ⟨V. 500⟩ **1** ein **Wort** ~ ⟨Gramm.⟩ *durch Flexion verändern;* Sy *beugen (6)* • **1.1** *konjugieren* (von Verben) • **1.2** *deklinieren* (von Nomen) **2** ~de **Sprachen** *S., die die grammatische Beziehung im Satz durch Flexion ausdrücken (im Gegensatz zu agglutinierenden u. isolierenden Sprachen)*

flet|schen ⟨V. 500; nur in der Wendung⟩ die **Zähne** ~ *entblößen, blecken, zeigen;* der Wolf, Hund hat die Zähne gefletscht

fle|xi|bel ⟨Adj.⟩ **1** ein **Gegenstand** ist ~ *biegsam, nachgiebig, elastisch;* flexible Bucheinbände **2** jmd. ist ~ *an veränderte Umstände anpassungsfähig* **3** **Wörter** sind ~ ⟨Gramm.⟩ *flektierbar*

Fle|xi|on ⟨f.; -, -en⟩ **1** ⟨Gramm.⟩ *Veränderung der Wortform nach Kasus, Genus, Numerus, Person u. Tempus;* Sy *Beugung* • **1.1** ~ von **Nomen** *Deklination* • **1.2** ~ von **Verben** *Konjugation*

fli|cken ⟨V. 500⟩ etwas ~ *ausbessern;* Fahrradreifen, Kleidung, Strümpfe, Wäsche ~; →a. *Zeug (2.1.1)*

Fli|cken ⟨m.; -s, -⟩ *kleines Stück Stoff, Leder u. Ä. zum Ausbessern;* einen ~ aufsetzen, einsetzen; seine Hose hatte ~

Flie|der ⟨m.; -s; unz.; Bot.⟩ **1** *einer Gattung südosteuropäisch-asiatischer Ölbaumgewächse angehörender Strauch mit großen, stark duftenden Blütenrispen:* Syringa • **1.1** der **Gemeine** ~ *Strauch mit herzförmigen Blättern u. veilchenblauen, violetten od. weißen (oft gefüllten) Blüten:* Syringa vulgaris; im Garten steht, duftet der ~ **2** *blühende Zweige von diesem Strauch;* ein Strauß ~ **3** ⟨regional⟩ = *Schwarzer Holunder,* → *schwarz (2.18)*

Flie|ge ⟨f.; -, -n⟩ **1** ⟨Zool.⟩ *Angehörige einer in zahllosen Arten über die ganze Erde verbreiteten Unterordnung der Zweiflügler, gedrungene Insekten mit meist kurzen, dreigliedrigen Fühlern:* Brachycera • **1.1** sie starben wie die ~n ⟨umg.⟩ *massenweise* • **1.2** sie fielen wie die ~n um ⟨umg.⟩ *sie wurden massenweise ohnmächtig* • **1.3** er tut keiner ~ etwas zuleide ⟨fig.⟩ *er ist ein gutmütiger Mensch* • **1.4** sich über die ~ an der Wand ärgern ⟨fig.⟩ *sich über vollkommen unbedeutende Kleinigkeiten ärgern* • **1.5** zwei ~n mit einer Klappe schlagen, auf einen, mit einem Schlag treffen ⟨a. fig.⟩ *durch eine Bemühung gleich zwei Ziele erreichen* **2** *Ding, das wie eine Fliege (1) aussieht;* künstliche ~ (als Köder an der Angel) • **2.1** *zur quer stehenden Schleife gebundene schmale, steife Krawatte* • **2.2** *kleines Bärtchen am Kinn od. auf der Oberlippe* • **2.3** ⟨Schneiderei⟩ *mit Knopflochseide gesticktes Dreieck als Abschluss von Falten u. Nähten*

flie|gen ⟨V. 136⟩ **1** ⟨400(s.)⟩ etwas fliegt *bewegt sich durch eigene Kraft in der Luft fort;* diese Maschine fliegt nach Barcelona; das Flugzeug ist in einer Höhe von 10 000 Metern geflogen; die Schwalben sind nach Süden geflogen; das Fliegen lernen; beim Fliegen abstürzen; im Fliegen **2** ⟨400 od. 410⟩ *mit dem Flugzeug reisen;* bis Berlin fliegt man etwa zwei Stunden; nach Rom ~ **3** ⟨500⟩ ein **Flugzeug** ~ *führen, lenken* **4** ⟨500⟩ jmdn. od. etwas ~ *mit dem Flugzeug befördern;* Passagiere nach Rom ~; die Verwundeten wurden vom Feldlazarett in die Heimat geflogen **5** ⟨411⟩ etwas fliegt *wird geschleudert;* ein Stein flog durchs Fenster; die Türe flog ins Schloss; in die Höhe ~ • **5.1** in die Luft ~ ⟨fig.; umg.⟩ *explodieren* **6** ⟨400(s.)⟩ *sich rasch bewegen;* ich komme schon, ich fliege!; sein Blick flog rasch über die Anwesenden • **6.1** ⟨611⟩ jmdm. um den **Hals** ~ *jmdn. rasch, heftig umarmen* • **6.2** mit ~der Feder ⟨fig.⟩ *eilig, eifrig* • **6.3** in ~der Eile, Hast *sehr eilig, hastig* **7** ⟨400(s.)⟩ etwas fliegt *bewegt sich hin u. her, flattert;* ihre Haare flogen im Wind • **7.1** mit ~den Rockschößen eilte er davon ⟨fig.⟩ *sehr schnell* • **7.2** mit ~den Fahnen zu etwas od. jmdm. übergehen ⟨umg.; fig.⟩ *plötzlich seinen Standpunkt wechseln, sich einer anderen Meinung anschließen* • **7.3** ⟨fig.⟩ *unruhig, unstet bewegt sein;* ihr Puls fliegt; sie flog am ganzen Körper; mit ~den Händen; ~der Puls **8** ⟨411(s.); fig.; umg.⟩ *hinausgeworfen, fristlos entlassen werden;* aus seiner Stellung ~; von der Schule ~ **9** ⟨400(s.); umg.⟩ *fallen;* sie ist gestern von der Leiter geflogen; in Stücke ~ • **9.1** ⟨800⟩ **durchs Examen** ~ ⟨fig.⟩ *durchfallen, das E. nicht bestehen* **10** ⟨800(s.)⟩ **auf jmdn.** od. **etwas** ~ ⟨fig.; umg.⟩ *von jmdm. od. etwas stark angezogen werden;* auf ihn ~ alle Mädchen

flie|gend 1 ⟨Part. Präs. von⟩ *fliegen* **2** ⟨Adj. 24/60⟩
• **2.1** *zum Fliegen befähigt* • **2.1.1** Fliegender **Drache** *baumbewohnende Echse in Südostasien, die mit aufstellbaren Hautfalten an den Körperseiten Gleitflüge machen kann:* Draco volans • **2.1.2** Fliegende **Fische** *Gruppe von Fischen mit verbreiterten Brust- u. Bauchflossen, die bei Verfolgung durch Raubfische aus dem Wasser schnellen:* Exocoëtidae • **2.1.3** Fliegender **Hund** *Angehöriger einer Gruppe der Fledermäuse mit verlängerter Schnauze:* Pteropus vampyrus • **2.1.4** ~e **Untertasse** *angeblich gesichteter Flugkörper von einem anderen Planeten* • **2.1.5** ~es **Personal** *P. an Bord eines Flugzeuges* • **2.2** ~e **Blätter** *lose, einzelne B.;* das Schulbuch besteht nur noch aus ~en Blättern • **2.3** ~er **Händler** *H. ohne festen Stand, H. auf Messen u. Märkten* • **2.4** ~e **Hitze** *plötzlich auftretende Hitzewelle im Körper* • **2.5** ~er **Sommer** = *Altweibersommer* • **2.6** Fliegender **Holländer** *mit einem gespenstischen Schiff umherfahrender Seemann (Sagengestalt);* Der Fliegende Holländer (Oper von Richard Wagner) • **2.7** ~er **Start** *S. mit Anlauf*

Flie|ger ⟨m.; -s, -⟩ **1** *Tier, das fliegen kann;* die Möwen sind im Unterschied zu den Fasanen gute ~ 2 *Führer eines Flugzeugs;* Sy Pilot; er wollte gerne ~ werden 3 ⟨umg.⟩ *Angehöriger der Luftwaffe;* zu den ~n eingezogen werden • 3.1 ⟨Mil.⟩ *Soldat der Luftwaffe mit dem niedrigsten Dienstgrad* 4 ⟨umg.⟩ *Flugzeug;* am Himmel waren ~ zu sehen 5 ⟨Radsp.⟩ *Rennfahrer für kurze Strecken ohne Schrittmacher;* Sy Steher (1) 6 *Rennpferd für kurze Strecken;* Ggs Steher (2) 7 *kleinstes, vorderstes Vormastsegel*

flie|hen ⟨V. 137⟩ 1 ⟨400(s.)⟩ *sich aus Furcht od. Freiheitsdrang rasch u. heimlich entfernen, die Flucht ergreifen, entweichen, ausreißen, davonlaufen;* der Gefangene ist geflohen; er ist ins Ausland geflohen; vor etwas od. jmdm. ~ 1.1 ⟨411⟩ **zu jmdm.** ~ *bei jmdm. Schutz suchen* • 1.2 die **Zeit** flieht ⟨fig.⟩ *vergeht rasch* 2 ⟨500⟩ **jmdn.** od. eine **Sache** ~ ⟨geh.⟩ *meiden, sich von jmdm. od. einer Sache fernhalten, jmdm. od. einer Sache ausweichen;* die Gesellschaft anderer ~

Flie|se ⟨f.; -, -n⟩ *Wand- od. Fußbodenplatte aus Stein, Steingut, Porzellan, Kunststoff;* ~n legen; einen Raum mit ~n auslegen

Fließ|band ⟨n.; -(e)s, -bän|der⟩ *langsam laufendes Band, auf dem Werkstücke von einem Arbeitsgang zum andern befördert werden;* Sy laufendes Band, → laufen (2.2.1); am ~ arbeiten; Autos rollen vom ~; den ganzen Tag am ~ stehen

flie|ßen ⟨V. 138/400(s.)⟩ *etwas* fließt 1 *sich gleichmäßig u. ohne Stocken fortbewegen;* der Bach fließt langsam, rasch, träge; der Fluss fließt durch mehrere Länder; der Fluss fließt ins Meer; aus der Wunde floss Blut; bei dem Aufstand ist sehr viel Blut geflossen; der Schweiß floss mir übers Gesicht; die Tränen flossen ihr über die Wangen • 1.1 Zimmer mit ~dem **Wasser** *mit Anschluss an die Wasserleitung* • 1.2 ~der **Verkehr** *Straßenverkehr, bei dem sich Fahrzeuge in Bewegung befinden;* Ggs ruhender Verkehr, → ruhen (1.38) • 1.3 ~de **Fertigung** *Herstellung am Fließband* 2 ⟨413⟩ *fig.) ohne Stocken, rasch zusammenkommen, hervorkommen;* die Spenden flossen reichlich; sein Redestrom floss unaufhörlich • 2.1 ⟨613⟩ die Worte flossen mir leicht aus der Feder *es machte mir keine Mühe, meine Gedanken schriftlich zu formulieren* • 2.2 eine Sprache ~d sprechen *geläufig, leicht, flüssig* 3 ⟨geh.⟩ *(in weichen Linien) fallen;* das Haar floss ihr in weichen Wellen über die Schultern; ein ~des Gewand; ~de Seide

Flim|mer ⟨m.; -s, -⟩ 1 ⟨unz.⟩ *zitternder Lichtschein* 2 ⟨fig.⟩ *wertloser Glanz, Scheinglanz* 3 ⟨Geol.⟩ *Flimmerstein* 4 ⟨nur Pl.⟩ *zarter Zellenfortsatz an einzelligen Tieren*

flim|mern ⟨V.⟩ 1 ⟨400⟩ *unruhig glänzen, funkeln, glitzern;* die Sterne ~; das Wasser flimmert in den Sonnenstrahlen; es flimmert mir vor den Augen; ein Flimmern vor den Augen haben • 1.1 ⟨400⟩ *sich immer wieder aufleuchtend, zitternd bewegen;* die Luft flimmert (vor Hitze); der Film flimmert 2 ⟨500⟩ **etwas** ~ ⟨regional⟩ *blankputzen;* den Fußboden, die Wohnung ~

flink ⟨Adj.⟩ 1 *rasch, schnell;* ~ arbeiten • 1.1 ein bisschen ~! ⟨umg.⟩ *schnell!, beeil dich!* • 1.2 sie ist immer ~ bei der Hand *greift rasch zu, ist hilfsbereit* 2 *geschickt, gewandt, behände;* ein ~er Junge, ~es Mädchen; ~e Hände haben; eine ~e Zunge, ein ~es Mundwerk haben; etwas mit ~en Händen tun

Flin|te ⟨f.; -, -n⟩ 1 ⟨urspr.⟩ *Gewehr mit Feuersteinschloss, das Mitte des 16. Jh. in Frankreich aufkam* 2 *Jagdgewehr mit glattem Lauf zum Schießen mit Schrot;* Jagd~; die ~ laden, reinigen 3 die ~ ins Korn werfen ⟨fig.⟩ *etwas aufgeben, den Mut verlieren*

Flip ⟨m.; -s, -s⟩ 1 *alkoholisches Mischgetränk mit Zucker u. Ei* 2 ⟨Sp.⟩ *Sprung im Eiskunstlauf;* einen Doppel~ springen

Flip|per ⟨m.; -s, -s⟩ *Spielautomat, bei dem eine Metallkugel in ein leicht abschüssiges Spielfeld geschleudert u. dort zwecks Erreichen einer hohen Punktzahl möglichst lange hin- u. hergeschossen wird*

flir|ren ⟨V. 400⟩ *etwas* flirrt 1 *flimmert, glänzt;* ein Glühwürmchen flirrte in der Nacht 2 *schwirrt, surrt;* die Lieder flirrten durch die Luft zu uns herüber

Flirt ⟨[flœːt], eindeutschend [flɪrt] m.; -s, -s⟩ 1 *das Flirten, das Necken u. Spaßen (mit dem anderen Geschlecht), Bekunden erotischer Zuneigung* 2 *kurze Liebschaft, unverbindliches Liebesabenteuer;* aus dem Urlaubs~ entstand eine langjährige Beziehung

flir|ten ⟨[flœːtən], eindeutschend [flɪrtən] V. 405⟩ (mit **jmdm.**) ~ *(dem anderen Geschlecht gegenüber) mit Worten u. Blicken sein Interesse spielerisch zu erkennen geben, seine erotische Zuneigung (zu jmdm.) bekunden*

Flitt|chen ⟨n.; -s, -; abwertend⟩ *Frau (od. junges Mädchen), der häufig wechselnde intime Beziehungen zu Männern nachgesagt werden;* sie hat sich die ganze Nacht mit diesem ~ herumgetrieben

Flit|ter ⟨m.; -s, -⟩ 1 *kleine, glänzende Metallstückchen (zum Aufnähen auf Kleider), Glitzerschmuck;* ein Kleid mit glänzendem, aufgenähtem ~; billige ~ funkelten 2 ⟨unz.; fig.⟩ *Unechtes, Tand, Scheinglanz, unechter Glanz;* das ist alles nur ~

Flit|ter|wo|chen ⟨Pl.⟩ *die ersten Wochen der Ehe;* die ~ am Meer verbringen

flit|zen ⟨V. 410 od. 411(s.); umg.⟩ *sehr schnell laufen od. fahren, rennen, sausen;* die Kinder ~ über die Straße; die Eidechsen flitzten hin und her; er ist mit seinem Motorboot über den See geflitzt; Autos ~ über die Autobahn

Flo|cke ⟨f.; -, -n⟩ 1 *lockere kleine Masse aus Eiskristallen;* Schnee~; die ~n fallen, wirbeln; der Schnee fällt in dichten ~n 2 *kleines Büschel aus Fasern od. Schaum;* ~n von Baumwolle, Schafwolle, Watte 3 ⟨meist Pl.⟩ *Hafer, Kartoffel u. a. in Blättchenform;* Hafer~n, Kartoffel~n 4 *lockerer Bodensatz* 5 *heller od. dunkler Fleck im Fell von Haustieren, bes. am Kopf, auch an den Füßen*

Floh ⟨m.; -(e)s, Flöhe⟩ 1 *flügelloses, bis 3 mm langes, seitlich abgeplattetes Insekt mit kräftigen Sprungbeinen u. stechend-saugenden Mundwerkzeugen, lebt als zeitweiliger Außenparasit blutsaugend auf Vögeln u. Säugetieren: Aphaniptera, Siphonaptera;* Flöhe fangen, knacken (töten); lieber einen Sack Flöhe hüten

flöhen

als das (tun)! • 1.1 die Flöhe husten hören ⟨fig.; umg.⟩ *überklug, spitzfindig sein* • 1.2 jmdm. einen ~ ins Ohr setzen ⟨fig.; umg.⟩ *jmdm. etwas sagen, was dem Betreffenden keine Ruhe mehr lässt* **2** ⟨nur Pl.; umg.⟩ *Geld*

flö|hen ⟨V. 500⟩ **1** ⟨Vr 8⟩ ein **Tier** ~ *einem T. Flöhe ablesen; die Affen haben sich geflöht; er flöhte einen Hund* **2** jmdn. ~ ⟨fig.; umg.⟩ *um Geld betrügen*

Floh|markt ⟨m.; -(e)s, -märk|te⟩ *Markt, auf dem Altwaren (Kleider, Möbel, Geschirr, Bücher u. Ä.) zum Verkauf angeboten werden, Trödelmarkt*

Flop ⟨m.; -s, -s; umg.⟩ *Misserfolg, Reinfall, Fehlschlag; diese Unternehmung, Investition war ein* ~

Flor[1] ⟨m.; -s, -⟩ **1** *alle Blüten einer Pflanze, Blumenfülle* **2** ⟨fig.⟩ *Zierde, Schmuck, Gedeihen* • 2.1 in ~ *in voller Blüte*

Flor[2] ⟨m.; -s, -⟩ **1** *dünner Seidenstoff* **2** *Schleier* **3** *haarige, wollige Oberschicht von Teppichen, Plüsch u. Samt* **4** *schwarzer Seidenstreifen um den Ärmel od. am Rockaufschlag als Zeichen der Trauer;* Trauer~

Flo|ra ⟨f.; -, Flo|ren⟩ **1** *Pflanzenreich;* →a. *Fauna* **2** *systematische Beschreibung der Pflanzenwelt* **3** *Buch zum Bestimmen von Pflanzen*

Flo|rett ⟨n.; -(e)s, -e; Sp.⟩ **1** *lange Stoß- u. Stichwaffe* • 1.1 ⟨Sportfechten⟩ *Stoßwaffe mit langer Klinge für Damen u. Herren*

flo|rie|ren ⟨V. 400⟩ **1** *Pflanzen* ~ *blühen, gedeihen* **2** ⟨fig.⟩ *Unternehmen, Geschäft* ~ *entwickeln sich gut, bringen Gewinn*

Flos|kel ⟨f.; -, -n⟩ *leere Redensart, Formel;* Höflichkeits~

Floß ⟨n.; -es, Flö|ße⟩ *flaches Wasserfahrzeug aus zusammengebundenen Baumstämmen o. ä. Schwimmkörpern; ein* ~ *bauen; auf, mit dem* ~ *fahren*

Flos|se ⟨f.; -, -n⟩ **1** *abgeplattetes, breites Bewegungs- u. Steuerorgan der Fische u. im Wasser lebender Säugetiere, z. B. Wale u. Robben;* paarige ~n; *die* ~n *des Seehundes* **2** *ein dem Gänsefuß ähnelnder Gummischuh, der mit einer Fersenband am Fuß gehalten wird u. der eine schnellere, mit geringerem Kraftaufwand verbundene Fortbewegung im u. unter Wasser ermöglicht* **3** *fest stehender Steuerungsteil bei Flugzeugen, Torpedos u. a.* **4** ⟨fig.; umg.; scherzh.⟩ *Hand;* ~n weg! **5** ⟨fig.; umg.; scherzh.⟩ *Fuß*

Flö|te ⟨f.; -, -n⟩ **1** *Blasinstrument aus Holz od. einer Silberlegierung mit einem Rohr od. mehreren nebeneinanderliegenden Rohren, längs od. seitlich angeblasen;* Block~, Hirten~, Pan~, Piccolo~, Quer~; ~ *spielen* **2** *Orgelstimme* **3** *schmales, hohes Trinkglas;* Sekt~

flö|ten ⟨V. 402⟩ **1** *Flöte blasen; die Schülerinnen flöteten zwei Musikstücke; sie hat heute nicht geflötet* **2** *pfeifen, in hohen Tönen flötenähnlich singen; der Wasserkessel flötet; die Vögel* ~ *im Wald* **3** ⟨fig.⟩ *häufig abwertend⟩ in hohen Tönen einschmeichelnd sprechen; ihre* ~de *Stimme erklang aus dem Flur* **4** ~ **gehen** • 4.1 *verlorengehen, abhandenkommen; seine guten Vorsätze sind* ~ *gegangen* • 4.2 *entzweigehen, zerbrechen; bei der Feier sind drei Gläser* ~ *gegangen*

Flö|ten|ton ⟨m.; -(e)s, -tö|ne; Mus.⟩ **1** *auf der Flöte geblasener Ton; ein heller* ~ **2** jmdm. die Flötentöne beibringen ⟨fig.; umg.; scherzh.⟩ *jmdn. zurechtweisen, Höflichkeit lehren*

flott ⟨Adj.⟩ **1** ⟨umg.⟩ *flink, rasch, ohne Unterbrechung;* ~er Absatz einer Ware; ~ *arbeiten, bedienen, lesen, marschieren, spielen; das Musikstück geht (nach einigem Üben) jetzt recht* ~; *mach bitte ein bisschen* ~!; *aber bitte etwas* ~! • 1.1 ~ gehen *schnell gehen;* ⟨aber Getrennt- u. Zusammenschreibung⟩ ~ **gehen** = *flottgehen* • 1.2 *schwungvoll; ein* ~er *Dialog (im Theaterstück)* **2** ⟨umg.⟩ *schick, elegant; ein* ~er *Hut,* ~es *Kleid* **3** ⟨umg.⟩ *leichtlebig, unbekümmert, verschwenderisch; ein* ~es *Leben führen;* ~ *leben; ein* ~er *Bursche, Kerl* **4** ⟨40; Seemannsspr.⟩ *frei schwimmend u. fahrbereit; das Schiff ist wieder* ~ **5** ⟨Getrennt- u. Zusammenschreibung⟩ • 5.1 ~ ge**schrie**ben = *flottgeschrieben*

Flot|te ⟨f.; -, -n⟩ **1** *alle Schiffe eines Staates;* Handels~, Kriegs~; *die deutsche, spanische* ~ **2** *größerer Verband von Schiffen;* Mittelmeer~, Schwarzmeer~ **3** *Flüssigkeit zur Behandlung von Textilien;* Bleich~, Färbe~, Wasch~

Flot|ten|ver|band ⟨m.; -(e)s, -bän|de; Mil.⟩ *gemeinsam operierende Gruppe von Kriegsschiffen*

flott∥ge|hen *auch:* **flott ge|hen** ⟨V. 145/500⟩ *gut verlaufen, gelingen; das Geschäft wird im nächsten Jahr wieder* ~; *das Musikstück geht (nach einigem Üben) jetzt recht flott;* →a. *flott (1.1)*

flott∥ge|schrie|ben *auch:* **flott ge|schrie|ben** ⟨Adj.⟩ *gut geschrieben; der Aufsatz ist* ~

Flot|til|le ⟨a. [-tıljə] f.; -, -n; Mil.⟩ *Verband kleiner Kriegsschiffe*

flott∥ma|chen ⟨V. 500⟩ **1** ein **Schiff** (nach dem Auflaufen) ~ ⟨Seemannsspr.⟩ *wieder schwimmfähig machen* **2** *etwas* ~ ⟨fig.⟩ *wieder in Gang bringen; er hat den Betrieb wieder flottgemacht;* ⟨aber Getrenntschreibung⟩ flott machen → *flott (1)*

Flöz ⟨n.; -es, -e⟩ *Schicht abbaufähiger Mineralien od. Gesteine*

Fluch ⟨m.; -(e)s, Flü|che⟩ **1** *im Zorn gesprochenes Kraftwort; einen* ~ *aussprechen, unterdrücken; ein böser, derber, entsetzlicher, wilder* ~ **2** ⟨unz.⟩ *folgenschwere Verwünschung, Wunsch für Unheil;* ~ *über dich!* **3** ⟨unz.⟩ *Unheil, Verderben als Strafe Gottes; das des ist der* ~ *der bösen Tat, dass sie fortzeugend immer Böses muss gebären* (Schiller, „Die Piccolomini" 5,1); *ein* ~ *lastete auf der Familie*

flu|chen ⟨V.⟩ **1** ⟨400⟩ *einen Fluch od. Flüche ausstoßen; er fluchte entsetzlich, derb; wie ein Kesselflicker* ~ ⟨umg.⟩ **2** ⟨800⟩ **auf, über jmdn.** od. **etwas** ~ *derb, unflätig schimpfen; er fluchte auf seine Familie; oft hat er über das schlechte Essen geflucht* **3** ⟨600/Vr 6⟩ jmdm. ~ ⟨veraltet; geh.⟩ *jmdn. verwünschen; er fluchte diesem unseligen Augenblick*

Flucht[1] ⟨f.; -, -en⟩ **1** ⟨unz.⟩ *das Fliehen, rasches Davonlaufen, Entweichen (vor dem Feind); die* ~ *ergreifen; der Verbrecher wurde auf der* ~ *erschossen; auf der* ~ *sein; sich der Bestrafung durch die* ~ *entziehen; der Feind jagte, stürmte in wilder* ~ *davon; jmdn. in* die ~ jagen, schlagen; die ~ nach Ägypten ⟨bibl.⟩ • 1.1 die ~ nach vorn antreten ⟨fig.⟩ *statt einer erwarteten Verteidigung einen Angriff führen* **2** ⟨Jägerspr.⟩ *weiter Sprung (des Schalenwildes);* in hohen, langen ~en abspringen

Flucht² ⟨f.; -, -en⟩ **1** *durchgehende gerade Linie, in der gleichartige Gebäude od. Teile davon aneinandergereiht sind;* Häuser~; die Häuser stehen in einer ~; die Zimmer liegen in einer ~ hintereinander **2** *gerade Reihe, Aufeinanderfolge (von Zimmern);* Zimmer~; eine ~ von vier Zimmern **3** *Schar fliegender Vögel*

flüch|ten ⟨V.⟩ **1** ⟨400(s.)⟩ *fliehen, vor einer drohenden Gefahr die Flucht¹ ergreifen;* er musste eilig, plötzlich, Hals über Kopf ~; er ist in die Wälder, zu seinem Sohn, ins Ausland geflüchtet **2** ⟨511/Vr 3⟩ **sich in, an** einen **Ort** ~ *sich durch Flucht¹ retten, Schutz, Zuflucht suchen;* die Katze flüchtete sich auf einen Baum; das Kind flüchtet sich in die Arme der Mutter; ich habe mich vor dem Unwetter in ein Haus geflüchtet

flüch|tig ⟨Adj.⟩ **1** ⟨70⟩ *auf der Flucht befindlich, entflohen;* einen ~en Verbrecher wieder einfangen; der Gefangene ist ~ • **1.1 Haarwild** ist ~ ⟨Jägerspr.⟩ *flieht schnell* **2** *eilig, schnell;* jmdm. einen ~en Besuch abstatten; jmdm. einen ~en Kuss geben • **2.1** *oberflächlich, ungenau;* ein ~er Bericht; eine ~e Arbeit; eine ~e Bekanntschaft; jmdn. nur ~ kennen; einen ~en Blick auf etwas werfen; einen ~en Eindruck von einem Menschen, einer Stadt usw. bekommen; nach ~er Prüfung; sich eine Sache nur ~ ansehen; ~ arbeiten, schreiben, lesen **3** ⟨60; geh.⟩ *rasch, vorübergehend, vergänglich;* der ~e Augenblick; für ein paar ~e Stunden bei jmdm. (zu Besuch) sein **4** ⟨Chem.⟩ *leicht verdunstend;* ~e Fettsäuren **5** ⟨Bgb.⟩ *brüchig*

Flücht|ling ⟨m.; -s, -e⟩ *jmd., der flieht, flüchtet od. geflohen, geflüchtet ist;* politischer ~

Flug ⟨m.; -(e)s, Flü|ge⟩ **1** *das Fliegen, Fortbewegung in der Luft;* zum ~ ansetzen • **1.1** ⟨fig.⟩ *Aufschwung;* Gedanken~; der hohe ~ der Gedanken, des Geistes • **1.2 im** ~(e) *in der Luft;* im ~(e) etwas auffangen, erhaschen; einen Vogel im ~(e) schießen, treffen • **1.2.1 im** ~(e) ⟨fig.⟩ *in großer Eile, sehr schnell;* die Zeit verging (wie) im ~(e) **2** *Fortbewegung im Flugzeug, Reise im Flugzeug;* hast du einen guten ~ gehabt?; ein ruhiger, unruhiger, stürmischer ~; auf dem ~ nach Rom sein; der ~ von Berlin nach Rom **3** ⟨Jägerspr.⟩ *mehrere Ketten von Flugwild*

Flug|blatt ⟨n.; -(e)s, -blät|ter⟩ *meist sehr kurzfristig herausgegebener Druckschrift im Umfang von ein, zwei Seiten, die entweder der politischen u. sozialen Propaganda od. der Wirtschaftswerbung dient u. große Verbreitung hat;* Sy Flugschrift; ein ~ bekommen, finden, verfassen; Flugblätter verteilen, drucken

Flü|gel ⟨m.; -s, -⟩ **1** *zum Fliegen dienender Körperteil der Vögel, Insekten u. a. Tiere;* einem Vogel die ~ beschneiden, stutzen; mit den ~n schlagen; auf den ~n des Geistes, der Fantasie, der Poesie, des Traumes ⟨fig.⟩ • **1.1** jmdm. die ~ beschneiden ⟨fig.⟩ *jmds.*

Freiheit einschränken, jmdm. den Schwung nehmen • **1.2** die ~ hängen lassen ⟨fig.⟩ *mutlos sein* • **1.3** er hat sich die ~ verbrannt ⟨fig.⟩ *ist an einem zu kühnen Plan gescheitert, hat sich dabei selbst geschadet* • **1.4** der Gedanke verleiht mir ~ ⟨fig.⟩ *gibt mir Mut u. Schwung* **2** ⟨umg.⟩ *stromlinienförmig gestaltete Tragfläche des Flugzeugs* **3** *treibende Fläche des Windrades, Treibrades, der Flügelschraube u. Ä.* • **3.1** ⟨Bot.⟩ *häutiger Frucht- u. Samenanhang zur Verbreitung durch den Wind* **4** *seitlicher Teil eines mehrteiligen Gegenstandes;* Altar~, Fenster~, Lungen~, Tür~ • **4.1** *länglicher Anbau, Seitenbau eines Gebäudes;* der rechte, linke ~ des Schlosses • **4.2** ⟨Bot.⟩ *eines der beiden seitlichen Blumenblätter der Schmetterlingsblüte* **5** ⟨Mil.; Sp.⟩ *außen aufgestellte Einheit einer Truppe od. Mannschaft* **6** *in Form eines Vogelflügels gebautes Klavier mit waagerecht liegenden Saiten;* Konzert~; die Sängerin wurde am ~ begleitet

flü|gel|lahm ⟨Adj.⟩ **1** *infolge eines gebrochenen od. angeschossenen Flügels flugunfähig;* eine ~e Ente **2** ⟨fig.⟩ *schwunglos, mutlos;* er ist ~ geworden

Flü|gel|schlag ⟨m.; -(e)s, -schlä|ge⟩ *Bewegung mit dem Flügel;* kurze, langsame, schnelle Flügelschläge

flüg|ge ⟨Adj. 24⟩ **1** *flugfähig (von jungen Vögeln);* die Storchenjungen sind ~ **2** ⟨fig.; umg.⟩ *selbstständig, nicht mehr (so eng) ans Elternhaus gebunden;* die Kinder sind heute früher ~ als vor zwanzig Jahren

Flug|ha|fen ⟨m.; -s, -hä|fen⟩ *größere Anlage für den öffentlichen Luftverkehr, die zum Starten, Landen u. Unterbringen von Flugzeugen sowie zum Abfertigen von Personen, Fracht u. Post genutzt wird;* ziviler, militärischer, internationaler ~; einen ~ anfliegen; sie traf auf dem Frankfurter ~ ein

Flug|platz ⟨m.; -es, -plät|ze⟩ *nicht dem öffentlichen Luftverkehr dienender kleinerer Flughafen;* der ~ liegt 20 km von der Stadt entfernt; ein ~ für Segelflugzeuge

flugs ⟨Adv.; veraltet⟩ *eilends, schnell;* sie öffnete ~ den Koffer

Flug|schrift ⟨f.; -, -en⟩ = Flugblatt

Flug|zeug ⟨n.; -(e)s, -e⟩ *Luftfahrzeug, das schwerer ist als die Luft, die von ihm verdrängt wird, u. das sich daher nur durch dynamischen Auftrieb in die Luft erheben kann*

Flu|i|dum ⟨n.; -s, -i|da⟩ *von etwas od. jmdm. ausgehende besondere Wirkung, Ausstrahlung, Anziehungskraft;* von ihr geht ein eigenartiges ~ aus; er verbreitet ein ~ der Weisheit

Fluk|tu|a|ti|on ⟨f.; -, -en⟩ **1** *das Fluktuieren* • **1.1** ⟨Astron.⟩ *unregelmäßige Schwankungen der Erdrotation, die dazu führen, dass die „Erduhr" gegenüber einer vollkommen gleichmäßig laufenden Uhr bis zu rund einer halben Minute nachgehen od. vorgehen kann* • **1.2** *Wechsel von Arbeitsplätzen innerhalb einer Volkswirtschaft*

fluk|tu|ie|ren ⟨V. 400⟩ *hin u. her fließen, schwanken, schnell wechseln*

Flun|der ⟨f.; -, -n; Zool.⟩ *Angehöriger einer weit verbreiteten Art der Plattfische*

flun|kern ⟨V. 400; umg.⟩ *schwindeln, aufschneiden,*

Flunsch

übertreiben, Lügengeschichten erzählen; er flunkert gern

Flunsch ⟨m.; -(e)s, -e; umg.⟩ *verdrießliches, enttäuschtes Gesicht, weinerliche Grimasse, Schmollmund;* einen ~ *ziehen*

Fluor 1 ⟨n.; -s; unz.; chem. Zeichen: F⟩ *nur in Verbindungen vorkommendes, zu den Halogenen gehörendes, gasförmiges Element von grünlich gelber Farbe u. stechendem Geruch, Ordnungszahl 9* **2** ⟨m.; -; unz.; Med.⟩ *Ausfluss*

Fluorchlorkohlenwasserstoffe ⟨[-klo:r-] Pl.; Abk.: FCKW⟩ *Kohlenwasserstoffe, die die Halogene Fluor u. Chlor im Molekül enthalten (ihre Verwendung als Treibgase wird zunehmend eingeschränkt, da sie wesentlich zum Abbau der Ozonschicht beitragen)*

Fluorid ⟨n.; -(e)s, -e; Chem.⟩ *Salz der Flusssäure (Fluorwasserstoffsäure)*

Fluorit ⟨m.; -(e)s, -e⟩ *Flussspat (ein gelb, grün, blau od. violett gefärbtes Mineral)*

Flur[1] ⟨m.; -(e)s, -e⟩ **1** *langer, meist schmaler Vorraum in einem Haus od. einer Wohnung;* Sy *Korridor (1);* Haus~; ein breiter, dunkler ~; er wartet schon im ~ **2** *Fußboden*

Flur[2] ⟨f.; -, -en⟩ *die zu einem Ort gehörige landwirtschaftliche Nutzfläche (Äcker u. Wiesen);* Feld und ~, Wald und ~; die ~en bereinigen, besichtigen

Fluse ⟨f.; -, -n⟩ *Fussel, Fadenrest*

Fluss ⟨m.; -es, Flüsse⟩ **1** *größerer Wasserlauf;* einen ~ regulieren; ein breiter, schmaler, großer, kleiner, reißender, tiefer ~; den ~ abwärts-, aufwärtsfahren **2** *das Fließen, das fließende Bewegtsein, Lauf, Strömung;* Rede~; ~ der Rede, des Gesprächs • **2.1** *eine Sache in* ~ *bringen in Bewegung setzen, in Gang bringen* • **2.2** *in* ~ *kommen in Bewegung, in Gang kommen* • **2.3** *die Sache ist im* ~ *die S. läuft, entwickelt sich* **3** ⟨Tech.⟩ *durch Schmelzen hervorgerufener flüssiger Zustand;* das Blei ist in ~ • **3.1** *Schmelzmasse;* Glas~ • **3.2** *Schmelzzusatz*

flussab ⟨Adv.⟩ = *flussabwärts*

flussabwärts ⟨Adv.⟩ *mit der Strömung, in Richtung auf die Mündung;* Sy *flussab;* Ggs *flussaufwärts*

flussauf ⟨Adv.⟩ = *flussaufwärts*

flussaufwärts ⟨Adv.⟩ *gegen die Strömung, in Richtung auf die Quelle;* Sy *flussauf;* Ggs *flussabwärts*

flüssig ⟨Adj. 24⟩ **1** ⟨70⟩ *so beschaffen, dass es geringen Zusammenhalt hat u. keine bestimmte Form aufweist, sondern sich dem jeweiligen Gefäß anpasst;* Ggs *fest;* ~e Körper; ~e Nahrung • **1.1** ~e **Kristalle** *organische Verbindungen, die in der festen (kristallisierten) Phase einen bestimmten Schmelzpunkt besitzen, bei dem sie in eine doppelbrechende Flüssigkeit (wie sonst nur bei festen Kristallen) übergehen* **2** *geläufig, glatt;* eine ~e Rede; ~er Schreibstil; ~ lesen, schreiben; das Sachbuch liest sich sehr ~; das Buch ist ~ geschrieben **3** ⟨70⟩ ~e **Gelder** *verfügbare G., Bargeld* • **3.1** *kein Geld* ~ *haben kein Bargeld haben* **4** ⟨Getrennt- u. Zusammenschreibung⟩ • **4.1** ~ **machen** = *flüssigmachen (I)*

Flüssigkeit ⟨f.; -, -en⟩ **1** *flüssiger Körper, Stoff in flüssigem Zustand* **2** ⟨unz.; fig.⟩ *das Flüssigsein, flüssige Beschaffenheit, Gewandtheit, Ausdrucksglätte*

flüssigmachen *auch:* **flüssig machen** ⟨V. 500⟩ **I** ⟨Zusammen- u. Getrenntschreibung⟩ **etwas** ~ *in einen flüssigen Zustand überführen;* Wachs flüssigmachen / flüssig machen **II** ⟨nur Zusammenschreibung⟩ **1 Geld** ~ *bereitstellen, zur Verfügung stellen, aufbringen* **2 Kapital, Sachwerte** ~ *in Bargeld umwandeln;* für den Barkauf muss ich mein Kapital erstmal flüssigmachen

Flusspferd ⟨n.; -(e)s, -e; Zool.⟩ *Angehöriges einer Flüsse bewohnenden Familie plumper, fast unbehaarter Paarhufer; Hippopotamidae*

Flussschifffahrt ⟨f.; -; unz.⟩ *Schifffahrt auf Flüssen*

flüstern ⟨V.⟩ **1** ⟨400⟩ *leise, ohne Stimme, ohne Ton reden;* er flüsterte ihr ins Ohr; sie haben miteinander die ganze Zeit geflüstert; sich ~d unterhalten; mit ~der Stimme; sein Flüstern wurde immer eindringlicher • **1.1** *etwas flüstert* ⟨fig.; poet.⟩ *rauscht leise, säuselt;* der Wind flüstert; die Blätter ~ im Wind **2** ⟨503/Vr 6⟩ **(jmdm.) etwas (ins Ohr)** ~ *leise sagen;* sie flüsterte ihm ihren Namen, ihre Antwort ins Ohr **2.1** ⟨530⟩ **jmdm. etwas** ~ ⟨fig.; umg.⟩ *tüchtig die Meinung sagen;* dem werde ich mal etwas ~! • **2.2** *das kann ich dir* ~! ⟨fig.; umg.⟩ *das kann ich dir sagen, darauf kannst du dich verlassen!*

Flut ⟨f.; -, -en⟩ **1** *Steigen, Hochstand des Meerwassers im Gezeitenwechsel;* Ggs *Ebbe (1);* es ist ~ (im Gezeitenwechsel) **2** *bewegte Wassermasse;* die ~en des Meeres; der Fluss wälzt seine trägen ~en durch das Land; ein Bad in den kühlen ~en (des Flusses, Meeres, Sees) **3** ⟨fig.⟩ *große, strömende, fließende Menge;* die ~ ihres Haares; eine ~ von Briefen, Lichtern, Protesten; eine ~ von Schimpfwörtern stürzte auf ihn nieder, ergoss sich über ihn

fluten ⟨V.⟩ **1** ⟨400 od. 410(s.)⟩ *etwas flutet* ⟨a. fig.; geh.⟩ *fließt, strömt heftig;* das Wasser flutete über die Ufer, die Deiche; ein Strom von Licht flutete aus dem Fenster • **1.1** ⟨unpersönl.⟩ **es** *flutet die Flut (1) kommt* • **1.2** ⟨fig.⟩ *in starker Bewegung sein;* die Menge flutete in den Saal; auf der Straße flutete der Verkehr **2** ⟨500⟩ **etwas** ~ *unter Wasser setzen, in etwas schnell Wasser einströmen lassen;* ein Dock, eine Schleusenkammer ~; U-Boot ~! (Kommando auf dem U-Boot zum Tauchen)

Fock ⟨f.; -, -en⟩ **1** *unterstes Segel des Vordermastes (auf alten mehrmastigen Segelschiffen)* **2** ⟨Sportsegeln⟩ *erstes Vorsegel auf Segelbooten* **3** *hinterstes Vorsegel auf Jachten*

föderal ⟨Adj. 24⟩ = *föderativ*

Föderation ⟨f.; -, -en⟩ *Bündnis, Staatenbund, Bundesstaat*

föderativ ⟨Adj. 24⟩ *die Föderation betreffend, auf ihr beruhend, mit ihrer Hilfe;* Sy *föderal*

föderieren ⟨V. 500/Vr 4⟩ **sich** ~ *sich verbinden, sich zu einer Föderation zusammenschließen*

Fogosch ⟨m.; -(e)s, -e; österr.⟩ = *Zander*

Fohlen ⟨n.; -s, -⟩ *junges Pferd od. Esel bis zu einem Alter von 2 Jahren;* Sy *Füllen*

Föhn[1] ⟨m.; -s, -e⟩ *warmer, trockener Fallwind, bes.*

nördlich der Alpen; bei ~ hat er immer Kopfschmerzen

Föhn² ⟨m.; -s, -e⟩ *elektrisches Gerät zum Trocknen der Haare, das einen heißen Luftstrom erzeugt;* →a. *Fön®*; die nassen Haare mit dem ~ trocknen

föh|nen ⟨V. 500⟩ Haar ~ *mit Hilfe eines Föhns trocknen*

Föh|re ⟨f.; -, -n; Bot.⟩ = *(Gemeine) Kiefer: Pinus sylvestris;* eine mächtige, hohe ~

Fo|kus ⟨m.; -, -se; Opt.⟩ **1** ⟨Opt.⟩ *Brennpunkt (von Spiegeln, Linsen)* • 1.1 ⟨fig.⟩ *Blickpunkt, Mittelpunkt (des allgemeinen Interesses)* **2** ⟨Med.⟩ *Herd, Sitz von Krankheitserregern*

Fol|ge ⟨f.; -, -n⟩ **1** *Auswirkung (einer Handlung, eines Geschehens);* die ~n eines Unfalls; die ~ (davon) ist, dass …; du musst die ~n (deiner Handlungsweise) selbst tragen; böse, schlimme, üble, unangenehme, unerwartete ~n; die Sache wird ihre ~n, böse ~n nach sich ziehen • 1.1 das Verhältnis mit ihm, ihre Liebe blieb nicht ohne ~n *sie erwartete, bekam danach ein Kind* • 1.2 zur ~ haben *bewirken, veranlassen;* dein Verhalten wird zur ~ haben, dass du deine Stellung verlierst; dein Leichtsinn wird eine Verschlimmerung deiner Krankheit zur ~ haben **2** *Reihe, Aufeinanderfolge;* in bunter ~; in rascher, schneller ~; in ununterbrochener ~ • 2.1 *Reihe zusammengehöriger Dinge;* eine ~ von Tönen • 2.2 *Fortsetzung (einer Arbeit, eines Romans);* neue ~ (als Untertitel einer Broschüren-, Zeitschriften-, Aufsatzreihe); in der nächsten ~ bringen wir … • 2.3 ⟨Math.⟩ *Aneinanderreihung von Elementen einer Menge, z. B. Zahlen, Punkte, Funktionen* **3** *Gefolge (beim Leichenzug)* **4** ⟨Jägerspr.⟩ *Weiterverfolgung eines Wildes über die Jagdgrenze hinaus;* Jagd~ **5** ⟨unz.⟩ *einem Ereignis folgende Zeit, Zukunft;* in der ~ werden wir noch sehen, dass …, wie …; in der ~ wird sich zeigen, dass …, ob … **6** einer **Aufforderung** ~ **leisten** ⟨geh.⟩ *einer A. nachkommen;* einem Befehl ~ leisten; einer Einladung ~ leisten

fol|gen ⟨V.⟩ **1** ⟨600(s.)⟩ jmdm. od. einer **Sache** ~ *nachgehen, hinter jmdm. od. etwas hergehen;* ~ Sie mir!; jmds. Spuren ~; jmdm. heimlich, unauffällig ~; jmdm. auf dem Fuße ~; er folgte ihr bis vor die Haustür • 1.1 ⟨616⟩ jmdm. mit den Augen, Blicken ~ *nachblicken* • 1.2 der Straße auf der Landkarte mit dem Finger ~ *die Straße mit dem Finger nachfahren* • 1.3 ⟨611⟩ jmdm. in den Tod ~ *bald nach jmdm. sterben* • 1.4 *mit Verständnis zuhören;* kannst du mir ~?; jmds. Ausführungen, jmds. Rede (nicht) ~ können **2** ⟨600 od. 800(s.)⟩ **jmdm.** od. **einer Sache** od. **auf jmdn.** od. **etwas** ~ *zeitlich nach jmdm. od. etwas kommen;* auf Friedrich Wilhelm I. folgte Friedrich II.; Friedrich folgte seinem Vater auf den, auf dem Thron; Fortsetzung folgt (am Ende eines Romanabschnitts in der Zeitung od. einer Serienfolge); der Rest folgt baldigst; dem ersten Schuss folgten noch drei weitere; auf Regen folgt Sonnenschein ⟨Sprichw.⟩; nach der Eröffnungsrede folgte ein Musikstück; am ~den Tag; im ~den Monat • 2.1 *Folgendes das, was anschließend ausgeführt wird;* ich möchte dazu Folgendes sagen; Folgendes hat sich zugetragen; er berichtete ihm das Folgende; die ~den Ereignisse; er sprach daraufhin die ~den Worte • 2.2 im *Folgenden in den sich anschließenden Ausführungen;* im Folgenden wird erklärt werden, wie … • 2.3 … wie folgt … *wie anschließend ausgeführt wird* **3** ⟨414(s.)⟩ *etwas folgt aus etwas geht aus etwas hervor, ergibt sich logisch aus etwas;* daraus folgt, dass … **4** ⟨403⟩ (jmdm.) ~ *folgsam sein, gehorchen;* du musst ~!; die Kinder ~ gut, schlecht, nicht **5** ⟨600(s.)⟩ einer **Sache** ~ *sich nach einer S. richten;* jmds. Beispiel ~; seinem gesunden Menschenverstand ~; der Mode ~; jmds. Rat(schlägen) ~; einer inneren Stimme ~

fol|gen|der|ma|ßen ⟨a. [ˈ-----] Adv.⟩ *auf folgende Weise, wie es jetzt folgt;* die Sache hat sich ~ zugetragen

fol|gen|los ⟨Adj. 24⟩ *ohne Folgen, ohne Auswirkungen;* ihre Initiative blieb ~

fol|gen|schwer ⟨Adj. 70⟩ *mit schweren Folgen, von großer (meist verhängnisvoller) Wirkung;* eine ~e Entscheidung; hier liegt ein ~er Irrtum vor

fol|ge|rich|tig ⟨Adj. 24⟩ *so, wie es die gegebenen Tatsachen vorschreiben od. nahelegen, die richtige Schlussfolgerung ziehend (u. sich danach verhaltend), planmäßig, konsequent, logisch;* Sy *konsequent* (1); Ggs *folgewidrig;* ~es Denken; eine ~e Entscheidung; ~ denken, handeln

fol|gern ⟨V. 505⟩ **etwas** (**aus etwas**) ~ *eine Schlussfolgerung aus etwas ziehen, auf etwas schließen, herleiten;* daraus können wir ~, dass …; er hat etwas Falsches daraus gefolgert; richtig, verkehrt ~

Fol|ge|rung ⟨f.; -, -en⟩ *Resultat des Folgerns, Denkergebnis, Ableitung, Schluss(folgerung);* ich bin zu der ~ gekommen, dass …; ich habe ~en gezogen

fol|ge|wid|rig ⟨Adj. 24⟩ *nicht folgerichtig, den gegebenen Tatsachen nicht entsprechend, nicht planmäßig, inkonsequent, unlogisch;* Ggs *folgerichtig;* ein ~er Schluss

folg|lich ⟨Adv.⟩ *demzufolge, daher, infolgedessen;* ich habe ihn nicht angetroffen, ~ konnte ich den Gruß nicht ausrichten; er ist verreist, ~ konnte er nicht kommen

folg|sam ⟨Adj.⟩ *gut folgend, gehorsam, fügsam, gefügig;* ein ~es Kind; ~ einen Befehl ausführen; der Hund ist nicht immer ~

Fo|li|ant ⟨m.; -en, -en; Buchw.⟩ **1** ⟨allg.⟩ *dickes, großes (altes) Buch* • 1.1 ⟨Buchw.⟩ *Buch im Folioformat*

Fo|lie¹ ⟨[-ljə] f.; -, -n⟩ **1** *dünnes Blättchen, dünne Haut aus Metall od. aus Kunststoffen;* Metall~, Plastik~ • 1.1 *(auf einen Bucheinband) aufgeprägte Farbschicht* **2** ⟨fig.⟩ *Hintergrund (von dem sich etwas abhebt od. abheben soll)* • 2.1 einer Sache **als** ~ **dienen** *sie besonders deutlich od. wirkungsvoll hervortreten, sich abheben lassen*

Fo|lie² ⟨f.; -, -n; veraltet⟩ *Narrheit, Torheit*

Fo|lio ⟨n.; -s, -s⟩ *Folioformat*

Fo|lio|for|mat ⟨n.; -(e)s; unz.; Abk.: Fol.; Zeichen: 2°⟩ *Buchformat (Höhe zwischen 35 u. 45 cm), bei dem der Buchbogen nur einmal gefaltet ist*

Folk ⟨[fouk] m.; -s; unz.; Mus.⟩ *Folklore* (2)

Folk|lo|re auch: **Folk|lo|re** ⟨f.; -; unz.; Mus.⟩ **1** *in Form*

Folter

von Kunst, Musik, Tanz, Dichtung, Kleidung u. a. überliefertes u. bewahrtes kulturelles Brauchtum eines Volkes od. einer Volksgruppe; bayerische, österreichische ~ • **1.1** *Volkstümlichkeit* **2** ⟨Mus.⟩ *traditionelle, volkstümliche Musik;* Sy *Folk; die Komposition enthält Elemente der spanischen ~*

Fol|ter ⟨f.; -, -n⟩ **1** ⟨unz.⟩ *das Foltern, Peinigung, Misshandlung zum Erzwingen von Geständnissen, Marter;* Sy *Tortur (1); die ~ anwenden; jmdn. der ~ unterwerfen* **2** *Gerät zum Foltern; jmdn. auf die ~ spannen* • **2.1** *jmdn. auf die ~ spannen* ⟨fig.; umg.⟩ *jmdn. auf etwas gespannt machen, jmds. Neugierde absichtlich nicht befriedigen* **3** ⟨fig.; geh.⟩ *körperliche u. seelische Qual; es war eine wahre ~ für mich*

fol|tern ⟨V. 500/Vr 7 od. Vr 8⟩ **jmdn. ~** ⟨a. fig.⟩ *quälen, peinigen, misshandeln (auch seelisch), martern, um Geständnisse zu erzwingen; jmdn. zu Tode ~*

Fon ⟨n.; -s, -; Zeichen: phon⟩ *Maßeinheit des Lautstärkepegels;* oV *Phon*

Fön ⟨alte Schreibung für⟩ *Föhn²*

Fön® ⟨m.; -s, -e⟩ *Föhn, elektrischer Haartrockner*

Fond ⟨[fɔ̃ː] m.; -s, -s [fɔ̃ːs]⟩ **1** ⟨allg.⟩ *Grundlage, Basis* **2** *Hintergrund (eines Gemäldes, einer Bühne)* **3** *Untergrund (eines Stoffmusters)* **4** *Rücksitz (im Auto)* **5** ⟨Kochk.⟩ *als Soßengrundlage verwendete Flüssigkeit, die beim Braten, Dünsten od. Schmoren von Fleisch od. Fisch zurückbleibt*

Fonds ⟨[fɔ̃ː] m.; -, - [fɔ̃ːs]⟩ *Geldmittel, Geldvorrat (für einen bestimmten Zweck); Mittel aus einem öffentlichen ~*

Fon|due ⟨[fõdy] n.; -s, -s⟩ **1** *Käse~ aus geschmolzenem Käse, Weißwein u. Gewürzen zubereitetes Gericht, das kochend unter einem Spiritusbrenner serviert wird u. in das Weißbrotstücke getaucht werden* **2** *Fleisch~ Fleischstückchen, die auf einem Spirituskocher in heißem Öl od. in Brühe gegart u. mit verschiedenen Soßen gegessen werden*

Fo|ne|tik ⟨f.; -; unz.; Phon.; Sprachw.⟩ = *Phonetik*

fo|no..., Fo|no... ⟨in Zus.⟩ *schall..., Schall..., laut..., Laut..., ton..., Ton...;* oV *phono..., Phono...;* fonometrisch; Fonogerät

Fo|no|lo|gie ⟨f.; -; unz.; Sprachw.⟩ = *Phonologie*

Fon|tä|ne ⟨f.; -, -n⟩ **1** *großer Springbrunnen mit einem starken, senkrecht nach oben aufsteigenden Wasserstrahl* **2** *senkrecht nach oben aufsteigender großer Wasserstrahl; über dem See stand eine meterhohe ~*

fop|pen ⟨V. 500/Vr 8; umg.⟩ **1** *jmdn. ~ necken, zum Narren halten; er hat ihn ein wenig gefoppt* **2** *Foppen und Fangen ein Fangspiel, bei dem sich zwei Reihen von Spielern im Abstand von 20 bis 30 m gegenüberstehen u. durch gegenseitiges Herausfordern u. Nachlaufen möglichst viele Gefangene zu machen versuchen*

for|cie|ren ⟨[fɔrsiː-] V. 500⟩ **1** *etwas ~ erzwingen, gewaltsam durchsetzen* • **1.1** ⟨Part. Perf.⟩ *forciert gezwungen, gewaltsam, verkrampft, unnatürlich* **2** *eine Sache ~* ⟨fig.⟩ *heftig vorantreiben, steigern, auf die Spitze treiben*

För|de ⟨f.; -, -n; nddt.⟩ *tief ins Land greifende schmale Bucht an flachen Meeresküsten*

for|dern ⟨V. 500⟩ **1** *etwas ~ verlangen;* unbedingten Gehorsam ~; der Krieg, Unfall forderte viele Opfer; einen (hohen) Preis ~; Rechenschaft (von jmdm.) ~ **2** *jmdn. ~ herausfordern* • **2.1** ⟨513⟩ jmdn. **auf** Pistolen ~ ⟨früher⟩ *zum Zweikampf mit P. herausfordern* • **2.2** *jmdn. vor Gericht ~ jmds. Erscheinen vor Gericht verlangen* • **2.3** *eine Sache fordert jmdn. verlangt viel von jmdm., strengt jmdn. an; diese Aufgabe fordert mich sehr*

för|dern ⟨V. 500⟩ **1** *jmdn. od. etwas ~ unterstützen, begünstigen, vorwärtsbringen; eine Angelegenheit, Entwicklung ~; jmds. Bestrebungen ~; den Handel, die Künste ~; die Verdauung ~ des Mittel* **2** *Bodenschätze ~* ⟨Bgb.⟩ *emporheben, ans Tageslicht bringen; Erze, Kohlen ~* **3** ⟨513⟩ *etwas zutage / zu Tage ~ ans Licht bringen, hervorbringen, entdecken, enthüllen, klarmachen*

For|de|rung ⟨f.; -, -en⟩ **1** *Verlangen, ausdrücklicher, strenger Wunsch; Lohn~, Rück~, Maximal~; eine ungerechte, ultimative ~; eine ~ anerkennen, anmelden, zurückweisen; hohe ~(en) an jmdn. stellen; übertriebene ~en; an uns ist die ~ ergangen, uns ein dem Werk zu beteiligen; die ~ zu helfen* • **1.1** *~ vor Gericht Aufforderung zum Erscheinen vor G.* **2** ⟨Kaufmannsspr.⟩ *finanzieller Anspruch eines Gläubigers; unsere ~en an ihn betragen 5.000 €; ~en abtreten; ~en an jmdn. haben, stellen* • **2.1** *~en eintreiben, einziehen Außenstände eintreiben* **3** ⟨unz.⟩ *Herausforderung zum Zweikampf; eine ~ überbringen, überreichen*

För|de|rung ⟨f.; -, -en⟩ **1** *Unterstützung, Hilfe;* Jugend~, Nachwuchs~, Talent~; eine intensive, gezielte, geistige ~; Gesellschaft zur ~ der Wissenschaft; ~ erfahren **2** ⟨Bgb.⟩ *das Fördern (2);* Öl~, Kohle~; die ~ der Kohle; die tägliche, monatliche ~ von Erz steigt, sinkt

Fo|rel|le ⟨f.; -, -n; Zool.⟩ *mit den Lachsen verwandter schlanker u. sehr schmackhafter Raubfisch;* Zucht~; Bach~; Meer~

Fo|ren ⟨Pl. von⟩ *Forum*

For|ke ⟨f.; -, -n⟩ *Heu- od. Mistgabel*

Form ⟨f.; -, -en⟩ **1** *Werkzeug od. Gehäuse zur Gestaltgebung;* Guss~, Kuchen~ **2** *Gestalt, Umriss, Äußeres;* Blatt~, Gesichts~, Kopf~, Vasen~; *~ annehmen; einem Gegenstand eine andere, die richtige ~ geben; der Hut hat allmählich die ~ verloren; der Plan nimmt allmählich eine feste ~ an; eine schöne, hässliche, moderne, altmodische, plumpe, zierliche ~; weibliche ~en; etwas aus der ~ bringen; meine Frisur ist ganz aus der ~ geraten; mehrere Handtaschen, in ~ und Farbe verschieden; etwas in die richtige ~ bringen* **3** *Art, Erscheinungsweise; die Sache nimmt beunruhigende ~en an; die ~en eines Substantivs, Verbs; ein kleiner Dank in ~ eines Blumenstraußes; die Krankheit tritt in verschiedenen ~en auf; eine Medizin in ~ von Tabletten* • **3.1** *Lösung, Möglichkeit; wir müssen eine ~ finden, wie wir ihm das schonend beibringen* **4** *Benehmen, Manieren, guter Ton, Anstand, Umgangsformen; er hat keine ~en; die gesellschaftlichen ~en verletzen; die äu-*

ßere ~ wahren; gegen die ~(en) verstoßen; sich über alle ~en (des Anstands) hinwegsetzen • 4.1 der ~ **halber, wegen** *weil es üblich ist, um der Umgangsform Genüge zu tun;* ich habe den Besuch nur der ~ halber gemacht • 4.2 **in aller** ~ *wie es sich gehört, förmlich, feierlich;* jmdn. in aller ~ um Entschuldigung bitten; etwas in aller ~ verkünden **5** ⟨unz.; umg.⟩ *(gute) körperliche u. geistige Verfassung;* durch ständiges Training in ~ kommen, sein, bleiben; glänzend, gut, schlecht in ~ sein; ich bin heute nicht (ganz) in ~

for|mal ⟨Adj.⟩ **1** *die Form betreffend, auf einer Form beruhend;* die beiden Wörter sind ~ verschieden, bedeuten aber das Gleiche • 1.1 ~e **Logik** *nach den Regeln der Mathematik in Formeln ausdrückbare L.* **2** ⟨Philos.⟩ *die Form einer Gegebenheit betonend*

For|mat ⟨n.; -(e)s, -e⟩ **1** *Gestalt, Größe, Maß, Ausmaß, Normgröße;* Papier~, Buch~, Bild~ **2** ⟨fig.⟩ *überdurchschnittlich hohes Niveau, große Bedeutung;* der Roman hat (internationales) ~ **3** *Charakterfestigkeit;* er hat kein ~; eine Frau, ein Mann von ~ **4** ⟨EDV⟩ • 4.1 *Text- u. Zeichendarstellung (z. B. fett, kursiv)* • 4.2 *die von einem Programm erzeugte Form, in der ein Datensatz, eine Datei, ein Verzeichnis aufgebaut ist;* Text~ **5** ⟨TV; Rundfunk⟩ *auf bestimmte Inhalte, Zielgruppen od. gesellschaftliche Grundsituationen hin entwickelte Sendeform;* Reality~

For|ma|ti|on ⟨f.; -, -en⟩ **1** *Gestaltung, Bildung* **2** ⟨Mil.⟩ *Aufstellung, Formierung, Gliederung;* in geschlossener ~ marschieren **3** ⟨Geol.⟩ *größerer Abschnitt der Erdgeschichte zwischen Zeitalter u. Abteilung* **4** ⟨Bot.⟩ *Zusammenfassung von Pflanzen gleicher Wuchsformen ohne Rücksicht auf die Verwandtschaft nach Arten, z. B. sommergrüner Laubwald;* Pflanzen~, Vegetations~

For|mel ⟨f.; -, -n⟩ **1** *feststehender Ausdruck, Redensart;* Gruß~, Zauber~ **2** *kurze, treffende Begriffsbestimmung* **3** *chem. Zeichen für Stoffe, die aus mehreren Atomen bestehen;* chemische ~ **4** *Rechensatz, Buchstabengleichung;* mathematische ~

for|mell ⟨Adj.⟩ **1** *förmlich, die äußeren Formen, die Umgangsformen (genau) beachtend;* jmdm. einen ~en Besuch abstatten; den Empfang ~ bestätigen **2** *ausdrücklich* **3** *zum Schein*

for|men ⟨V. 500⟩ **1** *etwas* ~ *Form, Gestalt geben, bilden, gestalten;* ein Modell in, aus Gips, Ton ~; der Krug ist mit der Hand geformt; Teig zu Brot ~; sie hat schön geformte Hände; Laute, Sätze, Wörter ~; Ton, Wachs zu Figuren ~; ein schön geformter Gegenstand **2** *jmdn. od. etwas* ~ ⟨fig.⟩ *(nach eigener Vorstellung) bilden, innerlich prägen;* jmds. Wesen, Leben ~; die Ereignisse haben seinen Charakter geformt **3** ⟨Vr 3⟩ **etwas** formt **sich** *bekommt Gestalt;* neue Pläne ~ sich; das Wachs formt sich leicht

...för|mig ⟨Adj.; in Zus.⟩ *mit einer bestimmten Form versehen;* kugelförmig, säulenförmig, herzförmig, gleichförmig, unförmig

förm|lich ⟨Adj.⟩ **1** *in festgelegter Form bindend, formal, formell;* eine ~e Einladung überbringen; ~ protestieren; eine ~e Kündigung, Abmachung **2** *steif, ungewandt, in äußeren Formen erstarrt;* er benimmt sich sehr ~; er verneigte sich ~ und sagte …; sie ist sehr ~ **3** ⟨90⟩ *buchstäblich, (fast) im wörtlichen Sinne, geradezu;* es kam ~ zu einer Saalschlacht; er hat sie ~ auf Knien darum gebeten; ich habe ihn ~ hinauswerfen müssen ⟨umg.⟩

form|los ⟨Adj.⟩ **1** *ohne Form;* eine ~e Masse **2** ⟨fig.⟩ *sehr zwanglos, sehr ungezwungen, auf alle Umgangsformen verzichtend, ungeschliffen;* es geht dort sehr ~ zu • 2.1 ein ~er Antrag *ein frei formulierter A.*

form|schön ⟨Adj.⟩ *von schöner Form, von schönem Äußeren;* eine ~e Skulptur, Vase

For|mu|lar ⟨n.; -s, -e⟩ *gedrucktes Formblatt, gedruckter Fragebogen, Vordruck;* Anmelde~

for|mu|lie|ren ⟨V. 500⟩ **1** *einen Begriff, eine* **Vorstellung** ~ *in eine endgültige sprachliche Form bringen, in Worte fassen* **2** *ein* **Schriftstück** ~ *abfassen*

forsch ⟨Adj.; umg.⟩ *wagemutig, selbstbewusst, energisch, frisch u. lebhaft;* ein ~er Kerl; eine Sache ~ anpacken; ~ auftreten

for|schen ⟨V. 400⟩ **1** *sich systematisch um (wissenschaftliche) Erkenntnis bemühen, etwas festzustellen suchen;* ernst, unermüdlich ~; er forschte in den alten Aufzeichnungen, Büchern, Handschriften, Quellen; er forschte in seinem Gewissen ⟨fig.⟩ **2** ⟨800⟩ **nach etwas** od. **jmdm.** ~ *suchen;* nach Wahrheit ~; wir haben nach den Ursachen des Unglücks geforscht **3** ⟨Part. Präs.⟩ forschend *kritisch musternd, prüfend;* ein ~der Blick; jmdn. ~d anblicken • 3.1 ~der **Geist** *Entdeckergeist*

For|scher ⟨m.; -s, -⟩ *jmd., der etwas erforscht, nach etwas forscht;* Natur~; Meeres~; Tier~

For|sche|rin ⟨f.; -, -rin|nen⟩ *weibl. Forscher*

For|schung ⟨f.; -, -en⟩ **1** *das Forschen (1), wissenschaftliche Erkenntnissuche, Untersuchen (anhand bestimmter Methoden);* anhand der vorliegenden ~en können wir feststellen, dass … **2** ⟨unz.⟩ *Gesamtheit der Untersuchungsmethoden, Untersuchungen u. Erkenntnisse in einem Wissenschaftsgebiet sowie die dazugehörenden Institutionen;* Sprach~; Krebs~; Umwelt~ **3** *das Forschen (2), Suche, Nachforschung;* unsere ~en nach seinem Schicksal blieben ergebnislos

Forst ⟨m.; -(e)s, -e⟩ **1** ⟨urspr.⟩ *königlicher, der allgemeinen Benutzung entzogener Wald* **2** ⟨später⟩ *Wald, dessen Nutzrecht einer bestimmten Person vorbehalten war* **3** ⟨heute⟩ *abgegrenzter, bewirtschafteter Wald;* Gemeinde~, Stadt~

Förs|ter ⟨m.; -s, -⟩ **1** *Forstbeamter nach Lehrzeit, Fachschul- u. praktischer Ausbildung* • 1.1 ~ **ohne Revier** *Förster nach der Revierförsterprüfung, aber noch ohne eigenes Revier*

Förs|te|rin ⟨f.; -, -rin|nen⟩ *weibl. Förster*

For|sy|thie ⟨[-tsjə] f.; -, -n; Bot.⟩ **1** ⟨Bot.⟩ *Angehörige einer Gattung der Ölbaumgewächse, im Frühjahr gelbblühender Zierstrauch, bei dem die Blüten vor dem Laub erscheinen:* Forsythia; Sy Goldflieder **2** *blühende Zweige der Forsythie (1);* ~n für den Osterstrauß schneiden

fort ⟨Adv.⟩ **1** *abwesend, nicht da, nicht hier;* ~ sein; sie sind ~; sind Sie schon lange von zu Hause ~?

Fort

• 1.1 *verschwunden, beseitigt;* meine Brieftasche ist ~; der Fleck ist ~ **2** *weg, weg von, entfernt von;* als ich heimkam, war er schon ~; er will ~ (von uns); weit ~; nur ~ (von hier)! • 2.1 ~ mit dir! *geh, ich will dich nicht mehr sehen!* **3** *vorwärts, weiter;* schnell ~!; nur immer so ~! • 3.1 und so ~ ⟨Abk.: usf.⟩ *und so weiter* • 3.2 so geht das in einem ~ *immerzu*

Fort ⟨[fo:r] n.; -s, -s⟩ *kleine Festung, Teil einer zur Verteidigung errichteten Festungsanlage*

fort|be|ste|hen ⟨V. 256/400⟩ etwas besteht fort *besteht weiter, dauert an;* sein Werk wird weiter ~

fort|be|we|gen ⟨V. 500⟩ **1** etwas ~ *etwas wegbringen, wegbewegen, an eine andere Stelle bewegen, bringen;* ein schweres Möbelstück ~ **2** ⟨Vr 3⟩ sich ~ *(durch Gehen, Laufen, Fahren) vorwärtskommen;* das gefangene Tier versuchte vergeblich, sich fortzubewegen; wir konnten uns nicht weiter ~

Fort|be|we|gung ⟨f.; -; unz.⟩ *das Fortbewegen, das Sichfortbewegen, das Vorwärtskommen*

fort|bil|den ⟨V. 500/Vr 7⟩ jmdn. ~ *weiterbilden, jmds. Bildung vervollkommnen;* ich habe mich in einem Abendkurs fortgebildet; die Mechaniker wurden durch den Betrieb fortgebildet

fort|brin|gen ⟨V. 118⟩ **1** jmdn. od. etwas ~ *an einen anderen Ort bringen, wegschaffen;* hast du das geliehene Buch schon fortgebracht?; einen Kranken, Verletzten ~ **2** etwas od. jmdn. ~ *von der Stelle bringen;* diese Last brachte er nicht fort; er war von dem Schaufenster nicht fortzubringen • 2.1 **Pflanzen, Tiere** ~ ⟨fig.⟩ *durch Pflege am Leben erhalten, zum Gedeihen bringen*

fort|dau|ern ⟨V. 400⟩ *weiterbestehen, anhalten, unverändert dauern;* das schöne Wetter dauert fort

for|te ⟨Adv.⟩ **1** ⟨Mus.; Abk.: f⟩ *laut, stark (zu spielen)* **2** ⟨Pharm.⟩ *stark (wirkend)*

fort|fah|ren ⟨V. 130⟩ **1** ⟨400(s.)⟩ *im Fahrzeug wegfahren;* er ist heute Vormittag fortgefahren **2** ⟨500⟩ jmdn. od. etwas ~ *im Fahrzeug wegbringen, wegschaffen;* die Reisegesellschaft wurde fortgefahren; er hat den alten Kühlschrank fortgefahren **3** ⟨480 od. 580⟩ ~, etwas zu tun ⟨geh.⟩ *etwas weiterhin tun, wieder damit beginnen;* fahren Sie fort zu lesen, zu reden; ~ zu schreiben

fort|füh|ren ⟨V. 500⟩ **1** jmdn. od. etwas ~ *wegführen, wegbringen;* er führte sie behutsam, schnell, unauffällig fort **2** etwas ~ *fortsetzen, weiterführen;* eine Arbeit, eine Unterhaltung ~; ein Geschäft unter einem anderen Namen ~

Fort|gang ⟨m.; -(e)s; unz.⟩ **1** ⟨geh.⟩ *das Fortgehen, Weggang;* sein ~ bedeutete eine schmerzliche Lücke **2** *Fortschreiten, Fortdauer, Fortsetzung, Entwicklung;* der ununterbrochene, schleppende ~ einer Arbeit • 2.1 etwas **nimmt seinen** ~ *geht weiter, wird fortgesetzt;* die Verhandlungen, die Kämpfe nahmen ihren ~

fort|ge|hen ⟨V. 145/400(s.)⟩ **1** *weggehen, sich entfernen;* geh (nicht) fort!; er ging ohne Gruß fort; von jmdm. ~ **2** etwas geht fort ⟨fig.⟩ *etwas geht weiter, dauert an;* so kann es nicht ~

Fort|ge|schrit|te|ne(r) ⟨f. 2 (m. 1)⟩ *jmd., der in einem Fach schon Fortschritte gemacht hat, kein Anfänger mehr ist;* Französisch für ~

fort|ge|setzt 1 ⟨Part. Perf. von⟩ *fortsetzen* **2** ⟨Adj. 24/90⟩ • 2.1 *unaufhörlich, dauernd;* ~e Bemühungen • 2.2 ⟨50⟩ *immerzu;* jmdn. ~ belästigen

fort|kom|men ⟨V. 170/400(s.)⟩ **1** *vorwärts-, weiterkommen;* jmdn. am Fortkommen hindern • 1.1 sein Fortkommen finden *seinen Lebensunterhalt verdienen* • 1.2 ⟨fig.⟩ *Fortschritte machen;* in der Schule gut, nicht recht ~; mit seiner Arbeit gut, nicht, schlecht ~ • 1.3 *gedeihen;* die Pflanzen kommen gut fort **2** ⟨umg.⟩ *weggehen;* mach, dass du fortkommst; wir müssen sehen, dass wir hier ~, ehe uns jemand erwischt; ich muss machen, schauen, dass ich fortkomme **3** *abhandenkommen;* mir sind meine Handschuhe fortgekommen

fort|lau|fen ⟨V. 176/400(s.)⟩ **1** *von einem Ort weglaufen, ausreißen;* lauf mir nicht fort!; der Hund ist (uns) fortgelaufen; ohne Abschied, kopflos, eilig ~ • 1.1 er ist ihr fortgelaufen *er hat sie verlassen* **2** etwas läuft fort *geht weiter;* die Straße läuft am anderen Ufer fort • 2.1 ⟨Part. Präs.⟩ ~d *aufeinanderfolgend;* die Anzeigen erscheinen ~ in jeder Nummer der Zeitschrift; die Seiten sind ~d nummeriert

fort|pflan|zen ⟨V. 500⟩ **1** etwas ~ *für das Weiterleben durch Zeugung sorgen;* die eigene Art ~; sein Geschlecht ~ **2** ⟨Vr 3⟩ sich ~ *Nachkommen erzeugen, sich vermehren;* manche Tiere pflanzen sich in der Gefangenschaft nicht fort; sich geschlechtlich, ungeschlechtlich ~; sich durch Knollen, Samen ~ **3** ⟨Vr 3⟩ etwas pflanzt **sich** fort *etwas breitet sich aus;* das Licht, der Schall pflanzt sich schnell fort • 3.1 *weiterleben, sich übertragen;* ein Gedanke, dieser Glaube pflanzt sich fort

fort|rei|ßen ⟨V. 198/500⟩ **1** jmdn. od. etwas ~ *wegreißen, heftig, schnell wegnehmen, wegbringen;* die Strömung (des Flusses) riss ihn (mit sich) fort; ich riss dem Angreifer das Messer fort; er riss sie (bei der Flucht) mit sich fort; ich riss das Kind vom Hund, vom Abgrund fort **2** jmdn. ~ ⟨fig.⟩ *mitreißen, in leidenschaftliche Anteilnahme versetzen;* die Spannung riss mich fort, ich konnte nicht aufhören zu lesen • 2.1 sich ~ **lassen** *sich hinreißen lassen, die Beherrschung verlieren, sich von leidenschaftlichen Gefühlen überwältigen lassen*

Fort|satz ⟨m.; -es, -sät|ze⟩ *Verlängerungsstück;* Knochen~; ein wurmförmiger ~

fort|schlep|pen ⟨V. 500; umg.⟩ **1** jmdn. od. etwas ~ *von einem Ort wegschleppen, -ziehen, mit Gewalt mitnehmen;* Pakete, Kisten ~; die Katze hat ihre Jungen fortgeschleppt **2** ⟨Vr 3⟩ sich ~ *langsam, mühsam weggehen;* er schleppte sich am Stock fort • 2.1 eine **Sache** schleppt sich fort ⟨fig.⟩ *zieht sich träge hin;* die langweilige Unterhaltung schleppte sich schon seit einer Stunde fort

fort|schrei|ten ⟨V. 232/400(s.)⟩ **1** *Fortschritte machen, vorangehen;* die Arbeit, der Bau des Hauses schreitet langsam, gut fort • 1.1 *nicht mehr Anfänger sein;* er ist im Französischen, im Tennis schon weit fortgeschritten • 1.2 die **Zeit** schreitet fort ⟨fig.; geh.⟩

vergeht • 1.3 ⟨fig.⟩ *weitergehen, zunehmen;* die Ausbreitung der Epidemie schreitet fort; bei ~der Abkühlung, Verschmutzung; ~der Verfall des Körpers • 1.4 *fortgeschrittenes* **Alter** *hohes A.*

Fort|schritt ⟨m.; -(e)s, -e⟩ Ggs *Rückschritt* **1** *Entwicklung vom Niederen zum Höheren, vom Einfachen zum Komplizierten;* ~ *der Entwicklung, der Kultur, der Wissenschaften; ein bedeutungsvoller, gewaltiger, großer, überraschender, überwältigender, umwälzender* ~; ~*e auf vielen Gebieten;* ~*e in der Arbeit, Forschung, Medizin* • 1.1 ~*e* **machen** *vorankommen, seine Kenntnisse erweitern;* in der Schule ~e machen; seine Arbeit macht gute ~e; seine Genesung macht ~e

fort|schritt|lich ⟨Adj.⟩ **1** *an den Fortschritt glaubend, ihn unterstützend, modern denkend;* ein ~er Künstler; ~ denken • 1.1 *die neuesten Errungenschaften nutzend;* ein ~er Lehrer; ~e Methoden anwenden

fort∥set|zen ⟨V. 500⟩ **1** *etwas* ~ *mit etwas fortfahren, weitermachen;* die Arbeit, die Reise, das Spiel ~ **2** ⟨Vr 3⟩ *etwas* setzt **sich** fort *geht weiter, zieht sich hin;* das freie Gelände setzt sich nach Osten fort

Fort|set|zung ⟨f.; -, -en⟩ **1** *Weiterführung nach einer Unterbrechung;* die ~ eines Gesprächs, einer Reise, eines Romans **2** *jeweils in einer Ausgabe veröffentlichter Abschnitt eines Romans in einer Zeitung od. Zeitschrift;* ~ folgt (am Ende eines Comic-, Romanabschnitts)

fort∥trei|ben ⟨V. 267⟩ **1** ⟨500 od. 511⟩ **jmdn.** od. **etwas** ~ *von einem Ort weg-, vertreiben, weg-, verjagen;* man hat ihn aus seinem Haus fortgetrieben; die Strömung treibt das Boot fort; der Hirt trieb die Schafe vom Kornfeld fort **2** ⟨500⟩ eine **Sache** ~ ⟨fig.⟩ *weitermachen;* ich werde dafür sorgen, dass er nicht länger so forttreibt; die Gruppe trieb ihr Unwesen fort **3** ⟨400⟩ *etwas* treibt fort *treibt dahin, wird weggetrieben (z. B. vom Wind);* das Boot treibt auf den Wellen fort

For|tu|na ⟨f.; -; unz.⟩ **1** ⟨röm. Mythologie⟩ *Göttin des Glücks* **2** ⟨allg.; geh.⟩ *Glück* • 2.1 ~ war ihm hold *er hatte Glück*

fort|wäh|rend ⟨Adj. 24/90⟩ *dauernd, anhaltend, ununterbrochen, immerzu;* seine ~e Unruhe machte mich auch ganz nervös; es regnete ~; ~ reden

fort∥zie|hen ⟨V. 293⟩ **1** ⟨500⟩ **jmdn.** od. **etwas** ~ *von einem Ort ziehend fortbewegen, weg-, weiterziehen;* den Hund mit sich ~; jmdm. etwas unter den Händen ~ **2** ⟨400(s.)⟩ *weg-, weiterwandern, -fahren;* die Zugvögel ziehen fort • 2.1 *umziehen, den Wohnort wechseln;* wir wollen von hier ~

Fo|rum ⟨n.; -s, Fo|ren od. Fo|ra⟩ **1** *Markt- u. Gerichtsplatz im alten Rom;* ~ *Romanum* **2** *die Öffentlichkeit, Personenkreis, vor dem etwas vorgetragen, erörtert wird;* das ~ der Öffentlichkeit **3** *Ort eines Geschehens, das zum Anlass genommen wird, um ein bestimmtes Thema anzusprechen od. zu erörtern;* die Tageszeitung als ~ für politische Auseinandersetzungen; die Weltmeisterschaften wurden als ~ zur Gründung eines internationalen Komitees benutzt; Internet~

fos|sil ⟨Adj. 24/70⟩ **1** *urweltlich, versteinert* • 1.1 ~e Brennstoffe *Kohle* **2** ⟨fig.⟩ *völlig veraltet, überholt*

Fo|to 1 ⟨n.; -s, -s, schweiz. f.; -, -s; umg.; kurz für⟩ *Fotografie (2)* **2** ⟨m.; -s, -s;kurz für⟩ *Fotoapparat*

fo|to..., Fo|to... ⟨in Zus.⟩ *licht..., Licht...;* oV *photo..., Photo...*

Fo|to|ap|pa|rat ⟨m.; -(e)s, -e⟩ *Apparat, mit dem man fotografieren, Lichtbilder herstellen kann*

fo|to|gen ⟨Adj.⟩ *auf Fotografien gut aussehend, gut wirkend, zum Fotografieren besonders geeignet;* oV *fotogen;* sie ist sehr ~; ein ~es Kind, Gesicht, Kleid

Fo|to|graf ⟨m.; -en, -en⟩ *jmd., der gewerbsmäßig fotografiert;* oV *Photograph*

Fo|to|gra|fie ⟨f.; -, -n⟩ oV *Photographie* **1** ⟨unz.⟩ *Verfahren zur Herstellung dauerhafter Bilder durch elektromagnetische Strahlen od. Licht* **2** *mit dem Verfahren der Fotografie (1) erzeugtes Bild;* Sy ⟨veraltet⟩ *Lichtbild*

fo|to|gra|fie|ren ⟨V. 402⟩ ⟨*etwas* od. **jmdn.**⟩ ~ *mit Hilfe eines Fotoapparates Fotografien (2) (von etwas od. jmdm.) herstellen;* Menschen, Gesichter, Landschaften, Baudenkmäler ~

Fo|to|gra|fin ⟨f.; -, -fin|nen⟩ *weibl. Fotograf;* oV *Photographin*

fo|to|gra|fisch ⟨Adj. 24⟩ *die Fotografie betreffend, zu ihr gehörig, auf ihr beruhend, mit ihrer Hilfe;* oV *photographisch;* ~e Ausrüstung; ~es Zubehör; ein Ereignis ~ dokumentieren

Fo|to|stu|dio ⟨n.; -s, -s⟩ *Studio für fotografische Aufnahmen*

Fo|to|syn|the|se ⟨f.; -; unz.; Biol.⟩ *Ausnutzung von Licht durch die grüne Pflanze für die Umwandlung von Kohlendioxid in Kohlenhydrate;* oV *Photosynthese*

Fö|tus ⟨n.; -ses, -se od. Fö|ten; Med.⟩ = *Fetus*

foul ⟨[faul] Adj. 24; Sp.⟩ *gegen die Regeln, unfair;* er spielt häufig ~

fou|len ⟨[faulən] V. 402; Sp.⟩ ⟨**jmdn.**⟩ ~ *gegen die Regeln, unfair spielen;* einen Gegenspieler ~; er wurde zweimal gefoult

Fox ⟨m.; -es, -e; Kurzwort für⟩ **1** *Foxterrier* **2** *Foxtrott*

Fox|ter|ri|er ⟨m.; -s, -; Kurzwort: Fox⟩ *Angehöriger einer kleinen englischen (früher zur Dachs- u. Fuchsjagd verwendeten) Hunderasse mit langem Schädel, Hängeohren u. glattem od. drahthaarigem Fell*

Fox|trott ⟨m.; -(e)s, -e od. -s; Mus.; Kurzwort: Fox⟩ *aus Nordamerika stammender Gesellschaftstanz im $^4/_4$-Takt*

Fo|yer auch: **Foy|er** ⟨[foaje:] n.; -s, -s⟩ *(festlicher) Saal, Wandelhalle, -gang in Festspielhäusern, Theatern, Kinos u. a.;* wir treffen uns in der Pause im ~

Fracht ⟨f.; -, -en⟩ **1** *Ladung, zu befördernde Ware, Frachtgut;* die ~ einladen, löschen • 1.1 *Warenbeförderung;* Eil~ **2** *Vergütung, Preis für Beförderung;* die ~ beträgt 100 €; die ~ bezahlen

Frach|ter ⟨m.; -s, -⟩ *Frachtschiff;* der ~ befindet sich auf dem Wege nach Hamburg

Frack ⟨m.; -(e)s, Frä|cke od. (umg.) -s⟩ *festliches, meist schwarzes Herrenjackett, das vorne kurz u. hinten mit*

Frage

knielangen Rockschößen versehen ist; ein Konzert im ~ dirigieren; die schwersten Dressurprüfungen werden im ~ geritten

Fra|ge ⟨f.; -, -n⟩ **1** *Äußerung, die Antwort od. Klärung verlangt, Aufforderung zur Antwort;* er versuchte meiner ~ auszuweichen; eine ~ beantworten, stellen, vorlegen; eine ~ bejahen, verneinen; das war eine dumme, peinliche, verfängliche, vorwitzige ~; eine ~ an jmdn. richten; ich verlange ein klares Ja oder Nein auf meine ~; er hat ~n über ~n gestellt; in Form von ~ und Antwort; wie die ~, so die Antwort • 1.1 was soll diese ~! *das ist doch selbstverständlich* **2** *Angelegenheit (die besprochen, geklärt, entschieden werden muss), Problem;* das ist nur eine ~ der Geschicklichkeit; es ist nur eine ~ der Zeit; eine ~ anschneiden, aufrollen, aufwerfen; es erhebt sich die ~, ob …; diese ~ muss heute noch geklärt werden; das eben ist die ~; es ist noch die ~, ob …; das ist eine andere ~; die entscheidende ~ ist …; eine gesellschaftliche, politische, wirtschaftliche ~; schwebende ~n erledigen; um diese ~ kommst du nicht herum; eine ~ von großer, allgemeiner Bedeutung **3** ⟨umg.⟩ *Zweifel;* kommst du mit? ohne ~! • 3.1 das ist ohne ~ *richtig zweifellos* **3.2** das ist gar keine ~ *es ist gewiss* • 3.3 das steht außer ~ / außerfrage *ist gewiss* • 3.4 in ~ / infrage **stellen** *bezweifeln* **4 in** ~ / infrage **kommen** *in Betracht kommen;* das könnte vielleicht in ~/ infrage kommen • 4.1 das kommt nicht in ~/ infrage! *ausgeschlossen!, auf keinen Fall!*

fra|gen ⟨V.; du fragst, mundartl. a. frägst; er fragt, mundartl. a. frägt; du fragtest, mundartl. a. frugst; du fragtest, mundartl. a. frügest; gefragt; frag, frage!⟩ **1** ⟨400⟩ *eine Frage (1) stellen;* er fragte: „Kommst du mit?"; „Kommst du mit?", fragte er; er fragte, ob ich mitkäme; er hat mich angelegentlich, neugierig, wiederholt gefragt …; frag nicht so dumm!; durch Fragen zum Ziel kommen; du solltest dich entschließen, ohne erst lange zu ~; wie kann man nur so ~!; ~d sah er mich an; ich warf ihm einen ~den Blick zu; in ~dem Ton wandte er sich an mich • 1.1 „Hat es dir gefallen?" – „Frag lieber nicht!" ⟨umg.⟩ *es war so unerfreulich, dass ich lieber nicht darüber sprechen möchte* • 1.2 da fragst du noch? *das ist doch selbstverständlich* • 1.3 Fragen kostet nichts ⟨Sprichw.⟩ *es ist einfacher, vorher zu fragen* • 1.4 mit Fragen kommt man durch die Welt ⟨Sprichw.⟩ *das F. hilft einem viel weiter* • 1.5 wer viel fragt, geht viel irre ⟨Sprichw.⟩ *zu vieles Fragen verwirrt nur;* →a. *Loch (7.5)* **2** ⟨500⟩ **jmdn.** od. **etwas** ~ *um Antwort, Auskunft, Erlaubnis, Rat usw. bitten;* du musst dein Gewissen ~; ich kann nicht zusagen, ohne ihn vorher zu ~; ich muss dich wegen des Urlaubs ~ • 2.1 ⟨520⟩ das frage ich **dich**! *ich dachte, du wüsstest das!* • 2.2 ⟨513⟩ da fragst du mich zu viel *das weiß ich auch nicht!* • 2.3 ⟨550⟩ **jmdn.** od. **etwas um etwas** ~ *bitten;* frag ihn um Rat; ich habe das Wörterbuch um Rat gefragt ⟨fig.⟩ • 2.4 ⟨800⟩ **nach jmdm.** od. **etwas** ~ *sich nach jmdm. od. etwas erkundigen;* hat jmd. nach mir gefragt?; ich habe vergeblich nach ihm gefragt (um ihn zu sprechen); jmdn. nach seinem Befinden, dem Preis, seinem Namen, dem Weg, der Zeit ~; ich habe ihn nach seiner Meinung gefragt; in einem Geschäft nach einem Produkt ~ • 2.5 ⟨800/verneinend⟩ (**nicht**) **nach jmdm.** od. **etwas** ~ *sich nicht um jmdn. od. etwas kümmern;* danach frage ich nicht; kein Mensch fragt nach der Kranken; was frage ich nach ihm?; wer fragt heute schon danach? **3** ⟨520/Vr 3⟩ **sich** ~ *überlegen;* ich frage mich, ob …; das habe ich mich auch schon oft gefragt!; man fragt sich, wie das noch enden soll • 3.1 das fragst noch ⟨umg.⟩ *das ist noch sicher* **4** ⟨500⟩ gefragt **sein, werden** ⟨Kaufmannsspr.⟩ *begehrt sein, verlangt werden;* es handelt sich um einen sehr gefragten Artikel

Fra|ge|satz ⟨m.; -(e)s, -sät|ze; Gramm.⟩ *Haupt- od. Nebensatz in Form einer Frage, z. B. Kannst du morgen zu mir kommen?*

Fra|ge|wort ⟨n.; -(e)s, -wör|ter; Gramm.⟩ *Wort, Pronomen, das der Einleitung einer Frage dient, z. B. wer?, was?, wohin?;* Sy *Interrogativpronomen*

Fra|ge|zei|chen ⟨n.; -s, -; Zeichen: ?⟩ **1** ⟨Gramm.; Zeichen: ?⟩ *Satzzeichen nach direkten Fragesätzen;* ein ~ setzen **2** diese Behauptung muss man mit einem dicken, großen ~ versehen ⟨fig.⟩ *sie ist unglaubwürdig, sie muss erst überprüft werden* **3** sitz, steh doch nicht da wie ein ~! ⟨fig.; umg.⟩ *in so schlechter Körperhaltung*

fra|gil ⟨Adj.; geh.⟩ *leicht zerbrechlich, zart, empfindlich;* ein ~es Gebilde; er besitzt eine ~e Gesundheit

frag|lich ⟨Adj.⟩ **1** ⟨70⟩ *zweifelhaft, ungewiss, unsicher;* es ist noch ~, ob sie mitkommt; ein sehr ~er Umstand • 1.1 *strittig, umstritten;* ein ~es Problem **2** ⟨60⟩ *betreffend, erwähnt;* die ~e Angelegenheit; zur ~en Zeit war er nicht zu Hause

Frag|ment ⟨n.; -(e)s, -e⟩ **1** *übrig gebliebener Teil eines nicht mehr vorhandenen Ganzen;* Sy *Bruchstück (2);* ein Gedicht ist als ~ überliefert **2** *unvollendetes literarisches od. musikalisches Werk;* Sy *Bruchstück (2)* **3** ⟨Bildhauerei⟩ = *Torso*

frag|wür|dig ⟨Adj.⟩ **1** *zweifelhaft, bedenklich;* eine ~e Sache, Hilfe; dieses Vergnügen kam ihm sehr ~ vor **2** *verdächtig, anrüchig;* ein ~es Lokal

Frak|ti|on ⟨f.; -, -en⟩ **1** *die Vertreter einer Partei innerhalb der Volks- od. Gemeindevertretung* • 1.1 *Gruppe innerhalb einer Partei;* die linke, rechte ~ der Partei **2** ⟨Chem.⟩ *ein Teil eines Stoffgemisches, der durch eine physikalische od. chemische Methode davon abgetrennt wurde u. sich hinsichtlich der angewandten Trennungsmethode, also z. B. im Siedepunkt, der Kristallisationstemperatur, der Löslichkeit in einem Lösungsmittel, der Korngröße (bei festen Stoffen) od. dgl., einheitlicher verhält als das Ausgangsgemisch*

Frak|tur ⟨f.; -, -en⟩ **1** ⟨Typ.⟩ *deutsche, sogenannte „gotische" Schrift mit „gebrochenen" Linien* **2** ⟨Med.⟩ *Knochenbruch* **3** mit jmdm. ~ **reden** ⟨fig.; umg.⟩ *ihm deutlich die Meinung sagen*

frank ⟨Adj. 24/70; nur in der Wendung⟩ ~ **und frei** *etwas aussprechen, erklären frei, offen, aufrichtig*

fran|kie|ren ⟨V. 500⟩ *Postsendungen ~ freimachen,*

mit einer Briefmarke bekleben od. mit der Frankiermaschine stempeln

Fran|se ⟨f.; -, -n⟩ *frei herabhängender Faden od. eine Strähne aus Fäden als Ziersaum an Tüchern, Decken, Teppichen o. Ä.;* Gardinen, Vorhänge mit ~n; ein mit ~n besetztes Tuch

fran|zö|sisch ⟨Adj. 24⟩ **1** ⟨70⟩ *zu Frankreich gehörig, es betreffend, von dort stammend;* die ~e Hauptstadt; ~e Kultur, Geschichte • 1.1 die Französische **Revolution** ⟨1789-1799⟩ *Epoche, in der in Frankreich die Monarchie gestürzt u. die gesellschaftlichen Verhältnisse umfassend verändert wurden* • 1.2 ~es **Bett** *Bett für eine od. zwei Personen, das größer als ein Einzelbett, aber kleiner als ein Doppelbett ist* **2** *für Frankreich u. seine Bevölkerung charakteristisch, ihr eigentümlich;* ~e Küche; ein typisch ~es Gericht **3** *in der Sprache der Einwohner Frankreichs;* ~ sprechen; etwas auf Französisch sagen; ich spreche kein Französisch; das Buch ist in Französisch geschrieben • 3.1 die ~e **Sprache** *eine der auf dem Lateinischen beruhenden romanischen Sprachen*

frap|pant ⟨Adj.; geh.⟩ *verblüffend, auffällig, überraschend;* eine ~e Übereinstimmung; ihre Ähnlichkeit ist ~

Frap|pé ⟨[frape:] n.; -s, -s⟩ = *Frappee*

Frap|pee oV *Frappé* **1** ⟨m.; -s, -s; Textilw.⟩ *Stoff mit eingepresstem Muster* **2** ⟨n.; -s, -s⟩ • 2.1 ⟨österr.⟩ *Milchgetränk mit Früchten* **2.2** *eisgekühltes Getränk, häufig mit Alkohol*

frap|pie|ren ⟨V. 500⟩ **1** etwas frappiert **jmdn.** *macht jmdn. stutzig, überrascht jmdn.* **2** Speisen, Getränke ~ *stark kühlen*

Frä|se ⟨f.; -, -n⟩ **1** *Werkzeug, Maschine, mit der Werkstoffe spanabhebend bearbeitet u. geformt werden können, Fräsmaschine* **2** *Maschine zur Bodenbearbeitung mit rotierenden spaten-, schaufel- od. hackenförmigen Werkzeugen*

Fraß ⟨m.; -es; unz.⟩ **1** *Futter für Tiere, bes. Raubtiere;* den Tigern als ~ vorwerfen • 1.1 jmdm. etwas **zum** ~ **vorwerfen** ⟨fig.; abwertend⟩ *etwas preisgeben, opfern* **2** ⟨umg.; abwertend⟩ *verdorbenes od. nicht gut zubereitetes Essen;* so ein ~!; ich ließ den ~ stehen **3** *Vorgang des (Ab)fressens von Pflanzen, besonders durch Insekten u. Nagetiere;* die Fichten sind durch ~ eingegangen; den Schaden, den die Ratten durch ihren ~ anrichten ...

Frat|ze ⟨f.; -, -n⟩ **1** ⟨umg.; abwertend⟩ *verzerrtes, hässliches, abstoßendes Gesicht;* eine scheußliche, widerliche, brutale ~ • 1.1 *Gesicht;* ich kann seine ~ nicht mehr sehen **2** *Gesichtsmaske* **3** ⟨umg.⟩ = *Grimasse;* (jmdm.) ~n schneiden, ziehen; er verzog das Gesicht zu einer ~

Frau ⟨f.; -, -en; Abk.: Fr.⟩ **1** *erwachsener weiblicher Mensch;* die Gleichberechtigung der ~; eine alte, ältere, ehrwürdige, junge, jüngere ~; die berufstätige, moderne, praktische ~; gnädige ~ ⟨veraltet⟩ (höfliche Anrede) **2** *Ehefrau;* er hat noch keine ~ bekommen, gefunden, gekriegt; eine ~ haben; eine ~ nehmen; er sucht eine ~; meine ~; darf ich Sie mit meiner ~ bekanntmachen?; Mann und ~; ~ und Mutter; jmdn. zu seiner ~ machen; er hat eine geborene Lehmann zur ~; eine langjährige Schulfreundin zur ~ nehmen **3** *(Anrede für verheiratete u. unverheiratete Frauen vor dem Namen od. Titel);* ~ Doktor, Professor; ~ Müller, geb. Hoffmann; in ~ Müllers Wohnung; liebe, sehr geehrte, verehrte ~ X (Anrede in Briefen) • 3.1 ⟨geh.⟩ *(vor Verwandtschaftsbezeichnungen);* Ihre ~ Gemahlin; Ihre ~ Mutter **4** *Hausherrin, Dame;* die ~ des Hauses • 4.1 Unsere Liebe ~ *Maria, die Mutter Gottes*

Frau|en|arzt ⟨m.; -es, -ärz|te⟩ *Facharzt für Frauenkrankheiten u. Geburtshilfe, Gynäkologe*

Fräu|lein ⟨n.; -s, - od. umg. a.: n.; -s, -s, österr. a.: f.; -, -; Abk.: Frl.; veraltet⟩ **1** *unverheiratete Frau (1);* ein älteres ~; gnädiges ~ (höfliche Anrede) **2** ⟨meist scherzh.⟩ *weibliches Dienstpersonal (als Anrede);* ~, bitte einen Eiskaffee! (Anrede an die Kellnerin) • 2.1 das ~ **vom Amt** ⟨umg.⟩ *Angestellte im Fernmeldeamt, die Telefongespräche vermittelte* **3** *früher Anrede für unverheiratete, jüngere Frauen vor dem Namen od. Titel, heute durch die Bezeichnung „Frau" ersetzt);* ~ Doktor; ~ Maier; hochverehrtes, liebes, sehr geehrtes, verehrtes ~ Lehmann! (Anrede bes. in Briefen) • 3.1 ⟨geh.⟩ *(vor Verwandtschaftsbezeichnungen);* Ihr ~ Schwester, Tochter

frau|lich ⟨Adj.⟩ **1** *in der Art einer (reiferen) Frau;* sie kleidet sich betont ~; ein ~es Kleid, Kostüm **2** *weiblich-mütterlich;* sie ist ein ~er Typ

Freak ⟨[fri:k] m.; -s, -s; umg.⟩ **1** *unangepasster, leicht verrückter Mensch;* auf dem Fest waren zu viele ~s **2** *jmd., der eine Sache mit großer Leidenschaft, mit Fanatismus betreibt;* Computer~; Musik~; Motorrad~ **3** ⟨Drogenszene⟩ *jmd., der in maßloser u. gefährlicher Weise Drogen zu sich nimmt*

frech ⟨Adj.⟩ **1** *dreist, vorlaut, unverschämt, anmaßend, ohne Respekt;* er war ~ zu ihm; etwas ~ leugnen, sagen; jmdn. ~ anlügen; ein ~er Bursche, Kerl ⟨umg.⟩ • 1.1 er ist ~ wie Oskar, wie ein Rohrspatz ⟨fig.; umg.⟩ *sehr frech* **1.2** etwas mit ~er **Stirn** behaupten ⟨fig.; geh.⟩ *dreist lügen* • 1.3 jmdm. ~ **kommen** ⟨umg.⟩ *ungehörig entgegentreten* • 1.4 *schamlos, zynisch;* jmdm. ~ ins Gesicht lachen, sagen; ~e Äußerungen **2** *übermütig, keck;* eine ~e Zeichnung, Melodie, Nase, Frisur

Frech|dachs ⟨[-ks] m.; -es, -e; fig.⟩ *übermütiger, verschmitzt-vorlauter (junger) Mensch;* so ein ~!; sie ist ein richtiger ~

Frech|heit ⟨f.; -, -en⟩ **1** ⟨unz.⟩ *das Frechsein, freches Benehmen;* er treibt es mit seiner ~ zu weit; die ~ auf die Spitze treiben **2** ⟨zählb.⟩ *freche Handlung od. Äußerung, Unverschämtheit, Dreistigkeit, Anmaßung;* diese ~ lasse ich mir nicht gefallen; das ist eine unerhörte, unglaubliche ~!

Free|sie ⟨[-zjə] f.; -, -n; Bot.⟩ *Angehörige einer südafrikanischen Gattung der Schwertliliengewächse, beliebte Schnittblume mit meist weißen, gelben od. lilafarbenen, stark duftenden Blüten: Freesia*

Fre|gat|te ⟨f.; -, -n⟩ **1** ⟨früher⟩ *schnelles, dreimastiges Kriegssegelschiff* **2** ⟨heute⟩ *schwer bewaffnetes Kriegsschiff* **3** ⟨umg.; abwertend⟩ *ältere, nicht mehr attrak-*

frei

tive, korpulente Frau; was will denn die abgetakelte ~ hier?

frei ⟨Adj.⟩ **1** *unabhängig;* er ist sein ~er Herr; Freie und Hansestadt Hamburg; die Freien Reichsstädte; Freie Deutsche Jugend ⟨DDR; Abk.: FDJ⟩; Freie Demokratische Partei ⟨Abk.: F.D.P.⟩; die sieben freien Künste *im MA die eines freien Mannes würdigen Kenntnisse (Grammatik, Dialektik, Rhetorik, Arithmetik, Geometrie, Astronomie, Musik)* • **1.1** *nicht angestellt;* ~er Journalist, Schriftsteller; er ist ~er Mitarbeiter • **1.1.1** ~e **Berufe** *nicht an eine feste Anstellung gebundene (bes. wissenschaftliche u. künstlerische) B.* • **1.2** *nicht an ein Gesetz, eine Vorschrift, eine Regel gebunden* • **1.2.1** Freie **Bühne** *1889 gegründeter Theaterverein mit dem Ziel, das zeitnahe (naturalistische) Theater unter Umgehung der Zensur zu spielen* • **1.2.2** ~e **Kunst** *nicht durch praktische Verwertbarkeit bestimmte K.;* Ggs *angewandte Kunst*, → *anwenden (2.1)* • **1.2.3** ~e **Liebe** *an kein Gesetz gebundene, zügellose L.* • **1.2.4** ~e **Rhythmen** *nicht durch Reim gebundene, rhythmisch stark bewegte Verse* • **1.2.5** ~e **Spitzen** ⟨DDR⟩ *der über die vom Staat festgesetzte Abgabenmenge hinaus produzierte Ertrag* • **1.2.6** *ungezwungen, die Regeln des Anstands nicht achtend;* sie hat sehr ~e Ansichten; das Freie Ihres Benehmens; sie führt ein sehr ~es Leben; das Buch, der Film, das Theaterstück ist sehr ~ • **1.2.7** ich bin so ~ ⟨*Höflichkeitsformel beim Annehmen von etwas, was einem angeboten worden ist*⟩ • **1.3** *nicht wörtlich, ungenau;* eine ~e Übersetzung, Übertragung aus dem Englischen; ein Film ~ nach einer Novelle von Th. Storm • **1.4** *ohne Hilfsmittel, ohne Stütze;* aus ~er Hand (fotografieren, schießen, zeichnen); das Kind kann schon ~ stehen, schwimmen • **1.4.1** *ohne Vorlage, ohne abzulesen;* er hat eine Stunde lang völlig ~ gesprochen; einen Vortrag ~ halten; er kann keine ~e Rede halten • **1.4.2** das ist alles bloß ~ erfunden *hat keine Vorlage, entbehrt der Grundlage* • **1.5** ⟨Phys., Chem.⟩ *nicht gebunden;* ~er Sauerstoff; hierbei wird Wärme, werden Dämpfe ~ **2** *unbehindert;* ~e Fahrt; ~er Fall ⟨Phys.⟩; der Weg ist ~! (von Hindernissen); der Weg ist ~ für unseren Plan; der Linksaußen steht ~ ⟨Fußb.⟩ • **2.1** *uneingeschränkt, nicht gelenkt, unbeeinflusst;* jmdm. ~en Spielraum geben, gewähren; er hat seinen Dienstwagen zur ~en Verfügung; ~e Wahl haben; ~e Arztwahl haben; kann man sich dort ~ bewegen?; den Dingen ~en Lauf lassen; du darfst deinen Gefühlen nicht zu sehr ~en Lauf lassen; es war mein ~er Wille; jetzt hat er ~es Spiel • **2.1.1** aus ~em Antrieb, aus ~en Stücken *freiwillig, von selbst, unaufgefordert* • **2.1.2** in dieser Angelegenheit musst du mir ~e Hand lassen *mich unbeeinflusst entscheiden u. handeln lassen* • **2.1.3** im Krieg konnte man nur sehr wenige Waren ~ haben *ohne Marken od. Bezugsschein* • **2.2** *nicht gefangen, in Freiheit;* der Häftling ist seit gestern ~ • **2.2.1** auf ~em Fuß sein *in Freiheit sein* • **2.2.2** jmdn. auf ~en Fuß setzen *aus der Haft entlassen* • **2.3** = **von** *ganz ohne;* ~ von Abgaben, Lasten, Zoll, Schulden, Steuern, Verpflichtungen; ~ von Beschwerden, Erkältungen, Fieber, Krankheiten, Schmerzen; ~ von Dünkel, Hass, Irrtümern, Kummer, Leidenschaften, Schuld, Sünde, Übertreibungen, Verdacht, Vorurteilen **3** ⟨70⟩ *verfügbar;* die Stelle des Personalchefs ist ~; die Wohnung wird nächstes Jahr ~ • **3.1** *nicht besetzt, zur Verfügung stehend;* ich konnte keinen ~en Platz mehr finden; einen Stuhl ~ lassen; haben Sie noch ein Zimmer ~?; Zimmer ~! (an Pensionen angebrachtes Schild) • **3.2** *nicht mit Arbeit od. Pflichten belastet;* arbeits~, dienst~; ich hatte gestern keinen ~en Augenblick, keine ~e Minute; ich habe heute einen ~en Tag; ihm bleibt nicht viel ~e Zeit; in meiner ~en Zeit lese ich; seid ihr heute Abend ~? • **3.3** sie ist noch ~ *ungebunden, hat noch keinen festen Freund* • **3.4** *urheberrechtlich nicht mehr geschützt;* seit Wilhelm Busch ~ ist, gibt es viele Ausgaben seiner Werke **4** *freimütig, offen;* bei ihnen herrscht ein sehr ~er Ton; können wir hier ~ reden?; etwas frank und ~ aussprechen, erklären; sprich ~ von der Leber weg! **5** *offen (daliegend), weit, unbegrenzt, ungeschützt;* hier hat man ~e Aussicht über …; ~er Durchgang (Aufschrift); auf ~em Feld; eine ~e Gegend, Landschaft; die Tiere legen sich ~ auf das Feld; unter ~em Himmel schlafen, übernachten; viel an der ~en Luft sein; ein ~er Platz (z. B. Marktplatz); der Zug hielt auf ~er Strecke; Tiere in ~er Wildbahn; im Weltraum schweben; unser Haus steht ziemlich ~ • **5.1** im **Freien** *in der Natur, Landschaft, Luft;* sich gern im Freien aufhalten; im Freien schlafen; ins Freie gehen • **5.2** *unbedeckt, unbekleidet;* mit ~em Oberkörper **6** *kostenlos, unentgeltlich;* ~er Eintritt!, bei ~em Eintritt; ~e Kost und Logis; jeder hat ~en Zutritt; ich habe ~en Zutritt zur Ausstellung; alles ~ haben, bekommen • **6.1** ⟨Kaufmannsspr.⟩ *Beförderung bezahlt (bis);* ~ (auf freigemachten, frankierten Postsendungen); ~ Bahnhof, Grenze, Hafen, Haus, Schiff; ~ Hafen und versichert; ~ (bis) Hamburg; Lieferung ~ Haus • **6.2** ~ **ausgehen** *straflos;* diesmal wird er nicht ~ ausgehen **7** ⟨Getrennt- u. Zusammenschreibung⟩ • **7.1** ~ **bekommen** = *freibekommen* • **7.2** ~ **geben** = *freigeben (I)* • **7.3** ~ **haben** = *freihaben* • **7.4** ~ **halten** = *freihalten (I)* • **7.5** ~ **lassen** = *freilassen* • **7.6** ~ **legen** = *freilegen* • **7.7** ~ **machen** = *freimachen* • **7.8** ~ **laufend** = *freilaufend* • **7.9** ~ **lebend** = *freilebend* • **7.10** ~ **stehend** = *freistehend*

Frei|bad ⟨n.; -(e)s, -bä|der⟩ *Schwimmbad unter freiem Himmel;* Ggs *Hallenbad;* bei gutem Wetter gehen wir ins ~

frei|be|kom|men *auch:* **frei be|kom|men** ⟨V. 170⟩ **1** ⟨500⟩ jmdn. ~ *durch Fürsprache, Geld o. Ä. befreien;* er konnte viele Gefangene ~ **2** ⟨402⟩ (eine **Zeit**) ~ *arbeitsfreie Zeit gewährt bekommen, Urlaub, dienstfrei, schulfrei bekommen;* kann ich heute eine Stunde ~?; ⟨aber nur Getrenntschreibung⟩ frei bekommen → *frei (6)*

Frei|beu|ter ⟨m.; -s, -⟩ **1** ⟨früher⟩ *privates bewaffnetes Schiff, das ohne Kaperbrief Handelsschiffe erbeutete;* Ggs *Kaper²* **1.1** *Seemann, der auf einem Freibeu-*

ter (1) fuhr; Sy *Seeräuber* **2** ⟨fig.; abwertend⟩ *jmd., der ohne Rücksicht auf Sitte u. Gesetz seinen Vorteil wahrnimmt*

Frei|brief ⟨m.; -(e)s, -e⟩ **1** ⟨im MA⟩ *königliches od. fürstliches Privileg, durch das einzelnen Personen od. Körperschaften Vorrechte gewährt wurden* **2** ⟨im MA⟩ *Urkunde für die Freilassung von Hörigen, für freies Geleit* **3** ⟨fig.⟩ *angemaßtes Recht für etwas sonst Unerlaubtes; etwas als ~ für etwas ansehen, betrachten*
• **3.1** *jmdm.* **einen ~ für etwas ausstellen, geben** *jmdm. volle Freiheit geben, etwas zu tun* • **3.2** *etwas ist* **(k)ein ~ für etwas** *etwas gibt (k)eine Rechtfertigung für etwas*

Frei|den|ker ⟨m.; -s, -⟩ *jmd., der sich keiner Weltanschauung unterwirft;* Sy *Freigeist*

frei|en ⟨V.; veraltet⟩ **1** ⟨500⟩ ein **Mädchen** ~ *heiraten; jung gefreit, hat nie gereut* ⟨Sprichw.⟩ **2** ⟨800⟩ **um** ein **Mädchen** ~ *werben; er hat um sie gefreit*

Frei|e(r)¹ ⟨f. 2 (m. 1)⟩ *freier Mensch, Bürger, (bzw.) freie Bürgerin*

Frei|er² ⟨m.; -s, -⟩ **1** ⟨veraltet⟩ *Werber (um eine junge Frau), Verehrer; sie hat viele* **2** ⟨verhüllend⟩ *Kunde einer Prostituierten*

frei|ge|ben *auch:* **frei ge|ben** ⟨V. 143⟩ I ⟨Zusammen- u. Getrenntschreibung⟩ **1** ⟨500⟩ jmdm. ~ *jmdm. seine Freiheit zurückgeben; einen Sklaven ~* • **1.1** *aus einer Bindung entlassen; er wollte sich aus der Firma zurückziehen, aber der Vorstand will ihn nicht freigeben /* frei gegeben • **1.2** *etwas ~ zugänglich machen, wieder öffnen; die neue Brücke, die gesperrte Straße (wieder) für den Verkehr ~* **2** ⟨600⟩ **jmdm.** ~ **Urlaub** *geben; ich habe mir heute von meinem Chef eine Stunde ~ lassen* II ⟨500; nur Zusammenschreibung⟩ *etwas freigeben die Beschränkung, Sperre von etwas aufheben; ein beschlagnahmtes Vermögen freigeben; gesperrte Guthaben freigeben; der Film wurde für Jugendliche nicht freigegeben; zum Druck freigeben (nach Durchsicht); ein neues Arzneimittel zum Verkauf freigeben*

frei|ge|big ⟨Adj.⟩ *gern u. viel gebend, schenkfreudig, großzügig; ~ sein gegenüber jmdm.; ~ sein mit Geld, Lob usw.*

Frei|geist ⟨m.; -(e)s, -er⟩ = *Freidenker*

frei|ha|ben *auch:* **frei ha|ben** ⟨V. 159/400; umg.⟩ *Ferien, Urlaub, arbeitsfreie Zeit haben; ich möchte morgen gern ~; die Kinder hatten gestern freigehabt;* ⟨aber nur Getrenntschreibung⟩ frei haben → *frei (2.1.3, 6)*

frei|hal|ten *auch:* **frei hal|ten** ⟨V. 160/500⟩ I ⟨Zusammen- u. Getrenntschreibung⟩ **1** ⟨503/Vr 6⟩ **(jmdm.) etwas** ~ *unbesetzt, bereithalten, nicht betreten, nicht versperren; kannst du mir bitte einen Platz, Stuhl ~?* **2** ⟨550⟩ **jmdn.** *od.* **etwas von etwas** ~ *vor etwas behüten, schützen; von Krankheiten, Schnee ~; einen Raum von Schmutz ~* II ⟨nur Zusammenschreibung⟩ **jmdn.** *freihalten für jmdn. bezahlen; er hielt uns den ganzen Abend frei; er hat die ganze Gesellschaft freigehalten;* ⟨aber nur Getrenntschreibung⟩ frei halten → *frei (1.4.1)*

frei|hän|dig ⟨Adj. 24/90⟩ *ohne sich mit den Händen festzuhalten od. die Arme aufzustützen; ~ Rad fahren, schießen, schreiben, zeichnen; ~e Grätsche* (Turnübung)

Frei|heit ⟨f.; -, -en⟩ **1** ⟨unz.⟩ *Unabhängigkeit von Zwang od. Bevormundung;* →a. *Gleichheit; die ~ des Gewissens, Handelns, der Presse, Rede; ~, Gleichheit, Brüderlichkeit* (frz. *Liberté, Egalité, Fraternité*); *Schlagwort für die Ziele der Französischen Revolution; jmdn. der ~ berauben* ⟨geh.⟩; *seine ~ erlangen, wiedererlangen, verlieren; jmdm. die ~ geben, schenken; jmdm. volle ~ lassen; für, um die ~ kämpfen; der Weg in die ~* ⟨fig.⟩; *jmdn. od. ein Tier in ~ setzen; nach ~ streben* • **1.1** *du hast volle ~ in dieser Angelegenheit* ⟨fig.⟩ *du kannst ganz nach eigenem Ermessen entscheiden* • **1.2** *ich nehme mir die ~, Ihnen das mitzuteilen* ⟨Höflichkeitsfloskel⟩ *ich erlaube mir* • **1.3** *mit großer ~ reden sehr offen* **2** ⟨Pl.⟩ *Vorrechte, Privilegien; zu viele ~en* • **2.1** *Verstöße gegen Sitte od. Konvention; er erlaubt sich zu viele ~en* **3** ~ **der Meere** *freie Benutzbarkeit der M.*

frei|heit|lich ⟨Adj.⟩ *nach Freiheit strebend, die Freiheit liebend; die ~ demokratische Grundordnung bestärken; ~es Denken*

Frei|heits|stra|fe ⟨f.; -, -n⟩ *Bestrafung durch Entzug der persönlichen Freiheit in Strafanstalten; eine niedrige, hohe ~*

frei|her|aus *auch:* **frei he|raus** ⟨Adv.⟩ *offen, ohne Umschweife; ~ sprechen; etwas ~ sagen*

Frei|land ⟨n.; -(e)s, -län|der⟩ *freies Garten- bzw. Weideland; Blumen ins ~ säen*

frei|las|sen *auch:* **frei las|sen** ⟨V. 175/500⟩ **1** jmdn. ~ *auf freien Fuß setzen, aus der Haft, Gefangenschaft, Sklaverei usw. entlassen; man hat den Verbrecher gegen eine Kaution wieder freigelassen /* frei gelassen • **1.1** ein **Tier** ~ *einem T. die Freiheit (1) wiedergeben;* →a. *frei (3.1);* ⟨aber nur Getrenntschreibung⟩ frei lassen → *frei (3.1)*

frei|lau|fend *auch:* **frei lau|fend** ⟨Adj. 24⟩ ~e **Hühner** *in einem Auslauf gehaltene H.*

frei|le|bend *auch:* **frei le|bend** ⟨Adj. 24⟩ ~e **Tiere** *T., die in freier Wildbahn leben*

frei|le|gen *auch:* **frei le|gen** ⟨V. 500⟩ *etwas ~ bloßlegen, von Hüllen od. deckenden Schichten befreien; bei den Ausgrabungen wurde ein Amphitheater freigelegt /* frei gelegt; *bei einer Operation ein Organ ~; ein Rohr ~;* ⟨aber nur Getrenntschreibung⟩ frei legen → *frei (5)*

frei|lich ⟨Adv.⟩ **1** *allerdings, wie zugegeben werden muss; ~ muss ich einschränken, feststellen, mitteilen, sagen ...; er hat ~ Recht!; es scheint ~ (nicht) einfach, leicht, schwierig zu sein* **2** ⟨eine Bejahung verstärkend⟩ *selbstverständlich, gewiss, ja; aber ~!, ja ~!, ~!; ~ hat er Recht!*

frei|ma|chen *auch:* **frei ma|chen** ⟨V. 500⟩ I ⟨Zusammen- u. Getrenntschreibung⟩ **1** ⟨Vr 3⟩ **sich** ~ *sich (dienst)freie Zeit nehmen; kannst du dich morgen für zwei Stunden freimachen /* frei machen? **2** ⟨Vr 7⟩
• **2.1 etwas** *od.* **sich** ~ *die Kleidung ablegen (zur ärztl. Untersuchung); sich den Oberkörper freima-*

Freimaurerei

chen / frei machen • **2.2** *befreien;* sich von seinen Vorurteilen freimachen / frei machen **II** ⟨nur Zusammenschreibung⟩ eine **Postsendung** ~ *frankieren, mit Briefmarken bekleben, für eine P. Porto, Gebühr bezahlen;* er hat den Brief, die Postkarte freigemacht

Frei|mau|re|rei ⟨f.; -; unz.⟩ *weltweite Humanitätsbewegung mit dem Ziel, ihre Anhänger auf der Grundlage einer natürlichen Ethik zu dem Ideal edlen Menschentums hinzuführen*

Frei|mut ⟨m.; -(e)s; unz.⟩ *(mutige) Offenheit, Aufrichtigkeit;* etwas mit großem ~ bekennen

frei|mü|tig ⟨Adj.⟩ *arglos-offen, unbekümmert-frei, mutig-aufrichtig;* etwas ~ bekennen, gestehen

Frei|sinn ⟨m.; -(e)s; unz.⟩ **1** *(veraltet) freiheitliche, fortschrittliche Gesinnung* **2** *(in Dtschld. u. der Schweiz) eine politische Richtung, die seit der Mitte des 19. Jh. liberale Grundsätze im Staats- u. Wirtschaftsleben vertrat u. später auch sozialreformerische Ideen aufnahm*

frei|spre|chen ⟨V. 251/505/Vr 7 od. Vr 8⟩ **1** jmdn. ~ *von einer Anklage, Schuld lossprechen;* er wurde mangels Beweises freigesprochen; das Gericht sprach den Angeklagten frei **1.1** von Überheblichkeit, Eitelkeit muss man ihn (kann man ihn nicht) ~ ⟨fig.⟩ *er ist (nicht) überheblich, eitel* **2** einen **Lehrling** ~ *einem L. den Gesellenbrief überreichen;* ⟨aber Getrenntschreibung⟩ frei sprechen → *frei (1.4.1)*

frei|ste|hen ⟨V. 256/601⟩ **es** steht jmdm. frei, **etwas zu tun** *etwas ist jmds. Entscheidung überlassen, etwas ist jmdm. erlaubt, gestattet;* es sollte jedem ~, zu …; das steht Ihnen völlig frei; ⟨aber Getrenntschreibung⟩ frei stehen → *frei (1.4)*

frei|ste|hend *auch:* **frei ste|hend** ⟨Adj. 24/70⟩ **1** *unbewohnt;* ein freistehendes / frei stehendes Zimmer **2** *für sich, ungestützt, ohne Stütze stehend;* ein freistehender / frei stehender Turm

frei|stel|len ⟨V. 500⟩ **1** ⟨530⟩ jmdm. etwas ~ *anheimstellen, zur Wahl stellen, die Entscheidung überlassen;* es wurde ihnenfreigestellt, daran teilzunehmen **2** ⟨550⟩ **jmdn. von etwas** ~ *jmdn. für eine bestimmte Zeit von seinen (bes. militärischen) Pflichten befreien;* er wurde vom Militär, Wehrdienst freigestellt; ⟨aber Getrenntschreibung⟩ frei stellen → *frei (1.4)*

Frei|tag ⟨m.; -(e)s, -e; Abk.: Fr⟩ **1** *der fünfte Tag der Woche;* →a. *Dienstag;* gestern war ~, der 20. Juni; am nächsten ~ • **1.1 Stiller** ~ ⟨Rel.⟩ = *Karfreitag*

Frei|tag|abend ⟨m.; -(e)s, -e⟩ *der Abend des Freitags;* →a. *Dienstagabend;* am Freitagabend hatte sie hohes Fieber; am Freitagabend haben wir Gäste eingeladen

frei|tags ⟨Adv.⟩ *an jedem Freitag;* →a. *dienstags;* ~ gehen wir immer in die Stadt

Frei|tod ⟨m.; -(e)s; unz.⟩ = *Selbstmord (1);* den ~ wählen

Frei|übung ⟨f.; -, -en; Sp.⟩ *Turnübung ohne Geräte od. (seltener) mit Handgeräten;* ~en machen

Frei|wild ⟨n.; -(e)s; unz.; fig.⟩ *schutzloser, vogelfreier Mensch;* jmd. ist ~

frei|wil|lig ⟨Adj. 24⟩ **1** *ungezwungen, von selbst, aus ei-*genem Antrieb; ~e Spenden; ~es Geständnis; sein ~er Tod; ~e Feuerwehr; etwas ~ tun; ~ verzichten, abtreten; er ist ~ mitgekommen; er hat sich ~ gemeldet (zum Kriegsdienst) **2** ~e **Gerichtsbarkeit** ⟨Rechtsw.⟩ *Mitwirkung von Gerichten in Fällen, in denen es um Rechtspflege, nicht um Streitsachen geht;* Ggs *streitige Gerichtsbarkeit,* → *streitig (3.1)*

Frei|zeit ⟨f.; -, -en⟩ **1** ⟨unz.⟩ *arbeitsfreie Zeit;* in meiner ~ gehe ich viel spazieren **2** *(meist von einer öffentlichen Institution organisierte) mehrtägige Zusammenkunft, Reise einer Gruppe;* an einer ~ teilnehmen; Ski~; Schüler~

frei|zü|gig ⟨Adj.⟩ **1** *den Wohnort frei wählend, ihn nach Belieben wechselnd, nicht ortsgebunden* **2** ⟨fig.⟩ *großzügig;* ~ mit Geld umgehen • **2.1** *mit viel Freiheit;* ~ aufwachsen; ~e Erziehung

fremd ⟨Adj.⟩ **1** *aus einem anderen Land, einer anderen Stadt, aus einem anderen Volk, einer anderen Familie stammend;* ~e Kost, Länder, Sitten, Sprachen; ~e Menschen, Pflanzen, Tiere **2** *einem anderen gehörend, einen anderen betreffend;* →a. *eigen (1);* misch dich nicht in ~e Angelegenheiten; er hat sich an ~em Eigentum vergriffen; eine Unterschrift von ~er Hand; der Besitz ist in ~e Hände übergegangen • **2.1** das war nicht für ~e **Ohren** bestimmt *das sollte aber niemand sonst hören* • **2.2 unter** ~em **Namen** *unter angenommenem N.;* unter ~em Namen leben, reisen, sich vorstellen • **2.3 für** ~e **Rechnung** ⟨Kaufmannsspr.⟩ *auf R. eines Dritten* **3** *unbekannt, ungewohnt, unvertraut;* seine Art, sein Wesen ist mir völlig ~; das ist alles so ~ • **3.1** ich bin hier ~ *ich weiß hier nicht Bescheid* • **3.2** sich ~ stellen, ~ tun *betont zurückhaltend sein* • **3.3** *andersartig, fremdartig, seltsam;* dieser Ausdruck, dieser Begriff, dieses Wort kommt mir ~ vor

fremd|ar|tig ⟨Adj. 24⟩ *fremd, anders, ungewohnt;* das klingt alles sehr ~

Frem|de ⟨f.; -; unz.⟩ *unbekanntes, unheimisches Land, Ausland;* in der ~ sich aufhalten, leben, umkommen; in die ~ ziehen

Frem|de(r) ⟨f. 2 (m. 1)⟩ Sy *Fremdling* **1** *jmd., der aus einem anderen Ort, einer anderen Gegend, einem anderen Land stammt;* Orts~; ein ~r fragte nach dem Weg **2** *Unbekannte(r);* ~n gegenüber ist das Kind sehr schüchtern

Frem|den|ver|kehr ⟨m.; -s; unz.⟩ *der Reiseverkehr mit vorübergehendem Aufenthalt von Personen an fremden Orten, die nicht ihre ständigen Wohngemeinden sind, zum Zwecke der Erholung, Bildung, geschäftlichen Betätigung usw., Tourismus;* der moderne ~ benötigt bessere Verkehrsverbindungen; der ~ muss gefördert werden; vom ~ leben

Fremd|kör|per ⟨m.; -s, -⟩ **1** ⟨Med.⟩ *ein Gegenstand, der von außen her in die Gewebe od. Hohlorgane eines Körpers gelangt ist;* einen ~ aus seinem Auge entfernen; er musste operativ entfernt werden **2** ⟨fig.⟩ *jmd., der nicht in seine Umgebung, eine Gesellschaft passt;* jmdn. als ~ betrachten; er wirkte wie ein ~ in der eingespielten Mannschaft

Fremd|ling ⟨m.; -s, -e⟩ = *Fremde(r)*

Fremd|spra|che ⟨f.; -, -n⟩ *Sprache, die nicht die Muttersprache ist;* eine ~ erlernen; mehrere ~n sprechen, beherrschen

Fremd|wort ⟨n.; -(e)s, -wör|ter⟩ *aus einer anderen Sprache in die eigene Sprache mehr od. weniger unverändert übernommenes Wort* (~schreibung)

fre|ne|tisch ⟨Adj.⟩ *heftig, begeistert, stürmisch, rasend;* der Pianist erhielt ~en Beifall

fre|quen|tie|ren ⟨V. 500⟩ **jmdn.** od. einen **Ort** ~ *häufig besuchen, häufig bei jmdm. od. an einem O. verkehren*

Fre|quenz ⟨f.; -, -en⟩ **1** *Häufigkeit* • **1.1** *Besucherzahl* **2** *Verkehr, Verkehrsdichte* **3** ⟨Phys.⟩ *Anzahl der Schwingungen pro Zeiteinheit (bei Schwingungs- od. Wellenvorgängen)*

Fres|ke ⟨f.; -, -n; selten⟩ = *Fresko*

Fres|ko ⟨n.; -s, Fres|ken⟩ *auf den frischen Putz einer Wand gemaltes Bild, Wandgemälde;* oV *Freske*

fres|sen ⟨V. 139⟩ **1** ⟨400⟩ ein **Tier** frisst *nimmt Nahrung auf;* gierig, hastig ~; dem Hund etwas zu ~ geben • **1.1** ⟨511⟩ ein Loch in etwas ~ *durch Fressen (1) ein Loch erzeugen;* die Motten haben Löcher in den Polsterbezug gefressen **2** ⟨402⟩ (**etwas**) ~ ⟨derb⟩ *essen;* wir hatten nichts zu ~; sich dick und rund ~ • **2.1** ⟨400⟩ *unmäßig, gierig u. unfein essen, schlingen;* er frisst den ganzen Kartoffelsalat auf!; wie eine neunköpfige Raupe, wie ein Wolf ~ • **2.1.1** ⟨513⟩ jmdm. arm ~ ⟨fig.; umg.⟩ *durch unmäßiges Essen arm machen* • **2.2** ⟨500⟩ **jmdn.** ~ ⟨fig.; umg.⟩ *jmdm. (vor lauter Liebe od. Zorn) etwas antun;* friss mich nur nicht gleich!; er kann mich doch, wird mich schon nicht ~; er sah mich an, als wollte er mich ~; ich lass mich ~, wenn das so ist • **2.2.1** ⟨500⟩ jmdn. gefressen haben ⟨fig.; umg.⟩ *nicht leiden können* • **2.2.2** ⟨513⟩ jmdn. zum Fressen gern haben ⟨fig.; umg.⟩ *sehr gern* • **2.2.3** das Baby ist zum Fressen ⟨fig.; umg.⟩ *sehr niedlich* • **2.3** ⟨500⟩ etwas gefressen haben ⟨fig.; umg.⟩ *begriffen haben;* →a. *Weisheit (2.2);* jetzt habe ich es endlich gefressen! **3** ⟨500⟩ **etwas** frisst **etwas** ⟨fig.; umg.⟩ *erfordert, verbraucht, verschlingt etwas;* dieser Wagen frisst viel Benzin; diese veraltete Heizung frisst viel zu viel Öl; sein Hobby frisst Zeit und Geld; das frisst viel Zinsen • **3.1** dieses alte, reparaturbedürftige Haus ist nur noch (ein) ~des Kapital ⟨umg.⟩ *bringt nichts mehr ein, man setzt Geld dabei zu* **4** ⟨411⟩ etwas frisst *breitet sich zerstörend, zersetzend aus;* der Rost frisst am Eisen; das Geschwür, der Krebs frisst weiter um sich; der Gram frisst an ihr • **4.1** ~de **Flechte** ⟨Med.⟩ *eine Hauttuberkulose, deren knötchenartige, gelbbraunrote Herde sich ausdehnen u. geschwürig zerfallen können: Lupus*

Fress|napf ⟨m.; -(e)s, -näp|fe⟩ *kleines Gefäß für Tierfutter*

Frett|chen ⟨n.; -s, -; Zool.⟩ *zur Kaninchenjagd abgerichtete Albinoform einer Iltisart*

fret|ten ⟨V. 500/Vr 3; süddt.; österr.⟩ **sich** ~ **1** *sich abmühen, abplagen* **2** *sich mühselig durchbringen*

Freu|de ⟨f.; -, -n⟩ *Beglückung, (innere) Befriedigung, Gefühl der Hochstimmung;* Ggs *Leid;* das Kind ist die ~ seines Alters; die ~n der Jugend, der Liebe; jmdm. eine ~ bereiten, machen; ist das eine ~!; er lernt, dass es nur so eine ~ ist …; es ist eine ~ zu beobachten, hören, sehen …; jmdm. die ~ nehmen, rauben; jmds. ~, jmdm. die ~ stören, trüben, verderben; ~ spenden (durch, mit etwas); jmdm. die ~ versalzen; es ist mir eine besondere ~, zu … (Höflichkeitsfloskel); seine einzige ~; geteilte ~ ist doppelte ~ ⟨Sprichw.⟩; eine große, riesige, unerwartete ~; sein Beruf macht ihm keine, wenig ~; die kleinen ~n des Daseins; laute, stille ~; das ist nicht die wahre ~; seine ~ haben an; er hat an seinen Kindern viel ~; herrlich und in ~n leben; mit ~n! (freudige Zusage); mit tausend ~n! ⟨veraltet⟩ (betont freudige Zusage); jmdm. in Freud und Leid zur Seite stehen; Freud und Leid mit jmdm. teilen; er kann sich vor ~ kaum, nicht fassen, halten; er ist außer sich vor ~; ich könnte vor ~ an die Decke springen; zu meiner ~ …; welche ~!

Freu|den|haus ⟨n.; -es, -häu|ser⟩ = *Bordell*

Freu|den|mäd|chen ⟨n.; -s, -; veraltet⟩ = *Prostituierte*

Freu|den|tau|mel ⟨m.; -s, -⟩ *große Freude, die durch Rufe u. heftige Bewegungen geäußert wird;* in einen ~ geraten

freu|de|strah|lend ⟨Adj. 24/90⟩ *strahlend vor Freude, glücklich aussehend;* ~ nahm sie den ersten Preis entgegen

freu|dig ⟨Adj.⟩ **1** *froh, wohlgemut, fröhlich, heiter gestimmt;* ein ~es Gesicht machen; ~ an die Arbeit gehen • **1.1** *bereitwillig, gern;* ~ zusagen; eine Einladung ~ annehmen **2** ⟨70⟩ *freude-, glückbringend, beglückend;* eine ~e Nachricht erhalten • **2.1** ein ~es Ereignis *Geburt eines Kindes;* bei Familie Müller wird ein ~es Ereignis erwartet, ist ein ~es Ereignis eingetreten

freu|en ⟨V. 500⟩ **1** ⟨505/Vr 3⟩ **sich (an jmdm.)** od. **etwas)** ~ *Freude, Glück empfinden;* sich ~ an seinen Kindern; an einem Geschenk ~; sich ~ auf, über jmdn. od. etwas; sich einer Sache ~ ⟨geh.⟩; sich über eine Sache ~; er freut sich seines Lebens; wie ~ wir uns, Sie zu sehen!; ich freue mich, dass du schon kommst; sie freut sich am Glück anderer; wir ~ uns schon auf die Ferien; ich habe mich sehr über seinen Besuch gefreut • **1.1** sie freut sich wie ein Schneekönig ⟨umg.⟩ *sehr* • **1.2** sie kann sich so nett ~ *sie kann ihrer Freude so nett, so gut Ausdruck geben* **2** **etwas** freut **jmdn.** *bereitet jmdm. Freude, macht jmdn. froh;* dein Besuch freut mich; es freut mich, ihn, sie; es hat mich sehr gefreut! (erg.: Sie kennenzulernen; Höflichkeitsfloskel beim Abschied); es würde, sollte mich ~, wenn …; es freut mich sehr, dass …; es freut mich zu beobachten, hören, sehen …; es freut mich, Sie hier zu treffen

freund ⟨Adj. 11/24/43⟩ **jmdm.** ~ **sein (bleiben, werden)** *freundlich gesinnt, wohlgesinnt, zugeneigt (bleiben, werden);* er bleibt, wird ihm ~

Freund ⟨m.; -(e)s, -e⟩ **1** *jmd., der einem anderen in herzlicher, kameradschaftlicher Zuneigung verbunden ist;* Ggs *Feind;* keine, viele, wenige ~e besitzen, finden, gewinnen, haben; jmds. ~ bleiben, sein, werden; er ist nicht mehr unser ~; wir bleiben die alten

Freundin

~e; ein bewährter, falscher, guter, treuer, uneigennütziger, väterlicher ~; als ~ möchte ich dir sagen …; jmdn. als, zum ~ gewinnen; er ist ein guter ~ von mir; jmdn. zum ~ haben; sich jmdn. zum ~ machen • **1.1** mein ~ war er nie *ich konnte ihn nie leiden* • **1.2** er ist mein speziellster ~ 〈iron.〉 *ich kann ihn nicht leiden* • **1.3** gut ~ werden mit *sich anfreunden mit* • **1.4** wieder gut ~ werden *sich wieder vertragen, versöhnen* • **1.5** das ist ja ein feiner, schöner ~! 〈umg.; iron.〉 *alles andere als ein F.* • **1.6** ~e in der Not gehen tausend auf ein Lot 〈Sprichw.〉 *erst in Notzeiten erkennt man, wie wenig wahre Freunde man hat* • **1.7** ~ und Feind *jedermann, alle;* der General ist, wird von ~ und Feind geachtet • **1.8** *(guter, freundschaftlich verbundener) Kamerad, Genosse, Partner;* Geschäfts~, Schul~, Sport~, Studien~ • **1.8.1** unter ~en *unter uns, (beim Handeln) billig* **2** 〈umg.〉 *männliche Person, mit der eine Frau od. ein Mädchen eng befreundet ist, Liebhaber;* hat sie schon einen ~?; ist das ihr neuer ~? **3** *jmd., der etwas besonders schätzt;* ein ~ der Kunst, Musik, Wissenschaften; ein ~ des Spiels, Tanzens, Trinkens • **3.1** er ist kein ~ von Redensarten, großen Worten *er liebt es nicht, große Worte zu machen* • **3.2** er ist kein ~ vom Sport, vom Wandern *er hält nicht viel vom S., vom W.* **4** 〈abgegriffen als Anrede〉 *(mein) Lieber, (mein) Junge;* wie geht's, alter ~?; lieber ~! (Anrede im Brief); mein lieber ~! (als warnende od. besorgte Anrede); mein lieber ~, so geht das nicht! 〈umg.〉 • **4.1** ~ Hein 〈verhüllend〉 *der Tod*

Freun|din 〈f.; -, -din|nen〉 *weibl. Freund*

freund|lich 〈Adj.〉 **1** *liebenswürdig, wohlwollend;* jmdm. eine ~e Aufnahme bereiten; für jmds. ~e Dienste, Hilfe, Unterstützung danken; ein ~es Gesicht; jmdm. ~e Grüße senden, überbringen, übermitteln; jmdm. seine ~e Vermittlung anbieten; sie hat ein ~es Wesen; Ihre ~en Worte; etwas ~ aufnehmen; jmdm. ~ aufnehmen, empfangen; einem Plan ~ gegenüberstehen; ~ sein gegen jmdn. 〈veraltet〉; das Freundliche in seinem Wesen; bitte recht ~! (Aufforderung des Fotografen); sehr ~!, vielen Dank!; das ist sehr ~ von Ihnen; wie ~ von Ihnen!; besonders, sehr ~ zu jmdm. sein; seien Sie so ~, zu … **2** *heiter, licht, ansprechend, heimelig;* ~e Farben wählen; eine ~e Gegend, Landschaft, Stadt, Umgebung, Wohnung; ~es Klima, Wetter

Freund|schaft 〈f.; -, -en〉 *auf Zuneigung, Kameradschaft, Vertrauen, Treue gegründetes Verhältnis;* Ggs *Feindschaft;* Beweise der ~ geben; die ~ der Staaten, Völker; beim Geld, in Geldsachen hört die ~ auf; die ~ aufstecken, kündigen 〈umg.〉; ~ halten, schließen; das nennt sich nun ~! 〈umg.; iron.〉; enge, herzliche, innige, langjährige, unverbrüchliche, wahre ~; ~ auf Leben und Tod; etwas aus ~ tun; jmdm. in ~ verbunden sein

freund|schaft|lich 〈Adj.〉 *auf Freundschaft beruhend, in Freundschaft, Herzlichkeit verbunden;* ein ~es Verhältnis; jmdm. ~ verbunden sein; ~e Gefühle für jmdn. hegen; jmdm. einen ~en Rat geben

Fre|vel 〈m.; -s, -〉 **1** *Entheiligung, Versündigung gegen göttliche od. menschliche Gesetze* • **1.1** 〈poet.〉 *Verbrechen, Missetat;* ein kühner, unerhörter ~; einen ~ begehen, rächen **2** 〈veraltet; Forstw.〉 *Übertretung des Feld-, Forst- u. Jagdrechts;* Baum~, Forst~, Wild~

fre|veln 〈V. 413; geh.; veraltet〉 **1** (**an jmdm.** od. **etwas**) ~ *einen Frevel begehen, sündigen, sich strafbar machen;* er hat schwer gefrevelt • **1.1 gegen** die **Gesetze** ~ *den G. zuwiderhandeln, die G. übertreten*

Frie|de 〈m.; -ns, -n; älter für〉 *Frieden*

Frie|den 〈m.; -s, -〉 **1** 〈unz.〉 *politisch u. rechtlich geordneter Zustand innerhalb eines Staates, Stammes od. Gemeinwesens bzw. zwischen mehreren Staaten usw.;* Ggs *Krieg;* den ~ aufrechterhalten, erhalten, ersehnen, sichern; den ~ brechen, gefährden, stören; ~ bringen, schließen; ein dauerhafter, jahrzehntelanger, ungestörter ~; für den ~ eintreten, kämpfen; den Gegner um ~ bitten; ~ und Freiheit; Krieg und ~; ~ zwischen den Völkern **2** *Friedensschluss, -vertrag;* Westfälischer ~ (1648); wegen des ~s unterhandeln **3** 〈unz.〉 *Zustand ungestörter Ordnung u. Harmonie* • **3.1** *Eintracht;* Ggs *Streit;* es herrscht (kein) ~; ~ stiften; er hat den ~ innerhalb unserer Familie gestört; häuslicher ~ • **3.1.1** mit jmdm. ~ halten *in Eintracht leben* • **3.1.2** um des lieben ~s willen will ich es tun 〈umg.〉 *um Streit zu vermeiden* • **3.1.3** seinen ~ mit Gott machen *sich in Gottes Willen fügen* • **3.1.4** mit sich selber ~ machen *das innere Gleichgewicht wiederfinden* • **3.2** *Ruhe;* ~ einer Landschaft, der Natur; er kann keinen ~ finden; das Kind gab keinen ~, bis es seinen Kopf durchgesetzt hatte; lass mich in ~!; sie hat keinen ~ vor ihm; ~ seiner Asche (Grabspruch); er ruhe in ~! (Grabinschrift) • **3.2.1** dem ~ nicht recht trauen 〈umg.〉 *der scheinbaren Ruhe* • **3.2.2** der **ewige** ~ *Ruhe nach dem Tode;* zum ewigen ~ ein-, heimgegangen sein

Frie|dens|schluss 〈m.; -es, -schlüs|se〉 *Abschluss des Friedensvertrages*

fried|fer|tig 〈Adj.〉 *friedenswillig, verträglich, umgänglich;* er ist ein ~er Mensch

Fried|hof 〈m.; -(e)s, -hö|fe〉 *(bes. christlicher) Begräbnisplatz, Ort, an dem Tote bestattet werden;* Wald~; der alte, neue ~; ein abgelegener ~; auf den ~ gehen

fried|lich 〈Adj.〉 **1** *krieglos, dem Frieden dienend;* eine ~e Nation; eine ~e Lösung anstreben; einen Konflikt auf ~em Wege bereinigen; • **1.1** ~e Nutzung der Kernenergie *nichtmilitärische Nutzung von K.* • **1.2** *gewaltlos, streitlos;* einen Streit ~ beilegen; ~e Demonstration **2** *von Frieden erfüllt, friedfertig, verträglich;* ein ~er Charakter, Mensch; eine ~e Atmosphäre; ~en Zeiten entgegensehen; ~ aussehen; ~e Leute, Zeiten • **2.1** *(wohltuend) ruhig, still, harmonisch;* eine ~e Landschaft, Gegend; ~ leben, sein; nun sei doch endlich ~! 〈umg.〉

frie|ren 〈V. 140〉 **1** 〈400 od. 501〉 *kalt sein, sich kalt fühlen, Kälte empfinden;* ich friere; es friert mich; mich friert; ich friere, mich friert an den Füßen, Händen; mir ~ die Füße, Hände • **1.1** 〈413〉 *wie ein junger Hund, wie ein Schneider* ~ 〈umg.〉 *sehr* **2** 〈400〉 **et-**

was friert *gefriert;* das Blut fror ihm in den Adern vor Entsetzen ⟨fig.⟩ • **2.1** das Fenster ist gefroren *mit einer dünnen Eisschicht bedeckt* **3** ⟨401⟩ **es** friert *herrscht Frost;* es hat heute Nacht stark gefroren • **3.1** ⟨401⟩ es friert heute Stein und Bein ⟨umg.⟩ *es herrscht strenger Frost*

Fries ⟨m.; -es, -e⟩ **1** *flauschähnliches, gerautes Wollgewebe* **2** ⟨Arch.⟩ *waagerechter ornamentaler od. figürlicher Zierstreifen zur Gliederung od. zum Schmuck einer Wand*

Friesel ⟨m. od. n.; -s, -n; meist Pl.; umg.⟩ *mit wässriger Flüssigkeit gefülltes Bläschen eines bei großer Hitze u. fieberhaften Erkrankungen auftretenden Hautausschlags, bes. an Stellen, wo stark geschwitzt wird*

frigid ⟨Adj.; Med.⟩ *geschlechtlich nicht erregbar (von Frauen);* oV *frigide*

Frigidaire® ⟨[friʒidɛːr] od. [frigidɛːr] od. österr. [fridʒidɛːr] m.; -s, - od. m.; -s, -s⟩ *Frigidär, Kühlschrank*

Frigidär ⟨m.; -s, - od. m.; -s, -s⟩ *Kühlschrank;* →a. *Frigidaire®*

frigide ⟨Adj.⟩ = *frigid*

Frikadelle ⟨f.; -, -n⟩ *gebratenes Fleischklößchen;* Sy *Bulette*

Frikassee ⟨n.; -s, -s; Kochk.⟩ *kleingeschnittenes helles Fleisch in heller Soße;* Hühner~, Kalbs~

frisch ⟨Adj.⟩ **1** *neu;* der Anblick des ~en Grüns tut den Augen gut; ~en Mut fassen; auf zu ~en Taten!; das Haus ~ verputzen lassen • **1.1** ~en Datums *aus letzter Zeit* • **1.2** von ~em/Frischem *beginnen von neuem, erneut* • **1.3** *gerade, eben erst (gemacht, getan, entstanden);* eine ~e Fährte, Spur finden; jmdn. auf ~er Tat ertappen; die Wunde ist ganz ~; Milch, ~ von der Kuh; Bier, ~ vom Fass • **1.4** *nicht verwischt, deutlich, gut erhalten;* die Farben sind noch ganz ~; ihr Schmerz ist noch ganz ~; es steht mir noch ~ in der Erinnerung; etwas ~ im Gedächtnis haben; noch unter dem ~en Eindruck des Geschehenen stehen • **1.5** *nicht abgelagert, nicht abgestanden;* ~es Brot verträgt nicht jeder; ~e Brötchen, Eier; ~es Gemüse, Obst • **1.6** *sauber, rein, unbenutzt;* die Betten ~ beziehen; einen ~en Verband anlegen; ein ~es Hemd anziehen; ~e Wäsche • **1.7** *unverbraucht;* ~e Luft schöpfen; mit ~en Kräften; ~e Truppen an die Front werfen; ~es Wetter ⟨Bgb.⟩ **2** *munter, lebhaft, gesund;* ein ~es Aussehen haben; ~ und munter sein; ~ (und gesund) aussehen; ~, fromm, fröhlich (froh), frei (alter Turnerspruch); ~ auf! (ermunternder Zuruf; veraltet); ~ von der Leber weg (reden) **3** ⟨70⟩ *kühl;* das Wetter ist seit gestern reichlich ~; es ist ~ draußen; ein ~er Wind kommt auf **4** ⟨Getrennt- u. Zusammenschreibung⟩ • **4.1** ~ gebacken = *frischgebacken (I)* • **4.2** ~ gefallen = *frischgefallen* • **4.3** ~ gestrichen = *frischgestrichen* • **4.4** ~ gewaschen = *frischgewaschen*

Frische ⟨f.; -; unz.⟩ **1** *Munterkeit, Lebhaftigkeit, Rüstigkeit;* seine alte ~ wiedererlangen; wir treffen uns am Montag in alter ~; körperliche u. geistige ~; sie beging ihren 90. Geburtstag in erstaunlicher ~ **2** *erfrischende Kälte, Kühle;* herbe, belebende ~; die ~ der Nacht, des Waldes **3** *der Zustand des Frischseins;* ein Gesicht voll natürlicher, jugendlicher ~

frischen ⟨V.⟩ **1** ⟨500/Vr 7⟩ jmdn. od. etwas ~ ⟨poet.⟩ *erfrischen* **2** ⟨500⟩ **Eisen** ~ ⟨Met.⟩ *unedle Bestandteile durch Oxidation aus einer Eisenlegierung entfernen* **3** ⟨400⟩ eine **Wildsau** frischt ⟨Jägerspr.⟩ *bringt Frischlinge zur Welt* **4** ⟨500/Vr 3⟩ das **Schalenwild**, der **Hund** frischt **sich** ⟨Jägerspr.⟩ *trinkt*

frisch|ge|ba|cken auch: **frisch ge|ba|cken** ⟨Adj. 24⟩ **I** ⟨Zusammen- u. Getrenntschreibung⟩ *gerade erst gebacken;* ein ~es Brot **II** ⟨nur Zusammenschreibung; fig.⟩ *gerade erst geworden;* ein frischgebackener Ehemann; frischgebackener Handwerksmeister

frisch|ge|fal|len auch: **frisch ge|fal|len** ⟨Adj. 24⟩ *soeben gefallen;* ~er Schnee

frisch|ge|stri|chen auch: **frisch ge|stri|chen** ⟨Adj. 24⟩ *soeben gestrichen;* eine ~e Wand; Vorsicht, ~! (Warnungsschild)

frisch|ge|wa|schen auch: **frisch ge|wa|schen** ⟨Adj. 24⟩ *soeben, vor kurzer Zeit gewaschen;* ~e Wäsche

Frischling ⟨m.; -s, -e⟩ *junges Wildschwein im 1. Jahr*

frisch|weg ⟨['--] Adv.; umg.⟩ *offen, munter, ohne Scheu;* ~ reden, antworten

Friseur ⟨[-zøːr] m.; -s, -e⟩ = *Frisör*

Friseurin ⟨[-zøː-] f.; -, -rin|nen⟩ = *Frisörin*

Friseuse ⟨[-zøːzə] f.; -, -n⟩ = *Frisöse*

frisieren ⟨V.⟩ **1** ⟨503/Vr 7 od. Vr 8 bzw. Vr 5 od. Vr 6⟩ jmdn. ~, jmdm. das Haar ~ *jmdm. das Haar kämmen, formen* **2** ⟨500⟩ etwas ~ ⟨fig.⟩ *so ändern, dass es die gewünschte Wirkung erzielt* • **2.1** *beschönigend überarbeiten;* einen Bericht usw. ~ • **2.2** einen **Motor** ~ *so umarbeiten, dass eine höhere Leistung erzielt wird*

Frisör ⟨m.; -s, -e; eindeutschend⟩ *jmd., der beruflich anderen das Haar (männlichen Kunden auch den Bart) schneidet, pflegt u. in Form bringt, Haarschneider, -pfleger, -künstler;* oV *Friseur;* Damen~, Herren~; zum ~ gehen

Frisörin ⟨[-zøː-] f.; -, -rin|nen⟩ *weibl. Frisör;* oV *Friseurin;* Sy *Frisöse*

Frisöse ⟨f.; -, -n; eindeutschend⟩ = *Frisörin;* oV *Friseuse*

Frist ⟨f.; -, -en⟩ **1** *festgesetzter Zeitraum, Wartezeit;* die ~ läuft heute ab; eine ~ bewilligen, geben, gewähren; nur noch wenige Tage ~ haben; eine ~ um zwei Tage verlängern; eine längere ~ verweigern; eine dreitägige, kurze, längere ~; die gesetzliche ~; etwas auf kurze ~ leihen; das Geliehene in kürzester ~ zurückgeben; eine ~ von drei Jahren, Monaten, Tagen, Wochen **2** *festgesetzter Zeitpunkt, Termin;* eine ~ bestimmen, festsetzen; die ~ einhalten, versäumen, verstreichen lassen; zu dieser ~ muss ich den Wechsel einlösen

fristen ⟨V. 500⟩ **1** sein **Leben**, Dasein ~ *mühsam hinbringen,* ein ~es Brot **2** einen **Wechsel** ~ *hinausschieben, aufhalten*

Frisur ⟨f.; -, -en⟩ *Haartracht;* Damen~

Friteuse ⟨alte Schreibung für⟩ *Fritteuse*

fritieren ⟨alte Schreibung für⟩ *frittieren*

Frittate

Frit|ta|te ⟨f.; -, -n; Kochk.⟩ *(als Suppeneinlage in Streifen geschnittene) Eierkuchen, Omeletten;* ~nsuppe

frit|ten ⟨V. 500⟩ **1** *pulverförmige* od. *körnige Materialien* ~ *schmelzen, damit sie aneinanderhaften* **2** ⟨regional⟩ *fritieren*

Frit|teu|se ⟨[-tø:zə] f.; -, -n⟩ *Topf, Gerät zum Frittieren*

frit|tie|ren ⟨V. 500⟩ *etwas* ~ *in heißem, schwimmendem Fett braten;* Kroketten ~

Frit|tü|re ⟨f.; -, -n⟩ **1** *heißes Fettbad zum Frittieren von Speisen* **2** *in heißem Fett gebratene Speise*

fri|vol ⟨[-vo:l] Adj.⟩ **1** *leichtfertig;* sie ist eine ~e Person **2** *zweideutig;* eine ~e Bemerkung

froh ⟨Adj.⟩ **1** *von Freude erfüllt, heiter, glücklich;* ~e Feiertage, Ferien verleben; ~es Fest! (Glückwunsch zu Feiertagen) • **1.1** ~en Mutes sein *heiter gestimmt sein;* sie ist stets ~en Mutes • **1.2** *erleichtert, erfreut, beglückt;* ich bin sehr ~, dass es so gekommen ist; darüber sind wir alle ~; ich bin über diese Lösung ~ • **1.3** ⟨m. Gen.⟩ *glücklich (über den Besitz);* er kann seines Lebens nicht ~ werden **2** ⟨60⟩ *erfreulich, Freude bereitend;* ein ~es Ereignis feiern; eine ~e Kunde, Nachricht erhalten • **2.1** ⟨60⟩ *die Frohe* **Botschaft** *das Evangelium* **3** (Getrennt- u. Zusammenschreibung) • **3.1** ~ gelaunt = frohgelaunt

froh|ge|launt *auch:* **froh ge|launt** ⟨Adj. 24⟩ *in froher Laune;* ~e Menschen

fröh|lich ⟨Adj.⟩ *heiter, unbeschwert, von Freude erfüllt, vergnügt;* ein ~er Mensch; eine ~e Miene zeigen; in ~er Runde

froh|lo|cken ⟨V.; geh.⟩ **1** ⟨400⟩ *jubeln, sich freuen;* sie frohlockte, als sie ihn sah; sie haben zu früh frohlockt • **1.1** ⟨600⟩ **jmdm.** ~ *lobsingen, lobpreisen;* frohlockt dem Herrn! • **1.2** ⟨800⟩ *über jmds. Missgeschick, Niederlage* ~ *Schadenfreude empfinden, triumphieren*

fromm ⟨Adj. 23⟩ **1** *gottesfürchtig, gläubig;* ein ~er Mensch, Christ **2** *sanft, leicht lenkbar, gehorsam;* ein ~er Gaul **3** ⟨60⟩ *in guter Absicht geschehend;* ein ~er Betrug, eine ~e Lüge • **3.1** ein ~er **Wunsch** *ein wohlmeinender, aber aussichtsloser W.* **4** ⟨veraltet⟩ *tüchtig, brav;* ein ~er Bürger

fröm|meln ⟨V. 400; abwertend⟩ *übertrieben fromm tun, Frömmigkeit zur Schau stellen*

Fron ⟨f.; -, -en⟩ **1** *dem Lehnsherrn zu leistende Arbeit, Arbeit des Leibeigenen;* in der ~ sein **2** ⟨fig.⟩ *unbeliebte, erzwungene, harte, mühsame Arbeit*

frö|nen ⟨V. 600⟩ *einem* **Laster,** *einer* **Leidenschaft** ~ ⟨geh.⟩ *sich ihm, ihr rückhaltlos hingeben;* er hat dem Alkohol gefrönt

Fron|leich|nam ⟨m.; -s; unz.⟩ *Festtag zur Feier der Wandlung von Brot u. Wein in Leib u. Blut Christi am Donnerstag nach Trinitatis*

Front ⟨f.; -, -en⟩ **1** *Vorderseite, Stirnseite;* die ~ eines Hauses; einer angetretenen Truppe; die ~ (einer Ehrenkompanie) abschreiten; vor der ~ einer Truppe stehen • **1.1** der Sprinter lag bald in ~ *an der Spitze* • **1.2** ~ **machen** *sich jmdm. zuwenden u. Haltung annehmen (als Ehrenbezeigung)* • **1.3 gegen** jmdn. od. etwas ~ **machen** *sich wehren gegen, sich widersetzen* **2** Ggs *Etappe* • **2.1** *die dem Feind zugekehrte Seite einer Truppenaufstellung, Kampfgebiet;* die Soldaten an der ~; jmdn. hinter die ~ abkommandieren; Krieg nach zwei ~en führen • **2.2** *die kämpfende Truppe* **3** *Einheit einer Gruppe von Personen;* einer geschlossenen ~ gegenüberstehen; die ~ der Arbeiter u. Bauern • **3.1** *politischer Block;* Arbeiter-, Eiserne ~, Rote ~ **4** ⟨Meteor.⟩ *Grenzfläche von Luftmassen;* Kalt~, Warm~

fron|tal ⟨Adj. 24⟩ **1** *an der Stirnseite befindlich* **2** *von der Stirnseite kommend, von vorn* • **2.1** ~er Zusammenstoß *Zusammenstoß von zwei aus entgegengesetzten Richtungen kommenden Fahrzeugen*

Frosch ⟨m.; -(e)s, Frö|sche⟩ **1** *glatthäutiger, langbeiniger, springender Froschlurch;* die Frösche quakten • **1.1** du wirst Frösche in den Bauch kriegen ⟨umg.; scherzh.⟩ *du trinkst zu viel Wasser* • **1.2** er bläst sich auf wie ein ~ ⟨umg.⟩ *spreizt sich, prahlt* • **1.3** sei kein ~! ⟨umg.⟩ *kein Spielverderber, zier dich nicht u. mach mit!* • **1.4** einen ~ im Hals haben ⟨fig.; umg.⟩ *heiser sein* • **1.5** Echter ~ ⟨Zool.⟩ *Angehöriger einer Familie der Froschlurche, zu der die Braun- u. Wasserfrösche zählen:* Ranidae **2** *Ding, dessen äußere Form an einen Frosch (1) erinnert* • **2.1** *in Hüpfbewegungen abbrennender, mehrmals laut knallender Feuerwerkskörper,* Knall~ • **2.2** ⟨Bgb.; früher⟩ *Öllampe der Bergleute* • **2.3** ⟨Arch.⟩ *Stütze für einen Balken* • **2.4** ⟨Textilw.⟩ *Endsteg am Webstuhl* • **2.5** *Explosionsstampfer, Ramme* • **2.6** ⟨Mus.⟩ *verstellbare Platte am Griffende des Bogens der Streichinstrumente* • **2.7** *über den Fassboden hinausragender Teil der Dauben* • **2.8** ⟨Typ.⟩ *Vorrichtung zum Einstellen der Zeilenlänge am Winkelhaken*

Frosch|per|spek|ti|ve *auch:* **Frosch|pers|pek|ti|ve** ⟨f.; -; unz.⟩ **1** *Ansicht von einem tief gelegenen Blickpunkt aus, von unten her;* etwas aus der ~ fotografieren • **1.1** etwas aus der ~ betrachten *von einem untergeordneten Standpunkt aus*

Frost ⟨m.; -(e)s, Frös|te⟩ **1** *Temperatur unter dem Gefrierpunkt sowie die dabei auftretenden Vorgänge, z. B. Frostschäden;* Nacht~, Herbst~, Boden~; ~gare; die Pflanzen haben ~ abbekommen, bekommen; der erste ~ in diesem Jahr; anhaltender, heftiger, klirrender, strenger ~; die Pflanzen haben durch den ~ gelitten; der ~ steckt noch im Boden; vor ~ zittern **2** ⟨fig.⟩ *Empfindung heftiger Kälte;* Schüttel~; der Kranke wurde von ~ geschüttelt

frost|be|stän|dig ⟨Adj. 24⟩ *vom Frost nicht geschädigt werdend;* ~e Pflanzen, Bäume

frös|teln ⟨V.⟩ **1** ⟨500; unpersönl.⟩ **jmdn.** fröstelt **(es)** *jmd. friert leicht;* mich fröstelt (es); bei diesem Gedanken hat (es) ihn gefröstelt ⟨fig.⟩ **2** ⟨400⟩ *vor Kälte zittern;* sie fröstelte in ihrem dünnen Kleid; ich fröstele am ganzen Körper, vor Müdigkeit, Angst; ~d stand sie im Regen; in leichtes Frösteln

frọs|ten ⟨V.⟩ **1** ⟨500⟩ *etwas* ~ *zum Gefrieren bringen, zur Konservierung einfrieren;* Gemüse, Obst ~ **2** ⟨401⟩ **es** frostet ⟨selten⟩ *es friert*

frọs|tig ⟨Adj.⟩ **1** ⟨70⟩ *kalt, zu Frost neigend;* ~es Wetter; eine ~e Nacht, Luft **2** ⟨fig.⟩ *betont zurückhal-*

tend, kühl, unfreundlich; ein ~er Blick, Empfang; jmdn. ~ grüßen; jmdm. ~ begegnen

Frot|té ⟨a. [-_te:_] n.; -s, -s od. m.; -s, -s; schweiz.; Textilw.⟩ *Frotte*

Frot|tee ⟨a. [-_te:_] n.; -s, -s od. m.; -s, -s; Textilw.⟩ *Gewebe mit gekräuselter Oberfläche;* oV ⟨schweiz.; österr.⟩ *Frotté*

frot|tie|ren ⟨V. 500⟩ **jmdn.** (od. einen **Körperteil**) ~ *(mit einem Handtuch) reibend trocknen, abtrocknen;* die Beine, den Rücken ~

frot|zeln ⟨V. 400; umg.⟩ *spotten, necken, spöttisch-scherzhafte Bemerkungen machen;* sie frotzelten den ganzen Abend über seine neue Freundin

Frucht ⟨f.; -, Früch|te⟩ **1** *aus Samen u. dessen Hülle bestehendes pflanzliches Produkt;* die Früchte des Feldes, unseres Gartens, des Landes; Früchte einfrieren, einkochen, einmachen, einwecken, entsaften, konservieren; eine große, saftige, reife, süße, wohlschmeckende ~; Früchte aus dem eigenen Garten • **1.1** reiche ~ tragen *sehr ergiebig sein;* die Bäume, Sträucher tragen reiche ~ • **1.2** eine ~ der **Liebe** ⟨fig.; geh.⟩ *ein Kind* • **1.3 verbotene** Früchte ⟨fig.; geh.⟩ *unerlaubte Genüsse* • **1.4** ⟨Bot.⟩ *das nach der Befruchtung aus dem Fruchtknoten der bedecktsamigen Pflanzen gebildete Organ, das die (od. den) Samen bis zur Reife umschließt u. dann ihrer Verbreitung dient* **2** ⟨unz.⟩ *Getreide;* die ~ steht (dieses Jahr, in diesem Jahr) gut **3** *in der Gebärmutter heranwachsender Keim;* Leibes~ **4** ⟨geh.⟩ *Ertrag, Ergebnis;* die Früchte der Arbeit, des Fleißes, des Leichtsinns, der Mühe, des Studiums ernten; als ~ langer Verhandlungen kam der Vertrag zustande

frucht|bar ⟨Adj.⟩ **1** ⟨70⟩ *reiche Frucht bringend, ertragreich;* ~er Boden; ~e Erde; dieses Land ist sehr ~ **2** *fähig, Frucht zu tragen, zahlreiche Nachkommenschaft zur Welt zu bringen;* Kaninchen sind sehr ~ **3** ⟨fig.⟩ *erfolgreich, nützlich;* eine ~e Arbeit; dieser Gedanke ist ~

fruch|ten ⟨V. 402⟩ **1** *nützen, helfen, bewirken;* es fruchtet nichts; alle Mahnungen haben nichts gefruchtet; etwas fruchtet (wenig, nicht) bei jmdm. **2** eine **Pflanze** fruchtet ⟨Bot.⟩ *trägt Früchte*

Frucht|fleisch ⟨n.; -(e)s; unz.⟩ *der den Samen umgebende essbare Teil einer Frucht;* das wohlschmeckende, saftige ~ eines Pfirsichs

fruch|tig ⟨Adj.⟩ **1** *stark nach der Frucht schmeckend* • **1.1** *aromatisch schmeckend;* herb~, voll~; ein ~er Wein

Frucht|kno|ten ⟨m.; -s, -; Bot.⟩ *Blütenorgan der Bedecktsamer, das die Samenanlage(n) enthält*

frucht|los ⟨Adj.⟩ **1** *keine Frucht bringend, unfruchtbar* **2** ⟨fig.⟩ *nutzlos, keinen Erfolg bringend;* ~e Anstrengung, Bemühung; etwas ~ versuchen; seine Bitten blieben ~

Fruc|to|se ⟨f.; -; unz.; fachsprachl.⟩ = *Fruktose*

fru|gal ⟨Adj.; geh.⟩ *einfach, bescheiden, genügsam;* eine ~e Mahlzeit

früh ⟨Adj.⟩ **1** *am Beginn eines Zeitabschnitts liegend, zeitig;* Ggs *spät;* der ~e Morgen; dieses Drama ist ein ~es Werk des Dichters; am ~en Morgen; im

~en, ~esten Altertum; in ~er, ~ester Jugend; seit ~ester Jugend; von ~er Jugend, Kindheit an; das kenne ich von ~er her; zu ~er Stunde; es ist noch ~ am Tage; ~ im Jahr; es ist noch sehr ~; ~ aufstehen; ich habe es schon ~ erfahren; wir kommen noch ~ genug; möglichst ~ ⟨kommen, gehen, wegfahren⟩; so ~ wie möglich; zu ~ kommen; es ist noch zu ~; er ist viel ~er gekommen, als ich dachte; je ~er, desto besser, desto lieber • **1.1** meine ~esten Erinnerungen *meine ersten E.* • **1.2** da musst du ~er aufstehen! ⟨umg.⟩ *da musst du besser aufpassen, schneller sein* • **1.3 von** ~ **an** *von Jugend an;* ich habe es von ~ an gelernt • **1.4** ~er oder später *einmal jedenfalls;* ~er oder später muss ich es doch tun **2** *vorzeitig, zeitiger als erwartet (stattfindend, eintretend);* ~es Alter; ein ~er Bote des Frühlings; ~es Obst; ~e Reife; ein ~er Tod; ~ sterben • **2.1** ein ~es Grab finden ⟨geh.⟩ *jung sterben* • **2.2** ihm war ein ~es Grab bereitet ⟨poet.⟩ *er starb in jungen Jahren* **3** ⟨50⟩ *am Morgen, morgens;* um vier Uhr ~; gestern ~/Früh; heute ~/Früh; morgen ~/Früh; am Montag ~ • **3.1** von ~ bis spät *den ganzen Tag;* er arbeitet von ~ bis spät **4** ⟨Getrennt- u. Zusammenschreibung⟩ • **4.1** ~ verstorben = *frühverstorben*

früh|auf ⟨Adv.⟩ *von* ~ *von der Kinderzeit, von der Jugendzeit an;* von ~ hatte sie eine enge Beziehung zu ihrer Großmutter

Frü|he ⟨f.; -; unz.⟩ **1** *Beginn eines Zeitabschnitts, Frühzeit* • **1.1** *früher Morgen, Tagesanbruch;* wir brachen in aller ~ auf; das erledige ich in der ~

frü|her ⟨Adj.⟩ **1** ⟨Komparativ von⟩ *früh* **2** *zurückliegend, vergangen;* in ~en Fällen, in ~en Zeiten • **2.1** *ehemalig, einstig;* ein ~er Freund von mir; der ~e Kaiser, Minister **3** ⟨50⟩ *damals, ehemals, einst;* ~ besaß er mehrere Häuser; ich war ~ oft dort; das habe ich schon ~ immer getan; wir kennen uns von ~ (her); es ist alles noch wie ~

frü|hes|tens ⟨Adv.⟩ *nicht eher als;* ~ morgen; ~ in einer Woche

Früh|ge|burt ⟨f.; -, -en⟩ **1** *vorzeitige Geburt eines lebensfähigen Kindes (vor Ablauf der neun Monate dauernden Schwangerschaft)* **2** *das (zu) früh geborene Kind selbst*

Früh|jahr ⟨n.; -(e)s; unz.⟩ = *Frühling (1)*

Früh|ling ⟨m.; -s, -e⟩ **1** *Jahreszeit (des Wachstums) vom 21. März bis 21. Juni (auf der nördlichen Halbkugel);* Sy *Frühjahr;* ein warmer, kalter, nasser ~; es ist bald ~; der ~ beginnt **2** ⟨fig.⟩ *Zeit der Jugend, des Sprossens u. Wachsens, Aufschwung;* die Kunst, die Wirtschaft erlebte einen neuen ~; er steht im ~ seiner Jahre, des Lebens

Früh|stück ⟨n.; -s, -e⟩ **1** *Mahlzeit, die man am Morgen zu sich nimmt* • **1.1** erstes ~ *erste Mahlzeit am Tag* • **1.2** zweites ~ *Zwischenmahlzeit am Vormittag zwischen erstem Frühstück u. Mittagessen*

früh|stü|cken ⟨V. 400⟩ *das Frühstück einnehmen;* wir ~ gerade; hast du schon gefrühstückt?

früh|ver|stor|ben *auch:* **früh ver|stor|ben** ⟨Adj. 24/60⟩ *zu einem frühen Zeitpunkt, in jungen Jahren gestorben;* seine ~en Eltern

frühzeitig

früh|zei|tig ⟨Adj.⟩ **1** *früh, zu einem frühen Zeitpunkt, rechtzeitig; du musst ~ am Bahnhof sein, damit du dir noch eine Fahrkarte kaufen kannst* **2** *vorzeitig; er hat ~ graue Haare bekommen; sie ist ~ gebrechlich geworden*

Fruk|to|se ⟨f.; -; unz.⟩ *Fruchtzucker;* oV *Fructose*

Frus|tra|ti|on ⟨f.; -, -en⟩ *(durch Misserfolg od. Nichtbefriedigung von Bedürfnissen od. Erwartungen hervorgerufene) Enttäuschung; seine langjährige Arbeitslosigkeit hat bei ihm zu großer ~ geführt*

frus|trie|ren *auch:* **frust|rie|ren** ⟨V. 500⟩ **1** *jmdn. ~* • 1.1 ⟨Psych.⟩ *jmdm. die Befriedigung eines Bedürfnisses versagen, jmdn. enttäuschen; das Verhalten seiner Mitschüler hat ihn frustriert* • 1.2 *frustriert sein* ⟨umg.⟩ *enttäuscht, mutlos sein; er ist sehr frustriert, weil ihn seine Freundin verlassen hat*

Fuchs ⟨[-ks] m.; -es, Füch|se⟩ **1** *Angehöriger einer Gruppe fast über die ganze Erde verbreiteter, hundeartiger Raubtiere, die kleinere bis mittlere Wirbeltiere, Insekten, Früchte u. auch Aas fressen: Vulpinae* • 1.1 *wo die Füchse (od.: Fuchs u. Hase) sich gute Nacht sagen* ⟨fig.⟩ *an einsamem, weit entferntem Ort* • 1.2 *~ im eigenen Bau* ⟨a. fig.; umg.⟩ *Hausherr* • 1.3 *das Fell eines Fuchses (1)* **2** ⟨fig.⟩ *schlauer, listiger Mensch; er ist ein (alter) ~; ein schlauer ~* **3** *einer Verbindung angehörender Student im ersten u. zweiten Semester* **4** *Pferd mit (rot)braunem Fell, Schweif u. Mähnenhaar* **5** *Tagfalter aus der Gruppe der Zackenfalter mit rötlich gefleckten Flügeln* • 5.1 *Kleiner ~: Vanessa urticae* • 5.2 *Großer ~: Nymphalis polychloros* **6** ⟨Astron.⟩ *Sternbild des nördlichen Himmels* **7** ⟨Tech.⟩ *schwach ansteigender Kanal zwischen Feuerung u. Schornstein*

fuch|sen ⟨[-ks-] V. 500⟩ **etwas fuchst jmdn.** ⟨umg.⟩ *etwas ärgert jmdn., lässt jmdm. keine Ruhe*

Fuch|sie ⟨[fuksjə] f.; -, -si|en⟩ ⟨Bot.⟩ *Angehörige einer Gattung strauchartiger Nachtkerzengewächse in Zentral- u. Südamerika, beliebte Zierpflanze mit mehrfarbigen (roten, rosa, weißen od. violetten) hängenden Blüten*

Fuchs|jagd ⟨[-ks-] f.; -, -en⟩ **1** *Jagd auf Füchse mit Hundemeute u. meist zu Pferde* **2** ⟨fig.⟩ *bei Reitern, Skifahrern u. Waldläufern beliebte Veranstaltung, bei der ein Teilnehmer, der „Fuchs", der mit einem gewissen Vorsprung aufbricht, von den übrigen, der „Meute", verfolgt wird*

Fuchs|schwanz ⟨[-ks-] m.; -es, -schwän|ze⟩ **1** ⟨Jägerspr.⟩ *Schwanz des Fuchses; bei der Reitjagd um den ~ reiten* **2** ⟨Tech.⟩ *kurze, einseitig an einem Handgriff befestigte Säge* **3** ⟨Bot.⟩ *Angehöriger einer Gattung der Süßgräser mit mehr od. weniger zusammengewachsenen Spelzen: Alopecurus* **4** ⟨Bot.⟩ *Angehöriger einer Gattung der Fuchsschwanzgewächse, deren winzige, aber sehr zahlreiche Blüten in Ähren od. Rispen herabhängen: Amaranthus*

Fuch|tel ⟨f.; -, -n⟩ **1** *Degen mit einer breiten Klinge zum flachen Schlagen* **2** ⟨unz.; nur in den Wendungen⟩ • 2.1 *jmdn. unter der ~ haben, halten* ⟨fig.; umg.⟩ *jmdn. beherrschen* • 2.2 *unter jmds. ~ stehen, leben, sein* ⟨fig.; umg.⟩ *unter jmds. strenger Aufsicht*

fuch|teln ⟨V. 416⟩ *mit den Armen od. einem Gegenstand ~* ⟨umg.⟩ *die Arme od. einen Gegenstand heftig in der Luft herumbewegen; er fuchtelte wie wild mit dem Stock*

Fu|der ⟨n.; -s, -⟩ **1** *altes Raummaß, entspricht etwa der Ladung eines zweispännigen Wagens, Fuhre; vier ~ Heu einfahren* • 1.1 ⟨fig.; umg.⟩ *große Menge; du hast ja ein ~ Dreck auf dem Kopf* **2** *altes Flüssigkeitsmaß (zwischen 750-1950 l), bes. für Wein; ein ~ Wein beträgt am Rhein 1200 l, an der Mosel 1000 l* **3** *altes Festkörpermaß, bes. für Erz*

Fug ⟨m.; veraltet⟩ *mit ~ und Recht mit voller Berechtigung; etwas mit ~ und Recht behaupten*

Fu|ge[1] ⟨f.; -, -n⟩ **1** ⟨Bauw.⟩ *ein hohler od. mit einem Binde- od. Dichtungsmittel gefüllter Raum zwischen zwei aneinanderliegenden Elementen gleichen od. verschiedenen Materials, z. B. Mauersteinen, Holzbalken usw.; eine breite, schmale ~; die waagerechte ~ im Mauerwerk heißt Lager~, die senkrechte ~ heißt Stoß~* • 1.1 *aus den ~n gehen, geraten* ⟨a. fig.⟩ *auseinandergehen, entzweigehen (von Teilen, die zusammengehören)* • 1.1.1 *die Welt ist aus den ~n ist gestört, durcheinander* • 1.2 *in allen ~n krachen* ⟨fig.; umg.⟩ *starke Auflösungserscheinungen zeigen*

Fu|ge[2] ⟨f.; -, -n; Mus.⟩ *nach strengen Regeln aufgebautes Musikstück, bei dem ein Thema nacheinander durch alle Stimmen geführt wird, meist im Quart- od. Quintabstand*

fu|gen ⟨V. 500⟩ **Bauteile ~** ⟨Bauw.⟩ *zusammenfügen, -schließen, miteinander verbinden, fest aneinandersetzen; er hat die Balken, Bretter gefugt*

fü|gen ⟨V. 500⟩ **1** *etwas ~ zusammensetzen; diesen Satz muss ich etwas anders ~* • 1.1 ⟨511⟩ *etwas an, auf etwas ~ aneinander- od. aufeinanderpassen, passend aneinander- od. aufeinandersetzen; ein Wort an ein anderes ~; einen Balken, einen Stein auf einen anderen ~* **2** *etwas ~* ⟨geh.⟩ *verhängen, geschehen machen, bewirken; das Schicksal hat es so gefügt; der Zufall fügte es, dass ich ihn auf dem Bahnhof traf* • 2.1 ⟨Vr 3⟩ *es fügt sich es geschieht (zufällig od. beabsichtigt); es fügte sich, dass …; es hat sich so gefügt* **3** ⟨Vr 3⟩ *sich ~* ⟨geh.⟩ *tun, was befohlen wird, nachgeben, gehorchen; sich jmdm. ~; sich jmds. Anordnungen, jmds. Willen ~* • 3.1 ⟨550⟩ *sich in etwas ~ etwas hinnehmen, sich dareinschicken; sich ins Unvermeidliche ~*

füg|sam ⟨Adj.⟩ *gefügig, sich leicht fügend, gehorsam, anpassungsfähig; ein ~es Kind; er ist ~; jmdn. ~ machen*

Fü|gung ⟨f.; -, -en⟩ **1** *das Sichfügen* **2** *Gunst des Schicksals; eine ~ des Schicksals; durch eine glückliche ~ trafen wir uns wieder; durch eine gnädige ~ entging er dem Tode* **3** ⟨Gramm.⟩ *zusammengehörige, als Einheit empfundene Wortgruppe; eine präpositionale, syntaktische ~*

füh|len ⟨V.⟩ **1** ⟨500⟩ *etwas ~ körperlich (mit dem Tastsinn) wahrnehmen; eine Berührung ~; Hunger, Durst ~; Kälte, Hitze ~; einen bohrenden Schmerz, einen Stich, einen Schlag ~; ich fühlte die kalte*

Mauer durch die Kleider hindurch • **1.1** *tastend prüfen;* jmdm. den Puls ~ • **1.2** ⟨411⟩ **nach** etwas ~ *tasten;* er fühlte nach dem Geld in seiner Tasche **2** ⟨500⟩ **etwas** ~ *seelisch empfinden;* Schmerz, Freude ~; ich fühle, dass er mir nicht vertraut; fühlst du nicht den Unterschied?; er ließ es ~, dass er sich über dich geärgert hat; sie ließ ihn ihre Enttäuschung, ihren Ärger ~; Liebe, Hass für jmdn. ~; die Berufung zum Arzt in sich ~; ich fühle (deinen Schmerz) mit dir **3** ⟨400⟩ *körperliches Empfinden, seelische Regungen haben;* jedes Lebewesen fühlt; ein ~des Herz haben **4** ⟨513/Vr 3⟩ **sich** … ~ *sich in einem bestimmten seelischen Zustand befinden, sich für etwas halten;* sich angesprochen, getroffen ~; sich beleidigt, verletzt ~; sich angenehm, unangenehm berührt ~; sich besser, schlechter ~; sich fremd (in einer neuen Umgebung) ~; sich glücklich ~; sich heimisch ~; sich krank ~; sich schuldig, unschuldig ~; sich stark genug ~, etwas zu tun; sich verpflichtet ~, etwas zu tun; sich für etwas, für jmdn. verantwortlich ~; wie ~ Sie sich?; sich wie zu Hause ~ • **4.1** ⟨500/Vr 3 + Part. Perf.⟩ sich zum Künstler, Dichter usw. berufen ~ *glauben, dass man dafür geboren ist, K., D. zu werden* • **4.2** ⟨500; umg.; häufig abwertend⟩ *stolz sein, sich wichtig vorkommen;* er fühlt sich

Füh|ler ⟨Pl., Zool.⟩ **1** ⟨Zool.⟩ *paarige Kopfanhänge von Gliederfüßern, Würmern u. Schnecken, die mit Sinnesorganen des Tast-, Geruchs- u. Geschmackssinnes besetzt sind* **2** seine, die ~ **ausstrecken** (fig.) *etwas vorsichtig, ohne Aufsehen erkunden, zu erfahren suchen*

Füh|lung ⟨f.; -; unz.⟩ *Berührung, Verbindung;* Tuch~; mit jmdm. ~ aufnehmen, behalten; die ~ (nicht) verlieren (mit jmdm.); mit jmdm. in ~ bleiben

Fuh|re ⟨f.; -, -n⟩ **1** *Wagen, Auto, Fuhrwerk mit Ladung;* eine ~ Heu, Kartoffeln, Holz, Kohlen **2** *Ladung, Wagenlast;* der Wagen hat eine ~ Sand geladen; wir haben zwei ~n Heu bekommen **2.1** eine lustige ~ *ein Wagen voller lustiger Leute* **3** *Fahrt, Transport von jmdm. od. etwas mit dem Wagen;* die erste ~ Kinder wird jetzt nach Hause gefahren

füh|ren ⟨V.⟩ **1** ⟨500⟩ jmdn. ~ *leiten, lenken* • **1.1** *jmdm. den Weg zeigen, indem man ihn begleitet;* einen Besucher, Fremden durch die Stadt, durch ein Museum ~ • **1.2** ⟨413 od. 510⟩ (**jmdn.** od. **ein Tier**) ~ *veranlassen mitzugehen;* jmdm. am Arm, an der Hand ~; eine Dame zu Tisch ~; jmdn. ins Café ~; er führt gut, sicher (erg.: seine Partnerin, Tänzerin, beim Tanzen); Vieh auf die Weide ~; ins Verderben ~ • **1.2.1** ⟨510⟩ jmdn. in Versuchung ~ *zu etwas zu verleiten suchen* • **1.2.2** ⟨511⟩ was führt dich zu mir? *was veranlasst dich, zu mir zu kommen?* **2** ⟨513/Vr 3⟩ **sich gut** (**schlecht**) ~ *sich benehmen, sich betragen;* er hat sich tadellos geführt **3** ⟨500⟩ **etwas** ~ *befehligen, verantwortlich leiten;* eine Armee, ein Regiment ~; ein Geschäft ~; eine Verhandlung ~ • **3.1** ~d *leitend, maßgebend;* eine ~de Persönlichkeit; eine ~de Rolle (in der Öffentlichkeit, bei einem Unternehmen) spielen; ein ~der deutscher Schriftsteller; die ~de Stelle einnehmen; eine ~de Zeitung **4** ⟨400⟩ *der Erste sein, an der Spitze stehen, liegen;* er will immer ~; beim Rennen ~ **5** ⟨500⟩ **etwas** ~ *lenken, in eine bestimmte Richtung bewegen, an ein Ziel bringen;* die Hand, zwei Finger an den Hut, an die Mütze ~ (beim Gruß); den Löffel zum Mund ~; einem Kind (beim Malen, Schreiben) die Hand ~; einen Hieb, Stoß (gegen jmdn.) ~; ein Unternehmen zum Erfolg ~; eine Arbeit zu Ende ~ • **5.1** ⟨511⟩ *in seinem Verlauf festlegen, errichten;* ein Gebäude in die Höhe ~; eine Mauer um den Garten ~ • **5.2** ein **Fahrzeug, Flugzeug** ~ *lenken, steuern;* ein Schiff ~ • **5.3** ein **Werkzeug** ~ *handhaben, gebrauchen;* den Bogen weich, sicher ~ (beim Spielen eines Streichinstruments) **6** ⟨410 od. 411⟩ **etwas** führt in eine bestimmte Richtung (a. fig.) *verläuft in einer bestimmten R., ist wohin gerichtet;* über den Bach führt ein schmaler Steg; dieser Weg führt (nicht) zum Ziel; wohin führt dieser Weg?; die Tür führt auf den Hof, auf die Straße • **6.1** das würde zu weit ~ *das würde uns zu weit vom Thema abbringen* • **6.2** wohin soll das ~? *was soll daraus werden?* • **6.3** ⟨800⟩ **etwas** führt **zu etwas** *bringt etwas hervor, hat ein bestimmtes Ergebnis;* das führt zu nichts **7** ⟨505⟩ etwas (**bei** od. **mit sich**) ~ *(bei sich) haben, (bei sich) tragen;* das Schiff führt Kohle, Öl (als Ladung mit sich); das Schiff führt Passagiere u. Fracht; der Zug führt Speise- u. Schlafwagen (mit sich); einen Ausweis bei sich ~; ~ Sie zu verzollende Waren bei, mit sich?; der Fluss führt Geröll, Schlamm mit sich • **7.1** ⟨500⟩ eine **Sache** ~ *als Kennzeichen tragen, dauernd haben;* als Schriftsteller einen anderen Namen ~; er führte den Titel „Kommerzienrat"; sie führen einen Adler im Wappen • **7.2** ⟨500⟩ eine **Ware** ~ *ständig zum Verkauf haben;* diesen Artikel ~ wir nicht **8** ⟨500⟩ **etwas** ~ *(eine Sammlung von Aufzeichnungen) anlegen u. laufend ergänzen;* Tagebuch ~; eine Datei, Kartei, Listen ~; jmdm. die Bücher ~ **9** ⟨500; Funktionsverb⟩ • **9.1** ⟨517⟩ mit jmdm. einen **Briefwechsel** ~ *korrespondieren* • **9.2** ⟨517⟩ ein **Gespräch**, eine **Unterhaltung** mit jmdm. ~ *mit jmdm. sprechen, sich mit jmdm. unterhalten* • **9.3** ⟨505⟩ **Klage** ~ (gegen jmdn., über etwas) *sich beklagen* • **9.4** ein solides, unsolides, ausschweifendes, zurückgezogenes **Leben** ~ *solide usw. leben* • **9.5** **Protokoll** ~ *das P. schreiben* • **9.6** einen **Prozess** ~ *prozessieren* • **9.7** **Regie** ~ ⟨Theat.⟩ *die R. haben* • **9.8** eine unverschämte **Sprache** ~ (geh.) *unverschämt sprechen* • **9.9** ⟨517⟩ eine **Verhandlung** mit jmdm. ~ *mit jmdm. verhandeln*

Füh|rer ⟨m.; -s, -⟩ **1** *jmd., der einer Unternehmung, einer Gruppe von Personen, einer (politischen) Bewegung o. Ä. vorsteht, sie führt, Anführer, Leiter;* ~ einer Bergwanderung, einer Expedition; er ist ~ in einem Schloss; Fremden~; Partei~; Oppositions~; Geschäfts~ • **1.1** *Buch, in dem Informationen über Sehenswürdigkeiten, Restaurants, Unterkünfte u. Ä. eines Landes, einer Region od. einer Stadt gegeben werden;* Reise~; Stadt~ **2** der ~ (Selbstbezeichnung Hitlers)

Füh|rer|aus|weis ⟨m.; -es, -e; schweiz.⟩ = *Führerschein*
Füh|re|rin ⟨f.; -, -rin|nen⟩ *weibl. Führer (1)*
Füh|rer|schein ⟨m.; -s, -e⟩ *Ausweis, der zum Führen eines Kraftfahrzeugs berechtigt;* Sy ⟨schweiz.⟩ *Führerausweis;* den ~ machen ⟨umg.⟩
Füh|rung ⟨f.; -, -en⟩ **1** *das Führen (1 u. 3), Leitung;* die ~ eines Geschäftes, Unternehmens; die ~ haben; die ~ übernehmen; jmdm. die ~ überlassen, übertragen; unter (der) ~ von ... **2** *Gesamtheit der leitenden Personen;* die ~ hat beschlossen, dass ... **3** *in ~ an erster Stelle, in führender Position;* in ~ gehen; in ~ liegen **4** *Betragen, Verhalten;* gute, schlechte ~; ein Häftling wegen guter ~ vorzeitig entlassen **5** *Besichtigung (einer Sehenswürdigkeit) mit erklärendem Führer;* sich einer ~ anschließen; eine ~ durch ein Museum, ein altes Schloss mitmachen **6** ⟨Tech.⟩ *Maschinenteil, das anderen Teilen ihre Bewegungen vorschreibt*
Fuhr|werk ⟨n.; -(e)s, -e⟩ *von einem od. mehreren Zugtieren gezogener Wagen*
Fül|le ⟨f.; -, -n⟩ **1** ⟨unz.⟩ *das Vollsein* **2** ⟨unz.⟩ *große Menge;* eine ~ von Modellen, Darbietungen, Anregungen, Material; →a. *Hülle (1.2.)* **3** ⟨unz.⟩ *Dicksein, großer Leibesumfang;* zur ~ neigen; die körperliche ~ **4** ⟨regional; Kochk.⟩ = *Füllung (2.1)*
fül|len ⟨V.⟩ **1** ⟨500⟩ **etwas ~** *vollmachen, etwas hineintun, bis nichts mehr hineingeht;* einen Becher, ein Glas, einen Krug, eine Flasche, Tasse ~; ein Gefäß bis an den Rand ~; eine Flüssigkeit in ein Gefäß ~; ein Gefäß mit etwas ~; eine Dose, gefüllt mit Pralinen; (mit Fleischsalat o. Ä.) gefüllte Tomaten ● **1.1** eine (gut) gefüllte Brieftasche haben *(viel) Geld haben;* **1.2** ⟨530/Vr 1⟩ sich den Magen ~ (mit) *viel essen (von)* ● **1.3** ⟨515/Vr 1 od. Vr 2⟩ sich den Teller mit Gemüse ~ G. auf den T. häufen **1.4 Geflügel ~** *mit Füllung (2.1) versehen* ● **1.5** einen **Zahn ~** *mit einer (Kunststoff-, Keramik-)Füllung ausbessern* **2** ⟨511⟩ **etwas in etwas ~** *in etwas schütten, einfüllen;* Wein in Flaschen ~ **3** ⟨505/Vr 3⟩ **sich ~ (mit etwas)** *wird voll;* der Saal füllte sich mit Gästen; ihre Augen füllten sich mit Tränen; das Loch füllte sich mit Wasser **4** ⟨500⟩ **etwas** füllt **etwas** *füllt etwas aus, nimmt den Raum von etwas in Anspruch;* der Brief füllte ganze vier Seiten
Fül|len ⟨n.; -s, -; poet.⟩ = *Fohlen*
Füll|horn ⟨n.; -(e)s, -hör|ner⟩ **1** ⟨in der Antike⟩ *mit Blumen u. Früchten gefülltes Horn* **2** ⟨geh.⟩ *Sinnbild des Reichtums, des Überflusses (materiell u. geistig)*
fül|lig ⟨Adj. 70⟩ *zur Fülle neigend, dicklich;* sie ist ~ geworden; eine ~ e Dame
Füll|sel ⟨n.; -s, -⟩ *etwas, das nur zum Füllen dient u. keine besondere Funktion hat, Nebensächlichkeit*
Fül|lung ⟨f.; -, -en⟩ **1** ⟨unz.⟩ *das Füllen;* die ~ durch den Trichter war nicht einfach **2** *Stoff, mit dem etwas gefüllt ist od. wird* **2.1** ⟨Kochk.⟩ *Masse, mit der bestimmte Lebens- od. Genussmittel gefüllt sind, um ihnen einen besonderen Geschmack zu verleihen;* oV *Fülle (4);* Fleisch~, Nuss~; die ~ einer Torte, der Schokolade; eine schmackhafte ~ ● **2.2** ⟨Bot.⟩ *Vermehrung der Blumenkronblätter über den Normal-*

zustand ● **2.3** ⟨Med.⟩ *Material, mit dem zerstörte Zahnsubstanz ersetzt wird;* Sy *Plombe (2);* Amalgam~, Gold~, Kunststoff~ ● **2.4** ⟨Bauw.⟩ *Bretter, die z. B. bei einer Tür den Rahmen ausfüllen;* Tür~ ● **2.5** ⟨Verslehre⟩ *die Senkungen zwischen den Hebungen eines Verses;* feste, freie ~
Fum|mel ⟨m.; -s, -; umg.; meist abwertend⟩ *billiges Kleidungsstück, leichtes (geschmackloses) Kleid;* was hast du denn heute für einen ~ an?
fum|meln ⟨V. 402 od. 800; umg.⟩ **1** *an, in, mit etwas ~ sich an etwas tastend zu schaffen machen, an, mit etwas herumbasteln;* er fummelte in seiner Schreibtischschublade, an dem Radioapparat; sie fummelte das Geld aus ihrem Portemonnaie ● **1.1 an jmdm. ~** *jmdn. berühren, streicheln, liebkosen (als Ausdruck sexuellen Interesses);* er fummelte den ganzen Abend an seiner neuen Freundin **2** ⟨Fußb.⟩ *zögernd spielen u. mit dem Ball hin u. her rennen, ihn nicht abgeben*
Fund ⟨m.; -(e)s, -e⟩ **1** *das Finden, Entdecken von etwas Verlorenem;* den ~ bei den Behörden melden; der ~ von Erzen, eines Schatzes ● **1.1** ⟨Archäol.⟩ *Entdeckung bei Ausgrabungen;* einen ~ machen **2** *Fundsache, gefundener Gegenstand, der einem nicht gehört;* den ~ abliefern ● **2.1** ⟨Archäol.⟩ *bei Ausgrabungen entdeckter Gegenstand;* aus zahlreichen ~en geht hervor, dass ...; historische ~e; dies ist ein sehr kostbarer ~
Fun|da|ment ⟨n.; -(e)s, -e⟩ **1** *Grundmauer* ● **1.1** *Platte, Sockel, worauf eine Maschine befestigt ist* **2** *Grundlage für die weitere Entwicklung;* eine Lehre im Handwerk ist ein gutes ~ für ein technisches Studium
Fund|bü|ro ⟨n.; -s, -s⟩ *Büro, in dem Fundsachen abgeliefert werden sollen u. abgeholt werden können;* im ~ nachfragen
Fund|gru|be ⟨f.; -, -n⟩ **1** *fündiger Grubenbau* **2** ⟨fig.⟩ *etwas, das großen Reichtum bietet, für ein bestimmtes Fachgebiet von großer Bedeutung ist;* dieses Buch ist eine ~ für Kulturhistoriker **3** ⟨Titel für⟩ *Verkaufsort günstiger Sonderangebote (in Warenhäusern o. Ä.);* einen Pullover in der ~ erstehen
fun|die|ren ⟨V. 500⟩ **etwas ~ 1** *gründen, begründen* ● **1.1** fundiertes **Wissen** *fest, sicher begründetes W.* **2** *mit Geldmitteln versehen, finanziell sicherstellen* ● **2.1** fundierte **Schuld** *sichergestellte S. (z. B. durch Grundbesitz)*
fün|dig ⟨Adj. 24⟩ **1** ⟨Bgb.; Geol.⟩ *erfolgreich beim Aufsuchen von Lagerstätten, bei denen der Abbau lohnt* ● **1.1 ~ werden** *nach längerem Forschen, Suchen, Bemühen finden;* bei unserer Haussuche sind wir nach zwei Jahren endlich ~ geworden
Fun|dus ⟨m.; -, - [-du:s]⟩ **1** ⟨Theat.⟩ *Bestand an Kostümen, Requisiten u. a. Ausstattungsstücken eines Theaters;* diese Kostüme stammen aus dem ~ **2** ⟨fig.; geh.⟩ *Grundlage, Grundstock, auf den man jederzeit zurückgreifen kann;* er besitzt einen großen ~ an technischem Wissen **3** ⟨Med.⟩ *Grund, Boden (eines Organs)*
fünf ⟨Numerale 11; in Ziffern: 5; röm. Zahlzeichen: V⟩ →a. *acht, vier* **1** *eine Primzahl;* ~ Finger; die ~ Sinne; die ~ Bücher Mose ● **1.1** seine ~ Sinne (nicht) bei-

sammen-, beieinanderhaben ⟨fig.; umg.⟩ *(nicht) bei Verstand sein* • 1.2 ~ *gerade sein lassen* ⟨fig.; umg.⟩ *etwas nicht allzu genau nehmen* • 1.3 *sich etwas an den* ~ *Fingern abzählen können* ⟨fig.; umg.⟩ *sich selbst ausrechnen können, etwas selbst sehen*

Fünf ⟨f.; -, -en⟩ **1** *die Ziffer 5* • 1.1 ⟨umg.⟩ *die Straßenbahn- od. Buslinie Nr. 5;* in die ~ (um)steigen; mit der ~ fahren **2** *mangelhaft (als Schulnote, Zensur);* er hat eine ~ bekommen

Fünf|kampf ⟨m.; -(e)s; unz.; Sp.⟩ *Wettkampf, der aus fünf Einzeldisziplinen besteht*

fünf|te(r, -s) ⟨Zahladj. 24/70; Zeichen 5.⟩ *Ordinalzahl zu fünf;* nur jeder Fünfte hat die Prüfung bestanden; der ~e Versuch ist geglückt

fünf|tel ⟨Zahladj. 24; in Ziffern: /₅⟩ *der fünfte Teil;* ein ~ Liter Milch; ein ~ Kilogramm Zucker

Fünf|tel ⟨n., (schweiz.) m.; -s, -⟩ *der fünfte Teil;* ein ~ des Preises, der Länge

fünf|zig ⟨Numerale 11⟩ *die Zahl 50;* →a. achtzig

fun|gie|ren ⟨V. 400⟩ *in einer bestimmten Funktion tätig sein, eine bestimmte Aufgabe haben;* er fungiert als stellvertretender Parteivorsitzender; die Truhe fungierte als Sitzgelegenheit u. Versteck

Fun|gi|zid ⟨n.; -(e)s, -e⟩ *Mittel zur Bekämpfung von Pilzbefall (im Pflanzenbau verwendet)*

Funk ⟨m.; -s; unz.⟩ **1** *drahtlose Übermittlung von Informationen durch elektromagnetische Wellen hoher Frequenz;* Rund~; ~verkehr; ~technik **2** *Einrichtung, Gerät für den Funk (1);* eine Meldung durch ~ übermitteln, weitergeben; eine Nachricht über ~ erhalten **3** *Einrichtung zur drahtlosen Übermittlung;* alle Schiffe, Streifenwagen der Polizei sind mit ~ ausgerüstet

Fun|ke ⟨m.; -n, -n⟩ oV *Funken* **1** *glühendes Teilchen;* ~n sprühen; er sprengte davon, dass die ~n stoben; ~n aus dem Stein schlagen (zum Feuermachen) • 1.1 *kleine ~n, großes Feuer kleine Dinge erzeugen große Ereignisse* • 1.2 *das war der* ~, *der das Pulverfass zum Explodieren brachte* ⟨fig.⟩ *der Anlass für die folgenden Geschehnisse* **2** *kleine, kurz aufleuchtende Lichterscheinung;* die Sonnenstrahlen blitzten auf dem Wasser in tausend ~n **3** ⟨fig.⟩ *Eingebung, plötzlich aufkommender außerordentlicher Gedanke, auslösendes Moment;* göttlicher, zündender ~; da blitzte ein ~(n) des Verständnisses in ihm auf • 3.1 *zwischen beiden sprang ein* ~ *über begann plötzlich eine innere Beziehung* **4** *(k)ein* ~ *(k)ein bisschen;* er hat keinen ~n Anstandsgefühl, Ehrgefühl; keinen ~n Hoffnung mehr haben; es war kein ~(n) Leben mehr in ihm; keinen ~n Liebe fühlen; wenn er nur einen ~n Verstand hätte, würde er das bleibenlassen

fun|keln ⟨V. 400⟩ *etwas funkelt* **1** *leuchtet sehr rasch im Wechsel auf u. verlischt fast, sendet Licht in Funken aus od. wirft es zurück;* Brillengläser, Fensterscheiben, Sterne ~; die Sonne funkelt auf dem Wasser; der Wein funkelt im Glas **2** ⟨a. fig.⟩ *leuchtet, glitzert unruhig;* ihre Augen funkelten (vor Zorn)

fun|ken ⟨V.⟩ **1** ⟨500⟩ *etwas* ~ *durch Funk übermitteln, drahtlos senden;* eine Nachricht, einen Code ~; das Schiff hat seine Position gefunkt **2** ⟨400⟩ *etwas funkt gibt Funken von sich;* der Lichtschalter funkt beim Knipsen; der Stahl funkte beim Schleifen **3** ⟨400⟩ *als Funker tätig sein* **4** ⟨400⟩ *etwas funkt (nicht)* ⟨fig.; umg.⟩ *funktioniert, klappt (nicht);* es funkt heute nicht • 4.1 ⟨411; unpersönl.⟩ **bei jmdm. hat es** (endlich) gefunkt *jmd. hat (endlich) verstanden, begriffen* **5** ⟨401⟩ *es hat gefunkt* ⟨fig.; umg.⟩ • 5.1 *es kam zu einer (tätlichen) Auseinandersetzung* • 5.2 **bei den beiden,** *zwischen den beiden hat es gefunkt die beiden haben sich ineinander verliebt, sie haben eine Liebesbeziehung begonnen*

Fun|ken ⟨m.; -s, -⟩ = *Funke*

Fun|ker ⟨m.; -s, -⟩ **1** *jmd., der für drahtlose Übermittlung von Nachrichten ausgebildet ist;* Bord~; der ~ gibt einen Text durch **2** ⟨Mil.⟩ *Mannschaftsdienstgrad der Fernmeldetruppe;* er ist bei den ~n ⟨umg.⟩

Funk|spruch ⟨m.; -(e)s, -sprü|che⟩ *durch Funk übermittelte Nachricht;* einen ~ durchgeben

Funk|ti|on ⟨f.; -, -en⟩ **1** *Tätigkeit, Wirksamkeit;* die ~ des Herzens, der Schilddrüse • 1.1 *in* ~ **treten** *zu arbeiten beginnen, tätig werden* **2** **jmd.** *hat eine* ~ *Amt, Aufgabe (innerhalb einer Gemeinschaft)* **3** *etwas,* ein **Maschinenteil** *hat eine* ~ *Zweck* **4** ⟨Math.; Logik⟩ *gesetzmäßige u. eindeutige Zuordnung der Elemente zweier verschiedener Mengen zueinander* • 4.1 ~ *eines* **Zeichens** ⟨Zeichentheorie⟩ *Zuordnung einer Bedeutung zu einer in Lautzeichen, Buchstaben od. Symbolen dargestellten Form* • 4.2 ⟨Kyb.⟩ *aus der Beziehung zwischen Eingabe u. Ausgabe eines dynamischen Systems zu erschließendes Verhalten des Systems*

Funk|ti|o|när ⟨m.; -s, -e⟩ *Beauftragter;* ~ *eines Vereins, Verbandes, einer Partei od. Gewerkschaft*

Funk|ti|o|nä|rin ⟨f.; -, -rin|nen⟩ *weibl. Funktionär*

funk|ti|o|nie|ren ⟨V. 400⟩ *ordnungsgemäß, richtig arbeiten, einer bestimmten Funktion entsprechend wirksam sein, eine bestimmte Funktion erfüllen;* die Maschine funktioniert gut, schlecht, nicht, nicht richtig, wieder

Fun|sel ⟨f.; -, -n; umg.⟩ = *Funzel*

Fun|zel ⟨f.; -, -n; umg.⟩ *schlecht brennende, wenig Licht gebende Lampe;* oV *Funsel;* eine traurige, trübe ~

für ⟨Präp. mit Akk.⟩ **1** *anstelle, statt;* ~ jmdn. einspringen, eintreten; ~ meinen erkrankten Freund; ich gab ihm ~ seine verlorene Mütze eine andere; sag mir ein anderes Wort ~ „springen"!; jede Figur, jeder Stein gilt ~ einen Mitspieler • 1.1 *als Gegenwert, Bezahlung;* er bekam fünf Euro ~ seine Arbeit; was, wie viel verlangt er ~ das Grundstück?; ~ diesen Preis nehme ich das Stück nicht; ich habe ~ das Kleid 100 Euro bezahlt; er wird ~ seine Mühe reichlich entschädigt; Sie können das Bild ~ zehn Euro haben; ich gebe Ihnen das Buch ~ den halben Preis • 1.1.1 ~ *nichts u. wieder nichts ganz umsonst, ohne eine Gegenleistung* • 1.1.2 *er isst* ~ *drei so viel wie drei Personen* **1.2** *als Zuteilung, ausreichend;* ich habe nicht genug Schokolade ~ alle; es gibt ~ jeden nur ein Stück Kuchen; die Menge reicht ~ vier Personen **2** *zugunsten (von), (jmdm.) zuliebe;* sein Leben ~ jmdn. opfern; das ist ~ mich (bestimmt); ihre

Zuneigung ~ ihn; Bücher ~ die Jugend; ein Geschenk ~ die Mutter; ~ seine Familie arbeiten; sich ~ etwas od. jmdn. entscheiden; er schwärmt ~ Musik; das ist gut ~ den Magen; alles dies spricht ~ ihn; ~ einen Kandidaten stimmen; kann ich noch etwas ~ Sie tun? • 2.1 die Sache hat etwas ~ sich *sie hat manche Vorteile, günstige Seiten* • 2.2 ein Mittel ~ den Husten *gegen den H.* • 2.3 das Für und Wider einer Sache erwägen *die Gründe u. Gegengründe* 3 ⟨vor Adj. od. Partizip⟩ *als*; ich nehme es ~ gegeben an; etwas ~ gut, richtig befinden, erachten; ich halte es ~ besser, noch zu warten; etwas ~ gut, richtig halten; ich halte ihn ~ klug 4 *wenn man ... betrachtet, in Anbetracht des ..., der ...*; er ist sehr groß ~ sein Alter; ~ die Geringfügigkeit des Vergehens ist die Strafe sehr hoch; ~ seine zehn Jahre ist er sehr vernünftig, vorlaut; der Korb ist ~ das Kind viel zu schwer • 4.1 das ist nichts ~ mich *das mag ich nicht, das schätze, liebe ich nicht, das interessiert mich nicht* 5 *zu einem bestimmten, künftigen Zeitpunkt (gedacht)*; wir wollen ~ mehrere Wochen hier im Dorf bleiben; er hat das Haus ~ zehn Jahre gemietet; er hat ~ alle Zeit(en) genug; genug ~ heute!; hast du ~ heute Nachmittag schon etwas vor?; ich bereite heute schon das Essen ~ morgen vor; ~ immer; ich sage es dir ein ~ allemal • 5.1 ~s **Erste** *zunächst* • 5.2 ~ **und** ~ ⟨poet.⟩ *immer, andauernd, künftig* • 5.3 den Bund ~s **Leben** schließen *heiraten* 6 ~ den Fall, dass ... *wenn es möglich ist*; ~ alle Fälle 7 ⟨mit Reflexivpron.⟩ **sich** *jede(r), jedes (allein betrachtet, gesondert)*; das ist eine Sache ~ sich; wenn man die Sache ~ sich betrachtet; er lebt ganz ~ sich (allein); er ist gern ~ sich allein; an und ~ sich habe ich nichts dagegen einzuwenden, aber die Form gefällt mir nicht; ich ging im Walde so ~ mich hin (Goethe) • 7.1 ~ sich ⟨Theat.⟩ *leise, zu sich selbst gesprochen (Regieanweisung)* 8 *was ... betrifft*; ich ~ meine Person; ich ~ meinen Teil glaube, dass er es tut 9 ... ~ ... *eines nach dem anderen*; Wort ~ Wort übersetzen; Tag ~ Tag; Stück ~ Stück abzählen, untersuchen; sich Schritt ~ Schritt vorwärtstasten; sie zogen Mann ~ Mann vorbei 10 **was ~ ein**, was ~ welche *von welcher Art*; was ~ ein Haus hat er sich gekauft?; was ist er ~ ein Mensch?; was ~ einen Stoff möchten Sie haben?; was ist das ~ ein Tier?; was ~ eine Überraschung! (als Ausruf) • 10.1 hast du Schmerzen? Und was ~ welche! *sehr starke* • 10.2 sie besitzt eine Menge Kleider, aber was ~ welche! ⟨iron.⟩ *aber nur hässliche, altmodische, abgetragene o. Ä.*

für|baß ⟨Adv.; veraltet; poet.⟩ *weiter, fort u. fort, vorwärts*; fröhlich ~ schreiten, gehen, wandern

Für|bit|te ⟨f.; -, -n⟩ *Gebet od. Bitte für andere*

Fur|che ⟨f.; -, -n⟩ 1 *lange, schmale Vertiefung, Rinne, die im Acker durch Pflügen entsteht*; Saat~, Wasser~; auf den Feld ~n ziehen; eine breite, flache, gerade, schmale ~ 2 ⟨fig.⟩ *Vertiefung, die im Wasser nach einem fahrenden Schiff entsteht*; Boote ziehen ~n im Wasser 3 ⟨fig.⟩ *Falte, Runzel im Gesicht, auf der Stirn*; sein Gesicht, seine Stirn ist von (tiefen) ~n durchzogen; er hat eine tiefe ~ über der Nase

Furcht ⟨f.; -; unz.⟩ 1 *Gefühl des Bedrohtseins durch etwas Bestimmtes, verbunden mit dem Wunsch, es abzuwehren od. zu fliehen*; jmdm. ~ einjagen; ~ empfinden, haben; ~ ergriff mich; aus ~ vor Strafe lügen; jmdn. in ~ versetzen; ohne ~ sein; ~ (u. Schrecken) um sich verbreiten; von ~ ergriffen, gepackt werden; ~ vor dem Tode; vor ~ erbleichen, beben, zittern • 1.1 **Ritter** ohne ~ und Tadel *dem mittelalterlichen Ideal entsprechender R.* 2 die ~ **Gottes**, des Herrn *Ehrfurcht vor Gott, vor dem Herrn* 3 ⟨Getrennt- u. Zusammenschreibung⟩ • 3.1 ~ **erregend** = *furchterregend*

furcht|bar ⟨Adj.⟩ 1 *so beschaffen, dass man sich davor fürchten muss, Furcht erregend, grauenvoll*; es war ein ~er Anblick; ein ~es Unglück, Verbrechen; er (es) sieht ~ aus; das ist ja ~!; die Seuche wütete ~; es ist etwas Furchtbares geschehen; er sah ~ elend aus; ~ hässlich 2 *unangenehm (groß, stark)*; es war eine ~e Arbeit; ~es Geschrei; ~en Hunger haben; ein ~er Krach; der Koffer ist ~ schwer 3 ⟨50⟩ *sehr*; wir haben ~ lachen müssen; das ist ~ nett von dir!

fürch|ten ⟨V.⟩ 1 ⟨500/Vr 3⟩ **sich** ~ *Furcht haben*; ich fürchte mich!; ich fürchte mich, allein zu gehen; das Kind fürchtet sich im Dunkeln; er fürchtet sich vor dem Hund; er fürchtet sich vor nichts 2 ⟨500⟩ **jmdn.** **od. etwas** ~ *vor jmdm. od. etwas Furcht, Angst haben*; er fürchtet ihn nicht; er fürchtet weder Gefahr noch Tod • 2.1 fürchte nichts! *hab keine Furcht!* • 2.2 ⟨580⟩ ~, **etwas zu tun** *sich scheuen, etwas zu tun, etwas aus Furcht nicht tun wollen*; ich fürchte, es anzufassen; ich fürchte zu stören; ich fürchte, ihn zu wecken • 2.3 **etwas** ~ *befürchten*; ich fürchte weitere Indiskretionen; ich fürchte, es kommt nicht mehr, er wird nicht mehr kommen 3 ⟨800⟩ **für jmdn. od. etwas** ~ *um jmdn. od. etwas Furcht haben, besorgt sein*; ich fürchte für ihn; ich fürchte für das Gelingen des Abends; wir ~ für sein Leben 4 ⟨500⟩ **Gott** ~ *Ehrfurcht haben vor G.*

fürch|ter|lich ⟨Adj.⟩ 1 *Furcht erregend, furchtbar, entsetzlich, schrecklich*; ein ~er Anblick 2 ⟨umg.⟩ *abstoßend, unangenehm, die guten Sitten missachtend, ohne Benehmen u. Anstand*; er ist ein ~er Kerl 3 ⟨umg.⟩ *sehr, heftig, außerordentlich stark*; sie weint ~; es war eine ~e Hitze

furcht|er|re|gend *auch*: **Furcht er|re|gend** ⟨Adj.⟩ *Angst einflößend aufgrund des äußeren Erscheinungsbildes*; ⟨bei Steigerung od. Erweiterung der gesamten Fügung nur Zusammenschreibung⟩ in diesem Kostüm sah er noch furchterregender aus; der Löwe ließ ein sehr furchterregendes Gebrüll hören; ⟨bei Erweiterung des Erstbestandteils nur Getrenntschreibung⟩ große Furcht erregend

furcht|sam ⟨Adj.⟩ *oft, leicht Furcht empfindend, ängstlich, zaghaft*; ein ~es Kind; ~ blickte sie sich um

für|ein|an|der *auch*: **für ei|nan|der** ⟨Adv.⟩ *einer für den andern, zum gegenseitigen Guten, Nutzen, Vorteil*; ~ da sein; ~ arbeiten

Fu|rie ⟨[-riə] f.; -, -n; grch. Myth.⟩ 1 ⟨röm. Myth.⟩ *Rachegöttin*; wie eine ~; er floh wie von (den) ~n gehetzt 2 ⟨abwertend⟩ *böse, streitsüchtige Frau*

fu|ri|os ⟨Adj.; geh.⟩ **1** *hitzig, leidenschaftlich-erregt;* eine ~e Rede **2** *begeisternd, voll mitreißender Leidenschaft, stürmisch, temperamentvoll;* der ~e Schlusssatz einer Symphonie; ein ~es Finale

für|lieb|neh|men ⟨V. 189/417; veraltet⟩ = *vorliebnehmen*

Fur|nier ⟨n.; -s, -e⟩ *dünnes Deckblatt aus edlem Holz, das auf Holz von schlechterer Qualität aufgeleimt wird;* Nussbaum~

Fu|ro|re ⟨n.; - od. -s; unz. od. f.; -; unz.; meist in der Wendung⟩ **1** *Aufsehen* • **1.1** ~ **machen** *Aufsehen erregen, großen Erfolg haben*

Für|sor|ge ⟨f.; -; unz.⟩ **1** *(private) organisierte Hilfstätigkeit für Bedürftige;* Alters~, Kranken~; der alte Mann wurde der ~ übergeben **2** ⟨allg.⟩ *Sorge für das Wohl des anderen;* jmdn. od. etwas der ~ einer Person anvertrauen

für|sorg|lich ⟨Adj.⟩ *für andere sorgend, pfleglich u. liebevoll;* sie ist sehr ~ zu ihren Kindern

Für|spra|che ⟨f.; -, -n⟩ *Rede zugunsten eines anderen, Empfehlung, Fürbitte;* bei jmdm. für jmdn. ~ einlegen; jmdn. um seine ~ bitten

Fürst ⟨m.; -en, -en⟩ **1** ⟨bis zum 16. Jh.⟩ *Titel für einen Angehörigen des hohen Adels nach dem Kaiser;* weltlicher ~; Reichs~; die deutschen ~en; am Hof eines regierenden ~en leben **2** ⟨später⟩ *Titel der Herzöge, Mark-, Land- u. Burggrafen, Erzbischöfe, Bischöfe u. Äbte;* Kur~, Landes~, Kirchen~; →a. *geistlich (2.1)* **3** ⟨nach dem 15./16. Jh.⟩ *Titel des Landesherrn zwischen Herzog u. Graf* **4** der ~ der Finsternis, der ~ dieser Welt ⟨bibl.⟩ *der Teufel* **5** *wie* ein ~ *leben* ⟨fig.; umg.⟩ *aufwendig, üppig leben*

Fürs|tin ⟨f.; -, -tin|nen⟩ *weibl. Fürst od. Ehefrau eines Fürsten*

fürst|lich ⟨Adj.⟩ **1** ⟨70⟩ *den Fürsten betreffend, zu ihm gehörig, ihm zustehend;* die ~e Familie; ~es Schloss **2** ⟨fig.⟩ *üppig, sehr reichlich, verschwenderisch;* ein ~es Gehalt; ~es Mittagessen, Trinkgeld; jmdn. ~ bewirten

Furt ⟨f.; -, -en⟩ *flache, seichte Stelle in einem Fluss, an der man zum anderen Ufer durchwaten, durchreiten od. durchfahren kann;* eine ~ durchqueren

Fu|run|kel ⟨m. od. n.; -s, -; Med.⟩ *durch Bakterien hervorgerufene eitrige Entzündung eines Haarbalgs u. seiner Talgdrüse*

Für|wort ⟨n.; -(e)s, -wör|ter; Gramm.⟩ = *Pronomen*

Fu|sel ⟨m.; -s, -⟩ *schlechter Branntwein*

Fu|si|on ⟨f.; -, -en⟩ *Verschmelzung, Vereinigung;* ~ von zwei od. mehreren Firmen; ~ von Zellen od. Chromosomen; ~ zweier mit beiden Augen wahrgenommener Bilder zu einem; ~ von mehreren Atomkernen

Fuß ⟨m.; -es, Füße⟩ **1** *unterster Teil des Beines vom Knöchel bis zu den Zehen bei Mensch u. Wirbeltier;* sich den ~ brechen, verstauchen; mein ~ ist eingeschlafen; laufen, so schnell, so weit die Füße tragen; sich die Füße wundlaufen; trockenen ~es heimkommen; mit dem ~ aufstampfen (vor Zorn); mit bloßen Füßen; er stolpert über seine eigenen Füße; ich setze den ~ nicht mehr über seine Schwelle; ich habe heute noch keinen ~ vor die Tür gesetzt; zu ~ gehen, kommen; der Hund lag schlafend zu seinen Füßen; sich jmdm. zu Füßen werfen, jmdn. zu Füßen fallen; (bei) ~! (Kommando für den Hund, dicht bei der Person zu bleiben, zu der er gehört) • **1.1** auf dem ~e *sofort, unmittelbar;* jmdm. auf dem ~e folgen • **1.2** gut, schlecht zu ~ sein *gut, schlecht gehen können* • **1.3** auf die Füße fallen ⟨fig.⟩ *ohne Schaden davonkommen* • **1.4** jmdn. wieder auf die Füße helfen ⟨a. fig.⟩ *jmdn. helfen, neu anzufangen* • **1.5** jmdm. auf die Füße treten ⟨fig.⟩ *jmdn. verletzen, beleidigen* • **1.6** jmdm. den ~ auf den Nacken setzen *jmdn. seine Macht fühlen lassen* • **1.7** jmdn. od. etwas mit Füßen treten ⟨fig.⟩ *verächtlich behandeln* • **1.8** mit einem ~ im Grabe stehen *dem Tode nahe sein* • **1.9** die Füße unter anderer Leute Tisch stecken ⟨fig.⟩ *sich von anderen Leuten ernähren lassen, keinen eigenen Haushalt führen* • **1.10** jmdm. etwas vor die Füße werfen *nichts mehr damit zu tun haben wollen, es jmdm. verächtlich od. wütend zurückgeben* • **1.11** jmdm. etwas zu Füßen legen *bedingungslos zur Verfügung stellen* • **1.12** jmdm. zu Füßen liegen *jmdn. bedingungslos verehren, alles für jmdn. tun;* →a. *Hand (1.8), Kopf (2.1.4, 7.1)* **2** ⟨fig.⟩ *Grundlage (der menschlichen Beziehungen, Lebenshaltung)* • **2.1** mit jmdm. auf gespanntem ~(e) stehen *sich mit jmdm. nicht gut vertragen* • **2.2** mit jmdm. auf gutem, schlechtem, vertrautem ~(e) stehen *zu jmdn. in einem guten, schlechten, vertrauten Verhältnis stehen* • **2.3** auf großem ~(e) leben ⟨fig.⟩ *verschwenderisch, aufwendig leben* • **2.4** wieder ~ fassen *(nach einer Lebenskrise) wieder Halt gewinnen, gesellschaftlich integriert sein* **3** *unterer, tragender Teil (eines Dinges);* der ~ einer Säule **3.1** am ~ des Berges *unten am B.* • **3.2** am ~ des Bettes *am unteren Ende des B.* **4** *Hebung, betonte Silbe im Vers;* ein Jambus mit fünf Füßen **5** *Teil des Strumpfes, der den Fuß bedeckt* **6** ⟨m. 7⟩ *altes Längenmaß, 25 bis 40 cm;* Sy *Schuh (3);* drei ~ lang, hoch **7** ⟨Getrennt- u. Zusammenschreibung⟩ • **7.1** ~ breit = *Fußbreit*

Fuß|an|gel ⟨f.; -, -n⟩ **1** *mit Spitzen versehener Eisenkörper zum Ungangbarmachen von Wegen od. Furten, zum Schutz gegen Betreten von Grundstücken usw.* • **1.1** jmdm. ~n legen ⟨fig.⟩ *jmdm. eine Falle stellen, Hindernisse in den Weg legen*

Fuß|ball ⟨m.; -(e)s, -bäl|le⟩ **1** ⟨unz.⟩ *Kampfspiel zwischen zwei Mannschaften zu je 11 Spielern mit einem Ball von etwa 70 cm Umfang, der nur mit dem Fuß od. Kopf berührt werden darf u. ins gegnerische Tor getrieben werden muss* **2** *Ball, der beim gleichnamigen Spiel gebraucht wird*

Fuß|ball|spiel ⟨n.; -(e)s, -e; Sp.⟩ *(aus zwei Halbzeiten von je 45 Minuten bestehendes) Spiel im Fußball (1) zwischen zwei Mannschaften*

Fuß|ball|welt|meis|ter|schaft ⟨f.; -, -en; Sp.; Abk.: Fußball-WM⟩ *Weltmeisterschaft im Fußball (1)*

Fuß|bank ⟨f.; -, -bän|ke⟩ *Stütze für die Füße beim Sitzen, Schemel*

Fuß|bo|den ⟨m.; -s, -bö|den⟩ *untere, begehbare Fläche eines Raumes;* Parkett~, Stein~; den ~ wischen

Fuß|breit *auch:* **Fuß breit** ⟨m.; (-) -(e)s; unz.⟩ **1** *kleines Stück, Maß von der Breite eines Fußes;* um jeden ~ Land kämpfen • **1.1** keinen ~ zurückweichen ⟨fig.⟩ *nicht zurückweichen, nicht nachgeben*

Fus|sel ⟨f.; -, -n⟩ *Faser, kleines, leichtes Gebilde, bes. aus Wolle od. Baumwolle;* oV ⟨österr.⟩ *Fuzel;* eine ~ am Rock haben

fu|ßen ⟨V.⟩ **1** ⟨800⟩ etwas fußt **auf etwas** *etwas stützt sich, beruht auf etwas;* diese Theorie fußte auf dem Ergebnis zahlreicher Untersuchungen **2** ⟨400⟩ ein **Vogel** fußt ⟨Jägerspr.⟩ *sitzt od. setzt sich auf etwas*

Fuß|gän|ger ⟨m.; -s, -⟩ *jmd., der zu Fuß geht;* neben der Straße ist ein Weg für ~

Fuß|gän|ge|rin ⟨f.; -, -rin|nen⟩ *weibl. Fußgänger*

Fuß|gän|ger|über|weg ⟨m.; -(e)s, -e⟩ *durch parallele weiße od. gelbe Streifen („Zebrastreifen") gekennzeichneter Weg über die Fahrstraße, auf dem die Fußgänger Vortritt vor dem Kraftverkehr haben, Fußgängerstreifen*

Fuß|gän|ger|zo|ne ⟨f.; -, -n⟩ *autofreies Gebiet im Stadtzentrum (mit Kaufhäusern, Geschäften usw.)*

Fuß|no|te ⟨f.; -, -n⟩ *Anmerkung zum Text am Ende (Fuß) der Seite*

Fuß|stap|fen ⟨m.; -s, -⟩ **1** *Fußabdruck in weichem Boden, bes. im Schnee* • **1.1 in jmds.** ~ **treten** ⟨fig.⟩ *jmdm. genau folgen, nacheifern*

futsch ⟨Adj. 40; umg.⟩ **1** *kaputt, entzwei, zerstört;* die Vase ist ~; nach dem Streit waren zwei Fensterscheiben ~ **2** *verloren, vorbei;* all mein Geld ist ~; die Uhr ist ~

Fut|ter[1] ⟨n.; -s; unz.⟩ **1** *Nahrung der Tiere, bes. der Haustiere;* Grün~, Mast~, Vogel~; dem Vieh ~ geben; ~ schneiden; den Vögeln ~ streuen **2** ⟨umg.⟩ *Essen, Speise* • **2.1** Studenten~ *Mischung aus Nüssen, Mandeln u. Rosinen*

Fut|ter[2] ⟨n.; -s, -⟩ **1** *dünne Stoffeinlage, innere Stoffschicht in Kleidungsstücken u. Taschen;* Halb~; Mantel~, Seiden~, Pelz~; seidenes, wollenes, einfarbiges ~; das ~ einnähen, einsetzen • **1.1** *dünnes Leder od. Lammfell zur Auskleidung von Schuhen;* Leder~ • **1.2** *dünnes Papier zur Auskleidung von Briefumschlägen* **2** ⟨Tech.⟩ *innere Schicht, Auskleidung eines Behälters, eines Schmelzofens usw.* **3** ⟨Bauw.⟩ *Füllung (bei Fenstern u. Türen)* **4** ⟨Tech.⟩ *Vorrichtung zum Einspannen, Festhalten von Werkstücken in Maschinen;* Spann~

Fut|te|ral ⟨n.; -s, -e⟩ *dem aufzunehmenden Gegenstand in der Form angepasstes Behältnis aus Leder od. Kunststoff, Hülle, Etui;* Brillen~; den Schirm aus dem ~ herausnehmen

füt|tern[1] ⟨V. 500⟩ **1** ein **Tier** ~ *einem T. zu fressen geben, Futter geben;* Vögel ~; Füttern verboten! (als Verbotsschild im Zoo) **2** jmdn. ~ *jmdm. (der nicht allein essen kann) Nahrung eingeben;* einen Kranken, ein Kind ~; das Kind muss noch gefüttert werden

füt|tern[2] ⟨V. 500⟩ ein **Kleidungsstück** ~ *Stoff in ein K. einlegen;* ein Kleid mit Seide, einen Mantel mit Pelz, mit Watte ~; ein gefütterter Mantel

Fu|tur ⟨n.; -s, -e; Sprachw.; meist für⟩ = *Zukunft (3)*

Fu|zel ⟨m.; -s, -n; österr.⟩ = *Fussel*

Ga|bar|di|ne ⟨[-din(ə)] m.; -s, -; Textilw.⟩ *festes Kammgarngewebe (bes. für Mäntel, Anzüge u. Kostüme verwendet)*

Ga|be ⟨f.; -, -n⟩ **1** *etwas, was gegeben wird*; *Opfer~*; *um eine milde ~ bitten* **1.1** *Geschenk*; *Weihnachts~* • **1.2** *eine bestimmte Menge (eines Arzneimittels)*; *die tägliche ~ von Vitamin C stärkt die Abwehrkräfte* **2** ⟨fig.⟩ *Fähigkeit, die auf Begabung, Anlage, Veranlagung beruht*; *er hat (nicht) die ~, sich beliebt zu machen*; *die ~ der Dichtung, des Gesanges, der Rede*; *reiche, große ~n haben*; *bei deinen ~n könntest du viel mehr leisten*

gä|be → *gang*

Ga|bel ⟨f.; -, -n⟩ **1** *Gerät, das an einem Stiel zwei od. mehrere Zinken hat* • **1.1** *Teil des Essbestecks, mit dem man feste Speisen anspießt u. aufnimmt*; *Fleisch~, Küchen~, Vorlege~*; *mit Messer u. ~ essen* • **1.1.1** *mit der fünfzinkigen ~ essen* ⟨umg.; scherzh.⟩ *mit den Fingern essen* • **1.2** *landwirtschaftliches Gerät zum Heben von Heu, Mist u. Ä.*; *Heu~, Mist~* **2** *Gebilde, das sich in zwei Richtungen teilt* • **2.1** *Teil eines Baumes, von dem zwei Äste ausgehen*; *Ast~* • **2.2** ⟨bei älteren Telefonapparaten⟩ *zweiarmiger Teil des Telefonapparates, auf dem der Hörer ruht*; *den Hörer auf die ~ legen* • **2.3** *zweiarmiger Teil des Rahmens eines Fahrrades od. Motorrades, in den das Rad eingehängt ist* • **2.4** ⟨Jägerspr.⟩ *Gehörn od. Geweih, das in zwei Enden ausläuft*; *~bock, ~hirsch* **3** ⟨Schach⟩ *Angriff einer Figur auf zwei gegnerische Figuren*

ga|beln ⟨V.⟩ **1** ⟨500⟩ **etwas ~** ⟨regional⟩ *etwas mit der Gabel verrichten* • **1.1** *mit der Gabel essen* • **1.2** *etwas mit der Gabel aufspießen*; *ein Stück Fleisch aus der Suppe ~ * • **1.3** *etwas mit der Gabel auf- od. abladen*; *Heu, Stroh ~* **2** ⟨415⟩ **nach etwas ~** *mit einer Gabel od. einem Stock (nach etwas) langen* **3** ⟨500/Vr 3⟩ **etwas** gabelt **sich** *zweigt ab, verzweigt sich, spaltet sich in zwei Arme*; *der Ast, Weg gabelt sich*

ga|ckern ⟨V. 400⟩ **1** *das* **Huhn** *gackert* ⟨lautmalend⟩ *gibt Laut* **2** ⟨fig.; umg.⟩ *über etwas klatschen u. kichern*

gaf|fen ⟨V. 400; abwertend⟩ *neugierig, staunend, bes. mit offenem Mund schauen, starren*; *alle Leute standen u. gafften auf die Unfallstelle*; *blöd, neugierig ~*

Gag ⟨[gæg] m.; -s, -s; salopp⟩ **1** ⟨bes. Theat.; Film; TV⟩ *witziger, effektvoller, von den Zuschauern nicht erwarteter Einfall, Pointe*; *ein Stück mit vielen ~s* **2** *(komische) Besonderheit, Knalleffekt, witziger Höhepunkt*; *der ~ bei der Party war die Kostümierung der Gäste*

Ga|ge ⟨[-ʒə] f.; -, -n⟩ *Bezahlung von Künstlern für geleistete Arbeit*

gäh|nen ⟨V. 400⟩ **1** *vor Müdigkeit od. Langeweile langsam u. tief durch den weit offenen Mund einatmen*; *herzhaft, laut ~*; *ein Gähnen unterdrücken* **2 etwas** *gähnt* (**vor jmdm.**) ⟨fig.; geh.⟩ *öffnet sich tief (vor jmdm.), steht Gefahr drohend offen, klafft*; *vor uns gähnte eine tiefe Schlucht, ein Abgrund* • **2.1** *es war, herrschte ~de* **Leere** *im Saal, Zuschauerraum* ⟨umg.⟩ *es kamen kaum Besucher*

Ga|la ⟨f.; -, -s⟩ **1** ⟨unz.⟩ *Festkleidung, Festuniform*; *in ~ gekleidet* **2** ⟨kurz für⟩ *Galavorstellung*; *Einladung zu einer ~*

ga|lak|tisch ⟨Adj. 24/60; Astron.⟩ *zur Galaxis, zu Galaxien gehörig, sie betreffend*

ga|lant ⟨Adj.⟩ *höflich, ritterlich, rücksichtsvoll, zuvorkommend*; *er ist ~ gegen Damen*

Ga|la|vor|stel|lung ⟨f.; -, -en; Theat.⟩ *Vorstellung, Aufführung (einer Oper, eines Theaterstückes) mit herausragenden Künstlern in besonders festlichem Rahmen*

Ga|la|xie ⟨f.; -, -n; Astron.⟩ oV *Galaxis* **1** ⟨unz.⟩ *die Milchstraße* **2** ⟨zählb.⟩ *Sternensystem außerhalb der Milchstraße*; *die Erforschung der ~n*

Ga|la|xis ⟨f.; -, -xi|en; Astron.⟩ = *Galaxie*

Ga|lee|re ⟨f.; -, -n⟩ **1** ⟨im MA⟩ *langes Ruderkriegsschiff mit mehreren Ruderbänken, das von Sklaven gerudert wurde* **2** ⟨kurz für⟩ *Galeerenstrafe, Arbeit auf der Galeere (1)*; *zu einem Jahr ~ verurteilt werden*

Ga|le|rie ⟨f.; -, -n⟩ **1** *~ in großen* **Gebäuden** *langer, an einer Seite offener od. verglaster Gang* • **1.1** *~ an* **Festungen** *Laufgang mit Schießscharten* • **1.2** ⟨Theat.⟩ *oberster Rang* **2** *~ am Heck von* **Kriegsschiffen** *balkonartiger Aufbau* **3** *Sammlung von Kunstwerken*; *Bilder~, Gemälde~* • **3.1** *Gebäude, in dem eine Galerie (3) untergebracht ist* **4** *an einer Längsseite mit Öffnungen versehener Tunnel*

Gal|gen ⟨m.; -s, -⟩ **1** *Gerüst aus einem od. mehreren senkrechten Balken u. einem Querbalken zur Hinrichtung durch den Strang*; *er wird noch einmal am ~ enden* • **1.1** *jmdn. an den ~ bringen jmdn. anzeigen od. verklagen u. veranlassen, dass er gehenkt wird* **2** ⟨Tech.⟩ *Vorrichtung zum Aufhängen von Lasten* • **2.1** ⟨Film⟩ = *Giraffe (2)*

Gal|gen|frist ⟨f.; -, -en⟩ **1** ⟨urspr.⟩ *Zeitraum, der dem Verurteilten bis zum Tod am Galgen bleibt* **2** ⟨fig.; umg.⟩ *Zeitraum bis zu einem bestimmten (unangenehmen) Geschehen*; *bis zu meiner Prüfung bleibt mir noch eine ~ von drei Wochen*

Gal|le[1] ⟨f.; -, -n⟩ **1** ⟨unz.; Physiol.⟩ *schleimige Flüssigkeit bei Wirbeltieren, die als Verdauungssaft von den Leberzellen abgesondert wird*; *das schmeckt bitter wie ~!* **2** ⟨unz.; fig.⟩ *Sinnbild für Ärger, schlechte Laune, Bosheit* • **2.1 Gift** *und ~ speien, spucken* ⟨umg.⟩ *seine Wut, Bosheit austoben* • **2.2** *jmdm.* **läuft** *die ~ über* ⟨umg.⟩ *jmd. wird zornig* • **2.3** *seine ~* **verspritzen** ⟨umg.; scherzh.⟩ *seiner Wut freien Lauf lassen* **3 schwarze ~** ⟨mittelalterl. Med.⟩ *Färbung der Gallenflüssigkeit, die die Melancholie hervorruft*

Gal|le[2] ⟨f.; -, -n⟩ **1** ⟨Vet.⟩ *Flüssigkeitsansammlung in den Sehnenscheiden der Gliedmaßen von Tieren infol-*

Gallenblase

ge Entzündung der Schleimbeutel **2** ⟨Bot.⟩ *Anomalie im Wachstum u. in der Gestalt von Pflanzen, die von tierischen (seltener pflanzlichen) Parasiten verursacht wird;* Blatt~, Wurzel~, Blüten~

Gal|len|bla|se ⟨f.; -, -n; Anat.⟩ *dünnwandige Blase an der Leber zur Aufnahme der Gallenflüssigkeit*

Gal|lert ⟨a. [-'-] f.; -(e)s, -e⟩ *zähe, durchsichtige Masse, die entweder aus Gelatine od. durch Auskochen u. anschließendes starkes Einkochen von Fleischsaft bzw. Knochenbrühe gewonnen wird u. beim Erkalten erstarrt;* oV *Gallerte;* Knochen~; *das ~ der Sülze*

Gal|ler|te ⟨a. ['---] f.; -, -n⟩ = *Gallert*

Ga|lopp ⟨m.; -s, -e od. -s⟩ **1** *Gangart des Pferdes, Lauf in Sprüngen; ~ reiten; in gestrecktem ~; kurzer ~* **2** ⟨a. fig.⟩ *rascher Lauf, Geschwindigkeit, Schnelligkeit* • **2.1** *im ~ sehr schnell*

ga|lop|pie|ren ⟨V. 400(s.)⟩ **1** *im Galopp laufen* (von Pferden); *das Pferd galoppiert versammelt unter dem Reiter; ein Pferd an der Longe ~ lassen* **2** *im Galopp reiten; wir sind über die Wiese, über den Acker galoppiert* • **2.1** ~-de **Schwindsucht** ⟨veraltet⟩ *letztes, schnell zum Tode führendes Stadium der Schwindsucht (Tuberkulose)*

Ga|ma|sche ⟨f.; -, -n⟩ **1** ⟨Mode⟩ *unterhalb des Knies getragene (knöpfbare) Beinbekleidung ohne Füßling, die durch einen Steg unter dem Schuh gehalten wird;* Leder~, Wickel~; *Trachtenanzug mit ~n* **2** *Beinschutz für Pferde;* ~n *für Springpferde; einem Pferd* ~n *umlegen*

Gam|be ⟨f.; -, -n; Mus.; 16.-18. Jh.⟩ *Streichinstrument des 16.-18. Jahrhunderts (Vorläufer des Cellos), das zwischen den Knien gehalten wird*

gam|meln ⟨V. 400⟩ **1** ⟨umg.; abwertend⟩ *ein liederliches Leben führen, nichts arbeiten, faul sein; er hat den ganzen Tag bloß gegammelt* **2** *etwas gammelt* ⟨norddt.⟩ *wird alt, faul, schlecht; das Fleisch, Obst beginnt schon zu ~*

Gamm|ler ⟨m.; -s, -; umg.; abwertend⟩ *(junger) Mensch mit verwahrloster Kleidung u. ungepflegtem od. auffälligem Äußeren, der keiner regelmäßigen Arbeit nachgeht*

Gams ⟨f.; -, -en; oberdt.⟩ *Gämse*

Gäm|se ⟨f.; -, -n; Zool.⟩ *zu den Antilopen gehörendes Horntier von etwa 75 cm Schulterhöhe u. ziegenähnlicher Gestalt in den höheren Lagen der Alpen, Pyrenäen, Abruzzen, des Kaukasus u. Kleinasiens: Rupicapra rupicapra*

gang ⟨Adj. 40; nur in der Wendung⟩ *das ist ~ und gäbe das ist so üblich*

Gang[1] ⟨m.; -(e)s, Gän|ge⟩ **1** ⟨unz.⟩ *die Art zu gehen (von Menschen u. Tieren);* Pass~, Watschel~; *einen anmutigen, aufrechten, leichten, schönen, schweren, schwerfälligen, trippelnden ~ haben; jmdn. am ~, an seinem ~ erkennen* **2** ⟨unz.⟩ *Bewegung (von etwas);* der Motor hat einen gleichmäßigen, lauten, leisen, ruhigen ~; einen Motor in ~ bringen, setzen; die Maschine, der Motor ist in ~; in ~ kommen; die Sache ist in vollem ~e; ein Gespräch in ~ bringen; der Prozess, die Vorstellung ist im ~(e)* • **2.1** *hier ist etwas im ~(e) hier geht etwas vor* **3** ⟨unz.⟩ *Verlauf,*

Ablauf; Ausbildungs~, Entwicklungs~, Geschäfts~; *die Sache geht ihren ~; der ~ der Ereignisse; alles geht seinen gewohnten ~* **4** *Weg zu einem bestimmten Zweck;* Bitt~, Boten~; *einen ~ in die Stadt machen; ich habe noch einen (wichtigen) ~ vor; mein erster ~ nach meiner Ankunft war (der) zu dir; ich muss noch einen ~ tun; ich muss einen schweren ~ tun* **5** *Stufe einer Übersetzung bei einem Wechselgetriebe, z. B. in Kraftfahrzeugen;* Vorwärts~, Rückwärts~; *den ersten, zweiten ~ einlegen (im Auto); der Wagen hat fünf Gänge* **6** *in sich abgeschlossener Teil einer geregelten Folge* • **6.1** *Windung, Umdrehung eines Gewindes* • **6.2** *Teil einer Speisenfolge;* Haupt~; *die Mahlzeit hatte vier Gänge; erster, zweiter ~; als ersten ~ gab es eine Suppe, Vorspeise* • **6.3** *Abschnitt im Arbeitsablauf;* Arbeits~ • **6.4** *Abschnitt im Zweikampf;* Fecht~; *drei Gänge fechten* **7** *schmaler, überdachter od. umschlossener Weg;* Verbindungs~, Dach~, Wandel~; *ein enger, langer, schmaler, unterirdischer ~; aus dem Zugabteil in den ~ hinaustreten* • **7.1** *schmaler Flur; den Schrank können wir in den ~ stellen* • **7.2** *länglicher Hohlraum als Verbindung zwischen Organen;* Gehör~ • **7.3** *Spalte im Gestein, die mit Erz od. anderem Gestein gefüllt ist*

Gang[2] ⟨[gæŋ] f.; -, -s⟩ **1** *organisierte Bande (von Verbrechern), Vereinigung von Gangstern* **2** *Bande von verwahrlosten, randalierenden Jugendlichen; er gehört zu einer ~*

Gang|art ⟨f.; -, -en⟩ **1** *Art u. Weise sich fortzubewegen (bes. beim Pferd); das Pferd besitzt drei ~en: Schritt, Trab u. Galopp* • **1.1** ⟨fig.; bes. Sp.⟩ *Vorgehensweise, Maßnahme* • **1.1.1** *eine andere ~ einschlagen forscher, fordernder, rücksichtsloser handeln; raue ~* **2** ⟨Geol.⟩ *taube, wertlose Gesteinsschichten in Erzlagerstätten*

gän|geln ⟨V. 500; abwertend⟩ *jmdn. ~ jmdn. ständig bevormunden; sie wird von ihrem Mann gegängelt; er gängelt seine Kinder zu sehr*

gän|gig ⟨Adj. 90⟩ **1** *gebräuchlich, üblich, verbreitet; eine ~e Meinung, Definition; ein ~es Wort* **2** *gern gekauft, gut gehend;* ~e *Ware, Stoffe, Artikel* **3** *benutzbar, funktionstüchtig; ein Schloss wieder ~ machen* **4** *gültig, in Umlauf befindlich;* ~e *Münze*

Gangs|ter ⟨[gæŋs-] m.; -s, -⟩ *Mitglied einer Bande (von organisierten Verbrechern)*

Gang|way ⟨[gæŋweɪ] f.; -, -s⟩ *Laufsteg zum Schiff od. Flugzeug*

Ga|no|ve ⟨[-və] m.; -n, -n⟩ *Dieb, Gauner, Spitzbube, Verbrecher*

Gans ⟨f.; -, Gän|se⟩ **1** ⟨i. w. S.⟩ *einer Unterfamilie der Gänsevögel angehörender, gut schwimmender u. tauchender Wasservogel mit kräftigem, fast waagerecht getragenem Leib, kurzen u. breit gestellten Beinen mit Schwimmhäuten, langem, schmalem Hals u. flachem, breitem Schnabel, Pflanzenfresser: Anserinae* • **1.1** ⟨i. e. S.⟩ *Angehörige zweier Gattungen dieser Vögel, die auch schon in vorgeschichtlicher Zeit domestiziert worden ist: Anser, Branta;* Grau~, Bläss~, Saat~, Schnee~; Ringel~, Nonnen~; Wild~;

Haus~; eine ~ ausnehmen, braten, rupfen, schlachten; die Gänse hüten **2** ⟨fig.; umg.; Schimpfwort⟩ *dummes weibliches Wesen;* (so eine) dumme ~!

Gän|se|füß|chen ⟨Pl.; umg.⟩ *Anführungszeichen;* ein Wort in ~ setzen

Gän|se|haut ⟨f.; -; unz.; fig.⟩ *Hervortreten der Talgdrüsen in der Haut durch Kälte od. Angst;* eine ~ bekommen; eine ~ überlief ihn

Gän|se|marsch ⟨m.; -(e)s, -mär|sche; meist in der Wendung⟩ **im ~ gehen** ⟨umg.⟩ *einer hinter dem anderen*

Gän|se|rich ⟨m.; -(e)s, -e⟩ **1** *männl. Gans* **2** ⟨Bot.⟩ *Gänsefingerkraut*

Gan|ter ⟨m.; -s, -; nddt.⟩ = *Gänserich (1)*

ganz ⟨Adj. 24⟩ **1** ⟨70; umg.⟩ Ggs *entzwei;* ich besitze keine ~en Strümpfe mehr; das Glas, der Schuh ist noch ~ **2** ⟨70⟩ *gesamt, ungeteilt;* die ~e Zeit (über); während der ~en Zeit sagte er kein Wort; ein ~es Jahr; den ~en Tag; die ~e Welt; ~ Berlin; der ~e Platz war voller Menschen; ein ~es Brot; ich habe mein ~es Geld ausgegeben; sie haben ihr ~es Vermögen verloren; das Kind ist seine ~e Freude; mit ~er Kraft; ich hoffe, wünsche es von ~em Herzen • **2.1** etwas im Ganzen kaufen, verkaufen *in größeren Mengen* • **2.2** **im** (Großen) und Ganzen *im Allgemeinen, alles in allem, insgesamt;* im Ganzen genommen, betrachtet • **2.3** auf der ~en Linie *überall, völlig;* er hat auf der ~en Linie versagt • **2.4** ~ **Zahl** *Z. ohne Bruch, z. B. 1, 2, 3, 4* **3** ⟨90⟩ *voll, völlig, vollständig;* die ~e Wahrheit sagen; ich habe ~e zwei Stunden warten müssen • **3.1** ~e **Note** ⟨Mus.⟩ *voller Notenwert* • **3.2** ein ~er **Mann** *ein tüchtiger M.* • **3.3** er ist ~ der **Vater,** der ~e Vater *dem V. sehr ähnlich* • **3.4** eine ~e **Menge** *eine große M.* • **3.5** eine ~e **Reihe** ⟨umg.⟩ *ziemlich viel* **4** ⟨60; umg.⟩ *nur, nicht mehr als;* ich besitze noch ~e drei Euro; die Reparatur hat ~e zwei Minuten gedauert **5** ⟨50⟩ *gänzlich, völlig;* es ist ~ dasselbe; das ist etwas ~ anderes!; ~ gewiss!; ~ recht!; du hast ~ Recht; ~ richtig!; er hat den Kuchen ~ aufgegessen; es hat ~ den Anschein, als ob ...; das ist mir ~ gleich; geht es dir wieder ~ gut?; er steht ~ auf meiner Seite; er war ~ mit Blut besudelt; bist du fertig? (Noch) nicht ~!; ich bin nicht ~ zufrieden; ich verstehe nicht ~ • **5.1** er ist ~ der Mann dazu (etwas zu tun) *sehr geeignet, in der Lage, imstande, man kann es ihm zutrauen* • **5.2** ~ Ohr sein *sehr aufmerksam zuhören;* erzähle, ich bin ~ Ohr! • **5.3** ~ und gar *völlig* • **5.4** ~ und gar nicht ⟨verstärkend⟩ *überhaupt nicht;* →a. *voll (2.6)* **6** ⟨50⟩ *sehr;* ein ~ armer Mann; ~ begeistert, erstaunt, verblüfft usw. sein; er sah ~ blass aus; ~ allein; ein ~ klein wenig; das gefällt mir ~ besonders gut **7** ⟨50⟩ *ziemlich, einigermaßen, leidlich;* danke, es geht mir ~ gut; das ist ~ schön; da hat er dich aber ~ schön betrogen! **8** ⟨Getrennt- u. Zusammenschreibung⟩ • **8.1** ~ machen = *ganzmachen*

Gan|ze(s) ⟨n. 3; unz.⟩ **1** *Einheit, Gesamtheit, alles zusammen;* sie bilden ein einheitliches ~s; ein großes ~s; das große ~ betrachten, im Auge haben; etwas als (ein) ~s darstellen; das ist nichts ~s und nichts Halbes • **1.1** ⟨n. 7⟩ eine ~ bestellen *ein ganzes Maß, ein großes Glas Bier* • **1.2** das ~ gefällt mir nicht *es gefällt mir alles nicht* • **1.3** **aufs** ~ **gehen** ⟨umg.⟩ *energisch vorgehen, eine Entscheidung erzwingen* • **1.4** jetzt geht es **ums** ~ *um alles, jetzt muss die Entscheidung fallen*

Ganz|heit ⟨f.; -; unz.⟩ *das Ganzsein, Unversehrtheit, Vollständigkeit, Geschlossenheit, umfassende Einheit;* eine Erscheinung nicht in ihren Einzelerscheinungen, einzelnen Elementen, sondern in ihrer ~ betrachten

ganz|lei|nen ⟨Adj. 24⟩ **1** *ganz aus Leinen bestehend* (Bucheinband) **2** ⟨Textilw.⟩ *aus reinem Leinen bestehend, reinleinen* (Stoff)

gänz|lich ⟨Adj. 50⟩ *ganz, vollständig, völlig;* unser Vorrat ist ~ verbraucht; ich habe es ~ vergessen

ganz||ma|chen auch: **ganz ma|chen** ⟨V. 500⟩ *reparieren, wieder in Ordnung bringen;* einen beschädigten Gegenstand wieder ~

gar¹ ⟨Adj. 24⟩ **1** ⟨70⟩ *fertig (gekocht od. gebraten);* ~es Fleisch, ~e Kartoffeln; das Gemüse ist noch nicht ~ **2** *fertig zubereitet* (Leder, Metall) **3** ⟨Getrennt- u. Zusammenschreibung⟩ • **3.1** ~ kochen = *garkochen*

gar² ⟨Adv.⟩ **1** *sogar, darüber hinaus;* er beschimpfte ihn und bedrohte ihn ~; die freundschaftlichen Beziehungen sollen nicht gestört oder ~ zerstört werden; der Vorfall war mir peinlich genug, und nun ~ noch vor allen Leuten! **2** *überhaupt, durchaus;* ~ nicht; ~ nicht übel!; ~ nichts **3** *etwa, vielleicht, am Ende;* bist du ~ selbst schon dort gewesen?; hast du es ~ vergessen?; du wirst es doch nicht ~ vergessen haben?; warum nicht ~! (iron. gemeinter Ausdruck des Ärgers) **4** ⟨verstärkend; bes. südd.⟩ *so (sehr), recht, ziemlich;* ~ oft; ~ sehr; ~ viel; ~ wenig; ~ manches Mal; es war ein ~ liebliches Kind (poet.) **5** ~ **zu** *viel zu;* ich habe es ~ zu gern; es ist ~ zu schön; du isst ~ zu wenig

Ga|ra|ge ⟨[-ʒə] f.; -, -n⟩ *Raum zum Einstellen von Kraftwagen*

Ga|ran|tie ⟨f.; -, -n⟩ **1** *Gewähr, Haftung, Bürgschaft;* dafür kann ich keine ~ übernehmen; dafür übernehme ich die volle ~ **2** zwei Jahre ~ **auf** ein Gerät *Gewähr, dass ein G. zwei Jahre lang funktioniert, andernfalls wird es innerhalb dieser Frist von der Herstellerfirma kostenlos repariert*

ga|ran|tie|ren ⟨V. 503 od. 505⟩ **(jmdm.) (für) etwas** ~ **1** *etwas gewährleisten;* die Firma garantiert (für) die unbedingte Haltbarkeit, Zuverlässigkeit **2** *bürgen, haften, fest versprechen;* ich garantiere dir, dass etwas nicht vorkommt; dafür kann ich nicht ~

Gar|aus *auch:* **Ga|raus** ⟨m.; -; unz.; nur noch in der Wendung⟩ **1** jmdm. den ~ **machen** ⟨umg.⟩ *jmdn. töten, vernichten* **2** einer **Sache** den ~ **machen** ⟨umg.⟩ *einer S. ein Ende bereiten*

Gar|be ⟨f.; -, -n⟩ **1** *Bündel, bes. von Getreide, Stroh;* Getreide~; Getreide in, zu ~n binden; ~n aufstellen **2** *kegelförmiges Bündel von Lichtstrahlen;* Licht~ **3** *kegelförmige Streuung schnell aufeinanderfolgender Geschosse aus einer Schnellfeuerwaffe;* eine ~ aus dem Maschinengewehr **4** ⟨Bot.⟩ = *Schafgarbe*

Gar|de ⟨f.; -, -n⟩ **1** ⟨urspr.⟩ *Leibwache* **2** ⟨dann⟩ *Elitetruppe, meist mit prächtiger Uniform* **3** *die* **alte** *~ Gemeinschaft langjähriger Freunde od. Kameraden, langjähriger bekannter Mitglieder eines Betriebes, Kreises o. Ä.*

Gar|de|ro|be ⟨f.; -, -n⟩ **1** *jmds. gesamte Kleidung* • 1.1 *Vorrat an Kleidung* **2** *Umkleideraum; die ~ der Schauspieler* • 2.1 *Vorraum mit Kleiderablage* • 2.2 *Möbelstück, das der Kleiderablage dient*

Gar|di|ne ⟨f.; -, -n⟩ **1** ⟨früher⟩ *Bettvorhang* **2** *leichter Vorhang für Fenster; die ~n abnehmen, aufhängen, aufmachen, spannen; die ~n auf-, zuziehen; ~n für ein, zwei Fenster nähen*

ga|ren 1 ⟨V. 400⟩ *etwas gart wird, kocht gar* **2** ⟨V. 500⟩ *etwas ~ kochen, bis es gar ist, gar werden lassen; Fleisch, Gemüse ~*

gä|ren ⟨V. 141⟩ *1 o. S.* ⟨400(s.)⟩ **organische Stoffe** *~* ⟨Chem.⟩ *o. S. werden durch Abbau von Kohlenhydraten mittels Enzymen zersetzt; der Most, die Milch, das Bier gärt; der Teig ist in der Wärme gegoren; der Wein ist zu Essig gegoren; gegorener Frucht-, Obstsaft* **2** ⟨410; nur schwach⟩ *etwas gärt* **in jmdm.** *od.* **etwas** ⟨fig.⟩ *etwas nimmt bedrohliche Ausmaße an; der Hass, Zorn gärte in ihm; gärende Konflikte* • 2.1 ⟨411; unpersönl.⟩ **es gärt in, unter jmdm.** *od.* **etwas** *es herrscht bedrohliche Unruhe, Unzufriedenheit; es gärt im Volk; unter der Bevölkerung hat es schon lange gegärt*

gar|ko|chen *auch:* **gar ko|chen** ⟨V. 500⟩ *etwas ~ kochen lassen, bis es gar, fertig ist*

Garn ⟨n.; -(e)s, -e⟩ **1** *aus Fasern gesponnener Faden, Zwirn; Baumwoll~, Näh~; ~ spinnen, wickeln, färben* • 1.1 *ein ~* **spinnen** ⟨fig.; umg.⟩ *eine erfundene, fantasievoll ausgeschmückte Geschichte erzählen; Seemanns~* **2** ⟨Jägerspr.⟩ *Netz zum Vogelfang u. zum Fischen; das Wild ins ~ jagen, treiben; einen Vogel, Fisch ins ~ locken* • 2.1 **jmdm. ins ~ gehen** ⟨fig.⟩ *sich von jmdm. überlisten lassen*

Gar|ne|le ⟨f.; -, -n; Zool.⟩ *Angehörige einer als „Krabbe" in den Handel gebrachten Unterordnung der Zehnfußkrebse: Natantia*

gar|nie|ren ⟨V. 505⟩ **Kleider, Speisen (mit etwas)** *~ verzieren, schmücken; einen Hut mit Blumen ~; eine Gemüseplatte ~; Torte mit Schlagsahne, belegte Brötchen mit Petersilie ~*

Gar|ni|son ⟨f.; -, -en⟩ **1** *Standort, Quartier einer (Besatzungs-)Truppe; in ~ liegen, sein* **2** *Gesamtheit der Besatzung einer Garnison (1), die Truppe selbst*

Gar|ni|tur ⟨f.; -, -en⟩ **1** *Besatz, Verzierung* **2** *zusammenpassende Kleidungsstücke* • 2.1 *Unterhemd u. Unterhose, die zusammengehören; zwei ~en Unterwäsche* • 2.2 ⟨Mil.⟩ *Ausrüstung, Kleidung für einen bestimmten Zweck; Ausgeh~, Dienst~* **3** *Reihe, Anzahl zusammengehöriger Gegenstände, Satz (von Geschirr u. Ä.)*

gars|tig ⟨Adj.⟩ **1** *hässlich, abstoßend; ein ~es Wesen, Gesicht; ~ aussehen; ein ~er Geruch* • 1.1 *ein ~es* **Tier** *ekelhaftes T.* **2** *böse, ungezogen; ein ~es Kind; sich ~ benehmen; sei nicht so ~ (zu mir)!*

Gar|ten ⟨m.; -s, Gär|ten⟩ *abgegrenztes Gelände zum Kleinanbau von Nutz- od. Zierpflanzen; Gemüse~, Lust~, Obst~, Zier~; einen ~ anlegen, einzäunen; den ~ gießen, sprengen, umgraben; ein gepflegter, verwilderter ~; einen großen, kleinen, schönen ~ haben; ein ~ hinter dem Haus; im ~ arbeiten, frühstücken*

Gar|ten|bau ⟨m.; -(e)s; unz.⟩ *(gewerbsmäßiger) Anbau u. Pflege von Pflanzen (Gemüse, Obst, Blumen usw.); im ~ tätig sein; ~ betreiben*

Gärt|ner ⟨m.; -s, -⟩ **1** *jmd., der beruflich die in einem Garten anfallenden Arbeiten (Gartenbau u. -pflege) verrichtet; Landschafts~; Hobby~* **2** *Lehrberuf mit dreijähriger Lehrzeit*

Gärt|ne|rei ⟨f.; -, -en⟩ **1** ⟨unz.⟩ *Gartenbau* **2** *Betrieb, in dem gewerbsmäßig Pflanzen angebaut u. verkauft werden*

Gärt|ne|rin ⟨f.; -, -rin|nen⟩ *weibl. Gärtner*

Gas ⟨n.; -es, -e⟩ **1** ⟨i. w. S.⟩ *Aggregatzustand der Materie, in dem sie infolge freier Beweglichkeit der Moleküle keine bestimmte Gestalt hat, sondern jeden Raum, in den sie gebracht wird, völlig ausfüllt* **2** *Materie in diesem Zustand, z. B. Sauerstoff* • 2.1 *gasförmiger Brennstoff; Stadt~, Erd~, Heiz~* • 2.1.1 *Flamme von diesem Brennstoff; ~herd; die Kartoffeln aufs ~ setzen, vom ~ wegnehmen* • 2.2 *Gemisch aus Luft u. Kraftstoff* • 2.3 *~* **geben** *(wegnehmen)* ⟨Kfz⟩ *die Zufuhr von Treibstoff verstärken (verringern) u. die Geschwindigkeit erhöhen (vermindern)* **3** *jmdm. das ~* **abdrehen** ⟨a. fig.⟩ *ihn wirtschaftlich zugrunde richten, ihn seiner Existenzgrundlage berauben*

Gäss|chen ⟨n.; -s, -⟩ *kleine, schmale Gasse*

Gas|se ⟨f.; -, -n⟩ **1** *kleine, enge Straße zwischen Häusern; eine winklige, finstere, malerische ~* • 1.1 ⟨oberdt.⟩ *Stadtstraße* **2** *schmaler Durchgang* • 2.1 *eine ~* **bilden** *etwas zur Seite treten, so dass (in einer Menschenmenge) ein schmaler Raum zum Durchgehen entsteht* • 2.2 **hohle** *~ Hohlweg*

Gast[1] ⟨m.; -es, Gäs|te⟩ **1** *jmd., der vorübergehend anwesend ist; ein gerngesehener, häufiger, lieber, ständiger ~; ein ungebetener ~; Vorstellung für geladene Gäste, vor geladenen Gästen* ⟨Theat.⟩ • 1.1 *jmd., der eingeladen ist; Sie sind heute mein ~; die Gäste begrüßen, wir haben Gäste* • 1.1.1 *bei jmdm. zu ~ sein* **eingeladen sein** • 1.1.2 *jmdn. zu ~(e) bitten, laden* **einladen** • 1.2 *auf fremder Bühne spielender Schauspieler; die Rolle des Tristan, der Isolde singt N. N. als ~* • 1.3 *jmd., der ein Restaurant besucht, in einem Hotel absteigt; Hotel~, Stamm~*

Gast[2] ⟨m.; -es, -en; Mar.⟩ *für einen bestimmten Dienst an Bord vorgesehener Matrose; Signal~*

Gast|ar|bei|ter ⟨m.; -s, -⟩ *ausländischer, nicht eingebürgerter Arbeiter; die Zahl der ~ ist gesunken*

Gast|ar|bei|te|rin ⟨f.; -, -rin|nen⟩ *weibl. Gastarbeiter*

gast|freund|lich ⟨Adj.⟩ *gerne Gäste habend, jederzeit bereit, Gäste aufzunehmen; eine ~e Familie, Bevölkerung; er ist sehr ~*

Gast|freund|schaft ⟨f.; -; unz.⟩ *Bereitschaft, Sitte, einem Fremden Unterkunft u. Essen bereitzustellen*

Gast|ge|ber ⟨m.; -s, -⟩ *jmd., der einen anderen als Gast einlädt; ein aufmerksamer ~*

Gast|ge|be|rin ⟨f.; -, -rin|nen⟩ *weibl. Gastgeber*
Gast|haus ⟨n.; -es, -häu|ser⟩ **1** *Haus, in dem gewerbsmäßig Fremde gegen Entgelt Unterkunft u. Verpflegung haben können;* in einem ~ übernachten, wohnen • **1.1** *Wirtshaus, Gaststätte*
Gast|hof ⟨m.; -(e)s, -hö|fe⟩ *einfaches Gasthaus, meist auf dem Lande*
gas|tie|ren ⟨V. 411⟩ *als Gast auf einer fremden Bühne spielen;* er gastiert hier nur
gast|lich ⟨Adj.⟩ *gastfreundlich;* eine ~e Familie; man hat uns ~ aufgenommen
Gas|tri|tis *auch:* **Gast|ri|tis** ⟨f.; -, -ti|den; Med.⟩ *Entzündung der Magenschleimhaut*
Gas|tro|no|mie *auch:* **Gast|ro|no|mie** ⟨f.; -; unz.⟩ **1** *Gaststättengewerbe;* er ist in der ~ tätig **2** *feine Kochkunst, Feinschmeckerei*
Gast|spiel ⟨n.; -(e)s, -e⟩ **1** *Auftreten auf einer fremden Bühne;* ein ~ des Staatstheaters Wiesbaden; ~ eines berühmten Tenors • **1.1** ein **kurzes** ~ geben ⟨fig.⟩ *nur kurz erscheinen, selten anwesend sein* **2** ⟨Sp.⟩ *Spiel auf fremdem Platz, Auswärtsspiel;* Ggs *Heimspiel*
Gast|stät|te ⟨f.; -, -n⟩ *Haus, in dem man gegen Entgelt Mahlzeiten einnehmen kann;* Sy *Gastwirtschaft, Restaurant, Lokal (2);* vegetarische ~; in einer ~ zu Mittag essen
Gast|wirt ⟨m.; -(e)s, -e⟩ *Besitzer od. Pächter einer Gaststätte*
Gast|wirt|schaft ⟨f.; -, -en⟩ = *Gaststätte*
Gat|te ⟨m.; -n, -n; geh.; nicht als Bez. für den eigenen Ehemann verwendet⟩ *Ehemann;* grüßen Sie Ihren ~n von mir
Gat|ter ⟨n.; -s, -⟩ **1** *Gitter;* Eisen~, Holz~ **2** *Zaun, Tor od. Tür aus breiten Latten;* ein Grundstück, Gehege, eine Wiese durch ein ~ abschließen **3** ⟨Web.⟩ *Spulengestell an Spinnmaschinen* **4** ⟨Tech.⟩ *durch einen Kurbeltrieb bewegter Rahmen, in den ein od. mehrere Sägeblätter einer Gattersäge eingespannt sind* **5** ⟨Tech.⟩ *Holzbearbeitungsmaschine, in der Baumstämme durch hin- u. hergehende Sägeblätter in Bretter u. Balken zerlegt werden* **6** ⟨Elektronik⟩ *Glied eines elektrischen Schaltkreises, das mehrere im Eingang aufgenommene Signale verknüpft u. ein binäres Ausgangssignal liefert*
Gat|tin ⟨f.; -, -tin|nen; geh.; nicht als Bez. für die eigene Ehefrau verwendet⟩ *Ehefrau;* er kam zusammen mit seiner ~
Gat|tung ⟨f.; -, -en⟩ **1** ⟨allg.⟩ *Gesamtheit von Dingen, die in wesentlichen Eigenschaften übereinstimmen, in unwesentlichen Eigenschaften voneinander abweichen* **2** ⟨Logik⟩ *der Inbegriff der Gemeinsamen mehrerer Arten;* Dreieck und Viereck gehören zur ~ Vieleck **3** ⟨Biol.⟩ *Gesamtheit nächstverwandter Arten;* Pflanzen~, Tier~; ein Tier nach Art u. ~ bestimmen; die ~ ist die in der biologischen Systematik obligatorische Kategorienstufe zwischen Art (Spezies) u. Familie **4** *die drei literarischen ~en* ⟨Lit.⟩ *Lyrik, Epik, Dramatik;* Roman, Novelle, Kurzgeschichte gehören zur ~ der Epik, der epischen Dichtung
Gau ⟨m.; -(e)s, -e⟩ **1** ⟨urspr.⟩ *wald- u. wasserreiches Gebiet* **2** ⟨später⟩ *Siedlungsgebiet der Untergruppe eines germanischen Stammes;* Breis~, Rhein~ **3** ⟨19./20. Jh.⟩ *landschaftlich zusammengefasste Gruppe eines Verbandes, einer Partei;* Reichs~ ⟨1933-45⟩ **4** ⟨allg.⟩ *Bezirk, Landschaft, zusammengehöriges Gebiet*
GAU ⟨m.; -s, -s; Abk. für⟩ *größter anzunehmender Unfall (in einem Kernreaktor)*
Gau|be ⟨f.; -, -n⟩ = *Gaupe*
Gau|cho ⟨[-tʃo] m.; -s, -s⟩ *berittener Rinderhirt in Südamerika*
Gau|di ⟨n.; -s, -s od. f.; -; unz.; süddt.⟩ *Spaß, (diebische) Freude, Vergnügen;* das war eine ~!
gau|keln ⟨V. 400 od. 410⟩ **1** *schwankend fliegen, flattern;* Schmetterlinge ~ von Blume zu Blume **2** *auf spielerische Art täuschen, etwas vortäuschen, Gaukelei treiben*
Gauk|ler ⟨m.; -s, -⟩ **1** *Jahrmarktskünstler (Seiltänzer, Akrobat);* eine Truppe von ~n **2** *Zauberkünstler* **3** ⟨Zool.⟩ *Greifvogel des mittleren u. südlichen Afrikas: Helotarsus ecaudatus*
Gaul ⟨m.; -(e)s, Gäu|le; abwertend⟩ **1** ⟨abwertend⟩ *wertloses, altes Pferd;* Acker~ **2** *einem geschenkten ~ schaut man nicht ins Maul* ⟨Sprichw.⟩ *Geschenke muss man hinnehmen, ohne zu fragen, was sie wert sind* **3** ⟨umg.⟩ *Pferd;* die Gäule einspannen
Gau|men ⟨m.; -s, -⟩ **1** *Scheidewand zwischen Mund- u. Nasenhöhle beim Menschen u. bei den Wirbeltieren;* mir klebt (vor Durst) die Zunge am ~ **2** ⟨fig.⟩ *Geschmack, Sinn für gutes Essen u. Trinken;* das kitzelt den ~; einen feinen ~ haben
Gau|men|se|gel ⟨n.; -s, -; Anat.⟩ *weicher Gaumen, hinterer Teil des Gaumens, der ins Zäpfchen ausläuft*
Gau|ner ⟨m.; -s, -⟩ **1** *Betrüger, Dieb, Landstreicher;* ein ~ hat ihn betrogen; so ein ~! **2** *gerissener Mensch, schlauer, pfiffiger Kerl* • **2.1** *Spitzbube, Schelm;* so ein kleiner ~!
Gau|ne|rin ⟨f.; -, -rin|nen⟩ *weibl. Gauner*
Gau|pe ⟨f.; -, -n⟩ *eckiger Dachvorsprung mit eingebautem Fenster, Giebelfenster;* oV *Gaube;* Dach~
Ga|vot|te ⟨[-vɔt(ə)] f.; -, -n; Mus.; 17./18. Jh.⟩ **1** *heiterer, mittelschneller Tanz in einem geraden (²/₂- oder ⁴/₄-) Takt* **2** *Satz in der Suite (1)*
Ga|ze ⟨[-zə] f.; -; unz.; Textilw.⟩ *schleierartiger, durchsichtiger Stoff mit weitem Abstand der Kett- u. Schussfäden, aus verschiedenen Stoffen (Seide, Baumwolle, Leinen) od. Metallfäden (für Fliegennetze)*
Ga|zel|le ⟨f.; -, -n; Zool.⟩ *Angehörige einer Gattung kleiner bis mittelgroßer Antilopen, die in den Steppengebieten Afrikas u. Asiens leben: Gazella*
Ge|bäck ⟨n.; -(e)s, -e; Pl. selten⟩ *(Kuchen u.) kleines Backwerk*
Ge|bälk ⟨n.; -(e)s, -e; Pl. selten⟩ **1** ⟨Arch.⟩ *Gesamtheit der Balken einer Decken- od. Dachkonstruktion, Balkenwerk* • **1.1** ⟨antike Arch.⟩ *Verbindung zwischen Säulen u. Dach, bes. am griechischen Tempel* **2** *es knistert, kracht im* ~ ⟨fig.; umg.⟩ *die bestehende Ordnung beginnt sich aufzulösen*
Ge|bär|de ⟨f.; -, -n⟩ *Bewegung, die ein seelisches Geschehen ausdrückt u. damit das Sprechen ergänzt u. akzentuiert, teilweise auch als Sprachersatz dienend;* eine ausdrucksvolle, drohende, heftige ~; sich durch

gebärden

~n verständlich machen; seine Worte mit ~n begleiten, unterstreichen, unterstützen

ge|bär|den ⟨V. 513/Vr 3⟩ *sich in* bestimmter **Weise** ~ *benehmen, verhalten;* sich wie ein Verrückter, wie toll ~, auffällig, außergewöhnlich ~

Ge|ba|ren ⟨n.; -s; unz.⟩ *Benehmen, Betragen, Verhalten;* sein bisheriges ~ lässt darauf schließen, dass …; Geschäfts~

ge|bä|ren ⟨V. 142/500⟩ **1** ein **Kind** ~ *zur Welt bringen;* sie hat einen Knaben geboren • **1.1** geboren (sein) *zur Welt gekommen (sein);* Karen Müller, geboren am 17.6.1967; ich kenne die Stadt gut, ich bin dort geboren; in diesem Haus ist mich geboren (worden); wo sind Sie geboren?; ein blind geborenes Kind • **1.1.1** unter einem glücklichen, unglücklichen Stern geboren sein *von Kindheit an viel Glück, Unglück im Leben gehabt haben* **2** eine **Sache** ~ ⟨fig.⟩ *hervorbringen, erschaffen, erzeugen;* etwas Neues ~

Ge|bär|mut|ter ⟨f.; -, -müt|ter; Biol.; Med.⟩ *weibliches Hohlorgan der Säugetiere u. des Menschen, in dem sich das befruchtete Ei entwickelt: Uterus*

Ge|bäu|de ⟨n.; -s, -⟩ **1** *größeres Bauwerk, Haus;* Fabrik~, Schul~, Wohn~; ein öffentliches, privates ~ **2** ⟨fig.⟩ *kunstvoll zusammengefügtes Ganzes;* Gedanken~, Lehr~, Lügen~; das ~ einer Wissenschaft **3** ⟨Bgb.⟩ *Grubenanlage* **4** ⟨Jägerspr.⟩ ~ eines **Hundes, Pferdes** (Otters, Bibers) *Körperbau;* gutes ~

Ge|bein ⟨n.; -(e)s, -e; veraltet⟩ **1** ⟨veraltet⟩ *sämtliche Glieder, Körper des lebenden Menschen;* der Schreck fuhr mir durchs, ins ~ **2** ⟨nur Pl.⟩ ~e *Knochen, Skelett eines Toten;* seine ~e fand man erst nach Jahren

ge|ben ⟨V. 143⟩ **1** ⟨530/Vr 6⟩ **jmdm. etwas** ~ *etwas in jmds. Besitz gelangen lassen* • **1.1** *schenken;* unser täglich Brot gib uns heute; der Herr hat's gegeben, der Herr hat's genommen (Hiob 1,21); Geben ist seliger denn Nehmen (Apostelgeschichte 20,35); bittet, so wird euch gegeben (Matth. 7,7); wer rasch gibt, gibt doppelt; er gibt nicht gern • **1.1.1** jmdm. ist etwas gegeben *jmd. hat die Gabe, jmdm. liegt etwas;* es ist ihm nicht gegeben, seine Gefühle zu zeigen • **1.1.2** etwas für gegeben nehmen *so tun, als habe man es bekommen;* ich habe vergessen, Ihnen Blumen mitzubringen! - Das macht nichts, ich nehm's, nehme sie für gegeben • **1.2** *überlassen, verkaufen;* ich kann Ihnen die Ware nicht billiger ~ • **1.3** ⟨550⟩ etwas **für, um etwas** ~ *eintauschen;* was gibst du mir dafür? • **1.3.1** *bezahlen;* was hast du für den Mantel gegeben? • **1.3.2** ich gäbe etwas, viel darum, wenn ich wüsste … *ich wüsste zu gern, …* **2** ⟨530/Vr 6⟩ **jmdm. etwas** ~ *reichen, hinreichen;* jmdm. die Hand ~ (zum Gruß); einem Kind die Flasche ~; bitte gib mir das Salz!; sich die Speisekarte ~ lassen; jmdm. zu essen ~ • **2.1** ⟨500⟩ *zum Essen anbieten;* ich habe heute Gäste, ich gebe Kaffee und Kuchen, eine kalte Platte usw.; was gibt es heute zu Mittag? • **2.2** ⟨402⟩ **Karten** ~ *K. austeilen;* wer gibt? • **2.3** ⟨402; Tennis⟩ *den Ball ins Spiel bringen, aufschlagen, angeben* • **2.4** ⟨530⟩ jmdm. einen **Ton** ~ ⟨Mus.⟩ *angeben (um die Instrumente zu stimmen);* gib mir bitte das A! **3** ⟨530⟩ **jmdm. etwas** od. **jmdn.** ~ *zu einem bestimm-*

ten Zweck überlassen, übergeben; einen Brief, ein Paket zur Post ~ • **3.1** ⟨511⟩ ein Manuskript in Satz, Druck ~ *setzen, drucken lassen* • **3.2** ⟨511⟩ einen Jungen in die Lehre ~ *in einer Lehre ausbilden lassen* • **3.3** ⟨611⟩ jmdm. etwas in Verwahrung ~ *jmdm. etwas verwahren lassen* **4** ⟨530/Vr 6⟩ **jmdm.** od. **einer Sache etwas** ~ *zukommen lassen* • **4.1** *erteilen;* jmdm. Stunden ~; Unterricht ~; Auskunft ~; jmdm. einen Auftrag ~ • **4.1.1** ⟨500⟩ der Lehrer gibt Biologie und Chemie *unterrichtet in B. u. Ch.* • **4.2** *zuteilwerden lassen;* jmdm. beim Geräteturnen Hilfe ~; jmdm. einen Wink ~; jmdm. ein Zeichen ~ • **4.2.1** jmdm. die Schuld (an etwas), jmdm. recht/Recht, unrecht/Unrecht ~ *behaupten, dass jmd. Schuld, Recht, Unrecht hat* • **4.3** *vermitteln;* jmdm. Aufklärung ~ (über etwas); jmdm. Nachricht ~ • **4.4** ⟨480⟩ **zu** denken, zu verstehen, zu erkennen ~ *veranlassen, dass jmd. etwas denkt, versteht, erkennt;* der Vorfall gibt mir zu denken; jmdm. etwas zu verstehen ~ • **4.4.1** ⟨580/Vr 3 od. Vr 4⟩ **sich (jmdm.)** zu erkennen ~ *sagen, wer man ist* • **4.5** *gewähren;* jmdm. Bedenkzeit ~; ich gebe Ihnen eine Frist von zwei Tagen; seine Einwilligung (zu) etwas ~; jmdm. seinen Segen ~ • **4.5.1** Gott geb's!, Gott gebe, dass … *hoffentlich!, mit Gottes Hilfe möge …* • **4.6** *bieten;* gib mir Gelegenheit, mein Unrecht wiedergutzumachen • **4.7** *verleihen;* einer Sache ein anderes Aussehen ~; du musst deinen Worten mehr Nachdruck ~ • **4.8** *versetzen, jmdn. etwas spüren lassen;* jmdm. eine Ohrfeige ~; jmdm. einen Stoß, einen Tritt ~ • **4.8.1** es jmdm. (tüchtig) ~ ⟨umg.⟩ *jmdm. (gründlich) die Meinung sagen, jmdn. (gehörig) verprügeln;* gib's ihm! • **4.8.2** (das ist) gut gegeben! *gut gesagt, schlagfertig geantwortet* • **4.8.3** dem Pferd die Sporen ~ *das Pferd mit den S. antreiben* • **4.9** ⟨500; Funktionsverb⟩ • **4.9.1** (keine) **Antwort** ~ *(nicht) antworten* • **4.9.2** einem Gedanken **Ausdruck** ~ *einen Gedanken ausdrücken* • **4.9.3** ⟨530⟩ jmdm. das **Versprechen**, sein **Wort** ~ *versprechen* • **4.9.4** ⟨530⟩ jmdm. einen **Kuss** ~ *jmdn. küssen* • **4.9.5** ⟨530/Vr 1⟩ sich **Mühe** ~ *sich bemühen* • **4.9.6** **Ruhe** ~ *ruhig sein* **5** ⟨500⟩ etwas gibt etwas *bringt etwas hervor;* die Lampe gibt gutes Licht; die Kuh gibt täglich … Liter Milch • **5.1** das gibt Spaß *macht S.* • **5.2** *ergeben, zum Ergebnis haben;* 12 geteilt durch 3 gibt 4; ein Wort gab das andere; was wird das ~? **6** ⟨500⟩ eine **gesellige Veranstaltung** ~ *stattfinden lassen;* ein Bankett, ein Essen ~; eine Gesellschaft ~; ein Gastspiel, eine Vorstellung ~; ein Konzert ~ • **6.1** ein **Theaterstück** ~ *aufführen;* gestern wurde im Theater „Hamlet" gegeben; was gibt es heute Abend im Theater? **7** ⟨511⟩ **etwas irgendwohin** ~ ⟨regional⟩ *tun;* den Teig in eine Form ~ **8** ⟨510⟩ **etwas von sich** ~ *äußern;* keinen Laut, Ton von sich ~; kein Lebenszeichen von sich ~; eine Meinung von sich ~ **9** ⟨511⟩ **etwas von sich** ~ *sich erbrechen;* Speisen wieder von sich ~ **10** ⟨550⟩ **etwas auf etwas** od. **jmdn.** ~ *Wert auf etwas od. jmdn. legen, einer Sache od. jmdm. Bedeutung beimessen;* viel, wenig auf etwas ~; auf seine Worte kann man nicht viel ~; etwas auf sich ~ **11** ⟨513/Vr 3⟩ **sich** ~ *sich verhalten, sich benehmen;* sie gibt sich ganz unbefangen **12** ⟨500/Vr 3⟩ *etwas* gibt **sich** *hört auf, lässt nach;* das wird sich schon ~; die Schmerzen haben sich mit der Zeit gegeben **13** ⟨501⟩ **es gibt jmdn.** od. **etwas** *jmd. od. etwas ist vorhanden;* gibt es jmdn., der mir helfen kann?; es gibt einen Gott; hier gibt es keine Wölfe mehr; gibt es denn heute so etwas noch? • **13.1** das gibt es nicht! *das kommt nicht in Frage!* • **13.2** das gibt es doch nicht! *das ist doch unmöglich!* • **13.3** das hast du fein gemacht, da gibt's nichts! ⟨umg.⟩ *dagegen ist nichts einzuwenden* **14** ⟨501⟩ **es gibt etwas** *etwas geschieht, kommt vor;* es gibt Fälle, in denen man anders handeln muss; es wird heute noch Regen ~; gleich gibt es eine Ohrfeige!; wenn du das tust, wird es ein Unglück ~; gleich gibt's was!; was gibt es Neues? • **14.1** was gibt's? *was ist los?*

Ge|bet ⟨n.; -(e)s, -e⟩ **1** ⟨Rel.⟩ *eine Bitte od. Dank beinhaltende Äußerung, die an Gott gerichtet ist u. die sich entweder fester Formen bedient od. spontan dem Gefühl entspringt;* Abend~, Morgen~; Stunden~, Stoß~, Buß~, Dank~; ein ~ sprechen, verrichten, zum Himmel schicken • **1.1** das ~ **des Herrn** *das Vaterunser* **2** jmdn. ins ~ nehmen ⟨fig.⟩ *jmdm. ins Gewissen reden*

Ge|biet ⟨n.; -(e)s, -e⟩ **1** *Teil einer Landschaft;* Ruhr~; große ~e des Landes sind noch nicht bebaut; ein fruchtbares, waldreiches, weites ~ **2** *Hoheits-, Herrschaftsbereich (eines Staates);* einem anderen Staat ein ~, ~e abtreten **3** ⟨fig.⟩ *Sachbereich, Fach;* das ~ der Naturwissenschaften; ein ~ beherrschen; auf diesem ~ bin ich nicht bewandert; er weiß auf seinem ~ hervorragend Bescheid; auf politischem ~ verhält es sich anders

ge|bie|ten ⟨V. 110; geh.⟩ **1** ⟨503⟩ (jmdm.) **etwas** ~ *befehlen;* jmdm. Einhalt ~; Ruhe, Schweigen ~ **2** ⟨800⟩ **über etwas** ~ *herrschen, bestimmen;* über ein Land, ein Heer ~ **3** ⟨500⟩ **etwas** gebietet **etwas** *verlangt, erfordert etwas;* der Ernst der Lage gebietet, dass wir … • **3.1** ⟨Part. Perf.⟩ geboten *ratsam, notwendig, angebracht, zweckmäßig;* es erscheint geboten, sich zu beeilen; hier ist Vorsicht geboten; es ist dringend geboten, … zu tun; es für geboten erachten, halten, etwas zu tun

ge|bie|te|risch ⟨Adj.⟩ *in der Art eines Gebieters, befehlend, herrisch, keinen Widerspruch duldend;* etwas ~ verlangen; in ~em Ton sprechen

Ge|bil|de ⟨n.; -s, -⟩ *Gegenstand von unbestimmter, nicht näher zu bezeichnender Form, etwas Gestaltetes;* ein merkwürdiges, seltsames ~; eine Flocke ist ein ~ aus Eiskristallen, Fasern usw.

ge|bil|det 1 ⟨Part. Perf. von⟩ bilden **2** ⟨Adj.⟩ *kenntnisreich u. wohlerzogen, kultiviert;* die ~e Klasse; ein ~er Mensch; er ist sehr ~

Ge|bin|de ⟨n.; -s, -⟩ **1** *etwas Zusammengebundenes* **2** *Zweige od. Blumen, die zu einem Kranz od. Strauß zusammengebunden sind;* ein ~ von Rosen, Nelken; ein hübsches ~ zusammenstellen **3** ⟨Landw.⟩ *die Menge Getreide, die in eine Garbe gebunden wird;* ein ~ von Ähren **4** ⟨Textilw.⟩ *eine bestimmte, in ver-schiedenen Ländern wechselnde Anzahl von Fäden eines Garnes, Teil einer Strähne* • **4.1** *Garnmaß, 80 Windungen von 1,5 Yard Umfang* **5** ⟨Bauw.⟩ *die einzelne Rippe eines Dachstuhls* **6** ⟨Bauw.⟩ *eine zusammenhängende Reihe eingedeckter Dachschiefer* **7** ⟨bes. österr.⟩ *(größeres) Fass, Behälter zur Aufnahme von Flüssigkeiten;* Bier, Wein in ~n verkaufen **8** ⟨ostnorddt.⟩ *Eingeweide der Fische, bes. Rogen des Karpfens*

Ge|bir|ge ⟨n.; -s, -⟩ **1** *zusammenhängende Gruppe von Bergen u. Tälern;* Hoch~, Mittel~; ins ~ fahren, reisen; den Urlaub im ~ verbringen **2** ⟨fig.⟩ *aufgeschichtete, aufgetürmte Menge von Dingen;* ein kunstvolles ~ aus Schlagsahne und Eis **3** ⟨Bgb.; Geol.⟩ *größere, der Form u. Entstehung nach zusammengehörige Gesteinsmassive*

Ge|biss ⟨n.; -es, -e⟩ **1** *Gesamtheit der Zähne bei Menschen u. Wirbeltieren;* ein gesundes, prächtiges ~ haben; der Hund fletschte das ~ **2** *Zahnprothese, künstliche Zahnreihe;* ein ~ haben, anfertigen lassen **3** *Mundstück am Pferdezaum;* Trensen~, Kandaren~

Ge|blä|se ⟨n.; -s, -⟩ **1** ⟨Tech.⟩ *Maschine zum Verdichten u. Fördern von Gasen einschließlich Luft;* Niederdruck~, Hochdruck~, Mitteldruck~; Turbo~, Dampfstrahl~, Schleuder~ • **1.1** ⟨Landw.⟩ *ortsfeste od. bewegliche Maschine, die durch Luftstrom Halm- u. Schüttgut befördert;* Förder~; Heu~, Spreu~; mit dem ~ Korn in die Scheune befördern **1.2** *Maschine zur Kalt- bzw. Warmluftförderung in Belüftungsanlagen, Klimatisierungs- u. Trocknungsanlagen;* Kühl~, Wind~ • **1.3** *Gerät aus zwei durch einen Lederbalg verbundenen Platten zum Erzeugen eines Luftstroms*

ge|blümt ⟨Adj. 24⟩ *mit Blumenmuster verziert;* ein ~es Kleid, Porzellan; bunter, ~er Stoff

ge|bo|ren 1 ⟨Part. Perf. von⟩ gebären **2** ⟨Adj. 24/60⟩ • **2.1** *gebürtig;* ~er Deutscher; ~er Hamburger • **2.2** ⟨Abk.: geb.⟩ *(zur Angabe des Mädchennamens bei verheirateten Frauen)* • **2.2.1** sie ist eine ~e Schulze *ihr Mädchenname ist S.* • **2.2.2** Frau Müller(,) geb. Schulze *mit Mädchennamen S.* • **2.3** *von Natur aus begabt;* er ist der ~e Erzähler

ge|bor|gen 1 ⟨Part. Perf. von⟩ bergen **2** ⟨Adj.⟩ *sicher, gut aufgehoben;* sich ~ fühlen, wissen

Ge|bot ⟨n.; -(e)s, -e⟩ **1** *(moralisches) Grundgesetz;* es ist ein ~ der Höflichkeit, Menschlichkeit, Nächstenliebe, dies zu tun; ein göttliches, sittliches ~; die Zehn ~e ⟨bibl.⟩; →a. *Not (1.1.1)* **2** *Befehl;* es begab sich aber zu der Zeit, dass ein ~ von dem Kaiser Augustus ausging (Lukas 2,1); ein ~ beachten, missachten, übertreten • **2.1** *Erfordernis;* das ~ der Stunde **3** jmdm. zu ~e stehen *zur Verfügung stehen;* ihm stand ein großer Stab von Mitarbeitern zu ~e; ihm steht die Kunst der Rede zu ~ wie keinem anderen **4** *Angebot bei Versteigerungen;* ein geringes, hohes, höheres ~

Ge|brauch ⟨m.; -(e)s, -bräu|che⟩ **1** ⟨unz.⟩ *Benutzung, Anwendung, Verwendung;* für den eigenen ~; vor ~ schütteln! (Aufschrift auf Flaschen mit Arznei, Putzmitteln usw.); Papiertaschentücher werden

gebrauchen

nach ~ weggeworfen; die Flasche nach ~ gut verschließen • 1.1 in ~ nehmen *zu verwenden beginnen* • 1.2 in, im ~ haben *verwenden;* einen Gegenstand lange, noch nicht lange in ~ haben • 1.3 in ~ kommen *üblich werden* • 1.4 außer ~ kommen *nicht mehr üblich sein* • 1.5 in, im ~ sein *benutzt werden, üblich sein* • 1.6 außer ~ sein *nicht mehr benutzt werden;* die Maschine ist außer ~ • 1.7 von etwas ~ machen *etwas benutzen, anwenden, ausnutzen;* bitte, machen Sie keinen ~ davon (von dem, was ich eben gesagt habe) **2** ⟨nur Pl.⟩ Gebräuche *Bräuche, Sitten, Gewohnheiten;* Sitten und Gebräuche; die alten Gebräuche eines Volkes

ge|brau|chen ⟨V. 500⟩ jmdn. od. etwas ~ **1** *benutzen, verwenden;* das kann ich gut, nicht ~; das ist nicht zu ~; Kraftausdrücke ~ • 1.1 du bist auch zu nichts zu ~! *zu nichts nütze!* • 1.2 ⟨Part. Perf.⟩ gebraucht *schon benutzt, nicht mehr neu;* gebrauchte Bücher; gebrauchte Kleidung

ge|bräuch|lich ⟨Adj. 70⟩ *üblich, allgemeine Anwendung findend;* dieses Wort ist wenig ~; eine ~ Redensart, Vorgehensweise

Ge|brauchs|an|lei|tung ⟨f.; -, -en⟩ = *Gebrauchsanweisung*

Ge|brauchs|an|wei|sung ⟨f.; -, -en⟩ *Anweisung für den Gebrauch (einer Arznei, eines Gerätes);* Sy *Gebrauchsanleitung*

ge|bre|chen ⟨V. 116/650⟩ es gebricht **jmdm. an etwas** ⟨geh.⟩ *jmdm. fehlt etwas, jmdm. mangelt es an etwas;* es gebricht ihm an Mut; dem Unternehmen gebricht es an einer straffen Führung

Ge|bre|chen ⟨n.; -s, -⟩ *körperlicher Fehler, Schaden;* ein ~ haben; mit einem ~ behaftet sein

ge|brech|lich ⟨Adj. 70⟩ **1** *hinfällig, kränklich, altersschwach;* alt u. ~ sein **2** ⟨fig.⟩ *unvollkommen, mangelhaft, labil;* ein ~es Vorhaben

Ge|bühr ⟨f.; -, -en⟩ **1** *(öffentliche) Abgabe für die Inanspruchnahme bestimmter (öffentlicher) Einrichtungen;* Park~, Telefon~; eine ~ entrichten, bezahlen; jmdm. die ~(en) erlassen **2** *Entgelt für geleistete Dienste;* Anwalts~; die ~ für eine notarielle, amtliche Bestätigung; eine ~ von zwei Euro **3** ⟨unz.⟩ *Angemessenheit, Billigkeit, Schuldigkeit;* jmdn. nach ~ bestrafen, belohnen; jmdm. über ~ beanspruchen

ge|büh|ren ⟨V. 600⟩ **1** etwas gebührt **jmdm.** *steht jmdm. (nach Recht od. Verdienst) zu;* ihm gebührt höchste Ehre, hohes Lob; dem Alter gebührt Respekt, Rücksicht; es gebührt mir nicht, ihm Vorschriften zu machen • 1.1 ⟨Part. Präs.⟩ ~d *angemessen (nach Sitte od. Verdienst), verdient;* jmdm. die ~de Achtung, den ~den Respekt entgegenbringen; wir haben ihre neue Wohnung ~d bewundert; jmdn. ~d ehren; das Geburtstagskind, der Jubilar wurde ~d gefeiert; jmds. Verdienste ~d hervorheben, würdigen **2** ⟨Vr 1; unpersönl.⟩ es gebührt **sich** *es gehört sich;* es gebührt sich, alten Leuten einen Sitzplatz anzubieten; wie es sich gebührt

ge|büh|ren|pflich|tig ⟨Adj. 24⟩ *zur Zahlung einer Gebühr verpflichtend, Gebühren erhebend, einfordernd;* dieser Parkplatz ist ~; eine ~e Verwarnung

Ge|burt ⟨f.; -, -en⟩ **1** *Ausstoßung der lebensfähigen Leibesfrucht aus dem Mutterleib, Entbindung;* eine leichte, schwere ~; die ~ eines Kindes; während der ~ traten Komplikationen ein; seine Mutter starb bei seiner ~ • 1.1 *das Geborenwerden;* die glückliche ~ einer Tochter zeigen an …; von ~ an blind sein; die ~ Christi; im Jahre 200 vor Christi ~; im Jahr 800 nach Christi ~ • 1.2 *geborenes Kind;* die Zahl der ~en **2** ⟨fig.⟩ *das Hervorbringen, Erzeugung, Entstehung;* die ~ einer Idee; „Miß Sara Sampson" von Lessing bezeichnet die ~ des bürgerlichen Trauerspiels • 2.1 das war eine schwere ~ ⟨fig.; umg.⟩ *eine harte Arbeit, eine große Anstrengung, Mühe* **3** *Herkunft, Abstammung;* von hoher, niedriger ~; er ist von ~ Deutscher

ge|bür|tig ⟨Adj. 70⟩ **1** *geboren in;* er ist ~er Berliner • 1.1 ⟨41⟩ ich bin aus Hamburg ~ *bin in H. geboren, stamme aus H.*

Ge|burts|jahr ⟨n.; -(e)s, -e⟩ *Jahr, in dem jmd. geboren ist*

Ge|burts|ort ⟨m.; -(e)s, -e⟩ *Ort, in dem jmd. geboren worden ist, Heimatort;* auf einem Formular den ~ angeben

Ge|burts|tag ⟨m.; -(e)s, -e⟩ *Jahrestag der Geburt;* er hat seinen 90. ~ noch, nicht mehr erlebt; er feiert heute ~; zur Feier meines ~es; alles Gute, herzlichen Glückwunsch zum ~!; etwas zum ~ (geschenkt) bekommen; jmdm. zum ~ gratulieren; sich etwas zum ~ wünschen

Ge|büsch ⟨n.; -(e)s; unz.⟩ *mehrere dicht zusammenstehende Büsche, Buschwerk, Dickicht;* sich im ~ verstecken; dichtes, dorniges ~

Geck ⟨m.; -en, -en⟩ **1** ⟨abwertend⟩ *jmd., der übertriebenen Wert auf modische Kleidung legt, Modenarr, eitler Mann;* ein eitler, aufgeblasener ~ **2** ⟨rhein.⟩ *Fastnachtsnarr, Spaßmacher* **3** ⟨Seemannsspr.⟩ *Schornsteinhaube* **4** *Pumpenstange, an der der Schwengel befestigt ist* **5** ⟨nordwestdt.⟩ *Abstellbank* **6** *Maßholz* **7** *Giebelverzierung am Bauernhaus*

Ge|cko ⟨m.; -s, -s od. -cko|nen; Zool.⟩ *Angehöriger einer Familie kleiner, gedrungener Echsen, die in warmen Regionen verbreitet sind, Haftzeher: Gekkonidae*

Ge|dächt|nis ⟨n.; -ses, -se⟩ **1** *Fähigkeit, sich Gesehenes, Gehörtes, Gelesenes, Erlebtes zu merken u. sich später daran zu erinnern;* ein gutes, schlechtes, kurzes ~ haben; ein gutes, schlechtes, kein ~ für etwas (Bestimmtes) haben; ich habe ein gutes, kein ~ für Gesichter, Namen, Zahlen; wenn mich mein ~ nicht trügt **2** *verfügbarer Besitz an Eindrücken, Speicher der aufgenommenen Eindrücke;* jmdm. od. etwas ins ~ ~ behalten; etwas ins ~ ~ zurückrufen; ich will mein ~ nicht mit diesen Kleinigkeiten belasten • 2.1 ich habe ein ~ wie ein Sieb *ein (sehr) schlechtes Gedächtnis* • 2.2 jmdn. od. etwas aus seinem ~ löschen *vergessen wollen* • 2.3 jmdn. od. etwas aus dem ~ ~ verlieren *vergessen* • 2.4 ein Gedicht aus dem ~ hersagen *auswendig* **3** *Andenken, Gedenken;* zu seinem ~

Ge|dan|ke ⟨m.; -ns, -n⟩ **1** *Vorgang, Inhalt od. Ergebnis des Denkens;* ihre ~n schweiften ab; ein ~ blitzte in ihm auf; einen ~n aufgreifen; mit jmdm. ~n austauschen; du bringst mich auf einen ~n; ich kann bei dem Krach keinen klaren ~n fassen; ein ~ fuhr, schoss mir durch den Kopf; kannst du ~n lesen?; einem ~n nachgehen; seinen ~n nachhängen; seine ~n auf ein Thema, einen Plan richten; meine ~n sind immer bei euch; mich verfolgte der ~ (bis in den Schlaf), dass …; ein kluger, neuer, vernünftiger, verrückter ~; quälende, schwere ~n plagten ihn; auf den ~n kommen, etwas zu tun; auf den ~n wäre ich nie gekommen; in (tiefe) ~n versunken sein; in ~n vertieft; sich mit einem ~n befreunden; denk an uns mit guten ~n!; sich über etwas ~n machen • 1.1 (die) ~n sind frei (Sprichw.) *jeder kann denken, was er will* • 1.2 jmdn. auf den ~n bringen, etwas zu tun *jmdm. etwas nahelegen, es ihm empfehlen, vorschlagen* • 1.3 jmdn. auf andere ~n bringen *jmdn. ablenken, zerstreuen* • 1.4 ins Kino gehen, auf andere ~n zu kommen *um sich zu zerstreuen, abzulenken* • 1.5 seine ~n sammeln, zusammennehmen *aufpassen* • 1.6 er hat seine ~n nie beisammen, seine ~n sind, er hat seine ~n immer woanders *er ist nie bei der Sache, er ist immer zerstreut, unaufmerksam* • 1.7 ich war ganz in ~n *war unaufmerksam, habe nicht aufgepasst* • 1.8 ich habe es ganz in ~n getan *aus Zerstreutheit, unbeabsichtigt* • 1.9 kein ~ (daran)! (umg.) *aber nein!, nicht im mindesten!* **2** (Pl.) *Meinung, Ansicht;* eigene ~n haben, entwickeln; darüber habe ich meine eigenen ~n **3** *Vorstellung;* allein schon der ~ daran lässt mich schaudern; bei dem ~n wird mir angst • **3.1** ich bin in ~n den Weg zurückgegangen *im Geist* **4** *Einfall;* da kam mir ein ~; da kam mir ein rettender ~; das ist ein (guter) ~!; er hat zuweilen merkwürdige, seltsame, wunderliche ~n; komischer ~! (umg.) • **4.1** hoffentlich kommt er nicht auf dumme ~n *hoffentlich macht er keinen Unsinn* • **4.2** auf den ~n verfallen *einen (abwegigen) Einfall haben* **5** *Plan, Absicht;* er kam mit dem ~n, uns zu helfen; mit dem ~n spielen, umgehen, etwas zu tun; sich mit einem ~n tragen • **5.1** *Begriff, Idee;* der ~ der Emanzipation **6** (Pl.) *Sorgen;* sich (über etwas) ~n machen; mach dir nicht so viele (unnötige) ~n!

Ge|dan|ken ⟨m.; -s, -; selten für⟩ *Gedanke*

ge|dan|ken|los ⟨Adj.⟩ **1** *unüberlegt, unbedacht;* eine ~e Antwort; ~ handeln **2** *zerstreut, unaufmerksam;* ~ in einem Buch blättern; ~ etwas sagen, tun

Ge|dan|ken|strich ⟨m.; -(e)s, -e; Zeichen: -; Gramm.⟩ *Satzzeichen für Unterbrechung, Pause, auch anstelle der Klammern zur Einschaltung eines Gedankens;* einen ~ setzen, machen (umg.)

ge|dank|lich ⟨Adj. 24/90⟩ **1** *das Denken betreffend, auf ihm beruhend;* eine ~e Leistung **2** *begrifflich, unwirklich, nur vorgestellt, nur in Gedanken existierend;* etwas ~ verarbeiten, erschaffen

Ge|deck ⟨n.; -(e)s, -e⟩ **1** *Essbesteck, Serviette u. Ä. für die Mahlzeit einer Person;* Sy *Kuvert (2);* ein ~ für 3 Personen; ein weiteres ~ auflegen **2** *feste Speisenfolge (im Gasthaus, für eine Person);* ein festliches ~; ein ~ bestellen

Ge|deih ⟨m.; -s; unz.⟩ auf ~ u. **Verderb** *unter allen (guten u. schlechten) Umständen, bedingungslos;* jmdm. auf ~ u. Verderb ausgeliefert sein

ge|dei|hen ⟨V. 144/400(s.)⟩ **1** *Pflanzen* ~ *entwickeln sich gut, wachsen u. knospen;* die Pflanze will nicht recht ~ **2** ein **Lebewesen** gedeiht *wächst u. nimmt zu;* das Kind ist prächtig gediehen; ohne Wasser können Pflanzen, Tiere nicht ~ **3** ⟨413⟩ *vorwärtsgehen, vorankommen, fortschreiten;* die Sache ist so weit gediehen, dass …; das neue Haus ist schon weit gediehen; wie weit ist er mit seinem Studium gediehen? **4** ⟨800; unpersönl.⟩ es gedeiht nichts Gutes daraus (fig.) *es erwächst nichts G. daraus*

ge|den|ken ⟨V. 119⟩ **1** ⟨700⟩ **jmds.** od. einer **Sache** ~ ⟨geh.⟩ *an jmdn. od. etwas denken, sich an jmdn. od. etwas erinnern;* wir gedachten seiner in Sorge; jmds. herzlich, dankbar, mit einigen Worten ~; der Gefallenen ~; wir haben glücklicher Zeiten gedacht **2** ⟨480⟩ ~, **etwas zu tun** *etwas vorhaben, beabsichtigen;* ich gedenke morgen abzureisen; wir gedenken, zu euch zu kommen

Ge|dicht ⟨n.; -(e)s, -e⟩ **1** *Sprachkunstwerk in Versen;* ein Band ~e; ein ~ aufsagen, lernen, vortragen; ein dramatisches, episches, lyrisches ~; ein ~ in Reimen, in acht Strophen; ein ~ von Goethe **2** ⟨umg.⟩ *etwas besonders Schönes, etwas besonders Gutes;* das Kleid, der Kuchen ist ein ~!

ge|die|gen ⟨Adj.⟩ **1** *gut u. sorgfältig gearbeitet u. dabei haltbar, dauerhaft;* ~e Möbel, Arbeit; die Wohnung war ~ eingerichtet; sie trägt immer ~en Schmuck **2** ⟨fig.⟩ *zuverlässig, solide, rechtschaffen;* ein ~er Charakter, Mensch **3** *fundiert, stichhaltig;* eine ~e Ausbildung haben; ~e Kenntnisse; er besitzt ein ~es Wissen **4** ~e **Mineralien, Metalle** ⟨Bgb.⟩ *M., M., ein chemisches Element in freiem, nicht gebundenem Zustand enthalten, rein, unvermischt;* ~es Silber, Gold; ~er Schwefel; Erz kommt hier ~ vor **5** ⟨40; umg.⟩ *wunderlich, putzig, drollig-merkwürdig;* das ist ja ~!

Ge|drän|ge ⟨n.; -s; unz.⟩ **1** *Drängen, Gedrängtwerden;* es herrschte ein großes, furchtbares ~; wir wollen uns beeilen, damit wir nicht ins ~ kommen • **1.1 ins ~ kommen** ⟨a. fig.⟩ *in Schwierigkeiten geraten, in Druck kommen* • **1.1.1** mit der Zeit ins ~ kommen *in Zeitnot geraten* **2** *sich drängende Menschenmenge;* ~ ist mir mein Schirm abhandengekommen; jmdn. im ~ aus den Augen verlieren **3** ⟨Rugby⟩ *nach bestimmten Verstößen gegen die Regeln von beiden Parteien gebildete Gruppe von Spielern, die sich in gebückter Haltung eng zusammenschließen u. umfassen*

ge|drückt 1 ⟨Part. Perf. von⟩ *drücken* **2** ⟨Adj.⟩ *niedergeschlagen, bedrückt;* sie sah ~ aus; ~ umhergehen; ~e Stimmung

ge|drun|gen 1 ⟨Part. Perf. von⟩ *dringen* **2** ⟨Adj. 70⟩ *untersetzt, klein u. stämmig;* er ist ~ gewachsen; ein Mensch von ~er Gestalt

Ge|duld ⟨f.; -; unz.⟩ **1** *Fähigkeit zu warten, Ausdauer;* mir geht die ~ aus; die ~ verlieren; jmds. ~ auf eine harte Probe stellen; eine Krankheit, ein Leiden mit ~ ertragen; nur ~!; dazu gehört viel ~; dazu habe

gedulden

ich keine ~ • **1.1 sich in ~ fassen, üben** *geduldig sein, geduldig abwarten* • **1.2** *jetzt reißt mir aber die ~! jetzt werde ich ungeduldig!* • **1.3 mit ~ und Spucke** ⟨fig.; umg.⟩ *mit viel Ausdauer* **1.4** *Bereitschaft zu warten, zu ertragen, Langmut, Nachsicht;* himmlische, unermüdliche ~; viel, wenig, keine ~ haben; nach langem, mit großer ~ ertragenem Leiden (in Todesanzeigen); mit der ~ am Ende sein; sich mit ~ wappnen; bitte haben Sie noch etwas ~!; mit jmdm. ~ haben; jmdn. um (noch etwas) ~ bitten

ge|dul|den ⟨V. 500/Vr 3⟩ **sich ~** *Geduld haben, ruhig (ab)warten;* sich noch ein paar Tage ~; können Sie sich noch etwas ~?

ge|dul|dig ⟨Adj.⟩ **1** *Geduld habend, ausdauernd, gleichbleibend ruhig u. nachsichtig;* Krankheit, Leid usw. ~ ertragen; ~ warten; ~ etwas über sich ergehen lassen; ~ wie ein Lamm **2** ⟨40⟩ *Papier ist ~* ⟨fig.; umg.⟩ • **2.1** *vieles von dem, was (auf Papier) geschrieben wird, ist nicht wahr* • **2.2** *viele Vereinbarungen werden erst spät oder gar nicht umgesetzt*

Ge|dulds|fa|den ⟨m.; -s, -fäden; nur in den Wendungen⟩ **1** *jmdm. reißt der ~* ⟨fig.; umg.⟩ *jmd. verliert die Geduld* **2** *einen langen ~ haben* ⟨fig.; umg.⟩ *lange Zeit Geduld haben (können)*

ge|dun|sen ⟨Adj. 24/70⟩ *aufgedunsen, aufgequollen, schwammig;* ein vom Wasser ~er Körper

ge|eig|net 1 ⟨Part. Perf. von⟩ *eignen* **2** ⟨Adj.⟩ *passend, infrage kommend, verwertbar;* ~e Maßnahmen ergreifen; für etwas gut, schlecht, nicht ~ sein; er ist für diese Arbeit, diesen Posten nicht ~; er ist zum Schauspieler vorzüglich ~

Geest ⟨f.; -, -en; Geogr.⟩ *höher gelegenes, sandiges (u. dadurch wenig fruchtbares) nordwestdeutsches Küstengebiet;* →a. *Marsch*²

Ge|fahr ⟨f.; -, -en⟩ **1** *drohender Schaden, drohendes Unheil;* eine ~ abwehren, abwenden, bekämpfen, heraufbeschwören, herausfordern; jmdn. od. sich einer ~ aussetzen; einer ~ entgehen; er scheut keine ~(en); einer ~ trotzen; die augenblickliche ~ war vorüber; drohende, große, schreckliche ~; der Verbrecher bedeutet eine öffentliche ~; der Kranke ist außer ~; Betätigung der Notbremse nur bei ~ (als Aufschrift); ~ ist im Anzug, im Verzug; einer ~ ins Auge sehen; einander in Not u. ~ beistehen; er rettete sie unter ~ des eigenen Lebens • **1.1 ~ laufen** *sich drohendem Schaden, Unheil aussetzen;* du läufst ~ einzubrechen, wenn du auf die wacklige Brücke gehst • **1.2** *es hat keine ~ man braucht nichts zu befürchten, es ist ungefährlich* • **1.3** *Möglichkeit, dass ein Schaden od. ein Unheil eintritt;* es besteht die ~, dass …; ihm droht keine ~; ohne jede ~ • **1.3.1 auf die ~ hin** *auch wenn;* ich muss noch einmal umkehren, auf die ~ hin, dass wir zu spät kommen • **1.4** *Situation, in der Schaden od. Unheil droht;* in ~ schweben, sein; sich in ~en stürzen • **1.4.1** *wer sich in ~ begibt, kommt darin um* ⟨Sprichw.⟩ *wer sein Leben leichtsinnig aufs Spiel setzt, wird es verlieren* • **1.5 auf eigene ~ Verantwortung** • **1.5.1** *Benutzung der Seilbahn auf eigene ~* (als Hinweis) *bei einem Unfall muss der Schaden selbst getragen werden* • **1.5.2** *Lieferung auf eigene Rechnung und ~ der Käufer haftet für mögliche Schäden* **2** ⟨Getrennt- u. Zusammenschreibung⟩ • **2.1** ~ bringend = *gefahrbringend*

ge|fahr|brin|gend *auch:* **Ge|fahr brin|gend** ⟨Adj. 24/70⟩ *so geartet, dass es Gefahr bringt;* eine ~e Maßnahme

ge|fähr|den ⟨V. 500/Vr 7 od. Vr 8⟩ **1 jmdn. od. etwas ~** *in Gefahr bringen, aufs Spiel setzen;* sein Leben ~; er gefährdete durch sein Verhalten sich u. die anderen Verkehrsteilnehmer **2** *gefährdet sein bedroht sein (bes. sittlich);* seine Position ist dadurch gefährdet; ein Heim für gefährdete Jugendliche

ge|fähr|lich ⟨Adj.⟩ **1** *Gefahr bringend, gefahrvoll;* ein ~er Gegner; die Straße ist ~ glatt; das Messer ist ~ scharf, spitz; das ist nicht, sehr, ziemlich ~; reize ihn nicht, er kann (dir) ~ werden • **1.1** *das ist nicht so ~* ⟨umg.⟩ *das ist nicht so schlimm, das macht nichts* • **1.2** *das Leben bedrohend;* eine ~e Krankheit, Wunde, Waffe **2** *Gefahr in sich schließend, gewagt, bedenklich;* ein ~es Abenteuer, Unternehmen; das ist mir zu ~ • **2.1 ein ~es Alter** *ein A., in dem man (für bestimmte Sachen) besonders gefährdet, anfällig ist*

Ge|fähr|lich|keit ⟨f.; -; unz.⟩ *das Gefährlichsein, gefährliche Beschaffenheit;* die ~ eines Unternehmens unterschätzen

Ge|fährt ⟨n.; -(e)s, -e; geh.⟩ *Fuhrwerk, (von Menschen- od. Tierkraft betriebener) Wagen;* ein leichtes, zweirädriges, offenes ~; sich in ein ~ setzen

Ge|fähr|te ⟨m.; -n, -n⟩ **1** *jmd., mit dem man viel zusammen ist;* Spiel~, Wander~ **2** *jmd., mit dem man einen Teil seines Lebens gemeinsam verbringt;* Jugend~; Lebens~

Ge|fähr|tin ⟨f.; -, -tin|nen⟩ *weibl. Gefährte*

Ge|fäl|le ⟨n.; -s; unz.⟩ **1** *der Höhenunterschied zweier Punkte im Verhältnis zu ihrer waagerechten Entfernung;* das Gelände hat ein leichtes, starkes, natürliches ~ • **1.1** *die Straße hat ein ~ von 3 % von 3 m innerhalb von 100 m* **2** *qualitativer od. quantitativer Unterschied zwischen einem hohen u. einem niedrigen Wert;* Leistungs~ **3** ⟨nur Pl.; veraltet⟩ *an Grund u. Boden gebundene Abgabe, Grundlast*

ge|fal|len¹ ⟨V. 131/600⟩ **1** *jmdm. ~ angenehm sein, zusagen, anziehend erscheinen;* das Theaterstück, der Schauspieler hat ~ (erg.: den Zuschauern); er, sie, es gefällt mir; hier gefällt es mir; es hat Gott ~, unseren Vater zu sich zu rufen (in Todesanzeigen); er will allen ~, und das ist unmöglich; das gefällt mir ausgezeichnet, besser, gut, nicht; mir gefällt an ihm sein Frohsinn; ich gefalle mir in dem neuen Kleid; was gefällt dir am besten?; wie gefällt dir das Bild? • **1.1** *sein Aussehen gefällt mir nicht er sieht schlecht aus u. das macht mir Sorgen* **2** ⟨650/Vr 1⟩ **sich in etwas ~** *gerne etwas herauskehren* • **2.1** *sie gefällt sich in boshaften Bemerkungen sie macht gern boshafte B. (u. hält sie für geistreich)* **3 sich etwas ~ lassen** *etwas geduldig ertragen, etwas widerspruchslos hinnehmen;* das lasse ich mir nicht ~!; das brauchst du dir nicht ~ zu lassen; das kann man sich doch nicht ~ lassen; wir mussten uns von ihr einiges ~ lassen; er lässt sich alles ~; er lässt sich nichts ~ • **3.1** *das lasse ich* mir ~ ⟨umg.⟩ *etwas Besseres konnte nicht geschehen, konntest du, konnte er, sie nicht tun*

ge|fal|len² ⟨Part. Perf. von⟩ *fallen* **2** ⟨Adj. 24/60⟩ *der Würde, des Ansehens, des Rufs verlustig gegangen;* ein ~er Engel; eine ~e Größe; ein ~es Mädchen

Ge|fal|len¹ ⟨n.; -s; unz.⟩ **1** *Freude, Wohlgefallen, Vergnügen;* ~ erregen; an etwas ~ finden, haben; ich kann am Golfspielen keinen ~ finden • **1.1 jmdm. zu ~** *jmdm. zuliebe;* jmdm. etwas zu ~ tun • **1.1.1** jmdm. zu ~ reden ⟨umg.⟩ *schmeichlerisch so reden, wie jmd. es gern hören will*

Ge|fal|len² ⟨m.; -s, -⟩ *Gefälligkeit, Freundschaftsdienst;* jmdm. einen ~ tun; bitte, tu mir den ~ und bring den Brief zur Post; du würdest mir einen großen ~ tun, wenn du …

ge|fäl|lig ⟨Adj.⟩ **1** *gern eine Gefälligkeit erweisend, zuvorkommend, hilfsbereit, stets bereit, anderen einen Gefallen zu tun;* sich jmdm. ~ erweisen, zeigen; jmdm. ~ sein; sie ist immer sehr ~ **2** *angenehm, ansprechend, erfreulich;* so sieht es doch ~er aus; eine ~e Form haben; ~e Musik • **2.1** Ihr ~es Schreiben vom … ⟨Amtsdt.; veraltet⟩ *Ihr Schreiben vom …* • **2.2** *erwünscht;* (ist) etwas zu trinken ~? • **2.2.1** ist noch etwas ~? *wünschen Sie noch etwas?* • **2.2.2** was ist ~? *was wird gewünscht, was darf es sein? (Frage des Verkäufers)*

ge|fäl|ligst ⟨Adv.⟩ **1** *ich bitte dringend u. energisch darum (Ausdruck des Unwillens);* benimm dich ~ anständig; hör ~ zu, wenn ich mit dir rede **2** ⟨veraltet⟩ *freundlicher-, gefälligerweise;* wollen Sie ~ zur Kenntnis nehmen

ge|fan|gen 1 ⟨Part. Perf. von⟩ *fangen* **2** jmdn. ~ **nehmen 2.1** *festnehmen, verhaften* • **2.2** ⟨Mil.⟩ *besiegen, in Gewahrsam nehmen u. entwaffnen;* einen Soldaten ~ nehmen; ⟨aber⟩ →a. *gefangennehmen* **3** jmdn. ~ **setzen** *gefangen nehmen u. einsperren*

Ge|fan|ge|ne(r) ⟨f. 2 (m. 1)⟩ **1** *jmd., der im Krieg gefangen genommen worden ist;* Kriegs~; die Gefangenen austauschen **2** *der Verurteilte, an dem eine Freiheitsstrafe vollzogen wird od. der in der Untersuchungshaft befindliche Beschuldigte, Sträfling, Häftling;* Straf~, Untersuchungs~

ge|fan|gen|neh|men ⟨V. 189/500; fig.⟩ **jmdn. ~** *tief beeindrucken, in seinen Bann ziehen;* das Buch, die Musik nimmt mich ganz gefangen; mit ihrer freundlichen Art hatte sie alle Anwesenden gefangengenommen

Ge|fan|gen|schaft ⟨f.; -; unz.⟩ **1** *Zustand der äußeren Unfreiheit, Haft;* Kriegs~, Straf~; in ~ während der ~; in ~ geraten ⟨Mil.⟩ • **1.1** *das Gefangensein von Tieren;* manche Tiere kann man in der ~ schlecht züchten; der Löwe wurde in der ~ geboren

Ge|fäng|nis ⟨n.; -ses, -se⟩ **1** *Strafanstalt für Häftlinge;* jmdn. ins ~ bringen; ins ~ kommen; im ~ sitzen **2** *Freiheitsstrafe;* fünf Jahre ~ bekommen; darauf steht ~ bis zu zehn Jahren

Ge|fäß ⟨n.; -es, -e⟩ **1** *Behälter zum Aufbewahren (bes. von Flüssigkeiten od. körnigem Material);* ein ~ aus Glas, Metall, Holz, Kunststoff; Blumen in ein ~ mit Wasser stellen **2** ⟨Anat.⟩ *bei Menschen u. Tieren Blut od. Lymphe führender, den Körper durchziehender Kanal;* Blut~, Haar~, Lymph~, Kapillar~; die ~e erweitern, verengen **3** ⟨Bot.⟩ *bei höheren Pflanzen der aus toten Zellen gebildete Strang von Wasserleitungen, der im Holz Wasser mit gelösten Mineralsalzen von der Wurzel bis in die Blätter leitet* **4** ⟨Waffenkunde⟩ *Handschutz (Korb) an Degen u. Säbel*

Ge|fecht ⟨n.; -(e)s, -e; Mil.⟩ **1** *Kampf kleiner feindlicher Truppen, meist mit räumlich u. zeitlich begrenzter Wirkung;* Feuer~; ein schweres, blutiges ~; ins ~ gehen • **1.1** klar zum ~ ! ⟨Mar.⟩ *kampfbereit sein (Kommando der Seestreitkräfte)* • **1.2** jmdn. od. etwas **außer ~ setzen** *kampfunfähig od. unwirksam machen;* den Gegner, Feind außer ~ setzen • **1.3** jmdn. **außer ~ setzen** *jmdn. handlungsunfähig, jmds. Widerspruch unwirksam machen* **2** etwas ins ~ **führen** ⟨fig.⟩ *im Disput anführen, vorbringen;* ein Argument, einen Beweis, Grund ins ~ führen **3** **in der Hitze, im Eifer** des ~s ⟨fig.; umg.⟩ *im Übereifer, in der Erregung* **4** ⟨Fechten⟩ *Wettkampf;* ein ~ gewinnen

ge|feit ⟨Adj. 46; nur in der Wendung⟩ **gegen etwas ~ sein** *vor etwas geschützt, fest bewahrt, sicher sein (nach altem Volksglauben durch Zauber);* gegen eine Versuchung ~ sein; durch die Impfung ist sie gegen die Krankheit ~

Ge|fie|der ⟨n.; -s; unz.⟩ *Federkleid der Vögel;* ein Vogel mit buntem, dichtem ~

Ge|fil|de ⟨n.; -s, -; poet.⟩ **1** *Land, Landschaft;* sich den heimatlichen ~n nähern • **1.1** die ~ der **Seligen** ⟨griech. Myth.⟩ *Himmel, Paradies*

ge|fin|kelt ⟨Adj.; österr.⟩ *schlau, durchtrieben, listig;* der ~e Ober hofierte die Damen

Ge|flecht ⟨n.; -(e)s, -e⟩ **1** *Flechtwerk aus biegsamem Material;* Draht~, Haar~, Korb~; ein ~ aus Stroh, Bast, Rohr anfertigen • **1.1** ⟨Textilw.⟩ *Flächengebilde aus zwei Gruppen diagonal laufender, sich kreuzender Fäden;* flaches, rundes, durchbrochenes ~ **2** ⟨Anat.⟩ *die netzartige Vereinigung von Blut- od. Lymphgefäßen sowie von Nerven: Plexus*

ge|flis|sent|lich ⟨Adj. 24/90⟩ **1** *beiläufig (u. dabei absichtlich);* jmdn. ~ übersehen; er blätterte ~ in seinen Büchern **2** ⟨Amtsdt.; veraltet⟩ *freundlich;* zur ~en Kenntnisnahme

Ge|flü|gel ⟨n.; -s; unz.⟩ **1** *alle Vögel, die vom Menschen domestiziert wurden u. ihm als Nutzvieh dienen;* Mast~, Schlacht~; ~ halten, verkaufen, schlachten, rupfen, ausnehmen **2** *Fleisch von diesen Vögeln;* isst du gern ~?

ge|flü|gelt ⟨Adj. 24/70⟩ **1** *mit Flügeln versehen;* ~e Insekten **2** ⟨Bot.⟩ *mit flügelähnlichen Auswüchsen versehen;* ~e Früchte, Samen **3** ⟨Jägerspr.⟩ *mit zerschossenen Flügeln, flügellahm geschossen* **4** ~es **Wort** ⟨fig.⟩ *weit verbreiteter Ausspruch eines Dichters od. einer bekannten Persönlichkeit, Zitat*

Ge|fol|ge ⟨n.; -s, -⟩ **1** *Begleitung (einer hohen Persönlichkeit);* zu jmds. ~ gehören; der König trat mit einem großen ~ auf **2** etwas hat etwas **im ~** ⟨fig.⟩ *etwas hat etwas zur Folge, zieht etwas nach sich, bringt etwas mit sich;* Kriege haben oft Hungersnot im ~

ge|frä|ßig ⟨Adj.; umg.; abwertend⟩ *im Essen unmäßig;* er ist ein ~er Mensch; ~e Heuschrecken

Ge|frei|te(r) ⟨m. 1⟩ *erster Beförderungsgrad bei den Mannschaften;* er ist zum Gefreiten befördert worden

ge|frie|ren ⟨V. 140/400(s.)⟩ *einfrieren, zu Eis erstarren, vom flüssigen in den festen Aggregatzustand übergehen;* Wasser gefriert bei 0 °C; es hat heute Nacht gefroren

Ge|frier|punkt ⟨m.; -(e)s; unz.⟩ **1** *Temperatur, bei der ein Stoff (bes. Wasser) vom flüssigen in den festen Zustand übergeht;* den ~ erreichen • 1.1 *das Thermometer steht auf dem* ~ *zeigt 0 °C an*

Ge|fü|ge ⟨n.; -s, -⟩ **1** *sinnvoller Aufbau aus vielen Einzelteilen, innere Ordnung;* Sy *Struktur (1);* Lohn~, Preis~, Satz~, Wirtschafts~; das ~ eines Staates; ein kunstvolles, sinnreiches ~; ein ~ aus Balken **2** *die Art u. Weise, wie die Körner eines Metalles beim Erstarren zusammenwachsen;* Kristall~

ge|fü|gig ⟨Adj.⟩ **1** *sich (leicht) fügend, nachgiebig, gehorsam, lenksam;* ein ~er Mensch; sie war (ihm) ein ~es Werkzeug; ~ ließ er sich alles gefallen • 1.1 **sich jmdn.** ~ **machen** *jmdn. dazu bringen, dass er sich willig fügt*

Ge|fühl ⟨n.; -(e)s, -e⟩ **1** *Wahrnehmung durch den Tastsinn;* ich habe in den Füßen gar kein ~ mehr **2** *innere Regung, seelische Empfindung;* ein ~ der Freude, des Hasses, der Reue, der Scham; jmdm. freundschaftliche ~e entgegenbringen; jmds. ~e (nicht) erwidern; hast du denn kein ~?; seinen ~en freien Lauf lassen; ein ~ der Angst überkam mich; seine ~e unterdrücken, verbergen, verraten; jmds. ~e verletzen; er kann seine ~e nicht zeigen; ein aufsteigendes ~ der Abneigung usw.; ein heißes, warmes ~ der Dankbarkeit; inniges, tiefes ~; zärtliche ~e (für jmdn.) hegen; mit ~ singen; ein Mensch ohne ~; sich von seinen ~en hinreißen, übermannen lassen • 2.1 *das ist das höchste der* ~e ⟨umg.⟩ *das ist das Äußerste* • 2.2 etwas mit gemischten ~en betrachten *nicht nur mit Freude* • 2.3 ~ **für jmdn.** *Zuneigung;* meine ~e für ihn • 2.4 ~ **(für etwas)** *Sinn, Aufgeschlossenheit, Gespür, Verständnis;* ein feines ~ haben für etwas; er hat kein ~ für den Wert des Geldes; das richtige ~ für etwas haben; ein sicheres ~ für guten Stil haben; er hat viel musikalisches ~ **3** *Ahnung, ungenaues Wissen;* ein ~ haben, als ob …; ich habe das dunkle ~, dass das nicht gutgeht • 3.1 etwas im ~ haben *etwas instinktiv wissen;* das habe ich so im ~

ge|fühl|los ⟨Adj.⟩ **1** *ohne Gefühl, ohne Sinnesempfindung;* meine Arme, Hände, Füße sind ~ **2** *ohne Mitleid, ohne innere Regung, hartherzig;* er ist sehr ~ gegenüber seinen Eltern; ein ~es Vorgehen

ge|fühl|voll ⟨Adj.⟩ *voller Gefühl, voll seelischer Empfindung, sehr empfindsam;* ein ~er Mensch; ~ singen, spielen

ge|ge|ben 1 ⟨Part. Perf. von⟩ **geben 2** ⟨Adj. 24⟩ *vorhanden, feststehend, bekannt;* im ~en Fall; etwas als ~ ansehen **3** ⟨Adj. 24⟩ *geeignet, passend;* zur ~en Zeit, zu ~er Zeit; es ist das *Gegebene*

ge|ge|be|nen|falls ⟨Adv.; Abk.: ggf.⟩ *wenn es passt, wenn es sich so ergibt, möglicherweise, eventuell*

Ge|ge|ben|heit ⟨f.; -, -en⟩ *Tatsache, feststehender Sachverhalt, vorhandener Zustand;* mit diesen ~en müssen wir zurechtkommen

ge|gen ⟨Präp. m. Akk.⟩ **1** ~ *jmdn. od. etwas jmdm. od. einer Sache feindlich, entgegengesetzt, ihn od. sie verletzend, bekämpfend;* Sy ⟨geh.; poet.⟩ *wider;* bist du für od. ~ XY?; alle sind ~ mich; drei ~ einen; ~ eine feindliche Übermacht kämpfen; ~ den Sturm, die Wellen, den Tod ankämpfen; ~ meinen Willen; ~ jmds. Befehl handeln; das ist ~ die Abrede, ~ die Abmachung; ~ diesen Missstand kann man wenig tun; das Mittel ist gut ~ Husten; der Kampf ~ die Tuberkulose; das ist ~ die Natur, ~ alle Regel; etwas ~ das Licht halten; ~ den Wind segeln • 1.1 ~ den Strom schwimmen *stromaufwärts;* →a. *Strich (9.6), Strom (1.1 u. 5.3)* • 1.2 ~ **jmdn.** sein, etwas ~ **jmdn.** haben *jmdm. feindlich gesinnt, jmdm. böse sein, anderer Meinung sein als jmd.* • 1.3 ~ **etwas** sein *etwas anderes tun wollen, einer Sache nicht zustimmen* • 1.4 ~ **ihn kann ich gar nichts machen** *ihm kann ich nicht entgegentreten, ihn kann ich nicht beeinflussen* **2** *in Richtung auf, hin zu;* ~ die Berge (hin) wird der Himmel klarer; ~ Osten, Süden; ~ die Stadt (zu) marschieren; • 2.1 mit dem Gesicht ~ die Wand stehen *zur W.* • 2.2 die Möbel ~ die Wand stellen *an die W.* **3** *in Beziehung auf, zu, in der Haltung zu, gegenüber;* seine Abneigung ~ mich; aufmerksam, gütig, grausam, hart, herzlich, höflich, zuvorkommend ~ jmdn. sein; er ist sehr freundlich ~ mich; er blieb gleichgültig, taub ~ meine Bitten; ~ solch eine Unverschämtheit bin ich machtlos **4** ~ jmdn. od. etwas *verglichen mit jmdm. od. einer Sache;* ~ dich bin ich noch ein Anfänger; ~ ihn erscheint er klein **5** *im Austausch für;* ich wette 10 ~ 1, dass …; ~ Bezahlung arbeiten; jmdm. eine Sache ~ Quittung aushändigen; Lieferung nur ~ bar **6** ⟨*ungefähre Zeit-, Maß- und Ortsbestimmung*⟩ *annähernd, beinahe, fast, kurz vorher od. nachher, auf … hin, auf … zu;* ~ Abend, Mittag, Morgen; ~ Ende der Aufführung; es ist wohl ~ Ostern gewesen, dass …; ~ fünfzehn Personen; ~ zwanzig Stück; ~ drei Uhr

ge|gen…, Ge|gen… ⟨Vorsilbe; in Zus.⟩ **1** *bekämpfend, entkräftend, feindlich, Antwort, Wirkung auf;* gegeneinander, Gegengift, Gegenleistung **2** *doppelt, bestätigend;* gegenzeichnen

Ge|gend ⟨f.; -, -en⟩ **1** *nicht näher begrenztes Gebiet;* in welcher ~ liegt der Ort?; Schmerzen in der ~ des Magens, der Galle haben; ungefähr in dieser ~ muss sein Haus stehen; in der ~ von Berlin • 1.1 wir wollen nur etwas durch die ~ laufen *ohne Ziel spazieren gehen* • 1.2 etwas in die ~ werfen, spritzen ⟨umg.⟩ *ziellos umherwerfen, -spritzen* • 1.3 *Landschaft;* eine einsame, freundliche, hübsche, bekannte, unbekannte ~ • 1.4 *Umgebung, Nähe;* kommst du nicht einmal in unsere ~?; in unserer ~ gibt es viele hübsche Geschäfte

ge|gen|ein|an|der *auch:* **ge|gen|ei|nan|der** ⟨Adv.⟩ *einer gegen den anderen*

ge|gen|ein|an|der|sto|ßen *auch:* **ge|gen|ei|nan|der-sto|ßen** ⟨V. 262⟩ **1** ⟨500⟩ *etwas, jmdn. ~ eines gegen das andere stoßen, einen gegen den anderen stoßen;* die Gläser ~ **2** ⟨400(s.)⟩ *etwas stößt gegeneinander,* **Lebewesen** *stoßen gegeneinander stoßen, prallen zusammen*

Ge|gen|ge|wicht ⟨n.; -(e)s, -e⟩ **1** ⟨Tech.⟩ *gegen ein anderes Gewicht als Ausgleich wirkendes Gewicht* **2** ⟨fig.⟩ *Ausgleich;* ein geistiges ~ schaffen **3** ⟨Funktechnik⟩ *Drahtnetz od. größeres Metallstück als Ersatz für die Erdung von Funksendern od. -empfängern*

Ge|gen|leis|tung ⟨f.; -, -en⟩ *Gegendienst, Leistung als Ausgleich für eine andere Leistung;* darf ich das als ~ für Ihre Hilfe tun?

ge|gen|le|sen ⟨V. 179/500⟩ *etwas* **Geschriebenes,** *einen* **Text** *~ zur Prüfung, Durchsicht auf Fehler nochmals lesen (nachdem es bereits von einer anderen Person gelesen wurde)*

Ge|gen|lie|be ⟨f.; -; unz.⟩ **1** *wechselseitige Liebe;* Liebe erweckt ~ **2** ⟨fig.⟩ *Anklang, Anerkennung, freudige An- od. Aufnahme;* bei jmdm. (keine od. wenig) ~ finden; ~ (mit etwas) finden; der Plan, Vorschlag fand keine ~, stieß auf keine ~

Ge|gen|satz ⟨m.; -es, -sät|ze⟩ **1** ⟨Logik⟩ *das Verhältnis sich ausschließender od. entgegenwirkender Begriffe od. Aussagen zueinander;* polarer, konträrer, kontradiktorischer ~ • **1.1** *der einem Begriff entgegengesetzte, ihn ausschließende Begriff;* „schwarz" ist der ~ von „weiß"; bilde den ~ zu „schön", „frei", „gut"! **2** *das einer Aussage, Kraft usw. Entgegengesetzte, Gegenteil, Kontrast;* Gegensätze ziehen einander, sich an; hier berühren sich die Gegensätze; zwischen dem einen und dem anderen Begriff besteht ein (scharfer) ~; im ~ zu dem temperamentvollen Bruder ist sie sehr still; im ~ dazu ist sein Verhalten wirklich anständig; er bildet den (genauen) ~ zu seinem Bruder • **2.1 im, in** ~ zu jmdm. stehen, sich befinden *entgegengesetzter Meinung sein, jmds. (geistiger) Gegner sein* • **2.2** *Widerspruch;* etwas steht in einem auffallenden, krassen, scharfen ~ zu etwas • **2.3** ⟨fig.⟩ *Feindseligkeit, Feindschaft;* ein unüberbrückbarer, unversöhnlicher ~

ge|gen|sätz|lich ⟨Adj. 24/90⟩ *einen Gegensatz bildend, unvereinbar, konträr, gegenteilig;* wir sind ~er Meinung; ~ veranlagt sein; die Diskussion ~er Begriffe

Ge|gen|sei|te ⟨f.; -, -n⟩ **1** *entgegengesetzte Seite, gegenüberliegende Seite* • **1.1** *Rückseite* **2** *Gegenpartei*

ge|gen|sei|tig ⟨Adj. 24⟩ **1** *wechselseitig* **2** *beiderseitig;* ~e Abmachungen, Vereinbarungen; ~e Abhängigkeit; sich ~ helfen; ~en Einvernehmen

Ge|gen|stand ⟨m.; -(e)s, -stän|de⟩ **1** *körperliche Sache, Ding;* Gebrauchs~; großer, kleiner, harter, weicher, leichter, schwerer ~ **2** *Ziel des Denkens, Handelns, Fühlens;* der ~ seiner Begeisterung, Liebe, seines Hasses, Zorns; sich zum ~ des allgemeinen Gespötts machen • **2.1** *Thema, Stoff;* der ~ einer Erörterung, Abhandlung, Dichtung; der ~ unseres Gesprächs; das Buch hat die Französische Revolution zum ~; der Vorfall wurde zum ~ heftiger Diskussionen

ge|gen|ständ|lich ⟨Adj. 24⟩ *wie ein Gegenstand, einen Gegenstand darstellend, auf ihn bezüglich, dinglich, sachlich;* ~e Malerei

Ge|gen|stim|me ⟨f.; -, -n⟩ **1** *Äußerung einer gegenteiligen Meinung;* der Vorschlag wurde mit 6 ~n, ohne ~ angenommen **2** ⟨Mus.⟩ *Stimme, die einer anderen entgegengesetzt verläuft*

Ge|gen|stück ⟨n.; -(e)s, -e⟩ **1** *zu einem Gegenstand den Gegensatz bildendes Stück, Gegensatz* **2** *zu einem Gegenstand passendes, ähnliches Stück;* Sy *Pendant (1);* dieses Bild, diese Figur ist, bildet das ~ zu jenem, jener

Ge|gen|teil ⟨n.; -(e)s, -e⟩ **1** *Person od. Sache, die den Gegensatz zu einer anderen Person od. Sache darstellt;* er ist das (genaue) ~ seines Vaters; diese Maßnahme würde gerade das ~ bewirken; mit deiner übertriebenen Strenge erreichst du nur das ~; eine Aussage, Behauptung ins ~ verkehren; sich vom ~ überzeugen • **1.1** sein Besuch störte mich gar nicht, er hat mich im ~ sogar sehr gefreut ⟨umg.⟩ *in Umkehrung des vorher Gesagten* • **1.2** im ~! ⟨umg.⟩ *ganz u. gar nicht!*

ge|gen|tei|lig ⟨Adj. 24⟩ *entgegengesetzt, das Gegenteil von etwas darstellend;* ~er Meinung sein

ge|gen|über ⟨Präp. m. Dat.⟩ **1** *auf der anderen Seite;* er wohnt mir ~; das Haus ~; die Leute von ~ ⟨umg.⟩ **2** jmdm. od. einer Sache ~ *im Hinblick auf, zu, in Bezug auf jmdn. od. etwas;* das darfst du nicht tun, das wäre ihm ~ nicht recht gehandelt; ihr ~ hat er sich stets gut betragen **3** *im Vergleich zu;* ~ seinem Wissen ist deines größer

Ge|gen|über ⟨n.; -s, -⟩ **1** *Haus auf der anderen Straßenseite;* wir haben kein ~ • **1.1** *jmd., der dort wohnt* **2** *jmd., der mit dem Gesicht zum Gesicht eines anderen sitzt;* mein ~ am Tisch, in der Straßenbahn

ge|gen|über|lie|gen ⟨V. 180/403⟩ *auf der anderen Seite liegen;* unser Garten liegt dem euren genau gegenüber; das ~de Haus

ge|gen|über|ste|hen ⟨V. 256/600⟩ **1** jmdm. od. etwas ~ *zugewandt auf der anderen Seite stehen;* unser Haus steht dem Park gegenüber; bei diesem Tanz stehen sich die Partner gegenüber **2** ⟨Vr 2⟩ **sich ~** ⟨fig.⟩ *als Gegensatz aufeinandertreffen;* hier stehen einander, sich zwei Auffassungen gegenüber **3** ⟨613⟩ **jmdm.** od. einer **Sache** ~ in einer bestimmten **Art** u. **Weise** ~ *eine bestimmte Einstellung in Bezug auf jmdn. od. eine S. haben;* einander feindlich, freundlich, gleichgültig ~; ich stehe dem Plan noch etwas skeptisch gegenüber

ge|gen|über|stel|len ⟨V. 530/Vr 5 od. Vr 6⟩ **1** jmdm. jmdn. ~ *von Angesicht zu Angesicht stellen;* Sy *konfrontieren;* dem Angeklagten einen Zeugen ~ **2** einem **Ding** etwas ~ *etwas einem Ding zugewandt auf die andere Seite stellen* **3** jmdm. jmdn. od. einer **Sache** etwas ~ *jmdn. mit jmdm. od. etwas mit etwas anderem vergleichen*

ge|gen|über|tre|ten ⟨V. 268/600(s.)⟩ **1** jmdm. ~ *vor jmdn. hintreten;* ich weiß nicht, wie ich ihm nach diesem peinlichen Vorfall ~ soll **2** einer **Sache** ~ *sich näher mit einer S. befassen*

Gegenwart

Ge|gen|wart ⟨f.; -; unz.⟩ **1** *Zeit, in der man gerade lebt;* →a. *Vergangenheit, Zukunft; die Kunst und Literatur der* ~ • **1.1** ⟨Gramm.⟩ = *Präsens* **2** *Anwesenheit, Dabeisein; seine* ~ *wirkte beruhigend auf sie; die Feier fand in* ~ *des Bundespräsidenten statt; bitte sprich in seiner* ~ *nicht davon*

ge|gen|wär|tig ⟨a. [--'--] Adj. 24⟩ **1** *in der Gegenwart lebend, stattfindend, jetzig, derzeitig, augenblicklich; der* ~e *Präsident; in seiner* ~en *Verfassung; ich bin* ~ *sehr beschäftigt; wir sind* ~ *nicht in der Lage ...* **2** ⟨geh.⟩ *bewusst, im Bewusstsein, in der (augenblicklichen) Erinnerung vorhanden* • **2.1** *das ist mir nicht, ich habe es nicht* ~ *nicht mehr im Augenblick nicht daran erinnern* • **2.2** *sich etwas* ~ *halten sich etwas vor Augen halten, an etwas denken*

Ge|gen|wert ⟨m.; -(e)s, -e⟩ *einem anderen Wert entsprechender Wert, Ausgleich*

Ge|gen|zug ⟨m.; -(e)s, -züge⟩ **1** ⟨Eisenb.⟩ *etwa zur gleichen Zeit mit einem andern Zug aus entgegengesetzter Richtung ankommender Zug; den* ~ *abwarten, vorüberlassen* **2** ⟨Brettspiel⟩ *Zug als Erwiderung auf einen Zug des Gegners* • **2.1** ⟨fig.⟩ *Versuch, die gegnerische Absicht zu vereiteln* • **2.1.1 im** ~ *als Ausgleich, als Gegenleistung; im* ~ *wurden alle politischen Gefangenen begnadigt*

Geg|ner ⟨m.; -s, -⟩ **1** *jmd. mit entgegengesetzten Absichten u. Bestrebungen; ebenbürtiger, gefährlicher, politischer* ~ • **1.1** *jmd., der jmdm. im Kampf gegenübersteht, Feind; den* ~ *angreifen, besiegen, vernichtend schlagen* • **1.2** *gegnerischer Spieler, gegnerische Mannschaft (od. ein Vertreter derselben); beide* ~ *zeigten ein faires Spiel; gleich zu Beginn der zweiten Halbzeit erzielte der* ~ *ein Tor* • **1.3** *Vertreter einer anderen Meinung; ein entschiedener* ~ *der Todesstrafe sein*

Geg|ne|rin ⟨f.; -, -rin|nen⟩ *weibl. Gegner*

geg|ne|risch ⟨Adj. 24/60⟩ *den Gegner betreffend, von ihm stammend, zu ihm gehörig; das* ~e *Tor; die* ~e *Meinung*

Ge|ha|be ⟨n.; -s; unz.⟩ *Getue, Ziererei, gespreiztes Benehmen*

Ge|halt¹ ⟨m.; -(e)s, -e⟩ **1** *stofflicher u. geistiger Inhalt (eines Kunstwerkes), im Unterschied zur Form; moralischer, religiöser, sittlicher* ~ *einer Dichtung, Lehre usw.* **2** *Anteil (eines Stoffes in einer Mischung); Alkohol-, Feuchtigkeits*~; *der* ~ *an Alkohol, an Fett*

Ge|halt² ⟨n.; -(e)s, -häl|ter⟩ *Arbeitsvergütung für Beamte u. Angestellte; Monats*~; *Gehälter auszahlen;* ~ *beziehen; jmds.* ~ *erhöhen; festes* ~ *bekommen; ein* ~ *von 2.000 Euro; wie hoch ist Ihr* ~?

ge|hal|ten ⟨Adj. 11/40⟩ ~ *sein* ⟨geh.⟩ *(stillschweigend) verpflichtet sein, es wird von jmdm. erwartet, dass ...; Sie sind* ~, *mir von Zeit zu Zeit darüber Bericht zu erstatten*

ge|har|nischt ⟨Adj. 24/70⟩ **1** ⟨veraltet⟩ *mit einem Harnisch gerüstet, gepanzert* **2** ⟨fig.⟩ *energisch, sehr deutlich, unmissverständlich; jmdm. eine* ~e *Abfuhr erteilen;* ~e *Antwort*

ge|häs|sig ⟨Adj.⟩ *hasserfüllt, feindselig, schadenfroh, bösartig*

Ge|häu|se ⟨n.; -s, -⟩ **1** *(meist am Inhalt befestigte) feste, nicht biegsame Umkleidung;* Blech-, Holz~, Orgel~, Uhr~ **2** *Kernhaus des Apfels u. der Birne;* Kern~

Ge|he|ge ⟨n.; -s, -⟩ **1** *Jagdrevier, in dem Wild waidgerecht gehegt wird* **2** *eingezäuntes Stück Land od. Wald zum Halten u. Züchten von Tieren, bes. einer bestimmten Wildart* **3** *jmdm. ins* ~ *kommen* ⟨fig.⟩ *sich in eine Angelegenheit mischen, die jmd. allein erledigen will*

ge|heim ⟨Adj.⟩ **1** *nicht für Außenstehende bestimmt;* ~er *Befehl;* ~e *Botschaft;* ~es *Fach;* ~e *Sitzung;* ~e *Zusammenkunft; streng* ~! *(als Aufschrift auf Schriftstücken); etwas Geheimes ausplaudern* • **1.1 im** Geheimen *von anderen unbemerkt; jmdm. etwas im* Geheimen *mitteilen* • **1.2** *anderen nicht mitgeteilt; einen* ~en *Kummer haben* • **1.2.1** ~er **Vorbehalt** ⟨Rechtsw.⟩ *heimliche Absicht, die in einer Willenserklärung Gesagte nicht einzuhalten* **2** *nicht öffentlich bekannt, der Kontrolle der Öffentlichkeit entzogen* • **2.1** *Geheimer Rat* • **2.1.1** ⟨urspr.⟩ *Angehöriger eines dem Landesherrn unmittelbar unterstehenden Ratskollegiums sowie das Kollegium selbst* • **2.1.2** ⟨seit dem 17. Jh.⟩ *Angehöriger eines Ministeriums* • **2.1.3** ⟨bis 1918⟩ *Titel für höchste Beamte* • **2.2** *Geheime Staatspolizei* • **2.2.1** ⟨i. w. S.⟩ *politische Polizei zum Schutz der Einrichtungen u. leitenden Persönlichkeiten eines (bes. autoritär regierten) Staates* • **2.2.2** ⟨i. e. S.; Abk.: Gestapo⟩ *die politische Polizei in Dtschld. 1934-1945 mit fast unbeschränkter Macht u. berüchtigten terroristischen Methoden* **3** ~e **Wahl** *W. ohne Namensnennung, durch Abgabe verdeckter u. anonymer Stimmzettel* **4** *etwas* ~ *halten verschweigen, verstecken, verbergen*

Ge|heim|nis ⟨n.; -ses, -se⟩ **1** *etwas, das nicht über einen bestimmten Personenkreis hinaus bekanntwerden soll;* Amts~, Arzt~, Beicht~, Berufs~, Post~; *jmdm. ein* ~ *anvertrauen; ein* ~ *ausplaudern, haben, kennen, verraten, wissen; militärische* ~se; *in ein* ~ *eingeweiht sein;* ~ *mit jmdm. haben, teilen; ein* ~ *vor jmdm. haben* • **1.1** *er macht gar kein* ~ *daraus, dass er ... er spricht offen darüber, dass er ...* **2** *etwas, was nicht erkennbar u. nicht erklärbar ist;* Sy *Mysterium (1); dahinter steckt ein* ~; *in ein* ~ *eindringen*

ge|heim|nis|voll ⟨Adj.⟩ **1** *rätselhaft, unerklärlich, mysteriös; das* ~e *Verschwinden der Diamanten* **2** *Geheimnisse andeutend, (wichtigtuerisch) als Geheimnis darstellen;* ~ *flüstern, sprechen; mit einem* ~en *Augenzwinkern schloss er das Buch*

Ge|heim|tipp ⟨m.; -s, -s⟩ **1** *nur unter Eingeweihten weitergegebener Tipp, Hinweis; jmdm. einen* ~ *geben* • **1.1** *Empfehlung der besonderen Qualität, Eignung von jmdm. od. etwas; jmdn. als* ~ *handeln*

Ge|heiß ⟨n.; -es; unz.⟩ *(mündliche) Anweisung, Anordnung, Befehl; auf jmds.* ~ *handeln*

ge|hen ⟨V. 145/400 od. 410(s.)⟩ **1** *Lebewesen,* **Personen** ~ *bewegen sich aus eigener Kraft (zu Fuß) fort, laufen;* Ggs *fahren (2); langsam, leise, schnell, vorsichtig* ~; *geradeaus, links, rechts, reihum* ~; *am Stock, an Krücken* ~; *barfuß* ~; *sicher* ~; *durch die Straßen* ~; *hinter, neben, vor jmdm.* ~; *in Halb-*

gehen

schuhen, in Strümpfen ~; in den Wald ~; über eine Brücke, einen Platz, eine Straße ~; das Gehen fällt ihm schwer; im Schritt ~; in, im Trab ~; wo er geht und steht, wird er gegrüßt; wie weit ist es bis dahin zu ~?; man hat zwei Stunden zu ~; wie lange geht man bis dorthin?; einen Kilometer (weit) ~; einen Weg ~; zu Fuß ~ **1.1** ⟨553/Vr 3; unpersönl.⟩ es geht sich sehr gut in diesen Schuhen *diese S. sind bequem* • **1.2 an einen Ort, zu einem Ort** ~ *sich bewegen, begeben;* zum Arzt, zum Bäcker, zum Friseur ~; aufs Land ~; ins Ausland ~; in die Stadt ~ (zum Einkaufen); nach Amerika ~; auf Reisen ~; in Urlaub ~; bitte geh einstweilen ins Zimmer, ich komme gleich!; ins, zu Bett ~; baden, schlafen, schwimmen, spielen, tanzen ~; wohin gehst du?; wie geht man dorthin?; an Bord, an Land ~; wo geht es hierhin? ⟨umg.⟩ • **1.2.1** ⟨417⟩ **mit jmdm.** ~ *jmdn. begleiten* • **1.2.2 bei jmdm. aus und ein** ~ *bei jmdm. oft zu Gast sein, jmdn. häufig besuchen* • **1.2.3** (lebhaftes) **Kommen** und Gehen *lebhafter Betrieb* • **1.3** (von einem Ort od. jmdm.) ~ *weggehen, sich entfernen, abreisen;* ich möchte jetzt ~, ich muss ~; wann ist er gegangen?; er ist ohne Abschied von ihm gegangen; aus dem Haus ~; geh mir aus dem Licht!; er wollte sie nicht ~ lassen; du kannst ihn doch nicht so ohne Abschied ~ lassen; ⟨aber Getrennt- u. Zusammenschreibung⟩ ~ lassen = *gehenlassen* **1.3.1** er ist von uns gegangen *er ist gestorben* • **1.4** ⟨700⟩ • **1.4.1** seiner **Wege** ~ *weggehen, ohne sich um die Zurückbleibenden zu kümmern* • **1.4.2** ⟨700⟩ ruhig seines **Weges** ~ *sich nicht beirren lassen* • **1.5** *aus dem Amt, dem Dienst scheiden;* er ist Ende letzten Jahres gegangen • **1.5.1** er ist gegangen worden ⟨umg.⟩ *man hat ihm nahegelegt zu gehen, zu kündigen, er ist entlassen worden* • **1.6** *in einem Zustand sein, sich befinden;* gut gekleidet ~; in Samt und Seide ~; in Schwarz ~ **2 jmd.** geht • **2.1** zum Ort der **Berufstätigkeit** od. der **Ausbildung** ~ *den O. (regelmäßig) aufsuchen, um ihre Tätigkeit auszuführen;* zur, auf die Arbeit ~; in den Kindergarten ~; zur, in die Schule ~; aufs Gymnasium ~; in die fünfte Klasse ~; in die Lehre ~; zur See ~; ans Theater ~; zur Bundeswehr ~ • **2.2 unter** die **Menschen** ~ *Verkehr, Umgang mit anderen M. haben* • **2.3 nach jmdm.** od. **etwas** ~ *jmdn. od. etwas holen wollen;* nach dem Arzt, nach Brot ~ • **2.4 an** eine **Tätigkeit** ~ *eine T. beginnen;* an die Arbeit ~ • **2.5** ⟨417⟩ **mit jmdm.** (ständig, fest) ~ *jmdn. zum Freund, zur Freundin haben* • **2.6** jmd. od. etwas geht **ins** 20. Jahr *wird bald 20 Jahre alt* • **2.7** nach einem **Merkmal** ~ *aufgrund eines M. urteilen;* man soll nicht nur nach dem Äußeren ~; danach kann man nicht ~ • **2.8** *sich zuwenden, ausrichten nach* • **2.8.1** mit der **Zeit** ~ *moderne Ansichten haben, die Zeit verstehen* • **2.8.2** ins Detail, Einzelne ~ *Einzelheiten erörtern, eine Sache genau erläutern* • **2.8.3** zugrunde / zu Grunde ~ *umkommen, langsam sterben* • **2.8.4** in sich ~ *über seine Handlungsweise nachdenken, sie bereuen* • **2.9** ⟨610⟩ jmdm. zur (an die) Hand ~ *helfen* **3** ⟨Imperativ⟩ (ach,) geh! • **3.1** *(Ausdruck des Erstaunens) wirklich? ist das wahr?* • **3.2** *(Ausdruck der Ungeduld) lass mich in Ruhe!* • **3.3** *(Ausdruck der Ablehnung, des Unmuts) das kommt nicht infrage, das ist zu viel!* • **3.4** geh **zum Teufel!** *(Fluch)* **4** etwas geht *ist in Bewegung;* die See geht hoch; ich habe die Tür ~ hören; es geht ein starker Wind • **4.1 Maschinen** ~ *sind in Ordnung;* die Uhr geht falsch, richtig; die Klingel geht nicht, geht wieder • **4.2 Teig** geht *wird aufgetrieben, vergrößert das Volumen;* der Teig geht in die Höhe • **4.3** ein **Verkehrsmittel** geht *fährt ab, verkehrt;* das Schiff, Flugzeug, der Zug, Bus, die Bahn geht 19.35 Uhr; der Zug geht über Frankfurt; wann geht der nächste Zug nach …?; die Post geht über Berlin • **4.4** eine **Nachricht** geht *verbreitet sich;* es geht das Gerücht, dass … **5** ⟨411 od. 800⟩ etwas geht … • **5.1** ~ **bis (an)** *reichen;* das Wasser ging ihm bis an den Gürtel; der Rock geht bis an die Knie; der Wald geht bis an die Stadt • **5.2 durch etwas** ~ *durchschlagen, sich hindurchbewegen;* die Kugel ging durch die Schulter • **5.2.1 durch** jmds. **Hände** ~ ⟨fig.⟩ *zu sehen bekommen, zur Beurteilung vorgelegt werden;* alles geht durch seine Hände • **5.3** ⟨511⟩ **von** dem **einen** zu dem **anderen** ~ *weitergegeben werden;* von Hand zu Hand ~; von Tisch zu Tisch ~; von Mund zu Mund ~ • **5.4** die **Öffnung** geht auf … *ist auf … gerichtet;* das Fenster geht auf den Garten, die Tür auf den Hof • **5.5** ⟨411⟩ **Personen** ~ **in** einen **Raum** *der R. kann … P. od. S. aufnehmen;* in diesen Saal ~ 500 Menschen • **5.5.1** ⟨813⟩ eine **Zahl** geht **in** eine andere …mal *ist … mal enthalten;* 6 geht in 12 zweimal • **5.5.2** … **Dinge** ~ **auf** … (ein **Maß**) *ergeben, messen;* 6 Äpfel ~ auf 1 kg • **5.5.3** etwas geht in … **Teile** *wird in … T. geteilt;* das Erbe geht in drei Teile **6** etwas geht … • **6.1** *kann … erledigt werden;* das geht einfach, leicht, schwer • **6.2** *verläuft, entwickelt sich;* der Schmerz geht tief; die Sache geht ihren Gang; alles geht nach Wunsch; wie geht das Geschäft? • **6.2.1** das **Gedicht** geht so *das G. hat folgenden Wortlaut* • **6.2.2** das geht zu **weit** *das ist zu viel* • **6.3 vor sich** ~ *geschehen;* und wie soll das vor sich ~? • **6.4** einer Sache **verlustig** ~ *eine S. verlieren* **7** ⟨800⟩ etwas geht **auf** jmdn. od. etwas *jmd. od. etwas ist gemeint* • **7.1** das geht auf dich! *damit bist du gemeint, das zielt auf dich!* • **7.2** die **Uhr** geht acht ⟨umg.⟩ *es ist bald acht Uhr;* es geht auf Mittag • **7.3** das **Lied** geht **nach** der **Melodie** … *wird nach der folgenden M. gesungen* • **7.4 zu Ende** ~ *verbraucht werden;* der Vorrat geht zu Ende, zur Neige • **7.5** das geht **über** meine **Kräfte** *es ist zu viel, zu schwer für mich* • **7.6** das geht gegen meine Überzeugung *ich bin dagegen, ich kann nicht zustimmen* • **7.7 in** die Tausende, Millionen ~ *eine (so erstaunliche) Höhe erreichen;* die Gewinne ~ in die Millionen • **7.8 in Erfüllung** ~ *erfüllt werden;* mein Wunsch ist in Erfüllung gegangen • **7.9 in** die **Brüche**, in **Stücke** ~ *zerbrechen* **8** ⟨610⟩ *Einfluss ausüben* • **8.1** etwas geht jmdm. **über** ein anderes *jmd. bevorzugt etwas vor einem anderen* • **8.1.1** mir geht nichts über Beethoven *B.s Musik ist für mich die schönste* • **8.2** ⟨613⟩ etwas geht jmdm. **durch** und

Gehen

durch *erregt, erschreckt jmdn. bis ins Innerste;* der Schrei ging mir durch und durch • **8.3** etwas geht jmdm. **über alles** *jmd. bevorzugt etwas vor allem anderen;* seine Arbeit geht ihm über alles; Pferde ~ ihr über alles **9** ⟨unpersönl.⟩ • **9.1** ⟨400⟩ es geht • **9.1.1** *ist möglich, kann getan, gemacht werden;* es mag ~, wie es will, wir müssen eine Lösung finden; es wird schon ~;am Dienstag geht es nicht; es ist anders gegangen, als er dachte • **9.1.2** *es geht! nicht besonders, mittelmäßig;* wie hat dir der Film gefallen? Es geht! • **9.2** ⟨413⟩ **so geht es ...** *das ist nicht zu ändern;* so geht es in der Welt; wie geht es Ihnen?; wie geht's?; wie geht's, wie steht's? ⟨vertraulich⟩; mir ist es ebenso gegangen; geht es dir wieder besser? • **9.3** ⟨813⟩ *ablaufen* • **9.3.1** es geht **mit jmdm. zu Ende** *jmd. wird bald sterben* • **9.3.2** ⟨801⟩ es geht **nach jmdm.** od. etwas *man richtet sich nach jmdm. od. etwas, jmd. od. etwas bestimmt, was geschehen soll;* wenn es nach mir ginge, ...; es geht nach seinem Plan • **9.3.3** ⟨801⟩ es geht **um jmdn.** od. **etwas** *jmd. od. etwas ist Ziel eines Geschehens;* es geht ihm nur ums Geld; es geht um seinen Kopf; hier geht es ums Ganze

Ge|hen ⟨n.; -s; unz.⟩ **1** *das Gehen* **2** ⟨Sp.⟩ *Sportart, bei der während des schnellen Gehens immer ein Fuß Kontakt mit dem Boden haben muss*

ge|hen||las|sen *auch:* **ge|hen las|sen** ⟨V. 175/500⟩ **1** ⟨Vr 8⟩ jmdn. ~ *in Ruhe lassen* **2** ⟨Vr 3⟩ sich ~ *sich nicht beherrschen, sich sehr lässig benehmen;* →a. *gehen (1.3)*

ge|heu|er ⟨Adj. 24/40; nur verneinend gebraucht⟩ **1** *nicht ~ unheimlich;* mir ist das nicht ~ • **1.1** *es ist hier nicht ~ hier spukt es*

Ge|hil|fe ⟨m.; -n, -n⟩ *jmd., der einem andern (bei der Berufsarbeit) hilft, Mitarbeiter, Helfer;* Handlungs~

Ge|hil|fin ⟨f.; -, -fin|nen⟩ *weibl. Gehilfe*

Ge|hirn ⟨n.; -(e)s, -e; Anat.⟩ *das Vorderende des Zentralnervensystems höher entwickelter Tiere, bes. der Wirbeltiere, in dem die Sinneszentren u. übergeordnete Schaltzentren (Koordinations- u. Assoziationszentren) zusammengefasst sind u. das in bestimmten Teilen für die Ausbildung komplizierter Instinkthandlungen, für die Fähigkeit des Gedächtnisses u. - im höchsten Falle - der Intelligenz verantwortlich ist: Cerebrum, Encephalon;* oV *Hirn*

Ge|hirn|er|schüt|te|rung ⟨f.; -, -en; Med.⟩ *durch stärkere Gewalteinwirkungen auf den Schädel entstandene Störung der Gehirntätigkeit, die meist mit Bewusstlosigkeit, Erinnerungsschwund für die Zeit des Unfalls u. vorher, sowie mit Erbrechen verbunden ist: Commotio cerebri*

Ge|hirn|wä|sche ⟨f.; -, -; fig.⟩ *Brechung des menschlichen Willens u. Zerstörung der Persönlichkeit durch physische u. psychische Foltern*

ge|ho|ben 1 ⟨Part. Perf. von⟩ **heben 2** ⟨Adj.⟩ • **2.1** *im Rang (u. Verdienst) höherstehend;* ~e Beamtenlaufbahn; ~er Dienst • **2.2** *heiter, fröhlich, zuversichtlich;* in ~er Stimmung sein • **2.3** *gewählt, gepflegt, erhaben, sich über das Alltägliche erhebend;* in ~er Sprache • **2.4** *erlesen, anspruchsvoll, luxuriös;* eine Wohnung, ein Hotel mit ~er Ausstattung

Ge|höft ⟨n.; -(e)s, -e⟩ *Gesamtheit der zu einem landwirtschaftlichen Betrieb gehörenden Gebäude*

Ge|hör ⟨n.; -(e)s; unz.⟩ **1** ⟨unz.⟩ *Sinn für die Wahrnehmung von Schall, Fähigkeit zu hören;* sein ~ hat im Alter nachgelassen; ein gutes, schlechtes ~ haben • **1.1** ⟨Mus.⟩ *Empfinden für Tonstufen;* kein (musikalisches) ~ haben • **1.1.1** nach dem ~ singen, spielen, lernen *ohne Noten od. Text* **2** ⟨unz.; fig.⟩ *Aufmerksamkeit, Beachtung;* darf ich um ~ bitten!; sich ~ verschaffen • **2.1** (kein) ~ finden *(nicht) angehört, beachtet werden* • **2.2** jmdm. ~ schenken *jmdn. anhören* • **2.3** ein Musikstück zu ~ bringen *Hörern vortragen* **3** ⟨nur Pl.⟩ ~e ⟨Jägerspr.⟩ *Ohren vom Raubwild, seltener vom Schwarzwild*

ge|hor|chen ⟨V.⟩ **1** ⟨400 od. 600⟩ *fremden Willensäußerungen entsprechen;* das Kind muss ~ lernen **2** ⟨400⟩ **etwas** *gehorcht lässt sich lenken;* Sy ⟨umg.⟩ *parieren;* die Bremse gehorcht dem leisesten Druck

ge|hö|ren ⟨V.⟩ **1** ⟨600⟩ etwas gehört **jmdm.** *ist jmds. Eigentum;* das Buch gehört mir; dem Kind gehört ihre ganze Liebe • **1.1** seine freien Stunden ~ seiner Familie *sind seiner F. gewidmet, vorbehalten* **2** ⟨800⟩ **zu jmdm.** od. **etwas** ~ *Teil eines Ganzen sein;* er gehört mit zur Familie; er gehört zu meinen Freunden; der Wald gehört zu unserem Grundstück; die Gartenarbeit gehört zu meinen Pflichten; das gehört nicht zur Sache; dieses Bild gehört zu seinen besten Werken **3** ⟨410⟩ *passen, den richtigen Platz haben;* zu diesem Kleid ~ weiße Schuhe; die beiden Stücke ~ zusammen; dies gehört nicht hierher; wohin gehört dieses Buch? • **3.1** der Kranke gehört ins Bett *muss od. müsste unbedingt ins Bett* • **3.2** ⟨600⟩ jmdm. gehört **etwas** ⟨süddt.⟩ *gebührt etwas;* für deine Frechheit gehört dir eine ordentliche Strafe **4** ⟨800⟩ etwas gehört **zu etwas** *ist für etwas erforderlich;* dazu gehört viel Mut **5** ⟨600/Vr 3⟩ **etwas** gehört **sich** (nicht) *schickt sich, ziemt sich (nicht);* wie es sich gehört; ein solcher Anruf gehört sich nicht!

ge|hö|rig ⟨Adj. 24⟩ **1** ⟨60⟩ **jmdm., zu etwas** ~ *gehörend;* die ihm ~en Häuser; die zu einem Hof ~en Felder **2** ⟨90⟩ *gebührend, verdient;* die Arbeit mit der ~en Sorgfalt erledigen; jmdm. mit der ~en Achtung begegnen **3** ⟨90; umg.⟩ *tüchtig, gründlich, energisch;* jmdm. eine ~e Tracht Prügel verabreichen; jmdm. ~ die Meinung sagen; jmdn. ~ zurechtweisen

Ge|hörn ⟨n.; -(e)s, -e⟩ **1** ⟨Zool.⟩ *Hörner des Rehwildes, die sich nicht erneuern;* Ggs *Geweih* **2** ⟨Jägerspr.⟩ *Geweih des Rehbocks*

ge|hor|sam ⟨Adj.⟩ *willig gehorchend, folgsam, fügsam;* den Eltern ~ sein; (Ihr) ~ster Diener! (als Briefschluss u. Grußformel) ⟨veraltet⟩; ich bitte ~st ⟨veraltet⟩

Geh|steig ⟨m.; -(e)s, -e⟩ = *Gehweg*

Geh|weg ⟨m.; -(e)s, -e⟩ *der für die Fußgänger bestimmte, im Vergleich zur Fahrbahn etwas erhöhte Teil der Straße;* Sy *Gehsteig*

Gei|er ⟨m.; -s, -⟩ **1** ⟨Zool.⟩ *großer, sich von Aas ernährender adlerartiger Greifvogel mit meist langem, wenig gefiedertem Hals;* Aas~; Gänse~ • **1.1** ⟨fig.; umg.⟩ *habgieriger Mensch;* er ist wie ein ~ hinter dem Geld her • 1.2 weiß der ~! *das weiß ich nicht;* weiß der ~, wann er endlich kommt! • 1.3 hol's der ~ *hol's der Teufel (ich möchte damit nichts mehr zu tun haben)*

Gei|fer ⟨m.; -s; unz.⟩ **1** *über die Lippen fließender Speichel (bes. bei Tieren u. wütenden od. tobsüchtigen Menschen)* **2** ⟨fig.⟩ *Zorn, Bosheit u. Wut*

Gei|ge ⟨f.; -, -n; Mus.⟩ *viersaitiges Streichinstrument;* Sy *Violine;* erste, zweite ~ spielen (im Orchester); →a. *erste(r, -s) (3.2)*

gei|gen ⟨V.⟩ **1** ⟨400⟩ Geige spielen **2** ⟨530⟩ **jmdm. die Meinung** ~ ⟨fig.; umg.⟩ *deutlich die Meinung sagen*

geil ⟨Adj.⟩ **1** ⟨70⟩ *kräftig, fett, üppig (wuchernd);* ~e Schösslinge **2** ⟨häufig abwertend⟩ *lüstern, triebhaft, geschlechtserregt, ständig auf die Befriedigung sexueller Wünsche abzielend;* ein ~er Kerl • **2.1** ⟨umg.⟩ *begierlich verlangend, versessen;* er ist ~ auf Geld; sie ist karriere~, geld~ **3** ⟨umg.⟩ *toll, prima, sehr gut, großartig;* dieser Film, diese Musik ist echt ~!; der Typ sieht echt ~ aus

Gei|sel ⟨f.; -, -n; früher a. m.; -s, -⟩ *Gefangener, der als Bürge für bestimmte Forderungen mit seinem Leben einstehen muss;* eine ~ nehmen; jmdn. als ~ nehmen

Gei|ser ⟨m.; -s, -; eindeutschende Schreibung von⟩ = *Geysir*

Gei|sha ⟨[ɡeːʃa] f.; -, -s; in jap. Teehäusern⟩ *in Tanz u. Musik ausgebildete Frau, die die Gäste in Teehäusern o. Ä. unterhält*

Geiß ⟨f.; -, -en⟩ **1** *weibliche Ziege* **2** *Weibchen von Gäms-, Stein- u. Rehwild*

Gei|ßel ⟨f.; -, -n⟩ **1** ⟨urspr.⟩ *Stab mit einem od. mehreren Riemen zum Züchtigen od. Selbstkasteien* **2** ⟨oberdt.⟩ *Peitsche* **3** ⟨Biol.⟩ *fadenförmiger Zellfortsatz, Wimper: Flagellum* **4** ⟨fig.⟩ *Heimsuchung, Plage, Strafe;* eine ~ Gottes; die Pest war eine ~ der Menschheit

gei|ßeln ⟨V. 500⟩ **1** jmdn. ~ *mit der Geißel (1,2) schlagen, peitschen, züchtigen* **2** eine **Sache** ~ ⟨fig.⟩ *scharf tadeln, anprangern;* Übelstände ~

Geist[1] ⟨m.; -(e)s, -e⟩ **1** ⟨unz.; urspr.⟩ *Hauch, Atem (als Träger des Lebens)* • **1.1** seinen ~ aufgeben, aushauchen *sterben* **2** ⟨unz.⟩ *das denkende, erkennende Bewusstsein des Menschen;* der ~ ist willig, aber das Fleisch ist schwach (Matth. 26,41); seinen ~ anstrengen • **2.1** *Scharfsinn, liebenswürdige Witzigkeit;* ein Mensch mit (viel) ~, ohne (jeden) ~; (viel, wenig) ~ haben; ein Mann von ~; seinen ~ sprühen lassen • **2.2 im** ~(e) *in der Vorstellung;* im ~(e) etwas od. jmdn. vor sich sehen **3** ⟨unz.⟩ *Art, Beschaffenheit, Wollen, Streben, Gesamtheit aller nicht materiellen Eigenschaften;* der ~ eines Volkes, einer Dichtung, einer Epoche; der ~ Schillers; der ~ der Goethezeit; der ~ der Zeit • **3.1** wir werden bald sehen, wes ~es Kind er ist • **3.1.1** *wie seine Gesinnung ist* • **3.1.2** *auf welchem geistigen Niveau er steht* • **3.2 in jmds.** ~(e) *in jmds. Sinne, so wie es jmd. auch gemacht hätte, nach denselben Prinzipien vorgehend;* sie führt das Werk ihres Vaters in seinem ~(e) weiter **4** *Mensch im Hinblick auf seine geistigen Fähigkeiten, sein inneres Wesen;* ein edler, führender, großer, überlegener ~; solche kleinen ~er; er ist ein unruhiger ~ ⟨umg.; scherzh.⟩ **5** *überirdisches Wesen;* der

Heilige ~ • **5.1** der ~ der Finsternis *der Teufel* • **5.2** *menschenähnliches Naturwesen, Elf, Kobold;* Erd~, Luft~, Wasser~; böse, gute ~er; von ~ern besessen sein; sie ist der gute ~ unseres Hauses ⟨fig.⟩ • **5.2.1** du bist wohl von allen guten ~ern verlassen? *du bist wohl nicht gescheit?,* was denkst du dir eigentlich? **6** *scheinbar wiederkehrender Verstorbener, abgeschiedene Seele, Gespenst;* die Stunde der ~; bist du's wirklich, oder ist es dein ~?; ~er beschwören; hier gehen ~er um

Geist[2] ⟨m.; -(e)s, -er⟩ *Alkohol;* Himbeer~, Wein~

geis|tern ⟨V. 410⟩ **1** *wie ein Geist umgehen, spuken;* ein Irrlicht geisterte über das Moor **2** ⟨(s.); umg.⟩ *huschen;* wer geistert hier durch das Haus?

Geis|tes|blitz ⟨m.; -es, -e⟩ *plötzlicher (geistreicher) Einfall*

Geis|tes|ge|gen|wart ⟨f.; -; unz.⟩ *Fähigkeit, rasch u. doch besonnen zu handeln, schnelles Reaktionsvermögen;* aufgrund der ~ der Angestellten konnte der Einbrecher gefasst werden

geis|tes|ge|stört ⟨Adj. 24⟩ *geistig-seelisch verwirrt, an einer Geisteskrankheit leidend, geisteskrank;* ein ~er junger Mensch; die Frau ist ~

geis|tig[1] ⟨Adj. 24⟩ **1** *den Geist*[1] *betreffend, zu ihm gehörig, auf ihm beruhend;* Ggs *körperlich, sinnlich;* ~e Fähigkeiten; er ist nicht mehr, noch im vollen Besitz seiner ~en Kräfte; ~ beschränkt; ~ umnachtet, zurückgeblieben sein; in ~e Umnachtung verfallen; ~e Anstrengung; ~e Nahrung; Kampf mit ~en Waffen; das Bild stand deutlich vor meinem ~en Auge • **1.1** ⟨60⟩ ~es **Eigentum** *urheberrechtlich geschütztes Erzeugnis gedanklicher Arbeit* **2** ⟨fig.⟩ *klug, gebildet, an allem Kulturellen interessiert, intellektuell;* ein sehr ~er Mensch

geis|tig[2] ⟨Adj. 60⟩ ~e **Getränke** *alkoholische G.*

geist|lich ⟨Adj. 24⟩ Ggs *weltlich* **1** *auf die Gottesverehrung bezüglich, religiös, fromm, erbaulich;* ein ~es Buch, Lied; ~e Gesänge **2** *zur Kirche gehörig;* ~er Herr • **2.1** ⟨60⟩ die ~en **Fürsten** *der dem Reich unmittelbar unterstellten Äbte u. Bischöfe, die die gleiche Macht wie die weltlichen Fürsten ausübten* • **2.2** ⟨60⟩ ~er **Orden** *Mönchs- bzw. Nonnenorden mit gemeinschaftlicher Ordensregel* • **2.3** ⟨60⟩ ~er **Stand** *S. des Klerus, der Geistlichen* • **2.4** ⟨60⟩ ~er **Vater** *Seelsorger, seelsorglicher Führer, Lehrer*

Geist|li|che(r) ⟨m. 1⟩ *Theologe, Priester, Pfarrer*

geist|reich ⟨Adj.⟩ *mit Geist ausgestattet, klug, einfallsreich, klug-witzig;* ~er Mensch; ~e Bemerkung; das war sehr ~! ⟨a. iron.⟩

Geiz ⟨m.; -es⟩ **1** ⟨unz.; abwertend⟩ *abstoßend übertriebene Sparsamkeit* **2** *Seiten-, Blattachseltrieb*

Geiz|hals ⟨m.; -es, -hälse; umg.⟩ *geiziger Mensch;* Sy *Geizkragen*

gei|zig ⟨Adj.; abwertend⟩ *übertrieben sparsam, knauserig;* er ist sehr ~; ein ~er Mensch

Geiz|kra|gen ⟨m.; -s, -; umg.⟩ = *Geizhals*

ge|konnt 1 ⟨Part. Perf. von⟩ *können* **2** ⟨Adj.⟩ *gelungen, sehr gut, mit großem Können;* ein Theaterstück, eine Szene ~ inszenieren; das war ~!; eine ~e Ansage

Ge|krö|se ⟨n.; -s, -⟩ *Gesamtheit der Falten des Bauchfel-*

ge|küns|telt ⟨Adj.; abwertend⟩ *unnatürlich, unecht, aufgesetzt (wirkend)*; ein ~es Lächeln

Ge|läch|ter ⟨n.; -s, -⟩ *lautes Lachen, Heiterkeitsausbruch; herzliches, schallendes ~; etwas od. (jmdn.)* dem ~ der anderen preisgeben

Ge|la|ge ⟨n.; -s, -⟩ *üppiges, ausgedehntes Gastmahl, Schwelgen in Essen u. Trinken;* Sauf~ ⟨umg.⟩; Zech~

Ge|län|de ⟨n.; -s, -⟩ **1** *Stück Land, Landstrich im Hinblick auf seine Benutzbarkeit für bestimmte Zwecke;* das ~ erkunden; ebenes, freies, hügeliges, offenes, übersichtliches, unübersichtliches ~ **2** *für bestimmte Zwecke benutzter Platz;* Bau~, Sport~, Übungs~

Ge|län|der ⟨n.; -s, -⟩ *niedriger Zaun od. Stange zum Festhalten u. als Schutz an Treppen, Balkonen usw.;* Brücken~, Treppen~

Ge|län|de|wa|gen ⟨m.; -s, -; Kfz⟩ *in unebenem Gelände benutzbarer, geländegängiger Wagen (mit Allradantrieb), Geländefahrzeug*

ge|lan|gen ⟨V.(s.)⟩ **1** ⟨411⟩ **an** ein **Ziel** ~ *(ein Ziel) erreichen, bis zu (einem Ziel) kommen;* (bis) ans andere Ufer ~; der Brief gelangte erst gestern in meine Hände; die Nachricht ist nicht bis zu uns gelangt; zum Ziele ~ **2** ⟨800⟩ **zu etwas** ~ *kommen, etwas erlangen, erwerben;* zu der Überzeugung ~, dass …; zu Reichtum ~ **3** ⟨410⟩ • 3.1 zum **Abschluss** ~ *abgeschlossen werden* • 3.2 zur **Ausführung** ~ *ausgeführt werden* • 3.3 das Haus ist in seinen Besitz gelangt *ist sein B. geworden* **4** ⟨800⟩ **an jmdn.** ~ ⟨schweiz.⟩ *bei jmdm. anfragen* • 4.1 an das Obergericht, an den Bundesrat ~ *appellieren*

Ge|lass ⟨n.; -es, -e; veraltet⟩ *kleines, enges, dunkles Zimmer*

ge|las|sen **1** ⟨Part. Perf. von⟩ *lassen* **2** ⟨Adj.⟩ *beherrscht, gefasst, ruhig, unerschüttert, leidenschaftslos, gleichmütig;* eine Nachricht ~ aufnehmen; du sprichst ein großes Wort ~ aus (Goethe, „Iphigenie", 1,3); „…", bemerkte er ~; (ruhig und) ~ bleiben, sein

Ge|la|ti|ne ⟨[ʒe-] f.; -; unz.⟩ *aus tierischen Knochen u. Häuten gewonnener Eiweißstoff (Collagen), der zur Herstellung von Geleespeisen, Sülzen usw. verwendet wird*

ge|läu|fig ⟨Adj.⟩ **1** ⟨70⟩ *wohlbekannt, vertraut;* das ist eine ~e Redensart; dieses Wort ist mir (nicht) ~ **2** ⟨selten⟩ *ohne Stockungen, fließend;* ein Musikstück ~ spielen; eine Fremdsprache ~ sprechen

ge|launt ⟨Adj. 24/70⟩ *gestimmt, aufgelegt;* froh, gut, schlecht ~ sein

gelb ⟨Adj.⟩ **1** *zwischen orange u. grün (gefärbt);* ~ wie ein Eidotter, eine Zitrone; die Bäume haben ~e Blätter • 1.1 ⟨60⟩ ~es **Fieber** = *Gelbfieber* • 1.2 ⟨60⟩ ~er **Fleck** ⟨Anat.⟩ *Stelle des schärfsten Sehens, eine gelblich erscheinende Stelle der Netzhaut des Auges: Macula lutea* • 1.3 ~es **Gold** *mit Silber und Kupfer zu gleichen Teilen legiertes G.* • 1.4 ⟨60⟩ **Gelbe** **Rübe** ⟨süddt.⟩ = *Möhre* • 1.5 ⟨60⟩ ~es/Gelbes **Trikot** *Symbol des Spitzenreiters in der Gesamtwertung bei der Tour de France* • 1.6 ⟨60⟩ ~e/Gelbe **Karte** ⟨Fußb.; Handb.⟩ *K. von gelber Farbe, die der Schiedsrichter einem Spieler deutlich sichtbar zum Zeichen der Verwarnung zeigt* **2** *von blasser, heller Gesichtsfarbe;* er war ganz ~ im Gesicht • 2.1 sie war ~ **vor Neid** ⟨fig.⟩ *sehr neidisch, furchtbar eifersüchtig* **3** das **Gelbe vom Ei** • 3.1 *Eidotter* • 3.2 das ist ja auch nicht **das Gelbe vom Ei!** ⟨fig.; umg.⟩ *das ist nicht gerade günstig, verspricht keinen Erfolg, ist nicht sehr vorteilhaft*

Gelb|fie|ber ⟨n.; -s; unz.; Med.⟩ *mit Gelbsucht, Leber- und Nierenschädigung, Erbrechen u. hohem Fieber einhergehende schwere Infektionskrankheit der warmen Länder, bes. Mittel- u. Südamerikas u. Westafrikas, deren Erreger (Charon evagatus) durch Stechfliegen (Aedes aegypti) übertragen wird: Febris flava;* Sy *gelbes Fieber,* → *gelb (1.1)*

gelb|grün ⟨Adj. 24⟩ *von gelblich grünem Farbton, zwischen gelb u. grün (farbig);* ein ~es Kleid

gelb|lich ⟨Adj. 24⟩ *von leicht gelbem Farbton, fast gelb;* gelblich grün

Gelb|sucht ⟨f.; -; unz.; Med.⟩ *Gelbfärbung der Haut, der Schleimhäute, des Harns und anderer Körperflüssigkeiten durch Übertreten von Gallenfarbstoff in das Blut: Icterus*

Geld ⟨n.; -(e)s, -er⟩ **1** ⟨unz.⟩ *allgemeines gesetzliches Zahlungsmittel in Form von Münzen u. Banknoten;* Hart~; Papier~; falsches ~; 5 000 Euro in barem ~; ~ wechseln (gegen kleinere Münzen od. Scheine od. gegen eine andere Währung) • 1.1 kleines ~ *Kleingeld, Münzen* • 1.2 großes ~ *Banknoten, Scheine* • 1.3 *Rechnungseinheit, mit deren Hilfe jedem Gut ein genauer Wert zugeordnet werden kann, Preis;* der Mantel ist wirklich sein ~ wert • 1.4 *Mittel, das den indirekten Austausch von Gütern u. Leistungen ermöglicht;* ~ (vom Konto) abheben; ~ kassieren; jmdm. ~ auszahlen; ich habe kein ~ bei mir; um ~ spielen; eine Menge ~; ein schönes Stück ~; etwas für teures ~ kaufen; sich etwas viel ~ kosten lassen; schade ums ~!; das ist hinausgeworfenes ~; ~ verdienen; zu ~ kommen • 1.4.1 ~ machen ⟨umg.⟩ *(leicht) erwerben* • 1.4.2 Besitz zu ~ machen ⟨umg.⟩ *verkaufen* • 1.4.3 das ist nicht mit ~ zu bezahlen, das ist nicht für ~ zu haben *das ist so kostbar, dass man es nicht kaufen kann* • 1.4.4 hier liegt das ~ auf der Straße ⟨fig.; umg.⟩ *hier kann man leicht u. gut verdienen* • 1.4.5 etwas geht, läuft ins ~ ⟨fig.⟩ *wird auf die Dauer (zu) teuer* • 1.4.6 für ~ und gute Worte ⟨fig.⟩ *um keinen Preis* • 1.4.7 ~ und Gut *der gesamte Besitz* • 1.5 *Mittel zur zeitlichen Übertragung der Kaufkraft, Ersparnisse;* ~ zurücklegen, sparen; ~ in Papieren, Schmuck usw. anlegen; vom ~, von seinem ~ leben; ~ auf der Bank (liegen) haben • 1.5.1 mit ~ gut, nicht, schlecht umgehen können *gut, nicht, schlecht sparen können* • 1.6 *Mittel zur (zeitweiligen) Übertragung der Kaufkraft von einer Person auf eine andere;* jmdm. mit ~ aushelfen; ~ borgen, leihen, pumpen; sein ~ arbeiten lassen; ~ in ein Unternehmen stecken • 1.6.1 ich muss sehen, wie ich wieder zu ~ komme *wie ich meine Außenstände eintreibe* • 1.7 ⟨Börsenwesen; Abk.: G⟩ *Kurswert von gesuchten Aktien* **2** ⟨unz.; fig.⟩ *Reichtum;* ~ regiert die Welt; ~ macht nicht glücklich, aber es beruhigt (die Nerven) ⟨umg.; scherzh.⟩ • 2.1 im ~ schwimmen ⟨umg.⟩ *sehr reich sein* • 2.2 ~ wie Heu haben ⟨umg.⟩ *sehr reich sein* • 2.3 das ~, sein ~ zum Fenster hinauswerfen *vergeuden, leichtsinnig ausgeben* 3 ⟨Pl.⟩ *(zweckgebundene) größere Geldsumme; flüssige ~er; öffentliche, staatliche ~er*

Geld|beu|tel ⟨m.; -s, -⟩ 1 *Behältnis zum Aufbewahren von Geld, Portemonnaie;* Sy *Geldbörse* • 1.1 tief in den ~ greifen ⟨fig.; umg.⟩ *viel Geld ausgeben*

Geld|bör|se ⟨f.; -, -n⟩ = *Geldbeutel*

geld|gie|rig ⟨Adj.; abwertend⟩ *gierig nach Geld, versessen auf den Besitz von Geld;* er ist sehr ~; ein ~er Mensch

geld|lich ⟨Adj. 24⟩ = *finanziell;* ~e Schwierigkeiten, Sorgen haben; es geht ihm ~ nicht gut

Geld|schein ⟨m.; -(e)s, -e⟩ *einzelnes Stück Papiergeld, Banknote*

Ge|lee ⟨[ʒə-] m. od. n.; -s, -s⟩ 1 *mit Zucker eingekochter Fruchtsaft;* Erdbeer~ 2 = *Gallert* 3 *farblose, halbfeste kosmetische Substanz*

ge|le|gen 1 ⟨Part. Perf. von⟩ *liegen* 2 ⟨Adj. 70⟩ *passend, angenehm;* Ihr Angebot kommt mir sehr ~; zu ~er Zeit

Ge|le|gen|heit ⟨f.; -, -en⟩ 1 *Zusammentreffen günstiger Umstände, die die Durchführung eines Vorhabens ermöglichen;* das ist, wäre eine ~, es zu tun; es hat sich noch keine ~ dazu geboten, ergeben; wenn sich eine ~ bietet, ergibt, werde ich ihn fragen; ich habe noch keine ~ gehabt, ihn zu fragen; jmdm. ~ geben, etwas zu tun; ich habe ~, mit dem Auto nach Berlin zu fahren; er versucht bei jeder ~, einen Vorteil für sich herauszuschlagen • 1.1 die ~ beim Schopfe fassen ⟨fig.⟩ *sie nutzen, wahrnehmen* • 1.2 ~ macht Diebe ⟨Sprichw.⟩ *man darf Dieben das Stehlen nicht leichtmachen, indem man Wertsachen unbeobachtet liegen lässt* • 1.3 *(günstiger) Zeitpunkt, geeigneter Augenblick;* eine günstige, gute, passende, verpasste ~; eine ~ abwarten; eine bessere ~ abwarten; eine ~ verpassen, versäumen; bei erster (bester), bei der ersten (besten) ~; bei passender ~ werde ich …; bei dieser ~ kannst du ihn sprechen • 1.3.1 **bei** = *gelegentlich;* ich werde es bei ~ tun 2 *Anlass;* eine feierliche, festliche ~; bei früheren ~en hat er immer eine Rede gehalten; ein Anzug, Kleid für alle ~en • 2.1 bei ~ einer Zusammenkunft ⟨förml.⟩ *wenn wir einmal zusammenkommen*

ge|le|gent|lich 1 ⟨Adj. 24/90⟩ *bei Gelegenheit, wenn sich eine Gelegenheit bietet;* ein ~es Wiedersehen; kommen Sie doch ~ einmal bei uns vorbei; lassen Sie ~ etwas von sich hören! 2 ⟨Adj. 50⟩ *manchmal, ab u. zu;* wir sehen uns (nur) ~; es kommt ~ vor, dass … 3 ⟨Präp. m. Gen.; Amtsdt.⟩ ~ einer **Sache** *anlässlich einer S., bei einer S.;* ~ einer Reise

ge|leh|rig ⟨Adj.⟩ *leicht lernend, lernwillig;* ein ~er Hund; ein ~er Schüler; er ist sehr ~

ge|lehrt 1 ⟨Part. Perf. von⟩ *lehren* 2 ⟨Adj.⟩ • 2.1 *gründlich wissenschaftlich gebildet;* ein ~er Mensch • 2.1.1 ein ~es Haus ⟨fig.; umg.; scherzh.⟩ *Mensch mit großem Wissen* • 2.2 *auf gründlicher wissenschaftlicher Bildung beruhend;* eine ~e Abhandlung

Ge|lehr|te(r) ⟨f. 2 (m. 1)⟩ 1 *jmd., der gelehrt ist, Wissenschaftler(in), Forscher(in);* die ~n der Philosophie; zu einem Thema die ~n befragen • 1.1 darüber sind sich die ~n **noch nicht einig,** darüber **streiten** sich noch die ~n *darüber wird in der Wissenschaft noch geforscht, das ist wissenschaftlich noch nicht geklärt*

Ge|lei|se ⟨n.; -s, -⟩ = *Gleis*

Ge|leit ⟨n.; -(e)s; unz.⟩ 1 ⟨unz.; geh.⟩ *das Geleiten* • 1.1 jmdm. das ~ geben *jmdn. geleiten;* jmdm. bis vor die Stadt das ~ geben • 1.2 ⟨fig.⟩ *Einführung;* zum ~ (als Titel eines Vorwortes) 2 *Gesamtheit der begleitenden Personen;* der hohe Gast traf mit einem großen ~ vor dem Rathaus ein 3 **freies** ~ ⟨Rechtsw.⟩ *Bewegungsfreiheit u. Unverletzlichkeit der Person;* jmdm. freies ~ zusichern

ge|lei|ten ⟨V. 500/Vr 8⟩ **jmdn.** ~ *begleiten, um ihn zu ehren u., od. zu schützen;* jmdn. sicher über die Straße ~

Ge|lenk ⟨n.; -(e)s, -e⟩ 1 ⟨Anat.⟩ *bewegliche Verbindung zwischen Skelettteilen, z. B. Knochen der Wirbeltiere od. feste organische Häutchen von Gliederfüßern;* Fuß~, Hand~ • 1.1 falsches ~ ⟨Med.⟩ *nach schlecht verheilten Knochenbrüchen entstehendes Gelenk: Pseudoarthrose* 2 ⟨Bot.⟩ *polsterförmige Verdickungen an Blattstielen od. Stängeln, die aus zartwandigen Parenchymzellen bestehen u. Bewegungen ausführen können* 3 ⟨Tech.⟩ *Bauteil zur Verbindung zweier gegeneinander beweglicher Teile einer Maschine;* Ketten~

ge|len|kig ⟨Adj.⟩ 1 *durch Gelenke beweglich, biegsam, leicht beweglich;* ~ (miteinander) verbundene Knochen 2 *behände, gewandt;* einen ~en Körper haben; sehr ~ sein; durch Gymnastik wieder ~ werden

Ge|lieb|te ⟨f. 2⟩ 1 *Frau, mit der jmd. ein intimes Liebesverhältnis unterhält;* eine ~ haben; sich eine ~ halten; jmds. ~ werden 2 ⟨Anrede⟩ *geliebte Frau;* meine ~!

Ge|lieb|te(r) ⟨m. 1⟩ 1 *Liebhaber;* einen Geliebten haben 2 ⟨Anrede⟩ *geliebter Mann;* mein ~!

ge|lin|de ⟨Adj. 24⟩ 1 *sanft, milde;* ein ~r Wind; die Luft war ~; der Frost war diesen Winter ~ 2 *vorsichtig, schonend;* das ist, ~ gesagt, unhöflich 3 ⟨60; umg.⟩ *heftig;* mich packte eine ~ Wut

ge|lin|gen ⟨V. 146/403⟩ *etwas* **(jmdm.)** *jmd. hat den gewünschten Erfolg bei etwas;* es will mir nicht ~; ihm gelingt alles, was er anfängt; es ist mir gelungen, ihn davon zu überzeugen; das Bild ist mir gut, nicht, schlecht gelungen; eine gelungene Arbeit, Überraschung; auf gutes Gelingen (eines Planes) anstoßen, trinken

gell|len ⟨V. 400⟩ *durchdringend tönen;* ein Schrei gellte durch die Stille; er schreit, dass mir die Ohren ~, (eigentlich) dass es mir in den Ohren gellt; ein ~der Hilferuf, Schrei; ~d schreien

ge|lo|ben ⟨V. 503/R 6⟩ 1 eine **Sache** ~ *feierlich versprechen, ein Gelübde ablegen, etwas zu tun;* jmdm. Schweigen, Treue ~; ich habe gelobt, es nie zu verraten • 1.1 das Gelobte Land ⟨bibl.⟩ *Palästina, das Land der Verheißung*

Gel|se ⟨f.; -, -n; österr.⟩ *Stechmücke*

gel|ten ⟨V. 147⟩ **1** ⟨403⟩ **(jmdm.)** gilt **etwas** *ist etwas wert;* ihm gilt seine Freiheit mehr als Reichtum; sein Rat gilt viel bei seinen Vorgesetzten; seine Meinung gilt mir viel • **1.1** ⟨411⟩ bei jmdm. etwas ~ *auf jmdn. Einfluss haben, bei jmdn. in Ansehen stehen* • **1.2** was gilt's?, was gilt die Wette? *um was wollen wir wetten?* **2** ⟨400⟩ **etwas** gilt *ist gültig;* der Ausweis gilt nicht mehr; diese Bestimmung gilt für alle; diese Regel gilt auch für ähnliche Fälle • **2.1** ⟨410⟩ das Gleiche gilt von ihm *das Gleiche ist über ihn zu sagen* • **2.2** ⟨410⟩ da gilt keine Ausrede, Entschuldigung *da wird keine A., E. anerkannt* • **2.3** die ~de Meinung *die herrschende M.* • **2.4** ⟨401⟩ es gilt! *abgemacht!* • **2.5** *in Geltung, in Kraft sein;* die ~den Gesetze; nach ~dem Recht • **2.6** *erlaubt sein, den Spielregeln entsprechen;* das gilt (nicht)! (beim Spiel) • **2.7** ~ *lassen anerkennen;* das lasse ich ~!; ich will es (ausnahmsweise) ~ lassen; die Meinung des andern ~ lassen • **2.8** ⟨613⟩ **etwas** gilt **jmdm. gleich** ⟨veraltet⟩ *ist jmdm. gleichgültig;* das gilt mir gleich **3** ⟨418⟩ **als** od. **für etwas** ~ *angesehen werden;* als dumm, klug ~; er gilt als der Klügste der Schule; das gilt als erlaubt **4** ⟨600⟩ **etwas** gilt **jmdm.** *ist an jmdn. gerichtet;* galt diese Bemerkung, dieser Vorwurf mir?; das gilt dir! **5** ⟨501⟩ **es** gilt **etwas** *es geht um etwas, es kommt auf etwas an;* es gilt das Leben!; hier gilt es, Mut zu zeigen **6** ⟨Part. Präs.; in den Wendungen⟩ • **6.1 etwas** ~**d machen** *vorbringen, zum Tragen kommen, wirksam werden;* Unterhaltsforderungen für das Kind ~d machen; der Bundespräsident machte seinen Einfluss ~d • **6.2 etwas macht sich** ~**d** *zeigt sich, zeigt seine Wirkung, macht sich bemerkbar;* die Steuererhöhung wird sich bald als eine verhängnisvolle Maßnahme ~d machen

Gel|tung ⟨f.; -; unz.⟩ **1** *Gültigkeit, Einfluss, Wert* (Schätzung), *Beachtung, Ansehen;* Welt~; ~ haben; einer Sache, sich ~ verschaffen; in ~ sein **2 zur ~** *Wirkung;* diese Frisur bringt ihr schönes Haar (vorteilhaft) zur ~; das Bild kommt hier besser zur ~

Ge|lüb|de ⟨n.; -s, -⟩ *feierliches Versprechen an Gott;* Sy *Votum (1);* das ~ der Armut, des Gehorsams; ein ~ ablegen, erfüllen

Ge|lüst ⟨n.; -(e)s, -e⟩ *plötzlicher Wunsch, Verlangen* (bes. nach Speisen); ich habe ein ~ auf, nach Erdbeeren, Spargel

ge|lüs|ten ⟨V. 505; unpersönl.; geh.⟩ **es** gelüstet **jmdn.** (**nach etwas**) *jmd. hat ein Gelüst (auf etwas);* gelüstet es dich nicht, davon zu kosten?; es gelüstet mich nach Pralinen

ge|mach ⟨Adv.⟩ *langsam, ruhig, nicht eilig;* nur ~!

Ge|mach[1] ⟨n.; -(e)s; unz.; veraltet; nur in der Wendung⟩ **mit** ~ *Behaglichkeit, Ruhe, Bequemlichkeit;* Ggs *Ungemach;* mit ~ kommt man auch weit

Ge|mach[2] ⟨n.; -(e)s, -mä|cher; poet.⟩ *Zimmer, Raum;* Schlaf~, Wohn~; sich in seine Gemächer zurückziehen ⟨a. scherzh.⟩

ge|mäch|lich ⟨Adj.⟩ **1** *langsam, ruhig;* ~ daherkommen; ~ seines Weges gehen **2** *behaglich, gemütlich, bequem, friedlich;* ein ~es Leben führen; ein ~er alter Mann

Ge|mahl ⟨m.; -(e)s, -e; nicht als Bez. für den eigenen Ehemann verwendet⟩ *Ehemann;* grüßen Sie bitte Ihren Herrn ~ ⟨förml.⟩

Ge|mah|lin ⟨f.; -, -lin|nen; nicht als Bez. für die eigene Ehefrau verwendet⟩ *Ehefrau;* ihre Frau ~ ⟨förml.⟩

Ge|mäl|de ⟨n.; -s, -⟩ **1** *gemaltes Bild;* ein ~ restaurieren **2** ⟨fig.⟩ *lebhafte Darstellung, packende Schilderung;* das Buch ist ein ~ des Lebens im 18. Jahrhundert

Ge|mar|kung ⟨f.; -, -en⟩ **1** *Grenze* **2** *Gemeindeflur, Gemeindebezirk*

ge|mäß ⟨Präp. mit Dat.⟩ *angemessen, entsprechend, angepasst, würdig, in Übereinstimmung mit;* Ihren Anordnungen, Ihrem Befehl, Wunsch ~; seinem Stande ~; ein solches Verhalten wäre ihm nicht ~

...ge|mäß ⟨in Zus.; zur Bildung von Adj.⟩ *etwas, einer Sache entsprechend;* wunschgemäß, standesgemäß, sachgemäß, erwartungsgemäß

ge|mä|ßigt 1 ⟨Part. Perf. von⟩ *mäßigen* **2** ⟨Adj.⟩ *maßvoll, ausgeglichen* • **2.1** ~**e Kleinschreibung** *K. aller Wörter mit Ausnahme der Eigennamen u. der Wörter am Anfang eines Satzes*

ge|mein ⟨Adj.⟩ **1** ⟨70⟩ *gewöhnlich, allgemein verbreitet* • **1.1** ~**er Wert** *üblicher W., im Unterschied zum Liebhaberwert* **2** ⟨60⟩ *einfach, normal;* der ~e Mann; das ~e Volk • **2.1** ⟨60⟩ ~**er Soldat** *S. ohne Dienstgrad* • **2.2** ⟨60⟩ ~**es Jahr** *normales J. von 365 Tagen* **3** ⟨60⟩ *allgemein;* der ~e Nutzen; das ~e Wohl **4** *gemeinsam;* Eigenschaften, Interessen mit jmdm. ~ haben; wir haben nichts miteinander ~ • **4.1** nichts mit jmdm. ~ haben wollen *nichts mit jmdm. zu tun haben wollen* **5** ⟨fig.⟩ *niedrig (gesinnt), unfein;* so ein ~er Kerl!; ~er Verbrecher • **5.1** ⟨40⟩ du bist ~! ⟨umg.⟩ *niederträchtig*

Ge|mein|de ⟨f.; -, -n⟩ **1** *dem Staat untergeordneter, öffentlich-rechtlicher Verband, kleinster Verwaltungsbezirk;* Sy *Gemeinwesen (1);* Land~, Stadt~; eine kleine, große ~; eine ~ von 300 Einwohnern; diese Häuser gehören nicht mehr zu unserer ~ • **1.1** *Einwohnerschaft einer Gemeinde (1);* Mitteilungen für die ~ **2** *Angehörige eines kirchlichen Bezirks;* Pfarr~ • **2.1** *Gesamtheit der in der Kirche versammelten Gläubigen;* die andächtig lauschende ~ **3** *Gemeinschaft, Gruppe von Menschen, die sich unter einer Idee od. mit bestimmten Interessen zusammengefunden haben;* Sing~, Theater~ • **3.1** *Anhängerschaft;* der Künstler hat allmählich eine ~ um sich gesammelt; zur ~ eines Dichters, Sängers gehören

ge|mein|ge|fähr|lich ⟨Adj.⟩ *gefährlich für die Allgemeinheit;* ein ~er Verbrecher

ge|mein|hin ⟨Adv.⟩ *gewöhnlich, im Allgemeinen, meistens*

ge|mein|ma|chen ⟨V. 517/Vr 7 od. Vr 8⟩ *sich mit jmdm. ~ auf die gleiche (niedrigere) Stufe stellen*

ge|mein|nüt|zig ⟨Adj.⟩ *zum Wohl der Allgemeinheit, dem Nutzen der Allgemeinheit dienend;* eine ~e Einrichtung, Stiftung; für ~e Zwecke

Ge|mein|platz ⟨m.; -es, -plät|ze⟩ *allgemein bekannte u. daher nichtssagende Redensart, Phrase (2), z. B.* „das Leben ist ein Kampf"; jmdn. mit Gemeinplätzen abspeisen (anstatt ihm zu helfen)

ge|mein|sam ⟨Adj. 24⟩ **1** *gemeinschaftlich, mehreren gehörend, mehreren zu eigen;* ~er Besitz; unser ~er Freund; ~e Interessen haben • **1.1** ⟨60⟩ ~e Sache mit jmdm. machen *sich mit jmdm. verbünden (für einen unguten Zweck)* • **1.2** eine Sache auf einen ~en Nenner bringen *so zusammenfassen, dass alle zu ihrem Recht kommen* **2** ⟨50⟩ *zusammen, miteinander, zur gleichen Zeit;* ein Haus ~ bewohnen; ~ gehen, handeln, kommen, vorgehen; ~ lesen, singen, sprechen

Ge|mein|schaft ⟨f.; -, -en⟩ **1** *durch etwas Gemeinsames (Denken, Ziele, Beruf usw.) verbundene Menschengruppe;* Arbeits~, Christen~, Familien~; eine ~ bilden; in einer ~ leben • **1.1** ~ der **Gläubigen** *alle durch den christlichen Glauben miteinander Verbundenen* • **1.2** die ~ der **Heiligen** ⟨apostol. Glaubensbekenntnis⟩ • **1.2.1** *Gesamtheit aller Heiligen der christlichen Kirche* • **1.2.2** ⟨nach anderer Auslegung⟩ *Gesamtheit der Gläubigen der christlichen Kirche* **2** *Verbindung, Zusammensein, Beziehungen;* enge, feste, innige ~; eheliche ~; mit jmdm. in (enger) ~ leben; ~ haben mit jmdm. • **2.1** mit jmdm. keine ~ machen (wollen) *nichts mit jmdm. zu tun haben (wollen)* • **2.2 in ~ mit** *gemeinsam, zusammen;* in ~ mit jmdm. eine Arbeit ausführen

ge|mein|schaft|lich 1 ⟨Adj. 24/60⟩ *gemeinsam, eine Gemeinschaft betreffend;* ein ~er Vertrag, ~es Abkommen, ~es Testament **2** ⟨Adv.⟩ *zusammen, gemeinsam, in der Gemeinschaft;* etwas ~ unternehmen; eine Firma ~ führen

Ge|mein|spra|che ⟨f.; -, -n⟩ *allgemeine Sprache, Umgangssprache*

Ge|mein|we|sen ⟨n.; -s, -⟩ **1** = *Gemeinde (1)* **2** *öffentlich-rechtlicher Verband aus mehreren Gemeinden*

Ge|men|ge ⟨n.; -s, -⟩ **1** *lockere Mischung, Gemisch;* ein ~ aus Sand u. Steinen • **1.1** ⟨Landw.⟩ *gleichzeitiger Anbau verschiedener Kulturpflanzen auf einem Acker* • **1.2** ⟨Chem.⟩ *Gemisch von Stoffen, das durch physikalische Methoden in seine Bestandteile zerlegt werden kann* **2** *(tätliche) Auseinandersetzung;* Hand~; mit jmdm. ins ~ kommen, geraten

ge|mes|sen 1 ⟨Part. Perf. von⟩ *messen* **2** ⟨Adj.⟩ *langsam, ruhig, bedächtig, maßvoll, würdig, gelassen;* ~en Schrittes daherkommen; in ~er Haltung; in ~en Worten

Ge|met|zel ⟨n.; -s, -⟩ *grausame Massentötung, mörderischer Kampf, Blutbad*

Ge|misch ⟨n.; -(e)s, -e⟩ **1** *aus mehreren Bestandteilen bestehende Mischung, Gemenge* • **1.1** ⟨Kfz-Tech.⟩ • **1.1.1** *zündfähige Mischung aus Kraftstoff u. Luft* • **1.1.2** *Mischung aus Benzin u. Öl*

ge|mischt 1 ⟨Part. Perf. von⟩ *mischen* **2** ⟨Adj. 24⟩ *aus verschiedenartigen Bestandteilen zusammengesetzt;* ~e Gruppe, Kost • **2.1** ~er **Chor** ⟨fig.⟩ *Chor aus Männer- u. Frauenstimmen* • **2.2** eine ~e **Zahl** *ganze Z. mit einem Bruch, z. B.* 2 • **2.3** einer Sache mit ~en Gefühlen entgegensehen ⟨umg.⟩ *unbehaglich* • **2.4** ⟨fig.; umg.; abwertend⟩ *nicht sehr anständig, unfein;* eine ~e Gesellschaft; jetzt wird's ~

Gem|se ⟨alte Schreibung für⟩ *Gämse*

Ge|mü|se ⟨n.; -s, -⟩ **1** *verschiedene essbare Pflanzen;* ~ (an)bauen; ~ dünsten, kochen, putzen, raspeln, schneiden; frisches, getrocknetes, grünes, junges, rohes ~ **2** *Gericht aus Gemüse (1);* gemischtes ~; Butter an das ~ tun **3** ⟨fig.; umg.; scherzh.⟩ *Kinder, Jugendliche* • **3.1** kleines ~ *Kinder* • **3.2** junges ~ *unreife junge Leute, Halbwüchsige*

Ge|müt ⟨n.; -(e)s; unz.⟩ **1** ⟨unz.⟩ *geistiges u. sinnliches Gefühlsleben;* ein fröhliches, heiteres, kindliches, liebevolles ~ • **1.1** *anteilnehmende Gefühle;* ~ haben; er hat kein ~ • **1.1.1** ein ~ wie ein Fleischerhund ⟨umg.; scherzh.⟩ *herzlos* • **1.2** das ist etwas fürs ~ ⟨umg.⟩ *etwas für das Gefühlsleben (nicht für die Bildung od. den Intellekt)* **2** *Mensch in Hinblick auf sein Seelen- u. Gefühlsleben;* sie ist ein ängstliches ~; die erregten ~er beruhigen; der Vorfall erregte die ~er **3 sich etwas zu ~e führen** ⟨umg.⟩ *etwas genussvoll essen od. trinken;* sich ein Stück Kuchen zu ~e führen

ge|müt|lich ⟨Adj.⟩ **1** *behaglich, anheimelnd;* ein ~er Raum, Sessel; hier ist es ~; mach es dir ~! **2** *zwanglos, heiter, familiär;* ein ~es Zusammensein; einen ~en Abend verbringen; jmdn. zu einem ~en Abendessen einladen; wollen Sie schon gehen? Jetzt wird es doch erst richtig ~!; eine Nachmittag ~ verplaudern **3** *umgänglich, leutselig, ungezwungen, freundschaftlich, herzlich u. ein wenig bieder;* ein ~er alter Herr; er lachte ~; „Schon gut", sagte er ~

Gen ⟨n.; -s, -e⟩ *eigentlicher Träger der Erbanlagen, befindet sich in einer bestimmten Anordnung im Chromosomen des Zellkerns u. beeinflusst entscheidend das körperliche u. geistige Erscheinungsbild der Organismen, Erbfaktor;* ~technik; ~forschung

ge|nau 1 ⟨Adj.⟩ *einem Vorbild od. Muster entsprechend, übereinstimmend, getreu;* ein ~es Messgerät; eine ~e Nachbildung, Wiedergabe; ~e Angaben machen können; die ~e Bedeutung des Wortes; meine Uhr geht (auf die Minute) ~; der Schlüssel passt ~; beide Stücke sind (sich) ~ gleich; etwas od. jmdn. ~ erkennen; ein Kennzeichen ~ angeben; einen Vorfall ~ erzählen; ~ übereinstimmen; etwas ~ wissen; ich weiß über den Unfall nichts Genaues; ~ nach Maß • **1.1** *sorgfältig abgemessen;* es sind ~ zwei Meter; etwas ~ abwiegen • **1.1.1** mit ~er Not entkommen ⟨veraltet⟩ *gerade noch, ganz knapp* • **1.2** *pünktlich;* ~ (um) ein Uhr; wie ist die ~e Zeit?; der Zug kam ~ auf die Minute; ~ zur festgesetzten Zeit • **1.3 etwas aufs ~este/Genaueste** prüfen *etwas in allen Einzelheiten, sehr gründlich prüfen* • **1.4** etwas des **Genaueren** betrachten ⟨geh.⟩ *etwas sehr gründlich, äußerst sorgfältig betrachten* **2** ⟨Adv.⟩ *ausführlich, in allen Einzelheiten, gewissenhaft, sorgfältig, streng;* ~ aufpassen; etwas ~ beachten; etwas ~ prüfen; er ist sehr ~, was seine Arbeit betrifft; peinlich ~; sich ~ an die Bestimmungen halten • **2.1** etwas (nicht) sehr ~ nehmen *(nicht) sehr korrekt u. gründlich sein;* er nimmt es mit dem Eigentum nicht sehr ~ • **2.1.1** man darf nicht alles so ~ nehmen *man darf Gründlichkeit nicht übertreiben* • **2.1.2** ~ **genommen** ⟨nur adv.⟩ ~ genommen(,) *verhält es sich anders wenn man es genau nimmt;* ⟨aber attr. Getrennt- u. Zusammenschreibung⟩ ~ genommen = *genaugenom-*

genaugenommen

men **3** ⟨Partikel⟩ *eben, gerade;* ~ *das Gegenteil;* ~ *sieben Stunden;* ~ *im Augenblick, als ... in diesem A., gerade als ...* • **3.1** Erwartest du ihn? ~! ⟨umg.⟩ *ja, jawohl, richtig, gewiss!*

ge|nau|ge|nom|men *auch:* **ge|nau ge|nom|men** ⟨Adj. 24/60⟩ *wörtlich verstanden, exakt befolgt, genau betrachtet;* eine ~e Anweisung; →a. *genau (2.1.2)*

ge|nau|so ⟨Adv.⟩ *ebenso, geradeso;* er macht es (ganz) ~; das eine ist, passt ~ *gut* wie das andere; der blaue Rock ist ~ lang wie der grüne; dieses Bild ist ~ schön wie das andere; er hat ~ viel wie du bekommen

Gen|darm ⟨[ʒã-] od. [ʒan-] m.; -en, -en⟩ *(ländlicher) Polizist*

Ge|ne|a|lo|gie ⟨f.; -; unz.⟩ **1** ⟨unz.⟩ *Lehre von der Abstammung, Verwandtschaft u. Herkunft der Geschlechter (bes. bestimmter Adels- u. Herrscherfamilien), Ahnenforschung* **2** ⟨zählb.⟩ *Darstellung der Abstammung, Verwandtschaft u. Herkunft eines Geschlechts od. einer Person*

ge|nehm ⟨Adj. 24/72; geh.⟩ *angenehm, willkommen;* ist Ihnen die Einladung für morgen ~?; wenn es Ihnen (so) ~ ist

ge|neh|mi|gen ⟨V. 503/Vr 5 od. Vr 6⟩ **1** *etwas ~ erlauben, bewilligen, einwilligen in etwas;* eine Bitte, ein Gesuch (nicht) ~; genehmigt (als Aktennotiz unter einem Gesuch); der Vorschlag muss erst vom Gemeinderat genehmigt werden • **1.1** ⟨530/Vr 1⟩ *sich einen* ~ ⟨fig.; umg.; scherzh.⟩ *einen Schnaps trinken*

Ge|neh|mi|gung ⟨f.; -, -en⟩ **1** *Erlaubnis, Bewilligung;* eine Bau~ erhalten; Start-, Lande~ für Flugzeuge; ~ zur Einreise in ein Land **2** *das Genehmigen, das Genehmigtwerden;* die behördliche ~ des Bauvorhabens steht noch aus **3** *Schriftstück, das eine Genehmigung (1) enthält*

ge|neigt 1 ⟨Part. Perf. von⟩ *neigen* **2** ⟨Adj. 70; fig.⟩ *günstig gesinnt, wohlwollend, freundlich;* ~er Leser! (Anrede des Autors an den Leser im Buch od. Vorwort) • **2.1** jmdm. ein ~es Ohr schenken *wohlwollend zuhören* • **2.2** jmdm. ~ sein *jmdm. zugetan sein, jmdm. in Sympathie verbunden sein* • **2.3** ~ sein, etwas zu tun *bereit sein, etwas beabsichtigen;* Ggs *abgeneigt* • **2.4** jmdn. (für etwas) ~ machen *günstig stimmen;* sich die Götter ~ machen ⟨poet.⟩

Ge|ne|ral ⟨m.; -s, -e *od.* -räle *od.* -räle⟩ **1** *höchste Offiziersrangklasse* • **1.1** *Offizier in dieser Rangklasse* **2** *oberster Vorsteher eines katholischen geistlichen Ordens od. einer Kongregation* • **2.1** *der internationale Leiter der Heilsarmee* **3** ⟨Zool.⟩ = *Feuerwanze*

ge|ne|ral..., Ge|ne|ral... ⟨in Zus.⟩ *allgemein..., Allgemein..., haupt..., Haupt...;* generalüberholen, generalerneuern, Generalangriff, Generalvollmacht

Ge|ne|ral|pro|be ⟨f.; -, -n⟩ *letzte Probe vor einer Aufführung, Hauptprobe*

Ge|ne|ra|ti|on ⟨f.; -, -en⟩ **1** *Menschenalter;* eine Entwicklung geht über ~en hinaus **2** *einzelne Stufe der Geschlechterfolge* **3** *Gesamtheit der zur Generation (1) gehörenden Personen;* Sy *Geschlecht (4);* die ~ unserer Eltern; meine, deine, unsere ~; etwas von einer ~ auf die andere vererben • **3.1** die **ältere** ~ *die Eltern* • **3.2** die **junge** ~ *die Kinder od. Enkel* **4** ⟨Tech.⟩ *durch eine besondere Art der Konstruktion gekennzeichneter Zeitabschnitt in der Entwicklung von Geräten;* Computer der dritten ~

Ge|ne|ra|tor ⟨m.; -s, -en; Pl.: -to|ren⟩ **1** ⟨El.⟩ *rotierende Maschine, die mechanische in elektrische Energie umwandelt* • **1.1** ⟨fig.⟩ *antreibende Kraft* • **1.1.1** er ist der ~ des Unternehmens *derjenige, der das Unternehmen vorantreibt* **2** ⟨Tech.⟩ *Apparat, Anlage zur Erzeugung von brennbaren Gasen aus festen Stoffen (z. B. Kohle);* Gas~ **3** ⟨EDV⟩ *Programmierhilfe zur automatischen Erzeugung eines Verarbeitungsprogramms*

ge|ne|rell ⟨Adj.⟩ *allgemein(gültig), im Allgemeinen;* Ggs *speziell (1)*

ge|ne|rie|ren ⟨V. 500⟩ **1** *etwas ~ erzeugen* **2** einen **Satz,** eine **Äußerung ~** ⟨Sprachw.⟩ *in Übereinstimmung mit den Regeln der Grammatik bilden, hervorbringen*

ge|ne|rös ⟨Adj.; geh.⟩ *freigebig, spendabel, großzügig;* er ist sehr ~; ein ~es Verhalten

Ge|ne|se ⟨f.; -; unz.⟩ *Entstehung, Entwicklung, Bildung (des Lebens);* die ~ menschlichen Lebens; die ~ eines Friedensprozesses

ge|ne|sen ⟨V. 148(s.)⟩ **1** ⟨400⟩ *einen guten Gesundheitszustand wiedererlangen;* von einer Krankheit noch nicht ganz, völlig, wieder ~ sein **2** ⟨700⟩ *eines* **Kindes ~** ⟨veraltet⟩ *ein Kind gebären;* sie genas eines gesunden Knaben

Ge|ne|tik ⟨f.; -; unz.⟩ *Wissenschaft, die sich mit den Gesetzmäßigkeiten der Vererbung von Merkmalen beschäftigt, Vererbungslehre;* Molekular~

ge|ne|tisch ⟨Adj. 24⟩ **1** *die Genetik betreffend, auf ihr beruhend, erblich bedingt, entstehungsgeschichtlich* • **1.1** ~er **Fingerabdruck** *durch molekulartechnische Analyse der DNA gewonnenes genetisches Profil einer Person, das z. B. bei einer polizeilichen Fahndung von Bedeutung sein kann* • **1.2** ~er **Kode** *in Form besonderer Strukturen der Eiweißmoleküle festgelegter Bau der Gene*

ge|ni|al ⟨Adj.⟩ **1** *im höchsten Maße begabt u. dabei schöpferisch* **2** *großartig, überragend*

Ge|nick ⟨n.; -(e)s, -e⟩ **1** = *Nacken* • **1.1** jmdm. das ~ brechen ⟨fig.; umg.⟩ *jmdn. scheitern lassen, ruinieren;* dieses Vorhaben hat ihm das ~ gebrochen

Ge|nie ⟨[ʒə-] n.; -s, -s⟩ **1** ⟨unz.⟩ *höchste schöpferische Begabung* **2** ⟨unz.; schweiz.⟩ *militärisches Ingenieurwesen, technische Truppe;* ~korps; ~offizier **3** *Mensch von höchster schöpferischer Begabung;* ein musikalisches ~

ge|nie|ren ⟨[ʒə-] V. 500⟩ **1** ⟨veraltet⟩ **jmdn. ~** *stören, belästigen* • **1.1** etwas geniert **jmdn.** *ist jmdm. peinlich;* geniert es Sie, wenn ich meine Jacke ausziehe? **2** ⟨Vr 3⟩ **sich ~** *sich schämen, sich vor den anderen Leuten unsicher fühlen, schüchtern, gehemmt sein* • **2.1** ~ Sie sich nicht! (bei Tisch) *keine Hemmungen!, greifen Sie ungehemmt zu!*

ge|nieß|bar ⟨Adj. 24/70; häufig verneint⟩ **1** *essbar, trinkbar, verzehrbar;* dieser Rotwein ist nicht ~ • **1.1** diese Mahlzeit ist nicht ~ *schmeckt schlecht,* *ist schlecht zubereitet, ungenießbar* **2** *jmd.* ist (nicht) ~ ⟨fig.; umg.⟩ *jmd. ist gut (schlecht) gelaunt, (nicht) umgänglich*

ge|nie|ßen ⟨V. 149/500⟩ *etwas* ~ **1** *essen, trinken;* einen guten Wein ~? • **1.1** das Essen ist nicht zu ~ *ist sehr schlecht* **2** *auskosten, Freude haben an etwas;* etwas Schönes in vollen Zügen ~; er genoss die wunderbare Musik; ich habe meinen Urlaub sehr genossen • **2.1** du bist ja heute nicht zu ~! ⟨fig.; umg.; scherzh.⟩ *deine schlechte Laune macht dich unausstehlich* **3** *erhalten;* eine gute Ausbildung, Erziehung genossen haben

ge|nie|ße|risch ⟨Adj.⟩ *voller Genuss, genussvoll, schlemmerhaft genießend;* er zündete sich ~ eine Zigarre an; er musterte die Speisen mit einem ~en Blick

Ge|ni|tal ⟨n.; -s, -li|en; Anat.⟩ *Geschlechtsteil, Geschlechtsorgan;* oV *Genitale*

Ge|ni|ta|le ⟨n.; -s, -li|en; Anat.⟩ = *Genital*

Ge|ni|tiv ⟨m.; -(e)s, -e; Gramm.⟩ **1** ⟨unz.; Abk.: Gen.⟩ *zweiter Fall der Deklination, der auf die Frage „wes, wessen" steht (für das substantivische Attribut sowie als Genitivobjekt verwendet u. von einigen Präpositionen gefordert);* Sy *Wesfall;* die Präposition „wegen" kann neben dem ~ heute auch mit Dativ verwendet werden **2** *Wort, das im Genitiv (1) steht;* „(des) Hauses", „(des) Fingers", „(der) Mutter" sind ~e

Ge|ni|us ⟨m.; -; unz.⟩ **1** ⟨geh.⟩ **1.1** ⟨unz.⟩ *schöpferischer Geist, schöpferische Geisteskraft, hohe Begabung;* der ~ eines Künstlers, Wissenschaftlers; mein ~ sagt mir, dass … ⟨scherzh.⟩; der ~ Beethovens, Mozarts • **1.2** ⟨zählb.⟩ *jmd., der schöpferisch veranlagt (u. tätig) ist, hoch begabter Mensch, Genie;* für viele Germanisten ist Goethe ein ~ **2** ⟨röm. Mythologie⟩ *vor Unheil bewahrender Geist eines Menschen, eines Hauses, eines Ortes* • **2.1** ⟨meist Pl.; Kunst⟩ *Darstellung des Genius (2) als geflügelte Gottheit* • **2.2** ⟨heute allg.; geh.⟩ *Schutzgeist, Schutzengel;* sein guter ~ hat ihn vor dieser Torheit bewahrt

Ge|nos|se ⟨m.; -n, -n⟩ **1** *Gefährte, Kamerad;* Jugend~, Kampf~, Arbeits~ **2** *Parteifreund, bes. Mitglied einer sozialistischen od. kommunistischen Partei* • **2.1** *Anrede der sozialistischen od. kommunistischen Parteimitglieder untereinander* **3** *Mitglied einer Genossenschaft*

Ge|nos|sen|schaft ⟨f.; -, -en⟩ *Zusammenschluss mehrerer Personen zur Förderung gleicher wirtschaftlicher Interessen mittels gemeinschaftlichen Geschäftsbetriebes;* Berufs~, Einkaufs~, Winzer~; landwirtschaftliche ~

Ge|nos|sin ⟨f.; -, -sin|nen⟩ *weibl. Genosse*

Gen|tech|nik ⟨f.; -; unz.⟩ *Technik zur Manipulation u. Übertragung von Genen, Gentechnologie*

Gent|le|man *auch:* **Gent|le|man** ⟨[dʒɛntlmæn] m.; -s, -men [-mən]⟩ *höflicher, gebildeter, vornehmer Mann, der stets die Regeln des Anstandes wahrt;* er benimmt sich wie ein echter ~

ge|nug ⟨Adv.24⟩ **1** *ausreichend, genügend* • **1.1** er ist sich selbst ~ *er weiß sich selbst zu beschäftigen, er braucht keine Anregung von anderen* • **1.2** *in ausreichender Menge;* ~ Brot, Geld; hast du ~ Platz?; (nicht) ~ zu essen haben; er hat ~ gegessen; ~ haben; er hat nie ~; er kann nie ~ bekommen; danke, es ist ~! (beim Austeilen, Einschenken) • **1.3** *in ausreichendem Grade;* das ist (nicht) groß, schön ~; mach ihm nicht auch noch Vorwürfe, es ist (schon) schlimm ~, dass er sich verletzt hat • **1.3.1** das Beste ist für ihn gerade gut ~ *er will immer nur das Beste haben, das Beste scheint ihm für sich ganz selbstverständlich* • **1.3.2** das ist für ihn (gerade) gut ~ *etwas Besseres ist für ihn nicht nötig* **2** ⟨90⟩ *die Grenze eines bestimmten Maßes erreichend od. überschreitend;* ~ der vielen Worte, es muss gehandelt werden • **2.1** jetzt ist's aber ~! *jetzt aber Schluss!, jetzt reißt mir die Geduld!* • **2.2** ~ davon! *Schluss jetzt!, reden wir von etwas anderem!* • **2.3** ~ und übergenug *viel zu viel* • **2.4** ich habe davon mehr als ~ *zu viel* • **2.5** von etwas ~ haben ⟨fig.⟩ *es satthaben;* ich habe ~ davon; ich habe ~ von ihren ewigen Klagen • **2.6** das ist wenig ~ *ziemlich wenig*

Ge|nü|ge ⟨f.; -; unz.⟩ **1** einer **Sache** ~ leisten, tun *eine S. erfüllen;* Forderungen, Ansprüchen ~ leisten, tun **2** zur ~ *in ausreichendem Maße;* mir ist sein Leichtsinn zur ~ bekannt

ge|nü|gen ⟨V.⟩ **1** ⟨400⟩ *etwas* genügt *reicht aus;* danke, das genügt (mir); mir genügt, für mich genügt die Hälfte • **1.1** ⟨Part. Präs.⟩ ~d *ausreichend, genug, in der erforderlichen Menge;* wir haben ~d Vorräte; er hat ~d Geld, um uns ins Restaurant einzuladen • **1.2** ⟨veraltet⟩ *(die Note) ausreichend, noch bestanden;* er hat im Zeugnis in drei Fächern die Note ~d • **1.3** ⟨580; unpersönl.⟩ es genügt, es zu sehen *man braucht nichts weiter davon zu wissen* • **1.4** sein Genügen an etwas finden, sich an etwas ~ lassen ⟨veraltet⟩ *sich mit etwas begnügen, zufrieden damit sein, nicht mehr, nichts anderes wollen* **2** ⟨600⟩ einer **Sache** ~ gerecht werden; Ansprüchen, Anforderungen ~

ge|nüg|sam ⟨Adj.⟩ *leicht befriedigt, bescheiden, anspruchslos;* ~ im Essen u. Trinken sein; Vögel sind ~e Haustiere

Ge|nug|tu|ung ⟨f.; -; unz.⟩ **1** *Befriedigung;* ich höre mit ~, dass … **2** *Wiedergutmachung, Buße;* ~ fordern, geben, leisten; sich ~ verschaffen (für eine Beleidigung o. Ä.)

ge|nu|in ⟨Adj. 24; geh.⟩ **1** *angeboren, echt, natürlich, unverfälscht;* die ~en Lebensformen von Naturvölkern • **1.1** ~e **Krankheiten** ⟨Med.⟩ *angeborene (nicht erworbene) K.*

Ge|nus ⟨n.; -, Ge|ne|ra⟩ **1** ⟨geh.; veraltet⟩ *Art, Gattung* **2** ⟨Gramm.⟩ *grammatisches Geschlecht (der Substantive u. Pronomen);* Sy *Geschlecht (6);* im Deutschen gibt es drei Genera: Maskulinum, Femininum u. Neutrum • **2.1** ~ **commune** *gemeinsames Geschlecht der Substantive (u. Pronomen);* im Niederländischen bilden Maskulinum u. Femininum ein ~ commune • **2.2** ~ Verbi *Ausdrucksform des Verbs, die das syntaktische Verhältnis des Subjekts zum Geschehen bezeichnet (Aktiv, Passiv), Handlungsrichtung*

Ge|nuss ⟨m.; -es, -nüs|se⟩ **1** ⟨unz.⟩ *das Genießen, Zusichnehmen (von Speisen, Getränken);* der ~ eines

Glases Wein; an, nach dem ~ von verdorbenen Eiern erkranken; beim ~ von Rauschmitteln; der ~ von Alkohol, von Tabak **2** *bewusstes Vergnügen, Behagen, tiefe Befriedigung, beglückendes Erlebnis;* die Genüsse des Lebens; es war mir ein ~!; es ist ein ~, sie singen, spielen zu hören; sich einen ~ versagen; ästhetischer, geistiger ~; ausgiebiger, erlesener, großer, hoher, seltener ~; sein Vortrag war ein zweifelhafter ~; etwas mit ~ betrachten, hören, lesen, sehen **3** in den ~ von etwas kommen *(den Nutzen, die Nutznießung von etwas) erhalten, bekommen;* in den ~ einer kostenlosen Reise, eines Stipendiums kommen

ge|nüss|lich ⟨Adj.⟩ *genießend, genießerisch, voller Genuss;* sich das Essen ~ auf der Zunge zergehen lassen; sie erzählte ~ von ihrem Erfolg

Ge|nuss|mit|tel ⟨n.; -s, -⟩ *Lebensmittel von anregender Wirkung od. von besonderem Geschmack, aber wenig Nährwert;* Industrie für Nahrungs- u. ~

Geo|gra|fie ⟨f.; -; unz.⟩ *Lehre von der Erde, der Erdoberfläche, den Ländern, Meeren, Flüssen usw., Erdkunde, Erdbeschreibung;* oV *Geographie*

geo|gra|fisch ⟨Adj. 24⟩ *zur Geografie gehörend, auf ihr beruhend, erdkundlich* • 1.1 ~e **Koordinaten** *die K. (Länge u. Breite) im Gradnetz der Erde* • 1.1.1 ~e **Breite** *in Grad gemessener Winkelabstand eines Punktes der Erdoberfläche vom Äquator* • 1.1.2 ~e **Länge** *in Grad gemessener Winkelabstand eines Punktes der Erdoberfläche vom Nullmeridian* • 1.2 ~e **Lage** *L. eines Ortes nach geografischen Koordinaten im Gradnetz* • 1.3 ~e **Ortsbestimmung** *Bestimmung von Punkten auf der Erdoberfläche durch ihre geografische Lage od. durch Vermessung* • 1.4 ~e **Karte** *K. im Maßstab kleiner als 1:200 000, die vorwiegend Forschungs- u. Beobachtungsergebnisse der Geografie enthält*

Geo|gra|phie ⟨f.; -; unz.⟩ = *Geografie*
geo|gra|phisch ⟨Adj. 24⟩ = *geografisch*
Geo|lo|gie ⟨f.; -; unz.⟩ *Lehre vom Aufbau u. von der Entwicklung der Erde*

Geo|me|trie *auch:* **Geo|met|rie** ⟨f.; -; unz.; Math.⟩ *Gebiet der Mathematik, behandelt die gestaltlichen Gesetzmäßigkeiten und Größenbeziehungen an u. zwischen Linien, Flächen u. Körpern*

geo|me|trisch *auch:* **geo|met|risch** ⟨Adj. 24/90⟩ **1** *die Geometrie betreffend, auf ihr beruhend, mit ihren Mitteln;* ~e Formen, Muster zeichnen • 1.1 ~es **Mittel** *die n-te Wurzel aus dem Produkt von Zahlen $a_1, a_2, ..., a_n$* • 1.2 ~e **Optik** *Gebiet der Optik, das sich mit Lichtstrahlen beschäftigt* • 1.3 ~er **Ort** *Linien u. Flächen, auf denen alle Punkte liegen, die gegebenen Bedingungen genügen* • 1.4 ~e **Reihe** *eine Reihe, bei der der Quotient zweier aufeinanderfolgender Glieder konstant ist, z. B. 2 + 4 + 8 + 16* • 1.5 ~er **Stil** *Stil (bes. der altgriechischen Vasenmalerei), der Ornamente, Tier- u. Pflanzenmotive in den linearen Formen der geometrischen Figuren bevorzugt*

Geo|phy|sik ⟨f.; -; unz.⟩ *Lehre von den natürlichen physikalischen Erscheinungen u. Vorgängen in u. auf der Erde*

Ge|päck ⟨n.; -(e)s; unz.⟩ **1** *verpackte Ausrüstung für eine Reise od. eine Wanderung;* Hand~, Reise~; kleines, großes ~; 3 Stück ~; sein ~ aufgeben **2** *verpackte Ausrüstung für einen militärischen Einsatz;* Sturm~, Marsch~

Ge|pard ⟨m.; -(e)s, -e; Zool.⟩ *katzenartiges Raubtier mit bräunlich rotem, schwarz gefleckten Fell, schnellstes Landsäugetier: Acinonyx jubatus, Jagdleopard*

Ge|pflo|gen|heit ⟨f.; -, -en⟩ *Gewohnheit, Brauch, Sitte;* entgegen der sonstigen ~; nach den hiesigen ~en

Ge|plän|kel ⟨n.; -s, -⟩ **1** *leichtes Gefecht, Schießerei hin u. her* **2** ⟨fig.⟩ *leichtes, heiteres Wortgefecht*

Ge|prä|ge ⟨n.; -s; unz.⟩ **1** *Prägung (auf Münzen u. Medaillen)* **2** ⟨fig.⟩ *besondere Note, Eigenart;* Goethe hat seiner Zeit das ~ gegeben; einer Sache ein besonderes ~ geben; die dunklen Zypressen verleihen der Landschaft ein eigenes ~

Ge|prän|ge ⟨n.; -s; unz.⟩ *Pracht, Pomp, Prunk, großer Aufwand*

ge|ra|de[1] ⟨Adj.⟩ oV ⟨umg.⟩ *grade* **1** *in gleicher Richtung weiterverlaufend, ohne Krümmung, ohne Ecken verlaufend;* eine ~ Linie, Strecke; in ~r Weg; in ~r Richtung; auf ~r Straße • 1.1 *aufrecht;* Ggs *krumm;* ~ Haltung; ~ Glieder haben; ~ gewachsen sein; ~ gehen; ~ sitzen; ~ stehen; steh doch mal ~!; ⟨aber⟩ → a. *geradestehen* • 1.2 *unmittelbar, ohne Umweg;* in ~r Linie von jmdm. abstammen **2** ⟨fig.⟩ *freimütig, aufrichtig, offen;* jmdm. ~ in die Augen sehen; ein ~r Charakter, Mensch; eine ~ Gesinnung **3** ⟨50⟩ *genau, direkt;* ~ entgegengesetzt; so ist es ~ richtig!; es ist, verhält sich ~ umgekehrt; der Stein traf ihn ~ am Kopf; ~ gegenüber; das ~ Gegenteil ⟨umg.⟩ **4** *soeben, vor einem Augenblick, in diesem Augenblick;* es war ~ 2 Uhr, als ...; er ist ~ angekommen, weggegangen; ich wollte ~ ausgehen; ich bin ~ beim Lesen, Schreiben; da fällt mir ~ ein • 4.1 *zufällig;* du stehst ~!, mach bitte die Tür zu! **5** ⟨50⟩ *knapp, mit Mühe u. Not, eben noch;* er kam ~ (noch) zur rechten Zeit **6** ⟨50⟩ *erst recht;* nun ~ (nicht)! **7** ⟨50⟩ *eben (als Verstärkung);* das ist ja ~!; das kommt mir ~ recht; ~ weil er sie gern hat, müsste er es tun; ~ darum; ~ deshalb; ~ darauf hatte ich mich so gefreut!; ~ damals hätte ich deine Hilfe gebraucht; ~ heute habe ich keine Zeit; ~ jetzt; ~ in dem Augenblick, als ...; das fehlte ~ noch! (zu allem Übel); darauf habe ich ~ noch gewartet **8** ⟨50⟩ *ausgerechnet, niemand bzw. nichts anderes als;* warum ich?; muss es denn ~ dieses Buch sein? **9** ⟨50⟩ *nicht* ~ ⟨umg.⟩ *nicht besonders;* das ist mir nicht ~ angenehm

ge|ra|de[2] ⟨Adj. 24⟩ oV ⟨umg.⟩ *grade;* Ggs *ungerade (1)* **1** *durch 2 ohne Rest teilbar;* eine ~ Zahl • 1.1 *Gerade und Ungerade altes Glücksspiel, bei dem die gerade od. ungerade Zahl einer Münze o. Ä. in der geschlossenen Hand geraten werden muss;* → a. *fünf (1.2)* **2** ⟨Jägerspr.⟩ *an beiden Stangen des Geweihs die gleiche Zahl von Enden aufweisend;* ein ~s Geweih; ein ~r Zwölfender, Zwölfer

Ge|ra|de ⟨f.; -, -n od. f. 2⟩ **1** *gerade Linie* **2** ⟨Geom.⟩ *eine Linie, die durch unbegrenzte Verlängerung der Ver-*

bindungsstrecke zweier Punkte nach beiden Seiten entsteht **3** ⟨Sp.⟩ *gerade Teilstrecke einer Rennbahn;* in die ~ einbiegen **4** *eine (rechte) ~ gerade vorschnellender Boxhieb der (rechten) Faust*

ge|ra|de|aus ⟨Adv.⟩ *in gerader Linie, gerader Richtung;* ~ gehen, fahren; wie komme ich bitte zum Deutschen Museum? Immer ~!

ge|ra|de|her|aus *auch:* **ge|ra|de|he|raus** ⟨Adv.⟩ *offen, ohne Umschweife, freiheraus;* sprich ~

ge|ra|de|sit|zen ⟨alte Schreibung für⟩ *gerade sitzen*

ge|ra|de|so ⟨Adv.⟩ *ebenso, genauso; das hättest du ~ gut* gestern erledigen können

ge|ra|de|ste|hen ⟨V. 256/800⟩ **für jmdn.,** für eine **Sa-che** ~ ⟨fig.⟩ *einstehen, die Verantwortung übernehmen;* →a. *gerade (1.1)*

ge|ra|de|wegs ⟨Adv.⟩ **1** *ohne Umwege, auf direktem Weg;* er ging ~ auf das offene Tor zu **2** *offen, ehrlich, ohne Umschweife, geradezu;* jmdn. ~ zur Rede stellen

ge|ra|de|zu ⟨Adv.⟩ **1** *ohne Umschweife, offen, ehrlich, derb u. freimütig;* er ist sehr ~ **2** ⟨a. [-'---]⟩ *durchaus, beinahe, man könnte fast sagen ...;* es ist ~ ein Wunder; ~ erstaunlich

Ge|rad|heit ⟨f.; -; unz.⟩ **1** *das Geradesein, Fehlen von Krümmungen* **2** ⟨fig.⟩ *gerades Wesen, gerader Charakter, Aufrichtigkeit, Freimut, Ehrlichkeit, Rechtschaffenheit*

Ge|ra|nie ⟨[-njə] f.; -, -n; Bot.⟩ *(als Balkonpflanze beliebte) Angehörige einer Gattung der Storchschnabelgewächse mit rundlichen, kerbten Blättern u. großen doldenartigen Blüten: Pelargonium;* Sy *Pelargonie*

Ge|rant ⟨[ʒɑ-] m.; -en, -en; noch schweiz.; sonst veraltet⟩ *Geschäftsführer (eines Gaststättenbetriebes)*

Ge|rät ⟨n.; -(e)s, -e⟩ **1** *(künstlich hergestellter) Gegenstand, mit dessen Hilfe eine Hand- od. mechanische Arbeit ausgeführt werden kann;* Affen sind recht geschickt im Gebrauch von ~en **2** *Maschine, Apparat;* Radio~; ein elektrisches, mechanisches, kompliziertes, praktisches ~ **3** *Gesamtheit der Hilfsmittel, die zur Durchführung einer bestimmten Tätigkeit nötig sind;* Acker~, Handwerks~, Haus~, Küchen~, Schreib~ **4** *Vorrichtung, die zu bestimmten Turnübungen gebraucht wird;* Turn~

ge|ra|ten[1] ⟨V. 195(s.)⟩ **1** ⟨403⟩ *gelingen, gut werden;* ihm gerät alles, was er anfängt; nach diesem Rezept gerät der Kuchen immer; die Torte ist ausgezeichnet, gut, nicht ~ ● **1.1** ⟨400⟩ *gedeihen; das Getreide ist gut* ~ ● **1.2** ⟨413⟩ *sich charakterlich od. äußerlich entwickeln;* seine Kinder sind gut, nicht recht ~ ● **1.2.1** ⟨413⟩ **nach jmdm.** ~ *jmdm. ähnlich werden;* der Junge ist ganz nach seinem Vater ~ **2** ⟨411⟩ **an einen Ort** ~ *zufällig, unvermutet (an einen Ort od. zu jmdn.) gelangen, kommen;* auf Abwege ~; auf einen falschen Weg ~; in ein Unwetter ~; mit dem Finger in die Maschine ~; wohin bin ich hier ~?; auf meiner Suche nach dem zuständigen Bearbeiter geriet ich an den Chef; an den Falschen, den Unrechten ~ ● **2.1** er geriet auf den Gedanken *plötzlich kam ihm der Gedanke* ● **2.2** unter die Räuber ~ *Räubern in die Hände fallen* **3** ⟨800; Funktionsverb in nominalen

Umschreibungen⟩ **in** einen (misslichen) **Zustand** ~ *ohne eigenes Zutun in einen Z. gelangen;* in Armut ~; in Gefangenschaft ~; ins Hintertreffen ~; in Schulden ~; in schlechten Ruf ~; in Verlust ~; in Verwirrung ~; (mit der Zahlung) in Verzug ~ ● **3.1** ⟨413⟩ **außer sich** ~ *die Selbstbeherrschung verlieren;* außer sich ~ vor Freude, Zorn ● **3.2 in eine Angelegenheit** ~ *ungewollt in eine A. verwickelt werden;* in Schwierigkeiten ~ ● **3.3 in eine Stimmung** ~ *in eine S. kommen;* in Angst, Furcht ~; in Wut ~ ● **3.4 in etwas** ~ *beginnen, etwas zu tun* ● **3.4.1 in Bewegung** ~ *sich zu bewegen beginnen* ● **3.4.2 in Brand** ~ *zu brennen beginnen* ● **3.4.3 ins Schwitzen** ~ *zu schwitzen beginnen* ● **3.4.4 ins Stocken** ~ *steckenbleiben, nicht weiterkönnen* ● **3.4.5 miteinander in Streit** ~ *miteinander zu streiten beginnen* ● **3.4.6 in Vergessenheit** ~ *allmählich vergessen werden*

ge|ra|ten[2] **1** ⟨Part. Perf. von⟩ *raten* **2** ⟨Adj. 50⟩ *ratsam;* ich halte es (nicht) für ~ hierzubleiben; es scheint mir ~, das sofort zu tun

Ge|ra|te|wohl ⟨n.; nur in der Wendung⟩ **aufs** ~ *auf gut Glück, ohne zu überlegen, ohne es genau zu wissen;* aufs ~ einen Weg einschlagen, abreisen

ge|raum ⟨Adj. 60; nur in den Wendungen⟩ ~e Weile, ~e Zeit *eine längere W., längere Z.;* es dauerte eine ~e Weile, bis er zurückkam; seit ~er Zeit; vor ~er Zeit

ge|räu|mig ⟨Adj.⟩ *viel Raum bietend, so groß, dass man viel unterbringen kann;* ein ~es Zimmer, eine ~e Wohnung

Ge|räusch[1] ⟨n.; -(e)s, -e⟩ **1** *als unbestimmt u. unharmonisch wahrgenommener Schall;* die ~e des Verkehrs; ein ~ machen, verursachen; ein dumpfes, leichtes, leises, starkes, verdächtiges ~; ein knisterndes, rasselndes, scharrendes ~; ein ~ von leisen Schritten; ein ~ wie von zerbrechendem Glas **2** ⟨Akustik⟩ *durch unperiodische Schwingungsvorgänge hervorgerufene, in Stärke u. Höhe rasch wechselnde Schallwellen*

Ge|räusch[2] ⟨n.; -(e)s; unz.; Jägerspr.⟩ *Lunge, Herz, Leber u. Nieren des Schalenwildes*

ger|ben ⟨V. 500⟩ **1** Häute ~ *zu Leder verarbeiten* **2** ⟨530⟩ jmdm. das Fell ~ ⟨fig.; umg.⟩ *jmdn. verprügeln*

Ger|be|ra ⟨f.; -, -; Bot.⟩ *(als Schnittblume beliebte) margeritenähnliche Angehörige einer Gattung der Korbblütler mit langstieligen Blüten*

ge|recht ⟨Adj.⟩ **1** *nach dem Recht od. Rechtsempfinden urteilend, handelnd;* ein ~er Richter; es gibt einen ~en Gott; er ist sehr ~; gegen jmdn. ~ sein; ~er Gott!, ~er Himmel! (Ausruf des Erstaunens, Schreckens); Gott der Gerechte; der Gerechte muss viel leiden (Psalm 34,20); (er) lässt regnen über Gerechte und Ungerechte (Matth. 5,45) ● **1.1** den Schlaf des Gerechten schlafen *ein reines Gewissen haben u. deshalb gut schlafen* **2** *dem Recht od. Rechtsempfinden entsprechend, angemessen;* ein ~er Lohn; eine ~e Strafe; ein ~es Urteil; ~ urteilen; jmdn. einen ~en Preis machen **3** *den Regeln entsprechend;* form~, weid~; ein ~er Jäger **4** ⟨70⟩ **jmdn. od. einer Sache**

Gerechtigkeit

~ werden *jmdn. od. eine S. angemessen beurteilen;* die Kritik wird dem Regisseur, dem Film nicht ~
• 4.1 ⟨70⟩ einer **Sache** ~ **werden** *eine S. richtig handhaben;* seiner Aufgabe ~ werden; →a. *Sattel (1.1)*
5 *berechtigt, begründet, mit Recht, zu Recht bestehend;* für eine ~e Sache kämpfen; mich packte ein ~er Zorn

Ge|rech|tig|keit ⟨f.; -; unz.⟩ **1** *gerechte (2) Beschaffenheit;* die ~ eines Urteils **2** *gerechte (2) Gesinnung, gerechtes Verhalten;* die ~ Gottes; ~ pflegen; es an ~ fehlen lassen • **2.1** *jmdm., einer Sache* ~ *widerfahren lassen gerecht beurteilen, behandeln* **3** ⟨fig.⟩ *Gericht*² *(1);* jmdm. der ~ ausliefern; strafende ~; der ~ in den Arm fallen **4** *Vorrecht, Nutzungsrecht, Berechtigung, ein Gewerbe auszuüben;* Brau~, Schank~, Schürf~

Ge|re|de ⟨n.; -s; unz.⟩ **1** *nichtssagendes, lästiges Reden, Geschwätz;* sich nicht um das ~ der Leute kümmern; das ist alles nur ~; das ist dummes, leeres ~
• **1.1** es wird viel ~ darum gemacht *es wird viel Aufhebens davon gemacht, viel davon gesprochen* **2** *Halbwahrheiten, Nachrede, Klatsch;* Anlass zu ~ geben • **2.1** jmdm. ins ~ bringen *Ursache zu Klatsch über jmdn. geben* • **2.2** ins ~ kommen *Klatsch über sich verursachen*

ge|rei|chen ⟨V. 650⟩ etwas gereicht jmdm. zu **etwas** ⟨geh.⟩ *bringt jmdm. etwas ein;* es gereicht uns zur besonderen Ehre, den Herrn Bundespräsidenten unter uns zu sehen; möge es ihm zum Guten ~; seine Unzuverlässigkeit gereicht ihm zum Nachteil, zum Schaden

ge|reizt 1 ⟨Part. Perf. von⟩ *reizen* **2** ⟨Adj.⟩ *empfindlich, erregt, nervlich angespannt;* heute herrscht hier eine ~e Stimmung; in ~em Ton antworten, sprechen

ge|reu|en ⟨V. 500⟩ etwas gereut **jmdn.** ⟨geh.⟩ *ruft bei jmdm. Reue, Bedauern hervor;* es gereut mich, dass …; lass es dich nicht ~!

Ge|richt¹ ⟨n.; -(e)s, -e⟩ *angerichtete Speise;* Fleisch~; ein chinesisches, griechisches, texanisches, ~ in ~ auftragen, bestellen, zubereiten; ein ausgezeichnetes, erlesenes, gutes, leckeres, schmackhaftes ~; ein ~ auf den Tisch bringen; ein ~ aus frischem Gemüse

Ge|richt² ⟨n.; -(e)s, -e⟩ **1** *rechtsprechende Behörde;* Amts~, Bundes~, Landes~; das Oberste ~; sich dem ~ stellen; jmdn. bei ~ verklagen **2** *Gerichtsgebäude;* Vater ist noch auf dem ~ • **2.1** *Gerichtssaal;* jmdn. vor die Schranken des ~s fordern ⟨geh.; veraltet⟩ **3** *Gesamtheit der mit der Entscheidung einer Rechtsstreitigkeit befassten Richter;* hohes ~! (Anrede); das ~ zieht sich zur Beratung zurück; vor ~ aussagen, vor ~ etwas bezeugen; vor ~ stehen, erscheinen; eine Sache vors ~ bringen; jmdn. vor ~ fordern **4** *Vorgang, der zur Entscheidung einer Rechtsstreitigkeit führt, Verhandlung* • **4.1** ~ halten *eine Gerichtsverhandlung abhalten* **4.2** zu ~ sitzen (über jmdn.) *Recht sprechen, bei Gericht verhandeln (über jmdn.);* →a. *jüngst (4.2)* **5** *richtende Tätigkeit*
• **5.1** über jmdn. ~ halten *über jmdn. Recht sprechen*
• **5.2** mit jmdm. hart, scharf, streng ins ~ gehen

⟨fig.; umg.⟩ *jmdm. ernste Vorhaltungen machen, ihn scharf zurechtweisen, hart bestrafen* **6** *Urteilsspruch, Richterspruch;* sich dem ~, jmds. ~ unterwerfen

ge|richt|lich ⟨Adj. 24⟩ *das Gericht*² *betreffend, zu ihm gehörig, von ihm ausgehend;* eine ~e Anordnung, Klage, Verfügung; etwas ~ bewirken

Ge|richts|hof ⟨m.; -(e)s, -hö|fe; Rechtsw.⟩ *aus mehreren Mitgliedern bestehendes Gericht;* →a. *obere(r, -s)*

Ge|richts|stand ⟨m.; -(e)s, -stän|de; Rechtsw.⟩ *Ort, dessen Gericht bei einer Rechtssache zuständig ist od. sein soll, meist der Wohnort des Beklagten od. der Tatort;* ist Frankfurt/M.; vertraglich vereinbarter ~

Ge|richts|voll|zie|her ⟨m.; -s, -; Rechtsw.⟩ *Beamter des Gerichts, der Vorladungen zustellt, Pfändungen vornimmt u. Ä.*

ge|ring ⟨Adj.⟩ **1** *eher klein als groß;* ~e Begabung; in ~er Entfernung; ~es Gewicht; von ~em Alkoholgehalt; ~e Aussichten (auf Erfolg) haben; die Anforderungen, die hier an jeden gestellt werden, sind (nicht) ~; das Geschäft war heute ~; seine Leistung um ein Geringes steigern **2** *(Einschränkung) klein wenig;* die Abweichungen sind nur ~; dazu verspüre ich nur ~e Neigung; das ist nur von ~em Wert; darauf lege ich nur ~en Wert; sein Bleiben war nur von ~er Dauer; sie muss sich auf ein Geringes beschränken • **2.1** er befand sich in nicht ~er Verlegenheit *in ziemlich großer V.* **2.2** er hat das Haus um ein Geringes erworben ⟨geh.⟩ *für wenig Geld* **3** ⟨Komparativ⟩ ~er *kleiner, weniger;* unsere Vorräte werden immer ~er; der Wert dieses Bildes ist ~er als der des anderen • **3.1** nichts Geringeres **als** *nichts weniger als;* es handelt sich um nichts Geringeres als den Bau einer neuen Fabrik • **3.2** niemand Geringerer **als** *niemand anders als;* kein Geringerer als Goethe hat gesagt … **4** ⟨Superlativ⟩ ~st *kleinst;* er erschrak beim ~sten Geräusch; er achtet auf die ~sten Kleinigkeiten; das ist der ~ste Kummer, viel schlimmer ist die andere Sache; das ist meine ~ste Sorge; ihr entgeht nicht das Geringste; das geht ihn nicht das Geringste an • **4.1** das macht ihm nicht die ~sten Schwierigkeiten *gar keine* • **4.2** nicht im Geringsten *ganz u. gar nicht, überhaupt nicht;* das interessiert mich nicht im Geringsten; er ließ sich nicht im Geringsten stören **5** *wenig gut, nicht sehr gut;* von jmdm. eine ~e Meinung haben **6** *sozial niedrig gestellt;* von ~er Herkunft sein; der Geringste unter ihnen **7** ⟨90⟩ ein ~er **Hirsch** ⟨Jägerspr.⟩ *junger, kleiner, magerer H.* **8** ⟨Getrennt- u. Zusammenschreibung⟩ • **8.1** ~ achten = geringachten • **8.2** ~ schätzen = geringschätzen

ge|ring|ach|ten *auch:* **ge|ring ach|ten** ⟨V. 500⟩ = *geringschätzen*

ge|ring|fü|gig ⟨Adj.⟩ *unbedeutend, unwesentlich;* ~e Unterschiede

ge|ring|schät|zen *auch:* **ge|ring schät|zen** ⟨V. 500⟩ **jmdn. od. etwas** ~ *wenig schätzen, nicht sehr achten, nichts od. wenig von jmdm. od. etwas halten;* Sy *geringachten*

ge|ring|schät|zig ⟨Adj.⟩ *abwertend, abfällig, missachtend;* ~e Bemerkungen über jmdn. machen

ge|rin|nen ⟨V. 203/400(s.)⟩ *etwas* gerinnt *bildet Gerinnsel od. Flocken, wird flockig, klumpig, ballt sich zusammen;* Blut, Milch gerinnt; Blut zum Gerinnen bringen

Ge|rinn|sel ⟨n.; -s, -⟩ **1** *kleine Menge festgewordener Flüssigkeit, Klümpchen;* Blut~ **2** *Rinnsal*

Ge|rip|pe ⟨n.; -s, -⟩ **1** = *Skelett (1)* • **1.1** zum ~ abmagern *bis auf Haut u. Knochen, sehr mager werden* **2** *Gestell, Gerüst von Flugzeugen, Schirmen, Gebäuden;* Stahl~ **3** ⟨fig.⟩ *Grundplan, Grundzüge, Konzeption (einer Abhandlung);* das ~ meines Vortrags ist schon fertig, steht fest

ge|ris|sen 1 ⟨Part. Perf. von⟩ *reißen* **2** ⟨Adj.; fig.; umg.⟩ *schlau, durchtrieben, übermäßig geschäftstüchtig, nur auf den eigenen Vorteil bedacht;* ein ~er Geschäftsmann; er ist ein ~er Kerl ⟨umg.⟩; ~er Hund ⟨fig.⟩

Germ ⟨m.; -s; unz. od. österr. a. f.; -⟩; unz.; bair.-österr.⟩ *Backhefe;* ~knödel

Ger|ma|ne ⟨m.; -n, -n⟩ *Angehöriger einer indogermanischen Völkergruppe, seit ca. 750 v. Chr. an der Nord- u. Ostseeküste u. in Skandinavien angesiedelt*

ger|ma|nisch ⟨Adj. 24⟩ **1** *die Germanen betreffend, zu ihnen gehörig, von ihnen stammend* **1.1** ~e **Sprachen** *zur indogermanischen Sprachfamilie gehörende, seit 500 v. Chr. entstandene Sprachengruppe* • **1.2** ~e (od. erste) **Lautverschiebung** *(von Jacob Grimm beschriebene) gesetzmäßige Veränderung von Lauten um 500 v. Chr., durch die sich die germanischen Sprachen von den übrigen indogermanischen Sprachen lösten*

Ger|ma|nis|tik ⟨f.; -; unz.⟩ **1** ⟨i. w. S.⟩ *Wissenschaft von den germanischen Sprachen* **2** ⟨i. e. S.⟩ *Wissenschaft von der deutschen Sprache u. Literatur*

gern ⟨Adv.⟩ oV *gerne* **1** *mit Vergnügen, freudig, mit Vorliebe;* ~ lesen, singen, tanzen; ich nehme Ihr Angebot ~ an; etwas (nicht) ~ tun; ich bin ~ dort; von Herzen ~!; herzlich ~! (als Antwort auf eine Bitte); aber ~!, sehr ~!, ~!, ja, ~! (als Antwort auf eine Bitte); das tue ich schrecklich ~ ⟨umg.⟩ • **1.1** ich möchte zu ~ mitkommen *ich wünsche mir sehr, mitzukommen* • **1.2** ich möchte ~ wissen … *es reizt mich sehr zu wissen …* • **1.3** ich hätte ~ Herrn X gesprochen *ich möchte bitte Herrn X sprechen* • **1.4** bereitwillig; das glaube ich ~; bitte, ~ geschehen!, bitte, das habe ich sehr ~ getan! (als Antwort auf Dank) **2** er ist bei uns (nicht) ~(e) gesehen *(nicht) willkommen;* ⟨aber Getrennt- u. Zusammenschreibung⟩ ~ gesehen = gerngesehen **3** es ~ **sehen,** wenn … *es mögen, wenn …;* ich sehe es ~, wenn … **4** ⟨umg.⟩ *vorzugsweise, gewöhnlich;* diese Blumen wachsen ~ in feuchtem Boden

ger|ne ⟨Adv.⟩ = *gern*

gern|ge|se|hen *auch:* **gern ge|se|hen** ⟨Adj. 24/60⟩ *beliebt, sehr willkommen;* ein ~er Gast, Besucher; →a. *gern (2)*

gern|ha|ben ⟨V. 159/500⟩ **1** jmdn. ~ *jmdn. gut leiden können, jmdm. Sympathie entgegenbringen* • **1.1** du kannst mich ~ ⟨umg.; iron.⟩ *ich will nichts von dir wissen, du bist mir gleichgültig, lass mich (damit) in Ruhe*

Ge|röll ⟨n.; -(e)s, -e⟩ *durch Wasser abgerundete Bruchstücke von Gestein u. Mineralien*

Gers|te ⟨f.; -; unz.; Bot.⟩ **1** ⟨i. w. S.⟩ *Gattung der Süßgräser mit Wild- u. Kulturformen, seit ältester Zeit bekannt, gilt als Brotfrucht der Trockenzonen u. Steppengebiete: Hordeum* • **1.1** ⟨i. e. S.⟩ *Kulturform der Gerste, Saatgerste: Hordeum vulgare, Hordeum distichum*

Gers|ten|korn ⟨n.; -(e)s, -kör|ner⟩ **1** *Frucht der Gerste* **2** ⟨fig.⟩ *eitrige Entzündung einer Talgdrüse am Augenlid*

Ger|te ⟨f.; -, -n⟩ **1** *Rute, biegsamer, entblätterter Zweig;* sie ist schlank wie eine ~ • **1.1** *(zum Antreiben der Pferde) beim Reiten verwendeter dünner, biegsamer Stock;* Spring~; Dressur~

Ge|ruch ⟨m.; -(e)s, -rü|che⟩ **1** *Art, wie etwas riecht;* ein beißender, durchdringender, feiner, guter, herber, herrlicher, kräftiger, lieblicher, scharfer, schlechter, schwacher, starker, strenger, süßer, übler, würziger ~; ein ~ von Kaffee; der ~ des frischen Kuchens stieg ihm in die Nase; einen ~ beseitigen **2** ⟨unz.⟩ *Geruchssinn;* der Hund besitzt einen sehr feinen ~ **3** ⟨unz.; fig.; geh.⟩ *Ruf;* im ~ der Heiligkeit stehen; im ~ eines Lebemannes stehen

Ge|rücht ⟨n.; -(e)s, -e⟩ *umlaufende unverbürgte Nachricht, weit verbreitetes Gerede;* es geht das ~; ~e in Umlauf setzen

ge|ru|hen ⟨V. 408⟩ *sich huldvoll (zu etwas) herablassen;* ~ Eure Majestät, den Botschafter zu empfangen?; er geruhte, sich von seinem Platz zu erheben ⟨iron.⟩

ge|ruh|sam ⟨Adj.⟩ *ruhig, behaglich, ohne Eile, ohne Aufregungen;* ein ~es Leben führen; ich wünsche eine ~e Nacht!; ~ frühstücken, spazieren gehen

Ge|rüm|pel ⟨n.; -s; unz.; umg.⟩ *alter Kram, abgenutzte Gegenstände (bes. Möbel u. Hausgerät)*

Ge|rüst ⟨n.; -(e)s, -e⟩ **1** *Gefüge aus Holz, Metall, Knochen als Tragwerk, Stützgestell, Hilfskonstruktion;* Bretter~, Knochen~ **2** ⟨fig.⟩ *Grundplan, Entwurf;* das ~ meines Vortrags ist fertig, es fehlt noch die Ausarbeitung

ge|rüt|telt 1 ⟨Part. Perf. von⟩ *rütteln* **2** ⟨Adj. 24/90⟩ *bis zum Rande, bis oben hin;* ein ~(es) Maß; der Sack ist ~ voll

ge|sal|zen 1 ⟨Part. Perf. von⟩ *salzen* **2** ⟨Adj.; fig.; umg.⟩ *scharf, kräftig;* eine ~e Ohrfeige • **2.1** *derb;* ein ~er Witz • **2.2** *sehr hoch;* ein ~er Preis, eine ~e Rechnung

ge|samt ⟨Adj. 24/60⟩ **1** *ganz, völlig, vollständig, alle(s) zusammen;* die ~e Bevölkerung, Familie; die ~en Räume; unser ~es Vermögen • **1.1 im** Gesamten ⟨veraltet⟩ *insgesamt, alles zusammen;* im Gesamten habe ich 500 € für Weihnachtsgeschenke ausgegeben

Ge|samt|bild ⟨n.; -(e)s, -er⟩ **1** *umfassendes Bild, Bild des ganzen Gegenstandes* **2** ⟨fig.⟩ *umfassender Überblick, zusammengefasster Eindruck* • **2.1** ~ *einer Krankheit Gesamtheit aller Anzeichen, aller Krankheitszeichen*

Ge|samt|heit ⟨f.; -; unz.⟩ **1** *das Ganze, alles zusammen, Einheit* **2** *die ganze Gemeinschaft* **3** *die ~ alle, das Volk als Einheit*

Ge|sand|te(r) ⟨m. 1⟩ *diplomatischer Vertreter eines Staates bei einem anderen Staat (vier Rangklassen - Botschafter u. Nuntius, Gesandter i. e. S., Resident, Geschäftsträger);* der deutsche ~ am belgischen Hof

Ge|sang ⟨m.; -(e)s, -sän|ge⟩ **1** ⟨unz.⟩ *das Singen;* der ~ der Nachtigall • **1.1** *Singen als Lehr- u. Unterrichtsfach;* ~ studieren; Unterricht in ~ geben, haben, nehmen; er hat in ~ eine Drei • **1.2** *Vortrag eines Liedes* • **1.3** ⟨poet.⟩ *das Tönen, Klingen;* der ~ der Geige **2** *vertonte Dichtung, Lied;* Helden~, Lob~, Preis~; die Gesänge der Schwarzen; geistliche Gesänge **3** *Abschnitt, Kapitel eines (Vers-)Epos;* erster, zweiter ~ der Ilias **4** ⟨unz.; poet.⟩ *Dichtkunst, Gabe zu dichten;* singe, wem ~ gegeben (Uhland)

Ge|säß ⟨n.; -es, -e; Anat.⟩ *die untere Fortsetzung des Rückens, wo auf den Sitzbeinen des Beckens die paarigen Wülste des kleinen Gesäßmuskels aufsitzen, Sitzfläche des Menschen;* Sy *Hinterer,* ⟨umg.⟩ *Hintern, Popo*

Ge|schäft ⟨n.; -(e)s, -e⟩ **1** *zweckgebundene Tätigkeit, Aufgabe;* seinen ~en nachgehen; was für ein ~ führt dich her?; ich komme in ~en; jmdm. ein ~ übertragen; mit ~en überlastet sein **1.1** ⟨fig.; umg.⟩ *Notdurft, Entleerung des Leibes;* ein ~ verrichten; ein großes, kleines ~ **2** *kaufmännische, auf Gewinn gerichtete Tätigkeit, Unternehmung, Transaktion;* Geld~, Tausch~; ein einträgliches ~; unsaubere, zweifelhafte ~e machen; ein ~ abschließen, abwickeln, betreiben; die ~e für jmdn. führen; ein ~ mit jmdm. machen • **2.1** *mit jmdm. ins ~ kommen mit jmdm. in geschäftliche Verhandlungen eintreten* • **2.2** ~ *ist ~ wenn man verdienen will, sollten private Erwägungen od. Gefühle aus dem Spiel bleiben* **3** *Gewinn aus einer kaufmännischen Unternehmung;* ein ~ machen; gute, schlechte ~e machen; aus der Not der andern ein ~ machen **4** *kaufmännisches od. gewerbliches Unternehmen;* das ~ geht gut, schlecht; wie geht das ~?; ein ~ aufgeben, auflösen; er ist am ~ des Vaters beteiligt; das ~ blüht; ein ~ eröffnen, gründen, übernehmen; er hat ein ~ für Computerzubehör; ein bekanntes, solides ~ • **4.1** ⟨umg.⟩ *Firma, in der man angestellt ist;* morgens ins ~ gehen; abends aus dem ~ kommen **5** *Laden;* die ~e schließen um 20 Uhr

ge|schäf|tig ⟨Adj.⟩ *betriebsam, eifrig, emsig, unentwegt tätig;* ~ die Kunden bedienen; in der Stadt herrschte ~es Treiben

ge|schäft|lich ⟨Adj. 24⟩ **1** *das Geschäft, die Geschäfte betreffend, zu ihnen gehörig, beruflich, dienstlich (nicht privat);* ein ~er Anruf; er ist ~ verreist; eine ~e Angelegenheit ~er Natur **2** *förmlich, unpersönlich, distanziert;* nach diesen Ausführungen wurde er wieder ~; etwas in einem ~en Ton sagen

ge|schäfts|fä|hig ⟨Adj. 24⟩ *fähig, Rechtsgeschäfte vorzunehmen;* Ggs *geschäftsunfähig*

ge|schäfts|mä|ßig ⟨Adj. 24⟩ *den Geschäften, den kaufmännischen Gepflogenheiten entsprechend*

ge|scheckt ⟨Adj. 70⟩ *gefleckt, scheckig;* ein ~es Pony; das Fell der Katze ist ~

ge|sche|hen ⟨V. 150(s.)⟩ **1** ⟨400⟩ **etwas** geschieht *ereignet sich; ein Unglück ist* ~; was auch ~ mag; es mag ~, was will; was ist ~?; es kann ~, dass …; es ist nun einmal ~; das Geschehene kann man nicht ungeschehen machen **2** *etwas* soll ~ *getan werden;* es muss doch etwas ~!; was soll jetzt ~?; was soll mit den Essensresten ~?; dein Wille geschehe! (Vaterunser) **3** ⟨600⟩ *etwas geschieht* **jmdm.** *stößt jmdm. zu, widerfährt jmdm.;* es wird dir nichts ~; ihm ist ein Unglück ~; ihm ist Unrecht ~; ich wusste nicht, wie mir geschah • **3.1** ⟨610⟩ *das geschieht ihm recht* ⟨umg.⟩ *das hat er verdient* **4** ⟨400⟩ *etwas* **lassen** *etwas zulassen;* wie konntest du das ~ lassen? **5** ⟨800; unpersönl.⟩ *es ist* **um jmdn.** od. **etwas** ~ *jmd. od. etwas ist verloren;* jetzt war es um seine Ruhe ~

Ge|sche|hen ⟨n.; -s, -⟩ **1** *Ablauf von Geschehnissen, das, was geschieht;* Welt~ **2** *Ereignis, Vorfall;* das damalige, gegenwärtige ~

Ge|schei|de ⟨n.; -s, -; Jägerspr.⟩ *Magen u. Gedärme (vom Wild)*

ge|scheit ⟨Adj.⟩ **1** *klug, urteilsfähig, verständig, intelligent;* ~er Einfall; er ist ein ~er Kopf; er ist sehr ~ • **1.1** ich werde daraus nicht ~ *ich verstehe es nicht* • **1.2** du bist wohl nicht ~? *was fällt dir ein, was denkst du dir eigentlich?* • **1.3** etwas ~ anfangen, machen *geschickt* • **1.4** sei ~! *sei vernünftig!* **2** ⟨oberdt.⟩ *tüchtig, kräftig, ordentlich;* gib mir eine ~e Portion!; das ist doch nichts Gescheites

Ge|schenk ⟨n.; -(e)s, -e⟩ **1** *mit keiner Gegenleistung verbundene Gabe, die Freude bereiten soll;* Geburtstags~, Weihnachts~; ein großes, kleines, nützliches, praktisches, schönes, wertvolles ~; ein ~ (von) meiner Mutter; das Buch war als ~ gedacht; jmdm. ein ~ mitbringen; kleine ~e erhalten die Freundschaft (Sprichw.) **1.1** jmdm. ein ~, etwas zum ~ machen *jmdm. etwas schenken* **2** ⟨fig.⟩ *unerwartete Gabe, die Freude bereitet;* dieser schöne Tag war ein ~ (des Himmels) **3** *Gabe, mit der möglicherweise die Absicht der Bestechung verbunden wird;* Wahl~; keine ~e annehmen

Ge|schich|te ⟨f.; -, -n⟩ **1** ⟨unz.⟩ *Vorgang der Entwicklung in Natur u. Gesellschaft;* Erd~, Kunst~; die deutsche, englische usw. ~; ~ der Technik, des Theaters; in der ~ ist es immer wieder vorgekommen, dass …; ich lehre uns, dass … • **1.1** man kann das Rad der ~ nicht zurückdrehen ⟨fig.⟩ *nichts ungeschehen machen* • **1.2** ~ machen *für die geschichtliche Entwicklung Entscheidendes leisten;* diese Bundeskanzlerin wird ~ machen **2** ⟨unz.⟩ *alles Geschehene, die Vergangenheit* • **2.1** im Buch der ~ blättern, lesen ⟨fig.⟩ *die Vergangenheit betrachten* **3** ⟨unz.⟩ *Wissenschaft, die sich mit dem Ablauf der politischen u. gesellschaftlichen Entwicklung befasst;* ~ des Altertums, des Mittelalters, der Neuzeit; Alte, Mittlere, Neuere, Neueste ~ • **3.1** *Geschichte (3) als Lehr- u. Unterrichtsfach;* wir haben ~ und Deutsch; wir haben dreimal in der Woche ~; ~ studieren (an der Universität); er hat in ~ eine Eins; ~ unterrichten **4** ⟨zählb.⟩ *Erzählung, Schilderung;* der Held dieser ~; eine ~ erzählen, schreiben, vorlesen; Großmutter kann wunderbar ~n erzählen; Kinder hören gern

~n; eine aufregende, langweilige, schöne, spannende, traurige ~; die biblischen ~n; die ~ von König Barbarossa • 4.1 ⟨umg.⟩ *Lüge, Rederei;* das sind doch alles nur ~n! **5** ⟨zählb.⟩ *Angelegenheit, Sache;* das ist eine böse, dumme ~; die ~ ist für mich erledigt; was kostet die ganze ~? • 5.1 *Abenteuer, Erlebnis;* mir ist neulich eine ~ passiert, die ich dir erzählen muss • 5.2 *Liebesangelegenheit;* der X hatte doch die ~ mit der Schauspielerin • 5.3 *(unangenehme) Überraschung;* da haben wir die ~!; das ist eine peinliche, unangenehme ~; das ist ja eine schöne ~! ⟨iron.⟩; das sind ja nette ~n! ⟨iron.⟩ • 5.3.1 mach keine ~n! *benimm dich ordentlich!, mach keine Umstände, Dummheiten!*

ge|schicht|lich ⟨Adj. 24⟩ **1** ⟨90⟩ *die Geschichte betreffend, zu ihr gehörig, auf ihr beruhend;* eine ~e Entwicklung beschreiben **2** *nach, aufgrund von Geschichtsquellen bezeugt, schriftlich überliefert;* ~ bedeutende Tatsachen **3** *für die Zukunft bedeutungsvoll;* die Einführung des Euro war ein ~es Ereignis

Ge|schick ⟨n.; -(e)s, -e⟩ **1** *Schicksal, Fügung;* ein böses, gutes ~; ein grausames ~ hat ihn uns entrissen; ein gütiges ~ bewahrte ihn vor dem Tode **1.1** *Gestaltung der Lebensumstände;* sein ~ selbst in die Hand nehmen **2** ⟨unz.⟩ *Eignung, besondere Fähigkeit, etwas Bestimmtes zu tun;* er hat das nötige ~ für den Umgang mit Menschen; kein ~ zum Basteln haben; er hat ein besonderes ~, die Leute vor den Kopf zu stoßen ⟨iron.⟩ • **2.1** *Fähigkeit, eine Sache richtig anzufassen u. durchzuführen, Geschicklichkeit;* er zeigt (dabei) viel ~ **3** *Ordnung;* eine Sache wieder ins ~ bringen

Ge|schick|lich|keit ⟨f.; -; unz.⟩ *Geschick (2), (handwerkliche) Begabung, Gewandtheit, Geübtheit;* er fuhr mit großer ~ zwischen den Hindernissen hindurch; bei einer Sache ~ beweisen

ge|schickt 1 ⟨Part. Perf. von⟩ *schicken* **2** ⟨Adj.⟩ • **2.1** *geübt und flink;* ein ~er Arbeiter, Handwerker; er ist in allen handwerklichen Arbeiten sehr ~; sich (bei einer Tätigkeit) ~ anstellen; ~e Finger, Hände haben; ein Schloss mit ~en Griffen öffnen • **2.2** ⟨fig.⟩ *umsichtig, wendig;* ein ~er Lehrer, Verhandlungsleiter; etwas durch ~e Fragen herausbekommen; wir müssen ~ vorgehen; eine Sache ~ anfassen

Ge|schirr ⟨n.; -(e)s, -e⟩ **1** *Gefäße, in denen Speisen u. Getränke zubereitet u., od. aufgetragen werden;* Ess~, Kaffee~, Küchen~, Tee~, Porzellan~, Steingut~; das ~ abräumen; ~ abtrocknen, spülen; ~ zerschlagen; altes, kostbares ~; feuerfestes, unzerbrechliches ~; das gute ~ nehmen; sauberes, schmutziges ~ **2** *Geräte, Maschinen u. Vorrichtungen, die für eine bestimmte Arbeit zusammengestellt sind;* Anker~, Lade~, Bohr~ **3** *Seil- od. Riemenwerk zum Anspannen von Zugtieren;* den Pferden das ~ abnehmen, anlegen; das Pferd geht gut im ~ • **3.1** *sich ordentlich ins ~ legen* ⟨fig.⟩ *kräftig arbeiten, sich anstrengen* • **3.2** *Wagen u. Zugtier(e)* **4** ⟨Weberei⟩ *die Schäfte eines Webstuhls mit ihrer Aufhängung*

Ge|schirr|rei|ni|gung ⟨f.; -; unz.⟩ *das Reinigen, Abspülen von Geschirr*

Ge|schlecht ⟨n.; -(e)s, -er⟩ **1** *eine der zwei verschiedenen Formen, weiblich u. männlich, in denen beim Menschen, den meisten Tieren u. vielen Pflanzen die Einzelwesen vorkommen;* Menschen beiderlei ~s; das andere ~ **2** ⟨unz.⟩ *Geschlechtsteil* **3** *Art, Gattung;* Menschen~; das menschliche ~ **4** = *Generation (3);* die kommenden ~er; von ~ zu ~ **5** *Familie;* Adels~, Bauern~; das ~ der Hohenzollern; ein altes, alteingesessenes, weit verbreitetes ~; aus altem, edlem ~ stammen • **5.1** ⟨schweiz.⟩ *Familienname;* ich habe das ~ vergessen, Herr ... **6** ⟨Gramm.⟩ = *Genus (2);* männliches, weibliches, sächliches ~

ge|schlecht|lich ⟨Adj. 24⟩ **1** *männliches u. weibliches Geschlecht (u. ihre Merkmale) betreffend, zu ihnen gehörig;* ~e Entwicklung, ~e Fortpflanzung **2** *das Geschlechtsleben, das sexuelle Verhalten betreffend, auf ihm beruhend, sexuell* • **2.1** mit jmdm. ~ verkehren *mit jmdm. Geschlechtsverkehr haben*

Ge|schlechts|akt ⟨m.; -(e)s, -e⟩ *geschlechtliche Vereinigung von Mann u. Frau, von männlichem u. weiblichem Tier;* Sy *Coitus, Koitus, Geschlechtsverkehr*

Ge|schlechts|krank|heit ⟨f.; -, -en; Med.⟩ *durch den Geschlechtsverkehr übertragene Infektionskrankheit*

ge|schlechts|reif ⟨Adj. 24/70; Biol.⟩ *reif, fähig zur geschlechtlichen Fortpflanzung*

Ge|schlechts|ver|kehr ⟨m.; -s; unz.⟩ = *Geschlechtsakt*

Ge|schlos|sen|heit ⟨f.; -; unz.; fig.⟩ *abgerundete Form, erschöpfende Behandlung;* eine Arbeit, ein Musikwerk von großer ~

Ge|schmack ⟨m.; -(e)s, -schmä|cke od. ⟨umg.⟩ -schmä|cker; Pl. selten⟩ **1** *Fähigkeit zu schmecken, Geschmackssinn;* für meinen ~ ist die Suppe zu stark gesalzen **2** *beim Schmecken feststellbare Eigenart eines Stoffes;* bitterer, erdiger, herber, kräftiger, saurer, süßer ~; einen faden, schalen ~ im Munde haben; die Suppe hat einen ~ nach Pilzen; die Birne hat einen guten ~ **3** ⟨fig.⟩ *Urteilsfähigkeit in ästhetischen Fragen, Sinn für Schönes, für Kultur, auch für Vornehmheit, Anstand;* das ist der ~ unserer Zeit; seinen ~ bilden, entwickeln; (keinen) ~ haben; einen guten, schlechten ~ haben; für meinen ~ ist das Haus zu protzig; sich mit ~ kleiden; nach heutigem, neuestem ~; sein Verhalten zeugt von gutem, schlechtem ~; über ~ lässt sich (nicht) streiten (Sprichw.) • **3.1** ⟨nur Pl.⟩ *die Geschmäcker sind verschieden* ⟨umg.⟩ *man soll anderen nicht den eigenen Geschmack aufzwingen* **4** ⟨fig.⟩ *Gefallen, Interesse, Vorliebe;* an etwas ~ finden, gewinnen; einer Sache ~ abgewinnen • **4.1** auf den ~ kommen *das Angenehme an einer Sache entdecken* • **4.2** je nach ~ *nach Belieben* • **4.3** das ist (nicht) nach meinem ~ *das gefällt mir (nicht)*

ge|schmack|los ⟨Adj.⟩ **1** *ohne Geschmack (2);* das Medikament ist völlig ~ • **1.1** ⟨veraltet⟩ *schal, fade;* die Suppe ist etwas ~ **2** ⟨fig.⟩ *hässlich, kitschig;* Ggs *geschmackvoll;* ein ~es Gebäude, Kleid; ~er Schmuck; sich ~ kleiden **3** *taktlos, ohne Anstand, unvornehm;* ich finde diesen Witz ~

Ge|schmack(s)sa|che ⟨f.; -; unz.⟩ *Angelegenheit, bei der nur der Geschmack (4) entscheidet;* das ist ~

ge|schmack|voll ⟨Adj.⟩ *schön, stilvoll, passend, harmonisch, mit Geschmack;* Ggs *geschmacklos; das Zimmer ist ~ eingerichtet; ein ~es Kunstwerk*

Ge|schmei|de ⟨n.; -s, -; geh.⟩ *Goldschmiedearbeit, kostbarer (bes. Hals-)Schmuck*

ge|schmei|dig ⟨Adj.⟩ **1** *weich, schmiegsam; ~es Leder; einen Stoff ~ machen* **2** *gewandt, gelenkig; sich ~ durch eine Zaunlücke winden; einem Schlag ~ ausweichen* **3** ⟨fig.⟩ *diplomatisch, schlau, geschickt; mit ~en, überredenden Worten; unbequemen Fragen ~ ausweichen*

Ge|schöpf ⟨n.; -(e)s, -e⟩ **1** *(von Gott geschaffenes) Lebewesen, Mensch, Tier, Pflanze;* Sy *Kreatur (1); alle ~e Gottes* **2** ⟨geh.⟩ *Mensch, Person; so ein albernes, undankbares ~!; das arme ~!; sie ist ein reizendes kleines ~* ● **2.1** ⟨abwertend⟩ *von einem anderen bevorzugter, aber auch abhängiger Mensch;* Sy *Kreatur (2); sie ist sein ~* **3** *etwas Geschaffenes, materielles od. geistiges Erzeugnis; ein ~ seiner Fantasie*

Ge|schoss[1] ⟨n.; -es, -e⟩ *(mit Hilfe einer Waffe) geschleuderter Körper;* oV ⟨österr.⟩ *Geschoß*[1]*;* Sy *Projektil; Gewehr~, Artillerie~*

Ge|schoß[1] ⟨n.; -es, -e; in Österreich alleinige Schreibung für⟩ *Geschoss*[1]

Ge|schoss[2] ⟨n.; -es, -e⟩ *Stockwerk;* oV ⟨österr.⟩ *Geschoß*[2]*; Dach~, Erd~, Ober~, Zwischen~; im ersten ~ wohnen*

Ge|schoß[2] ⟨n.; -es, -e; in Österreich alleinige Schreibung für⟩ *Geschoss*[2]

ge|schraubt 1 (Part. Perf. von) *schrauben* **2** ⟨Adj.; fig.⟩ *geziert, unnatürlich, gekünstelt; ~er Stil, ~e Sprache; sie drückt sich oft etwas ~ aus; ein ~es Benehmen*

Ge|schrei ⟨n.; -s; unz.⟩ **1** *anhaltendes Schreien; Jammer~, Kinder~, Weh~* **2** ⟨fig.⟩ *Aufheben, Getue; viel ~ um etwas machen* ● **2.1** *ein großes ~ erheben* ⟨fig.⟩ *sich heftig entrüsten, viel Aufhebens machen* ● **2.2** *viel ~ und wenig Wolle* ⟨Sprichw.⟩ *viel Lärm um nichts, viel Gerede u. wenig dahinter*

Ge|schütz ⟨n.; -es, -e⟩ **1** ⟨urspr.⟩ *Waffen des Schützen* **2** ⟨heute⟩ *Gerät zum Abfeuern von großen Geschossen; ein ~ auffahren, bedienen, laden; leichtes, schweres ~; ein ~ in Stellung bringen* ● **2.1** *grobes, schweres ~ auffahren* ⟨fig.; umg.⟩ *sehr energisch werden, jmdm. etwas sehr deutlich zu verstehen geben*

Ge|schwa|der ⟨n.; -s, -; Mil.⟩ **1** *(früher) Reiterformation von 600 bis 700 Mann* **2** ⟨heute⟩ *Verband gleichartiger Kriegsschiffe od. Kampfflugzeuge; Jagd~, Kampf~* ● **2.1** *Verband von 2 bis 3 Staffeln mit je 18 Flugzeugen, entsprechend dem Regiment*

Ge|schwätz ⟨n.; -es; unz.; umg.⟩ *dummes Gerede, anhaltendes Schwätzen, Tratsch; ich kann dieses leere ~ nicht mehr hören*

ge|schwät|zig ⟨Adj.⟩ **1** *gern u. viel redend, schwatzhaft* **2** *alles ausplaudernd;* Ggs *verschwiegen*

ge|schwei|ge ⟨Konj.; meist in der Wendung⟩ *~ denn noch viel weniger; er hat nicht einmal das Geld für eine Wohnung, ~ (denn) für ein ganzes Haus*

ge|schwind ⟨Adj.; regional⟩ *schnell, flink, rasch; das geht ganz ~, nicht so ~; mach ~!; ich will nur ~ noch zum Bäcker laufen*

Ge|schwin|dig|keit ⟨f.; -, -en⟩ **1** ⟨Phys.; Tech.⟩ *das Verhältnis von zurückgelegtem Weg zu der dazu gebrauchten Zeit* **2** *Schnelligkeit; die ~ drosseln, steigern, verringern; mit großer, hoher, rasender ~; er fuhr mit einer ~ von 60 Kilometern in der Stunde* ● **2.1** *zu große ~ draufhaben* ⟨umg.⟩ *zu schnell fahren* ● **2.2** *~ ist keine Hexerei* ⟨umg.⟩ *jeder kann sich beeilen* ● **2.3** *mit affenartiger ~* ⟨umg.; scherzh.⟩ *sehr schnell, überraschend schnell*

Ge|schwin|dig|keits|be|schrän|kung ⟨f.; -, -en⟩ *vorgeschriebene Begrenzung der Höchstgeschwindigkeit (von Kraftfahrzeugen) auf bestimmten Straßen, Geschwindigkeitsbegrenzung;* Sy *Tempolimit; ~ auf Bundesstraßen, Autobahnen*

Ge|schwis|ter ⟨n.; -s, -; Biol.; Statistik; poet.⟩ **1** ⟨unz.; poet.; Biol.; Statistik⟩ *ein Geschwisterteil (Bruder od. Schwester)* **2** ⟨nur Pl.⟩ *Bruder u. Schwester, Brüder u. Schwestern; meine ~ u. ich; ich habe noch drei ~; wir sind zu Hause fünf ~*

Ge|schwo|re|ne(r) ⟨f. 2 (m. 1); bis 1972 amtl. Bez.⟩ = *Schöffe (1)*

Ge|schwulst ⟨f.; -, -schwüls|te; Med.⟩ *Neubildung von körpereigenem Gewebe, das durch sein Wachstum anderes Körpergewebe verdrängt u. zerstört;* Sy *Tumor;* →a. *gutartig (1.1), bösartig (2.1)*

Ge|schwür ⟨n.; -(e)s, -e⟩ **1** *mehr od. weniger tiefgreifender Substanzverlust an Haut od. Schleimhäuten infolge Verletzung, Durchblutungsstörung, Entzündung oder Gewebszerstörung bei Eiterung: Ulcus* **2** ⟨fig.⟩ *anhaltender Missstand*

Ge|sel|le ⟨m.; -n, -n⟩ **1** ⟨Handwerk⟩ *Gehilfe nach Abschluss der Lehrzeit u. abgelegter Gesellenprüfung* **2** ⟨allg.⟩ *junger Mensch, Gefährte; ein fröhlicher, lustiger, roher, wüster ~*

ge|sel|len ⟨V. 550/Vr 3⟩ *sich zu* jmdm. *~ sich* jmdm. *anschließen, mit ihm gehen, sich zu* jmdm. *setzen;* →a. *gleich (2.2)*

Ge|sel|len|stück ⟨n.; -(e)s, -e⟩ *Gegenstand, den der Lehrling bei der Gesellenprüfung herzustellen hat*

ge|sel|lig ⟨Adj.⟩ **1** *~ lebende* **Tiere** *im Rudel, in der Herde lebende T.* **2** *Gesellschaft liebend, suchend, sich gern unter Menschen aufhaltend; er ist nicht sehr ~* **3** *in zwangloser Gesellschaft stattfindend, unterhaltsam; ein ~er Abend; ein ~es Leben führen;* jmdn. *zu einem ~en Beisammensein einladen*

Ge|sel|lig|keit ⟨f.; -, -en⟩ **1** ⟨unz.⟩ *geselliges Wesen* **2** ⟨unz.⟩ *zwangloser, außerberuflicher Verkehr mit anderen Menschen; die ~ lieben, pflegen* **3** *unterhaltsame Veranstaltung, geselliges Beisammensein;* jmdn. *zu einer kleinen ~ einladen*

Ge|sel|lin ⟨f.; -, -lin|nen⟩ *weibl. Geselle*

Ge|sell|schaft ⟨f.; -, -en⟩ **1** *zweckgebundene, aus Nützlichkeitserwägungen entstandene, meist in sich gegliederte Gruppe von Menschen, die zusammen leben u. arbeiten; Klassen~, Ur~; die bürgerliche ~; die menschliche ~; die primitiven ~en;* →a. *offen (1.11.6)* **2** *die im gesellig Verkehr maßgebende, führende Schicht eines Landes od. einer Stadt; die feine, gute, vornehme ~; in die ~ eingeführt werden; sich in ~ benehmen, bewegen können* **3** *größeres gesellig*

Beisammensein; Abend~; ~en besuchen; eine ~ geben; viel in ~en gehen; jmdn. auf einer ~ treffen **4** *geselliger Kreis;* Damen~, Herren~; Reise~; ihr seid aber eine langweilige ~! ⟨umg.⟩; benimm dich, du befindest dich hier in guter ~! ⟨umg.; iron.⟩ • 4.1 *die ganze ~ alle miteinander* • 4.2 *Umgang;* in schlechte ~ geraten; in schlechter ~ verkehren **5** *Begleitung;* ich bin gern in deiner ~ • 5.1 da kommt ~! *jmd. zur Begleitung* • 5.2 hier bringe ich dir deine Puppe, da hast du ~! *da bist du nicht allein* • 5.3 jemdm. ~ leisten *jmdn. unterhalten, ihm die Zeit vertreiben* **6** *Vereinigung mehrerer Personen zu bestimmtem Zweck u. mit bestimmten Satzungen;* Handels~; einer ~ beitreten; in eine ~ eintreten; eine ~ gründen; gelehrte ~; literarische ~ • 6.1 die ~ Jesu *der Jesuitenorden* • 6.2 ~ mit beschränkter Haftung ⟨Abk.: GmbH⟩ *Kapitalgesellschaft, bei der Gesellschafter nur mit dem Kapital ihrer Einlage haften*

Ge|sell|schaf|ter ⟨m.; -s, -⟩ **1** *anregender, unterhaltsamer Mensch, Begleiter;* er ist ein guter ~ **2** *Teilhaber einer Handelsgesellschaft;* →a. *still (6.3)*

Ge|sell|schaf|te|rin ⟨f.; -, -rin|nen⟩ **1** *weibl. Gesellschafter* **2** ⟨früher⟩ *Angestellte (von Damen od. für junge Mädchen) zur Reisebegleitung, Unterhaltung, Gesellschaftsdame*

ge|sell|schaft|lich ⟨Adj. 24⟩ **1** *die Gesellschaft betreffend, zu ihr gehörig, ihr entsprechend, ihr dienend;* der ~e Nutzen einer gesetzlichen Maßnahme; der ~en Oberschicht angehören **2** *den in der (höheren, guten) Gesellschaft (2) üblichen Sitten u. Umgangsformen entsprechend, ihnen gemäß;* er macht sich durch sein Benehmen ~ unmöglich

Ge|sell|schafts|ord|nung ⟨f.; -, -en⟩ *die Art, in der eine Gesellschaft aufgebaut ist, Struktur einer Gesellschaft*

Ge|setz ⟨n.; -es, -e⟩ **1** *rechtlich bindende Vorschrift;* Straf~; das ~ Mose; ein ~ abschaffen, aufheben, befolgen, brechen, verletzen; ein ~ auslegen; ein ~ erlassen; das ~ tritt am 1. 4. in Kraft; das ~ übertreten; auf dem Boden des ~es stehen; das ist gegen alles Recht und ~; sich gegen das ~ vergehen; gegen ein ~ verstoßen; eine Lücke im ~ finden, durch die man schlüpfen kann; im Namen des ~es erkläre ich Sie für verhaftet; mit dem ~ in Konflikt geraten; durch die Maschen des ~es schlüpfen ⟨fig.⟩ **2** *Ordnungsregel, aufgrund deren etwas ist oder geschieht;* Natur~; das ~ des freien Falles; die Mendel'schen ~e **3** *Regel, Richtschnur, Grundsatz;* die ~e der Dichtkunst; ein ästhetisches, ethisches, moralisches ~; harte, strenge ~e; ein ungeschriebenes ~; ... nach dem ~, wonach du angetreten (Goethe, „Urworte"); sich etwas zum ~ machen

ge|setz|ge|bend ⟨Adj. 24/60⟩ *Gesetze beratend, vorschlagend u. erlassend;* ~e Versammlung

ge|setz|lich ⟨Adj. 24⟩ **1** *das Gesetz betreffend, ihm entsprechend, ihm gemäß, auf den Gesetzen beruhend;* Ggs *ungesetzlich;* ~ vorgesetzt, auf ~em Wege zu seinem Recht zu kommen; die ~en Bestimmungen, Vorschriften nicht beachten • 1.1 ~er **Vertreter** eines Kindes *Elternteil od. Vormund eines Kindes (bis zum 18. Lebensjahr)*

ge|setzt 1 ⟨Part. Perf. von⟩ *setzen* **2** ⟨Adj.⟩ *ernst u. ruhig, besonnen, gemessen, würdevoll*

ge|setz|ten|falls ⟨Adv.⟩ *angenommen, dass ...*

Ge|sicht[1] ⟨n.; -(e)s, -er⟩ **1** *vordere Fläche des Kopfes mit Nase, Mund u. Augen;* das ~ abwenden; sich ein ~ fest einprägen; das ~ verzerren; jmdm. das ~ zuwenden; ein altes, faltiges, junges, pockennarbiges, runzliges ~ haben; ein apartes, feines, hässliches, hübsches, schönes ~ haben; ein blasses, bleiches, blühendes, frisches, gesundes, kränkliches ~; ein breites, langes, ovales, schmales ~; ein interessantes, markantes ~; ein gut, scharf geschnittenes ~ haben; jmdm. frech ins ~ lachen; jmdm. nicht (mehr gerade, offen) ins ~ schauen können (weil man ein schlechtes Gewissen hat); die Sonne scheint mir ins ~; jmdn. ins ~ schlagen; jmdm. fest, voll ins ~ sehen; jmdm. ins ~ spucken; das Blut stieg ihr ins ~ (vor Scham, Zorn); ich hätte ihm vor Wut ins ~ springen mögen; das ~ in den Händen verbergen; mit dem ~ nach vorn, nach hinten • 1.1 jmdm. wie aus dem ~ geschnitten sein *jmd. sehr ähnlich sehen;* er ist seiner Mutter wie aus dem ~ geschnitten • 1.2 jmdm. etwas ins ~ sagen *jmdm. ohne Scheu etwas Unangenehmes sagen* • 1.3 etwas steht jmdm. zu ~ *etwas passt zu jmdm.;* die Farbe, der Hut steht ihr gut zu ~ • 1.4 einer Gefahr, einer neuen Situation ins ~ sehen *sich mit ihr auseinandersetzen, ihr nicht ausweichen* **2** *Gesichtsausdruck, Miene;* ein (un)freundliches ~ aufsetzen, machen; mach ein fröhliches ~!; er zeigt immer ein heiteres ~; ein amtliches, offizielles ~ aufsetzen, machen; mach nicht so ein böses, dummes ~!; ein erschrockenes, erstauntes, fröhliches, grimmiges, heiteres, mürrisches, strenges, trauriges, trotziges, wütendes ~ machen; das sieht man dir am ~ an; ich konnte ihm seine Gedanken vom ~ ablesen; das ~ zum Weinen verziehen • 2.1 ein ~ wie 14 Tage Regenwetter machen *mürrisch aussehen* • 2.2 etwas steht jmdm. im ~ geschrieben *etwas ist an jmds. Gesichtsausdruck deutlich zu erkennen;* die Lüge stand ihm im ~ geschrieben • 2.3 *Fratze, Grimasse;* was machst du denn für ein ~?; ~er schneiden • 2.3.1 ein ~ ziehen *enttäuscht, beleidigt dreinschauen* **3** *Person, Mensch;* wir gehen gern aus, um einmal andere ~er zu sehen; ich habe dort viele bekannte ~er gesehen; er läuft jedem hübschen ~ nach **4** ⟨fig.⟩ *(charakteristisches) Aussehen;* das ~ einer Stadt; einer Sache das richtige ~ geben; große Politiker prägen das ~ ihrer Zeit; das gibt der Sache ein anderes ~ • 4.1 sein wahres ~ zeigen *zeigen, wie man wirklich ist, sich nicht mehr verstellen* • 4.2 *Ansehen;* das ~ wahren, retten; das ~ verlieren **5** ⟨veraltet⟩ *Sehvermögen;* das ~ verlieren • 5.1 jmdn. od. etwas zu ~ bekommen *sehen;* ich habe es noch nicht zu ~ bekommen • 5.2 jmdm. zu ~ kommen *von jmdm. gesehen werden* **6** ⟨fig.; umg.⟩ *bevorzugte Seite* • 6.1 das belegte Brötchen ist aufs ~ gefallen ⟨scherzh.⟩ *mit der belegten Seite nach unten auf den Boden gefallen*

Ge|sicht[2] ⟨n.; -(e)s, -e⟩ *Erscheinung, Vision;* im Traum ein ~ haben

Gesichtsfeld

Ge|sichts|feld ⟨n.; -(e)s, -er⟩ **1** bei unbewegtem Auge überschaubarer Raum **2** mit der Optik erfassbarer Raum, Bildausschnitt, Abbildungsbereich

Ge|sichts|kreis ⟨m.; -es, -e⟩ = Horizont (1-2); seinen ~ erweitern; einen großen, kleinen, weiten, begrenzten ~ haben

Ge|sichts|punkt ⟨m.; -(e)s, -e; fig.⟩ **1** (Möglichkeit der) Betrachtungsweise, Blickwinkel; ein neuer, wesentlicher ~; von diesem ~ aus betrachtet ... **2** Gedanke, wesentliche Einzelheit; noch einige ~e hinzufügen

Ge|sichts|win|kel ⟨m.; -s, -⟩ **1** der Winkel, den die von den äußersten Punkten eines Gegenstandes zum Auge ziehenden Linien (Richtungsstrahlen) bilden **2** unter diesem ~ ⟨fig.⟩ von dieser Seite, bei dieser Betrachtungsweise; unter diesem ~ betrachtet, sieht die Sache anders aus

Ge|sichts|zug ⟨m.; -(e)s, -zü|ge; meist Pl.⟩ Schnitt, Ausprägung des Gesichts, durch den Ausdruck geprägte Gestalt des Gesichts; edle, feine, grausame, harte, strenge, weiche Gesichtszüge

Ge|sims ⟨n.; -es, -e⟩ waagerecht vorspringender Streifen einer Mauer, eines Pfeilers

Ge|sin|de ⟨n.; -s; unz.; früher⟩ Gesamtheit der Knechte u. Mägde, bes. eines Bauernhofes

Ge|sin|del ⟨n.; -s; unz.; abwertend⟩ betrügerische, verbrecherische od. arbeitsscheue Menschen; lichtscheues, zwielichtiges ~

ge|sinnt ⟨Adj. 24/70⟩ eingestellt, eine bestimmte Gesinnung habend; (jmdm.) feindlich, freundlich, gut, böse, übel ~ sein; wie ist er politisch ~?

Ge|sin|nung ⟨f.; -, -en⟩ sittliche Haltung eines Menschen, Einstellung, Meinung, Denkart; seine ~ wechseln; anständige, aufrichtige, ehrliche, gemeine, gute, liberale, niedrige ~; politische ~; seine wahre ~ zeigen

ge|sit|tet ⟨Adj.⟩ wie es Sitte u. Anstand entspricht; ~es Benehmen; ~ neben den Eltern hergehen

Ge|son|nen 1 ⟨Part. Perf. von⟩ sinnen **2** ⟨Adj. 24/40⟩ ~ sein, etwas zu tun etwas zu tun beabsichtigen

Ge|spann ⟨n.; -(e)s, -e⟩ **1** zusammengespannte Zugtiere **2** Zugtier(e) u. Wagen; Ochsen~, Pferde~ **3** ⟨fig.; umg.⟩ zwei zusammengehörige od. zusammen arbeitende Personen; ein seltsames ~!; die beiden geben ein gutes ~ ab

ge|spannt 1 ⟨Part. Perf. von⟩ spannen **2** ⟨Adj.⟩
• **2.1** voller Aufregung, erwartungsvoll, neugierig; ich bin schon ~, wie das neue Auto aussehen wird; jmdn. in ~er Erwartung, Neugier empfangen • **2.1.1** ich bin ~ wie ein Flitzebogen ⟨umg.; scherzh.⟩ sehr aufgeregt, äußerst neugierig • **2.2** interessiert, gefesselt; die Kinder hörten ~ zu • **2.3** gereizt, misstönend, Uneinigkeit ausstrahlend; zwischen ihnen herrscht ein ~es Verhältnis; die Stimmung, das Klima war sehr ~ • **2.4** kritisch, angespannt, mit Konflikten belastet; zwischen beiden Ländern herrscht eine ~e politische Lage

Ge|spenst ⟨n.; -(e)s, -er⟩ **1** erschreckende Erscheinung (eines Geistes), Trugbild; das ~ der Hungersnot, des Krieges • **1.1** du siehst ~er! du bist zu pessimistisch • **1.2** aussehen wie ein ~ bleich, abgemagert

ge|spens|tig ⟨Adj.⟩ = gespenstisch

ge|spens|tisch ⟨Adj.⟩ wie ein Gespenst, einem Gespenst ähnlich, unheimlich, Furcht erregend; oV gespenstig; er sieht ~ aus; eine ~e Erscheinung haben; es herrschte ~e Stille

Ge|spinst ⟨n.; -(e)s, -e⟩ **1** etwas Gesponnenes, zartes Gewebe aus gesponnenen Fäden **2** ⟨Textilw.⟩ gedrehtes Garn aus Fasern endlicher Länge **3** ⟨fig.⟩ etwas ineinander Verflochtenes, verwobenes Gebilde, Netzwerk; Hirn~; Gedanken~

Ge|spött ⟨n.; -(e)s; unz.⟩ **1** das Spotten **2** Gegenstand des Spottes; jmdn. od. sich zum ~ der Leute machen

Ge|spräch ⟨n.; -(e)s, -e⟩ **1** mehrmaliger od. längerer Wechsel von Rede und Gegenrede, Unterhaltung, Dialog; Zwie~; den Faden des ~s wiederaufnehmen; Gegenstand unseres ~s war der neue Film; das ~ abbrechen; das ~ wiederaufnehmen; ein ~ belauschen; ein ~ führen (mit jmdm.); ein ~ unterbrechen; ein dienstliches, fachliches, freundschaftliches, politisches ~; ein ernstes, heiteres, interessantes, zwangloses ~; ein kurzes, langes ~; sich in ein ~ einlassen; mit jmdm. ins ~ kommen; ins ~ vertieft sein; ein ~ mit jmdm. anknüpfen; ~ unter vier Augen; ein ~ zwischen Lehrer und Schülern • **1.1** das ~ auf etwas bringen zu einem bestimmten Thema hinlenken • **1.2** einmalige telefonische Zwiesprache; Fern~, Orts~; ein ~ abhören; ein ~ (nach Berlin) führen; das ~ nach Berlin kostete nicht mehr als ein Orts~; ein ~ vermitteln; ein dringendes ~; ein ~ von einigen Minuten • **1.2.1** ein ~ abnehmen sich am Telefon melden **2** öffentlich Besprochenes, Gegenstand des öffentlichen Geredes; Stadt~, Tages~; der Vorfall von gestern ist das ~ des Tages; zum öffentlichen ~ werden • **2.1** im ~ sein (öffentlich) besprochen werden, Gegenstand der Diskussion sein; die Ganztagsschule ist wieder im ~

ge|sprä|chig ⟨Adj.⟩ gerne redend, mitteilsam; du bist ja heute nicht sehr ~!

Ge|sprächs|stoff ⟨m.; -(e)s, -e⟩ etwas, worüber man ein Gespräch führen kann, Themen; den beiden war der ~ ausgegangen

ge|sprächs|wei|se ⟨Adv.⟩ in einem Gespräch; eine Sache ~ erwähnen

Ge|sta|de ⟨n.; -s, -; poet.⟩ Rand eines Gewässers

Ge|stalt ⟨f.; -, -en⟩ **1** die äußere Erscheinung eines Menschen, Wuchs, Körperbeschaffenheit; große, hagere, kräftige, schöne, untersetzte, zierliche ~; jmdn. an seiner ~ erkennen; hübsch, hässlich von ~; von schlanker ~; der Ritter von der traurigen ~ **2** nur in Umrissen, undeutlich wahrgenommener Mensch; eine dunkle ~ näherte sich uns **3** Persönlichkeit; so etwas könnte man nur von einer ~ wie z. B. Goethe sagen **4** von der (dichterischen) Fantasie geschaffene Person; die ~ des Ritters in Lortzings „Undine" **5** äußere Form, Erscheinung, die Umrisse, Aussehen; eine andere ~ annehmen (im Märchen); der Zauberer nahm die ~ einer Schlange an; sich in seiner wahren ~ zeigen; das Abendmahl in beiderlei ~; das Unheil nahte in ~ eines Polizisten; Hilfe in ~ von Geld und Sachwerten • **5.1** der Plan nimmt allmählich (feste)

~ an, gewinnt langsam ~ *formt sich, entwickelt sich* • 5.2 einer Sache ~ geben *eine S. formen* • 5.3 einem Gedanken ~ geben *einen G. formulieren, in Worte fassen*

ge|stal|ten ⟨V. 500⟩ **1** eine **Sache** ~ *einer S. eine bestimmte Form geben;* einen Abend, eine Feier ~; einen Romanstoff schöpferisch ~; eine geschichtliche Begebenheit zu einem Drama ~; ein Zusammensein zu einem kleinen Fest ~ **2** ⟨510/Vr 3⟩ **sich ~** *werden, sich entwickeln, eine bestimmte Form annehmen, geraten;* die Sache hat sich ganz anders gestaltet, als wir dachten; sich günstig, ungünstig ~; sich zu einem Erfolg ~

Ge|stal|tung ⟨f.; -, -en⟩ **1** *das Gestalten, Gestaltetwerden;* Freizeit~; Lebens~; die ~ des Abends übernahm XY • **1.1** *(künstlerische) Formgebung, schöpferisches Erschaffen;* ~ eines Raumes, Gartens, Kunstwerks

ge|stän|dig ⟨Adj. 24/70⟩ **1** *ein Geständnis ablegend, seine Schuld eingestehend;* ein ~er Mörder • **1.1** der Angeklagte ist ~ *hat (die Tat) gestanden*

Ge|ständ|nis ⟨n.; -ses, -se⟩ **1** *das Gestehen, Mitteilen einer Schuld, Neigung u. Ä.;* das ~ des Gefangenen; das ~ seiner Liebe • **1.1** ein ~ ablegen *etwas eingestehen, etwas bekennen* • **1.2** jmdm. ein ~ machen *etwas gestehen*

Ge|stank ⟨m.; -(e)s; unz.⟩ *übler, schlechter Geruch;* wo kommt denn dieser ~ her?

ge|stat|ten ⟨V. 500⟩ **1** ⟨503/Vr 5 od. 6⟩ **(jmdm.) etwas ~** *erlauben, bewilligen;* ~ Sie, dass ich die Zeitung nehme?; ich werde mir ~, morgen einmal anzurufen; ~ Sie eine Frage?; ist es gestattet einzutreten? • **1.1** ~ Sie? *(Höflichkeitsformel)* bitte lassen Sie mich durch!, darf ich vorbei?, darf ich mir nehmen?, darf ich es sehen? u. Ä.

Ges|te ⟨a. [ge:s-] f.; -, -n⟩ **1** *konventionelle Bewegung, die etwas ausdrücken soll* **2** *unverbindliche Höflichkeitsformel, regelhafte Verhaltensweise*

ge|ste|hen ⟨V. 256/25/Vr 6⟩ **etwas ~** *(eine Tat, Schuld, Neigung o. Ä.) mitteilen, zugeben, bekennen;* hat der Verbrecher gestanden?; er hat mir gestanden, dass …; jmdm. seine Liebe ~; ein Verbrechen ~; die (volle) Wahrheit ~; ich muss mit Beschämung ~, dass …; offen gestanden, ist es mir lieber, wenn …

Ge|stein ⟨n.; -(e)s, -e⟩ **1** *aus mehreren Mineralien bestehender Bestandteil der festen Erdkruste* **2** *Masse von fest verbundenen od. losen Steinen, Fels*

Ge|stell ⟨n.; -(e)s, -e⟩ **1** *Gefüge aus Brettern od. Stangen zum Stützen od. Tragen, Rahmen, an dem andere Teile befestigt od. auf den andere Teile gelegt werden, Unterbau;* Bett~; Bücher~; Brillen~ **2** ⟨Tech.⟩ *unterer Teil des Hochofens* **3** ⟨Jägerspr.⟩ *Schneise* **4** ⟨fig.; umg.; scherzh.⟩ *langer, dürrer Mensch*

Ge|stell|ung ⟨f.; -, -en; Eisenbahn⟩ **1** ⟨Eisenbahn⟩ *Zur-Verfügung-Stellen;* ~ von zusätzlichen Wagen **2** *Antritt zum Militärdienst*

ges|tern ⟨Adv.⟩ **1** *von heute aus einen Tag zurück, am Tag vor dem heutigen;* ist es erst ~ gewesen, dass …?; ~ war ich bei ihm; ~ Abend, ~ Morgen, ~ Nachmittag; wir haben bis ~ noch nicht gewusst, ob …; ~ vor acht Tagen • **1.1** das Brötchen ist von ~ *altbacken* • **1.2** er ist von ~ *übrig geblieben* ⟨umg.; scherzh.⟩ *er hat die Nacht durch bis zum Morgen gezecht* **2** ⟨fig.⟩ *früher* • **2.1** das Gestern und das Heute *Vergangenheit und Gegenwart* • **2.2** Ansichten von ~ haben *altmodische, unmoderne A.* • **2.3** nicht von ~ sein ⟨umg.⟩ *nicht unerfahren, dumm sein, Bescheid wissen*

ge|stie|felt ⟨Adj. 24⟩ **1** *mit Stiefeln versehen* • **1.1** ⟨40⟩ ~ und gespornt ⟨fig.; umg.⟩ *fix u. fertig angezogen, abmarschbereit* • **1.2** ⟨60⟩ der Gestiefelte Kater *eine Märchenfigur*

Ges|tik ⟨a. [ge:-] f.; -; unz.⟩ **1** *Gesamtheit der Gesten, Gebärdenspiel* **2** *Zeichensprache, Verständigung durch Gesten*

ges|ti|ku|lie|ren ⟨V. 400⟩ **1** *Gesten, Gebärden machen* **2** *durch Bewegungen Zeichen geben, sich verständlich machen*

Ge|stirn ⟨n.; -(e)s, -e; poet.⟩ **1** = *Himmelskörper;* der Lauf der ~e • **1.1** *einzelner Himmelskörper, Sonne, Mond, Stern(bild);* das ~ der Nacht

Ge|stö|ber ⟨n.; -s, -⟩ *mit Wind einhergehender Niederschlag (meist Schnee);* Schnee~

ge|sto|chen 1 ⟨Part. Perf. von⟩ *stechen* **2** ⟨Adj. 24⟩ *äußerst genau, exakt, sehr deutlich;* er schreibt wie ~; ~e Schriftzeichen; die Fotos sind ~ scharf

Ge|sträuch ⟨n.; -(e)s; unz.⟩ *mehrere dicht zusammenstehende Sträucher*

ge|streift 1 ⟨Part. Perf. von⟩ *streifen* **2** ⟨Adj. 24/70⟩ *mit Streifen versehen;* ein ~er Pullover; ein ~es Fell; der Vorhang ist ~

ges|trig ⟨Adj. 24/60⟩ *von gestern, gestern gewesen;* das ewig Gestrige, was immer war und immer wiederkehrt und morgen gilt, weil's heute hat gegolten (Schiller, „Wallensteins Tod", I, 4); unsere ~e Vereinbarung; am ~en Tage

Ge|strüpp ⟨n.; -(e)s; unz.⟩ *dichtes, schwer zu durchdringendes Buschwerk*

Ge|stühl ⟨n.; -(e)s, -e⟩ **1** *Gesamtheit der Stühle (eines Raumes)* **2** *Reihen zusammenhängender Stühle;* Chor~

Ge|stüt ⟨n.; -(e)s, -e⟩ **1** *Pferdezuchtbetrieb* **2** *alle Pferde eines Gestüts (1)*

Ge|such ⟨n.; -(e)s, -e⟩ *schriftliche Bitte, Eingabe (bes. an eine Behörde);* ein ~ einreichen, stellen; ein ~ ablehnen, befürworten, bewilligen

ge|sund ⟨Adj. 22⟩ **1** *frei von Krankheit, leistungsfähig, kräftig;* ein ~er Mensch, ein ~es Organ; ~e Glieder haben; ein ~es Herz, eine ~e Lunge haben; wir freuen uns über die Geburt eines ~en Jungen (in Geburtsanzeigen); bleiben Sie ~!; sich ~ fühlen; ~ bleiben, sein; jmdn. für ~ erklären; er ist nicht ganz ~; frisch und ~ sein; ~ und munter; jmdn. als ~ aus dem Krankenhaus entlassen; ~ an Leib und Seele sein • **1.1** aber sonst bist du ~? ⟨umg.; iron.⟩ *du bist wohl nicht ganz gescheit?* • **1.2** in ~en Tagen ⟨fig.; umg.⟩ *wenn, solange man gesund (1) ist* • **1.3** ein ~es **Unternehmen** ⟨fig.⟩ *ein wirtschaftlich gut fundiertes U.* **2** *von Gesundheit zeugend;* einen ~en Ap-

gesundbeten

petit haben; ~er Schlaf • 2.1 *wohl, blühend, frisch;* ~es Aussehen; ~e Gesichtsfarbe; ~ aussehen **3** *richtig, natürlich, normal, vernünftig;* dies ist keine ~e Entwicklung • **3.1** der ~e Menschenverstand *Vernunft, Wirklichkeitssinn, vernünftiges, reales Denken* • **3.2** ein ~ Urteil haben *Fähigkeit, richtig u. maßvoll zu urteilen* **4** *der Gesundheit zuträglich, Gesundheit bringend od. erhaltend;* ~es Klima; ~e Nahrungsmittel; ~e Luft; Obst ist ~ **5** *heilsam, förderlich* • **5.1** das ist ganz ~ für dich! ⟨fig.; umg.⟩ *das wird dir eine Lehre sein!* **6** ⟨Getrennt- u. Zusammenschreibung⟩ • **6.1** ~ machen = *gesundmachen*

ge|sund|be|ten ⟨V. 500⟩ **1** jmdn. ~ *die Gesundung von jmdm. durch das Sprechen von Gebeten (u. mit Hilfe religiöser od. heilkräftiger Handlungen) zu erreichen suchen* • **1.1** eine **Sache** ~ ⟨fig.⟩ *durch vieles Reden zu kurieren suchen;* der Finanzminister versuchte vergeblich, die miserable Wirtschaftslage gesundzubeten

ge|sun|den ⟨V. 400(s.); geh.⟩ *gesund werden, sich wieder erholen;* er wird bald ~; die Wirtschaft soll durch diese Maßnahme ~

Ge|sund|heit ⟨f.; -; unz.⟩ **1** ⟨unz.⟩ *Zustand des Gesundseins, Wohlbefindens, der Leistungsfähigkeit;* ~! (Zuruf, wenn jmd. niest); seine ~ ist angegriffen, erschüttert, zerrüttet; er hat seinem Beruf seine ~ geopfert; das schadet der ~; eine eiserne, robuste ~ haben; körperliche, geistige, seelische ~; die öffentliche ~; auf Ihre ~! (beim Zutrinken); auf jmds. ~ trinken; bei guter ~ sein; mit seiner ~ Raubbau treiben; vor ~ strotzen; das ist der ~ nicht zuträglich; wie geht, steht es mit Ihrer ~?; ~ der Wirtschaft, der Industriebetriebe, eines Unternehmens **2** ⟨veraltet⟩ *Trinkspruch auf jmds. Wohl;* auf jmdn. die ~, eine ~ ausbringen

ge|sund|heits|schäd|lich ⟨Adj.⟩ *schädlich für die Gesundheit;* ~e Stoffe; Rauchen ist ~

ge|sund|ma|chen *auch:* **ge|sund ma|chen** ⟨V. 500⟩ jmdn. ~ *jmdn. von einer Krankheit befreien*

ge|sund|schrei|ben ⟨V. 500⟩ jmdn. ~ *schriftlich bescheinigen, dass jmd. (nach einer Krankheit) wieder gesund u. arbeitsfähig ist;* der Arzt hat ihn wieder gesundgeschrieben; ich schreibe Sie wieder gesund

Ge|tö|se ⟨n.; -s; unz.; umg.⟩ *anhaltender Lärm, anhaltender klirrender Krach;* das Regal kippte mit lautem ~ um

ge|tra|gen 1 ⟨Part. Perf. von⟩ *tragen* **2** ⟨Adj. 70⟩ *gemessen, langsam, ruhig u. ernst;* eine ~e Melodie; ~es Tempo

Ge|tränk ⟨n.; -(e)s, -e⟩ **1** *Flüssigkeit zum Trinken;* ein alkoholfreies, erfrischendes, heißes, kaltes, warmes ~; ein starkes ~ • **1.1** geistige ~e *Spirituosen*

ge|trau|en ⟨V. 520/Vr 3⟩ sich etwas ~ *etwas wagen, sich zutrauen;* das getraue ich mich, (od. seltener) mir nicht; das getraue ich mich, (od. seltener) mir ohne weiteres; getraust du dich, (od. seltener) dir, hier hinunterzuspringen?

Ge|trei|de ⟨n.; -s; unz.; Sammelbez. für⟩ *Kulturpflanzen, die auf Halmen wachsen u. in Ähren od. Rispen angeordnete, mehlreiche u. trockene Körner tragen*

ge|trennt ⟨Part. Perf. von⟩ *trennen*

ge|trennt|le|bend *auch:* **ge|trennt le|bend** ⟨Adj. 24/60⟩ *in Trennung lebend, nicht im gleichen Haushalt lebend;* ~e Paare

Ge|trennt|schrei|bung ⟨f.; -; unz.⟩ *getrennte Schreibung;* ~ gilt für Zusammensetzungen mit „sein"

ge|treu 1 ⟨Adj.⟩ • **1.1** *treu, zuverlässig;* ein ~er Diener; seinem Grundsatz ~, tat er es nicht; dein ~er X (als Briefschluss); sich selbst ~ bleiben, sein; sei ~ bis an den Tod (Offenbarung 2,10) • **1.2** *(der Wirklichkeit) genau entsprechend;* ein ~es Abbild; ~e Wiedergabe **2** ⟨Präp. m. Dat.⟩ *entsprechend, gemäß;* der Wahrheit ~ berichten; ~ dem Motto …

Ge|trie|be ⟨n.; -s, -⟩ **1** *Gefüge von Maschinenteilen zur Übertragung od. Veränderung von (meist rotierenden) Bewegungen* **2** ⟨Bgb.⟩ *vorläufige Abstützung eines Stollens* **3** *lebhafte Bewegung einer Menge, lebhaftes Kommen u. Gehen;* aus dem ~ der Stadt herauskommen; im ~ der Welt

ge|trost ⟨Adj. 24⟩ *vertrauend, zuversichtlich, guten Mutes, ohne Sorge;* man kann ~ sagen, dass …; ~ sterben; sich ~ auf den Weg machen

Get|to ⟨n.; -s, -s⟩ oV *Ghetto* **1** ⟨früher⟩ *abgeschlossenes Stadtviertel, bes. für Juden* **2** ⟨abwertend⟩ *Wohnviertel (unter)privilegierter Gruppen* **3** ⟨fig.; abwertend⟩ *die geistige Beweglichkeit einschränkender Rahmen, isolierende Abgeschlossenheit;* das ~ der Familie verlassen; das ~ einer Spezialwissenschaft

Ge|tue ⟨n.; -s; unz.; umg.⟩ **1** *unnatürlich wirkendes Verhalten;* was soll denn das alberne ~? **2** *zweckloses Herumhantieren*

Ge|tüm|mel ⟨n.; -s; unz.⟩ *lärmende, sich (anscheinend) ohne Ordnung bewegende Menge von Menschen;* Kampf~, Schlacht~; es herrschte ein wildes ~; sich ins ~ stürzen

Ge|vat|ter ⟨m.; -s, -; veraltet⟩ **1** *Pate* • **1.1** zu ~ bitten *die Patenschaft anbieten* • **1.2** ~ stehen (bei) *die Patenschaft übernehmen (für)* **2** ⟨fig.⟩ *Freund, Verwandter, Nachbar (bes. als Anrede);* ~ Tod

Ge|wächs ⟨[-ks] n.; -es, -e⟩ **1** *Pflanze;* Garten~, Zier~, Laubholz~ **2** ⟨Med.⟩ *Geschwulst, unnatürlicher Auswuchs von Gewebe od. Organen*

ge|wagt 1 ⟨Part. Perf. von⟩ *wagen* **2** ⟨Adj.⟩ *kühn, bedenklich, gefährlich;* ein ~es Unternehmen; eine ~e Prognose

ge|wählt 1 ⟨Part. Perf. von⟩ *wählen* **2** ⟨Adj.⟩ *ausgesucht, besonders passend* • **2.1** ein ~es Deutsch **sprechen** *ein grammatisch richtiges u. stilistisch schönes D.* • **2.2** ~e **Kleidung** *elegante u. geschmackvolle K.;* sich ~ kleiden

ge|wahr ⟨Adj. 24/42 od. 44⟩ *nur in der Wendung⟩ jmdn. od. etwas, jmds. od. einer Sache ~ werden jmdn. od. etwas entdecken, erblicken, bemerken, gewahren;* dessen, es ~ werden; plötzlich wurden wir seiner, ihn ~; wir wurden der, die Gefahr zu spät ~

Ge|währ ⟨f.; -; unz.⟩ **1** *Sicherheit, Garantie;* die Angabe der Lottozahlen erfolgt wie immer ohne ~ **2** ~ leisten (in Verbindung m. der Präp. für) *bürgen, garantieren;* ⟨aber⟩ →a. *gewährleisten;* für jmdn. ~; ich leiste Gewähr für die Qualität der gelieferten Waren

ge|wah|ren ⟨V. 500/Vr 8⟩ jmdn. od. etwas ~ ⟨geh.⟩ *bemerken, erblicken, entdecken*

ge|wäh|ren ⟨V. 530⟩ **1** jmdm. etwas ~ *bewilligen, zugestehen, erlauben;* Aufschub, Frist, einen Kredit, Preisnachlass ~; Hilfe, Obdach, Schutz, Unterhalt, Unterstützung ~; der Vertrag gewährt ihm gewisse Vergünstigungen, Vorteile • 1.1 jmdm. ein **Anliegen,** eine Bitte, ein Gesuch, einen Wunsch ~ ⟨geh.⟩ *erfüllen* **2** jmdn. ~ **lassen** *jmdn. tun lassen, was er will, ihn nicht daran hindern;* lassen Sie ihn ruhig ~

ge|währ|leis|ten ⟨V. 500⟩ *verbürgen, sichern, garantieren;* etwas ~; der Erfolg, Verkauf ist gewährleistet; durch diese Gesetzesänderung soll die Pressefreiheit gewährleistet werden

Ge|wahr|sam[1] ⟨m.; -s, -e⟩ *Obhut, Haft, Verwahrung, Verfügungsgewalt über eine Sache;* etwas in ~ bringen, geben; etwas in ~ haben, halten, nehmen; der Verbrecher befindet sich in polizeilichem ~

Ge|wahr|sam[2] ⟨n.; -s, -e⟩ *Haft-, Strafanstalt;* er wurde in ein sicheres ~ gebracht

Ge|walt ⟨f.; -, -en⟩ **1** *Macht, Befugnis, über jmdn. od. etwas zu bestimmen, Kontrolle, Herrschaft;* die ~ ausüben, besitzen, erteilen, haben; die ausübende, gesetzgebende, öffentliche, richterliche, staatliche, vollziehende ~; die elterliche, väterliche ~; geistliche und weltliche ~; etwas in seine ~ bekommen; in, unter jmds. ~ geraten, sein, stehen; jmdn., etwas in seiner ~ haben; das steht nicht in meiner ~; unumschränkte ~ über etwas haben; er verlor die ~ über seinen Wagen; seine Stimme nicht in der ~ haben; →a. **hoch** (3.2) **2** ⟨unz.⟩ *Zwang, (rohe) Kraft, unrechtmäßiges Vorgehen;* ~ anwenden, brauchen, üben; ~ leiden müssen; ich weiche nur der ~; jmdn. mit sanfter ~ zum Gehen bewegen; rohe ~ anwenden; mit ~ eindringen, etwas erzwingen; mit ~ wirst du nichts erreichen; die Tür ließ sich nur mit ~ öffnen; ~ geht vor Recht ⟨Sprichw.⟩ • 2.1 jmdm. ~ antun *jmdn. gewalttätig behandeln* • 2.2 einer Frau, einem Mädchen ~ antun *eine F., ein M. vergewaltigen* • 2.3 sich ~ antun *sich das Leben nehmen* • 2.4 seinen Gefühlen ~ antun *sie mit Mühe beherrschen* **3** *Heftigkeit, Wucht, Ungestüm;* die ~ der Explosion, des Sturmes, der Wellen, des Zusammenpralls; die ~ der Leidenschaft, des Schicksals; das Unwetter brach mit elementarer ~ herein; der Frühling naht mit ~ • **3.1 mit aller** ~ *um jeden Preis*

ge|wal|tig ⟨Adj.⟩ **1** *eindrucksvoll, mächtig, heftig, riesig, groß;* eine Naturkatastrophe ~en Ausmaßes; es hinterließ einen ~en Eindruck; mit ~e Felsen umsäumten die Schlucht; ~e Vorräte lagern **2** ⟨50; umg.⟩ *sehr;* da musst du aufpassen; sich ~ irren

ge|walt|sam ⟨Adj.⟩ **1** *unter Anwendung von Gewalt, mit Gewalt (erzwungen);* jmdn. ~ entführen; sich ~ Zutritt in eine Wohnung verschaffen • 1.1 eines ~en **Todes sterben** *eines unnatürlichen Todes sterben, ermordet werden*

ge|walt|tä|tig ⟨Adj.⟩ *mit (rücksichtsloser) Gewalt vorgehend, jmdm. od. etwas Schaden zufügend, brutal;* er ist ein ~er Mensch; nach dem Streit wurde er ~

Ge|wand ⟨n.; -(e)s, -wän|der; poet. a. n.; -(e)s, -e⟩ **1** ⟨veraltet⟩ *Tuch* **2** *Kleid, Festkleid, Ornat;* Mess~ **3** ⟨fig.⟩ *Äußeres, äußere Erscheinungsform, Maske;* im ~ des Biedermannes; unsere Zeitschrift erscheint in neuem ~

ge|wandt ⟨Part. Perf. von⟩ *wenden* **2** ⟨Adj.⟩ *sicher u. geschickt;* ein ~es Auftreten, Benehmen, ~e Umgangsformen haben; er ist ein ~er Gesellschafter, Redner, Tänzer, Unterhalter; einen ~en Stil schreiben; in vielen Dingen ~ sein

ge|wär|tig ⟨Adj. 24/44; nur in der Wendung⟩ einer Sache ~ sein *eine S. erwarten, auf eine S. gefasst sein;* du musst ~ sein, dass …; er ist sich dessen nicht ~; des Todes ~

Ge|wäs|ser ⟨n.; -s, -⟩ *natürliche Ansammlung von Wasser;* Binnen~; dieses ~ ist fischreich

Ge|we|be ⟨n.; -s, -⟩ **1** ⟨Web.⟩ *Verbindung von sich kreuzenden Fäden, der daraus bestehende Stoff;* baumwollenes, kunstseidenes, reinseidenes, synthetisches, wollenes ~; bedrucktes, buntes, einfarbiges, gemustertes ~; dichtes, dünnes, grobes, leichtes, lockeres, weiches ~ **2** ⟨fig.⟩ *verflochtenes, schwer zu entwirrendes Gefüge;* Lügen~; ich werde das ~ seiner Lügen zerreißen; er hat sich im ~ seiner Lügen verstrickt; von einem ~ aus Ablehnung und Misstrauen umgeben sein **3** ⟨Biol.⟩ *Gefüge gleichartiger Zellen;* Zell~; ~ der Drüsen, Knochen, Muskeln, Nerven; ~ verpflanzen; das krankhafte ~ wuchert weiter; embryonales, krankes, organisches, totes ~

Ge|wehr ⟨n.; -(e)s, -e⟩ **1** *Handfeuerwaffe mit langem Lauf;* das ~ anlegen, entsichern, laden, präsentieren, schultern; mit gesenktem ~ (als Trauerbezeigung); ~ ab!, Achtung - präsentiert das ~!, das ~ über!, setzt die ~e zusammen!, ~ zur Hand! (militärische Kommandos) • 1.1 ~ bei Fuß stehen ⟨fig.⟩ *angriffsbereit sein* • 1.2 ran an die ~e ⟨fig.; umg.⟩ *ohne Zaudern zugepackt!, zögert nicht länger!* **2** ~ des **Keilers** ⟨Jägerspr.⟩ *aus dem Unterkiefer hervorragende Eckzähne*

Ge|weih ⟨n.; -(e)s, -e⟩ *von den Knochenzapfen der Stirnbeine entspringende Knochenauswüchse des Rot-, Dam-, Elch- u. Rehwildes, die sich jährlich erneuern;* Ggs *Gehörn* (1); das ~ abwerfen

Ge|wer|be ⟨n.; -s, -⟩ **1** *auf Erwerb gerichtete Berufstätigkeit;* ein ~ ausüben, betreiben, erlernen, treiben; ein dunkles, ehrliches, mühsames, schmutziges, unsauberes ~; in einem ~ tätig sein; Handel und ~ • 1.1 das ist ein undankbares ~! ⟨umg.⟩ *die Sache lohnt sich nicht* • 1.2 aus allem ein ~ machen ⟨umg.⟩ *aus allem einen Vorteil ziehen;* →a. *horizontal* (2) • 1.3 *die berufsmäßige Tätigkeit der Rohstoffverarbeitung od. -bearbeitung* **2** ⟨schweiz.⟩ *Bauernhof, Gutsbetrieb;* Bauern~

Ge|werk|schaft ⟨f.; -, -en⟩ **1** *Vereinigung von Arbeitnehmern, um ihre Interessen zu wahren;* Mitglied einer ~ sein; einer ~ angehören, beitreten; die ~en fordern eine weitere Verkürzung der Arbeitszeit **2** ⟨Bgb.; veraltet⟩ *Zusammenschluss mehrerer Bergwerksunternehmen, wobei die Mitglieder je nach ihren Anteilen Gewinn u. Verlust tragen*

Gewerkschafter

Ge|werk|schaf|ter ⟨m.; -s, -⟩ *Mitglied einer Gewerkschaft;* oV *Gewerkschaftler*

Ge|werk|schaf|te|rin ⟨f.; -, -rin|nen⟩ *weibl. Mitglied einer Gewerkschaft;* oV *Gewerkschaftlerin*

Ge|werk|schaft|ler ⟨m.; -s, -⟩ = *Gewerkschafter*

Ge|werk|schaft|le|rin ⟨f.; -, -rin|nen⟩ = *Gewerkschafterin*

ge|werk|schaft|lich ⟨Adj. 24⟩ *zur Gewerkschaft gehörend, in, mittels einer Gewerkschaft;* ~ *organisiert sein*

Ge|wicht[1] ⟨n.; -(e)s, -e⟩ **1** *Schwere, Kraft, Druck eines Körpers auf seine Unterlage; ein Päckchen darf bis zu 2 Kilo* ~ *haben; das hat aber ein* ~*!; leichtes, schweres, spezifisches, das zulässige* ~*; etwas nach* ~ *verkaufen;* →a. *tot (6.3)* • **1.1** (Pferderennsp.) *Gesamtgewicht von Reiter, Sattelzeug u. Decke* **2** ⟨fig.⟩ *Wichtigkeit, Bedeutung, Einfluss; einer Sache kein, viel, wenig* ~ *beilegen, beimessen, geben; ein Argument, eine Frage, eine Meinung, ein Urteil von* ~ • **2.1** *dieser Umstand fällt nicht ins* ~ *hat keine Bedeutung, ist unwesentlich* • **2.2** *sein ganzes* ~ *in die Waagschale werfen allen Einfluss geltend machen* • **2.3** ⟨Statistik⟩ *Konstante, mit der einzelne Werte eines Tests gemäß ihrer Bedeutung für die zu messende Größe multipliziert werden* **3** *Körper von genau bestimmter Masse* • **3.1** *Maßeinheit zum Wiegen eines anderen Körpers; Kilo*~*, 100-Gramm-*~ • **3.2** *schweres, an einer Kette hängendes Metallstück als Triebkraft des Uhrwerks bei Pendeluhren od. zum Erhalten des Gleichgewichts bei Zuglampen*

Ge|wicht[2] ⟨n.; -(e)s, -e; Jägerspr.⟩ *Gehörn (des Rehbocks)*

ge|wich|tig ⟨Adj.⟩ **1** *volles Gewicht aufweisend; eine* ~*e Münze* **2** ⟨fig.⟩ *bedeutend, maßgebend, schwer wiegend; eine* ~*e Entscheidung; ein* ~*er Entschluss;* ~*e Gründe* **3** *einflussreich; eine* ~*e Persönlichkeit*

ge|wieft ⟨Adj.⟩ *gerissen, schlau, durchtrieben; sie ist sehr* ~*; ein* ~*er Geschäftsmann*

ge|willt ⟨Adj. 24/40; in der Wendung⟩ (nicht) ~ **sein**, *etwas zu tun (nicht) willens sein, (nicht) bereit sein, etwas zu tun; ich bin nicht* ~*, eine so kostspielige Reise zu bezahlen*

Ge|win|de ⟨n.; -s, -⟩ **1** *Geflecht, Kranz (aus Blumen, Zweigen)* **2** ⟨Tech.⟩ *Rille um einen zylindrischen Mantel od. im Inneren eines zylindrischen Hohlraumes; ein* ~ *schneiden*

Ge|winn ⟨m.; -(e)s, -e⟩ **1** *materieller Nutzen, Ertrag, Überschuss des Ertrags über die Herstellungskosten;* (keinen) ~ *abwerfen, bringen, einbringen, erzielen; den* ~ *berechnen, schätzen, einschlagen; ich habe dabei, davon keinen* ~*; aus etwas* ~ *schlagen, ziehen; er sucht bei allem seinen* ~*; er konnte sein Haus mit* ~ *verkaufen;* ~ *und Verlust; den* ~ *einheimsen, einstreichen* ⟨umg.⟩ **2** *etwas, was bei einem Spiel od. bei einer Wette gewonnen wird, Treffer, Preis; Lotto-*~*, -*~ *in Zahlenlotto; er ist mit einem großen* ~ *im Lotto herausgekommen* ⟨umg.⟩ **3** ⟨fig.⟩ *praktischer Nutzen, Bereicherung; diese Bekanntschaft war kein* ~ *für uns; ich habe dieses Buch mit großem* ~ *gelesen* **4** ⟨Ge-

trennt- u. Zusammenschreibung⟩ • **4.1** ~ **bringend** = *gewinnbringend*

ge|winn|brin|gend *auch:* **Ge|winn brin|gend** ⟨Adj. 90⟩ *einträglich, ertragreich; ein* ~*es Vorhaben;* ⟨bei Steigerung od. Erweiterung der gesamten Verbindung nur Zusammenschreibung⟩ *die neue Investition ist* (viel) *gewinnbringender; die Beschäftigung mit den griechischen Sagen ist sehr, äußerst gewinnbringend;* ⟨bei Steigerung des ersten Bestandteils nur Getrenntschreibung⟩ *einen großen Gewinn bringendes Produkt*

ge|win|nen ⟨V. 151⟩ **1** ⟨500⟩ *einen* **Wettkampf** ~ *als Sieger aus einem W. hervorgehen; einen Kampf, den Krieg, eine Schlacht* ~*; einen Prozess, eine Wette* ~*; ein Spiel, einen Wettbewerb* ~*; die Mannschaft gewann das Endspiel mit 3:2; mit großem Punktvorsprung* ~ • **1.1** *bei jmdm. gewonnenes Spiel haben* ⟨fig.⟩ *von vornherein wissen, dass man sein Ziel bei jmdm. erreichen wird* **2** ⟨402⟩ (**etwas**) ~ *(beim Spiel) durch Glück erlangen, erhalten; bei einem Preisausschreiben* ~*; in der Lotterie, im Spiel, in der Tombola, im Zahlenlotto* ~ • **2.1** *mit dieser Stellung hat er das große Los gewonnen* ⟨fig.; umg.; veraltet⟩ *er konnte keine bessere Wahl treffen* • **2.2** ⟨400⟩ *ein* **Los** *gewinnt bringt einen Gewinn; jedes zweite Los gewinnt* **3** ⟨500⟩ **etwas** ~ *durch eigene Anstrengung erlangen, erreichen, erwerben; dabei kannst du nichts, nicht viel* ~*; Ansehen, Ehre, Macht, Ruhm* ~*; jmds. Aufmerksamkeit, Freundschaft, Gunst, Interesse, Liebe, Wohlwollen* ~*; ich konnte keinen Einfluss auf seine Entscheidung* ~*; sie hat großen Einfluss auf ihn gewonnen; die Herrschaft, Oberhand, das Übergewicht* ~ *über jmdn. od. etwas; einen Vorsprung, Vorteil* ~*; ich muss Zeit* ~*; wir konnten am Verkauf des Hauses wenig* ~*; damit ist nichts, viel, wenig gewonnen; wie gewonnen, so zerronnen* ⟨Sprichw.⟩ • **3.1** *durch Sieg erringen; den Pokal* ~ • **3.2** *einen* **Ort** ~ ⟨geh.⟩ *(mit Mühe) erreichen; das Land, das rettende Ufer zu* ~ *suchen; das Freie, Weite zu* ~ *suchen* **3.3** ⟨530⟩ **etwas** *gewinnt* **jmdm.** *etwas verschafft jmdm. etwas, bringt jmdm. etwas ein; seine Uneigennützigkeit gewann ihm viele Sympathien* • **3.4** *bekommen; die Angelegenheit gewinnt durch seine Schilderung ein ganz anderes Gesicht; ich habe die Überzeugung gewonnen, dass …; ich konnte einen Einblick in die dortigen Verhältnisse* ~*; es gewinnt den Anschein, als ob …* **4** ⟨500⟩ **jmdn.** ~ *jmds. Teilnahme, Mitarbeit erlangen; jmdn. zum Freund, Helfer, Verbündeten* ~*; jmdn. als Abonnenten, Kunden, Mitglied, Mitarbeiter* ~*; unsere Konzertdirektion konnte die Künstlerin für ein Gastspiel* ~ • **4.1** *für sich einnehmen, sich geneigt machen; sie gewann die Herzen des Publikums im Sturm; jmdn. für sich* ~ *(z. B. durch Freundlichkeit, Hilfsbereitschaft, Versprechungen); jmdn. für eine Idee, Partei, einen Plan, einen Verein* ~ **5** ⟨800⟩ **an etwas** ~ *zunehmen; auch durch seine Aussage gewinnt die Sache nicht an Klarheit* • **5.1** *erfreulicher, angenehmer, wirkungsvoller werden; sie gewinnt an Reiz, je besser man sie kennen lernt; er gewinnt bei* längerer Bekanntschaft; sie gewinnt durch ihre neue Frisur; das Drama hat in der Fernsehbearbeitung noch gewonnen; sie würde noch ~, wenn … • 5.1.1 sie hat sehr gewonnen *sich zu ihrem Vorteil verändert* 6 ⟨500⟩ **etwas** ~ *fördern, erzeugen;* Erz, Gold, Kohle ~ • 6.1 etwas **aus etwas** ~ *herstellen;* aus diesen Trauben wird ein guter Wein gewonnen 7 ⟨550⟩ **es über sich** ~ ⟨geh.⟩ *übers Herz bringen, sich überwinden;* ich kann es nicht über mich ~, ihr die schreckliche Nachricht mitzuteilen

ge|win|nend 1 ⟨Part. Präs. von⟩ *gewinnen* **2** ⟨Adj.⟩ *einnehmend, ansprechend;* sie hat ein ~es Lächeln, Wesen; er hat ~e Umgangsformen

Ge|wir|ke ⟨n.; -s, -; Textilw.⟩ *Stoff aus fortlaufenden, zu Maschen verschlungenen Fäden*

Ge|wirr ⟨n.; -(e)s; unz.⟩ oV *Gewirre* **1** *verwirrtes Knäuel (z. B. von Fäden)* **2** ⟨fig.⟩ *schwer durchschaubares Durcheinander, unregelmäßige Anlage;* Straßen~, Häuser~

Ge|wir|re ⟨n.; -s, -; selten⟩ = *Gewirr*

ge|wiss ⟨Adj. 24⟩ **1** *sicher, fest, bestimmt, unbezweifelbar, unbestreitbar;* seines Erfolges, Sieges ~; du wirst jetzt ~ annehmen, denken, glauben, vermuten, …; so viel ist ~, dass …; du kannst meiner Hilfe, Unterstützung, Zustimmung ~ sein; sich einer Sache ~ sein; ich weiß es ganz ~; etwas als ~ annehmen, behaupten, hinstellen; etwas für ~ halten; seiner Begabung, Fähigkeiten, Leistungen ~ sein; ich weiß nichts Gewisses; ich werde ~ zur Feier kommen; ist das schon ~? **2** ⟨60⟩ *nicht genau ausdrückbar od. feststellbar, schwer beschreibbar, aus Schicklichkeitsgründen nicht aussprechbar;* ein ~er anderer; in ~er Beziehung, Hinsicht muss ich ihr Recht geben; ein ~er Herr Schmidt möchte dich sprechen; in ~em Maße trage ich die Verantwortung dafür; eine ~e Ähnlichkeit ist unverkennbar; sie ist in einem ~en Alter, in den ~en Jahren; einen ~en Anteil muss man ihm zusichern; über ~e Dinge spricht man nicht gern; ein ~er Jemand; ich habe da einen ~en Verdacht; ein ~es Verständnis darf ich wohl voraussetzen • 2.1 jmd. hat ein ~es Etwas, das ~e Etwas *eine Anziehungskraft, die man nicht näher beschreiben kann* • 2.2 einen ~en Ort aufsuchen ⟨umg.⟩ *die Toilette* **3** ⟨50⟩ *(als Antwort) jawohl, zweifellos, bestimmt;* ~!; ~ nicht!; aber ~!

Ge|wis|sen ⟨n.; -s; unz.⟩ **1** *das Bewusstsein des Menschen von Gut u. Böse im eigenen Verhalten, das Vermögen, sich moralisch selbst zu beurteilen;* auf die Stimme des ~s hören; jmds. ~ beruhigen, einschläfern, zum Schweigen bringen; sein ~ erleichtern; um mein ~ zu entlasten, bekenne ich, dass …; sein ~ lässt ihm keine Ruhe; sein ~ plagt ihn, quält ihn, regt sich; du musst dein ~ prüfen; jmds. ~ wachrütteln; sein ärztliches ~ lässt das nicht zu; ein böses, gutes, reines, ruhiges, schlechtes ~ haben; hast du denn gar kein ~!; damit hat er viel Schuld auf sein ~ geladen; mit gutem ~ antworten; das musst du vor deinem ~ verantworten; gegen Recht und ~ handeln • 1.1 ein gutes ~ ist ein sanftes Ruhekissen ⟨Sprichw.⟩ *wer nichts Unrechtes tut, kann ruhig schlafen* • 1.2 jmdn. schlägt das ~ *jmd. hat Gewissensbisse* • 1.3 sage es mir auf dein ~ *der Wahrheit entsprechend* • 1.4 etwas auf dem ~ haben *schuld an etwas sein* • 1.4.1 er hat einen Mord auf dem ~ *er hat einen M. begangen* • 1.5 jmdn. auf dem ~ haben *an jmds. Unglück od. Tod schuld sein* • 1.6 sich kein ~ aus etwas machen *keine Gewissensbisse haben (obwohl man Grund dazu hätte);* er macht sich kein ~ daraus • 1.7 jmdm. ins ~ reden *jmdm. ernst u. eindringlich etwas vorhalten* • 1.8 etwas auf sein ~ nehmen *die Verantwortung für etwas übernehmen;* ich nehme es auf mein ~; →a. *Ehre (2.1), Wissen (1.1)*

ge|wis|sen|haft ⟨Adj.⟩ *sorgfältig, genau, zuverlässig;* ein ~er Arbeiter, Beamter, Mensch; wir werden die Angelegenheit ~ prüfen

Ge|wis|sens|biss ⟨m.; -es, -e; meist Pl.⟩ *Gewissensbisse schlechtes Gewissen, Bewusstsein unrechten Handelns, Schuldgefühl;* Gewissensbisse bekommen, fühlen, haben; sich (keine) Gewissensbisse machen

ge|wis|ser|ma|ßen ⟨a. [---'--] Adv.⟩ *sozusagen, man könnte fast sagen, gleichsam, beinahe*

Ge|wiss|heit ⟨f.; -, -en⟩ **1** ⟨unz.⟩ *Sicherheit, dass etwas wahr od. richtig ist, Bestimmtheit, Bewusstsein der Wahrheit;* sich über etwas ~ verschaffen; man kann mit ~ annehmen, dass die Geschichte nur erfunden ist • 1.1 **etwas wird zur** ~ *etwas stellt sich als richtig heraus* **2** *etwas, wodurch man Gewissheit (1) über etwas erhält;* der Mangel an ~en verunsichert die Menschen

Ge|wit|ter ⟨n.; -s, -⟩ **1** *mit Blitz, Donner u. Niederschlägen verbundene luftelektrische Entladung;* ein ~ droht, kommt näher, naht, zieht herauf, zieht sich zusammen; ein ~ entlädt sich, geht nieder; ein ~ ist im Anzug; das ~ zieht vorüber; ein ~ steht am Himmel gerade über uns; ein drohendes, heftiges, leichtes, nächtliches, schweres ~ **2** ⟨fig.; umg.⟩ *heftige Auseinandersetzung, Zornesausbruch;* das eheliche ~ reinigte die häusliche Atmosphäre

ge|wit|zigt ⟨Adj.⟩ *durch Erfahrung, Schaden klug, vorsichtig geworden*

ge|witzt ⟨Adj.⟩ *schlau, geschickt, pfiffig;* er ist ein ~er Junge

ge|wo|gen 1 ⟨Part. Perf. von⟩ *wägen, wiegen* **2** ⟨Adj.; fig.⟩ *zugetan, freundlich, wohlwollend gesinnt;* jmdm. od. einer Sache ~ bleiben, sein

ge|wöh|nen ⟨V. 550⟩ **1 jmdn. an jmdn.** od. **etwas** ~ *jmdm. etwas zur Gewohnheit machen, jmdn. mit jmdm. od. etwas vertraut machen;* Kinder an Ordnung, Pünktlichkeit ~; wir mussten den Hund erst an Sauberkeit ~ • 1.1 ⟨Vr 3⟩ **sich** *an jmdn. od. etwas ~ vertraut werden mit jmdm. od. etwas, nicht mehr fremd sein;* man gewöhnt sich an alles; ich habe mich so an ihn gewöhnt; allmählich gewöhne ich mich an seine Eigenarten; ich konnte mich noch nicht an dieses Klima ~

Ge|wohn|heit ⟨f.; -, -en⟩ **1** ⟨unz.⟩ *durch dauernde Wiederholung zustande gekommene Selbstverständlichkeit eines Tuns od. Verhaltens;* die Macht der ~; etwas aus (bloßer, reiner) ~ tun • 1.1 ~ tut alles *man gewöhnt sich an alles* **2** *Handlung od. Eigenheit, die durch dau-*

gewöhnlich

ernde Wiederholung selbstverständlich ist; eine ~ ablegen, abstreifen; eine ~ annehmen; die ~ haben, zu …; das geht, ist ganz gegen meine ~en; eine böse, gute, schlechte, üble ~; der tägliche Spaziergang ist ihm zur lieben ~ geworden

ge|wöhn|lich ⟨Adj.⟩ **1** *alltäglich, nicht hervorstechend, landläufig, gebräuchlich, üblich;* im ~en Leben ist das unwahrscheinlich **2** *gemein, unfein, ordinär;* ~e Ausdrücke, Manieren, Redensarten; sein ~es Benehmen, Betragen stößt jeden ab **3** ⟨50⟩ *im Allgemeinen, in der Regel, meist;* ~ kommt er ziemlich spät; er kam wie ~ zu spät • **3.1 für ~** *meist;* ich halte für ~ eine kurze Mittagsruhe

ge|wohnt ⟨Adj. 24⟩ **1** ⟨70⟩ *durch zufällige Gewohnheit vertraut, zur Gewohnheit geworden, üblich, herkömmlich;* wir mussten heute unseren ~en Abendspaziergang ausfallen lassen; die Dinge gehen ihren ~en Gang; eine Angelegenheit, die aus dem ~en Rahmen fällt; morgens zur ~en Stunde aufwachen; das ist mein ~er Weg zur Arbeit; etwas in ~er Weise, in der ~en Weise erledigen **2** ⟨42⟩ **etwas ~ sein** *durch lange Übung mit etwas vertraut sein;* ich bin es ~, viel allein zu sein; er ist harte Arbeit von Kindheit an ~; er ist das kalte Wasser nicht ~

Ge|wöl|be ⟨n.; -s, -⟩ **1** *gekrümmte Steindecke eines Raumes;* Tonnen~, Kreuz~ **2** *Raum mit gewölbter Decke;* Keller~ **3** ⟨fig.⟩ *rundliche Überdachung;* Himmels~, Schädel~ **4** ⟨oberdt.⟩ *Warenlager, Kramladen (ursprünglich mit gewölbter Decke)*

Ge|wöl|le ⟨n.; -s, -⟩ *von Eulen u. Greifvögeln durch den Schnabel ausgeschiedener Ballen unverdaulicher Nahrungsreste*

Ge|wühl ⟨n.; -s; unz.⟩ *eine sich auf engem Raum in verschiedenste Richtungen bewegende Menge;* Menschen~, Verkehrs~

Ge|würz ⟨n.; -es, -e⟩ *Zutat zum Schmackhaftmachen von Speisen, z. B. Muskat, Pfeffer;* ~ an die Speisen geben, tun; das ~ vergessen; mildes, pikantes, scharfes ~

Gey|sir ⟨m.; -s, -e⟩ *heiße Quelle auf vulkanischem Boden, die regelmäßig Wasserfontänen ausstößt (bes. in Island, USA u. Neuseeland);* oV *Geiser*

ge|zeich|net 1 ⟨Part. Perf. von⟩ *zeichnen* **2** ⟨Adj. 24/70⟩ *eine Zeichnung (2) aufweisend, gemustert;* das Blatt, Fell, Gefieder ist schön ~

Ge|zei|ten ⟨nur Pl.⟩ *regelmäßiges Steigen u. Fallen des Meeresspiegels, Wechsel von Ebbe u. Flut*

ge|zie|men ⟨V. 600; geh.⟩ **1** ⟨Vr 1⟩ *etwas geziemt sich etwas gehört sich, ist angebracht;* dieses Benehmen geziemt sich nicht; es geziemt sich nicht für ein junges Mädchen, dieses Lokal zu besuchen; du solltest allmählich gelernt haben, was sich geziemt; ganz so, wie es sich geziemt **2 jmdm. geziemt etwas** *jmdm. gebührt etwas, kommt etwas zu;* ihm geziemt Nachsicht; du scheinst nicht zu wissen, was dir geziemt

ge|zwun|gen 1 ⟨Part. Perf. von⟩ *zwingen* **2** ⟨Adj.⟩ *gekünstelt, unnatürlich, unfrei, unecht, steif;* ~es Benehmen, ~er Stil; seine Fröhlichkeit war ~; ~ lachen

Ghet|to ⟨n.; -s, -s⟩ = *Getto*

Ghost|wri|ter ⟨[ɡoʊstraɪtə(r)] m.; -s, -⟩ *namentlich nicht genannter Verfasser von Reden, Aufsätzen, Büchern u. a., meistens für eine bekannte Persönlichkeit (bes. aus der Politik)*

Gicht[1] ⟨f.; -; unz.⟩ **1** ⟨Med.⟩ *Stoffwechselstörung mit vermehrter Harnsäurebildung u. verminderter Harnsäureausscheidung: Arthritis urica* **2** ⟨Bot.⟩ *seltene, durch den Nematoden Anguina tritici verursachte Krankheit des Weizens, bei der sich in den befallenen Ähren harte, dunkel gefärbte Körner bilden*

Gicht[2] ⟨f.; -, -en⟩ *die obere Mündung des Hochofens*

Gie|bel[1] ⟨m.; -s, -; Zool.⟩ *mit der Karausche verwandter Fisch: Carassius gibelio*

Gie|bel[2] ⟨m.; -s, -⟩ **1** *die dreieckige Abschlusswand des Satteldachs an den Schmalseiten, a. als Aufsatz von Türen od. Fenstern;* Fenster~, Tür~, Fachwerk~ **2** ⟨umg.; scherzh.⟩ *Nase*

Gier ⟨f.; -; unz.⟩ *Begierde, maßloses Begehren, heftiges Verlangen;* seine ~ kaum noch unterdrücken können; ~ nach Macht, Reichtum, bestimmten Speisen usw.; von einer ~ nach etwas befallen sein, werden; eine heftige, wahre ~ auf, nach etwas empfinden, haben

gie|rig ⟨Adj.⟩ *voll heftiger Begierde, voller Verlangen, maßlos, ungezügelt;* er stürzte sich ~ auf das Essen; den Kuchen ~ verschlingen; er verfolgte sie mit ~en Blicken

gie|ßen ⟨V. 152⟩ **1** ⟨511⟩ *eine* **Flüssigkeit auf, in, über etwas** *~ eine F. durch Neigen des Gefäßes auf, in, über etwas laufen lassen;* Kaffee in die Tassen ~; er goss sich Bier, Wein in das Glas; den Kaffee versehentlich übers Kleid ~ **2** ⟨500⟩ **etwas ~** *mit Wasser begießen, tränken;* Beete, Blumen, die Pflanzen auf dem Grab ~ **3** ⟨500⟩ **etwas ~** *schmelzen u. in Formen füllen;* Metall, Wachs ~; Blei ~ (als Silvesterbrauch); Eisen, Zinn in eine Form ~; Glocken ~ • **3.1** *gegossenes* **Eisen** *durch Guss geformtes E.* • **3.2** *wie Erz gegossen dastehen völlig unbeweglich* **4** ⟨401⟩ **es** *gießt (in Strömen)* ⟨umg.⟩ *es regnet stark;* es goss wie aus Kübeln

Gift[1] ⟨n.; -(e)s, -e⟩ **1** *Leben zerstörender od. gesundheitsschädlicher Stoff;* betäubende ~e wirken auf das Gehirn und seine Zentren; ein chemisches, mineralisches, pflanzliches, tierisches ~; erregende und reizende ~e steigern die Tätigkeit der Nerven und des Kreislaufs; gefährliche, schleichende, schnell wirkende, tödliche ~e; durch ~ sterben, getötet werden • **1.1** jmdm. ~ geben *jmdn. vergiften* • **1.2** ~ nehmen *sich vergiften* • **1.3** darauf kannst du ~ nehmen ⟨fig.; umg.⟩ *das ist ganz sicher* • **1.4** etwas ist ~ für jmdn. od. etwas *ist sehr schädlich für jmdn. od. etwas;* dieses Buch ist ~ für ihn; →a. *blond (1.2)* **2** ⟨fig.⟩ *Bosheit, Hass* • **2.1** er hat wieder einmal sein ~ versprizt ⟨fig.; umg.⟩ *boshafte Bemerkungen gemacht* • **2.2** seitdem spuckt er auf sie ~ und Galle ⟨fig.; umg.⟩ *ist wütend auf sie* • **2.3** ~ und Galle speien ⟨fig.; umg.⟩ *seiner Wut freien Lauf lassen*

Gift[2] ⟨m.; -(e)s; unz.; mundartl.⟩ *Ärger, Zorn;* einen ~ auf jmdn. haben

gif|tig ⟨Adj.⟩ **1** *Gifte enthaltend;* ~e Beeren, Pflanzen, Pilze; ~e Chemikalien, Dämpfe, Gase, Mineralien; ~e Insekten, Kröten, Schlangen, Spinnen **2** ⟨fig.⟩ *boshaft, missgünstig, böse, wütend, hasserfüllt;* mit dieser ~en Alten kann niemand gut auskommen; eine ~e Antwort geben; eine ~e Bemerkung machen; ~ antworten, etwas bemerken, sagen; als er das hörte, wurde er sehr ~ • **2.1** eine ~e Zunge haben *häufig boshafte Bemerkungen machen* **3** ⟨70⟩ eine ~e **Farbe** ⟨fig.⟩ *eine aufdringliche, grelle F.;* ein ~es Grün

Gift|mi|scher ⟨m.; -s, -⟩ **1** *jmd., der einem anderen vorsätzlich Gift beibringt* **2** ⟨fig.⟩ *jmd., der einen anderen durch Intrigen zu schaden sucht* **3** ⟨scherzh.⟩ *jmd., der beruflich mit Giften zu tun hat (z. B. Apotheker)*

Gi|ga|me|ter ⟨m.; -s, - od. n.; -s, -; Zeichen: Gm⟩ *1 Milliarde m, 10⁹ m*

Gi|gant ⟨m.; -en, -en⟩ **1** *Riese* **2** ⟨fig.⟩ *jmd., der außergewöhnliche Fähigkeiten besitzt od. enorme Leistungen vollbracht hat;* dieser Mensch ist ein ~; die ~en des Boxsports • **2.1** *etwas außergewöhnlich Großes, etwas, dem Gewaltigkeit od. Macht innewohnt;* die ~en am Himmel; dieser Konzern ist ein ~

gi|gan|tisch ⟨Adj.⟩ **1** *riesenhaft, gewaltig* **2** *außerordentlich*

Gi|go|lo ⟨[ʒi:-] m.; -s, -s⟩ *Frauenheld, Geck*

Gil|de ⟨f.; -, -n⟩ **1** ⟨i. e. S.⟩ *Vereinigung zur Beförderung gemeinsamer beruflicher (religiöser od. wohltätiger) Interessen u. zum gegenseitigen Schutz der Mitglieder;* Brand~; Handwerks~ **2** *Interessengemeinschaft von Berufsgenossen;* die ~ der Karnevalisten, der Berufspolitiker, der Diplomaten

Gi|let ⟨[ʒile:] n.; -s, -s; österr. u. schweiz.⟩ *Weste*

Gim|pel ⟨m.; -s, -; Zool.⟩ **1** *einheimischer kräftiger, schwarz-grauer, im männlichen Geschlecht rotbäuchiger Singvogel: Pyrrhula pyrrhula* **2** ⟨fig.⟩ *törichter, einfältiger Mensch*

Gin ⟨[dʒɪn] m.; -s, -s⟩ *Wacholderbranntwein*

Gink|go ⟨[gɪŋko] m.; -s, -s; Bot.⟩ = *Ginko*

Gin|ko ⟨m.; -s, -s; Bot.; nicht fachsprachl.⟩ *(in Parkanlagen beliebter) bis 30 m hoher Baum mit gelb- od. graugrünen Blättern u. gelben, pflaumenähnlichen Früchten, deren äußere Schale giftig ist: Ginkgo biloba;* oV Ginkgo

Gin|seng ⟨m.; -s, -s; Bot.⟩ *Efeugewächs, dessen Wurzel in China als universelles Heilmittel verwendet wird: Panax ginseng*

Gins|ter ⟨m.; -s, -; Bot.⟩ *Angehöriger einer Gattung der Schmetterlingsblütler, meist gelbblühender Halbstrauch: Genista*

Gip|fel¹ ⟨m.; -s, -⟩ **1** *höchste Spitze (eines Berges od. Baumes);* den ~ eines Berges bezwingen, ersteigen **2** ⟨fig.⟩ *Höhepunkt;* den ~ des Glückes, der Macht, des Ruhms (noch nicht) erreicht haben • **2.1** *das Äußerste;* der ~ der Geschmacklosigkeit • **2.1.1** das ist der ~! ⟨fig.; umg.⟩ *eine Unverschämtheit* **3** = *Gipfelkonferenz*

Gip|fel² ⟨n.; -s, -⟩ *längliches, an den Enden spitz zulaufendes Gebäck*

Gip|fel|kon|fe|renz ⟨f.; -, -en; fig.⟩ *Konferenz führender Staatsmänner;* Sy Gipfel¹ (3)

Gips ⟨m.; -es, -e⟩ **1** *wasserhaltiger, schwefelsaurer Kalk;* ~ mit Wasser anrühren; ein Loch in der Wand mit ~ ausfüllen, zustreichen • **1.1** eine Statue in ~ abgießen *einen Gipsabguss herstellen* • **1.2** den gebrochenen Arm, das Bein in ~ legen *einen Gipsverband anbringen* • **1.3** er lag mit einer Wirbelverletzung drei Monate in ~ *im Gipsbett* • **1.4** gebrannter ~ *G., der durch Erhitzen sein Kristallwasser verloren hat u. beim Anmachen mit Wasser rasch wieder fest wird*

Gi|raf|fe ⟨schweiz. ['---] f.; -, -n⟩ **1** ⟨Zool.⟩ *zu den Paarhufern gehörendes pflanzenfressendes Herdentier mit außerordentlich langem Hals: Giraffa camelopardalis* **2** ⟨scherzh.; Film⟩ *Gerät mit langem, schwenkbarem Arm, an den z. B. ein Mikrofon über die Szene, doch nicht sichtbar, gehängt werden kann;* Sy Galgen (2.1)

Gir|lan|de ⟨f.; -, -n⟩ **1** *dekoratives Geflecht aus Blumen, Blättern od. Tannengrün* **2** *bunte Papierkette (zur festlichen Dekoration von Räumen)*

Gi|ro ⟨[ʒi:-] n.; -s, -s od. (österr.) Giri; Bankw.⟩ **1** *bargeldloser Zahlungsverkehr durch Verrechnung von einem Konto auf ein anderes;* ~konto **2** *Vermerk zur Übertragung der Rechte an einem Wechsel*

gir|ren ⟨V. 400⟩ **1** *in hoher Tonlage (wie eine Taube) gurren* **2** ⟨fig.; veraltet⟩ *kokett lachen u. sprechen*

Gischt ⟨m.; -(e)s, -e od. f.; -, -e; Pl. selten⟩ **1** *Schaum der Wellen* **2** *aufsprühendes Wasser*

Gi|tar|re ⟨f.; -, -n; Mus.⟩ *sechssaitiges Zupfinstrument mit einem Klangkörper in der Form einer Acht;* Akustik~; E-~

Git|ter ⟨n.; -s, -⟩ **1** *Zaun, Absperrung aus gekreuzten Stäben;* Draht~, Eisen~, Fenster~ **2** *feines Netz aus sich kreuzenden Linien* **3** ⟨Elektronik⟩ *zum Zwecke der Steuerung von Elektronenströmen in Elektronenröhren zwischen Anode u. Kathode liegende Elektrode*

Glace ⟨[glaːs] f.; -, -s [glaːs]⟩ **1** *Zuckerglasur* **2** *eingedickte Fleischbrühe, Gallert* **3** ⟨schweiz.⟩ *Speiseeis, Gefrorenes*

Gla|cé ⟨[-seː] n.; -s, -s⟩ = *Glacee*

Gla|cee ⟨[-seː] n.; -s, -s; Textilw.⟩ oV *Glacé* **1** *glänzendes Gewebe, hochglänzender Futterstoff* **2** ⟨Pl.; kurz für⟩ *Glaceehandschuhe*

Gla|cee|hand|schuh ⟨[-seː-] m.; -(e)s, -e⟩ oV *Glacéhandschuh* **1** *Handschuh aus Glaceeleder* • **1.1** jmdn. mit ~en anfassen ⟨fig.⟩ *sehr vorsichtig, behutsam mit jmdm. umgehen*

Gla|cee|le|der ⟨[-seː-] n.; -s; unz.⟩ *sehr weiches Leder aus Ziegen- od. Lammfell;* oV Glacéleder

Gla|cé|hand|schuh ⟨[-seː-] m.; -(e)s, -e⟩ = *Glaceehandschuh*

Gla|cé|le|der ⟨[-seː-] n.; -s; unz.⟩ = *Glaceeleder*

gla|cie|ren ⟨[-siː-] V. 500⟩ **etwas** ~ **1** *überglänzen (von Speisen);* →a. *glasieren* **2** ⟨veraltet⟩ *zum Gefrieren bringen*

Gla|di|a|tor ⟨m.; -s, -toren; im alten Rom⟩ *Schwertfechter bei Kampfspielen*

Gla|di|o|le ⟨f.; -, -n; Bot.⟩ *(bes. als Schnittblume beliebte) Zwiebelpflanze, Angehörige einer Gattung der Schwertliliengewächse: Gladiolus*

Gla|mour ⟨[glæmə(r)] m.; -s; unz.⟩ *betörende Aufmachung, blendender Glanz u. Glitter*

Glanz ⟨m.; -es; unz.⟩ **1** *Eigenschaft glatter Oberfläche von Körpern od. Geweben, Licht zu spiegeln, das Glänzen, Leuchten, Strahlen;* Fett~, Metall~, Seiden~, Sonnen~; der ~ des Goldes, der Kerzen, des Schmuckes, der Sterne; blendender, heller, leuchtender, matter, schimmernder, seidiger, strahlender ~; die Schuhe auf ~ polieren **2** ⟨fig.⟩ *Pracht, Gepränge, Herrlichkeit;* der ~ der Jugend, des Reichtums, des Ruhmes, der Schönheit; eine Sache ihres ~es berauben; aller ~ erlosch; ~ geben, nehmen, verbreiten; den ~ einbüßen, verlieren; im höchsten ~ erstrahlen (lassen); in neuem ~ erscheinen; ein Fest mit großem ~ feiern; vom trügerischen ~ des Reichtums geblendet; welcher ~ kommt da in meine Hütte! (scherzh. zur Begrüßung eines unerwarteten Besuchers; frei nach Schillers „Jungfrau von Orleans", Prolog, 2. Auftritt); sie zeigt sich heute in vollem ~(e) • 2.1 mit ~ und Gloria seinen Einzug halten ⟨fig.; umg.⟩ *mit großem Aufwand* **3** *mit ~* ⟨fig.; umg.⟩ *ausgezeichnet;* eine Prüfung mit ~ bestehen; er verstand es, sich mit ~ aus der Affäre zu ziehen

glän|zen ⟨V.⟩ **1** ⟨400⟩ *etwas* glänzt *strahlt Glanz aus;* die Sonne glänzt, die Sterne ~; sein Gesicht glänzt vor Freude; am Abend glänzt die Stadt von Lichtern; die Wasseroberfläche glänzt im Mondschein; mit ~den Augen betrachteten die Kinder den Weihnachtsbaum **2** ⟨400; fig.⟩ *Bewunderung, Aufsehen erregen, auffallen, hervorragen, hervorstechen, sich auszeichnen;* seine Fähigkeiten, seinen Geist, sein Wissen ~ lassen; sie glänzte schon wieder mit einem neuen Kleid • 2.1 durch Abwesenheit ~ ⟨umg.⟩ *nicht da sein* **3** ⟨500⟩ **Papier** ~ *Glanz geben, glänzend machen, mit glänzender Schicht überziehen*

glän|zend 1 ⟨Part. Präs. von⟩ *glänzen;* das Kleid war ~ schwarz **2** ⟨Adj.⟩ *ausgezeichnet, hervorragend;* ~! (als Antwort); eine ~e Begabung auf dem Gebiet der …; er ist ein ~er Redner, Sänger, Schauspieler; das ist eine ~e Idee!; eine ~e Zukunft liegt vor ihm; der Klimawechsel ist uns ~ bekommen; ich fühle mich heute ~ in Form; es geht ihm ~; die Überraschung ist ~ gelungen; er macht seine Sache ~; das trifft sich ~; er kann ~ mit Menschen umgehen; die beiden verstehen sich ~

Glanz|leis|tung ⟨f.; -, -en⟩ *hervorragende Leistung;* das war nicht gerade eine ~ von ihm!

Glanz|licht ⟨n.; -(e)s, -er; meist Pl.⟩ **1** *Lichtreflex auf blanken Körpern* **2** ⟨Mal.⟩ *kleiner Lichteffekt* **3** ⟨fig.⟩ *bes. hervorgehobene, wirkungsvolle Stelle (in einem Kunstwerk);* noch ein paar ~er aufsetzen

glanz|voll ⟨Adj. 90⟩ **1** *hervorragend;* eine ~e Leistung vollbringen **2** *festlich, prunkvoll;* sein Geburtstag wurde ~ gefeiert

Glanz|zeit ⟨f.; -, -en⟩ *Zeit der Höchstleistungen;* das war noch in seiner ~

Glas[1] ⟨n. 7; -(e)s, Glä|ser⟩ **1** ⟨unz.⟩ *harter, meist durchsichtiger, zerbrechlicher Stoff aus Kali- u. Natronverbindungen;* ~!, Vorsicht, ~! (Aufschrift auf Kisten für den Transport von Glas u. a. zerbrechlichen Gütern); buntes, farbiges, gefärbtes, milchiges, trübes ~; dickes, dünnes, feines, gepresstes, geschliffenes, gesponnenes, splitterfreies ~; ~ ätzen, blasen, brennen, gießen, pressen, schleifen, ziehen; ein Teeservice aus ~; Glück und ~, wie leicht bricht das ⟨Sprichw.⟩ • 1.1 ein Bild unter ~ *hinter einer schützenden Glasscheibe* • 1.2 die Kunstgegenstände waren unter ~ *ausgestellt in Vitrinen* • 1.3 geh weg, du bist doch nicht aus ~ ⟨umg.; fig.⟩ *versperr mir die Aussicht nicht!* • 1.4 ⟨zählb.; Min., Tech.⟩ *erkaltetes od. erstarrtes, nicht merklich kristallisiertes Schmelzprodukt* **2** *Gefäß aus Glas (1);* Konserven~, Trink~, Wein~; ein leeres, halb gefülltes, volles ~; ein ~ austrinken, füllen, leeren; sein ~ in einem Zug leeren; aus einem ~(e) trinken; ein ~ mit, voll Milch • 2.1 er hat ein bisschen zu tief ins ~ geguckt ⟨umg.⟩ *er ist leicht betrunken* • 2.2 *Inhalt eines Glases (2);* ich möchte bitte ein ~ Bier, Orangensaft, Wein; ein ~ Kompott aus dem Keller holen; zwei Gläser Marmelade kaufen; dem Gast ein ~ Bier, Wein eingießen, einschenken • 2.2.1 er hat ein ~ über den Durst getrunken ⟨umg.⟩ *er ist leicht beschwipst* • 2.2.2 er trank zwei ~ Bier *so viel, wie in zwei Gläser geht* **3** *optisches Gerät;* Augen~ • 3.1 *Brille(ngläser);* du trägst scharfe Gläser • 3.2 *Fern- od. Opernglas;* durchs ~ sehen

Glas[2] ⟨n.; -(e)s, -en; Mar.⟩ **1** *halbe Stunde* • 1.1 es schlägt drei ~en *9 Uhr 30 (Zählbeginn morgens 8 Uhr)* • 1.2 es schlägt acht ~en *das Ende der alten, zum Beginn der neuen (vierstündigen) Wache*

Gla|ser ⟨m.; -s, -⟩ **1** *Handwerker, der Glasscheiben schneidet u. einsetzt u. Ä.* • 1.1 dein Vater ist wohl ~? ⟨umg.⟩ geh weg, versperr mir die Aussicht nicht!

glä|sern ⟨Adj. 24/70⟩ **1** *aus Glas bestehend, durchsichtig;* ein ~es Auge, Gerät, Gefäß **1.1** der ~e Minister ⟨fig.⟩ *M., der alle Einnahmen offenlegt* **2** *fein, zerbrechlich wie Glas;* das klingt ~

Glas|haus ⟨n.; -es, -häu|ser⟩ **1** *Gewächs-, Treibhaus* • 1.1 wer im ~ sitzt, soll nicht mit Steinen werfen ⟨Sprichw.⟩ *man soll anderen nicht etwas vorwerfen, wenn man selbst nicht ganz schuldlos ist*

Glas|hüt|te ⟨f.; -, -n⟩ *Betrieb, in dem Glas hergestellt u. verarbeitet wird*

gla|sie|ren ⟨V. 500⟩ *etwas ~ mit einer Glasur versehen;* einen Kuchen ~; Keramiken, Tonvasen, Ziegel ~; →a. glacieren

gla|sig ⟨Adj.⟩ **1** *wie aus Glas bestehend aussehend;* ~e Kartoffeln • 1.1 ~e **Getreidekörner** *viel Kleber enthaltende G.* **2** ⟨fig.⟩ *leblos, starr;* ein ~er Blick; er starrte sein Gegenüber ~ an; sein Blick wurde ~; er hatte ~e Augen

Glas|nost ⟨f.; -; unz.; in der Sowjetunion⟩ *Politik der Offenheit, der Öffentlichkeit*

Gla|sur ⟨f.; -, -en⟩ **1** *durchsichtiger, glasähnlicher Überzug aus Kieselsäure mit Flussmitteln auf Töpferwaren, Ziegeln u. Ä.* **2** *glänzender Überzug auf Gebäck,* Zuckerguss

glatt ⟨Adj.; glat|ter, glat|tes|te od. ⟨umg.⟩ glät|ter, glät|tes|te⟩ **1** *frei von Unebenheiten;* ~e Oberflächen, Straßen, Wände, Wege; der Badeanzug soll ~ anliegen • 1.1 eine ~e **Fassade** *ohne Verzierungen* • 1.2 ein

~er **Gewehrlauf** *G. ohne Züge* • 1.3 ~es **Haar** *H. ohne Locken*; sie trägt ihr Haar ~ • 1.4 eine ~e **Haut** *H. ohne Falten* • 1.5 ~er **Satz** ⟨Typ.⟩ *S. ohne Auszeichnung* • 1.6 ~er **Stoff** *S. ohne Muster* • 1.7 ~es **Vieh** *wohlgenährtes V.* • 1.8 eine ~e **Wasseroberfläche** *W. ohne Wellen* • 1.9 dieser Pullover ist nur ~ gestrickt *in rechten Maschen g.* • 1.10 die Rechnung ist ~ aufgegangen *ohne Rest* • 1.11 ich bin mit ihm wieder ~ ⟨umg.⟩ *ich habe alle schwebenden Angelegenheiten zwischen uns bereinigt* **2** *schlüpfrig, nicht haftend, gleitend;* auf der ~en Eisbahn vergnügen sich die Kinder; das Parkett ist sehr ~; Vorsicht, hier ist es sehr ~! • 2.1 er ist ~ wie ein Aal ⟨fig.⟩ *so geschickt, dass man ihn nicht fassen, festlegen kann* • 2.2 ⟨fig.⟩ *allzu gewandt, allzu verbindlich, einschmeichelnd;* seine ~e Art, sein ~es Benehmen gefällt mir nicht; mit ~en Worten wurden wir beschwichtigt **3** *ohne Hindernisse, Zwischenfälle, mühe-, reibungslos;* wir hatten eine ~e Fahrt, Landung, Reise; wir hatten einen ~en Flug; die Arbeit ging ~ vonstatten; die Geschäfte wurden ~ abgewickelt **4** ⟨90⟩ *offenkundig, offensichtlich, ohne weiteres;* das ist ~er Betrug!; das ist ein ~er Beweis für seine Schuld; das ist eine ~e Lüge!; das ist ~ erfunden; es liegt ~ auf der Hand, dass …; sie ist ihm ~ überlegen; das habe ich ~ vergessen! • 4.1 *rundheraus, ohne Umschweife, Hemmungen;* ich erhielt eine ~e Absage; er hat mir meine Bitte ~ abgeschlagen; er hat es ~ abgelehnt; ich habe es ihm ~ ins Gesicht gesagt • 4.2 ⟨umg.⟩ *tatsächlich, sage u. schreibe* das kostet ~ 5.000 Euro! **5** ⟨Getrennt- u. Zusammenschreibung⟩ • 5.1 ~ hobeln = *glatthobeln*

Glät|te ⟨f.; -; unz.⟩ **1** *glatte Beschaffenheit, Struktur, Glattheit* (Straßen~) • 1.1 ⟨fig.⟩ *Gewandtheit (des Stils, des Benehmens), Geschliffenheit*

Glatt|eis ⟨n.; -es; unz.⟩ **1** *gefrorene Niederschläge auf festen Körpern;* Vorsicht, ~! (Straßenschild); heute Nacht gibt es ~ • 1.1 jmdn. aufs ~ führen ⟨fig.; umg.⟩ *jmdn. überlisten;* da hast du dich aber aufs ~ führen lassen!

glät|ten ⟨V. 500⟩ **1** etwas ~ *von Unebenheiten befreien;* Papier ~; Bretter mit dem Hobel ~ • 1.1 ⟨mundartl.⟩ *bügeln;* die Nähte ~ • 1.2 eine **Sache** ~ *die (stilistischen) Unregelmäßigkeiten einer S. beseitigen;* das Manuskript musste noch geglättet werden **2** Unebenheiten ~ *entfernen;* Falten ~ • 2.1 ⟨Vr 7; fig.⟩ *ausgleichen, beruhigen;* die Wogen der Empörung, des Zorns ~

glatt|ge|hen ⟨V. 145/400(s.)⟩ eine Sache geht glatt *läuft ohne Hindernisse ab, verläuft reibungslos;* es ist alles glattgegangen

glatt|ho|beln *auch:* **glatt ho|beln** ⟨V. 500⟩ Holz ~ *mit dem Hobel glätten*

glatt|ma|chen ⟨V. 500⟩ etwas ~ **1** ⟨Kaufmannsspr.⟩ *ausgleichen* **2** ⟨umg.⟩ *bezahlen;* mach deine Schulden endlich glatt!

glatt|weg ⟨Adv.⟩ *ohne weiteres;* das hat er mir ~ abgeschlagen

Glat|ze ⟨f.; -, -n⟩ *kahle Stelle der Kopfhaut;* Sy ⟨umg.⟩ *Platte (3);* eine ~ bekommen, haben

Glau|be ⟨m.; -ns; unz.⟩ oV *Glauben* **1** *innere Gewissheit, die von Beweisen unabhängig ist, gefühlsmäßige Überzeugung, unerschütterliches Vertrauen, Zuversicht;* den ~n (an etwas) behalten, haben, verlieren; jmdm. den ~n nehmen, rauben, zerstören; er ließ sich seinen ~n nicht nehmen; ich kann ihm, dieser Nachricht keinen rechten ~n schenken; der ~ an jmds. Aufrichtigkeit, Treue, Vertrauenswürdigkeit, Zuverlässigkeit; sein ~ an das Gute im Menschen war unerschütterlich; der ~ an jmds. Fähigkeiten; im ~n, dass … • 1.1 ich kann bei ihm keinen ~n finden *er glaubt mir nicht* • 1.2 er lebte, war des ~ns, dass … *er glaubte, dass …*; →a. *Treue (4)* **2** ⟨Rel.⟩ *aufgrund fremder Mitteilungen, geoffenbarter Wahrheiten od. eigener innerer Erfahrung die innere Gewissheit über das persönliche Verhältnis zu Gott;* der ~ der Massen, des Menschen, einer Sekte; ~, Liebe, Hoffnung (die drei göttlichen Tugenden); fester, starker, tiefer, unerschütterlicher ~; der ~ an Gott; an seinem ~n festhalten; jmdn. im ~n wankend machen; vom ~n abfallen • 2.1 für seinen ~n sterben *den Märtyrertod erleiden* • 2.2 *Bekenntnis, Heilslehre;* seinen ~n wechseln; der christliche, evangelische, jüdische, katholische, lutherische ~; sie konvertierte zum katholischen ~n

glau|ben ⟨V.⟩ **1** ⟨500⟩ etwas ~ *annehmen, vermuten, meinen;* ich glaube, ja (nein)! (als Antwort); ist er schon verreist? ich glaube nicht; ich glaubte ihn zu kennen, und doch …; ich glaube nicht, dass er schon verreist ist; ich glaube, ich muss mich mehr um sie kümmern; ich habe immer geglaubt, er sei mit ihr verlobt; ich glaubte, das schöne Wetter würde noch anhalten; ich hatte geglaubt, noch Aufschub zu bekommen; ich möchte fast ~; ich glaube gar, er hat …; wie ich glaube, will er … • 1.1 ⟨510/Vr 7⟩ jmdn. od. etwas … ~ *wähnen, annehmen, dass jmd. od. etwas … ist;* ich glaubte mich verraten; ich glaube mich in Recht, als …; ich glaubte ihn schon im Urlaub **2** ⟨500⟩ etwas ~ *für zutreffend, wahr halten, davon überzeugt sein;* das glaube ich wohl!, das will ich ~! (als Antwort, verstärkend); das glaubst du doch selbst nicht!; ~ Sie ja nicht, was er Ihnen erzählt hat; ich kann es nicht ~; etwas blindlings, fest, unverbrüchlich ~; erst sehen, dann ~; das ist ja kaum, nicht zu ~! (überraschter Ausruf); es ist nicht zu ~; es ist kaum zu ~, dass …; sie glaubt sofort, was man ihr erzählt; wer hätte das (je) geglaubt! • 2.1 wer's glaubt, wird selig! ⟨umg.⟩ *das ist völlig unwahrscheinlich, ich glaube das nicht* • 2.2 ⟨550⟩ etwas von jmdm. ~ *jmdm. etwas zutrauen;* das glaube ich nicht von ihr • 2.3 ⟨530⟩ jmdm. etwas ~ *als wahr abnehmen;* ich glaube es ihm (nicht) • 2.4 ⟨530⟩ jmdn. etwas ~ **machen** *jmdm. etwas vorspiegeln, einreden;* er will mich ~ machen, dass … **3** ⟨600⟩ jmdm. od. einer **Sache** ~ *zuversichtlich vertrauen, Glauben schenken;* ich glaube ihm (nicht); du kannst du dem Gerede der Leute ~; du kannst seinen Worten ~; ich glaube dir aufs Wort **4** ⟨800⟩ **an jmdn. od. etwas** ~ *sich auf jmdn. od. etwas verlassen, auf jmdn. od. etwas vertrauen, von jmds. od. dessen*

Glauben

Wirksamkeit überzeugt sein; an jmds. Fähigkeiten ~; an jmds. Aufrichtigkeit, Ehrlichkeit, Treue, Vertrauenswürdigkeit, Zuverlässigkeit ~; an Gerechtigkeit, das Gute im Menschen, Liebe, Wahrheit ~; an das Gelingen einer Sache ~; du wirst doch nicht an Gespenster ~; an Gott ~; man möchte an Zeichen und Wunder ~, wenn man das hört; ich glaube (nicht) daran • **4.1** ⟨800 m. Modalverb⟩ d(a)ran ~ müssen ⟨umg.⟩ • **4.1.1** *die unvermeidlichen Folgen tragen müssen;* in dieser Angelegenheit wirst du noch daran ~ müssen • **4.1.2** *sterben;* jeder muss einmal daran ~

Glau|ben ⟨m.; -s; unz.⟩ = *Glaube*

Glau|bens|be|kennt|nis ⟨n.; -ses, -se⟩ **1** *Zusammenfassung der Glaubensartikel;* Sy *Konfession (1), Religion (3)* **2** ⟨fig.⟩ *das öffentliche Bekenntnis zu einem bestimmten Glauben, die Erklärung einer (a. politischen) Überzeugung;* sein politisches ~ ablegen; das (christliche) ~ sprechen

gläu|big ⟨Adj.⟩ **1** *von der Wahrheit einer Glaubenslehre überzeugt, an Gott glaubend, fromm;* ein ~er Christ, Mensch **2** *vertrauensvoll;* jmdn. ~ ansehen; ~ alles hinnehmen

Gläu|bi|ge(r)[1] ⟨f. 2 (m. 1)⟩ *gläubiger Mensch, Anhänger(in) einer Glaubenslehre;* die ~n versammelten sich in der Kirche

Gläu|bi|ger[2] ⟨m.; -s, -⟩ *jmd., der eine berechtigte Schuldforderung an jmdn. hat*

glaub|wür|dig ⟨Adj.⟩ *so geartet, dass man es glauben kann;* er machte einen durchaus ~en Eindruck; eine ~e Aussage

gla|zi|al ⟨Adj.; Geol.⟩ **1** *eiszeitlich, die Eiszeit betreffend, während der Eiszeit entstanden;* ~e Ablagerungen **2** *das Eis (von Gletschern) betreffend, vom Eis, Gletscher geschaffen*

gleich ⟨Adj. 24⟩ **1** ⟨70⟩ *in allen Merkmalen übereinstimmend, ebenso beschaffen, identisch;* der, die, das Gleiche; das kommt, läuft auf das Gleiche hinaus; der ~e Hut; wir haben den ~en Wagen; im ~en Augenblick; im ~en Alter; zur ~en Zeit; mit ~er Post erhalten Sie …; von ~er Art, Beschaffenheit, Farbe, Größe, Wirkung; auf die ~e Weise versuchte er auch mich zu täuschen; er verfolgt die ~en Absichten, Ziele, Zwecke; sie haben die ~en Rechte, die ~en Pflichten habe ich schon; zunächst müssen ~e Voraussetzungen geschaffen werden; unter ~en Bedingungen arbeiten wie …; von mir kann ich Gleiches berichten; ein Gleiches tun; jederzeit kann uns ein Gleiches begegnen, widerfahren • **1.1** im ~en Boot sitzen ⟨fig.⟩ *sich zusammen in derselben (unangenehmen) Situation befinden* • **1.2** am ~en Strang ziehen ⟨fig.⟩ *dasselbe Ziel erstreben* **2** *gleichwertig, gleichrangig, gleichmäßig;* zu ~en Teilen; ~ viel bedeuten, gelten, davon halten, wissen; ihr bekommt, habt, erfahrt alle ~ viel; ~ breit, groß, lang, schwer, gut, viel, tief, weit, langsam, schnell; ~ weit entfernt liegen, sein • **2.1** ~e Brüder, ~e Kappen ⟨Sprichw.⟩ *gleiche Rechte u. Pflichten bei Angehörigen eines Standes od. einer Gruppe* • **2.2** ~ und ~/Gleich und Gleich gesellt sich gern ⟨Sprichw.; meist abwertend⟩ *diejenigen, die zusammenpassen, finden sich auch zusammen* • **2.3** jmdm. etwas mit ~er Münze heimzahlen *jmdm. etwas vergelten* • **2.4** Gleiches mit Gleichem vergelten *Böses mit Bösem, Gutes mit Gutem usw.* • **2.5** ⟨Math.⟩ *im Wert genau übereinstimmend, identisch;* zwei ~e Körper • **2.5.1** ~ sein *denselben Wert haben;* eins und eins ist ~ zwei; zwei mal zwei ist ~ vier; seine Fortschritte sind ~ null; Gleiches zu Gleichem (hinzugefügt) ergibt Gleiches • **2.6** etwas od. jmdn. auf die ~e Stufe stellen mit … *auf dieselbe Art betrachten, behandeln wie* **3** *etwas wieder ins* Gleiche *bringen* ⟨umg.⟩ *in Ordnung, ins Gleichgewicht* **4** ⟨72⟩ • **4.1** jmdm. od. einer **Sache** ~ sein *jmdm. od. einer S. ähneln, so aussehen wie jmd. od. eine S.* • **4.2** *wie;* ~ einer Lawine brach das Unglück über sie herein • **4.3** *auf derselben Höhe liegend wie;* dem Erdboden, dem Meeresspiegel ~ (sein, werden) • **4.4** *gleichgültig;* das ist mir ganz, völlig ~; das kann dir doch ~ sein **5** ⟨50⟩ *sofort, unverzüglich, auf der Stelle;* ~ anfangen, beginnen, gehen, kommen; ich werde es dir ~ beweisen, erklären, sagen; ~ beginnt die Vorstellung; wollen wir uns ~ setzen?; die Angelegenheit muss ~ erledigt werden; er wird ~ gehen; kannst du bitte ~ kommen?; an der Steigung musst du ~ schalten; ich komme ~ wieder; es muss nicht ~ sein; ich bin ~ wieder da; willst du ~ tun, was ich dir sage!; das kannst du ~ hier machen; ~ nach Bekanntgabe der Nachricht, Eintreffen der Gäste; ~ nachdem ich davon erfuhr; ~! (als Antwort); mein Kollege kommt ~! (Vertröstung des Gastes durch einen Kellner) • **5.1** *schon, bereits;* ~ heute werde ich zu ihr gehen; ~ anfangs, danach, daraufhin, nachher, da hat er (doch) ~ gesagt! • **5.2** ⟨als Füllwort; umg.⟩ *nur;* wie hieß doch ~ das Theaterstück, der Roman?; wo habe ich ihn doch ~ das letzte Mal gesehen? • **5.3** ⟨mit Konj.⟩ **wenn** … ~, **ob** … ~ ⟨veraltet u. poet.⟩ *wenngleich, obgleich, gleichwohl;* der wird leben, ob er ~ stürbe (Luther) **6** ⟨Getrennt- u. Zusammenschreibung⟩ • **6.1** ~ machen = *gleichmachen (I)* • **6.2** ~ lautend = *gleichlautend*

gleich|be|rech|tigt ⟨Adj. 24⟩ *gleiche Rechte besitzend, mit gleichen Rechten ausgestattet;* Frauen u. Männer sind ~; ~e Partner

Gleich|be|rech|ti|gung ⟨f.; -; unz.⟩ *Ausstattung mit gleichen Rechten;* die ~ der Geschlechter, Konfessionen, Völker; für die ~ eintreten, kämpfen; der Kampf um die ~

glei|chen ⟨V. 153/600⟩ **1** jmdm. od. etwas ~ *sehr ähnlich sein;* jmdm. an Gestalt, Größe, Wuchs ~; jmdm. im Aussehen, Wesen ~ • **1.1** in allen Stücken ~ *völlig übereinstimmen* • **1.2** sie ~ einander aufs Haar, wie ein Ei dem anderen *sind sich zum Verwechseln ähnlich* • **1.3** ⟨Vr 2⟩ sie ~ sich wie Tag und Nacht *sind sich gar nicht ähnlich*

glei|cher|ma|ßen ⟨a. [--''--] Adv.⟩ *auch, ebenso, genauso, in gleicher Weise;* von dem neuen Gesetz sind alle kinderreichen Familien ~ betroffen

gleich|falls ⟨Adv.⟩ *ebenfalls, auch;* danke, ~! (Antwort auf gute Wünsche)

gleich|för|mig ⟨Adj. 24⟩ **1** *die gleiche Form, Gestalt besitzend, gleich gestaltet, ähnlich;* ~e Werkstücke **2** *unveränderlich, eintönig;* ein ~er Rhythmus; ein ~er Tagesablauf

Gleich|ge|wicht ⟨n.; -(e)s; unz.⟩ **1** *Zustand, in dem sich zwei oder mehr einander entgegengesetzt gerichtete Wirkungen (Kräfte) aufheben, Balance;* stabiles, labiles, indifferentes ~; das ~ der Kräfte; das ~ finden, halten, stören, verlieren; etwas aus dem ~ bringen, im ~ halten **2** *Zustand, in dem die politischen Machtverhältnisse ausgeglichen sind* **3** *innere Harmonie, seelische Ruhe, Ausgeglichenheit;* (sich) bei alledem sein ~ wahren, wiederfinden, halten, verlieren; das innere, seelische ~; sich (nicht) leicht aus dem ~ bringen lassen; diese Nachricht hat sie aus dem ~ gebracht; aus dem ~ geraten

gleich|gül|tig ⟨Adj.⟩ **1** *teilnahmslos, uninteressiert;* er blieb ~ gegen alle Vorschläge; ein (gegen alles) ~er Mensch **2** ⟨80⟩ *bedeutungslos, unwesentlich;* er ist ihr (völlig) ~; es ist mir ~; es ist mir nicht ganz ~, ob …

Gleich|heit ⟨f.; -; unz.⟩ *völlige Übereinstimmung, Unterschiedslosigkeit;* →a. *Freiheit (1);* die ~ aller vor dem Gesetz

Gleich|klang ⟨m.; -(e)s, -klän|ge⟩ **1** *gleicher Klang, Übereinstimmung von Tönen, Vokalen usw. im Klang* **2** ⟨fig.⟩ *Übereinstimmung;* im ~ der Bewegung (bei Freiübungen einer Gruppe)

gleich|kom|men ⟨V. 170/600(s.)⟩ **1** *etwas* kommt *einer Sache* **gleich** *ähnelt, gleicht, entspricht einer Sache;* die Gehaltserhöhung kommt einer Beförderung gleich **2** *jmdm.* od. *einer* **Sache** ~ *gleichen, ähneln, jmdm.* od. *einer Sache gleichwertig sein;* ⟨aber Getrenntschreibung⟩ gleich kommen → *gleich (5)*

gleich|lautend *auch:* **gleich lau|tend** ⟨Adj. 24/70⟩ **1** *im Wortlaut übereinstimmend;* ~e Informationen **2** ⟨Sprachw.⟩ *aus den gleichen Lauten gebildet;* ~e Wörter

gleich|ma|chen *auch:* **gleich ma|chen** ⟨V.⟩ **I** ⟨500; Zusammen- u. Getrenntschreibung⟩ **jmdn.** od. **et**was ~ *bewirken, dass sich jmd.* od. *etwas von jmd.* od. *etwas anderem nicht mehr unterscheidet, angleichen;* soziale Unterschiede ~ wollen **II** ⟨530; nur Zusammenschreibung⟩ ein **Gebäude,** eine **Ortschaft** dem **Erdboden** ~ *völlig zerstören, einebnen;* Troja wurde von den Griechen dem Erdboden gleichgemacht; ⟨aber nur Getrenntschreibung⟩ gleich machen → *gleich (5)*

gleich|mä|ßig ⟨Adj.⟩ **1** *unverändert bleibend;* in ~em Tempo **2** *zu gleichen Teilen;* etwas ~ unter die Anwesenden verteilen

Gleich|mut ⟨m.; -(e)s; unz.⟩ *Gelassenheit, Beherrschtheit, Leidenschaftslosigkeit, Unerschütterlichkeit;* etwas mit (stoischem) ~ ertragen, hinnehmen, über sich ergehen lassen

Gleich|nis ⟨n.; -ses, -se⟩ = *Allegorie;* durch ein ~ anschaulich machen, deutlich machen, erklären, darstellen

gleich|sam ⟨Adv.; geh.⟩ *wie, sozusagen, beinahe*

gleich|schal|ten ⟨V. 500⟩ **1** *etwas* ~ *auf gleiche Stromart schalten, in gleichen Arbeitsrhythmus bringen* **2** *jmdn.* ~ ⟨fig.; umg.⟩ *der herrschenden Denkweise anpassen, politisch, wirtschaftlich u. kulturell vereinheitlichen;* dem Diktator gelang es nicht, die Massen gleichzuschalten; ⟨aber Getrenntschreibung⟩ gleich schalten → *gleich (5)*

gleich|schen|ke|lig ⟨Adj. 24⟩ = *gleichschenklig*

gleich|schenk|lig ⟨Adj. 24⟩ *mit zwei gleich langen Seiten versehen;* oV *gleichschenkelig;* ein ~es Dreieck

Gleich|schritt ⟨m.; -(e)s; unz.⟩ *Marsch mit gleicher Schrittlänge u. gleichzeitigem Aufheben u. Niedersetzen des gleichen Fußes;* im ~ marschieren

gleich|set|zen ⟨V. 503⟩ zwei **Dinge** ~ od. **jmdn.** od. **etwas** ~ (mit) **jmdm.** od. **etwas** ~ *als gleich betrachten, auf die gleiche Stufe stellen, als identisch behandeln;* er setzt Eigennutz mit Hilfsbereitschaft gleich; das Wunderkind wurde mit Mozart gleichgesetzt; ⟨aber Getrenntschreibung⟩ gleich setzen → *gleich (5)*

gleich|stel|len ⟨V. 530⟩ **jmdn.** od. **eine Sache jmdm.** od. **einer Sache** ~ *auf gleiche Stufe mit jmdm.* od. *einer S. stellen*

Gleich|strom ⟨m.; -(e)s; unz.; El.⟩ *elektrischer Strom, dessen Polarität unverändert bleibt;* Ggs *Wechselstrom*

Glei|chung ⟨f.; -, -en; Math.⟩ *die durch das Gleichheitszeichen (=) symbolisierte Beziehung (Relation) der Gleichheit zwischen mathematischen Größen;* →a. *Grad (3.1);* eine ~ auflösen, aufstellen

gleich|viel ⟨a. [-'-] Adv.; geh.⟩ *gleichgültig, einerlei, wie dem auch sei;* ~, du wirst es bald erfahren; ⟨aber Getrenntschreibung⟩ gleich viel erfahren → *gleich (2)*

gleich|wer|tig ⟨Adj. 24⟩ **1** *von gleichem Wert, sich im Wert entsprechend, ebenso viel wert;* die Geschenke sind ~; die beiden Mannschaften sind ~e Gegner **2** ⟨Chem.⟩ *von gleicher Wertigkeit*

gleich|wohl ⟨a. ['--] Konj.⟩ *doch, dennoch, aber auch, trotzdem;* er hatte hohes Fieber, ~ fühlte er sich noch recht gut; ⟨aber Getrenntschreibung⟩ sich gleich wohl befinden → *gleich (2)*

gleich|zei|tig ⟨Adj.⟩ *zur gleichen Zeit erfolgend, stattfindend;* mehrere Wettkämpfe finden ~ statt

Gleis ⟨n.; -es, -e⟩ oV *Geleise* **1** *stählerne Fahrbahn der Eisen- u. Straßenbahn* **2** ⟨fig.⟩ *Bahn, (durch die tägliche Gewohnheit bestimmte) Ordnung;* jmdn. aus dem ~ bringen; aus dem ~ geraten; eine Sache wieder ins ~ bringen; →a. *ausfahren (2.4.1), tot (5.2)*

glei|ßen ⟨V. 154/400⟩ **1** *etwas* gleißt ⟨geh.; poet.⟩ *schimmert, glänzt;* der See gleißt im Sonnenlicht
• **1.1** ~de **Sonne** *grelle, blendende S.*

glei|ten ⟨V. 155/400(s.)⟩ **1** *sich leicht u. mühelos (fort)bewegen;* er glitt aus dem Zimmer; durch die Luft ~ (Segelflugzeug, Vogel); mit Schlittschuhen übers Eis ~; er ließ die Augen über die Felder ~; leichtfüßig glitten die Tänzer übers Parkett; übers Wasser ~; zu Boden, zur Erde ~; etwas zu Boden, zur Erde ~ lassen • **1.1** ~der **Lohn** *entsprechend der Schwankungen des allgemeinen Preisniveaus regulierter L.*
• **1.2** ~de **Arbeitszeit** *A., deren Beginn u. Ende (bei unveränderter Gesamtdauer) von den Arbeitnehmern bis zu einer festgesetzten Grenze selbst bestimmt wer-*

den kann **2** ~der **Reim** *R., bei dem sich drei od. mehr Silben reimen, z. B. klingende - singende;* Sy *reicher Reim,* → *reich (3.1)*

Glet|scher ⟨m.; -s, -⟩ *sich sehr langsam bewegender Eisstrom im Hochgebirge*

Glied ⟨n.; -(e)s, -er⟩ **1** *einzelner Teil eines Ganzen, einer Kette, einer Reihe, einer Gemeinschaft;* Mit~; *einer Familie;* ~er *der Finger, einer Kette, eines Satzes; ein* ~ *fehlt noch in der Kette der Beweise* ⟨fig.⟩ **2** *(beweglicher) Teil des menschlichen od. tierischen Körpers; die* ~er *recken, strecken (beim Aufstehen); sie konnte vor Müdigkeit, Schmerzen, Schreck kein* ~ *rühren; Arme und Beine sind* ~er; *gelenkige, geschmeidige, schlanke, steife, wohlgeformte* ~er; *sie zitterte an allen* ~ern; *der Schreck fuhr mir in alle* ~er; *der Schreck saß mir noch in den* ~ern; *das Wetter, der Wetterumschwung liegt, steckt mir in allen* ~ern; *mit gesunden* ~ern *aus dem Skiurlaub heimkommen* • **2.1** *das (männliche)* ~ *Penis* **3** ⟨Sp., Mil.⟩ *Reihe, Linie nebeneinanderstehender Personen; aus dem* ~ *treten; in Linie zu zwei* ~ern *antreten; in Reih und* ~ *antreten, marschieren, stehen* **4** ⟨geh.; veraltet⟩ *Geschlechterfolge, Generation; bis ins dritte und vierte* ~

glie|dern ⟨V. 500⟩ *etwas* ~ *einteilen, unterteilen, ordnen; einen Aufsatz* ~; *die Arbeit ist gegliedert in …*

Glie|de|rung ⟨f.; -, -en⟩ *Einteilung, Unterteilung, Ordnung, Aufbau, Plan, Disposition;* ~ *eines Aufsatzes;* ~ *in einzelne Fächer, Gebiete, Teile, Zweige*

Glied|ma|ßen ⟨Pl.⟩ *bewegliche, aus mehreren Teilen (Gliedern) bestehende Körperanhänge von Mensch u. Tier*

glim|men ⟨V. 156/400⟩ *etwas glimmt brennt ohne Flamme, glüht schwach; die Kohlen* ~ *unter der Asche; im Dunkeln sah man seine Zigarette* ~; *in seinen Augen glomm leidenschaftlicher Hass* ⟨fig.⟩

Glim|mer ⟨m.; -s, -⟩ **1** *Schimmer, dezenter, sanfter Glanz* **2** ⟨Min.⟩ *Gruppe monokliner Minerale, chem. Kalium-Aluminium-Silikate*

glimpf|lich ⟨Adj.⟩ **1** *schonend, nachsichtig, mild; eine* ~e *Strafe; die Strafe, das Urteil ist* ~ *ausgefallen; jmdn.* ~ *behandeln; mit jmdm.* ~ *umgehen, verfahren* **2** *ohne besonderen Schaden, ohne schlimme Folgen; das ist noch einmal* ~ *abgegangen, abgelaufen, verlaufen; wir sind noch* ~ *davongekommen*

glit|schen ⟨V. 400(s.); umg.⟩ *rutschen, ausgleiten*

glit|schig ⟨Adj. 70⟩ *feucht u. glatt; der Boden ist* ~

Glit|ter ⟨m.; -s, -⟩ *Flitter, billiger, glitzernder Schmuck, Tand; da war alles nur Glanz u.* ~

glit|zern ⟨V. 400⟩ *etwas glitzert glänzt zitternd; die Sterne* ~ *am Himmel*

glo|bal ⟨Adj.⟩ **1** *weltweit, welt-, erdumfassend* **2** *gesamt; einen* ~en *Überblick geben*

glo|ba|li|sie|ren ⟨V. 500⟩ *etwas* ~ **1** *im Ganzen, umfassend betrachten, pauschalisieren, allgemein u. nicht differenziert beurteilen* **2** *weltweit, weltumfassend beurteilen, verbreiten* • **2.1** ⟨Wirtsch.⟩ *ein* **Unternehmen** ~ *auf internationale Märkte ausrichten, um Kosten- u. Standortvorteile verschiedener Länder auszunutzen u. die Wettbewerbschancen zu erhöhen*

Glo|ba|li|sie|rung ⟨f.; -, -en⟩ *weltweites Verbreiten, weltweite Verflechtung; die* ~ *führt zu einem Zusammenwachsen internationaler Finanzmärkte*

Glo|be|trot|ter ⟨engl. [glo̱ub-] m.; -s, -⟩ *Weltenbummler*

Glo|bus ⟨m.; -, - od. (eingedeutscht) -ses, Glo|ben od. (eingedeutscht) -se⟩ *(Nachbildung der) Erdkugel od. (der) Himmelskugel*

Glo|cke ⟨f.; -, -n⟩ **1** *kegelähnlicher, geschweifter, unten offener u. nach außen aufgebogener Schallkörper mit einem Klöppel im Inneren, dessen Anschlag an der Wandung einen Ton verursacht; eine* ~ *aus Bronze; eine* ~ *gießen; die* ~ *klingt, läutet, schlägt an, schwingt, tönt; die* ~n *der Kirche läuten den Sonntag ein; die* ~ *schlägt 12 Uhr; die Glock' hat elf, zwölf geschlagen (früher der Ruf des Nachtwächters)* • **1.1** *die* ~ *läuten hören, aber nicht wissen, wo sie hängt* ⟨fig.; umg.⟩ *ohne genaue Kenntnisse gescheit daherreden* • **1.2** *wissen, was die* ~ *geschlagen hat* ⟨fig.; umg.⟩ *sich des Ernstes der Lage bewusst sein* • **1.3** *er wird dir schon sagen, was die* ~ *geschlagen hat* ⟨fig.; umg.⟩ *er wird dir den Ernst der Lage begreiflich machen* • **1.4** *eine Sache an die große* ~ *hängen* ⟨fig.⟩ *Aufhebens davon machen, etwas überall erzählen* • **1.5** *diese Sache sollte nicht an die große* ~ *kommen* ⟨fig.; umg.⟩ *sie sollte nicht bekanntwerden* • **1.6** *Klingel; die* ~ *ziehen* • **1.7** *Glock 12 Uhr mit dem Glockenschlag 12* **2** *etwas, was in der Form einer Glocke (1) ähnlich ist, z. B. gläserner Lampenschirm, Schutzdeckel über Butter, Käse u. Uhren, Handschutz am Florett, Bergform, Rockform, Hutform, Blütenform, Schutzhülle für Taucher u. a.;* ~rock; *Taucher*~; *Käse*~; *eine* ~ *aus Glas, Porzellan; als* ~ *fällt dieser Rockstoff am schönsten; die* ~ *über die Butter stülpen* • **2.1** ⟨Bgb.⟩ *gewölbte Kammer* **3** ~ *und Hammer alten Gesellschaftsspiel mit fünf Spielkarten u. acht Würfeln*

Glo|cken|spiel ⟨n.; -(e)s, -e⟩ **1** *in Türmen angebrachtes Instrument aus einer Anzahl von abgestimmten Glocken, die durch eine Klaviatur od. durch Hämmer angeschlagen werden* **2** *in verkleinerter Form an Ladentüren, durch das Öffnen u. Schließen ausgelöst* **3** *im modernen Orchester ein Musikinstrument aus abgestimmten Metallstäben od. -platten, die durch Hämmer angeschlagen werden*

glo|ckig ⟨Adj.⟩ *wie eine Glocke sich nach unten erweiternd; ein* ~er *Rock*

Glo|ria ⟨n.; -s, -s⟩ **1** ⟨unz.⟩ *Glanz, Ruhm, Pracht; eine Hochzeit mit Glanz u.* ~ **2** ⟨zählb.⟩ *Lobgesang (als Teil der katholischen Messe)*

glo|ri|os ⟨Adj.⟩ = *glorreich*

glor|reich ⟨Adj.⟩ Sy *glorios* **1** *herrlich, ruhmreich, glanzvoll* **2** ⟨umg.; scherzh.⟩ *herrlich, großartig; eine* ~e *Idee*

Glos|sar ⟨n.; -s, -e od. -ri|en⟩ **1** *Wörterverzeichnis mit Erläuterungen (als Anhang);* ~ *wichtiger Fachbegriffe* **2** *Sammlung von Glossen (1,2)*

Glos|se ⟨f.; -, -n⟩ **1** ⟨urspr.⟩ *schwieriges, unverständliches Wort* **2** ⟨seit dem MA⟩ *Übersetzung od. Erklärung eines schwierigen Wortes am Rand od. zwischen* den Zeilen des Textes **3** ⟨umg.⟩ *spöttische Randbemerkung;* ~n machen über jmdn. od. etwas

Glot|ze ⟨f.; -, -n; umg.; scherzh.⟩ *Fernsehgerät;* die ~ anmachen; in die ~ gucken; er sitzt den ganzen Tag vor der ~

glot|zen ⟨V. 400; umg.; abwertend⟩ **1** *starr u. erstaunt blicken, erstaunt starren;* glotz nicht so! **2** *fernsehen*

Glück ⟨n.; -(e)s; unz.⟩ **1** *günstige Fügung, günstiger Zufall, Begünstigung durch besondere Zufälle;* Ggs *Pech, Unglück;* ~ muss man haben!; sein ~ probieren, versuchen (z. B. in der Lotterie); es war ein, sein ~, dass …; jmdm. ~ wünschen (zum Geburtstag); ein launisches, unzuverlässiges, wechselhaftes ~; viel ~!; es ist ein wahres ~, dass …; ~ ab! (Fliegergruß); ~ auf! (Bergmannsgruß); er sollte sich nicht nur auf sein ~ verlassen; ~ bei einer Unternehmung; ~ im Leben, in der Liebe, im Spiel; mit etwas ~ müsste er es schaffen; er kann von ~ reden, dass er so glimpflich davongekommen ist; vom ~ begünstigt; welch ein ~!; er hat mehr ~ als Verstand ⟨umg.⟩ • **1.1 auf gut ~** *ohne Gewissheit eines günstigen Ausgangs, Erfolges;* ich habe es auf gut ~ versucht • **1.2 zum ~** *glücklicherweise;* zum ~ kam sofort Hilfe; zu unserem ~ hat es niemand gesehen • **1.3** *Personifizierung des Glückes (1);* das ~ kehrte ihm den Rücken; ihm lacht das ~; das ~ war ihm hold, wohlgesinnt; das ~ lächelte ihr zu • **1.3.1** *er ist ein Kind des ~es ihm fällt alles mühelos zu* • **1.3.2** *das Rad des ~s dreht sich schnell Glück ist selten von Dauer, das Schicksal ist meist wechselvoll* **2** *Gemütszustand innerer Befriedigung u. Hochstimmung (bes. nach Erfüllung ersehnter Wünsche), stete Freude;* der Talisman soll ~ bringen; ein anhaltendes, ruhiges, stetes, wohlverdientes ~; das Kind ist ihr ganzes ~; ein großes, überwältigendes, unverhofftes ~; alles war eitel ~ und Seligkeit; in ~ und Unglück zusammenhalten, zusammenstehen; sie kann sich vor ~ nicht fassen; zu jmds. ~ beitragen; die Jagd nach dem ~; ~ und Glas, wie leicht bricht das! ⟨Sprichw.⟩ • **2.1** *man kann niemanden zu seinem ~ zwingen* ⟨umg.⟩ *jeder muss selbst wissen u. tun, was ihn glücklich macht* • **2.2** *jeder ist seines ~es Schmied* ⟨Sprichw.⟩ *jeder muss das Beste aus seinem Leben machen* • **2.3** *Hans im ~* (Märchengestalt, einfältiges Glückskind) *jmd., der sich auch bei ständigen Misserfolgen glücklich fühlt* • **2.4** *Erfolg* • **2.4.1** mit etwas ~ sein ~ machen *Erfolg haben* • **2.4.2** sein ~ verscherzen *den Erfolg leichtsinnig preisgeben* • **2.4.3** bei jmdm. mit etwas ~ haben *Erfolg haben, etwas erreichen;* damit hast du bei mir kein ~ • **2.4.4** jmds. ~ im Wege stehen *jmdn. daran hindern, das zu tun, was er für Erfolg versprechend hält*

Glu|cke ⟨f.; -, -n⟩ **1** *brütende od. Küken führende Henne* • **1.1** ⟨fig.; umg.; abwertend⟩ *Mutter, die ihre Kinder übermäßig behütet u. bewacht* **2** ⟨Bot.⟩ *am Grunde alter Eichenstämme wachsender, bis 10 kg schwerer, badeschwammähnlicher Keulenpilz: Polyporus frondosus* **3** ⟨i. e. S.; Zool.⟩ *Angehörige einer Familie der Spinner, mittelgroßer bis großer, plumper Falter, gelb bis violettbraun, Raupen mit 16 Beinen, sehr stark behaart: Lasiocampidae*

glu|cken ⟨V. 400⟩ **1** *die Henne* gluckt • **1.1** *lockt mit tiefem Kehllaut* • **1.2** *will brüten;* die Henne gluckt schon **2** ⟨fig.; umg.⟩ *untätig, stumpfsinnig herumsitzen;* er gluckt nur zu Hause • **2.1** *sie gluckt über ihren Kindern* ⟨abwertend⟩ *sie behütet u. bewacht ihre Kinder übermäßig*

glü|cken ⟨V. 400(s.)⟩ **etwas** glückt *gelingt, geschieht, verläuft nach Wunsch;* das Kunststück ist (nicht) geglückt; es glückte ihm, noch einen Platz zu bekommen

glu|ckern ⟨V. 400⟩ **Wasser, eine Flüssigkeit** gluckert *erzeugt in Bewegung perlende, leicht rauschende Laute;* Sy *glucksen (1);* die Limonade gluckerte ins Glas

glück|lich ⟨Adj.⟩ **1** *vom Glück begünstigt, erfolgreich, ohne Störung, ohne Schaden verlaufend;* ~e Jahre, Tage, Wochen; heute war ein ~er Tag für mich; mögt ihr einer ~en Zukunft entgegensehen ⟨geh.⟩; trotz verschiedener Zwischenfälle ist er ~ heimgekehrt; wir sind noch einmal ~ davongekommen; ~e Reise!; der Film, die Geschichte, das Theaterstück endet ~; die ~e Geburt eines Kindes anzeigen • **1.1** eine ~e Hand beweisen, haben *viel Geschick haben, erfolgreich in einer Unternehmung sein;* er hat in solchen Dingen eine ~e Hand • **1.2** ein ~er Wurf ⟨fig.⟩ *eine geschickte Tat, die Erfolg hatte* **2** *günstig, vorteilhaft, gedeihlich, erfreulich;* diese Auswahl, Zusammenstellung ist nicht ~; das war (k)ein ~er Einfall, Gedanke; es war ein ~er Zufall, dass wir uns trafen; da hast du nicht ~ gewählt **3** *froh, innerlich befriedigt, hochgestimmt;* eine ~e Familie, Frau; ein ~es Kind, Land, Paar; jmdn. ~ machen, wissen; ~ sein über etwas; man muss den ~ preisen, der …; wir würden uns ~ schätzen, wenn … (Höflichkeitsfloskel) **4** ⟨50; umg.⟩ *zu guter Letzt, endlich;* hast du ihn ~ doch noch dazu gebracht?; sind die Gäste ~ fort?

glück|li|cher|wei|se ⟨Adv.⟩ *zum Glück, durch glückliche Umstände;* ~ war gerade ein Arzt zur Stelle, als das Unglück geschah

gluck|sen ⟨V. 400⟩ **1** = *gluckern* **2** ⟨unterdrückt⟩ *dumpf u. kehlig lachen;* das Kind gluckste vor Vergnügen

Glücks|fall ⟨m.; -(e)s, -fäl|le⟩ **1** *glücklicher Zufall;* ein seltener ~ **2 im ~** *im Falle des Eintretens glücklicher Umstände;* im ~ können wir …

Glücks|rad ⟨n.; -(e)s, -rä|der⟩ **1** *Rad zu Verlosungen auf Jahrmärkten* **2** ⟨fig.⟩ *(wechselndes) Glück* • **2.1** das ~ hatte sich gedreht ⟨poet.⟩ *das Glück verließ ihn*

Glücks|sa|che ⟨f.; -, -n⟩ *eine Angelegenheit, die nicht durch vernünftiges Denken od. Handeln, sondern nur vom glücklichen Zufall entschieden werden kann;* das ist (reine) ~

Glücks|spiel ⟨n.; -(e)s, -e⟩ *Spiel (gegen Einsatz von Geld), bei dem der Erfolg wesentlich vom Glück, weniger vom Können des Spielers abhängt;* Lotto, Poker u. Roulette gehören zu den ~n; die Veranstaltung von ~en muss behördlich genehmigt werden

Glück|wunsch ⟨m.; -(e)s, -wün|sche⟩ **1** *Ausdruck der Anerkennung od. Mitfreude;* Glückwünsche zum freudigen, glücklichen Ereignis; Glückwünsche zum Geburtstag, zum neuen Jahr, Jubiläum, neuen Lebensjahr; Glückwünsche zur Geburt eines Kindes, Hochzeit, Verlobung, Vermählung; Glückwünsche zur bestandenen Prüfung, zur Verleihung einer Würde **2** *Wunsch für eine glückliche Zukunft;* Glückwünsche der Freunde, Kollegen, Verwandten; seinen ~ abstatten, ausdrücken, aussprechen, darbringen, senden, übermitteln; herzliche Glückwünsche!; Blumen, ein Geschenk mit herzlichen Glückwünschen überreichen

Glu|co|se ⟨f.; -; unz.; fachsprachl.⟩ = *Glukose*

Glüh|bir|ne ⟨f.; -, -n⟩ = *Glühlampe*

glü|hen ⟨V.⟩ **1** ⟨400⟩ *etwas* glüht *leuchtet infolge des Ausstrahlens elektromagnetischer Schwingungen bei erhitzten Körpern (von etwa 500 °C an), leuchtet rot vor Hitze;* die Spirale des Heizgerätes glüht; das Feuer, die Kohle, die Kochplatte glüht • **1.1** wie auf ~den Kohlen sitzen ⟨fig.⟩ *sich in einer peinlichen Lage befinden, sehr ungeduldig sein* • **1.2** ~de Kohlen auf jmds. Haupt sammeln ⟨fig.⟩ *jmdm. Böses mit Gutem vergelten, um ihn zu beschämen* • **1.3** *rot, rötlich leuchten;* in der Ferne glüht ein Licht; die Gipfel der Berge glühten in der Abendsonne • **1.4** *sehr heiß (u. rot) sein;* ihr Gesicht, ihr Körper glühte im, vor Fieber; mit (vor Begeisterung) ~den Wangen zuhören, zuschauen • **1.4.1** bei ~der Hitze wandern *bei übergroßer H.* • **1.4.2** es war mittags ~d heiß *übermäßig heiß* **2** ⟨400; fig.⟩ *erregt, innerlich entflammt, begeistert sein;* in Leidenschaft, Liebe ~; ~ vor Begeisterung, Verlangen; er ist ein ~der Anhänger dieser Idee; er verfolgt sie mit ~den Blicken; ~der Hass entstellte sein Gesicht; er ist ein ~der Verehrer ihrer Kunst; für eine Idee ~ • **2.1** ⟨800⟩ er glüht danach, sich zu rächen *er verlangt heftig danach* **3** ⟨500⟩ *etwas* ~ *glühend machen u. bei hohen Wärmegraden bearbeiten;* Metalle, Werkstoffe ~

Glüh|lam|pe ⟨f.; -, -n⟩ *Lichtquelle, bei der in einem Hohlkörper aus Glas ein elektrisch leitender Faden od. ein Stäbchen durch den hindurchfließenden Strom zum Glühen gebracht wird;* Sy *Glühbirne*

Glu|ko|se ⟨f.; -; unz.; Biochem.⟩ = *Traubenzucker;* oV *Glucose*

Glut ⟨f.; -, -en⟩ **1** *Feuer ohne Flamme, glühender Brennstoff;* die ~ anblasen, anfachen, löschen, schüren; ist noch ~ im Ofen? **2** ⟨geh.⟩ *Röte;* die ~ des Abendhimmels bewundern; die ~ der Scham färbte ihre Wangen ⟨poet.⟩ **3** *sengende Hitze;* die ~ des Hundstage, des Sommers, der Sonne; in der Mansarde ist es im Sommer vor ~ kaum auszuhalten **4** ⟨fig.; geh.⟩ *sehr starkes Gefühl;* sie wich der ~ seiner Blicke aus; die ~ des Hasses, der Leidenschaft, der Liebe, des Verlangens

Glut|a|mat *auch:* **Glu|ta|mat** ⟨n; -(e)s; unz.; Biochem.⟩ *(Speisen als würzender Geschmacksverstärker zugefügter) Ester od. Salz der Glutaminsäure*

Glut|hauch ⟨m.; -(e)s; unz.; poet.⟩ **1** *sengend heißer Wind* **2** ⟨fig.⟩ *glühender Atem, Feuer, fanatisches Gefühl;* vom ~ seiner Leidenschaft berührt

Glut|hit|ze ⟨f.; -; unz.⟩ **1** *zum Glühen benötigte Hitze, von etwa 500 °C an* **2** ⟨fig.⟩ *sengende Hitze;* in der ~ des Sommers

Gly|ce|rin ⟨n.; -s; unz.; fachsprachl.⟩ = *Glyzerin*

Gly|ze|rin ⟨n.; -s; unz.; Chem.⟩ *dreiwertiger aliphatischer Alkohol, aus der Luft Wasser anziehende, farblose Flüssigkeit von süßem Geschmack;* oV *Glycerin*

Gna|de ⟨f.; -, -n; Pl. selten⟩ **1** *verzeihende Güte, Barmherzigkeit Gottes, Sündenvergebung;* durch die ~ Gottes • **1.1** von Gottes ~n *durch die besondere Güte, mit den besonderen Segen Gottes;* ein Fürst von Gottes ~n • **1.2** *(im Christentum) das Heil ohne Rücksicht auf Verdienst* **2** ⟨allg.⟩ *herablassende Gunst, Wohlwollen;* jmdn. in ~n entlassen; von jmds. ~ abhängen • **2.1** er, es hat vor seinen Augen keine ~ gefunden *er ist mit ihm, damit einverstanden* • **2.2** *Gnadenbezeigung, -beweis, unverdiente Gunst;* den Himmel um eine ~ bitten; eine ~ erbitten, erweisen, erzeigen; sich als ~ ausbitten, dass … • **2.2.1** halten, haltet zu ~n! ⟨veraltet⟩ *entschuldigen Sie nur!* • **2.3** Euer ~n ⟨veraltet⟩ *Anrede an Höherstehende* **3** ⟨unz.⟩ *Barmherzigkeit, Mitleid, Milde, Schonung, Verzeihung, Straf-, Sündenerlass;* ~!; er hat keine ~ verdient; aus ~ und Barmherzigkeit jmdn. aufnehmen; um ~ bitten, flehen • **3.1** ~ für Recht, vor Recht ergehen lassen *Nachsicht statt gerechter, verdienter Strafe walten lassen* • **3.2** sich auf ~ oder Ungnade ergeben *bedingungslos*

Gna|den|brot ⟨n.; -(e)s; unz.; fig.⟩ *Versorgung (bes. von Tieren) im Alter aus Dankbarkeit für geleistete Dienste;* einem Tier das ~ geben; das ~ bei jmdm. essen

Gna|den|frist ⟨f.; -, -en⟩ *letzte Frist;* noch eine ~ bekommen, gewähren

gnä|dig ⟨Adj.⟩ **1** *Gnade übend, verzeihend, barmherzig;* der ~e Gott; Gott sei uns ~! **2** *gütig, freundlich, wohlgesinnt, günstig, nachsichtig, mild, sanft;* ~e Frau, ~es Fräulein, ~er Herr! (höfl. Anrede); eine ~e Strafe • **2.1** wir wollen es ~ machen *Nachsicht üben* • **2.2** *herablassend, wohlwollend, leutselig;* er winkte ~ mit der Hand ⟨umg.⟩; ~st geruhen, etwas zu tun ⟨umg.; iron.⟩ • **2.3** ⟨umg.⟩ *kaum geschädigt, glimpflich;* ~ davonkommen

Gneis ⟨m.; -es, -e; Min.⟩ *Gestein aus Feldspat, Quarz u. Glimmer, gehört zur Gruppe der kristallinen Schiefer*

Gnom ⟨m.; -en, -en⟩ *kleiner Erdgeist, Zwerg, Kobold*

Gnu ⟨n.; -s, -s; Zool.⟩ *Angehöriges einer Gattung etwa hirschgroßer Kuhantilopen:* Conachaetes

Go ⟨n.; -; unz.⟩ *japanisches Brettspiel*

Go|be|lin ⟨[gobəlɛ̃:] m.; -s, -s⟩ *kunstvoll gewirkter od. gestickter Wandbildteppich*

Go|ckel ⟨m.; -s, -; bes. süddt.⟩ **1** *Hahn* **2** ⟨umg.; scherzh.⟩ *eitler, eingebildeter Mann, der sich besonders männlich gibt;* von dem aufgeplusterten ~ will sie nichts wissen

Go-in ⟨n.; -s, -s⟩ *unbefugtes Eindringen in eine öffentliche Veranstaltung, um eine Diskussion über ein bestimmtes Thema zu erzwingen*

Gold ⟨n.; -(e)s; unz.; chem. Zeichen: Au⟩ **1** ⟨Zeichen: Au⟩ *gelbes, glänzendes Edelmetall, chem. Element, Ordnungszahl 79;* dieser Fluss führt ~; ~ mit Kupfer, Silber u. a. legieren; feines, gediegenes, legiertes, reines, 24-karätiges ~; Ketten, Ringe, Schmuck aus, von ~; einen Edelstein in ~ fassen; nach ~ graben; treu wie ~ sein; diese Nachricht ist ~(es) wert! ⟨fig.⟩ • 1.1 es ist nicht alles ~, was glänzt ⟨Sprichw.⟩ *oft täuscht der Schein;* →a. *gelb (1.3), grau (1.2), rot (1.7), weiß (2.6)* • 1.2 *das ~ ihrer Locken* ⟨fig.⟩ *der goldene Glanz ihrer L.* 2 *Gegenstand aus Gold (1)* • 2.1 *Münze aus Gold, Geld; das ist nicht mit ~ zu bezahlen!* • 2.1.1 *seine Romane werden ihm mit ~ aufgewogen sehr gut bezahlt* • 2.2 *Schmuck aus Gold; sie hat sich mit ~ und Juwelen behängt* 3 ⟨fig.⟩ *Reichtum, etwas Kostbares;* vom Glanz des ~es geblendet • 3.1 *im ~ schwimmen* ⟨umg.⟩ *sehr reich sein* • 3.2 *~ in der Kehle haben eine schöne Stimme haben (u. viel Geld damit verdienen);* →a. *Morgenstunde (2)*

gol|den ⟨Adj. 24⟩ 1 ⟨60⟩ *aus Gold bestehend; ein ~er Anhänger, Becher, Ring; ein ~es Armband, Etui, Schmuckstück; eine ~e Brosche, Kette, Puderdose, Uhr; im Sport eine ~e Medaille gewinnen* • 1.1 ⟨60⟩ *~e Berge versprechen übergroßen Lohn versprechen* • 1.2 ⟨60⟩ *Goldene **Bulle** mit Goldsiegel versehene Urkunde, bes. das Reichsgrundgesetz Kaiser Karls IV.* • 1.3 ⟨60⟩ *das Goldene **Kalb** israelitisches Kultbild, Sinnbild für Geld, Reichtum (nach dem 2. Buch Mose, Kap. 32)* • 1.3.1 *das Goldene Kalb anbeten* ⟨fig.; umg.⟩ *das Geld zu sehr schätzen* • 1.4 ⟨60⟩ *Goldene **Rose** aus Gold gefertigte, mit Diamanten besetzte R., eine päpstliche Auszeichnung, Tugendrose* • 1.5 ⟨60⟩ *~e **Schallplatte** ab einer bestimmten (international verschiedenen) Auflagenhöhe verliehene Auszeichnung an die bei der betreffenden Platte beteiligten Künstler* • 1.6 ⟨60⟩ *die Goldene **Stadt** Prag* • 1.7 ⟨60⟩ *das Goldene **Vlies** ⟨griech. Myth.⟩ heilbringendes Fell eines goldenen Widders* • 1.7.1 *Orden vom Goldenen Vlies 1429 gestifteter, ursprünglich burgundischer, später österreichischer (bis 1918) u. spanischer (bis 1831) hoher O.* • 1.8 *Goldene **Horde*** • 1.8.1 ⟨i. e. S.⟩ *Lager, Residenz des Herrschers (Chans) der Mongolen* • 1.8.2 ⟨i. w. S.⟩ *bes. im späten MA⟩ das bis nach Russland ausgedehnte Reich der Mongolen* 2 *von der Farbe des Goldes, glänzend wie Gold, vergoldet;* ~es *Haar;* ~e *Locken;* ~er *Sonnenschein glänzte auf dem Wasser; im Glas funkelte* ~er *Wein; die Goldene Pforte (des Freiburger Doms)* • 2.1 ⟨60⟩ *Goldene **Acht** der Familie der Weißlinge angehörender Tagschmetterling mit achtförmigem gelbem Fleck unter den Hinterflügeln: Colias hyale* • 2.2 ⟨60⟩ *Goldenes **Buch** der Stadt Gästebuch* • 2.3 ⟨60⟩ *das Goldene **Horn** Meerbusen von Istanbul* • 2.4 *im ~en Käfig sitzen* ⟨fig.; umg.⟩ *durch Reichtum gebunden sein* 3 *Geld betreffend* • 3.1 ⟨60⟩ *Goldener **Plan** 1960 von der Deutschen Olympischen Gesellschaft veröffentlichte Vorschläge zur Finanzierung des Baues sportlicher Übungsstätten* 4 ⟨70; fig.⟩ *besonders gut, wertvoll* • 4.1 *jmdm. ~e Brücken, eine ~e Brücke bauen jmdm. die Verständigung, ein Geständnis u. Ä. erleichtern* • 4.2 *ein ~es Gemüt, Herz haben gutmütig, hilfsbereit, zuverlässig sein* • 4.3 *einen ~en Humor besitzen einen nie versiegenden H. haben* • 4.4 *die Mutter gab ihm ~e Worte mit auf den Weg gute Ratschläge, Ermahnungen* • 4.5 *von herausragender Bedeutung* • 4.5.1 *das ~e Doktorjubiläum feiern die 50. Wiederkehr des Tages der Verleihung der Doktorwürde* • 4.5.2 *~e Hochzeit feiern den 50. Jahrestag der H.* • 4.5.3 *der Goldene Sonntag S. vor Weihnachten* • 4.6 *herrlich, schön, paradiesisch; die ~e Jugendzeit; ~en Zeiten entgegengehen* • 4.6.1 *das Goldene/goldene **Zeitalter** ⟨Myth.⟩ sagenhaftes, erstes paradiesisches Z. in der Geschichte der Menschheit* • 4.7 *einem Ideal entsprechend* • 4.7.1 *die ~e **Mitte**, den ~en Mittelweg wählen das rechte Maß halten* • 4.7.2 *die ~e **Regel** volkstümliche Lebensweisheit, die in dem Spruch „Was du nicht willst, dass man dir tu, das füg auch keinem andern zu" ihren Ausdruck findet* • 4.7.3 *der Goldene/goldene **Schnitt** ⟨Math.⟩ Teilungsverhältnis von Strecken, bei dem sich die ganze Strecke zur größeren Teilstrecke ebenso verhält wie die größere Teilstrecke zur kleineren, wichtig a. in künstlerischen Darstellungen* • 4.7.4 *die ~e **Zahl** eine astronomische Hilfszahl, die angibt, das wievielte Jahr im 19-jährigen Mondzyklus ein Jahr ist*

Gold|fisch ⟨m.; -(e)s, -e⟩ 1 ⟨Zool.⟩ *in vielen Zuchtrassen gehaltener Zierfisch: Carassius auratus* 2 ⟨scherzh.; umg.⟩ *reiches Mädchen; sich einen ~ angeln*

Gold|flie|der ⟨m.; -s, -⟩ = *Forsythie*

Gold|gru|be ⟨f.; -, -n⟩ 1 *Goldlagerstätte, Goldbergwerk* 2 ⟨fig.; umg.⟩ *finanziell sehr ergiebiges Geschäft; sein Laden ist eine ~*

gol|dig ⟨Adj.⟩ 1 *wie Gold glänzend* 2 ⟨fig.; umg.⟩ *reizend, lieb, niedlich;* ~e *Kinder*

Go|lem ⟨m.; -s; unz.; jüd. Myth.⟩ *aus Ton od. Lehm künstlich geschaffenes, stummes menschenähnliches Wesen, dem große Kräfte nachgesagt werden*

Golf[1] ⟨m.; -(e)s, -e⟩ *Einschnitt des Meeres ins Festland*

Golf[2] ⟨m.; -s; unz.; Sp.⟩ *Rasenspiel, bei dem ein Hartgummiball mit möglichst wenig Schlägen mit Hilfe verschieden geformter Schläger in ein Loch getrieben wird*

Go|li|ath ⟨m.; -s, -s; fig.; umg.⟩ *riesenhafter, starker Mensch; der Kampf zwischen David u. ~*

Göl|ler ⟨m.; -s, -; schweiz.⟩ *Schulterkragen, Schulterpasse*

Gon|del ⟨f.; -, -n⟩ 1 *leichtes, langes, schmales venezianisches Boot mit schnabelartigem Bug u. Heck, das im Stehen gerudert wird* 2 *Korb am Freiballon* 3 *Raum für Motoren u. Personen am Luftschiff*

gon|deln ⟨V. 400⟩ 1 *mit einer Gondel (1) fahren* 2 ⟨scherzh.⟩ *(mit unbestimmtem Ziel) gemächlich reisen, fahren; durch die Gegend, durch Spanien ~; er ist zwei Jahre um die Welt gegondelt*

Gong ⟨m.; -s, -s; Mus.⟩ *runde Metallscheibe, die mit einem Klöppel angeschlagen wird; zum Mittagessen den ~ anschlagen; der ~ ertönte um zwölf Uhr*

gön|nen ⟨V. 530/Vr 5 od. Vr 6⟩ **jmdm. etwas ~** 1 *gerne sehen, dass jmd. etwas bekommt, hat; diese Enttäuschung gönne ich ihm!; ich gönne ihm sein Glück von Herzen; ich gönne ihr alles Gute* 2 *jmdm. etwas zukommen lassen; er gönnt sich selten eine Ruhepause; er gönnt ihr kaum ein gutes Wort*

Gön|ner ⟨m.; -s, -⟩ *freundlicher Förderer; einen reichen ~ finden (für einen armen Künstler)*

Gön|ne|rin ⟨f.; -, -rin|nen⟩ *weibl.* Gönner

Go|nor|rhö ⟨f.; -, -en; Med.⟩ = Tripper

Good|will ⟨[gudwɪl] m.; -; unz.⟩ **1** *Ansehen, Prestige, Ruf, Wohlwollen;* ein Zeichen des ~s; ~-Reise, ~-Tour **2** ⟨Wirtsch.⟩ *Firmen-, Geschäftswert*

Gör ⟨n.; -(e)s, -en; norddt.⟩ *kleines vorlautes Kind (bes. Mädchen);* oV Göre

gor|disch ⟨Adj. 24/60⟩ **1** *ein ~er* **Knoten** *eine unlösbar scheinende Aufgabe, große Schwierigkeit* • **1.1** *den ~en Knoten durchhauen* ⟨fig.⟩ *eine schwierige Aufgabe mit einer energischen Maßnahme lösen*

Gö|re ⟨f.; -, -n⟩ = *Gör*

Go|ril|la ⟨m.; -s, -s; Zool.⟩ **1** ⟨Zool.⟩ *bis 2 m großer Menschenaffe mit schwarzem Fell, der in Familien od. Herden lebt: Gorilla gorilla* **2** ⟨umg.⟩ *kampfbereit wirkender, kräftiger Leibwächter;* er ging mitsamt seinen ~s zu dem Galaessen

Gos|pel|song ⟨m.; -s, -s; Mus.⟩ *christlich-religiöses Lied der nordamerikanischen Schwarzen, moderne Form des Spirituals*

Gos|se ⟨f.; -, -n⟩ **1** *am Rand des Fußweges verlaufende Rinne mit Abfluss in den Kanal für Regen- u. Abwasser;* das Regenwasser fließt, läuft durch die ~ ab; die ~ ist verstopft • **1.1** *jmdn. aus der ~ auflesen, holen, ziehen* ⟨fig.; umg.⟩ *aus der Verkommenheit herausholen* • **1.2** *jmdn. durch die ~ ziehen* ⟨fig.; umg.⟩ *der öffentlichen üblen Nachrede preisgeben, hässlich bloßstellen* • **1.3** *er wird noch in der ~ enden* ⟨fig.; umg.⟩ *völlig verkommen* • **1.4** *sich in der ~ wälzen* ⟨fig.; umg.⟩ *in der Verkommenheit wohlfühlen*

go|tisch ⟨Adj. 24⟩ **1** *die Gotik betreffend, aus der Gotik stammend* • **1.1** *~e* **Schrift** *im 11./12. Jh. aus der karolingischen Minuskel entstandene Schrift mit gebrochenen Schäften, Vorläuferin der Fraktur, erste Druckschrift* **2** *die Goten betreffend, von den Goten stammend* • **2.1** *~e* **Sprache** *zur ostgermanischen Sprachgruppe gehörende Sprache der Goten, 3. bis 5. Jh. n. Chr., Vorstufe der althochdeutschen Sprache*

Gott ⟨m.; -es, Göt|ter⟩ **1** ⟨Myth.⟩ *übermenschliches, meist unsterbliches, kultisch verehrtes Wesen, Gegenstand des religiösen Glaubens;* Donner~, Schutz~; die griechischen, heidnischen, römischen Götter; du bist wohl von allen Göttern verlassen! (Ausruf des Unwillens) ⟨umg.⟩ • **1.1** *das wissen die Götter!* ⟨umg.⟩ *niemand weiß es* • **1.2** *es war ein Anblick, Bild für die Götter!* ⟨umg.⟩ *es sah sehr komisch aus* **2** ⟨unz.; meist ohne Artikel⟩ *erstes, höchstes Wesen im Christentum;* o ~!, mein ~! (Ausrufe des Erstaunens, Erschreckens); ~ der Allmächtige; es liegt, steht in ~es Hand, ob …; ich lasse es in ~es Hand; ~ der Herr; Kind ~es! (Ausruf des Erschreckens); im Namen ~es! (Segensformel); ~es Sohn; ~ (der) Vater; ~es Wort hören; ~ anbeten, anrufen, fürchten, lieben, loben, preisen; ~ befohlen! (Abschiedsgruß); es sei ~ befohlen; ~ behüte, beschütze euch! (Abschiedswunsch); man muss ~ für alles danken; ~ gebe es! (inniger Wunsch); wie es ~ gefällt (und nicht nach unserem Willen); geh mit ~! (Abschiedsgruß); grüß ~! ~ grüße dich! (Grußformeln); helf ~! (beim Niesen); so wahr mir ~ helfe! (Eidesformel); gelobt sei ~; hier ruht in ~ … (Inschrift auf Grabmälern); ~ segne dich!; ~ ist mein Zeuge, dass …; hier hat ~ gesprochen, gerichtet; ~ strafe mich, wenn … (als Beteuerung); ~ steh uns bei; ~ verdamm mich! (derber Fluch); vergelt's ~!, ~ vergelte es dir! (Dankesformel); sich ganz von ~ und der Welt verlassen fühlen; das weiß ~ allein; und ~ weiß, mir fehlt noch alles; so ~ will, sehen wir uns bald wieder; wie ~ will (und nicht wie wir Menschen); wollte ~, es wäre so!; ~ hat es so gewollt!; was ~ zusammengefügt hat, das soll der Mensch nicht scheiden (Matthäus 19,6); der liebe ~; ach du lieber ~! (Ausruf der Bestürzung); an ~ glauben; auf ~ bauen, vertrauen, bei ~! (als Bekräftigung); das liegt allein bei ~; bei ~ schwören; bei ~ ist kein Ding unmöglich (Lukas 1,37); mit ~es Beistand, Hilfe, Unterstützung; mit ~!, ~ mit dir! (Abschiedswunsch); ~ mit uns! (Wahlspruch der preußischen Könige); seinen Frieden mit ~ machen; um ~es willen! (erschreckter Ausruf); von ~es und Rechts wegen; vor ~ und den Menschen seine Pflicht tun; zu ~ beten; ~ zum Zeugen anrufen; an ~es Segen ist alles gelegen ⟨Sprichw.⟩; ~ lässt sinken, aber nicht ertrinken ⟨Sprichw.⟩; was ~ tut, das ist wohl getan ⟨Sprichw., nach einem geistl. Lied⟩; wer ~ vertraut, hat recht gebaut ⟨Sprichw.⟩; allmächtiger, großer ~! (erschreckter Ausruf) ⟨umg.⟩; du bist wohl ganz und gar von ~ verlassen! (Ausruf des Unwillens) ⟨umg.⟩ • **2.1** *bei ~ sein tot sein* • **2.2** *seine Seele ist bei ~ er ist tot* • **2.3** *in ~ entschlafen, verscheiden sterben* • **2.4** *~ hab ihn selig er sei selig bei Gott (Wunsch für einen Verstorbenen)* • **2.5** *~es Mühlen mahlen langsam* ⟨Sprichw.⟩ *das Wirken Gottes erkennt der Mensch erst spät* • **2.6** *der Mensch denkt, ~ lenkt* ⟨Sprichw.⟩ *der Mensch vermag nichts gegen den Willen Gottes* • **2.7** *in ~es Namen! (tu es)* ⟨umg.⟩ *meinetwegen, mir ist es gleich* • **2.8** *~ behüte!* ⟨umg.⟩ *aber nein, keinesfalls!* • **2.9** *~ sei's geklagt!* ⟨fig.⟩ *leider!* • **2.10** *leider ~es* ⟨umg.⟩ *leider, bedauerlicherweise;* leider ~es mussten wir absagen • **2.11** *~ sei Dank!* ⟨umg.⟩ *glücklicherweise* • **2.12** *da sei ~ vor!* ⟨umg.⟩ *das möge G. verhüten, das darf nicht geschehen* • **2.13** *weiß ~* ⟨umg.⟩ *gewiss, wahrhaftig;* das habe ich weiß ~ nicht gewollt • **2.14** *bei ~ nicht wirklich nicht;* ich weiß es bei ~ nicht

Got|te ⟨f.; -, -n; schweiz.⟩ *Patin*

Göt|ter|speise ⟨f.; -, -n⟩ **1** ⟨Myth.⟩ *Speise der Götter, die ihnen Unsterblichkeit verlieh* **2** *Süßspeise mit Gelatine;* Sy Wackelpeter

Göt|ter|trank ⟨m.; -(e)s; unz.; umg.⟩ **1** ⟨Myth.⟩ *Trank der Götter* **2** ⟨fig.; umg.⟩ *köstliches Getränk*

Got|tes|acker ⟨m.; -s, -; poet.⟩ *Friedhof*

Got|tes|dienst ⟨m.; -(e)s, -e⟩ **1** *gemeinsame Verehrung Gottes durch die Gemeinde;* ~ abhalten, verrichten **2** *Anbetung Gottes*

Got|tes|lohn ⟨m.; -(e)s; unz.⟩ **1** *Belohnung durch Gott* • **1.1** *etwas um einen ~ tun unentgeltlich*

Gott|heit ⟨f.; -, -en⟩ **1** ⟨unz.⟩ *Göttlichkeit, die göttliche Natur eines Wesens* **2** *Gott, ein göttliches Einzelwesen*

Göt|ti ⟨m.; -s, -; schweiz.⟩ *Pate*

Göt|tin ⟨f.; -, -tin|nen⟩ *weibliche Gottheit (2)*

gött|lich ⟨Adj.⟩ **1** *Gott betreffend, zu ihm gehörig, auf ihn bezüglich, von ihm herrührend, gottgleich, gottähnlich;* ~e Gnade, Vorsehung, Weisheit **2** ⟨fig.; umg.⟩ *herrlich, wunderbar:* das ~e Spiel eines Künstlers

gott|los ⟨Adj. 70⟩ **1** *verächtlich, verrucht, verwerflich;* ein ~es Verhalten **2** *Gott verleugnend, missachtend;* ~es Gerede

Göt|ze ⟨m.; -n, -n; abwertend⟩ **1** *bildliche Darstellung einer fremden Gottheit;* Sy *Idol (1)* • **1.1** *Götze (1) als Gegenstand religiöser Verehrung;* Sy *Idol (1.1)* **2** *materieller Wert anstelle moralischer od. religiöser Werte;* das Geld ist sein ~

Gour|mand ⟨[gurmã:] m.; -s, -s⟩ *Vielesser, Schlemmer*

Gour|met ⟨[gurme:] m.; -s, -s⟩ *Feinschmecker (bes. Weinkenner)*

gou|tie|ren ⟨[gu-] V. 500; geh.⟩ **1** *Speisen, Getränke ~ kosten, probieren;* Sy ⟨österr.⟩ *gustieren* **2** *etwas ~ Gefallen an etwas finden*

Gou|ver|neur ⟨[guvɛrnø:r] m.; -s, -e⟩ **1** *höchster Exekutivbeamter eines Gliedstaates (bes. in den USA), einer Provinz od. einer Kolonie;* der ~ von Kalifornien **2** ⟨Mil.⟩ *oberster Befehlshaber einer Garnison od. einer Festung*

Grab ⟨n.; -(e)s, Grä|ber⟩ **1** *letzte Ruhestätte für Tote;* Einzel~, Familien~; die Gräber der Angehörigen; ein ~ ausheben, bepflanzen, schmücken, zuschaufeln, zuschütten; ein ~ besuchen; ein frisches, noch leeres ~; ein gepflegtes, geschmücktes, vergessenes, verwildertes ~; Blumen auf ein ~ legen, pflanzen; ins ~ betten, legen; im ~ liegen, ruhen • **1.1** er hat ein ~ in fremder Erde bekommen *er wurde fern der Heimat beerdigt* • **1.2** sein ~ in den Wellen finden *ertrinken* • **1.3** still, verschwiegen wie ein ~ sein *nichts weitererzählen* • **1.4** ins ~ sinken ⟨poet.⟩ *sterben* • **1.5** jmdn. zu ~e tragen *beerdigen* • **1.6** seine Hoffnung zu ~e tragen ⟨fig.⟩ *aufgeben, darauf verzichten* • **1.7** sich selbst sein ~ graben ⟨fig.; umg.⟩ *selbst seinen Untergang herbeiführen;* du gräbst dir noch dein eigenes ~!; er hat sich selbst sein ~ gegraben • **1.8** jmdn. ins ~ bringen ⟨fig.; umg.⟩ *an jmds. Tod schuld sein;* er hat sie ins ~ gebracht; das bringt mich noch ins ~; du bringst mich zehn Jahre früher ins ~ • **1.9** etwas mit ins ~ nehmen ⟨fig.; umg.⟩ *ein Geheimnis niemals preisgeben* • **1.10** jmd. würde sich im ~ (her)umdrehen, wenn er das wüsste *es würde jmdm. Kummer, Schmerz, Ärger bereiten, jmd. wäre nicht damit einverstanden* • **1.11** am Rand des ~es stehen, mit einem Bein, Fuß im ~ stehen ⟨fig.; umg.⟩ *dem Tode nahe sein* **2** ⟨fig.⟩ *Tod, Untergang, Ende;* das war das ~ seines Erfolges, seiner Karriere, seines Ruhms; Liebe, Treue bis ans ~; Dankbarkeit, Treue bis übers ~ hinaus

gra|ben ⟨V. 157⟩ **1** ⟨400⟩ *eine Vertiefung machen, ausheben;* (mit dem Spaten) ~ • **1.1** ⟨500⟩ eine **Vertiefung** ~ *ausheben;* einen Brunnen, ein Grab, eine Grube, einen Schacht ~; ein Loch (in die Erde) ~; der Dachs gräbt sich einen Bau **2** ⟨411⟩ **nach etwas** ~ *schürfen, unter der Erde suchen;* nach Erz, Gold, Kohle ~; nach verborgenen Schätzen ~ • **2.1** ⟨500⟩ **etwas** ~ *aus der Erde gewinnen;* Erz, Gold, Kohle ~ ⟨511⟩ **etwas in etwas** ~ *einkerben, einmeißeln, gravieren;* in Kupfer ~; Namen, Zeichen in die Rinde eines Baumes ~; eine Inschrift in Stein ~; die Krankheit hat ihre Spuren in sein Gesicht gegraben ⟨fig.⟩ • **3.1** ⟨531/Vr 1⟩ ich habe es mir tief ins Gedächtnis gegraben ⟨fig.⟩ *eingeprägt* **4** ⟨511/Vr 3⟩ **sich in etwas** ~ *bohrend in etwas eindringen, sich in etwas einwühlen;* das abgestürzte Flugzeug grub sich tief in die Erde; seine Fingernägel gruben sich tief ins Fleisch; die Räder gruben sich tief in den Schlamm

Gra|ben ⟨m.; -s, Grä|ben⟩ **1** *langer künstlicher Einschnitt im Boden, als Wasserrinne;* Straßen~; ein ausgetrockneter, mit Wasser gefüllter ~; ein breiter, flacher, langer, schmaler, tiefer ~; der Wagen fuhr in den ~, in einen ~ fallen, stürzen; über einen ~ springen • **1.1** einen ~ nehmen *springend überqueren* • **1.2** er landete im ~ ⟨umg.⟩ *stürzte hinein* **2** *ausgehobene Befestigungsanlage, die zum Schutz u. zur Deckung dient;* Festungs~, Schützen~ • **2.1** einen ~ nehmen ⟨Mil.⟩ *durch Angriff besetzen* • **2.2** im ~ liegen ⟨Mil.⟩ *an der vordersten Front (im Stellungskrieg)* **3** ⟨Geol.⟩ *zwischen zwei stehen gebliebenen Schollen eingesunkenes Stück der Erdkruste*

Gracht ⟨f.; -, -en; in ndrl. Städten⟩ *schiffbarer Kanal;* auf den ~en von Amsterdam fahren

Grad ⟨m. 7; -(e)s, -e; Zeichen: °⟩ **1** *Abstufung, Stufe, Stärke, Maß;* Wirkungs~; Erfrierungen, Verbrennungen dritten ~es; eine nur einige ~e dunklere (hellere) Farbe; ~ der Konzentration einer chem. Lösung; bis zu einem gewissen ~(e) kam man uns entgegen; er beteiligte sich nur in geringem ~ in gewissem ~(e) hat er Recht • **1.1** das ist im höchsten ~(e) ärgerlich *sehr, außerordentlich* **1.2** *die Enge, Nähe der Verwandtschaft;* Kusine, Vetter zweiten ~es **2** *Stufe in einer Rangordnung* • **2.1** *militärischer Rang, Rangstufe;* Dienst~ • **2.2** *akademische Würde, Titel;* er erwarb den ~ eines Doktors; einen akademischen ~ erlangen, erwerben **3** *eine Gleichung n-ten ~es* ⟨Math.⟩ *G., in der eine od. mehrere Unbekannte bis zur n-ten Potenz vorkommen* • **3.1** eine Gleichung **zweiten** ~es *G., in der eine od. mehrere Unbekannte in der zweiten Potenz vorkommen* **4** ⟨Typ.⟩ *Schriftgrad;* diese Schrift ist um zwei ~ größer als jene **5** ⟨Geom.; Zeichen: °⟩ *Maßeinheit für Winkel, der 360. Teil eines Kreises;* ein Winkel von 90° **6** ⟨Zeichen: °⟩ *Maßeinheit von Winkeln od. Skalen auf physikalischen Messgeräten;* in ~e einteilen • **6.1** ~ **Breite** *Breitengrad;* 34 ~ nördlicher, südlicher Breite • **6.2** ~ **Länge** *Längengrad;* 20 ~ westlicher, östlicher Länge • **6.3** *Maßeinheit der Temperatur;* -20 °C (Celsius), + 10 °F (Fahrenheit), 90 °R (Reaumur); das Thermometer zeigt 5 ~ minus; das Wasser ist 24 ~ warm

gra|de ⟨Adj.; umg.⟩ = *gerade*

gra|du|ell ⟨Adj. 24⟩ **1** *nur den Grad (1) betreffend, gering;* hier bestehen nur ~e Unterschiede **2** *abgestuft, stufenweise, allmählich;* ein ~er Übergang von der Diskussion zum Streit

Grae|cum ⟨[grɛːkum] n.; -s, -s⟩ *Prüfung, Nachweis über Kenntnisse in der altgriechischen Sprache u. Literatur*

Graf[1] ⟨m.; -en, -en⟩ **1** ⟨urspr.⟩ *Verwaltungsbeamter des Königs; Burg~, Pfalz~* **2** *Vorsteher einer Berufsgenossenschaft; Salz~, Deich~* **3** *Adelstitel zwischen Fürst u. Freiherr* • 3.1 *Träger dieses Titels*

Graf[2] ⟨m.; -en, -en; Math.⟩ *abstrahierende Darstellung von Größen u. den zwischen ihnen bestehenden Relationen als (wissenschaftl.) Hilfsmittel;* oV *Graph*

Graf|fi|to ⟨n.; -s, -s od. -fi|ti⟩ **1** *in Stein eingeritzte Inschrift od. figürliche Darstellung* **2** *mit Ornamenten verzierte Marmorfliese* **3** ⟨meist Pl.⟩ *mit Farbspray auf eine Wand aufgespritzte (gesellschaftskritische, witzige, unsinnige) Parole od. Figur*

Gra|fie ⟨f.; -, -n; Sprachw.⟩ *Schreibung, Schreibweise, Schriftcharakteristika eines Textes;* oV *Graphie*

...gra|fie ⟨in Zus.; zur Bildung von Subst.; f.; -, -n⟩ *...schrift, ...beschreibung, z. B. Telegrafie, Fotografie;* oV *...graphie*

Gra|fik ⟨f.; -, -en⟩ oV *Graphik* **1** ⟨unz.⟩ *Vervielfältigung von Schrift u. Druck* **2** ⟨unz.⟩ *die Kunst des Zeichnens, des Kupfer- u. Stahlstichs, des Holzschnitts u. -schnitts* **3** ⟨zählb.⟩ *das einzelne Blatt mit einer Darstellung aus einer dieser Künste*

gra|fisch ⟨Adj. 24/90⟩ oV *graphisch* **1** *die Grafik betreffend, auf ihr beruhend* • 1.1 *~e* **Darstellung** *zeichnerische schematisierende D.* **2** ⟨Sprachw.⟩ *die Schriftzeichen (u. ihre Form) betreffend, zu ihnen gehörig*

Gra|fit ⟨m.; -(e)s, -e; Min.⟩ *kristalliner reiner Kohlenstoff* oV *Graphit*

Gra|fo|lo|gie ⟨f.; -; unz.⟩ *Lehre, aus der Handschrift eines Menschen seinen Charakter zu deuten, Handschriftenkunde;* oV *Graphologie*

Gral ⟨m.; -s; unz.; in der mittelalterl. Dichtung⟩ *geheimnisvoller, wundertätiger sakraler Gegenstand (Stein, Schale od. Kelch), der nur einem reinen Menschen erreichbar ist; die symbolische Bedeutung des ~s in Richard Wagners Oper „Parsifal"*

gram ⟨Adj. 24/43; geh.⟩ *jmdm. ~ sein jmdm. grollen, zürnen; man kann ihr deshalb, trotzdem nicht ~ sein*

Gram ⟨m.; -(e)s; unz.; geh.⟩ *nagender Kummer, tiefe Traurigkeit; der ~ frisst, nagt, zehrt an ihm; sich seinem ~ hingeben; seinem ~ (zu sehr) nachhängen; sie überlässt sich ganz ihrem ~; stiller, tiefer, verzehrender ~; aus ~ über ...; von ~ erfüllt, gebeugt, niedergedrückt sein; sich vor ~ verzehren*

grä|men ⟨V. 500; geh.⟩ **1** ⟨Vr 3⟩ *sich ~ sich bittere Gedanken machen, sich bitterlich sorgen; sie grämt sich über ihn; sie wird sich noch zu Tode ~* **2** *etwas grämt jmdn. bereitet jmdm. Kummer; es grämt mich sehr; das grämt ihn wenig*

gräm|lich ⟨Adj.⟩ *verdrießlich, mürrisch, weinerlich; ein ~er Alter; ~ dreinschauen*

Gramm ⟨n. 7; -s, -e; Zeichen: g⟩ *Maßeinheit der Masse, (allg. eigesetzt mit der) des Gewichts;* 1 000 g = 1 kg; 500 g = 1 Pfund; *der Brief wiegt 20 g; es dürfen ein paar ~ mehr sein*

Gram|ma|tik ⟨f.; -, -en⟩ **1** *Lehre vom Bau u. von den Regeln einer Sprache* **2** *Lehrbuch der Grammatik (1)*

Gram|mo|fon ⟨n.; -s, -e⟩ *altertümlicher mechanischer Plattenspieler (mit einem Schalltrichter);* oV *Grammophon*®

Gram|mo|phon® ⟨n.; -s, -e⟩ = *Grammofon*

Gra|nat[1] ⟨m.; -(e)s, -e⟩ *kubisches, gesteinsbildendes, schwer verwitterndes Mineral, ein Tonerdesilikat, Edelstein*

Gra|nat[2] ⟨m.; -(e)s, -e; österr. m.; -en, -en; Min.⟩ *Nordseegarnele*

Gra|na|te ⟨f.; -, -n; Mil.⟩ *mit Sprengladung gefülltes Geschoss*

Gran|dez|za ⟨f.; -; unz.⟩ *Würde, Anmut, hoheitsvolles Benehmen, würdevolles Auftreten; mit der ~ eines Staatsoberhauptes auftreten*

gran|di|os ⟨Adj.⟩ *großartig, überwältigend, unglaublich; das war ein ~er Auftritt*

Grand Prix ⟨[grãː priː] m.; - -, - - [grãː priː]⟩ **1** *Großer Preis* • 1.1 ⟨Reitsp.⟩ *internationale Dressuraufgabe der Klasse S (schwer)* • 1.2 *~* **du disque** ⟨[dy dɪsk]⟩ *Großer Schallplattenpreis, wird jährlich in Paris verliehen*

Grand|sei|gneur auch: **Grand|seig|neur** ⟨[grãsɛnjøːr] m.; -s, -s od. -e; geh.⟩ *vornehmer, welterfahrener (älterer) Mann*

Grand Slam ⟨[grænd slæm] m.; - - od. - -s, - -s; Sp.; Tennis⟩ *Sieg eines Spielers in den australischen, französischen, englischen u. US-amerikanischen Meisterschaften innerhalb eines Jahres; der Spieler verpasste den ~*

Gra|nit ⟨a. [-nɪt] m.; -(e)s, -e; Min.⟩ **1** *Tiefengestein aus fein- bis grobkörnigen Teilen von Feldspat, Quarz u. Glimmer* • 1.1 *auf ~* **beißen** ⟨fig.; umg.⟩ *auf energischen Widerstand stoßen, nicht durchdringen können*

Gran|ne ⟨f.; -, -n⟩ **1** *steife, widerhaarige Borste an Gräserblüten* **2** *im oberen Drittel verdicktes Haar im Haarkleid von Pelztieren*

gran|tig ⟨Adj.; süddt.; österr.⟩ *unfreundlich, unwirsch, verdrießlich, übellaunig; warum bist du heute so ~?; er machte ein ~es Gesicht*

Gra|nu|lat ⟨n.; -(e)s, -e⟩ *gekörnte Substanz*

Grape|fruit ⟨[greɪpfruːt] f.; -, -s; Bot.⟩ *Angehörige einer den Pampelmusen ähnlichen Art der Zitrusgewächse, die vitaminreiche, gelblich runde Früchte tragen*

Graph ⟨m.; -en, -en; Math.⟩ = *Graf*[2]

Gra|phie ⟨f.; -, -n; Sprachw.⟩ = *Grafie*

...gra|phie ⟨in Zus.; zur Bildung von Subst.; f.; -, -n⟩ = *...grafie*

Gra|phik ⟨f.; -, -en⟩ = *Grafik*

gra|phisch ⟨Adj. 24/90⟩ = *grafisch*

Gra|phit ⟨m.; -(e)s, -e⟩ = *Grafit*

Gra|pho|lo|gie ⟨f.; -; unz.⟩ = *Grafologie*

Gras ⟨n.; -es, Gräser; Bot.⟩ **1** ⟨Bot.⟩ *weltweit verbreitete Familie einkeimblättriger, meist krautiger Pflanzen, Süßgräser: Gramineae, Poaceae* **2** ⟨allg.⟩ *schlankes grünes Gewächs auf Wiesen usw. mit unscheinbaren Blüten; ~ säen; ~ verfüttern; dürres, hohes, niedriges, saftiges, verdorrtes, welkes ~* • 2.1 *er meint auch, er könne das ~ wachsen hören* ⟨fig.; umg.⟩ *er hält sich für ganz besonders klug* • 2.2 *wo er hinhaut, -schlägt, -tritt, da wächst kein ~ mehr* ⟨fig.; umg.⟩

er schlägt kräftig zu, ist zu derb • 2.3 ⟨umg.⟩ getrocknete Blüten des Indischen Hanfs (Haschisch, Marihuana) als Rauschmittel **3** *Rasen, Wiese;* das ~ muss gemäht werden; sich ins ~ legen; im ~ liegen; über das ~ laufen; mit ~ bewachsen; von ~ überwuchert • 3.1 wir wollen über diese Sache ~ wachsen lassen ⟨fig.⟩ *sie in Vergessenheit geraten, Zeit darüber vergehen lassen* • 3.2 darüber ist längst ~ gewachsen ⟨fig.⟩ *es ist längst vergessen, daran denkt niemand mehr* • 3.3 ins ~ beißen ⟨fig.; umg.; derb⟩ *sterben*

gra|sen ⟨V. 400⟩ ein **Tier** grast *frisst Gras, weidet*

gras|sie|ren ⟨V. 400⟩ eine **Seuche** grassiert *greift um sich, tritt gehäuft auf, wütet*

gräss|lich ⟨Adj.⟩ **1** *entsetzlich, fürchterlich, schauderhaft, Grauen erregend;* ein ~er Anblick, Unfall, Vorfall; die Leiche des Verunglückten war ~ entstellt, zugerichtet **2** ⟨umg.⟩ *sehr unangenehm;* ich bin in einer ~en Situation; ein ~es Wetter • 2.1 ⟨50⟩ *sehr, in unangenehmem Maße;* ich bin ~ müde

Grat ⟨m.; -(e)s, -e⟩ **1** *scharfe Kante* **2** *Bergkamm, Felsspitze* **3** ⟨Met.⟩ *beim Gießen, Stanzen, Feilen usw. entstehender scharfer Rand des Werkstücks* **4** ⟨Arch.⟩ *Schnittlinie zweier Dach- od. Gewölbeflächen* **5** *in eine Rinne passende Leiste*

Grä|te ⟨f.; -, -n⟩ *Verknöcherung zwischen den Muskeln der Fische*

Gra|ti|fi|ka|ti|on ⟨f.; -, -en⟩ *Sonderzuwendung, zusätzliche Vergütung;* Weihnachts~

gra|tis ⟨Adj. 11/80⟩ **1** *kostenlos, unentgeltlich, frei* • 1.1 ~ und **franko** *unentgeltlich u. portofrei*

Grät|sche ⟨f.; -, -n⟩ **1** *Sprung mit zur Seite gespreizten Beinen (über Bock, Pferd, Kasten);* eine ~ machen **2** *die in der Grätsche (1) eingenommene Haltung;* in die ~ gehen

grät|schen ⟨V.; Turnen⟩ **1** ⟨411(s.)⟩ über den **Bock,** das **Pferd,** den **Kasten** ~ *mit gespreizten Beinen darüberspringen, einen Grätschsprung ausführen* **2** ⟨500⟩ die **Beine** ~ *zur Grätsche spreizen*

Gra|tu|lant ⟨m.; -en, -en⟩ *jmd., der einer anderen Person gratuliert*

Gra|tu|lan|tin ⟨f.; -, -tin|nen⟩ *weibl. Gratulant*

Gra|tu|la|ti|on ⟨f.; -, -en⟩ **1** ⟨unz.⟩ *das Gratulieren;* sich zur ~ anmelden **2** *Glückwunsch, Beglückwünschung;* zu seinem 60. Geburtstag erhielt er unzählige ~en

gra|tu|lie|ren ⟨V. 605/Vr 5 od. Vr 6⟩ **1** jmdm. (**zu etwas**) ~ = *beglückwünschen;* ich gratuliere!; jmdm. mündlich, schriftlich, telefonisch, per Fax ~; darf man schon ~? (z. B. zur Geburt eines Kindes); jmdm. zum bestandenen Examen, zum Geburtstag, zum neuen Jahr, zur Verlobung, Vermählung ~ **2** ⟨Vr 1⟩ **sich** ~ **können** ⟨fig.; umg.⟩ *froh sein können;* du kannst dir ~, dass es so glimpflich abging

grau ⟨Adj.⟩ **1** *farbig aus einer Mischung zwischen schwarz u. weiß;* ein ~er Pullover, Mantel, Rock • 1.1 der Himmel ist heute ganz ~ *mit dunklen Wolken bedeckt, regenverhangen* • 1.2 ⟨60⟩ ~es **Brot** Graubrot • 1.3 ⟨60⟩ ~es **Gold** *mit Silber legiertes G.* • 1.4 ⟨60⟩ ~er **Körper** *ein K., dessen Absorptionsvermögen für alle Wellenlängen des Lichts gleich groß ist* • 1.5 ⟨60⟩ die Grauen **Panther** *für ihre Rechte kämpfende Gruppe, Partei älterer Bürger* • 1.6 ⟨60⟩ ~er **Papagei** *Graupapagei* • 1.7 ⟨60⟩ die Grauen **Schwestern** *Mitglieder einer 1842 gegründeten Kongregation* • 1.8 ⟨60⟩ ~e **Salbe** *eine Quecksilbersalbe gegen Hautparasiten* • 1.9 ⟨60⟩ ~er **Star** ⟨Med.⟩ *Trübung der sonst glasklaren Augenlinse: Cataracta;* Sy Katarakt² • 1.10 ⟨60⟩ ~e **Substanz** *die wegen ihres Reichtums an Nervenzellen grau erscheinenden Teile des Gehirns u. Rückenmarks;* Ggs weiße Substanz, → weiß¹ (2.7) **2** *farblos* • 2.1 ~ werden *alt werden (u. dabei die Haarfarbe verlieren);* alt und ~ werden; im Dienste ~ geworden; in Ehren ~ werden • 2.2 ~es **Haar** *mit zunehmendem Alter verblichenes H.;* ich bekomme ~es Haar; seine Schläfen werden ~ • 2.2.1 Achtung vor jmds. ~en Haaren, ~em Haupt haben *A. vor einem älteren Menschen haben* • 2.2.2 sich über, wegen etwas keine ~en Haare wachsen lassen *sich wegen etwas keine Sorgen machen;* darüber lasse ich mir keine ~en Haare wachsen; deshalb brauchst du dir keine ~en Haare wachsen zu lassen • 2.3 ~e **Haut** *schlecht durchblutete H.;* deine Haut sieht ~ aus **3** ⟨fig.⟩ *trostlos, öde, eintönig;* der ~e Alltag; das ~e Einerlei des Alltags; ~, teurer Freund, ist alle Theorie (Goethe, „Faust" I, Studierzimmer); ihr Leben erscheint ihr ~ und farblos; es sieht ~ in ~ aus • 3.1 alles in ~ malen ⟨fig.⟩ *sich pessimistisch äußern* • 3.2 das ~e Elend hat ihn überfallen *er ist pessimistischer Stimmung* **4** *unbestimmt;* ich habe nur eine ~e Vorstellung davon; unser Wiedersehen liegt in ~er Ferne • 4.1 ⟨60⟩ *weit zurückliegend;* in ~er Vorzeit; vor ~en Zeiten • 4.2 ⟨60⟩ ~e/Graue Eminenz ⟨fig.⟩ *der eigentlich leitende Mann hinter den Kulissen*

grau|blau ⟨Adj. 24⟩ *blau mit leicht grauem Farbton;* ein ~es Kleid

Gräu|el ⟨m.; -s, -⟩ **1** *Abscheu, Grausen;* er hat einen ~ vor solchen Menschen **2** *Gegenstand des Abscheus, Ärgernis;* das, es, er ist mir ein ~ **3** *schreckliche, abscheuliche Tat;* die ~ des Krieges, der Verwüstung, Zerstörung; ~ begehen, verüben, sich zuschulden kommen lassen

grau|en¹ ⟨V. 400⟩ etwas graut **1** der **Morgen,** Tag graut *dämmert;* der Tag fängt an zu ~; beim ersten Grauen des Tages **2** ⟨schweiz.⟩ *schimmlig werden*

grau|en² ⟨V.⟩ **1** ⟨650 od. (selten) 550; unpersönl.⟩ jmdm. (jmdn.) graut (es) vor jmdm. od. etwas *jmd. empfindet Furcht, Entsetzen vor jmdm. od. etwas;* mir graut vor dieser Aussprache, Entscheidung, Trennung **2** ⟨550/Vr 3⟩ **sich vor jmdm.** od. **etwas** ~ *Furcht, Entsetzen empfinden vor jmdm. od. etwas;* ich habe mich schon lange davor gegraut

Grau|en ⟨n.; -s; unz.⟩ **1** *Furcht, Schauder, Entsetzen;* das ~ des Krieges, der Vernichtung, der Zerstörung; mich erfasste, ergriff, überkam, überlief ein (kaltes) ~; ihn kam ein ~ an, als er …; mit ~ etwas erkennen, kommen sehen, voraussehen **2** ⟨Getrennt- u. Zusammenschreibung⟩ • 2.1 ~ erregend = *grauenerregend*

grau|en|er|re|gend auch: **Grau|en er|re|gend** ⟨Adj.⟩ *heftiges Grauen hervorrufend;* ein ~er Vorfall; ⟨bei Steigerung od. Erweiterung der gesamten Fügung

grau|en|haft ⟨Adj.⟩ nur Zusammenschreibung) das habe ich mir (viel) grauenerregender vorgestellt, ein äußerst grauenerregender Anblick; ⟨bei Erweiterung des Erstbestandteils nur Getrenntschreibung⟩ ein großes Grauen erregender Unfall

grau|en|haft ⟨Adj.⟩ **1** *fürchterlich, entsetzlich, schrecklich, Grauen hervorrufend;* Sy *grauenvoll;* ein ~es Verbrechen; er war ~ entstellt **2** *unangenehm (schlecht), schwer zu ertragen;* Sy *grauenvoll;* das Wetter, das Essen war ~ **3** ⟨50; verstärkend⟩ *äußerst, sehr;* es war ~ kalt

grau|en|voll ⟨Adj.⟩ = *grauenhaft (1,2)*

grau|en ⟨V. 650 od. (selten) 550; umg.⟩ **1** ⟨unpersönl.⟩ **es grault jmdm. (jmdn.) vor jmdm. od. etwas** *jmd. fürchtet, ekelt sich vor jmdm. od. etwas* **2** ⟨Vr 3⟩ **sich vor jmdm. od. etwas ~** *sich ekeln, Furcht empfinden;* sie grault sich vor Spinnen

grau|lich ⟨Adj. 24⟩ = *gräulich¹*

gräu|lich¹ ⟨Adj. 24⟩ *leicht grau, ins Graue spielend;* oV *graulich*

gräu|lich² ⟨Adj.⟩ *Grauen erregend, grässlich, abscheulich, ekelhaft*

Grau|pe ⟨f.; -, -n; meist Pl.⟩ **1** *enthülstes Gersten- od. Weizenkorn, zu Suppeneinlagen u. als Brei gekocht verwendet* **2** ⟨veraltet⟩ *Körner u. Kristalle des Zinnsteins* **3** ⟨Met.⟩ *bei der Erzaufbereitung gewonnenes Erz von 3 bis 25 mm Korngröße* **4** ~n im Kopfe haben ⟨fig.; umg.⟩ *hochfliegende Pläne haben*

Grau|pel ⟨f.; -, -n; meist Pl.⟩ *kleines Hagelkorn;* ~schauer

Graus ⟨m.; -es; unz.⟩ *Furcht, Entsetzen, Ekel, Widerwille;* das war vielen Menschen ein ~; o ~!; diese Pflicht ist für mich ein ~

grau|sam ⟨Adj.⟩ **1** *unmenschlich, roh, andere quälend;* ein ~er Feind, Mensch, Verbrecher; eine ~e Handlung, Tat, Züchtigung; ein ~es Spiel mit jmdm. treiben; jmdn. ~ behandeln, quälen; ~ gegen jmdn. sein, sich verhalten, vorgehen **2** *sehr schlimm, unangenehm stark;* ein ~er Frost; eine ~e Kälte; ein ~er Winter. 2.1 ⟨50; umg.⟩ *sehr (in unangenehmer Weise);* sie ist ~ gescheit, intelligent, klug ⟨scherzh.⟩

grau|sen ⟨V.⟩ **1** ⟨650 od. (selten) 550; unpersönl.⟩ **jmdm. (jmdn.) graust es vor jmdm. od. etwas** *jmd. empfindet Furcht, Entsetzen vor jmdm. od. etwas;* (es) graust mir, mich davor **2** ⟨550/Vr 3⟩ **sich ~ vor jmdm. od. etwas** *Furcht, Entsetzen empfinden vor jmdm. od. etwas;* ich habe mich schon lange davor gegraust • 2.1 ⟨Vr 3; schweiz.⟩ *sich ekeln vor jmdm. od. etwas;* sie graust sich vor Spinnen

Grau|sen ⟨n.; -s; unz.⟩ *Entsetzen, lähmende Furcht;* da packte mich das kalte ~

grau|sig ⟨Adj.⟩ *Grausen hervorrufend, entsetzlich, fürchterlich, grauenvoll;* die Unfallstelle bot einen ~en Anblick; die Fahrt fand ein ~es Ende; die Polizei machte eine ~e Entdeckung; er erlitt einen ~en Tod

gra|vie|ren¹ ⟨[-vi:-] V. 500⟩ **Metall, Stein, Glas ~** *Verzierungen, Schrift od. Zeichen anbringen in M., S., G.*

gra|vie|ren² ⟨[-vi:-] V. 500⟩ **etwas ~** ⟨veraltet⟩ *belasten, beschweren*

gra|vie|rend ⟨[-vi:-]⟩ **1** ⟨Part. Präs. von⟩ *gravieren* **2** ⟨Adj.⟩ *belastend, erschwerend;* ein ~er Fehler; dabei fällt ~ ins Gewicht, dass ...

Gra|vis ⟨[-vɪs] m.; -, -; Zeichen: `; frz.: accent grave⟩ *Zeichen über einem Vokal, im Italienischen zur Betonung der Silbe, im Französischen zur offenen Aussprache des Vokals,* z. B. frère [frɛːr]

Gra|vi|ta|ti|on ⟨[-vi-] f.; -; unz.⟩ *Eigenschaft von Massen, sich gegenseitig anzuziehen,* z. B. die Erdanziehung

gra|vi|tä|tisch ⟨[-vi-] Adj.⟩ *würdevoll, ernst u. gemessen, steif;* mit ~en Schritten besichtigte er sein neues Heim

gra|zil ⟨Adj.⟩ *zierlich, feingliedrig, schlank u. anmutig;* eine ~e Person; sie ist klein u. ~

gra|zi|ös ⟨Adj.⟩ *anmutig, zierlich, geschmeidig, gewandt;* sie bewegt sich sehr ~; eine ~e Haltung einnehmen

Green|horn ⟨[gri:n-] n.; -s, -s⟩ *jmd., der noch unerfahren ist, Grünschnabel, Neuling*

greif|bar ⟨Adj.⟩ **1** *mit der Hand erreichbar, in der Nähe befindlich* **1.1** ⟨Kaufmannsspr.⟩ *auf Lager, vorrätig, sofort lieferbar;* die Ware ist sofort, im Moment nicht ~ **2** ⟨fig.⟩ *offenkundig, handgreiflich;* ein ~er Beweis seiner Schuld; es liegen noch keine ~en Ergebnisse vor; der Plan nimmt allmählich ~e Formen, Gestalt an; ~e Vorteile bieten

grei|fen ⟨V. 158⟩ **1** ⟨500⟩ **etwas ~** *mit der Hand od. mit einem Greifwerkzeug nehmen, fassen, erfassen, packen;* etwas mit der Hand, einer Zange ~; etwas ist zum Greifen nahe • **1.1** ⟨511/Vr 7⟩ **an eine bestimmte Stelle ~** *fassen;* sich an den Kopf, an die Stirn ~ (weil man sie nicht fassen kann) • **1.1.1** ⟨610⟩ jmdn. **an die Ehre ~** ⟨geh.⟩ *versuchen, jmds. E. anzutasten* • **1.1.2** seine Hände griffen ins Leere, in die Luft *er fand keinen Halt* • **1.1.3** in die Saiten ~ ⟨geh.⟩ *zu spielen beginnen (auf einem Saiteninstrument)* • **1.1.4** in die Tasten ~ ⟨geh.⟩ *Klavier spielen* • **1.2** ⟨411⟩ **nach etwas ~** *nach etwas langen, etwas mit der Hand zu erreichen suchen;* nach der Waffe ~ • **1.3** ⟨411⟩ **zu etwas ~** *etwas in die Hand nehmen, um damit eine Tätigkeit zu beginnen* • **1.3.1** er greift gern zu einem guten Buch *er liest es gern* **1.3.2** er greift gern zu einer guten Zigarre *er raucht sie gern* **1.3.3** zu den Waffen ~ *zu kämpfen beginnen* **1.3.4** zum Wanderstab ~ *auf Wanderschaft gehen* **2** ⟨500⟩ **jmdn. ~** *fangen, gefangen nehmen;* die Polizei hat den Dieb schon gegriffen • **2.1** Greifen spielen *sich gegenseitig fangen (als Kinderspiel)* **2.2** ⟨530/Vr 1⟩ ich werde ihn mir schon ~! ⟨umg.⟩ *gründlich zurechtweisen* **3** ⟨500⟩ **etwas ~** *anschlagen, erklingen lassen;* einen Akkord ~ • **3.1** ich kann keine Oktave ~ ⟨Mus.⟩ *umspannen* **4** ⟨800⟩ **zu etwas ~** ⟨fig.⟩ *etwas anwenden, gebrauchen;* ich musste zum Äußersten ~; schließlich musste ich zu einer List ~; wir müssen zu strengeren Maßnahmen ~; ich muss zu einem anderen Mittel ~, um ... **5** ⟨400⟩ **etwas greift** *hat die gewünschte Reibung;* der Bagger, der Pflug, die Zange greift nicht; die Räder des Wagens ~ nicht (bei Glatteis) • **5.1** etwas greift ⟨fig.⟩ *zeigt Wirkung;* die

Maßnahmen, Reformen beginnen zu ~ **6** ⟨411⟩ **etwas** greift **um sich**, greift **Platz** *etwas breitet sich aus;* *das Feuer, die Infektionskrankheit, die Seuche griff rasch um sich; diese Ansicht hat allgemein Platz gegriffen* **7** ⟨510⟩ **etwas** ist **zu hoch, niedrig** greifen *zu hoch, niedrig geschätzt; das ist zu hoch gegriffen; mit dieser Zahl hast du zu niedrig gegriffen*

Greis ⟨m.; -es, -e⟩ *alter, gebrechlicher Mann*

Greisin ⟨f.; -, -sin|nen⟩ *alte, gebrechliche Frau*

Greißler ⟨m.; -s, -; österr.⟩ *Krämer, Lebensmittelhändler*

grell ⟨Adj.⟩ **1** *die Sinne heftig berührend* • **1.1** *scharf, durchdringend, schrill, aufdringlich;* ~e *Töne; eine* ~e *Stimme; ein* ~es *Benehmen* • **1.2** *auffallend kräftig;* ~e *Farben; sie trug ein Kleid in einem* ~en *Rot* • **1.3** *blendend hell;* ~es *Licht; im* ~en *Scheinwerferlicht, Sonnenlicht;* ~ *beleuchtet* • **1.4** *auffallend scharf, krass (im Gegensatz zu etwas anderem); das steht in* ~em *Widerspruch zu seiner gestrigen Aussage*

Gremium ⟨n.; -s, -mi|en⟩ *Ausschuss, zu einem bestimmten Zweck gebildete Körperschaft*

Grenadier ⟨m.; -s, -e⟩ **1** ⟨urspr.⟩ *mit Handgranaten bewaffneter Soldat* **2** ⟨heute⟩ *Soldat der Infanterie*

Grenze ⟨f.; -, -n⟩ **1** *Linie, die zwei Grundstücke, Staaten, Länder od. Bereiche (z. B. Klimazonen) voneinander trennt;* Grundstücks~, Hoheits~, Landes~, Stadt~; *die* ~n *Frankreichs, der Schweiz; eine* ~ *abstecken, anerkennen, berichtigen, festsetzen, ziehen; die* ~ *passieren, überschreiten; die* ~n *schließen; die* ~ *verläuft quer durch diesen Wald; eine befestigte, berichtigte, deutlich markierte, umstrittene, unübersichtliche* ~; *Flüsse, Gebirge können natürliche* ~n *sein; an der* ~ *wohnen; diesseits, jenseits der* ~; *nahe der* ~ *wohnen; jmdn. über die* ~ *abschieben; über die* ~ *gehen; die* ~ *zwischen Frankreich und Spanien;* →a. *grün (1.9.1)* **2** ⟨fig.⟩ *Schranke, Beschränkung, Rahmen; die* ~n *des Erlaubten überschreiten; du hast bald die* ~ *meiner Geduld erreicht; die* ~n *des guten Geschmacks verletzen; die* ~n *des Möglichen erkennen; alles hat seine* ~(n); *sein Eifer kennt keine* ~n; *auch seiner Macht sind* ~n *gesetzt; die Darbietung liegt hart an der* ~ *des guten Geschmacks; alles muss sich in* ~n *halten; meine Geduld ist nicht ohne* ~! • **2.1** *man muss dem Treiben* ~n *setzen* ⟨fig.⟩ *es einschränken, begrenzen* • **2.2** *das überschreitet alle* ~n ⟨fig.⟩ *ist empörend* • **2.3** *mit diesem Projekt hat er seine* ~n *überschritten* ⟨fig.⟩ *sich zu viel zugemutet* • **2.4** *bis zur äußersten* ~ *gehen* ⟨fig.⟩ *bis zum Äußersten* • **2.5** *ich musste diesen vorlauten Burschen in seine* ~n *verweisen* ⟨fig.⟩ *zurechtweisen* • **2.6** *man muss seine* ~n *kennen, wahren* ⟨fig.⟩ *Zurückhaltung wahren* • **2.7** *bleib innerhalb deiner* ~n ⟨fig.⟩ *halte Maß, übe Zurückhaltung* • **2.8** *sich in* ~n *einhalten, sich in den* ~n *halten* ⟨fig.⟩ *maßhalten, sich beherrschen*

grenzen ⟨V. 800⟩ **1** *etwas* grenzt **an etwas** *stößt mit den Grenzen an etwas, ist benachbart; mein Zimmer grenzt an seines* **2** *eine* **Sache** *grenzt* **an eine Sache** ⟨fig.⟩ *kommt einer Sache sehr nahe; das grenzt ans Unmögliche, Unglaubliche; das grenzt an Unverschämtheit, Wahnsinn; ein an Frechheit* ~des *Benehmen*

grenzenlos ⟨Adj. 24⟩ **1** *ohne Grenzen, endlos, unüberschaubar; eine* ~e *Einöde* • **1.1** *unbegrenzt, unbeschränkt; meine Geduld ist nicht* ~; *etwas steigert sich ins Grenzenlose* **2** ⟨50⟩ *sehr, überaus, äußerst; sie war* ~ *unglücklich*

Grenzgänger ⟨m.; -s, -⟩ **1** *im Grenzgebiet wohnender Arbeiter od. Angestellter, der seine Arbeitsstätte im Nachbarland hat* **2** *Grenzbewohner, der andere heimlich über die Grenze bringt* **3** *Schmuggler*

Grenzverkehr ⟨m.; -s; unz.⟩ **1** ⟨i. w. S.⟩ *jeder Verkehr über die Grenze* • **1.1** ⟨i. e. S.⟩ *der Warenverkehr zwischen Grenzbezirk u. Ausland;* →a. *klein (1.2.2)*

Greuel ⟨alte Schreibung für⟩ *Gräuel*

greulich ⟨alte Schreibung für⟩ *gräulich²*

Griebe ⟨f.; -, -n⟩ **1** *Rückstand beim Ausschmelzen von Speck* **2** *Fettstückchen in der Wurst*

Griesgram ⟨m.; -(e)s, -e⟩ *mürrischer, grämlicher, übellauniger Mensch*

griesgrämig ⟨Adj.⟩ *mürrisch, übellaunig, verdrießlich;* oV *griesgrämisch*

griesgrämisch ⟨Adj.⟩ = *griesgrämig*

Grieß ⟨m.; -es; unz.⟩ **1** *geschälte, geschrotete Getreidekörner* **2** *körnige Masse;* Kohlen~ **3** *körniger Niederschlag (z. B. im Urin);* Harn~

grießeln ⟨V. 400⟩ **1** *etwas* grießelt *wird körnig* **2** ⟨401⟩ *es* grießelt *Niederschlag fällt in kleinen Körnern*

Griff ⟨m.; -(e)s, -e⟩ **1** *das Greifen (1–3); mit einem einzigen* ~ *hatte er ihn am Boden; nur noch ein paar* ~e, *dann bin ich fertig; ich muss mir nur noch schnell mit ein paar* ~en *das Haar ordnen, zurechtmachen* • **1.1** *das ist mit einem* ~ *getan schnell, leicht fertig zu machen* • **1.2** *einen* ~ *in die Ladenkasse tun* ⟨fig.⟩ *Geld aus der Kasse stehlen* • **1.3** *einen guten* ~ *tun* ⟨fig.⟩ *eine gute Wahl treffen* • **1.4** *Art des Greifens; er hat einen derben, energischen, harten, fest zupackenden* ~ • **1.4.1** *man muss alle Kniffe und* ~e *kennen* ⟨umg.⟩ *Geschicklichkeit u. List anwenden* • **1.4.2** *etwas im* ~ *haben* ⟨fig.⟩ *etwas geschickt, geübt handhaben, die Lage beherrschen* • **1.5** ⟨Mil.⟩ *bestimmte Bewegung der Hände zum Handhaben von Geräten;* ~e *üben* • **1.6** ⟨Mus.⟩ *das Greifen (3), Anschlagen von Akkorden, Tönen (bei Musikinstrumenten); ein paar* ~e *machen (auf dem Klavier, auf der Gitarre); auf einem Musikinstrument* ~e *üben; das war ein falscher* ~ **2** *Vorrichtung zum Anfassen, z. B. Stiel, Kurbel, Henkel, Klinke, Knopf, Heft, Knauf, Hals der Geige, Gitarre;* Koffer~; Tür~; Messer~; *der* ~ *des Löffels, des Spazierstocks usw.;* ~e *an der Kommode erneuern; sich am* ~ *festhalten; beim Aussteigen am* ~ *festhalten (Warnschild); der* ~ *zum Festhalten in der Straßenbahn* **3** ⟨nur Pl.⟩ ~e ⟨Jägerspr.⟩ *Klaue, Krallen der Greifvögel* **4** ⟨Web.⟩ *die Struktur von Gewebe beim Anfühlen; harter, weicher* ~ *(z. B. Leinen bzw. Seide)*

griffbereit ⟨Adj.⟩ *bereitgelegt, fertig zum raschen Greifen, zum in die Hand nehmen, zum Mitnehmen;*

Griffel

der Stift liegt ~ neben dem Telefon; das Reisegepäck steht ~ im Hotelzimmer

Grif|fel ⟨m.; -s, -⟩ **1** ⟨früher⟩ *Schreibstift aus Schiefer (für Schiefertafeln)* **2** ⟨Bot.⟩ *fadenförmiges Gebilde des Fruchtknotens, in das die Pollenschläuche einwachsen*

grif|fig ⟨Adj.⟩ **1** *so beschaffen, dass es gut zu greifen ist*; ~es Gewebe • **1.1** ⟨fig.; umg.; salopp⟩ *treffend, einprägsam, wirkungsvoll*; eine ~e Formulierung **2** *so beschaffen, dass es gut greift*; ~es Reifenprofil • **2.1** *so beschaffen, dass etwas darauf gut greifen kann*; ein ~er Fahrbahnbelag

Grill ⟨m.; -s, -s⟩ **1** *Ofen zum Grillen* **2** *Bratrost, Gerät zum Grillen*; das Fleisch auf den ~ legen

Gril|le ⟨f.; -, -n⟩ **1** ⟨Zool.⟩ *Angehörige einer Familie der Heuschrecken (Saltatoria), den Laubheuschrecken ähnlich, meist in selbst gegrabenen Gängen lebend: Gryllidae;* ich höre eine ~ zirpen **2** ⟨fig.⟩ *Laune, Schrulle, wunderlicher Einfall, törichte Sorgen;* das ist so eine ~ von ihm; ~n im Kopf haben; sich ~n in den Kopf setzen • **2.1** ~n fangen ⟨fig.; umg.⟩ *launisch sein, trübe Stimmung haben, grübeln* • **2.2** jmdm. die ~n verjagen ⟨fig.; umg.⟩ *jmdn. fröhlich stimmen*

gril|len ⟨V. 500⟩ **Fleisch, Fisch, Gemüse** ~ ⟨Kochk.⟩ oV ⟨schweiz.⟩ *grillieren* **1** *am Spieß über offenem Feuer braten* **2** *auf dem Grill (2) od. im Grill (1) braten*

gril|lie|ren ⟨[-liː-] od. [-jiː-] V. 500; schweiz.⟩ = *grillen*

Gri|mas|se ⟨f.; -, -n⟩ *Verzerrung des Gesichts auf spaßige od. abstoßende Weise;* Sy *Fratze (3);* ~n schneiden, ziehen; das Gesicht zu einer ~ verziehen; eine abstoßende, fürchterliche, grauenerregende, spaßige, ulkige ~

Grimm ⟨m.; -s; unz.; veraltet⟩ *unterdrückter Zorn, heftige Wut, Empörung;* er war voller ~

Grim|men ⟨n.; -s; unz.; veraltet⟩ *Bauch-, Leibschmerzen;* ein ~ im Leib verspüren; Bauchgrimmen

grim|mig ⟨Adj.⟩ **1** *wütend, zornig, wild, empört;* eine ~e Antwort geben; er sieht ~ aus **2** *schrecklich, übermäßig;* ~e Schmerzen haben; es ist ~ kalt

Grind ⟨m.; -(e)s, -e⟩ **1** *Kruste auf der Haut aus geronnenem Blut u. abgestorbener Haut* • **1.1** *Hautausschlag mit Krusten- u. Borkenbildung* • **1.2** *schorfige Flechten mit Pusteln bei Haustieren* **2** ⟨Bot.⟩ *Pilzkrankheit beim Weinstock* **3** ⟨Jägerspr.⟩ *Kopf (bei allen Hirscharten u. beim Gamswild)*

grin|sen ⟨V. 400⟩ *breit lächeln;* der Junge grinste schadenfroh

Grip|pe ⟨f.; -, -n; Med.⟩ **1** *akute Viruskrankheit, die sich im Frühjahr u. Herbst oft epidemieartig verbreitet, regelmäßig mit Fieber* **2** *leichtere akute Infektion, die vor allem zu katarrhalischen Erscheinungen an den oberen Luftwegen führt u. als Erkältungskrankheit auftritt*

Gris|li|bär ⟨m.; -en, -en; Zool.⟩ *mit 2,3 m eine der größten Unterarten der Braunbären, lebt in Nordamerika: Ursus horribilis;* oV *Grizzlybär*

Grizz|ly|bär ⟨[ˈgrɪzli-] m.; -en, -en⟩ = *Grislibär*

grob ⟨Adj.⟩ **1** *stark, dick, derb;* Ggs *fein (1);* ~es Tuch; ~e Fäden, Papiere, Säcke, Stoffe; sie hat von der schweren Arbeit ~e Hände bekommen; ~es Schuhwerk zum Wandern • **1.1** *mit größeren Zwischenräumen versehen;* ein ~es Sieb • **1.2** *aus größeren Teilen bestehend, wenig zerkleinert;* ~es Mehl; ~es Brot • **1.3** *plump;* ~e Gesichtszüge • **1.4** *rau;* er hat eine unangenehm ~e Stimme • **1.5** *schwer, beschwerlich, mit Schmutz verbunden;* für die ~en Arbeiten im Haushalt hat sie eine Hilfe • **1.5.1** jmd. **fürs Grobe** sein ⟨fig.⟩ *für die unangenehmen, beschwerlichen Arbeiten zuständig sein* **2** *ungenau, ungefähr, ohne Einzelheiten;* dazu kann ich nur ~e Angaben machen; einen Plan in ~en Linien, Umrissen festlegen; der Saal ist aufs gröbste/Gröbste gereinigt; aus dem Groben arbeiten **3** ⟨60⟩ *stark, schlimm;* das ist ~er Betrug; damit hat er einen ~en Fehler, Schnitzer begangen; es handelt sich um einen ~en Irrtum; das ist eine ~e Lüge, Unwahrheit; das ist ein ~er Missbrauch meines Vertrauens; hier liegt ein ~es Versehen vor; durch ~es Verschulden … • **3.1 aus dem Gröbsten** heraus sein ⟨umg.⟩ *das Schwierigste überwunden haben;* er ist endlich aus dem Gröbsten heraus; die Kinder sind aus dem Gröbsten heraus • **3.2** ~er **Unfug** ⟨Rechtsw.⟩ *strafbare Störung od. Gefährdung der äußeren öffentlichen Ordnung durch Belästigung, Beunruhigung od. Gefährdung der Allgemeinheit* **4** *unhöflich, unwirsch, ungebildet;* ~e Ausdrücke, Reden, Worte gebrauchen; sein ~es Benehmen, Betragen stößt viele ab; in ~em Ton herrschte er mich an; jmdn. ~ anfahren, behandeln; ~ sein, werden gegen jmdn.; ein ~er Kerl, Klotz ⟨umg.⟩ • **4.1** jmdm. ~ kommen ⟨umg.⟩ *unhöflich werden gegen jmdn.* • **4.2** auf einen ~en Klotz gehört ein ~er Keil *auf eine Grobheit muss man mit einer anderen antworten* **5** ~e **See** ⟨Seemannsspr.⟩ *stark bewegte S.* **6** ~e **Sauen** ⟨Jägerspr.⟩ *starke Wildschweine* **7** • **7.1** ~ *fahrlässig* = *grobfahrlässig* • **7.2** ~ *gehackt* = *grobgehackt* • **7.3** ~ *gemahlen* = *grobgemahlen*

grob|fahr|läs|sig *auch:* **grob fahr|läs|sig** ⟨Adj. 24/70⟩ *in schwerer und offensichtlicher Weise fahrlässig*

grob|ge|hackt *auch:* **grob ge|hackt** ⟨Adj. 24/60⟩ *in größere Stücke gehackt;* ~e Mandeln, Nüsse

grob|ge|mah|len *auch:* **grob ge|mah|len** ⟨Adj. 24/60⟩ *nicht fein gemahlen;* ~es Mehl

Grob|heit ⟨f.; -, -en⟩ **1** *grobe (1) Beschaffenheit;* die ~ des Leinens gibt der Decke eine rustikale Note **2** ⟨fig.⟩ *unfreundliches, unhöfliches Wesen* **3** *Beschimpfung, Schimpfwort;* einander ~en an den Kopf werfen

grob|schläch|tig ⟨Adj.; abwertend⟩ *derb, ungeschlacht, plump;* ein ~er Mensch; ~ gebaut sein

Grog ⟨m.; -s, -s⟩ *stark alkoholhaltiges Getränk aus Rum od. Weinbrand, heißem Wasser u. Zucker*

grog|gy ⟨[ˈgrɔgi] Adj. 24/80⟩ **1** ⟨Boxen⟩ *hart angeschlagen, halb betäubt;* den Gegner ~ schlagen **2** ⟨umg.⟩ *erschöpft, abgekämpft, matt;* ich bin ganz ~ **3** ⟨Drogenszene⟩ *ausgelaugt infolge häufigen Drogenkonsums*

grö|len ⟨V. 400; umg.; abwertend⟩ *(in betrunkenem Zustand) unflätig lärmen, ohne Rücksicht auf andere schreien, singen, laut reden;* die Fußballfans grölten in den Zugabteilen

Groll ⟨m.; -(e)s; unz.⟩ *unterdrückter Zorn, Ärger;* gegen jmdn. ~ hegen; ohne ~ an etwas, jmdn. denken; voller ~ sein

grol|len ⟨V. 400⟩ **1** *etwas grollt dröhnt dumpf;* in der Ferne hörte man das Grollen des Donners **2** ⟨403⟩ (jmdm.) ~ ⟨fig.⟩ *einen Groll (gegen jmdn.) hegen, (mit jmdm.) ärgerlich sein;* wir wussten nicht, warum sie (ihm) grollte; sie grollte schon seit Tagen mit ihm

Gros[1] ⟨[gro:] n.; -, - [gro:] od. [gro:s]⟩ *Hauptmenge, Hauptanteil, der überwiegende Teil einer größeren Menge;* das ~ der Mitglieder begrüßte den Vorschlag; das ~ der Spenden geht an afrikanische Länder

Gros[2] ⟨[grɔs] n.; -, -; Abk.: Gr.⟩ *altes Zählmaß, 12 Dutzend*

Gro|schen ⟨m., -s, -⟩ **1** ⟨bis 2002; österr.; Abk.: g⟩ *kleinste Münze,* $^1/_{100}$ *Schilling* **2** ⟨früher⟩ *alte frz. u. dt. Silbermünze, 3 Kreuzer* **3** ⟨früher; umg.⟩ *Zehnpfennigstück* • **3.1** endlich ist der ~ bei ihm gefallen ⟨fig.; umg.⟩ *(wie im Automaten) endlich hat er es begriffen* • **3.2** bei ihm fällt der ~ pfennigweise ⟨fig.; umg.⟩ *er ist schwerfällig im Begreifen* **4** ein paar ~ ⟨umg.⟩ *ein paar Euro, etwas Geld, kleine Ersparnisse;* sie verdient sich ein paar ~ nebenbei; ich muss meine paar ~ zusammenhalten

groß ⟨Adj.⟩ **1** *(räumlich) ausgedehnt, ein (verhältnismäßig) beträchtliches Ausmaß aufweisend;* Ggs *klein;* ein ~es Grundstück; ein ~es Glas Bier; der größere Teil; ein ~es Haus besitzen; bitte eine Nummer größer! (Konfektionsgröße); die ~e Zehe; größer als ~; die ~e Trommel ⟨Mus.⟩; das ~e Einmaleins ⟨Math.⟩ • **1.1** die Große Bär, Wagen *Sternbild am nördlichen Himmel* **1.2** der Große Hund *Sternbild des südlichen Himmels* • **1.3** ~er Hahn ⟨jägerspr.⟩ = *Auerhahn* • **1.4** ~ machen ⟨umg.; bes. kinderspr.⟩ *den Darm entleeren* • **1.5** der Große **Teich** ⟨fig.; umg.⟩ *der Atlantische Ozean;* über den Großen Teich fliegen • **1.6** *ausgedehnt in der Höhe;* wie ~ ist er jetzt?; du bist ~ geworden, seit ich dich zum letzten Mal gesehen habe; die Brüder sind gleich ~; er ist ~ und breit; es ist ein ~es Kind für sein Alter; er ist so ~ wie du; größer werden; es steht ~ und breit dort geschrieben • **1.6.1** *in hervorgehobener Form geschrieben, gedruckt;* ein Wort mit ~em Anfangsbuchstaben schreiben • **1.6.2** ~ schreiben *in großer Schrift schreiben;* ⟨aber⟩ →a. *großschreiben* • **1.7** *ausgedehnt in der Länge* • **1.7.1** auf ~er Fahrt sein *auf einer Überseefahrt* • **1.7.2** die Große Mauer *Grenzmauer im alten chinesischen Reich* • **1.8** *ausgedehnt im Umfang, weit;* die Schuhe sind ihm zu ~ • **1.8.1** ~e Augen machen *die Augen weit öffnen (vor Staunen)* • **1.8.2** jmdn. ~ anblicken, anschauen, ansehen *mit weit geöffneten Augen (vor Staunen)* • **1.8.3** die ~e Klappe, den ~en Mund haben ⟨fig.; umg.⟩ *vorlaut u. prahlerisch daherreden* **2** ⟨70⟩ *zeitlich ausgedehnt;* die ~en Ferien; die ~e Pause (Schule, Theater); eine ~e Wanderung machen; die ~e Sekunde, Septime, Sexte, Terz ⟨Mus.⟩ **3** *zahlenmäßig, mengenmäßig ein beträchtliches Ausmaß aufweisend;* wir sind eine ~e Familie; eine ~e Auswahl an Waren anbieten; ein größerer Betrag; ein ~es Vermögen erwerben; ~e Vorräte anhäufen • **3.1** die ~e Masse ⟨fig.⟩ *das Volk* • **3.2** der Große Rat *Gesetzgebungsorgan schweizerischer Kantone ohne Landsgemeinde* • **3.3** ein ~er Teil *viele, vieles* • **3.4** zum ~en Teil *meistens* • **3.5** im Großen in Mengen; im Großen einkaufen; eine Ware nur im Großen abgeben, verkaufen • **3.6** *von hohem, höherem Wert;* in ~en Scheinen zahlen; ich habe nur ~es Geld bei mir • **3.6.1** ~e Stücke auf jmdn. halten *viel von jmdm. halten, jmdn. sehr schätzen* **4** *stark, heftig, in hohem Grade;* ~en Hunger haben; ~er Beifall, Jubel, Lärm; ~e Hitze, Kälte, Trockenheit; jmdm. einen ~en Schrecken einjagen; etwas mit ~er Ausdauer, Energie, Kraft betreiben; nur mit ~er Mühe hat er es geschafft; ~e Achtung vor jmdm. haben; da hast du eine ~e Dummheit begangen, gemacht; ich habe keine ~e Lust hinzugehen; darauf legt er ~en Wert • **4.1** das ist jetzt ganz ~e Mode! ⟨umg.⟩ *sehr modisch* **4.2** das Schiff macht ~e Fahrt ⟨seemannsspr.⟩ *fährt schnell* **5** ⟨70⟩ *erwachsen, älter;* mein ~er Bruder, meine größeren Geschwister, meine ~e Schwester; wenn du einmal ~ bist; unsere Kinder sind alle schon ~; die Kleinen eifern den Großen nach • **5.1** unsere Große studiert jetzt ⟨umg.⟩ *unsere älteste Tochter* • **5.2** die Großen und die Kleinen *Erwachsene u. Kinder* • **5.3** Groß und Klein *Alt u. Jung, jedermann* • **5.4** mit ihr ist ein ~es Kind *als Erwachsener noch kindlich, naiv* **6** ⟨70; fig.⟩ *bedeutend;* dieses ~e Werk der Bildhauerei, Dichtkunst, Malerei; das war das Große an ihm; der Hang, Zug zum Großen • **6.1** *berühmt;* ein ~er Denker, Dichter, Künstler, Maler, Architekt; Alexander der Große • **6.1.1** die Große Armee *Napoleons I. Heer gegen Russland, das im Winter 1812/13 untergegangen ist* • **6.1.2** der Große Kurfürst *Friedrich Wilhelm von Brandenburg (1620-1688)* • **6.1.3** sich einen ~en Namen machen *durch bedeutende Leistungen berühmt werden* **6.1.4** der ~e Unbekannte *der gesuchte Täter* • **6.2** *einflussreich, gesellschaftlich hochstehend;* einmal eine ~e Dame sein wollen; die Großen der Welt • **6.2.1** den ~en Herrn spielen *wichtigtun, prahlen, über seine Verhältnisse leben* • **6.2.2** er ist ein ~es Tier geworden ⟨umg.; scherzh.⟩ *eine einflussreiche Persönlichkeit* • **6.2.3** die ~e Welt *gesellschaftlich hochstehende Kreise* • **6.3** *wichtig, bemerkenswert;* der ~e Augenblick ist gekommen; heute hat er seinen ~en Tag • **6.3.1** sich um ein Großes verändern *sehr* • **6.4** *hervorragend, ausgezeichnet;* er hat Großes geleistet; im Prahlen, Rechnen, Zeichnen usw. ist er ~; als Unterhalter ist er ganz ~; seine Buchillustrationen sind ganz ~e Klasse; ganz ~! ⟨umg.⟩ **6.5** *auf Wirkung berechnet;* mit ~er Geste etwas tun • **6.5.1** ~e Töne reden, spucken ⟨umg.⟩ *angeben, sich wichtigtun, prahlen* • **6.5.2** er liebt es, ~e Worte zu machen *er liebt es, sich pathetisch auszudrücken, spricht hochtrabend* • **6.6** *großzügig, verschwenderisch* • **6.6.1** auf ~em Fuße leben *verschwenderisch* • **6.6.2** sie führen ein ~es Haus *haben viele gesellschaftliche Verpflichtungen* **7** ⟨60⟩ *vornehm,*

großartig

edel; ein ~er Geist, Mensch; ein ~es Herz haben • **7.1** von jmdm. ~ denken *eine hohe Meinung von ihm haben* **8** ⟨60⟩ *wesentlich, hauptsächlich, allgemein;* du darfst das ~e Ganze nicht aus den Augen verlieren; etwas in ~en Zügen darlegen, schildern; im Großen und Ganzen betrachtet, gesehen, könnte man sagen, dass …; im großen Ganzen ist daran nichts auszusetzen (im Einzelnen hingegen …); vom Kleinen auf das Große schließen ⟨fig.⟩; das ist im Kleinen wie im Großen so ⟨fig.⟩ • **8.1** das große Los *Hauptgewinn, Treffer* • **8.1.1** das große Los ziehen ⟨fig.⟩ *großes Glück haben* • **8.2** die ~e Nummer im Zirkus *die Hauptattraktion* **9** ⟨50; umg.⟩ *besonders, sonderlich, viel* • **9.1** er kümmert sich nicht ~ darum *nicht sonderlich* • **9.2** was ist dabei schon ~ zu tun! *viel* • **9.3** was wird ~ los sein? *ich erwarte nicht viel* • **9.4** es lohnt nicht ~ *es ist nicht allzu lohnend* • **9.5** da gibt es nichts ~ zu beraten *kaum etwas* • **9.6** was kann es ~ kosten *schon* • **9.7** wen soll ich hier schon ~ kennen *ich kenne doch hier kaum jmdn.* • **9.8** wer soll das schon ~ wissen *das kann kaum jmd. wissen* **10** ⟨Getrennt- u. Zusammenschreibung⟩ • **10.1** ~ gewachsen = großgewachsen

groß|ar|tig ⟨Adj.⟩ **1** *herrlich, prachtvoll;* das Gebirge bildete eine ~e Kulisse **2** *eindrucksvoll, bedeutend;* mit einer ~en Geste lehnte er das Angebot ab; das Großartige an der Sache ist …

Grö|ße ⟨f.; -, -n⟩ **1** *messbare Ausdehnung (einer Fläche, eines Körpers);* die ~ eines Grundstücks, eines Hauses, einer Stadt; sie sind von gleicher ~; sie ist von mittlerer ~; nach der ~ aufstellen; ein Stern erster ~ ⟨Astron.⟩ • **1.1** *Norm bei Kleidungsstücken;* wir haben diesen Schuh in jeder (gewünschten) ~ vorrätig; ich brauche Handschuhe in einer kleinen ~ **2** ⟨Math.⟩ *Wert, Zahl;* imaginäre, konstante ~; unbekannte ~ **3** ⟨fig.⟩ *Ausmaß, Tragweite, Bedeutung, Wichtigkeit;* die ~ des Augenblicks, der Stunde, der Zeit **4** *Erhabenheit, sittlicher Wert;* die wahre ~ eines Menschen er~, verkennen; ihm fehlt es an innerer ~; besitzen, haben **5** ⟨umg.⟩ *jmd., der Großes leistet, bedeutende, anerkannte Persönlichkeit;* er ist eine ~ auf seinem Gebiet, in seinem Fach

Groß|el|tern ⟨nur Pl.⟩ *die Eltern von Vater od. Mutter, Großvater u. Großmutter*

Grö|ßen|wahn ⟨m.; -(e)s; unz.⟩ **1** *krankhafte Überschätzung der eigenen Persönlichkeit* **2** ⟨umg.⟩ *übersteigertes Selbstbewusstsein*

groß|ge|wach|sen auch: **groß ge|wach|sen** ⟨Adj. 24/70⟩ *von großem Wuchs;* ein ~er Junge

Groß|han|del ⟨m.; -s; unz.⟩ **1** *Handelszweig zwischen Herstellung und Einzelhandel* • **1.1** *Verkauf von Waren zur Weiterverarbeitung* • **1.2** *Verkauf von Waren an Wiederverkäufer* **2** *Gesamtheit der Großhandel (1) betreibenden Unternehmen* **3** ⟨regional⟩ *großer Supermarkt;* im ~ einkaufen

groß|her|zig ⟨Adj.; geh.⟩ *edel, edelmütig, freigebig;* er ist ~; eine ~e Spende

Gros|sist ⟨m.; -en, -en⟩ *im Großhandel tätiger Händler, Großhändler*

groß|jäh|rig ⟨Adj. 24/70; veraltet⟩ = *mündig*

Groß|macht ⟨f.; -, -mäch|te⟩ *Staat von entscheidendem Einfluss auf die internationale Politik*

Groß|manns|sucht ⟨f.; -; unz.; abwertend⟩ *übersteigertes Streben nach Einfluss u. Bedeutung*

Groß|mut ⟨f.; -; unz.⟩ *Edelmut, Großzügigkeit*

Groß|mut|ter ⟨f.; -, -müt|ter⟩ **1** *Mutter von Vater od. Mutter;* das Rotkäppchen sollte seine ~ besuchen • **1.1** das kannst du deiner ~ erzählen! ⟨umg.⟩ *das glaube ich dir nicht;* erzähl das deiner ~!

groß|räu|mig ⟨Adj.⟩ **1** *aus großen Räumen bestehend;* eine ~e Wohnung **2** *weit ausgedehnt, sich über einen weiten Bereich erstreckend;* eine ~ angelegte Suchaktion

groß|schrei|ben ⟨V. 230/500⟩ **1** ein **Wort** großschreiben *mit großem Anfangsbuchstaben schreiben* **2** eine **Sache** ~ ⟨fig.⟩ *sie besonders schätzen, ihr große Bedeutung beimessen;* Pünktlichkeit wird bei ihnen großgeschrieben; →a. *groß (1.6.2)*

Groß|spre|cher ⟨m.; -s, -⟩ *Prahler, Wichtigtuer*

groß|spu|rig ⟨Adj.⟩ *anmaßend, überheblich, selbstzufrieden;* ~e Reden führen; ~ auftreten

Groß|stadt ⟨f.; -, -städ|te⟩ *Stadt mit mehr als 100 000 Einwohnern*

groß|städ|tisch ⟨Adj.⟩ *zu einer Großstadt gehörig, einer Großstadt eigentümlich;* ~er Verkehr

groß|tun ⟨V. 272⟩ **1** ⟨400⟩ *wichtigtun, prahlen, sich aufspielen* **2** ⟨550/Vr 3⟩ *sich mit etwas ~ sich mit etwas wichtigmachen*

Groß|va|ter ⟨m.; -s, -vä|ter⟩ **1** *Vater von Mutter od. Vater* • **1.1** als der ~ die Großmutter nahm *zur Zeit der Großeltern, in der guten alten Zeit*

groß|zie|hen ⟨V. 293/500⟩ **Kinder, Tiere** ~ *aufziehen, pflegen u. ernähren bis zur Selbstständigkeit*

groß|zü|gig ⟨Adj.⟩ **1** *großmütig, sich über Kleinigkeiten hinwegsetzend, nachsichtig* **2** *freigebig, Kosten nicht scheuend* **3** *weit tragend, großen Umfang habend;* ~e Hilfe, Pläne; ein ~er Bau

gro|tesk ⟨Adj.⟩ *unwahrscheinlich, übertrieben (überspannt), wunderlich (u. gleichzeitig komisch od. lächerlich)*

Grot|te ⟨f.; -, -n⟩ *Felsenhöhle von geringer Tiefe, auch künstlich nachgebildet in Gärten*

Gru|be ⟨f.; -, -n⟩ **1** *Vertiefung, großes Loch in der Erde;* eine ~ ausheben, graben • **1.1** *künstlich angelegte u. ausgebaute Vertiefung in der Erde für Abfall, Dung u. Ä.;* Jauche~, Sicker~ • **1.2** *Falle für Tiere* • **1.2.1** jmdm. eine ~ graben ⟨fig.⟩ *eine Falle stellen;* wer andern eine ~ gräbt, fällt selbst hinein ⟨Sprichw.⟩ • **1.3** *Höhle, Bau von Tieren* **2** ⟨Bgb.⟩ *Bergwerk, (unterirdische) Abbauanlage;* in die ~ fahren, einfahren **3** ⟨veraltet, noch poet.⟩ *Gruft, Grab* • **3.1** in die ~ fahren *sterben* **4** ⟨Anat.⟩ *Höhlung oberhalb mancher Organe;* Herz~, Magen~

grü|beln ⟨V. 400⟩ *lange u. genau über etwas nachdenken, sich mit quälenden Gedanken herumschlagen;* über eine Sache ~; immer wieder grübelt er darüber; er grübelt zu viel; du solltest deine Zeit nicht mit zwecklosem Grübeln vertun

Gruft ⟨f.; -, Grüf|te⟩ **1** *Grabgewölbe, Familiengrabstätte* **2** ⟨poet.⟩ *Grab*

Grum|met ⟨n.; -(e)s; unz.⟩ *mit dem zweiten od. dritten Schnitt gewonnenes Heu;* oV *Grumt*

Grumt ⟨n.; -(e)s; unz.⟩ = *Grummet*

grün ⟨Adj.⟩ **1** *wie frische Pflanzen gefärbt, farbig zwischen gelb u. blau;* ~e Bohnen (im Unterschied zu gelben u. weißen Bohnen); ~er Salat; einen Zaun ~ anstreichen; in der Natur wird alles wieder ~; ihre Kleidung ist ~ in ~ gehalten; ach du ~e Neune! (Ausruf der Überraschung) ⟨umg.⟩ • **1.1** ~ und gelb werden vor Ärger, Neid, sich ~ und gelb ärgern ⟨fig.; umg.⟩ *sich heftig ärgern* • **1.2** mir wurde ~ und gelb vor den Augen *mir wurde schwindlig* • **1.3** er wurde ~ und blau geschlagen ⟨umg.⟩ *heftig* • **1.4** er hat sie über den ~en Klee gelobt ⟨fig.; umg.⟩ *ganz außerordentlich* • **1.5** ~es Licht haben (an Verkehrsampeln) *freie Durchfahrt* • **1.5.1** ~es Licht für Pläne, Vorhaben u. Ä. ⟨fig.; umg.⟩ *Handlungsfreiheit dafür* • **1.6** die Entscheidung fiel am ~en/Grünen Tisch *ganz aus der Theorie, ohne die praktischen Gegebenheiten zu berücksichtigen* • **1.7** er kommt auf keinen ~en Zweig ⟨fig.⟩ *seine Lage verbessert sich nicht, er bringt es zu nichts* • **1.8** ⟨60⟩ ~e/Grüne **Lunge** *Grünfläche, Parkanlage (die schadstoffbelastete Luft in Städten durch die Verringerung des Kohlendioxidgehaltes verbessert)* • **1.9** ⟨60⟩ die ~e/Grüne **Grenze** *wegeloser Grenzstreifen außerhalb der bewachten Grenzwege* • **1.9.1** über die ~e/Grüne Grenze gehen ⟨umg.⟩ *heimlich die Grenze überschreiten* • **1.10** ⟨60⟩ ~e **Hochzeit** *Tag der Eheschließung* • **1.11** ⟨60⟩ die Grüne **Insel** *Irland* • **1.12** ⟨60⟩ ~er **Star** ⟨Pathol.⟩ *krankhafte Erhöhung des Binnendruckes eines od. beider Augen: Glaucoma* • **1.13** ⟨60⟩ ~er **Strahl** *smaragdgrünes Aufleuchten des letzten bzw. ersten Sonnenstrahls bei Sonnenuntergang od. -aufgang* • **1.14** ⟨60⟩ ~es/Grünes **Trikot** *Symbol des in der Sprintwertung führenden Fahrers bei der Tour de France* • **1.15** ⟨60⟩ ~e **Weihnachten** *W. ohne Schnee;* Ggs *rote Weihnachten,* → *weiß¹ (2.12)* • **1.16** ⟨60⟩ ~e **Welle** *zentrale Regelung des Verkehrs auf die Weise, dass Autofahrer an mehreren Verkehrsampeln hintereinander grünes Licht vorfinden u. so ohne Halten durchfahren können;* Ggs *rote Welle,* → *rot (1.13)* • **1.17** ⟨60⟩ die Grüne **Woche** *jährlich in Berlin stattfindende landwirtschaftliche Ausstellung* **2** ⟨70⟩ *frisch, jung, unreif;* die Äpfel, Birnen, Johannisbeeren, Pflaumen sind noch zu ~ zum Essen; ~es Gemüse, Obst; ~es Holz lässt sich schlecht verarbeiten; ~e Heringe • **2.1** ⟨60⟩ ~e **Klöße** *K. von rohen Kartoffeln* • **2.2** ⟨60⟩ ~er **Pfeffer** *unreife Früchte des Pfefferstrauches* **3** ⟨fig.⟩ *unerfahren;* dazu bist du noch viel zu ~; er ist noch ein ~er Junge **4** ⟨43⟩ *wohlgesonnen, günstig, gewogen;* er ist mir nicht ~ • **4.1** ⟨60⟩ komm an meine ~e Seite ⟨umg.⟩ *an die linke S., wo das Herz ist*

Grün ⟨n.; -s, -s⟩ **1** *grüne Farbe;* ein dunkles, grelles, helles, mattes, sattes, tiefes ~ • **1.1** das ist dasselbe in ~ ⟨fig.; umg.⟩ *das Gleiche, nur äußerlich ein wenig abgewandelt* • **1.2** *grüne Kleidung;* ~ macht mich blass; ~ steht mir (nicht); sie trägt gern ~; eine Dame in ~ • **1.3** *Farbe im deutschen Kartenspiel;* ~ an-, aus-, nachspielen **2** *junge Triebe, frischer Rasen;* das erste ~; das frische, junge ~ der Bäume, Hänge, Matten, Wiesen, Sträucher • **2.1** *grünende Natur* • **2.1.1** bei Mutter ~ schlafen ⟨umg.⟩ *unter freiem Himmel, in der Natur* **3** ⟨Golf⟩ *mit Rasen bedeckter Teil der Spielbahn, in dem sich das Loch befindet* **4** jmd. hat ~ *die Verkehrsampel gibt jmdm. grünes Licht, so dass er weitergehen od. -fahren darf*

Grün|an|la|ge ⟨f.; -, -n⟩ *Rasenstück mit Blumenbeeten, bes. in Städten;* eine Großstadt braucht viele ~n

grün|blau ⟨Adj. 24⟩ *blau mit grünem Farbton;* ein ~es Sofa

Grund ⟨m.; -(e)s, Grün|de⟩ **1** ⟨unz.⟩ *Boden* • **1.1** *Erdboden;* feuchter, nasser, trockener ~; auf ebenem, festem, felsigem ~ bauen • **1.1.1** er hat das Gut in ~ und Boden gewirtschaftet *völlig heruntergewirtschaftet* • **1.1.2** sich in ~ und Boden schämen *sehr* • **1.1.3** etwas in ~ und Boden verdammen *nichts Gutes daran lassen, es völlig ablehnen* • **1.2** *Grundbesitz;* er hat sich auf eigenem ~ ein Haus gebaut; auf eigenem ~ und Boden stehen **2** *Senkung, Talsohle;* Wald~, Wiesen~, Tal~; das Gebirge hat viele Gründe und Schluchten; in einem kühlen ~e (Anfang eines Volksliedes) **3** *das Unterste, der Boden von etwas* • **3.1** *Boden eines Gewässers;* Taucher suchten den ~ des Sees ab; ein Schiff gerät, läuft, stößt auf ~; ein Schiff auf ~ setzen; bis auf den ~ tauchen • **3.1.1** ein Schiff in den ~ bohren *versenken* • **3.1.2** ~ haben (im Wasser) *noch stehen können* • **3.1.3** den ~ unter den Füßen verlieren (im Wasser) • **3.1.3.1** *nicht mehr stehen können* • **3.1.3.2** ⟨fig.⟩ *keinen Halt mehr besitzen, die Lebensgrundlage, Sicherheit verlieren* • **3.2** *Boden eines Gefäßes;* der Kaffeesatz hat sich auf dem ~ der Kanne, Tasse abgesetzt; ein Glas bis auf den ~ leeren **4** *der Teil einer Fläche, von dem sich etwas abhebt, Hintergrund, Untergrund;* Gold~; der Stoff, die Tapete zeigt rote Rosen auf weißem ~; das helle Muster hebt sich gut vom dunklen ~ ab **5** ⟨unz.⟩ *Grundlage* • **5.1** *Fundament;* den ~ zu einem Bau legen; der im Krieg zerstörte Stadtkern wurde von ~ auf neu gebaut • **5.1.1** etwas bis auf den ~, bis in den ~ hinein zerstören *völlig;* die Festung wurde bis in den ~ hinein zerstört • **5.2** ⟨fig.⟩ *Anfang, Ursprung, letzte Tiefe;* etwas aus dem ~e seines Wesens heraus bejahen, erstreben, sagen wollen; im ~e meines Herzens bin ich froh, dass es so gekommen ist; ein von ~ auf anständiger Mensch; eine Heilung von ~ aus • **5.2.1** einer Sache auf den ~ gehen *sie genau erforschen* • **5.2.2** im ~e (genommen) *letztlich, schließlich, eigentlich* **6** *Voraussetzung eines Gedankens, einer Aussage od. Handlung, Beweggrund, Veranlassung, Ursache;* ohne Angabe des ~es; aus Gründen der Klugheit, der Moral, der Sparsamkeit, der Vorsicht; Gründe und Gegengründe; das hat schon seine Gründe (aber ich möchte nicht darüber sprechen); ich habe meine Gründe dafür; ich habe berechtigten ~ anzunehmen, zu glauben, dass …; du hast keinen ~ zum Klagen; dieser ~ überzeugt mich nicht; einleuchtende, schwerwiegende, stichhaltige, triftige, zwingende Gründe; zwingende

Gründe hielten mich davon ab; aus diesem ~(e) ist es mir leider nicht möglich; aus guten Gründen habe ich abgelehnt; aus welchem ~ tut er das?; der ~ für diese Maßnahme wurde nicht angegeben; Gründe für etwas anführen, geltend machen; es gibt genug Gründe für und wider; ohne jeden ~ sagte er plötzlich ab; er wird nicht ohne ~ behaupten, dass …; das hat er doch nicht ohne ~ getan!; das ist ein ~ zum Feiern, Fröhlichsein **7** ⟨Getrennt- u. Zusammenschreibung⟩ • **7.1** auf ~ = *aufgrund* • **7.2** zu Grunde = *zugrunde*

grund|an|stän|dig ⟨Adj. 24⟩ *von Grund auf, sehr anständig*

Grund|be|griff ⟨m.; -(e)s, -e⟩ *Voraussetzung zum Denken, einfachster, erster Begriff;* er kennt noch nicht einmal die ~e dieser Sprache

Grund|be|sitz ⟨m.; -es; unz.; umg.; nicht jurist. Bez. für⟩ *jmds. Eigentum an Land, Boden, Grundstücken (u. Gebäuden);* den ~ des Vaters erben

Grund|buch ⟨n.; -(e)s, -bü|cher⟩ *amtliches Verzeichnis über alle Grundstücke, ihre Eigentümer u. Belastungen;* ins ~ eintragen (lassen)

Grund|ein|heit ⟨f.; -, -en⟩ *Maßeinheit, auf die sich alle weiteren aufbauen*

grün|deln ⟨V. 400⟩ Enten ~ *suchen unter Wasser nach Nahrung u. stellen sich dabei auf den Kopf*

grün|den ⟨V. 500⟩ **1** etwas ~ *die Grundlage für etwas schaffen* • **1.1** *den Grundstein von etwas legen, den Unterbau von etwas errichten;* der Dom, die Stadt wurde um 1200 gegründet • **1.2** *ins Leben rufen, schaffen;* Anstalten, Unternehmungen, Vereine ~; (sich) ein Heim, eine Familie ~; eine neue Partei ~; Firma Schmidt & Söhne, gegründet 1885 ⟨Abk.: gegr.⟩ • **1.3** ⟨Malerei⟩ = *grundieren* **2** ⟨550/Vr 7⟩ **etwas auf etwas** ~ ⟨a. fig.⟩ *etwas als Grundlage für etwas benutzen;* er gründete seine Hoffnungen auf ihr Versprechen; seine Vermutungen gründen sich auf nichts • **2.1** etwas gründet **sich auf etwas** *stützt sich auf etwas, hat etwas als Grundlage;* mein Verdacht gründet sich auf eigene Beobachtungen; darauf ~ sich seine Ansprüche, Forderungen

grund|falsch ⟨Adj. 24⟩ *von Grund auf falsch, vollkommen falsch;* sein Vorgehen in dieser Sache halte ich für ~

Grund~fes|te ⟨f.; -, -n⟩ **1** *fester, tragender Unterbau, Grundmauern* • **1.1** in seinen ~n erschüttert sein ⟨fig.⟩ *in seinen tiefsten Überzeugungen, seinem inneren Halt*

Grund|flä|che ⟨f.; -, -n⟩ *unterste ebene Fläche eines Körpers, auf der er ruht*

Grund|form ⟨f.; -, -en⟩ **1** *ursprüngliche Form* **2** *Ausgangsform, aus der sich weitere ableiten lassen*

Grund|ge|dan|ke ⟨m.; -ns, -n⟩ *ursprünglicher Gedanke, von dem etwas ausging, Leitgedanke*

Grund|ge|setz ⟨n.; -es, -e⟩ **1** *Statut, Gesetz, das die Grundlage aller übrigen Gesetze ist* • **1.1** ~ *für die Bundesrepublik Deutschland vom 23. Mai 1949* ⟨Abk.: GG⟩ *Verfassung der BRD* **2** *entscheidendes, wichtigstes Gesetz;* es ist ein ~ in der Natur, dass …

grun|die|ren ⟨V. 500⟩ etwas ~ *mit einer Farb- od. Lackgrundlage versehen, die Grundfarbe auftragen auf etwas;* oV *gründen* (1.3)

Grund|la|ge ⟨f.; -, -n⟩ *die unterste Lage, auf der sich etwas anderes aufbaut, Basis, Unterlage;* die ~ einer Lehre, einer Wissenschaft; dafür müssen erst einmal die ~n geschaffen werden; diese Behauptung, Verdächtigung entbehrt jeder ~; Ihre Erfahrungen dienen uns als ~ für einen neuen Plan; wir müssen unsere Werbung auf eine völlig neue ~ stellen

grund|le|gend ⟨Adj. 24⟩ **1** *als Grundlage, Voraussetzung dienend;* ein ~es Buch, Werk **2** ⟨60⟩ *entscheidend wichtig;* ein ~er Unterschied

gründ|lich ⟨Adj.⟩ **1** *den Dingen auf den Grund gehend, sorgfältig, gewissenhaft, sehr genau;* eine ~e Bildung, ~e Kenntnisse; ein ~er Arbeiter; er ist (nicht) sehr ~; eine ~ ausgeführte Arbeit; etwas ~ bearbeiten, kennen, lernen; die Wohnung wurde ~ untersucht; ich habe mich ~ vorbereitet; wir müssen ~ vorgehen, wenn wir Erfolg haben wollen • **1.1** ⟨50; umg.⟩ *sehr, tüchtig;* damit hat er sich ~ blamiert; wir haben uns in ihm ~ getäuscht; jmdm. ~ die Meinung sagen • **1.1.1** er hat es ihm ~ gegeben ⟨umg.⟩ *ihm deutlich die Meinung gesagt*

grund|los ⟨Adj.⟩ **1** ⟨70⟩ *(scheinbar) ohne Grund, Boden, unendlich tief;* die ~e Tiefe; ~es Moor • **1.1** *keinen festen Untergrund besitzend, schlammig, sumpfig, aufgeweicht;* nach dem heftigen Regen sind die Waldwege ~ geworden **2** *keine Ursache habend, unbegründet;* ein ~er Verdacht; sein Argwohn, seine Eifersucht, sein Misstrauen ist völlig ~; das kann er doch nicht ~ abgelehnt haben; jmdn. ~ beschuldigen, schelten, verdächtigen

Grund|pfei|ler ⟨m.; -s, -⟩ **1** ⟨Arch.⟩ *tragender, stützender Pfeiler* **2** ⟨fig.⟩ *starke Stütze, Unterstützung;* ein ~ des Staatswesens, der Wissenschaften

Grund|riss ⟨m.; -es, -e⟩ **1** ⟨Math.⟩ *die senkrechte Projektion eines Gegenstandes auf eine waagerechte Ebene* **2** *maßstabgerechte Darstellung der Grundfläche eines od. mehrerer Gebäude, mit Angabe der Anordnung der Räume u. ihrer Abmessungen;* der Architekt entwirft den ~ zum Haus; das Haus hat einen klaren, übersichtlichen ~ **3** *kurz gefasstes Lehrbuch, das eine Übersicht über ein bestimmtes Gebiet vermittelt;* ~ der französischen Grammatik (Buchtitel); die finnische Literatur im ~; ein knapper, leicht fasslicher ~ der Harmonielehre

Grund|satz ⟨m.; -es, -sät|ze⟩ **1** *feste Regel, Richtlinie des Handelns;* Grundsätze befolgen, haben, vertreten; ich habe meine Grundsätze; mein ~ heißt: …; das ist mein ~; bestimmte, feste, starre, strenge Grundsätze; ethische, moralische Grundsätze; das habe ich mir als ~ aufgestellt: …; an seinen Grundsätzen festhalten; bei seinen Grundsätzen bleiben; ein Mensch mit, von Grundsätzen; nach bestimmten Grundsätzen handeln; von seinen Grundsätzen nicht abgehen, abweichen **2** *unbestreitbare Wahrheit od. Tatsache als Grundlage der Betrachtung, Erörterung;* von einem bestimmten ~ ausgehen

grund|sätz|lich ⟨Adj.⟩ **1** *einen Grundsatz betreffend, von ihm abgeleitet, auf ihm beruhend;* es handelt sich um eine Frage von ~er Bedeutung; es handelt sich um eine ~e Frage; ~ muss ich dazu bemerken, feststellen, sagen; etwas ~ feststellen, verbieten; ich rauche ~ nicht; ich bin ~ dafür, dagegen; das ist ~ etwas anderes; das ist etwas ~ anderes **2** ⟨50⟩ *als Regel gedacht, Ausnahmen zulassend;* ~ bin ich damit einverstanden, aber …; ~ bin ich dafür, dagegen, aber …

Grund|schu|le ⟨f.; -, -n⟩ **1** *die vier ersten Klassen umfassende Schule, die von allen schulpflichtigen Kindern (ab dem vollendeten 6. Lebensjahr) besucht wird;* Sy ⟨schweiz.⟩ *Primarschule* **2** ⟨DDR⟩ *die achtklassige Volksschule*

Grund|stein ⟨m.; -(e)s, -e⟩ **1** *erster Stein beim Beginn eines Baues, oft feierlich gelegt;* den ~ legen zum größten Hochhaus der Stadt • **1.1** damit wurde der ~ für eine neue Forschung gelegt ⟨fig.⟩ *eine neue F. eingeleitet*

Grund|stock ⟨m.; -(e)s, -stö|cke⟩ *Grundlage, Anfangsbestand;* ein bestimmter Betrag als ~ für eine Anschaffung

Grund|stoff ⟨m.; -(e)s, -e⟩ **1** *Ausgangsstoff, Rohstoff* **2** ⟨Chem.⟩ *chemisches Element*

Grund|stück ⟨n.; -(e)s, -e⟩ *abgegrenztes, in jmds. Eigentum befindliches Stück Boden;* Bau~; städtisches, unbebautes ~

Grün|dung[1] ⟨m.; -(e)s; unz.⟩ *aus Grünpflanzen bestehender Dung*

Grün|dung[2] ⟨f.; -, -en⟩ **1** *Verbindung eines Bauwerkes mit dem tragfähigen Baugrund* **2** *Errichtung, Schaffung;* die ~ eines Unternehmens, einer Familie

Grund|was|ser ⟨n.; -s; unz.⟩ *Wasseransammlung im Boden;* beim Bohren auf ~ stoßen

Grund|wort|schatz ⟨m.; -es, -schät|ze; Sprachw.⟩ *zur Verständigung notwendiger, grundlegender Wortschatz (einer Sprache)*

Grund|zahl ⟨f.; -, -en⟩ *ganze Zahl, z. B. eins, zwei;* Ggs *Ordnungszahl;* Sy *Kardinalzahl*

Grund|zug ⟨m.; -(e)s, -zü|ge⟩ *kennzeichnendes, wesentliches Merkmal, Hauptmerkmal;* das ist ein ~ seines Charakters, Wesens; die Grundzüge einer Lehre, Wissenschaft

grü|nen ⟨V. 400⟩ **1** *etwas grünt wird grün, zeigt grüne Triebe;* ~ die Bäume, Sträucher; wie alles grünt u. blüht • **1.1** auch im Alter kann die Liebe wieder ~ ⟨fig.⟩ *wieder erwachen, sich wieder jugendlich beleben*

Grün|fink ⟨m.; -en, -en; Zool.⟩ *einheimischer olivgrüner, körnerfressender Singvogel: Carduelis chloris;* Sy *Grünling (1)*

Grün|ling ⟨m.; -s, -e⟩ **1** = *Grünfink* **2** *schmackhafter, olivbrauner Blätterpilz: Tricholoma flavovirens* **3** ⟨fig.; abwertend⟩ *unerfahrener, unreifer Mensch*

Grün|span ⟨m.; -(e)s; unz.⟩ *giftiges Gemisch basischer Kupferazetate, das sich auf Gegenständen aus Kupfer u. Messing bildet;* ~ ansetzen

grun|zen ⟨V. 400; du grunzt od. ⟨geh.⟩ grunzest⟩ *raue Kehllaute ausstoßen (wie das Schwein)*

Grup|pe ⟨f.; -, -n⟩ **1** *kleine, zwanglose Anzahl von Menschen od. Dingen gleicher Art;* Baum~; Wort~; eine ~ Kinder, Politiker, Studenten; ~n bilden, zusammenstellen; in ~n beisammenstehen, lernen, reisen, spazieren gehen, wandern; in einer ~ zusammenstehen; eine ~ von Beispielen, Motiven, Themen; eine ~ von Schauspielern, Studenten, Touristen **2** *kleine, als Einheit zusammengehörige Schar von Menschen, die ein gemeinsames Interesse verbindet;* in einer ~ mitarbeiten • **2.1** ~ 47 *eine 1947 gegründete Interessengemeinschaft deutschsprachiger Schriftsteller* **3** ⟨Mil.⟩ • **3.1** *kleinster Verband der Infanterie;* der Führer unserer ~ • **3.2** *Verband der Artillerie aus drei Batterien* • **3.3** *Verband der Luftwaffe aus drei Staffeln* **4** ⟨Math.⟩ *ein System von Elementen (z. B. Zahlen, Funktionen), die durch bestimmte vorgeschriebene Verknüpfungen (z. B. Addition, Permutation) wieder in ein Element des Systems übergeführt werden*

grup|pie|ren ⟨V. 500⟩ **1** *jmdn.* od. *etwas* ~ *nach, in Gruppen ordnen, wirkungsvoll zusammenstellen* **2** ⟨Vr 3⟩ *sich* ~ *sammeln, aufstellen*

gru|seln ⟨V.⟩ **1** ⟨501 od. 601⟩ *es gruselt jmdm., jmdn. jmdm. ist unheimlich zumute;* mir, mich gruselt es, gruselt's **2** ⟨500/Vr 3⟩ *sich* ~ *etwas unheimlich finden, vor Furcht leicht schaudern;* ich grusele, grusle mich; hier kann man das Gruseln lernen

Gruß ⟨m.; -es, Grü|ße⟩ **1** *Worte od. Gebärden bei Begegnung od. Abschied als Höflichkeitsbezeigung;* jmdm. einen ~ zurufen, zuwinken; ein ehrerbietiger, förmlicher, höflicher, kalter, militärischer, stummer ~; jmdm. die Hand zum ~ bieten, entgegenstrecken, hinhalten, reichen; den Hut zum ~ ziehen; jmdm. zum ~ zunicken **2** *Wort od. Zeichen des Gedenkens;* noch einen ~ anfügen, dazuschreiben, hinzufügen; darf ich dir Grüße auftragen?; einen ~ ausrichten, bestellen, entbieten, sagen, schicken, schreiben, übermitteln; einen ~ an Ihre Gattin!; einen ~ an jmdn. schreiben; ein ~ aus Paris, aus dem Urlaub; einen ~ für unsere Freunde; einen ~ nach Berlin schicken; einen ~ unter einen Brief schreiben; ich soll dir Grüße von einem alten Freund bestellen; einen ~ von der Nordsee schicken; →a. *süß (1.2)* • **2.1** *Formel am Schluss von Briefen;* ~ und Kuss!; mit freundlichen, herzlichen, verbindlichen, vielen Grüßen …; mit besten Grüßen …

grü|ßen ⟨V.⟩ **1** ⟨402/Vr 8⟩ (jmdn.) ~ *einen Gruß (1) entbieten;* sei (mir) gegrüßt!; einander, jmdn. (nicht) ~; grüß Gott! (Grußformel); Gott grüße dich!; gegrüßt seist du, Maria (kath. Gebet); kannst du nicht ~? (bes. als Mahnung an Kinder); ehrfürchtig, freundlich, höflich, militärisch, zurückhaltend ~; mit einem Lächeln, Kopfnicken ~ **2** ⟨500⟩ *jmdn.* ~ *jmdm. einen Gruß (2) übermitteln;* grüß deine Eltern (von mir)!; er lässt herzlich, vielmals ~; ~ Sie Ihre Frau von mir!; ich soll dich von ihm ~ • **2.1** jmdn. ~ lassen *jmdm. Grüße übermitteln* **3** ⟨400⟩ *etwas grüßt* ⟨poet.⟩ *etwas ist od. wird sichtbar;* von weitem ~ schon die schneebedeckten Berge; das Meer grüßt aus der Ferne

gruß|los ⟨Adj. 24/90⟩ *ohne zu grüßen;* ~ davongehen

Gruß|wort 1 ⟨n.; -(e)s, -wör|ter⟩ *Wort, mit dem man jmdn. begrüßt od. sich von jmdm. verabschiedet, z. B. hallo, tschüss* **2** ⟨n.; -(e)s, -e⟩ *begrüßende, einleitende*

Grütze

Ansprache; der Vorsitzende sprach die ~e zu Beginn der Tagung

Grüt|ze[1] ⟨f.; -, -n⟩ **1** *grob gemahlene, geschälte Getreidekörner (bes. Hafer, Gerste, Hirse, Buchweizen)* **2** *Brei od. erstarrte Süßspeise aus diesen Körnern sowie aus Sago, Kartoffelmehl u. Ä. mit Fruchtsaft;* rote ~ als Nachspeise; ~ aus Gerste, Hafer

Grüt|ze[2] ⟨f.; -; unz.; fig.; umg.⟩ *Verstand;* (keine, wenig) ~ im Kopf haben

Gu|a|no ⟨m.; -s; unz.⟩ *als organischer Dünger verwendete Kotablagerung von Seevögeln*

gu|cken ⟨V.⟩ oV kucken **1** ⟨410⟩ *schauen, blicken;* guck (ein)mal!; aus dem Fenster ~; durch ein Fernglas ~; in den Kochtopf ~ (um festzustellen, was es zu essen gibt); jmdm. über die Schulter ~ • **1.1** ⟨530/Vr 1⟩ sich die Augen aus dem Kopf ~ ⟨umg.⟩ *angestrengt Ausschau halten* • **1.2** ⟨410⟩ in den Eimer, den Mond, die Röhre ~ ⟨fig.; umg.⟩ *das Nachsehen haben* • **1.3** ⟨610/Vr 1 od. Vr 2⟩ sich nicht in die Karten ~ lassen ⟨fig.⟩ *niemanden in seine Pläne einweihen;* →a. *Glas*[1] *(2.1)* **2** ⟨400⟩ **etwas** guckt *sieht hervor, ist sichtbar;* guckt mein Rock unten dem Mantel (hervor)? • **2.1** ⟨611⟩ der Schelm guckt ihm aus den Augen *man sieht ihm an, dass er ein Schelm ist*

Gue|ril|la ⟨[gerɪlja]⟩ **1** ⟨f.; -, -s⟩ *im Untergrund (mit Sabotageakten u. mit unerwarteten Angriffen) kämpfende Gruppe, Verband von Partisanen* • **1.1** ⟨kurz für⟩ *Guerillakrieg, von einer Guerilla (1) geführter Kampf od. Krieg* **2** ⟨m.; -s, -s⟩ *Mitglied einer Guerilla (1), in einer Guerilla (1) kämpfender Partisan*

Gu|gel|hupf ⟨m.; -(e)s, -e; oberdt.⟩ *in einer ringförmigen Kuchenform gebackener Hefe- od. Rührteigkuchen, Napfkuchen*

Guil|lo|ti|ne ⟨[gɪ(l)jɔti:n(ə)] f.; -, -n; in der Französ. Revolution⟩ **1** *Maschine zum Hinrichten, bei der mit einem herabfallenden Beil der Kopf vom Rumpf getrennt wurde, Fallbeil;* Tod durch die ~ **2** *Hinrichtungsstätte mit einer Guillotine (1);* jmdn. zur ~ führen

Gu|lasch ⟨a. [gu:-] m.; -(e)s, -e od. (österr. nur so:) n.; -(e)s, -e⟩ *aus Ungarn stammendes Gericht aus Rindfleisch- od. anderen Fleischwürfeln mit würziger Soße;* oV ⟨österr.⟩ *Gulyás*

Gul|den ⟨m.; -s, -⟩ **1** ⟨14.-19. Jh.⟩ *Gold-, später auch Silbermünze* **2** ⟨bis 2002; Abk.: hfl.⟩ *Währungseinheit in den Niederlanden, 100 Cents*

Gül|le ⟨f.; -, -n⟩ *aus tierischen Ausscheidungen bestehender flüssiger Stalldünger, Jauche;* ~ auf die Felder ausbringen

Gul|ly ⟨m. od. n.; -s, -s⟩ *Einlaufschacht für Straßenabwässer*

gül|tig ⟨Adj. 24⟩ *geltend, in Kraft, in (allgemeinem) Gebrauch befindlich, amtlich anerkannt, wirksam;* eine ~e Bestimmung, Eintrittskarte, Fahrkarte; ein ~er Geldschein, Pass; ein ~es Gesetz; dieser Ausweis ist nicht mehr ~; ~ werden

Gül|tig|keit ⟨f.; -; unz.⟩ **1** *Rechtskraft, amtliche Anerkennung, Wirksamkeit;* die ~ der Wählerstimmen überprüfen • **1.1** keine ~ mehr haben *nicht mehr gelten* **2** *allgemeine od. wissenschaftlich fundierte Anerkennung (zur Erhebung von Merkmalen, Thesen u. Ä.);* eine Forschungsmethode von internationaler, anerkannter ~

Gu|lyás ⟨[gu:laʃ] n.; -(e)s, -e; österr.⟩ = *Gulasch*

Gum|mi ⟨n. od. m.; -s, -s od. -⟩ **1** ⟨unz.; nicht fachsprachl.⟩ = *Kautschuk* **2** *Gegenstand aus Kautschuk;* Radier~, ~ring **3** ⟨nur n.⟩ *in Pflanzensäften enthaltener, in Wasser quellfähiger, nicht kristallisierender Stoff;* Pflanzen~

Gum|mi|a|ra|bi|kum ⟨n.; -s; unz.⟩ *als Klebstoff u. Bindemittel für Arzneistoffe verwendetes Gummi (3) aus Akazien- u. Mimosenarten*

Gum|mi|zug ⟨m.; -(e)s, -züge⟩ *dehnbares, eingesetztes Stoffstück mit Gummifäden (z. B. am oberen Rand der Strümpfe, Stiefel u. a. Kleidungsstücke)*

Gunst ⟨f.; -; unz.⟩ **1** *Wohlwollen;* seine ~ bezeigen; jmdm. seine ~ entziehen; sich jmds. ~ erfreuen; jmds. ~ erlangen, erwerben, genießen; sich jmds. ~ rühmen; jmds. ~ verlieren; sich bei jmdm. in ~ setzen ⟨veraltet⟩; sich um jmds. ~ bemühen, bewerben **2** ⟨geh.⟩ *Zeichen des Wohlwollens;* jmdm. eine ~ erweisen, gewähren, versagen; einer ~ teilhaftig sein, werden **3** *Vorteil;* die ~ des Augenblicks nutzen; er hat sich zu meinen ~en verrechnet **4** mit jmds. ~ ⟨veraltet⟩ *Erlaubnis, Genehmigung* **5** ⟨Getrennt- u. Zusammenschreibung⟩ • **5.1** zu Gunsten = *zugunsten*

güns|tig ⟨Adj.⟩ **1** *wohlwollend;* er hat ein ~es Urteil über dich abgegeben; ich hoffe, er wird meine Vorschläge ~ aufnehmen; jmdm. ~ gesinnt sein **2** *vorteilhaft;* ich konnte den Vertrag unter ~en Bedingungen abschließen; dafür will ich eine ~e Gelegenheit abwarten; er einen Krankheitsverlauf; dieses Licht ist zum Arbeiten (nicht) ~; wir hatten im Urlaub ~e Schneeverhältnisse; die Angelegenheit hat eine ~e Wendung für uns genommen; auf ~en Wind warten (zum Segeln); bei ~er Witterung Tanz im Freien; er hat dabei ~ abgeschnitten; die Angelegenheit hat sich ~ für dich entwickelt; der Augenblick, die Zeit erscheint mir dafür ~; der Ort liegt für mich sehr ~; es steht ~ für dich • **2.1** im ~sten Licht erscheinen ⟨fig.⟩ *den besten Eindruck machen* • **2.2** er hat sich im ~sten Licht gezeigt ⟨fig.⟩ *den besten Eindruck gemacht* • **2.3** du musst versuchen, dich in ein ~es Licht zu setzen ⟨fig.⟩ *einen guten Eindruck zu machen*

Gup|py ⟨m.; -s, -s; Zool.⟩ *zu den Zahnkarpfen gehörender, bis 6 cm langer südamerikanischer Aquarienfisch: Lebistes reticulatus*

Gur|gel ⟨f.; -, -n⟩ **1** = *Kehle (1);* jmdm. die ~ abdrücken, abschnüren, zudrücken, zuschnüren (damit er erstickt); jmdm. bei der ~ fassen, packen • **1.1** jmdm. an die ~ fahren, springen *jmdn. erwürgen wollen* • **1.2** die ~ spülen ⟨fig.; scherzh.⟩ *Alkohol trinken* • **1.3** sein Geld durch die ~ jagen ⟨fig.⟩ *vertrinken* • **1.4** die Konkurrenz hat ihm die ~ abgedrückt, abgeschnürt, zugedrückt, zugeschnürt ⟨fig.⟩ *ihn geschäftlich ruiniert*

gur|geln ⟨V. 400⟩ **1** **Wasser** gurgelt *sprudelt mit dumpfem Geräusch, gluckert;* Strudel, Wirbel ~

2 *Atmungsluft durch einen Schluck Flüssigkeit, der sich im oberen Rachenraum befindet, durchblasen, den Hals ausspülen (bei Erkältungen);* morgens und abends, zweimal täglich ~

Gur|ke ⟨f.; -, -n⟩ **1** *Salat- u. Gemüsepflanze mit warzigen od. glatten, länglichen Früchten: Cucumis sativus;* grüne, eingelegte, saure ~n; ~n in Essig einlegen **2** er hat eine ~ im Gesicht ⟨fig.; umg.; abwertend⟩ *eine hässliche große Nase*

gur|ren ⟨V. 400⟩ **1** *wie die Taube rufen* **2** ⟨fig.⟩ *lockend, kokett lachen, sprechen, schmeicheln*

Gurt ⟨m.; -(e)s, -e⟩ oV *Gurte* **1** *festes, breites Band aus Stoff od. Leder zum Halten, Tragen, Ziehen;* Degen~, Sattel~ • **1.1** ⟨Mil.⟩ *Band mit Fächern für Patronen (beim Maschinengewehr), Ladestreifen;* Patronen~ **2** *(von Männern getragener) breiter Gürtel* **3** ⟨Arch.⟩ • **3.1** *die waagerechte, bandartige Unterteilung der Fassade* **3.2** *die äußeren Stäbe einer Fachwerkkonstruktion bei Brücken u. Dachbindern* • **3.3** *die flach liegenden, durch das senkrecht stehende Stegblech verbundenen oberen u. unteren Teile eines Blechträgers*

Gur|te ⟨f.; -, -n; mundartl. u. fachsprachl.⟩ = *Gurt*

Gür|tel ⟨m.; -s, -⟩ **1** *breites Band aus Stoff od. Leder zum Festhalten der Kleidung;* Kleider~, Leder~; den ~ ablegen, abnehmen, lockern, lösen, schließen; den ~ fester binden; den ~ umbinden, umlegen, umschnallen; ein breiter, gebundener, lederner, schmaler ~ • **1.1** den ~ (ein Loch) enger schnallen ⟨a. fig.⟩ *sich einschränken, vor allem am Essen sparen* **2** *streifenartige Zone, die etwas, bes. die Erdkugel, umgibt;* Tropen~, Grün~, Festungs~; ein ~ von Anlagen, Parkplätzen umschließt den Stadtkern

gür|ten ⟨V. 500/Vr 7; veraltet⟩ **1** ⟨500/Vr 7 od. Vr 8⟩ **jmdn.** od. **etwas** ~ *einen Gürtel um jmdn. od. etwas legen, schnallen* **2** ⟨516/Vr 7 od. Vr 8⟩ *sich mit dem Schwert* ~ *sich den Gurt mit dem S. anlegen*

Gu|ru ⟨m.; -s, -s⟩ **1** *(im Hinduismus) geistlicher Lehrer, der als Verkörperung der Göttlichkeit verehrt wird* **2** ⟨salopp; scherzh.⟩ *als Vorbild, als Anführer (einer bestimmten Bewegung, eines Trends) verehrte männliche Person;* der ~ der Modewelt; er ist der ~ unter den Regisseuren

Guss ⟨m.; -es, Güs|se⟩ **1** *das Gießen von flüssigem Metall in Formen, in denen es dann erhärtet;* der ~ einer Büste, eines Denkmals, einer Glocke; dieser ~ muss gelingen **2** *das in Formen gegossene, erstarrte Material;* ein ~ aus Bronze, Eisen • **2.1** der ~ springt *bekommt Risse* **3** *Flüssigkeitsmenge, die gegossen wird;* ein ~ aus der Brause, Gießkanne, Flasche **4** *kurzer, heftiger Regen;* Regen~; ich bin in einen ~ gekommen; von einem ~ überrascht werden **5** ⟨Kochk.⟩ *glänzender Überzug über Kuchen, Kleingebäck;* Schokoladen~, Zucker~; den Kuchen mit einem ~ aus Puderzucker, Schokolade überziehen **6** (wie) **aus** einem ~ ⟨fig.⟩ *einheitlich gestaltet, vollständig, ohne Fugen, Riss, Bruch, ohne störende Elemente;* diese Arbeit, das Gedicht, der Roman, das Theaterstück ist aus einem ~ **7** ⟨kurz für⟩ *Ausguss, Trichter zum Einschütten des Mahlguts (in der Mühle)*

gus|tie|ren ⟨V. 500; österr.⟩ = *goutieren (1)*

Gus|to ⟨m.; -s; unz.⟩ **1** *Geschmack, Neigung, Belieben;* das ist nicht nach meinem ~ **2** ⟨veraltet⟩ *Appetit, Verlangen;* einen ~ auf etwas haben; ~ nach mehr haben

gut ⟨Adj.; bes|ser, am bes|ten⟩ **1** *besonderen Ansprüchen genügend, von einwandfreier Qualität, vortrefflich, tadellos;* Ggs *schlecht (1);* dies ist eine ~e Sorte; ein ~es Buch lesen; ein ~er Film; ~e Musik hören; ein ~er Witz; der Kuchen ist ~ geraten; das hast du ~ gemacht; die beiden verstehen sich sehr ~; etwas für (nicht) ~ halten; so ~ er kann; so ~ wie möglich; der (das) eine ist so ~ wie der (das) andere; ~e Arbeit leisten, tun; er spielt ~ Geige, Klavier; das Geschäft geht ~ • **1.1** da ist ~er Rat teuer *da weiß man nicht, was man tun soll* • **1.2** ~e Ware hält sich ⟨fig.; umg.; scherzh.⟩ *ein gesunder u. innerlich jung gebliebener Mensch ist auch im Alter noch rüstig und frisch* • **1.3** ~e Ware lobt sich selbst ⟨fig.⟩ *Qualität braucht keine Reklame* • **1.4** die ~e alte Zeit ⟨umg.⟩ *früher (als angeblich alles besser war)* • **1.5** *zuverlässig, sicher;* das Geld ist bei ihm ~ aufgehoben; etwas, jmdn. ~ kennen • **1.6** *richtig, ordentlich;* halt dich ~ fest!; deck dich ~ zu; das Kind, der Hund, der Wagen ist ~ gehalten; ein ~er Christ sein; wir essen nur ~e u. gesunde Nahrungsmittel; →a. *Note (2.2)* • **1.7** ⟨60⟩ ~er **Durchschnitt** ⟨umg.⟩ *etwas über dem D. liegend* • **1.8** *tüchtig, fähig;* ein ~er Arzt, Schüler; ein ~er Mathematiker sein • **1.9** *eine zugedachte Aufgabe tadellos erfüllend;* das ist ~ genug; diese Hose ist noch ~ (genug) zur Gartenarbeit; er eignet sich ~ zum, als Lehrer; ~ sehen, hören, laufen können • **1.9.1** er kann ~ schreiben *gut lesbar, verständlich schreiben* • **1.9.2** er hat sich ~ gehalten *er war tapfer, standhaft, ausdauernd* • **1.10** *heil, gesund, leistungsfähig, ohne Schaden;* ~e Augen haben; ein ~es Herz haben; für diese Tätigkeit muss man eine ~e Lunge haben; etwas ~ überstehen; wir sind ~ angekommen (am Ziel) • **1.10.1** bei ~er Gesundheit sein *gesund, wohlauf sein* **1.11** *passend, geeignet;* wer weiß, wozu es ~ ist (was geschehen ist); das hast du ~ gesagt • **1.11.1** ~ gebrüllt, Löwe! *treffend geantwortet (nach Shakespeare, „Sommernachtstraum", V. 1)* • **1.11.2** das ist ~! ⟨umg.; iron.⟩ *merkwürdig* • **1.11.3** du bist ~! ⟨umg.⟩ *was du dir so denkst!* • **1.12** *nützlich, vorteilhaft;* an diesem Platz hat (kein) ~es Licht zum Lesen; es ist ~, dass du kommst; du hast ~ daran getan, sofort zu kommen; wie ~, dass ich noch daran gedacht habe! • **1.13** *wirksam, heilsam;* eine ~e Medizin; das war eine ~e Lehre für dich! **2** *von umfangreicher Quantität, reichlich, genug, viel;* es ist ~ (so); →a. *kurz (4.7)* • **2.1** *ertragreich, Ertrag versprechend;* ein ~es Jahr, Geschäft; eine ~e Ernte • **2.2** *reichlich gerechnet, bemessen (bei Maß-, Mengen-, Zeitangaben);* ein ~es Stück Weg; wir sind zwei ~e Stunden gegangen; ein ~er Teil; es wird noch eine ~e Weile dauern; es hat noch ~e Weile bis dahin; ich habe ~ zwei Stunden warten müssen; ~ 20 Meter; ~ 200 Euro • **2.2.1** ~ und **gern** *bestimmt so viel, wenn nicht mehr, mindestens;* ~ und gern fünftausend Euro; dazu braucht man ~ und gern zwei Stun-

Gut

den • 2.3 *so ~ wie so viel wie, fast, beinahe; das ist so ~ wie sicher* 3 *günstig, erfreulich, angenehm, schön;* →a. *stehen (2.4.1-2.4.2);* es ist noch einmal ~ abgelaufen; ich ahne nichts Gutes; was bringen Sie Gutes?; es hat alles sein Gutes; es ist nur ~, dass nichts Ernsteres passiert ist; es wäre ~, wenn wir das täten; pass auf, es wird alles noch ~ werden; das Gute an der Sache ist, dass wir es rechtzeitig erfahren haben; das bedeutet nichts Gutes; das führt zu nichts Gutem; es wird sich noch alles zum Guten wenden; es ist ~es Wetter; du sollst es ~ (bei uns) haben; ~ aussehen; ~ riechen; ~ schmecken; sitzt du ~?; das Kleid passt, sitzt ~; der Hut steht dir ~, kleidet dich ~; heute Mittag gibt es etwas Gutes (zu essen); alles Gute (zum Geburtstag, für die Zukunft usw.); jmdm. alles Gute wünschen; mach's ~! (als Abschiedsgruß) (umg.); das tut viel des Guten! ⟨meist iron.⟩ • 3.1 *des Guten zu viel tun übertreiben* • 3.2 *das kann ja ~ werden!* ⟨umg.; iron.⟩ *unangenehm* • 3.3 *na, dann ~e Luft!* ⟨fig.; umg.; veraltet⟩ *da haben wir ja etwas Unangenehmes zu erwarten!, das kann ja schlimm werden!* • 3.4 ⟨als Bestandteil von Grußformeln⟩ ~en/Guten Abend, Morgen, Tag, ~e/Gute Nacht sagen; ich wünsche ~e Besserung!; ~e Fahrt!; Gut Holz! (Keglergruß); ~e Reise! • 3.5 *fröhlich, zuversichtlich;* ~e Stimmung, Laune; ~ *en Mutes sein* • 3.5.1 ⟨60⟩ ~*er Dinge sein fröhlicher Laune* • 3.5.2 ⟨60⟩ ~*er Hoffnung sein* ⟨fig.⟩ *ein Kind erwarten, schwanger sein* • 3.5.3 ⟨60⟩ ~e *Miene zum bösen Spiel machen* ⟨fig.⟩ *gegen den eigenen Willen bei etwas mitmachen od. andere gewähren lassen, kein Spielverderber sein* 4 *anständig, vornehm, fein, angesehen; aus ~em Hause, aus ~er Familie stammen* 4.1 *dafür bin ich mir zu ~! das ist unter meiner Würde, das tue ich nicht* • 4.2 *wohlerzogen;* ~es Benehmen; sich ~ benehmen; • 4.2.1 *der ~e Ton Anstand; es gehört zum ~en Ton, dass* ... 5 *sittlich einwandfrei, edel, hilfreich, liebevoll, selbstlos;* Ggs *böse, schlecht (5);* ein ~er Mensch, eine ~e Tat; ein ~es Herz haben; Gutes tun; sich für eine ~e Sache einsetzen; Gut und Böse • 5.1 *das ist jenseits von Gut und Böse jegliche Grenzen (des Anstands, der Kosten) überschreitend, völlig realitätsfern* • 5.2 *gutmütig; der Gute!;* er ist ein ~er Kerl • 5.2.1 *er ist viel zu ~ ~ man nutzt ihn aus* • 5.3 *brav, folgsam;* ein ~es Kind; ein ~er Hund; der ~e Peter! • 5.4 ⟨60⟩ ~*er Glaube* ⟨Rechtsw.⟩ *schuldlose Unkenntnis eines rechtlichen Mangels im Bestand od. beim Erwerb eines Rechtes: bona fides* • 5.4.1 *in ~em Glauben handeln im Glauben handeln, dass es richtig ist* 6 ⟨60⟩ *festtäglich, für Festtage bestimmt;* der ~e Anzug, das ~e Kleid, die ~e Stube 7 *wohlgesinnt, freundschaftlich;* Ggs *schlecht (7);* ein ~er Freund; eine ~e Freundschaft; sie schieden in ~em Einvernehmen; ein ~er Kamerad sein; es ~ (mit jmdm.) meinen; jmdm. ~ zureden • 7.1 seien Sie so ~ und warten Sie *so freundlich, liebenswürdig* • 7.2 *im Guten freundschaftlich, ohne Streit;* im Guten auseinandergehen; jmdm. etwas im Guten sagen; im Guten wie im Bösen • 7.3 ⟨40⟩ *jmdm. (von*

Herzen) ~ *sein ihn gernhaben, liebhaben* • 7.3.1 *sei (mir) wieder* ~! *sei (mir) nicht mehr böse!* • 7.4 ⟨60⟩ ~e Worte *wohlmeinende, freundliche W.* • 7.4.1 ein ~es Wort für jmdn. einlegen *sich für jmdn. einsetzen* • 7.4.2 jmdm. ~e Worte geben ⟨veraltet⟩ *jmdn. bitten* 8 ⟨50⟩ *leicht, mühelos;* Ggs *schlecht (8);* er kommt mit seinem Geld ~ aus; das kann ich mir ~ denken; in diesen Schuhen kann ich ~ gehen; Lebensmittel halten sich ~ im Kühlschrank; das kann ich ~!; er kann von seinem Geld ~ leben; das kann man sich ~ merken; sie haben. schon ich kann ich ~ verstehen; das kann ich mir (sehr) ~ vorstellen; ~ vorwärtskommen • 8.1 *das ist ~, sehr ~ möglich wohl möglich* • 8.2 *das ist nicht ~ möglich kaum, schwer, nicht möglich* 9 ⟨40⟩ *recht, in Ordnung;* das ist längst wieder ~; das ist ja alles (ganz) ~ und schön, aber ... • 9.1 ~! *abgemacht, einverstanden!; also* ~!; ~ *denn!;* ja ~!; nun ~! • 9.2 schon ~! (als Antwort auf Dank oder Entschuldigung) *es ist nicht der Rede wert* • 9.3 *lass* ~ *sein! sprich nicht mehr davon!* 10 ⟨Getrennt- u. Zusammenschreibung⟩ • 10.1 ~ gehen = gutgehen • 10.2 ~ besucht = gutbesucht • 10.3 ~ gelaunt = gutgelaunt • 10.4 ~ gemeint = gutgemeint

Gut ⟨n., -(e)s, Gü|ter⟩ 1 *Besitz, Eigentum, Sachen, Habseligkeiten;* Geld und ~; sein Hab und ~ verlieren; sich an fremdem ~ vergreifen; fremdes, gestohlenes ~; unrecht ~ gedeiht nicht ⟨Sprichw.⟩; →a. *beweglich (1), liegen (3.1)* 1.1 *Schatz, Kostbarkeit, wertvoller Gegenstand;* das Leben ist der Güter höchstes nicht (Schiller, „Die Braut von Messina", IV, 7); mein höchstes ~ auf Erden; mit allen (Glücks)gütern gesegnet sein • 1.1.1 *das höchste* ~ *die Glückseligkeit* 2 *großer landwirtschaftlicher Betrieb;* Erb~, Land~, Wein~ 3 *versandfertige Ware;* Eil~, Stück~; Güter aufgeben, befördern, verzollen 4 ⟨veraltet⟩ *Material;* Stein~; →a. *laufen (5.2)*

gut|ach|ten ⟨V. 400⟩ *ein Gutachten verfassen, erstellen;* wer hat in dieser Angelegenheit gegutachtet?

Gut|ach|ten ⟨n., -s, -⟩ *fachmännisches Urteil;* ärztliches, sachverständiges, schriftliches ~; ein ~ abgeben (über); (von jmdm.) ein ~ einholen

gut|ar|tig ⟨Adj.⟩ 1 *ungefährlich, nicht lebensbedrohend* • 1.1 ~e Geschwulst *langsam wachsende, ungefährliche Neubildung von Gewebe, z. B. Warze* 2 *lenkbar, anständig;* ein ~es Kind

gut|be|sucht *auch:* **gut be|sucht** ⟨Adj. 24⟩ *viel Publikum aufweisend;* eine ~e Veranstaltung

Gut|dün|ken ⟨a. [-'--] n.; -s; unz.⟩ *Belieben, Ermessen;* nach ~; nach eigenem, nach Ihrem ~

Gü|te ⟨f.; -; unz.⟩ 1 *edle, hilfreiche, großherzige, leicht verzeihende Gesinnung;* Herzens~; in seiner grenzenlosen ~; du liebe ~, meine ~! (Ausruf des Erstaunens; „Güte" verhüllend für „Gott") 1.1 **in** ~ *ohne Streit;* sich in ~ einigen; etwas in ~ abmachen; jmdm. etwas in (aller) ~ sagen 2 *Freundlichkeit, Gefälligkeit, Hilfsbereitschaft;* würden Sie die ~ haben, mir meinen Koffer herunterzugeben?; ich danke Ihnen für Ihre ~ • 2.1 **durch** ~ (auf Briefen) ⟨veraltet⟩ *durch private Vermittlung, nicht durch die Post, durch*

Boten **3** *Wert, Beschaffenheit, Qualität (einer Ware);* eine Ware erster, zweiter, letzter ~

gut|ge|hen *auch:* **gut ge|hen** ⟨V. 145(s.)⟩ **1** ⟨400⟩ *gut verlaufen;* es ist noch einmal gutgegangen / gut gegangen **2** ⟨601⟩ es geht jmdm. gut *jmd. befindet sich gut, ist gesund, wohlhabend;* sie sagte, dass es ihr gutgeht / gut geht; sich's gutgehen / gut gehen lassen **3** ⟨400⟩ *guten Gewinn bringen;* wir hoffen, dass die Geschäfte gutgehen / gut gehen; ⟨aber nur Getrenntschreibung⟩ gut gehen → *gut (8)*

gut|ge|launt *auch:* **gut ge|launt** ⟨Adj. 24⟩ *in guter Stimmung;* ein ~er Gast

gut|ge|meint *auch:* **gut ge|meint** ⟨Adj. 24/70⟩ *in guter Absicht, freundlich, wohlwollend;* ein ~er Rat

gut|gläu|big ⟨Adj.⟩ *nichts Böses vermutend, in gutem Glauben handelnd, vertrauensvoll, vertrauensselig*

Gut|ha|ben ⟨n.; -s, -⟩ **1** *Schuld, die man von jmdm. zu fordern hat* **2** *Überschuss der Gutschriften über die Belastungen eines Kontos;* ein ~ auf der Bank besitzen, haben; Sie haben ein ~ von 100 € bei uns

gut|hei|ßen ⟨V. 164/500⟩ etwas ~ *billigen, genehmigen, für richtig halten, für gut befinden;* sein Verhalten kann ich nicht ~

gü|tig ⟨Adj.⟩ **1** *hilfreich u. liebreich, edel, aus Edelmut leicht verzeihend;* ein ~es Herz haben; ein ~er Mensch **2** ⟨veraltet⟩ *freundlich, gefällig;* er hat sich mir immer sehr ~ gezeigt; erlauben Sie ~st, dass ich …; Sie sind sehr ~ (als Antwort auf eine Hilfeleistung); würden Sie so ~ sein, mir zu helfen?; mit Ihrer ~en Erlaubnis ⟨förml.⟩ ● **2.1 zu ~!** *vielen Dank!, das war doch nicht nötig!*

güt|lich ⟨Adj.⟩ **1** ⟨90⟩ *ohne Streit, friedlich, ohne gerichtliches Urteil;* eine ~e Einigung; eine Sache ~ beilegen; sich ~ einigen; auf ~em Wege **2 sich an etwas ~ tun** *etwas genießen, sich mit Genuss an etwas satt essen;* er tat sich an den reifen Himbeeren ~

gut|ma|chen ⟨V. 500⟩ **1** etwas ~ *etwas tun, um für Unrecht od. Schaden Ersatz zu schaffen (durch Leistung*

od. Entschuldigung); wie kann ich mein Unrecht ~?; das ist nicht mehr gutzumachen **2** Geld ~ *Gewinn erzielen* **3** Boden ~ *einen Rückstand teilweise aufholen;* auf jmdn. Boden ~; ⟨aber Getrenntschreibung⟩ gut machen → *gut (1)*

gut|mü|tig ⟨Adj.⟩ *gutherzig, leicht nachgebend, andern gern gefällig, nicht leicht böse;* ein ~er Mensch, ein ~es Tier; ein ~er Kerl

Gut|schein ⟨m.; -(e)s, -e⟩ *Dokument, das einen Anspruch auf Geld od. Ware bescheinigt*

gut|schrei|ben ⟨V. 230/530⟩ **(jmdm.) einen Betrag ~** *als Guthaben anrechnen, eintragen;* bei Umtausch wird der Betrag gutgeschrieben; eine Geldsumme einem Konto ~; ⟨aber Getrenntschreibung⟩ gut schreiben → *gut (1.9.1)*

gut|tun ⟨V. 272/400⟩ **1** ⟨403⟩ etwas tut **(jmdm.)** gut *hat eine gute, angenehme Wirkung (auf jmdn.);* das tut gut; die frische Luft wird dir ~ **2** ⟨süddt.⟩ *sich gut entwickeln, ordentlich u. anständig leben u. arbeiten;* er hat in der Schule nicht gutgetan

gut|wil|lig ⟨Adj.⟩ **1** *im Guten, freiwillig;* ~ mitkommen, mitgehen **2** *gehorsam, sich Mühe gebend, voll guten Willens;* er ist ~, aber unbegabt

Gym|na|si|um ⟨n.; -s, -si|en⟩ **1** ⟨im Altertum⟩ *Raum für athletische Schulung* **2** ⟨später⟩ *höhere Schule mit Latein- u. Griechischunterricht* **3** ⟨heute⟩ *höhere Schule mit Abitur als Abschluss;* altsprachliches, neusprachliches, humanistisches, naturwissenschaftliches ~; Wirtschafts-~

Gym|nas|tik ⟨f.; -; unz.⟩ *Übung, Schulung des menschlichen Körpers durch rhythmische Bewegungen, auch zur Heilung gewisser Körperschäden;* Heil~, Kranken~

Gy|nä|ko|lo|gie ⟨f.; -; unz.⟩ *Lehre von den Frauenkrankheiten u. der Geburtshilfe*

Gy|ros ⟨n.; -, -; grch. Kochk.⟩ *griechisches Gericht mit am Drehspieß gegrilltem Fleisch, das in kleinen Stücken abgeschnitten wird*

Haar ⟨n.; -(e)s, -e⟩ **1** *fadenförmiges Gebilde der Außenhaut von Tieren u. Menschen, bes. charakteristisch für Säugetiere, bei denen es aus Hornsubstanz besteht, auch als Borsten der Insekten; Körper~;* blonde, graue ~e *(besser:)* blondes, graues ~; jmdm. an den ~en reißen; viele ~e auf den Beinen, auf der Brust haben; sich die ~e unter den Armen ausrasieren; die ~e fallen ihm aus; er hat mehr Schulden als ~e auf dem Kopf • 1.1 ⟨Pl.; umg.⟩ = *Haar (2)* **2** ⟨unz.⟩ *Gesamtheit der Kopfhaare; Haupt~, Kopf~, Bart~;* kurzes, langes ~; das ~ lang, kurz(geschnitten) tragen; das ~ links, rechts, in der Mitte gescheitelt tragen; ein Band, einen Kranz im ~ tragen; sie trägt das ~, ihr ~ jetzt anders als früher; blondes, dunkles, graues, helles, rotes, schwarzes, weißes ~ haben; dichtes, dünnes, fettiges, glänzendes, glattes, krauses, lockeres, lockiges, schönes, schütteres, seidiges, starkes ~; verstrubbeltes, wirres, zerzaustes ~; strähniges, welliges, widerspenstiges ~; sich das ~ aus der, in die Stirn kämmen, streichen; sich das ~ bürsten, (mit Lockenwicklern) eindrehen, fönen, kämmen, waschen, trocknen; sich das ~ in Wellen legen; sich das ~ in Zöpfe flechten; das ~ fiel ihr bis auf die Schultern; das ~ hing ihr unordentlich in die Stirn; mit aufgelöstem, flatterndem ~ ankommen, dastehen; jmdm. (leicht, zärtlich) übers ~ streichen; sich das ~ bleichen, färben, schneiden, tönen lassen • 2.1 sich das ~ **machen** *sich kämmen, sich frisieren* • 2.2 falsches, künstliches ~ *Perücke;* →a. *Haut (8.6)* **3** ⟨a. fig.⟩ • 3.1 die ~e stehen einem zu Berge *man ist entsetzt* • 3.2 die ~e sträubten sich ihm (vor Schreck, vor Entsetzen) *er erschrak sehr, entsetzte sich sehr* • 3.3 sich in den ~en liegen *sich streiten* • 3.4 sich in die ~e geraten *sich streiten* • 3.5 man möchte sich, könnte sich die ~e **raufen** *man ist verzweifelt, ärgert sich sehr* • 3.6 ein ~ **in der Suppe** finden *etwas an einer Sache entdecken, das einem nicht passt* • 3.7 an einem ~ **hängen** *von einer Kleinigkeit abhängen, wenig Aussichten auf ein günstiges Ende haben* • 3.8 ~e **lassen** müssen *(gegen seinen Willen) ein Opfer bringen müssen;* er hat ~e lassen müssen **4** ~e **auf den Zähnen** haben ⟨fig.⟩ *sich zu wehren wissen (mit Worten), hartnäckig seinen Standpunkt verteidigen;* sie hat ~e auf den Zähnen • 4.1 um ein ~ *es hat sehr wenig gefehlt, dass …, beinahe;* das Kind wäre um ein ~ überfahren worden • 4.1.1 um kein ~ **besser** als *in keiner Weise, durchaus nicht;* der eine ist um kein ~ besser als der andere • 4.2 kein gutes ~ an jmdm. lassen *über jmdn. sehr schlecht sprechen* • 4.3 jmdm. kein ~ krümmen können *jmdm. nicht das Geringste zuleide tun können* • 4.4 ~e spalten ⟨fig.⟩ *sich über unwesentliche Kleinigkeiten streiten;* wir wollen hier keine ~e spalten • 4.5 **aufs** ~ **gleichen** *ganz gleich aussehen wie;* sie gleichen einander aufs ~ • 4.6 dieser Vergleich ist sehr, etwas an den ~en herbeigezogen *gezwungen, gewaltsam herbeigezogen, angeführt* **5** ⟨Jagdw.⟩ *Fell der jagdbaren Säugetiere* **6** ⟨Getrennt- u. Zusammenschreibung⟩ • 6.1 ~ breit = *Haarbreit*

Haar|breit *auch:* **Haar breit** ⟨n.; (-) -; unz.⟩ *ganz wenig;* nicht um ~ zurückweichen

Haa|res|brei|te ⟨f.; -; unz.⟩ **um** ~ *ganz wenig, um eine winzige Kleinigkeit, Spur;* nicht um ~ zurückweichen

haa|rig ⟨Adj.⟩ **1** ⟨24/70⟩ *voller Haare od. feiner Härchen, mit Haaren od. Härchen bewachsen, dicht behaart;* sie hat ~e Beine; ein ~er Mann; der Hund hat den Teppich ~ gemacht; blond~, braun~, rot~, schwarz~; dünn~, fein~, kraus~, kurz~, lang~ **2** ⟨24/70⟩ *wie mit Haaren besetzt, faserig;* Stiel und Blätter der Brennnessel sind ~ **3** ⟨fig.; umg.⟩ *gefährlich, peinlich;* eine ~e Angelegenheit, Geschichte, Situation

Haar|na|del ⟨f.; -, -n⟩ *hakenähnlich gebogenes Drahtstück zum Feststecken der Haare bei Hochfrisuren*

haar|scharf ⟨Adj. 90⟩ **1** *sehr scharf, sehr genau;* etwas ~ beobachten, erkennen **2** ⟨umg.⟩ *ganz nahe;* das Auto fuhr ~ an mir vorbei

Haar|schnitt ⟨m.; -(e)s, -e⟩ **1** *das Schneiden des Haares* **2** *Art u. Weise, in der das Haar geschnitten ist, Frisur*

Haar|spal|te|rei ⟨f.; -, -en; fig.⟩ **1** *Streit mit Worten, die nur um des Streites willen gebraucht werden, Streit um unwesentliche Kleinigkeiten* **2** *Streben nach allzu genauer, für die Sache nicht wesentliche Erklärung;* ~ treiben

haar|sträu|bend ⟨Adj.; umg.⟩ *so, dass sich einem die Haare sträuben (vor Entsetzen), grauenhaft, schrecklich, unglaublich;* ein ~er Skandal; es war ~, was …

Hab ⟨n.; nur in der Wendung⟩ ~ **und Gut** ⟨geh.⟩ *(Gesamtheit an) Besitz, Vermögen, Habe;* ~ und Gut aufs Spiel setzen

Ha|be ⟨f.; -; unz.⟩ *(Gesamtheit an) Besitz, Vermögen;* seine gesamte ~ verlieren

ha|ben ⟨V. 159/500⟩ **1** jmdn. od. etwas ~ *jmd. od. etwas befindet sich in einem Verhältnis der Zugehörigkeit zu* • 1.1 *besitzen, verfügen über, in Beziehung stehen zu;* eine Fähigkeit, Geld, ein Kind, Mut ~; Ware (vorrätig) ~; sie ~ alle beide nichts; wir ~ ihn! (gefunden, gefangen); (nicht) genug zu essen ~; kann ich einen Apfel ~; woher hast du das? • 1.1.1 **wir** ~'**s ja!** ⟨umg.; scherzh.⟩ *wir können es uns ja leisten* • 1.1.2 ⟨511⟩ *einen Gegenstand* **in der Hand** ~ *halten* • 1.2 jmd. od. etwas hat etwas *etwas bildet einen Teil von jmdm. od. etwas;* das Haus hat ein Dach; Menschen ~ Arme • 1.2.1 *zu einer Gemeinschaft gehören;* jmd. hat (eine, keine) Familie • 1.3 *mitarbeiten bei;* er hat einen Betrieb, in dem er arbeitet • 1.4 *benutzen;* einen Bleistift ~ • 1.5 *in einem Zustand sein;* eine Krankheit, Fieber, Kopfschmerzen

~; Trauer ~ • **1.5.1 was** hast du? *was fehlt dir?*; du hast doch etwas! • **1.5.2** *verspüren*; Angst, Durst, Hunger ~ • **1.5.3** recht/Recht, unrecht/Unrecht ~ *im Recht, Unrecht sein* • **1.5.4** habt acht/Acht! ⟨militär. Kommando; österr.⟩ *stillgestanden!* • **1.5.5** ein **Anliegen** ~ (an) *ein A. vorbringen, sagen wollen* • **1.5.6** hab vielen **Dank!** *ich danke dir* • **1.6 Arbeit** ~ *A. erledigen müssen;* wann hast du wieder Schule, Unterricht?; wir ~ heute keine Schule • **1.7 Zeit** ~ *(etwas) nicht sofort erledigen müssen;* die Sache hat Zeit; damit hat es noch gute Weile • **1.7.1 Eile** ~ *(etwas) sofort erledigen müssen, rasch geschehen müssen;* es hat keine Eile • **1.7.2 wir** ~ *das* **Datum** *es ist …;* wir haben heute den 10. Mai; wir ~ Ferien; wir ~ jetzt Frühling • **1.8** ich hab's! ⟨a. fig.⟩ *ich weiß es!* • **1.8.1** da ~ wir's, da hast du's! *so weit ist es gekommen, glaubst du es jetzt endlich?* • **1.8.2 wie** gehabt *ebenso (wie das letzte Mal)* • **1.9** ⟨501⟩ hier hat's viel Schnee ⟨oberdt.⟩ *hier gibt es, hier liegt viel S.* • **1.9.1** was hast du, was kannst du, haste was kannste (davonlaufen) ⟨umg.⟩ *eilig, überstürzt, so schnell wie möglich* • **1.9.2** es hat ihn (erwischt) ⟨umg.⟩ *er hat sich verliebt* **2** ⟨510⟩ • **2.1** ⟨513⟩ • **2.1.1** etwas **fertig** ~ *zu Ende gebracht, gemacht haben* • **2.1.2** er hat es **gut, schlecht** *es geht ihm gut, schlecht* • **2.1.3** er hat es nicht **leicht** mit ihr *sie macht ihm das Leben schwer* • **2.2** ⟨512⟩ es **eilig** ~ *in Eile sein* • **2.3** ⟨511⟩ wir ~ es noch **weit** *unser Weg ist weit;* wie weit ~ wir noch bis nach Hause? **3** ⟨Vr 3⟩ **sich** ~ ⟨umg.⟩ *sich wichtigtun, sich zieren;* hab dich doch nicht so! • **3.1** ⟨501/Vr 3⟩ es hat **sich** *weiter ist davon nichts zu berichten, das ist der Schluss* • **3.1.1** hat **sich was!** *keine Spur, kein Gedanke daran!, es ist ganz und gar nicht so!* **4** ⟨511⟩ etwas **bei** sich ~ *führen, tragen;* ich habe kein Geld bei mir; jmdn. (als Begleitung) bei sich ~ • **4.1** er hat seinen Bruder bei sich wohnen ⟨umg.⟩ *sein Bruder wohnt bei ihm* • **4.2** ich habe etwas **im** Hals *mir ist ein Krümchen im H. stecken geblieben* • **4.3** ich hab es **im** Hals *mein Hals ist krank* • **4.4** er hat es **auf** der Brust *er ist lungenkrank* • **4.5** er hat es **mit** der Galle *er ist gallenkrank* • **4.6** etwas **im Unterricht** ~ *besprechen, behandeln* • **4.7** geerbt haben; die musikalische Begabung hat er von seinem Vater • **4.8** ich habe es **von** ihm ⟨a. fig.⟩ *er hat es mir mitgeteilt* **5** zu ~ **sein** • **5.1** etwas ist zu ~ *verfügbar, man kann es kaufen, bekommen* • **5.2 jmd.** ist noch zu ~ ⟨umg.⟩ *ist noch ledig, ungebunden;* die Frau ist noch zu ~ • **5.2.1** er ist gut (schlecht) **zu** ~ ⟨umg.; schweiz.⟩ *zu erziehen* • **5.3** jmd. ist **für** etwas zu ~ *jmd. macht bei etwas gern mit, es gefällt ihm;* dafür bin ich sehr (nicht) zu ~ **6** ⟨550⟩ **6.1** was will er **dafür** ~? *welchen Gegenwert verlangt er?* • **6.2** etwas **gegen jmdn.** od. etwas ~ *nicht leiden, ausstehen können* • **6.3** etwas **mit** jmdm. ~ *durch besondere Beziehungen verbunden sein mit jmdm.* • **6.3.1** die beiden ~ etwas **miteinander** *sind durch ein Liebesverhältnis verbunden* • **6.4** etwas **von** einer **Sache** ~ • **6.4.1** *die Folgen einer S. zu spüren bekommen;* das hat er von seinem Leichtsinn! • **6.4.2** *die Vorteile einer S. genießen* • **6.5** (mit Reflexivpron. als Präpositionalobjekt) • **6.5.1** eine Abteilung, ein Sachgebiet **unter** **sich** ~ *für eine A., ein S. verantwortlich sein* • **6.5.2 jmdn. über sich** ~ *jmdm. (einem Vorgesetzten) unterstellt sein* • **6.5.3** jmdn. od. etwas vor sich ~ • **6.5.3.1** *einer Sache od. jmdn. gegenübersitzen, -stehen* • **6.5.3.2** *hinter einer Sache od. jmdn. sitzen, stehen* • **6.5.4** etwas (noch) **vor sich** ~ *erwarten, noch nicht erlebt haben* • **6.5.5** er hat es so **an sich** *es ist seine Gewohnheit* • **6.5.6** es **in sich** ~ *schwieriger, schwerer sein, als es scheint;* diese Arbeit hat es in sich; dieser Wein hat es in sich • **6.5.7 damit** hat es nichts **auf sich** *das bedeutet nichts Besonderes* **7** ⟨580⟩ etwas **zu tun** ~ *etwas tun müssen;* ich habe noch zu arbeiten; was hast du hier zu suchen?; du hast zu schweigen! • **7.1** ich habe **mit** dieser Sache nichts zu tun *die S. geht mich nichts an* **8** ⟨Hilfsverb zur Bildung des Perfekts von Verben⟩ ich habe gegessen, gelesen, geschrieben; hast du mich nicht gesehen?; er will ihn gesehen ~; ich hatte kaum die Tür zugemacht, als …; er hat es schon getan; er behauptet, ihn gesehen zu ~; danke, davon habe ich schon gehabt; das hättest du gleich sagen können

Ha|ben ⟨n.; -s; unz.; Buchführung⟩ **1** *Gesamtheit der Einnahmen, Guthaben;* →a. Soll (1.1) **2** *rechte Seite, Kredit-, Passivseite eines Kontos im System der doppelten Buchführung*

Ha|ber ⟨m.; -s; unz.; oberdt.⟩ = Hafer

Hab|gier ⟨f.; -; unz.⟩ *Gier, rücksichtsloses Streben nach Geld u. Besitz;* seine ~ wurde immer größer

hab|gie|rig ⟨Adj.; abwertend⟩ *voller Habgier, gierig nach Geld u. Besitz strebend;* ein ~er Mensch; sein Vater ist sehr ~

hab|haft ⟨Adv. 44⟩ **1** einer **Person** ~ werden *eine P. erwischen, festnehmen;* die Polizei konnte des Diebes nicht ~ werden **2** einer **Sache** ~ werden *sie in seinen Besitz bringen, (mit Mühe) bekommen;* erst nach einer Schlägerei konnte er der Kasse ~ werden

Ha|bicht ⟨m.; -(e)s, -e; Zool.⟩ *großer einheimischer Greifvogel, erjagt Beute bis zur Größe von Hühnern u. Hasen*

Ha|bi|li|tand ⟨m.; -en, -en⟩ *jmd., der im Begriff ist, sich an einer Universität zu habilitieren*

Ha|bi|li|tan|din ⟨f.; -, -din|nen⟩ *weibl. Habilitand*

Ha|bi|li|ta|ti|on ⟨f.; -, -en⟩ *Berechtigung zum Lehren an Universitäten und Hochschulen durch Abfassen einer schriftlichen Arbeit und anschließendem Ablegen einer mündlichen Prüfung*

ha|bi|li|tie|ren ⟨V. 500⟩ **1** jmdn. ~ *jmdm. die Berechtigung zur Lehre an Universitäten u. Hochschulen erteilen* **2** ⟨Vr 3⟩ **sich** ~ *die Berechtigung zur Lehre an Universitäten und Hochschulen erlangen*

Ha|bi|tus ⟨m.; -; unz.⟩ **1** *äußere Erscheinung einer Person* • **1.1** *Art u. Weise der Körperhaltung u. -bewegung* • **1.2** *innere Einstellung, Grundhaltung* • **1.3** *Benehmen, Gebaren* **2** ⟨Zool.⟩ *Gesamtheit aller für ein Tier, eine Pflanze od. ein Mineral charakteristischen, äußerlich erkennbaren Merkmale* **3** ⟨Med.⟩ *Besonderheiten des äußeren Erscheinungsbildes, die auf bestimmte Krankheitsanlagen hinweisen*

Hab|se|lig|keit ⟨f.; -, -en; meist Pl.⟩ ~en *Besitz (der*

Hachse

nicht viel wert ist); sie suchte, packte ihre ~en zusammen

Hach|se ⟨[-ks-] f.; -, -n⟩ oV *Haxe* **1** *Sprunggelenk (bei Schlachttieren);* Kalbs~, Schweins~ **2** ⟨umg.; regional⟩ *Bein des Menschen;* er hat sich beim Skifahren die ~n gebrochen

Hack|brett ⟨n.; -(e)s, -er⟩ **1** *Brett als Unterlage zum Fleischhacken* **2** ⟨Mus.⟩ *mittelalterliches trapezförmiges od. dreieckiges Saiteninstrument, das mit kleinen Holzhämmern geschlagen wird;* Sy *Psalter (2);* ~ spielen

Ha|cke[1] ⟨f.; -, -n⟩ *Werkzeug mit schmalem, drei- od. viereckigem, senkrecht zum Stiel stehendem Blatt zum Lockern von harter Erde;* Breit~, Kreuz~, Spitz~; den Boden mit ~ und Spaten bearbeiten

Ha|cke[2] ⟨f.; -, -n⟩ oV *Hacken* **1** *Ferse;* ich habe mir an der rechten ~ eine Blase gelaufen; jmdm. auf die ~n treten • **1.1** **jmdm.** (dicht) **auf** den ~n **sitzen,** sein ⟨umg.⟩ *dicht hinter jmdm.* **2** *Teil des Strumpfes u. Schuhes, der die Ferse bedeckt;* der Strumpf hat ein Loch in der ~ **3** ⟨Soldatenspr.; regional⟩ *Absatz am Schuh;* abgetretene, schiefe ~n haben; die ~n zusammenschlagen (bei der Verbeugung, beim militärischen Gruß) • **3.1 sich** die ~n **nach etwas ablaufen** ⟨umg.⟩ *viele Wege gehen, sich viel Mühe machen, um etwas zu bekommen*

ha|cken ⟨V.⟩ **1** ⟨500⟩ etwas ~ *mit einem spitzen, scharfen Werkzeug heftig stechen od. schneidend schlagen u. dadurch in kleine Teile zerlegen;* Holz ~; er hackte den alten Schrank in Stücke, zu Feuerholz • **1.1** *fein zerkleinern;* Zwiebeln, Kräuter ~; gehacktes Fleisch; das Gehackte; →a. *Holz (1 u. 5.6)* • **1.2** *aufschlagen;* ein Loch ins Eis ~ • **1.3** ⟨411⟩ **aufs Klavier** ~ ⟨fig.; umg.⟩ *mit zu hartem Anschlag spielen* **2** ⟨500⟩ etwas ~ *mit der Hacke lockern, zerkleinern, spalten;* Erde, Beete ~; er hackt gerade im Garten **3** ⟨511/Vr 7 od. 611/Vr 5⟩ **jmdn.** od. **jmdm. in etwas** ~ *jmdn. mit einem Beil, einer Hacke od. einem ähnlichen Gegenstand verletzen;* ich habe mich, mir in den Finger gehackt; ich hackte ihm ins Bein **4** ⟨411⟩ *mit dem Schnabel heftig picken;* der Vogel hackte nach mir; der Hahn hat mir, mich in die Hand gehackt

Ha|cken ⟨m.; -s, -⟩ = *Hacke*[2]

Ha|cke|pe|ter ⟨m.; -s; unz.; umg.⟩ **1** *Hackfleisch, Gehacktes* **2** ⟨Kochk.⟩ *Gericht aus rohem, gewürztem, mit Essig, Öl u. Zwiebeln vermischtem Hackfleisch von Rind od. Schwein*

Hack|fleisch ⟨n.; -(e)s; unz.⟩ **1** *rohes, kleingehacktes Fleisch* • **1.1 aus jmdm.** ~ **machen** (als Drohung) ⟨fig.⟩ *jmdn. gehörig verprügeln, energisch zurechtweisen*

Hack|frucht ⟨f.; -, -früch|te; Landw.⟩ *Ackerfrucht, die zur Pflege behackt werden muss, z. B. Kartoffeln, Rüben, Mais, Gemüse*

Häck|sel ⟨m. od. n.; -s; unz.⟩ *kleingehacktes Stroh, Heu od. Grünfutter (als Viehfutter od. Streu)*

häck|seln ⟨V. 500⟩ Stroh ~ *(mit Hilfe einer Maschine) zerkleinern, kleinhacken*

ha|dern ⟨V. 417; geh.⟩ **1 mit jmdm.** ~ *streiten, rechten, jmdn. anklagen;* mit **Gott** ~; er hat mit seinen Kindern gehadert **2 mit etwas** ~ *sehr unzufrieden sein, etwas beklagen;* mit seinem Schicksal ~

Ha|des ⟨m.; -; unz.; griech. Myth.⟩ *(nach dem Gott der Toten benanntes) Totenreich, Unterwelt*

Ha|fen[1] ⟨m.; -s, Hä|fen⟩ **1** *geschützter, oft in einer Bucht gelegener Ort, wo die Schiffe anlegen;* Fluss~, See~, Binnen~, Handels~, Kriegs~; künstlicher, natürlicher ~; fremder, heimatlicher, sicherer ~; einen ~ anlaufen; in einen ~ einlaufen; aus dem ~ auslaufen **2** ⟨unz.; a. fig.⟩ *Geborgenheit, geborgener Ort, Ziel, Ende eines Weges;* im sicheren ~ gelandet sein; der ~ der Ehe ⟨fig.; scherzh.⟩ • **2.1 in** den ~ **der Ehe einlaufen** *heiraten*

Ha|fen[2] ⟨m.; -s, Hä|fen; oberdt.⟩ *(bes. irdenes) Gefäß, Topf*

Ha|fer ⟨m.; -s; unz.; Bot.⟩ **1** ⟨i. w. S.⟩ *Angehöriger einer Gattung der Süßgräser: Avena* • **1.1** ⟨i. e. S.⟩ **Gemeiner** ~ *Getreidepflanze mit abstehenden Rispen u. gleichseitig angeordneten, zweiblütigen Ähren: Avena sativa;* oV *Haber;* Rispen~, Saat~, Zucht~ **2 jmdn.** sticht der ~ ⟨fig.⟩ *jmd. ist übermütig*

Ha|fer|flo|cken ⟨Pl.⟩ *in Blättchenform gepresste, von Spelzen gereinigte Haferkörner*

Ha|ferl ⟨n.; -s, -n⟩ *größere Tasse (für Kaffee, Tee o. Ä.)*

Haff ⟨n.; -s, -s⟩ *durch einen Landstreifen vom offenen Meer getrennter Küstensee*

Haft ⟨f.; -; unz.⟩ **1** *Zustand des Verhaftetseins, polizeilicher Gewahrsam;* jmdn. aus der ~ entlassen; sich in ~ befinden; jmdn. (noch) in ~ behalten; in ~ sein; jmdn. in ~ nehmen; in ~ genommen werden **2** ⟨bis 1969⟩ *leichte Freiheitsstrafe, bei der der Gefangene einzeln od. mit anderen zusammen untergebracht sein kann;* Straf~; Einzel~, Gemeinschafts~, Schutz~, Untersuchungs~, Zivil~; ~anstalt; ~aussetzung; milde, strenge ~

...haft ⟨Adj.; in Zus.⟩ *... artig, ... ähnlich, wie ein ...;* romanhaft, schalkhaft

Haft|an|stalt ⟨f.; -, -en⟩ *Gefängnis*

haft|bar ⟨Adj. 24/70; nur in den Wendungen⟩ **1 für etwas** ~ **sein** *für etwas haften, bürgen, verantwortlich sein;* für einen Schaden ~ sein **2 jmdn. für etwas** ~ **machen** *jmdn. für etwas verantwortlich machen;* der Leser wird für den Verlust des Buches ~ gemacht

Haft|be|fehl ⟨m.; -(e)s, -e⟩ *schriftliche, richterliche Anordnung, jmdn. in Haft zu nehmen;* einen ~ erlassen, ausstellen

haf|ten ⟨V.⟩ **1** ⟨400⟩ **etwas** haftet *hängt, sitzt fest, klebt;* das Pflaster haftet gut, schlecht, nicht; das Pflaster haftet an der Haut; an den Schuhen haftet Schmutz, Teer • **1.1** ⟨411⟩ im Gedächtnis ~ *eingeprägt bleiben* • **1.2** ~ **bleiben** *hängen bleiben, kleben bleiben;* das Bonbon ist an den Zähnen ~ geblieben; ⟨aber Getrennt- u. Zusammenschreibung⟩ ~ bleiben = haftenbleiben **2** ⟨800⟩ **für etwas** od. **jmdn.** ~ *bürgen, verantwortlich sein, bei Verlust dafür aufkommen;* Sie ~ dafür, dass nichts passiert; für einen Betrag, eine Summe ~ • **2.1** ~der Gesellschafter *G., der für Schulden mit seinem Vermögen aufkommt* • **2.1.1 beschränkt** ~der Gesellschafter *G., der für Schulden nur in Höhe seines Anteils aufzukommen hat*

haf|ten||blei|ben auch: **haf|ten blei|ben** ⟨V. 114/411 (s.); fig.⟩ eingeprägt bleiben (im Gedächtnis); →a. haften

Häft|ling ⟨m.; -s, -e⟩ jmd., der sich in Haft befindet; politische ~e; die Flucht eines ~s

Haft|pflicht ⟨f.; -; unz.⟩ Pflicht, für bestimmte Schulden od. Schäden aufzukommen; eine ~versicherung abschließen

Haf|tung ⟨f.; -; unz.⟩ **1** das Haften, Verpflichtung, für etwas zu haften • 1.1 (keine) ~ für etwas übernehmen; für abhandengekommene Garderobe wird keine ~ übernommen (Aufschrift auf Schildern in Gaststätten, Wartezimmern usw.); →a. Gesellschaft (6.2)

Hag ⟨m.; -(e)s, -e; schweiz.⟩ **1** eingehegtes Grundstück • 1.1 umgrenztes Waldgrundstück **2** Hain, kleiner Wald, Gestrüuch, Buschwerk; Rosen~

Ha|ge|but|te ⟨f.; -, -n; Bot.⟩ rötliche Scheinfrucht verschiedener (wilder) Rosen (das getrocknete Fruchtfleisch wird u. a. als Tee verwendet)

Ha|gel ⟨m.; -s; unz.⟩ **1** Niederschlag in Form von Eisstückchen, die größer sind als Graupeln; ~ vernichtete die Ernte; der ~ prasselte, trommelte an die Scheiben **2** ⟨veraltet; Jägerspr.⟩ Schrot **3** ⟨fig.⟩ dichte Menge von niederprasselnden, harten Gegenständen, Flut; Granat~, Bomben~, Stein~; ein ~ von Geschossen, Schimpfwörtern, Steinen

ha|geln ⟨V.⟩ **1** ⟨401⟩ **es** hagelt Hagel fällt, Niederschlag fällt in Form von Hagel • 1.1 es hagelte Taubeneier ⟨fig.⟩ der herabfallende Hagel war so groß wie T. **2** ⟨501 od. 400⟩ **es hagelt etwas** od. etwas hagelt ⟨fig.; umg.⟩ etwas fällt dicht u. in großer Menge herab; es hagelte Steine • 2.1 etwas folgt in großer Menge auf- od. hintereinander; es hagelte Fragen, Proteste, Flüche; die Vorwürfe hagelten von allen Seiten

Ha|gel|schlag ⟨m.; -(e)s, -schläge⟩ Hagel, Fallen von Hagel, heftiger Hagelschauer

ha|ger ⟨Adj.⟩ groß od. lang u. mager, dürr, abgezehrt, schmal u. knochig; ein ~es Gesicht; ein ~er Mensch; eine ~e Gestalt

Ha|ge|stolz ⟨m.; -es, -e⟩ älterer, etwas wunderlicher Junggeselle

Hä|her ⟨m.; -s, -; Bez. für⟩ verschiedene waldbewohnende Gattungen der Rabenvögel mit meist buntem Gefieder; Eichel~; Unglücks~; Tannen~

Hahn ⟨m.; -(e)s, Häh|ne⟩ **1** ⟨Zool.⟩ das männliche Tier vieler Arten u. Gattungen von Vögeln; Auer~, Birk~, Finken~ • 1.1 ⟨i. e. S.⟩ männliches Tier der Haushühner, → Huhn (1.1); herumstolzieren wie ein ~ auf dem Mist; früh, wenn die Hähne krähen • 1.1.1 danach kräht kein ~ ⟨fig.⟩ niemand kümmert sich darum, interessiert sich dafür • 1.2 ~ im **Korbe** sein ⟨fig.⟩ der einzige Mann unter Frauen in einer Gesellschaft • 1.3 Wetterfahne in Gestalt eines Hahnes (1.1); Turm~; Wetter~ **2** ⟨Tech.⟩ Vorrichtung zum Sperren u. Öffnen von Rohrleitungen; Gas~, Wasser~; den ~ aufdrehen, öffnen, schließen, zudrehen; die Hähne putzen **3** Hebel an Handfeuerwaffen zum Auslösen des Schusses; Gewehr~ • 3.1 den ~ spannen das Gewehr schussbereit machen

Hähn|chen ⟨n.; -s, -⟩ **1** junger Hahn • 1.1 geschlachtetes Hähnchen (1), das als Speise zubereitet wird (~filet, ~schenkel; Grill~); ein ~ braten, rupfen, essen

Hah|nen|fuß ⟨m.; -es; unz.; Bot.⟩ einer Gattung der Hahnenfußgewächse angehörendes Kraut od. kleine Staude mit gelben od. weißen Blüten: Ranunculus; Flutender ~; Knolliger ~; Kriechender ~; Scharfer ~; Brennender ~

Hai ⟨m.; -(e)s, -e; Zool.⟩ Angehöriger einer Ordnung der Knorpelfische, dessen Körper mit Schuppen bedeckt ist, die den Zähnen der höheren Wirbeltiere ähnlich u. in der Mundgegend vergrößert sind u. hier eine Fangu. Fressfunktion besitzen: Selachii; Blau~, Tiger~, Menschen~

Hain ⟨m.; -(e)s, -e⟩ **1** kleiner lichter Wald; Buchen~, Fichten~ **2** ⟨Antike⟩ einer Gottheit heiliger Wald, meist mit deren Tempel

Häk|chen ⟨n.; -s, -⟩ **1** kleiner Haken; das Bild hängt an einem ~ **2** ⟨Gramm.⟩ Schriftzeichen in Form des Häkchens (1) **3** früh krümmt sich, was ein ~ werden will ⟨Sprichw.⟩ die Charakteranlage zeigt sich früh

hä|keln ⟨V.⟩ **1** ⟨402⟩ (**etwas**) ~ mit der Häkelnadel einen Faden zu Maschen verschlingen, die in Reihen aneinandergefügt werden; eine Decke, einen Topflappen ~ **2** ⟨417/Vr 3 od. Vr 4⟩ **sich** (**mit jmdm.**) ~ ⟨fig.; umg.⟩ sich halb scherzhaft streiten

ha|ken ⟨V.⟩ **1** ⟨511⟩ **etwas in, an etwas** ~ mit einem Haken anhängen, befestigen, mit einem Haken fassen; sie hat den Haken in die Öse gehakt; die Bergsteiger hakten die Seile an die Gürtel **2** ⟨411⟩ **an etwas** ~ ⟨umg.⟩ wie an einem Haken festhängen, verklemmt sein; der Schlüssel hakt an einer Stelle; die Angelschnur hat irgendwo gehakt

Ha|ken ⟨m.; -s, -⟩ **1** Holz- od. Metallstück mit gebogenem Ende, das dazu dient, einen Gegenstand aufzuhängen, zu ergreifen, festzuhalten, heran- od. wegzuziehen; Bilder~, Kleider~, Karabiner~; Schnur~; Angel~; ein Bild hängt am ~; den Hut, Mantel an den ~ hängen; einen ~ ans Kleid nähen; die Jacke wird mit einem ~ geschlossen; den Hut, Mantel vom ~ nehmen • 1.1 ~ und Öse Verschluss für Kleider **2** ⟨fig.⟩ Schwierigkeit, Fehler, verborgenes Problem; da steckt der ~!; die Sache hat einen ~ **3** ⟨fig.⟩ Winkel, Ecke • 3.1 einen ~ schlagen plötzlich die Richtung ändern, bes. auf der Flucht, um Vorsprung zu gewinnen (Hase, a. von Personen) **4** Schnörkel; einen ~ an einen Buchstaben machen **5** Schriftzeichen od. Teil davon; U~ **6** ⟨Boxsp.⟩ Schlag, bei dem die Armhaltung an die Form eines Hakens (1) erinnert; Kinn~; linker, rechter ~ **7** ⟨Jägerspr.⟩ **7.1** Eckzahn im Oberkiefer des Rotwilds; Hirsch~ • **7.2** Eckzahn der Wildsau im Ober- u. Unterkiefer • **7.3** Horn der Gämse

halb ⟨Adj. 24/90⟩ **1** in zwei gleiche Teile geteilt, nur einen von zwei gleichen Teilen eines Ganzen umfassend, die Hälfte von; ein ~es Kilo; ein ~es Brot; eine ~e Kartoffel; ein ~er Meter; die ~e Stadt; Kinder zahlen den ~en Preis; ein ~es Jahr; eine und eine ~e Stunde • 1.1 alle ~en Stunden in Abständen von 30 Minuten • 1.2 die Uhr hat ~ geschlagen die halbe

halb...

Stunde, 30 Minuten nach der vollen Stunde • **1.3** es ist ~ drei (Uhr) *die Hälfte der dritten Stunde ist vorbei* • **1.3.1** es ist fünf Minuten vor ~ (drei) *in fünf Minuten ist die Hälfte der (dritten) Stunde vorbei* • **1.4** nur ~e Tage arbeiten *nur vier Stunden täglich* • **1.5** **auf** ~em **Wege**, auf ~er **Höhe** *etwa in der Mitte des Weges, der Höhe* • **1.6** die ~e Stadt ist auf den Beinen (fig.) *viele (eigtl. die Hälfte) der Einwohner* • **1.7** eine Halbe *ein halbes Maß (Bier)* • **1.8** ~e-~e machen (umg.) *(den Gewinn) zu zweit teilen* **2** zur Hälfte; das Treffen war ~ amtlich, ~ privat • **2.1** er war sein ~es Leben lang auf Reisen *während der Hälfte seines Lebens* **3** ~ **und** ~ *von beiden gleich viel, zu zwei gleichen Teilen;* wie viel von beiden Flüssigkeiten soll ich nehmen? ~ und ~!; ein Pfund Gehacktes ~ Rind, ~ Schwein; ~ Wein, ~ Wasser **4** ~ ..., ~ ... *teils ... teils ...;* ~ hatte ich Angst, ~ trieb mich die Neugierde vorwärts • **4.1** bist du zufrieden? (Nur) ~ und ~ (umg.) *nicht sehr* • **4.2** ~ lachend, ~ ärgerlich *zugleich lachend und ärgerlich, zwischen beidem schwankend* **5** *nur einen Teil von etwas ausmachend;* mit ~er Kraft • **5.1** mit ~er Stimme sprechen *gedämpft reden* • **5.2** wenn du es so machst, hast du nur die ~e Arbeit *viel weniger A.* • **5.3** mit ~er Geschwindigkeit *sehr langsam* • **5.4** **nicht** ~ **so ... wie** *in bedeutendem Maße weniger ... als;* ich kann nicht ~ so viel von dem, was du mir aufgegeben hast, essen; er ist (nicht) ~ so fleißig, groß wie du **6** (fig.) *fast, beinahe;* die Frist ist schon ~ vorbei, ~ um (umg.); der Lärm macht mich ~ krank (umg.); frisch gewagt, ist ~ gewonnen (Sprichw.); sich ~ totlachen (fig.; umg.; scherzh.) • **6.1** er schlief noch ~ (umg.) *er war noch nicht richtig munter* • **6.2** er ist ja noch ein ~es Kind *noch nicht erwachsen* • **6.3** der Junge ist schon ein ~er Elektriker *versteht schon eine Menge von der Elektrizität* • **6.4** ein ~er **Ton** *kleinste Tonstufe der diatonischen Tonleiter* **7** (fig.; umg.) *nicht ganz, nicht richtig, nicht ordentlich, nicht gründlich;* ~ angezogen; du hast wieder nur ~ aufgegessen; er hat die Sache nur ~ verstanden; er macht alles nur ~; nur ~ zuhören • **7.1** diese Arbeit ist nichts Halbes und nichts Ganzes *nicht ordentlich, nicht gründlich gemacht* • **7.2** nur mit ~em Ohr zuhören *nicht richtig, nicht aufmerksam* • **7.3** eine ~e **Maßnahme** *eine ungenügende M.* • **7.4** wenn er kein Auto, seinen Computer nicht hat, ist er nur ein ~er Mensch (umg.; scherzh.) *ist er nicht zufrieden, fühlt er sich nicht wohl, fehlt ihm etwas Wesentliches* **8** (Getrennt- u. Zusammenschreibung) • **8.1** ~ **blind** = halbblind • **8.2** ~ **reif** = halbreif • **8.3** ~ **roh** = halbroh • **8.4** ~ **tot** = halbtot • **8.5** ~ **voll** = halbvoll

halb... (in Zus.) **1** *zur Hälfte* **2** (umg.) *nicht ganz, zum Teil*

halb|amt|lich (Adj. 24) *nicht amtlich, jedoch unter Mitwirkung von amtlichen Mitarbeitern verbreitet, noch nicht ganz offiziell;* ~e Informationen, Verlautbarungen; *(aber Getrenntschreibung)* halb amtlich → *halb* (2)

halb|blind auch: **halb blind** (Adj. 24) *fast erblindet, schlecht sehend*

hal|ber (Präp. mit Gen.) *wegen, um ...willen;* der Bequemlichkeit ~; wichtiger Geschäfte ~

Halb|heit (f.; -, -en) *etwas Halbes, Unvollkommenes, Unzulängliches, Mangelhaftes;* sich nicht mit ~en zufriedengeben

hal|bie|ren (V. 500) **etwas** ~ *in gleiche Hälften teilen;* einen Apfel, Kuchen ~

halb|leer auch: **halb leer** (Adj. 24/60) *nur zur Hälfte geleert;* ein ~es Glas; die Flasche, das Glas, der Eimer ist ~

halb|mast (Adv.) *(als Zeichen der Trauer) nur bis auf halbe Höhe des Fahnenmastes hochgezogen* (Fahne); (auf) ~ flaggen; die Flaggen (auf) ~ setzen

halb|reif auch: **halb reif** (Adj. 24/70) *nicht ganz reif;* ~e Äpfel; die Äpfel sind erst ~

halb|roh auch: **halb roh** (Adj. 24/70) *noch nicht gar, nur halb gekocht;* ~es Fleisch

halb|tot auch: **halb tot** (Adj. 24) *fast tot, zu Tode erschöpft, unfähig, sich zu bewegen;* ein ~es Tier; er war schon ~; ich war ~ vor Angst

halb|voll auch: **halb voll** (Adj. 24/70) *nur zur Hälfte gefüllt;* ein ~er Teller; das Glas ist ~

halb|wegs (Adv.; fig.; umg.) *ungefähr, einigermaßen;* ~ gutes, schönes Wetter; etwas ~ ordentlich machen

Halb|welt (f.; -; unz.) *elegante, aber anrüchige, zwielichtige Gesellschaftsschicht*

halb|wüch|sig ([-ks-] Adj. 24/70) *noch nicht erwachsen;* ein ~er Bursche, ~es Mädchen

Halb|wüch|si|ge(r) ([-ks-] f. 2 (m. 1)) *junger Mensch, der nicht mehr Kind, aber auch noch nicht erwachsen ist;* die Probleme der ~n; randalierende ~ zerstörten die Absperrung

Halb|zeit (f.; -, -en; Sp.) *halbe Spielzeit (bei sportlichen Wettkämpfen, bes. bei Mannschaftsspielen);* erste, zweite ~

Hal|de (f.; -, -n) **1** (geh.) *abfallende Seite eines Berges, Abhang;* eine steile, steinige ~ **2** *Hügel aus Schutt od. Schlacken, taubem Gestein;* Schutt~, Kohlen~, Trümmer~; Gestein auf die ~ fahren, kippen

Hälf|te (f.; -, -n) **1** *einer von zwei gleichen Teilen eines Ganzen;* die eine und die andere ~; einen Apfel in zwei ~n teilen; die ~ der Wand wird von einem Schrank verdeckt; er hat den Apfel zur ~ gegessen; ich habe nur die ~ von dem gehört, verstanden, was er gesagt hat • **1.1 um die** ~ **kleiner** *halb so groß* • **1.2 um die** ~ **größer** *einundeinhalb Mal so groß* • **1.3 zur** ~ *halb* **1.4** die **kleinere** ~ (umg.) *etwas weniger als die H.* • **1.5** die **größere** ~ (umg.) *etwas mehr als die H.* • **1.6** meine **bessere** ~ (fig.; umg.; scherzh.) *meine Frau (bzw.) mein Mann* **2** (umg.) *die* ~ *einer* **Strecke, Fläche** *die Mitte;* bis zur ~ des Weges gehen; auf der ~ des Weges umkehren; einen Bogen Papier genau in der ~ durchschneiden

Half|ter[1] (n.; -s, -) *Zaum ohne Gebiss;* ein Pferd am ~ führen

Half|ter[2] (f.; -, -n) *Satteltasche für Pistolen;* Pistolen~

Hall (m.; -(e)s; unz.) **1** (geh.) *das Hallen, dröhnender Ton od. Klang, Schall;* Donner~; der ~ der Posaunen **2** *Widerhall, Echo, Nachhall;* der ~ seiner Stimme

Hal|le ⟨f.; -, -n⟩ **1** *großer, hoher Raum, Saal;* Ausstellungs~, Bahnhofs~, Fabrik~, Flugzeug~, Lager~, Markt~, Turn~; Verkaufs~, Werk~; die Maschinen sind in der ersten ~ ausgestellt **2** *großer Empfangsraum in Geschäftshäusern;* jmdn. in der ~ empfangen **3** *Empfangs- und Aufenthaltsraum in Hotels;* bitte warten Sie in der ~ • **4** *weiträumiger Säulengang;* Säulen~; in diesen heiligen ~n ⟨poet.⟩

hal|le|lu|ja! ⟨Int.⟩ *lobet den Herrn! (Ruf in Kirchenliedern, Psalmen u. Ä.)*

hal|len ⟨V. 400⟩ *dröhnend od. hohl tönen, schallen, klingen;* seine Stimme hallte in dem Gewölbe; seine Schritte hallten durch die Nacht; ~des Gelächter, Getöse; die ~den Räume eines Schlosses

Hal|len|bad ⟨n.; -(e)s, -bä|der⟩ *Badeanstalt in einem Gebäude;* Ggs *Freibad*

Hal|lo ⟨n.; -s, -s⟩ *Lärm, Aufregung, freudiges od. überraschtes Durcheinander, Stimmengewirr;* es gab ein großes ~, als er kam; er wurde mit lautem ~ begrüßt

hal|lo! ⟨Int.⟩ **1** ⟨a. [-'-]⟩ *Ausruf der Begrüßung, der freudigen Überraschung (beim unerwarteten Aufeinandertreffen);* ~! Wie geht's?; ~! Du hier?; ~! Was machst du denn hier? **2** *Ruf, um jmdn. auf sich aufmerksam zu machen, dessen Namen man nicht weiß;* ~, Sie! ⟨umg.⟩ **3** *Ruf od. Frage am Telefon, wenn man sich meldet, zum Zeichen der Anwesenheit od. wenn man wissen will, ob der andere Teilnehmer (noch) hört;* ~, hören Sie mich noch? **4** *Ruf, um Aufmerksamkeit zu erregen, wenn niemand in der Nähe ist, im Wald, beim Eintritt in einen leeren Raum usw.;* ~? Ist jemand dort?

Hal|lu|zi|na|ti|on ⟨f.; -, -en⟩ *trügerische, als real empfundene Wahrnehmung, Sinnestäuschung (z. B. nach der Einnahme von Drogen);* an, unter ~en leiden

Halm ⟨m.; -(e)s, -e⟩ **1** *hohler, durch quer gestellte Scheidewände gegliederter Stängel von Gräsern u. Getreide;* lange, geknickte ~e • **1.1** die **Ernte auf** dem ~ **(ver)kaufen** *Getreide kaufen od. verkaufen, ehe es geerntet ist*

Ha|lo|gen ⟨n.; -s, -e; Chem.⟩ *Element aus der 7. Hauptgruppe des Periodensystems der Elemente (Fluor, Jod, Chlor, Brom, Astat)*

Ha|lo|gen|lam|pe ⟨f.; -, -n⟩ *sehr leistungsfähige Glühlampe mit kleinem Glühkolben, das Füllgas ist mit einem Zusatz von Halogen (Brom od. Jod) versehen*

Hals ⟨m.; -es, Häl|se⟩ **1** ⟨i. w. S.⟩ *sich verjüngender Teil des Körpers od. der Organe, die meist die Verbindung zu anderen Teilen bilden:* Cervix **2** ⟨i. e. S.⟩ *schmales Verbindungsstück von Rumpf u. Kopf bei Mensch u. Tier;* mir tut der ~ (beim Schlucken) weh; das Herz schlug mir bis zum ~ (herauf); der Bissen, die Gräte blieb ihm im ~e stecken; →a. *haben (4.3)* • **2.1** ~ und Beinbruch! *alles Gute* • **2.2** ~ **über Kopf** *überstürzt, zu eilig* • **2.3** jmdm. **um** den ~ **fallen** *jmdn. umarmen* • **2.4** jmdm. weinend am ~ **hängen** *jmdn. weinend umarmen* • **2.5** **jmd. bricht jmdm.** den ~ *tötet jmdn.* • **2.5.1** **jmd. bricht sich** den ~ *stirbt, bricht sich das Genick* • **2.5.2** einem **Vogel** den ~ **umdrehen** *den V. töten* • **2.6** *sich nach etwas* od.

jmdm. den ~ **verrenken** *angestrengt od. neugierig nach etwas od. jmdm. ausschauen* • **2.7** sich einem Mann **an** den ~ **werfen** ⟨umg.⟩ *ihm nachlaufen, sich ihm aufdrängen (Mädchen)* **3** *Kehle;* der ~ schmerzt mich, ist entzündet • **3.1** er kann den ~ nicht voll genug kriegen ⟨umg.⟩ *er kann nicht genug kriegen, ist unersättlich* **4** ⟨fig.⟩ *enger, schmaler, oberer Teil an Flaschen, Musikinstrumenten, Säulen u. a.;* Flaschen~ **5** ⟨fig.⟩ • **5.1** jmdm. mit etwas **vom ~e gehen, bleiben** ⟨umg.⟩ *jmdm. mit etwas in Ruhe lassen, verschonen;* bleib mir (damit) vom ~e • **5.2** sich etwas od. jmdn. **vom ~e schaffen** *sorgen, dass man etwas od. jmdn. loswird* • **5.3** sich etwas **auf den ~ laden** ⟨umg.⟩ *etwas Belastendes übernehmen* • **5.4** jmdn. **auf dem ~(e) haben** ⟨umg.⟩ *jmdn. zu Besuch haben od. für jmdn. sorgen müssen, der einem lästig ist* • **5.5** jmdm. jmdn. **auf den ~ hetzen** *zu jmdm. jmdn. schicken, der dort unerwünscht ist* • **5.6** es hängt, **wächst mir zum ~(e) heraus** ⟨umg.⟩ *ich habe es satt* • **5.7** **bis an** den ~ *ganz und gar* • **5.7.1** das Wasser reicht ihm bis an den ~ ⟨a. fig.⟩ *er hat große (bes. finanzielle) Schwierigkeiten* • **5.7.2** etwas bis an den ~ satt haben *ganz u. gar satt haben* • **5.7.3** bis an den ~ in Schulden stecken *überschuldet sein, große S. haben* **6** ⟨Jägerspr.⟩ *Gebell (des Hundes)* • **6.1** ~ **geben** ⟨Jägerspr.⟩ *bellen, anschlagen (vom Hund)*

Hals|ab|schnei|der ⟨m.; -s, -; umg.⟩ *Wucherer;* ein gerissener ~

hals|bre|che|risch ⟨Adj.⟩ *so beschaffen, dass man sich den Hals dabei brechen kann, tollkühn, lebensgefährlich;* eine ~(e) Klettertour, Geschwindigkeit

Hals|schmer|zen ⟨Pl.⟩ *durch eine Entzündung (häufig der Rachenmandeln) entstandene Schmerzen im Hals;* aufgrund von ~ nicht schlucken können

hals|star|rig ⟨Adj.; abwertend⟩ *eigensinnig, dickköpfig;* ein ~er Mensch; ~ sein, bleiben

halt[1] ⟨Adv.; Partikel; süddt.⟩ *einfach, eben, nun einmal;* ich möchte es ~ gar zu gern!; wenn es nicht geht, musst du es ~ seinlassen; wir müssen es ~ versuchen

halt[2] **1** ⟨Imperativ von⟩ *halten;* laut halt/Halt rufen; ; ~!, wer da? *(Ruf u. Frage des Postens);* Abteilung ~! ⟨militär. Kommando⟩; →a. *Halt (1)* **2** ⟨Int.⟩ ~! *still!, genug!, aufhören!*

Halt[1] ⟨m.; -(e)s, -s; Pl. selten⟩ **1** *das Anhalten, Stillstand;* jmdm. ~ gebieten; ein lautes ~ rufen **2** *Stütze;* (mit den Händen od. Füßen beim Klettern) keinen ~ finden; er suchte ~ am Geländer **3** *fester Stand, Standfestigkeit;* den ~ verlieren; einem Baum durch einen Pfahl ~ geben; das Regal hat so keinen od. zu wenig ~ **4** ⟨fig.⟩ *(Person, die jmdm.) Stütze od. Rückhalt (ist);* er ist ihr einziger ~ (im Leben) gewesen; innerer ~; moralischer ~; einen (inneren) ~ an jmdm. haben; ein Mensch ohne inneren, ohne jeden ~; den ~ verlieren; bei jmdm. ~ suchen, finden **5** ⟨Getrennt- u. Zusammenschreibung⟩ • **5.1** ~ **machen** = *haltmachen*

Halt[2] ⟨m.; -(e)s; unz.; schweiz.⟩ *Umfang, Größe (von Landbesitz);* eine Parzelle im ~ von 2500 m²

halt|bar ⟨Adj.⟩ **1** *so beschaffen, dass es lange hält, dauerhaft, fest, stark, widerstandsfähig;* etwas ~ *verpacken;* Lebensmittel ~ *machen;* ~e Lebensmittel **2** ⟨40⟩ *eine* Sache *ist nicht* ~ *ist nicht aufrechtzuerhalten;* diese Behauptung, These ist nicht ~

hal|ten ⟨V. 160⟩ **1** ⟨500⟩ • **1.1** ein **Lebewesen** *oder etwas* ~ *mit den Händen erfassen u. veranlassen, dass jmd. od. etwas den Ort nicht verändert;* ein Kind ~; den Korb ~; ein Möbelstück (beim Umräumen) ~; das Steuer richtig ~; das Messer am Griff ~; das Kind im Arm ~; einen Gegenstand in der Hand ~; haltet den Dieb!; ich kann den Hund, das Pferd nicht mehr ~ • **1.2** ⟨511⟩ • **1.2.1** jmdn. od. einen Gegenstand **an** einem **Ort** ~ *veranlassen, dass er einen O. nicht verlässt* • **1.2.2** jmdn. an einem Körperteil ~ *anfassen und nicht wieder loslassen (um jmdn. zu stützen od. zu führen);* das Kind an (bei) der Hand ~ • **1.3 Harn,** Wasser nicht mehr ~ *können urinieren müssen* • **1.4** ⟨511⟩ *etwas in Richtung von etwas* ~ *etwas in R. von etwas, in eine bestimmte Lage bringen;* etwas in die Höhe ~; ein Stück Papier gegen das Licht ~; die Hand vor den Mund, vor die Augen ~ • **1.5** jmd. ist nicht zu ~ ⟨fig.⟩ *ist ungeduldig, aufgeregt, kann nicht länger warten;* es gab kein Halten mehr **2** ⟨500⟩ *erfüllen, einhalten, sich richten nach* • **2.1** den Kurs, die **Richtung** ~ *nicht verändern, beibehalten* • **2.1.1** der Jagdhund hält die **Fährte** *verfolgt die F. unbeirrt* • **2.2** jmd. hält einen Rekord *hat die höchste beobachtete Leistung erzielt* • **2.3** die **Wärme** ~ *bewahren;* die Glut im Ofen ~ • **2.4** den **Ton,** den **Takt** ~ ⟨Mus.⟩ *die richtige Tonlänge, den richtigen Takt einhalten* • **2.5** sein Wort, **Versprechen** ~ *tun, was man versprochen hat* • **2.6** *haben, bewahren, machen;* Ordnung ~, Rast, Ruhe ~; Mittagsschlaf ~; Wache ~ • **2.6.1 Hochzeit** ~ *feiern* • **2.6.2** eine **Rede** ~ *eine R. vortragen;* einen Vortrag, eine Predigt ~ • **2.6.3 Unterricht** ~ *unterrichten* • **2.6.4 Gebote** ~ *erfüllen, einhalten, sich nach den G. richten;* Diät ~, Festtage ~ • **2.6.5** kein **Maß** ~ *unmäßig sein;* ⟨aber⟩ →a. *maßhalten* • **2.6.6 Frieden** ~ *mit jmdm.* ~ *den F. bewahren, in F. mit jmdm. leben* • **2.6.7** ⟨500/Vr 7⟩ die **Soldaten** ~ eine **Stellung** *behaupten, verteidigen eine S. mit Erfolg;* die Truppen halten sich, den Berg, die Stadt • **2.7** ⟨503⟩ (jmdm.) die **Treue** ~ *treu bleiben* • **2.8** ⟨503 od. 505⟩ (**mit jmdm. Freundschaft**) ~, (jmdm.) die Freundschaft ~ *mit jmdm. freundschaftlich verbunden bleiben* • **2.9** ⟨505⟩ **Gericht** (**über jmdn.**) ~ *zu G. sitzen und Recht sprechen, verhandeln (über jmdn.), jmdn. vernehmen, verhören* **3** ⟨503/Vr 5⟩ die **Tiere** ~ *aufziehen, pflegen, als Haustiere haben;* sie ~ (sich) Kaninchen, Hühner, Pferde • **3.2** ⟨530/Vr 1⟩ **sich jmdn.** ~ *gegen Bezahlung für sich arbeiten lassen, unterhalten;* sich Angestellte, einen Chauffeur ~; er hält sich eine Geliebte **4** ⟨500/Vr 3⟩ • **4.1** Lebensmittel, Pflanzen ~ sich *bleiben frisch, verderben nicht;* die Rosen ~ sich lange • **4.2** jmd. hält sich (auf einem Posten) *lässt sich nicht verdrängen* • **4.2.1** ⟨511/Vr 3⟩ sich **rechts, links** ~ *immer nach rechts, links gehen, fahren* • **4.2.2** ⟨511/Vr 3⟩ sich **rechts, links** ~ *immer auf der rechten, linken Seite gehen* • **4.3** ein **Zustand** hält sich *ein Z. bleibt, verändert sich nicht;* das gute Wetter wird sich ~ • **4.4** ⟨513/Vr 3⟩ **sich** in einer bestimmten Weise ~ *in einem bestimmten Zustand bleiben;* sich aufrecht ~ • **4.4.1** die Truppe hat sich gut, tapfer gehalten *die T. hat sich g., t. verteidigt* • **4.5** ⟨550/Vr 3⟩ **sich an jmdn.** ~ • **4.5.1** *sich an jmdn. wenden, jmdn. fragen* • **4.5.2** *in jmds. Nähe bleiben* • **4.5.3** ⟨fig.⟩ *jmdn. verantwortlich, haftbar machen* **5** ⟨518⟩ **jmdn.** od. **etwas für jmdn.** od. **etwas** ~ *annehmen, dass es sich um eine bestimmte Sache oder Person handelt;* ich habe dich immer für meinen Freund gehalten; ich halte das Bild für eine Radierung; für wen ~ Sie mich? • **5.1** ⟨513⟩ jmdn. od. etwas für ... ~ *meinen, denken, dass jmd. od. etwas eine bestimmte Eigenschaft hat;* ich halte es für gefährlich; er möchte nicht für unzuverlässig gehalten werden; etwas für falsch, richtig, schlecht ~; für wie alt ~ Sie mich?; ich halte dafür, dass wir jetzt gehen • **5.2** ⟨550⟩ *etwas von einer Sache* ~ *eine Meinung über eine S. haben;* davon halte ich nicht viel • **5.3** ⟨550/Vr 3⟩ **sich an** eine **Regel** ~ *eine R. beachten, einhalten;* sie ~ sich an die Gesetze, Vorschriften **6** ⟨unpersönl.⟩ • **6.1** ⟨517⟩ **jmd.** hält es **mit jmdm.** *hat jmdn. gern, verkehrt viel mit jmdm.;* er hält es mit den Mädchen • **6.2** ⟨553⟩ jmd. hält es mit einer **Sache** ... *verhält sich in einer Angelegenheit ...;* ~ Sie es damit, wie Sie wollen • **6.3** ⟨513⟩ es immer **so** ~ (, dass ...) *es so zu machen pflegen, es immer so machen (, dass ...);* wir haben es immer so gehalten, dass die Kinder zuerst gehen **7** ⟨513⟩ *etwas* **in** einem **Zustand** ~ *veranlassen, dass sich der Z. nicht ändert;* die Fenster geschlossen ~; Getränke kalt ~; das Essen warm ~; ⟨aber⟩ →a. *warmhalten* • **7.1** etwas ~, **wie** man will *tun, machen* • **7.2** jmdn. **streng** ~ *behandeln* • **7.3** einen **Gegenstand** in bestimmten **Farben** ~ *nur bestimmte F. für einen G. verwenden;* der Raum ist ganz in Gelb gehalten **8** ⟨400⟩ • **8.1** ein **Fahrzeug** od. **jmd.** hält *bleibt stehen, fährt nicht weiter;* der Zug hält auf freier Strecke; an der Kreuzung ~ den Fahrer ~ lassen; einen Augenblick ~; den Wagen, Zug zum Halten bringen; es gab kein Halten mehr, alle liefen weg • **8.2** etwas hält *ist dauerhaft, widerstandsfähig, hat Bestand;* die Brücke, der Knoten, das Seil, der Tisch, Stuhl hält; das Eis hält nicht; das wird jetzt ~; diese Freundschaft hält • **8.3** ⟨800⟩ • **8.3.1 an sich** ~ *sich beherrschen, ruhig bleiben;* er konnte nicht mehr an sich ~, er musste dazwischenfahren • **8.3.2 auf jmdn.** od. **etwas** ~ *den Wert einer Person od. Sache erkennen u. sie schätzen u. (od.) sorglich behandeln;* auf Ordnung, auf Kleidung ~; viel, große Stücke auf jmdn. ~ • **8.3.3 auf sich** ~ • **8.3.3.1** *sich pflegen, gut kleiden, gesund leben* • **8.3.3.2** *auf seinen Ruf achten* • **8.4 zu jmdm.** ~ *jmdm. beistehen, jmds. Partei ergreifen*

Hal|ter ⟨m.; -s, -⟩ **1** *Teil eines Gegenstandes, an dem man diesen anfassen u. festhalten kann, Griff, Stiel;* das Gerät hat einen ~ aus Holz **2** *Vorrichtung, die etwas festhält;* Feder~, Strumpf~, Werkzeug~; den Feuerlöschapparat an einem ~ anbringen **3** *Besitzer,*

Verfügungsberechtigter (von Kraftfahrzeugen, Haustieren); Fahrzeug~, Hunde~, Pferde~, Vieh~; für den Schaden ist der ~ des Wagens verantwortlich

Hal|te|rin ⟨f.; -, -rin|nen⟩ *weibl. Halter (3)*

Hal|te|stel|le ⟨f.; -, -n⟩ *Stelle zum Ein- u. Aussteigen, Station (Bus~, Straßenbahn~)*

…hal|tig ⟨in Zus.; zur Bildung von Adj.⟩ **1** *etwas, einen bestimmten Stoff enthaltend, z. B. eisen~, kohlensäure~* **2** *etwas in einer bestimmten Menge enthaltend, z. B. reich~*

halt|los ⟨Adj.⟩ **1** *ohne inneren Halt, unbeständig, wankelmütig; ein ~er Mensch; sie ist ~* **2** ⟨70⟩ *ohne feste Grundlage od. Begründung, unhaltbar; eine ~e Behauptung; dieses Gerücht ist völlig ~*

halt||ma|chen *auch:* **Halt ma|chen 1** ⟨V. 400⟩ *anhalten, stehen bleiben, Rast machen; vor der Schule ~; wir machten auf halber Strecke halt/Halt* **2** ⟨V. 800⟩ **vor jmdm.** od. **einer Sache** ~ ⟨fig.⟩ *zurückschrecken, innehalten, zögern; er macht vor nichts halt/Halt*

Hal|tung ⟨f.; -, -en⟩ **1** ⟨unz.⟩ *~ von* **Tieren** *das Halten (3.1); Vieh~; Pferde~* **2** ⟨Pl. selten⟩ *Körperstellung im Sitzen, Stehen, Gehen, bei Bewegung; bequeme, lässige, stramme ~; eine aufrechte, gute, krumme, schlechte ~ haben; in gebückter ~* **2.1** *~* **annehmen, einnehmen** *sich geraderichten, strammstehen; militärische ~ einnehmen* **3** ⟨Pl. selten; fig.⟩ *Benehmen, Verhalten; vornehme ~; feste, sichere ~* **4** ⟨unz.⟩ *Selbstbeherrschung, Fassung, die sich im Verhalten kundtut; die ~ verlieren; seine ~ bewahren* **5** ⟨Pl. selten⟩ *Einstellung (4), Gesinnung; geistige, sittliche ~; anständige, klare, reservierte, vernünftige, undurchsichtige, vorbildliche ~*

Ha|lun|ke ⟨m.; -n, -n; abwertend⟩ **1** ⟨abwertend⟩ *Betrüger, Schurke, Gauner; dieser ~ hat meine Geldbörse gestohlen; überall Gauner und ~n* **2** ⟨scherzh.; umg.⟩ *Schlingel, frecher Kerl; welcher ~ hat mir die Wurst vom Brot geklaut?*

Hä|ma|tom ⟨n.; -s, -e; Med.⟩ *Bluterguss*

Ham|bur|ger ⟨m.; -s, -⟩ **1** *Einwohner der Stadt Hamburg* **2** ⟨engl. [ˈhæmbœːɡə(r)]⟩ *gebratener Hackfleischklops zwischen zwei Brötchenhälften*

Hä|me ⟨f.; -; unz.⟩ *Gehässigkeit, Missgunst, Bosheit; seinem Gegner stand die ~ ins Gesicht geschrieben*

hä|misch ⟨Adj.⟩ *hinterhältig, schadenfroh, bösartig u. gleichzeitig triumphierend; ~ grinsen, lachen; ~e Bemerkungen über jmdn. od. etwas machen*

Ham|mel ⟨m.; -s, -⟩ **1** *kastrierter Schafbock* • **1.1** *Fleisch vom Hammel (1); heute gab es ~* **2** *du ~!* ⟨Schimpfwort⟩ *Dummkopf*

Ham|mel|sprung ⟨m.; -(e)s, -sprün|ge; Pol.⟩ *Abstimmung im Parlament, indem alle Abstimmenden den Saal verlassen u. ihn in zwei bzw. drei Gruppen (nach Ja- u. Neinstimmen und Stimmenthaltungen) getrennt wieder betreten*

Ham|mer ⟨m.; -s, Häm|mer⟩ **1** *Schlagwerkzeug (urspr. aus Stahl) mit quer zum Stiel (Helm) stehendem Kopf mit flacher Bahn, die gegen ein Werkzeug geführt wird; Holz~, Gummi~; Vorschlag~; Maschinen~, Pressluft~; mit Hilfe eines ~s einen Nagel einschlagen* • **1.1** *Schmiede mit mechanisch betriebenem Hammer (1)* • **1.2** *du musst steigen od. sinken …, Amboss oder ~ sein* (Goethe, „Kophtisches Lied") *entweder du bist selbst schaffend und verändernd tätig od. du musst die Schläge der andern ertragen* **2** ⟨fig.⟩ • **2.1** *zwischen ~ und Amboss geraten in Schwierigkeiten geraten* • **2.2** *unter dem (den) ~ sein* (**kommen**) *versteigert werden; ein Haus, eine Firma unter den ~ bringen* **3** ⟨Sp.⟩ *Wurfgerät, eiserne Kugel mit Draht und Griff zum Schleudern* **4** ⟨Anat.⟩ *das äußere, am Trommelfell angreifende Gehörknöchelchen der Säuger und Menschen*

häm|mern ⟨V.⟩ **1** ⟨400⟩ *mit dem Hammer klopfen, schlagen; den ganzen Tag hat er im Keller gehämmert* **2** ⟨400; fig.⟩ *(rasch) wie mit einem Hammer klopfen, Geräusche wie mit einem Hammer verursachen; oben im Baum hämmerte ein Specht; (mit den Fäusten) an die Tür ~; auf die Tasten (des Klaviers) ~; das Blut hämmert ihm in den Adern, Schläfen; mein Herz hämmerte zum Zerspringen* **3** ⟨531/Vr 5 od. Vr 6⟩ *jmdm. etwas in etwas ~* ⟨umg.⟩ *fest, tief einprägen; er hat ihm seine Pflichten ins Bewusstsein, Gewissen gehämmert* **4** ⟨500⟩ *etwas ~ mit dem Hammer bearbeiten; Metall ~; gehämmertes Silber, Gold, Messing*

Hä|mor|rho|i|de ⟨f.; -, -n; meist Pl.; Med.⟩ *Krampfadern, die als knotenförmige Erweiterungen der unteren Mastdarmvenen auftreten;* oV *Hämorride*

Hä|mor|ri|de ⟨f.; -, -n; meist Pl.; Med.⟩ *= Hämorrhoide*

ham|peln ⟨V. 400; umg.⟩ *sich unruhig hin und her bewegen, zappeln, Faxen machen; hampel doch nicht so herum!*

Hams|ter ⟨m.; -s, -; Zool.⟩ *einer Unterfamilie der Mäuse angehörendes Nagetier mit großen Backentaschen zum Transport der Nahrungsvorräte: Cricetidae*

hams|tern ⟨V. 402⟩ *(etwas) ~* ⟨umg.⟩ *ähnlich dem Hamster Vorräte aufhäufen, speichern*

Hand ⟨f.; -, Hän|de⟩ **1** *das mit dem Vorderarm verbundene Greif- und Tastglied von Menschen u. Affen; heiße, warme, kalte, feuchte Hände; breite, schmale, große, kleine, kräftige, zarte, schöne, harte, weiche Hände; behaarte, edel geformte, gepflegte Hände haben; jmdm. die ~ geben, reichen; jmdm. die ~ (zur Versöhnung) bieten; die Hände falten; sich die Hände waschen, bürsten; sich die Hände reiben (vor Kälte, vor Vergnügen od. Schadenfreude); jmdm. die Waffe aus der ~ schlagen; bittend die Hände heben; einem Kind die ~ führen (beim Schreiben); jmdm. bei der ~ fassen; Wasser aus der hohlen ~ trinken; auf den Händen stehen oder laufen können; meine ~ zittert; jmdm. die ~ od. die Hände auflegen (um ihn zu segnen od. um ihm durch innere Kräfte zu heilen suchen); jmdm. die ~ drücken, schütteln (zur Begrüßung, zum Abschied, zum Beglückwünschen); einen heißen Topf mit bloßen Händen angreifen; die ~ voll Beeren haben; jmdm. die ~ zum Kuss reichen; jmdm. einer Dame die ~ küssen; (ich) küss' die ~ (österr. Grußformel gegenüber Frauen); die Augen mit der ~ gegen die Sonne schützen; einen Brief mit der ~ schreiben (nicht am Computer); Götz von Berlichingen mit der ei-*

Hand

sernen ~ (Titel eines Schauspiels von Goethe); Hände hoch! (Aufforderung an den Gegner, damit man vor Angriff sicher ist); jmdm. die Mittel an die ~ geben, etwas zu erreichen, zu tun; das Geheimdokument ist in die falschen Hände gelangt, geraten; einen Gegenstand in die ~ nehmen; ein Kind an die ~ nehmen; jmdm. an der ~ führen; in die Hände klatschen; den Kopf in die ~ stützen; in die Hände spucken (um zupacken zu können); von ~ (gearbeitet); die Hände ringen (vor Verzweiflung); die Hände überm Kopf zusammenschlagen (vor Überraschung, Erstaunen, Entsetzen); einen Gegenstand aus der ~ legen; wenn man ihm den kleinen Finger gibt, will er gleich die ganze ~ ⟨Sprichw.⟩ • 1.1 jmdm. ein **Geldstück** o. a. **in** die ~ **drücken** ⟨a. fig.⟩ *jmdm. mit Geld abfinden* • 1.2 jmdm. eine **Summe Geldes auf** die (**flache**) ~ **zahlen** ⟨a. fig.⟩ *bar, sofort u. ohne Abzug* • 1.3 man sieht die ~ nicht vor **Augen** *es ist so dichter Nebel (od.) so dunkel, dass man nichts sehen kann* • 1.4 etwas ist **mit** Händen zu **greifen,** *kann man mit Händen greifen* ⟨a. fig.⟩ *ist deutlich erkennbar, offensichtlich* • 1.5 **aus** der ~ **fressen** ⟨a. fig.⟩ *sehr fügsam sein (von Menschen)* • 1.6 jmdn. **auf** Händen **tragen** ⟨a. fig.⟩ *für jmdn. mit großer Zuvorkommenheit u. Liebe sorgen* • 1.7 **mit** den Händen **reden** *seine Worte mit lebhaften Handbewegungen unterstreichen, gestikulieren* • 1.8 sich (gegen etwas) **mit** Händen und **Füßen** sträuben, wehren ⟨a. fig.⟩ *sich energisch sträuben, wehren* **2** ⟨Funktionen⟩ • 2.1 *Organ des Besitzes, Genusses;* in andere Hände übergehen; etwas in Händen haben • 2.1.1 etwas aus der ~ **geben** *weggeben* • 2.1.2 **jmdm.** einen Gegenstand in die Hände spielen *veranlassen, dass jmd. unbemerkt in den Besitz eines G. kommt* • 2.1.3 **jmdm.** in die Hände arbeiten *veranlassen, dass jmd. in den Genuss eines (unberechtigten) Vorteils kommt* • 2.1.4 die ~ auf etwas legen *Besitz von etwas ergreifen, etwas beschlagnahmen* • 2.1.5 die ~ auf der Tasche haben ⟨a. fig.⟩ *geizig sein* • 2.2 ⟨a. fig.⟩ *Organ der Verfügung, Gewalt;* jmdm. in die Hände fallen, geraten; er ist Verbrechern in die Hände gefallen; er ist in die Hände von Verbrechern gefallen; er hat es in der ~, ob …; sich in der ~ haben; die Führung liegt in seinen Händen; Firma X, zu Händen des (od.) von Herrn Y (in Adressen); zu Händen des Vorsitzenden • 2.2.1 er ist mit einer Ausrede **rasch bei der** ~ *er hat immer eine Ausrede bereit* • 2.2.2 etwas (nicht) **bei** der ~ **haben** *nicht in greifbarer Nähe;* bitte gib mir das Buch, wenn du es gerade bei der ~ hast • 2.2.3 **etwas an** der ~ **haben** *zum Verkauf, zum Gebrauch, zur Verfügung haben* • 2.2.4 **etwas zur** ~ **haben** *griffbereit haben* • 2.2.5 eine **Sache** in der ~ **haben** *ihren Verlauf bestimmen können* • 2.2.6 alle Fäden laufen in seiner ~ zusammen *er hat die Leitung, er überblickt das Ganze* • 2.2.7 eine **Sache** (**selbst**) in die ~ **nehmen** *(selbst) für die (rasche) Erledigung sorgen* • 2.2.8 um die ~ eines Mädchens anhalten ⟨veraltet⟩ *die Eltern des M. bitten, es heiraten zu dürfen* • 2.2.9 jmdm. die ~ **fürs Leben** reichen ⟨geh.⟩ *jmdn. heiraten* • 2.3 *Organ der Gewaltanwendung*

• 2.3.1 ~ **an sich** legen *Selbstmord begehen* • 2.3.2 die ~ **an jmdn.** legen *jmdn. tätlich angreifen* • 2.3.3 mir ist die ~ ausgerutscht ⟨umg.⟩ *ich habe ihm, ihr eine Ohrfeige gegeben* • 2.3.4 die ~ **gegen jmdn.** erheben *tätlich werden, jmdn. schlagen (wollen)* • 2.3.5 **jmdm. in** die Hände **fallen** *in jmds. Gewalt gelangen* • 2.3.6 jmdm. in den Arm **fallen** *jmdn. an einer Tat (Schlag, Mord usw.) hindern* • 2.4 *Organ der Versorgung, Betreuung, Verwahrung* • 2.4.1 ein **Lebewesen** ist **in guten** Händen *wird gut versorgt, betreut;* einen Hund in gute Hände geben • 2.4.2 **Geld, Wertsachen, Dokumente** sind in **guten** Händen *werden treulich verwahrt;* das Geld ist bei ihm in guten Händen • 2.4.3 etwas in jmds. Hände geben *jmdm. etwas anvertrauen, übertragen* • 2.4.4 er ist dem Arzt unter den Händen gestorben *während der A. ihn behandelte, operierte od. Ähnliches* • 2.5 ⟨a. fig.⟩ *Organ des Schutzes* • 2.5.1 die Hände über jmdn. od. etwas halten *jmdn. od. etwas beschützen, gut hüten* • 2.5.2 seine (schützende) ~ von jmdm. od. etwas abziehen *nicht mehr für jmdn. od. etwas sorgen* • 2.6 *Organ der Arbeit, Tätigkeit, Mitwirkung, Mitarbeit;* jmdm. eine hilfreiche ~ bieten, leihen; rasch bei der ~ sein • 2.6.1 **jmdm. zur** ~ **gehen** *helfen* • 2.6.2 **jmdm. an** die ~ **gehen** ⟨fig.⟩ *helfen* • 2.6.3 **mit jmdm.** ~ **in** ~ arbeiten *mit jmdm. zusammenarbeiten;* das ~-in-~-Arbeiten ist in unserer Firma unerlässlich • 2.6.4 von seiner Hände Arbeit leben *sich selbst erhalten, ohne fremde Hilfe* • 2.6.5 **etwas zur** ~ **nehmen** *ergreifen, um etwas zu tun* • 2.6.6 davon möchte ich lieber die Hände **lassen** *damit möchte ich nichts zu tun haben* • 2.6.7 die ~ **im Spiel** haben (bei etwas) ⟨fig.⟩ *beteiligt sein, bes. bei unlauteren Vorgängen* • 2.6.8 etwas **unter** ~ **haben** *gerade an etwas arbeiten* • 2.6.9 etwas unter der ~ **verkaufen** *heimlich, ohne Aufhebens* • 2.6.10 die Briefe **gehen** alle **durch** seine Hände *er prüft sie alle u. leitet sie weiter* • 2.6.11 die **Arbeit** geht ihr gut, **leicht von** der ~ *sie macht die A. schnell und gut* • 2.6.12 (mit) ~ **anlegen** (bei) *(mit)helfen (bei)* • 2.6.13 die **letzte** ~ an etwas legen, die letzte ~ anlegen *etwas völlig fertig machen, die letzten Kleinigkeiten an etwas anbringen* • 2.6.14 mir sind die Hände gebunden ⟨fig.⟩ *ich kann in dieser Sache nichts tun* • 2.6.15 die Hände in den Schoß legen *müßig sein, untätig sein* • 2.6.16 **alle** Hände **voll** zu tun haben *sehr viel* • 2.6.17 ich habe gerade die Hände **voll** *viel zu tragen* • 2.6.18 ~ voll = *Handvoll* • 2.6.19 keine ~ frei haben *viel Gepäck tragen* • 2.6.20 die Hände in die Taschen stecken ⟨fig.⟩ *nichts arbeiten, nichts tun* • 2.7 ⟨a. fig.⟩ *Versprechen, Verlässlichkeit, Vernunft* • 2.7.1 **jmdm.** etwas in die ~ **versprechen** *fest, mit Handschlag versprechen* • 2.7.2 ~ **aufs Herz!** *gib es ehrlich zu, sei ehrlich* • 2.7.3 jmdm. die ~ **auf etwas** geben *jmdm. etwas versprechen;* gib mir die ~ darauf • 2.7.4 für ihn lege ich die ~ **ins Feuer** *für ihn stehe ich ein, von seiner Anständigkeit bin ich überzeugt* • 2.7.5 die Sache od. alles, was er sagt, hat ~ **und Fuß** *ist vernünftig, richtig, korrekt* • 2.7.6 die Sache hat **weder** ~ **noch Fuß** *hat keinen rechten*

Sinn, keine Grundlage • 2.8 ~ **in** ~ *zusammenwirkend* • 2.8.1 **mit etwas** ~ **in** ~ *gehen zusammenfallen mit etwas, zur gleichen Zeit geschehen* • 2.8.2 **mit jmdm.** ~ **in** ~ *gehen* ⟨fig.⟩ *derselben Meinung sein* • 2.8.3 ~ **in** ~ (mit) *zusammen (mit)* • 2.9 *von* ~ *zu* ~ *von einem zum andern* • 2.9.1 *ein* **Gegenstand** *geht von* ~ *zu* ~ *wurde von einem zum andern weitergereicht, weitergegeben* **3** ⟨fig.⟩ • 3.1 *etwas unter der* ~ **verkaufen** *heimlich, ohne Aufhebens* • 3.1.1 *eine frei gewordene* **Stelle unter** *der* ~ *besetzen ohne öffentliche Ausschreibung* • 3.2 *von der* ~ **in** *den* **Mund** *leben sofort verbrauchen, was man verdient, sich nichts sparen* • 3.3 *das ist nicht von der* ~ *zu weisen das ist wohl möglich, denkbar, nicht ausgeschlossen* • 3.4 *das liegt* **auf** *der* ~ *das ist klar erkennbar* • 3.5 *sich die Hände in Unschuld waschen mit etwas nichts zu tun haben wollen* • 3.6 *eine* ~ *wäscht die andere man hilft sich gegenseitig, ist einander gefällig* • 3.7 *die* ~ *in den Taschen anderer haben andere ausnutzen, ausbeuten;* →a. *Auge (4.2), eigen (1.2), fest (4.1.1), flach (1.2), frei (2.1.2), glücklich (1.1), hart (6.2), Herz (3.1), lang (4.5), leer (1.3), leicht (4.1), linke (1.1, 3.2), locker (5.1), offen (1.3), öffentlich (2.2), recht (1.1, 1.2), rein¹ (2.3), ruhig (1.1), sauber (1.1), schmutzig (1.2), stark (1.3), tot (6.8), treu (3.1), voll (1.3), zart (1.1)* **4** *Fuß, hinterer Körperteil (bei manchen Tieren, z. B. Pferden);* Hinter~ **5** *Handschrift; eine gute, klare, saubere, schöne* ~(schrift) *schreiben* **6** ⟨Getrennt- u. Zusammenschreibung⟩
• 6.1 ~ breit = *Handbreit* 6.2 ~ voll = *Handvoll*

Hand|abzug ⟨m.; -(e)s, -zü|ge⟩ *Abzug eines Drucksatzes auf der Handpresse*

Hand|ar|beit ⟨f.; -, -en⟩ **1** ⟨unz.⟩ *Arbeit mit der Hand, besonders die Handanfertigung von Gebrauchs- od. Kunstgegenständen;* Ggs *Maschinenarbeit;* ~ *leisten* **2** *mit der Hand gearbeiteter Gegenstand, besonders Nadelarbeit; eine wertvolle, feine* ~

Hand|ball ⟨m.; -(e)s; unz.; Sp.⟩ **1** ⟨unz.⟩ *Ballspiel zwischen zwei Mannschaften, bei dem ein Ball durch Zuwerfen ins gegnerische Tor gebracht werden muss* **2** *beim Handball (1) verwendeter Ball*

Hand|breit auch: **Hand breit** ⟨f.; (-) -, (-) -⟩ *Spanne, Abstand von der Breite einer Hand; zwei* ~ *über dem Tisch*

Hand|buch ⟨n.; -(e)s, -bü|cher⟩ *handliches, aber umfassendes Lehrbuch über ein Wissensgebiet; ein medizinisches, juristisches* ~; *ein kurzes* ~ *der Chemie, Physik*

Hand|druck ⟨m.; -(e)s, -e⟩ **1** ⟨unz.⟩ *Stoffdruck ohne Maschine* **2** *vom Künstler selbst, ohne Presse hergestellter Druck*

Han|del¹ ⟨m.; -s; unz.⟩ **1** *gewerbsmäßiger Ein- u. Verkauf von Waren;* Groß~, Klein~; *blühender, lebhafter* ~; *internationaler, privater* ~; ~ *mit Südfrüchten;* ~ *mit den benachbarten Staaten;* (einen schwunghaften) ~ *treiben;* der ~ *liegt darnieder* **2** *Vertrag über Ein- od. Verkauf, Geschäft; einen* ~ *abschließen, rückgängig machen* **3** *Angelegenheit; ein böser, guter* ~ **4** ⟨Getrennt- u. Zusammenschreibung⟩ ~ treibend = *handeltreibend*

Han|del² ⟨m.; -s, Hän|del; meist Pl.⟩ **1** *Streit, Rechtsstreitigkeit;* Rechts~; *einen* ~ *vor Gericht austragen* **2** *Rauferei, Schlägerei;* Händel *anfangen, beginnen, haben, stiften, suchen; in Händel geraten mit jmdm.; Händel mit jmdm. haben, suchen; sich in Händel mit jmdm. einlassen; in Händel verwickelt werden*

Hän|del ⟨Pl. von⟩ *Handel²*

han|deln ⟨V.⟩ **1** ⟨400⟩ *etwas tun, vorgehen, verfahren, einen Entschluss ausführen; als Freund* ~; *an jmdm. gut, schlecht* ~; *genau nach Anweisung* ~; *jetzt ist es Zeit zu* ~, *zum Handeln; eigenmächtig, großzügig, töricht, überlegen, vermessen, weitschauend* ~; *auf eigene Faust* ~ • 1.1 *die* ~**den Personen** *(eines Dramas) die auftretenden, mitwirkenden P.* **2** ⟨400⟩ *Handel treiben, Waren ein- u. verkaufen; mit Getreide, Lebensmitteln, Lederwaren usw.* ~; *an der Börse werden Wertpapiere gehandelt; er handelt in …* ⟨Kaufmannsspr.⟩ • 2.1 *im Großen, im Kleinen* ~ *Groß-, Kleinhandel treiben* 2.2 *feilschen, über den Preis verhandeln; ich handle (nicht) gern; um den Preis, um eine Ware* ~; *er lässt mit sich* ~ • 2.3 *er lässt nicht mit sich* ~ *geht nicht von seiner Forderung ab* **3** ⟨800⟩ **über jmdn.** od. **etwas** ~ ⟨in einem Buch, Vortrag⟩ *über jmdn. od. etwas sprechen* • 3.1 **von etwas** ~ *etwas zum Gegenstand haben, behandeln, berichten von etwas* • 3.1.1 **jmd.** handelt **von jmdm.** od. **einer Sache** *jmd. schreibt von, über jmdn. od. etwas* • 3.1.2 **etwas** handelt **von jmdm.** od. **einer Sache** *etwas hat jmdn. od. etwas zum Gegenstand, behandelt, berichtet von jmdm. oder einer Sache; das Buch, das Fernsehspiel, der Film, das Theaterstück handelt von Napoleon* • 3.2 ⟨550/Vr 3; unpersönl.⟩ *es handelt* **sich um,** *es ist die Rede von, es steht infrage, ob …; worum handelt es sich?; es handelt sich um meine Arbeit, um das Kind; es handelt sich darum, ob es auch lohnt; darum handelt es sich ja gar nicht*

Han|dels|bi|lanz ⟨f.; -, -en⟩ **1** *Abrechnung eines Kaufmanns nach handelsrechtlichen Vorschriften* **2** *Gegenüberstellung von Wareneinfuhr u. -ausfuhr eines Landes* • 2.1 *aktive* ~ *überwiegende Ausfuhr* • 2.2 *passive* ~ *überwiegende Einfuhr*

Han|dels|re|gis|ter ⟨n.; -s, -⟩ *amtliches Verzeichnis aller Einzelkaufleute u. Handelsbetriebe u. ihrer rechtlichen Verhältnisse;* ins ~ *eintragen lassen*

Han|dels|span|ne ⟨f.; -, -n⟩ *Spanne zwischen Herstellungs- od. Einkaufs- u. Verkaufspreis; eine überhöhte, unzureichende* ~

han|del|trei|bend auch: **Han|del trei|bend** ⟨Adj. 24/60⟩ *im* Handel² *tätig, vom* Handel² *lebend; die* ~e *Bevölkerung*

hän|de|rin|gend ⟨Adj. 24/90⟩ *flehentlich, verzweifelt; jmdn.* ~ *um etwas bitten, anflehen*

hand|fest ⟨Adj.⟩ **1** *kräftig, derb, hart; ein* ~er *Knüppel* **2** ⟨fig.⟩ *offensichtlich, deutlich;* ~e *Beweise haben; eine* ~ *Lüge*

Hand|geld ⟨n.; -(e)s, -er⟩ **1** *Geld, das zur Bekräftigung eines Vertrages gegeben wird;* ~ *nehmen* **2** *Vermittlungsgebühr, Provision, Draufgeld* **3** ⟨Mil.; früher⟩

Handgelenk

Zahlung vor der ersten Löhnung (beim Anwerben von Soldaten)

Hand|ge|lenk ⟨n.; -(e)s, -e; Anat.⟩ **1** *Gelenk, das die Hand mit dem Unterarm verbindet;* ich habe mir das ~ gebrochen, verstaucht; ein kräftiges, schmales ~ **2 etwas aus** dem ~ **machen,** schütteln, tun ⟨fig.⟩ *mit spielerischer Leichtigkeit, mühelos zustande bringen;* so einfach aus dem ~ geht das nicht, kann ich das nicht machen

Hand|ge|men|ge ⟨n.; -s, -⟩ *Schlägerei, Rauferei;* ins ~ (miteinander) kommen

hand|greif|lich ⟨Adj.⟩ **1** ⟨fig.⟩ *greifbar, sehr deutlich, einleuchtend, überzeugend;* ein ~er Beweis; jmdm. etwas ~ erklären **2** ⟨24/40⟩ ~ **werden** *tätlich*

Hand|griff ⟨m.; -(e)s, -e⟩ **1** *an einem Gegenstand befindlicher hervorragender Teil, der zum Anfassen, zum Festhalten od. zum Bewegen dieses Gegenstandes dient;* der Koffer, die Tasche hat keinen ~ mehr; ich musst an ~ anfassen **2** *Griff, der für einen Arbeitsgang notwendig ist, Handreichung;* er macht so manchen ~ für mich; die nötigen, richtigen ~e lernen **3** ⟨a. fig.⟩ • **3.1** er darf vorläufig keinen ~ mehr machen *darf nicht arbeiten, muss sich schonen* **3.2** etwas **mit einem** ~ machen *schnell und geschickt;* er hat es mit einem ~ erledigt, geschafft **3.3** es war, ist **nur ein** ~ (für mich) *eine kleine Mühe, nicht der Rede wert*

Hand|ha|be ⟨f.; -, -n; fig.⟩ *Veranlassung, Möglichkeit, Beweis, Argument;* ich besitze keine ~, einschreiten zu können; damit bietet, gibt er mir eine ~ einzugreifen; das wird mir als ~ dienen für …

hand|ha|ben ⟨V. 500; du handhabst; du handhabtest, gehandhabt; zu handhaben⟩ **1** *etwas* ~ *mit der Hand richtig gebrauchen, verwenden;* ein Gerät, Werkzeug zu ~ verstehen, wissen; das Gerät ist bequem, einfach, leicht zu ~; ein Gerät (nicht) richtig ~; etwas mit großer Geschicklichkeit ~ **2** *eine* **Sache** ~ ⟨fig.⟩ *zweckentsprechend anwenden;* wir wollen die Angelegenheit so ~, dass …; Gesetze, Vorschriften ohne Ansehen der Person ~

Han|di|cap ⟨[hændɪkæp] n.; -s, -s⟩ = *Handikap*

Han|di|kap ⟨[hændɪkæp] n.; -s, -s; Sp.⟩ oV *Handicap* **1** *Nachteil, Beeinträchtigung, Hemmnis;* ihre schwache Sehkraft ist ein ~ für viele Berufe **2** ⟨Sp.⟩ *als Vorgabe (an Punkten, Gewicht, Distanz o. Ä.) für leistungsschwächere Teilnehmer entstandener Ausgleich*

Hand|lan|ger ⟨m.; -s, -⟩ **1** *ungelernter Arbeiter, bes. zur Verrichtung von Hilfsarbeiten;* ein ~ in einer Fabrik **2** ⟨fig.; abwertend⟩ *willfähriger, untergeordneter Helfer;* als ~ benutzt werden

Händ|ler ⟨m.; -s, -⟩ *jmd., der gewerbsmäßig Waren ein- und verkauft, Kaufmann* • **1.1** *fliegender* ~ *jmd., der seine Waren nicht im Geschäft, sondern an einem Stand (auf Märkten, Plätzen o. Ä.) verkauft*

Händ|le|rin ⟨f.; -, -rin|nen⟩ *weibl. Händler*

hand|lich ⟨Adj.⟩ **1** *leicht, gut, bequem zu handhaben, für den Handgebrauch besonders geeignet;* ein ~es Buch; dieser Schirm ist sehr ~; Lebensmittel in ~en Packungen **2** ⟨schweiz.⟩ *behände* **3** *leicht greifbar, gleich bei der Hand;* in ~er Nähe

Hand|lung ⟨f.; -, -en⟩ **1** *Tat, Tun;* welches sind die Beweggründe für seine ~?; eine ~ ausführen; bewusste, gute, schlechte, unbewusste ~en; eine edle, feierliche, religiöse ~; die heilige ~ (einer Messe, Taufe) **2** *Vorgang, Geschehen (a. in einer Dichtung);* die ~ des Dramas, Romans; Ort und Zeit der ~ (in einem Theaterstück) **3** *Geschäft, Laden, kaufmännisches Unternehmen;* Buch~, Lebensmittel~; eine zoologische ~

Hand-out auch: **Hand|out** ⟨[hændaʊt] n.; -s, -s⟩ *Arbeitspapier (bei Vorträgen, Konferenzen o. Ä.);* ein ~ verteilen

Hand|pup|pe ⟨f.; -, -n⟩ *Puppe, die nur aus hohlem Kopf u. Kleid besteht zur Vorführung von Puppenspielen, wobei das Kleid über die Hand des Spielers gezogen wird*

Hand|riss ⟨m.; -es, -e⟩ *bei Erdvermessungen angefertigte Zeichnung, in die Grenzen, Grundstückseigentümer, Kulturarten u. Ä. eingetragen werden*

Hand|rü|cken ⟨m.; -s, -⟩ *Außen-, Oberseite der Hand;* sich mit dem ~ die Stirn abwischen

Hand|schlag ⟨m.; -(e)s, -schlä|ge⟩ **1** *Händedruck, Händeschütteln (bes. als alter Brauch zwischen Partnern von Geschäftsabschlüssen);* ein Versprechen durch ~ bekräftigen; jmdn. mit ~ begrüßen, verabschieden; einen Geschäftsabschluss mit einem ~ besiegeln; jmdm. etwas mit ~ versprechen • **1.1** jmdn. durch ~ verpflichten *sich etwas geloben lassen* **2** keinen ~ tun ⟨fig.; umg.⟩ *nichts tun*

Hand|schrift ⟨f.; -, -en⟩ **1** *die Schriftzüge eines Schreibenden, Art dieser Schriftzüge;* ich kann deine ~ kaum lesen; eine ausgeschriebene, gute, deutliche, schlechte, schöne, unleserliche, zügige ~ haben, schreiben **2** = *Manuskript (2)* **3** ⟨Abk.: Hs., Pl. Hss.⟩ *handgeschriebenes, häufig verziertes Buch des MA;* Heidelberger Lieder~; die Bibliothek besitzt auch einige ~en des MA; Sy *Manuskript (1)*

Hand|schuh ⟨m.; -(e)s, -e⟩ **1** *Kleidungsstück für die Hand;* ein Paar ~e; gefütterte, gestrickte ~e; ~e aus Gummi, Leder, Stoff, Wolle, Pelz; die ~e anziehen; die ~e passen, sitzen (nicht) **2** ⟨fig.⟩ • **2.1** jmdn. mit Glacé~en od. seidenen ~en anfassen ⟨fig.; umg.⟩ *sehr vorsichtig behandeln* • **2.2** jmdm. den (Fehde-) ~ hinwerfen, ins Gesicht werfen *jmdn. herausfordern, jmdn. den Kampf ansagen* • **2.3** den (Fehde-) ~ aufnehmen *den Kampf aufnehmen, die Herausforderung annehmen*

Hand|stand ⟨m.; -(e)s, -stän|de; Sp.⟩ *das Stehen auf den Händen, auf dem Boden od. auf Turngeräten;* den ~ machen; im ~

Hand|streich ⟨m.; -(e)s, -e⟩ *geschickter Überfall mit wenigen Leuten;* er kam durch einen ~ an die Macht; eine Festung durch ~ erobern

Hand|ta|sche ⟨f.; -, -n⟩ *über der Schulter od. am Arm zu tragende kleinere Tasche (für Damen);* Leder~, Stoff~

Hand|tuch ⟨n.; -(e)s, -tü|cher⟩ **1** *Tuch zum Abtrocknen des Körpers nach dem Waschen* • **1.1** das ~ **werfen** ⟨Boxsp.; a. fig.⟩ *das Zeichen zur Aufgabe des Kampfes geben*

Hand|um|dre|hen ⟨n.; nur in der Wendung⟩ **im** ~ *sehr schnell, sofort, unmittelbar darauf;* das kann man nicht im ~ erledigen, machen; im ~ hatte er die Aufgabe gelöst; er war im ~ zurück

Hand|voll *auch:* **Hand voll** ⟨f.; (-) -, (-) -⟩ **1** *kleine Menge, so viel, wie man in eine hohle Hand nehmen kann;* eine, einige, etliche, ein paar, zwei ~ Körner streuen; eine ~ Kirschen essen **2** ⟨fig.⟩ *einige, wenige;* ⟨aber Getrenntschreibung⟩ Hand voll → *Hand* (1)

Hand|werk ⟨n.; -(e)s, -e⟩ **1** *(selbstständige) gewerbliche Tätigkeit zur individuellen Bearbeitung von Werkstoffen, auch auf dem Gebiet der Reparaturen u. Dienstleistungen, urspr. im Wesentlichen mit der Hand u. mittels einfacher Werkzeuge;* ein ~ ausüben, betreiben, erlernen • **1.1 jmdm. ins** ~ **pfuschen** • **1.1.1** ⟨fig.⟩ *sich ungefragt u. ungeschickt in fremdes Tätigkeitsfeld einmischen* • **1.1.2** ⟨veraltet; urspr.⟩ *ohne Nachweis der Befähigung in Handwerk (1) ausüben* • **1.2** ~ hat goldenen Boden (Sprichw.) *H. ist eine rechtschaffene Sache, die auch etwas einbringt* • **1.3 jmdm. das** ~ **legen** • **1.3.1** ⟨fig.⟩ *jmdn. an schädlichem Treiben hindern* • **1.3.2** ⟨urspr.; veraltet⟩ *jmdn., der im Handwerk (1) ohne Nachweis der Befähigung betreibt, zwingen, es aufzugeben* **2** *handwerkliches, berufliches Können* • **2.1** er versteht sein ~ *er leistet etwas in seinem Beruf* **3** *Stand, Zunft der Handwerker;* Gott grüße das ehrbare, ehrsame ~! ⟨früher Gruß des auf der Wanderschaft befindlichen Gesellen bei der Einkehr bei Zunftgenossen⟩

Hand|wer|ker ⟨m.; -s, -⟩ **1** *jmd., der beruflich ein Handwerk betreibt;* er ist selbstständiger ~; einen ~ bestellen; die ~ im Haus haben **2** *ein guter* ~ *sein* ⟨fig.⟩ *technisch einwandfrei, aber unschöpferisch arbeiten*

Hand|wur|zel ⟨f.; -, -n; Anat.⟩ *zwischen Unterarm u. Mittelhand befindlicher Teil des Körpers: Carpus*

Han|dy ⟨[hɛndɪ] n.; -s, -s⟩ *kleines, tragbares drahtloses Telefon, Mobiltelefon*

Hand|zei|chen ⟨n.; -s, -⟩ **1** *Zeichen mit der Hand;* das ~ geben • **1.1** *Erheben der Hand als Zeichen der Zustimmung (bei einer Abstimmung);* ich bitte um das ~! **2** *Zeichen (meist drei Kreuze) als Unterschrift von Analphabeten* **3** = *Hausmarke* (1)

ha|ne|bü|chen ⟨Adj.⟩ *unglaublich, unerhört, empörend, dreist;* das ist ja ein ~er Unsinn

Hanf ⟨m.; -(e)s; unz.; Bot.⟩ *einjährige, krautige Pflanze aus der Familie der Hanfgewächse (Cannaboideae), die 2-3 m hoch werden kann, liefert Fasern für Seilerwaren u. gröberes Geflecht: Cannabis sativa;* ~ brechen, hecheln, raufen, rösten, schwingen, spinnen

Hang ⟨m.; -(e)s, Hän|ge⟩ **1** *geneigte Fläche, Abhang;* Berg~; den ~ hinaufsteigen, hinunterrollen; das Haus liegt am ~ **2** ⟨unz.⟩ *hängende Stellung u. die dafür nötigen Griffe am Turngerät;* Knie~; aus dem ~ vom Reck abspringen **3** ⟨fig.⟩ *Neigung, Vorliebe (zu etwas);* einen ~ zum Bösen, Spiel, zur Übertreibung haben

Han|gar ⟨[haŋaːr] od. [-ˈ-] m.; -s, -s⟩ *große Halle zur Unterstellung, Reparatur und Wartung von Flugzeugen u. Luftschiffen*

Hän|ge|mat|te ⟨f.; -, -n⟩ *aus Schnüren geknüpftes, rechteckiges Netz, zwischen zwei Bäume od. Pfosten gespannt als Schlafgelegenheit, auf Schiffen häufig aus Segeltuch*

han|gen ⟨V. 161; schweiz.; sonst veraltet⟩ = *hängen*¹

hän|gen¹ ⟨V. 161⟩ oV ⟨schweiz.⟩ hangen **1** ⟨411⟩ *an seinem oben befindlichen Teil befestigt sein u. nicht den Boden berühren;* hoch oben in der Zirkuskuppel hing der Artist am Trapez; bisher hat das Bild über dem Tisch gehangen; dein Mantel hängt im Schrank; die Beere hängt am Strauch; dichte Regenwolken ~ über den Bergen; es hing an einem Faden, Haar • **1.1** *der Verbrecher sollte* ~ (am Galgen) *durch den Strang getötet, hingerichtet werden* • **1.2** ~ bleiben *festgehalten werden und sich nicht entfernen können;* er ist mit der Hose an einem Ast, Haken, Nagel ~ geblieben; die Fliegen sollen am Fliegenfänger ~ bleiben; gib Acht, dass du nicht mit dem Absatz in diesem Gitter ~ bleibst; ⟨aber Getrennt- u. Zusammenschreibung⟩ ~ bleiben ⟨fig.; umg.⟩ = *hängenbleiben* • **1.3** ~ lassen *etwas Hängendes nicht abnehmen;* du kannst die Wäsche noch ~ lassen; den Kopf, die Ohren ~ lassen ⟨fig.⟩ *den Mut verlieren;* der Hund ließ den Schwanz ~; der Vogel lässt die Flügel ~; ⟨aber Getrennt- u. Zusammenschreibung⟩ ~ lassen ⟨fig.⟩ = *hängenlassen* • **1.4** sie hängt wieder stundenlang am Telefon ⟨fig.; umg.⟩ *sie telefoniert wieder sehr lange* • **1.5** die Zuhörer hingen an seinen Lippen ⟨fig.⟩ *hörten mit großer Aufmerksamkeit zu* • **1.6** das Kind hängt wie eine Klette an ihr ⟨umg.⟩ *weicht nicht von ihrer Seite* • **1.7** mit allem, was drum und dran hängt ⟨fig.⟩ *mit allem, was dazugehört* • **1.8** nach meiner Krankheit ~ mir die Kleider nur so am Leib ⟨fig.; umg.⟩ *ich habe so stark abgenommen, dass die K. mir zu weit geworden sind* • **1.9** ⟨413⟩ *der Baum hängt* **voller** *Früchte ist voll mit Früchten* **2** ⟨400⟩ *schräg abfallen, geneigt sein, sich neigen;* die Wand hängt nach der Seite hin • **2.1** *nach unten gerichtet sein;* eine Blume mit ~den Blättern • **2.2** mit ~den **Ohren** ⟨fig.⟩ *bedrückt, kleinlaut* • **2.3** die Hängenden Gärten *die terrassenförmigen Gartenanlagen von Babylon, nach der Sage von Semiramis erbaut, eines der sieben Weltwunder* **3** ⟨800⟩ • **3.1 an jmdm.** od. **einer Sache** ~ *jmdm. od. einer Sache zugetan sein, sich herzlich verbunden fühlen, jmdn. od. etwas nicht missen wollen;* er hängt sehr an den Kindern, an einem ungebundenen Leben, an dieser Stadt; sie hat sehr an ihrer Schwester gehangen • **3.2 an etwas** ~ *etwas sehr, sehnsüchtig lieben;* sein Herz hängt an dieser Sammlung • **3.3 bei jmdm.** ~ ⟨umg.⟩ *Schulden haben;* ich hänge bei ihm mit 100 Euro **4** ⟨400⟩ *an der Bewegung gehindert sein;* wir ~ hier (fest) • **4.1** *nicht vorwärtskommen, noch unentschieden sein;* unser Prozess hängt immer noch • **4.2** ⟨410⟩ woran hängt's denn noch? ⟨fig.⟩ *was für einen Hinderungsgrund gibt es noch?* • **4.3** ⟨410⟩ er hängt in Latein und Mathematik ⟨umg.⟩ *zeigt in den Schulfächern L. u. M. schlechte Leistungen* • **4.4** mit **Hängen** und **Würgen** ⟨umg.⟩ *mit großer Mühe, nur mit knapper Not*

hängen

hän|gen² ⟨V. 500⟩ **1** ⟨511⟩ etwas ~ *mit dem oberen Teil so befestigen, dass es nicht den Boden berührt;* ein Bild an die Wand ~; die Wäsche ist geschleudert, sie kann auf die Leine gehängt werden • **1.1** ⟨531/Vr 1⟩ sie hängt sich all ihr Geld auf den Leib ⟨fig.; umg.⟩ *verwendet all ihr Geld für ihre Garderobe;* →a. *Glocke (1.4), Himmel (1.3, 2.5), Mantel (1.1.1), Nagel (1.4)* **2 jmdn.** ~ *durch den Strang töten, hinrichten;* der Mörder, Verbrecher wurde gehängt • **2.1** ⟨Vr 3⟩ **sich** ~ *durch Erhängen Selbstmord begehen* • **2.2** die kleinen Diebe hängt man, die großen lässt man laufen ⟨Sprichw.⟩ *kleine Vergehen werden strenger bestraft als große Verbrechen* • **2.3** … und wenn sie mich ~! ⟨umg.⟩ *(Beteuerungsformel) unter allen Umständen;* lieber lasse ich mich ~, als dass … ⟨umg.⟩ **3** ⟨550/Vr 3⟩ • **3.1 sich an etwas** ~ *nicht ablassen von etwas, sich ganz auf etwas konzentrieren* • **3.1.1 sich ans Telefon** ~ *telefonieren* **4** ⟨550/Vr 3⟩ **sich an jmdn.** ~ *jmdn. nicht von der Seite weichen, sich jmdm. aufdringlich anschließen;* sie sollte sich nicht zu sehr an ihn ~

hän|gen∥blei|ben *auch:* **hän|gen blei|ben** ⟨V. 114/400; fig.; umg.⟩ **1 an einem Ort, bei jmd.** ~ ⟨fig.; umg.⟩ *zu lange an einem O., bei jmd. bleiben und von dort nicht wegkommen, fortkönnen;* ich blieb gestern Abend bei ihnen, in der Kneipe hängen **2 etwas** bleibt (im Gedächtnis) hängen ⟨fig.; umg.⟩ *prägt sich ins Gedächtnis ein;* von diesem Vortrag ist bei mir wenig hängengeblieben / hängen geblieben **3** etwas bleibt immer (an einem) hängen ⟨Sprichw.⟩ *wer verleumdet wurde, erhält nie mehr seinen guten Ruf zurück* **4** (in der **Schule**) ~ ⟨fig.; umg.⟩ *nicht versetzt werden;* wenn er so faul bleibt, wird er wohl dieses Jahr ~; →a. *hängen¹ (1.2)*

hän|gen∥las|sen *auch:* **hän|gen las|sen** ⟨V. 175/500; fig.⟩ **1 jmdn.** ~ *jmdn. im Stich lassen* **2 etwas** ~ *vergessen mitzunehmen;* er hat seine neue Jacke im Kindergarten ~; ⟨aber nur Getrenntschreibung⟩ einen Verbrecher hängen lassen → *hängen² (2);* →a. *hängen¹ (1.3)*

hän|seln ⟨V. 500/Vr 8⟩ **jmdn.** ~ *necken, verspotten, ärgern, hochnehmen;* er wird von allen in der Klasse gehänselt

Hans|wurst ⟨m.; -(e)s, -e; Pl. umg. scherzh. a.: -würste⟩ **1** ⟨urspr.⟩ *dummer u. dabei pfiffiger Diener als Figur im dt. Fastnachtsspiel* **2** ⟨im 17./18. Jh.⟩ *lustige Person im dt. Schauspiel* **3** ⟨danach⟩ *etwas einfältiger, Possen treibender Mensch, Spaßmacher, Narr, Tollpatsch;* er ist ein rechter ~; für andere den ~ machen, spielen

Han|tel ⟨f.; -, -n; Sp.⟩ **1** ⟨Turnen⟩ *Handturngerät, das aus zwei mit einer Stange verbundenen schweren Kugeln od. Scheiben besteht* **2** ⟨Gewichtheben⟩ *Eisenstange, an deren beiden Enden (auswechselbare) scheibenförmige Gewichte angebracht sind*

han|tie|ren ⟨V. 410⟩ **1** *geschäftig sein, wirtschaften;* in der Küche ~ • **1.1** ⟨416⟩ **mit etwas** ~ *etwas handhaben, damit arbeiten, beschäftigt sein, damit umgehen;* damit kann ich nicht ~; mit Schaufel und Hacke ~

han|tig ⟨Adj.; bair.; österr.⟩ **1** *bitter, herb;* der Kaffee ist ~ **2** *unfreundlich, zänkisch;* sie ist heute recht ~

ha|pern ⟨V. 801⟩ **1 es hapert an etwas** *es fehlt, mangelt an etwas;* am Geld hapert es bei ihm stets; woran hapert es?; es haperte an Lebensmitteln **2 es hapert mit, in etwas** *es geht nicht weiter, vonstatten, es steht schlecht in od. mit etwas;* es hapert mit dem Nachschub, mit der Versorgung • **2.1** im Rechnen, in vielen Fächern hapert es bei ihm *er zeigt schwache Leistungen*

Hap|pen ⟨m.; -s, -; umg.⟩ **1** *Bissen, Kleinigkeit;* ich kann nur schnell einen ~ essen; ich habe noch keinen ~ gegessen • **1.1** *kleines belegtes (pikantes) Brötchen;* →a. *fett (1.1)*

Hap|pe|ning ⟨[hæpə-] n.; -s, -s⟩ *künstlerische Veranstaltung, oft provozierender Art;* an einem ~ teilnehmen

hap|py ⟨[hæpɪ] Adj. 11; umg.⟩ *glücklich, zufrieden;* die Nachricht macht mich ~; du siehst ~ aus

Hap|py|end ⟨[hæpɪend]⟩ *auch:* **Hap|py End** ⟨n.; (-) -s, (-) -s⟩ *glückliches Ende, guter Ausgang (einer Roman-, Film- od. Bühnenhandlung);* der Film hat ein ~; schließlich gab es doch noch ein ~

Ha|ra|ki|ri ⟨n.; - od. -s, -s⟩ **1** ⟨beim altjapan. Adel⟩ *rituelle Selbsttötung durch Bauchaufschlitzen;* ~ verüben • **1.1** ⟨fig.⟩ *Selbstzerstörung, Herbeiführen des eigenen Untergangs;* politisches, wirtschaftliches ~ begehen

Ha|rass ⟨m.; -es, -e⟩ *Kiste aus Holzlatten zum Verpacken u. Transportieren von zerbrechlichen Gütern (Glas, Porzellan u. Ä.);* oV ⟨schweiz.⟩ Harasse

Ha|ras|se ⟨f.; -, -n⟩ = *Harass*

Här|chen ⟨n.; -s, -⟩ Sy ⟨poet.⟩ *Härlein* **1** *kleines Haar* • **1.1** jmdm. kein ~ krümmen ⟨fig.; umg.⟩ *jmdm. nichts zuleide tun*

Hard|co|ver ⟨[haːdkʌvə(r)] n.; -s, -⟩ *Buch mit festem Einband;* Ggs *Paperback, Taschenbuch (2);* Bücher mit ~einband

Hard|li|ner ⟨[haːdlaɪnə(r)] m.; -s, -⟩ *Politiker, der einen harten Kurs verfolgt*

Hard|rock ⟨[haːd-]⟩ *auch:* **Hard Rock** ⟨m.; (-) - od. (-) -s; unz.⟩ *Stilrichtung der Rockmusik, für die extreme Lautstärke u. starke Betonung des gleichbleibenden Rhythmus charakteristisch sind*

Hard|ware ⟨[haːdwɛːr] f.; -; unz.⟩ EDV *die technischen Bestandteile einer EDV-Anlage;* Ggs *Software*

Ha|rem ⟨m.; -s, -s⟩ **1** *die streng abgeschlossenen Räume für die Frauen in einem islamischen Haus* **2** *die darin wohnenden Frauen* **3** *die Gesamtheit der Ehefrauen eines Moslems*

Hä|re|sie ⟨f.; -, -n⟩ **1** ⟨kath. Kirche⟩ *vom kirchlichen Dogma abweichende Lehre* **2** ⟨geh.; abwertend⟩ *Abweichung von der herrschenden Meinung, Ketzerei, Irrglaube*

Har|fe ⟨f.; -, -n; Mus.⟩ **1** *großes Zupfinstrument in etwa Dreiecksform; die* ~ *spielen, zupfen* **2** *Gerüst zum Trocknen von Gras u. Feldfrüchten* **3** *Getreidesieb*

Har|ke ⟨f.; -, -n⟩ **1** ⟨norddt.⟩ *Gerät für Landwirtschaft u. Garten mit langem Stiel, an dem an einem Ende eine Querleiste mit hölzernen od. eisernen Zähnen befestigt ist u. mit dem man die Erde zerkrümeln od. glät-*

tet, Heu, Stroh wendet od. sammelt usw.; Sy ⟨süddt.⟩ *Rechen (1);* mit der ~ arbeiten; Heu mit der ~ vom Rasen entfernen **2** *jmdm. zeigen, was eine ~ ist* ⟨fig.; umg.⟩ *ich werde ihm energisch meinen Standpunkt klarmachen*

har|ken ⟨V. 500⟩ **etwas ~** ⟨bes. norddt.⟩ *mit einer Harke bearbeiten;* Sy *rechen;* ich habe das Beet geharkt; er harkte die Blätter vom Rasen

Här|lein ⟨n.; -s, -; poet.⟩ = *Härchen*

Har|le|kin ⟨m.; -(e)s, -e⟩ **1** *von der Commedia dell'Arte beeinflusste Abart des Hanswursts mit einem bunten, aus Stofffetzen zusammengeflickten Kostüm* **2** ⟨fig.⟩ *Spaßmacher, Narr, Witzbold, Clown;* er spielt hier den ~

harm|los ⟨Adj.⟩ **1** *arglos, unschuldig, naiv, friedlich, nichts Böses sinnend;* sie ist nicht so ~, wie sie aussieht; er ist ein ~er Mensch, der niemandem etwas zuleide tut **2** *unschädlich, ungefährlich, unbedenklich;* dieses Schlafmittel ist ~; dieses Tier ist (nicht) ~; die Krankheit verläuft ~ **3** *ohne böse Absicht, moralisch nicht schlecht;* es war nur ein ~er Scherz; er versuchte, die Sache als ~ darzustellen; ~ fragen, lächeln

Har|mo|nie ⟨f.; -, -n⟩ **1** *angenehme Übereinstimmung der Teile eines Ganzen;* Klang~, Farben~, ~ zwischen Leib u. Seele; die ~ ihres Wesens, ihrer Bewegungen • **1.1** *regelmäßiger, gesetzmäßiger Aufbau der Töne eines Musikstückes u. ihr Zusammenklingen* **2** *friedliches Zusammenleben, gegenseitiges Verstehen, Eintracht;* die ~ des Familienlebens; in ~ miteinander leben

Har|mo|ni|ka ⟨f.; -, -s od. -ni|ken⟩ **1** ⟨urspr.⟩ *Glasharfe* **2** *Musikinstrument, bei dem ein Luftstrom Metallzungen in Schwingungen versetzt;* Hand~, Zieh~, Mund~ **3** *in Falten gelegter, der Ziehharmonika ähnlicher Balg, z. B. zwischen Eisenbahnwagen*

har|mo|nisch ⟨Adj.⟩ **1** *angenehm übereinstimmend;* ~e Klänge, Farben, Bewegungen • **1.1** ⟨Mus.⟩ *regelmäßig im Sinne der Harmonielehre* • **1.2** ~e **Molltonleiter** *M., bei der nur die 7. Stufe erhöht ist;* Ggs *melodische Molltonleiter,* → *melodisch (1.2)* • **1.3** ~e **Reihe** ⟨Mus.⟩ *R. der Obertöne* **2** ⟨Math.⟩ • **2.1** ~e **Teilung** *T. einer Strecke AB so, dass ein neuer Teilpunkt C u. ein außerhalb ihrer liegender Punkt D das Verhältnis AC : CB = AD : DB ergeben* • **2.2** ~er **Punkt** *P. einer harmonischen Teilung* • **2.3** ~e **Reihe** *unendliche R. der Form* $1 + \frac{1}{2} + \frac{1}{3} + \frac{1}{4} \ldots$ • **2.4** ~es **Mittel** *Mittelwert, den man erhält, wenn man das doppelte Produkt zweier Zahlen durch ihre Summe teilt* **3** ⟨Phys.⟩ ~e **Bewegung, Schwingung** *B., S., die von einer Kreisbewegung abgeleitet gedacht (u. in einer Sinusfunktion beschrieben) werden kann* • **3.1** ~e **Analyse** *Zurückführung komplizierter zusammengesetzter (sich überlagernder) Schwingungen auf harmonische Schwingungen*

Harn ⟨m.; -(e)s; unz.⟩ *flüssiges Ausscheidungsprodukt des Körpers;* Sy *Urin;* ~ lassen, ausscheiden

Har|nisch ⟨m.; -(e)s, -e⟩ **1** *Rüstung, Panzer, Brustpanzer;* dem Ritter den ~ anlegen, anschnallen **2 in ~** ⟨fig.; geh.⟩ *wütend, zornig;* jmdn. in ~ bringen; über eine Sache in ~ geraten, kommen **3** ⟨Geol.⟩ *glatte od. geschrammte Gesteinsfläche, die durch Verwerfen od. Verschieben entstanden ist* **4** ⟨Web.⟩ *Gesamtheit der Schnüre, die beim automatischen Weben von Mustern die gebogenen Nadeln, welche die Fäden der Kette führen, bewegen*

Har|pu|ne ⟨f.; -, -n⟩ *speerartiges, eisernes Wurfgeschoss mit Widerhaken an der Spitze u. Fangleine, bes. für den Walfang*

har|ren ⟨V. 700⟩ **jmds. od. einer Sache ~** ⟨geh.⟩ **1** *geduldig, sehnsüchtig warten;* wir ~ seiner; er harrte der Dinge, die da kommen sollten • **1.1** *diese Aufgabe harrt noch ihrer Lösung muss noch gelöst werden;* →a. *hoffen (1.1)*

harsch ⟨Adj.⟩ **1** *rau, eisig, vereist;* ein ~er Wind, Regen; ~er Schnee **2** ⟨fig.⟩ *barsch, hart, unfreundlich;* eine ~e Stimme; jmdm. ~ entgegnen

Harsch ⟨m.; -(e)s; unz.⟩ *mit einer Eiskruste überzogener Schnee;* ~schnee

hart ⟨Adj. 22⟩ **1** *ein* **Gegenstand** *ist ~ hat eine (verhältnismäßig) feste Beschaffenheit, lässt Fremdkörper nicht eindringen u. ist schlecht zu formen (u. zu zerkleinern);* Ggs *weich (1);* ~ wie ein Diamant, wie ein Stein; ein ~es Ei; ~es Brot, Holz, Leder • **1.1** ein ~er Bleistift *B., der schwach schreibt wegen hohem Gehalt an Ton* • **1.2** ~er (od. knöcherner) **Gaumen** *vorderer, hinter den Oberzähnen gelegener Teil des G.* **2** *intensiv, gehaltreich* • **2.1** *kontrastreich, Kontraste aufweisend;* ein ~es Negativ; die Farben sind ~ • **2.2** ⟨70⟩ ~e **Strahlen** *durchdringende S.* • **2.3** ⟨70⟩ ~es **Wasser** *stark kalkhaltiges W.* • **2.4** ⟨60⟩ ~e **Getränke** ⟨umg.⟩ *stark alkoholische G.* • **2.4.1** einen Harten trinken ⟨umg.⟩ *Schnaps* • **2.5** ⟨60⟩ ein ~er **Winter** *langer und kalter W.;* der Winter hat ~ zugeschlagen • **2.6** ⟨70⟩ ~e **Währung** ⟨umg.⟩ *sichere, stabile W.* **3** *rau, unmelodisch;* eine ~e Aussprache; ~e Verse • **3.1** ~e **Konsonanten** ⟨Phon.⟩ • **3.1.1** *stimmlose K.* • **3.1.2** ⟨in den slaw. Sprachen⟩ *nicht nach dem j hin gesprochene K.* **4** *kummervoll, mühevoll, anstrengend;* es war ~ für ihn, dass …; sie hat ein ~es Los, Schicksal gehabt, zu tragen; es war ein ~er (Schicksals-)Schlag, Verlust für sie; sie wurden von einem ~en Schicksal betroffen; ~e Zeiten; eine ~e Arbeit; ein ~er Kampf • **4.1** es ist ein ~es **Muss** *eine unumgängliche Pflicht* • **4.2** **ein ~es Brot** für jmdn. ⟨fig.; umg.⟩ *schwer für jmdn.* • **4.3** ⟨60⟩ ~e **Nuss** ⟨a. fig.; umg.⟩ *schwierige Aufgabe;* ich habe da eine ~e Nuss zu knacken • **4.4** ⟨60⟩ ein ~er **Brocken** *eine schwierige Sache, Aufgabe;* das ist ein ~er Brocken! • **4.4.1** da hat er an einem ~en Brocken zu kauen *er muss eine schwierige Aufgabe lösen* • **4.5** einen ~en **Stand** haben ⟨fig.⟩ *sich nur schwer durchsetzen können;* ihm gegenüber hat sie einen ~en Stand • **4.6** eine **Sache kommt jmdn. ~ an** ⟨selten⟩ *fällt jmdm. schwer, macht jmdm. Mühe;* das Landleben kommt mich ~ an, wird mich ~ ankommen **5** *schonungslos;* entschuldigen Sie das ~e Wort!; jmdn. mit ~en Worten empfangen; ~e Maßnahmen ergreifen; ~ bestraft werden; die Strafe, das Urteil war ~; es ging ~ auf ~ **6** jmd. ist ~ *rücksichtslos, gefühllos;*

Härte

jmdm. ~ zusetzen; du darfst ihn nicht zu ~ anfassen; er ist zu ~ gegen seinen Sohn • 6.1 die Mannschaft spielte zu ~ *sie setzte sich körperlich zu stark ein u. verwendete unsportliche Methoden* • 6.2 mit ~er Hand ⟨fig.⟩ *energisch Ordnung schaffend, Missstände beseitigend* • 6.3 ~ im Nehmen sein ⟨a. fig.; Boxsp.⟩ *viele Schläge hinnehmen können* • 6.4 jmd. hat ein ~es **Herz** *nimmt keine Rücksicht auf andere u. ihre Gefühle* • 6.5 ⟨70⟩ einen ~en **Kopf,** Schädel haben ⟨fig.⟩ *eigensinnig, dickköpfig sein* **7** ⟨50; verstärkend⟩ *sehr, stark;* der Tod seines Vaters hat ihn ~ mitgenommen; es trifft mich ~; die verschiedenen Meinungen prallten ~ aufeinander **8** ⟨50⟩ • 8.1 ~ **an,** bei *dicht, knapp;* ~ an etwas vorbei; das grenzt ~ an Betrug; er fuhr ~ an mir vorbei; ~ an der Grenze wohnen • 8.1.1 ~ an der **Grenze** des Erträglichen *kaum noch erträglich, kaum zumutbar* • 8.2 jmdm. ~ **auf** den Fersen sein *jmdn. verfolgen und fast eingeholt haben* **9** ⟨Getrennt- u. Zusammenschreibung⟩ • 9.1 ~ gefroren = *hartgefroren* • 9.2 ~ gekocht = *hartgekocht*

Här|te ⟨f.; -, -n⟩ **1** ⟨meist unz.⟩ *harte Beschaffenheit;* →a. *hart (1 - 6)* • 1.1 die ~ eines **Gegenstandes** *(verhältnismäßig) harte Beschaffenheit, Festigkeit, Widerstand;* die ~ des Diamanten, des Eisens, des Stahls • 1.2 die ~ des **Wassers** *Gehalt an Calcium- u. Magnesiumverbindungen* • 1.3 ⟨fig.⟩ *Strenge, Unbeugsamkeit, Unnachgiebigkeit;* die ~ des Gesetzes zu spüren bekommen; er setzt sich mit rücksichtsloser ~ durch • 1.4 *Anstrengung, Mühe, schonungsloser körperlicher Einsatz;* eine Fußballmannschaft, die für ihre ~ bekannt ist; von der ~ des Kampfes erschöpft • 1.5 *Kontrastreichtum, Unvereinbarkeit;* die ~ der Gegensätze wurde in der Diskussion deutlich **2** *Ungerechtigkeit;* wir wollen (unnötige) ~n vermeiden; soziale ~

här|ten ⟨V.⟩ **1** ⟨400⟩ etwas härtet *wird hart, fest;* die Gipsmasse härtet in kurzer Zeit **2** ⟨500⟩ etwas ~ ⟨bes. Tech.⟩ *hart, fest, widerstandsfähig machen;* Öle, Fette ~; Stahl ~

hart|ge|fro|ren *auch:* **hart ge|fro|ren** ⟨Adj. 24/70⟩ ~er Boden *durch anhaltenden Frost hartgewordener Boden*

hart|ge|kocht *auch:* **hart ge|kocht** ⟨Adj. 24/60⟩ *so lange gekocht, bis das Dotter hart ist;* ein ~es Ei

Hart|geld ⟨n.; -(e)s; unz.⟩ *Münzen, Geldstücke;* Ggs *Papiergeld*

hart|ge|sot|ten ⟨Adj.⟩ **1** *hartherzig;* ein ~er Geschäftsmann **2** *verstockt, unbelehrbar*

hart|her|zig ⟨Adj.⟩ *unbarmherzig, mitleidlos, gefühllos;* ein ~er Mensch

hart|nä|ckig ⟨Adj.⟩ **1** *beharrlich, eigensinnig;* ~ hielt sich das Gerücht, dass …; es ist ein ~es Übel; er bestand ~ darauf; er leugnete ~; ~ widersetzte er sich dieser Anordnung • 1.1 ~e **Krankheit** *trotz Behandlung lang anhaltende K.*

Harz ⟨n.; -es, -e⟩ **1** *Ausscheidungsprodukt des pflanzlichen Stoffwechsels, bes. der Nadelhölzer, mit charakteristischem Geruch;* Fichten~, Tannen~, Kiefern~ **2** *kompliziertes Gemisch von organischen Stoffen mit glasartigen, amorphen od. zähflüssigen Eigenschaften;* Kunst~

Ha|schee ⟨n.; -s, -s⟩ **1** *in kleine Stücke geschnittenes Fleisch (bes. Innereien)* **2** *daraus zubereitetes Gericht;* Lungen~

ha|schen¹ ⟨V.⟩ **1** ⟨500/Vr 8⟩ **jmdn.** od. **etwas** ~ *schnell fangen, blitzschnell zu fangen, ergreifen suchen;* das Glück lässt sich nicht ~ ⟨fig.⟩ **2** ⟨411⟩ **nach etwas** ~ • 2.1 *nach etwas greifen, etwas zu fassen suchen;* nach einer Feder, die in der Luft fliegt, ~ • 2.2 ⟨fig.⟩ *etwas zu erlangen suchen, nach etwas streben;* nach Anerkennung, Ansehen, Beifall, Erfolg, Ruhm, Zustimmung ~; nach jmds. Lächeln ~

ha|schen² ⟨V. 400; umg.⟩ *Haschisch rauchen*

Hä|scher ⟨m.; -s, -; veraltet u. poet.⟩ **1** ⟨veraltet⟩ *Gerichtsdiener* **2** *Verfolger*

Ha|schisch ⟨n.; -; unz.⟩ *aus einer indischen Hanfart (Cannabis indica) gewonnenes Rauschmittel;* ~ anbauen, rauchen

Ha|se ⟨m.; -n, -n⟩ **1** ⟨Zool.⟩ *Angehöriger einer Familie der Nagetiere mit gestrecktem Körper, großen Ohren, kurzem Schwanz u. gespaltenen Lippen: Leporidae;* einen ~n abziehen, braten, essen, spicken; der ~ hoppelt, schlägt Haken, rammelt; einen ~n erlegen, hetzen, jagen, schießen; furchtsam wie ein ~ sein; viele Hunde sind des ~n Tod ⟨Sprichw.⟩ **2** ⟨fig.⟩ • 2.1 dort, wo sich die ~n und die Füchse Gute Nacht sagen ⟨umg.⟩ *an einem abgelegenen Ort auf dem Lande* • 2.2 er ist ein furchtsamer ~ *er ist ein furchtsamer Mensch* • 2.3 da liegt der ~ im Pfeffer ⟨umg.⟩ *darin liegt die Schwierigkeit* • 2.4 so läuft der ~! ⟨fig.; umg.⟩ *so funktioniert das!* • 2.5 wissen, wie der ~ läuft ⟨umg.⟩ *Bescheid wissen* • 2.6 *Sinnbild der Ängstlichkeit;* ~nfuß, ~nherz, Angst~; →a. *Name (1.2)*

Ha|sel|nuss ⟨f.; -, -nüs|se; Bot.⟩ **1** *zu den Birkengewächsen gehörender, in Europa heimischer Strauch, der vor der Entfaltung der Blätter blüht, mit einer ölhaltigen Nuss als Frucht: Corylus avellana* **2** *Frucht dieses Strauches*

Ha|sen|schar|te ⟨f.; -, -n; Med.; umg.⟩ *ein- od. beidseitige angeborene Spaltbildung der Oberlippe: Labium leporinum*

Hass ⟨m.; -es; unz.⟩ **1** *feindliche Gesinnung, heftige, leidenschaftliche Abneigung, Rachsucht;* Ggs *Liebe (3);* mit dieser Bosheit wird er ~ ernten; er versuchte, ~ zu erwecken, zu säen; du sollst keinen ~ im Herzen nähren, tragen; du musst deinen ~ unterdrücken, zügeln; bitterer, blinder, ohnmächtiger, tödlicher, unversöhnlicher ~; das hat er nur aus ~ gegen mich getan; ~ gegen jmdn. empfinden, haben, hegen; jmdn. mit blindem ~ verfolgen; ich möchte mir nicht seinen ~ zuziehen; Fremden~ • 1.1 in ~ entbrennen gegen jmdn. *beginnen, gegen jmdn. eine große Abneigung zu haben* • 1.2 (seinen) ~ auf jmdn. werfen *seine Rachsucht auf jmdn. richten* • 1.3 ~ auf jmdn. haben *Abneigung gegen jmdn. empfinden*

has|sen ⟨V. 500⟩ **1** ⟨Vr 7 od. Vr 8⟩ **jmdn.** ~ *gegen jmdn. Hass empfinden;* jmdn. blind, ohnmächtig, unversöhnlich ~ • 1.1 ⟨510/Vr 8⟩ jmdn. bis auf, in den

Tod ~ *gegen jmdn. sehr starken Hass empfinden;* sie hassten einander, sich tödlich **2 etwas** ~ *gegen etwas starke Abneigung, starken Widerwillen empfinden;* laute Musik ~

häss|lich ⟨Adj.⟩ **1** *unschön, abstoßend, entstellt, missgestaltet;* ein ~es Bild, Gesicht, Wetter; ~e Ausdrücke, Angewohnheiten, Gedanken, Träume, Worte **2** *unangenehm, widrig;* eine ~e Angelegenheit, Geschichte, Sache **3** ⟨fig.⟩ *garstig, sehr unfreundlich, gemein;* man soll nicht ~ über andere sprechen; sie ist sehr ~ zu ihrer Mutter; er hat sich von seiner ~sten Seite gezeigt; er hat sich ihr gegenüber ~ verhalten **4** *armselig, verängstigt, kläglich, kleinlaut, gefügig;* →a. **klein** (5.1-5.2)

Hast ⟨f.; -; unz.⟩ *überstürzte Eile;* in großer, wilder ~; sich ohne ~ auf den Weg begeben

has|ten ⟨V. 411(s.)⟩ *hastig laufen, arbeiten, hantieren, sich überstürzen;* zum Bahnhof ~

has|tig ⟨Adj.⟩ *sehr eilig, überstürzt;* er brach ~ auf; sie machte ein paar ~e Gesten

hät|scheln ⟨V. 500; umg.⟩ **1** ein Kind ~ *liebkosen, streicheln, verwöhnen (u. vor anderen bevorzugen);* er hätschelt die jüngste Tochter zu sehr **2 jmdn.** ~ ⟨meist abwertend⟩ *umwerben, umschmeicheln, hofieren;* der Innenminister hätschelt den Parteivorsitzenden

hat|schen ⟨V. 400(s.); bair.; österr.; umg.⟩ **1** *schleppend, schlurfend gehen, schlendern;* er hatschte den Flur entlang **2** *hinken*

Hat|trick ⟨[hæt-] m.; -s, -s; Sp.⟩ **1** ⟨Sp.⟩ *dreimaliger Sieg (in einer Meisterschaft) hintereinander durch denselben Sportler* **2** ⟨Fußb.⟩ *dreimaliges Erzielen eines Tores hintereinander durch denselben Spieler innerhalb einer Halbzeit;* ihm gelang ein sensationeller ~

Hatz ⟨f.; -, -en⟩ **1** ⟨Jägerspr.⟩ *Hetzjagd mit Hunden, bes. auf Sauen;* eine ~ veranstalten **2** ⟨fig.; umg.⟩ *das Rennen, die Hast;* das war wieder eine ~ auf die Sitzplätze!

Hau|be ⟨f.; -, -n⟩ **1** *Kopfbedeckung aus Stoff für Frauen* • **1.1** ⟨früher⟩ *in den vielfältigsten Formen, meist von verheirateten Frauen getragene Kopfbedeckung;* die ~ abnehmen, aufsetzen, feststecken (im Haar), umbinden • **1.2** *Haube (1) als Teil einer bestimmten Tracht;* Nonnen~, Schwestern~; zu dieser Tracht gehört auch eine kleidsame bunte ~ **2** *einer Haube (1) äußerlich ähnlicher Gegenstand, der etwas bedeckt, umhüllt und auf diese Weise schützt od. warm hält;* Kaffee~, Kühler~, Motor~, Trocken~; beim Friseur habe ich lange unter der ~ gesessen (zum Haartrocknen); die Kaffee-, Teekanne unter die ~ stellen (zum Warmhalten) **3** ⟨i. w. S.⟩ *Kappe, Mütze;* Bade~ • **3.1** *eine Form des Helms* **4** *eine Frau ist* **unter** der ~ ⟨fig.; umg.⟩ *verheiratet* • **4.1 unter** die ~ **bringen** ⟨fig.; umg.⟩ *verheiraten;* er will seine Töchter gern unter die ~ bringen • **4.2 unter** die ~ **kommen** ⟨fig.; umg.⟩ *heiraten* **5** ⟨Jagdw.⟩ • **5.1** *Kappe aus Leder, die man dem zur Beize abgerichteten Greifvögeln aufsetzt, wenn sie ungebärdig sind, um sie zu blenden* • **5.2** *rundes Netz, das vor den Dachs-, Fuchs-*

od. Kaninchenbau gelegt wird u. das zum Fangen dieser Tiere dient; Dachs~ **6** ⟨Zool.⟩ *Federbüschel auf dem Kopf von Vögeln, Schopf* **7** ⟨Anat.⟩ *Netzmagen der Wiederkäuer* **8** ⟨Math.⟩ *durch einen Kreis begrenzter Teil der Kugeloberfläche*

Hau|bit|ze ⟨f.; -, -n; Mil.⟩ **1** ⟨Mil.⟩ *Geschütz mit kurzem Rohr* **1.1 voll** wie eine (Strand)~ ⟨fig.; umg.⟩ *völlig betrunken*

Hauch ⟨m.; -(e)s, -e⟩ **1** ⟨geh.⟩ *Atemstrom beim Ausstoßen der Luft;* jmds. ~ verspüren; der letzte ~ eines Sterbenden; man kann den ~ vor dem Mund sehen (so kalt ist es) • **1.1** den letzten ~ von sich geben ⟨geh.⟩ *sterben* **2** ⟨geh.⟩ *feiner Luftzug, leichtes Wehen;* Luft~, Wind~; ein frischer ~ **3** ⟨geh.⟩ *leichter Duft;* der ~ ihres Parfüms streifte ihn; ein ~ von Rosen lag über dem Garten **4** *feiner Dunst, Schleier, feuchter Niederschlag;* Nebel~; durch einen ~ von Nebel wurde das Haus sichtbar **5** ⟨fig.⟩ *Spur, Andeutung, Anflug;* einen ~ dunkler, heller tönen, gefärbt sein; einen ~ Puder auftragen; ein ~ von Schwermut umgibt sie; nur einen ~ von Farbe auftragen **6** ⟨fig.; geh.⟩ *leise geistige od. seelische Berührung;* einen ~ von jmds. Geist, Genie verspüren

hauch|dünn ⟨Adj. 24⟩ *sehr dünn, äußerst gering;* mit einem ~en Vorsprung gewinnen

hau|chen ⟨V.⟩ **1** ⟨411⟩ *irgendwohin* ~ *Atem hör- od. sichtbar ausstoßen;* an die gefrorenen Fensterscheiben, auf den Spiegel, in die frosterstarrten Hände, in die kalte Winterluft ~ **2** ⟨500⟩ **etwas** ~ ⟨Phon.⟩ *mit einem od. wie einen Hauchlaut aussprechen* **3** *etwas* ~ ⟨geh.⟩ *ohne Stimme sagen, leise, schmachtend od. angstvoll flüstern;* „Ja", hauchte sie; sie hauchte ihm ein Wort ins Ohr

hau|en ⟨V. 162⟩ **1** ⟨500/Vr 8⟩ **etwas, jmdn.** od. **sich** ~ *schlagen, einem od. mehrere Schläge versetzen* • **1.1** ⟨530⟩ jmdm. eins **hinter die Ohren** ~ ⟨umg.⟩ *eine Ohrfeige geben* • **1.2 jmdn.** ~ ⟨umg.⟩ *prügeln, verhauen;* jmdn. zum Krüppel ~; die beiden haben einander, sich grün und blau gehauen • **1.3** ⟨500⟩ **etwas** ~ ⟨umg.⟩ *zerschlagen;* alles kurz und klein ~; etwas in Stücke ~ • **1.4** ⟨511⟩ Eier in die Pfanne ~ ⟨umg.⟩ *in die Pfanne schlagen und braten* • **1.5** ⟨411 od. 511 od. 611; haute, geh. hieb⟩ (**jmdm., jmdn.**) **auf etwas, mit etwas** ~ *auf etwas, mit etwas schlagen;* mit dem Säbel wild um sich ~; jmdm. (jmdn.) auf die Finger, ins Gesicht ~ • **1.5.1** kräftig in die Tasten ~ *die T. (auf dem Klavier) kräftig anschlagen* **2** ⟨fig.⟩ • **2.1** ⟨511⟩ etwas haut einen fast vom Stuhl ⟨fig.; umg.⟩ *überrascht einen sehr;* das hat mich fast vom Stuhl gehauen • **2.2** hierbei weiß man nicht, was gehauen und gestochen ist ⟨fig.; umg.⟩ *hierbei ist alles unklar* • **2.3** auf Hauen und Stechen mit jmdm. stehen ⟨fig.; umg.⟩ *verfeindet sein;* →a. *Ohr (1.1.3), Pauke (1.1), Pfanne (2), Sack (1.5), Schnur¹ (1.1), Strang (4.1)* **3** ⟨500⟩ Bäume ~ *B. schlagen, fällen* • **3.1 Holz** ~ *Bäume fällen* **3.2** ⟨511/Vr 3⟩ **sich aufs, ins** Bett ~ *werfen* **4** ⟨511⟩ **etwas, jmdn. auf, in etwas** ~ ⟨umg.⟩ *etwas, jmdn. krachend, heftig, mit Schwung schleudern;* die Spielkarten auf den Tisch ~ **5** ⟨510⟩ **etwas in etwas, aus etwas** ~ *mit Hilfe von*

Werkzeugen *herausarbeiten* • 5.1 *als Künstler eine Form, Figur aus einer harten Materie herausarbeiten;* eine Büste in Marmor ~ • 5.2 *einen Stein in die gewünschte Form bringen, so bearbeiten, dass er die gewünschte Form erhält* • 5.3 *in einer harten Materie, im Gestein einen freien Raum, ein Stück herausarbeiten;* in den Felsen gehauene Stufen 6 ⟨500; Präteritum regional: haute⟩ **Gras** ~ *mähen;* die Wiese ~ 7 ⟨500⟩ *etwas* ~ *zerhacken;* Holz, Fleisch ~ 8 ⟨500⟩ **Feilen** ~ *herstellen* 9 ⟨500⟩ **Erz** ~ ⟨Bgb.⟩ *loshacken, -brechen* 10 ⟨Fechten⟩ *mit der breiten Klinge schlagen*

Hau|er ⟨m.; -s, -⟩ 1 ⟨Jägerspr.⟩ *unterer Eckzahn des Keilers* 2 ⟨Bgb.⟩ *vor Ort arbeitender Bergmann;* oV *Häuer* 3 ⟨süddt.; österr.⟩ *Winzer*

Häu|er ⟨m.; -s, -⟩ = *Hauer (2)*

Hau|fe ⟨m.; -ns, -n; veraltet; noch poet.⟩ *Haufen*

häu|feln ⟨V. 500⟩ 1 **Nutzpflanzen** ~ ⟨Landw.⟩ *kleine Haufen lockerer Erde um die N. bilden, um sie dadurch zu stützen;* Kartoffeln, Rüben ~ 2 **Heu** ~ ⟨regional⟩ *zu kleinen Haufen aufschichten*

Hau|fen ⟨m.; -s, -⟩ 1 *Menge von neben-, übereinanderliegenden od. aufgeschichteten Dingen, Masse von etwas, die der Form eines Berges ähnelt;* ein ~ Blätter, Getreide, Papier, Steine; etwas auf einen ~ fegen, kehren, legen, werfen, schichten; Heu in ~ setzen 2 ⟨fig.⟩ 2.1 *es liegt alles* **an** *einem* ~ ⟨schweiz.⟩ *zusammen, dicht gedrängt* • 2.2 *einen* **Plan**, *ein Vorhaben* **über** *den* ~ **werfen**, *stoßen von Grund auf ändern, umstürzen, zunichtemachen;* er wird seinen Plan, sein Vorhaben wohl wieder über den ~ stoßen, werfen; das wirft alle Bemühungen, Berechnungen über den ~ • 2.3 **über** *den* ~ **rennen** ⟨umg.⟩ *vor Eile (fast) umstoßen* • 2.4 *jmdn.* **über** *den* ~ **schießen** ⟨umg.; derb⟩ *erschießen* 3 *Menge, viel, viele, vieles;* in dichten, hellen ~ kamen Neugierige herbeigeströmt; wir haben in diesem Monat einen ~ Geld ausgegeben ⟨umg.⟩; ein ~ Kinder, Menschen versammelte sich ⟨umg.⟩; er hat einen ~ Schulden gemacht ⟨umg.⟩; es wurde wieder ein ~ dummes Zeug geredet ⟨umg.⟩; sie hat einen ~ Sachen mit auf die Reise genommen ⟨umg.⟩ 4 *Trupp, Gruppe von Soldaten;* Heer~

häu|fen ⟨V. 500⟩ 1 *etwas* ~ *in Haufen, Mengen sammeln, aufstapeln;* Getreide, Reichtum, Schätze ~; Kartoffeln auf einen Teller ~ • 1.1 ⟨fig.⟩ *sammeln, ansammeln;* Schuld auf Schuld ~ • 1.2 *übervoll machen;* zwei gehäufte Teelöffel Zucker; einen gehäuften Löffel voll 2 ⟨Vr 3⟩ *etwas* **häuft** **sich** *türmt sich zum Haufen auf;* die Spenden häuften sich zu Bergen; die schmutzige Wäsche häuft sich in der Wäscheruhe • 2.1 ⟨fig.⟩ *zunehmen, mehr werden;* in letzter Zeit häuften sich die Beschwerden, Klagen über …; die Fälle ~ sich, in denen …

häu|fig ⟨Adj.⟩ *oft vorkommend, sich oft wiederholend, zahlreich, vielfach;* ~e Auseinandersetzungen, Besuche, Reisen; jmdn. ~ besuchen, sehen; das ist ~ der Fall

Häu|fig|keit ⟨f.; -; unz.⟩ 1 *häufiges Vorkommen, Frequenz* • 1.1 ⟨Stat.⟩ *Zahl der Fälle, in denen ein bestimmtes Merkmal vorkommt;* absolute, relative ~

Haupt ⟨n.; -(e)s, Häup|ter; geh.⟩ 1 *Kopf;* das ~ neigen, sinken lassen; missbilligend, verzweifelt sein ~ schütteln • 1.1 **zu** *Häupten jmds. od. von etwas in der Nähe seines Kopfes, an der Kopfseite;* zu Häupten der Bahre, des Bettes, des Liegenden 2 ⟨fig.; geh.⟩ *Mensch;* graues, greises ~; vor einem grauen ~e sollst du aufstehen und die Alten ehren (3. Mose 19,32); ein gekröntes ~ 3 ⟨fig.⟩ *Führer, Leiter;* das ~ der Familie, des Staates, einer Verschwörung • 3.1 *das* ~ *der kath. Christenheit der Papst* 4 ⟨fig.⟩ *wichtigster Teil von etwas* • 4.1 *wie das* ~, *so die Glieder* ⟨Sprichw.⟩ *gute Führung, Leitung ist entscheidend für alles, wie der Chef, so seine Angestellten* • 4.2 *Reform an* ~ *und Gliedern durchgreifende Änderung* • 4.3 *jmdn. aufs* ~ **schlagen** *jmdn. eine Niederlage beibringen* • 4.4 **eins aufs** ~ **kriegen**, *bekommen* ⟨umg.⟩ *gerügt werden, gescholten werden;* ich habe eins aufs ~ bekommen 5 ⟨poet.⟩ *Gipfel' (1);* von ferne sah man die Häupter der Berge

Haupt… ⟨in Zus.⟩ *der, die, das führende, größte, umfassendste, wichtigste …;* Sy *zentral (2);* Ggs *Neben…;* Hauptarbeit, Haupteingang, Hauptvertreter, Hauptwerk *eines Künstlers*

Haupt|bahn|hof ⟨m.; -(e)s, -hö|fe; Abk.: Hbf⟩ *größter, wichtigster Bahnhof einer Stadt;* der Zug hält, endet in Frankfurt ~

Häup|tel ⟨n.; -s, - od. -n; oberdt.⟩ *Kopf einer Gemüsepflanze;* ein ~ Kraut; ~salat

Häupt|ling ⟨m.; -s, -e⟩ 1 ⟨bei Naturvölkern⟩ *Anführer eines Dorfes od. Stammes;* Indianer~, Stammes~ 2 ⟨umg.; scherzh.⟩ *Anführer*

Haupt|mann ⟨m.; -(e)s, -leu|te⟩ 1 ⟨Mil.⟩ *Offiziersrang (3. Stufe) zwischen Oberleutnant u. Major* 2 ⟨allg.; veraltet⟩ *Anführer einer Bande;* Räuber~

Haupt|quar|tier ⟨n.; -s, -e⟩ 1 *Sitz des Befehlshabers einer Armee od. eines selbstständigen Armeekorps im Krieg;* das ~ aufschlagen, verlegen • 1.1 ⟨fig.⟩ *Sitz, Aufenthaltsort;* das ~ einer Studentengruppe 2 *die Gesamtheit der im Hauptquartier (1) beschäftigten Personen*

Haupt|rol|le ⟨f.; -, -n⟩ 1 *wichtigste Rolle in einem Film, Schauspiel usw.;* in der ~ sahen Sie: XY 2 *die* ~ **in, bei** *etwas* **spielen** ⟨fig.⟩ *innerhalb eines Kreises, bei einem Fest usw. führend sein*

Haupt|sa|che ⟨f.; -, -n⟩ 1 *das Wichtigste;* die ~ dabei ist, dass …; und nun zur ~! • 1.1 *in der* ~ *im Allgemeinen, im Wesentlichen*

haupt|säch|lich ⟨a. [-'--]⟩ 1 ⟨Adv.⟩ *vor allem, besonders, in erster Linie;* er beklagte ~ das schlechte Essen 2 ⟨Adj. 60⟩ *wichtigste(r, -s), wesentlich;* der ~e Unterschied besteht in … • 2.1 *das* ~ste *Ereignis* ⟨umg.⟩ *das wichtigste E.*

Haupt|satz ⟨m.; -es, -sät|ze; Gramm.⟩ *selbstständiger Satz, der unabhängig von anderen Sätzen sinnvoll bestehen kann;* Ggs *Nebensatz*

Haupt|stadt ⟨f.; -, -städ|te⟩ *Stadt mit dem Sitz der Regierung (eines Landes);* Sy *Metropole (1);* Rom ist die ~ Italiens

Haupt|wort ⟨n.; -(e)s, -wör|ter; Gramm.⟩ = *Substantiv*

Haus ⟨n.; -es, Häu|ser⟩ 1 *als Unterkunft od. Arbeitsstät-*

haushalten

te dienendes Gebäude mittlerer Größe; in einem alten, neuen ~ wohnen; ein altes, baufälliges, reparaturbedürftiges, verwahrlostes ~; ein dreistöckiges, ein-, mehrstöckiges ~; ein ~ abbrechen, abreißen, aufstocken, bauen, errichten, modernisieren, renovieren, umbauen, verputzen; ein ~ besitzen, beziehen, erben, kaufen, mieten, verkaufen, vermieten, verwalten; ein eigenes ~ besitzen, bewohnen; bei diesem Regen bringt mich niemand aus dem ~; der Hund hat sich noch nicht ans ~ gewöhnt; nach ~e / nachhause begleiten, bringen, geleiten; nach ~e / nachhause eilen, fahren, gehen, kommen; können Sie mir die Ware ins ~ schicken?; ich habe heute noch keinen Schritt vor das ~ getan; von ~ zu ~ gehen; das väterliche ~ erben • **1.1 jmdm. das ~ verbieten** *jmdm. den Zutritt verbieten* • **1.2** *das ~ des* **Herrn** ⟨poet.⟩ *die Kirche* • **1.3 ~ an ~** *wohnen mit … im Nachbarhaus von … wohnen* • **1.4** *wir essen heute* **außer ~** *außerhalb, in einer Gastwirtschaft* • **1.5 auf** jmdn. od. etwas Häuser **bauen** ⟨fig.⟩ *sich auf jmdn. od. etwas fest verlassen, jmdm., einer Sache fest vertrauen* • **1.6** *~ und* **Hof** *der gesamte Besitz;* er hatte ~ und Hof verloren • **2** zu ~e / zuhause • **2.1** *dort, wo man (ständig) wohnt;* in den Ferien zu ~e / zuhause bleiben • **2.2** *beheimatet;* er ist nirgends zu ~e / zuhause; sie ist in Berlin zu ~e / zuhause • **2.3** *heimisch* • **2.3.1** tu, als ob du zu ~e / zuhause wärst *mach es dir hier bei uns so bequem wie daheim, leg dir keinerlei Zwang auf* • **2.3.2** ich habe mich bei ihm wie zu ~e / zuhause gefühlt *ich habe mich bei ihm so wohlgefühlt wie in meiner eigenen Wohnung* • **2.3.3 in einem Fach, auf einem Gebiet zu** ~e / zuhause **sein** ⟨fig.⟩ *bewandert sein, gut Bescheid wissen, sich auskennen* • **2.4** *daheim;* es ist niemand zu ~e / zuhause; hier bin ich zu ~e / zuhause • **2.4.1** *ich bin heute für niemanden zu ~e / zuhause zu sprechen* • **2.5** ⟨fig.⟩ *üblich;* dieser Brauch ist dort noch zu ~e / zuhause **3 von** zu ~e / zuhause *von daheim;* von zu ~e / zuhause kommen; wenn wir pünktlich bei ihm sein wollen, müssen wir um 8 Uhr von zu ~e / zuhause weggehen **4 von** ~e **aus** ⟨fig.⟩ *ursprünglich* • **4.1** er ist von ~e aus Tischler *hat ursprünglich das Tischlerhandwerk gelernt* **5** nach ~e / nachhause *dahin, wo man wohnt, heim;* kommen Sie gut nach ~e / nachhause! **6** ⟨fig.⟩ *Heim* • **6.1** ~ und **Herd** lieben, haben ⟨poet.⟩ *sein (eigenes) Heim* **7** ⟨fig.⟩ *Insassen eines Gebäudes, Bewohner einer Wohnung* **8** *Familie;* aus gutem, reichem, vornehmem ~e stammen; die Dame, der Herr, der Sohn, die Tochter des ~es; zum ~e gehören; er ist ein Freund des ~es • **8.1** nach ~e / nachhause schreiben *an die Familie* **9** *Fürstengeschlecht, Dynastie;* das ~ Habsburg, Hohenzollern **10** *Haushalt* • **10.1** das ~ **führen** *den Haushalt besorgen* • **10.2** sein ~ **bestellen** ⟨fig.; geh.⟩ *seine familiären Angelegenheiten in Ordnung bringen (vor einer langen Reise)* • **10.2.1** sein Testament machen **11** ⟨fig.⟩ *das gesellige Leben einer Familie* • **11.1** ein **glänzendes**, großes ~ **führen** *großzügige Gesellschaft pflegen* • **11.2** ein **offenes** ~ **haben** *gastfreundlich sein* **12** ⟨Kaufmannsspr.⟩ *Unternehmen, Firma;* Handels~; ein alteingeführtes, gut geführtes ~ • **12.1** das erste ~ **am Platze** ⟨fig.⟩ *das beste, größte Café, Geschäft, Hotel u. Ä. dieser Stadt* • **12.2** *sämtliche Angestellten eines Unternehmens* **13** *Parlament, das Gebäude sowie die Parlamentsmitglieder;* Hohes ~! (Anrede der Abgeordneten im Parlament) • **13.1** die beiden Häuser (des Parlamentes) *die beiden Kammern Oberhaus und Unterhaus* **14** ⟨Theat.⟩ *Theater-, Konzertsaal;* vor ausverkauftem, leerem, vollem ~ spielen; dieses Stück hat immer volle Häuser • **14.1** *alle im Haus (14) anwesenden Zuschauer, Zuhörer;* das ~ spendete lebhaften Beifall **15** ⟨umg.; scherzh.; veraltet⟩ *Mensch;* er ist ein fideles, ein gelehrtes, frommes, gescheites, kluges ~ • **15.1** hallo, altes ~! *alter Freund!* **16** ⟨Zool.⟩ *Gehäuse, Schale;* Schnecken~ **17** ⟨Astrol.⟩ *einer der 12 Teile der Himmelskugel* **18** ⟨Getrennt- u. Zusammenschreibung⟩ ~ **halten** = haushalten

Haus|ar|beit ⟨f.; -, -en⟩ **1** *die in einem Haushalt anfallende Arbeit;* die laufenden ~en erledigen **2** *schriftliche, vom Schüler zu Hause herzustellende größere Arbeit;* die ~en abgeben • **2.1** ⟨fig.⟩ *Arbeit, die ein Arbeitnehmer nach Dienstschluss zu Hause erledigt*

Haus|auf|ga|be ⟨f.; -, -n; meist Pl.⟩ *regelmäßig zu Hause zu erledigende Arbeit (für die Schule)*

haus|ba|cken ⟨Adj.⟩ **1** ⟨veraltet⟩ *zu Hause, selbst, nicht vom Bäcker gebacken;* ~es Brot **2** ⟨fig.; abwertend⟩ *häuslich, alltäglich, bieder, nüchtern, langweilig, ohne Schwung;* sie ist eigentlich ganz nett, aber mir wäre sie zu ~

hau|sen ⟨V. 400⟩ **1** ⟨411⟩ *in ärmlichen Verhältnissen, unter menschenunwürdigen Bedingungen wohnen;* sie müssen in einer Baracke ~; er hauste ein Jahr in dem halbverfallenen Haus **1.1** *abgesondert in Wäldern, Bergen usw. leben;* hier hausten vor vielen Jahren die Räuber **2** ⟨413; fig.; umg.; abwertend⟩ *Unordnung schaffen, Zerstörung anrichten, wüten;* der Hagel, Sturm, das Unwetter hat schlimm gehaust; die Truppen haben in der Stadt abscheulich gehaust **3** ⟨schweiz.⟩ *sparen*

Häu|ser|flucht ⟨f.; -, -en⟩ *Reihe von Häusern*

Häu|ser|meer ⟨n.; -(e)s, -e; fig.⟩ *riesige Menge von dicht beieinanderstehenden Häusern;* das ~ einer Großstadt

Haus|frau ⟨f.; -, -en⟩ **1** *den Haushalt (einer Familie) führende Ehefrau;* ~ und Mutter; das Dasein als ~ gefällt ihr nicht mehr **2** *Gastgeberin, Frau des Hauses* **3** ⟨süddt.; österr.⟩ *Vermieterin*

Haus|halt ⟨m.; -(e)s, -e⟩ **1** *die Wirtschaftsführung einer zusammenwohnenden Familie od. Lebensgemeinschaft sowie alle dabei nötigen Arbeiten (Kochen usw.);* seinen eigenen ~ einrichten, führen, gründen; jmdm. den ~ führen **2** *alle Mitglieder einer solchen Familie od. Gemeinschaft* **3** *alle Einnahmen u. Ausgaben eines Staates od. einer Körperschaft;* der öffentliche, staatliche ~; über den ~ beraten

haus|hal|ten auch: **Haus hal|ten** ⟨V. 160/400⟩ **1** ⟨veraltet⟩ *einen eigenen Haushalt führen* **2** *sparsam wirtschaften, sparen, einteilen;* sie kann nicht ~; gut, schlecht ~; du musst mit deinem Geld besser ~; mit vielem hält man Haus, mit wenigem kommt man aus ⟨Sprichw.⟩ **3** ich muss **mit** meinen **Kräften** jetzt ~ *sie schonen, Anstrengungen vermeiden*

Haus|herr ⟨m.; -en, -en⟩ **1** *Familienoberhaupt, männlicher Vorstand eines Haushalts* **2** *Gastgeber, Herr des Hauses*

haus|hoch ⟨Adj. 24⟩ **1** *so hoch wie ein Haus;* haushohe Flammen, Wellen; einen Ball ~ werfen **2** ⟨fig.⟩ *sehr hoch;* jmdm. ~ überlegen sein; seinen Gegner ~ schlagen; er hat ~ gewonnen

hau|sie|ren ⟨V. 405⟩ (**mit etwas**) ~ **1** *Waren von Haus zu Haus feilbieten;* mit Postkarten, Schnürsenkeln u. a. ~ (gehen); Betteln und Hausieren verboten! (früher Aufschrift an Türen) **2** *mit einer Sache* ~ *gehen* ⟨fig.; abwertend⟩ *eine S. überall aufdringlich anbieten*

häus|lich ⟨Adj.⟩ **1** ⟨60⟩ *das Haus betreffend, im Haus, zu Hause geschehend, zur Hauswirtschaft gehörend;* ~e Arbeiten verrichten ● **1.1** *am* ~**en Herd** *daheim, zu Hause, in der Geborgenheit des eigenen Heimes* **2** ⟨70⟩ *wirtschaftlich, in der Hauswirtschaft tüchtig* ● **2.1** eine ~e Frau *eine F. mit hausfraulichen Tugenden* **3** ⟨70⟩ *das Heim, die Familie betreffend, sich im Heim (1), in der Familie wohlfühlend;* ~e Sorgen haben; er ist ein ~er Typ ● **3.1** ein sehr ~es Leben führen *durch Zurückgezogenheit od. ausgesprochenes Familienleben gekennzeichnetes L.* **4** ⟨50⟩ **sich** ~ **bei jmdm. niederlassen, einrichten** ⟨umg.⟩ *an einem Ort (bei jmdm.) für längere Zeit bleiben (ohne dass man dazu aufgefordert worden ist)*

Haus|mann ⟨m.; -(e)s, -män|ner⟩ *den Haushalt (einer Familie) führender Mann;* seit Anfang des Jahres ist er ~; er betätigt sich gern als ~

Haus|mar|ke ⟨f.; -, -n⟩ **1** *eingeschnittenes od. -gebranntes Eigentumszeichen (bes. an beweglichen Sachen);* Sy *Handzeichen (4)* **2** *Markenfabrikat einer Einzelhandelsfirma*

Haus|meis|ter ⟨m.; -s, -⟩ *jmd., der (als Angestellter des Hauseigentümers, der Hausgemeinschaft o. Ä.) für die Instandhaltung, Ordnung u. Sauberkeit eines Gebäudes zu sorgen hat;* ~ in einer Schule sein

Haus|rat ⟨m.; -(e)s; unz.⟩ *Gesamtheit der in einem Haus od. in einer Wohnung befindlichen Gegenstände;* ~sversicherung

Haus|tier ⟨n.; -(e)s, -e⟩ *vom Menschen zum Nutzen od. aus Liebhaberei in Haus od. Hof gehaltenes Tier;* Hunde und Katzen sind beliebte ~e

Haus|tür ⟨f.; -, -en⟩ *Eingangstür eines Hauses;* hast du die ~ zugeschlossen?

Haut ⟨f.; -, Häu|te⟩ **1** ⟨unz.⟩ *bei Mensch und vielzelligen Tieren die gesamte Körperoberfläche überziehendes (aus ein bis drei Schichten bestehendes) Organ, das den Körper gegen die Umwelt abschließt und schützt, ihn gleichzeitig aber auch mit dieser verbindet;* Gesichts-~, Ober~; die ~ eincremen, frottieren, massieren, pflegen, reinigen, straffen; die ~ brennt, rötet sich, schält sich (von der vielen Sonne); er war bis auf die ~ durchnässt; die ~ springt auf (vor Kälte); alternde, gut (schlecht) durchblutete, empfindliche, fettige, jugendliche, rissige, runzlige, samtweiche, straffe, trockene, welke, zarte ~; blasse, braune, fleckige, gebräunte, gelbe, gerötete, rosige, schwarze, sommersprossige ~ ● **1.1** er ist nur noch ~ und **Knochen** ⟨fig.; umg.⟩ *(bis zum Skelett) abgemagert* **2** *Tieren abgezogene Haut (1) als Rohstoff für Leder;* Häute gerben; die ~ abziehen (z. B. einem Hasen) **3** ⟨Bot.⟩ *die weicheren Teile höherer Pflanzen überziehendes, meist einschichtiges Gewebe* **4** *dünne Schicht, die Oberflächen (bes. von Flüssigkeiten) bedeckt;* Milch~; auf der abgekochten Milch hat sich eine ~ gebildet **5** ⟨unz.⟩ *Hülle, Umschließung von Hohlräumen, bes. äußere Verkleidung des Schiffes;* Schiffs~ **6** ⟨umg.⟩ *dünnes, wasserdichtes, schützendes Kleidungsstück, bes. Mantel;* Regen~ **7** ⟨unz.; fig.; umg.⟩ *Mensch;* er ist eine anständige, brave, ehrliche, gute, gutmütige, lustige, redliche, treue ~ **8** ⟨unz.; fig.⟩ ● **8.1** *Situation, Sachlage, körperliche und geistige Verfassung* ● **8.1.1** mir ist nicht **wohl in** meiner ~ ⟨umg.⟩ *ich fühle mich unbehaglich, befürchte etwas für mich* ● **8.1.2** ich möchte nicht **in** seiner ~ **stecken** ⟨umg.⟩ *nicht mit ihm tauschen* ● **8.1.3** nicht **aus** seiner ~ **herauskönnen** *seinen Charakter nicht ändern können* ● **8.1.4** in seiner ~ ist nicht gesund ~ **stecken** ⟨umg.⟩ *kränklich sein* ● **8.2** **sich** seiner ~ **wehren** ⟨fig.⟩ *sich energisch verteidigen* ● **8.3** jmdm. bei einem Geschäft die ~ **abziehen** *jmdn. gründlich übervorteilen* ● **8.4** jmdm. die ~ **gerben** ⟨derb⟩ *jmdn. verprügeln* ● **8.5** seine ~ **zu Markte tragen** *etwas riskieren;* für ihn werde ich nicht meine ~ zu Markte tragen ● **8.6** mit ~ und **Haar**(en) ⟨fig.; umg.⟩ *ganz und gar, völlig, bedingungslos;* sich jmdm. mit ~ und Haaren verschreiben; jmdn. mit ~ und Haaren (vor Liebe, Zorn) auffressen wollen ● **8.7 aus** der ~ **fahren** ⟨fig.; umg.⟩ *ungeduldig, zornig werden* ● **8.7.1** es ist, um aus der ~ zu fahren *diese Situation macht einen sehr nervös, sehr ungeduldig* ● **8.8** etwas **geht unter** die ~ ⟨fig.; umg.⟩ *berührt einen im Innersten;* dieses Buch, dieser Film, dieses Stück, dieses Thema geht unter die ~

häu|ten ⟨V. 500⟩ **1** ein **Tier** ~ *einem T. die Haut, das Fell abziehen* **2** ⟨Vr 3⟩ **sich** ~ *die Haut abstreifen, abstoßen;* Schlangen ~ sich; nach dem Sonnenbrand habe ich mich gehäutet ⟨scherzh.⟩

haut|eng ⟨Adj. 24⟩ *sehr eng am Körper anliegend;* ein ~es Kleid; dieses Hose ist ~

Haute|vo|lee ⟨[o:tvole:] f.; -; unz.⟩ *die vornehme, oberste Gesellschaftsschicht;* bei dem Empfang war die ganze ~ der Stadt anwesend

Ha|va|rie ⟨[-va-] f.; -, -n⟩ **1** *Unfall, Bruch (eines Schiffes od. Flugzeugs)* ● **1.1** *Gesamtheit der an einem Schiff od. Flugzeug entstandenen Schäden bzw. der Verlust an Ladung* **2** *Unfall, Schaden an einem Kraftwerk, Kernreaktor o. Ä.* **3** ⟨österr.⟩ *Unfall, Schaden bei einem Kraftfahrzeug*

Ha|xe ⟨f.; -, -n; oberdt.⟩ = *Hachse*

Head|hun|ter ⟨[hɛdhʌntə(r)] m.; -s, -⟩ *Personalberater, der im Auftrag von Unternehmen Führungskräfte vermittelt*

Head|line ⟨[hɛdlaɪn] f.; -, -s⟩ *Schlagzeile (in Zeitungen)*

Hea|ring ⟨[hiːrɪŋ] n.; -s, -s⟩ = *Anhörung*

Heb|am|me ⟨f.; -, -n⟩ *ausgebildete, geprüfte Geburtshelferin*

He|bel ⟨m.; -s, -⟩ **1** ⟨Phys.⟩ *zu den einfachen Maschinen gehörender, um eine feste od. bewegliche Achse drehbarer Körper, meist in der Form einer geraden od. gewinkelten Stange, mit dessen Hilfe man bei kleinem Kraftaufwand Lasten heben od. verschieben kann;* ein ein-, zweiarmiger ~ **2** *Griff zum Einschalten od. Steuern einer Maschine;* Schalt~; auf einen ~ drücken; einen ~ betätigen **3** ⟨fig.; umg.⟩ • **3.1** den ~ **ansetzen** *die Sache anpacken, beginnen* • **3.2** alle ~ in Bewegung setzen *alles aufbieten, mit allen Mitteln versuchen, etwas zu erreichen* • **3.3** am längeren ~ **sitzen** *einflussreicher u. mächtiger sein als der Gegner*

he|ben ⟨V. 163/500⟩ **1** etwas od. jmdn. ~ *von unten nach oben befördern, bewegen;* ein Gewicht, eine Last, schwere Säcke ~; er hob ein Glas u. ließ den Jubilar hochleben; den Arm, die Hand ~ (um sich zu Wort zu melden, bei Abstimmungen); Schüler ~ die Hand, den Zeigefinger, wenn sie eine Antwort wissen; die Hand zum Schwur ~; den Kopf ~ (voller Interesse); die Spieler der siegreichen Mannschaft wurden von begeisterten Zuschauern auf die Schultern gehoben • **1.1** die **Augen** ~ *aufblicken, nach oben blicken* • **1.2** ein gesunkenes **Schiff** ~ *wieder an die Wasseroberfläche bringen (u. bergen)* • **1.3** verborgene **Schätze** ~ *zutage fördern* • **1.4** einen ~ ⟨umg.⟩ *alkoholische Getränke trinken;* er will noch einen ~ (gehen) • **1.5** ein **Kind** ~ ⟨veraltet⟩ *bei der Geburt eines K. helfen* • **1.6** ein **Haus** ~ *aufbauen, hochführen, aufrichten* • **1.7** ⟨Vr 3⟩ sich ~ *steigen (Wasserspiegel, Stimmung);* ihre Brust hob und senkte sich (nach einer Anstrengung, vor Erregung) • **1.7.1** ⟨501⟩ **es hebt mich** ⟨umg.⟩ *ich bekomme Brechreiz;* →a. *Angel (1.1), Himmel (2.4), Sattel (1.3-1.4)* **2** ⟨530/Vr 1⟩ sich einen **Bruch** ~ ⟨umg.⟩ *sich bei schwerem Heben (1) einen Bruch zuziehen* **3** einen **Gegenstand** ~ ⟨oberdt.⟩ *halten, festhalten;* heb's bitte einen Augenblick • **3.1 Gelder,** Steuern ~ ⟨oberdt.⟩ *erheben* **4** eine **Zahl** ~ ⟨Rechnen⟩ *mit einer Z. kürzen;* in dem Bruch $^5/_{25}$ ~ wir 5 und erhalten $^1/_5$ **5** die **Stimme** ~ ⟨fig.⟩ *die S. erheben, lauter sprechen* **6** ⟨fig.⟩ • **6.1** *vergrößern, vermehren, verbessern;* den Ertrag, Fremdenverkehr, Umsatz ~; jmds. Mut, Selbstvertrauen, Stimmung ~; den Lebensstandard, das geistige Niveau, den allgemeinen Wohlstand ~ • **6.2** ⟨Vr 3⟩ sich ~ *sich beleben, aufblühen, besser werden;* Handel und Verkehr ~ sich • **6.3** ⟨Part. Perf.⟩ gehoben *im Rang höher stehend als andere(s);* er ist in einer gehobenen Position, Stellung • **6.3.1** in gehobener **Stimmung** *fröhlich, ausgelassen* • **6.3.2** ⟨Rhet., Stilistik⟩ *feierlich, nicht alltäglich;* in gehobener Rede, Sprache, in gehobenem Stil

He|bung ⟨f.; -, -en⟩ **1** *das Zutagefördern;* ~ eines Schatzes, eines gesunkenen Schiffes **2** ⟨Geol.⟩ *Erhöhung der Erdkruste;* Ggs *Senkung (1)* **3** ⟨fig.⟩ *Erhöhung, Steigerung, Verbesserung, Förderung, Belebung, Wachstum;* ~ der Leistung, Stimmung, des Fremdenverkehrs usw. **4** ⟨Verslehre⟩ *betonte Silbe im Vers;* Ggs *Senkung (4)*

he|cheln¹ ⟨V.⟩ **1** ⟨400⟩ *mit heraushängender Zunge rasch u. heftig atmen (von Hunden)* • **1.1** ⟨Med.⟩ *in kurzen Abständen oberflächlich atmen (als Atemtechnik während des Gebärens)*

he|cheln² ⟨V.⟩ **1** ⟨500⟩ **Flachs, Hanf** ~ *Flachs-, Hanffasern mit einer Maschine spalten* **2** ⟨400; umg.; abwertend⟩ *spöttisch u. boshaft über andere Menschen reden, tratschen*

Hecht ⟨m.; -(e)s, -e⟩ **1** ⟨Zool.⟩ *einer Familie der Knochenfische angehörender Raubfisch mit entenschnabelartig vorgezogener Schnauze u. langgestrecktem, torpedoförmigem Körper: Esocidae* **2** ⟨fig.; umg.; scherzh.⟩ *Mann, der beeindruckende Leistungen erbringt u. von anderen bewundert wird;* ein toller ~! • **2.1** der ~ **im Karpfenteich** sein ⟨fig.; umg.⟩ *die führende Rolle spielen, bes. unter trägen, langweiligen Leuten* **3** ⟨kurz für⟩ *Hechtsprung;* ein ~ vom 3-Meter-Brett

Heck ⟨n.; -s, -s od. -e⟩ *hinterer Teil des Schiffes, Autos od. Flugzeugs;* hinten am ~ stehen

He|cke¹ ⟨f.; -, -n⟩ **1** *Umzäunung aus Büschen u. Sträuchern;* Buchsbaum~, Taxus~, Garten~; die ~ beschneiden; um den Garten eine ~ anlegen **2** *dichtes Gestrüpp;* Dornen~

He|cke² ⟨f.; -, -n⟩ **1** *Brut von Vögeln* **2** *die Jungen kleiner Säugetiere* **3** *Brutzeit* **4** *Raum, der Vögeln od. kleinen Säugetieren zur Brutpflege geboten wird*

He|cken|schüt|ze ⟨m.; -n, -n⟩ *Schütze, der aus dem Hinterhalt schießt*

Heer ⟨n.; -(e)s, -e⟩ **1** *bewaffnete Streitkräfte* • **1.1** *Gesamtheit der Streitkräfte eines Landes;* Sy *Armee (1.1);* stehendes ~ • **1.2** *Gesamtheit der Landstreitkräfte* **2** ⟨fig.⟩ *Unmenge, große Zahl;* ein ~ von Angestellten, Arbeitern, Beamten

He|fe ⟨f.; -; unz.⟩ **1** *Gärung erregende einzellige Organismen, die sich durch Zellsprossung vermehren;* Kuchen, Stollen mit ~ backen **2** *fester Stoff, der sich nach Hauptgärung des Bieres od. Weines absetzt od. an die Oberfläche steigt;* Bier~, Wein~

Heft¹ ⟨n.; -(e)s, -e⟩ **1** *gefaltete, geheftete, meist mit dünnem Umschlag versehene Papierbogen od. -blätter;* Schreib~, Noten~, ein ~ für Aufsätze, Rechenarbeiten; etwas in ein ~ schreiben, eintragen; ein Schüler teilte die ~e aus • **1.1** ⟨Abk.: H.⟩ *Folge einer Zeitschrift; das letzte ~ dieser Zeitschrift brachte u. a. ...;* ~ 12 des 5. Jahrgangs der (Zeitschrift) „Muttersprache" • **1.2** *Lieferung; das Buch, Werk erscheint in einzelnen* ~en **2** ⟨n. 7⟩ *Zählmaß für Papier;* ein ~ Papier umfasst 10 Bogen

Heft² ⟨n.; -(e)s, -e⟩ **1** *Griff, Handgriff (an Werkzeugen u. Waffen);* das ~ des Degens, der Feile **2** ⟨fig.⟩ *Leitung, Führung* • **2.1** das ~ (fest) **in der Hand haben, behalten** *Herr sein, bestimmen* • **2.2** das ~ (nicht) **aus der Hand geben** *die Leitung (nicht) abgeben* • **2.3** jmdm. das ~ **aus der Hand nehmen** *jmdn. aus der Führung verdrängen, in seinem Tun behindern*

hef|ten ⟨V.⟩ **1** ⟨511⟩ *etwas* ~ *an, auf etwas mit Klebstoff, Nadeln, Reißnägeln (an etwas) befestigen, ankleben,*

heftig

anstecken; ein Plakat an die Wand ~; jmdm. einen Orden an die Brust ~ **2** ⟨500⟩ • 2.1 zugeschnittene **Teile** eines **Kleidungsstücks** ~ ⟨Schneiderei⟩ *mit großen Stichen od. Nadeln lose befestigen; Sy reihen²*; die Nähte erst ~, dann nähen; das für die Anprobe geheftete Kleid • 2.2 einzelne Blätter od. Bogen ~ ⟨Buchbinderei⟩ *mit Faden od. Draht so zusammenfügen, dass sie in einem nächsten Arbeitsgang mit dem Buchdeckel verbunden werden können*; Akten, ein Buch ~ **3** ⟨fig.⟩ • 3.1 ⟨511⟩ die **Augen**, den **Blick auf** jmdn. od. etwas ~ *unverwandt zu jmdn. od. etwas hinsehen* • 3.2 ⟨511 od. 531/Vr 3⟩ sich **an** jmds. (jmdm. an die) **Fersen**, Sohlen ~ *nicht von jmdm. weichen*; er heftete sich an ihre (in die) Fersen, Sohlen; →a. *Fahne (2.4)*

hef|tig ⟨Adj.⟩ **1** *stark, gewaltig*; ~e Schmerzen verspüren; ein ~es Gewitter, Unwetter tobte über der Stadt; ~er Regen, Sturm, Wind **2** *wild, ungestüm, leidenschaftlich*; von einer ~en Leidenschaft, Liebe ergriffen; ~er Ärger, Groll, Hass, Zorn packte ihn; ~ debattieren, fluchen, schimpfen, toben, widersprechen; du hast wieder viel zu ~ reagiert **3** *aufbrausend, jähzornig, ungeduldig, hitzig*; jmdm. mit ~en Worten zurechtweisen; jmdn. ~ anfahren, beschimpfen, zurechtweisen; er wird leicht ~; ein viel zu ~er Mensch; sei doch nicht gleich so ~

Hef|tig|keit ⟨f.; -; unz.⟩ **1** ⟨unz.⟩ *Wucht, große Stärke*; die ~ eines Aufpralls **2** ⟨unz.⟩ *Ungestüm, aufbrausende Ungeduld*; er redete mit großer ~ auf mich ein • 2.1 ⟨zählb.⟩ *heftige, aufbrausende Äußerung*; sie warfen sich gegenseitig ~en an den Kopf

He|ge|mo|nie ⟨f.; -, -n⟩ *Vorherrschaft, Vormachtstellung, Dominanz (bes. eines Staates gegenüber anderen Staaten)*; wirtschaftliche, politische ~; ~streben einer Nation

he|gen ⟨V. 500⟩ **1** jmdn. od. **etwas** ~ *schützen, behüten u. pflegen, umsorgen*; den Forst, Wald, das Wild ~; er hat den Garten, die neu angelegte Baumkultur gehegt • 1.1 jmdn. ~ und pflegen *mit liebevoller Fürsorge umgeben* **2** ⟨505⟩ **Gefühle** (**für, gegen jmdn.**) ~ *in sich bewahren, tragen, haben*; eine tiefe Abneigung gegen jmdn. od. etwas ~; eine Schwäche für etwas ~; er hegt freundschaftliche Gefühle, tiefe Zuneigung für ihn **3** ⟨Funktionsverb; 505; die stilistisch gewichtigere Wendung mit Substantiven kann häufig durch ein einfaches Verb ersetzt werden⟩ • 3.1 die **Absicht** ~ *beabsichtigen* • 3.2 **Achtung** für jmdn. od. etwas ~ *jmdn. od. etwas achten* • 3.3 **Argwohn** ~ *argwöhnen* • 3.4 **Bewunderung** für jmdn. od. etwas ~ *jmdn. od. etwas bewundern* • 3.5 **Ekel** ~ *sich ekeln* • 3.6 **Erwartung** ~ *erwarten* • 3.7 **Furcht** ~ *sich fürchten* • 3.8 **Hass** ~ *hassen* • 3.9 **Hoffnung** ~ *hoffen* • 3.10 die **Meinung** ~ *meinen* • 3.11 **Misstrauen** ~ *misstrauen* • 3.12 den **Plan** ~ *planen* • 3.13 **Verdacht** gegen jmdn. od. etwas ~ *jmdn. verdächtigen* • 3.14 die **Vermutung** ~ *etwas vermuten* • 3.15 den **Wunsch** ~ *wünschen* • 3.16 **Zweifel** ~ *zweifeln* **4** ⟨500⟩ **Gericht** ~ ⟨veraltet⟩ *abhalten*

Hehl ⟨n. od. m.; nur in bestimmten Wendungen erhalten⟩ **kein(en)** ~ **aus einer Sache** machen *eine Sache nicht verbergen, nicht verheimlichen*; er macht kein(en) ~ aus seiner politischen Überzeugung

heh|len ⟨V. 500; veraltet⟩ **1** etwas ~ *verheimlichen, verbergen*; Diebesgut ~; Hehlen ist schlimmer als Stehlen ⟨Sprichw.⟩ **2** eine **Sache** ~ *begünstigen*; ein Verbrechen ~

hehr ⟨Adj. 70; geh.⟩ *erhaben, göttlich, Ehrfurcht gebietend*

Hei|de¹ ⟨m.; -n, -n⟩ **1** *Nichtchrist, Nichtjude, Nichtmoslem*; die ~n zum Christentum bekehren **2** *Ungläubiger* **3** *Anhänger einer polytheistischen Religion*

Hei|de² ⟨f.; -, -n; Bot.⟩ **1** *flache, baumlose, sandige, mit Gräsern u. kleinen Sträuchern bewachsene Landschaft*; die blühende, grüne, unfruchtbare ~; im Wald und auf der ~ ⟨Liedanfang⟩ **2** ⟨Bot.⟩ = *Erika*

Hei|del|bee|re ⟨f.; -, -n; Bot.⟩ **1** ⟨i. w. S.⟩ *Angehörige einer Gattung der Heidekrautgewächse, die in Deutschland durch vier wildwachsende Arten vertreten ist: Vaccinium* • 1.1 ⟨i. e. S.⟩ *Halbstrauch mit meist blauschwarzen, wohlschmeckenden Beeren, die verschiedene medizinische Eigenschaften haben: Vaccinium myrtillus*

Hei|den|tum ⟨n.; -s; unz.; Sammelbez. für⟩ **1** *die nichtchristliche Welt, Gesamtheit der Heiden* **2** *unchristliche Geisteshaltung*

Hei|din ⟨f.; -, -din|nen⟩ *weibl. Heide¹*

heid|nisch ⟨Adj. 24⟩ *die Heiden (u. ihren Kult) betreffend, zu ihnen gehörig, von ihnen stammend*; ~e Bräuche

Heid|schnu|cke ⟨f.; -, -n; Zool.⟩ *Angehörige einer genügsamen, anspruchslosen Rasse von Landschafen, die in der Lüneburger Heide verbreitet ist*

hei|kel ⟨Adj. 70⟩ **1** *schwierig, peinlich, unangenehm*; eine heikle Angelegenheit, Frage, Sache, Situation; das Thema ist äußerst ~; eine heikle Angelegenheit **2** *wählerisch, schwer zufriedenzustellen*; er ist im Essen, in Bezug auf das Essen sehr ~

heil ⟨Adj. 24⟩ **1** *gesund, unverletzt*; noch seine ~en Glieder besitzen, haben; mein Finger ist wieder ~ • 1.1 **mit ~er Haut davonkommen** *ohne Schaden* **2** ⟨70⟩ *unbeschädigt, ganz, nicht entzwei*; die Tasse, der Teller ist noch ~ geblieben; ~e Hemden, Hosen

Heil ⟨n.; -(e)s; unz.⟩ **1** ⟨geh.⟩ *Glück, Wohlergehen, Segen*; das ~ der Welt; ~ und Segen wünschen; sein ~ suchen, finden in etwas; du kannst dein ~ versuchen • 1.1 sein ~ **bei jmdm.** suchen *versuchen, ob man bei jmdm. Glück, Erfolg hat* • 1.2 sein ~ **von jmdm.** od. **einer Sache** erhoffen, erwarten *Nutzen, Hilfe, Besserung* **2** *(in Grußformeln)*; ~ dir, Cäsar!; Ski ~! *(Grußformel der Skiläufer)* **3** ⟨Rel.⟩ *die Glückseligkeit od. Erlösung, Gnade, Gnadengeschenk Gottes*; Seelen~; das ewige ~ • 3.1 im **Jahre** des ~s 1720 *im Jahr 1720 nach Christi Geburt* **4** ⟨Getrennt- u. Zusammenschreibung⟩ • 4.1 ~ **bringend** = *heilbringend*

Hei|land ⟨m.; -(e)s, -e⟩ **1** ⟨unz.⟩ *Jesus Christus als Erlöser* • 1.1 ⟨geh.⟩ *Erlöser, Retter, Befreier, Heilbringer*; sich als ~ ausgeben

heil|brin|gend *auch*: **Heil brin|gend** ⟨Adj. 24/60⟩ **1** *ewiges, göttliches Heil bringend* **2** *zur Heilung, Ge-*

nesung führend; ~e Medikamente • **2.1** ⟨fig.⟩ *Besserung bewirkend;* ~e Maßnahmen

Heil|butt ⟨m.; -(e)s, -e; Zool.⟩ *bis 300 kg schwerer u. bis über 4 m langer Plattfisch der nördlichen Meere: Hippoglossus hippoglossus*

hei|len ⟨V.⟩ **1** ⟨505⟩ jmdn. ~ (**von** einer **Krankheit**) *gesundmachen;* Sy *kurieren;* jmdn. durch eine Kur ~; jmdn. mit einem neuen Medikament ~; das Quellwasser hat ~de Wirkung bei ...; sie ist als geheilt aus dem Krankenhaus entlassen worden • **1.1** jmdn. (von falschen **Vorstellungen**) ~ ⟨fig.⟩ *befreien;* jmdn. von seiner Angst, seiner Einbildung, einer fixen Idee, einem Irrtum, seinem Wahn ~ • **1.1.1** jetzt bin ich für immer geheilt *durch Schaden klug geworden (u. werde einen bestimmten Fehler nicht mehr machen)* **2** ⟨500⟩ eine **Krankheit** ~ *durch Behandlung beseitigen;* eine Krankheit, eine Wunde ~ • **2.1** einen **Schaden** ~ ⟨fig.⟩ *wiedergutmachen, in Ordnung bringen, beheben, beseitigen;* die Zeit heilt alle Wunden ⟨Sprichw.⟩ **3** ⟨400⟩ eine **Krankheit, Verletzung** heilt *verschwindet*

hei|lig ⟨Adj.Abk.: hl., Pl. hll.⟩ **1** ⟨60⟩ *Verehrung als göttliches od. höchstes Wesen genießend, göttlich, selig* • **1.1** ⟨christl. Kirchen⟩ *Gott u. seine Wirkung betreffend, von Gott stammend;* der Heilige Geist • **1.1.1** die Heilige **Dreifaltigkeit** *Gott Vater, Sohn und Heiliger Geist* • **1.1.2** die Heilige **Familie** *Maria, Joseph u. das Jesuskind* • **1.1.3** die Heilige **Jungfrau** *Maria, Mutter Jesu* • **1.1.4** die Heiligen **Drei Könige** *Kaspar, Melchior und Balthasar, die das Jesuskind in Bethlehem anbeteten* • **1.2** ⟨Rel. allg.⟩ *ein höchstes göttliches Wesen und seine Wirkung betreffend, von ihm stammend* • **1.2.1** in diesen ~en Hallen *geweihten Stätten* **2** ⟨60⟩ jmd. ist ~ ⟨kath. Kirche⟩ *genießt besondere Verehrung aufgrund religiöser Weihen;* die ~e Elisabeth; der ~e Antonius; ein ~er Mann • **2.1** der Heilige **Vater** *der Papst* • **2.2** der Heilige **Stuhl** *Thron des Papstes, päpstliche Regierung* **3** *etwas ist* ~ *steht in engem Zusammenhang mit religiöser Offenbarung und Lehre* • **3.1** ⟨60⟩ die ~en **Stätten** *die durch die Anwesenheit Christi geheiligten Orte in Palästina, (allg.) alle Orte religiösen Kultes;* das Heilige Grab (Jesu in Jerusalem) • **3.1.1** das Heilige **Land** ⟨bibl. Bezeichnung für⟩ *Palästina* • **3.1.2** die Heilige **Stadt** *Jerusalem* • **3.2** ~e **Festtage** *F., die den religiösen Bräuchen, der religiösen Verehrung gewidmet sind;* das ~e Oster-, Pfingstfest • **3.2.1** der Heilige **Abend** *der Abend vor dem ersten Weihnachtsfeiertag, der 24. Dezember, Heiligabend* • **3.2.2** die Heilige **Nacht** *die Nacht zum ersten Weihnachtsfeiertag* • **3.2.3** die ~e **Woche** *Karwoche* • **3.3** ~e **Gegenstände** *G. religiöser Verehrung od. religiösen Kultes* • **3.3.1** der Heilige **Rock** *das unter dem Kreuz von den Soldaten verloste Gewand Jesu* • **3.3.2** die Heilige **Schrift** *die Bibel* • **3.4** ~e **Handlungen** *Ausführung religiöser Bräuche;* das ~e Abendmahl; die ~e Taufe; die ~e Messe (der kath. Kirche) • **3.4.1** der heilige/Heilige **Krieg** *K. der Muslime zur Ausbreitung des Islams* • **3.5** ⟨in feststehenden Benennungen⟩ • **3.5.1** das Heilige **Römische Reich** (**Deutscher Nation**) ⟨seit dem 9./10. Jh.⟩ *die Mittel- u. Südeuropa beherrschende Zentralgewalt, deren Kaiser vom Papst gekrönt wurden* • **3.5.2** die Heilige **Allianz** *zwischen den Monarchen von Russland, Österreich und Preußen 1815 geschlossener Bund* **4** *hohen sittlichen (moralischen) Ansprüchen genügend;* er hat ein ~es Leben geführt; er war ein ~er Mann • **4.1** *auf Ehrfurcht beruhend, E. verlangend, E. habend;* das ist mir ~; bei allem, was mir ~ ist! (Ausruf der Bekräftigung); ihm ist nichts ~; ein ~er Eifer, Zorn packte ihn; eine ~e Scheu hielt ihn davon ab; es ist mir eine ~e Pflicht • **4.1.1** (drei) ~e **Eide** schwören ⟨umg.⟩ *eindringlich versichern* • **4.1.2** das ist mein ~er **Ernst** *es ist mir ernst u. nichts kann mich davon abbringen* • **4.2** *feierlich;* eine ~e Stille breitete sich aus; →a. *hoch (7.2)* **5** ⟨60; fig.; umg.⟩ *(Ausruf der Bestürzung, der Ungeduld, der Verwunderung, des Zorns);* ~er Bimbam!

hei|lig|hal|ten ⟨V. 160/500⟩ jmdn. od. etwas ~ *in Ehren halten, verehren, unverletzlich halten;* ein Andenken, Geschenk ~

hei|lig|spre|chen ⟨V. 251/500⟩ jmdn. ~ *zum Heiligen erklären*

heil|kräf|tig ⟨Adj.⟩ *heilende Wirkung besitzend, gesundheitsstärkend, krankheitslindernd, belebend;* ~e Quellen

heil|los ⟨Adj. 90⟩ **1** ⟨veraltet⟩ *nichtswürdig, ruchlos;* ein ~er Mensch **2** *sehr groß, sehr schlimm, ungeheuer;* in seinem Zimmer herrschte eine ~e Unordnung; ~es Durcheinander; er ist ~ verschuldet; eine ~e Angst, Verwirrung

Heil|mit|tel ⟨n.; -s, -⟩ **1** *heilendes, gesundheitsförderndes Mittel od. Maßnahme* **2** ⟨fig.⟩ *Gegenmittel, Gegenmaßnahme;* ein ~ gegen Langeweile

heil|sam ⟨Adj.⟩ **1** ⟨veraltet⟩ *heilend;* dieser Tee ist sehr ~ **2** ⟨fig.⟩ *nützlich;* eine ~e Lehre; diese Erfahrung war für mich ~

heim ⟨Adv.⟩ *nach Hause;* gehst du schon ~?

Heim ⟨n.; -(e)s, -e⟩ **1** ⟨geh.⟩ *Wohnung mit Haushalt (zu der die Bewohner eine gefühlsmäßige Bindung haben);* ein eigenes, gemütliches, geschmackvoll eingerichtetes ~ besitzen; in ein neues ~ einziehen • **1.1** ~ und **Herd** ⟨poet.⟩ *die (ursprünglich unverletzliche) Wohnung einer Familie als Ort der Geborgenheit* **2** *gemeinschaftliche Wohnstätte für einen bestimmten Personenkreis;* Alters~; Kinder~, Obdachlosen~; in ein ~ kommen, eingewiesen werden; aus einem ~ entlassen werden **3** *Haus mit Räumen für Zusammenkünfte u. Veranstaltungen (einer bestimmten Gruppe);* Vereins~

Hei|mat ⟨f.; -; unz.⟩ **1** ⟨i. e. S.⟩ *Ort, an dem jmd. zu Hause ist, Wohnort;* die alte ~ wieder einmal besuchen; diese Stadt ist meine zweite ~ geworden **2** ⟨i. w. S.⟩ *Land, wo jmd. herkommt, Land, zu dem jmd. eine enge Beziehung hat;* keine ~ mehr haben; in meiner ~ ist es so Brauch **3** *Ort, woher etwas stammt;* die ~ dieser Pflanze, dieses Tieres ist Südamerika

hei|mat|lich ⟨Adj. 24⟩ *die Heimat betreffend, von ihr stammend, zu ihr gehörig, an die Heimat erinnernd;* etwas mutet jmdn. ~ an; ~e Gefühle

heim|brin|gen ⟨V. 118/500⟩ jmdn. ~ *jmdn. nach Hause bringen, nach Hause begleiten*
heim|füh|ren ⟨V. 500⟩ **1** jmdn. ~ *nach Hause führen* **2** ein Mädchen (als Frau) ~ ⟨fig.; geh.⟩ *heiraten*
Heim|gang ⟨m.; -(e)s; unz.; fig.⟩ *Tod;* nach dem ~ unseres lieben …
heim|ge|hen ⟨V. 145/400(s.)⟩ **1** *nach Hause gehen;* es war schon kurz nach Mitternacht, als er heimging **2** ⟨fig.; geh.⟩ *sterben;* nach schwerer Krankheit ist er vergangene Nacht heimgegangen
heim|ho|len ⟨V. 500⟩ jmdn. ~ **1** *zurück nach Hause, in die Heimat holen;* die entlaufene Katze ~ **2** ⟨fig.; geh.⟩ *ins Jenseits holen;* Gott hat ihn heimgeholt
hei|misch ⟨Adj.⟩ **1** ⟨60⟩ *heimatlich, zur Heimat gehörend, inländisch;* die ~e Industrie fördern; die ~e Pflanzen- u. Tierwelt **2** ⟨80⟩ *wie zu Hause;* ich habe mich hier schnell ~ gefühlt; ich bin in dieser Stadt schnell ~ geworden; ich bin in meiner Arbeit, in der neuen Stellung noch nicht ganz ~
Heim|kehr ⟨f.; -; unz.⟩ *Rückkehr nach Hause*
heim|keh|ren ⟨V. 400(s.)⟩ *(zurück) nach Hause kommen;* er kehrte von der Reise heim
heim|lich ⟨Adj.⟩ **1** ⟨90⟩ *so beschaffen, dass die anderen nichts davon sehen, bemerken, erfahren, unauffällig, verborgen, versteckt, (ins)geheim;* ein ~es Flüstern, Lächeln, Lachen, Zeichen; ~en Kummer haben; ~e Liebe; er hat sich still u. ~ davongeschlichen, aus dem Staube gemacht; ~ gehen, kommen; sich ~ treffen, verabreden • ~e **Wege** gehen ⟨fig.⟩ *etwas Verbotenes tun* • 1.2 das ~e **Gericht** *Feme* • 1.3 etwas ~ tun *im Geheimen;* ⟨aber⟩ →a. *heimlichtun* **2** ⟨österr.⟩ *ein Gefühl der Geborgenheit vermittelnd*
heim|lich|tun ⟨V. 272/400; abwertend⟩ *geheimnisvoll tun (u. sich dadurch wichtigmachen);* →a. *heimlich (1.3)*
Heim|spiel ⟨n.; -(e)s, -e; Sp.⟩ *Spiel auf dem eigenen Platz;* Ggs *Gastspiel*
Heim|stät|te ⟨f.; -, -n; geh.⟩ **1** ⟨i. w. S.⟩ *Stätte, wo jmd. od. etwas heimisch, zu Hause ist* **2** ⟨i. e. S.; früher⟩ *kleiner Grundbesitz, über den der Eigentümer nur beschränkt verfügen konnte, bes. Einfamilienhaus mit Nutzgarten*
heim|su|chen ⟨V. 500⟩ **1** etwas sucht jmdn. od. etwas heim *etwas trifft unerwartet jmdn. od. etwas (als Unglück, Unheil od. Unerwünschtes);* die Stadt wurde von einer Seuche heimgesucht; ein Krieg suchte das Land heim; ein schweres Erdbeben hat die südlichen Provinzen heimgesucht • 1.1 *jmdn. befallen;* er wurde von einer schweren Krankheit, bösen Vorahnungen, Träumen heimgesucht **2** jmdn. ~ ⟨umg.; scherzh.⟩ *besuchen, aufsuchen, bes. auf lästige Art;* heute wollen wir unseren Onkel ~
Heim|tü|cke ⟨f.; -; unz.⟩ *Hinterhältigkeit, Arglist, Hinterlist, Bosheit*
heim|tü|ckisch ⟨Adj.⟩ **1** *hinterlistig, arglistig, boshaft;* ein ~er Mensch; auf ~e Art seine Ziele verfolgen **2** *gefährlich, bösartig, unberechenbar;* eine ~e Krankheit
heim|wärts ⟨Adv.⟩ *nach Hause, in Richtung zur Heimat;* wir gingen gerade ~

Heim|weh ⟨n.; -(e)s; unz.⟩ *Sehnsucht nach daheim, nach der Heimat;* ~ ergriff mich; krank vor ~; von ~ befallen werden
heim|zah|len ⟨V. 530; fig.⟩ **jmdm. etwas** ~ *jmdm. etwas vergelten, sich an jmdm. rächen;* er hat es ihr heimgezahlt; das werde ich ihm ~!; jmdm. etwas mit gleicher Münze ~
Hei|rat ⟨f.; -, -en⟩ *Eheschließung, Vermählung*
hei|ra|ten ⟨V.⟩ **1** ⟨400⟩ *die Ehe schließen, sich vermählen;* früh, jung, spät ~; aus Liebe, aus steuerlichen Gründen ~; zum zweiten Mal ~ **2** ⟨500⟩ jmdn. ~ *ehelichen, zum Ehepartner nehmen;* sie hat ihn aus Liebe, Dankbarkeit, gegen den Willen der Eltern geheiratet; er heiratete die Schwester seines Freundes
hei|schen ⟨V. 500⟩ etwas ~ ⟨veraltet; geh.⟩ **1** *(eindringlich, gebieterisch) fordern, verlangen;* er heischte eine Erklärung von ihm; Achtung, Respekt, Einlass ~ **2** *erbitten, erbetteln;* Almosen, Hilfe (von jmdm.) ~
hei|ser ⟨Adj.⟩ **1** *rau, klanglos;* mit ~er Stimme sprechen; ein ~er Ton • 1.1 jmd. ist ~ *hat (durch Erkältung, Überanstrengung) eine raue Stimme;* heute bin ich ~ • 1.2 sich ~ **reden, schreien** *so lange reden, schreien, bis man keine klare Stimme mehr hat*
heiß ⟨Adj.⟩ **1** *eine sehr hohe Temperatur aufweisend;* ein ~er Juli, Sommer, Tag, Wind; ein ~es Bad nehmen; ~e Luft, Sonne; eine ~e Stirn; der Kurort hat mehrere ~e Quellen; ~es Wasser für Kaffee, Tee bereiten • 1.1 *(sehr) warm;* es ist sehr ~ heute; ich bin, mir ist ~; mir wird ganz ~; du hast ganz ~e Hände; Vorsicht, das Bügeleisen, der Ofen, der Topf ist ~ • 1.2 ~e **Zone** *Klimazone beiderseits des Äquators innerhalb der beiden Wendekreise* • 1.3 es wird nichts so ~ gegessen, wie es gekocht wird ⟨Sprichw.⟩ *es ist nicht so schlimm, wie es zunächst erscheint* • 1.4 dich haben sie wohl zu ~ gebadet? ⟨fig.; umg.⟩ *das ist unmöglich, was du da forderst, sagst, willst, du kannst nicht recht bei Verstand sein;* →a. *Hölle (2.3), Tropfen (5.1)* **2** ⟨fig.⟩ *heftig, leidenschaftlich, hitzig;* ein ~er Kampf; eine ~ Diskussion; es ging ~ her; im ~en Bemühen, Wunsch vereint; etwas ~ ersehnen, herbeiwünschen; sich ~ nach etwas sehnen; in ~er Liebe entbrannt ⟨poet.⟩ • 2.1 ~es Blut haben ⟨geh.⟩ *ein leidenschaftliches Temperament besitzen* • 2.2 etwas mit ~em Herzen verfolgen ⟨geh.⟩ *mit leidenschaftlicher Anteilnahme* • 2.3 ~en Dank! ⟨umg.⟩ *herzlichen Dank!* • 2.4 ~e **Tränen** vergießen ⟨geh.⟩ *aus großem Schmerz weinen* **3** ⟨40; fig.⟩ *leidenschaftlich machend, (sexuell) erregend;* ~e Musik • 3.1 ~e **Höschen** ⟨fig.; umg.⟩ *sehr kurze u. knappsitzende Damenshorts* **4** ⟨60⟩ ein ~es **Eisen** ⟨fig.; umg.⟩ *schwieriges, heikles, höchst aktuelles Problem, an dessen Lösung sich keiner heranwagt, um sich nicht Unannehmlichkeiten zuzuziehen;* da hat er ein ~es Eisen angefasst, aufgegriffen • 4.1 ~er **Draht** *Telefonleitung zwischen den Regierungen zweier Staaten zur raschen Verständigung in Krisenzeiten* • 4.2 ~er **Tipp** *vielversprechender, interessanter T.* **5** ⟨60⟩ ~e **Ware**, ~es **Geld** ⟨fig.; umg.⟩ *W., G., deren Besitz ille-*

gal od. gefährlich ist; ~e Ware ankaufen, weiterverkaufen **6** ⟨umg.⟩ • **6.1** *verwunderlich, seltsam, exotisch, aufreizend;* du siehst ja ~ aus! **7** ⟨Getrennt- u. Zusammenschreibung⟩ • **7.1** ~ **ersehnt** = *heißersehnt*

heiß|blü|tig ⟨Adj. 70; fig.⟩ *leicht erregbar, leicht in Zorn geratend, leidenschaftlich;* ein ~er Liebhaber

hei|ßen¹ ⟨V. 164⟩ **1** ⟨300⟩ *sich nennen, den Namen haben, genannt werden;* ich heiße Jan, Leonie, Müller; wie ~ Sie?; wie heißt diese Straße? • **1.1** ⟨313⟩ *lauten, den Wortlaut haben;* wie heißt dieses Wort auf Französisch?; wie heißt die Stelle, der Text, der Titel, der genaue Wortlaut?; in dem Gesetz heißt es, dass ...; bei Schiller heißt es: ...; der Ausdruck war nicht korrekt, richtig heißt es „...“; es heißt dort folgendermaßen ...; in dem Abkommen heißt es ausdrücklich ... • **1.2** *ausdrücken, bedeuten, besagen, einen Sinn haben;* das will schon etwas ~, wenn ...; was soll das ~?; das will nicht viel, nichts ~; das will viel, wenig ~; ... das heißt ⟨Abk.: d. h.⟩ • **1.2.1 jmdn. willkommen ~** *jmdn. freundlich begrüßen* • **1.3** ⟨300 m. Modalverb⟩ das **soll was ~** ⟨umg.⟩ *bedeutet viel* • **1.4** ⟨unpersönl.⟩ *hier heißt es aufpassen, schnell handeln, klug, vorsichtig sein hier muss man aufpassen, sich entscheiden usw.;* da heißt es „entweder - oder" • **1.5** ⟨unpersönl.⟩ **es heißt** *es wird behauptet, man sagt;* die Steuersenkung steht unmittelbar bevor, heißt es; das ist nicht nur meine Meinung, es heißt allgemein so; es heißt, dass er in den Ruhestand treten will **2** ⟨513⟩ **jmdn.** od. **etwas** ... ~ ⟨geh.⟩ *als ... bezeichnen;* er hieß ihn einen Betrüger, Esel, Dummkopf, Lügner; er hat mich seinen Freund geheißen • **2.1** *bewerten als;* das heiße ich Humor, Lebensklugheit, Mut; das heiße ich aufmerksam, fleißig, ordentlich sein; das heiße ich singen, spielen, tanzen! (anerkennend) **3** ⟨570⟩ • **3.1 jmdn. etwas tun ~** ⟨veraltet⟩ *jmdm. etwas zu tun befehlen, jmdn. zu etwas auffordern;* ich hieß ihn antworten, eintreten, schweigen; wer hat dich kommen, das tun ~?; wer hat dich geheißen, heute zu kommen, das zu tun?

hei|ßen² ⟨V. 500; du heißt od. heißest; du heißtest; geheißt; heiß!⟩ *hissen;* heißt Flagge!

heiß|er|sehnt auch: **heiß er|sehnt** ⟨Adj. 24/60⟩ *innig erwartet, ungeduldig ersehnt;* sein ~er Wunsch ging in Erfüllung

Heiß|hun|ger ⟨m.; -s; unz.⟩ *plötzlich auftretender, starker, unbezwinglicher Hunger;* ~ auf saure Gurken

heiß|ma|chen ⟨V. 500; fig.⟩ jmdn. ~ *motivieren, erregen;* was ich nicht weiß, macht mich nicht heiß ⟨Sprichw.⟩ *über etwas, wovon ich nichts weiß, kann ich mich nicht aufregen*

...heit ⟨Nachsilbe; zur Bildung von Subst. aus Adj.⟩ *(zur Bezeichnung der Art u. Weise, der Wesensart, des Charakters, der Beschaffenheit von etwas);* z. B: Schönheit, Besonnenheit, Strukturiertheit

hei|ter ⟨Adj.⟩ **1** ⟨70⟩ ~es **Wetter** *hell, klar, sonnig, unbewölkt, nicht trübe;* ein ~er Himmel, Tag **2** *gut gelaunt, vergnügt, ausgelassen, fröhlich;* ein ~es Gesicht machen; ein ~es Gemüt haben; die Sache stimmt mich ~ • **2.1** *Vergnügen bereitend;* ein ~er Film, Roman • **2.2** ⟨verhüllend⟩ *ganz leicht betrunken, angeheitert;* er kam sehr spät und recht ~ nach Hause **3** ⟨umg.; iron.⟩ *unangenehm;* das ist ja eine ~e Angelegenheit, Geschichte!; das kann ja ~ werden

Hei|ter|keit ⟨f.; -; unz.⟩ **1** *stete Fröhlichkeit, Zufriedenheit, Ausgeglichenheit;* jmd. ist von einer strahlenden, naiven, unbekümmerten ~ **2** *Gelächter;* der Witz löste große, allgemeine ~ aus

hei|zen ⟨V.; du heizt od. (veraltet) heizest⟩ **1** ⟨400⟩ • **1.1** *warm machen;* mit Gas, Kohle, Öl ~; vom Keller aus ~; das Zimmer lässt sich gut, schwer ~; in der Küche (nicht) ~; es ist heute gut, schlecht, zu schwach geheizt; wir haben jmdn. zum Heizen; vom 1. Oktober an wird geheizt • **1.2** *Wärme spenden, Hitze ausstrahlen;* der Ofen heizt gut **2** ⟨500⟩ • **2.1 einen Raum ~** *mit Wärme versorgen;* die ganze Wohnung, nur zwei Zimmer ~ • **2.2** den **Herd, Ofen ~** *im H., O. Feuer machen u. unterhalten*

Heiz|kör|per ⟨m.; -s, -⟩ **1** *der die Wärme in den Raum abgebende Teil einer Warmwasser- od. Dampfheizung* **2** *der Teil eines Heizgerätes, in dem die Wärme erzeugt wird*

Hei|zung ⟨f.; -, -en⟩ **1** *Anlage zum Beheizen von Räumen* • **1.1** ⟨kurz für⟩ *Heizkörper;* die ~ ist kalt **2** ⟨unz.⟩ *das Heizen, Erwärmen von Räumen*

Hekt|ar auch: **Hekt|ar** ⟨a. ['--] n.; -s, -; Zeichen: ha⟩ *Flächenmaß, 100 Ar, 10 000 m^2;* oV ⟨schweiz.⟩ *Hektare*

Hekt|a|re auch: **Hek|ta|re** ⟨f.; -, -n; schweiz.⟩ = *Hektar*

Hek|tik ⟨f.; -; unz.⟩ *nervöse Unruhe, fieberhafte Betriebsamkeit, übertriebene Geschäftigkeit;* er verbreitet überall ~

hek|tisch ⟨Adj.⟩ *Unruhe verbreitend, eilig-nervös, übertrieben geschäftig;* ~e Betriebsamkeit; sei doch nicht so ~!

Hek|to... ⟨Zeichen: h, vor Maßeinheiten⟩ *das Hundertfache der Grundeinheit,* z. B. 1 hl = 100 Liter; ~gramm, ~liter

Held ⟨m.; -en, -en⟩ **1** *mutiger, tapferer Krieger;* ein ~ der Sage, der Vorzeit **2** ⟨fig.⟩ *jmd., der Hervorragendes, Erstaunliches leistet od. leisten kann;* im Rechnen ist er kein ~ ⟨umg.; iron.⟩ • **2.1** der ~ des **Tages** *wichtigste Person bei einer Begebenheit* • **2.2** den ~en **spielen, sich als ~ aufspielen** ⟨umg.⟩ *sich brüsten* • **2.3** du bist mir ein netter, rechter, schöner ~! ⟨umg.; iron.⟩ *ein Feigling* **3** *Hauptgestalt (einer Dichtung);* der Roman hat keinen ~en • **3.1** ⟨Theat.⟩ *bestimmte Art von Rollen, Rollenfach zur Darstellung von Helden (3);* er ist als jugendlicher ~ engagiert

Hel|din ⟨f.; -, -din|nen⟩ *weibl. Held*

hel|fen ⟨V. 165⟩ **1** ⟨403/Vr 5 od. Vr 6⟩ **(jmdm.) (bei** etwas**) ~** *behilflich sein, eine Hilfe sein, beistehen;* sie hilft, wo immer sie kann; sie half ihm, sich zu verstecken; jmdm. beim Abwaschen, bei der Arbeit ~; beim Aus- u. Einsteigen ~; hierbei hat mir niemand geholfen; die Geschwister ~ sich beim Waschen; jmdm. suchen, tragen ~; so wahr mir Gott helfe! (Schwurformel); hilf dir selbst, so hilft dir Gott ⟨Sprichw.⟩ • **1.1** ⟨611⟩ jmdm. in den Mantel, in den

Helfer

Wagen ~ *beim Anziehen des Mantels, beim Einsteigen in den W. behilflich sein* • **1.2 jmdm.** ist **nicht zu** ~ *bei jmdm. ist alle Hilfe zwecklos, jmd. ist vollkommen uneinsichtig;* ihm ist nicht zu ~; wem nicht zu raten ist, dem ist nicht zu ~ ⟨Sprichw.⟩ • **1.3** ⟨611⟩ jmdm. **auf die Spur**, Fährte ~ *bewirken, dass jmd. die S., F. findet;* dieser Hinweis half der Polizei die Fährte (Spur) der Verbrecher • **1.4 jmdm. auf die Beine** ~ • **1.4.1** *jmdm. beim Aufstehen behilflich sein* • **1.4.2** *jmdm. in einer Notlage unterstützen, so dass er keiner Hilfe mehr bedarf* • **1.4.3** einem **Unternehmen auf** die **Beine** ~ *ein U. durch Arbeit od. Geld unterstützen, so dass es in Gang kommt* • **1.5** ⟨650⟩ jmdm. **aus** der **Not**, Verlegenheit ~ *jmdm. behilflich sein, aus der N., V. herauszukommen;* jmdm. aus der Patsche ~ ⟨umg.⟩ **2** ⟨600/Vr 1⟩ • **2.1** sich zu ~ wissen *einen Rat, Ausweg wissen;* ich wusste mir nicht mehr, nicht anders zu ~ • **2.2** ⟨600 m. Modalverb⟩ ich kann mir nicht ~ *es ist mir nicht möglich, mich anders zu verhalten;* ich kann mir nicht ~, aber da bin ich misstrauisch **3** ⟨Imp.⟩ ich werde dir ~! ⟨iron.; drohend⟩ *ich verbiete dir, es zu tun!* **4** ⟨403; unpersönl.⟩ es, das hilft (nicht od. nichts) *nützt (nichts);* was kann das schon ~!; es wird dir nicht(s) ~; da hilft alles nicht(s) mehr • **4.1** ⟨401⟩ es hilft nicht(s), du musst ... *du musst dich damit abfinden, dass ...* **5** ⟨403 od. 405⟩ ein **Mittel** hilft (**jmdm. gegen** etwas) *erzielt eine gewünschte Wirkung;* hier hilft kein Bitten und kein Flehen • **5.1** ⟨405⟩ ein **Medikament**, eine **Kur** hilft (**gegen** eine Krankheit) *hat eine heilende Wirkung;* die Arznei, Kur hat ihm (gar nicht) geholfen

Hel|fer ⟨m.; -s, -⟩ *jmd., der anderen hilft, bei einer Sache Unterstützung bringt;* ich brauche einen kräftigen ~; ~ in der Not

Hel|fe|rin ⟨f.; -, -rin|nen⟩ *weibl. Helfer*

Hel|fers|hel|fer ⟨m.; -s, -⟩ *Helfer bei einer Straftat, Mitschuldiger;* Sy *Spießgeselle (2)*

He|li|kop|ter *auch:* **He|li|kop|ter** ⟨m.; -s, -⟩ *Hubschrauber*

He|li|um ⟨n.; -s; unz.⟩ *chem. Zeichen:* He⟩ *zu den Edelgasen gehörendes chem. Element mit der Ordnungszahl 2*

hell ⟨Adj.⟩ **1** *reich an Licht, leuchtend;* Ggs *dunkel (1);* die Flamme brennt ~; wach auf, es wird, ist schon ~; der Mond scheint ~; ~ leuchten die Sterne; diese Lampe gibt ein ~es Licht; das Feuer brannte leuchtend ~ • **1.1** ⟨60⟩ es geschah am ~en Tage *vor aller Augen* • **1.1.1** ins Helle treten *ins helle Licht* • **1.2** ~e **Gegenstände** *G., die viel Licht zurückstrahlen;* ~e Möbel; ~e Augen, ~es Haar • **1.2.1** ~es **Bier** *B. mit gelblicher Färbung* **2** ~e **Farben** *dem Weiß angenäherte, schwach gefärbte F.;* Ggs *dunkel (2);* ein Kleid in ~em Blau, Grün, Rot **3** ~e **Geräusche** *reine, hohe, klare G.;* Ggs *dunkel (3);* ~ klingen, tönen; ein ~er Klang, Ton; hell klingendes ~e Stimme; ~ auflachen **4** ⟨70⟩ jmd. ist ~(e) ⟨fig.⟩ *gescheit, aufgeweckt;* in einem ~en Augenblick erkannte der Kranke ihn; sie hat einen ~en Verstand; ein ~er Kopf, ein ~es Köpfchen ⟨umg.⟩; sie ist recht ~e ⟨umg.⟩ **5** ⟨90; fig.⟩ *echt, rein, ungetrübt;* in ~e Begeisterung, ~en Jubel ausbrechen; er hat seine ~e Freude daran **6** ⟨60; verstärkend; fig.⟩ *groß;* er hat es in ~er Verzweiflung getan; sie kamen in ~en Haufen, Scharen; das ist ja ~er Wahnsinn! **7** ⟨60⟩ eine Sache im ~sten Licht erscheinen lassen ⟨fig.⟩ *die Vorteile einer S. zur Geltung bringen od. übertreiben*

hell|auf ⟨Adv.⟩ *laut, kurz u. hell;* ~ lachen; ⟨aber Getrenntschreibung⟩ hell auflachen → *hell (3)*

hell|blau ⟨Adj. 24⟩ *von zartem Blau, blassblau;* ein ~er Stoff

Hel|le|bar|de ⟨f.; -, -n; im MA⟩ *Hieb- u. Stoßwaffe mit langem Stiel, an dessen Spitze ein eisernes Beil mit Haken angebracht ist*

Hel|ler ⟨m.; -s, -⟩ **1** ⟨urspr.⟩ *Silbermünze* **2** ⟨seit dem 19. Jh.⟩ *Kupfermünze* **3** ⟨österr.-ungar. Monarchie u. Österreich bis 1924⟩ $^1/_{100}$ *der Krone* **4** ⟨heute in der Tschechischen Republik, der Slowakischen Republik u. in Ungarn⟩ *kleinste Scheidemünze,* $^1/_{100}$ *der Krone,* $^1/_{100}$ *des Forints* **5** ⟨fig.; umg.⟩ *die kleinste Geldmenge* • **5.1 keinen, nicht einen** (roten, lumpigen) ~ *gar nichts;* er hat, besitzt keinen ~ mehr; er bekommt nicht einen roten ~ von mir; das ist keinen lumpigen ~ wert; dafür gebe, bezahle ich keinen ~! • **5.2** etwas bis **auf** den **letzten** ~, auf ~ und **Pfennig** bezahlen *ganz genau*

hell|hö|rig ⟨Adj. 70⟩ **1** *mit scharfem Gehör ausgestattet* **2** *schalldurchlässig;* Neubauwohnungen sind oft sehr ~; ~e Wände, Türen **3** ⟨fig.⟩ *mit scharfem, durchdringendem Verstand begabt, aufmerksam;* für bestimmte Vorgänge ~ sein, werden; als er das sagte, wurde ich ~

hellicht ⟨alte Schreibung für⟩ *helllicht*

Hel|lig|keit ⟨f.; -; unz.⟩ *Zustand des Hellseins, helles Licht, Lichtfülle*

hell|licht ⟨Adj. 24/60⟩ *hell u. licht, ganz hell;* am ~en Tage

hell|se|hen ⟨V. 400; nur im Inf. gebräuchl.⟩ *räumlich u. zeitlich entfernte Vorgänge (angeblich) ohne Vermittlung von Sinnesorganen wahrnehmen;* er kann ~; ich kann doch nicht ~!

hell|wach ⟨Adj. 24⟩ **1** *ganz, vollkommen wach, munter* • **1.1** ⟨fig.⟩ *aufgeweckt, geistig rege, begabt;* ein ~er Bursche

Helm[1] ⟨m.; -(e)s, -e⟩ *Stiel von Werkzeugen (Axt, Beil usw.)*

Helm[2] ⟨m.; -(e)s, -e⟩ **1** *schützende Kopfbedeckung aus Leder, Metall, Kork;* Schutz~, Stahl~, Sturz~, Tropen~; der Ritter nahm den ~ ab; die Römer trugen ursprünglich ~e aus Leder; die Polizisten, Feuerwehrmänner setzten die ~e auf **2** ⟨Heraldik⟩ *neben dem Schild*[1] *(2) wichtigster Bestandteil eines Familienwappens* **3** ⟨Arch.⟩ *das kegel-, zelt- od. pyramidenförmige spitze Dach eines Turmes;* Turm~, Kegel~, Dach~ **4** *Aufsatz auf Schornsteinen*

Hemd ⟨n.; -(e)s, -en⟩ **1** *geradegeschnittenes, fast den ganzen Körper bedeckendes Kleidungsstück, das über den Kopf gezogen werden muss;* Chor~; die ~en der Hirten **2** *auf dem bloßen Leib getragenes Wäschestück;* Nacht~, Unter~; ein ~ aus Baumwolle; das ~ wechseln **3** *leichtes, den Oberkörper bedeckendes Kleidungsstück für Herren;* Ober~; ein bügelfreies ~; ein gestärktes, gestreiftes, kurz-, langärmeliges, pastellfarbenes, weißes ~; ein frisches ~ anziehen; ~en ausbessern, stärken, waschen **4** ⟨fig.⟩ • **4.1** seine Meinung wie ein ~ wechseln *seine Gesinnung oft ändern* • **4.2** er würde sein letztes ~ verschenken *er ist völlig selbstlos, sehr gutmütig* • **4.3** kein (ganzes) ~ mehr am, auf dem Leibe haben *völlig heruntergekommen sein* • **4.4** das ~ ist mir näher als der Rock ⟨Sprichw.⟩ *der eigene Vorteil ist mir wichtiger als der eines anderen* • **4.5** jmdn. **bis aufs** ~ ausplündern, ausziehen *völlig*

He|mi|sphä|re ⟨f.; -, -n⟩ **1** *Erdhalbkugel, Erdhälfte;* die westliche, östliche, südliche, nördliche ~ **2** ⟨Med.⟩ *Großhirnhälfte*

hem|men ⟨V. 500⟩ **1** etwas ~ *die Bewegung, den Fortgang von etwas verlangsamen, bremsen, zum Stillstand bringen;* ein Rad am Fahren, einen Wagen, Wasserlauf ~; ich hatte meinen Schritt gehemmt **2** ⟨Vr 7 od. Vr 8⟩ jmdn. od. eine **Sache** ~ ⟨fig.⟩ *in seinem Ablauf, seiner Entwicklung aufhalten, jmdn. od. etwas durch Schwierigkeiten u. Ä. behindern;* die Entwicklung, den Fortschritt ~; ~d auf die Produktion, Verhandlungen einwirken; ~de Wirkung; durch Schüchternheit gehemmt sein • **2.1** ⟨Part. Perf.⟩ gehemmt *unfrei, voller Hemmungen;* sie fühlt sich, ist vor Fremden sehr gehemmt

Hemm|schuh ⟨m.; -(e)s, -e⟩ **1** *keilförmige Platte, die vor das Hinterrad gelegt wird zum Abbremsen von Straßenfahrzeugen* **2** *Vorrichtung zum Abbremsen freilaufender Eisenbahnwagen beim Verschieben, vor die Räder auf die Schiene gelegt* **3** ⟨fig.⟩ *Hemmnis, Hindernis;* jmdm. einen ~ in den Weg legen

Hem|mung ⟨f.; -, -en⟩ **1** ⟨Med.⟩ *Zustand des Organismus, in welchem eine Funktion od. bestimmte Bedingung die Manifestation einer anderen Funktion, Handlung od. Ausdrucksweise verhindert;* Willens~, Wachstums~, Entwicklungs~ • **1.1** *innere Scheu, Unfähigkeit, frei u. ungezwungen zu handeln;* nur keine ~en!; er hat ~en; seine ~en überwinden; gesellschaftliche, moralische, seelische ~en; er leidet an ~en **2** *Störung, Hindernis;* Lade~ **3** ⟨Tech.⟩ *Vorrichtung an Uhren, die den Gang des Räderwerks in bestimmten Abständen unterbricht;* Haken~, Pendel~; magnetische ~ **4** ⟨Rechtsw.⟩ *Ruhen des Ablaufs einer Frist*

Hendl ⟨n.; -s, -n; oberdt.⟩ *junges Huhn, Hähnchen* (Brat~, Back~)

Hengst ⟨m.; -(e)s, -e⟩ *männlicher Einhufer, bes. männl. Pferd;* Kamel~, Esel~; Zucht~; ein dreijähriger ~; einen ~ zur Zucht halten

Hen|kel ⟨m.; -s, -⟩ *Griff, gebogene Handhabe zum Anfassen an Körben, Töpfen usw.;* eine Tasche mit zwei ~n; der ~ des Kruges ist abgebrochen

hen|ken ⟨V. 500; veraltet⟩ = *aufhängen (1.2);* der Mörder wurde gehenkt

Hen|ker ⟨m.; -s, -⟩ **1** *Person, die die Todesstrafe vollstreckt;* jmdn. dem ~ überantworten, überliefern **2** ⟨fig.⟩ • **2.1** ich schere mich den ~ drum ⟨umg.⟩ *ich kümmere mich überhaupt nicht darum* • **2.2** das weiß der ~! ⟨umg.⟩ *ich habe keine Ahnung* **3** *(in Ausrufen, Flüchen u. Verwünschungen);* hol dich der ~!; hol's der ~! (Fluch); zum ~!; geh zum ~; scher dich zum ~!

Hen|kers|mahl|zeit ⟨f.; -; unz.⟩ **1** *letzte Mahlzeit vor der Hinrichtung* **2** ⟨fig.; umg.; scherzh.⟩ *letzte Mahlzeit vor der Abreise*

Hen|na ⟨f.; -; unz.⟩ **1** ⟨Bot.⟩ *(in Asien u. Afrika kultivierter) Strauch aus der Familie der Weiderichgewächse, der einen rotgelben Farbstoff u. ein wohlriechendes Öl liefert: Lawsonia inermis* **2** *der aus dieser Pflanze gewonnene rotgelbe Farbstoff (zum Haarfärben verwendet)*

Hen|ne ⟨f.; -, -n; Zool.⟩ *weibliches Tier bei Hühnern u. verschiedenen anderen Vogelarten;* Sy *Huhn (3);* Fasanen~, Trut~, Birk~; die ~ brütet, gackert

He|pa|ti|tis ⟨f.; -, -ti|ti|den; Med.⟩ *Leberentzündung*

her ⟨Adv.⟩ **1** *von einem Ort ~ mit dem O. als Ausgangspunkt (, -richtung) nach hier gerichtet, bewegend;* Ggs ⟨wenn die Situation eindeutig ist, werden hin u. her häufig, bes. in Zus., wahlweise (umg.) gebraucht⟩ von den Bergen, der Ferne ~; von Süden ~; von ihm ~; vom Fenster, von der Tür ~ zieht es; von der Fabrik ~ dringt die schlechte Luft bis in unsere Gegend vor; von Norden ~ weht ein kalter Wind; vom Himmel ~; von weit ~ hörte man …; von außen, von dort ~ • **1.1** ~ (mit) …! ⟨umg.⟩ *hierher, an diese Stelle!;* ~ mit dem Geld, Schmuck! (grobe Aufforderung); ~ zu mir!; (nur schnell) ~ damit! (grobe Aufforderung) • **1.1.1** er soll sofort ~! ⟨umg.⟩ *herkommen* • **1.2 wo hat** der Junge das ~? • **1.2.1** *erhalten, bekommen?* • **1.2.2** *gehört, erfahren?* • **1.2.3** *von wem hat er diese Veranlagung?* **2** *in der Umgebung von* **2.1** (rings) **um** jmdn. od. etwas ~ *überall umgebend* • **2.2 vor** jmdn. od. etwas ~ *davor* • **2.3 hinter** jmdm. od. einer Sache ~ sein *jmdn. od. etwas verfolgen, jmdn. od. einer Sache nachfolgen;* die Polizei ist hinter ihr ~ • **2.3.1** hinter einer Sache ~ sein *etwas gern haben wollen* • **2.3.2** hinter einem Mädchen (Jungen) ~ sein *in ein M. (einen J.) verliebt sein* **3** *eine Zeit ~ vergangen (seit), zurückliegend* • **3.1** es ist schon eine Ewigkeit, ein halbes Jahr, lange Zeit ~, dass wir uns nicht gesehen haben *seit einer E., seit einem halben J., seit langer Z.* • **3.2 von** einer **Zeit** ~ *seit der Z. bestehend, bekannt;* das ist mir schon von früher, von meiner Jugend ~ bekannt; von alters ~; →a. *jeher* **4** *von einem* **Sachverhalt** ~ *einen S. betreffend;* von der Aufmachung ~ ist diese Zeitschrift langweilig **5 mit einer Sache** od. **jmdn.** ist es **nicht weit** ~ ⟨fig.; umg.⟩ *etwas od. jmd. genügt den an sie gestellten Ansprüchen;* mit ihm (mit seiner Arbeit, seinen Kenntnissen, seinem Wissen) ist es nicht weit ~; es ist nicht weit ~ damit; →a. *hin (5-5.2)*

her… ⟨Vorsilbe⟩ **1** (in Zus. mit Verben betont u. trennbar) • **1.1** *von einem Ort, aus einer Richtung zum Sprecher kommend;* herkommen, hergehen; er ist hergekommen; komme bitte her! • **1.2** ⟨a. abwertend⟩ *eintönig sprechend, gedankenlos wieder-*

holend; herbeten, herleiern, herplappern **2** ⟨stets unbetont u. nicht trennbar⟩ • 2.1 *die Richtung auf den Sprecher zu bezeichnend;* herab, herauf, herbei, herum, herunter • 2.2 *in der Zeit danach;* hernach

◆ Die Buchstabenfolge **her|ab…** kann auch **he|rab…** getrennt werden.

◆ **her|ab** ⟨Adv.⟩ **1** *von (dort) oben nach (hier) unten;* vom Dache tropfte es auf uns ~; hinauf und ~ **2 von oben** ~ ⟨umg.⟩ *hochmütig, herablassend;* jmdn. von oben ~ behandeln

◆ **her|ab|fal|len** ⟨V. 131/400(s.)⟩ = *herunterfallen*

◆ **her|ab|las|sen** ⟨V. 175/500/Vr 7⟩ **1** jmdn. od. etwas ~ *von (dort) oben nach (hier) unten sinken lassen;* man hat schon den Bühnenvorhang, die Rollläden herabgelassen; einen Eimer, Korb (an einer Kette, einem Strick) ~; er brach aus dem Gefängnis aus, indem er sich an einem Seil (aus dem Fenster) herabließ **2** ⟨550/Vr 3⟩ **sich zu etwas ~** ⟨fig.⟩ *sich zu etwas bereitfinden, bequemen* **3** ⟨550/Vr 3⟩ **sich zu jmdm.** ~ ⟨fig.⟩ *leutselig, gönnerhaft sein;* er war, sein Benehmen war sehr ~d gegen, zu uns; jmdn. ~d grüßen, behandeln

◆ **her|ab|set|zen** ⟨V. 500⟩ **1** etwas ~ *heruntersetzen, niedriger machen, vermindern* = *herabwürdigen (1);* man soll die Preise ~; er hat die Geschwindigkeit vor der Kurve herabgesetzt; Verkauf zu herabgesetzten Preisen **2** jmdn. od. etwas ~ *verächtlich, geringschätzig, kränkend behandeln, den Wert, die Bedeutung von jmdm. od. etwas schmälern;* er hat ihn in den Augen der anderen herabgesetzt; jmds. Leistungen, Fähigkeiten ~; in ~der Weise von jmdm. sprechen

◆ **her|ab|wür|di|gen** ⟨V. 500; fig.⟩ **1** jmdn. od. etwas ~ *geringschätzig, kränkend behandeln;* Sy *herabsetzen (2);* jmdn. in aller Öffentlichkeit ~; er hat seinen Namen, sein Tun, seine Verdienste herabgewürdigt; jmdn. ~d behandeln **2** ⟨Vr 3⟩ **sich ~** *sich erniedrigen;* ich kann mich nicht so ~, dass …

He|ral|dik ⟨f.; -; unz.⟩ *Wappenkunde*

◆ Die Buchstabenfolge **her|an…** kann auch **he|ran…** getrennt werden.

◆ **her|an** ⟨Adv.⟩ *hierher, auf den Sprechenden zu, in die Nähe von, herbei;* oV ⟨umg.⟩ *ran;* näher ~; nur ~!; zu mir ~!

◆ **her|an…** ⟨Vorsilbe; in Zus. mit Verben betont u. trennbar⟩ **1** *von einem Ort, aus einer Richtung zum Sprecher kommend;* heranbewegen; heranbringen, heranfahren, heranlassen, heranlocken, sich heranschleichen, heranwinken **2** *die Aufwärtsentwicklung bezeichnend;* heranwachsen, heranzüchten

◆ **her|an|bil|den** ⟨V. 500⟩ jmdn. ~ *zu einem bestimmten Zweck, auf ein bestimmtes Ziel zu ausbilden;* junge Ärzte, wissenschaftlichen Nachwuchs, qualifizierte Techniker ~

◆ **her|an|brin|gen** ⟨V. 118/500⟩ **1** etwas ~ *her-, näher bringen;* der Hund hat das Rebhuhn im Maul herangebracht **2** ⟨550⟩ **jmdn. an etwas ~** ⟨fig.⟩ *jmdn. mit etwas vertraut machen;* Kinder, Studenten an ein Problem, eine Arbeit ~

◆ **her|an|fah|ren** ⟨V. 130/400(s.)⟩ *nahe, dicht an etwas fahren, sich fahrend nähern;* kannst du noch etwas dichter ~?

◆ **her|an|ge|hen** ⟨V. 145(s.)⟩ **an etwas ~ 1** ⟨411⟩ *näher kommen, sich nähern;* er ging an den Zaun heran und beobachtete die Pferde; gehe nicht so nah an das Geländer heran! **2** ⟨800; fig.⟩ *beginnen, anpacken;* mit Eifer an eine Sache, ein Problem, eine Arbeit ~

◆ **her|an|kom|men** ⟨V. 170(s.)⟩ **1** ⟨400⟩ *sich nähern, näher kommen;* lass ihn erst ~!; der Hund kam ganz nahe an mich heran • 1.1 ⟨fig.⟩ *sich zeitlich nähern;* der Urlaub kam langsam heran **2** ⟨800⟩ **an jmdn. od. etwas ~** *jmdn. od. etwas erreichen, etwas in seinen Besitz bringen;* ich konnte vor Menschen nicht an die Kasse ~; ich komme ohne Leiter nicht an die Äpfel heran • 2.1 **an jmdn.** ist **nicht,** nur schwer heranzukommen ⟨fig.⟩ *jmd. ist sehr unzugänglich;* an den Chef ist nur schwer heranzukommen • 2.2 **etwas an sich ~ lassen** ⟨fig.; umg.⟩ *abwarten u. nichts (in der Sache) unternehmen*

◆ **her|an|rei|chen** ⟨V. 800⟩ **1 an etwas ~** *bis an etwas reichen;* das Kind kann noch nicht an die Türklinke ~ **2 an jmdn. ~** *jmdm. gleichkommen;* du reichst noch längst nicht an ihn heran **3** etwas reicht **an etwas** heran *grenzt an etwas;* das reicht schon ans Verbrecherische heran

◆ **her|an|tra|gen** ⟨V. 265/500⟩ **1** jmdn. od. etwas ~ *näher tragen, herbeitragen;* die Arbeiter trugen Steine, Holz heran **2** ⟨511⟩ **etwas an jmdn. od. etwas ~** ⟨fig.⟩ *bei jmdm. od. etwas vorbringen, zum Ausdruck bringen;* wir müssen die Sache einmal an den Vorsitzenden ~; an die Betriebsleitung wurde der Wunsch herangetragen, …

◆ **her|an|tre|ten** ⟨V. 268/800(s.)⟩ **1 an jmdn. od. etwas ~** ⟨a. fig.⟩ *sich jmdm. od. einer Sache nähern, nah an jmdn. od. etwas treten;* bitte, treten Sie näher heran!; er war dicht an die Brüstung herangetreten **2** ⟨850⟩ **mit etwas an jmdn. ~** ⟨fig.⟩ *sich an jmdn. wenden;* er ist mit seinem Vorschlag, Angebot an sie herangetreten; an jmdn. mit einer Bitte, Frage ~ • 2.1 *ihn trat die Aufgabe, Pflicht heran … er sah sich vor die Aufgabe gestellt*

◆ **her|an|wa|gen** ⟨V. 511/Vr 3⟩ **1 sich an jmdn. od. etwas ~** *sich jmdm. od. einer Sache zu nähern wagen;* er wagte sich nicht an das brennende Autowrack heran **2 sich an etwas ~** ⟨fig.⟩ *sich eine Tätigkeit zutrauen;* ich wage mich an dieses Problem, Unternehmen nicht heran

◆ **her|an|zie|hen** ⟨V. 293⟩ **1** ⟨500⟩ **jmdn. od. etwas ~** *näher zu sich ziehen;* die Fußbank zu sich ~; ich hatte das Boot zu mir herangezogen **2** ⟨400(s.)⟩ *sich nähern;* das Unwetter zog schnell heran **3** ⟨500⟩ **Pflanzen,** junge **Tiere ~** *großziehen, aufziehen, zum Gedeihen bringen, pflegen* **4** ⟨500⟩ **jmdn. ~** ⟨fig.⟩ *ausbilden, heranbilden;* du musst dir rechtzeitig einen Nachfolger ~ **5** ⟨550⟩ **jmdn. zu einer Leistung ~** ⟨fig.⟩ *jmdn. veranlassen, sich am Erbringen einer L.*

zu beteiligen; zu bestimmten Arbeiten hat der Betrieb externe Fachleute herangezogen • **5.1** jmdn. zur Deckung der Kosten ~ *einen Teil der K. von jmdm. zahlen lassen* **6** ⟨550⟩ etwas zum Vergleich ~ ⟨fig.⟩ *sich einer Sache bedienen, um einen V. anstellen zu können*

◆ Die Buchstabenfolge **her|auf…** kann auch **herauf…** getrennt werden.

◆ **her|auf** ⟨Adv.⟩ **1** oV ⟨umg.⟩ *rauf* • **1.1** *von (dort) unten nach (hier) oben;* ~ und herunter; hier ~!; da ~!; von dort ~! • **1.2** ⟨umg.⟩ *hinauf;* wir kommen zu euch ~

◆ **her|auf…** ⟨Vorsilbe; in Zus. mit Verben trennbar⟩ *von unten nach oben, aufwärts zum Sprecher hin;* sich heraufarbeiten, heraufklettern, heraufholen, heraufrufen

◆ **her|auf|be|schwö|ren** ⟨V. 238/500⟩ **1** etwas ~ *durch (unüberlegte, unachtsame) Handlung etwas Unangenehmes, ein Unglück verursachen, bewirken;* einen Streit ~; er hat diese Situation, die gespannte Atmosphäre heraufbeschworen; einen Krieg, bewaffneten Konflikt ~ **2** etwas ~ *sich etwas Vergangenes vorstellen, in Erinnerung rufen;* die schönen Erlebnisse der Vergangenheit, Kindheit ~ **3** einen Geist, Toten ~ *durch Beschwörung veranlassen zu erscheinen*

◆ **her|auf|ge|hen** ⟨V. 145/400(s.)⟩ *von (dort) unten nach (hier) oben gehen;* er ist zu uns heraufgegangen

◆ **her|auf|zie|hen** ⟨V. 293⟩ **1** ⟨500/Vr 7 od. Vr 8⟩ jmdn. od. etwas ~ *von (dort) unten nach (hier) oben ziehen;* ihr müsst das Boot noch weiter auf den Strand ~ **2** ⟨400(s.)⟩ etwas zieht herauf ⟨geh.⟩ *etwas kündigt sich an, kommt näher;* ein Gewitter zieht herauf

◆ Die Buchstabenfolge **her|aus…** kann auch **heraus…** getrennt werden.

◆ **her|aus** ⟨Adv.⟩ oV ⟨umg.⟩ *raus* (1) **1** *von (dort) innen, drinnen nach (hier) außen, draußen (zum Sprecher hin);* aus dem Wald endlich ~ sein; nur ~ an die frische Luft • **1.1** ~ **aus** dem **Bett**, den **Federn**! ⟨umg.⟩ *aufstehen!* • **1.2** ~ **mit** der **Sprache**! ⟨fig.; umg.⟩ *nur Mut, sprich!* • **1.3** ~ mit dem Geld! ⟨umg.⟩ *geben Sie das G. her!* (bei einem Überfall) • **1.4** **von innen** ~ ⟨a. fig.⟩ *aus dem Inneren;* die Früchte sind von innen ~ verfault; von innen ~ spürte er eine Zuneigung für sie **2** **aus** dem **Gröbsten, Ärgsten ~ sein** ⟨fig.⟩ *das Schlimmste, Schwerste, Anstrengendste hinter sich haben* • **2.1** die **Kinder** sind jetzt aus dem Gröbsten ~ *die K. sind jetzt dem für die Eltern anstrengenden Babyalter entwachsen, sind schon selbstständiger geworden* • **2.2** jmd. ist **fein** ~ ⟨umg.⟩ *jmd. ist (trotz schlechter Voraussetzungen) in einer glücklichen Lage* **3** etwas ist ~ ⟨fig.; umg.⟩ *etwas ist veröffentlicht worden;* das neue Gesetz, der neue Fahrplan ist ~ **4** jmd. hat etwas ~ ⟨fig.; umg.⟩ *hat etwas begriffen;* er hat den Trick, Dreh schon ~ **5** jmd. hat etwas od. jmdn. ~ ⟨fig.; umg.⟩ *hat etwas od. jmdn. festgestellt;* die Polizei hatte den Täter bald ~; endlich hatte ich die Lösung ~ **6 aus** einer **Notlage**, aus bestimmten **Erwägungen** ~ ⟨fig.⟩ *aufgrund einer N., bestimmter E. handeln* • **6.1 aus sich** ~ *unaufgefordert, von sich;* er hat aus sich ~ geholfen

◆ **her|aus…** ⟨Vorsilbe; in Zus. mit Verben trennbar⟩ **1** *von einem Ort, aus einer Richtung zum Sprecher kommend;* herausfallen, herausfließen, herauskriechen, herausrennen, herausrollen, herausrupfen, heraussagen, herausschießen, sich herauswagen, sich herauswinden **2** *die Beförderung von etwas od. jmdm. nach draußen bezeichnend;* herausbohren, herausbuddeln, herausdrehen, herausklingeln, herauspumpen, herausschicken, herausschrauben, herauswerfen, herauszerren **3** *das Gewinnen bestimmter Eindrücke, Erkenntnisse bezeichnend;* herausdeuten, herausfühlen, herausschmecken, herausspüren

◆ **her|aus|ar|bei|ten** ⟨V.⟩ **1** ⟨500⟩ etwas ~ *einzelne Teile innerhalb eines größeren Ganzen formen, gestalten, hervortreten lassen;* die Adern, Muskeln an einer Plastik deutlich ~ • **1.1** *innerhalb eines größeren Zusammenhangs hervortreten lassen, betonen, deutlich machen;* eine Idee, ein Problem, einen Konflikt (in einer Dichtung) ~ **2** ⟨500⟩ einen Tag ~ ⟨umg.⟩ *an mehreren Tagen länger arbeiten, um an einem Tag dienstfrei zu haben* **3** ⟨511/Vr 3⟩ **sich aus** etwas ~ *sich ohne fremde Mithilfe aus einer drohenden, schwierigen Lage befreien;* er konnte sich aus dem Gestrüpp, aus dem Schlamm, Sumpf ~; er hat sich endlich aus diesem armseligen Leben herausgearbeitet ⟨fig.⟩

◆ **her|aus|be|kom|men** ⟨V. 170/500⟩ **1** ⟨511⟩ etwas aus etwas ~ *etwas aus etwas entfernen, lösen können;* ich bekomme den Schlüssel nicht aus dem Schloss heraus; ich habe den Fleck nicht aus der Bluse herausbekommen **2** ⟨511⟩ jmdn. aus etwas (Gefängnis, Notlage) ~ *bewirken, dass jmd. den Ort, an dem er sich gegen seinen Willen aufhält, verlassen kann, aus einer Notlage befreit ist;* ich habe ihn nur aufgrund meiner großen Überredungskünste so schnell aus dieser Anstalt ~ **3** eine **Sache** ~ *erfahren, (mit Mühe) in Erfahrung bringen, ergründen, erforschen;* ich konnte nicht ~, ob er wirklich dort gewesen ist; ein Geheimnis ~ • **3.1 Rätsel**, Rechenaufgaben ~ *lösen* • **3.2** eine **Inschrift** ~ *entziffern* **4 Wechselgeld** ~ *zurückbekommen;* ich bekomme noch etwas heraus; ich bekomme noch einen Euro heraus

◆ **her|aus|brin|gen** ⟨V. 118/500⟩ **1** jmdn. od. etwas ~ *von (dort) drinnen nach (hier) draußen bringen;* bring uns bitte Tisch und Stühle heraus!; sie wurde ohnmächtig herausgebracht **2** etwas ~ *etwas entwickeln u. an die Öffentlichkeit, auf den Markt bringen;* die Firma hat ein neues Automodell, neue Muster herausgebracht • **2.1** ein **Buch** ~ *veröffentlichen* • **2.2** jmdn. ~ ⟨fig.⟩ *mit viel Aufwand u. gezielter Reklame der Öffentlichkeit vorstellen;* einen neuen Sänger groß ~ **3** ⟨511⟩ etwas aus etwas ~ ⟨umg.⟩ *etwas entfernen;* den Korken nicht (aus der Flasche) ~; ich versuchte, den Fleck mit einem Reinigungsmittel (aus dem Rock) herauszubringen **4** ⟨550⟩ **etwas aus jmdm.** ~ ⟨fig.; umg.⟩ *herausbekommen, etwas von jmdm. erfahren;* es ist nichts aus ihm herauszubrin-

herausfahren

gen **5** etwas ~ ⟨fig.; umg.⟩ *sagen, sich äußern;* er brachte (vor Angst, Schreck, Erschöpfung) kein Wort heraus

◆ **her|aus|fah|ren** ⟨V. 130⟩ **1** ⟨500⟩ etwas ~ *fahrend aus etwas bewegen;* er fuhr das Auto, den Traktor aus der Garage, dem Hof heraus **2** ⟨411(s.)⟩ *fahrend aus etwas herauskommen;* er ist mit dem Fahrrad aus dem Wald herausgefahren; er kam aus dem Hof, der Garage herausgefahren **3** ⟨411(s.)⟩ **aus etwas** ~ *etwas eilig verlassen;* aus dem Bett ~ **4** ⟨600(s.)⟩ **etwas** fährt **jmdm.** heraus ⟨fig.; umg.⟩ *jmd. sagt etwas, was er eigentlich nicht sagen wollte;* es fuhr mir so heraus, es war nicht böse gemeint

◆ **her|aus|fin|den** ⟨V. 134/500⟩ **1** jmdn. od. etwas ~ *in einer Menge finden, ausfindig machen;* ich habe das Buch schon herausgefunden; sie fand ihr Kind unter den anderen sofort heraus • **1.1** *entdecken;* einen Fehler nicht ~; sie konnte den Sinn seiner Worte nicht ~ **2** ⟨505/Vr 3⟩ **sich** ~ *den Weg von (dort) drinnen nach (hier) draußen finden;* er hat (sich) aus dem Wald nicht ~ können • **2.1** ⟨fig.⟩ *den Ausweg aus Schwierigkeiten, einer Notlage finden;* er findet sich nicht aus dieser Angelegenheit heraus

◆ **her|aus|for|dern** ⟨V. 500/Vr 8⟩ **1** jmdn. ~ ⟨a. Boxsp., Schachspiel⟩ *jmdn. auffordern zu kämpfen;* jmdn. zum Angriff, Zweikampf ~ **2** jmdn. od. etwas ~ *absichtlich reizen, provozieren;* eine Gefahr mutwillig, leichtsinnig ~ • **2.1** ⟨Part. Präs.⟩ ~d *aufreizend, anmaßend, angriffslustig;* einen ~den Blick zuwerfen; jmdn. ~d ansehen; ~de Worte, Bemerkungen

◆ **her|aus|ge|ben** ⟨V. 143/500⟩ **1** einen **Gegenstand** ~ *von (dort) drinnen nach (hier) draußen geben, von einem anderen Raum in diesen Raum geben;* gib mir den Koffer (durchs Fenster) heraus!; die Speisen von der Küche in den Speisesaal ~ **2** etwas ~ *zurückgeben, (wieder) aushändigen;* gestohlenes Gut ~; zur Aufbewahrung übergebene Gegenstände ~; die Garderobe, den Schlüssel, die Wäsche ~ (im Hotel, Restaurant) **3 Gefangene** ~ *ausliefern* **4** ⟨402⟩ (**Wechselgeld**) ~ *zurückgeben, wiedergeben;* haben Sie das Geld nicht passend, ich kann nicht ~; geben Sie mir bitte zwei Euro heraus, das Übrige ist für Sie • **4.1** können Sie ~?; haben Sie passendes Wechselgeld? **5** ⟨500⟩ **Bücher, Zeitschriften** ~ *für die Veröffentlichung von B., Z. verantwortlich zeichnen;* dieser Professor gab während vieler Jahre eine wissenschaftliche Zeitschrift heraus; Goethes Werke, herausgegeben von X (Abk.: hrsg., hg.) **6** ⟨403⟩ **jmdm.** ~ *jmdm. die Antwort nicht schuldigbleiben, gut antworten (können)*

◆ **Her|aus|ge|ber** ⟨m.; -s, -; Abk.: Hrsg., Hg.⟩ *jmd., der etwas (Buch, Zeitschrift) herausgibt, veröffentlicht*

◆ **Her|aus|ge|be|rin** ⟨f.; -, -rin|nen⟩ *weibl. Herausgeber*

◆ **her|aus|ge|hen** ⟨V. 145/400(s.)⟩ **1** *von dort (drinnen) nach (hier) draußen gehen;* ich sah ihn eben aus dem Haus ~ **2** ⟨411⟩ **etwas** geht (aus etwas) heraus *etwas lässt sich beseitigen, entfernen;* die Flecken gehen schwer (aus dem Stoff) heraus **3** ⟨800⟩ **aus sich** ~ ⟨fig.⟩ *seine Schüchternheit überwinden, lustig werden*

◆ **her|aus|ha|ben** ⟨V. 159/500; umg.⟩ **1** jmdn. od. etwas ~ *aus etwas entfernt haben;* den Korken aus der Flasche ~; den Mieter aus dem Haus ~ **2** etwas ~ *herausbekommen haben, ergründen;* hast du schon die Lösung, das Rätsel, Geheimnis heraus? • **2.1** es (gut, fein) ~, **den Bogen** ~ ⟨fig.; umg.⟩ *wissen, was zum Erfolg nötig ist, auf geschickte Weise ein Ziel erreichen;* ob er das wirklich kann? O ja, das hat er (fein) heraus, er hat den Bogen heraus!

◆ **her|aus|hal|ten** ⟨V. 160/500⟩ **1** etwas ~ *von (dort) drinnen nach (hier) draußen halten;* er hielt die Fahne aus dem Fenster heraus **2** ⟨505/Vr 7⟩ **jmdn.** od. **etwas** (**aus etwas**) ~ *von etwas fernhalten, verhindern, dass jmd. od. etwas mit einer Sache zu tun hat;* ich möchte mich (aus dieser Angelegenheit) möglichst ~

◆ **her|aus|hän|gen**[1] ⟨V. 500⟩ **1** etwas ~ *nach außen hängen;* ich habe die Wäsche herausgehängt; an öffentlichen Gebäuden hat man die Fahnen herausgehängt **2** etwas (lang) ~ lassen ⟨fig.; umg.; abwertend⟩ *mit etwas protzen, etwas allzu deutlich zeigen;* er lässt überall ~, dass er teure Markenkleidung trägt

◆ **her|aus|hän|gen**[2] ⟨V. 161/403⟩ etwas hängt (**jmdm.**) heraus *von (dort) drinnen nach (hier) draußen hängen, von außen zu sehen sein;* hier hängt überall aus den Fenstern die Wäsche heraus; der Hund saß mit ~der Zunge da; →a. *Hals (5.6)*

◆ **her|aus|he|ben** ⟨V. 163/500⟩ **1** jmdn. od. etwas ~ *aus etwas heben, ergreifen u. herausnehmen;* ein Kind aus dem Bad, Wasser ~ **2** ⟨fig.⟩ *hervorheben, betonen;* die Beispiele wurden durch Unterstreichung herausgehoben **3** ⟨Vr 7⟩ etwas ~ *abheben, zur Geltung, Wirkung kommen lassen;* die Farben, Muster heben sich gut (aus der Umgebung) heraus

◆ **her|aus|ho|len** ⟨V. 500⟩ **1** jmdn. od. etwas ~ *von (dort) drinnen nach (hier) draußen holen;* bitte hol mir doch meinen Mantel (aus dem Haus, Schrank) heraus; bitte hol doch Tisch und Stühle in den Garten heraus!; den Arzt nachts aus dem Bett ~ müssen • **1.1** *befreien, retten;* wir müssen versuchen, ihn da herauszuholen; die Feuerwehr holte die Menschen aus dem brennenden Haus heraus **2** etwas ~ ⟨fig.; umg.⟩ *verdienen, einen Vorteil erreichen, einen Gewinn erzielen;* wir können bei dem Handel noch mehr ~; Geld aus jmdm. od. etwas ~; er versucht stets so viel wie möglich für sich herauszuholen **3** etwas ~ ⟨fig.; umg.⟩ *mühsam erfragen;* man muss jede Antwort aus ihm ~ **4** etwas ~ ⟨fig.; umg.⟩ *etwas abgewinnen, abfordern;* in der letzten Runde holte er aus seinem Motor das Letzte heraus; ich habe alles aus mir herausgeholt • **4.1** *erzielen, erreichen;* bei einem Wettkampf ein gutes Ergebnis, einen Sieg ~; der Lehrer will aus seinen Schülern die höchste Leistung ~

◆ **her|aus|keh|ren** ⟨V. 500⟩ **1** etwas ~ *von (dort) drinnen nach (hier) draußen kehren;* die Leute kehren einfach allen Schmutz auf die Straße heraus **2** jmdn. od. etwas ~ ⟨fig.; abwertend⟩ *hervortun, betonen, herausstellen;* seine Bildung ~ • **2.1** den **reichen**

Mann ~ *mit seinem Reichtum protzen* • 2.2 er kehrt immer den **Schulmeister** heraus *er ist, benimmt sich oft schulmeisterlich*

◆ her|aus||kom|men ⟨V. 170(s.)⟩ 1 ⟨400⟩ *von (dort) drinnen nach (hier) draußen kommen, hervorkommen, erscheinen, sichtbar werden;* wir wollen sehen, machen, dass wir hier möglichst schnell ~; die Blumen kommen aus der Erde heraus; ich habe ihn (aus dem Haus) ~ sehen • 1.1 ich komme gleich 'raus, komm 'raus! (umg.; eigtl.) *hinaus* • 1.2 ⟨Kart.⟩ *die erste Karte aufdecken;* du kommst heraus 2 ⟨411⟩ *aus einem* **Raum, Bereich** ~ ⟨a. fig.⟩ *den R., B. verlassen können;* Sy hinauskommen (2); er ist noch nie aus seiner Heimatstadt herausgekommen • 2.1 du kommst viel zu wenig heraus *du gehst zu wenig aus, kommst zu wenig an die Luft od. unter Menschen* • 2.2 aus dem Fragen, dem Erzählen nicht ~ *kein Ende mit F., E. finden* 3 ⟨400⟩ *etwas* kommt heraus *wird entwickelt u. auf den Markt gebracht;* ein Modell, Fabrikat kommt heraus • 3.1 ein **Buch** kommt heraus *erscheint, wird veröffentlicht* • 3.2 ein **Theaterstück,** ein Film kommt heraus *hat Premiere* 4 ⟨416⟩ **mit etwas** ~ • 4.1 *etwas herausbringen, entwickelt u. auf den Markt bringen;* alle Autofirmen kommen dieses Jahr mit einem verbrauchsarmen Modell heraus • 4.2 mit einem **Buch** ~ *ein B. veröffentlichen;* der Verlag ist mit einem neuen Werk von XY herausgekommen • 4.3 mit dem **Einsatz** ~ *(bei der Lotterie) gerade so viel gewinnen, wie der eigene Anteil beträgt hat* • 4.4 mit einem **Anliegen** ~ ⟨fig.; umg.⟩ *ein A. zur Sprache bringen* • 4.5 mit einem **Vorschlag, Geständnis** ~ *gegen seinen ursprünglichen Willen äußern, gestehen;* nach vielem Bitten kam er doch damit heraus 5 ⟨400⟩ *deutlich werden, den beabsichtigten Effekt erzielen;* das Anliegen des Autors kam nicht heraus • 5.1 **Töne** kommen heraus *sind deutlich hörbar;* die tiefen Töne kommen bei diesem Gerät nicht gut heraus 6 ⟨413⟩ **groß** ~ ⟨umg.⟩ *im Beruf, in der Gesellschaft, im öffentlichen Leben sehr erfolgreich sein;* dieser junge Schauspieler wird einmal groß ~ 7 ⟨400⟩ eine **Sache,** ein **Geheimnis, Verbrechen,** eine **Tat** kommt heraus *wird entdeckt, ruchbar, bekannt;* wenn das herauskommt, wird es dir schlecht gehen; es ist bis jetzt nicht herausgekommen, wer der Täter war 8 ⟨405⟩ *etwas* kommt (**bei** einer **Sache**) heraus *zeitigt ein Ergebnis, Resultat, ergibt sich als Lösung;* was kommt bei der Rechenaufgabe heraus?; ich zweifle, ob bei deiner Arbeit etwas herauskommt; was ist eigentlich bei der Sache herausgekommen?; dabei kommt heraus, wenn ... ⟨fig.; umg.⟩; dabei kommt nichts heraus ⟨fig.⟩ • 8.1 ⟨413⟩ das kommt **auf dasselbe,** auf eins heraus ⟨umg.⟩ *das macht keinen Unterschied, das ist das Gleiche, es ist gleich, wie man es macht;* →a. Einsatz (3.1) 9 ⟨410; umg.⟩ *aus dem Rhythmus, aus dem Takt kommen;* ich komme beim Tanzen, beim Spielen immer wieder, sehr schnell heraus

◆ her|aus||ma|chen ⟨V. 500; umg.⟩ 1 *etwas* ~ *aus etwas entfernen, beseitigen;* einen Knoten ~ 2 ⟨Vr 3⟩ **sich** ~ *hübscher werden, wachsen, gut gedeihen, sich gut entwickeln;* der Junge hat sich aber herausgemacht!; er hat sich prächtig herausgemacht

◆ her|aus||neh|men ⟨V. 189/500⟩ 1 *etwas* ~ *aus einem Behälter o. Ä. nehmen, entfernen;* ein Buch (aus dem Schrank) ~; das Geld (aus der Tasche) ~; ich nahm eine Gurke aus dem Glas heraus • 1.1 ⟨530⟩ **jmdm.** ein **Organ** ~ *operativ entfernen;* jmdm. die Mandeln ~; er musste sich den Blinddarm, eine Niere ~ lassen 2 ⟨511⟩ **jmdn.** od. **etwas** ~ ⟨fig.⟩ *aus seiner bisherigen Umgebung, einer Institution o. Ä. entfernen;* wir wollen den Jungen aus der Schule ~ 3 ⟨530/Vr 1⟩ **sich etwas** ~ ⟨fig.⟩ *sich etwas anmaßen, Freiheiten missbrauchen, Rechte überschreiten;* sich (große) Freiheiten ~; sich das Recht ~, etwas zu tun; sich (zu) viel ~

◆ her|aus||rei|ßen ⟨V. 198/500⟩ 1 *etwas* ~ *etwas aus etwas reißen, heftig herausziehen, gewaltsam entfernen;* Unkraut ~; der Zahnarzt riss ihm einen Backenzahn heraus; Blumen aus der Erde ~ 2 ⟨511⟩ *etwas* reißt jmdn. **aus etwas** heraus ⟨fig.⟩ *ändert jäh den Zustand, in dem sich jmd. befindet;* durch den Umzug wurde das Kind aus seiner vertrauten Umgebung herausgerissen 3 ⟨500⟩ **jmdn.** ~ ⟨fig.; umg.⟩ *jmdn. (aus einer unangenehmen Lage) befreien;* du musst dich durch Fleiß wieder ~ ⟨umg.⟩ 4 *etwas* reißt **jmdn.** heraus ⟨fig.⟩ *verändert jmds. Lage in positiver Hinsicht, schafft den Ausgleich, wiegt eine Sache auf;* in der ersten Prüfung hatte er nicht gut abgeschnitten, aber die Eins in der zweiten riss ihn wieder heraus

◆ her|aus||rü|cken ⟨V.⟩ 1 ⟨500⟩ einen **Gegenstand** ~ *aus einer Reihe, einem Raum nach (hier) draußen rücken;* können Sie bitte Ihren Stuhl etwas (weiter) ~? 2 ⟨500⟩ **Besitz, Eigentum** ~ ⟨fig.; umg.⟩ *hergeben, herausgeben;* Geld ~ 3 ⟨800(s.)⟩ **mit** einer **Mitteilung** ~ ⟨fig.; umg.⟩ *gegen anfänglichen, inneren Widerstand etwas sagen, erzählen, die Wahrheit eingestehen, eine Neuigkeit mitteilen;* (nicht) mit der Sprache ~; mit einer Neuigkeit, mit der Wahrheit ~ (wollen)

◆ her|aus||rut|schen ⟨V. 400(s.)⟩ 1 *von (dort) drinnen nach (hier) draußen rutschen;* das Hemd ist ihm aus der Hose herausgerutscht 2 ⟨600⟩ eine **Äußerung** rutscht jmdm. heraus ⟨fig.; umg.⟩ *wird ungewollt ausgesprochen;* das Wort ist mir so herausgerutscht

◆ her|aus||schie|ßen ⟨V. 215⟩ 1 ⟨500⟩ *etwas* ~ *durch Schießen entfernen;* in der Schießbude eine Figur aus einer ganzen Reihe ~ • 1.1 er hat einen schönen Preis herausgeschossen ⟨schweiz.⟩ *beim Wettschießen gewonnen* 2 ⟨400⟩ *von (dort) drinnen nach (hier) draußen schießen;* er hat aus dem Fenster hier auf die Straße herausgeschossen 3 ⟨400(s.)⟩ *etwas* schießt heraus ⟨fig.⟩ *quillt heftig hervor;* aus der Wunde schoss ein Strahl Blut heraus

◆ her|aus||schla|gen ⟨V. 218⟩ 1 ⟨500⟩ *etwas* ~ *durch Schlagen herausbringen, entfernen;* Staub aus den Büchern, dem Teppich ~ 2 ⟨550⟩ *etwas* **bei** einer **Sache** ~ ⟨fig.; umg.⟩ *gewinnen;* er versucht, bei allem etwas für sich herauszuschlagen; er hat bei dem Geschäft eine große Summe für sich herausgeschlagen; wir wollen sehen, wie wir dabei noch etwas Zeit für

heraußen

uns ~ können **3** ⟨400(s.)⟩ **Flammen** schlagen aus den Fenstern heraus *dringen nach draußen*

◆ **her|au|ßen** ⟨Adv.; süddt.; österr.⟩ *(hier) draußen; die Gäste stehen noch ~*

◆ **her|aus|sprin|gen** ⟨V. 253(s.)⟩ **1** ⟨400⟩ *von (dort) drinnen nach (hier) draußen springen, springend herauskommen;* die Kinder kamen aus dem Haus herausgesprungen; der Pilot ist aus dem brennenden Flugzeug herausgesprungen • **1.1 aus den Schienen ~** *entgleisen* **2** ⟨411⟩ **etwas** springt **bei etwas** heraus ⟨fig.; umg.⟩ *bringt einen Vorteil, lohnt sich;* bei dem Geschäft muss auch etwas für mich ~; bei der Sache springt (für mich) eine Menge, gar nichts heraus

◆ **her|aus|stel|len** ⟨V. 500⟩ **1** *etwas ~ von (dort) drinnen nach (hier) draußen stellen;* stell die Blumen hier auf den Balkon heraus; jetzt kann man schon die Gartenmöbel ~ **2** ⟨Vr 7⟩ **jmdn.** od. **etwas ~** ⟨fig.⟩ *betonen, hervorheben, in den Mittelpunkt der Aufmerksamkeit stellen;* besondere Merkmale einer Person, Dichtung ~; in einem Vortrag bestimmte Probleme ~; der Politiker wurde als Mann der Zukunft herausgestellt **3** ⟨Vr 3⟩ **sich ~** *sich ergeben, sich zeigen, sich erweisen als;* es hat sich herausgestellt, dass …; er hat sich als Betrüger herausgestellt; es hat sich als falsch herausgestellt

◆ **her|aus|strei|chen** ⟨V. 263/500⟩ **1** *etwas ~ streichen, ausmerzen, durch Streichen entfernen;* bestimmte Stellen aus einem Text ~ **2** ⟨Vr 7 od. Vr 8⟩ **jmdn.** od. **etwas ~** ⟨umg.; fig.⟩ *hervorheben, übertrieben loben, sehr rühmen;* jmds. Verdienste ~

◆ **her|aus|wach|sen** ⟨[-ks-] V. 277/400(s.)⟩ **1** *etwas* wächst heraus *wächst aus der Erde, wächst aus einem Behälter nach draußen, schießt empor, kommt hervor;* die Wurzeln sind alle unten aus dem Topf herausgewachsen; →a. *Hals (5.6)* **2** ⟨411⟩ er ist aus dem Anzug herausgewachsen ⟨fig.; umg.⟩ *der Anzug ist ihm zu klein geworden, er passt ihm nicht mehr*

◆ **her|aus|zie|hen** ⟨V. 293/500/Vr 7 od. Vr 8⟩ **1** jmdn. od. **etwas ~** *nach draußen ziehen;* einen Verletzten aus dem Auto ~; Zucker zieht den Saft aus den Früchten heraus **2** *etwas ~* ⟨fig.⟩ *herausschreiben, als Auszug entnehmen;* →a. *exzerpieren;* aus einem Drama alle Zitate ~

herb ⟨Adj.⟩ **1** *kräftig (im Geschmack, Geruch), leicht bitter, leicht säuerlich, nicht süß;* ~er Wein; ~ riechen, schmecken; dieses Parfüm ist etwas zu ~ **2** *schwer zu ertragen, schmerzlich;* eine ~e Enttäuschung; ~ enttäuscht werden; der Verlust war ~ • **2.1** *unfreundlich, scharf;* ~e Worte, Kritik **3** ⟨fig.⟩ *verschlossen, abweisend;* ein ~er Mensch, Typ; er hat eine etwas ~e Art • **3.1** eine ~e Frau *spröde, wenig gefühlvolle Frau*

Her|ba|ri|um ⟨n.; -s, -ri|en⟩ *Sammlung gepresster u. getrockneter Pflanzen*

her|bei ⟨Adv.⟩ *von einem Punkt, Ort auf den Sprechenden zu, hierher, herzu;* ~! (zu mir)!; alles ~!

her|bei… ⟨Vorsilbe; in Zus. mit Verben betont u. trennbar⟩ *von einem Ort, aus einer Richtung zum Sprecher kommend;* herbeieilen, herbeibringen, herbeiholen, herbeitragen

her|bei|ei|len ⟨V. 400(s.)⟩ *schnell, eilig herkommen;* der Arzt eilte herbei

Her|ber|ge ⟨f.; -, -n⟩ **1** ⟨veraltet⟩ *einfaches Wirtshaus, Gasthaus, in dem man übernachten kann;* eine ~ suchen **2** *Heim als Unterkunft für die Jugend;* Jugend~

Her|bi|zid ⟨n.; -(e)s, -e⟩ *chem. Mittel zur Unkrautbekämpfung*

Herbst ⟨m.; -(e)s, -e⟩ **1** *Jahreszeit zwischen Sommer und Winter (vom 22./23.9. bis 21./22.12. auf der nördlichen Halbkugel);* den ~ im Süden verbringen; ein früher, später, kalter, warmer, schöner ~; im ~ dieses, nächsten, vorigen Jahres **2** ⟨fig.; geh.⟩ *Zeit des Alterns* • **2.1** ~ des Lebens *das (beginnende) Alter*

Herbst|zeit|lo|se ⟨f.; -, -n; Bot.⟩ *von August bis Oktober blühendes, giftiges Liliengewächs mit hell lilafarbenen Blüten: Colchicum autumnale*

Herd ⟨m.; -(e)s, -e⟩ **1** *Feuerstelle, Vorrichtung, auf der gekocht wird;* Elektro~, Gas~, Küchen~; elektrischer, zwei-, dreiflammiger ~; das Essen, einen Topf auf den ~ stellen; das Essen, einen Topf vom ~ nehmen **2** ⟨fig.⟩ *Mittelpunkt eines Hausstandes;* eigener ~ ist Goldes wert ⟨Sprichw.⟩; →a. *Haus (6.1)* **3** ⟨fig.⟩ *Mittelpunkt, Ausgangsstelle, Zentrum;* ~ eines Erdbebens; eine Feuersbrunst auf ihren ~ beschränken, eindämmen • **3.1** ⟨Med.⟩ *Ausgangspunkt für Krankheiten;* Ansteckungs~, Krankheits~ **4** ⟨Techn.⟩ *Aufbereitungsmaschine mit geneigter Platte, über die mit einem Wasserstrom ein zu trennendes Gemisch von nutzbaren Mineralien und Bergen (4) läuft*

Her|de ⟨f.; -, -n⟩ **1** *Verband von Haustieren od. wilden Tieren der gleichen Art;* Elefanten~, Schaf~, Rinder~; eine ~ Kühe, Schafe, Ziegen hüten; wie eine ~ Schafe laufen ⟨fig.⟩ **2** ⟨poet.⟩ *Menge von Schutzbefohlenen, (kirchliche) Gemeinde* **3** ⟨fig.⟩ *Masse, Schar von Menschen, bes. solcher, die sich willenlos führen od. treiben lassen;* eine ~ von Kindern, Touristen • **3.1 mit der ~ laufen,** der ~ folgen ⟨umg.; abwertend⟩ *sich gedankenlos den anderen anschließen*

◆ Die Buchstabenfolge **her|ein…** kann auch **he-rein…** getrennt werden.

◆ **her|ein** ⟨Adv.⟩ oV ⟨umg.⟩ *rein²* **1** *von (dort) draußen nach (hier) drinnen;* von draußen ~; →a. *hinein (1)* **2** ~! (Aufforderung zum Eintreten ins Zimmer) *(bitte) eintreten, hereinkommen!;* nur ~!; immer ~!; ~, ohne anzuklopfen (Aufschrift auf Türschildern in Ämtern, Behörden usw.)

◆ **her|ein…** ⟨Vorsilbe; in Zus. mit Verben betont u. trennbar⟩ *von (dort) draußen nach (hier) drinnen (zum Sprecher hin)* ⟨umg.⟩; hereinbitten, hereinholen, hereinlassen, hereinregnen, hereintreten

◆ **her|ein|bre|chen** ⟨V. 116⟩ **1** ⟨400(s.)⟩ *etwas* bricht herein *bricht ab u. fällt, stürzt nach innen;* Gestein brach über den Bergleuten herein • **1.1** Wasser brach mit großer Wucht (über die Felsen) herein *ergoss sich* **2** ⟨400(s.)⟩ *etwas* bricht herein ⟨geh.⟩ *beginnt plötzlich, bricht schnell an;* die Dunkelheit, Nacht brach herein; in diesem Jahr brach der Winter schon früh herein **3** ⟨800(s.)⟩ **etwas** bricht **über jmdn.** od. **etwas** herein ⟨fig.⟩ *etwas Unerwünschtes, Unangenehmes, ein Unglück überrascht jmdn. od. etwas, geschieht unerwartet, sucht jmdn. od. etwas heim;* die Katastrophe brach über die Bewohner herein; der Krieg ist über das Land hereingebrochen; ein Gewitter brach über uns herein

◆**her|ein|fal|len** ⟨V. 131(s.)⟩ oV ⟨umg.⟩ *reinfallen, hereinstürzen* **1** ⟨400⟩ **etwas** fällt herein *fällt von (dort) draußen nach (hier) drinnen;* das Licht fiel durch einen Spalt (in der Tür) herein; der erste Sonnenstrahl fiel gerade herein **2** ⟨405; fig.; umg.⟩ **(bei, mit einer Sache)** ~ *betrogen, enttäuscht werden;* da bin ich schön hereingefallen!; mit dem Kauf des billigen Fernsehers bin ich hereingefallen • **2.1** ⟨800⟩ **auf jmdn.** od. **etwas** ~ *sich von jmdn. od. etwas täuschen lassen;* er fällt auf alles herein, was man ihm sagt; sie ist auf einen Betrüger hereingefallen

◆**her|ein|ge|ben** ⟨V. 143/500⟩ **etwas** ~ *von (dort) draußen od. von einem anderen Raum nach (hier) drinnen geben;* Sy *hereinreichen (1);* gib mir die Blumen zum Fenster herein!

◆**her|ein|ho|len** ⟨V. 500⟩ **1 jmdn.** od. **etwas** ~ *von (dort) draußen nach (hier) drinnen holen;* kannst du die Kinder ~? **2** ⟨fig.; umg.⟩ **Verluste, Versäumtes** wieder ~ *aufholen, ausgleichen, nachholen*

◆**her|ein|le|gen** ⟨V. 500⟩ **1 etwas** ~ *von (dort) draußen od. von einem anderen Raum nach (hier) drinnen, in diesen Raum legen;* bitte legen Sie mir die Akten über den Fall X herein **2** ⟨Vr 7 od. Vr 8⟩ **jmdn.** ~ ⟨fig.; umg.⟩ *jmdn. anführen, jmdn. einen Streich spielen;* Sy *hineinlegen (2);* man hat ihn gründlich hereingelegt; der hat dich schön hereingelegt!

◆**her|ein|plat|zen** ⟨V. 400(s.); umg.⟩ *plötzlich herein-, hinzukommen, unerwartet (bei jmdn. od. in einer Gesellschaft) erscheinen;* wir saßen gerade beim Essen, da platzte er mit der Nachricht herein, dass …

◆**her|ein|rei|chen** ⟨V.⟩ **1** ⟨500⟩ = *hereingeben* **2** ⟨411⟩ *eine Länge haben bis hier herein;* die Zweige des Baumes reichen bis in unser Zimmer herein

◆**her|ein|schau|en** ⟨V. 400⟩ **1** *von (dort) draußen nach (hier) drinnen schauen;* mach das Fenster zu, es kann sonst jeder ~; er schaute zu uns (zur Tür) herein **2** ⟨410; fig.⟩ *einen kurzen Besuch machen;* schauen Sie doch bitte nächste Woche noch einmal herein; er hat heute uns hereingeschaut, ist aber gleich wieder gegangen

◆**her|ein|schnei|en** ⟨V.⟩ **1** ⟨401⟩ *es schneit (zum Fenster) herein der Schnee dringt (durchs Fenster) ein* **2** ⟨410(s.); fig.; umg.⟩ *unerwartet zu Besuch kommen;* gestern kam X (zu uns) hereingeschneit

◆**her|ein|strö|men** ⟨V. 400(s.)⟩ **1 Wasser** strömt herein *fließt in Massen herein* **2 Menschen, Tiere** strömen herein ⟨fig.⟩ *kommen scharenweise herein*

◆**her|ein|zie|hen** ⟨V. 293⟩ **1** ⟨500⟩ **etwas** ~ *von (dort) draußen nach (hier) drinnen ziehen;* ich zog ihn zu mir (ins Zimmer) herein **2** ⟨401⟩ **es** zieht herein! *der Wind weht ins Zimmer, es ist Gegenzug* **3** ⟨400(s.); umg.⟩ *eine Wohnung in einem Haus beziehen;* sie sind mit in unser Haus hereingezogen

her|fal|len ⟨V. 131/800(s.)⟩ **1 über jmdn.** ~ *jmdn. brutal u. überraschend überfallen, angreifen;* die Banditen fielen über die Kaufleute her • **1.1** ⟨fig.; umg.⟩ *jmdn. schlechtmachen, kritisieren, über jmdn. Ungünstiges reden;* alle Zeitungen fielen über den Politiker her **2 über etwas** ~ *gierig von etwas Besitz ergreifen, an sich raffen, etwas gierig zu essen beginnen;* über die Vorräte, das Frühstück ~

Her|gang ⟨m.; -(e)s; unz.⟩ *Verlauf, Ablauf (eines Ereignisses);* den ~ eines Unglücks schildern

her|ge|ben ⟨V. 143⟩ **1** ⟨500⟩ • **1.1 etwas** ~ *(heraus-, zurück)geben;* gib das Buch bitte her!; die gestohlenen Sachen wieder ~ • **1.1.1** gib her! *(Aufforderung, etwas zu geben, herzureichen)* • **1.2 Besitz, Eigentum** ~ *verschenken, weggeben;* er gibt nichts her; alles ~; sein Letztes, das Letzte ~ • **1.3** ⟨fig.⟩ *zum Einsatz bringen;* alles ~; sein Letztes, das Letzte ~ • **1.4** eine Sache gibt **nichts** (wenig) her *bringt keinen (nur geringen) Gewinn, Ertrag;* das Buch gibt wenig her; die Farm gibt nichts her **2** ⟨515/Vr 7⟩ **jmd.** gibt **sich zu** einer (zweifelhaften) Sache her *stellt sich für eine (zweifelhafte) S. zur Verfügung, findet sich bereit, sie zu unterstützen;* dazu gebe ich mich (meinen Namen) nicht her

her|ge|bracht ⟨Adj. 24/70⟩ *herkömmlich, seit jeher üblich, von der Tradition überliefert;* in ~er Weise; am Hergebrachten hängen

her|ge|hen ⟨V. 145(s.)⟩ **1** ⟨411⟩ **vor, hinter, neben jmdm.** od. **etwas** ~ *längere Zeit vor, hinter, neben jmdm. od. etwas gehen, einhergehen, jmdm. od. einer Sache folgen;* die Reisegruppe ging hinter dem Reiseleiter her **2** ⟨400; süddt.⟩ *hierhergehen, herkommen;* geh her! • **2.1** ich habe mir so viel Mühe damit gegeben, aber er geht her und räumt alles achtlos beiseite *räumt einfach alles beiseite* • **2.2** ich habe lange an dem Radio herumgebastelt, aber er geht her und bringt es in fünf Minuten in Ordnung *bringt es mühelos in Ordnung* **3** ⟨801⟩ **über jmdn.** ~ ⟨umg.⟩ *jmdn. scharf kritisieren, über jmdn. hässlich sprechen;* gestern ging es scharf über ihn her **4** ⟨801⟩ **über etwas** ~ ⟨umg.⟩ *von etwas viel verbrauchen;* über meinen Wein ist es mächtig, sehr hergegangen **5** ⟨413⟩ *geschehen, zugehen, vor sich gehen;* hier geht es lustig her; →a. *hoch (7.9)*

her|hal|ten ⟨V. 160⟩ **1** ⟨500⟩ **etwas** ~ *in Richtung auf den Sprecher zu halten;* halte bitte den Becher her! **2** ⟨418 od. 415⟩ **als, für etwas** ~ **müssen** ⟨fig.; umg.⟩ *dienen müssen, etwas spielen müssen;* als Sündenbock ~ müssen; als Zielscheibe des Spottes ~ müssen • **2.1** *büßen, einstehen;* ich musste für ihn (mit) ~

He|ring ⟨m.; -s, -e⟩ **1** ⟨Zool.⟩ *Angehöriger einer Familie der Heringsfische mit rund 200 Arten, mit vielen örtlichen Abarten u. Rassen, die z. T. nur zum Laichen in Küstennähe kommen, z. T. dauernd dort bleiben:* Clupeidae **2** *wichtiger Speisefisch von ungefähr 30 cm Länge, mit schlankem, seitlich zusammengedrücktem Körper, vorspringendem Unterkiefer u. kleinen Bauch- u. Brustflossen, der in großen Schwärmen entlang den Küsten der nördlichen Halbkugel wandert:* Clupea harengus; Brat~, Lachs~, Matjes~, Salz~;

geräucherter, grüner, marinierter ~ • 2.1 **wie** die ~e zusammengepresst sitzen, stehen ⟨umg.; scherzh.⟩ *sehr dicht beieinandersitzen, stehen* **3** *Pflock zum Befestigen der Zeltbahnen im Boden*

her|in|nen *auch:* **he|rin|nen** ⟨Adv.; süddt.; österr.⟩ *(hier) drinnen;* die Besucher sind schon ~

her|kom|men ⟨V. 170(s.)⟩ **1** ⟨400⟩ *an den Ort des Sprechers kommen, hierher kommen;* komm (einmal) her (zu mir)!; er ist zu Besuch hergekommen **2** ⟨414⟩ **von etwas** od. **jmdm.** ~ *herrühren, abgeleitet werden, durch etwas od. jmdn. verursacht werden;* das kommt von etwas anderem her **3** ⟨411⟩ **wo kommt jmd.** od. **etwas her?** ⟨fig.; umg.⟩ *woher stammt jmd. od. etwas?;* wo kommen Sie her?; wo kommen diese Apfelsinen her?; wo soll es (das Geld o. Ä.) denn auch ~?

her|kömm|lich ⟨Adj. 70⟩ **1** *dem Herkommen gemäß, gebräuchlich, überliefert;* ~e Verfahrensweisen • **1.1** *das ist* ~ *das wurde schon immer so gemacht*

Her|kunft ⟨f.; -; unz.⟩ *Ursprung, Abstammung, Herkommen, Geburt;* deutscher, afrikanischer, amerikanischer ~ sein; von adliger, bäuerlicher ~; von niedriger, vornehmer ~

her|lei|ten ⟨V.⟩ **1** ⟨500⟩ **etwas** ~ *ableiten* **2** ⟨511/Vr 3⟩ **sich von etwas** ~ *herrühren von, abstammen von;* das Wort „Fenster" leitet sich vom latein. „fenestra" her

her|ma|chen ⟨V. 500; umg.⟩ **1** ⟨550/Vr 3⟩ **sich über etwas** ~ *über etwas herfallen, etwas in Angriff nehmen;* er machte sich über die Arbeit her • **1.1** *sich über etwas Essbares* ~ *etwas gierig zu essen beginnen* • **1.2** *sich über ein Buch* ~ *ein B. sofort zu lesen beginnen* • **1.3** *sich über die Wohnung* ~ *die W. zu reinigen beginnen* **2** ⟨550/Vr 3⟩ **sich über jmdn.** ~ ⟨fig.⟩ *jmdn. schlechtmachen, kritisieren, über jmdn. Ungünstiges reden;* die Kritiker, Zeitungen machten sich über den Politiker her **3** *etwas* ~ *eine bestimmte (meist ansprechende, vorteilhafte) Wirkung haben;* das Geschenk macht etwas her; eure Wohnung macht schon etwas her; in diesem Kleid macht sie nicht genug her

Her|me|lin 1 ⟨n.; -s, -e⟩ *großes Wiesel* **2** ⟨m.; -s, -e⟩ *Pelz des Hermelins (1)*

her|me|tisch ⟨Adj. 24⟩ **1** *luft- und wasserdicht (verschlossen);* ~e Kabine • **1.1** ⟨fig.⟩ *dicht verschlossen, undurchdringlich;* ein Gebäude ~ verriegeln **2** ⟨geh.⟩ *geheimnisvoll, dunkel, magisch, okkult* • **2.1** ~e **Literatur** *philosophisch-okkultes Schrifttum aus dem 3. Jh. n. Chr., das Hermes Trismegistos zugeschrieben wird (beeinflusste u. a. die Alchimie, Astrologie u. Literatur im 16.-18. Jh.)*

her|nach ⟨Adv.; regional⟩ *nachher, hinterher, später*

her|nie|der ⟨Adv.; geh.; meist poet.⟩ *von (dort) oben nach (hier) unten, herab, herunter*

her|nie|der|ge|hen ⟨V. 145/400(s.); geh.⟩ *von (dort) oben nach (hier) unten gehen, herunter-, herabgehen;* eine Lawine ging hernieder

her|o|ben *auch:* **he|ro|ben** ⟨Adv.; bair.; österr.⟩ *(hier) oben*

He|roe ⟨[-ro:ə] m.; -n, -n⟩ = *Heros*

He|ro|in[1] ⟨f.; -, -in|nen⟩ *Heldin*

He|ro|in[2] ⟨n.; -s; unz.⟩ *aus Morphin hergestelltes, sehr starkes Rauschmittel*

He|rold ⟨m.; -(e)s, -e⟩ **1** ⟨im MA⟩ *Wappenkundiger* • **1.1** *Ausrufer, Bote eines Fürsten* **2** ⟨heute; geh.⟩ *Verkünder (einer wichtigen Nachricht)*

He|ros ⟨m.; -, -ro|en⟩ Sy *Heroe* **1** ⟨griech. Myth.⟩ *Halbgott, der außergewöhnliche Fähigkeiten besitzt (u. große Heldentaten vollbracht hat)* **2** ⟨geh.⟩ *Held, heldenhafter Mensch*

Her|pes ⟨f. od. m.; -; unz.; Med.⟩ *zu Rückfällen neigende Viruserkrankung, die einen Bläschenausschlag auf der Haut od. den Schleimhäuten hervorruft*

Herr ⟨m.; -en, -en⟩ **1** *Person, die anderen zu befehlen hat, die über jmdn. od. etwas Gewalt hat;* ein guter, schlechter ~ sein; der ~ des Hauses; ~ im Hause sein; ~ über Leben und Tod; wie der ~, so der Knecht; wie der ~, so's Geschirr (Sprichw.; umg.) • **1.1** niemand kann zwei (zween) ~en dienen (Matthäus 6,24) *man muss sich für eine Sache entscheiden* • **1.2** ~ (**über** etwas), *seiner selbst sein (etwas, sich) beherrschen, (über etwas, sich selbst) verfügen, Gewalt haben;* ~ der Lage sein; zu jeder Zeit sein; ~ über seine Gefühle, Leidenschaften sein; er war nicht mehr ~ seiner selbst • **1.3 einer Sache** ~ **werden** *etwas in seine Gewalt bekommen, unter Kontrolle bringen* • **1.4 sich zum** ~**n machen** (über etwas od. jmdn.) *sich die Befehlsgewalt anmaßen (über etwas od. jmdn.)* • **1.5** *(Gott als) oberster Gebieter;* der ~; Gott, der ~; ~ (Gott), du hast befohlen; der ~ Jesus • **1.5.1 im** ~**n entschlafen** (sein) ⟨geh.⟩ *gottesfürchtig gestorben (sein)* • **1.6** ⟨feudaler Standestitel für⟩ *Adlige nach Fürsten und Grafen* • **1.6.1** die ~en aus allen Ländern *aus allen Teilen der Erde* • **1.7** *Besitzer, Eigentümer;* der ~ des Hauses; →a. *Auge (4.8)* • **1.8** *vornehmer Mann;* den großen ~n spielen **2** ⟨höfliche Anrede für Männer⟩; ein ~ möchte Sie sprechen, wartet draußen; ein vornehmer ~; ein alter, älterer ~; darf ich den ~n hier hereinbitten?; mein ~; ja, ~!; meine ~en! (Ausruf des Schreckens, des Erstaunens); meine (sehr verehrten) Damen und ~en (Anrede an eine Versammlung); ~en (Aufschrift an der Herrentoilette) • **2.1** die ~en der Schöpfung ⟨scherzh.; umg.⟩ *die Männer* • **2.2** ⟨Teil der höflichen Anrede für Männer vor Namen od. Titeln⟩; sehr geehrter ~ X! (förmliche Anrede im Brief); lieber ~ X! (vertrautere Anrede im Brief); ~ Meier; ~ Doktor, ~ Professor; Ihr ~ Vater ⟨geh.⟩

her|ren|los ⟨Adj. 24⟩ *niemandem gehörend, ohne Besitzer;* ein ~er Hund; ~es Gepäck; dieser Besitz ist ~ geworden

Her|ren|mensch ⟨m.; -en, -en⟩ *Mensch, der andere, bes. seine Umgebung, beherrschen will, machthungriger Mensch*

Her|rin ⟨f.; -, -rin|nen⟩ *Gebieterin, Besitzerin*

her|risch ⟨Adj.⟩ *gebieterisch, tyrannisch, rechthaberisch, barsch, schroff;* ~ sein; in ~em Ton sprechen; sich ~ benehmen

herr|lich ⟨Adj.⟩ **1** *wunderschön, wunderbar, vortrefflich, großartig;* ~e Musik; ein ~er Anblick; heute ist

herum...

~es Wetter; hier ist es ~; und wie wir's dann zuletzt so ~ weit gebracht … (Goethe, „Faust" I, Nacht, Vers 573) • 1.1 es gab ~e Sachen zu essen *es gab köstliche S.* • 1.2 ~ und in Freuden leben *sorglos und üppig leben*

Herr|schaft ⟨f.; -, -en⟩ **1** ⟨unz.⟩ • 1.1 *Befehlsgewalt, Regierungsgewalt, Macht;* die (unbestrittene) ~ ausüben; die ~ antreten; unter deutscher ~; die ~ an sich reißen • 1.1.1 unter seiner ~ *während seiner Regierungszeit* • 1.2 ⟨fig.⟩ *Beherrschung, Gewalt;* die ~ über eine Maschine, über seine Nerven verlieren **2** ~! ⟨umg.; süddt.; veraltend⟩ *(Ausruf des Unwillens);* ~, ist das schwer!; ~, das habe ich ganz vergessen! **3** ⟨veraltet⟩ *der Dienst-, Gutsherr und seine Familie;* sind die ~en zu Hause?; sie hatte immer eine gute ~ **4** ⟨nur Pl.⟩ ~en ⟨Anrede⟩ *Herr(en) u. Dame(n) in Gesellschaft;* wünschen die ~en etwas zu trinken?; meine ~en!; hier, meine ~en, sehen Sie ein Bild des ... • 4.1 *scherzhaft ermahnende Anrede an Untergebene od. Halbwüchsige;* ~en, so geht das nicht weiter! **5** ⟨veraltet⟩ *Landgut*

herr|schen ⟨V.⟩ **1** ⟨405⟩ **(über etwas** od. **jmdn.)** ~ *gebieten, die Herrschaft ausüben;* Sy *regieren (1);* unumschränkt ~; über ein Volk, Land ~; die ~de Macht im Staat • 1.1 nach der ~den **Meinung** *nach der allgemein verbreiteten M.* • 1.2 das ~de **Gesetz** *das G., nach dem sich alle zu richten, das alle zu befolgen haben* **2** ⟨410⟩ etwas herrscht *ist deutlich fühlbar, vorhanden;* eine Seuche herrscht in der Stadt; es herrschte heute eine drückende Schwüle; hier herrscht (Zucht und) Ordnung; es herrschte allgemein Jubel und Freude; es herrschte rege Tätigkeit; es herrschte tiefes Schweigen, Totenstille

Herr|scher ⟨m.; -s, -⟩ *jmd., der über andere gebietet, ein Land, ein Volk regiert, Monarch;* unumschränkter, gütiger, gerechter ~

Herr|sche|rin ⟨f.; -, -rin|nen⟩ *weibl. Herrscher*

her|rüh|ren ⟨V. 411⟩ **von jmdm.** od. **etwas** ~ *herstammen, sich von jmdm.* od. *etwas herleiten, seine Ursache in jmdm.* od. *etwas haben;* das alles rührt nur von deinem Leichtsinn her; seine Nervosität rührt noch von dem Schock her, den er erlitten hat

her|stel|len ⟨V. 500⟩ **1** Waren ~ *(gewerbsmäßig) anfertigen, produzieren;* Geräte, Autos, Fertighäuser, Kühlschränke ~ • 1.1 **Beziehungen** ~ *zustande bringen;* eine Verbindung zwischen verschiedenen Personen od. Dingen, zu jmdm. od. etwas ~ **2** eine **Sache** ~ *ermöglichen, schaffen;* Ruhe u. Ordnung ~ • 2.1 ⟨Vr 3⟩ eine **Sache** stellt sich her *wird erreicht, entsteht, gelingt;* eine genaue Übereinkunft wird sich nicht ~ **3** ⟨Vr 7⟩ einen **Gegenstand** od. **jmdn.** ~ ⟨umg.⟩ *hier an diesen Platz stellen, hierher stellen;* stell die Blumen nur her! • **3.1** ⟨Vr 3⟩ **sich** ~ *untätig dastehen;* ich kann mich nicht länger ~ und warten; stell dich nicht her u. schau zu, sondern hilf mir lieber!

Her|stel|lung ⟨f.; -; unz.⟩ **1** *das Herstellen, Fertigen, Produzieren* • 1.1 *Abteilung eines Verlages, die für die typographische Gestaltung, die Kalkulation u. die Überwachung der Druck- u. Bindearbeiten von Büchern zuständig ist;* Druckdaten an die ~ weiterleiten **2** *Schaffung, Zustandekommen, Ermöglichung;* die ~ des Friedens

Hertz ⟨n.; -, -; Phys.; Zeichen: Hz⟩ *Maßeinheit der Frequenz, Schwingung pro Sekunde*

◆ Die Buchstabenfolge **her|ü|ber...** kann auch **he|rü|ber...** getrennt werden.

◆**her|über** ⟨Adv.⟩ *von der anderen Seite (drüben) auf diese Seite;* oV *rüber;* ~ und hinüber; den Weg ~ habe ich gefunden, aber ob ich den Rückweg finde, weiß ich nicht

◆**her|über...** ⟨Vorsilbe; in Zus. mit Verben betont u. trennbar⟩ *von dort (drüben) nach dieser Seite zum Sprecher hin;* herüberblicken, herüberfahren, herübergeben, herüberkommen, herüberrufen, herüberwerfen

◆**her|über|rei|chen** ⟨V.⟩ **1** ⟨400⟩ *auf diese Seite, bis hierher zum Sprecher reichen, greifen können;* kannst du bis zu mir ~? **2** ⟨400⟩ *eine Länge haben bis (hier) herüber;* die Schnur reicht (nicht) bis zu mir herüber **3** ⟨503⟩ **(jmdm.)** etwas ~ *etwas von der anderen Seite auf diese Seite reichen;* würden Sie mir bitte das Brot (über den Tisch) ~?

◆**her|über|zie|hen** ⟨V. 293⟩ **1** ⟨500/Vr 8⟩ **jmdn.** od. **etwas** ~ *von der anderen Seite auf diese Seite zum Sprecher ziehen;* jmdn., die Leiter über die Mauer ~ • 1.1 ⟨511⟩ **jmdn. zu sich** ~ ⟨fig.⟩ *auf seine Seite bringen, zum Überlaufen bewegen* **2** ⟨400(s.)⟩ *auf uns zukommen;* das Gewitter zieht über ein Gebirge zu uns herüber

◆ Die Buchstabenfolge **her|um...** kann auch **he|rum...** getrennt werden.

◆**her|um** ⟨Adv.⟩ oV ⟨umg.⟩ *rum* **1** um einen Ort ~ *rund um, rings um einen O.;* die Gegend um Berlin ~; um den ganzen Garten ~ • 1.1 **dort** ~ ⟨umg.⟩ *etwa dort, in jener Gegend;* dort ~ muss das Haus liegen • 1.2 in einer **Gegend** ~ ⟨umg.⟩ *umher;* er fährt immer in der Weltgeschichte ~ • 1.3 um jmdn. ~ sein *in jmds. Nähe, Umkreis, Umgebung* • 1.4 immer um jmdn. ~ sein • 1.4.1 *immer mit jmdm. zusammen sein, um jmdn. sehr bemüht sein, jmdn. betreuen* • 1.4.2 *jmdm. durch seine ständige Anwesenheit lästigfallen* • 1.5 an einer **Seite** ~ *nach einer S. einen Bogen machend, ausweichend;* es geht hier, dort (da) ~; →a. hintenherum **2** die **Reihe** ~ *von einem zum anderen;* die Flasche wurde die Reihe ~ ausgetrunken **3** um eine **Zeit** ~ *etwa, nicht genau;* um 1970 ~; es war um Ostern ~

◆**her|um...** ⟨Vorsilbe; in Zus. mit Verben betont u. trennbar⟩ **1** *um einen Mittelpunkt sich bewegend, befindlich;* herumgehen, herumwickeln, herumbiegen, sich herumdrehen **2** ⟨umg.; oft nur verstärkend⟩ *ständig, längere Zeit (u. sinnlos) etwas tun;* herumbummeln, herumflattern, herumreisen, herumlaufen; sich herumbalgen, sich mit jmdm. herumärgern, herumstehen

483

herumdoktern

- **her|um|dok|tern** ⟨V. 800; umg.; abwertend⟩ **1 an jmdm. ~** *jmdn. vergeblich (mit laienhaften od. falschen Methoden) zu heilen versuchen;* die Ärzte doktern schon zwei Jahre an ihm herum **2 an etwas ~** *(vergeblich) versuchen, etwas zu reparieren, instand zu setzen od. zu heilen;* an einem defekten Gerät ~; er hat vergeblich an der Warze herumgedoktert
- **her|um|dre|hen** ⟨V.⟩ **1** ⟨500/Vr 7⟩ **etwas** od. **jmdn. ~** *auf die andere Seite drehen;* die Kissen, Matratzen ~; du hast dich im Schlaf herumgedreht; das Baby im Kinderwagen ~ • **1.1** ⟨511/Vr 3⟩ **sich auf** dem **Absatz,** auf der **Stelle ~** ⟨a. fig.⟩ *sich sofort zum Umkehren entschließen;* →a. *Grab (1.9), Herz (2.8.9), Magen (1.7), Wort (3.4)* **2** ⟨500/Vr 7⟩ **jmdn.** od. einen **Gegenstand ~** *einmal um die eigene Achse drehen;* sich im Kreise ~; sich ganz, halb ~; den Schlüssel im Schloss mehrmals ~
- **her|um|drü|cken** ⟨V. 500⟩ **1 etwas ~** *auf die andere Seite drücken;* den Hebel ~ **2** ⟨Vr 3⟩ **sich ~** ⟨umg.⟩ *sich herumtreiben, müßig herumgehen, -laufen, -sitzen;* wo hast du dich wieder herumgedrückt?; sich im Hause ~ **3** ⟨550/Vr 3⟩ **sich um** eine **Sache ~** ⟨fig.; umg.⟩ *einer Sache geschickt ausweichen;* er drückt sich um eine offene Aussprache, ein Problem herum
- **her|um|fah|ren** ⟨V. 130⟩ **1** ⟨411(s.)⟩ **um etwas ~** *rundherum fahren, im Kreis um etwas fahren;* Sie müssen um die Stadt ~ **2** ⟨400(s.) od. 500(h.)⟩ **(jmdn.** od. **etwas) ~** *planlos, ziellos (jmdn.) umherfahren, spazieren fahren;* wir sind ein wenig in der Stadt herumgefahren; er fuhr mit seinem neuen Auto in der Gegend herum; wir haben ihn in der Stadt herumgefahren **3** ⟨416(s.)⟩ **mit** den **Händen** in der Luft ~ ⟨umg.⟩ *gestikulieren, ziellose Bewegungen machen* • **3.1** sich mit den Händen im Gesicht ~ *ziellos über das G. wischen* **4** ⟨400(s.); umg.⟩ *sich jäh nach jmdm. od. etwas umdrehen;* als sie hereinkam, fuhr er vor Schreck herum
- **her|um|füh|ren** ⟨V.; umg.⟩ **1** ⟨500⟩ **jmdn. ~** *führend, erklärend begleiten;* jmdn. im Haus, Museum ~ einen Gast in der Stadt ~; →a. *Nase (1.9)* **2** ⟨511⟩ **jmdn. um etwas ~** *ringsum, rundherum führen, begleiten;* jmdn. um einen Platz, ein Gebäude ~ **3** ⟨511⟩ **etwas um etwas ~** *etwas mit etwas umgeben, umschließen;* eine Mauer, einen Zaun um ein Grundstück ~ **4** ⟨411⟩ **etwas führt um etwas** herum *verläuft um etwas, umgeht etwas;* der Weg führt um den Wald, See herum
- **her|um|ge|hen** ⟨V. 145(s.)⟩ **1** ⟨411⟩ • **1.1 um** jmdn. od. einen Gegenstand ~ *im Kreise gehen;* um den See ~; abends um das Haus ~; mit dem Architekten um das Grundstück ~ • **1.2 innerhalb** eines **Ortes** od. Raumes ~ *sich gehend hin und her bewegen;* ein wenig in der Stadt ~; überall im Haus ~ • **1.3 innerhalb** einer Gruppe von **Personen ~** *vom einen zum andern gehen;* mit dem Hut ~ und Geld einsammeln **2** ⟨400⟩ **Gegenstände** gehen herum *werden vom einen zum anderen gereicht;* die Liste soll bei allen ~; bitte lassen Sie die Bilder ~ **3** ⟨400⟩ die **Zeit** geht herum *vergeht, verstreicht;* die Ferien sind schnell herumgegangen

- **her|um|kom|men** ⟨V. 170(s.)⟩ **1** ⟨400⟩ **(um etwas) ~** *an einem Hindernis vorbeikommen, einen Bogen um etwas beschreiben;* gleich wird der Radfahrer um die Ecke ~ **2** ⟨410; umg.⟩ *reisen, etwas von der Welt sehen, etwas erleben;* er ist viel, weit, wenig, kaum herumgekommen; als Reporter kommt man viel (in der Welt) herum **3** ⟨800⟩ **um etwas ~** ⟨a. fig.; umg.⟩ *etwas vermeiden können, sich um etwas drücken können, etwas nicht zu tun brauchen;* glücklicherweise bin ich um die Prüfung herumgekommen; wir kommen nicht darum herum, das zu tun
- **her|um|krie|gen** ⟨V. 500; umg.⟩ **1** einen **Gegenstand ~** *mit Mühe umdrehen können* **2 jmdn. ~** ⟨fig.⟩ *umstimmen, überreden (zu etwas), zu einem anderen Entschluss bringen;* ich habe ihn nach langem Zureden herumgekriegt, dass er mitkommt
- **her|um|lau|fen** ⟨V. 176/400(s.)⟩ **1** *hin- u. herlaufen, in der Gegend umherlaufen, dahin u. dorthin laufen* • **1.1 frei ~** *sich frei bewegen können* • **1.1.1** *umherlaufen, ohne an der Leine geführt zu werden* (Hund); Hunde dürfen im Park nicht frei ~ • **1.1.2** *nicht gefasst, nicht inhaftiert sein* (Straftäter); der Täter läuft frei herum **2** ⟨umg.⟩ *aussehen, angezogen sein;* wie läufst du denn herum?; so kannst du nicht ~!
- **her|um|rei|ten** ⟨V. 199; umg.⟩ **1** ⟨400(s.)⟩ *ohne festes Ziel reiten, umherreiten;* sie sind den ganzen Tag im Gelände herumgeritten **2** ⟨411(s.)⟩ **um etwas ~** *im Kreis um etwas reiten, etwas reitend umgehen;* er ritt um den Wald herum **3** ⟨800(s.)⟩ **auf etwas ~** ⟨fig.⟩ *auf einem (unangenehmen) Thema beharren, eine Sache ständig wiederholen;* er ist die ganze Zeit auf der Frage herumgeritten, ob … **4** ⟨800(s. od. h.)⟩ **auf jmdm. ~** ⟨fig.⟩ *jmdn. ständig tadeln, kritisieren;* der Meister reitet ständig auf diesem Auszubildenden herum
- **her|um|schla|gen** ⟨V. 218⟩ **1** ⟨500⟩ **etwas (um etwas** od. **jmdn.) ~** *etwas od. jmdn. einhüllen, etwas um jmdn. od. etwas legen;* eine Decke um den Kranken ~; ich heulige ein Tuch um mich herum **2** ⟨517/Vr 3⟩ **sich mit jmdm. ~** *sich mit jmdm. schlagen;* mit wem hat er sich wieder herumgeschlagen? **3** ⟨517/Vr 3⟩ **sich mit jmdm.** od. **etwas ~** ⟨fig.; umg.⟩ *mit jmdm. od. etwas Ärger, Schwierigkeiten haben;* er musste sich dauernd mit seinem Chef ~; er schlägt sich mit vielen Problemen herum
- **her|um|schlep|pen** ⟨V. 500; umg.⟩ **1 etwas (mit sich) ~** *mühsam mit sich tragen, auf vielen Wegen bei sich tragen;* er schleppt das ganze Geld immer mit sich herum; ich habe die Bücher überall mit mir herumgeschleppt **2 jmdn. ~** ⟨fig.⟩ *(gegen dessen Willen) auf vielerlei Wegen mitnehmen;* er hat mich in der ganzen Stadt herumgeschleppt **3** einen **Kummer mit sich ~** ⟨fig.⟩ *schwer an einem K. tragen* **4** ⟨517⟩ eine **Krankheit mit sich ~** ⟨fig.⟩ *fühlen, dass man eine K. in sich hat, die noch nicht zum Ausbruch gekommen ist*
- **her|um|spre|chen** ⟨V. 251/500/Vr 3; umg.⟩ eine **Sache** spricht **sich** herum *verbreitet sich, wird von einem zum andern weitergesagt;* es dürfte sich inzwischen herumgesprochen haben, dass …; so etwas spricht sich schnell (überall) herum

◆ **her|um|ste|hen** ⟨V. 256; umg.⟩ **1** ⟨400⟩ *müßig dastehen;* steh nicht so herum, sondern hilf mir lieber! **2** ⟨400⟩ *Gegenstände* stehen herum *stehen umher, stehen ungeordnet da;* es standen überall eine Menge Grünpflanzen herum; der Stuhl steht hier so herum, wo gehört er hin? **3** ⟨411⟩ **um** jmdn. od. **etwas ~** *ringsum, im Kreis um etwas od. jmdn. stehen;* im Kreis um jmdn., um den Tisch ~; um das Beet stehen kleine Büsche herum

◆ **her|um|sto|ßen** ⟨V. 262/500; fig.⟩ **1** jmdn. **~** *von einem zum anderen schicken, weil niemand ihn haben will* • 1.1 herumgestoßen **werden** *einmal hier, einmal da leben u. versorgt werden, kein Zuhause haben;* er ist als Kind nur herumgestoßen worden

◆ **her|um|trei|ben** ⟨V. 267/500/Vr 3; abwertend⟩ sich **~ 1** *ziellos umhergehen;* sich nachts ~; sich im Wald u. auf den Feldern **~ 2** *bummeln, müßig herumlaufen, -sitzen, vagabundieren;* wo hast du dich wieder herumgetrieben?; sich in Lokalen, Kneipen, fremden Betten ~ • 2.1 ⟨511/Vr 3⟩ sich in der Welt ~ *von einem Land zum andern reisen, fremde Länder durchstreifen* **3** ⟨511/Vr 3⟩ sich bei anderen Leuten ~ *andere Leute ständig besuchen* **4** ⟨fig.⟩ *ein unsolides Leben führen;* er treibt sich nur herum

◆ **her|um|wer|fen** ⟨V. 286/500⟩ **1** ⟨Vr 7⟩ **etwas** od. **sich ~** *jäh in eine andere Richtung bringen, umdrehen;* den Kopf ~; das Steuer ~ ⟨a. fig.⟩ • 1.1 das **Pferd ~** *mit raschem Schwung zur Seite lenken* • 1.2 ⟨Vr 3⟩ **sich ~** *sich im Liegen heftig umdrehen;* sich ruhelos im Bett **~ 2** *Gegenstände* **~** *hierhin u. dahin, in eine nicht festgelegte Richtung werfen* • 2.1 seine Sachen, Kleidungsstücke ~ *unordentlich hinlegen*

◆ **her|um|zie|hen** ⟨V. 293⟩ **1** ⟨411(s.)⟩ • 1.1 **um** einen **Ort ~** *(rund) um einen O. herum marschieren, wandern, gehen* • 1.2 **in** einer **Gegend ~** *umherziehen, von Ort zu Ort wandern, marschieren, gehen;* ruhelos in der Welt ~ • 1.3 ⟨417⟩ jmd. zieht **mit jmdm.** herum ⟨abwertend⟩ *ist immer mit jmdm. zusammen zu sehen* **2** ⟨511⟩ • 2.1 *Gegenstände* **~** *in verschiedene Richtungen ziehend, schleifend bewegen;* die Spielsachen auf dem Fußboden ~; die Hacke auf der Erde ~ • 2.2 Bindfaden um ein Paket ~ *ein P. mit B. zubinden* • 2.3 ⟨Vr 3⟩ sich **um** einen **Ort ~** *einen O. umgeben, ihn einschließen;* die Hecke zieht sich um den Garten herum

her|un|ten *auch:* **he|run|ten** ⟨Adv.; bair.; österr.⟩ *(hier) unten*

◆ Die Buchstabenfolge **her|un|ter...** kann auch **he|run|ter...** getrennt werden.

◆ **her|un|ter** ⟨Adv.⟩ oV ⟨umg.⟩ *runter* **1** *von (dort) oben nach (hier) unten zum Sprecher hin;* ~ mit ihm!; ~ von dem Sessel! • 1.1 ~ *sein* • 1.1.1 *gesundheitlich geschwächt, elend, abgespannt sein;* ich bin durch seine viele Arbeit, seine schwere Krankheit sehr ~; mit den Nerven ziemlich ~ • 1.1.2 *heruntergegangen, gefallen sein;* das Fieber ist schon ~ • 1.1.3 *nicht mehr mit Gewinn arbeiten, heruntergewirtschaftet sein, an Ansehen verloren haben;* das Geschäft ist sehr ~

◆ **her|un|ter...** ⟨Vorsilbe; in Zus. mit Verben trennbar⟩ **1** *von (dort) oben nach (hier) unten zum Sprecher kommend;* heruntergehen, herunterkommen, herunterfallen, herunterwerfen **2** *die hängende Lage eines Gegenstands bezeichnend;* herunterhängen, herunterbaumeln **3** *das Entfernen einer Oberfläche bezeichnend;* herunterkratzen, herunternehmen **4** ⟨abwertend⟩ *eine monotone u. gedankenlose Tätigkeit bezeichnend;* herunterspielen, heruntersingen

◆ **her|un|ter|brin|gen** ⟨V. 118/500⟩ jmdn. od. **etwas ~ 1** *von oben holen u. nach unten bringen;* bitte bring mir doch meinen Mantel herunter **2** ⟨fig.; umg.⟩ *zugrunde richten, ernstlich schädigen, ruinieren;* einen Betrieb, eine Firma ~; die Krankheit hat ihn sehr heruntergebracht

◆ **her|un|ter|fal|len** ⟨V. 131/400(s.)⟩ *von (dort) oben nach (hier) unten fallen;* Sy *herabfallen;* die Äpfel sind vom Baum heruntergefallen; pass auf, dass du nicht von der Leiter herunterfällst!

◆ **her|un|ter|ho|len** ⟨V. 500⟩ **1** jmdn. od. **etwas ~** *nach unten holen, nehmen u. nach unten bringen;* kannst du mir bitte mein Gepäck (von oben) ~?; die Nüsse vom Baum ~ • 1.1 ⟨umg.; derb⟩ *abschießen;* Tauben aus der Luft ~

◆ **her|un|ter|kom|men** ⟨V. 170/400(s.)⟩ **1** *von (dort) oben nach (hier) unten kommen;* er kam die Treppe herunter; sag ihm, er soll schleunigst ~! **2** ⟨fig.; umg.⟩ *(wirtschaftlich) sinken, nicht mehr gut arbeiten, keinen od. weniger Gewinn bringen;* der Betrieb, die Firma ist völlig heruntergekommen **3** ⟨fig.; umg.⟩ *(äußerlich) verwahrlosen, (gesundheitlich) schwach, elend werden;* er ist durch seine schwere Krankheit sehr heruntergekommen; er machte einen heruntergekommenen Eindruck

◆ **her|un|ter|rei|ßen** ⟨V. 198/500⟩ **etwas ~ 1** *von oben abreißen;* ein Plakat, die Tapete von der Wand ~ • 1.1 *heftig umstoßen, herabstoßen;* mit einer unvorsichtigen Handbewegung riss er die Vase vom Tisch herunter; →a. *Maske* (4.3) **2** ⟨fig.; umg.⟩ *schnell abtragen, abwetzen, zerreißen;* die Kinder reißen die Sachen, die Hosen schnell herunter; die Kinder reißen viel herunter **3** ⟨fig.; umg.⟩ *herabsetzen, grob tadeln, nichts Gutes an etwas lassen;* die Kritik hat das Buch heruntergerissen

◆ **her|un|ter|ren|nen** ⟨V. 200//400(s.)⟩ *von (dort) oben nach (hier) unten rennen;* der Junge ist den Berg heruntergerannt

◆ **her|un|ter|schrau|ben** ⟨V. 500⟩ **1** etwas ~ *tiefer schrauben;* den Docht einer Lampe ~ **2** seine **Ansprüche, Erwartungen ~** ⟨fig.⟩ *verringern*

her|un|ter|sein ⟨alte Schreibung für⟩ *herunter sein*

◆ **her|un|ter|zie|hen** ⟨V. 293/500⟩ jmdn. od. **etwas ~ 1** *von (dort) oben nach (hier) unten ziehen;* die Jalousien ~; das Kind hat die Tischdecke heruntergezogen **2** ⟨fig.; umg.⟩ *schlecht, hässlich über etwas od. jmdn. sprechen;* er hat ihn ziemlich heruntergezogen

her|vor ⟨Adv.⟩ **1** *von (dort) unten od. drinnen nach (hier) oben od. draußen;* aus dem Wald kommt ein Reiter ~ **2** *von (dort) hinten nach (hier) vorn;* ~ aus eurem Versteck!

hervor... ⟨Vorsilbe in Zus. m. Verben betont u. trennbar⟩ **1** *die Richtung von (dort) hinten nach (hier) vorn bezeichnend;* hervorstrecken, hervorlocken, hervorstürzen **2** *plötzlich sichtbar od. deutlich werdend;* hervorkeimen, hervorscheinen, hervorschimmern, hervorwachsen, sich hervorwagen

her|vor||bre|chen ⟨V. 116/400(s.)⟩ *herausbrechen, plötzlich hervorkommen;* plötzlich brach der angestaute Unwille, Zorn aus ihm hervor; die Reiter, Soldaten brachen aus dem Gebüsch, ihrem Versteck hervor; die Sonne brach aus den Wolken hervor

her|vor||brin|gen ⟨V. 118/500(s.)⟩ ⟨umg.⟩ *zum Vorschein bringen;* eine Schachtel Pralinen aus der Tasche ~ **2** *etwas od.* **jmdn.** ~ *erzeugen, entstehen lassen, schaffen, produzieren;* diese Stadt hat schon viele bekannte Schriftsteller hervorgebracht; die Erde bringt Früchte, Pflanzen hervor; der Komponist brachte bedeutende Werke hervor • **2.1** ein **Wort** ~ *(mühsam, stockend) sprechen;* „Ja!", brachte sie mühsam hervor; er brachte vor Schreck kein Wort hervor • **2.2** einen **Ton** ~ *ertönen lassen, verursachen;* mit einem Instrument Töne ~

her|vor||ge|hen ⟨V. 145/800(s.)⟩ **1** *aus etwas* ~ *das Ergebnis, die Folge von etwas sein;* aus der Ehe gingen drei Kinder hervor; er ging als Sieger aus dem Kampf hervor • **1.1** ⟨813⟩ *etwas in einer bestimmten Art u. Weise überstehen;* ohne Schaden, siegreich aus etwas ~ **2** *etwas geht* **aus etwas** *hervor etwas lässt sich aus etwas entnehmen;* daraus geht (klar, eindeutig) hervor, dass ...

her|vor||he|ben ⟨V. 163/500/Vr 7⟩ *etwas* ~ *herausheben, betonen;* der Redner hob besonders die Verdienste des XY hervor; ich möchte ~, dass ...; Buchstaben oder Wörter durch eine andere Schrift ~

her|vor||keh|ren ⟨V. 500⟩ *etwas* ~ *hervorheben, in auffallender Weise betonen;* er kehrt seine Bildung hervor; er kehrte gern den Chef hervor

her|vor||ra|gen ⟨V. 405⟩ **1** *von (dort) unten, drinnen nach (hier) oben, draußen ragen, herausragen, länger sein als, hervorstehen, hervortreten;* aus dem Wasser ragte ein Ast hervor **2** ⟨fig.⟩ *auffallen, sich vor anderen auszeichnen;* er ragt vor allem durch seinen Fleiß hervor

her|vor||ra|gend 1 ⟨Part. Präs. von⟩ *hervorragen* **2** ⟨Adj.⟩ *ausgezeichnet, bedeutend, außerordentlich;* ein ~er Arzt, Schauspieler; eine ~e Leistung; er hat ~ gespielt, gesprochen; von ~er Qualität

her|vor||ru|fen ⟨V. 204/500⟩ **1** *jmdn.* ~ *rufen, damit er hervorkommt;* das Kind aus seinem Versteck ~ • **1.1** *Beifall spenden, damit die Künstler heraus od. vor den Vorhang kommen;* einen Sänger immer wieder ~ **2** *etwas* ~ ⟨fig.⟩ *verursachen, ins Leben rufen;* seine Bemerkung rief große Heiterkeit hervor; solche Forderungen rufen nur Widerspruch hervor

her|vor||schie|ßen ⟨V. 215/400⟩ **1** *von (dort) unten, drinnen nach (hier) oben, draußen schießen;* er schoss hinter der Mauer hervor **2** ⟨⟨s.⟩; fig.⟩ *hervorsprießen, rasch, plötzlich zum Vorschein kommen;* die Frühlingsblumen schossen aus der Erde hervor; aus dem Rohr, Schlauch schoss ein Wasserstrahl hervor

her|vor||spru|deln ⟨V. 400(s.)⟩ **1** *von (dort) unten, drinnen nach (hier) oben, draußen sprudeln, sprudelnd herausquellen;* aus dem Felsen sprudelte eine Quelle hervor **2** ⟨500⟩ die **Worte** (schnell) ~ ⟨fig.⟩ *hastig, eilig, ungeduldig sprechen*

her|vor||ste|hen ⟨V. 256/400⟩ *hervorragen, herausragen;* ein ~der Gebäudeteil; ~de Zähne

her|vor||tre|ten ⟨V. 268(s.)⟩ **1** ⟨400⟩ (aus etwas) ~ *aus etwas, einer Reihe nach vorn heraus treten;* er trat aus seinem Versteck, dem Dunkel hervor **2** ⟨400⟩ **etwas** *tritt* (**aus etwas**) *hervor* ⟨fig.⟩ *etwas erscheint, wird deutlich, sichtbar;* die Bilder treten auf der Wand nicht genügend hervor; die Umrisse des Gebäudes traten allmählich stärker aus dem Dunkel hervor; die Sonne trat aus den Wolken hervor; seine Wangenknochen treten hervor **3** ⟨800⟩ **mit etwas** ~ *mit etwas an die Öffentlichkeit treten;* er ist kürzlich mit einem neuen Roman, einer Erfindung hervorgetreten

her|vor||tun ⟨V. 272/505/Vr 3⟩ **sich** ~ ⟨umg.⟩ **1** *sich auszeichnen;* sich sehr, nicht sonderlich ~; er hat sich als Chirurg besonders hervorgetan **2** *sich wichtigtun, sich hervordrängen;* er tut sich sehr mit seinem Wissen hervor

her|vor||zau|bern ⟨V. 500⟩ **1** *etwas* ~ *durch Zaubertrick erscheinen lassen;* er zauberte Kaninchen aus dem Hut hervor **2** *etwas* ~ ⟨fig.⟩ *unerwartet zum Vorschein bringen;* sie zauberte noch etwas Essbares hervor

her|wärts ⟨Adv.⟩ *auf dem Weg hierher, auf dem Herweg, auf uns zu;* auf der Hinreise bekam ich einen Sitzplatz, aber ~ musste ich stehen

Her|weg ⟨m.; -(e)s, -e⟩ *Weg hierher;* auf dem ~ habe ich den Schlüssel verloren

Herz ⟨n.; -ens, -en⟩ **1** *beim Menschen u. bei verschiedenen Tieren das zentrale Organ, das durch abwechselndes Zusammenziehen u. Ausdehnen den Blutkreislauf in Bewegung hält; Cor;* ein gesundes, kräftiges, nervöses, schwaches ~ haben; das ~ hämmert, klopft, pocht, schlägt • **1.1** mit dem ~en zu tun haben *ein krankes Herz haben, herzkrank sein* • **1.2** jmdn. auf ~ und **Nieren** prüfen ⟨a. fig.⟩ *sehr gründlich prüfen* • **1.3** *Organ des Menschen, das unmittelbar auf Gefühlsregungen reagiert;* mir stand beinahe das ~ still (vor Schreck); ihr ~ schlug höher (vor Erwartung); das ~ schlug ihm bis zum Halse; mein ~ schlug zum Zerspringen; das ~ krampft, schnürt sich einem zusammen, wenn ...; das ~ im Leib will mir zerspringen ⟨poet.⟩ • **1.4** *linke Brustseite, unter der das Herz (1) liegt* • **1.4.1** jmdn. **ans** ~ drücken *jmdn. an die Brust drücken* • **1.4.2** ein **Kind unter** dem ~en tragen ⟨poet.⟩ *schwanger sein* **2** ⟨fig.⟩ *gedachtes Zentrum der Gefühle, Sitz der Seele* • **2.1** ein **reines** ~ haben *ohne Schuld sein* • **2.2** ich muss meinem ~en **Luft** machen *ich muss darüber sprechen, mich aussprechen* • **2.3** sein ~ **ausschütten** *sich aussprechen (über seine Gefühle, über Kummer usw.)* • **2.4** wes das ~ voll ist, des geht der Mund über (nach Matth. 12,34) *wer viel Freude (od. auch Kummer) empfindet, muss es anderen mitteilen* • **2.5** **im tiefsten** ~en *ganz im*

Geheimen • 2.6 alles, was das ~ begehrt *was man sich nur wünscht* • 2.7 ich muss ihm das alles einmal **vom** ~en reden *ich muss mich darüber einmal aussprechen* • 2.8 er hat etwas **auf** dem ~en *er möchte etwas äußern, sagen* • 2.9 das ~ auf der Zunge haben, tragen *seine Gefühle gleich aussprechen* • 2.10 sprechen Sie, wie es Ihnen **ums** ~ ist *sagen Sie offen, was Sie fühlen* • 2.11 das **geht** mir (sehr) **zu** ~ *das geht mir nahe, es bewegt mich stark;* er sprach einige zu ~en gehende Worte • 2.12 sie sind ein ~ und eine **Seele** *sie sind unzertrennlich, verstehen sich sehr gut, vollkommen* • 2.13 es **liegt** mir sehr **am** ~en *mir ist viel daran gelegen, es ist mir sehr wichtig* • 2.14 ich **lege** es Ihnen **ans** ~ *ich bitte Sie dringend, darauf zu achten, daran zu denken o. Ä.* • 2.15 sich jmds. Worte, Vorwürfe usw. **zu** ~en **nehmen** *über jmds. W., V. usw. nachdenken u. sich nach ihnen richten* **3** *Ehrlichkeit, Überzeugung* • 3.1 **Hand aufs** ~! *sei, seien wir ehrlich!* • 3.2 ich habe es **schweren** ~ens getan *sehr kummervoll, obwohl ich es nicht wollte, gegen die innere Überzeugung, widerwillig* • 3.3 seinem ~en einen Stoß geben *sich überwinden, etwas zu tun, nicht länger zögern* **4** *Gefühl,* ~ *sprechen lassen;* →a. *Stein (1.1.1 u. 1.3.3)* • 4.1 ~ *Jesu Sinnbild der Liebe des Gottessohnes* **5** *Liebe, Zuneigung (für);* jmds. ~ erobern; seinem Kind gehört sein ganzes ~; jmdm. sein ~ schenken; dein ist mein ~; sein ~ für etwas od. jmdn. entdecken • 5.1 sie hat ihm sein ~ gestohlen *er hat sich in sie verliebt* • 5.2 jmdn. in sein ~ geschlossen haben *jmdn. liebgewonnen haben* • 5.3 sein ~ an jmdn. hängen *sich in jmdn. verlieben* • 5.4 sein ~ hängt nun einmal daran *er hat es nun einmal so gern, liebt es so* • 5.5 sie stand seinem ~en nahe *sie liebten sich (heimlich)* • 5.6 mit allen Fasern seines ~ens an etwas od. jmdn. hängen *etwas od. jmdn. sehr lieben* • 5.7 jmd. ist jmdm. **ans** ~ **gewachsen** *jmd. hat jmdn. sehr gern, sehr liebgewonnen* **6** *Mitgefühl, Güte;* sie hat ~; kein ~ haben; ein ~ haben für andere • 6.1 jmds. ~ **rühren** *jmds. Mitleid erregen* • 6.2 ein **gutes,** warmes, weiches ~ haben *gut, hilfsbereit, mitleidig sein* • 6.3 das ~ auf dem rechten Fleck haben *sich zwischen Gefühl u. Vernunft richtig entscheiden, sich menschlich entscheiden* • 6.4 ich kann es nicht **übers** ~ bringen, das zu tun *ich kann mich nicht überwinden, bringe es nicht fertig (aus Mitleid)* • 6.5 etwas greift **ans** ~ *erweckt Rührung;* das Lied greift ans ~ **7** *Freude* • 7.1 da lacht einem das ~ im Leibe *da freut man sich, da frohlockt man* • 7.2 das ~ hüpfte ihm vor Freude *er freute sich* • 7.3 jetzt war ihm wieder **leicht ums** ~ *er war erleichtert* **8** *Kummer* • 8.1 sein Undank, sein Tod hat ihr das ~ gebrochen *hat sie seelisch zugrunde gerichtet* • 8.2 an gebrochenem ~en sterben *vor Kummer, Gram sterben* • 8.3 jmdm. das ~ schwer machen *jmdm. Kummer bereiten* • 8.4 das ~ war ihm schwer *er war traurig, bekümmert* • 8.5 der Kummer drückt mir das ~ ab *bedrückt mich sehr* • 8.6 es zerreißt mir das ~, wenn ich sehe, wie … *es tut mir unendlich weh* • 8.7 das ~ blutet einem, wenn man das sieht *es tut einem weh* • 8.8 das gibt mir einen **Stich ins** ~ *das tut mir weh* • 8.9 etwas **dreht** jmdm., einem (ja) das ~ **im Leibe herum** *erweckt ein quälendes Mitgefühl* **9** *Mut;* ich habe nicht das ~, es ihm zu sagen; mir ist bang ums ~ • 9.1 sich ein ~ **fassen** *seinen Mut zusammennehmen* • 9.2 ihm fiel das ~ in die **Hose** *der Mut verließ ihn* • 9.3 sein ~ in beide **Hände** nehmen *seinen Mut zusammennehmen* **10** *Aufrichtigkeit* • 10.1 (**etwas kommt**) **von** ~en *(ist) aufrichtig (gemeint);* ich bedaure es von ~en; von ~en gern; jmdm. von ~en gut sein; ich wünsche es dir von (ganzem) ~en; seine Freude, sein Glückwunsch kommt von ~en; ~! →a. *Mördergrube (2)* **11** *Mensch, zu dem eine starke gefühlsmäßige Bindung besteht;* mein ~! (Kosewort); ein getreues ~e wissen (Anfang eines Liedes von Paul Fleming) • 11.1 er hat schon viele ~en **gebrochen** *er hat schon viele Frauen unglücklich gemacht* **12** *Gegenstand von der Form eines Herzens;* Lebkuchen~; Tränendes ~ ⟨Bot.⟩ **13** *Farbe Rot der deutschen Spielkarte, Coeur;* ~ ist Trumpf **14** *Innerstes, Mittelpunkt;* im ~en Deutschlands • 14.1 ~ des **Salats** *innerstes, zartestes Stück des S.*

herz|al|ler|liebst ⟨Adj. 24/70; veraltet⟩ *ganz lieb, allerliebst, entzückend;* mein ~es Kind

her|zen ⟨V. 500/Vr 8⟩ *jmdn.* od. *ein Tier* ~ *liebkosen, umarmen, streicheln u. küssen*

herz|er|grei|fend ⟨Adj.⟩ *sehr ergreifend, bewegend, rührend;* eine ~e Szene

herz|haft ⟨Adj.⟩ **1** *kräftig, tüchtig, ordentlich;* jmdm. einen ~en Kuss geben; ein ~er Schluck; ~ lachen; ~ zulangen, zugreifen (beim Essen); jmdm. ~ auf die Schulter schlagen; ~ in einen Apfel, ein Brot beißen **2** eine ~e **Speise** *eine S. mit kräftigem Geschmack (die gut den Hunger stillt);* etwas Herzhaftes essen wollen

her|zie|hen ⟨V. 293⟩ **1** ⟨500⟩ etwas ~ *aus der Entfernung zum Sprechenden ziehen, hierher-, heranziehen, herzuziehen* **2** ⟨511⟩ etwas od. jmdn. **hinter sich** ~ *mit sich ziehen, nachziehen* **3** ⟨400(s.)⟩ *eine Wohnung am Ort des Sprechenden beziehen* **4** ⟨800⟩ **über etwas** od. **jmdn.** ~ *(fig.; abwertend) ungünstig, hässlich sprechen, klatschen*

Herz|kam|mer ⟨f.; -, -n; Anat.⟩ *zusammenziehbarer Hohlraum im Herzen*

Herz|klap|pe ⟨f.; -, -n; Anat.⟩ *klappenartige, wie Ventile wirkende Häute am Herzen, die den Blutkreislauf steuern*

herz|lich ⟨Adj.⟩ **1** *innig, liebreich, freundlich, liebevoll, von innigem, freundlichem Gefühl erfüllt;* jmdm. einen ~en Kuss geben; in ~em Einvernehmen leben, stehen (mit jmdm.); für jmdn. ~e Freundschaft, Liebe empfinden; ich grüße dich in ~er Freundschaft, Verbundenheit; zwischen uns besteht ein sehr ~es Verhältnis; jmdm. ~ die Hand drücken; jmdn. ~ umarmen **1.1** ⟨33⟩ jmdm. ~ gut sein *jmdm. sehr wohlwollend gesinnt sein* **2** *von Herzen kommend, aufrichtig;* ~en Dank, ~e Grüße, Wünsche; ~e Grüße an Ihre Frau!; ~e Glückwünsche zum Geburtstag!; mein ~stes Beileid!; ein paar ~e Worte sprechen; ~e Worte des Dankes finden (für); jmdn. auf das ~ste/Herzlichste empfangen **3** ⟨33 od. 50⟩

Herzlichkeit

von ganzem Herzen, sehr; ich habe mich ~ gefreut, sie wiederzusehen; ~ willkommen; er lässt dich ~(st) grüßen; ich möchte Sie ~ bitten, mir zu helfen; das tut mir ~ leid; jmdn. ~ begrüßen, empfangen, willkommen heißen; ~ lachen; ~ gern; ich gratuliere (recht) ~! **4** ⟨50⟩ *ziemlich, sehr;* ich habe es ~ satt; es geht mir ~ schlecht; es war ~ langweilig; ich kann damit ~ wenig anfangen; das ist mir ~ gleichgültig

Herz|lich|keit ⟨f.; -; unz.⟩ *herzliches Wesen, herzliche Beschaffenheit, von Herzen kommende Freundlichkeit;* jmdn. mit großer ~ begrüßen

herz|los ⟨Adj.; fig.; abwertend⟩ *gefühllos, erbarmungslos, grausam;* ein ~er Mensch

Her|zog ⟨m.; -(e)s, -zö|ge⟩ **1** *germanischer Heerführer* **2** *dem König verantwortlicher fränkischer u. langobardischer Beamter mit den Rechten eines Grafen, aber größerem Amtsbereich* **3** *Adliger an der Spitze eines Herzogtums (Rang zwischen König u. Fürst)*

Herz|schlag ⟨m.; -(e)s, -schlä|ge⟩ **1** *Zusammenziehung des Herzens: Systole;* einen Augenblick setzte (vor Schreck) mein ~ aus; der ~ stockte mir vor Schreck • **1.1** einen ~ lang *einen Augenblick lang* **2** ⟨Pathol.⟩ *das schlagartige Aufhören der Herztätigkeit, Herzstillstand, Tod durch Herzlähmung;* er erlitt einen ~

her|zu ⟨Adv.⟩ **1** *her, hierher* **2** *herbei*

herzu... ⟨Vorsilbe; in Zus. mit Verben betont u. trennbar⟩ → *heran..., herbei...*

her|zu|kom|men ⟨V. 170/400(s.); geh.⟩ *heran-, herbeikommen*

herz|zer|rei|ßend ⟨Adj.⟩ *jammervoll, heftiges, tiefstes Mitleid erregend;* es war ein ~er Anblick; das Kind weinte ~

He|tä|re ⟨f.; -, -n⟩ **1** *(im antiken Griechenland) (gebildete, einflussreiche) Freundin eines bedeutenden Mannes* **2** ⟨geh.⟩ *Prostituierte*

he|te|ro|gen ⟨Adj.⟩ **1** *ungleichartig, verschiedenartig, andersartig* **2** *nicht gleichartig zusammengesetzt;* Ggs *homogen* • **2.1** ~e **Systeme** ⟨Chem.⟩ *durch sichtbare Grenzflächen voneinander getrennte Bestandteile eines Gemisches*

he|te|ro|se|xu|ell ⟨Adj. 24⟩ *andersgeschlechtlich, sexuell für das andere Geschlecht empfindend;* Ggs *homosexuell*

He|te|ro|sphä|re ⟨f.; -; unz.⟩ *oberer Teil der Atmosphäre (in ca. 120 km Höhe beginnend)*

Het|ze ⟨f.; -, -n⟩ **1** *Verunglimpfung, Verbreitung von u. Aufreizung zum Hass;* Zeitungs~ **2** ⟨fig.⟩ *große Eile, Hast;* das war eine ~, bis wir glücklich hierhergekommen sind!; ich möchte nicht wieder in einer solchen ~ ins Theater kommen **3** ⟨Jägerspr.⟩ *Jagd mit Hetzhunden, Hetzjagd, Hatz*

het|zen ⟨V.⟩ **1** ⟨500⟩ **Lebewesen** ~ *mit für die Hetze abgerichteten Hunden jagen, treiben;* jmdn. oder ein Wild zu Tode ~; Füchse, Hirsche, Rehe, Wildschweine ~ • **1.1** ⟨413; fig.⟩ eine **Redensart**, ein Beispiel zu Tode ~ *viel zu oft anwenden* • **1.2** ⟨550⟩ den **Hund auf** od. **gegen jmdn.** ~ *zur Verfolgung antreiben;* →a. Hals (5.5), Hund¹ (3.2) **2** ⟨511⟩ **jmdn. an** einen **Ort** ~ *dazu drängen, etwas sofort zu tun, sich so-*

fort an einen Ort zu begeben; sie hetzte ihn zum Briefkasten **3** ⟨400(s.)⟩ *sich sehr beeilen;* wir mussten ~, um den Zug noch zu erreichen **4** ⟨500/Vr 3 od. Vr 4⟩ **sich** ~ *sich sehr beeilen, sich abhetzen, sich durch zu große Hast ermüden;* sie muss sich immer ~ **5** ⟨fig.⟩ • **5.1** ⟨400⟩ *aufreizend reden;* du sollst nicht immer ~! • **5.2** ⟨800⟩ • **5.2.1 zu etwas** ~ *zu etwas aufwiegeln;* zum Krieg ~ • **5.2.2 gegen jmdn.** od. **eine Sache** ~ *andere zum Hass, zur Unzufriedenheit gegen jmdn.* od. *eine S. anstacheln;* gegen die Regierung ~ • **5.2.3 gegen jmdn.** ~ ⟨fig.⟩ *Böses über jmdn. reden, ihn schmähen;* gegen den Chef ~

Heu ⟨n.; -(e)s; unz.⟩ **1** *getrocknetes Wiesengras des ersten Schnittes;* im ~ schlafen • **1.1** ~ machen *Gras zum Trocknen mähen* • **1.2** ~ wenden *ausgebreitetes Heu mit dem Rechen od. einer Maschine umwenden, damit es schneller trocknet* • **1.3** Geld wie ~ haben ⟨fig.; umg.⟩ *sehr viel G. besitzen*

heu|cheln ⟨V.⟩ **1** ⟨400⟩ *sich verstellen;* er heuchelt nur **2** ⟨500⟩ **etwas** ~ *(nicht vorhandene Gefühle od. gute Eigenschaften) vortäuschen;* Liebe, Mitleid, Verständnis ~; sein Zorn war nur geheuchelt

heu|er ⟨Adv.; süddt.; österr.; schweiz.⟩ *in diesem Jahr;* ~ fahren wir an die See

Heu|er ⟨f.; -, -n⟩ **1** *Lohn der Seeleute* **2** *Anstellung eines Seemanns auf einem Schiff*

Heu|ga|bel ⟨f.; -, -n⟩ *dreizinkiges, gabelförmiges Gerät zum Aufheben von Heu, Stroh, Silage u. Ä.*

heu|len ⟨V. 400⟩ **1** *durchdringende u. langgezogene Töne hervorbringen* • **1.1 Hunde** ~ *stoßen laute Töne aus, die sich wie Klagelaute anhören* • **1.2 Sirenen** ~ *pfeifen* **2** ⟨umg.⟩ *weinen, schluchzen;* hör auf zu ~, mit Heulen! • **2.1** es ist **zum** Heulen *es ist sehr traurig, zum Verzweifeln* • **2.2** das ~de **Elend kriegen, haben** *äußerste Verzweiflung* • **2.3** wie das ~de Elend aussehen *verheult, sehr bekümmert, verzweifelt* • **2.4** Heulen und Zähneklappern ⟨fig.⟩ *Ausdruck großer Angst, Furcht;* →a. Wolf (1.2) **3** ⟨400⟩ *der* **Wind** heult **(um, durch etwas)** *weht hörbar;* der Sturm heulte ums Haus, durch die Baumwipfel

heu|rig ⟨Adj. 24/60; süddt.; österr.; schweiz.⟩ *diesjährig;* ~er Wein

Heu|schreck ⟨m.; -(e)s, -e⟩ = *Heuschrecke*

Heu|schre|cke ⟨f.; -, -n; Zool.⟩ *einer Ordnung der Geradflügler angehörendes, meist mittelgroßes Insekt, dessen Hinterbeine mit verdickten Schenkeln als Sprungbeine entwickelt sind: Saltatoria*

heu|te ⟨Adv.⟩ **1** *an diesem Tage;* ~ ist Donnerstag; welches Datum ist, haben wir ~?; ~ ist der 10. Mai; unser täglich Brot gib uns ~ (Bitte des Vaterunsers); was hast du ~ vor?; ich werde es gleich ~ tun; ~ Abend; ~ früh/Früh; ~ Morgen; ~ Nachmittag; die Zeitung von ~; von ~ an; bis ~; ich werde es noch ~ tun; Schluss für ~!; etwas von ~ auf morgen verschieben • **1.1** ~ **vor** acht Tagen *acht Tage, eine Woche vor diesem Tage* • **1.2** ~ **in, (über)** *vier Wochen von diesem Tage an vier Wochen später;* ~ in acht Tagen, über acht Tage • **1.3 von** ~ **auf morgen** ⟨a. fig.⟩ *ganz plötzlich, unerwartet;* es kann sich von ~ auf morgen wieder ändern • **1.4** ~ mir, morgen dir

⟨umg.⟩ *einmal wird der eine, ein andermal der andere von einem (un)glücklichen Zufall betroffen* **2** *in der Gegenwart;* ~ *ist das alles ja ganz anders; das ist noch* ~ *so; ein Mensch von* ~ • **2.1** *das Heute und das Morgen Gegenwart und Zukunft* • **2.2 nicht** ~ **und nicht morgen** *nicht sofort, erst in einiger Zeit; das passiert nicht* ~ *und nicht morgen* • **2.3 lieber** ~ **als morgen** ⟨fig.⟩ *so bald wie möglich, möglichst gleich, am liebsten sofort* • **2.4** *kommst du* ~ *nicht, (dann) kommst du morgen* ⟨a. fig.⟩ *man hat viel Zeit, beeilt sich nicht*

heu|tig ⟨Adj. 24/60⟩ **1** *an diesem Tage, von diesem Tage, heute stattfindend;* die ~e *Zeitung;* der ~e *Tag; unsere* ~e *Zusammenkunft* • **1.1** *am* ~en *Tage heute* • **1.2** *unter dem* ~en *Datum* ⟨Kaufmannsspr.⟩ *heute* • **1.3** *bis auf den* ~en *Tag bis heute* **2** *gegenwärtig; aus* ~er *Sicht; in der* ~en *Zeit* • **2.1 wir Heutigen** *wir Menschen von heute, wir modernen Menschen*

heut|zu|ta|ge ⟨Adv.⟩ *heute, in der Gegenwart, in unserer Zeit*

He|xe ⟨f.; -, -n⟩ **1** ⟨im Märchen⟩ *bösegesinnte, hässliche u. alte Zauberin* • **1.1** ⟨im Volksglauben⟩ *Frau, die über Zauberkräfte u. übernatürliche Heilkräfte verfügt* **2** ⟨14.-18. Jh.⟩ *Frau, die bes. von der kath. Kirche angeklagt wurde, im Bund mit dem Teufel zu stehen u. deshalb verfolgt u. (zum Tode) verurteilt wurde; eine* ~ *auf dem Scheiterhaufen verbrennen;* ~n*verfolgung,* ~n*jagd* **3** ⟨fig.; umg.; abwertend⟩ *böse Frau* • **3.1** *Frau, die sich mittels ihrer Schönheit ihre Mitmenschen gefügig macht*

he|xen ⟨V.⟩ **1** ⟨400⟩ *zaubern* • **1.1** *ich kann doch nicht* ~! ⟨umg.⟩ *lass mir doch etwas Zeit!, so schnell kann ich das nicht!* • **1.2** *es geht wie gehext* ⟨umg.⟩ *sehr schnell* **2** ⟨500⟩ **etwas** ~ *durch Hexerei, auf übernatürliche Weise bewirken, hervorrufen; ein Gewitter, Regen* ~

He|xen|kes|sel ⟨m.; -s, -⟩ **1** *Kessel, in dem eine Hexe Zaubertränke braut* **2** ⟨fig.; umg.⟩ *lärmende Zusammenkunft, tosendes Durcheinander; das Stadion war ein einziger* ~

He|xen|schuss ⟨m.; -es; unz.⟩ *plötzlicher, die Bewegung einschränkender od. aufhebender Schmerz in der Lendengegend: Lumbago*

Hi|bis|kus ⟨m.; -, -bis|ken; Bot.⟩ *als Zimmer- u. Kübelpflanze kultiviertes Ziergewächs, dessen rote, rosa od. gelbe Blüten nur für kurze Zeit blühen: Hibiscus rosasinensis;* Sy *Stundenblume*

Hieb ⟨m.; -(e)s, -e⟩ **1** *Schlag; Peitschen~, Säbel~, Stock~; einen* ~ *abwehren, auffangen, parieren; ein* ~ *mit der Peitsche, Rute, mit dem Säbel, Stock; jmdm. einen* ~ *zurückgeben; der* ~ *hat gesessen* ⟨a. fig.⟩*; jmdm. einen* ~ *versetzen* ⟨a. fig.⟩ **2** ⟨nur Pl.⟩ ~e *Prügel;* ~e *bekommen, beziehen; wenn du nicht folgst, setzt es* ~e • **2.1** *durch einen Hieb (1) entstandene Verletzung; der* ~ *war noch sichtbar* **3** ⟨fig.⟩ • **3.1** *es ist mir auf den ersten* ~ *gelungen beim ersten Mal, sofort* • **3.2 auf** *einen* ~ *fällt kein Baum man muss etwas Geduld haben, man darf sich nicht gleich entmutigen lassen* **4** ⟨fig.⟩ *Stichelei, boshafte Anspielung;* ~e *austeilen; jmdm. einen* ~ *zurückgeben; jmdm. einen* ~ *versetzen; der* ~ *hat gesessen; der* ~ *geht auf dich* **5** *Einschnitt an der Feile; Feilen~*

hieb|fest ⟨Adj.⟩ **1** *unverwundbar* **2** **hieb- und stichfest** ⟨fig.⟩ *unwiderlegbar, stichhaltig; ein hieb- und stichfester Beweis*

hier ⟨Adv.⟩ **1** *an diesem Ort, an dieser Stelle;* Ggs *dort (1.1);* ~ *bin ich!;* ~ *auf Erden;* ~ *in der Nähe;* ~ *draußen, drinnen;* ~ *ist XY (bei Telefongesprächen); du* ~*?;* ~ *ist Goethe geboren;* ~ *kann ich nicht bleiben;* ~ *bin ich und* ~ *bleibe ich; was ist denn* ~ *los?;* ~ *ist es (nicht) schön; ich warte (solange)* ~*;* ~ *in München;* ~ *oben,* ~ *unten; von* ~ *sind es noch zwei Stunden, zwei Meter; bitte, wo ist* ~ *die Post?; es ist nicht weit von* ~*; nur schnell fort von* ~*!;* ~ *entlang;* ~ *ist gut sein,* ~ *lasst uns Hütten bauen (nach Matthäus 17,4);* ~ *stehe ich, ich kann nicht anders (angeblicher Ausspruch Luthers auf dem Reichstag zu Worms);* ~ *bin ich Mensch,* ~ *darf ich' sein (Goethe, „Faust" I, Vor dem Tor)* • **1.1** ~! *(bei Namensaufruf) ich bin da, zur Stelle!* • **1.2** *kommen Sie einmal* **nach** ~? *hierher, in unsere Stadt* • **1.3** *ich bin nicht* **von** ~ *ich bin kein Einheimischer* • **1.4** *du hast* ~ *nichts zu befehlen, zu sagen in diesem Kreise* • **1.5** ⟨örtl.⟩ ~ **und da** *an manchen Orten, Stellen* **2** *(beim Geben od. Zeigen) dieses, da!;* ~*, nimm!; geben Sie mir dieses* ~*;* ~ *ist das Buch; d(ies)er Mann* ~*;* ~ *hast du das Geld* **3** *eine Angelegenheit betreffend;* ~ *muss ich Recht geben* **4** ⟨zeitl.⟩ ~ **und da** *manchmal, gelegentlich, ab und zu* • **4.1** *in diesem Augenblick* **5** *gleichzeitig;* ~ *machte er eine abwehrende Handbewegung* **6** ⟨Getrennt- u. Zusammenschreibung⟩ • **6.1** ~ zu Lande = *hierzulande*

hier|an *auch:* **hie|ran** ⟨Adv.⟩ *an diese(r) Sache, daran;* ~ *knüpfte er die Bemerkung …*

Hi|er|ar|chie *auch:* **Hi|e|rar|chie** ⟨[-ci:] f.; -, -n⟩ *Rangfolge, Stufenfolge; die* ~ *der kath. Kirche*

hier|auf *auch:* **hie|rauf** ⟨Adv.⟩ *sodann, danach, darauf;* ~ *folgte ein Tusch*

hier|aus *auch:* **hie|raus** ⟨Adv.⟩ *aus dieser Tatsache, daraus;* ~ *folgt, dass …*

hier|bei ⟨Adv.⟩ **1** *bei dieser Gelegenheit, gleichzeitig;* ~ *kam zur Sprache …* **2** *was das eben Erwähnte angeht; nicht zu verachten ist* ~ *der Komfort*

hier‖blei|ben ⟨V. 114/400(s.)⟩ *an diesem Ort bleiben, nicht fortgehen; ich möchte noch eine Stunde* ~

hier|durch ⟨Adv.⟩ *auf diese Weise, hiermit;* ~ *teilen wir Ihnen mit …*

hier|für ⟨Adv.⟩ **1** *zu diesem Zweck; dieses Gerät ist* ~ *nicht zu gebrauchen* **2** *was diese Angelegenheit betrifft;* ~ *kann ich kein Verständnis aufbringen* **3** *als Gegenwert; was kannst du* ~ *bezahlen?*

hier|ge|gen ⟨a. ['- - -] Adv.⟩ *dagegen, gegen diese Tatsache, Meinung u. Ä.;* ~ *habe ich nichts einzuwenden, aber die andere Sache gefällt mir nicht;* ~ *kann ich folgende Gründe anführen*

hier|her ⟨a. [-'-] Adv.⟩ *von dort nach hier, an diesen Ort, an diese Stelle (und nicht dorthin);* ~! *(Ruf an den Hund); bis* ~ *und nicht weiter; bis* ~ *ist alles gutgegangen*

hier|her|ge|hö|ren ⟨V. 400⟩ **1** *an diese Stelle, in diesen Zusammenhang gehören* **1.1** *das gehört nicht hierher das ist eine andere Sache* • **1.2 jmd.** *gehört hierher in diese Familie, dieses Land*

hier|her|um *auch:* **hier|he|rum** ⟨Adv.⟩ *nach dieser Seite (herum); der Weg führt ~; es geht ~*

hier|hin ⟨Adv.⟩ *an diese Stelle; ~ und dorthin*

hier|hin|auf *auch:* **hier|hi|nauf** ⟨Adv.⟩ *von hier an jene Stelle hinauf, diesen Weg hinauf*

hier|hin|aus *auch:* **hier|hi|naus** ⟨Adv.⟩ **1** *an jener Stelle, durch diesen Ausgang, dorthinaus; es geht ~, durch dieses Tor* **2** *diesen Weg hinaus, in dieser Richtung hinaus; ~ führt die Straße nach Straßburg*

hier|in *auch:* **hie|rin** ⟨Adv.⟩ *in dieser Sache, Hinsicht; ~ muss ich dir Recht geben*

hier|mit ⟨Adv.⟩ *auf diesem Wege, auf diese Weise, hierdurch; ~ bestätige ich, dass …*

hier|nach ⟨Adv.⟩ *nach dieser Sache, danach, sodann; ~ war er völlig außer Atem*

Hi|e|ro|gly|phe ⟨f.; -, -n⟩ **1** *Zeichen der altägyptischen Bilderschrift* **2** ⟨Pl.; scherzh.⟩ *unleserliche Schrift; ich kann deine ~n nicht entziffern*

hier|über *auch:* **hie|rü|ber** ⟨Adv.⟩ *über diese Angelegenheit; ~ sprechen wir noch*

hier|un|ter *auch:* **hie|run|ter** ⟨Adv.⟩ *darunter, unter diese(r) Rubrik; ~ fallen auch folgende Beispiele*

hier|von ⟨Adv.⟩ **1** *davon, von dieser Sache; ~ nehme man einen Teil weg* **2** *was diese Angelegenheit anbetrifft; ~ verstehe ich nichts, aber über die anderen Dinge weiß ich Bescheid* **3** *dadurch; es war sehr laut dort und ~ bekam ich Kopfschmerzen*

hier|zu ⟨Adv.⟩ **1** *für diesen Zweck, dieses Vorhaben; ~ brauchen wir Mehl und ein paar Eier* **2** *was diese Angelegenheit anbetrifft; ~ möchte ich bemerken, dass …* **3** *zu dieser Sache, Gruppe, Eigenschaft; ~ könnte man auch die Insekten zählen; ~ möchte ich nicht gehören*

hier|zu|lan|de *auch:* **hier zu Lan|de** ⟨Adv.⟩ *in diesem Lande, hier bei uns; ~ ist das nicht, ist das so üblich*

hie|sig ⟨Adj. 24/60⟩ **1** *von hier, aus diesem Ort, Lande (stammend), einheimisch; dies ist ein ~es Gewächs, ein ~er Wein; die ~en Verhältnisse* • **1.1** *er ist kein Hiesiger kein Einheimischer*

hie|ven ⟨V. 500⟩ **1** *etwas* ~ ⟨Seemannsspr.⟩ *nach oben ziehen, hochziehen, heben; den Anker ~* **2** ⟨505⟩ **jmdn. (auf etwas) ~** ⟨umg.⟩ *(mit großem Kräfteaufwand) hochheben, hochbefördern; einen Betrunkenen auf ein Sofa ~*

high ⟨[haɪ] Adj. 24/40; umg.⟩ **1** *~ sein sich in einem Rauschzustand befinden (nach dem Einnahme von Drogen)* • **1.1** ⟨allg.; salopp⟩ *beglückt, begeistert, in Hochstimmung sein; diese Nachricht macht mich ~; ich bin ganz ~*

High|tech ⟨[haɪtɛk] f.; -; unz.; Kurzw. für⟩ *Hochtechnologie, modernste, anspruchsvollste Technik*

Hil|fe ⟨f.; -, -n⟩ **1** *Beistand, Unterstützung; (zu) ~! (Ruf in der Not); mit Gottes ~; darf ich Ihnen meine ~ anbieten?; ich brauche deine ~; der Junge ist mir schon eine große ~; ärztliche ~; gegenseitige ~; das war ~ in der Not; seine ~ verweigern; dein Buch war mir eine gute ~ (bei meiner Arbeit); jmdn. um ~ bitten; bei jmdm. ~ suchen; um ~ rufen, schreien* • **1.1** *mit fremder ~ nicht allein; der Kranke kann jetzt ohne fremde ~ gehen* • **1.2 jmdm. zu ~ eilen, kommen** *jmdm. in der Not raschen Beistand leisten* • **1.2.1 jmds. Gedächtnis zu ~ kommen** *jmds. Gedächtnis nachhelfen* • **1.3 jmdn. zu ~ rufen** *jmdn. um schnellen Beistand bitten* **2 mit ~ / mithilfe von etwas** *unter Verwendung von; mit ~ / mithilfe einer Schnur usw.; mit ~ / mithilfe von Lehrbüchern* **3** *etwas* **zu ~ nehmen** *etwas als Hilfsmittel gebrauchen; einen Stock usw. zu ~ nehmen* **4** *Mitwirkung, Förderung; finanzielle, materielle ~* **5** *jmd., der hilft, Hilfskraft; Haushalts~* **6** *~n geben* ⟨Sp.⟩ *Kommandos des Reiters od. Fahrers an das Pferd* **7** ⟨Getrennt- u. Zusammenschreibung⟩ • **7.1** *~ suchend = hilfesuchend*

Hilfe|stel|lung ⟨f.; -; unz.⟩ **1** *fachgerechte Unterstützung bei Turnübungen an Geräten* **2** ⟨fig.⟩ *Hilfe* • **2.1 jmdm. ~ geben, leisten** *jmdm. (bes. für andere unmerklich) helfen*

hil|fe|su|chend *auch:* **Hil|fe su|chend** ⟨Adj. 24/90⟩ *nach Hilfe suchend, ausschauend; ~ irrte er umher*

hilf|los ⟨Adj.⟩ **1** *ohne Hilfe, sich nicht zu helfen wissend; er lag ~ mit gebrochenem Bein im Wald* • **1.1** *ratlos, unbeholfen; ein ~er Blick; sie sah ihn ~ an; sie zuckte ~ die Achseln* • **1.2** ⟨60⟩ *unselbstständig; er hat drei ~e Kinder, Waisen hinterlassen* • **1.3** *schutzlos; ein ~es Geschöpf*

hilf|reich ⟨Adj.⟩ **1** *(in größerem Umfang) hilfsbereit, gern u. viel helfend, wohltätig; sich jmds. ~ annehmen* • **1.1 jmdm. eine ~e Hand bieten** *helfen, Hilfe anbieten*

hilfs|be|reit ⟨Adj.⟩ *rasch u. gern helfend, Hilfe anbietend; sie ist sehr ~*

Hilfs|kraft ⟨f.; -, -kräf|te⟩ *Person zur Unterstützung, Mithilfe bei einer Arbeit, Assistent(in); weitere Hilfskräfte anfordern, einstellen; wissenschaftliche ~*

Hilfs|mit|tel ⟨n.; -s, -⟩ **1** *zur Erreichung eines Ziels dienliches Mittel* • **1.1** *Werkzeug, Gerät* • **1.2** *Geld zur Unterstützung, Zuschuss* • **1.3** *Einrichtung zur Arbeitserleichterung*

Him|bee|re ⟨f.; -, -n; Bot.⟩ **1** *zu den Rosengewächsen gehörender Halbstrauch mit stacheligen Zweigen, hellgrün gefiederten Blättern u. weißen Blüten, aus denen rote Beeren hervorgehen: Rubus idaeus* **2** *Frucht der Himbeere (1)*

Him|mel ⟨m.; -s, -⟩ **1** *das scheinbare Gewölbe mit Himmelskörpern, das sich über der Erde erhebt, Himmelsgewölbe, Firmament; bewölkter, heiterer, klarer, strahlend blauer, wolkenloser ~; nördlichem, südlichem ~; der Vogel, das Flugzeug stieg zum ~ empor; der ~ bewölkt, bezieht sich; die Nachricht kam wie ein Blitz aus heiterem ~* • **1.1 unter freiem ~ nächtigen** *im Freien, ohne Dach über dem Kopf* • **1.2** *der ~ öffnete seine Schleusen es begann heftig zu regnen* • **1.3 zwischen ~ und Erde schweben, hängen** *in der Luft, an einem unsicheren Halt* • **1.4 wie vom ~ gefallen** *ganz plötzlich, auf einmal* **2** *in vielen Religionen gedachter Sitz (od. Sitze) der*

hinauf...

Gottheit(en), der sich über der Erde befinden soll, auch Aufenthaltsort für die Seligen und die Verstorbenen, Paradies, Jenseits; am Anfang schuf Gott ~ und Erde (die ersten Worte der Bibel); der ~ sei mein Zeuge, dass ich die Wahrheit sage; sich wie im ~ fühlen; Dein Wille geschehe wie im ~ also auch auf Erden (Bitte des Vaterunsers) • **2.1** den ~ **auf Erden** haben *vollkommen glücklich sein, sehr gut u. ohne Sorgen leben* • **2.2** Opa ist nun im ~ *ist gestorben* • **2.3 in** den ~ **kommen** *die ewige Seligkeit erlangen* • **2.4** jmdn. od. etwas **in** den ~ **heben** ⟨fig.; umg.⟩ *jmds. Vorzüge preisen, etwas überschwänglich loben* • **2.5** jmdm. hängt der ~ voller Geigen *jmd. ist sehr glücklich u. dadurch etwas übermütig, er schaut freudig, zuversichtlich, optimistisch in die Zukunft* • **2.6** ~ und **Hölle** in Bewegung setzen ⟨fig.⟩ *alles nur Erdenkliche versuchen* • **2.7** ~ und Hölle *Kinderspiel, bei dem auf einem Bein durch eine aufgezeichnete Figur aus Vierecken u. einem Halbkreis gehüpft werden muss* **3** ⟨fig.⟩ *Wille der Gottheit, Vorsehung, Schicksal;* es war eine Fügung des ~s; der ~ bewahre mich davor; das möge der ~ verhüten • **3.1** gebe es der ~! *möge es so werden, so kommen!* **4** *in einem Raum über einem Bett od. einem Thron angebrachtes Dach aus Stoff o. a. Material;* Bett~, Thron~ **5** *Ausruf des Erstaunens, Erschreckens, der Beteuerung, auch Fluch;* ~, ich habe meinen Ausweis vergessen!; ~ und Hölle! (Fluch) • **5.1** um (des) ~s willen! ⟨umg.⟩ *(Ausruf des Erschreckens)* • **5.2** Gott im ~! ⟨umg.⟩ *(Ausruf des Erstaunens, des Schreckens)* • **5.3** du lieber ~! ⟨umg.⟩ *(Ausruf des Erstaunens, des Schreckens)* • **5.4** dem ~ sei Dank! *(Ausruf der Erleichterung)* • **5.5** gerechter ~! *(Ausruf des Erstaunens, der Empörung)* • **5.6** (das) weiß der (liebe) ~! ⟨umg.⟩ *ich habe keine Ahnung*

Him|mel|fahrt ⟨f.; -; unz.⟩ **1 Christi** ~ ⟨nach bibl. Überlieferung⟩ *die Auffahrt Christi gen Himmel* • **1.1** Festtag am 40. Tag nach Ostern **2 Mariä** ~ ⟨nach kath. Glauben⟩ *Auffahrt Mariä gen Himmel* • **2.1** Festtag am 15. August

him|mel|schrei|end ⟨Adj. 70⟩ *empörend, unerhört;* ein ~es Elend; eine ~e Ungerechtigkeit

Him|mels|kör|per ⟨m.; -s, -; Astron.⟩ *Körper, der von der Erde am Himmel zu beobachten ist;* Sy ⟨geh.⟩ Gestirn

Him|mels|rich|tung ⟨f.; -, -en⟩ *Teil des Horizontes (Osten, Süden, Westen, Norden)*

himm|lisch ⟨Adj.⟩ **1** ⟨60⟩ *vom Himmel kommend, stammend;* der Wind, der Wind, das ~e Kind • **1.1** das ~e Licht ⟨poet.⟩ *das L. der Sonne* **2** ⟨60⟩ *zum Himmel gehörig, göttlich* • **2.1** die Himmlischen *die Götter,* Engel • **2.2** die ~en **Heerscharen** *die Engel* • **2.3** das ~e **Reich** *das Reich Gottes* • **2.4** unser ~er **Vater** Gott **3** ⟨fig.⟩ *wunderbar, köstlich, herrlich;* es war (einfach) ~!; eine ~e Musik **4** ⟨fig.; umg.⟩ *sehr groß;* eine ~e Geduld haben

hin ⟨Adv.⟩ *in Richtung zu etwas od. jmdm.* **1** ~ **nach einem Ort od. zu jmdm.** *einen O. od. jmdn. als Ziel nehmend, habend;* Ggs her; →a. her (6); bis zu den Bergen ~; weit in die Ferne ~; nach Süden ~; wir sind ~ und zurück gelaufen; wo willst du ~? (ergr.:

gehen); Fahrt ~ und zurück • **1.1 an** etwas ~ *entlang;* der Weg läuft am Fluss, Wald ~ **2** ⟨zeitl.⟩ eine **Weile** ~ ⟨verstärkend⟩ *noch eine W.;* es ist noch eine Weile ~; ein paar Monate ~, und niemand denkt mehr daran; es ist noch lange ~ • **2.1** ~ und **wieder** *ab und zu, manchmal* **3 vor sich** ~ sprechen *so, dass es niemand hören soll;* leise vor sich ~ lachen, reden, weinen **4 auf etwas** ~ • **4.1** *selbst wenn;* auf die Gefahr ~, alles zu verlieren • **4.2** *aufgrund;* ich habe es auf seinen Rat ~ getan **5** ~ **und her** *in eine Richtung und anschließend in die entgegengesetzte Richtung;* ~ und her (laufen, gehen); einen Gegenstand, sich ~ und her bewegen • **5.1** das Hin und Her *mit Unruhe verbundenes Kommen und Gehen* • **5.2** ~ und her (reden) *dafür u. dagegen (ohne Einigung der Meinungen);* (etwas) ~ und her überlegen; ~ und her raten • **5.2.1** das hättest du als Sohn nicht tun dürfen! Sohn ~, Sohn her, ich konnte mich einfach nicht mehr beherrschen! ⟨fig.; umg.⟩ *wenn ich auch sein Sohn bin* • **5.3** etwas ist ~ **wie her** *das kommt auf dasselbe heraus, ist gleich, bleibt sich gleich* **6** ~ **sein** • **6.1 etwas** ist ~ *verloren, kaputt;* das Auto ist ~ • **6.1.1** ~ ist ~ *was verloren od. entzwei ist, ist nicht mehr zu ersetzen* • **6.2 tot sein** • **6.2.1 ganz** ~ *sein völlig erschöpft sein* • **6.3** *hingerissen, begeistert sein;* er ist ganz ~ von der Musik • **6.3.1 von jmdm.** ~ sein *sehr verliebt sein*

hin... ⟨Vorsilbe⟩ **1** ⟨in Zus. mit Verben betont u. trennbar⟩ **1.1** *zu einem Ort, vom Sprecher weg auf ein Ziel zukommend;* sich hinbegeben, hinfahren; er kommt dort niemals hin • **1.2** *sich andauernd in unbestimmter Richtung bewegend;* hinfließen; hintreiben; hinfliegend wie ein Vogel • **1.3** *sich in eine bestimmte Position begebend;* (sich) hinstrecken, hinpflanzen; er legte sich gleich hin • **1.4** *eintönig andauernd;* hinsterben, hinvegetieren • **1.5** *ohne Gefühlsregung zu Tode bringend;* hinmorden; er wurde hingemetzelt • **1.6** *ohne Überlegung hervorbringend;* hinschmieren; er hatte nur so hingeredet **2** ⟨stets unbetont u. nicht trennbar⟩ • **2.1** *die Richtung vom Sprecher weg bezeichnend;* hinab; hinauf; hinaus • **2.2** *während der Zeit;* hinfort

hin|ab *auch:* **hi|nab** ⟨Adv.⟩ *von (hier) oben nach (dort) unten, hinunter*

hin|ab|ge|hen *auch:* **hi|nab|ge|hen** ⟨V. 145/400(s.)⟩ *von (hier) oben nach (dort) unten gehen, hinuntergehen*

hin|an *auch:* **hi|nan** ⟨Adv.; poet.⟩ *hinauf*

hin|ar|bei|ten ⟨V. 800⟩ **auf etwas** ~ *auf ein Ziel zuarbeiten, durch Arbeit etwas anstreben*

◆ Die Buchstabenfolge **hin|auf...** kann auch **hinauf...** getrennt werden.

◆**hin|auf** ⟨Adv.⟩ *von (hier) unten nach (dort) oben;* ~ und hinunter

◆**hin|auf...** ⟨Vorsilbe; in Zus. mit Verben trennbar⟩ *sich (vom Sprecher weg) zu einem höher gelegenen Ort bewegend;* hinaufgehen; hinaufeilen; hinaufblicken; er kommt nicht hinauf

491

hinaufarbeiten

- **hin|auf|ar|bei|ten** ⟨V. 500/Vr 3⟩ sich ~ *durch Fleiß u. Tüchtigkeit eine höhere Stellung erringen;* er hat sich schnell zum Abteilungsleiter hinaufgearbeitet
- **hin|auf|set|zen** ⟨V. 500⟩ **1** jmdn. od. etwas ~ *höher setzen, nach oben setzen* • 1.1 eine Ware **im Preis** ~ *den P. erhöhen*
- **hin|auf|trei|ben** ⟨V. 267/500⟩ **1** Vieh ~ *von (hier) unten nach (dort) oben treiben;* Kühe (auf die Alm) ~ **2** etwas ~ ⟨fig.⟩ *steigern, Erhöhung veranlassen von etwas;* er trieb mit seinen Angeboten den Preis des Teppichs sprunghaft hinauf

- Die Buchstabenfolge **hin|aus…** kann auch **hi-naus…** getrennt werden.

- **hin|aus** ⟨Adv.⟩ **1** *von (hier) innen nach (dort) draußen* • 1.1 ⟨räuml.⟩ **über** etwas ~ *etwas überschreitend, weiter als etwas* • 1.2 ~ (mit Ihnen)! *verlassen Sie sofort den Raum!* **2** *auf*, *über* Jahre ~ *länger dauernd als mehrere J.;* wir sind auf Wochen ~ ausverkauft **3** über etwas ~ sein • 3.1 *einen bestimmten Zeitpunkt, Zeitraum überschritten haben* • 3.1.1 über die sechzig ~ sein *älter als sechzig Jahre sein* • 3.2 *eine Entwicklungsstufe hinter sich gelassen haben* • 3.2.1 über solche Kindereien bin ich hinaus *solche K. interessieren mich nicht mehr*
- **hin|aus…** ⟨Vorsilbe; in Zus. mit Verben trennbar⟩ **1** *von (hier) innen nach (dort) draußen;* hinauswerfen; hinaussehen; er fand nicht heraus **2** *in die Ferne dringend;* er lief weit hinaus **3** *einen gewissen Zeitraum überschreitend;* er konnte die Entscheidung nicht mehr hinauszögern
- **hin|aus|ge|hen** ⟨V. 145(s.)⟩ **1** ⟨400⟩ *von (hier) drinnen nach (dort) draußen gehen, ein Zimmer, ein Gebäude u. Ä. verlassen;* geh hinaus! • 1.1 **aus** einem **Raum** ~ *den R. verlassen* **2** ⟨411⟩ eine **Wohnung,** ein Fenster, ein Zimmer geht **nach, auf** etwas hinaus *ist in Richtung auf etwas gelegen;* unsere Wohnung geht auf den Hof hinaus • 2.1 alle Fenster gehen nach Süden hinaus ⟨umg.⟩ *liegen an der Südseite des Hauses* **3** ⟨400; umg.⟩ *den Weg nach draußen öffnen;* diese Tür geht in den Garten hinaus **4** ⟨800⟩ • 4.1 eine **Menge,** Anzahl geht über etwas hinaus *ist größer als erwartet;* seine Forderung geht weit über das hinaus, was wir uns hätten geben können ~ **5** jmds. **Fähigkeiten** gehen über die anderer Personen hinaus *sind größer als die F. der anderen*
- **hin|aus|kom|men** ⟨V. 170(s.)⟩ **1** ⟨400⟩ *von (hier) drinnen nach (dort) draußen kommen;* Sie brauchen nicht mit hinauszukommen, ich finde den Weg allein **2** ⟨400⟩ = *herauskommen (2)* • 2.1 ich bin heute den ganzen Tag nicht hinausgekommen *nicht an die Luft gekommen, ich habe das Haus nicht verlassen* **3** ⟨805⟩ = *herauskommen (8.1);* das kommt auf dasselbe hinaus
- **hin|aus|lau|fen** ⟨V. 176(s.)⟩ **1** ⟨400⟩ *von (hier) drinnen nach (dort) draußen laufen, hinauseilen;* die Kinder liefen zum Spielen hinaus; sie lief noch einmal hinaus, um das Vergessene zu holen; in den Garten ~ **2** ⟨800⟩ **etwas läuft auf etwas hinaus** • 2.1 *führt*

zu einem Punkt hin, endet mit; *das Ganze wird darauf ~, dass wir das Essen selbst bezahlen müssen* • 2.2 ein **Plan** läuft **auf etwas** hinaus *strebt ein Ziel an, bezweckt etwas;* der Plan läuft darauf hinaus, Obdachlosen ein Heim zu geben
- **hin|aus|schie|ben** ⟨V. 214/500⟩ **1** jmdn. od. etwas ~ *von (hier) drinnen nach (dort) draußen schieben;* einen Balken zum Fenster ~ **2** eine **Sache** ~ ⟨fig.⟩ *auf später verschieben;* Termine, Vorhaben ~; seinen Urlaub um eine Woche ~
- **hin|aus|sein** ⟨alte Schreibung für⟩ *hinaus sein*
- **hin|aus|wach|sen** ⟨[-ks-] V. 277/800(s.)⟩ **über** jmdn. od. etwas ~ **1** *größer, höher werden als jmd. od. etwas;* der Junge ist über seine Schwester hinausgewachsen; die Bäume wachsen über das Dach hinaus **2** ⟨fig.⟩ jmdm. od. einer Sache *überlegen werden, jmdn. od. etwas übertreffen;* über diese Spiele ist er längst hinausgewachsen • 2.1 **über sich** (**selbst**) ~ *sich in ungewöhnlichem Maße steigern, sich selbst übertreffen*
- **hin|aus|wer|fen** ⟨V. 286/500⟩ **1** jmdn. ~ *jmdn. des Hauses verweisen, zum Gehen zwingen* • 1.1 jmdn. *entlassen, jmdm. kündigen;* der Chef hat ihn hinausgeworfen • 1.2 jmdn. *zum Wohnungswechsel zwingen* **2** etwas ~ *von (hier) drinnen nach (dort) draußen werfen;* er hat vor Wut einen Blumentopf hinausgeworfen
- **hin|aus|wol|len** ⟨V. 290; umg.⟩ **1** ⟨400⟩ *hinausgehen wollen;* ich will hinaus **2** ⟨413⟩ **hoch** ~ *eine glänzende Karriere machen wollen, eine hohe Stellung anstreben, ein hohes Ziel verfolgen* **3** ⟨800⟩ **auf etwas** ~ *etwas meinen, beabsichtigen;* ich weiß, worauf du hinauswillst
- **hin|aus|zie|hen** ⟨V. 293⟩ **1** ⟨500⟩ **jmdn.** od. **etwas** ~ *von (hier) drinnen nach (dort) draußen ziehen;* sie zog ihn mit sich hinaus **2** ⟨500⟩ **etwas** ~ ⟨fig.⟩ *in die Länge ziehen, zeitlich verlängern;* seinen Urlaub noch etwas ~ • 2.1 ⟨Vr 3⟩ **etwas** zieht **sich** hinaus *zieht sich in die Länge* **3** ⟨500⟩ **etwas** ~ *verzögern, hinausschieben;* einen Termin ~ • 3.1 ⟨Vr 3⟩ **etwas** zieht **sich** hinaus *verzögert sich* **4** ⟨400(s.)⟩ *hinausgehen, -wandern, -marschieren;* in die Wälder ~ **5** ⟨400⟩ (**aufs Land**) ~ *eine Wohnung auf dem L. nehmen;* vor die Stadt ~
- **Hin|blick** ⟨m.; nur in der Wendung⟩ **im** ~ **auf,** ⟨selten⟩ **in** ~ **auf** *unter Berücksichtigung des, der, von …, unter dem Gesichtspunkt des, der … betrachtet;* im ~ auf seinen Gesundheitszustand
- **hin|brin|gen** ⟨V. 118/500⟩ **1** jmdn. od. etwas ~ *hinbegleiten, an einen bestimmten Ort bringen, tragen, hinschaffen;* würdest du mich mit dem Auto ~? **2** etwas ~ ⟨umg.⟩ *fertig bringen;* ich weiß noch nicht, ob ich das hinbringe **3** eine **Zeit** ~ *verbringen;* seine freie Zeit mit Schlafen ~ • 3.1 ⟨513⟩ die **Zeit** mit Lesen ~ *sich die Zeit mit Lesen vertreiben* • 3.2 sein Leben kümmerlich ~ *fristen*
- **hin|der|lich** ⟨Adj.⟩ *störend, hemmend, behindernd;* es ist ~, wenn du auf dem Fußboden sitzt, während ich fegen möchte
- **hin|dern** ⟨V. 505/Vr 7 od. Vr 8⟩ jmdn. od. etwas an et-

was ~ bei etwas stören, hemmen, behindern, es ihm unmöglich machen; jmdn. am Sehen, Schreiben ~

Hin|der|nis ⟨n.; -ses, -se⟩ **1** *Sperre;* Draht~; ein ~ beseitigen • **1.1** ⟨Sp.⟩ *Hürde* **2** ⟨fig.⟩ *Behinderung, Hemmung, Störung, Schwierigkeit;* alle ~se überwinden; ein unüberwindliches ~; auf ein (unvermutetes) ~ stoßen; eine (gegensätzliche) Meinung ist für mich, meinen Plan kein ~; jmdm. ~se in den Weg legen; es war eine Fahrt mit ~sen; sich über alle ~se hinwegsetzen

hin|deu|ten ⟨V. 411⟩ **1** *auf etwas* od. *jmdn.* od. *in eine bestimmte Richtung* ~ *zeigen, hinweisen* **2** *etwas* deutet **auf jmdn.** od. *etwas* hin ⟨fig.⟩ *kündigt jmdn. od. etwas an, spricht für jmdn. od. etwas;* diese Anzeichen deuten schon auf die kommende Entwicklung hin; alle Spuren deuten darauf hin, dass …

Hin|du|is|mus ⟨m.; -; unz.⟩ *indische Religionsform*

hin|durch ⟨Adv.⟩ **1 durch** einen **Raum** ~ *völlig, quer, mitten durch;* durch den Wald ~ **2** eine **Zeit** ~ *einen Zeitraum völlig in Anspruch nehmend;* Jahre ~; den ganzen Tag ~

hin|durch|zwän|gen ⟨V. 500⟩ **1 etwas** (**durch etwas**) ~ *mit Mühe durch etwas zwängen;* er versuchte, seinen Arm durch den engen Spalt hindurchzuzwängen **2** ⟨Vr 3⟩ **sich** (**durch etwas**) ~ *mit Mühe* (*durch etwas*) *durchschlüpfen, -kriechen*

◆ Die Buchstabenfolge **hin|ein…** kann auch **hi|nein…** getrennt werden.

◆ **hin|ein** ⟨Adv.⟩ **1** *von (hier) draußen nach (dort) drinnen, ins Innere;* →a. *herein* (1); mitten ~ • **1.1** in … ~ ⟨a. fig.; verstärkend⟩ *weit in … eindringend;* er erschrak bis ins Mark ~; ich will bis in alle Einzelheiten ~ Bescheid wissen • **1.2 ins Blaue** ~ ⟨umg.⟩ *ohne Plan u. bestimmte Absicht;* ins Blaue ~ fahren, reden, träumen **2** in … ~ ⟨zeitl.; verstärkend⟩ *lange in … reichend, dauernd;* bis in die Nacht, den Tag ~; bis in unsere Tage ~

◆ **hin|ein…** ⟨Vorsilbe; in Zus. mit Verben trennbar⟩ **1** *von (hier) draußen nach (dort) drinnen, ins Innere kommend;* (sich) hineinbegeben; in einen Apfel hineinbeißen; er ging hinein **2** *von (hier) draußen nach (dort) drinnen, ins Innere bringend;* jmdn. ins Wasser hineinstoßen; in das Heft hineinschreiben

◆ **hin|ein|den|ken** ⟨V. 119/550/Vr 3⟩ **sich in jmdn.** od. **etwas** ~ *sich an jmds. Stelle versetzen, jmdm. etwas nachfühlen, sich in etwas denken;* ich kann mich jetzt in ihn, in seine Lage ~; das liegt schon so lange zurück, ich muss mich erst wieder ~

◆ **hin|ein|ge|ra|ten** ⟨V. 195(s.)⟩ **1** ⟨411⟩ *ohne es zu wollen, irgendwohin gelangen;* er versuchte, aus dem Sumpf herauszukommen, aber er geriet nur immer tiefer hinein **2** ⟨800; fig.⟩ *unfreiwillig in eine (unangenehme) Lage geraten;* ich weiß selbst nicht, wie ich hier ~ bin

◆ **hin|ein|le|gen** ⟨V. 500⟩ **1** *jmdn.* od. *etwas* ~ *von (hier) draußen nach (dort) drinnen legen;* wenn du dir etwas aus dem Fach nimmst, dann leg es auch bitte wieder hinein **2 jmdn.** ~ ⟨fig.⟩ = *hereinlegen* (2)

◆ **hin|ein|leuch|ten** ⟨V.⟩ **1** ⟨400⟩ *von (hier) draußen nach (dort) drinnen leuchten;* in eine Höhle, einen Raum ~ **2** ⟨800⟩ **in etwas** ~ ⟨fig.⟩ *Licht, Klarheit (in etwas) hineinbringen, etwas aufklären;* in eine dunkle Angelegenheit ~

◆ **hin|ein|re|den** ⟨V.⟩ **1** ⟨400⟩ *unbefugt dazwischenreden, sich ins Gespräch mischen;* redet nicht hinein, wenn wir uns unterhalten **2** ⟨600⟩ **jmdm.** ~ ⟨fig.⟩ *sich in jmds. Angelegenheiten einmischen;* ich lasse mir (in meine Angelegenheiten, Pläne) nicht ~ **3** ⟨800⟩ **in jmdn.** ~ *auf jmdn. einreden, jmdn. heftig zureden, jmdn. zu beeinflussen suchen;* er redete in sie hinein, aber sie gab nicht nach **4** ⟨550/Vr 3⟩ **sich in etwas** ~ *reden u. dabei immer erregter werden;* sich in Wut ~

◆ **hin|ein|stei|gern** ⟨V. 550/Vr 3⟩ **sich in etwas** ~ *einen Gedanken* od. *ein Gefühl so übertreiben* od. *übertrieben ernst nehmen, dass man nicht mehr davon loskommt;* sie hat sich in den Gedanken, aus dem Kind etwas Großes zu machen, so hineingesteigert, dass …; du darfst dich in deinen Schmerz, deine Reue, deinen Zorn nicht so ~

◆ **hin|ein|stür|zen** ⟨V.⟩ **1** ⟨400(s.)⟩ *von (hier) draußen nach (dort) drinnen stürzen;* er sah die Grube nicht und stürzte kopfüber hinein • **1.1** ⟨500⟩ **jmdn.** (in etwas) ~ *jmdn. so stoßen, dass er (in etwas) hineinfällt;* er wollte ihn in den Schacht ~ • **1.2** ⟨500/Vr 3⟩ **sich** (in etwas) ~ *(in etwas) hineinspringen;* er lief zum See und stürzte sich kopfüber hinein **2** ⟨400(s.); fig.⟩ *überstürzt hineinlaufen, -eilen;* als aus dem Zimmer Geschrei ertönte, stürzte die Mutter sofort hinein **3** ⟨550/Vr 3⟩ **sich** (in etwas) ~ *sich mit Eifer, Begeisterung in etwas begeben (um teilzunehmen);* er schaute sich das Faschingstreiben eine Weile an, dann stürzte er sich mit hinein

◆ **hin|ein|ver|set|zen** ⟨V. 550/Vr 3⟩ **sich in jmdn.** od. **etwas** ~ *sich in jmdn.* od. *etwas hineindenken, sich gedanklich in jmds. Lage* od. *in eine bestimmte Situation versetzen*

◆ **hin|ein|wach|sen** ⟨[-ks-] V. 277(s.)⟩ **1** ⟨400⟩ *durch Wachsen allmählich in etwas hineinpassen;* die Hosen sind ihm jetzt noch zu groß, er muss erst ~ **2** ⟨411⟩ **in eine Sache** ~ *allmählich mit einer S. vertraut werden, sie liebgewinnen;* er hat seinen Beruf, seine neue Tätigkeit zuerst nicht gemocht, ist aber mit der Zeit (gut) hineingewachsen

◆ **hin|ein|zie|hen** ⟨V. 293⟩ **1** ⟨500⟩ **jmdn.** od. **etwas** ~ *von (hier) draußen nach (dort) drinnen ziehen;* sie zog ihn mit sich (ins Haus, Zimmer) hinein **2** ⟨500⟩ **jmdn.** (**in etwas**) ~ ⟨fig.; umg.⟩ *jmdn. mit in eine Angelegenheit verwickeln, ihn zwingen, sich mit einer A. zu befassen;* ich möchte mich keinesfalls in die Sache ~ lassen **3** ⟨400(s.)⟩ *nach dort drinnen mit einer Wagenkolonne o. Ä. feierlich einziehen;* der Zirkus zog in die Stadt hinein **4** ⟨400⟩ *Wohnung nehmen;* in dieses Haus will ich nicht ~ • **4.1 in die Stadt** ~ *vom Land in die Stadt umziehen*

hin|fah|ren ⟨V. 130⟩ **1** ⟨400(s.)⟩ *an einen bestimmten Ort, zu einem Ziel fahren;* wir wollen mit dem Auto, Zug ~; ich bin sofort zu ihm hingefahren **2** ⟨500⟩

jmdn. od. **etwas** ~ *mit einem Fahrzeug hinbringen; kannst du mich nicht ~?* **3** ⟨800⟩ **über etwas** ~ *(mit der Hand) über etwas streichen, wischen; zärtlich fuhr sie ihm über das Haar hin* **4** ⟨400(s.)⟩ *fig.; veraltet*⟩ *sterben*

Hin|fahrt ⟨f.; -; unz.⟩ *Fahrt an einen bestimmten Ort, an ein bestimmtes Ziel, Hinreise;* Hin- und Rückfahrt

hin‖fal|len ⟨V. 131/400(s.)⟩ *zu Boden fallen, stürzen;* der Länge nach ~

hin|fäl|lig ⟨Adj. 70⟩ **1** *gebrechlich, altersschwach, kraftlos;* ein ~er alter Mann; er ist seit seiner Krankheit sehr ~ geworden **2** *gegenstandslos, ungültig;* unsere Verabredung ist durch dein Benehmen, deinen Brief ~ geworden

hin|fort ⟨Adv.⟩ *von nun an, in Zukunft, fortan*

Hin|ga|be ⟨f.; -; unz.⟩ **1** *Opferfreudigkeit, Opferbereitschaft, Selbstaufopferung;* einen Kranken mit ~ pflegen ● **1.1** mit ~ Klavier spielen, üben ⟨scherzh.⟩ *ausdauernd u. gefühlvoll*

hin‖ge|ben ⟨V. 143/500⟩ **1** ⟨503⟩ **(jmdm.) etwas** ~ *reichen, übergeben;* er gibt ihm die Tüte hin **2** *etwas* ~ *weggeben, verschenken, opfern;* er gibt sein letztes Geld für andere hin **3** ⟨530/Vr 3⟩ **sich** ~ **einer Sache** ~ *sich für eine Sache aufopfern, sich ihr ausschließlich widmen, nur mit ihr beschäftigt sein;* sich einem Genuss (ganz) ~ ● **3.1** sich einer Hoffnung ~ *fest auf etwas hoffen* ● **3.2** darüber gebe ich mich keinen Illusionen hin *darüber mache ich mir keine I.* ● **3.3** gib dich darüber keiner Täuschung hin *täusche dich darüber nicht* **4** ⟨530/Vr 3⟩ sich einem **Mann** ~ ⟨geh.⟩ *intime Beziehungen mit einem M. haben* **5** ⟨Part. Präs.⟩ ~d *aufopfernd, selbstlos;* ~d für jmdn. sorgen; jmdn. mit ~der Liebe pflegen

hin|ge|gen ⟨Konj.⟩ *dagegen, allerdings, jedoch;* er ist wirklich sehr sparsam, seine Schwester ~ gibt gern Geld aus

hin‖ge|hen ⟨V. 145/400(s.)⟩ **1** ⟨400⟩ *an einen bestimmten Ort, an ein Ziel gehen;* ich habe gar keine Lust hinzugehen; lässt du die Kinder allein ~?; wo gehst du hin?; wo du hingehst, da will ich auch ~ (Buch Ruth, 1,16); gehet hin und lehret alle Völker (Matth. 28,19) ● **1.1** wo geht es hier hin? *wohin führt dieser Weg?* **2** ⟨400⟩ **zu jmdn.** ~ *jmdn. besuchen, jmdn. aufsuchen;* wir wollen zu ihm ~ **3** ⟨411⟩ der **Blick** geht **über etwas** ⟨geh.⟩ *gleitet über etwas;* sein Blick ging über die Felder hin **4** die **Zeit** geht hin *vergeht, verstreicht;* das Jahr ging hin, ohne dass etwas geschah **5** (jmdn.) **etwas** ~ **lassen** ⟨fig.; veraltet⟩ *etwas unbeachtet lassen, etwas dulden, absichtlich übersehen, durchgehen lassen;* ich will es noch einmal ~ lassen ● **5.1** diesmal mag es ~ *diesmal will ich nichts dazu sagen (aber es darf nicht wieder vorkommen!)* ● **5.2** **etwas geht hin** ⟨umg.; regional⟩ *ist an der Grenze des Tragbaren*

hin‖hal|ten ⟨V. 160/500⟩ **1** ⟨503⟩ **(jmdm.) etwas** ~ *etwas entgegenstrecken, -halten, anbieten, so halten, dass jmd. es nehmen kann;* jmdm. die Hand ~; jmdm. eine Schachtel Konfekt ~; nimm es doch, ich halte es dir doch die ganze Zeit hin!; einem Tier ein Stück Zucker ~; →a. *Kopf (2.4)* **2** **jmdn.** ~ *jmdn. absichtlich mehrmals vertrösten, warten lassen;* sie haben ihn wochenlang, immer wieder hingehalten; jmdn. mit Versprechungen ~

hin‖hän|gen ⟨V. 161/500⟩ **etwas** ~ *an eine bestimmte Stelle hängen;* du kannst deinen Mantel hier ~

hin‖hau|en ⟨V.; schwach konjugiert⟩ **1** ⟨411⟩ *auf eine bestimmte Stelle hauen, schlagen;* wo du hinhaust, wächst kein Gras mehr ⟨umg.; scherzh.⟩ **2** ⟨500⟩ **etwas** ~ ⟨umg.⟩ *etwas von sich, an einen bestimmten Ort werfen* ● **2.1** ⟨fig.⟩ *etwas aufgeben;* seine Arbeit ~ **3** ⟨500; umg.⟩ *zu Boden werfen* ● **3.1 etwas** ~ *niederwerfen, zu Boden werfen;* hau den Teller nicht hin! ● **3.2 jmdn.** ~ *niederwerfen;* beim Ringen den Gegner ~ ● **3.3** das haut einen hin! ⟨fig.; umg.⟩ *(Ausruf der Verblüffung, des Erstaunens, der Entrüstung)* **4** ⟨500⟩ **etwas** ~ ⟨umg.⟩ *schnell und flüchtig zu Papier bringen;* er hat dieses Referat in letzter Minute hingehauen **5** ⟨400(s.)⟩ *hinfallen, stürzen;* der Länge nach ~ **6** ⟨Imperativ; fig.; umg.⟩ *sich beeilen, schnell machen;* hau hin! **7** ⟨510/Vr 3⟩ **sich** ~ ⟨umg.⟩ *sich zum Schlafen, Ausruhen hinlegen, sich langlegen;* sich aufs Bett ~ **8** ⟨400⟩ das haut hin ⟨umg.⟩ ● **8.1** *das geht (gut) so, ist in Ordnung, das funktioniert;* das haut nicht hin ● **8.2** *das hat einen großen Effekt*

hin|ken ⟨V. 400⟩ **1** *einen Fuß beim Gehen nachziehen, lahmen;* auf dem, mit dem rechten Fuß ~ **1.1** ⟨⟨s.⟩⟩ *sich in hinkender (1) Weise vorwärtsbewegen;* er hinkte über die Straße, so schnell er konnte **2** der **Vergleich** hinkt ⟨fig.⟩ *beide Vergleichspunkte stimmen nicht zusammen, der V. stimmt nicht*

hin‖kom|men ⟨V. 170/400(s.)⟩ **1** *an einen bestimmten Ort kommen;* als ich hinkam, war er schon fort **2** wo sollen wir ~, wenn … ⟨fig.⟩ *wohin führte es, wenn …;* wo kämen wir hin, wenn niemand mehr arbeiten wollte **3** wo ist mein Hut hingekommen? ⟨fig.; umg.⟩ *wo befindet sich, ist mein H.?* **4** ⟨unpersönl.⟩ es wird schon ~ ⟨fig.; umg.⟩ *es wird schon gehen, richtig werden* **5** ⟨405⟩ **(mit etwas)** ~ ⟨umg.⟩ *auskommen, (aus)reichen;* ich komme mit (meinem Geld, dieser Summe) gut hin, nicht hin

hin|läng|lich ⟨Adv.⟩ *genügend, ausreichend;* die Termine dürften ~ bekannt sein

hin‖le|gen ⟨V. 500⟩ **1** **etwas** ~ *an eine bestimmte Stelle legen;* ich habe ihm einen Zettel hingelegt, damit er weiß, wo ich bin ● **1.1** ich lege das Kind abends um sieben Uhr hin *bringe es zu Bett* **2** ⟨Vr 7⟩ **sich,** sein **Haupt** ~ *sich langlegen (zum Ausruhen, zum Schlafen), sich auf einem Lager ausstrecken;* er hat sich eine Stunde, eine Weile hingelegt ● **2.1** ⟨511⟩ er wusste nicht, wo er sein Haupt ~ sollte *wo er (heute) schlafen sollte, er hatte keine Unterkunft* **3 etwas** ~ *weglegen, aus der Hand legen;* leg das Messer sofort hin! *(Aufforderung an ein Kind)* **4** eine **Sache** ~ ⟨umg.⟩ *eine gekonnte Vorführung, Darstellung bieten;* er hat den Wallenstein großartig hingelegt

hin‖neh|men ⟨V. 189/500⟩ **1 etwas** ~ *an sich nehmen, annehmen;* er nahm das Geld hin, als sei es selbstverständlich **2** ⟨Vr 8⟩ **jmdn.** od. **etwas** ~ ⟨fig.⟩ *dulden, ertragen, sich gefallen lassen;* eine Beleidigung ~; wie kannst du das nur so ruhig ~?; man kann dagegen nichts machen, man muss es eben ~; wir müssen es als unabänderlich ~

hin|nei|gen ⟨V.⟩ **1** ⟨800⟩ **zu etwas** ~ ⟨fig.⟩ *eine Vorliebe für etwas haben, zu etwas neigen* **2** ⟨511/Vr 3⟩ **sich zu etwas** od. **jmdm.** ~ *sich einer Sache od. jmdm. zuwenden, sich zu einer Sache od. jmdm. niederbeugen*

hin|nen ⟨Adv.; geh.; veraltet⟩ **von** ~ *von hier fort;* von ~ *gehen, fahren usw.*

hin|rei|chen ⟨V.⟩ **1** ⟨503/Vr 6⟩ **(jmdm.) etwas** ~ *reichen, geben, hinübergeben, -reichen, hinhalten;* bitte wollen Sie ihm das Brot ~ **2** ⟨400⟩ *genügen, ausreichen, langen;* sein Verdienst reicht gerade hin, ihn und seine Familie notdürftig zu erhalten; das Geld reicht nicht hin

hin|rei|ßen ⟨V. 198/500⟩ **1 jmdn.** ~ *entzücken, begeistern;* seine Rede riss alle Zuhörer hin; er hat ~d gespielt, gesungen **2 sich** ~ **lassen** *sich von seinen (negativen) Gefühlen überwältigen lassen;* ich habe mich leider ~ lassen, ihn zu kritisieren; er ließ sich zu Tätlichkeiten ~

hin|rich|ten ⟨V. 500⟩ **1 jmdn.** ~ *die Todesstrafe an jmdm. vollstrecken;* einen Verbrecher ~; jmdn. durch den Strang ~ **2** ⟨530⟩ **jmdm. etwas** ~ ⟨umg.⟩ *zurechtlegen, herrichten, bereitlegen, -stellen;* ich habe ihm das Frühstück, seine Sachen hingerichtet

hin|schla|gen ⟨V. 218/400⟩ **1** *auf eine bestimmte Stelle schlagen;* ich habe nur einmal hingeschlagen **2** ⟨⟨s.⟩⟩ *stürzen, hinfallen;* der Länge lang nach ~

hin|schlep|pen ⟨V. 500⟩ **1 jmdn.** od. **etwas** ~ ⟨umg.⟩ *an einen bestimmten Ort, zu einem Ziel schleppen;* soll ich das alles allein ~? **2** ⟨Vr 3⟩ **sich** ~ *sich mühsam fortbewegen (vor Müdigkeit, Schwäche)* **3** ⟨Vr 3⟩ **etwas** schleppt **sich** hin ⟨fig.⟩ *verzögert sich lange, verläuft langsam;* der Prozess schleppte sich über Monate hin

hin|sein ⟨alte Schreibung für⟩ *hin sein*

hin|set|zen ⟨V. 500⟩ **1 jmdn.** od. **etwas** ~ *an eine bestimmte Stelle setzen;* das Kind auf den Stuhl ~; die Pflanze auf die Fensterbank ~; das Gepäck auf den Boden ~ **2** ⟨500/Vr 3⟩ **sich** ~ *Platz nehmen;* sie setzte sich auf das Sofa hin

Hin|sicht ⟨f.; -; unz.⟩ *Beziehung, Berücksichtigung;* in dieser ~ habe ich gar keine Sorgen; in gewisser, mancher ~ hat er ja Recht, aber …; es war in jeder ~ richtig, falsch, was du getan hast; in ~ auf das bevorstehende Ereignis

hin|sicht|lich ⟨Präp. m. Gen.⟩ *was … betrifft;* ~ seiner Forderung, Voraussage muss ich allerdings bemerken, dass …; ich habe ~ seines Gesundheitszustandes doch einige Bedenken

hin|stel|len ⟨V. 500/Vr 7⟩ **1 jmdn.** od. **etwas** ~ *an einen bestimmten Platz stellen, niederstellen;* sich vor jmdn. od. etwas ~; ich stell' mich doch nicht zwei Stunden hin und warte!; hier möchte ich den Tisch und dort den Sessel ~; sich gerade ~ **2** ⟨518⟩ **etwas** od. **jmdn.** ~ **als** ⟨fig.⟩ *bezeichnen, bewerten als, so schildern, als ob …* ; jmdn. als Betrüger ~; jmdn. als Muster, Vorbild ~; jmdn. als dumm, faul ~; er hat die Sache so hingestellt, als sei er allein für alles verantwortlich

hin|steu|ern ⟨V. 400⟩ **1** ⟨(h. od. s.)⟩ *auf ein Ziel zusteuern;* wo steuert das Schiff hin? **1.1** ⟨a. fig.⟩ *auf ein Ziel zugehen;* zielstrebig steuerte er zum Kiosk hin **2** ⟨411⟩ **auf etwas** ~ ⟨fig.⟩ *eine bestimmte Absicht verfolgen;* ich weiß nicht, auf was er hinsteuert

hin|stre|cken ⟨V. 500⟩ **1** ⟨500⟩ **etwas** ~ *entgegenstrecken, hinhalten, -reichen;* jmdm. die Hand ~ **2** ⟨Vr 7⟩ **sich** ~ *lang ausstrecken, hinlegen;* er streckte sich auf der Bank zum Schlafen hin **3 jmdn.** ~ ⟨poet.⟩ *töten;* seine Feinde lagen hingestreckt am Boden • **3.1** Wild ~ *zur Strecke bringen*

hint|an… ⟨Adv.; in Zus.⟩ **1** *an letzter Stelle, hinten anschließend;* hintanbleiben **2** ⟨fig.⟩ *unberücksichtigt;* hintansetzen

hint|an|set|zen ⟨V. 500/Vr 7⟩ **jmdn.** od. **etwas** ~ ⟨fig.⟩ **1** *vernachlässigen, zurücksetzen* **2** *unbeachtet, unberücksichtigt lassen*

hin|ten ⟨Adv.⟩ **1** *auf der Rückseite, am Ende, an letzter Stelle;* ganz ~ sitzen, stehen; ein Register befindet sich (ganz) ~ im Buch; ganz ~ im Korridor, in einer Ecke; ich habe ~ keine Augen!; ich kann doch ~ nichts sehen! (Verteidigung bei einem Zusammenstoß, beim Vorwurf der Unachtsamkeit) **1.1** ~ bleiben *am Ende bleiben, zurückbleiben* **1.2** sich ~ anschließen, anstellen (vor Schaltern usw.) *am Ende der Reihe Wartender anstellen* **1.3** ~ im Auto sitzen *auf dem Rücksitz* **1.4** ~ runterfallen ⟨fig.; umg.⟩ *benachteiligt werden, den Kürzeren ziehen* **1.5** jmdm. ~ hineinkriechen, reinkriechen ⟨fig.; derb⟩ *jmdm. plump schmeicheln* **2 nach** ~ • **2.1** *zurück, ans Ende;* bitte gehen Sie (doch) nach ~! • **2.2** *rückwärts;* mit dem Stuhl nach ~ überkippen • **2.3 von** ~ *von der Rückseite, vom Ende her;* ein Schlag, Schuss von ~; jmdn. von ~ überfallen; von ~ nach vorn (zur Bühne usw.) kommen • **2.3.1** ein Stich von ~ ⟨a. fig.⟩ *eine boshafte, hinterhältige Bemerkung, Anspielung* **3 von vorn bis** ~ *durchaus, gründlich;* ich habe die Zeitung von vorn bis ~ gelesen **4 von vorn und** ~ *von allen Seiten;* etwas von vorn und ~ betrachten • **4.1** sich ~ und vorn bedienen lassen ⟨umg.⟩ *sich von allen, sich sehr viel bedienen lassen, nichts selbst tun* • **4.2** es stimmt ~ und vorn nicht ⟨umg.⟩ *es stimmt überall nicht, stimmt nirgends*

hin|ten|an ⟨Adv.⟩ *ans Ende, an letzter Stelle*

hin|ten|drein ⟨Adv.⟩ = *hinterdrein*

hin|ten|her|um auch: **hin|ten|he|rum** ⟨Adv.⟩ **1** *um die hintere Seite, an der hinteren Seite vorbei;* der Rock spannt ~ • **1.1** ⟨umg.⟩ *durch die Hintertür;* wenn die vordere Tür geschlossen ist, gehen Sie doch bitte ~ **2** ⟨fig.; umg.⟩ *heimlich, auf versteckte Weise, auf Umwegen;* etwas ~ erledigen • **2.1 Waren** ~ bekommen *über das Kontingent hinaus, heimlich u. illegal, im Schwarzhandel*

hin|ten|über ⟨Adv.⟩ *nach hinten, rückwärts*

hin|ten|über|fal|len ⟨V. 131/400(s.)⟩ *nach hinten umfallen;* er ist hintenübergefallen

hin|ter ⟨Präp. m. Dat. auf die Frage wo?, m. Akk. auf die Frage wohin?⟩ **1** *auf der, auf die Rückseite von;* Ggs *vor¹;* ~ dir, mir; vor und ~ uns war niemand zu sehen; sich ~ einem Baum verstecken; ~ dem Haus liegt eine Wiese • 1.1 er steht ~ ihm ⟨a. fig.⟩ *er unterstützt ihn* • 1.2 einer ~ dem anderen *hintereinander, einer nach dem anderen, der Reihe nach* • 1.3 ~ seinem Gerede steckt nicht viel *sein G. hat nicht viel zu bedeuten*; →a. *Licht* (3.5), *Ohr* (1.1.4 -1.1.6), *Rücken* (1.11) **2** ~ **sich** *erledigt, überwunden, zu Ende*; die Arbeit ~ sich bringen • 2.1 einen **Weg** ~ sich haben *zurückgelegt haben*; zwei Kilometer ~ sich haben • 2.1.1 den Wald ~ sich haben *durchquert haben* • 2.2 eine **Zeit** ~ sich haben *überstanden, vollendet haben*; ich habe ein paar anstrengende Tage ~ mir; er hat ein Jahr Ausbildung ~ sich • 2.3 jmdn. ~ sich **lassen** • 2.3.1 *jmdn. überholen* • 2.3.2 ⟨a. fig.⟩ *jmds. Leistungen übertreffen* **3** ~ … her • 3.1 ~ jmdm. her sein *jmdn. verfolgen*; ~ einem Verbrecher her sein • 3.1.1 ~ einer Frau her sein ⟨a. fig.⟩ *eine F. heftig umschmeicheln* • 3.2 er ist sehr ~ seinen Sachen her ⟨a. fig.⟩ *er achtet sehr auf seine S., hält sie gut instand, in Ordnung*

Hin|ter|bein ⟨n.; -(e)s, -e⟩ **1** *hinteres Bein (von Vierfüßern)*; sich auf den ~en aufrichten, sich auf die ~e stellen • 1.1 **sich auf die** ~**e stellen** ⟨fig.⟩ *Widerstand leisten, sich widersetzen, bei seiner Meinung bleiben*

Hin|ter|blie|be|ne(r) ⟨f. 2 (m. 1)⟩ *Angehörige(r) eines Verstorbenen, Leidtragende(r)*

hin|ter|brin|gen ⟨V. 118/530⟩ *jmdm. etwas ~ heimlich mitteilen, zutragen*

hin|ter|drein ⟨Adv.⟩ *hinterher*; oV *hintendrein*

hin|te|re(r, -s) ⟨Adj. 24/60⟩ *hinten, am Ende, auf der Rückseite befindlich*; das ~ Zimmer; die hinterste Reihe; die ~n Reihen

hin|ter|ein|an|der *auch:* **hin|ter|ei|nan|der** ⟨Adv.⟩ **1** *einer hinter dem anderen, nacheinander, der Reihe nach*; sich ~ aufstellen • 1.1 ~ hergehen *einer hinter dem anderen gehen* • 1.2 ⟨zeitl.⟩ *in unmittelbarer Folge aufeinander*; vierzehn Tage ~

hin|ter|ein|an|der|schrei|ben *auch:* **hin|ter|ei|nan|der|schrei|ben** ⟨V. 230/500⟩ **Wörter** ~ *Wort an Wort schreiben, ein Wort hinter das andere schreiben*

Hin|ter|ge|dan|ke ⟨m.; -ns, -n⟩ **1** *heimlicher Gedanke in bestimmter Absicht*; als er das sagte, hatte er einen boshaften ~n • 1.1 **ohne** ~**n** *rückhaltlos, ganz offen*

hin|ter||ge|hen[1] ⟨V. 145/400(s.); umg.⟩ *nach hinten gehen*

hin|ter|ge|hen[2] ⟨V. 145/500/Vr 8⟩ *jmdn. ~ betrügen, täuschen*; er hat sie schon lange hintergangen

Hin|ter|grund ⟨m.; -(e)s, -grün|de⟩ **1** *der am weitesten entfernte Teil dessen, was man in der Wirklichkeit, auf der Bühne, auf einem Bild sieht*; im ~ werden Türme sichtbar • 1.1 ⟨Mal.⟩ *mit Hilfe der Perspektive von den Gegenständen des Vorder- u. Mittelgrundes abgeteilter Raum eines Bildes*; im ~ des Bildes sieht man … • 1.2 ⟨Theat.⟩ *hinterer Bühnenteil, den Bühnenraum nach hinten abschließende Dekoration, Prospekt* **2** ⟨fig.⟩ *Raum, Gebiet, Sphäre von geringer Bedeutung* • 2.1 **in den** ~ **treten** *an Bedeutung verlieren, verblassen, abnehmen, schwinden* • 2.2 **im** ~ **stehen** *unbeachtet, wenig beachtet sein* • 2.3 sich **im** ~ **halten** *sich nicht bemerkbar machen, nicht in Erscheinung treten* • 2.4 etwas **in** den ~ **drängen** *der all-*

gemeinen Beachtung entziehen **3** ⟨fig.⟩ *verborgener od. wenig hervortretender Zusammenhang, Ursache*; die Angelegenheit hat politische Hintergründe, einen politischen ~; der Roman hat einen historischen ~; der Roman spielt vor dem ~ der Bauernkriege • 3.1 noch etwas **im** ~ **haben** *eine geheime Absicht, einen Plan haben, noch eine Überraschung haben*

hin|ter|grün|dig ⟨Adj.⟩ *schwer durchschaubar*; ~e Absichten; ein ~er Mensch; ein ~es Schweigen; ~ lächeln

Hin|ter|halt ⟨m.; -(e)s, -e⟩ **1** *Versteck, um jmdn. zu überfallen*; aus dem ~ hervorbrechen, -stürzen; sich in den ~ legen; im ~ liegen **2** *Versteck, von dem aus jmd. unerwartet überfallen wird, Falle für den Gegner*; in einen ~ fallen, geraten

hin|ter|häl|tig ⟨Adj.⟩ *tückisch, lauernd, hinterlistig*

hin|ter|her ⟨a. ['---] Adv.⟩ **1** *danach, später, nachträglich*; Sy *hinterdrein*; jmdm. ~ (noch) Vorwürfe machen; und ~ bereust du es; ~ ist es leicht, Mut zu zeigen; ~ sieht alles oft ganz anders aus **2** ~ **sein** • 2.1 *zurück(geblieben) sein*; sie ist mit ihren Aufgaben, Leistungen weit ~ • 2.2 ⟨fig.⟩ *nicht folgen können, zurückbleiben*; er hinkt dem Wissensstand der Klasse ~

hin|ter|her|hin|ken ⟨V. 403(s.)⟩ ⟨jmdm. od. etwas⟩ ~ **1** *hinkend nachkommen, hinkend folgen* **2** ⟨fig.; umg.⟩ *zurückbleiben, nicht mitkommen*; er hinkt in der Schule hinterher

hin|ter|her|sein ⟨alte Schreibung für⟩ *hinterher sein*

Hin|ter|land ⟨n.; -(e)s; unz.⟩ **1** *Region im (wirtschaftlichen) Einzugsbereich eines Zentrums (Stadt, Hafen usw.)* **2** *Gebiet hinter einer militärischen Front*

hin|ter|las|sen ⟨V. 175/500⟩ **1** jmdn. od. etwas ~ *(einem anderen) zurücklassen*; sie hinterließ drei Kinder; eine Bestellung, einen Auftrag, Schulden ~; er hat bei seinem Weggang ein großes Durcheinander ~; so unordentlich kannst du doch das Zimmer nicht ~! • 1.1 ⟨530⟩ **jmdm. testamentarisch etwas** ~ *vererben* • 1.2 ~ **Werke** *erst nach dem Tode des Verfassers veröffentlichte W.* **2** etwas ~ *als Folge der Anwesenheit von jmdm. od. etwas (unbeabsichtigt) verursachen*; sein Wagen hinterließ tiefe Reifenspuren • 2.1 ⟨fig.⟩ *(als zurückbleibenden Eindruck) bewirken*; sein Auftreten hinterließ einen tiefen Eindruck

hin|ter|le|gen ⟨V. 500⟩ etwas ~ **1** *sicherstellen, verwahren lassen*; Handgepäck, Schmuck ~ **2** *als Pfand zurücklassen*; Geld, eine bestimmte Summe ~

hin|ter|lis|tig ⟨Adj.⟩ *tückisch, falsch, unaufrichtig, hinterhältig, lauernd*

Hin|ter|mann ⟨m.; -(e)s, -män|ner⟩ **1** *jmd., der hinter einem sitzt od. steht*; Ggs *Vordermann*; mein ~ (in einer Reihe, einer Anordnung) **2** *späterer Wechselinhaber* **3** ⟨fig.⟩ *geheimer Ratgeber, jmd., der einen anderen heimlich unterstützt, lenkt* **4** ⟨fig.⟩ *heimlicher Gewährsmann*

Hin|tern ⟨m.; -s, -; umg.⟩ **1** = *Gesäß*; Sy *Steiß* (1) • 1.1 jmdm. den ~ versohlen *jmdn. verhauen, verprügeln* • 1.2 du bekommst den ~ voll, wenn du nicht gehorchst *du bekommst Schläge* • 1.3 ein paar auf den ~ bekommen *Schläge bekommen* • 1.4 sich auf den ~ setzen *hinfallen* • 1.5 ich könnt' mich in den ~ beißen, weil ich das (nicht) getan habe *ich ärgere mich sehr, bereue es heftig*

hin|ter|rücks ⟨Adv.⟩ **1** *von hinten;* jmdn. ~ erstechen **2** *arglistig, heimtückisch;* jmdn. ~ überfallen

Hin|ter|tref|fen ⟨n.; -s; unz.; nur in den Wendungen⟩ **1 ins ~ geraten, kommen** *Nachteile haben* **2 jmdn.** od. eine **Sache ins ~ bringen** *in eine ungünstige Lage, Situation*

hin|ter|trei|ben ⟨V. 267/500⟩ eine **Sache** ~ *vereiteln, verhindern;* Pläne, Vorhaben ~

Hin|ter|tür ⟨f.; -, -en⟩ **1** *hintere Eingangstür, Tür an der Rückseite des Hauses, Notausgang* **2** ⟨fig.⟩ *Ausweg, Umweg;* er findet immer noch ein ~chen, durch das er entschlüpfen kann • **2.1** sich eine ~ offen halten *eine Ausflucht, Ausrede bereithalten; sich eine Möglichkeit zum Rückzug offenhalten* • **2.2** durch eine ~ hereinkommen *auf Umwegen hereinkommen, etwas auf U. erreichen*

Hin|ter|wäld|ler ⟨m.; -s, -; abwertend⟩ *ungeschliffener, bäurischer, weltfremder, einfältiger Mensch*

hin|ter|wärts ⟨Adv.⟩ *nach hinten, rückwärts*

hin|ter|zie|hen[1] ⟨V. 293/500⟩ jmdn. od. **etwas** ~ ⟨umg.⟩ *nach hinten ziehen*

hin|ter|zie|hen[2] ⟨V. 293/500⟩ etwas ~ *unterschlagen, nicht angeben, nicht melden;* Steuern ~

◆ Die Buchstabenfolge **hin|ü|ber…** kann auch **hi|nü|ber…** getrennt werden.

◆**hin|über** ⟨Adv.⟩ **1** *von hier nach drüben, von dieser Seite auf die andere Seite, von diesem Raum in den anderen Raum;* ~ und herüber **2** ein **Lebewesen** ist ~ *tot* **3** etwas ist ~ *kaputt, verbraucht, unbrauchbar geworden*

◆**hin|über…** ⟨in Zus. mit Verben trennbar⟩ *von hier nach drüben;* hinüberfahren; er kommt nicht hinüber

◆**hin|über|ge|hen** ⟨V. 145/400(s.)⟩ **1** *auf die andere Seite, in den anderen Raum gehen;* bitte geh doch einmal hinüber und sieh nach, was die Kinder machen • **1.1** ⟨411⟩ über eine Straße, einen Platz ~ *eine S., einen P. überqueren* **2** ⟨umg.; verhüllend⟩ *sterben;* Großvater ist gestern Abend hinübergegangen

◆**hin|über|set|zen** ⟨V.⟩ **1** ⟨400⟩ *hinüberspringen, hinüberfahren;* er setzte mit einem großen Sprung hinüber • **1.1** über einen Fluss ~ *einen F. mit dem Boot überqueren* **2** ⟨500⟩ **jmdn.**, ein **Fahrzeug** ~ *auf die andere Seite, ans gegenüberliegende Ufer bringen, übersetzen;* jmdn. über den Fluss ~

◆ Die Buchstabenfolge **hin|un|ter…** kann auch **hi|nun|ter…** getrennt werden.

◆**hin|un|ter** ⟨Adv.⟩ *von (hier) oben nach (dort) unten, hinab;* hinauf und ~

◆**hin|un|ter|schlu|cken** ⟨V. 500⟩ **1** etwas ~ *in den Magen befördern, schlucken;* einen Bissen, eine Pille ~ **2** eine **Gefühlsregung** ~ ⟨fig.⟩ *überwinden, für sich behalten, nicht merken lassen;* Ärger ~ **3** etwas **Unan-** genehmes ~ ⟨fig.⟩ *überhören, widerspruchslos hinnehmen;* eine Beleidigung ~

◆**hin|un|ter|stür|zen** ⟨V.⟩ **1** ⟨400(s.)⟩ *von (hier) oben nach (dort) unten stürzen;* die Treppe ~; er ist von diesem Fenster (auf die Straße) hinuntergestürzt • **1.1** ⟨fig.⟩ *in Eile nach unten laufen;* er stürzte den Abhang hinunter, um den Freund noch zu erreichen **2** ⟨500⟩ **jmdn.** od. **etwas** ~ *so stoßen, dass er od. es in die Tiefe stürzt* • **2.1** ⟨Vr 3⟩ sich ~ *hinunterspringen (um Selbstmord zu begehen)* • **2.2** ein **Getränk** ~ *rasch, hastig trinken* • **2.2.1** ein **Glas** ~ *in einem Zug leeren*

hin|wärts ⟨Adv.⟩ *auf dem Hinweg*

hin|weg ⟨Adv.⟩ *weg, fort von hier*

hin|weg|ge|hen ⟨V. 145/800(s.)⟩ **über jmdn.** od. **etwas** ~ ⟨fig.⟩ *jmdn. od. etwas nicht beachten, absichtlich überhören od. übersehen;* sie ging schweigend über seine Bemerkung hinweg; er ging mit einer Handbewegung über den Einwand hinweg

hin|weg|se|hen ⟨V. 239/800⟩ **über jmdn.** od. **etwas** ~ **1** *über jmdn. od. etwas sehen, schauen;* er konnte über die ganze Stadt ~ **2** ⟨fig.⟩ *jmdn. od. etwas absichtlich nicht beachten, kein Wort darüber verlieren;* dass er mich nicht begrüßt hat, darüber will ich noch ~, aber …

hin|weg|set|zen ⟨V. 550⟩ **1** ⟨411⟩ **über etwas** ~ *springen;* er setzte mit einem Satz über den Zaun hinweg **2** ⟨500/Vr 3⟩ sich **über etwas** ~ ⟨fig.⟩ *etwas übergehen, bewusst außer Acht lassen;* er hat sich über die Vorschrift, Anordnung einfach hinweggesetzt

hin|weg|täu|schen ⟨V. 550/Vr 7 od. Vr 8⟩ **1 jmdn. über etwas** ~ *jmdm. etwas vorspiegeln, um ihn über eine Sache besser hinwegkommen zu lassen;* versuche nicht, mir über die so schwierige Lage hinwegzutäuschen • **1.1** sich **über etwas** ~ *etwas übersehen, sich über etwas täuschen lassen, um darüber besser hinwegzukommen;* du darfst dich nicht darüber ~, dass er ja noch lange kein Geld verdienen wird

Hin|weis ⟨m.; -es, -e⟩ *kurze Information, Andeutung, Angabe;* könnten Sie mir einen ~ geben, an wen ich mich wenden kann, was ich tun soll?; ein brauchbarer, guter, wertvoller ~

hin|wei|sen ⟨V. 282/800⟩ **1 auf jmdn.** od. **etwas** ~ *zeigen* **2 jmdn. auf etwas** ~ ⟨fig.⟩ *auf etwas anspielen, verweisen, etwas zu verstehen geben, bemerken;* es wird immer wieder auf die Gefahren hingewiesen, die …; es besteht Veranlassung, darauf hinzuweisen, dass …; ich möchte nachdrücklich darauf ~, dass … • **2.1** ~des **Fürwort** ⟨Gramm.⟩ *F., das für etwas in der Situation der Rede Bekanntes steht, Demonstrativpronomen, z. B. dieser, jener*

hin|wer|fen ⟨V. 286/500⟩ **1** ⟨Vr 7⟩ etwas od. sich ~ *fallen lassen, zu Boden werfen;* pass auf, wirf die Vase nicht hin! • **1.1** ⟨umg.⟩ *nicht aufräumen;* er wirft seine Kleider einfach hin • **1.2** ⟨505/Vr 3 od. 511/Vr 3⟩ sich **vor jmdm.** ~ ⟨a. fig.⟩ *flehend vor jmdm. auf die Knie fallen* **2** ⟨530⟩ **jmdm.** od. einem **Tier etwas** ~ *an einen bestimmten Platz werfen, zuwerfen;* den Vögeln ein paar Brotkrumen ~; er warf ihr den Ball hin **3 Gedanken, Worte** ~ • **3.1** *beiläufig äußern*

hinziehen

● 3.2 *flüchtig, provisorisch zu Papier bringen;* ein paar Zeilen ~ **4** eine **Arbeit** ~ *vorzeitig beenden, gelangweilt od. verärgert damit aufhören*

hin|zie|hen ⟨V. 293⟩ **1** ⟨411(s.)⟩ *an einen Ort, in eine Richtung* ~ ⟨poet.⟩ *sich an einen Ort begeben, in eine Richtung bewegen* **2** ⟨400(s.)⟩ *(an einen* **Ort**⟩ ~ *einen neuen Wohnsitz an einem Ort nehmen;* X wohnt jetzt in Berlin, er ist vor zwei Monaten hingezogen **3** ⟨400(s.)⟩ Wolken, Vogelschwärme ziehen hin *bewegen sich fort* **4** ⟨511⟩ **etwas** zieht **jmdn. zu jmdm.** od. **etwas** hin *jmd. wird von jmdm. od. etwas angezogen;* es zieht mich immer wieder zu dem Platz, zu dem alten Haus hin **5** ⟨500/Vr 3⟩ **sich** hin *erstreckt sich lang hin;* das Grundstück zieht sich bis zum Wald hin **6** ⟨500/Vr 3⟩ **etwas** zieht **sich** hin *dauert (lange), dauert länger als geplant;* der Prozess hat sich noch wochenlang, lange hingezogen; die Versammlung zog sich endlos hin; seine Krankheit hat sich noch bis Weihnachten hingezogen **7** ⟨500⟩ **etwas** ~ *verzögern, in die Länge ziehen;* wir wollen das Zusammensein nicht so lange ~

hin|zu ⟨Adv.⟩ *(noch) dazu, obendrein*

hin|zu... ⟨Vorsilbe; in Zus. mit Verben trennbar⟩ **1** *zusätzlich zum Erwähnten;* hinzubekommen; hinzuschreiben **2** *zu einem Ort, Geschehnis kommend;* hinzulaufen; hinzuspringen

hin|zu|den|ken ⟨V. 119/500⟩ **etwas** ~ *in Gedanken hinzufügen*

hin|zu|fü|gen ⟨V. 500⟩ **etwas** ~ **1** *ergänzend beifügen, beimischen;* großzügig fügte er noch etwas Taschengeld hinzu; bei diesem Rezept sind noch zwei Eier hinzuzufügen **2** *ergänzend dazu bemerken, dazusagen;* „...", fügte er hinzu; etwas erklärend ~

hin|zu|kom|men ⟨V. 170/400(s.)⟩ **1** *dazu-, herankommen, zu den andern kommen;* ich kam gerade hinzu, als ... **2** *zusätzlich zu berücksichtigen sein, außerdem vorhanden sein, erwähnt werden müssen;* hinzu kommt noch, dass er ja gar keinen Führerschein hat; es kommen auch noch die vielen Obdachlosen hinzu, die in unseren Listen gar nicht erfasst sind; ein Umstand kommt noch erschwerend hinzu

hin|zu|zie|hen ⟨V. 293/500⟩ **jmdn.** ~ *(zusätzlich) zurate ziehen, konsultieren;* einen Lehrer, Fachmann zu den Beratungen ~; der Arzt zog einen Kollegen hinzu, um kein Risiko einzugehen

Hi|obs|bot|schaft ⟨f.; -, -en⟩ *schlechte, erschreckende Neuigkeit, Schreckensnachricht;* ~en verkünden

Hirn ⟨n.; -(e)s, -e⟩ **1** = *Gehirn;* gebackenes (Kalbs)~ **2** ⟨fig.; umg.⟩ *Verstand, Kopf;* sein ~ anstrengen
● 2.1 sich sein ~ zermartern *scharf nachdenken, grübeln* ● 2.2 er hat kein, wenig ~ *er ist (ziemlich) dumm*

Hirn|ge|spinst ⟨n.; -(e)s, -e⟩ *verrückter Einfall, absurde Vorstellung, Fantasiegebilde;* in ~en reden

hirn|ver|brannt ⟨Adj.; fig.; umg.; abwertend⟩ *verrückt, unsinnig;* eine ~e Idee

Hirsch ⟨m.; -(e)s, -e; Zool.⟩ *Angehöriger einer wiederkäuenden Familie der Paarhufer, deren Männchen meist Geweih tragen: Cervidae;* der ~ schreit, röhrt; ein schwacher, starker ~; wie der ~ schreit nach fri-

schem Wasser, so schreit meine Seele, Gott, zu dir (Psalm 42, 2)

Hir|se ⟨f.; -; unz.⟩ *zur Familie der Gräser gehörige, kleine, runde Körner bildende, einjährige Getreideart, ausgezeichnet durch hohe Dürreresistenz: Panicum;* Echte ~; Gemeine ~

Hirt ⟨m.; -en, -en⟩ oV *Hirte* **1** *Hüter einer Tierherde;* Rinder~, Schaf~, Schweine~, Ziegen~ ● **1.1** wie der ~, so die Herde ⟨Sprichw.⟩ *ein guter (schlechter) Vorgesetzter hat auch gute (schlechte) Angestellte*
● 1.2 ⟨fig.⟩ *Geistlicher (als Betreuer u. Beschützer seiner Gemeinde)*

Hir|te ⟨m.; -n, -n⟩ = *Hirt*

his|sen ⟨V. 500⟩ *hochziehen* (Flagge, Segel); er hat das Segel gehisst

His|to|rie ⟨[-riə] f.; -, -n⟩ **1** *Geschichte* **2** *Bericht, Kunde*

his|to|risch ⟨Adj. 24⟩ **1** *die Geschichte betreffend, von ihr stammend, zu ihr gehörig* ● **1.1** ~e **Stätten** *S., an denen überlieferte Ereignisse stattgefunden haben;* ~e Landschaften ● 1.2 ~e **Dichtung** *D., der ein überliefertes Ereignis zugrunde liegt;* ein ~es Drama, ~er Roman ● 1.3 ~es **Verständnis** *V. für die Geschichte, für die Geschichtswissenschaft* ● 1.4 ~e **Tat** *eine für die geschichtliche Entwicklung bedeutungsvolle T.*
● 1.5 ~e **Hilfswissenschaften** *für die Erforschung der Geschichte wichtige Wissenschaften wie Urkundenlehre, Wappen-, Siegel-, Münzkunde, Genealogie*
● 1.6 ~er und dialektischer **Materialismus** ⟨Philos.⟩ *die der kommunistischen Weltanschauung zugrundeliegende Lehre, wonach die geschichtliche Entwicklung auf der Entwicklung der Produktivkräfte einer Gesellschaft beruht*

Hit ⟨m.; -s, -s; umg.⟩ **1** *Erfolg, erfolgreiche Sache;* diese Erfindung ist ein ~; damit hast du einen ~ gelandet **2** *erfolgreiches Musikstück;* die ~s des Jahres

Hit|ze ⟨f.; -; unz.⟩ **1** *hohe Temperatur, (große) Wärme;* ist hier, heute eine ~!; drückende, glühende, tropische ~; bei schwacher, starker ~ 30 Minuten backen (in Kochrezepten); →a. *fliegend (2.4)* **2** ⟨fig.⟩ *Leidenschaft, starke, (bes.) zornige Erregung, Heftigkeit*
● 2.1 in der ersten ~ *in der ersten Gefühlsaufwallung, in der ersten Erregung* ● 2.2 in ~ geraten *sich erregen, sich aufregen, zornig, wütend werden* ● 2.3 in der ~ des **Gefechts** *in der Erregung* **3** ⟨Getrennt- u. Zusammenschreibung⟩ ● 3.1 ~ abweisend = *hitzeabweisend*

hit|ze|ab|wei|send *auch:* **Hit|ze ab|wei|send** ⟨Adj. 24/70⟩ *so beschaffen, dass es Hitze abweist;* eine ~e Beschichtung

hit|ze|be|stän|dig ⟨Adj. 70⟩ *große Hitze (im Backofen) vertragend;* ~es Glas, Geschirr

Hit|ze|wel|le ⟨f.; -, -n⟩ **1** *mehrere Tage od. Wochen anhaltendes sehr heißes Wetter* **2** *plötzlicher, mit Hitzegefühl verbundener Blutandrang zum Kopf, z. B. bei Frauen in den Wechseljahren*

hit|zig ⟨Adj.; fig.⟩ *leidenschaftlich, ungestüm, heftig, jähzornig, aufbrausend;* ~e Auseinandersetzung; ~er Streit; er wird schnell ~; nur nicht so ~!

Hitz|kopf ⟨m.; -(e)s, -köp|fe⟩ *rasch aufbrausender, unbesonnener, ungestümer Mensch*

Hitz|schlag ⟨m.; -(e)s, -schlä|ge⟩ *Übelkeit, Kopfschmerzen, Störungen von Atmung u. Kreislauf, Erbrechen, Reizerscheinungen im Gehirn, die sich bis zu Krämpfen steigern können, infolge großer Hitzeeinwirkung auf den menschlichen Körper*

HIV ⟨[haːiːfaʊ] m. od. n.; - od. -s; unz.; Abk. für engl.⟩ *human immunodeficiency virus (menschliches Immunschwächevirus), Erreger von AIDS*

HIV-po|si|tiv ⟨[haːiːfaʊ-] Adj.⟩ *mit dem HIV-Erreger infiziert*

Hob|by ⟨n., -s, -s⟩ *Liebhaberei, Lieblingsbeschäftigung;* Sy **Steckenpferd**

Ho|bel ⟨m.; -s, -⟩ **1** *spanabhebendes Werkzeug mit einem Schneidmesser zum Glätten von Holzflächen, Metall, Steinen, Kunststoffen* **2** *Küchengerät zum Kleinschneiden, bes. von Kohl u. Gurken*

hoch ⟨Adj.; ho|he(r, -s); hö|her, höchs|te(r, -s)⟩ **1** ein **Gegenstand** ist ~; Ggs *niedrig (1)* **1.1** *erstreckt sich verhältnismäßig weit von unten nach oben;* ein hoher Baum, Berg; das Haus ist zehn Meter ~; dieser Tisch ist (nicht) so ~ wie der andere; dieses Haus ist höher als jenes; ist dir der Stuhl ~ genug?; wie ~ ist das Haus?; das Haus ist fünf Stockwerke ~; Schuhe mit hohen Absätzen; der Schnee liegt ~; es liegt hoher Schnee; die Hohe Tatra, die Hohen Tauern • **1.1.1** hohe **Schuhe** • **1.1.1.1** *S., die mindestens die Knöchel bedecken* • **1.1.1.2** *S. mit hohen Absätzen* • **1.1.2** in hohem **Bogen** *schwungvoll, heftig;* er warf das Buch in hohem Bogen aus dem Fenster • **1.1.3** wer ~ steigt, fällt tief ⟨Sprichw.⟩ *wer viel erreicht, kann auch viel verlieren* • **1.2** *in relativ großer Höhe über dem Erdboden befindlich;* die Sonne steht ~ (im Mittag, am Himmel); ~ oben am Himmel, in den Bergen; das Flugzeug fliegt sehr ~; das Schloss liegt ~ über der Stadt; drei Treppen ~ • **1.2.1** hohe **See** *bewegtes, aufgewühltes Meer;* die See geht ~ • **1.2.2** ~ **zu Ross** ⟨bes. scherzh.⟩ *auf dem Pferd, beritten* • **1.2.3** wie ~ steht das Thermometer? *wie viel Grad zeigt das T.?* • **1.2.4** im hohen **Norden** *sehr weit im N. der Erdkugel* • **1.2.5** in höheren **Sphären** schweben ⟨umg.; scherzh.⟩ *keinen Wirklichkeitssinn haben* • **1.2.6** eine Sache von der hohen **Warte** aus betrachten *von einem überlegenen Standpunkt aus* • **1.3** ⟨60⟩ *etwas auf die hohe* **Kante** *legen sparen;* →a. **Hand** (1) • **1.4** die Fahne ~ **halten** • **1.4.1** *in einer bestimmten Höhe halten* • **1.4.2** ⟨fig.⟩ *die Ziele einer Gemeinschaft nicht aufgeben, einer G. (in Not, Gefahr) treu bleiben;* ⟨aber⟩ →a. *hochhalten* • **1.5** die Nase ~ **tragen** *eingebildet sein;* ⟨aber⟩ →a. *hochtragen* • **1.6** das Seil ist (zu) ~ **gespannt** *in zu großer Höhe gespannt;* ⟨aber Getrennt- u. Zusammenschreibung⟩ ~ *gespannt* = *hochgespannt* **2** ⟨60⟩ eine hohe **Persönlichkeit** *in der gesellschaftlichen Hierarchie sehr weit oben stehend* • **2.1** die hohe **Frau** *die Fürstin* • **2.2** der hohe **Herr** • **2.2.1** *der Fürst* • **2.2.2** ⟨scherzh.⟩ *jmd., vor dem man Respekt haben muss, sehr anspruchsvoller Mensch* • **2.3** die hohen **Herrschaften** • **2.3.1** *der Fürst, König, Gutsherr usw. und seine Familie* • **2.4** höhere **Tochter** ⟨umg.; veraltet⟩ *wohlerzogene T. aus gutem Hause* **3** ⟨60⟩ *das höhere* **Wesen** *Person od. Gewalt,*

die die Welt beherrscht • **3.1** ein Höherer, der Höchste *Gott;* ein Höherer hat unser Schicksal in der Hand • **3.2** höhere **Gewalt** *Geschehen, das man nicht verhindern od. beeinflussen kann* • **3.3** das höhere **Wesen** • **3.3.1** *das die Welt beherrschende (geistige Wesen), Prinzip* **3.3.2** *Gott* • **3.4** der höchste **Richter** *Gott* **4** ⟨60⟩ die höheren **Klassen** *die oberen gesellschaftlichen Schichten;* Ggs *nieder (3)* • **4.1** der hohe **Adel** *die obersten Adelsklassen* • **4.2** Hoch und Niedrig *die Angehörigen der oberen Stände und das Volk, jedermann* **5** ⟨60⟩ *von vorgesetzter Stelle, von der Regierung ausgehend, die Regierung selbst ausmachend;* auf höheren Befehl (hin) handeln • **5.1** das hohe **Haus** *das Parlament* • **5.2** hoher **Beamter** *B. der gehobenen Dienstlaufbahn* • **5.3** höhere **Gerichtsbarkeit** *G. einer Instanz, die sich mit Berufungen beschäftigt* **6** ⟨60⟩ *das Ende, den letzten Teil der Ausbildung vermittelnd* • **6.1** höhere **Schule** *Schule, auf der man das Abitur ablegen kann* • **6.2** die höheren **Klassen** *die fortgeschrittenen, oberen K. der Schule* • **6.3** die Hohe/hohe **Schule** ⟨Reitsp.⟩ *bestimmte Art der Dressur des Reitpferdes* • **6.4** die hohe **Schule** ⟨fig.⟩ *der Weg zur Kunstfertigkeit, zur vollkommenen Beherrschung einer Kunst* **7** *groß, beträchtlich, dem Maximum zugehend;* es ist uns eine hohe Ehre; dort werden hohe Anforderungen gestellt; eine hohe Strafe erhalten; in hohem Grade; der Handel stand um diese Zeit in hoher Blüte; er hat hohes Fieber, hohe Temperatur • **7.1** Karfreitag ist ein hoher **Feiertag** *ein für die christliche Gemeinde sehr wichtiger F.* • **7.2** ⟨50⟩ ~ und **heilig** versprechen *ganz fest versprechen* • **7.3** eine hohe **Stirn** *eine ausgeprägte S.* • **7.4** ⟨50⟩ jmdm. etwas ~ **anrechnen** *jmds. Verhalten zu schätzen wissen* • **7.5** es ist hohe **Zeit** *es ist unbedingt an der Zeit, wir müssen uns beeilen* • **7.6** bei jmdm. ~ **im Kurs** stehen *angesehen sein* • **7.7** wenn es ~ **kommt** ⟨umg.⟩ *wenn es viel wird, im besten Fall;* wenn es ~ kommt, haben wir noch 20 Euro in der Kasse • **7.8** ~ **hergehen** *sehr lustig und lebhaft zugehen;* heute geht es bei uns ~ her • **7.9** ⟨80; Superlativ⟩ *äußerst, wichtigste(r, -s), am wichtigsten;* das Leben ist der Güter höchstes nicht (Schiller, „Die Braut von Messina", 4,7); er hat den Auftrag zu meiner höchsten Zufriedenheit ausgeführt; in höchstem Grade; Hilfe in der höchsten Not; ich bin aufs höchste/Höchste überrascht; Ihr Vorschlag ist mir höchst willkommen; ich war höchst erstaunt, erfreut, überrascht • **7.10** das höchste der **Gefühle** *die oberste Grenze der G.* • **7.11** es ist höchste **Zeit** (etwas zu tun, für …) *es ist dringend an der Zeit, die Zeit drängt* • **7.12** an höchster **Stelle** vorsprechen *bei der obersten, verantwortl. Behörde* • **7.13** jmdn. in den höchsten **Tönen** loben ⟨fig.⟩ *überschwänglich loben* **8** hohe **Zahl** (von etwas) *verhältnismäßig viele;* eine hohe Zahl von Besuchern • **8.1 zwei, drei, vier Mann** ~ ⟨scherzh.⟩ *insgesamt zwei, drei, vier Mann, zu zweit, zu dritt, zu viert, zwei, drei, vier an der Zahl* • **8.2** hohe **Geschwindigkeit** *große G.* • **8.3** hohes **Alter** *fortgeschrittenes A.* • **8.4** zu ~ greifen *zu viel annehmen* • **8.4.1** 600 dürften nicht zu ~ gegrif-

Hoch

fen sein *es sind wohl nicht weniger als 600* **9** hoher **Preis** *P., den zu (be)zahlen viel Geld erfordert; er muss hohe Zinsen zahlen* • **9.1** wie ~ ist der Preis? *welcher Preis ist zu zahlen? was kostet es?* • **9.2** wie ~ stehen die Aktien? *zu welchem Preis kann man A. kaufen bzw. verkaufen?* • **9.3** ⟨60⟩ hohes **Spiel** *gewagtes S., S. mit großem Einsatz* • **9.4** ~ **spielen** *mit großem Einsatz spielen* • **9.5** ⟨50⟩ höher bieten (auf Versteigerungen) *das letzte Angebot überbieten, mehr bieten* **10** hoher **Rang**, hohe **Stellung** *ein mit vielen Ehren und Pflichten verbundener R., eine mit vielen Ehren und Pflichten verbundene Stellung;* eine hohe Stellung bekleiden, einnehmen; von hohem Rang sein; einen hohen Rang bekleiden • **10.1** ein hohes **Tier** ⟨fig.; umg.⟩ *jmd., der eine mit vielen Ehren u. Pflichten verbundene Stellung, einen mit vielen Ehren u. Pflichten verbundenen Rang innehat* • **10.2** ~ hinaus wollen *ein großes Ziel erreichen wollen* • **10.3** ~! (Preis-, Heilruf); ~ soll er leben! **11** ⟨60⟩ hohe **Jagd** ⟨Jagdw.⟩ • **11.1** *Jagd auf Hochwild;* Ggs *niedere Jagd,* → *nieder (2.1)* • **11.2** *das jagdbare Hochwild* **12** ⟨60⟩ höhere **Mathematik** *M., die schwierige Rechenoperationen (z. B. Differential- u. Integralrechnung) einschließt* **13** ⟨60⟩ hohe **Meinung** *weit über dem Durchschnitt stehende Bewertung, Beurteilung* • **13.1** eine hohe **Meinung von etwas** od. **jmdm.** haben *von etwas od. jmdm. viel halten* • **13.2** ⟨43⟩ **etwas** ist **jmdm. zu** ~ ⟨fig.; umg.⟩ *jmd. versteht etwas nicht, seine Kenntnisse reichen dazu nicht aus* **14** hoher **Ton** ⟨Mus.⟩ *T. von hoher Schwingungszahl;* Ggs *tief (9);* eine hohe Stimme haben • **14.1** ⟨50⟩ ein Instrument höher stimmen *die Tonhöhe steigern* • **14.2** ⟨60; Mus.⟩ das hohe C *das C der zweigestrichenen Oktave* **15** ⟨Math.⟩ *zur Potenz erhoben* • **15.1** 2 ~ 4 (2⁴) *2 zur 4. Potenz erhoben, die 2 viermal als Faktor genommen,* 2 × 2 × 2 × 2; →a. *Gefühl (2.1)* **16** ⟨Getrennt- u. Zusammenschreibung⟩ • **16.1** Hohe Lied = *Hohelied* • **16.2** Hohe Priester = *Hohepriester* • **16.3** ~ **achten** = *hochachten* • **16.4** ~ **schätzen** = *hochschätzen* • **16.5** ~ begabt = *hochbegabt* • **16.6** ~ **dosiert** = *hochdosiert* • **16.7** ~ **kompliziert** = *hochkompliziert*

Hoch ⟨n.; -s, -s⟩ **1** *Hochruf;* ein dreifaches ~ auf jmdn. ausbringen **2** ⟨Meteor.⟩ *Hochdruckgebiet;* barometrisches ~

hoch... ⟨in Zus.⟩ **1** ⟨mit Adj.; fig.⟩ *sehr* **2** ⟨mit Verben⟩ *empor..., hinauf...*

hoch|ach|ten *auch:* hoch ach|ten ⟨V. 500⟩ *jmdn.* ~ *jmdn. sehr schätzen, ihm große Achtung entgegenbringen*

Hoch|bau ⟨m.; -(e)s; unz.⟩ *Zweig der Bautechnik, in dem Bauten über der Erde, bes. vielgeschossige Häuser, ausgeführt werden;* Ggs *Tiefbau*

hoch|be|gabt *auch:* hoch be|gabt ⟨Adj.⟩ *sehr begabt*

hoch|brin|gen ⟨V. 118/500⟩ *jmdn. od. etwas* ~ *(wieder) gesund u. leistungsfähig machen;* einen Kranken wieder ~; ein Unternehmen ~

Hoch|burg ⟨f.; -, -en⟩ **1** *Bollwerk* **2** ⟨fig.⟩ *Mittelpunkt, Brennpunkt von Bestrebungen*

hoch|deutsch ⟨Adj. 24⟩ **1** *ober- u. mitteldeutsch;* alt~, mittel~, neu~ • **1.1** ~e **Sprache** *die ober- u. mittel-*

deutschen Mundarten, die sich durch eine Lautverschiebung von den niederdeutschen trennten **2** *auf der Sprache der sächs. Kanzleien beruhende deutsche Schriftsprache, im Unterschied zu den Mundarten;* ~ sprechen; auf Hochdeutsch

hoch|do|siert *auch:* hoch do|siert ⟨Adj.⟩ *in hoher Dosierung*

Hoch|druck ⟨m.; -(e)s; unz.⟩ **1** *hoher Luftdruck* **2** ⟨Tech.⟩ *Druck von Gasen u. Dämpfen über 100 bar* **3** ⟨Typ.⟩ *Druck(verfahren) mit erhabenen Lettern;* Ggs *Tiefdruck* **4** ⟨fig.; umg.⟩ *große Eile, Anspannung, Anstrengung aller Kräfte;* wir haben augenblicklich ~ (im Betrieb); mit ~ arbeiten

hoch|fah|rend ⟨Adj. 60⟩ *anmaßend, stolz u. aufbrausend*

hoch|flie|gend ⟨Adj. 60⟩ *ehrgeizig, nach hohen Zielen strebend;* ~e Pläne

Hoch|ge|bir|ge ⟨n.; -s, -⟩ *Gebirge von großer Höhe (über 1500 m)*

Hoch|ge|fühl ⟨n.; -(e)s; unz.⟩ *umfassendes Stolz- u. Glücksgefühl*

hoch|ge|hen ⟨V. 145/400(s.)⟩ **1** ⟨400; umg.; nddt.; mitteldt.⟩ *nach oben, in die Höhe gehen;* ich gehe schon (in mein Zimmer) hoch **2** *etwas geht hoch schwebt in die Höhe, steigt auf;* der Ballon ging hoch **3** ein **Sprengkörper** geht hoch *explodiert;* die Mine ging hoch **4** ⟨400; fig.; umg.⟩ *aufbegehren, auffahren, seinem Zorn, Ärger laut Ausdruck verleihen, wütend werden;* als ich es ihm sagte, ging er hoch **5** ⟨fig.; Gaunerspr.⟩ *von der Polizei entdeckt werden;* er ist hochgegangen • **5.1** eine **Sache** geht hoch *ein Schwindel wird aufgedeckt, ein Betrug wird entdeckt*

hoch|ge|mut ⟨Adj. 24; geh.⟩ *froh u. zuversichtlich, froh u. festl. gestimmt, froh-, wohlgemut*

hoch|ge|spannt *auch:* hoch ge|spannt ⟨Adj. 24/70⟩ **I** ⟨Zusammen- u. Getrenntschreibung⟩ *sehr gespannt;* ~e Erwartungen **II** ⟨nur Zusammenschreibung⟩ **1** ⟨El.⟩ *unter Hochspannung stehend, mit Hochspannung arbeitend* **2** *unter hohem Druck stehend;* hochgespannter Dampf; →a. *hoch (1.6)*

hoch|ge|stellt ⟨Adj.⟩ **1** *nach oben gestellt, eine halbe Zeile höher gesetzt;* ein ~er Buchstabe; eine ~e Zahl **2** ⟨70; fig.⟩ *von hohem Rang, von hohem Ansehen, bedeutend, wichtig;* ~e Persönlichkeit

hoch|ge|stimmt ⟨Adj. 24; geh.⟩ *frohgestimmt, froh u. zufrieden, froh u. erwartungsvoll*

hoch|ge|sto|chen ⟨Adj.; umg.⟩ **1** *geistig übertrieben anspruchsvoll;* eine Gesellschaft, ein Buch, eine Zeitschrift ist ~ **2** *hochtrabend, geschraubt, eingebildet;* sie spricht ziemlich ~

hoch|gra|dig ⟨Adj. 90⟩ *in hohem Grade, sehr, stark, heftig, besonders;* ~ geistesgestört; ~ nervös

hoch|hal|ten ⟨V. 160/500⟩ **1** *etwas* ~ *in die Höhe, nach oben halten;* er hielt das Bild hoch, damit alle es sehen konnten **2** *jmdn. od. etwas* ~ ⟨fig.⟩ *in Ehren halten, achten;* jmds. Andenken ~; →a. *hoch (1.4)*

hoch|her|zig ⟨Adj.; geh.⟩ *großmütig, edel*

hoch|kant ⟨Adv.24/50⟩ *auf die, auf der Schmalseite;* eine Kiste ~ stellen; der Balken liegt ~

hoch|kom|men ⟨V. 170/400 (s.)⟩ **1** *hinauf, herauf, nach*

500

oben kommen; deine Mutter hat gerufen, du sollst ~! **2** *aus einer Flüssigkeit auftauchen;* nach dem Sprung ins Wasser kam er schnell wieder hoch **3** ⟨400⟩ *(in der sozialen Hierarchie) nach oben kommen, nach oben gelangen;* er versucht verzweifelt hochzukommen • 3.1 er lässt niemanden (neben sich) ~ *er lässt niemanden sich heraufarbeiten, duldet niemanden neben sich* **4** ⟨410; fig.; mitteldt., niederdt.⟩ *(in physischer od. psychischer Beziehung) gesund werden;* er ist nach seiner Krankheit einfach nicht mehr hochgekommen **5** ⟨fig.⟩ • 5.1 ⟨400⟩ *sich aufraffen, sich moralisch aufrichten, Not überwinden;* er kommt immer wieder schnell hoch • 5.2 ⟨601⟩ *es kommt jmdm. hoch* ⟨a. fig.⟩ *es wird jmdm. übel;* es kommt einem, mir hoch; es kommt mir hoch, wenn ich so etwas sehe, höre

hoch|kom|pli|ziert *auch:* **hoch kom|pli|ziert** ⟨Adj.⟩ *sehr, äußerst kompliziert*

hoch|le|ben ⟨V. 400⟩ **1** *durch Hochrufe gefeiert werden;* er lebe hoch! • 1.1 jmdn. ~ **lassen** *durch Hochrufe feiern*

Hoch|mut ⟨m.; -(e)s; unz.⟩ **1** *übertriebener od. unberechtigter Stolz, Überheblichkeit* • 1.1 ~ kommt vor dem Fall (Sprichw.) *wer hochmütig ist, wird auch einmal gedemütigt*

hoch|mü|tig ⟨Adj.; abwertend⟩ *übertrieben stolz, eingebildet, überheblich;* jmdn. ~ anblicken; ein ~es Benehmen

hoch|neh|men ⟨V. 189/500⟩ **1** ⟨nord- u. mitteldt.⟩ *auf den Arm nehmen;* ein **Kind** ~ **2** ⟨fig.; umg.⟩ **jmdn.** ~ • 2.1 *ausbeuten, übervorteilen* 2.2 ⟨Vr 8⟩ *aufziehen, necken* • 2.3 ⟨umg.⟩ *verhaften*

Hoch|ofen ⟨m.; -s, -öfen⟩ *15-27 m hoher Schachtofen zur Gewinnung von Roheisen*

Hoch|sai|son ⟨[-zɛzɔ̃] od. [-zɛzɔn] f.; -, -s od. österr. [-zezoːn] f.; -, -en⟩ *Hauptsaison, Jahreszeit des meisten Betriebes, Jahreszeit mit dem meisten Fremdenverkehr*

hoch|schät|zen *auch:* **hoch schät|zen** ⟨V. 500/Vr 8⟩ **jmdn.** od. **etwas** ~ *sehr schätzen;* ich schätze ihn sehr hoch

hoch|schla|gen ⟨V. 218/500⟩ den **Kragen, das Revers** ~ *nach oben umschlagen*

Hoch|schu|le ⟨f.; -, -n⟩ *wissenschaftliche Lehr- u. Forschungsanstalt mit Abitur als Voraussetzung u. Möglichkeit zur Promotion;* →a. *Universität (1);* landwirtschaftliche ~; technische ~; ~ für Musik

Hoch|see ⟨f.; -; unz.⟩ *jenseits des Kontinentalsockels liegender Teil des Ozeans*

Hoch|span|nung ⟨f.; -; unz.⟩ **1** *elektr. Spannung über 250 V gegen Erde bzw. über 1000 V Transformatorspannung;* Vorsicht ~! (Aufschrift auf Warnschildern) **2** ⟨fig.⟩ *große Spannung, gespannte Erwartung;* wochenlang in ~ leben • 2.1 sich in ~ befinden *kurz vor einem heftigen Gefühlsausbruch stehen*

hoch|spie|len ⟨V. 500/Vr 7⟩ **jmdn.** od. eine **Sache** ~ *durch geschicktes Verhalten in den Vordergrund, an die Öffentlichkeit bringen;* eine Angelegenheit (künstlich) ~; ⟨aber Getrenntschreibung⟩ hoch spielen → *hoch (9.4)*

Hoch|spra|che ⟨f.; -; unz.⟩ *mundartfreie Sprache*

Hoch|sprung ⟨m.; -(e)s, -sprün|ge; Sp.⟩ *Sprung über eine auf zwei Ständern ruhende Latte aus dem Stand od. mit Anlauf von vorn od. schräg von der Seite*

höchst 1 ⟨Adj.; Superl. von⟩ *hoch;* das ~e Haus, der ~e Baumwipfel • 1.1 in ~em Grade *ganz besonders, sehr* • 1.2 es ist ~e Zeit *die Zeit drängt* • 1.3 ich bin aufs ~e/Höchste überrascht *sehr, außerordentlich überrascht* • 1.4 jmdn. in den ~en Tönen loben *jmdn. sehr loben* • 1.5 etwas zu jmds. ~er Zufriedenheit ausführen *sehr zufriedenstellend* • 1.6 der Höchste *Gott* **2** ⟨Adv.⟩ *sehr, äußerst;* so etwas kommt ~ selten vor

Hoch|stap|ler ⟨m.; -s, -⟩ *jmd., der durch das Vortäuschen einer gehobenen gesellschaftlichen Stellung Betrügereien begeht*

hoch|ste|hen ⟨V. 256/400⟩ **etwas** steht hoch *steht hoch nach oben aufgerichtet;* morgens stehen seine Haare immer hoch

hoch|ste|hend ⟨Adj.⟩ **1** *eine hohe gesellschaftliche od. berufliche Stellung innehabend, bedeutend, wichtig;* eine ~e Persönlichkeit • 1.1 geistig ~ *gebildet, kenntnisreich u. geistig anspruchsvoll*

höchs|tens ⟨Adv.⟩ **1** *nicht mehr als, nicht länger, weiter als;* ~ zehn Minuten; es waren ~ 20 Zuschauer **2** *im äußersten Falle;* ich kann dich ~ noch einmal anrufen, zu einem Besuch fehlt mir die Zeit

Hoch|stim|mung ⟨f.; -, -en; Pl. selten⟩ *frohe, festliche Stimmung, frohe, zuversichtliche Stimmung;* in ~ sein

höchst|wahr|schein|lich ⟨Adv.⟩ *sehr wahrscheinlich;* ~ werde ich nicht kommen

hoch|tra|bend ⟨Adj.⟩ *übertrieben, zu großartig, schwülstig;* ~e Redensarten

hoch|tra|gen ⟨V. 265/500; nord-, mitteldt.⟩ **jmdn.** od. **etwas** ~ *jmdn. od. etwas nach oben tragen, hinauftragen;* →a. *hoch (1.5)*

Hoch|ver|rat ⟨m.; -(e)s; unz.⟩ *Angriff auf Staatsverfassung, Staatsoberhaupt od. die innere Ordnung eines Staates*

Hoch|wald ⟨m.; -(e)s, -wäl|der⟩ *aus Samen od. Setzlingen erwachsener Wald, der mindestens 80 Jahre alt ist*

Hoch|was|ser ⟨n.; -s, -⟩ **1** *Hochflut, höchster Wasserstand eines Flusses od. Sees* **2** *Überschwemmung*

Hoch|wild ⟨n.; -(e)s; unz.⟩ *Elch-, Rot-, Dam-, Stein-, Gams-, Schwarz-, Auerwild, Bär, Luchs, Wolf, Adler, Falke, Schwan*

Hoch|zeit ⟨f.; -, -en⟩ **1** ⟨[hɔx-]⟩ *Eheschließung, Heirat* • 1.1 ~ feiern, halten, machen *heiraten* • 1.2 diamantene ~ *60. Jahrestag der H.* • 1.3 eiserne ~ *65. Jahrestag der H.* • 1.4 goldene ~ *50. Jahrestag der H.* • 1.5 grüne ~ *Tag der Eheschließung* • 1.6 hölzerne ~ *10. Jahrestag der H.* • 1.7 kupferne ~ *7. Jahrestag der H.* • 1.8 silberne ~ *25. Jahrestag der H.* **2** ⟨[hɔx-]⟩ Typ.⟩ *versehentlich doppelt gesetztes Wort* **3** ⟨[hoːx-]⟩ *Glanzzeit, Höhepunkt (einer Entwicklung);* eine ~ des Opernschaffens

Ho|cke ⟨f.; -, -n⟩ **1** *kauernde Stellung in tiefer Kniebeuge;* in die ~ gehen **2** *Sprung mit angezogenen Beinen über ein Turngerät (Bock, Pferd, Kasten)*

ho|cken ⟨V.⟩ **1** ⟨411⟩ *Stellung in tiefer Kniebeuge einnehmen, bei der die Füße den Boden entweder nur mit dem Ballen od. aber mit der ganzen Sohle berühren;* er hockte am Boden **2** ⟨411⟩ *sich klein machend, (unglücklich) zusammengesunken dasitzen;* die Hühner hockten nebeneinander auf der Stange **3** ⟨402/Vr 3⟩ **(sich) ~** ⟨umg.⟩ *in nachlässiger Haltung dasitzen;* er hockte am Tisch **4** ⟨511/Vr 3⟩ **sich ~** *Stellung des Hockens (1) einnehmen, sich kauern;* er hockte sich vor den Ofen • **4.1** *sich auf den Boden ~ am B. kauern* **5** ⟨411⟩ *lange untätig sitzen (bleiben), sich längere Zeit untätig an einem Ort aufhalten;* er hockt immer noch auf demselben Platz; er hockt immer nur bei anderen Leuten, in seinem Zimmer • **5.1** *(immer) zu Hause ~* ⟨umg.⟩ *viel zu Hause sein, wenig außer Haus kommen*

Ho|cker ⟨m.; -s, -⟩ *Stuhl ohne Lehne;* Bar~

Hö|cker ⟨m.; -s, -⟩ **1** *knöcherner Auswuchs* **2** *Rückgratverkrümmung,* Buckel **3** *hohes Fettpolster auf dem Rücken von Kamel u. Dromedar*

Ho|ckey ⟨[hɔke:] engl. [hɔkɪ] n.; -s; unz.; Sp.⟩ *Kampfspiel zwischen zwei Mannschaften zu je elf Spielern, die einen kleinen Ball mit langen Holzschlägern ins gegnerische Tor zu treiben versuchen*

Ho|de ⟨m.; -n, -n od. f.; -, -n; fast nur Pl.⟩ = Hoden

Ho|den ⟨m.; -s, -; Anat.⟩ *die männliche Keimdrüse, Bildungsstätte männlicher Keimzellen: Testis, Orchis;* oV Hode

Hof ⟨m.; -(e)s, Hö̈fe⟩ **1** *zum Haus gehörender, umschlossener Platz;* Hinter~, Kasernen~, Schloss~, Schul~; auf dem ~, im ~ spielen **2** *landwirtschaftlicher Betrieb, meistens Wohnhaus mit Ställen u. Feldern;* Bauern~; Pacht~; einen ~ bewirtschaften; →a. *Haus (1.6)* **3** *Gebäude mit dazugehörigem Betriebsgelände;* Bahn~, Schlacht~ **4** *fürstlicher Wohnsitz, fürstlicher Haushalt;* am ~ des Königs Ludwig • **4.1** ~ **halten** *sich mit seinem Gefolge aufhalten, residieren* (von Fürsten); ein Fürst hält Hof • **4.2 bei** ~**e** *in einem fürstlichen Haushalt;* das ist bei ~e so üblich; jmdn. bei ~e vorstellen, einführen **5** *fürstliches Gefolge, Hofstaat;* Königs~, Kaiser~; der König erschien mit seinem ganzen ~ • **5.1** einem Mädchen den ~ machen *sich um ein M. bemühen, bewerben, mit ihm flirten* **6** *oft Name von Hotels u. Gasthöfen (mit Ortsbezeichnung verbunden);* Bayerischer ~, Thüringer ~ **7** ⟨Meteor.⟩ *durch Brechung u. Spiegelung an Eiskristallen in der oberen Atmosphäre entstehender, leicht farbiger Ring um Sonne od. Mond;* der Mond hat heute einen ~ **8** *Feld in der Ecke des Halmabrettes*

hof|fä|hig ⟨Adj. 24⟩ **1** *berechtigt, bei Hofe zu erscheinen* **2** ⟨allg.⟩ *fähig, sich in der Öffentlichkeit gut zu benehmen;* er ist (nicht) ~

hof|fen ⟨V.⟩ **1** ⟨500 od. 510⟩ *etwas ~ für die Zukunft wünschen, zuversichtlich annehmen;* ~ wir das Beste!; er hofft, schon bald übermorgen zu können; das ist ja besser, mehr, als ich zu ~ gewagt hätte!; ich hoffe, dass er morgen kommen wird; alles Hoffen war vergebens; ich wage es nicht zu ~, dass … • **1.1** es steht zu ~, dass … *wir hoffen, dass …* **2** ⟨800⟩ **auf etwas ~** *die Verwirklichung von etwas wünschen;* wir ~ auf baldige Besserung **3** ⟨800⟩ **auf jmdn. ~** *von jmds. Kommen, jmds. Hilfe viel erwarten* **4** ⟨500⟩ *etwas ~* (wollen) *annehmen, voraussetzen;* ich will es ~!; ich will nicht ~, dass …

hof|fent|lich ⟨Adv.⟩ *es ist zu hoffen, dass …, ich hoffe, wünsche, dass …;* ob morgen wohl schönes Wetter wird? ~!; ob der Zug wohl Verspätung hat? ~ nicht; ~ hast du dich nicht erkältet; ~ kommen sie bald; ~ ist es so

Hoff|nung ⟨f.; -, -en⟩ **1** *Wunsch für die Zukunft, Wunsch, dass in der Zukunft etwas geschehen möge;* die ~ hegen, dass …; der Ausgang der Sache hat alle unsere ~en noch übertroffen; das ist eine törichte ~; meine ~ hat sich (nicht) erfüllt; ihre ~(en) wurde(n) enttäuscht; eine ~ begraben; ich möchte der ~ Ausdruck geben, verleihen, dass … ⟨geh.⟩ **2** *Glauben an die Erfüllbarkeit des Gewünschten;* falsche ~en hegen; wir hegen, haben begründete ~, dass …; ~ auf Genesung; jmdm. (neue) ~ einflößen, machen; er hat die ganze Zeit in der ~ gelebt, dass …; sie lebt nur noch von der ~, dass …; seine Bemerkung bestärkt mich in der ~, dass …; (neue) ~ schöpfen; sich der ~ hingeben, machen, dass …; sie klammert sich noch an die ~, dass …; jmdm. jede ~ nehmen; wir haben jede ~ aufgegeben; lasst alle ~ fahren, ihr, die ihr eintretet (Übersetzung der Inschrift über der Tür zur Hölle in Dantes „Göttlicher Komödie", 3,9); die ~ (im Busen) nähren ⟨poet.⟩ • **2.1** er knüpfte seine ~ an den Erfolg seines Konzerts *versprach sich etwas (Bestimmtes) vom E. seines Konzerts* • **2.2** jmdm. ~ **(auf etwas) machen** *jmdn. (fälschlicherweise) an die Erfüllbarkeit des Gewünschten glauben machen;* einem Mann ~ machen; sich vergebliche ~ machen **3** *(zuversichtliche) Erwartung;* seine ~ auf jmdn. od. etwas setzen • **3.1 guter ~ sein** ⟨fig.; veraltet⟩ *schwanger sein, in Erwartung sein* **4** *Möglichkeit, dass der gewünschte Erfolg eintritt;* es besteht noch eine schwache ~, dass …; es besteht keine ~ mehr, dass … **5** *nicht gerechtfertigte, falsche Vorstellung von der Wirklichkeit, Illusion;* bitte machen Sie sich keine ~en, dass … **6** *jmd., von dem man glaubt, dass er zum gewünschten Erfolg verhelfen kann* • **6.1** er ist meine letzte ~ *er allein kann vielleicht noch helfen*

hof||hal|ten ⟨alte Schreibung für⟩ *Hof halten*

ho|fie|ren ⟨V. 500/Vr 8⟩ *jmdn. ~ jmdm. Schmeicheleien sagen, Komplimente machen, sich um seine Gunst bewerben*

höf|lich ⟨Adj.⟩ *wohlerzogen, verbindlich, takt-, rücksichtsvoll, zuvorkommend;* jmdm. ~ seinen Platz anbieten; wir bitten Sie ~(st) (Briefstil); in ~em Ton etwas sagen

Höf|lich|keits|for|mel ⟨f.; -, -n⟩ *aus Höflichkeit gebrauchte, nichts sagende Redensart,* Floskel

Hof|staat ⟨m.; -(e)s, -en⟩ *fürstliches Gefolge, fürstlicher Haushalt*

Hö|he ⟨f.; -, -n⟩ **1** *Bodenerhebung, Hügel, Anhöhe, Berg;* bewaldete ~n; oben auf der ~ steht eine Kirche; die ~n des Taunus **2** *Ausdehnung, Erhebung, Erstre-*

ckung, Abmessung nach oben, Abstand nach unten; die ~ eines Berges, Hauses, Turmes, Wasserspiegels; die ~ eines Gegenstandes messen; die ~ dieses Turmes beträgt fast 100 Meter; an ~ gewinnen • **2.1 in die ~** *nach oben;* einen Ball in die ~ werfen; Preise in die ~ treiben; etwas in die ~ heben • **2.1.1** in der ~ *im Himmel;* Ehre sei Gott in der ~ • **2.2** in die ~ fahren ⟨fig.⟩ *aufspringen, sich schnell aufrichten* • **2.3** in die ~ gehen *(a. fig.) sich erregen, zornig werden* • **2.4** der Teig ist in die ~ gegangen *(auf)gegangen* **3** ~ (**über Normalnull**) *Höhe (2) über dem Meeresspiegel;* die Stadt liegt in 300 m (NN) ~; die Straße erreicht hier eine ~ von 1000 m (NN) **4** *Abstand von einem festen Punkt;* zwei Gegenstände, Linien o. Ä. auf gleiche ~ bringen • **4.1** die beiden Läufer lagen auf gleicher ~ *liefen nebeneinander* • **4.2** *geografische Breite;* Oslo liegt ungefähr auf der gleichen ~ wie Leningrad **5** ⟨fig.⟩ *Ausmaß, Größe einer Summe, eines Betrages;* die ~ eines Betrages, Preises, einer Summe; die ~ des Schadens ist noch nicht festgestellt; einen Beitrag in voller ~ bezahlen, ersetzen; ein Geschenk in ~ von zwanzig Euro; den ~ der Temperatur **6** *Höhepunkt, höchste Stufe (der Entwicklung);* in diesen Jahren stand er auf der ~ seines Ruhmes • **6.1** ich bin heute nicht ganz, wieder auf der ~ *ich fühle mich gesundheitlich nicht ganz, wieder wohl* • **6.2** jmdn. in die ~ bringen *jmdn. wieder gesundmachen* • **6.3** ein Geschäft, ein Unternehmen (wieder) in die ~ bringen *(wieder) leistungsfähig, gewinnbringend machen* • **6.4** das ist doch, ja die ~! *der Gipfel der Unverschämtheit* **7** *(Math.) senkrechter Abstand eines Eckpunktes von der gegenüberliegenden Seite;* (auf einer Linie) die ~ errichten **8** ~ eines Tones *(Phys.) Schwingungszahl in einer Sekunde;* Ton~ **9** ⟨Astron.⟩ *Winkel zwischen dem Horizont und einem Gestirn, gemessen auf dessen Vertikalkreis*

Ho|heit ⟨f.; -, -en⟩ **1** ⟨unz.⟩ *Erhabenheit, Vornehmheit, Würde;* die ~ seiner Erscheinung **2** ⟨unz.⟩ *oberste Staatsgewalt u. ihre Rechte;* Finanz~, Gerichts~, Landes~ **3** *(Titel für) fürstliche Person;* die ~en begaben sich zu Tisch; Eure ~; Kaiserliche ~ (Titel für den dt. Kronprinzen u. die österr. Erzherzöge); Königliche ~ (Titel für Angehörige eines regierenden od. großherzoglichen Hauses)

Ho|he|lied *auch:* **Ho|he Lied** ⟨f.; Gen.: Ho|he|lie|des od. Ho|hen Lie|des; unz.; Beugung des adj. Bestandteils nur bei Getrenntschreibung⟩ **1** *auf Salomo zurückgeführte Sammlung altjüd. Liebes- u. Hochzeitslieder im AT* **2** ⟨fig.⟩ *Loblied, Preislied;* das ~ der Liebe ⟨fig.⟩; ein ~ der Treue singen ⟨fig.⟩ *die Treue preisen*

Ho|he|pries|ter *auch:* **Ho|he Pries|ter** ⟨m.; Gen.: Hohe|pries|ters od. Ho|hen Pries|ters; unz.; ein Ho|hepries|ter od. Ho|her Pries|ter; Beugung des adj. Bestandteils nur bei Getrenntschreibung; Rel.⟩ *altjüd. Oberpriester*

Hö|he|punkt ⟨m.; -(e)s, -e⟩ Ggs *Tiefpunkt* **1** *wichtigster, bedeutendster, bester Teil einer Entwicklung, eines Vorgangs;* der ~ einer Entwicklung; den ~ des Spiels, des Wettkampfes erreichen, überschreiten

• **1.1** *schönster Augenblick;* der ~ des Abends war ein Feuerwerk

hohl ⟨Adj.⟩ **1** *innen leer, ausgehöhlt;* eine ~e Nuss; ein ~er Baum; ein ~er Zahn **2** *muldenförmig vertieft*
• **2.1** ein ~es **Kreuz**, ein ~er **Rücken** *übermäßige, starke Krümmung der Wirbelsäule nach vorn* • **2.2** ~e **Gasse** *Hohlweg* • **2.3** die ~e **Hand** • **2.3.1** *gekrümmte Handfläche* • **2.3.2** *(Sinnbild der Bestechlichkeit u. Neigung, überall Geld zu fordern)* • **2.4** *konkav, nach innen gekrümmt;* eine ~e Linse • **2.5** *eingefallen;* ~e Wangen **3** *dumpf;* ~er Husten; ~e Stimme; ~ klingen **4** *etwas für (auf) den ~en* **Zahn** ⟨umg.⟩ *zu wenig, um satt zu werden* **5** ⟨fig.⟩ *inhaltsleer, ohne inneren Gehalt;* ~e Phrasen • **5.1** ein ~er **Kopf** *(abwertend) geistloser, dummer Mensch*

Höh|le ⟨f.; -, -n⟩ **1** *natürlicher Hohlraum in Gestein od. Baum mit verhältnismäßig kleinem Zugang;* sich in einer ~ verstecken • **1.1** sich in die ~ des Löwen begeben ⟨fig.⟩ *sich mutig zu jmdm., der einem nicht wohlwill od. gefährlich werden kann, begeben* **2** *Behausung wilder Tiere unter der Erde, Bau;* der Fuchs kroch aus seiner ~ **3** *Loch;* Felsen~, Mund~ **4** ⟨kurz für⟩ *Augenhöhle* **5** ⟨fig.; umg.⟩ *elende, dürftige Behausung, schlechte Wohnung;* die Familie hauste in ärmlichen ~n **6** ⟨veraltet; Bgb.⟩ *Fördertrog u. -maß von 16 Zentnern*

Hohl|maß ⟨n.; -es, -e⟩ *Maß zur Bestimmung von Rauminhalt od. Flüssigkeitsmengen, z. B. Kubikmeter, Liter*

Hohl|spie|gel ⟨m.; -s, -; Opt.⟩ *Spiegel mit einer nach hinten gewölbten Fläche, der das Spiegelbild vergrößert*

Hohl|tier ⟨n.; -(e)s, -e; Zool.⟩ *Angehöriges einer Unterabteilung niedrig organisierter Meerestiere, deren Körper aus einem Hohlraum besteht, der zur Verdauung dient: Coelenterata*

Hohl|weg ⟨m.; -(e)s, -e⟩ *Weg durch einen Geländeeinschnitt, z. B. eine Schlucht*

Hohn ⟨m.; -(e)s; unz.⟩ **1** *scharfer, böser Spott;* beißender, bitterer ~; nichts als, nur ~ und Spott ernten • **1.1** es ist der reinste ~ *es widerspricht jedem Gefühl für Takt, Rücksichtnahme, Achtung* • **1.2** jmdm. etwas zum ~e tun *gegen seinen Willen, um ihn zu ärgern* **2** ⟨Getrennt- und Zusammenschreibung⟩
• **2.1** ~ **lachen** = hohnlachen • **2.2** ~ **sprechen** = hohnsprechen

höh|nen ⟨V.⟩ **1** ⟨402⟩ (etwas) ~ *höhnisch sagen;* „…!", höhnte er **2** ⟨500⟩ **jmdn.** od. **etwas** ~ *verhöhnen, böse verspotten*

höh|nisch ⟨Adj.⟩ *voller Hohn, spöttisch, böse u. schadenfroh;* jmdn. ~ anschauen; ein ~er Blick

hohn|la|chen *auch:* **Hohn la|chen** ⟨V. 400⟩ **1** *höhnisch, böse u. schadenfroh lachen;* er lachte Hohn / hohnlachte **2** ⟨fig.; geh.⟩ *entgegenstehen, zuwiderlaufen;* diese Entscheidung hohnlacht jeglicher Vernunft

hohn|spre|chen *auch:* **Hohn spre|chen** ⟨V. 251/600 od. 700⟩ einer **Sache** ~ *eine S. in beleidigender Weise missachten, zu einer S. in verletzendem Widerspruch stehen;* das spricht jeglicher Menschlichkeit Hohn

Ho|kus|po|kus ⟨m.; -; unz.⟩ **1** *(Formel beim Vorführen*

hold

von Zauberkunststücken) • 1.1 *Zaubertrick* **2** ⟨fig.⟩ *Zauberei, Vortäuschung, Blendwerk;* was soll dieser ganze ~?

hold ⟨Adj. 43; geh.; veraltet⟩ **1** *günstig gesinnt, gewogen, zugetan;* jmdm. ~ sein; er ist mir nicht ~ (gestimmt) • 1.1 das Glück ist jmdm. ~ *jmd. hat G.* **2** *lieblich, bezaubernd, anmutig u. zierlich;* ihr ~es Antlitz; ein ~es Mädchen, Wesen

hold|se|lig ⟨Adj.; veraltet⟩ *reizend, lieblich, überirdisch schön;* ein ~es Antlitz, Lächeln

ho|len ⟨V. 500⟩ **1** etwas ~ *hingehen u. etwas herbringen, herbeischaffen, heranbringen;* morgens die Post, Brötchen ~ • 1.1 ⟨516⟩ ein **Kind** (bei der Geburt) mit der Zange ~ *bei der G. mit der Z. nachhelfen* • 1.2 Atem, Luft ~ *einatmen* • 1.2.1 ⟨513⟩ tief Luft ~ *tief einatmen* **2** jmdn. ~ *veranlassen, bitten zu kommen;* den Arzt, Notdienst ~; eine Freundin zum Spielen ~; →a. *Teufel (5.3)* **3** ⟨530/Vr 1⟩ **sich etwas ~** *sich etwas zuziehen, einhandeln;* sich einen Schnupfen ~ • 3.1 sich eine Abfuhr ~ *(barsch, kurz) abgewiesen werden* • 3.2 sich (bei jmdm.) Rat ~ *sich von jmdm. beraten lassen* **4** hier, dabei, in dieser Angelegenheit ist **nichts zu** ~ ⟨umg.⟩ *nichts zu gewinnen*

hol|la! ⟨Int.⟩ **1** *(Anruf)* ~, wer kommt denn da angelaufen? **2** *(Ausruf, mit dem eine Einschränkung, ein leichtes Erschrecken od. Erstaunen od. der Wunsch, mit etwas aufzuhören, ausgedrückt wird);* ~, das hätte ich aber nicht von ihm gedacht!; ~, fast wäre ich hingefallen!

Höl|le ⟨f.; -; unz.⟩ **1** *in vielen Religionen gedachter Ort der Qual u. Pein für Sünder;* Angst vor der ~ haben • 1.1 der Fürst der ~ *der Teufel* • 1.2 Ausgeburt der ~ *schreckliches, furchteinflößendes Wesen* • 1.3 der Weg zur ~ ist mit guten Vorsätzen gepflastert ⟨Sprichw.⟩ *was nützen alle guten Vorsätze, wenn man sich nicht daran hält;* →a. *Himmel (2.6, 2.7)* **2** ⟨fig.⟩ *Ort großer Qual* • 2.1 fahr, scher dich **zur** ~! ⟨umg.⟩ *mach, dass du fortkommst!* • 2.2 jmdn. zur ~ wünschen *jmdn. verwünschen* • 2.3 jmdm. die ~ heiß machen *jmdn. einschüchtern, jmdm. eindringlich ins Gewissen reden* **3** ⟨fig.⟩ *Qual;* das Leben dort ist eine ~; jmdm. das Leben zur ~ machen • 3.1 dort ist die ~ los *dort tobt ein heftiges Unwetter, sind gefährliche Unruhen, ist ein lärmendes Durcheinander u. Ä.* **4** ⟨veraltet; süddt.⟩ *Raum zwischen Ofen u. Wand*

höl|lisch ⟨Adj.⟩ **1** ⟨60; Rel.⟩ *zur Hölle gehörig;* im ~en Feuer brennen • 1.1 *teuflisch;* ~e Zauberei, ~e Künste betreiben **2** ⟨fig.; umg.⟩ *schrecklich, qualvoll, grausam;* ~e Schmerzen; die Wunde brennt ~; es tut ~ weh **3** ⟨90; fig.; umg.⟩ *sehr groß, sehr stark;* eine ~e Hitze; ich muss ~ aufpassen, dass ...

Holm[1] ⟨m.; -(e)s, -e⟩ **1** *jede der beiden Längsstangen an Leiter u. Barren* **2** ⟨Flugw.⟩ *im Tragflügel vom Rumpf nach außen führender Träger* **3** *Axtstiel* **4** *Schaft, Griff des Ruders* **5** ⟨Bauw.⟩ *mit Pfählen verzapfter, quer liegender Balken*

Holm[2] ⟨m.; -(e)s, -e⟩ **1** *Flussinsel, kleine Insel od. Halbinsel* **2** ⟨nddt.⟩ *Schiffswerft*

Ho|lo|caust ⟨m.; -s; unz.; engl.-amerikan. Bez. für⟩ **1** ⟨i. e. S.⟩ *die Judenvernichtung während der Zeit des Nationalsozialismus;* wir gedenken der Opfer des ~s **2** ⟨i. w. S.⟩ *massenhafte Vernichtung menschlichen Lebens, Ausrottung eines Volkes, Völkermord*

Ho|lo|zän ⟨n.; -s; unz.⟩ *jüngste Abteilung des Quartärs (mit Abnahme der Vereisung)*

hol|pe|rig ⟨Adj.⟩ oV holprig **1** *uneben, voller Löcher u. Steine, grob gepflastert;* ein ~er Weg, eine ~e Straße **2** ⟨fig.⟩ *ungeschliffen, ungewandt;* ein ~er Stil; der Aufsatz ist ~ geschrieben

hol|pern ⟨V. 400⟩ **1** ⟨(s.)⟩ ein **Wagen** holpert *fährt rüttelnd auf unebenem Weg* **2** **Sätze** ~ *sind ungeschickt gebaut, nicht flüssig geschrieben* **3** beim Lesen ~ *nur stockend lesen*

holp|rig ⟨Adj.⟩ = holperig

Ho|lun|der ⟨m.; -s, -; Bot.⟩ *zur Gattung der Geißblattgewächse gehörendes Holzgewächs mit dickem Mark, gefiederten Blättern u. schirm- od. straußförmigen weißen Blütenständen: Sambucus;* ~beeren, ~blüten; →a. *schwarz (2.18)*

Holz ⟨n.; -es, Höl|zer⟩ **1** *hauptsächlicher Bestandteil der Wurzeln, des Stammes u. der Äste der Bäume u. Sträucher;* dürres, grünes, hartes, trockenes, weiches ~; ~ hacken, sägen, spalten • 1.1 ~ **fällen,** hauen *Bäume fällen* • 1.2 der Baum ist **ins** ~ **geschossen** *hat viele Äste u. Zweige, aber wenig Früchte* • 1.3 *Brennstoff aus Holz (1);* einen Ofen mit ~ heizen; ~ auflegen, nachlegen • 1.4 *Bau-, Werkstoff aus Holz (1);* ein Gegenstand aus ~; ein auf ~ gemaltes Bild; edles, gemasertes, helles, dunkles, poliertes ~; eine Wand, ein Zimmer mit ~ verkleiden **2** ⟨unz.; Biol.⟩ *von Bäumen u. Sträuchern nach innen abgeschiedenes Zellgewebe, das zur Leitung von Wasser, zur Erhöhung der Festigkeit u. zur Speicherung organischer Substanzen dient* **3** ⟨unz.; Jägerspr.; regional⟩ *Wald;* ins ~ gehen, fahren; das Wild zieht zu ~e **4** *Gegenstand aus Holz (1)* • 4.1 *länglich runder, aus Holz gearbeiteter Gegenstand;* Nudel~, Schlag~ • 4.2 ⟨unz.⟩ *Gesamtheit der Holzblasinstrumente im Orchester;* das ~ war zu laut, zu leise, zu stark, zu schwach • 4.3 *Kegel;* gut ~! (Gruß der Kegler) • 4.4 ⟨nur Pl.⟩ *Hölzer zum Bauen od. für andere Zwecke präparierte Stämme* **5** ⟨unz.; fig.⟩ • 5.1 *steifes, stummes, unempfindliches Wesen* • 5.1.1 dasitzen wie ein Stück ~ *steif u. stumm* • 5.1.2 ich bin doch nicht aus ~! *unempfindlich gegen sinnliche Reize* • 5.2 aus anderem, feinem, grobem ~ geschnitzt *von anderer, feiner, grober Wesensart* • 5.3 ~ in den Wald tragen *etwas Überflüssiges tun;* →a. *Dummheit (1.2)* • 5.4 ~ sägen ⟨umg.; scherzh.⟩ *schnarchen* • 5.5 ~ auf sich hacken lassen *sich alles gefallen lassen*

Holz|blas|in|stru|ment auch: **Holz|blas|ins|tru|ment** auch: **Holz|blas|inst|ru|ment** ⟨n.; -(e)s, -e; Mus.⟩ *Blasinstrument aus Holz (Flöte, Oboe, Klarinette, Fagott)*

hol|zen ⟨V. 400⟩ **1** ⟨500⟩ Wald ~ *Bäume des W. schlagen;* den Wald ~ **2** ⟨fig.; umg.⟩ *ohne Sorgfalt arbeiten* **3** ⟨umg.; Sp.⟩ *roh od. regelwidrig spielen (bes. Fußball)* **4** ⟨Mus.⟩ *oft falsch spielen* **5 Raubwild** holzt

⟨Jägerspr.⟩ *klettert auf Bäume* **6 Flugwild, Marder**
~ ⟨Jägerspr.⟩ *bewegen sich von Baum zu Baum fort*

höl|zern ⟨Adj. 24⟩ **1** *aus Holz;* ~es Spielzeug; eine ~e Brücke **2** ⟨fig.⟩ *trocken, steif, langweilig, linkisch, unbeholfen;* ein ~er Mensch, ~e Manieren, ein ~er Stil

Holz|ham|mer ⟨m.; -s, -häm|mer⟩ **1** *hölzerner Hammer* • 1.1 jmdm. etwas mit dem ~ beibringen ⟨fig.; umg.⟩ *grob, schonungslos*

Holz|koh|le ⟨f.; -, -n⟩ *durch Holzverkohlung gewonnene Kohle*

Holz|schnitt ⟨m.; -(e)s, -e⟩ **1** ⟨unz.⟩ *Holzschneidekunst, die Kunst, mit dem Messer aus einer Holzplatte (weiches Holz, entlang der Faser) eine bildliche Darstellung herauszuschneiden, so dass sie erhaben stehen bleibt, eingefärbt u. auf Papier abgedruckt werden kann* **2** *der Abzug von dem Holzschnitt (1)*

Holz|stich ⟨m.; -(e)s, -e⟩ **1** ⟨unz.⟩ *dem Holzschnitt ähnliche Kunst, mit dem Stichel aus einer Holzplatte (hartes Holz, quer zur Faser) eine bildliche Darstellung herauszuarbeiten* **2** ⟨zählb.⟩ *der Abzug von dem Holzstich (1)*

Holz|weg ⟨m.; -(e)s, -e⟩ **1** ⟨urspr.⟩ *nur der Waldwirtschaft dienender Weg, der keine Orte miteinander verbindet* **2** ⟨fig.⟩ *falsche Fährte* • 2.1 da bist du auf dem ~ *da irrst du dich, da bist du im falschen Glauben*

Ho|mo¹ ⟨m.; -s od. Ho|mi|nis, Ho|mi|nes⟩ **1** *abstammungsmäßige Vorform des Menschen od. der Mensch selbst* • 1.1 ~ **Faber** *der Mensch als ein Wesen, das sich Werkzeuge u. auch andere technische Geräte herstellen kann* • 1.2 ~ **ludens** *der spielende, schöpferische Mensch* • 1.3 ~ **sapiens** *Angehöriger einer Gattung des Homo (1), die dem heutigen Menschen entspricht*

Ho|mo² ⟨m.; -s, -s; abwertend; umg.; kurz für⟩ *Homosexueller*

ho|mo|fon ⟨Adj.⟩ oV *homophon* **1** ⟨Sprachw.⟩ *gleich lautend, lautlich identisch;* „Seite" und „Saite" sind ~e Wörter **2** ⟨Mus.⟩ *die Melodiestimme durch Akkorde unterstützend u. hervorhebend, in der Art eines harmonischen Gleichklangs;* Ggs *polyfon*

ho|mo|gen ⟨Adj.⟩ *gleichartig, gleichmäßig zusammengesetzt, übereinstimmend;* Ggs *heterogen*

Ho|möo|pa|thie ⟨f.; -; unz.⟩ *Heilverfahren, bei dem der Kranke mit kleinsten Dosen von Mitteln behandelt wird, die höher dosiert beim Gesunden die gleichen Krankheitserscheinungen hervorrufen würden, nach dem Grundsatz: Ähnliches durch Ähnliches heilen*

ho|mo|phon ⟨Adj.⟩ = *homofon*

ho|mo|se|xu|ell ⟨Adj. 24⟩ *zum gleichen Geschlecht hinneigend;* Ggs *heterosexuell*

Ho|mo|se|xu|el|le(r) ⟨f. 2 (m. 1)⟩ *jmd., der homosexuell veranlagt ist*

Ho|nig ⟨m.; -s; unz.⟩ **1** *als Nährstoff u. Heilmittel dienender brauner bis gelblicher, meist dünner bis zähflüssiger süßer Stoff, der von den Arbeitsbienen als Nektar aufgesogen, verarbeitet u. in den Waben im Stock gespeichert wird;* ein Brot mit ~; Gebäck mit ~; ~ kaufen; →a. *Milch (1.1.2)* **2** ⟨fig.; umg.⟩ *schöne Worte;* sie redet süß wie ~ • 2.1 jmdm. ~ um den Bart, ums Maul, um den Mund schmieren, streichen ⟨fig.; umg.⟩ *jmdm. schmeicheln*

ho|nig|süß ⟨Adj.⟩ **1** *süß wie Honig, sehr süß* **2** ⟨fig.⟩ *übertrieben freundlich, aber falsch;* ein ~es Lächeln, ~e Worte

Hon|neurs ⟨[ɔnœːrs] nur Pl.; veraltet⟩ *Ehrenbezeigungen;* die ~ machen

Ho|no|rar ⟨n.; -s, -e; bei freien Berufen⟩ *Vergütung von Leistungen freier Berufe;* Autoren~, Stunden~

Ho|no|ra|tio|ren ⟨nur Pl.; heute meist scherzh.⟩ *die angesehenen, bedeutenden Bürger (bes. einer Kleinstadt);* die ~ der Stadt waren versammelt

ho|no|rie|ren ⟨V. 500⟩ **1** etwas ~ *dankerfüllt anerkennen* **2** *freiberufliche Arbeit* ~ *bezahlen, vergüten* **3** *Wechsel* ~ *einlösen*

Hoo|li|gan ⟨[huːlɪɡən] m.; -s, -s⟩ *gewalttätiger, randalierender Fußballfan, Rowdy*

Hop|fen ⟨m.; -s; unz.; Bot.⟩ **1** *einer Gattung der Hanfgewächse angehörende zweihäusige Schlingpflanze: Humulus* **2** *Fruchtstände des Hopfens (1), die als Rohstoff bei der Bierbereitung verwendet werden* • 2.1 bei ihm ist ~ und Malz verloren ⟨fig.; umg.⟩ *ihm ist nicht zu helfen, er ist nicht mehr erziehbar*

hopp! ⟨Int.⟩ **1** *(Aufforderung zum raschen Aufstehen, zum Beeilen, zum Springen)* • 1.1 ~! *los!;* ~, steh auf! • 1.2 bei ihm muss alles ~ ~ gehen *sehr schnell, zu schnell u. daher flüchtig* • 1.3 aber nun ein bisschen ~! ⟨umg.⟩ *ein bisschen schnell*

hop|peln ⟨V. 400⟩ *ungleichmäßig hüpfen;* drei Hasen hoppelten über den Weg

hopp|neh|men ⟨V. 189/500; umg.⟩ jmdn. ~ *jmdn. verhaften;* die Täter wurden von den Polizisten hoppgenommen

hop|sen ⟨V. 400(s.); umg.⟩ **1** *hüpfen;* die Kinder hopsten auf dem Bett **2** ⟨fig.⟩ *schlecht tanzen, mehr hüpfen als tanzen*

hör|bar ⟨Adj. 24⟩ *so beschaffen, dass man es hören kann;* ~ atmen; das Geräusch ist kaum ~

Hör|buch ⟨n.; -(e)s, -bü|cher⟩ *CD (od. Kassette), die mit Text bespielt ist, der (von einem od. mehreren Sprechern) aus einem Buch vorgelesen wird*

hor|chen ⟨V. 400⟩ **1** *etwas zu hören versuchen, auf ein Geräusch warten;* ich horche schon die ganze Zeit, ob ich nicht seine Schritte höre; auf die Atemzüge eines Kranken ~ **2** ⟨umg.⟩ *lauschen, heimlich mithören;* an der Tür ~

Hor|de¹ ⟨f.; -, -n⟩ *Lattengestell, ein- od. mehrstöckiger Rost zum längeren Aufbewahren von Obst od. Kartoffeln;* oV *Hürde (4)*

Hor|de² ⟨f.; -, -n⟩ **1** *wilde Menge, ungeordnete Schar;* eine ~ von Kindern, Soldaten **2** ⟨bei Naturvölkern⟩ *eine kleine Gruppe miteinander verwandter, gleichgestellter, nicht dauernd zusammenwohnender Familien in einem fest umgrenzten Gebiet*

hö|ren ⟨V.⟩ **1** ⟨410⟩ *mit den Gehörorganen wahrnehmen;* gut, schlecht, nicht(s), schwer ~; nur auf einem Ohr ~; →a. *Ohr (1.2.5)* • 1.1 ⟨500⟩ *(auf beiden Ohren)* nichts ~ *taub sein* • 1.1 vor Schreck od. Aufregung nichts mehr wahrnehmen **2** ⟨507⟩ *etwas* od. *ein Lebewesen* (kommen) ~ *mit den Gehörorganen wahrnehmen;* ein Geräusch, einen Ton, Schrei, Knall ~; man hörte

Hörensagen

die Schlangen im Gras rascheln; ich habe gehört, dass, ob, wie jmd. od. etwas kommt; jmdn. lachen, singen sprechen ~ • 2.1 ⟨513/Vr 3⟩ er hört **sich gern** (sprechen) *er meint, was er sagt, sei sehr wichtig* • 2.2 *jmdn. od. etwas ~ anhören* • 2.2.1 *wir müssen auch ihn ~ ihn seine Meinung sagen lassen* • 2.2.2 ich kann das ewige Klagen nicht mehr ~ *nicht mehr ertragen* 3 *an einer Veranstaltung teilnehmen;* eine Oper, ein Konzert, einen Vortrag ~; das Hören von (guter) Musik • 3.1 ein Kolleg, eine **Vorlesung** ~ *besuchen, (regelmäßig) daran teilnehmen;* bei Professor X ~; neuere Geschichte ~ • 3.2 die **Beichte** ~ *die B. abnehmen* • 3.3 die **Messe** ~ *an der M. teilnehmen* 4 ⟨400; Imperativ⟩ höre und staune! *(Ausruf der Verwunderung)* • 4.1 hör einmal! ⟨umg.⟩ *pass auf, was ich dir sagen will!* • 4.2 hört! hört! *(Ausruf des Missfallens)* • 4.3 aber hör (doch) mal!, na, ~ Sie mal! ⟨umg.⟩ *(Einwand)* • 4.4 lass ~! ⟨umg.⟩ *(Aufforderung, über etwas zu sprechen od. zu berichten)* 5 **sich ~ lassen** • 5.1 sich vor einem Publikum ~ lassen *etwas vortragen, vorspielen, vorsingen* • 5.2 das lässt sich ~ *das ist ein vernünftiger Vorschlag, damit bin ich einverstanden* 6 ⟨500⟩ eine **Nachricht** ~ *vernehmen, in Erfahrung bringen;* wie ich gestern hörte; ich habe von ihm (über ihn) nicht viel Gutes gehört; ich habe gehört, dass …; hast du schon gehört, der X soll verhaftet worden sein; ich habe davon gehört; von dir hört man ja schöne Sachen ⟨iron.⟩ • 6.1 ⟨570⟩ von jmdm. od. etwas nichts ~ *wollen nichts zu tun haben wollen mit;* ich will von ihm, davon nichts ~ • 6.2 ⟨800⟩ *Nachricht geben, bekommen;* Sie werden wieder von mir ~; lass mal etwas von dir ~; lassen Sie bald von sich ~ • 6.3 ⟨470⟩ ich habe **sagen** ~ *erfahren;* →a. *Hörensagen* • 6.4 ⟨514⟩ ich höre **an** seiner Stimme, dass er ärgerlich ist *erkenne es an seiner S.* 7 ⟨405⟩ (**auf jmdn. od. etwas**) ~ *(jmdm. od. etwas) folgen, gehorchen;* ich kann sagen, was ich will, der Junge hört nicht; auf einen Rat ~; der Hund hört auf den Namen Bello; alles hört auf mein Kommando! ⟨Mil.⟩ • 7.1 ⟨400 + Modalverb⟩ wer nicht ~ will, muss fühlen ⟨Sprichw.⟩ *wer keinen Rat annehmen will, muss die Folgen tragen*

Hö|ren|sa|gen ⟨n.; unz.; nur in der Wendung⟩ etwas nur vom ~ kennen, wissen *gerüchtweise, nur von anderen, vom Erzählen, nicht aus eigener Erfahrung od. Anschauung*

Hö|rer ⟨m.; -s, -⟩ 1 *jmd., der etwas anhört, einer Sache zuhört, Zuhörer;* verehrte ~innen und ~! 2 *Teilnehmer eines Kollegs, einer Vorlesung;* viele, wenig ~ haben (Hochschullehrer); eine Vorlesung für ~ aller Fakultäten; sich als ~ (an der Universität, für eine Vorlesung) einschreiben 3 *bei nicht tragbaren Telefonen der Teil des Telefons, der die Schallwellen überträgt;* Telefon~; den (Telefon)~ abnehmen, auflegen

Hö|re|rin ⟨f.; -, -rin|nen⟩ *weibl. Hörer (1,2)*

Hör|funk ⟨m.; -s; unz.⟩ *Rundfunk im Unterschied zum Fernsehen*

hö|rig ⟨Adj. 70⟩ 1 ⟨24; früher⟩ *an den vom Grundherrn verliehenen Grund u. Boden gebunden u. zu Abgaben u. Frondienst verpflichtet* 2 ⟨fig.⟩ *an einen Menschen bis zur Selbstaufgabe innerlich gebunden, bes. durch sexuellen Reiz;* jmdm. (sexuell) ~ sein

Ho|ri|zont ⟨m.; -(e)s, -e⟩ 1 *waagerechte (scheinbare) Trennungslinie zwischen Himmel u. Erde;* Sy *Gesichtskreis;* die Sonne berührte den ~, versank unter den ~ 2 *jmd.* **hat** einen … ~ *Umfang der geistigen Interessen u. der Bildung;* Sy *Gesichtskreis;* geistiger ~; weiter, enger, beschränkter ~; das geht über seinen ~ 3 ⟨Geol.; Archäol.⟩ *waagerechte Fläche od. Schicht in der Erde mit besonderen Merkmalen* 4 = *Prospekt (1)*

ho|ri|zon|tal ⟨Adj. 24⟩ 1 *waagerecht;* Ggs *vertikal* 2 ~es **Gewerbe** ⟨derb⟩ *Prostitution*

Hor|mon ⟨n.; -s, -e⟩ *vom Körper gebildeter Wirkstoff, der eine bestimmte Körperfunktion reguliert*

Horn[1] ⟨n.; -(e)s, Hör|ner⟩ 1 *bei vielen Säugetieren auf der Stirn befindlicher spitzer Auswuchs zur Zierde od. als Waffe;* der Stier nahm den Mann auf die Hörner • 1.1 den Stier **bei** den **Hörnern nehmen,** packen *eine unangenehme Angelegenheit energisch, ohne zu zögern angreifen* 2 *etwas, das entweder ursprünglich die Form eines Horns (1) hatte od. immer noch daran erinnert* • 2.1 Zacke am Amboss • 2.2 Bergspitze, Felsspitze usw. • 2.3 *altes Trinkgefäß;* Trink~ 3 ⟨umg.⟩ *Beule (am Kopf, an der Stirn);* sich ein ~ stoßen, rennen 4 ⟨fig.⟩ • 4.1 sich die Hörner ablaufen, abstoßen *Jugendtorheiten begehen und überwinden, Erfahrungen machen, sammeln* • 4.2 in jmds. ~ **blasen,** tuten, in dasselbe ~ blasen, tuten wie jmd. *der gleichen Meinung sein, jmdn. in seiner Meinung unterstützen* 5 ⟨Mus.⟩ *ursprünglich aus Tierhorn od. Tierzahn gefertigtes, mehrmals kreisförmig gewundenes Blechblasinstrument mit drei Ventilen;* Wald~; Ventil~ • 5.1 ins ~ stoßen *das Horn (5) blasen* 6 einem **Ehemann** Hörner **aufsetzen** ⟨fig.; veraltet⟩ *einen E. durch Ehebruch betrügen*

Horn[2] ⟨n.; -(e)s; unz.⟩ *in den Epidermiszellen vieler Wirbeltiere gebildete, harte od. elastische Substanz, aus der auch Horn*[1] *(1) besteht;* Haare, Nägel bestehen aus ~

Hörn|chen ⟨n.; -s, -⟩ 1 *kleines Horn* 2 *hornartig gebogenes, leicht süßes Gebäck;* ein frisches ~ 3 *der Familie der Nagetiere angehörender Sohlengänger, meist mit langem, behaartem Schwanz: Sciuridae;* Eich~, Flug~

Horn|haut ⟨f.; -, -häu|te⟩ 1 *Schwiele, verhornte Hautstelle* 2 *im Auge der Wirbeltiere der durchsichtige, uhrglasförmige Teil der Lederhaut im Vorderteil des Augapfels: Cornea*

Hor|nis|se ⟨a. ['---] f.; -, -n; Zool.⟩ *größte mitteleuropäische Wespe: Vespa crabro*

Ho|ro|skop auch: **Ho|ros|kop** ⟨n.; -s, -e⟩ *Aufzeichnung der Gestirnkonstellation als Grundlage zur Charakter- u. Schicksalsdeutung;* jmdm. das ~ stellen

Hör|rohr ⟨n.; -(e)s, -e⟩ *ärztliches Untersuchungsgerät zum Abhören von Herz u. Lunge*

Hor|ror ⟨m.; -s; unz.⟩ *Grauen, Entsetzen, Abscheu;* ich habe jetzt schon einen ~ vor der Mathearbeit; ~film; ~trip

Hör|saal ⟨m.; -(e)s, -sä|le; in Universitäten⟩ **1** *großer Unterrichtsraum, häufig mit ansteigenden Sitzreihen (in Universitäten)* **2** ⟨umg.⟩ *die im Hörsaal (1) versammelten Zuhörer*

Hör|spiel ⟨n.; -(e)s, -e; Rundfunk⟩ *für u. durch den Rundfunk entwickelte dramatische Literaturgattung, die nur auf das Hören zugeschnitten u. durch intimen Charakter, starke Konzentration der Handlung u. geringe Personenzahl gekennzeichnet ist*

Horst ⟨m.; -(e)s, -e⟩ **1** ⟨Forstw.⟩ *Gehölz, Baumgruppe* **2** *großes von Greifvögeln gebautes Nest aus Reisig; Adler~* **3** ⟨Geol.⟩ *Scholle, die über die Umgebung nach oben gehoben worden ist*

Hort ⟨m.; -(e)s, -e⟩ **1** ⟨poet.⟩ *Schatz; Nibelungen~* **2** *Schutz, Zuflucht;* ein sicherer ~ **3** *Tagesstätte für Kinder;* Kinder~; ein Kind in den ~ geben **4** ⟨geh.⟩ *Schützer;* Herr, mein ~ und mein Erlöser (Psalm 19,15)

hor|ten ⟨V. 500⟩ **etwas** ~ *aufspeichern, ansammeln, anhäufen;* Gold ~

Hor|ten|sie ⟨[-sjə] f.; -, -n; Bot.⟩ *einer Gattung der Steinbrechgewächse angehörender, bis 2 m hoher Strauch mit kugeligen Blütenständen in vielen Farben: Hydrangea*

Hör|wei|te ⟨f.; -; unz.⟩ *Bereich, in dem ein Schall zu hören ist;* er ist mittlerweile außer ~; Kinder, bitte bleibt in ~!

Ho|se ⟨f.; -, -n; oft Pl. statt des Sing. gebraucht⟩ **1** *Bekleidung für den unteren Teil des Rumpfes u. die Beine od. einen Teil der Beine;* kurze, lange, enge, weite ~n; in die ~n machen (Kind) • **1.1** ein Paar ~n *eine Hose* **2** ⟨fig.⟩ • **2.1** die ~n (gestrichen) voll haben ⟨derb⟩ *große Angst haben* • **2.2** sie hat die ~n an ⟨umg.⟩ *es gibt in der Beziehung den Ton an, sie bestimmt alles* **3** ⟨Zool.⟩ *die Muskulatur an Ober- u. Unterschenkeln von Pferden* **4** ⟨Zool.⟩ *starkes Gefieder an den Beinen mancher Greifvögel* **5** ⟨Bot.⟩ *von der Honigbiene eingetragener Pollen, der an ihren Hinterschenkeln klebt*

Ho|sen|bo|den ⟨m.; -s, -bö|den⟩ **1** ⟨umg.⟩ *Sitzfläche der Hose* • **1.1** den ~ vollkriegen *Schläge, eine Tracht Prügel bekommen* • **1.2** sich auf den ~ setzen ⟨fig.; umg.⟩ *fleißig lernen*

Hos|pi|tal ⟨n.; -s, -e od. -tä|ler⟩ **1** *Krankenhaus* • **1.1** (i. e. S.) *Anstalt zur längeren od. dauernden Aufnahme chronisch Kranker*

Hos|pi|tant ⟨m.; -en, -en⟩ **1** *jmd., der als Gast dem Schulunterricht beiwohnt* **2** *Gasthörer (an der Universität)*

Hos|pi|tan|tin ⟨f.; -, -tin|nen⟩ *weibl. Hospitant*

hos|pi|tie|ren ⟨V. 400⟩ **1** *als Gast teilnehmen;* beim Unterricht ~ (bes. als Studienreferendar) **2** *als Gast Vorlesungen hören*

Hos|piz ⟨n.; -es, -e⟩ **1** *von Mönchen errichtetes Übernachtungsheim* **2** *christliches Fremdenheim;* christliches ~ **3** *Sterbeklinik*

Hos|tess ⟨a. ['-'-] f.; -, -en⟩ **1** *Betreuerin von Gästen, Besuchern, Reisenden (vor allem auf Flughäfen od. im Flugzeug), Reisebegleiterin* **2** ⟨verhüllend⟩ *Prostituierte*

Hos|tie ⟨[-tjə] f.; -, -n⟩ *das beim Abendmahl in Form einer kleinen Oblate gereichte ungesäuerte Brot;* Sy *Leib des Herrn* ⟨geh.⟩, → *Leib (1.3)*

Ho|tel ⟨n.; -s, -s⟩ **1** *Betrieb für Unterkunft u. Verpflegung für gehobene Ansprüche* • **1.1** ~ **garni** *Hotel (1), das nur Unterkunft und Frühstück gewährt*

Ho|tel|ier ⟨[-lje:] m.; -s, -s⟩ *Besitzer od. Pächter eines Hotels*

Ho|tel|le|rie ⟨f.; -; unz.; schweiz.⟩ **1** *Hotelgewerbe* **2** *Gesamtheit der Hotels (einer Stadt od. Region)*

Hub ⟨m.; -(e)s, Hü|be⟩ **1** *Heben, Hebebewegung, Hinod. Herbewegung eines Maschinenteils zwischen zwei toten Punkten;* Kolben~ **2** = *Hubraum* **3** ⟨Med.⟩ *Dosis für die Inhalation eines Arzneimittels*

hü|ben ⟨Adv.⟩ **1** *auf dieser Seite* • **1.1** ~ und drüben *auf beiden Seiten*

Hub|raum ⟨m.; -(e)s, -räu|me⟩ *derjenige Teil des Zylinders von Verbrennungskraftmaschinen, der vom Herbu. Hergehen des Kolbens ausgefüllt wird;* Sy *Hub (2)*

hübsch ⟨Adj.⟩ **1** *angenehm, nett (zum Ansehen, anzusehen);* ~ aussehen; wie ~!; ein ~es Kind, Kleid, Mädchen; das ist aber ~!; sich ~ machen • **1.1** sich **anziehen** *sich so anziehen, dass man nett anzusehen ist* **2** ⟨70; umg.⟩ • **2.1** das ist ja ~! ⟨umg.; iron.⟩ *unangenehm;* das ist ja eine ~e Angelegenheit! **3** ⟨60; umg.⟩ *ziemlich groß, ziemlich viel, ziemlich gut, ordentlich;* ein ~es Stück Arbeit, Stück Weg; eine ~e Summe (Geldes) • **3.1** ⟨50⟩ er spielt schon recht ~ Klavier *ganz gut, ganz ordentlich* **4** ⟨50; verstärkend; umg.⟩ *auf jeden Fall;* das wirst du ~ bleiben lassen!

Hub|schrau|ber ⟨m.; -s, -⟩ *Flugzeug, das seinen Auftrieb durch umlaufende Drehflügel erhält*

hu|cke|pack ⟨Adv.⟩ **1** *auf dem od. den Rücken;* ein Kind ~ nehmen; ein Kind, eine Last ~ tragen • **1.1** wir machen ~ *ich trage dich auf dem Rücken*

Huf ⟨m.; -(e)s, -e⟩ *mit Horn überzogenes Zehenende der Huftiere;* ~schmied; Pferde~

Huf|ei|sen ⟨n.; -s, -⟩ **1** *flaches, nach hinten meist offenes, mit Nagellöchern versehenes Eisen, das dem Huf eines Tieres (meist Pferd) angepasst u. angeschlagen wird* **2** *Sinnbild des Glückes u. Wohlergehens*

Hüf|te ⟨f.; -, -n; Anat.⟩ **1** *seitliche Partie des Körpers vom oberen Rand des Hüftknochens bis zum Ansatz des Oberschenkels;* sich (beim Gehen) in den ~n wiegen • **1.1** aus der ~ schießen *das Gewehr od. die Pistole an der Hüfte anlegen u. schießen*

Hü|gel ⟨m.; -s, -⟩ **1** *Bodenerhebung, kleiner Berg;* bewaldete, grüne, sanfte ~ • **1.1** *aufgeschütteter Erdhaufen;* Grab~, Maulwurfs~

hüh! ⟨Int.⟩ **1** ⟨*Ruf, der zum Antreiben von Zugtieren dient*⟩; Ggs *hott;* mit ~ und hott und Peitschenknall • **1.1** man kann nicht miteinander arbeiten, wenn der eine ~, der andere hott sagt *wenn man entgegengesetzter Meinung ist, wenn einander widersprechende Anweisungen gegeben werden*

Huhn ⟨n.; -(e)s, Hüh|ner⟩ **1** ⟨Zool.⟩ *Angehöriges einer in zahlreichen Rassen u. Spielarten vorkommenden, über die ganze Erde verbreiteten Ordnung der Hühnervögel: Galli* • **1.1** *von dem Bankivahuhn, aus der Familie der Kammhühner (Phasianidae: Gallinae)* *abstammendes Haustier: Gallus gallus domesticus;* Haus~; ein ~ gackert, gluckt; ein ~ schlachten, rupfen, ausnehmen; (sich) Hühner halten **2** *Fleisch vom Huhn (1.1);* ~ *mit Reis; gebratenes, gefülltes* ~ **3** = **Henne 4** ⟨kurz für⟩ *jagdbarer Vogel;* Reb~, Feld~ **5** ⟨fig.⟩ • **5.1** ⟨umg.; abwertend⟩ *(dumme) Person;* ein *fideles, lustiges, verrücktes* ~ *dummes* ~ • **5.2** mit den Hühnern aufstehen, zu Bette gehen ⟨fig.; umg.⟩ *sehr früh aufstehen, schlafen gehen* • **5.3** da lachen ja die Hühner! ⟨umg.⟩ *das ist albern, lächerlich, unsinnig!*

Hüh|ner|au|ge ⟨n.; -s, -n; Med.⟩ **1** *an Druckstellen des Fußes, meist infolge Tragens unzweckmäßiger Fußbekleidung entstehende, schmerzhafte Hornhautverdickung: Clavus* **2** jmdm. auf die ~n treten ⟨fig.; umg.; scherzh.⟩ *jmdm. zu nahe treten, jmdn. verletzen, kränken*

hui! ⟨Int.⟩ **1** *(Ausruf des freudigen Staunens, der Überraschung;)* →a. *oben (3.1)* **2** *(Geräusch des Windes)* • **2.1** in einem, im Hui *so schnell wie der Wind, sehr schnell*

Huld ⟨f.; -; unz.; geh. od. iron.⟩ **1** *herablassendes Wohlwollen; er gestattete in seiner* ~*, dass ...* **2** *Gunst, gnädige Geneigtheit, Gnade;* in jmds. ~ *stehen*

hul|di|gen ⟨V. 600⟩ **1** jmdm. ~ ⟨fig.⟩ *jmdm. seine Verehrung, Ergebenheit ausdrücken;* einer schönen Frau ~; dem König ~ • **1.1** einem **Herrscher** ~ *jmds. Herrschaft durch Treueid anerkennen, Treue geloben, sich unterwerfen* **2** einer **Sache** ~ ⟨geh.⟩ *für eine S. eintreten;* einer Ansicht, Anschauung ~; dem Fortschritt ~ **3** einer **Sache** ~ ⟨geh.⟩ *einer Sache ergeben sein, sie gern tun, häufig genießen;* dem Spiel, dem Wein ~

Hül|le ⟨f.; -, -n⟩ **1** *das, was etwas anderes umhüllt, einhüllt;* eine undurchdringliche ~ des Schweigens ⟨fig.⟩; die ~n abstreifen, fallen lassen; wärmende ~n • **1.1** irdische, sterbliche ~ *Leib des Toten* • **1.2** in ~ und Fülle *im Überfluss* **2** *bei zusammengesetzten Dolden die Gesamtheit der Blätter, in deren Achseln sich die Teile der Blüten entwickeln*

hül|len ⟨V. 550/Vr 7⟩ **1** jmdn. od. **etwas in etwas** ~ *einpacken, rundum mit etwas bedecken, etwas um jmdn. od. etwas herumlegen;* einen Blumenstrauß in Papier ~; sich in seinen Mantel ~ • **1.1** sich in Schweigen ~ ⟨fig.⟩ *nichts sagen, nichts verraten, schweigen*

Hül|se ⟨f.; -, -n⟩ **1** *steife Hülle, Behälter aus festem Papier, Pappe, Leder, Blech u. Ä., Futteral, Kapsel, Röhre;* Geschoss~ **2** *Frucht der Hülsenfrüchtler;* Sy Schote¹ *(2)* **3** *Schale um Samen (z.B. Korn)*

Hül|sen|frucht ⟨f.; -, -früch|te; in der Bot. nicht übl. Bez. für⟩ *Samen von Erbsen, Bohnen u. Linsen*

hu|man ⟨Adj.⟩ *menschlich, menschenfreundlich, menschenwürdig;* er ist ~ gegen seine Feinde

Hum|bug ⟨m.; -s; unz.⟩ **1** *Täuschung, Schwindel* **2** *Unsinn, dummes Zeug;* red doch alles ~!

Hum|mel ⟨f.; -, -n; Zool.⟩ **1** *Angehörige einer Gattung plump geformter Stechimmen mit pelzigem Haarkleid: Bombus* • **1.1** ~n unterm Hintern haben ⟨umg.⟩ *nicht stillsitzen können, ungeduldig, unruhig sein* **2** ~ ~! ⟨veraltet; noch scherzh.⟩ *Erkennungsruf der Hamburger*

Hum|mer ⟨m.; -s, -; Zool.⟩ *sehr großer, wertvoller Speisekrebs mit stark entwickeltem ersten Scherenpaar aus der Gruppe der Panzerkrebse: Homaridae*

Hu|mor ⟨m.; -s; unz.⟩ *Fähigkeit, auch die Schattenseiten des Lebens mit heiterer Gelassenheit u. geistiger Überlegenheit zu betrachten, überlegene Heiterkeit, heitere seelische Grundhaltung;* (keinen) ~ haben; einen goldenen, trockenen, unverwüstlichen ~ haben; (keinen) Sinn für ~ haben; eine Mitteilung mit ~ aufnehmen; sich mit ~ in etwas fügen, bescheiden

hu|mor|voll ⟨Adj.⟩ *voller Humor, heiter, liebenswürdig scherzend;* er ist ein ~er Mensch

hum|peln ⟨V. 400(h. od. s.)⟩ *hinken*

Hu|mus ⟨m.; -; unz.⟩ *oberste, aus organischen Resten gebildete, sehr fruchtbare bräunliche Schicht des Bodens*

Hund¹ ⟨m.; -(e)s, -e⟩ **1** ⟨Zool.⟩ *Angehöriger einer Familie weltweit verbreiteter, kleiner bis mittelgroßer Raubtiere mit gut ausgebildetem Geruchs- u. Gehörsinn, die in der Gefangenschaft rasch zahm werden: Canidae* • **1.1** *gezähmte Form des Hundes (1), der wegen seiner Gelehrigkeit u. Treue als Haustier gehalten od. auf der Jagd od. zur Wache verwendet wird: Canis familiaris;* der ~ heult, kläfft, winselt; der ~ schlägt an, gibt Laut; einen ~ an der Leine führen; ~e an die Leine nehmen! (Aufschrift auf Schildern in Parks); Vorsicht, bissiger ~!; (Warnungstafel); ein scharfer, wachsamer ~; er läuft ihr nach wie ein ~ • **1.1.1** sie leben wie **und Katze** *miteinander ohne sich vertragen zu können* • **1.1.2** wie ein ~ leben ⟨fig.⟩ *sehr kärglich, kümmerlich, schlecht* • **1.1.3** jmdn. wie einen ~ behandeln ⟨fig.⟩ *jmdn. schlecht, menschenunwürdig behandeln;* →a. *bunt (2.2.1)* **2** ⟨umg.; abwertend⟩ *Kerl, Bursche;* er ist ein gerissener ~; der ~!; **3** ⟨fig.⟩ • **3.1** ~e, die bellen, beißen nicht ⟨Sprichw.⟩ *wer mit etwas droht, tut es sicher nicht* • **3.2** jmdn. auf den ~ **bringen** ⟨umg.⟩ *jmdn. zugrunde richten* • **3.3** auf den ~ **kommen** ⟨umg.⟩ *gesundheitlich schwach u. elend werden, wirtschaftlich zugrunde gehen* • **3.4** vor die ~e gehen ⟨umg.⟩ *zugrunde gehen* • **3.5** das könnte od. möchte einen ~ erbarmen *es ist ganz jämmerlich, erregt Mitleid* • **3.6** da liegt der ~ begraben! *das ist die Quelle des Übels, der Kern der (unangenehmen) Angelegenheit* • **3.7** damit lockt man keinen ~ hinterm Ofen hervor *damit kann man niemanden reizen, verlocken* • **3.8** eine Sache ist ein dicker ~ ⟨umg.⟩ *ein grober Fehler, eine unangenehme Sache, eine schwierige Angelegenheit*

Hund² ⟨m.; -(e)s, -e; Bgb.⟩ *kleiner Förderwagen*

hun|de|kalt ⟨Adj.; umg.⟩ *sehr kalt*

hun|dert ⟨Numerale 11; in Ziffern: 100; lat. Zahlzeichen: C⟩ **1** *zehnmal zehn;* von eins bis ~ zählen; ein paar, einige ~/Hundert Menschen; mehrere ~/Hundert Stück bestellen; an die ~ Menschen; in, nach, vor ~ Jahren • **1.1** (mit) ~ fahren, ~ Sachen drauf haben ⟨umg.⟩ *mit einer Geschwindigkeit von 100 km pro Stunde fahren* • **1.2** ich wette ~ gegen eins, dass ... ⟨fig.⟩ *ich weiß ganz sicher, dass ...* **2** da war ich auf ~ ⟨fig.; umg.⟩ *sehr wütend, aufgebracht,* *erbost* **3** ⟨fig.⟩ *sehr viel, ungezählt;* er hat ihm bereits ~ gute Ratschläge gegeben; ~ Einfälle kamen ihm; →a. *Hundert*

Hun|dert ⟨n.; -(e)s, -e⟩ **1** *eine Menge von 100 Dingen, Stück, Lebewesen;* ein halbes ~; das ~ kostet 20 € • **1.1** (vier, sechs) **vom** ~ ⟨Abk.: v. H.; Zeichen: %⟩ *Prozent* **2** ⟨nur Pl.⟩ *unbestimmte große Anzahl;* der Schaden geht in die ~e/hunderte (von Euro); unter diesen ~en/hunderten ist nur einer od. nicht einer zu finden, der das kann; ~e/hunderte und Tausende/tausende von Menschen, Tieren; ~e/hunderte (und Aberhunderte/aberhunderte) von Menschen; sie kamen zu ~en/hunderten; →a. *hundert* • **2.1** er kam **vom** ~sten **ins** Tausendste ⟨fig.⟩ *er hörte nicht auf mit Erzählen, wusste immer wieder etwas Neues*

Hun|der|ter ⟨m.; -s, -⟩ **1** *eine der durch 100 teilbaren Zahlen zwischen 100 u. 900* **2** *die drittletzte Ziffer vor dem Komma in einer mehrstelligen Zahl* **3** ⟨umg.⟩ *Hunderteuroschein;* das hat mich einen ~ gekostet

hun|dert|fach ⟨Adj. 24/90; in Ziffern: 100fach/100-fach⟩ *hundertmal so viel;* eine ~e Vergrößerung; das Hundertfache einer Summe; um das Hundertfache größer

Hun|dert|me|ter|lauf *auch:* **Hun|dert-Me|ter-Lauf** ⟨m.; -(e)s, -läu|fe; in Ziffern: 100-Meter-Lauf, 100-m-Lauf; Sp.⟩ *Kurzstreckenlauf über 100 m;* ~ der Herren

hun|dert|pro|zen|tig ⟨Adj. 24; in Ziffern: 100-prozentig/100 %ig⟩ **1** *mit, zu hundert Prozent;* eine ~e Steigerung **2** *völlig, vollständig, ganz u. gar;* das kann ich nicht ~ garantieren

hun|derts|tel ⟨Zahladj. 24/60; in Ziffern: /100⟩ *Bruchzahl zu hundert, den hundertsten Teil umfassend;* eine ~ Sekunde/Hundertstelsekunde, 100stel-Sekunde

Hun|derts|tel ⟨n.; -s, -⟩ *der hundertste Teil*

Hun|derts|tel|se|kun|de ⟨f.; -, -n⟩ *der hundertstel Teil einer Sekunde*

Hün|din ⟨f.; -, -din|nen⟩ *weibl. Hund*

Hunds|ta|ge ⟨Pl.⟩ *die im alten Ägypten vom Sternbild des Großen Hundes beherrschte heißeste Zeit des Jahres, 23. Juli bis 23. August*

Hü|ne ⟨m.; -n, -n⟩ **1** *Riese;* ein ~ von Gestalt • **1.1** *großer u. starker Mann*

Hun|ger ⟨m.; -s; unz.⟩ **1** *Verlangen nach Nahrung;* ~ haben; ~ wie ein Wolf haben • **1.1** ~ ist der beste Koch *dem Hungrigen schmeckt jedes Essen* • **1.2** seinen ~ stillen *essen* • **1.3** hungers sterben ⟨geh.⟩ *verhungern;* →a. *leiden (4)* **2** *das Entbehren von Nahrung, der Mangel, das Fehlen von Nahrung;* die Bekämpfung des ~s auf der Welt **3** ⟨fig.; geh.⟩ *Begierde, starkes Bedürfnis;* ~ nach frischer Luft, nach Sonne; ~ nach Rache

Hun|ger|lohn ⟨m.; -(e)s, löh|ne⟩ *sehr geringer Lohn, Lohn, mit dem man kaum leben kann;* für einen ~ arbeiten

hun|gern ⟨V.⟩ **1** ⟨400; geh.⟩ *Hunger haben, hungrig sein* • **1.1** jmdn. od. ein **Tier** ~ **lassen** *(willentlich) Hunger leiden lassen* • **1.2** ⟨501⟩ **mich** hungert, **es** hungert **mich** *ich habe Hunger* **2** ⟨400⟩ *(stets) nicht genügend zu essen haben, Hunger leiden;* viele Menschen in anderen Kontinenten müssen ~ **3** ⟨400⟩ *fasten, keine od. sehr wenig Nahrung zu sich nehmen;* sie hungert, um abzunehmen **4** ⟨800⟩ **nach etwas** ~ ⟨fig.⟩ *sich nach etwas heftig sehnen, verlangen;* nach Liebe, nach einem freundlichen Wort ~

Hun|ger|streik ⟨m.; -(e)s, -s od. -e⟩ *Verweigerung der Nahrungsaufnahme, um etwas zu erzwingen (bes. aus politischen Gründen);* in den ~ treten

Hun|ger|tuch ⟨n.; -(e)s, -tü|cher⟩ **1** ⟨bis zum 18. Jh.⟩ *Tuch mit biblischen Szenen, bes. aus der Passion Christi, das in der Fastenzeit vor den Altar od. Chor gehängt wurde* • **1.1** am ~ nagen ⟨fig.⟩ *Hunger leiden, nichts zu essen haben*

hung|rig ⟨Adj.⟩ **1** *Hunger verspürend;* ich bin ~ **2** ⟨fig.⟩ *ein starkes Bedürfnis verspürend;* ~ nach Sonne, Liebe, Wärme

Hu|pe ⟨f.; -, -n⟩ *akustisches Warnsignal der Kraftfahrzeuge;* Auto~

hu|pen ⟨V. 400⟩ *die Hupe betätigen, mit der Hupe ein Warnsignal geben*

hüp|fen ⟨V. 400(s.)⟩ **1** *sich in kleinen Sprüngen fortbewegen;* das kleine Mädchen hüpft auf einem Bein, hin und her, über die Pfützen; ein Hase ist über den Weg, zum Wald, durch das Gras gehüpft **2** ⟨650⟩ jmdm. hüpft das Herz vor Freude ⟨fig.⟩ *jmd. ist in freudiger Erregung*

Hür|de ⟨f.; -, -n⟩ **1** *Hindernis (bes. beim Hürdenlauf);* eine ~ (im Sprung) nehmen **2** *tragbarer Zaun aus Flechtwerk für Viehweiden* **3** *von Flechtwerk umschlossener Raum, Weideplatz* **4** = *Horde¹;* Obst~

Hu|re ⟨f.; -, -n; abwertend⟩ **1** *weibl. Person, die geschlechtliche Beziehungen ohne innere Bindung zu häufig wechselnden Partnern hat* **2** *Frau, die der Prostitution nachgeht*

hur|ra! ⟨a. ['--] Int.⟩ **1** ⟨*Hochruf*⟩; ~/Hurra schreien **2** ⟨*Ruf beim Angriff*⟩ **3** ⟨*Jagdruf*⟩

Hur|ri|kan ⟨engl. [hʌrɪkən] m.; -s, -s od. -e⟩ *tropischer Wirbelsturm (über Westindien u. den südwestlichen USA)*

hur|tig ⟨Adj.⟩ *schnell, geschwind, eifrig u. schnell;* ~, beeilt euch

Hu|sar ⟨m.; -en, -en⟩ **1** ⟨seit dem 15. Jh.⟩ *berittener ungarischer Soldat* **2** ⟨seit dem 16. Jh. auch in anderen Ländern⟩ *Angehöriger einer leichten Reitertruppe in ungarischer Nationaltracht*

Hu|sa|ren|streich ⟨m.; -(e)s, -e⟩ *tollkühner Handstreich, geschickte u. wagemutige Tat*

husch! ⟨Int.⟩ **1** ⟨*Ruf, um kleine Tiere zu verscheuchen*⟩; ~, hinaus mit dir! **2** ⟨*Ruf, um Kinder anzutreiben*⟩; ~, ~, ins Bett! **3** ⟨*Ausdruck der schnellen u. lautlosen Bewegung*⟩; und ~, weg war er

hu|schen ⟨V. 411(s.)⟩ *sich schnell u. lautlos fortbewegen;* sie huschte durchs Zimmer; eine Libelle huschte übers Wasser; eine Eidechse huschte über den Weg

hüs|teln ⟨V. 400⟩ **1** *oft ein wenig husten* **2** *sich räuspern, leicht husten*

hus|ten ⟨V.⟩ **1** ⟨400⟩ *über die Atemwege stoßweise u. geräuschvoll Luft ausstoßen;* er hustete während der ganzen Nacht • **1.1** ⟨500⟩ **etwas** ~ *etwas beim Husten auswerfen;* Blut ~ **2** ⟨400⟩ der **Motor** hustet ⟨fig.;

umg.) *arbeitet unregelmäßig, stockt ab u. zu* **3** ⟨530⟩ *jmdm. etwas,* **eins** ~ *absichtlich nicht jmds. Wunsch, Vorstellungen entsprechend handeln* • 3.1 ich werde dir was ~! ⟨fig.; umg.⟩ *das könnte dir so passen!, ich denke nicht daran!*

Hus|ten ⟨m.; -s; unz.⟩ *durch Reize auf die Atemwege ausgelöste krampfhafte Stöße beim Ausatmen: Tussis;* (den) ~ haben; ein trockener ~; Keuch~

Hut[1] ⟨m.; -(e)s, Hü|te⟩ **1** *Kopfbedeckung meistens mit Krempe für Männer u. Frauen;* Damen~, Filz~, Stroh~, Herren~ **2** ⟨fig.⟩ • 2.1 unter einen ~ **bringen** *in Übereinstimmung, Einklang bringen;* mehrere Sachen (Pläne, Vorhaben, Programmpunkte) unter einen ~ bringen • 2.1.1 mehrere Leute unter einen ~ bringen *zu gemeinsamer Ansicht, gemeinsamem Handeln bringen* • 2.2 das ist ein **alter** ~ *eine längst bekannte Sache, eine alte Geschichte* • 2.3 ~ **ab vor** ihm, vor dieser Leistung! *vor ihm, davor muss man Respekt haben!* • 2.4 da geht einem ja der ~ hoch! *da verliert man ja die Geduld, das ist ja empörend* • 2.5 eins **auf den** ~ bekommen ⟨umg.⟩ *gerügt werden* • 2.6 das kannst du dir **an den** ~ stecken! *das kannst du dabei behalten, auf die Sache lege ich keinen Wert* • 2.7 steig mir doch **am** (= auf den) ~! ⟨bair.⟩ *lass mich in Frieden!;* →a. *Spatz (1.2)* **3** *runder, hohler Gegenstand als Deckel* **4** *Gegenstand in Form eines Kegels od. Kegelstumpfes;* Finger~; Zucker~ **5** ⟨Bot.⟩ *Oberteil des Pilzes*

Hut[2] ⟨f.; -; unz.⟩ **1** *Obhut, Schutz, Geborgenheit;* jmdm. in guter ~, in jmds. ~ wissen; in guter, sicherer ~ sein **2** *Vorsicht* • 2.1 (vor etwas od. jmdm.) **auf der** ~ **sein** *sich in Acht nehmen, vorsichtig u. misstrauisch sein* **3** ⟨mitteldt.⟩ *Weiderecht, Weideland* **4** *gehütetes Vieh*

hü|ten ⟨V. 500⟩ **1** jmdn. od. etwas ~ *beaufsichtigen, bewachen;* Kinder ~; Vieh ~; etwas wie seinen Augapfel ~ ⟨geh.⟩; →a. *Zunge (4.4.2)* **2** das **Bett,** das **Haus,** das **Zimmer** ~ *wegen Krankheit im B., zu H., im Z. bleiben müssen, das B., das H., das Z. nicht verlassen können* **3** ⟨505/Vr 3⟩ **sich (vor jmdm.** od. **etwas)** ~ *sich in Acht nehmen (vor jmdm. od. etwas);* hüte dich vor ihm!; sich vor Ansteckung, vor Erkältungen ~; hüte dich, dass du nicht ... **4** ⟨580/Vr 3⟩ **sich** ~, eine **Sache zu tun** *eine S. mit Bedacht nicht tun, es vermeiden, sie zu tun* • 4.1 ⟨als verneinende Antwort⟩ ich werde mich ~, es zu tun! *ich denke nicht daran, es zu tun!; auf keinen Fall!*

Hut|sche ⟨f.; -, -n; österr.⟩ *Schaukel*

Hut|schnur ⟨f.; -, -schnü|re⟩ **1** *Schnur um den Hut herum* • 1.1 das geht mir über die ~! ⟨fig.; umg.⟩ *das geht zu weit!*

Hüt|te ⟨f.; -, -n⟩ **1** *kleines, mit einfachen Mitteln gebautes Haus (mit meist nur einem Raum);* Holz~, Lehm~; Raum ist in der kleinsten ~ für ein glücklich liebend Paar (Schiller, „Der Jüngling am Bache") • 1.1 ⟨umg.⟩ *alte baufällige Hütte (1) als ständige Unterkunft für arme Leute dienend;* in einer ~ leben müssen • 1.1.1 welch Glanz in meiner (armen) ~! ⟨scherzh.⟩ *welch vornehmer, seltener Besuch!* • 1.2 *im Wald od. in den Bergen liegende Hütte (1)*

für Sportler u. Bergbauern od. Förster; Silvester auf einer ~ feiern; auf einer ~ übernachten; eine (Ski)~ im Gebirge haben **2** ⟨Mar.⟩ *von Bord zu Bord reichender Aufbau auf dem hinteren Deck, der auch Wohnraum enthält* **3** ⟨Tech.⟩ *Hüttenwerk, industrielle Anlage zur Gewinnung u. teilweisen Weiterverarbeitung der nutzbaren Metalle od. zur Herstellung keramischer Produkte*

Hy|äne ⟨f.; -, -n⟩ **1** ⟨Zool.⟩ *Angehörige einer Familie der Raubtiere, nächtlich aktiver Aasfresser, die gelegentlich auch lebende Beute schlagen: Hyaenidae* **2** ⟨fig.; abwertend⟩ *hemmungslos gieriger Mensch, Plünderer, Leichenfledderer* • 2.1 *außer sich geratene, besinnungslos wütende Frau*

Hy|a|zin|the ⟨f.; -, -n; Bot.⟩ *einer Gattung der Liliengewächse angehörendes Zwiebelgewächs mit in lockeren od. dichten Trauben stehenden, röhren- od. glockenförmigen Blüten: Hyacinthus*

Hy|bris *auch:* **Hyb|ris** ⟨f.; -; unz.⟩ *Selbstüberschätzung, Hochmut*

♦ Die Buchstabenfolge **hy|dr...** kann in Fremdwörtern auch **hyd|r...** getrennt werden.

♦**Hy|drant** ⟨m.; -en, -en⟩ *Wasserzapfstelle auf der Straße für die Feuerwehr*

♦**Hy|drat** ⟨n.; -(e)s, -e; Chem.⟩ *anorganische od. organische Verbindung, die Wasser chemisch gebunden hält*

♦**hy|drau|lisch** ⟨Adj. 24⟩ **1** *durch Flüssigkeiten betrieben* • 1.1 ~e **Bremse** *B., der mittels einer Flüssigkeit Energie zugeführt wird* • 1.2 ~es **Getriebe**, ~er **Antrieb** *G., A., bei dem eine Flüssigkeit die benötigte Energie überträgt* • 1.3 ~e **Förderung** *F. von Bodenschätzen mittels Wassers* **2** *durch Anlagerung von Wasser entstanden* • 2.1 ~es **Bindemittel** *B., die auch unter Wasser erhärten*

♦**Hy|dro|ly|se** ⟨f.; -, -n; Chem.⟩ *Spaltung chemischer Verbindungen durch Reaktion mit Wasser*

♦**Hy|dro|the|ra|pie** ⟨f.; -; unz.; Med.⟩ *Behandlung mit warmem od. kaltem Wasser zu Heilzwecken, Wasserheilverfahren*

♦**Hy|dro|xid** ⟨n.; -(e)s, -e; Chem.⟩ *anorganische Verbindung, die eine einwertige OH-Gruppe (Hydroxylgruppe) enthält;* oV Hydroxyd

♦**Hy|dro|xyd** ⟨n.; -(e)s, -e; Chem.⟩ = Hydroxid

Hy|gi|e|ne ⟨f.; -; unz.⟩ **1** ⟨Med.⟩ *Lehre von der Gesunderhaltung des Menschen, einschließlich der hierzu erforderlichen Maßnahmen u. Vorkehrungen, vorbeugende Medizin* **2** *Gesamtheit der öffentlichen Maßnahmen u. Vorkehrungen zur Verhütung von Krankheiten u. Gesundheitsschäden* **3** ⟨allg.⟩ *Sauberkeit, Reinlichkeit, Körperpflege;* Körper~; eine Erkrankung infolge mangelnder ~

hy|gi|e|nisch ⟨Adj.⟩ *die Hygiene betreffend, auf ihr beruhend, sie betreffend*

Hy|gro|skop *auch:* **Hyg|ros|kop** ⟨n.; -s, -e; Meteor.⟩ *Apparatur zum (ungefähren) Messen der Luftfeuchtigkeit*

Hym|ne ⟨f.; -, -n⟩ *Lobgesang, feierliches, erhebendes Gedicht od. Gesangsstück weltlichen Inhalts*

hysterisch

Hy|per|bel ⟨f.; -, -n⟩ **1** ⟨Geom.⟩ *unendliche ebene Kurve aus zwei getrennten Ästen, die aus allen den Punkten besteht, deren Abstände von zwei bestimmten Punkten eine konstante Differenz haben* **2** *sprachliche, dichterische Übertreibung, z. B. der „Balken im Auge", oft um eine komische Wirkung zu erzielen*

hy|per|kri|tisch ⟨Adj. 24⟩ *in übertriebener Weise kritisch*

Hyp|no|se ⟨f.; -, -n⟩ *durch Suggestion herbeigeführter Schlaf, in dem der Schlafende auf Befehl des Hypnotiseurs Handlungen ausführen kann*

hyp|no|tisch ⟨Adj. 24⟩ *in der Art der Hypnose, auf Hypnose beruhend, mit ihrer Hilfe*

Hy|po|chon|der ⟨[-xɔn-] m.; -s, -⟩ *jmd., der sich einbildet, krank zu sein, krankhaft schwermütiger Mensch*

Hy|po|te|nu|se ⟨f.; -, -n; Geom.⟩ *die dem rechten Winkel gegenüberliegende Seite eines Dreiecks;* →a. *Kathete*

Hy|po|thek ⟨f.; -, -en⟩ *im Grundbuch eingetragenes, durch eine Zahlung erworbenes Recht an einem Grundstück in Form einer Forderung auf regelmäßige Zinszahlungen;* wir haben eine ∼ auf unser Haus aufgenommen

Hy|po|the|se ⟨f.; -, -n⟩ **1** *unbewiesene Voraussetzung, Unterstellung* **2** *noch unbewiesene Annahme als Hilfsmittel für wissenschaftliche Erkenntnisse;* Sy *Theorie (3)*

Hys|te|rie ⟨f.; -; unz.; Med.; Psych.⟩ **1** ⟨Med.; Psych.⟩ *Zustand, in dem sich seelische Erregung durch körperliche Veränderungen od. Funktionsstörungen äußert* **2** *übertriebene Erregbarkeit, überhöhte Nervosität*

hys|te|risch ⟨Adj.⟩ **1** *auf Hysterie (1) beruhend, an Hysterie (1) leidend* **2** *übertrieben leicht erregbar, übernervös*

ia|hen ⟨V. 400⟩ der **Esel** iaht *schreit iah*
ibe|ro|ame|ri|ka|nisch ⟨Adj. 24⟩ *Spanien u. Portugal einerseits u. Amerika andererseits betreffend*
ich ⟨Personalpron., 1. Person Sg.; Gen. mein(er), Dat. mir, Akk. mich⟩ **1** *(meine Person, der Sprecher selbst)*; ich Unglückliche!; ~ komme; ~ bin es; hier bin ~! (als Antwort auf Ruf); ~ weiß nicht; ~ nicht!; sie erinnern sich meiner ⟨geh.⟩; er gab es mir; sie liebt mich nicht; das geht mich nichts an; lass mich in Ruhe!; für, ohne mich; vergiss mein nicht ⟨poet.⟩ **2** immer ~! *immer gibt man mir die Schuld, immer soll ich es tun* **3** *mir brauchen Sie das nicht zu sagen!* ich weiß doch Bescheid **4** mir ⟨als freies Satzglied, ohne von einem Verb formal gefordert zu sein⟩ *nach meiner Meinung, Ansicht, nach meinem Gefühl, Urteil* • **4.1** du bist mir der Rechte (dafür)! ⟨umg.; iron.⟩ *du bist am wenigsten dafür geeignet* • **4.2** er trödelt mir zu sehr *für meine Zwecke, nach meiner Meinung* • **4.3** und das (ausgerechnet) mir! ⟨umg.⟩ *ich kann es nicht begreifen, dass mir so etwas passieren konnte* • **4.4** dass du mir auch rechtzeitig heimkommst! ⟨umg.⟩ *ich wünsche es* **5** mit mir kann er das nicht machen *ich lasse mir so etwas nicht gefallen* **6** mir nichts, dir nichts ⟨fig.⟩ *ohne weiteres, ohne Umstände, plötzlich, unversehens* **7** von mir aus ⟨umg.⟩ *meinetwegen, ich habe nichts dagegen* **8** wie du mir, so ~ dir ⟨Sprichw.⟩ *wie du zu mir tust, so bin ich zu dir, was du mir getan hast, tu ich dir auch* **9** von mir ⟨Ersatz für Gen.⟩ *mein;* sie ist eine gute Freundin von mir

Ich ⟨n.; -s, -s⟩ **1** *die eigene Person, das eigene Wesen, das eigene Innere u. Äußere;* sein eigenes ~ erforschen; mein ganzes ~; das liebe ~; er stellt immer sein wertes ~ in den Mittelpunkt ⟨iron.⟩ • **1.1** ⟨Psych.⟩ *die grundlegende Struktur einer Person, die jmd. als mit sich identisch u. als Ursache des eigenen Handelns, Fühlens, Wollens empfindet* **2** mein **anderes**, besseres, zweites ~ *das Gewissen* • **2.1** ⟨Psych.⟩ *die psychische Instanz, die zwischen der Außenwelt, den Trieben mit ihren Affekten u. dem Über-Ich (Gewissen) vermittelt*

Ich|form *auch:* **Ich-Form** ⟨f.; -; unz.; Lit.⟩ *Erzählform in der 1. Person;* einen Roman, eine Erzählung in der ~ schreiben

Ich|laut *auch:* **Ich-Laut** ⟨m.; -(e)s, -e; Sprachw.⟩ *der Laut ch, wie er im Deutschen am vorderen (harten) Gaumen nach e und i gesprochen wird, z. B. in „ich", „rechnen" usw.*

ide|al ⟨Adj.⟩ **1** ⟨24⟩ *nur gedacht, nur in der Vorstellung existierend;* oV *ideell;* ~es Denken **2** *vollkommen, mustergültig;* ~e Ehe; ein ~er Reisegefährte; dieser Apparat ist einfach ~ **3** ⟨umg.⟩ *überaus schön, herrlich, wunderbar;* der See ist ~ zum Baden; ~es Wetter zum Wandern • **3.1** eine ~e **Landschaft** ⟨Mal.⟩ *Darstellung einer harmonischen, meist bewaldeten sommerlichen L.*

Ide|al ⟨n.; -s, -e⟩ **1** *Inbegriff höchster Vollkommenheit, Mustergültiges, Leitgedanke;* einem ~ nachstreben **2** *erstrebenswertes Vorbild, Wunschbild;* ein ~ von einem Lehrer

Ide|a|lis|mus ⟨m.; -; unz.⟩ Ggs *Materialismus* **1** *durch sittliche, nicht materielle Ziele bestimmte Anschauung u. Verhaltensweise, Glaube an Ideale, nach Idealen ausgerichtete Lebensführung* **2** ⟨Philos.⟩ *Auffassung, dass es die Wirklichkeit nur als rein geistiges Sein gibt u. die Materie dessen Erscheinungsform ist* **3** ⟨fig.⟩ *opferfreudige Begeisterung*

Idee ⟨f.; -, -n⟩ **1** *reiner Begriff;* die Lehre Platos von den ~n **2** *vorbildliche Urform;* die ~ einer Dichtung **3** *leitender Gedanke, Vorstellung;* politische ~n; für eine ~ eintreten, kämpfen; auf eine ~ verfallen; →a. **fix¹** (1.1) **4** *Einfall, Gedanke, Ahnung;* ich habe eine ~; hast du eine ~, wie man …; du machst dir keine ~ davon, …; das ist eine ~!; glänzende, komische, gute, verrückte ~n; das ist gar keine schlechte ~; ein Plan nach seiner ~ • **4.1** keine ~! *keineswegs* **5** eine ~ = Salz, Pfeffer zugeben *ganz wenig, eine Kleinigkeit, Spur*

ide|ell ⟨Adj. 24⟩ = *ideal (1);* Ggs *materiell;* der ~e Gehalt eines Werkes (im Unterschied zum sachlichen, stofflichen Gehalt)

iden|ti|fi|zie|ren ⟨V. 500⟩ **1** jmdn. od. etwas ~ *feststellen, ob jmd. eine bestimmte Person od. etwas ein bestimmter Gegenstand ist* **2** Sachen ~ *als ein u. dieselben betrachten, einander gleichsetzen* **3** ⟨517/Vr 3⟩ **sich mit** jmdm. od. etwas ~ *jmds. Anliegen od. etwas zu seiner Sache machen*

iden|tisch ⟨Adj. 24⟩ *übereinstimmend, völlig gleich, ein u. dasselbe;* es stellte sich heraus, dass X Y und N Z ~ sind

Iden|ti|tät ⟨f.; -, -en⟩ **1** *Echtheit einer Person od. Sache, wirkliche Existenz, Unverwechselbarkeit von jmdm. od. etwas;* jmds. ~ feststellen **2** ⟨Psych.⟩ *innere Einheit einer Person, bewusst wahrgenommene Übereinstimmung mit dem eigenen Selbst;* seine wahre ~ finden, suchen **3** *Übereinstimmung, Gleichheit, Wesenseinheit;* die ~ philosophischer, wissenschaftlicher Lehrsätze

Ideo|lo|gie ⟨f.; -, -n⟩ **1** *die Gesamtheit der Anschauungen u. des Denkens einer bestimmten gesellschaftlichen Schicht* **2** *politische Theorie, Anschauung;* die ~ des Bürgertums, des Kapitalismus, des Kommunismus

Idi|om ⟨n.; -s, -e; Sprachw.⟩ **1** *Spracheigentümlichkeit eines Menschen, einer Sprechergruppe od. einer Sprache;* ein unverständliches ~ **2** *feststehende Wortprägung od. Redewendung, deren Bedeutung nicht aus den einzelnen Bestandteilen zu verstehen ist, z. B. Duckmäuser*

Idi|ot ⟨m.; -en, -en⟩ **1** ⟨Med.⟩ *an Idiotie leidende Person* **2** ⟨fig.; umg.; abwertend⟩ *Dummkopf*

Idio|tie ⟨f.; -, -n⟩ **1** ⟨Med.⟩ *schwerste Form der angeborenen od. früh erworbenen Intelligenzminderung* **2** ⟨fig.; umg.; abwertend⟩ *Dummheit, Unsinn, unsinniger Einfall;* dieses Verhalten grenzt an ~

idio|tisch ⟨Adj.⟩ **1** *an Idiotie (1) leidend* **2** ⟨fig.; umg.; abwertend⟩ *unsinnig, sehr dumm;* das ist ein ~er Plan; wer ist auf diese ~e Idee gekommen?

Idol ⟨n.; -s, -e⟩ **1** = *Götze (1)* • **1.1** = *Götze (1.1)* **2** ⟨fig.⟩ *innig geliebtes Wesen;* seine Frau ist sein ~ • **2.1** *in der Art einer Gottheit verehrte Person od. Sache;* sein ~ ist Uwe Seeler

Idyll ⟨n.; -s, -e⟩ *Bild, Zustand eines beschaulichen, einfachen Lebens (meist auf dem Lande bzw. in der Natur);* oV Idylle (2)

Idyl|le ⟨f.; -, -n⟩ **1** ⟨Literaturw.⟩ *dichterische Darstellung beschaulichen Lebens einfacher, naturverbundener Menschen, Hirten-, Schäferdichtung* **2** = Idyll

idyl|lisch ⟨Adj.⟩ **1** *ländlich-friedlich, beschaulich u. beglückend* **2** ⟨Lit.⟩ *das natürliche Leben einfacher Menschen schildernd, z. B. in der Hirtendichtung*

Igel ⟨m.; -s, -⟩ **1** ⟨Zool.⟩ *ein kleines insektenfressendes Säugetier mit gedrungenem Körper u. auf dem Rücken aufrichtbaren Stacheln: Erinaceus europaeus* • **1.1** das passt wie der ~ zum Handtuch, Taschentuch ⟨veraltet⟩ *überhaupt nicht* **2** ⟨Mil.⟩ *kreisförmige Verteidigungsstellung im modernen Bewegungskrieg* **3** *Furchenegge zum Beseitigen von Unkraut* **4** ⟨fig.⟩ *mit Schokoladenguss überzogener u. Mandelsplittern besteckter Kuchen* **5** ⟨fig.; abwertend⟩ *kratzbürstiger, unfreundlicher Mensch*

Ig|no|ranz ⟨f.; -; unz.⟩ *Unwissenheit, Nichtbeachtung aus Gründen der Überheblichkeit od. geistigen Beschränktheit*

ig|no|rie|ren ⟨V. 500⟩ **jmdn.** od. **etwas** ~ *absichtlich übersehen, unbeachtet lassen, keine Kenntnis nehmen von jmdm. od. etwas*

ihm ⟨Dat. von⟩ **1** *er* **2** *es¹*

ihn ⟨Akk. von⟩ *er*

ih|nen ⟨Dat. von⟩ *sie²*

Ih|nen ⟨Dat. von⟩ *Sie¹*

ihr¹ ⟨Personalpron., 2. Person Pl.; Gen. euer, Dat. u. Akk. euch; in Briefen Groß- u. Kleinschreibung; Pl. von⟩ *du (1);* habt ~ mich gesehen?

ihr² ⟨Dat. von⟩ *sie¹*

ihr³ ⟨Possessivpron. 3. Person Sg. f. 4⟩ →a. *mein (1.1-3.4)* **1** ~ Buch (usw.) *sie hat ein B. (usw.)* • **1.1** *ihr gehörend, aus ihrem Eigentum od. Besitz stammend* • **1.1.1** das Ihre/ihre, das Ihrige/ihrige *ihr Eigentum* • **1.2** *mit ihr verwandt, bekannt, befreundet* • **1.2.1** die Ihren/ihren *ihre (engen) Verwandten* • **1.3** *einen Teil von ihr bildend* • **1.4** *von ihr ausgehend, bei ihr Ursprung habend* • **1.5** *ihr zukommend* **2** *eine Eigenschaft von ihr darstellend* • **2.1** *ihr zur Gewohnheit geworden* **3** *von ihr getan* • **3.1** *von ihr verursacht* • **3.2** *von ihr vertreten, gerechtfertigt* • **3.3** *von ihr erwünscht* • **3.4** *von ihr benutzt* **4** Ihre Durchlaucht, Hoheit, Magnifizenz, Majestät *(Teil des Titels von weiblichen Adligen u. a. Würdenträgerinnen)*

ihr⁴ ⟨Possessivpron. 3. Person Pl. 4⟩ →a. *mein (1.1-3.4)* **1** ~ Buch (usw.) *sie haben ein B. (usw.)* • **1.1** *ihnen gehörend, aus ihrem Eigentum od. Besitz stammend* • **1.1.1** das Ihre/ihre *ihr Eigentum* • **1.2** *mit ihnen verwandt, bekannt, befreundet* • **1.2.1** die Ihren/ihren *ihre (engen) Verwandten* • **1.3** *einen Teil von ihnen bildend* • **1.4** *von ihnen ausgehend, bei ihnen Ursprung habend* • **1.5** *ihnen zukommend* **2** *eine Eigenschaft von ihnen darstellend* • **2.1** *von ihnen zur Gewohnheit geworden* **3** *von ihnen getan* • **3.1** *von ihnen verursacht* • **3.2** *von ihnen vertreten, gerechtfertigt* • **3.3** *von ihnen erwünscht* • **3.4** *von ihnen benutzt*

Ihr ⟨Possessivpron. 3. Person Pl. 4⟩ *(für die Anrede einer od. mehrerer nicht verwandter u. nicht befreundeter erwachsener Personen);* →a. *mein (1.1-3.4)* **1** ~ Auto (usw.) *Sie haben ein A. (usw.)* • **1.1** *Ihnen gehörend, aus Ihrem Eigentum od. Besitz stammend* • **1.1.1** das ~e Ihr Eigentum • **1.2** *mit Ihnen verwandt, bekannt, befreundet* • **1.2.1** die ~en *Ihre (engen) Verwandten* • **1.3** *einen Teil von Ihnen bildend* • **1.4** *von Ihnen ausgehend, bei Ihnen Ursprung habend* • **1.5** *Ihnen zukommend* **2** *eine Eigenschaft von Ihnen darstellend* • **2.1** *Ihnen zur Gewohnheit geworden* **3** *von Ihnen getan* • **3.1** *von Ihnen verursacht* • **3.2** *von Ihnen vertreten, gerechtfertigt* • **3.3** *von Ihnen erwünscht* • **3.4** *von Ihnen benutzt* **4** mit den besten Grüßen ~(e) … *(Schlussformel in Briefen, weniger vertraulich als euer (4))*

ih|rer ⟨Gen. von⟩ **1** *sie¹* **2** *sie²*

Ih|rer ⟨Gen. von⟩ *Sie¹*

ih|rer|seits ⟨Adv.⟩ **1** *von ihr aus;* sie machte ~ den Vorschlag … **2** *von ihnen aus;* sie bestanden ~ darauf, dass …

Ih|rer|seits ⟨Adv.⟩ *von Ihnen aus;* wenn ~ keine Bedenken gegen das Vorhaben bestehen …

ih|res|glei|chen ⟨undeklinierbares Pron.⟩ **1** *eine Frau, eine Angelegenheit wie diese, Leute (Dinge) wie diese* • **1.1** das ist eine Unverschämtheit, die ~ sucht *die man mit nichts vergleichen kann, die einmalig ist* • **1.2** sie bleibt lieber unter ~ *unter Frauen ihres Standes, ihres Gesellschafts- od. Berufskreises*

Ih|res|glei|chen ⟨undeklinierbares Pron.⟩ *Leute wie Sie;* ~ findet man heute selten; Sie u. ~

ih|ret|hal|ben ⟨Pronominaladv.⟩ = *ihretwegen*

ih|ret|we|gen ⟨Pronominaladv.⟩ *um ihretwillen, ihr od. ihnen zuliebe;* Sy ihrethalben; ich habe es nur ~ getan

Ike|ba|na ⟨n.; - od. -s; unz.⟩ *japanische Kunst des Blumensteckens*

Iko|ne ⟨f.; -, -n⟩ *Heiligenbild der orthodoxen Kirche;* der Verkauf von russischen ~n

il|le|gal ⟨Adj. 24⟩ *gesetzwidrig, ungesetzlich;* Ggs *legal;* ~e Handlungen, Organisationen; der Verkauf von Marihuana ist ~

Il|lu|mi|na|ti|on ⟨f.; -, -en⟩ **1** *festliche Erleuchtung (bes. im Freien);* ~ mit Lampions **2** *Buchmalerei*

il|lu|mi|nie|ren ⟨V. 500⟩ **1** Räume, Bauwerke ~ *festlich erleuchten* **2** Stiche, **Drucke** ~ *ausmalen* **3** Manuskripte ~ *mit Buchmalereien verzieren*

Illusion

Il|lu|si|on ⟨f.; -, -en⟩ **1** trügerische Hoffnung, Selbsttäuschung, idealisierte, falsche Vorstellung von der Wirklichkeit; jmdm. die ~en rauben; seine ~en verlieren; sich ~en über jmdn. oder eine Sache hingeben; darüber mache ich mir keine ~en **2** Vortäuschung von räumlicher Tiefe auf Bildern, im Theater od. Film mit den Mitteln der Perspektive; Raum~, Tiefen~ **3** Täuschung durch ein Zauberkunststück **4** ein auf Täuschung (3) beruhendes Zauberkunststück

◆ Die Buchstabenfolge **ill|lus|tr...** kann in Fremdwörtern auch **il|lust|r...** getrennt werden.

◆ **Il|lus|tra|ti|on** ⟨f.; -, -en⟩ **1** Abbildung zu einem Text **2** ⟨unz.⟩ das Illustrieren, Illustrierung **3** ⟨unz.⟩ Veranschaulichung
◆ **il|lus|trie|ren** ⟨V. 500⟩ **1** Texte ~ mit Illustrationen versehen, bebildern; ein Buch ~; illustrierte Zeitschrift **2** Sachverhalte ~ veranschaulichen, erläutern; etwas durch Beispiele ~
◆ **Il|lus|trier|te** ⟨f. 2⟩ illustrierte Zeitschrift
Il|tis ⟨m.; -ses, -se; Zool.⟩ meist dunkel gefärbter Marder von an 40 cm Körperlänge: Mustela putoris; Sy Ratz
im ⟨Präp. u. Art.⟩ = in dem
Ima|gi|na|ti|on ⟨f.; -, -en⟩ **1** Einbildung **2** Einbildungskraft, Vorstellungsvermögen
Imam ⟨m.; -s, -s od. -e; islam. Rel.⟩ **1** Vorbeter in der Moschee ~ **1.1** ⟨unz.⟩ (Ehrentitel für islamische Gelehrte) **2** geistliches, auf Mohammed zurückgeführtes Oberhaupt der Schiiten
Im|biss ⟨m.; -es, -e⟩ **1** kleine, schnell zubereitete Mahlzeit; darf ich Ihnen einen ~ anbieten? **2** Verkaufsraum, Verkaufsstand dafür; an einem ~ Rast machen; ~bude
Imi|ta|ti|on ⟨f.; -, -en⟩ **1** Nachahmung **2** = Fälschung (2) **3** ⟨Mus.⟩ Wiederholung eines Themas in gleicher (Kanon) od. anderer (Fuge) Tonhöhe
imi|tie|ren ⟨V. 500⟩ **1** jmdn. od. etwas ~ • **1.1** nachahmen; der Schüler imitierte den Klassenlehrer • **1.2** fälschen, nachbilden; imitiertes Leder **2** ⟨Mus.⟩ wiederholen (Thema)
Im|ker ⟨m.; -s, -⟩ Bienenzüchter
Im|ke|rin ⟨f.; -, -rin|nen⟩ weibl. Imker
im|ma|nent ⟨Adj. 24⟩ **1** ⟨geh.⟩ innewohnend, enthalten in; die einem Vorhaben ~en Probleme **2** ⟨Philos.⟩ innerhalb der Erkenntnis, der Erfahrung liegend; Ggs transzendent (1)
im|ma|tri|ku|lie|ren auch: **im|mat|ri|ku|lie|ren** ⟨V. 500⟩ jmdn. od. sich ~ in die Matrikel, in das Studentenverzeichnis aufnehmen; Sy inskribieren ⟨österr.⟩; sich an einer Universität ~
Im|me ⟨f.; -, -n; poet.⟩ Biene; sie ist immer fleißig wie eine ~
im|mens ⟨Adj.⟩ außerordentlich groß, unermesslich; er hat ~e Schulden; sein Wissen ist ~
im|mer ⟨Adv.24⟩ **1** ständig, stets, jederzeit; es ist ~ (wieder) dasselbe; ~ ich (soll es gewesen sein, soll alles tun)!; sie ist ~ fröhlich, vergnügt; hast du ~ so viel zu tun?; nein, nicht ~!; er erwähnt das ~ wieder • **1.1** ~ mit der Ruhe! nur ruhig • **1.1.1** nur ~ zu!

frisch ans Werk! • **1.2** ~ langsam! nicht so schnell! **2** ⟨mit Adj. im Komparativ⟩ in zunehmendem Maße; ~ mehr, weniger; ~ besser, schlechter, höher, tiefer; es wurde ~ kälter; eines ist ~ schöner als das andere **3** jedes Mal; ~ zwei auf einmal, zusammen; das sagst du ~, und dann tust du es doch nicht; seine Leistungen werden ~ besser; ~, wenn ...; er fängt ~ an (Streit usw.) • **3.1** er kommt ~ montags jeden Montag • **3.2** ~ **noch**, noch ~ bis jetzt, bisher ohne Unterbrechung **4** ⟨veraltet⟩ inzwischen; fangen Sie ~ an! **5 für, auf** ~ ständig, endgültig; sie mussten sich für ~, auf ~ damit abfinden, dass ... • **5.1** die **Augen** für ~ **schließen** ⟨fig.⟩ sterben **6** ⟨mit Pron.⟩ • **6.1** wer ~ jeder(mann), der ...; es ist uns jeder willkommen, wer ~ es auch sein mag; lass niemanden herein, wer (auch) ~ es sein mag • **6.2** **was** ~ alles, was ...; was ~ er auch sagen mag, es ist erlogen **7** ⟨mit Adv.⟩ • **7.1** **wo** ~ überall, wo ... • **7.1.1** er denkt an sie, wo ~ er auch ist wo er auch ist, überall • **7.2** **wann** ~ jederzeit, wenn ...; du kannst kommen, wann ~ du willst • **7.3** **wie** ~ auf jede Art und Weise, die ...; ich halte zu dir, wie ~ es auch gehen mag • **7.3.1** wie ~ wie üblich, wie gehabt, wie sonst **8** ⟨Getrennt- u. Zusammenschreibung⟩ • **8.1** ~ während = immerwährend

im|mer|dar ⟨Adv.; geh.; poet.⟩ für immer, für ewig
im|mer|fort ⟨Adv.⟩ immerzu, ununterbrochen
im|mer|hin ⟨Adv.⟩ **1** wenigstens, jedenfalls; ~ hat er doch einmal angerufen; es ist doch ~ ein Versuch • **1.1** ~! besser als nichts
im|mer|wäh|rend auch: **im|mer wäh|rend** ⟨Adj. 24⟩ ununterbrochen, fortwährend, dauernd, ständig; ~er Kalender
im|mer|zu ⟨a. ['---] Adv.; umg.⟩ immerfort, dauernd, ständig
Im|mi|grant auch: **Im|mig|rant** ⟨m.; -en, -en⟩ jmd., der in ein Land einwandert, Einwanderer; Ggs Emigrant
Im|mi|gran|tin auch: **Im|mig|ran|tin** ⟨f.; -, -tin|nen⟩ weibl. Immigrant; Ggs Emigrantin
Im|mi|grie|ren auch: **im|mig|rie|ren** ⟨V. 400(s.)⟩ (in ein Land) einwandern; Ggs emigrieren
Im|mis|si|on ⟨f.; -, -en⟩ Einwirken von Schadstoffen auf die Umwelt
Im|mo|bi|lie ⟨[-jə] f.; -, -n; meist Pl.⟩ unbeweglicher Besitz, Grundbesitz; im Besitz von ~n sein; ~nmakler
im|mun ⟨Adj.⟩ **1** Diplomaten u. Parlamentsmitglieder sind ~ genießen gesetzlichen Schutz vor Strafverfolgung **2** ⟨86⟩ jmd. ist ~ gegen unempfänglich für; ~ gegen Krankheitserreger, ungünstige Einflüsse • **2.1** dagegen bin ich ~ ⟨fig.⟩ das berührt, beeindruckt mich nicht, das kann mich nicht beeinflussen
Im|pe|ra|tiv ⟨m., -s, -e⟩ **1** ⟨Gramm.⟩ Form des Verbs, die einen Befehl ausdrückt, z. B. komm!, bleib hier! **2 kategorischer** ~ ⟨nach dem Philosophen I. Kant⟩ unbedingt gültiges Gebot der Pflicht, unausweichliche sittliche od. moralische Forderung
Im|per|fekt ⟨n.; -s, -e⟩ **1** ⟨Gramm.⟩ Zeitform des Verbs, erste od. unvollendete Vergangenheit **2** ⟨dt. Gramm.⟩ = Präteritum

Im|pe|ri|um ⟨n.; -s, -ri|en⟩ *Weltmacht, Weltreich, bes. das römische Weltreich*

im|per|ti|nent ⟨Adj.⟩ *in aufdringlicher Weise frech, unverschämt;* ein ~er Mensch; er war sehr ~

Im|per|ti|nenz ⟨f.; -; unz.⟩ *impertinentes Verhalten, bodenlose Frechheit, Unverschämtheit;* er trat mit einer ungeheuerlichen ~ auf

impf|en ⟨V. 500⟩ **1** jmdn. od. **ein Tier** ~ *bei jmdm. od. einem T. eine Impfung (1) vornehmen* **2** eine **Pflanze** ~ ⟨Bot.⟩ *veredeln, pfropfen*

Impf|pass ⟨m.; -es, -päs|se⟩ *Ausweis, in dem alle bereits getätigten Impfungen des Inhabers eingetragen u. bescheinigt sind, Impfausweis;* internationaler ~

Impf|ung ⟨f.; -, -en⟩ **1** ⟨Med.⟩ *das Einbringen von Impfstoff in den Körper eines Menschen oder Tieres, um Immunität gegen eine od. mehrere Krankheiten zu erzielen;* Schutz~ **2** ⟨Biol.⟩ *Aufbringen von Mikroben od. Material, in dem man Mikroben vermutet, auf einen Nährboden od. auf einen lebenden Organismus zum Zwecke des Nachweises od. der Weiterzüchtung* **3** ⟨Landw.⟩ *Einbringen von Stickstoff erzeugenden Bakterien in den Boden;* Boden~

Im|plan|ta|ti|on ⟨f.; -, -en⟩ **1** ⟨Med.⟩ *Einpflanzung künstlicher Teile od. Stoffe in den menschlichen Körper* • **1.1** ⟨Zahnmed.⟩ *das Einpflanzen von künstlichen Zähnen in leere Zahnhohlräume* **2** ⟨Physiol.⟩ *Einnisten des befruchteten Eies in die Gebärmutterschleimhaut*

Im|pli|ka|ti|on ⟨f.; -; unz.⟩ **1** ⟨geh.⟩ *das Implizieren, Einbeziehen, Einschließen einer Sache in eine andere* **2** ⟨Philos.; Logik⟩ *Beziehung zwischen zwei Sachverhalten (Aussagen od. Prädikaten), von denen der eine den anderen in sich schließt oder schließen soll, „wenn … dann"-Beziehung*

im|pli|zie|ren ⟨V. 500; geh.⟩ *etwas* ~ *mit einschließen, einbeziehen, einbegreifen*

im|plo|die|ren ⟨V. 400⟩ *durch Druck von außen eingedrückt werden;* Gas explodiert (1)

Im|plo|si|on ⟨f.; -, -en⟩ *Zerstörung eines Hohlkörpers, in dem verringerter Luftdruck herrscht, durch Druck von außen;* Ggs *Explosion (1)*

im|po|nie|ren ⟨V. 600⟩ *jmdm.* ~ *großen Eindruck machen, Achtung od. Bewunderung einflößen*

Im|port ⟨m.; -(e)s, -e⟩ = *Einfuhr;* Ggs *Export* ~ von Waren, Dienstleistungen

im|por|tie|ren ⟨V. 500⟩ Ggs *exportieren* **1** = *einführen (2)* **2** ⟨EDV⟩ • **2.1 Bilder,** Grafiken, Musikstücke ~ *einlesen, in ein Computerprogramm überführen* • **2.2 Daten** ~ *aus einem anderen Programm in ein bestimmtes Programm umwandeln*

im|po|sant ⟨Adj.⟩ *(aufgrund der Größe, Stattlichkeit, Bedeutsamkeit) beeindruckend;* ein ~es Bauwerk, Gemälde; ein ~er Schauspieler

im|po|tent ⟨Adj. 70⟩ Ggs *potent* **1** *an Impotenz (1) leidend* **2** ⟨fig.⟩ *unfähig, nicht schöpferisch, ausdruckslos;* ein ~er Künstler

Im|po|tenz ⟨f.; -; unz.⟩ Ggs *Potenz (1)* **1** ~ des **Mannes** • **1.1** *Unfähigkeit zum Geschlechtsverkehr: Impotentia coeundi* • **1.2** *Unfruchtbarkeit des Mannes: Impotentia generandi* **2** ⟨fig.⟩ *Unvermögen, Schwäche*

im|präg|nie|ren auch: **im|präg|nie|ren** ⟨V. 505⟩ **Stoffe, Werkstoffe** ~ **(gegen)** *mit Chemikalien als Schutzmittel tränken, um sie gegen äußere Einflüsse widerstandsfähig zu machen;* Holz gegen Fäulnis ~; Gewebe ~, um sie wasserundurchlässig zu machen; imprägnierter Mantel

Im|pre|sa|rio ⟨m.; -s, -s od. -sa|ri⟩ *Theater- u. Konzertunternehmer, der für einen Künstler Konzerte, Gastspiele usw. arrangiert*

Im|pres|si|on ⟨f.; -, -en⟩ *Eindruck, Empfindung, Wahrnehmung*

Im|pres|sum ⟨n.; -s, -pres|sen⟩ **1** ⟨in Zeitungen u. Zeitschriften⟩ *presserechtlich vorgeschriebener Vermerk mit Angabe des verantwortlichen Herausgebers, der Redakteure u. der Druckerei sowie der Erscheinungsweise, des Verlagsortes usw.* **2** ⟨in Büchern⟩ *presserechtlich vorgeschriebener Vermerk mit dem Copyright, Verlagsort u. meist Erscheinungsjahr, Auflagenhöhe u. Name der Druckerei*

Im|pri|ma|tur ⟨n.; -s; unz.⟩ *Druckerlaubnis;* der Autor hat das ~ erteilt

Im|pro|vi|sa|ti|on ⟨[-vi-] f.; -, -en⟩ **1** ⟨unz.⟩ *das Improvisieren;* er muss vorher alles genau planen, ~ liegt ihm nicht **2** ⟨zählb.⟩ *unvorbereitete Handlung, unvorbereitet (aus dem Stegreif) Dargebotenes;* eine ~ des Märchens „Hänsel und Gretel"

im|pro|vi|sie|ren ⟨[-vi-] V.⟩ **1** ⟨500⟩ **Handlungen** ~ *ohne Vorbereitung tun;* ein Essen für unerwarteten Besuch ~ • **1.1 literarische Darbietungen** ~ *aus dem Stegreif vortragen* **2** ⟨400; Theat.⟩ *etwas sprechen, einfügen, was nicht in der Rolle steht*

Im|puls ⟨m.; -es, -e⟩ **1** *Anstoß, plötzlicher Antrieb, Augenblicksentschluss;* dieser Kurs vermittelt neue ~e für den Wiedereinstieg ins Berufsleben; einem plötzlichen ~ folgen; etwas aus einem ~ heraus tun **2** ⟨Phys.⟩ *Bewegungsgröße eines Körpers, Produkt aus Masse u. Geschwindigkeit* **3** *kurzer elektrischer Spannungs- od. Stromstoß*

im|stan|de auch: **im Stan|de** ⟨Adv.⟩ **1** ~ **sein,** etwas zu tun *fähig sein, etwas zu tun, etwas vermögen, können;* er ist nicht ~, diese einfache Aufgabe zu lösen; dazu sehe ich mich nicht ~ • **1.1** er ist ~ und erzählt es allen weiter *er hat (wie zu fürchten ist) keine Hemmungen*

in[1] ⟨Präp. mit Dat. auf die Frage „wo"?, mit Akk. auf die Frage „wohin"?⟩ **1** ⟨örtlich⟩ *an einer bestimmten Stelle, in Richtung auf;* ~ Berlin; ~ diesem Buch; ~ Deutschland; ~ der Ferne; ~ der Nähe; ~ eurer Mitte; ~s Theater gehen; im Wald, im Wasser; ~s Zimmer kommen **2** ⟨modal⟩ • **2.1** *auf bestimmte Weise;* ~ Gold bezahlen; ~ aller Eile; jmdm. ~ aller Güte etwas sagen; ~ Liebe Deine X (als Briefschluss); im Mantel; im Schritt, Trab; ~ tiefer Trauer, Verzweiflung • **2.2** *in bestimmtem Zustand, bei bestimmtem Verhalten;* im Begriff stehen zu; im Fluge; ~ Panik geraten; ~ Schweiß geraten; im Traum; tief ~ der Arbeit stecken; das Leben besteht nicht ~ Genuss; ~ Wahnsinn verfallen; ~ Erwägung ziehen; im Großen und Ganzen • **2.3** ~ einem **Fach** *ein F. betreffend;* Nachhilfestunden ~ Mathematik **3** ⟨zeit-

in

lich⟩ *während eines Zeitraums, auf einen Zeitraum zu;* ~ *den Ferien; im Frühling; im Jahre 1962;* ~s *sechzigste Jahr gehen; im vorigen Jahr;* ~ *der Nacht, bis* ~ *die Nacht;* ~ *zwei Stunden;* ~ *acht Tagen;* ~ *kurzer Zeit; bis* ~ *den Sommer hinein* **4** ⟨*Identität*⟩ ● **4.1** ~ **ihm** *haben wir viel gewonnen dass wir ihn haben, ist ein Gewinn für uns* ● **4.2** *du wirst* ~ *dem Buch einen guten Ratgeber finden das Buch wird dir ein R. sein* ● **4.3** *Vertrauen* ~ *jmdn. setzen jmdm. Vertrauen entgegenbringen* **5** ⟨in festen präpositionalen Wendungen⟩ ● **5.1** ~ **Bezug auf** *bezüglich, betreffend, hinsichtlich;* ● **5.2** ~ **Betreff** *Ihres Schreibens* ⟨Amtsdt.⟩ *betreffs, hinsichtlich Ihres S.;* →a. *Anbetracht, Hinsicht, Hand (2.6.3, 2.8), Frage (3.4), Wort* **6** ⟨Getrennt- u. Zusammenschreibung⟩ ● **6.1** ~ Frage = *infrage* ● **6.2** ~ **Stand** = *instand* ● **6.3** **im Stande** = *imstande*

in² ⟨Adv.; umg.⟩ ~ *sein modern, gefragt, aktuell sein;* Ggs *out (2); dieser Schauspieler ist* ~; *kurze Röcke sind wieder* ~

in|ad|äquat ⟨Adj.⟩ *unpassend, unangemessen, nicht entsprechend;* Ggs *adäquat*

in|ak|tiv ⟨Adj.⟩ **1** *nicht aktiv, untätig, unwirksam* **2** *im Ruhestand;* ~er *Offizier* **3** ⟨24/70⟩ *nicht zur Teilnahme an den Veranstaltungen eines Vereins verpflichtet;* ~es *Mitglied*

In|be|griff ⟨m.; -(e)s; unz.⟩ **1** *das Höchste, Musterfall; sie ist der* ~ *des Schönen für mich* **2** *Summe, Abstraktion der unter einen Begriff gefassten Einzelheiten; der* ~ *der Weisheit*

in|be|grif|fen ⟨Adj. 24/40⟩ *eingeschlossen, mitgerechnet, mitgezählt; alles* ~; *Bedienung, Trinkgeld ist* ~; *Nebenkosten sind nicht* ~

In|brunst ⟨f.; -; unz.⟩ *innere Leidenschaft, alle Seelenkraft, leidenschaftlicher Eifer; mit* ~ *arbeiten, beten, flehen, Theater spielen*

in|dem ⟨unterordnende Konj.⟩ **1** ⟨instrumental⟩ *dadurch, dass; du kannst ihm eine Freude bereiten,* ~ *du ihn einmal besuchst* **2** ⟨temporal⟩ *während;* ~ *er dies sagte, klingelte es* **3** ⟨oft fälschlich für⟩ *indessen (1)*

in|des ⟨Konj.; veraltet⟩ = *indessen (2)*

in|des|sen ⟨Konj.⟩ **1** ⟨unterordnend, temporal⟩ *währenddessen, unterdessen, inzwischen;* ~ *hatten sich alle erhoben; ich habe noch einiges zu erledigen, du kannst* ~ *schon das Essen vorbereiten* **2** ⟨nebenordnend, adversativ⟩ *immerhin, allerdings, aber, doch;* Sy *indes; wir hatten wenig erwartet,* ~, *wir wurden beschämt; sein Engagement muss man ihm* ~ *zugutehalten*

In|dex ⟨m.; -es od. -, -e od. -di|zes od. -di|ces⟩ **1** *Namen-, Sach-, Stichwortverzeichnis, Register; ein Wort im* ~ *nachschlagen* ● **1.1** ⟨kurz für⟩ ~ **librorum prohibitorum** ⟨bis 1967⟩ *Verzeichnis der von der kath. Kirche verbotenen Schriften;* **2** *hoch- oder tiefgestellte Ziffer verschiedener Funktion, z. B. L_2, K^3,* **3** *2^x zur Verbesserung der Übersichtlichkeit von Statistiken meist mit 100 gleichgesetzte Zahl, auf die die übrigen Werte einer Reihe bezogen werden*

In|di|a|ner ⟨m.; -s, -⟩ *Ureinwohner von Amerika (außer den Eskimos)*

In|di|a|ne|rin ⟨f.; -, -rin|nen⟩ *weibl. Indianer*

in|dig|niert *auch:* **in|dig|niert** ⟨Adj.; geh.⟩ *unwillig, entrüstet, peinlich berührt*

In|di|go ⟨n. od. m.; -s; unz.⟩ *ältester, blauer, wasserlöslicher u. lichtechter Farbstoff, der in verschiedenen tropischen Pflanzen vorkommt*

In|di|ka|ti|on ⟨f.; -, -en⟩ **1** *Anzeichen, Merkmal, aus der Diagnose sich ergebende Veranlassung zur Anwendung eines bestimmten Heilverfahrens* ● **1.1** *gesetzlich anerkannter Grund zur Durchführung eines Schwangerschaftsabbruches; soziale* ~

In|di|ka|tiv ⟨m.; -s, -e; Gramm.; Abk.: Ind.⟩ *Modus des Verbs, der eine Handlung, einen Vorgang od. ein Ereignis als gegeben bezeichnet, z. B. „ich singe", „sie hüpft", Wirklichkeitsform;* →a. *Konjunktiv*

in|di|rekt ⟨Adj. 24⟩ Ggs *direkt (3)* **1** *auf Umwegen* **2** *mittelbar, abhängig* ● **2.1** ~e **Beleuchtung** *B. mit unsichtbarer (verdeckter) Lichtquelle* ● **2.2** ~er **Druck** ⟨Typ.⟩ *D. von einer Form mit seitenrichtigem Bild auf einen Gummizylinder, der das seitenrichtige Motiv seitenrichtig auf den Druckträger überträgt* ● **2.3** ~e **Rede** ⟨Gramm.⟩ *nicht wörtliche R.* ● **2.4** ~e **Steuer** *vom Staat erhobener Aufschlag auf bestimmte Waren, z. B. Getränke-, Tabak-, Umsatz-, Vergnügungssteuer, Zölle* ● **2.5** ~e **Wahl** *W. des Abgeordneten durch Mittelspersonen* ● **2.6** ~er **Beweis** ⟨Logik⟩ *Widerlegung des Gegenteils eines Urteils, um dieses zu bestätigen*

in|di|vi|du|ell ⟨[-vi-] Adj.⟩ **1** *das Individuum betreffend, zu ihm gehörig* **2** *eigentümlich, der Eigenart des Einzelnen entsprechend, persönlich;* ~e *Bedienung, Behandlung; das ist* ~ *verschieden*

In|di|vi|du|um ⟨[-vi̱-] n.; -s, -du|en⟩ **1** *das Einzelwesen in seiner Besonderheit, im Verhältnis zur Gemeinschaft* **2** ⟨umg.; abwertend⟩ *unbekannte Person, Kerl; ein verdächtiges* ~

In|diz ⟨n.; -es, -zi|en⟩ **1** *eine Tatsache, die auf das Vorhandensein einer anderen schließen lässt; die Wolkenbildung ist ein* ~ *für ein herannahendes Gewitter* ● **1.1** ⟨Rechtsw.⟩ *Tatsache, die eine Straftat nicht unmittelbar nachweist, aber auf diese schließen lässt*

In|do|eu|ro|pä|er ⟨m.; -s, -⟩ = *Indogermane*

in|do|eu|ro|pä|isch ⟨Adj. 24⟩ **1** *von den Indoeuropäern stammend, zu ihnen gehörig* ● **1.1** ~e *Sprachen indogermanische Sprachen*

In|do|ger|ma|ne ⟨m.; -n, -n⟩ *Angehöriger der Völker, deren Sprachen zur indogermanischen Sprachfamilie gehören;* Sy *Indoeuropäer*

in|do|ger|ma|nisch ⟨Adj. 24; Abk.: idg.⟩ **1** *zu den Indogermanen gehörend, von ihnen stammend* ● **1.1** ~e *Sprachen aus einer angenommenen, nichtüberlieferten Ursprache entstandene, von Indien über Westasien bis Europa verbreitete Sprachfamilie*

In|do|ger|ma|nis|tik ⟨f.; -; unz.⟩ *sprachvergleichende Wissenschaft von den indogermanischen Sprachen*

in|dok|tri|nie|ren *auch:* **in|dok|tri|nie|ren** ⟨V. 500; abwertend⟩ **jmdn.** ~ *ideologisch beeinflussen, in eine bestimmte politische Richtung drängen*

In|dus|trie *auch:* **In|dust|rie** ⟨f.; -, -n⟩ **1** *Herstellung großer Mengen gleichartiger Waren mit technischen Mitteln u. aufgrund von Arbeitsteilung in Großbetrieben od. in Heimarbeit;* Fabrik~; Heim~ **2** *die Gesamtheit der Fabrikbetriebe;* Metall~, Textil~; chemische, einheimische, keramische, weiterverarbeitende ~

in|dus|tri|ell *auch:* **in|dust|ri|ell** ⟨Adj. 24⟩ *die Industrie betreffend, zu ihr gehörig, mit Hilfe der Industrie (hergestellt);* ~e Fertigung

in|ef|fi|zi|ent ⟨a. [----'-] Adj.; geh.⟩ Ggs *effizient* **1** *nicht wirksam, wirkungslos* **2** *nicht wirtschaftlich*

in|ein|an|der *auch:* **in|ei|nan|der** ⟨Adv.⟩ **1** *eins in das andere (hinein);* die Kanäle fließen ~; sie sind ~ verliebt **2** *eins in dem anderen;* ~ aufgehen

in|ein|an|der|grei|fen *auch:* **in|ei|nan|der|grei|fen** ⟨V. 158/400⟩ *einpassen, einfügen;* die Zahnräder greifen ineinander; ~de Veranstaltungen (fig.)

in|exis|tent ⟨Adj. 24⟩ *nicht vorhanden, nicht existierend;* Ggs *existent*

in|fam ⟨Adj.⟩ *ungeheuerlich, abscheulich, niederträchtig;* das ist eine ~e Lüge

In|fan|te|rie ⟨umg. a. ['----] f.; -; unz.; Abk.: Inf.; Mil.⟩ *zu Fuß kämpfende Truppe, die den größten Teil eines Heeres ausmacht*

in|fan|til ⟨Adj.⟩ **1** *kindisch* **2** *zurückgeblieben, unentwickelt*

In|farkt ⟨m.; -(e)s, -e; Med.⟩ *durch Unterbrechung der Blutversorgung abgestorbenes Gewebe eines begrenzten Organteils;* Herz~

In|fek|ti|on ⟨f.; -, -en; Med.⟩ *Ansteckung, Übertragung von Krankheitserregern*

In|fer|no ⟨n.; -s; unz.⟩ **1** *Hölle, Unterwelt* **2** ⟨fig.⟩ *Ort eines furchtbaren Geschehens, grauenvolles Ereignis;* er hat das ~ des Krieges überlebt

in|fi|nit ⟨Adj. 24; Gramm.⟩ **1** *unbestimmt;* Ggs *finit*
• 1.1 ~es **Verb** *nicht konjugiertes Verb*

In|fi|ni|tiv ⟨m.; -s, -e; Gramm.⟩ *nicht näher bestimmte Grundform des Verbs, Nennform*

in|fi|zie|ren ⟨V. 500/Vr 7 od. Vr 8⟩ jmdn. ~ *eine Infektion verursachen bei jmdm.;* Sy *anstecken (4);* er hat sich in der Schule mit Windpocken infiziert; jmdn. mit der Cholera ~

In|fla|ti|on ⟨f.; -, -en; Wirtsch.⟩ *starke Ausweitung des Geldumlaufs ohne entsprechende Erhöhung der Produktion, verbunden mit Geldentwertung;* Ggs *Deflation*

in|fol|ge ⟨Präp. m. Gen.⟩ **1** ~ *eines* **Geschehens, Zustandes** *als Wirkung, Folge, Folgerung;* ~ eines Unfalls war die Straße gesperrt; ~ von Straßenglätte
• 1.1 ⟨bei stark gebeugten Subst. ohne Artikel im Sg. schwindet das Gen.-s häufig⟩ ~ Vertragsabschluss(es)

in|fol|ge|des|sen ⟨nebenordnende konsekutive Konj.⟩ *als Folge davon, daher, deshalb;* die Straße war wegen eines Unfalls gesperrt, ~ mussten wir einen Umweg machen

In|for|mand ⟨m.; -en, -en⟩ *jmd., der von einer anderen Person zu informieren ist*

In|for|mant ⟨m.; -en, -en⟩ *jmd., der eine andere Person informiert*

In|for|ma|tik ⟨f.; -; unz.⟩ *Wissenschaft von der Übermittlung, Speicherung u. dem Empfang von Informationen mit Hilfe der elektronischen Datenverarbeitung*

In|for|ma|ti|on ⟨f.; -, -en⟩ **1** *Auskunft, Nachricht, Aufklärung, Belehrung;* ~en ausgeben, austeilen, weitergeben; ~en einholen, empfangen; ~en erhalten, sammeln; jmdm. eine ~ (über jmdn. od. etwas) geben **2** ⟨Kyb.⟩ *Einwirkung eines dynamischen Systems auf ein anderes, mit dem es gekoppelt ist, wobei Nachrichten über Zustände u. Vorgänge ausgetauscht werden;* genetische ~

in|for|ma|tiv ⟨Adj.⟩ *Informationen, Auskunft gebend, neue Tatsachen, Aspekte vermittelnd;* das Gespräch war sehr ~

in|for|mell ⟨a. [--'-] Adj. 24⟩ **1** *nicht formell, ohne Formalitäten, nicht offiziell;* ein ~es Treffen; eine ~e Auskunft erteilen • 1.1 ~e **Malerei** *frei von geometrischen u. kompositorischen Regeln arbeitende Richtung der Malerei*

in|for|mie|ren ⟨V. 500⟩ **1** ⟨505/Vr 7⟩ **jmdn. (über etwas)** ~ *jmdm. Auskunft erteilen, jmdn. belehren, aufklären (über etwas);* er wurde über die Nebenwirkungen des Medikamentes informiert; er hat sich über seine Berufschancen informiert **2** jmdn. ~ *in Kenntnis setzen, benachrichtigen;* bitte ~ Sie die Anwesenden über das Abstimmungsergebnis

in|fra|ge *auch:* **in Fra|ge** ⟨Adv.; in den Wendungen⟩ **1** ~ **kommen** *in Betracht kommen;* bei der Aufgabe kommen mehrere Lösungswege ~ **2** ~ **stehen** *nicht gesichert sein;* unsere Zukunft wird noch lange ~ stehen **3** ~ **stellen** *Zweifel an jmdm. od. etwas anmelden;* nach diesem Gespräch wird er ihre Fähigkeiten nicht mehr ~ stellen

In|fra|rot *auch:* **In|fra|rot** ⟨n.; -s; unz.; Phys.⟩ *die nicht sichtbaren Wärmestrahlen unterhalb des Bereiches der roten Strahlen im Spektrum*

In|fra|struk|tur *auch:* **In|fra|struk|tur** ⟨f.; -, -en⟩ *Gesamtheit der für die Wirtschaft eines Landes od. einer Region notwendigen Einrichtungen u. Anlagen, die nur mittelbar der Produktion dienen, z. B. Straßen, Elektrizitätswerke, Kanalisation, soziale Institutionen*

In|fu|si|on ⟨f.; -, -en; Med.⟩ *das Einführen von Flüssigkeiten in den Körper (bes. in eine Ader) mit Hilfe von Hohlnadeln*

In|ge|ni|eur ⟨[ınʒənjøːr] m.; -s, -e; Abk.: Ing.⟩ *Techniker mit Ausbildung an einer Hochschule od. Fachschule;* Diplom-~ ⟨Abk.: Dipl.-Ing.⟩; graduierter ~ ⟨Abk.: Ing. grad.⟩

In|ge|ni|eu|rin ⟨[ınʒənjøː-] f.; -, -rin|nen⟩ *weibl. Ingenieur*

Ing|wer ⟨m.; -s; unz.⟩ **1** ⟨Bot.⟩ *Angehöriger einer südasiatischen Gattung der Ingwergewächse:* Zingiber **2** *die als Gewürz verwendete Wurzel des Ingwers (1)*

In|ha|ber ⟨m.; -s, -; Abk.: Inh.⟩ *jmd., der die Gewalt über eine Sache hat, der über etwas verfügt, etwas besitzt;* der ~ einer Auszeichnung, eines Ordens, eines Rekordes; Geschäfts~

In|ha|be|rin ⟨f.; -, -rin|nen⟩ *weibl. Inhaber*

in|ha|lie|ren ⟨V. 500⟩ Dämpfe, Gase ~ *(zu Heilzwecken) einatmen*

In|halt ⟨m.; -(e)s, -e⟩ **1** *das in etwas Enthaltene, Befindliche;* der ~ *einer Ladung, einer Sendung* • **1.1** ~: *leicht verderbliche Lebensmittel enthält leicht verderbliche L.* • **1.2** der ~ *eines* **Behälters** *das, was sich in einem B. befindet;* den ~ *ausgießen, ausschütten, herausnehmen, wegwerfen;* ~ *eines Glases, Kastens, Pakets;* der ~ *einer Flasche, Konservendose, Tasche* • **1.3** der ~ *beträgt fünf Liter (etwas) enthält fünf L.* **2** ⟨fig.⟩ *Wesen und Bedeutung einer Sache, das Mitgeteilte, Dargebotene, Dargestellte;* der ~ *eines Buches, eines Films, eines Theaterstückes erzählen;* der ~ *eines Begriffs, Briefes, Vortrags* **3** *Sinn;* ein *Leben ohne* ~ **4** ⟨Math.⟩ *in Flächen- od. Raummaßen ausgedrückte Größe;* den ~ *eines Gefäßes, Körpers berechnen*

in|halt|lich ⟨Adj. 24⟩ *den Inhalt betreffend;* der *Aufsatz war ~ gut, aber in einem schlechten Stil geschrieben*

in|hä|rent ⟨Adj. 24/70; geh.⟩ *(einer Sache) innewohnend, anhaftend*

In|iti|a|le ⟨[-tsja:lə] f.; -, -n⟩ *großer Anfangsbuchstabe (in mittelalterlichen Büchern hervorgehoben u. stark verziert)*

In|iti|a|ti|ve ⟨[-tsja-] f.; -, -n⟩ **1** ⟨unz.⟩ *der erste Schritt zu einer Handlung;* die ~ *ergreifen; auf jmds.* ~ **2** ⟨unz.⟩ *Entschlusskraft, Unternehmungsgeist;* jmd. *hat* ~; *durch jmds.* ~ • **2.1** *Fähigkeit, aus eigenem Antrieb zu handeln;* aus eigener ~ *handeln* **3** *lockere Vereinigung von Personen zur Durchsetzung bestimmter Forderungen;* Schüler~; Eltern~; Bürger~ **4** ⟨schweiz.⟩ *Volksbegehren*

in|i|ti|ie|ren ⟨[-tsii̯-] V. 500⟩ **1** *etwas* ~ *begründen, den Anstoß geben zu, in die Wege leiten;* eine *neue Vorgehensweise* ~ **2** *jmdn.* ~ ⟨geh.⟩ *(mit einem Ritual) in ein Amt einsetzen, in eine Gemeinschaft aufnehmen, einweihen*

In|jek|ti|on ⟨f.; -, -en⟩ **1** ⟨Med.⟩ *Einspritzung einer Flüssigkeit* **2** ⟨Bauw.⟩ *Einspritzen von flüssigem Beton unter hohem Druck zum Ausbessern von Rissen im Bauwerk od. zum Verfestigen des Baugrundes bei Bausenkungen* **3** ⟨Geol.⟩ *Einschub von Magma in Spalten u. Hohlräume der Erdkruste*

in|ji|zie|ren ⟨V. 500⟩ *etwas* ~ *einspritzen*

In|kas|so ⟨n.; -s, -kas|si; österr.⟩ *Einziehen von Außenständen, Eintreiben fälliger Forderungen*

in|klu|si|ve ⟨[-və] Präp. mit Gen.; folgende Substantive ohne Artikel meist ohne -s des Gen.; Abk.: inkl.⟩ *einschließlich, eingeschlossen;* Ggs *exklusive;* ~ *des Bearbeitungshonorars;* ~ *Trinkgeld*

in|ko|gni|to *auch:* **in|kog|ni|to** ⟨Adv.⟩ *unerkannt, ohne Nennen des richtigen Namens;* ~ *reisen*

in|kom|pe|tent ⟨a. [---'-] Adj.⟩ Ggs *kompetent* **1** *nicht zuständig, unbefugt* **2** *nicht urteilsfähig* **3** *unfähig;* ein ~*er Mitarbeiter*

In|ku|ba|ti|on ⟨f.; -, -en⟩ **1** ⟨Med.⟩ *Zeit von der Ansteckung mit Krankheitserregern bis zum Ausbruch einer Infektionskrankheit, Inkubationszeit;* diese *Krankheit hat eine* ~ *von zwei Wochen* **2** ⟨Mikrobiol.⟩ *das Bebrüten von Mikroorganismen im Brutschrank* **3** ⟨Zool.⟩ *Brutzeit der Vögel* **4** ⟨Antike⟩ *Schlaf an heiligen Stätten, um göttliche Offenbarungen od. Heilung von Krankheiten zu erlangen*

In|land ⟨n.; -(e)s; unz.⟩ *das Innere eines Landes, Staatsgebiet innerhalb der Grenzen;* Ggs *Ausland*

In|lay ⟨[-leɪ] n.; -s, -s; Zahnmed.⟩ *Zahnfüllung aus Gold o. Ä.*

In|lett ⟨n.; -(e)s, -s od. -e⟩ *Bezugsstoff für Schlafdecken u. -kissen (Federbetten, Daunendecken, Schurwollfüllungen u. Ä.)*

in|mit|ten ⟨Präp. mit Gen.⟩ *mitten in, in der Mitte von;* ~ *dieses Gebietes;* ~ *von Blumen*

in|ne ⟨veraltet; mit Gen.; nur in der Wendung⟩ *einer Sache* ~ **sein** *sich eine S. vor Augen halten, sich ihrer bewusst sein, darüber im Klaren sein; … so dass wir dessen bald ~ waren*

in|ne|ha|ben ⟨V. 159/500; geh.⟩ *ein* **Amt**, *eine* **Stellung** ~ *bekleiden;* er *hat das Amt des Bürgermeisters inne, innegehabt*

in|ne|hal|ten ⟨V. 160/400; ich halte inne, innegehalten, innezuhalten⟩ *aufhören, stocken, etwas unterbrechen;* er *hielt im Sprechen inne*

in|nen ⟨Adv.⟩ *in einem Raum, drinnen;* Ggs *außen;* die *Nuss war* ~ *faul, hohl;* ~ *und außen;* nach ~ *(hinein od. zu);* von ~ *her(aus)*

In|nen|le|ben ⟨n.; -(e)s; unz.⟩ *das geistige u. seelische Leben des Menschen, seine Gedanken u. Gefühle, seelische Regungen, Seelenleben;* ein *bizarres, reiches* ~ *besitzen, haben*

In|nen|po|li|tik ⟨f.; -; unz.⟩ *Politik, die die Verhältnisse u. Angelegenheiten innerhalb eines Staates, Bundeslandes o. Ä. regelt*

In|nen|sei|te ⟨f.; -, -n⟩ *innere Seite, der Mitte, der Achse zugewandte Seite (eines Körpers, Gefäßes);* du *hast die* ~ *deines Hemdes nach außen gekehrt; auf der* ~ *eines Buches*

In|nen|stadt ⟨f.; -, unz.⟩ *Stadtzentrum, Stadtkern (mit den größten Geschäftsstraßen)*

In|nen|welt ⟨f.; -; unz.⟩ *die geistige, seelische Welt des Menschen, die Gesamtheit all seiner Gedanken u. Gefühle*

in|ne|re(r, -s) ⟨Adj. 70⟩ **1** *im Innern von etwas befindlich, innen stattfindend;* Ggs *äußere(r, -s) (1);* auf, in, der ~n *Spur fahren;* die ~n *Äste eines Baumes* • **1.1** die ~ **Stadt** *das Zentrum der S.* • **1.2** die ~n **Angelegenheiten** *eines Staates A., die nur die Bürger eines S., aber nicht andere S. betreffen* **2** *geistig, seelisch, im (eigenen) Wesen begründet;* es *fehlt ihm an* ~*m Halt;* einen ~n *Konflikt, Zwiespalt haben;* seiner ~*sten Überzeugung entsprechend* • **2.1** im *innersten* **Herzen** *hoffen mit der ganzen Kraft des Gemütes, zutiefst* • **2.2** eine ~ **Stimme** *warnte mich* ⟨fig.⟩ mein *Instinkt* • **2.3** ~ **Reserven** *haben* ⟨fig.⟩ *seelisch widerstandsfähig sein* • **2.4** vor *meinem* ~n **Auge** *stand …* ⟨fig.⟩ *im Geiste sah ich* **3** ⟨60; fig.⟩ • **3.1** *für den* ~n **Menschen** *etwas tun* ⟨umg.; scherzh.⟩ *für das leibliche Wohl* • **3.2** ~ **Kolonisation** *Maßnahmen zur Erschließung des eigenen Landes, die im Ausbau existierender bäuerlicher Siedlungen bestehen (die Ur-*

barmachung, das Roden etc.) • 3.3 ~r **Monolog** ⟨Lit.⟩ *moderne Technik der Erzählung u. des Romans, die die bewussten und unbewussten Gedanken so wiedergibt, wie sie die handelnden Personen im Augenblick erleben und die damit die Identifikation von Leser und Romanheld zu erreichen sucht* • 3.4 Innere **Mission** ⟨Abk.: I. M.⟩ *evangelische Vereinstätigkeit zur Hilfe von Bedürftigen aller Art u. Festigung der Gemeinden* **4** ~ **Krankheiten** ⟨Med.⟩ *alle Erkrankungen, die den ganzen Organismus in Mitleidenschaft ziehen u. deren Behandlung im Allgemeinen nicht chirurgisch ist* • 4.1 die ~ **Medizin** *Erkennung u. Behandlung der inneren Krankheiten* • 4.2 die ~ **Abteilung** *Station, Abteilung eines Krankenhauses zur Behandlung innerer Krankheiten* • 4.3 ~ **Atmung** *die Stoffwechselvorgänge, bei denen Stoffe unter Verwendung von Sauerstoff, der mit dem roten Blutfarbstoff herangebracht wurde, durch Oxidation abgebaut werden* • 4.4 die ~n **Organe** *Eingeweide* • 4.4.1 ⟨i. w. S.⟩ *alle Organe, die nicht der Stützung u. Fortbewegung des Körpers dienen* • 4.4.2 ⟨i. e. S.⟩ *Eingeweide, die in den großen Körperhöhlen liegenden Organe* • 4.5 ~ **Sekretion** *Absonderung von Stoffen (Hormonen) durch Drüsen ins Innere des Körpers, direkt ins Blut* **5** ⟨Mil.⟩ • 5.1 *auf der ~n Linie operieren die kürzesten Verbindungen nutzen* • 5.2 die ~ **Führung** ⟨in der Bundeswehr⟩ *Gesamtheit der Maßnahmen, die zur Menschen- und Truppenführung angewandt werden* **6** ~ **Spannung** ⟨Phys.⟩ *S. innerhalb eines festen Körpers ohne äußere Beanspruchung*

in|ner|halb ⟨Präp. mit Gen., wenn dieser formal erkennbar ist⟩ **1** ~ eines **Raumes** *im Inneren eines R.; ~ des Gartens, des Hauses* **2** ~ eines **Zeitraumes** *von Anfang u. Ende eines Z. begrenzt* • 2.1 ⟨häufig wird der Dat. Pl. verwendet, wenn der Gen. Pl. undeutlich ist; das ist bei stark deklinierten Subst. der Fall, bei denen kein Attribut den Gen. Pl. kennzeichnet⟩ *~ zehn Jahren* • 2.2 ⟨aber, mit gebeugtem Attr.⟩ *~ dreier Jahre; ~ von drei Jahren* **3** ~ einer **Gegebenheit** *soweit es eine G. zulässt; ~ eines Wissensgebietes; ~ des Möglichen*

in|ner|lich ⟨Adj. 24⟩ **1** *im Inneren befindlich, innen, ins Innere gelangend;* Ggs *äußerlich;* ~e *Anwendung (einer Arznei); die Arznei ist ~ anzuwenden* • 1.1 ~ *betroffen, erregt sein im Innersten, zutiefst* • 1.2 *er lachte ~ heimlich, für sich* **2** ⟨fig.⟩ *nach innen gerichtet, mit reichem Seelenleben, tief veranlagt; sie ist ein sehr ~er Mensch*

in|ner|orts ⟨Adv.; schweiz.; österr.⟩ *innerhalb der geschlossenen Ortschaft, innerhalb des Ortes; die Geschwindigkeitsbegrenzung gilt ~*

In|ners|te(s) ⟨n. 3⟩ **1** *der ganz innen gelegene Teil; im ~n des Berges* • 1.1 ⟨fig.⟩ *das tiefste Wesen; er war im ~n gekränkt, verletzt*

in|nert ⟨Präp. mit Gen.; schweiz.⟩ *innerhalb, binnen*

in|ne||sein ⟨alte Schreibung für⟩ *inne sein*

in|ne||wer|den ⟨V. 285/700(s.)⟩ *einer* **Sache** ~ *gewahr werden, begreifen*

in|nig ⟨Adj.⟩ **1** *herzlich, voller Zuneigung, liebreich, liebevoll, tief empfunden;* ~e *Anteilnahme, Freude,* *Freundschaft, Liebe, Verehrung; mein ~es Beileid; eine ~e Freundschaft; ~sten Dank sagen; ~e Grüße!; es ist sein ~er Wunsch* **2** ⟨40 od. 60⟩ *eng, unlösbar verbunden; ~ befreundet sein* **3** ⟨50⟩ *von Herzen, sehr; jmdm. ~ zugetan sein; etwas aufs ~ste/Innigste erhoffen, wünschen* • 3.1 ~ *gerührt sein sehr gerührt sein*

In|no|va|ti|on ⟨[-va-] f.; -, -en⟩ *Neuerung, Erneuerung; der Firmenleiter gab verschiedene ~en bekannt; eine ~ in der Heizungstechnik*

In|nung ⟨f.; -, -en⟩ **1** *freiwillige Vereinigung selbstständiger Handwerker;* Tischler~ • 1.1 *du blamierst die ganze ~!* ⟨umg.⟩ *uns alle, die dazugehören*

In|put ⟨m.; - od. -s; unz.⟩ Ggs *Output* **1** ⟨Wirtsch.⟩ *Rohstoffe od. Produkte, die ein Betrieb von außen zur weiteren Verarbeitung erhält* **2** ⟨EDV⟩ *Daten, die in eine elektron. Datenverarbeitungsanlage hineingegeben werden, Eingabe*

In|qui|si|ti|on ⟨f.; -, -en⟩ **1** ⟨12.-18. Jh.⟩ *strenges Gericht der katholischen Kirche gegen Abtrünnige (bes. in Spanien)* • 1.1 ⟨fig.⟩ *strenge Untersuchung*

ins ⟨Präp. u. Artikel⟩ = *in das*

In|sas|se ⟨m.; -n, -n⟩ *Bewohner, jeder, der sich mit anderen gemeinsam in einem Gebäude, Verkehrsmittel u. Ä. aufhält; die ~n eines Altersheims, eines Schiffes, Flugzeugs, eines Gefängnisses, eines Mietshauses, eines Autobusses*

In|sas|sin ⟨f.; -, -sinnen; selten⟩ *weibl. Insasse*

ins|be|son|de|re ⟨Adv.⟩ *ganz besonders, vor allem; dieses Verfahren ist ~ dann anzuwenden* …

In|schrift ⟨f.; -, -en⟩ **1** *in Stein, Metall od. Holz gegrabene, eingeritzte od. aus diesen herausgearbeitete Schrift;* ~en *auf Denkmälern, Grabsteinen, über Haustüren, auf Münzen* **2** *Aufschrift; eine ~ auf dem Bild*

In|sekt ⟨n.; -(e)s, -en; Zool.⟩ **1** *Angehöriges einer Klasse der Gliederfüßer mit Tracheen u. meist scharfen Einkerbungen zwischen Kopf, Brust u. Hinterleib: Insecta, Hexapoda* **2** ⟨Getrennt- u. Zusammenschreibung⟩ • 2.1 ~n *fressend = insektenfressend*

in|sek|ten|fres|send *auch:* **In|sek|ten fres|send** ⟨Adj. 24/70; Biol.⟩ *sich überwiegend von Insekten ernährend;* ~e *Tiere*

In|sel ⟨f.; -, -n⟩ **1** *von Wasser umgebenes Landstück, das kleiner als ein Kontinent ist; auf eine ~ verschlagen werden; auf einer ~ landen;* →a. *grün (1.11)* **2** *Fläche, Raum innerhalb einer Umgebung von andersartiger Beschaffenheit* • 2.1 *kleiner Platz für Fußgänger auf der Fahrbahn;* Verkehrs~ • 2.2 *die ~ der* **Seligen** *das Elysium, das Paradies* **3** ⟨fig.⟩ *abgegrenzter Bezirk; eine ~ der Ruhe inmitten allgemeinen Lärms od. überhasteten Lebens* **4** *geografischer Raum, dessen Bewohner eine andere Sprache sprechen als die der umgebenden Landschaft;* Sprach~

In|se|rat ⟨n.; -(e)s, -e⟩ = *Anzeige (1)*

ins|ge|heim ⟨a. ['---] Adv.⟩ *im Geheimen, heimlich; ~ hatte sie mit dieser Erbschaft gerechnet*

ins|ge|samt ⟨a. ['---] Adv.⟩ *alle(s) zusammen, im Ganzen*

In|si|der ⟨[-saɪ-] m.; -s, -⟩ *jmd., der einen Bereich od. be-*

Insignien

stimmte Verhältnisse aus eigener Erfahrung od. Mitwirkung gut kennt, Eingeweihter; Ggs Outsider; diesen Tipp hat mir ein ~ gegeben

In|si|gni|en auch: **In|si|gnien** ⟨nur Pl.⟩ (Macht u. Würde symbolisierende) Kennzeichen eines Herrschers od. hohen Würdenträgers, z. B. Zepter, Krone usw.

in|skri|bie|ren ⟨V. 400; österr.⟩ **1** = immatrikulieren **2** sich als Hörer (eines Studiengangs, einer Vorlesung) in eine Liste eintragen

in|so|fern ⟨Konj.⟩ Sy insoweit **1** ⟨nebenordnend, restriktiv, d. h. einschränkend⟩ was dies betrifft, bis zu diesem Punkt; ~ hat er Recht; ~ kannst du dich auf ihn verlassen **2** ⟨[--'-] unterordnend⟩ wenn, soweit (3); er wird kommen, ~ es seine Zeit erlaubt; er hat Recht, ~ er die Lage beurteilen kann **3** ⟨[-'--] als Korrelat zu „als" im Vergleichssatz⟩ in dem Maß, Umfang; er hat nur ~ Recht, als er die Lage beurteilen kann

in|so|weit ⟨a. [-'--] im hinweisenden Sinn; restriktive, d. h. einschränkende Konj.⟩ = insofern

◆ Die Buchstabenfolge **in|sp...** kann in Fremdwörtern auch **ins|p...** getrennt werden.

◆ **In|spek|ti|on** ⟨f.; -, -en⟩ **1** prüfende Besichtigung **2** Aufsicht, Überwachung **3** Prüf-, Aufsichtsstelle **4** Verwaltung, Behörde

◆ **In|spi|ra|ti|on** ⟨f.; -, -en⟩ **1** Eingebung, schöpferischer Einfall, Anregung, plötzliche Erkenntnis **2** ⟨Med.; unz.⟩ Einatmung

◆ **in|spi|zie|ren** ⟨V. 500⟩ **1** etwas ~ prüfen, prüfend besichtigen **2** jmdn. ~ überwachen, beaufsichtigen

◆ Die Buchstabenfolge **in|sta...** kann in Fremdwörtern auch **ins|ta...** getrennt werden. Davon ausgenommen sind Zusammensetzungen, in denen die fremdsprachigen bzw. sprachhistorischen Bestandteile deutlich als solche erkennbar sind, z. B. -stand.

◆ **In|stal|la|teur** ⟨[-tøːr] m.; -s, -e; Berufsbez.⟩ Handwerker für Installationen

◆ **In|stal|la|teu|rin** ⟨[-tøː] f.; -, -rin|nen⟩ weibl. Installateur

◆ **In|stal|la|ti|on**[1] ⟨f.; -, -en⟩ **1** ⟨Tech.⟩ das Einrichten von techn. Anlagen in Gebäuden (Wasser, Heizung, Gas, Elektrizität, Lüftung usw.) **2** ⟨EDV⟩ das Einrichten eines Programms auf der Festplatte eines Computers **3** ⟨bildende Kunst⟩ Anordnung von Gegenständen als Kunstwerk (im Raum eines Museums)

◆ **In|stal|la|ti|on**[2] ⟨f.; -, -en⟩ Einweisung (von Geistlichen) in ein Amt

in|stal|lie|ren ⟨V. 500⟩ **1** Anlagen ~ ⟨Tech.⟩ einrichten, einbauen • **1.1** ein **Computerprogramm** ~ ⟨EDV⟩ auf die Festplatte eines Computers kopieren u. dort einrichten **2** ⟨Kirchenrecht⟩ einen **Geistlichen** ~ in ein kirchl. Amt einweisen

in|stand auch: **in Stand** ⟨Adv.; nur in den Wendungen⟩ **1** ~ halten in gutem Zustand erhalten, pflegen; Gebäude, Geräte, Grundstücke ~ halten; sie muss ihre Kleidung selbst ~ halten; sie hat ihre Kleidung

schlecht ~ gehalten **2** etwas ~ **setzen** ausbessern, wiederherstellen; er muss die Wohnung auf eigene Kosten ~ setzen lassen **3** jmdn. ~ **setzen,** zu ... in die Lage versetzen, ausrüsten, damit ...; der Gewinn hat ihn ~ gesetzt, seine Schulden zu begleichen

in|stän|dig ⟨Adj.⟩ eindringlich, flehentlich; auf sein ~es Bitten hin; jmdn. ~ um etwas bitten

◆ **In|stant...** ⟨a. [ˌɪnstənt]⟩ in Zus.⟩ pulverisiert u. sofort gebrauchsfertig; ~kaffee

◆ **In|stanz** ⟨f.; -, -en; Abk.: Inst.⟩ **1** zuständige Behörde **2** ⟨Rechtsw.⟩ zuständige Stufe des gerichtlichen Verfahrens; eine Sache in erster, zweiter ~ entscheiden, verhandeln

◆ Die Buchstabenfolge **in|sti...** kann in Fremdwörtern auch **ins|ti...** getrennt werden.

◆ **In|stinkt** ⟨m.; -(e)s, -e⟩ **1** Naturtrieb, der Menschen u. Tiere auf bestimmte Umweltreize ohne Überlegung handeln lässt; seinem ~ folgen, gehorchen; den ~ verlieren; etwas aus ~ tun **2** unbewusster Antrieb; ihr ~ bewahrte sie davor; damit werden die niedersten ~e wachgerufen, geweckt; mit mütterlichem, weiblichem ~ fühlte sie es; einen sicheren, untrüglichen, zuverlässigen ~ besitzen; diese Art Lektüre wendet sich an die niedersten ~e; sich auf seinen ~ verlassen können **3** sicheres Gefühl, Ahnungsvermögen; mit feinem ~ das Richtige treffen; sich von seinem ~ leiten lassen

◆ **In|sti|tut** ⟨n.; -(e)s, -e⟩ Anstalt, Einrichtung, die bes. der Ausbildung, Erziehung, Forschung u. wissenschaftlichen Arbeit dient; ein medizinisches, historisches ~

◆ **In|sti|tu|ti|on** ⟨f.; -, -en⟩ **1** einem bestimmten (gemeinnützigen) Zweck dienende Einrichtung (Parlament, Schulen) • **1.1** ⟨fig.⟩ bestimmte (gesellschaftliche) Normen entscheidende u. festigende Einrichtung od. Person; ~ Familie; als Bürgermeister war er eine ~ in dieser Stadt

◆ Die Buchstabenfolge **in|stru...** kann in Fremdwörtern auch **ins|tru...**, **inst|ru...** getrennt werden.

◆ **in|stru|ie|ren** ⟨V. 500⟩ jmdn. ~ jmdm. Anweisungen erteilen, in Kenntnis setzen; er musste die Lehrlinge jeden Morgen erneut ~

◆ **In|struk|ti|on** ⟨f.; -, -en⟩ **1** Anweisung, Verhaltensmaßregel **2** ⟨Mil.⟩ Unterricht, Unterweisung

◆ **In|stru|ment** ⟨n.; -(e)s, -e⟩ **1** Gerät, Werkzeug (bes. für wissenschaftliche Untersuchungen); Mess~; chirurgische ~e • **1.1** ⟨fig.⟩ Mittel; ein ~ der Macht **2** Musikinstrument; ein ~ beherrschen, erlernen, spielen

In|su|la|ner ⟨m.; -s, -⟩ Bewohner einer Insel

In|su|lin ⟨n.; -s; unz.⟩ vom Inselorgan der Bauchspeicheldrüse gebildetes Hormon, das den Blutzuckerspiegel senkt

in|sze|nie|ren ⟨V. 500⟩ **1** ein **dramatisches Werk** ~ ⟨Theat., Film, Fernsehen, Funk⟩ in Szene setzen, die Aufführung technisch u. künstlerisch vorbereiten u. lei-

in|ter|es|sie|ren

ten **2** einen **Skandal** ~ ⟨fig.⟩ *ins Werk setzen, hervorrufen*

in|takt ⟨Adj. 24⟩ *unbeschädigt, unversehrt, unberührt;* ~ *bleiben*

In|tar|sie ⟨[-sjə] f.; -, -si|en; meist Pl.⟩ *Einlegearbeit in Holzgegenstände durch andersfarbiges Holz, Perlmutt, Elfenbein u. Ä.*

in|te|ger ⟨Adj.⟩ *unbescholten, rechtschaffen, moralisch einwandfrei, redlich; ein integrer Politiker*

in|te|gral *auch:* **In|te|gral** ⟨Adj. 24/70; geh.⟩ **1** *ein Ganzes ausmachend, für sich bestehend, vollständig;* ~ *e Herrschaft* **1.1** *ein* ~*er* **Bestandteil** *ein unabdingbarer, wesentlicher, unbedingt zu berücksichtigender B.*

In|te|gra|ti|on *auch:* **In|te|gra|ti|on** ⟨f.; -, -en⟩ **1** *Herstellung eines Ganzen, Zusammenschluss, Vereinigung* **2** ⟨Math.⟩ *Berechnung des Integrals* **3** ⟨Wirtsch.⟩ *Zusammenschluss zu einer übernationalen Wirtschaftseinheit* **4** ⟨Politik⟩ *Abstimmung der Ziele (z. B. in der EU, in der NATO) aufeinander* • **4.1** *europäische* ~ *Zusammenarbeit europäischer Staaten durch Bildung übernationaler Organe* **5** ⟨Sprachw.⟩ *Verschmelzung verschiedener Sprachen od. Mundarten zu einer gemeinsamen Schriftsprache* **6** *Eingliederung in die Gesellschaft;* Maßnahmen zur ~ *von Migranten*

In|tel|lekt ⟨m.; -(e)s; unz.⟩ *Verstand, Denkvermögen*

in|tel|lek|tu|ell ⟨Adj.⟩ **1** *den Intellekt betreffend, auf ihm beruhend* **2** *den Verstand, das Verstandesmäßige betonend, betont geistig*

in|tel|li|gent ⟨Adj.⟩ **1** *einsichtsvoll* **2** *schnell auffassend, klug, geistig begabt*

In|tel|li|genz ⟨f.; -; unz.⟩ **1** *Einsicht* **2** *rasche Auffassungsgabe, Klugheit, geistige Begabung, Verstandeskraft* **3** ⟨unz.⟩ *Gesamtheit der geistig Schaffenden*

In|ten|dant ⟨m.; -en, -en⟩ **1** *Leiter eines Theaters, eines Rundfunk- od. Fernsehsenders* **2** ⟨veraltet⟩ *militärischer Verwaltungsbeamter, Vorsteher einer Intendantur*

In|ten|dan|tin ⟨f.; -, -tin|nen⟩ *weibl. Intendant*

in|ten|die|ren ⟨V. 500⟩ *eine* **Sache** ~ *beabsichtigen, im Sinn haben, erstreben*

In|ten|si|on ⟨f.; -, -en⟩ *Anspannung der inneren Kräfte, erhöhte innere Wirksamkeit;* →a. *Intention*

In|ten|si|tät ⟨f.; -; unz.⟩ **1** ⟨unz.⟩ *innere Anspannung, gesteigerte Kraft, Eindringlichkeit; etwas mit großer* ~ *vortragen* **2** *Ausmaß, Wirkungsstärke, Ausdruckskraft; die* ~ *des Lichtes, der Farben* **3** ⟨Phys.⟩ *Maß für die pro Zeiteinheit auf eine Fläche eingestrahlte Energie* **4** ⟨Landw.⟩ *Maß für die Steigerung des Bodenertrags durch hohen Einsatz von Kapital od. Arbeit*

in|ten|siv ⟨Adj.⟩ **1** *stark, gewaltig, angespannt, angestrengt;* ~ *arbeiten* **2** *stark, kräftig;* ~*e Wirkung* **3** ~*e* **Landwirtschaft** *L. mit hoher Bodennutzung, hohem Aufwand u. Ertrag;* Ggs *extensive Landwirtschaft* **4** *tief, leuchtkräftig;* ~*e Farben*

In|ten|ti|on ⟨f.; -, -en⟩ *Absicht, Ziel, Vorhaben; welche* ~*en verfolgst du mit deinem Plan, deinem Vorgehen?;* →a. *Intension*

in|ter..., In|ter... ⟨in Zus.⟩ *zwischen ..., Zwischen ...*

In|ter|ci|ty® ⟨[-sɪ-] m.; -s, -s; Abk.: IC®; kurz für⟩ *zwischen bestimmten (Groß-)Städten verkehrender Schnellzug*

♦ Die Buchstabenfolge **in|te|re...** kann in Fremdwörtern auch **in|ter|e...** getrennt werden.

♦**in|ter|es|sant** ⟨Adj.⟩ **1** *jmds. Interesse weckend od. fordernd* •**1.1** *beachtenswert, bedeutend, anregend; ein* ~*er Mensch, Kopf* **2** *aufschlussreich; das ist mir ja sehr* ~*!; der Hinweis, ihre Mitteilung war sehr* ~ **3** *fesselnd, spannend, unterhaltend; ein* ~*es Buch, Theaterstück, Fernseh-, Hörspiel;* ~ *erzählen, plaudern; jetzt wird's erst* ~ **4** *außergewöhnlich, eigenartig, auffällig; sich* ~ *machen* **5** ⟨Kaufmannsspr.⟩ *vorteilhaft; ein* ~*es Angebot; das Angebot ist für mich nicht* ~

♦**In|ter|es|se** ⟨n.; -s, -n⟩ **1** ⟨unz.⟩ *Aufmerksamkeit, Beachtung; außerordentliches, großes, geringes, lebhaftes, offenkundiges, reges, wachsendes* ~ **2** ⟨unz.⟩ *Anteilnahme, Wissbegierde;* ~ *beweisen, erregen, erwecken, gewinnen, zeigen; ihr besonderes* ~ *gilt der modernen Malerei; ich habe kein* ~ *an diesem Konzert; etwas mit großem* ~ *verfolgen* **3** *Wunsch, etwas zu tun, Neigung; jmds.* ~*n entsprechen, förderlich sein; ich habe das* ~ *daran verloren; geistige, literarische, naturwissenschaftliche, sportliche* ~*n; etwas aus* ~ *tun; bei ihr überwiegt das* ~ *für EU-Recht* **4** *Vorteil, Nutzen; das* ~ *der Allgemeinheit, der breiten Masse, des Volkes, des Wählers; im* ~ *des Konsumenten, Kunden, des Verbrauchers; sollten unsere* ~*n in diesem Punkt auseinandergehen, so ...; wir wollen versuchen, die gegenseitigen* ~*n auszugleichen, zusammenzuführen; unsere* ~*n berühren sich, laufen parallel; jmds.* ~*n vernachlässigen; jmds.* ~*n vertreten, wahren, wahrnehmen; gegensätzliche* ~*n; er denkt nur an sein eigenes* ~*; er hat gegen das* ~ *seiner Firma gehandelt; in jmds.* ~ *handeln; es liegt in unser aller* ~*; es ist auch in deinem* ~*, dass du ...* **5** *Sache, für die man eintritt, Belang, Wichtigkeit;* wir haben viele gemeinsame ~*n; ich habe nicht das geringste, leiseste* ~ *daran; es geht hier um persönliche* ~*n; im* ~ *der Sache sollten wir weitermachen; das ist für mich nicht von* ~ **6** ⟨unz.; Kaufmannsspr.⟩ *Nachfrage;* für diesen Artikel besteht kein starkes, wenig ~*; haben Sie* ~ *an einem neuen Fernsehgerät?* **7** ⟨nur Pl.; veraltet; Kaufmannsspr.⟩ *Zinsen*

♦**In|ter|es|sent** ⟨m.; -en, -en⟩ **1** *jmd., der Interesse an etwas hat, Bewerber;* ~*en für die Arbeitsstelle werden gebeten ...* **2** *jmd., der an einem Kauf interessiert ist; ein* ~ *für die Wohnung; es haben sich bereits drei* ~*en gemeldet*

♦**In|ter|es|sen|tin** ⟨f.; -, -tin|nen⟩ *weibl. Interessent*

♦**in|ter|es|sie|ren** ⟨V.⟩ **1** ⟨505/Vr 3⟩ **sich (für jmdn. od. etwas)** ~ *(für jmdn. od. etwas) Interesse zeigen, sich mit jmdm. od. etwas geistig beschäftigen, regen Anteil an jmdm. od. etwas nehmen; sich für ein Buch, Theaterstück* ~ •**1.1** **sich für alles** ~ *wissbegierig u. allem gegenüber aufgeschlossen sein* •**1.2** *ein interessierter*

Interieur

Student *ein geistig aufgeschlossener S.* • 1.3 ⟨Part. Perf.⟩ interessiert ⟨veraltet⟩ *auf seinen Vorteil bedacht, eigennützig* **2** ⟨550⟩ jmdn. **an** einer, **für** eine Sache ~ *jmds. Interesse auf eine S. lenken* • 2.1 interessiert sein **an** jmdm. od. **etwas** *Interesse für jmdn. od. etwas haben;* daran bin ich nicht interessiert **3** ⟨500⟩ jmdn. ~ *jmds. Interesse erregen, jmds. Anteilnahme wecken;* so etwas interessiert ihn nicht; das würde ihn auf jeden Fall, bestimmt, lebhaft, sicherlich ~

In|te|ri|eur ⟨[ɛ̃teriø:r] n.; -s, -s od. -e⟩ **1** *Innere(s), Innenraum;* das ~ eines Fahrzeugs • 1.1 *Innenausstattung (eines Raumes);* von dem ~ war nach dem Brand nicht mehr viel zu erkennen **2** ⟨Mal.⟩ *bildliche Darstellung eines Innenraums*

In|te|rim ⟨n.; -s, -s⟩ **1** *Zwischenzeit;* ein ~ von zwei Jahren **2** *vorläufige, vorübergehend in Kraft gesetzte Regelung, Übergangsregelung;* ~slösung

In|ter|jek|ti|on ⟨f.; -, -en; Gramm.⟩ *(Freude, Schmerz, Erstaunen usw. zum Ausdruck bringender) Ausruf, z. B. ach!, au!, Ausrufewort*

In|ter|mez|zo ⟨n.; -s, -s od. -mez|zi⟩ **1** ⟨im 17./18. Jh.⟩ *heiteres Zwischenspiel in Dramen u. Opern* • 1.1 *kurzes, stimmungsvolles Musikstück* **2** *heiterer Zwischenfall* **3** = *Zwischenspiel (4)*

in|tern ⟨Adj. 24⟩ Ggs *extern* **1** *im Innern befindlich, innerlich* • 1.1 *Angelegenheiten innerhalb einer Gemeinschaft betreffend, nicht für Außenstehende bestimmt, vertraulich;* eine ~e Angelegenheit, Besprechung • 1.2 *in einer Anstalt, einem Internat wohnend;* ~er Schüler

In|ter|nat ⟨n.; -(e)s, -e⟩ *meist höhere Lehranstalt, deren Schüler(innen) in einem zur Schule gehörenden Heim wohnen u. verpflegt werden;* Sy ⟨veraltet⟩ *Pensionat*

in|ter|na|tio|nal ⟨Adj.⟩ **1** *zwischen-, überstaatlich, nicht national begrenzt, mehrere Staaten bzw. Völker od. ihre Beziehungen zueinander betreffend;* Internationales Olympisches Komitee ⟨Abk.: IOK⟩ • 1.1 Internationale **Einheit** ⟨Abk.: I. E.⟩ *durch internationale Vereinbarungen festgelegte Mengeneinheit für solche Arzneistoffe, die auf natürlichem Wege aus Pflanzen, Organen usw. gewonnen werden (manche Antibiotika, Hormone usw.)*

In|ter|net ⟨n.; -s; unz.; EDV⟩ **1** *weltweit verbreitetes Computernetzwerk;* ins ~ gehen; ~adresse; ~anbieter; ~zugang; Daten aus dem ~ herunterladen • 1.1 im ~ surfen *gezielt od. wahllos durch das Anklicken von Links u. Aufrufen von Webseiten nach Informationen suchen*

in|ter|nie|ren ⟨V. 500⟩ **1** *Angehörige einer kriegführenden Macht im gegnerischen Land* ~ *in Haft, staatlichen Gewahrsam nehmen* **2** *einen* **Kranken** ~ ⟨Med.⟩ *wegen starker Ansteckungsgefahr isolieren, in eine geschlossene Krankenanstalt einweisen*

In|ter|nist ⟨m.; -en, -en; Med.⟩ *Facharzt für innere Krankheiten*

In|ter|pre|ta|ti|on ⟨f.; -, -en⟩ **1** *Deutung, Auslegung, Erklärung;* die ~ eines Gedichtes von Goethe; ~ einer Vertragsklausel • 1.1 *künstlerische Wiedergabe u. Gestaltung (eines Musikstückes)*

in|ter|pre|tie|ren ⟨V. 500⟩ **1** einen **Text** ~ *erklären, auslegen, deuten;* etwas sprachlich, sachlich, künstlerisch ~ **2** ein **Musikstück** ~ *künstlerisch wiedergeben u. dabei inhaltlich deuten*

In|ter|punk|ti|on ⟨f.; -, -en; Gramm.⟩ *Anwendung von Satzzeichen nach bestimmten Regeln, Zeichensetzung*

in|ter|ro|ga|tiv ⟨Adj. 24; Gramm.⟩ *fragend, eine Frage ausdrückend;* „wer" ist ein ~es Pronomen

In|ter|ro|ga|tiv|pro|no|men ⟨n.; -s, - od. -no|mi|na; Gramm.⟩ = *Fragewort*

In|ter|vall ⟨[-val] n.; -s, -e⟩ **1** *Zwischenraum, Zwischenzeit, Abstand, Pause* **2** ⟨Mus.⟩ *Höhenunterschied zwischen zwei Tönen, die gleichzeitig od. nacheinander klingen*

in|ter|ve|nie|ren ⟨[-ve-] V. 400⟩ **1** *dazwischentreten, einschreiten, sich einmischen, vermittelnd eingreifen;* bei einem Streit, bei einer Auseinandersetzung ~ **2** ⟨Pol.⟩ 2.1 *(auf diplomatischem Wege) Protest einlegen* • 2.2 *sich in die Angelegenheiten eines fremden Staates einmischen*

In|ter|ven|ti|on ⟨[-vɛn-] f.; -, -en⟩ **1** *Eingreifen, Dazwischentreten, Einschreiten* **2** ⟨Pol.⟩ • 2.1 *Bekundung von Protest* • 2.2 *Einmischung in fremde Staatsangelegenheiten*

In|ter|view ⟨[-vjuː] od. ['---] n.; -s, -s⟩ *Befragung (meist bekannter Persönlichkeiten) durch Berichterstatter von Presse, Rundfunk od. Fernsehen;* der Tennisstar gibt keine ~s

in|ter|view|en auch: **in|ter|vie|wen** ⟨[-vjuːən] V. 500⟩ jmdn. ~ *ein Interview mit jmdm. führen, jmdn. befragen*

in|tim ⟨Adj.⟩ **1** *vertraut, eng verbunden, befreundet;* ein ~er Freundeskreis • 1.1 *vertraulich;* ~e Mitteilungen **2** *gemütlich, mit privatem Charakter;* ein ~es Lokal, Eckchen; ~e Beleuchtung **3** *den Sexualbereich betreffend* • 3.1 mit jmdm. ~ sein, werden *geschlechtlich verkehren*

In|to|na|ti|on ⟨f.; -; unz.⟩ **1** ⟨Mus.⟩ *Art der Tonbildung, Tonansatz beim Gesang od. Spielen eines Musikstrumentes* • 1.1 *das Einstimmen der Orgelpfeifen* • 1.1.1 *kurzes Präludieren der Orgel, um den Sängern den Ton anzugeben* • 1.2 *das Tongeben zum Stimmen der Instrumente* **2** ⟨im gregorianischen Gesang⟩ *das Vorsingen der ersten Worte des liturgischen Gesangs durch den Priester* **3** ⟨Sprachw.⟩ *Satzmelodie einer Sprache, Veränderung der Tonhöhe u. -stärke beim Sprechen*

◆ Die Buchstabenfolge **in|tr...** kann in Fremdwörtern auch **in|tr...** getrennt werden. Davon ausgenommen sind Zusammensetzungen, in denen die fremdsprachigen bzw. sprachhistorischen Bestandteile deutlich als solche erkennbar sind, z.B -transigent, -transitiv.

◆ **In|tra|da** ⟨f.; -, -tra|den; Mus.⟩ *Eröffnungs-, Einleitungsstück;* oV *Intrada*

◆ **In|tra|de** ⟨f.; -, -n; in der Barockmusik⟩ = *Intrada*

◆ **In|tri|gant** ⟨m.; -en, -en⟩ *jmd., der häufig Intrigen schmiedet*

◆ **In|tri|ge** ⟨f.; -, -n⟩ *hinterlistige Handlung, Machenschaft*

◆ **In|tro|duk|ti|on** ⟨f.; -, -en⟩ **1** ⟨geh.⟩ *Einführung, Einleitung* **2** ⟨Mus.⟩ *Vorspiel, Einleitungssatz (eines Musikstücks)*

◆ **in|tro|ver|tiert** ⟨[-vɛr-] Adj.; Psych.⟩ *nach innen gekehrt, auf das eigene Seelenleben konzentriert;* Ggs extravertiert; *ein* ~*er Mensch, Typus; sie ist ausgesprochen* ~

In|tu|i|ti|on ⟨f.; -, -en⟩ **1** *Eingebung, unmittelbare Anschauung ohne wissenschaftliche Erkenntnis* **2** *Fähigkeit, verwickelte Vorgänge sofort richtig zu erfassen, zu erkennen*

in|tu|i|tiv ⟨Adj.⟩ *auf Intuition beruhend, durch Intuition erfasst*

in|tus ⟨Adj. 24; umg.; nur in den Wendungen⟩ **1** *etwas* ~ **haben** ● **1.1** *etwas gegessen od. getrunken haben* ● **1.2** *etwas verstanden, begriffen haben;* die Lateinvokabeln habe ich jetzt ~ **2** *einen* ~ **haben** *beschwipst, leicht betrunken sein*

in|va|lid ⟨[-va-] Adj. 24⟩ = invalide

in|va|li|de ⟨[-va-] Adj. 24⟩ *durch Krankheit, Unfall im Beruf od. Verwundung im Krieg arbeitsunfähig od. -behindert*

In|va|li|de ⟨[-va-] m.; -n, -n⟩ *durch Krankheit, Unfall od. Kriegsverletzung arbeitsunfähig gewordener od. bei der Ausübung seines Berufes behinderter Mensch;* Kriegs~

In|va|si|on ⟨[-va-] f.; -, -en⟩ **1** *Einfall in fremdes Staatsgebiet* **2** ⟨Med.⟩ *das Eindringen von Krankheitserregern*

In|ven|tar ⟨[-vɛn-] n.; -s, -e⟩ **1** *Verzeichnis der zu einem Raum, Haus, Grundstück gehörigen Gegenstände od. zu einem Betrieb, einer Vermögensmasse (z. B. Erbe) gehörenden Gegenstände, Vermögenswerte u. Schulden* **2** *die im Inventar (1) verzeichneten Gegenstände* **3** *Einrichtung, Bestand;* →a. leben (1.8), tot (2.2)

in|ves|tie|ren ⟨[-vɛs-] V. 500⟩ **1** ⟨V. 500 od. 410⟩ Ka**pital** ~ *K. langfristig anlegen, festlegen;* er hat sein Geld sehr gewinnbringend investiert **2** ⟨V. 505⟩ **etwas** (**in jmdn.** od. **etwas**) ~ ⟨fig.⟩ *sich für jmdn. od. etwas einsetzen, sich um jmdn. od. etwas sehr bemühen* **3** ⟨500⟩ jmdn. ~ ⟨geh.⟩ *feierlich in ein Amt einführen*

In|ves|ti|ti|on ⟨[-vɛs-] f.; -, -en⟩ *Anlage von Kapital*

In|vest|ment ⟨[-vɛst-] n.; -s, -s⟩ *Investition;* ~bank; ~firma; ~geschäft

in|vol|vie|ren ⟨[-vɔlviː-] V. 500; geh.⟩ **1** ⟨V. 500⟩ *etwas* involvieren *etwas schließt etwas ein, enthält etwas;* diese Aussage involviert eine Veränderung der bisherigen Strategie **2** ⟨V. 410⟩ **in etwas involviert sein** *in etwas verwickelt, einbezogen sein;* er ist in illegale Geschäfte involviert

in|wen|dig ⟨Adj. 24⟩ Ggs auswendig¹ *im Innern, an der Innenseite befindlich* ● **1.1** *der* ~*e Mensch* ⟨Bibelspr.⟩ *der innere M.* ● **1.2** ~ *weiß er es, aber auswendig nicht* ⟨umg.; scherzh.⟩ *er weiß es nicht* ● **1.3** *etwas in- und auswendig kennen* ⟨umg.⟩ *sehr gründlich*

in|wie|fern ⟨unterordnende restriktive, d. h. einschränkende Konj.⟩ *in welcher Weise, wieso;* ich kann wirklich nicht sagen, ~ das eine besser sein soll als das andere

in|wie|weit ⟨unterordnende restriktive, d. h. einschränkende Konj.⟩ *in welchem Maße;* ich weiß nicht, ~ er Recht hat

In|zest ⟨m.; -(e)s, -e⟩ **1** *Geschlechtsverkehr zwischen Blutsverwandten* **2** ⟨Zool.⟩ *Paarung eng verwandter Tiere, Inzucht*

In|zucht ⟨f.; -; unz.⟩ *Fortpflanzung unter nahe verwandten Lebewesen od. Pflanzen*

in|zwi|schen ⟨Adv.⟩ *mittlerweile, unterdessen;* ~ war Folgendes geschehen …

Ion ⟨n.; -(e)s, -en; Phys.; Chem.⟩ *elektrisch geladenes Atom, Atomgruppe od. Molekül*

i-Punkt ⟨m.; -(e)s, -e⟩ **1** *der Punkt auf dem i* ● **1.1** *etwas bis auf den* ~ *vorbereiten* ⟨fig.⟩ *sehr sorgfältig, mit äußerster Genauigkeit vorbereiten*

ir|den ⟨Adj. 24/70⟩ *aus gebrannter Erde, gebranntem Ton bestehend, hergestellt;* ~es Geschirr

ir|disch ⟨Adj. 24⟩ **1** *die Erde betreffend, zu ihr gehörig, auf ihr lebend, von ihr stammend;* ~e Gesteine; ~e Lebewesen **2** ⟨fig.⟩ *zeitlich, weltlich, von dieser Welt seiend, diesseitig;* die ~en Dinge, Freuden; das ~e Dasein, Leben ● **2.1** *der* ~*en Gerechtigkeit überantworten der weltlichen Gerichtsbarkeit (im Gegensatz zur göttlichen)* ● **2.2** *den Weg alles Irdischen gehen* ⟨fig.⟩ *sterben, vergehen* **3** *sterblich;* die ~e Hülle des Verstorbenen

ir|gend¹ ⟨Pron.; indeklinabel; nur attr.⟩ *eine Person od. Sache betreffend, die nicht weiter bezeichnet ist;* ~ so ein Kerl ⟨umg.⟩; →a. *irgend…*

ir|gend² ⟨Adv.⟩ *auf eine nicht näher zu bezeichnende Weise, überhaupt;* wenn ich ~ kann, dann werde ich dir helfen; bitte komm, wenn es dir ~ möglich sein sollte

ir|gend… **1** ⟨in Zus. zur Bildung unbestimmter Pron.⟩ irgendein, irgendeine, irgendeiner; irgendetwas; irgendjemand; irgendwelcher, irgendwelche, irgendwelches; aus irgendwelcher inneren, innerer Ursache; irgendwas; irgendwer **2** ⟨in Zus. zur Bildung unbestimmter Adv.⟩ irgendeinmal; irgendwann; irgendwie; irgendwo; irgendwoher; irgendwohin; irgendworan

Iris ⟨f.; -, -⟩ **1** ⟨Med.⟩ *Regenbogenhaut des Auges* **2** ⟨Bot.⟩ *Schwertlilie*

Iro|nie ⟨f.; -; unz.⟩ **1** *hinter Ernst versteckter Spott, mit dem man das Gegenteil von dem ausdrückt, was man meint, seine wirkliche Meinung aber durchblicken lässt;* ~ fühlen; jmdn. ~ spüren lassen; beißende, überlegene ~; seine Rede steckte voller ~; jmdn. od. etwas mit ~ abfertigen, behandeln; →a. *romantisch (2.1)* **2** ~ *des* **Schicksals** ⟨fig.⟩ *zufälliges Ereignis, das dem erwarteten Verlauf überraschend widerspricht*

iro|nisch ⟨Adj.⟩ *voller Ironie, leicht spöttisch;* eine ~e Bemerkung machen

irr ⟨Adj.⟩ = irre

ir|ra|ti|o|nal ⟨Adj.⟩ Ggs rational **1** *mit dem Verstand*

irre

nicht erfassbar **2** *vernunftwidrig* **3** *unberechenbar* **4** ⟨24⟩ *~e Zahl* ⟨Math.⟩ *Z., die weder eine ganze Zahl noch ein Quotient zweier ganzer Zahlen ist, z. B. Wurzel aus 2*

ir|re ⟨Adj.⟩ oV **irr 1** *irrsinnig, geistesgestört; ~ sein; er ist ~* (im Kopf); *ich werde noch ~ vor Angst; ein ~r Blick traf mich; ~r Mut* ⟨poet.⟩ • **1.1** *mit ~r Geschwindigkeit fahren* ⟨umg.⟩ *unvernünftig schnell* **2** *unsicher, zweifelnd, verwirrt*

Ir|re ⟨f.; -; unz.⟩ *Weglosigkeit, falscher Weg, falsche Richtung; in die ~ fahren, gehen*

Ir|re(r) ⟨f. 2 (m. 1)⟩ **1** *Geisteskranke(r); diese(r) ~ ist gemeingefährlich* • **1.1** *du armer ~r!* ⟨umg.⟩ *(Beschimpfung)* • **1.2** *wie ein ~r fahren, laufen* ⟨umg.⟩ *übermäßig schnell*

ir|re|al ⟨Adj. 24/70⟩ *nicht real, unwirklich, realitätsfern, nicht der Wirklichkeit entsprechend; er besitzt ~e Vorstellungen vom Berufsleben*

ir|re|füh|ren ⟨V. 500⟩ *jmdn.* **~ 1** *in die Irre führen, vom Ziel, vom Weg abbringen; ihr Begleiter hatte sie irregeführt* **2** ⟨Vr 8⟩ *(fig.) täuschen; dein Verhalten führt ihn irre; durch einen Trick des Kriminalschriftstellers werden die Leser irregeführt; sie ließ sich leicht ~; eine ~de Angabe, Auskunft, Darstellung der Ereignisse*

ir|re|ge|hen ⟨V. 145/400(s.)⟩ **1** *in die Irre gehen, vom Weg, vom Ziel abkommen, sich verlaufen; er ist irregegangen, obwohl ich ihm den Weg genau beschrieben habe* **2** *(fig.) sich täuschen; ihr geht irre in der Annahme, dass ...*

Ir|re|gu|la|ri|tät ⟨f.; -; unz.⟩ *Unregelmäßigkeit, Regelwidrigkeit, Ungesetzlichkeit;* Ggs *Regularität*

ir|re|le|vant ⟨[-vant] Adj. 24⟩ *unerheblich, unbedeutend;* Ggs *relevant; seine Einwände sind ~*

Ir|re|le|vanz ⟨[-vants] f.; -; unz.⟩ *Unerheblichkeit, Bedeutungslosigkeit;* Ggs *Relevanz*

ir|re|ma|chen ⟨V. 500/Vr 8⟩ **1** *jmdn. ~ beirren, verwirren, aus der Fassung, aus dem Konzept bringen; du hast mich völlig irregemacht* • **1.1** *das macht mich an ihm irre das lässt mich an ihm zweifeln*

ir|ren ⟨V.⟩ **1** ⟨411⟩ *umherirren, umherschweifen, ohne Kenntnis der Richtung umherlaufen, -fahren; durch den Wald ~;* von einem Ort zum andern **~ 2** ⟨400; fig.⟩ *falscher Meinung sein, von der rechten Überzeugung abkommen; du irrst; Irren ist menschlich* ⟨Sprichw.⟩ • **2.1** *auf dem falschen Weg sein, einen Irrtum begehen; es irrt der Mensch, solang er strebt* (Goethe, „Faust", Prolog im Himmel) **3** ⟨500/Vr 3⟩ **sich** *~ sich täuschen, falscher Meinung sein; sich im Datum, in der Zeit ~; wenn ich mich nicht irre, so kennen wir uns bereits; ich habe mich in der Hausnummer, Telefonnummer geirrt; ich kann mich auch ~; du musst dich ~* • **3.1** ⟨550⟩ **sich in der Person** ~ *die P. falsch einschätzen, beurteilen; ich habe mich gründlich in ihm geirrt*

ir|re|ver|si|bel ⟨[-ver-] a. [---'--] Adj. 24⟩ Ggs *reversibel* **1** *nicht umkehrbar, nicht rückgängig zu machen, nur in eine Richtung verlaufend* **2** ⟨Med.⟩ *unheilbar; eine irreversible Erkrankung*

ir|re|wer|den ⟨V. 285/500(s.)⟩ **1** *an jmdm. ~ an jmdm. zweifeln, verzweifeln* • **1.1** *der Redner wurde irre kam aus dem Konzept, verlor den Faden* **2** *den Verstand verlieren, in geistige Umnachtung verfallen*

Irr|gar|ten ⟨m.; -s, -gär|ten⟩ *Garten od. große Höhle mit verschlungenen, unübersichtlichen Wegen;* Sy *Labyrinth; sich im ~ verlaufen*

ir|rig ⟨Adj. 24/70⟩ *auf einem Irrtum beruhend, falsch; er ist der ~en Ansicht, dass ...*

Ir|ri|ta|ti|on ⟨f.; -, -en⟩ **1** *Reizung, Reiz; ~en ausgesetzt sein* **2** *Verunsicherung, Verwirrung* • **2.1** *Verärgerung; in der Beziehung der beiden Staaten sind ~en entstanden*

ir|ri|tie|ren ⟨V. 500⟩ *jmdn. od. ein* **Tier ~ 1** *reizen, erregen* **2** *ärgern, erzürnen* **3** *stören* **4** ⟨umg.⟩ *irremachen, verwirren, ablenken, beunruhigen; sein Verhalten irritiert mich*

Irr|sinn ⟨m.; -s; unz.⟩ **1** *Wahnsinn, Ausdruck der Geistesgestörtheit* **2** ⟨umg.⟩ *Verrücktheit, Unvernunft; das ist der reinste ~*

irr|sin|nig ⟨Adj.⟩ **1** *wahnsinnig, geistesgestört* **2** ⟨umg.⟩ *verrückt, unvernünftig; das ist eine ~e Idee, ein ~es Vorhaben*

Irr|tum ⟨m.; -s, -tü|mer⟩ **1** *falsche, fehlerhafte Beurteilung einer Sache, Sachlage; das muss auf einem ~ beruhen; diesen ~ musste er teuer bezahlen; das Ganze lief auf einen ~ hinaus* • **1.1** *einen ~ einsehen, herausfinden, richtigstellen, einsehen, herausfinden, richtigstellen, dass es sich um eine falsche Beurteilung der Sache handelt* • **1.2** *ein großer, kleiner, schwerer, verhängnisvoller, verzeihlicher ~ eine falsche Beurteilung einer Sache, die große usw. Konsequenzen hat, verzeihlich ist* • **1.3** *einem ~ unterliegen eine Sache falsch beurteilen* • **1.4** *Verhalten od. Resultat, das sich aufgrund der falschen Beurteilung ergibt, Täuschung, Versehen; es war ein ~ von mir; ~ vorbehalten!* (Aufdruck auf Rechnungen) ⟨Kaufmannsspr.⟩ • **1.4.1** *einen ~ begehen sich aufgrund einer falschen Beurteilung falsch verhalten* • **1.4.2** *da sind Sie im ~! da täuschen Sie sich!* • **1.4.3** *im ~ sein, sich im ~ befinden sich täuschen; Sie befinden sich im ~, wenn Sie annehmen ...*

irr|tüm|lich ⟨Adj. 24⟩ *auf einem Irrtum beruhend, versehentlich; ich habe ~ eine falsche Telefonnummer gewählt*

Is|chi|as ⟨[ˈɪʃi̯as] od. [ˈɪsçi̯as] f., umg. n. od. m.; -; unz.; Med.⟩ *anhaltende od. vorübergehende Schmerzhaftigkeit in der Lendengegend aufgrund einer Reizung des Ischiasnervs*

Ise|grim ⟨m.; -s, -e⟩ **1** (in der Tierfabel) *Wolf* • **1.1** ⟨fig.; abwertend⟩ *mürrischer, unfreundlicher Mensch*

Is|lam ⟨a. [ˈ--] m.; -s; unz.⟩ *von Mohammed Anfang des 7. Jh. begründete monotheistische Religion, die im Koran niedergelegt ist u. eine uneingeschränkte Befolgung des Willens von Allah (des einen Gottes) verlangt*

Iso|la|ti|on ⟨f.; -, -en⟩ **1** *das Isolieren (1); ~ von Geisteskranken, Häftlingen* • **1.1** *Vereinzelung, Vereinsamung* **2** *das Isolieren (2); ~ gegen elektrischen Strom* • **2.1** *Gegenstand, Vorrichtung zum Isolieren (2)*

Iso|la|tor ⟨m.; -s, -en⟩ **1** *Stoff, Gegenstand zum Isolieren (2)* • **1.1** *elektrisch nichtleitender Stoff, Gegenstand*

iso|lie|ren ⟨V.⟩ **1** ⟨500⟩ **jmdn.** ~ = *absondern (1);* Kranke, Häftlinge ~; jmd. ist in seinem Heimatland politisch isoliert **2** ⟨505⟩ **Gegenstände (gegen** Feuchtigkeit, Luft, Wärme, Kälte od. Elektrizität) ~ *abdichten, undurchlässig machen* **3** ⟨400⟩ ~de **Sprachen** ⟨Sprachw.⟩ *S., die endungslose Wörter verwenden, keine Formenbildung kennen u. die Beziehungen der Wörter zueinander im Satz nur durch die Wortstellung ausdrücken, z. B. das Chinesische;* Sy *amorphe Sprachen,* → *amorph (2)*

Iso|top ⟨n.; -s, -e⟩ *chemisches Element, das dieselbe Ordnungszahl im periodischen System hat wie ein anderes Element u. sich von diesem nur durch die Anzahl seiner Neutronen unterscheidet*

iso|trop ⟨Adj. 24/70⟩ *nach allen Richtungen gleiche physikalische Eigenschaften aufweisend;* ~e Stoffe, Materialien

isst → *essen*

ist → *sein³*

Ist|be|stand *auch:* **Ist-Be|stand** ⟨m.; -(e)s, -stän|de⟩ **1** *tatsächlicher Kassenbestand* **2** *greifbarer Bestand (von Waren)*

IT ⟨Abk. für⟩ *Informationstechnologie*

i-Tüp|fel|chen ⟨n.; -s, -⟩ **1** *Tüpfelchen auf dem i* **2** ⟨fig.⟩ *Vollendung, Perfektion* • **2.1** etwas **bis aufs** ~ planen ⟨fig.⟩ *bis ins kleinste Detail, haargenau, sehr genau planen*

ja[1] ⟨Partikel der Affirmation⟩ Ggs *nein* **1** *(zustimmende Antwort); gefällt dir das?* ~!; *ich glaube,* ~!; *er sagt „vielleicht" und meint doch „~"; sag doch* ~!; *ach* ~!; ~ *doch!;* ~ *freilich!; warst du dabei?* ~ *oder nein!; er nicht, ich* ~!; *o* ~!; *aber* ~! **2** ~/Ja *sagen zustimmen;* dazu kann ich nur ~/Ja sagen • **2.1** *zu allem* ~ *und amen* / Ja *und* Amen *sagen immer zustimmen, sich mit allem einverstanden erklären* **3** ~ *und nein!* es stimmt u. stimmt auch nicht, wie man's nimmt

ja[2] ⟨Adv.⟩ **1** ⟨betont⟩ **1.1** *unbedingt, auf jeden Fall; besuchen Sie mich* ~, *wenn Sie wieder hier sind; damit es nur* ~ *alle sehen; sei* ~ *still! (als Drohung); seien Sie* ~ *vorsichtig!* **1.1.1** *tu das* ~ *nicht! keinesfalls* • **1.2** *sogar, geradezu; er hat sie sehr geschätzt,* ~ *bewundert;* ~, *es gibt sogar Leute, die* …; ~ *sogar der König; das ist schwer,* ~ *unmöglich* • **1.2.1 nun** ~ *einschränkend ist zu sagen* …; *nun* ~, *es ist eben nicht zu ändern!* **2** ⟨unbetont⟩ *aber, doch;* ~, *hör mal!;* ~, *wenn ich das gewusst hätte!; ich habe* ~ *gar nichts gesagt!; das ist* ~ *gar nicht wahr!; das ist* ~ *nicht schlimm; das ist schwer,* ~ *unmöglich; das ist* ~ *großartig!; da ist er* ~!; *du weißt* ~, *dass* … • **2.1** ~ **so!** *ach so!, so ist das!* • **2.2** *ich sag's* ~! *also doch!, ich wusste es doch!* • **2.3** *na* ~! *meinetwegen!, ich will nichts dagegen sagen!; ist das nicht herrlich? Na* ~, *so besonders gefällt es mir eigentlich nicht!*

Ja ⟨n.; -s (Gen. selten); unz.⟩ *bejahende, zustimmende Antwort; ein einstimmiges, lautes, leises* ~ *war die Antwort; nur mit* ~ *oder Nein antworten; mit* ~ *stimmen; eine Frage mit* ~ *beantworten; (bei der Trauung) das* ~ *sprechen*

Jacht ⟨f.; -, -en⟩ *leichtes, schnelles Schiff (bes. Segelschiff) für Sport- u. Vergnügungszwecke;* oV Yacht

Ja|cke ⟨f.; -, -n⟩ **1** *bis zur Hüfte reichendes, vorne zu öffnendes Oberbekleidungsstück für Männer u. Frauen; Kostüm*~; *Strick*~; *Woll*~ • **1.1** *jmdm. die* ~ **vollhauen** ⟨fig.; umg.⟩ *jmdn. verprügeln* • **1.2** *jmdm. die* ~ **vollügen** ⟨fig.; umg.⟩ *jmdn. frech belügen* • **1.3** *das ist* ~ **wie Hose** ⟨umg.⟩ *das ist ganz gleich, das kommt auf dasselbe heraus*

Ja|ckett ⟨[ʒakɛt] n.; -s, -s⟩ *Jacke zum Herrenanzug*

Jack|pot ⟨[dʒækpɔt] m.; -s, -s⟩ **1** *gemeinsamer Spieleinsatz beim Poker* **2** *(Lotto; Toto) hohe Gewinnsumme, die aus mehreren Spielrunden ohne Hauptgewinner entstanden ist; den* ~ *knacken, gewinnen*

Ja|de ⟨m. od. f.; -; unz.; Sammelbez. für⟩ *meist hell- bis dunkelgrüner Schmuckstein*

Jagd ⟨f.; -, -en⟩ **1** *Erlegen von Wild nach dem Jagdrecht u. -brauch; Hetz*~, *Hoch*~, *Nieder*~, *Treib*~; *auf die* ~ *gehen* **2** *Veranstaltung zum Zweck des Jagens; die* ~ *geht auf* **3** *Wildbestand eines Jagdreviers* **4** ⟨kurz für⟩ *Jagdrevier; eine* ~ *pachten* **5** ⟨fig.⟩ *Verfolgung, Hetze; Verbrecher*~ • **5.1** *auf jmdn.* ~ *machen jmdn. verfolgen* **6** *heftiges Bemühen, etwas zu erlangen; die* ~ *nach Geld, nach dem Glück; eine wilde* ~ *nach dem besten Platz* • **6.1** *auf etwas* ~ *machen* ⟨fig.⟩ *etwas mit allen Mitteln zu erlangen suchen, heftig erstreben*

ja|gen ⟨V.⟩ **1** ⟨500/Vr 8⟩ *ein* **Lebewesen** ~ *schnell verfolgen, treiben, hetzen, zu fangen od. zu erlegen versuchen; die Kinder, Hunde* ~ *einander, sich; Hasen, Enten, Rebhühner* ~; *jmdn. in die Flucht* ~; *jmdn. od. ein Tier zu Tode* ~; *wie gejagt davonrennen* • **1.1** ⟨511⟩ *jmdn. od. ein Lebewesen aus etwas* ~ *aus etwas vertreiben; jmdn. aus dem Hause* ~; *er hat seine Tochter aus dem Hause gejagt* **1.2** ⟨511⟩ *jmdn.* **in etwas** ~ *treiben* • **1.2.1** *jmdn. in den* **Tod** ~ *an jmds. Tod schuldig sein* • **1.3** ⟨516 m. Modalverb⟩ *damit kannst du mich* ~! *das tue, esse ich nicht gerne* **2** *ein* **Ereignis** *jagt das andere* ⟨fig.⟩ *die Ereignisse folgen kurzen Abständen aufeinander; ein Unglück jagte das andere* **3** ⟨400(s.); fig.⟩ *sich rasch bewegen, gehetzt laufen; die Wolken jagten am Himmel* ⟨poet.⟩ • **3.1** ~ *der* **Puls** *stark beschleunigter P.* **4** ⟨511 od. 531/Vr 1⟩ *(sich) etwas durch, in den Körper* ~ *etwas rasch od. wiederholt durch, in den Körper stoßen, in den Körper dringen lassen; jmdm. den Degen durch den Leib* ~; *sich eine Kugel durch den Kopf* ~ • **4.1** *sein Geld* **durch die Gurgel,** Kehle ~ ⟨fig.⟩ *vertrinken* **5** ⟨400⟩ *auf die Jagd gehen, Jagd betreiben, auf der Jagd sein; in gewissen Gegenden darf man nicht während des ganzen Jahres* ~ **6** ⟨800⟩ **nach etwas** ~ ⟨fig.⟩ *etwas unbedingt zu erlangen suchen; nach Geld, Genuss, Orden, Ruhm* ~

Jä|ger ⟨m.; -s, -⟩ **1** *jmd., der auf die Jagd geht* **2** ⟨Mil.⟩ *als Scharfschütze ausgebildeter Infanteriesoldat, Angehöriger einer Kampftruppe des Heeres* **3** ⟨Mil.⟩ *Jagdflugzeug* • **3.1** *Pilot eines Jagdflugzeugs*

Ja|gu|ar ⟨m.; -s, -e; Zool.⟩ *größte Raubkatze Amerikas, von 2 m Körperlänge u. 80 cm Schulterhöhe, gelbbraun mit schwarzen Ringen u. Flecken*

jäh ⟨Adj.⟩ **1** *hastig, plötzlich, überraschend, unerwartet, schnell u. heftig; eine* ~*e Bewegung; ein* ~*er Schrecken, Schmerz, Tod; ein* ~*er Sprung, Sturz;* ~ *aufspringen, davonstürzen;* ~ *überfiel mich die Angst, Furcht, Müdigkeit, Reue* **2** ⟨90⟩ *steil, abschüssig; ein* ~*er Abgrund*

Jäh|heit ⟨f.; -; unz.⟩ *jähe Beschaffenheit*

Jahr ⟨n.; -(e)s, -e⟩ **1** *Zeitraum eines Umlaufs der Erde um die Sonne, Zeitraum von 365 Tagen; Kalender*~, *Sonnen*~; *Geschäfts*~; *Studien*~; *Kirchen*~; *die* ~*e gehen, fliegen dahin; dieses, nächstes, voriges* ~; *das* ~ *neigte sich seinem Ende zu; seit drei* ~*en; wir sind mehrere* ~ *e lang nicht im Urlaub gewesen; ein halbes* ~; *jmdm. ein gesundes, glückliches, gutes neues* ~ *wünschen; ein dürres, fruchtbares, gutes, nasses, schlechtes, sonnen- od. regenreiches, trockenes* ~; *noch nach* ~*en, vor* ~*en; einmal im* ~

• 1.1 ~ **für** *alljährlich;* wir fahren ~ für ~ im Sommer an die See • 1.2 ~ **und Tag** *sehr langer Zeitraum;* seit ~ und Tag, vor ~ und Tag **2** *Zeitraum vom 1. Januar bis 31. Dezember;* im ~(e) 1600; das ~ 1975 • **2.1** in den Achtzigerjahren (8oer-Jahren) des 20. Jahrhunderts *zwischen 1980 und 1989* **3** *Anzahl der Jahre (1) der Geburt an gerechnet, Lebensjahre;* 40 ~e alt sein; er ist noch jung an ~en; ein Kind von zehn ~en; Kinder unter 14 ~en zahlen die Hälfte; er hat 80 ~e auf dem Buckel ⟨fig.; umg.⟩ • **3.1** er hat noch nicht die ~e dazu *er ist noch nicht alt genug dazu* • **3.2** ein Mann in seinen ~en *in seinem Alter* • **3.3 in** die ~e **kommen** *allmählich alt werden, ein fortgeschrittenes Alter erreichen;* er kommt nun in die ~e • **3.4** schon **bei** ~en **sein** *nicht mehr jung sein, schon in fortgeschrittenem Alter sein*

Jahr|buch ⟨n.; -(e)s, -bü|cher⟩ **1** *von Gesellschaften, Bibliotheken, Instituten u. Ä. herausgegebenes, meist (ganz)jährlich erscheinendes Buch mit Aufsätzen, Forschungsberichten, Bibliografien usw. über ein Wissensgebiet;* Goethe-~, musikalisches ~ • **1.1** *statistischer Kalender*

jah|re|lang ⟨Adj. 24/90⟩ *mehrere Jahre dauernd, während eines Zeitraums von mehreren Jahren;* ⟨aber Getrenntschreibung⟩ mehrere Jahre lang → *Jahr (1)*

jäh|ren ⟨V. 500/Vr 3⟩ **1** ein **Ereignis** jährt **sich** *ist vor einem Jahr geschehen* • **1.1** ⟨510⟩ sich zum fünften Male ~ *vor genau fünf Jahren geschehen sein* **2** der **Tag** eines Ereignisses jährt sich *hat jährliche Wiederkehr;* der Unglückstag jährt sich jetzt bald

Jah|res|frist ⟨f.; -; unz.⟩ *Ablauf eines ganzen Jahres;* binnen ~; nach ~

Jah|res|tag ⟨m.; -(e)s, -e⟩ *jährlich wiederkehrender Gedenktag*

Jah|res|zahl ⟨f.; -, -en⟩ *Nummer des Jahres in der Zeitrechnung, bes. eines Jahres mit histor. Ereignissen;* sich ~en gut, schlecht merken können

Jah|res|zeit ⟨f.; -, -en⟩ *jeder der vier Zeitabschnitte des Jahres (Frühling, Sommer, Herbst u. Winter);* die kalte, warme ~; im Wechsel der ~en

Jahr|gang ⟨m.; -(e)s, -gän|ge; Abk.: Jg.⟩ **1** *alles im gleichen Jahr Hervorgebrachte, Erschienene, Geerntete;* zehn Jahrgänge einer Zeitschrift; der ~ 1999 einer Zeitschrift; ein guter, schlechter ~ (von Weinen) • **1.1** *alle im gleichen Jahr Geborenen;* wir sind beide ~ 1972; jetzt macht der ~ 1990 Abitur

Jahr|hun|dert ⟨n.; -(e)s, -e⟩ **1** *Zeitraum von 100 Jahren;* zwei, drei ~e • **1.1** er ist **der** Mann des ~s *der bedeutendste M. der letzten hundert Jahre, eine epochemachende Persönlichkeit* • **1.2** 20. ~ *Zeitraum von 1900 bis 1999* • **1.3** nach ~en *mehrere hundert Jahre später*

...jäh|rig ⟨Adj. 24⟩ *eine bestimmte Zahl von Jahren alt od. dauernd;* dreijährig

jähr|lich ⟨Adj. 24/90⟩ **1** *jedes Jahr (sich wiederholend), im Abstand von jeweils einem Jahr;* die Tagung findet ~ statt; ~e Kosten; ~er Urlaub; in dieser Buchreihe kommen ~ drei neue Bände heraus; einmal, zweimal ~ **2** *für den Zeitraum eines Jahres bestimmt, nötig;* ein ~er Beitrag

Jahr|markt ⟨m.; -(e)s, -märk|te⟩ *(zu bestimmten Zeiten) jährlich stattfindender Markt mit Karussells, Schaustellungen usw.;* Sy *Messe¹ (3.1);* etwas auf dem ~ kaufen

Jahr|zehnt ⟨n.; -(e)s, -e⟩ *Zeitraum von zehn Jahren*

Jäh|zorn ⟨m.; -(e)s; unz.⟩ *plötzlicher, sehr heftiger Wutanfall;* ein Ausbruch von ~

jäh|zor|nig ⟨Adj.⟩ *zu Jähzorn neigend;* ein ~er Mensch

Jak ⟨m.; -s, -s; Zool.⟩ *langhaariges Rind der zentralasiatischen Hochländer;* oV Yak

Ja|lou|sie ⟨[ʒaluziː] f.; -, -n⟩ *verstell- u. hochziehbarer Vorhang aus übereinandergreifenden Querleisten zum Schutz vor Sonneneinstrahlung od. zum Verdunkeln von Fenstern od. Türen*

Jam|mer ⟨m.; -s; unz.⟩ **1** *laute Klage;* lauter ~ erfüllte das Dorf **2** *schmerzlicher, bedauerlicher Zustand, Elend, Unglück;* er bot ein Bild des ~s; es ist ein ~ zu sehen, wie ... • **2.1** es wäre ein ~, wenn du das nicht tätest *sehr schade* **3** *Kummer, Verzweiflung;* es herrschte großer ~

jäm|mer|lich ⟨Adj.⟩ **1** *elend, erbärmlich, abgemagert, zerlumpt;* eine ~e Person, Gestalt **2** *kläglich;* ein ~es Geschrei, Weinen; ~ schreien **3** *beklagenswert;* er musste einen ~en Tod erleiden • **3.1** jmdn. ~ verprügeln *sehr* **4** *kümmerlich, sehr arm;* ein ~es Leben; eine ~e Behausung **5** *verächtlich, feige;* er legte ein ~es Verhalten an den Tag

jam|mern ⟨V.⟩ **1** ⟨414⟩ (über, wegen etwas) ~ • **1.1** *laut klagen, wehklagen, kläglich schreien;* es erhob sich ein großes Jammern • **1.2** *sich laut, anhaltend od. übertrieben über etwas beklagen;* sie muss immer ~ **2** ⟨800⟩ nach etwas od. jmdm. ~ *kläglich verlangen;* das Kind jammerte nach der Mutter **3** ⟨800⟩ **um etwas** ~ *den Verlust von etwas laut, anhaltend, übertrieben betrauern;* er jammerte um seinen entlaufenen Hund **4** ⟨500⟩ jmdn. ~ ⟨veraltet⟩ *jmds. Mitleid, Erbarmen erregen;* er jammert mich • **4.1** ⟨501⟩ es kann einen ~, es jammert einen, wenn man sieht, wie ... *man fühlt Mitleid, Erbarmen*

jam|mer|scha|de ⟨Adv.⟩ *sehr schade, sehr bedauerlich*

Jam|ses|sion ⟨[dʒæmsɛʃn] f.; -, -s; Mus.⟩ *Zusammenkunft von Jazzmusikern zum gemeinsamen (improvisierten) Musizieren*

Jams|wur|zel ⟨f.; -, -n⟩ *Wurzel einer Gattung der Nutzpflanzen, die in den Tropen als Nahrungsmittel dient: Dioscorea;* oV Yamswurzel

Jan|ker ⟨m.; -s, -⟩ *wollenes Trachtenjackett*

Jän|ner ⟨m.; -s, -; österr.⟩ *Januar*

Ja|nu|ar ⟨m.; - od. -s, -e; Abk.: Jan.⟩ *der 1. Monat im Jahr*

Jar|gon ⟨[ʒargõː] m.; -s, -s⟩ *(oft derbe) Ausdrucksweise bestimmter sozialer od. beruflicher Gesellschaftskreise innerhalb einer Sprache;* Schüler~

Jas|min ⟨m.; -s, -e; Bot.⟩ *Angehöriger einer Gattung der Ölbaumgewächse, Strauch od. Liane mit gelben, rosa od. weißen, meist wohlriechenden Blüten: Jasminum*

Jas|pis ⟨m.; - od. -ses, -se; Min.⟩ *als Schmuckstein verwendetes undurchsichtiges, verschiedenartig gefärbtes Quarzmineral*

Jass ⟨m.; -es; unz.⟩ *bes. in der dt. Schweiz verbreitetes Kartenspiel mit 36 Karten für zwei bis vier Spieler*

jä|ten ⟨V. 500⟩ **Unkraut** ~ *mit der Hand herausziehen, entfernen*

Jau|che ⟨f.; -, -n⟩ **1** *flüssiger Dünger aus vergorenen menschlichen od. tierischen Ausscheidungen;* ~ *auf das Feld fahren* **2** *flüssige, faulige Absonderung aus Geschwüren;* eitrige ~ **3** ⟨umg.⟩ *schmutziges, übelriechendes Wasser*

jauch|zen ⟨V. 400⟩ oV *juchzen* **1** *jubeln, einen Jubelruf ausstoßen;* vor Freude, Begeisterung ~ **2** *fröhlich, hell schreien;* er hielt den ~den Sohn im Arm

jau|len ⟨V. 400⟩ *laut winseln, heulen, klagen (von Hunden);* ~d lag der Hund an der Kette

Jau|se ⟨f.; -, -n; österr.⟩ **1** *Zwischenmahlzeit, Imbiss, Nachmittagskaffee;* jmdn. zur ~ einladen; ~ halten **2** *Jausenbrot;* er hatte sich selbst eine ~ mitgebracht

jau|sen ⟨V. 400; österr.⟩ = *jausnen*

jaus|nen ⟨V. 400; österr.⟩ oV *jausen* **1** *eine Jause einnehmen, Kaffee trinken;* habt ihr schon gejausnet? **2** *(etwas) zur Jause essen od. trinken*

ja|wohl ⟨Adv.; verstärkend⟩ *ja*

Ja|wort ⟨n.; -(e)s, -e⟩ *Zustimmung zur Heirat (von der Frau);* einem Mann das ~ geben; von einer Frau das ~ erhalten

Jazz ⟨[dʒæz] m.; -; unz.; Mus.⟩ *aus geistlichen Gesängen, Arbeits- u. Tanzliedern der nordamerikanischen Schwarzen hervorgegangener Musikstil, gekennzeichnet durch starke Synkopierung u. Improvisation;* Free ~; Modern ~

je¹ ⟨Adv.⟩ **1** *jemals, irgendwann (einmal);* wer hätte das ~ gedacht!; hast du ~ davon gehört, dass …; dies ist die schönste Stadt, die ich ~ gesehen habe; mehr als ~ zuvor; es ist schlimmer denn ~ ● **1.1** seit **eh und** ~ *seit sehr langer Zeit* ● **1.2** ~ **und** ~ ⟨geh.; veraltet⟩ ● **1.2.1** *immer* ● **1.2.2** *von Zeit zu Zeit, bisweilen* **2** ~ **nach** … *entsprechend, gemessen an* …; ~ nach Größe; ~ nach den Umständen ● **2.1** ~ **nachdem!** (als Antwort) *das kommt darauf an;* wann kommst du? ~ nachdem, wann ich fertig bin

je² ⟨Indefinitpron.; indeklinabel; zur Bez. von Distributivzahlen⟩ **1** ⟨vor Zahlen⟩ ● **1.1** *jedes Mal, zugleich;* ~ einer; ~ zwei, drei ● **1.2** *für jede(n, -s);* er gab ihnen ~ fünf Euro; ein Jahreseinkommen von 25.000 Euro ~ Kopf der Bevölkerung; ~ Person zehn Stück

je³ ⟨Konj. vor Komparativ⟩ *im selben Maße wie …;* ~ eher, desto, umso besser; ~ älter er wird, umso vernünftiger wird er auch; man weiß das Geld umso mehr zu schätzen, ~ weniger man davon hat

je⁴ ⟨Adv.⟩ ~ **nun** ⟨veraltet⟩ *ja, also;* ~ nun, dann wollen wir's eben versuchen! ⟨abschwächend⟩ ~ nun, so einfach ist das nicht ⟨einschränkend, ablehnend⟩

je⁵ ⟨Int.⟩ **1** ach ~!, o ~! *(Ausruf des Bedauerns)* **2** o ~! *(Ausruf des Schreckens)*

Jeans ⟨[dʒiːnz] Pl. od. a. Sg.: f.; -, -⟩ *eng geschnittene lange Hose aus widerstandsfähigem (dunkelblauem) Baumwollstoff;* Sy *Bluejeans*

je|de(r, -s) ⟨Indefinitpron.; attr. u. substantivisch⟩ **1** *der (die, das) Einzelne aus einer Menge in ihrer Gesamtheit;* Ggs *kein, niemand;* ~r, der kommt; ~ der Frauen; ~s der Kinder hat sein eigenes Zimmer; ich habe ~n gefragt, der vorbeiging; hier darf ~r herein; das kann ~r machen, wie er will; ein ~r; ~r für sich; ~r von uns; er gab ~m von ihnen fünf Euro; ~r Fehler kann hier gefährlich werden; ~r Mann, ~ Frau, ~s Kind; ~n Sonntag; ~r Zweite, Dritte; ~r Beliebige; in ~r Hinsicht; zu ~r Zeit ● **1.1** ~s **Mal** ● **1.1.1** *jedes einzelne Mal, bei jedem Mal;* er war ~s Mal verreist, wenn ich kam ● **1.1.2** ⟨umg.⟩ *immer;* es ist ~s Mal dasselbe **2** *alles und* ~s ⟨verstärkend⟩ *alles* ● **2.1** ich komme auf ~n Fall *unter allen Umständen* ● **2.2** er kann ~n Augenblick kommen ⟨umg.⟩ *im nächsten A., gleich* ● **2.3** er kommt ~n Monat, ~ Woche ⟨umg.⟩ *einmal im Monat, in der Woche* ● **2.4** zu ~r Zeit *immer;* du kannst zu ~r Zeit hier anrufen; →a. *jederzeit* ● **2.5** ohne ~ Anstrengung ⟨umg.⟩ *ohne die geringste A.* ● **2.6** ~m das Seine *ein Mensch bekommt das, was ihm gebührt*

je|den|falls ⟨Adv.⟩ **1** *also, wie erwähnt, wie vereinbart;* ich rufe ~ morgen an, dann besprechen wir das Weitere **2** ⟨anknüpfend⟩ *wie dem auch sei;* das weiß ich nicht, ~ hat er nichts davon gesagt; ob er nun kommt oder nicht, ich bleibe ~ zu Hause

je|der|mann ⟨Indefinitpron.⟩ **1** *jeder* ● **1.1** ⟨umg.⟩ *alle Leute;* man kann nicht ~s Freund sein; er ist höflich gegen ~

je|der|zeit ⟨Adv.⟩ *immer, zu jedem Zeitpunkt;* du bist bei uns ~ willkommen; ⟨aber Getrenntschreibung⟩ zu jeder Zeit → *jede(r, -s) (2.4)*

je|des|mal ⟨alte Schreibung für⟩ *jedes Mal*

je|doch ⟨Konj.⟩ *doch, aber, indessen;* wir wären gerne in den Skiurlaub gefahren, es fehlte ~ an Schnee; er ist kein guter Sportler, in den Sprachen ist er ~ allen anderen voraus; ich habe ihm zweimal geschrieben, er hat ~ nicht geantwortet

Jeep ⟨[dʒiːp] m.; -s, -s; Kfz⟩ *(urspr. als Militärfahrzeug verwendeter) kleiner US-amerikanischer Geländekraftwagen*

jeg|li|che(r, -s) ⟨Indefinitpron.⟩ = *jede(r, -s)*

je|her ⟨Adv.⟩ **von** ~ *schon immer*

je|mals ⟨Adv.⟩ *irgendwann;* ob ich das ~ erreichen werde, weiß ich nicht; hast du ~ so etwas gesehen?

je|mand ⟨Indefinitpron.; nur substantivisch⟩ *eine nicht näher bestimmte Person;* wenn ich ~es Freund sein will, muss ich auch für ihn eintreten; ist ~ gekommen?; ~ anders, ~ anderer; wenn Sie weggehen wollen, sagen Sie es bitte ~em aus Ihrer Abteilung; ist sonst noch ~ hier, der …; hast du ~en gesehen?; es ist ~ draußen; er ist (so) ~, der sich nur schwer anderen anschließt

je|ne(r, -s) ⟨Demonstrativpron. 6⟩ **1** ⟨substantivisch⟩ *der vorher, zuerst Erwähnte …, der weiter abseits Befindliche;* →a. *diese(r, -s);* er war mit seiner Frau und seiner Tochter gekommen … während diese sich sofort mit den andern unterhielt, blieb ~ sehr zurückhaltend; bald dieser, bald ~r; dieses hier und ~s dort ● **1.1** dies und ~s *alles Mögliche, Verschiedenes, einiges;* wir haben von diesem und ~m gesprochen ● **1.2** dieser und ~r *einige, etliche, hin u. wieder einer*

2 ⟨attr.⟩ *der zuerst, vorher Erwähnte …, der weiter abseits Befindliche …; das sind ~ Leute, die es immer schon vorher gewusst haben wollen* • **2.1** *an ~m Tage damals an dem T. (von dem wir eben sprachen)* • **2.2** ⟨*oft nur zur stärkeren Hervorhebung*⟩ *der, die, das; ich möchte diesen Strauß Astern, und was kosten ~ Dahlien dort?* • **2.3** *diese und ~* **Welt** *Diesseits und Jenseits*

…je|ni|ge ⟨*Grundwort zur Erweiterung des Demonstrativpronomens*⟩ → *derjenige*

jen|sei|tig ⟨a. [jɛn-] Adj. 24⟩ *Ggs diesseitig* **1** *auf der anderen Seite gelegen, gegenüberliegend; auf das ~e Ufer* **2** *das Jenseits betreffend*

jen|seits ⟨a. [jɛn-] Präp. mit Gen.⟩ *auf der anderen Seite; ~ des Flusses; ~ der Grenze*

Jen|seits ⟨a. [jɛn-] n.; -; unz.⟩ **1** ⟨Rel.⟩ *überirdisches Reich, Reich der Toten, Himmel(reich); Ggs Diesseits* • **1.1** *jmdn.* **ins ~ befördern** ⟨umg.⟩ *töten*

Je|rez ⟨[xeːrəθ] m.; -, -⟩ = *Sherry*

Jer|sey ⟨[dʒœːsɪ] m.; -s, - od. -s⟩ *fein gewirkter od. gestrickter Kleiderstoff aus Baumwolle, Wolle od. Kunstfasern; Baumwoll~*

Jet ⟨[dʒɛt] m.; -s, -s⟩ *Düsenflugzeug*

Je|ton ⟨[ʒɔtõː] m.; -s, -s⟩ **1** *(bei Glücksspielen verwendete) Spielmarke, Spielmünze* **2** *Münzersatz für Automaten, Telefone u. Ä.*

Jet|set ⟨[dʒɛt-] m.; -, -s⟩ *Angehörige reicher Gesellschaftsschichten, die häufig in der Welt herumreisen; er gehört zum ~*

jet|ten ⟨[dʒɛtən] V.; umg.; salopp⟩ **1** ⟨400(s.)⟩ *mit einem Jet fliegen, (kurz entschlossen) mit dem Flugzeug wegfliegen; sie sind nach Mallorca gejettet* **2** ⟨511⟩ **jmdn. irgendwohin ~** *jmdn. mit einem Jet (schnell) irgendwohin fliegen*

jet|zig ⟨Adj. 24/60⟩ *zum gegenwärtigen Zeitpunkt (vorhanden), derzeitig, augenblicklich; seine ~e Situation ist unangenehm*

jetzt ⟨Adv.⟩ *in diesem Augenblick, zum gegenwärtigen Zeitpunkt; ich habe ~ keine Zeit; ~ hebt er die Hand und …; ~ kommt gleich die Stelle, an der …; wo habe ich denn ~ wieder meine Brille hingetan?; ich muss ~ gehen; ~ ist es aber genug!; was ist denn ~ schon wieder los?; das ist ~ ja alles ganz anders als früher; eben ~!; erst ~ ist mir klargeworden, dass …; gerade ~ musste das passieren; komm doch gleich ~; bis ~; ~ oder nie!; von ~ an; noch ~ muss ich lachen, wenn ich daran denke*

je|wei|lig ⟨Adj. 24/90⟩ *zurzeit vorkommend, vorhanden, augenblicklich amtierend; die Gestaltung der jährlichen Schulfeier ist immer Aufgabe der ~en obersten Klasse*

je|weils ⟨Adv.⟩ *jedes Mal in einem bestimmten Fall, zu einem bestimmten Zeitpunkt; die Zeitschrift erscheint am Ersten jedes Monats, wir werden Ihnen ~ ein Exemplar zuschicken; es gehen immer ~ zwei zusammen; dafür werden immer die ~ Besten der Klasse ausgesucht*

Jin und Jang ⟨n.; - - -; unz.⟩ *die beiden Weltprinzipien der altchinesischen Naturphilosophie, das dunkle weibliche u. das helle männliche; oV Yin und Yang*

Jiu-Jit|su ⟨[dʒiːudʒɪtsu] n.; - od. -s; unz.; Sp.⟩ *altjapanische Kunst des Ringens, waffenlose Art der Selbstverteidigung*

Job ⟨[dʒɔb] m.; -s, -s; umg.⟩ **1** *(vorübergehende) Beschäftigung, Stellung, Gelegenheit zum Geldverdienen; Schüler für Ferien~ gesucht* **2** *Arbeitsplatz, Arbeitsstelle; er hat einen neuen ~ gefunden, bekommen* • **2.1** *Beruf; in meinem ~ gibt es keine 38-Stunden-Woche*

job|ben ⟨[dʒɔbən] V. 400; umg.; salopp⟩ *Gelegenheitsarbeiten verrichten, (vorübergehend) arbeiten; in den Ferien ~; er jobbt oft in einem Café*

Job|sha|ring ⟨[dʒɔbʃɛːrɪŋ] n.; -s; unz.⟩ *Aufteilung eines Arbeitsplatzes für eine Ganztagskraft auf mehrere Teilzeitkräfte*

Joch ⟨n. 7; -(e)s, -e⟩ **1** *Teil des Geschirrs für Zugtiere, der über der Stirn od. dem Nacken liegt; die Pferde gehen im ~; Ochsen ins ~ spannen* **2** ⟨fig.⟩ *schwere Last, Zustand drückender, schwerer Arbeit, Zustand der Unfreiheit, der Unterdrückung; das ~ (der Sklaverei o. Ä.) abschütteln; unter dem ~ (der Fremdherrschaft o. Ä.) stöhnen; das ~ der Ehe* ⟨scherzh.⟩ • **2.1** *etwas jmdm. ins ~* ~ ⟨geh.⟩ *bürdet jmdm. eine große Last auf* • **2.2** *im ~ gehen eine mühsame Arbeit, demütigende Handlung verrichten* • **2.3** *sich unter jmds. ~ beugen sich demütigen, sich jmdm. unterwerfen* **3** *ein Gespann (Ochsen); zwei ~ Ochsen* **4** *altes Feldmaß, so viel Land, wie man an einem Tage mit einem Joch (3) Ochsen umpflügen kann* **5** *Schultertrage für Eimer* **6** ⟨Geogr.⟩ *Sattel eines Berges* **7** ⟨Baukunst⟩ *durch vier Pfeiler od. Säulen begrenzter, überwölbter Teil eines Kirchenraumes, der durch eine Wölbung bestimmte Raumabschnitt* **8** ⟨Bauw.⟩ *Konstruktion zum Stützen* • **8.1** *schmales Gerüst, das zur Unterstützung von Brücken während des Bauens dient* • **8.2** *Hilfskonstruktion aus hölzernen Rahmen, die zum Ausbau von Schächten u. Stollen im Berg- und Tunnelbau dient* • **8.3** *Teil der Brücke von einem Pfeiler zum andern; Brücken~* • **8.4** *hölzerne Stütze mit Querbalken, Tragbalken; Glocken~*

Jo|ckei ⟨[dʒɔkɪ] m.; -s, -s; Sp.⟩ = *Jockey*

Jo|ckey ⟨[dʒɔkɪ] m.; -s, -s; Sp.⟩ *berufsmäßiger Rennreiter; oV Jockei*

Jod ⟨n.; -s; unz.; chem. Zeichen: I (+ J)⟩ *dunkelgraues, fast blauschwarzes, metallisch glänzendes chem. Element, Ordnungszahl 53, geht beim Erwärmen ohne zu schmelzen in einen violetten Dampf über*

jo|deln ⟨V. 400; Schweiz, Tirol, Oberbayern⟩ *mit schnellem Wechsel zwischen Kopf- u. Bruststimme ohne Worte singen*

Jo|ga ⟨m. od. n.; -s; unz.⟩ oV *Yoga* **1** ⟨*in der altind. Philosophie u. im Buddhismus*⟩ *Meditation u. Askese zur Schulung der geistigen Konzentration, der Körperbeherrschung u. zur Steigerung der übersinnlichen Erkenntnis* **2** *danach entwickeltes Verfahren der körperlichen Übung u. geistigen Entspannung*

jog|gen ⟨[dʒɔɡən] V. 400(h./s.)⟩ *Jogging betreiben; er joggt oft bereits vor der Arbeit*

Jog|ging ⟨[dʒɔɡɪŋ] n.; -s; unz.⟩ *sportliches Laufen im mäßigen Tempo (als Fitnesstraining)*

Jo|ghurt ⟨m.; -s, -s od. n.; -s, -s⟩ *unter Einwirkung von Bakterien hergestelltes, sauermilchartiges Nahrungsmittel;* oV *Jogurt*

Jo|gurt ⟨m. od. n.; -s, -s⟩ = *Joghurt*

Jo|han|nis|bee|re ⟨f.; -, -n; Bot.⟩ **1** *Angehörige einer Gattung der Steinbrechgewächse, zu der mehrere wichtige Beerenfrüchte gehören: Ribes;* →a. *rot (1.20); schwarz (2.18)* **2** *Frucht der Johannisbeere (1)*

Jo|han|nis|nacht ⟨f.; -, -näch|te; Volksk.⟩ *mit Festlichkeiten u. Volksbräuchen verbrachte Nacht zum Johannistag*

Jo|han|nis|tag ⟨m.; -(e)s, -e⟩ *Johannes dem Täufer gewidmeter Tag, Sonnenwende (24. Juni)*

joh|len ⟨V. 400⟩ *laut u. unartikuliert rufen, ungezügelt schreien;* ~de *Kinder*

Joint ⟨[dʒɔɪnt] m.; -s, -s⟩ *mit Haschisch od. Marihuana versetzte Zigarette*

Joint Ven|ture ⟨[dʒɔɪnt vɛntʃə(r)] n.; - -s, - -s⟩ *auf ein bestimmtes Projekt ausgerichtete Arbeitsgemeinschaft mehrerer Unternehmen mit gemeinsamer Verantwortung*

Jo-Jo ⟨n.; -s, -s⟩ *Geschicklichkeitsspiel mit einer Spule, die an einem langen Faden durch eine Schwungbewegung der Hand ab- u. aufgerollt wird, indem sich der Faden ab- und aufrollt;* oV *Yo-Yo*

Jo|ker ⟨[dʒo:-] od. [jo:-] m.; -s, -⟩ *(in manchen Kartenspielen) Spielkarte mit Narrenbild, die für jede beliebige Karte eingesetzt werden kann*

Jol|le ⟨f.; -, -n⟩ **1** *leichtes Segelboot* **2** *(als Beiboot verwendetes) kleines Ruderboot*

Jon|gleur *auch:* **Jong|leur** ⟨[ʒõglø:r] od. [ʒɔŋløːr] m.; -(e)s, -e⟩ *Artist, der Kunststücke mit mehreren Gegenständen (meist abwechselnd in die Luft geworfene u. aufgefangene Bälle od. auf einem Stab balancierte Teller) vorführt; im Zirkus trat ein ~ auf*

jon|glie|ren *auch:* **jong|lie|ren** ⟨[ʒõ-] od. [ʒɔŋ-] V.⟩ **1** ⟨400⟩ *mit artistischem Geschick Bälle, Teller o. Ä. abwechselnd hochwerfen u. auffangen od. balancieren, Geschicklichkeitsspiele vorführen; er jonglierte mit sechs Bällen* **2** ⟨800⟩ **mit einer Sache** ~ ⟨fig.⟩ *eine Sache mit großem Geschick behandeln, mit einer Sache vorsichtig u. gewandt umgehen; mit Zahlen, Daten, Fakten ~*

Jop|pe ⟨f.; -, -n⟩ *schlichte Herrenjacke*

Joule ⟨[dʒaʊl] od. [ʒuːl] n.; -s, -; Zeichen: J⟩ *Maßeinheit, SI-Einheit der Energie, Arbeit u. Wärmemenge; 1 ~ entspricht 0,239 cal (Kalorie)*

Jour|nal ⟨[ʒur-] n.; -s, -e⟩ **1** *Buch, in das Rechnungen eingetragen werden* **2** = *Tagebuch;* Schiffs~ **3** *bebilderte Zeitschrift, Illustrierte;* Mode~ • **3.1** ⟨TV⟩ *bestimmtes informatives Sendeformat;* Fernseh~

Jour|na|list ⟨[ʒur-] m.; -en, -en⟩ *für die Medien (bes. Presse) tätiger Autor*

Jour|na|lis|tin ⟨[ʒur-] f.; -, -tin|nen⟩ *weibl. Journalist*

jo|vi|al ⟨[-vi-] Adj.⟩ **1** *leutselig, wohlwollend; er gibt sich sehr ~* **2** *gutmütig herablassend; jmdm. ~ auf die Schulter klopfen*

Joy|stick ⟨[dʒɔɪ-] m.; -s, -s; EDV⟩ *griffähnliches Gerät mit einer od. mehreren Tasten zur Übermittlung von Steuerbefehlen für Computerspiele*

Ju|bel ⟨m.; -s; unz.⟩ *lauter Freudenausbruch, laute Freude*

Ju|bel|jahr ⟨n.; -(e)s, -e⟩ **1** *Jahr, in dem ein Jubiläum gefeiert wird* **2** *(jüd. Glaube) jedes 50. Jahr* **3** *(kath. Kirche) Jahr, in dem die Kirchenstrafen erlassen werden (jedes 25. Jahr)* • **3.1** *das kommt alle ~e (einmal) vor* ⟨umg.⟩ *sehr selten*

ju|beln ⟨V. 400⟩ *seiner Freude laut Ausdruck verleihen; „…!", jubelte sie; wir wollen nicht zu früh ~; die Menge begrüßte ihn ~d; sie liefen ihm ~d entgegen*

Ju|bi|lä|um ⟨n.; -s, -lä|en⟩ *mit einer Feier begangener Jahrestag, bes. nach einer runden Zahl von Jahren; 10., 25., 50., 100. ~*

ju|bi|lie|ren ⟨V. 400⟩ **1** *singen, trillern;* Vögel ~ **2** ⟨fig.; poet.⟩ *jubeln* **3** *ein Jubiläum feiern*

juch|zen ⟨V. 400⟩ = *jauchzen*

ju|cken ⟨V.⟩ **1** ⟨402⟩ *etwas juckt* (**jmdn.**) *verursacht eine brennende, prickelnde Empfindung, einen Reiz od. Schmerz auf der Haut; eine ~de Flechte; der Pullover, die Wolle juckt mich; die Nase, der Rücken juckt mich, mir* • **1.1** ⟨501⟩ *es juckt jmdn. jmd. spürt ein Kribbeln od. kribbelndes Brennen auf der Haut; es juckt mich, mir am Rücken, in der Nase* **1.2** ⟨500/Vr 3⟩ **sich** ~ *sich kratzen; juck dich doch nicht ständig!* **2** ⟨580/Vr 7⟩ • **2.1** *es juckt jmdn., etwas Bestimmtes zu tun* ⟨fig.⟩ *jmd. möchte etwas B. (zu) gern tun* • **2.1.1** ⟨umg.⟩ *reizt, interessiert jmdn.; das juckt mich überhaupt nicht* • **2.2** ⟨500⟩ *wen's juckt, der kratze sich wer sich getroffen fühlt (von einer Anspielung), der soll sich wehren* • **2.3** ⟨500⟩ *dich juckt wohl das Fell* ⟨fig.; umg.⟩ *du bist wohl übermütig?* **3** ⟨611; unpersönl.⟩ • **3.1** *jmdm. juckt es in den Fingern* ⟨umg.; fig.⟩ *jmd. möchte etwas tun*

Ju|de ⟨m.; -n, -n⟩ **1** *Angehöriger eines über die ganze Welt verstreuten semitischen Volkes* **2** *Anhänger des Judaismus*

Ju|den|tum ⟨n.; -s; unz.⟩ **1** *Religion der Juden, Judaismus* **2** *Gesamtheit der Juden* **3** *Art u. Wesen, Bräuche der Juden*

Ju|di|ka|ti|ve ⟨[-və] f.; -, -n⟩ *Teil der Staatsgewalt, der die Rechtsprechung betrifft;* →a. *Exekutive, Legislative*

Jü|din ⟨f.; -, -din|nen⟩ *weibl. Jude*

jü|disch ⟨Adj. 24⟩ *die Juden betreffend, zu ihnen gehörig, von ihnen stammend*

Ju|do ⟨n.; - od. -s; unz.⟩ *Jiu-Jitsu als sportliche Wettkampfübung*

Ju|gend ⟨f.; -; unz.⟩ **1** ⟨i. w. S.⟩ *Zeit des Jungseins, Lebenszeit des jungen Menschen zwischen Kindheit u. Erwachsensein;* Ggs *Alter (2); eine schöne, sorglose, schwere ~ gehabt haben; Kindheit und ~* **2** ⟨i. e. S.⟩ *Wachstums- und Entwicklungsphase des Menschen, die die Pubertät und die darauf folgende Zeit der Ausbildung der geistigen, seelischen, beruflichen und sozialen Reife umfasst; ich habe meine ~ in England verbracht; von ~ an, auf; in früher ~; er starb in blühender ~* **3** *jugendliches Wesen, Jugendlichkeit; ihre ~ bezauberte alle* **4** *junge Leute;* Ggs *Alter (3); wir haben viel, wir sehen gern ~ um uns; ~ will unter sich sein; die ~ von heute; die studierende ~*

ju|gend|lich ⟨Adj.⟩ **1** *zur Jugend gehörig, ihr entsprechend;* eine ~e Schönheit; im ~en Alter von elf Jahren; ~e Begeisterung; ~e Randalierer; ~er Übermut; sich zu ~ kleiden • **1.1** *jung;* sie ist, wirkt sehr ~

Ju|gend|li|che(r) ⟨f. 2 (m. 1)⟩ *junger Mensch in der Entwicklungsphase zwischen Kindheit u. Erwachsensein*

Ju|gend|stil ⟨m.; -(e)s; unz.⟩ *Kunstrichtung um 1900, bes. in Kunstgewerbe, Buchgestaltung u. auch Malerei, gekennzeichnet u. a. durch stilisierte pflanzliche Ornamente*

Ju|lei ⟨m.; - od. -s, -s; verdeutlichende Sprechform für⟩ *Juli*

Ju|li ⟨m.; - od. -s, -s⟩ *der 7. Monat im Jahr*

Jum|bo ⟨m.; -s, -s; kurz für⟩ *Jumbojet*

Jum|bo|jet ⟨[-dʒɛt] m.; -s, -s⟩ *Großraumflugzeug*

jung ⟨Adj. 22⟩ **1** *jmd. ist ~* • **1.1** *befindet sich im Jugendalter, ist im Jugendalter befindlich;* die Jungen und die Alten; ein ~er Dichter; ~e Leute; ein ~es Mädchen; ein ~er Mann; er ist nicht mehr ganz ~; ~ heiraten • **1.1.1** Ggs *alt (1.1)* • **1.1.2** *von ~ auf von Kindheit an* • **1.1.3** *in ~en Jahren in der Jugend* • **1.1.4** *~es Volk* ⟨meist scherzh.⟩ *Jugendliche u. Leute bis etwa 25 Jahre* • **1.1.5** *der ~e Schiller S. in seinen jüngeren Jahren, etwa zwischen 20 u. 30* • **1.1.6** *gefreit hat nie(mand) gereut* ⟨Sprichw.; veraltet⟩ *es hat noch nie jmd. bereut, in jugendlichem Alter geheiratet zu haben* • **1.1.7** *~ gewohnt, alt getan* ⟨Sprichw.⟩ *man handelt im Alter so, wie man in der Jugend handelte, wie man es früh gelernt hat* • **1.1.8** *Jung und Alt alle, jedermann* • **1.2** *zählt wenig Lebensjahre im Verhältnis zu anderen;* die ~e Generation • **1.2.1** *er ist noch ~ an Jahren zählt wenig J.* • **1.2.2** *die ~e Frau die F. des Sohnes bzw. die verheiratete Tochter (im Unterschied zur Mutter)* • **1.2.3** *die ~en Leute Jugend(liche), das junge Ehepaar (im Unterschied zu den Eltern)* • **1.2.4** *der ~e Schmidt* ⟨umg.⟩ *der (erwachsene) Sohn von Herrn S.* • **1.2.5** *der ~e Herr* ⟨veraltet⟩ *Sohn des Hausherrn* • **1.2.6** *das ~e Paar erst kurze Zeit verheiratetes P.* • **1.3** *hat ein Verhalten, wie eine Person, die jung (1) ist, ist frisch, fühlt mit der Jugend;* er ist ~ geblieben; er ist mit seinen Enkeln wieder ~ geworden; sich ein ~es Herz erhalten, bewahren ⟨fig.⟩ • **1.3.1** *~ mit der Jugend sein sich als älterer Mensch mit jungen Leuten gut verstehen* **2** *etwas ist ~* ⟨fig.⟩ *ist erst vor kurzem entstanden, existiert erst seit kurzem, ist neu, frisch;* ~e Aktien; ~es Grün, Laub • **2.1** *~er Wein diesjähriger W.* • **2.2** *der ~e Tag* ⟨poet.⟩ *die Morgenfrühe* **3** ⟨60; in feststehenden Benennungen⟩ **3.1** *das Junge Deutschland revolutionäre Dichtergruppe nach 1830* • **3.2** *Junge Union Organisation der CDU u. CSU für Mitglieder von 16 bis 35 Jahren* • **3.3** *Junge Kirche aus der Mission hervorgegangene evangelische Kirche* **4** *~e Dienste* ⟨Arch.⟩ *Dienst¹ (7) geringen Durchmessers*

Jung|brun|nen ⟨m.; -s, -⟩ **1** ⟨Myth.⟩ *Wunderquelle für ständige Jugend* **2** ⟨fig.⟩ *Kraftquelle, etwas, woraus man neuen Lebensmut u. Schwung gewinnt*

Jun|ge ⟨m.; -n, -n⟩ **1** *Kind männlichen Geschlechts, Knabe;* Schmidts haben einen ~n bekommen; ein artiger, unartiger, ungezogener ~; dummer ~; ein großer, kleiner, hübscher, kräftiger ~; als ~ war ich oft dort; armer ~! **2** *~, ~!* ⟨Ausruf des Staunens, der Überraschung, des leichten Schreckens⟩ • **2.1** *(junger) Mann* • **2.1.1** ⟨umg.⟩ *(vertrauliche, freundschaftliche Anrede);* (mein) lieber ~!; alter ~! • **2.2** *schwerer Junge* ⟨umg.⟩ *Schwerverbrecher, Gewaltverbrecher* **3** ⟨meist in Zus.; veraltet⟩ *Gehilfe, Lehrling;* Bäcker~, Lauf~, Schiffs~ **4** ⟨Kart.⟩ = *Unter;* er hielt alle vier ~n in der Hand

jün|ger ⟨Adj.; Komparativ von⟩ **1** *jung* • **1.1** *weniger Jahre zählend, später geboren;* Hans Holbein der Jüngere; lauf und hol ihn von der Tasche, du hast ~e Beine; mein ~er Bruder; er ist um ein Jahr ~ als ich; ich bin elf Jahre ~ als er; er sieht ~ aus, als er ist • **1.1.1** *in ~en Jahren in J., als jmd. noch jünger war* • **1.2** *später, der Gegenwart näher liegend;* die ~e Steinzeit

Jün|ger ⟨m.; -s, -⟩ **1** *jeder der zwölf Apostel Christi* **2** *Schüler* **3** *Anhänger, geistiger Gefolgsmann*

Jung|fer ⟨f.; -, -n⟩ **1** ⟨veraltet⟩ *Jungfrau* **2** ⟨veraltet⟩ *Mädchen;* Kammer~ • **2.1** ⟨heute noch in der abwertenden Wendung⟩ *alte ~ alte, altmodische (unverheiratete) Frau* **3** *~ im Busch, im Grünen* ⟨Bot.⟩ = *Braut (3) in Haaren* **4** ⟨Kart.⟩ *Spieler, der beim Ramsch¹ (1) keinen Stich bekommen hat u. infolgedessen gewinnt*

Jung|fern|fahrt ⟨f.; -, -en⟩ *erste Fahrt (meist eines Schiffes)*

Jung|frau ⟨f.; -, -en⟩ **1** *unberührtes Mädchen, Frau, die noch keinen Geschlechtsverkehr gehabt hat;* sie ist noch ~ **2** *die (heilige) ~ Maria, Mutter Jesu* **3** *Sinnbild der Reinheit* **4** *Sternbild*

jung|fräu|lich ⟨Adj. 24⟩ **1** *sexuell unberührt, unverletzt, rein;* ihr ~er Körper **2** ⟨fig.⟩ *unberührt, unangetastet;* ~er Wald; ~e Landschaft

Jung|ge|sel|le ⟨m.; -n, -n⟩ *unverheirateter Mann*

Jung|ge|sel|lin ⟨f.; -, -lin|nen; selten⟩ *unverheiratete Frau*

Jüng|ling ⟨m.; -s, -e⟩ **1** ⟨poet.⟩ *junger Mann* **2** ⟨abwertend⟩ *unreifer junger Mann, Jugendlicher*

jüngst ⟨Adj.⟩ **1** ⟨Superlativ von⟩ *jung (1.2);* der Jüngste (in der Familie); er ist mein Jüngster; er ist der Jüngste von uns • **1.1** *er ist nicht mehr der Jüngste er ist schon im mittlerem Alter* **2** ⟨70⟩ *~e Zeit eben erst vergangene Z.;* die ~e Vergangenheit **3** ⟨90⟩ *eben erst entstanden, neu, letzte(r, -s);* sein ~es Werk ist sehr bedeutend; die ~en Ereignisse, Nachrichten **4** ⟨60⟩ *(sich auf die Zukunft beziehend) letzte(r, -s)* • **4.1** *der Jüngste Tag* ⟨Rel.⟩ *der letzte Tag der Welt* • **4.2** *das Jüngste Gericht* ⟨Rel.⟩ *Weltgericht am Jüngsten Tag* **5** ⟨50; poet.⟩ *vor kurzem, vor kurzer Zeit, neulich, kürzlich;* als ich ~ dort spazieren ging

Ju|ni ⟨m.; - od. -s, -s⟩ *der 6. Monat im Jahr*

Ju|ni|or ⟨m.; -s, -o|ren⟩ Ggs *Senior* **1** *der Jüngere, der Sohn* **2** ⟨Sp.⟩ *Jugendlicher*

Ju|ni|o|rin ⟨f.; -, -rin|nen⟩ *weibl. Junior;* Ggs *Seniorin*

Jun|ker ⟨m.; -s, -; früher⟩ **1** *adliger Gutsbesitzer* **2** *junger Adliger*

Jun|kie ⟨[dʒʌŋki] m.; -s, -s⟩ *Rauschgiftsüchtiger, Drogenabhängiger*

Junk|tim ⟨n.; -s, -s⟩ *Verknüpfung mehrerer Gesetzesvorlagen, die nur entweder insgesamt angenommen od. abgelehnt werden können*

Jun|ta ⟨[xųn-] od. [jųn-] f.; -, Jun|ten; in Spanien u. bes. Lateinamerika⟩ **1** *(Machthaber einer) Militärdiktatur;* Militär~ **2** *Regierungsausschuss mit zeitlich begrenzter Gewalt*

Jupe ⟨[ʒyːp] m. od. n.; -s, -s; schweiz.⟩ *Frauenrock*

Ju|ra[1] ⟨Pl.; Sing.: Jus⟩ *Rechtswissenschaft (als Studienfach);* ~ *studieren*

Ju|ra[2] ⟨m.; -s, -s⟩ **1** *Name mehrerer Gebirge* **2** *Formation des Erdmittelalters*

ju|ri|disch ⟨Adj. 24; österr.⟩ = *juristisch*

Ju|rist ⟨m.; -en, -en⟩ *Kenner, Lehrer, Student der Rechtswissenschaft, Rechtskundiger, Rechtsgelehrter*

Ju|ris|tin ⟨f.; -, -tin|nen⟩ *weibl. Jurist*

ju|ris|tisch ⟨Adj. 24⟩ Sy *juridisch* ⟨österr.⟩ **1** ⟨60⟩ *zur Rechtswissenschaft gehörig, auf ihr beruhend, mit ihrer Hilfe;* ~e Fakultät, Abteilung **2** *rechtlich, rechtswissenschaftlich, vom gesetzlichen Standpunkt aus;* den Streit um ein Erbe ~ klären lassen; ~e Auskunft erteilen; dieser Punkt ist ~ unklar

Ju|ror ⟨m.; -s, -en⟩ *Mitglied einer Jury*

Ju|ro|rin ⟨f.; -, -rin|nen⟩ *weibl. Juror*

Ju|ry ⟨[ʒyriː] od. [ʒyːri] f.; -, -s⟩ *Ausschuss von Sachverständigen als Preisrichter bei Kunstausstellungen, Sportveranstaltungen u. Ä.;* eine internationale ~

Jus ⟨n.; -, Ju|ra; bes. oberdt., schweiz.⟩ *Recht;* er hat vier Semester ~ studiert

jus|tie|ren ⟨V. 500⟩ **1** *techn. Geräte, Messgeräte* ~ *genau einstellen, eichen;* eine Waage neu ~ **2** *Münzen* ~ *das gesetzlich vorgegebene Münzgewicht überprüfen* **3** ⟨Typ.⟩ • 3.1 *den Satz* ~ *beim Umbruch den in zwei od. mehr Spalten gesetzten Satz auf gleiche Seitenhöhe bringen* • 3.2 **Druckstöcke** ~ *genau auf Schrifthöhe bringen*

Jus|ti|ti|ar ⟨m.; -s, -e⟩ = *Justiziar*

jus|ti|ti|ell ⟨Adj. 24⟩ = *justiziell*

Jus|tiz ⟨f.; -; unz.⟩ *Rechtswesen, Rechtspflege*

Jus|ti|zi|ar ⟨m.; -s, -e⟩ *Rechtsbeistand eines Unternehmens, einer Institution od. einer Behörde;* oV *Justitiar*

jus|ti|zi|ell ⟨Adj. 24⟩ *die Justiz betreffend, zu ihr gehörig, mit ihrer Hilfe;* oV *justitiell;* ~en Beistand benötigen

Ju|te ⟨f.; -; unz.⟩ *die Bastfaser mehrerer indischer Arten des zur Familie der Lindengewächse gehörenden Corchorus, insbes. der Art Corchorus capsularis, die zur Herstellung von Säcken, Beuteln, Teppichen u. a. verwendet wird*

Ju|wel ⟨n.; -(e)s, -en⟩ **1** *Kleinod, Schmuckstück, geschliffener Edelstein* **2** ⟨fig.; umg.; scherzh.⟩ *wertvoller Mensch, Mensch, der alle Arbeiten hervorragend erledigt;* du bist ein ~!

Ju|we|lier ⟨m.; -s, -e⟩ **1** *Goldschmied* **2** *Schmuckhändler*

Jux ⟨m.; -es, -e; umg.⟩ **1** *Spaß, Scherz, Neckerei;* jmd. hat sich einen ~ mit uns gemacht; das war doch alles nur ~!; etwas aus ~ machen • 1.1 *aus (lauter)* ~ *und* **Tollerei** *aus lauter Übermut*

kahl

Ka|ba|rett ⟨a. [ka-] n.; -s, -e od. -s⟩ **1** oV *Cabaret*
• 1.1 *kurze, meist humoristische Darbietung auf einer Bühne; literarisches, politisches* ~ • 1.2 *Raum, Gebäude, Bühne für ein Kabarett (1)* **2** *drehbare Speiseplatte*

kab|beln ⟨V. 500/Vr 3; umg.; bes. norddt.⟩ **sich (mit jmdm.)** ~ *sich auf harmlose Weise streiten, miteinander raufen*

Ka|bel ⟨n.; -s, -⟩ **1** ⟨Mar.⟩ *starkes Tau* **2** ⟨El.⟩ *mehrere zusammengefasste u. isolierte Leitungsdrähte*

Ka|bel|jau ⟨m.; -s, -s od. -e; Zool.⟩ *1,5 m langer u. bis 50 kg schwerer Raubfisch: Gadus morrhua*

Ka|bi|ne ⟨f.; -, -n⟩ **1** *kleiner, abgeschlossener Raum;* Bade~, Umkleide~ **2** *Wohn- u. Schlafraum an Bord* **3** *Gondel einer Seilbahn*

Ka|bi|nett ⟨n.; -(e)s, -e⟩ **1** *kleines Zimmer, Nebenraum*
• 1.1 *Arbeits- u. Beratungszimmer eines Fürsten* **2** *Raum zur Aufbewahrung von Kunstsammlungen;* Kunst~, Kupferstich~ **3** ⟨16./17. Jh.⟩ *Schrank mit vielen Fächern u. Schubladen zur Aufbewahrung von Kunstsammlungen* **4** ⟨fig.⟩ *die persönlichen Berater eines Staatsoberhauptes* **5** *Ministerrat, Gesamtministerium;* ein ~ *bilden, stürzen, umbilden*

Ka|bi|nett|stück ⟨n.; -(e)s, -e⟩ **1** ⟨urspr.⟩ *bes. wertvoller Gegenstand der Kunst od. Wissenschaft, der nicht in einer allg. Sammlung, sondern im Kabinett untergebracht ist* **2** ⟨danach⟩ *bes. schöner, wertvoller Gegenstand* **3** ⟨fig.⟩ *bes. geschicktes, kluges Vorgehen od. Verhalten, Meisterstück*

Ka|brio auch: **Kab|rio** ⟨n.; -s, -s; kurz für⟩ *Kabriolett*

Ka|bri|o|lett auch: **Kab|ri|o|lett** ⟨a. [-le:] n.; -s, -s⟩ oV *Cabriolet* **1** *Personenkraftwagen mit einem Verdeck, das geöffnet werden kann;* Ggs *Limousine* **2** ⟨urspr.⟩ *einspännig gefahrene, zweirädrige Kutsche*

Ka|chel ⟨f.; -, -n⟩ *gebrannte, meist glasierte, oft bemalte Tonplatte für Öfen, als Wandverkleidung u. Untersetzer;* ~n legen

ka|cheln ⟨V. 500⟩ **eine Wand, einen Raum** ~ *mit Kacheln belegen, verkleiden*

Ka|da|ver ⟨[-vər] m.; -s, -⟩ *toter Körper, Leiche eines Tieres;* Sy *Aas (1)*

Ka|denz ⟨f.; -, -en⟩ **1** ⟨Mus.⟩ *zum Abschluss eines Musikstückes führende Folge von Akkorden* • 1.1 *virtuose solistische Improvisation (bes. bei Instrumentalkonzerten)* **2** ⟨Metrik⟩ *Art des Versausgangs* **3** ⟨Sprachw.⟩ *(steigender od. fallender) Verlauf der Tonhöhe beim Sprechen*

Ka|der ⟨m.; -s, -; schweiz. n.; -s, -⟩ **1** ⟨Mil.⟩ *Kerntruppe, Stammtruppe eines Heeres* **2** ⟨Sp.⟩ *Kernmannschaft,* bes. zur Teilnahme an Wettkämpfen; Schwimm~; Dressur~ **3** ⟨schweiz.⟩ *Vorgesetztentruppe* **4** *systematisch herangebildete Gruppe von Arbeits-, Fachkräften u. Funktionären (bes. in kommunistischen od. sozialistischen Parteiorganisationen);* Führungs~; Reise~

Ka|dett[1] ⟨m.; -en, -en⟩ **1** ⟨bis 1918⟩ *Zögling einer militärischen Erziehungsanstalt, der die Offizierslaufbahn ergreifen will* **2** ⟨umg.; scherzh.; veraltet⟩ *Bursche, Kerl*

Ka|dett[2] ⟨m.; -en, -en⟩ *Angehöriger einer 1905 gegründeten, liberal-monarchistischen russischen Partei*

Kad|mi|um ⟨n.; -s; unz.; chem. Zeichen: Cd⟩ *silberweißes Metall, chem. Element, Ordnungszahl 48;* oV ⟨fachsprachl.⟩ *Cadmium*

Kä|fer ⟨m.; -s, -⟩ **1** ⟨Zool.⟩ *Angehöriger einer rd. 300 000 bekannten Arten umfassenden, formenreichen Ordnung der Insekten, deren vorderes Flügelpaar durch Chitineinlagerung meist zu harten Deckflügeln geworden ist: Coleoptera* **2** ⟨umg.; scherzh.; veraltet⟩ *junges Mädchen* **3** ⟨umg.⟩ *Bezeichnung für das erste, in Deutschland bis 1978 produzierte Automodell der Volkswagenwerke*

Kaff ⟨n.; -s, -s; umg.⟩ *abgelegener, trostloser Ort, langweiliges Dorf*

Kaf|fee ⟨Betonung a. [-'-] m. 7; -s; unz.⟩ **1** *Angehöriger einer aus Afrika stammenden Gattung der Rötegewächse, deren Samen Koffein enthalten: Coffea* **2** *Samen von Kaffee (1);* $^1/_2$ kg ~; gebrannter, gemahlener, gerösteter, grüner ~ • 2.1 *Sorte von Kaffee (2)* **3** *Getränk aus geröstetem Kaffee (2);* oV *Café (2);* eine Tasse, ein Kännchen (eine Portion) ~; bitte drei (Tassen) ~!; schwarzer, starker, dünner ~; ~ kochen, aufbrühen, filtern; einen ~ trinken; ~ mit Milch, Sahne, Zucker; ~ u. Kuchen; jmdn. zu einem ~ einladen (ins Café) • 3.1 ~ **verkehrt** *mit mehr Milch als Kaffee* • 3.2 dir haben sie wohl etwas in den ~ getan? ⟨umg.⟩ *du bist wohl verrückt;* →a. *kalt (3.2)* **4** *kleine Mahlzeit am Morgen od. Nachmittag, bei der Kaffee (3) getrunken wird;* jmdn. zum ~ (zu sich) einladen

Kaf|fee|er|satz auch: **Kaf|fee-Er|satz** ⟨m.; -es; unz.⟩ *aus gerösteten Pflanzenbestandteilen (Gerste, Roggen) hergestelltes Pulver, das einen kaffeeähnlichen Geschmack hat*

Kaf|fee|haus ⟨n.; -es, -häu|ser⟩ *Gaststätte mit Kaffee-, Teeausschank u. Konditorei*

Kaf|fee|satz ⟨m.; -es; unz.⟩ **1** *nach dem Aufbrühen od. Filtern von Kaffee zurückbleibender Bodensatz*
• 1.1 aus dem ~ wahrsagen ⟨abwertend⟩ *plumpe Wahrsagerei treiben*

Kä|fig ⟨m.; -(e)s, -e⟩ **1** *von Gitter umschlossener Raum für Tiere;* Affen~, Vogel~; ein Tier in einen ~ sperren; →a. *golden (2.5)* **2** ⟨Tech.⟩ *Kugellager*

Kaf|tan ⟨m.; -s, -e⟩ *langes, mantelartiges, orientalisches Obergewand*

kahl ⟨Adj.⟩ **1** *ein Lebewesen ist* ~ *ohne Fell, ohne Haar;* ~e Stelle • 1.1 jmd. ist ~ *ohne Haare auf dem Kopf, glatzköpfig;* er ist schon völlig ~ **2** ~e **Wände, Mauern, Räume** *leer, entblößt, schmucklos;* die ~en Wände machten einen traurigen Eindruck auf ihn **3** ⟨70⟩

533

kahlfressen

~e **Berge, Felsen** *baumlos, ohne Pflanzenwuchs, nackt;* ringsum erhoben sich ~e Berge **4** ⟨70⟩ **Bäume, Stängel, Äste** sind ~ *haben keine Blätter;* noch sind die Bäume ~ **5** ⟨Getrennt- u. Zusammenschreibung⟩ • 5.1 ~n fressen = kahlfressen • 5.2 ~ scheren = kahlscheren • 5.3 ~ geschoren = kahlgeschoren

kahl|fres|sen *auch:* **kahl fres|sen** ⟨V. 139/500⟩ Pflanzen ~ *alle Blätter abfressen;* die Schädlinge haben die Bäume kahlgefressen/kahl gefressen

kahl|ge|scho|ren *auch:* **kahl ge|scho|ren** ⟨Adj. 24⟩ ein ~er Kopf *Kopf, von dem die Haare abgeschoren wurden*

kahl|sche|ren *auch:* **kahl sche|ren** ⟨V. 213/500⟩ jmdn. od. **ein Tier** ~ *die Haare od. das Fell bis auf die Haarwurzel abschneiden od. scheren*

Kahn ⟨m.; -(e)s, Käh|ne⟩ **1** *kleines Boot;* ~ fahren **2** *Lastschiff auf Flüssen;* Elb~, Schlepp~ **3** ⟨abwertend⟩ *Schiff;* ein alter ~ **4** ⟨fig.; umg.⟩ *Pantoffel, großer Schuh* **5** ⟨fig.; umg.⟩ *Bett;* im ~ liegen; in den ~ steigen **6** ⟨fig.; umg.⟩ *Haftanstalt, Gefängnis*

Kai ⟨m.; -s, -e od. -s⟩ oV *Quai;* Sy *Bollwerk* ⟨3⟩ **1** *befestigte Anlegestelle für Schiffe am Ufer* **2** *befestigtes Ufer an Meer, Fluss oder See*

Kai|ser ⟨m.; -s, -⟩ **1** ⟨urspr.⟩ *(Beiname des Alleinherrschers im antiken Rom)* **2** *(danach) höchster Herrscher;* so gebt dem ~, was des ~s ist, und Gott, was Gottes ist (Matth. 22,21); der deutsche ~, der ~ von Österreich • 2.1 wo nichts ist, hat (auch) der ~ sein Recht verloren *wo nichts ist, kann auch kein Recht gesprochen werden;* →a. *Bart (1.5)* **3** ein **Kind** ist ~ ⟨veraltet; scherzh.⟩ *ist zuerst mit dem Essen fertig;* heute bin ich ~!

Kai|se|rin ⟨f.; -, -rin|nen⟩ *weibl. Kaiser*

Kai|ser|schnitt ⟨m.; -(e)s, -e; Med.⟩ *geburtshilfliche Operation, bei der die Gebärmutter zur Geburt des Kindes aufgeschnitten wird:* Sectio caesarea

Ka|jak ⟨m.; -s, -s⟩ **1** *schmales, einsitziges, bis auf den Fahrersitz geschlossenes Paddelboot der Eskimos* **2** *einsitziges Sportpaddelboot*

Ka|jü|te ⟨f.; -, -n⟩ *Wohnraum auf dem Schiff*

Ka|ka|du ⟨m.; -s, -s; Zool.⟩ *Angehöriger einer Untergattung großer Papageienvögel mit aufrichtbarem Federschopf:* Cacatuinae

Ka|kao ⟨a. [-kau] m.; -s; unz.⟩ **1** *einer Gattung der Sterkuliengewächse angehörender tropischer Baum, dessen Samen ein wertvolles Nahrungsmittel liefert:* Theobroma **2** *Samen von Kakao (1)* **3** *Pulver aus Kakao (2)* • 3.1 *Sorte von Kakao (3)* **4** *Getränk aus Kakao (4) mit Milch u. Zucker;* eine Tasse ~; ~ kochen, trinken • 4.1 jmdn. **durch den** ~ **ziehen** ⟨fig.⟩ *boshaft über jmdn. reden, jmdn. sehr veralbern, lächerlich machen*

Ka|ker|lak ⟨m.; -s od. -en, -en⟩ *schwarzbraune Schabe mit verkürzten Flügeln, Küchenschabe*

Ka|ki ⟨n.; -s; unz.⟩ = *Khaki*

Kak|tee ⟨[-te:ə] f.; -, -n⟩ = *Kaktus*

Kak|tus ⟨m.; -, -te|en; Bot.⟩ *Angehöriger der einzigen Familie der Kaktuspflanzen mit säulenförmigem, kugeligem od. blattförmigem Stamm u. Dornen statt Blättern, vorwiegend in Wüsten u. Halbwüsten Amerikas:* Cactaceae; Sy *Kaktee*

Ka|lasch|ni|kow ⟨f.; -, -s⟩ *urspr. sowjetisches, noch immer gebräuchliches Maschinengewehr*

Ka|lau|er ⟨m.; -s, -⟩ *wenig geistreiches Wortspiel, simpler Witz;* ~ erzählen

Kalb ⟨n.; -(e)s, Käl|ber⟩ **1** *junges Rind* • 1.1 Augen wie ein ~ haben, machen *dumm u. dabei erstaunt aussehen;* →a. *golden (1.3)* **2** *Junges vom Rot-, Elch- u. Damwild*

Kal|dau|nen ⟨Pl.⟩ *essbare Eingeweide, Darmzotten vom Rind;* Sy *Kutteln;* →a. *Fleck (4)*

Ka|le|bas|se ⟨f.; -, -n⟩ *aus einem Flaschenkürbis hergestelltes bauchiges Trinkgefäß*

Ka|lei|do|skop *auch:* **Ka|lei|dos|kop** ⟨n.; -s, -e⟩ **1** *Guckkasten in Form eines Fernrohrs, der mit bunten Glasstücken gefüllt ist, die sich beim Bewegen durch Spiegelung zu immer neuen Mustern und Formen zusammensetzen* • 1.1 ⟨fig.⟩ *bunte Folge von unterschiedlichen Dingen;* ein ~ von Farben, Eindrücken, Stimmen

Ka|len|der ⟨m.; -s, -⟩ **1** *Verzeichnis der Tage, Wochen u. Monate des Jahres in zeitlicher Folge mit Angaben über Sonnen- u. Mondaufgänge u. -untergänge usw.;* Abreiß~, Taschen~ **2** = *Zeitrechnung;* gregorianischer~, julianischer ~; hundertjähriger ~ (Gattungsbez.); (aber) der Hundertjährige ~ (als Werktitel) **3** einen Tag im ~ **rot anstreichen** *sich besonders merken*

Ka|li ⟨n.; -s; Sammelbez. für⟩ *Kaliumverbindungen*

Ka|li|ber ⟨n.; -s, -⟩ **1** *lichte Weite von Röhren u. Bohrungen* **2** *Durchmesser von Geschossen* **3** ⟨Tech.⟩ *Abstand der Walzen im Walzgerüst eines Walzwerkes* **4** ⟨attr.; fig.; umg.⟩ *Art, Sorte, Größenordnung;* ein Wissenschaftler größten (kleinen) ~s

Ka|lif ⟨m.; -en, -en⟩ *Titel für den gewählten Nachfolger Mohammeds als islamischer Herrscher, Oberhaupt der Sunniten*

Ka|li|um ⟨n.; -s; unz.; chem. Zeichen: K⟩ *chem. Grundstoff, Alkalimetall, Ordnungszahl 19*

Kalk ⟨m.; -(e)s, -e⟩ **1** *durch Brennen von Kalkstein hergestelltes Kalziumoxid, das zur Herstellung von Zement u. a. verwendet wird;* ~ brennen; ~ löschen; gebrannter, gelöschter ~ • 1.1 bei ihm rieselt schon der ~ ⟨fig.; umg.; scherzh.⟩ *er ist schon alt u. vergesslich*

kal|kig ⟨Adj. 24⟩ **1** *kalkhaltig;* ~es Wasser **2** *voller Kalk* **3** *wie Kalk, kalkweiß;* ~e Blässe; ~ grau

Kal|kül ⟨m. od. n.; -s, -e⟩ **1** *Berechnung, auf ein bestimmtes Ziel gerichtete Überlegung* **2** ⟨nur m.; Math.⟩ *System von Regeln u. Zeichen für mathematische Berechnungen u. logische Ableitungen*

Kal|ku|la|ti|on ⟨f.; -, -en⟩ *das Kalkulieren, Berechnung, Ermittlung;* ~ von Kosten

kal|ku|lie|ren ⟨V. 500⟩ etwas ~ **1** *berechnen, ermitteln, veranschlagen;* Preise für die Herstellung eines Fabrikats ~ **2** ⟨fig.⟩ *überlegen, erwägen*

Kal|li|gra|fie ⟨f.; -; unz.⟩ *Schönschreibekunst;* oV *Kalligraphie*

Kal|li|gra|phie ⟨f.; -; unz.⟩ = *Kalligrafie*

Ka|lo|rie ⟨f. 7; -, -n; Zeichen: cal⟩ **1** ⟨veraltet⟩ *Maßeinheit für die Wärmemenge, die 1 g Wasser von 14,5 °C* *auf 15,5 °C erwärmt (ersetzt durch Joule);* 15-Grad-~ **2** ⟨veraltet⟩ *Maßeinheit für den Energiewert der Nahrungsmittel (ersetzt durch Joule)*

kalt ⟨Adj. 22⟩ **1** ⟨70⟩ *keine od. wenig Wärme enthaltend, ausstrahlend, von tiefer Temperatur;* ~es Wasser; ein ~er Wind; ~e u. warme Umschläge; auf ~ u. warm reagieren (Zähne); das Essen wird, ist ~; ~ wie Marmor ⟨fig.⟩ • 1.1 ~e **Getränke** *gekühlte G.* • 1.2 ~e **Gliedmaßen** haben *an den G. zu wenig Körperwärme haben* • 1.3 mir ist ~ *ich friere* • 1.4 ⟨60⟩ die ~e **Jahreszeit** *der Winter* • 1.5 ⟨70⟩ es ist, wird ~ *draußen die Lufttemperatur ist niedrig, fällt* • 1.5.1 ~ **schlafen** *im ungeheizten Zimmer* • 1.6 ~ **baden, duschen** *in kaltem Wasser* • 1.7 ~e/Kalte **Ente** *Getränk aus Weißwein, Sekt u. Zitrone u. evtl. Selterswasser* • 1.8 ⟨60⟩ ~er **Schweiß** *Angstschweiß* • 1.9 etwas **auf** dem ~en **Weg** produzieren, herstellen *ohne Erhitzung* • 1.9.1 ~ **biegen, schneiden** *ohne zu erhitzen* • 1.9.2 ~es **Licht** *L., das ohne gleichzeitige Wärmeentwicklung entsteht, z. B. in Leuchtstoffröhren, bei Glühwürmchen* • 1.9.3 ~er **Blitz, Schlag** *beim Einschlagen nicht zündender Blitz* **2** ⟨90⟩ ~e **Küche, Speisen** *abgekühlte, nicht mehr warme od. nicht gekochte S.;* ~er Braten; ~ essen • 2.1 ~e **Platte** *Platte mit Wurst, Schinken u. kaltem Braten* **3** ⟨fig.⟩ • 3.1 *gefühllos, gefühlsarm, gleichgültig, frostig;* gefühls~, gemüts~; ein ~es Herz haben; ein ~e Natur; ~ wie eine Hundeschnauze sein; „…", sagte er ~ • 3.1.1 ~es **Blut** bewahren *sich nicht aufregen, gelassen, ruhig bleiben* • 3.1.2 **auf** ~em **Wege** *ohne Erregung, ohne Kampf, Streit* • 3.1.3 jmdm. die ~e **Schulter** zeigen *jmdn. gleichgültig behandeln, nicht beachten* • 3.1.4 weder ~ noch warm sein *gleichgültig, lau sein, keine eigene Meinung haben* • 3.2 das ist ja ~er **Kaffee** ⟨umg.⟩ *völlig uninteressant, eine längst bekannte Sache* • 3.3 ⟨60⟩ ~e **Füße** bekommen ⟨umg.⟩ *Angst bekommen* • 3.4 ⟨60⟩ eine ~e **Dusche** *eine Ernüchterung, ein Dämpfer* • 3.5 ⟨60⟩ ~e **Farben** *F. mit bläulichem od. weißlichem Schimmer* • 3.6 ⟨60⟩ ~e **Miete** *ohne Heizung u. Nebenkosten berechnete M.* • 3.7 ⟨60⟩ ~er **Krieg** *zwischen Ländern herrschender Zustand der Feindseligkeit ohne Anwendung der Waffengewalt* • 3.7.1 der Kalte *Krieg Zustand der Feindseligkeit zwischen den ost- u. westeuropäischen Ländern bzw. zwischen Sowjetunion u. USA nach dem Zweiten Weltkrieg (bis ca. 1990)* **4** ⟨60⟩ ~e **Fährte, Spur** ⟨Jägerspr.⟩ *F., S., die mehr als zwei Stunden alt ist* **5** ⟨Getrennt- u. Zusammenschreibung⟩ • 5.1 ~ stellen = *kaltstellen (I)* • 5.2 ~ gepresst = *kaltgepresst*

kalt|blü|tig ⟨Adj.⟩ **1** ⟨Zool.⟩ *die Körpertemperatur entsprechend der Temperatur der Umgebung wechselnd* **2** ⟨fig.⟩ *nicht leicht erregbar;* ~ bleiben, sein • 2.1 *ruhig, unerschrocken, gelassen;* ~ der Gefahr ins Auge blicken **3** ⟨fig., abwertend⟩ *skrupellos, brutal;* jmdn. ~ ermorden, umbringen

Käl|te ⟨f.; -; unz.⟩ **1** *das Kaltsein, Mangel an, Fehlen von Wärme, geringe Wärme;* beißende, schneidende ~; bittere, eisige, grimmige, strenge ~; vor ~ zittern • 1.1 *Temperatur unter 0 °C;* zwei, drei Grad ~ (-2 °C, -3 °C) **2** ⟨fig.⟩ *Gleichgültigkeit, Gefühlsarmut, Empfindungslosigkeit;* Gefühls~, Gemüts~, Herzens~; ihre ~ überraschte alle

kalt|ge|presst *auch:* **kalt ge|presst** ⟨Adj. 24⟩ *kalt aus dem Fruchtfleisch gepresst;* ~es Olivenöl

kalt|her|zig ⟨Adj.⟩ *gefühllos, hartherzig;* ein ~er Mensch

kalt|las|sen ⟨V. 175/500⟩ **etwas lässt** jmdn. kalt *interessiert jmdn. nicht, berührt jmdn. nicht gefühlsmäßig;* sein Gejammer ließ sie kalt; der Film hat mich kaltgelassen; das lässt mich kalt

Kalt|mie|te ⟨f.; -, -n⟩ *Mietpreis ohne Nebenkosten für Heizung, Wasser, Strom;* Ggs *Warmmiete*

kalt|schnäu|zig ⟨Adj.; umg.; abwertend⟩ *gefühllos, mitleidlos, ungerührt, dreist;* ein ~er Mensch; eine ~e Antwort

kalt|stel|len *auch:* **kalt stel|len** ⟨V. 500⟩ **I** ⟨Zusammen- u. Getrenntschreibung⟩ die **Getränke** kaltstellen / kalt stellen *an einen Ort stellen, wo eine Temperatur wie im Kühlschrank herrscht* **II** ⟨nur Zusammenschreibung⟩ jmdn. kaltstellen ⟨fig.⟩ *jmdm. die Wirkungsmöglichkeit nehmen, jmdn. seines Einflusses berauben*

Kal|vi|nis|mus ⟨[-vi-] m.; -; unz.⟩ *Lehre des Schweizer Reformators Johann Calvin (1509-1564), gekennzeichnet durch den Glauben an die Prädestination u. die von Luther abweichende Abendmahlslehre, 1549 mit der Lehre Zwinglis zur reformierten Kirche vereinigt;* oV *Calvinismus*

Kal|zi|um ⟨n.; -s; unz.; chem. Zeichen: Ca⟩ *chem. Element, Erdalkalimetall, Ordnungszahl 20;* oV *Calcium*

Kam|bri|um *auch:* **Kamb|ri|um** ⟨n.; -s; unz.; Geol.⟩ *Erdzeitalter, ältestes System des Paläozoikums*

Ka|mel ⟨n.; -s, -e⟩ **1** *Angehöriges einer Gattung paarhufiger Wiederkäuer trockener Klimate mit Fetthöcker auf dem Rücken: Camelidae* • 1.1 *als Lasttier in Afrika u. Vorderasien gehaltenes Kamel (1) mit einem Höcker: Camelus dromedarius* • 1.2 *als Lasttier in Mittel- u. Ostasien gehaltenes Kamel (1) mit zwei Höckern: Camelus bactrianus* **2** ⟨fig.; Schimpfw.⟩ *Dummkopf, Trottel*

Ka|me|lie ⟨[-ljə] f.; -, -n; Bot.⟩ *einer Gattung der Teegewächse angehörende Zierpflanze mit dunkelgrünen, lederigen Blättern u. großen, meist gefüllten Blüten: Camellia*

Ka|me|ra ⟨f.; -, -s⟩ *Apparat zur Aufnahme fotografischer Bilder u. Filme;* Digital~, Film~, Kleinbild~, Spiegelreflex~

Ka|me|rad ⟨m.; -en, -en⟩ **1** *jmd., der die gleiche Tätigkeit ausübt, der einen Teil des Lebens, des Tages mit einem verbringt* • 1.1 *Gefährte, Genosse, bes. innerhalb einer Gemeinschaft;* Berufs~, Kriegs~, Lebens~, Schul~, Spiel~, Wander~; ein guter, schlechter, treuer ~ sein; sie sind immer gute ~en gewesen **2** *jmd., der einem eng verbunden ist, Gefährte;* er war ein echter ~

Ka|me|ra|din ⟨f.; -, -din|nen⟩ *weibl. Kamerad*

Ka|me|rad|schaft ⟨f.; -; unz.⟩ **1** *Freundschaft, Verbundenheit zwischen Kameraden* **2** *Wesen, Verhaltensweise eines Kameraden*

Kamikaze

Ka|mi|ka|ze ⟨m.; -, -; im 2. Weltkrieg⟩ *japanischer Flieger, der sich bei einem Bombenangriff unter Opferung seines Lebens mit einem Flugzeug auf das feindliche Ziel stürzte*

Ka|mil|le ⟨f.; -, -n; Bot.⟩ *Angehörige einer Gattung der Korbblütler, deren Blütenstand in der Mitte eine gelbe Scheibe bildet, die von weißen, zungenförmigen Blüten umgeben ist: Matricaria*

Ka|min ⟨m. od. (schweiz.) n.; -s, -e⟩ **1** *Schornstein, Esse* **2** *offene Feuerstelle mit Rauchfang im Zimmer;* traulich am, vor dem ~ sitzen **3** ⟨Bergsp.⟩ *schmaler, steiler Felsspalt*

Kamm ⟨m.; -(e)s, Käm|me⟩ **1** *mit Zähnen versehenes Gerät zum Ordnen, Reinigen od. Halten des Haares, oft als Schmuck;* Zier~, Staub~; ein enger, feiner, grober, weiter ~ **2** *Bergrücken, wenig unterbrochener, gerader Gebirgszug;* Berg~, Gebirgs~; der bewaldete ~ des Gebirges **3** *oberster Teil einer Welle, eines Deiches, Schaumkrone;* Wellen~; der weiße ~ der Wellen sah entzückend aus **4** *Nackenstück des Schlachtviehs;* ich möchte ein Stück vom ~! (beim Fleischer) **5** *oberer Rand des Pferdehalses, auf dem die Mähne sitzt* **6** ⟨Jägerspr.⟩ *Nacken und Vorderrücken des Schwarzwildes mit den Borsten* **7** ⟨Zool.⟩ *häutiger Anhang auf dem Kopf od. Schnabel von Hühnervögeln;* Hahnen~ **8** ⟨Zool.⟩ *Hautstück auf dem Rücken von Molchen u. Eidechsen* **9** ⟨Tech.⟩ *Art des Holzverbandes, Verbindung zweier rechtwinklig zueinanderstehender Holzteile;* Kreuz~ **10** *die Zähne eines hölzernen Zahnrades* **11** *Gerät zum Entfernen kurzer Woll-, Flachs- od. Baumwollfasern aus der Rohfaser, Flachsriffel;* Weber~ **12** ⟨Anat.⟩ *vorspringende Leiste an einem Knochen:* Crista **13** ⟨Bot.⟩ *Stielchen der Beere an der Traube* **14** ⟨fig.⟩ ● **14.1** man kann nicht alles über einen ~ scheren *man kann nicht verschiedenartige Dinge in derselben Weise behandeln* ● **14.2** ihm schwillt der ~ ● **14.2.1** *er wird übermütig, überheblich* ● **14.2.2** *er wird zornig, braust auf, wird wild* ● **14.3** in jmds. Wohnung, bei jmdm. liegt der ~ neben der Butter ⟨umg.⟩ *herrscht eine unglaubliche Unordnung*

käm|men ⟨V. 500⟩ **1** ⟨Vr 7 od. Vr 8⟩ jmdn. ~ jmdm. *mit dem Kamm das Haar ordnen;* das kleine Mädchen hatte sich schon alleine gekämmt **2** ⟨503/Vr 5⟩ (jmdm.) das **Haar** ~ *mit dem Kamm ordnen, glätten, frisieren;* jmdm., sich das Haar ~ **3** **Baumwolle, Flachs, Wolle** ~ *die kurzen Fasern (aus Rohwolle, Baumwolle u. Flachs) entfernen*

Kam|mer ⟨f.; -, -n⟩ **1** *kleiner, gewöhnlich nicht heizbarer Raum als Schlafstelle od. zum Aufbewahren von Gebrauchsgegenständen, Kleidern u. Ä.;* Kleider~, Schlaf~, Abstell~, Vorrats~; eine Wohnung mit Stube, ~ und Küche **2** *Behörde (früher auch Personal) für den fürstlichen Haushalt;* Hof~, Rent~; die fürstlichen ~n **3** *Gerichtshof;* Straf~, Zivil~; der Fall kam vor die dritte ~ ● **3.1** ~ *für Handelssachen Gerichtshof für H., Handelsgericht* **4** *Volksvertretung im Parlament;* Abgeordneten~, Deputierten~; die beiden ~n stimmten dem Gesetzesvorschlag zu ● **4.1** Erste ~ *Oberhaus, Senat* ● **4.2** Zweite ~ *Unterhaus* **5** ⟨oft in Zus.⟩ *Vereinigung von Vertretern bestimmter Berufe od. Interessengruppen;* Handels~, Anwalts~, Ärzte~, Handwerks~ **6** ⟨Mil.⟩ *Raum zum Aufbewahren der Kleidung u. Ausrüstungsgegenstände;* sich auf der ~ einkleiden lassen **7** ⟨Mil.⟩ *an alten Gewehren Teil der Feuerwaffe, Laderaum für das Pulver* **8** *bei den heutigen Handfeuerwaffen Teil des Schlosses, bei Minen Raum für die Sprengladung* **9** ⟨Anat.⟩ *Hohlraum im Herzen;* Herz~ **10** ⟨Jagdw.⟩ *bei Treibjagden der mit dem Jagdzeug abgesperrte Raum* **11** ⟨Jägerspr.⟩ *im Fuchs-, Dachs-, Kaninchenbau erweiterter Raum hinter der Eingangsröhre*

Käm|me|rei[1] ⟨f.; -, -en⟩ *Verwaltung der Einkünfte einer Stadtgemeinde durch den Kämmerer*

Käm|me|rei[2] ⟨f.; -, -en⟩ *Abteilung einer Spinnerei, in der das Garn gekämmt wird;* Woll~

Käm|me|rer ⟨m.; -s, -⟩ **1** *Vorsteher der städtischen Kämmerei* **2** *Aufseher über eine Schatz- od. Kunstkammer* **3** ⟨bair. u. österr. Hof⟩ *Hofbeamter für den Ehrendienst beim Fürsten*

Kam|mer|jä|ger ⟨m.; -s, -⟩ **1** ⟨früher⟩ *Leibjäger eines Fürsten* **2** *jmd., der beruflich Ungeziefer vernichtet, Desinfektor*

Kam|mer|mu|sik ⟨f.; -, -en; Mus.⟩ **1** ⟨urspr.⟩ *Musik zur Darbietung in kleinem Raum, d. h. nicht in Kirche, Oper od. Konzert* **2** ⟨heute⟩ *Musik für wenige Instrumente, Duos, Trios, Quartette, Quintette bis zu kleinen Orchesterstücken*

Kamm|garn ⟨n.; -s, -e; Textilw.⟩ *Garn aus reiner gekämmter Wolle od. reinen Chemiefasern von kämmfähiger Länge od. Mischungen dieser Materialien untereinander od. mit anderen gekämmten Spinnstoffen*

Kam|pa|gne *auch:* **Kam|pag|ne** ⟨[-panjə] f.; -, -n⟩ oV *Campagne* **1** *Betriebszeit in saisonbedingten Unternehmen;* Zucker~ ● **1.1** ⟨rheinisch⟩ *Fastnachtszeit mit Umzügen, Büttenreden, Bällen usw.;* Fastnachts~ **2** ⟨fig.⟩ *Unternehmungen zu einem bestimmten Zweck, Feldzug;* Wahl~, Presse~

Kampf ⟨m.; -(e)s, Kämp|fe⟩ **1** *auf Selbsterhaltung, Erhaltung od. Gewinn von Gütern od. Macht ausgerichtetes Verhaltensmuster von Tier u. Mensch, unerbittliche Auseinandersetzung, Streitigkeit;* der ~ um die Macht; ~ ums Dasein (Grundsatz des Darwinismus) ● **1.1** ~ auf Leben und Tod *Auseinandersetzung, bei der die Existenz des Betroffenen auf dem Spiel steht* ● **1.2** *Wettkampf zu zweit, Mann gegen Mann, unerbittliche Auseinandersetzung;* Box~, Ring~; ein blutiger, erbitterter, harter, heißer, wilder ~; den ~ aufnehmen, aufgeben; ~ mit dem Tode; ~ bis aufs Messer ● **1.3** *Schlacht;* Straßen~; der ~ um Troja; der ~ tobte

kämp|fen ⟨V.⟩ **1** ⟨402⟩ (einen **Kampf**) ~ *einen Kampf führen, sich schlagen, sich verteidigen;* einen aussichtslosen, erbitterten, guten, schweren Kampf ~; wie ein Löwe ~; an der vordersten Front ~ auf verlorenem Posten ~ ● **1.1** ⟨417⟩ **mit jmdm.** ~ *sich mit jmdm. an Kraft u. Geschicklichkeit messen;* er kämpfte gerne mit den Mitschülern ● **1.2** ⟨417⟩ **mit sich** (selbst) ~ *eine Begierde od. Neigung zu unterdrücken,* einen Entschluss zu fassen suchen, um eine Entscheidung ringen; sie kämpfte lange mit sich • 1.3 ⟨417⟩ mit **etwas** ~ *sich gegen etwas zu behaupten suchen, etwas zu überwinden suchen;* mit dem Tode ~; mit den Fluten, Wellen ~ • 1.3.1 mit den Tränen ~ *die T. zu unterdrücken suchen* • 1.4 ⟨800⟩ **um etwas od. jmdn.** ~ *etwas od. jmdn. zu gewinnen, zu erringen suchen, zu schützen suchen;* um den Sieg ~; um sein Leben, seine Freiheit ~; um sein Kind ~ • 1.5 ⟨417⟩ **gegen etwas** od. **jmdn.** ~ *jmdn. od. etwas zu besiegen od. zu vernichten suchen, sich gegen etwas od. jmdn. zur Wehr setzen;* gegen einen Feind, gegen Unterdrückung ~ • 1.5.1 gegen, mit Schwierigkeiten ~ *S. zu überwinden suchen* • 1.6 ⟨415⟩ **für etwas** od. **jmdn.** ~ *sich für etwas od. jmdn. mit ganzer Kraft einsetzen;* für seine Überzeugung ~

Kampfer ⟨m.; -s; unz.; Chem.⟩ *ursprünglich aus dem Kampferbaum, auch durch Dampfdestillation des Holzes, synthetisch aus Terpentinöl hergestellte kristalline, grauweiße Masse von stechendem Geruch, chem. Formel $C_{10}H_{16}O$, als Desinfektionsmittel u. in der chem. Industrie verwendet: Camphora;* oV *Campher*

Kämp|fer ⟨m.; -s, -⟩ **1** *jmd., der kämpft;* Freiheits~, Front~; →a. *alt (2.2)* • 1.1 *Sportler in einem Wettkampf Mann gegen Mann;* Box~, Ring~, Zehn~ **2** *oberste vorspringende Platte einer Säule od. eines Pfeilers, Träger des Bogens od. Gewölbes*

Kämp|fe|rin ⟨f.; -, -rin|nen⟩ *weibl. Kämpfer (1)*

kam|pie|ren ⟨V. 400⟩ **1** *im Freien nächtigen* **2** ⟨umg.⟩ *in einer behelfsmäßigen Unterkunft, in einem Lager wohnen;* die Flüchtlinge kampierten dort in Zelten • 2.1 *auf einer behelfsmäßigen Schlafstätte übernachten;* wir mussten in der Küche ~

Ka|nail|le ⟨[-naljə] f.; -, -n; abwertend⟩ **1** *Lump, Schuft* **2** ⟨unz.⟩ *Pöbel, Pack, Gesindel*

Ka|nal ⟨m.; -(e)s, -näle⟩ **1** *künstlicher Wasserlauf als Schifffahrtsweg od. zur Be- u. Entwässerung sowie für Abwässer;* zwei Flüsse durch einen ~ verbinden **2** *Wasserstreifen zwischen zwei Kontinenten od. Ländern;* Ärmel~, Panama~; den (Ärmel)~ durchschwimmen **3** *Rohr, Leitung* **4** ⟨Funk⟩ *Frequenzband bestimmter Breite* **5** ⟨Anat.⟩ *Verdauungsweg;* Magen-Darm-~ **6** ⟨fig.⟩ *geheime od. unbekannte Verbindung od. Verbindungslinie;* durch dunkle Kanäle fließen ihm durch dunkle Kanäle zu; das Geheimnis ist durch unkontrollierbare Kanäle an die Öffentlichkeit gelangt **7** den ~ **vollhaben** ⟨fig.; derb⟩ *es satthaben, genug davon haben*

Ka|na|li|sa|ti|on ⟨f.; -, -en⟩ **1** *das Kanalisieren* **2** *System von unterirdischen Rohren zum Ableiten der Abwässer;* städtische ~ **3** *Schiffbarmachen von Flüssen*

Ka|na|pee ⟨n.; -s, -s⟩ oV *Canapé* **1** ⟨veraltet⟩ *Sofa* **2** *reichlich belegte u. appetitlich garnierte kleine Scheibe Weißbrot*

Ka|na|ri|en|vo|gel ⟨m.; -s, -vö|gel; Zool.⟩ *Angehöriger der Zuchtrasse des Girlitzes, der in zahlreichen Arten nach Farbe, Größe, Gefieder u. Gesang gezüchtet wird: Serinus canaria*

Kan|da|re ⟨f.; -, -n⟩ **1** *(für Dressurpferde verwendete) Art des Zaumzeugs, das aus einer Gebissstange mit Kinnkette u. einer dünnen Unterlegtrense sowie Genick-, Stirn-, Nasen-, Kehlriemen u. Zügel besteht* • 1.1 **jmdn. an die** ~ **nehmen** ⟨fig.⟩ *mit jmdm. energischer, strenger umgehen*

Kan|de|la|ber ⟨m.; -s, -⟩ *mehrarmiger Kerzenständer*

Kan|di|dat ⟨m.; -en, -en⟩ **1** *jmd., der sich um ein Amt bewirbt* **2** *jmd., der sich darum bewirbt, gewählt zu werden;* Wahl~; jmdn. als ~en aufstellen **3** *jmd., der sich einer Universitätsprüfung unterzieht od. darauf vorbereitet;* Prüfungs~

Kan|di|da|tin ⟨f.; -, -tin|nen⟩ *weibl. Kandidat*

kan|di|die|ren ⟨V. 415⟩ *sich als Kandidat bewerben;* für ein Amt ~; gegen einen anderen Bewerber ~

kan|die|ren ⟨V. 500⟩ **1** *Früchte* ~ *mit Zucker überziehen u. dadurch haltbar machen* **2** *Zucker* ~ *durch Erhitzen bräunen*

Kan|dis ⟨m.; -; unz.; kurz für⟩ *Zuckerkristalle, die aus konzentrierten Lösungen an Zwirnsfäden auskristallisieren*

Kan|di|ten ⟨Pl.⟩ **1** *kandierte Früchte* **2** *Süßigkeiten, Naschereien*

Kän|gu|ru ⟨n.; -s, -s; Zool.⟩ *Angehöriges einer Unterfamilie der Springbeutler, mit kleinen Vorderbeinen u. stark verlängerten Hinterbeinen, deren Junge sich rd. 7 Monate lang in einem Brutbeutel entwickeln: Macropodidae*

Ka|nin|chen ⟨n.; -s, -; Zool.⟩ *gesellig lebendes, zur Familie der Hasen gehörendes Nagetier: Oryctolagus cuniculus;* Europäisches Wild~; Haus~

Ka|nis|ter ⟨m.; -s, -⟩ *tragbarer, meist viereckiger Behälter aus Metall od. Kunststoff für Flüssigkeiten;* Benzin~, Blech~, Öl~

Kann|be|stim|mung *auch:* **Kann-Be|stim|mung** ⟨f.; -, -en⟩ *Bestimmung, die nicht verbindlich ist, sondern nach Ermessen befolgt werden kann, Kannvorschrift;* die Kommasetzung bei mit „und" verbundenen Hauptsätzen ist eine ~

Kan|ne ⟨f.; -, -n⟩ **1** *Gefäß für Flüssigkeiten* • 1.1 *bauchiges Gefäß mit röhrenförmigem Ausguss u. Henkel zum Ausschenken von Flüssigkeiten;* Kaffee~, Tee~; eine ~ aus Porzellan • 1.2 *großes zylinderförmiges Gefäß mit verengtem Hals zum Transportieren von Flüssigkeiten;* Milch~ **2** *altes Flüssigkeitsmaß, etwa 1* **3** *es gießt wie aus* ~n ⟨fig.⟩ *es regnet sehr stark* **4** ⟨in student. Verbindungen⟩ • 4.1 **in die** ~! *Kommando zum allgemeinen Trinken in studentischen Verbindungen* • 4.2 *jmdn. in die* ~ *steigen lassen* ⟨fig.⟩ *jmdn. zum Trinken veranlassen*

Kan|ni|ba|le ⟨m.; -n, -n⟩ **1** *Angehöriger eines Naturvolkes, das rituell Teile des getöteten Feindes verzehrt, Menschenfresser* **2** ⟨fig.⟩ *roher, brutaler Mensch*

Ka|non ⟨m.; -s, -s⟩ **1** *Regel, Richtschnur, Leitfaden* **2** *Gesamtheit der für ein Gebiet geltenden Regeln od. Vorschriften* **3** *stilles Gebet bei der Messe* **4** ⟨kath. Kirche⟩ *Verzeichnis der Heiligen der kath. Kirche* **5** *mehrstimmiges Musikstück, in dem die Stimmen in Abständen nacheinander mit der gleichen Melodie einsetzen* **6** ⟨bildende Kunst⟩ *Gesetz, das die Proportionen des menschlichen Körpers festlegt u. eine ästhetisch befriedigende Darstellung ermöglicht* **7** ⟨Pl.: Ka|no-

Kanone

nes) *einzelne (kirchliche) Rechtsvorschrift* **8** ⟨unz.⟩ *die als echt anerkannten Bücher der Bibel* • **8.1** *Liste mit Werken klassischer Autoren, die von Philologen als Vorbilder angesehen wurden* **9** *Schriftgrad, 36 Punkt* **10** ⟨Astron.⟩ *Zeittafel für Ereignisse am Himmel, z. B. für Sonnen- u. Mondfinsternisse* **11** ⟨Mus.⟩ *altgriechisches Zupfinstrument zum Messen von Intervallen*

Ka|no|ne ⟨f.; -, -n⟩ **1** ⟨früher⟩ *Geschütz* • **1.1** *mit ~n auf Spatzen schießen* ⟨fig.; umg.⟩ *viel Aufhebens um Kleinigkeiten machen* **2** ⟨heute⟩ *Flachfeuergeschütz mit großer Reichweite* **3** ⟨fig.; umg.⟩ *Könner, fähiger Mensch; er ist auf seinem Gebiet, in seinem Fach eine ~* **4** *das ist unter aller ~* ⟨fig.⟩ *unter aller Kritik, sehr schlecht*

Ka|no|nen|fut|ter ⟨n.; -s; unz.; fig.⟩ *Truppen, die in einer kriegerischen Auseinandersetzung sinnlos geopfert werden*

Ka|nos|sa|gang ⟨m.; -(e)s, -gän|ge⟩ *demütigender Bußgang;* oV *Canossagang; einen ~ antreten*

Kan|ta|te[1] ⟨f.; -, -n; Mus.⟩ *mehrsätziges Gesangsstück für Solo u. (od.) Chor mit Instrumentalbegleitung*

Kan|ta|te[2] ⟨ohne Artikel⟩ **4.** *Sonntag nach Ostern*

Kan|te ⟨f.; -, -n⟩ **1** *scharf abgesetztes Ende, Rand an (harten) Körpern; Tisch~, Stuhl~; sich an der ~ eines harten Gegenstands stoßen;* →a. *Ecke (4.2), hoch (1.4)* **2** *an verarbeiteten Stoffen befindlicher Besatz, Borte; die ~ abtrennen* **3** *eine Fläche od. ein Muster abschließender Streifen; eine weiße ~ am Ärmel* **4** ⟨Math.⟩ *Strecke im Raum, längs deren ebene Flächenstücke, die einen Körper begrenzen, zusammenstoßen; die ~n des Würfels* **5** ⟨Theorie der Graphen⟩ *Verbindungslinie zwischen zwei Knoten, die eine Relation (Beziehung, Veränderung) darstellt*

kan|ten ⟨V. 500⟩ **1** *etwas ~ auf die Kante stellen, legen* • **1.1** *nicht ~! nicht auf die Kante stellen! (Aufschrift auf Kisten)* **2** *Baumstämme ~ mit einer Kante (1) versehen* **3** *die Skier ~ beim Fahren auf die Innenkanten drehen (z. B. beim Pflug)*

Kan|ten ⟨m.; -s, -⟩ *Anschnitt od. letztes Stück des Brotlaibs;* (Brot~)

kan|tig ⟨Adj.⟩ **1** *mit Kanten od. einer Kante versehen* **2** *~es Gesicht* ⟨fig.⟩ *eckiges G.*

Kan|ti|ne ⟨f.; -, -n⟩ *Küche u. Speiseraum in Betrieben, Kasernen u. Ä., in dem oft auch Lebensmittel verkauft werden*

Kan|ton ⟨m.; -s, -e⟩ **1** *Bundesland in der Schweiz* **2** *Verwaltungsbezirk in Frankreich u. Belgien* **3** ⟨seit 1733; veraltet⟩ *Wehrverwaltungsbezirk in Preußen*

Kan|tor ⟨m.; -s, -en⟩ **1** ⟨urspr.⟩ *Vorsänger im kath. Gottesdienst, Leiter des Gemeindegesangs* **2** ⟨seit dem 15. Jh.⟩ *Gehilfe des Schulmeisters u. Gesanglehrer* **3** ⟨heute⟩ *Leiter des Kirchenchores u. Organist*

Ka|nu ⟨n.; -s, -s⟩ **1** ⟨bei Naturvölkern⟩ • **1.1** = *Einbaum* • **1.2** *mit Rinde od. Fell bespanntes Boot* **2** ⟨heute⟩ *Paddelboot*

Ka|nü|le ⟨f.; -, -n; Med.⟩ **1** *Hohlnadel an einer Injektionsspritze* **2** *Röhrchen zum Zu- od. Ableiten von Luft od. Flüssigkeiten (z. B. nach einem Luftröhrenschnitt)*

Kan|zel ⟨f.; -, -n⟩ **1** *erhöhter Stand für den Prediger in der Kirche; eine mit Schnitzereien verzierte ~* **2** ⟨fig.; veraltet⟩ *Lehrstuhl an einer Hochschule; Lehr~* **3** ⟨Flugw.⟩ *verglaste Kabine im Flugzeug für den größten Teil der Besatzung* **4** = *Anstand*[2]

kan|ze|ro|gen ⟨Adj. 24; Med.⟩ *die Bildung von Krebs (7) verursachend; ~e Stoffe*

Kanz|lei ⟨f.; -, -en⟩ **1** *Büro, Dienststelle, Schreibstube, Ausfertigungsbehörde; Notariats~, Rechtsanwalts~* **2** *dem Staatsoberhaupt unmittelbar unterstehende Verwaltungsbehörde; Bundes~, Reichs~, Staats~*

Kanz|ler ⟨m.; -s, -⟩ **1** ⟨im MA⟩ *Beamter bei Hofe, meist Geistlicher, der die Staatsurkunden anfertigte* **2** ⟨seit dem 15. Jh.⟩ *Präsident des obersten Gerichtshofes* **3** ⟨1747-1807⟩ *Justizminister in Preußen; Groß~* **4** ⟨später⟩ *Titel des Vorstehers der Kanzlei eines diplomat. Vertreters od. eines Konsuls* **5** ⟨heute⟩ *Kurator einer Universität* **6** ⟨heute⟩ *Regierungschef; Bundes~, Reichs~*

Kanz|le|rin ⟨f.; -, -rin|nen⟩ *weibl. Kanzler (Bundes~)*

Kap ⟨n.; -s, -s⟩ *vorspringender Teil einer Felsenküste*

Ka|pa|zi|tät ⟨f.; -, -en⟩ **1** = *Fassungsvermögen; die ~ einer Talsperre; die ~ des Kernspeichers in einem Elektronenrechner; jmd. nicht mit geringer geistiger ~* • **1.1** *Messgröße für die Aufnahmefähigkeit eines Kondensators* **2** *~ eines Betriebes, Werkes, einer Maschine Leistungsfähigkeit; alle ~en auslasten; ein Kraftwerk mit einer ~ von 10 Mio. kW* **3** *hervorragender Könner;* →a. *Koryphäe; eine wissenschaftliche ~; es waren nur ~en anwesend*

Ka|pel|le[1] ⟨f.; -, -n⟩ **1** *kleines Gotteshaus; Schloss~, Wallfahrts~* **2** *abgeteilter Raum für gottesdienstl. Handlungen; Grab~, Tauf~*

Ka|pel|le[2] ⟨f.; -, -n; Mus.⟩ **1** ⟨urspr.⟩ *Kirchenchor* **2** ⟨heute⟩ *Gruppe von Musikern, kleines Orchester; Musik~, Tanz~*

Ka|pel|le[3] ⟨f.; -, -n⟩ **1** *geschlossener Raum mit Abzug zum Untersuchen gesundheitsschädlicher Stoffe* **2** *Tiegel aus Knochenasche zum Untersuchen von silberhaltigem Blei*

Ka|per[1] ⟨f.; -, -n⟩ *in Essig eingelegte Blütenknospe des Kapernstrauches als Gewürz*

Ka|per[2] ⟨m.; -s, -⟩ *privates bewaffnetes Schiff im Handelskrieg, das aufgrund eines Kaperbriefes feindl. Handelsschiffe erbeuten konnte;* Ggs *Freibeuter (1)*

ka|pern ⟨V. 500⟩ **1** *ein Schiff ~* ⟨fig.⟩ *auf dem Meer beuten* **2** ⟨Vr 5; umg.⟩ *sich jmdn.* od. *etwas ~ sich aneignen, für sich gewinnen; er hat sich eine junge Frau gekapert*

ka|pie|ren ⟨V. 500; umg.⟩ *eine Sache ~ begreifen, erfassen, verstehen; hast du endlich kapiert, worum es geht?*

ka|pi|tal ⟨Adj. 24/60⟩ **1** *besonders, hauptsächlich, gewaltig* • **1.1** *ein ~er Irrtum grundlegender I.* **2** ⟨Jägerspr.⟩ *stark, groß, mit besonders schönem Geweih versehen; ein ~er Bock, Hirsch*

Ka|pi|tal ⟨n.; -s, -li|en od. -e⟩ **1** *Geldbetrag zu Investitionszwecken; fixes, bewegliches, flüssiges, totes, verfügbares ~; ~ gut, schlecht, gewinnbringend anlegen; das ~ erhöhen; ~ in ein Unternehmen stecken; über kein ~ verfügen* **2** *Besitz an Bargeld u. Wertpapieren; das ~ bringt jährlich 10.000 €, 12 % Zin-*

sen, Rendite **3** ⟨fig.⟩ *großer Wert, Wertgegenstand;* an seiner Stimme besitzt er ein großes ~; seine Arbeitskraft ist sein ~ • **3.1 aus** einer Sache ~ **schlagen** *Nutzen ziehen*

Ka|pi|tän ⟨m.; -s, -e⟩ **1** *Befehlshaber eines Schiffes* **2** *Pilot als Leiter eines zivilen Flugzeugs* **3** *Anführer einer Sportmannschaft* **4** ⟨in einigen Staaten Bez. für⟩ *Hauptmann* • **4.1** ~ **zur See** *Seeoffizier im Range eines Obersten*

Ka|pi|tel ⟨n.; -s, -; Abk.: Kap.⟩ **1** *(durch Zahl od. Überschrift gekennzeichneter) Abschnitt eines Schriftwerkes* **2** *Körperschaft der zu einer Dom- od. Stiftskirche gehörenden Geistlichen;* Dom~, Stifts~ • **2.1** *Versammlung der Geistlichen eines Kapitels (2)* **3** ⟨fig.⟩ *Angelegenheit, Sache;* ein ~ abschließen, als erledigt betrachten; das ist ein schwieriges ~ • **3.1** ein ~ **für sich** *eine besondere Sache, die man genauer erklären muss*

Ka|pi|tell ⟨n.; -s, -e⟩ *oberster, verschieden geformter Teil einer Säule od. eines Pfeilers;* Sy *Knauf (2);* Blatt~, Knospen~, Würfel~

Ka|pi|tu|la|ti|on ⟨f.; -, -en⟩ **1** ⟨früher⟩ *Vertrag über die Dienstverlängerung eines Soldaten (Kapitulanten)* **2** ⟨allg.⟩ *Vertrag, durch den sich ein Staat, eine Stadt od. Festung dem siegreichen Feind unterwirft* **3** ⟨fig.⟩ *das Nach-, Aufgeben in einer strittigen Angelegenheit*

ka|pi|tu|lie|ren ⟨V. 400⟩ **1** ⟨früher⟩ *eine Kapitulation (1) abschließen* **2** *eine Kapitulation (2) vereinbaren, sich ergeben* **3** ⟨fig.⟩ *zu streiten, zu argumentieren aufhören, aufgeben;* vor etwas od. jmdm. ~

Ka|plan auch: **Kap|lan** ⟨m.; -s, -pläne⟩ **1** *kath. Hilfsgeistlicher* **2** *kath. Geistlicher mit besonderen Aufgaben der Seelsorge* **3** ⟨früher⟩ *Kleriker bei der Kapelle des fränkischen Königshofs*

Kap|pe ⟨f.; -, -n⟩ **1** *eng anliegende Kopfbedeckung aus weichem Material mit od. ohne Schild* **2** *fest aufsitzender, über den Rand des zu bedeckenden Gefäßes reichender Deckel* **3** *Teilstück des Kreuzgewölbes* **4** ⟨Bgb.⟩ *beim Grubenausbau der quer unter dem Hangenden liegende Holzbalken od. Stahlträger* **5** *Versteifung an Ferse u. Spitze des Schuhs* **6** ⟨fig.⟩ • **6.1** *etwas geht auf jmds.* ~ *jmd. hat für etwas zu bezahlen, ist für etwas verantwortlich* • **6.2** *etwas auf seine (eigene)* ~ *nehmen, für etwas die Verantwortung übernehmen, für die nachteiligen Folgen einer Handlung aufkommen;* →a. *gleich (2.1), Narr (2.1)*

kap|pen ⟨V. 500⟩ **1** *etwas* ~ *das Ende od. einen Teil von etwas abschneiden, abhauen, etwas um ein Stück verkürzen;* Taue, Masten, Zweige ~ **2** *der Hahn kappt die Henne er begattet sie*

◆ Die Buchstabenfolge **ka|pr...** kann in Fremdwörtern auch **kap|r...** getrennt werden.

◆**Ka|pri|ce** ⟨[-sə] f.; -, -n; veraltet⟩ *spaßiger Einfall, Laune, Eigensinn;* oV ⟨österr.⟩ *Kaprize*

◆**Ka|pri|o|le** ⟨f.; -, -n⟩ **1** *Luftsprung* **2** *tolles Stückchen, verrückter Streich* **3** ⟨Reitkunst, hohe Schule⟩ *Sprung des Pferdes auf der Stelle mit angezogenen Vorder- u. nach hinten ausgestreckten Hinterbeinen*

◆**Ka|pri|ze** ⟨f.; -, -n; österr.⟩ = *Kaprice*
◆**ka|pri|zi|ös** ⟨Adj.; geh.⟩ *eigensinnig, launisch*

Kap|sel ⟨f.; -, -n⟩ **1** *runder od. ovaler Behälter aus dünnem, aber festem Material* **2** ⟨Bot.⟩ *aus mindestens zwei Fruchtblättern zusammengewachsene Streufrucht* **3** ⟨Anat.⟩ *Umhüllung von Organen u. Funktionseinheiten od. Krankheitsherden* **4** ⟨Pharm.⟩ *aus Stärke od. Gelatine hergestellte Umhüllung für Medikamente, die sich erst im Magen od. im Darm auflöst*

ka|putt ⟨Adj. 24⟩ **1** *zerbrochen, zerstört, entzwei* **2** ⟨70; umg.⟩ • **2.1** *müde, erschöpft, erledigt* • **2.2** *bankrott* **3** ⟨Getrennt- u. Zusammenschreibung⟩ • **3.1** ~ ma- chen = *kaputtmachen*

ka|putt|ma|chen auch: **ka|putt ma|chen** ⟨V. 500⟩ **I** ⟨Zusammen- u. Getrenntschreibung⟩ *etwas* ~ *zerstören, entzweibrechen* **II** ⟨nur Zusammenschreibung; fig.; umg.⟩ *jmdn. kaputtmachen erschöpfen, sehr anstrengen;* die viele Arbeit wird dich noch kaputtmachen

Ka|pu|ze ⟨f.; -, -n⟩ *an Mantel, Kleid od. Bluse befestigte, meist spitze Kopfbedeckung*

Kar ⟨n.; -(e)s, -e; Geogr.⟩ *durch Gletscherwirkung entstandene Mulde an Steilhängen in (ehemals) vergletschertem Gebirge*

Ka|ra|bi|ner ⟨m.; -s, -⟩ *Gewehr mit kurzem Lauf u. geringer Schussweite, früher bes. zur Bewaffnung der Kavallerie*

Ka|ra|bi|ner|ha|ken ⟨m.; -s, -⟩ *Haken mit federndem Verschluss, z. B. an Rucksäcken, Hundeleinen*

Ka|raf|fe ⟨f.; -, -n⟩ *bauchige, meist geschliffene Glasflasche mit Stöpsel;* Wasser~; Wein~

Ka|ram|bo|la|ge ⟨[-ʒə] f.; -, -n⟩ **1** ⟨Billard⟩ *Treffer, Anstoßen des Spielballes an die beiden anderen Bälle* **2** ⟨Sp.⟩ *Zusammenstoß mehrerer Spieler bei Wettkämpfen* **3** ⟨allg.⟩ *Zusammenstoß (von Fahrzeugen);* Auto~

ka|ram|bol|lie|ren ⟨V. 400⟩ **1** ⟨Billard⟩ *eine Karambolage (1) machen* **2** ⟨fig.⟩ *zusammenstoßen*

ka|ra|mell ⟨Adj. 11/40⟩ *bräunlich gelb, beigefarben;* das Hemd ist ~; ein ~farbenes Kleid

Ka|ra|mell ⟨m.; -s; unz.⟩ *dunkelbrauner, etwas bitter schmeckender Stoff, der bei Erhitzen von Trauben- od. Rohrzucker entsteht, zum Färben von Likör, Rum, Bier, Bonbons, Essig verwendet* (~bonbon)

Ka|ra|mel|le ⟨f.; -, -n⟩ *Bonbon aus karamellisiertem Zucker u. Milch,* Karamellbonbon

Ka|rat ⟨n. 7; -(e)s, -e⟩ **1** *getrockneter Samen des Johannisbrotbaumes* **2** ⟨Zeichen: k od. Kt.⟩ *Gewichtsmaß für Edelsteine u. Perlen = 0,200 g* **3** *Angabe der Qualität von Goldlegierungen in Vierundzwanzigstel reinen Goldes*

Ka|ra|te ⟨n.; - od. -s; unz.⟩ *aus Ostasien stammender, harter, waffenloser Nahkampf u. Sport zur Selbstverteidigung, bei dem fast alle Gliedmaßen des Körpers als natürliche Waffen eingesetzt werden*

Ka|ra|wa|ne ⟨f.; -, -n⟩ *Zug von Kaufleuten od. Pilgern u. Ä., die sich zur Reise zusammengeschlossen haben (bes. mit Kamelen durch Wüstengebiete)*

Kar|bol ⟨n.; -s; unz.⟩ = *Phenol*

Karbon

Kar|bon ⟨n.; -s; unz.; Geol.⟩ zwischen Devon u. Perm liegendes Zeitalter der Erdgeschichte, Steinkohlenzeit

Kar|bo|na|de ⟨f.; -, -n⟩ **1** *in Scheiben geschnittenes Rippenstück vom Schwein, Kalb od. Hammel* **2** ⟨regional⟩ = *Kotelett*

Kar|bun|kel ⟨m.; -s, -; Med.⟩ *mehrere dicht beieinanderstehende u. ein gemeinsames Entzündungsgebiet bildende Furunkel*

Kar|dät|sche ⟨f.; -, -n⟩ **1** *ovale Bürste zum Striegeln von Haustieren* **2** ⟨Weberei⟩ *Bürste zum Aufrauen* **3** ⟨Bauw.⟩ *zum Auftragen u. Verteilen des Putzes verwendetes Brett mit Handgriff*

Kar|de ⟨f.; -, -n⟩ **1** ⟨Bot.⟩ *einer Gattung der Kardengewächse angehörendes Kraut mit stechenden Blättern an den Blüten, dessen Blütenköpfe zum Aufrauen wollener Tuche verwendet wurden: Dipsacus* **2** ⟨Textilw.⟩ *Maschine in der Spinnerei zum Auflösen des Fasergutes bis zur Einzelfaser, zum Ausrichten der Fasern u. Ausscheiden von kurzen Fasern u. Verunreinigungen, Krempel*

Kar|di|nal ⟨m.; -s, -nä|le⟩ **1** ⟨kath. Kirche⟩ *höchster Würdenträger nach dem Papst, mit dem Recht, den Papst zu wählen u. zum Papst gewählt zu werden* **2** ⟨Zool.⟩ *Angehöriger verschiedener Gruppen kernbeißerartiger Finkenvögel aus Amerika, oft Stubenvögel: Pyrrhuloxia cardinalis, Cardinalinae, Richmondinae* **3** *Getränk aus Weißwein mit Zucker u. Pomeranzen*

Kar|di|nal|zahl ⟨f.; -, -en; Math.⟩ *ganze Zahl, Grundzahl, z. B. eins, zwanzig;* Sy *Grundzahl;* Ggs *Ordinalzahl*

Ka|renz ⟨f.; -, -en⟩ **1** ⟨bes. Versicherungsw.⟩ *Wartezeit, Sperrzeit* **2** ⟨Med.⟩ *Entbehrung, Verzicht*

Kar|fi|ol ⟨m.; -s; unz.; österr.⟩ = *Blumenkohl*

Kar|frei|tag ⟨m.; -(e)s, -e⟩ *Tag der Kreuzigung Christi, Freitag vor Ostern;* Sy *Stiller Freitag,* → *still (4.2)*

Kar|fun|kel ⟨m.; -s, -; volkstümlich für⟩ **1** ⟨kurz für⟩ *Karfunkelstein* **2** ⟨volkstümlich für⟩ *Karbunkel*

Kar|fun|kel|stein ⟨m.; -(e)s, -e⟩ **1** ⟨Antike⟩ *roter Granat* **2** ⟨später⟩ *Rubin* **3** *fabelhafter, feuerroter, wie Gold glänzender, im Dunkeln hellleuchtender Stein*

karg ⟨Adj. 23⟩ **1** *spärlich, kümmerlich;* ~er Lohn, ~e Freizeit, eine ~e Mahlzeit **2** *ärmlich, armselig;* eine ~e Unterkunft haben **3** ~ **an** … *wenig von …, arm an …* **4** ⟨46⟩ ~ *mit Worten sein wenig Worte machen, schweigsam sein*

kärg|lich ⟨Adj.⟩ *karg, kümmerlich, knapp bemessen;* ~ leben

Kar|go ⟨m.; -s, -s⟩ *Fracht, Ladung von Schiffen u. Flugzeugen*

ka|riert ⟨Adj.⟩ **1** ⟨24⟩ *mit Quadraten, Karos, Rhomben od. in diesen Formen sich kreuzenden Streifen versehen;* ~es Kleid, ~er Stoff **2** ⟨50⟩ *sinnlos, dumm, verständnislos;* ~ denken • 2.1 *schau, guck nicht so* ~*!* ⟨umg.⟩ *so dumm erstaunt*

Ka|ries ⟨[-es] f.; -; unz.; Zahnmed.⟩ *Entkalkung des Zahnschmelzes, bei weiterem Fortschreiten Verfall der harten Zahnsubstanz*

Ka|ri|ka|tur ⟨f.; -, -en⟩ *bildliche Darstellung, die eine Eigenschaft od. ein Merkmal stark übertreibt u. dadurch lächerlich macht;* Sy *Zerrbild, Spottbild*

Ka|ri|tas ⟨f.; -; unz.⟩ *christliche, tätige Nächstenliebe, Wohltätigkeit;* oV *Caritas*

ka|ri|ta|tiv ⟨Adj. 24⟩ *im Sinne der Karitas (1), wohltätig;* eine ~e Organisation; ~ tätig sein

Kar|me|sin ⟨n.; -s; unz.⟩ = *Karmin*

kar|me|sin|rot ⟨Adj. 24⟩ = *karminrot*

Kar|min ⟨n.; -s; unz.⟩ Sy *Karmesin* **1** *(aus Koschenilleschildläusen gewonnener) leuchtend roter Farbstoff* **2** *Farbe des Karmins (1)*

kar|min|rot ⟨Adj. 24⟩ *rot wie Karmin, von kräftig roter Farbe, leuchtend rot;* Sy *karmesinrot*

Kar|ne|ol ⟨m.; -s, -e; Min.⟩ *gelblicher bis blutroter Schmuckstein*

Kar|ner ⟨m.; -s, -⟩ **1** ⟨Arch.⟩ *(Friedhofskapelle mit) Beinhaus, in dem beim Anlegen neuer Gräber die alten Gebeine gesammelt u. aufbewahrt wurden* **2** *Fleisch-, Räucherkammer*

Kar|ne|val ⟨[-val] m.; -s, -e od. -s⟩ **1** = *Fastnacht* **2** *gesellige Veranstaltung während der Fastnacht*

Kar|ni|ckel ⟨n.; -s, -⟩ **1** = *Kaninchen* **2** ⟨fig.⟩ *Sündenbock, Dummkopf, Einfaltspinsel*

Ka|ro ⟨n.; -s, -s⟩ **1** *Viereck, Rhombus, Quadrat* **2** *viereckiges, rhomb. od. quadrat. Muster* **3** *Farbe französischer Spielkarten mit rotem Rhombus;* Sy ⟨eindeutschend⟩ *Eckstein (5)*

Ka|ros|se ⟨f.; -, -n⟩ **1** *prunkvolle Kutsche, die häufig als Staatskutsche verwendet wurde* **2** ⟨meist scherzh.⟩ *großer, luxuriöser Personenkraftwagen;* Staats~

Ka|ros|se|rie ⟨f.; -, -n⟩ *Oberteil eines Kraftfahrzeuges (über dem Fahrgestell); bei dem Unfall wurde die ~ beschädigt*

Ka|ro|tin ⟨n.; -s; unz.; Biochem.⟩ *natürlicher roter od. gelber Farbstoff, wichtige Vorstufe des Vitamins A;* oV ⟨fachsprachl.⟩ *Carotin*

Ka|rot|te ⟨f.; -, -n; Bot.⟩ = *Möhre*

Karp|fen ⟨m.; -s, -; Zool.⟩ *Süßwasserfisch mit weichen Flossen u. zahnlosen Kiefern mit zahlreichen, durch Züchtung entstandenen Unterarten u. Rassen: Cyprinus carpio;* Schleim~, Spiegel~; ~ blau; ~ polnisch

Kar|re ⟨f.; -, -n⟩ **1** = *Karren (3);* Schub~ **2** ⟨umg.⟩ *altes, klappriges Auto od. Fahrrad* **3** ⟨fig.⟩ *Angelegenheit* • 3.1 *die ~ laufen lassen einer Angelegenheit ihren Lauf lassen, ohne einzugreifen od. eingreifen zu können* • 3.2 *jmdm. die ~ aus dem Dreck ziehen jmdm. aus einer schwierigen Lage helfen, in die er sich selbst gebracht hat* • 3.3 *die ~ steckt im Dreck die Angelegenheit ist verfahren, geht nicht mehr voran*

Kar|ree ⟨n.; -s, -s⟩ **1** *Viereck, Rhombus, Quadrat* **2** ⟨Kochk.⟩ *Rippenstück vom Kalb, Schwein od. Hammel*

Kar|ren[1] ⟨m.; -s, -⟩ **1** *ein- od. zweirädriges, kleines Gefährt zur Beförderung von Lasten, das an zwei Griffen geschoben wird;* Schieb~, Schub~ **2** *solide gebautes, einfaches zwei-, drei- od. vierrädriges Gefährt, Wagen;* Ochsen~ **3** = *Karre' (2)* **4** *jmdm. an den ~ fahren* ⟨fig.⟩ *jmdm. zu nahe treten, jmdn. grob beleidigen* **5** *mehrere Leute vor den gleichen ~ spannen* ⟨fig.⟩ *sie an der gleichen Sache arbeiten lassen*

Kar|ren[2] ⟨Pl.; Geol.⟩ *durch Erosion mittels Schmelzwassers entstandene Rinnen u. Schluchten in Kalkstein*

Kar|ri|e|re ⟨f.; -, -n⟩ *(rascher) Aufstieg im Leben u. Beruf, (glänzende) Laufbahn*; eine glänzende ~ vor sich haben

Karst[1] ⟨m.; -(e)s, -e; Geol.⟩ *Gebirge aus durchlässigen, wasserlöslichen Gesteinen (Kalk, Gips), die durch Oberflächen- u. Grundwasser ausgelaugt werden*

Karst[2] ⟨m.; -(e)s, -e⟩ *Breithacke, Hacke mit platten Zinken*

Kar|te ⟨f.; -, -n⟩ **1** *steifes Blatt Papier in verschiedenen Größen u. zu verschiedenen Zwecken* • **1.1** *steifes Blatt Papier (bes. im Format 14,8 × 10,5 cm) für Mitteilungen durch die Post*; Ansichts~, Post~, Brief~; eine ~ bekommen; zur Hochzeit ~n verschicken; jmdm. eine ~ schreiben • **1.2** *steifes Blatt Papier in kleinem Format* • **1.2.1** *Bescheinigung für bezahlte Gebühr*; Fahr~, Eintritts~, Kino~, Theater~; sich eine ~ (für ein Konzert) besorgen; ich habe (fürs Theater heute Abend) keine ~n mehr bekommen • **1.2.2** *mit aufgedrucktem Namen des Besitzers*; Besuchs~, Visiten~; seine ~ abgeben • **1.3** *Liste von Speisen u. Getränken in Gasthäusern, Restaurants*; Speise~, Wein~; Herr Ober, bitte die ~! • **1.3.1** nach der ~ (à la carte) essen *sich ein Gericht auf der Speisekarte aussuchen* • **1.4** ⟨Kart.⟩ *steifes Blatt Papier mit aufgedruckten Zahlen u. Bildern*; Spiel~; ~n spielen; eine gute, schlechte ~ haben, (od.) gute, schlechte ~n haben; die ~n mischen; eine ~ ausspielen; eine ~ abwerfen • **1.4.1** ein **Spiel** ~n *alle zu einem Spiel gehörigen Karten (1.4)* • **1.4.2** ~n legen *Spielkarten auflegen u. daraus (angeblich) Charakter u. Zukunft deuten* • **1.4.3** alles auf eine ~ setzen ⟨a. fig.⟩ *ein großes Risiko eingehen, sämtliche Reserven für eine Sache einsetzen* • **1.4.4** sich (nicht) in die ~n gucken lassen ⟨a. fig.⟩ *seine Pläne (nicht) preisgeben* • **1.4.5** seine ~n aufdecken ⟨a. fig.⟩ *die wahre Sachlage bekannt geben* • **1.5** *steifes Blatt Papier für Vermerke, Notizen, Namen in bestimmter Ordnung*; Kartei= **2** *zeichnerische Darstellung eines Teils der von oben betrachteten Erdoberfläche*; Land~, See~; die ~ aufschlagen; historische, physikalische, politische ~; eine ~ von Deutschland

Kar|tei ⟨f.; -, -en⟩ *alphabetisch od. nach bestimmten Gesichtspunkten geordnete Sammlung von Aufzeichnungen auf Zetteln od. Karten gleichen Formats*; Kranken~

Kar|tell ⟨n.; -s, -e⟩ **1** *Zusammenschluss von Firmen des gleichen Wirtschaftszweiges, die jedoch selbstständig unter ihrem Namen weiterbestehen* **2** *(zeitlich begrenztes) Bündnis mehrerer Parteien* **3** *loser Zusammenschluss von studentischen Verbindungen*

Kar|ten|haus ⟨n.; -es, -häu|ser⟩ **1** *Raum (auf dem Schiff), in dem die Seekarten aufbewahrt werden* **2** *aus Spielkarten erbautes hausähnliches Gebilde*

Kar|tof|fel ⟨f.; -, -n⟩ **1** ⟨Bot.⟩ *zu den Nachtschattengewächsen gehörende Gemüsepflanze, deren Wurzelknollen als Nahrung dienen: Solanum tuberosum* **2** *die Wurzelknolle der Kartoffel (1)*; gebratene, gekochte, rohe ~n; neue ~n; ~n braten, dämpfen, kochen **3** ⟨fig.; umg.; scherzh.⟩ *plumpe, dicke Nase* **4** ⟨fig.; umg.; scherzh.⟩ *Loch (im Strumpf)*

Kar|tof|fel|puf|fer ⟨m.; -s, -⟩ *in der Pfanne in Fett gebackener Fladen aus geriebenen, rohen Kartoffeln*

Kar|to|gra|fie ⟨f.; -; unz.⟩ *Wissenschaft, die sich mit der Anfertigung von Landkarten u. Plänen beschäftigt*; oV Kartographie

Kar|to|gra|phie ⟨f.; -; unz.⟩ = *Kartografie*

Kar|ton ⟨[-tɔŋ] m.; -s, -s od. süddt.; österr. [-toːn] m.; -s, -s od. -e⟩ **1** *dünne Pappe, steifes, dickes Papier* **2** *Schachtel, Kiste aus Pappe* • **2.1** bei jmdm. rappelt es im ~ ⟨umg.⟩ *jmd. ist verrückt, nicht recht bei Verstand* **3** *Skizze zu einem Wandgemälde in gleicher Größe* **4** *Ersatzblatt in einem Buch für ein fehlerhaftes Blatt od. zur Ergänzung*

Kar|tu|sche ⟨f.; -, -n⟩ **1** ⟨Mil.⟩ *Metallhülse eines Artilleriegeschosses, in der sich die Pulverladung befindet* **2** ⟨Kunst; Arch.; bes. im Barock⟩ *von einem verzierten Rahmen umgebenes rechteckiges od. ovales Ornament (für Inschriften, Wappen u. Ä.)*

Ka|rus|sell ⟨n.; -s, -s od. -e⟩ **1** *eine sich im Kreis drehende Rundfläche mit Reit- od. Fahrsitzen auf Jahrmärkten*; Kinder~ • **1.1** **mit jmdm.** ~ **fahren** ⟨umg.⟩ *jmdn. energisch herannehmen, ihn laufen, springen lassen*

Kar|wo|che ⟨f.; -, -n⟩ *Woche vor dem Osterfest*

Kar|zer ⟨m.; -s, -; früher in Schulen u. Hochschulen⟩ **1** *Raum zum Absitzen von Arreststrafen* **2** ⟨unz.⟩ *Arreststrafe, scharfer Arrest*; zwei Stunden ~ bekommen

Ka|schem|me ⟨f.; -, -n⟩ *schlechte Kneipe, anrüchige Gastwirtschaft*

ka|schen ⟨V. 500; umg.⟩ **1** jmdn. ~ *fangen, festnehmen, inhaftieren*; die Diebe wurden noch am Tatort gekascht **2** ⟨Vr 5⟩ **(sich)** etwas ~ *widerrechtlich aneignen, stehlen*; er hat sich ein Fahrrad gekascht u. ist geflüchtet

Kä|scher ⟨m.; -s, -⟩ = *Kescher*

ka|schie|ren ⟨V. 500⟩ **1** etwas ~ *bemänteln, verheimlichen, verhüllen, verdecken, verbergen*; eine schlechte Figur geschickt ~ **2** einen **Einband** ~ *mit buntem Papier bekleben* **3** **Gegenstände** ~ *mit einer Masse aus dem gleichen od. einem anderen Material überkleben, zusammenkleben*; plastische Bühnenbildteile, Architekturformen, Pflanzen aus Holz, Pappe, Draht ~ **4 Textilien** ~ *(zwei übereinandergelegte Gewebebahnen) mittels Klebemittels, z. B. Gummi, verbinden*

Kasch|mir ⟨m.; -s, -e; Textilw.⟩ **1** *aus dem feinen Haar der Kaschmirziege gewonnene Wolle*; ~schal, ~pullover **2** *aus Kaschmir (1) hergestelltes festes Kammgarngewebe*

Kä|se ⟨m.; -s, -⟩ **1** *als Nahrungsmittel dienender, aus der Milch durch Zusatz von Lab od. Milchsäurebakterien ausgeschiedener u. weiterbehandelter Eiweißstoff mit Gehalt an Fett u. Mineralstoffen*; Schweizer ~; ~ zum Frühstück essen **2** ⟨fig.; umg.⟩ *Unsinn, dummes Zeug, dummes Gerede*; das ist doch alles ~, was du erzählst; ... und lauter solcher ~ **3** ⟨Bot.⟩ *der fleischige Fruchtboden der Artischocke* **4** ⟨Bot.⟩ *der unreife Blütenstand des Blumenkohls in dem Zustand, in dem er gegessen wird*

Kasel

Ka|sel ⟨f.; -, -n⟩ *während der Messe getragenes festliches Obergewand der kath. Priester, Messgewand*

Ka|se|mat|te ⟨f.; -, -n⟩ **1** *dick ummauerter, schusssicherer Raum in Befestigungswerken* **2** *gepanzerter Geschützraum auf Kriegsschiffen*

Ka|ser|ne ⟨f.; -, -n; Mil.⟩ *Gebäude(komplex) zur dauernden Unterbringung von Truppen*

Ka|si|no ⟨n.; -s, -s⟩ **1** *Gesellschaftshaus, Clubraum, Unterhaltungsstätte* **2** *Speiseraum für Offiziere;* Offiziers~ **3** *öffentlicher Betrieb für Glücksspiele, Spielbank;* Spiel~

Kas|ka|de ⟨f.; -, -n⟩ **1** *künstlicher, stufenförmiger Wasserfall* **2** *wasserfallähnliches Feuerwerk* **3** *wagemutiger Sprung des Artisten*

Kas|ko ⟨m.; -s, -s⟩ **1** *Schiff, Schiffsrumpf (ohne Ladung)* • 1.1 *Fahrzeug als Transportmittel (ohne Ladung)* **2** ⟨Kart.⟩ *Spielart des Lombers*

Kas|ko|ver|si|che|rung ⟨f.; -, -en⟩ **1** *Versicherung von Transportmitteln* • 1.1 *Versicherung gegen die vom Halter od. Fahrer an seinem Kraftfahrzeug verursachten Schäden;* Voll~; Teil~

Kas|per ⟨m.; -s, -⟩ **1** *österr. Sonderform des Hanswursts im Volksstück* **2** *lustige Gestalt im Puppenspiel, Kasperl, Kasperle* **3** ⟨fig.; umg.⟩ *sich albern benehmende, alberne Reden führende Person*

Kas|sa ⟨f.; -, Kas|sen; süddt.; österr. für⟩ = Kasse

Kas|se ⟨f.; -, -n⟩ oV ⟨österr.⟩ *Kassa* **1** *Kasten für Geld;* Laden~, Wechselgeld in der ~ haben • 1.1 einen **Griff in** die ~ tun ⟨umg.; verhüllend⟩ *Geld stehlen* **2** *Vorrat an Geld;* die ~ ist voll, leer; gut, schlecht, nicht bei ~ sein • 2.1 die ~ führen *für die Abrechnung verantwortlich sein* • 2.2 ~ **machen** *abrechnen, kassieren* • 2.3 **getrennte** ~ ⟨machen, führen⟩ *jeder bezahlt für sich* • 2.4 **volle** ~n machen *viel Geld einnehmen;* der Film, das Theaterstück bringt volle ~n **3** *Raum, Schalter des Kassierers;* Kino~, Theater~, Abend~, Tages~; sich an der ~ anstellen **4** per ~ *bar bezahlen* • 4.1 **netto** ~ *bar ohne Abzug* **5** *Krankenkasse;* die Operation bezahlt die ~ • 5.1 alle ~n *Mitglieder aller Krankenkassen werden behandelt* • 5.2 ~ **machen** ⟨umg.⟩ *(krank sein u.) Krankengeld beziehen* **6** *Sparkasse;* Geld zur ~ bringen

Kas|sen|sturz ⟨m.; -es; unz.⟩ ~ **machen** *den Kassenbestand feststellen (eigentlich, indem man die Kasse umstürzt)*

Kas|se|rol|le ⟨f.; -, -n⟩ *ein runder od. länglicher Topf mit Stiel u. Deckel zum Kochen u. Schmoren*

Kas|set|te ⟨f.; -, -n⟩ **1** *Holz- od. Metallkasten für Geld od. Wertgegenstand;* Geld~, Schmuck~ **2** ⟨Arch.⟩ *kastenförmig vertieftes Feld in der Decke eines Raumes;* Decken~ **3** *flacher Behälter aus Kunststoff für Magnetbänder;* Video~; Musik~; ~nrekorder **4** *mehrere zusammengehörige Bücher in gemeinsamem, die Rücken sichtbar lassendem Karton; Gesamtausgabe eines Autors in* ~ • 4.1 *mehrere zusammengehörige Schallplatten, CDs o. Ä. in einem Karton od.* Kasten

Kas|set|ten|re|kor|der ⟨m.; -s, -⟩ *Tonbandgerät zur Aufnahme u. Wiedergabe von Kassetten*

Kas|sier ⟨m.; -s, -e; süddt.⟩ = Kassierer

kas|sie|ren[1] ⟨V. 500⟩ **1** Geld ~ *annehmen, einnehmen;* einen Beitrag ~ **2** etwas ~ *sich aneignen, entwenden* **3** jmdn. ~ ⟨fig.; umg.⟩ *festnehmen, gefangen nehmen, verhaften*

kas|sie|ren[2] ⟨V. 500⟩ **1** ein Urteil ~ *für ungültig erklären* **2** eine (**Plan-**)**Stelle** ~ *streichen* **3** Beamte, Soldaten ~ ⟨veraltet⟩ *entlassen*

Kas|sie|rer ⟨m.; -s, -⟩ *Angestellter, der Zahlungen annimmt u. Geld auszahlt u. der die Kasse führt;* oV ⟨österr., a. süddt.⟩ *Kassier*

Kas|ta|gnet|te auch: **Kas|tag|net|te** ⟨[-njɛtə] f.; -, -n⟩ *spanisches Handklapperinstrument aus zwei miteinander verbundenen, beweglichen, am Daumen befestigten Hartholzschalen, die mit den Fingern gegeneinandergeschlagen werden*

Kas|ta|nie ⟨[-njə] f.; -, -n⟩ **1** ⟨Bot.⟩ *einer Gattung der Buchengewächse angehörender Laubbaum:* Castanea • 1.1 (i. e. S.) *subtropische Art der Kastanie (1) mit essbaren Früchten u. hartem, festem Holz:* Castanea sativa **2** ⟨Bot.⟩ *Frucht der Kastanie (1.1) od. der Rosskastanie* • 2.1 für jmdn. **die ~n aus dem Feuer holen** ⟨fig.⟩ *für jmd. anderen etwas Unangenehmes od. Gefährliches tun* **3** *Hornschwiele an der Innenseite des Beins bei Pferden*

Kas|te ⟨f.; -, -n⟩ *von anderen Ständen abgeschlossener gesellschaftlicher Stand mit strengen gesellschaftlichen, religiösen u. wirtschaftlichen Normen, bes. im Hinduismus;* Krieger~, Priester~

kas|tei|en ⟨V. 500/Vr 3 od. Vr 4⟩ **1** sich ~ *sich (aus religiöser Überzeugung) körperliche Züchtigungen, Entbehrungen od. Bußübungen auferlegen;* manche Mönche ~ sich **2** sich ~ *streng, enthaltsam leben;* während einer Woche kasteite er sich und trank keinen Schluck Alkohol

Kas|tell ⟨n.; -s, -e⟩ *wehrhafte Burg, Festung, bes. altrömische Befestigungsanlage*

Kas|ten ⟨m.; -s, Käs|ten⟩ **1** *rechtwinkeliger Behälter mit od. ohne Deckel, Kiste, Truhe;* Brief~, Geld~, Kohlen~, Schmuck~, Schub~; ein tiefer ~; alle Kisten und Kästen • 1.1 einen Brief in den ~ werfen, zum ~ bringen *Briefkasten* **2** *Kommode* **3** ⟨süddt., österr., schweiz.⟩ *Schrank* **4** ⟨fig.; umg.; abwertend⟩ *Dinge, die äußerlich an einen Kasten erinnern* • 4.1 *(großes) Gebäude od. Raum mit engen, kleinen Fenstern* • 4.1.1 *Schule* • 4.1.2 *Strafanstalt* • 4.1.3 eine Woche ~ bekommen ⟨Mil.⟩ *Arrest* • 4.1.4 **alter** ~ *altes Haus, alter Wagen, altes Schiff* **5** er hat nichts, viel, etwas auf dem ~ ⟨fig.; umg.⟩ *er ist (nicht) klug, weiß (nicht) viel* **6** *Teil des Wagens über dem Fahrgestell* **7** ⟨Turnen⟩ *Turngerät aus einem Rahmen mit 150 cm Länge, 50 cm Breite u. verstellbarer Höhe (etwa 1 m) mit Lederpolster*

Kas|tra|ti|on auch: **Kast|ra|ti|on** ⟨f.; -, -en⟩ *das Kastrieren, Sterilisation*

kas|trie|ren auch: **kast|rie|ren** ⟨V. 500⟩ **1** Lebewesen ~ *die Keimdrüsen entfernen, entmannen;* Sy *verschneiden (3);* →a. *sterilisieren;* einen Mann ~; ein Tier ~ **2** eine **Pflanze** ~ *die Staubgefäße entfernen, bevor die Narbe reif ist*

Ka|su|is|tik ⟨f.; -; unz.⟩ **1** ⟨Ethik⟩ *Lehre von bestimmten*

Einzelfällen innerhalb der Morallehre u. dem dafür richtigen Verhalten **2** ⟨Rechtsw.⟩ *Methode, Regeln für die Anwendung des Rechts aus Einzelfällen zu bilden od. in die Gesetze viele Einzelfälle aufzunehmen* **3** ⟨fig.⟩ *Haarspalterei, Wortklauberei*

Ka|sus ⟨m.; -, -; Gramm.⟩ = *Fall (4)*

Ka|ta|falk ⟨m.; -s, -e⟩ *schwarz verhängtes Gestell für die Aufstellung des Sarges während der Trauerfeier (bes. bei hohen Persönlichkeiten)*

Ka|ta|kom|be ⟨f.; -, -n⟩ *altchristliche unterirdische Grabanlage*

Ka|ta|log ⟨m.; -(e)s, -e⟩ = *Verzeichnis;* ~ *von Büchern, Waren, Gegenständen einer Ausstellung u. a.*

Ka|ta|ma|ran ⟨m. od. n.; -s, -e⟩ *aus zwei durch einen Deckaufbau miteinander verbundenen Schwimmkörpern bestehendes schnelles Segelschiff*

Ka|ta|pult ⟨n. od. m.; -(e)s, -e⟩ **1** ⟨Altertum⟩ *armbrustähnl. Wurf-, Schleudermaschine* **2** *Schleuder zum Starten von Flugzeugen*

Ka|ta|rakt[1] ⟨m.; -(e)s, -e⟩ *Stromschnelle, niedriger Wasserfall*

Ka|ta|rakt[2] ⟨f.; -, -e; Med.⟩ *Augenkrankheit, Linsentrübung, grauer Star*

Ka|tarr ⟨m.; -s, -e; Med.⟩ oV *Katarrh* **1** *entzündl. Reizung der Schleimhäute mit vermehrter Flüssigkeitsabsonderung;* Blasen~, Magen-Darm-~ **2** ⟨umg.⟩ *Schnupfen, Erkältung*

Ka|tarrh ⟨m.; -s, -e; Med.⟩ = *Katarr*

Ka|tas|ter ⟨m. od. n.; -s, -⟩ **1** ⟨früher⟩ *amtliches Verzeichnis der steuerpflichtigen Personen* **2** ⟨heute⟩ *amtliches Verzeichnis der Steuerobjekte, bes. der Grundstücke*

ka|ta|stro|phal *auch:* **ka|tas|tro|phal** *auch:* **ka|tast|ro|phal** ⟨Adj.⟩ *einer Katastrophe gleichkommend, in der Art einer Katastrophe, verhängnisvoll, verheerend, entsetzlich; sein Vorgehen hatte* ~*e Folgen*

Ka|ta|stro|phe *auch:* **Ka|tas|tro|phe** *auch:* **Ka|tast|ro|phe** ⟨f.; -, -n⟩ **1** *unvorhergesehenes Geschehen mit verheerenden Folgen;* Natur~ **2** ⟨Drama⟩ *entscheidende Wendung, die den Untergang des Helden u. die Lösung des Konflikts herbeiführt*

Ka|te ⟨f.; -, -n; norddt.⟩ *kleines Haus, Hütte (bes. Fischerhütte);* oV *Katen*

Ka|te|chis|mus ⟨[-çɪs-] m.; -, -chis|men; Rel.⟩ *kurzes Lehrbuch (bes. für den Religionsunterricht) in Frage u. Antwort*

Ka|te|go|rie ⟨f.; -, -n⟩ **1** ⟨urspr.⟩ *Aussage (über einen Gegenstand)* **2** ⟨Logik⟩ *Grundbegriff, von dem andere Begriffe abgeleitet werden können* **3** ⟨allg.⟩ *Begriffsklasse, Begriffsart, Begriffsgattung, Sorte, Art*

Ka|ten ⟨m.; -s, -; norddt.⟩ = *Kate*

Ka|ter[1] ⟨m.; -s, -⟩ **1** *männliche Hauskatze; der gestiefelte* ~ *(Märchengestalt); Hokuspokus fidibus, dreimal schwarzer* ~ *(scherzh.) Zauberformel); verliebt wie ein* ~ *sein (umg.; scherzh.)* **2** ⟨Jagdw.⟩ *Männchen von Wildkatze u. Luchs*

Ka|ter[2] ⟨m.; -s; unz.⟩ *schlechtes Befinden, Unwohlsein nach zu viel Alkoholgenuss*

Ka|the|der ⟨n.; -s, -⟩ **1** *Podium, Lehrpult* **2** *Lehrstuhl (an einer Hochschule)*

Ka|the|dra|le *auch:* **Ka|thed|ra|le** ⟨f.; -, -n; bes. in Frankreich, Spanien, England⟩ *bischöfliche od. erzbischöfliche Hauptkirche*

Ka|the|te ⟨f.; -, -n; Geom.; im rechtwinkligen Dreieck⟩ *jede der beiden die Schenkel des rechten Winkels bildenden Seiten in einem rechtwinkligen Dreieck;* →a. *Hypotenuse*

Ka|the|ter ⟨m.; -s, -; Med.⟩ *Röhrchen zum Einführen in Körperhöhlen, bes. in die Harnblase*

Ka|tho|de ⟨f.; -, -n⟩ *negative Elektrode;* oV *Katode;* Ggs *Anode*

Ka|tho|lik ⟨m.; -e, -en⟩ *Angehöriger der (römisch-)katholischen Kirche*

Ka|tho|li|kin ⟨f.; -, -kin|nen⟩ *weibl. Katholik*

ka|tho|lisch ⟨Adj. 24⟩ **1** ⟨urspr.⟩ *allgemein, die ganze Erde umfassend; die* ~e *christl. Kirche* **2** ⟨allg.⟩ *zur (röm.-)kath. Kirche gehörend* **2.1** ~e *Kirche, (seit der Reformation auch) römisch-*~e *Kirche die dem Papst unterstehende christl. Kirche*

Ka|to|de ⟨f.; -, -n; El.; Phys.⟩ = *Kathode*

Kat|tun ⟨m.; -s, -e; Textilw.⟩ *bedruckter, dünner Baumwollstoff in Leinwandbindung*

Kätz|chen ⟨n.; -s, -⟩ **1** *kleine, junge Katze* **2** *Ähren od. ährenähnliche Blütenstände der Birke, Erle, Haselnuss, Walnuss, Weide u. a.*

Kat|ze ⟨f.; -, -n; Zool.⟩ **1** *Angehörige einer Familie der fleischfressenden Raubtiere mit scharfen Eckzähnen: Felidae* ● **1.1** (i. e. S.) *Zuchtform einer im Altertum gezähmten nordafrikanischen Katze mit einer mitteleuropäischen Wildkatze: Felis catus; die* ~ *macht einen Buckel; die* ~ *faucht, miaut, schnurrt, spinnt; sie schmeichelt wie eine* ~; →a. *Hund (1.1.1)* **2** *wie die* ~ *um den heißen Brei herumgehen, schleichen sich nicht an eine heikle Sache wagen* **3** ⟨fig.⟩ ● **3.1** *der* ~ *die Schelle anhängen ein Geheimnis, eine Sache öffentlich ausplaudern* ● **3.2** *die* ~ *lässt das Mausen nicht* ⟨Sprichw.⟩ *eine angeborene Eigenschaft kann man sich nicht abgewöhnen* ● **3.3** ~ *und* **Maus** *mit jmdm. spielen jmdn. wiederholt etwas versprechen u. es nie halten, jmdn. absichtlich hinhalten, um ihm dann doch nur einen abschlägigen Bescheid zu geben* ● **3.4** *das ist* **für** *die Katz* ⟨umg.⟩ *umsonst, vergeblich* ● **3.5** *die* ~ **im Sack** *kaufen etwas kaufen, ohne es vorher gesehen od. geprüft zu haben* ● **3.6** *die* ~ **aus dem Sack** *lassen eine bisher verheimlichte Absicht od. Sache aussprechen, verraten* **3.7** *wenn die* ~ *aus dem Hause ist, tanzen die Mäuse* ⟨Sprichw.⟩ *ohne Aufsicht wird Verbotenes getan* ● **3.8** *das klingt ja, wie wenn man einer* ~ *auf den Schwanz tritt* ⟨umg.; scherzh.⟩ *misstönend* **3.9** *das hat wohl die* ~ *gefressen?* ⟨umg.⟩ *das ist auf unerklärliche Art u. Weise verschwunden* ● **3.10** *da beißt sich die* ~ *in den Schwanz die Lösung eines Problems verursacht wieder ein neues, beginnt wieder von vorne* **4** = *Laufkatze* **5** ⟨früher⟩ *am Gürtel getragener Geldbeutel*

Kat|zen|au|ge ⟨n.; -s, -n⟩ **1** *Mineral, das Licht in hellen Streifen reflektiert, z. B. Korund, Quarz* **2** *auffallendes, lichtreflektierendes Stück Kunststoff, das an einem Fahrzeug (bes. Fahrrad), Schulranzen o. Ä. angebracht ist*

Katzensprung

Kat|zen|sprung ⟨m.; -(e)s, -sprün|ge; umg.⟩ *kurzer Weg, geringe Entfernung;* es ist nur ein ~ bis dorthin

Kau|der|welsch ⟨n.; - od. -s; unz.⟩ **1** *aus unverständlichen Lauten od. Worten bestehende Sprache ohne Sinnzusammenhang;* das ~ eines kleinen Kindes, eines Träumenden **2** *aus mehreren Sprachen gemischte Ausdrucksweise* **3** *fehlerhafte Sprache;* dieses Kind redet immer noch ein furchtbares ~

kau|en ⟨V.⟩ **1** ⟨402⟩ (etwas) ~ *mit den Zähnen zerkleinern;* Tabak ~; Speisen gut, gründlich, schlecht ~; gut gekaut ist halb verdaut ⟨Sprichw.⟩ • 1.1 ⟨500⟩ **Nägel** ~ *die Fingernägel abbeißen (als Angewohnheit)* • 1.1.1 ⟨411⟩ an den Nägeln ~ *die Nägel abbeißen (vor Langeweile, Spannung o. Ä.)* • 1.2 ⟨500⟩ **Worte, Silben** ~ *schwerfällig aussprechen* • 1.3 ⟨411⟩ **an etwas** ~ *etwas nagen, es mühselig zu zerbeißen suchen* **2** ⟨fig.⟩ • 2.1 ⟨800⟩ **an etwas** ~ *sich mit etwas abplagen, eine Aufgabe mühsam zu lösen suchen, mit einem Kummer nicht fertigwerden*

kau|ern ⟨V.⟩ **1** ⟨411⟩ *auf den Fersen sitzen, in tiefer Kniebeuge hocken;* auf dem Boden ~ **2** ⟨500/Vr 3⟩ **sich** ~ *sich niederhocken, in tiefe Kniebeuge gehen, sich auf die Fersen setzen*

Kauf ⟨m.; -(e)s, Käu|fe⟩ **1** *Erwerb einer Sache gegen Bezahlung;* etwas zum ~ anbieten; ~ und Verkauf; einen ~ abschließen; ~ auf Kredit, auf Teilzahlung, in Raten • 1.1 einen guten, schlechten (teuren) ~ machen, (od.) tun *etwas zu günstigem od. ungünstigem Preis bzw. in besonders guter od. schlechter Qualität kaufen* **2** ⟨fig.⟩ *etwas, wofür man viel bezahlen, opfern, auf sich nehmen muss* • 2.1 leichten ~es davonkommen *ohne viel Schaden zu erleiden, ohne Strafe* • 2.2 etwas **in** ~ **nehmen** *sich mit etwas abfinden*

kau|fen ⟨V. 500⟩ **1** *etwas* ~ *gegen Geld oder Geldeswert erwerben;* sich od. jmdm. ein Auto ~; ~ und verkaufen; dieser Stoff wird viel, gern gekauft; etwas auf Raten, Pump, Kredit ~; etwas für teures Geld ~ ⟨umg.⟩ • 1.1 *in Raten bezahlen* • 1.2 ⟨400⟩ bei wem ~ Sie? *in welchem Geschäft sind Sie Kunde?* **2** jmdn. ~ *bestechen;* ein gekaufter Zeuge **3** ⟨530; fig.; umg.⟩ • 3.1 ⟨Vr 1⟩ sich jmdn. ~ *jmdn. zur Rechenschaft ziehen, jmdm. gründlich die Meinung sagen;* den Kerl werde ich mir ~! • 3.2 ⟨Vr 1⟩ sich einen Affen ~ *sich einen Rausch antrinken* • 3.3 ⟨530/Vr 1 m. Modalverb⟩ dafür kann ich mir auch nichts ~ *das hat für mich keinen Wert, keinen Zweck* **4** eine **Karte** ~ ⟨Kart.⟩ *vom Stoß, vom Rest der Karten nehmen*

Kauf|frau ⟨f.; -, -en⟩ *weibliche Person, die eine kaufmännische Lehre abgeschlossen hat*

Kauf|haus ⟨n.; -es, -häu|ser⟩ **1** ⟨urspr.⟩ *großes Geschäft für Einzelhandelswaren bestimmter Arten;* Textil~ **2** ⟨heute⟩ *Geschäft für Einzelhandelswaren aller Art,* Warenhaus

käuf|lich ⟨Adj. 24⟩ **1** *für Geld zu erwerben;* dieses Schmuckstück ist nicht ~ • 1.1 ~e **Liebe** *Prostitution* **2** *bestechlich;* jmd. ist ~; ein ~er Politiker, Beamter

Kauf|mann ⟨m.; -(e)s, -leu|te⟩ **1** *jmd., der beruflich Kauf u. Verkauf betreibt, der Handel betreibt;* ein guter, schlechter ~ sein **2** *jmd., der die kaufmännische Lehre abgeschlossen hat;* gelernter ~ ⟨umg.⟩ **3** ⟨mit-teldt.⟩ *Lebensmittelhändler;* bitte, lauf schnell zum ~ und hol Kartoffeln

Kau|gum|mi ⟨m. od. n.; -s, -s⟩ *kaubares, aber unlösliches Erzeugnis mit erfrischender Wirkung aus natürlichem Kautschuk, Gutta od. künstlichem Polyvinylazetat mit Zusätzen von Zucker od. Zuckeraustauschstoffen, Aromastoffen u. Weichmachern*

Kaul|quap|pe ⟨f.; -, -n; Zool.⟩ *im Wasser lebende, schwarze, kugelige Larve des Froschlurches;* ~n fangen, fischen

kaum 1 ⟨Adv.⟩ • 1.1 *nur mit Mühe, fast nicht;* er kann es ~ erwarten, dass, (od.) bis …; ich kann ~ gehen; es ist ~ zu glauben; er hat ~ etwas gegessen • 1.1.1 *schwerlich, sicher nicht;* er wird ~ noch kommen; ob sie heute noch kommt? Wohl ~! • 1.1.1 ⟨bei Maß- und Zeitangaben⟩ *soeben, fast, noch nicht ganz, etwas weniger als;* ~ zwei Meter hoch; er ist ~ größer als ich; es dauerte ~ drei Stunden • 1.2 ~ …, **als** … *sehr bald, nachdem …;* er war ~ angekommen, als er auch schon wieder weggerufen wurde; ~ hatte ich mich hingelegt, schon klingelte das Handy **2** ⟨Konj.⟩ ~ **dass** *fast ohne dass, fast … nicht;* er war sehr beschäftigt, ~ dass er Zeit hatte, etwas zu essen

kau|sal ⟨Adj. 24⟩ **1** *ursächlich, auf dem Verhältnis zwischen Ursache u. Wirkung beruhend, mit der Ursache verbunden* **2** *begründend* • 2.1 ~e **Konjunktion** *K. des Grundes, z. B. weil*

kau|sa|tiv ⟨a. [-ti:f] Adj. 24⟩ **1** ~e **Formen** ⟨Gramm.⟩ *F., die einen Grund, eine Ursache bezeichnen* **2** *Veranlassung angebend, verursachend, bewirkend, begründend*

Kau|ti|on ⟨f.; -, -en⟩ **1** *Bürgschaft* **2** *Sicherheit(sleistung) durch Hinterlegung einer Geldsumme od. von Wertpapieren*

Kau|tschuk *auch:* **Kaut|schuk** ⟨m.; -s; unz.⟩ **1** *geronnener Milchsaft einiger tropischer Pflanzenfamilien;* Roh~ **2** *durch Vulkanisation daraus gewonnene feste, zähe, elastische Masse;* Sy ⟨nicht fachsprachl.⟩ *Gummi (1)*

Kauz ⟨m.; -es, Käu|ze⟩ **1** ⟨Zool.⟩ *zur Ordnung der Eulen gehörender, kräftiger, gedrungener Vogel* **2** ⟨fig.⟩ *schnurriger, wunderlicher Mensch, Sonderling;* er ist ein ~; er ist ein komischer ~

Käuz|chen ⟨n.; -s, -⟩ *kleiner Kauz (1)*

kau|zig ⟨Adj.⟩ *wunderlich, verschroben, sonderbar;* er ist mitunter etwas ~

Ka|va|lier ⟨[-va-] m.; -s, -e⟩ **1** ⟨früher⟩ *Reiter, Ritter* **2** ⟨heute⟩ (bes. gegenüber Frauen) *aufmerksamer, höflicher, zuvorkommender Mann* • 2.1 ~ der **alten Schule** *vollkommener Kavalier (2)* • 2.2 ⟨scherzh.; veraltet⟩ *Freund, Begleiter, Liebhaber;* wann triffst du dich denn wieder mit deinem ~?

Ka|val|le|rie ⟨[-val-] f.; -; unz.; Mil.⟩ *Reiterei, Reitertruppe*

Ka|vi|ar ⟨[-vi-] m.; -s, -e⟩ *mit Salz konservierter Rogen (Eier) einiger Arten der Störe (als Delikatesse);* echter russischer ~

Ke|bab ⟨m.; - od. -s, - od. -s; Kochk.⟩ *am Spieß gebratenes, in kleinen Stückchen abgeschnittenes, scharf gewürztes Hammel- od. Lammfleisch;* oV *Kebap*

Ke|bap ⟨m.; - od. -s, - od. -s; Kochk.⟩ = *Kebab*

keck ⟨Adj.⟩ **1** *munter, unbefangen, frisch;* eine ~e Antwort, Frage; er trat ~ vor und sagte … **2** *dreist, vorwitzig, verwegen;* ein ~er Bursche; sie trug ein ~es Hütchen auf dem Kopf

ke|ckern ⟨V. 400; Jägerspr.⟩ der **Fuchs, Iltis, Marder** keckert *stößt (vor Erregung) kurze, abgehackte Laute aus*

Kee|per ⟨[ki:-] m.; -s, -; Sp.; Fußb.⟩ *Torwart, Torhüter*

Keep|smi|ling ⟨[ki:psmaɪlɪŋ] n.; - od. -s; unz.⟩ *heitere, positive Lebenseinstellung*

Kees ⟨n.; -es, -e; bair.-österr.⟩ *Gletscher*

Ke|fe ⟨f.; -, -n; schweiz.⟩ = *Zuckererbse;* junge ~n

Ke|fir ⟨m.; -s; unz.⟩ *Sauermilchgetränk, das durch Zusatz von Bakterien u. Hefe aus Kuh-, Schaf- od. Ziegenmilch hergestellt wird*

Ke|gel ⟨m.; -s, -⟩ **1** *spitz zulaufender Körper mit runder od. ovaler Grundfläche, Konus;* gerader, schiefer, stumpfer ~ **2** *Holzfigur im Kegelspiel;* die ~ aufstellen (zum Spiel); ~ spielen • 2.1 ~ schieben *das Kegelspiel spielen* **3** *kegelförmiges Gebilde;* Berg~, Vulkan~ **4** ⟨veraltet⟩ *uneheliches Kind;* ~ Kind (5.1) **5** ⟨Typ.⟩ *Stärke einer Schrifttype in der Höhenrichtung des Schriftbildes* **6** ⟨Jägerspr.⟩ *aufrechte Haltung bei Hase, Kaninchen u. Wiesel, wenn sie auf den Hinterläufen sitzen u. mit den Vorderläufen den Boden nicht berühren;* „Männchen"; einen ~ machen

ke|geln ⟨V. 400⟩ *Kegel spielen, Kegel schieben;* wir gehen heute ~

ke|gel‖schie|ben ⟨alte Schreibung für⟩ *Kegel schieben*

Ke|gel|schnitt ⟨m.; -(e)s, -e; Geom.⟩ *Kurve, die sich als Schnitt einer Ebene mit einem geraden Kreiskegel ergibt*

Ke|gel|spiel ⟨n.; -(e)s, -e⟩ *Spiel, bei dem man mit einem einzigen Schwung eine Holzkugel über eine glatte Bahn rollt u. versucht, dadurch die am Ende aufgestellten neun (od. zehn) Kegel umzuwerfen*

Keh|le ⟨f.; -, -n⟩ **1** *vorderer Teil des Halses mit dem Kehlkopf,* Sy *Gurgel;* eine trockene ~ haben (vor Durst); jmdn. an od. bei der ~ packen; ein Bissen, eine Gräte blieb ihm in der ~ stecken • 1.1 jmdm. die ~ durchschneiden ⟨umg.⟩ *jmdn. töten, ermorden* • 1.2 jmdm. an die ~ springen *jmdn. tätlich angreifen* • 1.3 sich (fast) die ~ aus dem Hals schreien *sehr laut schreien* • 1.4 jmdm. ist die ~ (wie) zugeschnürt ⟨fig.⟩ *jmd. kann nicht sprechen* • 1.4.1 der Schreck schnürte mir die ~ zu ⟨fig.⟩ *ich konnte vor S. kein Wort sprechen* • 1.5 **jmdm.** das Messer **an** die ~ setzen ⟨fig.⟩ *jmdm. mit etwas drohen;* →a. *falsch (1.2.3)* **2** ⟨kurz für⟩ *Hohlkehle, langgestreckte gerundete Vertiefung zur Gliederung einer Fläche* **3** *Rückseite einer Befestigungsanlage*

Kehl|kopf ⟨m.; -(e)s, -köp|fe; Anat.⟩ *knorpeliges Eingangsteil der Luftröhre u. Organ der Stimmbildung*

Kehr|aus ⟨m.; -, -⟩ **1** *der letzte Tanz am Ende eines Festes;* den ~ tanzen **2** den ~ machen *Schluss machen, aufräumen*

Keh|re ⟨f.; -, -n⟩ **1** *scharfe Biegung (des Weges), scharfe Kurve* **2** ⟨Sp.⟩ • 2.1 *Wendung am Turngerät* • 2.2 *Absprung mit dem Rücken zum Gerät*

keh|ren¹ ⟨V. 402⟩ (**etwas**) ~ **1** *fegen, mit dem Besen saubermachen;* den Ofen, Schornstein ~; den Hof, die Straße, Treppe, das Zimmer ~; den Schnee vom Dach, vom Fenstersims ~ • 1.1 jeder kehre vor seiner Tür! ⟨fig.⟩ *jeder kümmere sich um seine eigenen Angelegenheiten;* →a. *neu (1.2)*

keh|ren² ⟨V.⟩ **1** ⟨511⟩ **etwas**, einen Körperteil zu od. nach einem Gegenstand ~ *etwas drehen, wenden, richten auf od. zu etwas (hin);* die Augen zum Himmel ~; die Innenseite nach außen ~ • 1.1 ⟨530⟩ jmdm. den **Rücken** ~ *zuwenden* • 1.2 ⟨511⟩ das Unterste zuoberst ~ *alles durcheinanderbringen, umdrehen* • 1.3 ⟨400⟩ der Wind hat gekehrt ⟨schweiz.⟩ *kommt jetzt aus einer anderen Richtung* **2** ⟨500/Vr 3⟩ **sich** ~ *eine halbe Drehung ausführen;* ganze Abteilung kehrt! (erg.: kehrt!) (militärisches Kommando) **3** ⟨550/Vr 3⟩ **sich nicht an etwas** ~ *nicht um etwas kümmern, etwas nicht beachten;* sie kehrte sich nicht an seinen Zorn, seine Ermahnungen **4** ⟨511, nur im Part. Perf.⟩ in sich gekehrt ⟨fig.⟩ *still, nicht geneigt, sich mitzuteilen, verschlossen*

Keh|richt ⟨m. od. n.; -s; unz.⟩ *zusammengekehrter Unrat, Abfall, Müll;* ~abfuhr; ~beseitigung

Kehr|seite ⟨f.; -, -n⟩ **1** *die Rückseite;* die ~ eines Bildes **2** ⟨fig.; umg.; scherzh.⟩ *hintere Seite einer Person, Rücken, Gesäß;* jmdm. seine ~ zuwenden **3** ⟨fig.⟩ *die ungünstige Seite (einer Sache)* • 3.1 die ~ der Medaille ⟨fig.⟩ *die negative Seite einer Angelegenheit*

kehrt‖ma|chen ⟨V. 400; umg.⟩ **1** *eine halbe Drehung vollführen, sich umdrehen;* sie machte auf dem Absatz kehrt u. verschwand **2** *umkehren, zurückgehen, zurückfahren;* wir mussten kehrtmachen, da wir unsere Reisepässe vergessen hatten

Kehr|wert ⟨m.; -(e)s, -e⟩ = *reziproker Wert,* → *reziprok (1.1)*

kei|fen ⟨V. 400; abwertend⟩ *lautstark in hoher Tonlage zanken, schimpfen, streiten;* sie kieften den ganzen Tag; jetzt hast du lange genug gekeift

Keil ⟨m.; -(e)s, -e⟩ **1** *zum Spalten od. als Hemmvorrichtung dienender prismatischer Körper, von dem zwei Seiten spitzwinklig in einer Kante zusammenstoßen;* einen ~ in einen Spalt treiben; einen ~ unter die Räder legen • 1.1 ~ und Gegenkeil *zwei Keile, die nacheinander mehrmals so ins Holz getrieben werden, dass der eine den anderen lockert u. das Holz schließlich gespalten wird* **2** ⟨fig.⟩ • 2.1 einen ~ zwischen zwei Menschen treiben *das gute Einvernehmen zwischen zwei M. zu stören suchen, Zwietracht säen* 2.2 ein ~ treibt den anderen *auf eine Zwangsmaßnahme muss eine weitere folgen;* →a. *grob (4.2)* **3** *dreieckiger, spitzwinkliger Stoffteil in Kleidungsstücken*

Kei|le ⟨nur Pl.; umg.⟩ *Schläge, Prügel;* ~ kriegen

Kei|ler ⟨m.; -s, -⟩ *männliches Wildschwein, Wildeber*

Kei|le|rei ⟨f.; -, -en; umg.⟩ *Schlägerei, Prügelei, Handgemenge*

Keim ⟨m.; -(e)s, -e⟩ **1** *einfaches Ausgangsgebilde eines Lebewesens, Embryo;* der junge, zarte ~ (einer Pflanze u. a.) **2** *Krankheitserreger;* Krankheits~; ~ der Ansteckung; die ~e beim Kochen abtöten **3** ⟨fig.; geh.⟩ *Anfang, Beginn, Ausgangspunkt;* der ~ der Liebe,

keimen

des Hasses • **3.1** dieses Erlebnis hat den ~ für seine spätere Entwicklung, Handlungsweise gelegt *stellte den Ausgangspunkt dar* • **3.2** einen Aufstand im ~ ersticken *vor dem Ausbruch, im Entstehen* • **3.3** die Absicht war damals schon im ~ vorhanden *im Ansatz*

kei|men ⟨V. 400⟩ **1** *aus einem Keim zu wachsen beginnen, Triebe hervorbringen* • **1.1** ~des **Leben** ⟨geh.⟩ *werdendes (menschliches) Leben, Kind im Mutterleib* **2** eine **Sache** keimt *beginnt sich zu entwickeln;* in ihrem Herzen keimte eine schüchterne Liebe

Keim|zel|le ⟨f.; -, -n⟩ *Zelle der Vielzeller, die nur der Fortpflanzung dient, Geschlechtszelle*

kein ⟨Indefinitpron.⟩ **1** *nicht einer (eine Person), nicht ein (eine Sache); Ggs jede(r, -s);* ~ Kind, ~es der Kinder; ~ einziges Mal; er ist ~ Deutscher; ich habe ~ Geld; ich habe ~e Lust; ich habe (gar) ~e Zeit; nur ~e Angst!; Sie machen sich ~e Vorstellung, wie herrlich es war; ~er von ihnen, von uns, von beiden; ~ anderer war es • **1.1** ~er, ~ **Mensch** ⟨umg.⟩ *niemand;* und wenn man dann fragt, will es wieder ~er gewesen sein; das weiß ~er; ~ Mensch war da **2** ⟨Wendungen⟩ • **2.1** ~ **bisschen** *überhaupt nicht(s)* • **2.2** ~e **Spur**! *ganz und gar nicht, wirklich nicht* • **2.3** ~e **Ahnung**! *ich weiß es nicht* • **2.4** an ~er **Stelle** *nirgends, nirgendwo* • **2.5** in ~er **Weise** *überhaupt nicht, gar nicht* • **2.6** auf ~en **Fall** *ganz bestimmt nicht* • **2.7** ~e **Ursache**! *bitte, gern geschehen (als Antwort auf Dank)*

kei|ner|lei ⟨Adj. 24/60⟩ *nicht das Geringste, nicht den Geringsten, nicht die Geringsten, von keiner Art;* er hat auf sie ~ Einfluss; ich mache mir darüber ~ Gedanken; auf ~ Weise

kei|nes|falls ⟨Adv.⟩ *auf keinen Fall;* ich komme ~; er darf mich ~ hier sehen

kei|nes|wegs ⟨a. [- -'-] Adv.⟩ *durchaus nicht, ganz u. gar nicht;* möchtest du gern mitkommen? ~!; er ist ~ so klug, wie er scheint

kein|mal *auch:* **kein Mal** ⟨Adv.⟩ *nicht ein einziges Mal;* er hat ~ aus dem Urlaub angerufen

Keks[1] ⟨m. od. n.; - od. -es, - od. -e⟩ *kleines, trockenes Gebäckstück*

Keks[2] ⟨m.; -es, -e; salopp⟩ **1** *Kopf* • **1.1** du gehst mir auf den ~! *du gehst mir auf die Nerven, bist mir lästig* • **1.2** du hast wohl einen weichen ~! *du bist wohl nicht recht bei Verstand!*

Kelch ⟨m.; -(e)s, -e⟩ **1** *(meist kostbares, geschliffenes) Trinkglas mit Fuß, bes. das Gefäß für den Wein beim Abendmahl;* der Priester trinkt aus dem ~ **2** ⟨fig.⟩ *schweres Schicksal;* der ~ des Leidens • **2.1 bitterer** ~ *schwer zu bewältigendes Schicksal, bitteres Erlebnis* • **2.2** den (bitteren) ~ bis zur Neige leeren *etwas Schweres bis zu Ende tragen, keine Widerwärtigkeit erspart bekommen* • **2.3** möge dieser ~ an mir vorübergehen ⟨fig.⟩ *möge mir dieses Schwere erspart bleiben (nach dem Ausspruch Christi, Matth. 26,39)* **3** ⟨Bot.⟩ *meist grüner, oft verwachsener äußerer Teil einer doppelten Blütenhülle*

Kel|le ⟨f.; -, -n⟩ **1** *Gerät aus dreieckiger Platte u. geschwungenem Griff zum Anwerfen des Putzes an die* Mauer; Maurer~ **2** *runder, tiefer Löffel zum Schöpfen;* Schöpf~; Suppen~ **3** ⟨Eisenb.⟩ *Stab, mit dem das Abfahrtszeichen gegeben wird* **4** ⟨Jägerspr.⟩ *Schwanz des Bibers*

Kel|ler ⟨m.; -s, -⟩ **1** *Geschoss des Hauses unter der Höhe der Straße;* im ~ befindet sich noch ein Bastelraum **2** *unterirdischer Aufbewahrungsraum;* Kartoffel~, Wein~; Wein, Bier aus dem ~ holen • **2.1** auftischen, was Küche und ~ zu bieten haben ⟨fig.⟩ *reichlich Speise und Trank auftischen* **3** *(urspr. im Keller liegende) Bierwirtschaft, Gaststätte (hervorgegangen aus den Bierkellern der Brauereien, die dort oft auch einen kleinen Ausschank betrieben, bzw. aus der Gaststätte im Rathaus);* Löwenbräu~, Rats~

Kell|ner ⟨m.; -s, -⟩ *Angestellter in einer Gaststätte zum Bedienen der Gäste*

Kell|ne|rin ⟨f.; -, -rin|nen⟩ *weibl. Kellner*

Kel|ter ⟨f.; -, -n⟩ *Fruchtpresse, bes. für Trauben*

Ke|me|na|te ⟨f.; -, -n⟩ **1** ⟨urspr.⟩ *beheizbares Wohngemach (in Burgen)* • **1.1** ⟨später⟩ *Frauengemach* **2** ⟨heute; meist scherzh.⟩ *kleines, gemütliches (Wohn- od. Studier-)Zimmer;* er hat sich in seine ~ zurückgezogen

ken|nen ⟨V. 166/500⟩ **1** ⟨Vr 7 od. Vr 8⟩ **jmdn. od. etwas** ~ *über das Wesen von jmdm. od. etwas Bescheid wissen;* jmdn. (nur) vom Sehen ~; ich kenne ihn von früher; jmdn. flüchtig, etwas, gut, schon lange ~ • **1.1** ⟨513⟩ jmdn. (nur) dem Namen nach ~ *über das Wesen von jmdm. nicht aus eigener Erfahrung Bescheid wissen* • **1.2** ⟨513⟩ jmdn. (persönlich) ~ *sich aufgrund einer od. wiederholter Begegnungen ein Bild von einer Person machen können, sich mit ihrer Eigenheit vertraut gemacht haben, Erfahrungen mit ihr gemacht haben;* ~ Sie Herrn X? (als einleitende Frage bei der Vorstellung); ich habe Ihren (verstorbenen) Vater gut gekannt; da kennst du mich aber schlecht (wenn du so etwas von mir denkst)!; ich kenne ihn nur als anständig und bescheiden • **1.3** kennst du mich (überhaupt) noch? erinnerst du dich noch an mich? • **1.4** er kennt mich nicht mehr *er beachtet mich nicht, verleugnet unsere Bekanntschaft* **2 etwas** ~ *von etwas wissen, Bescheid wissen über etwas, bewandert sein in etwas;* ich kenne das Lied auswendig; kennst du hier ein gutes Gemüsegeschäft?; diese Blumen kennt man hier nicht • **2.1** eine Stadt, ein Land ~ *(schon) in einer Stadt, in einem Land gewesen sein* **3** ein literarisches **Werk,** musikalisches Werk ~ *(schon einmal) gesehen, gelesen, gehört haben;* ich kenne von Mozart nur die „Zauberflöte"; kennst du etwas (ein Werk) von Hemingway? **4** ⟨fig.⟩ • **4.1** er kennt nichts anderes als seine Arbeit *er beschäftigt sich nur mit seiner A.* • **4.2** die Begeisterung, der Jubel kannte keine Grenzen *die B., der J., war unbeschreiblich groß* • **4.3** ⟨514⟩ er kennt sich nicht vor Wut *er ist vor Wut außer sich* • **4.4** ⟨510⟩ da kenne ich nichts! *da ist mir alles gleichgültig, ich tue es doch!* • **4.5** ja, das kenne ich! ⟨umg.⟩ *das habe ich schon oft gehört od. erlebt u. will davon nichts mehr wissen, hör mir damit auf!* • **4.6** ich kenne meine Leute ⟨umg.⟩ *mir kann keiner etwas vormachen, ich durchschaue sie* *alle* **5** ⟨Getrennt- u. Zusammenschreibung⟩ • 5.1 ~ lernen = *kennenlernen*

ken|nen||ler|nen *auch:* **ken|nen ler|nen** ⟨V. 500⟩ **1** jmdn. ~ *jmdn. zum ersten Mal treffen, jmds. Bekanntschaft machen* • 1.1 es war nett, Sie kennenzulernen / kennen zu lernen *(Formel beim Verabschieden einer Person, die man zum ersten Mal getroffen hat)* • 1.2 der wird mich ~! ⟨umg.⟩ *dem werde ich noch die Meinung sagen!* **2** etwas ~ *etwas zum ersten Mal sehen, hören, lesen;* ein neues Buch ~; er hat eine gegensätzliche, eine andere Meinung kennengelernt / kennen gelernt; ein fremdes Land, eine andere Kultur ~

Ken|ner ⟨m.; -s, -⟩ *erfahrener Fachmann auf einem Gebiet, jmd., der sehr gut über etwas Bescheid weiß;* Wein~; er ist ein ausgezeichneter ~ der altgriechischen Literatur, orientalischer Teppiche usw.

Ken|ne|rin ⟨f.; -, -rin|nen⟩ *weibl. Kenner*

Kenn|num|mer ⟨f.; -, -n⟩ *jmdn. od. etwas kennzeichnende Nummer*

kennt|lich ⟨Adj. 80⟩ **1** etwas ist (an etwas) ~ *ist (an gewissen Anzeichen) zu erkennen, wahrnehmbar;* das Vogelmännchen ist im Unterschied zum Weibchen an seinem bunteren Gefieder ~ **2** etwas (als etwas) ~ **machen** *ein Zeichen anbringen, um etwas als etwas Bestimmtes erkennbar zu machen;* eine Flüssigkeit durch ein rotes Etikett auf der Flasche als Gift ~ machen

Kennt|nis ⟨f.; -, -se⟩ **1** *Wissen (von), Erfahrung; Fach~, Sach~;* seine ~se reichen dazu nicht aus; ohne ~ der Umstände; ausgezeichnete, hervorragende, große, reiche, umfassende ~se haben • 1.1 in einer Sprache (gute) ~se besitzen *eine S. schon (gut), bis zu einem gewissen Grade beherrschen* • 1.2 das entzieht sich meiner ~ *das weiß ich nicht* **2** jmdm. etwas zur ~ bringen, geben *mitteilen, informieren* • 2.1 jmdn. davon in ~ setzen *jmdm. mitteilen, dass …, jmdn. davon unterrichten, dass …* • 2.2 etwas zur ~ nehmen ⟨geschäftl. Briefstil⟩ *die Mitteilung von etwas bestätigen* • 2.3 ich habe es zur ~ genommen *ich habe es mir angehört, (od.) angesehen u. kenne es nun, aber ich will nicht darüber urteilen*

Kenn|num|mer ⟨alte Schreibung für⟩ *Kennnummer*

Kenn|zei|chen ⟨n.; -s, -⟩ **1** *typisches Zeichen, charakteristisches Merkmal, das eine Person od. eine Sache von anderen unterscheidet;* ein ~ des Verbrechers ist eine Tätowierung am Unterarm • 1.1 *für den Straßenverkehr angemeldeten Fahrzeugen amtlich zugeteiltes Zeichen mit Buchstaben u./od. Ziffern;* Kraftfahrzeug~; ein Wagen mit dem ~ …

kenn|zeich|nen ⟨V. 500⟩ **1** jmd. kennzeichnet **etwas (durch etwas)** *bringt an etwas ein Zeichen an;* einen Weg (durch Steine, Zweige usw.) ~; eine Flasche durch ein Etikett, eine Kiste durch eine Aufschrift ~; Namen in einer Liste durch Kreuze ~ **2** ⟨Vr 7⟩ ein **Verhalten** kennzeichnet **jmdn.** *ein V. lässt jmds. Eigenart, Wesen, Charakter deutlich werden, erkennen;* diese Tat kennzeichnet seinen Mut, seine Anständigkeit; sein Verhalten kennzeichnet ihn als gut erzogenen Menschen

Ken|taur ⟨m.; -en, -en⟩ = *Zentaur*

ken|tern ⟨V. 400⟩ ein **Boot** kentert *schlägt um, kippt um*

kep|peln ⟨V. 400; österr.; umg.; abwertend⟩ *anhaltend schimpfen;* sie hat den ganzen Tag gekeppelt

Ke|ra|mik ⟨f.; -, -en⟩ **1** ⟨unz.⟩ *Technik zur Herstellung von Gegenständen aus gebranntem Ton;* einen Kurs für ~ belegen **2** ⟨zählb.⟩ *Gesamtheit der Erzeugnisse aus gebranntem Ton* • 2.1 *Produkt des Töpferhandwerks* **3** ⟨unz.⟩ *Industrie, die Gegenstände aus gebranntem Ton herstellt;* in der ~ tätig sein

Ker|be ⟨f.; -, -n⟩ *scharfkantiger Einschnitt, Vertiefung, Scharte (bes. in Holz);* ~n in einen Baumstamm ritzen • 1.1 in die gleiche ~ **hauen** ⟨fig.; umg.⟩ *das Erreichen eines Zieles, einer Absicht unterstützen, jmds. Ansicht stützen, untermauern*

Ker|bel ⟨m.; -s; unz.; Bot.⟩ *(als Suppenkraut u. Gewürz verwendeter) Angehöriger einer Gattung der Doldengewächse: Anthriscus*

Kerb|holz ⟨n.; -es, -höl|zer; MA⟩ **1** ⟨im MA⟩ *längs gespaltener Stock, von dem jeder der beiden Geschäftspartner eine Hälfte bekam, in die Kerben als Merkzeichen für Zahlungen usw. geschnitten wurden* • 1.1 etwas auf dem ~ haben • 1.1.1 ⟨urspr.⟩ *etwas schuldig sein* • 1.1.2 ⟨heute⟩ *etwas Unrechtes getan haben*

Ker|ker ⟨m.; -s, -; veraltet⟩ **1** *(unterirdisches) Gefängnis* **2** ⟨veraltet⟩ *schwere Form der Freiheitsstrafe;* zehn Jahre schweren ~ bekommen; im ~ schmachten

Kerl ⟨m.; -s, -e od. -s; umg.⟩ **1** *Mensch, Mann, Bursche, Junge;* er ist ein anständiger, feiner, gutmütiger, lieber ~; großer, junger, kräftiger, strammer ~; braver, ganzer (= tüchtiger), tapferer ~; gemeiner, schlechter ~; der arme ~!; kleiner ~ *(meist liebevoll von kleinem Jungen)* • 1.1 sie hat einen ~ ⟨derb⟩ *einen Freund, Geliebten* **2** *sympathischer Mensch;* sie ist ein hübscher, netter ~ • 2.1 *herausragendes (bes. großes) Exemplar;* wir haben solche ~e von Fischen geangelt; →a. *lang (1.1.6)* **3** ⟨abwertend für⟩ *Mensch, Mann, Bursche, Junge;* wenn doch der ~ endlich ginge!; ich kann den ~ nicht leiden; dummer, blöder, grober ~; er ist ein komischer ~

Kern ⟨m.; -(e)s, -e⟩ **1** *innerer, mittlerer Teil von etwas, Mittelpunkt, Zentrum;* Stadt~ • 1.1 *harter innerer Teil einer Frucht;* Apfel~, Apfelsinen~ • 1.2 *Stein des Steinobstes;* Kirsch~; vor dem Einmachen die ~e entfernen **2** ⟨fig.⟩ *das Innerste* • 2.1 *das Wesen, der Charakter einer Person* • 2.1.1 sie hat einen guten ~ *im Grunde einen guten Charakter, wenn es nach außen hin auch nicht so scheint* • 2.2 *das Wesen einer Sache, der einer Sache zugrunde liegende, Wesentliche;* zum ~ der Frage, Sache vorstoßen; damit hast du in der Tat den ~ des Problems getroffen; →a. *Pudel (2)* **3** ⟨Biol.⟩ *Zellkern* **4** ⟨Biol.⟩ *Ausgangs- od. Endteil der Hirn- u. Rückenmarksnerven in der grauen Substanz* **5** ⟨Phys.⟩ *Atomkern* **6** ⟨Met.⟩ *in eine Gießform eingebrachtes Formteil, das einen Hohlraum in einem Gussstück aussparen soll* **7** ⟨Chem.⟩ *Ausgangspunkt einer Kristallbildung* **8** ⟨Astron.⟩ *Kernschatten*

Kern|ener|gie ⟨f.; -; unz.⟩ *durch Spaltung von Atomkernen gewonnene Energie;* Sy *Atomenergie*

ker|nig ⟨Adj.⟩ *kräftig u. gesund, fest u. stark, kraftvoll, markig, urwüchsig;* ~er *Ausspruch;* ~er *Mann*

Kern|kraft|werk ⟨n.; -(e)s, -e⟩ *Kraftwerk, in dem die kontrollierte Spaltung von Atomkernen zur Energiegewinnung genutzt wird;* Sy *Atomkraftwerk*

Kern|obst ⟨n.; -es; unz.⟩ *Obstgattungen der zur Familie der Rosengewächse gehörenden Unterfamilie der Pomoidae, deren Frucht aus dem Kernhaus mit den Kernen als Samen besteht und zu denen z. B. Apfel, Birne, Eberesche u. Weißdorn gehören*

Kern|re|ak|tor ⟨m.; -s, -en⟩ *Anlage, in der Spaltungen von Atomkernen in einer kontrollierten Kettenreaktion ablaufen u. Energie frei wird;* Sy *Atomreaktor*

Ke|ro|sin ⟨n.; -s; unz.⟩ *als Treibstoff für Flugzeuge verwendetes Petroleum*

Ker|ze ⟨f.; -, -n⟩ **1** *zylindrischer Beleuchtungskörper aus Stearin, Wachs, Talg, Paraffin mit einem Docht aus geflochtener Baumwolle;* Altar~, Stearin~, Wachs~, Weihnachts~; ~n *gießen, ziehen; die* ~n *anzünden, auslöschen, ausbrennen lassen; für einen Altar, einen Heiligen, die Muttergottes eine* ~ *stiften; gegossene, gezogene* ~; *sein Leben verlosch so still wie eine* ~ ⟨poet.⟩ **2** ⟨fig.⟩ *kerzenähnliches Gebilde* • **2.1** *kerzenähnliche Pflanzenblüten;* Kastanien~ **3** = *Zündkerze; die* ~n *auswechseln; die* ~n *reinigen* **4** ⟨Turnen⟩ *Nackenstand, Turnübung, bei der Beine u. Rumpf aus der Rückenlage gerade nach oben gestreckt werden, so dass nur noch Kopf, Nacken, Schultern u. Arme den Boden berühren; die* ~ *machen* **5** ⟨Fußb.⟩ *steiler Schuss* **6** ⟨veraltet; Phys.⟩ *Maßeinheit der Lichtstärke*

Ke|scher ⟨m.; -s, -⟩ *an einem Stab befestigtes Fangnetz zum Fischen;* oV *Käscher*

kess ⟨Adj.; umg.⟩ **1** *jmd. ist* ~ *ist auf harmlose Weise frech, dreist od. vorlaut; ein* ~er *Bursche* **2** *jmd. ist* ~ *flott, schneidig* **3** *ein* **Kleidungsstück** *ist* ~ *ist modisch u. dabei herausfordernd; ein* ~es *Hütchen*

Kes|sel ⟨m.; -s, -⟩ **1** *größeres, bauchiges Metallgefäß zum Erhitzen od. Verdampfen von Flüssigkeiten;* Dampf~, Heiz~, Wasser~; *den* ~ *aufs Feuer setzen, vom Feuer nehmen; früher wurde Wäsche im* ~ *gekocht* • **1.1** *weites, gerundetes Tal;* Tal~ **2** ⟨Mil.⟩ *umstelltes, umzingeltes, kreisförmiges Stück Land, in dem sich der Feind, Flüchtling o. Ä. befindet; die feindlichen Truppen in einem* ~ *einschließen* **3** ⟨Jägerspr.⟩ • **3.1** *Lager mehrerer Wildschweine* • **3.2** *kreisförmiges Stück Feld, in dem das Wild (bes. Hasen) bei der Kesseljagd zusammengetrieben wird* • **3.3** *der kreisförmig erweiterte Wohnraum nach der Eingangsröhre im Dachs- und Fuchsbau*

Kes|sel|trei|ben ⟨n.; -s, -⟩ **1** ⟨Jagdw.⟩ *Treibjagd (bes. auf Hasen), bei der die Treiber, von einem Punkt nach zwei Seiten ausgehend, einen Ring bilden, in dem das Wild wie in einem Kessel eingeschlossen ist u. auf den Mittelpunkt zugetrieben wird* **2** *ein* ~ *gegen jmdn. veranstalten* ⟨fig.⟩ • **2.1** *ihn einkreisen, um ihn zu vernichten* • **2.2** *gegen ihn von allen Seiten hetzen, um ihn mundtot zu machen*

Ketch|up *auch:* **Ket|chup** ⟨[kɛtʃʌp], [kɛtʃəp] od. [kɛtʃup] m. od. n.; -s, -s⟩ = *Ketschup*

Ketsch|up *auch:* **Ket|schup** ⟨[kɛtʃʌp], [kɛtʃəp] od. [kɛtʃup] m. od. n.; -s, -s⟩ *dickflüssige, pikant gewürzte (Tomaten-)Soße;* oV *Ketchup*

Ket|te¹ ⟨f.; -, -n⟩ **1** *Band aus (meist metallenen) Gliedern, die ineinandergreifen od. durch Gelenke miteinander verbunden sind;* Glieder~, Gelenk~, Panzer~ • **1.1** *Kette (1) für Zug u. Antrieb;* Anker~, Fahrrad~; *die* ~ *ölen* • **1.2** *Band (1) als Schmuck od. zum Befestigen eines Anhängers;* Ordens~, Uhr~; Bernstein~, Perlen~, Hals~; *goldene, silberne* ~; *eine* ~ *um den Hals tragen* • **1.3** *Kette (1) zum Anbinden, Festhalten; die* ~ *(an der Tür) vorlegen; einen Hund an die* ~ *legen* **2** *eine Reihe nahe beieinanderliegender od. miteinander verbundener Gegenstände;* Berg~, Blumen~, Seen~ **3** *zu einem bestimmten Zweck aufgestellte Reihe von Personen;* Menschen~; *eine* ~ *bilden (um Bausteine, Bücher o. Ä. weiterzureichen)* **4** ⟨nur Pl.⟩ *Eisenfesseln; die Gefangenen wurden früher mit* ~n *aneinandergeschmiedet; einen Gefangenen in* ~n *legen; zwei Gefangene mit* ~n *aneinanderschmieden* • **4.1** *seine* ~n *abwerfen, zerreißen* ⟨a. fig.⟩ *ein Joch, eine Fremdherrschaft abschütteln, sich mit Gewalt befreien* **5** ⟨fig.⟩ • **5.1** *Folge von Vorgängen, Ereignissen od. Handlungen;* Gedanken~; *eine* ~ *von Ereignissen, Unglücksfällen* • **5.2** *ein Glied in einer* ~ *sein zu einer Gemeinschaft gehören, die jedes Mitglied braucht* • **5.3** ⟨Wirtsch.⟩ *eine Reihe von gleichartigen Dienstleistungsbetrieben, die zu demselben Unternehmen gehören u. an verschiedenen Orten tätig sind;* Laden~; Hotel~ • **6** ⟨Textilw.⟩ *Gesamtheit der Kettfäden, der Längsfäden eines Gewebes;* Ggs *Schuss (7)*

Ket|te² ⟨f.; -, -n⟩ **1** ⟨Jägerspr.⟩ *Familie jagdbarer Hühnervögel* **2** ⟨Mil.⟩ *drei gemeinsam fliegende Flugzeuge*

Kett|fa|den ⟨m.; -s, -fäden⟩ *Garn für die Kette (6) eines Webstuhls*

Ket|zer ⟨m.; -s, -⟩ **1** ⟨Rel.⟩ *jmd., der eine von einem kirchlichen Dogma abweichende Lehre vertritt* **2** *jmd., der offen von der allgemein herrschenden Meinung abweicht, sich offen gegen die allgemein herrschende Meinung stellt*

Ket|ze|rin ⟨f.; -, -rin|nen⟩ *weibl. Ketzer*

keu|chen ⟨V. 400⟩ *mit geöffnetem Mund hörbar u. mit Mühe atmen, schnaufen; „...!", keuchte er; unter einer schweren Last* ~; *vom schnellen Laufen* ~; ~d *die Worte hervorstoßen; die Dampflok keuchte den Berg hinauf* ⟨fig.⟩

Keu|le ⟨f.; -, -n⟩ **1** *nach unten dicker werdender, starker Stock als Schlag- u. Wurfgerät, Turngerät von ähnlicher Form zum Schwingen* **2** *Oberschenkel des Schlachtviehs u. Haarwildes;* Hammel~, Kalbs~, Reh~

keusch ⟨Adj.⟩ **1** *rein, unberührt, jungfräulich* **2** *sexuell enthaltsam; ein* ~es *Leben führen;* ~ *leben* **3** *zurückhaltend, schamhaft, züchtig; die Augen* ~ *niederschlagen;* ~ *und züchtig* • **3.1** *ein* ~er *Joseph* ⟨umg.; scherzh.⟩ *ein sehr zurückhaltender Mann*

Key|board ⟨[kiːbɔːd] n.; -s, -s; Mus.⟩ *elektronisch verstärktes Tasteninstrument;* ~ *spielen*

Kfz ⟨Abk. für⟩ *Kraftfahrzeug*

Kfz-Me|cha|ni|ker ⟨[--'-----] m.; -s, -; Berufsbez.⟩ jmd., der Kraftfahrzeuge repariert u. instand hält

kg ⟨Abk. für⟩ *Kilogramm*

Kha|ki ⟨n.; -s; unz.⟩ *ins Gelbliche übergehende erdbraune Farbe;* oV *Kaki*

Kib|buz ⟨m.; -, -bu|zim od. -e⟩ *landwirtschaftliches Kollektiv in Israel*

ki|chern ⟨V. 400⟩ *leise in kurzen Tönen u. mit hoher Stimme lachen*

Kick ⟨m.; -s, -s⟩ **1** ⟨bes. Fußb.⟩ *Schuss, Stoß, Tritt* **2** ⟨salopp⟩ *Vergnügen, Kitzel, Schwung; das gibt den richtigen ~* • **2.1** *durch die Einnahme von Drogen hervorgerufenes Hochgefühl, euphorischer Zustand*

Kick-down auch: **Kick|down** ⟨[-da̱u̱n] n. od. m.; -s, -s;⟩ bei automat. Getrieben von Kraftfahrzeugen *plötzliches Durchtreten des Gaspedals (zur schnelleren Beschleunigung)*

ki|cken ⟨V.; umg.⟩ **1** ⟨400⟩ *Fußball spielen* **2** *einen Ball ~ mit dem Fuß anstoßen*

Kick-off auch: **Kick|off** ⟨m.; -s, -s; schweiz.; Fußb.⟩ *Anstoß*

Kid ⟨n.; -s, -s⟩ **1** *Fell einer jungen Ziege* **2** ⟨salopp⟩ *Kind, Jugendlicher;* Kleidung für ~s u. Teens

kid|nap|pen ⟨[-næpən] V. 500⟩ **jmdn. ~** *entführen, rauben*

Kid|nap|per ⟨[-næpər] m.; -s, -⟩ *Entführer, Menschen-, Kindesräuber*

kie|big ⟨Adj.; bes. norddt.⟩ *zänkisch, schnippisch, wütend;* eine ~e Antwort bekommen

Kie|bitz¹ ⟨m.; -(e)s, -e; Zool.⟩ *mittelgroßer, schwarzweißer Watvogel aus der Familie der Regenpfeifer mit aufrichtbarem Federschopf am Hinterkopf: Vanellus vanellus*

Kie|bitz² ⟨m.; -(e)s, -e⟩ *Zuschauer beim Kartenspiel, bes. Skat, der oft lästige Ratschläge gibt*

Kie|fer¹ ⟨m.; -s, -; Anat.⟩ *einer von zwei starken, meist gegeneinander beweglichen, Zähne tragenden Knochen vieler Tiere u. des Menschen zum Erfassen u. Zerkleinern der Nahrung;* Ober~, Unter~

Kie|fer² ⟨f.; -, -n; Bot.⟩ *Gattung der Nadelhölzer mit zwei bis fünf Nadeln an einem kurzen Trieb: Pinus*

Kiel¹ ⟨m.; -(e)s, -e⟩ *harter Teil der Vogelfeder, der früher als Schreibgerät diente;* Feder~, Gänse~

Kiel² ⟨m.; -(e)s, -e⟩ **1** *unterster, von vorn der Länge nach bis hinten durchgehender, mittlerer Teil (aus Holz od. Stahl) mancher Schiffe* • **1.1** ein Schiff auf ~ legen *zu bauen beginnen*

kiel|oben ⟨Adv.⟩ *mit dem Kiel nach oben;* das Boot trieb ~ im Wasser

Kie|me ⟨f.; -, -n; Zool.⟩ *dünnhäutiges Atmungsorgan im Wasser lebender Tiere, durch dessen Wand der Gasaustausch stattfindet, indem von außen das zum Atmen aufgenommene Wasser, von innen die Körperflüssigkeit daran herantritt: Branchia*

Kien ⟨m.; -(e)s, -e⟩ *harziges Kiefernholz;* ~span

Kies ⟨m.; -es, -e; Pl. selten⟩ **1** *lose Anhäufung von zerkleinerten, durch Wassereinwirkung abgerundeten Gesteinsstücken bis rd. 3 cm Durchmesser* **2** ⟨Min.⟩ *Schwefel-, Arsen- od. Antimonerz von metallischem Aussehen;* Arsen~, Schwefel~ **3** ⟨unz.; umg.⟩ *Geld*

Kie|sel ⟨m.; -s, -⟩ *Kieselstein, kleiner, durch strömendes Wasser rundgeschliffener Stein*

Kiez ⟨m.; -es, -e; bes. berlin.⟩ **1** *(alter) Orts-, Stadtteil* **2** *Stadtviertel, in dem Prostitution betrieben wird;* auf den ~ gehen; auf dem ~ arbeiten

kil|len¹ ⟨V. 500; umg.⟩ **jmdn. ~** *töten*

kil|len² ⟨V. 400⟩ *das Segel* killt *flattert im Wind*

Ki|lo ⟨n. 7; -s, -; umg.; Kurzw. für⟩ *Kilogramm*

ki|lo…, Ki|lo… ⟨in Zus.; Abk.: k⟩ *tausendfach, Tausend …*

Ki|lo|gramm ⟨a. ['---] n. 7; -s, -; Zeichen: kg⟩ *1 000 Gramm*

Ki|lo|joule ⟨a. [-dʒau̱l] od. [-dʒu̱:l] n. 7; - od. -s, -; Zeichen: kJ⟩ *1000 Joule*

Ki|lo|ka|lo|rie ⟨a. [----'-] f. 7; -, -n; Zeichen: kcal⟩ *1 000 Kalorien, nicht mehr zulässige Maßeinheit, zu ersetzen durch die Einheit Kilojoule; 1 kcal = 4,185 kJ*

Ki|lo|me|ter ⟨m. 7; -s, -; Zeichen: km⟩ *1 000 Meter*

Ki|lo|watt ⟨a. ['---] n. 7; -s, -; Zeichen: kW⟩ *1000 Watt*

Kilt ⟨m.; -s, -s⟩ *(von Männern getragener) knielanger, karierter Schottenrock*

Kim|me ⟨f.; -, -n⟩ **1** *Einschnitt am Visier der Handfeuerwaffen, der mit dem Korn beim Zielen eine Linie bilden muss;* ~ und Korn **2** *in der Daube befindlicher Einschnitt, in dem der Fassboden gehalten wird*

Ki|mo|no ⟨a. ['---] m.; -s, -s⟩ **1** *weites, mit einem Gürtel geschlossenes japanisches Gewand* **2** *im Judo getragene Jacke*

Kind ⟨n.; -(e)s, -er⟩ **1** *Mensch von der Geburt bis zum Eintritt der Geschlechtsreife;* sie ist bei der Geburt des ~es gestorben; ein ~ stillen, pflegen, erziehen; sein leibliches ~; neugeborenes ~; uneheliches ~; ein ~ in Pflege geben, haben; artiges, braves, gutes, kluges, liebes, schwieriges, ungezogenes, verwöhntes ~; hübsches, niedliches, reizendes ~; das hat er schon als (kleines) ~ getan; ein ~ bekommen, kriegen, empfangen, gebären, zeugen; ~er unter 14 Jahren haben keinen Zutritt; als ~ war ich oft dort; er ist doch noch ein ~!; bitte benimm dich, du bist kein (kleines) ~ mehr!; Weib und ~ haben, verlassen (poet.); ~er und Narren sagen die Wahrheit ⟨Sprichw.⟩; kleine ~er, kleine Sorgen - große ~er, große Sorgen ⟨Sprichw.⟩ • **1.1** mit einem ~e gehen ⟨veraltet⟩ *schwanger sein* • **1.2** ein ~ unter dem Herzen tragen ⟨poet.⟩ *schwanger sein* • **1.3** ein ~ erwarten *schwanger sein* • **1.4** einer Frau ein ~ machen ⟨derb⟩ *eine F. schwängern* • **1.5** ein ~ der **Liebe** ⟨veraltet⟩ *uneheliches Kind* • **1.6** aus ~ern werden Leute ⟨Sprichw.⟩ *die Zeit geht hin, man wird alt* • **1.7** von ~ an od. auf *von den ersten Lebensjahren an* • **1.8** ich bin bei ihnen wie (das) ~ im Hause *ganz vertraut, ganz heimisch* **2** ⟨nur Pl.; Sammelbez. für⟩ ~er *Junge u. Mädchen, Sohn u. Tochter;* hat er ~er?; unsere ~er; sie haben fünf ~er; sie haben schon große, erwachsene ~er **3** *(liebevolle Anrede vor allem für Kinder und Jugendliche);* mein (liebes) ~!; ~er, hört mal zu!; aber ~! (das geht doch nicht) **4** ⟨fig.⟩ *Abkömmling, jmd., der (noch) von seiner Herkunft, Abstammung, seinem Schicksal geprägt ist* • **4.1** er ist ein Berliner, Münchner ~ *er stammt aus B., M.*

Kindbett

• 4.2 die ~er **Gottes** ⟨poet.⟩ *die Menschen* • 4.3 er ist ein ~ seiner **Zeit** *er ist durch seine Zeit geprägt worden* • 4.4 da sieht man, wes Geistes ~ er ist *was für eine Bildung, (od.) Gesinnung er hat* • 4.5 er ist ein ~ des **Todes** ⟨fig.⟩ *er wird sterben* **5** ⟨fig.⟩ • 5.1 mit ~ und **Kegel** *mit der ganzen Familie* • 5.2 **an** ~es **statt** annehmen *adoptieren* • 5.3 wie sag' ich's meinem ~e? *wie bringe ich ihm (auch einem Erwachsenen) die Sache schonend bei?* • 5.4 das weiß jedes ~ *jeder* • 5.5 das ~ beim (richtigen) Namen nennen ⟨fig.⟩ *etwas ohne Umschweife aussprechen* • 5.6 wir werden das ~ schon schaukeln *die Sache zuwege bringen, die Angelegenheit richtig, gut erledigen* • 5.7 das ~ muss doch einen Namen haben ⟨fig.⟩ *die Sache muss irgendwie bezeichnet werden, braucht eine Begründung* • 5.8 das ~ mit dem Bade ausschütten *zu schnell, zu radikal u. unüberlegt handeln;* →a. *Brunnen* (1.1)

Kind|bett ⟨n.; -(e)s; unz.⟩ **1** *Wochenbett* • 1.1 ins ~ kommen *ein Kind bekommen, gebären* • 1.2 im ~ sterben *an den Folgen einer Geburt sterben*

Kin|der|gar|ten ⟨m.; -s, -gär|ten⟩ *Einrichtung zur Betreuung u. Erziehung drei- bis sechsjähriger, noch nicht schulpflichtiger Kinder;* →a. *Hort (3);* kirchlicher, privater, städtischer ~

Kin|der|gärt|ne|rin ⟨f.; -, -rin|nen⟩ = *Erzieherin (2)*

Kin|der|schuh ⟨m.; -(e)s, -e⟩ **1** *Schuh für Kinder* **2** ⟨nur Pl.; fig.⟩ *Beginn, Anfangsstadium einer Entwicklung, Jugend* • 2.1 die ~e ausziehen, ausgetreten haben *erwachsen geworden sein, die Kindheit, Jugend hinter sich haben* • 2.2 jmd. steckt noch in den ~en *ist noch nicht erwachsen* • 2.3 eine **Entwicklung**, ein Verfahren steckt noch in den ~en *steht noch am Beginn, ist noch in Entwicklung begriffen; die Herzchirurgie steckte damals noch in den ~en*

Kin|der|spiel ⟨n.; -(e)s, -e⟩ **1** *Spiel für Kinder* **2** ⟨fig.⟩ *etwas sehr Leichtes, sehr Einfaches, etwas, das einem sehr leicht fällt; das ist ein ~ für ihn*

Kin|der|stu|be ⟨f.; -, -n; veraltet⟩ **1** *Zimmer für die Kinder* **2** ⟨fig.⟩ *Erziehung im Elternhaus, Umgangsformen* **3** *eine gute, schlechte ~ haben eine gute, schlechte Erziehung genossen haben, gute, schlechte Umgangsformen haben* • 3.1 seine gute ~ verleugnen *sich (trotz guter Erziehung) schlecht benehmen*

Kin|der|wa|gen ⟨m.; -s, -⟩ *Wagen zum Spazierenfahren von Babys u. Kleinkindern*

Kind|heit ⟨f.; -; unz.⟩ *Lebensjahre des Menschen von der Geburt bis zur Geschlechtsreife; eine glückliche, schöne, sorglose ~ haben, verbringen; ich habe meine ~ in England verbracht; in früher ~; von ~ an*

kin|disch ⟨Adj.⟩ **1** *ein Erwachsener ist ~ verhält sich wie ein Kind;* alte Leute werden oft ~ **2** *jmd. verhält sich ~ albern, lächerlich; sich ~ benehmen; sei nicht so ~!*

kind|lich ⟨Adj.⟩ **1** *einem Kinde gemäß, entsprechend, in der Art eines Kindes, unschuldig, naiv; eine ~e Freude an etwas haben* • 1.1 er, sie ist ein ~es Gemüt *ein wenig einfältig;* ~e Liebe; ~er Gehorsam; ~e Spiele; sein Gesicht war noch weich und ~

Kinn ⟨n.; -(e)s, -e⟩ *rundlicher Vorsprung am unteren Ende des Unterkieferknochens des Menschen: Mentum;* sich (bedächtig, nachdenklich) das ~ reiben, streichen; energisches, fliehendes, kräftiges, rundes, spitzes, vorspringendes ~; das ~ in die Hand stützen; jmdm. unters ~ fassen (um sein Gesicht hochzuheben)

Ki|no ⟨n.; -s, -s⟩ *Raum od. Gebäude zur Vorführung von Filmen;* ins ~ gehen

Ki|osk ⟨m.; -(e)s, -e⟩ *frei stehendes Verkaufshäuschen, kleiner Verkaufsraum od. Stand für Zeitungen, Zigaretten, Süßigkeiten u. Getränke usw.;* Zeitungs~

Kip|fel ⟨n.; -s, - od. -n⟩ = *Kipferl*

Kip|ferl ⟨n.; -s, - od. -n; österr.⟩ *längliches, gebogenes, an den Enden spitz zulaufendes Weizengebäck, Hörnchen;* oV *Kipfel*

Kip|pe[1] ⟨f.; -, -n⟩ **1** ⟨Turnen⟩ *Turnübung, bei welcher der am Gerät Hängende die Beine gerade nach vorn hebt u. sich dann mit den Hüften einen Schwung nach rückwärts gibt, so dass er im Stütz landet* **2 auf** der ~ **stehen** ⟨fig.⟩ *unsicher, wackelig sein; das Unternehmen steht auf der ~; es stand auf der ~, ob wir unseren Ausflug machen konnten; er steht im Rechnen auf der ~ zwischen 1 u. 2* **3** ⟨Bgb.⟩ • 3.1 *Stelle, an der aus einem Bergwerk geförderter Abraum gelagert wird* • 3.2 *der so gelagerte Abraum*

Kip|pe[2] ⟨f.; -, -n; mittel-, nddt.⟩ *Zigarettenstummel*

kip|peln ⟨V. 400⟩ **1** *ein Gegenstand kippelt wackelt, steht nicht fest; der Schrank, Stuhl kippelt* **2** *sich mit dem Stuhl nach hinten beugen u. auf den beiden hinteren Stuhlbeinen schaukeln*

kip|pen ⟨V.⟩ **1** ⟨400⟩ **jmd.** *od. ein* **Gegenstand kippt** *droht umzustürzen, fällt (fast) um; der Schrank kippt; vom Stuhl ~* **2** ⟨500⟩ **einen Behälter** ~ *aus einer stabilen in eine labile Lage bringen (u. umwerfen); eine Kiste ~* **3** **Flüssigkeiten (Gefäße)** ~ *F. (aus Gefäßen) ausschütten, ausgießen; (einen Eimer) Wasser vor die Tür ~* **4** ⟨500⟩ einen ~ ⟨fig.⟩ *ein Glas Schnaps trinken* **5** ⟨500⟩ eine Zigarette ~ *zur Hälfte geraucht ausdrücken* **6** ⟨500⟩ *Münzen* ~ *und wippen* • 6.1 ⟨17./18. Jh.⟩ *etwas von ihnen abschneiden und sie heftig in die Waagschale werfen (damit sie sinkt)* • 6.2 *Münzen verschlechtern u. einschmelzen* **7** ⟨500⟩ jmdn. od. etwas ~ ⟨fig.⟩ *scheitern lassen* • 7.1 jmdn. ~ *absetzen, entlassen* 7.2 ein Gesetzentwurf, ein Vorhaben ~ *verhindern*

Kir|che ⟨f.; -, -n⟩ **1** *(bes. christliche) institutionalisierte Glaubensgemeinschaft;* die christliche, evangelische, katholische, lutherische, reformierte ~; aus der ~ austreten; zu einer ~ gehören; →a. *sichtbar* (1.1) **2** *christliches Gotteshaus; gotische, romanische, moderne* ~ • 2.1 mit der ~ ums Dorf fahren, laufen, mit der ~ ums Kreuz gehen ⟨fig.; österr.⟩ *einen unnötigen Umweg machen* • 2.2 wir wollen die ~ im Dorf lassen ⟨fig.⟩ *wir wollen die Sache nicht übertreiben* **3** *Gottesdienst; die ~ ist aus; heute ist (keine) ~;* zur ~ läuten; aus der ~ kommen; in die ~ gehen; zur ~ gehen; das ist so gewiss, so sicher wie das Amen in der ~ ⟨Sprichw.⟩

Kir|chen|maus ⟨f.; -, -mäu|se; nur in der Wendung⟩ arm wie eine ~ sein *sehr arm (da es in der Kirche keine Nahrung für Mäuse gibt)*

kirch|lich ⟨Adj. 24⟩ **1** *zur Kirche gehörend, von ihr ausgehend, ihr gemäß, ihr zukommend;* ~er Feiertag; ~er Würdenträger • 1.1 ~e Gerichtsbarkeit *Recht u. Rechtsausübung der Kirche über ihre Mitglieder* • 1.2 ~e Trauung *T. durch einen Geistlichen in der Kirche* **2** *jmd. denkt, handelt* ~ *denkt, handelt, verhält sich im Sinne der Kirche;* ~ gesinnt

Kirch|spiel ⟨n.; -(e)s, -e⟩ *Pfarrbezirk*

Kirch|weih ⟨f.; -, -en⟩ *Jahresfeier der Einweihung der Kirche mit Jahrmarkt u. Vergnügungen;* Sy *Kirmes*

Kir|mes ⟨f.; -, -sen⟩ = *Kirchweih*

kir|re ⟨Adj. 80; umg.⟩ **1** *nervös, unruhig;* ~ werden **2** *gezähmt, gefügig;* jmdn. ~ kriegen **3** ⟨Getrennt- u. Zusammenschreibung⟩ • 3.1 ~ machen = *kirremachen*

kir|re|ma|chen *auch:* **kir|re ma|chen** ⟨V. 500⟩ jmdn. ~ *jmdn. nervös machen, in Aufregung versetzen;* du machst mich kirre

Kir|sche ⟨f.; -, -n⟩ **1** ⟨Bot.⟩ *einer Gattung der Steinobstgewächse angehörender Obstbaum: Prunus avium;* Süß~, Sauer~ **2** *Frucht der Kirsche (1)* • 2.1 mit jmdm. ist nicht gut ~ essen ⟨fig.⟩ *mit jmdm. kann man nicht gut auskommen*

Kis|sen ⟨n.; -s, -⟩ **1** *weiches Polster, viereckiger od. runder Beutel mit weicher Füllung;* Kopf~, Nadel~, Sitz~, Sofa~; jmdm. ein ~ unter den Kopf legen **2** ⟨nur Pl.⟩ *Bett, Bettzeug;* einem Kranken die ~ aufschütteln; sich in den ~ aufrichten; in die ~ zurücksinken

Kis|te ⟨f.; -, -n⟩ **1** *rechtwinkliger Holz- od. Metallbehälter, Truhe;* Blech~, Holz~, Bücher~, Porzellan~, Zigarren~; eine ~ Wein, Zigarren • 1.1 (alle) ~n **und Kästen** durchsuchen *alle Behälter* **2** ⟨fig.; umg.⟩ *Sache, Angelegenheit* 2.1 und fertig ist die ~! *Sache, Arbeit;* die ganze ~ kostet nur zehn Euro • 2.2 eine **faule** ~ *eine bedenkliche, anrüchige Angelegenheit* **3** ⟨fig.; umg.⟩ *alter Kraftwagen, altes Schiff* • 3.1 eine **alte** ~ *altes Fahrzeug* **4** ⟨scherzh.; Fußb.⟩ *Tor* **5** ⟨Fliegerspr.⟩ *Flugzeug;* in die ~ steigen

Kitsch ⟨m.; -(e)s; unz.; abwertend⟩ *süßliche, sentimentale Scheinkunst*

kit|schig ⟨Adj.⟩ *in der Art des Kitschs, süßlich-sentimental;* ein ~es Buch; der Film war ~

Kitt ⟨m.; -(e)s, -e⟩ **1** *flüssiger od. plastischer Stoff, der an der Luft hart wird u. zum Kleben u. Dichten von Gegenständen od. zum Ausfüllen von Fugen dient;* Glaser~, Holz~, Porzellan~, Stein~ • 1.1 der ganze ~ ⟨fig.; umg.⟩ *das ganze Zeug, die ganze Sache*

Kit|tel ⟨m.; -s, -⟩ **1** *hemdartiges Obergewand, hemdartige, über Rock od. Hose getragene Bluse* **2** *Arbeitsmantel;* Arbeits~, Arzt~, Maler~

kit|ten ⟨V. 500⟩ **1** Glas ~ *mit Kitt zusammenfügen;* eine Fensterscheibe in den Rahmen ~ **2** etwas ~ *leimen, wieder verbinden;* einen zerbrochenen Krug ~ **3** eine **Sache** ~ ⟨fig.⟩ *reparieren, wieder in heilen Zustand überführen;* dieser Bruch, ihre Ehe, ihre Freundschaft lässt sich nicht wieder ~

Kitz ⟨n.; -es, -e⟩ *Junges von Ziege, Gams-, Stein- u. Rehwild;* oV *Kitze;* Reh~

Kit|ze ⟨f.; -, -n⟩ = *Kitz*

Kit|zel ⟨m.; -s; unz.⟩ **1** *durch Berühren od. leichtes Zwicken des Körpers verursachter Juckreiz, der oft Lachen hervorruft* **2** ⟨fig.⟩ *Erregung, Spannung;* Nerven~ **3** ⟨fig.⟩ *Lust, Reiz, Antrieb, etwas zu tun, was man eigentlich nicht tun sollte;* einen ~ (nach etwas) verspüren

kit|ze|lig ⟨Adj.⟩ = *kitzlig*

kit|zeln ⟨V. 500⟩ **1** ⟨402⟩ (jmdn.) ~ *durch streichelndes Berühren od. leichtes Zwicken mit krampfhaftem Lachen verbundenen Juckreiz erregen;* hör auf, das kitzelt! (erg.: mich); die Wolle des Pullovers kitzelt mich; jmdn. an den Fußsohlen, unterm Kinn ~; jmdn. mit einem Grashalm ~ **2** ⟨fig.⟩ • 2.1 ⟨580; unpersönl.⟩ es kitzelt mich, etwas zu tun ⟨fig.⟩ *ich möchte zu gern …, obwohl ich es nicht tun sollte;* es kitzelt mich, ihn zu ärgern; es kitzelt mich, das einmal zu probieren • 2.2 den **Gaumen** ~ *den G. reizen, den Appetit anregen* • 2.3 jmds. **Eitelkeit** ~ *jmdm. schmeicheln* • 2.4 jmds. **Ehre** ~ *etwas zu jmdm. sagen, was sein Ehrgefühl weckt (um sein Denken od. Handeln in einer bestimmten Angelegenheit zu beeinflussen)*

Kitz|ler ⟨m.; -s, -; Anat.⟩ *aufrichtbarer, dem Penis entsprechender Teil der weiblichen Geschlechtsorgane am oberen Zusammenstoß der kleinen Schamlippen: Clitoris;* Sy *Klitoris*

kitz|lig ⟨Adj.⟩ oV *kitzelig* **1** jmd. ist ~ *empfindlich gegen das Kitzeln;* (sehr, nicht) ~ sein **2** eine **Angelegenheit**, ein **Problem** ist ~ *peinlich, heikel, schwer zu lösen*

Ki|wi ⟨f.; -, -s⟩ **1** *bes. in Neuseeland kultivierte Pflanze, die in Lianen wächst* **2** *grünliche, behaarte Frucht der Kiwi (1) mit saftigem, säuerlichem Fruchtfleisch, das reich an Vitamin C ist*

Kla|bau|ter|mann ⟨m.; -(e)s, -män|ner; im Aberglauben der Seeleute⟩ *Kobold als Begleiter von Schiffen, dessen Erscheinen den Seeleuten Gefahr anzeigt*

kla|cken ⟨V. 400(s.)⟩ **1** *einen harten, metallisch pochenden Ton von sich geben;* sie klackte mit ihren Stöckelschuhen über das Parkett; die Tür klackte ins Schloss **2** *klatschend zu Boden fallen od. tropfen*

Klacks ⟨m.; -es, -e⟩ **1** *klatschendes, klackendes Geräusch* **2** ⟨umg.⟩ *kleine Menge von etwas Breiigem od. Dickflüssigem;* ein ~ Senf **3** ⟨fig.⟩ *leicht zu erledigende Angelegenheit, Kleinigkeit;* das ist doch ein ~ für ihn

Klad|de ⟨f.; -, -n⟩ *Schreibheft für Notizen u. Ä., Hausaufgabenheft, Schmierheft;* den Entwurf für einen Aufsatz in der ~ vorschreiben

klaf|fen ⟨V. 400⟩ **1** etwas klafft *bildet einen tiefen Spalt, ist, liegt weit offen;* ein Abgrund klaffte vor ihnen; eine ~de Lücke; ein ~der Riss, Spalt; eine ~de Wunde **2** hier klafft ein (tiefer) **Widerspruch** *herrscht ein großer W., wird ein großer W. deutlich*

kläf|fen ⟨V. 400⟩ **1** ein **Hund** klafft *bellt hell, schrill* **2** ⟨fig.; umg.⟩ *hässlich schimpfen*

Klaf|ter ⟨n. 7; -s, -⟩ **1** *altes Längenmaß, Spannweite der seitwärtsgestreckten Arme* **2** *altes Raummaß für Holz bei jeweils verschiedener Länge der Scheite, etwa 3 m³*

Kla|ge ⟨f.; -, -n⟩ **1** *Äußerung von Schmerz od. Trauer, Jammern, Gezeter;* laute ~n anstimmen (über); bit-

klagen

tere, laute ~n; in laute ~n ausbrechen **2** *Äußerung der Unzufriedenheit (über jmdn. od. etwas), Beschwerde (über jmdn. od. etwas);* sich in (ständigen) ~n ergehen (über); sein Verhalten gibt (keinen) Anlass zur ~; (keinen) Grund zur ~ haben; es ist die ~ laut geworden, dass ...; dass mir keine ~n kommen (ermahnende Abschiedsworte, bes. an Kinder) **3** ⟨Rechtssp.⟩ *Geltendmachung eines Anspruchs vor Gericht, gerichtliches Vorgehen;* eine ~ einreichen, abweisen, zurückziehen; ~ erheben, führen (über jmdn. od. etwas); eine ~ anhängig machen; →a. *öffentlich (3.2)*

kla|gen ⟨V.⟩ **1** ⟨405⟩ **jmd. klagt (über etwas)** *äußert Trauer od. Schmerz;* „...!", klagte sie; weinen und ~; „...!", rief sie ~d aus; mit ~der Stimme; über Schmerzen (im Leib usw.) ~ **2** ⟨400⟩ *Wild* klagt ⟨Jägerspr.⟩ *schreit aus Angst od. Schmerz* **3** ⟨400 od. 503⟩ **(jmdm. etwas)** ~ *Teilnahme, Mitleid heischend darstellen, erzählen;* jmdm. seine Not, sein Leid ~; sie ist ein Mensch, der immer klagt, immer ~ muss **4** ⟨800⟩ **um jmdn.** od. **etwas** ~ *den Verlust von jmdm., etwas beklagen;* um die einzige Tochter ~ **5** ⟨800⟩ **(über jmdn., jmds. Verhalten)** ~ *bemängeln, tadeln;* dein Lehrer hat (sehr) über dich geklagt; Sie sollen, werden nichts zu ~ haben **6** ⟨400; Rechtsw.⟩ *Klage erheben, einen Anspruch geltend machen (vor Gericht);* der ~de Teil, die ~de Partei (im Prozess); auf Entschädigung, Schadenersatz ~

kläg|lich ⟨Adj.⟩ **1** *klagend, jammernd, Mitleid erregend;* sich in einem ~en Zustand befinden • **1.1** ~*es Geschrei, Weinen, Wimmern jämmerliches G., W., W.;* ~ miauen, schreien, weinen **2** *enttäuschend, geringwertig, dürftig, verächtlich;* eine ~e Rolle (bei einer Sache) spielen; ein ~es Verhalten an den Tag legen, der Ausflug nahm ein ~es Ende **3** ⟨50; verstärkend⟩ *völlig;* der Plan, Versuch ist ~ misslungen; er hat ~ versagt

Kla|mauk ⟨m.; -s; unz.; umg.⟩ **1** *Geschrei, Krach, Lärm, lärmende Veranstaltung, Aufregung, Aufsehen, Skandal;* wenn das herauskommt, wird es einen großen ~ geben **2** *lebhafte, hektische Komik, herumblödelndes Treiben*

klamm ⟨Adj.⟩ **1** *feuchtkalt;* ~e Bettwäsche **2** *steif, erstarrt vor Kälte;* meine Finger sind ganz ~ **3** ⟨40; umg.⟩ *knapp an (Geld, Material);* er ist ~

Klamm ⟨f.; -, -en⟩ *tiefe Felsschlucht mit Gebirgsbach*

Klam|mer ⟨f.; -, -n⟩ **1** *kleines Gerät aus Draht, Eisen, Plastik od. Holz in verschiedenen Formen zum Zusammenhalten;* Büro~, Wäsche~, Wund~; eine Wunde mit ~n verschließen **2** *Schriftzeichen zum Kennzeichnen eines eingeschalteten Wortes od. Satzes;* ~ auf, ~ zu (Angabe beim Diktieren); einen Satz, einen Satzteil, ein Wort in ~(n) setzen; eckige ~ ⟨Zeichen: [ ]⟩ ~ ⟨Zeichen: ( )⟩ spitze ~ ⟨Zeichen: < >⟩ **3** ⟨Sp.⟩ *Griff beim Ringen;* den Gegner in die ~ nehmen

klam|mern ⟨V. 500⟩ **1** eine Wunde ~ *mit Klammern verschließen, zusammenhalten* **2** ⟨511⟩ einen **Gegenstand** an etwas ~ *mit Klammern an etwas befestigen* **3** ⟨511/Vr 3⟩ • **3.1 sich an etwas** od. **jmdn.** ~ *sich so* *fest wie möglich an etwas od. jmdm. festhalten;* sich an ein Geländer ~; sich an jmds. Arm ~ • **3.2 sich an etwas** od. **jmdn.** ~ ⟨fig.⟩ *all seine Hoffnung auf jmdn., etwas setzen, Hilfe bei jmdn. suchen* • **3.2.1 sich an** eine **Hoffnung** ~ *eine H. nicht aufgeben;* →a. *Strohhalm (1.1)*

Kla|mot|te ⟨f.; -, -n⟩ **1** ⟨Pl.; salopp⟩ *Kleidung;* sie kauft sich ständig neue ~n **2** ⟨meist Pl.⟩ *wertloser Hausrat, altes Zeug, alter Kram* **3** ⟨abwertend⟩ *primitiver, geistloser Film, anspruchsloses Theaterstück, bes. Lustspiel* **4** ⟨urspr.⟩ *Stück von einem zertrümmerten Ziegel- od. Baustein*

Klamp|fe ⟨f.; -, -n; umg.⟩ *Gitarre*

Klan ⟨m.; -s, -s⟩ oV *Clan* **1** *alter schottischer u. irischer Sippenverband* **2** ⟨Völkerkunde⟩ *Stammesgruppe* **3** ⟨umg.⟩ *große Familie, Freundeskreis;* er hat seinen ganzen ~ mitgebracht

Klang ⟨m.; -(e)s, Klän|ge⟩ **1** *mit dem Ohr wahrnehmbare Erscheinung, die durch einen einzelnen Ton od. mehrere gleichzeitig od. einander folgende Töne von regelmäßigen Schwingungen gekennzeichnet ist, das Klingen, der Schall;* der ~ der Gläser, Schwerter; der ~ von Glocken, Geigen, Hörnern, Trompeten; beim ~ der bekannten Stimme horchte er auf; seine Stimme hat einen metallischen ~; ein dumpfer, hoher, klarer, reiner, tiefer, voller ~; beim ~ der Musik • **1.1** das Instrument hat einen guten ~ *klingt gut* • **1.2** der Name hat einen guten ~ ⟨fig.⟩ *man hat im Zusammenhang mit dem N. schon manch Gutes gehört (ohne Genaueres zu wissen);* →a. *Sang (1.1)* **2** ⟨nur Pl.⟩ Klänge *Musik* • **2.1 unter, zu** den Klängen des Hochzeitsmarsches *bei der Musik des H.*

Klang|far|be ⟨f.; -, -n; Mus.⟩ *durch Grund- u. Obertöne des jeweiligen Instrumentes bestimmte Charakteristik eines Klanges*

Klap|pe ⟨f.; -, -n⟩ **1** *an einer Seite befestigter, dreh-, aufklappbarer oder sonst leicht zu öffnender Verschluss od. Deckel;* Herz~; Ofen~; Ventil~; die ~ am Briefkasten, an der Jacken-, Manteltasche; →a. *Fliege (1.5)* **2** *beweglich verschließbares Luftloch;* Luft~ **3** ⟨fig.⟩ • **3.1** ⟨umg.; derb⟩ *Mund* • **3.1.1** die ~ **halten** *schweigen;* halt endlich deine, die ~! • **3.1.2** eine große ~ haben *gern prahlen, großsprecherisch reden, viel u. laut reden* • **3.1.3** die große ~ schwingen *großsprecherisch daherreden* • **3.1.4** die ~ **aufreißen** *prahlen* • **3.2** ⟨umg.⟩ *Bett;* in die ~ gehen, kriechen, steigen **4** ⟨bei Blasinstrumenten⟩ *durch einen Hebel mit dem Finger niederdrückbares, selbsttätig zurückspringendes Plättchen über einem Loch*

klap|pen ⟨V.⟩ **1** ⟨511; meist in Zus.⟩ etwas ~ *(um)schlagen, (um)drehen;* auf~, hoch~, auseinander~, zusammen~; den Deckel in die Höhe ~ **2** ⟨400⟩ **etwas** klappt *gibt einen leisen Knall, macht ein leichtes, hartes Geräusch;* seine Schritte klappten auf dem Flur • **2.1** die Tür klappte *schloss sich mit leise knallendem Geräusch, fiel ins Schloss* **3** ⟨400; umg.⟩ eine **Sache** klappt *gelingt, geht gut, wird erledigt od. in Ordnung sein, funktioniert reibungslos;* hat es geklappt?; ich habe versucht, ihn zu treffen, aber es hat leider nicht geklappt; wenn es heute nicht geht, dann klappt es eben ein anderes Mal; die Sache klappt nicht recht; es hat nichts geklappt!; es hat alles gut geklappt • 3.1 die Sache zum Klappen bringen *die S. zum guten Schluss führen, zur günstigen Entscheidung bringen* • 3.2 der Laden klappt *die Angelegenheit läuft, funktioniert* • 3.3 ⟨410⟩ es klappt wie am Schnürchen *es geht ausgezeichnet (voran)*

Klap|per ⟨f.; -, -n⟩ *Instrument, das durch Aneinanderschlagen von zwei od. mehreren Teilen Lärm verursacht, z. B. in Kinderspielzeug, Jagdgerät u. Ä.*

klap|pe|rig ⟨Adj.⟩ oV *klapprig* **1** ein **Gegenstand ist** ~ *alt u. leicht zerbrechlich*; ein ~es Auto **2** ein **Lebewesen** ist ~ *alt u. schwächlich*; ein alter, ~er Gaul; er ist schon etwas ~

klap|pern ⟨V. 400⟩ **1** *durch rasches, häufiges Aneinanderschlagen zweier harter Gegenstände ein Geräusch machen*; ein Fensterladen, eine Tür klappert; mit dem Gebiss klappern; die Schreibmaschine klappert; die Zähne klapperten ihm (vor Kälte, Angst); der Storch klappert (mit dem Schnabel); es klappert die Mühle am rauschenden Bach (Kinderlied); ihre Holzschuhe ~ auf dem Pflaster; die Hufe der Pferde ~ auf der Straße; auf der Tastatur ~; mit dem Geschirr, den Tellern (in der Küche) ~ • 1.1 ⟨411⟩ der Wagen klapperte durch die Straßen *fuhr mit klapperndem Geräusch* • 1.2 ⟨416⟩ mit den Zähnen ~ *die Z. aufeinanderschlagen (vor Kälte, Aufregung)* • 1.2.1 ⟨400; fig.⟩ *große Angst haben* • 1.3 ⟨416⟩ mit den Augen ~ ⟨umg.; scherzh.⟩ *flirten, kokettieren* • 1.4 Klappern gehört zum Handwerk *man muss sein Können auch ein wenig anpreisen*

Klap|per|storch ⟨m.; -(e)s, -stör|che⟩ **1** *Storch, von dem man früher den Kindern erzählte, dass er die kleinen Kinder bringe* • 1.1 zu Müllers ist der ~ gekommen ⟨verhüllend für⟩ *Müllers haben ein Baby bekommen*

klapp|rig ⟨Adj.⟩ = *klapperig*

Klaps ⟨m.; -es, -e⟩ **1** *leichter Schlag, leichte Ohrfeige*; einem Kind, Hund einen ~ geben **2** ⟨fig.⟩ *kleine Verrücktheit, Marotte, Schrulle*; er hat einen ~; du hast wohl einen ~?

klar ⟨Adj.⟩ **1** *durchsichtig, ungetrübt, rein*; ~e Sicht haben; durch diese Brille kann ich nicht ~ sehen; die Flüssigkeit wird wieder ~; ~e Luft; ~es Wasser; das Fenster ist wieder ~; ~e Augen haben • 1.1 ~er **Himmel** *wolkenloser H.* • 1.2 ~e **Farben** *F., die frei von Grau sind* • 1.3 das Foto ist nicht ganz ~ *nicht ganz scharf* • 1.4 ~er **Zucker** *fein gemahlener Z.* • 1.5 ein Klarer ⟨norddt.⟩ *klarer Branntwein, klarer Schnaps* **2** eine **Aussage, Stimme** ist ~ *ist deutlich, verständlich, unmissverständlich*; ich möchte eine ~e Antwort haben; sich ein ~es Bild von etwas machen; mit ~er Stimme sprechen; eine ~e Vorstellung von etwas haben; es ist (ganz) ~, dass …; ich habe es ihm ~ und deutlich gesagt; etwas ~ und offen sagen; jmdm. etwas kurz und ~ mitteilen; etwas mit ~en Worten sagen • 2.1 das ist mir (noch nicht ganz) ~ *das habe ich (noch nicht ganz) verstanden* • 2.2 das ist doch ~ wie Kloßbrühe, wie dicke Tinte! ⟨umg.; scherzh.⟩ • 2.2.1 *ganz deutlich, ganz einfach zu verstehen* • 2.2.2 *ganz sicher, selbstverständlich* • 2.3 ~er **Fall!** ⟨umg.⟩ *selbstverständlich, ganz richtig, ohne Zweifel* • 2.4 eine ~e **Schrift** *leicht lesbare S.* • 2.5 ~e **Verhältnisse** *leicht durchschaubare, geordnete V.* **3** jmd. hat einen ~en **Kopf, Geist** ⟨fig.⟩ *ist nüchtern od. vernünftig denkend, scharfsinnig*; (nicht mehr) ~ denken (können) • 3.1 einen ~en **Blick** haben • 3.1.1 *nüchtern denken, sich nicht täuschen lassen* • 3.1.2 *einen offenen B.* • 3.2 ~en **Kopf** behalten *sein nüchternes, vernünftiges Denkvermögen behalten, sich nicht verwirren lassen* • 3.3 er ist nicht ganz ~ im **Kopf** *er kann nicht vernünftig denken* **4** bei **Bewusstsein** sein; der Kranke hatte einen paar ~e Augenblicke, war bei ~em Bewusstsein **5** ⟨fig.⟩ • 5.1 sich über etwas im Klaren sein *etwas eingesehen haben, etwas genau wissen*; man muss sich darüber im Klaren sein, … • 5.2 mit einer Sache ins Klare kommen *eine S. verstehen u. sie richtig erledigen können* **6** ⟨40⟩ etwas ist ~ *ist sicher, gewiss, natürlich, selbstverständlich*; ~!; ~, ich helfe dir gerne!; na ~! • 6.1 das ist doch ~! *selbstverständlich* **7** ein Geschütz, Schiff ist ~ ⟨Mar.; Mil.⟩ *bereit, fertig*; ~ zum Einsatz, zum Gefecht, zum Start; ~ Deck! ⟨Mar.⟩

klä|ren ⟨V. 500⟩ **1** eine **Flüssigkeit** ~ *klar, durchsichtig machen* **2** eine **Sache** ~ *durch Diskussion, Nachforschung usw. die Unklarheiten über eine S. ausräumen*; Fragen ~; die Schuldfrage ~ ⟨Vr 3⟩ eine **Sache** klärt **sich** *wird klar*; die Frage hat sich geklärt

Klar|heit ⟨f.; -; unz.⟩ **1** *klare Beschaffenheit*; ~ des Wassers; ~ von Tönen, Farben **2** *Eindeutigkeit, Deutlichkeit, Verständlichkeit, Gewissheit*; sich ~ über etwas verschaffen; ~ des Geistes • 2.1 darüber herrscht jetzt ~ *das ist jetzt eindeutig entschieden, steht ganz fest* • 2.2 sind damit alle ~en beseitigt? ⟨scherzh.⟩ *(nach einer längeren schwierigen Erörterung eines Sachverhalts) sind jetzt alle Probleme geklärt, haben alle verstanden?*

Kla|ri|net|te ⟨f.; -, -n; Mus.⟩ *Holzblasinstrument mit einfachem Rohrblatt am Mundstück*

klar∥le|gen ⟨V. 500⟩ etwas ~ *verständlich, deutlich machen, erklären*; eine Angelegenheit ~

klar∥ma|chen ⟨V. 500⟩ **1** ⟨530/Vr 5⟩ **(jmdm.) etwas** ~ *die Zusammenhänge von etwas verdeutlichen, erklären, darlegen, erläutern*; ich habe ihm die Folgen seines Handelns klargemacht **2** ⟨505⟩ **ein Schiff, Geschütz** (für etwas) ~ *fertig für den Einsatz machen, bereitmachen* **3** ⟨umg.⟩ eine **Sache** ~ *erledigen, sich darum kümmern, abklären*; ich mach das schon klar; einen Termin, eine Verabredung ~

klar∥stel|len ⟨V. 500⟩ etwas ~ *einen Irrtum, Trugschluss über etwas beseitigen, eine falsche Vorstellung von etwas berichtigen, etwas deutlich machen*; ich muss hier noch etwas ~

klas|se ⟨Adj. 11; umg.⟩ *großartig, hervorragend, herrlich*; das ist ein ~ Auto; sie sieht ~ aus; die ist ~!

Klas|se ⟨f.; -, -n⟩ **1** ⟨a. Logik⟩ *Gruppe von Lebewesen, Dingen, Begriffen mit gleichen Merkmalen*; Lebewesen, Dinge in ~n einteilen; Begriffs~, Alters~, Rang~ • 1.1 *Gruppe von Dingen od. Leistungen mit demselben Wert*; Güte~, Handels~; Abteil, Fahrkarte erster, zweiter ~, erster ~ reisen • 1.1.1 ein Lokal

Klassement

dritter ~ ein schlechtes L. • **1.2** einzelne Ziehung einer Klassenlotterie • **1.3** Gewinne desselben Wertes; Gewinn~ • **1.4** ⟨Biol.⟩ mehrere Ordnungen umfassende obligatorische Kategorie; die ~ der Insekten, Säugetiere • **1.5** durch gemeinsame wirtschaftliche Interessen gekennzeichnete Gruppe von Menschen; die oberen, unteren, besitzenden, besitzlosen ~n; die Arbeiter~, Gesellschafts~ • **1.6** Gruppe etwa gleichaltriger Kinder, die gemeinsam unterrichtet werden; in unserer ~ sind 25 Schüler; eine gute, schlechte, unruhige ~; unsere ~ fährt ins Gebirge; in die dritte ~ gehen • **1.7** Raum, in dem eine Schulklasse unterrichtet wird; Sy Klassenzimmer, Schulzimmer • **1.8** Leistungsfähigkeit; ein Künstler erster, zweiter, dritter ~ • **1.9** ⟨Sp.⟩ Gewichtsklasse **2** das ist ~! großartig, ganz hervorragend

Klas|se|ment ⟨[klas(ə)mãː] n.; -s, -s od. schweiz. [-mɛnt] n.; -s, -e⟩ **1** Einteilung, Einreihung **2** Ordnung, Gruppierung **3** ⟨Sp.⟩ Rangliste, Tabelle

Klas|sen|ar|beit ⟨f.; -, -en⟩ Arbeit, die in der Schule geschrieben wird; Sy ⟨österr.⟩ Schularbeit (2)

Klas|sen|leh|rer ⟨m.; -s, -⟩ Lehrer, der eine Schulklasse in mindestens einem der (Haupt-)Fächer unterrichtet u. die Klasse hauptsächlich betreut

Klas|sik ⟨f.; -; unz.⟩ **1** ⟨i. w. S.⟩ Zeitabschnitt (bes. künstlerisch) bedeutender Leistungen eines Volkes **2** ⟨i. e. S.⟩ = klassisches Altertum, → klassisch (3.3) **3** deutsche literarische Bewegung von etwa 1786 (Goethes italienischer Reise) bis 1805 (Schillers Tod), die durch harmonische Ausgewogenheit, Maß u. Reife sowie durch die Orientierung an der Antike gekennzeichnet ist **4** ⟨Mus.⟩ Zeitabschnitt von etwa 1770 bis 1825 mit dem von Haydn, Mozart u. Beethoven geschaffenen einfachen, natürlichen Stil, der die Sonatenform bevorzugte u. zur Vollendung führte; Wiener ~

klas|sisch ⟨Adj. 24⟩ **1** die Klassik betreffend, zu ihr gehörig, von ihr stammend **2** in der Art der Klassik, nach dem Vorbild der K. strebend **3** mustergültig; ein ~es Beispiel • **3.1** von dauerndem Wert • **3.2** vorbildlich ausgewogen, ausgereift, maßvoll; ein ~er Beweis; ein Werk von ~er Schönheit • **3.3** das ~e **Altertum** Blütezeit der altgriechischen u. altrömischen Kultur; Sy Klassik (2), Antike (1) • **3.4** ~e **Philologie** Wissenschaft von den Sprachen des klass. Altertums (Altgriechisch, Latein) • **3.5** ~e Logik mit den Mitteln der natürlichen Sprachen formulierte L. • **3.6** die ~en **Sprachen** Altgriechisch u. Latein

Klatsch ⟨m.; -(e)s, -e⟩ **1** Geräusch beim Fallen in eine Flüssigkeit, beim Fallen eines nassen od. breiigen Gegenstandes auf den Boden od. beim Schlag mit der flachen Hand od. mit einem flachen Gegenstand; es gab einen großen ~, als er ins Wasser fiel; mit einem ~ herunterfallen **2** ⟨unz.⟩ Geschwätz, Gerede, üble Nachrede, Neuigkeiten über persönliche Angelegenheiten anderer, meist negativer Art; Stadt~; sie wusste allerlei neuen ~ zu erzählen

klat|schen ⟨V.⟩ **1** ⟨511⟩ jmd. klatscht etwas an, auf, gegen etwas • **1.1** wirft etwas so an, auf, gegen etwas, dass beim Auftreffen ein helles, kurzes Geräusch entsteht; die Karten beim Spielen auf den Tisch ~

• **1.2** etwas heftig, wütend, an, auf, gegen etwas werfen; das Heft mit der schlechten Prüfungsarbeit auf den Tisch ~ **2** ⟨411⟩ jmd. klatscht (**in die Hände**) erzeugt (mit den Händen) ein helles, kurzes Geräusch; in die Hände ~ • **2.1** die Hände zusammenschlagen als Beifallsbekundung • **2.1.1** ⟨530⟩ **jmdm. Beifall** ~ jmdm. Beifall bezeigen • **2.2** ⟨530⟩ jmdm. eine ~ eine Ohrfeige geben • **2.3** ⟨401⟩ nimm dich in Acht, sonst klatscht's! sonst gibt's Ohrfeigen, Prügel **3** ⟨411⟩ etwas klatscht **an, auf, gegen etwas** fällt mit einem hellen kurzen Geräusch auf etwas, prallt, schlägt an, gegen etwas; der Regen klatscht gegen die Fenster; die Eier klatschten zu Boden **4** ⟨400; fig.; umg.⟩ von Abwesenden sensationelle Neuigkeiten od. Negatives erzählen; über andere ~ **5** ⟨400 od. 503⟩ (**jmdm. etwas**) ~ ausplaudern, verraten, hinterbringen, petzen; er hat alles dem Lehrer geklatscht; wehe, wenn du (erg.: es) klatschst!

klatsch|nass ⟨Adj. 24⟩ sehr nass, völlig durchnässt, tropfnass; wir wurden von einem Gewitter überrascht u. sind ~ geworden

klau|ben ⟨V. 500⟩ **Dinge** ~ einzeln zusammensuchen, Stück für Stück einsammeln, aufheben; Obst, Holz ~

Klaue ⟨f.; -, -n⟩ **1** Teil des Fußes verschiedener Tiere • **1.1** Teil des Fußes der Greifvögel, der die Klauen trägt; die ~n der Adler • **1.2** Nagel der jagdbaren Raubtiere • **1.3** verhornte Zehe der Wiederkäuer u. Schweine • **1.4** an ihren ~ erkennt man den Löwen (Sprichw.) man erkennt jeden an seiner charakteristischen Eigenschaft **2** Werkzeug in Form einer Gabel, eines Hakens **3** Holzverbindung, bei der das untere Holz in eine Kerbe des oberen greift **4** ⟨fig.⟩ gierige Hand, die jmd. od. etwas festhalten will; jmdn. den ~n des Todes entreißen; etwas od. jmdn. in seinen ~n haben **5** ⟨fig.; umg.⟩ Handschrift • **5.1** eine (fürchterliche) ~ haben eine schlechte Handschrift schreiben

klau|en ⟨V. 500; umg.⟩ **etwas** ~ stehlen; der Junge hat zwei Bücher geklaut

Klau|se ⟨f.; -, -n⟩ **1** Zelle eines Mönches, Einsiedelei; Einsiedler~ **2** ⟨fig.⟩ Zimmer, Heim, kleine Wohnung; er hat eine gemütliche ~; in meiner stillen ~ **3** Talenge, Engpass, Schlucht **4** ⟨Bot.⟩ einsamige Teilfrucht der Röhrenblütler (Tubiflorae)

Klau|sel ⟨f.; -, -n⟩ **1** ~ in **Verträgen** Vorbehalt, beschränkende od. erweiternde Nebenbestimmung **2** ⟨antike Rhetorik⟩ rhythmisierter Schluss eines Satzes od. Satzabschnittes **3** ⟨mittelalterl. Musik⟩ Schlussformel einer Melodie od. eines Abschnittes einer Melodie

Klau|sur ⟨f.; -, -en⟩ **1** ⟨unz.⟩ Abgeschlossenheit, Einsamkeit (laut Ordensregel eines Klosters) • **1.1** ~tagung ⟨bes. Pol.⟩ Tagung unter Ausschluss der Öffentlichkeit **2** Räumlichkeiten (bes. in einem Kloster), die für die Klausur (1) bestimmt sind **3** in einem dafür bestimmten Raum unter Aufsicht anzufertigende schriftliche Prüfungsarbeit; morgen schreiben wir eine ~en

Kla|vier ⟨[-viːr] n.; -s, -e; Mus.⟩ **1** Tasteninstrument, bei dem die Saiten durch Filzhämmerchen angeschlagen werden; Sy Piano (1); ~ spielen, üben; das ~ stimmen; jmdn. (zu seinem Gesang, Geigenspiel o. Ä.) auf dem ~ begleiten **2** ⟨veraltet⟩ wo steht

klein

das ~? *(scherzh. Frage, wenn man um eine kleine Hilfeleistung gebeten wird)*

kle|ben ⟨V.⟩ **1** ⟨511⟩ **etwas an, auf** (usw.) *etwas* ~ *(mittels Klebstoff u. (od.) Anfeuchten) haften machen;* Plakate, Zettel an eine Mauer ~; eine Marke auf einen Brief ~; Fotos in ein Album ~ **2** ⟨400; umg.; früher⟩ *Beitragsmarken für die Altersversicherung kaufen u. in ein Heft kleben, d. h. Versicherungsbeiträge bezahlen* • **2.1** *er hat schon zwanzig Jahre lang geklebt er hat schon zwanzig Jahre lang Versicherungsmarken geklebt* **3** ⟨400⟩ *fest haften;* die Briefmarke klebt gut, schlecht, nicht ~ • **3.1** ⟨411⟩ **Kleider, Haare** ~ **an etwas** *haften an etwas (infolge Feuchtigkeit);* das Hemd klebte ihm am Körper; die Haare klebten ihm an der Stirn; das Pflaster ist nicht ~ geblieben; ⟨aber Getrennt- u. Zusammenschreibung⟩ → bleiben = klebenbleiben **4** ⟨400; fig.⟩ • **4.1** *Vorsicht, ich klebe* ⟨umg.⟩ *meine Hände sind klebrig* • **4.2** ⟨414⟩ *das Kleidungsstück klebt vor Dreck* ⟨umg.⟩ *ist sehr dreckig* • **4.3** ⟨411⟩ *die Zunge klebt mir am Gaumen ich bin sehr durstig* **4.4** ⟨400⟩ *eine Hitze! ⟨umg.⟩ ich schwitze u. bin schmutzig* • **4.5** ⟨411⟩ *er klebt an der Felswand* ⟨fig.⟩ *er kann nicht vorwärts od. rückwärts* • **4.6** ⟨800⟩ *er klebt zu sehr am Alten er hängt zu sehr am Alten, kann sich davon nicht lösen* **4.7** ⟨530⟩ *jmdm. eine* ~ *eine Ohrfeige geben;* →a. *Blut (2.4)*

kle|ben|blei|ben *auch:* **kle|ben blei|ben** ⟨V. 114/400(s.); umg.⟩ *nicht in die nächsthöhere Schulklasse versetzt werden;* er ist während seiner Schulzeit zweimal klebengeblieben / kleben geblieben

kle|be|rig ⟨Adj.⟩ = *klebrig*

kleb|rig ⟨Adj.⟩ *voller Klebstoff, mit Klebstoff versehen, klebend, haften bleibend, mit etwas Zähflüssigem od. Feuchtem u. Schmutzigem behaftet;* oV *kleberig;* meine Hände, Finger sind ~ (vom Honig, von Marmelade, von Schweiß)

kle|ckern ⟨V.⟩ **1** ⟨405⟩ **(auf etwas)** ~ *(mit etwas Flüssigem od. Breiigem) Flecken (auf etwas) machen;* pass auf, dass du nicht kleckerst! (bei Tisch); aufs Tischtuch, auf die Schürze ~ **2** ⟨511⟩ *eine* **Flüssigkeit (auf etwas)** ~ *tropfenweise auf etwas schütten, etwas mit Flüssigem tropfenweise beschmutzen;* Farbe auf den Boden ~; Suppe, Soße aufs Kleid ~ **3** ⟨400⟩ • **3.1** *eine* **Angelegenheit** ~ ⟨fig.⟩ *geht langsam, mühsam voran, wird nur mit geringen Mitteln betrieben* • **3.2 nicht** ~ (sondern **klotzen**) ⟨fig.⟩ *mit großem (finanziellem) Aufwand, in großem Stil betreiben;* bei diesem Fest wurde nicht gekleckert (sondern geklotzt)

Klecks ⟨m.; -es, -e⟩ *Fleck;* Tinten~, Farb~

kleck|sen ⟨V. 400⟩ **1** *Klecksse machen;* pass auf, dass du nicht kleckst!; die Feder kleckst **2** ⟨402; fig.; umg.⟩ *(ein* **Bild**) ~ *schlecht malen*

Klee ⟨m.; -s; unz.; Bot.⟩ **1** *einer Gattung der Schmetterlingsblütler angehörendes aufrechtes od. niederliegendes, häufig kriechendes Kraut mit gefingerten Blättern:* Trifolium • **1.1** *jmdn. über den grünen* ~ *loben* ⟨fig.⟩ *jmdn. sehr, auf übertriebene Weise loben*

Kleid ⟨n.; -(e)s, -er⟩ **1** ⟨i. w. S.⟩ = *Kleidung* • **1.1** ~*er machen Leute* ⟨Sprichw.⟩ *der Mensch wird aufgrund seiner Kleidung eingeschätzt* **2** ⟨i. e. S.⟩ *Oberbekleidungsstück für Frauen;* Seiden~, Woll~, Sommer~, Winter~, Abend~, Hochzeits~; ein ~ bügeln, nähen, zuschneiden; sich ein ~ machen lassen; altes, altmodisches, modernes, neues ~; ausgeschnittenes, kurz-, langärmeliges, hochgeschlossenes ~; buntes, helles, dunkles ~; einfaches, festliches, praktisches ~; kurzes, langes ~; zweiteiliges ~; ein ~ auf den Bügel hängen; ein ~ in den Schrank hängen; ein hübsches, neues ~ anhaben **3** ⟨nur Pl.⟩ *Gesamtheit der auf dem Körper getragenen Kleidungsstücke;* die ~ ablegen, abstreifen, ausziehen • **3.1** *ich bin zwei Tage nicht aus den ~ern gekommen ich habe zwei Tage fast nicht geschlafen, bin zwei T. kaum ins Bett gekommen, da ich so viel zu tun hatte* **4** ⟨unz.⟩ *Uniform, Tracht;* Ordens~, Schwestern~ **5** ⟨poet.⟩ *Hülle, Bedeckung, äußerliche Veränderung, Verschönerung von etwas;* der Winter hat der Erde ein weißes ~ angezogen; die Berghänge im ~ des bunten Herbstlaubes **6** ⟨Jägerspr.⟩ *Gefieder der Vögel;* Feder~, Hochzeits~ **7** ⟨Jägerspr.⟩ *Fell des Hasen u. Hermelins*

klei|den ⟨V. 500⟩ **1 jmdn.** ~ *mit Kleidung versehen, für (jmds.) Bekleidung sorgen;* sie kleidet ihre Kinder immer sauber und ordentlich; jmdn. nähren und ~ **2** *eine* **Sache** *kleidet* **jmdn.** *steht jmdn. gut, sieht gut aus bei jmdn., passt jmdn.;* der Mantel, die Bluse, die Hose, der Hut kleidet dich (gut), kleidet dich nicht **3** ⟨513/Vr 3⟩ **sich** (...) ~ *(eine bestimmte Art von) Kleidung tragen;* sich auffallend, elegant, geschmackvoll, gut, jugendlich, schlicht ~; (ganz) in Rot, Schwarz gekleidet sein; sich nach der neuesten Mode ~; er ist, geht immer anständig, gut gekleidet; hell, dunkel, leicht, schwarz, weiß gekleidet; warm gekleidet • **3.1** *sich in Samt und Seide* ~ ⟨poet.⟩ *sich teuer und elegant anziehen* **4** *ein* **Modeschöpfer** *kleidet* **jmdn.** *lässt jmdn. (eine bestimmte Art von) Kleidung tragen* **5** ⟨513; fig.⟩ • **5.1** *eine* **Jahreszeit** *kleidet die* **Erde,** *Landschaft o. Ä. eine* **Farbe** *hüllt die E., L. in eine F.;* der Frühling kleidet die Erde in junges Grün ⟨poet.⟩ • **5.1.1** *eine* **Landschaft** *kleidet* **sich in** *eine* **Farbe** *hüllt sich in eine F.* • **5.2** *Gedanken, Empfindungen* **in Worte** ~ ⟨fig.⟩ *in Worten ausdrücken* • **5.3** *eine Sache in eine* **Form** ~ *einer S. eine bestimmte Form geben, sie auf eine bestimmte Weise ausdrücken*

Klei|dung ⟨f.; -, -en; Pl. selten⟩ *alles, was man auf dem Körper trägt, um sich zu bedecken u. ihn zu schützen;* Sy *Kleid (1);* seine ~ ablegen; leichte, warme ~; für jmds. Nahrung u. ~ sorgen

Klei|dungs|stück ⟨n.; -(e)s, -e⟩ *einzelner Teil der Kleidung, z. B. Hose, Rock, Mantel, Jacke;* zwei ~e in die Reinigung geben

Kleie ⟨f.; -; unz.⟩ *beim Mahlen abfallende Schalen u. Hüllen des Getreides, die als ballaststoffreiche Nahrungsergänzung od. als Viehfutter verwendet werden*

klein ⟨Adj.⟩ **1** *von geringem Ausmaß* • **1.1** *von geringem Ausmaß in Bezug auf die Größe;* Ggs *groß;* ~e Anzeigen (in der Zeitung); ich brauche die Schuhe eine Nummer ~er; ~ von Wuchs, Gestalt; winzig, sehr ~ • **1.1.1** *im* Kleinen *in verkleinertem Maßstab* • **1.1.2**

kleindenkend

der ~e Finger *der fünfte, kleinste Finger* • 1.1.3 ~ schreiben *eine kleine Schrift haben;* ⟨aber⟩ →a. *kleinschreiben* • 1.2 *von geringem Ausmaß in Bezug auf den zeitlichen Ablauf, kurz;* ein ~er Ausflug, eine ~e Weile • 1.2.1 *über ein* Kleines *nach kurzer Zeit* • 1.2.2 ~er **Grenzverkehr** • 1.2.2.1 *kurzfristiger Übertritt über die Grenze mit einem Grenzschein* • 1.2.2.2 *erleichterter Warenverkehr für Bedarfsgüter im Grenzgebiet* • 1.3 *von geringer Intensität* • 1.3.1 das ~ste Geräusch ließ ihn zusammenfahren *das geringste G.* • 1.3.2 das Gas, den elektrischen Herd (auf) ~ stellen, drehen *auf geringe Stärke einstellen* • 1.3.3 ~e **Fahrt** *erste F. eines Schiffes mit geringer Geschwindigkeit* • 1.3.4 ~e **Fahrt** *Schifffahrt in begrenztem Seegebiet* • 1.4 ein **Lebewesen**, eine **Pflanze** ist ~ *von geringem Alter, jung;* ein ~es Kind; ein ~er Schelm • 1.4.1 mein ~er Bruder *mein jüngerer B.* • 1.4.2 ~e Leute ⟨scherzh.⟩ *Kinder* • 1.4.3 das ~e Volk *die Kinder* • 1.4.4 von ~ an, auf *von Kindheit an* • 1.4.5 Groß und Klein *jedermann, alle* **2** etwas ist ~ *ist von geringer Zahl, von geringem Preis, Wert, Gewinn* • 2.1 ~es Geld *Hartgeld, Münzen* • 2.2 Waren im Kleinen verkaufen *in geringer Menge, einzeln* • 2.3 bis ins Kleinste *bis in jede Einzelheit* **3** etwas ist ~ *ist von geringem Grade, unbedeutend, geringfügig;* das ~ere Übel (von beiden Übeln); jmdm. eine ~e Freude machen; das ist eine ~e Mühe • 3.1 ein ~ bisschen, ein wenig *ein bisschen, sehr wenig* • 3.2 es wäre ihm ein Kleines, (das zu tun) *es wäre keine Mühe für ihn, es fiele ihm nicht schwer* **4** ein **Geist** ist ~, Verhältnisse sind ~ *bescheiden, beschränkt, eng;* ein ~er Geist • 4.1 ~e Leute *arme Leute der niederen Gesellschaftsklasse* • 4.2 die ~en Leute *einfache Menschen* • 4.3 ~ anfangen (im Beruf) *auf der untersten Stufe, mit wenig Geld* • 4.4 der ~e Mann *der einfache Mensch, der Mensch aus dem Volk* **5** *kleinlaut* • 5.1 er war, wurde (ganz) ~ und hässlich ⟨umg.; scherzh.⟩ *kleinlaut, verlegen* • 5.2 jmd. ist, wird ~ (und hässlich) ⟨umg.; scherzh.⟩ *jmd. kleinlaut werden, den Mund halten, nichts mehr sagen, weil man Unrecht hat* • 5.3 ~ beigeben *sich fügen, nachgeben, die Überlegenheit des anderen anerkennen* **6** ⟨60; Jägerspr.⟩ ~er **Hahn** *Birkhahn* **7** ⟨Getrennt- u. Zusammenschreibung⟩ • 7.1 ~ machen = *kleinmachen* • 7.2 ~ gedruckt = *kleingedruckt* • 7.3 ~ kariert = *kleinkariert (I)*

klein|den|kend ⟨Adj. 24/70⟩ *kleinlich, unedel denkend, pedantisch*

Klei|ne(r, -s) ⟨f. 2 (m. 1), n. 3⟩ **1** *(kleines) Kind, Baby (auch als Anrede u. Anrede);* der ~ kann noch nicht laufen; hallo, du, ~r! (Anrede für einen Jungen, dessen Namen man nicht weiß); die ~ schreit; na, ~r? (kokette Anrede einer Frau für einen Mann); meine ~!, mein ~r!, mein ~s! ⟨Kosewörter⟩ • 1.1 der ~ von Müllers ⟨umg.⟩ *der kleine Sohn* • 1.2 Frau Müller erwartet was ~s ⟨umg.⟩ *ein Kind* **2** die ~n *die Kinder;* wie geht's den ~n?

klein|ge|druckt *auch:* **klein ge|druckt** ⟨Adj. 24/60⟩ *in kleiner Schrift gedruckt;* auch das Kleingedruckte / klein Gedruckte lesen

Klein|geld ⟨n.; -(e)s; unz.⟩ *Wechselgeld, Münzen;* für dieses Vorhaben fehlt mir das nötige ~ ⟨fig.; scherzh.⟩

Klein|heit ⟨f.; -; unz.⟩ *das Kleinsein, kleine Beschaffenheit, geringe Größe;* ~ des Geistes ⟨abwertend⟩

Klei|nig|keit ⟨f.; -, -en⟩ **1** *Sache von geringer Bedeutung, geringem Wert, die geringe Anstrengung erfordert;* allerhand (hübsche) ~en kaufen; ich kann mich nicht bei ~en aufhalten; sich nicht mit ~en abgeben; das ist für ihn eine ~ • 1.1 jmdm. eine ~ mitbringen *ein kleines Geschenk, Präsent* • 1.2 sich an ~en stoßen *Unwesentliches übelnehmen od. als störend empfinden* • 1.3 er braust bei jeder ~ auf *beim geringsten Anlass* • 1.4 das ist **keine** ~! ⟨umg.⟩ • 1.4.1 das ist *wichtig* • 1.4.2 *das ist nicht so einfach* **2** *geringe Menge, Summe, wenig von etwas;* die ~ von 16.000 € ⟨iron.⟩ • 2.1 es kostet (aber) eine ~! ⟨umg.; iron.⟩ *ziemlich viel* • 2.2 eine ~ essen *eine Zwischenmahlzeit, kleine Mahlzeit zu sich nehmen* • 2.3 den Schrank (um) eine ~ nach vorn rücken *einige Zentimeter*

klein|ka|riert *auch:* **klein ka|riert** ⟨Adj. 24⟩ **I** ⟨Zusammen- u. Getrenntschreibung⟩ *mit kleinen Karos versehen* (Stoff); eine ~e Hose **II** ⟨nur Zusammenschreibung; abwertend⟩ *geistig beschränkt, provinziell;* seine Denkweise ist kleinkariert; kleinkarierte Ansichten

Klein|kram ⟨m.; -s; unz.⟩ *kleine, unwichtige Dinge, Kleinigkeiten, Nichtigkeiten;* dieser ~ interessiert ihn nicht

klein|krie|gen ⟨V. 500⟩ **1** jmdn. ~ *jmdn. unterkriegen, seinen Willen brechen, seinen Widerstand überwinden;* sie wollen den Chef ~ **2** etwas ~ ⟨scherzh.⟩ *kaputt machen;* hast du den Apparat endlich kleingekriegt? • 2.1 Geld, Vermögen ~ ⟨scherzh.⟩ *aufbrauchen, ausgeben*

klein|laut ⟨Adj.⟩ *zurückhaltend, verlegen, (nachdem man vorher prahlte od. vorlaut war);* ~ werden

klein|lich ⟨Adj.⟩ **1** *engherzig, zu genau, Kleinigkeiten überbewertend, pedantisch* **2** *jeden Cent übertrieben genau berechnend, knauserig*

klein||ma|chen *auch:* **klein ma|chen** ⟨V. 500/Vr 3⟩ sich ~ **1** *sich bücken* **2** ⟨fig.⟩ *sich demütigen, seine Fähigkeiten herabsetzen*

Klein|od ⟨n.; -(e)s, -e od. -di|en⟩ **1** *kostbares Schmuckstück, Juwel* **2** ⟨fig.⟩ *etwas sehr Wertvolles, Kostbarkeit;* etwas hüten, bewahren wie ein ~

klein|schrei|ben ⟨V. 230/500⟩ **1** ein Wort kleinschreiben *mit kleinem Anfangsbuchstaben schreiben* **2** ⟨fig.⟩ eine **Sache** ~ *ihr wenig Bedeutung beimessen, sie kaum berücksichtigen;* →a. *klein (1.1.3)*

Klein|stadt ⟨f.; -, -städ|te⟩ *Stadt, die zwischen 5 000 und 20 000 Einwohnern hat*

klein|städ|tisch ⟨Adj. 24⟩ **1** *eine Kleinstadt (u. ihre Einwohner) betreffend, zu ihr gehörend, von ihr stammend* **2** *provinziell, (geistig) beschränkt;* ~es Denken

Kleis|ter ⟨m.; -s, -⟩ **1** *Klebstoff aus Stärke od. Mehl u. Wasser;* Mehl~; Holz~; Tapeten~ **2** ⟨fig.⟩ *dicker, zäher Brei*

Klem|me ⟨f.; -, -n⟩ **1** *kleines Gerät mit zwei bewegl. od.*

klingen

federnden Armen zum Zusammendrücken, Befestigen; Nasen~, Haar~ **2** ⟨Med.⟩ *kleine, sterile Metallklammer zum raschen Schließen einer stark blutenden Wunde, bes. einer verletzten Arterie* **3** ⟨fig.; umg.⟩ *Verlegenheit, Notlage;* jmdm. aus der ~ helfen; in der ~ sitzen

klem|men ⟨V.⟩ **1** ⟨511/Vr 5⟩ **etwas** an eine Stelle ~ *etwas befestigen od. durch Druck so festhalten, dass ein Herausrutschen od. Verrücken nicht mehr möglich ist, einzwängen;* ein Stück Holz in einen Spalt ~; sich ein Buch unter den Arm ~ ⟨umg.⟩ **2** ⟨400⟩ **etwas** klemmt *ist so befestigt, dass es nicht verrückt werden kann* ● **2.1** die Tür **klemmt** hängt fest, geht nicht auf **3** ⟨530/Vr 1⟩ **sich** einen **Körperteil** ~ *mit einem K. zwischen zwei aufeinanderschlagenden Gegenständen stecken bleiben, sich den Fin*ger ~ **4** ⟨550/Vr 3⟩ **sich hinter jmdn.** ~ ⟨fig.; umg.⟩ *bei jmdm. etwas zu erreichen suchen;* ich werde mich mal hinter ihn ~ **5** ⟨550/Vr 3⟩ **sich hinter etwas** ~ ⟨fig.; umg.⟩ *sich daranmachen, eifrig betreiben;* sich hinter eine Arbeit ~ **6** ⟨503⟩ **(jmdm.) etwas** ~ ⟨umg.⟩ *stehlen;* er hat ihm das Ausweise geklemmt

Klemp|ner ⟨m.; -s, -⟩ *Handwerker, der Blech-, Kupfer- u. Aluminiumgegenstände herstellt u. repariert sowie Gas- u. Wasserinstallationen ausführt*

Klep|to|ma|nie ⟨f.; -; unz.⟩ *krankhafter Trieb zu stehlen*

Kle|ri|ker ⟨m.; -s, -⟩ *Angehöriger des Klerus, katholischer Geistlicher*

Kle|rus ⟨m.; -; unz.⟩ *Gesamtheit der katholischen Geistlichen, Geistlichkeit*

Klet|te ⟨f.; -, -n⟩ **1** ⟨Bot.⟩ *Angehörige einer durch hakenförmige, mit Grannen versehene Hüllblätter ausgezeichneten Gattung der Korbblütler: Arctium, A. Lappa* **2** *Blütenkopf dieser Pflanze* **3** ⟨fig.; umg.⟩ *übermäßig anhänglicher Mensch (der dadurch sehr lästig wird);* sich wie eine ~ an jmdn. hängen; sie halten zusammen wie die ~n ● **3.1** in der Schulzeit hingen wir wie die ~n zusammen *waren wir sehr eng befreundet*

klet|tern ⟨V. 400(s.)⟩ **1** ⟨400⟩ *mit Hilfe der Hände hinauf-, hinab-, hinaussteigen;* auf einen Baum, Berg, eine Leiter ~; aus dem Bett, dem Wagen ~; über einen Zaun ~; er kann ~ wie ein Affe ● **1.1** es ist, um auf die Bäume zu ~! ⟨fig.⟩ *zum Verzweifeln* **2** ⟨400⟩ *hohe, schwierig zu erreichende Berggipfel besteigen, bergsteigen;* gestern sind wir vier Stunden lang geklettert ● **2.1** ⟨Sp.⟩ *eine (Fels-)Wand (im Freien od. in einer Halle) hinaufsteigen (als sportl. Herausforderung)* **3** ⟨400⟩ **Preise, Barometer, Thermometer** ~ **in** die **Höhe** ⟨fig.⟩ *steigen in die H.*

Klet|ter|pflan|ze ⟨f.; -, -n⟩ *Pflanze, die an natürlichen od. künstlichen Stützen emporwächst*

Klet|ze ⟨f.; -, -n; bair.-österr.⟩ *getrocknete Birne*

kli|cken ⟨V. 400⟩ **1** *etwas klickt erzeugt einen kurzen, hohen, metallischen Ton* **2** ⟨EDV⟩ *die Maustaste kurz betätigen, um eine Funktion zu aktivieren*

Kli|ent ⟨m.; -en, -en⟩ *Auftraggeber, Kunde (bes. eines Rechtsanwalts);* einen ~en vor Gericht vertreten

Kli|en|tel ⟨f.; -, -en⟩ *Gesamtheit der Klienten, Kundschaft, Anhängerschaft;* seine ~ betreuen, beraten; die ~ unserer Firma stammt überwiegend aus Osteuropa; die ~ eines Autors

Kli|en|tin ⟨f.; -, -tin|nen⟩ *weibl. Klient*

Kliff ⟨n.; -s, -e⟩ *steil abfallender Hang an der Küste, Klippe*

Kli|ma ⟨n.; -s, -s od. -ma|ta od. -ma|te⟩ **1** *die für ein bestimmtes Gebiet charakteristische durchschnittliche Wetterlage;* Meeres~; feuchtes, heißes, kaltes, mildes, raues, trockenes, tropisches ~; maritimes, ozeanisches ~ **2** ⟨fig.⟩ *Atmosphäre;* Betriebs~

Kli|ma|an|la|ge ⟨f.; -, -n⟩ *Anlage zur Regulierung des Raumklimas durch Erwärmung, Kühlung, Be- od. Entlüftung u. Reinigung der Luft*

Kli|mak|te|ri|um ⟨n.; -s, -ri|en⟩ = *Wechseljahre*

kli|ma|ti|sie|ren ⟨V. 500⟩ einen **Raum,** ein **Gebäude** ~ *mit Hilfe einer Anlage zur Regulierung des Raumklimas (Erwärmung, Kühlung, Be- u. Entlüftung sowie Reinigung der Luft) ausstatten*

Kli|ma|wan|del ⟨m.; -s; unz.⟩ *Wandel, Veränderung des Klimas, Klimaveränderung;* die Produktion von Treibhausgasen führt langfristig zu einem weltweiten ~

Kli|max ⟨f.; -, -e⟩ **1** ⟨geh.⟩ *Höhepunkt, Steigerung* **2** ⟨Rhet.⟩ *sich steigernder Ausdruck, Stilmittel der Steigerung (in Sätzen)* **3** ⟨Med.⟩ = *Wechseljahre*

klim|men ⟨V. 167/400(s.)⟩ *empor-, hinaufsteigen, hochklettern;* empor~, er~

klim|pern ⟨V. 400⟩ **1** *schlecht od. gedankenlos, spielerisch auf einem Tasten- od. Zupfinstrument spielen;* auf dem Klavier, auf der Gitarre ~ **2** *ein metallisches Geräusch erklingen lassen, metallische Gegenstände wiederholt rasch aneinanderschlagen lassen* ● **2.1** mit den Wimpern ~ ⟨fig.; meist scherzh.⟩ *kokett blinzeln*

Klin|ge ⟨f.; -, -n⟩ **1** *der schneidende, stechende Teil eines Werkzeugs, einer Waffe;* Degen~, Messer~, Rasier~; jmdn. mit der flachen ~ schlagen ● **1.1** eine gute ~ führen, schlagen *gut fechten* ● **1.2** jmdn. über die ~ springen lassen ⟨fig.⟩ *töten, vernichten, ruinieren* **2** *die Waffe selbst, Degen, Säbel, Schwert* ● **2.1** jmdn. vor die ~ fordern *zum Fechtkampf fordern* ● **2.2** die ~n (miteinander) kreuzen ● **2.2.1** *einen Zweikampf mit blanker Waffe austragen* ● **2.2.2** ⟨fig.⟩ *ein Wortgefecht führen*

Klin|gel ⟨f.; -, -n⟩ *Gerät, Knopf zum Läuten, klingeln;* Fahrrad~, Tür~

klin|geln ⟨V.⟩ **1** ⟨400⟩ *die Klingel in Bewegung setzen, läuten, schellen;* es hat geklingelt; es klingelt zum Unterricht, zur Pause, zum Beginn der Vorstellung **2** ⟨600 od. 800⟩ **jmdm., nach jmdm.** ~ *jmdn. durch Klingeln herbeirufen* **3** ⟨550⟩ **jmdn. aus dem Bett, aus dem Schlafe** ~ *durch Klingeln (1) aufwecken und aus dem Bett holen*

klin|gen ⟨V. 168/400⟩ **1** ⟨413⟩ *hell tönen, einen reinen wohllautenden Ton, Klang erzeugen, hallen;* das Instrument klingt gut, schlecht; dumpf, heiser, hell, schrill ~; der Lärm klang bis zu uns; mit ~der Stimme lachen, sprechen, etwas rufen; →a. Ohr (1.2.26) **2** ⟨413⟩ ein **Ton, Lied** klingt ... ⟨fig.⟩ *hört sich auf eine bestimmte Weise an;* das Lied klingt schön; der

557

Ton klingt falsch **3** ⟨413⟩ *etwas klingt ...* ⟨fig.⟩ *wirkt, erscheint auf eine bestimmte Weise;* das klingt ja, als ob du schon dort gewesen wärst; das klingt jetzt schon ganz anders!; das klingt mir fremd; es klingt zwar grob, aber ich muss es doch sagen; gut, hässlich, schlecht, schön ~; sein Lob, seine Worte klang(en) mir lieblich in die Ohren • **3.1** das klingt ganz nach schlechter Erfahrung *als ob er, sie schlechte Erfahrungen gemacht hätte* **4** ⟨fig.⟩ • **4.1 die Gläser** ~ lassen *anstoßen* • **4.2** ~der **Reim** = *weiblicher Reim,* → *weiblich (1.1)* • **4.3** mit ~der **Münze** bezahlen ⟨poet.⟩ *bar* • **4.4** etwas, eine Saite in jmdm. zum Klingen bringen ⟨poet.⟩ *ein Gefühl, eine Regung in jmdm. wecken*

Kli|nik ⟨f.; -, -en⟩ **1** *Anstalt zur Behandlung bettlägriger Patienten, Krankenhaus;* Frauen~, Kinder~, Poli~; chirurgische, orthopädische ~ **2** ⟨unz.⟩ *Unterricht der Medizinstudenten am Kranken(bett)*

Klin|ke ⟨f.; -, -n⟩ **1** *Griff an der Tür zum Öffnen u. Schließen;* Tür~ **2** *Sperrhebel, Schalthebel (einer Maschine)*

klin|ken ⟨V. 400⟩ *die Klinke betätigen;* an einer verschlossenen Tür einige Male ~

Klin|ker ⟨m.; -s, -⟩ *(meist dunkelroter) kleiner, scharfgebrannter, sehr harter Ziegel;* ~bau

klipp ⟨Adj. 80; nur in der Wendung⟩ ~ und klar *deutlich, eindeutig;* jmdm. etwas ~ und klar sagen

Klip|pe ⟨f.; -, -n⟩ **1** *steil hervorspringender Felsen im Meer, Riff;* gefährliche ~n; auf eine ~ auflaufen **2** ⟨fig.⟩ *Hindernis, gefährliche, heikle Stelle;* in einer Prüfung, Unterhaltung alle ~n umschiffen

klir|ren ⟨V. 400⟩ *etwas klirrt gibt ein helles, hartes Geräusch (wie von angeschlagenem Metall, Glas, Porzellan) von sich, klingt hell, hart;* die Fenster ~; er schlug auf den Tisch, dass die Gläser klirrten; die Gläser fielen ~d auf den Boden; die Ketten, Sporen, Waffen klirrten; ~des Eis, ~der Frost; ~de Kälte (nach dem Geräusch des Eises unter den Füßen)

Kli|schee ⟨n.; -s, -s⟩ **1** ⟨Typ.⟩ = *Druckstock* **2** *Abdruck, genaues Abbild* **3** ⟨fig.; abwertend⟩ *abgegriffenes, schon zu oft gebrauchtes Wort, undifferenzierte Verallgemeinerung*

Klis|tier ⟨n.; -s, -e; Med.⟩ *Einbringen einer kleinen Flüssigkeitsmenge durch den After in den Darm (bei Verstopfung usw.);* →a. *Einlauf (5)*

Kli|to|ris ⟨f.; -, - od. -to|ri|des; Anat.⟩ = *Kitzler*

Klitsch ⟨m.; -(e)s, -e; umg.⟩ **1** *Brei, breiige, klebrige Masse* **2** *nicht aufgegangenes Gebäck;* der Kuchen ist ~ geworden **3** *leichter Schlag (bes. auf den nackten Körper);* einem Kind einen ~ geben

klit|tern ⟨V.⟩ **1** ⟨500⟩ *etwas ~ basteln, bosseln¹* **2** ⟨500⟩ *eine Sache ~ zusammenstoppeln, (unschöpferisch) zusammentragen* **3** ⟨400⟩ *schmieren, Kleckse machen*

Klo ⟨n.; -s, -s; umg.; kurz für⟩ *Klosett*

Klo|a|ke ⟨f.; -, -n⟩ **1** *Schleuse, Abwasserkanal* **2** ⟨Zool.⟩ *gemeinsamer Ausgang von Darm, Harnblase u. Geschlechtsorganen bei manchen Tieren*

klo|big ⟨Adj. 1⟩ *übermäßig groß, unförmig, massig;* ein ~er Schrank **2** *plump, unbeholfen, grob;* ein ~er Mensch

Klon ⟨m.; -s, -e; Genetik⟩ *aus ungeschlechtlicher Fortpflanzung, gentechnisch erzeugte erbgleiche Nachkommenschaft eines Individuums*

klo|nen ⟨V. 402⟩ *(jmdn. od. ein Tier) ~ durch ungeschlechtliche (gentechnisch manipulierte) Fortpflanzung künstlich erzeugen;* genetisch identische Lebewesen, Pflanzen ~

Klo|pa|pier ⟨n.; -s; unz.; umg.⟩ = *Toilettenpapier*

klop|fen ⟨V.⟩ **1** ⟨402 od. 611/Vr 5 od. Vr 6⟩ ⟨jmdn.⟩ od. (etwas) ~, jmdm. auf die Schulter (u. ä.) ~ *mehrere Male (leicht) schlagen, pochen;* Fleisch, ein Kotelett ~ (damit es weich wird); es klopft (an der Tür); an die Tür ~; mit dem Hammer auf einen Nagel ~; der Specht klopft (mit dem Schnabel an den Baum); jmdn. freundschaftlich auf die Schulter ~; Teppiche ~; Staub aus dem Mantel ~ • **1.1 Steine** ~ *fest in den Untergrund der Straße schlagen* • **1.2 der Motor** klopft *gibt ein pochendes (ungewohntes) Geräusch von sich* • **1.3** jmdn. **aus dem Schlaf** ~ *an die Tür klopfen, damit jmd. wach wird* **1.4** jmdm. **auf die Finger** ~ ⟨a. fig.⟩ *jmdn. tadeln, zurechtweisen;* →a. *Busch (1.1)* **2** ⟨400⟩ *das* **Herz,** *der* **Puls** *klopft schlägt ständig, pocht;* das Herz klopfte ihm zum Zerspringen; das Blut klopfte ihm in den Adern, den Schläfen; mit ~dem Herzen

Klöp|pel ⟨m.; -s, -⟩ **1** *keulenartiges Gerät zum Anschlagen, z. B. von Trommeln od. Glocken;* Sy *Schwengel (1);* Glocken~ **2** ⟨Textilw.⟩ *Garnspule zum Klöppeln, Verschlingen, Zwirnen u. Flechten von Fäden nach vorgezeichnetem Muster*

klöp|peln ⟨V. 402⟩ *von Spulen (Klöppeln) ablaufendes Garn um festgesteckte Nadeln nach einem Muster zu Spitzen, Bändern, Litzen, Borten usw. verflechten*

Klops ⟨m.; -es, -e⟩ *(gebratenes) Fleischklößchen*

Klo|sett ⟨n.; -s, -s⟩ = *Abort¹*

Kloß ⟨m.; -es, Klö|ße⟩ **1** *ungeformter od. runder, feuchter Klumpen, Masse von etwas;* Erd~; ein ~ Lehm, Erde, Dreck • **1.1** einen ~ im Halse haben ⟨fig.⟩ *ein würgendes Gefühl bes. von unterdrücktem Weinen* **2** *zur Kugel geformte Speise;* Sy *Knödel;* Kartoffel~, Semmel~ • **2.1** gekochte Klöße *Klöße aus gekochten Kartoffeln;* →a. *grün (2.1), roh (1.2), seiden (2)*

Klos|ter ⟨n.; -s, Klö|ster⟩ **1** *(von der Außenwelt abgeschlossene) Wohn- und Arbeitsstätte von Mönchen od. Nonnen;* Mönchs~, Nonnen~; ins ~ gehen; jmdn. ins ~ sperren, stecken **2** *die im Kloster (1) lebende religiöse Gemeinschaft*

Klotz ⟨m.; -es, Klöt|ze⟩ **1** *großes Stück Holz, (meist) Teil eines Baumstamms* • **1.1** schlafen wie ein ~ *tief, fest schlafen* • **1.2** sich einen ~ ans Bein binden ⟨fig.; umg.⟩ *sich mit etwas belasten u. dadurch am Vorwärtskommen gehindert werden* • **1.3** *Klotz (1) zum Holz- od. Fleischhacken;* Hack~, Fleisch~ **2** ⟨fig.⟩ *ungeschlachter, unbeholfener od. grober Mensch* • **2.1** dastehen wie ein ~ *unbeholfen, steif, hilflos dastehen;* →a. *grob (4.2)*

klot|zig ⟨Adj.⟩ **1** *wie ein Klotz beschaffen, wuchtig, massig, ungeschlacht;* ein ~es Möbelstück **2** ⟨50; fig.; umg.⟩ *sehr, ungeheuer;* es ist ~ heiß; er ist ~ reich; der Mantel ist ~ teuer

Klub ⟨m.; -s, -s⟩ **1** *geschlossene Vereinigung von Personen zur Pflege bestimmter Interessen;* oV *Club;* →a. *Verein;* Foto~, Kegel~, Sport~ **2** *Raum od. Gebäude für einen Klub (1)*

Kluft[1] ⟨f.; -, Klüf|te⟩ **1** *Spalte, Riss, Einschnitt in Gestein, Gletschern o. Ä.;* Felsen~ **2** ⟨fig.⟩ *unüberbrückbar scheinender Gegensatz;* eine ~ überbrücken; es bestand eine tiefe ~ zwischen ihnen

Kluft[2] ⟨f.; -; unz.; umg.⟩ **1** *Uniform, Dienstkleidung* **2** *Anzug*

klug ⟨Adj. 22⟩ **1** *jmd. ist ~ gescheit, intelligent, aufgeweckt;* sie war ~ genug einzusehen, dass …; seid ~ wie die Schlangen (Matth. 10,16); der Klügere gibt nach; →a. *Ei (1.1.4)* **2** *ein Tier ist ~ verständig* **3** *eine* **Ansicht**, *ein Rat ist ~ vernünftig, weise* • **3.1** ~ **reden** *gescheit, vernünftig reden;* (aber) →a. *klugreden* **4** *ein Vorgehen, ein Verhalten ist ~ schlau, überlegt, geschickt, diplomatisch;* hier heißt es ~ vorgehen; es wird am klügsten sein abzuwarten; es ist das Klügste, wenn du jetzt gehst **5** ⟨50; fig.⟩ • **5.1** *aus einer Sache nicht ~ werden etwas nicht begreifen, nicht durchschauen* • **5.2** *ich werde nicht ~ aus ihm ich erfasse sein Wesen nicht* • **5.3** *jetzt bin ich so ~ wie zuvor das habe ich nicht verstanden, mit dieser Erklärung weiß ich nichts anzufangen, die Nachforschung hat zu nichts geführt* • **5.4** *er ist nicht recht ~* ⟨umg.⟩ *er ist ein bisschen verrückt*

klug‖re|den ⟨V. 400; abwertend⟩ *besserwisserisch reden, sachverständig tun;* →a. *klug (3.1)*

klum|pen ⟨V. 400⟩ *Klumpen bilden, zu Klumpen zusammenballen;* die Soße klumpt

Klum|pen ⟨m.; -s, -⟩ **1** *feuchte, zähe, zusammengeballte Masse;* Butter~, Erd~ **2** *großer Brocken;* Gold~; der Brei, die Soße hat ~; zu ~ geballt

Klün|gel ⟨m.; -s, -; abwertend⟩ *Gruppe von Menschen, die sich gegenseitig fördern, die übrigen aber unterdrücken;* Sy *Sippschaft (2)*

Klus ⟨f.; -, -en; schweiz.⟩ *Engpass, Schlucht*

knab|bern ⟨V.⟩ **1** ⟨411⟩ **an etwas** ~ *(hörbar) von etwas abbeißen, an etwas kauen;* die Mäuse haben am Käse, am Speck geknabbert; an einem Apfel ~ **2** ⟨800⟩ **an etwas** ~ *in sehr kleinen Bissen von etwas abbeißen;* an einem Stück Brot ~ **3** ⟨500⟩ *etwas* ~ ⟨umg.⟩ *essen, naschen;* Gebäck, Nüsse u. Ä. ~ *etwas zum Knabbern (Gebäck, Nüsse u. Ä.)* **4** ⟨800⟩ **an einer Sache** (noch lange) ~ ⟨a. fig.⟩ *eine S. wird jmdm. noch lange Sorgen od. Schmerzen bereiten;* daran wird er noch lange zu ~ haben

Kna|be ⟨m.; -n, -n⟩ **1** *Kind männlichen Geschlechts;* Sy *Junge, Bub;* ein ~ älterer, fünfjähriger, kleiner ~; ein hübscher ~ **2** ⟨umg.⟩ *Bursche, Kerl;* alter ~! (burschikose, freundschaftliche Anrede auch für Jüngere) • **2.1** er ist schon ein alter ~ *alter, älterer Mann*

Knack ⟨m.; -(e)s, -e⟩ *kurzes, knackendes Geräusch;* mit einem ~ hatte er die Schachtel aufgebrochen

Knä|cke|brot ⟨n.; -(e)s, -e⟩ *sehr knusprig in dünnen Scheiben gebackenes Brot mit geringem Wasseranteil;* eine Packung, Scheibe ~

kna|cken ⟨V.⟩ **1** ⟨400⟩ *etwas knackt gibt einen kurzen, hellen Laut von sich wie zerbrechendes Holz;* Dielen, alte Möbel ~; Holzscheite ~ im Feuer **2** ⟨500⟩ **Nüsse** ~ *mit hellem Geräusch aufbrechen* **3** ⟨500⟩ **Flöhe**, Läuse ~ *zwischen den Fingernägeln zerquetschen* **4** ⟨500⟩ *einen* **Geldschrank** ~ ⟨fig.; umg.⟩ *mit Gewalt öffnen (um zu stehlen)* **5** ⟨500⟩ **Rätsel** ~ *lösen* **6** ⟨400⟩ *jmd.* knackt ⟨umg.⟩ *schläft*

Knack|punkt ⟨m.; -(e)s, -e; fig.; umg.⟩ *entscheidender Faktor, wichtigster Gesichtspunkt;* das ist der ~ bei der Sache

Knacks ⟨m.; -es, -e; umg.⟩ **1** *einmaliges Knacken* **2** *Riss, Sprung;* das Ei, das Glas hat einen ~ (bekommen) **3** ⟨fig.⟩ *(seelischer od. körperlicher) Schaden;* durch einen Unfall, ein erschütterndes Erlebnis einen ~ bekommen; einen ~ weghaben

Knall ⟨m.; -(e)s, -e⟩ **1** *kurzes, scharfes, peitschenschlag- od. schussartiges Geräusch;* Peitschen~; der ~ eines Schusses; die Tür fiel mit einem ~ ins Schloss; der Reifen platzte mit einem lauten ~ **2** ⟨fig.; umg.⟩ • **2.1** (auf) ~ und **Fall**, ~ auf Fall *plötzlich, von heute auf morgen;* (auf) ~ und Fall entlassen werden • **2.2** *Verrücktheit, Fimmel;* du hast (ja) einen ~!

Knall|ef|fekt ⟨m.; -(e)s, -e⟩ *verblüffender Höhepunkt, verblüffende, große Wirkung*

knal|len ⟨V.⟩ **1** ⟨400⟩ *etwas* knallt *gibt ein kurzes, scharfes, peitschenschlag- od. schussartiges Geräusch von sich;* ein Schuss knallt; den Sektpfropfen ~ lassen • **1.1** ⟨411(s.)⟩ *sich mit Knall (1) schließen;* die Tür knallte ins Schloss **2** *eine Bewegung machen, bei der ein Geräusch wie bei einem Knall (1) entsteht;* mit der Peitsche ~ • **2.1** ⟨511⟩ **etwas auf etwas** ~ *laut, heftig hinwerfen;* Bücher auf den Tisch ~; den Hörer auf die Gabel ~ • **2.2** ⟨530⟩ *jmdm. eine* ~ ⟨umg.⟩ *eine Ohrfeige geben* **3** ⟨400⟩ *die* **Farbe** knallt ⟨fig.; umg.⟩ *ist zu grell, fällt zu sehr auf* **4** ⟨500⟩ *eine* **Frau** ~ ⟨derb⟩ *mit einer Frau Geschlechtsverkehr haben*

knall|hart ⟨Adj. 24; umg.⟩ *rücksichtslos, brutal, eisern, streng;* ein ~er Busche; ~ durchgreifen

knal|lig ⟨Adj.; umg.⟩ **1** *grell, auffallend, aufdringlich, schreiend;* ~e Farben; ~e Werbung **2** ⟨50; verstärkend⟩ *sehr, überaus;* es war ~ heiß; die Hose ist ~ eng

Knall|kopf ⟨m.; -(e)s, -köp|fe; umg.; derb⟩ *dummer, beschränkter Mensch*

knapp ⟨Adj.⟩ **1** *gerade noch ausreichend, wenig, gering, beschränkt, dürftig;* der Proviant ist ~; die Kohlen sind ~ geworden; die Mahlzeit ist ~; die Lebensmittel sind ~ • **1.1** ~ **bei Kasse sein** ⟨umg.⟩ *(augenblicklich) wenig Geld haben* • **1.2** *es geht bei ihnen etwas ~ zu, her* ⟨umg.⟩ *sie müssen sparen* • **1.3** *mit ~er* **Not** *(nicht einer Sache) entgehen, entkommen* ⟨fig.⟩ *nur mit Mühe, gerade noch* **2** *ein* **Kleidungsstück** *ist ~ eng, liegt eng an;* das Kleid sitzt ~; die Schuhe sind etwas ~ **3** *kurz, eben noch zureichend, nicht ganz (bei Zeit- u. Maßangaben);* eine ~e Mehrheit; ~ zwei Meter; die Zeit ist ~; eine ~e Stunde; ~ vier Wochen; meine Zeit ist ~ bemessen; ein ~er Sieg ⟨Sp.⟩ • **3.1** *und nicht zu* ~! ⟨umg.⟩ *ziemlich viel* **4** ⟨50⟩ ~ **an, vor** *dicht an, dicht vor, in minimalem Abstand von;* das Auto fuhr (ganz) ~ an mir vorbei; er kam ~ vor ihm durchs Ziel **5** *die* **Ausdrucksweise,** *der Stil*

Knappe ist ~ *kurz gefasst, gedrängt, bündig, das Wesentliche umfassend;* in ~en Worten

Knap|pe ⟨m.; -n, -n⟩ **1** ⟨früher⟩ *junger Edelmann im Dienst eines Ritters;* Schild~ **2** ⟨Bgb.; veraltet⟩ *Bergmann mit abgeschlossener Lehre (entspricht heute dem Bergmechaniker);* Berg~

knar|ren ⟨V. 400⟩ **etwas** knarrt *gibt einen Laut von sich, wie wenn Holz unter Druck gegeneinanderreibt, erzeugt ein schnarrendes Geräusch;* alte Bäume, Dielen, Treppen ~; Holz knarrt; ein Lederriemen, eine Tür, ein alter Wagen knarrt; eine ~de Stimme haben

Knast ⟨m.; -(e)s, -e od. Knäs|te; umg.⟩ **1** ⟨unz.⟩ *Haftstrafe* • **1.1** ~ schieben *eine Gefängnisstrafe absitzen* **2** *Haftanstalt;* im ~ sitzen

knat|tern ⟨V. 400⟩ **etwas** knattert *gibt kurze, helle, schnell aufeinanderfolgende knallende Geräusche von sich;* ein Maschinengewehr, ein Motorrad knattert, Schüsse ~; eine Fahne knattert im Wind

Knäu|el ⟨n. od. m.; -s, -⟩ **1** *zu einer Kugel gewickelter Faden;* Garn~, Woll~ **2** *Durcheinander von (Gegenständen aus) Stoff, Wolle usw.* **3** ⟨fig.⟩ *geballte, formlose Masse von Lebewesen;* Menschen~; ein ~ sich balgender Kinder, sich beißender Hunde; sich zu einem ~ ballen **4** ⟨Bot.⟩ *Angehöriger einer Gattung der Nelkengewächse: Scleranthus*

knäu|eln ⟨V. 500⟩ = *knäulen*

Knauf ⟨m.; -(e)s, Knäu|fe⟩ **1** *kugel- od. knopfartiger Griff;* Schwert~, Stock~ **2** = *Kapitell;* Säulen~

knäu|len ⟨V. 500⟩ oV *knäueln* **1 etwas** ~ *zu einem Knäuel zusammenballen* **2** ⟨Vr 3⟩ **sich** ~ *ein unentwirrbares Gefüge bilden*

knau|se|rig ⟨Adj.; umg.⟩ *geizig*

knau|sern ⟨V. 400⟩ *übertrieben sparen, geizen;* mit seinem Geld ~; er knauserte nicht mit Lob und Anerkennung

knaut|schen ⟨V.; umg.⟩ **1** ⟨500⟩ **etwas** ~ *zerdrücken, zerknüllen;* bitte knautsch das Kleid nicht zu sehr **2** ⟨400⟩ **etwas** knautscht ⟨umg.⟩ *bildet Druckfalten;* der Stoff knautscht sehr, knautscht nicht

Kne|bel ⟨m.; -s, -⟩ **1** *Holzstück zum Spannen der Säge* **2** *(durch den Bindfaden gestecktes) Stückchen Holz zum Tragen von Paketen* **3** *zusammengeballtes Stück Stoff, das einem Überfallenen in den Mund gesteckt wird, um ihn am Schreien zu hindern;* Mund~

kne|beln ⟨V. 500⟩ **1 jmdm.** ~ *jmdm. mit einem Knebel den Mund verstopfen;* jmdn. gefesselt u. geknebelt liegen lassen **2 jmdn.** od. **eine Sache** ~ *in ihrer Entwicklung, Entfaltung gewaltsam behindern;* die Presse wird in einer Diktatur geknebelt

Knecht ⟨m.; -(e)s, -e⟩ **1** *Diener, Dienstmann;* Edel~; ein treuer ~; ein ~ Gottes ⟨fig.⟩ **2** *Gehilfe des Bauern;* Stall~; sich als ~ verdingen

knech|tisch ⟨Adj.; abwertend⟩ *von unterwürfigem Benehmen, von kriecherischer Gesinnung*

knei|fen ⟨V. 169⟩ **1** ⟨500⟩ **etwas** ~ *zusammendrücken, klemmen;* der Hund kniff den Schwanz zwischen die Beine • **1.1** ⟨500⟩ **jmdn. (in** einen **Körperteil)** ~ *das Fleisch od. die Haut von jmdm. zwischen zwei Fingern zusammendrücken (meist so, dass der andere eine unangenehme od. schmerzhafte Empfindung hat);* jmdn. (in den Arm, in die Wange) ~ **2** ⟨400; fig.⟩ *sich vor etwas drücken, feige zurück-, ausweichen;* Kneifen gibt's nicht!; er hat gekniffen **3** ⟨400; Sp.; Fechten⟩ *(hinter die Mensur) zurückweichen* **4** ⟨400; Mar.⟩ *ein Schiff hart an den Wind bringen, dicht beim Wind segeln*

Knei|pe ⟨f.; -, -n⟩ **1** *(einfaches) Gasthaus, Wirtshaus;* Bier~, Hafen~, Wein~; er sitzt fast jeden Abend in der ~ **2** *regelmäßige Zusammenkunft von Korpsstudenten zum Trinken und Singen*

knei|pen[1] ⟨V. 400; umg.⟩ **1** *trinken, zechen* **2** *einen (studentischen) Kneipabend haben*

knei|pen[2] ⟨V. 500/Vr 8; mitteldt.⟩ = *kneifen (1)*

kneip|pen ⟨V. 400; umg.⟩ *eine Kneippkur machen*

Kneipp|kur ⟨f.; -, -en⟩ *Heilverfahren mit Kaltwasserbehandlung, gesunder Ernährung u. Bewegung an der frischen Luft*

kne|ten ⟨V. 500⟩ **1** eine **weiche Masse** ~ *mit den Händen drücken, bearbeiten;* Teig ~ • **1.1 Ton, Plastilin** ~ *mit den Händen drückend formen;* aus Ton usw. Figuren ~ **2** jmds. **Körper** ~ *massieren*

Knick ⟨m.; -(e)s, -e od. -s⟩ **1** *scharfe Biegung, Kurve;* die Straße macht hier einen ~ **2** *scharf umgebogene Stelle, Falte, Kante, Kniff;* ein ~ in der Buchseite, im Stoff **3** *angeschlagene Stelle, Sprung, Riss;* das Ei hat einen ~ **4** ⟨Pl. nur: -s⟩ *mit Büschen bepflanzter Erdwall, Hecke*

kni|cken ⟨V.⟩ **1** ⟨500⟩ ein **Papier**, eine **Buchseite** ~ *scharf umbiegen, falten* **2** ⟨500⟩ einen **Baum** ~ *brechen;* der Sturm hat die Bäume geknickt • **2.1** einen **Zweig**, einen **Blumenstängel**, ein **Streichholz** ~ *fast komplett abbrechen* **3** das **Bein, Knie** ~ *beugen* • **3.1** ⟨411(s.)⟩ **in die Knie** ~ *in die K. sinken* **4** ⟨500⟩ einen **Floh**, eine **Laus** ~ ⟨umg.⟩ *zwischen den Fingernägeln zerquetschen* **5** ⟨400(s.)⟩ ein **Ei** knickt *bekommt einen Riss, Sprung*

kni|cke|rig ⟨Adj.; umg.⟩ *geizig, übertrieben sparsam;* oV *knickrig*

knick|rig ⟨Adj.; umg.⟩ = *knickerig*

Knicks ⟨m.; -es, -e⟩ *Beugung eines Knies als ehrerbietiger Gruß einer Dame od. eines Mädchens;* Hof~; einen (tiefen) ~ machen

Knie ⟨n.; -s, - [kniːə] od. [kniː]⟩ **1** *Gelenk zwischen Oberschenkelknochen u. Schienbein;* das ~ beugen; die ~ durchdrücken; die ~ schlottern, zittern ihm vor Angst; runde, schmale, spitze ~; ein steifes ~ haben; sich auf ein ~ niederlassen; auf dem ~ des Vaters reiten; sich vor jmdn. auf die ~ werfen; er zog das Kind auf seine ~; in die ~ sinken; die ~ wurden ihm weich (vor Angst) ⟨fig.⟩; vor etwas od. jmdm. auf den ~n liegen ⟨a. fig.⟩; (vor jmdm.) auf die ~ fallen ⟨a. fig.⟩ • **1.1** jmdn. übers ~ legen *verhauen* • **1.2** etwas übers ~ brechen ⟨a. fig.⟩ *überstürzt handeln, flüchtig erledigen* • **1.3** in die ~ brechen *zusammenbrechen, -sinken* **2** ⟨fig.⟩ *Zeichen der Unterwerfung* • **2.1** in die ~ gehen *sich (der Gewalt) fügen, (der Gewalt) nachgeben, sich als unterlegen erklären* • **2.2** jmdn. auf den ~n (darum) bitten *inständig, flehentlich bitten* • **2.3** jmdn. in die ~ zwingen *besie-*

gen, unterwerfen • 2.4 **jmdm. auf ~n danken** *herzlichst danken* **3** ⟨fig.⟩ *Biegung, Krümmung, gekrümmte Stelle, gebogenes Teil;* der Fluss macht hier ein ~; ein ~ im Ofenrohr einsetzen **4** *Stelle des Knies im Hosenbein;* die Hose hat schon ausgebeulte, abgewetzte ~ **5** ⟨Zool.⟩ *Glied des Beins der Spinnentiere zwischen Schenkel u. Schiene*

Knie|fall ⟨m.; -(e)s, -fäl|le⟩ **1** *das Niederlassen auf die Knie (als Zeichen der Ehrerbietung, Huldigung od. des flehentlichen Bittens)* **2** einen ~ (vor jmdm.) tun ⟨fig.⟩ *sich (vor jmdm.) demütigen (um etwas zu erreichen);* deshalb mache ich (noch lange) keinen ~ vor ihm

knie|lang ⟨Adj. 24⟩ *von der Schulter, Taille od. Hüfte her bis zu den Knien reichend;* ein ~er Rock

knien ⟨[kniːn] od. [kniːən] V. 400⟩ *auf den Knien liegen;* auf dem Boden, auf dem Stuhl ~; vor dem Altar, vor jmdm. ~

Kniff ⟨m.; -(e)s, -e⟩ **1** *das Kneifen;* ein ~ in den Arm **2** *scharfe Falte, umgebogene Stelle;* ein ~ im Papier, in der Buchseite **3** ⟨fig.⟩ *Kunstgriff, Trick;* jmdn. die ~e des Zauberns lehren; es ist ein ~ dabei

knif|fe|lig ⟨Adj.⟩ = knifflig

kniff|lig ⟨Adj.⟩ **1** *schwierig, mühselig, kompliziert, Geduld u. Geschicklichkeit erfordernd;* oV knifelig; eine ~e Aufgabe **2** *heikel, unangenehm, kompliziert;* eine ~e Angelegenheit

knip|sen ⟨V.⟩ **1** ⟨500⟩ einen **Fahrschein** ~ *lochen, um eine nochmalige Benutzung zu verhindern;* der Schaffner hat die Fahrkarte geknipst **2** ⟨400⟩ *den Auslöser am Fotoapparat betätigen;* hast du schon geknipst? **3** ⟨402⟩ (**jmdn.** od. **etwas**) ~ *(dilettantisch) fotografieren;* ich habe im Urlaub viele Marktszenen geknipst **4** ⟨416⟩ **mit** den **Fingern** ~ *einen Laut erzeugen, der dem des Knipsens (1) ähnlich ist*

Knirps ⟨m.; -es, -e⟩ **1** ⟨abwertend⟩ *kleiner Junge* **2** *kleiner Mensch* **3** ⟨®⟩ *zusammensteckbarer Schirm, Taschenschirm*

knir|schen ⟨V.⟩ **1** ⟨400⟩ *etwas knirscht gibt ein hartes, reibendes Geräusch von sich;* die Räder knirschten auf dem hartgefrorenen Schnee; der Kies, Sand, Schnee knirschte unter seinen Schritten **2** ⟨416⟩ **mit** den **Zähnen** ~ ⟨a. fig.⟩ *die Zähne (vor Wut) aufeinanderreiben* **3** ⟨500⟩ **etwas** ~ *wütend zwischen den Zähnen sagen;* „...!", knirschte er

knis|tern ⟨V. 400⟩ **etwas** knistert **1** *bei Bewegung feine, leise u. hell knackende, raschelnde Laute von sich geben;* Papier knistert; trockene oder brennende Zweige ~; das Feuer knistert im Kamin, Ofen; ~de Seide • **1.1** man glaubt die Atmosphäre ~ zu hören *die in der Luft liegende Spannung, Erregung spüren* • **1.2** ⟨411; unpersönl.⟩ es knistert im Gebälk ⟨fig.⟩ *Gefahr droht (urspr. wie von Feuer od. nicht mehr tragfähigen Balken)*

knit|tern ⟨V.⟩ **1** ⟨400⟩ **Stoff** knittert *bildet kleine Druckfalten;* Blusen, Kleider ~ **2** ⟨500⟩ **etwas** ~ ⟨umg.⟩ *zerknittern, zerdrücken, kleine Fältchen in etwas machen;* pass auf, dass du den Stoff nicht knitterst

kno|beln ⟨V. 400⟩ **1** (**um etwas**) ~ *durch Würfeln entscheiden, wer von den beiden Beteiligten etwas Bestimmtes tun soll;* ~, wer beginnt **2** (**an** einer **Aufgabe**) ~ *durch Probieren nach der Lösung einer A. suchen;* an einem schwierigen Problem lange ~

Knob|lauch ⟨m.; -s; unz.; Bot.⟩ *zu den Liliengewächsen gehörende Pflanze mit einer Zwiebel, die als Gewürz verwendet wird: Allium sativum*

Knö|chel ⟨m.; -s, -⟩ **1** *vorspringendes Knochenende der Unterschenkelknochen: Malleolus;* Fuß~; sich den ~ brechen, verstauchen **2** *Fingerknöchel* **3** ⟨regional⟩ *Würfel*

Kno|chen ⟨m.; -s, -⟩ **1** *die feste Stützsubstanz des Skeletts der Wirbeltiere;* sich die ~ brechen; feste, schwere, starke, weiche, zarte ~ haben; die Wunde geht bis auf den ~; der Hund nagt an einem ~; bis auf die ~ abmagern; Fleisch mit, ohne ~ (zum Braten od. Kochen); ~ zur Suppe kaufen; er ist nur noch Haut und ~; der Schreck fuhr mir in die ~ ⟨umg.⟩; der Schreck liegt, sitzt mir noch in den ~ ⟨umg.⟩; seine müden ~ ausruhen ⟨umg.⟩ • **1.1** mir tun alle ~ weh ⟨a. fig.⟩ *ich bin zerschlagen, erschöpft* • **1.2** jmdm. die ~ (im Leibe) zusammenschlagen ⟨umg.⟩ *jmdn. heftig verprügeln* **2** ⟨fig.⟩ • **2.1.1** ein müder ~ ⟨fig.; umg.⟩ *schlapper, energieloser Mensch* • **2.1.2** alter ~! *alter Kerl, Bursche* **2.2** *Innerstes, Sitz des Willens, der Entscheidungskraft u. des Mutes* • **2.2.1** er hat keinen Mumm in den ~ *er hat keine Kraft, keinen Mut* • **2.2.2** nimm, reiß deine ~ zusammen! ⟨umg.⟩ *nimm dich zusammen!* **2.2.3** er ist konservativ bis in die ~ ⟨umg.⟩ *sehr, zutiefst, bis ins Innerste konservativ* • **2.3** sich bis auf die ~ blamieren ⟨umg.⟩ *sehr blamieren*

kno|chig ⟨Adj.⟩ *mit deutlich sichtbaren, stark hervortretenden Knochen versehen;* ein ~er Körper; er hat ein ~es Gesicht

knock-out auch: **knock|out** ⟨[nɔkaut] Adj. 24/80; Abk.: k. o.; Boxen⟩ *kampfunfähig, zu Boden geschlagen u. kampfunfähig;* einen Gegner ~ schlagen

Knock-out auch: **Knock|out** ⟨[nɔkaut] m.; -s, -s; Abk.: K. o.; Sp.; Boxen⟩ *Niederschlag, Kampfunfähigkeit;* der Kampf wurde durch ~ entschieden

Knö|del ⟨m.; -s, -; oberdt.⟩ = *Kloß (2)*

Knol|le ⟨f.; -, -n⟩ oV Knollen **1** *fleischig verdicktes pflanzliches Organ, das der Speicherung von Nährstoffen u. z. T. auch der vegetativen Vermehrung dient;* Wurzel~, Spross~ **2** *Gebilde, das einer Knolle (1) gleicht* • **2.1** *rundliches Stück, Klumpen;* Erd~ • **2.2** ⟨umg.⟩ *dicke, knollige Nase* **3** ⟨umg.⟩ *Strafzettel;* eine ~ bekommen

Knol|len ⟨m.; -s, -⟩ = *Knolle*

knol|lig ⟨Adj.⟩ **1** *mit Knollen versehen* **2** *wie eine Knolle beschaffen*

Knopf ⟨m.; -(e)s, Knöp|fe⟩ **1** *meist rundes, scheiben- od. auch kugelförmiges Verschlussstück an der Kleidung;* Jacken~, Hemd~, Hosen~, Holz~, Perlmutt~; der ~ ist abgerissen, angenäht, übergezogen, verlieren; die Knöpfe (am Mantel usw.) zuknöpfen; es sich an den Knöpfen abzählen (ob man etwas tun soll oder nicht) **2** *Gegenstand, der einem Knopf (1) äußerlich ähnlich ist* • **2.1** *Griff, Knauf;* Tür~; einen

knöpfen

neuen ~ an der Tür anbringen • **2.2** *runde Vorrichtung, auf die man drückt, um eine gewünschte Wirkung zu erzielen;* Klingel~, Schalt~; auf den ~ drücken • **2.3** *verdicktes Ende eines Gegenstandes;* Turm~ **3** ⟨oberdt.; schweiz.⟩ *Knoten;* einen ~ machen **4** ⟨fig.; umg.; scherzh.⟩ *Kerl, Bursche, Mensch;* ein kleiner, ein ulkiger ~ **5** *Knospe;* die kleinen Knöpfe der Rosen • **5.1** ⟨fig.⟩ *Verständnis, Verstand* • **5.1.1** den ~ auftun ⟨umg.; schweiz.⟩ *plötzlich Sinn für das Wesentliche bekommen, nun die Zusammenhänge erfassen können;* das Kind tut den ~ auf, hat den ~ aufgetan **6** ⟨umg.; scherzh.⟩ *Kind, kleines Kind;* sie haben einen hübschen ~ **7** ⟨Jägerspr.⟩ *sehr kleine, bis zu 2 cm hohe Geweihstange (beim jungen Hirsch, Elch od. Rehbock)*

knöp|fen ⟨V. 500⟩ etwas ~ *mit Knöpfen schließen;* die Jacke wird vorne geknöpft

Knopf|loch ⟨n.; -(e)s, -lö|cher⟩ *(an Kleidungsstücken) Loch zum Verschließen mit Knöpfen;* eine Nelke im ~ tragen

Knor|pel ⟨m.; -s, -; Anat.⟩ *bes. festes, aber im Gegensatz zum Knochen schneidbares und elastisches, als Stützsubstanz dienendes Bindegewebe, in das Chondrin (Knorpelleim) eingelagert ist:* Cartilago

knor|rig ⟨Adj.⟩ **1** *astreich;* ~es Holz **2** *voller Auswüchse u. krumm gewachsen;* ein ~er Ast, Baum **3** ⟨fig.⟩ *mürrisch, rau, wenig umgänglich;* ein ~er Charakter

Knos|pe ⟨f.; -, -n; Bot.⟩ *jugendlicher Pflanzenspross mit Anlage eines Blattes od. einer Blüte;* Blüten~, Blatt~; ~n ansetzen, treiben; die zarte ~ ihrer Liebe ⟨fig.; poet.⟩

kno|ten ⟨V. 500⟩ etwas ~ *zu einem Knoten binden, mit einem Knoten versehen, verknüpfen;* Bänder, Schleifen, Stricke ~

Kno|ten ⟨m.; -s, -⟩ **1** *Verdickung, die durch fest miteinander verschlungene Fäden, Stricke od. Taue gebildet wird;* einen ~ aufknüpfen, lösen; sich einen ~ ins Taschentuch machen (als Merkzeichen, Gedächtnisstütze); den ~ schürzen, auflösen ⟨a. fig.⟩ • **1.1** *Schlinge der Krawatte;* ein fester, lockerer ~; einen ~ machen **2** *Anschwellung, Verdickung (an lebenden Organismen entstehend);* ein ~ am Holz • **2.1** ⟨Anat.⟩ *Verdickung an Kreuzungs- u. Verzweigungsstellen;* Nerven~; Rheuma~ • **2.2** ⟨Bot.⟩ *die oft verdickte Stelle eines Sprosses, an der das Blatt angesetzt ist:* Nodus **3** *aufgestecktes Haar;* Haar~; das Haar zu einem ~ aufstecken; einen ~ (im Nacken) tragen **4** ⟨fig.⟩ • **4.1** *Verwicklung, Konflikt (im Drama, Roman)* • **4.2** *Schwierigkeit;* da steckt der ~; → a. *gordisch (1)* • **4.3** bei ihm ist der ~ noch nicht geplatzt *er hat die Forderungen des Lebens noch nicht begriffen* **5** ⟨Mar.; Abk.: kn⟩ *Maß für die Geschwindigkeit eines Schiffes, 1 kn = eine Seemeile pro Stunde (nach den als Knoten in die Logleine eingeknüpften Marken);* mit 18 ~ fahren **6** ⟨Phys.⟩ *Ruhepunkt einer stehenden Welle* **7** ⟨Astron.⟩ *Schnittpunkt einer Gestirnbahn mit einer Grundebene* **8** ⟨Theorie der Graphen⟩ *als Kästchen, Punkt o. Ä. dargestellte Einheit (Begriff, Zeichen, Ergebnis), die mit anderen Einheiten durch Kanten verbunden ist*

Kno|ten|punkt ⟨m.; -(e)s, -e⟩ **1** *Ort, an dem mehrere wichtige Verkehrswege (od. Leitungen) zusammentreffen;* der Frankfurter Flughafen ist ~ für den internationalen Flugverkehr; Eisenbahn~; Autobahn~ **2** ⟨Opt.⟩ *Vereinigung mehrerer Linien od. Strahlen in einem Punkt* **3** *die ~e einer* **Handlung** ⟨fig.⟩ *die wichtigsten Stellen od. Ereignisse einer H.*

Knö|te|rich ⟨m.; -s, -e; Bot.⟩ *Angehöriger einer Gattung der Knöterichgewächse, deren Arten z. T. zu den am weitesten verbreiteten Unkräutern gehören:* Polygonum

Know-how auch: **Know|how** ⟨[noːhau] n.; - od. -s; unz.⟩ *Wissen, wie etwas gemacht, realisiert wird;* technisches ~; Vermittlung von ~

Knuff ⟨m.; -(e)s, Knüf|fe⟩ *leichter Schlag, Stoß mit der Faust od. mit dem Arm;* jmdm. einen ~ versetzen

knuf|fen ⟨V. 500; umg.⟩ **jmdn.** ~ *jmdm. einen Knuff versetzen, jmdn. mit der Faust od. mit dem Arm anstoßen*

knül|len ⟨V.⟩ **1** ⟨400⟩ *etwas* knüllt *knittert, bildet Druckfalten;* der Stoff knüllt leicht, nicht **2** ⟨500⟩ *etwas* ~ *zusammendrücken, zerknüllen, zerknittern;* knüll das Papier, den Stoff nicht so!

Knül|ler ⟨m.; -s, -; umg.⟩ *eine Sache, die einschlägt, Aufsehen erregt, Schlager, Erfolg;* das Lied, der Film, die Ware ist ein ~

knüp|fen ⟨V. 500⟩ **1** *etwas* ~ *die Enden von etwas zu einem Knoten verschlingen, zu einer Schlinge, Schleife binden;* ein Tuch im Nacken ~ • **1.1** ⟨511⟩ **etwas an etwas** anderes ~ *durch Knoten an etwas befestigen* **2** Teppiche ~ *Fäden miteinander verschlingen, bes. zu kunstvollen Mustern, u. daraus T. herstellen* **3** ⟨511⟩ eine **Sache** an die andere **Sache** ~ ⟨fig.⟩ *anschließen;* er knüpfte daran die Bedingung, dass …; eine Frage an ein Gespräch ~ **4** ⟨511⟩ **an etwas** knüpft **sich etwas** *mit etwas verbindet sich etwas (anderes), etwas schließt an etwas an;* an die alte Stadt ~ sich für mich viele Erinnerungen **5** Bande ~ ⟨fig.⟩ *eine enge Verbindung, einen engen Zusammenhang herstellen;* (die) Bande der Freundschaft ~; die Bande enger ~

Knüp|pel ⟨m.; -s, -⟩ **1** *kurzer, aus hartem Material bestehender Gegenstand mit meist abgerundeten Enden, Prügel;* dem Hund einen ~ zuwerfen • **1.1** *Stock, der zum Schlagen dient;* Gummi~ • **1.2** *armlang geschnittenes, rohes od. bearbeitetes Holz mit natürlichem, rundem Querschnitt;* ~ stapeln, entwenden, bearbeiten **2** *Dinge, die einem Knüppel (1) äußerlich ähnlich sind* • **2.1** der ~ im **Kraftwagen** ⟨früher⟩ *Gangschalthebel bei Knüppelschaltung* • **2.2** der ~ im **Flugzeug** *Steuerhebel* **3** ⟨fig.⟩ • **3.1** jmdm. einen ~ zwischen die Beine werfen *jmdm. Hindernisse in den Weg stellen, Schwierigkeiten machen* • **3.2** der ~ liegt beim Hund ⟨Sprichw.⟩ *die Sache hat eine notwendige Folge, die Folgen werden nicht auf sich warten lassen* **4** ⟨Met.⟩ *vorgewalzter Stahlblock von 50 bis 350 mm vierkant*

knüp|pel|dick ⟨Adj. 24⟩ **1** *dick wie ein Knüppel* **2** ⟨50⟩ *jetzt, dann kommt's ~ viel, lauter Unerwünschtes kommt jetzt, dann auf einmal;* lange Zeit hat man nichts zu tun und dann kommt's plötzlich ~ **3** ~e voll sein ⟨fig.; umg.⟩ *zum Bersten voll sein*

knur|ren ⟨V. 400⟩ **1** ein **Hund** knurrt *stößt dumpf rollende, drohende Kehllaute aus* **2** *mürrisch vor sich hin reden, verdrießliche Laute von sich geben* **3** der **Magen** knurrt *gibt kollernde, gluckernde Töne von sich; ihm knurrte der Magen* ⟨fig.⟩ *er hatte Hunger*

knus|pern ⟨V. 402⟩ (**etwas, an etwas**) ~ *knabbern, in kleinen Bissen hörbar essen;* an hartem Gebäck ~

knusp|rig ⟨Adj.⟩ *mit harter Kruste gebacken, beim Abbeißen knackend* (von Essen); ~e Brötchen; einen Auflauf ~ überbacken; der Gänsebraten ist ~

Knu|te ⟨f.; -, -n⟩ **1** *Peitsche aus aufeinandergenähten Lederriemen;* einem Tier die ~ geben; die ~ zu spüren bekommen **2 unter jmds.** ~ ⟨fig.⟩ *Gewalt(herrschaft);* jmdn. unter seine ~ bringen; unter jmds. ~ seufzen • 2.1 unter **jmds.** ~ stehen ⟨fig.⟩ *nichts zu sagen haben, unterdrückt sein*

knut|schen ⟨V. 400; umg.⟩ *sich lange u. heftig küssen;* die beiden ~ schon wieder

ko…, Ko… ⟨in Zus.⟩ = *kon…, Kon…*

k. o. ⟨Abk. für⟩ **1** *knock-out* • **1.1** ich bin ~ ⟨umg.⟩ *ich bin völlig erschöpft*

K. o. ⟨Abk. für⟩ *Knock-out*

Ko|a|la ⟨m.; -s, -s⟩ *australischer Beutelbär*

Ko|a|li|ti|on ⟨f.; -, -en⟩ *Vereinigung, Bündnis, Zusammenschluss, zweckbestimmte Verbindung (von Parteien od. Staaten)*

Ko|au|tor ⟨m.; -s, -en⟩ *Mitverfasser, Mitautor*

Ko|balt ⟨n.; -(e)s; unz.; chem. Zeichen: Co⟩ *Element der Ordnungszahl 27, ein graues, glänzendes, magnetisches Metall;* oV ⟨fachsprachl.⟩ *Cobalt*

Ko|bold ⟨m.; -(e)s, -e⟩ *Erdgeist, (guter) Hausgeist, Wichtel*

Ko|bra auch: **Kob|ra** ⟨f.; -, -s; Zool.⟩ *in Afrika u. Asien verbreitete Gattung der Giftnattern, bis 1,8 m lange Hutschlange mit Brillenzeichnung auf dem Nacken: Naja naja*

Koch ⟨m.; -(e)s, Kö|che⟩ **1** *jmd., der (berufsmäßig) Speisen zubereitet* **2** *Lehrberuf mit dreijähriger Lehrzeit;* Hotel~; Spitzen~ **3** viele Köche verderben den Brei ⟨fig.⟩ *wenn allzu viele mit einer Sache zu tun haben, wird nichts Rechtes daraus* **4** Hunger ist der beste ~ ⟨Sprichw.⟩ *dem Hungrigen schmeckt jedes Essen*

ko|chen ⟨V.⟩ **1** ⟨400⟩ eine **Flüssigkeit** kocht *hat die Siedetemperatur erreicht, siedet, wallt;* Milch zum Kochen bringen; den Pudding langsam ~ lassen • **1.1** ~d **heiß** *sehr, übermäßig warm;* ~d heiße Brühe • **1.2 Gemüse** kocht *das Wasser, in dem sich das G. befindet, kocht;* die Kartoffeln ~; das Gemüse muss 20 Minuten ~; →a. *heiß (1.3)* **2** ⟨500⟩ **Speisen** ~ *mit siedendem Wasser zubereiten od. garen;* Fleisch, Gemüse, Kartoffeln, Milch, Suppe ~; gekochtes Obst; Kaffee, Tee ~ **3** ⟨402⟩ (**etwas**) ~ *Speisen zubereiten;* ~ können; ~ lernen; gern, gut, schlecht ~; Essen ~ **4 Leim, Farblösungen, Teer** ~ *durch Erhitzen zum Gebrauch präparieren* **5** ⟨400⟩ die **Brandung**, das **Wasser** kocht ⟨fig.⟩ *brodelt, schäumt, strudelt;* das Wasser kochte in der Tiefe **6** ⟨400; fig.⟩ *stark erregt sein, wütend sein (ohne es zu zeigen);* sein Blut kochte vor Leidenschaft; in ihm kochte es; er kochte vor Zorn

Kö|cher ⟨m.; -s, -⟩ *(am Gürtel getragener) Behälter für Pfeile*

Kö|chin ⟨f.; -, -chin|nen⟩ *weibl. Koch*

Koch|topf ⟨m.; -(e)s, -töp|fe⟩ *Topf mit Henkeln u. Deckel für das Kochen von Speisen*

Ko|da ⟨f.; -, -s; Mus.⟩ *zusätzlich angefügter, abschließender Teil eines Satzes (in der Sonate), Anhang;* oV *Coda*

Kode ⟨[koːd] m.; -s, -s⟩ **1** = *Code (2)* **2** oV *Code (1)* • **2.1** *Vorschrift für die Zuordnung von Zeichen eines Zeichensystems zu Zeichen eines anderen Systems, so dass der Gehalt an Information unverändert bleibt* • **2.1.1** *Schlüssel zum Übertragen von chiffrierten Texten in Klarschrift* • **2.2** *Verzeichnis von Kurzwörtern u. Ziffern* • **2.3** ⟨Sprachw.⟩ *das Zeichensystem einer Sprache, eines Dialektes, Soziolektes*

Kö|der ⟨m.; -s, -⟩ **1** *Lockspeise zum Fangen von Tieren;* Fisch~; einen ~ auslegen, auswerfen **2** ⟨fig.⟩ *Lockmittel*

kö|dern ⟨V. 500⟩ **1** ein **Tier** ~ *mit einem Köder locken, anlocken* **2 jmdn.** (**mit etwas**) ~ ⟨fig.; abwertend⟩ *jmdn. mit einem Lockmittel für eine Sache zu gewinnen suchen;* er versucht, ihn mit Geld auf die neue Stelle zu ~

Ko|dex ⟨m.; -es, -e od. -di|zes⟩ **1** *handgeschriebenes Buch aus dem MA;* oV *Codex (1)* **2** ⟨Rechtsw.⟩ *Gesetzbuch, Gesetzessammlung;* oV *Codex (2)* **3** *Gesamtheit der Regeln, die in einer Gesellschaft od. Gesellschaftsgruppe maßgebend sind;* Sitten~, Ehren~

ko|die|ren ⟨V. 500⟩ **Daten,** Informationen, Texte ~ *mit Hilfe eines Kodes verschlüsseln, in ein anderes Zeichensystem übertragen;* oV *codieren*

Ko|fel ⟨m.; -s, -; oberdt.⟩ = *Kogel*

Kof|fe|in ⟨n.; -s; unz.⟩ *bes. in Kaffee u. Tee enthaltenes, bitter schmeckendes Alkaloid, das eine anregende Wirkung besitzt;* oV *Coffein*

Kof|fer ⟨m.; -s, -⟩ **1** *rechteckiger, verschließbarer, tragbarer Behälter für Kleider u. kleine Utensilien, die man auf der Reise braucht;* Auto~, Hand~, Muster~ (eines Vertreters), Reise~, Schrank~; den ~ auspacken; mit drei ~n reisen • **1.1** den ~ **aufgeben** *als Reisegepäck durch die Eisenbahn od. mit dem Flugzeug schicken lassen* • **1.2** den, die ~ **packen** (a. fig.) *sich auf die Abreise vorbereiten* **2** ⟨Bauw.⟩ *unter der Decke (einer Straße) befindliches Lager aus Sand u. Steinen*

Kof|fer|raum ⟨m.; -(e)s, -räu|me⟩ *Raum für Gepäck in einem Personenkraftfahrzeug*

Kog ⟨m.; -(e)s, Kö|ge⟩ = *Koog*

Ko|gel ⟨m.; -s, -⟩ *kegelförmiger Berggipfel;* oV *Kofel*

◆ Die Buchstabenfolge **ko|gn…** kann in Fremdwörtern auch **kog|n…** getrennt werden.

◆ **Ko|gnak** ⟨[-njak] m.; -s, -s⟩ *Weinbrand;* →a. *Cognac*
◆ **Ko|gni|ti|on** ⟨f.; -, -en⟩ *Erkenntnis, Wahrnehmung*
◆ **ko|gni|tiv** ⟨Adj. 24⟩ *das Erkennen, Wahrnehmen betreffend, auf Erkenntnis beruhend;* ~e Prozesse

Kohl

Kohl[1] ⟨m.; -(e)s, -e; Bot.⟩ **1** *Angehöriger einer Gattung der Kreuzblütler mit wichtigen Kulturpflanzen: Brassica* • **1.1** ⟨i. e. S.⟩ *Gemüsekohl: B. oleracea;* Blatt~, Blumen~, Grün~, Spitz~, Rosen~, Sauer~, Weiß~, ~rabi • **1.1.1** *seinen ~ pflanzen* ⟨fig.⟩ *ein einfaches (bäuerliches) Leben führen* • **1.1.2** *das macht den ~ auch nicht fett* ⟨fig.⟩ *das nützt auch nichts (mehr)*
Kohl[2] ⟨m.; -s; unz.⟩ *Geschwätz, dummes Gerede, Unsinn; so ein ~!; red nicht solchen ~!; das ist doch ~!*
Koh|le ⟨f.; -, -n⟩ **1** *Brennstoff, der aus pflanzlichen Resten durch lange dauernde Lagerung unter Luftabschluss u. Druck entstanden ist;* Braun~, Glanz~, Stein~; *~ abbauen, fördern; mit ~n heizen; ~n brennen; glühende ~n; ~n schichten, schippen, trimmen;* →a. *glühen (1.1-1.2)* **2** = *Holzkohle;* zu *~ verbrennen* **3** *Holzkohle zum Zeichnen;* ~stift, Zeichen~; *mit ~ zeichnen* **4** ⟨nur Pl.⟩ *~n* ⟨fig.; umg.⟩ *Geld; keine ~n mehr haben*
Koh|len|di|oxid ⟨n.; -(e)s; unz.⟩ *schwach säuerlich schmeckendes, farbloses, nichtbrennbares Gas, chem. Kohlensäureanhydrid,* CO_2
Koh|len|hy|drat *auch:* **Koh|len|hyd|rat** ⟨n.; -(e)s, -e; Biochem.⟩ *organ.-chem. Verbindung, die neben Kohlenstoff noch Wasserstoff u. Sauerstoff enthält*
Koh|len|säu|re ⟨f.; -; unz.; Chem.⟩ *durch Lösen von Kohlendioxid in Wasser entstehende schwache Säure*
Koh|len|stoff ⟨m.; -(e)s; unz.; chem. Zeichen: C⟩ *nichtmetallisches Element, Ordnungszahl 6*
Koh|len|was|ser|stoff ⟨m.; -(e)s; unz.; Chem.⟩ *ausschließlich aus Kohlenstoff u. Wasserstoff aufgebaute chemische Verbindung*
Koh|le|pa|pier ⟨n.; -s; unz.⟩ *dünnes, einseitig gefärbtes Papier (für Durchschläge)*
Köh|ler[1] ⟨m.; -s, -⟩ *Handwerker, der Holz zu Holzkohle verbrennt, Kohlenbrenner*
Köh|ler[2] ⟨m.; -s, -; Zool.⟩ *blauschwarzer Meeresfisch, dessen geräuchertes od. gebratenes Fleisch als „Seelachs" gehandelt wird: Gadus virens*
Kohl|ra|bi ⟨m.; -s, -s; Bot.⟩ *Zuchtform des Gemüsekohls mit Stängelknolle: Brassica oleracea var. gongylodes*
Kohl|rü|be ⟨f.; -, -n; Bot.⟩ *als Viehfutter od. Kochgemüse verwendete Zuchtform des Kohls: Brassica napus var. napobrassica*
Kohl|weiß|ling ⟨m.; -s, -e; Zool.⟩ *Tagfalter, dessen Raupen aus den in Massen an Kohl abgelegten Eiern oft großen Schaden anrichten: Pieris brassicae*
Ko|itus ⟨m.; -, -⟩ = *Geschlechtsakt;* oV *Coitus*
Ko|je ⟨f.; -, -n⟩ **1** ⟨auf Schiffen⟩ *schmales Einbaubett* • **1.1** ⟨umg.; meist scherzh.⟩ *Bett; in die ~ gehen* **2** ⟨allg.⟩ *nach einer Seite hin offene Nische in einem Zimmer*
Ko|jo|te ⟨m.; -n, -n; Zool.⟩ *in der Lebensweise dem Wolf ähnlicher Präriehund des westlichen Nordamerikas: Canis latrans, Thos latrans;* oV *Coyote*
Ko|ka|in ⟨n.; -s; unz.⟩ *in den Blättern des Kokastrauches enthaltenes Alkaloid, das als Betäubungs- u. Rauschmittel verwendet wird*
Ko|kar|de ⟨f.; -, -n⟩ **1** *rosettenförmiges Abzeichen an der Uniformmütze* **2** *Hoheitszeichen an Militärflugzeugen*

ko|kett ⟨Adj.⟩ *in einer spielerischen Art darauf bedacht, anderen zu gefallen;* ein *~er Blick, ~es Lächeln; ~e Mädchen; ~ lächeln; sie ist sehr ~*
ko|ket|tie|ren ⟨V.⟩ **1** ⟨400⟩ *sich kokett benehmen, seine Reize spielen lassen* **2** ⟨800⟩ *mit jmdm. ~ jmds. Gefallen zu erregen suchen, jmdn. erotisch zu reizen suchen* **3** ⟨800⟩ *mit einer* **Möglichkeit** *~ eine M. spielerisch erörtern* • **3.1** *mit seiner* **Schwäche** *~ eine S. spielerisch betonen, um Widerspruch od. Nachsicht hervorzurufen; sie kokettiert mit ihrer Unpünktlichkeit, Schreibfaulheit*
Ko|kon ⟨[-kɔ̃:] od. [-kɔn] m.; -s, -s; Zool.⟩ *von den Larven verschiedener Insekten aus dem erhärteten Sekret der Spinndrüsen bei der Verpuppung angefertigtes Gehäuse*
Ko|kos|pal|me ⟨f.; -, -n; Bot.⟩ *große, nahrhafte Steinfrüchte (Kokosnüsse) liefernde 20-30 m hohe Palme mit an der Basis etwas angeschwollenem Stamm u. an der Spitze 4-5 m langen, steifen Fiederblättern: Cocos nucifera*
Ko|kot|te ⟨f.; -, -n; veraltet⟩ *in der Halbwelt verkehrende Frau, die sich von Männern aushalten lässt*
Koks[1] ⟨m.; -es, -e⟩ *beim Erhitzen unter Luftabschluss von Stein- od. Braunkohle entstehender, fast reiner Kohlenstoff*
Koks[2] ⟨m.; -es; unz.; umg.⟩ = *Rauschmittel, z. B. Kokain*
kol..., **Kol...** ⟨Vorsilbe⟩ *kon..., Kon...*
Kol|at|sche ⟨f.; -, -n; österr.; Kochk.⟩ *kleiner, gefüllter Hefekuchen*
Kol|ben ⟨m.; -s, -⟩ **1** *Stab mit verdicktem Ende,* Rohrkolben **2** ⟨Waffenk.⟩ *das hintere, breite Ende des Gewehrschaftes;* Gewehr~ **3** ⟨Techn.⟩ *in einem Zylinder hin- u. hergehendes Teil in Kraftmaschinen* **4** ⟨Bot.⟩ *Art des Blüten- od. Fruchtstandes, eine Ähre mit verdickter Hauptachse;* Mais~ **5** ⟨Chem.⟩ *flaschenförmiges, bauchiges, enghalsiges Glasgefäß;* Destillier~ **6** ⟨Jägerspr.⟩ *beim Gehörn u. Geweih die noch unfertigen Stangen und Enden im Bast*
Kol|chos ⟨[-çɔs] m. od. n.; -, -cho|se⟩ = *Kolchose*
Kol|cho|se ⟨[-ço:-] f.; -, -n; UdSSR bzw. Russland⟩ *landwirtschaftlicher Großbetrieb, Produktionsgenossenschaft;* oV *Kolchos*
Ko|li|bri *auch:* **Ko|lib|ri** ⟨m.; -s, -s; Zool.⟩ *Angehöriger einer in Amerika verbreiteten artenreichen Vogelfamilie mit langem, spitzem Schnabel u. meist prächtig schillerndem Gefieder: Trochilidae*
Ko|lik ⟨a. [-'-] f.; -, -en; Med.; Vet.⟩ *schmerzhafte, krampfartige Zusammenziehung eines inneren Organs;* Darm~, Gallen~, Magen~, Nieren~
kol|la|bie|ren ⟨V. 400(s. od. h.)⟩ *einen Kollaps, Kreislaufzusammenbruch erleiden, zusammenbrechen; er ist im Büro kollabiert*
Kol|la|bo|ra|ti|on ⟨f.; -, -en⟩ *Zusammenarbeit, Kooperation mit dem Gegner od. der Besatzungsmacht (entgegen den Interessen des eigenen Landes)*
Kol|laps ⟨a. [-'-] m.; -es, -e⟩ *durch mangelhafte Durchblutung des Gehirns verursachter, oft auf einen Schock folgender Zusammenbruch des Kreislaufs;* Herz~, Kreislauf~

Kolleg ⟨n.; -s, -s⟩ **1** = *Vorlesung*; ein ~ belegen; ein ~ besuchen, hören; wir haben heute kein ~; ein ~ halten, lesen; dreistündiges ~; ins ~ gehen; ein ~ über Goethes „Faust" **2** *das Gebäude, in dem ein Kolleg (1) gehalten wird* **3** *kath. Studienanstalt*; Jesuiten~

Kollege ⟨m.; -n, -n⟩ **1** *jmd., der den gleichen Beruf ausübt wie man selbst* **2** *Mitarbeiter desselben Arbeitgebers*

kollegial ⟨Adj.⟩ **1** *wie unter (guten) Kollegen, hilfsbereit, kooperativ* **2** ⟨24⟩ *ein Kollegium betreffend, durch ein Kollegium erfolgend*; eine ~e Entscheidung

Kollegin ⟨f.; -, -gin|nen⟩ *weibl. Kollege*

Kollegium ⟨n.; -s, -gi|en⟩ *Körperschaft, Ausschuss, Gemeinschaft (von Personen gleichen Amtes od. Berufs)*; Ärzte~, Lehrer~

Kollektion ⟨f.; -, -en⟩ **1** ⟨bes. Textilw.⟩ *Mustersammlung von Waren*; Mode~; Frühjahrs~ **2** *Sammlung, Auswahl*; Briefmarken~, Gemälde~

kollektiv ⟨Adj. 24⟩ **1** *gemeinsam, gemeinschaftlich, geschlossen* **2** ~e *Sicherheit S., die von vielen Staaten garantiert wird*

Koller[1] ⟨m.; -s, -⟩ **1** ⟨früher⟩ *lederner Brustharnisch, Wams* **2** *Halskragen* **3** *Schulterpasse (am Kleid, Mantel)*

Koller[2] ⟨m.; -s, -⟩ **1** *Tobsuchtsanfall, Wutanfall*; einen ~ bekommen; seinen ~ haben **2** ⟨Vet.⟩ *durch einen Tumor hervorgerufene Gehirnerkrankung der Pferde*; Dumm~

kollidieren ⟨V. 405⟩ (mit jmdm. od. etwas) ~ **1** *Vorgänge* ~ *fallen zusammen, überschneiden sich*; die Vorlesungen ~ (miteinander) **2** *Fahrzeuge* ~ *stoßen zusammen*; ein Güterzug kollidierte mit einem Lastwagen **3** *Personen* ~ *geraten aneinander (im Streit)* **4** *Meinungen* ~ *geraten in Konflikt, widerstreiten*; unsere Meinungen, Auffassungen kollidieren miteinander

Kollier ⟨[kɔljeː] n.; -s, -s⟩ **1** *wertvoller Halsschmuck für Damen*; Brillant~ **2** *schmaler, um den Hals zu tragender Pelzkragen*; Nerz~

Kollision ⟨f.; -, -en⟩ **1** *(zeitliche) Überschneidung, Zusammenfallen* **2** *Zusammenstoß* **3** = *Konflikt (1)*; mit jmdm., mit etwas, mit dem Gesetz in ~(en) geraten, kommen

kolloidal ⟨Adj. 24⟩ *fein zerteilt, fein verteilt*

Kolonie ⟨f.; -, -n⟩ **1** *Ansiedlung von Ausländern in einem Staat* **2** *in einem Staat geschlossen siedelnde Kolonie (1)* **3** *ausländischer, meist überseeischer Besitz eines Staates* **4** *Ansiedlung von Menschen in einsamen Gegenden*; Verbrecher~; Militär~ **5** Sy *Lager (3.1)*; Ferien~, Schüler~ **6** ⟨Biol.⟩ *lockerer Zellverband, in dem die Individuen nach der Teilung durch gemeinsame Gallerten od. durch die gemeinsame Muttermembran verbunden bleiben: Coenobium* **7** ⟨Zool.⟩ *Tierverband, Vereinigung gesellig lebender Tiere*

Kolonnade ⟨f.; -, -n⟩ *Säulengang ohne Bögen*

Kolonne ⟨f.; -, -n⟩ **1** *geordnete, gegliederte Schar, Zug*; Marsch~; in ~n marschieren **2** *Transporttruppe*; Rettungs~ **3** *Arbeitsgruppe*; Arbeits~ **4** *Druckspalte, Spalte innerhalb einer Tabelle* **5** ⟨Chem.⟩ *Apparat in Form eines Turms od. einer Säule, in dem die Dampf aufsteigt u. eine Flüssigkeit (zur fraktionierten Destillation) herunterrieselt* **6** *die* fünfte ~ ⟨fig.; abwertend⟩ *im Geheimen wirkende feindliche Gruppe im Innern eines Landes*

Koloratur ⟨f.; -, -en; Mus.⟩ *virtuose Verzierung des Gesangs in hoher Tonlage durch Triller u. Läufe (in Arien)*; ~ singen; ~sopran

Koloss ⟨m.; -es, -e⟩ **1** *Gegenstand, Gebilde von gewaltigen Ausmaßen* • **1.1** *Riesenstandbild*; der ~ von Rhodos • **1.2** ⟨fig.; umg.⟩ *übermäßig großer, kräftiger Mensch*; ein ~ von (einem) Mann

kolossal ⟨Adj.⟩ **1** *riesig, riesenhaft* **2** *gewaltig* **3** ⟨fig.; umg.⟩ *sehr, ungeheuer*

kolportieren ⟨V. 500⟩ **1** *Bücher* ~ ⟨früher⟩ *mit Büchern hausieren* **2** *Nachrichten* ~ ⟨fig.⟩ *als Gerücht verbreiten*

Kolumne ⟨f.; -, -n⟩ **1** *Druckspalte* • **1.1** *von einem Journalist regelmäßig verfasste bestimmte Spalte in einer Zeitung*

kom..., Kom... ⟨Vorsilbe⟩ = *kon..., Kon...*

Koma ⟨n.; -s, -s od. -ta⟩ *tiefe Bewusstlosigkeit, die auch durch äußere Reize nicht unterbrochen werden kann*; im ~ liegen

Kombi ⟨m.; -s, -s; kurz für⟩ *Kombiwagen*

Kombination ⟨f.; -, -en⟩ **1** *Verknüpfung, Zusammenfügung* **2** *Herstellung von Beziehungen, die gedanklich zusammenhängen*; ~ im Schach **3** ⟨Sp.⟩ *planmäßiges Zusammenspiel*; →a. *alpin (1.1), nordisch (1.1)* **4** *aus mehreren, aufeinander abgestimmten Teilen bestehende Kleidung; sportliche, elegante Herren~* • **4.1** *Arbeitsanzug aus einem Stück*; Flieger~

kombinieren ⟨V.⟩ **1** ⟨400⟩ *gedankliche Zusammenhänge finden zwischen, Beziehungen herstellen zwischen*; schnell, gut ~ **2** ⟨517⟩ einen **Sachverhalt mit** einem anderen ~ *(gedanklich) verbinden, verknüpfen*

Kombiwagen ⟨m.; -s, -⟩ *kombinierter Personen- u. Transportwagen mit umklappbaren Rücksitzen u. großer Heckklappe*

Komet ⟨m.; -en, -en; Astron.⟩ *Himmelskörper, der sich auf einer Ellipsenbahn um die Sonne bewegt u. in deren Nähe einen Schweif besitzt*

Komfort ⟨[-foːr] m.; -s; unz.⟩ **1** *Bequemlichkeit, Behaglichkeit* **2** *bequeme, praktische Einrichtung*; Wohnung, Zimmer mit allem ~

Komik ⟨f.; -; unz.⟩ **1** *das Komische*; Sinn für ~ haben **2** *komische, erheiternde Wirkung*; eine Szene von unsagbarer, unwiderstehlicher ~ **3** *die Kunst, etwas erheiternd, belustigend darzustellen*

komisch ⟨Adj.⟩ **1** *Lachen, Heiterkeit erregend, spaßhaft, spaßig*; eine ~e Figur machen • **1.1** *drollig, ulkig* • **1.2** ⟨Theat.⟩ *possenhaft*; die ~e Person, die ~e Alte (als Rollenfach) **2** ⟨fig.; umg.⟩ *seltsam, sonderbar, merkwürdig*; ein ~es Gefühl haben; er ist ein ~er Kerl, Kauz; du bist aber ~!; er ist seit einiger Zeit so ~ • **2.1** das ist doch ~! *erregt Staunen* • **2.2** mir ist, **wird so** ~ *übel, schlecht* • **2.3** das kommt mir ~ vor *verdächtig*

Komitee ⟨n.; -s, -s⟩ *für einen bestimmten Zweck gebildeter Ausschuss*; Fest~

Komma

Kom|ma ⟨n.; -s, -s od. -ma|ta; Zeichen: ,⟩ **1** ⟨Gramm.; Zeichen:,⟩ *Satzzeichen, das den Satz in Sinnabschnitte teilt;* Sy ⟨veraltet⟩ *Beistrich* **2** ⟨Math.⟩ *Trennungszeichen, das ganze Zahlen von den Ziffern der Dezimalbrüche trennt;* drei ~ vier (3,4); drei ~ null vier (3,04) **3** ⟨Mus.⟩ • **3.1** *Differenz zwischen zwei fast gleichen Tönen* • **3.2** *kleiner senkrechter Strich über der obersten Notenlinie zum Zeichen des Absetzens, neuen Ansetzens*

Kom|man|dant ⟨m.; -en, -en; Mil.⟩ *Befehlshaber eines Kriegsschiffes od. Flugplatzes, einer Festung od. Stadt*

kom|man|die|ren ⟨V. 500⟩ **1 Personen,** Truppen ~ *den Befehl über P., T. führen* • **1.1 Soldaten** ~ ⟨Mil.⟩ *versetzen;* einen Soldaten zu einer anderen Einheit ~ **2** jmdn. ~ jmdm. *(wiederholt) Befehle erteilen;* ich lasse mich nicht von dir ~ **3** ⟨400⟩ *befehlen, was zu tun ist;* hier kommandiere ich! • **3.1 kommandierender General** *Kommandeur eines Korps des Heeres od. einer Gruppe der Luftwaffe* • **3.2** ⟨umg.⟩ *in barschem Befehlston reden;* ~ Sie nicht so!

Kom|man|do ⟨n.; -s, -s⟩ **1** *ein vorgeschriebenes Befehlswort für die Ausführung bestimmter Tätigkeiten;* ein ~ geben; einem ~ folgen; auf das ~ „los!"; sich wie auf ~ umdrehen **2** *Befehlsgewalt;* das ~ führen, übernehmen (über eine Truppe); General~, Ober~ **3** *zu bestimmten Zwecken zusammengestelltes Truppenabteilungen;* Sonder~, Wach~

kom|men ⟨V. 170⟩ **1** ⟨400⟩ • **1.1** *sich einem Ort nähern, einen Ort erreichen, eintreffen;* ich komme!; ich freue mich, dass Sie ~, gekommen sind; kannst du zu mir ~?; ~ Sie doch zum Essen, zum Kaffee, zum Tee zu uns!; nach Hause ~; gegangen, gefahren ~; ist Post (für mich) gekommen?; es ist ein Brief für dich gekommen; warum kommt er (nur) nicht?; gut, dass du kommst!; angelaufen ~; er kam und setzte sich an den Tisch; er ist (bis jetzt) nicht gekommen; wann kommst du?; er kommt erst um fünf Uhr; ich komme am Montag; zu spät ~; rechtzeitig, zur rechten Zeit ~; ich komme gleich, morgen; spät kommt Ihr, doch Ihr kommt (Schiller, „Die Piccolomini", I,1); ~ und gehen; das dauernde Kommen und Gehen der vielen Leute macht mich nervös; er ist mit dem Flugzeug, mit dem Zug gekommen; sein Kommen (durch einen Pfiff) ankündigen; wir freuen uns auf Ihr Kommen • **1.1.1** ⟨410⟩ *die Zeitung kommt zweimal die Woche wird zweimal in der Woche gebracht* • **1.1.2** *er kommt wie* **gerufen** *ich brauche ihn gerade* • **1.1.3** *kommst du heute nicht, so kommst du morgen* ⟨umg.⟩ *jmd. lässt sich immer viel Zeit, jmd. beeilt sich nie* • **1.1.4** *(sich)* **jmdn. ~ lassen** *jmdn. zu sich bitten, nach ihm schicken* • **1.1.5** *(sich)* **etwas ~ lassen** *bringen, schicken lassen* (Waren); ⟨aber⟩ →a. *kommenlassen* • **1.2** *als Nächste(r, -s) folgen;* Achtung, da vorn kommt eine Kurve!; der Abend, Morgen, die Nacht kam; jetzt ist der Augenblick, die Stunde gekommen, da …; die Jahre ~ (und gehen); am ~den Sonntag; im ~den Jahr; es kam ein Gewitter; Sie ~ zuerst (an die Reihe); kommt Zeit, kommt Rat! (Sprichw.) • **1.2.1** *er ist der ~de Mann im Skisport er wird wahrscheinlich große Erfolge im S. haben* • **1.2.2** ⟨400 m. Modalverb⟩ *das durfte nicht ~! ⟨umg.⟩ das durfte nicht gesagt werden!* • **1.2.3** ⟨411⟩ *neben jmdn. (zu sitzen) ~* ⟨umg.⟩ *(zufällig) neben jmdm. Platz finden* • **1.2.4** **erst** kommt …, **dann** kommt … *aufeinander folgen;* wenn Sie hier weiterfahren, kommt zuerst ein Sportplatz und dann das Museum • **1.3** (**zum Vorschein**) ~ *erscheinen, auftauchen;* da kommt mir ein Gedanke; die Knospen ~ (schon); mach schnell, ehe er kommt!; ich komme, die Bücher abzuholen; ich komme wegen der Reparatur; eine neue Entwicklung ist im Kommen • **1.3.1** ⟨410⟩ **an den Tag** ~, **ans Licht** ~ *bekannt, ruchbar werden* • **1.3.2** ⟨410⟩ *wir ~ wenig unter Menschen wir gehen wenig aus, sehen wenig M.* • **1.4** *geschehen, zur Folge haben;* man muss es nehmen, wie es gerade kommt; komme, was da wolle; ich habe es ~ sehen (dass es so geschehen würde); das musste ja (so) ~!; wie ist das nur gekommen?; wir dürfen es nicht so weit ~ lassen, dass …; ⟨aber⟩ →a. *kommenlassen;* es ist so weit gekommen, dass sie nicht mehr miteinander sprechen • **1.4.1** ⟨410⟩ **wie**, **woher** kommt etwas? *warum geschieht es, ist es möglich?;* wie kommt denn das?; wie kommt es, dass …?; woher kommt das? • **1.4.2** ⟨410⟩ **wohin** ~ wir? *was würde geschehen?* **2** ⟨411⟩ • **2.1 von** einem **Ort** od. **jmdm.** ~ *sich von einem anderen Ort od. jmdm. hierherbewegen;* ich komme gerade von ihm, von dort, von daheim; von der Arbeit ~; aus dem Haus, aus dem Wald ~; woher kommst du jetzt? • **2.2 durch** einen **Ort** ~ *hindurchfahren, -gehen;* durch eine Stadt ~ • **2.3 an, in, über** einen **Ort,** zu einem Ort ~ • **2.3.1** *dort eintreffen,* an *den O. gelangen;* an einen Fluss, in den Laden, auf den Markt ~ • **2.3.2** *dort hingehören, seinen eigtl. Platz haben;* der Brief kommt in einen Umschlag; das Fahrrad kommt in den Gepäckwagen; der Besen kommt vor die Tür • **2.4 in, auf** die **Schule** ~ *als Lernender in der S. aufgenommen werden;* in die Lehre, Schule ~; auf einen Lehrgang, die Universität ~ • **2.5** ⟨411⟩ zu einer **Gemeinschaft** ~ *anfangen, zu einer G. zu gehören;* beim Friedensschluss kamen bestimmte Gebiete zu, an Österreich • **2.6 gebracht werden;** ins Gefängnis ~ • **2.6.1 auf die Welt** ~ *geboren werden* • **2.7** *(nicht)* **aus** dem **Haus** ~ *das Haus (nicht) verlassen (können)* **3** ⟨413⟩ **etwas** kommt teuer usw. *wird teuer usw. werden* • **3.1** ⟨580⟩ *das kommt mich teuer zu stehen* ⟨a. fig.⟩ *wird mir schaden* • **3.2** ⟨410⟩ **etwas** kommt **von** *ist zurückzuführen auf, begründet durch;* sein Husten kommt vom vielen Rauchen; das kommt davon! (Ausdruck der Schadenfreude); das kommt davon, wenn man nicht aufpasst **4** ⟨Imperativ⟩ komm! ⟨a. fig.⟩ *tu, was man von dir erwartet, sei vernünftig!;* nun komm schon!; komm, komm!; komm, sei friedlich!; komm, wir wollen jetzt gehen! **5** ⟨600⟩ • **5.1** *ihr kamen die Tränen sie begann zu weinen* • **5.2** ⟨m. Modalverb⟩ *da soll mir einer ~ und sagen …* ⟨umg.⟩ *es soll keiner wagen …;* komm mir dann aber nicht und sage, ich hätte nicht gewarnt! **6** ⟨613⟩ **jmdm.** … ~ ⟨umg.⟩ *sich … zu, gegenüber jmdm. verhalten;* jmdm. dumm, frech, grob ~

• 6.1 ⟨m. Modalverb⟩ so darfst du mir nicht ~! *das lasse ich mir nicht gefallen!* • 6.2 ⟨650⟩ jmdm. **mit etwas** ~ *jmdm. etwas (Unerwünschtes) vorschlagen, sagen;* komm mir nicht immer wieder mit den alten Geschichten • 6.3 ⟨610⟩ jmdm. **zu(r) Hilfe** ~ *jmdm. helfen* • 6.3.1 ⟨613⟩ **etwas** kommt **jmdm.** ... *jmd. beurteilt, empfindet etwas als ...;* dein Vorschlag kommt mir sehr gelegen; die Einladung kommt mir sehr überraschend • 6.4 ⟨611⟩ etwas kommt jmdm. in die **Hände,** unter die **Finger** *jmd. erhält, findet etwas zufällig od. ungewollt* • 6.4.1 jmdm. in den **Weg** ~ *zufällig begegnen* **7** ⟨800⟩ **7.1** in einen **Zustand** ~ *versetzt, umgewandelt werden* • 7.1.1 in **Stimmung** ~ *in S. geraten, fröhlich werden* • 7.1.2 er kommt leicht in **Zorn** *er gerät leicht in Z.* • 7.1.3 in **Gefahr** ~ *in G. geraten* • 7.1.4 in **Bewegung** ~ *sich in B. setzen* • **7.2 aus etwas** ~ ⟨fig.⟩ • 7.2.1 aus dem **Takt** ~ *den T. nicht einhalten* • 7.2.2 aus der **Mode** ~ *unmodern werden* • **7.3 zu etwas** ~ ⟨fig.⟩ *etwas erreichen, erlangen, gewinnen;* zu Geld ~; zu der Überzeugung ~, dass ...; zur Ruhe ~; (wieder) zu Kräften ~; er kommt zu nichts • 7.3.1 zur **Sache** ~ *sachlich werden, die (eigentliche, wichtige) Sache besprechen* • 7.3.2 wieder zu **sich** ~ *die Besinnung, das Bewusstsein wiedererlangen* • 7.3.3 zu **Schaden** ~ *geschädigt, beschädigt werden* • 7.3.4 ⟨unpersönl.⟩ es kam zu einem **Streit,** Krieg *ein S., K. begann* • 7.3.5 ⟨805⟩ (mit etwas) zu **Ende** ~ *etwas beenden* • **7.4** ⟨800⟩ **dazu** ~, (etwas zu tun) • 7.4.1 *Zeit haben, etwas zu erledigen;* er ist noch nicht dazu gekommen, es zu tun • 7.4.2 *Grund, Ursache haben, etwas zu tun, zu erhalten;* wie komme ich dazu, ihm Geld zu geben?; wie bist du dazu gekommen?; vielen Dank, aber ich weiß wirklich nicht, wie ich dazu komme! (Floskel, wenn man ein sehr unerwartetes Geschenk bekommt) • **7.5 etwas** kommt **zu** einem anderen *wird hinzugefügt;* zu diesem Betrag kommt noch die Mehrwertsteuer • **7.6 auf jmdn.** kommt ein **Anteil** *jmd. erhält einen A. od. hat einen A. zu geben;* auf jeden ~ 500 Euro • **7.7 auf etwas** ~ • 7.7.1 *sich (durch Nachdenken) an etwas erinnern;* ich komme nicht auf seinen Namen; ich komme nicht darauf • 7.7.2 auf einen **Gedanken** ~ *sich etwas einfallen lassen* • 7.7.3 auf etwas (**zu sprechen**) ~ *von etwas zu sprechen anfangen* • 7.7.4 ⟨611⟩ es kam mir nicht **in den Sinn** *es fiel mir nicht ein* • **7.8 hinter etwas** ~ *etwas ergründen, herausbekommen, erfahren;* hinter jmds. Schliche ~; endlich bin ich hinter sein Geheimnis gekommen • **7.9 um etwas** ~ *etwas verlieren, auf etwas verzichten müssen;* um ein Vergnügen ~; ich bin um meinen Schlaf, um meine wohlverdiente Ruhe gekommen; er ist um allsein Geld gekommen • 7.9.1 ums **Leben** ~ *sein L. verlieren, getötet werden*

kom|men|las|sen auch: **kom|men las|sen** ⟨V. 175/500; fig.⟩ **1** ⟨Kfz⟩ die **Kupplung** ~ *(nach dem Schalten) den Druck des Fußes auf das Kupplungspedal langsam verringern* **2** ⟨Sp.⟩ den **Gegner** ~ *sich selbst zurückziehen und auf eine Kontergelegenheit warten, während der Gegner angreift* **3 auf jmdn. nichts** ~ *von jmds. guten Eigenschaften überzeugt sein und sie anderen gegenüber herausstellen;* →a. *kommen (1.1.4-1.1.5 u. 1.4)*

Kom|men|tar ⟨m.; -s, -e⟩ **1** *nähere Erläuterung;* einen ~ zu etwas geben • 1.1 ~ **überflüssig** *dazu braucht man nichts zu sagen, die Sache spricht für sich selbst, ist offensichtlich* • 1.2 kein ~! *dazu sage ich nichts* **2** *fortlaufende sachliche u. sprachliche (von einem wissenschaftlichen Standpunkt aus gegebene) Erläuterung des Textes eines literarischen Werkes, Gesetzes u. Ä.* **3** ⟨Zeitungsw.; TV⟩ *Meinungsbeitrag zu einem öffentl. Ereignis od. Thema* • 3.1 ⟨umg.⟩ *als Einmischung empfundene Meinungsäußerung;* deine ~e kannst du dir sparen!

kom|men|tie|ren ⟨V. 500⟩ **1** *Gesetze* ~ *(wissenschaftlich) erläutern* **2** *etwas* ~ *erklären;* eine kommentierte Ausgabe von Goethes „Faust" **3** ⟨Radio; TV⟩ *eine Sportveranstaltung (live) schildern, darüber berichten;* aus dem Stadion kommentiert jetzt unser Reporter ... **4** ⟨umg.⟩ *(ungebeten) seine Meinung äußern;* musst du immer alles ~?

Kom|merz ⟨m.; -es; unz.⟩ *wirtschaftlicher Gewinn, Profit;* auf ~ aus sein

kom|mer|ziell ⟨Adj. 24⟩ **1** *den Handel betreffend, auf ihm beruhend;* ~ von anderen Unternehmen abhängig sein **2** ⟨häufig abwertend⟩ *kaufmännisch, auf geschäftlichen Nutzen, auf Profit ausgerichtet;* ~es Denken

Kom|mi|li|to|ne ⟨m.; -n, -n⟩ *Mitstudent, Studienkollege*
Kom|mi|li|to|nin ⟨f.; -, -nin|nen⟩ *weibl. Kommilitone*
Kom|miss ⟨m.; -es; unz.⟩ **1** ⟨urspr.⟩ *die vom Staat gelieferte Ausrüstung u. der Unterhalt des Soldaten* **2** ⟨umg.; veraltet⟩ *Militär, Militärdienst*
Kom|mis|sar ⟨m.; -s, -e⟩ oV *Kommissär* **1** *im Auftrag des Staates arbeitende, mit bes. Vollmachten ausgerüstete Person;* Staats~ **2** *einstweiliger Vertreter eines Beamten* **3** *Dienstrang im Polizeidienst;* Polizei~, Kriminal~

Kom|mis|sär ⟨m.; -s, -e; oberdt.⟩ = *Kommissar*
Kom|mis|sa|rin ⟨f.; -, -rin|nen⟩ *weibl. Kommissar*
Kom|mis|si|on ⟨f.; -, -en⟩ **1** ⟨Hdl.⟩ *Auftrag, ein Geschäft im eigenen Namen, aber für fremde Rechnung zu besorgen;* eine Ware in ~ geben, in ~ nehmen **2** *Ausschuss für eine bestimmte Aufgabe;* Ärzte~; eine ~ bilden, wählen

kom|mod ⟨Adj.; österr.; umg.⟩ *angenehm, bequem*
Kom|mo|de ⟨f.; -, -n⟩ *kastenförmiges Möbelstück mit Schubkästen;* Wäsche~; Biedermeier~

kom|mu|nal ⟨Adj. 24⟩ *eine Gemeinde od. einen Landkreis betreffend, zu ihnen gehörig, von ihnen ausgehend;* ~e Einrichtungen; ~e Selbstverwaltung
Kom|mu|ne ⟨f.; -, -n⟩ **1** *Gemeinde (als unterste Verwaltungseinheit)* **2** ⟨im MA⟩ *Stadtstaat mit republikanischer Verfassung (bes. in Italien)* **3** ⟨abwertend⟩ *(politisch motivierte) Wohngemeinschaft* **4** *Pariser* ~ ⟨[kɔmyːn]⟩ *die Gegenregierungen in Paris während der Französischen Revolution 1792-1794 u. von März bis Mai 1871*

Kom|mu|ni|ka|ti|on ⟨f.; -, -en⟩ **1** *Umgang, Verständigung (bes. zwischen Menschen) mit Hilfe von Sprache, Zeichen, Geräten u. Ä.;* die ~ in der Schule, Familie,

kommunikativ

am Arbeitsplatz • 1.1 *Verbindung, Zusammenhang, Beziehung;* die ~ von Technik u. Forschung

kom|mu|ni|ka|tiv 〈Adj.〉 **1** *die Kommunikation betreffend, zu ihr gehörig, auf ihr beruhend;* ~e *Prozesse* • 1.1 ~e **Kompetenz** 〈Sprachw.〉 *Sprachfähigkeit eines Sprechers/Hörers* **2** *gesprächig, mitteilsam, bereit zur Kommunikation;* die Teilnehmer des Kurses waren nicht sehr ~

Kom|mu|ni|kee 〈n.; -s, -s〉 *Bekanntmachung, amtliche Mitteilung;* oV *Kommuniqué*

Kom|mu|ni|qué 〈[kɔmynike:] n.; -s, -s〉 = *Kommunikee*

Kom|mu|nis|mus 〈m.; -; unz.〉 **1** *ökonom. u. polit. Lehre, die sich eine Gesellschaft ohne Privateigentum, mit sozialer Gleichstellung der Individuen u. deren Aufgehen in der Gemeinschaft sowie gemeinschaftliche Lebensführung zum Ziel gesetzt hat* **2** *die auf Kommunismus (1) beruhende Wirtschafts- u. Gesellschaftsordnung* **3** *von den kommunist. Parteien vertretene polit. Bewegung, die den Kommunismus (2) anstrebt*

kom|mu|ni|zie|ren 〈V. 400〉 **1** *miteinander umgehen, reden, Kontakt pflegen, sich (mit Hilfe der Sprache, Gestik u. a.) verständigen* • 1.1 *zusammenhängen, in Verbindung stehen, sich aufeinander beziehen* **2** 〈kath. Kirche〉 *das Abendmahl empfangen* **3** ~de **Röhren** 〈Phys.〉 *R., die oben offen u. unten miteinander verbunden sind u. in denen eine Flüssigkeit gleich hoch steht* **4** 〈500〉 **etwas** ~ *einen Sachverhalt mitteilen, verständlich machen, erläutern;* die Entscheidung des Vorstands ~

Ko|mö|di|ant 〈m.; -en, -en〉 **1** *jmd., der Komödien (1) spielt* **2** 〈fig.〉 *jmd., der anderen etwas vorspielt, etwas vortäuscht*

Ko|mö|die 〈[-djə] f.; -, -n〉 **1** *heiteres Drama, Lustspiel, Posse;* Ggs *Tragödie (1);* sich eine ~ ansehen; eine ~ aufführen; eine ~ schreiben **2** *Theater, in dem (nur) Komödien (1) gespielt werden;* in die ~ gehen **3** 〈fig.〉 *lustiges, erheiterndes Ereignis* **4** 〈fig.; umg.〉 *Verstellung, Täuschung;* das war ja alles nur ~!; ~ spielen • 4.1 jmdm. eine ~ vorspielen *jmdn. durch geschicktes Verhalten zu täuschen suchen*

Kom|pa|gnon *auch:* **Kom|pag|non** 〈[-njõ:] a. ['---] m.; -s, -s〉 **1** *Teilhaber, Mitinhaber (eines Unternehmens)* **2** 〈meist scherzh.〉 *Kamerad, Begleiter* • 2.1 *Mittäter, Spießgeselle* • 2.2 *Assistent, Helfer*

kom|pakt 〈Adj.〉 **1** *dicht, verdichtet, festgefügt;* ~e *Materialien* • 1.1 *konzentriert, auf das Wesentliche reduziert;* Kompaktkurs • 1.2 *praktisch, handlich;* Kompaktwagen, Kompaktski **2** *gedrungen, stämmig;* ein ~er *Körperbau*

Kom|pa|nie 〈f.; -, -n〉 **1** 〈Abk.: Co., Cie.〉 *Handelsgesellschaft* **2** 〈Mil.; Abk.: Komp.〉 *unterste Gliederungsform der Truppe, 100 bis 250 Mann stark* • 2.1 sie hat belegte Brote hergerichtet wie für eine ganze ~ 〈umg.; scherzh.〉 *sehr viele*

Kom|pass 〈m.; -es, -e〉 *Gerät zum Bestimmen der Himmelsrichtung;* Magnet~; Steuer~, Peil~; Marsch~

Kom|pen|di|um 〈n.; -s, -di|en〉 *Handbuch, kurzgefasstes Lehrbuch, Abriss;* ein ~ der griechischen Sprache

kom|pen|sie|ren 〈V. 500〉 **1** *etwas* ~ *ausgleichen, gutmachen;* Komplexe durch beruflichen Erfolg ~; eine Niederlage, einen Fehler ~ • 1.1 *zwei gegeneinander wirkende* **Vorgänge** ~ 〈Phys.; Tech.〉 *ausgleichen, aufheben;* Kräfte, Wirkungen ~ • 1.2 *die magnetische Wirkung von Stahlteilen in Schiffen u. Flugzeugen ~ durch Anbringen entgegengesetzt wirkender Magnete in der Nähe des Kompasses aufheben* **2** **Beträge** ~ 〈Bankgeschäft〉 *vergüten, verrechnen* **3** **Güter, Dienstleistungen** ~ 〈Hdl.〉 *austauschen;* Ware gegen Ware ~ **4** *anatomische od. funktionelle* **Störungen** *eines Organes od. Organteiles ~* 〈Med.〉 *durch gesteigerte Tätigkeit eines anderen Organes od. Organteiles ausgleichen*

kom|pe|tent 〈Adj.〉 Ggs *inkompetent* **1** *zuständig, befugt* **2** *maßgebend, urteilsfähig;* ich bin (in dieser Angelegenheit, Frage) nicht ~ **3** *fähig;* ein ~er Wissenschaftler

Kom|pe|tenz 〈f.; -, -en〉 **1** *Zuständigkeit, Befugnis;* die ~ eines Beamten, Richters **2** *Urteilsfähigkeit* **3** *Befähigung, Sachverstand;* jmds. ~ anzweifeln; ihre ~ in Sachen Arbeitsrecht ist unbestritten; →a. *kommunikativ (1.1)*

kom|plett 〈Adj. 24〉 *vollkommen, vollständig, vollzählig;* ein ~es Mittagessen; unsere neue Wohnung ist jetzt ~; du bist ~ verrückt 〈umg.〉

kom|plet|tie|ren 〈V. 500〉 *eine* **Sammlung** ~ *vervollständigen, ergänzen, auffüllen*

kom|plex 〈Adj.〉 **1** *zusammengesetzt, verwickelt, vielfältig u. doch einheitlich* **2** ~e **Zahl** 〈Math.〉 *eine Summe aus einer reellen u. einer imaginären Zahl,* a + bi

Kom|plex 〈m.; -es, -e〉 **1** *Gesamtheit, Gesamtumfang, Inbegriff* **2** *zusammenhängende Gruppe;* Häuser~ **3** 〈Psych.〉 *ins Unterbewusstsein verdrängte Gruppe von Vorstellungen od. nicht verarbeiteten Erlebnissen, die zu dauernder Beunruhigung führen;* an verdrängten ~en leiden

Kom|pli|ka|ti|on 〈f.; -, -en〉 **1** *Verwicklung, Schwierigkeit, Erschwernis* **2** 〈Med.〉 *Auftreten zusätzlicher Schwierigkeiten bei einer schon bestehenden Krankheit;* es wird, könnte ~en geben; bei der Operation sind ~en eingetreten

Kom|pli|ment 〈n.; -(e)s, -e〉 **1** 〈veraltet〉 *Höflichkeitsbezeigung, Verbeugung* **2** *Artigkeit, Schmeichelei, Huldigung;* jmdm. ein ~, ~e machen • 2.1 mein ~! *alle Achtung!* • 2.2 **nach** ~en **fischen, angeln** 〈umg.; scherzh.〉 *durch Betonen eigener Schwächen od. schwacher Seiten Widerspruch herausfordern, der zum Lob des Sprechenden wird*

Kom|pli|ze 〈m.; -n, -n〉 *Verbündeter, Mittäter, Mitschuldiger*

kom|pli|zie|ren 〈V. 500〉 *etwas* ~ *verwickeln, erschweren;* wir wollen die Sache nicht unnötig ~

kom|pli|ziert 〈Adj.〉 **1** 〈Part. Perf. von〉 *komplizieren* **2** *verwickelt, erschwert, schwierig;* eine ~e Frage; diese Rechenaufgabe ist ~

Kom|pli|zin 〈f.; -, -zin|nen〉 *weibl. Komplize*

Kom|plott 〈n.; -(e)s, -e〉 *Verschwörung, Verabredung zu Straftaten, Anschlägen, heimlichen Handlungen;* ein ~ schmieden (gegen)

Kom|po|nen|te 〈f.; -, -n〉 *Teil eines Ganzen, einer Kraft, Mischung usw.*

kom|po|nie|ren ⟨V. 500⟩ **1** etwas ~ *zusammensetzen, zusammenstellen, kunstvoll anordnen, aufbauen* **2 Kunstwerke** ~ *nach bestimmten Formgesetzen aufbauen, zusammenfügen;* ein Bild (geschickt) ~ **3** ein **Musikstück** ~ *in Töne setzen;* ein Konzert, eine Oper, Symphonie ~

Kom|po|nist ⟨m.; -en, -en⟩ *jmd., der Musikstücke komponiert;* Opern~, Schlager~

Kom|po|nis|tin ⟨f.; -, -tin|nen⟩ *weibl. Komponist*

Kom|po|si|ti|on ⟨f.; -, -en⟩ **1** ⟨geh.⟩ *Zusammenstellung, künstlerische Anordnung;* ~ einer Ausstellung **2** *Aufbau eines Kunstwerks nach künstlerischen Gesichtspunkten;* Farb~ **3** ⟨Mus.⟩ • **3.1** ⟨unz.⟩ *das Komponieren;* die ~ einer Symphonie • **3.2** *Musikstück, Tondichtung;* Uraufführung einer ~

Kom|post ⟨m.; -(e)s, -e⟩ **1** *natürlicher Dünger aus Erde, Pflanzenresten u. evtl. Jauche* **2** ⟨kurz für⟩ Komposthaufen

Kom|post|hau|fen ⟨m.; -s, -⟩ *Abfallhaufen für Pflanzenreste u. Ä. zur Gewinnung von Kompost (1)*

kom|pos|tie|ren ⟨V. 500⟩ **Pflanzenreste** ~ *zu Kompost verarbeiten, (auf dem Komposthaufen) zum Verrotten bringen*

Kom|pott ⟨n.; -(e)s, -e⟩ *mit Zucker gekochtes Obst (als Nachspeise);* Birnen~

Kom|pres|se ⟨f.; -, -n⟩ **1** *feuchter Umschlag;* kalte, warme ~n auf die Stirn legen **2** *Mullbinde als Unterlage für einen Verband*

kom|pri|mie|ren ⟨V. 500⟩ **1 Stoffe, Materialien** ~ *verdichten, zusammenfassen* **2 Gefäße** ~ ⟨Med.⟩ *zusammenpressen* **3** Texte, Überlegungen ~ *verkürzen, konzentrieren (u. dadurch verbessern)* **4** ⟨EDV⟩ *Daten so verdichten, dass sie weniger Speicherplatz benötigen*

Kom|pro|miss ⟨m.; -es, -e; selten: n.; -es, -e⟩ **1** *Ausgleich, Übereinkunft durch beiderseitiges Nachgeben, Verständigung* (~bereitschaft) **2** *Zugeständnis;* man muss im Leben Kompromisse machen; einen ~ schließen

kom|pro|mit|tie|ren ⟨V. 500/Vr 7 od. Vr 8⟩ **jmdn.** ~ *bloßstellen, in Verlegenheit bringen;* er hat sich mit dem Brief kompromittiert

Kom|tess ⟨f.; -, -en⟩ *unverheiratete Tochter eines Grafen;* oV *Komtesse*

Kom|tes|se ⟨f.; -, -n⟩ = *Komtess*

kon..., Kon... ⟨in Zus.; vor b, p, m⟩ kom..., Kom..., ⟨vor l⟩ kol..., Kol..., ⟨vor h u. Vokalen⟩ ko..., Ko... ⟨Vorsilbe⟩ *mit, zusammen mit*

Kon|den|sa|ti|on ⟨f.; -, -en⟩ **1** ⟨Phys.⟩ *Übergang eines Stoffes aus gas- od. dampfförmigem in den flüssigen Zustand, Verdichtung* **2** ⟨Chem.⟩ *Reaktion, bei der sich zwei Moleküle unter Abspaltung eines einfachen Stoffes (z. B. Wasser) zu einem neuen Molekül verbinden od. bei der innerhalb eines Moleküls ein einfacher Stoff abgespalten wird*

Kon|den|sa|tor ⟨m.; -s, -en⟩ **1** *Apparat, in dem der aus Dampfmaschinen austretende Dampf gekühlt u. verflüssigt wird* **2** ⟨El.⟩ *eine Anordnung von isolierten Leitern zur Speicherung elektrischer Ladung bzw. elektrischer Feldenergie*

kon|den|sie|ren ⟨V.⟩ **1 Gase** ~ • **1.1** ⟨400⟩ *gehen vom gasförmigen in den flüssigen Zustand über* • **1.2** ⟨500⟩ **Gase** ~ *werden vom gasförmigen in den flüssigen Zustand überführt* **2** ⟨500⟩ **Milch** ~ *durch Entzug von Wasser eindicken;* kondensierte Milch **3** kondensierte **Systeme** *chem. Verbindungen, deren Formeln mehrere Benzolringe enthalten, von denen je zwei zwei Kohlenstoffatome gemeinsam haben*

Kon|di|ti|on ⟨f.; -, -en⟩ **1** ⟨Wirtsch.⟩ *Geschäftsbedingung;* ~en für die Vergabe eines Bankkredites; zu diesen ~en konnte er das Angebot nicht akzeptieren **2** ⟨unz.⟩ • **2.1** *körperliche Verfassung eines Menschen;* er ist in keiner guten ~ • **2.2** ⟨Sp.⟩ *körperliche Leistungsfähigkeit, Ausdauer;* seine ~ verbessern, halten

Kon|di|tor ⟨m.; -s, -to|ren⟩ **1** *Lehrberuf des Handwerks mit dreijähriger Lehrzeit, Gesellen- u. Meisterprüfung* **2** *Handwerker, der feine Backwaren, Eis u. Konfekt herstellt*

Kon|di|to|rei ⟨f.; -, -en⟩ *Feinbäckerei (meist gleichzeitig als Kaffeehaus geführt)*

Kon|di|to|rin ⟨f.; -, -rin|nen⟩ *weibl. Konditor*

Kon|do|lenz ⟨f.; -, -en; Pl. selten⟩ *Beileid, Beileidsbezeigung;* ~schreiben

kon|do|lie|ren ⟨V. 600⟩ **jmdm.** ~ *sein Beileid aussprechen;* jmdm. zum Tod des Vaters ~

Kon|dom ⟨n.; -s, -(e)s, -e⟩ *dünne Gummihülle für den Penis (beim Geschlechtsverkehr zur Empfängnis- u. Infektionsverhütung verwendet);* Sy *Präservativ*

Kon|fekt ⟨n.; -(e)s; unz.⟩ *(feine) Süßigkeiten, Zuckerwerk;* Sy ⟨österr.⟩ *Konfetti (2)*

Kon|fek|ti|on ⟨f.; -, -en⟩ **1** *industrielle Herstellung von Kleidung* **2** *industriell hergestellte, serienmäßige Kleidung;* Herren~, Damen~; ~sgröße **3** *Bekleidungsindustrie*

Kon|fe|renz ⟨f.; -, -en⟩ **1** *Beratung, Verhandlung, Sitzung;* Lehrer~ **2** *Tagung, Kongress*

Kon|fes|si|on ⟨f.; -, -en⟩ **1** = *Glaubensbekenntnis;* evangelische, katholische ~ **2** *Bekenntnisschrift;* die Augsburgische ~ 1530

Kon|fet|ti ⟨n.; - od. -s; unz.⟩ **1** *runde Blättchen aus buntem Papier;* sich beim Karneval u. an Silvester mit ~ bewerfen **2** ⟨österr.⟩ = *Konfekt*

Kon|fir|mand ⟨m.; -en, -en; ev. Kirche⟩ *Jugendlicher, der konfirmiert werden soll u. am Konfirmationsunterricht teilnimmt*

Kon|fir|man|din ⟨f.; -, -din|nen⟩ *weibl. Konfirmand*

Kon|fir|ma|ti|on ⟨f.; -, -en; ev. Kirche⟩ *feierliche Aufnahme der Jugendlichen in die Gemeinde durch den Geistlichen, womit sie zum Empfang des hl. Abendmahls u. zur Übernahme von Patenschaften berechtigt werden*

kon|fir|mie|ren ⟨V. 500; evang. Kirche⟩ **jmdn.** ~ *in die Gemeinde aufnehmen u. damit zum hl. Abendmahl zulassen u. zur Patenschaft berechtigen*

Kon|fi|se|rie ⟨f.; -, -n; schweiz.⟩ oV *Confiserie* **1** *Herstellung von Konfekt u. erlesenen Süßigkeiten* • **1.1** *feines Konfekt, Pralinen, erlesene Süßigkeiten* • **1.2** *Geschäft, in dem Konfiserie (1) verkauft wird, Konditorei*

kon|fis|zie|ren ⟨V. 500⟩ **Gegenstände, Materialien** ~ *beschlagnahmen;* Waffen, Diebesgut, Kokain ~

Konfitüre

Kon|fi|tü|re ⟨f.; -, -n⟩ **1** ⟨früher⟩ *Marmelade mit ganzen Früchten* **2** ⟨seit 1983⟩ *mit Zucker eingedickter Brei aus zerkleinerten Früchten (außer Zitrusfrüchten)*; →a. *Marmelade*

Kon|flikt ⟨m.; -(e)s, -e⟩ **1** *Streit, Widerstreit, Zwiespalt*; Sy *Kollision (3)*; *bewaffneter, innerer, politischer ~; in einen ~ geraten; mit jmdm. in ~ geraten* **2** *mit dem Gesetz in ~ geraten das G. übertreten*

kon|form ⟨Adj. 24⟩ **1** *übereinstimmend, gleichartig, gleich gesinnt; ~es Verhalten, Denken* **2** *~e* **Abbildung** *mathematisches Abbildungsverfahren, bei dem die Figuren winkeltreu abgebildet werden* **3** ⟨Getrennt- u. Zusammenschreibung⟩ • 3.1 *~ gehen* = *konformgehen*

kon|form|ge|hen *auch:* **kon|form ge|hen** ⟨V. 145/ 417(s.); umg.⟩ *mit jmdm. ~ mit jmdm. einer Meinung sein, übereinstimmen*

Kon|fron|ta|ti|on ⟨f.; -, -en⟩ *das Konfrontieren, Konfrontiertwerden, (unerwartete) Gegenüberstellung; ~ der Gegner*

kon|fron|tie|ren ⟨V. 550⟩ **1** *jmdn. mit einem anderen ~ jmdn. einem anderen (unerwartet) gegenüberstellen* **2** *jmdn. mit einer Tatsache ~ jmdn. vor eine T. stellen (u. warten, wie er darauf reagiert)*

kon|fus ⟨Adj.⟩ *verworren, unklar, verwirrt; ~es Gerede; er hat in seinem Brief nur ~es Zeug geschrieben; du machst mich mit deiner Aufregung ganz ~; ich bin ganz ~*

Kon|gre|ga|ti|on ⟨f.; -, -en⟩ **1** *Vereinigung, Versammlung* **2** *Verband mehrerer Klöster desselben Ordens* **3** *kath. Vereinigung mit einfachem od. ohne Gelübde*

Kon|gress ⟨m.; -es, -e⟩ **1** *politische od. fachliche Tagung; Ärzte~, beratende u. beschließende Versammlung; Berliner ~, Wiener ~* **3** ⟨USA⟩ *Volksvertretung im Parlament, bestehend aus Senat u. Repräsentantenhaus*

kon|gru|ent ⟨Adj. 24⟩ **1** ⟨geh.⟩ *übereinstimmend* **2** ⟨Math.⟩ *deckungsgleich; ~e Dreiecke*

Kon|gru|enz ⟨f.; -; unz.⟩ **1** ⟨geh.⟩ *Übereinstimmung* **2** ⟨Math.⟩ *Deckungsgleichheit*

Ko|ni|fe|ren ⟨Pl.⟩ *Nadelhölzer*

Kö|nig ⟨m.; -(e)s, -e⟩ **1** *höchster Herrscher eines Staates; die Heiligen Drei ~e; die preußischen ~e; der ~ von England; einen Fürsten zum ~ krönen, wählen* • 1.1 *des ~s Rock tragen* ⟨fig.; veraltet⟩ *Uniform tragen, (auf einen König vereidigter) Soldat sein* **2** ⟨Kart.⟩ *eine Spielkarte* **3** ⟨Schachspiel⟩ *Hauptfigur; Schach dem ~!* **4** ⟨Kegelspiel⟩ *in der Mitte stehender Kegel* **5** *Sieger beim Preisschießen;* Schützen~ **6** ⟨fig.⟩ *der Beste schlechthin* • 6.1 *er ist der ~ der Athleten* ⟨Sp.⟩ *der beste Zehnkämpfer (der Welt)* • 6.2 *der ~ der Tiere, ~ der Wüste der Löwe* 6.3 *der ~ der Lüfte der Adler*

Kö|ni|gin ⟨f.; -, -gin|nen⟩ **1** *weibl. König (1)* **2** *Gemahlin eines Königs (1)* **3** ⟨Schachspiel⟩ = *Dame (4)* **4** *eierlegendes Weibchen eines Bienen- od. Ameisenstaates* **5** ⟨fig.⟩ *die Schönste, Oberste von allen;* Ball~; Schönheits~, Wein~ • 5.1 *die ~ der Blumen die Rose*

kö|nig|lich ⟨Adj. 24⟩ **1** ⟨60⟩ *den König betreffend, zum König gehörig, ihm gehörend, ihm gemäß, ihm zustehend; ~er Beamter, ~er Hofstaat;* (Seine) *Königliche Hoheit* (Anrede für Prinzen u. Prinzessinnen eines königl. Hauses sowie für Großherzöge) **2** ⟨fig.⟩ *wie ein König, vornehm, hoheitsvoll; mit ~er Gebärde; von ~er Gestalt* **3** ⟨fig.; umg.⟩ *herrlich, großartig; sich ~ amüsieren; jmdn. ~ bewirten*

ko|nisch ⟨Adj. 24⟩ *in der Form eines Kegels od. Kegelstumpfes*

Kon|ju|ga|ti|on ⟨f.; -, -en; Gramm.⟩ **1** ⟨Gramm.⟩ *Beugung, Abwandlung, Flexion des Verbs (nach Person, Tempus, Modus u. Aktionsart)* **2** ⟨Biol.⟩ *Form der geschlechtlichen Fortpflanzung bei Bakterien u. Einzellern*

kon|ju|gie|ren ⟨V. 500; Gramm.⟩ *ein* **Verb** *~ abwandeln, beugen, flektieren*

Kon|junk|ti|on ⟨f.; -, -en⟩ **1** ⟨Gramm.⟩ *Wort, das zwei Sätze od. Satzteile verbindet, z. B. obwohl, und, weil; disjunktive, koordinierende, subordinierende, einräumende ~* **2** ⟨Logik⟩ *Aussagenverbindung, die nur dann wahr ist, wenn die miteinander verknüpften Aussagen wahr sind* **3** ⟨Astron.⟩ *Stellung der Sonne zwischen Erde u. Planet*

Kon|junk|tiv ⟨m.; -s, -e; Gramm.⟩ *Modus des Verbs, der eine Möglichkeit ausdrückt, Möglichkeitsform, z. B. ich sänge, sie hüpfte;* →a. *Indikativ*

Kon|junk|tur ⟨f.; -, -en; Wirtsch.⟩ **1** *Wirtschaftslage mit bestimmter Entwicklungstendenz;* Hoch~; *die ~ ausnutzen; fallende, steigende ~* • 1.1 *etwas hat (wieder) ~ etwas ist (wieder) populär*

kon|kav ⟨Adj. 24⟩ *nach innen gewölbt* (von Linsen); Ggs *konvex*

Kon|kla|ve ⟨[-və] n.; -s, -n⟩ **1** *streng verschlossener Versammlungsraum, in dem die Kardinäle den Papst wählen* **2** *die Versammlung selbst*

Kon|kor|dat ⟨n.; -(e)s, -e⟩ *Vertrag zwischen einem Staat u. der päpstlichen Regierung*

kon|kret ⟨Adj.⟩ *wirklich, gegenständlich, sinnlich wahrnehmbar, anschaulich, sachlich;* Ggs *abstrakt; ~e Angaben machen; ~e Formen annehmen*

Kon|kur|rent ⟨m.; -en, -en⟩ *jmd., der mit jmdm. konkurriert, im Wettstreit steht, wirtschaftlicher od. sportlicher Gegner*

Kon|kur|ren|tin ⟨f.; -, -tin|nen⟩ *weibl. Konkurrent*

Kon|kur|renz ⟨f.; -, -en⟩ **1** *Wettstreit* (bes. *wirtschaftlicher Wettbewerb*) • 1.1 *jmdm. ~* **machen** *mit jmdm. in Wettstreit treten* • 1.2 *außer ~* **laufen** (bei Wettrennen) *sich (am W.) beteiligen, aber nicht gewertet werden* **2** *der (wirtschaftliche) Gegner selbst, Konkurrenzunternehmen; bei der ~ einkaufen; zur ~ gehen, übergehen*

kon|kur|rie|ren ⟨V. 405⟩ (**mit jmdm.**) *~ jmdm. Konkurrenz machen, in Wettstreit stehen (mit); mit jmdm., mit niemandem ~ können*

Kon|kurs ⟨m.; -es, -e⟩ **1** *Zahlungsunfähigkeit, Zahlungseinstellung* • 1.1 *in ~ gehen zahlungsunfähig werden* **2** *Verfahren zur Befriedigung der Gläubiger eines zahlungsunfähigen Schuldners; ~ anmelden; den ~ eröffnen; in ~ gehen*

kön|nen ⟨V. 171⟩ **1** ⟨500⟩ **etwas** *~ gelernt haben, verstehen, beherrschen; ich kenne das Lied, aber ich kann* es nicht singen; ein Gedicht, Lied auswendig ~; eine Sprache ~; Englisch, Spanisch ~; seine Aufgaben nicht ~; er hat es nicht gekonnt; was ~ Sie?; was du alles kannst! ⟨staunend⟩ • 1.1 ⟨413⟩ ich kann **nicht** (mehr)! *ich habe keine Kraft (mehr)* • 1.2 ⟨Part. Perf.⟩ gekonnt ⟨umg.⟩ *mit großen Fähigkeiten, großer Begabung vollbracht;* eine gekonnte Leistung; das Bild ist sehr gekonnt gemalt • 1.3 ⟨600⟩ ihm kann keiner *er ist allen überlegen* **2** ⟨Modalverb 470⟩ **etwas tun ~** *vermögen, fähig sein, imstande, in der Lage sein (etwas zu tun);* ich kann es (doch auch) nicht ändern!; ich kann die Schmerzen nicht mehr aushalten; ich kann mir nicht denken, dass …; laufen, schwimmen ~; er kann weder lesen noch schreiben; ~ Sie mir bitte sagen, wie …; Klavier spielen ~; ich kann nichts (dazu) tun; ich könnte mir vorstellen, dass …; ich habe es versucht, so gut ich kann; er schrie, so laut er konnte; er tat, was er konnte; mir kann keiner! (etwas anhaben) ⟨umg.⟩; man kann alles, wenn man (nur) will ⟨Sprichw.⟩ • 2.1 ~ vor Lachen! ⟨umg.⟩ *wie soll ich das tun, wenn ich es nicht kann, wenn es nicht möglich ist?* (als Antwort auf eine Aufforderung, etwas zu tun) • 2.2 *dürfen, berechtigt sein;* man kann annehmen, dass …; das kann ich nicht erlauben, zulassen; du kannst jetzt kommen!; du kannst mir doch keine Vorschriften machen!; Vorsicht kann nicht, nie schaden; du kannst doch nicht einfach, ohne anzuklopfen, hineingehen! • 2.3 das hättest du gleich sagen ~ *sollen* **2.4** du kannst **mich mal** …! ⟨umg.⟩ *du darfst mir keine Vorschriften machen;* →a. *Arsch (1.1)* • 2.5 *Grund haben (etwas zu tun);* etwas, jmdn. nicht leiden ~ • 2.5.1 du kannst mich **gern haben!** ⟨umg.⟩ *lass mich in Ruhe!, ich denke nicht daran, zu tun, was du willst* (unhöfliche Ablehnung) • 2.5.2 so etwas kann mich ärgern ⟨umg.⟩ *ärgert mich jedes Mal, immer wieder* • 2.5.3 nicht **umhin ~** *keinen anderen Weg wissen, einsehen;* ich konnte nicht umhin zuzugeben, dass ich mich geirrt hatte • 2.6 *möglich sein;* es kann sein, dass …; wer kann das gewesen sein, getan haben?; er kann jeden Augenblick kommen; wie konnte das nur geschehen?; er kann eigentlich nur gestern gekommen sein • 2.7 kann sein! ⟨umg.⟩ *möglich!*

Kon|rek|tor ⟨m.; -s, -en⟩ *stellvertretender Rektor einer Schule*

Kon|rek|to|rin ⟨f.; -, -rin|nen⟩ *weibl. Konrektor*

kon|se|ku|tiv ⟨a. [---'-] Adj.; Gramm.⟩ *die Folge bezeichnend, als Folge von*

Kon|sens ⟨m.; -es, -e⟩ *Übereinstimmung, Gleichklang (der Meinungen);* Ggs *Dissens;* es konnte kein ~ erzielt werden

kon|se|quent ⟨Adj.⟩ **1** = *folgerichtig* **2** *beharrlich, beständig, grundsatztreu;* ~ handeln, sein

Kon|se|quenz ⟨f.; -, -en⟩ **1** *Folge, Folgerung, Folgerichtigkeit;* daraus ergibt sich die ~, dass … • 1.1 die ~en (seiner Handlungsweise) ziehen *die Folgen (seiner Handlungsweise) tragen (u. z. B. zurücktreten)* **2** ⟨unz.⟩ *Beharrlichkeit, Zielstrebigkeit;* mit äußerster ~ seinen Weg gehen, ein Ziel verfolgen; mit eiserner ~ ⟨umg.⟩

kon|ser|va|tiv ⟨a. [-va-] Adj.⟩ *am Hergebrachten hängend, das Bestehende bejahend, erhaltend, bewahrend;* er ist sehr ~

Kon|ser|ve ⟨[-və] f.; -, -n⟩ **1** *in Glas oder Blechdose eingekochtes Obst, Gemüse, Fleisch usw., das sich, luftdicht verschlossen, lange Zeit hält* 1.1 ⟨i. w. S.⟩ *durch Trocknen od. Gefrieren haltbar gemachte Nahrungsmittel*

kon|ser|vie|ren ⟨[-vi:-] V. 500⟩ **1** *Nahrungsmittel ~ einkochen, haltbar machen, vor Fäulnis schützen;* Gemüse, Obst, Fleisch ~ **2** *Kunstschätze ~ erhalten, bewahren, pflegen;* Gemälde ~

kon|sis|tent ⟨Adj.; geh.⟩ **1** *dicht, fest, stabil, beständig;* ~e Materialien **2** *schlüssig, widerspruchsfrei, logisch;* ~e Gedankengänge

Kon|so|le ⟨f.; -, -n⟩ **1** *stützender Mauervorsprung,* Sims • 1.1 *Wandbrett* **2** ⟨EDV⟩ *Ein- u. Ausgabegerät für elektronische Spiele*

kon|so|li|die|ren ⟨V. 500/Vr 3⟩ **1** *etwas ~ festigen, sichern;* die Lage hat sich konsolidiert **2** ⟨öffentliche⟩ **Anleihen ~** ⟨Wirtsch.⟩ *vereinigen, zusammenlegen (mit meist längerer Frist u. besseren Bedingungen)*

kon|so|nant ⟨Adj.⟩ *zusammenklingend, -stimmend;* Ggs *dissonant*

Kon|so|nant ⟨m.; -en, -en; Phon.⟩ *Laut, der dadurch entsteht, dass mit den Organen des Mund- u. des Nasen-Rachen-Raumes Hindernisse für den Luftstrom gebildet u. überwunden werden;* Ggs *Vokal*

Kon|so|nanz ⟨f.; -, -en⟩ *harmonischer Zusammenklang mehrerer Töne;* Ggs *Dissonanz*

Kon|sor|ti|um ⟨n.; -s, -ti|en⟩ *vorübergehender Zusammenschluss von Unternehmen od. Banken zur Durchführung eines größeren Geschäftsvorhabens;* Banken~; ein ~ bilden

Kon|spi|ra|ti|on *auch:* **Kons|pi|ra|ti|on** ⟨f.; -, -en⟩ *Verschwörung*

kon|spi|rie|ren *auch:* **kons|pi|rie|ren** ⟨V. 405⟩ **(mit jmdm.)** ~ *sich verschwören*

◆ Die Buchstabenfolge **kon|st…** kann in Fremdwörtern auch **kons|t…** getrennt werden.

◆**kon|stant** ⟨Adj.⟩ **1** *fest, beständig, unveränderlich;* Ggs *inkonstant, variabel;* die Temperatur, eine Bewegung ~ halten; ~e Größe ⟨Math.⟩ **2** *immer wiederkehrend;* etwas mit ~er Bosheit tun ⟨umg.; scherzh.⟩

◆**Kon|stan|te** ⟨f.; -, -n⟩ *unveränderliche Größe*

◆**kon|sta|tie|ren** ⟨V. 500; geh.⟩ *etwas ~ feststellen, bemerken*

◆**Kon|stel|la|ti|on** ⟨f.; -, -en⟩ **1** *Lage, Zusammentreffen bestimmter Umstände;* politische ~ **2** ⟨Astron.⟩ *Stellung der Gestirne zueinander, zur Sonne u. zur Erde;* günstige, ungünstige ~

◆**kon|ster|nie|ren** ⟨V. 500⟩ **1** *jmdn. ~ bestürzen, verblüffen* **2** *konsterniert sein betroffen, bestürzt, fassungslos sein*

◆**kon|sti|tu|ie|ren** ⟨V. 500⟩ **1** *eine Vereinigung ~ bilden, gründen, einrichten, zur festen Einrichtung machen* **2** ~de **Versammlung** *verfassunggebende V.*

Konstitution

Kon|sti|tu|ti|on ⟨f.; -, -en⟩ **1** *Anordnung, Zusammensetzung* **2** ⟨Chem.⟩ *Anordnung der Atome im Molekül od. in einem Kristallgitter* **3** ⟨Anthropologie, Med.⟩ *Summe aller angeborenen körperlichen Eigenschaften;* kräftige, schwache, zarte ~ **4** *Verfassung, Grundgesetz (eines Staates);* sich, einem Staat eine ~ geben

◆ Die Buchstabenfolge **kon|str…** kann in Fremdwörtern auch **kons|tr…, konst|r…** getrennt werden.

kon|stru|ie|ren ⟨V. 500⟩ **1 Maschinen** ~ *entwerfen, bauen, zusammensetzen* **2 Sätze** ~ *nach den Regeln der Syntax zusammenfügen* **3 Figuren,** Dreiecke ~ ⟨Math.⟩ *nach gegebenen Größen zeichnen* **4 etwas** ~ ⟨fig.⟩ *künstlich, schematisch darstellen, erfinden;* einen Fall, Vorgang ~; die Handlung des Buches ist allzu konstruiert; ein konstruierter Fall

Kon|strukt ⟨n.; -(e)s, -e; geh.⟩ *gedanklich konstruiertes Gebilde, hypothetischer, abstrakter Entwurf;* ein wissenschaftliches ~; ein Begriff als ~

Kon|struk|ti|on ⟨f.; -, -en⟩ **1** *Entwurf, Gefüge, Bau, Bauart, Aufbau;* ~ eines Gebäudes, einer Maschine, eines Satzes **2** ~ *einer geometrischen Figur* ⟨Math.⟩ *Zeichnung*

Kon|sul ⟨m.; -s, -n⟩ **1** *(im alten Rom u. im napoleon. Frankreich) höchster Staatsbeamter* **2** ⟨heute⟩ *ständiger Vertreter eines Staates in einem anderen Staat*

Kon|su|lat ⟨n.; -(e)s, -e⟩ *Dienststelle, Amtsgebäude eines Konsuls (2)*

Kon|sul|ta|ti|on ⟨f.; -, -en⟩ **1** *Beratung (durch einen Wissenschaftler);* ärztliche ~ **2** *Befragung (eines Wissenschaftlers)* **3** *gemeinsame Besprechung, Beratung, Unterredung*

kon|sul|tie|ren ⟨V. 500⟩ einen **Fachmann** ~ *zu Rate ziehen;* den Arzt ~

Kon|sum ⟨m.; -s; unz.⟩ **1** *Verbrauch (1)* **2** ⟨meist ['--] ostdt.⟩ *genossenschaftliche Vereinigung von Verbrauchern zur Versorgung mit preiswerten Waren des täglichen Bedarfs* ● 2.1 *Verkaufsstelle des Konsums (2)*

Kon|su|ment ⟨m.; -en, -en⟩ = *Verbraucher (2)*

Kon|su|men|tin ⟨f.; -, -tin|nen⟩ *weibl. Konsument*

Kon|takt ⟨m.; -(e)s, -e⟩ **1** ~ *zwischen mehreren* **Gegenständen** *Berührung, enge Verbindung* ● 1.1 ~ in einem **Stromkreis** ⟨El.⟩ *leitende Verbindung, die es ermöglicht, dass Strom fließt;* einen ~ schließen, ~ haben ● 1.2 ⟨El.⟩ *Schalter, der einen Kontakt (1.1) bewirkt* **2** ⟨Chem.⟩ *fester Katalysator bei techn. Prozessen* **3** ~ zwischen **Personen** *Beziehung, Fühlungnahme;* mit jmdm. ~ aufnehmen; in ~ stehen; keinen ~ mit jmdm. haben; netter, herzlicher, freundschaftlicher ~; keinen ~ mit, zu jmdm. finden

kon|tak|tie|ren ⟨V. 500; geh.⟩ **jmdn.** ~ *zu jmdm. Kontakt aufnehmen, mit jmdm. in Verbindung treten, sich mit jmdm. unterhalten*

Kon|ta|mi|na|ti|on ⟨f.; -, -en⟩ **1** ⟨Sprachw.⟩ *Verschmelzung, Vermengung von Wörtern od. Wortteilen zu einem neuen Begriff* **2** ⟨Phys.⟩ *Verunreinigung mit radioaktiven Stoffen* ● 2.1 *Verseuchung, Verschmutzung mit Schadstoffen*

kon|tem|pla|tiv auch: **kon|temp|la|tiv** ⟨Adj. 24; geh.⟩ *nachdenklich betrachtend, in sich gekehrt, versunken, beschaulich, religiös-besinnlich;* ein ~es Leben führen

Kon|ten ⟨Pl. von⟩ *Konto*

Kon|ter ⟨m.; -s, -; Sp.⟩ **1** ⟨Sp.⟩ *Gegenangriff, Verteidigungsschlag;* ein gelungener ~ **2** *scharfe Entgegnung, heftiger Widerspruch*

Kon|ter|ban|de ⟨f.; -; unz.⟩ **1** *Schmuggelware* **2** ⟨Völkerrecht⟩ *kriegswichtige Ware, die neutrale Staaten nicht in kriegführende Staaten einführen dürfen*

Kon|ter|fei ⟨n.; -s, -s od. -e; geh.⟩ *Abbild, Bildnis einer Person*

kon|tern ⟨V. 400⟩ **1** ⟨Sp.⟩ *einen Gegenangriff ausführen, überraschend angreifen* **2** *heftig widersprechen, scharf entgegnen, dagegenhalten;* das war hervorragend gekontert

Kon|ti|nent ⟨m.; -(e)s, -e⟩ **1** = *Festland (2);* England und der ~ **2** = *Erdteil*

kon|ti|nen|tal ⟨Adj. 24⟩ *den Kontinent betreffend, zu ihm gehörig, auf ihm vorkommend*

Kon|tin|gent ⟨n.; -(e)s, -e⟩ **1** *Pflichtbeitrag, Pflichtanteil* **2** *begrenzte, festgesetzte, zugeteilte Menge;* Waren~; Lebensmittel~ **3** *größere Einheit von Truppen außerhalb eines Gesamtheeres;* ein Staat stellt ein Truppen~

kon|ti|nu|ier|lich ⟨Adj.⟩ *beständig fortlaufend, stetig, ununterbrochen, ein Kontinuum bildend;* eine ~e Umsatzsteigerung; eine ~e Wirtschaftspolitik

Kon|ti|nu|um ⟨n.; -s, -nua⟩ *ohne Unterbrechung Fortlaufendes, lückenlos Zusammenhängendes;* ein ~ von Dialekten

Kon|to ⟨n.; -s, -s od. Kon|ten od. Kon|ti⟩ **1** *Zusammenstellung gleichartiger Geschäftsvorgänge (Einnahmen u. Ausgaben) in zeitlicher Reihenfolge;* Personen~, Sach~; einen Betrag einem ~ gutschreiben; ein ~ eröffnen, löschen, schließen **2** *Gegenüberstellung von Guthaben u. Schulden* **3** *Aufzeichnung eines Geldinstitutes über Guthaben seiner Kunden u. Forderungen an seine Kunden;* Bank~; Geld aufs ~ einzahlen, vom ~ abheben; 1.000 Euro auf dem ~ haben; laufendes ~ ● 3.1 ein ~ überziehen *bei einem Geldinstitut Schulden machen* **4** das **geht auf** mein ~ ⟨fig.; umg.⟩ *das übernehme, zahle ich, daran bin ich schuld*

Kon|tor ⟨n.; -s, -e⟩ **1** *Geschäftsraum eines Kaufmanns* **2** *Handelsniederlassung (meist im Ausland)* **3** *Niederlassung einer Reederei im Ausland*

Kon|to|rist ⟨m.; -en, -en⟩ *Angestellter eines kaufmännischen Betriebes*

◆ Die Buchstabenfolge **kon|tr…** kann in Fremdwörtern auch **kont|r…** getrennt werden. Davon ausgenommen sind Zusammensetzungen, in denen die fremdsprachigen bzw. sprachhistorischen Bestandteile deutlich als solche erkennbar sind, z. B. -trahieren, -tribuieren (→a. subtrahieren, distribuieren).

◆ **kon|tra** ⟨Präp.⟩ *gegen, wider;* oV *contra;* Ggs *pro*

◆ **Kon|tra|bass** ⟨m.; -es, -bäs|se⟩ *größtes u. tiefstes Streichinstrument, Bassgeige*

Kon|tra|hent ⟨m.; -en, -en⟩ **1** *Gegner, Gegenspieler* **2** ⟨Kaufmannsspr.⟩ *Handels-, Vertragspartner*

Kon|trakt ⟨m.; -(e)s, -e⟩ = *Vertrag;* Miet~; einen ~ schließen

Kon|trak|ti|on ⟨f.; -, -en⟩ **1** ⟨Med.⟩ *Zusammenziehung, Schrumpfung, z. B. von Muskeln* **2** ⟨Gramm.⟩ *Zusammenziehung zweier Laute zu einem neuen Laut, z. B. haben zu han*

◆ **Kon|trast** ⟨m.; -(e)s, -e⟩ **1** *starker Gegensatz, auffallender Unterschied;* ein schreiender ~ zwischen … **2** ⟨Fot.⟩ *Helligkeitsunterschied;* ein Bild mit starken ~en

◆ **Kon|trol|le** ⟨f.; -, -n⟩ **1** *Überwachung, Aufsicht;* ~ über eine Arbeit, einen Vorgang, eine Gruppe von Personen; unter jmds. ~ stehen **2** = *Prüfung (3);* Fahrschein~, Pass~, Zoll~ **3** *Probe;* eine Maschine zur ~ laufen lassen **4** *Beherrschung, Gewalt;* die ~ über ein Fahrzeug verlieren

◆ **kon|trol|lie|ren** ⟨V. 500⟩ **1** jmdn. od. einen **Vorgang** ~ = *überwachen* **2** jmdn. od. **etwas** ~ = *überprüfen* **3** einen **Markt** ~ *beherrschen*

◆ **kon|tro|vers** ⟨[-vɛrs] Adj.; geh.⟩ **1** *gegensätzlich, entgegengesetzt, gegeneinandergerichtet;* ~e Standpunkte einnehmen **2** *strittig, zweifelhaft, umstritten;* eine ~e Behauptung

◆ **Kon|tro|ver|se** ⟨[-vɛr-] f.; -, -n⟩ **1** *Streitfrage* **2** *heftige Meinungsverschiedenheit, Streit* **3** *wissenschaftliche Auseinandersetzung*

Kon|tur ⟨f.; -, -en⟩ = *Umriss*

kon|tu|rie|ren ⟨V. 500⟩ **1** eine **Figur** ~ ⟨Mal.⟩ *mit einer Kontur umgeben;* Sy *umreißen* **2** einen **Plan** ~ *in groben Zügen darlegen*

Ko|nus ⟨m.; -, -se od. Ko|nen⟩ **1** = *Kegel* • 1.1 *Kegel ohne Spitze;* Sy *Kegelstumpf* **2** *kegelförmiger Stift, Zapfen (an einem Werkzeug)* **3** ⟨Typ.⟩ *der leicht konisch verlaufende obere Teil der Type, der das Schriftbild trägt;* Sy *Kopf (8.3)*

Kon|vent ⟨[-vɛnt] m.; -(e)s, -e⟩ **1** *Zusammenkunft, Versammlung (bes. von Mitgliedern eines Klosters)* • 1.1 *Gesamtheit der Mitglieder eines Klosters* **2** *aus Dozenten, Studierenden u. nicht-wissenschaftl. Personal bestehendes Organ einer Universität;* Sy *Konzil (2)* **3** *Mitgliederversammlung einer Studentenverbindung* **4** (National)~ • 4.1 ⟨unz.⟩ *die französische Nationalversammlung 1792-95* • 4.2 ⟨in den USA⟩ *Versammlung von Delegierten einer politischen Partei, die den Kandidaten für die Wahl des Präsidenten nominieren*

Kon|ven|ti|on ⟨[-vɛn-] f.; -, -en⟩ **1** *Vereinbarung, Übereinkommen* **2** *mehrseitiger völkerrechtlicher Vertrag (über wirtschaftliche, humanitäre od. kulturelle Angelegenheiten);* die Genfer ~ **3** *Herkommen, gesellschaftlicher Brauch, Förmlichkeit;* sich über die gesellschaftlichen ~en hinwegsetzen; sich an Regeln und ~ halten

kon|ven|ti|o|nell ⟨[-vɛn-] Adj.⟩ **1** *auf Konvention (1) beruhend* **2** *auf Konvention (3) beruhend;* ~es Verhalten, Benehmen **3** ~e **Redensarten** *förmliche, nichtssagende Ausdrücke* • 3.1 sich **sehr** ~ **benehmen** *korrekt, kühl, unpersönlich* **4** ~e **Waffen** *herkömmliche Kampfmittel*

Kon|ver|sa|ti|on ⟨[-vɛr-] f.; -, -en⟩ *geselliges, leichtes, etwas förml. Gespräch, gepflegte Unterhaltung;* ~ machen

Kon|ver|si|on ⟨[-vɛr-] f.; -, -en⟩ **1** *Umwandlung* **2** *Umkehrung* **3** *Glaubenswechsel (bes. von einer nichtchristlichen zur christlichen Religion od. von der evang. zur kath. Konfession)* **4** *Umwandlung eines Schuldverhältnisses in ein anderes (meist zugunsten des Schuldners)* **5** ⟨Psych.⟩ • 5.1 *grundlegende Änderung einer Einstellung od. Meinung* • 5.2 *Umwandlung. Umkehrung von verdrängten Trieben od. Affekten in körperliche Symptome* **6** ⟨Logik⟩ *Veränderung einer Aussage durch Vertauschung von Subjekt u. Prädikat*

kon|ver|tie|ren ⟨[-vɛr-] V.⟩ **1** ⟨400(h. od. s.)⟩ *die Religion, Konfession wechseln;* zum Katholizismus ~ **2** ⟨500⟩ etwas ~ *umgestalten, umwandeln* • 2.1 **Daten** ~ ⟨EDV⟩ *Daten für andere Programme verwenden. EDV-Anlagen umwandeln, in einen anderen Code überführen* **3** eine **Währung** ~ ⟨Wirtsch.⟩ *in eine andere Währung umtauschen*

kon|vex ⟨[-vɛks] Adj.⟩ *nach außen gewölbt (von Linsen)* Ggs *konkav*

Kon|vikt ⟨[-vɪkt] n.; -(e)s, -e; österr.⟩ *katholisches Internat*

Kon|voi ⟨[-vɔi] m.; -s, -s⟩ **1** *Kolonne, Verband von zusammengehörigen, hintereinanderfahrenden Fahrzeugen* **2** *Geleitzug, Kolonne (von Schiffen od. Fahrzeugen), die zum Schutz von anderen Fahrzeugen begleitet werden;* im ~ fahren

◆ Die Buchstabenfolge **kon|zen|tr**... kann in Fremdwörtern auch **kon|zent|r**... getrennt werden.

◆ **Kon|zen|tra|ti|on** ⟨f.; -, -en⟩ **1** *Zusammendrängung um einen Mittelpunkt* **2** *Zusammenfassung, Zusammenballung;* ~ wirtschaftlicher, militärischer o. ä. Kräfte **3** ⟨Chem.⟩ *Anreicherung, Gehalt einer Lösung an gelöstem Stoff* **4** ⟨Psych.⟩ *Anspannung, Sammlung (aller Gedanken auf ein Problem, Ziel), angespannte Aufmerksamkeit;* mit äußerster ~ arbeiten, zuhören

◆ **Kon|zen|tra|ti|ons|la|ger** ⟨n.; -s, -; Abk.: KZ; 1933-1945⟩ *(1933-45) Arbeits- u. Massenvernichtungslager für Juden u. Gegner des Nationalsozialismus*

◆ **kon|zen|trie|ren** ⟨V. 500⟩ **1** jmdn. od. etwas ~ *(um einen Mittelpunkt) sammeln, zusammendrängen* **2 Lösungen** ~ ⟨Chem.⟩ *verstärken, verdichten, anreichern mit, sättigen* **3** militärische od. wirtschaftliche **Kräfte** ~ *zusammenziehen, zusammenballen;* Truppen, wirtschaftliche Kräfte in einem Raum, auf eine Aufgabe ~ **4** ⟨Vr 3⟩ **sich** ~ *sich geistig sammeln, alle Aufmerksamkeit auf einen Gedanken, ein Ziel lenken;* ich kann mich gut, schlecht, schwer ~; sich auf seine Arbeit, seine Aufgaben ~ • 4.1 ⟨Part. Perf.⟩ konzentriert *sehr aufmerksam, (geistig) angespannt;* mit konzentrierter Aufmerksamkeit; konzentriert arbeiten, zuhören **5** ⟨550⟩ **etwas auf jmdn.** od. **etwas** ~ *richten;* alle Gedanken auf ein Problem ~; Strahlen auf einen Punkt ~

◆ **kon|zen|trisch** ⟨Adj. 24⟩ **1** *einen gemeinsamen Mittelpunkt habend, nach einem Punkt strebend, auf einen*

Konzept

Punkt gerichtet • 1.1 ~es **Feuer** ⟨Mil.⟩ *F. von allen Seiten* • 1.2 ~e **Kreise** *K., die den gleichen Mittelpunkt haben*

Kon|zept ⟨n.; -(e)s, -e⟩ **1** *erste Niederschrift, erste Fassung, Entwurf; der Aufsatz ist im ~ fertig* **2** *Vorhaben, Plan; das passt mir nicht in mein ~* **3** *aus dem ~* ⟨fig.; umg.⟩ *in Verwirrung; jmdn. aus dem ~ bringen; aus dem ~ kommen*

Kon|zep|ti|on ⟨f.; -, -en⟩ **1** ⟨geh.⟩ *Entwurf, grundlegende Planung, Grundgedanke; eine neue ~ entwerfen* **2** ⟨Med.⟩ *Empfängnis*

Kon|zern ⟨m.; -s, -e⟩ *unter gemeinsamer Leitung u. Verwaltung stehende Gruppe rechtlich selbstständiger Unternehmen;* ~leitung

Kon|zert ⟨n.; -(e)s, -e⟩ **1** *öffentliche Aufführung von Musikwerken* **2** *Musikstück für Soloinstrument u. Orchester;* Violin~; ~ *für Klavier und Streicher* **3** ⟨fig.⟩ *aufeinander abgestimmtes Zusammenwirken; das ~ der Völker*

kon|zer|tant ⟨Adj. 24; Mus.⟩ *in Konzertform, im Konzert (aufgeführt);* ~e *Symphonien; eine* ~e *Aufführung der Aida*

Kon|zes|si|on ⟨f.; -, -en⟩ **1** = *Zugeständnis; im Leben* ~en *machen; er ist (nicht) zu* ~en *bereit* **2** *behördliche Genehmigung, z. B. für ein Gewerbe* **3** *(dem Staat vorbehaltenes) Recht, ein Gebiet zu erschließen u. auszubeuten; Inhaber einer ~* **4** *das Gebiet, für das eine Konzession (3) vergeben ist*

Kon|zil ⟨n.; -s, -e od. -li|en⟩ **1** *(umfassende) Versammlung kirchl. Würdenträger;* Sy Synode (2) **2** = *Konvent (2)*

kon|zi|pie|ren ⟨V.⟩ **1** ⟨500⟩ *eine* **Sache** *~ entwerfen, entwickeln, planen, ins Konzept schreiben* **2** ⟨400⟩ *ein* **Kind** *~* ⟨Med.⟩ *schwanger sein*

Koog ⟨m.; -(e)s, Kö|ge⟩ *eingedeichtes Marschland;* oV *Kog;* Sy *Polder*

Ko|ope|ra|ti|on ⟨f.; -, -en⟩ *Zusammenarbeit, Zusammenwirken*

ko|ope|ra|tiv ⟨Adj.⟩ *(bereitwillig) zusammenarbeitend, zusammenwirkend; sie ist sehr ~*

Ko|or|di|na|te ⟨f.; -, -n⟩ *Zahlenangabe zur Festlegung der Lage eines Punktes*

Ko|or|di|na|ti|on ⟨f.; -; unz.⟩ **1** *Zuordnung, Beiordnung* **2** *das planvolle Abstimmen verschiedener Dinge, Vorgänge usw. aufeinander* **3** ⟨Physiol.⟩ *Zusammenspiel der Muskeln zu bestimmten, beabsichtigten Bewegungen* **4** ⟨Gramm.⟩ *das Neben-, Beiordnen von Satzgliedern od. Sätzen durch koordinierende Konjunktionen*

Kopf ⟨m.; -(e)s, Köp|fe⟩ **1** *das vom übrigen Körper abgesetzte u. unterschiedene Vorderende vieler Tiere u. des Menschen; den ~ neigen, senken, wenden; den ~ (zur Tür) hereinstecken; ein großer, kahler, kleiner, runder, schmaler ~; den ~ einziehen; ~ an ~ jmds. Schulter lehnen; auf dem ~ stehen können; sich ein Loch in den ~ stoßen; mit dem ~ nicken (als Zeichen der Zustimmung); den ~ schütteln (als Verneinung)* • 1.1 *mit bloßem ~ ohne Hut, Mütze od. Tuch* 1.2 *~ weg!* ⟨umg.⟩ *Vorsicht!* • 1.3 *er ist einen ~ größer als ich so viel, wie ein Kopf hoch ist* • 1.4 *mit dem ~ voran, zuerst kopfüber* • 1.5 *die Köpfe zusammenstecken miteinander leise reden, tuscheln* • 1.5.1 *die Leute standen ~* **an** *~ dicht gedrängt* • 1.6 *jmdn.* **beim** *~ nehmen* ⟨veraltet⟩ *jmds. Kopf ergreifen u. ihn küssen* • 1.7 *einen* **heißen** *~ haben Fieber haben* • 1.8 *mir brummt der ~* • 1.8.1 *ich habe Kopfschmerzen* • 1.8.2 ⟨fig.⟩ *ich bin ganz verwirrt (wegen vieler Eindrücke)* • 1.9 *einen* **schweren** *~ haben Kopfschmerzen haben (bes. als Nachwirkung eines Rausches)* • 1.10 *und wenn du dich* **auf den** *~ stellst, ich gehe doch nicht hin* ⟨fig.; umg.⟩ *ganz gleich, was du tust* • 1.10.1 *alles auf den ~ stellen* ⟨fig.; umg.⟩ *alles durcheinanderbringen; stell nicht gleich das ganze Haus auf den ~!* • 1.11 *jmdm. eine Beleidigung, Unfreundlichkeit* **an** *den ~* **werfen** ⟨fig.; umg.⟩ *etwas Beleidigendes, Unfreundliches sagen* • 1.11.1 *jmdm. etwas* **auf** *den ~* **zusagen** *etwas mit Sicherheit feststellen, so dass er nicht leugnen kann* • 1.12 *sich die* **Augen** *nach etwas od. jmdm.* **aus** *dem ~ gucken angestrengt mit den A. suchen* **2** ⟨fig.⟩ *Sitz des Lebens* • 2.1 *es geht* **um seinen** *~ um sein Leben* • 2.1.1 *es geht jmdm. an ~ und Kragen jmd. begibt sich in ernste Gefahr* • 2.1.2 *es geht bei jmdm. um ~ und Kragen jmds. Leben steht auf dem Spiel* • 2.2 *jmdn. (um) einen* **kürzer** *machen jmdn. köpfen, durch das Beil hinrichten* • 2.3 *jmdm. den ~* **vor die Füße** *legen jmdm. den Kopf abschlagen* • 2.4 *sich eine* **Kugel durch** *den ~ schießen, jagen Selbstmord begehen* • 2.5 *es wird nicht gleich den ~* **kosten** *es wird nicht so schlimm, nicht so gefährlich sein; er wird dir nicht gleich den ~ abreißen* ⟨umg.; scherzh.⟩ • 2.6 *eine Tat* **mit** *seinem ~* **bezahlen** *dafür sterben* • 2.7 *einen* **Preis auf** *jmds. ~ aussetzen einen P. versprechen, wenn man jmdn. (Verbrecher o. Ä.) fängt u. ausliefert* • 2.8 *den ~* **für** *jmdn.* **hinhalten** *für jmdn. einstehen, dessen Strafe auf sich nehmen* **3** ⟨fig.⟩ *Organ des Gedächtnisses* • 3.1 *etwas* **im** *~ behalten sich etwas merken* • 3.1.1 *was man nicht im ~ hat, das hat man in den Beinen* ⟨umg.; scherzh.⟩ *wenn man etwas vergessen hat, muss man noch einmal gehen* • 3.2 **aus** *dem ~* **aufsagen** *(ein Gedicht) auswendig, aus dem Gedächtnis* 3.3 *es will mir nicht* **aus** *dem ~ ich muss immer daran denken* **4** ⟨fig.⟩ *Organ des Verstandes* • 4.1 *mir ist etwas neulich* **in** *den ~ gekommen, dass … mir ist neulich eingefallen, der Gedanke kam mir, dass …* • 4.1.1 *sich etwas* **durch** *den ~ gehen lassen sich etwas überlegen, über etwas nachdenken* • 4.1.2 *die Sache geht mir* **im** *~* **herum** *ich muss immer wieder daran denken* • 4.2 *sich den ~* (über etwas) **zerbrechen** *angestrengt (über etwas) nachdenken, sich mit Mühe (an etwas) zu erinnern suchen* • 4.2.1 *sich die Köpfe* **heißreden** *leidenschaftl. debattieren* • 4.3 *eine Aufgabe* **im** *~* **rechnen** *ohne Papier und Bleistift* • 4.4 *er ist nicht ganz* **richtig im** *~ er ist leicht schwachsinnig* • 4.4.1 *er ist* **auf den** *~* **gefallen** *er ist nicht dumm* • 4.4.2 **kühlen** *~ bewahren die Besonnenheit bewahren* • 4.4.3 **Rosinen im** *~ haben* ⟨umg.⟩ *überschwängliche Pläne schmieden, großartige Ziele verfolgen* • 4.4.4 *mir* **raucht** *der ~* ⟨umg.⟩ *ich habe sehr viel (bes. geistig) gearbeitet*

Koppel

• 4.5 den ~ **voll** haben ⟨umg.⟩ • 4.5.1 *viel zu bedenken haben* • 4.5.2 *Sorgen haben* • 4.5.3 *ich weiß kaum mehr,* **wo** *mir der ~* **steht** ⟨umg.⟩ *ich weiß vor lauter Arbeit nicht mehr, wo ich anfangen soll* • 4.5.4 man **greift** sich **an** den ~, wenn man das hört, sieht *es ist einem unbegreiflich* • 4.6 den ~ **verlieren** *die Geistesgegenwart verlieren, sich verwirren lassen u. unüberlegt handeln* • 4.6.1 ich bin wie **vor** den ~ **geschlagen!** *ich kann es nicht fassen* • 4.6.2 jmdm. den ~ **verdrehen** *in. in sich verliebt machen* • 4.6.3 den ~ **über** etwas oder jmdn. **schütteln** *etwas od. jmdn. nicht begreifen, über etwas od. jmdn. erstaunt sein* • 4.7 den ~ **in** den Sand stecken *sich gegenüber Gefahren blind stellen, Gefahren nicht sehen wollen* • 4.8 das **will** nicht **in** den ~ ⟨umg.⟩ *das sehe ich nicht ein, das kann ich nicht begreifen* • 4.9 jmdm. den ~ **waschen** ⟨umg.⟩ *jmdn. energisch zurechtweisen* • 4.9.1 jmdm. den ~ **zurechtrücken,** zurechtsetzen ⟨umg.⟩ *jmdn. energisch die Meinung sagen* • 4.9.2 jmdm. den ~ **zwischen** die **Ohren** setzen ⟨umg.; scherzh.⟩ *jmdm. die Meinung sagen, ihn zurechtweisen* 5 ⟨fig.⟩ *Organ des Bewusstseins, des Selbstbewusstseins* • 5.1 jmdm. **vor** den ~ **stoßen** ⟨umg.⟩ *jmdn. verletzen, kränken* • 5.1.1 den ~ **hoch** tragen *stolz sein* • 5.2 einen **roten** ~ bekommen *erröten* • 5.3 der Alkohol ist ihm **zu** ~ **gestiegen** *er ist berauscht* • 5.3.1 der **Erfolg** ist ihm zu ~ gestiegen *wegen seines E. kann er nicht mehr beurteilen, wo seine Grenzen liegen* • 5.4 er ist seinen Eltern **über** den ~ **gewachsen** *er lässt sich von den E. nichts mehr sagen* • 5.4.1 die **Sache** ist ihm über den ~ gewachsen *er ist der S. nicht mehr gewachsen* • 5.5 jmdm. **auf** den ~ spucken ⟨umg.⟩ *jmdm. überlegen sein, gegen jmdn. dreist, frech sein* • 5.6 wenn der Junge größer ist, trampelt er ihr auf dem ~ herum ⟨umg.⟩ *wird sie nicht mehr mit ihm fertig, gehorcht er ihr nicht mehr* 6 ⟨fig.⟩ *Organ des Willens* • 6.1 seinen ~ **durchsetzen** wollen *seinen Willen durchsetzen wollen* • 6.1.1 einen **harten** ~ haben *eigensinnig sein* • 6.1.2 er hat seinen ~ **für sich** *er ist eigenwillig* • 6.1.3 den, einen ~ **machen** ⟨umg.; schweiz.⟩ *mürrisch sein, widerspenstig sein* • 6.2 den ~ **oben** behalten *zuversichtlich bleiben* • 6.3 er will immer **mit** dem ~ **durch** die **Wand** ⟨umg.⟩ *er will das, was er sich vorgenommen hat, unbedingt u. sofort durchsetzen, er hört auf keinen Rat* • 6.4 sie **hat** nichts anderes als Vergnügen **im** ~ ⟨umg.⟩ *sie denkt an nichts anderes als an V.* • 6.5 sich etwas in den ~ **setzen** ⟨umg.⟩ *sich etwas vornehmen u. eigensinnig darauf beharren* • 6.5.1 es muss immer **nach** seinem ~ **gehen** ⟨umg.⟩ *es muss immer alles genauso gemacht werden, wie er es will* • 6.6 sich ein **Vorhaben** aus dem ~ **schlagen** *ein V. aufgeben, auf V. verzichten* • 6.7 den ~ **hängen** lassen *niedergeschlagen, mutlos sein* 7 ⟨fig.⟩ *Mensch, Person;* die Besatzung des Schiffes war 100 Köpfe stark; auf den ~ der Bevölkerung entfallen, kommen …; pro ~ zwei Stück; die besten Köpfe des Landes, der Universität; ein kluger, heller, großer ~ • 7.1 **von** ~ bis Fuß *von oben bis unten, die ganze Person;* jmdn. von ~ bis Fuß neu einkleiden; jmdn.

von ~ bis Fuß mustern • 7.2 jmdm. das **Haus über** dem ~ anzünden ⟨umg.⟩ *Feuer legen, während jmd. darin ist* • 7.3 der ~ eines **Unternehmens** *Anführer, Leiter;* der ~ einer Verschwörung 8 ~ eines **Gegenstandes** ⟨fig.⟩ *oben gelegener, verdickter Teil eines G.* • 8.1 *kugelförmige, geschlossene Kohl- od. Salatpflanze;* Kohl~, Salat~; drei Köpfe Salat 8.2 *(meist oberes) verdicktes Ende, Knopf;* Nagel~, Noten~, Stecknadel~ • 8.3 ⟨Typ.⟩ = Konus (3) 9 ⟨fig.⟩ *oberer Teil, Anfang, Überschrift;* Brief~ • 9.1 *Titel;* ~ einer Zeitung 10 das Geld **auf** den ~ **hauen** ⟨fig.; umg.⟩ *leichtsinnig ausgeben*

Kopf|be|de|ckung ⟨f.; -, -en⟩ *etwas, das den Kopf bedeckt,* Hut, Mütze, Kappe usw.

köp|fen ⟨V.⟩ 1 ⟨500⟩ jmdn. ~ *jmdm. den Kopf abschlagen, jmdn. enthaupten* 2 ⟨500⟩ **etwas** ~ *das obere Ende von etwas abschlagen, verschneiden, kappen;* Blumen, Bäume ~; ein Ei ~ 3 ⟨500⟩ den **Ball** ~ ⟨Fußb.⟩ *den B. mit dem Kopf stoßen*

Kopf|geld ⟨n.; -(e)s, -er⟩ *Prämie für die Ergreifung von Verbrechern, Deserteuren, Flüchtlingen usw.*

kopf|los ⟨Adj.; fig.⟩ *überstürzt, unüberlegt (infolge Schrecks od. Verwirrung);* ~ handeln

kopf|rech|nen ⟨V. 400; nur im Inf. u. Part.⟩ *(ohne aufzuschreiben) im Kopf rechnen;* die Schüler können sehr gut ~

Kopf|sa|lat ⟨m.; -(e)s; unz.; Bot.⟩ *zu der Familie der Korbblütler gehörende Gemüsepflanze: Lactuca sativa var. capitata*

kopf|schüt|telnd ⟨Adj. 24/90⟩ *erstaunt, verwundert;* jmdn. ~ ansehen; etwas ~ zur Kenntnis nehmen; etwas ~ betrachten

kopf|ste|hen ⟨V. 256; fig.⟩ *durcheinander, aufgeregt u. verwirrt, ratlos sein;* die ganze Schule stand kopf; vor Freude haben sie kopfgestanden

Kopf|zer|bre|chen ⟨n.; -s; unz.⟩ *angestrengtes Nachdenken;* die Sache hat mir viel ~ gemacht, verursacht

Ko|pie ⟨österr. [ko:pjə] f.; -, -n⟩ 1 = *Abschrift, Zweitschrift* 2 = *Durchschrift* • 2.1 = *Durchschlag (1)* 3 *Reproduktion, Vervielfältigung* • 3.1 *fotomechanische Vervielfältigung, Fotokopie* 4 ~ eines **Kunstwerkes** *Nachbildung;* eine ~ von Michelangelos "David"

ko|pie|ren ⟨V. 500⟩ 1 ein **Schriftstück** ~ *eine Abschrift herstellen von einem S.* 2 *reproduzieren, vervielfältigen;* eine Datei ~ ⟨EDV⟩ • 2.1 eine **Vorlage** ~ *auf fotomechanischem Wege vervielfältigen, fotokopieren* 3 einen **Menschen** ~ *nachahmen;* jmds. Gang, Sprechweise ~ 4 ein **Kunstwerk** ~ *nachbilden*

Ko|pie|rer ⟨m.; -s, -⟩ *Gerät zum elektrostatischen Kopieren u. Vervielfältigen, Kopiergerät* (Farb~)

Ko|pi|lot ⟨m.; -en, -en⟩ *zweiter Pilot in einem Flugzeug;* oV *Copilot*

Kop|pel[1] ⟨f.; -, -n⟩ 1 *eingezäuntes Stück Land, Weide;* das Vieh auf, in die ~ treiben 2 *mehrere Tiere, die durch Leinen, Riemen zusammengebunden sind;* eine ~ Jagdhunde 3 *Einrichtung an der Orgel zum Mitklingenlassen der Register einer zweiten Reihe von Tasten od. der höheren od. tieferen Oktave eines Tones*

Kop|pel[2] ⟨n.; -s, -⟩ *Leibriemen, -gurt (meist an Uniformen) zum Befestigen der Waffen*

kop|peln ⟨V. 500⟩ **1** Gegenstände, Leitungen ~ *(miteinander) verbinden, beweglich vereinigen;* das Telefon ist mit dem Faxgerät gekoppelt • 1.1 **Fahrzeuge** ~ *miteinander verbinden;* Raumfähren ~ • 1.2 **Tiere** ~ *mit Riemen aneinanderbinden;* Hunde ~ **2 Wörter** ~ *mit Bindestrich verbinden* **3** ⟨517⟩ eine **Sache** mit einer (anderen) **Sache** ~ *eine S. mit einer andern in enge Verbindung bringen* **4** ⟨Navigation⟩ *die gefahrenen od. geflogenen Kurse in die Karte eintragen* **5** ein **Stück Land** ~ ⟨niederdt.⟩ *zur Weide einzäunen*

Ko|ral|le ⟨f.; -, -n⟩ **1** ⟨Zool.⟩ *einer Klasse der Nesseltiere angehörendes, meist in Kolonien lebendes Meerestier, dessen Grundsubstanz aus Kalk besteht: Anthozoa* **2** *Kalkgerüst der Koralle (1)* **3** *Schmuckstein aus Koralle (2)* **4** *kleine Holzkugel mit Eisenstiften an der Innenseite von Halsbändern abzurichtender Hunde*

Ko|ran ⟨m.; -s, -e⟩ **1** ⟨unz.⟩ *heilige Schrift des Islam in arabischer Sprache* (~schule) **2** ⟨zählb.⟩ *Buch, das den Koran (1) enthält*

Korb ⟨m.; -(e)s, Kör|be⟩ **1** *(meist geflochtenes) oben offenes Behältnis zu verschiedenen Zwecken* • 1.1 *zum Tragen von kleineren Gegenständen;* ein ~ voll Holz • 1.2 *zum Tragen von Eingekauftem;* mit einem vollen ~ heimkehren • 1.3 *zum Sammeln von Früchten u. Pilzen;* ein ~ voll Beeren • 1.4 *zum Aufbewahren von kleinen Gegenständen;* Näh~; der ~ für das Strickzeug • 1.5 *zum Fortbewegen von Lasten;* Förder~, Trag~; die Briefe werden auf der Post in Körben von einer Stelle zur anderen bewegt **2** ⟨fig.⟩ *Abweisung, Abfuhr, Absage, bes. Ablehnung eines Heiratsantrages* • 2.1 Körbe **austeilen** *ständig Absagen erteilen* • 2.2 jmdm. einen ~ **geben** *jmdn. abweisen, jmds. Aufforderung ablehnen* • 2.3 einen ~ **bekommen** *abgelehnt, abgewiesen werden;* →a. *Hahn (1.2)* **3** ⟨Waffenk.⟩ *Handschutz an Degen u. Säbel;* Degen~, Säbel~

Korb|blüt|ler ⟨m.; -s, -; Bot.⟩ *artenreiche Familie der Ordnung Synandrae, gekennzeichnet durch kleine korbförmige Blütenstände, die wie einzelne Blüten aussehen: Compositae*

Kord ⟨m.; -(e)s, -e⟩ oV *Cord* **1** *strapazierfähiges Gewebe mit dichten, schnurartigen Rippen* **2** *Gewebe, das in Fahrzeugreifen als Zwischenlage dient*

Kor|del ⟨f.; -, -n⟩ *Schnur aus mehreren gedrehten glatten Fäden*

Ko|re|fe|rat ⟨a. [---'-] n.; -(e)s, -e; österr.⟩ = *Korreferat*

Ko|re|fe|rent ⟨a. [---'-] m.; -en, -en; österr.⟩ = *Korreferent*

ko|re|fe|rie|ren ⟨[---'--] V. 400; österr.⟩ = *korreferieren*

kö|ren ⟨V. 500⟩ *ein männliches Tier* ~ *für die Zucht auswählen, prämieren;* gekörter Hengst

Ko|ri|an|der ⟨m.; -s, -⟩ **1** ⟨Bot.⟩ *Angehöriger einer Gattung der Doldengewächse: Coriandrum* **2** *als Gewürz verwendete Blätter u. Früchte des Korianders (1)*

Ko|rin|the ⟨f.; -, -n⟩ *kleine schwarze Rosine ohne Kern*

Kork ⟨m.; -(e)s, -e⟩ **1** *die elastische, leichte Rinde der Korkeiche* **2** = *Korken*

Kor|ken ⟨m.; -s, -⟩ *Pfropfen aus Kork (1) zum Verschließen von Flaschen;* oV *Kork (2);* die Flasche mit einem ~ verschließen

Korn¹ ⟨n.; -(e)s, Kör|ner⟩ **1** ⟨unz.⟩ *Getreide, bes. die als Brotgetreide (in einem Gebiet od. Land) verwendete Getreidesorte;* das ~ dreschen, einfahren, mähen, schneiden; das ~ steht gut, steht hoch • 1.1 *Kornfeld;* der Wind streicht über das wogende ~ **2** *Samen, kleine Frucht, bes. von Gräsern, Getreide;* Gersten~; Samen~; den Hühnern, Vögeln Körner streuen (als Futter); →a. *blind (1.2)* **3** *kleines Bröckchen, Stückchen, Teilchen von etwas;* Hagel~, Salz~, Sand~, Staub~ • 3.1 *kleines Stück reinen Metalles* • 3.2 *einer* **Münze** *Edelmetallteilchen* **4** *Narbe, Beschaffenheit der Oberfläche (des Papiers)* **5** ⟨Pl.: -e; Waffenk.⟩ *der vorn auf dem Lauf von Schusswaffen aufsitzende Teil der Visiereinrichtung* • 5.1 *etwas aufs* ~ **nehmen** *nach etwas zielen* • 5.1.1 ⟨fig.⟩ *etwas mit einer bestimmten Absicht scharf, genau beobachten* • 5.2 jmdn. **aufs** ~ **nehmen** ⟨fig.⟩ • 5.2.1 *jmdn. scharf ansehen* • 5.2.2 *jmdn. mit Spott, Witz bedenken, als Zielscheibe des Spottes o. Ä. benutzen* **6** ⟨Typ.⟩ *druckendes Pünktchen im Raster* **7** ⟨Fot.⟩ *durch die Größe der Silberteilchen bestimmte Struktur einer lichtempfindlichen Schicht* **8** ⟨Met.⟩ *beim Erstarren von Metallen entstehender ungleichförmig ausgebildeter Kristall*

Korn² ⟨m.; -(e)s; unz.; umg.⟩ **1** *aus Getreide hergestellter Branntwein* • 1.1 einen ~ **trinken** *ein Glas Korn²* • 1.1.1 ein **doppelter** ~ *Glas mit dem Inhalt von zwei Glas Korn²*

Korn|blu|me ⟨f.; -, -n; Bot.⟩ *Korbblütler mit azurblauen Blüten, häufig in Getreidefeldern: Centaurea cyanus*

kör|nen ⟨V. 500⟩ **1** *etwas* ~ *zu kleinen Stücken, Körnern zerkleinern* • 1.1 gekörnte **Brühe** *Fleischextrakt für eine B.* **2** *eine* **Oberfläche** ~ *anrauen, körnig formen* **3** *ein* **Werkstück** ~ *mit gehärtetem, spitzem Stahlstück Vertiefungen in ein W. schlagen* **4** *Tiere* ~ ⟨Jägerspr.⟩ *mit Körnern ködern, locken*

Kor|nett¹ ⟨n.; -(e)s, -e od. -s; Mus.⟩ *kleinstes, höchstes Blechblasinstrument;* ~ blasen

Kor|nett² ⟨m.; -(e)s, -e od. -s; früher⟩ *jüngster Offizier eines Reiterregimentes, Fähnrich*

kör|nig ⟨Adj.⟩ **1** *aus Körnern bestehend* • 1.1 ~er **Reis** *gekochter R., dessen einzelne Körner fest u. trocken sind, nicht aneinanderkleben* **2** *angeraut, mit rauer Oberflächenstruktur;* ~e Tapete

Ko|ro|na ⟨f.; -, -ro|nen⟩ **1** *Strahlenkranz der Sonne* **2** ⟨umg.; meist scherzh.⟩ *fröhliche Runde, Gruppe von unternehmungslustigen Menschen, Teilnehmerkreis;* eine ganze ~ von Schülern

Kör|per ⟨m.; -s, -⟩ **1** ~ *eines* **Lebewesens** *die geformte, materielle (sichtbare, greifbare) Gesamtheit eines L.;* seinen ~ abhärten, pflegen, stählen, trainieren; Fieberschauer schüttelten seinen ~; ein gesunder, kräftiger, kranker, schwacher, starker, trainierter ~; er zitterte am ganzen ~ (vor Angst, Kälte) • 1.1 *das speziell Nichtgeistige an einem Menschen od. Tier;* den ~ verachten **2** *materieller, geformter Gegenstand, der einem Körper (1) ähnlich ist;* Schiffs~; ein eckiger, runder, harter, weicher ~ **3** ⟨Math.; Phys.⟩ *von ebenen od. gekrümmten Flächen begrenzter Teil des drei-*

dimensionalen Raumes; ein eckiger, fester, harter, runder, weicher ~ • 3.1 **regelmäßiger** ~ *Vielflächner* **4** ⟨meist in Zus.⟩ *Gruppe von Personen, die zu einem bestimmten Zweck zusammenwirken;* Lehr~; *der gesetzgebende* ~

Kör|per|bau ⟨m.; -(e)s; unz.⟩ *Bau des (menschlichen od. tierischen) Körpers;* athletischer, kräftiger, schwacher, zarter ~

kör|per|lich ⟨Adj. 24/90⟩ **1** *den Körper betreffend, zu ihm gehörig, auf ihm beruhend;* Sy *leiblich, physisch;* Ggs *geistig¹ (1), seelisch;* ~e Schmerzen; ~es Unbehagen; ~e Vorzüge, Nachteile; sich ~ (nicht, sehr) wohlfühlen • **1.1** ~e **Vereinigung** *geschlechtliche V.* • **1.2** ~e **Strafe** *Züchtigung, Hiebe* • **1.2.1 jmdn.** ~ **strafen** *jmdn. züchtigen* **2** *stofflich*

Kör|per|schaft ⟨f.; -, -en⟩ **1** *Gemeinschaft, Gruppe* **2** *Vereinigung von Personen zu einem bestimmten Zweck mit den Rechten einer juristischen Person;* ~ des öffentlichen Rechts • **2.1 gesetzgebende** ~ *gesetzgebende Versammlung, Legislative*

Kor|po|ral ⟨m.; -s, -e; Mil.⟩ *niedrigster Unteroffiziersgrad (bei Militär u. Polizei)*

Korps ⟨[ko:r] n.; - [ko:rs], - [ko:rs]⟩ oV *Corps* **1** *Armeekorps* **2** *Studentenverbindung* **3** *Gemeinschaft von Personen gleichen Standes od. Berufes;* Offiziers~; diplomatisches ~

kor|pu|lent ⟨Adj.⟩ *beleibt, füllig, dick*

Kor|pus¹ ⟨m.; -, -se⟩ **1** *Grundkörper eines Möbelstücks* **2** ⟨Med.⟩ *Hauptbestandteil eines Organs od. Körperteils, Körper;* oV *Corpus (1)*

Kor|pus² ⟨n.; -, Kor|po|ra⟩ **1** *Sammlung an Texten, Schriften, Briefen, Äußerungen, Interviews usw., Belegsammlung;* oV *Corpus (2)* • **1.1** ⟨Sprachw.⟩ *Sammlung von sprachlichen Äußerungen, die als Grundlage für eine Untersuchung dienen;* ein ~ von Interviews **2** ⟨Mus.⟩ *Resonanzkörper eines (Saiten-)Instrumentes*

Kor|pus³ ⟨f.; -; unz.; Typ.⟩ *ein Schriftgrad*

Kor|re|fe|rat ⟨a. [---'-] n.; -(e)s, -e⟩ oV ⟨österr.⟩ *Koreferat* **1** *zweites, das Hauptreferat ergänzendes Referat* • **1.1** *zweiter, zusätzlicher Bericht;* ein ~ halten

Kor|re|fe|rent ⟨a. [---'-] m.; -en, -en⟩ oV ⟨österr.⟩ *Koreferent* **1** *jmd., der das Korreferat vorträgt* • **1.1** *zusätzlicher Berichterstatter* **2** *Zweitgutachter, Mitgutachter (neben dem Hauptgutachter);* einer Examensarbeit

kor|re|fe|rie|ren ⟨[---'--] V. 400⟩ *ein Korreferat halten, vortragen;* oV ⟨österr.⟩ koreferieren

kor|rekt ⟨Adj.⟩ *richtig, fehlerfrei, einwandfrei;* Ggs *inkorrekt;* ~es Betragen, Verhalten; ein Wort ~ aussprechen; sich ~ benehmen; er ist immer sehr ~

Kor|rek|tor ⟨m.; -s, -en⟩ *Angestellter (einer Druckerei od. eines Verlages), der den Schriftsatz auf Fehler überprüft*

Kor|rek|tur ⟨f.; -, -en⟩ **1** *Berichtigung, Verbesserung* **2** ⟨Typ.⟩ *Prüfung u. Berichtigung des Schriftsatzes;* Fahnen~, Bogen~; eine ~ anbringen • **2.1** ~**lesen** *den Satz auf Fehler überprüfen*

Kor|re|la|ti|on ⟨f.; -, -en⟩ **1** *(wechselseitige) Beziehung, Verbindung;* etwas in eine ~ mit etwas anderem bringen **2** ⟨Math.⟩ *mit Hilfe der Wahrscheinlichkeitsrechnung zu beschreibender Zusammenhang bzw. Ab-* *hängigkeitsverhältnis zwischen mehreren Zufallsgrößen*

Kor|re|pe|ti|tor ⟨m.; -s, -en; Berufsbez.⟩ *Musiker, der mit Opernsängern die Gesangsrollen am Klavier einstudiert*

♦ Die Buchstabenfolge **kor|re|sp**... kann in Fremdwörtern auch **kor|res|p**... getrennt werden.

♦ **Kor|re|spon|dent** ⟨m.; -en, -en⟩ **1** *Teilnehmer an einem Schriftwechsel* • **1.1** *Geschäftspartner* **2** *auswärtiger Berichterstatter;* ~ einer Zeitung **3** *die Korrespondenz führender Angestellter;* Fremdsprachen~

♦ **Kor|re|spon|den|tin** ⟨f.; -, -tin|nen⟩ *weibl. Korrespondent*

♦ **Kor|re|spon|denz** ⟨f.; -, -en⟩ **1** *Briefverkehr, Briefwechsel* **2** *Nachrichten für die Presse* **3** *Übereinstimmung*

♦ **kor|re|spon|die|ren** ⟨V. 417⟩ **1 mit jmdm.** ~ *im Briefwechsel stehen* • **1.1 englisch mit jmdm.** ~ *mit jmdm. einen Briefwechsel in engl. Sprache führen* • **1.2** ~**des Mitglied** *(einer gelehrten Gesellschaft) auswärtiges M.* **2 mit etwas** ~ *übereinstimmen* • **2.1** ~**der Winkel** *Gegenwinkel*

Kor|ri|dor ⟨m.; -s, -e⟩ **1** = *Flur (1)* **2** *schmaler Landstreifen*

kor|ri|gie|ren ⟨V. 500/Vr 7 od. Vr 8⟩ **1 jmdn.** od. einen **Text** ~ *berichtigen, verbessern;* bitte ~ Sie mich, wenn ich etwas Falsches sage; einen Fehler ~; das lässt sich leicht ~; Fahnen, Bogen ~ ⟨Typ.⟩ **2 etwas** ~ *regeln, ausgleichen;* das Gewicht ~; den Kurs einer Rakete ~; seine Meinung ~

Kor|ro|si|on ⟨f.; -, -en⟩ **1** *durch Einwirkung von Wasser od. Chemikalien bedingte chem. Veränderung bzw. Zersetzung von Metallen;* ~schäden **2** ⟨Med.⟩ *Gewebszerstörung*

kor|rum|pie|ren ⟨V. 500⟩ **jmdn.** ~ ⟨geh.; abwertend⟩ *bestechen, moralisch verderben*

kor|rupt ⟨Adj.; abwertend⟩ *andere Menschen bestechend, bestechlich, käuflich, moralisch verdorben;* dieser Politiker ist ~; ~e Geschäftsmethoden

Kor|rup|ti|on ⟨f.; -; unz.⟩ **1** *Bestechung* **2** *Bestechlichkeit* **3** *moralischer Verfall*

Kor|sar ⟨m.; -en, -en⟩ **1** ⟨früher⟩ *Seeräuberschiff* • **1.1** *Seeräuber, Freibeuter* **2** ⟨Segeln⟩ *kleine, schnelle Jolle für zwei Mann Besatzung*

Kor|sett ⟨n.; -(e)s, -e od. -s⟩ *die ganze Figur formendes Mieder*

Kor|so ⟨m.; -s, -s⟩ *festliches Vorbeizeihen geschmückter Wagen, Festumzug;* Blumen~

Ko|ry|phäe ⟨m.; -n, -n; im altgrch. Drama⟩ *ausgezeichneter Fachmann, hervorragender Sachkenner (auf wissenschaftlichem Gebiet);* →a. *Kapazität (3);* eine ~ auf seinem Gebiet sein

Ko|sak ⟨m.; -en, -en⟩ *Angehöriger der seit dem 15. Jh. im südlichen u. südöstlichen russischen Grenzgebiet lebenden Bauernkrieger*

ko|scher ⟨Adj. 24⟩ **1** *rein (nach den jüdischen Speisevorschriften)* **2** ⟨umg.⟩ *sicher, sauber, unbedenklich;* die Sache scheint mir nicht ganz ~ (zu sein)

K.-o.-Schlag

K.-o.-Schlag ⟨m.; -(e)s, -Schläge; Kurzw. für⟩ *Schlag, der zum Knock-out (K. o.) des Gegners führt*

ko|sen ⟨V. 405⟩ (mit jmdm.) ~ *Zärtlichkeiten tauschen, ein Gespräch unter Liebenden führen*

Kos|me|tik ⟨f.; -; unz.⟩ *Schönheitspflege*

kos|me|tisch ⟨Adj. 24⟩ **1** *mit Hilfe der Kosmetik, zu ihr gehörig, sie betreffend* **2** ⟨fig.⟩ *oberflächlich, vordergründig, nicht das Wesentliche (einer Sache) erfassend*

kos|misch ⟨Adj. 24⟩ **1** *den Kosmos betreffend, zu ihm gehörig, aus ihm stammend* **2** ~e **Geschwindigkeit** ⟨Phys.⟩ • **2.1 erste** ~e **Geschwindigkeit** *G., die erforderlich ist, um ein Raumfahrzeug auf eine Kreisbahn um die Erde zu bringen* **2.2 zweite** ~e **Geschwindigkeit** *G., die es gestattet, den Anziehungsbereich der Erde zu verlassen* **3** ~e **Strahlung** *aus dem Weltraum kommende S.*

Kos|mo|naut ⟨m.; -en, -en; DDR⟩ *Raumfahrer, Astronaut*

Kos|mo|nau|tin ⟨f.; -, -tin|nen; DDR⟩ *weibl. Kosmonaut*

Kos|mo|po|lit ⟨m.; -en, -en⟩ **1** *Weltbürger* **2** *Pflanzen- od. Tiergattung, die (fast) auf der ganzen Erde verbreitet ist*

Kos|mos ⟨m.; -; unz.⟩ *= Weltall*

Kost ⟨f.; -; unz.⟩ *Nahrung, Essen, Ernährung, Beköstigung, Verpflegung; einfache, gesunde, kräftige, leichte, schwere* ~ • **1.1** (**freie**) ~ **und Logis** *(kostenlose) Verpflegung u. Unterkunft; er hat bei ihnen freie* ~ **und Wohnung** • **1.2** *jmdn.* **in** ~ **nehmen** *jmdn. beköstigen, verpflegen, regelmäßig mit Essen versorgen* **2** ⟨fig.⟩ *etwas, das jmd. geistig verarbeiten, begreifen kann; geistige* ~; *leichte, schwere* ~; *das neue Buch von X ist ziemlich schwere* ~

kost|bar ⟨Adj.⟩ **1** *sehr wertvoll, sehr teuer, hochwertig;* ~er *Schmuck,* ~e *Teppiche; ein* ~ *eingerichtetes Haus* • **1.1** *meine Zeit ist mir zu* ~, *um sie mit unnützen Dingen zu vergeuden* ⟨fig.⟩ *zu schade*

kos|ten¹ ⟨V. 402⟩ **1** (**etwas**) ~ *den Geschmack von etwas prüfen, probieren, versuchen; eine Speise od. ein Getränk* ~; *koste bitte einmal, ob die Soße scharf genug ist!* **2 die Gefahr zu** ~ **bekommen** ⟨fig.⟩ *eine Ahnung, einen Begriff von der G. bekommen*

kos|ten² ⟨V. 500⟩ **1** *etwas* kostet *einen bestimmten Preis hat einen Kaufwert (von), hat einen Preis von; der Mantel kostet 120 Euro* • **1.1** *wie viel, was kostet es? wie viel muss ich dafür bezahlen?, wie hoch ist der Preis?* • **1.2** (501) *koste es, was es wolle ganz gleich, was ich dafür aufwenden muss (an Kosten, Mühe u. Ä.)* • **1.3** *das kostet nicht die Welt* ⟨fig.; umg.⟩ *ist nicht allzu teuer* **2** (500 M. Modalverb) **sich eine Sache etwas** ~ **lassen** *bei einer Sache nicht sparen* **3** (520) *etwas* kostet **jmdn. etwas** • **3.1** *verursacht jmdm. Kosten; das Essen im Restaurant hat mich viel gekostet* • **3.2** ⟨fig.⟩ *verlangt etwas von jmdm.* • **3.2.1** *es kostet mich nur ein* **Wort**, *um ihn von seinem Vorhaben abzubringen* ⟨fig.⟩ *ich brauche nur ein Wort zu sagen* • **3.2.2** *es kostet mich einige* **Überwindung**, *das zu tun ich muss mich überwinden* • **3.3** *bedeutet den Verlust von etwas* • **3.3.1** *die Arbeit hat mich zwei ganze Tage gekostet hat mich zwei T. be-* *schäftigt, wegen der A. habe ich zwei T. verloren* • **3.3.2** *das kostet ihn den* **Kopf**, *das Leben er wird seinen Posten, sein L. verlieren*

Kos|ten ⟨nur Pl.⟩ **1** *Gesamtheit des Betrags, der für eine Sache aufgewendet wird, Gebühren, Ausgaben; Gerichts*~; *die* ~ (*für eine Sache*) *bestreiten; wir werden keine* ~ *scheuen; die entstehenden* ~ *übernehme ich; geringe, hohe* ~; *die Sache ist mit (großen)* ~ *verbunden* • **1.1** *die* ~ (**für etwas**) **tragen** *(etwas) bezahlen* • **1.2** *die* ~ **decken** *die Ausgaben durch Einnahmen ausgleichen* • **1.3** *die* ~ *für etwas (nicht)* **aufbringen können** (nicht) *imstande sein, etwas zu bezahlen* **2** ⟨a. fig.⟩ *Rechnung; auf eigene* ~ • **2.1** *das geht auf meine* ~ *das bezahle ich* • **2.2 auf** ~ **anderer** *leben andere für seinen Lebensunterhalt bezahlen lassen* • **2.3** *das geht auf* ~ *deiner Gesundheit damit schadest du deiner G.* • **2.4** *ich bin heute Abend auf meine* ~ *gekommen* ⟨umg.⟩ *ich habe mich sehr amüsiert, es hat mir sehr gut gefallen* **3** ⟨Getrennt- u. Zusammenschreibung⟩ • **3.1** ~ **senken** *= kostensenkend*

kos|ten|los ⟨Adj. 24⟩ *ohne Bezahlung, ohne Kosten, unentgeltlich, umsonst; die Beratung ist* ~

kos|ten|sen|kend *auch:* **Kos|ten sen|kend** ⟨Adj. 24⟩ *die Kosten reduzierend, Ausgaben vermindernd;* ~e *Maßnahmen ergreifen*

köst|lich ⟨Adj.⟩ **1** *eine* **Speise**, *ein* **Wein** *ist* ~ *hat einen feinen, edlen Geschmack; heute schmeckt der Nachtisch wieder* ~ **2** *erlesen;* ~e *Dinge, Kleinigkeiten* **3** *wertvoll u. schön; ein* ~er *Genuss; es war eine* ~e *Zeit* **4** ⟨fig.; umg.⟩ *sehr komisch, erheiternd; das ist ja* ~! **4.1 sich** ~ **amüsieren** *sich sehr amüsieren; gestern habe ich mich im Kino* ~ *amüsiert*

kost|spie|lig ⟨Adj.⟩ *teuer, mit großen Kosten verbunden; eine* ~e *Reise; das ist mir zu* ~

Kos|tüm ⟨n.; -s, -e⟩ **1** *der Mode unterworfene Kleidung für bestimmte Gelegenheiten* **2** *der Mode unterworfene Kleidung in ihrer geschichtlichen Veränderung; Biedermeier*~ **3** *auf die Art der Darbietung abgestimmte Kleidung von Schauspielern* **4** *Damenbekleidung aus Rock u. Jacke*

kos|tü|mie|ren ⟨V. 500/Vr 7⟩ *jmdn. od. sich* ~ *mit einem historischen Kostüm od. einem Karnevalskostüm verkleiden; sie hat das Kind als Clown kostümiert; für den Ball müssen wir uns* ~

Kot ⟨m.; -(e)s; unz.⟩ **1** *Darmausscheidung, Exkrement* **2** ⟨veraltet⟩ *Schmutz, aufgeweichte Erde; Straßen*~; *mit* ~ *bespritzen*

Ko|te|lett ⟨a. [kɔt-] n.; -s, -s⟩ **1** *aus dem Rippenstück von Schwein, Kalb, Hammel geschnittene Scheibe;* Sy ⟨regional⟩ *Karbonade (2)* **2** ⟨nur Pl.⟩ *wie ein Kotelett (1) geformter kleiner, kurzer beidseitiger Backenbart*

Kö|ter ⟨m.; -s, -; abwertend⟩ *Hund*

Kot|flü|gel ⟨m.; -s, -⟩ *Schutzblech (über den Rädern an Kraftwagen)*

kot|zen ⟨V. 400; derb⟩ **1** *sich übergeben, erbrechen* **2** *es ist zum Kotzen* ⟨fig.; derb⟩ *es ist abscheulich, widerwärtig*

Krab|be ⟨f.; -, -n⟩ **1** ⟨Zool.⟩ *zur Ordnung der Zehnfuß-*

krebse (Decapoda) gehöriges Krebstier, dessen Hinterleib stets unter den Kopf-Brust-Abschnitt geklappt u. von oben nicht sichtbar ist: Branchyura **2** ⟨bildende Kunst⟩ *kleines, sich an der Wand emporrankendes Blattornament* **3** ⟨fig.; umg.⟩ *kleines, niedliches Kind; eine süße, kleine ~*

krab|beln ⟨V.⟩ **1** ⟨402⟩ **etwas** krabbelt (**jmdn.**) ⟨umg.⟩ *kitzelt, juckt (jmdn.); es krabbelt (mich); der Pullover, die Wolle krabbelt (mich)* **2** ⟨400(h.) od. 411(s.)⟩ *mit raschen Bewegungen kriechen, klettern; der Käfer krabbelte mir über die Hand; das Kind krabbelte auf den Sessel, durchs Zimmer*

Krach ⟨m.; -(e)s, Krä|che⟩ **1** *Lärm; mach doch nicht solchen ~!; die Maschinen machen einen ohrenbetäubenden ~* **2** *heftiger, lauter Schlag, lautes Klirren, Knall; mit einem ~ fiel die Tür ins Schloss* **3** ⟨fig.; umg.⟩ *Zerwürfnis, Zank, Streit; ich habe mit ihm ~ bekommen, gekriegt; wenn die Eltern das erfahren, gibt's ~* • **3.1 die beiden haben ~ miteinander** *haben sich gestritten u. noch nicht versöhnt* • **3.2 ~ machen** od. **schlagen** *seine Missbilligung laut äußern* **4** ⟨fig.; umg.⟩ *Bankrott, Wirtschaftskrise, wirtschaftlicher Zusammenbruch; Bank~, Börsen~; der ~ der Dreißigerjahre* **5** *mit Ach und ~* ⟨fig.; umg.⟩ *mit Mühe u. Not, gerade noch; er hat mit Ach u. ~ sein Abitur bestanden*

kra|chen ⟨V. 400⟩ **1 etwas** kracht *erzeugt ein dunkel klirrendes od. polterndes Geräusch; das Eis krachte unter seinen Füßen, Schritten; das Haus, die Brücke brach~d zusammen; der Hund biss den Knochen ~d entzwei* **2** *etwas* kracht *macht plötzlich u. kurz lauten Lärm; der Donner krachte* • **2.1** ⟨411⟩ *die Tür krachte ins Schloss fiel mit lautem Krach (2) ins S.* • **2.2 ein Schuss** kracht *knallt* **3** ⟨500/Vr 3⟩ **sich** (mit jmdn.) ~ ⟨fig.; umg.⟩ *sich heftig streiten, sich zanken* **4** ⟨411⟩ **es** kracht **in der Wirtschaft,** in einer Institution o. Ä. ⟨fig.; umg.⟩ *erste Anzeichen deuten auf eine kritische Entwicklung in der W. o. Ä. hin* **5** ⟨(s.)⟩ **etwas** kracht ⟨umg.⟩ *geht kaputt; der Sessel ist gekracht* **6 etwas tun, dass es** (nur so) krachen ⟨fig.; umg.⟩ *sehr angestrengt, mit großer Kraft; er arbeitet, schuftet, dass es (nur so) kracht*

kräch|zen ⟨V. 400⟩ **1** *ein* **Vogel** *krächzt gibt heisere, raue Töne von sich* **2** *eine* **Person** *krächzt* ⟨fig.⟩ *spricht heiser*

Krad ⟨n.; -s, -s; Kurzw. für⟩ *Kraftrad*

kraft ⟨Präp. m. Gen.; Amtsdt.⟩ *aufgrund von, mittels, durch; ~ seines Amtes; ~ meiner Vollmachten kann ich …; ~ seines großen Wissens*

Kraft ⟨f.; -, Kräf|te⟩ **1** *physische od. geistige Disposition, Fähigkeit zu etwas* • **1.1** *Kräfte sparen sich nicht anstrengen* • **1.2** *er hat seinen Kräften zu viel zugemutet er hat sich überanstrengt* • **1.3** *wieder zu Kräften kommen wieder gesund werden, sich wieder erholen, sich kräftigen* • **1.4** *mit seinen Kräften sparsam umgehen, Kräfte sammeln sich erholen, sich ausruhen;* →a. *Saft (4.1)* • **1.5** *Verfassung, Konstitution, aufgrund deren man eine große körperliche Leistung vollbringen kann, Stärke;* Muskel~; Körper~; *er strotzt vor ~ (und Gesundheit); körperliche ~; mit aller ~*

schreien • **1.6** *(geistige) Verfassung, die einen Willensakt, eine (geistige) Leistung möglich macht, Energie;* Tat~; Willens~; Geistes~; *geistige, seelische ~; alle ~ darauf verwenden, etwas zu tun* • **1.6.1** *ich werde tun, was in meinen* **Kräften steht** *was mir möglich ist* • **1.6.2 nach Kräften** (helfen o. Ä.) *in dem Maße helfen, in dem es einem möglich ist* **2** *die ~ eines* **Medikaments** *Wirksamkeit; Heil~; die heilende ~ einer Arznei* **3** *die ~ von* **Naturgewalten** *Heftigkeit, Gewalt; der Sturm blies mit solcher ~, dass …* **4** *die ~ eines* **Gesetzes,** *einer* **Verordnung** *Gültigkeit;* Gesetzes~, Rechts~ • **4.1** *ein Gesetz, eine Verordnung* **außer ~ setzen** *ungültig machen* • **4.2 außer ~ treten** *ungültig werden* • **4.3 in ~ treten** *gültig werden; das Gesetz tritt am 1. 10. in ~* • **4.4 in ~ sein** *gültig sein; das Gesetz ist noch nicht in ~* **5** *Hilfskraft, Mitarbeiter;* Büro~, Lehr~, Schreib~; *wir brauchen für unsere Abteilung noch eine ~; wir müssen noch einige Kräfte einstellen; er, sie ist eine ausgezeichnete ~* **6** ⟨Phys.⟩ *den Bewegungszustand eines Körpers ändernde Größe; das Gleichgewicht der Kräfte; das freie Spiel der Kräfte; Parallelogramm der Kräfte* **7** ⟨Getrennt- u. Zusammenschreibung⟩ • **7.1** *~ raubend = kraftraubend*

Kraft|fahr|zeug ⟨n.; -(e)s, -e; Abk.: Kfz⟩ *von einem Motor angetriebenes, nicht an Schienen gebundenes Landfahrzeug, z. B. Auto, Autobus, Motorrad, Lastkraftwagen, Traktor*

kräf|tig ⟨Adj.⟩ **1** *jmd. ist ~, hat ~e* **Gliedmaßen** *besitzt viel Kraft (1.1), ist stark; ~er Mensch; ~e Arme; ihnen wurde ein ~er Junge geboren* **2** *ein* **Gegenstand** *ist ~ ist von robuster, widerstandsfähiger Beschaffenheit, solide; ein ~er Stock* **3** ⟨fig.⟩ *heftig, intensiv, tüchtig; jmdm. eine ~e Ohrfeige geben; ~ Beifall klatschen; jmdm. ~ die Meinung sagen; jmdn. ~ verprügeln* • **3.1** *~e* **Farben** *intensive, leuchtende, tiefe F.* • **3.2** *~e* **Stimme** *laute S.* **4** ⟨60; fig.⟩ • **4.1** *eine ~e* **Mahlzeit** *gehaltvolle M.; ~es Essen* • **4.2** *ein ~er* **Witz** *derber, anstößiger W.*

kraft|los ⟨Adj.⟩ *ohne Kraft, schwach; mit ~er Stimme sprechen*

Kraft|rad ⟨n.; -(e)s, -rä|der; Kurzwort: Krad⟩ *einspuriges Kraftfahrzeug mit zwei Rädern zur Beförderung von Personen u. Sachen;* Klein~

kraft|rau|bend *auch:* **Kraft rau|bend** ⟨Adj.⟩ *körperlich anstrengend, ermüdend; ~es Training*

Kraft|stoff ⟨m.; -(e)s, -e⟩ *flüssiger, gas- od. staubförmiger Brennstoff für Verbrennungsmotoren;* Sy *Treibmittel (3)*

Kraft|ver|kehr ⟨m.; -s; unz.⟩ *Verkehr von, mit Kraftwagen*

kraft|voll ⟨Adj.⟩ *voller Kraft, kräftig; ~ singen*

Kraft|wa|gen ⟨m.; -s, -⟩ *Kraftfahrzeug mit mehr als zwei Rädern, Auto, Automobil;* Personen~, Last~

Kraft|werk ⟨n.; -(e)s, -e⟩ *Anlage zum Erzeugen, Umwandeln u. Verteilen von Elektrizität;* Sy *Elektrizitätswerk;* Atom~, Wasser~

Kra|gen ⟨m.; -s, -⟩ **1** *den Hals umschließender Teil der Kleidung;* Hemd~, Mantel~, Pelz~, Rock~; *den ~ hochschlagen; eckiger, runder ~; steifer, weicher ~*

Krähe

2 ⟨fig.⟩ • **2.1** ⟨umg.⟩ *Hals, Leben* • **2.1.1 es geht** jmdm. **an den ~** *es geht an jmds. Hals, Leben, um jmds. Kopf, es wird sehr gefährlich für jmdn.* • **2.2** jmdn. **am,** (od.) **beim ~ nehmen** *handgreiflich zurechtweisen* • **2.3 jetzt platzt** mir aber der **~!** *jetzt wird es mir zu viel, jetzt verliere ich die Geduld!* • **2.4 Kopf und ~** riskieren *alles aufs Spiel setzen, seine Existenzgrundlage, sein Leben riskieren* **3** der **~** der **Tiere** ⟨Zool.⟩ *die Halsfedern, der Halspelz*

Krähe ⟨f.; -, -n; Zool.⟩ **1** *mittelgroßer Rabenvogel, die kleinen Angehörigen verschiedener Arten der Gattung Corvus;* Nebel~, Raben~, Saat~ **2** eine **~ hackt der anderen kein Auge aus** ⟨fig.; umg.⟩ *Personen, die in demselben Beruf arbeiten od. dieselben Interessen verfolgen, fügen sich gegenseitig keinen Schaden zu*

krähen ⟨V. 400⟩ **1** *ein Hahn* kräht *gibt schrille Laute von sich;* →a. *Hahn (1.1)* **2** jmd. kräht ⟨fig.⟩ *singt, schreit zu laut od. unschön* **3 Kinder ~** *schreien vergnügt mit heller Stimme*

Krake ⟨f.; -, -n od. m.; -n, -n⟩ **1** *im Meer lebendes Weichtier mit mehreren Fangarmen, Kopffüßer* **2** ⟨Myth.⟩ *Meerungeheuer*

Krakeel ⟨m.; -s; unz.⟩ **1** *lauter Streit, lärmender Zank; es gibt einen ~, wenn das herauskommt* **2** *Lärm, Unruhe;* macht nicht solchen *~!*

krakeelen ⟨V. 400; umg.⟩ **1** *lärmen* **2** *laut streiten*

krakeln ⟨V. 402; umg.⟩ *unsicher u. eckig, zitterig schreiben*

Kralle ⟨f.; -, -n⟩ **1** *scharfer, gebogener Zehennagel von Vögeln sowie manchen Säugetieren u. Kriechtieren; die Katze zieht ihre ~n ein; der Greifvogel hat eine Maus in den ~n; die Katze zeigt ihre ~n* ⟨a. fig.⟩ **2** ⟨fig.⟩ • **2.1** ⟨nur Pl.⟩ *Zeichen des gierigen Festhaltens von etwas* • **2.1.1** *etwas (fest) in seinen ~n haben gierig festhalten* • **2.1.2** *etwas nicht aus den ~n lassen nicht hergeben* • **2.2** *Zeichen von Gefährlichkeit* • **2.2.1** *die ~n zeigen zu erkennen geben, dass man gefährlich, böse, boshaft werden kann;* warte nur, bis sie die *~n* zeigt!

krallen ⟨V. 511⟩ **1** ⟨Vr 3⟩ *ein Tier* krallt **sich an etwas** *hält sich mit den Krallen an etwas fest;* die Katze krallte sich am Stamm des Baumes fest **2** ⟨Vr 3⟩ **sich an jmdn.** od. **etwas ~** *sich mit den Fingern krampfhaft an jmdm. od. etwas festhalten;* er krallte sich ans Geländer **3** die **Finger n, um etwas ~** *die F. krampfhaft in etwas bohren (um Halt zu finden) od. fest um etwas schließen;* sie krallte die Finger in seinen Ärmel; er krallte vor Schmerz die Finger in den Sand; seine Finger krallten sich um das Seil

Kram ⟨m.; -s; unz.⟩ **1** *Gegenstände von geringem Wert, Gerümpel, Plunder, unnützes Zeug;* ich will den ganzen *~* verkaufen; alter *~;* wohin soll ich mit all dem *~,* mit dem ganzen *~?* **2** *Habseligkeiten, Sachen;* lass deinen *~* nicht überall herumliegen; pack deinen *~* zusammen und komm mit!; seinen *~* in Ordnung halten ⟨a. fig.⟩ **3** ⟨fig.; umg.⟩ *(unwichtige) Angelegenheit, Sache;* was hast du denn noch zu tun? Ach, nur so *~!* • **3.1** den (ganzen) *~* **passt** ihm nicht **in** den *~ das passt ihm nicht, stört seine Pläne, kommt ihm ungelegen* • **3.2** den (ganzen) *~* **hinwerfen,** hinschmeißen

(wollen) *mit einer Arbeit aufhören, von einer Verpflichtung zurücktreten (wollen)* • **3.3** ich **habe** den *~* **satt** *ich habe alles, die Sache, die Arbeit, die Angelegenheit satt* **4** ⟨fig.⟩ *Umstände, Aufhebens;* mach nicht so viel *~!* ⟨umg.⟩ **5** *des* **Schlachtviehs** *Eingeweide*

kramen ⟨V. 410⟩ **1** *sich mit etwas zu schaffen machen* **2** ⟨umg.; schweiz.⟩ *kleine Einkäufe machen, Kleinigkeiten besorgen* **3 in etwas ~** *herumsuchen, stöbern;* in alten Papieren, alten Sachen *~*

Krämer ⟨m.; -s, -⟩ **1** *Kleinhändler, Lebensmittelhändler mit sehr kleinem Laden* • **1.1** jeder **~** lobt seine Ware ⟨fig.; umg.⟩ *auf Eigenlob kann man nichts geben* **2** ⟨fig.; umg.⟩ *kleinlicher, engstirniger Mensch*

Krampe ⟨f.; -, -n⟩ *U-förmig gebogener Haken mit spitzen Enden zum Befestigen von Draht, Ketten usw.;* oV *Krampen*

Krampen ⟨m.; -s, -⟩ = *Krampe*

Krampf ⟨m.; -(e)s, Krämpfe⟩ **1** *unwillkürliche, zuweilen schmerzhafte Zusammenziehung der Muskeln;* Magen~, Muskel~, Waden~ **2** ⟨unz.; fig.; umg.⟩ *übertriebener Eifer, übertriebenes Getue;* so ein *~!;* das ist doch alles *~!* **3** ⟨umg.; schweiz.⟩ *harte, aufreibende Arbeit, Mühe;* heute haben wir einen *~* gehabt

krampfen ⟨V.⟩ **1** ⟨500/Vr 3⟩ **sich ~** *sich im Krampf zusammenziehen;* sein Magen krampfte sich vor Schmerzen • **1.1** ⟨511/Vr 7⟩ **etwas in etwas ~** *etwas, sich in etwas hineinbohren u. sich daran anklammern;* sie krampfte die Finger in seinen Ärmel **2** ⟨511/Vr 7⟩ **etwas um etwas ~** *etwas fest, heftig um etwas schließen u. sich daran festhalten;* die Finger, Hände um etwas *~;* er krampfte die Finger, Hände um das Seil, um die Armlehnen seines Stuhls **3** ⟨400; umg.; schweiz.⟩ *hart, aufreibend arbeiten*

krampfhaft ⟨Adj.⟩ **1** *wie im Krampf befindlich, krampfartig;* ~e Zuckungen **2** ⟨fig.⟩ *mit großer Mühe, heftig, verbissen, angestrengt;* er bemühte sich *~,* ernst zu bleiben; er versuchte *~,* sich an dem Ast hochzuziehen; sich *~* an etwas festhalten, klammern

krampfstillend ⟨Adj.⟩ *Verkrampfungen lösend;* ein *~es* Mittel

Krampus ⟨m.; -ses, -se; bair.; österr.⟩ *Begleiter des hl. Nikolaus, Knecht Ruprecht*

Kran ⟨m.; -(e)s, Kräne od. -e⟩ **1** *Maschine zum Heben, Versetzen u. Senken von Lasten;* fahrbarer, schwimmender *~* **2** ⟨norddt.⟩ *Hahn, Zapfen*

Kranich ⟨m.; -s, -e; Zool.⟩ **1** *einer Familie der Kranichartigen angehörender großer, langbeiniger Vogel, der sich in Sumpfgebieten von Pflanzen ernährt: Gruidae* • **1.1 Grauer ~** *einheimische, paarweise lebende Art aus der Familie der Kraniche: Grus grus*

krank ⟨Adj. 22⟩ **1** *eine organische od. funktionelle Störung der Gesundheit erleidend, in der Gesundheit beeinträchtigt;* geistes~, gemüts~, herz~, lungen~; sich *~* fühlen; gefährlich *~* sein; auf den Tod *~* sein; im Bett liegen • **1.1 ~ werden** *erkranken* • **1.2** sich *~* **stellen** *sich zum Schein wie jmd., der in der Gesundheit beeinträchtigt ist, verhalten* • **1.3** jmdm. **zureden** wie einem *~en* **Gaul** *lange Zeit (aber vergeblich) zureden* **2** ⟨fig.⟩ *seelisch leidend;* heimweh~;

~ vor Sehnsucht sein **3** ⟨70⟩ ~es **Wild** ⟨Jägerspr.⟩ *angeschossenes, verwundetes W.*

Kran|ke(r) ⟨f. 2 (m. 1)⟩ *jmd., der krank ist*

krän|keln ⟨V. 400⟩ *häufig od. ständig leicht krank sein, nie völlig gesund sein*

kran|ken ⟨V. 800⟩ **1 an etwas ~** *an etwas (für längere Zeit) erkrankt sein, leiden;* sie krankt an Leukämie **2 etwas** krankt **an etwas** *der Fehler von etwas liegt an etwas, etwas wird durch etwas beeinträchtigt;* die ganze Arbeit krankt an mangelnder Vorbereitung

krän|ken ⟨V. 500⟩ **1** ⟨Vr 8⟩ **jmdn. ~** *jmdn. demütigen, jmdn. in seiner Ehre, seinem Selbstgefühl verletzen, jmds. Gefühle verletzen;* es kränkt mich, dass du nie zu mir gekommen bist; verzeihen Sie, ich wollte Sie nicht ~! **2** ⟨550/Vr 3⟩ **sich über jmdn.** od. **etwas ~** *Kummer haben, sich härmen, verletzt sein über;* sie kränkt sich über seinen Mangel an Verständnis

Kran|ken|haus ⟨n.; -es, -häu|ser⟩ *Gebäude zur Aufnahme u. ärztlichen Betreuung von Kranken;* jmdn. ins ~ bringen; im ~ liegen; er muss sofort ins ~

Kran|ken|kas|se ⟨f.; -, -n⟩ *Träger der Krankenversicherung*

Kran|ken|pfle|ge ⟨f.; -, -n⟩ *Pflege u. ärztliche Betreuung kranker Menschen;* häusliche, private ~

Kran|ken|pfle|ger ⟨m.; -s, -; Berufsbez.⟩ *männliche Person, die beruflich in der Krankenpflege tätig ist*

Kran|ken|schwes|ter ⟨f.; -, -n; Berufsbez.⟩ *weibliche Person, die beruflich in der Krankenpflege tätig ist;* Ausbildung zur ~

Kran|ken|ver|si|che|rung ⟨f.; -, -en⟩ **1** *Versicherung für den Fall einer Krankheit u. die Kosten für eine ärztliche Behandlung sowie den damit verbundenen Arbeits- u. Einkommensausfall* **2** *Unternehmen, das Krankenversicherungen (1) abschließt;* gesetzliche ~; eine private ~

Kran|ken|wa|gen ⟨m.; -s, -⟩ *mit medizinischen Geräten ausgestatteter Kraftwagen für den Transport u. die Versorgung von Kranken;* Sy Ambulanz (2)

krank|haft ⟨Adj. 24⟩ **1** *durch Krankheit verursacht;* ~e Vergrößerung eines Organs **2** ⟨fig.⟩ *übertrieben heftig;* ein ~er Trieb; ~e Eifersucht

Krank|heit ⟨f.; -, -en⟩ **1** *organische od. funktionelle Störung der Gesundheit;* Geistes~; Gemüts~; Herz~; ~en des Leibes und der Seele; eine ~ bekämpfen, heilen; eine ~ durchmachen; ansteckende ~; gefährliche, leichte, schwere, tödliche ~; Facharzt für innere ~en; an einer ~ leiden; er ist nach langer ~ gestorben; von einer ~ befallen werden; von einer ~ genesen, gesunden; welche ~en haben Sie als Kind durchgemacht?; eine ~ vortäuschen; ~ vorschützen (um irgendetwas nicht tun zu müssen) **2** ⟨fig.⟩ *Übel;* eine ~ der Zeit

krank|la|chen ⟨V. 500/Vr 3; umg.⟩ **sich ~** *heftig, ausdauernd lachen;* er hat sich über den Witz (halb) krankgelacht

kränk|lich ⟨Adj.⟩ *ständig leicht krank, kränkelnd*

krank|ma|chen *auch:* **krank ma|chen** ⟨V. 500⟩ **I** ⟨Zusammen- u. Getrenntschreibung⟩ *eine Krankheit verursachen, bewirken, auslösen;* der Lärm wird mich krankmachen / krank machen; das macht mich krank! ⟨fig.; umg.⟩ *das macht mich nervös, verrückt, fickerig* **II** ⟨nur Zusammenschreibung; umg.⟩ *sich krankmelden u. Krankengeld beziehen, ohne ernstlich krank zu sein;* sie hat gestern krankgemacht

krank|mel|den ⟨V. 500/Vr 7⟩ *dem Arbeitgeber per ärztlicher Bescheinigung anzeigen, dass man erkrankt ist u. daher nicht zum Dienst erscheinen kann;* sich für zwei Wochen ~

krank|schrei|ben ⟨V. 230/500⟩ **jmdn. ~** *jmds. Kranksein u. seine Arbeitsunfähigkeit schriftlich bescheinigen;* der Arzt hat ihn für eine Woche krankgeschrieben

Krän|kung ⟨f.; -, -en⟩ *das Kränken, Demütigung, Verletzung von jmds. Gefühlen*

Kranz ⟨m.; -es, Krän|ze⟩ **1** *zusammengebundene, -gewundene od. -gefädelte Gegenstände (Pflanzen, meist Blumen, Früchte), die als Schmuck, Auszeichnung od. dem Gedenken Verstorbener dienen;* Blumen~, Lorbeer~, Sieger~; einen ~ binden, winden; ein ~ von Vergissmeinnicht; einen ~ auf dem Kopf tragen; dem Sieger den ~ überreichen; den Hinterbliebenen einen ~ schicken (als Zeichen des Beileids); das Grab, der Sarg war mit vielen Kränzen geschmückt; Wirtshaus „Zum grünen ~(e)" • **1.1** ein **~ Feigen** *zu einem Kranz (1) zusammengebundene, getrocknete F.* **2** *etwas, das etwas od. jmdn. kranz-, kreis-, ringförmig umgibt;* Strahlen~; ein ~ junger Mädchen scharte sich um den jungen Hund **3** *etwas, das in der Form an einen Kranz (1) erinnert;* das Haar flechten und zum ~ aufstecken • **3.1** *trockener Hefekuchen in Form eines Kranzes (1)* **4** ⟨fig.⟩ • **4.1** *das kommt nicht in die Kränze* ⟨umg.; schweiz.⟩ *das hat keine Aussicht auf Erfolg bzw. auf eine erfolgreiche Verwirklichung* • **4.2** *er kommt in die Kränze* ⟨umg.; schweiz.⟩ *er kommt in die engere Auswahl, ist unter den Anwärtern auf den Sieg* • **4.3** wenn du das tust, kannst du dir gleich einen ~ schicken lassen! ⟨umg.⟩ *dann setzt du dein Leben aufs Spiel (und andere werden dir einen Trauerkranz schicken)*

Krap|fen ⟨m.; -s, -⟩ *kugelförmiges Schmalzgebäck, Berliner (Pfannkuchen);* oV ⟨mitteldt.⟩ *Kräppel;* Fastnachts~

Kräp|pel ⟨m.; -s, -⟩ = Krapfen

krass ⟨Adj.⟩ **1** *sehr stark, überdeutlich, grob;* ein ~ser Gegensatz • **1.1** das ist wirklich ~! ⟨umg.⟩ *unerhört, dreist* **2** *schlimm, schrecklich, schwer wiegend;* ein ~er Fall von Eigennutz **3** *extrem, schonungslos;* eine ~e Ausdrucksweise; einen ~en Standpunkt einnehmen **4** ⟨Jugendspr.⟩ *gut*

Kra|ter ⟨m.; -s, -⟩ *trichterförmige Öffnung eines Vulkans*

Kratz|bürs|te ⟨f.; -, -n⟩ **1** *Drahtbürste* **2** ⟨fig.; umg.; scherzh.⟩ *widerspenstige, unfreundliche (weibliche) Person*

Krat|ze ⟨f.; -, -n⟩ **1** *Werkzeug zum Kratzen, Kratzeisen* **2** ⟨Bgb.⟩ *an einem Holzstiel befestigtes, dreieckiges Stahlblech zum Wegkratzen von gesprengtem Mineral od. Gestein* **3** ⟨Spinnerei⟩ *mit Häkchen aus Stahldraht besetzte Leiste*

Krät|ze[1] ⟨f.; -, -n; süddt.⟩ *Rückenkorb, Tragestell*

Krätze

Krät|ze² ⟨f.; -; unz.⟩ **1** *durch Milben, die sich in die Haut einbohren, hervorgerufene, juckende Hautkrankheit des Menschen: Scabies* **2** ⟨Vet.⟩ = *Räude (1)*

krat|zen ⟨V.⟩ **1** ⟨402⟩ (etwas) ~ *mit rauem, spitzem od. scharfem Gegenstand, Kralle od. Fingernagel reiben, schaben od. ritzen; sie kratzte und biss, um sich von ihm zu befreien; die Katze hat mich in die Hand gekratzt; die Wolle kratzt auf der Haut; der Hund kratzt im Sand, in der Erde; einen Fleck von der Wand* ~; *Schmutz von den Schuhen* ~; *Zeichen in eine Wand* ~ • 1.1 *sich den* **Bart** ~ *(lassen)* ⟨fig.; umg.; scherzh.⟩ *sich rasieren (lassen)* • 1.2 ⟨411⟩ *der Rauch kratzt (mich) im Hals reizt die Schleimhäute* • 1.3 **Wolle** ~ *kardieren, Faserflocken mit einer mit Stahldrahthäkchen besetzten Leiste in einzelne Fasern auflösen* **2** ⟨400⟩ *ein unangenehmes Geräusch verursachen beim Kratzen (1); der Hund kratzt an der Tür (weil er hereinmöchte); die Schreibfeder kratzt (auf dem Papier)* • 2.1 ⟨411⟩ *auf der* **Geige** ~ ⟨fig.; umg.; scherzh.⟩ *sehr schlecht spielen* **3** ⟨500/Vr 3⟩ *sich* ~ *einen Juckreiz (bes. mit den Fingernägeln) befriedigen; sich hinter den Ohren* ~ *(als Geste der Verlegenheit od. des Nachdenkens)* **4** ⟨500/Vr 3⟩ **4.1** *wen es juckt, der kratze sich jeder soll sagen, was ihm fehlt, was er braucht, man muss sich melden, wenn einem etwas nicht passt*

Krat|zer ⟨m.; -s, -⟩ **1** *Kratzwunde, kleine Schürfwunde* **2** *Schramme (in einer glatten Oberfläche);* ~ *im Lack*

Kratz|fuß ⟨m.; -es, -füße⟩ **1** ⟨urspr.⟩ *tiefe, höfische Verbeugung, bei der ein Fuß von vorn nach hinten gezogen wird* **2** ⟨heute fig.; scherzh.⟩ *höfliche Verbeugung, einen* ~ *machen*

krau|len¹ ⟨V. 400⟩ *im Kraulstil schwimmen*

krau|len² ⟨V. 500⟩ *jmdn. od.* **ein Tier** ~ *mit leichten Kratzbewegungen streicheln, massieren streicheln*

Kraul|stil ⟨m.; -(e)s; unz.; Sp.⟩ *Schwimmstil, bei dem die Arme abwechselnd über den Kopf u. durch das Wasser gezogen werden*

kraus ⟨Adj.⟩ **1** ~*es Haar sehr eng gelocktes, eng geringeltes H.* **2** ~*e* **Stirn** *faltige, runzlige S.* **3** ~*e* **Gedanken,** *Reden* ⟨fig.⟩ *wirre, ungeordnete, absonderliche G., R.*

Krau|se ⟨f.; -, -n⟩ **1** *in enge Falten gelegter Kragen; Hals*~, *Hemd*~ **2** ⟨unz.; umg.⟩ *Dauerwelle, künstlich krause Beschaffenheit (des Haars)*

kräu|seln ⟨V. 500⟩ **1** *Haar* ~ *in enge Locken drehen* • 1.1 ⟨Vr 3⟩ *Haar kräuselt sich lockt sich eng, ringelt sich* **2** *Stoff* ~ *fälteln* **3** *die* **Stirne** ~ *runzeln* **4** *der Wind kräuselt das Wasser bewegt es zu kleinen Wellen* **5** *die* **Lippen** *(zu einem* **spöttischen Lächeln**) ~ *verziehen, hochziehen*

krau|sen ⟨V. 500⟩ **1** *etwas* ~ *krausmachen, kräuseln; Haar (durch Dauerwelle)* ~; *gekrauster Rock* **2** *die* **Stirn** ~ *runzeln*

kraus|zie|hen ⟨V. 293/500⟩ *runzeln, zu Falten zusammenziehen; die Stirn* ~

Kraut¹ ⟨n.; -(e)s, Kräu|ter⟩ **1** *die nicht der menschlichen Ernährung dienenden oberirdischen Teile mancher Nutzpflanzen; Kartoffel*~, *Spargel*~; *das* ~ *entfernen* **2** ⟨unz.⟩ *Kohl; Rot*~, *Sauer*~, *Weiß*~; *Bratwürste mit* ~ **3** *sirupartig eingedickter pflanzlicher Saft aus gekochten u. bis zur Breikonsistenz eingedampften u. dann ausgepressten Rüben, Äpfeln, Birnen u. a. Obst; Rüben*~ **4** ⟨kurz für⟩ *Heilkraut, Würzkraut, Heilmittel; Kräuter sammeln* • 4.1 *dagegen ist kein* ~ *gewachsen* ⟨fig.⟩ *dagegen gibt es kein Heilmittel* **5** ⟨abwertend; umg.⟩ *Tabak; ein billiges* ~ *rauchen* **6 Missbräuche,** Unarten **schießen ins** ~ ⟨fig.⟩ *M., U. wachsen unkontrolliert, entwickeln sich ungehemmt u. zu stark* • 6.1 *es liegt alles* **wie** ~ *und* **Rüben** *durcheinander* ⟨umg.⟩ *bunt durcheinander* **7** *einjähriges, mehrjähriges* ~ ⟨Bot.⟩ *unverholzte Pflanze, die am Ende der Vegetationsperiode entweder von einmaliger Blüten- u. Fruchtbildung ganz od. bis auf ihre unterirdischen Teile abstirbt* • 7.1 *die oberirdischen, nie verholzenden Teile von Kräutern u. Halbsträuchern, die am Ende der Vegetationsperiode absterben*

Kraut² ⟨m.; -s; unz.; nddt.; Sammelbez. für⟩ *Krabben, Garnelen*

Kra|wall ⟨m.; -s, -e⟩ **1** ⟨umg.⟩ *Aufruhr; die* ~*e dauern noch an; auf der Straße brachen* ~*e aus* **2** ⟨unz.⟩ *Lärm, Streit, Unruhe; einen* ~ *machen; der* ~ *ist unerträglich*

Kra|wat|te ⟨f.; -, -n⟩ **1** *unter dem Hemdkragen befestigtes schmückendes Halstuch od. breites Band; Sy Schlips, Binder (3)* **2** *schmaler Pelzkragen* **3** ⟨Ringen⟩ *am Kinn angesetzter zangenartiger Griff um den Kopf*

Kra|xe ⟨f.; -, -n; bair.; österr.⟩ = *Krätze¹*

kra|xeln ⟨V. 400(s.); umg.; bes. süddt.; österr.⟩ ⟨mühevoll⟩ *bergauf klettern; wir sind auf den Berg gekraxelt*

Kre|a|ti|on ⟨f.; -, -en⟩ **1** *künstlerische Schöpfung, Gestaltung* • 1.1 ⟨bes.⟩ *Modeschöpfung, Modell; die neuesten* ~*en der Frühjahrsmode*

kre|a|tiv ⟨Adj.⟩ *(künstlerisch) gestaltend, schaffend, schöpferisch, einfallsreich; ein* ~*er Mensch*

Kre|a|tur ⟨f.; -, -en⟩ = *Geschöpf (1-2)*

Krebs¹ ⟨m.; -es, -e⟩ **1** ⟨Zool.⟩ *Angehöriger eines Unterstammes u. einer Klasse der Gliederfüßer, vorwiegend im Wasser lebend, mit 2 Paar Kopffühlern, zahlreichen Beinpaaren, Kiemenatmung u. einem Körper, der aus einer unterschiedlichen Anzahl von Körpersegmenten gebildet ist: Crustacea; die Kleinkrebse od. niederen* ~*e, die Großkrebse od. höheren* ~*e;* ~*e im Fluss fischen; von der Sonne rot wie ein* ~ *sein* **2** ⟨nur Pl.⟩ *Stamm der Gliederfüßer (Arthropoda)* **3** *Brustharnisch (nach der Ähnlichkeit mit der Krebsschale)* **4** ⟨Astron.⟩ *Sternbild des nördlichen Himmels: Cancer*

Krebs² ⟨m.; -es, -e⟩ **1** ⟨Biol.; Med.⟩ *bösartige Geschwulstbildung des menschlichen u. tierischen Gewebes, Karzinom* **2** ⟨Bot.⟩ *zahlreiche Fälle pathologischer Gewebewucherungen, die meist parasitäre Ursachen haben* **3** ⟨Getrennt- u. Zusammenschreibung⟩ • 3.1 ~ *erregend* = *krebserregend*

kreb|sen ⟨V. 400⟩ **1** *Krebse fangen* **2** ⟨(s.); fig.; umg.⟩ *mühsam klettern od. kriechen* **3** ⟨fig.⟩ *sich abmühen, anstrengen*

krebs|er|re|gend *auch:* **Krebs er|re|gend** ⟨Adj. 24⟩ *eine Erkrankung an Krebs² auslösend, verursachend;* ~*e Chemikalien, Stoffe, Materialien*

kre|den|zen ⟨V. 500; poet.; scherzh.⟩ etwas ~ *darreichen, anbieten;* einen hervorragenden Wein ~

Kre|dit[1] ⟨m.; -(e)s, -e⟩ **1** *Geldmittel, die jmdm. vorübergehend überlassen werden, Darlehen eines Kreditinstituts;* bei der Bank einen ~ aufnehmen • **1.1** jmdm. ~ geben *ohne sofortige Bezahlung Waren überlassen* • **1.2 auf** ~ kaufen *ohne sofortige Bezahlung* **2** *Vertrauen, dass jmd. einen Kredit (1) ordnungsgemäß zurückzahlen kann u. will* **3** *Vertrauenswürdigkeit;* seinen ~ aufbrauchen, verspielen (bei jmdm.)

Kre|dit[2] ⟨n.; -s, -s; Buchführung⟩ *die rechte Seite des Kontos*

Kre|dit|kar|te ⟨f.; -, -n⟩ *für den bargeldlosen Zahlungsverkehr bestimmte (Kunststoff-)Karte, die den Inhaber als zahlungsfähig ausweist;* mit, per ~ bezahlen

Kre|do ⟨n.; -s, -s⟩ oV *Credo* **1** *das Apostolische Glaubensbekenntnis* • **1.1** *Teil der kath. Messe, der das Kredo (1) enthält* **2** ⟨allg.; geh.⟩ *Glaubensbekenntnis, grundlegende Überzeugung;* gesellschaftspolitische Betätigung ist sein ~

Krei|de ⟨f.; -, -n⟩ **1** ⟨unz.⟩ *aus den Schalen fossiler Tiere entstandener, feinerdiger, weißfärbender Kalkstein;* ~ abbauen **2** *Stift aus Kreide (1), mit dem man auf Schiefertafeln od. auf Stoff schreibt od. zeichnet;* etwas mit ~ an die Wandtafel schreiben **3** ~ gefressen haben ⟨fig.⟩ *sich nach außen hin völlig harmlos geben* **4** bei jmdm. tief **in** der ~ sitzen ⟨fig.⟩ *stark verschuldet sein (weil früher im Gasthaus u. beim Kaufmann die Schulden mit Kreide auf eine Tafel geschrieben, d. h. angekreidet wurden)* **5** ⟨Geol.⟩ *zwischen Jura u. Tertiär liegende jüngste Formation des Erdmittelalters (Mesozoikums)*

krei|ie|ren ⟨V. 500⟩ etwas ~ *(künstlerisch) erzeugen, erschaffen, schöpfen, gestalten;* eine neue Mode, einen neuen Stil ~

Kreis ⟨m.; -es, -e⟩ **1** *geschlossene ebene Kurve, deren Punkte alle den gleichen Abstand vom Mittelpunkt haben;* einen ~ ziehen **2** *das vom Kreis Eingeschlossene, Kreisfläche;* im Innern des ~es befindlich **3** *(runde) Linie, die sich schließt;* →a. *Ring;* mit den Armen einen ~ beschreiben; einen ~ um jmdn. od. etwas schließen; die Kinder liefen, tanzten im ~ herum; im ~ um jmdn. oder etwas herumgehen, -stehen; sich im ~ um etwas od. jmdn. setzen; sich im ~(e) drehen; die Kinder bildeten einen ~; am Himmel zog ein Raubvogel seine ~e **3.1** wir sind **im ~ gegangen** *wieder dort angekommen, wo wir aufgebrochen waren* **4** *durch gemeinsame Interessen od. durch denselben sozialen Status verbundene Gruppe von Personen;* Sy *Zirkel (3);* Freundes~, Arbeits~, Sing~; ein fröhlicher ~ junger Leute; wie aus unterrichteten ~en bekannt wurde ... • **4.1 im** ~ der **Freunde** *unter Freunden* • **4.2 im** ~ der **Familie** *innerhalb der F.* • **4.3 in** meinen ~en *bei den Menschen, mit denen ich verkehre* • **4.4** in politischen ~en *unter Politikern* **5** *Bereich, Bezirk;* Licht~, Wirkungs~ • **5.1** störe meine ~e nicht! ⟨fig.⟩ *angeblicher Ausspruch des Archimedes zu einem römischen Soldaten, der in sein Haus eindrang: „Noli turbare circulos meos!"* • **5.2** *Anzahl von Sagen, die denselben Ort, dieselben Personen od. dasselbe Ereignis zum Thema haben;* Sagen~ **6** *der Gemeinde übergeordnete Verwaltungseinheit;* Land~; →a. *Stromkreis*

krei|schen ⟨V. 172/400⟩ **1** Vögel ~ *schreien schrill, misstönend;* Papageien, Häher ~ **2** Räder ~ *quietschen* **3** jmd. kreischt *schreit wütend, mit sich überschlagender Stimme od. schimpft;* „...!", kreischte sie

Krei|sel ⟨m.; -s, -⟩ **1** *gleichmäßig um eine Achse gebauter u. um diese drehbarer Körper (als technische Vorrichtung od. als Spielzeug)* **2** *Verkehrsknoten, in dem sich der Verkehr kreisförmig in einer Richtung bewegt, Kreisverkehr;* den ~ verlassen

krei|seln ⟨V. 400⟩ **1** *mit einem Kreisel spielen (indem man ihn mit einer Peitsche schlägt u. in Drehbewegung erhält)* **2** *sich um die eigene Achse drehen*

krei|sen ⟨V. 410⟩ **1** ⟨(s.)⟩ *sich im Kreise (um etwas) bewegen;* ein Flugzeug kreist über der Stadt; die Erde kreist um die Sonne; die Raubvögel kreisten um das verwundete Tier • **1.1** seine Gedanken ~ ständig um sie ⟨fig.⟩ *er denkt ständig an sie* **2** *mit den Armen ~ kreisförmige Bewegungen ausführen (bei der Gymnastik)* **3** ⟨(s.)⟩ einen **Gegenstand** ~ lassen *einen Gegenstand in der Runde herumgehen lassen*

Kreis|lauf ⟨m.; -(e)s, -läu|fe⟩ **1** *Kreisbewegung, zum Ausgangspunkt zurückkehrende Bewegung;* der ewige ~ des Lebens, der Natur ⟨fig.⟩ **2** ⟨Med.; kurz für⟩ *Blutkreislauf*

Kreis|lauf|stö|rung ⟨f.; -, -en; Med.⟩ *eine Reihe von Symptomen, wie Herzschwäche, Versagen der Gefäßnerven, Unregelmäßigkeit des Blutdrucks, Ohnmachten, Wallungen u. örtliche Durchblutungsstörungen, die mit Unregelmäßigkeiten im Blutkreislauf verbunden sind*

krei|ßen ⟨V. 400; Med.⟩ *in Geburtswehen liegen;* →a. *Berg (1.6)*

Kreiß|saal ⟨m.; -(e)s, -sä|le; Med.⟩ *Raum zur Entbindung (im Krankenhaus)*

Krem ⟨f.; -, -s⟩ = *Creme*

Kre|ma|to|ri|um ⟨n.; -s, -ri|en⟩ *Anlage zur Feuerbestattung*

Kre|me ⟨f.; -, -s⟩ = *Creme*

Krem|pe ⟨f.; -, -n⟩ *Hutrand*

Krem|pel[1] ⟨m.; -s; unz.⟩ *Kram, wertloses Zeug, Plunder*

Krem|pel[2] ⟨f.; -, -n; Spinnerei⟩ *Maschine zum Auflösen des Fasergutes bis zur Einzelfaser, zum Ausrichten der Fasern u. Ausscheiden von kurzen Fasern u. Verunreinigungen*

Kren ⟨m.; -s; unz.; österr.⟩ = *Meerrettich*

Kren|gel ⟨m.; -s, -; regional; Nebenform von⟩ *Kringel*

kre|pie|ren ⟨V. 400(s.)⟩ **1** Sprengkörper ~ *platzen, bersten* **2** Lebewesen ~ ⟨umg.⟩ *verenden, sterben;* sie haben die Verwundeten einfach ~ lassen ⟨derb⟩

Krepp ⟨m.; -s, -s od. -e; Textilw.⟩ *krauses od. genarbtes Gewebe mit rauem Griff;* oV *Crêpe*

Krepp|pa|pier ⟨n.; -s; unz.⟩ *leicht gekräuseltes, in unregelmäßige Querfalten gelegtes Papier*

Kres|se ⟨f.; -, -n; Bot.⟩ *Gattung der Kreuzblütler mit verschiedenen Salat- u. Gewürzpflanzen: Lepidium;* Kapuziner~, Brunnen~

kreuz ⟨Adv.; nur in der Wendung⟩ ~ und quer *planlos*

Kreuz

hin u. her, durcheinander; ~ und quer laufen; alles liegt ~ und quer

Kreuz ⟨n.; -es, -e⟩ **1** Zeichen od. Gebilde aus zwei sich (rechtwinklig od. schräg) schneidenden Balken od. Strichen; ein ~ zeichnen, basteln • **1.1** zwei Gegenstände **über(s)** ~ **legen** rechtwinklig od. schräg übereinanderlegen • **1.2** mit jmdm. **über(s)** ~ **sein** sich mit jmdm. gezankt haben, in gespannter Beziehung mit jmdm. stehen **2** etwas, das äußerlich in irgendeiner Weise an ein Kreuz (1) erinnert; Faden~, Fenster~ • **2.1** ⟨nur zusammen mit Ortsangabe⟩ Kreuzung zweier Autobahnen; Autobahn~; Frankfurter, Homburger ~ • **2.2** ~ **des Südens** ⟨Astron.⟩ ein Sternbild des südlichen Himmels • **2.3 in** die ~ und (**in die**) Quer ohne Ziel • **2.3.1** die ~ und die Quere laufen, fahren planlos od. aus Unkenntnis hin u. her laufen, fahren **3** Rücken, unterer Teil des Rückens; Schmerzen im ~ haben • **3.1** jmdn. **aufs** ~ **legen** ⟨umg.⟩ **3.1.1** rücklings umwerfen • **3.1.2** ⟨fig.⟩ übertölpeln, überlisten, betrügen • **3.2** aufs ~ fallen ⟨umg.⟩ aufs Hinterteil fallen, stürzen **4** Kreuz (1) als Zeichen vieler Orden, Auszeichnungen od. Organisationen; das Bundesverdienst~; das ~ der Ehrenlegion; →a. rot (1.14) **5** Kreuz (1) als religiöses Symbol **6** aus Balken gefügtes Kreuz (1), an das Menschen gebunden od. genagelt werden, um sie zu foltern od. hinzurichten • **6.1** jmdn. **ans** ~ **schlagen** hinrichten, kreuzigen • **6.2** am ~ **sterben** gekreuzigt werden • **6.3** Kreuz (5) als christliches Symbol; ein ~ schlagen; das Zeichen des ~es machen • **6.3.1** das ~ **predigen** ⟨veraltet; fig.⟩ zum Kreuzzug aufrufen • **6.3.2** das ~ **nehmen** ⟨veraltet; fig.⟩ auf den Kreuzzug gehen • **6.3.3** zu ~e **kriechen** ⟨a. fig.; umg.⟩ demütig um Verzeihung bitten **7** ⟨†⟩ Zeichen für „gestorben" od. „veraltet"; ein ~ hinter jmds. Namen setzen (zum Zeichen, dass er gestorben ist) **8** ⟨fig.⟩ • **8.1** Unglück, Mühsal, Last • **8.1.1** es **ist ein** ~! ⟨umg.⟩ es ist wirklich eine Last! • **8.2** Kummer, Leid • **8.2.1** sein ~ **tragen** (od.) auf sich nehmen sein Leid tapfer ertragen, auf sich nehmen • **8.3** jmdm. **Geld aus** dem ~ **leiern** ⟨umg.; scherzh.⟩ jmdm. durch Bitten, Mahnungen usw. Geld abnehmen **9** ⟨Kart.⟩ durch ein schwarzes stilisiertes Kreuz (1) symbolisierte Spielkartenfarbe; ~ ist Trumpf **10** ⟨Mus.; Zeichen: #⟩ Notenschriftzeichen für die chromat. Erhöhung eines Tones um einen Halbton

Kreuz|bein ⟨n.; -(e)s, -e; Anat.⟩ beim Menschen aus fünf Wirbelkörpern verschmolzener Teil der Wirbelsäule, der als einheitlicher Knochen mit den beiden Darmbeinen der Beckengürtel bildet: Os sacrum

Kreuz|blüt|ler ⟨m.; -s, -; Bot.⟩ Pflanzenfamilie mit kreuzförmig angelegter Blüte: Cruciferae

kreu|zen ⟨V. 500⟩ **1** etwas ~ über(s) Kreuz legen, kreuzförmig legen; die Arme ~; mit gekreuzten Armen dastehen; mit gekreuzten Beinen sitzen **2** eine Straße, einen **Weg** ~ durchschneiden, überqueren **3** ⟨Vr 4⟩ **Linien, Bahnlinien, Straßen** ~ **sich** durchschneiden, überschneiden sich; die beiden Wege ~ sich hier **4** ⟨Vr 4⟩ **Züge** ~ **sich** fahren etwa im rechten Winkel auf verschiedenen Ebenen aneinander vorüber **5** ⟨fig.⟩ • **5.1** ⟨Vr 4⟩ unsere Briefe haben sich gekreuzt wir haben einander zur gleichen Zeit geschrieben u. den Brief des andern zur gleichen Zeit erhalten • **5.2** er hat meinen Weg mehrmals gekreuzt er ist mir im Leben mehrmals begegnet • **5.3** ⟨Vr 4⟩ unsere Ansichten, Meinungen ~ sich sind verschieden, entgegengesetzt **6 Tiere** ~ ⟨Biol.⟩ zwei Elternteile unterschiedlicher Rasse, Art od. Gattung vereinigen u. Nachkommen hervorbringen lassen • **6.1** ⟨Vr 4⟩ Tierrassen ~ **sich** vermischen sich **7** ⟨400; Mar.⟩ (**vor** dem **Wind**) ~ im Zickzack gegen den W. segeln

Kreu|zer[1] ⟨m.; -s, -; 1300-1900⟩ Münze mit aufgeprägtem Kreuz von wechselndem Wert; im 17. Jh. in Dtschld. 1/60 Gulden bzw. 1/90 Taler

Kreu|zer[2] ⟨m.; -s, -⟩ gepanzertes, schnelles Kriegsschiff

kreu|zi|gen ⟨V. 500⟩ jmdn. ~ ans Kreuz schlagen u. dort sterben lassen

Kreuz|spin|ne ⟨f.; -, -n; Zool.⟩ zu der Familie der Radnetzspinnen gehörende Spinne mit weißer, kreuzartiger Zeichnung auf dem Rücken des Hinterleibs: Araneus diadematus

Kreu|zung ⟨f.; -, -en⟩ **1** Schnittpunkt zweier od. mehrerer sich kreuzender Verkehrswege; an der ~ halten, rechts abbiegen **2** ~ von **Tieren** od. **Pflanzen** ⟨Biol.⟩ das Kreuzen (6) von T. od. P. **3** Produkt einer Kreuzung (2)

kreuz|wei|se ⟨Adv.⟩ **1** so übereinander, dass ein Kreuz entsteht; zwei Dinge ~ übereinanderlegen; die Hände ~ über die Brust schlagen • **1.1** du kannst mich mal ~ (erg.: am Arsch lecken)! ⟨derb⟩ lass mich in Ruhe, mit dir will ich nichts (mehr) zu tun haben

Kreuz|wort|rät|sel ⟨n.; -s, -⟩ Rätsel, bei dem die zu erratenden Wörter buchstaben- od. silbenweise in senkrecht u. waagerecht sich kreuzende Reihen von Vierecken eingetragen werden müssen; ein ~ lösen

Kreuz|zug ⟨m.; -(e)s, -züge⟩ **1** (i. w. S.) jeder von der katholischen Kirche ausgehende Kriegszug gegen Ungläubige u. Ketzer **2** ⟨nur Pl.; i. e. S.⟩ Kreuzzüge die kriegerischen Unternehmungen der europäischen Christen (vom Ende des 11. Jh. bis zum Anfang des 13. Jh.), die offiziell die Eroberung des Heiligen Landes zum Ziel hatten, in der Folge aber der Machtausdehnung der katholischen Kirche u. gewisser europäischer Staaten und materiellen Interessen dienten **3** ⟨fig.⟩ Unternehmung für eine als gut erachtete Sache; einen ~ für od. gegen etwas führen

krib|beln ⟨V.⟩ **1** ⟨405; unpersönl.⟩ es kribbelt (von **Lebewesen**) L. sind in sehr großer Zahl vorhanden u. bewegen sich schnell u. lebhaft, es wimmelt von L.; es kribbelt nur so von Ameisen; es kribbelt u. krabbelt **2** ⟨402⟩ etwas od. jmd. kribbelt (**jmdn.**) verursacht (bei jmdm.) ein Gefühl wie von vielen winzigen Stichen, juckt, kitzelt, kratzt leicht; die Wolle kribbelt auf der Haut; es kribbelt mir in den Füßen (wenn sie „eingeschlafen" sind) • **2.1** es kribbelt mir in der Nase ich muss niesen **3** ⟨611⟩ es kribbelt mir in den Fingern ⟨fig.⟩ ich verspüre große Lust, etwas zu tun, ich kann mich kaum zurückhalten, etwas nicht zu tun

Kri|cket ⟨n.; -s; unz.; Sp.⟩ Ballspiel zwischen zwei Mannschaften, von denen die Werfer den Ball ins gegnerische Tor zu bringen suchen, während die Schläger den Ball abwehren u. mit dem Schlagholz möglichst weit wegschlagen

Kri|da ⟨f.; -; unz.; österr.⟩ *vorgetäuschte Zahlungsunfähigkeit, Konkursvergehen*

krie|chen ⟨V. 173 (s.)⟩ **1** ⟨400⟩ ein **Tier** kriecht *bewegt sich (auf dem Bauch) am Boden od. dicht am Boden fort; die Schlange, Schnecke kriecht über den Boden* **2** ⟨400⟩ ein **Mensch** kriecht *bewegt sich auf allen vieren, auf Händen u. Füßen bzw. Knien fort; das kleine Kind kriecht durchs Zimmer* **3** ⟨fig.⟩ • **3.1** ⟨400⟩ *sich sehr langsam fortbewegen; der Zug kriecht auf den Berg; die Zeit kriecht* ⟨fig.⟩ • **3.2** ⟨bezeichnet bestimmte Bewegungsarten⟩ • **3.2.1** ⟨411⟩ *durch eine Zaunlücke ~ sich hindurchzwängen* • **3.2.2** *der Vogel kriecht aus dem Ei schlüpft aus dem Ei* • **3.2.3** *ins Bett ~* ⟨umg.⟩ *ins B. gehen, schlüpfen;* →a. *Leim (2)* **4** ⟨800⟩ **vor jmdm.** *~* ⟨fig.⟩ *jmdm. demütig schmeicheln* **5** *~de* **Pflanzen** ⟨Bot.⟩ *P., die sich dicht am Boden ausbreiten* **6** ⟨400; Tech.⟩ *langsam seine Form verändern od. sein Volumen verringern*

Krie|cher ⟨m.; -s, -⟩ **1** ⟨fig.; abwertend⟩ *jmd., der vor einem anderen kriecht, unterwürfiger Schmeichler* **2** *Tier, das sich kriechend fortbewegt*

krie|che|risch ⟨Adj.; abwertend⟩ *sich wie ein Kriecher (1) verhaltend, unterwürfig u. schmeichlerisch*

Krieg ⟨m.; -(e)s, -e⟩ **1** *Zustand der bewaffneten Auseinandersetzung zwischen Staaten, Stämmen od. Volksgruppen; die Sinnlosigkeit der ~e; der ~ ist ausgebrochen; einen ~ gewinnen, verlieren, vom Zaun brechen; der Siebenjährige ~; aus dem ~ heimkehren; in den ~ ziehen; mit jmdm. ~ führen; ~ auf Leben und Tod; mit jmdm. ~ hetzen, rüsten* • **1.1** *einem Staat den ~ erklären offiziell ankündigen, dass man die militärische Auseinandersetzung wünscht* • **1.2** *im ~(e) fallen im Kampf getötet werden* **2** ⟨fig.⟩ *ständiger Kampf, dauernde Feindschaft; Klein~; einer Partei, Bewegung den ~ ansagen; ~ spielen* (Kinder)*; mit jmdm. ~ anfangen* • **2.1** *häuslicher ~ dauernder Streit innerhalb der Familie;* →a. *kalt (3.7)* **3** ⟨Getrennt- u. Zusammenschreibung⟩ • **3.1** *~ führend = kriegführend*

krie|gen ⟨V. 500; umg.⟩ **1** *jmdn. od.* **etwas** *~ bekommen, erhalten, empfangen; Post ~; Prügel ~; einen Schrecken ~; du wirst es (schon) noch zu hören, zu sehen ~; etwas geschenkt ~; jmdn. zu fassen ~* • **1.1** *ein* **Kind** *~ ein K. erwarten, bekommen* • **1.2** *er hat sie doch noch gekriegt zur Freundin, Frau bekommen* **2** *jmdn. ~ erwischen, ergreifen, packen; na warte, wenn ich dich kriege!; ich werde dich schon noch ~* • **2.1** *die Polizei hat den Täter nicht gekriegt nicht gefangen* **3** ⟨Vr 4⟩ *sich* ⟨eigtl. **einander**⟩ *~ ein Paar werden (bes. im Roman, Film usw.); es ist selten, dass sich die Hauptpersonen eines Romans am Ende nicht ~* **4** ⟨fig.⟩ • **4.1** ⟨515⟩ *jmdn. nicht dazu ~* (etwas zu tun) *nicht dazu bringen, nicht von der Notwendigkeit überzeugen können* • **4.2** *das werden wir schon ~! das werden wir schon in Ordnung bringen, erledigen, darüber werden wir uns schon einigen*

krieg|füh|rend *auch:* **Krieg füh|rend** ⟨Adj. 24⟩ *an krie-*

gerischen Auseinandersetzungen beteiligt; die ~en Staaten

Kriegs|beil ⟨n.; -(e)s, -e; bei traditionellen Völkern Sinnbild für⟩ **1** ⟨fig.⟩ *Krieg* • **1.1** *das ~ ausgraben Krieg beginnen* • **1.2** *das ~ begraben* • **1.2.1** *Frieden schließen* • **1.2.2** *sich versöhnen*

Kriegs|fuß ⟨m.; fig.; nur in der Wendung⟩ **1** *mit jmdm. auf ~ stehen in ständigem leichtem Streit, in ständiger Spannung mit jmdm. leben* **2** *mit etwas auf ~ stehen ständig mit etwas zu kämpfen haben, etwas nicht beherrschen*

Kri|mi ⟨m.; -s, -s; umg.; Kurzw. für⟩ **1** *Kriminalroman, Roman um ein Verbrechen u. seine Aufdeckung; sie liest gern ~s* **2** *Kriminalfilm, Film über ein Verbrechen u. seine Aufklärung; sich im Fernsehen einen ~ ansehen*

kri|mi|nal ⟨Adj. 24⟩ *Strafrecht, Strafverfahren, Straftat u. Täter betreffend*

Kri|mi|na|li|tät ⟨f.; -; unz.⟩ **1** *Straffälligkeit, das Straffälligwerden* **2** *Ausmaß, in dem Menschen eines Staates od. einer bestimmten Gruppe straffällig werden*

Kri|mi|nal|kom|mis|sar ⟨m.; -s, -e⟩ *bei der Kriminalpolizei tätiger Kommissar*

Kri|mi|nal|kom|mis|sa|rin ⟨f.; -, -rin|nen⟩ *weibl. Kriminalkommissar*

Kri|mi|nal|po|li|zei ⟨f.; -; unz.⟩ *für die Aufklärung u. Verhinderung von Straftaten zuständiger Zweig der Polizei*

kri|mi|nell ⟨Adj.⟩ **1** *jmd. ist ~ verbrecherisch, straffällig; er hat sich mit Kriminellen eingelassen* **2** *eine* **Tat** *ist ~ strafbar*

Krims|krams ⟨m.; -; unz.; umg.⟩ *Kram, Plunder, wertlose Kleinigkeiten*

Krin|gel ⟨m.; -s, -⟩ **1** *kleiner Kreis, kleiner Bogen, Schnörkel; ~ auf die Zeitung malen* **2** *Krengel, ringförmiges Gebäck, Brezel; Zucker~*

krin|geln ⟨V. 500/Vr 3⟩ **1** *sich ~ sich zu einem Kringel formen, sich ringeln; ihr Haar kringelt sich* **2** ⟨514/Vr 3⟩ *sich ~* **vor Lachen** ⟨fig.; umg.⟩ *sehr lachen, herzlich lachen*

Kri|po ⟨f.; -; unz.; Kurzw. für⟩ *Kriminalpolizei*

Krip|pe ⟨f.; -, -n⟩ **1** *an der Wand od. auf einem Gestell befestigter, zaunartiger Futtertrog für größere Tiere* • **1.1** *an der ~ sitzen* ⟨fig.; umg.⟩ *gut leben, keine Sorgen haben* **2** *figürliche Darstellung der Heiligen Familie mit dem Jesuskind in der Krippe;* Weihnachts~ **3** *Einrichtung zur Unterbringung u. Betreuung von Säuglingen u. Kleinkindern während einiger Stunden am Vormittag od. während des ganzen Tages, Hort;* Kinder~ **4** *Flechtwerk (als Uferbefestigung)* **5** ⟨Astron.⟩ *Sternhaufen im Sternbild des Krebses*

Kri|se ⟨f.; -, -n⟩ **1** ⟨Wirtsch.⟩ *Zustand akuter Schwierigkeiten in der Finanzwirtschaft* • **1.1** *oberer Wendepunkt einer Konjunkturphase als Übergang von wirtschaftlichem Aufschwung zu Depression* **2** ⟨Psych.⟩ *Abschnitt eines psycholog. Entwicklungsprozesses, in dem sich nach einer Zuspitzung der Situation die weitere Entwicklung entscheidet* **3** *= Krisis* **4** ⟨allg.⟩ *schwierige Zeit, Phase der Schwäche; eine (Ehe-)~ durchmachen*

Kri|sis ⟨f.; -, -sen; Med.⟩ oV *Krise (3)* **1** *die Genesung einleitender, schneller Abfall des Fiebers bei Infektionskrankheit* **2** *anfallsweises Auftreten von Krankheitszeichen von besonderer Heftigkeit*

Kris|tall[1] ⟨m.; -s, -e⟩ *von gleichmäßig angeordneten, ebenen Flächen begrenzter Körper, in dem die Atome, Moleküle od. Ionen raumgitterartig angeordnet sind;* ~*e bilden; klar, rein wie ein* ~

Kris|tall[2] ⟨n.; -s; unz.⟩ **1** *sehr reines, geblasenes, geschliffenes Glas, Kristallglas* **2** *Gegenstand aus Kristall*[2] *(1)*

kris|tal|li|sie|ren ⟨V. 402/Vr 3⟩ **Stoffe** ~ (**sich**) *bilden sich zu Kristallen um; der Zucker kristallisiert (sich)*

Kri|te|ri|um ⟨n.; -s, -ri|en⟩ **1** *Kennzeichen, unterscheidendes Merkmal; ein entscheidendes, wichtiges* ~ **2** *Gradmesser, Prüfstein; etwas nach strengen Kriterien beurteilen* **3** ⟨Radsp.⟩ *Radrennen im Rundkurs; Frühjahrs*~ **4** ⟨Skisp.⟩ *Wettrennen mit großer Teilnehmerzahl (im Rahmen einer Wertung für eine Meisterschaft);* ~ *des ersten Schnees*

Kri|tik ⟨a. [-tiːk] f.; -, -en⟩ **1** *wissenschaftliche od. künstlerische Beurteilung; Kunst*~, *Literatur*~, *Musik*~ **2** *wertende Besprechung; Buch*~, *Film*~; ~ *von Büchern, Theaterstücken, Kunstwerken, Konzerten; eine* ~ *über ein Buch, Stück schreiben; eine ausgezeichnete, gute, schlechte* ~; *lobende, tadelnde, scharfe* ~ **3** *Beanstandung, Tadel, Äußerung des Missfallens;* ~ *an etwas od. jmdm. üben; ich verbiete mir jede* ~! • 3.1 *das Buch ist unter aller* ~ *sehr schlecht* **4** ⟨unz.⟩ *Urteilsfähigkeit, Unterscheidungsvermögen* **5** ⟨unz.⟩ *Gesamtheit der Kritiker; die* ~ *war sich darüber einig, dass …*

kri|tisch ⟨Adj.⟩ **1** *gewissenhaft prüfend* • 1.1 ~*e* **Ausgabe** *nach den Methoden der Textkritik bearbeitete A. eines Werkes der Literatur* • 1.2 ~*er* **Apparat** *mit wissenschaftlicher Genauigkeit gegebene Anmerkungen zu einer kritischen Ausgabe od. einem wissenschaftlichen Werk* **2** *streng urteilend; etwas od. jmdn.* ~ *betrachten; einer Sache* ~ *gegenüberstehen; er ist sehr* ~ **3** *entscheidend, eine Wende ankündigend; ein* ~*er Punkt; das* ~*e Stadium einer Krankheit* • 3.1 *das* ~*e* **Alter** • 3.1.1 *die Entwicklungsjahre (von Jugendlichen)* • 3.1.2 *die Wechseljahre (von Erwachsenen)* • 3.1.3 *ein* **Reaktor** *wird* ~ ⟨Kernphysik⟩ *im R. beginnen nukleare Prozesse abzulaufen* **4** *bedrohlich, gefährlich;* ~*er Augenblick; eine* ~*e Situation* **5** ~*e* **Temperatur** *die für jeden Stoff verschiedene T., oberhalb deren sich ein Gas auch bei beliebig hohem Druck nicht mehr verflüssigen lässt*

kri|ti|sie|ren ⟨V.⟩ **1** ⟨500⟩ *etwas wissenschaftliches od. künstlerisches* **Werk** ~ *beurteilen, werten, begutachten; Buch, Theaterstück* ~ • 1.1 *jmdn.* ~ *an jmdm. Kritik üben* **2** ⟨550⟩ *etwas an jmdm. od. etwas* ~ *beanstanden, tadeln; er hat an seiner Vorgehensweise etwas zu* ~

krit|teln ⟨V. 400; umg.; abwertend⟩ *spitzfindig kritisieren, kleinliche Kritik üben*

krit|zeln ⟨V. 402⟩ (**etwas**) ~ **1** *klein u. schlecht leserlich schreiben* **2** *sinnlose Striche u. Schnörkel machen*

Kro|cket ⟨a. [-'-] n.; -s; unz.; Sp.⟩ *Rasenspiel, bei dem die Spieler abwechselnd mit Holzhämmern die Holz-* *bälle durch zehn Tore bis zu einem Zielstab schlagen, wobei nach Zusammenstoß mit einem gegnerischen Ball dieser weggeschlagen (krockiert) werden kann*

Kro|kant ⟨m.; -s; unz.⟩ *Karamellzucker mit Mandel- od. Nussstückchen*

Kro|ket|te ⟨f.; -, -n; Kochk.⟩ *in Fett gebackenes Klößchen aus Kartoffelbrei, Fleisch, Fisch o. Ä.*

Kro|ko|dil ⟨n.; -s, -e; Zool.⟩ **1** *Angehöriges der höchstentwickelten Ordnung der Reptilien, großes, räuberisches, im Wasser lebendes Tier mit in Kieferhöhlen sitzenden Zähnen u. seitlich zusammengedrücktem Ruderschwanz: Crocodylia* **2** ⟨i. e. S.⟩ *Angehöriges einer Familie der Krokodile (1) mit einem bei geschlossenem Maul sichtbaren Unterkieferzahn: Crocodylidae*

Kro|ko|dils|trä|nen ⟨Pl.; fig.⟩ *geheuchelte Tränen;* ~ *weinen, vergießen*

Kro|kus ⟨m.; -, - od. -se; Bot.⟩ *Angehöriger einer Gattung der Schwertliliengewächse, deren im Frühling blühende Arten beliebte Zierpflanzen sind: Crocus*

Kro|ne ⟨f.; -, -n⟩ **1** *auf dem Kopf getragener, verzierter Goldreif mit Zacken (als Zeichen der Würde u. Macht des Herrschers); Grafen*~, *Kaiser*~, *Königs*~ • 1.1 *einem* **Fürsten** *die* ~ **aufsetzen** *einen F. zum Kaiser bzw. König machen, ihm die Herrschaft übergeben*
• 1.2 *die* ~ **niederlegen** *als Herrscher abdanken*
• 1.3 *dem Verdienste seine* ~! (Schiller, „An die Freude") ⟨fig.⟩ *wer etwas geleistet hat, verdient auch Ruhm* **2** ⟨fig.⟩ *Monarch, monarchistische Regierung, Träger der Krone (1); die Haltung, Zustimmung der* ~ **3** *hoher, meist reich verzierter Kopfschmuck od. Kranz; Braut*~ **4** *oberer od. oben aufgesetzter Teil von etwas; Mauer*~, *Schaum*~, *Zahn*~ • 4.1 *oberster Teil des Baumes, Wipfel: Baum*~ **5** ⟨fig.⟩ *das Beste, Schönste, der Höhepunkt einer Sache; die* ~ *des Ganzen war …; sei getreu bis in den Tod, so will ich dir die* ~ *des Lebens geben (Offenbarung des Johannes, 2,10)* • 5.1.1 *die* ~ *der Schöpfung* • 5.1.1.1 *der Mensch* • 5.1.1.2 ⟨scherzh.⟩ *die Frau* **5.2** *das setzt doch der Sache, allem die* ~ *auf!* ⟨umg.⟩ *das ist doch unerhört* • 5.3 *das ist ihm in die* ~ *gestiegen* ⟨umg.⟩ *darauf bildet er sich etwas ein* **5.4** *es wird ihm kein Stein, keine Perle aus der* ~ *fallen* ⟨umg.⟩ *er wird sich dabei nichts vergeben* • 5.5 *einen in der* ~ *haben* ⟨umg.⟩ *angetrunken sein* • 5.6 *ohne Bemerkung ist ihm in die* ~ *gefahren* ⟨umg.⟩ *er hat deine B. übel genommen* **6** *gezahntes Rädchen zum Aufziehen u. Stellen von Taschen- u. Armbanduhren* **7** ⟨Jagdw.⟩ *oberer Teil (mit mindestens drei Enden) des Geweihs vom Rothirsch* **8** ⟨Zool.⟩ *bei bestimmten Säugetieren Ringwulst am Oberrand der Hufe u. Klauen, bildet den Übergang von der behaarten Haut zum Horn der Hufe u. Klauen* **9** *Währungseinheit in verschiedenen europäischen Ländern* • 9.1 ⟨1892 bis 1924⟩ *österreich.-ungar. Währungseinheit, 100 Heller* • 9.2 ⟨1871-1924⟩ *deutsche Goldmünze, Zehnmarkstück u. Zwanzigmarkstück* **9.3** *heutige Währungseinheit in verschiedenen nordeuropäischen Ländern* • 9.3.1 ⟨Abk.: nkr⟩ *norwegische Währungseinheit* • 9.3.2 ⟨Abk.: skr⟩ *schwedische Währungseinheit* • 9.3.3 ⟨Abk.: dkr⟩ *dänische Währungseinheit* • 9.3.4 ⟨Abk.: ikr⟩ *isländische*

Währungseinheit • 9.4 *Währungseinheit der Tschechischen u. der Slowakischen Republik (100 Heller)* • 9.4.1 *(Abk.: Kč) tschechische Währungseinheit* • 9.4.2 *(Abk.: Sk) slowakische Währungseinheit*

krö|nen ⟨V. 500⟩ **1** jmdn. ~ *jmdm. die Krone (1) aufsetzen, um ihn zu ehren;* einen Dichter, Sieger mit dem Lorbeerkranz ~ **2** jmdn. ~ *zum Herrscher machen;* jmdn. zum Kaiser, zum König ~ • **2.1** gekröntes **Haupt** ⟨fig.⟩ *Herrscher* **3** ein **Bauwerk,** eine **Erhebung** ~ *wirkungsvoll nach oben abschließen;* einen Bau, Turm ~; der Berggipfel wird von einer Kirche, einer Burg gekrönt; eine große Kuppel krönt die Kirche, das Gebäude **4** ein **Werk** ~ ⟨fig.⟩ *erfolgreich beenden, abschließen* • **4.1** seine Bemühungen waren von Erfolg gekrönt ⟨fig.⟩ *waren erfolgreich*

Kron|leuch|ter ⟨m.; -s, -⟩ *von der Decke hängender, vielarmiger, festlicher Leuchter, Lüster*

Kron|zeu|ge ⟨m.; -n, -n⟩ *Mittäter als Hauptzeuge der Anklage, der gegen Zusicherung der Straffreiheit aussagt*

Kropf ⟨m.; -(e)s, Köp|fe⟩ **1** *krankhafte Vergrößerung der menschlichen Schilddrüse: Struma* **2** ⟨Zool.⟩ *bei vielen Vögeln eine Erweiterung u. Ausstülpung der Speiseröhre, die zur vorübergehenden Aufnahme der Nahrung dient: Ingluvies* **3** ⟨Bot.⟩ *durch Bakterien od. Pilze verursachte knollige Wucherung, bes. am Wurzelhals* **4** ⟨in der Orgel⟩ *recht- od. stumpfwinklig geknickte Röhre zwischen Labium u. Bälgen*

kross ⟨Adj.; norddt.⟩ *knusprig, knackig;* ~e Brötchen

Krö|sus ⟨m.; -, -se; fig.⟩ *außerordentlich reicher Mann;* er ist ein ~; ich bin doch kein ~!

Krö|te ⟨f.; -, -n⟩ **1** *jeder warzenbedeckte, kurzbeinige, laufende Froschlurch* **2** ⟨Zool.⟩ *Angehörige einer Familie der Froschlurche von plumper Körpergestalt, mit kurzen Beinen u. oft drüsenreicher, warziger Haut, nützlich als Schädlingsvertilger: Bufonidae* **3** ⟨fig.; umg.⟩ *freches kleines Mädchen;* sie ist so eine kleine, freche ~! **4** ⟨nur Pl.; fig.; umg.⟩ *Geld;* meine letzten ~n; behalt deine (paar) ~n nur für dich; auf die paar ~n kommt es nun auch nicht mehr an

Krü|cke ⟨f.; -, -n⟩ **1** *Stock für Gehbehinderte mit Gummizwinge am unteren Ende u. Querholz zur Stütze in den Achselhöhlen od. mit Unterarmstützen;* an ~en gehen **2** *Griff (des Stocks od. Schirms)* **3** ⟨umg.; abwertend⟩ *schlecht funktionierendes Gerät;* die ~ von Fernseher ist schon wieder kaputt!

Krug[1] ⟨m.; -(e)s, Krü|ge⟩ **1** *zylindrisches od. bauchiges, kannenartiges Gefäß mit einem od. zwei Henkeln;* ein ~ Milch, Wasser; Blumen in einen ~ stellen **2** *der ~ geht so lange zum Wasser (zum Brunnen) bis er bricht* ⟨Sprichw.⟩ • **2.1** *jede Langmut nimmt einmal ein Ende, wenn man sie zu sehr ausnutzt* • **2.2** *jedes Unrecht wird schließlich doch bestraft*

Krug[2] ⟨m.; -(e)s, Krü|ge; norddt.⟩ *Schenke, Wirtshaus;* Dorf~

Kru|me ⟨f.; -, -n⟩ **1** *abgebröckeltes, sehr kleines Stückchen von Gebackenem:* Brot~ **2** *weiches Inneres des Brotes* **3** *oberste Schicht des Bodens;* Acker~

Krü|mel ⟨m.; -s, -⟩ **1** *kleine Krume (1)* **2** in den ~n wühlen *ein kleinliches u. pedantisches Verhalten zeigen*

krü|me|lig ⟨Adj.⟩ oV krümlig **1** *leicht in Krümel zerfallend;* ~es Gebäck; ~e Masse; die Erde ist ganz ~ **2** *voller Krümel;* ~e Tischdecke

krü|meln ⟨V.⟩ **1** ⟨400⟩ etwas krümelt *zerfällt in Krümel;* das Brot, der Kuchen krümelt **2** ⟨500⟩ etwas ~ *zu Krümeln zerreiben;* bitte krümle mir nicht alles auf den Boden!

krüm|lig ⟨Adj.⟩ = krümelig

krumm ⟨Adj.⟩ **1** *von der ursprünglichen Richtung abweichend, bogenförmig, auf unregelmäßige Art verbogen, gekrümmt;* Ggs gerade (1.1); die Linien, Buchstaben sind alle ~ und schief; eine ~e Nase; ein ~er Nagel; ~e Beine haben; sich ~ halten; ~ sitzen; ein ~ gewachsener Ast, Baum • **1.1** einen ~en Rücken, Buckel machen • **1.1.1** *sich bücken, sich nicht gerade halten* • **1.1.2** ⟨fig.⟩ *unterwürfig sein, sich vor einem Vorgesetzten demütig verbeugen* • **1.2** jmdn. ~ und lahm schlagen ⟨umg.⟩ *heftig verprügeln* **2** ⟨fig.; umg.⟩ • **2.1** *unehrlich, unehrenhaft, betrügerisch;* ~e Geschäfte, Sachen; ~er Hund! (Schimpfwort) • **2.1.1** etwas auf die ~e Tour machen *etwas betrügerisch, unehrlich erledigen, erreichen* • **2.1.2** ~e Finger machen *etwas entwenden, stehlen* • **2.1.3** ~e Wege gehen *unehrlich, betrügerisch handeln* **3** ⟨Getrennt- u. Zusammenschreibung⟩ • **3.1** ~ biegen = *krummbiegen*

krumm||bie|gen auch: **krumm bie|gen** ⟨V. 109/500⟩ *so biegen, dass es krumm wird;* einen Draht ~

krüm|men ⟨500⟩ **1** etwas ~ *krummmachen, -biegen, -wölben;* den Rücken ~ **2** ⟨Vr 3⟩ sich ~ • **2.1** jmd. krümmt sich *zieht den Leib zusammen, windet sich;* sich vor Schmerzen ~ • **2.1.1** ⟨514⟩ sich vor Lachen ~ ⟨fig.; umg.⟩ *so heftig lachen, dass man dabei nicht mehr gerade sitzen kann* • **2.2** **Holz, ein Balken** krümmt sich *verbiegt sich, wellt sich;* die Dachbalken krümmen sich unter der großen Schneelast • **2.3** ein **Fluss,** eine **Straße** krümmt sich *macht eine Biegung* **3** ⟨Vr 3; fig.⟩ • **3.1** sich ~ und winden ⟨umg.⟩ *Ausflüchte machen;* →a. Haar (4.3) **4** gekrümmter **Raum** ⟨Math.; Phys.⟩ *ein R., in dem es keine Geraden gibt, in dem die Linien kürzesten Abstands zwischen Punkten Eigenschaften haben, die Geraden nicht haben*

krumm||lie|gen ⟨V. 400; umg.; süddt.; österr.; schweiz.⟩ *kein Geld mehr haben*

krumm||neh|men ⟨V. 189/503; fig.; umg.⟩ (**jmdm.**) eine **Sache** ~ *übelnehmen*

Krüm|mung ⟨f.; -, -en⟩ **1** *gekrümmte Linie, Biegung, Kurve;* Weg~; ~ der Wirbelsäule **2** ⟨Math.⟩ *jede gekrümmte Linie in einer Ebene od. im Raum*

krum|peln ⟨V. 402/Vr 7; umg.⟩ **Papier, Stoff** krumpelt (sich), jmd. krumpelt **Stoff, Papier** *zerknitterte Stellen, Falten bilden, machen, knittern;* oV krümpeln; Papier krumpelt leicht

krüm|peln ⟨V. 402/Vr 7; umg.⟩ = krumpeln

Krupp ⟨m.; -s; unz.; Med.⟩ *(bes. bei Kindern auftretender) unnatürlicher Verschluss der Atemwege im Kehlkopfbereich*

Krup|pe ⟨f.; -, -n⟩ *Teil des Rückens zwischen Kreuz u. Schweifansatz beim Pferd (u. Rind)*

Krüp|pel ⟨m.; -s, -; abwertend⟩ **1** *Körperbehinderter in-*

krüppelig

folge missgebildeter od. fehlender Gliedmaßen, in seinen Bewegungsmöglichkeiten od. in der Körperhaltung schwer beeinträchtigter Mensch; zum ~ werden • **1.1** jmdn. zum ~ schlagen *jmdn. so verprügeln, dass er einen bleibenden Schaden behält*

krüp|pe|lig ⟨Adj.⟩ *missgestaltet, verwachsen*; oV *krüpplig*; ein ~er Baum

krüpp|lig ⟨Adj.⟩ = *krüppelig*

Krus|te ⟨f.; -, -n⟩ **1** *trocken u. hart gewordene Oberfläche, Rinde*; Brot~ **2** *harter Überzug über etwas Weichem*; Zucker~

Krux ⟨f.; -; unz.⟩ = *Crux*

Kru|zi|fix ⟨a. ['---] n.; -es, -e⟩ *plastische Darstellung von Christus am Kreuz*

Kryp|ta ⟨f.; -, Kryp|ten⟩ *unterirdischer Raum in einer Kirche, der als Grabkammer u. zur Aufbewahrung von Reliquien diente*

Kü|bel ⟨m.; -s, -⟩ **1** *größeres, eimerähnliches Gefäß, Bottich*; Wasch~; ein ~ (mit, voll) Wasser • **1.1** es gießt (wie) mit, aus, in ~n ⟨umg.⟩ *es regnet sehr stark* **2** *Abort in Zellen von Strafanstalten*

ku|bik..., Ku|bik... (in Zus.) *dritte Potenz von ..., Raum...*

Ku|bik|me|ter ⟨m.; -s, - od. n.; -s, -; Zeichen: m³⟩ *Raummaß von je einem Meter Länge, Breite u. Höhe*

Ku|bik|wur|zel ⟨f.; -, -n; Math.⟩ *die dritte Wurzel*; ~ aus einer Zahl

Ku|bik|zahl ⟨f.; -, -en; Math.⟩ *dritte Potenz (einer Zahl)*

ku|bisch ⟨Adj. 24⟩ **1** *würfelförmig* **2** *in die dritte Potenz erhoben* **3** ~er **Ausdehnungskoeffizient** ⟨Phys.⟩ *relative Volumenänderung von Gasen u. Flüssigkeiten bei Erwärmung um 1 Grad C*

Ku|bus ⟨m.; -, -, Kuben⟩ **1** = *Würfel (1)* **2** *dritte Potenz*

Kü|che ⟨f.; -, -n⟩ **1** *Raum zum Zubereiten von Speisen*; Wohnung mit zwei Zimmern, Bad und ~; →a. Teufel (2.2.3) **2** *Gesamtheit der Einrichtung für eine Küche (1)*; eine moderne ~ kaufen **3** ⟨unz.; zusammen mit Adjektiven⟩ *die Speisen selbst, Nahrung* • **3.1 kalte, warme** ~ *Speisen, die man kalt bzw. warm genießt* **4** ⟨unz.⟩ *Kochkunst, die Art zu kochen*; dieses Hotel ist berühmt für seine feine, gute ~; französische, italienische ~ **5** ⟨fig.⟩ • **5.1** die ~ besorgen *kochen, fürs Essen sorgen* • **5.2** den ganzen Tag in der ~ stehen ⟨umg.⟩ *Hausarbeit leisten*

Ku|chen¹ ⟨m.; -s, -⟩ **1** *größeres Gebäck aus Mehl, Fett, Eiern, Zucker u. a.*; Hefe~, Obst~; ~ backen; trockener ~; →a. Rosine (2) **2** *breiartige Masse* • **2.1** *durch Rückstände beim Pressen von Ölfrüchten, Trauben etc. entstandene Masse* • **2.2** Erzmasse u. a.; →a. Mutterkuchen

Ku|chen² ⟨m.; -s, -; bair.⟩ *Schlittenkufe*

ku|cken ⟨V. 400; umg.; norddt.⟩ = *gucken*

Kü|cken ⟨n.; -s, -; Nebenform von⟩ = *Küken*

Ku|ckuck ⟨m.; -s, -e⟩ **1** ⟨Zool.⟩ *Angehöriger einer weltweit verbreiteten Familie schwanzwippender Vögel, meist Brutschmarotzer: Cuculidae* **2** ⟨Zool.⟩ *einheimischer Kuckuck (1): Cuculus canorus*; Gemeiner ~; der Ruf des Kuckucks kündigt den Frühling an **3** ⟨fig.; scherzh.⟩ *Siegel des Gerichtsvollziehers (zum Zeichen der Pfändung)*; bei ihnen klebt der ~ an den Möbeln **4** ⟨umg. oft verhüllend in Verwünschungen, Äußerungen der Ungeduld od. der Verärgerung⟩ *Teufel*; hol dich der ~!; zum ~! (Ausruf der Ungeduld); jmdn. zum ~ wünschen • **4.1** weiß der ~, wo mein Schirm geblieben ist ⟨umg.⟩ *ich habe keine Ahnung, wo ...*

Ku|ckucks|ei ⟨n.; -(e)s, -er; umg.⟩ **1** *Ei des Kuckucks* **2** ⟨fig.⟩ *etwas Untergeschobenes, für das ein anderer sorgen soll, zweifelhafte Gabe*

Ku|fe¹ ⟨f.; -, -n⟩ **1** *lange, schmale u. vorn aufgebogene Schiene, die das Gleiten ermöglicht*; Schlitten~ **2** ~ an Segelflugzeugen od. Motorflugzeugen *gebogenes Holzbrett, auf dem S. landen, od. an M., die auf Schnee od. Eis landen*

Ku|fe² ⟨f.; -, -n⟩ **1** *Kübel, Bottich* **2** *altes dt. Biermaß, 4 od. 8 Tonnen, 450-700 l*

Kü|fer ⟨m.; -s, -⟩ **1** *jmd., der die Aufsicht über einen Weinkeller hat u. den Wein sachgemäß behandelt* **2** *Böttcher*

Ku|gel ⟨f.; -, -n⟩ **1** *geometrischer Körper, dessen Oberfläche von sämtlichen Punkten gebildet wird, die von einem Mittelpunkt den gleichen Abstand haben*; eine ~ aus Messing; die ~ 15 m weit stoßen ⟨Sp.⟩ **2** *Geschoss der Feuerwaffen (nach der ursprünglichen Kugelform)*; Gewehr~, Kanonen~; da traf ihn die tödliche ~; er wurde von einer ~ getroffen • **2.1** sich eine ~ durch den Kopf schießen, jagen ⟨umg.⟩ *sich erschießen* **3** *kugelförmiges Gebilde*; Erd~ **4** *aus der Keule von Rind, Kalb od. Schwein geschnittenes Fleischstück*; Sy Maus (5), Nuss (3); sich Fleisch aus der ~ geben lassen **5** ⟨Anat.⟩ *runder Gelenkkopf*

ku|ge|lig ⟨Adj. 24⟩ *rund wie eine Kugel, kugelförmig*; oV *kuglig*

Ku|gel|la|ger ⟨n.; -s, -; Tech.⟩ *Lager von Wellen u. Achsen auf einem Kranz von Stahlkugeln, die die Reibung stark vermindern*

ku|geln ⟨V.⟩ **1** ⟨500⟩ einen **Gegenstand** ~ *so bewegen, dass er sich auf einer Ebene um sich selbst drehend fortbewegt, rollen, wälzen*; Murmeln über den Boden, den Tisch ~ **2** ⟨400⟩ *sich auf einer Ebene um sich selbst drehend fortbewegen*; der Ball kugelte unter den Schrank **3** ⟨500/Vr 3⟩ **sich** ~ *sich rollend od. wälzend fortbewegen*; die Kinder ~ sich im Sand, Schnee **4** ⟨514/Vr 3⟩ **sich vor Lachen** ~ ⟨fig.; umg.⟩ *sehr heftig lachen* • **4.1** es war **zum** Kugeln *es war zum Totlachen, sehr komisch*

Ku|gel|schrei|ber ⟨m.; -s, -⟩ *Schreibgerät mit einer kleinen Kugel als Schreibspitze, die aus einem auswechselbaren Röhrchen mit einer (sofort trocknenden) Tintenpaste gespeist wird*

ku|gel|si|cher ⟨Adj. 24⟩ *gesichert gegen Gewehrkugeln*; Polizisten mit einer ~en Weste ausstatten

kug|lig ⟨Adj. 24⟩ = *kugelig*

Kuh ⟨f.; -, Kühe⟩ **1** *das Muttertier von Rind, Büffel, Elch, Elefant, Flusspferd, Hirsch u. Nashorn*; die ~ hat gekalbt; eine ~ melken; blöde, dumme ~ (Schimpfwort) ⟨derb⟩ • **1.1** da stand er nun wie die ~ vorm neuen Tor ⟨fig.; umg.⟩ *da war er ratlos, da wusste er nicht weiter*

Kuh|haut ⟨f.; -, -häu|te⟩ **1** *Fell der Kuh* **2** *das geht auf keine* ~ ⟨fig.; umg.⟩ *das übersteigt das normale Maß, geht zu weit*

kühl ⟨Adj.⟩ **1** *mäßig kalt, frisch;* es ist ~es Wetter; am Abend wird es ~; sich in die ~en Fluten, das ~e Nass stürzen; Speisen ~ aufbewahren • 1.1 ⟨43⟩ *mir wird* ~ ⟨umg.⟩ *ich beginne zu frieren* **2** ⟨fig.⟩ • 2.1 eine **Person** ~ *gefühlsarm, unfähig zu echter, warmer Empfindung;* ~ bis ans Herz hinan (Goethe, „Der Fischer") • 2.2 *eine* **Person** *verhält sich* ~ *sehr zurückhaltend, abweisend;* jmdn. ~ empfangen • 2.3 *eine* ~*e* **Atmosphäre,** *ein* ~*er Empfang nicht herzliche A., unpersönlicher, steifer E.* • 2.4 *eine* ~*e* **Antwort** *frostige, abweisende A.;* „…", entgegnete er ~ • 2.5 *nur vom Verstand gelenkt, berechnend;* ein ~es Abschätzen der Chancen • 2.5.1 ~en **Kopf** behalten, bewahren *in einer schwierigen Situation besonnen bleiben, nüchtern, überlegen* **3** ⟨Getrennt- u. Zusammenschreibung⟩ • 3.1 ~ stellen = *kühlstellen*

Kuh|le ⟨f.; -, -n; nddt.⟩ *Grube, grubenartige Vertiefung, Mulde;* eine ~ graben

Küh|le ⟨f.; -, -n⟩ **1** *das Kühlsein, Frische, frische Luft;* Morgen~, Abend~; der Abend brachte etwas ~; die ~ genießen; zum Fenster kam eine erfrischende ~ herein **2** ⟨fig.⟩ *kühles Wesen, Gefühlsarmut, kühles, unpersönliches Benehmen, Steifheit;* jmdn. mit großer ~ empfangen; abwartende ~ **3** *die* ~ **in der Brauerei** *Kühlbottich* **4** ⟨Mar.⟩ *leichter bis mittelstarker Wind;* frische, leichte, steife ~

küh|len ⟨V. 500⟩ **1** ⟨503/Vr 5⟩ **(jmdm.) etwas** ~ *kühl machen, kalt machen;* Bier, Prosecco, Sekt, Wein ~; jmdm. einen ~den Umschlag machen; etwas mit Eis, mit Wasser ~; sich die heiße Stirn (im Wind) ~ • 1.1 ~de Getränke *erfrischende G.* **2** ⟨511⟩ *sein* **Mütchen** *an jmdm.* ~ ⟨fig.; umg.⟩ *seinen Zorn an jmdm. auslassen*

Küh|ler ⟨m.; -s, -⟩ **1** *Kühleinrichtung an Verbrennungsmotoren* **2** *Gefäß für Eis, um darin Getränke zu kühlen;* Sekt~, Wein~

Kühl|schrank ⟨m.; -(e)s, -schrän|ke⟩ *mit einer Kältemaschine ausgerüsteter, schrankartiger Behälter (zum Frischhalten von Lebensmitteln)*

kühl∥stel|len *auch:* **kühl stel|len** ⟨V. 500⟩ *Speisen, Getränke* ~ *an einen kühlen Ort, in den Kühlschrank stellen*

kühn ⟨Adj.⟩ **1** *unwahrscheinlich, gewagt, fantasievoll;* das hätte ich in meinen ~sten Träumen nicht für möglich gehalten; eine ~e Hypothese; der Plan erscheint mir ziemlich ~ **2** *mutig, verwegen, draufgängerisch, forsch;* ein ~es Abenteuer, Wagnis, ein ~er Plan; ~ vorgehen; in ~em Sprung; eine ~e Tat **3** *ungewöhnlich;* eine ~ gebogene Nase; ~ geschwungene Linien (eines Bauwerks, einer Zeichnung)

Kü|ken ⟨n.; -s, -⟩ oV ⟨österr.⟩ *Kücken* **1** *das gerade ausgeschlüpfte Junge vom Hausgeflügel, bes. vom Huhn* **2** ⟨fig.; umg.; abwertend⟩ *junges, unreifes Mädchen;* so ein ~!

ku|lant ⟨Adj.⟩ *entgegenkommend, großzügig;* im Geschäftsverkehr ~ sein

Ku|lanz ⟨f.; -; unz.⟩ *kulantes Wesen*

Ku|li ⟨m.; -s, -s⟩ **1** *ostasiat. Tagelöhner, Lastträger* **2** ⟨fig.⟩ *ausgebeuteter Arbeiter* • 2.1 *arbeiten wie ein* ~ *sehr schwer (bes. körperlich) arbeiten* **3** ⟨kurz für⟩ *Kugelschreiber*

ku|li|na|risch ⟨Adj. 24⟩ *feine, erlesene Gerichte u. Kochkunst betreffend, auf ihnen beruhend;* ~e Genüsse

Ku|lis|se ⟨f.; -, -n⟩ **1** ⟨urspr.⟩ *verschiebbarer, mit bemalter Leinwand bespannter Rahmen als seitlicher Abschluss der Bühne u. zur Vortäuschung eines Schauplatzes* • 1.1 ⟨heute⟩ *jedes Dekorationsstück auf der Bühne* **2** ⟨a. fig.⟩ • 2.1 **hinter** *den* ~*n heimlich, nicht vor der Öffentlichkeit;* einen Blick hinter die ~n werfen • 2.2 **hinter** *die* ~*n blicken die Hintergründe eines Vorgangs zu durchschauen suchen* **3** *Steuerungselement an Dampfmaschinen, das sowohl die Füllung des Zylinders verändern als auch Vor- od. Rückwärtsgang bewirken kann*

kul|lern ⟨V.; umg.⟩ **1** ⟨400(s.)⟩ *sich um die eigene Achse drehend fortbewegen, rollen, sich wälzen;* der Apfel kullerte über den Boden, unter den Tisch **2** ⟨511⟩ **etwas** ~ *etwas mit Geräusch rollen, wälzen;* Murmeln über den Tisch ~ **3** ⟨416⟩ *mit den* **Augen** ~ *mit den A. rollen*

kul|mi|nie|ren ⟨V. 411⟩ **1** *den höchsten bzw. tiefsten Punkt erreichen;* ein Gestirn kulminiert im Zenit **2** ⟨fig.⟩ *den Gipfelpunkt erreichen;* die Auseinandersetzung kulminierte in Handgreiflichkeiten

Kult ⟨m.; -(e)s, -e⟩ **1** *durch feste Formen u. Gebräuche geregelter Gottesdienst* **2** ⟨fig.⟩ *verehrungsvolle, übertrieben sorgfältige Behandlung;* einen ~ mit etwas treiben

kul|tisch ⟨Adj. 24⟩ *zum Kult gehörig, auf ihm beruhend, beim Kult gebraucht;* ~e Gegenstände; ~e Verehrung (eines Heiligtums)

kul|ti|vie|ren ⟨[-vi̯-] V. 500⟩ **1** *Land,* **Boden** ~ *urbar machen* **2** *ein* **Volk** ~ *menschlicher Gesittung angleichen, annähern* **3** *ein Benehmen,* **Verhalten** ~ *verfeinern, veredeln*

Kul|tur ⟨f.; -, -en⟩ **1** *das Kultivieren (1), das Urbarmachen des Bodens, Anbau von Pflanzen* • 1.1 *auf besonderen Nährböden gezüchtete Bakterien od. andere Lebewesen;* Bakterien~, Pilz~ **2** *Gesamtheit der geistigen u. künstlerischen Ausdrucksformen eines Volkes;* die antiken, orientalischen ~en; eine hoch entwickelte ~ **3** ⟨unz.⟩ *geistige u. seelische Bildung, verfeinerte Lebensweise, Lebensart;* jmd. hat (keine) ~

kul|tu|rell ⟨Adj. 24⟩ *die Kultur betreffend, zu ihr gehörig, auf ihr beruhend*

Kul|tus|mi|nis|te|ri|um ⟨n.; -s, -ri|en⟩ *Ministerium eines Bundeslandes, das für alle Angelegenheiten des Bildungs- u. Erziehungswesens zuständig ist*

Küm|mel ⟨m.; -s; unz.⟩ **1** ⟨Bot.⟩ *zu der Gattung der Doldengewächse gehörende, auf Äckern u. Wiesen wachsende zweijährige Pflanze, deren Früchte, die ätherische Öle enthalten, als Gewürz dienen: Carum carvi* **2** *die Früchte von Kümmel (1)* **3** *mit Kümmel (1) gewürzter Branntwein* **4** *den* ~ *aus dem Käse suchen, bohren* ⟨fig.; umg.; scherzh.⟩ *übertrieben genau sein, Haarspalterei treiben*

Kummer

Kum|mer ⟨m.; -s; unz.⟩ **1** *Sorge, Gram, Leid, seelischer Schmerz;* jmdm. ~ bereiten; sie hat (irgendeinen) ~; du machst mir ~; einen geheimen ~ haben; aus, vor ~ sterben **2** ⟨fig.⟩ *Problem, Sorge, Unannehmlichkeiten* • 2.1 das ist mein geringster ~ *das macht mir keine Sorgen, geht mich nichts an* • 2.2 wir sind ~ gewohnt! (umg.) *so etwas kommt bei uns öfter vor, das ist nicht so schlimm*

küm|mer|lich ⟨Adj.⟩ **1** *armselig, jämmerlich, spärlich, kärglich, dürftig;* ~er Lohn, ~es Gehalt; ~e Reste; sich ~ ernähren von …; ~ leben; sich ~ durchs Leben bringen **2** *unzulänglich, unbefriedigend, nicht ausreichend;* deine Leistungen sind ~ • 2.1 ein ~er Versuch *ein schwacher V.*

küm|mern ⟨V.⟩ **1** ⟨550/Vr 3⟩ *sich um etwas ~ sich sorgsam, hilfreich mit etwas beschäftigen, sorgen, dass etwas geschieht;* darum kümmere ich mich nicht; kümmere dich um deine eigenen Angelegenheiten!; kümmere dich nicht um Dinge, die dich nichts angehen!; ich muss mich um alles ~!; darum soll er sich selbst ~ **2** ⟨550/Vr 3⟩ *sich um jmdn. ~ jmdm. helfen, für jmdn. sorgen, jmdn. beaufsichtigen;* mach dir keine Sorgen, ich kümmere mich um sie; ich kümmere mich (solange) um die Kinder **3** ⟨500⟩ *etwas kümmert jmdn. etwas geht jmdn. an, jmd. muss für etwas sorgen, sich mit etwas befassen;* was kümmert's mich?; das kümmert mich nicht **4** ⟨400⟩ *kümmerlich dahinleben, in der Entwicklung zurückbleiben, schlecht gedeihen;* Pflanzen, Tiere ~; ein Jugendlicher kümmert

Kum|met ⟨n.; -s, -e⟩ *um den Hals liegender Teil des Pferdegeschirrs;* einem Pferd das ~ anlegen

Kum|pan ⟨m.; -s, -e⟩ **1** *Geselle, Genosse;* Sauf~, Zech~ **2** *Helfershelfer;* der Dieb verriet seine ~ en

Kum|pel ⟨m.; -s, -s⟩ **1** *Bergmann* **2** *Arbeitskamerad, Kollege*

Ku|mu|la|ti|on ⟨f.; -, -en⟩ *Anhäufung, Sammlung, Ansammlung;* ~ von Schulden, Ausgaben

Ku|mys ⟨m.; -; unz.⟩ = *Kumyss*

Ku|myss ⟨m.; -; unz.⟩ *alkoholhaltiges Getränk aus vergorener Stutenmilch;* oV *Kumys*

Kun|de[1] ⟨f.; -, -n; poet⟩ *Nachricht, Kenntnis;* ~ haben (von etwas); gute, schlimme, traurige ~; sichere, zuverlässige ~; jmdm. von etwas ~ geben

Kun|de[2] ⟨m.; -n, -n⟩ **1** *Person od. Firma, die in einem Geschäft etwas kauft;* ~n anlocken; (neue) ~n werben • 1.1 *Person od. Firma, die häufig od. regelmäßig im selben Geschäft kauft;* Stamm~; alter, guter, langjähriger, neuer, treuer ~ **2** *Person od. Firma, die eine Dienstleistung in Anspruch nimmt;* ~n bedienen • 2.1 *Person od. Firma, die häufig od. regelmäßig von demselben Geschäftsunternehmen Dienstleistungen in Anspruch nimmt;* Stamm~; einen festen Kreis, Stamm von ~n haben **3** ⟨umg.⟩ *Mensch, Kerl;* ein gerissener, schlauer, übler ~ **4** ⟨Gaunerspr.⟩ *wandernder Handwerksbursche, Landstreicher*

Kun|de[3] ⟨f.; -, -n⟩ *Vertiefung an der Reibefläche des Schneidezahns beim Pferd;* Abnutzung der ~n

kün|den ⟨V.⟩ **1** ⟨503; veraltet; nur noch poet.⟩ **(jmdm.)** etwas ~ *bekanntgeben, kundgeben, mitteilen, feierl.* sagen **2** ⟨800; geh.⟩ *von etwas ~ auf etwas hinweisen, anzeigen*

kund‖ge|ben ⟨V. 143/500⟩ *etwas ~ mitteilen, bekanntmachen, offenbaren;* Sy *kundtun;* seine Ansicht, eine Neuigkeit, Gefühle ~

Kund|ge|bung ⟨f.; -, -en⟩ **1** *das Kundgeben* **2** ⟨öffentl.⟩ *Äußerung;* Sympathie~ **3** *öffentl. polit. Versammlung, bes. auf freien Straßen u. Plätzen;* Massen~

kun|dig ⟨Adj.⟩ **1** ⟨70⟩ *wissend, erfahren, sachverständig, eine Sache genau kennend;* fach~; eine sach~e Auskunft • 1.1 ⟨44⟩ *einer* **Sache** *~ sein eine Sache gut können, beherrschen*

kün|di|gen ⟨V.⟩ **1** ⟨503⟩ (jmdm.) *etwas ~ mitteilen, dass man einen Vertrag, ein Verhältnis von einem bestimmten Datum an als nichtig, gelöst betrachten wird;* jmdm. die Freundschaft ~; einem Mieter ~; eine Wohnung ~; ihm ist zum 1.1. gekündigt; eine Hypothek ~; einem Angestellten ~ • 1.1 ⟨402⟩ (eine **Stellung**) *~ (an zuständiger Stelle) erklären, dass man die Stellung aufgeben will*

Kün|di|gung ⟨f.; -, -en⟩ **1** *das Kündigen, das Gekündigtwerden;* jmdm. die ~ aussprechen; fristlose ~; die ~ eines Arbeitsverhältnisses **2** *Schreiben, in dem eine Kündigung ausgesprochen wird, Kündigungsschreiben;* eine ~ erhalten **3** *Frist für eine Kündigung (1), Kündigungsfrist;* ein Arbeitsvertrag, Mietvertrag mit dreimonatiger ~ **4** *~ aus wichtigem Grund* ⟨Rechtsw.⟩ *außerordentliche, fristlose od. kurzfristige Kündigung, wenn dem Kündigenden ein Abwarten der Kündigungsfrist nicht zuzumuten ist*

Kun|din ⟨f.; -, -din|nen⟩ *weibl. Kunde*

Kund|schaft[1] ⟨f.; -, -en; veraltet⟩ *Erkundung;* jmdn. auf ~ aussenden

Kund|schaft[2] ⟨f.; -; unz.⟩ **1** *Gesamtheit der Kunden, mehrere Kunden* **2** ⟨umg.⟩ *Kunde, Kundin;* alte, langjährige ~; es ist ~ im Laden

kund|tun ⟨V. 272/503⟩ **(jmdm.)** *etwas ~* = *kundgeben*

künf|tig ⟨Adj. 24⟩ **1** ⟨60⟩ *in der Zukunft eintretend od. vorhanden, kommend;* ~e Generationen **2** ⟨50⟩ *in Zukunft, von jetzt an;* ich bitte darum, dass es ~ so gemacht wird; ich werde mich ~ mehr in Acht nehmen

Kunst ⟨f.; -, Küns|te⟩ **1** *Gesamtheit der ästhetischen Ausdrucks- u. Darstellungsformen eines Individuums od. einer Gruppe, eines Bereichs od. einer bestimmten Zeit;* Bau~, Dicht~, Volks~; Sinn für ~ haben; sich der ~ widmen; der Zeitgeist manifestiert sich oft zuerst in der ~; Gott grüß die ~! (alter Gruß der wandernden Buchdrucker) • 1.1 *bildende Kunst;* ein Liebhaber der ~ sein; →a. *anwenden (2.1), bilden (2.1), schön (1.5), sieben*[2] *(1.1), schwarz (1.6)* **2** *die Gesamtheit der Erzeugnisse der Kunst (1);* die ~ der Antike, des Barocks, des alten Orients; die antike, mittelalterliche, moderne ~; alte, neuere, neue ~; abstrakte, realistische ~ **3** *Können, Fertigkeit, Geschicklichkeit;* Kletter~, Taschenspieler~; die ~ des Schreibens, Singens; er möchte gern seine ~ zeigen; ärztliche ~ • 3.1 jetzt bin ich mit meiner ~ am Ende ⟨fig.⟩ *jetzt weiß ich nicht mehr weiter* • 3.2 nach allen Regeln der ~ ⟨fig.⟩ *mit aller, großer Geschicklichkeit*

• 3.3 das ist keine ~ ⟨fig.⟩ *das ist leicht* • 3.4 *was macht die ~?* ⟨umg.⟩ *wie geht es?* 4 ⟨Philos.⟩ *das künstlich Geschaffene, im Unterschied zu dem in der Natur Gewachsenen*

Kunst|fa|ser ⟨f.; -, -n⟩ *künstlich hergestellte, synthetische Faser, z. B. Polyester*

Kunst|ge|wer|be ⟨n.; -s; unz.⟩ *Zweig der bildenden Kunst, in dem künstlerisch gestaltete Gebrauchs- u. Schmuckgegenstände hergestellt werden*

Künst|ler ⟨m.; -s, -⟩ **1** *jmd., der in einem Bereich der Kunst schöpferisch tätig ist;* bildender ~; freischaffender ~ **2** *jmd., der sich in einem Bereich der Kunst als Interpret betätigt, Sänger, Musiker, Schauspieler usw.;* Bühnen~; Film~; *in seinem Haus verkehren viele* ~ **3** *jmd., der in der Ausführung einer Sache große Fertigkeit erlangt hat; er ist ein wahrer* ~ *im Geigenspiel*

Künst|le|rin ⟨f.; -, -rin|nen⟩ *weibl. Künstler*

künst|le|risch ⟨Adj.⟩ **1** *die Kunst betreffend, zu ihr gehörig, auf ihr beruhend, nach ihren Regeln;* der ~e Wert eines Buches **2** *einem Künstler gemäß, entsprechend, wie ein Künstler, schöpferisch*

künst|lich ⟨Adj.⟩ **1** ⟨urspr.⟩ *künstlerisch, kunstvoll* **2** ⟨heute⟩ *von Menschen gemacht, nicht natürlich;* Ggs *natürlich (1)* • **2.1** ~e **Atmung** *Anregung der Atmung durch Dritte (bei Erstickungsgefahr) od. durch medizinische Geräte, z. B. die eiserne Lunge* • **2.2** ~e **Befruchtung** *nicht auf natürliche Weise vollzogene Befruchtung* • **2.3** ~e **Ernährung** *E. durch eine dünne Magensonde über die Speiseröhre od. eine Magen- od. Darmfistel, durch Einlauf vom After aus* • **2.3.1** *einen* Kranken ~ *ernähren durch Magensonde* • **2.4** ~e Niere *Apparatur zur Entfernung auszuscheidender Stoffe aus dem Blut, bes. bei akutem Nierenversagen* **3** ~e **Gegenstände** *nachgeahmte, unechte G.* • **3.1** ~e Blumen *B. aus Papier od. Stoff* • **3.2** ~es **Gebiss** *Zahnersatz* • **3.3** ~es **Licht** *elektrisches Licht, Neon-, Gaslicht, Kerzenlicht* **4** ~e **Sprache** *künstlich geschaffene, aus verschiedenen Elementen mehrerer Sprachen zusammengesetzte Sprache, die den Verkehr zwischen den Völkern erleichtern soll, z. B. das Esperanto, Volapük, Kunstsprache, Welthilfssprache* **5** ⟨fig.⟩ *gezwungen, unnatürlich, gewollt; reg dich nicht so* ~ *auf* ⟨umg.; scherzh.⟩

Kunst|stoff ⟨m.; -(e)s, -e⟩ *chem.-organ. Verbindung, die durch Veränderung von Naturstoffen od. aus anorganischen Stoffen meist künstlich hergestellt wird;* Sy *Plastik²*

Kunst|stück ⟨n.; -(e)s, -e⟩ **1** *Leistung, die besonderes Können erfordert* • **1.1** *das ist doch kein* ~ *das ist einfach* **2** *Vorführung, schwierige Darbietung des Akrobaten, Zauberkünstler usw.;* Karten~, Zauber~; *ein* ~ *vormachen, zeigen* **3** ~! ⟨fig.; umg.⟩ *das glaub' ich gern, das ist ja auch nicht schwierig*

Kunst|werk ⟨n.; -(e)s, -e⟩ **1** *schöpferisch gestaltetes Werk der Kunst* **2** *kunst- u. sinnvolles Gebilde, geschickt hergestelltes, kompliziertes (mechanisches) Erzeugnis; dieses Türschloss, diese Uhr ist (wirklich) ein* ~; *diese Torte ist ja ein wahres* ~!

kun|ter|bunt ⟨Adj.; fig.; umg.⟩ **1** *sehr bunt* **2** *sehr ungeordnet, durcheinander;* ~es Durcheinander; *hier sieht es ja* ~ *aus!;* ~ *durcheinanderliegen* **3** *aus verschiedenartigsten Dingen bestehend;* ein ~es Programm

Ku|pee ⟨n.; -s, -s⟩ oV *Coupé* **1** *geschlossener Wagen (Auto od. Kutsche)* • **1.1** *sportlicher Personenkraftwagen mit abgeflachtem Dach*

Kup|fer ⟨n.; -s, -⟩ **1** *hellrotes, zähes, dehnbares, ziemlich weiches, 1-, 2- u. sehr selten 3-wertiges Metall, chemisches Element, aus Kupfer (1) gefertigter Gegenstand* **2** *Kupferstich;* Titel~

Kup|fer|ste|cher ⟨m.; -s, -⟩ **1** *Künstler, der Kupferstiche herstellt* **2** *mein lieber Freund und* ~! ⟨fig.; umg.⟩ *(Ausdruck der Warnung od. des leicht erschrocken Staunens)* **3** ⟨Zool.⟩ *Angehöriger der Familie der Borkenkäfer, der meist gemeinsam mit dem Buchdrucker an den dünnrindigen Teilen von Fichten auftritt: Pityogenes chalcographus*

Kup|fer|stich ⟨m.; -(e)s, -e⟩ **1** *auf einem Blatt befindlicher Abzug von einer auf einer Kupferplatte eingeritzten Zeichnung, Chalkografie* **2** ⟨unz.⟩ *die Kunst, Kupferstiche (1) herzustellen, Kupferstechkunst*

ku|pie|ren ⟨V. 500⟩ **1** *einen* Hund ~ *einem H. Schwanz u. (od.) Ohren stutzen* **2** *Wein* ~ *verschneiden* **3** *eine* Krankheit ~ ⟨Med.⟩ *in den ersten Anfängen unterdrücken* **4** *Karten* ~ = *abheben (1.2)*

Ku|pon ⟨[-pɔ̃ː] m.; -s, -s⟩ oV *Coupon* **1** *Abschnitt, Stoffabschnitt* **2** *Zinsschein an Wertpapieren*

Kup|pe ⟨f.; -, -n⟩ **1** *abgerundetes, oberes Ende von etwas;* Finger~, Nagel~, Stecknadel~ • **1.1** *runder Berggipfel;* Berg~

Kup|pel ⟨f.; -, -n⟩ *gleichmäßig gewölbtes Dach über einem Raum, bes. Kirchenraum, meist in Form einer Halbkugel*

Kup|pe|lei ⟨f.; -; unz.⟩ **1** ⟨abwertend⟩ *Begünstigung od. Vermittlung einer geschlechtlichen Beziehung od. Heirat (durch fragwürdige Mittel)* **2** ⟨Rechtsw.; veraltet⟩ *gewohnheitsmäßige od. eigennützige Begünstigung fremder Unzucht*

kup|peln ⟨V.⟩ **1** ⟨500⟩ Lebewesen *od.* Gegenstände ~ *vereinigen, miteinander verbinden, zusammenbringen, koppeln* • **1.1** Tiere ~ *mit Riemen aneinanderbinden* **2** ⟨400⟩ *die Kupplung (3.2) betätigen* **3** ⟨410; veraltet⟩ *Kuppelei betreiben*

Kupp|lung ⟨f.; -, -en⟩ **1** ⟨unz.⟩ *das Verbinden zweier sich bewegender Teile mittels einer lösbaren Vorrichtung, das Kuppeln* **2** ⟨i. w. S.⟩ *Maschinenteil zur Verbindung zweier anderer Teile* **3** ⟨i. e. S.⟩ *Vorrichtung zum Verbinden eines ziehenden u. eines gezogenen Fahrzeugs* • **3.1** *Vorrichtung zum trennbaren Verbindung von Rohren u. Schläuchen bes. der Bremsen der Fahrzeuge* • **3.2** *Vorrichtung an Kraftfahrzeugen zur Herstellung od. zum Trennen der Verbindung zwischen Motor u. Getriebe; die* ~ *betätigen* • **3.2.1 mit schleifender** ~ *nicht ganz fest geschlossener Kupplung*

Kur ⟨f.; -, -en⟩ **1** *zur Heilung angewendete ärztliche Maßnahme;* Kaltwasser~, Trauben~, Trink~, *eine* ~ *anwenden, gebrauchen, machen* **2** *Aufenthalt in einem Kurort zu Heilzwecken; zur* ~ *(in ein Bad) fah-*

ren; ~arzt, ~klinik **3** jmdn. **in die ~ nehmen** ⟨fig.; umg.⟩ *zurechtweisen, ihm die Meinung sagen*

Kür ⟨f.; -, -en; bei sportl. Wettkämpfen⟩ *frei gewähltes bzw. zusammengestelltes Programm von Übungen, das an einem Wettkampf vorgetragen wird; eine ausgezeichnete, erstklassige ~ zeigen;* ~ *laufen*

Kü|ras|sier ⟨m.; -s, -e⟩ *Angehöriger einer Einheit der schweren Reiterei (urspr. in gepanzerter Ausrüstung)*

Ku|ra|tor ⟨m.; -s, -en⟩ **1** ⟨österr.⟩ *Vormund, gesetzlicher Vertreter* **2** ⟨selten⟩ *Beamter in der Universitätsverwaltung* **3** *Verwalter, Treuhänder einer Stiftung*

Ku|ra|to|ri|um ⟨n.; -s, -ri|en⟩ **1** *Amt eines Kurators* **2** *Aufsichtsbehörde von öffentlichen Körperschaften od. privaten Einrichtungen*

Kur|bel ⟨f.; -, -n⟩ *Hebel zum Drehen einer Welle*

kur|beln ⟨V. 400⟩ *an einer Kurbel drehen*

Kür|bis ⟨m.; -ses, -se; Bot.⟩ *Angehöriger einer Gattung der Kürbisgewächse mit lappenartigen Blättern, zwei- od. mehrspaltigen Ranken u. großen, glockenförmigen Blüten: Cucurbita*

Kur|fürst ⟨m.; -en, -en; bis 1806⟩ *Fürst, der das Recht hatte, den dt. König mitzuwählen*

Ku|rie ⟨[-riə] f.; -, -n⟩ **1** ⟨im alten Rom⟩ • **1.1** *einer der insgesamt 30 Familienverbände, Einheit der bürgerschaftlichen Gliederung* • **1.2** *Versammlungsraum des Senats* **2** ⟨heute⟩ • **2.1** *die päpstlichen Behörden* • **2.2** *der Hofstaat des Papstes*

Ku|rier ⟨m.; -s, -e⟩ *Bote, Eilbote; einen Brief durch, mit ~ schicken;* ~*dienst*

ku|rie|ren ⟨V. 550⟩ **1** *jmdn. von einer* **Krankheit** ~ *= heilen (1)* **2** *jmdn. von einer* **Einstellung,** *einem Verhalten ~* ⟨fig.⟩ *überzeugen, dass er sich nicht richtig verhalten hat; davon bin ich kuriert*

ku|ri|os ⟨Adj.⟩ **1** *merkwürdig, sonderbar* **2** *wunderlich, spaßig, komisch*

Ku|ri|o|si|tät ⟨f.; -, -en⟩ **1** ⟨unz.⟩ *kuriose Beschaffenheit, Seltsamkeit, Merkwürdigkeit; etwas (nur) der ~ wegen erzählen* **2** *kurioses Ding, kuriose Sache;* ~*en sammeln*

Kur|ort ⟨m.; -(e)s, -e⟩ *Ort mit Heilquelle od. günstigem Klima, der für bestimmte Kuren od. zur Erholung besonders geeignet ist; Höhen~, Klima~, Luft~*

Kur|pfu|scher ⟨m.; -s, -⟩ Sy *Quacksalber* **1** *jmd., der ohne ärztliche Vorbildung u. behördliche Genehmigung Kranke behandelt* **2** ⟨abwertend; umg.⟩ *schlechter, unfähiger Arzt*

Kurs ⟨m.; -es, -e⟩ **1** = *Richtung* • **1.1** *Fahrt-, Flugrichtung; ~ nehmen (auf); vom ~ abkommen; den ~ halten* • **1.2** ⟨fig.⟩ *Richtung in der Politik, in der Wirtschaft; den ~ ändern; harter, weicher ~; klarer, neuer ~* **2** *Preis der an der Börse gehandelten Wertpapiere* • **2.1** *Handelspreis einer Währung; Wechsel~;* die ~e *fallen, steigen, ziehen an* • **2.2** *hoch* **im** ~ *stehen* ⟨fig.⟩ *angesehen, beliebt sein* • **2.3** *außer* ~ *setzen für ungültig erklären* **3** oV *Kursus = Lehrgang;* Koch~; Sprach~

Kurs|buch ⟨n.; -(e)s, -bü|cher⟩ *Buch mit den Fahrplänen der Eisenbahn u. regionalen Linienbusse*

Kürsch|ner ⟨m.; -s, -⟩ **1** *Handwerker, der eine dreijährige Lehrzeit absolviert hat und berufsmäßig Pelz-*

bekleidung herstellt od. Kleidung mit Pelz füttert od. verziert **2** *schwarzer Käfer mit dunkelbraunen Flügeldecken, dessen Larve in Pelzwerk, Teppichen u. Ä. sehr schädlich werden kann, Pelzkäfer*

kur|sie|ren ⟨V. 400⟩ **1 Geld** *kursiert ist im Umlauf* **2 Nachrichten** ~ *werden von einem zum anderen weitergegeben*

kur|siv ⟨Adj. 24⟩ *schräg nach rechts verlaufend* (Druckschrift); ~*e Schrift*

Kurs|lei|ter ⟨m.; -s, -⟩ *jmd., der einen Kurs (3), einen Lehrgang leitet*

Kur|sus ⟨m.; -, Kur|se⟩ = *Kurs (3)*

Kurs|wa|gen ⟨m.; -s, -; Eisenb.⟩ *durchgehender Wagen, der vom Ausgangs- bis zum Bestimmungsbahnhof von verschiedenen Zügen befördert wird*

Kur|ti|sa|ne ⟨f.; -, -n⟩ *vornehme, elegante Geliebte eines Fürsten od. einer anderen bedeutenden Persönlichkeit*

Kur|ve ⟨[-və] od. [-fə] f.; -, -n⟩ **1** ⟨Math.⟩ *gekrümmte Linie* **2** • *eines Weges Krümmung, Biegung; eine enge, scharfe, steile, weite ~; eine ~ fahren, nehmen; in die ~ gehen; das Fahrzeug wurde aus der ~ getragen, geschleudert* **3** *die ~* **kratzen** ⟨fig.; umg.⟩ • **3.1** *sich schnell u. unauffällig entfernen* **4** *die ~* **raushaben, weghaben** ⟨fig.; umg.⟩ *eine Sache begriffen haben u. richtig, geschickt ausführen*

kur|vig ⟨Adj.⟩ *in der Art einer Kurve, in Kurven (verlaufend), gekrümmt, gebogen; eine ~e Straße*

kurz ⟨Adj. 22⟩ **1** ⟨räumlich⟩ *ein* **Gegenstand,** *eine* **Straße, Strecke** *ist ~ ist von verhältnismäßig geringer Längenausdehnung; ein Kleid mit ~en Ärmeln; die Ärmel, das Kleid kürzer machen; die Schnur ist zu ~; verliert u. lang gewinnt (beim Losen mit einem kurzen u. einem längeren Hölzchen)* • **1.1** *den* Kürzeren *ziehen* ⟨fig.⟩ *benachteiligt werden, nachgeben müssen, verlieren, unterliegen (nach der alten Form des Losens, bei der derjenige verlor, der das kürzere von zwei Hölzchen zog)* • **1.2** ~*es* **Haar** *haben H., das höchstens bis zum Nacken reicht* • **1.3** *der Rock ist dem Mädchen zu ~ geworden das M. hat den R. ausgewachsen;* →a. *Kopf (2.1.3)* **2** ⟨zeitl.⟩ • **2.1** *eine geringe Zeitspanne dauernd, vorübergehend; ein* ~*er Aufenthalt, Besuch;* ~*e Frist; sein* ~*es Leben; (eine)* ~*e Zeit; die Freude war nur von* ~*er Dauer; er muss noch ~ arbeiten, dann kommt er aber* • **2.1.1** *meine* **Zeit** *ist ~* **bemessen** *knapp, ich habe nicht viel Z.* • **2.2** ⟨50⟩ *bald, kurze (2.1) Zeit, eine kleine Zeitspanne; ~ bevor ich kam; ~ darauf; ~ nach fünf Uhr; ~ nach diesem Vorfall; ~ nachdem er gegangen war; seit ~em/*Kurzem*; ~ vor seinem Geburtstag; ~ vor acht Uhr; vor ~em/*Kurzem*; bis vor ~em/*Kurzem*; ~ vorher, zuvor; nach, vor ~er Zeit* • **2.2.1** *über ~ oder lang bald od. später* • **2.3** *während, innerhalb kurzer Zeit, schnell; kannst du das Tablett bitte ~ halten?;* ~ *entschlossen machte er kehrt; sich ~ entschließen* • **2.3.1** *in kürzester Frist (od.) Zeit so schnell wie möglich* • **2.3.2** *etwas auf dem kürzesten Wege erledigen möglichst schnell* • **2.3.3** *einen* ~*en* **Blick** *auf etwas werfen einen flüchtigen B.* • **2.3.4** ~ *und* **schmerzlos** ⟨fig.; umg.⟩ *ohne viel Umstände; die Sache verlief ~ und schmerzlos* **3** *eine* **Rede,** *ein* **Be-**

küssen

richt ist ~ ⟨fig.⟩ *knapp, gedrängt, bündig;* etwas ~ *und bündig erklären;* etwas *in, mit* ~en *Worten erklären* **4** ⟨fig.⟩ • **4.1** *alles* ~ *und klein schlagen entzweischlagen, zerstören* • **4.2** *zu* ~ *kommen weniger bekommen als andere* • **4.3** *jmdn.* ~ *abfertigen ungeduldig, barsch behandeln u. stehenlassen* • **4.4** ~ *angebunden barsch, unfreundlich* • **4.5** ~ *von Verstand dumm* • **4.6** *ein* ~*es* **Gedächtnis** *haben ein schlechtes G.* • **4.7** ~ *und gut um das Gesagte rasch zusammenzufassen, um es rasch zu Ende zu bringen* • **4.8** ~en **Atem** *haben* • **4.8.1** *mit Atembeschwerden behaftet, asthmatisch, kurzatmig sein* • **4.8.2** *nicht viel Ausdauer, Energie haben* • **4.9** ~en **Prozess** *machen* • **4.9.1** *mit einer Sache* ~en **Prozess** *machen entschlossen eingreifen und der S. ein Ende machen, sie erledigen* • **4.9.2** *mit jmdm.* ~en **Prozess** *machen jmdm. energisch erklären, was er zu tun hat, ohne Rücksicht über jmdn. verfügen;* ich habe mit ihm ~en Prozess gemacht **5** ~e **Welle** ⟨Physik⟩ *elektromagnetische W. im Bereich 10-100 m;* Kurzwelle **6** ⟨Getrennt- u. Zusammenschreibung⟩ • **6.1** ~ **fassen** = *kurzfassen* • **6.2** ~ **machen** = *kurzmachen* • **6.3** ~ **schneiden** = *kurzschneiden*

Kurz|ar|beit ⟨f.; -; unz.⟩ **1** *verkürzte Arbeitszeit* **2** *kürzere, schriftliche Schularbeit*

kurz∥ar|bei|ten ⟨V. 400⟩ *Kurzarbeit machen;* in dem Betrieb wird kurzgearbeitet; ⟨aber Getrenntschreibung⟩ kurz arbeiten → *kurz (2.1)*

Kür|ze ⟨f.; -, -n; Pl. selten⟩ **1** *räumlich kleine Ausdehnung;* die ~ der Strecke, des Weges **2** *Zeitspanne von geringer Dauer* • **2.1** *in* ~ *bald* **3** ⟨fig.⟩ *Bündigkeit, Knappheit;* ~ *des Ausdrucks, der Rede, des Stils* • **3.1** etwas in aller ~ *erzählen schnell, mit wenigen Worten* • **3.2** in der ~ *liegt die Würze* ⟨Sprichw.⟩ *eine knappe, treffende Darstellung ist besser als eine weitschweifige*

Kür|zel ⟨n.; -s, -; Stenografie⟩ *bestimmtes stark kürzendes Schriftzeichen*

kür|zen ⟨V. 500⟩ **1** *etwas* ~ *etwas um etwas vermindern* • **1.1** *ein Kleid* ~ *kürzer (1) machen* • **1.2** *ein Manuskript, eine Rede* ~ *an mehreren Stellen etwas aus einem M., einer R. streichen, Teile davon weglassen* • **1.3** *einen Bruch* ~ ⟨Math.⟩ *Zähler u. Nenner durch dieselbe Zahl teilen u. dadurch vereinfachen* • **1.4** ⟨530⟩ *jmdm. das Gehalt* ~ *jmdm. weniger G. bezahlen* • **1.5** *etwas tun, um sich die Zeit zu* ~ *um sich zu unterhalten, sich die Langeweile zu vertreiben* • **1.6** *Wörter* ~ ⟨Stenografie⟩ *verkürzen, abkürzen, nur Symbole schreiben*

kurz∥fas|sen *auch:* **kurz fas|sen** ⟨V. 500⟩ **I** ⟨Zusammen- u. Getrenntschreibung⟩ *einen Text* ~ *kürzen* **II** ⟨Vr 7; nur Zusammenschreibung⟩ **sich** *kurzfassen etwas mit wenigen Worten sagen*

kürz|lich ⟨Adj. 50⟩ *neulich, vor kurzer Zeit*

kurz∥ma|chen *auch:* **kurz ma|chen** ⟨V. 500⟩ **1** *etwas* ~ *schnell abschließen* • **1.1** ich will es ~ *es mit wenigen Worten zu Ende, zum Abschluss bringen, abschließen* • **1.2** mach's kurz! *rede nicht mehr viel!; sei nicht so umständlich!*

Kurz|schluss ⟨m.; -es, -schlüs|se⟩ *(unerwünschte) leitende Verbindung zweier gegeneinander unter Spannung stehender Leiter ohne dazwischengeschalteten Widerstand;* es ist ein ~ in der Leitung

kurz|schnei|den *auch:* **kurz schnei|den** ⟨V. 227/503/Vr 5 od. Vr 6⟩ **(jmdm.)** *etwas* ~ *durch Schneiden (deutlich) kürzen;* sich das Haar ~

Kurz|schrift ⟨f.; -, -en⟩ *Schrift mit verkürzten Schriftzeichen zur schnellen Niederschrift bes. von Diktaten, Reden usw.;* Sy *Stenografie*

kurz|sich|tig ⟨Adj.⟩ Ggs *weitsichtig* **1** *an Kurzsichtigkeit leidend* **2** ⟨fig.; abwertend⟩ *nicht vorausdenkend, nicht weitblickend, nur ans Nächstliegende denkend*

Kurz|sich|tig|keit ⟨f.; -; unz.⟩ **1** *mangelhafte Funktion des Auges, die auf einer Verlängerung der Augenachse od. zu starker Brechkraft der Linse beruht, wodurch das Sehen auf kurze Entfernung zwar noch möglich ist, das Bild aber auf normale u. weitere Entfernung unklar wird;* Ggs *Weitsichtigkeit* **2** ⟨fig.; abwertend⟩ *Mangel an Weitblick;* Ggs *Weitsichtigkeit*

kurz|tre|ten ⟨V. 268/400(s.)⟩ **1** ⟨fig.; umg.⟩ *sich zurückhalten, bescheiden sein, sparsam sein* **2** ⟨fig.⟩ *mit seinen Kräften haushalten, sich nicht zu sehr anstrengen;* er muss nach seiner Krankheit jetzt etwas ~ ⟨umg.⟩

kurz|um ⟨Adv.⟩ *um zusammenfassend zu einem Ende zu kommen, um es kurz zu machen*

Kür|zung ⟨f.; -, -en⟩ *das Kürzen*

Kurz|wa|ren ⟨Pl.⟩ *kleine Gegenstände für den Nähbedarf, z. B. Knöpfe, Zwirn, Bänder, Schnallen, Nadeln*

Kurz|weil ⟨f.; -; unz.⟩ **1** *leichte Unterhaltung, Zeitvertreib* • **1.1** (allerlei) ~ *treiben sich vergnügen*

kusch! ⟨Int.⟩ **1** *leg dich!, still! (Aufforderung an den Hund)* **2** ⟨derb⟩ *sei still!*

ku|scheln ⟨V. 511/Vr 3⟩ **sich an jmdn.** od. **in etwas** ~ *sich behaglich an jmdn. anschmiegen od. in etwas schmiegen;* sich in jmds. Arme ~; sich in die Kissen, in einen Sessel ~

ku|schen ⟨V. 402/Vr 3⟩ **1** *ein Hund kuscht sich legt sich nieder* **2** ⟨fig.⟩ *sich fügen, nachgeben, schweigen;* vor jmdm. od. etwas ~

Ku|si|ne ⟨f.; -, -n⟩ *Tochter des Onkels od. der Tante;* oV *Cousine;* Sy *Base¹ (1)*

Kuss ⟨m.; -es, Küs|se⟩ *Aufdrücken der Lippen auf den Körper, bes. Wange, Stirn, Mund od. Hand eines anderen Menschen (als Liebes- od. Ehrfurchtsbezeugung);* jmdm. einen ~ geben; Küsse tauschen; ein flüchtiger, glühender, heimlicher, heißer, herzlicher, inniger, langer, scheuer, zärtlicher ~; jmdn. mit einem ~ begrüßen, wecken; er bedeckte ihr Gesicht mit Küssen; Gruß und ~ Dein X (als Briefschluss); tausend Grüße und Küsse Dein X (als Briefschluss); einem Mädchen einen ~ rauben ⟨poet.⟩

küs|sen ⟨V. 500⟩ **1** ⟨Vr 8⟩ *jmdn.* ~ *jmdm. einen Kuss od. Küsse geben;* es grüßt und küsst Dich Dein X (als Briefschluss); jmdn. herzen und ~; jmdn. heiß, heftig, leidenschaftlich, wild, zärtlich ~; jmdn. auf den Mund, die Wange, die Stirn ~; einer Dame die Hand ~ (bes. als Zeichen der Höflichkeit od. Verehrung); Küss die Hand! (österr., bes. wiener. Verabschie-

Küste

dungsformel an Frauen); sie küssten sich ⟨umg.⟩ eigtl.: einander⟩ **2 etwas** ~ *mit den Lippen etwas berühren (als Zeichen großer Ehrfurcht od. Unterwerfung);* den Ring, die Füße ~

Küs|te ⟨f.; -, -n⟩ **1** *Gestade, Meeresufer, Grenzbereich zwischen Land u. Meer;* felsige, flache, steile ~; an der ~ entlangfahren **2** *Landschaft am Meeresufer;* an der ~ wohnen; die deutsche, französische ~

Küs|ter ⟨m.; -s, -⟩ *Angestellter, der die Kirche u. ihre Einrichtungen beaufsichtigt u. niedere Kirchendienste tut*

Ku|ti|ku|la ⟨f.; -, -s od. -ku|len; Biol.⟩ *bei bestimmten Tieren u. Pflanzen ein von den Zellen der Körperoberfläche ausgeschiedenes dünnes Häutchen, das aus organischem Material u. für Wasser u. Gase fast unpassierbar ist*

Kut|sche ⟨f.; -, -n⟩ *gefederter, mit einem Verdeck versehener Pferdewagen mit einem od. mehreren Gespannen zur Beförderung von Personen;* Post~, Staats~, Hochzeits~

Kut|scher ⟨m.; -s, -⟩ *Lenker eines Pferdewagens*

kut|schie|ren ⟨V.⟩ **1** ⟨400⟩ *eine Kutsche lenken;* ~ lernen, können **2** ⟨400(s.); umg.⟩ *fahren;* durch die Gegend, durchs Land ~ **3** ⟨500⟩ jmdn. ~ ⟨umg.⟩ *jmdn. mit einem Fahrzeug (bes. Auto) transportieren, chauffieren*

Kut|te ⟨f.; -, -n⟩ *bis zu den Füßen reichender, weiter, wollener, mit Strick gegürteter Rock der Mönche, mit Kapuze;* Mönchs~

Kut|teln ⟨Pl.⟩ = *Kaldaunen*

Kut|ter ⟨m.; -s, -⟩ **1** *einmastiges, hochseetüchtiges, sehr wendiges Schiff mit mehreren Segeln;* Fisch~ **2** *Küstenfahrzeug mit Motor u. Ä. bis etwa 150 t ohne Segel* **3** *Beiboot auf Kriegsschiffen, zuweilen mit zwei Masten*

Ku|vert ⟨[-vɛrt] od. [-veːr] n.; -s, -s⟩ ⟨schweiz.⟩ oV *Convert* **1** *Briefumschlag* **2** ⟨geh.⟩ = *Gedeck (1)*

Ky|ber|ne|tik ⟨f.; -; unz.⟩ *(mathematische) Wissenschaft, die sich mit der Struktur, den Beziehungen u. dem Verhalten verschiedenster natürlicher od. künstlicher Systeme befasst u. insbes. das Prinzip der automatisierten Aufnahme, Verarbeitung u. Übertragung von Information zum Gegenstand hat*

Ky|rie ⟨[-rie:] n.; -; unz.; kurz für⟩ *Kyrieeleison*

Ky|rie|elei|son ⟨[-rie:-] n.; -s, -s; kath. Kirche⟩ **1** *der Bittruf „Kyrie eleison!" (Herr, erbarme dich!)* **2** *meist dreimal wiederholter (gesungener) Bittruf „Kyrie eleison" als Teil der Messe bzw. Liturgie*

ky|ril|lisch ⟨Adj. 24⟩ oV *zyrillisch* **1** ~e **Schrift** *nach dem Slawenapostel Kyrillos benannte Schrift der griechisch-orthodoxen Slawen* **2** *mit den Zeichen der kyrillischen Schrift (geschrieben), die kyrillische Schrift betreffend, zu ihr gehörig*

KZ ⟨Abk. für⟩ *Konzentrationslager*

laben ⟨V. 505/Vr 3; geh.⟩ *sich* (**an etwas**) ~ *genussvoll essen od. trinken, sich stärken;* wir labten uns an reifen Früchten

labil ⟨Adj.⟩ **1** ~e Lage *zur Veränderung neigende, vorübergehende L.;* Ggs *stabil (1-1.1);* ~e Wetterlage; ~e politische Zustände ● **1.1** ⟨24⟩ ~es **Gleichgewicht** *G., bei dem ein Körper bei einer kleinen Verschiebung seiner Lage von außen sich von der alten Lage zu entfernen sucht* **2** jmd. ist ~ *leicht zu beeinflussen, von seinen Vorsätzen leicht abzubringen;* ein ~er Mensch, Charakter; sich ~ verhalten **3** eine ~e **Gesundheit** haben *häufig krank werden*

Labor ⟨schweiz. ['--] n.; -s, -s od. -e⟩ **1** *Forschungsstätte für medizinische, naturwissenschaftliche od. technische Experimente, Untersuchungen u. Arbeiten;* Röntgen~, Dental~, Foto~, Sprach~ **2** *Arbeitsraum, in dem ein Labor (1) untergebracht ist*

Laborant ⟨m.; -en, -en; Berufsbez.⟩ *Fachkraft für Laborarbeiten;* Chemie~

Laborantin ⟨f.; -, -tin|nen⟩ *weibl. Laborant*

laborieren ⟨V. 800⟩ **an etwas** ~ ⟨fig.; umg.⟩ *längere Zeit mit etwas zu tun haben, sich mit etwas abmühen;* er laboriert schon zwei Monate an seiner Grippe

Labyrinth ⟨n.; -(e)s, -e⟩ **1** = *Irrgarten* **2** ⟨Anat.⟩
● **2.1** *Gleichgewichts- u. Hörorgan der Wirbeltiere u. des Menschen;* Ohr~ ● **2.2** *Atemorgan eines Fisches* **3** ⟨fig.⟩ *Durcheinander, Wirrwarr*

Läche[1] ⟨f.; -, -n⟩ *Stelle an Nadelbäumen, an der die Rinde entfernt wurde, damit dort das Harz austritt u. gewonnen werden kann*

Lache[2] ⟨f.; -, -n⟩ **1** *kleine Ansammlung von Flüssigkeit, Pfütze;* Blut~, Wasser~ **2** *Tümpel*

Lache[3] ⟨f.; -; unz.; umg.⟩ *eine bestimmte Art zu lachen;* alberne, hässliche, heisere, laute, dreckige ~

lächeln ⟨V.⟩ **1** ⟨400⟩ *lautlos lachen, die Lippen zu einem Lachen verziehen;* freundlich, gütig, herablassend, milde, nachsichtig, spöttisch ~; „....", sagte er ~d; ein Lächeln spielte, huschte um seine Lippen; sie dankte ihm mit einem Lächeln **2** ⟨800⟩ **über** eine **Sache** ~ ⟨a. fig.⟩ *eine S. nicht ernst nehmen, sie lächerlich finden;* darüber kann ich nur ~; er lächelte über ihre vergeblichen Anstrengungen ● **2.1** mit einem Lächeln über eine Sache hinwegsehen *kein großes Aufhebens machen*

lachen ⟨V.⟩ **1** ⟨400⟩ *Freude, Heiterkeit od. Spott äußern durch Verziehen des Gesichts und stoßweises Ausatmen, bei dem Laute produziert werden;* Ggs *weinen;* freundlich, fröhlich, hämisch, herzhaft, herzlich, laut, leise ~; jmdm. zum Lachen bringen; sich das Lachen verbeißen; über das ganze Gesicht ~; ein lautes Lachen war die Antwort; alle stimmten in sein Lachen ein; lauthals ~; aus vollem Halse ~; schallend, dröhnend ~; brüllen, sich zerreißen, umfallen vor Lachen; „....!", sagte er ~d; die ~den Erben ⟨umg.; scherzh.⟩ ● **1.1** ⟨500⟩ **Tränen** ~ *so lachen, dass die T. kommen* ● **1.2** ⟨611⟩ jmdm. ins Gesicht ~ *jmdn. frech anlachen* ● **1.3** eine Sache mit einem ~den und einem weinenden Auge betrachten *froh und betrübt zugleich* ● **1.4** mir ist **nicht zum** Lachen *ich fühle mich traurig, bin ernst gestimmt, wenn ihr auch lacht.* **1.5** da gibt es nichts zu ~ *das ist sehr ernst, unerfreulich* ● **1.5.1** er hat bei ihr nichts zu ~ ⟨fig.; umg.⟩ *sie behandelt ihn schlecht od. herrisch;* →a. *können (2.1)* **2** *Triumph, Sieg, Erfolg durch Lachen (1) äußern* ● **2.1** ⟨400 m. Hilfsverb⟩ ja, er kann ~! ⟨umg.⟩ *er hat erreicht, was er will* ● **2.2** ⟨530/Vr 1⟩ er lachte sich eins ⟨umg.⟩ *er triumphierte heimlich* ● **2.2.1** sich (eins) ins Fäustchen ~ *schadenfroh u. heimlich (lachend) triumphieren* ● **2.3** der ~de Dritte *der, der den Vorteil von einer Angelegenheit zwischen zweien hat* ● **2.4** das wäre ja gelacht, wenn wir das nicht könnten! ⟨umg.⟩ *das wäre eine Schande, wenn ..., aber sicher können wir das!;* →a. *Ast (3.1)* **3** ⟨800⟩ **über** jmdn. od. etwas ~ *spotten, sich über jmdn. od. etwas lustig machen;* über eine ungeschickte Handbewegung ~; sie lachte nur über seine Drohungen, Mahnungen **4** eine **Sache** ist zum Lachen *eine S. ist lächerlich, unglaubhaft, unsinnig* ● **4.1** dass ich nicht lache! *das ist ja lächerlich, unglaubhaft, unsinnig* **5** ⟨fig.⟩ ● **5.1** ⟨400⟩ die **Sonne** lacht ⟨poet.⟩ *scheint hell, strahlt* ● **5.2** ⟨600⟩ das **Glück** lacht jmdm. ⟨poet.⟩ *jmd. hat G.* ● **5.3** ⟨400⟩ da ~ ja die Hühner! ⟨umg.⟩ *das ist ja lächerlich* ● **5.4** gut ~ **haben, können** ⟨umg.⟩ *Grund, Anlass haben, guter Laune zu sein* ● **5.4.1** du hast gut ~! *für dich ist es leicht zu lachen, weil du nicht das zu tun brauchst, was ich tun muss* ● **5.5** wer zuletzt lacht, lacht am besten ⟨Sprichw.⟩ *auch für den, der anfangs Pech hat, kann sich noch alles zum Guten wenden*

lächerlich ⟨Adj.⟩ **1** etwas ist ~ *ist so beschaffen, dass man darüber (spöttisch) lachen muss; das ist ja (einfach) ~!* ● **1.1** sich ~ **machen** *sich so benehmen, dass andere darüber lachen, spotten;* machen Sie sich nicht ~! ● **1.2** jmdn. ~ **machen** *so über jmdn. reden od. sich so jmdm. gegenüber verhalten, dass die anderen über ihn lachen, spotten* ● **1.3** eine ~e Figur machen *sich blamieren* **2** eine **Sache** ist ~ *töricht, nicht ernst zu nehmen;* wegen dieser ~en Kleinigkeit brauchst du dich nicht aufzuregen! ● **1.4** eine ernste Sache ins Lächerliche ziehen *eine ernste S. so behandeln, dass die anderen darüber lachen, den Ernst der Sache nicht mehr begreifen* **3** ⟨70⟩ *etwas* ist ~ *unbedeutend, gering(fügig);* einen ~en Preis für etwas bezahlen; ein ~ niedriger Preis

Lachs ⟨[-ks] m.; -es, -e; Zool.⟩ *in den nordeuropäischen Meeren heimischer Raubfisch, der zum Laichen flussaufwärts wandert:* Salmo salar; Sy Salm[1]

Lack ⟨m.; -(e)s, -e⟩ *zur Veredelung od. zum Schutz von Oberflächen verwendete Lösung, Suspension (3) von*

lackieren

Harzen, Kunstharzen od. Erzeugnissen aus Zellulose, die, mit Farbstoffen versetzt, auf die zu lackierenden Gegenstände aufgebracht wird

la|ckie|ren ⟨V. 500⟩ *Gegenstände* ~ *mit Lack überziehen*

La|de ⟨f.; -, -n⟩ **1** *hölzerner, eckiger, breiter Behälter mit Deckel, Truhe, Kasten* **2** ⟨kurz für⟩ *Schublade* **3** *Sarg* **4** ⟨AT⟩ *heiliger Schrein der Israeliten mit den Gesetzestafeln des Moses; Bundes~* **5** *Teil des Webstuhls, der die Weberschiffchen aufnimmt*

La|de|hem|mung ⟨f.; -, -en⟩ **1** *Unfähigkeit einer Feuerwaffe, geladen zu werden od. aber sich selbst zu laden* **2** ~ *haben* ⟨fig.; umg.⟩ *starke Hemmung haben, etwas zu sagen od. zu tun, was man in diesem Augenblick sagen od. tun müsste*

la|den[1] ⟨V. 174⟩ **1** ⟨500⟩ **Waren** ~ *aufladen, auf einen Wagen od. ein Schiff (zum Transport) bringen;* Kartoffeln, Kohlen, Kasten ~; Fracht, Waren auf einen Wagen ~; Lasten auf Lasttiere ~; der Wagen hat zu schwer geladen **2** ⟨500⟩ *eine* **Waffe** ~ *mit Munition versehen, ein od. mehrere Geschosse in eine W. einlegen;* die Waffe ist scharf geladen; ein Gewehr mit Kugeln, mit Schrot ~; Vorsicht, die Pistole ist geladen! • **2.1** geladen sein ⟨fig.; umg.; scherzh.⟩ *wütend sein* • **2.2** auf jmdn. geladen sein ⟨fig.; umg.⟩ *wütend auf jmdn. sein* **3** ⟨500⟩ *einen* **Akku** ~ *mit einer elektrischen Ladung versehen;* **3.1** er ist mit (neuer) Energie geladen ⟨fig.; umg.⟩ *sehr erholt, gekräftigt, arbeitsfreudig* • **3.2** die Atmosphäre war mit Spannung geladen ⟨fig.⟩ *man spürte die Spannung deutlich* **4** ⟨550⟩ *eine* **Sache auf sich** ~ *eine S. auf sich nehmen, sich einer schwierigen S. unterziehen, sich mit einer S. belasten;* die Verantwortung auf sich ~; eine Schuld auf sich ~ • **4.1** ein Verbrechen auf sich ~ *ein V. begehen* • **4.2** jmds. Hass auf sich ~ *sich jmds. Hass zuziehen* **5** ⟨413⟩ jmd. hat schwer geladen ⟨fig.; umg.; scherzh.⟩ *ist betrunken*

la|den[2] ⟨V. 174/500⟩ **1** *jmdn.* ~ ⟨geh.⟩ *einladen; jmdn. zum Essen, zum Kaffee* ~; *jmdn. zu einer Versammlung* ~; *Aufführung für geladene Gäste* **2** ⟨510⟩ *jmdn. als Zeugen, vor Gericht* ~ ⟨Rechtsw.⟩ **jmdn.** ~ *fordern, dass sich jmd. zu einer bestimmten Stunde an einem bestimmten Ort einfindet*

La|den ⟨m.; -s, Lä|den⟩ **1** *Raum (mit Schaufenster), in dem Waren verkauft werden, Geschäft;* Schreibwaren~; einen ~ eröffnen, aufmachen; der ~ ist von 8 bis 18 Uhr geöffnet; den ~ um acht Uhr schließen • **1.1** den ganzen Tag im ~ stehen *Kunden im Geschäft bedienen* **2** *Verschluss des Fensters von außen zum Vorklappen od. zum Hinaufziehen u. Herunterlassen;* Fenster~; Rollladen; ein Haus mit grünen Läden; den ~ herunterlassen **3** ⟨unz.; fig.; umg.⟩ *Unternehmen, Angelegenheit* • **3.1** der ~ klappt *die Sache ist in Ordnung, läuft* • **3.2** wir werden den ~ schon schmeißen *die Sache erledigen, zustande bringen* • **3.3** wenn es jetzt so weitergeht, dann kann er seinen ~ (bald) zumachen *dann ist er ruiniert, erledigt, am Ende* • **3.4** er würde am liebsten den ~ hinschmeißen *die Sache aufgeben, sich davon zurückziehen*

La|den|hü|ter ⟨m.; -s, -; fig.; abwertend⟩ *Ware, die eine lange Zeit zum Verkauf ausliegt und nicht verkauft wird*

La|den|schluss ⟨m.; -es; unz.⟩ *Zeit, zu der ein Laden geschlossen wird;* kurz vor ~ noch etwas kaufen; Gesetz zur Verlängerung des ~es

lä|die|ren ⟨V. 500⟩ **1** *Sachen* ~ = *beschädigen* (1) **2** *Personen* ~ = *verwunden* (1)

La|dung ⟨f.; -, -en⟩ **1** *die geladenen Güter, Fracht;* eine ~ Getreide; die ~ eines Lastwagens, eines Schiffes **2** ⟨umg.⟩ *Menge;* und ich bekam die ganze ~, eine ~ voll Schmutz, Schnee, Wasser ins Gesicht **3** *Füllung, Inhalt eines Hochofens* **4** ⟨Waffenk.⟩ • **4.1** *die Menge Pulver, die nötig ist, um ein Geschoss zu treiben;* Treib~ • **4.2** *Ladungsraum bei Handfeuerwaffen* **5** ⟨Rechtsw.⟩ *Aufforderung, zu einem bestimmten Zeitpunkt zu erscheinen, Vorladung;* die ~ des Zeugen, Angeklagten **6** ⟨Phys.⟩ *Elektrizitätsmenge, die auf einem Körper vorhanden ist*

La|dy ⟨[leɪdi] f.; -, -s; in Engl.⟩ *Dame*

La|ge ⟨f.; -, -n⟩ **1** *Stellung, Anordnung (eines Körpers), bezogen auf einen Raum od. eine Fläche;* die ~ des Hauses, des Grundstücks; eine günstige, ungünstige, schöne ~; Luftkurort in schöner, ruhiger ~; ein Haus in Hang~; in höheren ~n hört der Baumwuchs auf; eine schräge, senkrechte, waagerechte ~; eine bequeme, unbequeme ~ **2** *Zustand, derzeitige Stellung, Position (einer Person od. Sache), bezogen auf politische, gesellschaftliche, wirtschaftl. od. persönliche Verhältnisse;* Sy *Situation;* Lebens~; Wirtschafts~; die ~ hat sich gebessert, gewandelt, verschlechtert; die allgemeine, politische, wirtschaftliche ~; sich in einer bedauernswerten, peinlichen, schlimmen, schwierigen, unangenehmen ~ befinden; die ~ ist ernst, hoffnungslos; er befindet sich in einer glücklichen ~, dass er sich das leisten kann; jmdn. aus einer schwierigen ~ befreien; sich in einer schwierigen ~ befinden; jmd. in eine schwierige ~ bringen; in eine schwierige ~ geraten; ich möchte nicht in seiner ~ sein; nach ~ der Dinge können wir das nicht tun • **2.1** jmdn. in die ~ versetzen, etwas zu tun *jmdm. dazu verhelfen* • **2.2 in** der ~ **sein**, etwas zu tun *imstande, fähig sein, etwas zu tun, etwas tun können;* ich bin heute nicht in der ~ zu kommen • **2.3** die ~ **peilen** ⟨umg.⟩ *die Situation erkunden, den derzeitigen Zustand ermitteln* **3** *Schicht;* eine ~ von Steinen; abwechselnd eine ~ Fleisch und eine ~ Kartoffelscheiben; jeweils eine ~ Papier, eine ~ Holz **4** ⟨umg.⟩ *Bier od. Schnaps für eine kleine Tischgesellschaft, Runde;* eine ~ Bier, Schnaps spendieren • **5** ⟨ostmitteldt.⟩ *Stubendecke* **6** ⟨Buchw.⟩ *bestimmte Anzahl von Papierbogen, meist so viel, wie von Hand bewegt werden können* **7** ⟨Mus.⟩ *Tonhöhe, Höhe, Umfang der Stimme;* Ton~, Stimm~; hohe, tiefe ~

La|ger ⟨n.; -s, -⟩ **1** ⟨Pl. umg. a.: Läger⟩ *Raum, in dem Waren aufbewahrt werden;* Waren~, Vorrats~ • **1.1** eine Ware (nicht) auf, am ~ haben *vorrätig haben* • **1.2** das ~ **räumen** ⟨Kaufmannsspr.⟩ *alle Waren verkaufen* • **1.3** Vorschläge **auf** ~ **haben** ⟨fig.⟩

bereithalten, machen können **2** *Stätte zum Schlafen, Ruhen;* Kranken~; Nacht~; Ruhe~; Stroh~; ein einfaches, hartes, weiches ~; jmdm. ein ~ zurechtmachen • 2.1 ~ des Nieder- u. Schwarzwildes ⟨Jägerspr.⟩ *Ruheplatz* **3** *Gelände mit Wohn- u. sanitären Anlagen sowie Küche u. Verwaltungsräumen zum vorübergehenden Unterbringen von Personen;* Ferien~, Flüchtlings~, Gefangenen~, Internierungs~; im ~ arbeiten • 3.1 *Lager (3) zur Erholung für Jugendliche;* Sy *Kolonie (5);* Sommer~ • 3.2 *längerer Aufenthalt im Freien;* Ferien~, Zelt~ • 3.2.1 *alle zum Lager (3.2) gehörenden Gegenstände;* das ~ abbrechen **4** ⟨Geol.⟩ *Schicht von Gesteinen od. Mineralien* **5** ⟨Bot.⟩ *reich gegliederter Körper von nicht in einzelne Organe gegliederten Pflanzen wie Algen, Pilze, Flechten: Thallus;* ~ pflanzen **6** ⟨Tech.⟩ • 6.1 *Bauteil, der die Lasten von Tragwerken aufnimmt u. auf einen stützenden Körper überträgt;* Balken~, Wider~ • 6.2 *Maschinenteil, der drehende od. auch schwingende Maschinenteile aufnimmt u. sie führt;* Gleit~; Rollen~; Kugel~ **7** ⟨fig.⟩ *Gruppe von Personen, die in einer Sache eine einheitliche Meinung vertritt;* ins gegnerische ~ überlaufen; die Partei spaltete sich bald nach der Koalitionskrise in mehrere ~

la|gern ⟨V.⟩ **1** ⟨500⟩ *etwas ~ längere Zeit aufbewahren, speichern;* Nahrungsmittel ~ **2** ⟨400⟩ *etwas lagert liegt längere Zeit auf Lager, wird aufbewahrt;* der Wein muss noch ~; eine Ware lagert im Keller, Speicher usw. • 2.1 ~de Post *am Schalter abzuholende Post* **3** ⟨500⟩ *jmdn. ~ bequem hinlegen, betten;* den Verunglückten auf eine Bahre ~; den Kopf eines Ohnmächtigen hoch, tief ~; ein verletztes Glied ruhig ~ **4** ⟨500/Vr 3⟩ **Getreide** *lagert* **sich** *sinkt durch Nässe od. Sturm um* **5** ⟨500/Vr 3⟩ *sich ~ sich im Freien für einige Zeit niederlassen, im Freien rasten;* sich auf dem Waldboden, sich ins Gras ~ **6** ⟨400⟩ *ein Lager im Freien aufschlagen, im Freien ausruhen, rasten;* ein Teil des Heeres lagerte am Fluss • 6.1 *die Nacht im Freien zubringen* **7** ⟨Zustandspassiv⟩ **anders** *gelagert sein andersartig, nicht von derselben Beschaffenheit sein* • 7.1 dieser Fall ist anders gelagert *liegt anders*

La|gu|ne ⟨f.; -, -n⟩ *vom offenen Meer durch Landstreifen od. Riffe abgetrennter See*

lahm ⟨Adj.⟩ **1 jmd.** *ist ~ ist infolge eines körperlichen Schadens bewegungsunfähig, gehbehindert od. unfähig zu gehen;* von Geburt an ~ sein • 1.1 **jmd. geht** ~ *hinkt;* →a. *krumm (1.2)* **2** *ein* **Tier** *ist ~ hinkt* **3** *ein* **Körperteil** *od. ein* **Glied** *ist ~ ist kraftlos, gelähmt;* einen ~en Arm, ein ~es Bein haben **4 jmd.** *od. ein* **Körperteil von jmdm.** *ist ~ müde, erschöpft, steif;* mir ist der Rücken (ganz) ~ vom vielen Bücken **5** jmd. ist ~ ⟨fig.⟩ *schwach, schlapp, langweilig, ohne Schwung;* ein ~er Kerl **6** eine **Sache** ist ~ ⟨fig.⟩ *langweilig;* ein ~er Film **7** eine ~e Entschuldigung ⟨fig.⟩ *nicht ausreichende E.*

läh|men ⟨V. 500⟩ **1** *etwas lähmt* **jmdn.** *macht jmdn. lahm, beraubt jmdn. der Fähigkeit, sich zu bewegen* • 1.1 gelähmt **sein** *unbeweglich sein, nicht gehen können;* er war wie gelähmt vor Schreck **2** ⟨402⟩ *etwas lähmt* (**jmdn.** od. **etwas**) *beraubt der Tatkraft, macht unwirksam;* die Angst lähmte ihre Entschlusskraft; ~de Angst, ~des Entsetzen befiel, ergriff sie

lahm‖le|gen ⟨V. 500⟩ **jmdn.** *od.* **etwas** *~ die Möglichkeit zu wirken nehmen, an weiterer Tätigkeit hindern;* die Krankheit hat ihn lange Zeit lahmgelegt; den Verkehr, eine Eisenbahnstrecke ~

Laib ⟨m.; -(e)s, -e⟩ *rund od. oval geformte, feste Masse;* Brot~; ein ~ Brot, Käse

Laich ⟨m.; -(e)s, -e; Zool.⟩ *die ins Wasser abgelegten, von einer Schleim- oder Gallerthülle umgebenen Eier der Mollusken, Fische u. Amphibien*

Laie ⟨m.; -n, -n⟩ **1** *jmd., der von einem (bestimmten) Fach nichts versteht, Nichtfachmann* **2** *jmd., der kein Geistlicher ist*

Lai|en|spiel ⟨n.; -(e)s, -e⟩ *Theateraufführung, Theaterspiel von nicht schauspielerisch ausgebildeten Personen*

La|kai ⟨m.; -en, -en⟩ **1** *fürstlicher od. herrschaftlicher Diener* **2** ⟨fig.⟩ *unterwürfiger, kriecherischer Mensch*

La|ke ⟨f.; -, -n⟩ *Salzbrühe zum Einpökeln od. Einsalzen von Lebensmitteln (bes. Fleisch od. Fisch)*

La|ken ⟨n.; -s, -⟩ **1** *Betttuch;* Bett~ **2** *großes Tuch;* Bade~

la|ko|nisch ⟨Adj.⟩ **1** *einsilbig, wortkarg, verdrießlich;* er gab eine ~e Auskunft **2** *kurz u. treffend (Stil);* eine ~e Bemerkung

La|kritz *auch:* **Lak|ritz** ⟨m. od. n.; -es, -e⟩ = *Lakritze*

La|krit|ze *auch:* **Lak|rit|ze** ⟨f.; -, -n⟩ *schwarze Masse aus dem Saft von Süßholz, aus der z. B. Süßwaren hergestellt werden;* oV *Lakritz*

lal|len ⟨V. 402⟩ (**etwas**) ~ *mit gehemmter Zunge unartikuliert sprechen*

La|ma¹ ⟨n.; -s, -s; Zool.⟩ *Kamelschaf, das in Südamerika als Lasttier u. als Lieferant von Fleisch u. Wolle gehalten wird: Lama glama*

La|ma² ⟨m.; -s, -s⟩ *Priester, Mönch im tibetischen Buddhismus*

La|mé ⟨m.; -s, -s⟩ = *Lamee*

La|mee ⟨m.; -s, -s; Textilw.⟩ *Seidengewebe, das mit Metallfäden durchwirkt ist;* oV *Lamé*

La|mel|le ⟨f.; -, -n⟩ **1** *dünnes Blättchen, dünne Scheibe* **2** ⟨Tech.⟩ • 2.1 *Scheibe aus Metall, Papier, Kunststoff* • 2.2 *Rippe, Glied eines Heizkörpers* **3** ⟨Bot.⟩ *streifenförmiger Träger des Fruchtkörpers unter dem Hut der Blätterpilze*

la|men|tie|ren ⟨V. 405⟩ (**über etwas** od. **jmdn.**) ~ *wehklagen, jammern*

La|men|to ⟨n.; -s, -s⟩ **1** ⟨Mus.⟩ *Klagelied (im Madrigal u. in der ital. Oper des 17. u. 18. Jh.)* **2** ⟨allg.⟩ *Wehklage, Klage, Gejammer*

La|met|ta ⟨n.; -s; unz.; österr. a.: f.; -; unz.⟩ **1** *dünner schmaler Streifen aus Metallfolie (als Christbaumschmuck)* **2** ⟨umg.; scherzh.⟩ *(viele) Orden (an der Brust)*

Lamm ⟨n.; -(e)s, Läm|mer⟩ **1** *junges Schaf* **2** *junge Ziege* **3** *Sinnbild der Unschuld u. Geduld;* geduldig, unschuldig wie ein ~ sein • 3.1 das ~ Gottes ⟨fig.; poet.⟩ *Christus*

Lam|pe¹ ⟨f.; -, -n⟩ **1** *Gerät zum Erzeugen von Licht durch Verbrennung, Erhitzung od. Gasentladung;* Bogen~, Gas~, Glüh~, Öl~, Petroleum~; die ~ anzünden, ein-, ausschalten **2** = *Leuchte (1)*; Hänge~; Taschen~; Steh~; Schreibtisch~; beim (traulichen) Schein der ~

Lam|pe² ⟨m.; -; unz.⟩ *Meister ~ der Hase (in der Tierfabel)*

Lam|pen|fie|ber ⟨n.; -s; unz.⟩ *Erregung, Angst, Nervosität (des Schauspielers) vor dem öffentlichen Auftreten;* ~ haben; an ~ leiden

Lam|pi|on ⟨[lãpjõ:] od. [lampjɔŋ], österr. [-jo:n] m. od. n.; -s, -s⟩ *Laterne aus buntem Papier od. bunter Seide mit einer Kerze im Innern*

Land ⟨n.; -(e)s, Län|der⟩ **1** ⟨unz.⟩ *abgegrenztes, bestimmtes Stück Erdboden, Grundstück, Grundbesitz;* Bau~; 50 Hektar ~; ein Stück ~ besitzen • **1.1** *zur landwirtschaftlichen Nutzung bestimmtes Land (1);* Acker~, Weide~, Wald~; fruchtbares, unfruchtbares ~ **2** ⟨unz.⟩ *Festland, nicht mit Wasser bedeckter Teil der Erdoberfläche;* (wieder) festes ~ unter den Füßen haben; (vom Schiff aus) an ~ gehen od. steigen; an od. ans ~ schwimmen, steigen; Streitkräfte zu Wasser, zu ~e und in der Luft; auf trockenem ~(e); ~ in Sicht **3** ⟨unz.⟩ *Gebiet, Gegend, wo Landwirtschaft betrieben wird;* Ggs *Stadt;* Stadt und ~; aufs ~ gehen, reisen, ziehen; auf dem ~(e) leben, wohnen; ein ebenes, flaches, hügeliges, offenes, weites ~ **4** ⟨unz.⟩ *Wald, Wiese u. Feld, freie Gegend, Landschaft;* über ~ gehen **5** ⟨Pl. poet.: -e⟩ *von Grenzen umgebenes Gebiet, Staat;* von ~ zu ~ fahren, reisen; ferne, fremde Länder; die Vertreter aller Länder; nördliche, südliche Länder; das ~ meiner Träume, meiner Sehnsucht; andere Länder, andere Sitten; ~ und Leute kennenlernen; in fernen ~en (poet.) • **5.1** *Menschen aus aller Herren Länder(n) von überallher* • **5.2** *außer ~es gehen einen Staat verlassen* • **5.3** *jmdn. des ~es verweisen jmdm. den Aufenthalt im Staat verbieten* **6** ⟨1919-1949⟩ *Gliedstaat des Deutschen Reiches u. der Nachfolgestaaten;* ~ Preußen • **6.1** ⟨1949-1952⟩ *Gliedstaat der DDR;* ~ Sachsen, Mecklenburg • **6.2** ⟨seit 1949⟩ *Gliedstaat der Bundesrepublik Deutschland;* das ~ Hessen **7** ⟨in Zus.⟩ *(geografischer) Landschaftstyp;* Küsten~, Binnen~, Tief~, Hoch~, Flach~ **8** ⟨fig.⟩ • **8.1** *eine Unschuld vom ~e* ⟨früher⟩ *naives Bauernmädchen* • **8.2** *ich sehe noch kein ~ kein Ende* • **8.3** *ich habe noch etwas ~* ⟨umg.⟩ *noch etwas Zeit, bis etwas (Unangenehmes) eintritt* • **8.4** *zehn Jahre gingen ins ~* ⟨veraltet⟩ *zehn Jahre vergingen*

land|ab ⟨Adv.⟩ → *landauf*

land|auf ⟨Adv.⟩ *nur in der Wendung* ~, **landab** *überall, im ganzen Land*

land|aus ⟨Adv.; nur in der Wendung⟩ ~, **landein 1** *im Inland u. Ausland* **2** *durch viele Länder (hindurch)*

land|ein ⟨Adv.⟩ → *landaus*

lan|den ⟨V.⟩ **1** ⟨400(s.)⟩ *an seinem Bestimmungsort ankommen;* wir sind wieder gut zu Hause gelandet • **1.1** *am Festland, am Ufer anlegen;* ein Schiff landet • **1.2** *auf den Boden niedergehen;* Ggs *starten (1.2);* das Flugzeug landete sicher • **1.3** *an einem Ort od. bei jmdm.* ~ ⟨umg.⟩ *(mehr od. weniger) zufällig an einen Ort od. an jmdn. geraten, an einem Ort od. bei jmdm. ankommen;* der Wagen landete an einem Baum, im Straßengraben; schließlich landete ich bei Freunden, im Kino **2** ⟨500⟩ **jmdn. od. etwas** ~ (Truppen) ~ *an Land od. auf den Erdboden bringen (vom Schiff od. Flugzeug)* **3** ⟨fig.⟩ • **3.1** ⟨500⟩ *etwas ~* ⟨umg.⟩ *anbringen, platzieren;* er landete eine kräftige Linke am Kinn des Gegners (Boxsp.) • **3.2** ⟨411(s.) m. Modalverb⟩ **bei jmdm. nicht** ~ **können** ⟨umg.; scherzh.⟩ *keinen Erfolg haben;* er konnte bei ihr noch nicht ~

Land|jä|ger ⟨m.; -s, -⟩ **1** ⟨veraltet⟩ *Polizist auf dem Lande, Gendarm* **2** *flachgepresste, hartgeräucherte Wurst*

Land|kar|te ⟨f.; -, -n⟩ *Blatt Papier mit der zeichnerischen Darstellung der Erdoberfläche od. eines ihrer Teile*

Land|kreis ⟨m.; -es, -e⟩ *kleinster staatlicher Verwaltungsbezirk*

land|läu|fig ⟨Adj. 24/80⟩ **1** *eine ~e* **Meinung** *gewöhnliche, allgemein bekannte, verbreitete M.* **2** *eine ~e* **Redensart** *gebräuchliche, übliche R.*

länd|lich ⟨Adj.⟩ **1** *das (freie) Land betreffend, zu ihm gehörig;* Ggs *städtisch (1);* ~e Gegend • **1.1** ~er *Roman R., der auf dem Lande spielt* **2** *einfach, bäuerlich;* Ggs *städtisch (2);* ~e *Idylle* **3** *auf dem Lande üblich;* Ggs *städtisch (3);* ~er *Tanz;* ~e *Tracht*

Land|schaft ⟨f.; -, -en⟩ **1** *geografisches Gebiet mit bestimmter, von der Natur geprägter Eigenart;* bergige, hügelige, waldige ~ **2** *freies Land, Gegend;* herbe, liebliche, öde ~ **3** ⟨Mal.⟩ *Darstellung einer Landschaft;* ideale, mythologische, realistische ~

Lands|knecht ⟨m.; -(e)s, -e; 15./16. Jh.⟩ *zu Fuß kämpfender Söldner*

Lands|mann ⟨m.; -(e)s, -leu|te⟩ **1** *Einwohner des gleichen Landes od. der gleichen Landschaft;* er ist ein ~ von mir **2** *Einwohner eines bestimmten Landes;* was ist er für ein ~?

Land|stra|ße ⟨f.; -, -n⟩ *Straße mit befestigter Fahrbahn, die über Land führt*

Land|strich ⟨m.; -(e)s, -e⟩ *schmaler Teil einer Landschaft, kleines Gebiet*

Land|sturm ⟨m.; -(e)s; unz.; Mil.; veraltet; Sammelbez. für⟩ **1** ⟨urspr.⟩ *letztes Aufgebot sämtlicher Wehrpflichtigen* **2** *die älteren Jahrgänge der Wehrpflichtigen* • **2.1** *(in der Schweiz bis 1995) die wehrfähigen Männer vom 43. bis zum 50. Lebensjahr*

Land|tag ⟨m.; -(e)s, -e; Pol.⟩ **1** ⟨im alten Dt. Reich⟩ *Versammlung der Landstände* **2** ⟨heute⟩ *Volksvertretung der Bundesländer*

Lan|dung ⟨f.; -, -en⟩ *das Landen (von Schiffen, Flugzeugen)*

Land|wirt ⟨m.; -(e)s, -e⟩ **1** *Besitzer od. Pächter eines landwirtschaftlichen Betriebes, Bauer;* er ist ein echter ~ **2** *jmd., der eine Lehre in einem landwirtschaftlichen Betrieb sowie eine Landwirtschafts- od. Landbauschule bzw. höhere Schule (Abitur) u. landwirtschaftliche Hochschule absolviert hat;* die Arbeit des ~es

Land|wirt|schaft ⟨f.; -, -en⟩ Sy ⟨österr.⟩ *Ökonomie (2)* **1** ⟨unz.⟩ *planmäßiger Betrieb von Ackerbau u. Vieh-*

zucht; es ist wichtig, die ~ zu erhalten **2** ⟨umg.⟩ *kleiner Besitz auf dem Land mit Kleintierhaltung;* eine ~ besitzen

lang ⟨Adj. 22⟩ **1** ⟨räuml.⟩ *von einer (durch Maßangabe) bestimmten Ausdehnung;* wie ~ ist das Seil?; der Tisch ist fünf Meter ~ • **1.1** *von (verhältnismäßig) großer Ausdehnung in einer Richtung;* Ggs *kurz*; eine ~e Schnur, Strecke; ein ~er Weg; einen Rock länger machen • **1.1.1** ~es **Haar** tragen, das Haar ~ tragen *einen Haarschnitt haben, bei dem die Haare mindestens den Nacken bedecken* • **1.1.2** ein ~es **Kleid** tragen *ein bis zu den Füßen reichendes K.* • **1.1.3** jmdm. einen ~en **Brief** schreiben *Brief, der mehrere Seiten umfasst* • **1.1.4** ein **Pfahl,** Mast ist ~ *hoch, hochragend* • **1.1.5** ein **Mensch,** ein **Tier** ist ~ *groß und schlank* • **1.1.6** die ~en **Kerls** *die von Friedrich Wilhelm I. von Preußen geschaffene Leibgarde aus besonders großen Soldaten* **2** ⟨zeitl.⟩ *von einer bestimmten Ausdehnung in der Zeit (seiend)* • **2.1** *von großer zeitlicher Ausdehnung, Dauer;* Ggs *kurz;* ein ~es Leben; eine ~e Rede halten; →a. *kurz (2.2.1)* • **2.2** eine **Zeiteinheit** ~ *(eine bestimmte) Zeit beanspruchend, dauernd, sich über einen bestimmten Zeitraum hin erstreckend;* fünf Jahre ~; viele Jahre ~; nach ~em Nachdenken, Überlegen; einen Sommer ~ • **2.2.1** er hat sein ganzes Leben ~ hart gearbeitet *sein ganzes L. (hindurch)* • **2.3** ~e **Zeit** *viel Zeit, großer Zeitraum;* seit ~er Zeit • **2.3.1** auf, für ~e Zeit *für die Dauer eines großen Zeitraums* • **2.3.2 vor** (noch) **nicht** ~er **Zeit** *vor ziemlich kurzer Z.* • **2.3.3** längere Zeit, seit längerem/Längerem *ziemlich lange Z. (weniger als „lange" Z.)* • **2.3.4** es hat die längste Zeit gedauert ⟨umg.⟩ *es wird bald zu Ende sein* • **2.3.5** ⟨40⟩ die Zeit wird mir ~ *es ist mir langweilig* • **2.3.6 vor** ~en **Jahren** *vor vielen J.* **3** = *lange*; ~, ~ ist's her (aus einem Volkslied) **4** ⟨fig.⟩ • **4.1** dafür kann ich eine ~e **Reihe** von Beispielen nennen *viele, eine große Anzahl* • **4.2** ein ~es **Gesicht** machen ⟨umg.⟩ *ein enttäuschtes G.* • **4.3** einen ~en **Hals** machen *neugierig etwas sehen wollen* • **4.4** ~e **Soße** ⟨fig.⟩ *dünne S.* • **4.5** ⟨60⟩ **von** ~er **Hand** vorbereitet *lange Zeit vorbereitet* • **4.6** ⟨50⟩ eine **Sache** ~ und **breit,** des Langen u. Breiten ausführen, darlegen, erzählen, schildern *sehr ausgedehnt, zu ausführlich* • **4.7** ⟨50⟩ eine **Sache** des/Längeren vorbereiten *seit längerer Zeit* • **4.8** ⟨60⟩ ~e **Finger** machen ⟨umg.⟩ *stehlen* • **4.9** ⟨60⟩ etwas auf die ~e Bank schieben *auf-, hinausschieben, verzögern* **5** ⟨Getrennt- u. Zusammenschreibung⟩ • **5.1** ~ ziehen = *langziehen* • **5.2** ~ anhaltend = *langanhaltend* • **5.3** ~ gestreckt = *langgestreckt*

lang|an|hal|tend *auch:* **lang an|hal|tend** ⟨Adj. 24/60⟩ *lange andauernd, lange unverändert bleibend;* ~er Beifall

lang|at|mig ⟨Adj.⟩ *zu ausführlich, weitschweifig;* ~er Stil; etwas ~ beschreiben, erzählen

lan|ge ⟨Adv.⟩ oV ⟨umg.⟩ *lang* **1** *lange Zeit, einen relativ großen Zeitraum (ausmachend);* ~ bevor er kam; das geschah erst ~ danach; es ist länger als ein Jahr her; ich kann nicht länger warten; ~ schlafen; es wird noch, nicht mehr ~ dauern; er hat ~ gebraucht, bis…; bleib nicht so ~ (aus)!; ich kann es nicht länger aushalten, ertragen, mit ansehen; er wird noch ~ nicht kommen; es ist ~ her, seit, dass er mir geschrieben hat; schon ~ vorher; wie ~ soll ich noch warten? (Ausdruck der Ungeduld); was ~ währt, wird endlich gut (Sprichw.) • **1.1 nicht ~ darauf** *bald darauf* **2** *seit geraumer Zeit;* ich habe schon ~ nichts mehr von ihm gehört; das weiß ich schon ~; seit ~m/Langem **3** ⟨verstärkend; fig.; umg.⟩ *bei weitem, völlig;* das ist noch ~ nicht genug; du hast nun ~ genug gespielt; dieses Kleid ist ~ nicht so schön wie jenes **4** ⟨fig.⟩ • **4.1** da fragt man gar nicht erst ~ ⟨umg.⟩ *viel* • **4.2** er ließ sich ~ bitten *oft* • **4.3** da kann er ~ warten! ⟨umg.⟩ *seine Hoffnung ist vergeblich*

Län|ge ⟨f.; -, -n⟩ **1** *größte räumliche Ausdehnung (eines Körpers) in einer Richtung, in der Hauptrichtung;* die ~ eines Gegenstandes messen; eine Strecke von drei Meter ~ • **1.1** der Tisch misst 2 m in der ~ *ist zwei Meter lang* • **1.2** das Pferd war den anderen um einige, mehrere ~n voraus *Pferdelängen* • **1.3** er fiel der ~ nach hin *in seiner ganzen Größe* **2** ⟨unz.⟩ *Längengrad.* **2.1** 20° westlicher (östlicher) ~ *20° westlich (östlich) des Nullmeridians von Greenwich* **3** *relativ große zeitliche Ausdehnung, Dauer* • **3.1** die Angelegenheit zieht sich in die ~ *dauert länger als gedacht* • **3.2** eine Sache in die ~ ziehen ⟨umg.⟩ *verlängern, länger dazu brauchen als nötig od. geplant* **4** *langweilige, spannungslose, zu weitschweifig geschilderte Stelle (im Buch, Film, Theaterstück);* der Roman hat ~n **5** ⟨Metrik⟩ *lange Silbe*

lan|gen ⟨V.⟩ **1** ⟨400; umg.⟩ *genügen, ausreichen;* langt das?; es langt (gerade) noch; der Stoff wird zu einem Kleid ~ • **1.1** es langt noch hinten u. vorn, (od.) nicht hin u. nicht her ⟨umg.⟩ *man kann nicht damit auskommen, es ist nicht genug* • **1.2** ⟨416⟩ mit dem Geld ~ ⟨umg.⟩ *auskommen* **2** ⟨411⟩ *die Hand ausstrecken, um etwas od. jmdn. zu ergreifen, festzuhalten;* kannst du bis zu mir ~? • **2.1 in, nach etwas ~** *in, nach etwas greifen;* in die Tasche ~; er langte nach der Zuckerdose **3** ⟨fig.⟩ • **3.1** ⟨403⟩ (danke,) es langt (mir)! *es genügt (mir)* • **3.2** ⟨403⟩ jetzt langt's (mir) aber! ⟨umg.⟩ *jetzt habe ich genug, jetzt reißt mir die Geduld!* • **3.3** ⟨530⟩ jmdm. eine ~ *jmdm. eine Ohrfeige geben*

Län|gen|grad ⟨m.; -(e)s, -e; Geogr.⟩ *in Winkelgrad gemessener, auf den Längenkreis von Greenwich bezogener Längenkreis*

Län|gen|kreis ⟨m.; -es, -e; Geogr.⟩ *in kürzester Linie vom Nordpol zum Südpol der Erde verlaufende Linie als Teil eines über die Erde gelegten gedachten Netzes;* Sy *Meridian;* Ggs *Breitenkreis*

Lan|ge|wei|le ⟨f.; - od. Lan|gen|wei|le; unz.⟩ **1** *Mangel an Abwechslung, Überdruss;* oV *Langweile* • **1.1** ~ haben *nicht wissen, womit man die Zeit vertreiben soll;* sich die Zeit vertreiben; mit Gesellschaftsspielen, mit Lesen die ~ vertreiben; ich tue das nur aus ~

lang|ge|streckt *auch:* **lang ge|streckt** ⟨Adj. 24/70⟩

länglich

lang u. schmal, sich lang hinziehend, sich in die Länge ausdehnend; ein ~er Badestrand; ~e Häuserreihen
läng|lich ⟨Adj.⟩ *mehr lang als breit;* eine ~e Auflaufform; eine ~e Frucht
Lang|mut ⟨f.; -; unz.; geh.⟩ *Geduld, geduldige Haltung, Gesinnung, Nachsicht;* ~ üben (gegen jmdn.); jetzt ist seine ~ erschöpft, zu Ende
längs[1] ⟨Präp. m. Gen.⟩ *entlang;* Ggs *quer zu;* ~ des Flusses, der Straße
längs[2] ⟨Adv.⟩ **1** *in Richtung der größten Ausdehnung;* den Stiel ~ durchschneiden; einen Stoff ~ nehmen, verarbeiten **2** ⟨köln.⟩ *vorbei;* komm doch gelegentlich (bei uns) ~ **3** ⟨Getrennt- u. Zusammenschreibung⟩ • 3.1 ~ gestreift = längsgestreift
lang|sam ⟨Adj.⟩ **1** *eine geraume Zeit brauchend, um etwas auszuführen;* Ggs *schnell;* ~ fahren, gehen, laufen; er ist ausgesprochen ~; ein ~er Esser; ~, aber sicher ⟨Sprichw.⟩ **2** *jmd.* ist ~ *in der* **Bewegung** *träge, schwerfällig;* ~ arbeiten **3** *eine* **Sache geht, macht** ~ *nimmt zögernd ihren Fortgang;* seine Genesung macht nur ganz ~e Fortschritte; die Zeit vergeht ~ • 3.1 das geht mir zu ~ *nicht schnell genug* **4** *nicht schnell, gemächlich, gemessenen Schrittes;* ~er Walzer; ~ näher kommen; ganz ~! • 4.1 ~! • 4.1.1 *nicht so schnell!, vorsichtig!* • 4.1.2 *nur Geduld!* **5** *allmählich;* es wird ~ Zeit zu gehen; jetzt wird es mir aber ~ zu viel!
längs|ge|streift *auch:* **längs ge|streift** ⟨Adj. 24/70⟩ *der Länge nach gestreift;* ein ~er Pullover
Längs|schnitt ⟨m.; -(e)s, -e⟩ Ggs *Querschnitt* **1** *Schnitt der Länge nach durch einen Körper* **2** *Zeichnung, die diesen Längsschnitt (1) darstellt*
längst ⟨Adv.⟩ **1** *schon lange, (schon) seit langer Zeit;* ich weiß es ~; das ist ja ~ fertig, ~ vorbei; er ist (schon) ~ wieder gesund **2** ~ **nicht** *bei weitem nicht;* ich habe ~ nicht so viel Beeren gepflückt wie du
längs|tens ⟨Adv.; zeitl.; umg.⟩ **1** *höchstens;* er ist ~ eine halbe Stunde dort gewesen **2** *spätestens;* in ~ zwei Stunden, zwei Wochen
Lan|gus|te ⟨f.; -, -n; Zool.⟩ *zu den Panzerkrebsen gehörender, großer Speisekrebs ohne Scheren mit stachelbesetztem, rötlich-violettem Panzer, der im Mittelmeer u. an den westeuropäischen Küsten lebt:* Palinurus vulgaris
Lang|wei|le ⟨f.; -; unz.⟩ = Langeweile
lang|wei|len ⟨V.⟩ **1** ⟨500⟩ **jmdn.** ~ *jmdm. Langeweile bereiten* **2** ⟨Vr 3⟩ **sich** ~ *Langeweile, keine Beschäftigung haben, nicht wissen, was man tun soll;* er langweilt sich, wenn sein Bruder in der Schule ist
lang|wei|lig ⟨Adj.⟩ **1** *Langeweile bereitend, eintönig, ermüdend, einförmig;* eine ~e Geschichte, Rede; ein ~er Kerl; das ist ja ~!; das lange Warten wird mir (allmählich) ~ • 1.1 ein **Gericht schmeckt** ~ ⟨fig.; umg.⟩ *fade* • 1.2 *jmd.* ist ~ *weiß nicht viel zu sagen u. zu tun* • 1.3 *eine* **Landschaft** ist ~ *wenig abwechslungsreich, öde*
lang|wie|rig ⟨Adj.⟩ eine ~e **Sache** *lange dauernde u. (meist auch) schwierige S.;* ~e Arbeit; ~e Krankheit
lang|zie|hen *auch:* **lang zie|hen** ⟨V. 293/500⟩ **etwas** ~ *in die Länge ziehen;* jmdm. die Ohren ~ ⟨fig.⟩

Lan|ze ⟨f.; -, -n⟩ **1** *Stichwaffe mit langem Schaft,* Speer, Spieß **2** eine ~ für jmdn. brechen ⟨fig.⟩ *es als Erster wagen, für jmdn. einzutreten, für ihn sprechen*
la|pi|dar ⟨Adj.⟩ **1** *wuchtig, kraftvoll* **2** *kurz u. bündig*
Lap|pa|lie ⟨[-ljə] f.; -, -n⟩ *unwichtige Kleinigkeit, Nichtigkeit;* wegen dieser ~ solltet ihr euch nicht streiten
Lap|pen ⟨m.; -s, -⟩ **1** *kleines Stück Stoff zum Gebrauch im Haushalt, zum Putzen von Maschinen usw.;* Putz~, Wasch~, Wisch~ **2** ⟨fig.; umg.⟩ *Geldschein von hohem Wert* **3** ⟨Pl.; Jagdw.⟩ *große Stücke Stoff, mit denen bei Treibjagden ein Stück Wald eingegrenzt wird, um das Wild in eine bestimmte Richtung zu treiben* • 3.1 jmdm. durch die ~ gehen ⟨fig.; umg.⟩ *entgehen, entkommen, entweichen, entwischen (urspr. von Wild, das durch die aufgehängten Lappen entkommt)* **4** ⟨Jägerspr.⟩ *Haut zwischen den Zehen des Wasserwildes* **5** ⟨Zool.⟩ *Hautlappen an den Zehen der Lappentaucher*
läp|pern ⟨V. 500/Vr 3; unpersönl.; umg.⟩ es läppert **sich** *es sammelt sich nach u. nach eine größere Menge an*
läp|pisch ⟨Adj.⟩ **1** *jmd. benimmt sich* ~ *sehr töricht, kindisch; albern;* ~es Benehmen, Verhalten **2** *etwas ist* ~ *lächerlich, (geschmacklos) u. kleinlich;* es ist ja ~, das als Grund anzuführen
Lap|sus ⟨m.; -, -⟩ *Fehler, Ungeschicklichkeit, Peinlichkeit;* einen ~ begehen
Lap|top ⟨[læptɔp] m.; -s, -s; EDV⟩ *kleiner tragbarer Computer mit flachem Bildschirm*
Lär|che ⟨f.; -, -n; Bot.⟩ *Angehörige einer Gattung von Nadelhölzern der nördlichen Halbkugel, deren Kurztriebe ihre Nadeln im Herbst abwerfen u. im Frühjahr wieder neue bilden:* Larix
Lar|go ⟨n.; -s, -s od. Lar|ghi; Mus.⟩ *langsam u. getragen zu spielendes Musikstück*
Lärm ⟨m.; -(e)s; unz.⟩ **1** *sehr lautes Geräusch,* Krach, Getöse; Straßen~; der ~ der Maschinen, der Flugzeuge; macht nicht solchen ~!; die Kinder machen viel ~; ohrenbetäubender ~ **2** *Geschrei;* der ~ auf dem Schulhof • 2.1 viel ~ um nichts ⟨fig.⟩ *viel Aufhebens von einer geringfügigen Sache machen* **3** ~ **schlagen** *Alarm schlagen*
lär|men ⟨V. 400⟩ *Lärm, Krach machen;* auf der Straße, im Garten ~
Lar|ve ⟨[-fə] f.; -, -n⟩ **1** ⟨Zool.⟩ *Jugendform von Tieren mit indirekter Entwicklung (Metamorphose), nach dem Grade der Entwicklung u. durch den Besitz besonderer Organe von den erwachsenen Tieren unterschieden, manchmal auch von völlig anderer Gestalt u. Lebensweise* **2** *Maske, die einen Teil des Gesichts bedeckt* • 2.1 jmdm. die ~ vom Gesicht reißen ⟨fig.⟩ *jmds. wahres Wesen öffentlich zeigen*
lasch ⟨Adj.⟩ *schlaff, träge, energielos, disziplinlos;* ein ~er Händedruck; eine ~e Stimme haben
La|sche ⟨f.; -, -n⟩ **1** *metallenes Verbindungsstück zweier Teile, z. B. von Eisenbahnschienen* **2** *ovales Leder-, Stoff- od. Papierstück, z. B. unter den Schnürsenkeln des Schuhs (Zunge), als Verschluss od. Schmuck an Handtaschen, als Verschlussstück, das durch eine Öffnung gezogen wird, an Hüllen jeglicher Art*

La|ser ⟨[ˈleɪzə(r)] od. [ˈleːzə(r)] m.; -s, -; Phys.⟩ *Gerät zur Verstärkung elektromagnetischer Wellen, wobei die höchsten bekannten Energiedichten je Flächeneinheit erreicht werden*

las|sen ⟨V. 175/500⟩ **1** ⟨570⟩ **etwas geschehen ~, jmdn. etwas tun** = *zulassen, dulden, erlauben, dass etwas geschieht, dass jmd. etwas tut;* das lasse ich mir nicht bieten, gefallen; lass dich nicht so lange bitten!; lass dir ja nicht einfallen, dort hinzugehen!; jmdn. entkommen, entwischen ~; lass dich nur nicht, ja nicht erwischen!; einen Gegenstand fallen ~; jmdn. fühlen ~, dass …; lass sie nur kommen (leicht drohend); lass mich den Brief lesen; das dürfen wir nicht geschehen ~; ~ Sie mich Ihnen helfen!; lass dir doch keine Angst machen!; sich seine Enttäuschung (nicht) anmerken ~; er lässt mit sich reden, mit sich handeln; jmdn. schlafen ~; ~ Sie sich nicht stören!; lass dich nicht unterkriegen!; jmdn. warten ~; lass mich gehen • **1.1** lass mich (das) nur machen! *ich bringe es schon in Ordnung* • **1.2** lass uns gehen! *wir wollen gehen* • **1.3** lass dir das ein für allemal gesagt sein! *ich will es dir nicht noch einmal sagen müssen!* • **1.4** er lässt sich nichts sagen *er duldet keine Zurechtweisung* • **1.5** in dem neuen Anzug kann er sich sehen ~ / sehenlassen *braucht er sich nicht zu schämen* • **1.6** lass dich bald einmal (bei uns) sehen! *besuch uns bald einmal* • **1.7** ~ Sie sich gesagt sein, dass … *ich sage es Ihnen ganz offen u. deutlich, dass … (meist warnend od. ermahnend)* • **1.8** ⟨511⟩ **jmdn. an einen Ort** ~ *erlauben, dass jmd. an einen O. kommt;* der Hund lässt niemanden in die Wohnung; der Kranke lässt niemanden zu sich • **1.9** **jmdn. … ~ bitten, fordern, machen, veranlassen, dass etwas geschieht;* sich seine Arbeit gut bezahlen ~; ~ Sie ihn eintreten!; er ließ ihn erschießen!; er lässt dich vielmals grüßen; jmdn. holen, kommen, rufen ~; sich ein Kleid machen ~; der Dichter lässt seinen Helden Folgendes sagen: …; ich werde es dich wissen ~ / wissenlassen, *was daraus geworden ist* • **1.9.1** ich lasse **bitten**! *führen Sie den Besucher herein!* • **1.9.2** ich habe mir **sagen** ~, dass … *ich habe erfahren, dass …* • **1.9.3** lass **hören**! *sprich!* • **1.9.4** lass bald (etwas) **von dir hören**! *schreibe bald, ruf einmal an!* • **1.9.5** lass (einmal) **sehen**! *zeig (einmal) her!* • **1.9.6** das hätte ich mir nicht **träumen** ~ *das hätte ich nie gedacht, nie vermutet* **2** ⟨510⟩ • **2.1** ⟨511⟩ **etwas an einem Ort ~** *erlauben od. veranlassen, dass etwas bleibt, wo es ist;* den Hut in der Garderobe ~; lass die Teller im Schrank; wo habe ich nur meinen Schirm gelassen?; alles stehen und liegen ~; bitte lass alles so (stehen, liegen), wie es ist • **2.1.1** die Stadt, den Wald hinter sich ~ *sich davon entfernen* • **2.2** ⟨513⟩ **etwas … ~** *erlauben od. veranlassen, dass etwas bleibt, wie es ist;* ~ wir es gut sein!; sich's wohl sein ~; alles beim Alten ~; jmdn., ein Tier am Leben ~; jmdn. in Frieden, in Ruhe ~; etwas nicht aus den Augen ~; jmdn. auf den Händen ~; wir wollen es dabei ~ • **2.2.1** die Dinge laufen ~ *nicht in den Gang der D. eingreifen* • **2.2.2** etwas **außer Acht** ~ *nicht beachten* **3** etwas ~ *unterlassen, bleibenlassen, aufhören mit;* lass das!; lass mich!; lass doch endlich das Heulen!; das Rauchen ~; etwas tun oder ~; sein Tun und Lassen • **3.1** ~ **wir das!** *reden wir nicht davon!* **3.2** tu, was du nicht ~ kannst! *mach, was du willst (obgleich ich nicht einverstanden bin)* • **3.3** *geben, weggeben;* sein Leben ~ • **3.3.1** Wasser ~ *urinieren, harnen* **4** ⟨530⟩ • **4.1** **jmdm. einen Gegenstand, eine Ware** ~ *geben, verkaufen, überlassen;* ich lasse Ihnen das Bild für 200 Euro; können Sie mir das Buch nicht etwas billiger ~? • **4.2** **jmdm. etwas** ~ *nicht wegnehmen, erlauben, dass jmd. etwas behält;* er lässt den Kindern ihre Freiheit; jmdm. seinen Willen ~; lass ihm doch das Vergnügen!; jmdm. seine Ruhe ~ • **4.2.1** das **muss man ihm** ~ *das kann man nicht bestreiten* • **4.2.2** ~ Sie das nur meine **Sorge** sein! *kümmern Sie sich nicht darum!* • **4.2 3** jmdm. den **Vortritt** ~ *erlauben od. veranlassen, dass jmd. als Erster geht* • **4.2.4** ⟨Vr 5⟩ jmdm. **Zeit** ~ *erlauben, dass jmd. etwas ohne Hast tut* • **4.2.5** ⟨Vr 1; unpersönl.⟩ es sich gut **schmecken** ~ *mit Genuss essen* • **4.3** ⟨Vr 3⟩ **etwas lässt sich machen** *(es) ist möglich, ausführbar, (dass …);* das lässt sich nicht, leicht, schwer beweisen; das lässt sich denken!; das wird sich einrichten ~; dagegen lässt sich nichts einwenden, nichts machen; das Fenster lässt sich leicht, schwer öffnen; ich will sehen, was sich tun lässt; das lässt sich nicht vermeiden • **4.3.1** der Wein lässt sich trinken ⟨umg.⟩ *der W. ist gut* • **4.3.2** das lässt sich hören! *das ist annehmbar, das ist ein guter Gedanke* **5** jmdn. ~ ⟨veraltet; nur noch poet.⟩ *verlassen, aufgeben;* ich lasse dich nicht, du segnest mich denn (1. Mose 32,27); ach, wie ist's möglich dann, dass ich dich ~ kann (Volkslied) • **5.1** ⟨800⟩ **von etwas** od. **jmdm.** ~ *etwas od. jmdn. aufgeben, verlassen;* er kann von seiner Spielleidenschaft nicht ~; er kann von ihr nicht ~

läs|sig ⟨Adj.⟩ **1** *ungezwungen, zwanglos;* „…?", fragte er ~; ~ den Mantel von den Schultern gleiten lassen; sich ~ in einen Sessel lehnen **2** *träge und gleichgültig, herablassend;* ~ die Achseln zucken; ~ mit der Hand winken **3** *nachlässig, unachtsam,* Sy *lax (2);* eine Beschwerde ~ behandeln

läss|lich ⟨Adj.; veraltet⟩ **1** sich ~ **verhalten** *nachlässig* **2** eine Sache ~ **behandeln** *eine S. unachtsam, in nicht zutreffender Weise behandeln;* ein ~es Urteil **3** ⟨Rel.⟩ *geringfügig, verzeihlich;* ~e Sünde

Las|so ⟨n. od. m.; -s, -s⟩ *langer Strick mit einer Schlaufe, die (vom Pferderücken aus) einem zu fangenden Tier um den Hals geworfen u. zugezogen wird;* Wildpferde mit dem ~ einfangen

Last ⟨f.; -, -en⟩ **1** *etwas Schweres, das jmdm. od. einem Tier aufgeladen wird, Bürde;* ~en befördern, schleppen, tragen; jmdm. eine ~ abnehmen, aufbürden • **1.1** *Gewicht, Gewichtsdruck von Last (1);* er brach unter der ~ zusammen **2** *etwas Schweres, das auf etwas geladen wird (um an einen andern Ort gebracht zu werden);* eine ~ aufladen, ausladen • **2.1** *Fracht, Frachtgut;* eine ~ in Empfang nehmen **3** *Vorratskammer, Frachtraum unter dem Zwischendeck auf Schiffen;* Ketten~, Proviant~, Wasser~ **4** ⟨unz.⟩ • **4.1** ⟨fig.⟩ *etwas Bedrückendes, Schweres, drückende*

Sorge; Sorgen~; sich eine ~ von der Seele reden; frei von jeder ~; eine ~ auf jmdn. abwälzen; mir fiel eine ~ von der Seele, als ich das hörte • 4.2 *Mühsal, Bürde, Belastung;* nach des Tages ~ und Mühe; diese Pflicht ist mir eine schwere ~; der Kranke ist sich, uns anderen eine ~; das Leben wird ihm zur ~ • 4.2.1 jmdm. zur ~ *fallen lästig werden* • 4.3 *Gewicht (2);* die ~ *der Beweise* • 4.4 jmdm. etwas zur ~ *legen jmdn. einer Sache beschuldigen* 5 ⟨veraltet⟩ *Maßeinheit* • 5.1 *Maßeinheit für die Schiffsfracht, in Dtschld. seit 1872 1000 kg, Schiffslast* • 5.2 ⟨früher in Norddtschld. u. Nordeuropa⟩ *Maßeinheit für die Tragfähigkeit eines Schiffes, 2500 -3000 kg* • 5.3 ⟨in Nordeuropa⟩ *altes Hohlmaß schwankenden Umfangs* 6 ⟨meist Pl.; Wirtsch.⟩ *Verbindlichkeiten, Schulden, Hypotheken, Steuern, Zinsen;* Steuer~; soziale, steuerliche ~en 7 ⟨Getrennt- u. Zusammenschreibung⟩ • 7.1 zu ~en = *zulasten*

Last|arm ⟨m.; -(e)s, -e⟩ *der Teil des Hebels, der eine Last bewegen soll*

las|ten ⟨V. 411⟩ *eine* **Sache** *lastet* **auf jmdm.** *od.* **etwas** *liegt als Last auf jmdm., drückt (jmdn.) schwer, bedrückt (jmdn.);* die Schuld, Verantwortung lastet (schwer) auf ihm; alle Arbeit lastet auf ihm, auf seinen Schultern; auf dem Grundstück ~ hohe Schulden; die Stille lastete im Raum, ~de Schwüle; eine ~de Stille breitete sich im Raum aus

Las|ter[1] ⟨n.; -s, -⟩ *schlechte Gewohnheit, starke Untugend;* das ~ des Opiumrauchens; →a. *Müßiggang*

Las|ter[2] ⟨m.; -s, -; umg.; kurz für⟩ *Lastkraftwagen*

läs|tern ⟨V.⟩ 1 ⟨402⟩ *fluchen, schmähen;* Gott, den Glauben ~ 2 ⟨800⟩ **über jmdn.** ~ ⟨umg.⟩ *über jmdn. schlecht od. nachteilig sprechen, über jmdn. klatschen*

läs|tig ⟨Adj.⟩ 1 ⟨70⟩ *Überdruss, Abneigung u. Ungeduld hervorrufend, störend;* eine ~e Pflicht; seine Besuche werden mir allmählich ~ 2 jmdm. ist ~ *aufdringlich, zudringlich u. dadurch störend;* er ist ~ wie eine Fliege; ein ~er Mensch • 2.1 jmdm. ~ *sein jmdm. stören;* bin ich Ihnen (mit meinen Fragen) ~?; ist Ihnen der Rauch ~? 3 ⟨70⟩ *unangenehm, unbequem, beschwerlich;* der Lärm wird mir jetzt recht ~; der warme Mantel wird, ist mir ~ 4 ⟨Getrennt- u. Zusammenschreibung⟩ • 4.1 ~ fallen = *lästigfallen*

läs|tig|fal|len *auch:* **läs|tig fal|len** ⟨V. 131/400(s.)⟩ jmdm. ~ *sich jmdm. aufdrängen u. ihn dadurch stören*

Last|kraft|wa|gen ⟨m.; -s, -; Abk.: Lkw, LKW⟩ *Kraftwagen zur Güterbeförderung;* Ggs *Personenkraftwagen*

La|sur ⟨f.; -, -en⟩ *durchsichtige Lack- od. Farbschicht*

las|ziv ⟨Adj.; geh.⟩ 1 *sinnliche Begierde erregend, sexuell aufreizend* 2 *(in zweideutiger Weise) anstößig, schlüpfrig*

la|tent ⟨Adj. 24⟩ 1 *verborgen (vorhanden)* 2 ⟨Med.⟩ *vorhanden, aber nicht in Erscheinung tretend;* Ggs *manifest (2)* • 2.1 ~e **Krankheit** *K. ohne typische Merkmale*

La|ter|ne ⟨f.; -, -n⟩ 1 *durch Glas- od. Papiergehäuse geschützte Lichtquelle;* Papier~, Stall~, Straßen~ 2 ⟨Arch.⟩ *mit Fenstern versehenes Türmchen auf dem durchbrochenen Scheitel einer Kuppel* 3 *weißer Stirnfleck verschiedener Haustiere* 4 ~ **des Aristoteles** ⟨Zool.⟩ *bei vielen Seeigeln den Vorderarm umgebendes Organ aus Muskeln u. Kalkspangen, das der Bewegung der den Mund umstehenden Zähne dient*

La|tri|ne *auch:* **Lat|ri|ne** ⟨f.; -, -n; veraltet⟩ *(behelfsmäßiger) Abort*

lat|schen ⟨V. 400(s.); umg.⟩ *schlurfend, unachtsam gehen;* er ist mitten in die Pfütze gelatscht

Lat|schen ⟨m.; -s, -; meist Pl.; umg.⟩ 1 *alter ausgetretener Schuh, bequemer Pantoffel* • 1.1 aus den ~ **kippen** ⟨fig.⟩ • 1.1.1 *ohnmächtig werden, einen Kreislaufkollaps erleiden* • 1.1.2 *die Beherrschung verlieren, überrascht sein*

Lat|te ⟨f.; -, -n⟩ 1 *schwaches, langes u. dünnes Stück Holz mit kleinem Querschnitt, meist als Baustoff verwendet;* Zaun~ 2 ⟨Forstw.⟩ *gerader Schössling* 3 ⟨fig.; umg.; scherzh.⟩ *langer, dünner Mensch;* eine lange ~ 4 *eine lange* ~ *von Wünschen* ⟨fig.; umg.⟩ *viele W., eine lange Liste von W.*

Lat|tich ⟨m.; -(e)s, -e; Bot.⟩ *Angehöriger einer Gattung von Korbblütern mit meist gelb od. blau blühenden Arten: Lactuca;* Huf~

Latz ⟨m.; -es, Lät|ze; österr. m.; -es, -e⟩ 1 *Bruststück an Kleid, Schürze od. Hose;* Brust~ 2 *herunterklappbarer Vorderteil an Trachtenhosen;* Hosen~

Lätz|chen ⟨n.; -s, -⟩ *kleines Tuch mit Bändern, das Kindern beim Essen um den Hals gebunden wird, um zu verhüten, dass sie sich beschmutzen*

lau ⟨Adj.⟩ 1 *von mäßiger Temperatur, ein wenig warm;* das Wasser ist ~ 2 *das* **Wetter** *ist* ~ *angenehm warm, nicht heiß, mild;* es weht ein ~er Wind 3 jmd. ist ~ ⟨fig.⟩ *unentschlossen, schwankend, ohne eigene Meinung*

Laub ⟨n.; -(e)s; unz.⟩ 1 *Gesamtheit der Blätter von Bäumen u. Sträuchern;* buntes, grünes, herbstliches ~ 2 *abgefallene trockene Blätter;* dürres, raschelndes ~ 3 ⟨Getrennt- u. Zusammenschreibung⟩ • 3.1 ~ tragend = *laubtragend*

Laub|baum ⟨m.; -(e)s, -bäu|me; Bot.⟩ *zu den Laubhölzern gehörender Baum*

Lau|be[1] ⟨m.; -n, -n; Zool.⟩ *länglicher Karpfenfisch, Ukelei: Alburnus alburnus*

Lau|be[2] ⟨f.; -, -n⟩ 1 *Gartenhäuschen;* Garten~, Wohn~ 2 ⟨nur Pl.⟩ *offener Vorraum, Bogengang (am Erdgeschoss von Häusern), meist mit Läden* 3 *gedeckter u. seitlich begrenzter Teil des Zuschauerraumes für mehrere Personen, Loge;* Balkon~, Bühnen~ 4 *und fertig ist die* ~ ⟨fig.; umg.⟩ *die Sache ist erledigt* 5 ⟨Sp.⟩ *Turnübung, Liegestütz rückwärts*

Laub|holz ⟨n.; -es, -höl|zer; meist Pl.⟩ 1 ⟨i. w. S.⟩ *Gehölz, das zu den bedecktsamigen Pflanzen gehört* 2 ⟨i. e. S.⟩ *zweikeimblättrige Holzpflanze mit meist flächig ausgebildeten Blättern;* Ggs *Nadelholz*

Laub|sä|ge ⟨f.; -, -n⟩ *Säge mit dünnem, fein gezähntem Blatt an einem U-förmigen Rahmen mit Griff zum Aussägen von Figuren u. Verzierungen*

laub|tra|gend *auch:* **Laub tra|gend** ⟨Adj. 24/60⟩ *belaubt, Laubblätter hervorbringend;* ~e Bäume, Sträucher

Laub|werk ⟨n.; -(e)s; unz.⟩ **1** ⟨unz.⟩ *Gesamtheit der Blätter eines Baumes (mit den Zweigen)* **2** *laubähnliche Verzierungen an Bauteilen (Kapitelen) u. kunstgewerblichen Gegenständen*

Lauch ⟨m.; -(e)s; unz.; Bot.⟩ *Angehöriger einer Gattung der Liliengewächse, z. B. Zwiebel, Schnittlauch, Knoblauch, Porree: Allium*

Lau|er ⟨f.; -; unz.⟩ *das Lauern, Hinterhalt;* auf der ~ liegen; sich auf die ~ legen

lau|ern ⟨V.⟩ **1** ⟨800⟩ **(auf jmdn. od. etwas)** ~ *auf der Lauer liegen, mit böser Absicht im Versteck (auf jmdn. od. etwas) warten* **2** ⟨Part. Präs.⟩ ~d *in böser Absicht abwartend, eine böse Absicht verfolgend;* mit ~dem Blick; „…?", fragte er ~d **3** ⟨411⟩ **Gefahren** ~ *drohen;* in diesem Wald, Gebirge ~ allenthalben Gefahren **4** ⟨800⟩ **auf jmdn. od. etwas** ~ ⟨fig.; umg.⟩ *sehnsüchtig, ungeduldig warten, wartend horchen;* ich lauere schon seit einer Stunde auf dich; auf jmds. Schritt ~

Lauf ⟨m.; -(e)s, Läu|fe⟩ **1** ⟨unz.⟩ *Fortbewegung ohne Hilfsmittel, zu Fuß;* in seinem ~ behindert werden **2** ⟨unz.⟩ *schnelle Fortbewegung ohne Hilfsmittel, das Laufen, schnelle Gangart;* in schnellem ~; atemlos vom schnellen ~ **3** *sportlich betriebenes Laufen, bes. im Wettkampf;* Dauer~, Eis~, Ski~, Hindernis~, Kurzstrecken~, Langstrecken~, Querfeldein~, Wald~, Wett~; zum ~ antreten **4** ⟨unz.⟩ *der* ~ *einer Maschine Gang;* den ~ der Maschine überwachen **5** *Bahn, Strecke;* Fluss~, Kreis~; der ~ der Gestirne • **5.1** *der obere, untere* ~ *eines Flusses Teil eines F.* **6** *Verlauf, Entwicklung, Bewegung* • **6.1** die Angelegenheit nimmt nun ihren ~ *entwickelt sich natürlich* • **6.2** wir müssen den Dingen ihren ~ lassen *wir müssen abwarten* • **6.3** einer Sache (ihren) freien ~ lassen *sie nicht behindern* • **6.4** dies ist der Dinge, der Welt *so ist es, so geht es nun einmal* **7** im ~(e) *eines Zeitraumes während der Dauer eines bestimmten Z.;* im ~(e) des Jahres; im ~ der Unterhaltung • **7.1** im ~e der Jahre, der Zeit *nach u. nach, allmählich* **8** ⟨Waffenk.⟩ *Rohr von Handfeuerwaffen;* Gewehr~; der ~ wurde heiß • **8.1** ein Rehbock kam ihm vor den ~ *er hatte Gelegenheit, einen R. zu schießen* **9** ⟨Jägerspr.⟩ *Bein (vom Hund u. Haarwild außer Bär, Dachs, Marder)* **10** ⟨Mus.⟩ *schnelle, ununterbrochene Folge von Tönen;* einen ~ blasen, spielen; Läufe üben

Lauf|bahn ⟨f.; -, -en⟩ *beruflicher Werdegang;* eine glänzende ~ vor sich haben

lau|fen ⟨V. 176(s.)⟩ **1** ⟨400⟩ *sich mit schnellen Schritten leicht springend fortbewegen;* Menschen, Tiere ~; einen neuen Weltrekord ~; das ist zum Auf-und-davon-Laufen! **1.1** lauf! *mach geschwind!; reiß aus!* • **1.2** Rollschuh, Schlittschuh, Ski, Stelzen ~ *sich mit Hilfe von R., S. usw., die an den Schuhen befestigt sind, fortbewegen* • **1.3** ⟨mitteldt.⟩ *zu Fuß gehen;* eine Strecke (zu Fuß) ~; ich kann in diesen Schuhen gut, schlecht ~; langsam, schnell, mit ihm ~; ~ lernen (Kind); das Kind läuft schon, (od.) noch nicht; das Kind kann schon ~; ich bin gelaufen (nicht gefahren); man läuft etwa eine Stunde bis dorthin • **1.4** ⟨800⟩ **nach etwas** ~ ⟨umg.⟩ *etwas lange in Geschäften suchen* • **1.5** ⟨611⟩ jmdm. in den Weg ~ • **1.5.1** den Weg mit jmdm. kreuzen, ihn dabei an der Fortbewegung hindern • **1.5.2** ⟨fig.⟩ *jmdn. zufällig treffen* • **1.6** ⟨513/Vr 1(h.)⟩ • **1.6.1** ⟨513/Vr 3⟩ **sich** müde (usw.) ~ *durch Laufen (1.2) müde (usw.) werden;* ich habe mir eine Blase gelaufen; sich die Füße wund ~ / wundlaufen • **1.6.2** ⟨513/Vr 3; unpersönl.⟩ auf diesem Wege läuft es sich gut, schlecht *man kann auf diesem W. gut, schlecht laufen (1.2)* • **1.7** eine **Hündin** läuft *ist läufig* • **1.8** ~der Hirsch *Zielfigur im Schießsport* **2** ⟨400(s.)⟩ eine **Maschine,** ein Gerät läuft *ist in Gang, arbeitet;* der Motor läuft (gut, schlecht); den Motor läuft wieder • **2.1** einen Motor ~ **lassen** *nach dem Start in Betrieb lassen;* ⟨aber Getrennt- u. Zusammenschreibung⟩ ~ lassen = *laufenlassen* • **2.2** ⟨400⟩ das Schiff ist **auf Grund** gelaufen *durch ein unvermutetes Hindernis stecken geblieben* **3** ⟨400⟩ **Flüssigkeiten** ~ *rinnen, strömen;* das Wasser läuft; das Blut lief aus der Wunde; die Tränen liefen ihr über die Wangen; der Schweiß lief ihm übers Gesicht; Eiter lief aus der Wunde • **3.1** Wasser in die Wanne ~ **lassen** *die Wanne mit Wasser füllen;* ⟨aber Getrennt- u. Zusammenschreibung⟩ ~ lassen = *laufenlassen.* **3.2** ein **Behälter** läuft *lässt Flüssigkeit entweichen;* der Topf, Kessel läuft • **3.2.1** der Wasserhahn läuft *ist undicht* • **3.3** ein **Organ** läuft *sondert Eiter, Sekret ab;* die Nase läuft; sein Ohr läuft **4** ⟨400⟩ die **Angelegenheit** läuft *geht weiter, entwickelt sich, hat begonnen;* mein Auftrag, meine Bewerbung läuft noch; die Vorlesung läuft parallel mit der anderen; der Hauptfilm läuft bereits; im Fernsehen läuft ein neuer Film • **4.1** ⟨800⟩ das läuft **ins Geld** ⟨fig.⟩ *das kostet allmählich viel* • **4.2** ⟨580⟩ jmd. läuft **Gefahr,** … *es besteht die Gefahr, dass jmd. …;* jmd. läuft Gefahr, dass er etwas verliert • **4.3** ⟨400⟩ *gültig sein, gelten;* das Zeitungsabonnement läuft noch zwei Monate; der Wechsel läuft auf seinen Namen **5** ⟨410⟩ **etwas** läuft … *nimmt einen Weg, schlägt eine Richtung ein;* die Straße, der Weg läuft hier am Fluss entlang, durch den Wald; die Linien ~ parallel; das Gestirn, der Komet läuft von der Wega zum Bären; das Seil läuft über eine Rolle; ein Flüstern, Murmeln, Raunen lief durch die Menge • **5.1** an meinem Strumpf läuft eine **Masche** *hat sich eine M. gelöst* • **5.2** ~des Gut ⟨Mar.⟩ *bewegliches Tauwerk* • **5.3** ⟨611; unpersönl.⟩ es läuft **jmdm.** über den Rücken *jmd. spürt etwas Unangenehmes od. Ungewohntes;* ein Schauer lief mir über den Rücken; es lief mir heiß und kalt über den Rücken, als …

lau|fend 1 ⟨Part. Präs. von⟩ *laufen* **2** ⟨Adj. 24⟩
• **2.1** *dauernd, ständig;* ~er Kredit; ~e Unkosten; ~e Ausgaben; die ~en Arbeiten; ~ zu tun haben ⟨umg.⟩ • **2.2** ~es **Band** • **2.2.1** = **Fließband** ⟨veraltet⟩; am ~en Band • **2.2.2** ⟨60; fig.⟩ *ununterbrochen, ständig, immerzu* • **2.3** *in einer bestimmten Reihenfolge aufeinanderfolgend* • **2.3.1** ~e **Nummer** ⟨Abk.: lfd. Nr.⟩ *die Nummer in einer Reihe* • **2.3.2** der ~e **Monat** *der jetzige M.* • **2.3.3** das ~e **Meter** ⟨Abk.: lfd. m., lfm.⟩ *Maß für eine Ware, die von einem größeren Stück abgeschnitten wird* • **2.4** **auf dem** Laufenden *über den*

laufenlassen

neuesten Stand der Dinge informiert, Bescheid wissend; auf dem Laufenden sein; jmdn. auf dem Laufenden halten

lau|fen||las|sen auch: **lau|fen las|sen** ⟨V. 175/400; fig.; umg.⟩ **1** jmdn. ~ jmdn. nicht festnehmen, nicht verhaften (nachdem man ihn bei einem Vergehen erwischt hat) **2** die **Dinge** ~ nicht in den Gang der Dinge eingreifen; →a. laufen (2.1, 3.1)

Läu|fer ⟨m.; -s, -⟩ **1** jmd., der läuft; ein guter, ausdauernder ~ • **1.1** jmd., der das Laufen sportlich betreibt; Kurzstrecken~, Langstrecken~, Schlittschuh~, Ski~; ein guter, schneller ~ sein **2** langer schmaler Teppich; Treppen~ **3** lange, schmale Zierdecke auf der Tischdecke; Tisch~ **4** ⟨nicht mehr zoologisch systematische Bezeichnung⟩ flugunfähiger Flachbrustvogel (Strauß, Kiwi, Moa, Kasuar, Emu, Nandu) **5** Laufkatze **6** Laufstein, oberer Mühlstein **7** ⟨Schach⟩ Schachfigur, Offizier, der diagonal ziehen u. schlagen kann **8** ⟨Landw.⟩ junges Schwein **9** ⟨Bauw.⟩ Mauerstein, der mit der längeren Seite nach außen liegt; Ggs Binder (4.2) **10** ⟨Ballsport (im Fußball veraltet)⟩ im Fußball, Hockey u. a. links bzw. rechts neben od. hinter dem Stürmer kämpfender Spieler **11** ⟨Elektrotech.; Maschinenbau⟩ bewegliches Maschinenteil, bes. rotierender Teil elektr. Maschinen, Rotor; Ggs Ständer (3) **12** ⟨Spinnerei⟩ umlaufende Öse an Ringspinnmaschinen

Läu|fe|rin ⟨f.; -, -rin|nen⟩ weibl. Läufer

Lauf|feu|er ⟨n.; -s, -⟩ **1** Bodenfeuer, das sich im Gras weiterfrisst • **1.1** eine Nachricht verbreitet sich wie ein ~ ⟨fig.⟩ sehr schnell

läu|fig ⟨Adj. 24/70⟩ eine **Hündin** ist ~ befindet sich in der Paarungszeit

Lauf|pass ⟨m.; -es; unz.⟩ **1** ⟨urspr.⟩ Entlassungsbescheinigung **2** ⟨fig.; nur in den Wendungen⟩ • **2.1** jmdm. den ~ geben ein Verhältnis mit jmdm. in nicht sehr korrekter Weise beenden, jmdn. fortschicken; sie hat ihm den ~ gegeben • **2.2** den ~ erhalten, bekommen auf nicht sehr angenehme Weise aus einem Verhältnis entlassen, verlassen werden

Lauf|schritt ⟨m.; -(e)s; unz.⟩ Lauf, leicht springender Schritt, rasche Gangart; sich im ~ entfernen, nähern; im ~ marsch, marsch! ⟨militär. Kommando⟩

Lauf|werk ⟨n.; -(e)s, -e⟩ **1** ⟨EDV⟩ Bestandteile eines Rechners, in denen die auf entsprechenden Datenträgern befindlichen Daten gelesen werden od. in denen Datenträger mit Daten beschrieben werden (DVD-~, CD-ROM-~) **2** ⟨allg.⟩ Mechanismus zum Antrieb (einer Maschine) • **2.1** ⟨Eisenb.⟩ Räder, Achslager u. Tragfedern

Lauf|zeit ⟨f.; -, -en⟩ **1** ⟨Bankw.⟩ ~ einer **Anleihe**, eines Wechsels, eines Wertpapiers Zeit bis zur Fälligkeit einer A. usw. **2** ⟨Sp.⟩ Zeit, die für das Durchlaufen einer Strecke gebraucht wird **3** ~ einer **Hündin** Brunstzeit

Lau|ge ⟨f.; -, -n⟩ **1** ⟨i. w. S.⟩ scharfe Lösung der verschiedensten Stoffe **2** ⟨i. e. S.⟩ wässrige Lösung von Basen²; Seifen~

Lau|ne ⟨f.; -, -n⟩ **1** augenblickliche Gemütsstimmung; jmdm. die ~ verderben; gute, schlechte ~ haben; jmdn. bei (guter) ~ erhalten; je nach (Lust und) ~ was hat er heute für ~? • **1.1** ~n haben Stimmungen unterworfen sein • **1.2** guter, glänzender, schlechter, übler ~ sein sich in guter usw. Gemütsstimmung befinden • **1.3** er ist heute nicht bei ~ ⟨umg.⟩ er hat heute schlechte Laune **2** einer augenblicklichen Stimmung entspringender Einfall; etwas aus einer ~ heraus tun **3** ⟨nur Pl.⟩ sonderbare Einfälle, wechselnde Gemütsstimmungen; jmds. ~n ertragen müssen **4** ⟨nur Pl.⟩ ~n ⟨fig.⟩ Schwankungen • **4.1** die ~n des Glücks die guten od. die schlechten Fügungen • **4.2** die ~n des Wetters rascher Wechsel des W.

lau|nen|haft ⟨Adj.⟩ Launen unterworfen, rasch die Stimmung wechselnd, launisch; er ist in letzter Zeit sehr ~

lau|nig ⟨Adj.⟩ humorvoll u. witzig, geistreich u. heiter; ein ~er Einfall; eine ~e Rede halten

lau|nisch ⟨Adj.⟩ Launen unterworfen, launenhaft, von unbeständiger Gemütsstimmung, unberechenbar; er ist sehr ~

Laus ⟨f.; -, Läu|se; Zool.⟩ **1** Angehörige einer Unterordnung der Tierläuse mit einem in der Ruhelage auf der unteren Seite des Kopfes verborgenen Rüssel zum Stechen u. Saugen: Anoplura, Siphunculata; Filz~, Kleider~, Kopf~; Läuse haben **2** jmdm. eine ~ in den Pelz setzen ⟨fig.⟩ jmdm. Schwierigkeiten, Ärger bereiten **3** jmdm. ist eine ~ über die Leber gelaufen, gekrochen ⟨fig.; umg.⟩ jmd. hat schlechte Laune

Laus|bub ⟨m.; -en, -en; oberdt.⟩ frecher kleiner Junge, Schlingel; oV Lausbube; er ist ein richtiger ~

Laus|bu|be ⟨m.; -n, -n; oberdt.⟩ = Lausbub

lau|schen ⟨V.⟩ **1** ⟨400⟩ horchen, unbemerkt zuhören; an der Tür ~ **2** ⟨403⟩ aufmerksam zuhören; einem Konzert ~; jmds. Worten ~; andächtig ~

Lau|scher ⟨m.; -s, -⟩ **1** jmd., der lauscht, heimlicher Zuhörer, Horcher • **1.1** der ~ an der Wand hört seine eigene Schand ⟨Sprichw.⟩ wer heimlich zuhört, muss es hinnehmen, dass er Ungünstiges über sich hört **2** ⟨Jägerspr.⟩ Ohr (beim Schalenwild)

lau|schig ⟨Adj.⟩ einsam u. dabei gemütlich, traulich; ein ~es Plätzchen

lau|sen ⟨V. 500/Vr 7 od. Vr 8⟩ **1** jmdn. od. ein **Tier** ~ an jmds. Körper od. im Fell eines Tieres Läuse suchen **2** ich denke, mich laust der Affe ich bin sehr erstaunt, will meinen Augen, Ohren nicht trauen (Ausdruck der Überraschung, des Erstaunens)

Lau|ser ⟨m.; -s, -; umg.⟩ frecher kleiner Junge, Tunichtgut, Lausbub

lau|sig ⟨Adj.⟩ **1** schlecht, arm, armselig; deine paar ~en Groschen • **1.1** unangenehm, schlecht; eine ~e Sache; ~e Zeiten **2** ⟨50; umg.; verstärkend⟩ sehr; es ist ~ kalt

laut¹ ⟨Adj.⟩ **1** deutlich vernehmbar, gut od. weithin hörbar, kräftig im Ton; ein ~er Schrei; ~ aufschreien; er lachte ~ auf; Freude, Schmerz ~ äußern; ~ bellen; ~ lachen, schreien, singen, sprechen, weinen; ~es Gelächter **1.1** ~ lesen vorlesen, den Text beim Lesen mitsprechen **2** geräuschvoll; sich ~ die Nase putzen • **2.1** eine ~e Straße S. mit sehr viel Verkehr **3** Lärm erzeugend, machend; ~ sein; seid nicht so ~! • **3.1** ein

~es Wesen haben *sich nicht leise, diskret verhalten können* **4** ⟨50; fig.⟩ **etwas nicht** ~ *sagen nicht öffentlich, nicht zu Außenstehenden;* so etwas darf man nicht ~ sagen **5** ⟨Jägerspr.⟩ *windstill, so dass man Geräusche weithin hören kann;* im Wald ist es ~ **6** ⟨Getrennt- u. Zusammenschreibung⟩ • 6.1 ~ **werden** = *lautwerden*

laut[2] ⟨Präp. m. Dativ; nachfolgende Substantiva ohne Artikel werden nicht flektiert⟩ *gemäß dem Wortlaut des, der …, entsprechend, aufgrund von;* ~ Bericht vom 1.6.; ~ dieser Übereinkunft; ~ dem Vertrag; ~ ärztlicher Verordnung

Laut ⟨m.; -(e)s, -e; Phon.⟩ **1** *Schall, Ton, etwas Hörbares (vor allem von Mensch u. Tier erzeugt);* kein ~ war zu hören; heimatliche ~e; unartikulierte ~e ausstoßen; einen ~ der Überraschung, des Schreckens ausstoßen; • 1.1 keinen ~ von sich geben *ganz still sein* • 1.2 der **Hund** gibt ~ *schlägt an, bellt kurz* **2** *durch die Organe in Kehlkopf, Mund u. Nasen-Rachen-Raum hervorgebrachtes Geräusch als kleinste Einheit der menschlichen Sprache;* →a. Konsonant, Vokal; einen ~ bilden

Lau|te ⟨f.; -, -n; Mus.⟩ *Zupfinstrument mit ovalem, an einer Seite spitz zulaufendem, bauchigem Resonanzkörper;* ~ spielen

lau|ten ⟨V.⟩ **1** ⟨413⟩ ein **Text** lautet *hat einen bestimmten wörtlichen Inhalt;* der Brief lautet wörtlich …; die Verordnung lautet folgendermaßen … • 1.1 die **Antwort,** Lösung lautet *heißt, ist, sieht folgendermaßen aus;* wie lautet die Lösung der ersten Aufgabe? • 1.2 ⟨800⟩ **etwas** lautet **auf etwas** *etwas hat einen bestimmten Inhalt;* das Urteil lautet auf fünf Jahre Gefängnis • 1.3 **etwas** lautet *hört sich in bestimmter Weise an;* günstig, ungünstig ~

läu|ten ⟨V.⟩ **1** ⟨400⟩ eine **Glocke** läutet *klingt, ertönt, gibt Klang* • 1.1 es läutet *die Glocke läutet zur Kirche* **2** ⟨410; oberdt.⟩ *klingeln;* an der Tür, zur Schulpause u. Ä. ~ **3** ⟨600⟩ jmdm. ~ *jmdn. durch Glocke, Klingel rufen* **4** ⟨400⟩ etwas ~ hören ⟨fig.⟩ *etwas als Gerücht hören, vernehmen* **5** ⟨500⟩ die **Glocken** ~ *ertönen lassen;* der Küster läutet die Glocken; →a. *Glocke (1.1)*

lau|ter ⟨Adj.⟩ **1** etwas ist ~ ⟨a. fig.; geh.⟩ *rein, echt, unvermischt;* ~es Gold; die ~e Wahrheit **2** eine **Flüssigkeit** ist ~ *unvermischt, ungetrübt* • 2.1 **Metalle** sind ~ = *pur (1)* **3** jmd. od. eine **Sache** ist ~ ⟨fig.; geh.⟩ *aufrichtig, ehrlich;* ~e Absichten haben; ein ~er Mensch; einen ~en Charakter besitzen **4** ⟨50⟩ *nichts als, nur;* das sind ~ Lügen • 4.1 vor ~ … *wegen, aus …;* vor ~ Angst

läu|tern ⟨V. 500⟩ **1** eine **Flüssigkeit** ~ *klären, filtern, von Verunreinigung befreien* **2 Metalle, Mineralien** ~ *von Schlacken befreien* **3** jmdn. ~ ⟨fig.⟩ *zum Ablegen von Fehlern veranlassen, bessern;* aus einem Unglück, Unheil geläutert hervorgehen

laut|hals ⟨Adv.⟩ *laut, aus voller Kehle;* er lachte ~ los; ~ schreien

laut|los ⟨Adj.⟩ *ohne Laut, geräuschlos;* er schlich ~ die Treppe hinauf

Laut|ma|le|rei ⟨f.; -, -en⟩ *Nachahmung von Naturlauten, Geräuschen od. Klängen durch ähnliche Sprachlaute, durch Häufung von Vokalen od. Konsonanten, z. B.* in knattern, rasseln, zirpen

Laut|spre|cher ⟨m.; -s, -⟩ *elektromagnetisches Gerät, das Wechselströme in Schallwellen umsetzt*

Laut|stär|ke ⟨f.; -, -n⟩ *von der Frequenz u. Stärke eines Schalls hervorgerufene (subjektive) Schallempfindung, Lautstärkepegel;* die ~ regeln; den Verstärker auf volle ~ stellen

laut|wer|den *auch:* **laut wer|den** ⟨V. 285/500(s.); fig.⟩ **1** *energisch durchgreifen, schimpfen* • 1.1 er wurde laut *begann zu schimpfen* **2** *sich herumsprechen, bekanntwerden;* die Angelegenheit darf nicht ~ • 2.1 nichts ~ lassen *etwas verschweigen, nichts bekanntwerden lassen* • 2.2 lass das ja nicht ~ *sag das ja nicht öffentlich* • 2.3 es wurden Stimmen laut, dass … *es wurde die Meinung geäußert, dass …*

lau|warm ⟨Adj. 24⟩ **1** *mäßig warm, nicht richtig warm, lau;* ihm wurde ~es Essen serviert **2** ⟨fig.⟩ *halbherzig, nicht fest entschlossen;* ~er Beifall; er erhielt eine ~e Zusage

La|va ⟨[-va] f.; -, La|ven⟩ *bei Vulkanausbrüchen ausgeworfenes geschmolzenes Gestein*

La|ven|del ⟨[-vɛn-] m.; -s; unz.; Bot.⟩ *Angehöriger einer Gattung der Lippenblütler, dessen violette Blüten zur Gewinnung eines (in der Parfümindustrie verwendeten) ätherischen Öles genutzt werden*

la|vie|ren[1] ⟨[-viː-] V. 400⟩ **1** ⟨veraltet⟩ *gegen den Wind kreuzen* **2** ⟨fig.⟩ *sich geschickt durch Schwierigkeiten hindurchwinden*

la|vie|ren[2] ⟨[-viː-] V. 500⟩ **Farben** ~ *so auftragen, dass sie sich verwischen, ineinander übergehen;* lavierte Federzeichnung

La|wi|ne ⟨f.; -, -n⟩ **1** *herabstürzende Schnee-, Eis- od. Steinmasse im Hochgebirge* **2** ⟨fig.⟩ *durch einen geringfügigen Anstoß in Bewegung geratene Massen;* eine ~ von E-Mails **3** ⟨fig.⟩ *Kette von sich überstürzenden Ereignissen*

lax ⟨Adj.⟩ **1** ~e **Disziplin** *lockere, unzureichende D.* **2** = *lässig (3);* ~es Benehmen **3** ~e **Grundsätze** *wenig gefestigte (moralische) G.*

Lay-out *auch:* **Lay|out** ⟨[leɪaʊt] n.; -s, -s⟩ *Entwurf für die Text- u. Bildgestaltung eines Druckerzeugnisses (Buch-, Zeitungs-, Prospektseite o. Ä.)*

La|za|rett ⟨n.; -(e)s, -e; Mil.⟩ *Krankenhaus für Soldaten*

lea|sen ⟨[liː-zən] V. 500⟩ etwas ~ *für einen längeren Zeitraum mieten;* ein Auto, ein Klavier, technisches Gerät ~

Lea|sing ⟨[liː-] n.; -s, -s⟩ *Mieten od. Vermieten von Gebrauchs- od. Investitionsgütern mit der Möglichkeit, diese nach Ablauf des Mietvertrages gegen Zahlung einer Restsumme zu erwerben, Mietkauf;* ~rate, ~vertrag

Le|be|mann ⟨m.; -(e)s, -män|ner⟩ *Mann, der auf großem Fuß lebt u. die sinnlichen Genüsse pflegt*

le|ben ⟨V.⟩ **1** ⟨400⟩ *am Leben sein;* das Kind hat nur zwei Tage gelebt; als der Arzt kam, lebte sie noch; er lebt nicht mehr; kein ~des Wesen war zu sehen; ein noch ~der Schriftsteller; bringt ihn mir ~d oder tot; die Lebenden und die Toten • 1.1 das Bild scheint zu ~ *ist lebensecht gemalt* • 1.2 es gab keine

Leben

~de Seele mehr auf den Straßen *kein Mensch war zu sehen* • 1.3 lebst du (auch) noch? ⟨umg.; scherzh.⟩ *(Frage, wenn jmd. nach langer Zeit wieder einmal kommt)* • 1.4 leb **wohl**, ~ Sie wohl! *(Abschiedsgruß)* • 1.5 so **wahr** ich lebe! *(Beteuerung der Wahrheit)* • 1.6 **nicht** (mehr) ~ *tot sein* • 1.6.1 er hat nicht mehr lange zu ~ *er ist todkrank, er wird bald sterben* • 1.6.2 jmdm. ~ **lassen** *jmdn. nicht töten* • 1.6.3 er weilt nicht mehr unter den Lebenden *er ist gestorben* • 1.7 das ist zum Leben zu wenig und zum Sterben zu viel ⟨fig.; umg.⟩ *das reicht nur soeben, ganz knapp* • 1.8 ~des **Inventar** *Bestand an Vieh; Ggs totes Inventar,* → *tot (2.2)* • 1.9 ~de **Bilder** *Gesellschaftsspiel, bei dem einige Personen durch Haltung u. Gebärde unbeweglich eine bildliche Szene darstellen, deren Inhalt von den übrigen erraten werden muss* **2** ⟨413⟩ *(das Leben) verbringen, (ein Leben) führen;* bescheiden, kärglich, kümmerlich ~; enthaltsam, gesund, vegetarisch ~; herrlich und in Freuden ~; gut ~; hier lebt es sich gut, angenehm, schön • **2.1 sein eigenes Leben** ~ *sein Leben so einrichten, wie es jmdm. entspricht* • **2.2** ~ **und** ~ **lassen** *sein eigenes Leben führen, wie es einem gefällt und auch den anderen nicht in ihre Lebensweise hineinreden* • **2.3 über** seine **Verhältnisse** ~ *mehr Geld ausgeben, als man eigentlich dürfte* • **2.4** ~ wie Gott in Frankreich ⟨umg.⟩ *sorglos, gut, üppig leben* **3** ⟨415 od. 600⟩ **für jmdn.** od. **etwas** ~**, jmdm.** od. einer **Sache** ~ *seine ganze Kraft jmdm. od. einer S. widmen;* er lebt nur für andere, für seinen Beruf; für seine Kinder ~; seiner Arbeit ~; seiner Gesundheit ~ **4** (nicht) genug **zu** ~ **haben** *einen (nicht) ausreichenden Lebensunterhalt haben* • **4.1** ⟨800⟩ • **4.1.1 von Nahrungsmitteln** ~ *sich davon ernähren;* von Brot, Milch und Butter ~ • **4.1.2 von Einkünften** ~ *seinen Lebensunterhalt bestreiten;* er lebt (nur) von seiner Rente • **4.1.3 von jmdm.** ~ *von einem anderen für den eigenen Lebensunterhalt sorgen lassen;* er lebt von seinem Sohn **5** ⟨410⟩ *ständig wohnen;* in Berlin, in Amerika ~; in der Stadt, auf dem Lande ~; im Wasser, auf Bäumen ~ (Tiere); er lebt bei seinen Eltern; allein ~; getrennt ~ (Ehepaar) **6** (fig.) • **6.1** *unvergessen sein, dauern;* sein Andenken, sein Name lebt noch immer (unter seinen Freunden) • **6.2 jmdn.** ~ **lassen** *hochleben lassen, einen Trinkspruch auf jmdn. ausbringen;* er lebe (hoch)! • **6.3** ~de **Sprachen** *S., die noch gesprochen werden; Ggs tote Sprachen* → *tot (6.5)*

Le|ben ⟨n., -s, -⟩ **1** *Daseinsform von Menschen, Tieren, Pflanzen vom Entstehen bis zum Tod;* hier möchte ich mein ~ beschließen; Gefahr für Leib und ~; du bist hier deines ~s nicht sicher; das ~ nach dem Tode • **1.1** (noch) am ~ sein, bleiben *noch leben* • **1.1.1** einem Kind das ~ schenken *ein K. gebären* • **1.1.2** einem Verurteilten das ~ schenken *einen V. begnadigen* • **1.2** sein ~ (für jmdn.) einsetzen *sich in Lebensgefahr begeben* • **1.2.1** Geld oder ~! *Geld oder ich schieße!* • **1.2.2** mit dem ~ davongekommen *nach Todesgefahr am Leben geblieben* • **1.2.3** zwischen ~ und Tod schweben *in Todesgefahr, todkrank sein* • **1.2.4** jmdn. wieder ins ~ zurückbringen, (zurück)- rufen *ihn aus Bewusstlosigkeit erwecken* • **1.2.5** und koste es mein ~! *und wenn ich sterben muss* • **1.2.6** sein ~ (für jmdn. od. eine Sache) **lassen, hingeben** *um jmds. od. einer Sache willen sterben* • **1.2.7** jmdm. nach dem ~ trachten *jmdn. töten wollen* • **1.3** sich das ~ **nehmen** *Selbstmord begehen* • **1.3.1** jmdn. **ums** ~ **bringen** *jmdn. töten* • **1.3.2 ums** ~ **kommen** *tödlich verunglücken* • **1.3.3** jmdn. vom ~ zum Tode **bringen** *jmdn. hinrichten* • **1.3.4** er ist nicht mehr am ~ *er ist tot* • **1.4** sein ~ teuer verkaufen ⟨fig.⟩ *sich im Kampf heftig wehren* • **1.5** sein ~ hängt an einem (seidenen) Faden *er ist todkrank, er schwebt in Lebensgefahr* • **1.5.1** es geht auf ~ und Tod, ein Kampf auf ~ und Tod *es geht um das Leben, es ist lebensgefährlich, ein lebensgefährlicher Kampf* **2** *Lebenskraft, Unternehmungsgeist;* in ihm ist noch so viel ~; er steckt (noch) voller ~ • **2.1** ~ **in** eine Gruppe, einen Betrieb **bringen** *Schwung, Lebendigkeit* • **2.2 sich** seines ~**s freuen** *froh u. zufrieden sein* **3** *Zeit des Lebens (1), Lebensdauer;* jmdm. das ~ schwermachen; er verbrachte den Rest seines ~s in Berlin; wenn ich das tue, werde ich meines ~s nicht mehr froh • **3.1 zeit** seines ~s *sein Leben lang, solange er lebte* • **3.2** das ~ **hinter sich** haben *alt sein* • **3.2.1** das ~ **vor sich** haben *jung sein* • **3.3 ins** ~ **treten** *sich als junger Mensch selbstständig bewähren* • **3.4** sich **durchs** ~ **schlagen** *mit einiger Mühe u. unregelmäßig seinen Lebensunterhalt verdienen* • **3.5** nie im ~! ⟨umg.⟩ *niemals, auf gar keinen Fall* • **3.6 Frühling** des ~s ⟨fig.⟩ *Jugend* • **3.7 Herbst** des ~s ⟨fig.⟩ *beginnendes Alter* **4** *Wirken, Wirksamkeit;* sein ~ einer Idee, einer Sache weihen, widmen; sein ~ mit wissenschaftlichen Studien o. Ä. zubringen; das ~ Goethes, Schillers; ein behagliches, beschauliches, geruhsames, kümmerliches, stilles, zurückgezogenes ~ führen • **4.1** eine Sache ins ~ rufen *mit einer S. beginnen, etwas gründen, einrichten;* eine Bewegung, Stiftung ins ~ rufen **5** *Treiben, Geschäftigkeit;* das ~ und Treiben auf den Straßen; das geistige, gesellschaftliche, kulturelle, politische, wirtschaftliche ~ einer Stadt, einer Zeit **6** *Art zu leben, Lebensweise;* das ~ der Insekten; das ~ des Seemanns • **6.1** ein **neues** ~ anfangen ⟨fig.⟩ *neue, gute Vorsätze fürs Leben fassen, sein Leben ändern* • **6.2** das tue ich für mein ~ gern *sehr gern* **7** *Wirklichkeit;* der Ernst des ~s; dem ~ nacherzählt (Geschichte); so ist das ~!; der Stoff dieses Romans ist aus dem ~ gegriffen; im (wirklichen) ~ ist es ganz anders (als im Märchen, Roman, Film); die Schule des ~s; nach dem ~ gezeichnet (auf alten Porträts)

le|bend|ge|bä|rend *auch:* **le|bend ge|bä|rend** ⟨Adj. 24/ 70⟩ *lebende Junge zur Welt bringend, nicht eierlegend, vivipar*

le|ben|dig ⟨Adj.⟩ **1** *lebend, am Leben befindlich;* ~e Junge gebären; sie war vor Schreck mehr tot als ~ ⟨umg.; scherzh.⟩ • **1.1** bei ~em Leibe verbrennen *lebendig, lebend verbrennen* **2** eine **Person** ist ~ *lebhaft, munter* **3** ein ~er **Geist** *reger, aufgeschlossener, beweglicher G.;* trotz fortgeschrittenen Alters einen ~en Geist bewahrt haben **4** ~er **Glaube**, ~e **Erin-**

nerung *fortwirkender G., fortwirkende E.* **5 etwas** ist ~ **gestaltet, dargestellt** *lebensecht, ausdrucksvoll, nicht gekünstelt;* das Buch, der Aufsatz ist sehr ~ geschrieben; er hat ein sehr ~es Foto von uns gemacht **6** ⟨Schiffsbau⟩ ~es **Werk** *der bei voller Ladung unter Wasser liegende Schiffsteil* **7** ~e **Energie** *in einem bewegten Körper enthaltene Energie;* Ggs tote Energie, → *tot* (5.5)

Le|bens|ge|fahr ⟨f.; -; unz.⟩ **1** *Gefahr, das Leben zu verlieren;* in ~ schweben • **1.1 etwas mit, unter ~ tun** *unter Einsatz seines Lebens*

le|bens|ge|fähr|lich ⟨Adj.⟩ *das Leben gefährdend, äußerst gefahrvoll, Lebensgefahr hervorrufend;* ein ~es Vorhaben

Le|bens|ge|fähr|te ⟨m.; -n, -n⟩ **1** *Ehemann* **2** *Mann, der mit einer Frau (od. einem Mann) den Lebensweg gemeinsam geht*

Le|bens|geis|ter ⟨Pl.; fig.⟩ **1** *Leben, Lebendigkeit, Munterkeit;* meine ~ sind wieder erwacht • **1.1** seine ~ auffrischen, wecken *sich aufmuntern*

Le|bens|ge|mein|schaft ⟨f.; -, -en⟩ **1** *eheliche od. eheähnliche Gemeinschaft (bes. zwischen Mann u. Frau)* • **1.1** *gesetzlich nicht gültige Ehe* **2** = *Symbiose*

le|bens|groß ⟨Adj. 24⟩ *in natürlicher Größe;* ein ~es Bild; ein Tier ~ abbilden

Le|bens|hal|tung ⟨f.; -, -en⟩ *wirtschaftliche Gestaltung des Lebens;* eine bescheidene, großzügige ~

Le|bens|lauf ⟨m.; -(e)s, -läufe⟩ *kurze Beschreibung des Werde- und Bildungsgangs (bei Bewerbungen)*

Le|bens|mit|tel ⟨n.; -s, -; meist Pl.⟩ *Nahrungs- u. Genussmittel, Esswaren;* ~geschäft; ~ einkaufen

Le|bens|stan|dard ⟨m.; -s, -s⟩ *Höhe der Lebenshaltung;* ein hoher, niedriger ~

Le|bens|un|ter|halt ⟨m.; -(e)s; unz.⟩ *Gesamtheit der Kosten für lebensnotwendige Dinge (Ernährung, Kleidung, Wohnung usw.)*

Le|bens|wan|del ⟨m.; -s; unz.⟩ *Gestaltung des Lebens, besonders in moralischer Hinsicht;* einen (nicht) einwandfreien ~ führen; ihr früherer ~

Le|bens|weg ⟨m.; -(e)s, -e; fig.⟩ **1** *Gang, Verlauf des Lebens;* wir wünschen Ihnen Glück für Ihren ferneren, weiteren ~ • **1.1** einen gemeinsamen ~ gehen wollen *heiraten wollen*

Le|bens|wei|se ⟨f.; -, -n⟩ *Art u. Weise zu leben (insbes. in Bezug auf Ernährung u. Gesundheit);* gesunde, ungesunde ~

Le|bens|zei|chen ⟨n.; -s, -⟩ **1** *Anzeichen dafür, dass jmd. noch am Leben ist, z. B. Herzschlag, Atem;* kein ~ mehr von sich geben • **1.1** ein **von jmdm. erhalten** ⟨fig.⟩ *einen Brief, Gruß (bes. nach langer Zeit)*

Le|ber ⟨f.; -, -n⟩ **1** *großes Drüsenorgan in der Bauchhöhle der Wirbeltiere u. des Menschen, das den Eiweiß- u. Zuckerstoffwechsel regelt: Hepar* **2** *Tierleber als Speise;* Gänse~, Kalbs~ **3** *frei, frisch von der* ~ *weg sprechen* ⟨fig.⟩ *seine Meinung offen sagen, sich keinen Zwang auferlegen;* →a. *Laus* (3)

Le|ber|fleck ⟨m.; -(e)s, -e⟩ *brauner Pigmentfleck auf der Haut*

Le|be|welt ⟨f.; -; unz.⟩ *Gesamtheit des pflanzlichen u. tierischen Lebens*

Le|be|we|sen ⟨n.; -s, -⟩ *Organismus, lebender Körper, lebende Zelle(n)*

Le|be|wohl ⟨n.; -s, -s⟩ **1** *Abschiedsgruß;* jmdm. ein ~ zurufen • **1.1** jmdm. ~ sagen *Abschied nehmen, sich verabschieden*

leb|haft ⟨Adj.⟩ **1** jmd. ist ~ *voller Leben, munter, rege, temperamentvoll;* ein ~es Kind, ~er Mensch **2** etwas ist ~ *voller Leben, beweglich, bewegt, belebt;* ~e Augen; ~es Treiben auf dem Wochenmarkt, den Straßen • **2.1** das Geschäft geht ~ *läuft gut* **3** ein **Gespräch,** eine **Diskussion** ist ~ *intensiv, anregend* **4** eine **Sache** ist ~ *ausgeprägt, kräftig, stark, intensiv;* eine ~e Fantasie haben; eine ~e Freude empfinden; ~er Verkehr; ~er Beifall; ~e Farben **5** ⟨verstärkend⟩ *deutlich, sehr genau, ausgesprochen;* das kann ich mir ~ vorstellen!; jmdm. od. etwas in ~er Erinnerung haben

Leb|ku|chen ⟨m.; -s, -; bes. süddt. u. westdt.⟩ = *Pfefferkuchen*

leb|los ⟨Adj.⟩ *ohne Anzeichen von Leben, tot (aussehend)*

Leb|zei|ten ⟨Pl.⟩ zu ~ *während der Zeit, in der jmd. gelebt hat;* zu ~ meiner Mutter, zu ihren ~

lech|zen ⟨V. 800⟩ **1** nach etwas ~ *schmachten, begierig sein auf etwas;* die Erde lechzt nach Regen; nach Wasser ~ **2** nach Blut ~ ⟨fig.⟩ *auf Rache sinnen, jmdm. nach dem Leben trachten*

leck ⟨Adj. 24/70⟩ **1** *undicht, wasserdurchlässig, mit einem Loch versehen;* unser ~es Boot sank schnell; das Schiff ist ~ **2** ⟨Getrennt- u. Zusammenschreibung⟩ • **2.1** ~ schlagen = *leckschlagen*

Leck ⟨n.; -s, -s⟩ *undichte Stelle, Loch (an einem Schiff, Kessel, Tank o. Ä.)*

le|cken[1] ⟨V. 400⟩ ein **Schiff, Gefäß** leckt *ist leck, ist undicht;* das Boot, der Kessel leckt

le|cken[2] ⟨V.⟩ **1** ⟨503⟩ **(jmdm.) etwas ~** *mit der Zunge über etwas gleiten;* der Hund leckte seinem Herrn die Hand; die Tiermutter leckt ihre Jungen; eine Wunde ~; etwas ~ • **1.1** wie geleckt aussehen ⟨umg.⟩ *sehr sauber u. (zu) fein zurechtgemacht* **2** ⟨511⟩ leck mich (am Arsch)! ⟨umg.; derb⟩ *du bist mir ganz gleichgültig, dein Anliegen interessiert mich überhaupt nicht* **3** ⟨530/Vr 1⟩ sich die **Lippen,** Finger nach etwas ~ ⟨fig.⟩ *lüstern auf etwas sein, etwas sehr gern haben wollen*

le|cker ⟨Adj.⟩ *sehr wohlschmeckend, appetitlich, appetitanregend;* ein ~es Mahl; ~ angerichtete Speisen; das sieht ~ aus

Le|cke|rei ⟨f.; -, -en⟩ **1** *etwas, das sehr lecker ist* • **1.1** *etwas Besonderes, sehr Wohlschmeckendes für Feinschmecker;* jmdm. ~en anbieten, servieren • **1.2** *Süßigkeit*

leck|schla|gen *auch:* **leck schla|gen** ⟨V. 218/400(s.)⟩ ein **Schiff** schlägt leck *bekommt ein Leck;* das Schiff ist auf dem Riff leckgeschlagen

Le|der ⟨n.; -s, -⟩ **1** *von den Haaren befreite und gegerbte Tierhaut;* Rinds~, Schweins~; in ~ gebundenes Buch; ~ prägen, pressen **2** *aus Leder gefertigter Gegenstand* • **2.1** *Lederlappen;* Fenster~; mit dem ~ die Scheibe reinigen • **2.2** ⟨Sp.⟩ *Fußball* • **2.2.1** der

ledern

Torwart hielt das ~ fest *der T. hielt den Ball fest* • 2.3 *vorn od. hinten getragener Lederschurz für bestimmte Handwerker, Bergleute;* Knie~ **3** ⟨fig.⟩ • 3.1 *vom* ~ *ziehen* • 3.1.1 *die Waffe ziehen (eigentlich „aus der Lederscheide"), jmdn. angreifen* • 3.1.2 *zu schimpfen beginnen*

le|dern[1] ⟨V. 500⟩ *etwas* ~ **1** *gerben* **2** *mit Leder versehen*

le|dern[2] ⟨Adj. 24/60⟩ **1** *ein Gegenstand ist* ~ *aus Leder* • 1.1 *eine* **Sache** *ist* ~ ⟨fig.⟩ *langweilig, ohne Spannung, trocken*

le|dig ⟨Adj. 24⟩ **1** ⟨70⟩ *frei, ungebunden, befreit;* aller Schulden, Verpflichtungen, Sorgen und Nöte ~ **2** ⟨70⟩ *unverheiratet;* ~ *bleiben,* ~ *sein* • 2.1 ⟨60⟩ ~e **Mutter** *M. eines unehelichen Kindes* • 2.2 ⟨60⟩ ~es **Kind** ⟨süddt.⟩ *uneheliches K.* **3** *ein* **Acker** *ist* ~ ⟨mitteldt.⟩ *leer, brach, unbearbeitet* **4** ⟨süddt.⟩ *unbeschäftigt, müßig* **5** ⟨60⟩ ~es **Gestein** *taubes G.* **6** ⟨60⟩ ~e **Schicht** ⟨Bgb.⟩ *Überstunden* **7** ⟨Mar.⟩ *unbefrachtet*

le|dig|lich ⟨Adv.⟩ *nur, bloß;* ich habe ihm ~ die Tatsachen berichtet; es ist ~ eine Formsache

Lee ⟨f.; -; unz.; Mar.⟩ *die dem Wind abgekehrte Seite, Leeseite;* Ggs *Luv*

leer ⟨Adj.⟩ **1** *nichts enthaltend, entleert;* halb ~ / halbleer; ganz ~; die Erde war wüst und ~ (1. Mose 1,2) • 1.1 *mit* ~em **Magen** *nüchtern, ohne etwas zu sich genommen zu haben* • 1.2 *das Haus, die Stadt war öd und* ~ *nicht belebt, menschenleer* • 1.3 *mit* ~en **Händen kommen** *ohne Geschenk, ohne Geld* **2** ⟨70⟩ *ein* ~es **Zimmer**, *eine* ~e **Wohnung**, *ein* ~er **Platz** *frei, unbesetzt* • 2.1 *die* **Wohnung**, *das* **Haus**, **Zimmer** *steht* ~ • 2.1.1 *ist nicht bewohnt* • 2.1.2 *unmöbliert* • 2.2 ~es **Zimmer** • 2.2.1 *Z., in dem sich niemand befindet* • 2.2.2 *Z. ohne Möbel* • 2.3 *vor einem* ~en **Haus** (14) *spielen vor nur sehr wenigen Zuschauern* **3** ⟨fig.⟩ • 3.1 *gehaltlos, inhaltlos, ausdruckslos, nichtig; ein* ~er *Blick; das ist nur* ~es *Gerede!; ein* ~es *Leben* • 3.1.1 ~e **Drohungen** *D., die man nicht wahrmacht* • 3.1.2 ~e **Versprechungen** *V., die nicht eingehalten werden* • 3.1.3 *ein* ~er **Kopf** *geistloser Mensch, Hohlkopf* • 3.2 ⟨60⟩ ~es **Stroh dreschen** *Altbekanntes erzählen, Überflüssiges reden* • 3.3 *vor* ~en **Bänken predigen** *Ratschläge erteilen, die keiner befolgt* • 3.3.1 ~ **ausgehen** *nichts bekommen* **4** ⟨Getrennt- u. Zusammenschreibung⟩ • 4.1 ~ **essen** = leeressen • 4.2 ~ **machen** = leermachen • 4.3 ~ gefegt = leergefegt • 4.4 ~ stehend = leerstehend

Lee|re ⟨f.; -; unz.⟩ **1** *das Leersein;* gähnende ~ **2** *luftleerer Raum, Vakuum, leerer Raum* **3** *ins* ~ *starren vor sich hin starren* **4** *Sinnlosigkeit, Gehaltlosigkeit;* die ~ eines Lebens

lee|ren ⟨V. 500⟩ **1** *ein Gefäß, einen Behälter* ~ *leermachen, den Inhalt aus einem G., B. herausnehmen, ausschütten;* seine Taschen ~ • 1.1 ⟨510⟩ *das Glas auf einen, in einen Zug* ~ ⟨geh.⟩ *austrinken, ohne abzusetzen* • 1.2 *eine Flasche Wein* (zusammen) ~ *trinken* • 1.3 *den* **Teller** ~ *aufessen, was auf dem T. liegt* **2** ⟨Vr 3⟩ *ein* **Raum** *leert sich wird leer; die Vorratskammer leert sich* • 2.1 *ein* **Versammlungsraum**

leert sich wird von Menschen verlassen; der Saal, das Gebäude, der Hof leert sich

leer|es|sen *auch:* **leer es|sen** ⟨V. 129/500⟩ *den Teller* ~ *alles aufessen, was auf dem T. liegt*

leer|ge|fegt *auch:* **leer ge|fegt** ⟨Adj. 24⟩ *menschenleer, entvölkert;* die Straßen waren wie ~

Leer|lauf ⟨m.; -(e)s; unz.⟩ **1** ~ *eines* **Motors** *Lauf (eines M.) ohne Arbeitsleistung* **2** ⟨fig.⟩ *nutzlose Bemühungen, nutzlose Arbeit*

leer|lau|fen ⟨V. 176/400(s.)⟩ **1** *laufen, ohne Arbeit zu leisten;* der Motor sollte nicht länger leerlaufen **2** *völlig auslaufen;* das Fass ist völlig leergelaufen

leer|ma|chen *auch:* **leer ma|chen** ⟨V. 500; umg.⟩ *etwas* ~ *leeren;* ein Gefäß, einen Behälter, eine Flasche ~

leer|ste|hend *auch:* **leer ste|hend** ⟨Adj. 24/60⟩ *nicht bewohnt, ungenutzt;* ein ~es Haus; eine ~e Wohnung

Lef|ze ⟨f.; -, -n⟩ *Lippe (von Hund u. Raubwild)*

le|gal ⟨Adj. 24⟩ *gesetzlich, dem Gesetz entsprechend;* Ggs *illegal*

Leg|as|the|nie *auch:* **Le|gas|the|nie** ⟨f.; -, -n⟩ *Schwäche im Erlernen des Schreibens u. Lesens*

Le|ga|ti|on ⟨f.; -, -en⟩ *(päpstliche) Gesandtschaft*

le|ga|to (musikal. Vortragsbez.; Abk.: leg.) *gebunden (zu spielen)*

le|gen ⟨V. 500⟩ **1** ⟨Vr 7⟩ *etwas od. jmdn.* ~ *in liegende Stellung, zum Liegen bringen;* du musst die Bücher, Flaschen usw. ~ (nicht stellen); das Buch auf den Tisch ~ • 1.1 *der Spieler X wurde gelegt (während des Fußballspiels) vom Gegner regelwidrig zu Fall gebracht* • 1.1.1 *jmdn.* ~ *in liegende Stellung bringen, hinlegen, lang ausstrecken;* jmdn. ins Grab ~; sich aufs Bett, aufs Sofa ~; sich auf die Seite, auf den Rücken, Bauch ~; sich ins Bett, zu Bett ~; sich in die Sonne ~; leg dich! (Aufforderung an den Hund) • 1.1.2 ⟨507/Vr 3⟩ *sich* **schlafen** ~ *sich hinlegen, um zu schlafen* • 1.2 ⟨Vr 3⟩ *jmd. hat sich gelegt, musste sich legen* ⟨umg.⟩ *muss wegen Krankheit das Bett hüten* • 1.3 ⟨550/Vr 3⟩ *etwas legt sich über* ~ *breitet sich aus;* der Nebel legte sich über das Dorf **2** *etwas* ~ *einrichten, installieren;* Gas, Kabel, Rohre, Leitung ~; Fliesen, Linoleum, Parkett ~ • 2.1 *anbringen;* Schlingen ~ (zum Fangen von Wild); das Fundament, den Grundstein ~ (zu etwas) • 2.2 **Knollen, Wurzeln** ~ *in die Erde bringen* • 2.3 **Karten** *auflegen;* Patiencen ~ • 2.4 **Feuer** ~ *zum Zwecke der Brandstiftung anzünden* **3** ⟨531⟩ **jmdm.** *die Hand auf die Stirn* ~ *jmdn. mit der H. auf der S. berühren;* jmdm. den Kopf an die Schulter ~; jmdm. die Hand auf den Kopf, die Schulter ~; jmdm. den Arm um die Schultern ~ **4** ⟨510⟩ • 4.1 *jmdn.* **in Fesseln**, *in* **Ketten** ~ *fesseln, anketten* • 4.2 *einen* **Hund** *an die* **Kette** ~ *an der K. festmachen* **5** ⟨500⟩ • 5.1 *das* **Fundament**, den Grundstein (zu etwas) ~ ⟨a. fig.⟩ *für etwas die Voraussetzungen schaffen* • 5.2 **Karten** ~ ⟨a. fig.⟩ *aus K. wahrsagen* • 5.3 **Eier** ~ • 5.3.1 **Vögel** ~ *Eier stoßen sie aus dem Körper aus;* die Hühner jetzt gut ~ • 5.3.2 **Fische** ~ *Eier laichen* • 5.4 **Bauern** ~ ⟨MA⟩ *ihr Land abkaufen od. wegnehmen* **6** ⟨550⟩

● 6.1 **Nachdruck auf** etwas ~ *etwas hervorheben, besonders betonen;* die Betonung, den Akzent auf ein Wort, eine Silbe ~ **7** ⟨Vr 3⟩ **etwas** legt **sich** *lässt nach, wird langsam weniger;* Wind, Lärm, die Stimmung legt sich; sein Zorn legte sich schnell **8** ⟨550/Vr 3⟩ eine **Krankheit** legt sich **auf** ein **Organ** *greift ein bestimmtes O. an;* seine Erkältung hat sich auf die Nieren gelegt; →a. *Hand (2.1.4, 2.3.1-2.3.2, 2.6.14), Handwerk (1.3), Herz (2.14), Last (4.4), Mittel (5), Mund (3.15)*

le|gen|där ⟨Adj.⟩ **1** *legendenhaft, sagenhaft* **2** ⟨fig.⟩ *unglaubhaft, unwahrscheinlich*

Le|gen|de ⟨f.; -, -n⟩ **1** *Sage von frommen Menschen* **2** *lange vergangenes, nicht mehr nachweisbares historisches Ereignis;* ein Ereignis ist zur ~ geworden ● 2.1 *verzerrt dargestellter historischer Vorgang;* die Dolchstoß~ nach dem 1. Weltkrieg ● 2.2 *unglaubwürdige Geschichte* **3** *Text von Inschriften;* ~n von Münzen ● 3.1 *erläuternder Text zu Karten, Abbildungen;* Bild~, Karten~

le|ger ⟨[leʒɛːr] Adj.⟩ *ungezwungen, formlos, lässig, locker;* ein ~es Benehmen; die Atmosphäre war ~; er kleidet sich ~

le|gie|ren ⟨V. 500⟩ **1 Metalle** ~ *zu einer Legierung zusammenschmelzen* **2** eine **Soße, Suppe** ~ ⟨Kochk.⟩ *sämig machen*

Le|gie|rung ⟨f.; -, -en⟩ *durch das Zusammenschmelzen mehrerer Metalle (u. Zusätze) entstehendes Metallgemisch*

Le|gi|on ⟨f.; -, -en⟩ **1** *römische Truppeneinheit* **2** *Name verschiedener Truppen;* Fremden~ **3** *unbestimmt große Anzahl, große Menge;* ihre Zahl war ~

Le|gio|när ⟨m.; -s, -e⟩ **1** *römischer Soldat* **2** *Angehöriger einer Legion (2)* (Fremden~)

Le|gis|la|ti|ve ⟨[-və] f.; -, -n⟩ **1** *Teil der Staatsgewalt, der die Gesetzgebung betrifft;* →a. *Exekutive, Judikative* **2** *gesetzgebende Versammlung*

le|gi|tim ⟨Adj.⟩ **1** *rechtmäßig, gesetzlich anerkannt, gesetzlich zulässig* **2** ⟨24; veraltet⟩ *ehelich;* ein ~es Kind

Le|gu|an ⟨m.; -s, -e; Zool.⟩ *Angehöriger einer Familie der Echsen mit dicker, kaum gespaltener Zunge, wohlentwickelten Beinen u. langem Schwanz: Iguanidae;* Grüner ~

Le|hen ⟨n.; -s, -; früher⟩ **1** ⟨MA bis 19. Jh.⟩ *erbliches Nutzungsrecht an einem Gut (Grundbesitz, Amt, Steuer- u. Zollrechte usw.), das gegen bestimmte (landschaftlich unterschiedliche) Verpflichtungen (Kriegsdienst, Treue usw.) verliehen wurde* **2** *das verliehene Gut selbst;* jmdm. ein Gut zu ~ geben

Lehm ⟨m.; -(e)s, -e⟩ *sandiger Ton, der durch Brauneisensalze gelb bis braun gefärbt ist u. zur Herstellung keramischer Erzeugnisse verwendet wird*

Leh|ne ⟨f.; -, -n⟩ **1** *Stütze (eines Sitzmöbels) für Rücken od. Arm;* Arm~, Rücken~ **2** ⟨oberdt.⟩ *Abhang;* Berg~

leh|nen ⟨V. 500⟩ **1** ⟨511⟩ **etwas an etwas** ~ *etwas so hinstellen, dass es sich in einer schrägen Lage befindet und gestützt wird;* eine Leiter an die Wand ~ **2** ⟨511/Vr 3⟩ **sich an jmdn.** od. **etwas** ~ *sich an jmdn. od. etwas gestützt befinden, an jmdn. od. etwas gestützt stehen;* sich an jmds. Schulter ~; sich an jmdn., an eine Mauer ~ ● 2.1 **etwas** lehnt **an etwas** *befindet sich in schräger Lage und wird gestützt von etwas;* die Leiter, der Stock lehnt an der Wand **3** ⟨510/Vr 3⟩ **sich an, auf, gegen etwas** ~ *sich mit dem ganzen Körper an, auf, gegen etwas stützen* ● 3.1 sich über ein **Geländer**, eine **Brüstung** ~ *sich hinausbeugen und sich dabei am G., an der B. halten* ● 3.2 sich (weit) aus dem Fenster ~ *sich aufs Fensterbrett gestützt hinausbeugen;* nicht aus dem Fenster ~! (Aufschrift auf Schildern in der Eisenbahn usw.)

Lehns|herr ⟨m.; -en, -en; früher⟩ *Eigentümer eines Lehens, das er an den Lehnsmann vergeben hat*

Lehns|mann ⟨m.; -(e)s, -män|ner od. -leu|te; früher⟩ *jmd., der vom Lehnsherrn ein Gut zu Lehen bekommen hat;* Sy *Vasall (2)*

Lehn|wort ⟨n.; -(e)s, -wör|ter; Sprachw.⟩ *aus einer fremden Sprache entlehntes Wort, das sich (im Unterschied zum Fremdwort) lautlich der einheimischen Sprache angepasst hat, z. B. Fenster aus lat. fenestra*

Lehr|amt ⟨n.; -(e)s, -äm|ter⟩ *Amt des Lehrers;* die Prüfung für das ~ machen

Leh|re ⟨f.; -, -n⟩ **1** *Schlussfolgerung, Erfahrung, aus der man lernt;* dieser Vorfall soll mir eine ~ sein; die ~ aus etwas (Ereignis, Unglück, Misserfolg) ziehen; eine bittere, heilsame ~ **2** *wissenschaftliches System, Anschauung einer bedeutenden Persönlichkeit od. eines Kreises von Menschen über ein Problem der Wissenschaft od. Kunst;* die ~ Fichtes, Kants, Newtons; die Kopernikanische ~ ● 2.1 *Lehrsatz;* die ~ von der Erhaltung der Energie **3** *Lehrzeit, Ausbildung in einem (handwerklichen) Beruf;* eine dreijährige ~ machen **4** ⟨Tech.⟩ *Modell, Schablone zur Herstellung von Profilen* **5** ⟨Tech.⟩ *Messwerkzeug;* Schieb~

leh|ren ⟨V.⟩ **1** ⟨400⟩ *einen Lernprozess bei jmdm. auslösen, bewirken* ● 1.1 ⟨520⟩ **jmdn. etwas** ~ *jmdn. in etwas unterrichten, unterweisen;* ein Kind das Lesen und Schreiben ~ ● 1.2 ⟨520⟩ jmdm. etwas ~ *Kenntnisse über etwas vermitteln;* Philosophie wird nur in den oberen Klassen gelehrt; durch Lehren lernt man ● 1.2.1 *Vorlesungen halten (über);* an der Universität ~; Musiktheorie, deutsche Literatur, Gerichtsmedizin ~ **2** ⟨500; fig.⟩ ● 2.1 ich werde dich ~, so unverschämt zu sein! ⟨umg.⟩ *ich werde dir diese Unverschämtheit austreiben*

Leh|rer ⟨m.; -s, -⟩ *jmd., der beruflich lehrt, unterrichtet, Inhaber eines Lehramtes, Pädagoge;* Grundschul~, Hauptschul~, Gymnasial~, Hochschul~, Berufsschul~, Privat~, Klavier~; ein guter, schlechter, strenger ~; ~ an einer Schule, Universität; ~ für Deutsch, Mathematik

Leh|re|rin ⟨f.; -, -rin|nen⟩ *weibl. Lehrer*

Lehr|gang ⟨m.; -(e)s, -gän|ge⟩ Sy *Kurs (3), Kursus* **1** *zeitlich begrenzte, schulmäßige Ausbildung in einem Fach bzw. in einer Fächergruppe* **2** *systematische Einführung in ein Fach, einen Wissensbereich;* ~ für erste Hilfe

Lehr|geld ⟨n.; -(e)s, -er⟩ **1** ⟨früher⟩ *Entgelt für die Lehre (3)* **2** ⟨heute⟩ ● 2.1 ~ zahlen ⟨fig.⟩ *mit Mühe u.*

durch Enttäuschungen lernen • 2.2 *lass dir dein* ~ *zurückgeben!* ⟨umg.; scherzh.⟩ *du kannst nichts, weil du schlecht gelernt hast*

lehr|haft ⟨Adj.⟩ **1** *belehrend;* ein ~*es Gedicht von Brecht* **2** *langweilig u. belehrend, schulmeisterlich;* eine ~*e Rede halten*

Lehr|ling ⟨m.; -s, -e⟩ *Jugendliche(r) während der Lehrzeit*

Lehr|mit|tel ⟨n.; -s, -; Schulw.⟩ *der Veranschaulichung dienender Gegenstand im Unterricht, Hilfsmittel für den Unterricht, z. B. Karte, Modell*

Lehr|satz ⟨m.; -es, -sät|ze⟩ *eine von mehreren nicht im Einzelnen beweisbaren Regeln, die einem wissenschaftlichen, religiösen od. politischen System angehören;* Sy *Doktrin (1)*

Lehr|stel|le ⟨f.; -, -n⟩ *Arbeitsplatz für die Ausbildung von Lehrlingen;* eine ~ *suchen, anbieten; Mangel an* ~*n*

Lehr|stuhl ⟨m.; -(e)s, -stüh|le⟩ *planmäßige Stelle eines Hochschullehrers, Professur;* den ~ *für neuere Geschichte innehaben*

Lehr|zeit ⟨f.; -, -en⟩ *Zeit der Lehre (4), Ausbildungszeit; dieser Beruf hat eine* ~ *von drei Jahren*

Leib ⟨m.; -(e)s, -er⟩ **1** ⟨i. w. S.⟩ *(menschlicher od. tierischer) Körper;* er zitterte am ganzen ~(e); den Teufel im ~(e) haben • 1.1 *bleib mir vom* ~(e)! *komm mir nicht zu nahe!* • 1.2 *der* ~ *des Herrn* ⟨geh.⟩ = *Hostie* **2** ⟨i. e. S.⟩ *Bauch, Magen, Unterleib;* der ~ *schmerzt* • 2.1 *nichts im* ~ *haben nichts gegessen haben, hungrig sein* **3** ⟨veraltet; nur noch in formelhaften Verbindungen⟩ ~ *und Gut für etwas wagen Leben und Gut für etwas wagen* • 3.1 *Gefahr für* ~ *und Leben* ⟨fig.⟩ *Lebensgefahr* **4** *keine Ehre im* ~ *haben völlig skrupellos sein* • 4.1 *kein Herz im* ~ *haben* ⟨fig.⟩ *kalt u. herzlos, mitleidlos sein* • 4.2 *er hat kaum noch ein Hemd auf dem* ~(e) *er ist sehr arm* **5** ⟨fig.; in festen Wendungen⟩ • 5.1 *bleib mir nur damit vom* ~(e)! *lass mich nur damit in Ruhe* • 5.2 *sich jmdm. vom* ~(e) *halten jmdn. fernhalten, Abstand halten gegenüber jmdm.* • 5.3 *jmdm. zu* ~(e) *gehen, rücken jmdn. angreifen* • 5.4 *jmdm. auf den* ~ *rücken jmdn. mit etwas bedrängen* • 5.5 *einer Sache zu* ~*e gehen eine S. tatkräftig anpacken* • 5.6 *gut essen und trinken hält* ~ *und Seele zusammen macht einen gesund u. fröhlich* • 5.7 *mit* ~ *und Seele ganz u. gar, vollkommen*

Leib|chen ⟨n.; -s, -⟩ *ärmelloses Hemdchen, bes. im Sport;* Trainings~

leib|ei|gen ⟨Adj. 24/70; im Allg. bis zum 18. Jh., in Russland bis zum 19. Jh.⟩ *im Zustand der persönlichen Abhängigkeit vom Grundherrn befindlich, persönlich unfrei*

lei|ben ⟨V. 400; nur noch in der Wendung⟩ **wie er leibt u. lebt** *ganz so wie er wirklich ist, wie es für ihn typisch ist*

Lei|bes|frucht ⟨f.; -, -früch|te⟩ *Kind im Mutterleib*

Leib|ge|richt ⟨n.; -(e)s, -e⟩ *bevorzugtes Gericht, Lieblingsspeise*

leib|haf|tig ⟨a. [-'--] Adj.⟩ **1** *gegenständlich, echt;* wie der ~*e Teufel; da stand er* ~ *vor mir* • 1.1 *jmd. ist der* ~*e*

~*e Vater jmd. sieht seinem V. sehr ähnlich* • 1.2 *der* ~*e Geiz der Gestalt gewordene G.* **2** *wirklich u. wahrhaftig;* er ist es ~

leib|lich ⟨Adj. 24⟩ **1** *den Leib betreffend, zu ihm gehörig, körperlich;* ~*e Genüsse* • 1.1 *die* ~*e Hülle des Verstorbenen der Körper des T.* **2** *blutsverwandt;* ~*e Erben* • 2.1 *der* ~*e Vater V., der das Kind gezeugt hat* • 2.2 *die* ~*e Mutter M., die das Kind geboren hat* • 2.3 *mein* ~*es Kind mein eigenes K. (kein angenommenes)*

Lei|che ⟨f.; -, -n⟩ **1** *toter menschlicher od. tierischer Körper, Leichnam;* die ~ *identifizieren* **2** ⟨oberdt.⟩ *Beerdigung, Bestattungsfeier, Leichenschmaus* • 2.1 *zur* ~ *gehen zur Beerdigung gehen* **3** ⟨fig.⟩ • 3.1 ⟨umg.; scherzh.⟩ *jmd., der stark betrunken ist;* Bier~, Schnaps~ • 3.2 *er ist eine lebende, wandelnde* ~ *er sieht sehr bleich u. krank aus* • 3.3 *er geht über* ~*n er ist vollkommen rücksichtslos, herzlos* • 3.4 *nur über meine* ~! ⟨umg.⟩ *ich nicht, solange ich lebe!* • 3.4.2 *ich bin unter keinen Umständen damit einverstanden* • 3.5 *Kartei~* ⟨fig.; scherzh.⟩ *jmd., der nur noch der Form halber Mitglied bei einer Organisation ist, aber nicht mehr aktiv beteiligt* **4** ⟨Typ.; fig.⟩ *vom Setzer vergessene Sätze od. Wörter*

Lei|chen|öff|nung ⟨f.; -, -en⟩ = *Obduktion*
Lei|chen|schmaus ⟨m.; -es, -schmäu|se⟩ *gemeinsames Mahl nach der Bestattung*

Leich|nam ⟨m.; -s, -e⟩ = *Leiche (1)*

leicht ⟨Adj.⟩ **1** *ein Gegenstand ist* ~ *ist von geringem Gewicht;* ein ~*er Koffer* • 1.1 ~*e Kleider sommerliche, luftige, dünne K.* **2** *geringfügig, unbedeutend, gering;* eine ~*e Krankheit;* ein ~*er Fehler, eine* ~*e Strafe, Wunde;* ~*er Wind* • 2.1 *ein* ~*es Lächeln die Andeutung eines Lächelns* • 2.2 *eine Sache* ~*er machen das Gewicht einer S. verringern; jmdm. das Eingeständnis einer Schuld* ~*er machen* • 2.3 *eine* ~*e Berührung zarte B.* • 2.4 *eine* ~*e Speise, ein* ~*er Wein bekömmlich, nicht schwer verdaulich* **3** ⟨fig.⟩ *einfach, nicht schwierig; das ist, geht ganz* ~; *das ist* ~*er gesagt als getan* • 3.1 *nichts ist das!* • 3.1.1 *das ist eine Kleinigkeit für mich!* • 3.2 *das ist mir ein Leichtes das macht mir keine Mühe, keine Schwierigkeiten* • 3.3 *das ist* ~*er gesagt als getan so einfach ist das (in Wirklichkeit) nicht* • 3.4 *anspruchslos, unterhaltsam* • 3.4.1 ~*e Lektüre anspruchslose, unterhaltende L.* • 3.4.2 ⟨60⟩ *die* ~*e Muse die unterhaltende Kunst* • 3.4.3 ~*e Musik Unterhaltungsmusik* **4** *ohne Schwierigkeiten, mühelos, schnell; das Schloss geht* ~ *auf;* ~ *begreifen; ein Gerät* ~ *handhaben; eine Arbeit* ~ *fertig bringen; man findet nicht* ~ *einen besseren Arbeiter; das ist* ~ *zu verstehen; das ist* ~ *dann ein Unglück geschehen* • 4.1 ⟨60⟩ *eine* ~*e Hand haben eine geschickte H.* • 4.2 ⟨zusammen mit einem Adjektiv⟩ *etwas besitzt eine Neigung, Tendenz, sich in einer bestimmten Weise zu verhalten; der Stoff wird* ~ *schmutzig;* ~ *zerbrechlich; diese Wurst wird* ~ *schlecht* • 4.2.1 *er ist* ~ **verletzt**, *gekränkt, beleidigt schnell verletzt, gekränkt, beleidigt;* ⟨aber Getrennt- u. Zusammenschreibung⟩ ~ *verletzt* = *leichtverletzt* **5** *oberflächlich, leichtfertig.*

leichtsinnig; ~er Lebenswandel **6** ~en Sinnes *froh, zuversichtlich* **7** ⟨zusammen mit einem Adjektiv⟩ *ein wenig, etwas;* das ist ~ übertrieben; ~ verrückt **8** ⟨zusammen mit einem Verb⟩ *geringfügig, von geringer Intensität;* ~ fallen, stürzen; ~ klopfen **9** *unbeschwert;* ~en Herzens • **9.1** ⟨40⟩ mir ist so ~ ums Herz *unbeschwert, heiter, froh* • **9.2** ⟨40⟩ jetzt ist mir viel ~er ⟨umg.⟩ *jetzt bin ich sehr erleichtert* • **9.3** ⟨60⟩ etwas auf die ~e Schulter nehmen ⟨fig.⟩ *nicht ernst nehmen* **10** ⟨fig.⟩ • **10.1** jmdn. um eine Summe **Geldes** ~er machen • **10.1.1** *jmdn. mit List eine Summe Geldes abnehmen* • **10.1.2** *jmdn. eine Summe Geldes stehlen* • **10.2** das ist ~ möglich *das ist gut, wohl möglich, das kann schon sein* **11** ⟨Getrennt- u. Zusammenschreibung⟩ • **11.1** ~ machen = *leichtmachen* • **11.2** ~ verdaulich = *leichtverdaulich*

Leicht|ath|le|tik ⟨f.; -; unz.; Sp.; Sammelbez. für⟩ *Laufen, Springen, Werfen u. verwandte sportliche Übungen*

leicht‖fal|len ⟨V. 131/600⟩ etwas fällt jmdm. leicht *macht jmdm. keine Mühe;* ⟨aber Getrenntschreibung⟩ leicht fallen → *leicht (8)*

leicht|fer|tig ⟨Adj.⟩ *oberflächlich, leichtsinnig;* ~ handeln

leicht|her|zig ⟨Adj.⟩ *unbeschwert, sorglosen Gemütes*

leicht|hin ⟨a. [-'-] Adv.⟩ *ohne sich viel Gedanken zu machen;* etwas ~ sagen; etwas ~ glauben

leicht‖ma|chen auch: **leicht ma|chen** ⟨V. 530/Vr 1⟩ es sich ~ *sich wenig Mühe geben;* du machst es dir zu leicht; sich eine Arbeit ~

Leicht|me|tall ⟨n.; -(e)s, -e⟩ *Metall, dessen spezifisches Gewicht unter 5 liegt, z. B. Magnesium u. Aluminium*

leicht‖neh|men ⟨V. 189/500⟩ eine Sache ~ *nicht ernst nehmen;* er hat die Angelegenheit zu leichtgenommen

Leicht|sinn ⟨m.; -(e)s; unz.⟩ *zu große Sorglosigkeit, Unbekümmertheit, Unvorsichtigkeit;* jugendlicher ~; seinen ~ mit dem Tode büßen

leicht|sin|nig ⟨Adj.⟩ **1** *sorglos, unbekümmert, unvorsichtig;* ein ~er Fahrer **2** *leichtfertig, leichtlebig*

leicht|ver|dau|lich auch: **leicht ver|dau|lich** ⟨Adj. 24/70⟩ *so beschaffen, dass es leicht verdaut werden kann* (Speisen)

leicht|ver|letzt auch: **leicht ver|letzt** ⟨Adj. 24/70⟩ *wenig verletzt;* →a. *leicht (4.2.1)*

leid ⟨Adv.; nur in festen Wendungen⟩ **1** etwas ist jmdm. ~ (geworden) *jmd. ist einer Sache überdrüssig, hat sie satt* **2** jmd. ist eine Sache ~ *hat eine S. satt, ist ihrer überdrüssig;* den ständigen Klatsch ~ sein **3** ⟨schweiz. a. Adj.; in der Wendung⟩ das ist eine ~e Sache, Geschichte *eine hässliche, böse S., G.*

Leid ⟨n.; -(e)s; unz.⟩ **1** *großer Kummer, seelischer Schmerz;* Ggs *Freude;* Freud und ~ miteinander teilen; jmdm. ein ~ antun; sie hat in ihrem Leben viel ~ erdulden, ertragen müssen; in Freud und ~ zusammenstehen; geteiltes ~ ist halbes ~ (Sprichw.) • **1.1** jmdm. sein ~ klagen *von seinem Kummer, Ärger erzählen, sein Herz ausschütten* **2** *Unglück, Übel, Schaden;* bitteres, schweres, tiefes ~; jmdm. in seinem (großen) ~ beistehen **3** ⟨schweiz.; veraltet⟩ *alles, was mit der Kundgebung der Trauer zusammenhängt* • **3.1** *Trauerkleidung* • **3.1.1** im ~ sein ⟨schweiz.⟩ *in Trauer sein* • **3.2** *Begräbnis* • **3.3** *Leichenschmaus* **4** ⟨Getrennt- u. Zusammenschreibung⟩ • **4.1** zu Leide = *zuleide*

lei|den ⟨V. 177⟩ **1** ⟨400⟩ *Qualen ausstehen, Leid erdulden, Schmerzliches erleben;* er hat in seinem Leben viel ~ müssen **2** ⟨414⟩ **an, unter etwas** *etwas ertragen müssen;* er leidet sehr unter der Strenge seines Vaters; er leidet noch immer an den Folgen seines Sturzes **3** ⟨414⟩ **an** einer **Krankheit** ~ *eine K. haben;* er leidet an chronischem Asthma • **3.1** an Schwindel ~ *leicht schwindlig werden* **3.2** (**durch, unter etwas**) ~ *(durch etwas) beeinträchtigt werden;* unter der Hitze ~; die Bäume haben durch den Frost gelitten; das Haus hat durch die Bomben stark gelitten **4** ⟨500⟩ **etwas** ~ *ertragen, aushalten müssen;* Hunger, Durst, Not, Schmerzen ~ **5** ⟨500/Vr 7 od. Vr 8; mit Modalverb⟩ **jmdn.** (nicht) ~ können, mögen *jmdn. (nicht) gut gesinnt sein, jmdn. (nicht) gernhaben;* ich kann ihn nicht ~ • **5.1** ⟨500 m. Modalverb⟩ **etwas** (nicht) ~ können, mögen *(keinen) Gefallen an etwas finden* **6** ⟨510; unpersönl.; veraltet⟩ es leidet mich hier nicht länger *hier kann ich nicht länger bleiben* **7** ~d *ständig krank, kränklich;* er ist noch immer ~d; ~d aussehen • **7.1** ein ~des Gesicht machen *ein G., als ob man sehr litte*

Lei|den ⟨n.; -s, -⟩ **1** *anhaltende Krankheit;* Herz~, Magen~; *ein chronisches, unheilbares;* er starb nach langem, schwerem **2** *das, worunter man leidet, Qual, Schmerz;* das ~ Christi

Lei|den|schaft ⟨f.; -, -en⟩ Sy *Passion (1)* **1** *heftige Gefühlsregung, starke Zuneigung, Begierde;* ihn erfasste eine heftige, starke, glühende ~ zu ihr; seine ~ für sie **2** *Tätigkeit, die man gerne macht, Sache, die man gernhat;* Spiel~; Kochen ist meine ~ **3** *große Begeisterung,* ~ fürs Autofahren, Skilaufen, für die Musik; etwas mit ~ tun; einer ~ frönen

lei|den|schaft|lich ⟨Adj.⟩ **1** *von Leidenschaft bewegt, getragen, glühend, heftig, ungezügelt;* ~er Hass, ~e Liebe, ~es Verlangen, ~e Musik **2** ⟨90⟩ *für eine Sache begeistert, eine Sache sehr gern tuend;* ~ gern reiten, schwimmen; ein ~er Angler, Jäger, Raucher, Schachspieler

lei|der ⟨Adv.⟩ *bedauerlicherweise, unglücklicherweise;* ~ Gottes!; ~ kann ich nicht kommen; ist er immer noch krank? Ja, ~!, ~ ja!; ist das Paket gekommen? ~ nicht!, ~ nein!

lei|dig ⟨Adj. 24/60⟩ *lästig, verdrießlich, unangenehm;* ich werde froh sein, wenn ich die ~e Sache los bin

leid|lich ⟨Adj. 24⟩ *erträglich, annehmbar, halbwegs gut; nicht ganz gut u. nicht ganz schlecht;* eine Sprache (ganz) ~ beherrschen; wie geht's? Danke, ~!; es geht ihm ~

leid‖tun ⟨V. 272/403⟩ **1** *bedauern* • **1.1** **jmd. tut jmdm.** leid *jmd. erscheint jmdm. beklagenswert;* der arme Junge tut mir leid!; der arme Kerl kann einem ~
• **1.2 etwas tut jmdm.** leid *jmd. bedauert etwas, bereut etwas (sehr);* tut mir leid, aber ich kann nicht!; das tut mir herzlich leid! • **1.2.1** es tut einem leid

Leidwesen

zu sehen, wie ... *es ist schmerzlich zu sehen, wie ...* • 1.2.2 es tut einem leid um jmdn. *man bedauert jmdn., beklagt sein Schicksal;* es tut mir leid um ihn

Leid|we|sen ⟨n.; -s; unz.⟩ **zu jmds. ~** *Bedauern;* zu meinem ~ muss ich absagen

Lei|er ⟨f.; -, -n⟩ **1** *altgriechisches, harfenartiges Zupfinstrument* **2** *primitives Saiteninstrument, bei dem durch eine Kurbel drei unveränderliche Saiten u. eine Saite für die Melodie angestrichen werden* **3** *es ist (immer) die alte, selbe, gleiche ~* ⟨fig.; umg.⟩ *es ist immer dasselbe, das habe ich schon oft gehört*

Lei|er|kas|ten ⟨m.; -s, -käs|ten; Mus.⟩ = *Drehorgel*

lei|ern ⟨V.⟩ **1** ⟨400⟩ *die Drehorgel drehen* **2** ⟨411⟩ **an** einem **Gegenstand ~** *wiederholt, anhaltend drehen;* an einer Kurbel ~ **3** ⟨400⟩ *eintönig sprechen* **4** ⟨500⟩ einen **Text ~** *mechanisch und monoton hersagen;* du darfst das Gedicht nicht so ~

lei|hen ⟨V. 178/530/Vr 6⟩ **1** jmdm. etwas **~** *borgen, vorübergehend zur Verfügung stellen;* das Auto gehört nicht mir, es ist nur geliehen; kannst du mir zehn Euro ~? **2** ⟨Vr 1⟩ **sich etwas (von jmdm.) ~** *sich etwas, das jmd. anderem gehört, zum zeitweiligen Gebrauch erbitten;* ich habe mir von ihm ein Buch geliehen

leih|wei|se ⟨Adv.⟩ *(nur) zum Leihen, zum momentanen Gebrauch;* können Sie mir das Buch ~ einige Wochen überlassen?

Leim ⟨m.; -(e)s, -e⟩ **1** *Klebstoff zum Verbinden von Werkstoffen verschiedener Art;* Papier~, Holz~, Tischler~ • **1.1 etwas** geht aus dem **~** ⟨a. fig.⟩ *geht entzwei* **2** jmdm. auf den **~** gehen ⟨fig.; umg.⟩ *sich von jmdm. überlisten lassen*

lei|men ⟨V. 500⟩ **1 etwas ~** *(mit Leim) kleben* **2 Vogelruten ~** *mit Leim bestreichen* **3** jmdn. **~** ⟨fig.; umg.⟩ *anführen, betrügen (bes. im Spiel)*

Lein ⟨m.; -(e)s, -e⟩ = *Flachs (1)*

...lein ⟨Endung zur Bildung der Verkleinerungsform; heute meist nur noch geh.⟩ Männlein, Kindlein, Häslein

Lei|ne ⟨f.; -, -n⟩ **1** *langes, schmales Gebilde aus festem (biegsamem) Material, an dem ein Tier od. ein Gegenstand befestigt wird;* einen Hund an der ~ führen, an die ~ nehmen **2** *dicke Schnur, dünnes Tau;* die Wäsche hängt noch auf der ~ • **2.1 Ball** über die **~** *Spiel zwischen zwei Mannschaften, die sich gegenseitig über eine Schnur in etwa 2 m Höhe einen Ball zuspielen, der Boden u. Schnur nicht berühren darf*

Lei|nen ⟨n.; -s, -⟩ = *Leinwand (1)*

Lein|öl ⟨n.; -(e)s, -e⟩ *aus den Samen des Flachses gepresstes Öl, Gemisch von verschiedenen Glyzerinestern mit meist ungesättigten Fettsäuren*

Lein|wand ⟨f.; -, -wän|de⟩ **1** ⟨unz.⟩ *Gewebe aus Flachs (a. Baumwolle, Kunstfaser) in Tuchbindung;* Sy Leinen; mit Ölfarben auf ~ malen **2** *Bildwand, Fläche, auf die ein Film projiziert wird* • **2.1** ein Gesicht von der ~ her kennen *vom Film, aus dem Kino*

leis ⟨Adj.; poet.⟩ *leise*

lei|se ⟨Adj.⟩ **1** *nur schwach, kaum hörbar;* Ggs *laut;* ein ~s Geräusch; ~ lachen, singen, sprechen, weinen **2** *behutsam, vorsichtig, möglichst wenig Geräusch*

verursachend; ~ auftreten; ~! • **2.1** ⟨40⟩ sei ~! *mach kein Geräusch, keinen Lärm!* **3** ⟨90⟩ *gering, schwach;* einen ~n Verdacht, Zweifel; ich habe nicht die ~ste Ahnung; eine ~ Hoffnung • **3.1** nicht die ~ste Andeutung *nicht die kleinste A.* **4** ⟨90⟩ *von geringer Intensität seiend, leicht, schwach, behutsam, sanft;* eine ~ Berührung; ein ~r Wind; jmdm. ~ übers Haar streichen; es regnete ~ • **4.1** einen ~n Schlaf haben *schon durch schwache Geräusche störbaren S.*

Lei|se|tre|ter ⟨m.; -s, -; fig.; umg.; abwertend⟩ = *Duckmäuser*

Leis|te ⟨f.; -, -n⟩ **1** *schmale Randeinfassung aus Holz od. Metall;* Fenster~ **2** ⟨Anat.⟩ *Beugeseite des Hüftgelenks, der Übergang zwischen Unterbauch u. Oberschenkel: Regio inguinalis*

leis|ten ⟨V. 500⟩ **1 etwas ~** *vollbringen, schaffen, bewirken (eine größere schwierige Sache, Arbeit);* (jmdm.) einen Dienst ~; Gewaltiges, Großartiges, Übermenschliches ~; er kann in seinem Alter nicht mehr viel ~; da hast du wirklich etwas geleistet; nichts ~; eine ordentliche Arbeit ~ **2** ⟨530/Vr 1⟩ **sich etwas ~** *sich etwas gönnen, sich etwas erlauben* • **2.1** sich eine (unnötige) Ausgabe erlauben; sich eine Reise nach dem Süden ~; sich eine gute Flasche Wein ~ • **2.1.1** das kann ich mir nicht ~ *dazu habe ich nicht genügend Geld* • **2.2** ⟨m. Modalverb⟩ das kann ich mir nicht ~ *damit schade ich meinem Ansehen, Ruf* • **2.3** da hast du dir ja etwas Schönes geleistet! ⟨fig.; iron.⟩ *da hast du ja etwas S. angestellt* **3** ⟨503/Vr 6⟩ **(jmdm.)** eine **Sache ~** *gewähren, darbringen, bieten* • **3.1** ⟨530⟩ jmdn. Gesellschaft **~** *jmdn. unterhalten, bei jmdm. sein* • **3.2** Widerstand ~ *sich widersetzen* • **3.3** ⟨500⟩ einen Eid, Schwur ~ *schwören* **4** ⟨Funktionsverb⟩ **4.1** Abbitte ~ *um Verzeihung bitten* **4.2** ⟨503⟩ jmdn. Beistand, Hilfe ~ *beistehen, helfen* **4.3** ⟨550⟩ für jmdn. Bürgschaft ~ *bürgen* **4.4** ⟨505⟩ Ersatz ~ (für etwas) *(etwas) ersetzen* **4.5** ⟨530⟩ einer Einladung, einem Befehl Folge ~ *einer E., einem B. folgen* **4.6** ⟨505⟩ Verzicht ~ (auf etwas) *(auf etwas) verzichten* **4.7** Zahlungen ~ *zahlen*

Leis|ten ⟨m.; -s, -⟩ **1** *Schuhform zum Spannen der Schuhe;* Schuhe auf ~ spannen • **1.1** alles über einen ~ schlagen ⟨fig.⟩ *alles gleich behandeln, keine Unterschiede machen;* →a. Schuster (1.1)

Leis|tung ⟨f.; -, -en⟩ **1** *das Vollbringen einer Anstrengung, Ausführen einer Arbeit, Aufgabe und das sich daraus ergebende Resultat;* deine ~en müssen noch besser werden; seine ~en steigern; seine ~en haben nachgelassen; seine ~en in der Schule; ausgezeichnete, befriedigende, gute, schlechte, vorzügliche ~en • **1.1** *das Vollbringen einer großen Anstrengung, einer anspruchsvollen körperlichen od. geistigen Arbeit und das sich daraus ergebende, besonders zufriedenstellende Resultat;* eine geistige, künstlerische, sportliche, technische, wissenschaftliche ~; das ist (wirklich) eine ~! **2** *finanzielle Verpflichtung, die jmdm. gegenüber besteht;* die ~en der Krankenkasse, Versicherung **3** ⟨Phys.⟩ *Arbeit in der Zeiteinheit;* die ~ einer Maschine **4** ⟨Rechtsw.⟩ *das Tun od. Unterlas-*

sen, das ein Gläubiger kraft des Schuldverhältnisses von einem Schuldner zu fordern hat • 4.1 ~ **in Geld, in Naturalien** Begleichung einer Schuld in G., in N.

lei|ten ⟨V. 500⟩ **1** jmdn. od. etwas ~ *führen, lenken* • **1.1** jmdn. ~ ⟨geh.⟩ *jmds. Richtung, Weg bestimmen;* der Instinkt leitete ihn richtig • **1.2** jmdn. ~ ⟨geh.⟩ *geleiten* • **1.3** etwas ~ *sich an der Spitze von etwas befinden, den Vorsitz von etwas führen, die Leitung (von etwas) innehaben;* eine Diskussion, Versammlung ~; eine Abteilung, Filiale, Schule ~; einen Betrieb o. Ä. verantwortlich, selbstständig ~ • **1.4** er braucht noch eine ~de Hand *jmdn., der ihn anleitet, überwacht* • **1.5** eine ~de **Stellung** *eine S. mit großer Verantwortung;* er hat eine ~de Stellung inne • **1.5.1** ~der **Angestellter** *A. mit der Befugnis, Entscheidungen selbstständig sowie verantwortlich zu treffen* • **1.6** der ~de **Gedanke** (eines **Buches, Vortrags**) *der bestimmende, grundlegende G.* **2 sich von Überlegungen, Gefühlen** ~ **lassen** *Ü., G. zur Grundlage von Entscheidungen machen;* ich habe mich dabei von folgenden Erwägungen ~ lassen **3** etwas ~ *in eine bestimmte Richtung, an einen bestimmten Ort führen, bringen;* Dampf, Gas, Wasser durch Rohre ~ **4** ⟨511⟩ etwas in die Wege ~ ⟨fig.⟩ *einleiten, organisieren, mit etwas beginnen* **5** Energie, Wärme, Schall ~ ⟨Phys.⟩ *durch einen Stoff weiterführen* • **5.1** ein **Stoff** leitet *lässt Energie, Wärme, Schall durch u. führt sie weiter;* Metall leitet Wärme besser als Holz; gut, schlecht ~

Lei|ter[1] ⟨m.; -s, -⟩ **1** *jmd., der etwas leitet, verantwortlicher Vorgesetzter, Chef;* Bau~, Betriebs~, Filial~, Schul~, Verlags~; ~ einer Expedition, eines Unternehmens; kaufmännischer, technischer ~ **2** ⟨Phys.⟩ *Stoff, der elektrischen Strom, Wärme, Schall weitergibt;* Wärme~; elektrischer ~; Metall ist ein guter, Holz, Wolle ein schlechter ~

Lei|ter[2] ⟨f.; -, -n⟩ *Gerät aus zwei durch Sprossen verbundenen Balken (Holmen) zum Hinaufsteigen (auch als Turngerät);* Sy ⟨süddt., österr.⟩ *Staffelei (2);* eine ~ (an einen Baum, eine Mauer) anlegen, aufstellen; die ~ hinauf-, hinuntersteigen od. -klettern; an der ~ turnen; die ~ des Erfolges, des Ruhmes emporsteigen ⟨fig.⟩

Lei|te|rin ⟨f.; -, -rin|nen⟩ *weibl. Leiter*[1]

Leit|fa|den ⟨m.; -s, -fä|den; fig.⟩ *systematische Einführung in ein Wissensgebiet, Lehrbuch;* ~ der Botanik, der Gärtnerei

Leit|ham|mel ⟨m.; -s, -⟩ **1** *die Herde führender Hammel* **2** ⟨fig.; abwertend⟩ *Anführer, dem die Menge gedankenlos folgt*

Leit|li|nie ⟨[-njə] f.; -, -n⟩ **1** *der Verkehrslenkung dienende, quer zur Straße aufgezeichnete, gestrichelte gelbe od. weiße Linie, die überfahren werden darf, wenn der übrige Verkehr nicht gefährdet wird* **2** ⟨Math.⟩ *senkrecht auf der Hauptachse eines Kegelschnitts stehende Gerade, die zur Definition des Kegelschnitts dienen kann, Direktrix*

Leit|mo|tiv ⟨n.; -(e)s, -e⟩ **1** *häufig wiederholte, mit einer bestimmten Gestalt, Stimmung o. Ä. verbundene Tonfolge in einem Musikstück (bes. Oper)* **2** *grundlegendes, bedeutungsvolles Motiv in einem (literarischen) Werk* **3** ~ einer **Ausstellung,** eines **Unternehmens** *Gedanke, der einer A., einem U. zugrunde gelegt wird*

Leit|plan|ke ⟨f.; -, -n⟩ *am Straßenrand od. am Mittelstreifen von Autobahnen angebrachte Stahl- od. Betonplanke, die verhindern soll, dass Fahrzeuge von der Fahrbahn abkommen*

Lei|tung ⟨f.; -, -en⟩ **1** ⟨unz.⟩ *das Leiten;* straffe, nachlässige ~; unter ~ des Dirigenten XY; die ~ eines Betriebes übernehmen **2** *Leiter, Gesamtheit mehrerer Leiter (eines Unternehmens);* Betriebs~, Geschäfts~, Verlags~; ~ eines Betriebes **3** *Einrichtung (Kabel, Rohr) zum Weiterleiten von Stoffen, Schall, Energie usw.;* Gas~, Wasser~, Rohr~, Telefon~; elektrische ~; eine ~ legen • **3.1** ⟨kurz für⟩ *Telefonleitung;* die ~ ist frei, überlastet, unterbrochen **4** *eine lange* ~ *haben* ⟨fig.; umg.; scherzh.⟩ *einen langsam arbeitenden Verstand haben, nur langsam begreifen*

Lei|tungs|was|ser ⟨n.; -s; unz.⟩ *Wasser aus der Wasserleitung*

Leit|werk ⟨n.; -(e)s, -e⟩ **1** *die der Steuerung von Flugzeugen dienenden flügelartigen Teile;* Höhen~, Seiten~ **2** *Dammbauten, die die Fließrichtung eines Flusses beeinflussen sollen*

Lek|ti|on ⟨f.; -, -en⟩ **1** *Vorlesung, Lehrstunde* • **1.1** ⟨fig.⟩ *Zurechtweisung;* jmdm. eine ~ erteilen **2** *Abschnitt im Lehrbuch* **3** *zu lernende Aufgabe*

Lek|tü|re ⟨f.; -; unz.⟩ **1** *Lesestoff;* englische, französische, spanische ~; ernste, heitere, leichte, schwere, unterhaltsame ~; geeignete, ungeeignete, passende, unpassende ~; das ist (nicht) die richtige ~ für dich; bei der ~ dieses Buches; ~ für den Unterricht, für den Urlaub **2** ⟨Schule⟩ *fremdsprachliche Lesestunde, Leseübung* **3** ⟨unz.⟩ *das Lesen*

Lem|ma ⟨n.; -s, -ma|ta⟩ *Stichwort(eintrag) in einem Nachschlagewerk*

Len|de ⟨f.; -, -n⟩ **1** ⟨Anat.⟩ *aus starker Rückenmuskulatur bestehende Gegend zwischen Rippenbogen, Darmbein u. Wirbelsäule* **2** *Fleisch unterhalb des Rückgrats beim Schlachtvieh;* Rinds~, Schweine~

len|ken ⟨V. 500⟩ **1** ein **Fahrzeug** ~ *führen, steuern;* ein Auto, Flugzeug ~; einen Wagen nach links, rechts ~ • **1.1** ⟨511⟩ seine **Schritte in** eine **bestimmte Richtung** ~ *in eine bestimmte Richtung gehen;* seine Schritte heimwärts, ins Tal ~ **2** jmdn. ~ ⟨fig.⟩ *jmdm. angeben, wie er sich verhalten soll, jmdn. in seinem Verhalten stark beeinflussen* • **2.1 sich** ~ **lassen** *sich in seinem Verhalten beeinflussen lassen;* sich leicht ~ lassen **3** ⟨550⟩ eine **Sache auf jmdn.** od. **etwas** ~ *etwas in eine bestimmte Richtung bringen;* ein Gespräch in eine bestimmte Richtung ~; die Aufmerksamkeit auf etwas ~; jmds. Blicke auf sich ~; den Verdacht auf jmdn. ~

Lenk|rad ⟨n.; -(e)s, -rä|der; Kfz, am Bobsleigh⟩ *radähnliche Vorrichtung zum Lenken eines (Kraft-)Fahrzeugs, Steuerrad*

Len|kung ⟨f.; -, -en⟩ **1** *das Lenken (1), Führung, Leitung, Steuerung* **2** *Einrichtung zum Lenken eines Fahrzeugs*

Lenz ⟨m.; -es, -e; poet.⟩ **1** *Frühling, Frühjahr* • 1.1 ~ *des Lebens Jugend* **2** ⟨nur Pl.⟩ ~e ⟨geh.⟩ *Lebensjahre; er zählt gerade 19 ~e; er mit seinen 17 ~en* **3** *sich einen ~ machen* ⟨fig.; umg.⟩ *faul sein, geruhsam arbeiten*

Le|o|pard ⟨m.; -en, -en; Zool.⟩ *Großkatze mit gelbem Fell u. braunschwarzen Punkten: Panthera pardus;* Sy *Panther*

Le|pra *auch:* **Lep|ra** ⟨f.; -; unz.⟩ *chronisch verlaufende bakterielle Infektionskrankheit, die zu schweren Verunstaltungen des Körpers führt;* Sy *Aussatz*

Ler|che ⟨f.; -, -n; Zool.⟩ *Angehörige einer Familie meist dunkel sandfarbener Singvögel, die am Boden in offenem Gelände leben: Alaudidae*

lern|be|gie|rig ⟨Adj.⟩ *begierig zu lernen, wissbegierig*

ler|nen ⟨V.⟩ **1** ⟨402⟩ **(etwas)** ~ *Fähigkeiten, Fertigkeiten (zu etwas), Kenntnisse, Wissen (von etwas) erwerben; du musst ~, vorsichtiger zu sein; das Lernen fällt, wird ihm leicht, schwer; eifrig, fleißig ~; er lernt gut, leicht, schlecht, schwer; so etwas lernt man schon in der Schule; eine Sprache ~; Auto fahren, Rad fahren ~; Schlittschuh laufen, Klavier spielen ~; kochen, laufen, schwimmen, tanzen ~; lesen, schreiben, singen ~; mancher lernt's nie!* ⟨umg.; iron.⟩*; bei ihm habe ich viel gelernt* • 1.1 *einen Beruf ~ sich Fähigkeiten, Kenntnisse, Wissen für seinen Beruf aneignen* • 1.2 *aus der Erfahrung, aus seinen Fehlern ~ aufgrund von Erfahrungen, begangenen Fehlern sein Verhalten ändern* • 1.3 *gelernt ist gelernt* ⟨umg.⟩ *was man richtig gelernt hat, beherrscht man leicht, vergisst man nicht* • 1.4 *was Hänschen nicht lernt, lernt Hans nimmermehr* (Sprichw.) *was man nicht in der Jugend lernt, lernt man auch im Alter nicht mehr* • 1.5 ⟨802⟩ **(etwas) von jmdm.** ~ *etwas beigebracht bekommen; er hat es von seinem Vater gelernt; er lernt von dir nur Dummheiten* ⟨umg.⟩ • 1.6 *in der Lehre, Ausbildung, Schulausbildung sein; bei einem Töpfer, Tischler ~* • 1.6.1 *er lernt noch ist noch in der Lehre* • 1.6.2 *er hat Buchhändler gelernt* ⟨umg.⟩ *er hat die Buchhändlerlehre durchlaufen* • 1.6.3 **gelernter** *Arbeiter A., der eine Lehre durchlaufen hat* • 1.7 *ein* **Schüler** *lernt (eine* **Sache***) erwirbt sich Kenntnisse für die Schule, prägt sich etwas ein; ein Gedicht, Lied ~; Vokabeln ~; Englisch ~; auswendig ~* • 1.7.1 *Hausaufgaben machen; die Mutter lernt jeden Tag mit ihm* **2** ⟨510/Vr 3⟩ **etwas** lernt **sich** *lässt sich lernen, kann gelernt werden; dieses Gedicht, Lied lernt sich leicht, schwer* **3** ⟨507/Vr 8⟩ *etwas od.* **jmdn. lieben** ~ *im Laufe der Zeit, allmählich liebgewinnen*

Lern|mit|tel ⟨n.; -s, -⟩ *Hilfsmittel für den Lernenden, Lehrbücher, Hefte usw.*

Les|art ⟨f.; -, -en⟩ **1** *vom ursprünglichen od. überlieferten Text abweichende Fassung* **2** *Auslegung, Deutung eines Textes; die amtliche ~*

les|bisch ⟨Adj. 24⟩ *homosexuell (von Frauen);* ~e *Beziehung;* ~e *Liebe*

Le|se ⟨f.; -, -n⟩ *Ernte, bes. Weinernte;* Wein~

le|sen ⟨V. 179⟩ **1** ⟨400⟩ *den Sinn von Schriftzeichen erfassen, Schrift in Sprache umsetzen; falsch, fließend ~; beim Lesen deines Briefes; ~ lernen (von Schülern)* • 1.1 ⟨500⟩ **etwas (in etwas)** ~ *den Sinn von etwas Geschriebenem od. Gedrucktem erfassen; einen Brief, ein Buch ~; Zeitung ~; dieses Buch wird gern, viel gelesen; ich habe heute in der Zeitung gelesen, dass …* • 1.2 ⟨402⟩ **(etwas)** ~ *den Sinn von etwas Gedrucktem od. Geschriebenem laut wiedergeben; ein Drama mit verteilten Rollen ~* • 1.3 ⟨411⟩ *öffentlich vortragen;* XY *liest heute aus eigenen Werken* • 1.4 ⟨513/Vr 3⟩ **etwas Geschriebenes, Gedrucktes** liest **sich** *gut, schlecht* ⟨umg.⟩ *kann gut, schlecht gelesen werden; das Buch liest sich leicht, schwer* **2** ⟨405⟩ *ein* **Hochschullehrer** *liest* (**über** *er* **in einem Gebiet**) *hält Vorlesungen; über deutsche Literatur, Philosophie, Biologie ~* **3** ⟨500⟩ • 3.1 *die* **Messe** ~ *halten, zelebrieren* • 3.2 **Korrektur** ~ *Schriftsatz auf Satzfehler prüfen* • 3.3 *eine* **Gesetzesvorlage** ~ (**in** *einem* **Parlament**) *beraten* **4** ⟨500⟩ *etwas ~ ernten, sammeln; Beeren, Trauben, Obst* ~ • 4.1 **Ähren** ~ *vom abgeernteten Getreidefeld die zurückgebliebenen Ä. sammeln* • 4.2 **Erbsen** ~ *die guten von den schlechten E. trennen* **5** ⟨411⟩ **in** *jmds.* **Gesicht, Augen** ~ ⟨fig.⟩ *den Ausdruck von jmds. G., A. deuten*

Le|ser ⟨m.; -s, -⟩ *jmd., der etwas liest;* ein Buch für junge ~

Le|ser|brief ⟨m.; -(e)s, -e⟩ *Zuschrift eines Lesers an eine Zeitungsredaktion mit Kritik, Anregungen od. einer Stellungnahme zu einem veröffentlichten Artikel;* ~e *veröffentlichen*

Le|se|rin ⟨f.; -, -rin|nen⟩ *weibl. Leser*

le|ser|lich ⟨Adj.⟩ *so beschaffen, dass man es lesen kann;* ~ *schreiben*

Le|sung ⟨f.; -, -en⟩ **1** *das (laute) Lesen von Texten, bes. im Gottesdienst* **2** *öffentliche Veranstaltung, auf der aus dichterischen Werken vorgelesen wird;* Dichter~ **3** *Beratung (über eine Gesetzesvorlage); dritte ~ eines Gesetzesentwurfs*

Le|thar|gie ⟨f.; -; unz.⟩ **1** ⟨Med.⟩ *Schläfrigkeit, Bewusstseinsstörung mit verlangsamter physischer u. psychischer Aktivität* **2** ⟨allg.⟩ *Lustlosigkeit, Trägheit, Teilnahmslosigkeit*

Let|ter ⟨f.; -, -n; Typ.⟩ = *Type (1)*

Letzt ⟨f.; -; unz.; nur in der Wendung⟩ *zu guter ~ zuletzt, zum Schluss*

letz|te(r, -s) ⟨Adj. 24/70⟩ **1** *eine Reihe beschließend; der ~ Buchstabe; das ~ Mittel; der ~ Versuch; zum Dritten und Letzten (bei Auktionen); die ~n Jahre seines Lebens; der Letzte des Monats* • 1.1 *der Letzte jmd., der eine Reihenfolge beschließt; als Letzter ankommen* • 1.2 *den Letzten beißen die Hunde der Letzte muss für alles einstehen* • 1.3 *zum letzten Mal nur noch dieses Mal* • 1.4 *ich habe es zum ersten u. auch zum ~n Mal getan ich habe es einmal getan od. versucht u. werde es nie wieder tun* • 1.5 ⟨40⟩ *er wäre der Letzte, dem ich es sagen würde ihm würde ich es auf keinen Fall sagen* • 1.6 ⟨60⟩ *bis auf den ~n Mann alle* • 1.6.1 *jmdn. od. etwas bis ins Letzte kennen ganz genau kennen* • 1.6.2 *die Letzte Ölung* ⟨kath. Kirche⟩ *das Sterbesakrament, Salbung eines Todkranken mit geweihtem Öl* • 1.6.3 *der Letzte seiner Fami-*

lie *das einzige lebende Mitglied einer F. ohne Nachkommen;* er ist der Letzte seines Namens • 1.6.4 im ~n **Augenblick** *ganz am Schluss, kurz vor dem Ende* • 1.7 Letzter/letzter **Wille** = *Testament (1)* • 1.8 seine ~ **Stunde** war gekommen *seine Todesstunde* • 1.8.1 in den ~n **Zügen** liegen *kurz vor dem Tode sein, im Sterben liegen* • 1.8.2 den ~n **Seufzer** tun ⟨fig.⟩ *sterben* • 1.8.3 den ~n **Gang** tun, den ~n **Weg** gehen ⟨fig.⟩ *begraben werden* • 1.8.4 jmdm. die ~ **Ehre** erweisen *jmdn. zu Grabe tragen* • 1.8.5 jmdn. zur ~n **Ruhe** betten, tragen *jmdn. begraben* • 1.8.6 jmdn. auf seinem ~n **Weg** begleiten ⟨fig.⟩ *jmds. Beerdigung beiwohnen* • 1.8.7 er hat das ~ **Wort** ⟨fig.⟩ *die letzte Entscheidung zu treffen* • 1.8.8 darüber ist das ~ **Wort** noch nicht gesprochen ⟨fig.⟩ *darüber ist noch nicht endgültig entschieden* **2** Letzte(r, -s) • 2.1 der Letzte *der im Rang am niedrigsten Stehende;* die Ersten werden die Letzten sein und die Letzten werden die Ersten sein (Matth. 19,30) **3** ⟨60⟩ *eben erst vergangen, vorig;* in ~r Zeit, in der ~n Zeit; in der ~n Woche; am ~n Sonntag; ~s Jahr, ~ Woche **4** ⟨60⟩ *neueste(r, -s);* die ~n Nachrichten • 4.1 der ~ **Schrei** *die neueste (modernste) Errungenschaft, Trend, Mode* • 4.2 die ~ **Neuheit** *eine eben aufgekommene N.* **5** ⟨60⟩ *äußerste(r, -s)* • 5.1 mit ~r **Kraft** *mit der noch übrigen K.* • 5.2 ~n **Endes** ⟨umg.⟩ *schließlich, eigentlich* • 5.3 das Letzte *das Äußerste, nicht zu Überbietende, alles Umfassende;* es geht ums Letzte; etwas bis zum Letzten ausnützen • 5.4 sein Letztes **hergeben** • 5.4.1 *seinen ganzen Besitz* • 5.4.2 ⟨fig.⟩ *tun, soviel man vermag, sich aufs Äußerste anstrengen* • 5.5 das ist das Letzte ⟨umg.⟩ *das ist unglaublich (schlecht)* **6** *endgültig* • 6.1 das ~ **Wort** haben *keine Widerrede dulden* • 6.2 das ist mein ~s **Wort** *das, was ich jetzt gesagt habe, ist endgültig* • 6.3 der Weisheit ~r **Schluss** *die höchste W.*

letz|te|re(r, -s) ⟨Adj. 24/60⟩ *der, die, das zuletzt Erwähnte, Genannte;* Ggs *erstere(r, -s);* der, die, das Letztere; im ~n Falle; von den Genannten hat Letzterer einen außerordentlich schlechten Eindruck hinterlassen

letzt|hin ⟨a. [-'-] Adv.⟩ *zu einem Zeitpunkt, der noch nicht lange zurückliegt;* Sy *letztlich (2)*

letzt|lich ⟨Adv.⟩ **1** *schließlich, im letzten, tiefsten Sinne;* ~ macht es keinen Unterschied, ob **2** = *letzthin*

letzt|ma|lig ⟨Adj. 24⟩ *zum letzten Mal, beim letzten Mal (vorkommend, stattfindend);* bei unserem ~en Treffen wurde beschlossen, …; an seinem Geburtstag habe ich ihn ~ gesprochen

letzt|mals ⟨Adv.⟩ *zum letzten Mal, beim letzten Mal*

Leuch|te ⟨f.; -, -n⟩ **1** *Gerät, das Lichtquelle enthält;* Sy *Lampe¹ (2)* • 1.1 *Laterne, Fackel* **2** ⟨fig.; umg.⟩ *kluger Mensch* • 2.1 er ist eine ~ der Wissenschaft ⟨fig.⟩ *berühmter Fachmann, bedeutender Gelehrter* • 2.2 er ist keine große ~ ⟨fig.⟩ *ein dummer Mensch*

leuch|ten ⟨V.⟩ **1** ⟨400⟩ *mittels einer Lampe, Leuchte o. Ä. einen Lichtstrahl auf jmdn. od. etwas richten;* unter den Tisch ~ (um etwas zu suchen); jmdm. mit der Lampe ins Gesicht ~ • 1.1 ⟨600/Vr 5 od. Vr 6⟩ jmdm. ~ den Weg erhellen **2** ⟨400⟩ **etwas** leuchtet *strahlt Licht aus, verbreitet Helligkeit;* durch die Finsternis ~ • 2.1 eine **Farbe** leuchtet *ist intensiv u. hell;* ein ~des Rot; der Himmel ist ~d blau; sie hat ~d blaue Augen **3** ⟨400⟩ *etwas leuchtet glänzt, schimmert;* Glühwürmchen ~; Mond u. Sterne ~; mit ~den Augen • 3.1 jmdm. leuchtet das Glück aus den Augen ⟨fig.⟩ *man sieht an jmds. glänzenden Augen, dass er glücklich ist*

Leuch|ter ⟨m.; -s, -⟩ *Gestell für mehrere Kerzen bzw. kerzenförmige Lämpchen;* Kerzen~

Leucht|feu|er ⟨n.; -s, -⟩ *ein Leuchtsignal, das abwechselnd kurz leuchtet u. wieder erlischt u. Gefahrenstellen für den See- u. Luftverkehr kennzeichnet;* Sy *Blinkfeuer*

leug|nen ⟨V. 500⟩ *etwas* ~ **1** *(nicht der Wahrheit entsprechend) behaupten, dass es sich mit einer Sache anders verhalte, als bisher angenommen wurde;* sein langes, hartnäckiges Leugnen half ihm nichts • 1.1 *die Wahrheit abstreiten;* eine Tat, die Mitwisserschaft an einer Tat ~ • 1.2 es ist nicht zu ~, dass … *es steht fest, dass …, es kann nicht bestritten werden, dass …* • 1.3 etwas nicht ~ können *nicht bestreiten können, etwas zugeben müssen*

Leuk|ä|mie auch: **Leu|kä|mie** ⟨f.; -, -n; Med.⟩ *bösartige Erkrankung (übermäßige Produktion) der weißen Blutkörperchen, Blutkrebs*

Leu|mund ⟨m.; -(e)s; unz.⟩ **1** *Ruf, Nachrede;* einen guten, üblen ~ haben • 1.1 jmdn. in schlechten ~ bringen *jmdn. in Verruf bringen*

Leu|te ⟨nur Pl.⟩ **1** *Personen außerhalb des Bekannten- od. Freundeskreises;* ich kümmere mich nicht um die Meinung der ~; er kann gut mit den ~n umgehen • 1.1 *Publikum, Öffentlichkeit;* liebe ~! (vertrauliche Anrede an eine Gruppe) • 1.2 *Volk, Einwohner, Bewohner;* Land und ~ kennenlernen; arme, reiche ~ **2** jmds. ~ *Familie, Angehörige, Verwandte;* meine, deine ~ **3** *Angestellte, Arbeitskräfte, Untergebene;* wir haben nicht genug ~ für die viele Arbeit • 3.1 *Soldaten;* der Feldwebel mit seinen ~n **4** *Menschen;* es ist ja nicht wie bei armen ~n; anständige, ehrliche, gute, rechtschaffene ~; die alten ~ **5** *die anonyme Masse, man;* die ~ sagen …; lass doch die ~ reden!; es ist mir gleich, was die ~ dazu sagen • 5.1 die ~ reden darüber *es wird darüber geklatscht* **6** ⟨fig.⟩ • 6.1 viel, wenig unter die ~ kommen *viel, wenig Gesellschaft pflegen* • 6.2 etwas unter die ~ bringen *überall herumerzählen, verbreiten, in Umlauf setzen;* ein Gerücht unter die ~ bringen • 6.3 sein Geld unter die ~ bringen ⟨umg.; scherzh.⟩ *ausgeben;* →a. *Kleid (1.1)*

Leut|nant ⟨m.; -s, -s od. (selten) -e⟩ **1** *unterste Rangstufe des Offiziers* **2** *Offizier auf der untersten Rangstufe;* ~ zur See

leut|se|lig ⟨Adj.⟩ *wohlwollend, freundlich u. herablassend, umgänglich;* ~ lächeln

Le|vel ⟨[lɛvəl] m.; -s, -s⟩ *Stufe, Ebene, Niveau, Ranghöhe;* geistiges ~ einer Unterhaltung; hoher ~; niedriger ~

Le|vi|ten ⟨[-viː-] Pl.⟩ **jmdm. die** ~ **lesen** *jmdn. scharf zurechtweisen*

Lexikon

Le|xi|kon ⟨n.; -s, -xi|ka⟩ **1** *alphabetisch geordnetes Nachschlagewerk; Konversations~* **2** *Wörterbuch; Fremdwörter~* **3** *Bestand einer Sprache an Wörtern*

Li|ai|son ⟨[liɛzɔ̃ː] f.; -, -s⟩ **1** *Liebesverhältnis, -beziehung, Liebschaft, Verbindung; eine ~ mit jmdm. eingehen* **2** ⟨Sprachw.⟩ *Hörbarmachen eines stummen Auslautkonsonanten im Französischen, wenn eine enge Bindung zu dem nachfolgenden Wort besteht u. es mit einem Vokal beginnt, z. B. das s in „les amis"*

Li|a|ne ⟨f.; -, -n; Bot.⟩ *Schlingpflanze, Klettergewächs*

Li|bel|le ⟨f.; -, -n; Zool.⟩ *Angehörige einer Ordnung erdgeschichtlich sehr alter, räuberischer, oft farbenprächtiger Insekten mit großen, leistungsfähigen Facettenaugen u. zwei gut entwickelten Flügelpaaren: Odonata*

li|be|ral ⟨Adj.⟩ **1** *die Freiheit liebend, nach freier Gestaltung des Lebens strebend, freisinnig* **2** *vorurteilsfrei, großzügig*

Li|bi|do ⟨a. ['---] f.; -; unz.; Psych.⟩ **1** ⟨nach S. Freud⟩ *auf sexuelle Befriedigung gerichtete Energie, Geschlechtstrieb* **2** ⟨nach C. G. Jung⟩ *psychische Energie, Lebenswille, Lebenskraft*

licht ⟨Adj.⟩ **1** *hell; ~es Blau; es war schon ~er Tag* **2** *mit Zwischenräumen versehen; weit auseinanderstehend, nicht dicht; eine ~e Stelle im Walde; ~e Saat; die Bäume stehen hier ~er (als dort); der Wald wurde ~er* • **2.1** *einen* **Edelstein** *~ fassen so, dass das Licht von oben durchscheinen kann* **3** ⟨60⟩ *~e Höhe, ~e Weite Abstände zwischen den inneren Begrenzungen einer Öffnung od. eines Raumes* **4** ⟨fig.⟩ *ungetrübt, klar* • **4.1** *ein* **Kranker** *hat einen ~en Augenblick ist kurze Zeit bei klarem Verstand*

Licht ⟨n.; -(e)s, -er⟩ **1** *mit den Augen wahrnehmbare Helligkeit, Strahlung, die von elektromagnetischen Schwingungen produziert wird* • **1.1** *Beleuchtung, Lichtquelle, Lampe; das ~ ein-, ausschalten, an-, ausdrehen; du hast hier kein (gutes) ~ zum Schreiben; blendendes, gedämpftes, grelles, helles, schwaches, strahlendes ~; elektrisches, künstliches, natürliches ~; gegen das ~ fotografieren; einen Gegenstand gegen das ~ halten* • **1.1.1** *jmdm. im ~(e) stehen zwischen jmdm. u. einer Lichtquelle stehen, jmdm. Helligkeit nehmen* • **1.1.2** *jmdm. aus dem ~(e) gehen beiseitetreten, um jmdm. nicht die Helligkeit beim Lesen, Schreiben od. Arbeiten zu nehmen* • **1.1.3** *~ machen die Beleuchtung einschalten* • **1.1.4** *bei ~ arbeiten bei künstlichem Licht arbeiten* • **1.2** ⟨Pl. a.: -e⟩ *Kerze; ein ~ anzünden; ~er (auf den Weihnachtsbaum) aufstecken; das ~ brennt, erlischt, flammt auf, flackert im Wind, geht aus, tropft, verlöscht* • **1.3** *Licht (1), das als Glanz, Schein ausstrahlt; das ~ der Sonne, des Mondes, der Sterne* **2** *hellste Stelle auf einem Bild; Glanz~* • **2.1** *~er aufsetzen hellste Bildstellen durch helle Farbtupfen betonen; einem Bild ~er aufsetzen* **3** ⟨fig.⟩ • **3.1** *Geist, Wissen* • **3.1.1** *sein ~ leuchten lassen seine Kenntnisse ausbreiten, (wirkungsvoll) zur Geltung bringen* • **3.1.2** *jmd. ist kein großes ~* ⟨umg.⟩ *ist nicht sehr intelligent* • **3.2** *Klärung, Aufdeckung* • **3.2.1** *das ~ scheuen etwas zu verbergen haben* • **3.2.2** *etwas ans ~ bringen etwas entdecken,* klären, aufdecken, enträtseln • **3.2.3** *~ in eine* **Sache bringen** *Klarheit in eine S. bringen* • **3.2.4** *ein Geheimnis ans ~ bringen ein G. lüften, offenbar werden lassen, verraten* • **3.2.5** *ein Dokument ans ~ bringen veröffentlichen* • **3.2.6** *bei ~(e)* **besehen, betrachtet** *genauer betrachtet* • **3.2.7** *jmdm. ein ~ aufstecken (über jmdn.) jmdn. aufklären (über jmdn.)* • **3.3** *sich selbst im ~(e) stehen ungeschickt sein, sich selbst schaden* • **3.4** *jetzt geht mir ein ~ auf* ⟨umg.⟩ *endlich verstehe ich es* • **3.5** *jmdn. hinters ~ führen jmdn. betrügen, überlisten, täuschen* • **3.6** *jmdm. im ~(e) stehen jmdm. hinderlich sein* • **3.7** *das ~ der Welt erblicken geboren werden* • **3.8** *sein ~ unter den Scheffel stellen zu bescheiden sein, seine Fähigkeiten verbergen; du brauchst dein ~ nicht unter den Scheffel zu stellen;* →a. *ewig (1.2.1), recht (5.3.3)* **4** *~er* **führen** ⟨Seemannsspr.⟩ *Schiffslaternen, Positionslampen brennen haben* **5** ⟨nur Pl.⟩ *~er* ⟨Jägerspr.⟩ *Augen (vom Schalenwild)*

Licht|bild ⟨n.; -(e)s, -er⟩ **1** ⟨veraltet⟩ = *Fotografie (2)* **2** *Passbild*

Licht|blick ⟨m.; -(e)s, -e; fig.⟩ *angenehmes Ereignis, das einem bevorsteht, Trost, Hoffnung; das ist endlich mal ein ~!*

licht|elek|trisch *auch:* **licht|elekt|risch** ⟨Adj. 24; Phys.⟩ **1** *auf der Wechselwirkung zwischen Licht u. Elektrizität beruhend* • **1.1** *~er* **Effekt** *Erscheinung, dass bei Bestrahlung bestimmter Stoffe die ihnen innewohnenden Elektronen beweglicher werden bzw. nach außen austreten*

lich|ten¹ ⟨V. 500⟩ **1** *etwas lichtet etwas* ⟨veraltet⟩ *macht etwas licht, erhellt es, hellt es auf* • **1.1** ⟨Vr 3⟩ *etwas lichtet sich* ⟨geh.⟩ *wird heller; das Dunkel lichtet sich* **2** *etwas ~ die Anzahl von etwas verringern* • **2.1** *Wald ~ ausholzen, seinen Baumbestand verringern* **2.2** ⟨Vr 3⟩ *etwas lichtet sich wird dünner, weniger; der Wald lichtet sich; die Bestände ~ sich allmählich; sein Haar lichtet sich (schon)* • **2.2.1** *die Reihen der Soldaten haben sich (stark) gelichtet die S. hatten (starke) Verluste* **3** ⟨Vr 3⟩ *eine* **Sache, jmds. Verstand, Bewusstsein** *lichtet sich* ⟨fig.⟩ *wird klarer, verständiger*

lich|ten² ⟨V. 500⟩ *etwas ~* ⟨Mar.⟩ **1** *leichter machen, heben* • **1.1** *den* **Anker** *~ vom Grund heraufwinden, hochziehen* **2** *ein* **Schiff** *lichtet die* **Anker** *fährt aus, fährt weg*

lich|ter|loh ⟨Adv.⟩ **1** *etwas brennt ~ brennt mit heller Flamme; die Scheune brannte bereits ~, als die Feuerwehr ankam* • **1.1** *jmd. brennt ~* ⟨fig.⟩ *ist heftig verliebt*

Licht|hof ⟨m.; -(e)s, -hö|fe⟩ **1** *großer Lichtschacht, enger, an allen vier Seiten von einem Häuserblock umgebener Hof* **2** ⟨Fot.⟩ *überbelichtete Stelle* **3** ⟨Astron.⟩ *Hof, Lichtschein um Sonne od. Mond*

licht|scheu ⟨Adj.⟩ **1** ⟨Med.⟩ *überempfindlich gegen Licht* **2** ⟨Biol.⟩ *das Licht des Tages meidend; ~e Tiere* **3** ⟨fig.; abwertend⟩ *unredlich, unehrlich, verbrecherisch, die Öffentlichkeit fürchtend; ~es Gesindel*

Licht|strahl ⟨m.; -(e)s, -en⟩ **1** *Strahl vom Licht* **2** ⟨fig.; geh.⟩ *Lichtblick, Trost*

Lich|tung ⟨f.; -, -en⟩ *von Bäumen freier Platz, ausgeholzte Stelle im Walde, Waldblöße*

Lid ⟨n.; -(e)s, -er⟩ *Hautfalte zum Bedecken des Augapfels;* Ober~, Unter~

Lid|strich ⟨m.; -(e)s; unz.⟩ *um das Lid gezogener dunkler Strich zur Betonung der Augen*

lieb ⟨Adj.⟩ **1** ⟨70⟩ *von jmdm. geliebt od. geschätzt, jmdm. teuer, wert;* komm, (mein) Liebes (zärtliche Anrede); ~er Herr X, ~e Frau Y! (Anrede im Brief); Liebste! (Anrede); mein Lieber! (Anrede; auch warnend); meine Lieben!; dieses Schmuckstück ist mir sehr ~ (und wert); je länger ich ihn kenne, desto ~er wird er mir; er ist mir der Liebste (von allen); tu das nicht, wenn dir dein Leben ~ ist!; die ~en Verwandten ⟨iron.⟩ **2** meine Lieben *meine Angehörigen, meine Familie* • **2.1** die ~en Kleinen ⟨iron.⟩ *die Kinder (die einem manchmal Ärger machen)* **3** *liebevoll, fürsorglich;* er kann sehr ~ sein (wenn er will); er ist sehr ~ mit, zu den Kindern; seien Sie so ~ und … ⟨umg.⟩ **4** *freundlich, Liebe (1) ausdrückend;* viele ~e Grüße, Dein X (Briefschluss) **5** ⟨70⟩ *angenehm, willkommen;* ein ~er Gast; ~en Besuch haben; das ist mir ~er; es ist mir sehr ~, dass Sie kommen; das eine ist mir ~er als das andere; das Liebste wäre mir, wenn …; es wäre mir ~, wenn …; am ~sten wäre es mir, wenn … ♦ **5.1** jmdm. etwas Liebes tun *etwas Erfreuliches, Gutes;* →a. *eher (1)* **6** ein **Kind** ist ~ *artig, brav, folgsam;* sei ~! ⟨60⟩ *⟨verstärkend;⟩ der ~e Gott;* um des ~en Friedens willen; du ~er Himmel, du ~e Zeit! (Ausruf der Überraschung, Bestürzung) • **7.1** ich habe meine ~e Not damit *es macht mir viel Mühe* **7.2** das weiß der ~e Himmel! *ich weiß das nicht!, wer kann das wissen?* **8** ⟨60; fig.⟩ • **8.1** den ~en langen Tag *den ganzen Tag hindurch* • **8.2** dem ~en Gott den Tag stehlen ⟨umg.⟩ *seine Zeit vertrödeln* • **8.3** den ~en Gott einen frommen, guten Mann sein lassen ⟨umg.⟩ *unbekümmert in den Tag hineinleben* **9** ⟨Getrennt- u. Zusammenschreibung⟩ **9.1** ~ gewinnen = *liebgewinnen* • **9.2** ~ haben = *liebhaben*

lieb|äu|geln ⟨V. 410⟩ **1** ⟨416⟩ **mit etwas** ~ *mit dem Gedanken an etwas spielen, etwas gern haben, tun wollen* **2** ⟨417⟩ **mit jmdm.** ~ ⟨veraltet⟩ *jmdm. zärtliche Blicke zuwerfen*

Lie|be ⟨f.; -, -n⟩ **1** ⟨unz.⟩ *starke Zuneigung, starkes Gefühl des Hingezogenseins, opferbereite Gefühlsbindung;* Menschen~, Mutter~, Nächsten~, Tier~, Vaterlands~; die ~ zu den Eltern, zu den Kindern; ~ für jmdn. empfinden, fühlen; göttliche ~; Glaube, Hoffnung und ~ (nach 1. Korinther 13,13); auf ein Wort der ~ warten; brüderliche, kindliche, schwesterliche, mütterliche, väterliche ~; etwas aus ~ zu jmdm. tun; ~ zwischen Eltern und Kindern; die ~ der Eltern, der Kinder **2** ⟨unz.⟩ *enge Beziehung zu etwas, heftiger Drang, heftiges Verlangen, Streben nach etwas;* Freiheits~, Gerechtigkeits~, Wahrheits~; ~ zur Musik, zur Kunst, zur Natur; Lust und ~ zu einer Sache haben **3** ⟨unz.⟩ *eine leidenschaftliche Liebe (1), die meist in eine enge körperliche u. (od.) geistige u. (od.) seelische Bindung zwischen zwei Menschen übergeht;* Ggs Hass; ~ zwischen Mann u. Frau; jmdn. aus ~ heiraten; eine heimliche, stille ~; große, heiße, herzliche, innige, leidenschaftliche, treue ~; eheliche, geschlechtliche ~; jmdm. seine ~ gestehen; jmds. ~ (nicht) erwidern; in ~ entbrannt sein; seine ~ war erkaltet, erloschen, gestorben; eine unglückliche ~ • **3.1** ein **Kind** der ~ **3.1.1** *K. aus einer ganz besonders glücklichen Ehe* • **3.1.2** ⟨veraltet⟩ *uneheliches K.* • **3.2** (kein) Glück in der ~ haben *seine Liebe (3) (nicht) erwidert bekommen* • **3.3** ~ macht blind *der, der liebt, sieht nicht die Fehler des geliebten Menschen;* →a. *frei (1.2.3)* **4** *Person, für die Liebe (3) empfunden wird od. einmal empfunden wurde, mit der man eine Liebschaft hat od. hatte;* meine erste ~; sie war meine große ~; →a. *alt (4.2), rosten (3)* **5** *Liebschaft, flüchtiges Liebesverhältnis;* alle seine ~n, seine vielen ~n **6** ⟨unz.⟩ *Gefälligkeit, Freundlichkeit, opferbereite Handlung;* jmdm. eine ~ tun, erweisen • **6.1** tun Sie mir die ~! ⟨umg.⟩ *ich bitte sehr darum!* • **6.2** **Werke** der ~ tun *der Barmherzigkeit* • **6.3** etwas mit viel ~ tun *mit viel Geduld u. Mühe*

Lie|be|die|ner ⟨m.; -s, -; abwertend⟩ *Schmeichler (gegenüber Vorgesetzten)*

Lie|be|lei ⟨f.; -, -en⟩ *flüchtige, oberflächliche Liebe, Spiel mit der Liebe, Liebschaft, Flirt*

lie|ben ⟨V. 500⟩ **1** ⟨Vr 8⟩ **jmdn.** ~ *für jmdn. Liebe (1-2) empfinden;* seine Eltern, Kinder, Geschwister, seinen Mann, seine Frau ~; die Menschen, seinen Nächsten ~; sie liebt ihn wie einen Vater; Dein Dich ~der Sohn (Briefschluss); jmdn. heiß, herzlich, innig, leidenschaftlich, zärtlich ~ • **1.1** die Liebenden *das Liebespaar* **2** etwas ~ • **2.1** *etwas gernhaben, eine enge Beziehung zu etwas haben;* Blumen, Tiere ~; die Musik, Natur ~ • **2.1.1** den Alkohol ~ ⟨scherzh.⟩ *gern A. trinken* • **2.2** *sich um etwas sehr bemühen;* die Gerechtigkeit, Wahrheit ~ • **2.3** etwas ~d **gern** tun *sehr gern, besonders gern* • **2.4** es nicht ~, wenn … *jmdm. missfällt es, wenn …;* ich liebe es nicht, wenn man schreit **3** jmdn. od. etwas ~ **lernen** *allmählich gernhaben, im Laufe der Zeit zu lieben beginnen;* sie hat ihn ~ gelernt

lie|bens|wür|dig ⟨Adj.⟩ **1** *gewandt u. höflich, sehr freundlich, zuvorkommend* **2** *entgegenkommend, hilfsbereit;* danke, das ist sehr ~ von Ihnen; würden Sie so ~ sein und …?

lie|ber ⟨Adv.; Komparativ von⟩ *gern* **1** etwas ~ **tun** (als …) *etwas (einer Sache) vorziehen, bevorzugen;* ich gehe ~ zu Fuß; er sieht es ~, wenn man …; ich trinke ~ Wein als Bier **2** *besser, vorzugsweise;* tu das ~ nicht; ich mag dieses ~ als jenes; ~ spät als nie; das hättest du ~ nicht sagen, tun sollen; komm ~ gleich; wir wollen ~ aufhören; ich möchte, will es ~ gleich tun

lie|be|voll ⟨Adj.⟩ *voller Liebe, zärtlich, fürsorglich;* einem Kind ~ über den Kopf streichen

lieb|ge|win|nen auch: **lieb ge|win|nen** ⟨V. 151/500⟩ jmdn. ~ *allmählich ins Herz schließen, zu lieben beginnen*

lieb|ha|ben auch: **lieb ha|ben** ⟨V. 159/500⟩ **jmdn.** ~

jmdn. *lieben, sehr gern mögen; ich habe ihn sehr liebgehabt* / **lieb gehabt**

Lieb|ha|ber ⟨m.; -s, -⟩ **1** *Verehrer, Geliebter, Bewerber um ein Mädchen* **2** = *Amateur* **3** ⟨fig.⟩ *Interessent, Kenner, Sammler (auf künstlerischem Gebiet);* Musik~, Kunst~; *das ist nur etwas für ~* • **3.1** *diese Ware wird viele ~ finden guten Absatz*

lieb|ko|sen ⟨V. 500/Vr 8⟩ **jmdn.** ~ *streicheln, zärtlich zu jmdm. sein*

lieb|lich ⟨Adj.⟩ **1** *anmutig, liebreizend, hübsch u. zart;* ein ~es *Gesicht;* ein ~es *Kind, Mädchen;* ~ *aussehen* **2** *heiter, freundlich, hell;* eine ~e *Landschaft* **3** *zart u. wohlklingend;* ~e *Musik* **4** *köstlich, süß, appetitanregend;* ein ~er *Duft; diese Blume, dieses Parfüm duftet ~*

Lieb|ling ⟨m.; -s, -e⟩ **1** *jmd., der jmds. besondere Zuneigung hat; der ~ der Familie; der ~ des Publikums; unter seinen Schülern einen besonderen ~ haben* • **1.1** ⟨Kosewort⟩ *geliebter Mensch;* **mein ~**

Lieblings... ⟨in Zus.; zur Bildung von Subst.⟩ *der, die, das Liebste von allen, am liebsten Gemochtes, Bevorzugtes;* Lieblingsgericht, Lieblingsdichter, Lieblingsblume, Lieblingskleid

lieb|los ⟨Adj.⟩ *ohne Liebe (zu zeigen), herzlos, achtlos; sie stellte die Blumen ~ in die Vase*

Lieb|reiz ⟨m.; -es; unz.; geh.⟩ *Anmut u. reizendes Aussehen*

Lieb|schaft ⟨f.; -, -en⟩ *oberflächliches, kurzes Liebesverhältnis; eine flüchtige ~; zahlreiche ~ en haben*

Lied ⟨n.; -(e)s, -er⟩ **1** *zum Singen bestimmtes vertontes Gedicht mit meist gleichgebauten Strophen u. Versen, die meist auf dieselbe Melodie gesungen werden;* Kinder~, Kirchen~, Kunst~, Schlaf~, Volks~; *ein ~ anstimmen, lernen, singen;* ein geistliches, weltliches ~ **2** *Melodie, Weise;* Vogel~; *das ~ der Nachtigall* **3** ⟨fig.⟩ • **3.1** *davon kann ich ein ~ singen* ⟨umg.⟩ *davon könnte ich viel erzählen, damit habe ich unangenehme Erfahrungen gemacht* • **3.2** *es ist immer das alte ~! es ist immer das Gleiche* • **3.3** *das ist das Ende vom ~ so endete die Sache* • **3.4** *und das Ende vom ~ wird sein, dass ...* ⟨umg.⟩ *und es wird noch so weit kommen, dass ...* ; →a. *Brot (3.3)*

Lie|fe|rant ⟨m.; -en, -en⟩ *jmd., der Waren liefert*

Lie|fe|ran|tin ⟨f.; -, -tin|nen⟩ *weibl. Lieferant*

lie|fern ⟨V. 500⟩ **1** *etwas* ~ *etwas Bestelltes zustellen, in jmds. Hände geben; schnell, schlecht, stockend* ~; *Waren ins Haus, frei Haus* ~; *in vier Wochen zu* ~; *sofort* ~; *wann können Sie mir den Wagen* ~? **2** *etwas liefert etwas produziert, erzeugt, bietet etwas; die Bienen* ~ *den Honig; seine Reiseerlebnisse* ~ *uns genug Gesprächsstoff* **3** ⟨503/Vr 6⟩ **(sich, dem Feind)** *eine Schlacht* ~ *(sich, dem Feind) eine S. anbieten od. einen Angriff erwidern* **4** ⟨550⟩ *jmdn. ans Messer* ~ *zugrunde richten, dem Untergang preisgeben* **5** ⟨Funktionsverb⟩ • **5.1** *den Beweis* ~, *dass ...* *beweisen, dass ...* • **5.2** *ein hervorragendes Spiel* ~ ⟨Sp.⟩ *erstklassig spielen* **6** *jmd. ist geliefert* ⟨fig.⟩ ⟨umg.⟩ *ist verloren; wenn er es erfährt, bin ich geliefert*

Lie|fe|rung ⟨f.; -, -en⟩ **1** *das Liefern, das Gelieferten;* ~ *frei Haus; monatliche, verspätete* ~; *die Ware ist bei* ~ *zu bezahlen;* ~ *von Waren* **2** *Teil eines Buches, das nach u. nach erscheint; erste, zweite* ~; *das Buch erscheint in* ~en

Lie|ge ⟨f.; -, -n⟩ *Möbelstück zum Liegen;* Garten~

lie|gen ⟨V. 180⟩ **1** ⟨410⟩ *jmd. liegt ist lang ausgestreckt, steht nicht, sitzt nicht; liegst du bequem?; auf dem Bauch, auf dem Rücken, auf der Seite* ~; *auf dem Boden, auf dem Sofa* ~; *ich bleibe morgens gern lange* ~; *im Bett* ~; *im Liegen gab er mir die Hand* • **1.1** ~ **bleiben** • **1.1.1** *weiterhin liegen, in waagerechter Lage bleiben, im Bett bleiben; er ist noch eine Stunde* ~ *geblieben* • **1.1.2** *an einem best. Ort verbleiben; der Ausweis kann auf dem Tisch* ~ **bleiben;** ⟨aber Getrennt- u. Zusammenschreibung⟩ ~ **bleiben** = *liegenbleiben* • **1.2** *(krank)* ~ *krank zu Bett liegen, bettlägerig sein; er liegt fest (im Bett); ich habe eine Woche gelegen; er hat eine Woche gelegen* ⟨oberdt.⟩ • **1.2.1** *im Sterben* ~ *kurz vorm Tode sein* • **1.3** *auf den* **Knien** ~ *knien* • **1.4** ⟨611⟩ **jmdm. zu Füßen** ~ *ausgestreckt vor einer stehenden od. sitzenden Person sein* **2** ⟨410⟩ *ein* **Gegenstand** *liegt befindet sich auf einer Unterlage (in waagerechter od. schräger Lage); der Schmutz liegt fingerdick (auf den Boden); auf den Möbeln liegt Staub; der Teppich liegt gerade, schief, schräg; es liegt viel, wenig Schnee; der Schnee liegt meterhoch; die Wäsche liegt im Fach, im Schrank; dichter Nebel liegt über der Wiese; bitte ~d aufbewahren! (Aufschrift auf Flaschen o. Ä.); ich habe 50 Flaschen Wein im Keller ~; lass das ~!* • **2.1** ~des **Kreuz** *K. mit sich schräg schneidenden Balken* • **2.2** *das Buch auf dem Tisch* ~ **lassen** *an einem best. Ort belassen; lass das ~!* • **2.2.1** *die Kirche links* ~ *lassen rechts an der K. vorbeigehend od. -fahren;* ⟨aber Getrennt- u. Zusammenschreibung⟩ ~ lassen = *liegenlassen* **3** ⟨410⟩ *ein* **Gebäude, Ort** *liegt ... befindet sich, ist ...; von hier kann man das Haus* ~ *sehen; das Haus liegt einsam, malerisch, nicht weit vom Wald entfernt, an einem Fluss, am Waldrand; der Ort liegt in den Alpen, 1000 m hoch, an der Elbe; Radebeul liegt nicht weit von Dresden; wo liegt Amsterdam?; das Schiff liegt im Hafen; wie weit liegt der Ort von hier?* • **3.1** ~de *Güter,* **Habe** *Grundbesitz; Ggs fahrende Güter,* → *fahren (2.5)* • **3.2** *das Zimmer liegt* **nach** *dem Garten, der Straße zu hat die Fenster zum G., zur S.* • **3.3** *vor* **Anker** ~ *verankert sein* • **3.4** *der* **Stoff** *liegt 1,40 m breit hat eine Breite von 1,40 m* • **3.5** *ein* **Raum liegt voller Gegenstände** *in dem R. sind viele G. verstreut; der Boden lag voller Zeitungen und Bücher; alles lag (bunt) durcheinander* • **3.6** *der Wagen liegt gut auf der Straße, in der Kurve fährt sicher* • **3.7** *im* **Wettkampf vorn (hinten)** ~ *zu den Gewinnern (Verlierern) gehören; das Pferd liegt ganz vorn* • **3.8** *das Gesuch liegt noch beim Abteilungsleiter wird noch vom A. bearbeitet* ⟨760⟩ • **4.1** *wahrnehmbar sein; der Ton liegt auf der vorletzten Silbe; ein Lächeln lag auf ihrem Gesicht; ein spöttischer Zug lag um ihren Mund; in diesem Spruch liegt eine tiefe Weisheit verborgen* • **4.2** *(vor jmdm.) auf den* **Knien** ~, jmdm. zu Füßen ~ ⟨a. fig.⟩ sich vor jmdm. demütigen, sich jmdm. unterwerfen • **4.3** es liegt **auf der Hand** ⟨a. fig.⟩ *ist klar, deutlich, einleuchtend, selbstverständlich* • **4.4 wie** die **Dinge** (wirklich) ~ *wie (in Wirklichkeit) alles zusammenhängt; so wie die Dinge zurzeit ~, können wir nicht anders handeln* • **4.5** die **Ursache** liegt woanders *es hat eine andere U.* • **4.6** der **Unterschied** liegt darin, dass ... *der U. ist der, dass ...* • **4.7** das liegt ganz **bei** dir *das kannst du machen, wie du willst* • **4.8** es liegt nicht in meiner **Macht,** das zu tun *ich bin dazu außerstande* • **4.9** der **Gedanke** liegt **nahe**, ... *es ist anzunehmen, dass ...* **5** ⟨800⟩ etwas liegt **an** etwas anderem od. an jmdm. *hat als Ursache etwas anderes od. jmdn.; woran liegt es?; es liegt (nur) an ihm* • **5.1** an mir **soll's nicht** ~ *ich werde keine Einwände machen* • **5.2** ⟨650⟩ es liegt mir **viel daran** *ich lege großen Wert darauf;* →a. *Herz (2.13)* **6** ⟨600⟩ diese **Dinge** ~ mir *entsprechen meinen Neigungen, Fähigkeiten, meiner Wesensart, meinem Geschmack* • **6.1** ⟨610⟩ • **6.1.1** das Essen liegt mir schwer im Magen *das E. wird nicht richtig verdaut, ich fühle es* • **6.1.2** es liegt mir (schwer) **auf der Seele,** dass ... *es bedrückt mich, dass ...* • **6.1.3** der Schreck liegt jmdm. noch **in** allen **Gliedern** *er hat sich noch nicht von seinem S. erholt* • **6.1.4** die Schauspielerei liegt ihm **im Blut** *er ist für sie geboren, er hat eine starke, natürliche Begabung für die S.*

lie|gen|blei|ben *auch:* **lie|gen blei|ben** ⟨V. 114/400(s.)⟩ **1** *nicht verkauft werden* (von Waren) **2** *nicht abgeholt werden;* das Paket ist liegengeblieben / liegen geblieben **3** *nicht erledigt werden;* die Arbeit wird lange ~ **4** *vergessen werden;* ein Schlüsselbund kann schnell mal ~ **5** *nicht weiterkönnen, steckenbleiben, eine Panne haben;* bing das Auto zur Werkstatt, ich will nicht unterwegs (mit einem Motorschaden) ~; →a. *liegen (1.1)*

lie|gen|las|sen *auch:* **lie|gen las|sen** ⟨V. 175/500⟩ **1** *etwas* ~ *vergessen, nicht mitnehmen;* ich habe den Mantel liegengelassen /liegen gelassen **2** jmdn. (**links**) ~ *nicht mehr berücksichtigen, vernachlässigen, sich nicht mehr um jmdn. kümmern;* →a. *liegen (2.2-2.2.1)*

Life|style ⟨[laıfstaıl] m.; -s; unz.⟩ *(moderner) Lebensstil;* diesen exklusiven ~ lehnt er ab

Lift[1] ⟨m.; -(e)s, -e od. -s⟩ = *Aufzug*

Lift[2] ⟨m. od. n.; -s, -s⟩ *kosmetisch-chirurgisches Verfahren zur Beseitigung von Falten u. zum Straffen erschlafften Gewebes*

Li|ga ⟨f.; -, Li|gen⟩ **1** *Bund, Bündnis, Vereinigung* **2** ⟨Sp.⟩ *Klasse im Mannschaftssport*

Li|gus|ter ⟨m.; -s, -; Bot.⟩ *Angehöriger einer (meist immergrünen) Gattung der Ölbaumgewächse: Ligustrum;* Gemeiner ~

li|ie|ren ⟨V. 505/Vr 3⟩ **1** *sich* (**mit** jmdm.) ~ • **1.1** *eine Liebesbeziehung beginnen;* er ist bereits seit zwei Jahren mit ihr liiert **1.2** *eine enge Verbindung eingehen, sich zusammentun;* die beiden Unternehmen wollen sich ~

Li|kör ⟨m.; -s, -e⟩ *aus Zucker, Sirup, Fruchtzusätzen,* *Aromen u. Ä. hergestelltes alkoholisches Getränk;* Kirsch~

li|la ⟨Adj. 11⟩ *fliederfarben, hellviolett*

Li|lie ⟨[-ljə] f.; -, -n⟩ **1** ⟨Bot.⟩ *Angehörige einer Gattung der Liliengewächse (Liliaceae) mit großen, trichterförmigen Blüten, die meist einzeln od. zu wenigen in lockeren Trauben od. Dolden aufrecht stehen: Lilium* **2** *Sinnbild der Reinheit u. Unschuld*

Li|li|pu|ta|ner ⟨m.; -s, -⟩ **1** *Einwohner von Liliput (Märchenland)* **2** *Mensch von zwergenhaftem Wuchs*

Li|met|ta ⟨f.; -, -n⟩ = *Limette*

Li|met|te ⟨f.; -, -n⟩ *(auf den Westindischen Inseln kultivierte) grün bis gelbe, dünnschalige Zitrone: Citrus aurantiifolia;* oV *Limetta,* Sy *Limone*

Li|mit ⟨n.; -s, -s⟩ *(nicht zu überschreitende) Grenze, äußerster Umfang;* jmdm. ein Preis~ setzen; das ~ nicht überschreiten

Li|mo|na|de ⟨f.; -, -n⟩ *erfrischendes Getränk aus Wasser, Obstsaft od. -essenz, Zucker u. evtl. Kohlensäure*

Li|mo|ne ⟨f.; -, -n⟩ = *Limette*

Li|mou|si|ne ⟨[-mu-] f.; -, -n⟩ *geschlossener Personenkraftwagen;* Ggs *Kabriolett*

lind ⟨Adj.; geh.⟩ *mild, sanft, weich*

Lin|de ⟨f.; -, -n; Bot.⟩ *einer Gattung der Lindengewächse (Tiliaceae) angehörender großer Baum mit meist schief herzförmigen, gesägten Blättern: Tilia*

lin|dern ⟨V. 500⟩ Unangenehmes ~ *mildern, verringern, erleichtern;* Not, Beschwerden, Schmerzen ~

Lind|wurm ⟨m.; -(e)s, -wür|mer; Myth.⟩ **1** *drachenähnliches Fabeltier* **2** *Festumzug (bes. im Karneval)*

Li|ne|al ⟨n.; -s, -e⟩ *schmales, rechteckiges od. gebogenes Gerät zum Ziehen von Linien*

Lin|gu|is|tik ⟨f.; -; unz.⟩ *Sprachwissenschaft*

Li|nie ⟨[-njə] f.; -, -n⟩ **1** = *Strich (1);* ~n ziehen, malen • **1.1** ⟨Math.⟩ *Gerade, Kurve (bei der Anfang u. Ende beliebig sind)* • **1.2** ⟨Sport⟩ *Markierung(sstrich), Abgrenzung im Spielfeld* **1.3** *Folge von Schriftzeichen (auf gleicher Höhe), Druckzeile* **1.4** ⟨Typ.⟩ *gleiche Höhe der Lettern* • **1.4.1** die Buchstaben halten nicht ~ *stehen nicht in gleicher Höhe* **2** *Reihe, Reihung, Aufstellung nebeneinander* • **2.1** ⟨früher⟩ *aktive Truppenteile, stehendes Heer* **3** *Strecke, auf der ein Massenbeförderungsmittel verkehrt;* eine Bahn~, Straßenbahn~ stilllegen • **3.1** *Massenbeförderungsmittel, das auf einer bestimmten Strecke verkehrt;* nehmen Sie die ~ 10!; welche ~ fährt nach Schönbrunn? **4** ⟨Geneal.⟩ *Folge von Abkömmlingen;* Haupt~, Seiten~; absteigende, aufsteigende ~ **5** ⟨unz.; Seemannsspr.⟩ = *Äquator;* die ~ passieren **6** *altes Längenmaß,* $^1/_{10}$ *bzw.* $^1/_{12}$ *Zoll* **7** ⟨fig.⟩ *eingeschlagene Richtung bei einem bestimmten Vorhaben;* Partei~; eine bestimmte ~ verfolgen **8** ⟨fig.⟩ *Niveau, wertmäßig bestimmte Stellung;* das liegt auf der gleichen ~ • **8.1** auf eine, auf die gleiche ~ stellen mit *gleich behandeln* • **8.2** in erster ~ *vor allem, hauptsächlich* • **8.3** auf der ganzen ~ *überall, völlig* **9** ⟨fig.⟩ *Umriss;* die zarten ~n ihrer Gestalt, ihres Gesichts • **9.1** *Figur;* auf die ~ achten

li|ni|en|treu ⟨Adj.⟩ *kritiklos, streng der Ideologie einer Partei folgend*

linieren

li|nie|ren ⟨V. 500⟩ etwas ~ *mit Linien versehen;* oV *linieren;* ein Blatt Papier ~; *liniertes Papier*
li|ni|ie|ren ⟨V. 500⟩ = linieren
link|e(r, -s) ⟨Adj. 24/60⟩ **1** *auf der Seite befindlich, auf der das Herz liegt;* Ggs *recht (1-3);* der ~ *Arm,* das ~ *Bein* • **1.1** ~r *Hand links* **2** ~ **Seite** *Innenseite, verkehrte, untere Seite;* Ggs *rechte Seite,* → *recht (2);* die ~ *Seite eines Stoffes* **3** ⟨fig.⟩ • **3.1** *jmd. ist mit dem ~n Bein, Fuß zuerst aufgestanden ist während des ganzen Tages schlechter Laune; du bist wohl mit dem ~n Fuß zuerst aufgestanden* • **3.2** *zwei* ~ *Hände haben* ⟨umg.⟩ *ungeschickt sein* • **3.3** *etwas mit der* ~ *Hand machen mühelos* **4** ~ **Masche** ⟨Handarbeit⟩ *M. beim Stricken, bei der der Faden vor der Nadel liegt;* Ggs *rechte Masche,* → *rechte (3)*
Lin|ke ⟨f.; -, -n⟩ **1** *die linke Seite, die linke Hand;* jmdm. *zur ~n sitzen* • **1.1** *sich zur ~n wenden nach links* **2** *Gesamtheit der politischen Gruppierungen, die dem Sozialismus, Kommunismus o. ä. Bewegungen nahestehen;* der ~*n angehören* • **2.1** ⟨urspr.⟩ *sämtliche Parteien, die in der französischen Nationalversammlung links (vom Vorsitzenden aus gesehen) saßen*
lin|kisch ⟨Adj.; abwertend⟩ *unbeholfen, ungeschickt*
links ⟨Adv.⟩ **1** *die linke Seite, auf der linken (Straßen-)seite (befindlich), nach der linken Seite (hin);* Ggs *rechts; erster Stock, zweite Tür* ~; *sich* ~ *halten; rechts und* ~ *verwechseln; von* ~ *kommen;* ~ *von jmdm. gehen;* die Augen ~! ⟨militär. Kommando⟩ **2** ~ **stehen** ⟨fig.⟩ *einer sozialistischen, kommunistischen, anarchistischen od. liberalen Partei nahestehen* **3** *jmdn.* ~ **liegenlassen** / **liegen lassen** ⟨fig.⟩ *nicht beachten, übergehen* **4 weder** ~ **noch rechts** *schauen* ⟨fig.⟩ *gerade auf sein Ziel zugehen, sich nicht ablenken lassen* **5** *zwei* ~, *zwei rechts stricken* ⟨Handarbeit⟩ *immer zwei linke u. zwei rechte Maschen im Wechsel als Muster stricken* **6** ⟨Getrennt- u. Zusammenschreibung⟩ • **6.1** ~ stehend = *linksstehend*
Links|hän|der ⟨m.; -s, -⟩ *jmd., der mit der linken Hand schreibt, mit der linken Hand geschickter ist als mit der rechten;* Ggs *Rechtshänder*
Links|hän|de|rin ⟨f.; -, -rin|nen⟩ *weibl. Linkshänder;* Ggs *Rechtshänderin*
links|ste|hend *auch:* **links ste|hend** ⟨Adj. 24/70⟩ Ggs *rechtsstehend* **1** *auf der linken Seite stehend* **2** *politisch nach links orientiert, dem linken politischen Flügel zugeneigt;* die ~en *Parteien*
Li|no|le|um *auch:* **Lin|o|le|um** ⟨n.; -s; unz.⟩ *Fußbodenbelag aus einer Mischung von Leinöl mit Füll- u. Trockenstoffen auf einer textilen Unterlage*
Li|nol|schnitt ⟨m.; -(e)s, -e⟩ **1** *dem Holzschnitt ähnliche Kunst, mit dem Messer aus einer Linoleumplatte eine bildliche Darstellung so herauszuarbeiten, dass sie erhaben stehen bleibt* **2** *mit diesem Verfahren gewonnener Abdruck*
Lin|se ⟨f.; -, -n⟩ **1** ⟨Bot.⟩ *zu den Schmetterlingsblütlern gehörende Kulturpflanze mit flachen, runden, gelben, roten od. schwarzen Samen: Lens* **2** *als Nahrungsmittel verwendeter Same der Linse (1)* **3** ⟨Optik⟩ *durchsichtiger Körper mit zwei brechenden Flächen, von denen mindestens eine meistens kugelig gekrümmt ist* **4** ⟨Anat.⟩ *durchsichtiger, das Licht brechender Teil des Auges* **5** ⟨Geol.⟩ *linsenförmige Erzlagerstätte mit bis zu mehreren hundert Metern Durchmesser*

Lip|pe ⟨f.; -, -n⟩ **1** *bei Menschen u. Tieren Säume u. Falten, die spaltartige Öffnungen begrenzen; Schamlippen* • **1.1** *fleischiger Rand des menschlichen Mundes;* Ober~, Unter~; *sich die* ~ *schminken, anmalen;* die ~n *zusammenpressen (vor Ärger, Schmerz, Ungeduld);* die ~n *(schmollend, verächtlich) kräuseln, schürzen, verziehen; aufgesprungene, aufgeworfene, feuchte, rissige, trockene* ~n; *breite, dünne, rote, schmale, volle* ~n; *die* ~ *spitzen (zum Kuss, zum Pfeifen)* **2** ⟨fig.⟩ • **2.1** *Organ der Lautbildung* • **2.1.1** *ich kann es nicht über die ~n bringen ich scheue mich, es auszusprechen* • **2.1.2** *kein Wort kam über seine ~n er sagte nichts* • **2.1.3** *an jmds. ~n hängen* ⟨fig.⟩ *jmdm. gespannt u. aufmerksam zuhören* • **2.2** *eine* ~ *riskieren* ⟨fig.; umg.⟩ *einen Widerspruch wagen* • **2.3** *die Worte flossen ihm ganz leicht von den ~n er sprach mühelos, fließend, ohne Hemmungen* • **2.4** *sich auf die ~n beißen* • **2.4.1** *eine Äußerung unterdrücken (wollen)* • **2.4.2** *um das Lachen zu unterdrücken*
Lip|pen|be|kennt|nis ⟨n.; -ses, -se⟩ *ausgesprochenes Bekenntnis, das nicht der inneren Einstellung entspricht*
li|quid ⟨Adj. 24/70⟩ oV *liquide* **1** ⟨Chem.⟩ *flüssig* **2** ⟨Wirtsch.; fig.⟩ *zahlungsfähig, über Geldmittel verfügend*
li|qui|de ⟨Adj. 70⟩ = liquid
li|qui|die|ren ⟨V. 500⟩ **1** *ein Geschäft,* einen **Verein** ~ *auflösen* **2** *politische Gegner, Gefangene* ~ *beseitigen, töten* **3 Kosten** ~ *berechnen, fordern für*
lis|peln ⟨V. 400⟩ **1** *mit der Zunge anstoßen, die s-Laute zwischen den Zähnen aussprechen* **2** *tonlos flüstern* **3** ⟨fig.⟩ *ein dem Flüstern ähnliches Geräusch verursachen; der Wind lispelt in den Palmen; die Blätter* ~ *im Wind*
List ⟨f.; -, -en⟩ **1** ⟨unz.⟩ *menschliche Eigenschaft, die darin besteht, dass zur Verwirklichung von Plänen u. Absichten geschickt inszenierte Täuschung eingesetzt wird* • **1.1** *mit* ~ *und Tücke* ⟨umg.; verstärkend⟩ *mit Schlauheit u. Mühe* **2** *geschickt ausgeklügelter Plan, mit dem durch Täuschung eines anderen ein bestimmtes Ziel erreicht werden soll; eine* ~ *anwenden; zu einer* ~ *greifen*
Lis|te ⟨f.; -, -n⟩ *Verzeichnis, in dem Personen od. Sachen aufgeführt werden, Aufstellung, tabellarische Übersicht;* Namens~, Preis~, Wähler~; *eine* ~ *anlegen, aufstellen, führen; etwas od. sich in eine* ~ *einschreiben; jmdn. od. etwas von der* ~ *streichen*
lis|tig ⟨Adj.⟩ **1** *voller List (1);* jmdm. ~ *zulächeln* **2** *geschickt täuschend; ein ~er Plan*
Li|ta|nei ⟨f.; -, -en⟩ **1** *Wechselgebet zwischen Geistlichem u. Gemeinde* **2** ⟨umg.; abwertend⟩ • **2.1** *langatmige, sich wiederholende Ausführungen, eintöniges Gerede* • **2.2** *häufig geäußerte Ermahnungen od. Klagen*
Li|ter ⟨n.; -s, - od. m.; -s, -; Zeichen: l⟩ *Hohlmaß, 1 Kubikdezimeter (1 dm³); zwei* ~ *Wein*

Li|te|ra|tur ⟨f.; -, -en⟩ **1** *Gesamtheit der schriftlichen Äußerungen (eines Volkes od. einer Epoche);* die ~ des Barocks; deutsche, englische, französische ~; antike, klassische, romantische, moderne ~ **2** *schöngeistiges Schrifttum, Sprachkunstwerk (auch mündlich überliefertes);* sein neuester Roman ist schlechte ~; belehrende, unterhaltende ~; →a. *schön (1.6)* **3** *Gesamtheit der über ein Wissensgebiet veröffentlichten Werke;* Fach~; (benutzte) ~ angeben (bei wissenschaftlichen Arbeiten); juristische, medizinische ~; über dieses Gebiet gibt es noch keine, wenig ~

Lit|faß|säu|le ⟨f.; -, -n⟩ *Säule für Plakatwerbung, Anschlagsäule*

Li|tho|gra|fie ⟨f.; -, -n⟩ oV Lithographie Sy Steindruck **1** ⟨unz.⟩ *ältestes Flachdruckverfahren, bei dem die Zeichnung auf einen Kalkstein übertragen u. von diesem abgedruckt wird (heute durch Druck von Zinkplatten ersetzt)* **2** ⟨zählb.⟩ *mit Hilfe dieses Verfahrens hergestelltes Druckwerk*

Li|tho|gra|phie ⟨f.; -, -n⟩ = *Lithografie*

Li|tur|gie ⟨f.; -, -n⟩ *alle ordnungsmäßig bestehenden gottesdienstlichen Handlungen*

live ⟨[laɪf] Adv.; Radio, TV⟩ *direkt übertragen, als Direktübertragung;* ein Konzert, ein Fußballspiel ~ senden

Li|zenz ⟨f.; -, -en⟩ **1** *Befugnis, Genehmigung zur Ausübung eines Gewerbes* **2** *Erlaubnis zur Benutzung eines Patentes* **3** *Ermächtigung für eine Buchausgabe* **4** ~ **zahlen** *Gebühr für eine Lizenz (2,3)*

Lkw, LKW ⟨[ɛlkaveː] m.; -s, -s; Abk. für⟩ *Lastkraftwagen* (~-Fahrer, ~-Maut)

Lob ⟨n.; -(e)s, -e; Pl. selten⟩ **1** *Ausdruck der Anerkennung, ausdrücklich günstiges Urteil;* ein ~ aussprechen, erteilen; jmdm. ~ spenden, zollen; ~ verdienen; ihm gebührt großes, hohes ~; er war so ~es voll über ihren Fleiß; Gott sei ~ und Dank, dass alles gutgegangen ist; er geizte, kargte nicht mit ~ • **1.1** *es gereicht ihm zum ~e* ⟨geh.⟩ *es ehrt ihn, ist ihm hoch anzurechnen* • **1.2** *über alles, jedes ~ erhaben so ausgezeichnet, dass man es nicht mehr loben kann* • **1.3** *zum ~e Gottes zu Gottes Ehre*

Lob|by ⟨f.; -, -s⟩ **1** *Vorraum eines Parlamentsgebäudes* **2** *Gesamtheit der Angehörigen eines Interessenverbandes (die in der Lobby (1) versucht, Parlamentsangehörige zu ihren Gunsten zu beeinflussen)* • **2.1** *jmdn. od. eine Sache (finanziell od. auf politischem Wege) unterstützende Gemeinschaft;* Kinder haben keine ~ in der Politik

lo|ben ⟨V. 500/Vr 7 od. Vr 8⟩ **1** *jmdn. od. etwas ~ über jmdn. od. etwas seine Anerkennung äußern, über jmdn. od. etwas Positives sagen;* Arbeit ~; sich über etwas od. jmdn. ~d äußern; eine gute Leistung ~; etwas od. jmdn. ~d erwähnen; →a. *Tag (4.2), Krämer (1.2), Abend (2.1), Klee (1.1)* **2** ⟨fig.⟩ • **2.1** *das lob ich mir! das gefällt mir!* • **2.2** *da lob ich mir doch ... ist mir doch ... lieber;* da lob ich mir doch ein ordentliches Schnitzel!

lob|hu|deln ⟨V. 500 od. 600; abwertend⟩ **jmdn.** od. **jmdm.** ~ *jmdn. übermäßig loben, kritiklos preisen;* er hat seinen Vorgesetzten ständig gelobhudelt

löb|lich ⟨Adj.⟩ *lobenswert, anerkennenswert;* die ~e Absicht haben, etwas zu tun

lob|prei|sen ⟨V. 193/500⟩ **jmdn.** od. **eine Sache** ~ *in den höchsten Tönen loben, preisen, rühmen;* Gott ~; sie haben ihn lobgepriesen

Loch ⟨n.; -(e)s, Lö|cher⟩ **1** *natürlich entstandene od. künstlich geschaffene Öffnung verschiedenster Art u. Form, Lücke, Riss, Spalte, Vertiefung;* Knopf~; ein ~ bohren, graben, schaufeln; die Straße ist voller Löcher; ein ~ im Boden, Dach, in der Mauer, im Zaun; ein ~ in der Hose, im Strumpf haben; ein ~ stopfen; seinen Gürtel ein ~ enger schnallen **2** *Tierhöhle;* Mause~ **3** ⟨fig., umg.⟩ *armselige Wohnung, enger Raum;* in einem ~ hausen müssen **4** *Wunde, Verletzung;* jmdm. ein ~ in den Kopf schlagen • **4.1** *sich ein ~ in den Kopf stoßen sich am Kopf verletzen* **5** ⟨fig.⟩ • **5.1** *etwas reißt (jmdm.)* ein ~ **in den Geldbeutel** *kostet (jmdn.) sehr viel, kommt (jmdn.) teuer zu stehen;* der neue Mantel hat mir ein großes ~ in den Geldbeutel gerissen • **5.2** *ein ~ mit dem anderen zustopfen neue Schulden machen, um alte zu bezahlen* • **5.3** *wie ein ~ saufen* ⟨umg.⟩ *unmäßig viel trinken;* er säuft wie ein ~ • **5.4** *ein ~,* Löcher **in die Luft gucken, starren** ⟨umg.⟩ *vor sich hin starren, untätig sein* • **5.5** *jmdm. ein ~ in den Bauch fragen* ⟨umg.⟩ *jmdm. mit vielen Fragen lästig werden;* das Kind fragt mir ein ~ in den Bauch

lo|chen ⟨V. 500⟩ **etwas** ~ **1** *mit einem Loch versehen, ein Loch in etwas knipsen (zur Kontrolle od. zum Entwerten);* ein Ticket ~ **2** *mit gleichmäßigen Löchern versehen (zum Abheften)*

Lo|cher ⟨m.; -s, -⟩ *Gerät zum Lochen von Schriftstücken (um sie ab- od. einheften zu können)*

lö|chern ⟨V. 500⟩ **jmdn.** ~ ⟨umg.⟩ *dauernd bitten, ausfragen;* der Junge löchert mich seit Tagen, wann ich endlich mit ihm in den Zirkus gehe

Loch|zan|ge ⟨f.; -, -n⟩ *Zange zum Lochen, z. B. von Fahrkarten*

Lo|cke[1] ⟨f.; -, -n⟩ **1** *geringelte Haarsträhne;* jmdm. ~n drehen; blonde, schwarze ~n; natürliche, künstliche ~n; Haar in ~n legen; eine ~ fiel ihr in die Stirn; ihr Haar ringelt sich im Nacken zu ~n **2** *Wollflocke*

Lo|cke[2] ⟨f.; -, -n⟩ **1** *Pfeife zum Nachahmen der Vogelrufe, Lockpfeife* **2** *lebender Lockvogel*

lo|cken[1] ⟨V. 500⟩ **1** *ein* **Lebewesen** ~ *(durch Rufe od. Gebärden, mit etwas) zum Näherkommen zu bewegen suchen;* einen Hund, einen Vogel ~; die Henne lockt ihre Jungen; jmdn. od. ein Tier an sich, zu sich ~; ein Tier mit Futter ~; jmdn. in eine Falle, einen Hinterhalt ~ **2 etwas** lockt **jmdn.** ⟨fig.⟩ *erzeugt Lust, Interesse bei jmdm., führt in Versuchung, reizt (zu etwas);* die Aufgabe lockt mich sehr, nicht, wenig; es lockt mich sehr, es zu tun, zu versuchen; das schöne Wetter lockte uns ins Freie **3** ⟨Part. Präs.⟩ ~d *verlockend, vielversprechend, angenehm, schön erscheinend;* eine ~de Aufgabe; ein ~des Angebot; die ~de Ferne

lo|cken[2] ⟨V. 500⟩ **1** *Haar* ~ *zu Locken aufdrehen, kräuseln* **2** ⟨Vr 3⟩ **etwas** lockt **sich** *kräuselt, ringelt sich* • **2.1** *gelocktes* **Haar** *in Locken fallendes, lockiges H.*

lo|cker ⟨Adj.⟩ **1** ein **Gegenstand** ist ~ *mangelhaft befestigt, wackelig;* eine ~e Schraube, ein ~es Stuhlbein; der Zahn ist ~ **2** *lose, nicht straff;* ein ~es Seil; ~ häkeln, stricken, weben • **2.1** ein Seil ~ lassen *nicht fest binden, nicht straff anziehen;* ⟨aber⟩ →a. *lockerlassen* **3** etwas ist **von** ~er **Beschaffenheit** *weich, mit Hohlräumen durchsetzt, nicht fest zusammengeballt od. -gezogen, porös;* ~er Boden; ~es Brot, Gewebe; einen ~en Teig herstellen; Erde ~ aufschütten **4** ⟨fig.⟩ *nicht einwandfrei, leichtfertig;* ~e Sitten; ~e Beziehungen; ~e Moral • **4.1** ein ~es Leben führen *ein ungebundenes, sorgloses L.* **5** ⟨Getrennt- u. Zusammenschreibung⟩ • **5.1** ~ machen = *lockermachen*

lo|cker||las|sen ⟨V. 175/400; fig.⟩ *nachgeben;* du darfst nicht ~!; →a. *locker (2.1)*

lo|cker||ma|chen *auch:* **lo|cker ma|chen** ⟨V. 500⟩ **I** ⟨Zusammen- u. Getrenntschreibung⟩ etwas ~ *durch eine Handlung, einen Eingriff lockern;* einen Verband lockermachen / locker machen **II** ⟨550; umg.; nur Zusammenschreibung⟩ **1 Geld** lockermachen ⟨umg.⟩ *hergeben;* kannst du nicht 100 Euro lockermachen? **2 bei jmdm. Geld** lockermachen *jmdn. dazu veranlassen, G. herzugeben;* ich habe bei ihm 100 Euro lockergemacht

lo|ckern ⟨V. 500⟩ **1** etwas ~ *locker (1), lose machen;* einen Nagel, eine Schraube ~ **2** etwas ~ *locker (2) machen;* seinen Griff ~; den Gürtel ~; die Zügel ~ **3** etwas ~ *locker (3) machen;* den Boden mit der Hacke ~; Erdreich ~ • **3.1 Glieder, Muskeln** ~ *G., M. entspannen;* die Arm- u. Beingelenke (durch Schütteln) ~ **4** ⟨Vr 3⟩ **4.1 sich** ~ *locker (1) werden, sich zu lösen beginnen;* das Brett, die Schraube hat sich gelockert • **4.2** eine **menschliche Bindung** lockert sich *löst sich allmählich;* unsere Freundschaft hat sich gelockert **5 Vorschriften, Bestimmungen** ~ *nicht mehr so streng handhaben*

lo|ckig ⟨Adj.⟩ *gelockt, in Locken fallend;* ~es Haar

Lock|vo|gel ⟨m.; -s, -vögel⟩ **1** *gefangener lebender od. künstlicher Vogel zum Anlocken anderer Vögel* **2** ⟨fig.⟩ *jmd., der zu unredlichen Zwecken andere anlocken soll;* sie diente der Bande als ~

lo|den ⟨Adj. 24⟩ *aus Loden*

Lo|den ⟨m.; -s, -; Textilw.⟩ *gewalktes Wollgewebe od. Filz mit nach unten weisendem Strich für Mäntel, Jacken u. Ä.*

lo|dern ⟨V. 400⟩ **1 Feuer** lodert *brennt mit heller, großer Flamme, flammt (empor);* das Feuer loderte (zum Himmel); ~de Flammen **2** etwas lodert ⟨fig.⟩ *glänzt feurig;* ihre Augen loderten **3 Begeisterung, Leidenschaft, Hass** lodert *erfüllt jmdn. mit großer Heftigkeit*

Löf|fel ⟨m.; -s, -⟩ **1** *aus einem Stiel und einem muldenförmigen Teil bestehendes Gerät zum Essen u. Schöpfen;* Ess~, Schöpf~, Tee~; zwei ~ voll (als Maßangabe); der Kaffee ist so stark, dass der ~ darin steht ⟨fig.⟩ **2** *löffelartiges Gerät für ärztliche u. technische Zwecke;* mit einem ~ etwas aus einer Körperhöhle entfernen **3** ⟨nur Pl.⟩ *Ohren* • **3.1** ⟨umg.⟩ *Ohren des Menschen* • **3.1.1** sich etwas hinter die ~ schreiben ⟨fig.; umg.⟩ *es sich einprägen, gut merken (eine Maßregel)* • **3.1.2** jmdm. ein paar hinter die ~ hauen *eine Ohrfeige geben* • **3.2** ⟨Jägerspr.⟩ *Ohren des Hasen, Kaninchens* **4** ⟨fig.⟩ mit einem silbernen, großen, goldenen ~ im Mund geboren sein ⟨bes. nordd.⟩ *Glück haben, reich sein;* →a. *Weisheit (2.2)*

löf|feln ⟨V. 500⟩ etwas ~ *mit einem Löffel schöpfen u. (achtlos) essen;* hastig, gierig, schweigend seine Suppe ~

Lo|ga|rith|mus *auch:* **Lo|ga|rith|mus** ⟨m.; -, -men; Abk.: log; Math.⟩ *diejenige Zahl b, mit der man in der Gleichung $a^b = c$ die Zahl a potenzieren muss, um die Zahl c zu erhalten*

Log|buch ⟨n.; -(e)s, -bü|cher⟩ *Buch, in das alle nautischen Beobachtungen u. Vorkommnisse an Bord eines Schiffes eingetragen werden, Schiffstagebuch*

Lo|ge ⟨[-ʒə] f.; -, -n⟩ **1** *kleiner, abgeteilter Raum mit 4-6 Sitzplätzen im Zuschauerraum des Theaters;* Bühnen~, Balkon~ **2** *Vereinigung von Freimaurern* **3** *Ort ihrer Zusammenkünfte*

lo|gie|ren ⟨[-ʒiː-] V.⟩ **1** ⟨500⟩ jmdn. ~ *(als Gast) beherbergen* **2** ⟨400⟩ *(als Gast bei jmdm., in einer Unterkunft) wohnen*

Lo|gik ⟨f.; -; unz.⟩ **1** *Lehre von den Formen u. Gesetzen richtigen Denkens* **2** ⟨allg.⟩ *Fähigkeit, folgerichtig zu denken*

Lo|gis ⟨[-ʒiː] n.; - [-ʒiːs], - [-ʒiːs]⟩ **1** *Unterkunft, Wohnung;* er arbeitet gegen Kost u. ~ **2** ⟨Seemannsspr.⟩ *Mannschaftsraum*

lo|gisch ⟨Adj.⟩ **1** *die Logik betreffend, zu ihr gehörig, auf ihr beruhend, ihr entsprechend, den Denkgesetzen gemäß, denkrichtig, folgerichtig;* ~ denken, folgern können **2** das ist doch ~! ⟨umg.⟩ *ohne weiteres einleuchtend, klar*

Lo|go|pä|die ⟨f.; -; unz.; Med.; Psych.⟩ *Sprachheilkunde*

Lohn ⟨m.; -(e)s, Löh|ne⟩ **1** *das, was für eine geleistete Arbeit bezahlt wird, Vergütung, Entgelt;* Arbeits~; hoher, niedriger, reicher, verdienter ~ • **1.1** *tägliches, wöchentliches od. monatliches Entgelt für Arbeitnehmer;* Tage~, Wochen~; für, um höhere Löhne kämpfen; ~ empfangen; den ~ drücken, steigern **2** ⟨fig.⟩ • **2.1 bei jmdm. in** ~ **(und Brot) stehen** *bei jmdm. in festem Arbeitsverhältnis stehen* • **2.2 jmdn. um** ~ **und Brot** bringen *arbeitslos, brotlos machen* **3** ⟨fig.⟩ *das, was man für eine Tat bekommt, Gegenwert (Belohnung od. Strafe);* als ~ für seine Hilfe, Mühe, Tat; das ist ein schlechter ~ für alle meine Mühe • **3.1** seinen ~ empfangen *verdiente Bestrafung empfangen* • **3.2** ihm wurde sein gerechter ~ zuteil *seine gerechte Strafe;* →a. *Undank*

loh|nen ⟨V.⟩ **1** ⟨402/Vr 7⟩ etwas lohnt **(etwas, sich)** *ist die Mühe wert, hat Zweck, Sinn, bringt Gewinn;* die Stadt, das Museum lohnt einen Besuch, lohnt den Besuch nicht; der Erfolg, das Ergebnis lohnt die Mühe, den Aufwand nicht; das Geschäft lohnt sich; es lohnt (sich) nicht hinzugehen; es lohnt sich (nicht), den langen Weg auf sich zu nehmen **2** ⟨530/Vr 6; geh.⟩ **jmdm. etwas** ~ *vergelten, danken;* ich werde es Ihnen reichlich ~; sie hat ihm seine Hilfe schlecht gelohnt **3** ⟨Part. Präs.⟩ ~d *nutzbringend,*

lösen

einträglich, vorteilhaft; eine ~de Arbeit, Aufgabe; eine ~de Aufführung, Ausstellung **4** ⟨Part. Präs.⟩ ~d *hörens-, sehenswert;* ein ~der Anblick

Loi|pe ⟨f.; -, -n; Skisp.⟩ *Spur, Fahrbahn für den Skilanglauf;* ~n ziehen

Lok ⟨f.; -, -s; Kurzw. für⟩ *Lokomotive*

lo|kal ⟨Adj. 24⟩ *örtlich beschränkt;* ein Ereignis von ~er Bedeutung

Lo|kal ⟨n.; -(e)s, -e⟩ **1** *Ort, Raum;* Wahl~ **2** = *Gaststätte;* Speise~, Wein~; ein anrüchiges, anständiges, gutes, gepflegtes, schlechtes ~; im ~ essen

lo|ka|li|sie|ren ⟨V.⟩ **1** ⟨500⟩ *Schmerzen,* einen **Krankheitsherd** ~ *ihre Lage genau bestimmen* **2** ⟨511⟩ die **Infektion** auf den Herd ~ *beschränken, ihre Ausbreitung verhindern*

Lo|ko|mo|ti|ve ⟨[-və] f.; -, -n⟩ *Schienenfahrzeug zum Antrieb der Eisenbahn*

Long|drink ⟨[lɔŋdrɪŋk]⟩ *auch:* **Long Drink** ⟨m.; (-) -s, (-) -s⟩ *alkoholisches Mischgetränk, das mit Mineralwasser, Fruchtsaft o. Ä. zubereitet wird*

Long|sel|ler ⟨m.; -s, -⟩ *Buch, das sich lange Zeit sehr gut verkauft*

Look ⟨[lʊk] m.; -s, -s; meist in Zus.⟩ *Aussehen, (in einer bestimmten Weise gestaltete) äußere Erscheinung;* Partner~, Disco~, Teenie~

Loo|ping ⟨[lu:-] n.; -s, -s⟩ *Überschlag (mit dem Flugzeug od. mit einem Schienenwagen auf der Achterbahn);* einen ~ drehen

Lor|beer ⟨m.; -s, -en⟩ **1** ⟨Bot.⟩ *einer Gattung der Lorbeergewächse angehörende Pflanze der Hartlaubformationen im Mittelmeergebiet, deren Blätter als Gewürz u. deren Früchte arzneilich verwendet werden: Laurus;* die Blätter des ~s zum Kochen verwenden **2** *Kranz aus Lorbeer (1), der zur Ehrung von Siegern, Dichtern etc. diente;* einen Dichter, den Sieger mit ~ bekränzen, krönen **3** ⟨fig.⟩ • **3.1** ~en ernten ⟨fig.⟩ *gelobt werden, Erfolg haben* • **3.2** sich auf seinen ~en ausruhen ⟨fig.⟩ *nach anfänglichen guten Leistungen od. großen Taten faul werden*

Lord ⟨[lɔːd] m.; -s, -s⟩ **1** ⟨unz.⟩ *(engl. Adelstitel)* **2** *Träger dieses Titels*

Lo|re ⟨f.; -, -n⟩ *offener, auf Schienen laufender Wagen zur Beförderung von Gütern aus Steinbrüchen, Bergwerken u. Ä.*

los ⟨Adv.; Getrenntschreibung nur bei „sein"⟩ **1** *nicht fest, nicht befestigt, nicht angebunden, frei;* der Hund ist ~; der Knopf ist ~ **2** *es ist nicht viel ~ damit, mit ihm es, er taugt nicht viel, ist nicht interessant* **3** *jmd.* ist **jmdn.** od. eine **Sache** ~ *hat sich von jmdm. od. einer S. befreit;* ich bin froh, dass ich ihn endlich ~ bin; diese Sorge bin ich ~ • **3.1** einer Sache ~ und ledig sein *von einer S. frei (geworden) sein* • **3.2** meinen Schlüssel bin ich ~ ⟨umg.; scherzh.⟩ *meinen S. habe ich verloren, nicht wiedergefunden* • **3.3** ich bin mein Geld ~ *ich habe alles Geld ausgegeben* **4** etwas ist ~ *etwas ist geschehen* • **4.1** hier ist etwas ~ *etwas ist geschehen, etwas nicht in Ordnung* • **4.1.1** hier ist etwas geschehen, etwas nicht in Ordnung • **4.1.2** ⟨umg.⟩ *hier herrscht fröhliche Stimmung, ereignet sich viel* • **4.2** was ist hier ~? *was geschieht hier vor?* • **4.3** was ist mit dir ~? *was fehlt dir?*

• **4.3.1** mit dir ist doch irgendetwas ~ *mit dir stimmt doch etwas nicht, ist doch etwas nicht in Ordnung;* →a. *Hölle (3.1), Teufel (2.2.4)* **5** *(Aufforderung, aktiv zu werden, sich zu beeilen);* aber nun ~!; auf die Plätze - fertig - ~! *(Kommando beim Wettlaufen u. -schwimmen)* • **5.1** ~! *vorwärts!, schnell!*

Los ⟨n.; -es, -e⟩ **1** *durch Zufall u. unabhängig vom menschlichen Willen herbeigeführte Entscheidung (bes. um jmdn. für eine unangenehme Aufgabe zu bestimmen oder eine schwerwiegende Entscheidung zu fällen);* einen Streit durch das ~ entscheiden; jmdn. durch das ~ bestimmen • **1.1** *besonders bezeichneter Gegenstand (bes. Papier od. Hölzchen), der gezogen wird, um Los (1) herbeizuführen* **2** *Anteilschein in der Lotterie;* ein ~ spielen; ein ~ ziehen **3** ⟨geh.⟩ *Schicksal, Geschick;* das ~ befragen, werfen; bitteres, hartes, trauriges ~

los... ⟨in Zus.⟩ **1** *weg von etwas, ab ...;* losschrauben, loslösen **2** *plötzlich beginnen, bes. nach Überwinden von Hemmungen;* loslaufen, losschreien **3** *(auf etwas) zu;* auf etwas losmarschieren

...los ⟨Adj.; in Zus.⟩ *Fehlen od. Mangel an einer Sache, ohne;* arbeitslos, hoffnungslos, verantwortungslos

los|bin|den ⟨V. 111/500⟩ etwas od. jmdn. ~ *die (mit einer Leine, einem Seil od. einem Strick hergestellte) Befestigung lösen;* einen Gefangenen, ein Pferd, ein Segelboot ~

lö|schen[1] ⟨V. 500⟩ **1** Brand, Feuer, Flammen ~ *das Weiterbrennen von etwas verhindern, dafür sorgen, dass es nicht mehr brennt;* der Feuerwehr gelang es, den Brand, die Flammen sofort zu ~ **2** Licht ~ *ausschalten, ausdrehen* **3** eine **Flüssigkeit** ~ *die Feuchtigkeit von etwas aufsaugen, trocknen;* das Papier löscht nicht **4** etwas ~ *tilgen, streichen, aufheben;* eine Schuld, ein Konto ~ • **4.1** eine **Firma** ~ *im Handelsregister streichen* • **4.2** **Schrift** ~ *auswischen, wegwischen (von der Tafel)* • **4.3** **Daten** (auf einem Datenträger) ~ *die Daten entfernen* **5** seinen **Durst** ~ *etwas trinken, damit man keinen D. mehr hat* **6** Kalk ~ *mit Wasser übergießen*

lö|schen[2] ⟨V. 500⟩ eine **Ladung** ~ ⟨Mar.⟩ *ausladen, entladen*

Lösch|zug ⟨m.; -(e)s, -zü|ge⟩ *zum Feuerlöschen eingesetzte Abteilung der Feuerwehr mit Wagen u. Geräten*

los|drü|cken ⟨V. 400⟩ *einen Schuss abfeuern*

lo|se ⟨Adj.⟩ **1** etwas ist ~ *locker, nicht ganz fest, nicht straff befestigt, beweglich;* einen Knoten ~ binden; der Strick hängt ~ herab; das Haar ~ tragen; ~ zusammenhängen, verbunden sein **2** etwas ist ~ *nicht verpackt, offen;* gibt es das Gebäck auch ~ oder nur in Packungen?; Obst, Pralinen ~ kaufen, verkaufen **3** ~ **Blätter** *nicht gebundene B.* **4** ⟨fig.⟩ *mutwillig neckend, schelmisch;* ein ~r Streich • **4.1** einen ~n Mund, ein ~s Mundwerk haben *gern ein wenig boshafte Reden führen, vorlaut sein*

Lö|se|geld ⟨n.; -(e)s, -er⟩ *Summe für den Freikauf von Gefangenen*

lo|sen ⟨V. 400⟩ *das Los ziehen, werfen, jmdn. durch das Los ermitteln;* wir wollen ~, wer gehen soll

lö|sen ⟨V. 500⟩ **1** etwas ~ *etwas, das mit etwas Ande-*

losgehen

rem verbunden ist, von diesem ein wenig od. ganz entfernen; das Fleisch vom Knochen lösen • **1.1** einen **Knoten** ~ *losbinden, aufbinden; den Kahn vom Ufer* ~ • **1.2** ein **Brett** ~ *lockern* • **1.3** ⟨Vr 3⟩ **etwas** *löst sich geht auf, wird locker, entfernt sich von etwas; eine Schraube, ein Nagel hat sich gelöst; ein Dachziegel hat sich gelöst; eine Haarlocke hatte sich aus der Frisur gelöst* • **1.3.1** ein **Schuss** hatte sich gelöst *war (versehentlich) losgegangen* • **1.3.2** ⟨500⟩ einen **Schuss** ~ *abfeuern, abschießen* • **1.4** ein **Blatt**, eine **Briefmarke** ~ *abtrennen, abreißen, entfernen von etwas; ein Blatt aus einem Buch* ~; *etwas Festgeklebtes von der Unterlage* ~ • **1.5** einen **Verschluss** ~ *öffnen* • **1.6 Verwickeltes** ~ *entwirren* • **1.7** ⟨511/Vr 3⟩ **jmd.** *löst sich aus, von etwas tritt aus etwas heraus, bewegt sich von etwas weg, entfernt sich von etwas; sie löste sich aus der Gruppe, aus der Reihe; ein Schatten löste sich von der Mauer* **2 etwas** ~ *auflösen, in Flüssigkeit zergehen lassen; Zucker, ein Medikament in Milch, Wasser* ~ • **2.1** ⟨Vr 3⟩ **etwas** *löst sich zerfällt in ganz kleine Partikel, schmilzt, zergeht, wird flüssig; Salz löst sich leicht, Zucker schwer* **3** ⟨fig.⟩ • **3.1 Beziehungen** ~ *aufgeben, abbrechen; ein Verhältnis aufgrund äußeren Drucks* ~ • **3.1.1** ⟨550/Vr 3⟩ **sich von jmdm.** od. **etwas** ~ *sich lossagen, frei machen, befreien von etwas od. jmdm.; sich von alten Bindungen, von einer Umgebung* ~ • **3.1.1.1** sich nicht von Elternhaus ~ *können die enge Beziehung zum E. nicht aufgeben können* • **3.2** einen **Vertrag**, eine **Verpflichtung** ~ *rückgängig machen, aufheben, für nichtig erklären; es gelingt ihm immer, sich von seinen Verpflichtungen zu* ~ **4** eine **Frage**, eine **Aufgabe**, ein **Problem** ~ *eindeutig klären* • **4.1** ein **Rätsel** ~ *enträtseln, erraten; Kreuzworträtsel* ~ • **4.2** eine **Rechenaufgabe** ~ *das Ergebnis errechnen* • **4.3** ⟨Vr 3⟩ ein **Problem** löst sich *behebt sich von selbst, klärt sich ohne eigenes Zutun* **5** einen **Konflikt, Schwierigkeiten** ~ *beseitigen, zu einem guten Ende bringen* • **5.1** ⟨Vr 3⟩ **Konflikte, Schwierigkeiten** ~ *sich kommen zum guten Ende, enden gut; es hat sich alles zu unserer Zufriedenheit gelöst; die Schwierigkeit hat sich (von selbst) gelöst* **6** ⟨550/Vr 3⟩ eine **Sache** löst **sich in etwas** *endet in etwas; ihre Spannung löste sich in einem Seufzer, in Tränen* **7** eine **Eintrittskarte, Fahrkarte** ~ *kaufen* **8** jmd. od. jmds. **Körper** ist gelöst *jmd. hat eine gelockerte Körperhaltung, gelockerte Bewegungen, ist entspannt; gelöste Haltung, Bewegungen; im Schlaf gelöste Glieder* **9** jmd. ist gelöst *hat ein ungezwungenes, freies Benehmen, ist nicht gehemmt; sie war heute Abend sehr gelöst*

los|ge|hen ⟨V. 145(s.)⟩ **1** ⟨400⟩ *entschlossen, zielstrebig weggehen, aufbrechen; wir müssen* ~, *sonst kommen wir zu spät* **2** ⟨411⟩ **auf etwas** ~ *zielstrebig auf etwas zugehen; auf ein Ziel* ~ **3** ⟨800⟩ **auf eine Sache** ~ ⟨fig.⟩ *eine Sache energisch anpacken, tatkräftig mit etwas beginnen* **4** ⟨411⟩ **auf jmdn.** ~ ⟨fig.⟩ *jmdn. in Wort od. Tat angreifen; mit dem Messer, mit erhobenen Fäusten auf jmdn.* ~ **5** ⟨400⟩ ein **Schuss** geht los *löst sich, wird versehentlich abgefeuert* **6** ⟨400⟩ eine **Veranstaltung** geht los ⟨umg.⟩ *fängt an, beginnt; nun kann's* ~!; *wann geht das Theater, Kino, die Vorstellung los?; die Veranstaltung geht um fünf Uhr los*

los|las|sen ⟨V. 175/500⟩ **1** ⟨505⟩ **etwas** od. **jmdn.** (**von etwas**) ~ *nicht länger an einem Ort festhalten;* Vorsicht, nicht ~!; lass mich los!; den Hund von der Kette ~ **2 jmdn.** ~ *jmdm. die ursprüngliche Freiheit wiedergeben, jmdn. freilassen, freigeben;* Gefangene ~ • **2.1** er war wie losgelassen ⟨umg.⟩ *unbändig, übermütig* **3** ⟨511 od. 550⟩ die Hunde auf jmdn. ~ *den Hunden befehlen, jmdn. anzugreifen, sie auf jmdn. hetzen* **4** eine **Sache** lässt **jmdn. nicht mehr** los *beschäftigt jmdn. stark* **5** ⟨550⟩ **jmdn.** auf **etwas**, **jmdn.** ~ *jmdn. mit einer Aufgabe betrauen, der er nicht gerecht werden kann; einen jungen Lehrer auf eine schwierige Klasse* ~; *und so was, so jmdn.* lässt *man nun auf die Menschheit los!* ⟨umg.⟩ **6** eine **E-Mail**, eine **Rede** ~ ⟨fig.; umg.; scherzh.⟩ *eine E. schreiben, eine R. halten*

Löss ⟨m.; -es, -e⟩ *(durch Eiszeitwinde entstandene) kalkhaltige Ablagerung;* oV *Löß;* ~boden

Löß ⟨m.; -es, -e⟩ = *Löss*

los|sa|gen ⟨V. 550/Vr 3⟩ **1 sich von etwas** ~ *von etwas zurücktreten, einer Sache, zu der man eine enge Beziehung hatte, fernerhin nicht mehr angehören wollen; sich von einer Religion, Überzeugung, Meinung, Partei* ~ **2 sich von jmdm.** ~ *sich von jmdm. trennen, mit dem man längere Zeit verbunden war; sich von seinen Eltern, ehemaligen Freunden* ~

los|schie|ßen ⟨V. 215/400⟩ **1** *plötzlich einen Schuss, Schüsse abfeuern, zu schießen beginnen; wie ein Verrückter* ~ **2** ⟨(s.); fig.⟩ *plötzlich zu laufen beginnen; die Kinder schossen los, sobald sie auf der Wiese waren* **3** ⟨411(s.)⟩ **auf jmdn.** ~ *plötzlich u. schnell auf jmdn. zulaufen; sobald er sie aus dem Zug steigen sah,* schoss *er auf sie los* **4** *plötzlich, unerschrocken zu sprechen beginnen* • **4.1** *schieß los! fang an!, sprich offen u. frei!*

los|schla|gen ⟨V. 218⟩ **1** ⟨500⟩ **etwas** ~ *durch Schlagen lösen, entfernen; einen krummen Nagel* ~ **2** ⟨400⟩ *(ohne Überlegung) zu schlagen anfangen; der Betrunkene schlug los, als man sich ihm näherte* **3** ⟨410⟩ aufeinander ~ *sich prügeln; Polizisten u. Demonstranten schlugen aufeinander los* **4** ⟨400; Mil.⟩ *Kampfhandlungen beginnen; wir wissen nicht, wann der Gegner losschlägt* **5** ⟨500⟩ **Ware** (billig) ~ ⟨fig.⟩ *(billig) verkaufen, um sie nicht behalten zu müssen; es gelang ihm, im Ausverkauf alle Sommerkleider loszuschlagen*

los|spre|chen ⟨V. 251/550⟩ **jmdn. von** einer **Schuld, Verpflichtung** ~ *sagen, dass jmd. von einer S., V. befreit ist*

los|steu|ern ⟨V. 411⟩ **auf etwas** od. **jmdn.** ~ ⟨fig.⟩ *gerade, zielbewusst zugehen; gerade auf sein Ziel* ~

Lo|sung[1] ⟨f.; -, -en⟩ **1** *Spruch, der die Grundsätze enthält, nach denen man sich richtet; die* ~ *des Tages* • **1.1** *für jeden Tag des Jahres ausgeloster Bibelspruch (der Brüdergemeine)* **2** *als Erkennungszeichen vereinbartes Wort*

Lo|sung[2] ⟨f.; -; unz.; Jägerspr.⟩ *Kot (des Wildes u. des Hundes)*

Lö|sung ⟨f.; -, -en⟩ **1** *Bewältigung eines Problems, durch Überlegung gewonnenes Ergebnis, Resultat;* eine, keine ~ finden; die beste ~ wäre Folgendes; das ist eine gute ~; eine ~ für etwas finden **2** *durch Überlegung gewonnenes Resultat einer (mathematischen) Aufgabe;* ein Buch mit den ~en besitzen; die ~ eines Rätsels **3** *das Lösen, Trennung, Aufhebung;* die ~ einer Ehe, die ~ vom Elternhaus **4** ⟨Chem.; Phys.⟩ *das Sichauflösen (einer Substanz in einer Flüssigkeit)* **5** ⟨Chem.; Phys.⟩ *homogene Verteilung eines Stoffes in einem anderen, bes. die homogene Verteilung von Gasen, Flüssigkeiten od. festen Stoffen in Flüssigkeiten (Lösungsmitteln)*

los|wer|den ⟨V. 285/500(s.)⟩ **1 jmd.** *wird etwas los macht sich frei von etwas, wird von etwas Lästigem, Unangenehmem befreit;* ich werde den Gedanken nicht los, dass …; ich werde den Schnupfen einfach nicht los **2 jmd.** *wird jmdn. los wird von der Gesellschaft einer ihm lästigen Person befreit, braucht die Gegenwart einer ihm lästigen Person nicht länger zu ertragen;* ich bin froh, dass ich diesen langweiligen Assistenten losgeworden bin; wenn ich nur wüsste, wie ich ihn ~ kann **3** *Geld ~* ⟨umg.⟩ *ausgeben, abgenommen bekommen;* er ist beim Glücksspiel all sein Geld losgeworden; in diesem Luxusferienort kannst du viel Geld ~! **4** *Gegenstände, Waren ~ G., W. verkaufen können, Käufer dafür finden;* ich möchte die Möbel gern verkaufen, aber ich werde sie nicht los

Lot ⟨n.; -(e)s, -e⟩ **1** ⟨n. 7; veraltet⟩ *Gewichtseinheit* • **1.1** *Gewichtseinheit, die etwa ¹⁄₃₀ Pfund entspricht;* ein halbes ~ **2** *altes Gewicht zum Abwiegen von Gold u. Silber für Münzen* • **2.1** *von ihnen gehen fünf, hundert auf ein ~ sie sind nicht viel wert* **3** ⟨veraltet⟩ *Kugel od. Schrot* **4** ⟨Tech.⟩ *Metalllegierung, die zum Löten benutzt wird* **5** ⟨Bauwesen⟩ *mit der Spitze nach unten an einer Schnur hängendes kegelförmiges Metallstück zum Kontrollieren od. Bestimmen einer senkrechten Fläche, Senklot* • **5.1** ⟨Mar.⟩ *markierte Leine mit einem Bleigewicht zum Messen der Wassertiefe* • **5.2** *die Mauer* **steht** *(nicht)* **im** *~ (nicht) senkrecht* • **5.3** ⟨fig.⟩ • **5.3.1** *etwas (wieder) ins ~ bringen in Ordnung bringen* • **5.3.2** *mit ihr stimmt etwas nicht im ~ mit ihr stimmt etwas nicht* **6** ⟨Math.⟩ *Gerade, die senkrecht auf einer anderen Geraden steht;* das ~ (auf einer Geraden) errichten; das ~ (auf eine Gerade) fällen

lö|ten ⟨V. 500⟩ *metallische* **Werkstücke** *~ unter Verwendung einer Metalllegierung verbinden, deren Schmelztemperatur niedriger ist als die der Werkstücke selbst*

Lo|ti|on ⟨f.; -, -en; engl.: [loʊʃən] f.; -, -s⟩ *kosmetische Lösung zur Reinigung u./od. Pflege der Haut;* Gesichts~

lot|recht ⟨Adj.⟩ *senkrecht, im Winkel von 90° auf einer Geraden od. Fläche stehend*

Lot|se ⟨m.; -n, -n⟩ **1** *geprüfter Seemann mit Sonderausbildung in einem bestimmten Ortsbereich, der Schiffe durch schwierige Gewässer leitet* **2** ⟨fig.⟩ *Person, die Personen, Fahrzeugen od. Flugzeugen den Weg weist;* Schüler~; Flug~

lot|sen ⟨V. 500⟩ **1** *ein* **Schiff** *~ als Lotse führen* **2** *ein* **Flugzeug** *~ vom Boden durch den Luftraum (an eine bestimmte Stelle) dirigieren* **3** ⟨511⟩ **jmdn.** *od. ein* **Fahrzeug** *~ jmdm. den Weg weisen, indem man ihn begleitet, jmdm. helfen, den Weg durch ein unbekanntes od. unwegsames Gebiet zu finden* **4** ⟨511⟩ **jmdn.** *irgendwohin ~* ⟨fig.; umg.⟩ *als Lotse führen, mitnehmen, mitschleppen, verführen mitzugehen;* jmdn. mit ins Kino, mit zu Freunden ~

Lot|te|rie ⟨f.; -, -n⟩ *staatliche od. private Auslosung von Gewinnen unter den Personen, die ein Los gekauft haben;* Geld~, Waren~

Lot|to ⟨n.; -s, -s⟩ **1** *Gesellschaftsspiel für Kinder, bei dem jeder eine Anzahl von Kärtchen mit Zahlen od. Bildern vor sich hat, die er, wenn sie aufgerufen werden, zudecken kann, u. wer seine Karten zuerst zugedeckt hat, ist Sieger;* Zahlen~, Bilder~ **2** *eine Art Lotterie, bei der man mit einem bestimmten Einsatz auf die Zahlen wettet, von denen man glaubt, dass sie bei der Ziehung herauskommen werden*

Lö|we ⟨m.; -n, -n; Zool.⟩ *gelbbraune bis rötlich braune Großkatze, deren Männchen eine Mähne trägt: Panthera leo;* ~n und andere Raubtiere im Zoo bewundern; brüllen wie ein ~; wie ein gereizter ~ auf jmdn. losgehen; in die Höhle des ~n gehen

Lö|wen|an|teil ⟨m.; -(e)s, -e⟩ *Hauptanteil*

Lö|wen|zahn ⟨m.; -(e)s, -zäh|ne; Pl. nur scherzh.; Bot.⟩ *einer Gattung der Korbblütler angehörende, Milchsaft enthaltende Wiesenblume mit grob gezähnten Blättern u. goldgelbem Blütenkorb, deren Früchte mit einem „Fallschirm" aus Haaren ausgestattet sind: Taraxacum*

loy|al *auch:* **lo|yal** ⟨[loaja:l] Adj.; geh.⟩ **1** *staats-, regierungstreu;* ~e Truppen • **1.1** *dem Vorgesetzten gegenüber pflichttreu* **2** *rechtschaffen, anständig;* er verhält sich immer ~ gegenüber seiner geschiedenen Frau • **2.1** *vertragstreu, Vereinbarungen einhaltend;* ein ~er Geschäftspartner

Loy|a|li|tät *auch:* **Lo|ya|li|tät** ⟨[loaja-] f.; -; unz.⟩ *loyales Wesen, loyales Verhalten, Treue, Redlichkeit;* auf jmds. ~ vertrauen; zur ~ gegenüber seinem Vorgesetzten verpflichtet sein; dem Präsidenten die ~ erklären, zusichern

Luchs ⟨[-ks] m.; -es, -e; Zool.⟩ **1** *hochbeinige Raubkatze mit kurzem Schwanz u. Haarpinseln an den Ohren: Lynx* • **1.1** *Augen wie ein ~ haben scharfe, gute Augen* • **1.2** *aufpassen wie ein ~ scharf, gut aufpassen*

Lü|cke ⟨f.; -, -n⟩ **1** *(infolge eines fehlenden Stücks entstandener) Zwischenraum, Loch, Spalt, Öffnung;* eine ~ ausfüllen, füllen, schließen; hier klafft eine ~; eine ~ im Zaun **2** *in einem System, Ganzen fehlender Teil, Auslassung;* eine ~ (im Text, in der Reihe) lassen • **2.1** *durch eine ~ des Gesetzes entkommen der Strafe entgehen, da es für diesen Fall kein Gesetz gibt* • **2.2** *sein Wissen hat große ~n sein W. ist mangelhaft, er weiß sehr vieles nicht* • **2.3** *als er fortging, blieb eine ~* ⟨fig.⟩ *fehlte er den anderen sehr*

Lückenbüßer

Lü|cken|bü|ßer ⟨m.; -s, -⟩ *jmd., der die Stelle eines anderen einnehmen, der aushelfen muss, aber weniger gern gesehen od. weniger geeignet ist;* ich will nicht nur ~ sein; als ~ dienen

Lu|der ⟨n.; -s, -⟩ **1** *leichtfertiges u. gewissenloses Mädchen od. Frau;* sie ist ein ~! ● 1.1 dieses kleine ~! ⟨gemildert⟩ *durchtriebenes Mädchen* **2** armes ~ ⟨umg.⟩ *mitteloser Mensch* **3** ⟨Jägerspr.⟩ *Aas, Kadaver, totes Tier (zum Anlocken von Raubwild)*

Luft ⟨f.; -, Lüf|te; Pl. oft nur poet.⟩ **1** *Gasgemenge, das die Atmosphäre bildet;* Licht und ~ hereinlassen; die ~ flimmert vor Hitze; das Flugzeug, der Vogel erhob sich in die ~; der Vogel schwang sich in die Lüfte; einen Motor mit ~ kühlen; mit den Händen, Armen in der ~ herumfuchteln ⟨verstärkend⟩; vor Freude in die ~ springen ⟨a. fig.⟩ **2** *das uns unmittelbar umgebende Gasgemenge;* kalte, kühle, laue, milde, raue, warme ~; die ~ ist hier schlechte, verbrauchte ~; die ~ ist hier gut, klar, rein, würzig ● 2.1 (frische) ~ hereinlassen *Fenster od. Tür öffnen* ● 2.2 seine Hände griffen in die ~ *fanden keinen Halt* ● 2.3 zwischen Wand und Schrank etwas ~ lassen ⟨fig.⟩ *freien Raum, Abstand, Zwischenraum* **3** (freie) ~ *das Freie;* du kommst zu wenig an die ~; draußen in freier ~ ● 3.1 an die (frische) ~ gehen *ins Freie gehen, spazieren gehen* ● 3.2 (frische) ~ schöpfen, schnappen *spazieren gehen, ins Freie treten* ● 3.3 Betten, Kleider an die ~ hängen *auslüften* **4** *leichter Wind, Luftzug;* die lauen Lüfte wehen ⟨poet.⟩ **5** *Atem, Atmung;* der Kragen schnürt mir die ~ ab; keine ~ bekommen; bitte tief ~ holen! (Aufforderung des Arztes) ● 5.1 wieder ~ bekommen *wieder atmen können* ● 5.2 nach ~ schnappen *rasch u. mühsam Atem holen* ● 5.3 mir blieb vor Schreck, vor Überraschung die ~ weg ⟨fig.; umg.⟩ *ich war sprachlos* ● 5.4 jmdm. die ~ abschnüren ⟨fig.; umg.⟩ *jmdn. wirtschaftlich ruinieren* **6** *die im Reifen eines Fahrzeuges befindliche komprimierte Luft (1);* ~ aufpumpen; die ~ aus dem Reifen herauslassen; die ~ nachsehen lassen ⟨umg.⟩ ● 6.1 der Schlauch hält keine ~ *der S. hat ein Loch, durch das die Luft entweicht* **7** ⟨fig.⟩ ● 7.1 seinem Ärger, seinem Herzen ~ machen *über seinen Ä., eine wichtige Angelegenheit sprechen, sich aussprechen* ● 7.2 jetzt hab' ich wieder etwas ~ *nicht mehr so viel zu arbeiten* ● 7.3 na, jetzt wird ja schon etwas ~! ⟨umg.⟩ *jetzt lichtet sich das Durcheinander, jetzt wird schon etwas Ordnung* ● 7.4 die ~ ist rein *niemand horcht, es ist niemand in der Nähe, der das Vorhaben vereiteln könnte* ● 7.5 sie leben von ~ u. Liebe *sie brauchen sehr wenig u. sind sehr verliebt* ● 7.6 du kannst schließlich nicht von der ~ leben *du brauchst Geld, einen Beruf, musst dir den Lebensunterhalt verdienen* ● 7.7 jmd. ist für jmdn. ~ *wird von jmdm. überhaupt nicht beachtet, ist für ihn uninteressant* ● 7.8 das ist aus der ~ gegriffen *erfunden, unwahr* ● 7.8.1 der Vorwurf ist (völlig) aus der ~ gegriffen *(völlig) unbegründet* ● 7.9 in die ~ gehen ● 7.9.1 *explodieren* ● 7.9.2 ⟨umg.⟩ *zornig, wütend werden, sich sehr aufregen;* das ist zum in die ~ gehen ● 7.10 die Sache hängt noch in der ~ *ist noch nicht entschieden, hat* noch keine Grundlage ● 7.11 ich hänge gerade in der ~ *ich habe augenblicklich keine feste Existenzgrundlage* ● 7.12 ich könnte ihn in der ~ zerreißen! ⟨umg.; scherzh.⟩ *ich bin wütend auf ihn* ● 7.13 jmdn. an die ~ setzen ⟨umg.⟩ *jmdm. kündigen, jmdn. hinauswerfen* ● 7.14 es liegt etwas in der ~ *es droht etwas*

Luft|bal|lon ⟨[-l5] od. [-lɔŋ] süddt., österr., schweiz. a. [-loːn] m.; -s, -s ⟨süddt., österr., schweiz. a.⟩ -e⟩ *mit Gas gefüllter Ballon aus dünnem Gummi als Kinderspielzeug oder zur Dekoration*

Luft|druck ⟨m.; -(e)s; unz.⟩ **1** ⟨Phys.⟩ *Druck der Luft, hervorgerufen durch den Druck, den die atmosphärische Luft mit ihrer Schwerkraft auf die unteren Luftschichten ausübt* **2** *Druck der Luft in einem geschlossenen Behälter (in einem Reifen, Ballon o. Ä.)* **3** *durch eine Explosion entstandene Druckwelle*

lüf|ten ⟨V.⟩ **1** ⟨400⟩ *Durchzug schaffen, frische Luft zuführen* **2** ⟨500⟩ **etwas** ~ *der Luft aussetzen, Luft eindringen lassen in etwas;* Zimmer, Betten, Decken, Kleider ~ **3** ⟨500⟩ **etwas** ~ *leicht anheben;* den Topfdeckel ~ ● 3.1 ein **Geheimnis** ~ ⟨fig.⟩ *preisgeben, bekanntmachen*

Luft|fahrt ⟨f.; -; unz.⟩ *planmäßige Fortbewegung, Verkehr mit Flugzeugen*

luf|tig ⟨Adj.⟩ **1** *so beschaffen, dass von allen Seiten Luft u. Wind herankann;* in ~er Höhe **2** *leicht, dünn, luftdurchlässig;* ein ~es Gewebe, Kleid

Luft|post ⟨f.; -; unz.⟩ *Post, die mit einem Flugzeug befördert wird (bes. nach Übersee);* ~brief; einen Brief mit ~ schicken

Luft|raum ⟨m.; -(e)s, -räu|me⟩ *der über der Erde befindliche, mit Luft erfüllte Raum, der zum Hoheitsgebiet eines Staates zählt*

Luft|röh|re ⟨f.; -, -n; Anat.⟩ *Atmungsweg des Menschen u. der lungenatmenden Wirbeltiere vom Kehlkopf abwärts in die Lunge: Trachea*

Luft|schloss ⟨n.; -es, -schlös|ser; fig.⟩ **1** *Wunschvorstellung, Gegenstand od. Zustand, den man sich ersehnt, erträumt* ● 1.1 Luftschlösser bauen *undurchführbare Pläne machen, sich große Hoffnungen machen, die kaum erfüllt werden*

Lug ⟨m.; -(e)s; unz.⟩ ~ **und Trug** *Lüge, Betrug u. Täuschung;* seine Versprechungen waren nur ~ u. Trug

Lü|ge ⟨f.; -, -n⟩ **1** *absichtlich falsche Aussage, Aussage zur bewussten Täuschung anderer;* jmdn. der ~ beschuldigen, verdächtigen; es ist alles ~ (was er sagt)!; dreiste, freche, plumpe, unverschämte ~; jmdn. bei einer ~ ertappen; sich in ~n verstricken ● 1.1 ~n haben kurze Beine ⟨Sprichw.⟩ *L. werden bald erkannt* ● 1.2 die ~ steht dir auf der Stirn geschrieben *man sieht dir an, dass du lügst* ● 1.3 jmdn. ~n strafen *jmdm. nachweisen, dass er gelogen hat;* er behauptet, es gehe ihm gut, aber sein schlechtes Aussehen straft ihn, (od.) seine Worte ~n; seine Verlegenheit strafte seine Worte ~n

lu|gen ⟨V. 410⟩ **1** *vorsichtig, aber aufmerksam, scharf (nach etwas) schauen, sehen;* durch die Gardinen ~; über den Zaun ~; um die Hausecke ~ **2** *vorsichtig hervorschauen;* die ersten grünen Spitzen ~ schon aus der Erde

lü|gen ⟨V. 181/400⟩ **1** *das Gegenteil der Wahrheit sagen, absichtlich Unwahres sagen, um andere zu täuschen; „…!", log sie; ich müsste ~, wenn ich sagen wollte, dass es mir nicht gut, dass es mir schlecht geht; wer einmal lügt, dem glaubt man nicht, und wenn er auch die Wahrheit spricht* ⟨Sprichw.⟩ • **1.1** *das ist gelogen!* ⟨umg.⟩ *das ist nicht wahr!* • **1.2** ⟨413⟩ *er lügt wie gedruckt stark, unverschämt* • **1.3** ⟨413⟩ *er lügt, dass sich die Balken biegen* ⟨fig.; scherzh.⟩ *er lügt unverschämt*

Lü|gen|bold ⟨m.; -(e)s, -e; veraltet; noch scherzh.⟩ *Person, die unverfroren u. häufig lügt*

Lüg|ner ⟨m.; -s, -⟩ *jmd., der lügt; er ist ein hinterhältiger, gemeiner ~*

Lüg|ne|rin ⟨f.; -, -rin|nen⟩ *weibl. Lügner*

Lu|ke ⟨f.; -, -n⟩ **1** *sehr kleines Fenster;* Boden~, Dach~ **2** *kleine Öffnung zum Einbringen u. Herausholen von Ladung;* Lade~

lu|kra|tiv *auch:* **lukra|tiv** ⟨Adj.⟩ *Gewinn bringend, einträglich;* ~e Beschäftigung

lu|kul|lisch ⟨Adj. 24; geh.; meist scherzh.⟩ *sehr schmackhaft u. üppig* (von Speisen); *ein ~es Mahl*

lul|len ⟨V. 511⟩ *jmdn.* **in** *den* **Schlaf** *~ leise, eintönig in den S. singen; ein Kind in (den) Schlaf ~*

Lüm|mel ⟨m.; -s, -; umg.⟩ *ungezogener, grober, frecher Mensch, Flegel*

Lump[1] ⟨m.; -en, -en⟩ **1** *heruntergekommener, unehrhafter, gesinnungs-, charakterloser Mensch* **2** ⟨umg.⟩ *Schlingel, Schelm; du kleiner ~!*

Lump[2] ⟨m.; -en, -en⟩ *ein Meeresfisch*

Lum|pen ⟨Pl.⟩ **1** *Fetzen, zerrissene Kleidung;* Papier aus *~ herstellen; in ~ gehüllt sein* **2** ⟨oberdt.⟩ *Scheuerlappen*

Lum|pen|ge|sin|del ⟨n.; -s; unz.; abwertend⟩ *ehrloses, hergelaufenes Volk, Pack*

lum|pig ⟨Adj.⟩ **1** *wie ein Lump, gemein; eine ~e Gesinnung, Tat* **2** ⟨umg.⟩ *geringfügig, nicht viel wert*

lu|nar ⟨Adj. 24/60⟩ *den Mond betreffend, zu ihm gehörig, von ihm stammend;* ~e Gesteinsbrocken

Lun|ge ⟨f.; -, -n; Biol.; Med.⟩ **1** *das Atmungsorgan des Menschen u. der Luft atmenden Wirbeltiere: Pulmo; aus voller ~ schreien* • **1.1** *eine gute ~ haben* ⟨fig.⟩ • **1.1.1** *laut schreien können* • **1.1.2** *lange schnell laufen können* • **1.2** *jmd. hat es auf, mit der ~* ⟨umg.⟩ *ist lungenkrank;* ~n-Tbc • **1.3** *auf ~ rauchen den Rauch einatmen, inhalieren* • **1.4** *sich (nach jmdm.) die ~ aus dem Halse rufen, schreien* ⟨fig.; umg.⟩ *sehr laut schreien, sehr lange nach jmdm. rufen;* →a. *eisern (1.6), grün (1.8)*

lun|gern ⟨V. 411; umg.⟩ *sich müßig herumtreiben, faul herumstehen; vor dem Kino lungert ein Angetrunkener*

Lun|te ⟨f.; -, -n⟩ **1** *mit einer Bleioxidlösung getränkte Hanfschnur, die langsam glimmt u. die eine Sprengladung entzünden soll* • **1.1** *~ riechen* ⟨fig.; umg.⟩ *merken, was los ist, eine Gefahr spüren, Verdacht schöpfen* **2** ⟨Textilw.⟩ *noch nicht fertig gesponnenes (u. gedrehtes) Garn* **3** ⟨Jägerspr.⟩ *Schwanz (bei Fuchs u. Marder)*

Lu|pe ⟨f.; -, -n⟩ **1** *Sammellinse für meist 8- bis 25fache Vergrößerung* **2** *etwas od. jmdn.* **unter die ~ neh|men** ⟨a. fig.⟩ *genau betrachten od. prüfen*

lup|fen ⟨V. 500; süddt., österr., schweiz.⟩ = *lüpfen*

lüp|fen ⟨V. 500⟩ *etwas ~ lüften, leicht anheben, ein Hochheben andeuten;* oV *lupfen; den Hut ~; ein Geheimnis ~* ⟨fig.⟩

Lu|pi|ne ⟨f.; -, -n; Bot.⟩ *Angehörige einer Gattung der Schmetterlingsblütler mit gefingerten Blättern u. mehrfarbigen (meist blauvioletten) traubenartigen Blütenständen, als Futter-, Gründüngungs- od. Zierpflanze angebaut: Lupinus*

Lurch ⟨m.; -(e)s, -e⟩ = *Amphibie*

Lust ⟨f.; -, Lüs|te⟩ **1** ⟨unz.⟩ *Gefühl des Wohlbehagens, Wohlgefallen, Freude, Genuss, Gefallen (an etwas);* Lebens~; *~ empfinden, verspüren; es ist eine (wahre) ~ zu sehen, wie …; da kann einem ja die, (od.) alle ~ vergehen; etwas mit, ohne ~ und Liebe tun* • **1.1** *~ und Liebe zu einer Sache haben eine S. gern tun* **2** ⟨unz.⟩ *Neigung, Verlangen, Bedürfnis nach etwas, das Freude bereitet; ~ (zu etwas) haben, verspüren; eine böse ~ überkam ihn (sie zu kränken o. Ä.); ich habe große, keine, viel, wenig ~ dazu; ~ zu einem Beruf, zu einer Tätigkeit haben; je nach ~ und Laune* **2.1** *ich habe ~ auf ein Stück Kuchen* ⟨umg.⟩ *Appetit* • **2.2** *ich habe keine ~! ich mag nicht, will nicht* • **2.3** *das kannst du machen wie du ~ hast wie du willst* **2.4** *er kann warten, solange er ~ hat* ⟨umg.⟩ *solange er will* **3** *sinnliche, sexuelle Begierde, geschlechtliches Empfinden; ~ empfinden; seiner ~ nachgeben; er ist ein Sklave seiner Lüste* **4** *Erfüllung geschlechtlicher Begierden, Wollust, sexueller Genuss*

Lüs|ter ⟨m.; -s, -⟩ **1** *Kronleuchter;* Kristall~ **2** *glänzender Überzug auf Keramikwaren* **3** *glänzendes Halbwollgewebe in Leinwandbindung*

lüs|tern ⟨Adj.⟩ **1** *stark sinnlich, geschlechtlich gereizt, sexuell erregt* **2** *~ nach etwas sein großen Appetit auf etwas haben*

lus|tig ⟨Adj.⟩ **1** *in fröhlicher Stimmung befindlich, vergnügt, ausgelassen; eine ~e Gesellschaft; ~e Streiche aushecken; hier ist es ~; dort geht es ~ her, zu; ein ~es Fest* **2** *ein* **Mensch** *ist ~ ist zum Lachen u. Fröhlichsein geneigt, bringt die Leute immer zum Lachen; ein ~er Clown* • **2.1** ⟨60⟩ *~e* **Person** *der Hanswurst (im frühen dt. Theater)* **3** *etwas ~ unterhaltend, heiter, erzeugt eine vergnügte Stimmung; ~e Geschichte; ein ~er Film* • **3.1** *das kann ja ~ werden!* ⟨iron.⟩ *schlimm werden* **4** ⟨fig.⟩ • **4.1** *das ist ~! komisch, merkwürdig* • **4.2** *immer ~! munter los! vorwärts!* • **4.3** *~ drauflos* ⟨umg.⟩ *munter, ohne Bedenken drauflos* • **4.4** *das kannst du machen, solange du ~ bist* ⟨umg.; verballhornt aus⟩ *solange du Lust hast* • **4.5** ⟨55⟩ *sich über etwas od. jmdn. ~ machen über etwas od. jmdn. spotten, jmdn. auslachen; er hat sich über mich ~ gemacht*

Lust|spiel ⟨n.; -(e)s, -e; Theat.⟩ *heiteres, humorvolles Theaterstück;* →a. *Komödie*

lust|wan|deln ⟨V. 400 od. 410; poet.⟩ *spazieren gehen*

lut|schen ⟨V.⟩ **1** ⟨500⟩ *etwas ~ im Mund zergehen, schmelzen lassen; ein Bonbon ~* **2** ⟨411⟩ **an** *etwas ~ an etwas saugen; am Daumen ~*

Luv ⟨f.; -; unz.; Mar.⟩ *die dem Wind zugewandte Seite, Luvseite;* Ggs *Lee*

Lux ⟨n.; -, -; Zeichen: lx; Phys.⟩ *Maßeinheit der Beleuchtungsstärke*

lu|xu|ri|ös ⟨Adj.⟩ *verschwenderisch, prunkhaft, kostspielig, mit großem Luxus (ausgestattet);* ein ~es Hotelzimmer; ~ leben

Lu|xus ⟨m.; -; unz.⟩ *kostspieliger, den normalen Lebensstandard überschreitender Aufwand, Verschwendung, Prunk*

Lu|zer|ne ⟨f.; -, -n; Bot.⟩ *Angehörige einer Gattung der Schmetterlingsblütler, bis 80 cm hohe Futterpflanze mit blauen Blüten, Blaue ~: Alfalfa*

lu|zid ⟨Adj.; geh.⟩ *klar, einleuchtend, verständlich;* ~e Erklärungen

Lym|phe ⟨f.; -, -n⟩ **1** *Gewebsflüssigkeit* **2** *der aus der Lymphe (1) von Kuh od. Kalb gewonnene Impfstoff gegen Pocken*

lyn|chen ⟨V. 500⟩ jmdn. ~ *ungesetzlich richten u. töten*

Ly|ra ⟨f.; -, Ly|ren; Mus.⟩ **1** *altgriechisches Zupfinstrument* **2** *in Militärkapellen verwendetes Glockenspiel*

Ly|rik ⟨f.; -; unz.; Lit.⟩ *Dichtung(sart) im Rhythmus, oft mit Reim u. in Versen u. Strophen, die Gefühle, Gedanken, inneres od. äußeres Erleben, Stimmung usw. des Dichters selbst ausdrückt;* Gedanken~

ly|risch ⟨Adj.⟩ **1** ⟨24⟩ *die Lyrik betreffend, zu ihr gehörig, auf ihr beruhend;* ~e Dichtung **2** ⟨fig.⟩ *stimmungsvoll, gefühlvoll;* ~e Stimmung; ein ~er Anblick

Ly|ze|um ⟨n.; -s, -ze|en; veraltet⟩ **1** ⟨früher; allg.⟩ *höhere Mädchenschule* **2** ⟨heute; schweiz.⟩ *Oberstufe des Gymnasiums*

Maar ⟨n.; -(e)s, -e; Geol.⟩ mit Wasser gefüllte trichterförmige Vertiefung vulkanischen Ursprungs

Maat ⟨m.; -(e)s, -e od. m.; -(e)s, -en; Mar.⟩ Unteroffizier in der Marine

ma|chen ⟨V.⟩ **1** ⟨500⟩ etwas ~ schaffen, erzeugen, hervorbringen, herstellen; das macht Appetit, Hunger, Durst; großes, viel Geschrei ~; Krach, Lärm ~; Musik ~; Schulden ~ • **1.1** Licht, Feuer ~ anzünden • **1.2** Geld ~ ⟨a. fig.; umg.⟩ viel u. leicht G. verdienen • **1.3** er hat (sich) damit ein Vermögen gemacht ⟨umg.⟩ verdient, zusammengebracht • **1.4** ich weiß nicht, was ich daraus ~ soll ⟨a. fig.; umg.⟩ ich verstehe es nicht, ich weiß nicht, was ich davon denken soll • **1.5** mach dir nichts daraus! nimm es nicht zu schwer, lass dir die Stimmung dadurch nicht verderben! • **1.6** ⟨Part. Perf.⟩ gemacht künstlich hervorgebracht, gespielt, vorgetäuscht; seine Empörung war nur gemacht; gemachter Ernst, Zorn • **1.7** zeigen; er machte ein erstauntes Gesicht; gute Miene zum bösen Spiel ~ ⟨fig.⟩; sie macht ihm schöne Augen ⟨fig.⟩ • **1.8** etwas ~ lassen zur Herstellung in Auftrag geben; jmdm. od. sich ein Kleid ~ lassen **2** ⟨500⟩ etwas ~ tun, mit etwas beschäftigt sein; ich kann ~, was ich will, ich bringe es nicht fertig; was machst du heute Abend?; was machst du da?; einen Schritt ~; ich weiß nicht, was ich ~ soll • **2.1** was soll ich denn nur ~? ich weiß mir keinen Rat • **2.2** ⟨410⟩ mach nicht so lange! ⟨umg.⟩ bleib nicht so lange, lass mich nicht zu lange warten • **2.3** ⟨512⟩ eine Sache wird es nicht mehr lange ~ ⟨umg.⟩ jmd. wird bald sterben, eine Sache wird bald nicht mehr funktionieren • **2.4** das macht man doch nicht! ⟨umg.⟩ das gehört sich nicht! • **2.5** ⟨517⟩ mit mir könnt ihr's ja ~! ⟨umg.⟩ ich lasse mir ja allerlei gefallen! (wenn man geneckt wird) **3** ⟨500⟩ etwas ~ ausführen, durchführen, zustande bringen; einen Ausflug, Spaziergang, eine Wanderung ~; ein Experiment ~; Schularbeiten, Aufgaben ~; wie soll ich's denn nur ~?; zeig ihm, wie er es ~ soll!; etwas gut, schlecht, falsch, richtig, schön ~; so macht man das!; mach's/machs gut! (Formel beim Verabschieden) ⟨umg.⟩ • **3.1** wenn es sich ~ lässt wenn es möglich ist • **3.2** das wird sich (nicht) ~ lassen das wird (nicht) möglich sein • **3.3** die Sache will gemacht sein die S. braucht ihre Zeit, sie will erarbeitet sein • **3.4** einen guten Kauf ~ etwas günstig kaufen • **3.5** wie man's macht, macht man's falsch! ⟨umg.⟩ es ist schwer, es ihm, ihr, allen recht zu machen • **3.6** ~ wir! ⟨umg.⟩ wir erledigen das! • **3.7** lass mich nur ~! ⟨umg.⟩ ich werde das schon in Ordnung bringen! • **3.8** ⟨513⟩ nun mach mal halblang! ⟨umg.⟩ stell dich nicht so an! übertreib nicht so! • **3.9** jmdn. ~ ⟨umg.⟩ jmdn. spielen, als jmd. dienen; ich mache den Dolmetscher; immer macht er den Hanswurst • **3.10** ⟨800⟩ **in etwas ~** ⟨umg.; meist abschätzig⟩ handeln, sich beschäftigen mit etwas; er macht in Schmuck, Pelzen; in Kunst ~ • **3.10.1** in Aktien ~ sein Geld in Aktien anlegen • **3.11** ein gemachter **Mann** ein erfolgreicher, zu Wohlstand gekommener M. **4** ⟨500⟩ **etwas ~** bewirken, veranlassen • **4.1** das macht das Wetter das kommt vom W. • **4.2** ⟨513/Vr 7⟩ **(jmdn.** od. **etwas)** ... ~ bewirken, dass jmd. od. etwas ... ist, ... werden lassen; jmdn. gesund ~ / gesundmachen; jmdm. ärgerlich, eifersüchtig, froh, glücklich, lächerlich, unglücklich, zornig ~; sich schön ~ / schönmachen; fein ~ / feinmachen; sich bemerkbar, verständlich ~; sich (bei jmdm.) beliebt, unbeliebt, verhasst ~; ~ Sie sich's bequem; etwas sauber ~ / saubermachen, schmutzig ~; jmdm. etwas leicht ~ / leichtmachen, schwer ~ / schwermachen; das macht die Sache ja nur schlimmer; das viele Herumstehen macht müde • **4.2.1** ich will es kurz ~ / kurzmachen mich kurzfassen • **4.2.2** ⟨513/Vr 3⟩ mach dich nicht schlechter, besser, als du bist! erwecke nicht den Anschein, du seist schlechter, besser, als es tatsächlich der Fall ist! • **4.3** ⟨570⟩ **jmdn.** od. **etwas** ... ~ bewirken, dass jmd. od. etwas etwas tut; jmdn. lachen, weinen ~ • **4.4** ⟨503⟩ **(jmdm.** od. **einer Sache) etwas ~** verursachen, erregen, bewirken, dass jmd. od. etwas etwas hat; jmdm. Angst, Hoffnung, Mut ~; jmdm. Sorgen, Kummer, Ärger ~; jmdm. Platz ~; einer Sache ein Ende ~; eine solche Steigung macht jedem Auto Schwierigkeiten; das macht viel Arbeit, viel Mühe; jmdm. (viel) zu schaffen ~ • **4.4.1** das macht nichts das stört nicht, ist nicht schlimm • **4.5** ⟨550⟩ **jmdn. zu etwas ~** ernennen, ausbilden, erziehen; jmdn. zum Abteilungsleiter ~; jmdn. zu einem Künstler ~; jmdn. zu einem anständigen Menschen ~ • **4.6** ⟨550⟩ **etwas zu etwas ~** etwas in etwas umwandeln • **4.6.1** Möbel, Papiere, Grundbesitz, Kunst zu Geld ~ verkaufen • **4.7** ändern; da ist nichts zu ~ • **4.7.1** was soll man ~? man kann es nicht ändern **5** ⟨500⟩ **etwas ~** in Ordnung bringen, aufräumen; er macht sein Bett, Zimmer • **5.1** ich lasse den Wagen in der Werkstatt ~ reparieren • **5.2** ⟨530/Vr 5 od. Vr 8⟩ jmdm. das Haar ~ frisieren, ordnen • **5.3** die Wohnung ~ lassen vorrichten, tünchen bzw. tapezieren lassen **6** ⟨500⟩ etwas macht **etwas** ⟨umg.⟩ hat etwas als Ergebnis beim Rechnen; drei mal drei macht neun **7** ⟨500⟩ **etwas macht etwas** ⟨umg.⟩ kostet etwas; was macht es?; das macht im Ganzen, zusammen 15 Euro **8** ⟨411; umg.⟩ die Harnblase, den Darm entleeren; ins Bett, in die Hose ~ **9** ⟨500⟩ **den Anfang ~** der Erste sein • **9.1** ⟨550⟩ **den Anfang mit etwas ~** anfangen **10** ⟨400⟩ sich beeilen; mach doch!, nun mach (aber)!; mach, dass du nach Hause kommst! • **10.1** mach, dass du fortkommst! geh!, ich will dich nicht mehr sehen! **11** ⟨500⟩ **was** macht **jmd.** od. **etwas**? ⟨umg.⟩ wie befindet sich ...?

Machenschaften

- **11.1** was macht Ihr Sohn? *wie geht es Ihrem S.?*
- **11.2** was macht dein Magen? *hast du noch Beschwerden mit dem M.?* **12** ⟨535/Vr 1⟩ **sich etwas zu eigen ~** *aneignen* **13** ⟨534/Vr 1⟩ **sich etwas aus etwas ~** *etwas schätzen, gern haben* • **13.1** ich mache mir nicht viel, nichts aus ihm, ihr *ich kann ihn, sie nicht bes. gut leiden* • **13.2** ich mache mir nichts daraus *ich tue, mag es nicht besonders gern* **14** ⟨550/Vr 3⟩ **sich an etwas ~** *mit etwas beginnen;* sich an die Arbeit ~ **15** ⟨511/Vr 3⟩ **sich auf** den Weg ~ *weg-, fortgehen (zu einem bestimmten Ziel)* **16** ⟨513/Vr 3⟩ **sich (gut) ~** ⟨umg.⟩ *Fortschritte machen, passen;* er macht sich jetzt (in der Schule) recht gut; wie geht's? Danke, es macht sich!; das Bild macht sich gut an dieser Stelle; die Brosche macht sich hübsch auf dem Kleid **17** ⟨550⟩ *etwas aus sich ~ sich in ein gutes Licht setzen;* sie versteht leider nicht, etwas aus sich zu ~

Ma|chen|schaf|ten ⟨Pl.⟩ *Intrigen, Ränke, geheime Abmachungen;* dunkle, üble ~; sie durchschaute seine ~ nicht

Ma|cher ⟨m.; -s, -⟩ **1** *Anstifter, Leiter, Drahtzieher;* er war der ~; Programm~ **2** *tatkräftiger, durchsetzungsfähiger Mensch*

Ma|che|te ⟨a. [-tʃeː-] f.; -, -n⟩ *langes, gebogenes Buschmesser*

Ma|cho ⟨[-tʃo:] m.; -s, -s; umg.⟩ *Mann, der seine männlichen Eigenschaften in übertriebener Weise betont;* er benimmt sich wie ein ~

Macht ⟨f.; -, Mäch|te⟩ **1** ⟨unz.⟩ *Herrschaft, Gewalt, Befehlsgewalt;* über etwas od. jmdn. ~ haben; ~ ausüben; seine ~ missbrauchen; zur ~ gelangen, kommen; an die ~ kommen; die ~ haben, etwas zu tun, anzuordnen, zu verhindern; die ~ der herabstürzenden Wassermassen war so groß, dass …; die ~ der Krankheit, des Fiebers ist gebrochen. **1.1** das steht nicht in meiner ~ *das kann ich nicht tun* • **1.2** *geistliche* ~ *Herrschaft der kath. Kirche* • **1.2.1** *kath. Kirche* • **1.3** *weltliche* ~ *Gewalt, Herrschaft des Staates, der Staaten* **2** ⟨unz.⟩ *Kraft, Stärke;* die ~ seiner Persönlichkeit, mit aller ~; die ~ des Geldes, der Liebe; die ~ der Gewohnheit • **2.1** die ~ des Schicksals *die Unabwendbarkeit des S.* **3** *einflussreicher, politisch u. wirtschaftlich kraftvoller Staat;* Groß~; Welt~; das Zusammenwirken aller verbündeten Mächte **4** ⟨Volksglauben⟩ *außerirdische Kraft, Wesen;* mit bösen Mächten im Bunde stehen; himmlische, höllische Mächte; →a. *Wehrmacht*

mäch|tig ⟨Adj.⟩ **1** *große Macht besitzend, kraftvoll, einflussreich;* ein ~er Herrscher; eine ~e Stimme **2** ⟨70⟩ einer **Sache ~ sein** *etwas können, verstehen;* einer Sprache ~ sein • **2.1** seiner selbst, seiner Sinne, Kräfte, Sprache ~ sein *sich, seine Sinne, K., S. beherrschen, in der Gewalt haben;* er war seiner Sinne kaum noch ~ **3** *wuchtig, massig;* ein ~er Bau; eine ~e Gestalt **4** ⟨70; umg.⟩ *sehr groß, gewaltig;* ~es Glück, ~en Dusel haben; ~en Hunger haben; wenn du das tust, gibt es ein ~es Donnerwetter, einen ~en Krach **5** ⟨50; umg.⟩ *sehr, ungemein;* ich freue mich ~; es hat ~ geschneit; ~ groß, stark, viel; ich bin ~ neugierig, gespannt; ~ wütend sein

macht|los ⟨Adj.⟩ *ohne Macht, keine Macht besitzend, nicht in der Lage od. nicht befugt zu handeln, schwach, unfähig;* er war völlig ~ in dieser Situation; die Lehrerin war ~

Macht|stel|lung ⟨f.; -, -en⟩ **1** *auf Macht beruhende Stellung;* die ~ eines Staates **2** *sehr einflussreiche Stellung;* die ~ innehaben; seine ~ verteidigen

Mäd|chen ⟨n.; -s, -⟩ **1** *Kind, junge Person weiblichen Geschlechts;* Jungen und ~; ein junges, hübsches ~; ein kleines ~ **2** ⟨veraltet⟩ *Angestellte für Hausarbeit;* Zimmer~; als es klingelte, ging das ~ an die Tür • **2.1** = **für alles** • **2.1.1** *Hausangestellte* • **2.1.2** ⟨fig.; scherzh.⟩ *jmd., der alles tun muss und auch alles kann* **3** ⟨umg.; veraltet⟩ *Freundin, Geliebte;* er kam mit seinem ~

Mäd|chen|na|me ⟨m.; -ns, -n⟩ **1** *Vorname für Mädchen;* Tatjana ist ein russischer ~ **2** *Familienname der Frau vor ihrer Ehe;* nach der Scheidung hat sie wieder ihren ~n angenommen

Ma|de ⟨f.; -, -n⟩ **1** *weiße od. fleischfarbige, wurmartige Larve von Insekten, die frei im Wasser od. minierend in lebender od. toter Substanz lebt;* die Himbeeren sind von ~n zerfressen; das Fleisch wimmelte von ~n **2** ⟨Zool.⟩ *Larve ohne Gliedmaßen u. Kopfkapsel, z. B. der Fliegen, Bienen usw.;* Fliegen~

ma|dig ⟨Adj.⟩ *von Maden od. von einer Made befallen;* ein ~er Apfel; der Käse ist ~

ma|dig|ma|chen ⟨V. 500/Vr 7 od. Vr 8⟩ **1** *etwas* od. *jmdn. ~* ⟨fig.; umg.⟩ *schlechtmachen, herabsetzen* • **1.1** jmdm. etwas ~ *zu verleiden suchen;* er wollte mir den Besuch ~

Ma|don|na ⟨f.; -, -don|nen⟩ *die Jungfrau Maria, Muttergottes*

Ma|dri|gal *auch:* **Mad|ri|gal** ⟨n.; -s, -e⟩ *lyrisch-musische Form der (italienischen) Schäferdichtung*

Ma|es|tro *auch:* **Ma|est|ro** ⟨[-ɛs-] m.; -s, -s od. -ɛs|tri⟩ *großer Meister, bedeutender Künstler*

Maf|fia ⟨f.; -; unz.⟩ = *Mafia*

Ma|fia ⟨f.; -; unz.⟩ *einflussreiche, erpresserische Geheimorganisation (bes. in Italien);* oV *Maffia*

Ma|ga|zin ⟨n.; -s, -e⟩ **1** *Vorratsraum, Vorratshaus, Lagerraum, Lagerhaus* **2** *Raum zum Aufbewahren der Bücher einer Bibliothek* **3** *Kammer bei Mehrlade-Handfeuerwaffen, welche die Patronen aufnimmt;* Gewehr~ **4** *meist bebilderte Zeitschrift;* Auto~ **5** ⟨Rundfunk, Fernsehen⟩ *Sendung über wichtige Ereignisse od. aktuelle Fragen, geleitet von einem Moderator u. z. T. mit Musik aufgelockert*

Magd ⟨f.; -, Mäg|de⟩ **1** *weibliche Arbeitskraft für grobe Arbeiten;* Dienst~, Küchen~ **2** *Landarbeiterin, Arbeiterin beim Bauern;* eine junge, fleißige ~; sie diente als ~ **3** ⟨poet.; veraltet⟩ *Jungfrau;* Maria, die reine ~

Ma|gen ⟨m.; -s, Mä|gen od. -; Anat.⟩ **1** *mehr od. weniger erweiterter Teil des Darmkanals der höheren Tiere u. des Menschen, der Verdauungsfunktionen hat:* Ventriculus, Gaster; die Arznei auf nüchternen ~ einnehmen; sich den ~ ausheben, auspumpen lassen; sich den ~ verderben; der Aal liegt mir (schwer) im ~; die Sache liegt mir (schwer) im ~ ⟨fig.⟩; jede

Aufregung schlägt sich mir auf den ~; mir knurrt der ~ ⟨a. fig.⟩; lieber den ~ verrenkt, als dem Wirt was geschenkt ⟨umg.; scherzh.⟩ • **1.1** einen guten ~ haben *alle Speisen vertragen können* • **1.2** einen schwachen ~ haben *leicht mit Magenbeschwerden zu tun haben* • **1.3** nichts im ~ haben *lange nichts gegessen haben, nüchtern sein* • **1.4** und das auf nüchternen ~! ⟨fig.; umg.⟩ *auch das noch!, das fehlte gerade noch!*; →a. *Auge (7.3)* • **1.5** Liebe geht durch den ~ ⟨Sprichw.⟩ *man gewinnt (erhält) sich die Liebe von jmdm., wenn man ihm etwas Gutes zu essen kocht* • **1.6** jmdm. dreht sich der ~ (her)um ⟨fig.; umg.⟩ *jmdm. wird es schlecht, jmd. muss erbrechen*

Ma|gen|pfört|ner ⟨m.; -s, -; Anat.⟩ *ringförmiger Muskel am Magenausgang, der die Öffnung zwischen dem oberen Teil des Dünndarms u. dem Magen schließen kann: Pylorus*

Ma|gen|saft ⟨m.; -(e)s, -säf|te; Med.⟩ *die im Magen ausgeschiedene, zur Verdauung benötigte Flüssigkeit (Salzsäure, Pepsin u. a. Fermente)*

ma|ger ⟨Adj.⟩ **1** *dünn, dürr, knochig;* eine ~e Person, Gestalt; ein ~es Gesicht; sie hat ~e Hände; er ist ~ geworden; ein ~es Pferd, Schwein • **1.1** *arm an Fett;* ~es Fleisch; die Kost ist zu ~ **2** ⟨fig.; umg.⟩ *dürftig, kärglich;* eine ~e Ernte, Mahlzeit, Küche; ein ~es Programm; das Ergebnis der Untersuchungen war ~; er lebte immer recht ~ **3** ⟨70; fig.; geh.⟩ *wenig fruchtbar, von geringem Ertrag;* ~er Boden; die Felder hier sind ~

Ma|gie ⟨f.; -; unz.⟩ **1** *Beschwörung von geheimnisvollen Kräften, Zauberkunst, Zauberei* • **1.1** schwarze ~ *Beschwörung böser Geister zu unheilvollem Tun* • **1.2** weiße ~ *Beschwörung guter Geister zu segensreichem Tun*

Ma|gi|er ⟨m.; -s, -⟩ *jmd., der die Magie beherrscht, Zauberer*

Ma|gi|e|rin ⟨f.; -, -rin|nen⟩ *weibl. Magier*

ma|gisch ⟨Adj. 24⟩ **1** *zur Magie gehörig, auf ihr beruhend, mit ihrer Hilfe* **2** ~es **Quadrat** *Q., das schachbrettartig in Felder mit Zahlen geteilt ist, deren Summe waagerecht, senkrecht u. diagonal jeweils gleich ist* **3** ~es **Auge** ⟨Rundfunk; früher⟩ *Abstimmanzeigeröhre* **4** ~e **Zahlen** ⟨Kernphysik⟩ *die empirisch besonders ausgezeichneten Protonen- bzw. Neutronenzahlen 2, 8, 20, 28, 50, 82, 126 (Atomkerne, die so viele Protonen od. Neutronen enthalten, sind besonders stabil)* **5** *von* etwas ~ **angezogen** werden ⟨fig.⟩ *sehr stark, unwiderstehlich;* mit ~er Gewalt angezogen werden

Ma|gis|ter ⟨m.; -s, -⟩ **1** *akademischer Grad* • **1.1** ~ **artium** ⟨seit 1960 in der Bundesrepublik Dtschld.; Abk.: M.A.⟩ *Universitätsabschluss in geisteswissenschaftlichen Fächern* • **1.2** ⟨österr.⟩ *akademischer Grad, entspricht dem dt. Diplom* • **1.2.1** *akademischer Grad der Pharmazeuten (als Titel u. Anrede)*

Ma|gis|trat¹ *auch:* **Ma|gist|rat¹** ⟨m.; -(e)s, -e⟩ **1** ⟨im antiken Rom⟩ *hoher Beamter* • **1.1** *öffentliches Amt* **2** ⟨heute⟩ *Stadtverwaltung*

Ma|gis|trat² *auch:* **Ma|gist|rat²** ⟨m.; -en, -en; schweiz.⟩ *Mitglied der Regierung, Inhaber eines öffentlichen Amtes*

mahnen

Mag|ma ⟨n.; -s, Mag|men⟩ *glühend heiße vulkanische Masse, die sich auf die Erdoberfläche ergießt u. beim Erkalten zu Gestein wird*

♦ Die Buchstabenfolge **magn...** kann in Fremdwörtern auch **mag|n...** getrennt werden.

♦ **Ma|gne|si|um** ⟨n.; -s; unz.; chem. Zeichen: Mg⟩ *chem. Element, ein silberweißes, zweiwertiges Leichtmetall, Ordnungszahl 12*

♦ **Ma|gnet** ⟨m.; -en, -en⟩ **1** *natürlicher ferromagnetischer Stoff;* Permanent~, Dauer~ **2** *stromdurchflossene Spule mit Eisenkern;* Elektro~ **3** ⟨fig.⟩ *anziehende Sache od. Person;* diese Stadt zieht die Reisenden an wie ein ~

♦ **Ma|gno|lie** ⟨[-ljə] f.; -, -n; Bot.⟩ *(als Ziersträucher u. -bäume beliebte) Angehörige einer Gattung der Magnoliengewächse mit endständigen, oft sehr großen Blüten: Magnolia;* Tulpen-~

Mahd¹ ⟨f.; -, -en⟩ **1** *das Mähen* **2** *das Gemähte* **3** *Heuernte*

Mahd² ⟨n.; -(e)s, Mäh|der; österr.; schweiz.⟩ *Bergwiese*

mä|hen¹ ⟨V. 500⟩ **1 Gras, Getreide** ~ *mit Sichel, Sense od. Maschine abschneiden;* Roggen, Klee ~ • **1.1** eine **Wiese** ~ *das Gras einer W. schneiden*

mä|hen² ⟨V. 400⟩ das **Schaf** mäht ⟨umg.⟩ *schreit mäh*

Mahl¹ ⟨n.; -(e)s, Mäh|ler od. -e⟩ *Essen, Mahlzeit;* Fest~, Gast~, Mittags~; ein bescheidenes, einfaches, reichliches, üppiges ~; beim ~(e) sitzen ⟨poet.⟩

Mahl² ⟨n.; -(e)s, -e⟩ *germanische Gerichtsverhandlung*

mah|len ⟨V. 182⟩ **1** ⟨500⟩ *etwas* ~ *einen festen Stoff sehr klein od. pulverförmig zerkleinern, zerreiben;* Getreide, Kaffee, Pfeffer, Salpeter ~; Mehl fein~ / feinmahlen, grob ~ / grobmahlen; er ließ das Weizen in der Mühle ~; gemahlener Kaffee, gemahlene Muskatnuss; die Mühle mahlt langsam; der Müller mahlt nicht mehr • **1.1** wer zuerst kommt, mahlt zuerst ⟨Sprichw.⟩ *wer zuerst kommt, hat das Vorrecht* **2** ⟨400⟩ die **Räder** ~ (im Sand, Schlamm) *drehen sich, ohne den Wagen vorwärtszubringen, greifen nicht*

Mahl|zeit ⟨f.; -, -en⟩ **1** *(zu bestimmter Zeit eingenommene) Speise od. Speisenfolge, Essen, Mahl;* eine ~ einnehmen; drei ~en am Tage; eine einfache, reichliche ~; eine Arznei nach, vor der ~ einzunehmen; (gesegnete) ~! (Wunschformel bei Beginn u. Ende der Mahlzeit) **2** prost ~! ⟨fig.; umg.⟩ *das ist ja eine schöne Bescherung!, das kann ja schlimm werden*

Mäh|ne ⟨f.; -, -n⟩ **1** *meist anhaltend wachsender, nicht periodischer Haarwuchs am Kopf, Hals bis Schultern u. Bauch, vorwiegend bei männlichen Säugetieren;* die ~ des Löwen; das Pferd hat eine lange ~ **2** ⟨fig.; umg.⟩ *langes (ungeordnetes) Haar;* er schüttelte beim Tanzen seine ~

mah|nen ⟨V. 500 od. 400⟩ **1** (jmdn.) ~ *mit Nachdruck auffordern,* „Beeil dich!", mahnte sie; jmdn. ~, etwas nicht zu vergessen; die Uhr mahnt uns zu gehen; lass dich nicht immer ~!; ein ~der Blick, ~des Wort; ~d den Finger heben • **1.1** etwas ~d sagen *leicht*

Mahnmal

drängend • **1.2** *jmdn.* **(wegen etwas)** ~ *eindringlich daran erinnern, dass etwas fällig ist;* →a. *monieren* (2) • **1.2.1** *jmdn. wegen einer Schuld ~ auffordern, seine S. (endlich) zu zahlen* • **1.3** ⟨550⟩ **jmdn. an jmdn.** od. **etwas ~** ⟨geh.⟩ *erinnern; er mahnt mich an einen alten Freund; jmdn. an eine Pflicht, Schuld, ein Versprechen ~*

Mahn|mal ⟨n.; -(e)s, -e⟩ *Denkmal als mahnendes Erinnerungszeichen; ein ~ für die gefallenen Soldaten*

Mah|nung ⟨f.; -, -en⟩ **1** ⟨unz.⟩ *das Mahnen, Gemahntwerden* **2** *mahnender Satz, mahnende Äußerung; das war eine dringende ~; eine ~ aussprechen, überhören* **3** *eindringliche (schriftliche od. mündliche) Erinnerung, etwas Fälliges zu erledigen, Mahnbrief; eine ~ von der Bücherei erhalten* **4** *mahnende Erinnerung, Gedenken; eine Rede zur ~ an die Folgen des Krieges*

Mäh|re ⟨f.; -, -n⟩ *altes, abgearbeitetes, schlechtes Pferd*

Mai ⟨m.; - od. -(e)s, -e⟩ **1** *fünfter Monat des Jahres* • **1.1 Erster ~** *Weltfeiertag der Arbeiter* **2** *des* **Lebens ~** ⟨fig.; geh.⟩ *Zeit der Jugend, der jungen Liebe*

Mai|glöck|chen ⟨n.; -s, -; Bot.⟩ *zu der Familie der Liliengewächse gehörende, giftige Pflanze mit zwei einander scheidenartig umfassenden Blättern u. überhängenden, weißen, wohlriechenden u. in nach einer Seite gewendeten Trauben stehenden Blüten: Convallaria majalis; ein Strauß ~*

Mai|kä|fer ⟨m.; -s, -; Zool.⟩ *zu der Gattung der Laubkäfer gehörender Schädling, dessen Larven (Engerlinge) sich im Boden entwickeln u. als Käfer an die Oberfläche kommen: Melolontha; ~ surren durch die Luft*

mai|len ⟨[mɛɪ-] V. 402; EDV⟩ **jmdm. (etwas) ~** *jmdm. eine elektronische Nachricht über das Internet od. ein anderes elektronisches Netzwerk zuschicken; er hat mir seine Zusage bereits gemailt; eine Information an alle Mitarbeiter ~*

Mai|ling ⟨[mɛɪ-] n.; -s, -s; EDV⟩ *Versand von Werbung durch die Post*

Mais ⟨m.; -es; unz.; Bot.⟩ *bis 3 m hohe, zu den Süßgräsern gehörende, aus Amerika stammende Getreidepflanze: Zea mays*

Ma|jes|tät ⟨f.; -, -en⟩ **1** ⟨unz.⟩ *Hoheit, Erhabenheit* **2** ⟨unz.⟩ *(Titel für) Kaiser, König;* **Euer, Eure ~** (Anrede) ⟨Abk.: Ew. M.⟩; **Ihre ~** ⟨Abk.: I. M.⟩; **Seine ~** ⟨Abk.: S(e). M.⟩ **3** *der Kaiser od. König* • **3.1 die ~en** *das kaiserliche od. königliche Paar*

ma|jes|tä|tisch ⟨Adj.⟩ *erhaben, hoheitsvoll, würdevoll, gemessen*

Ma|jo|nä|se ⟨f.; -, -n⟩ *pikante, kalte, dickflüssige Soße aus Eigelb, Öl, Essig u. Salz;* oV *Mayonnaise*

Ma|jor ⟨m.; -s, -e⟩ **1** ⟨unz.⟩ *unterster Dienstgrad der Stabsoffiziere* **2** *Offizier im Rang eines Majors* (1)

Ma|jo|ran ⟨a. [---] m.; -s, -e; Bot.⟩ **1** *als Gewürzpflanze verwendete Gattung der Lippenblütler: Majorana hortensis* • **1.1 Wilder ~** = *Origano*

Ma|jo|ri|tät ⟨f.; -; unz.⟩ *Stimmenmehrheit, Mehrheit;* Ggs *Minorität;* die ~ *stimmte für den Antrag;* ~sbeschluss

ma|ka|ber ⟨Adj.⟩ **1** *an den Tod erinnernd, totenähnlich, grausig u. düster; ein makabrer Anblick* **2** *mit dem Tod, dem Schrecklichen, Traurigen spaßend; ein makabrer Scherz*

Ma|kel ⟨m.; -s, -⟩ **1** *bleibender körperlicher od. moralischer Mangel, Fehler; etwas ist ohne ~; an ihr ist kein ~* **2** *Schande, Schandfleck; etwas als ~ empfinden; mit einem ~ behaftet sein*

mä|keln ⟨V. 800; umg.; abwertend⟩ **an etwas** od. **jmdm. ~** *nörgeln, mit etwas od. jmdm. nicht zufrieden sein (bes. beim Essen); er hat immer, an allem etwas zu ~; am Wein, am Essen ~*

Make-up ⟨[meɪkʌp] n.; -s, -s⟩ **1** *Aufmachung mit kosmetischen Mitteln* **2** *kosmetische Creme zum Tönen u. Glätten der Gesichtshaut;* ~ *auflegen, auftragen*

Mak|ka|ro|ni ⟨Pl.; umg. a. f.; -, -⟩ *lange, röhrenförmige Teigware*

Mak|ler ⟨m.; -s, -⟩ **1** *Vermittler für Kauf u. Verkauf von Waren, Effekten, Grundstücken; Börsen~; Grundstücks~; eine Wohnung durch den ~ kaufen, mieten* **2 ehrlicher ~** ⟨fig.⟩ *jmd., der in einer Sache ohne eigenen Vorteil vermittelt*

Mak|le|rin ⟨f.; -, -rin|nen⟩ *weibl. Makler*

◆ *Die Buchstabenfolge* **ma|kr...** *kann in Fremdwörtern auch* **mak|r...** *getrennt werden.*

◆ **Ma|kre|le** ⟨f.; -, -n; Zool.⟩ *als Speisefisch beliebter, bis 50 cm langer Meeresfisch mit zahlreichen blauen Querstreifen am Rücken: Scomber scombrus*

◆ **ma|kro..., Ma|kro...** ⟨in Zus.⟩ *besonders lang, groß, umfangreich;* Ggs *mikro..., Mikro...;* Makroanalyse, Makroaufnahme, makroskopisch

◆ **Ma|kro|ne** ⟨f.; -, -n⟩ *(auf Oblaten gebackenes) rundes Kleingebäck aus Mandeln, Haselnüssen od. Kokosflocken u. Zucker, Eiweiß u. Mehl*

Ma|ku|la|tur ⟨f.; -, -en⟩ **1** *schadhafte od. fehlerhafte Druckerzeugnisse* **2** *Altpapier* **3** ⟨fig.⟩ *etwas, das keine Gültigkeit mehr besitzt, das verworfen wurde; die Beschlüsse sind schon wieder ~* • **3.1 ~ reden** ⟨umg.⟩ *dummes Zeug*

mal ⟨Konj.; Zeichen: ×, ·⟩ *vervielfältigt, malgenommen, multipliziert mit; zwei ~ drei ist sechs* **2** ⟨Partikel; umg.⟩ *einmal (2- 4) ~ so, ~ anders; ich bin schon ~ dort gewesen; schreib bald ~!; komm ~ her!; es ist nun ~ so!; er hat sich nicht ~ entschuldigt*

Mal^1 ⟨n.; -(e)s, -e od. **Mä|ler**⟩ **1** *Fleck; Mutter~; ein ~ auf der Schulter, Wange haben; ein blaues, feuriges, leuchtendes, rotes ~* **2** *Gedenkstein, Monument; Denk~; Mahn~* **3** *Zeichen, Grenzstein, Grenzpfahl* • **3.1** ⟨Sp.⟩ *besonders gekennzeichneter Punkt (im Schlagballspiel)*

Mal^2 ⟨n.; -(e)s, -e⟩ **1** *ein Zeitpunkt von mehreren, Wiederholung von Ähnlichem zu verschiedenen Zeitpunkten* • **1.1 ich komme ein anderes ~** *zu einem anderen Zeitpunkt* **1.2 es gefällt mir von ~ zu ~ besser,** *weniger mit jeder Wiederholung* • **1.3 heute blieb er zum ersten ~ ganz allein im Haus** *er blieb allein im Haus, was zuvor noch nicht geschehen war* **1.4 das vorige ~ hat unsere Mannschaft die Meisterschaft gewonnen** *unsere Mannschaft hat die vorige M. ge-*

wonnen • **1.5** mit einem ~(e) *plötzlich* • **1.6** manch liebes ~ *oft* • **1.7** zu wiederholten ~en *mehrmals, oft* • **1.8** das eine od. andere ~ *manchmal, hin u. wieder* • **1.9** ein ums, übers andere ~, ein ~ ums andere *jedes zweite Mal* • **1.10** ein für alle ~ *für immer*

...mal 〈in Zus.〉 *eine bestimmte Anzahl von Malen wiederholt;* zweimal, zehnmal 〈in Ziffern〉 2-mal, 10-mal

Ma|lai|se 〈[-lɛːz(ə)] f.; -, -n; schweiz., österr.: n.; -s, -n〉 = *Malāise*

Ma|la|ria 〈f.; -; unz.; Med.〉 *Infektionskrankheit, die durch im Blut schmarotzende einzellige Lebewesen hervorgerufen wird*

Ma|lä|se 〈f.; -, -n; schweiz., österr.: n.; -s, -n; geh.〉 *(moralisches od. politisches) Unbehagen, Übelkeit, Missstand;* oV *Malaise*

ma|len 〈V. 402/Vr 7 od. Vr 8〉 **1** *mit Pinsel u. Farbe künstlerisch tätig sein;* er malt, wenn er sich entspannen will; nach der Natur, nach dem Leben ~; auf Glas, Holz, Leinwand, Papier ~; in Öl, Pastell, Wasserfarben ~ • **1.1** es war ein Anblick zum Malen *köstlicher, komischer A.* • **1.2** ein **Bild** ~ *mit Pinsel u. Farbe hervorbringen, schaffen;* ein Ölgemälde, ein Aquarell ~; das ist wie gemalt • **1.3 jmdn.** od. **etwas** ~ *mit Pinsel u. Farbe im Bild darstellen;* eine Landschaft, ein Kind ~; →a. *Teufel (1.5)* • **1.4** 〈513〉 eine **Sache** ... ~ 〈fig.〉 *schildern, lebendig, anschaulich beschreiben;* eine Landschaft, Stadt in den leuchtendsten Farben ~ **2 etwas** ~ *mit Farbe bestreichen, anstreichen;* eine Tür, Wand ~ **3 Buchstaben,** Zahlen ~ *langsam u. sorgfältig aufzeichnen, schreiben* **4 Lippen,** Augenbrauen ~ *schminken;* rot gemalte Lippen

Ma|ler 〈m.; -s, -〉 **1** *jmd., der Bilder malt, Kunstmaler;* Hof~, Ikonen~, Porträt~, Landschafts~; ein bekannter, bedeutender, berühmter ~; ein italienischer, deutscher ~ aus dem 16. Jh. **2** *Handwerker, der etwas mit Farbe anstreicht;* wir hatten heute den ~ im Haus; den ~ bestellen

Ma|le|rei 〈f.; -, -en〉 **1** 〈unz.〉 *die Kunst zu malen, Gemälde hervorzubringen;* Aquarell~, Glas~, Tafel~; ~ auf Glas, Holz, Leinwand; ~ in Öl, Pastell, Tempera **2** 〈unz.〉 *Gesamtheit der Gemälde eines Volkes, einer Zeit;* die ~ der Gotik, Renaissance, Romantik; abstrakte, surrealistische ~; alte, moderne ~; deutsche, englische, italienische ~ **3** *gemaltes Bild, Gemälde;* an den Wänden waren schöne ~en zu sehen

Ma|le|rin 〈f.; -, -rin|nen〉 *weibl. Maler*

ma|le|risch 〈Adj.〉 **1** *die Malerei betreffend, zu ihr gehörig, auf ihr beruhend* **2** *die Farbigkeit betonend, aus der Farbe entwickelt, mit weichen, fließenden Übergängen* **3** *so hübsch, reizvoll, anmutig, dass es malen möchte, eindrucksvoll, nuancenreich;* ein ~es Fleckchen Erde; ein Umzug in ~en Kostümen; das Haus, der Ort liegt sehr ~ in Berge u. Wiesen eingebettet

Mal|heur 〈[malœːr] n.; -s, -e od. -s〉 *Unglück, Ungeschick, peinliches Vorkommnis;* dem Kind ist ein ~ passiert; es hat ein ~

...ma|lig 〈Adj.; in Zus.〉 *eine bestimmte Anzahl von Malen geschehend, wiederholt;* dreimalig, mehrmalig

mal|men 〈V. 400〉 *die Backenzähne langsam aufeinanderreiben, um Futter zu zerkleinern (von Weidetieren);* die Kühe standen ~d im Stall

mal||neh|men 〈V. 189/516〉 *eine* **Zahl mit** *einer anderen* **Zahl** ~ = *multiplizieren;* 3 mit 5 ~; 3 mit 5 malgenommen, ergibt 15

mal|trä|tie|ren *auch:* **malt|rä|tie|ren** 〈V. 500〉 *jmdn., ein Tier od. etwas* ~ *misshandeln, quälen;* diese Musik malträtiert meine Ohren

Ma|lus 〈m.; - od. -ses, - od. -se〉 Ggs *Bonus* **1** *zusätzlicher Versicherungsbeitrag bei wiederholt auftretenden Schadensfällen* **2** 〈Schule; Sp.〉 *als Ausgleich vergebener Punktenachteil*

Malz 〈n.; -es; unz.〉 *nur bis zu bestimmtem Grad angekeimtes Getreide (meist Gerste, auch Roggen und Weizen), das beim Malzen erst zum Quellen eingeweicht u. nach einer Zeit des Keimens wieder getrocknet (gedarrt) wird;* →a. *Hopfen*

Ma|ma 〈a. ['--] f.; -, -s; umg.〉 *Mutter*

Mam|mut 〈n.; -s, -s od. -e〉 *fossile eiszeitliche Elefantenart:* Mammonteus primigenius

man[1] 〈Indefinitpron.〉 **1** *die Leute, Menschen, manche Leute;* das kann ~ wirklich nicht behaupten, sagen; ~ sagt (allgemein) ... **2** *jedermann, jeder;* ~ muss arbeiten; von hier kann ~ das Schloss schon sehen; ~ nehme: ... (in alten Kochrezepten); ~ wende sich an den Küster, Pförtner **3** *(irgend) jemand, einer;* still, wenn ~ uns hörte, ...!; wenn ~ hier vorbeigeht, dann sieht ~ ...; wenn ~ bedenkt, wie ...; ~ braucht nur daran zu denken, wie ... • **3.1** ~ kann nie wissen (wozu es gut ist)! niemand, keiner kann wissen ...! **4** *jmd., der einem Standard genügen will* • **4.1** diese Farbe, diesen Schnitt trägt ~ nicht mehr *diese F., dieser S. ist nicht mehr modern* • **4.2** so etwas tut ~ nicht *tut ein wohlerzogener Mensch nicht*

man[2] 〈Adv.; umg.; norddt.〉 **1** *nur;* tu das ~ bloß nicht!; der soll ~ ruhig kommen; jetzt aber ~ schnell! **2** = *mal (2);* na, denn ~ los!

Ma|nage|ment 〈[mænɪdʒmənt] n.; -s, -s〉 **1** *Unternehmensführung, Leitung eines (Groß-)Unternehmens* **2** *die Gesamtheit der Führungskräfte eines Unternehmens*

Ma|na|ger 〈[mænɪdʒə(r)] m.; -s, -〉 **1** ~ *eines Unternehmens Leiter* **2** ~ *eines Berufssportlers od. Künstlers Betreuer* **3** *jmd., der eine Sache vorbereitet u. durchführt*

manch 〈Indefinitpron. 10〉 **1** *der, die, das eine od. andere, hier u. da, ab u. zu einer, eine, eines;* ~ einer denkt, er könnte ... ~ böses Wort; ~ guter Vorsatz; ~er glaubt, er könnte ... **2** (**so**) ~ *Personen od. etwas in größerer Anzahl* • **2.1** so ~ einer *etliche* • **2.2** so ~es Mal *oft* • **2.3** ich habe ~ Buch darüber gelesen *ziemlich viele Bücher* • **2.4** ich habe Ihnen ~es zu erzählen *einiges, mancherlei* • **2.5** ~ liebes Mal *manchmal, oft* • **2.6** 〈Pl.〉 *einige, etliche, leidlich viele;* ~e sind doch so vernünftig einzusehen, dass ...; ~e Leute glauben ...; ~e sind schon vorher wieder gegangen; ~e von uns

man|cher|lei 〈Indefinitpron.; indeklinabel; attr. od. substantivisch〉 *allerlei, einiges, einige Dinge;* ~ Dinge; ich habe noch ~ zu tun

manch|mal ⟨Adv.⟩ *einige Male, von Zeit zu Zeit, ab u. zu, hin u. wieder;* gehst du oft hin? ~!; er kommt ~ zu mir; ~ möchte man glauben, es sei …; ich habe schon ~ gedacht, man müsste …; ich bin schon ~ dort gewesen

Man|dant ⟨m.; -en, -en⟩ *jmd., der ein Mandat erteilt hat, Klient (eines Rechtsanwalts);* einen ~en gut, schlecht vertreten

Man|dan|tin ⟨f.; -, -tin|nen⟩ *weibl. Mandant*

Man|da|ri|ne ⟨f.; -, -n⟩ **1** *zu den Zitrusgewächsen gehörender Strauch od. kleiner Baum mit kugelförmigen, an den Polen abgeflachten Früchten: Citrus nobilis* **2** *Frucht der Mandarine (1)*

Man|dat ⟨n.; -(e)s, -e⟩ **1** *Auftrag zur Ausführung einer Angelegenheit;* ~ für einen Rechtsanwalt; ~ der Wähler für einen Abgeordneten **2** *auf Wahl beruhendes Amt;* ~ eines Abgeordneten **3** *von einem Staat verwaltetes Gebiet od. verwalteter Staat*

Man|del[1] ⟨f.; -, -n; veraltet⟩ **1** *altes Mengenmaß, 15 od. 16 Stück;* eine ~ Eier **2** *15 od. 16 Getreidegarben*

Man|del[2] ⟨f.; -, -n⟩ **1** *Frucht des Mandelbaums;* bittere, süße ~n; gebrannte ~n; ~n schälen, hacken, essen **2** ⟨Anat.⟩ *mandelförmiges (paariges) Organ aus Bindegewebe in den Ecken der Gaumenbögen (Gaumenmandel) u. am Dach des Rachens (Rachenmandel): Tonsilla;* sich die ~n herausnehmen lassen; entzündete, gerötete, geschwollene, eitrige, vereiterte ~n; einen Belag auf den ~n haben **3** ⟨Geol.⟩ *blasiger Hohlraum in vulkan. Gesteinen, der mit Mineralien gefüllt ist, die von außen nach innen gewachsen sind*

Man|do|li|ne ⟨f.; -, -n; Mus.⟩ *Zupfinstrument mit vier Saiten u. einem mandelförmigen Resonanzkörper*

Ma|ne|ge ⟨[-ʒə] f.; -, -n⟩ **1** *Reitbahn in einer Halle* **2** *Platz für die Darbietungen im Zirkus;* Sy *Arena (3)*

Man|gel[1] ⟨f.; -, -n⟩ *Maschine zum Glätten der Wäsche, die dabei durch zwei gefederte Walzen hindurchgepresst od. auf eine Rolle aufgerollt unter einem schweren Kasten hindurchgeführt wird;* die Wäsche zur ~ bringen

Man|gel[2] ⟨m.; -s, Män|gel⟩ **1** ⟨unz.⟩ ~ (an) *Knappheit (an), Fehlen (von);* ein empfindlicher ~ an Niederschlägen bedroht die Ernte; ~ an Arbeitskräften, Facharbeitern; ~ an Ausdauer, Erfahrung, Erziehung, Mut, Selbstvertrauen, Verständnis; ~ an Vitaminen; der Angeklagte wurde aus ~ an Beweisen freigesprochen; daran ist kein ~ ● **1.1** *Armut, Entbehrung, Not;* ~ empfinden, fühlen, leiden **2** *Fehler, Unzulänglichkeit;* einem ~ abhelfen; Mängel aufweisen, beanstanden, beseitigen, feststellen; bauliche Mängel an einem Gebäude feststellen; charakterliche Mängel haben; über kleine Mängel hinwegsehen

man|gel|haft ⟨Adj.⟩ **1** *mit Mängeln behaftet, ungenügend;* nur ~es Deutsch sprechen; →a. *Note (3.2)* **2** *unvollständig, unvollkommen;* ~e Durchblutung

man|geln[1] ⟨V. 500⟩ **Wäsche** ~ *durch Druck (u. Dampf) glätten;* die Betttücher müssen noch gemangelt werden

man|geln[2] ⟨V. 403 od. 800 unpersönl.⟩ **etwas mangelt (jmdm.)** od. **es mangelt (jmdm.) an etwas** *etwas Notwendiges fehlt (jmdm.), etwas ist nicht genügend vorhanden;* ihm mangelt die Einsicht, der Mut, die Vernunft; mangelnde Verantwortung, Aufmerksamkeit; es mangelt am Nötigsten, an Arbeitskräften; er lässt es am guten Willen ~; es mangelt ihm an Einsicht, Mut, Vernunft; bei uns mangelt es am Nötigsten; daran hat es mir nie gemangelt

man|gels ⟨Präp. mit. Gen., im Pl. (wenn Gen. nicht erkennbar ist) mit Dat.⟩ *aus Mangel an;* ~ eines besseren Werkzeugs; ~ eines triftigen Grundes; ~ Plänen, Vorschlägen; ~ notwendiger Mittel; ~ Masse

Man|go ⟨f.; -, -s⟩ *eine länglich-runde exotische Frucht mit einer grünen bis rötlich gelben Schale u. süßem, gelbem Fruchtfleisch*

Man|gold ⟨m.; -(e)s, -e; Bot.⟩ *als Gemüsepflanze genutzte Art der Runkelrübe mit fleischigen Blättern: Beta vulgaris*

Ma|nie ⟨f.; -, -n⟩ **1** *leidenschaftliche Liebhaberei* **2** *Trieb, Sucht;* das kann zur ~ werden **3** ⟨Psych.⟩ *krankhafte Veränderung des Gemüts mit Erregung, gehobenem Selbstgefühl, Selbstüberschätzung, Ideenflucht, Beschäftigungsdrang*

Ma|nier ⟨f.; -, -en⟩ **1** ⟨unz.⟩ *Art, Eigenart, Art u. Weise;* ~ eines Künstlers, einer Kunstrichtung; das ist seine ~; die besondere, betonte, gesuchte ~ seiner Darstellung; in der ~ Cézannes gemalt **2** ⟨unz.; abwertend⟩ *Künstelei, rein äußerliche Nachahmung bestimmter Formelemente* **3** ⟨meist Pl.⟩ ~en *Umgangsformen, Benehmen, Sitte, Gewohnheit;* jmdm. ~en beibringen ⟨umg.⟩; er hat keine ~en; feine, gute, schlechte ~en; ein Mensch mit, von guten ~en ● **3.1** *das ist keine ~!* ⟨umg.⟩ *das gehört sich nicht*

ma|nier|lich ⟨Adj.⟩ **1** *gute Manieren zeigend, wohlerzogen, ordentlich;* das Kind kann schon ~ essen **2** ⟨umg.⟩ *akzeptabel, recht gut;* ~e Preise; sie spielt schon ~ Klavier

ma|ni|fest ⟨Adj.; geh.⟩ **1** *deutlich erkennbar, eindeutig feststellbar, klar, offenkundig;* sein Versagen wurde bei dieser Auseinandersetzung ~; etwas ~ machen **2** ⟨Med.⟩ *anhand von Symptomen zu erkennen* (von Krankheiten); Ggs *latent*

Ma|ni|fest ⟨n.; -(e)s, -e⟩ **1** *öffentliche Erklärung, Rechtfertigung* **2** *Grundsatzerklärung* **3** *programmatischer Aufruf;* →a. *Programm (3.2)* **4** ⟨Mar.⟩ *Verzeichnis der Ladung eines Schiffes*

Ma|ni|kü|re ⟨f.; -, -n⟩ **1** ⟨unz.⟩ *Pflege der Hände, bes. der Fingernägel* **2** *auf Maniküre (1) spezialisierte Kosmetikerin, Handpflegerin*

ma|ni|pu|lie|ren ⟨V.⟩ **1** ⟨500⟩ ● **1.1 jmdn.** ~ *jmds. Verhalten steuern, jmdn. beeinflussen, ohne dass er es merkt* **1.2 etwas** ~ *(unbemerkt) in einem bestimmten Zweck unrichtig darstellen, verfälschen;* Daten, Statistiken ~ **2** ⟨400/800⟩ *(geschickte) Handgriffe tun* ● **2.1** *Kunstgriffe anwenden* ● **2.2** *mit* **Werkzeugen,** Instrumenten ~ W., I. handhaben

Man|ko ⟨n.; -s, -s⟩ **1** *Nachteil, Mangel, Fehlendes;* die schlechte Bezahlung ist das ~ bei diesem Beruf **2** ⟨Wirtsch.⟩ *Fehlbetrag*

Mann[1] ⟨m.; -(e)s, Män|ner; als Zählmaß ungebeugt⟩ **1** *erwachsener Mensch männlichen Geschlechts;* ~ und

Frau; ein alter, älterer, junger, jüngerer ~; ein ~ mittleren Alters; ein großer, hochgewachsener, korpulenter, untersetzter ~; als ~ denkt er darüber anders; ein ~ der Tat; ~ der Wissenschaft; ~ von Stand; ein ~ von Welt; ein ~ von Charakter, Einfluss, Geist; er ist kein ~ von großen Worten; den feinen ~ mimen, markieren ⟨umg.⟩; junger ~, können Sie mir sagen, wo … (Anrede für Fremde) ⟨umg.⟩; →a. *schwarz (1.7), Spritze (2.1)* • 1.1 der ~ im Mond *(aus dem Schatten im M. gedeutete Gestalt des Aberglaubens)* • 1.2 einen **kleinen** ~ **im Ohr haben** ⟨umg.⟩ *merkwürdige Einfälle haben* **2** *betont männlicher (3), tatkräftiger, mutiger Mensch;* ein ganzer ~; sich als ~ zeigen; er ist eine ~; den starken, wilden ~ markieren ⟨umg.⟩, spielen • 2.1 ~s **genug sein** *fähig, stark, mutig genug;* du bist nicht ~s genug, um dich durchzusetzen • 2.2 **seinen** ~ **stehen,** stellen *seine Aufgaben u. Pflichten gut erfüllen* • 2.3 selbst ist der ~! (Sprichw.) *das kann man selbst tun, dazu braucht man keine Hilfe* • 2.4 ein ~, ein Wort! (Sprichw.) *das gegebene Versprechen ist unverletzlich* **3** *Ehemann;* einen ~ bekommen, finden; mein ~ ist verreist; sie lebt mit ihrem ~ in Scheidung; sie lebt von ihrem ~ getrennt • 3.1 sie will ihre Schwester an den ~ bringen ⟨umg.⟩ *verheiraten* **4** ⟨unz.⟩ *Mensch, Person;* ein ~ aus dem Volke; er ist der rechte ~ für den Posten; bis auf den letzten ~; der dritte ~ (zum Kartenspielen); den Ball auf den ~ schießen (bes. Torwart) ⟨Fußb.⟩; ~ über Bord! (Notruf, wenn jmd. vom Schiff ins Wasser gefallen ist) ⟨Mar.⟩; alle ~ an Deck! ⟨Mar.⟩ • 4.1 der Hund ist auf den ~ dressiert *greift Menschen an* • 4.2 ~ **an** ~ *dicht gedrängt* • 4.3 ~ **für** ~ *jeder einzeln, einer nach dem anderen* • 4.4 ~ **gegen** ~ *einer gegen den andern (z. B. im Nahkampf)* • 4.5 **pro** ~ *für jeden;* der Unkostenbeitrag beträgt 2 Euro pro ~ • 4.6 **von** ~ **zu** ~ *unter vier Augen, als zwei Ebenbürtige, Gleichberechtigte* • 4.7 wie **ein** ~ *mehrere Personen wie eine einzige* • 4.8 können Sie für diese Arbeit einen, drei usw. ~ freistellen? *Arbeitskräfte* 4.9 ein Leutnant und zehn ~ *Untergebene, Soldaten* • 4.10 **mit** ~ und **Maus untergehen,** versinken *alle miteinander, ausnahmslos* • 4.11 der ~ **von** der **Straße** (a. fig.) *der einfache, durchschnittl. Mensch* • 4.12 jmds. ~ **sein** *genau der Richtige für jmdn. sein;* Sie sind mein ~! • 4.12.1 er hat einen ~ gefunden *einen ebenbürtigen Gegner* • 4.13 **der** ~ **dazu,** danach *die geeignete Person* • 4.14 er weiß seine Ware an den ~ zu bringen ⟨umg.⟩ *gut zu verkaufen* • 4.15 ein ~ **Gottes** *Heiliger, Mönch, Priester* • 4.15.1 ~ Gottes! ⟨umg.⟩ *(aufrüttelnder od. erschrockener Anruf);* →a. *hoch (8.1), Not (4.4)* **5** ⟨umg.⟩ *(Ausruf, Anrede des Erstaunens, der Warnung);* ~, ist das schwer!; mein lieber ~!

Mann² ⟨m.; -es, -en⟩ **1** *(früher) Lehnsmann, ritterlicher Dienstmann, Gefolgsmann;* der König mit seinen ~en • 1.1 ein **freier** ~ **sein** *kein Lehnsmann (Leibeigener, Sklave), unabhängig sein* **2** *(poet. od. iron.) Diener, treuer Anhänger;* der Spielleiter scharte seine ~en um sich

Man|na ⟨n.; -s; unz. od. f.; -; unz.⟩ **1** ⟨AT⟩ *himmlisches Brot der Israeliten in der Wüste nach ihrem Auszug aus Ägypten* **2** *zuckerhaltiger, erstarrter Saft der Mannaesche* **3** *süßliche Absonderung der Mannaschildlaus*

Männ|chen ⟨n.; -s, - od. Män|ner|chen⟩ **1** *kleiner Mann;* ein altes ~ **2** ⟨Zool.⟩ *männliches Tier;* Vogel~, Fisch~ **3** der **Hase,** der **Hund macht** ~ *setzt sich aufrecht auf die Hinterbeine* • 3.1 ~ **machen** (fig.; umg.) *liebedienern*

Man|ne|quin ⟨[-kɛ̃], Betonung a. [-kɛ̃] n.; -s, -s⟩ *junge Frau, die (auf einem Laufsteg) Modellkleider u. Modekollektionen vorführt*

männ|haft ⟨Adj.⟩ *tapfer, aufrecht, entschlossen wie ein Mann;* ~es Verhalten; sich ~ wehren; er leistete ~en Widerstand

man|nig|fach ⟨Adj. 90⟩ *vielfach, mannigfaltig;* ~e Probleme, Ursachen; er hat ihm in den letzten Jahren ~ geholfen

man|nig|fal|tig ⟨Adj. 90⟩ *vielfältig, vielgestaltig, vielartig, reich an Formen, abwechslungsreich;* ~e Erlebnisse, Erfahrungen, Eindrücke

männ|lich ⟨Adj.⟩ **1** *zum zeugenden, befruchtenden Geschlecht gehörig;* ~e Blüten, Pflanzen, Tiere; die ~e Linie einer Familie, eines Adelsgeschlechtes • 1.1 ~es **Glied** *Penis des Mannes* 1.2 ~er **Reim** ⟨Metrik⟩ *R., bei dem die einzige od. letzte Silbe eines Wortes reimt, z. B. Klang - Sang;* Sy *stumpfer Reim,* → *stumpf (4);* Ggs *weiblicher Reim,* → *weiblich (1.1)* • 1.3 ~es **Substantiv** ⟨Gramm.⟩ *S. mit bestimmten Merkmalen der Beugung, vor denen im Deutschen der Artikel „der" steht, Maskulinum* **2** *zum Mann, zu Männern gehörig, passend;* ~e Arbeiten, Beschäftigungen, Eigenschaften; ~e Vornamen **3** (fig.) *tapfer, mutig, unerschrocken, ausharrend;* sein ~es Verhalten wurde allgemein anerkannt

Mann|schaft ⟨f.; -, -en⟩ **1** ⟨Mil.⟩ *alle Soldaten einer Einheit ohne Offiziere;* Begleit~, Bewachungs~; die ~ vor der Kaserne antreten lassen **2** *Besatzung eines Schiffes od. Flugzeuges;* das Schiff ging unter, die ~ konnte gerettet werden; die ~ ging an Land **3** *Mitarbeiter, Belegschaft;* ein dynamisches Unternehmen mit junger ~; der neue Regierungschef wird seiner ~ **4** ⟨Sp.⟩ *zusammengehörige Gruppe von Wettkämpfern;* Fußball~, Hockey~; Herren~; Olympia~, Spitzen~; eine starke ~ aufstellen, bilden; eine gemischte, siegreiche ~ **5** ⟨nur Pl.⟩ ~en ⟨Mil.⟩ *die Gesamtheit der Soldaten unterer Dienstgrade;* Offiziere und ~en

Ma|no|me|ter ⟨n.; -s, -⟩ *(für Flüssigkeiten u. Gase verwendeter) Druckmesser*

Ma|nö|ver ⟨[-vər] n.; -s, -⟩ **1** ⟨Mil.⟩ *größere Truppenübung;* ein ~ abhalten, veranstalten; die Truppen ziehen ins ~ **2** ⟨Mar.⟩ *mit einem Schiff ausgeführte Bewegung* **3** (fig.) *geschicktes Vorgehen;* durch ein betrügerisches, geschicktes ~ erreichte er sein Ziel • 3.1 *Handlung, die einen anderen über jmds. eigentliche Absicht täuschen soll;* allerhand ~ anwenden, machen, um etwas zu erreichen • 3.2 das ist ein billiges ~! *ein billiger Trick*

Man|sar|de ⟨f.; -, -n⟩ *Zimmer od. Wohnung in einem ausgebauten Dachgeschoss*

Manschette

Man|schet|te ⟨f.; -, -n⟩ **1** *um das Handgelenk liegender Abschluss eines Ärmels von einem Hemd od. einer Hemdbluse;* Hemd~; ~nknöpfe • 1.1 ⟨Gaunerspr.⟩ *Handfessel* **2** *zierende Umhüllung aus Papier für Blumentöpfe od. -sträuße* • 2.1 ⟨Tech.⟩ *meist runde Dichtung aus elastischem Material an bewegten Maschinenteilen* **3** *verbotener Griff am Hals beim Ringen* **4 vor** jmdm. od. etwas ~n **haben** ⟨umg.⟩ *Respekt, Furcht*

Man|tel ⟨m.; -s, Män|tel⟩ **1** *den Rumpf u. einen Teil der Beine bedeckendes Übergewand, Umhang;* Krönungs~ • **1.1** *Übergewand zum Schutz gegen Regen, Kälte od. Schmutz;* Arbeits~; Regen~; Winter~; den ~ ablegen, ausziehen, aufhängen, über den Bügel hängen; den ~ anziehen, überziehen, umhängen; ein dicker, dünner, flauschiger, imprägnierter, knitterfreier, leichter, schwerer ~; ein abgetragener, eleganter, modischer, sportlicher, warmer ~; Mäntel aus Chemiefasern, Leinen, Pelz, Seide, Wolle; den ~ an der Garderobe abgeben; jmdm. den ~ halten (zum An- od. Ausziehen); jmdm. aus dem, in den ~ helfen; mit offenem, wehendem Mantel; • **1.1.1** er dreht, hängt den ~, die Fahne nach dem Wind ⟨fig.; umg.⟩ *er passt sich der jeweils herrschenden Meinung an* • **1.1.2** *in den ~ der Vergessenheit einhüllen ganz bewusst in V. geraten lassen* • **1.1.3** *eine Verfehlung mit dem ~ der Barmherzigkeit, der Nächstenliebe bedecken, verhüllen, zudecken darüber hinwegsehen, nachsichtig darüber schweigen* • **1.1.4** *etwas mit dem ~ der christlichen Nächstenliebe bedecken aus Mitgefühl verschweigen, übergehen* **2** ⟨fig.⟩ *schützende od. verbergende Umhüllung, Bedeckung, Decke* • 2.1 ⟨Tech.⟩ *Hülle von Hohlkörpern;* Kabel~; der ~ einer Gussform; der ~ der Glocke, des Ofens • 2.1.1 *Gummireifen zum Schutz des Radschlauchs;* Fahrrad~ • 2.1.2 *blecherne Hülle um den Bleikern eines Geschosses* • 2.2 ⟨Geom.⟩ *nicht zur Grund- u. Deckfläche gehörende Oberflächenteile;* der ~ des Kegels, der Walze, des Zylinders • 2.3 ⟨Anat.⟩ *rückseitiges Dach der Großhirnhälften bei den Wirbeltieren: Pallium* • 2.4 ⟨Anat.⟩ *den Körper der Weichtiere seitlich und hinten umgebende Hautfalte: Pallium* • 2.5 ⟨Forstw.⟩ *die außenstehenden Bäume des Waldes* • 2.6 ⟨Jägerspr.⟩ *das Gefieder von Rücken- u. Flügeldecke (bei allen Vögeln)* **3** ⟨fig.⟩ *rechtliche Form od. Grundlage* • 3.1 ⟨Börse⟩ *Urkunde, Hauptteil eines zinstragenden Papiers* • 3.2 ⟨Rechtsw.⟩ *Rechtsform einer Gesellschaft*

Ma|nu|al ⟨n.; -s, -e⟩ *Tastenreihe bei Instrumenten mit mehreren Tastaturen (Orgel, Cembalo, Harmonium)*

ma|nu|ell ⟨Adj. 24/90⟩ *mit der Hand (betätigt, betrieben), per Hand;* ~e Tätigkeiten; eine ~ gefertigte Tasche; ~e Geschicklichkeit

Ma|nu|fak|tur ⟨f.; -, -en⟩ **1** ⟨in der Frühzeit der Industrialisierung⟩ *Großbetrieb, dessen Erzeugnisse bereits arbeitsteilig, aber noch überwiegend in Handarbeit hergestellt wurden* **2** ⟨unz.⟩ *Herstellung handwerklicher Erzeugnisse*

Ma|nu|skript ⟨n.; -(e)s, -e; Abk.: Ms., Pl.: Mss. od. (für Sg. u. Pl.) Mskr.⟩ **1** ⟨MA⟩ = *Handschrift (3)* **2** *handod. maschinengeschriebene Druckvorlage;* Sy *Handschrift (2)* • 2.1 als ~ gedruckt *nicht für die breite Öffentlichkeit, sondern nur für einen begrenzten Leserkreis bestimmt*

Map|pe ⟨f.; -, -n⟩ **1** *größere, flache Tasche;* Schul~; Bücher, Hefte in die ~ packen, stecken; die Schüler öffnen ihre ~n **2** *zusammenklappbare, steife, meist aus Pappe hergestellte Hülle zum Aufbewahren loser Papierblätter;* Brief~, Unterschriften~, Schreib~, Zeichen~; Briefe, Zeugnisse, Fotos, Zeichnungen, Landkarten in die ~ legen

Ma|ra|thon ⟨m.; -s, -s; Sp.⟩ **1** *Langstreckenlauf (42,2 km), der regelmäßig in Großstädten u. bei den Olympischen Spielen ausgetragen wird,* Marathonlauf; an einem ~ teilnehmen **2** ⟨Getrennt- u. Zusammenschreibung⟩ • 2.1 ~ laufen = *marathonlaufen*

Ma|ra|thon... ⟨in Zus.⟩ **1** *mit dem Marathonlauf über 42,2 km verbunden, sich auf diesen beziehend;* Marathonläufer, Marathonstrecke **2** ⟨fig.⟩ *Ereignis, Vorgang von sehr langer Zeitdauer, bei dem Ermüdungserscheinungen auftreten;* Marathonsitzung, Marathongespräch **3** ⟨fig.⟩*Person, die eine Tätigkeit über einen langen Zeitraum ausübt;* Marathonredner

ma|ra|thon|lau|fen auch: **Ma|ra|thon lau|fen** ⟨V. 176/400(s.)⟩ *am Marathon teilnehmen;* er ist *marathongelaufen* / Marathon gelaufen

Mär|chen ⟨n.; -s, -⟩ **1** *fantasievolle Erzählung ohne räumliche u. zeitliche Bindung, in der die Naturgesetze aufgehoben sind u. das Wunder vorherrscht;* den Kindern ~ erzählen, vorlesen; ein ~ aus alten Zeiten, aus 1001 Nacht; Drachen, Feen, Hexen gibt es nur im ~ **2** ⟨fig.; umg.⟩ *gelogene, erfundene Geschichte;* erzähl mir doch keine ~! • 2.1 *ich lasse mir doch von dir keine ~ erzählen! mich kannst du nicht belügen* • 2.2 *es ist wie ein ~! so wunderbar, überraschend für mich*

mär|chen|haft ⟨Adj.⟩ **1** *in der Art eines Märchens;* ~e Erzählung, Geschichte, Oper; ein ~es Theaterstück; seine Dichtungen tragen ~e Züge **2** *wunderbar wie im Märchen;* ~e Gestalten **3** *zauberhaft schön;* ein ~es Feuerwerk; die Bahnreise ging durch eine ~e Landschaft; der Anblick war geradezu ~ **4** ⟨umg.⟩ *unglaublich, ungewöhnlich;* mit der Erforschung des Weltraums eröffnet uns die Technik ~e Aussichten; sie hat eine ~e Karriere gemacht; diese Reise war ~

Mar|der ⟨m.; -s, -⟩ **1** ⟨Zool.⟩ *Angehöriger einer Familie der Raubtiere mit langgestrecktem Körper u. kurzen Beinen u. dichtem, feinem, als Pelzwerk begehrtem Fell: Mustelidae;* Stein~, Haus~ **2** ⟨fig.⟩ *Dieb, Einbrecher;* Briefkasten~

Ma|rel|le ⟨f.; -, -n; regional; bes. österr.⟩ = *Aprikose*

Mar|ga|ri|ne ⟨f.; -, -n⟩ *aus pflanzlichen u. tierischen Fetten hergestelltes, der Butter ähnliches Speisefett*

Mar|ge|ri|te ⟨f.; -, -n; Bot.⟩ *auf Wiesen häufig auftretender Korbblütler mit gelben Röhrenblüten in der Mitte u. weißen Zungenblüten am Rande: Chrysanthemum leucanthemum od. Leucanthemum vulgare*

Ma|ri|en|kä|fer ⟨m.; -s, -; Zool.⟩ *Angehöriger einer Familie von Käfern, deren rote, gelbe oder schwarze Flü-*

geldecken mit andersfarbigen (meist schwarzen) Punkten bedeckt sind: Coccinella septempunctata

Ma|ri|hua|na ⟨n.; -s; unz.⟩ *aus getrockneten Pflanzenteilen einer Hanfart (Indischer Hanf) gewonnenes Rauschmittel*

Ma|ril|le ⟨f.; -, -n; regional; bes. österr.⟩ = *Aprikose*

Ma|rim|ba ⟨f.; -, -s; Mus.⟩ *xylophonartiges Holzstabspiel afrikanischer Herkunft mit Resonanzkörpern unterhalb der einzelnen Holzstäbe;* ~phon

Ma|ri|na|de ⟨f.; -, -n⟩ **1** *mit Salz, Essig, Öl, Kräutern u. a. gewürzte Soße zum Einlegen von Fisch od. Fleisch;* eine Essig-Öl-~ zubereiten **2** *Salatsoße*

Ma|ri|ne ⟨f.; -; unz.; Mil.⟩ **1** *Gesamtheit der Seeschiffe eines Staates u. der dem Seehandel u. Seekrieg dienenden Einrichtungen* **2** *Seestreitkräfte;* bei der ~ sein

Ma|ri|o|net|te ⟨f.; -, -n⟩ **1** *an Fäden bewegte kleine Gliederpuppe;* ~ntheater **2** ⟨fig.⟩ *willenloser, anderen als Werkzeug dienender Mensch*

ma|ri|tim ⟨Adj. 24⟩ **1** *das Meer betreffend, zu ihm gehörig;* ~es Klima **2** *die Schifffahrt, das Seewesen betreffend*

Mark[1] ⟨f. 7; -, - od. (nordostdt. a.) Mär|ker; Abk.: M⟩ **1** ⟨urspr.⟩ *Gewichtseinheit für Edelmetalle u. Silbermünzen* **2** ⟨1871-1924⟩ *Währungseinheit im Deutschen Reich,* 100 Pfennig **3** *Deutsche* ~ ⟨1948-2001; Abk.: DM⟩ *Währungseinheit der Bundesrepublik Deutschland;* 125 DM; 125,00 DM; 125,- DM; ich habe die, meine letzte ~ ausgegeben; der Eintritt, die Fahrt kostet fünf ~; es gibt Karten von vierzehn ~ an • 3.1 sie muss jede ~ (erst) umdrehen (ehe sie sie ausgibt), mit jeder ~ rechnen ⟨fig.; umg.⟩ *sie muss sparsam sein* **4** ~ *der Deutschen Demokratischen Republik* ⟨1968-1990; Abk.: M⟩ *Währungseinheit der DDR* • 4.1 ~ *der Deutschen Notenbank* ⟨1948-1967; Abk.: MDN⟩ = *Mark*[1] *(4)*

Mark[2] ⟨f.; -, -en⟩ **1** ⟨urspr.⟩ *Grenze* **2** *umgrenztes Gebiet;* Dorf~; Feld~ • 2.1 *Grenzgebiet, Grenzland (unter einem Markgrafen);* die Sächsische Ost~, ~ Brandenburg • 2.1.1 ⟨a. kurz für⟩ *Mark Brandenburg* **3** ⟨Rugby⟩ *an der Längsseite des eigentlichen Spielfeldes angrenzender Teil*

Mark[3] ⟨n.; -s; unz.⟩ **1** *die im Inneren der Röhrenknochen od. bestimmter Organe gelegenen Gewebe (bei Mensch u. Tier);* Nebennieren~; das ~ aus den Knochen lösen; Brühe mit ~ ⟨Kochk.⟩ **2** ⟨fig.⟩ *Kraft* • 2.1 er hat (kein) ~ in den Knochen *er ist (nicht) sehr kräftig, er ist (k)ein Feigling* • 2.2 den Arbeitern das ~ aus den Knochen saugen *sie ausnutzen, ausbeuten* **3** ~ (und **Bein**) ⟨fig.⟩ *Inneres, das Innerste;* markerschütternd, markerweichend; der Verlust hat ihn bis ins ~ getroffen • 3.1 diese Musik kann einem ~ und Bein erweichen ⟨umg.⟩ *sie ist unerträglich, nicht zum Anhören* • 3.2 **durch** ~ und **Bein** ⟨umg.⟩ *durch und durch;* der Schrei ging mir durch ~ und Bein **4** *im Zentrum der pflanzlichen Sprosse gelegenes, von den Leitungsbahnen umgebenes Gewebe*

mar|kant ⟨Adj.⟩ **1** eine ~ **Person** *auffallende, hervorstechende, bedeutende P.;* eine sehr ~e Erscheinung **2** *scharf ausgeprägt;* ~e Gesichtszüge; er schreibt einen ~en Stil

Mar|ke ⟨f.; -, -n⟩ **1** *Merkzeichen;* Grenz~; Land~; Best~; im Weitsprung wurde die alte ~ um fünf Zentimeter verbessert **2** *Zeichen zur Erkennung od. als Ausweis;* Hunde~ **3** *(durch Eintragung in das Patentregister) geschütztes Zeichen für eine Ware od. einen Hersteller;* Fabrik~; Handels~; diese ~ ist gesetzlich geschützt **4** *Erzeugnis, Sorte (mit einem Handelszeichen);* welche ~ bevorzugen Sie?; diese ~ führen wir nicht; diese Schokolade, dieser Wein ist eine gute ~; wir haben alle führenden ~n vorrätig; diese ~ ist im Handel führend • 4.1 eine bestimmte ~ rauchen *Zigarettensorte* **5** *Anrechts-, Wertschein od. -münze;* Essens~; Garderoben~; Lebensmittel~; Spiel~; die Marken für die Garderobe sorgfältig aufbewahren, vorzeigen • 5.1 ⟨kurz für⟩ *Briefmarke;* 55-Cent-~; du musst erst noch eine ~ auf den Brief kleben **6** eine ~ **sein** ⟨umg.⟩ *ein ulkiger Kerl*

Mar|ke|ting ⟨n.; -s; unz.; Wirtsch.⟩ *Gesamtheit aller Maßnahmen wirtschaftlicher Unternehmen in Bezug auf den Absatz von Waren*

mar|kie|ren ⟨V. 500⟩ **1** etwas ~ *mit einem Zeichen, einer Marke versehen, bezeichnen, kennzeichnen;* die Fahrrinne ist mit Bojen markiert; den Weg eines Taifuns auf der Landkarte ~; ein markierter Wanderweg • 1.1 eine **Fahrkarte** ~ ⟨österr.⟩ *lochen* **2** etwas ~ *betonen, hervorheben;* er sprach langsam und markierte jedes Wort; der Gürtel markiert die Taille **3** eine **Rolle** ~ ⟨Theat.⟩ *andeuten, nicht voll ausspielen;* der Schauspieler markierte die Rolle bei der ersten Probe nur • 3.1 beim Manöver den Feind ~ *die Rolle des Gegners übernehmen* **4** jmdn. od. **etwas** ~ *vorgeben, vortäuschen, so tun als ob;* der Heiratsschwindler markierte den harmlosen Witwer mit Kindern; ein Mitgefühl, tiefe Entrüstung ~; den Ahnungslosen, den Dummen, den feinen, starken Mann ~ ⟨umg.⟩ **5** ⟨402⟩ der **Vorstehhund** markiert (das **Wild**) ⟨Jägerspr.⟩ *zeigt das Wild vor sich an* **6** ein **Tier** markiert sein **Revier** ⟨Biol.⟩ *setzt an den Grenzen seines Reviers Marken (Harn, Kot, Drüsensekrete usw.)*

mar|kig ⟨Adj.⟩ *urwüchsig, stark, kernig, kräftig;* ~e Worte sprechen; sein Stil ist ~

Mar|ki|se ⟨f.; -, -n⟩ *aufrollbares (Stoff-)Dach vor Fenstern od. Türen zum Schutz gegen die Sonne*

Mark|stein ⟨m.; -(e)s, -e⟩ **1** ⟨veraltet⟩ *Stein zur Markierung eines Weges* **2** ⟨heute fig.⟩ *hervorstechendes Ereignis, entscheidender Punkt, Wendepunkt;* ein ~ in der Geschichte

Markt ⟨m.; -(e)s, Märk|te⟩ **1** *Gesamtheit von Waren- u. Geldverkehr, Bereich, in dem Angebot u. Nachfrage zusammentreffen, Absatzgebiet;* ~bericht; ~lage; Welt~; den ~ beliefern, beschicken; sich den ~ erobern; der ~ ist erschöpft, übersättigt; ein solcher Artikel fehlt auf dem ~; dieser Artikel ist vom ~ verschwunden; einen neuen Artikel auf den ~ bringen, werfen; die Schwellenländer sind für diese Ware die beste ~; wir müssen neue Märkte für diese Ware erobern • 1.1 den ~ **drücken** ⟨Kaufmannsspr.⟩ *viel zu billig verkaufen;* →a. *schwarz (4.3)* **2** *öffent-*

Marktwirtschaft

licher Ein- u. Verkauf von Waren (zu bestimmten Zeiten u. an bestimmten Orten); Getreide~; Jahr~; Vieh~; Wochen~; jeden Mittwoch wird hier ~ abgehalten, findet ~ statt, ist ~; auf den ~ gehen; etwas vom ~ mitbringen • **2.1** ⟨oberdt.⟩ *Mitbringsel vom Markt* **3** *Platz, auf dem an Ständen die Ein- u. Verkauf von Waren stattfindet, Marktplatz;* wir wohnen am ~; das Zirkuszelt wurde auf dem ~ aufgeschlagen; über den ~ gehen; die Bauern bringen Obst u. Gemüse zum ~ in die Stadt; →a. *Haut (8.5)* **4** *Ort mit Marktrecht*

Markt|wirt|schaft ⟨f.; -; unz.; Wirtsch.⟩ **1** *Wirtschaft, die von Angebot u. Nachfrage auf dem Markt bestimmt wird;* Ggs *Planwirtschaft* • **1.1 soziale ~** *M., die im Interesse der sozialen Gerechtigkeit gewissen Beschränkungen unterliegt*

Mar|me|la|de ⟨f.; -, -n⟩ **1** *durch Einkochen von Früchten mit Zucker hergestellter eingedickter Fruchtbrei;* Erdbeer~, Aprikosen~; ~ aufs Brot streichen; ein Glas ~ **2** ⟨seit 1983 offizielle Bez. für⟩ *eingedickter Fruchtbrei aus Zitrusfrüchten;* Orangen~; →a. *Konfitüre*

Mar|mor ⟨m.; -s, -e⟩ *Kalkstein, der hauptsächlich das Mineral Kalkspat enthält*

ma|ro|de ⟨Adj.; abwertend⟩ *heruntergekommen, (moralisch) verkommen, verdorben, ruiniert;* ~ Wirtschaft; ein ~s Gesellschaftssystem

Ma|ro|ne ⟨f.; -, -n od. -ro|ni⟩ **1** *essbare Frucht der Edelkastanie;* oV ⟨süddt., schweiz., österr.⟩ *Maroni, Marroni* **2** *Speisepilz mit kastanienbraunem Hut u. grüngelben od. grünlichen Röhren: Boletus badius*

Ma|ro|ni ⟨f.; -, -⟩ = *Marone (1)*

Ma|rot|te ⟨f.; -, -n⟩ *eigentümliche Neigung, Verschrobenheit, Schrulle;* er hat so seine ~n

Mar|ro|ni ⟨f.; -, -; schweiz.⟩ = *Marone (1)*

Marsch¹ ⟨m.; -(e)s, Mär|sche⟩ **1** *Gehen in regelmäßigem Schritt, Gangart einer Truppe od. Kolonne;* ~ im Gleichschritt; ~ ohne Tritt **2** *langandauerndes Gehen über größere Strecken;* ein anstrengender, beschwerlicher, langer ~; wir haben einen langen ~ hinter uns; wir haben noch einen langen ~ vor uns; ein ~ von 25 Kilometern, von 3 Stunden • **2.1** einen **~ antreten** *beginnen* • **2.2** jmdn. od. etwas **in ~ setzen** ⟨bes. Mil.⟩ *marschieren lassen, in Bewegung setzen* • **2.2.1** sich **in ~ setzen** *zu marschieren beginnen* • **2.3 auf** dem **~ sein** ⟨bes. Mil.⟩ *sich (organisiert) fortbewegen;* die Truppe ist auf dem ~ zur Front **3** *Musikstück in geradem Takt (zur Begleitung marschierender Menschengruppen);* die Kapelle spielte einen ~ • **3.1** jmdn. den **~ blasen** ⟨fig.; umg.⟩ *jmdn. energisch zur Ordnung rufen, zur Arbeit anhalten*

Marsch² ⟨f.; -, -en⟩ *in Nordwestdtschld. das fruchtbare, bei Flut oft unter dem Meeresspiegel liegende, durch Deiche geschützte Schwemmland längs der Flusstäler u. der Küste;* →a. *Geest;* während der Sturmflut waren die ~en überschwemmt

marsch! ⟨Int.; Kommando zum Ausführen von Marschbewegungen; bes. Mil.⟩ *vorwärts!, weg!, los!;* im Gleichschritt ~!; im Laufschritt ~, ~!; kehrt ~!; ~, ins Bett

Mar|schall ⟨m.; -(e)s, -schäl|le⟩ **1** ⟨früher⟩ *hoher Beamter bei Hofe;* Hof~ **2** ⟨seit dem 15.-17. Jh.⟩ • **2.1** ⟨unz.⟩ *hoher militärischer Dienstgrad;* Reichs~ • **2.2** *Offizier in diesem Rang*

mar|schie|ren ⟨V. 400⟩ **1** *über längere Strecken gehen;* wir sind heute tüchtig marschiert • **1.1** ⟨umg.⟩ *zielstrebig u. entschlossen gehen;* er ist nach Hause, in die Kneipe marschiert **2** ⟨Mil.⟩ *sich gleichmäßig in geschlossenen Reihen fortbewegen;* im Gleichschritt ~; in den Krieg, über die Brücke, durch die Stadt ~

Mar|ter ⟨f.; -, -n⟩ **1** ⟨veraltet⟩ *Folter; durch die ~ ein Geständnis erzwingen* **2** ⟨geh.⟩ *(absichtliche) Peinigung, Qual;* ~n erdulden, erleiden, ertragen; jmdm. körperliche, seelische ~ zufügen; unter ~n sterben

mar|tern ⟨V. 500/Vr 7 od. Vr 8⟩ jmdn. ~ **1** *foltern;* jmdn. zu Tode ~ **2** ⟨fig.; geh.⟩ *jmdm. seelische Qualen bereiten;* er martert sie mit Vorwürfen, Drohungen; er martert sich mit Selbstvorwürfen, Sorgen, Zweifeln

mar|ti|a|lisch ⟨[-tsja:-] Adj.⟩ **1** *kriegerisch, aggressiv, bedrohlich, wild u. grimmig;* ein ~es Aussehen • **1.1** ~e **Schmerzen** *sehr starke, unerträgliche S.*

Mär|ty|rer ⟨m.; -s, -⟩ **1** *Christ, der für seinen Glauben den Tod erlitten hat;* die ~ der Christenheit **2** *jmd., der sich für seinen Glauben, für eine Idee opfert;* ein ~ seines Glaubens, einer Idee, seiner Überzeugung

Mar|ty|ri|um ⟨n.; -s, -ri|en⟩ **1** ⟨geh.⟩ *Leiden, Pein, Qual;* ein großes ~ auf sich nehmen, erleiden; das ~ des jüdischen Volkes **2** *Opfertod für den Glauben;* das ~ Christi **3** *als Begräbnisstätte für einen Märtyrer (1) errichtete Kirche*

März ⟨m.; - od. -es, -e⟩ *der dritte Monat des Jahres*

Mar|zi|pan ⟨a. ['---] n.; -(e)s, -e; selten m.; -(e)s, -e⟩ *Konfekt aus Mandeln u. Zucker*

Ma|sche¹ ⟨f.; -, -n⟩ **1** *aus Garn, Draht od. einem Faden gebildete Schlinge;* ~ndraht; ~n abheben, abketten, aufnehmen, aufschlagen, fallen lassen; die ~n des Panzerhemdes; bei dir läuft eine ~ (am Damenstrumpf) • **1.1** *durch die ~n des Gesetzes schlüpfen* ⟨fig.; umg.⟩ *durch die Lücken des G.*

Ma|sche² ⟨f.; -, -n; umg.⟩ **1** *Kunstgriff, Lösung* • **1.1** *das ist die ~! die Lösung, erfolgversprechender Vorschlag* • **1.2** *das ist eine neue ~ von ihm ein neuer Trick, eine Ausrede, die er bisher noch nicht hatte* • **1.3** *die sanfte ~ Überredung durch Schmeichelei* **2** *erfolgversprechendes Vorgehen* • **2.1** er hat die ~ raus *er weiß, wie man zu etwas kommt*

Ma|schi|ne ⟨f.; -, -n⟩ **1** *mechanische, aus beweglichen u. unbeweglichen Teilen zusammengesetzte Vorrichtung, die Kraft überträgt od. Arbeitsgänge selbstständig verrichtet bzw. Energie aus einer in eine andere Form umwandelt;* Kraft~, Arbeits~; das Zeitalter der ~(n); eine ~ konstruieren, bedienen, pflegen, reinigen, reparieren; die ~ ist noch in Betrieb; landwirtschaftliche ~n; der Betrieb ist mit modernsten ~n ausgestattet • **1.1** *Lokomotive;* der Zug fährt mit zwei ~n • **1.2** *Motorrad, Rennwagen;* schwere ~ fahren **1.3** *Flugzeug;* die ~ hat 20 Minuten Verspätung, landet um 15.30 Uhr; mit der nächsten ~ nach H. fliegen **1.4** *Schreibmaschine;* sie kann gut

~ schreiben / ⟨österr.⟩ maschinschreiben • **1.5** *Nähmaschine;* mit der ~ nähen, stopfen **2 jmd.** ist eine ~ • **2.1** *er will nicht bloß eine ~ sein pausenlos, gedankenlos u. ohne zur Besinnung zu kommen arbeiten;* wie eine ~ arbeiten • **2.2** *das ist aber eine ~* ⟨umg.; derb⟩ *ein dicker Mensch*

Ma|schi|nen|ge|wehr ⟨n.; -s, -e; Abk.: MG, Mg.⟩ *kleinkalibrige, automatische Schnellfeuerwaffe*

Ma|schi|ne|rie ⟨f.; -, -n⟩ **1** *Gruppe von zusammenarbeitenden Maschinen* **2** ⟨Theat.⟩ *alle maschinellen Einrichtungen einer Bühne* **3** ⟨fig.⟩ *für einen Laien nicht durchschaubares System;* in die ~ der Justiz geraten

ma|schi|ne|schrei|ben ⟨alte Schreibung für⟩ *Maschine schreiben*

ma|schin|schrei|ben ⟨V. 230/400; österr.⟩ *Maschine schreiben*

Ma|ser¹ ⟨f.; -, -n⟩ *wellenförmige Zeichnung im Holz*

Ma|ser² ⟨[mɛɪzɐ(r)] m.; -s, -⟩ *dem Laser ähnliches Gerät, das mit Wellenlängen im Zentimeterbereich arbeitet*

Ma|sern ⟨Pl.; Med.⟩ *akute, sehr ansteckende Krankheit mit hohem Fieber, Schleimhautentzündung u. Hautausschlag;* ~ *Morbilli*

Ma|se|rung ⟨f.; -, -en⟩ *wellenförmige Zeichnung, Musterung im Holz*

Mas|ke ⟨f.; -, -n⟩ **1** *künstliche hohle Gesichtsform als Zauber- u. Beschwörungsmittel od. zum Kennzeichnen der Rolle eines Schauspielers (bes. in der Antike)* • **1.1** *das durch Schminke u. Perücke veränderte Gesicht eines Schauspielers;* der Schauspieler muss noch ~ machen • **1.2** *Larve vor einem Teil des Gesichts od. vor dem ganzen Gesicht (beim Maskenball);* eine ~ tragen, umbinden, vorbinden; um 24 Uhr die ~n ablegen • **1.3** ⟨Bauplastik⟩ *ornamentale, fratzenhafte Maske (1)* • **1.4** *die mit einer Maske (1.2) verkleidete Person;* die schönste ~ des Balls prämieren **2** *Vorrichtung zum Schutz von Kopf u. Gesicht;* Draht~ beim Fechten • **2.1** *Drahtgeflecht über dem Gesicht eines Patienten, der narkotisiert werden soll* • **2.2** *auf dem Gesicht zu tragende Vorrichtung zum Schutz der Atemorgane;* Gas~, Rauch~, Gummi~ • **2.3** *Abdruck des Gesichts;* Toten~ **3** ⟨Fot.⟩ *Schablonen, die zum Abdecken bestimmter Teile eines Negativs während des Belichtens od. Kopierens dienen* **4** unter der ~ ⟨fig.⟩ *vortäuschend, heuchelnd;* unter der ~ der Armut, der Bedürftigkeit, der Freundschaft • **4.1** *seine Hilfsbereitschaft ist nur ~ Täuschung* • **4.2** *die ~ abwerfen* ⟨a. fig.⟩ *seine wahren Absichten offen zeigen, zugeben;* die ~ fallen lassen, ablegen, lüften, von sich werfen • **4.3** *jmdm. die* **herunterreißen** ⟨a. fig.⟩ *seine wahren Absichten aufdecken, unbeschönigt zeigen;* einem Heuchler die ~ vom Gesicht reißen

mas|kie|ren ⟨V. 500⟩ **1** ⟨Vr 7⟩ **jmdn.** ~ • **1.1** *mit einem Maskenkostüm verkleiden, eine Larve aufsetzen, vermummen* • **1.2** ⟨fig.⟩ *verbergen, verdecken, bemänteln* • **1.3** ⟨Mil.⟩ *tarnen* **2** *eine* **Speise** ~ ⟨Kochk.⟩ *mit Soße, geschlagenem Eiklar o. Ä. bedecken*

Mas|kott|chen ⟨n.; -s, -⟩ *als Glücksbringer mitgeführtes Tier od. Gegenstand;* der Anhänger dient ihr als ~;

die Mannschaft bringt ihr ~ zu jedem Wettkampf mit

mas|ku|lin ⟨a. ['---] Adj.⟩ **1** *männlich, männlich aussehend, das Männliche betonend* • **1.1** ⟨abwertend⟩ *vermännlicht, unweiblich (von einer Frau);* sie sieht zu ~ aus; eine ~e Mode **2** ⟨24; Gramm.⟩ *die Merkmale eines Maskulinums aufweisend, männlichen Geschlechts;* ~es Substantiv

Mas|ku|li|num ⟨a. ['----] n.; -s, -na; Gramm.; Abk.: m. od. M.⟩ **1** ⟨unz.⟩ *männliches Genus, männliches Geschlecht* **2** *Nomen od. Pronomen im Maskulinum (1)*

Ma|so|chis|mus ⟨[-xɪs-] m.; -; unz.⟩ *Neigung, die sexuelle Erregung durch das Erleiden von Misshandlungen zu steigern;* Ggs *Sadismus*

Mass ⟨n. 7; -(e)s, -e od. süddt. a.: f.; -, -e; bair., österr. u. schweiz.⟩ = *Maß*²

Maß¹ ⟨n.; -es, -e⟩ **1** *Maßstab, Einheit zum Feststellen von Mengen, Größen, Gewichten u. Werten;* Meter~; in der Technik werden nicht immer metrische ~e verwendet; der Mensch ist das ~ aller Dinge; das ~ ist nicht geeicht • **1.1** *etwas in natürlichem, vergrößertem, verkleinertem ~(e) zeichnen in natürlichem usw. Maßstab* • **1.2** *mit zweierlei ~ messen* ⟨fig.⟩ *ungerecht sein* • **1.3** *das ~ ist voll* ⟨fig.⟩ *meine Geduld ist zu Ende* • **1.4** *dein ~ ist voll* ⟨fig.⟩ *du hast genug verschuldet* **2** *die durch Messen gefundene Größe od. Zahl;* in eine Tabelle ~e einzeichnen; auf eine Zeichnung die ~e übertragen • **2.1** ⟨auf den Körper bezogene⟩ *Messwerte;* die Schneiderin muss zunächst ~ nehmen • **2.1.1** *meine ~e haben sich nicht verändert Ober-, Taillen- u. Hüftweite* • **2.1.2** *ein Anzug nach ~ nach der Figur angefertigt* • **2.1.3** *sie hat ideale ~e eine vollkommene Figur* **3** *Umfang, Menge, Ausmaß;* das überschreitet das ~ seiner Kräfte; sie hat ihr gerüttelt ~ an Leid zu tragen; das ~ seiner Strafe steht noch nicht fest; ein gewisses ~ an Mut ist dafür erforderlich; in beschränktem ~(e) gilt das auch für dich; in gewissem ~(e) hat er Recht; das ist noch im gleichen, in demselben ~(e) der Fall; jmdm. ein hohes ~ an Vertrauen entgegenbringen; in hohem ~(e), höchstem ~(e) zufrieden sein; für Abwechslung ist in reichem ~(e) gesorgt; er hat sich in einem solchen ~(e) darum bemüht, dass …; er ist in noch stärkerem ~(e) als früher beansprucht; in zunehmendem ~(e); in dem ~(e), wie … **4** ⟨fig.⟩ *die (rechte) Mitte zwischen zu viel u. zu wenig, Mäßigung, Zurückhaltung, Selbstbeherrschung;* es ist nicht leicht, stets das rechte, richtige ~ zu halten; ⟨aber Getrennt- u. Zusammenschreibung⟩ ~ halten = *maßhalten;* in seinem Zorn überschreitet er immer jedes ~; ohne ~ und Ziel; weder ~ noch Ziel haben, kennen; das geht über alles ~ (hinaus) • **4.1** in, mit ~en *ohne Übertreibung;* man soll alles in (mit) ~en tun • **4.2** über die ~en *überaus;* sie freut sich über die, alle ~en

Maß² ⟨n. 7; -es, -e od. süddt. a.: f.; -, -e; bair., österr. u. schweiz.⟩ oV *Mass* **1** *1 bis 2 Liter (in altem Flüssigkeitsmaß);* halbes, volles ~ • **1.1** ein ~ (**Bier**) *1 Liter Bier, Krug mit 1 Liter Bier*

Mas|sa|ge ⟨[-ʒə] f.; -, -n⟩ *Behandlung durch mecha-*

nische Beeinflussung der Körpergewebe mit den Händen, mit Instrumenten od. elektrischen Apparaten

Mas|sa|ker ⟨n.; -s, -⟩ *grausige Ermordung, Verstümmelung u. Verletzung einer großen Anzahl von Menschen, Blutbad, Gemetzel*

Mas|se ⟨f.; -, -n⟩ **1** *ungeformter, dickflüssiger Stoff, Brei;* Guss~; Lehm~; *eine dickflüssige, klebrige, weiche, zähe ~; die ~ für den Guss; die ~ zum Formen; die ~ rühren, bis sie schaumig wird* **2** ⟨umg.⟩ *die große Menge* • 2.1 *die ~ muss es bringen der große Umsatz* • 2.2 *eine ~ ... sehr viel; sie hat eine ~ Angebote, Glückwünsche, Zuschriften bekommen; er hat eine ~ Geld gewonnen; es wurde(n) schon eine ~ Karten verkauft; eine ~ Kinder* • 2.3 **in** *~n in großer Zahl, in großer Menge; Vorräte in ~n; sie kamen in ~n* **3** *Hauptteil, Mehrheit; die breite, große ~ des Volkes* **4** *Vielzahl von Menschen, deren Individualität in der Gesamtheit nicht mehr erkennbar ist;* die versammelten ~n spendeten tosenden Beifall; der Taschendieb konnte in der ~ untertauchen • 4.1 *in der ~ untergehen als Einzelner nicht zur Geltung kommen* • 4.2 ⟨meist im Pl.⟩ *breite Schicht der Bevölkerung;* der Kanzlerkandidat hat die ~n hinter sich **5** ⟨Phys.⟩ *Eigenschaft eines Körpers, in einem Schwerefeld ein Gewicht anzunehmen;* ~ *und Energie; die ~ der Sonne* **6** ⟨Rechtsw.⟩ *Vermögen, Vermögensbestand eines Schuldners unter der Zwangsversteigerung; Konkurs~; die ~ der Hinterlassenschaft beträgt ...* **7** *schwerer Hammer für Bildhauerarbeiten* **8** *etwas ist nicht die ~!* ⟨umg.⟩ *nicht viel wert, nicht besonders gut* • 8.1 *wie war's gestern Abend? Nicht die ~! es hat mir nicht besonders gut gefallen*

Maß|ein|heit ⟨f.; -, -en⟩ *nach wissenschaftlichen Erkenntnissen od. praktischen Erfordernissen festgelegte Einheit zum Messen von Werten (Größen, Mengen, Gewichten), z. B. Meter, Gramm*

...ma|ßen ⟨Adverbialsuffix⟩ *die Art u. Weise bezeichnend, wie etwas geschieht od. ist;* verdientermaßen

Mas|seur ⟨[-søːr] m.; -s, -e; Berufsbez.⟩ *jmd., der (nach abgeschlossener Ausbildung u. staatlicher Prüfung) Massagen verabreicht*

Mas|seu|rin ⟨[-søː-] f.; -, -rin|nen⟩ *weibl. Masseur*

Mas|seu|se ⟨[-søːzə] f.; -, -n⟩ **1** ⟨veraltet⟩ *Masseurin* **2** ⟨verhüllend für⟩ *Prostituierte*

maß|ge|bend ⟨Adj.⟩ *als Maßstab dienend, entscheidend, bestimmend, richtunggebend, von entscheidendem Einfluss;* ~e Personen; ich habe es von ~er Seite erfahren; ein ~es Urteil; seine Meinung ist mir nicht ~; an der Entwicklung der Maschine war er ~ beteiligt

maß|hal|ten auch: **Maß hal|ten** ⟨V. 160/400⟩ *sich mäßigen, das richtige Maß einhalten; er muss beim Essen ~; er hat im Trinken nie maßgehalten /* Maß gehalten; →a. *Maß*[4]

mas|sie|ren[1] ⟨V. 500⟩ *jmdn. ~ mit Massage behandeln*

mas|sie|ren[2] ⟨V. 500⟩ **1** *Truppen ~ an einer Stelle zusammenziehen, aufstellen* • 1.1 *ein massierter* **Angriff** *A. unter Zusammenfassung aller Kräfte*

mas|sig ⟨Adj.⟩ **1** *wuchtig, umfangreich, groß u. schwer;* ein ~er Mensch, ein ~es Tier, eine ~e Eiche; der

Schrank wirkt ~; ~e Hände • 1.1 *eine ~e* **Erscheinung** *ein großer, beleibter Mensch* **2** ⟨50; umg.⟩ *massenhaft, sehr viel;* er hat ~ Geld; er isst, trinkt ~

mä|ßig ⟨Adj.⟩ **1** *das rechte Maß einhaltend, nicht übertreibend, zurückhaltend;* ~e Ansprüche, Forderungen, Leistungen, Preise; ~ leben; im Essen u. Trinken ~ sein **2** *nicht besonders groß, angemessen;* ein ~es Tempo **3** *nicht sehr gut;* er ist nur ein ~er Schüler; die Verpflegung war ~

...mä|ßig ⟨Adj.; in Zus.⟩ **1** *in der Art, in Form;* regelmäßig, verhältnismäßig, gewohnheitsmäßig, kreditmäßig, saumäßig **2** *entsprechend, gemäß;* Ggs ...widrig; ordnungsmäßig, standesmäßig, vorschriftsmäßig **3** *hinsichtlich, in Bezug auf;* absatzmäßig, arbeitsmäßig, farbmäßig, gefühlsmäßig

mä|ßi|gen ⟨V. 500⟩ **1** *etwas ~ wieder ins richtige Maß bringen, mildern, verringern, dämpfen;* mäßige deine Ansprüche, deine Klagen, deinen Zorn; die Geschwindigkeit, den Schritt, das Tempo ~; er sollte sein Temperament, seine Worte ~; diese Pflanze gedeiht nur in einem gemäßigten Klima, in der gemäßigten Zone; die gemäßigte Richtung einer Partei • 1.1 ⟨Vr 3⟩ *etwas mäßigt* **sich** *etwas schwächt sich ab, lässt nach; die Hitze, Kälte hat sich etwas gemäßigt; der Sturm mäßigte sich* **2** ⟨Vr 3⟩ **sich** *~ sich beherrschen;* er muss sich im Essen u. Trinken ~; mäßige dich!

mas|siv ⟨Adj.⟩ **1** *~er* **Gegenstand** *G. ohne Hohl-, Zwischenräume, fest, dicht, geschlossen, schwer, wuchtig;* ~e Figuren aus Schokolade; ~es Gold **2** *~es* **Bauwerk** *festes, dichtes, geschlossenes, schweres, wuchtiges B.* **3** *ein ~er* **Angriff** • 3.1 *A. mit starken Truppeneinheiten* • 3.2 ⟨fig.⟩ *scharfer, energischer A.* **4** ⟨fig.⟩ *derb, rücksichtslos, grob;* der Redner griff die Gegenpartei ~ an **5** ⟨Getrennt- u. Zusammenschreibung⟩ • 5.1 ~ *werden = massivwerden*

mas|siv|wer|den auch: **mas|siv wer|den** ⟨V. 280/400(s.); fig.; umg.⟩ *sehr grob werden;* und dann wurde er massiv

maß|los ⟨Adj.⟩ **1** *kein Maß einhaltend, übermäßig (groß, stark, viel);* seine Gier ist ~; er ist ~ eifersüchtig; ~er Ärger, Zorn packte ihn; ~e Erbitterung, Erregung, Wut; er ist ~ in seinen Ansprüchen, Beschuldigungen, Forderungen **2** ⟨50; verstärkend⟩ *sehr;* da hat er wieder einmal ~ übertrieben

Maß|nah|me ⟨f.; -, -n⟩ *zweckbestimmte Handlung, Vorgehen, Vorkehrung, Schritt, Regelung;* durchgreifende, einschneidende, geeignete, großzügige ~n; organisatorische, politische ~n; vorausschauende, vorläufige, vorsorgliche ~n; diese ~ halte ich für verfehlt; ~n gegen weitere Übergriffe; ~n zum Schutz der Bevölkerung; jmds. ~n durchkreuzen, zuvorkommen; ~n ergreifen, treffen (zu etwas)

maß|re|geln ⟨V. 500⟩ *jmdn. ~ tadeln, zurechtweisen, durch bestimmte Handlungen strafen;* einen Beamten ~; ein gemaßregelter Beamter

Maß|stab ⟨m.; -(e)s, -stä|be⟩ **1** *mit den Einheiten der Längenmaße versehenes Lineal od. Stahlband, Meterstab, Zollstock* • 1.1 *die beiden Dinge kannst du nicht mit demselben ~ messen* ⟨fig.⟩ *du musst sie verschie-*

den beurteilen **2** *Größenverhältnis (bes. der Linien auf einer Landkarte zu den wirklichen Strecken);* etwas in vergrößertem, verkleinertem ~ darstellen, nachbilden, zeichnen • 2.1 *im* ~ *zu 10 000 1 cm auf der Karte = 10 000 cm bzw. 100 m in Wirklichkeit* **3** ⟨fig.⟩ *Prüfstein, Richtlinie; die Maßstäbe seines Handelns; einen sehr strengen* ~ *anlegen; den* ~ *für jmdn., etwas abgeben; das kann dir als* ~ *dienen* • 3.1 *dieser Mensch ist für mich kein* ~ *nach ihm richte ich mich nicht*

Mast[1] ⟨m.; -(e)s, -e od. -en⟩ **1** *senkrecht stehendes, ein- bis dreiteiliges Rundholz od. Metallrohr (auf Schiffen) zur Befestigung der Segel, Antennen u. Ä., Mastbaum; der* ~ *des Schiffes, Segelbootes; den* ~ *aufrichten, kappen, umlegen; die Antenne an einem* ~ *befestigen* **2** *senkrechte Stange aus Holz od. Stahl (für Telefon-, einfache elektrische Leitungen, Empfangsantennen od. Fahnen), aus viertkantigem Stahlfachwerk (für Hochspannungsleitungen od. Sendeantennen);* ~en *für eine elektrische Leitung aufstellen, setzen; die Flagge am* ~ *emporziehen*

Mast[2] ⟨f.; -, -en⟩ **1** ⟨früher⟩ *als Mastfutter verwendete Früchte von Eichen u. Buchen* **2** *das Mästen, die reichliche Fütterung (von Schlachtvieh) zur Steigerung des Fleisch- u. Fettansatzes; die* ~ *von Gänsen, Hühnern, Schweinen; Körner zur* ~ *verwenden*

Mast|darm ⟨m.; -(e)s, -där|me; Anat.⟩ *letzter Abschnitt des Darmes, der sich an den Dickdarm anschließt u. mit dem After endet: Rectum*

mäs|ten ⟨V. 500⟩ **1** *Tiere* ~ *reichlich füttern (zur Steigerung des Fleisch- u. Fettansatzes)* **2** *jmdn.* ~ ⟨umg.; scherzh.⟩ *jmdm. übermäßig zu essen geben; willst du mich* ~*?*

Mas|tur|ba|ti|on ⟨f.; -, -en⟩ *geschlechtliche Selbstbefriedigung;* Sy *Onanie*

mas|tur|bie|ren ⟨V. 400⟩ *sich geschlechtlich selbst befriedigen;* Sy *onanieren*

Ma|sur|ka ⟨f.; -, -s⟩ *lebhafter polnischer Nationaltanz im ³⁄₄-Takt;* oV *Mazurka*

Ma|ta|dor ⟨m.; -s, -e⟩ **1** *Stierkämpfer, der dem Stier den Todesstoß versetzt* **2** ⟨bes. Sp.⟩ *Anführer, Hauptperson, bekannte, siegreiche Person; Lokal*~*, Fußball*~

Match ⟨[mætʃ] od. schweiz. [matʃ] n. od. (schweiz. nur so) m.; -(e)s, -s od. -e; Sp.⟩ *Wettkampf, Wettspiel; Tennis*~*, Fußball*~

Ma|te ⟨m.; unz.⟩ *aus den gerösteten Blättern des Matestrauches gewonnenes, leicht koffeinhaltiges teeähnliches Getränk;* ~tee

Ma|te|ri|al ⟨n.; -s, -a|li|en⟩ **1** *für eine Arbeit benötigter Roh-, Bau-, Werkstoff; brauchbares, edles, gutes, haltbares, minderwertiges, schlechtes* ~*; aus verschiedenem* ~*, verschiedenen* ~*ien zusammengesetzt;* ~ *zum Bauen, Heizen* **2** *Hilfsmittel, Zutat, Gerät; das rollende* ~ **3** *schriftliche Belege, Unterlagen, Beweismittel;* ~ *(für einen Artikel, Bericht, eine Reportage) ordnen, sammeln, sichten, suchen, zusammenstellen; das* ~ *reicht für die, zur Anklage nicht aus*

Ma|te|ri|a|lis|mus ⟨m.; -; unz.; Philos.⟩ *Lehre, dass das Stoffliche das allein Wirkliche in der Welt u. alles Geis-* *tige nur als seine Eigenschaft u. Wirkung aufzufassen sei;* Ggs *Idealismus*

Ma|te|rie ⟨[-riə] f.; -, -n⟩ **1** ⟨unz.⟩ = *Urstoff; Geist und* ~ **2** *Stoff, Masse, das Gegenständliche;* Sy *Substanz (2)* **3** *Gegenstand, Inhalt, Thema eines Gesprächs, einer Schrift o. Ä.; die* ~ *beherrschen; ich muss mich noch mit der* ~ *vertraut machen*

ma|te|ri|ell ⟨Adj. 24⟩ **1** *aus Materie bestehend, auf sie bezogen, auf ihr beruhend;* Ggs *spirituell* **2** *stofflich, sachlich, gegenständlich, körperlich;* Ggs *ideell* **3** *geldlich; keine* ~en *Sorgen kennen*

Ma|the|ma|tik ⟨österr. [--'--] f.; -; unz.⟩ **1** *Lehre von den Zahlen u. Figuren; angewandte* ~*; höhere* ~ **2** *das ist ja höhere* ~*!* ⟨fig.; umg.; scherzh.⟩ *sehr, zu schwierig*

Ma|the|ma|ti|ker ⟨m.; -s, -⟩ *Wissenschaftler, Lehrer, Student der Mathematik*

Ma|the|ma|ti|ke|rin ⟨f.; -, -rin|nen⟩ *weibl. Mathematiker*

ma|the|ma|tisch ⟨Adj. 24⟩ **1** *die Mathematik betreffend, zu ihr gehörend, auf ihr beruhend;* ~e *Kenntnisse besitzen; etwas mit* ~er *Genauigkeit vorausbestimmen* • 1.1 ~e *Zeichen Schreibweise für Ausdrücke der Mathematik, z. B.* , ·, :, <, > • 1.2 ~e **Logik** *Form der formalen Logik, die bestrebt ist, den Begriff des (mathematischen) Beweises zu präzisieren*

Ma|ti|nee ⟨f.; -, -n⟩ *künstlerische Vorstellung od. Veranstaltung am Vormittag, aus besonderem Anlass stattfindende vormittägliche Festveranstaltung;* Ggs *Soiree; zu einer* ~ *einladen*

♦ Die Buchstabenfolge **ma|tr...** kann in Fremdwörtern auch **mat|r...** getrennt werden.

♦ **Ma|trat|ze** ⟨f.; -, -n⟩ **1** *mit Sprungfedern versehener Rahmen in der Form eines Kastens, der in das Gestell eines Bettes gelegt wird; Sprungfeder*~*; die* ~n *quietschen* **2** *Polster, das als Auflage auf die Matratze (1) dient u. auf dem man liegt; Auflege*~*; eine* ~ *aus geschäumtem Kunststoff; eine harte, weiche* ~ **3** *aufblasbares Liegepolster aus Gummi; Luft*~

♦ **Mä|tres|se** ⟨f.; -, -n⟩ **1** ⟨früher⟩ *(offiziell anerkannte u. einflussreiche) Geliebte eines Fürsten od. einer hochgestellten Persönlichkeit* **2** ⟨geh.; abwertend⟩ *Geliebte eines verheirateten Mannes*

♦ **Ma|tri|ar|chat** ⟨n.; -(e)s, -e⟩ *Gesellschaftsform, in der die Frau bzw. Mutter die Machtstellung in Staat u. Familie einnimmt, Mutterherrschaft;* Ggs *Patriarchat*

♦ **Ma|tri|kel** ⟨f.; -, -n⟩ **1** *amtliches Personenverzeichnis* • 1.1 *Verzeichnis der an einer Universität od. Hochschule eingeschriebenen Studenten* **2** ⟨österr.⟩ *Personenstandsregister*

♦ **Ma|trix** ⟨f.; -, -tri|zen od. -tri|zes od. -tri|ces⟩ **1** ⟨Anat.⟩ *Muttergewebe* • 1.1 *Keimschicht der Haarzwiebel* • 1.2 *Keimschicht des Nagelbettes* **2** ⟨Biol.⟩ *Hülle der Chromosomen* **3** ⟨Geol.⟩ *Gesteinsmasse, in die Mineralien eingebettet sind* **4** ⟨Math.; Psych.; a. Sprachw.⟩ *System von Zahlen, Größen, Elementen od. Merkmalen, die in einem rechteckigen Schema angeordnet sind u. dadurch zueinander in Beziehung ge-*

Matrize

setzt werden können • 4.1 ⟨EDV⟩ *rasterförmige Anordnung von Punkten bei der Darstellung von Zeichen und Bildelementen*

◆ **Ma|tri|ze** ⟨f.; -, -n⟩ **1** ⟨Typ.⟩ • 1.1 *Metallform, in die ein Schriftzeichen od. Bild eingeprägt ist* • 1.2 *in Wachs, Metall od. Spezialpappe eingeprägtes Abbild eines Schriftsatzes od. Druckbildes zur Herstellung einer Druckplatte* • 1.3 *Folie zur Herstellung von Vervielfältigungen* **2** ⟨Tech.⟩ *unterer Teil einer Pressform, in dessen Hohlform ein Werkstoff hineingepresst wird* • 2.1 *(zum Pressen verwendete) negative Form einer Schallplatte*

◆ **Ma|tro|ne** ⟨f.; -, -n; meist abwertend⟩ **1** *ältere, ehrwürdige Frau* **2** ⟨abwertend⟩ *dickliche, behäbige ältere Frau*

◆ **Ma|tro|se** ⟨m.; -n, -n⟩ **1** ⟨Handelsmarine⟩ *Seemann nach 3-jähriger Lehrzeit* **2** ⟨Mar.⟩ *unterster Dienstgrad* **3** *Soldat im Dienstgrad eines Matrosen (2)*

Matsch ⟨m.; -(e)s, -e; Pl. selten⟩ *feuchter, breiiger Dreck, Schlamm; Schnee~; mit den neuen Schuhen solltest du nicht durch den ~ laufen*

matt ⟨Adj.⟩ **1** *schwach, erschöpft, kraftlos, lustlos, müde; der Puls ist ~; der Kranke sprach mit ~er Stimme; sie fühlt sich heute ~; müde und ~; ~ von der Anstrengung; ~ vor Hunger; ein ~es Lächeln huschte über ihre Züge* • 1.1 ⟨Kaufmannsspr.⟩ *flau; der Einzelhandel klagt über ~en Geschäftsgang* • 1.2 ⟨fig.; umg.⟩ *nicht überzeugend; seine Ausrede war recht ~; das Drama hat leider einen ~en Schluss* • 1.3 *~e* **Wetter** ⟨Bgb.⟩ *sauerstoffarme, kohlendioxidreiche Luft in einem Grubenbau* **2** *trübe, ohne Glanz, nicht spiegelnd; ~e Augen, Farben; ~es Glas, Gold, Papier* • 2.1 *~es Glas undurchsichtiges G.* **3** *gedämpft, nicht leuchtend, stumpf; ~es Licht; ein ~er Farbton* **4** ⟨24/80; Schach⟩ *besiegt; Schach und ~!; der König ist ~* **5** ⟨Getrennt- u. Zusammenschreibung⟩ • 5.1 *~ setzen = mattsetzen (I)*

Mat|te¹ ⟨f.; -, -n⟩ **1** *geflochtener od. grob gewebter kleiner Teppich, Unterlage; Bade~; Fuß~; Turn~; sich die Schuhe auf der ~ abtreten; eine ~ vor die Tür legen* • 1.1 *den* **Gegner** *auf die ~* **legen** ⟨umg.⟩ *im Ringkampf besiegen* • 1.2 ⟨fig.; umg.; salopp⟩ *langes Haar; wann lässt du dir endlich deine ~ schneiden?*

Mat|te² ⟨f.; -, -n⟩ *Wiese, Viehweide (in den Hochalpen)*

matt|set|zen *auch:* **matt setzen** ⟨V. 500⟩ **I** ⟨Zusammen- u. Getrenntschreibung; Schach⟩ *den* **Gegner** *~ besiegen* **II** ⟨nur Zusammenschreibung; fig.⟩ *jmdn. mattsetzen handlungsunfähig machen*

Ma|tur ⟨n.; -s; unz.; schweiz.⟩ *= Matura*

Ma|tu|ra ⟨f.; -; unz.; österr.⟩ *Maturitätsprüfung, Reifeprüfung, Abitur;* oV ⟨schweiz.⟩ *Matur*

Ma|tu|rand ⟨m.; -en, -en; schweiz.⟩ *jmd., der die Reifeprüfung ablegt od. abgelegt hat, Abiturient*

Ma|tu|ran|din ⟨f.; -, -din|nen; schweiz.⟩ *weibl. Maturand*

Ma|tu|rant ⟨m.; -en, -en; schweiz., österr.⟩ *jmd., der die Reifeprüfung ablegt od. abgelegt hat, Abiturient*

Ma|tu|ran|tin ⟨f.; -, -tin|nen; österr.⟩ *weibl. Maturant*

Mätz|chen ⟨n.; -s, -; umg.⟩ **1** ⟨Kosewort⟩ *kleines Kind* **2** ⟨Pl.⟩ • 2.1 *Possen, Unfug, Unsinn; törichte, über-*

flüssige ~; mach keine ~! • 2.2 *Kniffe, Kunstgriffe, um Wirkung zu erreichen, um sich wichtigzumachen, Ausflüchte; ich habe seine ~ durchschaut*

Mauer ⟨f.; -, -n⟩ **1** *Wand aus übereinandergreifenden, meist mit Mörtel verbundenen Steinen; eine ~ aufführen, bauen, errichten; eine alte, bröckelige, eingestürzte ~; eine dicke, hohe, massive ~; ein Gelände mit einer ~ umgeben; wir sind durch eine ~ gegen Einsicht von der Straße geschützt; die Chinesische ~* • 1.1 *die (Berliner) ~ von der DDR 1961 in Berlin errichtete M., die die Stadt bis 1989 teilte* • 1.2 *wie eine ~, wie die ~n* **stehen** *dicht an dicht, ohne zu weichen; die Menschen standen wie die ~n; der Gegner stand wie eine ~* **2** *Umgrenzung (bes. einer Stadt), Stadtmauer; der Präsident weilt seit gestern in den ~n unserer Stadt* ⟨geh.⟩ **3** ⟨fig.⟩ *Abgrenzung, Abschirmung, Barriere; du umgibst dich mit einer ~ von Vorurteilen; sein Misstrauen errichtet eine ~ zwischen uns*

Mau|er|blüm|chen ⟨n.; -s, -; fig.; umg.⟩ **1** *Mädchen, das beim Tanz selten aufgefordert wird* **2** *unscheinbare Person od. Sache, bes. Mädchen*

mau|ern ⟨V. 400⟩ **1** ⟨402⟩ **(etwas)** *~ Steine mit Mörtel zu einer Mauer zusammenfügen; er hat lange an dem Haus gemauert; mit dem neuen Verfahren kann er schneller ~; er mauert eine Terrasse, einen Schornstein, eine Treppe* **2** ⟨Kart.⟩ *Karten zurückhalten, nicht ausspielen, ängstlich spielen, nichts wagen; beim Skat ~* **3** ⟨Fußb.⟩ *das eigene Tor mit allen Spielern (wie mit einer Mauer) verteidigen; in den letzten 10 Minuten hat die gegnerische Mannschaft nur gemauert*

Maul ⟨n.; -(e)s, Mäu|ler⟩ **1** *Mund (vieler Tiere); der Esel, Löwe, Hai reißt das ~ auf;* →a. *Gaul (2), Ochse (1.2)* **2** ⟨derb⟩ *Mund (des Menschen); er drohte, er wolle ihm aufs ~ schlagen* • 2.1 *Mund (in seiner Eigenschaft als Sprechwerkzeug)* • 2.1.1 *das ~ aufmachen, auftun* ⟨a. fig.⟩ *reden, sprechen* • 2.1.2 *das ~ nicht aufkriegen* ⟨a. fig.⟩ *nicht reden (wollen)* • 2.1.3 *das ~ aufreißen* ⟨fig.⟩ *prahlen; er reißt das ~ gar zu weit auf* • 2.1.4 *ein großes ~ haben* ⟨fig.⟩ *wichtigtuerische Reden führen, vorlaut sein* • 2.1.5 *das ~ halten* ⟨fig.⟩ *schweigen; halt's ~!* • 2.1.6 *jmdm. das ~ stopfen* ⟨fig.⟩ *jmdn. zum Schweigen bringen* • 2.1.7 *nicht aufs ~ gefallen sein* ⟨fig.⟩ *schlagfertig sein* • 2.1.8 *jmdm. übers ~ fahren* ⟨fig.⟩ *jmdn. heftig widersprechen* • 2.1.9 *jmdm. ums ~ gehen* ⟨fig.⟩ *jmdm. das sagen, was er gern hört* • 2.1.10 *alle Mäuler sind voll davon* ⟨fig.⟩ *jedermann spricht darüber* • 2.1.11 *sich das ~ verbrennen* ⟨a. fig.⟩ *sich durch unüberlegte Worte schaden* • 2.1.12 *sich das ~ zerreißen* ⟨fig.⟩ *böse Nachrede führen, klatschen* • 2.1.13 *die bösen Mäuler (der Leute)* ⟨fig.⟩ *die Klatschsucht der Leute* • 2.1.14 *ein grobes, loses, ungewaschenes, schandbares ~ haben* ⟨fig.⟩ *freche od. schmutzige Reden führen* • 2.2 *Mund (in seiner Eigenschaft als Esswerkzeug)* • 2.2.1 *hungrige, gierige Mäuler* ⟨fig.⟩ *hungrige, gierige Personen; er hat sechs hungrige Mäuler zu Hause, zu stopfen* • 2.2.2 *jmdm. Honig ums ~ schmieren* ⟨fig.⟩ *schmeicheln* • 2.2.3 *eine ge-*

bratene Taube fliegt keinem ins ~ ⟨Sprichw.⟩ *man muss sich alles erarbeiten, es wird einem nichts geschenkt* • 2.3 *Mund (in seiner mimischen Ausdrucksfähigkeit), Gesicht* • 2.3.1 *das* ~ *hängen lassen* ⟨a. fig.⟩ *mürrisch, verdrießlich sein, ein mürrisches Gesicht ziehen* • 2.3.2 *ein schiefes* ~ *ziehen* ⟨a. fig.⟩ *ein mürrisches, enttäuschtes od. unzufriedenes Gesicht machen* **3** *maulartige Öffnung von Werkzeugen (Zange, Schraubenschlüssel o. Ä.)*

Maul|esel ⟨m.; -s, -⟩ *Kreuzung von Pferdehengst u. Eselstute;* Ggs *Maultier*

Maul|korb ⟨m.; -(e)s, -kör|be⟩ **1** *aus Lederriemchen netzartig geflochtene Haube, die bissigen Hunden, Pferden od. Ochsen übers Maul gebunden wird* **2** *dem* **Volke** *einen* ~ **anlegen** ⟨fig.; umg.⟩ *das Recht zur freien Meinungsäußerung einschränken*

Maul|tier ⟨n.; -(e)s, -e⟩ *Kreuzung zwischen Eselhengst u. Pferdestute;* Ggs *Maulesel*

Maul|wurf ⟨m.; -(e)s, -wür|fe; Zool.⟩ *Angehöriger einer Familie der Insektenfresser mit walzenförmigem Körper, kurzem, dichtem Pelz, zurückgebildeten Augen u. schaufelförmigen Beinen zum Graben: Talpidae*

maun|zen ⟨V. 400⟩ *klägliche Laute von sich geben, miauen; die kleinen Kätzchen maunzten nach ihrer Mutter*

Mau|rer ⟨m.; -s, -; Berufsbez.⟩ **1** *Handwerker, der Mauerwerk herstellt* • 1.1 **pünktlich** *wie die* ~ ⟨umg.; scherzh.⟩ *überaus pünktlich, auf die Minute genau* **2** ⟨unz.⟩ *Lehrberuf mit dreijähriger Lehrzeit*

Maus ⟨f.; -, Mäu|se⟩ *kleines, meist graues Nagetier mit spitzer Schnauze, nackten Ohren u. langem Schwanz, Hausmaus: Mus musculus; Mäuse knabbern, nagen, pfeifen, piepen, rascheln; weiße Mäuse sehen* (im Delirium); *flink, still wie eine* ~ • 1.1 *wie eine gebadete* ~ *völlig durchnässt* • 1.2 *mit jmdm. spielen wie die Katze mit der* ~ *jmdn. auf unfaire Weise über eine Entscheidung im Unklaren lassen* • 1.3 *da beißt die* ~ *keinen Faden ab* ⟨fig.; umg.⟩ *da hilft nun alles nichts, es muss sein, ist unumgänglich* • 1.4 ⟨i. w. S.; Zool.⟩ *Angehörige einer Unterfamilie der Mäuseartigen mit spitzen Schnauzen u. langen Schwänzen, Echte Mäuse: Murinae;* →a. *Berg (1.6), Katze (3.3 u. 3.7), Mann (4.10), Speck (2.1)* **2** ⟨Kosewort für⟩ *Kindchen, kleines Mädchen* **3** *die* **weißen** *Mäuse* ⟨fig.; scherzh.⟩ *Verkehrspolizisten (wegen ihrer weißen Mäntel), (od. in der Schweiz) die weißen Polizeiautos* **4** *Handballen* **5** = *Kugel (4)* **6** ⟨EDV⟩ *kleines, rollbares Eingabegerät, dessen Bewegungen auf einer Arbeitsplatte in Markierungen auf dem Bildschirm umgesetzt werden; die* ~(taste) *betätigen*

mau|scheln ⟨V. 400⟩ **1** *jiddisch sprechen* • 1.1 ⟨fig.⟩ *unverständlich reden* **2** ⟨abwertend⟩ *undurchsichtige Geschäfte betreiben* **3** ⟨Kart.⟩ *Mauscheln spielen*

Mäus|chen ⟨n.; -s, -⟩ **1** *kleine Maus; still wie ein* ~ *sein, sich verhalten* • 1.1 *da möchte ich* ~ **sein, spielen** ⟨fig.; umg.⟩ *da möchte ich im Verborgenen dabei sein* **2** ⟨umg.⟩ • 2.1 *freier Gelenkkörper in einem Gelenk* • 2.2 *sehr schmerzempfindliches unteres Ende des Gelenks am Oberarmknochen* **3** ⟨Kosewort für⟩ *Kindchen, (kleines) Mädchen*

mau|sen ⟨V.⟩ **1** ⟨500⟩ *etwas* ~ ⟨umg.; mildernd⟩ *stehlen; er hat Äpfel gemaust* **2** ⟨400⟩ *ein* **Tier** *maust* ⟨veraltet⟩ *fängt ein anderes T.;* →a. *Katze (3.2)*

Mau|ser ⟨f.; -; unz.⟩ *Federwechsel der Vögel; Frühjahrs~, Herbst~*

mau|sern ⟨V.⟩ **1** ⟨402/Vr 3⟩ *ein* **Vogel** *mausert* (**sich**) *wechselt das Federkleid; Kraniche mausern (sich) im Herbst; der Kanarienvogel hat sich gemausert* **2** ⟨505/Vr 3⟩ *sich* (**zu etwas**) ~ ⟨fig.⟩ *sich zu seinem Vorteil (zu etwas) entwickeln; der Junge hat sich in den letzten 2 Jahren ganz schön gemausert*

ma|xi|mal ⟨Adj.⟩ *sehr groß, größt…, höchst…;* Ggs *minimal;* ~*e Forderungen, Ansprüche; die Vorstellung dauert* ~ *3 Stunden*

Ma|xi|mum ⟨n.; -s, -xi|ma⟩ *größter Wert, Höchstwert;* Ggs *Minimum (1)*

Ma|yon|nai|se ⟨[majoneːzə] f.; -, -n⟩ = *Majonäse*

Mä|zen ⟨m.; -s, -e⟩ *Gönner, Förderer von Künstlern*

Mä|ze|na|tin ⟨f.; -, -tin|nen⟩ *weibl. Mäzen*

Mä|ze|nin ⟨f.; -, -nin|nen⟩ *weibl. Mäzen*

Ma|zur|ka ⟨[-zur-] f.; -, -s od. -zur|ken [-zur-]; Mus.⟩ = *Masurka*

Me|cha|nik ⟨f.; -, -en⟩ **1** ⟨unz.⟩ *Lehre von den Kräften, den Bewegungen, die sie hervorrufen, u. ihren Wirkungen auf starre u. deformierbare Körper* **2** *Triebwerk, Getriebe, Mechanismus*

Me|cha|ni|ker ⟨m.; -s, -⟩ **1** *Facharbeiter, der kleinere Maschinen od. Geräte herstellt u. instand hält* (Fein~) **2** *Lehrberuf des Handwerks mit dreijähriger Ausbildungszeit*

Me|cha|ni|ke|rin ⟨f.; -, -rin|nen⟩ *weibl. Mechaniker*

me|cha|nisch ⟨Adj.⟩ **1** ⟨24⟩ *auf der Mechanik beruhend* **2** ⟨24⟩ *von einer Maschine angetrieben u. bewirkt; etwas im* ~*en Verfahren herstellen; der* ~*e Webstuhl hat den Handwebstuhl verdrängt; eine Ware* ~ *herstellen* • 2.1 ~*es* **Klavier** *K., das automatisch gesteuert wird;* Sy *elektrisches Klavier,* → *elektrisch (2.6)* **3** ⟨50; fig.⟩ *unwillkürlich, gedankenlos, zwangsläufig, durch Einfluss äußerer Kräfte veranlasst; sie arbeitet mir viel zu* ~ 3.1 *etwas* ~ **ablesen,** *aufsagen teilnahmslos, ohne Ausdruck* • 3.2 *etwas* ~ **abschreiben** *ohne dabei mitzudenken, so dass man auch die Fehler gedankenlos abschreibt*

Me|cha|nis|mus ⟨m.; -, -nis|men⟩ **1** *Triebwerk, Getriebe* **2** ⟨fig.⟩ *unwillkürlicher, zwangsläufig ablaufender Vorgang*

me|ckern ⟨V. 400⟩ **1** *helle, kurze Laute wie die Ziege von sich geben* **2** ⟨fig.; umg.⟩ *in kurzen, hellen Tönen lachen* **3** ⟨410; fig.; umg.; abwertend⟩ *an allem etwas auszusetzen haben, nörgeln; du hast immer etwas zu* ~*!; er meckert ständig über das Essen*

Me|dail|le ⟨[-daljə] f.; -, -n⟩ **1** *Gedenk-, Schaumünze ohne Geldwert mit figürlicher Darstellung od. Inschrift; Rettungs~; eine* ~ *gießen, prägen, schlagen lassen; die olympischen* ~*en; die bronzene, silberne, goldene* ~ • 1.1 *damit kannst du dir keine* ~ *erringen* ⟨iron.⟩ *dein Verhalten gereicht dir nicht zur Ehre* **2** *die* **Kehrseite** *der* ~ ⟨fig.⟩ *die unangenehmere Seite der Angelegenheit*

Me|dail|lon ⟨[-daljõː] od. [-daljɔ̃] n.; -s, -s⟩ **1** ⟨Arch.;

Medikament

Kunst) *rundes od. ovales gerahmtes Ornament, Schmuckbild* **2** *(an einer Kette getragene) kleine Schmuckkapsel mit einem Bildnis* **3** *kleines, rund od. oval geschnittenes Stück Fleisch (bes. vom Filet);* Schweine~, Kalbs~

Me|di|ka|ment ⟨n.; -(e)s, -e⟩ *Stoff, der zur Verhütung u. Behandlung von Krankheiten u. Schmerzen dient, Arzneimittel*

Me|di|ta|ti|on ⟨f.; -, -en⟩ **1** ⟨Rel.; Psych.⟩ *innere Versunkenheit, Kontemplation; religiöse, mystische ~* **2** ⟨geh.⟩ *sinnende Betrachtung, langes u. tiefes Nachdenken;* sich in ~en über den Sinn des Lebens ergehen

Me|di|um ⟨n.; -s, Me|di|en⟩ **1** *Mittel, Mittler, vermittelndes Element;* das ~ Musik **2** *Mittel, das Lehrstoffe, Informationen, Verständigung, Kultur, Unterhaltung u. Ä. vermittelt;* das ~ Buch, Internet, Zeitung, Telefon • **2.1** *eines der großen Mittel, das Nachrichten, Informationen, Kultur u. Unterhaltung vermittelt (Fernsehen, Rundfunk, Presse, Film, CD, Internet);* Massen~ **3** ⟨Phys.⟩ *Substanz, in der sich physikalische Vorgänge abspielen* **4** ⟨Okk.⟩ *Person, die angeblich Informationen aus dem Überirdischen empfängt* **5** ⟨Gramm.⟩ *der reflexiven Form entsprechende Aktionsform des Verbums, bei der sich das Geschehen auf das Subjekt bezieht, z. B. im Griechischen*

Me|di|zin ⟨f.; -, -en⟩ **1** ⟨unz.⟩ *die Wissenschaft vom kranken u. gesunden Menschen, von seiner Gesunderhaltung u. von den Krankheiten u. ihrer Heilung, Heilkunde;* gerichtliche, innere ~ **2** ⟨umg.⟩ *Heilmittel, Arznei;* seine ~ nehmen; eine bittere ~

Meer ⟨n.; -(e)s, -e⟩ **1** *die Gesamtheit der zusammenhängenden Wassermasse auf der Erdoberfläche;* Welt~ • **1.1** die Sonne stieg aus, über dem ~ auf ⟨fig.⟩ *ging am Meereshorizont auf* • **1.2** die Sonne versank im, ins ~ ⟨fig.⟩ *ging am Meereshorizont unter* • **1.3** das ~ hat keine Balken ⟨umg.⟩ *bietet keinen festen Halt, keine Sicherheit* **2** *Ozean, größere Wasserfläche;* Binnen~; Rotes ~; das unendliche, weite ~; das aufgewühlte, bewegte, glatte, stille, stürmische, tosende, wogende ~; auf dem ~ fahren, schwimmen, segeln, steuern; das Schiff schwimmt auf dem ~; das Schiff fährt über das ~; diesseits, jenseits des ~es; 1000 m über dem ~ liegen **3** ⟨fig.⟩ *ungeheuer große Menge;* Häuser~, Lichter~; ein ~ von Blut, Tränen; ein unübersehbares ~ von Häusern; ein ~ von Irrtümern, Missverständnissen; ein ~ von Licht, Tönen; der Krieg hatte die Stadt in ein ~ von Trümmern verwandelt

Mee|res|spie|gel ⟨m.; -s; unz.⟩ *der mittlere Wasserstand des Meeres als Grundlage für Höhenmessungen auf dem Festland;* über dem ~ ⟨Abk.: ü. M.⟩; unter dem ~ ⟨Abk.: u. M.⟩

Meer|ret|tich ⟨m.; -(e)s, -e; Bot.⟩ *Kreuzblütler, dessen als Gewürz verwendete Wurzel Senföl enthält: Armoracia rusticana;* Sy ⟨süddt., österr.⟩ Kren

Meer|schaum ⟨m.; -(e)s; unz.; Min.⟩ *für Tabakspfeifen u. Zigarettenspitzen verwendetes, in Kleinasien u. Afrika vorkommendes, weißes od. graues Mineral, chem. wasserhaltiges Magnesiumsilikat*

Meer|schwein|chen ⟨n., -s, -; Zool.⟩ *Nagetier, das in vielen Formen als Haustier sowie als Versuchstier in Medizin u. Biologie gezüchtet wird: Cavia aperea porcellus*

Mee|ting ⟨[mi:-] n.; -s, -s⟩ **1** *Treffen, Zusammenkunft;* ein ~ der Parteiführer; an einem ~ teilnehmen • **1.1** ⟨bes. Sp.⟩ *mehrtägige Veranstaltung*

me|ga..., Me|ga... ⟨in Zus.⟩ **1** *groß..., Groß...;* Megavolt, Megahertz **2** ⟨umg.; salopp⟩ *äußerst..., super..., Super...;* megaout, Megasound, Megastar

Me|ga|fon ⟨n.; -s, -e⟩ *(elektrisch verstärkter) großer Schalltrichter, Sprachrohr;* oV Megaphon

Me|ga|lith ⟨m.; -(e)s, -e⟩ *vorgeschichtliches Baudenkmal aus großen, unbehauenen Steinen;* ~grab

Me|ga|phon ⟨n.; -s, -e⟩ = *Megafon*

Mehl ⟨n.; -(e)s, -e⟩ **1** *durch Zermahlen von Getreidekörnern entstehender Staub zur Herstellung von Brot;* Weizen~; Roggen~ **2** *durch Zermahlen fester Körper entstehendes Pulver;* Holz~; Stein~

mehr ⟨Adv.⟩ **1** ⟨Komparativ von⟩ *viel, sehr* • **1.1** *in höherem Grade, in größerer Menge, Zahl;* in diesem Monat hatten wir ~ Ausgaben als Einnahmen; noch ~ Nachsicht, Verständnis kannst du nicht erwarten, verlangen; das kann er mit ~ Recht behaupten als du; ~ oder weniger hatte er Recht; nicht ~ und nicht weniger als …; es waren ~ Kinder als Erwachsene da; sie haben ~ Kinder als wir; es kamen viel ~ (Gäste), als ich erwartet hatte; ~ Freunde als Feinde; er redet ~ als er handelt; ich liebe niemanden ~ als ihn; du solltest dich ~ schonen; er hatte mich ~ als alle anderen davor gewarnt; du hast ~ als deine Pflicht, Schuldigkeit getan; er hat die Sache ~, als wir dachten, durchschaut; ich habe ~, als ich erhoffte, erreicht; er fehlt mir ~ denn je; seine neue Stellung sagt ihm ~ zu als die vorige; nichts ist mir ~ zuwider als Heuchelei und Intoleranz • **1.1.1** ~ **als** … *außerordentlich;* die Sache ist mir ~ als peinlich; das Ergebnis ist ~ als kläglich; das ist ~ als leichtsinnig, rücksichtslos gehandelt • **1.1.2** ~ und ~, **immer** ~ *in zunehmendem Maße;* ~ und ~ komme ich zu der Überzeugung …; sie verlangt immer ~ von mir • **1.1.3 je** ~ (… **desto**) *in umso größerer Menge, stärkerem Maße;* je ~, desto besser; je ~ Geld, desto ~ Sorgen (Sprichw.); je ~ er hat, je ~ er will (Sprichw.) • **1.2** *eine weiteres, größeres Maß, eine größere Menge, Zahl;* zu ~ langt es nicht; dazu gehört ~; ~ kann ich nicht schaffen; er hat ~ für dich getan, als du ahnst; ~ als die Hälfte seines Vermögens; ~ als 12 dürfen es nicht sein; er verspricht gern ~, als er halten kann; ich kann ~ essen als du; demnächst ~ darüber, davon • **1.2.1** es schmeckt nach ~ ⟨umg.⟩ *so gut, dass man gerne noch weiter davon essen möchte* • **1.3** *zusätzlich, eine vorgegebene Menge, Zahl übertreffend;* er verdient 200 Euro ~; auf ein paar ~ oder weniger soll es mir nicht ankommen **2** *größer, bedeutender, wichtiger;* ~ sein als scheinen; der ist ~ ich und bekommt ein höheres Gehalt • **2.1** ~ **sein** (**als**) ⟨umg.⟩ *eine höhere Position haben (als)* **3** *eher;* er ist ~ Künstler als Geschäftsmann; er ist ~ klug als schön; er war ~ tot als lebendig, als er auf dem

Schiff den Sturm erlebte ⟨umg.; scherzh.⟩ • **3.1 umso ~, als** … *zumal, besonders auch darum, weil;* der Vater verzieh seinem Sohn, umso ~, als er aufrichtig bereute **4** *ferner, weiter, weiterhin;* es ist keiner, niemand ~ da; es besteht keine Hoffnung ~; wir haben keine Kinder ~ im Haus; ich habe keine Lust, Zeit ~; ich habe keine Wünsche ~, daran bin ich nicht ~ interessiert; da mache ich nicht ~ mit!; von dem Vermögen ist nichts ~ da, übrig; sie wohnt schon seit einem Jahr nicht ~ bei uns; was willst du ~?; Löhne und Preise steigen immer ~; bitte nicht ~!; er kommt nicht ~; ich sage nichts ~; ich möchte lieber einen Platz ~ nach der Mitte zu, ~ rechts • **4.1 nicht ~ können** *satt, erschöpft, überarbeitet sein, Ruhe, Entspannung brauchen;* ich kann nicht ~! • **4.2 keinesfalls,** nie ~ nicht noch einmal; er will es nie ~ tun • **4.3 nur ~** ⟨umg.⟩ *nur noch;* er war nicht zu verstehen, er konnte nur ~ lallen • **4.4 einmal ~** *von neuem;* das beweist einmal ~, dass er nicht zuverlässig ist

Mehr ⟨n.; -; unz.⟩ *Überschuss, Gewinn, Mehrheit, größere Menge;* ein ~ an Erfahrung besitzen; ein ~ an Kosten verursachen; ein ~ von 100 Stimmen; das ~ oder Weniger

mehr|deu|tig ⟨Adj.⟩ *mehrere Deutungen zulassend u. dadurch missverständlich;* ein ~er Begriff, Satz; eine ~e Antwort geben

meh|ren ⟨V. 500; geh.⟩ **1** etwas ~ *vergrößern, wachsen, zunehmen lassen;* seinen Besitz, sein Vermögen ~ **2** ⟨Vr 3⟩ **sich ~** *sich vermehren;* seid fruchtbar und mehret euch (1. Buch Mose, 1,22); es mehren sich die Stimmen derer, die …

meh|re|re ⟨nur Pl.; Indefinitpron. 10⟩ **1** *einige, ein paar, mehr als eine(r, -s)* od. *zwei, eine Anzahl;* ~ gute Arbeiten (starke Beugung des nachfolgenden Adj.); das Zustandekommen ~r guter Arbeiten; (im Gen. Pl. neben der starken gelegentl. noch schwache Beugung) ~r guten Arbeiten; ein Wort mit ~n Bedeutungen; nach dem Gutachten ~r Gelehrter, (selten a.) ~r Gelehrten; die Arbeit nahm ~ Tage in Anspruch; hierzu gibt es ~ Meinungen; ~ (Mitglieder) stimmten dagegen, waren anderer Meinung; wir trafen uns ~ Male; eine Gleichung mit ~n Unbekannten ausrechnen ⟨Math.⟩ **2** ~**s** *manches, mancherlei;* wir haben noch ~s zu tun, bevor wir abreisen

mehr|fach ⟨Adj. 24/90⟩ **1** *mehr als ein-* od. *zweifach, öfter auftretend;* ein Schriftstück in ~er Ausfertigung; er hat in ~er Hinsicht Unrecht; die Kosten sind um das Mehrfache gestiegen, sind um das Mehrfache größer **2** *wiederholt, mehrmalig;* der ~e deutsche Meister im 1000-Meter-Lauf **3** ⟨50; umg.⟩ *mehrmals;* ich bin in letzter Zeit ~ danach gefragt worden

Mehr|heit ⟨f.; -, -en⟩ *die größere Anzahl* od. *Menge aus einer Gesamtheit;* Sy Mehrzahl (1); →a. absolut (1.5), relativ (1.5); die ~ der Stimmen, des Volkes, der Wähler; die ~ besitzen, erringen, gewinnen, verlieren (im Parlament); die einfache ~; der Präsident wurde mit geringer, großer, knapper, überwältigender ~ wiedergewählt; die parlamentarische ~; er berief sich dabei auf die ~; die ~ der Stimmen auf sich vereinigen; ~sbeschluss

mehr|heit|lich ⟨Adj. 24/90⟩ **1** *der Mehrheit entsprechend, auf ihre beruhend;* ein ~ getroffener Entschluss; ~e Entscheidung • **1.1** *in der Mehrzahl;* die Teilnehmer wollten ~ den Wettkampf abbrechen **2** ⟨schweiz.⟩ *meistens, vor allem;* die Jungen sind von dieser Entscheidung betroffen

mehr|mals ⟨Adv.⟩ *mehr als zweimal, wiederholt, öfters;* er hat schon ~ angerufen

Meh|rung ⟨f.; -; unz.⟩ *das Mehren, Vergrößerung, Bereicherung, Wachstum;* die ~ des Vermögens, des Besitzes

Mehr|zahl ⟨f.; -; unz.⟩ **1** = Mehrheit; die ~ der Mitglieder war gegen den Vorschlag **2** ⟨Gramm.⟩ = Plural; Ggs Einzahl

mei|den ⟨V. 183/500/Vr 8; geh.⟩ **1** *jmdn.* od. *etwas ~ sich fernhalten von jmdm.* od. *etwas, jmdn.* od. *etwas aus dem Wege gehen, jmdn.* od. *etwas nicht zu treffen suchen;* er mied schlechte Gesellschaft, den Umgang mit ihm; sie haben sich lange Zeit gemieden; was man nicht haben ~, das soll man willig leiden ⟨Sprichw.⟩; der Schlaf hat ihn die ganze Nacht gemieden ⟨fig.⟩ • **1.1 ein Gericht, ein Getränk ~** *es nicht essen bzw. trinken* • **1.2 einen Ort ~** *nicht aufsuchen;* die Stadt ~

Mei|le ⟨f.; -, -n⟩ **1** *Längenmaß verschiedener Größe (heute nur noch in den angelsächs. Ländern verwendet)* • **1.1 englische ~** *1609 m* • **1.2 geografische ~** *7420 m* • **1.3 preußische ~** *7532 m* • **1.4 römische ~** *1000 Doppelschritte;* →a. Seemeile

Mei|len|stein ⟨m.; -(e)s, -e⟩ **1** ⟨früher⟩ *Stein, der am Rande von Wegen u. Straßen die Entfernung angibt* **2** ⟨fig.⟩ *hervorragendes Ereignis, wichtiger Punkt;* ein ~ in der Geschichte

Mei|ler ⟨m.; -s, -⟩ **1** *mit Erde abgedeckter Holzstoß, in dem der Köhler Holz zu Holzkohle verschwelt, Kohlenmeiler* **2** ⟨kurz für⟩ *Kernreaktor*

mein¹ ⟨Possessivpron. 4; 1. Person Sg.⟩ **1** ~ Buch (usw.) *ich habe ein B. (usw.)* • **1.1** *mir gehörend, aus meinem Eigentum* od. *Besitz stammend;* ~ Eigentum; ~ Hut, ~e Mütze, ~ Kopftuch; ~e Uhr; ~ Haus • **1.1.1** *das Meine/meine mein Eigentum* • **1.1.2** ⟨nur 1. u. 2. Person Sg.⟩ Mein und Dein *eigenes und fremdes Eigentum;* Streit über Mein und Dein; das Mein und Dein • **1.1.3** ⟨nur 1. u. 2. Person Sg.⟩ Mein und Dein nicht unterscheiden können, verwechseln *sich fremdes Eigentum aneignen, stehlen* • **1.2** *mit mir verwandt, bekannt, befreundet;* ~e Mutter, ~ Vater; ~e Kinder, Söhne, Töchter; einer ~er Freunde • **1.2.1** *die Meinen/meinen meine (engen) Verwandten* • **1.3** *einen Teil von mir bildend;* ~e Arme, Beine • **1.4** *von mir ausgehend, bei mir Ursprung habend;* ~ Einfluss; ~ Vertrauen; ~ Vorschlag; ~e Idee • **1.5** *mir zukommend;* ~e Angelegenheit, ~e Aufgabe, ~ Verdienst, ~e Sorge; ich habe ~en schlechten Tag; ich werde das Meine/meine tun **2** *eine Eigenschaft von mir darstellend;* ~ Fleiß, ~ Können, ~e Ausdauer; ~ Rheuma • **2.1** *mir zur Gewohnheit*

mein

geworden; ich rauche ~e 20 Zigaretten am Tag; ich will ~en Mittagsschlaf halten, ~e Arznei noch einnehmen, täglich ~e zwei Glas Wein trinken **3** *von mir getan;* ~e Arbeit, ~e Tätigkeit • **3.1** *von mir verursacht;* ~e Schuld • **3.2** *von mir vertreten, gerechtfertigt;* ~ Entschluss steht fest; ~e Fürsprache; ~e Ansicht, Meinung, Auffassung; ~es Erachtens ⟨Abk.: m. E. (nur 1. Person Sg.)⟩; nach ~em Erachten; nach ~er Meinung, ~er Meinung nach; ~es Wissens ⟨Abk.: m. W. (nur 1. Person Sg.)⟩ • **3.3** *mir erwünscht;* ich bin mir ~es Sieges völlig sicher; ~ Ein und Alles; ich habe ~ Glück gemacht • **3.4** *von mir benutzt;* ~ Zug, Bus; ~e Straßenbahn **4** ⟨emotiv⟩ • **4.1** *(Ausruf des Schreckens, Erstaunens);* (ei du) ~ Gott!; ei du ~! ⟨oberdt.⟩; ach du ~e Güte!; ~ Schreck! • **4.2** ~e Damen und Herren! *(Anrede an ein größeres Publikum)* • **4.3** ~ lieber Mann, ~e liebe … *(Anrede in Briefen)* • **4.4** ~ lieber Mann! ⟨umg.⟩ *(Ausruf des Erstaunens, der Bewunderung, Warnung)*

mein² ⟨poet.; Gen. von⟩ *ich;* du gedenkst doch ~?

Mein|eid ⟨m.; -(e)s, -e⟩ *vorsätzlich falscher Schwur od. falsche eidesstattliche Erklärung;* einen ~ leisten; jmdn. wegen ~s verurteilen

mei|nen ⟨V. 500⟩ **1** etwas ~ *denken, annehmen, der Meinung sein, seine Meinung äußern, vermuten, für richtig halten;* er meint, dass es damit genug sei; er meint, es sei damit genug; man sollte ~, dass es damit genug sei; er meint, es sei das Beste für ihn; du meinst wohl das Richtige, du hast dich aber sehr schlecht ausgedrückt • **1.1** das will ich ~!*aber ganz bestimmt!, davon bin ich überzeugt!* • **1.2** ⟨513⟩ ~ Sie das im Ernst? *sind Sie wirklich dieser Meinung?* • **1.3** was ~ Sie dazu? *was halten Sie davon, welche Meinung haben Sie darüber?* • **1.4** wenn Sie ~! *wenn es Ihnen recht ist, wenn Sie wollen* • **1.5** ⟨413⟩ ich meine nur so ⟨umg.⟩ *es war nur ein Vorschlag* • **1.6** er meint Wunder, was er kann ⟨umg.⟩ *er hält zu viel von sich selbst* **2** jmdn. od. etwas ~ *von jmdm. od. etwas sprechen, an jmdn. od. etwas denken;* wen ~ Sie?; dich meine ich!; ich habe dich nicht gemeint; sie sprechen zwar von einem anderen, aber in Wirklichkeit ~ sie mich; das ist Freiheit, die ich meine!; wen meinst du damit?; damit warst du gemeint • **2.1** ⟨550⟩ **etwas mit etwas ~** *etwas mit etwas sagen wollen, etwas unter etwas verstehen;* was meinst du damit?; meint er mit seinem Beitrag, dass keine Aussicht auf Erfolg mehr besteht? **3** ⟨513⟩ eine **Sache** ~ *beabsichtigen, wollen;* war es so gemeint?; es war gut gemeint (wenn es auch nicht den Anschein hat); ein gut gemeinter Rat • **3.1** er meint es nicht böse *er hat nichts Böses sagen od. tun wollen* • **3.2** er meint es gut mit dir *er will dir etwas Gutes sagen od. tun* • **3.3** er meint es ehrlich *er ist aufrichtig, er hat ehrliche Absichten* • **3.4** der junge Mann meint es nicht ehrlich mit ihr ⟨umg.⟩ *er liebt sie nicht, spielt nur mit ihr, wird sie nicht heiraten* • **3.5** der Chef hat es nicht gut mit uns gemeint ⟨iron.; umg.⟩ *er hat uns zu viel Arbeit gegeben* • **3.6** die Sonne, das Wetter meinte es gut mit uns ⟨umg.⟩ *die S. schien sehr warm, das W. war schön* **4** etwas ~ *sagen, bemerken;* „damit ist es genug", meinte er; „damit", meinte er, „ist es genug"

mei|ner ⟨Gen. von⟩ *ich;* sie können sich ~ nicht mehr erinnern

mei|ner|seits ⟨Adv.⟩ **1** *von meiner Seite, von mir (aus);* ~ ist nichts einzuwenden • **1.1** „ich freue mich, Sie kennenzulernen!" „Ganz ~!" ⟨förml.⟩ *das Vergnügen, die Freude ist auf meiner Seite!*

mei|nes|glei|chen ⟨Indefinitpron.; indeklinabel⟩ *jmd. wie ich, meiner Art, meines Standes*

mei|net|we|gen ⟨Adv.⟩ **1** *um meinetwillen, für mich,* bemühe dich nicht ~! • **2** ⟨umg.⟩ *ich habe nichts dagegen;* ~!; ~ kann er es haben

mei|net|wil|len ⟨Adv.⟩ um ~ *für mich, mir zuliebe*

mei|ni|ge ⟨substantiviertes Possessivpron.⟩ **1** *meine;* dieser Koffer ist der ~ • **1.1** der, die, das Meinige/meinige *der, die, das Meine, das, was zu mir gehört* • **1.2** die Meinigen/meinigen *meine Familie, meine Angehörigen* • **1.3** ich werde das Meinige/meinige tun *meine Pflicht, das, was ich tun kann*

Mei|nung ⟨f.; -, -en⟩ **1** *Ansicht, Anschauung, Standpunkt;* eine ~ äußern, durchsetzen, haben, kundgeben, sagen, verfechten, vertreten, vorbringen; er beharrt, besteht auf seiner ~; jmds. ~ beipflichten, beistimmen, zustimmen; von einer ~ abkommen; was geht mich die ~ der Leute an!; was ist Ihre ~?; das ist auch meine ~!; wir sind häufig verschiedener ~!; nach meiner ~ war das so; meiner ~ nach war das so; unsere ~en gehen auseinander, sind geteilt; er duldet keine andere ~; ganz meine ~!; die ~ der Allgemeinheit, der Leute, der Masse • **1.1** du brauchst mit deiner ~ nicht hinter dem Berge zu halten *du kannst offen sagen, was du denkst* • **1.2** wir könnten einmal unsere ~en darüber austauschen *wir könnten uns gegenseitig sagen, was wir darüber denken* • **1.3** **der** ~ **sein** *die Anschauung vertreten;* ich bin der ~, dass … • **1.4** **einer** ~ **sein mit jmdm.** *übereinstimmen mit jmdm.;* in dieser Frage bin ich mit dir einer ~; →a. öffentlich (1.2) **2** *Urteil, Wertschätzung;* seine ~ ändern, aufgeben, fallenlassen; sich eine ~ von jmdm. od. etwas bilden; sich eine ~ über jmdn. od. etwas bilden; eine gute, hohe, schlechte ~ von jmdm. haben; ich habe eine, keine gute ~ von ihm; die öffentliche ~ befragen, erforschen, fürchten, missachten, verachten; in jmds. ~ sinken, steigen; er kümmert sich nicht um die ~ der anderen • **2.1** ich habe noch keine eigene ~ darüber *noch kein eigenes Urteil* • **2.2** ich habe ihm gehörig die ~ gesagt *offen mein Missfallen ausgedrückt*

Mei|se ⟨f.; -, -n; Zool.⟩ **1** *Angehörige einer in Europa, Asien u. Nordamerika vertretenen Familie kleiner, gewandter, buntgefiederter Singvögel:* Paridae • **1.1** er hat eine ~! ⟨fig.; umg.⟩ *er ist verrückt!*

Mei|ßel ⟨m.; -s, -⟩ **1** *keilartig zugespitztes, geschärftes Werkzeug zur Bearbeitung von Stein, Metall u. Knochen;* ein Stück Marmor mit dem ~ bearbeiten; Stemm-, Stoß- ~ **2** die **Kunst** des ~s ⟨poet.⟩ *Bildhauerei*

mei|ßeln ⟨V.⟩ **1** ⟨400⟩ *mit dem Meißel arbeiten* **2** ⟨500⟩ etwas ~ *mit dem Meißel bearbeiten;* eine Statue ~

meist ⟨Adj.⟩ **1** ⟨90; Superlativ von⟩ *viel, sehr* • **1.1** *den größten Anteil habend, die Mehrheit darstellend, sehr viel, sehr groß;* die ~en/Meisten *denken, glauben, meinen, dass …;* in den ~en Fällen ist es so; er hat die ~en Stimmen erhalten; das ~e/Meiste hat er verschuldet; das ~e/Meiste davon habe ich wieder vergessen • **1.1.1** die ~e Zeit ⟨umg.⟩ *fast die ganze Z.* • **1.2 am** ~en *vor allem, mehr als alle(s);* darüber habe ich mich am ~en gefreut; er kann am ~en **2** ⟨50⟩ = *meistens;* er kommt ~ erst gegen Abend; es sind ~ Schüler und Studenten

meist|bie|tend ⟨Adj. 24/90; in der Wendung⟩ **etwas ~ verkaufen, versteigern** *gegen das höchste Gebot*

meis|tens ⟨Adv.⟩ *im Allgemeinen, am häufigsten, fast immer, zum größten Teil;* oV **meist** (2); sie kommt ~ zu spät

Meis|ter ⟨m.; -s, -⟩ **1** *Handwerker, der nach der Gesellenzeit eine (staatliche) Prüfung abgelegt hat u. damit berechtigt ist, Lehrlinge anzuleiten;* bei einem ~ in der Lehre stehen • **1.1** seinen ~ machen ⟨umg.⟩ *die Meisterprüfung ablegen* **2** *großer Könner, hervorragender Fachmann;* er ist ein ~ in der Feder, des Gesanges, Klavierspiels, Pinsels, der Sprache; du bist ein ~ im Verdrehen der Worte; Übung macht den ~ ⟨Sprichw.⟩; früh übt sich, was ein ~ werden will ⟨Sprichw.⟩; es ist noch kein ~ vom Himmel gefallen ⟨Sprichw.⟩ • **2.1** *in die Kunstgeschichte eingegangener Künstler;* der Unbekannte ~ der schönen Madonnen; das Gemälde ist von einem alten niederländischen ~ • **2.2** *Sportler, der sich durch eine Höchstleistung ausgezeichnet hat, Mannschaft, die in einem Wettbewerb Sieger geworden ist;* der VfB Stuttgart ist Deutscher (Fußball-)~ der Saison 2006/2007; Groß~ (im Schach); Welt~ • **2.3** *Führer, Lehrer, Vorbild;* auf des ~s Worte hören, schwören; zu des ~s Füßen sitzen • **2.3.1** *Herr (als Anrede, z. B. der Jünger für Christus od. der Schüler für ihren Lehrer, bes. bei Künstlern)* **3** *Gebieter, Vorgesetzter;* der Herr und ~ • **3.1** *(weltlicher) Vorsteher eines Ritterordens;* Hoch~ • **3.2** *Vorsteher einer Freimaurerloge;* ~ vom Stuhl **4** *Beherrscher, Überwinder* • **4.1** er hat seinen ~ gefunden *jmdn., der ihm überlegen ist* • **4.2** einer Sache ~ werden *sie beherrschen lernen* • **4.3** ~ über etwas werden *etwas beherrschen lernen* **5** ⟨poet.⟩ *(Teil des Namens von Fabel- u. Märchengestalten)* • **5.1** ~ Petz *der Bär* • **5.2** ~ Lampe *der Hase* • **5.3** ~ Urian *der Teufel* • **5.4** der rote ~ *der Henker* • **5.5** ~ Knieriem, Pfriem *der Schuhmacher* • **5.6** ~ Zwirn *der Schneider*

meis|ter|haft ⟨Adj.⟩ **1** *vorbildlich, vortrefflich, vollkommen, wie ein Meister;* etwas ~ können, beherrschen; er tanzt, singt, spielt ~ **2** *wie von einem Meister;* ein ~es Bild, Werk; wir hörten eine ~e Interpretation dieser Symphonie

Meis|te|rin ⟨f.; -, -rin|nen⟩ *weibl. Meister*

meis|tern ⟨V. 500; er ~te meistere od. meistre; geh.⟩ **etwas ~** *etwas gut bezwingen, überwinden, beherrschen;* eine Arbeit, Aufgabe, Schwierigkeiten ~; jeder muss sein Leben ~; seinen Zorn ~

Meis|ter|schaft ⟨f.; -, -en⟩ **1** ⟨unz.⟩ *gute Beherrschung,*

großes, ausgereiftes Können, vorbildl., vollkommene, überlegene Leistung; er spielte mit bewundernswerter, gewohnter, unerreichter, vollendeter ~; seine ~ auf diesem Gebiet ist unbestritten **2** *sportliche Höchstleistung, Sieg im Wettkampf;* Ski~, Europa~, Welt~; die ~ (in einer Sportart) austragen, erringen, erstreben, erwerben, gewinnen, verlieren, verteidigen; bei den Wettkämpfen um die deutsche ~ im Eiskunstlauf kam es zu folgenden Ergebnissen …

meist|ge|hasst ⟨Adj.; Superlativ von⟩ *viel gehasst;* der ~e Mensch seiner Zeit

Me|lan|cho|lie ⟨[-ko-] f.; -; unz.⟩ *Schwermut, Trübsinn, Traurigkeit;* in ~ versinken

me|lan|cho|lisch ⟨[-ko:-] Adj.⟩ *schwermütig, trübsinnig, traurig*

Me|lan|ge ⟨[-lã:ʒ(ə)] f.; -, -n⟩ **1** *Mischung, Gemisch (von Sorten, Farben u. Ä.)* **2** ⟨österr.⟩ *Milchkaffee* **3** ⟨Textilw.⟩ *aus verschiedenen Fasern erzeugtes Garn* • **3.1** *daraus hergestelltes Gewebe, Mischgewebe*

mel|den ⟨V.⟩ **1** ⟨500⟩ *etwas ~ mitteilen, kundtun, Nachricht geben von etwas;* der Wetterbericht meldet ein herannahendes Sturmtief; wie unser Korrespondent aus London meldet ~ **2** ⟨500⟩ *nennen, angeben* • **2.1 jmdn.** od. **etwas ~** *anzeigen;* jmdn. wegen eines Vergehens ~; er hat den Unfall, Vorfall bereits gemeldet • **2.2** ⟨Vr 7⟩ **jmdn.** (**polizeilich, bei der Polizei**) ~ *anmelden* • **2.3 jmdn. ~** *als Besuch ankündigen;* wen darf ich ~? (Frage an den Besucher im Vorzimmer) • **2.3.1** ⟨Vr 3⟩ **sich ~** *seine Anwesenheit anzeigen, sich vorstellen;* sich am Telefon ~; sich ~ lassen • **2.4** ⟨550⟩ **jmdn. zu, für etwas ~** *zur Teilnahme anmelden;* zur, für die Prüfung wurden nur wenige Schüler gemeldet; der Verein meldete zwei Mannschaften für den Wettbewerb • **2.4.1** ⟨Vr 3⟩ **sich zu, für etwas ~** *sich zur Verfügung stellen, einer Sache (freiwillig) beitreten, sich anmelden;* sich zu einer Aufgabe, einem Dienst ~; er will sich freiwillig ~ (zum Wehrdienst); ich habe mich für den zweiten Lehrgang gemeldet • **2.5** ⟨Vr 3⟩ **etwas meldet sich** *macht sich bemerkbar;* das Alter; ein altes Leiden meldet sich • **2.5.1** der Hunger, mein Magen meldet sich *ich verspüre H.* • **2.6** ⟨Vr 3⟩ **sich ~** *(durch Handheben) ums Wort bitten (in der Schule);* die Schüler meldeten sich in der Unterrichtsstunde eifrig; er meldet sich zu, zum Wort • **2.7** ⟨Vr 3⟩ **sich ~** *sein Bedürfnis anzeigen (vom kleinen Kind);* der Säugling meldet sich durch Schreien, wenn er Hunger hat, wenn die Windeln nass sind • **2.8** ⟨Vr 3⟩ **sich** (**bei jmdm.**) ~ *jmdm. eine (telefonische, schriftliche) Nachricht geben, mit jmdm. Kontakt aufnehmen od. halten* **3** ⟨500⟩ **nichts zu ~ haben** ⟨fig.; umg.⟩ *nichts zu bestimmen haben, ohne Einfluss sein;* du hast hier nichts zu ~; er hat zu Hause nichts zu ~ **4** ⟨400⟩ **der Hund** meldet *bellt, schlägt an, gibt Laut* **5** ⟨400⟩ **der Hirsch** meldet ⟨Jägerspr.⟩ *stößt Brunftlaute aus*

Mel|dung ⟨f.; -, -en⟩ **1** *dienstliche Mitteilung, offizielle Nachricht, öffentliche Bekanntmachung;* eine ~ abfangen, auffangen, entgegennehmen, erhalten, erwarten, weiterleiten, zurückhalten; eine ~ bestätigen, dementieren, durchgeben, verbreiten; eine aktuelle, amtliche, behördliche, offizielle, sensationelle, streng vertrauliche, wichtige ~; eine ~ jagte die andere; wir wiederholen eine wichtige ~; eine ~ aus New York; die neuesten ~en über die Lage im Katastrophengebiet; die letzten ~en von den Olympischen Spielen • 1.1 **jmdm.** eine ~ **machen** *jmdm. etwas melden* **2** *Mitteilung der Anwesenheit, Dienstbereitschaft, Teilnahme;* Gesund~; freiwillige ~en bitte an …; es sind schon zahlreiche ~en (zur Teilnahme) eingegangen • 2.1 *Wortmeldung* **3** *Anzeige;* es ist eine ~ bei der Dienststelle, Polizei eingegangen

mel|ken ⟨V. 184⟩ **1** ⟨500⟩ ein **Tier** ~ *einem Tier mittels Melkmaschine od. durch pressendes Streichen der Euterzitzen Milch entziehen, wegnehmen;* die Kuh, Ziege, Kamelstute, das Schaf ~; die Kühe müssen noch gemolken werden; auf diesem Hof wird seit langem elektrisch gemolken • 1.1 **jmdm.** ~ ⟨fig.; umg.⟩ *jmdm. (ständig) Geld abnehmen, ihn ausplündern, ausbeuten;* sie haben ihn tüchtig gemolken **2** ⟨400⟩ ein **Tier** melkt *gibt Milch* • 2.1 eine ~de **Kuh** ⟨a. fig.; umg.⟩ *eine gute Einnahmequelle* **3** *Milch* ~ *durch Melken (1) gewinnen;* frisch gemolkene Milch

Mello|die ⟨f.; -, -n; Mus.⟩ *in sich geschlossene, sangbare Folge von Tönen*

mel|o|disch ⟨Adj.⟩ **1** *die Melodie betreffend, zu ihr gehörig* • 1.1 *harmonisch, wohlklingend, melodiös* • 1.2 ~e **Molltonleiter** *Molltonleiter, bei der die 6. u. 7. Stufe erhöht sind;* Ggs *harmonische Molltonleiter,* → *harmonisch (1.2)*

Mel|o|ne ⟨f.; -, -n⟩ **1** *Kürbisgewächs mit saftigen Früchten, die roh genossen werden: Cucumis melo;* Zucker~, Wasser~, Honig~ **2** ⟨umg.⟩ *steifer, runder Herrenhut*

Mem|bran auch: **Memb|ran** ⟨f.; -, -en⟩ = *Membrane*

Mem|bra|ne auch: **Memb|ra|ne** ⟨f.; -, -n⟩ oV *Membran* **1** ⟨Phys.; Tech.⟩ *dünnes, schwingungsfähiges Blättchen aus Metall, Papier, Gummi zum Übertragen von Schallwellen;* Telefon~, Mikrofon~ **2** ⟨Biol.⟩ *dünnes Häutchen, z. B. Zellwand, Trommelfell*

Mem|me ⟨f.; -, -n; umg.; abwertend⟩ *ängstlicher, furchtsamer, feiger Mensch, Feigling;* du bist eine richtige ~!

Me|moi|ren ⟨[-moarən] nur Pl.⟩ *Lebenserinnerungen;* er schreibt seine ~; zeitgeschichtlich interessante ~

Me|ne|te|kel ⟨n.; -s, -⟩ *(geheimnisvolles) warnendes Anzeichen drohender Gefahr od. eines bevorstehenden Unheils*

Men|ge ⟨f.; -, -n⟩ **1** *große Zahl, Fülle (von);* ich habe dort eine ~ Bekannte, Freunde, Kollegen getroffen; eine ~ Bilder, Bücher besitzen; von dort kann man eine ~ Lichter sehen; zur Auktion waren Interessenten in großer ~ erschienen; die ~ muss es bringen; wir haben eine ~ Arbeit; eine ~ Gold; eine ~ Goldes ⟨poet.⟩ • 1.1 eine ~ **Volk** *hatte sich versammelt viele Leute* • 1.2 **in** ~n *in großer Zahl, Fülle;* Obst in ~n ernten; in ~n vorhanden sein; in rauen ~n ⟨umg.⟩ • 1.3 *etwas* **die** ~ *haben* ⟨umg.⟩ *in großer Zahl, Fülle;* er hat Geld die ~ • 1.4 ⟨umg.⟩ *viel;* er bildet sich eine ~ darauf ein; du musst noch eine ~ lernen; ich habe noch eine ~ zu tun **2** *größere Gruppe (von Menschen), ungeordneter Haufen, Volk, Volksmasse;* Menschen~; die ausgelassene, begeisterte, bewegte, bunte, fröhliche, jubelnde, staunende, wartende ~; ein Raunen ging durch die ~; die ~ drängt sich vor dem Rathaus zusammen; die ~ der Schaulustigen schob sich langsam vorwärts; eine ~ neugieriger Menschen hatte sich angesammelt; ich konnte mich nur sehr mühsam durch die ~ hindurchzwängen • 2.1 *der Beifall der* ~ ⟨a. fig.⟩ *die Zustimmung der Mehrheit* **3** *(bestimmte) Anzahl, Menge;* Stoff~; bitten um Angaben der ~n; wir haben nur noch eine begrenzte ~ dieser Ware vorrätig **4** ⟨Math.⟩ *Zusammenfassung von bestimmten verschiedenen Objekten zu einem Ganzen;* ~nlehre

men|gen ⟨V. 500⟩ **1** *etwas* ~ *mischen, vermischen, durcheinanderbringen;* den Teig ~; Mehl und Wasser zu einem Teig ~; Rosinen, Mandeln in, unter den Teig ~ **2** ⟨550/Vr 3⟩ **sich in etwas** ~ *sich (ungebeten) einmischen, sich um etwas kümmern, das einen nichts angeht;* meng dich nicht in fremde Angelegenheiten!

Me|nis|kus ⟨m.; -, -nis|ken⟩ **1** ⟨Anat.⟩ *scheibenförmiger Zwischenknorpel (bes. des Kniegelenks)* **2** ⟨Phys.⟩ *gewölbte Oberfläche einer Flüssigkeit in einer engen Röhre* **3** ⟨Opt.⟩ *Linse mit zwei nach derselben Seite gekrümmten Flächen*

Men|sa ⟨f.; -, Men|sen⟩ *einer Kantine ähnliche Einrichtung an Hochschulen od. Universitäten, in der die Studenten u. Hochschulangehörigen verbilligt essen können*

Mensch[1] ⟨m.; -en, -en⟩ **1** *menschliches Wesen (in seinen körperlichen, geistigen sowie gesellschaftlichen Gegebenheiten);* alle ~en; jeder ~ hat seine Fehler; man muss die ~en nehmen, wie sie sind; ~, ärgere dich nicht! ⟨umg.; a. Gesellschaftsspiel⟩; der ~ denkt und Gott lenkt ⟨Sprichw.⟩; des ~en Wille ist sein Himmelreich ⟨Sprichw.⟩ • 1.1 *der* ~ *braucht das jeder* • 1.2 einen gesitteten ~en aus jmdm. machen *jmdn. erziehen, Anstand lehren* • 1.3 du benimmst dich wie der erste ~! ⟨umg.; scherzh.⟩ *völlig unbeholfen, unerfahren* • 1.4 an Gott und den ~en zweifeln *völlig verzweifelt sein* • 1.5 ist das noch ein ~? *wie kann man nur so unmenschlich sein!* • 1.6 *Persönlichkeit;* er ist ein anderer ~ geworden; den alten ~en ablegen, einen neuen ~en anziehen (nach dem Epheserbrief, 4,22 - 24) • 1.7 er ist auch **nur** ein ~ *er kann auch nicht mehr leisten, als in seinen Kräften liegt, er ist auch nicht ohne Fehler* • 1.8 **von** ~ **zu** ~ *mit jmdm. sprechen ohne konventionelle Schranken* • 1.9 des ~en **Sohn** *Christus, wie er sich selbst genannt hat* • 1.10 **kein** ~ *niemand;* das konnte ja wirklich kein ~ ahnen; kein ~ muss müssen (Lessing; bes. als Antwort auf eine Aufforderung) • 1.11 **welcher** ~ …? *wer?;* welcher ~ vermag das!; →a. *äußere (1.4), erste(r, -s) (2.6), innere (3.1), halb (7.4), Seele (4), unter (2.6)* **2** *Person, Mann, Frau;* ein anmaßender, anständiger, bescheidener, boshafter, egoistischer, ehrlicher, gut erzogener, hilfsbereiter, selbstloser, solider, strebsamer, ungeschliffener, zuverlässiger ~; ein eigensinniger, freundlicher, gezierter, netter, natürlicher, steifer, unscheinbarer ~; ein geistreicher, gescheiter, kluger, langweiliger, schlagfertiger, witziger ~; ein ängstlicher, furchtloser, tapferer, tatkräftiger, unerschrockener, unternehmungslustiger ~; ein guter ~, aber ein schlechter Künstler, Maler, Musiker, Sänger (um ein ungünstiges Urteil über künstler. Fähigkeiten zu mildern); als alter, junger ~ urteilt man …; dieser junge ~ bildet sich viel darauf ein; sehet, welch ein ~! (Joh. 19,5); einen ~en betrügen, bewundern, hintergehen, lieben, schätzen, verachten, verehren; einem ~en glauben, misstrauen, vertrauen; sich auf einen ~en (nicht) verlassen können; für einen ~en Achtung, Liebe, Verehrung, Zuneigung empfinden; sich für einen ~en einsetzen; den Umgang mit anderen ~en meiden, suchen **3** ⟨umg.⟩ *(grobe, scheltende Anrede);* ~, hör damit auf!; ~ Meier! (Ausruf des Erstaunens) **4** ⟨Getrennt- u. Zusammenschreibung⟩ • **4.1** ~en verachtend = menschenverachtend

Mensch[2] ⟨n.; -(e)s, -er; umg.; bes. oberdt.; meist abwertend⟩ *weibl. Person*

men|schen|mög|lich ⟨Adj. 26/70⟩ *für einen Menschen möglich, von einem Menschen durchführbar, in seiner Macht stehend;* wir haben alle ~en Anstrengungen unternommen; sie haben alles Menschenmögliche versucht; er hat das Menschenmögliche, sein Menschenmöglichstes getan; das ist nicht ~!

Men|schen|recht ⟨n.; -(e)s, -e⟩ *angeborenes, unveräußerliches u. unverletzliches Recht des Menschen auf freie Bewegung u. Betätigung gegenüber dem Staat;* die Allgemeine Erklärung der ~e (10. 12. 1948); die ~e verteidigen, wahren; für die ~e eintreten, kämpfen; gegen die ~e verstoßen

Men|schen|schlag ⟨m.; -(e)s; unz.⟩ *Gruppe von Menschen mit gemeinsamen Wesenszügen, die für die Bewohner einer bestimmten Region als typisch gelten;* ein heiterer, unbeugsamer, schwerfälliger ~

men|schen|ver|ach|tend *auch:* **Men|schen ver|ach|tend** ⟨Adj.⟩ *die Menschen od. die Menschenwürde verachtend;* eine ~e Einstellung, Bemerkung

Men|schen|werk ⟨n.; -(e)s, -e; Pl. selten⟩ *mit unvermeidlichen Schwächen, Unzulänglichkeiten behaftetes Werk des Menschen;* alles ~ ist vergänglich

Mensch|heit ⟨f.; -; unz.⟩ **1** *die Gesamtheit der Menschen, das Menschengeschlecht;* die Entwicklung, Geschichte der ~; die Pest war eine Geißel der ~; eine Erfindung zum Wohle der ~; eine Gefahr für die ~; sich Verdienste um die ~ erwerben; der Abschaum, Auswurf der ~; im Namen der ~ **2** ⟨veraltet⟩ *das Menschsein, die menschliche Natur, Menschlichkeit;* die ~ selbst ist eine Würde (Kant)

mensch|lich ⟨Adj.⟩ **1** *den Menschen betreffend, zu ihm gehörig;* die ~e Ernährung, Gesellschaft, Gestalt, Natur; der ~e Geist, Körper; ~es Versagen ist schuld an dem Unglück **2** *dem Menschen, seiner Art, seinem Wesen gemäß;* eine liebenswürdige ~e Schwäche; nach ~em Ermessen; nach ~er Voraussicht; das ist nur zu ~; Irren ist ~ ⟨Sprichw.⟩ • **2.1** wenn mir etwas Menschliches zustößt ⟨umg.⟩ *wenn ich sterbe* • **2.2** es ist ihm etwas Menschliches passiert ⟨umg.⟩ *er musste dem Bedürfnis, sich zu entleeren, nachgeben, hat sich übergeben* **3** *die persönliche Art, Verhaltensweise (des Menschen) betreffend;* wenn ich sein Handeln auch nicht billigen kann, so kann ich es doch ~ verstehen; rein ~ gesehen; ~ hat er mich enttäuscht **4** *zwischen den Menschen vorhanden;* nach göttlichem und ~em Recht; ~e Bindungen, Kontakte **5** *auf die Bedürfnisse des Mitmenschen gerichtet, verständnisvoll;* ~ handeln, sein; jmdm. ~e Behandlung zuteilwerden lassen; ~er Zug inmitten der Gewalt; der Gefangene ist nicht ~ behandelt worden; ~ denken, fühlen • **5.1** es ist nicht mehr ~ zugegangen *die Grausamkeit triumphierte* • **5.2** eine ~e Regung fühlen *Mitgefühl haben* • **5.3** ein ~es Rühren verspüren *einen Anflug von Menschenfreundlichkeit, Wohlwollen* **6** *erträglich, annehmbar, ordentlich;* die Bedingungen sind ~; endlich sieht es hier wieder ~ aus; ich muss das Zimmer erst wieder in einen ~en Zustand versetzen

Mens|tru|a|ti|on *auch:* **Menst|ru|a|ti|on** ⟨f.; -, -en; Med.⟩ *die in etwa 28-tägigem Abstand erfolgende, mit einer Blutung einhergehende Abstoßung der Gebärmutterschleimhaut bei unbefruchteter Eizelle;* Sy *Periode (5), Regel (4), Monatsblutung*

Men|sur ⟨f.; -, -en⟩ **1** *Maß, Messung* **2** ⟨Sp.⟩ *Abstand zweier Fechter voneinander* **3** ⟨Sp.⟩ *studentischer Zweikampf mit Säbel od. Degen* **4** ⟨Mus.⟩ *um 1250 festgelegtes Maß, das die Verhältnisse der Notenwerte zueinander bestimmt* **5** *das Verhältnis zwischen den Maßen der einzelnen Musikinstrumente, z. B. Saitenlänge, Hals, Resonanzkörper bei Saiteninstrumenten* **6** ⟨Chem.⟩ *Glasgefäß mit Maßeinteilung zum Abmessen von Flüssigkeiten*

men|tal ⟨Adj. 24; geh.⟩ *den Geist betreffend, von ihm stammend, verstandesmäßig;* ~e Reife eines Kindes; ~es Training

Men|ta|li|tät ⟨f.; -, -en⟩ *seelisch-geistige Einstellung*

Men|thol ⟨n.; -s; unz.⟩ *Bestandteil des Pfefferminzöls, wird als Zusatz zu Kaugummis, Zigaretten, Zahnpasten u. a. verwendet*

Men|tor ⟨m.; -s, -en⟩ **1** *Berater, Fürsprecher, Helfer* **2** *erfahrener Lehrer, der Studenten u. a. Referendare während ihrer Ausbildung an der Schule betreut*

Me|nü ⟨n.; -s, -s⟩ **1** *festgelegte Speisenfolge* **2** *aus mehreren Gängen bestehendes Essen* **3** ⟨EDV⟩ *auf dem Bildschirm dargestellte Übersicht über die Funktionen des Programms, die dem Anwender für weitere Arbeitsschritte zur Verfügung stehen* **4** ⟨schweiz.⟩ *Mahlzeit;* warmes ~

Me|nu|ett ⟨n.; -(e)s, -e; Mus.⟩ **1** *altfranzösischer Volkstanz im $^3/_4$-Takt u. mäßigen Tempo* • **1.1** *(im 17. Jh.) Hof- und Gesellschaftstanz* **2** ⟨Mus.⟩ *aus dem Menuett (1) hervorgegangener Teil der Suite, auch der Sonate, des Konzerts (2), der Sinfonie u. a.*

Me|ri|di|an ⟨m.; -s, -⟩ **1** ⟨Astron.⟩ *größter Kreis der Himmelskugel, der durch Nord- u. Südpunkt des Horizonts sowie durch Zenit u. Nadir geht u. auf dem Horizont senkrecht steht* **2** *Großkreis auf der Erdkugel, der senk-*

Meringe

recht auf dem Äquator steht u. durch beide Pole geht; Sy Längenkreis

Me|rin|ge ⟨f.; -, -n⟩ = Baiser

mer|kan|til ⟨Adj. 24⟩ kaufmännisch, den Handel betreffend, zu ihm gehörend, Handels…

Merk|blatt ⟨n.; -(e)s, -blät|ter⟩ **1** (gedrucktes) Blatt mit Erläuterungen (einer Verordnung u. Ä.); ein ~ zur Verhütung von Infektionen; das ~ sorgfältig durchlesen **2** Notizzettel

mer|ken ⟨V.⟩ **1** ⟨500⟩ etwas ~ gefühlsmäßig od. durch Beobachtung wahrnehmen, entdecken, erkennen, sich einer Sache bewusstwerden, auf etwas kommen, etwas spüren; erst jetzt merke ich, dass …; das habe ich gar nicht gemerkt; ich merkte sofort die Absicht; man merkt, dass er …; lass es keinen, niemanden ~; ich habe geschlafen und gar nichts von dem Gewitter gemerkt; hat er etwas gemerkt?; ich merkte sofort an seinem Benehmen, dass etwas vorgefallen war • **1.1** er merkt auch alles ⟨umg.⟩ ihm entgeht nichts • **1.2** merkst du was? ⟨umg.⟩ erkennst du (endlich) die Absicht, die dahintersteckt? • **1.3 wohlgemerkt!** darauf sei hingewiesen; wohlgemerkt, damit ist noch nichts entschieden • **1.4 sich etwas ~ lassen** anmerken lassen; er hat es sich doch ~ lassen, dass er gekränkt war; er war wütend, aber er ließ sich nichts ~; das darfst du dir, du darfst dir das nicht ~ lassen **2** ⟨530/Vr 1⟩ **sich jmdn. od. etwas ~** im Gedächtnis, im Auge behalten; ich kann mir seinen Namen, deine Telefonnummer, diese Zahlen nicht ~; diese Namen sind leicht, schwer zu ~ • **2.1** den Namen dieser jungen Schauspielerin wird man sich ~ müssen diese junge S. hat eine große Karriere vor sich, sie wird noch von sich reden machen • **2.2** den Kerl werde ich mir ~ ⟨umg.⟩ dem K. werde ich's noch vergelten • **2.3 sich etwas ~** sich nach etwas richten; merken Sie sich das bitte für die Zukunft; merk dir das gefälligst! **3** ⟨800⟩ **auf etwas ~** ⟨veraltet⟩ auf etwas aufpassen, etwas beobachten, hinhören, bei der Sache sein; er hatte nicht darauf gemerkt, wer zu dieser Zeit anwesend war **4** ⟨500⟩ **etwas ~** ⟨oberdt.⟩ aufschreiben, notieren

merk|lich ⟨Adj. 24⟩ fühlbar, spürbar, wahrnehmbar, sichtlich, erheblich; eine ~e Veränderung; es hat sich ~ abgekühlt; die beiden sind ~ voneinander unterschieden

Merk|mal ⟨n.; -(e)s, -e⟩ ein charakteristisches Zeichen od. eine charakteristische Eigenschaft, woran man eine Person od. Sache erkennen u. von anderen unterscheiden kann; ein ~ aufweisen, besitzen, haben; keine besondere ~e; ein bezeichnendes, charakteristisches, hervorstechendes ~

merk|wür|dig ⟨Adj.⟩ **1** Aufmerksamkeit erregend, eigenartig, verwunderlich, seltsam; es war eine ~e Angelegenheit, Begebenheit, Geschichte; das ist aber ein ~es Verhältnis; er ist ein ~er Mensch; das finde ich aber ~! • **1.1** auffällig, verdächtig; er benimmt sich so ~; was ist denn schon Merkwürdiges dabei, wenn …?

Mes|mer ⟨m.; -s, -; schweiz.⟩ = Mesner

Mes|ner ⟨m.; -s, -⟩ Kirchendiener; oV Mesmer, *Messner*

Mess|be|cher ⟨m.; -s, -⟩ meist durchsichtiger Becher mit Maßeinteilung zum Abmessen häufig gebrauchter Lebensmittel, bes. für Flüssigkeiten; die Milch in den ~ geben

Mess|die|ner ⟨m.; -s, -⟩ = Ministrant

Mes|se¹ ⟨f.; -, -n⟩ **1** ⟨kath. Kirche⟩ tägliche liturgische Feier des Abendmahls; die ~ besuchen, halten, hören, lesen, zelebrieren; Paris ist wohl eine ~ wert (Heinrich IV. von Frankreich); zur ~ dienen (als Ministrant) • **1.1 stille ~** ohne Gesang u. Orgelspiel, bei der der Priester den Text nur für sich spricht **2** Musik zur feierlichen Ausgestaltung der Messe (1); die Hohe ~ von Bach **3** Industrieausstellung großen, oft internationalen Ausmaßes; die Leipziger, Frankfurter ~; Buch~; an der ~ teilnehmen, auf der ~ (in Hannover) ausstellen • **3.1** = Jahrmarkt; Frühjahrs~

Mes|se² ⟨f.; -, -n; auf Schiffen⟩ **1** Aufenthalts- u. Speiseraum für Marineoffiziere **2** die in der Messe² (1) versammelten Personen

mes|sen ⟨V. 185/500⟩ **1** etwas ~ in der Höhe, Breite, Länge, Zeitdauer, Beschleunigung, im Rauminhalt, Gewicht usw. zahlenmäßig bestimmen; die Breite, Geschwindigkeit, Höhe, Größe, Länge, Luftfeuchtigkeit, Lufttemperatur, Meerestiefe, elektrische Spannung ~; die Schneiderin muss noch meine Halsweite ~; mit dem Bandmaß, der Elle, dem Hohlmaß, einem Zollstock ~; Flüssigkeiten misst man nach Litern; festen Stoff nach Metern ~; die Zeit des Laufs mit der Stoppuhr ~; die Temperatur des Kranken ~ • **1.1** ⟨510⟩ eine Entfernung nur mit den Augen ~ nur schätzen • **1.2** ich habe (der Länge nach) den Fußboden, die Straße gemessen ⟨umg.; scherzh.⟩ ich bin hingefallen; →a. Maß¹ (1.1) **2** ⟨516/Vr 8⟩ **jmdn. mit den Augen, einem Blick ~** scharf, prüfend, erstaunt ansehen; die Gegner maßen einander mit abschätzenden Blicken; jmdn. mit strengem Blick von oben bis unten ~ • **2.1** ⟨510⟩ **jmdn. od. etwas an jmdm. od. etwas ~** mit jmdm. od. etwas vergleichen (das als Maßstab dient); an dir gemessen, leistet er wenig; gemessen an seinen Fähigkeiten, lassen die Leistungen des Schülers zu wünschen übrig **3** ⟨517/Vr 5⟩ **sich mit jmdm. ~** seine Kraft, Leistung an jmdm. erproben, im Vergleich mit jmdm. bestimmen; **3.1** er kann sich nicht mit ihm ~ kommt ihm nicht gleich **4** etwas ~ ein bestimmtes Maß, eine bestimmte Größe haben; der Tisch misst 1,50 m in der Länge; dieser Stoffrest misst 2 Meter

Mes|ser¹ ⟨m.; -s, -⟩ **1** Gerät zum Messen; Gas~, Druck~, Belichtungs~; Entfernungs~ **2** jmd., der etwas misst, Vermesser; Land~, Feld~

Mes|ser² ⟨m.; -, -; in der italien. Komödie⟩ **1** Werkzeug mit Griff u. einer fest stehenden od. einklappbaren Klinge zum Schneiden; die Klinge, Schneide, Spitze, das Heft, der Rücken des ~s; ein ~ abziehen, schärfen, schleifen, wetzen; ein breites, kurzes, langes, rostfreies, rostiges, scharfes, spitzes, stumpfes, verchromtes ~; etwas mit dem ~ abschneiden, schneiden, zerkleinern; jmdm. ein ~ in den Leib jagen, rennen, stoßen ⟨umg.⟩; Taschen~, Busch~, Jagd~, Klapp~, Rasier~; Brot~, Kuchen~ • **1.1 jmdm. un-**

ter dem ~ haben ⟨fig.; umg.⟩ *jmdn. operieren* • **1.2** ein **Kampf** bis aufs ~ ⟨fig.; umg.⟩ *ein sehr erbitterter K. ohne jede Rücksicht* • **1.3** *jmdn.* ans ~ **liefern** ⟨fig.; umg.⟩ *jmdn. durch Verrat zu Fall bringen, jmdn. dem Richter od. Henker ausliefern* • **1.4** *jmdn. das* ~ an die **Kehle setzen** ⟨fig.; umg.⟩ *jmdn. mit Gewalt od. Drohungen zwingen, etwas zu tun* • **1.5** *das* ~ *sitzt ihm* **an** *der* **Kehle** ⟨fig.; umg.⟩ *er ist in höchster Geldnot* • **1.6 auf** *diesem* ~ *kann man* **reiten** ⟨fig.; umg.⟩ *es ist stumpf, schneidet schlecht* • **1.7** *es steht* **auf** *des* ~s **Schneide** ⟨fig.; umg.⟩ *der Ausgang ist noch ungewiss, steht dicht bevor (a. in Bezug auf eine Gefahr)* • **1.8** *jmdm.* (erst, selbst) *das* ~ **in** *die* **Hand geben** ⟨fig.; umg.⟩ *seinem Gegner selbst das Mittel (Argument) zur Vernichtung geben* **2** *Maschinenteil zum Schneiden*

Mess|füh|ler ⟨m.; -s, -⟩ = *Sensor*

Mes|si|as ⟨m.; -; unz.⟩ **1** ⟨Rel.⟩ • **1.1** ⟨im AT⟩ *der den Juden von Gott verheißene Erlöser* • **1.2** ⟨im NT Beiname für⟩ *Jesus Christus* **2** ⟨geh.⟩ *Erlöser, Heilsbringer, Erretter*

Mes|sing ⟨n.; -s, -e⟩ *rotgoldene bis silbergraue Legierung aus Kupfer u. Zink*

Mess|ner ⟨m.; -s, -⟩ = *Mesner*

Mes|ti|ze ⟨m.; -n, -n⟩ *Mischling zwischen Weißen u. Indianern*

me|ta..., Me|ta... ⟨in Zus.⟩ *nach, hintennach, hinter, zwischen, um…, über…, ver… (im Sinne einer Verwandlung);* metasprachlich, Metakritik, Metamorphose, Metaphysik

Me|tall ⟨n.; -s, -e⟩ **1** *mit Ausnahme des Quecksilbers bei Zimmertemperatur fester kristalliner Stoff, der einen charakteristischen Glanz u. hohes elektrisches u. Wärmeleitvermögen hat;* ~ bearbeiten, bohren, drehen, feilen, gießen, glühen, hämmern, härten, legieren, löten, schweißen, veredeln, walzen; edle ~e; flüssiges ~ in Formen gießen; gediegenes ~; →a. *gediegen (4)* **2** eine **Stimme mit** viel, wenig ~ *eine harte, weiche S.* **3** ⟨Getrennt- u. Zusammenschreibung⟩ • **3.1** ~ verarbeitend = metallverarbeitend

me|tal|lisch ⟨Adj. 24⟩ **1** ⟨70⟩ *aus Metall bestehend;* ein ~er Stromleiter; ~e Überzüge **2** *wie Metall, dem Metall ähnlich;* ~ glänzende Haare; ein Gegenstand von ~er Härte; ~er Glanz **3** ⟨fig.⟩ *hart, kräftig klingend;* etwas klingt, klirrt ~; eine ~e Stimme

Me|tall|ur|gie *auch:* **Me|tal|lur|gie** ⟨f.; -; unz.⟩ *Lehre von der Gewinnung u. Verarbeitung der Metalle*

me|tall|ver|ar|bei|tend *auch:* **Me|tall ver|ar|bei|tend** ⟨Adj. 24/60⟩ *metallische Werkstoffe verarbeitend, sich mit der Verarbeitung von Metall befassend;* ~e Industrie

Me|ta|mor|pho|se ⟨f.; -, -n⟩ **1** ⟨Geol.⟩ *Umwandlung eines Gesteins in ein anderes* **2** ⟨Zool.⟩ *Wandlung des jungen Tieres durch verschiedene äußere Stadien, ehe es die Form des erwachsenen Tieres annimmt, z. B. Ei, Kaulquappe, Frosch* **3** ⟨Bot.⟩ *Wandlung eines Organs aus einer andersartigen Anlage, z. B. Dorn aus Laubblatt* **4** ⟨Myth.⟩ *Verwandlung von Menschen in Tiere, Pflanzen, Quellen usw.*

Me|ta|pher ⟨f.; -, -n; Rhet.⟩ *(bes. als Stilmittel verwen-*

deter) bildhafter Ausdruck, z. B. „Pfeil der Liebe", „Segler der Lüfte"

Me|ta|sta|se *auch:* **Me|tas|ta|se** ⟨f.; -, -n⟩ **1** ⟨Med.⟩ *an einer anderen Stelle des Körpers auftretender Ableger einer Geschwulst, Tochtergeschwulst* **2** *Redefigur, durch die der Redner die Verantwortung für eine Sache auf einen anderen überträgt*

Me|te|or ⟨m. od. n.; -s, -e; Astron.⟩ *punkt- od. kugelförmiges Licht am Nachthimmel, verursacht durch einen aus dem Weltraum stammenden Körper, der in der Erdatmosphäre aufglüht;* Sy *Sternschnuppe*

Me|te|o|ro|lo|gie ⟨f.; -; unz.⟩ *Lehre u. Erforschung der Vorgänge in der Lufthülle der Erde*

Me|ter ⟨n. 7, umg. u. schweiz. m. 7; -s, -; Zeichen: m⟩ *Längenmaß;* 100-, 3000-, 5000-~-Lauf; einen ~ je Sekunde; drei ~ Stoff; laufendes ~, laufenden ~s; die Mauer ist 20 ~ lang; eine Mauer von 20 ~ Länge, eine Mauer von 20 ~(n); in einer Breite, Höhe, Länge von vier ~(n)

…me|ter ⟨in Zus.; zur Bildung von Subst.⟩ **1** ⟨n. od. m.; -s, -⟩ *Bezeichnung für das Längenmaß;* Kilo~, Zenti~ **2** ⟨n.; -s, -⟩ *Messgerät;* Chrono~, Hygro~ **3** ⟨m.; -s, -⟩ *jmd., der Messungen ausführt;* Geo~

me|ter|hoch ⟨Adj. 24⟩ **1** *ungefähr einen Meter od. mehr als einen Meter hoch;* das Gras ist ~ **2** *sehr hoch;* meterhohe Wellen

Me|than ⟨n.; -s; unz.; Chem.⟩ *farb- u. geruchloses, bläulich brennendes Gas, das bei der Zersetzung von pflanzlichen Substanzen entsteht*

Me|tho|de ⟨f.; -, -n⟩ **1** *planmäßiges, folgerichtiges Verfahren, Vorgehen, Handeln;* Arbeits~, Lehr~; eine wissenschaftliche ~ anwenden, einführen, entwickeln, prüfen; eine erfolgreiche, fortschrittliche, neue, praktische, rückständige, veraltete, vielversprechende, zuverlässige ~; mit dieser ~ wirst du nichts erreichen, kommst du nicht voran; nach einer bestimmten ~ arbeiten • **1.1** er hat ~ (in seiner Arbeit) *er geht planmäßig vor;* er hat ~ in diese Arbeit, dieses Unternehmen gebracht **2** *er hat so seine eigene* ~ ⟨umg.⟩ *seine eigene Art im Handeln, das ist bei ihm so üblich* • **2.1** was sind denn das für ~n? ⟨umg.⟩ *eine solche Verhaltensweise bin ich nicht gewohnt*

me|tho|disch ⟨Adj. 24⟩ **1** *auf einer bestimmten Methode beruhend* • **1.1** *planmäßig, durchdacht, sinnvoll*

Me|tro|po|le *auch:* **Met|ro|po|le** ⟨f.; -, -n⟩ **1** = *Hauptstadt* **2** *Mittelpunkt, Knotenpunkt, Zentrum;* Handels~, Kultur~

Me|trum *auch:* **Met|rum** ⟨n.; -s, Me|tren od. Me|tra⟩ **1** ⟨Lit.⟩ *Versmaß* **2** ⟨Mus.⟩ *Taktmaß;* das ~ (nicht) halten

Met|te ⟨f.; -, -n⟩ *(vor einem hohen kirchlichen Fest abgehaltener) Früh- od. Spätgottesdienst;* Christ~; Mitternachts~

Mett|wurst ⟨f.; -, -würs|te⟩ *Wurst aus gewürztem Hackfleisch, die sich streichen lässt*

Metz|ger ⟨m.; -s, -; süddt., westdt., schweiz.⟩ = *Fleischer*

Metz|ge|rei ⟨f.; -, -en; süddt.; westdt.; schweiz.⟩ = *Fleischerei*

Metz|ge|rin ⟨f.; -, -rin|nen⟩ *weibl. Metzger*

Meuchelmord

Meu|chel|mord ⟨m.; -(e)s, -e⟩ *hinterlistiger, heimtückischer Mord;* einen ~ begehen

Meu|chel|mör|der ⟨m.; -s, -⟩ *jmd., der einen Meuchelmord begangen hat*

Meu|te ⟨f.; -, -n⟩ **1** *Schar von Jagdhunden zur Hetzjagd;* die ~ der Hunde zur Jagd loslassen **2** ⟨fig.; abwertend⟩ *Schar zügelloser Menschen, wilde Horde, Bande;* die ~ der Aufständischen stürmte das Parlamentsgebäude

Meu|te|rei ⟨f.; -, -en⟩ *Aufstand mehrerer Personen gegen Vorgesetzte;* eine ~ niederschlagen, unterdrücken; auf dem Schiff, in der Armee brach eine ~ aus

meu|tern ⟨V. 400⟩ **1** *sich auflehnen, empören, den Gehorsam verweigern;* Gefangene, Soldaten ~ **2** ⟨fig.; umg.⟩ *seine Unzufriedenheit äußern, murren, aufmucken;* die Gefangenen, Soldaten meuterten gegen das schlechte Essen; du darfst nicht bei jeder Gelegenheit gleich ~!

Mez|zo|so|pran *auch:* **Mez|zo|sop|ran** ⟨m.; -s, -e; Mus.⟩ **1** ⟨unz.⟩ *mittlere Stimmlage bei Frauen (zwischen Sopran u. Alt)* **2** *Sängerin mit Mezzosopranstimme, Mezzosopranistin*

mi|au|en ⟨V. 400⟩ *(wie eine Katze) miau machen, maunzen*

mich ⟨Akk. von⟩ *ich;* →a. *sich*

mi|cke|rig ⟨Adj.; umg.⟩ oV **mickrig 1** *klein u. gebrechlich, kränklich, zurückgeblieben;* eine ~e Pflanze; der Hund ist aber ~! **2** *dürftig, klein, unscheinbar, nichtssagend;* ein ~es Geschenk; seine Ausführungen waren äußerst ~

mick|rig ⟨Adj.⟩ = *mickerig*

Mid|life|cri|sis *auch:* **Mid|life-Cri|sis** ⟨[mɪdlaɪfkraɪsɪz] f.; -; unz.⟩ *durch Unzufriedenheit, seelische u. körperliche Unausgeglichenheit gekennzeichnete krisenhafte Lebensphase bei Menschen (bes. Männern) im mittleren Lebensalter*

Mie|der ⟨n.; -s, -⟩ **1** *eng anliegendes Oberteil des Trachten- od. Dirndlkleides, Leibchen;* ein buntes, besticktes ~; das ~ zuhaken **2** *die Figur formendes Teil der weibl. Unterkleidung;* ein straff sitzendes ~; ~waren

Mief ⟨m.; -(e)s; unz.; umg.⟩ *schlechte, verbrauchte Luft, übler Geruch, Gestank*

Mie|ne ⟨f.; -, -n⟩ *Gesichtsausdruck;* eine besorgte, düstere, einfältige, ernste, freundliche, liebenswürdige, heitere, verschlossene ~ aufsetzen; jmdn. mit böser, finsterer ~ anblicken; etwas mit ernster, strenger ~ befehlen • **1.1** ohne eine ~ zu verziehen *unbewegten Gesichts, ohne sich beeindrucken zu lassen;* →a. *gut* (3.6.3) **2** ~ machen zu … ⟨fig.⟩ *sich anschicken zu …;* er machte ~, sich auf ihn zu stürzen • **2.1** er machte keine ~, aufzustehen *er machte keine Anstalten, dachte nicht daran, aufzustehen*

mies ⟨Adj.; umg.⟩ **1** *hässlich, übel, schlecht, wertlos, (moralisch) minderwertig, abstoßend;* eine ~e Angelegenheit, Sache; ~e Laune haben; die Aussichten sind ~ • **1.1** ein ~er Laden *langweiliger Betrieb* • **1.2** etwas sieht ~ aus *wenig Erfolg versprechend, bedrohlich, unangenehm, schlimm* • **1.3** jmdm. ist ~ (zumute) *elend, übel*

Mie|te¹ ⟨f.; -, -n⟩ **1** *Entgelt für die Überlassung des Gebrauchs einer Sache od. einer Dienstleistung;* die ~ überweisen, vorauszahlen; unsere ~ beträgt monatlich 530 Euro; eine hohe, niedrige, überhöhte, sozial zumutbare ~ zahlen • **1.1** das ist schon die **halbe** ~ ⟨fig.; umg.⟩ *das wirkt begünstigend, macht einen Erfolg wahrscheinlich;* →a. *kalt* (3.5), *warm* (1.9) **2** *entgeltliche (vorübergehende) Überlassung des Gebrauchs einer Sache od. einer Dienstleistung* • **2.1 zur** ~ wohnen (bei) *eine Wohnung od. ein Zimmer gemietet haben*

Mie|te² ⟨f.; -, -n⟩ *mit Stroh u. Erde als Frostschutz bedeckter Stapel von Feldfrüchten zum Überwintern;* eine ~ für Kartoffeln, Rüben anlegen; die ~ im Frühjahr aufmachen, öffnen

mie|ten¹ ⟨V. 500⟩ *etwas* od. *jmdn.* ~ *gegen Bezahlung etwas vorübergehend in Gebrauch nehmen od. jmds. Dienste in Anspruch nehmen;* eine Garage, ein Haus, ein Klavier, einen Leihwagen, ein Zimmer ~; er fährt einen gemieteten Wagen

mie|ten² ⟨V. 500⟩ *Feldfrüchte* ~ ⟨Landw.⟩ *in Mieten² setzen, einmieten;* Kartoffeln, Rüben ~

Mie|ter ⟨m.; -s, -⟩ *jmd., der etwas gemietet hat, bes. eine Wohnung od. ein Zimmer*

Mie|te|rin ⟨f.; -, -rin|nen⟩ *weibl. Mieter*

Mi|grä|ne *auch:* **Mig|rä|ne** ⟨f.; -, -n; Med.⟩ *(anfallsweise auftretender) heftig stechender Kopfschmerz, der häufig mit Erbrechen einhergeht;* unter ~ leiden; ~anfall

♦ Die Buchstabenfolge **mi|kr…** kann in Fremdwörtern auch **mik|r…** getrennt werden.

♦ **mi|kro…, Mi|kro…** ⟨in Zus.⟩ *klein…, Klein…;* Ggs *makro…, Makro…;* mikroelektronisch, Mikrochip, Mikrofilm

♦ **Mi|kro|fon** ⟨n.; -s, -e⟩ *Gerät zur Umwandlung von mechanischen Schallwellen in elektrische Schwingungen;* oV *Mikrophon*

♦ **Mi|kro|phon** ⟨n.; -s, -e⟩ = *Mikrofon*

♦ **Mi|kro|skop** ⟨n.; -s, -e⟩ *optisches Gerät zur Vergrößerung sehr kleiner Gegenstände*

Mi|lan ⟨a. ['--] m.; -(e)s, -e; Zool.⟩ **1** *Gattung der Greifvögel, die durch die gegabelte Form ihres Schwanzes gekennzeichnet ist:* Milvus • **1.1 Roter** ~, *Rot~ rötlich braun gefärbter Milan (1) mit stark gegabeltem Schwanz u. schmalen Flügeln, der meist in waldreichen Gegenden lebt:* Milvus milvus • **1.2 Schwarzer** ~, *Schwarz~ vorwiegend in Wassernähe nistender, dunkelbraun gefärbter Milan (1) mit nur schwach gegabeltem Schwanz:* Milvus migrans

Mil|be ⟨f.; -, -n; Zool.⟩ *Angehörige einer Ordnung der Spinnentiere, deren ursprünglich gegliederter Hinterleib mit dem vorderen, aus Kopf u. Brust bestehenden Abschnitt zu einem ungegliederten Körper verschmolzen ist, die oft als Parasit u. Schmarotzer auf u. in Tieren u. Menschen lebt:* Acari; Lauf~, Samt~, Ernte~, Hausstaub~, Mehl~

Milch ⟨f.; -, -en; Pl. nur fachsprachl.⟩ **1** *weiße Flüssigkeit, die von weibl. Säugetieren u. von Frauen nach dem Gebären aus den Milchdrüsen austritt;* Mutter~

• **1.1** ⟨i. e. S.⟩ *bes. von Kühen durch Melken gewonnene u. vielseitig als Nahrungsmittel genützte weiße Flüssigkeit;* abgekochte, dicke, eisgekühlte, entrahmte, fette, frische, gekochte, kondensierte, saure ~; heiße ~ (mit Honig); kuhwarme ~; ~ von der Kuh, Stute, Ziege; die Kuh gibt viel, wenig ~; ~ abrahmen, entrahmen, erhitzen, kochen, sauer werden lassen, trinken, überlaufen lassen (beim Kochen); das Puddingpulver mit ~ anrühren, verrühren • **1.1.1** wie ~ und Blut aussehen *gesund u. rotbackig* • **1.1.2** *das Land, in dem ~ und Honig fließen gesegnetes Land (nach dem 2. Buch Mose, 3,8)* **2** ⟨Zool.⟩ *Samenflüssigkeit männlicher Fische;* die ~ des Herings **3** ⟨Bot.⟩ *weißlicher Pflanzensaft;* die ~ der Kokosnuss; die ~ des Löwenzahns

Milch|bart ⟨m.; -(e)s, -bär|te; fig.; umg.; meist abwertend⟩ *unreifer, unerfahrener Jüngling*

Milch|ner ⟨m.; -s, -⟩ *männl. Fisch, der geschlechtsreif ist;* Ggs *Rogener*

Milch|zahn ⟨m.; -(e)s, -zäh|ne⟩ *Zahn vom ersten Gebiss des Menschen, der im 6.–9. Lebensjahr durch den bleibenden Zahn ersetzt wird;* der ~ lässt sich leicht ziehen

mild ⟨Adj.⟩ oV *milde* **1** *durch Mäßigkeit, Zurückhaltung angenehm* • **1.1** *sanft, weich, nachsichtig, gutmütig;* als ~er Herrscher regieren; er fand ~e Richter; ~e Worte sprechen; mit ~em Blick; jmdn. ~er stimmen • **1.1.1** euer Verhalten war empörend, und das ist noch ~ formuliert *zurückhaltend* • **1.1.2** du solltest ~ere Saiten aufziehen ⟨fig.; umg.⟩ *nicht so streng sein* • **1.2** *gnädig, gütig, nicht streng;* eine ~e Behandlung, Erziehung; die Strafe ist ~ ausgefallen; ~ urteilen, verfahren • **1.3** ~e *Farben weiche Farbtöne, die alles Grelle vermeiden* • **1.4** ~e *Speisen leichte, wenig gewürzte S.* • **1.5** *lau, leicht warm, mäßig, gemäßigt;* ein ~es Klima; eine ~e Luft; das Wetter soll wieder ~er werden **2** ⟨60⟩ *barmherzig;* eine ~e Stiftung • **2.1** mit ~er Hand Gaben verteilen *freigebig Almosen spenden* • **2.2** eine ~e **Gabe** *Almosen;* ich bitte um eine ~e Gabe

mil|de ⟨Adj.⟩ = *mild*

Mil|de ⟨f.; -; unz.⟩ **1** *das Mild-, Sanft-, Weichsein;* jmdn. mit ~ ansehen; er war voller ~ **2** *Güte, Nachsicht;* die ~ des Richters anrufen; ~ walten lassen; unverdiente, väterliche ~; ~ gegen jmdn. (walten lassen); versuch es mit ~! (bei der Erziehung) **3** *das Fehlen der Rauheit, der Schärfe;* die ~ der Luft, des Klimas, Wetters • **3.1** *milde Beschaffenheit;* die ~ dieses Kaffees wird in der Werbung angepriesen

mil|dern ⟨V. 500⟩ **1** *etwas ~ etwas milder, geringer machen, vermindern, verringern;* ein Urteil, eine Strafe, die Wirkung ~; er milderte den Aufprall, den Stoß, indem er ... • **1.1** *mäßigen;* jmds. Zorn, Erregung ~ • **1.2** *lindern;* jmds. Not, Leid, Schmerz ~ • **1.3** ~de **Umstände** ⟨Rechtsw.⟩ *die Strafe verringernde U. (Verhältnisse, die die Person od. die Umwelt des Straftäters betreffen)* **2** ⟨Vr 3⟩ *etwas* mildert **sich** *etwas wird milder, geringer;* die Gegensätze zwischen ihnen haben sich gemildert

Mi|lieu ⟨[miljø:] n.; -s, -s⟩ **1** *soziale Umgebung u. Zeit-*verhältnisse, in denen ein Mensch sich entwickelt, Lebensumfeld • **1.1** *Stadtteil, Ort, an dem illegale Geschäfte getätigt u. Prostitution betrieben werden;* Drogen~; Rotlicht~ **2** ⟨Biol.⟩ *Lebensraum u. -bedingungen von Tieren u. Pflanzen, Umwelt*

mi|lieu|be|dingt ⟨[miljø:-] Adj. 24/70⟩ *durch das Milieu, durch die Umwelt bedingt, hervorgerufen;* ~e Schäden

mi|li|tant ⟨Adj.⟩ *kämpferisch;* eine ~e Organisation

Mi|li|tär¹ ⟨n.; -s; unz.⟩ **1** *Soldaten;* das ~ griff in die bewaffneten Auseinandersetzungen ein **2** *Gesamtheit der Streitkräfte eines Landes, Heerwesen;* vom ~ entlassen werden, freikommen • **2.1** beim ~ sein *Soldat sein* • **2.2** zum ~ gehen *Soldat werden*

Mi|li|tär² ⟨m.; -s, -s⟩ *höherer Offizier;* ein erfahrener, guter ~ sein; es waren hohe ~s anwesend

Mi|li|ta|ris|mus ⟨m.; -; unz.⟩ *Vorherrschaft der militärischen Macht, Überbetonung des Militärwesens, übersteigerte militärische Gesinnung*

Mi|li|ta|ry ⟨[mɪlɪtəri] f.; -, -s; Sp.; Reiten⟩ *(mehrtägige) schwere Vielseitigkeitsprüfung, die aus einer Dressurprüfung, einem Geländeritt u. einer Springprüfung besteht*

Mi|liz ⟨f.; -, -en⟩ **1** *kurzfristig ausgebildete Truppe, die nur bei Bedarf eingesetzt wird* **2** ⟨bes. in sozialist. Staaten⟩ *Militärpolizei* **3** ⟨schweiz.⟩ *Streitkräfte, Militär*

Mil|le ⟨n.; -, -; umg.⟩ *Tausend;* der Pelzmantel kostet drei ~

mil|li..., Mil|li... ⟨in Zus.⟩ *tausendstel, Tausendstel*

Mil|li|ar|de ⟨f.; -, -n; Abk.: Md., Mrd., Mia.⟩ *1 000 Millionen*

Mil|li|gramm ⟨n.; -s, -; Zeichen: mg⟩ *Maßeinheit für kleine Gewichte,* $1/1000$ *Gramm*

Mil|li|on ⟨f.; -, -en; Abk.: Mill. od. Mio.⟩ *tausend mal tausend, 1000 mal 1000;* seid umschlungen, ~en! (Schiller, „Lied an die Freude"); drei viertel ~en, (oder:) eine Dreiviertel~; eine und drei viertel ~en, (aber:) ein(und)dreiviertel ~en; ~en von hoffenden Menschen, (od.) ~en hoffender Menschen; die Verluste gehen in die ~en; eine ~ Mal; ~en Mal; mit drei ~en beteiligt sein

Mil|li|o|när ⟨m.; -s, -e⟩ **1** *Besitzer von Werten über eine Million (Euro)* **2** *sehr reicher Mann*

Mil|li|o|nä|rin ⟨f.; -, -rin|nen⟩ *weibl. Millionär*

mil|li|o|nen|mal ⟨alte Schreibung für⟩ *Millionen Mal*

Milz ⟨f.; -, -en; Anat.⟩ *aus lymphatischem Gewebe aufgebautes, drüsenartiges Organ, das in den Blutkreislauf eingeschaltet ist: Lien, Splen*

mi|men ⟨V. 500⟩ **1** eine **Person**, eine Rolle ~ *schauspielerisch darstellen, mimisch nachahmen* **2** eine **Sache** ~ *vortäuschen, nicht wirklich haben od. empfinden;* Mitleid für die Opfer ~

Mi|mik ⟨f.; -; unz.⟩ *Wechsel des Gesichtsausdrucks u. der Gebärden*

Mi|mo|se ⟨f.; -, -n⟩ **1** ⟨Bot.⟩ *zur Familie der Mimosengewächse gehörende Zierpflanze, deren Blätter bei der geringsten Berührung zusammenklappen: Mimosa pudica* **2** ⟨fig.; abwertend⟩ *übertrieben empfindsamer, leicht gekränkter Mensch*

Mi|na|rett ⟨n.; -(e)s, -e⟩ *schlanker Turm einer Moschee*
min|der ⟨Adj. 90; Komparativ von⟩ *wenig, gering* **1** ⟨60⟩ *weniger, geringer; von ~er Güte, Qualität; ~e Waren; von ~er Bedeutung sein* • **1.1** *Minderer* **Bruder** ⟨kath. Kirche⟩ *Franziskaner* • **1.2** *~e* **Sau** ⟨Jägerspr.⟩ *junge S.* **2** ⟨50⟩ *in geringerem Maße; etwas ist ~ gut, schön, wichtig; er war ~ streng als sonst* • **2.1 nicht** *~ genauso; er legt nicht ~ Wert darauf; darüber habe ich mich nicht ~ gefreut als du; ich habe nicht mehr u. nicht ~ daran gezweifelt als du* • **2.2 mehr oder** *~ verhältnismäßig, im großen Ganzen; mit mehr oder ~ großem Erfolg, Eifer, Fleiß*
min|der|be|mit|telt ⟨Adj. 70⟩ **1** *mit geringen Geldmitteln ausgestattet, finanziell schlecht dastehend; die ~en Schichten* **2 geistig** *~* ⟨umg.; abwertend⟩ *geistig beschränkt, dumm*
Min|der|heit ⟨f.; -, -en⟩ **1** *Unterlegenheit hinsichtlich der Zahl; eine kleine, schwache ~; die ~ fügte sich der Mehrheit; in der ~ bleiben, sein* • **1.1** ⟨Politik⟩ *in einer Gemeinschaft den Übrigen an Zahl unterlegene Gruppe, z. B. eine Partei; religiöse ~; die ~ im Parlament* • **1.1.1 nationale** *~ Volksgruppe innerhalb eines Staatsgebietes, die sich nach Abstammung u. in der Sprache von dem Volk unterscheidet, in dem sie lebt*
min|der|jäh|rig ⟨Adj. 24⟩ *noch nicht volljährig, nicht mündig; sie war noch ~; ein ~es Mädchen*
min|dern ⟨V. 500⟩ *etwas ~ verringern, geringer machen, herabsetzen; die Geschwindigkeit, die Lautstärke ~; die Preise ~*
min|der|wer|tig ⟨Adj.⟩ **1** *nur geringe Güte, Qualität aufweisend, schlecht; ~e Waren, Produkte; ~es Fleisch, Obst* **2** *charakterlich, moralisch schlecht, übel; er ist ein ~es Wesen, ~er Mensch*
min|des|te(r, -s) ⟨Adj. 60; Superlativ von⟩ *wenig, gering* **1** *das wenigste, das Geringste; das ist noch das ~/Mindeste, was man tun sollte; ich verstehe nicht das ~/Mindeste davon* • **1.1** *er hat* **nicht** *die ~n* **Aussichten** *keine A.* • **1.2 nicht im** *~n/Mindesten gar nicht; daran ist nicht im ~n/Mindesten zu denken* • **1.3 zum** *~n/Mindesten wenigstens, zumindest; er hätte ja zum ~n/Mindesten einmal anrufen können*
min|des|tens ⟨Adv.; Superlativ von⟩ *wenig, gering* **1** *wenigstens, als wenigstes;* Ggs *höchstens; es wird ~ 50 Euro kosten; sie ist ~ 30 Jahre alt; er hat ~ eine Stunde gewartet* **2** *zumindest; sie hat so gut gearbeitet, dass sie ~ ein Lob verdient hat*
Mi|ne[1] ⟨f.; -, -n⟩ **1** *Sprengkörper, der durch Zündschnur, Berührung usw. zur Explosion gebracht wird; Land~, See~, Treib~; eine ~ explodiert, detoniert; ~n legen, werfen; das Schiff lief auf eine ~* • **1.1** *eine ~ legen* ⟨a. fig.⟩ *intrigieren* • **1.2** *alle ~n springen lassen* ⟨a. fig.⟩ *alle Mittel einsetzen* **2** ⟨Bgb.⟩ *Bergwerk; Erz~, Gold~* • **2.1** *unterirdischer Gang, Stollen; in den ~n arbeiten* **3** *Einlage in Schreibgeräten; eine neue ~ einsetzen* • **3.1** *Stäbchen aus Graphit od. Farbstoff; Bleistift~, Farbstift~* • **3.2** *Röhrchen mit sehr schnell trocknendem Farbstoff; Kugelschreiber~* **4** ⟨Börse⟩ *allg. Bewegung in Richtung auf Aufschwung*

Mi|ne[2] ⟨f.; -, -n⟩ *altgriech. Münze, 100 Drachmen*
Mi|ne|ral ⟨n.; -s, -e od. -li|en⟩ *anorganischer Bestandteil der Erdrinde*
Mi|ne|ral|was|ser ⟨n.; -s, -wäs|ser⟩ *zum Trinken geeignetes Wasser mineralhaltiger Heilquellen*
Mi|nes|tra *auch:* **Mi|nes̩|tra** ⟨f.; -, -tren⟩ = *Minestrone*
Mi|nes|tro|ne *auch:* **Mi|nest|ro|ne** ⟨f.; -, -ro̩|ni; ital. Kochk.⟩ *Gemüsesuppe;* oV *Minestra*
Mi|ni... ⟨in Zus.⟩ **1** ⟨Kurzf. von⟩ *Miniatur, sehr klein; Minigolf, Minibar, Minispion* **2** ⟨Mode⟩ *sehr kurz; Minikleid*
Mi|ni|a|tur ⟨f.; -, -en⟩ **1** *Malerei od. Zeichnung in alten Handschriften u. Büchern* **2** *sehr kleines Bild; ~malerei*
mi|nie|ren ⟨V.⟩ **1** ⟨400⟩ *einen unterirdischen Gang, Stollen anlegen* **2** ⟨500⟩ *ein* **Gebiet** *~ Minen (1) in einem G. legen*
Mi|ni|job ⟨[-dʒɔb] m.; -s, -s; umg.⟩ *Nebenbeschäftigung; einen ~ annehmen, aufgeben; die Besteuerung von ~s*
mi|ni|mal ⟨Adj.⟩ *sehr klein, winzig, geringfügig, kleinst..., niedrigst...;* Ggs *maximal; ~e Ansprüche, Probleme; die Entfernung ist ~*
Mi|ni|mum ⟨n.; -s, -ni|ma⟩ **1** *kleinster, niedrigster Wert;* Ggs *Maximum* **2** *das Geringste; das Tier braucht ein ~ an Futter*
Mi|nis|ter ⟨m.; -s, -; Pol.⟩ *Leiter eines Ministeriums*
Mi|nis|te|rin ⟨f.; -, -rin|nen⟩ *weibl. Minister*
Mi|nis|te|ri|um ⟨n.; -s, -ri|en⟩ *oberste staatliche Verwaltungsbehörde; Innen~, Außen~, Wirtschafts~*
Mi|nis|trant *auch:* **Mi|nist|rant** ⟨m.; -en, -en⟩ *meist jugendlicher Gehilfe des Priesters während der Messe;* Sy *Messdiener*
Min|ne ⟨f.; -; unz.⟩ **1** ⟨MA⟩ *höfischer Frauendienst, Werben der Ritter um Frauenliebe* **2** ⟨heute poet. u. altertümelnd⟩ *Liebe*
Mi|no|ri|tät ⟨f.; -, -en⟩ *Minderheit, Minderzahl;* Ggs *Majorität*
mi|nus ⟨Konj.; Zeichen: -⟩ Ggs *plus* **1** ⟨Math.⟩ *weniger, abzüglich; sechs ~ zwei = vier (6 - 2 = 4)* • **1.1** *~ 15°, 15° ~ 15 Grad unter 0°, 15 Grad Kälte* **2** ⟨Phys.⟩ = *negativ (6)*
Mi|nu|te ⟨f.; -, -n; Abk.: Min., min, m; Astron.: Zeichen:* ᵐ *⟩ **1** *der 60. Teil einer Stunde; ~ auf, um ~ verging, verstrich, verrann, ohne dass ...; auf fünf ~ kommt es uns auch nicht mehr an (nachdem wir schon so lange gewartet haben); sich in letzter ~ dazu entschließen; wenige ~n später; „wie spät ist es?" „Fünf ~ vor zwölf!"; bis zur letzten ~ mit einer Entscheidung warten; in der dritten ~ (der ersten Halbzeit) fiel bereits das erste Tor* ⟨Fußb.⟩ • **1.1 auf** *die ~* ⟨umg.⟩ *pünktlich* • **1.2** *die ~n wurden zur Ewigkeit* ⟨fig.⟩ *die Zeit verging sehr, überaus langsam* **2** ⟨Math.; Zeichen: '⟩ *der 60. Teil eines Grades (2)*
...mi|nü|tig ⟨Adj. 24; in Zus.⟩ *die bestimmte Zahl von Minuten dauernd; fünfminütig,* 5-*minütig*
mi|nu|ti|ös ⟨Adj.⟩ *sehr genau, detailliert, bis ins Kleinste gehend;* oV *minuziös; ~e Angaben; er schilderte den Vorgang ~*
...mi|nut|lich ⟨Adj. 24; in Zus.⟩ *alle ... Minuten statt-*

findend, wiederkehrend; oV *...minütlich;* fünfminutlich, 5-minutlich

...mi|nüt|lich ⟨Adj.; in Zus.⟩ = *...minütlich*

mi|nu|zi|ös ⟨Adj.⟩ = *minutiös*

Min|ze ⟨f.; -, -n; Bot.⟩ *Angehörige einer Gattung der Lippenblütler, deren Stängel u. Blätter ätherische Öle (Menthol) enthalten: Mentha*

mir ⟨Dat. von⟩ *ich;* →a. *sich*

Mi|ra|bel|le ⟨f.; -, -n⟩ *kleine, gelbe, runde, süßliche Pflaume*

Mi|ra|kel ⟨n.; -s, -; geh.⟩ *Wunder, wunderbares Geschehnis, Wunderwerk;* ein ~ ist geschehen

Mis|an|throp *auch:* **Mi|san|throp** ⟨m.; -en, -en⟩ *jmd., der Menschen verachtet, Menschenfeind*

mi|schen ⟨V. 500⟩ **1** *verschiedene Dinge, Flüssigkeiten o. Ä. ~ zu einer (scheinbaren) Einheit vereinigen, miteinander vermengen, durcheinanderbringen;* die Karten ~; die Maurer mischten Kies, Zement, Kalk u. Wasser; Gift ~ • **1.1** ⟨550/Vr 3⟩ **sich unter** eine **Menschenmenge** ~ *sich unter Menschen (als einer unter vielen) begeben;* als die Polizei kam, mischte er sich unauffällig unter die Zuschauer im Stadion **2** ein **Getränk** ~ *zubereiten, zurechtmachen;* Sy *mixen;* einen Cocktail ~ • **2.1** Wein ~ *mit Wasser verdünnen* **3** ⟨550/Vr 3⟩ **sich in etwas** ~ *sich einmischen, sich um Dinge kümmern, die einen nichts angehen;* sich in ein Gespräch ~; misch dich nicht in diese Angelegenheit! **4** ⟨Film, Funk, Fernsehen⟩ **etwas** ~ *(die Tonspuren mit Geräuschen, Musik u. gesprochenem Text) zu einem einheitlichen Klanggebilde vereinigen, mixen*

Misch|ling ⟨m.; -s, -e⟩ = *Bastard (1)*

Misch|masch ⟨m.; -(e)s, -e; umg.⟩ *ungeordnete, sinnlose Mischung, Gemenge, Durcheinander;* er äußerte ein ~ von wirren Ideen u. Glaubenssätzen

Mi|schung ⟨f.; -, -en⟩ **1** ⟨unz.⟩ *das Mischen;* eine ~ vornehmen; bei der ~ auf das richtige Verhältnis achten **2** *ein Produkt, das durch das Mischen entstanden ist, das Gemischte;* eine gute, schlechte, bunte, köstliche ~; eine neue, kräftige ~ aus verschiedenen Tabaken; Gewürz~, Tabak~, Tee~, Kaffee~ **3** ⟨fig.⟩ *Durcheinander*

mi|se|ra|bel ⟨Adj.⟩ *elend, sehr schlecht, kläglich, erbärmlich;* das Stück ist ~ gearbeitet; eine miserable Leistung; ein miserables Zeugnis; es geht ihm (gesundheitlich, wirtschaftlich) ~; mir ist ~ zumute

Mi|se|re ⟨f.; -, -n⟩ *Not, Elend, Jammer*

Miss ⟨f.; -; unz.⟩ **1** ⟨engl. Anrede für⟩ *Fräulein* **2** ⟨in Zus. mit einem geograf. Namen⟩ *Schönheitskönigin;* ~ World, ~ Europa, ~ Germany

miss..., Miss... ⟨untrennbare Vorsilbe⟩ *schlecht, verfehlt, verunglückt, Fehl...;* misslingen; Misserfolg

miss|ach|ten ⟨V. 500/Vr 8⟩ Ggs *achten (1)* **1** jmdn. ~ *jmdn. für schlecht achten, verachten* **2** *etwas ~ etwas absichtlich nicht beachten;* er missachtete meinen Rat; ein Gesetz, eine Vorschrift ~; die Vorfahrt ~; ein zu Unrecht missachtetes Werk

Miss|be|ha|gen ⟨n.; -; unz.⟩ *unangenehmes Gefühl, Unlust, Unbehagen;* ein tiefes, leichtes, starres ~ empfinden; seine Worte erfüllen sie mit ~

Miss|bil|dung ⟨f.; -, -en⟩ **1** *Abweichung vom normalen Bau bei Lebewesen durch Entwicklungsstörungen;* Sy *Anomalie;* körperliche, angeborene, schwere ~ • **1.1** *veränderte Form vorhandener Organe*

miss|bil|ligen ⟨V. 500⟩ etwas ~ *nicht billigen, nicht gutheißen, ablehnen;* er missbilligte den Vorschlag; ~d die Stirn runzeln

miss|brau|chen ⟨V. 500⟩ **1** etwas ~ *böswillig falsch, übertrieben viel od. unerlaubt gebrauchen;* seine Macht ~; jmds. Güte, Vertrauen ~; dazu lasse ich mich nicht ~ • **1.1** den **Namen Gottes** ~ *den N. Gottes herabwürdigen, Gott lästern* **2** ein **Mädchen**, ein **Kind** ~ *es vergewaltigen, mit ihm sexuelle Handlungen begehen*

mis|sen ⟨V. 500/Vr 8; nur m. Modalverben; geh.⟩ **jmdn. od. etwas ~ können**, *mögen entbehren;* ich möchte diese Zeit nicht ~; er musste, sollte nicht alle Annehmlichkeiten ~

Miss|er|folg ⟨m.; -(e)s, -e⟩ *Ausbleiben des Erfolgs, misslungener Versuch, Fehlschlag;* einen ~ erleiden, haben; mit einem ~ rechnen; die Vorstellung war ein ~

Miss|e|tat ⟨f.; -, -en; geh.⟩ *böse, schlechte Tat, Streich, Vergehen;* eine ~ begehen

miss|fal|len ⟨V. 131/600⟩ **jmdm.** ~ *jmdm. nicht gefallen, nicht zusagen;* dein Benehmen missfällt mir; dieses Buch hat mir sehr ~

Miss|ge|burt ⟨f.; -, -en; abwertend⟩ **1** *ein neugeborenes Kind od. Tier mit schweren Missbildungen* **2** *etwas ist eine ~* ⟨fig.⟩ *völlig misslungen;* dieses Werk ist eine ~

Miss|ge|schick ⟨n.; -(e)s, -e⟩ **1** *schicksalhaftes Unglück, Pech;* vom ~ verfolgt werden **2** *durch Ungeschicklichkeit od. Unvorsichtigkeit hervorgerufener ärgerlicher od. unglücklicher Vorfall;* mir ist ein ~ geschehen, passiert; jmdm. widerfährt ein ~

miss|glü|cken ⟨V. 403(s.)⟩ etwas ~ missglückt (jmdm.) *etwas glückt (jmdm.) nicht;* ein Versuch, Plan, Unternehmen missglückt; die Arbeit ist mir leider missglückt

Miss|griff ⟨m.; -(e)s, -e⟩ *Fehlgriff, falsche Handlung, Fehler;* einen ~ tun; etwas erweist sich als ~

Miss|gunst ⟨f.; -; unz.⟩ **1** *das Missgönnen, der Neid;* jmdn. mit ~ betrachten; unter jmds. ~ leiden **2** ⟨selten a.⟩ *Ungunst;* die ~ des Augenblicks

miss|han|deln ⟨V. 500⟩ **1** jmdn. od. ein **Tier** ~ *jmdn. od. einem Tier Körperverletzungen zufügen (bes. durch grausames Schlagen);* er misshandelt schon lange seine Frau; der Kutscher hat das Pferd misshandelt **2** ein **Musikinstrument** ~ ⟨fig.; scherzh.⟩ *sehr schlecht spielen*

Miss|hel|lig|keit ⟨f.; -, -en⟩ *Unstimmigkeit, leichtes Zerwürfnis;* im Verlauf der Diskussion kam es zu ~en

Mis|sion ⟨f.; -, -en⟩ **1** *ernster, feierlicher Auftrag, Sendung mit Vollmacht;* ich komme in einer bestimmten ~ hierher; meine ~ ist beendet, erfüllt; jmdn. mit einer (besonderen) ~ betrauen **2** *zu besonderen Aufgaben ins Ausland entsandte Gruppe von Personen;* diplomatische, geheime ~ **3** ⟨unz.⟩ *die Verbreitung des christlichen Glaubens unter Andersgläubigen;* Äußere ~; Innere ~ • 3.1 *Vereinigung von Personen zur Mission (3)*

mis|si|o|nie|ren ⟨V. 402⟩ (jmdn.) ~ *zum Christentum bekehren, das Christentum unter nichtchristlichen Völkern verbreiten;* er missionierte lange in Afrika; die Mönche haben dieses Land missioniert

Miss|klang ⟨m.; -(e)s, -kän|ge⟩ **1** *unharmonischer Klang;* Sy *Dissonanz (1);* diese Musik ist reich an Missklängen; er brach sein Spiel mit einem ~ ab **2** ⟨fig.⟩ *Unstimmigkeit, Uneinigkeit, Störung der Harmonie;* Sy *Misston (2);* er brachte einen ~ in unser Verhältnis, Gespräch; die Feier endete mit einem ~

Miss|kre|dit ⟨m.; -(e)s; unz.⟩ **1** in ~ *geraten, kommen in schlechten Ruf kommen u. an Ansehen verlieren* **2** *jmdn. od. sich, etwas in* ~ *bringen das Ansehen von jmdm. od. sich, etwas herabsetzen, jmdn. od. etwas verleumden;* man versuchte, ihn in ~ zu bringen; durch seine Machenschaften wurde das ganze Unternehmen in ~ gebracht

miss|lich ⟨Adj. 70⟩ *unangenehm, unerfreulich, heikel;* eine ~e Lage; eine ~e Sache

miss|lin|gen ⟨V. 186/403(s.)⟩ *etwas* misslingt (jmdm.) *etwas gelingt (jmdm.) nicht, etwas schlägt fehl;* ein Plan, Vorhaben, Versuch misslingt

Miss|mut ⟨m.; -(e)s; unz.⟩ *Unmut, schlechte Laune, Verdrießlichkeit*

miss|mu|tig ⟨Adj.⟩ *schlecht gelaunt, verdrießlich, missgestimmt;* er blickte ~ aus dem Fenster

miss|ra|ten ⟨V. 195⟩ **1** ⟨400⟩ *etwas* missrät *wird schlecht, gelingt nicht, misslingt* **2** ⟨Part. Per.⟩ **jmd.** (bes. ein Kind) ist ~ *schlecht erzogen, hat sich charakterlich ungünstig entwickelt*

Miss|stand ⟨m.; -(e)s, -stän|de⟩ *Übelstand, schlimmer Zustand, Quelle ständiger Ärgernisse u. Nöte;* einem ~ abhelfen; Missstände abschaffen; einen ~ beseitigen; Missstände in der Regierung, Verwaltung

Miss|stim|mung ⟨f.; -, -en⟩ *Verstimmung, schlechte, gereizte Stimmung, drohende Auseinandersetzung;* in einem Gespräch, einer Gesellschaft keine ~ aufkommen lassen; der Abend endete mit einer ~

Miss|ton ⟨m.; -(e)s, -tö|ne⟩ **1** *falscher, unharmonischer Ton;* das Geigenspiel brach mit einem schrillen ~ ab **2** ⟨fig.⟩ = *Missklang (2);* keinen ~ aufkommen lassen

miss|trau|en ⟨V. 600/Vr 6⟩ **jmdn.** od. *einer* Sache ~ *jmdn. od. einer Sache nicht trauen, gegen jmdn. od. eine Sache Argwohn hegen;* ich misstraue dir; ich misstraue diesem Frieden, dieser plötzlichen Freundlichkeit; er misstraut den Fremden

Miss|trau|en ⟨n.; -s; unz.⟩ *Argwohn, Zweifel, fehlendes Vertrauen;* einer Sache mit ~ gegenüberstehen

miss|trau|isch ⟨Adj.⟩ *voller Misstrauen, nicht (ver)trauend, argwöhnisch;* jmdn. od. etwas ~ betrachten; jmdn. ~ machen; er ist sehr ~; ~e Blicke auf jmdn. richten

Miss|ver|hält|nis ⟨n.; -ses, -se⟩ *nicht passendes Verhältnis, störende Ungleichheit, gestörtes Gleichgewicht;* zwischen seinen Forderungen u. seinen eigenen Leistungen besteht ein krasses ~; ein ~ in der Größe zweier Dinge od. Personen

Miss|ver|ständ|nis ⟨n.; -ses, -se⟩ *unbeabsichtigtes falsches Verstehen, ungewollt falsches Deuten (einer Handlung od. Aussage);* ein ~ klären; um ~sen vorzubeugen; unser Streit, der Verdacht gegen ihn beruhte auf einem ~

miss|ver|ste|hen ⟨V. 256/500/Vr 8⟩ **1** jmdn. od. etwas ~ *falsch verstehen, falsch auffassen, unabsichtlich falsch deuten;* ich habe dich missverstanden; du darfst mich nicht ~; missverstandene Äußerungen • 1.1 in nicht misszuverstehender Weise *sehr klar u. deutlich* • 1.2 mit nicht misszuverstehender Deutlichkeit *völlig eindeutig*

Miss|wei|sung ⟨f.; -, -en⟩ = *Deklination (3)*

Miss|wirt|schaft ⟨f.; -; unz.⟩ *unordentliche, unsaubere Geschäftsführung od. Verwaltung;* gegen die ~ ankämpfen

Mist[1] ⟨m.; -(e)s; unz.⟩ **1** *tierischer Kot;* Hühner~; Kuh~; Pferde~; Schaf~ **2** *mit tierischem Kot vermischtes Stallstroh als Dünger;* Stall~; ~haufen; eine Fuhre ~; ~ fahren, streuen; mit ~ düngen; er stolziert herum, er fühlt sich (stolz) wie der Hahn auf dem ~ • 2.1 das ist nicht auf seinem ~ gewachsen ⟨fig.; umg.⟩ *das stammt nicht von ihm selbst* • 2.2 das kannst du auf den ~ werfen ⟨fig.; umg.⟩ *wegwerfen* • 2.3 ich habe den ganzen ~ satt ⟨fig.; umg.⟩ *die ganze Sache* • 2.4 so ein ~! ⟨fig.⟩ *so ein Pech!, jetzt habe ich es satt!* **3** ⟨fig.⟩ *wertloses Zeug, Plunder;* was soll ich mit dem ~ anfangen?, das ist doch alles ~ ~ anfangen?, **4** ⟨fig.; umg.⟩ *Unsinn, dummes Zeug;* ~ reden; er hat so einen ~ geschrieben, gerechnet; das ist ja alles ~, was ihr da sagt; er hat ziemlich viel ~ verzapft • 4.1 = **machen** • 4.1.1 *Spaß, Unsinn treiben* • 4.1.2 *schlechte Arbeit liefern, Fehler machen* • 4.1.3 ⟨schweiz.⟩ *Streit beginnen, stiften*

Mist[2] ⟨m.; -(e)s; unz.; Seemannsspr.⟩ *leichter Nebel*

Mist... ⟨in Zus.; fig.; umg.⟩ **1** *minderwertig, schlecht;* Mistarbeit, Mistladen **2** *sehr unangenehm;* Mistkerl, Miststück

Mis|tel ⟨f.; -, -n; Bot.⟩ *immergrüner Strauch aus der Familie der Mistelgewächse (Loranthacea), der als Holzschmarotzer auf Bäumen wächst; Viscum;* in England hängt man zum Weihnachtsfest ~zweige auf

Mist|ga|bel ⟨f.; -, -n⟩ *wie eine Gabel geformtes Gerät zum Mistladen*

Mist|kü|bel ⟨m.; -s, -; österr.⟩ *Mülleimer*

Mis|tral *auch:* **Mist|ral** ⟨m.; -s, -e⟩ *kalter Nordwind in Südfrankreich (im Rhônetal u. in der Provence)*

mit ⟨Präp. m. Dat.⟩ **1** *in Begleitung von, zusammen, gemeinsam, gemeinschaftlich mit, in Verbundenheit mit;* ~ ihm, ihr, uns; ich muss ~ dir sprechen; er ist sehr ~ sich selbst zufrieden; ~ jmdm. gehen; ~ jmdm. (gegen einen Feind) kämpfen; ~ jmdm. tanzen; ~ jmdm. trauern; sich ~ jmdm. unterhalten; ich verstehe mich gut ~ ihr; sie lebt ~ ihrer Mutter zusammen; ~ meiner Schwester; kannst du bitte mal ~ anfassen; ein Kleid ~ Jacke; eine Weiße ~ (erg.: Schuss) ⟨umg.⟩ • 1.1 ~ **Vergnügen!** *sehr gern* • 1.2 *einen Teil von etwas bildend;* einen Krug ~ Deckel, Henkel; das Mädchen ~ dem blonden Haar **2** *durch Hilfe von, durch, mittels Werkzeugs;* ~ dem Auto,

Zug, Schiff fahren; ~ Gewalt; ~ Absicht; ~ Recht; ~ dem Messer schneiden; ~ der Hand schreiben; ~ einem großen Sprung; ~ lauter, leiser Stimme; den Nagel ~ der Zange herausziehen; er antwortete ~ einem Achselzucken • 2.1 ~ einem Wort *kurz gesagt* **3** ⟨bei Zeit-, Mengen-, Maßangaben⟩ *bei, zur Zeit des, der, im Alter von, in Höhe von, einschließlich;* mir waren es im Ganzen fünf; ~ einsetzender Dämmerung; ~ dem Glockenschlag ist es fünf; ~ zehn Jahren; etwas ~ 1 000 Euro versichern; der Zug fährt ~ 100 Stundenkilometern; ~ anderen Worten, du willst nicht mitkommen • **3.1** ~ den Jahren, der Zeit *allmählich, nach u. nach* • **3.2** ~ einem Mal *plötzlich, auf einmal* • **3.3** ⟨bes. schweiz.⟩ *bis einschließlich;* der Film läuft bis und ~ Donnerstag **4** ⟨Getrennt- u. Zusammenschreibung⟩ **4.1** ~ Hilfe = *mithilfe*

Mịt|ar|beit ⟨f.; -, -en⟩ **1** *das Arbeiten mit anderen zusammen im selben Bereich, am gleichen Werk o. Ä.* **2** *Hilfe, die man jmdm. bei seiner Arbeit leistet;* auf seine ~ kann ich verzichten **3** *aktive, rege Beteiligung, das Mitarbeiten;* die ~ der Schüler im Unterricht fördern; aktive ~ in einem Verein

Mịt|ar|bei|ter ⟨m.; -s, -⟩ **1** *jmd., der mit anderen zusammen arbeitet, Arbeitskollege;* jmdm. einen neuen ~ vorstellen • **1.1** *jmd., der an einer Hochschule, einem Institut o. Ä. angestellt ist;* wissenschaftlicher ~ • **1.2** *jmd., der gegen Honorar für ein Institut, einen Verlag, eine Firma o. Ä. arbeitet;* freiberuflicher ~

Mịt|ar|bei|te|rin ⟨f.; -, -rin|nen⟩ *weibl. Mitarbeiter*

mịt|be|kom|men ⟨V. 170/500; umg.⟩ **1** *etwas* ~ *etwas auf einen Weg zum Mitnehmen als Zubehör od. Ausstattung bekommen;* der Bote hat einen Brief, ein Päckchen ~; der Junge bekam ein Butterbrot ~ • **1.1** *als Mitgift erhalten;* sie hat eine Aussteuer und 10.000 Euro ~ **2** *etwas* ~ ⟨fig.; umg.⟩ *etwas verstehen;* das habe ich nicht ~

mịt|be|stịm|men ⟨V. 500⟩ eine *Sache* ~ *mit anderen gemeinsam bestimmen, bestimmend mitwirken;* Schüler sollten im Unterricht ~ können

Mịt|be|stịm|mung ⟨f.; -; unz.⟩ **1** *das Mitbestimmen, Teilhaben an einem Entscheidungsprozess;* die Bürger fordern mehr ~; die Eltern verlangen mehr ~ im Schulwesen • **1.1** ⟨Wirtsch.⟩ *Beteiligung der Arbeitnehmer an Entscheidungsprozessen in Unternehmen*

mịt|brin|gen ⟨V. 118/500⟩ **1** *etwas* od. *jmdn.* ~ *mit sich bringen, (irgendwohin) mitnehmen, beim Kommen dabeihaben;* einen Freund, einen Gast ~; er brachte auch Kaffee mit; eine Aussteuer, Bargeld in die Ehe ~; sie hat zwei Kinder aus ihrer ersten Ehe mitgebracht; es genügt, wenn du gute Laune mitbringt • **1.1** darf ich noch jmdn. ~? *darf ich mit einem (ungeladenen) Gast kommen?* • **1.2** ⟨530/Vr 6⟩ **jmdm. etwas** ~ *jmdm. etwas (als Geschenk) beim Kommen bringen;* ich habe dir Blumen mitgebracht

mit|ei|nạn|der *auch:* **mit|ei|nan|der** ⟨Adv.⟩ *einer mit (einem) anderen, zusammen, gemeinsam;* ~ gehen, kommen, spielen; mehrere Aufgaben ~ verbinden; alle ~

mịt|füh|len ⟨V. 402⟩ **jmd.** fühlt (**etwas**) mit *jmd. fühlt (etwas) mit jmdm., jmd. versteht jmds. Gefühle;* ich fühle mit ihm mit; sie konnte mit ihm ~; jmds. Freude, Schmerz, Kummer ~; er fühlte ihr Unglück mit; sie hat ein ~des Herz; er ist ein ~der Mensch

mịt|füh|ren ⟨V. 500⟩ **1** *etwas* ~ *etwas bei sich haben, mit sich tragen;* führen Sie Wertsachen mit sich? (beim Grenzübertritt) • **1.1** der **Fluss** führt **Sand,** Geröll mit *spült mit seiner Strömung S., G. fort, weiter*

mịt|ge|ben ⟨V. 143/530⟩ **1** *jmdm. etwas* ~ *mit auf den Weg geben;* ich habe ihm Essen u. Trinken mitgegeben • **1.1** einem **Kind** viel Liebe, eine gute Allgemeinbildung ~ *gewähren, zuteilwerden lassen* **2** *jmdm. jmdn.* ~ *als Begleitung mit auf den Weg geben;* einem Gast einen Ortskundigen ~

mịt|ge|hen ⟨V. 145/400(s.)⟩ **1** *mit jmdm. gehen, gemeinsam gehen, jmdn. begleiten;* darf ich ~?; ich werde mit dir bis zum Bahnhof ~ • **1.1** mitgegangen, mitgefangen, mitgehangen ⟨fig.⟩ *wer bei einer schlechten Tat dabei ist (auch ohne zu handeln), muss die Folgen mittragen* • **1.2** mit der Zeit ~ ⟨fig.⟩ *mit der Entwicklung Schritt halten* **2** *etwas* ~ *lassen* ⟨fig.; umg.⟩ *etwas stehlen*

Mịt|gift ⟨f.; -, -en; Pl. selten⟩ *das Vermögen (Ausstattung u. Aussteuer), das der Frau von den Eltern in die Ehe mitgegeben wird;* sie hat eine große ~ bekommen; eine gute ~ in die Ehe bringen

Mịt|glied ⟨n.; -(e)s, -er⟩ *Angehöriger einer organisierten Gemeinschaft, bes. eines Vereins, Klubs, einer Partei, Sekte od. einer sonstigen Körperschaft;* Partei~, Vereins~; ~er werben; korrespondierendes ~; aktives, inaktives ~; sich als ~ aufnehmen, einschreiben lassen

mit|hịl|fe *auch:* **mit Hịl|fe** ⟨Präp. m. Gen.⟩ *mittels, mit der Hilfe von, durch;* ~ eines Nachschlüssels konnte er das Schloss öffnen

mit|hịn ⟨Adv.; geh.⟩ *folglich, also, somit, demnach*

mịt|kom|men ⟨V. 170/400(s.)⟩ **1** *mit (einem) anderen kommen, jmdn. begleiten;* willst du ~?; kommen Sie mit!; ein Päckchen ist mit der Post mitgekommen • **1.1** ich bin mit dem Bus nicht mitgekommen *ich habe den Bus nicht mehr rechtzeitig erreicht, ich habe keinen Platz mehr darin gefunden* **2** ⟨fig.; umg.⟩ *eine Sache verstehen, einer Sache folgen können, den Anforderungen einer Sache gewachsen sein;* Sie diktieren zu schnell, ich komme nicht mit; er kommt in der Schule gut, nicht, nicht recht mit

mịt|kön|nen ⟨V. 171/400 od. 410; umg.⟩ **1** *mitgehen können, mitkommen können;* ich kann heute leider nicht mit **2** ⟨fig.; umg.⟩ *verstehen können;* da kann unsereiner nicht mehr mit; der Vortrag ist mir zu speziell, zu wissenschaftlich, da kann ich nicht mit **3** *sich leisten können;* mit seinem Aufwand, seinem Reichtum kann ich nicht mit

mịt|lau|fen ⟨V. 176/400(s.)⟩ **1** *mit (einem) anderen zusammen laufen;* er läuft beim 100-m-Lauf mit • **1.1** *mithinterlaufen;* zwei Hunde liefen mit uns mit • **1.2** ⟨fig.; abwertend⟩ *sich ohne wirkliches Engagement einer politischen Richtung anschließen;* viele in der Partei laufen nur mit **2** ⟨fig.⟩ *nebenher, nebenbei erledigt werden;* die Karteiarbeiten laufen täglich

Mitläufer

(nebenher) mit **3 etwas ~ lassen** ⟨fig.; umg.⟩ *stehlen, veruntreuen;* sie hat Tafelsilber ~ lassen

Mit|läu|fer ⟨m.; -s, -⟩ *jmd., der ohne wirkliches Engagement an einer Sache teilnimmt, nur formales Mitglied;* ~ einer Partei

Mit|leid ⟨n.; -s; unz.⟩ **1** *Teilnahme an fremdem Leid, Mitgefühl;* ~ erregen, erwecken, wecken; ~ fühlen, haben (mit jmdm.); etwas aus ~ tun **2** ⟨Getrennt- u. Zusammenschreibung⟩ • 2.1 ~ erregend = mitleiderregend

mit|lei|d|er|re|gend *auch:* **Mit|leid er|re|gend** ⟨Adj.⟩ *das Gefühl des Mitleids hervorrufend, innere Anteilnahme an jmdm. erweckend, dem es schlechtgeht;* ein ~er Anblick

mit|ma|chen ⟨V.⟩ **1** ⟨500⟩ **etwas ~** *an etwas als einer unter vielen teilnehmen;* einen Kochkurs, Ausflug ~; habt ihr alle bei der Demonstration mitgemacht? • 1.1 die **Mode ~** *sich nach der Mode kleiden* **2** ⟨410⟩ *gemeinsam mit (einem) anderen machen, auch dasselbe machen;* lass mich ~!; ich möchte dabei ~; bei einer Arbeit ~ müssen • 2.1 er wird (es) wohl **nicht mehr lange ~** ⟨fig.; umg.⟩ *er wird wohl bald sterben* **3** ⟨500⟩ **etwas ~** ⟨fig.; umg.⟩ *etwas zu ertragen, zu erleiden haben, durchmachen;* sie hat im Krieg viel, allerhand mitgemacht; er hat Furchtbares mitgemacht

mit|neh|men ⟨V. 189/500⟩ **1** jmdn. od. **etwas ~** *mit sich nehmen, forttragen;* darf ich das Buch ~?; nimmst du einen Mantel mit?; sollen wir Ihnen die Waren zuschicken? Nein, danke, ich nehme sie gleich mit; wir nehmen die Kinder auf die Reise mit; jmdn. im Auto ~; jmdn. zu einer Veranstaltung ~ • 1.1 **etwas ~** ⟨umg.; verhüllend⟩ *stehlen;* er hat im Geschäft die Kasse mitgenommen • 1.2 **etwas ~** ⟨fig.⟩ *(geistigen) Gewinn von etwas haben;* die Abende bei ihnen sind sehr interessant, man nimmt immer etwas mit **2** eine **Sache ~** ⟨fig.; umg.⟩ *(bei Gelegenheit) wahrnehmen, ins Programm aufnehmen;* alle Gelegenheiten ~ • 2.1 er will immer alles ~ *er kann sie nicht genug bekommen* • 2.2 wir könnten auf der Heimfahrt noch den Dom ~ *besichtigen, besuchen* **3** jmdn. od. **etwas (in übler Weise) ~** *schädigen, jmdn. od. etwas (übel) zusetzen, erschöpfen, abnutzen;* etwas od. jmdn. arg, böse, hart ~; die Krankheit hat ihn sehr mitgenommen; der Krieg hat das Land arg mitgenommen; er sieht noch ganz mitgenommen aus; die Puppe sieht durch vieles Spielen und Küssen schon etwas mitgenommen aus

mit|re|den ⟨V.⟩ **1** ⟨400⟩ *sich an einem Gespräch beteiligen* **2** ⟨410⟩ *(bei etwas) mitbestimmen, zu einer Entscheidung beitragen;* du kannst hier gar nicht ~ (weil du nicht Bescheid weißt); ich kann hier aus Erfahrung ~; er will überall ~ ⟨umg.⟩ • 2.1 **auch** ein **Wort, Wörtchen** mitzureden haben ⟨umg.⟩ *bei einer Entscheidung nicht übergangen werden können*

mit|rei|ßen ⟨V. 198/505⟩ **1** jmdn. od. **etwas ~** *(beim Fallen, Laufen, Fahren) mit sich reißen;* jmdn. in den Abgrund ~; andere in sein Unglück ~; er wurde vom Motorrad ein Stück mitgerissen; er wurde von der starken Strömung mitgerissen **2** jmdn. ~ ⟨fig.⟩ *begeistern, hinreißen;* sein Eifer, Feuer, Schwung riss die Hörer, Zuschauer mit; eine ~de Musik

mit|samt ⟨Präp. mit Dat.⟩ *mit allem, mit allen zusammen* (bes. von Sachen, leicht abwertend auch von Personen); er kam ~ seiner ganzen Familie; ~ dem Zubehör

mit|schrei|ben ⟨V. 230/402⟩ **(Gesprochenes) ~** *nach Diktat schreiben, gleichzeitig aufschreiben, nachschreiben;* ich diktiere, schreiben Sie bitte mit!; eine Debatte, eine Vorlesung, einen Vortrag ~; bei einem Verhör ~

Mit|schuld ⟨f.; -; unz.⟩ *Teil einer Schuld, die man mit (einem) anderen zusammen trägt;* er trägt auch eine ~ an dem Bankrott der Firma

mit|schwin|gen ⟨V. 237/400⟩ **1** *mit etwas anderem zusammen schwingen, auch schwingen;* bei dieser Übung schwingen die Arme mit **2** ⟨411; fig.⟩ *mitklingen, fühlbar sein;* in ihrer Stimme schwang ein Ton von Enttäuschung, Trauer mit

mit|spie|len ⟨V.⟩ **1** ⟨402⟩ **(etwas) ~** *mit (einem) anderen zusammen spielen;* lasst mich ~!; ein Spiel ~; der Schauspieler X hat auch in „Faust" mitgespielt; er spielt in der Mannschaft XY mit • 1.1 ⟨fig.⟩ *teilnehmen, mitmachen;* ich spiele nicht mehr mit! **2** ⟨411⟩ **etwas** spielt **(bei jmdm. od. etwas)** mit ⟨fig.⟩ *ist (bei jmdm. od. etwas) von Bedeutung, hat Einfluss,* es spielen mehrere Gründe bei seiner Entscheidung mit **3** ⟨600⟩ **jmdm. (auf schlimme Art) ~** *jmdm. schaden, hart zusetzen, jmdn. schlecht behandeln;* das Schicksal hat ihm hart, übel, grausam, schlimm mitgespielt

mit|spre|chen ⟨V. 251⟩ **1** ⟨500⟩ **etwas ~** *etwas mit (einem) anderen zusammen sprechen;* ein Gebet, ein Gelöbnis ~ **2** ⟨400⟩ *auch sprechen, Wichtiges zu sagen haben, an einer Entscheidung beteiligt sein;* es sprechen verschiedene Gründe mit; entscheidend spricht dabei der Umstand mit, dass ...

Mit|tag[1] ⟨m.; -(e)s, -e⟩ **1** *Zeitpunkt des höchsten Sonnenstandes* • 1.1 *Stunden des höchsten Sonnenstandes;* am ~; gegen ~; eines ~s; bald nach ~; komm doch zu ~ zu uns; am Dienstagmittag trafen wir uns wieder; →a. *Dienstagabend* • 1.1.1 **unter ~** *während der Mittagszeit od. Mittagspause* • 1.2 **zu ~ essen** *das Mittagessen einnehmen* • 1.3 *gestern, heute, morgen* Mittag; *gestern, heute, morgen zur Mittagszeit;* →a. *Abend* **2** ⟨unz.; veraltet⟩ *Süden;* sie wanderten, wandten sich gen ~; die Sonne steht (hoch) im ~ **3** ⟨umg.; regional, bes. westdt. u. schweiz.⟩ *Nachmittag*

Mit|tag[2] ⟨n.; -s; unz.⟩ **1** *Mittagessen, Mittagsmahlzeit* **2 ~ machen, halten** *Mittagspause machen*

Mit|ta|g|es|sen ⟨n.; -s, -⟩ *Mahlzeit zur Mittagszeit;* ich bin zum ~ eingeladen

mit|tags ⟨Adv.⟩ *während der, um die Mittagszeit;* ~ sind die Geschäfte geschlossen; dienstags ~, dienstagmittags *gehen wir immer spazieren;* →a. *abends*

Mit|te ⟨f.; -; unz.⟩ **1** *Punkt, der von allen Abgrenzungen von etwas, das ihn umgibt, räumlich od. zeitlich gleich weit entfernt ist, Mittelpunkt;* die ~ eines Kreises
• 1.1 in der ~ der Stadt, des Dorfes wohnen *im Zen-*

trum • 1.2 ~ einer **Sache** *gleich weit von Anfang u. Ende;* ~ *des Monats* • 1.3 ~ **(der) zwanzig,** dreißig **sein** *etwa 25, 35 Jahre alt* • 1.4 *etwas liegt in der* ~ (**zwischen** …) *auf halbem Weg (zwischen); der Ort liegt (genau, ungefähr) in der* ~ *zwischen Berlin u. Hamburg* • 1.5 *jmdn.* **in** die ~ **nehmen** *zwischen sich;* wir nahmen sie in die ~ • 1.6 **in** der ~ **stehen** ⟨fig.⟩ *zwischen den Extremen stehen* • 1.7 *ab durch die* ~ ⟨urspr. Regieanweisung, dann auch umg.; scherzh.⟩ *fort!, weg!;* →a. *golden (4.7.1), Reich (1.1)* **2** *Gruppe, Kreis (von Menschen);* der Tod hat ihn aus unserer ~ gerissen; wir heißen dich in unserer ~ willkommen **3** *keinem der politischen Extreme zuneigende Partei(en);* die Regierung wurde durch eine Koalition der linken ~ gebildet **4** ⟨poet.⟩ *Taille;* er fasste sie um die ~; er legte seinen Arm um ihre ~

mit|tei|len ⟨V. 530⟩ **1** *jmdm. etwas* ~ *jmdn. etwas wissenlassen, jmdn. von etwas benachrichtigen;* jmdm. eine Neuigkeit ~; jmdm. etwas mündlich, schriftlich, vertraulich ~; hierdurch teile ich Ihnen mit, dass …; ich muss Ihnen leider ~, dass … **2** ⟨Vr 3⟩ **sich jmdm.** ~ *sich jmdm. anvertrauen, sich jmdm. gegenüber aussprechen;* er versuchte, sich ihr mitzuteilen, aber sie verstand nicht

mit|teil|sam ⟨Adj.⟩ *gern mitteilend, gesprächig, aufgeschlossen;* ein ~er Mensch

Mit|tei|lung ⟨f.; -, -en⟩ *Nachricht, Meldung, Benachrichtigung, Bekanntgabe;* eine ~ erhalten; jmdm. eine ~ machen (von etwas); amtliche, geschäftliche, kurze, offizielle, vertrauliche ~

mit|tel ⟨Adj. 11/80; umg.⟩ *durchschnittlich, nicht besonders gut u. nicht besonders schlecht;* das Buch gefällt mir (nur) ~; wie ist er in der Schule? ~!; →a. *mittlere(r, -s) (2-3)*

Mit|tel ⟨n.; -s, -⟩ **1** *mittlerer Wert, Durchschnitt;* das ~ errechnen • 1.1 **im** ~ *im Mittelwert, im Durchschnitt;* die Leistungen der Klasse sind im ~ befriedigend; →a. *harmonisch (2.4)* **2** *wirkende Kraft, etwas, das zu einem Ziel führt, Hilfsmittel, anwendbare Möglichkeit;* ein gutes, sicheres, unfehlbares, wirksames ~; das äußerste, beste, einfachste, letzte ~; jmdn. od. etwas als ~ zum Zweck benutzen; der Zweck heiligt die ~; ~ und Wege finden; ihm ist jedes ~ recht, das ihm zu seinem Ziel verhilft; kein ~ unversucht lassen; zu anderen ~n greifen • 2.1 **mit allen** ~n *auf jede Weise;* er versucht es mit allen ~n **3** *chemisches, technisches Erzeugnis (für einen bestimmten Zweck);* Putz~; es gibt mehrere ~, die das Wachstum der Pflanzen fördern • 3.1 *Heilmittel, Arznei;* beruhigendes, schmerzlinderndes, stärkendes ~; ein ~ (mit, ohne Erfolg) anwenden; ein ~ einnehmen, nehmen; einem Kranken ein ~ verschreiben; ein ~ gegen Schnupfen **4** ⟨nur Pl.⟩ *Geld, Kapital, Vermögen;* →a. *flüssig (3);* mir fehlen die ~ dazu; ich habe (nicht) die ~, das zu tun; ich habe keine ~ mehr; beschränkte ~ zur Verfügung haben; etwas aus eigenen ~n bestreiten; (völlig) ohne ~ dastehen, sein; ich verfüge nicht über die nötigen ~ • 4.1 **über seine** ~ **leben** *mehr ausgeben, als man hat;* →a. *flüssig (3)* **5** *sich ins* ~ *legen eingreifen, vermitteln*

Mit|tel|al|ter ⟨n.; -s; unz.; Abk.: MA⟩ *geschichtlicher Zeitraum zwischen Altertum u. Neuzeit, etwa 5. bis 15. Jh.;* das frühe, späte ~; das deutsche ~; die Handschriften, Werke des ~s

Mit|tel|ding ⟨n.; -(e)s; unz.; umg.⟩ *etwas, das zwischen zwei anderen Dingen, Begriffen, Vorstellungen liegt bzw. Elemente von beiden vereinigt;* Sy *Mittelending;* Freundlichkeit ist ein ~ zwischen Herzlichkeit u. Höflichkeit; meine neue Kopfbedeckung ist ein ~ zwischen Hut und Mütze

Mit|tel|ge|bir|ge ⟨n.; -s, -⟩ *Gebirge mittlerer Höhe, bis etwa 2000 m, mit welligen, rundlichen Erhebungen*

mit|tel|los ⟨Adj. 24⟩ *ohne Geldmittel, arm;* ~ sein, dastehen

mit|tel|mä|ßig ⟨Adj. 24⟩ *nicht gut u. auch nicht schlecht, (nur) durchschnittlich;* er ist ein ~er Schüler; eine ~e Leistung; eine Ware von ~er Qualität

Mit|tel|punkt ⟨m.; -(e)s, -e⟩ **1** *Punkt, von dem alle Punkte des Umfangs (eines Kreises) od. der Oberfläche (einer Kugel) gleich weit entfernt sind;* ~ eines Kreises, einer Kugel, einer Stadt • 1.1 *Schnittpunkt von Längs- u. Querachse (einer Ellipse)* **2** ⟨fig.⟩ *Brennpunkt, Zentrum;* (eine Stadt o. Ä. als) geistiger, künstlerischer ~; im ~ des Interesses stehen **3** ⟨fig.⟩ *wichtigster Gegenstand, Hauptthema;* ~ all unserer Überlegungen war … • 3.1 *Person, auf die sich das allgemeine Interesse richtet, Hauptperson;* er, sie war der ~ des Abends; sie will immer überall ~ sein

mit|tels ⟨Präp. mit Gen.; geh.⟩ *mit Hilfe von, durch;* eine Kiste ~ Brecheisens öffnen

Mit|tels|mann ⟨m.; -(e)s, -män|ner⟩ *Vermittler, Unterhändler;* ein geschickter ~; sich an einen ~ wenden

Mit|tel|stand ⟨m.; -(e)s; unz.⟩ *gesellschaftliche Schicht zwischen Arm u. Reich, die sozialen Gruppen zwischen Arbeiterschaft u. Großunternehmern, die kleinen u. mittleren Unternehmer, Beamten sowie die Angestellten u. freien Berufe*

Mit|tel|weg ⟨m.; -(e)s, -e; fig.⟩ *Weg, Handlungsweise zwischen zwei Möglichkeiten, zwei Extremen;* einen ~ einschlagen, gehen; der goldene ~

Mit|tel|wert ⟨m.; -(e)s, -e⟩ *die Summe mehrerer Zahlen geteilt durch ihre Anzahl*

mit|ten ⟨Adv.⟩ **1** *in der Mitte, in die Mitte (hinein);* der Stab brach ~ entzwei; ~ auf der Straße; ~ in der Nacht; ~ in die Stadt; es war ~ im Winter; ~ unter ihnen, unter der Menge; ~ durch den Wald **2** ⟨a. fig.⟩ *genau, direkt;* der Schuss traf ihn ~ ins Herz; der Hubschrauber stürzte ~ auf die Straße **3** ~ *im Leben stehen mit beiden Beinen im Leben stehen, lebenstüchtig sein, an allem teilnehmen*

Mit|ter|nacht ⟨f.; -; unz.⟩ **1** *der Zeitpunkt 24 (0) Uhr, 12 Uhr nachts, 12 Stunden nach dem Mittag, d. h. der Zeitpunkt, in dem die Sonne den tiefsten Stand unter dem Horizont eines Ortes erreicht, Beginn eines neuen Tages;* die Glocke, Uhr, es schlug ~; es war gegen ~; kurz nach, vor ~; heute um ~ **2** ⟨nach altem Volksglauben⟩ *Beginn der Geisterstunde* **3** ⟨veraltet⟩ *Norden;* sie zogen gen ~

mit|ter|nachts ⟨Adv.⟩ *um, gegen Mitternacht;* wir gingen erst ~ ins Bett

mittlere(r, -s)

mịt|le|re(r, -s) ⟨Adj. 24/60⟩ **1** *in der Mitte liegend, zwischen zwei anderen befindlich;* das ~ von drei Dingen; der ~ Stuhl ist besetzt • 1.1 = **Reife** *Abschluss der Realschule* • 1.2 Mittlerer **Osten** *östlicher Teil der islamischen Länder* **2** *von den extremen Möglichkeiten gleich weit entfernt;* von ~r Größe; eine ~ Geschwindigkeit fahren • 2.1 ~n Alters, im ~n Alter, in ~n Jahren *nicht mehr jung, aber noch nicht alt* • 2.2 ~r **Beamter** *B., der nicht mehr im einfachen, aber auch noch nicht im gehobenen Dienst tätig ist* • 2.3 ~ **Betriebe** *B., die nicht mehr klein u. noch nicht groß zu nennen sind* **3** *durchschnittlich;* die ~ Jahrestemperatur beträgt …
mịtt|ler|wei|le ⟨Adv.⟩ *unterdessen, währenddessen, inzwischen;* ~ hat es aufgehört zu regnen
Mịtt|woch ⟨m.; -(e)s, -e; Abk.: Mi⟩ *der mittlere (dritte) Tag in der Woche;* am ~, dem 29. November; am kommenden, vergangenen ~; →a. *Dienstag*
Mịtt|woch|abend ⟨m.; -(e)s, -e⟩ *Abend eines (jeden) Mittwochs;* →a. *Dienstagabend*
mịtt|wochs ⟨Adv.⟩ *an jedem Mittwoch;* →a. *dienstags*
mit|un|ter ⟨Adv.⟩ *manchmal, zuweilen, ab und zu;* ~ konnte er schlecht schlafen
Mịt|welt ⟨f.; -; unz.⟩ *die Mitmenschen, die Zeitgenossen, mit denen man zusammenlebt;* er fühlte sich von seiner ~ unverstanden
mịt||wir|ken ⟨V. 411⟩ **an, bei, in etwas ~** *an, bei, in etwas mit (einem) anderen zusammen wirken, zu etwas beitragen, mitarbeiten;* die Sendung ist beendet, es wirkten mit …; an der Aufklärung eines Diebstahls ~; hast du daran, dabei auch mitgewirkt?; bei einer Veranstaltung ~; in einem Theaterstück ~
Mịt|wis|ser ⟨m.; -s, -⟩ *jmd., der mit (einem) anderen etwas weiß, ein Geheimnis kennt, (bes.) jmd., der von einem Verbrechen weiß;* einen gefährlichen, lästigen ~ beseitigen; jmdn. zum ~ machen
mịt||zäh|len ⟨V.⟩ **1** ⟨400⟩ *gleichzeitig mit (einem) anderen zählen;* zähle doch bitte mal zur Kontrolle mit **2** ⟨500⟩ **jmdn. od. etwas ~** *auch zählen, berücksichtigen;* die Abwesenden zählen mit **3** ⟨400; umg.⟩ *gelten, von Bedeutung sein;* das zählt nicht mit; seine Stimme zählt mit; in diesen Fragen zählt sein Urteil nicht mit
mi|xen ⟨V. 500⟩ **1 Getränke ~** = *mischen (2)* **2 Geräusche ~** ⟨Film, Funk u. Fernsehen⟩ *aufeinander abstimmen u. zusammenführen;* Tonspuren ~; Musik u. gesprochenen Text ~
Mịx|tur ⟨f.; -, -en⟩ **1** *Mischung mehrerer flüssiger Arzneimittel* **2** *gemischte Stimme der Orgel, bei der ein Ton durch Oktave, Quinte, Terz od. Septime verstärkt wird* **3** ⟨fig.⟩ *Gemisch, Gemenge;* eine seltsame ~ aus Halbbildung und Populismus
mm ⟨Zeichen für⟩ *Millimeter*
mm³ ⟨Zeichen für⟩ *Kubikmillimeter*
Mọb ⟨m.; -s, -s; Pl. selten⟩ **1** *Pöbel, gemeines Volk* **2** *Gesamtheit der Kriminellen, kriminelle Bande*
Mọb|bing ⟨n.; -s; unz.⟩ *ständiges boshaftes Verunglimpfen, Schlechtmachen eines Mitarbeiters durch mehrere seiner Kollegen (mit der Absicht, ihn zum Kündigen seines Arbeitsplatzes zu bewegen)*

Mö|bel ⟨n.; -s, -⟩ **1** *beweglicher Einrichtungsgegenstand;* Liege~, Sitz~; furnierte, mattierte, polierte ~; ~ rücken, umräumen; neue ~ anfertigen lassen, kaufen **2** ⟨nur Pl.⟩ *Einrichtung eines Raumes, einer Wohnung, eines Zimmers;* Büro~, Esszimmer~, Wohnzimmer~, Schlafzimmer~; Biedermeier~; antike, moderne ~ **3** *ein* **fürchterliches ~** ⟨a. fig.⟩ *unhandlicher, großer Gegenstand*
mo|bil ⟨Adj.⟩ **1** ⟨70⟩ *beweglich;* ~e Gegenstände, Einrichtung, Küche **2** ⟨70; fig.; umg.⟩ • **2.1** *gesund u. munter* • **2.2** *flink, behände;* der alte Mann ist noch recht ~ **3** ⟨50⟩ jmdn. wieder ~ **machen** *nach einer Krankheit regsam machen, die körperl. Kräfte aktivieren;* →a. *mobilmachen*
Mo|bil|funk ⟨m.; -s; unz.⟩ *Funksprechverkehr mit Hilfe mobiler Funkverbindungen, Mobilfunknetz*
Mo|bi|li|ar ⟨n.; -s; unz.⟩ *Gesamtheit der beweglichen Einrichtungsgegenstände, Möbel, Hausrat*
mo|bi|li|sie|ren ⟨V. 500⟩ **1 Geld ~** *verfügbar, flüssigmachen;* Vermögen ~ **2 die Wehrmacht, ein Land ~** *mobilmachen* • 2.1 Freunde, Bekannte, Helfer ~ ⟨fig.⟩ *zum Einsatz bringen, zur Mithilfe anregen*
mo|bịl||ma|chen ⟨V. 500; Mil.; fachsprachl.⟩ **1** (i. e. S.) *einsatzbereit, zum Krieg bereit machen* (Truppen) **2** (i. w. S.) *auf die Anforderungen des Krieges umstellen* (Verwaltung, Wirtschaft); →a. *mobil (3)*
Mo|bil|te|le|fon ⟨n.; -(e)s, -e⟩ *mobiles Telefon, Handy*
mö|blie|ren *auch:* **mö|blie|ren** ⟨V. 500⟩ **1 Wohnräume ~** *mit Möbeln ausstatten, mit Möbeln einrichten;* eine Wohnung, ein Zimmer ~ • 1.1 möbliertes Zimmer *zu vermietender Wohnraum mit Möbeln* • 1.2 möbliert wohnen ⟨umg.⟩ *in einem vom Wohnungsinhaber möblierten Zimmer wohnen*
Mọc|ca ⟨m.; -s, -s; bes. österr.⟩ = *Mokka*
mo|dal ⟨Adj. 24⟩ **1** ⟨Gramm.; Sprachw.⟩ *die Art u. Weise bezeichnend;* ~e Konjunktion, ~e Adverbialbestimmung, Modalverb **2** ⟨Mus.⟩ *die mittelalterliche Notation der Tonarten u. Rhythmen betreffend*
Mọd|der ⟨m.; -s; unz.; norddt.⟩ *Schlamm*
Mo|de ⟨f.; -, -n⟩ **1** (i. w. S.) *Sitte, Gepflogenheit, Geschmack einer Zeit, das, was zurzeit üblich ist;* die ~ der Barockzeit, des Biedermeiers; eine neue, verrückte ~ • 1.1 dieses Jahr ist Spanien die große ~ ⟨umg.⟩ *dieses Jahr fahren alle im Urlaub nach S.* • **1.2 mit** od. **nach der ~** *gehen sich nach dem Zeitgeschmack richten* **2** (i. e. S.) *die Art, sich im Stil einer bestimmten Zeit zu kleiden;* sie macht jede ~ mit; das ist jetzt (so) ~; damals waren lange Röcke ~; große Kragen sind (ganz) aus der ~ gekommen; diese Mützen sind jetzt (sehr) in ~; sich nach der neuesten ~ kleiden **3** ⟨nur Pl.⟩ *moderne, elegante Oberbekleidungsstücke, Kleider-, Mantel-, Anzugsmodelle;* Damen~n, Herren~n, Kinder~n; dort kann man die neuesten ~n sehen; die neuesten ~n zeigen, vorführen **4** ⟨fig.; umg.⟩ *Gewohnheit, Sitte;* wir wollen keine neuen ~n einführen
Mo|de|haus ⟨n.; -es, -häu|ser⟩ *größeres Geschäft für Damenoberbekleidung;* oV *Modenhaus*
Mo|dell¹ ⟨m.; -s, -⟩ **1** *figürlich geschnitzte Holzform für Backwaren, Butter u. Ä.;* Butter~, Spekulatius~

- **1.1** *Hohlform zum Gießen von Wachs* **2** *Druckplatte od. -walze für das Bedrucken von Textilien od. Tapeten* **3** *Vorlage für Strick-, Wirk- u. a. Muster* **4** = *Modul¹ (1-2)*

Mo|del² ⟨[mɔdəl] n.; -s, -s⟩ *Mannequin, Vorführdame;* Sy *Modell (7)*

Mo|dell ⟨n.; -s, -e⟩ **1** *Vorbild, Muster, Urbild* **2** *Urform eines Bildwerks (meist aus Ton) sowie deren Abguss in Gips, der dann in anderen Werkstoff übertragen wird; Gips~* **3** *plastische Darstellung eines (geplanten) Bauwerks in stark verkleinertem Maßstab; das ~ eines Hauses, einer Stadt* • **3.1** *stark verkleinertes Vorbild (Nachbildung) einer Maschine; Schiffs~, Flugzeug~* **4** *Person od. Gegenstand als Vorbild für Maler, Bildhauer u. Fotografen; Foto~; ~ stehen, sitzen* **5** *Darstellung derjenigen allgemeinen u. abstrakten Merkmale eines Forschungsgegenstandes, die für das Ziel der Forschung von Bedeutung sind* **6** *einmalig angefertigtes Kleid nach der neuesten Mode; ~e vorführen* **7** = *Model²*

mo|del|lie|ren ⟨V.⟩ **1** ⟨410⟩ *in Ton od. Wachs ~ formen* **2** ⟨500⟩ *etwas ~ nachbilden, ein Muster anfertigen von; eine Figur ~*

Mo|dem ⟨n.; -s, -s; El.⟩ *Gerät für die Übertragung von Daten über die Fernsprechleitung*

Mo|den|haus ⟨n.; -es, -häu|ser⟩ = *Modehaus*

Mo|der ⟨m.; -s; unz.⟩ **1** *Verwesung, Fäulnis; das alte Laub roch nach ~; ein Geruch von ~ erfüllte den ganzen Keller* **2** *schlammige Erde, Morast*

mo|de|rat ⟨Adj.; geh.⟩ *gemäßigt, vernünftig, maßvoll; eine ~e Politik; ~e Preise*

Mo|de|ra|tor ⟨m.; -s, -en⟩ **1** ⟨Kernphysik⟩ *Substanz, die beschleunigte Neutronen bei Kernreaktionen abbremsen soll* **2** *Leiter einer Diskussion* • **2.1** ⟨Funk u. Fernsehen⟩ *Mitarbeiter, der argumentierende Sendungen, Unterhaltungshows o. Ä. moderiert* **3** ⟨im Vatikan. Konzil 1964⟩ *Angehöriger eines Konzils, der bei den Aussprachen auf das Wesentliche hinlenken sollte*

Mo|de|ra|to|rin ⟨f.; -, -rin|nen⟩ *weibl. Moderator (2)*

mo|de|rie|ren ⟨V. 500⟩ **1** *eine Sendung ~ die verbindenden Informationen u. Kommentare sprechen* **2** ⟨Vr 3⟩ *sich ~* ⟨veraltet⟩ *mäßigen, einschränken*

mo|dern¹ ⟨V. 400⟩ *verfaulen, verwesen; das nasse Laub modert auf dem Erdboden; ~des Holz*

mo|dern² ⟨Adj.⟩ **1** *der Mode, dem Zeitgeschmack entsprechend, zeitgemäß; das Kleid ist nicht mehr ~; alle Zimmer sind ~ eingerichtet* • **1.1** *neuzeitlich; ~e Kunst* **2** *ein ~er Mensch für die Probleme der Gegenwart aufgeschlossener M.*

Mo|di|fi|ka|ti|on ⟨f.; -, -en⟩ **1** *das Modifizieren, Veränderung, Umwandlung mit dem Ziel der Anpassung* **2** ⟨Biol.⟩ *nicht erbliche, nur durch Einflüsse der Umwelt verursachte Abweichung eines Lebewesens vom Normaltyp;* Ggs *Mutation* **3** ⟨Chem.⟩ *verschiedene Erscheinungsformen ein u. desselben Stoffes infolge unterschiedlicher physikalischer Eigenschaften*

mo|di|fi|zie|ren ⟨V. 500⟩ *etwas ~ ein wenig verändern, abwandeln u. den Umständen anpassen; die Stimme, eine Bewegung ~*

mo|disch ⟨Adj.⟩ *die augenblickliche Mode betreffend, dem Zeitgeschmack entsprechend; ~e Kleidung; sich ~ kleiden, frisieren*

Mo|dul¹ ⟨m.; -s, -n⟩ **1** ⟨Arch.⟩ *Maßeinheit, Verhältnismaß für Bauwerke u. -teile* **2** ⟨Math.⟩ *als Maßzahl dienender Wert, zugrunde liegende Verhältniszahl* • **2.1** *Teiler, Divisor* • **2.2** ⟨Logarithmenrechnung⟩ *diejenige Zahl, die durch Multiplikation mit natürlichen Logarithmen die Logarithmen zu einer bestimmten Basis ergibt* • **2.3** ⟨Tech.⟩ *Kennziffer für die Teilung eines Zahnrades*

Mo|dul² ⟨n.; -(e)s, -e⟩ *als Ganzes austauschbare Funktionsgruppe eines Gerätes*

Mo|du|la|ti|on ⟨f.; -, -en⟩ **1** *Abwandlung* **2** ⟨Mus.⟩ • **2.1** *der Übergang von einer Tonart in eine andere* • **2.2** *Abstufung der Tonstärke u. Klangfarbe* **3** ⟨El.⟩ *Aufprägen von Signalen od. Schallwellen auf eine hochfrequente Trägerwelle; Amplituden~, Frequenz~*

mo|du|lie|ren ⟨V. 400⟩ **1** *abwandeln, wechseln, ändern* **2** ⟨Mus.⟩ • **2.1** *von einer Tonart in eine andere überleiten* • **2.2** *Tonstärke u. Klangfarbe (sinnvoll) wechseln* **3** ⟨500⟩ *Trägerwellen ~* ⟨El.⟩ *einer Modulation (3) unterwerfen*

Mo|dus ⟨a. [mɔ-] m.; -, Mo|di⟩ **1** *Art u. Weise, Regel, Maß; wir müssen einen ~ finden* • **1.1** ~ *Procedendi Art u. Weise des Verfahrens* • **1.2** ~ *Vivendi eine Form erträglichen Zusammenlebens* **2** ⟨Gramm.⟩ *eine der drei Aussageweisen des Verbs (Indikativ, Konjunktiv, Imperativ)* **3** ⟨in der Notenschrift des 12./13. Jh.⟩ *Rhythmus, der einem der sechs griechischen Versfüße nachgebildet ist* **4** *feststehende Melodie, nach der auch andere Lieder gesungen werden;* Sy *Weise (2)* **5** *Kirchentonart, Tonleiter der Kirchentonarten*

Mo|fa ⟨n.; -s, -s⟩ *Fahrrad mit Hilfsmotor*

mo|geln ⟨V. 400; umg.⟩ *(beim Spiel) leicht betrügen, ein wenig falschspielen; beim Billard ~*

mö|gen ⟨V. 187⟩ **1** ⟨500⟩ *etwas ~ gern wollen, gern haben wollen, gern tun, Lust haben zu; ich mag nicht!; ich möchte nicht, dass er denkt …; das möchte ich auch können!; ich möchte gern mitgehen; ich möchte lieber nicht mitgehen; ich möchte Herrn X sprechen; ich möchte wissen, ob …; ich möchte Ihnen eins sagen: …; möchten Sie noch etwas Kaffee?* • **1.1** ~ *Sie …?* ⟨umg.⟩ *darf ich Ihnen … anbieten?* **2** ⟨500/Vr 8⟩ *jmdn. od. etwas ~ gern haben; ich mag ihn nicht (leiden); ich mag so etwas gar nicht; ich mag (es) nicht, wenn man …; wir ~ ihn sehr gern* • **2.1** *etwas (nicht) ~ (nicht) gern essen; er mag kein Fleisch* **3** ⟨Modalverb⟩ *können, werden (zum Ausdruck der Vermutung, Hoffnung, Möglichkeit od. des Wunsches), wenn … doch …; möge er Recht behalten!; wo mag er das nur gehört haben?; möchte er doch nur (bald) kommen!; man möchte meinen …; es mag sein, dass es so ist; wer, was mag das sein?* • **3.1** *mag sein! ja, vielleicht, das ist schon möglich* • **3.2** *können, sollen, dürfen (zum Ausdruck des Erlaubens od. Geschehenlassens); mag er doch gehen, wohin er will!; er mag nur kommen!, mag er doch kommen! (ich habe keine Angst); er mag ruhig warten!;*

möglich

mag kommen, was da will, wolle; er mag sagen, was er will, was er auch sagen mag, er ist trotzdem schuld daran; er mag wollen oder nicht, er muss es doch tun • 3.2.1 für dieses Mal mag es hingehen *dieses eine M. will ich darüber hinwegsehen* 4 ⟨mit Adv.; Zusammenschreibung nur der infiniten Formen⟩ jetzt mag er nicht mehr zurück *zurückgehen, -fahren, umkehren*

möglich ⟨Adj.⟩ 1 *so beschaffen, dass man damit rechnen kann, dass es zu machen, zu verwirklichen, erreichbar, ausführbar ist;* kannst du es ~ machen, dass …?; man kann von einem Menschen nur das Mögliche verlangen; wenn ~, komme ich noch heute • **1.1 so … wie ~ so …,** *wie es zu machen ist* • 1.1.1 ich komme so bald wie ~ *sobald ich kann* • 1.1.2 komm so schnell wie ~ *so schnell du kannst* • 1.1.3 bring mir davon so viel wie ~ *so viel du kannst* • 1.2 ~ **sein** *vielleicht eintretend, annehmbar, denkbar;* das alles ~!; das ist gut, leicht ~; es ist (durchaus) ~, dass …; man sollte es nicht für ~ halten!; das ist kaum, schon, wohl ~ • 1.2.1 nicht ~! ⟨umg.⟩ *(Ausruf des Erstaunens) das kann doch nicht sein!, wirklich?* 2 **alles** Mögliche *allerlei, die verschiedensten Dinge, viel;* er hat mir alles Mögliche erzählt • 2.1 in allen ~en Farben ⟨umg.⟩ *in vielen, in verschiedenen F.*

Möglichkeit ⟨f.; -, -en⟩ 1 *das Möglichsein, Aussicht, Gelegenheit;* die ~ eines neuen Beginns; jmdm. die ~ bieten, etwas zu tun; ich hatte keine andere ~, als so zu handeln; die ~ zu lernen, zu üben, zu spielen • 1.1 es besteht die ~, dass … *es ist möglich, dass …, es wird sich möglich machen lassen, dass …* • 1.2 das Land der unbegrenzten ~en ⟨umg.; scherzh. für⟩ *Amerika* • 1.3 ist das denn die ~? ⟨umg.⟩ *(Ausruf des Erstaunens)* • 1.4 **nach** ~ *wenn es möglich ist, wenn es sich machen lässt* 2 *Hilfsmittel, Form zur Verwirklichung;* gibt es eine ~, heute noch nach X zu fahren?; es ist keine ~ mehr, über den See zu kommen; alle ~en in Betracht ziehen; diese ~ müssen wir von vornherein ausschließen; die einzige, letzte ~ wäre …; es gibt (dafür) mehrere, verschiedene, nur zwei ~en; neue ~en erschließen; meine ~en sind beschränkt

möglichst ⟨Adj.; Superlativ von⟩ *möglich* 1 ⟨50⟩ *nach Möglichkeit, wenn es geht, so gut, so schnell, so viel es geht usw.;* ~ bald, früh, rasch, viel, wenig; lauf ~ schnell! 2 ⟨60⟩ ich habe mein Möglichstes getan ⟨umg.⟩ *ich habe alles getan, was mir möglich war, alles, was ich konnte*

Mohair ⟨[-hɛːr] m.; -s, -s⟩ = *Mohär*

Mohammedaner ⟨m.; -s, -; veraltet⟩ = *Moslem*

Mohär ⟨m.; -s, -s; Textilw.⟩ oV *Mohair* 1 *Haar der Angoraziege* 2 *aus Mohär (1) hergestellte Wolle od. Wollgewebe*

Mohn ⟨m.; -(e)s, -en⟩ 1 ⟨Bot.⟩ *Angehöriger einer Gattung der Mohngewächse mit Kapselfrucht u. ölreichen Samen, Mohnblume* • 1.1 (i. e. S.) *Klatschmohn* 2 ⟨unz.⟩ *Samen des Mohns (1);* gemahlener ~; mit ~ bestreute Brötchen

Mohr ⟨m.; -en, -en; umg.; abwertend; veraltet⟩ 1 *Schwarzer;* der ~ hat seine Schuldigkeit (eigtl.:

Arbeit) getan, der ~ kann gehen (nach Schiller, „Fiesco", III, 4) • 1.1 einen ~en **weißwaschen** wollen *das Unmögliche fertigbringen wollen* 2 ~ **im Hemd** ⟨Kochk.⟩ *mit Rum versetzter Schokoladenkuchen u. Schlagsahne*

Möhre ⟨f.; -, -n; Bot.⟩ 1 *wildwachsendes Doldengewächs mit mehrfach gefiederten Blättern u. länglichen bis spiralförmigen verdickten Wurzeln; Daucus carota* • 1.1 *kultivierte Form der Möhre (1) mit stark verdickten orangegelben Wurzeln, die als Gemüse verwendet werden; Daucus sativus;* Sy *Mohrrübe, Karotte,* ⟨schweiz.⟩ *Rüebli, gelbe Rübe,* → *gelb (1.5)*

Mohrrübe ⟨f.; -, -n⟩ = *Möhre (1.1)*

Mokassin ⟨m.; -s, -s⟩ 1 *bestickter Wildlederschuh od. -stiefel der nordamerikanischen Indianer* 2 *weicher, ungefütterter Lederschuh mit dünner Sohle*

Mokka ⟨m.; -s, -s⟩ oV *Mocca* 1 *aromatische Kaffeesorte* 2 *(aus Mokka (1) zubereiteter) starker Kaffee;* eine Tasse ~ trinken

Molch ⟨m.; -(e)s, -e⟩ 1 ⟨Zool.⟩ *an das Wasserleben angepasster Schwanzlurch mit seitlich abgeflachtem Schwanz;* Wasser~ 2 ⟨in Zus.; abwertend⟩ *Mensch, Kerl;* Lust~

Mole[1] ⟨f.; -, -n⟩ *Hafendamm*

Mole[2] ⟨f.; -, -n; Med.⟩ *abgestorbene Leibesfrucht*

Molekül ⟨n.; -s, -e; Chem.⟩ *kleinstes Teilchen einer chem. Verbindung aus zwei od. mehr Atomen*

Molke ⟨f.; -; unz.⟩ *Flüssigkeit, die sich von geronnener Milch, von Quark u. Joghurt absetzt*

Molkerei ⟨f.; -, -en⟩ 1 ⟨unz.⟩ *Behandlung u. Verarbeitung von Milch* 2 ⟨zählb.⟩ *Betrieb hierfür;* in der ~ wird Käse und Butter hergestellt

Moll[1] ⟨n.; -s; unz.; Mus.⟩ *Tongeschlecht mit kleiner Terz im Dreiklang der Tonika;* Ggs *Dur*

Moll[2] ⟨m.; -(e)s, -e od. -s⟩ = *Molton*

mollig ⟨Adj.; umg.⟩ 1 *weich, warm, behaglich;* es Kissen; ~er Mantel; wir haben es hier schön ~; hier ist es ~ warm 2 *rundliche, weiche Körperformen habend, leicht korpulent (nur von weibl. Personen);* eine kleine ~e Dame; sie ist recht, ziemlich ~; Mode für Mollige

Moloch ⟨a. [moː-] m.; -s, -e⟩ 1 ⟨sinnbildl. für⟩ *das Unersättliche, unsättliche Macht* 2 ⟨fig.⟩ *riesiges, unbeherrschbares Gebilde, das alles um sich herum zu verschlingen droht;* der ~ Berlin; der ~ der Bürokratie

Molton ⟨m.; -s, -s; Textilw.⟩ *weiches, beidseitig gerautes Baumwollgewebe;* Sy *Moll*[2]; ~windel, ~tuch

Moment[1] ⟨n.; -(e)s, -e⟩ 1 ⟨Phys.⟩ *Produkt zweier physikalischer Größen;* Dreh~, Brems~, Trägheits~, elektrisches ~ 2 *Merkmal, (wichtiger) Umstand;* entscheidendes ~ 3 *Umstand, der etwas bewirkt;* ein Bericht als retardierendes ~ in einem Roman; Spannungs~

Moment[2] ⟨m.; -(e)s, -e⟩ 1 *Augenblick, kürzester Zeitabschnitt;* ~, bitte!; es dauert nur einen ~!; bitte warten Sie einen ~; den richtigen ~ erwischen, verpassen; ich komme nur auf einen ~; im ~ habe ich keine Zeit; im entscheidenden ~ zieht er sich immer zurück; ~!, ~ mal! (als Unterbrechung eines Spre-

chenden, Handelnden) ⟨umg.⟩ **2** ich bin im ~ zurück ⟨umg.⟩ *sofort*
mo|men|tan ⟨Adj. 24⟩ *augenblicklich, vorübergehend*

♦ Die Buchstabenfolge **mon|arch...** kann in Fremdwörtern auch **mo|narch...** getrennt werden.

♦ **Mon|arch** ⟨m.; -en, -en⟩ *fürstlicher Alleinherrscher, gekröntes Staatsoberhaupt (durch Wahl od. Erbanspruch)*
♦ **Mon|ar|chie** ⟨f.; -, -n⟩ **1** *Staatsform mit einem Monarchen an der Spitze;* Erb~, Wahl~; *konstitutionelle ~* **2** *Staat mit der Staatsform der Monarchie (1)*
♦ **Mon|ar|chin** ⟨f.; -, -chin|nen⟩ *weibl. Monarch*
Mo|nat ⟨m.; -(e)s, -e⟩ **1** *zwölfter Teil eines Jahres, Zeitabschnitt von 30 bzw. 31 (Februar 28 bzw. 29) Tagen, ungefähre Umlaufzeit des Mondes um die Erde;* das Kind ist drei ~e alt; nach drei ~en; vor drei ~en; er ist zu acht ~en (Haft) verurteilt worden; dieses ~s ⟨Abk.: d. M.⟩; er wartete mehrere ~e auf seine Zulassung zum Studium • **1.1** das Buch, die CD des ~s *besonders empfohlene Neuerscheinung in einem bestimmten Monat* • **1.2** **im ersten,** zweiten, dritten ~ **sein** *im ersten, zweiten, dritten Monat (nach der Empfängnis) schwanger sein;* →a. *laufend (2.3.2), vorig (1.2)*
mo|na|te|lang ⟨Adj. 24/90⟩ *mehrere Monate lang;* er war ~ unterwegs; das ~e Warten hat sie zermürbt
...mo|na|tig ⟨Adj. 24; in Zus.⟩ *eine bestimmte Anzahl von Monaten dauernd od. alt;* dreimonatig; dreimonatiges Krankenlager; ein dreimonatiger Säugling
mo|nat|lich ⟨Adj. 24⟩ *jeden Monat (wiederkehrend, stattfindend);* eine ~e Veranstaltung; ~ fünfzig Euro Taschengeld; die Zeitschrift erscheint ~, ~ einmal, zweimal; mit ~er Kündigung
...mo|nat|lich ⟨Adj. 24; in Zus.⟩ *nach einer bestimmten Anzahl von Monaten regelmäßig wiederkehrend;* dreimonatlich; die Veranstaltung findet dreimonatlich statt
Mo|nats|bin|de ⟨f.; -, -n⟩ *Zellstoffbinde, die während der Menstruation getragen wird*
Mo|nats|blu|tung ⟨f.; -, -en⟩ = *Menstruation*
Mönch ⟨m.; -(e)s, -e⟩ **1** *Angehöriger eines kath. Ordens, jmd., der als Einsiedler od. in einer Klostergemeinschaft nach einer bestimmten Ordensregel u. gemäß bestimmten Gelübden (Armut, Keuschheit u. a.) ein asketisches, religiöses Leben führt;* →a. *Nonne (1);* ein buddhistischer ~; wie ein ~ leben **2** ⟨Jägerspr.⟩ *Hirsch ohne Geweih, Kahlhirsch* **3** *stark nach oben gekrümmter Dachziegel;* Ggs *Nonne (3)* **4** ⟨Arch.⟩ *Mittelsäule einer steinernen Wendeltreppe* **5** *Ablaßvorrichtung an einem Teich*
mön|chisch ⟨Adj.⟩ **1** *zum Mönch gehörend;* ~e Askese **2** *wie ein Mönch, entsagend, zurückgezogen;* ein ~es Leben führen
Mond ⟨m.; -(e)s, -e⟩ **1** *einen Planeten umkreisender Himmelskörper;* Sy *Satellit (1), Trabant (3);* die ~e des Jupiter **2** (i. e. S.) *die Erde umkreisender Himmelskörper, Erdtrabant;* das bleiche, milde, silberne Licht des ~(e)s; die Scheibe, Sichel des ~(e)s; der bleiche, goldene, silberne ~; abnehmender, zunehmender, halber, voller ~; unter dem wechselnden ~; der ~ geht auf, unter; der ~ scheint; der ~ wechselt; der ~ hat einen Hof; eine Rakete zum ~ schießen • **2.1** ich könnte ihn auf den ~ schießen ⟨fig.; umg.⟩ *ich wünsche ihn weit fort, ich kann ihn nicht ausstehen* • **2.2** den ~ anbellen ⟨fig.⟩ *machtlos drohen, ohnmächtig schimpfen* • **2.3** **auf** dem ~ **leben** ⟨fig.; umg.⟩ *weltfremd sein* • **2.3.1** wir leben schließlich nicht auf dem ~! *wir müssen uns mit den Gegebenheiten des Lebens, der Wirklichkeit auseinandersetzen* • **2.4** **in** den ~ **gucken** ⟨fig.; umg.⟩ *leer ausgehen, benachteiligt werden* • **2.5** **hinter** dem ~ ⟨fig.; umg.⟩ *fern von der Welt, altmodisch, ohne Wissen von der heutigen Zeit;* du lebst wohl hinter dem ~? • **2.6** die **Uhr** geht **nach** dem ~ ⟨umg.; scherzh.⟩ *geht falsch;* →a. *Mann (1.2)* **3** ⟨fig.; scherzh.⟩ *Glatze* **4** ⟨poet.⟩ *Monat;* nach, seit vielen ~en
mon|dän ⟨Adj.⟩ **1** *sehr elegant u. sehr gewandt, dabei lässig u. überlegen;* ~ gekleidet sein **2** *im Stil der großen Welt;* ~er Bade-, Skiort
Mond|schein ⟨m.; -(e)s; unz.⟩ **1** *Strahlen, Schein, Licht des Mondes;* es war (heller) ~ **2** du kannst mir (mal) **im** ~ **begegnen** ⟨fig.; umg.⟩ *ich denke nicht daran, zu tun, was du willst!, hör endlich auf u. lass mich in Ruhe!*
mo|ne|tär ⟨Adj. 24/90⟩ *das Geld, die Währung betreffend, finanziell;* eine ~e Situation
mo|nie|ren ⟨V. 500⟩ **1** etwas ~ *beanstanden, rügen;* eine Rechnung, Lieferung ~; er hat immer etwas zu ~ **2** etwas ~ *wegen etwas mahnen;* die Warenlieferung ~
Mo|ni|tor ⟨m.; -s, -en od. -e⟩ **1** ⟨Fernsehen⟩ *Bildröhre, auf der das jeweils aufgenommene od. gesendete Bild kontrolliert werden kann* • **1.1** ⟨EDV⟩ *Anzeigeeinheit, Bildschirm einer EDV-Anlage* **2** ⟨Kernphysik⟩ *automatische Anlage, die die radioaktive Strahlung überwacht*
mo|no..., Mo|no... ⟨in Zus.⟩ *allein, einzig, einzeln;* monosyllabisch, monogam, Monokultur, Monogenese
mo|no|gam ⟨Adj. 24⟩ *(lebenslang) geschlechtlich an nur einen Partner gebunden, einehig;* Ggs *polygam;* er ist, lebt ~
♦ **Mo|no|gra|fie** ⟨f.; -, -n⟩ *(wissenschaftliche) Einzeldarstellung, schriftliche Abhandlung über einen einzelnen Gegenstand, Sachverhalt, eine Persönlichkeit o. Ä.;* oV *Monographie*
Mo|no|gramm ⟨n.; -(e)s, -e⟩ *die (oft miteinander verschlungenen) Anfangsbuchstaben des Namens*
Mo|no|gra|phie ⟨f.; -, -n⟩ = *Monografie*
Mo|no|kel auch: **Mo|no|kel** ⟨n.; -s, -⟩ *vor nur einem Auge getragenes rundes Brillenglas, Einglas*
mo|no|klin ⟨Adj. 24⟩ **1** ~es **Kristallsystem** ⟨Geol.⟩ *ein K., bei dem zwei Achsen im Winkel von 90° zueinander stehen u. eine dritte Achse einen Winkel von mehr als 90° dazu bildet* **2** ~e **Blüten** ⟨Bot.⟩ *zweigeschlechtig*
Mo|no|kul|tur ⟨f.; -, -en⟩ **1** ⟨unz.⟩ *Anbau von nur einer Pflanzenart auf einer Fläche über eine längere Zeit*

Monolith

2 *Fläche, die in Monokultur (1) bewirtschaftet wird* **3** *in Monokultur (1) gewachsene Pflanze od. Frucht*

Mo|no|lith ⟨m.; -s od. -en, -e od. -en⟩ **1** *großer, unbehauener Steinblock* **2** *aus nur einem Steinblock gefertigtes, monumentales Kunstwerk, Obelisk*

Mo|no|log ⟨m.; -(e)s, -e⟩ **1** *Aussprache eines Einzelnen;* Ggs *Dialog (1)* **2** *Selbstgespräch*

Mo|no|phthong auch: **Mo|noph|thong** ⟨m.; -(e)s, -e; Sprachw.⟩ *einfacher Vokal;* Ggs *Diphthong*

Mo|no|pol ⟨n.; -s, -e⟩ **1** *alleiniges Vorrecht, alleiniger Anspruch, Dienstleistungen od. Waren anzubieten; das ~ für die Aus- od. Einfuhr von Kaffee haben; das ~ auf, für eine Ware; (staatliches) Tabak~, Öl~* **2** *Situation auf dem Markt, die dadurch charakterisiert ist, dass einzelne Unternehmen od. eine Gruppe von Unternehmen ein Monopol (1) bilden*

mo|no|ton ⟨Adj.⟩ *eintönig, ermüdend einförmig, langweilig; eine ~e Melodie; ~ sprechen*

Mons|ter ⟨n.; -s, -⟩ = *Monstrum*

Mons|trum auch: **Monst|rum** ⟨n.; -s, -tra od. -tren⟩ oV *Monster* **1** = *Ungeheuer (1-3)* **2** *missgebildetes Wesen* **3** ⟨Med.⟩ *Missgeburt*

Mon|sun ⟨m.; -s, -e⟩ *(bes. in Süd- u. Ostasien) halbjährlich wechselnde starke Luftströmung, die tropische Winde verursacht;* Sommer~, Winter~

Mon|tag ⟨m.; -(e)s, -e; Abk.: Mo⟩ *Name des ersten Tages der Woche;* →a. *blau (4), Dienstag*

Mon|tag|abend ⟨m.; -(e)s, -e⟩ *Abend eines Montags;* →a. *Dienstagabend*

Mon|ta|ge ⟨[-ʒə] f.; -, -n⟩ **1** *~ einer Maschine od. techn. Anlage das Montieren, Aufstellung u. Zusammenbau* **2** ⟨Film⟩ *Schnitt, Auswahl u. Aneinanderreihen der Handlungseinheiten eines Films nach künstlerischen Gesichtspunkten zur endgültigen Gestaltung, oft mit dem Mitteln der Ein- u. Überblendung u. a.*

mon|tags ⟨Adv.⟩ *an jedem Montag;* →a. *dienstags*

mon|tan ⟨Adj. 24/60⟩ *Bergbau u. Hüttenwesen betreffend, dazu gehörig*

Mon|teur ⟨[-tø:r] m.; -s, -e⟩ *Facharbeiter, der technische Geräte, Maschinen u. Anlagen montiert u. repariert;* Heizungs~

Mon|teu|rin ⟨[-tø:-] f.; -, -rin|nen⟩ *weibl. Monteur*

mon|tie|ren ⟨V.⟩ **1** ⟨500⟩ *eine Maschine, technische Anlage ~ aufstellen u. (od.) zusammenbauen* **2** ⟨511⟩ *etwas an, auf etwas ~ (mit technischen Mitteln) anbringen, befestigen; einen Griff an ein Gerät ~; eine Lampe auf ein Gestell ~*

Mo|nu|ment ⟨n.; -(e)s, -e⟩ *(bes. bildhauerisches) großes Denkmal*

mo|nu|men|tal ⟨Adj.⟩ **1** *wie ein Monument* **2** ⟨fig.⟩ *gewaltig, ungeheuer groß, von riesigem Ausmaß*

Moor ⟨n.; -(e)s, -e; Geogr.⟩ *Ablagerung pflanzlicher Reste, die sich in langsamer Inkohlung befinden (Torf), an der Erdoberfläche; Sy* ⟨oberdt.⟩ *Moos (2); ein gefährliches, grundloses, tückisches ~; im ~ versinken, umkommen*

Moos[1] ⟨n.; -es, -e⟩ **1** *eine immergrüne, polsterartig wachsende, blütenlose Pflanze mit zahlreichen Arten; grünes, weiches ~; sich aufs (weiche) Moos legen, setzen; mit ~ bewachsene Steine; isländisches ~* • **1.1** *~ ansetzen* ⟨fig.; umg.⟩ *alt werden* **2** ⟨n.; -es, Mö|ser; oberdt.⟩ = *Moor;* Dachauer ~ *(Landschaft bei Dachau)*

Moos[2] ⟨n.; -; unz.; umg.⟩ *Geld*

Mop ⟨alte Schreibung für⟩ *Mopp*

Mo|ped ⟨n.; -s, -s⟩ *leichtes Motorrad, Kleinkraftrad*

Mopp ⟨m.; -s, -s⟩ *einem Besen ähnliches Gerät mit Stofffransen anstelle von Borsten zum Aufnehmen von Staub*

Mops ⟨m.; -es, Möp|se⟩ **1** *kleine Hunderasse mit dickem Körper, kurzen Beinen u. stumpfem Maul* **2** ⟨fig.; umg.; abwertend⟩ *kleine, dicke Person*

Mo|ral ⟨f.; -; unz.⟩ **1** *Sittenlehre, Ethik; die ~ eines Volkes; gegen die ~ verstoßen* • **1.1** *Nutzanwendung im Hinblick auf die Sittenlehre, Lehre; die ~ einer Erzählung, Fabel, eines Märchens, Theaterstückes; ... und die ~ von der Geschichte ...* **2** = *Sittlichkeit; ~ einer sozialen Gruppe; eine hohe, keine ~ haben; die ~ sinkt, nimmt zu; lockere, strenge ~* • **2.1** *~ einer Truppe Disziplin, Bereitschaft zu kämpfen*

mo|ra|lisch ⟨Adv.24⟩ **1** *die Moral betreffend, zu ihr gehörig, auf ihr beruhend* **2** *sittlich, sittenstreng; ein ~ einwandfreies Leben führen* **3** *Moral nehmen* **4** *den,* **einen** *Moralischen* **haben** ⟨fig.; umg.⟩ *niedergeschlagen, reuig sein, bes. nach starkem Alkoholgenuss*

Mo|rä|ne ⟨f.; -, -n; Geol.⟩ *Ablagerung von Gestein u. Geröll, das von einem Gletscher mitgeführt wurde;* End~

Mo|rast ⟨m.; -(e)s, -e⟩ *sumpfiges Land, schlammiger Boden; im ~ stecken bleiben; der Regen hatte den Weg in einen ~ verwandelt*

mor|bid ⟨Adj.; geh.⟩ **1** *krankhaft, kränklich, angekränkelt* **2** *morsch, brüchig, (moralisch) verwahrlost*

Mor|chel ⟨f.; -, -n; Bot.⟩ *Angehörige einer Gattung der Schlauchpilze mit weißlichem, aufgeblasenem Stiel u. unregelmäßigem, rundlichem od. spitzkegeligem Hut: Morchella*

Mord ⟨m.; -(e)s, -e⟩ **1** *absichtliche Tötung eines Menschen;* Gift~; Sexual~; *einen ~ begehen, verüben; auf ~ sinnen; ein grausamer, heimtückischer ~* • **1.1** *wenn das geschieht, dann gibt es ~ und Totschlag* ⟨fig.; umg.⟩ *dann gibt es heftigen, blutigen Streit, Kampf* • **1.2** *das ist ja (der reinste, reiner) ~! ⟨fig.; umg.⟩ das ist ja grausam, fürchterlich*

mor|den ⟨V.⟩ **1** ⟨400⟩ *einen Mord begehen* **2** ⟨500⟩ *jmdn. ~* ⟨veraltet⟩ *jmdn. ermorden, vorsätzlich töten*

Mör|der ⟨m.; -s, -⟩ **1** *jmd., der einen Mord begangen hat; einen ~ überführen, verurteilen; zum ~ werden; unter die ~ fallen (nach Lukas 10,30); Massen~, Sexual~* **2** ⟨fig.⟩ *jmd., der etwas vernichtet; der ~ ihrer Ehre, ihres guten Rufs* **3** ⟨Jägerspr.⟩ *Hirsch od. Rehbock, dessen Geweih bzw. Gehörn nur aus einer langen Stange (Spieß) besteht*

Mör|der|gru|be ⟨f.; -, -n⟩ **1** ⟨urspr.⟩ *Räuberhöhle, Behausung von Mördern (nach Jeremias 7,11 u. Matth. 21,13)* **2** *(nur noch in der Wendung) aus seinem Herzen keine ~ machen* ⟨fig.; umg.⟩ *freiheraus reden*

Mör|de|rin ⟨f.; -, -rin|nen⟩ *weibl. Mörder*

mör|de|risch ⟨Adj.⟩ **1** *mordend, das Leben bedrohend; ~ über jmdn. herfallen; der Kampf war ~* **2** ⟨fig.⟩ *grau-*

sam, furchtbar, sehr stark; ~e Hitze, Krankheit; ein ~es Klima; er fuhr in einem ~en Tempo

Mo|rel|le ⟨f.; -, -n⟩ Sauerkirsche

mor|gen ⟨Adv.⟩ **1** am folgenden Tag, an dem Tag, der dem heutigen folgt; ich komme ~; ich werde noch bis ~ warten; ~ ist Sonntag; in acht Tagen, ~ über acht Tage; ~ Abend; ~ früh/Früh; ~ Mittag; morgen Nachmittag; das Mittagessen für ~ vorbereiten; ~, ~, nur nicht heute, sagen alle faulen Leute (Anfang eines Liedes von Ch. F. Weiße) • **1.1** ~ ist auch ein Tag! ich will es aufschieben, heute wird es zu viel • **1.2** ich tue es lieber heute als ~ lieber gleich, ich will es nicht aufschieben; →a. heute (1.3-1.4, 2.2-2.4) **2** in (naher) Zukunft • **2.1** die Welt von ~ die zukünftige W. • **2.2** das Morgen die nahe Zukunft; das Heute und das Morgen

Mor|gen ⟨m.; -s, -⟩ **1** Tagesbeginn; Ggs Abend (1); vom ~ bis zum Abend; der ~ dämmert, zieht herauf, bricht an; es wird ~; gegen ~ eintreffen; sie sah so frisch aus wie der junge ~ ⟨poet.⟩ **2** Vormittag; ein frischer, heiterer, kalter, klarer, schöner, sonniger, trüber ~; früher, später ~; am ~; am nächsten ~; am Montagmorgen; jeden ~ um 6 Uhr; heute, vorgestern, gestern Morgen • **2.1** guten ~! (Grußformel); jmdm. guten/Guten ~ sagen; jmdm. (einen) guten ~ wünschen **3** ⟨unz.; veraltet⟩ Osten; gen ~ wandern **4** altes Feldmaß von unterschiedlichem Ausmaß, 25-34 Ar; er besaß 3 ~ Land

mor|gend|lich ⟨Adj. 24/60⟩ am Morgen stattfindend, geschehend; die ~e Toilette; der ~e Gang zum Bäcker

Mor|gen|es|sen ⟨n.; -s, -; schweiz.⟩ Frühstück

Mor|gen|grau|en ⟨n.; -s, -⟩ Morgendämmerung, anbrechender Tag; beim ~ aufstehen

Mor|gen|land ⟨n.; -(e)s; unz.⟩ = Orient; Ggs Abendland

Mor|gen|luft ⟨f.; -; unz.⟩ **1** die frische Luft am Morgen **2** ~ **wittern** ⟨fig.⟩ • **2.1** eine neue Zeit kommen fühlen • **2.2** wieder eine Möglichkeit sehen, etwas zu erreichen

mor|gens ⟨Adv.⟩ **1** am Morgen, früh am Tage; Ggs abends; von ~ bis abends • **1.1** um zwei Uhr ~ um zwei U. in der Nacht **2** ⟨umg.⟩ vormittags; ~ eintreffen; ~ und nachmittags je eine Tablette einnehmen

Mor|gen|stun|de ⟨f.; -, -n⟩ **1** Zeit des frühen Morgens **2** ~ hat Gold im Munde ⟨Sprichw.⟩ was man frühmorgens schafft, gelingt besonders gut

mor|gig ⟨Adj. 24/60⟩ morgen stattfindend, am nächsten Tag (geschehend); der ~e Tag; die ~e Vorlesung; das ~e Programm

Mo|ri|tat ⟨a. [- -'-] f.; -, -en⟩ (am Leierkasten vorgetragenes) schaurig-schwermütiges Lied über ein schreckliches Ereignis, Bänkelsang; ~ensänger

Mor|phin ⟨n.; -s; unz.⟩ = Morphium

Mor|phi|um ⟨n.; -s; unz.; umg.⟩ (in der Medizin u. als Rauschmittel verwendetes) aus Opium gewonnenes Alkaloid, das schmerzlindernd wirkt; Sy Morphin

morsch ⟨Adj.⟩ **1** brüchig infolge Alters, mürbe, zerbrechlich; ~es Holz; die Brücke ist ~; seine Knochen sind schon etwas ~ • **1.1 alt** u. ~ werden ⟨fig.⟩ (a. von Personen) alt u. hinfällig

Mör|ser ⟨m.; -, -⟩ **1** ein starkes Gefäß mit halbkugeliger Bodenhöhlung, in dem harte Stoffe mit einem keulenförmigen Stab (Stößel) zerkleinert werden; etwas im ~ zerstampfen, zerstoßen **2** ⟨Mil.⟩ • **2.1** ⟨urspr.⟩ aus einer Steinschleuder bestehendes Geschütz • **2.2** ⟨früher⟩ Granatwerfer, ein Steilfeuergeschütz mit Kalibern von 21 bis 60 cm, schwere Waffe der Infanterie • **2.3** ⟨Bundeswehr⟩ Granatwerfer

Mör|tel ⟨m.; -s, -⟩ breiförmiges Bindemittel für Bausteine, das in festen Zustand übergeht; Wasser~; Gips~; Kalk~; den ~ auftragen, anrühren

Mo|sa|ik ⟨n.; -s, -en od. -e⟩ aus verschiedenfarbigen Stiften, Glasstückchen, Steinchen o. Ä. zusammengesetztes, flächiges Muster od. Bildwerk auf Mauer od. Fußboden

Mo|schee ⟨f.; -, -n⟩ islamisches Gotteshaus

Mo|schus ⟨m.; -; unz.⟩ (als Duftstoff verwendete) stark riechende Absonderung des männlichen Moschustieres

Mos|ki|to ⟨m.; -s, -s; Sammelbez. für⟩ Stechmücken tropischer Länder, von denen einige Arten die Malaria übertragen

Mos|lem ⟨m.; -s, -s⟩ Anhänger des Islams; Sy ⟨veraltet⟩ Mohammedaner

Most ⟨m.; -(e)s, -e⟩ **1** unvergorener Fruchtsaft, z. B. von Äpfeln, Birnen, Trauben; ein großes Glas ~ bestellen, trinken **2** vergorener Saft aus Trauben od. Obst • **2.1** ⟨süddt., österr., schweiz.⟩ Obstwein; junger schäumender ~

Most|rich ⟨m.; -s; unz.; norddt., ostdt.⟩ = Senf

Mo|tel ⟨n.; -s, -s⟩ (bes. in den USA) Hotel an Autostraßen mit Zimmern od. Appartements u. Garagen

Mo|tiv ⟨n.; -s, -e⟩ **1** Beweggrund, Antrieb; aus welchen ~en heraus mag er das getan haben?; das ~ einer Handlungsweise, einer Tat **2** ⟨Lit.⟩ kennzeichnender inhaltlicher Bestandteil einer Dichtung, charakteristisch geformter Teil des Stoffes; Dramen~, Märchen~; das ~ der feindlichen Brüder **3** ⟨Mus.⟩ kleinste selbstständige, charakteristische melodische Einheit eines musikalischen Stücks; musikalisches ~ **4** ⟨bildende Kunst; Fot.⟩ Gegenstand der Darstellung; Blumen~; ein beliebtes ~ der Malerei

Mo|to|cross auch: **Mo|to-Cross** ⟨n.; -; unz.; Motorradsp.⟩ Motorradrennen im Gelände

Mo|to|drom ⟨n.; -s, -e; Motorradsp.⟩ ovale Rennstrecke für Motorräder od. Autos

Mo|tor ⟨a. [-'-] m.; -s, -en⟩ **1** Kraftmaschine, die eine Art Energie (Wärme, Elektrizität, Wind u. a.) in eine Bewegungsenergie umwandelt; Verbrennungs~, Elektro~, Wind~; den ~ an-, abstellen, ein-, ausschalten; der ~ springt gleich, schwer, nicht an; die ~en brummen, dröhnen, surren, singen; der ~ läuft; elektrischer ~; das Auto braucht bald einen neuen ~ **2** jmd. ist der ~ eines Unternehmens ⟨fig.⟩ derjenige, der das U. voranbringt

mo|to|ri|sie|ren ⟨V. 500⟩ **1** Maschinen ~ mit einem Motor (1) versehen; Fahrzeuge ~ **2** ein **Unternehmen** ~ mit Kraftfahrzeugen ausrüsten • **2.1** ⟨Vr 3⟩ **sich** ~ ⟨umg.; scherzh.⟩ sich ein Kraftfahrzeug anschaffen

Mo|tor|rad ⟨a. ['-'-] n.; -(e)s, -rä|der⟩ Kraftrad mit einem Hubraum von mehr als 50 cm^3, bei dem Motor u.

Motorsport

Tank zwischen Lenkstange u. Sattel angeordnet sind; ~ *fahren; ein* ~ *mit Beiwagen*

Mo|tor|sport 〈m.; -(e)s; unz.〉 *sportlich betriebenes Auto- u. Motorradfahren*

Mot|te 〈f.; -, -n; Zool.〉 **1** 〈volkstüml.〉 *bei Nacht fliegender, bes. kleiner Schmetterling; von einer Sache angezogen werden wie die* ~*n vom Licht* **2** 〈Zool.〉 *Angehörige einer Familie nachtfliegender Kleinschmetterlinge mit schmalen, am Hinterrand lang befransten Flügeln, deren Raupen in selbst gesponnenen Röhren leben: Tineidae; Kleider*~*, Pelz*~*, Tapeten*~*; die* ~*n haben Löcher in die Kleidung gefressen* **3** 〈ach,〉 *du* **kriegst** *die* ~*n!* 〈fig.; umg.〉 *Ausruf des Erstaunens, der Bestürzung* **4** 〈scherzh.〉 *Kind; kleine* ~

Mot|to 〈n.; -s, -s〉 **1** *Leitspruch, Wahlspruch* **2** *einem Buch od. Kapitel vorangesetzter Spruch od. Ausspruch, der Inhalt od. Absicht kennzeichnen soll*

Moun|tain|bike 〈[maʊntənbaɪk] n.; -s, -s〉 *Sportfahrrad mit Profilreifen für Geländefahrten;* ~ *fahren*

Mö|we 〈f.; -, -n; Zool.〉 *Angehörige einer Familie der Schwimmvögel mit ausgezeichnetem Flugvermögen: Larinae*

Mu|cke[1] 〈f.; -, -n; meist Pl.〉 **1** *jmd. hat seine* ~*n* 〈umg.〉 *jmd. hat seine Launen, Grillen* **2** *etwas hat seine* ~*n* 〈fig.; umg.〉 *etwas verursacht Unregelmäßigkeiten, Störungen im Gang, Schwierigkeiten; das Auto hat seine* ~*n*

Mu|cke[2] 〈f.; -, -n; umg.〉 **1** 〈bes. ostdt.〉 *einen Nebenverdienst einbringender Auftritt eines Musikers* **2** 〈salopp〉 *Popmusik; mach mal die* ~ *etwas leiser!*

Mü|cke 〈f.; -, -n; Zool.〉 **1** *Angehörige einer Unterordnung der Zweiflügler, meist langbeinige, zartgebaute u. oft deutlich behaarte Insekten mit langen fadenförmigen Fühlern, deren Weibchen blutsaugende Mundwerkzeuge haben: Nematocera;* ~*n schwirren, stechen, summen, surren; er war von* ~*n völlig zerstochen* • **1.1** *aus einer* ~ *einen Elefanten machen* 〈fig.; umg.〉 *ein geringfügiges Ereignis gewaltig übertreiben, ihm zu große Wichtigkeit beimessen*

mu|cken 〈V.; umg.〉 **1** 〈500/Vr 1〉 *sich* ~ *einen halb unterdrückten Laut von sich geben; das Kind wagte nicht, sich zu* ~ **2** 〈400〉 *leicht aufbegehren, murren, ohne zu* ~*; sie muckte nicht* **3** 〈400〉 *schmollen, verdrießlich sein*

Mu|cker 〈m.; -s, -〉 **1** *Duckmäuser* **2** *mürrischer Mensch* **3** *Scheinheiliger, Heuchler*

Mucks 〈m.; -es, -e; umg.〉 **1** *halb unterdrückter Laut, schwache Bewegung, leises Aufbegehren* • **1.1 keinen** ~ *machen, von sich geben sich nicht rühren, nicht bewegen, ganz still sein* • **1.2 keinen** ~ **mehr** *machen tot sein* • **1.3 nicht** ~ *sagen kein einziges Wort sagen*

mü|de 〈Adj.〉 **1** *ermattet, erschöpft, schlafbedürftig; seine* ~*n Augen schließen; seine* ~*n Glieder ausruhen; sehr* ~ *sein;* ~ *werden;* ~ *aussehen; sich* ~ *laufen; sich* ~ *spielen (Kind); der Wein macht mich* ~ *;* ~ *von der Arbeit; zum Umfallen, Umsinken* ~ **2** *kraftlos, matt; mit* ~*r Stimme; sein* ~*r Gang zeugte von seinem Alter* • **2.1** *ein* ~*s Gesicht abgespanntes, erschöpft aussehendes G.* **3** 〈73〉 *einer* **Sache** *od.* **jmds.** ~ *überdrüssig; des vielen Redens* ~*; ich bin ihrer* ~

• **3.1** 〈70〉 **(es)** ~ **sein, werden, etwas zu tun** *die Lust verlieren, (es) aufgeben, etwas zu tun; er wird nicht* ~*, es immer wieder zu erklären; ich bin es* ~*, das immer wieder zu sagen*

Mü|dig|keit 〈f.; -; unz.〉 **1** *müde Beschaffenheit; Boden*~*, Material*~ **2** *Ermattung, Erschöpfung, Schlafbedürfnis; gegen die* ~ *ankämpfen; ich könnte vor* ~ *umfallen* • **2.1** *keine* ~ *vorschützen!* 〈umg.〉 *los!, voran!, weiter!*

Mü|es|li 〈n.; -s, -s; alem.〉 = *Müsli*

Muf|fe 〈f.; -, -n〉 **1** *Verbindungsstück für Rohrenden* • **1.1** *Erweiterung eines Rohrendes zum Einsetzen eines anderen Rohres* **2** 〈El.〉 *wasserdichtes Verbindungsstück für Kabelenden; Kabel*~ **3** 〈umg.〉 • **3.1** *jmd. hat, kriegt* ~ *jmd. hat, bekommt große Angst, fürchtet sich* • **3.2** *jmdm. geht die* ~ *jmd. hat große Angst*

Muf|fel[1] 〈f.; -, -n〉 *Schmelztiegel, feuerfeste Hohlform zum Brennen von Keramik, Härten von Werkzeug u. Ä.; die* ~ *in den Ofen schieben*

Muf|fel[2] 〈n.; -s, -; eindeutschend〉 = *Mufflon*

Muf|fel[3] 〈m.; -s, -; umg.〉 *mürrischer, unlustiger Mensch; Morgen*~*, Sex*~

muf|fe|lig 〈Adj.; umg.; abwertend〉 *mürrisch, verdrießlich, unfreundlich, wortkarg; oV muffig; Sy muffig*[?]; *die alte Frau war* ~*; eine* ~*e Verkäuferin*

muf|feln[1] 〈V.; umg.〉 **1** 〈400; abwertend〉 *mürrisch, verdrießlich sein; er sitzt in seinem Zimmer und muffelt* **2** 〈400〉 *anhaltend kauen; der zahnlose Alte muffelte* **3** 〈500〉 **etwas** ~ *undeutlich reden; die Alte muffelte etwas und ging*

muf|feln[2] 〈V. 400; umg.〉 *dumpf, faulig riechen,* in seinem Zimmer muffelt es

muf|fig[1] 〈Adj.〉 = *muffelig; ein* ~*es Gesicht machen; er sitzt* ~ *in der Ecke*

muf|fig[2] 〈Adj.〉 **1** *nach Muff riechend, moderig, dumpf, faulig;* ~*e Luft;* ~ *riechen;* ~*er Keller, Flur; das Mehl ist* ~*geworden* **2** 〈fig.; abwertend〉 *kleinbürgerlich, engherzig; die* ~*e Atmosphäre einer Kleinstadt;* ~*e Enge*

muf|flig 〈Adj.〉 = *muffelig*

Muf|flon *auch:* **Muf|flon** 〈n.; -s, -s; Zool.〉 *Angehöriges der kleinsten Unterart des orientalischen Wildschafes;* oV *Muffel*[2]

Mü|he 〈f.; -, -n〉 **1** *Arbeit, Anstrengung, Plage, Sorgfalt; etwas nur mit (großer)* ~ *zustande bringen; er scheute keine* ~*, ihnen zu helfen; viel* ~ *auf eine Arbeit verwenden; es ist doch keine große* ~*, das zu tun; das hat mich viel* ~ *gekostet; die* ~ *kannst du dir sparen (es hat doch keinen Zweck)* • **1.1** *er hat es nicht (für) der* ~ *wert gehalten; sich zu entschuldigen; er hat sich nicht einmal entschuldigt* • **1.2** *es lohnt nicht die* ~ *das Ergebnis ist zu geringfügig für den großen Aufwand an Arbeit od. Anstrengung* • **1.3 mit** ~ **und Not** *mit großer Anstrengung, nur ganz knapp* • **1.4** ~ **haben, etwas zu tun** *es nur mit Anstrengung fertigbringen, etwas zu tun; ich habe (viel)* ~ *gehabt, das wieder in Ordnung zu bringen; er hatte* ~*, das Lachen zu unterdrücken* • **1.5 seine** ~ **haben (mit jmdm.** *od.* **etwas)** *viel Arbeit haben, sich plagen müssen (mit jmdm. od. etwas); sie haben ihre* ~ *mit dem* verzogenen Kind • 1.6 **jmdm.** ~ **machen** *Schwierigkeiten, Anstrengung bereiten;* wenn es Ihnen keine ~ macht • 1.7 **sich** ~ **geben, machen** *sich anstrengen, sich bemühen, seine Kraft, Aufmerksamkeit zusammennehmen;* ich werde mir ~ geben, es ordentlich, richtig zu machen; gib dir ein bisschen ~, freundlicher zu sein; mach dir keine ~, du schaffst es doch nicht!; →a. *verloren (2.1)* **2** ⟨veraltet⟩ *Kummer, Sorge, Not;* nach des Tages Last und ~

mü|he|los ⟨Adj. 24⟩ *ohne Mühe, ohne Anstrengung, leicht;* er hat die Prüfung ~ bestanden

mu|hen ⟨V. 400⟩ *brüllen* (von der Kuh)

mü|hen ⟨V. 500/Vr 3⟩ **sich** ~ *sich anstrengen, sich plagen;* er hat sich sehr gemüht, ihre Schrift zu entziffern; du mühst dich, es ihm recht zu machen

Müh|le ⟨f.; -, -n⟩ **1** *Gerät od. Anlage (durch Wasser, Wind, Hand od. Elektrizität betrieben) zum Zermahlen von Getreide, Kaffee, Papier u. a.;* Getreide~; Kaffee~; Papier~; Pfeffer~; Wasser~; Wind~; das Getreide wird in der ~ zu Mehl gemahlen; →a. *Wasser (2.8)* **2** *Gebäude mit einer Anlage zum Mahlen;* auf dem Deich steht eine alte ~ **3** *Brettspiel für zwei Personen mit je 9 Steinen auf einem Liniensystem;* ~ spielen • 3.1 *Anordnung von drei nebeneinanderliegenden Steinen beim Mühlespiel, bei der dem Spielgegner ein Stein weggenommen werden darf*

Müh|sal ⟨f.; -, -e; geh.⟩ *große Anstrengung, Mühe, Beschwerde, Plage;* die ~ des Lebens

müh|sam ⟨Adj.⟩ *viel Mühe machend, mit viel Mühe (verbunden), anstrengend, beschwerlich, schwierig;* sich ~ fortbewegen; es ist sehr ~; eine ~e Arbeit

müh|se|lig ⟨Adj.⟩ *sehr mühsam, viel Sorgfalt erfordernd;* etwas in ~er Kleinarbeit anfertigen; ~ aufstehen, atmen

Mu|lat|te ⟨m.; -n, -n⟩ *Mischling mit einem schwarzen u. einem weißen Elternteil*

Mu|lat|tin ⟨f.; -, -tin|nen⟩ *weibl. Mulatte*

Mul|de ⟨f.; -, -n⟩ **1** *aus einem einzigen Stück angefertigtes, längliches, abgerundetes Gefäß, meist aus Holz, Trog;* Back~; Mehl, Futter in die ~ schütten; Fleisch in einer ~ tragen **2** ⟨Geol.⟩ *Teil einer Falte, längliche Senkung der Erdoberfläche, Gesteinssenke* **3** ⟨Geogr.⟩ *eine längliche od. rundliche Hohlform, die ringsum von ansteigenden Böschungen abgeschlossen od. nach einer od. mehreren Seiten geöffnet sein kann*

Mull[1] ⟨m.; -; unz.; nddt.⟩ *Humus, Erde;* Torf~

Mull[2] ⟨m.; -; unz.⟩ *dünnes Baumwollgewebe;* Verband~; ~binde

Müll ⟨m.; -s; unz.⟩ *Kehricht, Asche, Abfälle;* etwas in den ~ werfen; den ~ trennen

Müll|ei|mer ⟨m.; -s, -⟩ *Eimer für den Müll, Abfalleimer*

Mül|ler ⟨m.; -s, -; Berufsbez.⟩ **1** *Handwerker, der in einer Mühle arbeitet (u. Getreide mahlt)* **2** *Lehrberuf mit dreijähriger Ausbildungszeit* **3** ⟨früher⟩ *Besitzer einer Mühle*

Mül|le|rin ⟨f.; -, -rin|nen; früher⟩ **1** *weibl. Müller* **2** ⟨früher⟩ *Ehefrau eines Müllers (3)*

Müll|schlu|cker ⟨m.; -s, -⟩ *Vorrichtung in Wohnhäusern, durch die von der Wohnung od. vom Treppenflur aus der Abfall direkt in eine Mülltonne geleitet wird*

mul|mig ⟨Adj.⟩ **1** *vermodert, verfault, morsch, zerbröckelnd* **2** ⟨fig.; umg.⟩ *gefährlich, bedenklich, unsicher;* eine ~e Lage, Situation; das Wetter ist mir zu ~ **3** ⟨fig.; umg.⟩ *unbehaglich, nicht ganz wohl, übel;* eine ~e Sache; hier wird es ~

mul|ti..., Mul|ti... ⟨in Zus.⟩ *viel…, Viel…, vielfach…, Vielfach…;* multifunktional, multinational, Multimedia, Multimillionär

mul|ti|kul|tu|rell ⟨Adj.⟩ *mehrere verschiedene Kulturen umfassend, sie betreffend;* ~e Gesellschaft

Mul|ti|me|dia ⟨a. engl. [mʌltɪmiːdɪə] n.; - od. -s; unz.; meist ohne Artikel⟩ *Verbindung mehrerer Medien (Texte, Bilder, Animationen, Ton, Musik)*

Mul|ti|mil|li|o|när ⟨m.; -s, -e⟩ *mehrfacher Millionär*

Mul|ti|mil|li|o|nä|rin ⟨f.; -, -rin|nen⟩ *weibl. Multimillionär*

Mul|ti|ple Choice *auch:* **Mul|tip|le Choice** ⟨[mʌltɪpl tʃɔɪs] n.; - -; unz.⟩ *Testverfahren, bei dem die Versuchsperson aus mehreren vorgegebenen Antworten die richtige auswählen soll*

Mul|ti|pli|ka|ti|on ⟨f.; -, -en; Math.⟩ *das Multiplizieren, Malnehmen, Vervielfachen von Zahlen (eine der vier Grundrechenarten)*

mul|ti|pli|zie|ren ⟨V. 550⟩ *eine* **Zahl mit** *einer anderen* ~ *die eine Zahl so oft addieren, wie der Wert der anderen zweiten Zahl ist;* Sy *malnehmen;* 20 mit 30 ~

Mu|mie ⟨[-mjə] f.; -, -n⟩ *mumifizierter Leichnam*

mu|mi|fi|zie|ren ⟨V.⟩ **1** ⟨400⟩ *nekrotisches* **Gewebe** *mumifiziert* ⟨Med.⟩ *wird trocken, ledrig, stirbt ab* • 1.1 *eine* **Leibesfrucht** *mumifiziert* ⟨Vet.⟩ *trocknet in der Gebärmutter (bes. bei Hund u. Schwein) ein* **2** ⟨500⟩ *eine* **Leiche** ~ *durch Einbalsamieren, Austrocknen u. a. vor Verwesung schützen, zur Erhaltung behandeln*

Mumm ⟨m.; -s; unz.; umg.⟩ *Mut, Schneid, Tatkraft;* er hat genug ~, um diesen Sprung zu wagen; keinen ~ in den Knochen haben

Mumps ⟨m.; -; unz.; Med.⟩ *meist im Kindesalter auftretende Infektionskrankheit, Entzündung u. Anschwellung der Ohrspeicheldrüsen;* Sy *Ziegenpeter*

Mund ⟨m.; -(e)s, Mün|der; selten m.; -(e)s, Mün|de⟩ **1** *durch die Lippen begrenzte Öffnung in der unteren Hälfte des menschlichen Gesichts (die der Atmung, der Aufnahme von Nahrung u. der Lautbildung dient);* aus dem ~ riechen; das Kind hielt den Daumen in den ~ **2** (i. e. S.) *Lippen;* ein großer, kleiner, roter, sinnlicher, voller ~; einen bösen, scharfen Zug um den ~ haben; den ~ (zum Küssen, zum Pfeifen) spitzen; den ~ (zum Lächeln, zum Weinen, spöttisch) verziehen; →a. *Finger (1.3)* **3** *Organ der Lautbildung* • 3.1 den ~ (**nicht**) **aufmachen, auftun** ⟨a. fig.; umg.⟩ *(nicht) sprechen, (nicht) laut sprechen* • 3.2 den ~ **halten** ⟨fig.⟩ *schweigen, still sein;* halt (endlich) den ~!; →a. *rein*[1] *(2.6)* • 3.3 **sich** den ~ **fusselig reden** ⟨fig.; umg.⟩ *eindringlich, aber vergeblich reden* • 3.4 **jmdm.** den ~ **stopfen, verbieten** ⟨fig.⟩ *jmdn. zum Schweigen bringen;* ich lasse mir von dir nicht den ~ verbieten • 3.5 **jmdm. steht** der ~ **nicht, nie still** ⟨fig.⟩ *jmd. redet (dauernd) sehr viel* • 3.6 **sich** den ~ **verbrennen** ⟨a. fig.; umg.⟩ *sich durch unbeson-*

Mundart

nene Äußerungen schaden • 3.7 den ~ (**reichlich**) **voll nehmen** ⟨fig.; umg.⟩ prahlen, übertreiben • 3.8 **an** jmds. ~ **hängen** ⟨fig.⟩ jmdm. gespannt, sehr aufmerksam zuhören • 3.9 **nicht auf** den ~ **gefallen sein** ⟨fig.; umg.⟩ schlagfertig sein; er ist nicht auf den ~ gefallen • 3.10 jmdm. das **Wort aus** dem ~ **nehmen** ⟨fig.⟩ vorwegnehmen, (dasselbe sagen,) was jmd. geradesagen wollte • 3.11 **wie aus einem** ~(e) gleichzeitig; „…!", riefen sie wie aus einem ~(e) • 3.12 ein **Wort**, eine Redensart, Sprüche **im** ~ **führen** ⟨fig.⟩ (ständig) benutzen, wiederholen • 3.13 jmdm. das **Wort im** ~ **herumdrehen** ⟨fig.⟩ jmds. Aussage absichtl. falsch deuten • 3.14 **in aller** ~e allgemein besprochen, bekannt; das Ereignis ist bereits in aller ~e • 3.15 jmdm. **Worte,** eine Antwort, eine Frage **in** den ~ **legen** ⟨fig.⟩ jmdm. zu verstehen geben, was er sagen soll, jmdn. etwas sprechen lassen; er hat mir die Antwort (förmlich) in den ~ gelegt; von einem Roman-, Dramengestalt bestimmte Worte in den ~ legen • 3.16 ein **Wort,** einen Ausdruck (**nicht**) **in** den ~ **nehmen** (nicht) verwenden • 3.17 (**immer**) **mit** dem ~ **vornweg sein** ⟨fig.⟩ vorlaut sein • 3.18 jmdm. **nach** dem ~ **reden** so reden, wie es jmd. gern hören möchte • 3.19 jmdm. **über** den ~ **fahren** ⟨fig.⟩ jmdn. unhöflich unterbrechen • 3.20 **von** ~ **zu** ~ **gehen, laufen** mündlich verbreiten, von einem zum anderen plaudern; →a. Blatt (1.1), groß (1.4.3), lose (5.1) **4** Organ der Nahrungsaufnahme; mit vollem ~ spricht man nicht • 4.1 viele Münder zu **stopfen** haben ⟨fig.; umg.⟩ eine große Familie zu ernähren haben • 4.2 jmdm. den ~ **wässerig machen** ⟨fig.; umg.⟩ jmdm. eine Sache schmackhaft machen, sie ihm so schildern, dass er sie gern haben möchte • 4.3 ein **Gefäß an** ~ **setzen** zum Trinken ansetzen • 4.4 **sich** etwas **vom** ~ **absparen** ⟨fig.⟩ unter Opfern sparen; →a. Bissen (1.2, 1.3), Hand (3.2), Honig (2.1) **5** Organ zum Ausdruck von Gefühlen • 5.1 ~ **und Ohren aufreißen, aufsperren** ⟨fig.; umg.⟩ staunen • 5.2 mit **offenem** ~ ⟨a. fig.⟩ staunend **6** ⟨allg.⟩ Öffnung; der ~ einer Glocke, eines Schachtes **7** ⟨Getrennt- u. Zusammenschreibung⟩ • 7.1 ~ **voll** = Mundvoll

Mund|art ⟨f.; -, -en; Sprachw.⟩ abweichend von einer National- od. Hochsprache in verschiedenen Gegenden gesprochene Sprache; Sy Dialekt; die deutschen ~en; eine ~ **sprechen**

Mün|del ⟨n.; -s, -⟩ unter Vormundschaft stehende(r) Minderjährige(r)

mun|den ⟨V. 600; geh.⟩ etwas mundet **jmdm.** schmeckt jmdm.; die Speise, der Wein mundet mir (nicht); sich etwas ~ lassen; es hat mir herrlich gemundet

mün|den ⟨V. 411⟩ **1** ein **Bach, Fluss** mündet **in etwas** etwas strömt, fließt in etwas hinein; der Inn mündet in die Donau; die Donau mündet ins Schwarze Meer • 1.1 ⟨fig.⟩ zu etwas führen; das Gespräch mündete in eine Auseinandersetzung **2** etwas mündet **auf, in** etwas etwas endet, läuft auf, in etwas aus; die Straße mündet auf einen Platz, in einen Park

mund|ge|recht ⟨Adj. 24⟩ **1** bequem zum Essen; jmdm. Fleisch, belegte Brote ~ hinstellen **2** jmdm. eine Sa-

che ~ **machen** ⟨fig.⟩ jmdm. eine S. so schildern, dass er sie gern haben od. tun möchte

mün|dig ⟨Adj. 24/70⟩ **1** das erforderliche Alter für bestimmte Rechtshandlungen erreicht haben; Sy volljährig, großjährig; (noch nicht) ~ sein; mit 18 Jahren ~ werden; jmdn. (vorzeitig) für ~ erklären **2** ⟨Getrennt- u. Zusammenschreibung⟩ • 2.1 ~ sprechen = mündigsprechen

mün|dig|spre|chen auch: **mün|dig spre|chen** ⟨V. 251/500⟩ jmdn. ~ für mündig erklären; man hat ihn mündiggesprochen / mündig gesprochen

münd|lich ⟨Adj.⟩ Ggs schriftlich (1) **1** (nur) besprochen, verabredet; ein ~er Auftrag, eine ~e Vereinbarung **2** gesprochen, in Gesprächsform; ~e Prüfung, Überlieferung; alles Weitere ~!; jmdm. etwas ~ mitteilen

Mund|stück ⟨n.; -(e)s, -e⟩ **1** für den Mund bestimmter Teil eines Gegenstandes (Tabakspfeife, Zigarette, Blasinstrument usw.) **2** der im Maul des Pferdes liegende Teil des Zaumes

mund|tot ⟨Adj. 24/50; fig.⟩ zum (endgültigen) Schweigen verurteilt, unfähig zu widersprechen; jmdn. ~ machen

Mün|dung ⟨f.; -, -en⟩ **1** Stelle des Eintritts eines Flusses in ein anderes Gewässer od. einer Straße in eine andere Fläche; die ~ der Moldau in die Elbe; die ~ der Straße öffnet sich auf einen Platz **2** vordere Öffnung einer Feuerwaffe; die ~ einer Pistole, Kanone

Mund|voll auch: **Mund voll** ⟨m.; (-) -, (-) -⟩ die Menge einer Speise od. eines Getränkes, die man auf einmal in den Mund nehmen kann, Bissen, Schluck

Mund|werk ⟨n.; -(e)s; unz.; fig.⟩ **1** Bedürfnis, viel (u. meist selbstbewusst) zu reden; ein loses, flinkes, gutes, freches, böses ~ haben; sie hat ein ~! **2** Schlagfertigkeit; mit ihrem ~ kommt sie überall durch; jmd. hat ein scharfes, schnelles ~ **3** jmds. ~ steht nicht still, geht wie geschmiert jmd. redet ununterbrochen • 3.1 halt dein ~! sei still

Mund|win|kel ⟨m.; -s, -⟩ seitliches Ende des Mundes, der Lippen; ein Lächeln huschte um seine ~; ihre ~ zuckten vor verhaltenem Lachen, Weinen

Mu|ni ⟨m.; -s, -; schweiz.⟩ Zuchtstier, Bulle

Mu|ni|ti|on ⟨f.; -; unz.⟩ Treibstoff u. Geschosse für Feuerwaffen; Übungs~; blinde, scharfe ~

mun|keln ⟨V. 402; umg.⟩ (**etwas**) ~ einander heimlich etwas erzählen, raunen, Gerüchte, Vermutungen verbreiten; man munkelt, dass …; im Dunkeln ist gut ~ ⟨Sprichw.⟩; man munkelt so allerlei

Müns|ter ⟨n.; -s, -⟩ **1** ⟨urspr.⟩ Klosteranlage • 1.1 ⟨später⟩ Kirche eines Klosters, Stiftskirche **2** ⟨bes. in Süddtschld.⟩ Dom; das Straßburger ~

mun|ter ⟨Adj.⟩ **1** lebhaft, heiter, fröhlich, frisch; ~ und guter Dinge; ein ~es Kind; ~er Laune sein; ~ pfeifen, singen; der Kranke ist schon wieder ganz ~ • 1.1 nur ~!, frisch ans Werk!, los, voran! **2** wach; ich bin schon ~ **3** ⟨Getrennt- u. Zusammenschreibung⟩ • 3.1 ~ machen = muntermachen

mun|ter|ma|chen auch: **mun|ter ma|chen** ⟨V. 500/Vr 7 od. Vr 8⟩ jmdn. ~ aufwecken, wachmachen; der Kaffee hat mich wieder muntergemacht / munter gemacht

Mün|ze ⟨f.; -, -n⟩ **1** *mit Bild- u. Schriftprägung versehenes Metallgeldstück, dessen Gewicht u. Zusammensetzung genau festgelegt sind;* Gold~; Kupfer~; Scheide~; Silber~; Gedenk~; ~n prägen, schlagen, fälschen, sammeln; →a. *bar (1.2), gleich (2.3), klingen (4.3)* **2** *Ort (Betrieb od. Stadt), in dem Münzen geprägt werden, Münzanstalt, Münzstätte*

mün|zen ⟨V. 500⟩ **1 Geldstücke ~** *in Form von Münzen herstellen* **2 Metall ~** *zu Münzen prägen* **3** ⟨550⟩ eine **Sache** ist **auf** jmdn. gemünzt ⟨fig.; umg.⟩ *ist auf jmdn. bezogen, jmd. ist mit einer S. gemeint;* das ist auf dich gemünzt

mür|be ⟨Adj.⟩ **1** *durch Alter, Verwitterung morsch, brüchig, leicht zerfallend;* das Gestein, Holz, der Stoff ist ~ **2** *leicht zerreibbar, hart u. locker;* ein ~s Gebäck **3** ⟨fig.⟩ *zermürbt, zum Widerstand nicht mehr in der Lage* **4** ⟨Getrennt- u. Zusammenschreibung⟩ • **4.1 ~ klopfen** = *mürbeklopfen*

mür|be|klop|fen *auch:* **mür|be klop|fen** ⟨V. 500⟩ **etwas ~** *klopfen, bis es mürbe, weich, zart ist;* Fleisch ~

mür|be|ma|chen ⟨V. 500/Vr 7 od. Vr 8; fig.⟩ **jmdn. ~** *jmdn. zermürben, jmds. Widerstandskraft schwächen;* sein ewiges Betteln, Bitten, Schreien macht mich (ganz) mürbe; die schwere Krankheit hat ihn ganz *mürbegemacht*

mur|meln ⟨V.⟩ **1** ⟨500⟩ **etwas ~** *leise, undeutlich sprechen;* er murmelte etwas Unverständliches; was murmelst du da? • **1.1 etwas in** seinen **Bart ~** ⟨umg.⟩ *so sprechen, dass man es nicht verstehen kann* **2** ⟨400⟩ **Bäche ~** ⟨fig.; geh.⟩ *rauschen leise*

mur|ren ⟨V. 400⟩ **1** *(leise) seiner Unzufriedenheit Ausdruck geben, sein Missfallen äußern;* leise, heimlich ~; über das schlechte Essen ~; „...!", murrte er • **1.1 etwas ohne Murren tun** *ohne Widerspruch, bereitwillig* **2** *(noch verhalten) aufbegehren;* die Leute murrten; ein drohendes Murren

mür|risch ⟨Adj.⟩ *verdrießlich, übellaunig, brummig, unfreundlich, einsilbig;* ein ~es Gesicht machen; ein ~er Mensch; ~e Wesen; etwas ~ sagen, tun; ~ sein

Mus ⟨n.; -es, -e; Pl. selten⟩ *Brei (1);* Apfel~, Erbs~, Grieß~, Kartoffel~, Pflaumen~; ~ kochen, essen; wir sind fast zu ~ gedrückt, zerdrückt worden (so eng war es) ⟨fig.; umg.⟩; ein Insekt zu ~ zerdrücken

Mu|schel ⟨f.; -, -n⟩ **1** ⟨Zool.⟩ *Angehörige einer Klasse der Weichtiere mit zwei den Körper ganz oder teilweise bedeckenden Kalkschalen, die vom Mantelrand abgeschieden werden u. an deren Rückenseite sich ein kräftiger Schließmuskel befindet: Lamellibranchiata, Bivalvia;* Mies~, Herz~, Pfahl~; essbare ~n; die ~ aufbrechen • **1.1** *Schale der Muschel (1);* eine Halskette aus ~n; ~n am Strand finden **2** ⟨fig.⟩ *muschelförmige Dinge* • **2.1** ⟨Anat.⟩ *äußerer sichtbarer Teil des Ohres;* Ohr~ • **2.2** *Teil des Telefons;* Sprech~, Hör~

mu|sche|lig ⟨Adj.⟩ oV *muschlig* **1** *muschelförmig* **2** *unregelmäßig gewellt, bes. bei Bruchflächen*

musch|lig ⟨Adj.⟩ = *muschelig*

Mu|se ⟨f.; -, -n⟩ **1** ⟨Myth.⟩ *eine der neun griechischen Göttinnen der Künste u. Wissenschaften;* die ~ der Tanzkunst, der Musik usw. **2** *die heitere, ernste ~* ⟨fig.⟩ *heitere, ernste Kunst*

Mu|se|um ⟨n.; -s, -se|en⟩ **1** *öffentliche Sammlung von Gegenständen der Kunst od. Wissenschaft* **2** *Gebäude für Museum (1);* das ~ ist montags geschlossen

Mu|si|cal ⟨[mju:zɪkəl] n.; -s, -s; Mus.⟩ *bes. in den USA verbreitete Form des Musiktheaters, das Merkmale der Operette, der Revue u. des Varietees verbindet*

Mu|sik ⟨f.; -, -en⟩ **1** *die Kunst, Töne in ästhetisch befriedigender Form nacheinander (Melodie) u. nebeneinander (Harmonie) zu ordnen, rhythmisch zu gliedern u. zu einem geschlossenen Werk zusammenzufügen;* ~ studieren **2** *Werk(e) der Musik (1);* ~ hören, machen; die ~ pflegen; die ~ zu einem Film, Text, Theaterstück schreiben; gute, leichte, schwere ~; einen Text in ~ setzen **3** *Orchester, Musikkapelle;* bitte, ~! (Aufforderung an die Musiker); die ~ setzte mit einem Tusch ein; Veranstaltung mit ~ und Tanz **4** *Gesamtheit der Musik (2) eines Landes, Volkes od. einer Zeit;* Barock~; alte, moderne ~; deutsche, italienische, klassische ~ **5** ⟨urspr.⟩ *die Kunst der Musen, Dicht-, Tanz-, Gesangskunst usw.* **6** ⟨Getrennt- u. Zusammenschreibung⟩ • **6.1 ~ liebend** = *musikliebend*

mu|si|ka|lisch ⟨Adj.⟩ **1** ⟨90⟩ *die Musik betreffend, zu ihr gehörig, auf ihr beruhend;* ~e Akustik, Völkerkunde • **1.1 ~e Zeichen** *Vorzeichen, Versetzungszeichen* **2** ⟨70⟩ *begabt für das Aufnehmen u. Ausüben von Musik;* der Junge ist sehr ~ **3** ⟨fig.⟩ *klangvoll, wie Musik klingend;* ~e Verse

Mu|si|kant ⟨m.; -en, -en⟩ **1** ⟨früher⟩ *fahrender Musiker, Spielmann* **2** *Musiker, der Unterhaltungsmusik spielt (bes. bei Paraden, festlichen Umzügen u. Ä.);* die ~en spielen auf **3** ⟨scherzh.⟩ *(von der Musik besessener) Musiker*

Mu|si|kan|tin ⟨f.; -, -tin|nen⟩ *weibl. Musikant*

Mu|si|ker ⟨m.; -s, -⟩ **1** *jmd., der ein Musikinstrument spielt;* Berufs~ • **1.1** *Musiker (1) in einem Orchester*

Mu|si|ke|rin ⟨f.; -, -rin|nen⟩ *weibl. Musiker*

Mu|sik|in|stru|ment *auch:* **Mu|sik|ins|tru|ment, Mu|sik|instru|ment** ⟨n.; -(e)s, -e⟩ *Instrument zum Erzeugen von Musik, z. B. Blas-, Saiten-, Streich-, Tasten-, Zupfinstrument*

mu|sik|lie|bend *auch:* **Mu|sik lie|bend** ⟨Adj. 24⟩ *eine große Liebe zur Musik habend*

Mu|sik|stück ⟨n.; -(e)s, -e⟩ *musikalisches Werk, Komposition*

Mu|si|kus ⟨m.; -, -si|zi; altertümelnd od. scherzh.⟩ *Musiker*

mu|sik|ver|stän|dig ⟨Adj.⟩ *Interesse, Verständnis für Musik zeigend;* ein ~er Schüler

mu|sisch ⟨Adj.⟩ **1** *die Musen betreffend, von ihnen stammend* **2** *empfänglich für Kunst, künstlerisch (begabt)*

Mus|kat ⟨m.; -(e)s; unz.⟩ *geriebene Muskatnuss;* eine Prise ~

Mus|kat|nuss ⟨f.; -, -nüs|se⟩ *(als Gewürz verwendeter) getrockneter Same des Muskatnussbaumes*

Mus|kel ⟨m.; -s, -n; Anat.⟩ *der Bewegung dienendes, der Kontraktion (1) fähiges Organ;* jeder ~ ist zu sehen; alle ~n anspannen; die ~n trainieren; sich einen ~ reißen, zerren

Muskelkater

Mus|kel|ka|ter ⟨m.; -s, -⟩ *vorübergehende, schmerzhafte Muskelverhärtung nach ungewohnter körperlicher Anstrengung*

Mus|ke|te ⟨f.; -, -n⟩ *großkalibriges Gewehr*

Mus|ku|la|tur ⟨f.; -, -en⟩ *Gesamtheit der Muskeln (eines Körpers)*

mus|ku|lös ⟨Adj. 70⟩ *mit starken Muskeln versehen, kräftig;* ~e Arme, Beine; jmd. ist ~ gebaut; ein ~er Körper

Müs|li ⟨n.; -s, -s⟩ *Speise aus rohen, in Milch, Joghurt od. Saft eingeweichten Getreideflocken mit Obst, Nüssen, Zucker od. Honig u. a.;* oV ⟨schweiz.⟩ *Müesli*

Muss ⟨n.; -; unz.⟩ *Zwang, Erfordernis, unabänderliche Forderung;* es geht vieles, wenn ein ~ dahintersteht; man soll es tun, aber es ist kein ~; ein bitteres, eisernes, hartes ~; ~ ist eine harte Nuss ⟨Sprichw.⟩

Mu|ße ⟨f.; -; unz.⟩ *Ruhe u. Zeit, ruhige, beschauliche Freizeit;* dazu fehlt mir die (nötige) ~; (genügend, keine) ~ haben, etwas zu tun; etwas mit ~ betrachten, tun

Mus|se|lin ⟨m.; -s, -e; Textilw.⟩ *feines, leichtes Woll-, Baumwoll- od. Mischgewebe*

müs|sen ⟨V. 188/470; Modalverb⟩ **1** *gezwungen sein zu, nicht anders können, (unbedingt) sollen;* ich muss gestehen, ich habe es vergessen; er muss kommen; ich muss fort (erg.: gehen); man muss Geduld haben; wir ~ Ihnen nun leider mitteilen, dass …; kein Mensch muss … (Lessing, „Nathan der Weise", I, 3); wann musst du morgens immer aufstehen?; ich muss (schon) sagen, das habe ich nicht erwartet; ich habe lachen ~; er tut, als müsste es so sein; es muss sein! • **1.1** man muss sich fürchten, lachen, wenn man ihn sieht *unwillkürlich fürchtet man sich, lacht man* • **1.2** wie viel muss ich zahlen? *wie viel habe ich zu zahlen?, was kostet es?* • **1.3** *notwendig sein, dass* …; müsst ihr denn unbedingt streiten? • **1.4** ich muss mal ⟨Kinderspr.; a. umg.⟩ *ich muss einmal die Toilette aufsuchen* **2** *dringend wollen, nötig haben zu;* ich muss wissen, ob …; ich muss jetzt gehen; das muss man gesehen haben (sonst kann man es sich nicht vorstellen) **3** jmd. od. etwas müsste (denn) … ⟨veraltet⟩ *es sei denn, dass jmd. od. etwas …;* er kann noch nicht hier sein, er müsste denn geflogen sein **4** *wahrscheinlich sein, anzunehmen sein, dass …, zu erwarten sein, dass …;* er muss bald kommen; er muss sehr krank sein; es muss wohl stimmen, wahr sein; das musste ja (so) kommen! • **4.1** das müsste doch wunderbar sein *das wäre doch w.*

mü|ßig ⟨Adj. 24⟩ **1** *arbeitsfrei, untätig;* das hebe ich mir für ~e Stunden auf; er ist nie ~, dastehen, herumsitzen **2** ⟨70; abwertend⟩ *unnütz, überflüssig;* ~e Frage; es ist ~ zu sagen, dass …

Mü|ßig|gang ⟨m.; -(e)s; unz.⟩ *Untätigkeit, Nichtstun, Faulheit;* dem ~ verfallen; ~ ist aller Laster Anfang ⟨Sprichw.⟩

mü|ßig|ge|hen ⟨V. 145/400(s.)⟩ *Müßiggang treiben, faulenzen*

Mus|tang ⟨m.; -s, -s⟩ *wildlebendes Pferd in der Prärie*

Mus|ter ⟨n.; -s, -⟩ **1** *Vorlage, Modell;* ich gebe Ihnen das Bild als ~ mit; nach ~ zeichnen, sticken, stricken; das kann als ~ dienen **2** *Warenprobe, einzelnes Stück zur Ansicht, zur Auswahl;* ein ~ anfordern, vorlegen **3** ⟨Gramm.⟩ *Beispiel(wort od. -satz), Paradigma;* für diese Satzkonstruktion ist ein ~ angegeben **4** *sich wiederholende Verzierung;* Stoff~; Tapeten~; ~ für eine Tapete; ein ~ entwerfen **5** *Vorbild, Vollkommenes in seiner Art;* er ist das ~ eines guten Lehrers; er ist ein ~ an Fleiß, Ordnungsliebe; sich etwas od. jmdn. zum ~ nehmen

mus|ter|gül|tig ⟨Adj.⟩ *vorbildlich, völlig fehlerfrei, nachahmenswert;* eine ~e Arbeit; sie hat sich ~ benommen; der Betrieb ist ~ organisiert

mus|tern ⟨V. 500⟩ **1** etwas ~ *mit Mustern versehen, ausstatten;* eine Wand ~; gemusterter Stoff, gemusterte Tapete; bunt, reich gemustert **2** ⟨Vr 7 od. Vr 8⟩ jmdn. od. etwas ~ *prüfend betrachten, gründlich ansehen;* jmdn. abschätzend, kühl, skeptisch, spöttisch ~; jmdn. von oben bis unten ~; sie musterte seinen neuen Hut **3** ⟨Mil.⟩ jmdn. ~ *auf Wehrdiensttauglichkeit hin prüfen, untersuchen;* der Jahrgang 1988 wird dieses Jahr gemustert • **3.1 Truppen ~** *T. inspizieren*

Mut ⟨m.; -(e)s; unz.⟩ **1** *Bereitschaft, sich in Gefahr zu begeben, Kühnheit, Unerschrockenheit, Zuversicht;* (wieder) ~ bekommen; seinen ~ beweisen; (wieder) ~ fassen; (keinen) ~ haben; den ~ haben, etwas zu tun; jmdm. ~ machen; jmdm. den ~ nehmen, etwas zu tun; sein ~ sank, stieg; den ~ verlieren; jmdm. ~ zusprechen; mit dem ~ der Verzweiflung • **1.1 nur ~!** *(aufmunternder Zuspruch)* • **1.1.1** nur ~, die Sache wird schon schiefgehen! ⟨umg.; iron.⟩ *keine Angst, es wird schon gelingen!* **2** ⟨veraltet⟩ *seelische Verfassung, Stimmung;* Ggs Angst (1); →a. froh (1.1), frisch (1), gut (3.6) **3** ⟨Getrennt- u. Zusammenschreibung⟩ • **3.1 zu Mute** = *zumute*

Mu|ta|ti|on ⟨f.; -, -en; Biol.⟩ **1** ⟨Biol.⟩ *sprunghafte, plötzliche, ungerichtete, zufällige erbliche Abänderung der Eigenschaften eines Lebewesens;* Ggs *Modifikation* (2) **2** ⟨Med.⟩ = *Stimmwechsel*

mu|tig ⟨Adj.⟩ **1** *voller Mut, unerschrocken, kühn;* ein ~er Mensch; das war sehr ~ von ihm **2** *Mut erfordernd, Mut beweisend;* das war eine ~e Entscheidung

mut|los ⟨Adj.⟩ *ohne Mut, keinen Mut besitzend, niedergeschlagen, deprimiert;* er ist ausgesprochen ~; eine ~e Antwort geben

mut|ma|ßen ⟨V. 500⟩ etwas ~ *vermuten, annehmen;* wir hatten in dieser Sache nie etwas Gutes gemutmaßt

mut|maß|lich ⟨Adj. 24/60⟩ *vermutlich, wahrscheinlich;* der ~e Täter

Mut|ter¹ ⟨f.; -, Müt|ter⟩ **1** *Frau, die ein od. mehrere Kinder geboren od. an Kindes statt angenommen hat* • **1.1 ~ werden** *ein Kind bekommen;* sie ist ~ geworden • **1.2 ~ Erde** ⟨poet.⟩ *die E., die nährt u. hervorbringt* • **1.3 die ~ Gottes** *Maria* • **1.4 bei ~ Grün schlafen** ⟨poet.⟩ *unter freiem Himmel, in der Natur;* →a. *Vorsicht (1.1–1.2)* **2** *Frau im Verhältnis zu ihren Kindern;* eine gute, liebevolle, schlechte ~ sein; wie eine ~ zu jmdm. sein; Vater und ~ • **2.1 ~ und

Sohn, Tochter *(die) Frau u. ihr S., ihre T.* • **2.2** sie ist ~ von drei Kindern *eine Frau mit drei K.* • **2.3** einem Kind die ~ ersetzen *die Frau, die es geboren hat* • **2.4** an ~s Rock(zipfel) hängen ⟨fig.⟩ *unselbstständig sein (von größeren Kindern)* • **2.5** ich fühle mich hier wie bei ~n ⟨umg.; urspr. berlin.; mit altem Dativ⟩ *wie zu Hause;* →a. *leiblich (2.2)*

Mut|ter² ⟨f.; -, -n⟩ *das Gewinde drehbar umschließender Teil einer Schraube, Schraubenmutter;* eine ~ anziehen, festschrauben, lockern

Mut|ter|bo|den ⟨m.; -s, -bö|den⟩ *fruchtbare, humusreiche oberste Bodenschicht;* Sy *Muttererde;* schwarzer ~

Mut|ter|er|de ⟨f.; -; unz.⟩ = *Mutterboden*

Mut|ter|ku|chen ⟨m.; -s, -; Med.⟩ *aus der Zottenhaut der Eihüllen u. der Schleimhaut der Gebärmutter gebildetes Organ, das dem Blutaustausch u. Stoffwechsel zwischen Mutter u. Embryo über die Nabelschnur dient;* Sy *Plazenta*

Mut|ter|land ⟨n.; -(e)s, -län|der⟩ **1** *Staat im Verhältnis zu seinen Kolonien* **2** *Heimat* **3** *Herstellungsland von Produkten*

Mut|ter|leib ⟨m.; -(e)s; unz.⟩ *mütterlicher Leib als Ort der Entwicklung eines Embryos;* Schädigung eines Ungeborenen im ~

müt|ter|lich ⟨Adj.⟩ **1** *von der Mutter stammend, der Mutter gehörend;* mein ~es Erbteil; die ~e Linie, Seite **2** *wie eine Mutter, liebevoll besorgt;* ~e Frau, Freundin; ~e Liebe; jmdn. ~ umsorgen

Mut|ter|milch ⟨f.; -; unz.⟩ **1** *die von den weiblichen Milchdrüsen in der Stillzeit abgesonderte Milch* • **1.1** etwas mit der ~ **einsaugen** ⟨fig.; umg.⟩ *etwas von Kind an lernen*

Mut|ter|mund ⟨m.; -(e)s, -mün|der; Anat.⟩ **1** *die Mündung des Gebärmutterhalses durchziehenden Kanals* • **1.1 äußerer** ~ *nach der Scheide hin gelegen* • **1.2 innerer** ~ *nach der Gebärmutter hin gelegen*

Mut|ter|rol|le ⟨f.; -, -n⟩ **1** *Verzeichnis der zu einer Gemeinde gehörenden, nach den Eigentümern geordneten Grundstücke* **2** ⟨unz.⟩ *Rolle, Aufgabe einer Frau, Mutter zu sein;* sie hat Probleme mit der ~

Mut|ter|spra|che ⟨f.; -, -n⟩ *die Sprache, die man von Kind auf gelernt hat;* Deutsch ist meine ~

Mut|wil|le ⟨m.; -ns, -n⟩ *Absicht;* etwas mit ~n tun; seinen ~n an jmdm. auslassen

Müt|ze ⟨f.; -, -n⟩ **1** *Kopfbedeckung (aus weichem Stoff od. gestrickt) ohne Krempe, mit od. ohne Schirm;* Basken~; Zipfel~; die ~ aufsetzen, abnehmen **2** ⟨köln.⟩ *Narrenkappe* **3** *wärmende Bedeckung in Form einer Mütze für Kannen, Haube;* Kaffee~; Tee~

My|ri|a|de ⟨f.; -, -n⟩ **1** *Menge, Anzahl von zehntausend* **2** ⟨Pl.⟩ ~**n (von)** ... *Unzahl, unzählige Menge;* ~n von Heuschrecken fielen in das Getreide ein

Myr|re ⟨f.; -, -n⟩ = *Myrrhe*

Myr|rhe ⟨f.; -, -n⟩ *(aus verschiedenen Sträuchern gewonnenes) Gummiharz, das ätherische Öle enthält, wird bes. als Räuchermittel verwendet;* oV *Myrre*

Mys|te|ri|en|spiel ⟨n.; -(e)s, -e; MA⟩ *dramatische Aufführung biblischer Stoffe;* Sy *Mysterium (4)*

Mys|te|ri|um ⟨n.; -s, -ri|en⟩ **1** = *Geheimnis (2)* **2** *Geheimlehre* **3** ⟨meist Pl.⟩ *geheimer Kult;* eleusische, dionysische Mysterien **4** = *Mysterienspiel*

Mys|tik ⟨f.; -; unz.⟩ *Form religiösen Erlebens, in der nach vorbereiteter Askese durch Versenkung od. Ekstase innige Verbindung mit dem Göttlichen gesucht wird*

My|the ⟨f.; -, -n⟩ **1** = *Mythos (2-3)* **2** ⟨umg.⟩ *Dichtung, Erdichtetes*

My|thos ⟨m.; -, My|then⟩ oV *Mythus* **1** *Überlieferung eines Volkes von seinen Vorstellungen über die Entstehung der Welt, seine Götter, Dämonen usw.* **2** *Sage von Göttern, Helden, Dämonen;* oV *Mythe* **3** *zur Legende gewordene Begebenheit od. Person von weltgeschichtl. Bedeutung;* oV *Mythe*

My|thus ⟨m.; -, My|then⟩ = *Mythos*

na! ⟨Int.; umg.⟩ **1** *(vertrauliche Anrede);* ~, du?; ~, Junge, was möchtest du denn?; ~, wie geht's? **2** *(einleitender Ausdruck der begütigenden Abwehr, der Ungläubigkeit);* ~ ja! • **2.1** ~, ~! *Vorsicht!, stimmt das wirklich?, nur ruhig, nicht aufregen!* • **2.2** ~, ich danke! *das würde ich keinesfalls tun, das würde mir nicht gefallen* • **2.3** ~ sowas! *ist das möglich?, das hätte ich nicht gedacht!* **3** *(einleitender Ausdruck des auffordernden Zuspruchs, der Ungeduld);* ~, komm (schon)!; ~, wird's bald?; ~, dann!; ~, denn mal los! • **3.1** ~ warte! *(leichte Drohung)* • **3.2** ~, hör mal! *was fällt dir ein?, so geht das nicht!* **4** *(einleitender Ausdruck der Erleichterung, der Zustimmung, der Bestätigung);* ~ endlich! • **4.1** ~ also! *siehst du, es geht also doch!, ich habe es ja gleich gesagt!* • **4.2** ~ gut! *nun gut!, wenn es sein muss: ja!* • **4.3** ~ und ob! *aber selbstverständlich!, mehr als das!, mit Sicherheit!* **5** *(einleitender Ausdruck der Herausforderung);* ~, und wenn schon! • **5.1** ~ und? *ist das so schlimm?, hast du etwas dagegen?*

Na|be ⟨f.; -, -n⟩ *Mittelteil des Rades*

Na|bel ⟨m.; -s, -⟩ **1** *die eingezogene, vernarbte Stelle etwa in der Bauchmitte, wo die Leibesfrucht mittels der Nabelschnur im Mutterleib mit dem Mutterkuchen in Verbindung stand, Bauchnabel: Umbilicus* **2** ⟨Bot.⟩ *Stelle, an der der Samen einer Pflanze am Samenträger festgewachsen ist: Hilum* **3** ⟨fig.; leicht scherzh.⟩ *Mittelpunkt;* am ~ der Welt

Na|bel|schnur ⟨f.; -, -schnü|re⟩ *die Leibesfrucht mit den Gefäßen des Mutterkuchens verbindendes schnurförmiges Organ, über das das Kind im Mutterleib ernährt wird: Funiculus umbilicalis;* die ~ wird nach der Geburt abgeschnitten

nach¹ ⟨Präp. mit Dat.⟩ **1** ⟨örtlich⟩ *in Richtung auf;* Ggs *von (1);* ~ Berlin, ~ Italien fahren; ~ jeder Richtung; der Weg ~ der Stadt; ~ hinten, ~ vorn gehen; ~ links, rechts; die Fenster liegen ~ dem Garten, ~ der Straße (zu) **2** ⟨modal⟩ *auf ein (erstrebtes) Ziel hin;* ~ jmdm. od. etwas suchen; sich ~ jmdm. od. etwas sehnen; ~ dem Arzt schicken; Verlangen ~ etwas haben; ~ jmdm. fragen; hat jmd. ~ mir gefragt, solange ich fort war?; ~ dem Weg fragen; ~ etwas zielen • **2.1** sich ~ jmdm. richten *so handeln, wie jmd. es möchte* **3** ⟨zeitlich⟩ *später als, wenn … vorbei ist;* Ggs *vor¹ (3);* ~ der Arbeit, ~ der Arbeitszeit; im Jahre 5 ~ Christi Geburt; ~ dem Essen; ~ einigen Jahren, Wochen, Tagen; am Tage ~ dem Fest; ~ langem Hin und Her; ~ vieler Mühe; ~ Ostern, Weihnachten; ~ einer halben Stunde; ~ einer Weile; ~ langer, kurzer, einiger Zeit; ~ diesem Zeitpunkt • **3.1** etwas ~ sich ziehen ⟨a. fig.⟩ *etwas zur Folge haben;* der erste Vertrag zog weitere ~ sich **4** ⟨zur Bez. des Musters, Vorbildes, der Art u. Weise⟩ *so wie …, gemäß, entsprechend;* ~ Art von. des …, der …; Spaghetti ~ Mailänder Art; ~ Vorschrift schreiben; Gegenstände ~ Farben ordnen; ~ dem Gedächtnis zeichnen; meinem Gefühl ~ verhält es sich so …; ~ dem Gehör lernen, spielen; dem Gesetz ~ müsste er verurteilt werden; eine Ware ~ Gewicht verkaufen (nicht ~ Menge); ~ Leistung bezahlen; ~ Noten singen, spielen; ~ bestimmten Regeln; Gemälde ~ einer Zeichnung von XY; das schmeckt ~ Pfefferminze; hier riecht es ~ Veilchen • **4.1** das riecht ~ Verrat ⟨fig.; umg.⟩ *das lässt V. ahnen* • **4.2** Anzug ~ **Maß** *genau nach dem Maßen des Betreffenden entsprechend* • **4.2.1** (etwas ist) ~ Maß *genau passend, wunschgemäß* • **4.3** ~ **Belieben** *wie es beliebt, wie man will* • **4.4** man hat ihn ~ seinem Vater **genannt** *man hat ihm den Namen seines Vaters gegeben* • **4.5** allem **Anschein** ~ *es scheint so, als ob …* • **4.6** meiner Ansicht, **Meinung** ~ *wie ich es mir denke* • **4.7** jmdn. (nur) dem **Namen** ~ kennen *nur den N. von jmdm. kennen, jmdn. nicht persönlich kennen* • **4.8** aller (menschlichen) **Voraussicht** ~ *voraussichtlich, wahrscheinlich* **5** ⟨zur Bez. der Reihenfolge, Rangordnung⟩ *hinter … folgend;* einer ~ dem anderen; das Objekt steht ~ dem Subjekt; Sie sind ~ mir an der Reihe; der Major kommt ~ dem Hauptmann; der oberste Beamte ~ dem König • **5.1** der Reihe ~ *nacheinander, hintereinander, in bestimmter Reihenfolge* • **5.2** bitte ~ **Ihnen**! *gehen Sie voran!* **6** ⟨Getrennt- u. Zusammenschreibung⟩ • **6.1** ~ **Hause** = *nachhause*

nach² ⟨Adv.; meist in festen Fügungen⟩ **1** mir ~! *folgt mir!* **2** ~ **und** ~ *allmählich, mit der Zeit, im Lauf der Zeit;* ~ und ~ besserte sich sein Zustand; ~ und ~ leerte sich der Saal **3** ~ **wie vor** *immer noch, weiterhin, wie immer, wie bisher;* ich bin ~ wie vor der Meinung, dass …

nach…, Nach… ⟨Vorsilbe⟩ **1** ⟨in Zus. mit Verben od. Subst.⟩ • **1.1** *hinterher;* nachlaufen; nachmachen; nachtrauern; Nachkriegszeit • **1.2** *zusätzlich;* nachfordern • **1.3** *nachahmend, prüfend wiederholend, noch einmal, wieder;* nachbilden; nacherzählen; nachfüllen; nachmessen; nachrechnen **2** ⟨mit Adj.⟩ *folgend auf, später als;* nachklassisch

nach‖ah|men ⟨V. 500⟩ **1** ⟨Vr 8⟩ jmdn. ~ *sich genauso verhalten wie jmd., jmdn. nachmachen;* er ahmte ihn treffend nach • **1.1** jmds. Sprechweise, Bewegungen ~ *sich in einer S., seinen B. an jmdn. angleichen* **2** etwas ~ = *nachbilden;* es gelang ihm nicht, das klassische Meisterwerk nachzuahmen **3** ⟨Mus.⟩ *ähnlich u. auf anderer Tonstufe wiederholen;* ein Thema, Motiv ~

nach‖ar|bei|ten ⟨V. 500⟩ etwas ~ **1** *nachbilden;* er ließ das Original ~ **2** *nochmals bearbeiten, überarbeiten;* einen maschinell hergestellten Gegenstand mit der Hand, von Hand ~ **3** *durch Arbeit wieder einholen;* Ggs *vorarbeiten;* versäumte Zeit ~

Nach|bar ⟨m.; -n od. -s, -n⟩ **1** *neben jmdm. Sitzender od. Wohnender;* Bank~; Zimmer~; Tisch~; *Äpfel aus ~s Garten stehlen; es kann der Frömmste nicht im Frieden bleiben, wenn es dem bösen ~n nicht gefällt* (Schiller, „Wilhelm Tell", IV, 3); *die lieben ~n* (iron.) • **1.1** *die ~n die nebenan od. in unmittelbarer Nähe Wohnenden* • **1.2** *unsere östlichen, westlichen ~n die im Osten, Westen an unseren Staat angrenzenden Staaten*

Nach|ba|rin ⟨f.; -, -rin|nen⟩ *weibl. Nachbar*

Nach|bar|schaft ⟨f.; -; unz.⟩ **1** *das Benachbartsein; ~ bringt auch Pflichten mit sich* **2** *unmittelbare Nähe; sie wohnen in der ~* **3** *Verhältnis zum Nachbarn; gute ~ halten*

nach|bil|den ⟨V. 500⟩ *etwas ~ nach einem Vorbild, Muster bilden, gestalten;* Sy *nachahmen (2), kopieren (5)*

nach|blei|ben ⟨V. 114/400(s.)⟩ **1** *nicht mitkommen, zurückbleiben; im Unterricht ~; hinter den anderen (Läufern, Fahrern, Schülern) ~* • **1.1** *(in der Schule) nachsitzen* **2** *die Uhr bleibt nach geht nach*

nach|dem ⟨Konj.⟩ **1** *später als; ~ er abgereist war; kurz ~ er gekommen war* **2** ⟨oberdt.⟩ *da, weil; ~ das so ist …;* →a. *je¹ (2.1)*

nach|den|ken ⟨V. 119/400⟩ *eine Sache gründlich durchdenken, überlegen; denk nach!; lass mich ~; kurz, lange, scharf, tief ~; nach langem Nachdenken; über etwas ~*

nach|denk|lich ⟨Adj.⟩ **1** *zu Überlegungen neigend, sich über alles Gedanken machend; ein ~es Kind; ein ~er Mensch* **2** *in Gedanken versunken; „…", sagte er ~; ~ schweigen*

Nach|druck ⟨m.; -(e)s, -e⟩ **1** ⟨Buchw.⟩ *unveränderter Abdruck; ~ verboten (Vermerk in Schriftwerken)* **2** ⟨unz.⟩ *Hervorhebung, Betonung; auf ein Problem, einen Satz besonderen ~ legen; etwas mit ~ sagen; Worte, Sätze mit ~ sprechen; um seinen Worten besonderen ~ zu verleihen …* **3** ⟨unz.⟩ *Festigkeit, Eindringlichkeit, gesteigerte Tatkraft; eine Sache mit ~ betreiben*

nach|drück|lich ⟨Adj.⟩ *mit Nachdruck, eindringlich, energisch; ~ auf etwas hinweisen; jmdn. ~ auffordern, etwas zu tun, zu unterlassen; ~ erklären, dass …; ~ auf etwas ~ bestehen*

nach|ein|an|der *auch:* **nach|ei|nan|der** ⟨a. ['----] Adv.⟩ *einer nach dem anderen, hintereinander, nicht gleichzeitig; bitte ~ eintreten; zweimal ~; ihr müsst ~ sprechen, sonst seid ihr nicht zu verstehen*

nach|emp|fin|den ⟨V. 134⟩ **1** ⟨503⟩ **(jmdm.)** *etwas ~ so empfinden, wie jmd. empfunden hat;* Sy *nachfühlen; das kann ich (dir) nicht ~; jmds. Freude, Schmerz ~* **2** ⟨530⟩ **jmdm. etwas** *~ mit jmdm. fühlen*

Na|chen ⟨m.; -s, -; bes. poet.⟩ *Boot, Kahn*

Nach|fol|ge ⟨f.; -; unz.⟩ **1** *das Nachfolgen* • **1.1** *Übernahme eines Amtes, einer Würde, eines Erbes, eines Unternehmens (vom Vorgänger); ~ Christi* (nach Matthäus 16, 24) • **1.1.1 jmds. ~ antreten** *jmdn. in seinem Amt ablösen*

nach|fol|gen ⟨V.(s.)⟩ **1** ⟨400⟩ *folgen, hinterhergehen; ich folge später nach* **2** ⟨400; fig.⟩ *später kommen, sich anschließen;* viele Fragen folgten nach **3** ⟨600; fig.⟩ *jmdm.* **(im Amt)** *~ jmds. A. übernehmen*

nach|fol|gend 1 ⟨Part. Präsens von⟩ *nachfolgen* **2** ⟨Adj. 24/90⟩ *folgend, nächste(r, -s), sich anschließend; der ~e Streit war sehr unerfreulich; ~e Ausführungen wurden übersetzt; im* Nachfolgenden *sind Zitate kenntlich gemacht;* Nachfolgendes *wurde kontrovers diskutiert; das* Nachfolgende *konnte bislang nicht eindeutig bewiesen werden*

Nach|fol|ger ⟨m.; -s, -; kaufmänn. Abk.: Nachf. od. Nchf.⟩ *jmd., der jmdm. nachfolgt, der ein Geschäft, ein Amt od. eine Stellung von seinem Vorgänger übernimmt; er wurde ~ seines Vaters*

Nach|fol|ge|rin ⟨f.; -, -rin|nen⟩ *weibl. Nachfolger*

nach|for|schen ⟨V. 400⟩ *(gründlich) nach etwas forschen, etwas zu ermitteln suchen; die Polizei forschte nach, wann der Vermisste zum letzten Mal gesehen worden war*

Nach|for|schung ⟨f.; -, -en⟩ *das Nachforschen, Ermittlung, Erkundigung; ~en anstellen*

Nach|fra|ge ⟨f.; -, -n⟩ **1** *Erkundigung, Anfrage; trotz mehrmaliger ~ habe ich nicht erfahren können, ob …* • **1** *danke der (freundlichen) ~! danke, dass Sie sich danach erkundigen* **2** *Bereitschaft der Käufer, eine Ware zu kaufen; Angebot und ~; die ~ sinkt, steigt, nimmt ab, nimmt zu; große, keine, lebhafte, rege, wenig ~; es herrscht starke, geringe ~ nach einem Produkt*

nach|füh|len ⟨V. 503⟩ = *nachempfinden*

nach|ge|ben ⟨V. 143⟩ **1** ⟨400⟩ *einem Druck nicht standhalten* • **1.1** *etwas gibt nach hält nicht stand, verbiegt sich, dehnt sich, weicht zurück; der Boden unter seinen Füßen gab plötzlich nach* • **1.1.1** *erschlaffen, locker werden; der Stoff gibt mit der Zeit noch etwas nach; das Seil, an dem er sich festhielt, gab nach* **2** ⟨403⟩ **(jmdm. od. einer Sache)** *~* ⟨fig.⟩ *endlich doch zustimmen, seinen Widerstand gegen jmdn. od. eine Sache aufgeben; jmds. Bitten, Drängen ~; der Klügere gibt nach* (Sprichw.) • **2.1** ⟨600⟩ *einem Impuls, einer Laune ~ einem I., einer L. folgen* **3** ⟨600⟩ **jmdm. od. einer Sache nichts** *~ jmdm. od. einer S. gleichkommen* • **3.1** *er gibt seinem Freund an Ausdauer, Hilfsbereitschaft nichts nach er ist ebenso ausdauernd, hilfsbereit wie sein Freund* **4** ⟨500⟩ **etwas** *~ nachträglich geben, zusätzlich geben; sich Gemüse, Fleisch ~ lassen (beim Essen)*

Nach|ge|bühr ⟨f.; -, -en⟩ *von der Post erhobene nachträgliche Gebühr für nicht ausreichend frankierte Sendungen*

Nach|ge|burt ⟨f.; -, -en; Med.⟩ **1** *die Ausstoßung des Mutterkuchens nach der Geburt* **2** *die nach der Geburt ausgestoßene Plazenta*

nach|ge|hen ⟨V. 145(s.)⟩ **1** ⟨600⟩ **jmdm. od. einer Sache** *~ folgen, hinter jmdm. od. etwas hergehen; er ging dem Leichenzug nach* • **1.1 einer Sache** *~* ⟨fig.⟩ *eine S. untersuchen, eine Angelegenheit zu klären suchen; einer Frage, einem Problem, einem Gerücht ~* **2** ⟨600⟩ **einer Tätigkeit, Sache** *~ sich einer T., S. widmen; seiner Arbeit, seinen Geschäften ~; einer geregelten Arbeit ~* **3** ⟨400⟩ *die* **Uhr** *geht nach geht* *zu langsam* **4** ⟨600⟩ *etwas* geht jmdm. ~ *nach wirkt in jmdm. nach, beschäftigt jmdn. in seinen Gedanken; seine Worte sind mir noch lange nachgegangen*

nach|ge|rade ⟨Adv.⟩ **1** *allmählich, schließlich; jetzt wird es mir ~ zu viel* **2** *geradezu; das kann man ja ~ ein Verbrechen nennen*

Nach|ge|schmack ⟨m.; -s; unz.⟩ **1** *im Mund bleibender Geschmack; die Medizin hat einen bitteren ~; der Wein hat einen ~ von Harz* **2** ⟨fig.⟩ *(unangenehme) Erinnerung; der Vorfall hat einen bitteren ~ bei mir zurückgelassen, hinterlassen*

nach|gewie|se|ner|ma|ßen ⟨Adv.⟩ *wie nachgewiesen wurde; diese Tabletten fördern ~ die Durchblutung*

nach|gie|big ⟨Adj.⟩ **1** *nachgebend, weich; der Fußboden in der Turnhalle ist ~* **2** ⟨fig.⟩ *leicht nachgebend, leicht umzustimmen, versöhnlich, fügsam; er wäre ~, er, wenn auch du Zugeständnisse machtest*

nach|hän|gen ⟨V. 161/600⟩ **1** *einer* **Sache** *~ nachtrauern, sich trüben Gedanken überlassen* • **1.1** *seinen* **Gedanken** *~ in G. versunken sein, über vieles nachdenken*

nach|hau|se auch: **nach Hau|se** ⟨Adv.⟩ *heimwärts, Richtung Heimat; ~ gehen*

nach|hel|fen ⟨V. 165/403⟩ ⟨jmdm. od. einer **Sache**⟩ *~ helfen, dass es vorwärts- od. bessergeht, eine S. vorantreiben, beschleunigen; kannst du nicht ein bisschen ~, damit es schneller geht?; hast du das ganz allein gemacht, oder hat dir Mutter nachgeholfen?*

nach|her ⟨a. ['--] Adv.⟩ *später, danach; das mache ich ~; wir sehen uns ~*

Nach|hin|ein auch: **Nach|hi|nein** ⟨Adv.; nur in der Wendung⟩ *im ~ hinterher, danach, nachträglich*

nach|hin|ken ⟨V. 410(s.); fig.⟩ **1** *später, verspätet kommen, fertig sein; bei den Hausaufgaben ~* **2** *nicht mitkommen, nicht Schritt halten können; beim Wettlauf ~; im Unterricht ~*

nach|ho|len ⟨V. 500⟩ *eine* **Sache** *~ nachträglich einholen, einbringen, nacharbeiten, sich nachträglich erarbeiten; versäumten Unterricht ~*

nach|ja|gen ⟨V. 600⟩ **1** ⟨(s.)⟩ *jmdm. od.* **etwas** *~ hinterhereilen, jmdn. od. etwas schnell verfolgen; einem Flüchtling, Verbrecher ~; die Kinder jagen dem Ball nach* **2** *einer* **Sache** *~* ⟨fig.⟩ *eine S. mit aller Kraft anstreben, zu gewinnen suchen; dem Geld ~; Vergnügungen ~*

nach|klin|gen ⟨V. 168/400⟩ *etwas klingt nach* **1** *weiterklingen, nachhallen; lange noch klangen die Glockenschläge nach* **2** ⟨fig.⟩ *nachwirken; seine Worte klangen lange in mir nach*

Nach|kom|me ⟨m.; -n, -n⟩ **1** *Verwandter in absteigender gerader Linie, z. B. Kind, Enkel;* Ggs *Vorfahr* • **1.1** ⟨Pl.⟩ *die ~n alle, die leiblich von jmdm. abstammen*

nach|kom|men ⟨V. 170(s.)⟩ **1** ⟨400⟩ *später kommen, folgen; geht schon voraus, ich komme (gleich) nach; die Kinder, den Wagen ~ lassen* **2** ⟨410⟩ *mitkommen, Schritt halten; beim Mitschreiben nicht ~* **3** ⟨600⟩ *einer* **Sache** *~ eine S. erfüllen; ich kann dieser Verpflichtung nicht ~*

Nach|lass ⟨m.; -es, -e od. -läs|se⟩ **1** *Ermäßigung, Preis-*

herabsetzung; Preis~; ~ fordern, gewähren **2** *Verzicht auf einen Teil einer Schuld; über einen ~ verhandeln* **3** *Hinterlassenschaft, Erbschaft; den ~ eröffnen, versteigern, verwalten* • **3.1** *der literarische ~ eines Dichters die der Nachwelt hinterlassenen Werke eines D.*

nach|las|sen ⟨V. 175⟩ **1** ⟨500⟩ *etwas ~ die Spannung von etwas lockern, etwas entspannen; die Zügel, ein straffes Seil ~; ich musste die Schrauben ein wenig ~* **2** ⟨503⟩ *etwas ~ erlassen, tilgen; der Rest seiner Schulden, Strafe wurde ihm nachgelassen; bei dieser Ware wurden mir 10 Euro nachgelassen; er hat mir 15 % des Preises nachgelassen* **3** ⟨530⟩ *jmdm.* **etwas** *~ = hinterlassen (1.1)* **4** ⟨400⟩ *schwächer, kleiner, weniger werden, an Heftigkeit, Kraft, Wirksamkeit verlieren; die Hitze, Kälte lässt allmählich nach; der Regen, Sturm lässt nach; nach der Spritze wird der Schmerz bald ~; ich werde alt, meine Kräfte lassen nach; der Eifer, Fleiß, die Leistungen des Schülers haben in letzter Zeit merklich nachgelassen; bei diesem Kriminalroman erkennt man bald die Zusammenhänge, so dass die Spannung schon im zweiten Drittel nachlässt* • **4.1** *das Fieber lässt nach die Temperatur sinkt* • **4.2** *die Geschäfte lassen nach die G. werden schlechter* • **4.3** *in seinen* **Leistungen** *~ schlechter werden* • **4.4** *jmd. lässt in seiner* **Kraft** *nach jmds. Kraft vermindert sich* • **4.5** *jmd. lässt in seinem* **Eifer,** *Fleiß nach jmds. E., F. wird geringer* • **4.6** *Schmerz,* **lass** *nach!* ⟨umg.; scherzh.⟩ *(Ausruf bei etwas Unangenehmem)* • **4.7** *nicht ~!* *(aufmunternder Zuruf)*

nach|läs|sig ⟨Adj.⟩ **1** *nicht sorgfältig, unordentlich, unachtsam, ungenau; ~ arbeiten* • **1.1** *er geht mit seinen Sachen sehr ~ um er pflegt, schont seine S. nicht* **2** *ungezwungen; seine ~e Haltung verriet keinerlei Spannung* **3** *unbeteiligt, gleichgültig, sorglos; mit einer ~en Handbewegung*

nach|lau|fen ⟨V. 176/600(s.)⟩ **1** *jmdm. od.* **etwas** *~ hinterherlaufen, eilig folgen; die Kinder liefen dem Drehorgelspieler nach* • **1.1** *diese Kleider laufen sich in der Stadt nach* ⟨umg.; scherzh.⟩ *es werden hier sehr viele K. des gleichen Modells getragen* **2** *jmdm. od. einer* **Sache** *~* ⟨fig.; umg.⟩ *sich anhaltend u. heftig (ohne Selbstachtung) um jmdn. od. eine Sache bemühen; einer Frau ~; er machte zwar gute Geschäfte, musste aber seinem Geld ständig ~* • **2.1** *ich laufe niemandem nach ich dränge mich niemandem auf*

nach|le|ben ⟨V. 600; geh.⟩ *jmdm. ~ jmdm. (als einem Vorbild) entsprechend leben, jmdm. nachstreben; versuche, ihm nachzuleben!*

Nach|le|se ⟨f.; -, -n⟩ **1** *Nachernte (z. B. bei der Traubenernte)* • **1.1** *Ährenlese* **2** ⟨fig.⟩ *Nachtrag, Sammlung von Dingen, die in eine erste Sammlung nicht mit aufgenommen wurden; ~ von Gedichten* • **2.1** *Rückblick, z. B. auf eine Veranstaltung*

nach|ma|chen ⟨V. 500⟩ ⟨Vr 8⟩ *jmdm. od.* **etwas** *~ nachahmen; eine Handschrift, Mode, Stimme ~; ich kann ihn verblüffend echt ~; sie macht mir alles nach* • **1.1** *Geld ~ fälschen* • **1.2** *es sind nur nach-*

gemachte **Edelsteine** *unechte E.* **2** *eine* **Sache** *~ nachholen, nachträglich tun, hinterher erledigen;* eine Arbeit ~

nach|ma|lig 〈Adj. 24/60; geh.〉 *zu einem späteren Zeitpunkt (in bestimmter Funktion od. Eigenschaft) in Erscheinung tretend;* der *~e Präsident*

nach|mals 〈Adv.〉 *zu einem späteren Zeitpunkt;* ~ wurde es ihm klar

Nach|mit|tag 〈m.; -(e)s, -e〉 **1** *(Tagesabschnitt, Zeit) zwischen Mittag u. Abend;* ich habe den ganzen ~ gewartet; vom frühen ~ an haben wir gewartet; bis zum ~ warten; ein heißer, regnerischer, schwüler, sonniger, trüber ~; er wollte im Laufe des ~s anrufen; seit diesem ~; eines ~s stand er vor der Tür; am frühen, späten, zeitigen ~; früh, spät, zeitig am ~; gestern, heute, morgen Nachmittag • **1.1 am ~** *in der Zeit zwischen Mittag u. Abend;* am ~ des 15. Mai zwischen 16 und 17 Uhr • **1.2 des ~s** *in der Zeit zwischen Mittag u. Abend;* des ~s gehe ich gewöhnlich spazieren

nach|mit|tags 〈Adv.; Abk.: nachm.〉 *am Nachmittag;* dienstags ~, dienstagnachmittags gehen die Kinder in die Musikschule

Nach|nah|me 〈f.; -, -n〉 **1** *Bezahlung einer Postsendung durch den Empfänger bei Aushändigung der Sendung;* als, gegen, mit, per ~ schicken; den Betrag durch ~ erheben **2** *mittels Nachnahme (1) zu bezahlende Postsendung;* eine ~ für Herrn X

Nach|na|me 〈m.; -ns, -n〉 = *Familienname*

Nach|re|de 〈f.; -, -n〉 **1** = *Nachwort* **2** *üble ~ Verbreitung abfälliger Meinungen über jmdn.;* böse, schlechte ~; jmdn. in üble ~ bringen; in üble ~ geraten, kommen; üble ~ über jmdn. führen, verbreiten

Nach|richt 〈f.; -, -en〉 **1** *Botschaft, Benachrichtigung, Mitteilung einer Begebenheit, eines Sachverhalts;* eine ~ abdrucken, bekanntgeben, durchgeben, veröffentlichen, weiterleiten; eine ~ bekommen, empfangen, erhalten, hören; jmdm. eine ~ bringen, mitteilen, senden, übermitteln; eine eilige, gute, schlechte, verspätete, wichtige ~; diese ~ wurde bereits dementiert; diese ~ ist soeben eingegangen, eingetroffen; hat er nicht eine ~ (für mich) hinterlassen, zurückgelassen?; jmdm. eine ~ überbringen; jmdm. ~ geben; die erwartete ~ blieb aus; eine falsche ~; wir haben keine ~ von ihm; schlimme ~ kommt stets zu früh 〈Sprichw.〉 **2** *Übermittlung einer (aktuellen) Begebenheit;* die ~ wurde durch das Fernsehen, die Presse, das Radio verbreitet; die ~ wurde in der Presse groß herausgestellt; ~en aus aller Welt; die neuesten ~en; amtliche, lokale, politische, vermischte ~en • **2.1** 〈nur Pl.〉 *~en Rundfunk-, bes. Fernsehsendung, in der (aktuelle) Begebenheiten des öffentlichen Interesses in kurzer Form mitgeteilt werden;* ~en hören, sehen

Nach|rich|ten|dienst 〈m.; -(e)s, -e〉 **1** *regelmäßige Einholung, Weitergabe von Nachrichten* • **1.1** *gewerbliches Unternehmen, das Nachrichten sammelt u. an Zeitungen usw. vermittelt* • **1.2** *Rundfunksendung mit Nachrichten* • **1.3** *staatliche Spionage(abwehr)organisation*

Nach|ruf 〈m.; -(e)s, -e〉 *Gedenkrede, Würdigung eines Verstorbenen (z. B. am Grab, in der Zeitung);* jmdm. einen ~ widmen; heute steht ein ~ auf den Bürgermeister in der Zeitung

nach|rüs|ten 〈V. 400〉 *die Rüstung (1), das Militär verstärken*

nach|sa|gen 〈V. 500〉 **1** *Vorgesprochenes ~ wiederholen, nachsprechen;* Sätze, Worte ~ • **1.1** 〈530/Vr 6〉 **jmdm. etwas Unangenehmes** ~ *über jmdn. etwas U. sagen, verbreiten;* man sagt ihm nach, er sei Trinker gewesen • **1.1.1** *das lasse ich mir nicht ~! das ist eine Verleumdung!*

Nach|satz 〈m.; -es, -sät|ze〉 **1** *Nachschrift, Nachtrag, Ergänzung* **2** 〈Gramm.〉 *nachgestellter Satz in einer Satzverbindung od. einem Satzgefüge*

nach|schaf|fen 〈V. 207/500〉 *etwas ~ nach einem Vorbild schaffen;* der Bildhauer hat den Kopf aus Marmor nachgeschaffen

Nach|schlag 〈m.; -(e)s, -schlä|ge〉 **1** 〈Mus.〉 *verzierender Abschluss eines Trillers* **2** *eine od. zwei Ziernoten zwischen zwei Haupttönen* **3** 〈umg.〉 *zusätzliche Essensportion (bei der Essensausgabe in einer Kantine o. Ä.);* einen ~ fassen

nach|schla|gen 〈V. 218〉 **1** 〈402〉 **(etwas)** ~ *(in einem Buch) eine Stelle suchen, nachlesen;* ein Wort, Zitat ~ **2** 〈600〉 *jmdm. ~ nach jmdm. geraten, genauso werden wie jmd., Wesensart od. Körpergestalt von jmdm. erben;* das Kind schlägt dem Vater nach

Nach|schlüs|sel 〈m.; -s, -〉 *zweiter od. unrechtmäßig nachgearbeiteter Schlüssel*

nach|schrei|ben 〈V. 230/500〉 *etwas ~* **1** *nach Ansage od. Muster schreiben* **2** *in Stichworten aufschreiben;* einen Vortrag, eine Vorlesung ~

Nach|schrift 〈f.; -, -en〉 **1** *Nachsatz, Nachtrag, Zusatz (im Brief)* **2** *das Nachgeschriebene, Niederschrift nach Ansage* • **2.1** *schriftliche Wiedergabe in Stichworten;* die ~ eines Vortrages, einer Vorlesung

Nach|schub 〈m.; -(e)s, -schü|be〉 **1** *Versorgung mit neuem Material (bes. der kämpfenden Truppe mit Verpflegung, Munition usw.)* **2** *das Material des Nachschubs (1);* keinen ~ bekommen; jmdn. mit ~ versorgen

nach|se|hen 〈V. 239〉 **1** 〈600〉 *jmdm. od.* **einer Sache** *~ nachblicken, hinterherschauen;* dem abfahrenden Zug ~ **2** 〈500〉 *etwas ~ prüfen, prüfend ansehen, durchsehen;* Schulaufgaben ~; ich muss die Rechnung noch ~ (auf Fehler hin); ich habe die Strümpfe, die Wäsche schon nachgesehen (ob etwas zu stopfen ist) • **2.1** *ansehen, um den Fehler zu finden;* eine defekte Maschine ~ **3** 〈402〉 *(etwas) ~ nachschlagen, nachlesen, eine bestimmte Stelle in einem Buch suchen;* sieh doch mal im Lexikon (dieses Wort) nach! **4** 〈530/Vr 6〉 **jmdm. etwas** ~ 〈fig.〉 *verzeihen, nicht wichtig nehmen, mit Nachsicht behandeln* ~ • **4.1** *die Mutter sieht dem Kind zu vieles, alle Unarten nach bestraft, rügt das Kind nicht, obwohl es nötig wäre*

nach|set|zen 〈V.〉 **1** 〈500〉 *etwas ~ hinter etwas anderes setzen* • **1.1** *ein* **Wort** *~ im Satz hinter ein anderes setzen* • **1.2** *eine* **Sache** *~* 〈fig.〉 *hintansetzen* • **1.2.1**

die eigenen **Interessen** ~ *hinter gemeinsame I. zurückstellen* **2** ⟨600⟩ **jmdm.** ~ *schnell, im Galopp folgen, im Laufschritt folgen;* die Polizei setzte dem ausgebrochenen Gefangenen nach • **2.1** dem Ball ~ ⟨Sp.⟩ *ausdauernd versuchen, den Spielball (wieder) zu erlangen*

Nach|sicht ⟨f.; -; unz.⟩ *Geduld, Milde, verzeihende Betrachtungsweise;* ~ haben, üben; jmdm. um ~ bitten; jmdm. mit ~ behandeln; in solch einem Fall kenne ich keine ~; Vorsicht ist besser als ~ ⟨Sprichw.⟩; je mehr Einsicht, je mehr ~ ⟨Sprichw.⟩

nach|sich|tig ⟨Adj.⟩ *geduldig, milde, verzeihend;* eine ~e Behandlung, Beurteilung; eine ~e Mutter, ein ~er Vater; jmdn. ~ behandeln; eine Arbeit ~ beurteilen; ~ gegen jmdn. sein

Nach|sil|be ⟨f.; -, -n; Gramm.⟩ = *Suffix*

nach|sit|zen ⟨V. 246/400⟩ *in der Schule zur Strafe länger dableiben müssen;* er musste heute in der sechsten Stunde ~

Nach|som|mer ⟨m.; -s, -⟩ *sommerliche Herbsttage*

Nach|spei|se ⟨f.; -, -n⟩ = *Nachtisch*

Nach|spiel ⟨n.; -(e)s, -e⟩ **1** *kurzes Theater- od. Musikstück als Abschluss eines größeren Stückes* **2** ⟨fig.⟩ *Folgen;* die Sache hatte ein gerichtliches ~

nach|spü|ren ⟨V. 600/Vr 6⟩ **jmdm.** od. einer **Sache** ~ *heimlich nachforschen, suchend folgen, auf die Spur zu kommen suchen;* einem Geheimnis, einer Fährte, einem Verbrechen ~

nächst ⟨Präp. mit Dat.; geh.⟩ *als Erstes danach, außer, neben;* ~ seinen Eltern verdankt er dem Deutschlehrer seine stärksten Anregungen; ~ dem Bundeskanzler ist der Bundespräsident die einflussreichste Person im Staat; ~ seinen Kindern bist du ihm am liebsten

nächst|bes|te(r, -s) ⟨Adj. 24/60⟩ *sich als Nächstes bietend, irgendein(e), beliebig;* bei ~r Gelegenheit werde ich ihn an sein Versprechen erinnern

nächs|te(r, -s) ⟨Adj. 24/60; Superlativ von⟩ *nahe* **1** *in kürzester Entfernung, sehr bald zu erwarten, sehr vertraut;* →a. *nahe* **2** ~r **Weg** ⟨umg.⟩ *kürzester W.;* welches ist der ~ Weg nach …? **3** ⟨substantiviertes Adj.⟩ der Nächste *der Mitmensch, Bruder;* du sollst deinen Nächsten lieben wie dich selbst (3. Buch Mose, 19,18) • **3.1** jeder ist sich selber der Nächste ⟨Sprichw.⟩ *jeder sorgt zuerst für sich selbst* **4** *zeitlich od. in der Reihenfolge unmittelbar anschließend, folgend;* wir sollen das ~ Kapitel abschreiben; pass das ~ Mal, ~s Mal besser auf!; als Nächstes hat er vor, den Garten umzugestalten; am ~n Morgen, am ~n Sonntag; in den ~n Tagen will er die Angelegenheit regeln; ~ Woche will er uns besuchen; er soll die ~ Strophe auswendig lernen; der ~ Weg links führt dorthin; der Nächste bitte! (beim Arzt); wer kommt als Nächster?; ~n Jahres ⟨Abk.: n. J.⟩ ~en Monats ⟨Abk.: n. M.⟩ • **4.1** ⟨60⟩ **bei** ~r **Gelegenheit** *wenn die G. günstig ist* • **4.2** ⟨60⟩ **im** ~n **Augenblick** *sofort danach*

nach|ste|hen ⟨V. 256/600 od. 650⟩ (**jmdm.**) ~ *(hinter jmdm.) zurückstehen, zurückgesetzt sein, werden, (jmdm.) unterlegen sein;* er musste dem jüngeren Bruder immer ~; er steht ihm an Frechheit nicht nach; er steht ihm in nichts nach

nach|ste|hend 1 ⟨Part. Präs. von⟩ *nachstehen* **2** ⟨Adj. 24/90⟩ *folgend, nächst;* die ~en Ausführungen; ~e Bemerkung, Erläuterung; im Nachstehenden wird erläutert werden …

nach|stel|len ⟨V.⟩ **1** ⟨500⟩ etwas ~ *nochmals genau einstellen* • **1.1** eine **Schraube** ~ *anziehen* **2** ⟨500⟩ ein **Wort** ~ ⟨Gramm.⟩ *im Satz hinter ein anderes stellen* **3** ⟨500⟩ die **Uhr** ~ *auf eine spätere Uhrzeit einstellen* **4** ⟨600/Vr 6⟩ **jmdm.** ~ *jmdn. verfolgen* • **4.1** einer **Frau** ~ *eine F. aufdringlich umwerben*

nächs|tens ⟨Adv.⟩ **1** *bald einmal, demnächst;* ich komme ~ zu Ihnen • **1.1** ~ fängt er auch noch an zu trinken! *am Ende*

nach|su|chen ⟨V.⟩ **1** ⟨500⟩ etwas ~ *nachschlagen, nachsehen* **2** ⟨800⟩ **um etwas** ~ *förmlich um etwas bitten, etwas beantragen*

Nacht ⟨f.; -, Näch|te⟩ **1** *(die) Zeit zwischen Ende der Abend- u. Beginn der Morgendämmerung;* Ggs *Tag (4);* bei Einbruch der ~; Tag und ~ arbeiten; es wird ~; die Nächte zubringen bei, in …; ich habe die halbe ~ wachgelegen; der Patient hat eine schlaflose, unruhige ~ verbracht; sie hat ganze Nächte an seinem Krankenbett durchwacht; eine durchwachte, durchzechte ~; eine mondhelle, sternklare, stockdunkle, stockfinstere ~; die Schwüle, Wärme südlicher Nächte; im Laufe der ~ kam Sturm auf; er kam erst spät in der ~; mitten in der ~; tief in der ~; in der vergangenen ~; bis spät in die ~, bis in die späte ~ arbeiten; während der ~ stand er oft auf; er ist letzte ~ gestorben; stille ~, heilige ~ (Weihnachtslied); die ~ bricht an, bricht herein, sinkt hernieder, zieht herauf ⟨poet.⟩ • **1.1** die ~ macht den Tag zur ~ und die ~ zum Tag *er arbeitet nachts u. schläft am Tag* • **1.2** sich die ~ um die Ohren schlagen ⟨fig.; umg.⟩ *nicht schlafen (um zu feiern, zu arbeiten)* • **1.3** des ~s *nachts* • **1.4** eines ~s *an einem Tag in der Zeit zwischen Abend u. Morgen;* eines ~s drang ein Einbrecher in die Wohnung ein • **1.5** gestern, heute, morgen Nacht *in der Zeit zwischen Abend u. Morgen;* er ist gestern Nacht nicht zu Hause gewesen; →a. *Abend* • **1.6** über ~ *die ganze Zeit zwischen Abend u. Morgen, bis zum Morgen;* über ~ bleiben; die ~ über bleiben **1.7** über ~ *plötzlich, ganz überraschend;* sie wurde über ~ berühmt • **1.8** zu, zur ~ essen ⟨süddt.⟩ *die abendliche Mahlzeit einnehmen;* →a. *heilig (3.2.2), zwölf (1.1)* **2** ⟨fig.⟩ *Dunkelheit;* der Dieb konnte im Schutz der ~ unerkannt entkommen; bei ~ fahren; ein Unterschied wie Tag und ~; hässlich wie die ~ (finster ist) • **2.1** bei ~ und **Nebel** ⟨a. fig.⟩ *heimlich;* er versuchte, bei ~ und Nebel über die Grenze zu kommen • **2.1.1** ~-und-Nebel-Aktion *heimliche, überraschend durchgeführte Maßnahme* **2.2** ihm wurde (es) ~ vor Augen ⟨fig.⟩ *er verlor das Bewusstsein* • **2.3** bei ~ sind alle Katzen grau *in der Dunkelheit kann man Farben nicht unterscheiden, kann man niemanden bzw. nichts deutlich erkennen* **3** ⟨fig.; veraltet⟩ *böse Zeit, Schreckenszeit;* die ~ der Barbarei, des Faschismus, des Wahnsinns **4** ewige ~ ⟨fig.; poet.⟩ *Tod* **5** *gute* ~*!* *(Gruß beim Zubettgehen, beim Abschied am Abend od. in der Nacht);* gute/Gute ~ sagen; jmdm. eine gute ~ wünschen • **5.1** na, dann gute ~*!* ⟨umg.⟩ *(Ausruf der Enttäuschung)*

Nach|teil ⟨m.; -(e)s, -e⟩ **1** *schlechte Eigenschaft;* Ggs *Vorteil (1);* dieser Plan hat den ~, dass …; die Sache hat einen ~, hat ~e; altersbedingte, materielle ~e **2** *Schaden, Verlust;* Ggs *Vorteil (2);* ein beträchtlicher, erheblicher, geringer, großer ~; dieser Zwischenfall wird dir ~e bringen; daraus können dir ~e entstehen, erwachsen; wir haben weder ~e noch Vorteile davon; zum ~ von Millionen Fernsehzuschauern …; das kann dir zum ~ gereichen **3** *im* ~ *sein, sich im* ~ *befinden in ungünstiger Lage;* Ggs *Vorteil (3);* ich bin ihm gegenüber im ~

nach|teilig ⟨Adj.⟩ *Nachteile verursachend, schädlich, ungünstig, unvorteilhaft;* ~e Folgen haben; sein unfreundliches Verhalten wirkt sich ~ auf seine Kundschaft aus

näch|tens ⟨Adv.; poet.⟩ *nachts*

Nach|ti|gall ⟨f.; -, -en; Zool.⟩ *unauffälliger rötlich brauner, mit den Drosseln verwandter Singvogel, der tags u. nachts singt: Luscinia megarhynchos*

näch|ti|gen ⟨V. 411⟩ *übernachten, die Nacht über bleiben, verbringen;* unter freiem Himmel ~

Nach|tisch ⟨m.; -(e)s, -e⟩ **1** *letzter Gang des Essens* • **1.1** *süße Speise od. Obst als letzter Gang des Essens;* Sy *Dessert, Nachspeise*

nächt|lich ⟨Adj. 24⟩ *zur Nacht gehörend, in der Nacht stattfindend;* ~e Ruhestörung

nach|tra|gen ⟨V. 265/500⟩ **1** ⟨530⟩ *jmdm. etwas* ~ *hinterhertragen;* ich musste ihm seinen Schirm wieder einmal ~ (er lässt ihn oft stehen) **2** *etwas* ~ *ergänzen, hinzufügen, vervollständigen, nachträglich einfügen;* ich habe in dem Artikel noch einige Beispiele nachgetragen; ich muss in der Rechnung noch einen Posten ~ **3** ⟨530/Vr 6⟩ *jmdm. etwas* ~ ⟨fig.⟩ *jmdm. etwas nachtragen, lange verübeln;* sei doch nicht so ~d! • **3.1** er trägt einem nichts nach *vergisst Böses schnell, nimmt nichts übel*

nach|träg|lich ⟨Adj. 24/90⟩ *später, hinterher (erfolgend);* ein ~er Glückwunsch; ~ etwas einfügen; ~ zum Geburtstag gratulieren

nachts ⟨Adv.⟩ *in der Nacht, während der Nacht, bei Nacht*

Nacht|schicht ⟨f.; -, -en; bei zwei od. drei Schichten⟩ **1** *Nachtarbeitszeit in Betrieben (mit meist dreischichtiger Arbeitszeit)* **2** *die Gesamtheit der Nachtarbeiter in einem Betrieb*

Nacht|topf ⟨m.; -(e)s, -töp|fe⟩ *Gefäß zur Verrichtung der Notdurft (während der Nacht)*

nacht|wan|deln ⟨V. 400(s.) od. (h.)⟩ *nachts im Schlaf umhergehen;* er ist, er hat genachtwandelt

Nach|we|hen ⟨Pl.⟩ **1** *nach der Geburt eintretende Wehen* **2** ⟨fig.⟩ *schmerzhafte od. unangenehme Nachwirkungen od. Folgen*

Nach|weis ⟨m.; -es, -e⟩ **1** *gültiger Beweis, Bestätigung, Beleg (dass etwas vorhanden od. geschehen ist);* der unwiderlegbare, unwiderlegliche ~ • **1.1** der ~ ist geglückt *es konnte nachgewiesen werden* • **1.2** den ~ **erbringen,** führen, geben (dass …) *nachweisen (dass …)* **2** ⟨in Zus.⟩ *Vermittlungsstelle;* Zimmer~

nach|wei|sen ⟨V. 282/500⟩ **1** ⟨503⟩ **(**jmdm.**)** eine **Sache** ~ *beweisen, belegen;* man konnte ihm nicht ~, dass er davon gewusst hatte; ich konnte ihm seinen Fehler, Irrtum ~; er konnte seine Unschuld nicht ~ **2** eine **Sache** ~ *angeben, aufzeigen, vermitteln;* einen freien Arbeitsplatz, eine Stellung, eine Wohnung, ein Zimmer ~; seine Befähigung, sein Recht, seine Staatsangehörigkeit ~

Nach|welt ⟨f.; -; unz.⟩ *spätere Generationen, die später Lebenden*

Nach|wort ⟨n.; -(e)s, -e⟩ *Schlusswort, erläuternder od. ergänzender Anhang (in Schriftwerken);* Sy *Nachrede, Epilog;* mit einem ~ von … (auf Buchtiteln)

Nach|wuchs ⟨[-ks] m.; -es; unz.; fig.⟩ **1** *die jungen Leute, jungen Kräfte* • **1.1** *Lernende, in der Ausbildung Begriffene;* ~ der Wissenschaft; den ~ eines Wissensgebietes heranbilden • **1.2** ⟨umg.; scherzh.⟩ *Kinder;* was macht der ~? (Frage an die Eltern kleiner Kinder)

nach|zie|hen ⟨V. 293⟩ **1** ⟨500⟩ **etwas** ~ *hinter sich herziehen;* er zog sein linkes Bein etwas nach **2** ⟨500⟩ **etwas** ~ *(nachträglich) fester anziehen;* Schrauben ~ **3** ⟨500⟩ **etwas** ~ *nachzeichnen, verstärken;* die Linien, Umrisse ~ • **3.1** die Augenbrauen, den Lidrand, die Lippen ~ *schminken* **4** ⟨500⟩ **Blumen, Pflanzen** ~ *nachträglich pflanzen, zusätzl. züchten* **5** ⟨600(s.)⟩ **jmdm.** ~ *jmdm. hinterherziehen, folgen;* dem fliehenden Feind ~; jmdm. an einen anderen, neuen Wohnort ~ • **5.1** *dem Zug des Partners folgen (bei Brettspielen)*

Nach|züg|ler ⟨m.; -s, -⟩ **1** *Nachhut, verspätet Kommender* • **1.1** *lange Zeit nach den Geschwistern geborenes Kind*

Na|cke|dei ⟨m.; -s, -s; umg.; scherzh.⟩ **1** *nacktes kleines Kind* **2** *nackter Mensch (z. B. an einem Nacktbadestrand)*

Na|cken ⟨m.; -s, -⟩ **1** *hintere Halsseite;* Sy *Genick (1);* ein gedrungener, kurzer, speckiger, steifer ~; stolz warf sie den Kopf in den ~ • **1.1** jmdm. den steifen ⟨fig.⟩ *jmdm. zum Widerstand ermutigen, jmds. Widerstandswillen stärken* • **1.2** jmdm. den ~ beugen ⟨fig.⟩ *jmdm. unterwerfen, gefügig machen* **1.3** endlich musste er seinen ~ beugen ⟨fig.⟩ *sich unterwerfen* • **1.4** jmdm. den Fuß auf den ~ setzen ⟨fig.⟩ *jmdn. besiegen, unterwerfen* **1.5** jmdm. auf dem ~ sitzen ⟨fig.⟩ *jmdn. bedrängen* **1.6** wir hatten den Feind im ~ *wurden vom F. verfolgt* **1.7** die Verfolger saßen uns im ~ ⟨fig.⟩ *waren dicht hinter uns* • **1.8** jmd. hat den Schalk, Schelm im ~ ⟨fig.; umg.⟩ *ist stets zu Späßen aufgelegt* • **1.9** jmdm. sitzt der Geiz im ~ ⟨fig.⟩ *jmd. ist geizig* • **1.10** jmdm. sitzt die Furcht, Angst im ~ ⟨fig.⟩ *jmd. hat große F., A.*

Na|cken|schlag ⟨m.; -(e)s, -schlä|ge; fig.⟩ **1** *Schlag in den Nacken* **2** ⟨fig.⟩ *harter Schicksalsschlag, Demütigung, geschäftlicher Verlust, politische Niederlage;* sein politischer Gegner musste einige Nackenschläge hinnehmen

nackt ⟨Adj. 24⟩ **1** *unverhüllt, unbedeckt* • 1.1 *unbekleidet, bloß;* du sollst nicht mit ~en Füßen umherlaufen; er arbeitete mit ~em Oberkörper im Garten; die Darstellung des Nackten in der Kunst • 1.2 *ohne Federn;* der junge Vogel war noch ~ • 1.3 *ohne Haare;* eine junge Maus, ~ und rosig • 1.4 *ohne Laub;* das ~e Geäst des Baumes • 1.5 *ohne Pflanzenwuchs;* ~e Felsen • 1.6 *schmucklos, kahl;* nur die vier ~en Wände um sich haben • 1.7 *nicht eingerichtet;* eine ~e Wohnung • 1.8 auf dem ~en Boden, der ~en Erde schlafen *ohne Unterlage auf dem B., auf der E. schlafen* • 1.9 *ohne Scheide;* die ~e Schwert **2** ⟨fig.⟩ *schonungslos, unverblümt;* etwas mit ~en Worten sagen; wir sahen die ~e Armut; die ~en Tatsachen schildern; er verschließt die Augen vor der ~en Wirklichkeit **3** ⟨60⟩ das ~e **Leben** *nur das L., nichts als das L.;* er konnte nur das ~e Leben retten **4** ⟨60⟩ Nackte Jungfrau ⟨Bot.⟩ *Herbstzeitlose*

Nackt|sa|mer ⟨Pl.; Bot.⟩ *Samenpflanzen, deren Samen nicht von einem Fruchtknoten umschlossen ist: Gymnospermae*

Nackt|schne|cke ⟨f.; -, -n; Zool.⟩ *Landschnecke mit rückgebildetem bzw. ohne Gehäuse*

Na|del ⟨f.; -, -n⟩ **1** *feines, spitzes Werkzeug (aus Metall);* man hätte eine ~ zu Boden fallen hören können (so still war es); es konnte keine ~ zur Erde fallen, so dicht standen die Leute; sich an, mit einer ~ stechen • 1.1 das habe ich wie eine ~ gesucht! *mühsam in allen Ritzen* • 1.2 ich sitze, stehe wie auf ~n ⟨fig.⟩ *ich bin in peinlicher Verlegenheit, (od.) warte mit quälender Ungeduld* • 1.3 *feines, spitzes Werkzeug mit einem Öhr zum Nähen, Stopfen, Sticken;* Näh~, Stopf~; eine ~ einfädeln • 1.3.1 es ist mit heißer ~ genäht ⟨fig.⟩ *nicht sorgfältig, zu schnell hergestellt* • 1.4 *feines spitzes Werkzeug mit einem Kopf an einem Ende zum Feststecken, mit einem Haken zum Häkeln, mit beiderseitiger Spitze zum Stricken;* Steck~, Häkel~, Strick~ • 1.5 *feines, spitzes Rohr (an Injektionsspritzen);* die ~ richtig setzen • 1.6 *feines, spitzes Werkzeug zum Ritzen, Radieren;* Radier~, Kalt~ • 1.7 *feines spitzes Gerät (aus Metall, Saphir, Diamant) zum Abtasten von Schallplattenaufnahmen;* die ~ vorsichtig aufsetzen (auf die Schallplatte) **2** *Zeiger (zum Anzeigen der Himmelsrichtung);* Magnet~, Kompass~ **3** *ansteckbares Schmuckstück, Brosche;* Krawatten~ **4** *Blatt der Nadelbäume;* Tannen~, Fichten~; die ~n fallen schon ab (vom Weihnachtsbaum)

Na|del|baum ⟨m.; -(e)s, -bäu|me⟩ *Baum, der der Klasse der Nadelhölzer angehört*

Na|del|holz ⟨n.; -es, -höl|zer⟩ *Angehöriger einer Ordnung der Nacktsamer, regelmäßig verzweigte Bäume od. (selten) Sträucher mit nadel- od. schuppenförmigen Blättern: Coniferae;* Ggs *Laubholz*

Na|del|stich ⟨m.; -(e)s, -e⟩ **1** *Stich mit der Nadel;* den Saum, eine Schleife mit ein paar ~en befestigen **2** *die durch einen Nadelstich (1) entstandene Wunde* **3** ⟨fig.; umg.⟩ *versteckte Bosheit, boshafte Bemerkung, kleine raffinierte Quälerei;* jmdm. kleine ~e versetzen

Na|gel ⟨m.; -s, Nä|gel⟩ **1** *hölzerner od. metallener Stift mit zugespitztem Schaft u. einem Kopf zum Befestigen od. Verbinden von Gegenständen;* Huf~; Polster~; ein ~ aus Eisen, Holz, Messing; einen ~ einschlagen, herausziehen, krummschlagen; etwas an einem ~ aufhängen; Bergschuhe mit Nägeln beschlagen lassen • 1.1 einen ~ im Kopf haben ⟨fig.; umg.⟩ *dünkelhaft u. dumm sein* • 1.2 ein ~ zu jmds. Sarg sein ⟨fig.⟩ *zu jmds. frühem Tod beitragen, jmdm. viel Kummer, Ärger bereiten* • 1.3 den ~ auf den Kopf treffen ⟨a. fig.⟩ *eine Sache genau kennzeichnen, richtig beurteilen* • 1.4 seinen Beruf, sein Geschäft, sein Studium an den ~ hängen ⟨fig.⟩ *aufgeben* **2** *Hornplatte auf der Oberseite des ersten Gliedes von Fingern u. Zehen;* Finger~; Fuß~; Zehen~; abgekaute, gepflegte, kurze, lange, lackierte, ungepflegte Nägel; die Nägel feilen, lackieren, pflegen, polieren, schneiden, verschneiden; der ~ ist abgebrochen, eingerissen, eingewachsen, entzündet, nachgewachsen, vereitert • 2.1 eine Sache brennt jmdm. auf den Nägeln ⟨fig.⟩ *ist jmdm. sehr eilig* • 2.2 sich etwas unter den ~ reißen, ritzen ⟨fig.; umg.⟩ *geschickt entwenden, sich bei günstiger Gelegenheit aneignen* **3** ⟨Bot.⟩ *Stiel von Blättern, die sich nach oben verbreitern u. abwinkeln* **4** ⟨Bot.⟩ *Nelke*

na|geln ⟨V.⟩ **1** ⟨500⟩ **etwas** ~ *mit Hilfe von Nägeln befestigen, zusammenfügen;* ein Bild an die Wand ~; genagelte Stiefel • 1.1 einen Knochenbruch ~ ⟨Med.⟩ *durch Knochennagelung wieder zusammenfügen* **2** ⟨400⟩ ein **Dieselmotor** nagelt *erzeugt klopfende Geräusche*

na|gen ⟨V.⟩ **1** ⟨411⟩ **an etwas** ~ *mit den Zähnen kleine Stückchen von etwas abschälen, in kleinen Bissen beißen;* der Hund nagt an einem Knochen; nachdenklich an der Unterlippe ~ • 1.1 am Hungertuch ~ ⟨fig.; umg.⟩ *hungern* **2** ⟨800⟩ **an etwas** ~ *langsam zerstörend auf etwas einwirken, sich in etwas einfressen;* das subtropische Klima nagte an seiner Gesundheit; die Meeresbrandung nagt am Deich, am Felsen, am Ufer • 2.1 ⟨411⟩ **(an jmdm.)** ~ ⟨fig.⟩ *jmdn. anhaltend quälen, peinigen;* Gram, Kummer, Sorge nagte an ihr; ~de Reue, ~der Zweifel ließ sie nicht schlafen **3** ⟨550⟩ **etwas von etwas** ~ *in kleinen Stückchen abbeißen, abnagen;* das Fleisch vom Knochen ~; die Rinde von den Bäumen ~

nah ⟨Adj.⟩ **1** = *nahe* **2** ⟨Getrennt- u. Zusammenschreibung⟩ • 2.1 → *verwandt* = *nahverwandt*

na|he ⟨Adj.; Komparativ: nä|her, Superlativ: nächst⟩ oV *nah* (1) **1** *nicht weit entfernt, in der, in die Nähe, benachbart, unmittelbar folgend od. anstoßend;* Ggs *fern;* ein ~r Ausflugsort, See, Wald; in der ~n Stadt; das nächste Dorf ist 20 km von hier entfernt; du kannst ganz ~ herangehen; ~ beieinander; er sitzt mir am nächsten; ~ dabei stand ein altes Haus; wir sahen den Gipfel zum Greifen ~ vor uns; ~m/Nahem betrachtet, ändert sich das Bild ⟨fig.⟩ • 1.1 aus nächster Nähe betrachtet ⟨a. fig.⟩ *ganz genau betrachtet* • 1.2 **von** nah und **fern** ⟨a. fig.⟩ *von überallher;* von nah und fern, von fern und nah kamen die Menschen herbei • 1.3 ⟨60⟩ der Nahe

nähern

Osten *Südosteuropa u. Vorderasien, Vorderer Orient;* Ggs *der Ferne Osten* → *fern (1.1)* • **1.4** ⟨53⟩ **jmdm. zu ~ kommen** ⟨fig.⟩ *jmdn. berühren wollen, bedrohen* • **1.5 dem Abgrund bedrohlich ~ kommen** *sehr dicht an den Abgrund herankommen;* ⟨aber⟩ →a. *nahekommen* • **1.6** ⟨53⟩ **jmdm. zu ~ treten** ⟨fig.⟩ *jmdn. kränken, verletzen;* ich wollte Ihnen nicht zu ~ treten; ⟨aber⟩ →a. *nahetreten* • **1.7** ⟨Präp. mit Dat.⟩ *nicht weit entfernt, in der Nähe von;* ~ der Stelle **2** ⟨70⟩ *bald zu erwarten, unmittelbar bevorstehend;* das ~ Ende, den ~n Tod fürchten; Gefahr, Hilfe, Rettung ist ~; die ~ Zukunft wird es zeigen **2.1** fürs Nächste habe ich genug davon *vorerst, für die nächste Zeit* • **2.2** ⟨46⟩ ~ **an die zwanzig,** dreißig **sein** *fast zwanzig, dreißig Jahre alt sein;* er muss doch ~ an die sechzig sein • **2.3** ⟨45⟩ einer **Sache** ~ **sein** *kurz vor etwas sein, nahe sein;* sie war einer Ohnmacht, der Resignation, der Verzweiflung ~ • **2.4** ⟨46⟩ ~ **daran sein zu** … *kurz davorstehen, zu …;* er war ~ daran, aufzustehen und zu gehen **3** ⟨fig.⟩ *eng, vertraut;* in ~r Beziehung, Geschäftsverbindung miteinander stehen; in ~r Freundschaft miteinander verbunden sein; unsere nächsten Angehörigen, Freunde, Mitarbeiter, Verwandten; ein ~r Verwandter des Verunglückten; mein Sohn ist mir im Alter am nächsten; →a. *näher*

Nä|he ⟨f.; -; unz.⟩ **1** *geringe Entfernung, Nachbarschaft, unmittelbare Umgebung;* Ggs *Ferne;* ein Schuss aus nächster ~; etwas aus der ~ beobachten, betrachten, prüfen; in der ~ der Stadt; ganz in der ~; es muss hier in der ~ gewesen sein; in unmittelbarer ~ befindet sich …; bleib in der ~! **2** *das Nahesein;* seine ~ ist mir lästig; seine ~ tat ihr wohl **3** *nahe Zukunft;* sein Ziel ist in greifbare ~ gerückt; der Termin liegt in unmittelbarer ~

na|he|bei ⟨Adv.⟩ *dicht dabei, ganz in der Nähe, sehr nahe*

na|he||brin|gen ⟨V. 118/530/ Vr 8⟩ **jmdm. jmdn.** od. **etwas** ~ *jmdn. mit jmdn. od. etwas vertraut machen, bei jmdn. Verständnis für jmdn. od. etwas wecken;* die gemeinsame Arbeit hat beide einander nahegebracht; den Schülern eine Dichtung ~

na|he||ge|hen ⟨V. 145/600(s.)⟩ **jmdm.** geht nahe *jmdn. ergreift, bewegt, rührt etwas;* sein Schicksal, sein Tod, sein Unglück ist mir nahegegangen

na|he||kom|men ⟨V. 170/600(s.)⟩ **1** einer **Sache** ~ *beinahe gleichkommen, gleichen;* das dürfte der Wahrheit ~ **2** ⟨Vr 6⟩ jmdm. ~ *vertraut werden mit jmdn.;* wir sind uns im letzten Urlaub sehr nahegekommen; →a. *nahe (1.4-1.5)*

na|he||le|gen ⟨V. 530⟩ **jmdm. etwas** ~ *vorschlagen, empfehlen, raten;* ich habe ihm nahegelegt, seinen Plan aufzugeben

na|he||lie|gen ⟨V. 180/400⟩ eine **Sache** liegt nahe *ist leicht verständlich, leicht einzusehen, zu vermuten;* es liegt doch nahe, dass man unter diesen Umständen so handeln muss; ein ~der Gedanke, Schluss, Vorschlag, Verdacht; aus ~den Gründen …

na|hen ⟨V. 400(s.)⟩ eine **Sache** naht *kommt näher, nähert sich, steht bevor;* der Abschied, die Entscheidung, die Prüfung naht; Gefahr, ein Unglück, das Verderben ~ sehen; der ~den Gefahr ausweichen; es naht Gefahr

nä|hen ⟨V. 500⟩ etwas ~ **1** *durch Fadenstiche verbinden, befestigen;* einen Saum ~; eine Naht mit der Hand ~; die Wunde muss genäht werden; doppelt genäht hält besser (Sprichw.) **2** *durch Arbeit mit Nadel u. Faden herstellen;* eine Bluse, ein Hemd, ein Kleid ~; mit der Hand, mit der Nähmaschine ~

nä|her ⟨Adj.⟩ **1** ⟨Komparativ von⟩ *nahe* • **1.1** ein Gerät noch ~ **bringen** *in größere Nähe;* ⟨aber⟩ →a. *näherbringen* • **1.2** lass ihn doch ~ **kommen** *in größere Nähe kommen;* ⟨aber⟩ →a. *näherkommen* • **1.3** der Tisch könnte noch ~ **stehen** (am Tisch) *in größere Nähe stehen;* ⟨aber⟩ →a. *näherstehen* • **1.4** Sie können jetzt ~ **treten** *näher herankommen, eintreten;* ⟨aber⟩ →a. *nähertreten* **2** *kürzer;* dieser Weg ist ~ **3** *eingehender, genauer, ausführlicher;* ~e Auskünfte, Aufschlüsse, Erkundigungen einholen, einziehen; ich habe neulich seine ~e Bekanntschaft gemacht; bei ~er Betrachtung stellte sich heraus, dass …; ich möchte gern ~e Einzelheiten, die ~en Umstände erfahren; etwas ~ ansehen, betrachten, prüfen; etwas ~ ausführen, besprechen, darlegen, erklären, erläutern; ich kann jetzt nicht ~ darauf eingehen; ich habe den Fall nicht ~ verfolgt; ich habe mich ~ damit befasst; kennst du ihn ~?; ich habe ihn (noch nicht) ~ kennengelernt **3.1** Näheres, das Nähere *(die) Einzelheiten, Genaueres;* Näheres ist zu erfragen bei …; Näheres hat er mir noch nicht mitgeteilt; wollen wir jetzt das Nähere besprechen? • **3.2** des Näheren *im Einzelnen, eingehender, genauer;* etwas des Näheren erläutern **4** ⟨Getrennt- u. Zusammenschreibung⟩ • **4.1** ~ liegend = *näherliegend (I)*

nä|her||brin|gen ⟨V. 118/530⟩ **jmdm. etwas** ~ ⟨fig.⟩ *erklären, verständlich machen, jmdn. mit etwas vertraut machen;* den Schülern den Geist der Klassik ~; →a. *näher (1.1)*

nä|her||kom|men ⟨V. 170/600(s.)/Vr 6⟩ **jmdm.** ~ ⟨fig.⟩ *mit jmdn. vertraut werden, jmdn. genauer kennenlernen;* wir sind einander nähergekommen; →a. *näher (1.2)*

nä|her||lie|gen ⟨V. 180/400⟩ eine **Sache** liegt näher ⟨fig.⟩ *ist leichter verständlich, leichter einzusehen, zu vermuten;* es dürfte ~, zu …; es lag näher, dem Plan zuzustimmen

nä|her|lie|gend *auch:* **nä|her lie|gend** ⟨Adj.⟩ **I** ⟨Zusammen- u. Getrenntschreibung⟩ *sich in noch geringerer Entfernung befindend als etwas anderes;* die näherliegende / näher liegende Eisdiele ist gleich um die Ecke **II** ⟨nur Zusammenschreibung⟩ *einleuchtender, leichter einzusehen als etwas anderes;* die näherliegendere Auffassung; das Näherliegende

nä|hern ⟨V. 500⟩ **1** ⟨530⟩ etwas ~ *näher an jmdn. od. etwas heranbringen;* er näherte das Messer seiner Kehle **2** ⟨503/Vr 3⟩ **sich** (**jmdn.** od. **etwas**) ~ *(an jmdn. od. etwas) näher herankommen, herantreten, auf jmdn. od. etwas zugehen;* niemand durfte sich dem Brandherd ~; leise Schritte näherten sich • 2.1 ⟨fig.⟩ *jmds. Bekanntschaft zu machen suchen;* ich versuchte vergeblich, mich dem Künstler zu ~ • 2.2 ⟨505/Vr 4; fig.⟩ *sich näherkommen, einer Übereinstimmung näherkommen;* sie hatten sich allmählich (in ihren Argumenten) genähert

nä|her||ste|hen ⟨V. 256/600⟩ jmdm. ~ ⟨fig.⟩ *vertrauter, befreundet mit jmdm. sein, jmds. Ansichten größtenteils teilen;* eure Ansichten stehen mir näher als die meiner Eltern; sie hat ihm nähergestanden, als wir vermuteten; →a. *näher* (1.3)

nä|her||tre|ten ⟨V. 268/600(s.)⟩ **1** jmdm. ~ ⟨fig.⟩ *mit jmdm. in Verbindung treten* **2** einer **Sache** ~ *sich mit einer S. befassen;* →a. *näher* (1.4)

na|he||ste|hen ⟨V. 256/600/Vr 6⟩ **1** jmdm. ~ ⟨fig.⟩ *mit jmdm. vertraut, befreundet sein, jmds. Ansichten teilen;* einst hatte er mir sehr nahegestanden • 1.1 eine den Konservativen ~de **Zeitung** *eine mit den Konservativen sympathisierende Z.*

na|he||tre|ten ⟨V. 268/600/Vr 6(s.)⟩ jmdm. ~ ⟨fig.⟩ *mit jmdm. in Verbindung kommen, mit jmdm. bekanntwerden;* →a. *nahe* (1.6)

na|he|zu ⟨Adv.⟩ *fast, beinahe;* die Kinder haben den Kuchen ~ aufgegessen

Nähr|bo|den ⟨m.; -s, -bö|den⟩ **1** *Ackerboden* **2** *feste Nährstoffe zum Züchten von Kleinlebewesen (Bakterien, Pilzen) u. Pflanzenkulturen* **3** ⟨fig.⟩ *Grundlage, auf der sich etwas gut entwickeln kann;* die allgemeine Arbeitslosigkeit war ein guter ~ für radikale Parteien

näh|ren ⟨V.⟩ **1** ⟨500⟩ jmdn. od. ein **Tier** ~ *mit Nahrung versorgen, jmdn. od. einem T. Nahrung geben* • 1.1 ⟨veraltet⟩ *stillen, säugen;* die Mutter kann ihr Kind nicht selbst ~ • 1.2 ⟨550/Vr 3⟩ **sich von etwas** ~ *etwas als Nahrung zu sich nehmen;* das Tier nährt sich von Insekten; →a. *Schlange* (1.1) **2** ⟨500; fig.⟩ *unterhalten, den Unterhalt ermöglichen;* das Handwerk nährt seinen Mann • 2.1 ⟨550/Vr 3⟩ **sich (von etwas)** ~ *(von etwas) leben, sich (durch etwas) seinen Unterhalt ermöglichen;* er wirkt sich von seiner Hände Arbeit; bleib im Lande und nähre dich redlich ⟨Sprichw.⟩ **3** ⟨500⟩ **etwas** ~ ⟨fig.; geh.; veraltet⟩ *hegen, pflegen, bewahren, wachsen lassen;* jmds. Argwohn, Groll, Hass, Leidenschaft, Liebe, Verdacht ~; eine Hoffnung, einen Wunsch im Herzen ~ **4** ⟨400⟩ *nahrhaft, gehaltvoll sein;* Milch nährt; ~de Kost, Speisen

nähr|haft ⟨Adj.⟩ *reich an Nähr-, Aufbaustoffen, kräftig;* ein ~es Essen; diese Speise ist sehr ~

Nähr|stoff ⟨m.; -(e)s, -e⟩ *Stoff, den ein Lebewesen zu seiner Ernährung u. zum Aufbau seines Körpers braucht*

Nah|rung ⟨f.; -; unz.⟩ **1** *alles zur Ernährung Dienende, Nahrungs-, Lebensmittel, Speise u. Trank;* abwechslungsreiche, gesunde, kalorienarme, kräftige, vitaminreiche ~; feste, flüssige, pflanzliche, tierische ~; die ~ mit Vitaminen anreichern; genügend ~ zu sich nehmen; die ~ schmackhaft zubereiten; jmdn. mit ~ versorgen • 1.1 *Brennstoff;* dem Feuer ~ geben • 1.2 ⟨fig.⟩ *Arbeitsmaterial;* ein gutes Buch ist geistige ~ • 1.3 ⟨fig.⟩ *Antrieb;* jmds. Argwohn, Misstrau-

en, Verdacht ~ geben; den Gerüchten, dem Gespräch, dem Klatsch ~ geben; der Kritik neue ~ geben; einem Verdacht neue ~ geben **2** ⟨veraltet⟩ *das zum Leben Notwendige, Unterhalt, Broterwerb, Gewerbe;* jmdm. Brot und ~ geben

Nah|rungs|mit|tel ⟨n.; -s, -; meist Pl.⟩ *etwas, das gegessen od. getrunken wird u. der Ernährung dient*

Naht ⟨f.; -, Näh|te⟩ **1** ⟨a. Med.⟩ *genähte Linie, mit Faden hergestellte Verbindung;* eine ~ auftrennen, bügeln, nähen, steppen; die ~ ist geplatzt; eine doppelte, einfache, gerade, unsichtbare ~ • 1.1 er platzt aus allen Nähten ⟨umg.⟩ *er ist zu dick* • 1.2 jmdm. auf den Nähten knien ⟨umg.⟩ *jmdn. bedrängen, keine Ruhe geben* • 1.3 eine (tüchtige) ~ arbeiten, ernten usw. ⟨umg.⟩ *sehr viel* **2** ⟨Met.⟩ *durch Nieten, Löten, Schweißen, Gießen usw. entstehende Verbindungslinie;* Guss~; eine ~ schweißen **3** ⟨Anat.⟩ *unbewegliche Verbindung zweier Schädelknochen* **4** ⟨Arch.⟩ *Zusammentreffen zweier Gewölbeflächen*

naht|los ⟨Adj.⟩ **1** *ohne Naht* **2** ⟨fig.⟩ *einheitlich, aus einem Guss, ununterbrochen;* die Vorträge gingen ~ ineinander über

nah|ver|wandt *auch:* **nah ver|wandt** ⟨Adj. 24⟩ *in einer nahen Verwandtschaft stehend*

na|iv ⟨Adj.⟩ **1** *natürlich, ursprünglich;* ~e Malerei; ~e Völker • 1.1 ~e **Dichtung** ⟨bei Schiller⟩ *D., die nur der „einfachen Natur u. Empfindung" folgt* **2** jmd. ist ~ • 2.1 *kindlich, unbefangen;* ein ~es Mädchen • 2.2 *harmlos, treuherzig, einfältig;* das zeugt von einer sehr ~en Anschauung; eine ~e Bemerkung machen • 2.3 *einfältig, töricht;* das finde ich recht ~ von ihr

Na|me ⟨m.; -ns, -n⟩ oV *Namen* **1** *Benennung, Bezeichnung (eines Einzelwesens od. Dinges, z. B. Hans, Mozart, Rhein, od. einer Gattung, z. B. Mensch, Pferd), Eigenname;* ein alter, bekannter, berühmter, häufiger, seltener ~; der angenommene, falsche, richtige ~; ein Mann mit ~n X; Ihr ~, bitte?; wie war doch gleich Ihr ~?; mein ~ ist (Piet) Decker; einen ~n ändern, angeben, annehmen, führen; dem Kind einen ~n geben; seinen ~n verschweigen; kennst du den ~n dieser Pflanze, dieser Straße, dieses Tieres?; er wollte seinen ~n nicht nennen; dein ~ fiel (nicht), wurde (nicht) genannt; die ~n der Anwesenden wurden verlesen; sich als Künstler einen anderen ~n zulegen; dazu gebe ich meinen ~n nicht her; der Hund hört auf den ~n Teddy; die Papiere lauten auf den ~n Schmidt; jmdn. beim ~n nennen, rufen; mit seinem (vollen) ~n unterzeichnen; nach dem ~n forschen, fragen; er hat ein Buch unter dem ~n X veröffentlicht; er hat sich unter fremdem, falschem ~n eingetragen; der ~ des Herrn, deines Gottes; ~ ist Schall und Rauch (Goethe, „Faust" I); Schwachheit, dein ~ ist Weib (Shakespeare, „Hamlet" 1,2) • 1.1 ich kenne ihn nur dem ~n nach *nicht näher* • 1.2 mein ~ ist Hase, ich weiß von nichts ⟨umg.; scherzh.⟩ *ich will mit der Sache nichts zu tun haben, ich bin völlig ahnungslos* • 1.3 das Kind muss einen ~n haben ⟨a. fig.; umg.⟩ *wir müssen eine Bezeichnung für die Sache finden* • 1.4 die Dinge, das Kind beim rechten ~n nennen ⟨fig.; umg.⟩ *ohne Umschweife, offen über eine Sache sprechen* **2** *Ruf, Ruhm, Ansehen, das sich mit einem Eigennamen verbindet;* mach deinem (guten) ~n Ehre!; dafür ist mir mein (guter) ~ zu schade; sein ~ hat in Fachkreisen einen guten Klang; seinen (guten) ~n beflecken besudeln, beschmutzen,; ein guter ~ ist mehr wert als Silber und Gold ⟨Sprichw.⟩. • **2.1** es gelang ihm, sich in wenigen Jahren einen ~n zu machen *Bekanntheit zu erlangen, berühmt zu werden* • **2.2** den ~n Gottes loben, preisen *Gottes Ruhm verkünden* **3 in jmds. ~** *in jmds. Auftrag, als jmds. Vertreter, in jmds. Sinne;* in jmds. ~n sprechen; ich möchte Sie im ~n meiner Mutter herzlich grüßen; du kannst es in meinem ~n abholen; im ~n des Volkes; im ~n der Wahrheit muss ich Folgendes erklären, feststellen; ich verhafte Sie im ~n des Gesetzes • **3.1** in Gottes ~n eine Sache beginnen *im Gedanken an Gott* • **3.2** in Gottes ~n! ⟨umg.⟩ *meinetwegen!* • **3.3** in (des) Teufels, drei Teufels ~n!, in des Henkers ~n! *(Fluch)*

Na|men ⟨m.; -s, -⟩ = *Name*

Na|men|kun|de ⟨f.; -; unz.⟩ *die Lehre von Herkunft, Geschichte, Bildungsweise u. Bedeutung der Vor-, Familien-, Orts-, Flur- u. Landschaftsnamen*

na|mens 1 ⟨Adv.⟩ *mit (dem) Namen;* eine Frau ~ Maier **2** ⟨Präp. mit Gen.⟩ *im Namen, im Auftrag (von);* ~ der Behörde

na|ment|lich ⟨Adj. 24⟩ **1** *mit Namen genannt, mit Namen versehen;* eine ~e Abstimmung; jmdn. ~ anrufen **2** ⟨50⟩ *besonders, vor allem, in erster Linie;* von dem neuen Steuergesetz sind ~ die unteren Einkommen betroffen

nam|haft ⟨Adj.⟩ **1** ⟨70⟩ *bekannt, angesehen;* eine ~e Persönlichkeit **2** ⟨70⟩ *beträchtlich, groß;* eine ~e Summe; es wurden ~e Spenden überwiesen **3** ⟨50⟩ **jmdn. ~ machen** ⟨Amtsdt.⟩ *jmds. Namen ausfindig machen, jmds. Namen erfahren od. mitteilen, nennen;* können Sie Personen ~ machen, die über Sie aussagen bereit sind?

näm|lich ⟨nebenordnende kausale Konj.⟩ **1** *genauer gesagt, und zwar;* er ist schon zweimal da gewesen, ~ gestern und heute **2** ⟨nachgestellt⟩ *denn* • **2.1** er kann nicht kommen, er hat ~ eine Grippe *denn er hat eine G.*

näm|li|che(r, -s) ⟨Adj. 24/60; geh.⟩ *eben der, die, das, der-, die-, dasselbe;* er sagt immer das Nämliche; es war der ~ Polizist, der mich schon einmal verwarnt hatte; es waren die ~n Worte, die er erst neulich gesagt hatte

Napf ⟨m.; -(e)s, Näp|fe⟩ *kleine Schüssel (als Futtergefäß für Haustiere);* Fress~

Napf|ku|chen ⟨m.; -s, -⟩ *in einer Rund-, Kasten- od. Ringform gebackener Rührkuchen*

Nar|be ⟨f.; -, -n⟩ **1** *bleibender Defekt des Gewebes, der sich bei der Heilung von Wunden bildet;* Pocken~; die Wunde hat eine ~ zurückgelassen • **1.1** die ~ bleibt, wenn auch die Wunde heilt ⟨Sprichw.⟩ *jeder Kummer hinterlässt Spuren* • **1.2** ⟨fig.⟩ *Spur;* der Krieg hat in unserem Land viele ~n hinterlassen **2** *geschlossene, unmittelbar auf dem Boden liegende Grasdecke;* Gras~ **3** ⟨Bot.⟩ *der Teil des Fruchtknotens, der den Blütenstaub auffängt;* Sy *Stigma (4)*

Nar|ko|se ⟨f.; -, -n; Med.⟩ **1** *künstliches Herbeiführen eines schlafähnlichen Zustandes mit Bewusstlosigkeit, in dem man unempfindlich gegen Schmerzen ist* **2** *der durch Narkose (1) erzeugte Zustand*

Nar|ko|ti|kum ⟨n.; -s, -ti|ka; Pharm.⟩ *die Schmerzempfindlichkeit herabsetzendes, Narkose herbeiführendes Mittel*

Narr ⟨m.; -en, -en⟩ **1** *Tor, sonderlicher, einfältiger Mensch, Tölpel;* sei doch kein ~!; ich bin ein ~, dass ich ihm immer wieder vertraue!; ein ~ fragt viel, worauf ein Weiser nicht antwortet ⟨Sprichw.⟩; ein ~ kann in einer Stunde mehr fragen, als zehn Weise in einem Jahr beantworten können ⟨Sprichw.⟩; die ~en werden nicht alle ⟨Sprichw.⟩; Hoffen und Harren macht manchen zum ~en ⟨Sprichw.⟩ **2** *Spaßmacher, lustige Person;* sich als ~ verkleiden • **2.1** jedem ~en gefällt seine Kappe ⟨Sprichw.⟩ *wer töricht ist, hält von sich selbst am meisten* • **2.2** jmdn. zum ~en halten *jmdn. foppen, necken, verspotten* • **2.3** einen ~en an jmdm. od. etwas gefressen haben *eine bes. große, ins Lächerliche gehende Vorliebe für jmdn. od. etwas haben* • **2.4** *Spaßmacher, Possenreißer (im Theater);* den ~en spielen • **2.5** *Spaßmacher u. lustiger Ratgeber am Königshof;* Hof~ • **2.6** *(kostümierter) Teilnehmer am Faschingstreiben;* ein Büttenredner begrüßte die ~en

nar|ra|tiv ⟨Adj.⟩ *erzählend;* ~e Dichtung

nar|ren ⟨V. 500/Vr 8⟩ **jmdn. ~** *zum Narren, zum Besten halten, foppen, necken, verspotten;* von einer Fata Morgana genarrt; er ist der Genarrte

Narr|heit ⟨f.; -, -en⟩ **1** ⟨unz.⟩ *Dummheit, Torheit, Einfältigkeit* **2** *dummer, lustiger Streich, Unsinn*

När|rin ⟨f.; -, -rin|nen⟩ *weibl. Narr*

när|risch ⟨Adj.⟩ **1** *einem Narren (2) ähnlich, verrückt, ulkig;* er hat ~e Einfälle; in einer Fernsehsendung das ~e Treiben während der Fastnacht übertragen; sie gebärdet sich, ist rein ~ vor Freude • **1.1** bist du ~? *was fällt dir ein!, bist du nicht recht bei Verstand?* • **1.2** *sonderbar, merkwürdig, überspannt;* er ist ein ~er Kauz, Kerl • **1.3** ⟨46⟩ **~ sein auf etwas** *auf etwas versessen sein, eine übertriebene Vorliebe für etwas haben;* sie ist ganz ~ auf Süßigkeiten

Nar|ziss ⟨m.; - od. -es, -e⟩ *auf sich selbst fixierter, sich selbst liebender u. bewundernder Mensch*

Nar|zis|se ⟨f.; -, -n; Bot.⟩ *Angehörige einer Gattung der Amaryllisgewächse, Zwiebelgewächs mit schmal linealischen Blättern u. glockenähnlichen weißen od. gelben Blüten: Narcissus*

Nar|ziss|mus ⟨m.; -; unz.⟩ *krankhafte Eigenliebe, Ichbezogenheit*

na|sal ⟨Adj. 24⟩ **1** *die Nase betreffend, zu ihr gehörig* **2** *als Nasal artikuliert* **3** *durch die Nase gesprochen, näselnd*

Na|sal ⟨m.; -s, -e; Phon.⟩ *stimmhaft gesprochener Konsonant, bei dem die Luft durch die Nase entweicht (z. B. m, n, ng), Nasallaut*

na|schen ⟨V. 402 od. 800⟩ **(etwas) ~ 1** *sich in kleinen Mengen bes. Gutes heraussuchen u. genießen;* sie hat

Nase

Na|se ⟨f.; -, -n⟩ **1** Eingangsorgan zu den Atemwegen; die ~ blutet mir, meine ~ blutet; du sollst nicht in der ~ bohren!; ich muss mir die ~ putzen, schnäuzen, wischen; seine ~ ist verstopft (vor Schnupfen); durch die ~ sprechen (bei Schnupfen) • 1.1 immer der ~ nach! ⟨fig.; umg.⟩ *immer geradeaus* • 1.2 sich die ~ begießen ⟨fig.; umg.⟩ *etwas Alkoholisches trinken* • 1.3 die ~ zu tief ins Glas stecken ⟨fig.; umg.⟩ *zu viel trinken* • 1.4 steck deine ~ ins Buch! ⟨fig.; umg.⟩ *lerne etwas!, lies!* • 1.5 auf der ~ liegen ⟨fig.; umg.⟩ *krank sein*; wenn du weiterhin so schuftest, wirst du bald auf der ~ liegen • 1.6 ihm läuft die ~, seine ~ läuft ⟨umg.⟩ *er hat Schnupfen, u. es ist höchste Zeit, dass er sich die N. putzt* • 1.7 er hat die ~ voll davon ⟨fig.; umg.⟩ *er hat genug davon, ist dessen überdrüssig, er will damit nichts mehr zu tun haben* • 1.8 fass dich an deine eigene, zieh, zupf dich an deiner eigenen ~! ⟨fig.; umg.⟩ *denk an deine eigenen Fehler (ehe du andere kritisierst), kümmere dich um deine eigenen Angelegenheiten* • 1.9 jmdn. an der ~ herumführen ⟨fig.; umg.⟩ *überlisten, mit Worten hinhalten* • 1.10 jmdm. etwas auf die ~ binden ⟨fig.; umg.⟩ *etwas verraten, deutlich zu verstehen geben*; das werde ich ihm nicht gerade auf die ~ binden • 1.11 du hättest ihm eins auf die ~ geben sollen! ⟨fig.; umg.⟩ *ihn zurechtweisen sollen* • 1.12 jmdm. auf der ~ herumtanzen ⟨fig.; umg.⟩ *mit jmdm. tun od. ohne Rücksicht auf jmdn. tun, was man will*; die Mutter lässt sich von ihrer Tochter auf der ~ herumtanzen • 1.13 jmdn. mit der ~ auf etwas stoßen ⟨fig.; umg.⟩ *jmdm. etwas mit Nachdruck begreiflich machen, jmdn. deutlich auf etwas hinweisen* • 1.14 muss man dich immer erst mit der ~ darauf drücken, darauf stoßen! ⟨fig.; umg.⟩ *bist du so begriffsstutzig, dass du nichts von allein merkst, muss man dich immer erst darauf hinweisen?* • 1.15 jmdm. etwas, die Würmer aus der ~ ziehen ⟨fig.; umg.⟩ *durch listige od. hartnäckige Fragen zu erfahren suchen* • 1.16 er sollte seine ~ nicht in alles, jeden Dreck hängen, hineinstecken, stecken ⟨fig.; umg.⟩ *er sollte sich nicht um Dinge kümmern, die ihn nichts angehen, sich nicht überall einmischen* • 1.17 jmdm. etwas unter die ~ reiben ⟨fig.; umg.⟩ *deutlich zu verstehen geben, vorhalten* **2** *die Nase (1) in ihrem äußeren Bild*; eine breite, dicke, gebogene, gerade, große, höckerige, kleine, krumme, kurze, lange, spitze, stumpfe ~; eine feine, schmale, zierliche ~; die ~ wird blau, läuft blau an (von Frost); die rote ~ des Trinkers; sie drückte sich die ~ an der Scheibe (des Fensters, Schaufensters) platt; ihr regnet es in die ~ (solch eine Stupsnase hat sie) ⟨umg.⟩; du bist wohl auf die ~ gelaufen? (weil sie so zerschunden ist) ⟨fig.; umg.⟩ **3** *Organ der Geruchswahrnehmung*; sich die ~ zuhalten (wegen des schlechten Geruches) • 3.1 das fährt, geht, sticht einem in die ~ *riecht unangenehm, scharf* • 3.2 das beleidigt meine ~ ⟨umg.; scherzh.⟩ *es stinkt, riecht unangenehm* • 3.3 seine ~ in alle Töpfe stecken ⟨fig.⟩ *neugierig nachschauen, was es zu essen gibt* • 3.4 ⟨fig.⟩ *Geruchssinn, Spürsinn* • 3.4.1 eine feine, gute ~ haben (für etwas) *etwas rasch merken* • 3.4.2 er hat die richtige ~ dafür ⟨umg.⟩ *er versteht etwas davon* • 3.4.3 er sieht nicht weiter als seine ~ (riecht) ⟨umg.⟩ *sieht, denkt nicht weit, ist engstirnig, beschränkt* • 3.4.4 diese Anspielung, Bemerkung ist mir in die ~ gefahren, gestiegen ⟨umg.⟩ *ärgert mich* • 3.4.5 das sticht mir in die ~ ⟨umg.⟩ *das lockt, reizt mich* • 3.4.6 das ist nicht nach meiner ~ ⟨umg.⟩ *nicht nach meinem Geschmack* **4** *Organ zum Ausdruck von Gefühlen* • 4.1 die ~ (über jmdn. od. etwas) rümpfen ⟨fig.⟩ *unzufrieden sein (mit jmdm. od. etwas), sich erhaben fühlen (über jmdn. od. etwas), verächtlich herabblicken (auf jmdn. od. etwas)* • 4.2 die ~ hängen lassen ⟨fig.⟩ *niedergeschlagen, enttäuscht sein* • 4.3 die ~ hoch tragen ⟨fig.; umg.⟩ *hochmütig sein* • 4.4 jmdm. eine ~ drehen ⟨fig.; umg.⟩ *jmdn. verspotten, sich über ihn lustig machen* • 4.5 jmdm. etwas an der ~ (an der Nasenspitze) ansehen ⟨fig.; umg.⟩ *auf den ersten Blick erkennen*; das kann ich dir doch nicht an der ~ ansehen! (woher soll ich das also wissen?) • 4.6 er musste mit langer ~ abziehen ⟨fig.; umg.⟩ *erfolglos, enttäuscht weggehen* • 4.7 jmdm. eine (lange) ~ machen ⟨fig.; umg.⟩ *jmdm. schadenfroh auslachen, verspotten, sich über jmdn. lustig machen, indem man den Daumen an die Nase hält u. mit gespreizten Fingern auf jmdn. zeigt*; →a. *Mund (5.1)* **5** *Person, Mensch*; pro ~ ⟨umg.⟩ • 5.1 du solltest dir erst einmal den Wind um die ~ wehen lassen ⟨fig.; umg.⟩ *in der Welt herumkommen, Erfahrungen sammeln* • 5.2 sein Gesichtskreis, sein (geistiger) Horizont geht nicht über seine ~, die eigene ~ hinaus ⟨fig.; umg.⟩ *er ist engstirnig, nur auf sich bezogen* • 5.3 **vor, unter jmds. ~** *dicht vor jmdm. od. jmdn.; jmdm. die Tür vor der ~ zuschlagen* • 5.3.1 es liegt vor deiner ~! ⟨fig.; umg.⟩ *unmittelbar vor dir, du müsstest es eigentlich sehen* • 5.3.2 jmdm. die Faust unter die ~ halten ⟨fig.; umg.⟩ *drohen* • 5.3.3 jmdm. etwas vor der ~ wegschnappen ⟨fig.; umg.⟩ *etwas in dem Moment rasch wegnehmen, als der andere gerade zugreifen will* • 5.3.4 der Bus, Zug fuhr mir vor der ~ weg ⟨fig.; umg.⟩ *ich versäumte ihn knapp, ich sah noch, wie er abfuhr* • 5.3.5 den lasse ich mir nicht vor die ~ setzen ⟨fig.; umg.⟩ *zu meinem Vorgesetzten machen* **6** *der menschlichen od. tierischen Nase (1) äußerlich ähnliches Ding* • 6.1 *Vorsprung an einem Felsen* • 6.2 *Halbinsel* • 6.3 ⟨umg.⟩ *herabgelaufener u. getrockneter Lacktropfen (beim Streichen von Möbeln, Türen usw.)* • 6.4 ⟨Arch.⟩ *spitze, vorspringende Form im gotischen Maßwerk* • 6.5 ⟨Mech.⟩ *hakenförmiger Ansatz, Handgriff, z. B. am Hobel* • 6.6 ⟨Zool.⟩ *ein Karpfenfisch mit nasenartigem Schädelfortsatz, Näsling: Chondrostoma nasus*

na|se|lang ⟨Adj.⟩ = *nasenlang*

Na|sen|höh|le ⟨f.; -, -n; Anat.⟩ *mit der Mund- u. Rachenhöhle in Verbindung stehender innerer Teil der Nase*

na|sen|lang ⟨Adj. 50; nur in der Wendung⟩ **alle ~** ⟨umg.⟩ *sehr oft, immer wieder, in kurzen Abständen;* oV *naselang, naslang*

Na|sen|län|ge ⟨f.; -, -n; fig.; umg.⟩ **1** *Länge eines Pferdekopfes;* die Stute gewann das Rennen mit einer **~ 2** ⟨fig.; umg.⟩ *kleiner Vorsprung;* jmdn. um eine **~** voraus sein; jmdn. um eine **~** schlagen

Na|sen|stü|ber ⟨m.; -s, -⟩ **1** *leichter Stoß an die Nase* ● **1.1** ⟨fig.; umg.⟩ *Verweis, Tadel;* jmdm. einen **~** geben

na|se|weis ⟨Adj.⟩ *vorlaut, vorwitzig*

nas|füh|ren ⟨V. 500/Vr 8⟩ **jmdn. ~** *an der Nase herumführen, zum Besten halten, foppen;* da hat man dich genasführt

Nas|horn ⟨n.; -(e)s, -hör|ner; Zool.⟩ *Angehöriges einer Familie der Unpaarhufer, von plumpem Körperbau mit kurzen Säulenbeinen, oft stark gepanzerter Haut u. ein od. zwei Hörnern auf dem Kopf, Rhinozeros: Rhinocerotidae;* Sy *Rhinozeros*

nas|lang ⟨Adj.⟩ = *nasenlang*

nass ⟨Adj.; Komparativ: nas|ser od. näs|ser, Superlativ: nas|ses|ten od. näs|ses|ten⟩ **1** *mit Flüssigkeit (bes. mit Wasser) bedeckt, getränkt, vollgesogen;* Ggs *trocken (1);* das vom Regen, vom Tau **~**e Gras; nasse Füße, Hände, Kleider, Wände; ich bin vom Regen sehr **~** geworden; durch und durch **~**; triefend **~** werden ● **1.1** mit **~**en Augen *weinend;* mit **~**en Augen Abschied nehmen; **1.2** die Farbe, Tinte, das Blut ist noch **~** *noch nicht getrocknet* ● **1.3** ein **~**es Grab finden ⟨fig.⟩ *ertrinken* ● **1.4** *feucht, regenreich;* **~**es Wetter; wir hatten einen **~**en Sommer **2** ⟨umg.; veraltet⟩ *umsonst, unentgeltlich;* ich durfte für **~** hinein **3** ⟨60⟩ **~**er Bruder ⟨fig.; umg.⟩ *Trinker* **4** ⟨Getrennt- u. Zusammenschreibung⟩ ● **4.1** **~** machen = *nassmachen (I)* ● **4.2** **~** schwitzen = *nassschwitzen* ● **4.3** **~** spritzen = *nassspritzen*

Näs|se ⟨f.; -; unz.⟩ **1** *starke Feuchtigkeit* ● **1.1** vor **~** bewahren, schützen! *trocken aufbewahren!*

näs|sen ⟨V.⟩ **1** ⟨400⟩ *Feuchtigkeit absondern;* eine **~**de Wunde **2** ⟨500⟩ *etwas* **~** *befeuchten, benetzen, nass machen;* der Tau nässt das Gras

nass|kalt ⟨Adj. 24/70⟩ *regnerisch u. kalt;* **~**es Wetter

nass∥ma|chen *auch:* **nass ma|chen** ⟨V. 500/Vr 7⟩ **I** ⟨Zusammen- u. Getrenntschreibung⟩ **jmdn., etwas** od. **sich ~** *mit Flüssigkeit, Wasser befeuchten od. durchtränken;* (sich) die Haare **~**; die Windeln **~**; das Kind hat sich nassgemacht / nass gemacht **II** ⟨nur Zusammenschreibung⟩ **jmdn.** nassmachen ⟨fig.⟩ *jmdn. überlegen schlagen*

nass∥schwit|zen *auch:* **nass schwit|zen** ⟨V. 500⟩ *etwas* **~** *mit Schweiß durchnässen;* ein Hemd **~**

nass∥sprit|zen *auch:* **nass sprit|zen** ⟨V. 500/Vr 7⟩ **jmdn., etwas** od. **sich ~** *durch Spritzen nass machen;* du spritzt mich ganz nass!; die Kinder wollen sich mit dem Gartenschlauch **~**

Na|ti|on ⟨f.; -, -en⟩ *nach Abstammung, Sprache, Sitte, kultureller u. politischer Entwicklung zusammengehörige, innerhalb der gleichen Staatsgrenzen lebende, bewusst u. gewollt geformte politische Gemeinschaft;* →a. *Volk;* die wirtschaftliche Einigung der europäischen **~**en; die Vereinten **~**en; die Vereinigten **~**en ⟨schweiz.⟩

na|ti|o|nal ⟨Adj. 24⟩ **1** *eine Nation betreffend, zu ihr gehörig, von ihr stammend;* **~**e Einheit, Geschichte, Sprache **2** *innerstaatlich, inländisch;* **~**e Regelung **3** *patriotisch, vaterländisch;* **~** gesinnt sein; **~**e politische Bestrebungen

na|ti|o|na|li|sie|ren ⟨V. 500⟩ **1** jmdn. **~** = *einbürgern (1)* **2** Wirtschaftsunternehmen **~** *verstaatlichen*

Na|ti|o|na|li|tät ⟨f.; -, -en⟩ **1** *Zugehörigkeit zu einer Nation* **2** *nationale Minderheit, Volksgruppe in einem fremden Staat*

Na|tri|um *auch:* **Nat|ri|um** ⟨n.; -s; unz.; chem. Zeichen: Na⟩ *chem. Element, silberweißes, weiches Alkalimetall, Ordnungszahl 11*

Na|tron *auch:* **Nat|ron** ⟨n.; -s; unz.; umg.⟩ *doppeltkohlensaures Natrium, Bestandteil des Backpulvers*

Nat|ter ⟨f.; -, -n; Zool.⟩ **1** *Angehörige einer Familie der Schlangen: Colubridae* **2** ⟨umg.⟩ *Giftschlange* ● **2.1** eine **~** am Busen großziehen, nähren ⟨fig.⟩ *einen Unwürdigen begünstigen, einem unehrlichen, falschen Menschen vertrauen*

Na|tur ⟨f.; -, -en⟩ **1** *die uns umgebende, vom Menschen nicht geschaffene Welt u. die ihr innewohnende Schöpferkraft;* die unerforschlichen Geheimnisse, die Wunder der **~**; die belebte und die unbelebte **~**; die erwachende, liebliche **~** (im Frühling); das Buch der **~** ⟨fig.⟩ ● **1.1** die drei Reiche der **~** *Pflanzen, Steine, Tiere* **1.2** sie ist von der **~** stiefmütterlich behandelt worden *ist hässlich, hat ein Gebrechen* **1.3** *ursprünglicher, unverfälschter Zustand;* **~** und Kultur; zurück zur **~**! ● **1.4** *vom Menschen nicht Beeinflusstes* ● **1.4.1** ihr Haar ist **~** *nicht künstlich gewellt, gefärbt od. ersetzt* **1.5** *Original, Urbild;* dieses Bild ist nach der **~** gemalt, gezeichnet **2** *unberührte Landschaft, Wald u. Feld, freies Land;* die **~** genießen; in die freie **~** hinauswandern, -fahren, -ziehen **2.1** bei Mutter **~** übernachten *im Freien* **3** *biologische Anlagen, Bedürfnisse, Körperbeschaffenheit;* eine gesunde, kräftige, schwache, starke **~**; er hat eine eiserne **~** ● **3.1** die **Stimme** der **~** *der Trieb* **3.2** ⟨oberdt.; veraltet⟩ *Geschlechtsteile* ● **3.2.1** *Sperma* **4** ⟨Pl.: -en⟩ *Wesensart, Veranlagung, Charakter, Temperament (einer Person);* eine leicht erregbare, schwer lenkbare, problematische **~**; sie hat eine heitere, glückliche **~**; er kann seine **~** nicht ändern, bezwingen, verleugnen; das entspricht nicht seiner **~**; sie ist eine schöpferische **~**; sie ist von **~** (aus) ängstlich, fröhlich, schüchtern ● **4.1** etwas ist gegen jmds. **~** *widerstrebt jmdm., ist jmdm. im Innersten zuwider* ● **4.2** etwas wird **jmdm. zur zweiten ~** *zur festen Gewohnheit* ● **4.3** ⟨Pl.: -en⟩ *Mensch mit einer bestimmten Natur (4);* die beiden sind einander widersprechende **~**en **5** *Art, Eigenart, Wesen (einer Sache);* das sind Fragen grundsätzlicher **~**; seine Verletzungen waren nie leichter **~**; diese Schwierigkeiten liegen in der **~** der Sache

Na|tu|ra|li|en ⟨[-liən] nur Pl.⟩ **1** *Naturerzeugnisse* **2** *Gegenstände einer naturkundlichen Sammlung, z. B. Mineralien, Pflanzen, ausgestopfte Tiere*

naturalisieren

na|tu|ra|li|sie|ren ⟨V. 500; geh.⟩ jmdn. ~ = einbürgern (1)

na|tu|rell ⟨Adj. 11⟩ natürlich, ohne Zusätze, unbearbeitet, ungefärbt

Na|tu|rell ⟨n.; -s, -e⟩ Naturanlage, Charakter, Temperament, Gemüts-, Wesensart; sie hat ein heiteres, ruhiges ~

na|tür|lich ⟨Adj.⟩ **1** die Natur betreffend, auf ihr beruhend, in ihr vorkommend; Ggs künstlich (2); Flüsse, Gebirge bilden ~e Grenzen • 1.1 ⟨60⟩ ~es **Licht** das Tageslicht • 1.2 ⟨60⟩ ~er **Tod** nicht gewaltsamer T.; eines ~en Todes sterben; einen ~en Tod finden • 1.3 in ~er **Größe** in der Größe des Originals; eine Darstellung, ein Bild, eine Plastik in ~er Größe **2** den Naturgesetzen entsprechend; Ggs übernatürlich; das geht ganz ~ zu; das kann nicht mit ~en Dingen zugehen; der ~e Gang, Verlauf, Weg dieser Krankheit **3** einfach, unverbildet, ungezwungen; ~e Anmut, ~en Charme haben; ein sehr ~er Mensch; sie ist, spricht ganz ~; sie hat sich ihr ~es Wesen bewahrt **4** angeboren; das ist nicht ihre ~e Haarfarbe **5** klar, einleuchtend, selbstverständlich; die ~ste Sache der Welt; das Geld reichte ~ wieder nicht; nichts ist ~er, als dass …; es ist (nur zu) ~, dass … • 5.1 ~! (als Antwort) gewiss, jawohl! **6** ⟨60⟩ ~e **Kinder** ⟨Rechtsw.; veraltet⟩ leibliche, nicht adoptierte K. **7** ⟨60⟩ ~e **Zahlen** ⟨Math.⟩ die Zahlen 1, 2, 3, 4 usw., die positiven ganzen Zahlen **8** ~er **Logarithmus** L. auf der Basis e = 2,71828…

Na|tur|recht ⟨n.; -(e)s, -e⟩ im Wesen des Menschen begründetes, von staatlichen u. gesellschaftlichen Verhältnissen unabhängiges Recht

Na|tur|schutz ⟨m.; -es; unz.⟩ alle Maßnahmen zur Erhaltung von Naturdenkmälern, der Tier- u. Pflanzenwelt

Nau|tik ⟨f.; -; unz.⟩ Lehre von der Schifffahrt, der Führung eines Schiffes, von den Gewässern, Wetterverhältnissen u. der Standortbestimmung; Sy Schifffahrtskunde

Na|vi|ga|ti|on ⟨[-vi-] f.; -; unz.⟩ Orts- u. Kursbestimmung von Schiffen, Luft- u. Raumfahrzeugen

Ne|bel ⟨m.; -s, -⟩ **1** Trübung der Luft durch Wasserdampf, Wolken am Erdboden; der ~ fällt, hebt sich, senkt sich, verdichtet sich, wallt; der ~ hängt, lagert über dem See; der ~ hüllt die Berge ein, verhüllt sie; der ~ hat sich als Tau niedergeschlagen; dichter, dicker, leichter ~; er hat sich im ~ verirrt • 1.1 wegen ~s ausfallen ⟨fig.; umg.; scherzh.⟩ (überraschend) nicht stattfinden; die Vorstellung fällt wegen ~s aus • 1.2 künstlicher ~ • 1.2.1 (durch Nebelbomben, Nebelgranaten) künstlich erzeugter Dampf • 1.2.2 bei Musik- u. Tanzveranstaltungen eingesetzter künstlicher Dunst; →a. Nacht (2.1) **2** ⟨fig.⟩ Schleier, Dunkelheit; etwas dem ~ der Vergangenheit entreißen **3** ⟨Astron.; Sammelbez. für⟩ alle flächenhaft ausgedehnten Gebilde des Himmels, die nicht dem Sonnensystem angehören

ne|bel|haft ⟨Adj.; fig.⟩ **1** verschwommen, undeutlich wie Nebel • 1.1 das liegt alles noch in ~er Ferne es ist noch weit, lange bis dahin

ne|be|lig ⟨Adj.⟩ von Nebel umgeben, eingehüllt, dunstig; oV neblig

ne|ben ⟨Präp.; mit Dat. auf die Frage „wo?"; mit Akk. auf die Frage „wohin?"⟩ **1** an der Seite, seitlich, in unmittelbarer Nähe, Nachbarschaft, dicht bei, dicht daran vorbei; ~ jmdm. arbeiten, sitzen, stehen, warten; ~ dem Eingang steht eine Blumenschale; stellt die Schale ~ den Eingang!; ~ dem Fenster, Garten, Haus, Tor stehen; ~ das Fenster, den Garten, das Haus, das Tor stellen; genau ~ das Ziel treffen ⟨umg.; scherzh.⟩ **2** nebst, außer; ~ anderen Möglichkeiten **3** verglichen mit, im Vergleich zu; ~ ihr kannst du nicht bestehen

Ne|ben… ⟨in Zus.⟩ Ggs Haupt… **1** daneben befindlich, unmittelbar anstoßend, benachbart, Seiten…, abzweigend; Nebenzimmer **2** gleichlaufend; Nebengleis **3** hinzutretend; Nebenfluss **4** zusätzlich; Nebenverdienst **5** nebenbei, außerdem entstehend; Nebenprodukt **6** von geringerer, untergeordneter Bedeutung; Nebenrolle; Nebenstraße **7** ergänzend; Nebenbücher

ne|ben|an ⟨Adv.⟩ benachbart, angrenzend, im Nebenzimmer, in der Nebenwohnung; ~ befindet sich das Esszimmer

ne|ben|bei ⟨Adv.⟩ **1** gleichzeitig mit etwas anderem, außerdem, zusätzlich; ~ ist er noch Schriftsteller **2** ohne besondere Bedeutung (beizumessen), beiläufig; etwas ~ bemerken

Ne|ben|buh|ler ⟨m.; -s, -⟩ Mitbewerber (um ein Amt, eine Frau), Konkurrent

ne|ben|ein|an|der auch: **ne|ben|ei|nan|der** ⟨Adv.⟩ **1** eine(r) neben dem anderen, Seite an Seite; ~ gehen, laufen, leben **2** ⟨fig.⟩ gleichzeitig vorhanden, gleichberechtigt bestehend od. stattfindend; unterschiedliche Meinungen ~ gelten lassen; sie führt beides ~ aus

ne|ben|ein|an|der||le|gen auch: **ne|ben|ei|nan|der||le|gen** ⟨V. 500⟩ Gegenstände ~ neben etwas anderes, neben die anderen legen

ne|ben|ein|an|der||set|zen auch: **ne|ben|ei|nan|der||set|zen** ⟨V. 500⟩ jmdn. od. etwas ~ neben etwas anderes, neben die anderen setzen

ne|ben|ein|an|der||stel|len auch: **ne|ben|ei|nan|der||stel|len** ⟨V. 500⟩ jmdn. od. etwas ~ **1** neben etwas anderes, neben die anderen stellen **2** miteinander vergleichen

Ne|ben|fach ⟨n.; -(e)s, -fächer⟩ **1** dem Hauptfach untergeordnetes, weniger gründlich betriebenes Studienfach **2** kleines Seitenfach (eines Schrankes usw.)

ne|ben|her ⟨Adv.⟩ **1** nebenbei, außerdem, zusätzlich **2** daneben einher

ne|ben|hin ⟨Adv.⟩ **1** obenhin, leichthin, beiläufig; etwas ~ sagen, bemerken **2** daneben hin

Ne|ben|sa|che ⟨f.; -, -n⟩ **1** unwichtige Angelegenheit, bedeutungslose Kleinigkeit; Ggs Hauptsache • 1.1 das ist ~ ändert am Grundsätzlichen nichts

ne|ben|säch|lich ⟨Adj. 70⟩ unwichtig, bedeutungslos; Ggs hauptsächlich; eine ~e Angelegenheit; die Handlung ist ~

Ne|ben|satz ⟨m.; -es, -sätze; Gramm.⟩ unselbständi-

ger, von einem Hauptsatz abhängiger Satz, der allein nicht sinnvoll bestehen kann; Ggs *Hauptsatz*

ne|ben|ste|hend ⟨Adj. 24/90⟩ *neben dem Text stehend, an den Rand geschrieben;* die ~en Bemerkungen lesen; Nebenstehendes *bitte beachten; auch das* Nebenstehende *berücksichtigen; im* Nebenstehenden *ist aufgeführt, dass …*

Ne|ben|stel|le ⟨f.; -, -n⟩ **1** *Zweigstelle, Filiale* **2** ⟨Tel.⟩ *zweiter Fernsprechanschluss mit gleicher Nummer, Nebenanschluss*

Ne|ben|zweig ⟨m.; -(e)s, -e⟩ **1** *kleiner Zweig, kleiner neuer Trieb* **2** ⟨fig.⟩ *Nebenlinie;* ein ~ im Stammbaum **3** ⟨fig.⟩ *unbedeutenderes Teilgebiet;* der ~ einer Industrie

neb|lig ⟨Adj.⟩ = *nebelig*

nebst ⟨Präp. mit Dat.⟩ *zusammen mit, einschließlich;* XY ~ Angehörigen

ne|bu|los ⟨Adj.⟩ = *nebulös*

ne|bu|lös ⟨Adj., fig.⟩ *nebelhaft, verschwommen, unklar, rätselhaft;* oV *nebulos;* eine etwas ~e Antwort, Aussage

Ne|ces|saire ⟨[nɛsɛsɛːr] n.; -s, -s⟩ *Mäppchen für die Aufbewahrung von kleinen Gebrauchsgegenständen, z. B. für die Nagelpflege od. für Nähzeug;* oV *Nessessär;* Reise~; Nagel~

ne|cken ⟨V. 500/Vr 8⟩ **jmdn.** ~ *foppen, zum Besten halten, Schabernack treiben mit jmdm.;* jmdn. mit jmdm. od. etwas ~; neckt sie doch nicht immer mit ihm, damit; sie ~ sich, einander gern; *was sich liebt, das neckt sich* ⟨Sprichw.⟩

ne|ckisch ⟨Adj.⟩ **1** *zu Neckereien aufgelegt, schelmisch, drollig;* ein ~er Blick, Gedanke **2** *anmutig u. verschmitzt, aufreizend u. niedlich, kokett;* ein ~es Kleid tragen

Nef|fe ⟨m.; -n, -n⟩ *Sohn des Bruders, der Schwester, des Schwagers od. der Schwägerin*

ne|ga|tiv ⟨a. [--'-] Adj. 24⟩ Ggs *positiv* **1** *verneinend;* ~er Bescheid **2** *ablehnend;* ~e Haltung **3** *ergebnislos;* alle Bemühungen blieben ~ **4** ⟨Math.; Zeichen: -⟩ *kleiner als Null* **5** ⟨Fot.⟩ *in den Farben bzw. in der Helligkeit gegenüber dem Original vertauscht* **6** ~er **Pol** *Stelle, an der Elektronen aus einem Körper austreten*

Ne|ga|tiv ⟨n.; -s, -e⟩ *fotografisch aufgenommenes Bild nach dem Entwickeln, bei dem Licht u. Schatten gegenüber dem Original vertauscht sind;* Ggs *Positiv*

Ne|ger ⟨m.; -s, -; abwertend⟩ = *Schwarze(r) (1)*

Negli|gé auch: **Negli|gé** ⟨[-ʒeː] n.; -s, -s⟩ = *Negligee*

Negli|gee auch: **Negli|gee** ⟨[-ʒeː] n.; -s, -s⟩ *leichter, eleganter Morgenrock, Morgenmantel;* oV *Negligé*

neh|men ⟨V. 189⟩ **1** ⟨500⟩ • **1.1** etwas ~ *mit den Händen ergreifen, fassen;* den Sack auf den Rücken ~; die Butter aus dem Kühlschrank ~; die Geldbörse aus der Tasche ~; die Vase vom Schrank ~; einen Stich ~ ⟨Kart.⟩ • **1.2** ⟨510⟩ etwas **(in Besitz)** ~ *als B. erhalten, in seinen B. bringen* • **1.2.1** woher ~ und nicht stehlen? ⟨umg.⟩ *woher soll ich's denn nur nehmen? Ich habe nicht so viel Geld* • **1.2.2** er ist vom Stamme Nimm ⟨umg.⟩ *er ist unbescheiden, nimmt alles, was er nur bekommen kann* • **1.2.3** ⟨511⟩ einen Betrag auf Konto ~ ⟨Kaufmannsspr.⟩ *auf ein K. buchen* • **1.3** ein **Verkehrsmittel** ~ *benutzen;* das Flugzeug, den Bus, das Schiff, die Straßenbahn, den Wagen ~; den Zug um 12.30 Uhr ~; ein Taxi ~ • **1.4** ein **Hindernis** ~ *überspringen, überwinden;* der Läufer nimmt die Hürden mühelos • **1.4.1** ⟨513⟩ im **Sturm** ~ *erobern;* eine Festung ~; eine Frau ~ ⟨fig.⟩ • **1.5 Unterricht** ~ *sich unterrichten lassen;* (bei jmdm. in einem Fach) Stunden ~ • **1.6** ⟨fig.⟩ • **1.6.1** seinen **Urlaub** ~ *verbringen* • **1.6.2** den **Schleier** ~ *Nonne werden* • **1.6.3** die **Kutte** ~ *Mönch werden* • **1.6.4** das **Wort** ~ *zu sprechen beginnen* • **1.6.5** **Platz** ~ *sich setzen* • **1.6.6 Anteil** ~ *sich in jmds. Lage versetzen* • **1.6.7** der Boxer ist hart im Nehmen *er kann schwere Schläge hinnehmen* • **1.6.8** sich etwas nicht ~ lassen *sich nicht hindern lassen* • **1.6.9** die **Gelegenheit** ~ *wahrnehmen, ergreifen* • **1.7** eine **Sache** nimmt ihren **Lauf** *schreitet fort, entwickelt sich* • **1.7.1** das **Schicksal** nimmt seinen Lauf *erfüllt sich* • **1.7.2** **Anlauf** ~ *zu laufen beginnen, um dann zu springen* • **1.7.3 Anlauf** ~ (zu, für) ⟨a. fig.⟩ *beginnen mit* • **1.8 Nahrung, Arznei (zu sich)** ~ *einnehmen, essen, trinken;* Tabletten, Tropfen ~; ein Glas Wasser, eine Tasse Kaffee ~; man nehme … (5 Eier usw.; in Kochrezepten); vorm Weggehen noch schnell etwas, eine Kleinigkeit zu sich ~; sich noch einmal, mehr ~ (bei Tisch) • **1.8.1** das **Abendmahl** ~ *die Kommunion empfangen* • **1.8.2 Gift** ~ *sich durch G. töten, vergiften* • **1.9** ⟨500⟩ **jmdn.** ~ • **1.9.1** eine Frau, einen Mann ~ *heiraten;* sich eine Frau, einen Mann ~; jmdn. zur Frau, zum Mann ~; sie hat ihn dann doch noch genommen • **1.9.2** ⟨503/Vr 5⟩ (sich) jmdn. ~ *jmdn. veranlassen, gegen Bezahlung eine Arbeit zu tun;* sich einen Anwalt, eine Putzhilfe ~ **2** ⟨530⟩ **jmdm. etwas** ~ *wegnehmen, entziehen, jmdn. einer Sache berauben;* du darfst dir deine Ansprüche, Rechte nicht ~ lassen; jmdm. das Geld, den Mantel, die letzten Spargroschen ~; Vorsicht, ich kann dir deinen Läufer ~ (beim Schachspiel); jmdm. den Glauben, die Hoffnung, die Illusionen ~ • **2.1** du hast mir die Freude, den Spaß daran gründlich genommen *verdorben* • **2.2** das lasse ich mir nicht ~ *ich bestehe darauf, so zu handeln* • **2.3** ⟨531⟩ jmdm. den Wind aus den Segeln ~ ⟨fig.⟩ *jmdm. seiner Argumente berauben* • **2.4** einer **Sache** die **Spitze** ~ *eine S. abschwächen, weniger aufregend, gefährlich machen* • **2.5** ⟨Vr 1⟩ • **2.5.1** sich die **Mühe** ~ *sich bemühen* • **2.5.2** sich **Zeit** ~ *etwas langsam u. mit Muße tun;* für dieses Buch, diese CD musst du dir genügend Zeit ~ • **2.5.3** darf ich mir die **Freiheit** ~, Sie darauf hinzuweisen … (Höflichkeitsfloskel) • **2.5.4** sich das **Leben** ~ *Selbstmord begehen* **3** ⟨510⟩ • **3.1** *ergreifen, fassen;* jmdn. bei der Hand ~; wenn du über die Straße gehst, nimm deine kleine Schwester an der Hand; jmdn. am, beim Kragen ~; das Kind auf den Arm, Schoß, die Schulter ~ • **3.1.1** die Beine **unter** den **Arm,** die Arme ~ ⟨fig.; umg.; scherzh.⟩ *davonrennen, so schnell man kann* • **3.1.2** eine Gelegenheit **beim Schopfe** ~ ⟨fig.⟩ *ausnutzen* • **3.1.3** ⟨531⟩ jmdm. das Wort aus **dem Munde** ~ *sagen, was er im glei-*

Nehrung

chen Augenblick sagen wollte • 3.1.4 kein Blatt vor den Mund ~ ⟨fig.⟩ *frei u. schonungslos die Meinung sagen* • 3.2 bewirken, dass jmd. od. etwas an einem Ort ist; jmdn. in die Mitte ~ • 3.2.1 jmdn. **ins Verhör** ~ *verhören* • 3.2.2 jmdn. **in Gewahrsam,** in Haft ~ *verhaften* • 3.2.3 jmdn. **an die Kandare** ~ ⟨fig.; umg.⟩ *(streng) beaufsichtigen* • 3.2.4 jmdn. **in Schutz** ~ *verteidigen, entschuldigen* • 3.2.5 jmdn. **unter** seine **Fittiche** ~ ⟨a. fig.⟩ *behüten* • 3.2.6 jmdn. **ins Schlepptau** ~ ⟨a. fig.⟩ *jmdm. die Wege ebnen, ihn abhängig machen* • 3.2.7 jmdn. **auf den Arm** ~ ⟨a. fig.⟩ *verspotten* • 3.3 jmdn. oder etwas **zum Vorbild** ~ *nacheifern, so handeln wie ...* • 3.4 jmdn. **beim Wort** ~ *zwingen, ein Versprechen zu halten, daran erinnern* • 3.5 jmdn. **ins Gebet** ~ *jmdm. Vorhaltungen machen, eindringlich mit jmdm. sprechen* • 3.6 jmdn. **aufs Korn** ~ ⟨a. fig.⟩ *scharf ins Auge fassen, es auf jmdn. abgesehen haben* • 3.7 jmdn. **zu sich** ~ *in die Familie aufnehmen u. (od.) bei sich wohnen lassen;* sie wollen seine alte Mutter zu sich ~; sie wollen ein Kind zu sich ~ • 3.7.1 Gott hat ihn zu sich genommen *er ist gestorben* • 3.8 etwas **auf sich** ~ *übernehmen;* eine Bürde, Last, die Verantwortung auf sich ~; die Schuld, die Folgen auf sich ~ • 3.8.1 etwas **auf seine Kappe** ~ *etwas selbst verantworten* • 3.8.2 das kann ich **auf** meinen **Eid** ~ *beschwören* • 3.8.3 **darauf** kann man **Gift** ~ ⟨fig.; umg.⟩ *sich verlassen* • 3.9 etwas **an sich** ~ *verwahren, aufbewahren* 4 ⟨513; fig.⟩ • 4.1 etwas ... ~ *auffassen, betrachten als;* das solltest du nicht ernst, zu leicht, tragisch, wörtlich ~; nimm es nicht so tragisch; das kann man doch nicht ernst ~; er nimmt sich sehr wichtig; du musst es als Scherz ~; er nimmt es für ein günstiges Omen, Zeichen; wenn Sie's so ~ ⟨umg.⟩; wie man's nimmt ⟨fig.; umg.⟩; sie nimmt alles für bare Münze ⟨fig.; umg.⟩; man muss das Leben (eben) ~, wie das Leben (eben) ist ⟨umg.⟩ • 4.1.1 etwas auf die leichte Schulter ~ *zu oberflächlich betrachten, nicht mit dem nötigen Ernst behandeln* • 4.1.2 im Ganzen genommen *im Großen u. Ganzen, alles in allem* • 4.2 **jmdn.** ... ~ *behandeln;* man weiß nie, wie man ihn ~ soll; er ist schwer zu ~; er weiß seine Leute zu ~; man muss ihn ~, wie er ist 5 ⟨510⟩ • 5.1 etwas **in** ... ~ *beginnen mit etwas;* eine Sache in Angriff ~; die Maschine in Betrieb ~ • 5.1.1 etwas in **Kauf** ~ *hinnehmen, ertragen;* einen Verlust, Nachteile, Unangenehmes in Kauf ~, um ... • 5.1.2 eine Sache **in die Hand** ~ *beginnen, sich um eine S. selbst zu kümmern, sie selbst erledigen;* die Zügel fest in die Hand ~ ⟨a. fig.⟩ • 5.1.3 sich **in Acht** ~ *sich hüten (vor), sich vorsehen* • 5.2 etwas von jmdm. ~ *jmdn. von etwas befreien;* eine Sorge, Last, Ungewissheit von jmdm. ~ • 5.2.1 jmdm. die **Binde von** den **Augen** ~ *jmdn. über etwas schonungslos aufklären* • 5.2.2 **Notiz** von etwas ~ *etwas beachten* • 5.3 etwas als ... ~ *benutzen als;* zum Anlass, zum Ausgangspunkt ~ • 5.3.1 sich etwas **zu Herzen** ~ *beachten u. bei künftigem Handeln berücksichtigen* • 5.3.2 zu etwas **Stellung** ~ *seinen Standpunkt, seine Meinung zu etwas erklären* • 5.4 **auf** jmdn. od. etwas **Rücksicht** ~ *jmdn. od.*

etwas *berücksichtigen, rücksichtsvoll behandeln* • 5.5 jmdn. od. etwas **unter** die **Lupe** ~ ⟨a. fig.⟩ *genau prüfen* • 5.6 **für** jmdn. od. etwas **Partei** ~ *sich (in einer umstrittenen Angelegenheit) für jmdn. od. etwas einsetzen* • 5.7 **etwas für** ein **anderes** ~ *als Gegenwert annehmen, verlangen;* wie viel hat er dafür genommen?; ein Darlehen ~; Waren auf Kredit ~; er nimmt kein Geld, keine Bezahlung, kein Trinkgeld; Geben ist seliger denn Nehmen (Apostelgeschichte, 20,35) wir wollen den guten Willen für die **Tat** ~ • 5.7.1 der nimmt's (auch) **von den Lebendigen** ⟨umg.⟩ *nimmt Überpreise, plündert die Käufer aus* 6 ⟨Funktionsverb 500; die stilistisch gewichtigere Wendung mit Substantiven kann häufig durch ein einfacheres Verb ersetzt werden⟩ • 6.1 **Abschied** ~ *sich verabschieden* • 6.2 **Abstand** ~ *etwas unterlassen* • 6.3 seinen **Anfang** ~ *beginnen* • 6.4 in **Anspruch** ~ *beanspruchen* • 6.5 etwas in **Arbeit** ~ *bearbeiten, herstellen* • 6.6 **Anstoß, Ärgernis** ~ *an sich ärgern über* • 6.7 einen **Aufschwung** ~ *sich sehr günstig entwickeln* • 6.8 in **Augenschein** ~ *besichtigen, ansehen* • 6.9 in **Aussicht** ~ *beabsichtigen, planen* • 6.10 ein **Bad** ~ *baden* • 6.11 ein **Beispiel** ~ *an ... zum Vorbild machen, nachahmen, nacheifern* • 6.12 ~ Sie meinen **Dank!** *ich danke Ihnen herzlich* • 6.13 in **Dienst** ~ *anstellen, einstellen* • 6.14 jmdn. in **Empfang** ~ *jmdn. (formell) empfangen* • 6.15 etwas in **Empfang** ~ *annehmen* • 6.16 kein **Ende** ~ *zu lange dauern, nicht enden* • 6.17 ein schlimmes **Ende** ~ *schlimm enden* • 6.18 ~ wir den **Fall,** dass ... *setzen wir voraus, dass ...* • 6.19 **Interesse** an etwas ~ *sich dafür interessieren* • 6.20 **Kenntnis** von etwas ~ *es kennenlernen, erfahren* • 6.21 **Maß** ~ • 6.21.1 *die Körpermaße messen u. aufschreiben* • 6.21.2 *etwas anpeilen, anstreben* • 6.22 in **Pacht** ~ *pachten* • 6.23 **Rache** ~ *an sich rächen an* • 6.24 **Reißaus** ~ *davonlaufen, ausreißen* • 6.25 **Schaden** ~ *beschädigt, verletzt, beeinträchtigt werden* • 6.26 eine (andere, günstige, neue, unerwartete) Wendung ~ *sich wenden, sich grundlegend ändern* • 6.27 zu etwas **Zuflucht** ~ *sich zu etwas flüchten*

Neh|rung ⟨f.; -, -en⟩ *einem Haff vorgelagerte, schmale Landzunge*

Neid ⟨m.; -(e)s; unz.⟩ 1 *Unlustgefühl, das jmdn. befällt, wenn er einem andern etwas nicht gönnt od. das Gleiche haben will u. es nicht bekommt, Missgunst;* jmds. ~ erregen, erwecken; der ~ frisst, nagt, zehrt an ihm; der ~ ließ ihm keine Ruhe; der blasse ~ sprach aus ihm; mir grauet vor der Götter ~e (Schiller, „Ring des Polykrates"); blass, gelb, grün vor ~ werden ⟨fig.⟩; der ~ gönnt dem Teufel nicht die Hitze in der Hölle ⟨Sprichw.⟩ • 1.1 das ist (nur) der ~ der Besitzlosen! ⟨umg.⟩ *ihr kritisiert das nur, weil ihr es selbst nicht habt* • 1.2 das muss der ~ ihm lassen ⟨umg.⟩ *das muss auch der Übelwollende zugeben, dass er ...* • 1.3 jmd. könnte vor ~ bersten, platzen, vergehen *ist sehr neidisch*

nei|den ⟨V. 530/Vr 6⟩ **jmdm. etwas** ~ ⟨geh.⟩ *jmdm. um etwas beneiden, jmdm. etwas missgönnen;* jmdm. den Erfolg, sein Glück ~

nei|disch ⟨Adj.⟩ *voller Neid, von Neid erfüllt, missgünstig;* er ist ~ auf sie, auf ihr neues Auto, ihren beruflichen Erfolg

Nei|ge ⟨f.; -, -n; geh.⟩ **1** *Rest (in einem Gefäß);* die ~ austrinken, stehen lassen • **1.1 bis zur** ~ *völlig, restlos;* ein Glas bis zur ~ leeren; →a. *Kelch (2.2)* **2** *etwas geht zur, auf die* ~ *geht dem Ende zu, hört (langsam) auf, schwindet;* das Geld, die Vorräte gehen zur, gehen auf die ~; das Jahr, der Tag geht zur ~; das Leben geht zur ~ **3** *Abhang, Senke*

nei|gen ⟨V.⟩ **1** ⟨500/Vr 7⟩ **jmdn. od. etwas** ~ *schräg stellen, beugen, senken;* das Haupt in Demut, zum Gruß ~; eine geneigte Ebene; die Waage neigt sich nach dieser Seite • **1.1** *herabbeugen, nähern;* ach neige, du Schmerzensreiche, dein Antlitz gnädig meiner Not (Goethe, „Faust" I) • **1.2** ⟨550/Vr 3⟩ **sich vor jmdm.** od. einer **Sache** ~ ⟨geh.⟩ *verbeugen;* er neigte sich respektvoll vor dem Denkmal **2** ⟨Vr 3⟩ eine **Zeit** neigt **sich** ⟨fig.⟩ *geht zu Ende;* der Tag neigt sich; sein Leben neigt sich (zum Ende) **3** ⟨800⟩ **zu etwas** ~ *eine Vorliebe, einen Hang haben für etwas, sich einer Sache zuwenden, ihr nähern;* er neigt zum Alkohol, zum Trinken, zur Verschwendung; ich neige dazu, ihm zu glauben; sie ist stets zum Ausgleich, Kompromiss geneigt • **3.1** ich neige zu der Ansicht *ich nehme an, dass …*

Nei|gung ⟨f.; -, -en⟩ **1** *das Neigen, Sichneigen;* sie grüßte ihn mit einer flüchtigen ~ des Kopfes **2** *geneigte Lage, Stellung, Schräglage, -stellung, Gefälle;* der Turm hat eine ~ nach rechts; die ~ einer Ebene, eines lecken Schiffes **3** ~ (**zu etwas**) ⟨fig.⟩ *Veranlagung, Hang (zu etwas), Vorliebe (für etwas);* eine ~ zum Theater, zum Trinken haben; ~ zu Migräne, zu rheumatischen Beschwerden; er hat, verspürt, zeigt wenig ~ dazu; ein Mensch mit künstlerischen, musikalischen, politischen ~en; diese ~ kann ich nicht billigen, teilen, verstehen • **3.1** er kann ganz seinen ~en leben *er braucht nur das zu tun, was ihm Freude macht* **4** ~ (**zu jmdm., für jmdn.**) ⟨fig.⟩ *Zuneigung, Freundschaft, Liebe;* seine ~ zu ihr entwickelte sich schnell, erwachte plötzlich; er fasste, gewann eine tiefe ~ zu ihr; sie erwiderte seine ~ nicht; jmds. ~ gewinnen **5** ⟨Astron.⟩ *Winkelabstand eines Gestirns vom Himmelsäquator* **6** ⟨Geophysik⟩ *Abweichung der Richtung einer Magnetnadel von der wahren Nordrichtung, Missweisung*

nein ⟨Partikel der Negation⟩ **1** ⟨*ablehnende Antwort*⟩; Ggs *ja¹*; wirst du kommen? Nein, ich habe keine Zeit; ~, das ist unmöglich!; ach ~ (lieber nicht)!; aber ~!; o ~!; ~ so etwas!; ~ und abermals ~!; ~, und nochmals ~!; o doch! • **1.1** ~/Nein **sagen** *ablehnen;* er kann nicht ~/Nein sagen; **2** ⟨berichtigend⟩ *besser;* Hunderte, ~ Tausende waren gekommen **3** ⟨bekräftigend⟩ ~, ist das eine Freude, Überraschung!; ~, ist das reizend!

Nein ⟨n.; - od. -s, - od. -s⟩ *ablehnende Antwort;* das Ja und das ~; mit einem klaren ~ antworten; jmdm. ein entschiedenes ~ entgegensetzen; ein ~ aussprechen; mit ~ stimmen

'nein ⟨Adv.; umg.⟩ = *hinein*

Ne|kro|log auch: **Nek|ro|log** ⟨m.; -(e)s, -e⟩ **1** *Nachruf auf einen Verstorbenen* **2** *Verzeichnis der in einem bestimmten Zeitraum Verstorbenen*

Nek|tar ⟨m.; -s; unz.⟩ **1** ⟨griech. Myth.⟩ *Unsterblichkeit verleihender Göttertrank* **2** ⟨Bot.⟩ *eine zuckerhaltige Absonderung der Blüten*

Nel|ke ⟨f.; -, -n; Bot.⟩ **1** *einer Gattung der Nelkengewächse angehörende Pflanze mit wohlriechenden Blüten:* Dianthus; Sy *Nagel (4)* **2** *als Gewürz dienende getrocknete Blütenknospe eines auf den Molukken heimischen Myrtengewächses (Eugenia caryophyllata, Syzygium aromaticum);* Gewürz~

nen|nen ⟨V. 190/500⟩ **1** *jmdn. od. etwas* ~ *jmdm. od. einer Sache einen Namen, eine Bezeichnung geben;* wir ~ ihn Karl; wie wollen wir das Kind ~?; →a. *Name (1.4)* • **1.1** ⟨Vr 3⟩ **sich** ~ *heißen, einen Namen, eine Bezeichnung führen;* sich nach seiner Mutter ~; diese Straße nennt sich Webergasse • **1.2** ⟨520 od. 513⟩ **jmdn. od. etwas … ~ als …** *bezeichnen;* etwas sein Eigen ~; ich muss dich loben, das nenne ich Mut!; man muss ihn, sein Verhalten klug, weise, weitblickend ~; er nannte ihn Lügner; er nennt sich Dichter; Otto I., genannt der Große; und so etwas nennt sich Künstler! ⟨iron.⟩ **2** *jmdn. od. etwas* ~ *den Namen von jmdm. od. etwas angeben;* können Sie mir Beispiele dafür nennen?; nenne mir die wichtigsten Flüsse, Städte des Landes; er nannte einige Personen, die dabei gewesen waren; in dem schon genannten Schloss

Nen|ner ⟨m.; -s, -; Math.⟩ **1** *die unter dem Bruchstrich stehende Zahl (od. der Ausdruck);* Ggs *Zähler (1)* • **1.1** mehrere Brüche **auf** einen ~ **bringen** *so verwandeln, dass alle den gleichen Nenner haben, so dass man sie zusammenzählen od. voneinander abziehen kann* • **1.1.1** es ist schwer, die verschiedenen Wünsche auf einen ~ zu bringen ⟨fig.⟩ *Gemeinsames aus verschiedenen W. hervorzuheben u. alle in gleicher Weise zu berücksichtigen*

neo…, Neo… ⟨Vorsilbe⟩ *neu…, Neu…, erneuert;* neorealistisch, Neofaschismus, Neonazi

Ne|on ⟨n.; -s; unz.; chem. Zeichen: Ne⟩ *Edelgas, chem. Element, Ordnungszahl 10*

Neo|zo|i|kum ⟨n.; -s; unz.⟩ *Neuzeit der Erdgeschichte mit Tertiär u. Quartär*

Nepp ⟨m.; -s; unz.; umg.⟩ *Betrug, Gaunerei, Übervorteilung;* das ist der reinste ~!

Nerv ⟨m.; -s, -en⟩ **1** ⟨Med.⟩ *faser- od. strangartiges Gebilde zwischen Gehirn, Rückenmark u. Körperteilen zur Weiterleitung von Reizen u. Bewegungsimpulsen;* Rauschmittel greifen die ~en an; den ~ im Zahn töten **2** ⟨fig.⟩ *geistige u. seelische Spannkraft;* ~en wie Bindfäden, Stricke; eiserne, gesunde ~en; schwache, überreizte, angestrengte ~en • **2.1** die ~en **behalten, verlieren** *die Ruhe, Fassung bewahren, verlieren* • **2.2 jmdm. auf die** ~en fallen, gehen *jmdn. aufregen, nervös machen, reizen, jmdm. sehr lästig sein* • **2.3** jmds. ~en sind **zum Zerreißen** gespannt *jmd. ist sehr nervös, ungeduldig* • **2.4 mit den** ~en herunter ⟨umg.⟩ *äußerst nervös, nahe am Zusammenbruch* • **2.5 jmdm.** den ~ **töten** ⟨a. fig.; umg.⟩ *jmdn.*

Nervenbündel

durch sein Verhalten quälen, nervös machen, belästigen • 2.6 *der hat ~en!* ⟨umg.⟩ *er verlangt zu viel!, was denkt er sich dabei?* **3** *Strang von Leitbündeln, die das Skelett eines Pflanzenblattes bilden* **4** *Ader in den Flügeln von Insekten* **5** ⟨veraltet⟩ = *Sehne (1);* jeder *~ spannte sich*

Ner|ven|bün|del ⟨n.; -s, -⟩ **1** *Bündel aus Nervenfasern* • 1.1 *jmd. ist ein ~* ⟨fig.; umg.⟩ *ein übernervöser, nervlich stark angegriffener Mensch*

ner|vös ⟨[-vøːs] Adj.⟩ **1** ⟨24⟩ *zu den Nerven (1) gehörend, auf ihnen beruhend;* ~e *Erschöpfung; ein* ~er *Reflex; ein* ~es *Herz* **2** *leicht reizbar, erregbar, überempfindlich; sie ist ein* ~er *Mensch; du machst mich ganz ~ mit deinen vielen Fragen; sie ist heute wieder sehr ~*

Ner|vo|si|tät ⟨[-vo-] f.; -; unz.⟩ *leichte Reizbarkeit, Überempfindlichkeit, Erregbarkeit*

ner|v|tö|tend ⟨Adj.⟩ *unerträglich nervös machend, die Nerven stark strapazierend; seine ständigen Fragen sind ~*

Nerz ⟨m.; -es, -e⟩ **1** ⟨Zool.⟩ *marderähnliches Pelztier: Mustela lutreola* **2** *Fell des Nerzes (1)* **3** *aus Nerzen (2) hergestellter Pelz(mantel)*

Nes|sel[1] ⟨f.; -, -n⟩ **1** = *Brennnessel* • 1.1 *sich in die ~n setzen* ⟨fig.; umg.⟩ *sich Unannehmlichkeiten zuziehen* • 1.2 *wie auf ~n sitzen* ⟨umg.⟩ *unruhig, ungeduldig, verlegen sein*

Nes|sel[2] ⟨m.; -s; unz.⟩ *aus Nesselgarn hergestelltes Gewebe in Leinwandbindung*

Nes|ses|sär ⟨n.; -s, -s⟩ = *Necessaire*

Nest ⟨n.; -(e)s, -er⟩ **1** *Wohn- od. Brutstätte, Bau (von Tieren);* Vogel~; Wespen~; Ratten~; *ein ~ ausnehmen; die Vögel bauen, hüten, verteidigen ihr ~; ein ~ aus Gräsern, aus Stroh u. Zweigen; ein leeres, verborgenes, verstecktes, volles, warmes, weiches ~* • 1.1 *sich ein ~ bauen* ⟨fig.⟩ *eine Wohnung einrichten* • 1.2 *sich ins warme ~ setzen* ⟨fig.; umg.⟩ *ohne eigene Anstrengungen in eine gute Position, in gute Verhältnisse gelangen; mit dieser Heirat hat er sich ins warme ~ gesetzt* • 1.3 *sein eigenes ~ beschmutzen* ⟨fig.⟩ *über die eigenen Angehörigen, über die eigene Firma o. Ä. schlecht reden* **2** *Höhle, Versteck, Schlupfwinkel;* Diebes~; *ein* ⟨Räuber-⟩ *ausheben; die Polizei fand das ~ bereits leer* **3** ⟨umg.⟩ *Bett; es ist Zeit, ins ~ zu steigen; raus aus dem ~!* **4** ⟨umg.; abwertend⟩ *Kleinstadt, kleiner Ort, verlassenes Dorf;* in diesem elenden, verlassenen ~ möchte ich nicht wohnen! **5** *etwas Verwickeltes, Verklebtes;* ein ~ von Haaren, Läuseeiern **6** ⟨Bgb.⟩ *kleines Erzlager* **7** ⟨Turnen⟩ *Hang an Händen u. Füßen mit hohlem, nach oben gewandtem Rücken*

nes|teln ⟨V.⟩ **1** ⟨500⟩ *etwas ~ knüpfen, (ver)schlingen, haken, binden; sie nestelte ihren Schmuck vom Hals* **2** ⟨411⟩ **an etwas ~** *herumfingern, etwas ungeschickt od. ungeduldig zu öffnen od. zu lösen versuchen; vergeblich nestelte er an dem Knoten; an einer Bluse, einem Hemd ~*

Nest|flüch|ter ⟨m.; -s, -⟩ *Vogeljunges, das sehr bald das Nest verlässt u. sich seine Nahrung selbst sucht;* Ggs *Nesthocker*

Nest|häk|chen ⟨n.; -s, -⟩ **1** *zuletzt flügge werdender Vogel* **2** ⟨fig.⟩ *jüngstes Kind der Familie*

Nest|ho|cker ⟨m.; -s, -⟩ *Vogeljunges, das lange im Nest von den Eltern ernährt wird;* Ggs *Nestflüchter*

Nest|ling ⟨m.; -s, -e⟩ *Vogel, der noch nicht flügge ist*

Nes|tor ⟨m.; -s, -en; fig.⟩ **1** *Ältester einer Gemeinschaft, einer Gruppe, eines Kreises* **2** *angesehener ältester Vertreter einer Wissenschaft, einer Disziplin od. eines künstlerischen Faches, weiser Berater*

nett ⟨Adj.⟩ **1** *freundliche Gefühle hervorrufend* • 1.1 *liebenswürdig, anziehend, ansprechend, freundlich, entgegenkommend; ein* ~es *Bild, Häuschen, Kind, Kleid, Mädchen, Städtchen; einen Kreis* ~er *Menschen finden; er ist recht ~; das ist ~ von Ihnen; wie ~, dass Sie kommen* • 1.1.1 *ein* ~es *Früchtchen* ⟨iron.⟩ *ein ungeratener, leichtfertiger junger Mensch* • 1.2 *geschmackvoll, adrett, gepflegt; ein* ~es *Kleid; eine* ~e *Frisur; sie ist ~ angezogen* • 1.3 *angenehm, lustig, gemütlich; einen* ~en *Abend verbringen; in eine* ~e *Gesellschaft kommen* • 1.3.1 *das sind ja* ~e *Aussichten!* ⟨iron.⟩ *da ist einiges zu befürchten* • 1.3.2 *das kann ja ~ werden!* ⟨iron.⟩ *da ist einiges zu befürchten* **2** ⟨umg.⟩ *stattlich; das ist eine* ~e *Summe, Rechnung*

net|to ⟨Adj. 11/80; Kaufmannsspr.⟩ Ggs *brutto* **1** *ausschließlich der Verpackung* **2** *nach Abzug von Unkosten od. Steuern* **3** *~ Kassa,* **Kasse** *bar ohne jeden Abzug*

Netz ⟨n.; -es, -e⟩ **1** *geknüpftes Maschenwerk; die Maschen des ~es;* ~e *knüpfen; ein dichtes, enges, weitmaschiges ~; das ~ der Heuchelei, Lüge zu zerreißen suchen* ⟨fig.⟩ • 1.1 *Gerät aus Maschenwerk zum Fangen von Tieren;* Fischer~; Schmetterlings~; *sein ~ auswerfen, schleppen, stellen, spannen, ziehen; heute will kein Fisch ins ~ gehen* • 1.1.1 *in jmds. ~ fallen, gefangen werden, geraten, hineinstolpern* ⟨fig.⟩ *von jmdm. überlistet werden* • 1.1.2 *jmdm. ins ~ gehen* ⟨fig.⟩ *von jmdm. überlistet werden* • 1.1.3 *jmdn. ins ~ locken* ⟨fig.⟩ *überlisten* • 1.1.4 *er hat sich im ~ seiner Intrigen, Lügen selbst gefangen, verstrickt* ⟨fig.⟩ *er hat so viel intrigiert, gelogen, dass er nun selbst keinen Ausweg mehr sieht* • 1.1.5 *er wirft überall seine ~e aus* ⟨fig.⟩ *er unternimmt, plant vieles* • 1.2 *Beutel, Tasche aus Maschenwerk;* Einkaufs~; *mit dem ~ einkaufen* • 1.3 *Vorrichtung aus Maschenwerk zur Absicherung (bei gefährlicher Arbeit); der Seiltänzer arbeitet ohne ~* • 1.3.1 *ohne ~ und doppelten Boden* ⟨fig.⟩ *mit vollem Risiko* • 1.4 *Hülle aus Maschenwerk zum Schutz der Frisur;* Haar~; *um den Haarknoten ein ~ tragen* • 1.5 *Einrichtung in Verkehrsmitteln zur Ablage von Gepäck;* Gepäck~; *im Eisenbahnabteil den Koffer ins ~ legen* • 1.6 ⟨Sp.⟩ *Grenze od. Abgrenzung aus Maschenwerk* • 1.6.1 *Maschengeflecht, das (bei vielen Rückschlagspielen, z. B. Tennis, Tischtennis, Volleyball, Badminton) der Spielfläche halbiert; den Ball übers ~ schlagen* • 1.6.2 *an Toren (z. B. im Fußball, Handball) od. Körben (z. B. im Basketball) zum Auffangen des Balles aufgespanntes Netz (1); der Ball ist im ~* **2** *haarfeines, lockeres Gespinst der Spinne;* Spinnen~; *im ~ der Spin-*

ne hat sich ein Insekt gefangen; die Spinne spinnt ein ~ **3** *System von sich kreuzenden Linien od. Strecken* • **3.1** *Gesamtheit vieler sich kreuzender u. voneinander abzweigender Bahnlinien, Straßen usw.;* Eisenbahn~; Verkehrs~; ein ~ von elektrischen Drähten, Röhren, Schienen; es gibt in diesem Land ein dichtes ~ von Bahn- u. Flugstrecken • **3.2** ⟨fig.⟩ *kompliziertes System;* das ~ der Adern, Nerven; ein weit verzweigtes ~ schulischer Einrichtungen; soziales ~ • **3.3** ⟨El.⟩ *kompliziertes System elektrischer Leitungen mit vielen Schaltelementen;* Licht~; Telefon~; das Haus ist noch nicht an das (öffentliche) ~ angeschlossen; das ~ ist überlastet • **3.4** ⟨EDV⟩ *Computernetzwerk, bes. das Internet* • **3.5** ⟨Geogr.⟩ *System von rechtwinklig sich kreuzenden Linien zum Bestimmen von geografischen Punkten;* Grad~ **4** ⟨Math.⟩ *die in einer Ebene ausgebreitete Oberfläche eines Körpers* **5** ⟨Anat.⟩ *schürzenförmige Falte des Bauchfells über den Darmschlingen*

Netz|an|schluss ⟨m.; -es, -schlüs|se⟩ *Anschluss an ein Stromnetz, Funknetz od. Computernetzwerk*

net|zen ⟨V. 500⟩ *etwas ~* ⟨geh.⟩ *befeuchten, nass machen, benetzen*

Netz|haut ⟨f.; -, -häu|te; Anat.⟩ *die innerste, lichtempfindliche, der Aderhaut aufliegende Hautschicht des Augapfels: Retina*

neu ⟨Adj.⟩ **1** *seit kurzem vorhanden;* Ggs *alt (6);* ein ~es Haus, ein ~er Stadtteil, eine ~e Wohnung; hierbei wurde bereits der ~este Stand der Forschung berücksichtigt • **1.1** ein ~er Stern am Filmhimmel ⟨fig.⟩ *ein(e) eben erst bekanntwerdende(r) Filmschauspieler(in)* • **1.2** ~ e Besen kehren gut ⟨Sprichw.⟩ *ein neuer Angestellter, Vorgesetzter bringt neuen Schwung, führt Neuerungen ein* • **1.3** *unlängst geschehen, kurz Zurückliegendes betreffend;* was gibt es Neues?; weißt du schon das Neueste?; die ~esten Nachrichten (im Fernsehen, in Presse u. Rundfunk) • **1.3.1** die ~eren Sprachen *heute noch gesprochene (lebende) S.;* Ggs *die alten Sprachen,* → *alt (4.8.5)* • **1.4** ⟨60⟩ *eben begonnen, angebrochen;* in ~erer, ~ester Zeit; seit ~estem/Neuestem; eine ~e Flasche Wein; eine ~e Liebe; das Fernsehprogramm für die ~e Woche • **1.4.1** das ~ e Jahr *das eben begonnene J.* beim Jahreswechsel; jmdm. zum ~ en Jahr gratulieren • **1.5** ⟨50⟩ *eben erst, gerade, kürzlich;* diese Gäste sind ~ angekommen; der Bürgermeister wurde ~ ernannt; diese beiden Schüler sind ~ hinzugekommen • **1.6** *bisher unbekannt;* eine ~e Welt geht mir auf; die Bekanntschaft mit der Musik eröffnete dem Jungen eine ~e Welt; die Sache hat nunmehr einen ~en Sinn für mich bekommen; viel, wenig Neues; er hat viel Neues erlebt, gehört, gesehen; du musst dir etwas Neues ausdenken; das ist mir ~ an ihm; das ist mir ganz, völlig ~!; ich habe nichts Neues darüber gehört; das ist mir nichts Neues; Im Westen nichts Neues (Titel eines Romans von Remarque); ich habe eine ~e Seite seines Wesens kennengelernt ⟨fig.⟩ • **1.6.1** ⟨60⟩ die Neue Welt *Amerika;* Ggs *die Alte Welt,* → *alt (4.7.5)* • **1.7** ⟨umg.⟩ *unerfahren (in einer Arbeit);* ich bin noch ~ in der Arbeit u. brauche et-

was länger; er ist noch ~ in dieser Arbeit, unserem Betrieb, diesem Beruf • **1.8** ⟨70⟩ *soeben aufgekommen, der Zeit entsprechend, modern;* das Neueste (Mode, Neuigkeit); sie ist stets nach ~estem Geschmack, nach ~ester Mode gekleidet; er schätzt die ~ere Kunst (nicht); die ~en Tänze lernen; sie ist stets auf alles Neue erpicht; das Neueste vom Neuen • **1.9** *von der letzten Lieferung, letzten Ernte, frisch, jung* • **1.9.1** ~e **Kartoffeln** *K. der diesjährigen Ernte zu einem Zeitpunkt, zu dem es noch alte gibt* **2** *ander(s), besser als früher;* oh, du hast eine ~ e Frisur!; ein ~es Leben anfangen; ein ~er Mensch werden, eine ~e Methode versuchen • **2.1** das wirft ein ~es Licht auf die Sache ⟨fig.⟩ *dadurch erscheint die S. ganz anders* • **2.2** ⟨60⟩ ~er **Stern**[1] *Fixstern, dessen Helligkeit plötzlich sehr stark ansteigt,* **Nova 3** *sich in einer Reihenfolge anschließend* **3.1** *weiter, folgend (auf etwas Vorangegangenes), zusätzlich;* ein ~es Ereignis, ein ~es Verbrechen erhitzt die Gemüter; ~e Straßen werden angelegt; an einer ~en Erfindung, einem ~en Werk arbeiten; eine ~e Seite, Zeile beginnen; ein ~es Buch, Kapitel zu lesen anfangen; als die Fackel verlosch, zündete er eine ~e an; einen ~en Mitarbeiter gewinnen; ein ~er Schüler; ~e Folge ⟨Abk.: N. F.⟩ • **3.1.1 aufs** Neue, **von** ~em/Neuem *noch einmal von vorn;* von ~em/Neuem anfangen; etwas aufs Neue • **3.1.2** auf ein Neues! ⟨umg.⟩ *(trinken wir) auf den neuen Beginn!* • **3.1.3** ⟨60⟩ die ~en **Bundesländer** ⟨seit der dt. Wiedervereinigung 1990⟩ *die ostdeutschen Bundesländer* • **3.1.4** ⟨60⟩ die ~e **Linke** *politische Linksgruppierungen, die sich vom herkömmlichen Sozialismus u. Marxismus abgegrenzt haben* • **3.1.5** ⟨60⟩ die ~e **Mathematik** *auf der formalen Logik u. der Mengenlehre basierende M.* • **3.1.6** ⟨60⟩ die Neue **Sachlichkeit** *gegen den Expressionismus, bzw. die abstrakte Kunst gerichtete Strömung der europäischen Malerei u. Literatur seit etwa 1925* • **3.1.7** ⟨60⟩ das Neue **Testament** *der die ältesten Schriften des Christentums enthaltende Teil der Bibel;* das Alte und das Neue Testament • **3.1.8** Neue **Musik** *eine der sehr verschiedenartigen Richtungen der Musik seit dem Beginn des 20. Jh., z. B. Zwölftonmusik* • **3.2** *noch einmal, wieder, erneut, erneuert;* das Buch, die CD wurde ~ aufgelegt; das Buch ist ~ erschienen; wir müssen unsere Polstermöbel ~ beziehen lassen; etwas ~ formulieren, schreiben; sie schöpfte ~e Hoffnung, ~en Mut; mit ~en Kräften ein Werk beginnen; das muss den Gerüchten ~e Nahrung geben; und ein neues Leben blüht aus den Ruinen (Schiller, „Wilhelm Tell") • **3.2.1** eine Wohnung, ein Zimmer ~ herrichten, vorrichten *renovieren* • **3.3** *etwas Vorausgegangenes ersetzend, ablösend;* die Preise werden ~ festgesetzt; er braucht ein ~ es Auto (anstatt des alten); nachdem die alten Verträge ausgelaufen sind, brauchen wir ~e; der Fußboden muss ~ versiegelt werden **4** *noch ungebraucht, nicht abgenutzt;* die Möbel sind ~; ich werde den ~en Hut aufsetzen; ein ~es Kleid anziehen; der Mantel ist nicht mehr ganz ~; der Anzug ist noch wie ~ • **4.1** *frisch, frisch gewaschen;* ~e Wäsche

neuartig

5 ⟨Getrennt- u. Zusammenschreibung⟩ • 5.1 ~ bearbeitet = neubearbeitet • 5.2 ~ gebacken = neugebacken • 5.3 ~ eröffnet = neueröffnet • 5.4 ~ verheiratet = neuverheiratet

neu|ar|tig ⟨Adj.⟩ von neuer Art, neu, noch nicht gesehen, bisher noch nicht da gewesen

neu|be|ar|bei|tet auch: **neu be|ar|bei|tet** ⟨Adj. 24/70⟩ erneut bearbeitet, aktualisiert; ein ~es Buch

neu|er|dings ⟨Adv.⟩ seit kurzem, in letzter Zeit

neu|er|öff|net auch: **neu er|öff|net** ⟨Adj. 24/70⟩ soeben eröffnet; ein ~es Geschäft

Neu|e|rung ⟨f.; -, -en⟩ Änderung, Erneuerung, Neuheit

neu|ge|ba|cken auch: **neu ge|ba|cken** ⟨Adj. 24/60⟩ **1** eben gebacken, frisch; ein ~es Brot **2** ⟨70; fig.; umg.⟩ mit neuer Würde bekleidet; ein ~er Doktor, Ehemann

neu|ge|bo|ren ⟨Adj. 24⟩ **1** gerade erst geboren, eben auf die Welt gekommen; ein ~es Kind • 1.1 jmd. fühlt sich wie ~ ⟨fig.⟩ erfrischt, beschwingt, lebensfroh

Neu|gier ⟨f.; -; unz.⟩ Begierde, Neuigkeiten od. etwas über Angelegenheiten anderer zu erfahren; oV Neugierde; dadurch wird meine ~ angestachelt; seine ~ befriedigen, stillen, nicht verbergen; keine ~ zu erkennen geben, zeigen; das erregt, weckt meine ~; plagt, quält dich die ~?; nur aus ~, aus reiner ~ fragen; er brannte vor ~ zu erfahren, ob …

Neu|gier|de ⟨f.; -; unz.⟩ = Neugier

neu|gie|rig ⟨Adj.⟩ **1** voller Neugier, wissbegierig; sie erkundigte sich ~ nach den Nachbarn **2** erwartungsvoll, gespannt; die Kinder waren sehr neugierig; jmdn. ~ erwarten

Neu|heit ⟨f.; -, -en⟩ **1** ⟨unz.⟩ das Neusein; der Reiz der ~ **2** etwas Neues, etwas, das eben hergestellt worden ist • 2.1 neuartige Ware, Kleidung; die ~en der Frühjahrsmode; ~en vorlegen, zeigen; auf der hauswirtschaftlichen Ausstellung waren viele ~en ausgestellt, zu sehen; letzte ~; die literarischen ~en auf der Buchmesse

Neu|ig|keit ⟨f.; -, -en⟩ neue Nachricht, etwas Neues; die ~ des Tages; jmdm. eine ~ berichten, erzählen; mitteilen, übermitteln, vorenthalten

Neu|jahr ⟨n.; -(e)s; unz.⟩ der erste Tag eines neuen Jahres, der 1. Januar; Prosit ~!

Neu|land ⟨n.; -(e)s; unz.⟩ **1** neu in Kultur genommenes Land, Neubruch **2** unbekanntes, unerforschtes Land, Gebiet **3** ⟨fig.⟩ Forschungsbereich, in dem noch nicht gearbeitet worden ist; mit diesen Forschungen betreten wir wissenschaftliches ~

neu|lich ⟨Adv.⟩ kürzlich, vor kurzem, vor kurzer Zeit; ich habe ihn ~ erst gesprochen, getroffen

Neu|ling ⟨m.; -s, -e⟩ jmd., der in einem Betrieb od. auf einem Gebiet zu arbeiten beginnt, Anfänger

neu|mo|disch ⟨Adj.; häufig abwertend⟩ der neuesten Mode, dem neuesten Trend entsprechend; ~e Sitten; ~er Geschmack

Neu|mond ⟨m.; -(e)s; unz.⟩ Zeitabschnitt, während dessen der Mond zwischen Erde u. Sonne steht u. uns seine unbeleuchtete Seite zuwendet

neun ⟨Numerale 11; in Ziffern: 9⟩ →a. acht, vier **1** Zahl 9; die ~ Musen • 1.1 alle ~ schieben, werfen ⟨umg.⟩ beim Kegeln den besten Wurf tun, bei dem alle Kegel fallen; alle ~e! ⟨umg.⟩

Neun ⟨f.; -, -en⟩ **1** die Ziffer 9 • 1.1 die Straßenbahn-, Buslinie Nr. 9; in die ~ (um)steigen, mit der ~ fahren **2** du grüne ~e! ⟨umg.⟩ ⟨Ausruf der Verwunderung⟩

neun|fach ⟨Adj. 24/90; in Ziffern: 9fach/9-fach⟩ neunmal (so viel)

neun|hun|dert ⟨Numerale; in Ziffern: 900⟩ neunmal hundert

neun|zehn ⟨Numerale; in Ziffern: 19⟩ **1** Zahl 19 • 1.1 im Jahre ~ 1919

neun|zig ⟨Numerale; in Ziffern: 90⟩ Zahl 90

Neun|zi|ger|jah|re auch: **neun|zi|ger Jah|re** ⟨Pl.⟩ **1** ⟨in Ziffern: 90er Jahre / 90er-Jahre⟩ die Neunzigerjahre / neunziger Jahre des 20. Jahrhunderts die Jahre zwischen 1990 u. 2000 **2** er ist in den Neunzigerjahren / neunziger Jahren er ist in den Lebensjahren zwischen 90 u. 100

Neur|al|gie auch: **Neu|ral|gie** ⟨f.; -, -n; Med.⟩ (anfallsweise auftretender) Nervenschmerz

Neu|ro|lo|gie ⟨f.; -; unz.; Med.⟩ Wissenschaft, Lehre von den Nervenkrankheiten

Neu|ro|se ⟨f.; -, -n; Psych.⟩ anlage- u. umweltbedingte Neigung, seelische Erlebnisse abnorm u. krankhaft zu verarbeiten, was zu einer dauernden körperlichen u. seelischen Erkrankung der Gesamtpersönlichkeit führt

neu|ro|tisch ⟨Adj.⟩ auf einer Neurose beruhend, an einer Neurose leidend

◆ Die Buchstabenfolge **neu|tr...** kann in Fremdwörtern auch **neut|r...** getrennt werden.

◆ **neu|tral** ⟨Adj. 24⟩ **1** unbeteiligt, sich der Stellungnahme enthaltend, unparteiisch; ~ bleiben; sich bei einer Auseinandersetzung ~ verhalten • 1.1 ~e Ecke ⟨Boxsp.⟩ E. des Boxringes, die keinem der beiden Boxer zum Aufenthalt in der Pause dient • 1.2 ~er Staat nicht am Kriegs- od. einem Verteidigungsbündnis beteiligter S. **2** ⟨Chem.⟩ in der Reaktion (2) weder sauer noch basisch; ~er Boden; eine ~e Flüssigkeit **3** ⟨Gramm.⟩ keinem der beiden Geschlechter angehörend; Sy sächlich (1); ~e Substantive

◆ **Neu|tra|li|sa|ti|on** ⟨f.; -, -en⟩ **1** das Aufheben einer Wirkung, das Unwirksammachen **2** ⟨Chem.⟩ Aufhebung der sauren od. basischen Reaktion **3** ⟨Pol.⟩ Auferlegung der Pflicht, neutral zu bleiben, Abbau von Befestigungen u. Abzug von Truppen in bestimmtem Gebiet **4** ⟨Sp.⟩ Unterbrechung der Wertung während des Wettkampfes

◆ **neu|tra|li|sie|ren** ⟨V. 500⟩ **1** Kräfte ~ ihre Wirkung aufheben, unwirksam machen **2** ⟨Chem.⟩ Lösungen ~ Säuren u. Basen so mischen, dass weder eine saure noch eine basische Reaktion entsteht **3** eine politische Einheit ~ für neutral (1) erklären • 3.1 ein Gebiet ~ in einem G. Befestigungen abbauen u. Truppen abziehen, es von Kriegshandlungen ausnehmen • 3.2 einen Staat ~ zur Neutralität verpflichten **4** einen Wettkampf ~ ⟨Sp.⟩ die Wertung während des Wettkampfes unterbrechen

◆ **Neu|tra|li|tät** ⟨f.; -; unz.⟩ *Unbeteiligtsein, Nichtbeteiligung, Nichteinmischung, unparteiisches Verhalten*
◆ **Neu|tron** ⟨n.; -s, -tro|nen; Phys.; Abk.: n⟩ *elektrisch nicht geladenes Elementarteilchen mit der Masse eines Protons*
◆ **Neu|trum** ⟨n.; -s, Neu|tra od. Neu|tren; Gramm.; Abk.: n., N.⟩ **1** *sächliches Genus* **2** *Nomen od. Pronomen im Neutrum (1)*
neu|ver|hei|ra|tet *auch:* **neu ver|hei|ra|tet** ⟨Adj. 24/70⟩ *seit kurzem, gerade erst verheiratet;* ein ~e Paar
Neu|zeit ⟨f.; -; unz.⟩ *die Zeit von etwa 1500 bis zur Gegenwart;* Ggs *Altertum (1)*
New Age ⟨[nju: ɛɪdʒ] n.; - -; unz.⟩ *das neue, aktuelle Zeitalter, in dem verschiedene fortschrittsorientierte, der modernen Lebensform des Menschen entsprechende Akzente gesetzt werden*
New|co|mer ⟨[nju:kʌmə(r)] m.; -s, -⟩ *erfolgreicher Neuling;* ein ~ unter den Regisseuren
News ⟨[nju:z] Pl.⟩ *Nachrichten, Neuigkeiten*
Ne|xus ⟨m.; -, -⟩ *Zusammenhang, Verknüpfung, Verbindung*
nicht ⟨Adv.⟩ **1** *(Ausdruck für die Verneinung);* ~ sein Bruder war es, sondern er selbst; ~ ausspucken!; bitte ~ berühren (Aufschrift an Gegenständen einer Ausstellung); ~ füttern! (Aufschrift an Käfigen im Zoo); (es ist) ~ zu glauben, ~ zu sagen, was sich da zugetragen hat; ~ rauchen!; du sollst ~ stehlen (7. Gebot); ~ stürzen!, ~ werfen! (Aufschrift auf Paketen); das kann ich ~ verantworten; die Menge wollte ~ wanken und ~ weichen; warte ~ auf mich; ich ~!, du ~!, er ~!, wir ~!; das ~!; ich auch ~; du etwa ~?; ich habe ~ dich gemeint, sondern …; er ist ~ dumm; er ist ~ dumm, nur faul; das ist ~ gut, ~ schön, ~ richtig, ~ übel; ~ so schön wie …; ~ so schnell!; bestimmt ~; es ist ~ so; er hat ~ mehr als 500 Euro; ~ mehr und ~ weniger als …; er arbeitet ~ mehr; ~ weniger als; ~ sehr; ~ viel; ~ nur …, sondern auch; ~ einmal; ~ doch!; ~ Baum noch Strauch; ~ lange danach, darauf; ~ heute und morgen; ~ im Geringsten; noch ~; etwas noch ~ Dagewesenes, Gesehenes; wirklich ~; durchaus ~; ganz und gar ~; überhaupt ~!; warum ~?; wieso ~?; wenn ~, dann …; ~ mal ⟨umg.⟩ • **1.1** ~ **ganz** *beinahe, nahezu* • **1.2** ~, **dass** ich wüsste *davon weiß ich nichts* • **1.3** ~!, bitte ~! *lass das!* • **1.4** **im Leben** ~! *keinesfalls!* • **1.5** wie geht es dir? — **besonders** ⟨umg.⟩ *nicht gut* • **1.6** ~ **ohne** ⟨umg.⟩ *mit, von großer Wirkung, gefährlich* • **1.6.1** jmd. ist ~ ohne *sehr begabt, befähigt* • **1.6.2** dieser Plan ist ~ ohne ⟨umg.⟩ *ist verlockend, bietet Anreiz* • **1.7** **wo** ~, … ⟨umg.⟩ *wenn dieser Fall ausscheidet* **2** ⟨Partikel; umg.⟩ *gewiss, sicher (Ausdruck der Bekräftigung, Bestätigung);* hattest du ~ gesagt, dass du früher kommen wolltest?; habe ich es ~ gleich gesagt?; du wartest doch, ~ (wahr)? • **2.1** ~ **wahr?** *so ist es doch?* **3** (Getrennt- u. Zusammenschreibung) • **3.1** ~ **Gewünschte(s)** = *Nichtgewünschte(s)* • **3.2** ~ **Sesshafte(r)** = *Nichtsesshafte(r)* • **3.3** ~ **Zutreffende(s)** = *Nichtzutreffende(s)* • **3.4** ~ **ehelich** = *nichtehelich* • **3.5** ~ **öffentlich** = *nichtöffentlich* • **3.6** ~ **rostend** = *nichtrostend*

Nich|te ⟨f.; -, -n⟩ *Tochter des Bruders, der Schwester, des Schwagers od. der Schwägerin*
nicht|ehe|lich *auch:* **nicht ehe|lich** ⟨Adj. 24⟩ **1** *außerhalb der Ehe stattfindend;* ~e Partnerschaft **2** *außerhalb der Ehe gezeugt;* ~e Kinder
Nicht|ge|wünsch|te(s) *auch:* **nicht Ge|wünsch|te(s)** ⟨n. 2⟩ **1** *das, was man nicht (zu haben) wünscht* • **1.1** ~ bitte streichen *(auf Formularen)*
nich|tig ⟨Adj.⟩ **1** *unbedeutend, wertlos* **2** ⟨Rechtsw.⟩ *ungültig;* →a. *null (2);* ein ~er Einwand; der Vertrag ist dadurch ~ geworden
nicht|öf|fent|lich *auch:* **nicht öf|fent|lich** ⟨Adj. 24/90⟩ *unter Ausschluss der Öffentlichkeit (stattfindend);* eine ~e Sitzung, Tagung, Konferenz
Nicht|rau|cher[1] ⟨m.; -s, -⟩ *Person, die nicht raucht;* er ist ~
Nicht|rau|cher[2] ⟨n.; -s, -; meist ohne Art.⟩ *Abteil für Nichtraucher, Bereich, in dem nicht geraucht werden darf;* ich fahre nur ~; er sitzt meistens im ~; hier ist ~!
Nicht|rau|che|rin ⟨f.; -, -rin|nen⟩ *weibl. Nichtraucher*[1]
nicht|ros|tend *auch:* **nicht ros|tend** ⟨Adj. 24/60⟩ **1** *nicht durch Rost angreifbar* • **1.1** ~er **Stahl** (Kurzw.: Nirosta) *Stahl, der bes. durch Zusatz von Chrom u. Nickel neutral gegenüber Sauerstoff u. einigen Säuren ist*
nichts ⟨Indefinitpron.; undeklinierbar⟩ **1** *kein Ding, kein Lebewesen, nicht etwas, nicht das mindeste, nicht die Spur;* was hast du gesehen? ~!; was weißt du von …? ~!; ich konnte ~ erfahren; ich fürchte ~, weil ich ~ habe (Luther); wir wollen ~ unversucht lassen; ich will ~ gesagt haben; er hat ~ getan!; er weiß auch ~; daraus wird ~!; ~ dergleichen; er will sich durch ~ davon abbringen lassen; durchaus ~; sich in ~ auflösen, zerfließen; sich in ~ voneinander unterscheiden; alles oder ~!; sonst ~?; es gibt ~, was ihn aus der Ruhe bringen könnte; ~ zu danken! (freundliche Erwiderung auf einen Dank); zu ~ nütze sein; ~ zu essen haben; viel Lärm um ~!; um ~ besser sein; ich will ~ davon hören!; ganz und gar ~, (rein) gar ~ ⟨verstärkend⟩ • **1.1** *(das folgende substantivierte Adj. dekliniert stark)* es kann ~ anderes gewesen sein; er spricht von ~ anderem (so begeistert ist er davon); ich weiß ~ Besseres; ich ahne ~ Böses, Gutes; er weiß auch ~ Genaues, Näheres; es gibt ~ Neues; ich kenne ~ Schöneres als … • **1.2** es ist ~ **von Bedeutung, Belang** *es ist nicht wichtig* • **1.3** du bist aber auch **mit** ~ **zufrieden** *stets unzufrieden* • **1.4** das Geschenk sieht nach ~ **aus** ⟨umg.⟩ *ist wenig eindrucksvoll* • **1.5** das macht, tut, schadet ~ *ist nicht (so) schlimm* • **1.6** das **tut** ~ **zur Sache** *das verändert die Sache nicht* • **1.7** der Hund **tut** ~ *beißt nicht* • **1.8** ~ **da!** ⟨umg.⟩ *das gibt es nicht, das könnte dir so passen!* • **1.9** ~ **zu machen!** ⟨umg.⟩ *ich bedauere, aber diese Sache kann nicht mehr geändert werden* • **1.9.1** da ist ~ zu wollen, zu machen *man muss es hinnehmen, man kann es nicht ändern* • **1.10 so gut wie** ~ *kaum etwas* • **1.10.1** er verschlang das Stück Kuchen wie ~ ⟨umg.⟩ *sehr schnell* **2** ⟨Wendungen⟩
• **2.1** *das ist alles;* weiter ~?; wenn es weiter ~ ist …

Nichts

- 2.2 ~ **als, wie** *nur;* ~ *als Ärger hat man mit dir*
- 2.2.1 ~ **weniger als** ⟨verstärkende Verneinung⟩ *gar nicht;* ~ *weniger als schön* • 2.3 ~ **für ungut!** *nimm es mir nicht übel!* • 2.4 **mir** ~, **dir** ~ *ohne weiteres, so einfach (ohne zu fragen); du kannst doch nicht so mir* ~, *dir* ~ *davonlaufen!* • 2.5 *es* **zu** ~ **bringen,** *zu* ~ **kommen** *keinen Erfolg haben, nicht vorwärtskommen im Leben* • 2.6 **für, um** ~ *nutzlos, ergebnislos, umsonst; da habe ich mich für* ~ *so beeilt!* • 2.6.1 *für* ~ *und wieder* ~ ⟨verstärkend⟩ *völlig nutzlos, ganz umsonst; ich mache mir doch nicht für* ~ *und wieder* ~ *so viel Arbeit!* • 2.6.2 *um* ~ *in der Welt um keinen Preis, unter keinen Umständen* • 2.7 *aus* ~ **wird** ~ ⟨Sprichw.⟩ *wenn man sich nicht anstrengt, kommt man nicht weiter* • 2.7.1 *von* ~ *kommt, wird* ~ ⟨Sprichw.⟩ *wenn man sich nicht anstrengt, kommt man nicht weiter* • 2.8 *ich* **habe** ~ **davon** ⟨bes. fig.⟩ *keinen Gewinn* • 2.8.1 *mir* **liegt** ~ **daran** *ich möchte es nicht, habe keine Lust dazu* • 2.8.2 *ich* **mache** *mir* ~ *daraus es interessiert mich nicht, kränkt mich nicht*
- 2.9 *er lässt auf jmdn.* ~ **kommen** ⟨umg.⟩ *verteidigt jmdn. gegenüber Tadel* **3** ⟨Getrennt- u. Zusammenschreibung⟩ 3.1 ~ **ahnend** = *nichtsahnend*
- 3.2 ~ **sagend** = *nichtssagend*

Nichts ⟨n.; -; unz.⟩ **1** ⟨allg.⟩ *Geringfügigkeit, Kleinigkeit; wollt ihr euch um ein* ~ *streiten?* **2** ⟨geschäftlicher⟩ *Ruin, Zusammenbruch, Fehlen aller Mittel, Hoffnungen; nach der Aufgabe seines Geschäftes steht er vor dem* ~ **3** ⟨Philos.⟩ *Fehlen alles Seienden, Leere, Chaos; am Anfang war das* ~; *etwas aus dem* ~ *erschaffen; das Geworfensein in das* ~

nichts|ah|nend *auch:* **nichts ah|nend** ⟨Adj. 24/70⟩ *ohne etwas zu ahnen, arglos*

nichts|des|to|min|der ⟨Konj.⟩ = *nichtsdestoweniger*

nichts|des|to|we|ni|ger ⟨nebenordnende adversative Konj.⟩ *trotzdem, und doch; Sy nichtsdestominder*

Nicht|sess|haf|te(r) *auch:* **nicht Sess|haf|te(r)** ⟨f. 2 (m. 1)⟩ = *Obdachlose(r)*

Nichts|nutz ⟨m.; -es, -e⟩ *nichtsnutziger Mensch, Taugenichts*

nichts|nut|zig ⟨Adj. 70; abwertend⟩ *zu nichts zu gebrauchen, nichts Sinnvolles leistend, untauglich; ein ~er Mensch*

nichts|sa|gend *auch:* **nichts sa|gend** ⟨Adj. 24/70⟩ *unbedeutend, gleichgültig, fade, farblos, ausdruckslos; er gab eine ~e Antwort; ein ~es Gesicht; das Bild, Buch ist* ~

Nichts|tun ⟨n.; -s; unz.⟩ *Faulheit, Müßiggang, Bequemlichkeit; süßes* ~; *in* ~ *versinken; viel Zeit mit* ~ *verbringen*

nichts|wür|dig ⟨Adj.; geh.; abwertend⟩ *(moralisch) nichts taugend, verachtenswert, erbärmlich, schurkisch*

Nicht|zu|tref|fen|de(s) *auch:* **nicht Zu|tref|fen|de(s)** ⟨n. 2⟩ **1** *das, was auf eine Person, einen Fall nicht zutrifft* • 1.1 ~ **bitte streichen** *(auf Formularen)*

Ni|ckel[1] ⟨m.; -s, -⟩ **1** ⟨Myth.⟩ *Wassergeist* **2** ⟨fig.; umg.⟩ *eigensinniges Kind, mutwilliger Mensch* **3** ⟨mundartl.⟩ *Nikolaus, Knecht Ruprecht*

Ni|ckel[2] ⟨n.; -s; unz.⟩ *chem. Zeichen: Ni⟩ chem. Element, silberweißes zähes Metall, Ordnungszahl 28*

Ni|ckel[3] ⟨m.; -s, -; veraltet⟩ *Nickelmünze, Zehnpfennigstück*

ni|cken[1] ⟨V. 400⟩ **1** *den Kopf senken u. heben als Zeichen der Bejahung, des Einverständnisses, als Gruß; er hat zustimmend genickt; mit dem Kopf* ~; *er grüßte mit leichtem Nicken* **2** *den Kopf heben u. senken beim Gehen (von Tieren); mit* ~*dem Kopf (von Pferden, Tauben)* **3** ⟨poet.⟩ *sich heben u. senken; die Ähren, die Gräser, die Halme* ~ *im Wind*

ni|cken[2] ⟨V. 500; Jagdw.⟩ **Wild** ~ *durch Schlag od. Stich ins Genick töten*

ni|cken[3] ⟨V. 400; umg.⟩ *leicht schlafen, schlummern (bes. im Sitzen, wobei der Kopf sich ein wenig auf u. ab bewegt); er liebt es, nach dem Essen im Lehnstuhl ein Stündchen zu* ~

Ni|cki ⟨m.; -s, -s; umg.⟩ *Pullover aus einem samtartigen Baumwollgewebe*

Ni|co|tin ⟨n.; -s; unz.; fachsprachl.⟩ = *Nikotin*

nie ⟨Adv.⟩ *nicht ein einziges Mal, zu keinem Zeitpunkt; so etwas habe ich noch* ~ *gehört, gesehen; das ist eine* ~ *wiederkehrende Gelegenheit;* ~ *im Leben!; jetzt oder* ~; ~ *mehr!;* ~ *und nimmer;* ~ *wieder!; besser spät als* ~ ⟨Sprichw.⟩

nie|der ⟨Adj.⟩ **1** ⟨60⟩ = *niedrig (3)* • 1.1 *in einer (gesellschaftlichen) Rangordnung auf unterer Stufe stehend; in den ~en Offiziersrängen; eine ~e Laufbahn; die ~e Gerichtsbarkeit; die Hohen u. die Niederen; die Krankheit traf* Hoch *u.* Nieder • 1.1.1 ~e **Tiere** ⟨Zool.⟩ *die Wirbellosen* **2** ⟨60⟩ = *niedrig (1)* • 2.1 ~e **Jagd** ⟨Jagdw.⟩ *Jagd auf Niederwild; Ggs hohe Jagd,* → *hoch (11)* **3** ⟨60⟩ = *niedrig (2,4)* **4** ⟨50⟩ *herab, herunter, hinab, hinunter, zu Boden; die Waffen* ~!; ~ *mit ihm!;* ~ *mit dem Krieg!* • 4.1 ~! *(als Hassruf, Aufforderung zum Niederschlagen)* • 4.2 *sich auf und* ~ *bewegen hinauf u. herunter* • 4.3 *er ging im Zimmer auf und* ~ *auf u. ab, hin u. her*

nie|der||bre|chen ⟨V. 116⟩ **1** ⟨500⟩ *etwas* ~ *abbrechen, zum Zusammensturz bringen; ein Gebäude, Haus* ~ **2** ⟨400(s.)⟩ *zusammenbrechen, in die Knie brechen, zu Boden stürzen*

nie|der||don|nern ⟨V.⟩ **1** ⟨400(s.)⟩ *mit großem Getöse nach unten stürzen, herunterkommen; die Lawine donnerte ins Tal nieder* **2** ⟨500⟩ *jmdn.* ~ ⟨fig.; umg.⟩ *so scharf u. laut tadeln, dass er nichts mehr zu sagen wagt; der Abteilungsleiter hat ihn niedergedonnert*

nie|der||drü|cken ⟨V. 500⟩ **1** *jmdn. od. etwas* ~ *nach unten drücken, herunterdrücken, zu Boden drücken; die Last der Früchte drückte die Zweige nieder* **2** *jmdn. od. eine* **Sache** ~ ⟨fig.⟩ *bedrücken, entmutigen, niedergeschlagen machen; es ist heute so niedergedrückt; ~de Ereignisse; die Nachricht drückte ihn nieder; ~de Stimmung*

nie|der||ge|hen ⟨V. 145/411(s.)⟩ **1** *herunterkommen, zu Boden gehen* • 1.1 *ein* **Flugzeug** *geht nieder nähert sich der Erde, landet* • 1.2 *ein* **Vorhang** *geht nieder senkt sich* • 1.3 **Regen** *geht nieder fällt* • 1.4 *ein* **Gewitter** *geht nieder entlädt sich* • 1.5 *ein* **Boxer** *geht nieder sinkt zu Boden, stürzt*

nie|der|ge|schla|gen ⟨Adj.; fig.⟩ *bekümmert, (nieder)gedrückt, bedrückt, mutlos*

nie|der|glei|ten ⟨V. 155/400(s.)⟩ herab-, zur Erde gleiten; das Blatt, das Segelflugzeug gleitet nieder

nie|der|kom|men ⟨V. 170/400 (s.); veraltet⟩ gebären, entbunden werden; sie kam mit einem Mädchen nieder

Nie|der|la|ge ⟨f.; -, -n⟩ **1** Unterliegen, Besiegtwerden (im Kampf, in einem Streitgespräch), Fehlschlag; jmdm. eine ~ beibringen, bereiten, zufügen; eine ~ erleben, erleiden, einstecken, hinnehmen müssen, (nicht) überleben; eine demütigende, schmähliche, schwere, vernichtende ~; von dieser ~ hat er sich noch nicht wieder erholt; das muss zu einer ~ führen **2** ⟨veraltet⟩ Lager, Aufbewahrungsort für Waren, Stapelplatz; Waren in die ~ bringen, schaffen

nie|der|län|disch ⟨Adj. 24⟩ **1** die Niederlande u. ihre Bewohner betreffend, zu ihnen gehörig, von ihnen stammend; die ~e Küste • **1.1** ~e **Sprache** zu den westgermanischen Sprachen gehörende Sprache der Niederländer

nie|der|las|sen ⟨V. 175/500⟩ **1** etwas ~ herab-, herunterlassen; die Fahne, den Vorhang ~ **2** ⟨Vr 3⟩ **sich** ~ sich setzen; sich auf die Knie ~; der Vogel ließ sich auf dem, auf das Fensterbrett nieder; er ließ sich auf dem, auf den Sessel nieder **3** ⟨Vr 3⟩ **sich** ~ seinen Wohnsitz nehmen, ein Geschäft, eine Praxis eröffnen; er lässt sich als Anwalt, Arzt in unserer Stadt nieder; in jungen Jahren hatte er sich in Bielefeld niedergelassen • **3.1** ⟨513⟩ sich häuslich ~ für längere Zeit Wohnung nehmen, sich gemütlich einrichten

nie|der|le|gen ⟨V. 500⟩ **1** etwas ~ zu Boden legen, hinlegen; eine Last ~; der Präsident legte am Grabmal des Unbekannten Soldaten Blumen, einen Kranz nieder • **1.1** die **Waffen** ~ ⟨fig.⟩ den Kampf beenden, sich ergeben • **1.2** die **Krone**, das Zepter ~ ⟨fig.⟩ auf die Regierung verzichten **2** ⟨Vr 7⟩ jmdn. ~ zum Schlafen, zum Ausruhen hinlegen, ins Bett legen; ich bin müde, ich werde mich jetzt ~; ein Kind ~ **3** etwas ~ durch Gewaltanwendung zu Boden bringen • **3.1** ein **Gebäude** ~ nieder-, abreißen; die Baracken, das Hinterhaus ~ • **3.2** einen **Baum** ~ fällen **4** ⟨511⟩ etwas ~ urkundlich, schriftlich festhalten, festlegen; in diesem Buch sind alle seine Forschungsergebnisse niedergelegt **5** etwas ~ mit etwas aufhören • **5.1** im **Amt** ~ aufgeben; den Vorsitz ~ • **5.1.1** die **Regierung** ~ zurücktreten • **5.2** die **Arbeit** ~ bis auf weiteres unterbrechen

nie|der|mä|hen ⟨V. 500⟩ **1** etwas ~ mähen; Gras, Getreide ~ **2** Menschen ~ ⟨fig.⟩ reihenweise töten (mit dem Maschinengewehr)

nie|der|pras|seln ⟨V. 400(s.)⟩ **1** prasselnd herunterkommen, herab-, herunterprasseln; man hörte die Hagelkörner, den Regen auf das Dach ~ **2** ⟨411⟩ **auf** jmdn. ~ ⟨a. fig.⟩ sich gegen jmdn. richten; eine Flut von Beschimpfungen, Flüchen, Verwünschungen prasselte auf ihn nieder

nie|der|rei|ßen ⟨V. 198/500⟩ **1** etwas ~ ab-, einreißen, völlig zerstören; dieses baufällige Haus sollte endlich niedergerissen werden; riss den Zaun nieder **2** etwas ~ ⟨a. fig.⟩ beseitigen; wir wollen die trennenden Schranken zwischen unseren Völkern ~

nie|der|rin|gen ⟨V. 202/500⟩ **1** jmdn. ~ beim Ringen besiegen, zu Boden zwingen **2** etwas ~ ⟨fig.; geh.⟩ überwinden, besiegen, bezwingen; Leidenschaften, Zweifel ~

Nie|der|schlag ⟨m.; -(e)s, -schläge⟩ **1** ⟨Meteor.⟩ Ausscheidung von Wasser aus der Atmosphäre, die atmosphärischen Niederschläge in Form von Hagel, Nebel, Regen, Schnee, Tau; der Wetterbericht sagte leichte, schwere, starke Niederschläge voraus • **1.1** Beschlag, Abscheidung von Wasser aus der Luft an festen Gegenständen **2** ⟨Boxsp.⟩ Schlag, Hieb, der den Gegner zu Boden zwingt; beim dritten ~ kam der Boxer nicht rechtzeitig wieder hoch **3** ⟨Mus.⟩ Schlag abwärts mit dem Taktstock **4** ⟨Chem.⟩ ein sich aus einer Lösung abscheidender Stoff, Bodensatz; auf dem Boden der Flasche hat sich ein ~ abgesetzt **5** ⟨fig.⟩ sichtbarer, meist schriftlicher Ausdruck eines Gedankens, Erlebnisses, einer Bewegung, Strömung; die Begegnung des Dichters mit … fand ihren ~ in zahlreichen Gedichten **6** Auswirkung; die innenpolitischen Spannungen finden ihren ~ auch in der Außenpolitik

nie|der|schla|gen ⟨V. 218/500⟩ **1** jmdn. od. etwas ~ (gewaltsam) nach unten, zu Boden bringen, niederstrecken • **1.1** jmdn. ~ durch einen Schlag, Schläge zu Boden zwingen; den Angreifer, den Gegner ~ • **1.2** Pflanzen ~ umknicken, umlegen, zu Boden drücken; der Hagel hat in unserer Gegend das Getreide niedergeschlagen • **1.3** den **Kragen** ~ herunterschlagen **2** etwas ~ beseitigen, bezwingen • **2.1** unterdrücken; einen Aufstand, Streik, eine Revolte ~ • **2.2** einen **Prozess**, ein **Verfahren** ~ ⟨Rechtsw.⟩ einstellen • **2.2.1** eine **Strafe**, Kosten ~ erlassen • **2.3** ⟨Med.; veraltet⟩ beruhigen, beschwichtigen; eine Erregung, Fieber ~ • **2.4** ⟨fig.⟩ bezwingen, entkräften; Zweifel, einen Verdacht ~ **3** die **Augen**, den **Blick** ~ senken; errötend schlug sie die Augen nieder; schuldbewusst, mit niedergeschlagenem Blick stand er da **4** ⟨Vr 3⟩ etwas schlägt **sich** nieder setzt sich ab; der Tau hat sich am Morgen als feine Tröpfchen an den Gräsern niedergeschlagen • **4.1** etwas ~ ⟨Chem.⟩ als Bodensatz ausscheiden lassen, ausfällen **5** ⟨511/Vr 3⟩ etwas schlägt **sich in etwas** nieder ⟨fig.⟩ kommt in etwas zum Ausdruck, wird in etwas erkennbar; seine Erregung schlug sich auch in seinen schwachen Leistungen nieder

nie|der|schmet|tern ⟨V. 500⟩ **1** etwas ~ heftig zu Boden schlagen, brutal niederschlagen **2** jmdn. ~ ⟨fig.⟩ stark bedrücken, erschüttern, entmutigen; diese Meldung schmetterte ihn nieder; ich habe einen ~den Eindruck davon bekommen; eine ~de Erkenntnis, Mitteilung, Nachricht, Tatsache; das ist das ~de Ergebnis unserer langen Beratungen

nie|der|schrei|ben ⟨V. 230/500⟩ etwas ~ zu Papier bringen, aufschreiben, schriftlich festhalten; er schrieb seine Gedanken nieder

Nie|der|schrift ⟨f.; -, -en⟩ **1** das Niederschreiben **2** das Niedergeschriebene

nie|der|stim|men ⟨V. 500⟩ **1** ein **Instrument** ~ die Stimmung (1) eines I. herabsetzen **2** jmdn. od. **etwas**

Niedertracht

~ *durch Abstimmen ablehnen, verweigern, überstimmen*

Nie|der|tracht ⟨f.; -; unz.⟩ *niederträchtige Gesinnung, Boshaftigkeit; er ist einer solchen, zu solch einer ~ nicht fähig*

nie|der|träch|tig ⟨Adj.; abwertend⟩ *berechnend boshaft, bewusst gemein, hinterlistig, schändlich; wie ~!; eine ~e Geschichte, Tat, Verleumdung*

Nie|de|rung ⟨f.; -, -en⟩ **1** *Ebene, tiefliegendes Land an Flussläufen, Küsten; die ~en wurden überschwemmt* **2** ⟨fig.; geh.⟩ *moralisch od. sozial niederes Milieu, Misserfolg, Elend; die ~en des Lebens kennen*

nie|der||wer|fen ⟨V. 286/500⟩ **1** *jmdn. od. etwas ~ zu Boden werfen* • 1.1 ⟨Vr 3⟩ *sich ~ sich auf den Boden fallen lassen* • 1.1.1 ⟨550/Vr 3⟩ *sich vor jmdm. od. einer Sache ~ zu Boden, auf die Knie werfen* **2** *eine Krankheit wirft jmdn. nieder* ⟨fig.⟩ *macht jmdn. bettlägerig* **3** *einen Gegner ~* ⟨a. fig.⟩ *besiegen* **4** *einen Aufstand ~* ⟨fig.⟩ *niederschlagen (2.1)*

Nie|der|wild ⟨n.; -(e)s; unz.⟩ *kleines, weniger edles Wild (Rehwild, Hase, Fuchs, Dachs, kleines Haarraubwild, Flugwild, außer Auerwild)*

nied|lich ⟨Adj.⟩ **1** *wohlgefällig u. klein, zierlich, hübsch, nett, ansprechend; sie hat ein ~es Gesicht; ein ~es Kind, Mädchen* • 1.1 *das ist ja ~!, das kann ja ~ werden!* ⟨iron.⟩ *unangenehm*

nied|rig ⟨Adj.⟩ Sy ⟨nur attributiv⟩ *nieder* **1** Ggs *hoch (1)* *ein Gegenstand ist ~* • 1.1 *von geringer Höhe, flach; die Absätze der Schuhe sind ~; ~e Berge, Fenster, Türen; eine ~e Stirn; der ~ste Wasserstand des Jahres* • 1.2 *in relativ geringer Höhe (über dem Erdboden) befindlich; wenn die Schwalben ~ fliegen, regnet es bald; der Ort liegt ~* • 1.2.1 *ich würde das Bild ~ hängen in geringer Höhe aufhängen;* ⟨aber⟩ →a. *niedrighängen* **2** *zahlenmäßig, dem Preis nach klein, gering; ein ~er Einsatz, Gewinn, Preis, Zinsfuß; den ~sten Preis berechnen; die Preise wurden als ~ bezeichnet* **3** *in einer gesellschaftlichen Rangordnung auf unterer Stufe stehend;* Ggs *hoch (4); der ~e Adel; ~en Standes; von ~er Geburt, Herkunft; er wurde ~ geboren, stieg aber bis in die höchsten Gesellschaftsschichten auf; die Hohen u. die Niedrigen; die Regelung trifft* Hoch u. Niedrig; →a. *hoch (4.2)* **4** *gemein, verderbt, minderwertig; damit verrät er seinen ~en Charakter; ~e Denkweise, Gesinnung; die ~en Instinkte im Menschen wecken; von jmdm. ~ denken; jmdn. ~ einschätzen* **5** ⟨Getrennt- u. Zusammenschreibung⟩ • 5.1 ~ gesinnt = *niedriggesinnt* • 5.2 ~ stehend = *niedrigstehend*

nied|rig|ge|sinnt *auch:* **nied|rig ge|sinnt** ⟨Adj.⟩ *eine niedere Gesinnung besitzend*

nied|rig||hän|gen ⟨V. 500; fig.⟩ *etwas ~ als nicht sehr wichtig einstufen; ein Thema ~;* →a. *niedrig (1.2.1)*

nied|rig||ste|hend *auch:* **nied|rig ste|hend** ⟨Adj. 24/60⟩ **1** *unentwickelt* **2** *untergeordnet*

nie|mals ⟨Adv.; verstärkend⟩ *nie*

nie|mand ⟨Indefinitpron. 10; Gen.: -(e)s, Dat.: -em od. (selten) -, Akk.: -en od. (selten) -⟩ **1** *kein Mensch, keiner, kein einziger;* Ggs *jede(r, -s) (1); ~ weiß es;*

~ als er war dabei; ich habe es ~em, (selten) ~ erzählt; ich habe ~en, (selten) ~ gesehen • 1.1 ⟨vor „anders" od. flektiertem Adj. steht meist endungslose Form⟩ *ich habe ~ anders, ~ Besseres gefunden*

Nie|mand ⟨m.; -(e)s; unz.⟩ **1** ⟨umg.; abwertend⟩ *unbedeutender Mensch; er ist ein ~* **2** *der böse ~* ⟨verhüllend⟩ *der Teufel*

Nie|mands|land ⟨n.; -(e)s; unz.⟩ *Gelände zwischen zwei Fronten, unbesiedelter Grenzstreifen, unerforschtes Land*

Nie|re ⟨f.; -, -n; Anat.⟩ **1** *paariges, drüsiges Ausscheidungsorgan von bohnenartiger Gestalt; Ren, Nephros* • 1.1 *das geht mir an die ~n* ⟨fig.; umg.⟩ *trifft mich hart, empfindlich;* →a. *Herz (1.2)*

nie|seln ⟨V. 401⟩ *in kleinen Tropfen ein wenig regnen; es nieselt*

nie|sen ⟨400⟩ **1** *infolge Reizung der Nasenschleimhaut die Luft krampf- u. ruckartig durch Mund u. Nase ausstoßen* • 1.1 ⟨530⟩ *ich werde dir eins ~!* ⟨fig.; umg.⟩ *ich werde dir helfen!, das könnte dir so passen!*

Nieß|brauch ⟨m.; -(e)s; unz.; Rechtsw.⟩ *Nutzungsrecht an fremdem Vermögen, fremden Rechten, beweglichen u. unbeweglichen Sachen, wobei die Substanz nicht geschmälert werden darf;* Sy *Nießnutz*

Nieß|nutz ⟨m.; -es; unz.⟩ = *Nießbrauch*

Niet[1] ⟨m.; -(e)s, -e; alem.⟩ *Lehm, Mergel*

Niet[2] ⟨m.; -(e)s, -e; Tech.⟩ = *Niete*[2]

Nie|te[1] ⟨f.; -, -n⟩ **1** *ein Los, das nicht gewinnt; eine ~ ziehen (in der Lotterie)* **2** *Fehlschlag; sein neuestes Theaterstück war eine ~* **3** *Versager, Mensch, der zu nichts zu gebrauchen ist; er ist eine ~*

Nie|te[2] ⟨f.; -, -n; nicht fachsprachl. Bez. für⟩ *Metallbolzen mit Kopf zum festen Verbinden von Werkstücken;* oV ⟨Techn.⟩ *Niet*[2]

nie|ten ⟨V. 500⟩ **1** *etwas ~ durch Nieten verbinden* **2** *Nägel ~ mit Köpfen versehen*

Night|club ⟨[naɪtklʌb] m.; -s, -s⟩ *Nachtbar, Nachtlokal*

Ni|hi|lis|mus ⟨m.; -; unz.⟩ **1** *philosophische Grundhaltung, die von der Nichtigkeit u. Sinnlosigkeit des Daseins u. alles Bestehenden ausgeht* • 1.1 ⟨allg.⟩ *Geisteshaltung, die grundsätzlich alle bestehenden gesellschaftlichen Werte, Ziele u. Normen verneint bzw. ablehnt*

Ni|ko|tin ⟨n.; -s; unz.⟩ *giftiges Alkaloid des Tabaks, Reiz- u. Genussmittel;* oV *Nicotin*

Nim|bus ⟨m.; -, -se⟩ **1** *Heiligenschein* **2** ⟨fig.⟩ *Ansehen, Glanz, der eine Person od. Sache umgibt; jmdn. seines ~ entkleiden; das verleiht ihm, der Sache noch einen besonderen ~; im ~ der Heiligkeit, Unfehlbarkeit stehen; er hüllt sich gern in einen gewissen ~*

nim|mer ⟨Adv.⟩ **1** *nie, niemals; nie und ~; nun und ~ kann ~; ich will's ~ tun* **2** ⟨oberdt.⟩ *nicht mehr, nicht wieder, nicht länger*

nim|mer|mü|de ⟨Adj. 24⟩ *nicht ermüdend, unermüdlich*

nim|mer|satt ⟨Adj. 24; fig.; umg.⟩ *niemals satt, unersättlich*

Nim|mer|satt ⟨m.; - od. -(e)s, -e⟩ **1** *jmd., der nie satt wird, der nie genug bekommen kann, Vielfraß* **2** ⟨Zool.⟩ *Angehöriger der Gattung Ibis, die in Afrika bzw. Südasien vorkommt*

Nip|pel ⟨m.; -s, -⟩ **1** ⟨Tech.⟩ *kurzes Verbindungsstück für Rohre* **2** ⟨umg.⟩ *herab- od. vorstehendes Stückchen, kleiner Zapfen* **3** ⟨umg.⟩ *Brustwarze*

nip|pen ⟨V. 405⟩ **an, (von)** etwas ~ *einen kleinen Schluck trinken, (von einem Getränk) kosten;* vom Wein ~

Nip|pes ⟨Pl.⟩ *kleine, zur Zierde aufgestellte Figuren, kleine Dinge, Kleinkram;* was willst du mit dem ganzen ~?

nir|gends ⟨Adv.⟩ *an keinem Ort;* Sy nirgendwo; ich habe ihn ~ gesehen; ich fühle mich ~ so wohl wie hier; überall und ~

nir|gend|wo ⟨Adv.⟩ = *nirgends*

Ni|sche ⟨f.; -, -n⟩ *Vertiefung in der Mauer, Wand*

Nis|se ⟨f.; -, -n⟩ *(an den Haaren klebendes) Ei der Laus*

nis|ten ⟨V.⟩ **1** ⟨400⟩ *Vögel* ~ *(bauen u.) bewohnen ein Nest* **2** ⟨411⟩ etwas nistet **irgendwo** ⟨fig.; geh.⟩ *hat sich irgendwo angesiedelt, festgesetzt;* in den Ecken nistet Schimmel; Trauer nistet in ihrem Herzen ⟨poet.⟩ • **2.1** ⟨511 od. 550⟩ etwas nistet **sich in etwas** ⟨fig.⟩ *setzt sich in etwas fest;* Unmut nistete sich in seine Gedanken

◆ Die Buchstabenfolge **ni|tr...** kann in Fremdwörtern auch **nit|r...** getrennt werden.

◆ **Ni|trat** ⟨n.; -(e)s, -e; Chem.⟩ *Salz der Salpetersäure*

◆ **Ni|trid** ⟨n.; -(e)s, -e; Chem.⟩ *Verbindung von Stickstoff u. einem Metall*

◆ **Ni|trit** ⟨n.; -(e)s, -e⟩ *Salz der salpetrigen Säure*

◆ **Ni|tro|gly|ce|rin** ⟨n.; -s; unz.; fachsprachl.⟩ = *Nitroglyzerin*

◆ **Ni|tro|gly|ze|rin** ⟨n.; -s; unz.; Chem.⟩ *gelbliche, ölige, stark giftige Flüssigkeit, die in der Medizin u. zur Herstellung von Sprengstoff verwendet wird;* oV *Nitroglycerin*

Ni|veau ⟨[-ˈvoː] n.; -s, -s⟩ **1** *waagerechte Ebene;* auf gleichem ~ mit der Erde **2** *Höhenlage;* das ~ liegt 150 m über dem Meeresspiegel **3** *Wasserspiegel,* bes. *Meeresspiegel* **4** ⟨Atomphysik⟩ *Energiezustand eines Atoms, Moleküls od. Atomkerns* **5** ⟨fig.⟩ *Stufe, Rang, geistige Höhe, Bildungsgrad;* das ~ halten, heben, senken, wahren; das geistige, kulturelle, wirtschaftliche ~; sein Unterricht hat ein geringes, hohes, niedriges, überdurchschnittliches ~; eine Zeitschrift mit (einem gewissen) ~ • **5.1 kein** ~ **haben** *geistig anspruchslos sein, auf geringer geistiger Höhe stehen*

ni|vel|lie|ren ⟨[-vɛl-] V.⟩ **1** ⟨500⟩ ein Gelände ~ *ebnen, auf gleiche Höhe bringen* • **1.1 Unterschiede** ~ *durch Gleichmachen beseitigen* **2** ⟨400⟩ *Höhenunterschiede messen*

Ni|xe ⟨f.; -, -n; Myth.⟩ *weibl. Wassergeist, Wasserjungfrau*

no|bel ⟨Adj.⟩ **1** *vornehm, adelig* **2** *edel, großzügig;* ein nobler Charakter, Mann, Mensch; daraus spricht eine noble Gesinnung • **2.1** ⟨meist iron.⟩ *elegant, luxuriös;* ein nobles Hotel; ein nobler Empfang **3** *freigebig;* er gibt noble Trinkgelder; er hat sich stets ~ verhalten, gezeigt • **3.1** ~ **geht die Welt zugrunde** ⟨iron.; umg.⟩ *bei großer Verschwendung*

No|bel|preis ⟨m.; -es, -e⟩ *jährlich verliehener Preis für die besten Leistungen auf den Gebieten der Physik, Chemie, Medizin, Literatur, Wirtschaftswissenschaft u. zur Förderung des Weltfriedens*

noch[1] ⟨Adv.⟩ **1** ~ etwas od. jmd. *außerdem, zusätzlich;* ~ etwas!; ~ eins (muss ich dir sagen); möchtest du ~ Fleisch (haben)?; bitte ~ ein, zwei Bier; ~ einer!; der hat mir gerade ~ gefehlt; ~ ein Wort, und ich schlage zu!; schnell ~ ein Wort! (das ich dir sagen muss); das fehlte ~!; dazu kommt ~ Folgendes: ... • **1.1** ~ **und** ~ *ohne Ende, zahllos, in Mengen;* er hat Geld ~ und ~ • **1.2** ~ **einmal** *ein zusätzliches Mal* • **1.2.1** etwas ~ einmal tun *es wiederholen* • **1.2.2** ~ einmal so breit, so groß *doppelt so breit, so groß* **1.3** ~ dazu, wenn ... *vor allem* **2** ⟨in der Gegenwart⟩ *weiterhin (aber nicht mehr lange);* es ist ~ nicht so weit; ~ ist es Zeit (für deinen Entschluss); es ist ~ warm; du bist ~ zu jung, zu klein, um das zu begreifen; haben Sie ~ ein Zimmer frei, zu vermieten?; ~ immer keine Nachricht; ich denke kaum ~ daran; da kannst du ~ lachen?; ich will nur schnell ~ den Brief fertig schreiben; warte bitte ~! • **2.1** weißt du ~, ... *erinnerst du dich, ...?* • **2.2** er ist ~ **heute** so *so geblieben* • **2.3** ~ ist Polen nicht verloren (Liedanfang) ⟨fig.; umg.⟩ *es wird trotz schlechter Aussichten gut ausgehen* • **2.4** ist sie, er ~ **zu haben**? ⟨umg.⟩ *ledig, ungebunden* • **2.5** ich **habe** ~ **Zeit** *es eilt mir nicht* • **2.6** das mag ~ **angehen, hingehen** *ist erträglich* • **2.7 aber** ~ **heute**! *sofort, jetzt* **3** ⟨in der Vergangenheit⟩ *nicht später als;* ich habe ~ gestern mit ihm telefoniert; ~ im 18. Jahrhundert; ich kam gerade ~ zurecht **4** ⟨in der Zukunft⟩ *irgendwann, später;* ich werde es dir ~ erzählen; er wird schon ~ kommen; ich werde dir ~ Bescheid sagen; ~ vor Dienstag, Monatsende **5** ⟨verstärkend mit Adv., Pron. u. Adj. im Komparativ⟩ *wesentlich, erheblich;* ~ größer; das wäre ja ~ schöner!; er ist ~ tüchtiger als du; ein Dutzend oder ~ mehr; ich habe ~ viel zu tun; nur ~ wenig • **5.1** ~ **so** *ganz und gar;* und wenn es ~ so sehr regnet, schneit, stürmt, ... • **5.1.1** jede ~ so kleine Spende *jede, auch die kleinste S.* • **5.1.2** und wenn du ~ so schreist, es nützt dir nichts *ganz gleich, wie sehr du schreist, ...* **6** ⟨Getrennt- u. Zusammenschreibung⟩ • **6.1** ~ **mal** = *nochmal*

noch[2] ⟨Konj.⟩ *(weder) ... ~ und nicht, auch nicht;* er besaß nicht Geld ~ Gut; weder Schuhe ~ Strümpfe; wir sind weder arm ~ reich

noch|mal auch: **noch mal** ⟨Adv.; umg.⟩ *noch einmal;* verdammt ~! ~ nachhaken; es ~ versuchen; ~ von vorn anfangen

noch|mals ⟨Adv.⟩ *noch einmal;* ich werde es ~ versuchen

No|cken ⟨m.; -s, -⟩ *kurvenartiger Vorsprung auf einer Welle od. sich drehenden Scheibe*

No|ckerl ⟨n.; -s, -n; österr. Kochk.⟩ **1** *Mehl- od. Grießklößchen (als Suppeneinlage)* • **1.1 Salzburger** ~n *Klöße aus überbackenem Eischnee u. Zucker*

Noc|turne ⟨[-ˈtyrn] n.; -s, -s od. f.; -, -s; Mus.⟩ oV *Notturno* **1** ⟨im 18./19. Jahrhundert⟩ *mehrsätzige, der Se-*

renade ähnliche Komposition für Orchester **2** ⟨seit dem 19. Jh.⟩ *einsätziges Charakterstück (bes. für Klavier); die ~s von Chopin*

Noi|sette ⟨[noazɛt] f.; -, -s⟩ *Masse aus gemahlenen Haselnüssen, mit der u. a. Schokolade u. Pralinen gefüllt bzw. vermischt werden*

No|ma|de ⟨m.; -n, -n⟩ *Angehöriger eines wandernden Hirtenvolkes*

No|men ⟨n.; -s, - od. -mi|na; Gramm.⟩ **1** *der Beugung unterliegende Wortart, Substantiv, Pronomen, Adjektiv* **2** *~ est* (eigtl. et) *omen der Name hat (ist) zugleich eine Vorbedeutung, dieser Name sagt alles (eigentlich Name u. Vorbedeutung)* **3** *~ proprium* ⟨- -, -mi|na -pria⟩ *Eigenname*

no|mi|nal ⟨Adj. 24⟩ **1** ⟨Gramm.⟩ *das Nomen betreffend, zu ihm gehörig, auf ihm beruhend, substantivisch* **2** ⟨Wirtsch.⟩ *dem Nennwert entsprechend, auf Zahlen beruhend;* oV *nominell;* Ggs *real; ~es Einkommen, Wachstum*

No|mi|na|tiv ⟨m.; -s, -e; Abk.: Nom.; Gramm.⟩ **1** ⟨unz.⟩ *erster Fall der Deklination;* Sy *Werfall* **2** *Wort (z. B. Substantiv), das im Nominativ (1) steht*

no|mi|nell ⟨Adj. 24⟩ **1** *(nur) dem Namen nach, angeblich* **2** = *nominal (2)*

no|mi|nie|ren ⟨V. 500/Vr 7 od. Vr 8⟩ *jmdn. ~* **1** *nennen, benennen, namhaft machen* **2** *ernennen*

Non|cha|lance ⟨[nɔ̃ʃalɑ̃ːs] f.; -; unz.⟩ *Ungezwungenheit, (liebenswürdige) Lässigkeit, Unbekümmertheit, Formlosigkeit*

non|cha|lant ⟨[nɔ̃ʃalɑ̃ː] Adj.⟩ *ungezwungen, lässig, formlos; ein ~es Benehmen*

No|ne ⟨f.; -, -n⟩ **1** ⟨kath. Kirche⟩ *Gebetsstunde um drei Uhr nachmittags (9. Tagesstunde)* **2** ⟨Mus.⟩ *neunter Ton der Tonleiter* **2.1** *Intervall, das neun Tonstufen umfasst*

Non|ne ⟨f.; -, -n⟩ **1** *Angehörige eines weibl. Ordens, die die Gelübde abgelegt hat;* →a. *Mönch (1)* **2** ⟨Zool.⟩ *Nachtschmetterling aus der Familie der Trägspinner mit rötlichem Leib u. weißlichen Flügeln mit dunklen Querbinden, Fichtenspinner: Lymantria monacha* **3** *konkav gekrümmter Dachziegel;* Ggs *Mönch (3)*

Non|plus|ul|tra auch: **Non|plus|ult|ra** ⟨n.; -; unz.; meist scherzh.⟩ *das Optimale, Gelungenste, Beste; das ist ja nicht gerade das ~*

Non|sens ⟨m.; -; unz.⟩ *Unsinn, dummes, absurdes Gerede; das ist purer ~*

non|stop ⟨Adv.⟩ *ohne Unterbrechung, ununterbrochen; ~ nach Bangkok fliegen*

Non|stop|flug auch: **Non|stop-Flug** ⟨m.; -(e)s, -flü|ge⟩ *Flug ohne Zwischenlandung*

Nop|pe ⟨f.; -, -n⟩ **1** *Knoten in Garn od. Gewebe;* ~*nwolle* **2** *knötchenartige Erhebung auf einer Oberfläche;* ~*nmatte*

Nor|den ⟨m.; -s; unz.; Abk.: N⟩ **1** ⟨Abk.: N⟩ *Himmelsrichtung; nach, von ~* **2** *nördlich gelegenes Gebiet; im ~ der Stadt; im ~ liegen; im hohen ~* • **2.1** *die nördlichen Länder der Erde; die Völker des ~s*

nor|disch ⟨Adj. 24⟩ **1** *den Norden betreffend, zu ihm gehörig, aus ihm stammend* • **1.1** *~e* **Kombination** ⟨Skisp.⟩ *Wettkampf, der sich traditionell aus Skisprin-* gen (zwei Sprünge) u. Langlauf über 15 km zusammensetzt • **1.2** *die ~en* **Länder** *Dänemark, Färöer, Finnland, Grönland, Island, Norwegen, Schweden* • **1.3** *die ~en* **Sprachen** *Dänisch, Norwegisch u. Schwedisch (teils auch Färöisch u. Isländisch)*

nörd|lich ⟨Adj.⟩ **1** *in Richtung nach Norden; die Wolken ziehen ~* • **1.1** ⟨60⟩ *~e* **Breite** (Abk.: n. Br.) *geografische Breite nördlich des Äquators* **2** *im Norden (gelegen); der Ort liegt weiter ~; Nördliches Eismeer* • **2.1** *~ von einem bestimmten Gebiet außerhalb eines bestimmten Gebietes im Norden; ~ von Wien gelegen*

Nord|pol ⟨m.; -(e)s, -e⟩ *nördlicher Pol der Erde, der Planeten u. des (von der Erde aus betrachteten) Sternhimmels*

nör|geln ⟨V.⟩ **1** ⟨400⟩ *kleinlich schimpfen, tadeln, kritisieren* • **1.1** ⟨800⟩ **an etwas** *~ mit etwas nicht zufrieden sein; er muss an allem ~*

Norm ⟨f.; -, -en⟩ **1** *Richtschnur, Vorbild, Regel; als ~ dienen, gelten; der ~ entsprechend* • **1.1** *Vorschrift für Größen, Qualitäten, Verfahren, Darstellungsweisen;* Sy *Standard* **2** *am Fuß der ersten Seite eines Druckbogens gesetzter Name des Autors u. des abgekürzten Titels eines Buches* **3** ⟨DDR⟩ *vorgeschriebene Arbeitsleistung; Leistungs~; die ~ erreichen, erfüllen*

nor|mal ⟨Adj.⟩ **1** *regelmäßig, regelrecht* **2** *gewöhnlich, üblich, landläufig; ~es Gewicht; ~e Größe; in, unter ~en Verhältnissen* **3** ⟨umg.⟩ *geistig gesund; er ist nicht ganz ~* **4** ⟨Chem.; Zeichen: n⟩ *auf eine Normallösung bezogen*

nor|mal..., Nor|mal... ⟨in Zus.⟩ *der Norm entsprechend, durchschnittlich, üblich*

nor|ma|ler|wei|se ⟨Adv.⟩ *gewöhnlich, im Allgemeinen; ~ kommen solche Fehler bei uns nicht vor; er ist ~ pünktlich*

Nor|mal|zeit ⟨f.; -, -en⟩ *für ein größeres Gebiet festgelegte Zeit, Zonenzeit, Standardzeit;* Ggs *Ortszeit*

Nor|ne ⟨f.; -, -n; Myth.⟩ *eine der drei nordischen Schicksalsgöttinnen*

nor|we|gisch ⟨Adj. 24⟩ **1** *Norwegen betreffend, von ihm stammend, zu ihm gehörig* • **1.1** *~e* **Sprache** *zu den nordgermanischen Sprachen gehörende, in Norwegen gesprochene Sprache*

Nost|al|gie auch: **Nos|tal|gie** ⟨f.; -, -n⟩ *Sehnsucht nach den (als schöner u. besser empfundenen) früheren Zeiten, Rückwendung u. Wiederbelebung vergangener Stil-, Mode-, Kunstrichtungen u. Ä.*

not ⟨Adv.⟩ *nur noch in der Wendung) ~ sein = nottun; eins ist ~, nämlich ...*

Not ⟨f.; -, Nö|te⟩ **1** ⟨unz.⟩ *Knappheit, Mangel; Geld~; Zeit~; ~ macht erfinderisch* ⟨Sprichw.⟩ • **1.1** *aus der ~ eine Tugend machen das Beste aus einer unangenehmen Sache machen* • **1.2** *in der ~ frisst der Teufel Fliegen* ⟨Sprichw.⟩ *wenn Mangel herrscht, kann man sich mit wenig begnügen* • **1.3** *Armut, Elend; bittere, drückende, große ~; jmds. ~ erleichtern, lindern, mildern; ~ leiden; jmdn. in der ~ beistehen, helfen; jmdn. aus der, aus großer ~ retten; in ~ leben; in ~ sein; wenn du in ~ bist, dann komm zu mir; ei-*

nen Diebstahl aus ~ begehen; wenn die ~ am größten, ist Gottes Hilfe am nächsten ⟨Sprichw.⟩ • 1.3.1 ~ kennt kein Gebot ⟨Sprichw.⟩ *in schlimmer Lage ist der Mensch zu allem fähig* **2** *schwierige Lage, Bedrängnis, Hilflosigkeit;* innere, seelische, schwere, tiefe ~; in höchster ~ schrie er um Hilfe • 2.1 jetzt ist Holland in ~ ⟨umg.⟩ *jetzt ist Hilfe dringend nötig* • 2.2 *Gefahr;* in der höchsten ~ erschien ein Retter **3** *Kummer, Mühe, Sorge, Schwierigkeit;* jmdm. seine ~ klagen; er macht mir große ~, Nöte; in tausend Nöten; →a. *Mühe (1.3)* • 3.1 **mit genauer, knapper** ~ *entkommen nur mit Mühe, gerade noch* • 3.2 **seine (liebe) ~ (mit jmdm. od. etwas) haben** *Mühe (mit jmdm. od. etwas) haben* **4** *dringende Notwendigkeit;* der ~ gehorchend, nicht dem eignen Triebe (Schiller, „Braut von Messina", I, 1) • 4.1 es hat **keine** ~ *es ist nicht erforderlich, notwendig, es eilt nicht* • 4.2 **ohne** ~ *werde ich das nicht tun ohne dass es nötig ist* • 4.3 **zur** ~ ⟨umg.⟩ *wenn es unbedingt sein muss;* zur ~ geht es schon; ich habe zur ~ noch eine Matratze • 4.4 ich helfe euch aus, wenn ~ **am Mann** ist ⟨umg.⟩ *wenn es eilt, wenn es dringend nötig ist* • 4.5 Freunde in der ~ gehen tausend auf ein Lot ⟨Sprichw.⟩ *wenn man Hilfe braucht, verlassen einen die meisten Freunde* • 4.6 ~ bricht Eisen ⟨Sprichw.⟩ *im Fall dringender Notwendigkeit ist das Schwerste, Äußerste möglich* **5** ⟨Getrennt- u. Zusammenschreibung⟩ • 5.1 ~ **leidend** = *notleidend*

No|tar ⟨m.; -s, -e⟩ *ausgebildeter Jurist, der Unterschriften, Schriftstücke beglaubigt u. Rechtsgeschäfte beurkundet u. Ä.*

No|ta|rin ⟨f.; -, -rin|nen⟩ *weibl. Notar*

No|ta|ti|on ⟨f.; -, -en⟩ *Aufzeichnung, Niederschreiben (bes. von Musik in Notenschrift);* unterschiedliche ~en verwenden

Not|auf|nah|me ⟨f.; -, -n⟩ *Aufnahme in eine Krankenhausstation im Notfall*

Not|aus|gang ⟨m.; -(e)s, -gän|ge⟩ *zusätzlicher Ausgang für den Notfall, Ausgang bei Gefahr;* im Fall eines Brandes den ~ benutzen

Not|durft ⟨f.; -; unz.; geh.⟩ *Entleerung des Darms bzw. der Harnblase;* seine ~ verrichten; große, kleine ~

not|dürf|tig ⟨Adj.⟩ *nicht befriedigend, nur knapp (ausreichend), einen Schaden ausbessern;* sich ~ bekleiden; von seinem Lohn kann er ~ leben

No|te ⟨f.; -, -n⟩ **1** ⟨Mus.⟩ *Schriftzeichen für einen Ton;* ~n lesen, schreiben können; nach ~n singen, spielen • 1.1 jmdn. nach ~n verprügeln ⟨fig.; umg.; veraltet⟩ *gehörig, tüchtig* • 1.2 *(durch ein Schriftzeichen angegebener) Ton;* eine ~ aushalten, treffen, verfehlen; ganze, halbe ~n • 1.3 ⟨nur Pl.⟩ *Buch, Heft, Blatt mit Kompositionen;* die ~n für ein Duo, Quartett, eine Partitur • 1.3.1 **ohne** ~n singen, spielen *auswendig* **2** *in Wort oder Zahl ausgedrückte Beurteilung;* Sy Zensur (2), Prädikat (2); Schul~; gute, schlechte ~n; jmdm. die ~ 1 geben; ~n bekommen; heute gibt es ~n 2.1 ~ „**Eins**", „**sehr gut**" *erheblich über gut hinausgehend* • 2.2 ~ „**Zwei**", „**gut**" *merklich über dem Durchschnitt stehend* • 2.3 ~ „**Drei**", „**befriedigend**" *tüchtige Leistungen von gutem Durchschnitt* • 2.4 ~ „**Vier**", „**ausreichend**" *ausreichende Leistungen* • 2.5 ~ „**Fünf**", „**mangelhaft**" *nicht ausreichende Leistungen, jedoch bei Vorhandensein genügender Grundlagen mit der Möglichkeit baldigen Ausgleichs* • 2.6 ~ „**Sechs**", „**ungenügend**" *völlig unzureichende Leistungen ohne sichere Grundlage, Ausgleich in absehbarer Zeit nicht möglich* **3** ⟨Pol.⟩ *förmliche schriftliche Mitteilung einer Regierung an eine andere; diplomatische ~n;* eine ~ überreichen **4** ⟨kurz für⟩ *Banknote, Papiergeld;* ~n drucken, fälschen, aus dem Verkehr ziehen **5** *Bemerkung, Anmerkung;* Fuß~; etwas in einer ~ festhalten **6** ⟨fig.⟩ *Prägung, Eigenart;* der Raum hat seine besondere ~; sein Vortrag erhielt durch die Schilderung eigener Erlebnisse eine persönliche ~

Not|fall ⟨m.; -(e)s, -fäl|le⟩ **1** *Eintreten einer Notwendigkeit, Gefahr od. Ausnahmesituation, Zwangslage;* für den ~ einen Schirm mitnehmen **1.1 im** ~ *wenn es unbedingt sein muss, notfalls;* im äußersten ~

not|falls ⟨Adv.⟩ *im Notfall, wenn es sein muss;* ~ werde ich selbst hingehen

not|ge|drun|gen ⟨Adj. 24⟩ *weil es nicht anders geht, aus Not, aus dringender Notwendigkeit (geschehend), gezwungen*

no|tie|ren ⟨V. 500⟩ **1** eine **Sache** ~ *aufschreiben (um sie sich zu merken);* (sich) ein Datum, eine Verabredung, einen Termin ~ **2** einen **Kurswert** ~ *festsetzen u. veröffentlichen;* zum notierten Kurs **3** ⟨505⟩ **jmdn. (für etwas)** ~ *vormerken;* jmdn. für die Teilnahme an einem Lehrgang ~

nö|tig ⟨Adj.⟩ **1** *notwendig, erforderlich, unentbehrlich;* das Nötige besorgen, veranlassen; die ~en Mittel, Schritte, Unterlagen; danke, es ist nicht ~; es ist nicht ~ zu sagen, dass …; dringend, unbedingt ~; es fehlt ihm am Nötigsten; es (nicht) für ~ halten, etwas zu tun; wenn ~, komme ich sofort • 1.1 er hat es nicht mal für ~ gehalten, befunden, sich zu entschuldigen ⟨umg.⟩ *er hat sich nicht einmal entschuldigt* • 1.2 **jmdn. od. etwas** ~ **brauchen** *dringend, unbedingt;* er braucht ~ ein neues Fahrrad • 1.3 **jmdn. od. etwas** ~ **haben** *benötigen, brauchen;* er hat Ruhe, Schonung, Urlaub ~; er hat es bitter ~, dass man ihm hilft • 1.3.1 du hast es (gerade) ~, so anzugeben! ⟨umg.⟩ *du hast nichts geleistet, das dich berechtigt, so anzugeben* • 1.4 **nicht** ~ **haben,** etwas zu tun *etwas nicht zu tun brauchen, nicht tun müssen;* er hat es nicht ~, noch länger zu warten

nö|ti|gen ⟨V. 500⟩ **1** ⟨505⟩ **jmdn. (zu etwas)** ~ *dringend darum bitten, dazu auffordern, zwingen, (etwas zu tun);* zum Bleiben, Essen, Trinken ~; lassen Sie sich nicht nötigen! (beim Essen, Trinken zuzulangen) • 1.1 sich genötigt sehen, etwas zu tun *gezwungen sein, etwas zu tun* • 1.2 ⟨Rechtsw.⟩ *jmdn. mit Gewalt od. Drohung dazu bringen (etwas zu tun, zu dulden od. zu unterlassen);* er kann straffrei ausgehen, wenn er (dazu) genötigt worden ist

No|tiz ⟨f.; -, -en⟩ **1** *notierte Bemerkung, kurze Angabe, Vermerk;* Zeitungs~; sich ~en machen; eine kurze ~ bringen **2** ~ **nehmen** *Kenntnis, Beachtung;* (keine) ~ nehmen von etwas od. jmdm.

Notlage

Not|la|ge ⟨f.; -, -n⟩ *Bedrängnis, schwierige, schlimme Lage;* jmds. ~ (zum eigenen Vorteil) ausnützen; wirtschaftliche ~; sich in einer ~ befinden; jmdn. in eine ~ bringen; in eine ~ geraten

not|lan|den ⟨V. 400(s.)⟩ *eine Notlandung machen;* wir mussten ~; das Flugzeug ist notgelandet

Not|lan|dung ⟨f.; -, -en⟩ *durch eine Notlage (z. B. Motorschaden) erzwungene Landung auf unvorbereitetem Platz;* das Flugzeug setzt zur ~ an

not|lei|dend *auch:* **Not lei|dend** ⟨Adj. 24/70⟩ *sich in Not befindend, in materieller Not lebend;* die ~en Menschen in Flüchtlingslagern

Not|lü|ge ⟨f.; -, -n⟩ *Lüge aus Höflichkeit, um den andern nicht zu kränken;* gesellschaftliche ~; zu einer ~ greifen, Zuflucht nehmen

no|to|risch ⟨Adj. 24⟩ **1** *offenkundig, allbekannt* **2** *gewohnheitsmäßig;* ein ~er Trinker, Verbrecher

not|reif ⟨Adj. 24⟩ *vorzeitig reif, ohne ausgewachsen zu sein;* ~es Korn

Not|ruf ⟨m.; -(e)s, -e⟩ *Anruf u. Rufnummer von Polizei od. Feuerwehr im Fall einer Gefahr;* den ~ 110 wählen

Not|sitz ⟨m.; -es, -e⟩ *Behelfssitz, kleiner zusätzlicher Sitz (im Theater, Flugzeug, Zug)*

Not|stand ⟨m.; -(e)s, -stän|de⟩ **1** ⟨Rechtsw.⟩ *Zustand der Gefahr, aus der sich jmd. nur durch den Eingriff in das Recht eines anderen retten kann* **2** *Notlage*

not|tun ⟨V. 272/401⟩ *es tut not es ist nötig;* seine Hilfe hat uns notgetan; hier wird schnelles Eingreifen ~

Not|tur|no ⟨n.; -s, -s od. -tur|ni; Mus.⟩ = *Nocturne*

Not|wehr ⟨f.; -; unz.; Rechtsw.⟩ *Abwehr eines rechtswidrigen Angriffs;* die ~ überschreiten; aus ~ handeln; jmdn. in ~ erschießen

not|wen|dig ⟨a. [-'--] Adj.⟩ **1** ⟨70⟩ *erforderlich, unentbehrlich, unerlässlich, unvermeidlich;* dringend, unbedingt ~; ~e Anschaffungen, Unterlagen; eine ~e Voraussetzung; die ~en Formalitäten erledigen; die ~en Schritte unternehmen; das Notwendige veranlassen; es ist ~, sofort zu beginnen; es könnte ~ werden, dass …; ich halte es für ~; nur das Notwendigste mitnehmen • 1.1 *etwas od. jmdn. als ~es* **Übel** *betrachten* ⟨umg.⟩ *als lästige, aber unumgängliche Sache, lästige Person betrachten* **2** ⟨50⟩ *unbedingt, dringend;* etwas ~ brauchen; ich muss mal ~ ⟨erg.: auf die Toilette⟩ ⟨umg.⟩ **3** ⟨50⟩ *zwangsläufig;* deine Worte mussten ~ Ärger hervorrufen

Not|zucht ⟨f.; -; unz.; Rechtsw.; veraltet⟩ *Nötigung einer weibl. Person zu sexuellen Handlungen, bes. zum Geschlechtsverkehr, Vergewaltigung*

Nou|gat ⟨[nuː-] m. od. n.; -s, -s⟩ *Konfekt aus fein zerkleinerten Nüssen od. Mandeln mit Zucker u. Kakao;* oV *Nugat*

No|vel|le[1] ⟨[-vɛl-] f.; -, -n; Pol.⟩ *ergänzender od. ändernder Nachtrag zu einem Gesetz*

No|vel|le[2] ⟨[-vɛl-] f.; -, -n; Lit.⟩ *von einem einzelnen ungewöhnlichen ("neuen") Ereignis handelnde, kürzere, geradlinig sich steigernde, gedrängt berichtende Erzählung*

No|vem|ber ⟨[-vɛm-] m.; -s, -; Abk.: Nov.⟩ *der elfte Monat im Jahr*

No|vum ⟨[-vum] n.; -s, -va [-va]⟩ *Neuheit, Neuerung, neuer Gesichtspunkt;* das ist ein ~ in der Geschichte unseres Vereins

Nu ⟨m.; nur in den Wendungen⟩ *im ~,* **in einem ~** *sehr schnell;* ich bin im ~ zurück

Nu|an|ce ⟨[nyãːs(ə)] f.; -, -n⟩ **1** *Abstufung, feine Tönung;* eine ~ heller, dunkler **2** *winzige Kleinigkeit, Spur, Schimmer;* (keine) ~n unterscheiden (können); um eine ~ anders

nüch|tern ⟨Adj. 70⟩ **1** *ohne gegessen zu haben, mit leerem Magen;* er muss ~ zum Arzt • 1.1 ~er **Magen** *leerer M.;* eine Arznei auf ~en Magen einnehmen **2** ⟨70⟩ *nicht betrunken;* er ist nicht mehr ganz ~ • 2.1 *allmählich wieder* **werden** ⟨a. fig.⟩ *aus einem Rausch od. Begeisterungstaumel erwachen* **3** *besonnen, wirklichkeitsnah;* ein ~er Mensch; eine Sache ~ betrachten; ~ denken **4** *langweilig, trocken, fantasielos, alltäglich;* ein allzu ~er Bericht, Stil; ein ~er Mensch **5** ⟨veraltet⟩ *nach nichts (schmeckend), fad;* der Salat, die Suppe schmeckt etwas ~

Nu|ckel ⟨m.; -s, -; oberdt.⟩ *Schnuller*

Nu|del ⟨f.; -, -n⟩ **1** *Eierteigware in Faden-, Röhrchen-, kleiner Muschel- o. a. Form;* Band~, Spiral~; ~n essen **2** *Teigröllchen (zum Mästen von Gänsen)* **3** ⟨fig.; umg.⟩ *Person, Mensch;* eine putzige, lustige ~; eine dicke ~; Ulk~

Nu|del|holz ⟨n.; -es, -höl|zer⟩ *(hölzernes) Küchengerät in Form einer Rolle mit zwei Griffen zum Ausrollen von Teig;* Sy *Wallholz*

nu|deln ⟨V. 500⟩ **1** *Gänse ~ mit Nudeln füttern, mästen* **2** *jmdn. ~* ⟨fig.⟩ *überfüttern* • 2.1 *(wie) genudelt sein* ⟨umg.⟩ *sehr satt sein*

Nu|dis|mus ⟨m.; -; unz.⟩ *Bewegung, die den unbekleideten Aufenthalt beider Geschlechter im Freien propagiert, Freikörperkultur, Nacktkultur*

Nu|dist ⟨m.; -en, -en⟩ *Anhänger des Nudismus*

Nu|dis|tin ⟨f.; -, -tin|nen⟩ *weibl. Nudist*

Nu|gat ⟨m. od. n.; -s, -s⟩ = *Nougat*

nu|kle|ar *auch:* **nuk|le|ar** ⟨Adj. 24⟩ **1** *den Atomkern betreffend, von ihm ausgehend* **2** *auf Kernreaktion beruhend*

null ⟨Numerale; Zeichen: 0⟩ **1** *kein, nichts;* das Spiel steht zwei zu ~ (2:0); das Ergebnis der Sache ist ~; der Zeiger auf null stellen **2** ~ und **nichtig** *ungültig* **3** *eine* **Temperatur** *von ~ Grad (0 °C) am Anfang der Skala von Celsius, auf dem Gefrierpunkt;* zwei Grad über (unter) null; die Temperatur sinkt unter null **4** *in* null Komma nichts ⟨umg.⟩ *sehr schnell, in Windeseile*

Null[1] ⟨f.; -, -en; Zeichen: 0⟩ **1** *Ziffer, die einen Stellenwert im Zehner-, Zweier- od. anderen Zahlensystem bezeichnet* • 1.1 *einer Zahl eine ~ anhängen sie mit 10 multiplizieren;* da kannst du noch ein paar ~en anhängen! **2** *Nullpunkt, Gefrierpunkt (von Wasser)* **3** *jmd. ist eine ~ ein untüchtiger, bedeutungsloser Mensch*

Null[2] ⟨m. od. n.; -s, -s; Skat⟩ **1** *im Skat ein Spiel, bei dem der Spieler keinen Stich bekommen darf* • 1.1 ~ *ouvert* [uvɛːr] *Nullspiel, bei dem der Spieler nach dem ersten Stich die Karten offen hinlegen muss*

Null|punkt ⟨m.; -(e)s, -e⟩ **1** *Bezugspunkt einer Skala, z. B. bei Thermometern der Gefrierpunkt des Wassers als Ausgangspunkt der Celsius-Skala* **2** *auf den ~ sinken* ⟨fig.⟩ *den größten Tiefstand erreicht haben; die Stimmung sank nach der Niederlage auf den ~*

Nu|me|ra|le ⟨n.; -s, -lia od. -li|en; Gramm.⟩ = *Zahlwort*

nu|me|rie|ren ⟨alte Schreibung für⟩ *nummerieren*

Nu|me|ro ⟨ohne Artikel; Abk.: No.; Zeichen: N°; veraltet; noch scherzh.⟩ *Nummer (in Verbindung mit einer Zahl); das ist ~ vier*

Nu|me|rus ⟨m.; -, -me|ri⟩ **1** ⟨Gramm.⟩ *grammatische Kategorie, die angibt, ob die durch Nomen, Pronomen od. Verb ausgedrückten Begriffe einfach od. mehrfach aufzufassen sind, z. B. Singular, Plural* **2** ⟨Math.⟩ *Zahl, zu der der Logarithmus gesucht wird* **3** *~ clausus* ⟨Abk.: NC⟩ *begrenzte Zahl für die Zulassung von Bewerbern zum Studium*

Nu|mis|ma|tik ⟨f.; -; unz.⟩ *Münzkunde*

Num|mer ⟨f.; -, -n⟩ **1** *Glied in einer Reihe von Ordnungszahlen;* Haus~, Los~, Telefon~, Fax~, Zimmer~; *er hat Zimmer~ 10; laufende ~; in welcher ~ (Haus~) wohnen Sie?; wir sind unter ~ (Telefon~) 25871 zu erreichen* **1.1** *Exemplar; ~ einer Zeitschrift* **1.2** *einzelne Darbietung innerhalb einer Folge von Vorführungen; eine hervorragende, komische, tolle ~* **2** *Größe (eines Kleidungsstückes);* Handschuh ~ 10, *Anzug ~ 56, Schuh ~ 42* **3** *bei jmdm. eine* **gute** ~ **haben** ⟨fig.⟩ *von jmdm. sehr geschätzt werden* **4** *jmd. ist eine* **komische, ulkige** ~ *ein Spaßmacher* **4.1** *jmd. ist eine* **tolle** ~ ⟨fig.⟩ *ein allen Vergnügungen zugeneigter Mensch, der Freude am Leben hat* **5** *auf ~* **Sicher/sicher** ⟨fig.; umg.⟩ **5.1** *auf ~ Sicher/sicher* **gehen** *kein Risiko eingehen wollen* **5.2** *auf ~ Sicher/sicher* **sein** *im Gefängnis*

num|me|rie|ren ⟨V. 500⟩ **Personen** od. **Gegenstände** ~ *mit Nummern (1) versehen*

nun ⟨Adv.⟩ **1** *jetzt;* ~, *da es so weit ist, bin ich ganz ruhig;* ~ *hab' ich aber genug!; wir kommen ~ zu der Frage, ob …; ich muss ~ gehen;* ~ *aber soll alles anders werden;* ~ *und nimmermehr; von ~ an* **1.1** *was* ~? *was soll jetzt weiter geschehen?* **2** ⟨Partikel ohne eigentl. Bedeutung⟩ **2.1** *also; er mag ~ wollen oder nicht;* ~ *sag bloß, du hättest …* **2.1.1** ~? *was ist damit?, was soll geschehen, was möchtest du?;* ~, *warum antwortest du nicht?;* ~, *wird's bald?;* ~, *wie steht's? (als Aufforderung zu antworten od. etwas zu tun, was erwartet wird)* **2.1.2** ~ **gut!** *meinetwegen!, einverstanden!* **2.2** ~ **dann!** *auf denn!, lasst uns beginnen, frisch ans Werk* **2.3** ~ **ja** *(Ausdruck der Gleichmütigkeit, auch des leisen Einwands);* ~ *ja, wie dem auch sei …;* ~ *ja, ganz so ist es auch wieder nicht* **2.4** ~, ~! *(Ausdruck beschwichtigenden Zuspruchs);* ~, ~, *so schlimm wird es doch nicht gewesen sein!* **2.5** ~ **einmal, mal** *eben; das ist ~ mal so,* ~ *mal nicht anders* **3** ⟨Konj.; veraltet, noch poet.⟩ *nachdem, da, weil;* ~ *so lange gezögert hat, muss ich auch …*

nun|mehr ⟨Adv.⟩ *jetzt, von jetzt an*

Nun|ti|us ⟨m.; -, -ti|en⟩ *päpstlicher Botschafter*

nur ⟨Adv.⟩ **1** *nicht mehr als, nichts anderes als, niemand anders als, bloß; es kostet ~ fünf Euro;* ~ *noch eine Stunde; ich habe ~ einen Schlüssel;* ~ *ich; alle,* ~ *ich nicht; es trifft ja ~ ihn* **1.1** **nicht** ~ (…), **sondern auch** (…) *sowohl als auch; nicht ~ billig, sondern auch gut* **2** *so* ⟨umg.⟩ *ohne besonderen Grund, aus Vergnügen; ich bin ~ so vorbeigekommen; ich habe das ~ so gesagt; ich meine (ja) ~ so* **2.1** *der Wind brauste mir ~ so um die Ohren sehr heftig* **3** ⟨konjunktional; Vorausgehendes einschränkend⟩ **3.1** *allerdings, jedoch;* ~ *habe ich leider vergessen zu sagen …;* ~ *weiß ich nicht, ob …* **3.2** *lediglich; er braucht es ~ zu sagen* **3.3** ~ **dass** *… ausgenommen dass; die Zimmer waren in Ordnung,* ~ *dass die Duschen fehlten* **4** ⟨Partikel ohne bestimmte Bedeutung; meist verstärkend⟩ **4.1** ~ **zu gut,** *schnell sehr, ganz besonders gut, schnell; das weiß er ~ zu gut* **4.2** ⟨in Aufforderungssätzen⟩ *(bitte);* *schau doch* ~!; ~ *Mut, Geduld!;* ~ *keine Umstände!;* ~ *das nicht!* **4.2.1** ~ **zu!** *vorwärts!, keine Angst!* **4.3** ⟨in Wunschsätzen⟩ *doch (endlich); wenn er ~ (endlich) käme!; wenn er ~ nicht sagt …; wenn ich ~ wüsste, ob …!* **4.4** ⟨in Fragesätzen der Anteilnahme, des Unmuts⟩ *eigentlich; was hat er ~?; was hat er ~ von dir gewollt?*

nu|scheln ⟨V. 400; umg.⟩ *undeutlich sprechen; was nuschelst du da in deinen Bart?*

Nuss ⟨f.; -, Nüs|se⟩ **1** *trockene pflanzliche Schließfrucht, die mit Hilfe eines Trennungsgewebes als Ganzes abfällt;* Erd~, Hasel~, ~öl; ~schale **1.1** *Nüsse knacken Schalen der Nüsse aufbrechen;* →a. *hart (4.3)* **2** ⟨i. w. S.⟩ *essbarer Kern von Schalenobstarten;* Wal~; Kokos~ **3** = *Kugel (4)* **4** *Teil des Schlosses am Gewehr* **5** ⟨Jägerspr.⟩ *äußeres Geschlechtsteil (von Wölfin, Füchsin, Hündin)* **6** ⟨umg.⟩ *Kopf; jmdm. eins auf die* ~ *geben* **7** *eine* **alberne, komische** ~ ⟨umg.; abwertend⟩ *Person*

Nüs|ter ⟨a. [ny:s-] f.; -, -n; meist Pl.⟩ *Nasenloch (bes. beim Pferd)*

Nut ⟨f.; -, -en⟩ *rinnenförmige Vertiefung in der Oberfläche von Werkstoffen*

Nut|te ⟨f.; -, -n; abwertend⟩ = *Prostituierte*

nutz ⟨Adv.; süddt.; österr.⟩ = *nütze*

Nutz ⟨m.; -es; unz.; veraltet für⟩ **1** *Nutzen* **1.1** ⟨noch in der Wendung⟩ *jmdm. zu ~ u.* **Frommen** *zu jmds. Nutzen, zu jmds. Vorteil* **2** ⟨Getrennt- u. Zusammenschreibung⟩ **2.1** *zu Nutze* = *zunutze*

nutz|bar ⟨Adj.⟩ *so beschaffen, dass man es nutzen kann (Boden)*

nüt|ze ⟨Adv.⟩ *nützlich, brauchbar,* oV ⟨österr.⟩ *nutz; das ist zu nichts ~; du bist auch wirklich zu gar nichts ~!*

nut|zen ⟨V.⟩ oV *nützen* **1** ⟨600/Vr 6⟩ *jmdm.* od. **einer Sache** ~ *förderlich sein, Nutzen bringen; zu etwas ~; wozu soll das ~?; wem nützt du damit?; das nützt mir viel, wenig, nichts; ich freue mich, wenn ich Ihnen, wenn Ihnen das Buch etwas ~ kann* **1.1** ⟨501⟩ **es nutzt nichts** *es hilft nichts, es hat keinen Zweck* **2** ⟨500⟩ *etwas ~ ausnutzen, aus etwas Vorteil ziehen, etwas vorteilhaft gebrauchen; Bodenschätze ~; den Augenblick, die Gelegenheit ~; ich will die Zeit ~, um noch etwas zu erledigen*

Nutzen

Nut|zen ⟨m.; -s; unz.⟩ *Ertrag, Gewinn, Vorteil;* ~ abwerfen, bringen; aus etwas ~ ziehen; von etwas ~ haben; das kann mir sehr von ~, von großem ~ sein

nüt|zen ⟨V.⟩ = *nutzen*

nütz|lich ⟨Adj.⟩ **1** *Nutzen bringend, Gewinn bringend, ertragreich, vorteilhaft;* Ggs *schädlich;* ~e Pflanzen, Tiere; allerlei ~e Dinge; deine Arbeit, dein Buch, dein Hinweis war mir sehr ~; das Angenehme mit dem Nützlichen verbinden • **1.1** ⟨72⟩ **jmdm. (bei, in, mit etwas)** ~ **sein** *behilflich sein, helfen;* ich hoffe, ich kann Ihnen bei der Suche ~ sein • **1.1.1 sich (bei, in etwas)** ~ **machen** *Hand anlegen, helfen (bei, in);* er sagt, er wolle sich im Haus, bei der Hausarbeit ~ machen

nutz|los ⟨Adj.⟩ *ohne Nutzen, unergiebig, unfruchtbar,* vergeblich; ~e Anstrengungen, Bemühungen, Mühe, Versuche; es war alles ~; sein Leben ~ aufs Spiel setzen

Nutz|nie|ßer ⟨m.; -s, -⟩ *jmd., der den Nutzen von etwas hat, der den Vorteil von etwas genießt*

Ny|lon® ⟨[naɪ-] n.; -s; unz.⟩ *zu den Polyamidfaserstoffen gehörige synthet. Textilfaser*

Ny|lons ⟨[naɪ-] nur Pl.; umg.; veraltet⟩ *Strümpfe aus Nylon*

Nym|phe ⟨f.; -, -n⟩ **1** *griechische weibl. Naturgottheit* **2** ⟨Zool.⟩ *Übergangsstadium in der Entwicklung bestimmter Insekten (z. B. der Fransenflügler) zwischen Larve u. Puppe* **3** ⟨Anat.⟩ = *Schamlippe (1.2)*

Nym|pho|ma|nie ⟨f.; -; unz.⟩ *krankhaft gesteigerter Geschlechtstrieb bei Frauen*

o ⟨Int.⟩ **1** *(gefühlsbetonter, verstärkender An- od. Ausruf, nur in Verbindung mit anderen Wörtern);* ~ Herr!; ~ doch! • **1.1** ~ **ja**! *gewiss doch!, aber ja!* • **1.2** ~ **nein**! *bestimmt nicht!, ganz u. gar nicht, im Gegenteil* • **1.3** ~ **weh**! *wie schade!; wie schrecklich!*

Oa|se ⟨f.; -, -n⟩ **1** *fruchtbare Stelle mit Quelle in der Wüste* **2** ⟨fig.⟩ *vom Lärm der Welt abgeschlossener Ort; eine ~ des Friedens, der Stille*

ob[1] ⟨Konj.⟩ **1** *(einleitendes Wort für den indirekten abhängigen od. unabhängigen Fragesatz);* frag ihn, ~ er zum Essen kommt; ich möchte wissen, ~ ich Recht habe; ~ er wohl noch kommt?; ~ ich wohl lieber einmal nachsehe? **2** ~ ... **auch, gleich, schon** ⟨poet.⟩ *obgleich, wenn auch;* ~ auch alle gegen ihn waren, er setzte sich doch durch; und ~ er gleich erschöpft war, er ruhte nicht **3** ~ er nun kommt **oder** nicht, wir müssen jetzt anfangen *entweder er kommt, od. er kommt nicht, das ist jetzt gleich* **4** ~ ..., ~ ... *sowohl ... als auch;* alle, ~ Arm, ~ Reich; →a. **als**[1] (5.2) **5 und** ~! ⟨umg.; verstärkend⟩ *und wie!, freilich!, gewiss;* ist es sicher? Und ~!; und ~ ich ihn kenne!

ob[2] ⟨Präp.⟩ **1** ⟨mit Gen.; veraltet; noch poet.⟩ *wegen;* ~ dieser Bemerkung; sie machte ihm Vorwürfe ~ seines langen Ausbleibens **2** ⟨mit Dat.; veraltet⟩ *oberhalb, über;* ~ dem Wasserfall; Rothenburg ~ der Tauber

Ob|acht ⟨f.; -; unz.⟩ **1** *Aufmerksamkeit, Beachtung* • **1.1** ~! ⟨bes. süddt.⟩ *Vorsicht!, aufgepasst!* • **1.2 auf etwas** od. **jmdn.** ~ **geben** *aufpassen* • **1.2.1** gib ~! *pass auf!, sieh dich vor!*

Ob|dach ⟨n.; -s; unz.⟩ *Unterkunft, Zufluchtsstätte, Wohnung;* jmdm. (ein) ~ gewähren; kein ~ haben, finden

Ob|dach|lo|se(r) ⟨f. 2 (m. 1)⟩ *jmd., der kein Obdach besitzt, ohne Wohnung ist;* Sy *Nichtsesshafte(r), Wohnungslose(r)*

Ob|duk|ti|on ⟨f.; -, -en⟩ *pathologisch-anatomische Untersuchung einer Leiche zur Klärung der Todesursache;* Sy *Leichenöffnung, Sektion* (1)

ob|du|zie|ren ⟨V. 500⟩ eine Leiche ~ *eine Obduktion an einer L. vornehmen*

O-Beine ⟨Pl.⟩ *Beine mit nach außen gebogenen Unterschenkeln*

O-bei|nig *auch:* **o-bei|nig** ⟨Adj. 24⟩ *O-Beine habend*

Obe|lisk ⟨m.; -en, -en⟩ *vierkantige, oben spitz zulaufende Säule*

oben ⟨Adv.⟩ **1** *in der Höhe, an hoch gelegener Stelle;* da ~, dort ~; hoch ~; weit ~; hier ~ ist es windig; links, rechts ~; die Märchenbücher stehen ganz ~ (im Schrank); ich habe den Koffer ~ auf den Schrank gelegt • **1.1** ~ **ohne** ⟨umg.; scherzh.⟩ *mit unbekleidetem Oberkörper* • **1.2** jmdn. **von** ~ **bis unten** ansehen, mustern *jmdn. von Kopf bis Fuß mustern* • **1.3** jmdn. **von** ~ **herab** behandeln ⟨fig.⟩ *hochmütig jmdm. gegenüber sein, jmdn. herablassend behandeln* • **1.4 von** ~ *aus der Höhe (herab);* von ~ hat man einen sehr weiten Blick • **1.5** er war **von** ~ **bis unten** nass *ganz u. gar durchnässt* • **1.6 nach** ~ *hinauf* • **1.7** mir steht die Sache **bis** (hier) ~ ⟨fig.; umg.⟩ *ich habe die Sache gründlich satt* • **1.8** behalt den Kopf ~! ⟨fig.⟩ *bleib tapfer!* **2** *auf der Oberfläche;* Fett schwimmt ~ • **2.1** ~! (Aufschrift auf Kisten) *hier Oberseite!* **3** *außen* • **3.1** ~ hui, unten pfui ⟨umg.⟩ *nach außen sauber u. ordentlich, darunter unordentlich u. schmutzig* **4** ⟨umg.⟩ *im Haus, in der (oberhalb des Erdgeschosses gelegenen) Wohnung;* mein Bruder ist ~ • **4.1** der Junge muss heute ~ bleiben *in der Wohnung, er darf nicht auf die Straße* • **4.2 nach** ~ gehen, kommen *die Treppe hinaufgehen, in ein höheres Stockwerk gehen* **5** ~ (**am Tische**) sitzen *am Anfang der Tafel* **6 von** ~ **nach unten** schreiben *die Schriftzeichen untereinander setzen;* die chinesische Schrift wird von ~ nach unten geschrieben **7** *weiter vorn in dem Buch, Text;* wie ~ erwähnt; ⟨aber Getrennt- u. Zusammenschreibung⟩ ~ erwähnt = *obenerwähnt;* siehe ~ **8** ⟨fig.; umg.⟩ *an leitender Stelle, bei den Vorgesetzten;* er ist ~ sehr, nicht beliebt • **8.1** die Anordnung kommt **von** ~ *von übergeordneter Stelle* **9** ⟨Getrennt- u. Zusammenschreibung⟩ • **9.1** ~ genannt = *obengenannt* • **9.2** ~ stehend = *obenstehend*

oben|an ⟨Adv.⟩ *ganz oben, an erster Stelle, am Anfang einer Reihe;* er sitzt (am, bei Tisch) ~; sein Name steht ganz ~ (auf der Liste)

oben|auf ⟨Adv.⟩ **1** *ganz oben darauf, über allem anderen, zuoberst;* ein Stück Wurst (noch) ~ legen; dein Heft liegt gleich ~ **2** ~ **sein** ⟨fig.; umg.⟩ *munter, wohlauf* • **2.1 immer** ~ sein *immer munter u. fröhlich sein* • **2.2 wieder** ~ sein *gesund u. munter*

oben|drauf ⟨Adv.; umg.⟩ *obenauf, ganz oben, auf allem anderen, (bzw.) auf alles andere*

oben|drein ⟨Adv.⟩ *außerdem, noch dazu;* wir kamen zu spät und hatten ~ noch die Eintrittskarten vergessen

oben|er|wähnt *auch:* **oben er|wähnt** ⟨Adj. 24/60⟩ *vorher (im Text) erwähnt;* der ~e Satz; das Obenerwähnte / oben Erwähnte bestätigen; →a. *oben* (7)

oben|ge|nannt *auch:* **oben ge|nannt** ⟨Adj.⟩ *vorher (im Text) genannt, erwähnt;* das Obengenannte/ oben Genannte wiederholen

oben|her|um *auch:* **oben|he|rum** ⟨Adv.⟩ *im oberen Bereich (des Körpers);* sich ~ entkleiden

oben|ste|hend *auch:* **oben ste|hend** ⟨Adj. 24/60⟩ *bereits weiter vorn im Text genannt, bezeichnet, erwähnt;* der ~e Absatz; das Obenstehende / oben Stehende wurde bereits mehrfach angezweifelt

Ober ⟨m.; -s, -⟩ **1** *dt. Spielkarte* **2** *Oberkellner* • **2.1** *Kellner;* Herr ~, bitte zahlen!

ober..., Ober... ⟨in Zus.⟩ **1** *räumlich darüber liegend,* höher gelegen; Oberarm, Oberteil **2** *der höher gelegene Teil von (in geografischen Namen);* Oberbayern; Oberitalien **3** *höchst, umfassend, allein verantwortlich;* Oberbefehlshaber, Oberbegriff, Oberleitung **4** *höher, am höchsten im Rang stehend;* Oberbürgermeister, Oberleutnant **5** ⟨umg.; salopp⟩ *sehr, besonders, höchst, äußerst;* oberdoof, oberschlau, Oberbonze, Obergauner

Ober|arm ⟨m.; -(e)s, -e; Anat.⟩ *Arm vom Ellenbogen bis zur Schulter;* Ggs *Unterarm*

Ober|bau ⟨m.; -(e)s, -ten⟩ **1** *der auf Pfeilern ruhende Teil (bei Brücken)* **2** *Gleisanlage (der Eisenbahn) u. ihre Bettung*

Ober|be|fehl ⟨m.; -(e)s; unz.; Mil.⟩ *höchste militärische Befehlsgewalt;* den ~ haben (über)

Ober|be|klei|dung ⟨f.; -; unz.⟩ *zuoberst, über der Unterwäsche getragene Kleidung, z. B. Rock, Bluse, Kleid, Mantel, Anzug usw.;* Geschäft für Damen- u. Herren~

obe|re(r, -s) ⟨Adj. 60⟩ **1** *höher, darüber stehend, liegend;* das ~ Stockwerk • **1.1** die Oberen *die Vorgesetzten, Vorsteher* • **1.2** der ~ **Flusslauf** *der erste Teil des Flusses nach der Quelle* • **1.3** die ~n **Klassen,** *Schichten gesellschaftlich höher stehende K., S.* • **1.4** das Oberste zuunterst kehren ⟨a. fig.⟩ *alles durcheinanderbringen;* →a. *zehntausend (1.)*

Ober|flä|che ⟨f.; -, -n⟩ **1** *Gesamtheit der einen Körper begrenzenden Flächen;* glänzende, glatte, harte, raue, weiche ~ • **1.1** *alles, was er sagt, bleibt an der* ⟨fig.⟩ *geht nicht in die Tiefe, berührt die Fragen nur flüchtig, bleibt bei Äußerlichkeiten hängen* **2** *obere Begrenzungsfläche einer Flüssigkeit;* auf der ~ (einer Flüssigkeit des Wassers) schwimmen

ober|fläch|lich ⟨Adj.⟩ **1** *an der Oberfläche haftend, nicht tief eindringend;* eine ~e Wunde **2** ⟨fig.⟩ *flüchtig, nicht gründlich;* jmdn. od. etwas nur ~ kennen; etwas ~ ausführen; etwas nur ~ ansehen, lesen **3** ⟨fig.⟩ *ohne tiefere Gefühle, ohne Ernst u. ohne Ausdauer, leichtfertig, äußerlich;* ein ~er Mensch

Ober|ge|schoss ⟨n.; -es, -e⟩ **1** *höher als das Erdgeschoss gelegenes Stockwerk* • **1.1** zweites ~ *zweites Stockwerk*

ober|halb ⟨Präp. m. Gen.⟩ *über, höher als ... gelegen;* ~ des Balkons, der Tür

Ober|hand ⟨f.; -; unz.⟩ *Überlegenheit, Übermacht;* die ~ behalten; die ~ gewinnen (über)

Ober|haupt ⟨n.; -(e)s, -häup|ter⟩ **1** *Herrscher, Leiter;* Staats~ **2** *Führer, Anführer (einer Bande)*

Obe|rin ⟨f.; -, -rin|nen⟩ **1** *Vorsteherin eines Klosters, eines (kirchlichen) Heimes o. Ä.* **2** = *Oberschwester*

ober|ir|disch ⟨Adj. 24⟩ *über dem Erdboden gelegen;* Ggs *unterirdisch (1);* ein ~er Keller; eine ~e Leitung

Ober|kör|per ⟨m.; -s, -; Anat.⟩ *menschlicher Rumpf vom Nabel bis zum Hals;* Ggs *Unterkörper*

Ober|lauf ⟨m.; -(e)s, -läu|fe⟩ *nach der Quelle zu liegender Flussteil;* Ggs *Unterlauf*

Obers ⟨n.; -; unz.; österr.⟩ *Sahne, Rahm;* Schlag~

Ober|schen|kel ⟨m.; -s, -; Anat.⟩ *oberer Teil des Beines (vom Knie an aufwärts);* Ggs *Unterschenkel*

Ober|schicht ⟨f.; -, -en⟩ *führende Gesellschaftsschicht;* Ggs *Unterschicht*

Ober|schu|le ⟨f.; -, -n⟩ **1** *höhere Schule, weiterführende Schule* • **1.1** Polytechnische ~ (Abk.: POS; DDR) *allgemeinbildende, zehnklassige Oberschule*

Ober|schwes|ter ⟨f.; -, -n⟩ *Leiterin der Schwestern einer Station od. eines Krankenhauses;* Sy *Oberin (2)*

Oberst ⟨m.; -s od. -en, -en od. (selten) -e; Mil.⟩ **1** ⟨unz.⟩ *Offiziersrang zwischen Oberstleutnant u. Brigadegeneral* **2** *Offizier im Rang eines Obersten (1)*

obers|te(r, -s) ⟨Adj. 70⟩ **1** ⟨Superlativ zu⟩ *ober* • **1.1** *ganz oben befindlich, die höchste Stelle, den höchsten Rang einnehmend;* Ggs *unterste (1.1);* das ~ Fach, der Oberste Gerichtshof; die ~ Sprosse

Oberst|leut|nant ⟨m.; -s, -s od. -e; Mil.⟩ **1** ⟨unz.⟩ *Offiziersrang zwischen Major u. Oberst* **2** *Offizier im Rang eines Oberstleutnants*

Ober|was|ser ⟨n.; -s; unz.⟩ **1** *oberhalb eines Wehres od. einer Talsperre gestautes Wasser* • **1.1** (wieder) ~ haben ⟨fig.⟩ *(wieder) im Vorteil sein, überlegen sein*

ob|gleich ⟨Konj.⟩ *obwohl, obschon, wenn auch;* →a. *gleich (5.3);* ~ es regnet, gehe ich aus

Ob|hut ⟨f.; -; unz.; geh.⟩ *fürsorgliche Aufsicht, Schutz;* jmdn. in seine ~ nehmen; in jmds. ~ stehen

obig ⟨Adj. 24/60⟩ **1** *oben erwähnt, oben genannt (im Text);* Sie teilten uns in Ihrem ~en Schreiben mit, dass ... • **1.1** der, die Obige (Abk.: d. O.) *(Unterschrift unter eine Nachschrift im Brief)* • **1.2** im Obigen *weiter oben (erwähnt, genannt)*

Ob|jekt ⟨n.; -(e)s, -e⟩ **1** *Sache, Gegenstand einer Untersuchung;* Forschungs~; das ~ einer Betrachtung • **1.1** *Sache, die zu kaufen od. zu verkaufen ist;* Wert~, Pfand~; das Grundstück ist ein wertloses ~ **2** ⟨Philos.⟩ *Gegenstand des Wahrnehmens, Erkennens u. Denkens* **3** ⟨Gramm.⟩ *Satzteil, der aus einer nominalen Ergänzung zum Verb besteht;* →a. *Subjekt (4);* Akkusativ~, Dativ~, Genitiv~ **4** die **Tücke** des ~s ⟨fig.; umg.⟩ *plötzlich auftretende, unvorhergesehene Schwierigkeit*

ob|jek|tiv ⟨Adj.⟩ **1** *gegenständlich, tatsächlich* **2** Ggs *subjektiv* • **2.1** *sachlich, vorurteilsfrei, unparteiisch;* ein ~es Urteil; eine Sache ~ betrachten • **2.2** *allgemeingültig*

Ob|jek|tiv ⟨n.; -s, -e; Fot.; Optik⟩ *dem Gegenstand zugewandte Linse(nkombination)*

Ob|la|te[1] ⟨f.; -, -n⟩ **1** *noch nicht geweihte Hostie* **2** ⟨Bäckerei⟩ • **2.1** *hauchdünne, aus Weizenmehl gebackene Scheibe (als Unterlage für Backwerk, bes. Lebkuchen)* • **2.2** *rundes, scheibenförmiges, dünnes, waffelartiges Gebäck;* Karlsbader ~n

Ob|la|te[2] ⟨m.; -n, -n⟩ **1** *für das Kloster bestimmtes u. dort erzogenes Kind* **2** ⟨nur Pl.⟩ *Angehörige mehrerer Kongregationen (2)*

ob|lie|gen ⟨a. [-'--] V. 180/600; geh.⟩ **1** *einer Sache sich anhaltend mit einer S. beschäftigen, eine S. ausführen, erfüllen;* er obliegt seiner Aufgabe mit großer Gewissenhaftigkeit • **1.1** es liegt ihm ob / es obliegt ihm, die täglich einlaufende Post zu verteilen *er hat die Aufgabe, es gehört zu seinen Pflichten*

ob|li|ga|to|risch ⟨Adj. 24⟩ *verbindlich, verpflichtend, vorgeschrieben;* Ggs *fakultativ;* die Vorlesung ist ~

Ob|mann ⟨m.; -(e)s, -män|ner od. -leu|te⟩ **1** *Vorsitzen-*

der **2** *Vertrauensmann;* Partei~ **3** ⟨früher⟩ *Beratungsleiter der Geschworenen*

Oboe ⟨[-bo:ə] f.; -, -n; Mus.⟩ *aus der Schalmei entwickeltes Holzblasinstrument mit doppeltem Rohrblatt im Mundstück u. näselndem Klang*

Obollus ⟨m.; -, - od. -se⟩ **1** *kleine altgriechische Münze* **2** ⟨meist scherzh.⟩ *kleiner Geldbetrag, Spende;* seinen ~ *entrichten*

Ob|rig|keit ⟨f.; -, -en⟩ *Träger der Regierungsgewalt, Regierung;* die kirchliche, weltliche ~

ob|schon ⟨Konj.⟩ *obwohl, obgleich, wenngleich*

Ob|ser|va|ti|on ⟨[-va-] f.; -, -en⟩ **1** *wissenschaftliches Beobachten (in einem Observatorium)* **2** *das Observieren*

Ob|ser|va|to|ri|um ⟨[-va-] n.; -s, -ri|en⟩ *Institut zur wissenschaftlichen Beobachtung, z. B. Sternwarte, Wetterwarte*

ob|ser|vie|ren ⟨[-vi:-] V. 500⟩ **jmdn.** ~ *(unauffällig) überwachen, beobachten;* verdächtige Personen ~

ob|sie|gen ⟨österr.; schweiz. [-'--] V. 800; geh.⟩ **über etwas** od. **jmdn.** ~ *etwas od. jmdn. besiegen, überwinden*

ob|skur *auch:* **obs|kur** ⟨Adj.⟩ **1** *dunkel, unklar* **2** *verdächtig*

ob|so|let ⟨Adj.; geh.⟩ *unüblich, ungebräuchlich, veraltet;* diese Regelung ist ~

Obst ⟨n.; -es; unz.⟩ *als Nahrung dienende Früchte;* ~ *ernten, einkochen, pflücken;* frisches, gekochtes, getrocknetes, rohes, reifes, unreifes ~

ob|stru|ie|ren *auch:* **obs|tru|ie|ren** *auch:* **obst|ru|ie|ren** ⟨V.⟩ **1** ⟨400⟩ *hindern, hemmen* **2** ⟨500⟩ **Parlamentsbeschlüsse** ~ *durch formale Einwände die Verabschiedung der P. verhindern* **3** ⟨500⟩ **Durchgänge** ~ ⟨Med.⟩ *verstopfen*

ob|szön *auch:* **obs|zön** ⟨Adj.⟩ *unanständig, schamlos, anstößig*

ob|wohl ⟨Konj.⟩ *obgleich, wenn auch*

Ochs ⟨[-ks] m.; -en, -en; umg., regional für⟩ = *Ochse*

Och|se ⟨[-ks-] m.; -n, -n⟩ oV ⟨umg.⟩ *Ochs* **1** *verschnittenes männl. Rind* • **1.1** *dastehen wie der* ~ *vorm Berg* ⟨fig.⟩ *ratlos sein, nicht weiterwissen* • **1.2** *du sollst dem ~n, der da drischt, nicht das Maul verbinden* (nach 5. Buch Mose, 25,4) *man soll jmdm., der eine Arbeit verrichtet, nicht übelnehmen, wenn er ein wenig davon profitiert* **2** ⟨umg.; Schimpfw.⟩ *Dummkopf, blöder Kerl*

Och|sen|au|ge ⟨[-ks-] n.; -s, -n⟩ **1** *Vergrößerung des Augapfels infolge Erhöhung des Drucks in seinem Inneren: Buphthalmus* **2** *Gattung der Korbblütler: Buphthalmum* **3** *Tagfalter aus der Familie der Augenfalter, Kuhauge: Maniola jurtina* **4** ⟨fig.⟩ *rundes Dachfenster, Bullauge* **5** ⟨umg.⟩ *Spiegelei* **6** *mit einer Aprikose belegtes rundes Gebäck*

Öchs|le ⟨n.; -s, -⟩ *Maßeinheit für das spezifische Gewicht (Dichtegrad) des Mostes;* ~waage

ocker ⟨Adj. 11⟩ *gelbbraun*

öd ⟨Adj.⟩ = *öde*

Ode ⟨f.; -, -n; Lit.⟩ *Form des lyrischen Gedichts in freien Rhythmen, von erhabener, feierlicher Stimmung*

öde ⟨Adj.⟩ oV *öd* **1** *unbewohnt, unbebaut, einsam, leer, verlassen;* eine ~ *Gegend;* der Hof lag ~ *und verlassen;* ~ *und leer* **2** ⟨fig.⟩ *langweilig, fade, geistlos;* ein ~s Buch; ein ~s Dasein, Leben; eine ~ Gesellschaft; der Tag ist so ~

Öde ⟨f.; -; unz.⟩ **1** *Einöde, einsame, verlassene Gegend* **2** ⟨fig.⟩ *Langweiligkeit, innere Leere*

Odem ⟨m.; -s; unz.; poet.⟩ *Atem*

Ödem ⟨n.; -s, -e; Med.⟩ *krankhafte Ansammlung von wasserähnlicher, aus dem Blut stammender Flüssigkeit in den Zellen od. Spalten des Gewebes*

oder ⟨Konj.⟩ **1** *(als Verbindung von Alternativen);* der eine ~ der andere; rechts ~ links?; jetzt ~ nie!; hell ~ dunkel; heute ~ morgen; zwei- ~ dreimal; möchten Sie lieber Bier ~ Wein?; du kannst dies haben ~ auch das; kommst du mit, ~ bleibst du noch?; willst du, ~ willst du nicht?; willst du? Ja ~ nein?; soll die Wolle grün ~ blau sein? • **1.1 dieser** ~ **jener** ⟨umg.⟩ *irgendeiner, mancher* **1.2** ~? ⟨umg.⟩ *nicht wahr?, das soll doch so sein, geschehen?;* es ist doch so, ~ (etwa) nicht?; du hast gesagt, du willst weggehen, ~? • **1.3** ~ (**wehe dir**)! *sonst, andernfalls;* du gehst jetzt nach Hause, ~ wehe dir!; →a. *entweder*

Odys|see ⟨f.; -, -n; fig.⟩ *abenteuerliche Irrfahrt, langes Umherirren bis zum Erreichen des Ziels*

Œu|vre *auch:* **Œuv|re** ⟨[œ:vrə] n.; -s, -s⟩ *Gesamtwerk (eines Künstlers)*

Ofen ⟨m.; -s, Öfen⟩ **1** *Vorrichtung, Anlage zum Heizen, Kochen od. Backen;* Back~, Holz~, Öl~, Kachel~; ein eiserner, transportabler ~; den ~ heizen, kehren, zuschrauben; einen ~ setzen, umsetzen (lassen); am warmen ~ sitzen; Holz, Kohlen im ~ nachlegen; einen Kuchen in den ~ schieben • **1.1** *jetzt ist der* ~ **aus!** ⟨fig.; umg.⟩ *jetzt ist es vorbei, ist es schiefgegangen* • **1.2 hinter** *dem* ~ **hocken** ⟨fig.⟩ *zu viel zu Hause sein, ein Stubenhocker sein;* →a. *Hund*¹ (3.9) **2** ⟨Tech.⟩ *Vorrichtung zum Schmelzen von Metallen;* Hoch~; Schmelz~

offen ⟨Adj.⟩ **1** *nicht geschlossen, nicht zugemacht;* mit ~em Hemd, ~em Mantel; das Fenster soll ~ **bleiben;** ⟨aber⟩ →a. *offenbleiben;* die Tür ~ **halten;** ⟨aber⟩ →a. *offenhalten;* einen Brief ~ **lassen;** ⟨aber⟩ →a. *offenlassen;* Fenster, die ~ **stehen;** ⟨aber⟩ →a. *offenstehen;* die Tür war halb, weit ~; bei ~er Tür; an einem Kleid ist ein Knopf ~; mit ~em Mund essen, kauen • **1.1** mit ~en **Augen** *träumen in Gedanken verloren sein, nicht aufpassen, geistesabwesend sein* • **1.2** *jmdn.* mit ~en **Armen** *empfangen sehr freundlich* • **1.3** eine ~e **Hand** *haben gern schenken (bes. Geld), freigebig sein* • **1.4** ~er **Biss** *Kieferanomalie, bei der die vorderen Zähne beim Beißen nicht mehr zusammentreffen u. nur die Mahlzähne sich berühren* • **1.5** mit ~em **Mund** *dastehen* ⟨fig.⟩ *töricht, staunend* • **1.6** ~e **Bauweise** *lockere B., bei der die Häuser einzeln, frei stehen* • **1.7** *nicht abgeschlossen, nicht verschlossen;* das Vorhängeschloss war ~ • **1.7.1** *Politik der* ~en **Tür** ⟨fig.⟩ *P. des Handels mit allen Staaten* • **1.7.2** ~e **Türen** *einrennen* ⟨fig.⟩ *gegen nur scheinbare Widerstände kämpfen, längst gelöste Probleme behandeln* • **1.7.3** *überall* ~e **Türen** *finden* ⟨fig.⟩ *überall willkommen sein, Entgegenkommen, Unterstützung finden* • **1.8** ⟨60⟩ *unbedeckt, unverdeckt;*

offenbar

Fleisch am ~en Feuer braten • 1.8.1 Milch ~ verkaufen *nicht in Flaschen abgefüllt, aus der Kanne* • 1.8.2 ~er **Wein** *im Glas (nicht in der Flasche) servierter W.* • 1.9 *der Betrachtung zugänglich* • 1.9.1 **auf** ~er **Bühne** *ohne dass der Vorhang gefallen ist* • 1.9.2 ~es **Buch** *aufgeschlagenes B.; er las in ihrem Gesicht wie in einem* ~en Buch • 1.9.3 **mit** ~en **Karten** spielen • 1.9.3.1 *die Karten beim Spiel nicht verdecken, so dass die Mitspieler sie sehen können* • 1.9.3.2 ⟨fig.⟩ *keine Geheimnisse haben, keine geheimen Vorbehalte machen* • 1.9.4 ~er **Brief** ⟨fig.⟩ *in der Presse veröffentlichte Mitteilung an einen Einzelnen od. an eine Behörde* • 1.10 ⟨fig.⟩ *aufnahmebereit, empfänglich* • 1.10.1 ein ~es **Ohr** *bei jmdm. finden Gehör, Verständnis* • 1.10.2 **mit** ~en **Augen** *durch die Welt gehen aufmerksam, aufgeschlossen alle Eindrücke willig aufnehmend* • 1.10.3 **mit** ~en **Augen** *in sein Unglück rennen ohne sich klar darüber zu sein (obwohl alle anderen es sehen)* • 1.11 *freien Zutritt gewährend* • 1.11.1 *das Geschäft ist, hat noch ~ lässt noch Kunden ein* • 1.11.2 ein ~es **Haus** *haben, führen* ⟨fig.⟩ *gastfreundlich sein* • 1.11.3 *Tag der* ~en **Tür** *Tag, an dem das Publikum zu Betrieben aller Art hat, um sie kennenzulernen* • 1.11.4 *mir bleibt kein anderer Weg* ~ ⟨fig.⟩ *ich habe keine andere Möglichkeit;* ⟨aber⟩ →a. *offenbleiben* • 1.11.5 ~e **Gesellschaft** ⟨soziol.⟩ *Gesellschaftsform, zu der jeder Zutritt hat und in der die wichtigen Staatsangelegenheiten in der Öffentlichkeit diskutiert werden* • 1.12 *nicht verheilt; eine* ~e **Wunde** • 1.12.1 ein ~es **Bein** *haben ein B. mit nicht heilendem Geschwür haben* • 1.13 *mit größerer Mundöffnung (gesprochen); das e in „Berg"* ~ *aussprechen* • 1.13.1 ~e **Silbe** *mit einem Vokal endende S.* **2** ⟨60⟩ ~e **Handelsgesellschaft** ⟨Abk.: OHG⟩ *H., in der jeder Gesellschafter mit seinem Vermögen haftet* **3** ⟨fig.⟩ *nicht besetzt, frei; die Stelle eines Assistenten ist noch* ~ **4** *unbegrenzt, nicht eingeschlossen, frei; das Grundstück ist nach allen Seiten hin* ~ • 4.1 ⟨60⟩ **auf** ~er **Strecke** *zwischen zwei Stationen* • 4.2 ⟨60⟩ **auf** ~er **See,** ~em **Meer** *weitab vom Land, auf dem freien Meer* • 4.3 ⟨60⟩ **auf** ~er **Straße** *auf freier S., mitten auf der S.* **5** ⟨fig.⟩ *nicht heimlich, unverhüllt, unverhohlen; ich muss* ~ *gestehen, zugeben, dass …;* ~ *gestanden, wäre es mir lieber …; es kam zum* ~en *Aufruhr, Widerstand;* ~e *Feindschaft* • 5.1 *es ist ein* ~es *Geheimnis alle wissen es, es hat sich herumgesprochen* • 5.2 *seine Habgier ist* ~ *hervorgetreten ist offensichtlich geworden, klar, deutlich geworden* • 5.3 *aufrichtig, ehrlich, freimütig, ohne Umschweife;* ein ~er *Mensch;* ~ *reden, sprechen; etwas* ~ *sagen, aussprechen;* ~ *heraus gesagt …; sei* ~ *zu mir!;* ~ *und ehrlich; einen* ~en *Blick haben* **6** ⟨fig.⟩ *unentschieden, ungelöst, unerledigt, noch nicht abgeschlossen; eine* ~e *Angelegenheit*

of|fen|bar ⟨Adj.⟩ **1** *offen zutage liegend od. tretend, deutlich, erkennbar, offensichtlich;* ~e *Absicht;* ~er *Irrtum; nun wird es* ~, *dass…* **2** *offensichtlich, anscheinend, wie man sehen kann; er ist* ~ *noch nicht, schon hier gewesen; das hat er* ~ *missverstanden; das ist* ~ *ein Fehler, Irrtum, Versehen*

of|fen|ba|ren ⟨V. 503⟩ **(jmdm.)** etwas ~ **1** *offenbar machen, bekennen* • 1.1 ⟨Vr 3⟩ sich ~ *etwas bekennen, sich od. seine Absichten zu erkennen geben; sich jmdm.* ~; *Gott hat sich dem Johannes geoffenbart* **2** *enthüllen, zeigen; ein Geheimnis* ~

Of|fen|ba|rung ⟨f.; -, -en⟩ **1** *Bekenntnis* **2** *plötzliche Erkenntnis; es kam wie eine* ~ *über mich* **3** *Kundgebung Gottes;* ~ *des Johannes (ein Buch des Neuen Testaments)*

Of|fen|ba|rungs|eid ⟨m.; -(e)s, -e⟩ *eidliche Versicherung eines Schuldners, dass er sein ganzes Vermögen angegeben hat*

of|fen||blei|ben ⟨V. 114/400(s.)⟩ *eine* **Sache** *bleibt offen wird nicht geklärt, nicht erledigt, bleibt ungelöst; die Angelegenheit, Frage bleibt offen;* →a. *offen (1, 1.11.5)*

of|fen||hal|ten ⟨V. 160/500⟩ **1** *eine* **Sache** ~ ⟨fig.⟩ *frei, unbesetzt lassen; eine Stelle, ein Amt* ~; *sich den Rückzug* ~ **2** *seine Hand* ~ ⟨a. fig.⟩ • 2.1 *freigebig sein* • 2.2 *ein Trinkgeld erwarten;* →a. *offen (2)*

of|fen|her|zig ⟨Adj.⟩ **1** *aufrichtig, ehrlich, mitteilsam, vertrauensselig; ein* ~es *Bekenntnis;* ~ *sein* **2** ⟨fig.; umg.; scherzh.⟩ *tief ausgeschnitten; ein* ~es *Kleid*

of|fen|kun|dig ⟨Adj.⟩ *offensichtlich, deutlich, klar;* ~er *Irrtum,* ~es *Missverständnis; es ist* ~, *dass er den Betrug begangen hat*

of|fen||las|sen ⟨V. 175/500⟩ *etwas* ~ **1** *unbeantwortet lassen; wir wollen die Frage vorläufig* ~ **2** *unentschieden lassen, (noch) nicht entscheiden; wir müssen die Entscheidung in dieser Angelegenheit noch* ~; →a. *offen (1)*

of|fen|sicht|lich ⟨a. [--'--] Adj.⟩ **1** *offenbar, offenkundig* **2** *anscheinend; er hat es* ~ *vergessen*

of|fen|siv ⟨Adj.⟩ **1** *angreifend, angriffslustig;* Ggs *defensiv* **2** *beleidigend*

of|fen||ste|hen ⟨V. 256/400⟩ **1** *erlaubt sein, freistehen* • 1.1 ⟨600⟩ *die Welt steht ihm offen* ⟨fig.⟩ *er hat alle Möglichkeiten* **2** *eine* **Rechnung** *steht offen ist ungedeckt, nicht bezahlt, nicht beglichen; auf Ihrem Konto steht noch ein Betrag offen* ⟨fig.⟩ **3** *eine* **Stelle** *steht offen ist unbesetzt, frei;* →a. *offen (1)*

öf|fent|lich ⟨Adj. 24⟩ **1** *allgemein bekannt, hörbar, sichtbar;* ~es *Ärgernis erregen; etwas* ~ *bekanntmachen; die* ~e *Moral;* ~ *auftreten, reden, sprechen;* ~ *zeigen* • 1.1 ~es **Geheimnis** ⟨umg.⟩ *bereits allgemein bekannte Angelegenheit, die eigentlich geheim bleiben soll* • 1.2 *die* ~e **Meinung** *die M. des Publikums, der Menschen, der Allgemeinheit* **2** *allgemein, allen zugänglich, für die Allgemeinheit bestimmt;* ~e *Anlagen;* ~e *Prüfung;* ~e *Verhandlung (vor Gericht)* • 2.1 ⟨60⟩ *die* ~e **Hand** *Staat und Gemeinde als Unternehmer* • 2.2 ⟨60⟩ *ein* **Mann** *des* ~en **Lebens** *allgemein bekannte Persönlichkeit, z. B. Politiker* • 2.3 ~es **Verkehrsmittel** *dem allgemeinen Verkehr dienendes Fahrzeug* **3** *staatlich, städtisch, der Gemeinde gehörend;* ein ~es *Gebäude;* ~e *Gelder, Mittel; die* ~e *Ordnung aufrechterhalten, gefährden* • 3.1 ⟨60⟩ ~er **Dienst** *Gesamtheit der Beamten u. Angestellten des Staates, der Länder u. Gemeinden* • 3.2 ⟨60⟩ ~e **Klage** ⟨Strafprozess⟩ *Anklage* • 3.3 ⟨60⟩ *eine* ~e *Ur-*

ohnmächtig

kunde *von einer Behörde od. von einem Notar ausgestellte U.* • 3.4 ~er **Ankläger** ⟨Strafprozess⟩ = *Staatsanwalt*

Öf|fent|lich|keit ⟨f.; -; unz.⟩ **1** *die Leute, das Volk, alle anderen Menschen, das Publikum* • 1.1 *etwas in aller ~ tun, sagen vor allen Leuten* • 1.2 *ein* **Schriftstück** *der ~* **übergeben** *zum Verkauf freigeben, ausliefern* • 1.3 *ein* **Bauwerk** *der ~* **übergeben** *einweihen, zur Besichtigung, zur Benutzung freigeben* • 1.4 *etwas* **an, vor** *die ~* **bringen** *allgemein bekanntgeben, veröffentlichen* • 1.5 **an, in** *die ~* **dringen** *sich herumsprechen, bekanntwerden* • 1.6 *mit einem Buch* **an** *die ~* **treten** *hervortreten, bekanntwerden*

of|fe|rie|ren ⟨V. 500; geh.⟩ *etwas ~ anbieten, feilbieten, unterbreiten*

of|fi|zi|ell ⟨Adj.⟩ **1** ⟨24⟩ *amtlich; etwas ~ bekanntgeben* • 1.1 *eine ~e* **Nachricht, Meldung** *amtlich beglaubigte, verbürgte N., M.* **2** ⟨24⟩ *öffentlich (bekannt); etwas ~ bekanntgeben; sich ~ verloben* **3** *förmlich, feierlich; ~e Einladung, Veranstaltung; ein ~er Besuch, Empfang; er nahm seinen ~en Ton an, wurde wieder ~; sich ~ miteinander* • 3.1 *~er* **Anzug** *vorgeschriebener (dunkler) A.*

Of|fi|zier ⟨m.; -s, -e; Mil.⟩ **1** *militärischer Rang vom Leutnant an aufwärts* **2** *Soldat in diesem Rang*

öff|nen ⟨V. 500⟩ **1** *etwas ~ von etwas einen Verschluss entfernen, die Bedeckung abnehmen, etwas aufmachen; die Augen, Lippen, den Mund ~; einen Brief, Kasten, Schrank, eine Truhe ~; ein Fenster, eine Tür ~; die Jacke, das Kleid, den Mantel ~; ein Ventil ~; eine Leiche zur Feststellung der Todesursache ~; eine Büchse mit dem Büchsenöffner, eine Kiste mit dem Stemmeisen ~; und damit war der Korruption Tür und Tor geöffnet (fig.)* • 1.1 ⟨530⟩ **jmdm. die Augen ~** ⟨fig.⟩ *jmdm. die Wahrheit über etwas od. jmdn. sagen;* er hat mir den Blick für die Schönheiten der Natur geöffnet • 1.2 ⟨Vr 3⟩ **etwas** öffnet **sich** *geht auf; die Blüte öffnet sich* **2** *etwas ~ zugänglich machen; der Laden ist durchgehend geöffnet; das Geschäft ist von 8 bis 20 Uhr geöffnet; das Museum wird um 8 Uhr geöffnet*

Öff|nung ⟨f.; -, -en⟩ **1** *das Öffnen, das Aufmachen* • 1.1 *~ von Leichen Autopsie, Obduktion* **2** *Loch, ausgesparte Stelle (in einer Fläche); Leibes~; Mauer~*

Off|set|druck ⟨m.; -(e)s, -e⟩ **1** ⟨unz.⟩ *indirektes Flachdruckverfahren, bei dem die Druckfarbe von der Druckplatte über einen Gummizylinder auf das Papier übertragen wird* **2** *mit Hilfe des Offsetdrucks (1) hergestelltes Erzeugnis*

O-för|mig *auch:* **o-för|mig** ⟨Adj. 24⟩ *wie ein O geformt*

oft ⟨Adv.⟩ **1** *häufig, mehrfach, mehrmals, viele Male; ich habe ihn ~ dort gesehen; es ist doch ~ so, dass man glaubt ...; ich habe es ihr ~ genug angeboten; ich war schon ~ dort; sehr, ziemlich ~; wie ~ warst du dort?; ich habe es nur zu ~ erleben müssen, dass ... * • 1.1 *so ~ bekommt ihn, war er nicht da; jedes Mal, wenn ...* • 1.2 *ich habe es dir schon so und so ~ gesagt* ⟨umg.⟩ *immer wieder*

öf|ter ⟨Adv.⟩ **1** ⟨Komparativ zu⟩ *oft* • 1.1 ⟨umg.⟩ = *öfters* • 1.2 *des* Öfteren *oft, öfters, wiederholt* • 1.3 *je ~ ich*

sie singen höre, umso besser gefällt mir ihre Stimme je häufiger

öf|ters ⟨Adv.; umg.⟩ *mehrmals, manchmal, ab u. zu; ich bin schon ~ dort gewesen*

oh! ⟨Int.⟩ *(Ausruf des Staunens, Bedauerns, der Ablehnung); ~, Verzeihung!; ~, wie schön!; ~, entschuldigen Sie!; sein erstauntes Oh war deutlich zu hören*

Ohm[1] ⟨n. 7; -s, -⟩ *altes Flüssigkeitsmaß (bes. für Wein), 130 -160 l*

Ohm[2] ⟨n.; -s, -; Zeichen: Ω⟩ *Maßeinheit des elektrischen Widerstandes*

oh|ne ⟨Präp. m. Akk. od. Inf. od. „dass"⟩ **1** *nicht mit; das ist ~ seine Schuld geschehen; ~ mein Wissen; ~ ein Wort des Dankes; ich bin auf meine Mail ~ Antwort geblieben; ~ Hilfe* • 1.1 *~ (allen) Zweifel zweifellos* • 1.2 *das ist ~ Bedeutung nicht von B., bedeutungslos* • 1.3 *ich habe ihn ~ mein Wissen, ~ es zu wissen, ~ dass ich es wusste, gesehen; ohne mein Wissentlich* • 1.4 ~ *jmdn. getrennt von jmdm.; sie verreisen ~ die Kinder; sie kam ~ ihren Mann; er glaubt, ~ sie nicht leben zu können* **2** *unter Weglassung von, unter Verzicht auf, ungerechnet; Ware ~ Verpackung; Kaffee ~ Zucker und Milch; Gehalt ~ Spesen, ~ Provision; er ging ~ Gruß, ~ zu grüßen, ~ dass er gegrüßt hätte, fort; ~ etwas zu sagen; er hörte sich alles an, ~ eine Miene zu verziehen; ~ zu fragen, ~ zu lachen* • 2.1 ~ **weiteres/Weiteres** *wie selbstverständlich, Bedenken, Zögern ausschließend; er war ~ weiteres/Weiteres bereit, uns zu helfen* • 2.2 ⟨in bibliogr. Angaben⟩ • 2.2.1 ~ **Ort** ⟨Abk.: o. O.⟩ *mit fehlender Angabe des Erscheinungsortes eines Buches* • 2.2.2 ~ **Jahr** ⟨Abk.: o. J.⟩ *mit fehlender Angabe des Erscheinungsjahres eines Buches* **3** *frei von, nicht ausgerüstet, ausgestattet, begabt mit; ich bin ~ Geld; ~ Temperament* • 3.1 ~ **Fleiß,** ~ *fleißig zu sein, ~ dass man fleißig ist, kann man nicht vorwärtskommen man kommt nur mit Fleiß vorwärts* **4** *nicht ~ sein* ⟨umg.⟩ *eine besondere Bedeutung haben, etwas für sich haben* • 4.1 *die Sache ist nicht ~ die Sache ist nicht so harmlos, wie sie aussieht* • 4.2 *er ist nicht ~ er hat seine Vorzüge* • 4.3 *das ist gar nicht ~! das könnte mich reizen, der Vorschlag ist gut*

oh|ne|dies ⟨a. ['---] Adv.⟩ *sowieso, ohnehin*

oh|ne|ein|an|der *auch:* **oh|ne|ei|nan|der** ⟨Adv.⟩ *einer ohne den anderen; sie kommen nicht ~ zurecht*

oh|ne|glei|chen ⟨Adv.⟩ *so, dass ihm, ihr nichts gleicht, wie es niemand anders kann, unvergleichlich, einzigartig; seine Tapferkeit war ~; er singt, spielt ~*

oh|ne|hin ⟨a. ['---] Adv.⟩ *sowieso; jetzt können wir uns Zeit lassen, wir kommen ~ zu spät; ich nehme dein Paket mit, ich muss ~ zur Post*

oh|ne|wei|ters ⟨Adv.; österr.⟩ = *ohne weiteres,* → *oh-ne (2.1)*

Ohn|macht ⟨f.; -, -en⟩ **1** *Bewusstlosigkeit* • 1.1 *in ~* **fallen, sinken** *ohnmächtig werden* **2** ⟨fig.⟩ *Unvermögen, Machtlosigkeit; er musste seine ~ eingestehen*

ohn|mäch|tig ⟨Adj. 70⟩ **1** ⟨24⟩ *in Ohnmacht befindlich, bewusstlos; ~ werden* **2** *machtlos; ~ zusehen, wie etwas geschieht* • 2.1 *~e Wut W., die nichts nützt, W. einem Mächtigeren gegenüber*

Ohr ⟨n.; -(e)s, -en⟩ **1** *paariges Gehör- u. Gleichgewichtsorgan am Kopf des Menschen u. der Wirbeltiere;* inneres ~ • **1.1** *sichtbarer Teil des Ohrs, Ohrmuschel;* äußeres ~; ein Tier hinter den ~en kraulen; er wurde bis über die, beide ~en rot; mit den ~en wackeln (können); sich hinter den ~en kratzen (als Zeichen der Ratlosigkeit) • **1.1.1** jmdn. bei den ~en nehmen ⟨fig.⟩ *jmdn. energisch verwarnen* • **1.1.2** *jmdm. eins hinter die ~en geben jmdm. eine Ohrfeige geben* • **1.1.3** sich aufs ~ legen, hauen ⟨umg.⟩ *sich schlafen legen* • **1.1.4** schreib es dir hinter die ~en! ⟨fig.; umg.⟩ *merk dir das gut!* • **1.1.5** noch die Eierschalen hinter den ~en haben ⟨fig.; umg.⟩ *noch jung und unerfahren sein* • **1.1.6** es (faustdick) hinter den ~en haben ⟨fig.; umg.⟩ *schlau sein, ohne dass es einem anzusehen ist* • **1.1.7** sich den Wind um die ~en wehen, pfeifen lassen ⟨fig.⟩ *Erfahrungen sammeln* • **1.1.8** sich eine Nacht um die ~en schlagen ⟨umg.⟩ *eine Nacht ganz ohne Schlaf verbringen* • **1.1.9** jmdn. übers ~ hauen ⟨umg.⟩ *jmdn. betrügen;* →a. *Fell (2.2), Floh (1.2), trocken (8.2)* • **1.1.10 bis an, über** die ~en ⟨umg.⟩ *völlig, sehr;* bis an die ~en verschuldet sein; bis über die ~en in Schulden stecken; bis über die ~en verliebt sein • **1.2** *Gehörorgan;* schlechte, taube ~en; auf einem ~ taub sein; der Schrei gellte mir in den ~en; es saust, braust mir in den ~en; wer ~en hat (zu hören), der höre (mahnender Aufruf, den verborgenen Sinn einer Sache zu erkennen, nach Matth. 11,15 u. 13,13; Offenbarung 2,7) • **1.2.1** wasch dir die ~en! ⟨fig.; umg.⟩ *hör besser zu!* • **1.2.2** die ~en aufsperren ⟨fig.; umg.⟩ *aufmerksam zuhören* • **1.2.3** hast du keine ~en? ⟨umg.⟩ *du willst wohl nicht hören?* • **1.2.4** die Wände haben ~en *hier sind Lauscher in der Nähe* • **1.2.5** auf den ~ höre ich schlecht!, bin ich taub! ⟨fig.; umg.; scherzh.⟩ *davon möchte ich nichts hören!, für solche Andeutungen od. Bitten bin ich nicht zugänglich, das will ich nicht verstehen* • **1.2.6** ganz ~ sein *aufmerksam zuhören* • **1.2.7** ein aufmerksames, geneigtes, offenes ~ finden ⟨fig.⟩ *Verständnis u. Hilfsbereitschaft finden* • **1.2.8** leih mir dein ~ ⟨geh.⟩ *hör mir zu!* • **1.2.9** jmdm. die ~en volljammern ⟨umg.⟩ *jmdm. mit Klagen belästigen* • **1.2.10** jmdm. die ~en vollschreien *jmdm. durch Geschrei belästigen* • **1.2.11** tauben ~en predigen *vergeblich an Einsicht u. Vernunft appellieren, vergeblich etwas sagen* • **1.2.12** spitze, lange ~en machen *aufmerksam, angespannt, neugierig zuhören* • **1.2.13** die ~en spitzen *aufmerksam od. angestrengt zuhören, lauschen* • **1.2.14** mach doch die, deine ~en auf! ⟨fig.; umg.⟩ *hör doch richtig zu!* • **1.2.15** sich die ~en zuhalten, zustopfen *nichts hören wollen* • **1.2.16** auf den ~en sitzen ⟨fig.; umg.⟩ *nicht zuhören* • **1.2.17** Worte, Ermahnungen im ~ haben *sich an W., E. erinnern* • **1.2.18** hast du Dreck in den ~en? ⟨umg.⟩ *kannst du nicht hören?* • **1.2.19** jmdm. etwas ins ~ sagen *heimlich zuflüstern* • **1.2.20** jmdm. in den ~en liegen ⟨fig.; umg.⟩ *jmdm. durch Bitten belästigen, ständig auf jmdn. einreden* • **1.2.21** die Melodie geht leicht ins ~ *lässt sich leicht merken* • **1.2.22** das ist nicht für fremde ~en bestimmt *das soll nicht jeder hören* • **1.2.23** nur mit halbem ~ zuhören *wenig aufmerksam* • **1.2.24** es ist mir zu ~en gekommen *ich habe gehört* • **1.2.25** das geht ihm zum einen ~ hinein u. zum anderen wieder hinaus ⟨umg.⟩ *er beachtet es nicht, er vergisst es wieder* • **1.2.26** jmdm. klingen die ~en ⟨fig.; umg.⟩ *jmd. spürt, dass man an ihn denkt* • **1.3** ⟨fig.⟩ *Gehör;* scharfe, gute, feine ~en • **1.3.1** ein feines, scharfes ~ haben *sehr gut hören* • **1.4** *Organ zum Ausdruck von Gefühlen* • **1.4.1** mit hängenden ~en dastehen, zurückkommen ⟨fig.⟩ *betrübt, bedrückt, enttäuscht* • **1.4.2** die ~en anlegen *ängstlich sein od. werden (weil man ein schlechtes Gewissen hat), sofort gehorchen* • **1.4.3** mit den ~en schlackern ⟨fig.; umg.⟩ *sehr überrascht, erstaunt, äußerst beeindruckt sein* • **1.4.4** die ~en steifhalten ⟨fig.; umg.⟩ *tapfer bleiben, sich nicht unterkriegen lassen* **2** ⟨fig.; umg.⟩ *umgeknickte Ecke einer Buchseite;* Esels~

Öhr ⟨n.; -(e)s, -e⟩ *kleines Loch zum Einziehen eines Fadens (bes. in der Nähnadel)*

Ohr|fei|ge ⟨f.; -, -n⟩ *Schlag mit der Hand auf die Backe;* Sy ⟨mitteldt.⟩ *Schelle¹ (3)*

Ohr|mu|schel ⟨f.; -, -n⟩ **1** *Teil des äußeren Ohrs: Auricula* **2** ⟨17. Jh.⟩ *ovale Ornamentform*

okay! ⟨[ɔkɛː] Abk.: o.k., O. Ä.⟩ *in Ordnung, einverstanden*

ok|kult ⟨Adj.⟩ *verborgen, heimlich, geheim;* ~e Wissenschaften

ok|ku|pie|ren ⟨V. 500⟩ ein **Land** ~ *besetzen; fremdes Staatsgebiet* ~

öko..., Öko... ⟨in Zus.; kurz für⟩ *ökologisch, Ökologie;* ökointeressiert, Ökobauer, Ökoladen, Ökosteuer

Öko|lo|gie ⟨f.; -; unz.⟩ *Lehre von den Beziehungen zwischen den Lebewesen u. ihrer Umwelt*

öko|lo|gisch ⟨Adj.⟩ **1** *die Ökologie betreffend, zu ihr gehörend* • **1.1** ~es **Gleichgewicht** *labiles Gleichgewicht zwischen den verschiedenen Gliedern einer Lebensgemeinschaft, das die Fähigkeit der Selbstregulation hat* • **1.2** ~e **Nische** *die Gesamtheit aller in ihrer (belebten u. unbelebten) Umwelt verwirklichten Lebensansprüche einer Lebensform, d. h. der Teil der Umweltbedingungen, der von einer Art hauptsächlich beansprucht wird*

Öko|no|mie ⟨f.; -, -n⟩ **1** = *Wirtschaft (1)* **2** ⟨österr.⟩ = *Landwirtschaft* **3** ⟨unz.⟩ *Sparsamkeit, Wirtschaftlichkeit*

öko|no|misch ⟨Adj.⟩ **1** ⟨24⟩ *die Ökonomie (1-2) betreffend, auf ihr beruhend* **2** *wirtschaftlich, sparsam*

Ok|tan|zahl ⟨f.; -, -en; Abk.: OZ⟩ *Maßzahl für die Klopffestigkeit von Kraftstoff*

Ok|tav¹ ⟨n.; -s; unz.⟩ *Buchformat, bei dem der Papierbogen achtmal gefaltet wird*

Ok|tav² ⟨f.; -, -en⟩ **1** ⟨österr.⟩ = *Oktave (1)* **2** ⟨kath. Kirche⟩ *achttägige Feier hoher Festtage;* Weihnachts~

Ok|ta|ve ⟨[-və] f.; -, -n⟩ **1** ⟨Mus.⟩ • **1.1** *achter u. letzter Ton der diaton. Tonleiter;* oV *Oktav² (1)* • **1.2** *Intervall von acht Tönen* • **1.2.1 kleine** ~ *unter der eingestrichenen Oktave liegende, mit kleinem Buchstaben gekennzeichnete Oktave (1.2)* • **1.2.2 große** ~ *Ge-*

samtheit aller Töne in einer Oktave (1.2) bezogen auf den Grundton C **2** ⟨kath. Kirche⟩ *mit dem Festtag beginnende achttägige Feier hoher Feste*

Ok|tett ⟨n.; -(e)s, -e; Mus.⟩ **1** *Musikstück für acht selbstständige Stimmen* **2** *Gruppe von acht Instrumentalisten od. Sängern*

Ok|to|ber ⟨m.; -s, -; Abk.: Okt.⟩ *der 10. Monat im Jahr*

ok|troy|ie|ren *auch:* **ok|tro|yie|ren** ⟨[-troa-] V. 503⟩ **(jmdm.) etwas** ~ *auferlegen, aufzwingen, vorschreiben*

Öku|me|ne ⟨f.; -; unz.⟩ **1** *die bewohnte Erde, die Erde als Lebensraum der Menschen* **2** *ökumenische Bewegung*

öku|me|nisch ⟨Adj. 24⟩ **1** *die Ökumene betreffend, zu ihr gehörig, auf ihr beruhend* • 1.1 ~e Bewegung *B. zur Einigung verschiedener christlicher Konfessionen in Glaubensfragen u. a.*

Ok|zi|dent ⟨m.; -s; unz.⟩ Ggs *Orient* **1** *Westen, Abend* **2** *Abendland (Europa)*

Öl ⟨n.; -(e)s, -e⟩ **1** *unter normalen Temperaturbedingungen flüssiges Fett, gewonnen aus Pflanzen, von Tieren od. aus der Erdrinde;* Mineral~; *pflanzliches, tierisches* ~; *in, mit* ~ *backen, braten; mit* ~ *heizen; nach* ~ *bohren* • 1.1 ~ *ins Feuer gießen* ⟨fig.; umg.⟩ *jmds. Zorn noch mehr entfachen, einen Streit schüren;* →a. *ätherisch (1.1), fett (1.1)* **2** ⟨kurz für⟩ *Ölfarbe* • 2.1 *in* ~ *malen mit Ölfarbe malen*

Öl|bild ⟨n.; -(e)s, -er⟩ = *Ölgemälde*

Ol|die ⟨[ouldi] m.; -s, -s⟩ **1** *beliebter alter Schlager* **2** *etwas Altes, das wieder beliebt od. in Mode gekommen ist* **3** ⟨umg.; scherzh.⟩ *Angehöriger der älteren Generation*

Old|ti|mer ⟨[ouldtaɪmə(r)] od. [o:ld-] m.; -s, -⟩ *Kraftfahrzeug aus der Frühzeit des Automobilbaus mit Liebhaber- od. Sammlerwert*

Ole|an|der ⟨m.; -s, -; Bot.⟩ *als Zierpflanze beliebter, giftiger Strauch bes. des Mittelmeergebietes aus der Familie der Hundsgiftgewächse mit schmalen Blättern u. weiß- bis rosafarbenen Blüten in Scheinrispen: Nerium oleander*

ölen ⟨V.⟩ **1** ⟨500⟩ **etwas** ~ *mit Maschinenöl einfetten* • 1.1 ⟨Part. Perf.⟩ *es geht* **wie** *geölt* ⟨fig.⟩ *es geht leicht, es geht schnell* • 1.2 *wie ein geölter Blitz davonsausen* ⟨fig.; umg.; scherzh.⟩ *ganz schnell* **2** ⟨500⟩ **jmdn.** ~ *salben*

Öl|far|be ⟨f.; -, -n⟩ *aus trocknendem Pflanzenöl bestehende Mal- u. Anstrichfarbe*

Öl|ge|mäl|de ⟨n.; -s, -⟩ *mit Ölfarben gemaltes Bild;* Sy *Ölbild*

Oli|gar|chie *auch:* **Oli|gar|chie** ⟨f.; -, -n⟩ **1** *Herrschaft einer kleinen Gruppe, urspr. der Reichsten im Staat* **2** *Staatsform, bei der auch bei formeller Gleichberechtigung der Staatsbürger die tatsächliche Herrschaft in der Hand einer kleinen Gruppe liegt*

oliv ⟨Adj. 24⟩ *von der Farbe einer Olive (2), graugrün, braungrün*

Oli|ve ⟨[-və] f.; -, -n; Bot.⟩ **1** *einer Gattung der Ölbaumgewächse angehörender Baum od. Strauch, der fleischige Steinfrüchte trägt: Olea* • 1.1 ⟨i. e. S.⟩ *immergrüner Baum des Vorderen Orients u. des Mittelmeeres, der länglich-runde, grüne bis schwarzblaue Früchte trägt, welche Olivenöl liefern: Olea europaea* **2** *Frucht der Olive (1.1)*

Olym|pi|a|de ⟨f.; -, -n⟩ **1** *Zeitraum von vier Jahren zwischen den altgriechischen Olympischen Spielen* **2** *Olympische Spiele*

olym|pisch ⟨Adj. 24⟩ **1** *zum Olymp als Wohnsitz der altgriechischen Götter gehörend* • 1.1 ⟨fig.⟩ *erhaben u. ruhig, majestätisch* **2** *zu Olympia gehörend, von ihm ausgehend* **3** *zu den Olympischen Spielen gehörend* • 3.1 Olympische **Spiele** • 3.1.1 ⟨bis 394 n. Chr.⟩ *im alten Griechenland alle vier Jahre stattfindende sportliche u. auch musikalische Wettkämpfe* • 3.1.2 ⟨seit 1894⟩ *alle vier Jahre veranstaltete internationale Wettkämpfe im Sport* • 3.2 ~es **Dorf** *Gelände mit den Wohnungen für die Teilnehmer an den Olympischen Spielen*

Oma ⟨f.; -, -s; umg.⟩ *Großmutter*

Ome|lett ⟨[ɔm-] n.; -s, -s⟩ *Eierkuchen;* oV *Omelette*

Ome|lette ⟨[ɔmlɛt] f.; -, -n; österr. u. schweiz.⟩ = *Omelett*

Omen ⟨n.; -s, Omi|na⟩ **1** *Vorzeichen; böses, gutes* ~ **2** *Vorbedeutung*

omi|nös ⟨Adj.⟩ **1** *unheilvoll, von schlimmer Vorbedeutung* **2** *bedenklich, bedrohlich; die ganze Angelegenheit wirkt* ~ • 2.1 *verdächtig, rätselhaft*

Om|ni|bus ⟨m.; -ses, -se; kurz: Bus⟩ *Kraftwagen zur Beförderung von mehr als acht Fahrgästen;* Sy *Autobus*

Ona|nie ⟨f.; -; unz.⟩ = *Masturbation*

ona|nie|ren ⟨V. 400⟩ = *masturbieren*

On|kel[1] ⟨m.; -s, -; umg. a. m.; -s, -s⟩ **1** *Bruder od. Schwager der Mutter od. des Vaters* **2** ⟨Kinderspr.; veraltet; noch scherzh.⟩ *männl. (dem Kind bekannter) Erwachsener* **3** ~ **Sam** ⟨scherzh.⟩ *die Vereinigten Staaten von Amerika*

On|kel[2] ⟨m.; -s, -; nur noch in der umg. Wendung⟩ **über den** ~ **gehen,** *laufen* ⟨umg.⟩ *mit einwärtsgerichteten Füßen gehen*

Onyx ⟨m.; -s, -e; Min.⟩ *(als Schmuckstein verwendetes) Mineral, schwarzweißer Quarz*

Opa ⟨m.; -s, -s; umg.⟩ *Großvater*

Opal ⟨m.; -s, -e⟩ *(als Schmuckstein verwendetes) in verschiedenen Farben schillerndes Mineral, ein Wasser-Kieselsäure-Gemisch*

Open Air ⟨[oupən ɛ:(r)] n.; - -s, - -s; kurz für⟩ *Open-Air-Festival*

Open-Air-Fes|ti|val ⟨[oupəne:(r)fɛstivəl] n.; -s, -s⟩ *Großveranstaltung (bes. für Popmusik) im Freien*

Oper ⟨f.; -, -n; Mus.⟩ **1** *musikalisch gestaltetes Bühnenstück* **2** *Opernhaus*

Ope|ra|ti|on ⟨f.; -, -en⟩ **1** ⟨Med.⟩ *chirurgischer Eingriff* **2** *Ablauf einer Arbeit* **3** ⟨Math.⟩ *Ausführung einer Rechnung* **4** *Truppenbewegung, militärisches Unternehmen*

ope|ra|tiv ⟨Adj. 24/70⟩ **1** *auf chirurgischem Wege; ein* ~*er Eingriff; eine Geschwulst* ~ *entfernen* **2** ⟨geh.⟩ *mit Hilfe einer Operation (2), auf einer Operation (2) beruhend* **3** ⟨fig.⟩ *weitschauend u. planvoll tätig*

Ope|ret|te ⟨f.; -, -n; Mus.⟩ *leichtes, heiteres, unterhal-*

operieren

tendes Bühnenstück mit Musik u. gesprochenen Dialogen

ope|rie|ren ⟨V.⟩ **1** ⟨500⟩ jmdn. od. ein **Tier** ~ *an jmdm. od. einem T. eine Operation (1) vornehmen;* sich ~ lassen; jmdn. an der Lunge ~; am Blinddarm operiert werden **2** ⟨410⟩ • **2.1** *eingreifen, handeln, wirken, verfahren;* bei einer Sache wenig glücklich ~ • **2.2** ⟨Mil.⟩ *eine Operation (4) durchführen*

Op|fer ⟨n.; -s, -⟩ **1** *schmerzlicher Verzicht (zugunsten eines anderen Menschen);* jmds. ~ (dankbar) annehmen; ein ~ für jmdn. bringen; kein ~ scheuen, um jmdm. zu helfen • **1.1** *unter schmerzlichem Verzicht gebrachte Spende;* es war ein großes ~ für mich, ihm das Geld zu geben **2** *Gabe für die Gottheit;* Tier~; Trank~; ein ~ bringen; ein religiöses ~ • **2.1** ein Tier od. einen Gegenstand zum ~ bringen *opfern* **3** *betroffenes Objekt (eines Verbrechens, einer Katastrophe, eines Übels);* das ~ einer Intrige, eines Mordes, Unfalls, Verkehrsunglücks werden; er wurde ein ~ seines eigenen Leichtsinns; das Erdbeben forderte zahlreiche ~ (an Menschenleben) • **3.1** ein ~ der Flammen werden *im Feuer ums Leben kommen od. zerstört werden*

op|fern ⟨V.⟩ **1** ⟨500⟩ etwas ~ *für andere hingeben, schmerzlich entsagen, spenden, obgleich es schwerfällt;* seine Zeit ~; Geld für etwas ~ • **1.1** ⟨550/Vr 3⟩ **sich für jmdn.** od. **etwas** ~ *für jmdn. od. etwas alles tun, sein Leben für jmdn. od. etwas hingeben;* er hat sich für den Freund geopfert • **1.1.1** ⟨fig.; umg.⟩ *etwas (für jmdn.) tun, obgleich es schwerfällt;* opfere dich und arbeite heute etwas länger! **2** ⟨602⟩ einem **Gott** (**etwas**) ~ *eine Opfergabe, etwas als Opfergabe darbringen;* dem Gott ~; dem Gott ein Tier ~

Op|fer|stock ⟨m.; -(e)s, -stö|cke⟩ *auf einem kleinen Podest stehender Behälter für Geldspenden in der Kirche*

Op|fer|tier ⟨n.; -(e)s, -e⟩ **1** *als Opfer dargebrachtes Tier* **2** ⟨fig.⟩ *unschuldiges Opfer*

Opi|um ⟨n.; -s; unz.⟩ *aus dem Saft des Schlafmohns gewonnenes, auch in der Medizin verwendetes Rauschmittel*

Op|po|nent ⟨m.; -en, -en⟩ *jmd., der opponiert, sich widersetzt, Gegner in einer Auseinandersetzung*

op|po|nie|ren ⟨V. 405⟩ (**gegen jmdn.** od. **etwas**) ~ *sich widersetzen, widerstreben, eine gegenteilige Meinung vertreten*

op|por|tun ⟨Adj.; meist abwertend⟩ **1** *gelegen, nützlich, bequem* **2** *passend, angebracht*

Op|por|tu|nis|mus ⟨m.; -; unz.⟩ **1** *Handeln allein unter dem Gesichtspunkt dessen, was Vorteile bringt* **2** *geschickte Anpassung an die jeweilige Lage*

Op|po|si|ti|on ⟨f.; -, -en⟩ **1** *Gegensatz, Widerstand* • **1.1** ~ **machen** ⟨umg.⟩ *widersprechen, eine gegenteilige Meinung verfechten* **2** *der Regierung sich entgegensetzende Partei od. Gruppe der Bevölkerung* **3** ⟨Astron.⟩ *entgegengesetzte Konstellation*

Op|tik ⟨f.; -, -en⟩ **1** ⟨unz.⟩ *Lehre vom sichtbaren Licht u. diesem ähnlichen Strahlungen* **2** *der die Linsen, das Linsensystem enthaltende Teil eines optischen Gerätes* **3** *äußerer Eindruck;* das ist nur für die ~

op|ti|mal ⟨Adj. 24⟩ *bestmöglich, ausgezeichnet, genau richtig;* ~e Voraussetzungen; das Wetter, die Unterkunft war ~

Op|ti|mis|mus ⟨m.; -; unz.⟩ Ggs *Pessimismus* **1** *Lebensbejahung, Zuversichtlichkeit in allen Dingen, Lebenseinstellung, infolge deren man alle Dinge von der besten Seite sieht* **2** ⟨Philos.⟩ *Auffassung, dass diese Welt die beste aller möglichen Welten u. in ständigem Fortschritt begriffen sei*

op|ti|mis|tisch ⟨Adj.⟩ *voller Optimismus, zuversichtlich, lebensbejahend, positiv denkend;* Ggs *pessimistisch*

Op|ti|mum ⟨n.; -s, -ti|ma⟩ *Bestfall, Höchstmaß, Ideal;* ein ~ an Schärfe, Genauigkeit

Op|ti|on ⟨f.; -, -en⟩ **1** *Möglichkeit (zu wählen), Entscheidung für jmdn. od. etwas;* sich ~en für ein militärisches Eingreifen offenhalten • **1.1** ⟨Rechtsw.; Wirtsch.⟩ *Vorkaufsrecht, Erwerbsrecht;* eine ~ auf eine Immobilie besitzen

op|tisch ⟨Adj. 24⟩ **1** *die Optik betreffend, auf ihr beruhend, zu ihr gehörig* **2** = *visuell (1);* ~er Eindruck • **2.1** ~e **Täuschung** *auf der unvollkommener Verarbeitung der optischen Wahrnehmungen durch die Augen beruhende T.*

opu|lent ⟨Adj.⟩ *üppig, reichhaltig, reichlich* (von Speisen); ein ~es Mahl

Opus ⟨n.; -, Ope|ra; Abk.: op.⟩ **1** *schriftlich fixiertes wissenschaftliches Werk od. Kunstwerk* • **1.1** *einzelnes Werk in der Reihe der Werke eines Komponisten;* Konzert für Violine und Orchester, a-Moll, op. 26 **2** *Gesamtwerk eines Künstlers od. Wissenschaftlers*

Ora|kel ⟨n.; -s, -⟩ **1** *Weissagung, Deutung der Zukunft u. des Schicksals* **2** ⟨Antike⟩ *Ort, an dem ein Gott durch den Mund eines Priesters weissagen lässt;* das ~ von Delphi **3** *rätselhafter Ausspruch*

oral ⟨Adj. 24⟩ **1** ⟨Med.⟩ *den Mund betreffend, zu ihm gehörig* • **1.1** *durch den Mund einzunehmen;* ein Medikament ~ einnehmen **2** *den Mund als erogene Zone betreffend;* ~e Reize • **2.1** ~e **Phase** ⟨Psych.⟩ *früheste Stufe in der menschlichen Sexualentwicklung, in welcher die Triebbefriedigung an den Mund gebunden ist* • **2.2** ~er **Geschlechtsverkehr** *Geschlechtsverkehr mit Hilfe des Mundes, Saugen u. Lecken am Geschlechtsteil des Partners, Oralverkehr* **3** ⟨Phon.⟩ *im Bereich des Mundraums (ohne Beteiligung des Nasenraums) gebildet;* Orallaut

oran|ge ⟨[orā:ʒ(ə)] Adj. 11, umg. a. 24⟩ *rötlich gelb, von der Farbe der Orange*

Oran|ge[1] ⟨[orā:ʒə] od. [orɑ̃ʒə] f.; -, -n⟩ = *Apfelsine*

Oran|ge[2] ⟨[orā:ʒ(ə)] od. [orɑ̃ʒ(ə)] n.; -s od. -; unz.⟩ *orange Farbe*

Oran|geat ⟨[orāʒa:t] od. [orɑ̃ʒa:t] n.; -s, -e⟩ *kandierte, kleingeschnittene Orangenschale*

Orang-Utan ⟨m.; -s, -s; Zool.⟩ *Angehöriger einer auf Sumatra u. Borneo heimischen, an das Leben auf Bäumen angepassten Gattung der Menschenaffen:* Pongo pygmaeus

Ora|to|ri|um ⟨n.; -s, -ri|en⟩ **1** *zum Beten bestimmter, mit Kruzifix ausgestatteter Raum in Klöstern, Schlössern, Privathäusern* • **1.1** *durch Fenster abgeschlossene Empore im Chor od. Langhaus einer Kirche (für Fürs-*

ten u. hohe Persönlichkeiten) **2** ⟨Mus.⟩ mehrteilige, episch-dramatische geistliche (auch weltliche) Komposition für Chor, Einzelstimmen u. Orchester

Or|bit ⟨m.; -s, -s⟩ *Umlaufbahn (einer Rakete, eines Satelliten o. Ä.) um einen Himmelskörper*

Or|ches|ter ⟨[-kɛs-], österr. a. [-çɛs-] n.; -s, -⟩ **1** ⟨urspr. im altgriech. Theater⟩ *Raum für das Auftreten des Chores* **2** ⟨ab 1600⟩ *vertiefter Platz vor der Bühne für die Musiker* **3** ⟨heute⟩ *größere Zahl von Musikern zum Zusammenspiel unter einem Dirigenten;* Rundfunk~, Schul~, Symphonie~

or|ches|tral *auch:* **or|chest|ral** ⟨[-kɛs-] od. österr. a. [-çɛs-] Adj. 24⟩ **1** *das Orchester betreffend, zum Orchester gehörend;* eine gute ~e Begleitung des Pianisten **2** *wie ein Orchester, wie von einem Orchester;* ein ~er Klang

or|ches|trie|ren *auch:* **or|chest|rie|ren** ⟨[-kɛs-] od. österr. a. [-çɛs-] V. 500⟩ *eine* **Komposition** ~ *für Orchester bearbeiten, als Partitur für ein Orchester umarbeiten, instrumentieren*

Or|chi|dee ⟨[-çide:ə] f.; -, -n; Zool.⟩ *Angehörige einer sehr umfangreichen Pflanzenfamilie, deren Blüten oft auffällige Farben u. ungewöhnliche Formen aufweisen:* Orchidaceae

Or|den ⟨m.; -s, -⟩ **1** *religiöse Gemeinschaft, die nach strengen Regeln lebt u. ganz bestimmte Gelübde abgelegt hat;* Mönchs~, Nonnen~; einem ~ angehören **2** *weltliche Gemeinschaft, die nach bestimmten Regeln lebt;* Ritter~; die Satzungen des ~s **3** *Ehrenzeichen, Auszeichnung;* Verdienst~; einen ~ bekommen, tragen; jmdm. einen ~ verleihen

or|dent|lich ⟨Adj.⟩ **1** *geordnet, am rechten Platz, aufgeräumt;* das Zimmer sah ~ aus; alles lag ~ an seinem Platz **2** ⟨70⟩ *ordnungsliebend;* er, sie ist sehr ~ **3** *genau, sorgfältig;* eine Arbeit ~ machen **4** ⟨60⟩ *ganz, recht, sehr* ~ *gut, zufrieden stellend;* das Kind spricht schon sehr ~; wie hat er die Arbeit gemacht? Ganz ~! **5** ⟨60⟩ *ordnungsgemäß, regelrecht, planmäßig;* ~e Gerichte; ~es Mitglied **5.1** ~er **Professor** ⟨Abk.: o. Prof.⟩ *P., der einen Lehrstuhl innehat* **6** ⟨umg.⟩ *anständig, rechtschaffen;* ~e Leute; ein ~er Mensch **7** ⟨umg.⟩ *tüchtig, kräftig;* ein ~es Frühstück; ein ~er Schluck **8** ⟨umg.⟩ *richtig, wie man es erwartet;* zu einem ~en Sonntag gehört ein gutes Mittagessen **9** ⟨50; umg.⟩ *sehr;* er sah ~ blass aus; er ist heute ~ kalt **9.1** *geradezu, regelrecht, wirklich, richtig;* der Schreck ist mir ~ in die Glieder gefahren; er hat ihm ~ die Meinung gesagt

Or|der ⟨f.; -, -n⟩ **1** *Anordnung, Auftrag* **2** *Verfügung, Befehl*

Or|di|nal|zahl ⟨f.; -, -en; Gramm.⟩ *Zahlwort, das die Stellung in einer Reihenfolge, geordneten Menge o. Ä. bezeichnet, z. B. erste, zweiter, fünftes;* Sy *Ordnungszahl;* Ggs *Kardinalzahl*

or|di|när ⟨Adj.⟩ **1** ⟨urspr.⟩ *landläufig, alltäglich, gebräuchlich* **2** ⟨meist fig.⟩ *gemein, gewöhnlich, unanständig*

Or|di|na|ten|ach|se ⟨[-ks-] f.; -, -n; Math.⟩ = *y-Achse*

Or|di|na|ti|on ⟨f.; -, -en⟩ **1** ⟨kath. Kirche⟩ *Weihe zum geistlichen Amt, Priesterweihe* **2** ⟨evang. Kirche⟩ *feierliche Einsetzung in das Amt eines Pfarrers* **3** ⟨Med.; österr.⟩ *Verordnung, Verschreibung* • **3.1** *Sprechstunde* • **3.2** *ärztlicher Behandlungsraum, Arztpraxis*

or|di|nie|ren ⟨V.⟩ **1** ⟨500⟩ jmdn. ~ • **1.1** ⟨kath. Kirche⟩ *zum Priester weihen* • **1.2** ⟨evang. Kirche⟩ *in das Amt des Pfarrers einsetzen* **2** ⟨500; österr.⟩ **Arzneimittel** ~ *ärztlich verordnen* **3** ⟨400; österr.⟩ *ärztliche Sprechstunde halten;* Herr Dr. B. ordiniert heute

ord|nen ⟨V. 500⟩ **1** *etwas* ~ *in (eine bestimmte) Ordnung, in die richtige Reihenfolge bringen, sortieren;* seine Gedanken ~; Gegenstände in den Fächern, auf dem Schreibtisch ~; Blumen in der Vase ~; geordneter Rückzug ⟨Mil.⟩ • **1.1** *in einen ordentlichen Zustand bringen;* seine Haare ~; die Kleidung ~ • **1.2** **jmds. Angelegenheiten** ~ *regeln* • **1.3** *geordnete* **Verhältnisse** *klare u. übersichtliche V.;* in geordneten Verhältnissen leben • **1.3.1** *es herrschen wieder geordnete Verhältnisse* Ruhe u. Ordnung • **1.4** ⟨Vr 3⟩ *sich* ~ *sich (in einer bestimmten Ordnung, Reihenfolge) aufstellen;* die Massen ordneten sich zu einem Demonstrationszug

Ord|nung ⟨f.; -, -en⟩ **1** *das Ordnen;* er macht sich an die ~ seiner persönlichen Angelegenheiten **2** *das Geordnetsein, ordentlicher Zustand;* ~ machen, schaffen; für ~ sorgen; die ~ stören; es muss alles seine (bestimmte) ~ haben; er kann (in seinen Sachen) keine ~ halten; hier herrscht (keine, vorbildliche) ~; es ist alles in bester, schönster ~ ⟨a. fig.⟩; ~ muss sein! ⟨fig.⟩ • **2.1** jmdn., ein Kind zur ~ anhalten *dazu anhalten, ordentlich zu sein* • **2.2** das Zimmer ist in ~ *aufgeräumt u. sauber* • **2.3** eine Sache in ~ bringen ⟨fig.⟩ *erledigen* • **2.4** ich finde es (nicht) in ~, dass ... *ich finde es (nicht) richtig, dass ...* • **2.5** in ~! ⟨umg.⟩ *gut!, erledigt!, wird erledigt, wird gemacht!* • **2.6** (es) geht in ~ ⟨umg.⟩ *es ist gut so, es wird, ist erledigt* • **2.7** das ist ganz in ~ *das ist ganz richtig so, das ist ganz nach Vorschrift* • **2.8** der ist in ~! ⟨umg.⟩ *er ist ein tüchtiger Kerl, so, wie er sein soll* • **2.9** die Maschine ist nicht in ~ *ist kaputt, läuft nicht richtig* **3** *geregelter, übersichtlicher Ablauf, Tagesablauf;* ein kleines Kind braucht seine ~; jmdn. aus seiner ~ bringen **4** ⟨unz.⟩ *Ruhe, Gehorsam, Disziplin;* es gelang dem Lehrer nicht gut, ~ zu halten • **4.1 jmdn. zur** ~ **rufen** *ermahnen* **5** *Regel, Vorschrift, Verfahrensregelung;* Straßenverkehrs~; die ~ im Strafprozess • **5.1** nur der ~ **halber, wegen** *der Form halber* **6** *Aufbau, System;* Gesellschafts~; eine neue politische ~ entsteht; die innere ~ des Systems, eines Organismus, eines Atoms **7** *Stufenfolge, Reihenfolge; Rang~; Sitz~;* alphabetische ~ • **7.1** *Stufe in einer Reihenfolge, Rangordnung, Grad;* er ist eine Kapazität erster ~; das ist ein Problem dritter ~ • **7.2** **Kurve** erster, zweiter, n-ter ~ ⟨Math.⟩ *K., die ein, zwei, n Schnittpunkte mit einer Geraden hat* **8** ⟨Biol.⟩ = *Reihe (4)*

Ord|nungs|zahl ⟨f.; -, -en⟩ = *Ordinalzahl*

Ore|ga|no ⟨m.; -; unz.⟩ = *Origano*

Or|gan ⟨n.; -s, -e⟩ **1** ⟨Biol.⟩ *funktionelle Einheit bestimmter Gestalt, die bestimmte Leistungen erbringt;* die inneren ~e **2** = *Stimme (1);* ein lautes, angeneh-

Organisation

mes, unangenehmes, sonores ~ haben • 2.1 ⟨fig.⟩ *Zeitung od. Zeitschrift als Sprachrohr einer Partei* **3** *(k)ein ~ für etwas haben* ⟨fig.⟩ *(k)einen Sinn, (k)eine Begabung für etwas haben, nicht empfänglich für etwas sein* **4** *mit bestimmten Aufgaben, Rechten u. Pflichten betraute Person od. Personengruppe im öffentliches Leben; ausführendes, beratendes ~*

Or|ga|ni|sa|ti|on ⟨f.; -, -en⟩ **1** ⟨unz.⟩ *das Organisieren* • 1.1 *planmäßiger Aufbau, Ordnung, Gliederung, Gestaltung* **2** ⟨Biol.⟩ *Aufbau u. Tätigkeit der Organe* **3** *Zusammenschluss zu einem bestimmten Zweck*

Or|ga|ni|sa|tor ⟨m.; -s, -en⟩ **1** *jmd., der etwas organisiert, Veranstalter;* die ~en eines Konzertes **2** *jmd., der ein großes Talent zum Organisieren besitzt*

or|ga|nisch ⟨Adj. 24⟩ **1** *ein Organ (1) betreffend, zu ihm gehörig, von ihm ausgehend* • 1.1 ~es **Leiden** *auf Veränderungen der Organe beruhendes Leiden;* ~ erkrankt **2** *der belebten Natur angehörend;* Ggs *anorganisch* • 2.1 *tierisch-pflanzlich* • 2.2 *Kohlenstoffverbindungen betreffend;* ~e Chemie, ~e Verbindung, ~e Basen; ~e Säuren **3** *gegliedert, gesetzmäßig geordnet;* ein ~es Ganzes

or|ga|ni|sie|ren ⟨V. 500⟩ **1** *eine* **Veranstaltung** *~ einrichten, aufbauen, gestalten, planen;* eine Gesellschaftsreise ~ **2** *Gegenstände,* **Waren** ~ ⟨umg.⟩ *beschaffen, bes. auf nicht ganz einwandfreie Weise* **3** ⟨Vr 3⟩ *sich ~ sich einer Gewerkschaft od. Partei anschließen;* organisierte Arbeiter

Or|ga|nis|mus ⟨m.; -, -nis|men⟩ **1** *selbstständiges Lebewesen, lebendiger menschlicher, tierischer od. pflanzlicher Körper* **2** *sinnvoll gegliedertes Ganzes*

Or|ga|nist ⟨m.; -en, -en; Mus.⟩ *Orgelspieler*

Or|ga|nis|tin ⟨f.; -, -tin|nen; Mus.⟩ *weibl. Organist*

Or|gas|mus ⟨m.; -, -gas|men⟩ *Höhepunkt des Geschlechtsakts od. anderer sexueller Handlungen*

Or|gel ⟨f.; -, -n; Mus.⟩ *größtes Musikinstrument, bei dem von einem Spieltisch aus durch Tasten u. Pedal sowie mechanische od. elektrische Luftzuführung Pfeifen in den verschiedensten Klangfarben zum Tönen gebracht werden*

or|geln ⟨V. 400⟩ **1** *Orgel spielen* • 1.1 *der Wind orgelt in den Bäumen* ⟨fig.⟩ *saust, braust mit tiefem Ton* **2** *der* **Hirsch** *orgelt* ⟨Jägerspr.⟩ *schreit brünstig*

Or|gel|pfei|fe ⟨f.; -, -n; Mus.⟩ **1** *Pfeife der Orgel* • 1.1 *die Kinder standen da wie die* ~n ⟨umg.; scherzh.⟩ *der Größe nach, eines immer ein wenig größer als das andere*

Or|gie ⟨[-gjə] f.; -, -n⟩ *Ausschweifung, wüstes Gelage*

Ori|ent ⟨m.; -s; unz.⟩ **1** *Länder des Nahen, Mittleren u. Fernen Ostens, Vorder- und Mittelasien;* Sy *Morgenland;* Ggs *Okzident* • 1.1 *der* **Vordere** *~ Vorderasien*

ori|en|tie|ren ⟨V.⟩ **1** ⟨505/Vr 7 od. Vr 8⟩ **jmdn. (über etwas)** *~ unterrichten, in Kenntnis setzen;* darüber bin ich nicht orientiert • 1.1 ⟨550/Vr 3⟩ **sich über etwas** *~ über etwas Auskünfte einholen* **2** ⟨500/Vr 3⟩ *sich ~ nach den eigenen Standort nach der Himmelsrichtung feststellen* • 2.1 ⟨fig.⟩ *sich zurechtfinden, die eigene Lage bestimmen*

Ori|en|tie|rung ⟨f.; -, -en⟩ **1** *das Orientieren, das Orientiertsein* • 1.1 *die ~ verlieren die Richtung verlieren,*

nicht mehr wissen, wo man sich befindet **2** *zu Ihrer ~ damit Sie Bescheid wissen*

Ori|ga|no ⟨m.; -; unz.; Bot.⟩ *Angehöriger einer Gattung der Lippenblütler, deren getrocknete Blätter u. Zweige als Gewürz u. als Heilkraut verwendet werden: Origanum vulgare;* oV *Oregano;* Sy *Wilder Majoran,* → *Majoran (1.1)*

ori|gi|nal ⟨Adj. 24⟩ **1** *ursprünglich, echt, urschriftlich* **2** *schöpferisch, eigen*

Ori|gi|nal ⟨n.; -s, -e⟩ **1** = *Urbild* **2** *erste Niederschrift, ursprüngliche Fassung, Urtext;* Ggs *Kopie (1);* das ~ eines Briefes, Gemäldes; Kopie nach einem ~ von Raffael **3** *jmd. ist ein ~* ⟨fig.; umg.⟩ *Person mit ungewöhnlichen, aber originellen Eigenschaften u. Ideen*

Ori|gi|na|li|tät ⟨f.; -; unz.⟩ **1** *originale Beschaffenheit, Echtheit;* die ~ eines Kunstwerkes bestätigen **2** *Einfallsreichtum, (einer Sache zugrundeliegende) eigenartig-schöpferische Idee, unverwechselbare Kreativität;* die ~ ihres Denkens, Schaffens, Wirkens

ori|gi|nell ⟨Adj.⟩ *ursprünglich, eigen, neuartig u. treffend, ideen-, einfallsreich;* ein ~er Gedanke; etwas ~ gestalten **2** ⟨umg.⟩ *sonderbar, seltsam, eigenartig, auffällig;* ein ~er Mensch

Or|kan ⟨m.; -s, -e; Meteor.⟩ *Sturm von größter Windstärke*

Or|na|ment ⟨n.; -(e)s, -e⟩ *Verzierung, Schmuck, schmückende Form*

Or|nat ⟨m.; -(e)s, -e⟩ *feierliche Amtstracht;* in vollem ~ erscheinen

Or|ni|tho|lo|gie ⟨f.; -; unz.; Zool.⟩ *Vogelkunde*

Ort[1] ⟨m.; -(e)s, -e⟩ **1** *Platz, Stelle, Punkt;* ein ~ des Schreckens, Grauens; hier sind wir am rechten, richtigen ~; jetzt steht alles am rechten, richtigen ~ • 1.1 *an ~ und* **Stelle** *sein da sein (an gehöriger Stelle)* • 1.2 *ein* **gewisser, heimlicher, verschwiegener** *~* ⟨umg.; verhüllend⟩ *Abort, Toilette;* →a. *all (1.3), astronomisch (1.4), dritte (2.3), hoch (5.1)* **2** *Ortschaft, Gemeinde, Dorf;* von ~ zu ~ ziehen • 2.1 *hier* **am** *~ in derselben Ortschaft;* hier **3** ⟨fig.⟩ *Gelegenheit, (richtiger) Zeitpunkt;* es ist hier nicht der ~, darüber zu diskutieren • 3.1 *eine Bemerkung* **am unrechten** *~ eine unter gegebenen Umständen unangebrachte B.*

Ort[2] ⟨n.; -(e)s, -e; veraltet; noch in geogr. Namen⟩ **1** *Spitze, Anfangs- u. Endpunkt* **2** ⟨oberdt.⟩ = *Ahle*

Ort[3] ⟨n.; -(e)s, Ör|ter; Bgb.⟩ **1** *Ende einer Strecke, an der gearbeitet wird* • 1.1 **vor** *~ arbeiten die Strecke vortreiben* • 1.1.1 ⟨fig.⟩ *direkt an Ort u. Stelle eines Geschehens*

or|ten ⟨V. 500⟩ *etwas ~ den Standort von etwas bestimmen;* ein Schiff, Flugzeug ~

or|tho|dox ⟨Adj.⟩ **1** *rechtgläubig, strenggläubig* **2** ~e Kirche *Ostkirche*

Or|tho|gra|fie ⟨f.; -, -n; Sprachw.⟩ = *Rechtschreibung;* oV *Orthographie*

or|tho|gra|fisch ⟨Adj. 24⟩ *die Orthografie betreffend, rechtschreiblich;* oV *orthographisch;* ~e Fehler; einen Text ~ fehlerfrei schreiben

Or|tho|gra|phie ⟨f.; -, -n; Sprachw.⟩ = *Orthografie*

or|tho|gra|phisch ⟨Adj. 24⟩ = *orthografisch*

Or|tho|pä|die ⟨f.; -; unz.; Med.⟩ *Fachgebiet der Medi-*

zin, das sich mit der Erkennung u. Behandlung angeborener od. erworbener Erkrankungen des menschlichen Stütz- u. Bewegungsapparates beschäftigt

ört|lich ⟨Adj. 24⟩ →a. *lokal* **1** *einen Ort betreffend, zu ihm gehörend;* die ~en Verhältnisse • **1.1** *das ist ~ verschieden je nach Ort* **2** *auf einen Ort, eine Stelle des Körpers begrenzt, in der Ausdehnung beschränkt, nur wenig verbreitet* • **2.1** ~e **Betäubung** ⟨Med.⟩ *Ausschaltung der Empfindlichkeit gegen Schmerzen an bestimmten Stellen des Körpers*

Ört|lich|keit ⟨f.; -, -en⟩ **1** *Ort, Gelände* **2** *eine gewisse ~,* die ~en ⟨umg.; verhüllend⟩ *Abort, Toilette*

Ort|schaft ⟨f.; -, -en⟩ *Gemeinde, Siedlung, Dorf*

Orts|ge|spräch ⟨n.; -(e)s, -e⟩ **1** *Angelegenheit, über die alle Bewohner eines Ortes sprechen* **2** *Telefongespräch zwischen Teilnehmern des gleichen Ortsnetzes;* Ggs *Ferngespräch*

orts|kun|dig ⟨Adj.⟩ *Ortskenntnisse besitzend*

Orts|sinn ⟨m.; -(e)s; unz.⟩ *Fähigkeit, sich auch in unbekanntem Gelände zurechtzufinden, Orientierungssinn*

Orts|zeit ⟨f.; -, -en⟩ *die auf den Längenkreis bezogene wahre Sonnenzeit eines Ortes;* Ggs *Normalzeit*

Öse ⟨f.; -, -n⟩ *kleiner Metallring zum Einhängen eines Hakens od. zum Durchziehen einer Schnur;* →a. *Haken (1.1)*

Os|mi|um ⟨n.; -s; unz.; chem. Zeichen: Os⟩ *Edelmetall der Platingruppe, Ordnungszahl 76*

Os|ten ⟨m.; -s; unz.⟩ **1** *Himmelsrichtung, Richtung, in der die Sonne aufgeht;* gen, nach ~ **2** *östlich gelegenes Gebiet;* im ~ *der Stadt;* →a. *fern (1.1), mittlere (1.2), nahe (1.3)* **3** *die Länder Osteuropas (u. Ostasiens)* • **3.1** ⟨früher⟩ *DDR;* sie hat im ~ gelebt

os|ten|ta|tiv ⟨Adj.⟩ **1** *offensichtlich, augenfällig* **2** *prahlerisch, herausfordernd, betont*

Os|tern ⟨n.; -, -⟩ **1** *kirchliches Fest der Auferstehung Christi* • **1.1** *wenn ~ und Pfingsten auf einen Tag fällt* ⟨fig.; umg.; scherzh.⟩ *niemals;* →a. *weiß² (2.12)*

öst|lich ⟨Adj.⟩ **1** *im Osten liegend* • **1.1** ~e **Länge** *Längengrad östlich des Nullmeridians (von Greenwich)* • **1.2** ~ **von** Berlin *außerhalb Berlins in östlicher Richtung*

Ös|tro|gen auch: **Öst|ro|gen** ⟨n.; -s, -e⟩ *weibl. Geschlechtshormon*

Ot|ter¹ ⟨m.; -s, -; Zool.⟩ *Angehöriger einer Unterfamilie der Marder, im u. am Wasser lebendes Raubtier mit kurzem, dichtem Fell, kurzen Beinen mit Schwimmhäuten zwischen den Zehen, niedrigem u. flachem Körper sowie teilweise flachem u. breitem Schwimmschwanz: Lutrinae*

Ot|ter² ⟨f.; -, -n; Zool.⟩ = *Viper (1)*

out ⟨[aut] Adv.⟩ **1** ⟨Sp.; österr.⟩ *aus, außerhalb des Spielfeldes;* der Ball ist ~ **2** ~ **sein** ⟨umg.⟩ *unmodern, nicht mehr aktuell, nicht mehr gefragt sein;* Ggs *in sein;* →a. *in²;* lange Kleider sind ~

ou|ten ⟨[autən] V. 500; salopp⟩ **1** *jmdn. od.* **etwas** ~ *bekanntmachen, in aller Öffentlichkeit bekanntgeben (bes. von Homosexualität);* er hat in dem Interview mehrere Politiker geoutet **2** ⟨Vr 3⟩ *sich* ~ *sich öffentlich zu etwas (bes. zu seiner Homosexualität) bekennen;* als er sich schließlich outete, hatte er nichts mehr zu befürchten

Out|fit ⟨[autfit] n.; -s, -s⟩ *Bekleidung, Ausstattung;* ein sportliches, elegantes ~

Out|si|der ⟨[autsaidə(r)] m.; -s, -⟩ *Außenseiter;* Ggs *Insider*

Ou|ver|tü|re ⟨[uvər-] f.; -, -n; Mus.⟩ **1** *instrumentale Einleitung zu größeren, meist zyklischen Musikwerken, bes. Opern, Operetten, Suiten;* Sy *Vorspiel (1)* **2** ⟨bei Bach u. a.⟩ *selbstständige Komposition, Suite*

oval ⟨[ova:l] Adj. 24⟩ ~e **Fläche** *länglich runde F.*

Ova|ti|on ⟨[ova-] f.; -, -en⟩ *Huldigung, Beifallssturm;* jmdm. eine ~, ~en darbringen

Oxid ⟨n.; -(e)s, -e; Chem.⟩ *Verbindung eines chem. Elements mit Sauerstoff;* oV ⟨veraltet⟩ *Oxyd*

Oxi|da|ti|on ⟨f.; -, -en; Chem.⟩ *das Oxidieren;* Ggs *Reduktion*

oxi|die|ren ⟨V.⟩ **1** ⟨400⟩ *chem. Elemente,* **Stoffe** ~ *verbinden sich mit Sauerstoff, nehmen Sauerstoff auf* **2** ⟨800⟩ **zu** *einem anderen* **Stoff** ~ *sich durch Verbindung mit Sauerstoff in einen anderen S. umwandeln;* Wasserstoff oxidiert zu Wasser

Oxyd ⟨n.; -(e)s, -e; Chem.; veraltet⟩ = *Oxid*

Oze|an ⟨m.; -s, -e⟩ = *Weltmeer*

Oze|lot ⟨m.; -s, -e od. -s; Zool.⟩ **1** *gelblich braun gefleckte Raubkatze, die in Feld-, Wald- u. Sumpfgebieten der südlichen USA bis Südamerika lebt: Leopardus pardalis* **2** *Fell des Ozelots (1)* **3** *Kleidungsstück (Mantel, Jacke) aus Ozelot (2)*

Ozon ⟨n. od. m.; -s; unz.; Chem.⟩ *dreiatomiger Sauerstoff*

Ozon|wert ⟨m.; -(e)s, -e; meist Pl.⟩ *Gehalt, Konzentration an Ozon in der Luft od. der Stratosphäre, Ozonkonzentration;* Anstieg der ~e

paar¹ ⟨Adj.; Biol.⟩ paarig, gepaart, zueinandergehörend; ~e Blätter, Flossen

paar² ⟨Indefinitpron.; indeklinabel⟩ **1** ein ~ einige, wenige; ein ~ Freunde; ein ~ Euro, Cent; ein ~ Minuten; in ein ~ Tagen; alle ~ Wochen; schreib ihm ein ~ Zeilen; mit ein ~ Worten • **1.1** ein ~ **hundert/Hundert** … mehrere hundert **2** ein ~ …**zig** etwas mehr als; ein ~ zwanzig

Paar ⟨n.; -(e)s, -e⟩ **1** zwei zusammengehörige Personen, Tiere od. Dinge; Ehe~, Tanz~; ein ~ Ochsen; ein ~ Schuhe, Stiefel, Strümpfe, Hosen • **1.1** ein ~ **werden** heiraten • **1.2** das junge ~ Liebes-, Braut-, Ehepaar

paa|ren ⟨V.⟩ **1** ⟨500⟩ Tiere ~ zur Zucht paarweise zusammenbringen **2** ⟨500/Vr 3⟩ sich ~ sich begatten, bes. von Tieren; die meisten Tiere ~ sich im Frühjahr **3** ⟨517⟩ etwas mit etwas ~ ⟨fig.⟩ vereinigen, vereinigen; er paart in seinen Bemerkungen, Erzählungen Geist mit Witz; bei ihm ist Strenge mit Güte gepaart • **3.1** ⟨Vr 3⟩ etwas paart **sich mit etwas** etwas verbindet sich, kommt mit etwas zusammen; bei ihm paart sich die Schnelligkeit mit Kraft

Pacht ⟨f.; -, -en⟩ **1** die Überlassung einer Sache zu Gebrauch u. Nutzung gegen Entgelt; die ~ kündigen, verlängern • **1.1** in ~ **geben** verpachten • **1.2** in ~ **nehmen** pachten **2** vertraglich festgelegte u. regelmäßig zu zahlende Summe für das Gepachtete; die ~ beträgt monatlich 500 €; die ~ erhöhen, senken

pach|ten ⟨V. 500⟩ **1 etwas ~** in Pacht nehmen, gegen Entgelt zur Nutzung übernehmen; einen Betrieb, ein Hotel ~; ein Grundstück ~ **2 etwas für sich** gepachtet haben ⟨fig.⟩ etwas für sich allein in Anspruch nehmen; er tut so, als ob er die Weisheit, die Schlauheit gepachtet hätte

Pack¹ ⟨m.; -(e)s, -e od. Pä|cke⟩ = Packen (1)

Pack² ⟨n.; -s; unz.; umg.; abwertend⟩ Gesindel, Bande, Pöbel; hier treibt sich nachts allerlei ~ herum; elendes ~; ~ schlägt sich, ~ verträgt sich

Päck|chen ⟨n.; -s, -⟩ **1** ⟨Postw.⟩ fest verschlossene mittelgroße Briefsendung (mit einem bestimmten Höchstgewicht), kleines Paket; sie hat 4 ~ zur Post gebracht; ein ~ packen **2** jeder hat **sein ~ zu tragen** ⟨fig.; umg.⟩ jeder hat seine Sorgen **3** in einer Umhüllung verpackte kleine Menge einer Ware; ein ~ Tee, Zigaretten

pa|cken ⟨V. 500⟩ **1** ⟨Vr 8⟩ **jmdn. (an, bei etwas) ~** (derb) ergreifen, fassen (u. festhalten); jmdn. bei der Hand ~; jmdn. am, beim Kragen ~; der Hund packte ihn an der Hose, am Bein • **1.1** jmdn. **bei der Ehre ~** jmds. Ehrgefühl wecken **2** etwas **(in, auf, unter, über etwas) ~** geordnet legen; die Wäsche in den Koffer, Schrank ~; das Gepäck auf, in den Wagen ~; die Pullover über die Hemden ~ • **2.1** seine Sachen ~ reisefertig machen, zum Mitnehmen einpacken • **2.2** ⟨511⟩ etwas in Papier ~ einwickeln • **2.3** ⟨511⟩ jmdn. ins Bett ~ ⟨umg.⟩ zu Bett bringen u. warm zudecken **3** einen **Behälter ~** zum Mitnehmen, Verreisen, für den Versand vorbereiten, fertig machen; den Koffer, Rucksack, die Schultasche, das Päckchen ~ **4 jmdn. ~** ⟨fig.⟩ jmdm. Eindruck machen, jmdn. innerlich stark bewegen, fesseln, ergreifen, erschüttern; sein Bericht, das Buch, Theaterstück hat mich sehr gepackt; der Redner wusste, verstand seine Zuhörer zu ~; von Entsetzen gepackt; ich war von dem Film sehr gepackt; das Buch ist ~d geschrieben; ein ~der Bericht, Vortrag **5** ⟨Vr 3⟩ sich ~ ⟨fig.; umg.⟩ machen, dass man fortkommt, sich davonmachen, sich fortscheren; er soll sich ~!; pack dich!

Pa|cken ⟨m.; -s, -⟩ **1** großes Bündel, großes Paket, Ballen; oV Pack¹ ein ~ Bücher, Wäsche **2** ⟨fig.⟩ große Menge; ein (großer) ~ Arbeit

Pa|ckerl ⟨n.; -s, -n⟩ österr.⟩ Päckchen

Pack|esel ⟨m.; -s, -⟩ **1** Lastesel **2** ⟨fig.⟩ Mensch, dem alles aufgebürdet wird; wie ein ~ beladen

Pa|ckung ⟨f.; -, -en⟩ **1** in eine (hübsche) Hülle verkaufsfertig gepackte Ware; eine Pralinen~ **2** die Umhüllung, Hülle selbst; eine ~ aufreißen, öffnen, anbrechen **3** ⟨Tech.⟩ Dichtung **4** ⟨Straßenbau⟩ Unterbau einer Straße **5** ⟨Med.⟩ Umhüllung des Körpers od. eines Körperteils mit feuchten Tüchern; heiße, kalte, warme ~en

♦ Die Buchstabenfolge **päd|a…** kann in Fremdwörtern auch **pä|da…** getrennt werden.

♦**Pä|da|go|ge** ⟨m.; -n, -n⟩ **1** Erzieher, Lehrer **2** Wissenschaftler der Pädagogik

♦**Pä|da|go|gik** ⟨f.; -; unz.⟩ Wissenschaft von Erziehung u. Bildung

♦**Pä|da|go|gin** ⟨f.; -, -gin|nen⟩ weibl. Pädagoge

Pad|del ⟨n.; -s, -⟩ frei (ohne Dolle) geführtes Ruder mit einem od. zwei gegeneinander verdrehten Blättern an den Enden des Schaftes

Pad|del|boot ⟨n.; -(e)s, -e⟩ mit Hilfe von Paddeln fortbewegtes Boot

pad|deln ⟨V. 400(s.)⟩ **1** mit Paddeln rudern, mit dem Paddelboot fahren **2** ⟨fig.⟩ wie ein Hund schwimmen

Pa|ge ⟨[-ʒə] m.; -n, -n⟩ **1** ⟨im MA⟩ Edelknabe **2** ⟨heute⟩ junger Bote, bes. im Hotel

Pa|go|de ⟨f.; -, -n; europ. Bez. für⟩ **1** japanischer od. chinesischer Tempel mit mehreren turmartig gebauten Stockwerken **2** ⟨a. m.; -n, -n; österr.⟩ (sitzende) ostasiatische Götterfigur

Pail|let|te ⟨[pajɛtə] f.; -, -n⟩ kleines glänzendes Metallplättchen zum Aufnähen auf festliche Kleidung

Pa|ket ⟨n.; -(e)s, -e⟩ **1** etwas Zusammengepacktes, ein verschnürter Packen; Akten~, Bücher~, Post~ • **1.1** ⟨Post⟩ fest verschnürte größere Postsendung (mit einem bestimmten Mindest- bzw. Höchstgewicht); ~adresse, ~post, ~schalter

Pa|ket|kar|te ⟨f.; -, -n⟩ *Begleitschein für ein Postpaket;* die ~ ausfüllen

Pakt ⟨m.; -(e)s, -e⟩ *Vertrag, Bündnis;* Atlantik~, Freundschafts~

Pa|lais ⟨[-lɛː] n.; - [-lɛːs], - [-lɛːs]⟩ *Schloss, Palast, repräsentatives, herrschaftliches Gebäude*

Pa|lä|o|zo|i|kum ⟨n.; -s; unz.⟩ *Zeitalter der Erdgeschichte vor 580 bis 200 Millionen Jahren, Erdaltertum*

Pa|last ⟨m.; -(e)s, -läs|te⟩ *ein repräsentatives Gebäude, bes. in der Feudalzeit ein fürstlicher od. herrschaftlicher Wohnsitz, Schloss;* der alte, neue ~

Pa|la|tschin|ke *auch:* **Pa|lat|schin|ke** ⟨f.; -, -n; österr. Kochk.⟩ *(mit Marmelade) gefüllter, zusammengerollter Eierkuchen;* Topfen~

Pa|la|ver ⟨[-vər] n.; -s, -⟩ **1** ⟨urspr.⟩ *Eingeborenenversammlung, Unterredung von Weißen mit Schwarzen* **2** ⟨fig.⟩ *überflüssiges Gerede, nutzlose Verhandlung, Wortstreit*

Pa|laz|zo ⟨m.; - od. -s, -laz|zi⟩ *Palast*

Pa|let|te ⟨f.; -, -n⟩ **1** *Scheibe mit Loch für den Daumen zum Mischen der Farben beim Malen* **2** ⟨Tech.⟩ *Untersatz für Stapelwaren, die dadurch mit Gabelstaplern leicht u. in größerer Menge bewegt werden können* **3** ⟨fig.⟩ *reiche Auswahl, vielfältiges Angebot;* eine ~ an Möglichkeiten

Pa|li|sa|de ⟨f.; -, -n⟩ **1** *starker, oben zugespitzter Pfahl zur Befestigung* **2** *aus einer Reihe von Palisaden (1) bestehendes Hindernis*

Pal|me ⟨f.; -, -n⟩ **1** ⟨Bot.⟩ *Angehörige einer Familie meist tropischer, einkeimblättriger Bäume mit gefiederten Blättern u. schlankem Stamm : Palmae* • **1.1** *jmdn.* **auf** *die* ~ *bringen* ⟨fig., umg.⟩ *jmdn. erbosen, jmdn. wütend machen* **2** *Blatt einer Palme* • **2.1** *die* ~ *erringen* ⟨fig.⟩ *siegen*

Palm|li|lie ⟨[-ljə] f.; -, -n; Bot.⟩ = *Yucca*

Pam|pa ⟨f.; -, -s⟩ *südamerikanische (überwiegend in Argentinien gelegene) Grassteppe* • **1.1** ⟨fig.; umg.⟩ *abgelegene Gegend;* in der ~ wohnen

Pam|pel|mu|se ⟨f.; -, -n; Bot.⟩ *Zitrusgewächs mit großen, gelben, säuerlich (bitter) schmeckenden, der Orange ähnlichen Früchten: Citrus aurantium decumana*

Pam|phlet *auch:* **Pamph|let** ⟨n.; -(e)s, -e⟩ *politische Schmähschrift, Streitschrift*

pan..., Pan... ⟨in Zus.⟩ *all, ganz, gesamt, alles umfassend;* panafrikanismus, Panamerikanismus, Pantheismus

Pa|na|de ⟨f.; -, -n; Kochk.⟩ **1** *zum Panieren verwendete breiige Mischung aus geriebenen od. gemahlenen Zutaten (bes. Semmelbröseln, Mehl, Mandeln u. Ä.) u. Ei* **2** *breiige Mischung für Füllungen* **3** ⟨österr.⟩ *Weißbrot als Suppeneinlage*

pa|na|schie|ren ⟨V.⟩ **1** ⟨500⟩ *Stoffe* ~ *buntstreifig mustern* **2** ⟨402; Pol.⟩ **(Kandidaten)** ~ *K. verschiedener Wahlvorschläge auf dem Stimmzettel zusammenstellen u. zugleich wählen*

Pan|da ⟨m.; -s, -s; Zool.⟩ *in Zentralchina lebender Bär mit schwarzweißer Fellzeichnung: Ailuropoda melanoleuca*

Pa|neel ⟨n.; -s, -e; meist Pl.⟩ **1** *vertieftes Feld einer Holztäfelung* **2** *aus Paneelen (1) bestehende Holztäfelung*

Pan|flö|te ⟨f.; -, -n; Mus.⟩ *Hirtenflöte aus mehreren, verschieden langen, meist unten geschlossenen Röhren ohne Grifflöcher;* oV Pansflöte

Pa|nier ⟨n.; -s, -e⟩ **1** ⟨veraltet⟩ *Banner, Fahne, Feldzeichen* • **1.1** *sich etwas* **auf** *sein* ~ *schreiben sich zum Ziel setzen* **2** ⟨fig.; geh.⟩ *Wahlspruch, Motto*

pa|nie|ren ⟨V. 500⟩ *etwas* ~ ⟨Kochk.⟩ *in Ei u. Mehl, geriebener Semmel o. Ä. wenden;* Fisch, ein Schnitzel ~

Pa|nik ⟨f.; -, -en⟩ *allgemeine Verwirrung, plötzlich ausbrechende Angst (bes. bei Massenansammlungen);* in ~ geraten

Pan|ne ⟨f.; -, -n⟩ **1** *Schaden, Betriebsstörung (bes. an Fahrzeugen);* Auto~, Rad~, Reifen~ **2** *Störung im Arbeitsablauf, Fehler, Missgeschick;* da ist bei der Übertragung eine ~ passiert

Pan|op|ti|kum *auch:* **Pa|nop|ti|kum** ⟨n.; -s, -ti|ken⟩ **1** *Wachsfigurenkabinett* **2** *Kuriositätensammlung, Schau von besonderen Sehenswürdigkeiten*

Pan|o|ra|ma *auch:* **Pa|no|ra|ma** ⟨n.; -s, -ra|men⟩ **1** *Ausblick in die Landschaft, Rundblick* **2** *Rundbild, das einen weiten Horizont vortäuscht* • **2.1** ⟨Theat.⟩ *im Halbkreis um die Bühne reichendes Rundbild einer Landschaft o. Ä. als Hintergrund, Vorläufer des Rundhorizonts*

pan|schen ⟨V.⟩ oV pantschen **1** ⟨500⟩ *ein* **Getränk** ~ *mit Wasser verfälschen, verdünnen;* Wein, Milch ~ **2** ⟨400⟩ *mit Wasser spielen;* die Kinder ~ gern

Pan|sen ⟨m.; -s, -⟩ *erster Magenabschnitt von Wiederkäuern*

Pans|flö|te ⟨f.; -, -n; Mus.⟩ = *Panflöte*

Pan|ter ⟨m.; -s, -⟩ = *Leopard;* oV Panther

Pan|the|is|mus ⟨m.; -; unz.⟩ *Lehre, dass Gott, die Natur u. die Welt eins seien u. Gott in allen Dingen existiere*

Pan|ther ⟨m.; -s, -⟩ = *Panter*

Pan|ti|ne ⟨f.; -, -n; norddt.⟩ *Pantoffel;* Holz~

Pan|tof|fel ⟨m.; -s, -n⟩ **1** *Hausschuh ohne Fersenteil;* Filz~ **2** *Sinnbild des häuslichen Regiments der Ehefrau;* pass auf, dass du nicht unter den ~ kommst • **2.1** *sie hat ihn* **unter** *dem* ~ ⟨fig.; umg.⟩ *sie beherrscht ihren Ehemann, sie ordnet alles an* • **2.2** *unter dem* ~ *stehen* ⟨fig.; umg.⟩ *von seiner Ehefrau beherrscht werden, daheim nichts zu sagen haben*

Pan|to|mi|me[1] ⟨f.; -, -n⟩ *Bühnenstück, das ohne Worte, nur durch Gebärden, Mienenspiel u. Bewegung od. Tanz dargestellt wird*

Pan|to|mi|me[2] ⟨m.; -n, -n⟩ *Künstler, der Pantomimen*[1] *darstellt*

pant|schen ⟨V.⟩ = *panschen*

Pan|zer ⟨m.; -s, -⟩ **1** *mittelalterliche Rüstung, metallener Schutz für den Körper;* einen ~ tragen; Naturvölker tragen ~ aus Leder, Holz, Faserstoffen **2** *Panzerung, Panzerdecke, Stahlhülle als Schutz gegen Geschosse* **3** ⟨Mil.⟩ *mit Panzerplatten u. Kettenrädern versehener Kampfwagen, Panzerwagen;* Kampf~, Sturm~, Jagd~, Schützen~ **4** ⟨Zool.⟩ *eng anliegende Schutzhülle bestimmter Tiere;* der ~ der Schildkröte **5** *sich mit einem* ~ *(aus Gleichgültigkeit o. Ä.) umgeben* ⟨fig.⟩ *sein Inneres, sein Gefühl verbergen*

Panzerfaust

Pan|zer|faust ⟨f.; -, -fäus|te; Mil.⟩ *aus einer Rakete bestehende Handfeuerwaffe der Infanterie zur Bekämpfung von Panzern*

Pan|zer|schrank ⟨m.; -(e)s, -schrän|ke⟩ *mit Panzerplatten versehener Geldschrank; Schmuck in den ~ einschließen;* Sy *Tresor (1)*

Pa|pa[1] ⟨Betonung a. [-'-] m.; -s, -s⟩ *Vater*

Pa|pa[2] ⟨m.; -s; unz.; Bez. für⟩ **1** *Papst* **2** ⟨Ostkirche⟩ *höherer Geistlicher*

Pa|pa|gei ⟨m.; -s, -en; Zool.⟩ **1** *Angehöriger einer in den wärmeren Zonen der Erde verbreiteten Ordnung von Vögeln, die die menschliche Stimme bes. gut nachahmen können, mit meist farbenprächtigem Gefieder u. großem Kopf sowie stark gekrümmtem Schnabel u. Greifüßen: Psittaci; alles nachplappern wie ein ~* ● **1.1** *schwatzen wie ein ~ unaufhörlich u. ohne Sinn reden*

Pa|per ⟨[pɛɪpə(r)] n.; -s, -⟩ **1** *Arbeitspapier (bei Konferenzen, Tagungen, Vorträgen u. Ä.); ein ~ verteilen* **2** *Schriftstück, Dokument*

Pa|per|back ⟨[pɛɪpə(r)bæk] m. od. n.; -s, -s⟩ = *Taschenbuch (2);* Ggs *Hardcover*

Pa|pier ⟨n.; -s, -e⟩ **1** *durch Faserverfilzung entstandenes, blattartiges Gebilde zum Schreiben, Drucken, Einpacken; handgeschöpftes, satiniertes ~; holzfreies, holzhaltiges ~; lichtempfindliches ~; glattes, raues, weiches ~; bedrucktes, beschriebenes ~; ein Blatt, Bogen, Fetzen, Stück ~; einen Gegenstand in ~ (ein)wickeln* ● **1.1** *Gedanken zu ~ bringen aufschreiben, notieren* ● **1.2** *das existiert, steht nur auf dem ~ das ist zwar vorgeschrieben, vereinbart, wird aber praktisch nicht befolgt* **1.3** *~ ist geduldig* ⟨fig.; umg.⟩ *mancher schreibt eine Menge Unsinn zusammen* **2** ⟨meist Pl.⟩ *Aufzeichnung, Schriftstück, Dokument; er suchte in seinen ~en nach dem Vertrag; vertrauliche ~e* ● **2.1** *kurze schriftliche Arbeit, Flugblatt o. Ä.; Arbeits~* ● **2.2** *Ausweis, beglaubigtes Dokument; Personal~; Kraftfahrzeug~e; er hat keine ~e bei sich* ● **2.2.1** *seine ~e bekommen* ⟨umg.⟩ *entlassen werden* **2.3** *Wertpapier, Aktie, Pfandbrief; festverzinsliche ~e* **3** ⟨Getrennt- u. Zusammenschreibung⟩ ● **3.1** *~ verarbeitend = papierverarbeitend*

Pa|pier|geld ⟨n.; -(e)s; unz.⟩ *Geldscheine, Banknoten;* Ggs *Hartgeld*

pa|pier|ver|ar|bei|tend *auch:* **Pa|pier ver|ar|bei|tend** ⟨Adj. 24/60⟩ *Papier als Rohstoff verarbeitend; ~e Industrie*

Pap|pe ⟨f.; -, -n⟩ **1** *starker, flächiger Werkstoff aus Papierrohstoffen; Dach~, Well~, Teer~; starke, steife, dicke ~* ● **1.1** *nicht von ~ sein* ⟨fig.; umg.⟩ *nicht zu unterschätzen, nicht schlecht* **2** ⟨unz.; oberdt.; mitteldt.⟩ *Leim, Kleister, klebriger Brei*

Pap|pel ⟨f.; -, -n; Bot.⟩ *zweihäusiger Laubbaum aus der Gattung der Weidengewächse: Populus*

päp|peln ⟨V. 500⟩ **jmdn.** od. **ein Tier ~** ⟨umg.⟩ *liebevoll u. geduldig ernähren, umsorgen*

pap|pen ⟨V.; umg.⟩ **1** ⟨511⟩ *etwas auf, an etwas ~ kleben; einen Zettel auf eine Kiste ~* **2** ⟨400⟩ *etwas pappt ballt sich leicht zusammen; der Schnee pappt*

Pap|pen|stiel ⟨m.; -(e)s, -e; fig.; umg.⟩ **1** *etwas ist keinen ~ wert nichts wert* **2** *etwas für einen ~ hergeben, verkaufen für sehr wenig Geld* **3** *etwas ist kein ~ etwas ist keine Kleinigkeit*

Papp|ma|ché ⟨[-ʃe:] n.; -s; unz.⟩ = *Pappmaschee*

Papp|ma|schee ⟨n.; -s; unz.⟩ *formbare Masse aus eingeweichtem Papier, Leim, Stärke u. Ton, die nach dem Trocknen hart wird;* oV *Pappmaché*

Pa|pri|ka *auch:* **Pap|ri|ka** ⟨m.; -s, -s; Bot.⟩ *Angehöriger einer Gattung der Nachtschattengewächse, eine krautige Pflanze, die wegen ihrer sehr würzigen Frucht angebaut wird: Capsicum*

Papst ⟨m.; -(e)s, Päps|te⟩ *Oberhaupt der kath. Kirche u. Bischof von Rom*

…papst ⟨in Zus.; salopp⟩ *(maßgeblicher Repräsentant, Sprecher eines bestimmten Gebietes);* Klavier~; Literatur~

päpst|lich ⟨Adj.⟩ **1** *das Oberhaupt der kath. Kirche betreffend, zu ihm gehörig, ihm zustehend, entsprechend, von ihm ausgehend; ~er Erlass; ~er Gesandter* **2** *~er sein als der Papst* ⟨fig.⟩ *eine übertrieben strenge Haltung einnehmen, strenger sein als der dazu Berufene, dafür Verantwortliche*

Pa|py|rus ⟨m.; -, -py|ri⟩ **1** *aus dem in Streifen geschnittenen u. kreuzweise übereinandergeklebten Stängelmark der ägyptischen Papyrusstaude gewonnenes, papierähnliches Schreibmaterial des Altertums* **2** *Schriftstück aus Papyrus (1)*

pa|ra…, Pa|ra… ⟨in Zus.⟩ **1** *neben…, Neben…, bei…, Bei…; paramilitärisch, Parapsychologie* **2** *gegen…, Gegen…, wider…, Wider…; paradox, Paralogismus*

Pa|ra|bel ⟨f.; -, -n⟩ **1** *lehrhafte Erzählung, die eine allgemeine sittliche Wahrheit an einem Beispiel veranschaulicht* **2** ⟨Math.⟩ *Kegelschnitt ohne Mittelpunkt, der gebildet wird von allen Punkten, die von einem festen Punkt u. einer festen Geraden den gleichen Abstand haben*

Pa|ra|de ⟨f.; -, -n⟩ **1** ⟨Mil.⟩ *Vorbeimarsch* **2** ⟨Fechten, Boxen⟩ *Abwehrbewegung gegen einen Angriff* **3** ⟨Reiten⟩ ● **3.1** *Anhalten des Pferdes* ● **3.2** *Verkürzen der Gangart*

Pa|ra|dei|ser ⟨m.; -s, -; österr.⟩ = *Tomate (2)*

Pa|ra|den|to|se ⟨f.; -, -n⟩ = *Parodontose*

Pa|ra|de|pferd ⟨n.; -(e)s, -e⟩ **1** *gutes Pferd zum Vorführen* **2** ⟨fig.⟩ *jmd. od. ein Gegenstand, der sich bes. dafür eignet, etwas zu zeigen od. vorzuführen, womit man Eindruck machen möchte*

Pa|ra|dies ⟨n.; -es, -e⟩ **1** ⟨unz.; Rel.⟩ *Garten Eden, Garten Gottes, Himmel; die Vertreibung aus dem ~* ● **1.1** *im ~(e) sein gestorben sein* **2** ⟨fig.⟩ *Ort der Freude, Glückseligkeit; dieser Garten ist ein ~ für Kinder* **3** ⟨fig.⟩ *bes. schöner Ort; dieses Fleckchen Erde ist wirklich ein ~* **4** ⟨Arch.⟩ *Vorhalle der altchristlichen Basilika mit Brunnen*

Pa|ra|dig|ma ⟨n.; -s, -dig|men⟩ **1** *Muster, Beispiel, Vorbild* ● **1.1** *Erzählung mit musterhaftem Charakter* **2** ⟨Sprachw.⟩ ● **2.1** *Flexionsmuster;* Verben nach einem bestimmten *~ konjugieren* ● **2.2** *Anzahl der in einem bestimmten Kontext innerhalb einer Wortkategorie austauschbaren Ausdrücke*

pa|ra|dox ⟨Adj.⟩ *widersinnig, einen Gegensatz darstellend, einen Widerspruch in sich enthaltend;* sein Verhalten war ~

Par|af|fin *auch:* **Pa|raf|fin** ⟨n.; -(e)s, -e; Chem.⟩ **1** *farbloses Gemisch von gesättigten höheren aliphat. Kohlenwasserstoffen mit flüssiger, wachsartiger od. fester Konsistenz* **2** ⟨i. w. S.⟩ *einer der gesättigten aliphatischen Kohlenwasserstoffe, z. B. Methan, Ethan, Propan, auf denen sich die gesamte aliphatische Chemie aufbaut*

Pa|ra|graf ⟨m.; -en, -en; Zeichen: §⟩ *nummerierter Absatz in amtlich formellen Schriftstücken, z. B. Verträgen u. Gesetzbüchern;* oV *Paragraph*

Pa|ra|graph ⟨m.; -en, -en; Zeichen: §⟩ = *Paragraf*

♦ Die Buchstabenfolge **par|al|l**... kann in Fremdwörtern auch **pa|rall**... getrennt werden.

♦ **par|al|lel** ⟨Adj. 24⟩ **1** *in der Parallele, in gleicher Richtung u. gleichbleibendem Abstand zueinander verlaufend;* ~e Linien; die Straßen laufen ~ (miteinander); der Weg läuft ~ zum Fluss • **1.1** *elektrische Widerstände, Kondensatoren od. Stromquellen ~ schalten so schalten, dass jedes Schaltelement an die gleiche Spannung angeschlossen ist* **2** ⟨Getrennt- u. Zusammenschreibung⟩ • **2.1** ~ laufend = *parallellaufend*

♦ **Par|al|le|le** ⟨f.; -, -n⟩ **1** ⟨Math.⟩ *Gerade, die zu einer anderen Geraden in gleichem Abstand verläuft;* eine ~ ziehen **2** ⟨fig.⟩ *etwas Vergleichbares, etwas Ähnliches, ähnliche Begebenheit, Erscheinung;* eine ~ zu einem Ereignis ziehen; als ~ dazu ...

♦ **par|al|lel|lau|fend** *auch:* **par|al|lel lau|fend** ⟨Adj. 24/70⟩ *parallel nebeneinander verlaufend;* ~e Linien

♦ **Par|al|le|lo|gramm** ⟨n.; -s, -e⟩ *Viereck, das von zwei Paaren paralleler Geraden begrenzt wird*

Pa|ra|ly|se ⟨f.; -, -n; Med.⟩ *vollständige Bewegungslähmung*

Pa|ra|me|ter ⟨m.; -s, -⟩ **1** ⟨Math.⟩ *unbestimmte Konstante einer Funktion, Gleichung, Kurve od. Fläche, von der die Funktion usw. abhängt u. durch deren verschiedene Wahl sich die Gestalt der Funktion usw. ändert* **2** ⟨allg.⟩ *Vergleichsgröße, -wert, Variable*

Pa|ra|nuss ⟨f.; -, -nüs|se⟩ *dreikantiger, ölhaltiger Samen des brasilianischen Paranussbaumes: Bertholletia excelsa*

Pa|ra|phra|se ⟨f.; -, -n⟩ **1** ⟨Sprachw.⟩ • **1.1** *verdeutlichende Umschreibung* • **1.2** *freie Übertragung* **2** ⟨Mus.⟩ *Ausschmücken, Verzieren (einer Melodie)*

Pa|ra|sit ⟨m.; -en, -en⟩ **1** = *Schmarotzer (1, 2)* **2** *kleiner am Hang eines Vulkans gebildeter Krater*

pa|rat ⟨Adj. 24/80⟩ *bereit, gebrauchsfertig;* eine Antwort, Ausrede ~ haben

Pär|chen ⟨n.; -s, -⟩ **1** *kleines Paar* **2** *Paar (1.2) aus jungen Leuten;* auf der Party waren überwiegend ~

Par|cours ⟨[parku:r] m.; - [-ku:rs], - [-ku:rs]⟩ Reitsp.⟩ *(bei Springprüfungen für Pferde) Reitbahn mit Hindernissen, die in einer bestimmten Reihenfolge zu überwinden sind*

Par|don ⟨[-dõ:] od. [-dɔŋ] m. od. n.; -s; unz.⟩ *Nachsicht, Verzeihung, Gnade;* kein ~ kennen

parlamentarisch

Par|fait ⟨[-fɛ] n.; -s, -s⟩ *halbgefrorenes Speiseeis;* Zitronen~

Par|force|jagd ⟨[-fɔrs-] f.; -, -en⟩ *zu Pferde gerittene Hetzjagd mit einer Hundemeute*

Par|fum ⟨[-fœ:] n.; -s, -s; französ. Schreibung von⟩ *Parfüm*

Par|füm ⟨n.; -s, -s od. -e⟩ **1** *wässrige, alkoholische Lösung mit meist pflanzlichen od. synthetischen Riechstoffen* **2** *Wohlgeruch*

pa|rie|ren ⟨V.⟩ **1** ⟨500⟩ • **1.1** *einen* **Angriff** *~* ⟨Fechten⟩ *abwehren* • **1.2** *ein* **Pferd** *~* ⟨Reiten⟩ • **1.2.1** *zum Stehen bringen* • **1.2.2** *in eine langsamere Gangart wechseln* • **1.3** **Fleisch,** *Fisch ~* ⟨Kochk.⟩ *zurechtschneiden* **2** ⟨403⟩ ⟨jmdm.⟩ ~ ⟨umg.⟩ = *gehorchen (1)*

Pa|ri|tät ⟨f.; -; unz.⟩ **1** ⟨unz.⟩ *Gleichberechtigung, Gleichwertigkeit, gleiche Stellung* **2** *Verhältnis des Wertes zweier Währungen* **3** ⟨unz.; Math.⟩ *die Eigenschaft eines Integrals im Hinblick darauf, ob es gerade oder ungerade ist;* 3 und 7 haben die gleiche ~ • **3.1** ⟨Datenverarbeitung⟩ *die Eigenschaft, gerade od. ungerade zu sein, die dazu dient, Fehler in binären Systemen zu entdecken* **4** ⟨Phys.⟩ *Eigenschaft eines Elementarteilchens od. eines physikalischen Systems, ein Spiegelbild in der Natur zu haben od. nicht*

Park ⟨m.; -s, -s⟩ *sehr großer Garten*

Par|ka ⟨m.; -s, -s od. f.; -, -s⟩ *langer, gefütterter Anorak mit Kapuze*

Park-and-ride-Sys|tem ⟨[pa:rkəndraıd-] n.; -s; unz.⟩ *Verkehrssystem, bei dem Autofahrer ihr Fahrzeug auf Parkplätzen am Stadtrand abstellen u. mit öffentlichen Verkehrsmitteln in die Stadt fahren*

par|ken ⟨V.⟩ **1** ⟨400⟩ *ein* **Kraftfahrzeug** *parkt ist abgestellt;* ein Auto, Motorrad parkt **2** ⟨500⟩ *ein* **Kraftfahrzeug** *~ abstellen, stehen lassen;* seinen Wagen ~

Par|kett ⟨n.; -(e)s, -e⟩ **1** *Fußbodenbelag aus Holz, dessen einzelne Teile zu Mustern zusammengefügt sind;* das ~ bohnern; ~ legen; ~ versiegeln • **1.1** *sich auf dem ~ bewegen können* ⟨fig.⟩ *sich ungezwungen, sicher in guter Gesellschaft benehmen können* **2** ⟨Theat.⟩ *vorderer Teil des Zuschauerraums zu ebener Erde;* im ~ sitzen **3** ⟨an der Börse⟩ *Raum, in dem die Geschäfte abgeschlossen werden* • **3.1** *gesamter offizieller Börsenverkehr*

Park|haus ⟨n.; -es, -häu|ser⟩ *mehrstöckiges Gebäude, in dem Personenkraftwagen gegen Gebühr geparkt werden können;* das ~ ist belegt; in ein ~ fahren; den Wagen in einem ~ abstellen

Park|platz ⟨m.; -es, -plät|ze⟩ **1** *Stellplatz zum Parken eines Kraftfahrzeugs;* vor dem Haus einen ~ suchen **2** *größerer Platz zum (meist gebührenpflichtigen) Parken von Kraftfahrzeugen;* in der Innenstadt sind alle Parkplätze belegt

Park|uhr ⟨f.; -, -en⟩ *automatische Uhr mit Münzeinwurf an Parkplätzen für kurzzeitiges Parken;* zwei Euro in die ~ einwerfen; die ~ ist abgelaufen

Par|la|ment ⟨n.; -(e)s, -e⟩ *gewählte Volksvertretung aus einer od. zwei Kammern mit beratender u. gesetzgebender Funktion*

par|la|men|ta|risch ⟨Adj. 24⟩ **1** *zum Parlament gehörig, auf ihm beruhend, in ihm üblich* • **1.1** *~e* **Demokratie**

Parodie

D., in der die Regierung aus dem Parlament gebildet wird • 1.2 ~e **Monarchie** *M., in der es ein Parlament gibt* • 1.3 ~er **Staatssekretär** *Mitglied des Bundestages, das zum Staatssekretär ernannt ist u. den Minister, dem er zugeteilt ist, bei dessen Aufgaben, insbes. gegenüber dem Parlament, unterstützt*

Par|o|die *auch:* **Pa|ro|die** ⟨f.; -, -n⟩ **1** *komisch-satirische, übertreibende Nachahmung eines literarischen Werkes od. des Stils eines Dichters in gleicher Form, aber mit anderem, meist unpassendem Inhalt* **2** *Unterlegung einer Komposition mit anderem Text od. eines Textes mit anderer Melodie* **3** *Austausch von instrumentaler u. vokaler Musik* **4** *Austausch von geistlichen u. weltlichen Texten u. Kompositionen* **5** ⟨Mus.; bei Bach⟩ *Austausch der Teile verschiedener Musikstücke innerhalb des eigenen Gesamtwerkes*

Par|o|don|to|se *auch:* **Pa|ro|don|to|se** ⟨f.; -, -n; Med.⟩ *Rückbildung des Zahnfleisches, des Zahnbettgewebes u. der Kieferknochen;* oV *Paradentose*

Pa|ro|le ⟨f.; -, -n⟩ **1** *Wort als Erkennungszeichen;* Sy *Kennwort* **2** ⟨fig.⟩ *Wort als Anweisung für eine Handlung, z. B. an eine politische Partei;* Wahl~

Pa|ro|li ⟨n.; -s, -s; im Pharaospiel⟩ **1** *Verdoppelung des Einsatzes beim Pharao (Kartenspiel)* • 1.1 *jmdm.* ~ **bieten** ⟨fig.⟩ *jmdm. widersprechen, jmdm. (mit Worten) entgegentreten, Widerstand leisten*

Part ⟨m.; -(e)s, -e⟩ **1** *Teil, Anteil* **2** *Anteil am Eigentum eines Schiffes* **3** *Stimme (eines Gesangs- od. Instrumentalstücks)* **4** *Rolle (im Theaterstück)*

Par|te ⟨f.; -, -n; österr.⟩ *Todes-, Traueranzeige*

Par|tei ⟨f.; -, -en⟩ **1** *Vereinigung von Personen der gleichen politischen Überzeugung, die sie im politischen Leben durchzusetzen suchen; sich einer ~ anschließen; eine ~ bilden, gründen; in eine ~ eintreten* **2** *Mannschaft, eine von zwei od. mehreren gegeneinanderspielenden Gruppen; unsere ~ hat gewonnen* **3** *Partner eines Vertrages; die vertragschließenden ~en* **4** *Gegner im Rechtsstreit; die streitenden ~en (vor Gericht)* **5** *Mieter (einer Wohnung im Miethaus); auf unserem Stockwerk wohnen drei ~en* **6 für** od. **gegen** *jmdn.* od. *etwas* ~ **ergreifen, nehmen** ⟨fig.⟩ *für* od. *gegen einen der Streitenden od. eine Sache sprechen, auftreten; er hat für mich ~ ergriffen; für die Sache der Revolution ~ nehmen* • 6.1 ~ **sein** *parteiisch; in diesem Fall ist er* ~

par|tei|isch ⟨Adj.⟩ *einseitig für eine von zwei od. mehreren streitenden Parteien eingestellt, voreingenommen, befangen; eine ~e Haltung, Entscheidung; der Schiedsrichter war* ~

par|tei|lich ⟨Adj.⟩ **1** *die Partei betreffend; die ~en Interessen; ~e Arbeit* **2** *bewusst auf der Seite einer Partei stehend;* ~ *auftreten, diskutieren; seine Haltung war stets* ~

par|terre ⟨[-tɛr] Adv.⟩ *im Erdgeschoss (befindlich, wohnend);* wir wohnen ~

Par|terre ⟨[-tɛr] n.; -s, -s⟩ = *Erdgeschoss*

Par|tie ⟨f.; -, -n⟩ **1** *Teil, Abschnitt, Stück, Ausschnitt; die obere, untere ~ des Bildes, des Gesichtes; die reizvollsten, schönsten ~en des Parks, des Gebirges* • 1.1 *einzelne Stimme eines Musikstückes;* Gesang~, Klavier~; ~ *der Flöte, der Geige; eine ~ übernehmen* • 1.2 ⟨Theat.⟩ *einzelne Rolle eines Sängers od. einer Sängerin; die ~ des Rigoletto* **2** ⟨veraltet⟩ *Ausflug, kleine Reise;* Land~, Jagd~ • 2.1 **mit von der** ~ **sein** ⟨a. fig.⟩ *mitspielen, mitmachen, sich beteiligen* **3** *eine* ~ (Schach) **spielen** *Spiel als Einzelspiel* **4** *eine* **gute** ~ **machen** *eine reiche Frau od. einen reichen Mann heiraten od. sonstige Vorteile bei der Heirat gewinnen; er (sie) ist eine gute* ~

par|ti|ell ⟨[-tsjɛl] Adj. 24⟩ **1** *teilweise (vorhanden)* **2** *anteilig*

Par|ti|kel[1] ⟨f.; -, -n⟩ **1** ⟨Gramm.⟩ *unbeugbares Wort, z. B. Präposition* **2** ⟨kath. Kirche⟩ • 2.1 *kleine Hostie* • 2.2 *Teilchen einer (größeren) Reliquie*

Par|ti|kel[2] ⟨n.; -s, -; Phys.⟩ *kleiner Bestandteil, atomares Teilchen*

Par|ti|san ⟨m.; -s od. -en, -en⟩ *bewaffneter Widerstandskämpfer*

Par|ti|tur ⟨f.; -, -en; Mus.⟩ *Gesamtniederschrift einer vielstimmigen Komposition, wobei die einzelnen Stimmen in einem Liniensystem taktgleich untereinander notiert sind*

Par|ti|zip ⟨n.; -s, -pi|en; Gramm.⟩ **1** *infinite Verbform, die die Funktion eines Adjektivs übernimmt u. flektiert werden kann* • 1.1 ~ **Präsens** *Partizip (1) in der Form des Präsens, das ein momentanes oder anhaltendes Geschehen bezeichnet, z. B. lachend, singend, tanzend* • 1.2 ~ **Perfekt** *Partizip (1) in der Form des Perfekts, das eine abgeschlossene Handlung od. einen Zustand bezeichnet, z. B. gesagt, gesegnet, geronnen*

par|ti|zi|pie|ren ⟨V. 800; geh.⟩ **an etwas** ~ *teilnehmen, beteiligt sein, Anteil haben*

Part|ner ⟨m.; -s, -⟩ **1** *jmd., der mit an etwas teilnimmt, teilhat, an gemeinsamer Sache beteiligt ist;* Ehe~, Geschäfts~, Gesprächs~, Tanz~, Vertrags~ **2** *Mitspieler, der im Spiel auf derselben Seite steht;* Tennis~

Part|ne|rin ⟨f.; -, -rin|nen⟩ *weibl. Partner*

Par|ty ⟨[paː(r)tɪ] f.; -, -s⟩ *zwangslose Gesellschaft, geselliges Beisammensein;* Cocktail~, Garten~; *eine* ~ *geben, veranstalten*

Par|zel|le ⟨f.; -, -n⟩ *kleines, abgegrenztes Stück Land, Flurstück*

Pasch ⟨m.; -(e)s, -e od. Pä|sche⟩ **1** *Wurf mit gleicher Augenzahl auf mehreren Würfeln* **2** *Dominostein mit gleicher Punktzahl auf beiden Hälften*

Pa|scha ⟨m.; -s, -s⟩ **1** ⟨früher⟩ *hoher türkischer u. ägyptischer Offizier od. Beamter* **2** ⟨fig.; abwertend⟩ *anspruchsvoller, andere befehligender Mensch; er benimmt sich wie ein* ~

Pas|pel ⟨f.; -, -n⟩ *Zierstreifen (an Nähten od. Rändern von Bekleidungsstücken)*

Pass ⟨m.; -es, Päs|se⟩ **1** *amtlicher Ausweis für eine Person zur Reise in fremde Länder; sich einen ~ ausstellen lassen; mein ~ ist abgelaufen; seinen ~ erneuern, verlängern lassen; die Pässe kontrollieren, vorzeigen; einen, keinen gültigen ~ haben;* Reise~; ~kontrolle **2** *Durchgang, Weg, Straße als Durchgang quer durch ein Gebirge od. zwischen zwei Bergen hindurch; über einen ~ laufen, fahren;* ~straße **3** ⟨Jägerspr.⟩ *Wechsel des niederen Haarwildes u. Raubwil-*

pas|sa|bel ⟨Adj.⟩ *annehmbar, akzeptabel, recht ordentlich;* er sieht ganz ~ aus; das ist ein passabler Vorschlag

Pas|sa|ge ⟨[-ʒə] f.; -, -n⟩ **1** *Durchgang (1), Durchlass* **2** *Durchfahrt, Meerenge* **3** *überdachte Ladenstraße* **4** *Reise mit Schiff od. Flugzeug, bes. übers Meer, Überfahrt* **5** ⟨Astron.⟩ *Durchgang (2)* **6** ⟨Mus.⟩ *schnelle Tonfolge, Lauf* **7** ⟨hohe Schule⟩ *Trab in höchster Versammlung, bei dem die Vorderbeine schwungvoll gehoben werden*

Pas|sa|gier ⟨[-ʒiːr] m.; -s, -e⟩ *Reisender auf einem Schiff, im Flugzeug od. in der Bahn;* die ~e werden an Bord gebeten

Pas|sa|gie|rin ⟨[-ʒiː-] f.; -, -rin|nen⟩ *weibl. Passagier*

Pas|sant ⟨m.; -en, -en⟩ *(vorbeigehender) Fußgänger;* viele ~en blieben neugierig stehen

Pas|san|tin ⟨f.; -, -tin|nen⟩ *weibl. Passant*

Pass|bild ⟨n.; -(e)s, -er⟩ *kleine Fotografie des Pass- od. Ausweisinhabers in vorgeschriebenem Format für den Pass od. Personalausweis*

pas|sé ⟨[-seː] Adj. 24/40⟩ = *passee*

pas|see ⟨Adj. 24/40⟩ *vorbei, vergessen, nicht mehr aktuell;* oV *passé;* diese Zeiten sind (längst) ~

pas|sen ⟨V. 400⟩ **1** ⟨400⟩ *sich eignen, angemessen sein;* ein ~des Wort finden, suchen; bei ~der Gelegenheit ● **1.1** das *passt* nicht hierher *gehört nicht hierher* ● **1.2** ⟨411⟩ **zu etwas** od. **jmdm.** ~ *mit etwas od. jmdm. zusammenstimmen, harmonisieren;* dieses Benehmen *passt* (nicht) zu ihm; die Hut *passt* (nicht) zum Mantel; die Farbe *passt* nicht dazu; die ~den Schuhe zum Anzug kaufen; die beiden ~ (gut, nicht) zueinander ● **1.3** ein **Kleidungsstück** *passt* ist *in Größe u. Schnitt (für jmdn.) richtig;* das Kleid *passt* (nicht); die Schuhe ~ (gut, nicht); ein Kleidungsstück ~d machen ● **1.4** ⟨411⟩ **auf, in, über, unter, zwischen etwas** ~ *die richtige Größe, Form haben, um auf, in, über, unter, zwischen etwas gelegt, gesetzt, gestellt zu werden;* der Deckel *passt* (nicht) auf den Kasten, Topf; das Buch *passt* (nicht) in den Karton ● **1.5** ⟨600⟩ **jmdm.** ~ *recht sein, gefallen;* das *passt* mir nicht, um diese Zeit, am Montag *passt* es mir nicht; *passt* es dir heute Nachmittag um fünf Uhr?; das *passt* mir nicht in den Kram ⟨umg.⟩ ● **1.5.1** das könnte dir so ~! ⟨umg.⟩ *das wäre dir recht, aber es wird nichts!* **2** ⟨800⟩ **auf etwas** od. **jmdn.** ~ ⟨umg.⟩ *lauern, ungeduldig, aufmerksam warten* **3** ⟨Kart.⟩ *auf ein Spiel verzichten, nicht (weiter) reizen können;* passe! (Ansage beim Kartenspiel) **4** ⟨511⟩ **etwas in etwas** ~ *passend machen, genau einfügen;* ein Teil in ein anderes ~

pas|send 1 ⟨Part. Perf. von⟩ *passen* **2** ⟨Adj.⟩ **jmd. hat** es ~ ⟨beim Bezahlen⟩ *kann einen gewünschten Betrag genau abgezählt geben;* haben Sie es nicht ~?

Passe|par|tout ⟨[paspartuː] n.; -s, -s⟩ *Rahmen aus Karton um ein Bild, ein Foto o. Ä.;* Bilderrahmen mit ~

pas|sie|ren ⟨V.⟩ **1** ⟨500⟩ einen Ort ~ *sich an einem O. vorbei (durch einen O. hindurch) bewegen;* eine Brücke, Grenze ~; jmdn. ungehindert ~ lassen ● **1.1** die **Zensur** ~ *durch eine Z. gehen;* die Meldung, Nachricht, der Film hatte die Z. passiert **2** ⟨500⟩ **Speisen** ~ ⟨Kochk.⟩ *durch ein Sieb streichen;* Quark, Gemüse, Suppe, Kartoffeln (durch ein Sieb, Tuch) ~ **3** ⟨400⟩ **Ereignisse** ~ *geschehen, ereignen sich;* ist etwas passiert?; es ist ein Missgeschick, Unglück passiert; es ist etwas Schreckliches passiert; so etwas passiert schließlich nicht alle Tage!; passt gut auf, damit nichts passiert **4** ⟨600⟩ **etwas** passiert **jmdm.** *stößt jmdm. zu;* mir ist etwas Dummes, Schreckliches, Unangenehmes passiert; mir ist ein (kleines) Malheur passiert ● **4.1** das **kann auch nur** ihm ~ ⟨umg.⟩ *er ist immer so ungeschickt* ● **4.2** das **kann jedem** (mal) ~ *das ist nicht so schlimm*

Pas|si|on ⟨f.; -, -en⟩ **1** = *Leidenschaft* **2** *Leidensgeschichte (Christi)*

pas|siv ⟨a. [-'-] Adj.⟩ Ggs *aktiv (1)* **1** *nicht tätig, aktiv* ● **1.1** ~e **Immunisierung** *I. durch Übertragung von Serum aktiv immunisierter Tiere* ● **1.2** ~er **Widerstand,** ~ *Resistenz W. durch Nichtbefolgen von Befehlen ohne Anwendung von Gewalt* ● **1.3** ~es **Wahlrecht** *das Recht, gewählt zu werden* ● **1.4** ~er **Wortschatz** *W., der im Gedächtnis gespeichert ist, den man kennt, ohne ihn anzuwenden;* →a. *aktiv (1.4)* **2** ⟨Gramm.⟩ *im Passiv stehend* **3** *untätig, träge, teilnahmslos, still duldend;* er ist ein ~er Charakter, eine ~e Natur; sich ~ verhalten

Pas|siv ⟨n.; -(e)s, -e; Gramm.⟩ *grammatische Kategorie, bei der das Objekt formal als Träger eines Geschehens anzusehen ist, z. B. die Tür wurde von einem Dieb aufgebrochen;* Ggs *Aktiv¹*

Pass|wort ⟨n.; -(e)s, -wör|ter; bes. EDV⟩ *Wort od. Zeichenkette, das bzw. die den Zugang zu einem geschlossenen System ermöglicht;* sich mit Hilfe eines ~es an einem Rechner anmelden

Pas|te ⟨f.; -, -n⟩ **1** *streichbare Masse;* Fleisch~, Sardellen~ **2** *Mischung aus Salbe u. Pulver;* Zink~

Pas|tell ⟨n.; -(e)s, -e; kurz für⟩ *mit Pastellfarben gezeichnetes Bild, Pastellzeichnung*

Pas|tell|far|be ⟨f.; -, -n⟩ **1** *aus Gips, Kreide u. Bindemitteln hergestellte Farbe* **2** ⟨allg.⟩ *zarte, helle Farbe (hellrosa, -gelb, -grün, -blau usw.)*

Pas|te|te ⟨f.; -, -n⟩ **1** *mit Fleisch, Fisch, Gemüse od. anderem gefülltes Gebäck aus Blätterteig* **2** *streichbare Masse aus bes. feiner Kalbs- od. Gänseleber;* Leber~, Gänseleber~

pas|teu|ri|sie|ren ⟨[-tø-] V. 500⟩ **Milch** ~ *durch Wärmebehandlung (bei Temperaturen unterhalb von 100 °C) keimfrei u. haltbar machen*

Pas|til|le ⟨f.; -, -n; Pharm.⟩ *Kügelchen, kleine Tablette (zum Lutschen);* Hals~

Past|milch ⟨f.; -; unz.; schweiz.; Kurzw. für⟩ *pasteurisierte Milch*

Pas|tor ⟨m.; -s, -en; Abk.: P.⟩ *Pfarrer, Geistlicher*

pas|tos ⟨Adj.⟩ **1** *dick, reliefartig aufgetragen;* ~e Farbe **2** ⟨Kochk.⟩ *teigig, dickflüssig*

pas|tös ⟨Adj.; Med.⟩ *gedunsen, aufgeschwemmt*

Patchwork

Patch|work ⟨[pætʃwœːk] n.; -s, -s⟩ *aus vielen kleinen Stücken unterschiedlicher Form u. Farbe zusammengesetztes Textilerzeugnis*

Pa|te ⟨m.; -n, -n⟩ **1** *Zeuge der Taufe bzw. Firmung, der die Mitverantwortung für die christliche Erziehung des Kindes (Täuflings bzw. Firmlings) übernimmt* • **1.1** *bei einem Kind* ~ *stehen die Patenschaft eines K. übernehmen* **2** *Täufling, Firmling im Verhältnis zum Paten (1)*

pa|tent ⟨Adj.⟩ **1** *jmd. ist* ~*geschickt, praktisch, tüchtig* **2** *ein* **Vorgehen**, *Verfahren ist* ~ *gut ausgedacht, brauchbar*

Pa|tent ⟨n.; -(e)s, -e⟩ **1** *Urkunde; ein* ~ *erteilen, verleihen* • **1.1** *Urkunde über die Ernennung von Beamten u. Offizieren;* Kapitäns~, Offiziers~ • **1.2** *Urkunde über ein verliehenes Recht, z. B. zur alleinigen Benutzung einer Erfindung; eine Erfindung zum* ~ *anmelden* **2** *durch ein Patent (1.2) erteilte Erlaubnis* • **2.1** ⟨schweiz.⟩ *Erlaubnis zur Ausübung gewisser Berufe od. Betätigungen;* Fischer~, Gastwirtschafts~

Pa|ter ⟨m.; -s, -tres; umg. a. m.; -s, -; Abk.: P., Pl.: PP.⟩ **1** *Mönch, der die Priesterweihen erhalten hat* **2** ~ **patriae** *Vater des Vaterlandes (Ehrentitel röm. Kaiser)*

pa|the|tisch ⟨Adj.⟩ **1** *voller Pathos, erhaben, feierlich* **2** ⟨fig.⟩ *übertrieben feierlich*

Pa|tho|lo|gie ⟨f.; -; unz.; Med.⟩ *Lehre von den Krankheiten*

Pa|thos ⟨n.; -; unz.⟩ *erhabene Leidenschaft, leidenschaftl., gefühlvoller Nachdruck; falsches, unnatürliches* ~; *feierliches* ~; *etwas mit* ~ *sagen, vorbringen*

Pa|tience ⟨[-sjɑ̃ːs] f.; -, -n⟩ *Kartenspiel (meist für eine Person), bei dem die Karten in einer bestimmten Weise angeordnet werden;* ~*n legen; eine* ~ *geht auf*

Pa|ti|ent ⟨[-tsjɛnt] m.; -en, -en⟩ *Kranker in ärztlicher Behandlung*

Pa|ti|en|tin ⟨[-tsjɛn-] f.; -, -tin|nen⟩ *weibl. Patient*

Pa|ti|na ⟨f.; -; unz.⟩ *grünliche Schicht auf Kupfer od. Kupferlegierungen, die durch Witterungseinwirkungen entsteht*

Pa|tio ⟨[-tjo] m.; -s, -s⟩ *meist gefliester Innenhof eines Hauses (bes. in Spanien)*

♦ Die Buchstabenfolge **pa|tr...** kann in Fremdwörtern auch **pat|r...** getrennt werden.

♦ **Pa|tri|arch** ⟨m.; -en, -en⟩ **1** ⟨AT⟩ *Stammvater der Israeliten, Erzvater (Abraham, Isaak, Jakob)* **2** *Bischof in bes. hervorgehobener Stellung, z. B. der Bischof von Rom als Papst* • **2.1** *des Abendlandes der Papst* **3** ⟨Titel für⟩ *oberster Geistlicher in Moskau, Konstantinopel u. den christlichen Ostkirchen*

♦ **Pa|tri|ar|chat** ⟨[-çaːt] n.; -(e)s, -e⟩ *Gesellschaftsform, in der der Mann bzw. Vater eine Vormachtstellung in Staat u. Familie einnimmt, Vaterherrschaft;* Ggs Matriarchat

♦ **Pa|tri|ot** ⟨m.; -en, -en⟩ *jmd., der vaterländisch gesinnt ist*

♦ **Pa|tron** ⟨m.; -s, -e⟩ **1** (im alten Rom) *Herr (seiner freigelassenen Sklaven)* **2** *Schutzherr, Schirmherr,* Gönner • **2.1** *Stifter einer Kirche* **3** *Handelsherr, Schiffseigentümer;* Schiffs~ **4** ⟨kath. Kirche⟩ *Schutzheiliger (einer Kirche od. eines Berufsstandes);* St. Hubertus ist der ~ der Jäger

♦ **Pa|tro|ne** ⟨f.; -, -n⟩ **1** *mit Sprengstoff u. Zünder versehener Behälter;* Spreng~ • **1.1** *als Munition für Handfeuerwaffen dienende Hülse mit Zünder, Treibladung u. aufgesetztem Geschoss;* Gewehr~ **2** *lichtundurchlässiger Behälter für Filme einer analogen Kleinbildkamera*

♦ **Pa|trouille** ⟨[-trʊljə] f.; -, -n⟩ **1** *Wachtposten, Streife, Trupp (bes. von Soldaten)* **2** *Kontrollgang einer Patrouille (1)*

pat|schen ⟨V. 410⟩ **1** *mit Händen od. Beinen ein klatschendes Geräusch machen, klatschen (bes. von Kindern); mit den Händen od. Beinen aufs, ins Wasser* ~; *in die Hände* ~ **2** ⟨411(s.)⟩ **durch, in etwas** ~*laufen, dass es klatscht u. spritzt; durch die Pfützen* ~

Patt ⟨n.; -s, -s⟩ **1** ⟨Schach-, Damespiel⟩ *Stellung, bei der ein Spieler bewegungsunfähig ist* **2** ⟨fig.; bes. Pol.⟩ *unentschiedener Ausgang; ein atomares, militärisches* ~; *die Abstimmung ergab ein* ~

pat|zen ⟨V. 410; umg.⟩ **1** *etwas verderben, ungeschickt sein, pfuschen; er patzt zu viel; er hat im Betrieb gepatzt* • **1.1** *beim Schreiben* ~ *klecksen* • **1.2 beim Klavierspiel** ~ *falsch, unsauber spielen*

pat|zig ⟨Adj.; umg.; abwertend⟩ **1** *eingebildet u. frech, schroff abweisend; eine* ~ *Antwort geben; sie ist sehr, ziemlich* ~ **2** ⟨oberdt.⟩ *klebrig, breiig*

Pau|ke ⟨f.; -, -n; Mus.⟩ **1** *kesselförmiges Schlaginstrument mit über die Öffnung gezogenem Kalbfell;* Kessel~ • **1.1 auf die** ~ **hauen** ⟨fig.; umg.⟩ • **1.1.1** *ausgiebig u. ausgelassen feiern* • **1.1.2** *angeben* • **1.2 mit** ~*n und* **Trompeten** *durch die Prüfung fallen* ⟨fig.; umg.⟩ *in der P. kläglich versagen* • **1.3** *jmdn.* **mit** ~*n und* **Trompeten** *empfangen* ⟨fig.; umg.⟩ *mit großen Ehren empfangen*

pau|ken ⟨V.⟩ **1** ⟨400⟩ *auf der Pauke spielen* **2** ⟨400; Studentenspr.⟩ *fechten* **3** ⟨402⟩ **(etwas)** ~ ⟨Schülerspr.⟩ *angestrengt lernen; englische Vokabeln, Mathematik* ~; *für eine Prüfung* ~; *mit jmdm.* ~

Paus|ba|cken ⟨Pl.⟩ *rote dicke Backen (bes. von Kindern)*

paus|ba|ckig ⟨Adj. 24⟩ = *pausbäckig*

paus|bä|ckig ⟨Adj. 24⟩ *mit Pausbacken, Pausbacken habend;* oV *pausbackig; ein* ~*es Kind*

pau|schal ⟨Adj. 24⟩ **1** *alles zusammen (gerechnet), rund; Pauschalbetrag, -summe* **2** *alle Kosten enthaltend;* Pauschalreise

Pau|scha|le ⟨f.; -, -n⟩ *Preis für alles zusammen, Betrag, der sich aus mehreren Einzelbeträgen zusammensetzt, Pauschalbetrag, Pauschalpreis; eine* ~ *von 10 % des Steuersatzes*

Pau|se[1] ⟨f.; -, -n⟩ **1** *Unterbrechung, kurze Rast;* Erholungs~, Frühstücks~; Kampf~; Mittags~; 10 Minuten ~; *kleine, große* ~ *(in der Schule, im Theater); wir haben jetzt, gerade* ~; *eine* ~ *machen, einlegen; er machte eine kurze* ~, *ehe er fortfuhr …; ohne* ~ *arbeiten* **2** ⟨Mus.⟩ *Taktteil, der nicht durch einen Ton ausgefüllt ist;* Achtel~; Viertel~; *fünf Takte* ~; *die Geigen haben hier* ~

Pau|se² ⟨f.; -, -n⟩ **1** *Durchzeichnung, Kopie mit Hilfe von durchsichtigem, auf das Original gelegtem Papier* **2** *Kopie von Zeichnungen u. ä. Schriftstücken auf lichtempfindlichem Papier; Licht~*
pau|sen ⟨V. 500⟩ *etwas ~ eine Pause² von etwas anfertigen*
Pa|vi|an ⟨[-vi-] m.; -s, -e; Zool.⟩ *Angehöriger einer Gattung der Hundsaffen mit langer Schnauze: Papio*
Pa|vil|lon ⟨[-vɪljɔ̃] od. [-viljɔn] m.; -s, -s⟩ **1** *großes, viereckiges Zelt* **2** *kleines, meist rundes, leichtgebautes, häufig offenes, frei stehendes Gebäude in Gärten od. auf Ausstellungen; Garten~* **3** ⟨i.⟩ *Kiosk* (1) **4** *runder od. viereckiger Vorbau (bes. an Barockschlössern)*
Pa|zi|fis|mus ⟨m.; -; unz.⟩ *Bestreben, unter allen Umständen den Frieden zu erhalten, Ablehnung des Krieges u. Kriegsdienstes*
PC ⟨Abk. für⟩ *Personal Computer*
Pech ⟨n.; -(e)s, -e⟩ **1** *dunkler, klebriger Rückstand bei der Destillation von Stein-, Braun- u. Holzkohlenteer u. Erdöl; mit ~ bestreichen, dichten; schwarz wie ~* • **1.1** *wie ~ und Schwefel zusammenhalten* ⟨fig.; umg.⟩ *fest zusammenhalten, einander nicht im Stich lassen; die beiden halten zusammen wie ~ und Schwefel* **2** ⟨unz.; fig.⟩ *unglücklicher Zufall, unglückliche Fügung, Missgeschick; Ggs Glück* (1); *so ein ~!; ~ haben; ~ im Spiel haben; er hat ~ bei der Prüfung gehabt*
Pech|vo|gel ⟨m.; -s, -vö|gel; fig.⟩ *jmd., der oft Pech hat*
Pe|dal ⟨n.; -s, -e⟩ **1** *mit dem Fuß zu betätigende Kurbel; Fahrrad~* • **1.1** *(stärker) in die ~e* **treten** *schneller fahren* **2** ⟨Mus.⟩ • **2.1** ⟨Orgel⟩ *Reihe der Tasten, die mit den Füßen bedient wird* • **2.2** ⟨Klavier⟩ *Fußhebel, der bewirkt, dass Saiten nachschwingen od. Töne gedämpft werden* • **2.3** ⟨Cembalo⟩ *Fußhebel, der bewirkt, dass Saiten nachschwingen* • **2.4** ⟨Harfe⟩ *Fußhebel zum chromatischen Umstimmen der Saiten*
pe|dant ⟨Adj.; österr.⟩ = *pedantisch*
Pe|dant ⟨m.; -en, -en⟩ *pedantischer, kleinlicher Mensch*
pe|dan|tisch ⟨Adj.⟩ *übertrieben genau, übertrieben gewissenhaft od. ordentlich, kleinlich;* oV ⟨österr.⟩ *pedant; ein ~er Mensch; eine ~e Untersuchung*
Pe|di|kü|re ⟨f.; -, -n⟩ **1** ⟨unz.⟩ *Fußpflege, Pflege der Fußnägel* **2** *Fußpflegerin*
Peep|show ⟨[piːpʃoʊ] f.; -, -s⟩ *Zurschaustellung einer nackten Frau, die gegen Entgelt durch ein Guckfenster betrachtet werden kann*
Pe|gel ⟨m.; -s, -⟩ **1** *Gerät zum Messen des Wasserstandes, Wasserstandsmesser* **2** *Höhe des Wasserstandes; der ~ lag gestern bei 8,50 m* **3** *logarithmiertes Verhältnis zweier Größen gleicher Art (z. B. Spannung, Schalldruck, Stromstärke)*
pei|len ⟨V. 402⟩ **(etwas) ~ 1** ⟨Navigation⟩ *eine Richtung bestimmen; einen festen Punkt ~; das Schiff peilt* • **1.1** *die* **Lage** *~* ⟨fig.; umg.⟩ *auskundschaften* **2** *die Wassertiefe feststellen; eine Bucht ~;* →a. *Daumen* (1.2)
Pein ⟨f.; -; unz.⟩ **1** ⟨geh.⟩ *Qual, quälender Schmerz; eine körperliche, seelische ~* **2** ⟨veraltet⟩ *Strafe; dir, ihm zur ~* • **2.1** *die* **ewige** *~ Höllenstrafe*
pei|ni|gen ⟨V. 500/Vr 7 od. Vr 8⟩ **jmdn.** *od. ein* **Tier** *~* ⟨geh.⟩ *quälen, jmdm. od. einem T. Pein bereiten, quälenden Schmerz zufügen;* *der Gedanke peinigt mich, dass …; mein Gewissen peinigt mich; jmdn. bis aufs Blut ~; ~der Schmerz; Stechfliegen ~ das Pferd*
pein|lich ⟨Adj.⟩ **1** *unangenehm, Verlegenheit bereitend, beschämend; von etwas ~ berührt sein; um der Lage, der Frage das Peinliche zu nehmen, sagte er …; es ist mir sehr ~, aber ich muss Ihnen leider mitteilen, dass …; sein Benehmen war für alle sehr ~* **2** *sehr gewissenhaft, fast übertrieben sorgfältig; er vermied es ~, davon zu sprechen; ~ genau; ~ sauber*
Peit|sche ⟨f.; -, -n⟩ *Schlaggerät aus einem sehr schmalen Lederriemen od. einer Schnur an langem Stiel; die ~ schwingen; mit der ~ knallen; Reit~*
peit|schen ⟨V.⟩ **1** ⟨500/Vr 7 od. Vr 8⟩ **jmdn.** *od. ein* **Tier** *~ mit der Peitsche schlagen; Pferde, Hunde ~; die Sklaven wurden gepeitscht* **1.1** ⟨411 od. 500⟩ *etwas peitscht (gegen, an, durch, in) etwas* ⟨fig.⟩ *etwas schlägt heftig (gegen, an, durch, in) etwas; der Regen, Sturm peitscht die Bäume, die Wellen; Schüsse ~ durch die Straße; Schnee peitschte ans Fenster, ihm ins Gesicht; das Segel peitschte im Wind* **1.2** ⟨500⟩ *etwas peitscht* **jmdn.** *od.* **etwas** ⟨fig.; geh.⟩ *treibt jmdn. od. etwas heftig an; von Angst gepeitscht*
pe|ku|ni|är ⟨Adj. 24/60; geh.⟩ *finanziell, geldlich; ~e Schwierigkeiten*
Pe|lar|go|nie ⟨[-njə] f.; -, -n; Bot.⟩ = *Geranie*
Pe|le|ri|ne ⟨f.; -, -n⟩ *weiter, ärmelloser Umhang*
Pe|li|kan ⟨m.; -s, -e; Zool.⟩ *Angehöriger einer Familie sehr großer Ruderfüßer: Pelicanidae*
Pel|le ⟨f.; -, -n⟩ **1** *dünne Schale, Haut; Kartoffeln mit, in der ~ kochen; die ~ von der Wurst abziehen, aufschneiden* • **1.1** **jmdm. auf der** *~* **liegen, sitzen** ⟨fig.; umg.⟩ *jmdm. (ständig) lästig sein* • **1.2 jmdm. auf die** *~* **rücken** ⟨fig.; umg.⟩ *jmdm. zu nahe kommen* • **1.3** *jmdm. nicht von der ~ gehen* ⟨fig.; umg.⟩ *nicht aufhören, jmdm. lästig zu sein*
pel|len ⟨V. 500⟩ **1** *etwas ~ die Pelle von etwas abziehen, etwas schälen; Kartoffeln, Eier ~* **2** ⟨Vr 3⟩ *die* **Haut** *pellt* **sich** *schält sich (vom Sonnenbrand)*
Pel|lets ⟨Pl.⟩ *aus feinkörnigem Material durch Anteigen mittels Wassers od. anderer Flüssigkeiten gewonnene Kugeln mit Durchmessern von einigen Zentimetern (z. B. zum besseren Transport)*
Pelz ⟨m.; -es, -e⟩ **1** *Fell, Haarkleid (von Tieren); dem Bären den ~ abziehen* • **1.1** *einem Tier eins auf den ~ brennen auf es schießen* • **1.2** *sich die Sonne auf den ~ brennen lassen* ⟨fig.; umg.⟩ *sich sonnen, sonnenbaden* • **1.3** *jmdm. auf den ~ rücken* ⟨fig.; umg.⟩ *jmdm. mit einer Bitte o. Ä. bedrängen;* →a. *Laus* **2** *für Kleidungsstücke bearbeitetes (gegerbtes) Tierfell, pelzähnliches Textilprodukt; einen Mantel mit ~ füttern* • **2.1** ⟨kurz für⟩ *Pelzmantel, Pelzkragen; er schenkte ihr einen kostbaren ~*
pel|zig ⟨Adj.⟩ **1** *behaart, wie Pelz; ~e Wolle* **2** *mit dichtem Flaum besetzt; ~e Blätter* **3** **~es Gefühl im Mund** *G., als ob der M. rau u. trocken wäre; eine ~e Zunge*
Pen|dant ⟨[pãdaː] n.; -s, -s⟩ **1** *Gegenstück* (2) **2** ⟨Pl.; veraltet⟩ *Ohrgehänge*

Pendel

Pen|del ⟨n.; -s, -⟩ *länglicher Körper, der, an einem Punkt drehbar aufgehängt, unter der Wirkung der Schwerkraft um seine Ruhelage schwingt;* Uhr~

pen|deln ⟨V. 400⟩ **1** *frei hängend hin u. her schwingen* • 1.1 ⟨fig.⟩ *schwanken; zwischen zwei Möglichkeiten hin und her* ~ **2** ⟨(s.); fig.⟩ *sich ständig zwischen zwei Orten hin u. her bewegen;* ein Bus, Zug pendelt

pe|ne|trant *auch:* **pe|ne|rant** ⟨Adj.⟩ **1** *durchdringend, hartnäckig, intensiv;* ein ~er Geruch; es riecht, schmeckt ~ nach Fisch **2** ⟨fig.; abwertend⟩ = *aufdringlich* ein ~er Kerl

pe|ni|bel ⟨Adj.⟩ *peinlich genau, sehr gewissenhaft, mit äußerster Sorgfalt;* eine Sache ~ vorbereiten; ein penibler Mensch

Pe|ni|cil|lin ⟨n.; -s; unz.; fachsprachl.⟩ = *Penizillin*

Pe|nis ⟨m.; -, -se *od.* Pe|nes⟩ *schwellfähiges, männliches Begattungsorgan verschiedener Tiere u. des Menschen*

Pe|ni|zil|lin ⟨n.; -s; unz.; Pharm.⟩ *als Antibiotikum verwendetes Stoffwechselprodukt verschiedener Arten von Schimmelpilzen;* oV *Penicillin*

Pen|nä|ler ⟨m.; -s, -⟩ = *Schüler*

Pen|si|on ⟨[pã-], umg. [paŋ-], bair.-österr. [pɛn-] f.; -, -en⟩ **1** *Ruhegehalt der Beamten;* ~ beziehen **2** *Ruhestand der Beamten;* in ~ gehen **3** *Gästehaus;* in einer ~ wohnen **4** *Unterkunft u. Verköstigung* • 4.1 Voll~, volle ~ *Unterkunft u. vollständige Verköstigung;* • 4.2 Halb~, halbe ~ *Unterkunft mit Frühstück u. Mittag- od. Abendessen*

Pen|si|o|när ⟨[pã-], umg. [paŋ-], bair.-österr. [pɛn-] m.; -s, -e⟩ **1** *jmd., der Pension bezieht, im Ruhestand lebt, Rentner* **2** *jmd., der in einer Pension wohnt, Gast in einer Pension ist*

Pen|si|o|nä|rin ⟨[pã-], umg. [paŋ-], bair.-österr. [pɛn-] f.; -, -rin|nen⟩ *weibl. Pensionär*

pen|si|o|nie|ren ⟨[pã-], umg. [paŋ-], bair.-österr. [pɛn-] V. 500⟩ *jmdn.* ~ *mit Pension in den Ruhestand versetzen;* sich vorzeitig ~ lassen; er ist vor zwei Jahren pensioniert worden; pensionierter Lehrer

Pen|sum ⟨n.; -s, Pen|sa *od.* Pen|sen⟩ **1** *in einer bestimmten Zeit zu erledigende Arbeit, Aufgabe;* Arbeits~, Tages~ **2** *Abschnitt (einer Arbeit od. Aufgabe), für eine bestimmte Zeit vorgeschriebener Lehrstoff;* Schul~

Pent|haus ⟨n.; -es, -häu|ser⟩ = *Penthouse*

Pent|house ⟨[-haʊs] n.; -, -s [-sɪz]⟩ *(exklusive) Wohnung, Wohnanlage auf dem Dach eines mehrstöckigen Hauses od. Hochhauses;* oV *Penthaus*

Pep ⟨m.; -s; unz.; umg.⟩ *Schwung, Frische, Elan, Energie;* er hat viel ~

Pe|pe|ro|ne ⟨m.; -s, -ro|ni⟩ = *Peperoni*

Pe|pe|ro|ni ⟨f.; -, -; meist Pl.⟩ *kleine, sehr scharfe, meist in Essig eingelegte Paprikafrucht;* oV *Peperone, Pfefferoni*

pep|pig ⟨Adj.; umg.⟩ *Pep habend, schwungvoll, flott, munter;* eine ~e Unterhaltungssendung

per ⟨Präp. m. Akk.⟩ **1** ⟨umg.⟩ *mittels, durch, mit (Hilfe von);* ~ Bahn, Flugzeug; ~ Eilboten; ~ Post schicken • 1.1 ~ **Adresse** ⟨Abk.: p. A.⟩ *bei;* Herrn Schulze p. A. Familie Meier • 1.2 ~ **aspera ad astra** *auf rauen Wegen zu den Sternen* • 1.3 ~ **exemplum** *zum Beispiel* • 1.4 ~ **fas** ⟨veraltet⟩ *auf rechtlich erlaubte Weise* • 1.5 ~ **nefas** ⟨veraltet⟩ *widerrechtlich, auf unerlaubte Weise* • 1.6 ~ **pedes** ⟨scherzh.⟩ *zu Fuß* • 1.7 ~ **procura** ⟨vor der Unterschrift des Prokuristen einer Firma; Abk.: ppa., pp.⟩ *mit im Handelsregister eingetragener Vollmacht ausgestattet* • 1.8 ~ **saldo** *durch Ausgleich (der beiden Seiten eines Kontos)* • 1.9 ~ **se** *von selbst* **2** *gegen, im Austausch für* • 2.1 ~ **cassa** *gegen Barzahlung* **3** ⟨zeitlich⟩ *bis, am;* ~ 1. April zu liefern; zu zahlen ~ 15. Mai

Per|cus|sion ⟨[pərkʌʃn] f.; -; unz.⟩ = *Perkussion (3)*

per|fekt ⟨Adj.⟩ **1** *vollkommen (ausgebildet);* ~ Englisch, Französisch sprechen; ~ im Kochen sein **2** ⟨24⟩ *gültig, abgemacht, abgeschlossen;* einen Vertrag, ein Geschäft ~ machen

Per|fekt ⟨a. [-'-] n.; -s, -e; Gramm.⟩ *Zeitform des Verbs, die in vergangenes, in die Gegenwart fortwirkendes Geschehen bezeichnet, zweite Vergangenheit, vollendete Gegenwart, z. B.* „ich habe gegessen, ich bin geschwommen"

Per|fek|ti|on ⟨f.; -, -en⟩ *Vollendung, Vollkommenheit;* er spielte das Stück mit vollendeter ~; er legt immer größten Wert auf ~; der Vortrag bestach durch seine absolute ~

per|fid ⟨Adj.⟩ *treulos, hinterhältig, heimtückisch, niederträchtig;* oV *perfide*

per|fi|de ⟨Adj.⟩ = *perfid*

per|fo|rie|ren ⟨V. 500⟩ **1** *ein Organ* ~ ⟨Med.⟩ *durchbohren, durchstoßen* **2** *Papier, Filme* ~ *durchlöchern, mit Löchern in gleichem Abstand u. gleicher Größe versehen*

Per|for|mance ⟨[pərfɔ:məns] f.; -, -s [-sɪz]⟩ *(schauspielerisch dargebotene) künstlerische Aktion od. Vorstellung in der Art eines Happenings*

Per|ga|ment ⟨n.; -(e)s, -e⟩ **1** *bearbeitete, als Schreibstoff dienende Tierhaut* **2** *Schriftstück auf Pergament (1)*

Per|go|la ⟨f.; -, -go|len⟩ *Laube, berankter Laubengang*

Pe|ri|o|de ⟨f.; -, -n⟩ **1** *Zeitabschnitt* **2** *Umlaufzeit eines Sternes* **3** *Zeitabschnitt einer bestimmten Formation der Erdgeschichte* **4** *Gesamtheit eines Systems von Schwingungen* **5** = *Menstruation* **6** *in bestimmter stilistischer Absicht mehrfach zusammengesetzter Satz* **7** *musikalischer Satz aus 8 od. 16 Takten, der sich aus zwei miteinander korrespondierenden Teilen zusammensetzt*

pe|ri|pher ⟨Adj.⟩ **1** *am Rand (befindlich), an der Peripherie (liegend)* • 1.1 ~e **Fragen**, Probleme ⟨fig.⟩ *nicht so wichtige F., P.*

Pe|ri|phe|rie ⟨f.; -, -n⟩ **1** ~ *einer (Kreis-)***Fläche** ⟨Math.⟩ *äußere Begrenzung* **2** ~ *einer* **Gegend** *Rand;* ~ *der Stadt*

Per|kus|si|on ⟨f.; -, -en⟩ **1** ⟨Med.⟩ *Untersuchung des menschlichen Körpers bzw. seiner Organe durch Abklopfen der Körperoberfläche* **2** ⟨Tech.⟩ *Zündung durch Stoß od. Schlag auf ein Zündhütchen (bei Handfeuerwaffen)* **3** ⟨Popmus.⟩ *Schlagzeug, Gesamtheit der Schlaginstrumente;* = *Percussion*

Per|le ⟨f.; -, -n⟩ **1** *schimmerndes, von Weichtieren, meist den Perlmuscheln, abgesondertes Kügelchen aus kohlensaurem Kalk;* eine echte, imitierte ~; ~n fischen; nach ~n tauchen; Zähne (gleichmäßig) wie ~n

• 1.1 es wird dir keine ~ aus der Krone fallen, wenn du das tust ⟨fig.; umg.⟩ *es wird dir nicht schaden, es wird dein Ansehen nicht beeinträchtigen* **2** *Ding in der äußeren Form einer Perle* • 2.1 *durchbohrtes Kügelchen aus Glas, Holz od. anderem Material;* Glas~; Holz~; ~n des Rosenkranzes; ~n auf eine Schnur reihen • 2.2 *Tropfen;* Schweiß~; Tau~; der Schweiß stand ihm in ~n auf der Stirn • 2.2.1 *Luftbläschen;* Sekt~; Wasser~ • 2.3 *Arznei in Kugelform* **3** ⟨fig.⟩ *etwas bes. Schönes, Gutes od. Wertvolles;* dieses Werk ist eine ~ der deutschen Dichtkunst, Musik, Malerei; diese Stadt ist eine ~ des Landes, dieser Landschaft • 3.1 ~n vor die Säue werfen *jmdm. etwas geben, was er nicht zu schätzen weiß* (nach NT, Matthäus 7,6) **4** ⟨fig.⟩ *jmd., der wertvolle Dienste (im Alltag) leistet* • 4.1 ⟨umg.; scherzh.⟩ *(gute) Hausangestellte;* sie ist eine ~

per|len ⟨V. 400; geh.⟩ **1** ⟨(s.)⟩ **etwas** perlt *etwas rollt, fällt schimmernd u. gleichmäßig wie Perlen ab;* Tau perlt von den Blumen, Blättern; der Schweiß perlte ihm von der Stirne • 1.1 ⟨(h.)⟩ **Sekt,** Wein perlt (im Glase) *schäumt in Bläschen* • 1.2 ⟨(h.)⟩ *in Perlen erscheinen;* der Tau perlt auf den Blumen **2** ⟨fig.⟩ *in kurzen, angenehmen, rasch aufeinanderfolgenden Tönen erklingen;* ~des Lachen; ~de Koloratur

Perl|mutt ⟨a. [-'-] n.; -s; unz.⟩ = *Perlmutter*

Perl|mut|ter ⟨a. [-'--] f.; -; unz.⟩ oV *Perlmutt* **1** *von einer Perlmuschel abgesonderter Stoff, aus dem sich die Innenschicht der Schale u. evtl. die Perle bildet* **2** *die Innenschicht der Schale von Perlmuscheln u. Seeschnecken*

Perm ⟨n.; -s; unz.; Geol.⟩ *geologische Formation des Paläozoikums*

per|ma|nent ⟨Adj. 24⟩ *ununterbrochen, dauernd, bleibend, ständig*

Per|pen|di|kel ⟨m.; -s, -⟩ *Uhrpendel*

per|plex ⟨Adj.⟩ *verblüfft, überrascht, bestürzt, betroffen, fassungslos*

Per|ron ⟨m. od. n.; -s, -s; österr.; schweiz.⟩ = *Bahnsteig;* auf dem ~ warten

Per|si|fla|ge *auch:* **Per|sif|la|ge** ⟨[-ʒə] f.; -, -n⟩ *(meist auf Ironie, Übertreibung od. Nachahmung beruhende) geistreiche Verspottung*

Per|son ⟨f.; -, -en⟩ **1** *Mensch (als lebendes Wesen);* zehn ~en sind bei dem Unfall verletzt worden; das Fahrzeug fasst 20 ~en od. 1500 kg; bei einer Beurteilung die ~ von der Sache trennen • 1.1 *Mensch besonderer Eigenart;* eine dumme, eingebildete, lästige ~; eine große, hübsche, stattliche ~; eine unbekannte, geheimnisvolle ~; ich für meine ~ • 1.2 *Mensch im Gefüge von Staat u. Gemeinschaft;* du nimmst deine ~ zu wichtig; er ist dort eine wichtige ~ • 1.3 ⟨Lit.⟩ *handelnde Figur, Gestalt;* in diesem Stück, Roman treten Eigenschaften als ~en auf • 1.4 *eine Eigenschaft in* ~ *sein eine Eigenschaft in reinster Ausprägung zeigen;* er ist die Gutmütigkeit, Geduld, Gehässigkeit in ~ • 1.5 **in einer** ~ *gleichzeitig;* Hausmeister u. Gärtner in einer ~ • 1.6 **in eigener** ~ *selbst* **2** ⟨abwertend; veraltet⟩ *weibl. Wesen, Frau, Mädchen* **3** *Sprecher, Hörer od. etwas Drittes (einen Dritten) bezeichnende grammatische Kategorie,* z. B. ich, du, er; erste, zweite, dritte ~

Per|so|nal ⟨n.; -s; unz.⟩ *Gesamtheit der beschäftigten, angestellten, bes. dienstleistenden Personen (in Betrieben, Hotels, Haushalten);* Dienst~, Küchen~

Per|so|nal|aus|weis ⟨m.; -es, -e⟩ *amtlicher Ausweis über die Identität einer Person (als Staatsbürger);* der ~ wird ab dem 16. Lebensjahr beantragt; Polizeibeamte kontrollierten die ~e

Per|so|nal Com|pu|ter ⟨[pœːsənəl kɔmpjuːt] m.; -s, - -; Abk.: PC⟩ *Computer für den häuslichen u. professionellen Einsatz*

Per|so|na|li|en ⟨Pl.⟩ *Angaben über Geburt, Ehestand, Beruf einer Person;* jmds. ~ aufnehmen; seine ~ angeben

Per|so|nen|kraft|wa|gen ⟨m.; -s, -; Abk.: Pkw⟩ *Kraftwagen zum Befördern von Personen;* Sy *Auto¹, Automobil;* Ggs *Lastkraftwagen*

per|sön|lich ⟨Adj. 24⟩ **1** *die Person betreffend, zu ihr gehörend, ihr entsprechend, auf ihr beruhend, von ihr ausgehend, privat;* eine ~e Anspielung; die ~e Freiheit; mein ~es Eigentum; darf ich mir eine ~e Bemerkung, Frage erlauben?; er unterhielt sich sehr offen und ~ mit ihr; ich möchte aus ~en Gründen nicht darüber sprechen • 1.1 ich habe diese Bemerkung nicht **gemeint** *ich habe mit dieser B. nicht dich, Sie, ihn usw. gemeint* • 1.2 du darfst diese Äußerung nicht ~ **nehmen** *nicht auf dich beziehen* • 1.3 ~ **werden** ⟨umg.⟩ *unsachliche, auf jmds. Privatleben od. Verhalten zielende, unangenehme Anspielungen machen* **2** *selbst, in Person;* für Verluste ~ haften; bei jmdm. ~ erscheinen, vorsprechen ⟨umg.; verstärkend⟩ • 2.1 ~! (Vermerk auf Briefen) *nur für den Betreffenden selbst bestimmt* • 2.2 ich kenne ihn (nicht) ~ *ich habe mit ihm schon einmal (noch nicht) gesprochen* **3** ⟨60⟩ ~e **Gleichung** ⟨Astron.⟩ *die Zeitdifferenz zwischen einem zu beobachtenden Ereignis u. dem Erfassen dieses Vorgangs durch einen Beobachter*

Per|sön|lich|keit ⟨f.; -, -en⟩ **1** ⟨unz.⟩ *Gesamtheit aller Wesenszüge, Verhaltensweisen, Äußerungen u. bes. Eigenarten eines Menschen* **2** ⟨unz.⟩ *der Mensch als Person, als Einzelwesen, in seiner Eigenart;* Entwicklung, Ausbildung der ~; Höchstes Glück der Erdenkinder sei nur die ~ (Goethe, „Westöstlicher Divan", Buch Suleika) **3** *bedeutender Mensch, Mensch eigener, besonderer Prägung;* bekannte ~en unserer Stadt; er ist eine ~ **4** *durch Stellung, Rang sich aus den Übrigen heraushebender Mensch;* (allerlei) prominente ~en; eine einflussreiche, angesehene ~

Per|spek|ti|ve *auch:* **Pers|pek|ti|ve** ⟨[-və] f.; -, -n⟩ **1** *scheinbare Verkürzung u. scheinbares Zusammentreffen der in die Tiefe des Raumes laufenden parallelen Strecken in einem Punkt (Fluchtpunkt)* **2** *Darstellung des Raumes u. räumlicher Gegenstände auf einer ebenen Bildfläche mit räumlicher Wirkung;* ein Gemälde ohne ~ **3** ⟨fig.⟩ *Blick in die Zukunft, Aussicht;* es öffnen sich neue, erstaunliche, nicht geahnte ~n **4** = *Blickwinkel (2)* aus dieser ~ sieht es schon anders aus

Perücke

Pe|rü|cke ⟨f.; -, -n⟩ **1** *künstliche Haartracht aus Haaren od. synthetischen Fasern* • **1.1** *den ganzen Kopf bedeckender Haarersatz* **2** ⟨Jägerspr.⟩ *durch Verletzung hervorgerufene krankhafte Wucherung am Gehörn, seltener am Geweih*

per|vers ⟨[-vɛrs] Adj.⟩ **1** *abartig (im geschlechtlichen Verhalten)* **2** *widernatürlich, verderbt*

per|ver|tie|ren ⟨[-vɛr-] V.⟩ **1** ⟨400(s.)⟩ *eine abartige Entwicklung nehmen, krankhaft vom Normalen abweichen, entarten* **2** ⟨500⟩ *etwas* ~ *verfälschen, entfremden, vom Normalen abweichen lassen*

Per|zep|ti|on ⟨f.; -, -en⟩ **1** *Wahrnehmung von Reizen durch Sinnesorgane* **2** ⟨Philos.; Psych.⟩ *sinnliche Wahrnehmung ohne bewusstes Erfassen u. Identifizieren als erste Stufe der Erkenntnis*

Pes|sar ⟨n.; -s, -e; Med.⟩ *ring- od. schalenförmige Einlage in die Scheide zur Korrektur einer anomalen Lage der Gebärmutter u. zur Empfängnisverhütung* (Okklusiv~)

Pes|si|mis|mus ⟨m.; -; unz.⟩ *Neigung, in der Welt, im Leben od. bei einer Sache nur das Schlechte zu sehen;* Ggs *Optimismus*

pes|si|mis|tisch ⟨Adj.⟩ *in der Art des Pessimismus, dem Pessimismus nahestehend, schwarzseherisch;* Ggs *optimistisch*

Pest ⟨f.; -; unz.⟩ **1** *durch Bakterien hervorgerufene epidemische Krankheit, bei der sich die Haut dunkelblau bis schwarz färbt* • **1.1** jmdm. die **an den Hals** wünschen ⟨fig.⟩ *jmdm. nur das Schlechteste wünschen* • **1.2** *jmdn. od. etwas* **wie die** ~ **hassen** ⟨fig.⟩ *sehr hassen* • **1.3** **wie** die ~ **stinken** ⟨fig.⟩ *sehr, unerträglich*

Pes|ti|zid ⟨n.; -(e)s, -e⟩ *Mittel zur Vernichtung von Pflanzenschädlingen, Pflanzenschutzmittel*

Pe|ter|si|lie ⟨[-ljə] f.; -, -n; Bot.⟩ **1** *als Küchengewürz verwendetes Doldengewächs: Petroselinum crispum; krause, getrocknete* ~ **2** *jmdm. ist die* ~ *verhagelt* ⟨fig.; umg.⟩ *etwas ist jmdm. misslungen, man hat jmdm. sein Vorhaben verdorben*

Pe|trol *auch:* **Pet|rol** ⟨n.; -s; unz.; schweiz.⟩ = *Petroleum*

Pe|tro|le|um *auch:* **Pet|ro|le|um** ⟨n.; -s; unz.⟩ *Destillationsprodukt des Erdöls;* oV ⟨schweiz.⟩ *Petrol*

Pet|ti|coat ⟨[-kout] m.; -s, -s⟩ *sehr weiter, stark versteifter Unterrock, der in der Taille ansetzt*

Pet|ting ⟨n.; -s; unz.⟩ *sexuell erregende körperliche Berührungen ohne Ausübung des Koitus*

Pe|tu|nie ⟨[-njə] f.; -, -n; Bot.⟩ *Angehörige einer Gattung der Nachtschattengewächse mit trichterförmigen Blüten, beliebte Beet- u. Balkonpflanze: Petunia*

pet|zen ⟨V. 400; umg.⟩ *jmdn. verraten, jmdn. vor anderen beschuldigen*

Pfad ⟨m.; -(e)s, -e⟩ **1** *schmaler Weg; ein steiler, steiniger, gewundener* ~ **2** *auf (von) dem* ~ *der Tugend wandeln (abweichen)* ⟨fig.; geh.⟩ *(nicht mehr) tugendhaft sein*

Pfaf|fe ⟨m.; -n, -n⟩ **1** ⟨urspr.⟩ *Weltgeistlicher* **2** ⟨heute abwertend⟩ *Geistlicher*

Pfahl ⟨m.; -(e)s, Pfäh|le⟩ **1** ⟨Bautech.⟩ *ein langer, unten zugespitzter, dicker Stab od. Balken; einen* ~ *zuspitzen, einrammen; morsche Pfähle; das Gebäude steht auf Pfählen* • **1.1 in seinen vier** *Pfählen* ⟨fig.; umg.⟩ *zu Hause* **2** ⟨Her.⟩ *senkrecht über die Mitte des Schildes gezogener Streifen* **3** *ein* ~ **im Fleische** ⟨fig.; geh.⟩ *etwas Peinigendes, Quälendes, großes Ärgernis*

Pfand ⟨n.; -(e)s, Pfän|der⟩ **1** *Gegenstand, der als Bürgschaft für eine Forderung gegeben wird; ein* ~ *einlösen; den Ausweis als* ~ *zurücklassen, abgeben; die verfallenen Pfänder werden versteigert* **2** *Geldbetrag, der bei Rückgabe eines geliehenen Gegenstandes zurückgegeben wird;* Sy ⟨schweiz.⟩ *Depot (6);* Flaschen~ **3** ⟨Pfänderspiele⟩ *Gegenstand, der abgegeben wird, wenn man einen Fehler macht od. auf eine Frage nicht antworten kann, u. den man nur zurückbekommt, wenn man eine lustige Forderung erfüllt; ein* ~ *geben*

pfän|den ⟨V. 500⟩ **1** *etwas* ~ *gerichtlich beschlagnahmen, um dadurch eine Geldforderung (Steuerschuld) zu befriedigen; das Haus, den Computer* ~ **2** *jmdn.* ~ *jmds. Eigentum pfänden*

Pfan|ne ⟨f.; -, -n⟩ **1** *flaches Gefäß zum Backen u. Braten od. Schmelzen mit Stiel od. zwei Henkeln;* Sy *Tiegel (1);* Brat~; *eine kupferne, eiserne* ~; *ein Stück Fleisch in der* ~ *braten; zwei Eier in die* ~ *hauen* ⟨umg.⟩ **2** *jmdn.* **in die** ~ **hauen** ⟨fig.; umg.⟩ *besiegen, schlagen, vernichten* **3** ⟨Anat.⟩ *hohler Teil eines Gelenks;* Gelenk~ **4** ⟨Bauw.⟩ *hohler Dachziegel;* Dach~ **5** *etwas* **auf der** ~ **haben** ⟨fig.⟩ *etwas in Bereitschaft haben* **6** ⟨Geol.⟩ *flache, rundliche Geländesenke in Trockengebieten mit dauernder od. zeitweiliger Wasserführung;* Salz~, Sand~

Pfann|ku|chen ⟨m.; -s, -⟩ **1** *in der Pfanne gebackene flache Speise aus Mehl, Milch, Eiern u. Zucker;* Sy *Eierkuchen, Eierpfannkuchen, Palatschinke* **2** ⟨ostdt.⟩ *Krapfen;* Berliner ~

Pfar|rer ⟨m.; -s, -⟩ *ausgebildeter Theologe, der die gottesdienstlichen u. seelsorgerlichen Pflichten innerhalb einer Gemeinde versieht*

Pfar|re|rin ⟨f.; -, -rin|nen⟩ *weibl. Pfarrer*

Pfau ⟨m.; -(e)s, -en; Zool.⟩ *Vogel mit einer Federkrone auf dem Kopf u. im männl. Geschlecht Prachtgefieder mit stark verlängerten Schwanzdeckfedern, die in der Balz zu einem Rad aufgerichtet werden: Pavo cristatus; der* ~ *schlägt ein Rad; einherstolzieren wie ein* ~; *sich spreizen wie ein* ~

Pfef|fer ⟨m.; -s; unz.; Bot.⟩ **1** *als Gewürz verwendete Früchte des Pfefferstrauchs; Piper nigrum; das brennt wie* ~, *ist scharf wie* ~; *mit* ~ *und Salz würzen; gemahlener* ~ • **1.1** *Stoff im* ~-*und-***Salz-Muster** *dunkel u. hell gesprenkelt S.* • **1.2 jmdm.** ~ **geben** ⟨fig.; umg.⟩ *jmdn. reizen* • **1.3 wo** *der* ~ **wächst** ⟨fig.; umg.⟩ *möglichst weit weg; er soll bleiben, wo der* ~ *wächst!; jmdn. dahin wünschen, wo der* ~ *wächst;* →a. *Hase (2.3); schwarz (2.10), weiß² (2.9)* **2** ⟨fig.; umg.⟩ *Schwung, Energie*

Pfef|fer|ku|chen ⟨m.; -s, -⟩ *stark gewürztes, süßes, oft mit Honig versetztes, zur Weihnachtszeit gereichtes Gebäck;* Sy ⟨bes. süddt. u. westdt.⟩ *Lebkuchen*

Pfef|fer|min|ze ⟨f.; -, -n; Bot.⟩ *als Heilpflanze kultivierter, stark aromatischer Lippenblütler, aus dessen*

Blättern Pfefferminzöl gewonnen u. Tee bereitet wird: *Mentha piperita*

pfeffern ⟨V. 500⟩ **1** etwas ~ *mit Pfeffer würzen*; Speisen ~; *das Gulasch ist zu sehr gepfeffert* • **1.1** gepfefferte **Preise, Rechnung** ⟨fig.; umg.⟩ *sehr hohe P., R.* • **1.2** ein gepfefferter **Witz** ⟨fig.; umg.⟩ *derber, unanständiger W.* **2** ⟨511⟩ **etwas irgendwohin ~** ⟨umg.⟩ *scharf, kräftig werfen*; *er pfefferte die Bücher in die Ecke*

Pfef|fe|ro|ni ⟨m.; -, -; meist Pl.; österr.⟩ = *Peperoni*

Pfei|fe ⟨f.; -, -n⟩ **1** *Rohr, in dem durch Blasen die Luft in Schwingungen versetzt u. dadurch ein Ton erzeugt wird;* Orgel~; Signal~; Triller~; *auf der ~ blasen* • **1.1** nach jmds. **~ tanzen** ⟨fig.⟩ *widerspruchslos tun, was der andere will, sich in allem nach jmdm. richten* **2** ⟨kurz für⟩ *Tabakspfeife*; *sich eine ~ stopfen*; *sich eine ~ anzünden*; *eine ~ rauchen*; *die ~ ausklopfen, reinigen* **3** *röhrenförmiges Werkzeug des Glasbläsers* **4** ⟨Sprengtechnik⟩ *ein nicht mit weggesprengter Bohrlochrest*

pfei|fen ⟨V. 191⟩ **1** ⟨400⟩ *mit der Atemluft Töne hervorbringen;* Amseln, Stare u. a. Vögel ~; Mäuse, Murmeltiere ~; *auf zwei Fingern ~; auf den Zähnen ~; im Theater wurde gepfiffen (zum Zeichen des Missfallens); die Spatzen ~ es schon von allen Dächern* ⟨fig.; umg.⟩ *jeder weiß es schon* • **1.1** ich pfeife darauf! ⟨fig.; umg.⟩ *das ist mir völlig gleichgültig, ganz egal, ich kann leicht darauf verzichten* • **1.2** ⟨530⟩ *ich werd' dir was ~!* ⟨fig.; umg.⟩ *ich denke nicht daran (zu tun, was du willst)!* **2** ⟨500⟩ *etwas ~ mit gespitzten Lippen Töne od. eine Melodie hervorbringen;* *eine Melodie ~* • **2.1** ⟨530/Vr 1⟩ *sich eins ~ ein Liedchen vor sich hin pfeifen* **3** ⟨600⟩ **jmdm.** *od. einem* **Tier ~** *jmdn. od. ein Tier durch Pfeifen zu sich rufen;* *der Jäger pfiff dem Hund* **4** ⟨400⟩ *Luft in eine Pfeife (1) blasen u. dadurch einen Ton erzeugen;* *die Lokomotive pfeift* • **4.1** ⟨410⟩ *auf dem letzten* **Loch ~** ⟨fig.⟩ *in sehr elendem Zustand sein, kein Geld mehr haben;* →a. *trommeln (1.1)* **5** ⟨400⟩ *etwas pfeift* ⟨fig.⟩ *bringt ein zischend-heulendes, sausendes Geräusch hervor;* *der Wind pfeift im Schornstein, pfeift ums Haus; die Kugeln pfiffen ihm um die Ohren;* ~der Atem; ~de Geräusche im Lautsprecher **6** ⟨500⟩ **etwas ~** ⟨fig.; umg.⟩ *verraten, ausplaudern;* *keiner von den Gefangenen hat gepfiffen*

Pfeil ⟨m.; -(e)s, -e⟩ **1** *aus einem dünnen Stab mit einer Spitze aus Hartholz, Stein od. Metall bestehendes Geschoss, das mit dem Bogen abgeschossen wird;* ~ *und Bogen; ein gefiederter, vergifteter ~* • **1.1** *er schoss wie ein ~ lief sehr schnell davon* • **1.2** *von Amors ~ getroffen sein* ⟨fig.⟩ *verliebt sein* • **1.3** *seine ~e abschießen* ⟨fig.⟩ *beißende, sehr boshafte Anspielungen machen*

Pfei|ler ⟨m.; -s, -⟩ **1** ⟨Bauw.⟩ *frei stehende od. aus der Wand herausstehende Stütze von Decken, Gewölben, Trägern usw. mit meist rechteckigem Querschnitt;* Wand~, Strebe~, Eck~, Stahl~ **2** ⟨Bgb.⟩ *Teil einer Braunkohlenlagerstätte, der vorübergehend nicht abgebaut wird*

Pfen|nig ⟨m. 7; -(e)s, -e; Abk.: Pf⟩ **1** *frühere deutsche Währungseinheit, $^1/_{100}$ Mark* • **1.1** *das ist keinen ~ wert nichts wert* • **1.2** *keinen ~* (Geld) *haben kein Geld* • **1.3** *sie müssen mit jedem ~ rechnen sie müssen sehr sparen* • **1.4** *wer den ~ nicht ehrt, ist des Talers nicht wert* ⟨Sprichw.⟩ *man soll auch im Kleinen sparsam sein* • **1.5** *jeden ~ dreimal umdrehen, ehe man ihn ausgibt* ⟨fig.⟩ *sehr sparsam sein*; →a. *Heller (5.2)*

Pferch ⟨m.; -(e)s, -e⟩ *mit Brettern od. Draht umzäuntes Feldstück, auf dem freilaufendes Vieh (bes. Schafe) zusammengetrieben u. nachts eingeschlossen wird*

pfer|chen ⟨V. 511⟩ **Menschen** *od.* **Tiere in** *einen* **Raum ~** *(hinein)drängen, in einem R. eng zusammendrängen*

Pferd ⟨n.; -(e)s, -e⟩ **1** *einer Familie der Unpaarhufer angehörendes Reit- u. Zugtier: Equidae* **2** (i. e. S.) *das vom Wildpferd (Equus przewalskii) abstammende, zur Familie der Pferde (1) gehörige Haustier, das auch verwildert vorkommt, Equus przewalskii caballus;* *ein edles, feuriges, rassiges ~; ein gutes, schnelles ~;* *ein ~ anspannen, ausspannen; ein ~ besteigen; ein ~ lenken, reiten, zügeln, zureiten; ein ~ sätteln, striegeln, zäumen; vom ~ steigen, fallen; sich aufs ~ schwingen; das ~ ist (ihm) durchgegangen; das ~ hat den Reiter abgeworfen; das ~ schnaubt, wiehert; das ~ bäumt sich auf, bockt, scheut, schlägt aus, scharrt, stampft (mit den Hufen); das ~ galoppiert, greift aus, trabt; den Durchgehenden ~en in die Zügel fallen* • **2.1 zu ~e** *reitend* • **2.1.1** *er sitzt gut zu ~ er hat eine gute Haltung als Reiter* • **2.2 wie** *ein* **~ arbeiten** ⟨fig.; umg.⟩ *sehr schwer arbeiten, sich plagen* • **2.3** *das hält ja* **kein ~** *aus* ⟨fig.; umg.⟩ *niemand* • **2.4** *das* **beste ~ im Stall** ⟨fig.; umg.⟩ *die beste Kraft (eines Unternehmens, der, die das Beste (einer Gruppe, einer Sammlung)* • **2.5** *die ~e* **gehen** *leicht mit ihm* **durch** ⟨fig.; umg.⟩ *er verliert leicht die Beherrschung, kann seinen Zorn nicht zügeln* • **2.6** *mit jmdm. kann man ~e* **stehlen** ⟨fig.; umg.⟩ *mit jmdm. kann man manches wagen, er lässt einen nicht im Stich* • **2.7** *keine zehn ~e brächten mich dahin* ⟨fig.; umg.⟩ *auf keinen Fall gehe ich dahin* • **2.8** *das* **beim Schwanz aufzäumen** ⟨fig.⟩ *eine Sache falsch anfangen* • **2.9** *aufs* **falsche, richtige ~ setzen** (bei einer ungewissen Sache) ⟨fig.⟩ *falsch, richtig handeln, sich falsch, richtig entscheiden* **3** *Turngerät aus einer gepolsterten Lederrolle auf vier Füßen mit zwei herausnehmbaren Griffen (Pauschen) oben in der Mitte für Spring- u. Stützübungen;* *Turnübungen am ~* **4** ⟨Schachspiel⟩ *Figur mit stilisiertem Pferdekopf,* Springer, Rössel

Pfer|de|fuß ⟨m.; -es, -füße⟩ **1** *Attribut des Teufels* **2** ⟨Pathol.⟩ *Fußbildung, die nur ein Auftreten mit Ballen u. Zehen zulässt: Pes equinus* **3** ⟨fig.⟩ *ein verborgener Nachteil;* *die Sache hat aber einen ~; bei etwas schaut der ~ heraus; bei etwas kommt der ~ zum Vorschein*

Pfer|de|schwanz ⟨m.; -es, -schwän|ze⟩ **1** ⟨fälschlich für⟩ *Schweif des Pferdes* **2** ⟨fig.⟩ *langer, am Hinterkopf zusammengebundener, herabhängender Haarschopf bei Mädchen u. Frauen*

Pfiff

Pfiff ⟨m.; -(e)s, -e⟩ **1** *(schriller) Ton des Pfeifens; scharfer, durchdringender ~* **2** ⟨fig.⟩ *Kniff, Trick;* die Sache hat einen ~ • 2.1 den **heraushaben** *eine Sache verstehen, richtig beherrschen, geschickt bei einer S. sein* **3** *der eigentliche Reiz einer Sache, das, was eine Sache erst vollkommen macht;* die Schleife gibt dem Kleid erst den richtigen ~
Pfiff|fer|ling ⟨m.; -s, -e; Bot.⟩ **1** *sehr würziger Speisepilz mit gelbem Hut u. dicken Lamellen: Cantharellus cibarius* **2 keinen, nicht einen ~** ⟨fig.; umg.⟩ *gar nicht(s);* das ist keinen ~ wert; er kümmert sich nicht einen ~ darum
pfif|fig ⟨Adj.⟩ *schlau, gewitzt;* ein ~er Bursche, ~es Kerlchen
Pfings|ten ⟨n.; -, -⟩ *Fest der Ausgießung des Heiligen Geistes über die Jünger Jesu;* ~ fällt dieses Jahr früh, spät, (die) ~ fallen früh, spät; →a. *Ostern (1.1)*
Pfir|sich ⟨m.; -(e)s, -e⟩ *runde, aromatische Kernfrucht des Pfirsichbaumes mit pelziger Schale;* ein gelber, weißer, reifer, harter ~
Pflan|ze ⟨f.; -, -n⟩ **1** *Lebewesen, das in der Lage ist, aus anorganischen Stoffen mit Hilfe des Sonnenlichts od. in einigen Fällen mit Hilfe aus chem. Reaktionen gewonnener Energie organische Stoffe aufzubauen;* ~n sammeln; eine einjährige, immergrüne, kräftige, zarte ~ **2** ⟨Getrennt- u. Zusammenschreibung⟩ • 2.1 **~n fressend** = *pflanzenfressend*
pflan|zen ⟨V. 500⟩ **1 Pflanzen ~** *zum Wachsen in die Erde setzen;* Bäume, Blumen, Sträucher ~ **2** ⟨511/ Vr 7⟩ *etwas od. sich (an einen bestimmten Ort) ~* ⟨fig.; umg.⟩ *(breit) hinsetzen;* die Fahne auf das Dach ~; sich aufs Sofa ~
pflan|zen|fres|send *auch:* **Pflan|zen fres|send** ⟨Adj. 24/60⟩ *sich von Pflanzen ernährend;* ~e Tiere
Pflan|zung ⟨f.; -, -en⟩ **1** *das Pflanzen* **2** *bepflanztes Stück Land, bes. in großem Ausmaß in Übersee, Plantage;* Baumwoll~, Tabak~ **3** ⟨Forstw.⟩ *neu angelegte Kultur*
Pflas|ter ⟨n.; -s, -⟩ **1** *Belag aus dicht gefügten Steinen zur Befestigung der Straße;* Straßen~; holpriges ~ • 1.1 das ~ wurde ihm zu heiß unter den Füßen ⟨fig.⟩ *die Lage wurde zu gefährlich für ihn, er musste fliehen* • 1.2 ~ treten ⟨fig.⟩ *lange Zeit zu Fuß durch eine Stadt gehen* • 1.3 diese Stadt ist ein teures ~ ⟨fig.⟩ *in dieser S. ist das Leben teuer* **2** *Heilmittel aus klebend gemachtem Stoff mit einem Stück Mull in der Mitte zum Schutz von Wunden;* Heft~; ein ~ aufkleben, auflegen • 2.1 ⟨fig.⟩ *Linderungsmittel, Trost;* Trost~; seine Worte waren ein ~ für ihren Schmerz
Pflau|me ⟨f.; -, -n⟩ **1** *aus Vorderasien stammender mittelgroßer Baum mit kurzen Ästen, weißen Blüten, blauen, grünen od. gelben, ovalen bis runden Steinfrüchten: Prunus domestica;* **2** *Frucht der Pflaume¹ (1),* Zwetschke; Sy Zwetsche, Zwetschge; frische, eingemachte, reife ~n **3** ⟨abwertend⟩ *ungeschickter, untauglicher Mensch;* du bist eine ~!
Pfle|ge ⟨f.; -, -n⟩ **1** *Obhut u. Fürsorge, sorgende Behandlung;* Kinder~; Kranken~; aufopfernde, liebevolle, sorgfältige, treue ~ **2** *Sorge für Sauberkeit u. Gesunderhaltung bzw. Instandhaltung;* Denkmals~; Körper~; Fuß~ **3** *Aufsicht u. Sorge für den Lebensunterhalt (meist gegen Entgelt);* der Hund hat bei ihnen gute ~; jmdm. ein Kind, Tier, eine Pflanze in ~ geben; ein Kind, Tier, eine Pflanze in ~ nehmen
pfle|gen¹ ⟨V.⟩ **1** ⟨500⟩ *jmdn. od. etwas ~ fürsorglich behandeln, betreuen;* →a. *hegen (1.1);* sie pflegte ihren kranken Mann bis zu seinem Tod; während der Ferien wurden die Blumen von den Nachbarn gepflegt • 1.1 ⟨Vr 3⟩ *sich ~ für sein Äußeres sorgen, Körper-, Schönheitspflege treiben* • 1.2 ⟨Vr 3⟩ *sich ~* ⟨umg.⟩ *sich schonen, gut essen u. trinken u. nicht zu viel arbeiten* **2** *etwas ~ so behandeln, dass es gepflegt ist, sauber aussieht;* sein Äußeres ~; die Haut, Haare, Zähne ~ • 2.1 seinen Stil ~ *ständig üben u. verbessern*
pfle|gen² ⟨V. 192⟩ **1** ⟨500⟩ *etwas ~ sich ständig beschäftigen mit etwas, etwas anhaltend ausüben, betreiben* • 1.1 ⟨517⟩ mit jmdm. **Freundschaft** ~ F. halten • 1.2 **Geselligkeit** ~ *gern G. haben, oft Gäste haben u. zu Gast bei anderen sein* • 1.3 **Umgang** mit jmdm. ~ *mit jmdm. verkehren* **2** ⟨700; veraltet⟩ • 2.1 eines **Amtes** ~ *ein Amt versehen* • 2.2 ⟨717⟩ mit jmdm. **Rats** ~ *sich mit jmdm. beraten* • 2.3 der **Ruhe** ~ *sich ausruhen* **3** ⟨480; geh.⟩ *etwas zu tun ~ gewohnheitsmäßig tun;* er pflegt morgens zeitig aufzustehen • 3.1 mein Vater pflegt zu sagen: „...!" *sagt häufig* • 3.2 etwas pflegt **zu sein** *ist normalerweise so*
Pfle|ger ⟨m.; -s, -⟩ **1** *männl. Betreuer der Kranken im Krankenhaus;* Kranken~ **2** *Betreuer der Tiere im Zoo u. Ä.;* Tier~ **3** *jmd., der vom Gericht eingesetzt worden ist, um bestimmte Angelegenheiten einer dritten Person zu verwalten* **4** ⟨schweiz.⟩ *gewählter Vermögensverwalter;* Kirchen~, Schul~
Pfle|ge|rin ⟨f.; -, -rin|nen⟩ *weibl. Pfleger*
Pflicht¹ ⟨f.; -, -en⟩ **1** *sittliche od. dienstliche Aufgabe, Obliegenheit, etwas, das man tun muss;* Amts~; Dienst~; Schul~; berufliche, dienstliche, häusliche, tägliche ~en; eheliche ~en; elterliche, kindliche ~; gleiche Rechte und gleiche ~en haben; seine ~ tun; seine ~en (treu, gewissenhaft) erfüllen; Sie brauchen mir nicht zu danken, ich habe nur meine ~ getan; ich habe es mir zur ~ gemacht, ihn zu unterstützen; ich habe die schwere, traurige ~, Ihnen mitzuteilen ...; ich halte es für meine ~, ihm zu helfen • 1.1 das ist deine (verdammte) ~ und **Schuldigkeit** ⟨umg.⟩ *selbstverständliche Obliegenheit* • 1.2 die ~ **ruft** ⟨fig.; umg.⟩ *ich muss zur Arbeit* **2** ⟨Sp.⟩ *in seinem Ablauf vorgeschriebener Übungsteil;* er ist gut in der ~, auf jeden Fall besser als in der Kür
Pflicht² ⟨f.; -, -en⟩ *Schutzdach im Vorschiff*
pflicht|ver|ges|sen ⟨Adj.⟩ *seinen Pflichten nicht nachkommend, sie vernachlässigend;* ~ handeln; ein ~er Mensch
Pflock ⟨m.; -(e)s, Pflöc|ke⟩ **1** *zugespitzter, dicker, kurzer Stock, Stab, Pfahl, Zapfen, den man in die Erde schlägt, um etwas daran zu befestigen;* die Zeltplanen an Pflöcken befestigen; ein Tier an einen ~ binden; einen ~ in die Erde schlagen **1.1** einen ~ zurückstecken ⟨fig.⟩ *nachgeben, seinen Willen nicht durchzusetzen wollen*
pflü|cken ⟨V. 500⟩ *etwas ~ abbrechen, von der Pflanze*

abnehmen; Blumen, Obst ~; sie hat Kirschen vom Baum gepflückt

Pflug ⟨m.; -(e)s, Pflüge; Landw.⟩ *landwirtschaftliches Gerät mit scharfkantigen Stahlteilen zum Aufreißen, Wenden u. Lockern der Erde*

pflü|gen ⟨V.⟩ **1** ⟨400⟩ *mit dem Pflug arbeiten* **2** ⟨500⟩ *die* **Erde,** *den* **Boden** ~ *mit dem Pflug aufreißen, wenden u. lockern* **3** ⟨500⟩ **etwas pflügt etwas** ⟨fig.⟩ *zerteilt, zerschneidet etwas wie ein Pflug; das Schiff pflügt die Wellen, die Wasseroberfläche*

Pflug|schar ⟨f.; -, -en; Landw.⟩ *Eisen am Pflug, das die Erde waagerecht durchschneidet;* Sy ⟨regional⟩ *Schar¹*

Pfor|te ⟨f.; -, -n⟩ **1** *kleine Tür;* Garten~, Seiten~ **2** *vom Pförtner bewachter Eingang zu Klöstern, Heimen u. Ä.; etwas an der* ~ *für jmdn. abgeben; Dienst an der* ~ *haben* **3** *Palast des Sultans* **4** (Hohe) ~ *die Regierung des Osmanischen Reiches* **5** *Senke zwischen Bergen (als Verkehrsstraße);* Burgundische, Westfälische ~

Pfört|ner ⟨m.; -s, -⟩ **1** *Angestellter, der die Pforte bewacht, sie öffnet u. schließt, Besuchern den Weg weist usw.;* Sy *Portier* **2** ⟨Anat.⟩ *Magenausgang*

Pfos|ten ⟨m.; -s, -⟩ *kurzer Stützpfeiler;* Bett~, Tür~

Pfo|te ⟨f.; -, -n⟩ **1** *der in Zehen gespaltene Tierfuß; der Hund gibt die* ~; *die Katze leckt sich die* ~n **2** ⟨umg.⟩ *Hand; sich die* ~n *waschen; schmutzige* ~n *haben* **3** ⟨fig.; umg.⟩ *Schrift; eine fürchterliche, unleserliche* ~ *haben*

Pfriem ⟨m.; -(e)s, -e⟩ = *Ahle*

Pfropf ⟨m.; -(e)s, -e⟩ *(eine Öffnung verstopfende) kleine, zusammengeballte Masse, z. B. Blutgerinnsel;* Blut~, Eiter~

pfrop|fen ⟨V. 500⟩ **1 Bäume, Sträucher** ~ *durch ein Reis veredeln;* der Gärtner hat Pfirsiche gepfropft **2** ⟨511⟩ einen **Gegenstand in etwas** ~ ⟨umg.⟩ *fest hineindrücken, hineinstopfen; viele Sachen in einen Koffer* ~ • **2.1** *der Saal war gepfropft voll sehr voll, überfüllt*

Pfrop|fen ⟨m.; -s, -⟩ *Korken, Stöpsel, Zapfen; den* ~ *aus der Flasche ziehen; die Flasche mit einem* ~ *verschließen*

Pfrün|de ⟨f.; -, -n⟩ **1** *Einkünfte aus einem Kirchenamt* **2** ⟨kath. Kirche⟩ *das Kirchenamt selbst* **3** ⟨fig.; umg.⟩ *Amt, das etwas einbringt, ohne dass man die damit verbundenen Pflichten zu erfüllen braucht; eine fette, gute* ~

Pfuhl ⟨m.; -(e)s, -e⟩ **1** *sumpfiger Teich, Tümpel, große Pfütze* **2** ⟨fig.; veraltet⟩ *Ort des Schmutzes u. der Sünde;* Sünden~

pfui! ⟨Int.⟩ **1** *Ausdruck des Ekels, Abscheus, der Missbilligung, Empörung;* ~, *das ist gemein!;* ~, *wie schmutzig!;* ~ *rufen;* ~ *Spinne, Teufel!* ⟨verstärkend⟩ • **1.1** ~ *über ihn! er soll sich schämen* **2** ~*! nicht doch!, nicht anfassen!* (Ausruf, der jmdn. hindern soll, etwas zu tun); ~, *lass das!;* ~, *leg das weg!*

Pfund ⟨n.; -(e)s, -e⟩ **1** *Gewichtseinheit, ½ kg, 500 g; drei* ~ *Fleisch kaufen* **2** ⟨Zeichen: £⟩ *britische u. irische Währungseinheit, 100 Pence; englisches* ~; *ein* ~ *Sterling* **3** *mit seinem* ~e, *seinen Pfunden* **wuchern** ⟨fig.; geh.⟩ *etwas zum Nutzen verwenden*

Pfusch ⟨m.; -(e)s; unz.; umg.⟩ **1** ⟨umg.; abwertend⟩ *schlechte, unfachmännische, misslungene Arbeit; er hat* ~ *gemacht;* ~ *am Bau* **2** ⟨österr.⟩ *Schwarzarbeit, nicht genehmigte Lohnarbeit; etwas im* ~ *reparieren*

pfu|schen ⟨V. 400⟩ **1** ⟨umg.⟩ *flüchtig, unfachmännisch, schlecht arbeiten; bei der Reparatur hat er gepfuscht* • **1.1** *(beim Spielen auf einem Instrument) Fehler machen, unsauber spielen* **2** ⟨österr.⟩ *schwarzarbeiten, nicht genehmigte Lohnarbeit ausführen*

Pfüt|ze ⟨f.; -, -n⟩ **1** *Lache, kleine Ansammlung von Flüssigkeit; in eine* ~ *treten* • **1.1** *über die große* ~ *fahren* ⟨umg.⟩ *nach Übersee, übers Meer fahren*

Pha|lanx ⟨f.; -, -lan|gen⟩ **1** ⟨Antike⟩ *lange, geschlossene Schlachtreihe in mehreren Gliedern* **2** ⟨Anat.⟩ *Knochen der Finger bzw. Zehen*

Phal|lus ⟨m.; -, Phal|li od. Phal|len⟩ *erigierter Penis (als Sinnbild der männlichen Zeugungskraft)*

Phä|no|men ⟨n.; -s, -e⟩ **1** *Erscheinung, etwas sich den Sinnen Zeigendes* **2** *der sich der Erkenntnis zeigende Bewusstseinsinhalt* **3** ⟨fig.⟩ *Wunder, Wunderding, ungewöhnlicher Mensch*

Phan|ta|sie ⟨f.; -, -n⟩ = *Fantasie*

phan|ta|sie|ren ⟨V. 400⟩ = *fantasieren*

phan|ta|sie|voll ⟨Adj.⟩ = *fantasievoll*

phan|tas|tisch ⟨Adj.⟩ = *fantastisch*

Phan|tom ⟨n.; -s, -e⟩ **1** *Trugbild, gespenstische Erscheinung* **2** ⟨Med.⟩ *Nachbildung eines Körperteils als Anschauungsmittel*

Pha|ri|sä|er ⟨m.; -s, -⟩ **1** *Angehöriger der führenden altjüdischen religiös-politischen Partei seit dem 2. Jh. v. Chr., die sich streng an das Mosaische Gesetz hielt* **2** ⟨fig.⟩ *selbstgerechter, engstirniger Mensch*

Phar|ma|in|dus|trie *auch:* **Phar|ma|in|dust|rie** ⟨f.; -; unz.⟩ *pharmazeutische Produkte herstellende Industrie*

Phar|ma|ko|lo|gie ⟨f.; -; unz.⟩ *Lehre von den Wirkungen u. Anwendungen der Medikamente*

phar|ma|zeu|tisch ⟨Adj. 24⟩ *zur Pharmazie gehörend, sie betreffend, auf ihr beruhend;* ~e *Industrie*

Phar|ma|zie ⟨f.; -; unz.⟩ *Lehre von der chem. Zusammensetzung u. Herstellung von Medikamenten*

Pha|se ⟨f.; -, -n⟩ **1** *Abschnitt, Stufe einer Entwicklung* **2** ⟨Astron.⟩ *Figur, die ein von der Sonne beschienener Himmelskörper (Mond, Planet) dem Betrachter von der Erde aus zeigt;* Mond~ **3** ⟨Phys.⟩ *jeweiliger Zustand eines schwingenden Systems*

Phe|nol ⟨n.; -s; unz.; Chem.⟩ *schwach saure chem. Verbindung mit einer Hydroxylgruppe, die u. a. bei der Herstellung von Farb- u. Kunststoffen verwendet wird;* Sy *Karbol*

Phi|la|te|lie *auch:* **Phi|la|te|lie** ⟨f.; -; unz.⟩ *Lehre von den Briefmarken, Briefmarkenkunde*

Phil|har|mo|nie ⟨f.; -, -n; Mus.⟩ **1** *Name von musikalischen Körperschaften, Gesellschaften od. (bes.) Orchestern hohen Ranges* **2** *Konzertsaal einer Philharmonie (1)*

Phi|lis|ter ⟨m.; -s, -⟩ **1** *Angehöriger eines wahrscheinlich indogermanischen Volkes, das von Ramses III. um 1180 v. Chr. an der Küste Palästinas in der Nachbarschaft der Israeliten angesiedelt wurde* **2** ⟨fig.; abwertend⟩

Philodendron

engstirniger Mensch, Spießbürger, kleinlicher Besserwisser **3** ⟨veraltet; Studentenspr.⟩ • **3.1** jmd., der nicht Student ist • **3.2** Alter Herr einer Verbindung

Phi|lo|den|dron auch: **Phi|lo|dend|ron** ⟨m. od. n.; -s, -dren; Bot.⟩ Angehöriger einer Gattung der Aronstabgewächse, tropische Kletterpflanze mit ganzrandigen bis tief gespaltenen Blättern u. meist zahlreichen Luftwurzeln

Phi|lo|lo|gie ⟨f.; -; unz.⟩ Sprach- u. Literaturwissenschaft

Phi|lo|so|phie ⟨f.; -, -n⟩ Lehre vom Wissen, von den Ursprüngen u. vom Zusammenhang der Dinge der Welt, vom Sein u. Denken

phi|lo|so|phisch ⟨Adj.⟩ **1** ⟨24⟩ zur Philosophie gehörend, auf ihr beruhend **2** ⟨fig.⟩ denkend, denkerisch, weise

Phi|o|le ⟨f.; -, -n; Chem.; Pharm.⟩ kleines birnenförmiges Fläschchen

Phleg|ma ⟨n.; -s; unz.⟩ Trägheit, Schwerfälligkeit, Mangel an Erregbarkeit; in ein ~ verfallen; er besitzt ein ausgeprägtes ~

Pho|bie ⟨f.; -, -n; Psych.⟩ krankhafte Furcht, übermäßige, panikartige Angst

Phon ⟨n. 7; -s, -⟩ = Fon

Pho|ne|tik ⟨f.; -; unz.⟩ Lehre von der Art u. Erzeugung der Laute, vom Vorgang des Sprechens; oV Fonetik

pho|no..., Pho|no... ⟨in Zus.⟩ = fono..., Fono...

Pho|no|lo|gie ⟨f.; -; unz.; Sprachw.⟩ Lehre von den Lauten u. Lautgruppen im Hinblick auf ihre Bedeutung für die Wörter; oV Fonologie

Phos|phor ⟨m.; -s; unz.; chem. Zeichen: P; Chem.⟩ nichtmetallisches chem. Element, Ordnungszahl 15

pho|to..., Pho|to... ⟨in Zus.⟩ = foto..., Foto...

pho|to|gen ⟨Adj.⟩ = fotogen

Pho|to|graph ⟨m.; -en, -en⟩ = Fotograf

Pho|to|gra|phie ⟨f.; -, -n⟩ = Fotografie

Pho|to|gra|phin ⟨f.; -, -phin|nen⟩ = Fotografin

pho|to|gra|phisch ⟨Adj. 24⟩ = fotografisch

Pho|to|syn|the|se ⟨f.; -; unz.⟩ = Fotosynthese

Phra|se ⟨f.; -, -n⟩ **1** Teil eines Satzes; einen Satz in ~n teilen **2** nichtssagende, abgegriffene Redensart; er redet nur ~n • **2.1** Versprechen, die nicht erfüllt werden; jmdn. mit ~n abfertigen, abspeisen **3** kleinster Abschnitt eines Musikstückes, zusammengehörige Gruppe von Tönen

pH-Wert ⟨m.; -(e)s, -e⟩ Maßeinheit für die Konzentration des Wasserstoffs (u. damit die Stärke der Säure od. Base) einer Flüssigkeit

Phy|sik ⟨f.; -; unz.⟩ Lehre von unbelebten Dingen der Natur, ihrem Aufbau u. ihrer Bewegung sowie von den Strahlungen u. Kraftfeldern

phy|si|ka|lisch ⟨Adj. 24⟩ **1** die Physik betreffend, zu ihr gehörend, auf ihr beruhend • **1.1** ~e **Chemie** Lehre von physikalischen Erscheinungen chemischer Vorgänge • **1.2** ~e **Konstanten** wichtige Größen in der Physik, die einen festen Wert haben od. aber eine Eigenschaft eines Stoffes zahlenmäßig festlegen • **1.3** ~e **Therapie** T. mit Wärme, Licht usw.; Sy Physiotherapie • **1.4** ~e **Atmosphäre** ⟨Zeichen: atm⟩ früher als Druck einer Quecksilbersäule von 760 mm definierte Maßeinheit des Drucks, 1 atm = 1,033227 kg/cm²

Phy|si|ker ⟨m.; -s, -⟩ Wissenschaftler, Lehrer, Student der Physik

Phy|si|ke|rin ⟨f.; -, -rin|nen⟩ weibl. Physiker

Phy|si|o|gno|mie auch: **Phy|si|og|no|mie** ⟨f.; -, -n⟩ äußere Erscheinung, Charakteristik des Körperbaues eines Menschen, bes. seines Gesichtes (auch von Tieren)

Phy|sio|the|ra|pie ⟨f.; -, -n⟩ = physikalische Therapie, → physikalisch (1.3)

phy|sisch ⟨Adj. 24⟩ die Physis betreffend, zu ihr gehörend, auf ihr beruhend, körperlich, natürlich, in der Natur begründet

Pia|no ⟨n. 7; -s, -s⟩ **1** = Klavier **2** Stelle, die leise zu spielen ist • **2.1** ⟨unz.⟩ leises Spiel

Pic|co|lo ⟨m.; -s, -s⟩ = Pikkolo

Pi|ckel¹ ⟨m.; -s, -⟩ Spitzhacke, (bes.) Eispickel

Pi|ckel² ⟨m.; -s, -⟩ kleine Erhebung auf der Haut, meist entzündlich gerötet u. eiterhaltig; Sy Pustel

pi|cken ⟨V.⟩ **1** ⟨500⟩ etwas ~ die Nahrung mit dem Schnabel leicht hacken u. dann aufheben, aufnehmen; die Vögel ~ Körner; die Geier haben am Aas gepickt; der Specht pickte am Baum; die Stare ~ Kirschen **2** ⟨411⟩ **nach, in etwas** ~ mit dem Schnabel leicht zustoßen; der Kanarienvogel hat nach meiner Hand gepickt; jmdn. in den Finger ~

Pi|ckerl ⟨n.; -s, -n; österr.; umg.⟩ Aufkleber, Etikett, Plakette; Autobahn~

Pick|nick ⟨n.; -s, -s od. -e⟩ im Freien eingenommene Mahlzeit bei einem Ausflug, einer Wanderung o. Ä.; ein ~ machen, mitnehmen; ~korb

pi|co|bel|lo ⟨Adj. 11⟩ = pikobello

piek|fein ⟨Adj. 24; umg.⟩ sehr, außerordentlich fein, vornehm; das sind ~e Leute

Piep ⟨m.; -s; unz.⟩ = Pieps

pie|pen ⟨V.⟩ **1** ⟨500⟩ Vögel ~ geben hohe, kurze Laute von sich; oV piepsen (1) **2** ⟨411⟩ unpersönl.⟩ bei dir piept's wohl? ⟨fig.; umg.⟩ was denkst du dir eigentlich? **3** das ist zum Piepen! ⟨umg.⟩ zum Lachen, sehr komisch

Pieps ⟨m.; -es, -e; umg.⟩ oV Piep **1** dünner, hoher Ton, feiner, piepender Laut • **1.1** keinen ~ mehr sagen nichts mehr reden • **1.2** ich möchte keinen ~ mehr hören ich dulde keine Widerrede, jetzt tritt sofort Ruhe ein

piep|sen ⟨V. 400⟩ **1** = piepen (1) **2** ⟨402⟩ **(etwas)** ~ ⟨fig.⟩ mit hoher Stimme sprechen od. etwas sagen

Pier¹ ⟨m.; -s, -e od. Mar.: f.; -, -s⟩ Landungsbrücke für Schiffe im Hafen

Pier² ⟨m.; -(e)s, -e⟩ (als Köder beim Angeln benutzter) Ringelwurm

Pi|e|tät ⟨[piə-] f.; -; unz.⟩ **1** respektvolle Ehrfurcht vor der Religion, Achtung vor dem religiösen Empfinden anderer **2** Ehrfurcht bes. vor Toten bzw. dem Gedenken an Tote

Pig|ment ⟨n.; -(e)s, -e⟩ **1** in einem Bindemittel angeriebener, praktisch unlöslicher Stoff, der auf einen Körper aufgetragen wird, um diesem eine bestimmte Farbe zu geben **2** ⟨Biol.⟩ in menschlichen u. tierischen Zellen abgesetzter Farbstoff

Pik¹ ⟨m.; -s, -e od. -s⟩ Berggipfel im Gebirge (bes. in Namen von Bergen)

Pik² ⟨n.; -s, -s⟩ *eine der beiden schwarzen Farben im Kartenspiel (in Form einer spitz zulaufenden Schippe dargestellt)*

pi|kant ⟨Adj.⟩ **1** ~e Speisen *kräftig gewürzte, scharfe S.* **2** ⟨fig.⟩ *prickelnd, schlüpfrig, anzüglich;* ~e Lektüre; eine ~e Bemerkung, Anekdote

Pi|ke ⟨f.; -, -n; im späten MA⟩ **1** *Spieß (des Landsknechts)* **2** von der ~ auf lernen ⟨fig.⟩ *seinen Beruf gründlich erlernen, die berufliche Karriere ganz von unten anfangen*

pi|ken ⟨V. 500; umg.⟩ *jmdn. od. etwas* ~ *stechen;* oV piksen; *Löcher in ein Blatt Papier* ~; *die Mücke hat ihn gepikt; das Stroh pikte auf der Haut*

pi|kiert ⟨Adj.⟩ *verärgert, leicht beleidigt, verstimmt, gekränkt;* sie reagierte ~ *auf seine Bemerkung*

Pik|ko|lo ⟨m.; -s, -s⟩ *kleine Sektflasche;* oV Piccolo

Pik|ko|lo|flö|te ⟨f.; -, -n; Mus.⟩ *kleine Querflöte in höchster Tonlage*

pi|ko|bel|lo ⟨Adj. 11⟩ *tadellos, sehr fein u. ordentlich, ausgezeichnet;* oV picobello; *alles war* ~ *sauber*

pik|sen ⟨V. 500⟩ = piken

Pik|to|gramm ⟨n.; -(e)s, -e⟩ *Bild od. Zeichen mit einer bestimmten (international vereinbarten) Bedeutung, z. B. Verkehrszeichen*

Pil|ger ⟨m.; -s, -⟩ *jmd., der nach einem heiligen Ort, bes. Jerusalem, wandert*

Pil|ge|rin ⟨f.; -, -rin|nen⟩ *weibl. Pilger*

pil|gern ⟨V. 410(s.)⟩ **1** *als Pilger nach einem heiligen Ort wandern;* nach Rom, Mekka ~ **2** ⟨fig.; umg.⟩ *beschaulich wandern, gehen*

Pil|le ⟨f.; -, -n⟩ **1** *Arzneimittel in Kugelform;* ~n verschreiben, nehmen, schlucken • **1.1** ⟨kurz für⟩ *Antibabypille;* sich die ~ verschreiben lassen **2** eine bittere ~ ⟨fig.; umg.⟩ *etwas Unangenehmes* • **2.1** die bittere ~ schlucken *das Unangenehme auf sich nehmen* • **2.2** jmdm. eine bittere ~ versüßen, verzuckern *jmdm. eine unangenehme Sache angenehm machen*

Pi|lot ⟨m.; -en, -en⟩ **1** *Flugzeugführer* **2** ⟨Rennspr.⟩ *Rennfahrer* **3** *strapazierfähiger Baumwollstoff für Berufskleidung*

Pi|lo|tin ⟨f.; -, -tin|nen⟩ *weibl. Pilot*

Pils ⟨n.; -, -⟩ *helles Bier mit starkem Hopfenaroma*

Pilz ⟨m.; -es, -e; Bot.⟩ **1** Höherer od. Echter ~ *Angehöriger einer Abteilung der Lagerpflanzen ohne Chlorophyll, mit feinfädigen Vegetationskörpern, die ein Wurzelgeflecht aus einzelnen Zellen (Myzel) bilden;* essbarer, giftiger ~; ~e suchen, sammeln • **1.1** in die ~e gehen ⟨umg.⟩ *Pilze suchen* • **1.2** hier sind überall neue Häuser wie ~e aus dem Boden geschossen ⟨umg.⟩ *sehr rasch gebaut worden* **2** niedere ~e *Gruppe niederer Pflanzen ohne Chlorophyll, die u. a. bei der Herstellung von Arzneimitteln od. von Nahrungs- u. Genussmitteln von Bedeutung sind u. teilweise auch als Krankheitserreger auftreten;* Antibiotika verdanken wir den ~en

Pim|mel ⟨m.; -s, -; derb⟩ *Penis*

Pimpf ⟨m.; -(e)s, -e⟩ **1** ⟨österr.⟩ *kleiner Junge, Knirps* **2** ⟨1933-45⟩ *Angehöriger des Jungvolkes (Hitlerjugend für Jungen im Alter von 10-14 Jahren)*

pin|ge|lig ⟨Adj.; umg.; abwertend⟩ *übermäßig gewissenhaft, übertrieben genau u. ordentlich;* dieser Lehrer ist sehr ~

Pin|gu|in ⟨m.; -s, -e; Zool.⟩ *Angehöriger einer Ordnung gesellig lebender, flugunfähiger, schwimmgewandter Vögel der Südhalbkugel mit starkem Fettpolster: Spenisciformes*

Pi|nie ⟨[-njə] f.; -, -n; Bot.⟩ *bes. in den Mittelmeerländern verbreitete Kiefernart mit schirmförmiger Krone u. essbaren Samen: Pinus pinea*

pink ⟨Adj. 11⟩ *leuchtend, kräftig rosa*

Pin|ne ⟨f.; -, -n⟩ **1** ⟨regional⟩ *kleiner Nagel, Stift, Reißzwecke* **2** ⟨Seemannsspr.⟩ *Hebelarm des Steuerruders;* Ruder~ **3** *Stift, auf dem die Kompassnadel ruht* **4** *flache Seite des Hammers*

Pinn|wand ⟨f.; -, -wän|de⟩ *(aus Kork o. Ä. gefertigte) kleine Wandtafel, an die Notizen, Merk- u. Besorgungszettel, Zeitungsausschnitte u. Ä. geheftet werden können*

Pin|sel¹ ⟨m.; -s, -⟩ *Werkzeug mit Holzgriff mit eingesetzten Borsten zum Auftragen von Flüssigkeit, bes. Farbe;* Maler~; Kleister~; Rasier~; den ~ auswaschen; ein feiner, dicker ~

Pin|sel² ⟨m.; -s, -⟩ *einfältiger Mensch;* Einfalts~; eingebildeter ~

pin|seln ⟨V.⟩ **1** ⟨402⟩ (**etwas**) ~ *mit dem Pinsel malen;* die Kinder pinselten eifrig; er hat (ein Bild) in sein Malbuch gepinselt **2** ⟨500⟩ etwas ~ *mit dem Pinsel anmalen, anstreichen;* einen Zaun grün ~ **3** ⟨500⟩ etwas ~ ⟨fig.; umg.⟩ *lange u. sorgfältig schreiben;* einen Aufsatz ins Reine ~; die einzelnen Buchstaben ~ **4** ⟨530/Vr 5⟩ *jmdm. etwas* ~ *mit einem kleinen Pinsel Arzneimittel auf etwas auftragen;* einem Kranken den Rachen ~

Pin-up-Girl ⟨[pɪnʌpɡœːl] n.; -s, -s; umg.⟩ *an der Wand, am Schrank o. Ä. befestigtes Bild eines attraktiven, erotisch anziehenden Mädchens (bes. aus Illustrierten)*

Pin|zet|te ⟨f.; -, -n⟩ *kleine Greifzange mit zwei federnden, geraden Schenkeln*

Pi|o|nier ⟨m.; -s, -e⟩ **1** ⟨Mil.⟩ *Angehöriger einer für technische Arbeiten (Brücken-, Wegebau) ausgebildeten Truppe* **2** ⟨fig.⟩ *Bahnbrecher, Wegbereiter* **3** ⟨nur Pl.⟩ *Organisation der DDR u. a. sozialist. Staaten für Kinder von 6 bis 10 u. 10 bis 13 Jahren;* Jung-~; Thälmann-~e

Pipe|line ⟨[paɪplaɪn] f.; -, -s⟩ *große Rohrleitung (bes. für Erdgas u. Erdöl)*

Pi|pet|te ⟨f.; -, -n⟩ *kleines Saugrohr (zum Aufnehmen u. Abgeben fein zu dosierender Flüssigkeitsmengen)*

Pi|rat ⟨m.; -en, -en⟩ = Seeräuber

Pi|rou|et|te ⟨[-ru-] f.; -, -n⟩ **1** ⟨Eiskunstlaufen, Ballett⟩ *schnelle, anmutige, kunstvolle Drehung um die eigene Längsachse* **2** ⟨Hohe Schule; Dressurreiten⟩ *Drehung des Pferdes im Galopp um das innere Hinterbein*

Pirsch ⟨f.; -; unz.⟩ **1** *das weidgerechte Anschleichen des Jägers an das Wild* **2** *langsamer, vorsichtiger Gang durch das Revier, um Wild zu erlegen;* auf die ~ gehen

Pis|ta|zie ⟨[-tsjə] f.; -, -n; Bot.⟩ **1** *zur Gattung der Sumachgewächse gehörender Strauch mit trockenen od. fleischigen Steinfrüchten* **2** ⟨i. e. S.⟩ *bes. im Mittelmeer*

Piste

angebaute Art der Pistazie (1), deren grüne, ölhaltige Samenfrüchte essbar sind • 2.1 *Samenfrucht der Pistazie* (2)

Pis|te ⟨f.; -, -n⟩ **1** ⟨Skisp.⟩ *Abfahrtsstrecke* **2** *Rad-, Motorrad- od. Autorennbahn* **3** ⟨Flugw.⟩ *Start- u. Landebahn, Rollbahn*

Pis|to|le[1] ⟨f.; -, -n⟩ **1** *kurze Handfeuerwaffe;* der Bankräuber war mit einer ~ bewaffnet • 1.1 jmdm. die ~ auf die Brust setzen ⟨fig.⟩ *jmdn. unter Drohungen zu etwas zwingen, jmdn. zu einer Entscheidung drängen* • 1.2 seine Antwort kam wie aus der ~ geschossen *ohne dass er überlegte, rasch*

Pis|to|le[2] ⟨f.; -, -n; 17./19. Jh.⟩ *urspr. span., dann auch frz. u. dt. Goldmünze von 6,7 g*

pit|to|resk ⟨Adj.; geh.⟩ *malerisch*

Piz ⟨m.; -es, -e; Geogr.⟩ *Bergspitze (bes. in Namen von Bergen)*

Piz|za ⟨f.; -, -s od. Piz|zen od. (ital.) Piz|ze⟩ *beliebtes italienisches Gericht aus einem mit verschiedenen Zutaten (Tomatenmark, Käse, Champignons, Schinken, Salami usw.) belegten Hefeteigfladen*

Piz|ze|ria ⟨f.; -, -ri|en od. -s⟩ *kleines italienisches Restaurant, in dem (neben anderen Gerichten) vor allem Pizzas zubereitet werden*

Pkw, PKW ⟨[peːkaveː] m.; -, -s; Abk. für⟩ *Personenkraftwagen*

Pla|ce|bo ⟨n.; -s, -s; Med.; Psych.⟩ *einem Medikament ähnliches Präparat, das keine Wirkstoffe enthält*

plä|die|ren ⟨V.⟩ **1** ⟨405⟩ ~ **(auf)** *ein Plädoyer halten;* auf Freispruch ~ **2** ⟨416⟩ **für etwas** ~ *für etwas sprechen, sich (mit Worten) für etwas einsetzen, (mit Worten) etwas unterstützen*

Plä|doy|er auch: **Plä|do|yer** ⟨[-doajeː] n.; -s, -s⟩ **1** ⟨Rechtsw.⟩ *zusammenfassende Rede des Staatsanwalts od. Verteidigers vor Gericht* **2** ⟨allg.⟩ *(mit Argumenten begründete) Befürwortung, engagierte Fürsprache;* ein ~ für den Ausstieg aus der Atomenergie

Pla|ge ⟨f.; -, -n⟩ **1** ⟨umg.⟩ *mühsame, schwere Arbeit, große Mühe;* man hat doch seine ~ mit dir!; es ist eine ~ mit diesen Fußböden! **2** *anhaltende, lästige Beschwerde;* schreckliche, unerträgliche ~; die Stechmücken sind eine ~ für das Pferd

pla|gen ⟨V. 500⟩ **1** jmdn. ~ *jmdn. mit etwas belästigen, quälen;* mich plagte die Hitze, der Durst, Hunger; er wurde von Kopfschmerzen geplagt; das böse Gewissen hat sie geplagt **2** ⟨Vr 3⟩ **sich** ~ *sich abmühen, schwer arbeiten;* sich mit einer Arbeit ~; du plagst dich den ganzen Tag

Pla|gi|at ⟨n.; -(e)s, -e⟩ *Diebstahl geistigen Eigentums, Veröffentlichung des geistigen Werkes (od. eines Teils davon) eines anderen als eigenes Werk;* Sy *geistiger Diebstahl,* → Diebstahl *(1.1)*

Pla|kat ⟨n.; -(e)s, -e⟩ *öffentlicher Aushang, Bekanntmachung in großem Format (bes. zu Werbezwecken, an Wänden, Litfaßsäulen usw.)*

Pla|ket|te ⟨f.; -, -n⟩ *kleine Platte mit einer bildlichen Darstellung, einem Schriftzug o. Ä. als Anstecknadel*

plan ⟨Adj. 24⟩ **1** *eben, flach, platt, glatt* **2** ⟨Getrennt- u. Zusammenschreibung⟩ • 2.1 ~ schleifen = *planschleifen*

Plan[1] ⟨m.; -(e)s, Plä|ne⟩ **1** *Vorhaben, Absicht;* einen ~ ausführen, verwirklichen, fallenlassen; jmds. ~, jmds. Pläne durchkreuzen, stören; wir haben den ~, uns ein Haus zu bauen; hast du schon Pläne für deinen Urlaub?; Pläne machen, schmieden; sich einen ~ für die Reise machen; der ~ ist gut, die Ausführung schwer; ein genialer, heimtückischer, kluger, kühner ~; er steckt immer voller Pläne **2** *schematische Zeichnung aus der Vogelschau, Grundriss;* Stadt~; den ~ eines Gebäudes, Raumes, Grundstücks zeichnen **3** *Skizze für eine zu leistende Arbeit, ein Vorhaben, Einteilung einer Arbeit, eines Vorhabens;* Zeit~; einen ~ entwerfen

Plan[2] ⟨m.; -(e)s, Plä|ne; Pl. selten⟩ **1** ⟨geh.; veraltet⟩ *ebene Fläche, freier Platz, Tanz-, Kampfplatz;* Wiesen~; als Sieger auf dem ~ bleiben • 1.1 auf den ~ treten ⟨fig.⟩ *in Erscheinung treten*

Pla|ne ⟨f.; -, -n⟩ *Decke aus wasserfestem Material zum Überdecken von Fahrzeugen, Wagenladungen, Geräten, Maschinen, Möbeln u. a.;* Wagen~; ein Boot, Auto mit einer ~ abdecken

pla|nen ⟨V. 500⟩ **etwas** ~ *einen Plan von etwas haben, einen Plan ausarbeiten, etwas beabsichtigen, vorhaben*

Pla|net ⟨m.; -en, -en⟩ *Himmelskörper, der sich auf ovaler Bahn um die Sonne bewegt*

pla|nie|ren ⟨V. 500⟩ *Gelände, Boden* ~ *ebnen, glätten*

Plan|ke ⟨f.; -, -n⟩ **1** *breites Brett, bes. zur Umzäunung;* ein Zaun aus morschen, starken ~n **2** *Brett der Außenhaut des Schiffes u. der Schiffsböden*

plän|keln ⟨V. 400⟩ **1** ⟨veraltet⟩ *ein leichtes Gefecht ausführen, Schüsse wechseln, ein wenig kämpfen* **2** ⟨fig.⟩ *sich neckend streiten*

Plank|ton ⟨n.; -s; unz.⟩ *Schweborganismen des freien Wassers, Gesamtheit der im Wasser schwebenden u. durch die Bewegung des Wassers transportierten, meist sehr kleinen Pflanzen u. Tiere*

plan|los ⟨Adj.⟩ *ohne Plan, ohne vorheriges Planen, unüberlegt;* ein ~es Vorgehen

plan|schen ⟨V. 400⟩ *im Wasser spielen, mit Wasser spritzen;* oV *plantschen;* Sy *plätschern* (1.1); die Kinder ~ gern in der Badewanne

plan|schlei|fen auch: **plan schlei|fen** ⟨V. 220/500⟩ *so schleifen, dass eine ebene Oberfläche entsteht;* ein Werkstück ~

Plan|spiel ⟨n.; -(e)s, -e⟩ *anhand von Plänen, Landkarten o. Ä. durchgeführte modellhafte Übung einer bestimmten Situation od. eines Vorhabens*

Plan|ta|ge ⟨[-ʒə] f.; -, -n⟩ *Pflanzung in großem Umfang, großes bepflanztes Stück Land;* Baumwoll~, Erdbeer~, Kaffee~, Tabak~

plant|schen ⟨V. 400⟩ = *planschen*

Plan|wirt|schaft ⟨f.; -; unz.⟩ *Wirtschaft, die vorwiegend auf staatlicher Planung beruht;* Ggs *Marktwirtschaft*

plap|pern ⟨V. 402 od. 410 umg.⟩ **1** *(etwas)* ~ ⟨abwertend⟩ *viel u. nichts sagend reden;* er plappert, wie es ihm einfällt; sie plapperte gleich alles aus, was sie wusste; plappert nicht immer dazwischen!; wie ein Papagei; sie hat viel Unsinn geplappert **2** *unaufhörlich sprechen (von kleinen Kindern)*

plär|ren ⟨V. 400; umg.⟩ **1** *laut u. ungezogen weinen, schreien (bes. von Kindern);* der Säugling plärrt

2 ⟨402⟩ (etwas) ~ ⟨abwertend⟩ *seine Stimme schrill u. unschön (bei etwas) ertönen lassen;* die Befehle ~; das Radio plärrt (den ganzen Tag)

Plas|ma ⟨n.; -s, Plas|men⟩ **1** ⟨Biol.⟩ = Protoplasma **2** ⟨Med.⟩ *flüssiger Bestandteil von Blut u. Milch* **3** ⟨Phys.⟩ *Gas, das nicht aus neutralen Atomen u. Molekülen, sondern aus freien Elektronen u. Ionen besteht* **4** ⟨Min.⟩ *grüner Chalzedon*

Plas|tik[1] ⟨f.; -, -en⟩ **1** ⟨unz.⟩ *Bildhauerkunst* **2** *Erzeugnis der Bildhauerkunst, z. B. Statue* **3** ⟨unz.; Chir.⟩ *Ersatz, Wiederherstellung von zerstörten Gewebs- u. Organteilen* **4** ⟨unz.⟩ *plastische (3-4) Beschaffenheit*

Plas|tik[2] ⟨n.; -s, -s; meist ohne Art.⟩ *Kunststoff*; ein Gegenstand aus ~

Plas|ti|lin ⟨n.; -s; unz.⟩ *(meist farbige) Knetmasse zum Modellieren*

plas|tisch ⟨Adj.⟩ **1** ⟨24⟩ *die Plastik*[1] *(1-3) betreffend, zu ihr gehörig;* **1.1** ~e **Chirurgie** = *Plastik*[1] *(3)* **2** *modellierbar, knetbar;* eine ~e Masse ● **2.1** ~er **Sprengstoff** *Plastikbombe* **3** *dreidimensional;* das Bild wirkt fast ~ **4** ⟨fig.⟩ *anschaulich, einprägsam, deutlich, bildhaft;* etwas ~ darstellen

Pla|ta|ne ⟨f.; -, -n; Bot.⟩ *Angehörige einer Gattung der Laubbäume mit glatter Borke, die sich in Platten ablöst: Platanus*

Pla|teau ⟨[-to:] n.; -s, -s⟩ **1** *Hochebene* **2** *obere ebene Fläche eines Felsens;* Fels~

Pla|tin ⟨a. [-'-] n.; -s; unz.; chem. Zeichen: Pt⟩ *chem. Element, weißes, glänzendes Edelmetall, Ordnungszahl 78*

Pla|ti|tude ⟨[-ty:də] f.; -, -n⟩ = *Plattitüde*

Pla|ti|tü|de ⟨alte Schreibung für⟩ *Plattitüde*

pla|to|nisch ⟨Adj. 24⟩ **1** *die Philosophie Platos betreffend, zu ihr gehörend, auf ihr beruhend* **2** ~e **Körper** ⟨Geom.⟩ *von lauter regelmäßigen, kongruenten Vielecken begrenzte K.;* Sy *regelmäßige Körper,* → *regelmäßig (1.2)* **3** ~e **Liebe** ⟨fig.⟩ *nicht körperliche, rein seelische od. geistige L.*

plät|schern ⟨V. 400⟩ **1** das **Wasser** plätschert *fließt od. fällt mit leisem, klatschendem Geräusch;* der Bach, Brunnen plätschert leise; die Wellen ~ ● **1.1 im Wasser** ~ = *planschen* **2** jmds. **Rede** plätschert ⟨fig.; umg.⟩ *jmd. spricht monoton u. ununterbrochen*

platt ⟨Adj.⟩ **1** *flach, eben, breitgedrückt;* eine ~e Nase; ~ auf dem Bauch liegen; sich ~ auf die Erde, den Boden legen ● **1.1** ⟨60⟩ ~er **Reifen** *R. ohne Luft, Reifenpanne* ● **1.2** ⟨60⟩ auf dem ~en **Lande** *in der Ebene, im Tiefland* **2** ⟨fig.; abwertend⟩ *geistlos, nichtssagend;* ~e Redensarten, Sprüche, Witze **3** ⟨40⟩ ~ **sein** ⟨fig.; umg.⟩ *sprachlos, sehr erstaunt;* ich war (einfach) ~ ● **3.2** *erschöpft;* in der zweiten Halbzeit waren wir völlig ~ **4** ⟨Getrennt- u. Zusammenschreibung⟩ ● **4.1** ~ drücken = *plattdrücken*

platt‖drü|cken *auch:* **platt drü|cken** ⟨V. 500⟩ etwas ~ *so drücken, dass es platt wird;* die Nase an der Fensterscheibe ~

Plat|te ⟨f.; -, -n⟩ **1** *ebenes, flaches Gebilde, meist von geringer Stärke, Scheibe;* Holz~; Marmor~; Metall~; Stein~; Herd~; Tisch~ ● **1.1** ⟨kurz für⟩ *Schallplatte;* eine ~ auflegen ● **1.1.1** immer dieselbe ~ ablaufen lassen ⟨fig.; umg.⟩ *immer wieder von derselben Sache sprechen* ● **1.1.2** leg endlich mal eine neue ~ auf! ⟨fig.; umg.⟩ *sprich endlich einmal von etwas anderem!* ● **1.2** *sehr flache Schüssel zum Anrichten von Speisen;* Fleisch~; Torten~ ● **1.2.1** *auf einer Platte (1.2) angerichtete Speisen;* Aufschnitt~; Gemüse~; Käse~; kalte ~ ● **1.3** *Druckstock;* Druck~ ● **1.4** ⟨veraltet⟩ *Glasscheibe mit lichtempfindlicher Schicht für fotografische Aufnahmen* ● **1.4.1** jmdn. auf die ~ bannen ⟨umg.; veraltet⟩ *fotografieren* **2** *obere ebene Fläche;* Fels~ ● **2.1** *obere Fläche eines Tafelberges* **3** ⟨fig.; umg.⟩ = *Glatze;* eine ~ haben

plät|ten ⟨V.⟩ = *bügeln*

Platt|form ⟨f.; -, -en⟩ **1** *flacher, erhöhter Platz;* einen herrlichen Blick von der ~ des Aussichtsturmes haben; auf die ~ hinaufsteigen **2** ⟨fig.⟩ *Basis, von der man bei seinen Handlungen ausgeht;* nach einer gemeinsamen ~ suchen

Platt|fuß ⟨m.; -es, -füße⟩ **1** *Fuß mit zu geringer Wölbung des Fußgelenkes nach oben: Pes planus* **2** ⟨unz.; umg.⟩ *Reifen, aus dem die Luft entwichen ist*

Plat|ti|tü|de ⟨f.; -, -n⟩ *Plattheit, nichtssagende Bemerkung, geistlose Redensart;* oV *Platitude*

Plätt|ler ⟨m.; -s, -; kurz für⟩ *Schuhplattler*

platt‖ma|chen ⟨V. 500; umg.⟩ **etwas** ~ *vernichten, zerstören, dem Erdboden gleichmachen;* die Stadt wurde völlig plattgemacht

platt|na|sig ⟨Adj. 24⟩ *mit einer platten Nase ausgestattet*

Platz ⟨m.; -es, Plät|ze⟩ **1** *Stelle, Ort (zu einem bestimmten Zweck);* Bau~, Sitz~; Steh~; seinen ~ einnehmen; nicht vom ~(e), von seinem ~(e) weichen; (nicht) am richtigen ~ stehen; hier ist noch ein leerer ~; er bot mir seinen ~ an; wir haben im Wagen noch einen ~ frei; den ~ (mit jmdm.) tauschen, wechseln; seinen ~ wechseln; er ist der rechte Mann am rechten ~; ~ da! ⟨unhöfliche Aufforderung, beiseitezugehen⟩; auf die Plätze, fertig, los! ⟨Kommando beim Wettlauf, Wettschwimmen usw. für den Start⟩; er ist hier fehl am ~(e) ⟨fig.⟩ ● **1.1** diese Bemerkung, dieses Verhalten ist hier fehl am ~(e) ⟨fig.⟩ *nicht richtig, nicht angebracht* **2** *Sitzplatz;* alle erhoben sich von ihren Plätzen; sich od. jmdm. einen ~ belegen, reservieren; ~! ⟨Befehl an einen Hund, sich zu setzen⟩ ● **2.1** ~ **behalten** *sitzen bleiben* ● **2.2** ~ **nehmen** *sich setzen;* bitte nehmen Sie ~! ● **2.3** *durch Güte und Preis bestimmter Sitzplatz (im Theater usw.);* jmdm. einen ~ anweisen; einen ~ im Theater, Zirkus usw. reservieren; wir haben im Theater unseren festen ~; erster, zweiter ~ (im Theater, Kino) **3** *freie Stelle innerhalb eines bebauten Geländes, bes. einer Stadt, meist an der Kreuzung mehrerer Straßen;* Markt~; Straßen und Plätze einer Stadt; ein geschützter, windstiller ~ **4** *abgegrenztes, für bestimmte, bes. sportliche Zwecke hergerichtetes Gelände;* Golf~; Spiel~; Sport~; Tennis~ **5** *Ort, Stadt;* Handels~ ● **5.1** das beste Geschäft am ~(e) hier, am Ort, in dieser Stadt; →a. *fest (2.1)* **6** ⟨unz.⟩ *Raum, Unterbringungsmöglichkeit;* der Schrank nimmt viel ~ ein; der Saal hat, bietet ~ für 100 Per-

Plätzchen

sonen; ~ (für etwas) lassen; ~ (für etwas) schaffen; hier ist kein ~ mehr für Bücher; ~ finden; das findet hier auch noch ~ • **6.1** jmdm. ~ **machen** *beiseitetreten, -rücken* **7** *verfügbare Stelle (für die Teilnahme an etwas od. die Unterbringung an einem bestimmten Ort);* für die Flugreise sind noch verschiedene Plätze frei **8** *Rang, Position in einer Reihenfolge (im Ergebnis eines Wettkampfs);* den ersten, zweiten ~ belegen • **8.1 auf ~ wetten** *(beim Pferderennen) darauf wetten, dass ein bestimmtes Pferd als erstes, zweites, drittes, (auch) viertes durchs Ziel geht* • **8.2** die anderen Teilnehmer **auf** die Plätze **verweisen** *auf eine Position nach der des Siegers verweisen* **9** ⟨Getrennt- u. Zusammenschreibung⟩ • **9.1** ~ sparend = *platzsparend*

Plätz|chen ⟨n.; -s, -⟩ **1** *kleiner Platz;* ist hier noch ein ~ frei? **2** *schmales, kleines Gebäck, Keks;* ~ backen, essen, ausstechen; es duftet nach Weihnachts~

plat|zen ⟨V.(s.)⟩ **1** ⟨400⟩ *etwas platzt etwas zerspringt mit großem Knall, wird durch übermäßigen Druck von innen auseinandergerissen;* der Dampfkessel ist geplatzt; ein Rohr, Reifen, Luftballon platzte; Bomben, Minen, Granaten ~; die Hose, die Naht platzte beim Bücken • **1.1** ⟨410⟩ **aus allen Nähten** ~ ⟨fig., umg.⟩ *zu dick werden;* →a. *Kragen (2.3), Bombe (3.1)* **2** ⟨400⟩ *etwas platzt* ⟨fig., umg.⟩ *nimmt ein plötzliches Ende, scheitert;* die Sache ist geplatzt; die Hochzeit ~ lassen **2.1** *auf-, entdecken;* die Lüge, der Schwindel, Betrug, Spionagering ist geplatzt **3** ⟨414⟩ **vor ...** ~ ⟨fig., umg.⟩ *von etwas sehr ergriffen, stark mitgenommen sein;* er konnte vor Wut, Ärger, Neid ~; wir sind vor Lachen fast geplatzt **4** ⟨611⟩ jmdm. **ins Haus** ~ ⟨fig., umg.⟩ *unerwartet zu jmdm. zu Besuch kommen*

plat|zie|ren ⟨V. 500⟩ **1** *etwas* ~ *an einen bestimmten Platz stellen, legen* • **1.1** einen **Ball** *(an eine bestimmte Stelle)* ~ ⟨Tennis, Tischtennis⟩ *so schlagen, dass er auf einer bestimmten Stelle auftrifft* • **1.2** eine kräftige Linke, Rechte an des Gegners Kinn ~ *mit der linken, rechten Faust genau an Kinn schlagen* • **1.3** einen **Schuss** ~ *treffsicher auf eine bestimmte Stelle schießen* **2 Kapital** ~ *anlegen* **3** ⟨Vr 7⟩ **jmdn.** (auf einen bestimmten Platz) ~ *jmdn. einen bestimmten Platz anweisen*

platz|spa|rend *auch:* **Platz spa|rend** ⟨Adj.⟩ *so beschaffen, dass wenig Raum benötigt wird;* ~e Möbel, Unterbringung

plau|dern ⟨V.⟩ **1** ⟨410⟩ *zwanglos unterhaltend reden;* wir haben eine ganze Stunde gemütlich, nett, angeregt miteinander od. zusammen geplaudert; er kann reizend ~; er plauderte gern von seinen Erlebnissen **2** ⟨417⟩ **mit jmdm.** ~ *sich zwanglos u. nicht tiefgründig mit jmdm. unterhalten;* wir haben mit Bekannten, Nachbarn, Freunden geplaudert **3** ⟨410⟩ *aus dem Nähkästchen* ~ ⟨fig., umg.⟩ *etwas, das eigentlich nur für einen kleinen Kreis bestimmt ist, erzählen*

Plausch ⟨m.; -(e)s, -e; umg.⟩ *gemütliche Unterhaltung*

plau|si|bel ⟨Adj.⟩ **1** *begreiflich, einleuchtend, verständlich* • **1.1** jmdm. **etwas** ~ **machen** *jmdm. etwas erklären, verständlich machen, zu verstehen geben*

Play-back *auch:* **Play|back** ⟨[plɛɪbæk] n.; -s, -s; Film, TV⟩ *nachträgliche Abstimmung der Bildaufnahmen mit der bereits vorliegenden Tonaufzeichnung (bes. bei Livesendungen im Fernsehen angewandtes Verfahren, bei dem der Darsteller bzw. Sänger zu dem über Lautsprecher wiedergegebenen Ton nur noch synchron die Lippen bewegt)*

Play|boy ⟨[plɛɪbɔɪ] m.; -s, -s⟩ *wohlhabender Mann, der nicht arbeitet, sondern vor allem seinem Vergnügen nachgeht*

Play-off *auch:* **Play|off** ⟨[plɛɪ-] n.; -s, -s; Sp.⟩ *Verfahren der Qualifikation für Wettkämpfe durch Ausscheidungsspiele;* ~-Runde

Pla|zen|ta ⟨f.; -, -s od. -zen|ten⟩ = *Mutterkuchen*

Pla|zet ⟨n.; -s, -s⟩ *(offizielle) Erlaubnis, Einwilligung;* jmds. ~ einholen

pla|zie|ren ⟨alte Schreibung für⟩ *platzieren*

Ple|bis|zit ⟨n.; -(e)s, -e⟩ *Volksbefragung, Volksentscheid*

Plebs[1] ⟨f.; -; unz.; im alten Rom⟩ *das Volk*

Plebs[2] ⟨m.; -es; unz. od. österr.: f.; -; unz.; geh.: abwertend⟩ *die breite, ungebildete Masse des Volkes*

plei|te ⟨Adv.; nur adv. u. präd.; Kleinschreibung in Verbindung mit den Verben "sein", "bleiben", "werden"⟩ **1** *sein zahlungsunfähig, bankrott sein* • **1.1** ich bin (völlig) ~ *ich habe kein Geld mehr;* →a. *Pleite*

Plei|te ⟨f.; -, -n⟩ **1** = *Bankrott* **1.1** ~ **machen** *Bankrott machen;* eine *pleite* gehen ⟨fig.; umg.⟩ *Reinfall, Misserfolg;* die ganze Sache war eine ~; das ist ja eine schöne ~!

plei|te|ge|hen ⟨V. 400(s.)⟩ *Pleite machen, bankrottgehen;* er wird bald ~

Ple|nar|sit|zung ⟨f.; -, -en⟩ *Sitzung aller Mitglieder*

Ple|num ⟨n.; -s, Ple|nen⟩ *Vollversammlung*

Pleu|el ⟨n.; -s, -; kurz für⟩ *Maschinenelement zum Umwandeln von kreisförmigen in hin- u. hergehende Bewegungen u. umgekehrt;* ~stange

Ple|xi|glas® ⟨n.; -es; unz.⟩ *glasartiger, splittersicherer Kunststoff*

Plis|see ⟨n.; -s, -s⟩ *gepresste, schmale Falten (im Stoff);* ~rock

Plom|be ⟨f.; -, -n⟩ **1** *Siegel aus Metall zum Verschluss von Behältern od. Eisenbahnwagen* **2** = *Füllung (2.3)*

Plot ⟨m. od. n.; -s, -s⟩ **1** ⟨Literaturw.⟩ *Aufbau, Verwicklung der Handlung im Roman, Drama o. Ä.* **2** ⟨EDV⟩ *(mit Hilfe eines Plotters angefertigte) grafische Darstellung eines Ergebnisses, eines funktionalen Zusammenhangs*

Plot|ter ⟨m.; -s, -; EDV⟩ *Gerät zur automatischen Erstellung grafischer Darstellungen (Zeichnungen, Kurven, Landkarten usw.)*

plötz|lich ⟨Adj. 24⟩ **1** *unerwartet, mit einem Mal, sehr schnell (eintretend od. geschehend), jäh;* ~er Besuch; eine ~e Bewegung; ein ~er Entschluss; die Krankheit ist ganz ~ aufgetreten; ~ kam mir ein Gedanke; ~ sagte er ...; ~ sah, hörte ich ...; ~ stand er vor mir • **1.1** bitte, etwas ~! ⟨umg.; scherzh.⟩ *nun aber schnell!* • **1.2** es kommt mir so ~ ⟨umg.⟩ *ich bin gar nicht darauf vorbereitet*

plu|dern ⟨V. 400⟩ *zu weit, bauschig sein*

plump ⟨Adj.⟩ **1** *grob (in der Form), unförmig;* ~e Gestalt, ~er Körper; ~e Hände, Füße **2** *schwerfällig, ungeschickt;* ~er Gang, ~e Bewegungen; sich ~ ausdrücken **3** *(fig.) nicht fein, derb, unzart;* ~er Annäherungsversuch; ~er Witz **4** *dummdreist, unverschämt u. gleichzeitig leicht durchschaubar;* ~e Lüge, Falle; ein ~er Betrug, Schwindel

plump|sen ⟨V. 411(s.); umg.⟩ *(durch Ungeschicklichkeit, Unbeholfenheit) schwerfällig od. mit dumpf klatschendem Geräusch fallen, hineinfallen;* ins Wasser ~

plump|ver|trau|lich *auch:* **plump-ver|trau|lich** ⟨Adj. 24⟩ *in aufdringlicher u. unangemessener Art freundschaftlich, auf unangenehme Weise vertraut tuend;* der Vertreter sprach ihn ~ an

Plun|der ⟨m.; -s; unz.; abwertend⟩ **1** *unbrauchbar gewordener Kram;* er hebt allen möglichen ~ auf **2** *billige, wertlose od. unnütze Dinge*

plün|dern ⟨V. 500⟩ **1** *jmdn. od. etwas ~ ausrauben, rücksichtslos alles wegnehmen;* Läden ~; Obstbäume ~; eine Stadt (nach der Eroberung) ~ • **1.1** den **Weihnachtsbaum** ~ ⟨fig.; umg.⟩ *am Ende der Weihnachtszeit das letzte Zuckerzeug vom Baum nehmen* • **1.2** den **Kühlschrank** ~ ⟨fig.; umg.⟩ *alles Essbare aufessen*

Plu|ral ⟨m.; -s, -e; Gramm.⟩ *eine der beiden Zahlformen des Verbs, Substantivs u. Pronomens;* Sy Mehrzahl (2); Ggs Singular

Plu|ra|lis|mus ⟨m.; -; unz.⟩ **1** ⟨Philos.⟩ *Lehre, nach der die Wirklichkeit aus vielen selbstständigen Wesen besteht, die insgesamt keine Einheit bilden* **2** ⟨Pol.⟩ *Auffassung, dass der Staat aus vielen koexistierenden Interessengruppen besteht*

plus ⟨Konj.; Zeichen: +⟩ *und, dazu, zuzüglich;* Ggs *minus,* ⟨Kaufmannsspr.⟩ *ab (4)*

Plus ⟨n.; -, -⟩ Ggs *Minus* **1** *Mehrbetrag, Überschuss* **2** ⟨umg.⟩ *Vorteil, Gewinn*

Plüsch ⟨a. [ply:ʃ] m.; -(e)s, -e⟩ **1** *Baumwollstoff mit langem Flor* **2** *Wirkware mit langem Flor*

plus|tern ⟨V. 500⟩ **1** ⟨Vr 3⟩ *sich ~ die Federn sträuben, sich aufplustern;* die Taube plusterte sich • **1.1** ⟨fig.⟩ *sich wichtigtun;* er plusterte sich vor ihr **2** *die* **Federn, das Gefieder** ~ *sträuben, aufplustern* (Vogel)

Plu|to|ni|um ⟨n.; -s; unz.; chem. Zeichen: Pu⟩ *radioaktives künstliches chemisches Element, ein Transuran, Ordnungszahl 94*

Pneu ⟨m.; -s, -s; kurz für⟩ *Pneumatik¹*

Pneu|ma|tik¹ ⟨m.; -s od. österr. f.; -, -en⟩ *Luftreifen*

Pneu|ma|tik² ⟨f.; -; unz.; Phys.⟩ *Lehre von der Luft u. ihren Bewegungen*

Po ⟨m.; -s, -s; umg.; kurz für⟩ *Popo*

Pö|bel ⟨m.; -s; unz.; abwertend⟩ *gemeine, rohe Volksmasse, Abschaum des Volkes*

po|chen ⟨V.⟩ **1** ⟨400⟩ *etwas pocht etwas schlägt ununterbrochen im gleichen Takt;* das Herz pocht (mir bis zum Hals); der Puls pocht; mit pochendem Herzen **2** ⟨410⟩ *(an)klopfen;* laut, leise ~; er hat an die Tür, ans Fenster gepocht; es pocht **3** ⟨800⟩ **auf etwas** ~ ⟨fig.⟩ *auf etwas bestehen, etwas energisch verlangen;* auf sein Recht, Geld ~; er pochte auf die Zahlung **4** ⟨500⟩ **Erz, Kohlen** ~ ⟨Bergmannsspr.⟩ *zerklopfen*

po|chie|ren ⟨[-ʃi:-] V. 500⟩ eine **Speise** ~ ⟨Kochk.⟩ *mit wenig Flüssigkeit unterhalb des Siedepunktes garen;* pochierte Eier

Po|cke ⟨f.; -, -n⟩ *mit Eiter gefülltes Hautbläschen od. Knötchen (tritt bei einer Erkrankung an Pocken auf)*

Po|cken ⟨Pl.⟩ *gefährliche, durch ein Virus hervorgerufene Infektionskrankheit mit Bläschenbildung;* gegen ~ geimpft werden

Pod|cast ⟨m.; -s, -s; EDV⟩ *Audio- od. Videodatei, die über das Internet abrufbar ist*

Po|dest ⟨n.; -(e)s, -e⟩ **1** *Treppenabsatz* **2** *schmales Podium* **3** *schmales Gestell mit einem Fuß*

Po|dex ⟨m.; -es, -e; umg.; scherzh.⟩ *Gesäß*

Po|di|um ⟨n.; -s, -di|en⟩ *gegenüber dem Fußboden erhöhte Fläche, Bühne für einen od. mehrere Redner bzw. Vortragende;* ~sdiskussion

Po|e|sie ⟨f.; -, -n⟩ **1** ⟨i. w. S.⟩ *Dichtkunst* • **1.1** ⟨i. e. S.⟩ *Dichtung in Versen, in gebundener Rede;* Ggs *Prosa (1)* **2** ⟨fig.⟩ *Stimmungsgehalt, Zauber;* Ggs *Prosa (2);* die ~ der Abenddämmerung

Po|e|tik ⟨f.; -, -en⟩ **1** ⟨unz.⟩ *Lehre von der Dichtkunst, Poesie* **2** *Schrift über die Dichtkunst, Lehrbuch der Poetik (1)*

Po|grom *auch:* **Pog|rom** ⟨n. od. m.; -s, -e⟩ *Hetze, Ausschreitungen gegen nationale, religiöse od. rassische Gruppen;* Juden~

Poin|te ⟨[poɛ̃:t(ə)] f.; -, -n⟩ *geistreicher, überraschender Höhepunkt einer Erzählung od. Darstellung;* die ~ des Witzes

Po|kal ⟨m.; -s, -e⟩ *Trinkgefäß aus Metall (Silber, Gold) od. Kristall mit Fuß u. oft mit Deckel (auch als Siegespreis bei sportlichen Wettkämpfen)*

pö|keln ⟨V. 500⟩ **Fleisch, Fisch** ~ ⟨Kochk.⟩ *in eine Salzlake (Pökel) einlegen*

Po|ker ⟨n. od. m.; -s; unz.⟩ *Kartenglücksspiel, bei dem der Spieler mit der besten Zusammenstellung der Karten gewinnt*

po|kern ⟨V. 400⟩ **1** *Poker spielen* **2** ⟨fig.⟩ *ein hohes Risiko eingehen, viel wagen (bes. bei Finanzgeschäften, Verhandlungen);* beide Vertragspartner haben bei ihren Verhandlungen hoch gepokert

Pol¹ ⟨m.; -s, -e⟩ **1** *Drehpunkt, Mittelpunkt, Zentrum* • **1.1** ⟨Geogr.⟩ *nördlicher bzw. südlicher Endpunkt der Erdachse;* Nord~, Süd~ **2** ⟨Math.⟩ *Punkt mit bes. Bedeutung* **3** ⟨El.⟩ • **3.1** *Anschlussklemme von Stromquellen;* Minus~, Plus~ • **3.2** *Ein- od. Austrittsstelle magnet. Feldstärkenlinien;* Magnet~, Minus~, Plus~; negativer, positiver ~

Pol² ⟨m.; -s, -e⟩ *die mit Flor bedeckte Oberseite von Samt u. Plüsch*

po|lar ⟨Adj. 24; Geogr.⟩ *zu den Polen gehörend;* ~e Kaltluft

Pol|der ⟨m.; -s, -⟩ = *Koog*

Po|le|mik ⟨f.; -, -en⟩ *wissenschaftlicher, meist publizistisch ausgetragener Streit*

po|le|misch ⟨Adj.⟩ *in der Art einer Polemik*

Po|li|ce ⟨[-li:s(ə)] f.; -, -n⟩ *vom Versicherer ausgestellte Urkunde über eine abgeschlossene Versicherung;* oV ⟨österr.⟩ *Polizze*

Po|lier ⟨m.; -s, -e⟩ *Vorarbeiter der Maurer u. Zimmerleute*

po|lie|ren ⟨V. 500⟩ etwas ~ **1** *glänzend machen, putzen; Möbel, den Fußboden ~* **2** *die letzten Unebenheiten entfernen von, fein glätten;* Metall ~

Po|li|kli|nik ⟨f.; -, -en; Med.⟩ **1** *einem Krankenhaus od. einer Station angeschlossene Abteilung zur ambulanten Behandlung u. Versorgung von Patienten* **2** ⟨DDR⟩ *(organisatorischer u. räumlicher) Zusammenschluss mehrerer Ärzte verschiedener Fachrichtungen in einer Einrichtung*

Po|li|tik ⟨f.; -, -en; Pl. selten⟩ **1** *alle Maßnahmen zur Führung eines Gemeinwesens hinsichtl. seiner inneren Verwaltung u. seines Verhältnisses zu anderen Gemeinwesen;* Partei~, Kommunal~; eine (bestimmte) ~ betreiben, verfolgen; eine erfolgreiche, geschickte, kluge, kriegerische ~; sich (nicht) für ~ interessieren • **1.1** ⟨i. e. S.⟩ *Politik (1) eines Staates;* Außen~, Innen~; äußere, innere ~; die deutsche, englische, französische ~ **2** ⟨fig.⟩ *berechnendes Verhalten;* mit dieser ~ kommt er nicht durch

Po|li|ti|ker ⟨m.; -s, -⟩ *jmd., der aktiv an der Politik teilnimmt, Staatsmann*

Po|li|ti|ke|rin ⟨f.; -, -rin|nen⟩ *weibl. Politiker*

po|li|tisch ⟨Adj. 24⟩ **1** *die Politik betreffend, zu ihr gehörend, auf ihr beruhend;* im ~ en Leben stehen; ~e Nachrichten; einen ~en Fehler machen • **1.1** ~es **Verbrechen** *gegen Bestand u. Sicherheit eines (bes. totalitären) Staates gerichtetes V.* • **1.2** ~er **Flüchtling** *F. mit politischen (1) Motiven* **2** *zielgerichtet, berechnend, bestimmten Zwecken dienend*

Po|li|tur ⟨f.; -, -en⟩ **1** *durch Polieren erzeugter Glanz, Glanzschicht* **2** *Mittel für die Politur (1)*

Po|li|zei ⟨f.; -, -en⟩ **1** *Behörde zur Aufrechterhaltung der öffentlichen Ordnung u. Sicherheit;* die ~ holen; jmdn. der ~ übergeben **2** *die Amtsräume der Polizei (1);* auf die ~ gehen **3** *Gesamtheit der bei der Polizei (1) beschäftigten Beamten* **4** dümmer sein, als die ~ erlaubt ⟨umg.⟩ *außergewöhnlich dumm sein*

po|li|zei|lich ⟨Adj. 24/90⟩ **1** *die Polizei betreffend, zu ihr gehörend, mit ihrer Hilfe durchgeführt;* unter ~er Bewachung; ~e Vorschriften; Parken ist hier ~ untersagt; Missbrauch wird ~ verfolgt, bestraft (Aufschrift auf Verbotsschildern) • **1.1** sich ~ an-, abmelden *bei der zuständigen Polizeibehörde*

Po|li|zist ⟨m.; -en, -en⟩ *Angehöriger der Polizei, Polizeibeamter*

Po|li|zis|tin ⟨f.; -, -tin|nen⟩ *weibl. Polizist*

Po|liz|ze ⟨f.; -, -n; österr.⟩ = *Police*

Pol|ka ⟨f.; -, -s⟩ *(in Böhmen entstandener) lebhafter Paartanz im schnellen $^2/_4$-Takt*

Pol|len ⟨m.; -s, -⟩ *Blütenstaub*

Pol|ler ⟨m.; -s, -⟩ **1** *Holz- od. Metallklotz am Kai zum Festmachen von Tauen der anlegenden Schiffe* **2** *auf Bürgersteigen angebrachter Beton- od. Metallklotz, der verkehrswidriges Abstellen von Fahrzeugen verhindern soll*

Pol|lo ⟨n.; -s; unz.⟩ *dem Hockey ähnliches Ballspiel zu Pferde*

Po|lo|nai|se ⟨[-nɛ:-] f.; -, -n⟩ = *Polonäse*

Po|lo|nä|se ⟨f.; -, -n⟩ *polnischer Schreittanz im $^3/_4$-Takt, meist zur Eröffnung des Tanzes;* oV *Polonaise*

Pols|ter ⟨n.; -s, -; österr. m.; -s, - od. Pöls|ter⟩ **1** *mit weicher, aber fester Füllung, meist auch mit Sprungfedern sowie Stoffüberzug versehene Auflage für Stühle, Sessel, Sofas, Couchs;* die ~ reinigen, neu beziehen; sich in die ~ zurücklehnen; ein weiches, hartes ~; Leder~, Plüsch~; Sessel~, Stuhl~ • **1.1** *Auflegematratze* **2** ⟨allg.⟩ *dicke, weiche Unterlage;* sich od. jmdm. einen Mantel als ~ unter den Kopf legen **3** ⟨fig.; umg.⟩ *Fettpolster;* über den Winter hatte sich bei ihr ein ganz schönes ~ angesetzt; Speck~ **4** ⟨fig.⟩ *(größere) finanzielle Rücklage, Reserven;* ein finanzielles ~ haben

Pols|ter|abend ⟨m.; -(e)s, -e⟩ *Vorabend der Hochzeit, an dem nach altem Brauch vor der Tür Geschirr zerschlagen wird, dessen Scherben dem Brautpaar Glück bringen sollen;* den ~ feiern

pol|tern ⟨V.⟩ **1** ⟨400⟩ es od. etwas poltert *fällt mit dumpf krachendem Geräusch hin;* im Nebenzimmer hat es gepoltert; Steine, Kisten ~ vom Wagen auf die Straße; die Tür fiel ~d zu; in der Wohnung über uns war ein Poltern zu hören • **1.1** ⟨411⟩ an die Tür ~ *laut klopfen, schlagen* **2** ⟨411(s.)⟩ jmd. od. etwas poltert *geht od. fährt mit dumpf krachendem Geräusch, bewegt sich geräuschvoll;* der Wagen poltert über das Pflaster, über die Brücke; ~d die Treppe hinunterlaufen; er polterte über die Schwelle, Treppe **3** ⟨400; fig.⟩ *schimpfen, ohne es böse zu meinen;* er polterte (ein wenig), weil ich zu spät kam; er fing zu ~ an **4** ⟨umg.⟩ *am Polterabend Geschirr vor der Tür zerschlagen;* heute Abend wird bei uns gepoltert

poly..., Poly... ⟨in Zus.⟩ *viel..., Viel...;* polytechnisch, polyglott, Polygraf, Polysynthese

Po|ly|amid ⟨n.; -(e)s, -e⟩ *durch Kondensation von organischen Säuren mit Aminen hergestellter thermoplastischer Kunststoff, z. B. Nylon, Perlon*

Po|ly|es|ter ⟨m.; -s, -; Chem.⟩ *aus Säuren u. Alkoholen synthetisierter Kunststoff zur Herstellung von Chemiefasern, Lacken u. Ä.*

po|ly|fon ⟨Adj. 24⟩ *aus mehreren, selbstständig geführten Stimmen bestehend;* oV *polyphon;* Ggs *homophon*

po|ly|gam ⟨Adj. 24⟩ Ggs *monogam* **1** *in einer Ehegemeinschaft mit mehreren Frauen lebend* **2** *sich zu mehreren Geschlechtspartnern zugleich hingezogen fühlend*

po|ly|glott ⟨Adj. 24⟩ **1** *viel-, mehrsprachig;* ~e Buchausgabe **2** *viele, mehrere Sprachen sprechend*

Po|lyp ⟨m.; -en, -en⟩ **1** ⟨Med.⟩ *gestielte Geschwulst* **2** *Kopffüßler* • **2.1** *auf einer Unterlage festsitzendes einzelnes Nesseltier mit Fangarmen;* Süßwasser~ **3** ⟨umg.; scherzh.⟩ *Polizist*

po|ly|phon ⟨Adj. 24⟩ = *polyfon*

po|ly|tech|nisch ⟨Adj. 24⟩ *mehrere Zweige der Technik umfassend*

Po|ly|the|is|mus ⟨m.; -; unz.⟩ *Glaube an mehrere Götter zugleich*

Po|ma|de ⟨f.; -, -n⟩ *wohlriechendes, fetthaltiges Haarpflegemittel (für Männer)*

Po|me|ran|ze ⟨f.; -, -n; Bot.⟩ *Zitrusgewächs, dessen bittere Fruchtschale als Gewürz verwendet wird: Citrus aurantium;* Sy *Bitterorange*

Pommes frites ⟨[pɔm frɪt] Pl.⟩ *roh in Öl od. Fett fritierte Kartoffelstäbchen*

Pomp ⟨m.; -s; unz.⟩ *Prunk, übertriebene Pracht*

Pon|cho ⟨[-tʃo] m.; -s, -s⟩ **1** *von den Indianern Mittel- u. Südamerikas getragener, viereckiger Überwurf mit einem Loch in der Mitte für den Kopf* **2** *dem Poncho (1) ähnliches Kleidungsstück für Frauen u. Mädchen*

Pon|ti|fi|kat ⟨n.; -(e)s, -e⟩ *Amt, Amtszeit eines Bischofs od. Papstes*

Pon|ton ⟨[pɔntɔ̃], [pɔ̃tõ:] od. österr. [pɔntoːn] m.; -s, -s⟩ *geschlossener od. offener Schwimmkörper (als Teil einer schwimmenden behelfsmäßigen Brücke)*

Po|ny ⟨n.; -s, -s⟩ **1** *Pferd, dessen Widerrist nicht höher als 1,50 m ist* **2** ⟨fig.⟩ *in die Stirn gekämmtes, gleichmäßig geschnittenes Haar*

Pool ⟨[puːl] m.; -s, -s⟩ **1** ⟨kurz für⟩ *Swimmingpool* **2** ⟨Glücksspiel⟩ *gemeinsame Kasse, Spieleinsatz* **3** ⟨Wirtsch.⟩ *Zusammenschluss, Vereinigung (bes. von Unternehmen zur Bildung eines Fonds mit gemeinsamer Gewinnverteilung)*

Pop ⟨m.; -s; unz.⟩ **1** ⟨kurz für⟩ *Popmusik* **2** ⟨Sammelbez. für⟩ *Popkunst, Popart, Popmusik, Popmode usw.*

Pop|corn ⟨n.; -s; unz.⟩ *unter Hitzeeinwirkung aufgeplatzte Maiskörner, Puffmais*

Po|pel ⟨m.; -s, -⟩ **1** *verhärteter Nasenschleim* **2** ⟨abwertend⟩ *unbedeutender, unscheinbarer Mensch*

Po|po ⟨m.; -s, -s; umg.⟩ *Gesäß*; oV *Po*

pop|pig ⟨Adj.⟩ *in der Art des Pops, auffallend (modisch), grellfarbig*

po|pu|lär ⟨Adj.⟩ *volkstümlich, beliebt*

Po|re ⟨f.; -, -n⟩ **1** *feines Loch, kleine Öffnung* **2** *Mündung der Schweißdrüsen in der Haut*

Por|no|gra|fie ⟨f.; -; unz.⟩ *obszöne Darstellung geschlechtlicher Vorgänge in Wort u. Bild*; oV *Pornographie*

Por|no|gra|phie ⟨f.; -; unz.⟩ = *Pornografie*

po|rös ⟨Adj.⟩ **1** *durchlässig (für Flüssigkeit u. Luft)* **2** *mit feinsten Löchern versehen*

Por|ree ⟨m.; -s, -s; Bot.⟩ *Angehöriger der Lauchgewächse, dessen zwiebelähnlicher Stamm als Gemüse verwendet wird: Allium porrum*

Por|tal ⟨n.; -s, -e⟩ *architektonisch verziertes Tor*; *Kirchen~*

Porte|mon|naie ⟨[pɔrtmɔnɛː], a. ['---] n.; -s, -s⟩ = *Portmonee*

Por|tier ⟨[-tjeː] m.; -s, -s⟩ = *Pförtner (1)*

Por|ti|on ⟨f.; -, -en⟩ **1** *abgemessene Menge (bes. von Speisen)*; *eine ~ Eis, Gemüse, Kartoffeln; sich noch eine ~ nehmen* • **1.1** *er ist nur eine halbe ~* ⟨fig.; umg.⟩ *er ist sehr dünn, klein* • **1.2** *er besitzt eine tüchtige ~ Frechheit* ⟨fig.; umg.⟩ *ist sehr frech*

por|tio|nie|ren ⟨V. 500⟩ *etwas ~ in Portionen aufteilen*; *Essen ~*

Port|mo|nee ⟨a. ['---] n.; -s, -s⟩ *kleines, verschließbares Behältnis zum Aufbewahren von Geld, Geldbeutel, Geldbörse*; oV *Portemonnaie*

Por|to ⟨n.; -s, -s od. Por|ti⟩ *Gebühr für das Befördern von Postsendungen*; *Brief~, Paket~*

Por|trät auch: **Port|rät** ⟨[-trɛː] od. [-treː] n.; -s, -s⟩ = *Bildnis*

Por|zel|lan ⟨n.; -s, -e⟩ **1** *dichtes, weißes, durchscheinendes keramisches Erzeugnis* **2** *Tafelgeschirr aus Porzellan (1)*

Po|saune ⟨f.; -, -n⟩ **1** *Blechblasinstrument mit zwei ineinanderliegenden U-förmigen Rohren, von denen das eine (der Zug) verschoben werden kann*; *~ spielen, blasen; Zug~; eines Schiffes, Flugzeugs ermitteln, feststellen; schmettern wie die ~n von Jericho* **2** *die ~n des Jüngsten Gerichts Ankündigung des J. G. (nach 1. Korintherbrief 15,52)*

Po|se ⟨f.; -, -n⟩ **1** *gekünstelte, gezierte Haltung*; *eine ~ einnehmen; sich in ~ setzen* **2** ⟨bildende Kunst⟩ *Stellung, Haltung (einer Person)*; *Figur in der ~ eines Schlafenden, Kämpfenden*

Po|si|ti|on ⟨f.; -, -en⟩ **1** *Haltung, Stellung*; *sich jmdm. gegenüber in einer starken, schwachen ~ befinden* **2** *Stellung im Beruf*; *eine gesicherte, gute, schlechte ~ haben* **3** *Lage*; *~ einer Figur* • **3.1** = *Standort (1)*; *die ~ eines Schiffes, Flugzeugs ermitteln, feststellen* • **3.2** = *astronomischer Ort*, → *astronomisch (1.4)*; *~ eines Gestirns* **4** *Stelle in einem System*; *~ einer Zahl, Ziffer* • **4.1** ⟨Abk.: Pos.⟩ *einzelner Posten (in einem Haushaltsplan, einer Liste)* **5** *Bejahung*; *~ eines Urteils*

po|si|tiv ⟨Adj.⟩ **1** Ggs *negativ* • **1.1** *bejahend*; *eine ~e Antwort; ~es Ergebnis, ~e Haltung* • **1.2** *~er Befund* ⟨Med.⟩ *B., dass tatsächlich Anzeichen einer Krankheit vorliegen* • **1.2.1** ⟨kurz für⟩ *HIV-positiv* • **1.3** *~es Urteil zustimmend*; *eine ~e Kritik; sich zu einer Sache ~ äußern* **1.4** ⟨Math.⟩ *größer als Null*; *~e mathematische Größen* • **1.5** ⟨Philos.⟩ *wirklich vorhanden, gegeben* **1.6** *~er Pol* ⟨El.⟩ *P., an dem Elektronen in einen Körper eintreten*; *~e Ladung* **2** ⟨umg.⟩ *bestimmt, gewiss*; *weißt du das ~?*

Po|si|tiv[1] ⟨m.; -s, -e [-və]; Gramm.⟩ *Form des Adjektivs, das nicht gesteigert ist*

Po|si|tiv[2] ⟨n.; -s, -e [-və]⟩ **1** *kleine Orgel ohne festen Standort u. nur mit Tasten, die von der Hand bedient werden* **2** *Bild in der richtigen Wiedergabe der Seiten u. Farbe u. Licht u. Schatten*; Ggs *Negativ*

Pos|se ⟨f.; -, -n⟩ = *Farce (1.1)*

pos|ses|siv ⟨a. ['---] Adj. 24; Gramm.⟩ *besitzanzeigend*; *~es Pronomen*

Post ⟨f.; -; unz.⟩ **1** *Einrichtung zur Beförderung von Nachrichten (z. B. Briefen, Karten), Geld, Gütern (z. B. Päckchen, Paketen)*; *er arbeitet, ist bei der ~; Zeitungen durch die ~ beziehen* **2** *die von der Post (1) beförderten Briefe u. a. Gegenstände*; *die ~ wird einmal am Tag ausgetragen; ist ~ für mich da?; ich habe meine ~ noch nicht gelesen; die eingegangene, heutige ~* • **2.1** *mit gleicher ~ senden wir Ihnen gleichzeitig, am selben Tage* **3** *der Inhalt einer Nachricht*; *von jmdm. ~ bekommen; ~ beantworten; gute, schlechte, traurige ~* **4** *Postamt*; *die ~ ist von 8 bis 18 Uhr geöffnet; einen Brief auf die ~ bringen*

post..., Post... ⟨in Zus.⟩ *nach..., Nach..., hinter..., Hinter...*; *postoperativ, postdatieren, Postmoderne, Postposition*

Post|bote ⟨m.; -n, -n⟩ *Briefträger*

Pos|ten ⟨m.; -s, -⟩ **1** *jmd., der Wache hält, etwas beobachtet, bewacht*; *Wacht~; die ~ aufstellen, einzie-*

hen, ablösen, verdoppeln, verstärken • 1.1 auf ~ ziehen *den Dienst als Wache antreten* • 1.2 ~ **stehen** *Wache halten* • 1.3 **auf** dem ~ **sein** *aufpassen, Wache halten;* auf seinem ~ bleiben • 1.4 **auf dem ~** ⟨a. fig.⟩ *wohlauf, gesund;* →a. *verloren (2.3)* **2** *Anstellung, Stelle, Amt;* ein guter ~, einen ~ bei einer Partei haben **3** *bestimmte Menge von Waren (aus einem Sortiment);* einen ~ Unterhemden kaufen **4** *einzelner Betrag (in einer Rechnung)* • 4.1 *gebuchter Betrag;* dieser ~ stimmt nicht • 4.2 *einzelne Ziffer in einem Haushalt* **5** ⟨Jagdw.⟩ *grober Schrot;* Reh~

Pos|ter ⟨m. od. n.; -s, -⟩ *großes, plakatartiges Bild;* ein ~ an der Wand befestigen

post|hum ⟨Adj. 24⟩ = *postum*

pos|tie|ren ⟨V. 500/Vr 7⟩ *jmdn.* (an eine, an einer Stelle) ~ *an einer Stelle aufstellen;* sich (als Wache) vor die, vor der Tür, vor ein, einem Gebäude ~

Pos|til|li|on ⟨m.; -s, -e⟩ **1** ⟨früher⟩ *Fahrer der Postkutsche* **2** ⟨Zool.⟩ *zu den Weißlingen gehörender Falter mit dunkel gesäumten, gelben Flügeln: Colias croceus*

Post|kar|te ⟨f.; -, -n⟩ **1** *Karte für schriftliche Mitteilungen zum Versand durch die Post* **2** *Ansichtskarte, Kunstpostkarte*

post|la|gernd ⟨Adj. 24/90⟩ *an ein Postamt adressiert u. vom Empfänger dort abzuholen*

Post|leit|zahl ⟨f.; -, -en; Abk.: PLZ⟩ *(auf Postsendungen anzugebende) Kennzahl für einen Postort zur rascheren (maschinellen) Verteilung der Post*

Pöst|ler ⟨m.; -s, -; schweiz.⟩ *Postbeamter, Postbote, Briefträger*

Post|skript ⟨n.; -(e)s, -e; Abk.: PS⟩ *Nachschrift, Nachtrag (zu Briefen, Abhandlungen o. Ä.);* oV *Postskriptum*

Post|skrip|tum ⟨n.; -s, -skrip|te od. -skrip|ta; Abk.: PS⟩ = *Postskript*

pos|tum ⟨Adj. 24⟩ oV *posthum* **1** *nach dem Tode erfolgend;* ~e Würdigung **2** *nach dem Tode (des Verfassers, Komponisten) erschienen, nachgelassen;* ~e Werke

post|wen|dend ⟨Adj. 24/90⟩ *mit der nächsten Post, sofort;* ~ antworten, schreiben, schicken

po|tent ⟨Adj.⟩ Ggs *impotent* **1** *zeugungsfähig, fähig zum Geschlechtsverkehr (vom Mann)* **2** ⟨geh.⟩ *finanzstark, einflussreich, mächtig;* ~e Unternehmen

Po|ten|ti|al ⟨n.; -s, -e⟩ = *Potenzial*

po|ten|ti|ell ⟨Adj. 24/80⟩ = *potenziell*

Po|tenz ⟨f.; -, -en⟩ **1** ⟨unz.; Med.⟩ Ggs *Impotenz* • 1.1 *Fähigkeit des Mannes, den Geschlechtsverkehr auszuüben* • 1.2 *Zeugungsfähigkeit, Geschlechtsreife* **2** ⟨unz.; Homöopathie⟩ *Grad der Verdünnung (eines Arzneimittels)* **3** ⟨Math.⟩ *Produkt mehrerer gleicher Faktoren* • 3.1 *eine Zahl in die zweite, dritte, vierte ~ erheben das Produkt aus zwei-, drei-, viermal derselben Zahl; die n-te ~*

Po|ten|zi|al ⟨n.; -s, -e⟩ oV *Potential* **1** *(nicht sichtbares) Leistungsvermögen, etwas unterschwellig Vorhandenes* **2** ⟨Phys.⟩ *Maß zur Beschreibung eines (Kraft-)Feldes an einem Punkt* • 2.1 = *potenzielle Energie,* → *potenziell (2)*

po|ten|zi|ell ⟨Adj. 24/80⟩ oV *potentiell* **1** *möglich, denkbar* **2** ~e **Energie** ⟨Phys.⟩ *E. der Lage*

po|ten|zie|ren ⟨V. 500⟩ **1** *eine* **Kraft** *~ steigern, erhöhen* **2** *Zahlen ~* ⟨Math.⟩ *in die Potenz erheben, mit sich selbst multiplizieren* **3** *Arzneimittel ~* ⟨Homöopathie⟩ *durch (mehrfaches) Hinzufügen der jeweils gleichen Menge Wasser verdünnen*

Pot|pour|ri ⟨[-pur-] n.; -s, -s⟩ **1** *aus verschiedenen (miteinander verbundenen) Melodien zusammengesetztes Musikstück* **2** *Vermischtes, Kunterbuntes, Allerlei*

Pott ⟨m.; -(e)s, Pöt|te⟩ *Topf*

Poullard ⟨[pula:r] n.; -s, -s⟩ = *Poularde*

Poullar|de ⟨[pu-] f.; -, -n⟩ *junges, vor der Geschlechtsreife geschlachtetes Masthuhn od. -hähnchen;* oV *Poulard*

Poullet ⟨[pule:] n.; -s, -s; schweiz.⟩ *Huhn (als Speise)*

Pow|er auch: **Po|wer** ⟨[pauə(r)] f.; -; unz.⟩ *Stärke, Leistung, Kraft, Energie;* ~frau; ~play

Po|widl ⟨m.; -s, -; österr.⟩ *Pflaumenmus*

PR ⟨Abk. für⟩ *Public Relations*

Prä ⟨n.; -s, -s; umg.⟩ *Vorrang, Vorzug;* das ~ haben; ein ~ jmdm. gegenüber haben

prä..., Prä... ⟨in Zus.⟩ *vor..., Vor...;* prähistorisch, prädestiniert, prädisponieren, Präexistenz, Präkambrium

Prä|am|bel ⟨f.; -, -n⟩ *(feierliche) einleitende Erklärung (zu einer Urkunde, einem Staatsvertrag)*

Pracht ⟨f.; unz.⟩ **1** *strahlende Schönheit, reicher, glänzender Aufwand, strahlender Glanz von Silber, Gold, Edelsteinen u. Farben, Prunk;* verschwenderische ~; sich mit großer ~ umgeben; große ~ entfalten • 1.1 es ist eine ~ ⟨fig.⟩ *es ist herrlich*

präch|tig ⟨Adj.⟩ **1** *mit großer Pracht ausgestattet, prachtvoll;* eine ~e Ausstattung (von Räumen); ~e Gewänder **2** *herrlich, großartig, vortrefflich;* der Festzug war ~ anzuschauen; das ist ja ~! ⟨umg.⟩; das hat er ~ gemacht ⟨umg.⟩ • 2.1 ein ~es **Mahl** *üppiges, reichhaltiges M.*

pra|cken ⟨V. 400 od. 500; österr.; umg.⟩ **1** *schlagen, klopfen* **2** *pauken, einpauken*

prä|des|ti|nie|ren ⟨V. 500⟩ **1** *jmdn. ~ vorausbestimmen* **2** *jmd. ist prädestiniert für etwas* ⟨fig.⟩ *ist bes. gut geeignet, hat eine ausgezeichnete Veranlagung, gute Voraussetzungen für etwas*

Prä|di|kat ⟨n.; -(e)s, -e⟩ **1** *Titel, Bezeichnung für einen Rang;* Adels~ **2** *Ergebnis einer Bewertung, Beurteilung;* Sy *Note (2);* eine Arbeit mit dem ~ „sehr gut" bewerten **3** ⟨Logik⟩ *Glied eines Urteils, das die Aussage über ein Subjekt enthält* • 3.1 ⟨Gramm.⟩ *Satzteil, der Tätigkeit, Zustand od. Eigenschaft eines Subjektes angibt*

prä|fe|ren|ti|ell ⟨Adj. 24; bes. Wirtsch.⟩ = *präferenziell*

Prä|fe|renz ⟨f.; -, -en⟩ **1** *Vorrang, Vorzug, Bevorzugung;* ~en erkennen lassen **2** ⟨Wirtsch.⟩ *Bevorzugung, Begünstigung (bestimmter Länder) im Handelsverkehr* • 2.1 *Vorzug bestimmter Waren seitens der Käufer*

prä|fe|ren|zi|ell ⟨Adj. 24; bes. Wirtsch.⟩ *auf Präferenzen beruhend, Präferenzen zeigend;* oV *präferentiell*

Prä|fix ⟨n.; -es, -e; Gramm.⟩ *einem Wort vorangestellte Ableitungssilbe;* Sy *Vorsilbe;* Ggs *Suffix*

prä|gen ⟨V. 500⟩ **1** *etwas ~ durch Druck mechanisch so formen, dass eine in eine Form (Prägestock, Präge-*

stempel) erhaben od. vertieft eingearbeitete Figur, Gestalt, Schrift o. Ä. plastisch abgebildet wird; Münzen ~; geprägte Pappe, geprägtes Leder • 1.1 ⟨531/Vr 3⟩ **sich etwas ins Gedächtnis, Herz ~** ⟨fig.⟩ *etwas (fest) im G., H. behalten;* das Erlebnis hat sich mir fest, tief ins Gedächtnis geprägt **2 eine Sache ~** ⟨fig.⟩ *gestalten, mit einem bestimmten Gepräge, einer bestimmten Eigenart versehen;* die Literatur der Klassik ist durch Goethe u. Schiller geprägt worden; sein Charakter ist durch tiefe Eindrücke, schwere Erlebnisse in seiner Jugend geprägt worden **3 (etwas Sprachliches) ~** *erstmalig bilden, hervorbringen;* ein Wort ~; einen Begriff, Ausspruch, Satz ~

Prag|ma|tik ⟨f.; -, -en⟩ **1** *Orientierung auf das Nützliche* **2** ⟨Sprachw.⟩ *derjenige Aspekt der allgemeinen Zeichenlehre, der die Beziehungen zwischen den Zeichen und den Menschen, die sie vereinbaren und anwenden, betrifft* **3** ⟨österr.⟩ *Ordnung des Staatsdienstes*

prag|ma|tisch ⟨Adj.⟩ **1** *im Sinne des Pragmatismus* **2** *zur Pragmatik (2) gehörig, auf der Pragmatik (2) beruhend* **3** *sachlich, den Tatsachen, Erfahrungen, der Praxis des Lebens entsprechend, dem praktischen Nutzen dienend*

Prag|ma|tis|mus ⟨m.; -; unz.⟩ *Lehre, nach der sich das Wesen des Menschen in seinem Handeln ausdrückt u. nach der Handeln u. Denken dem praktischen Leben dienen sollen*

prä|gnant *auch:* **präg|nant** ⟨Adj.⟩ *kurz u. treffend, deutlich, genau;* eine ~e Formulierung; ein ~es Beispiel

Prä|gung ⟨f.; -, -en⟩ **1** *das Prägen;* die ~ einer Münze **2** *geprägtes Bild od. Muster;* die ~ der Medaille ist zu flach; eine schöne, saubere ~ **3** ⟨fig.⟩ *Gepräge, Eigenart;* ein Mensch von (ganz) eigener ~; ein Buch von besonderer ~; Stil~, Wort~

prah|len ⟨V. 400; abwertend⟩ **(mit etwas) ~** *sich einer Sache rühmen, sich wichtigmachen, großtun;* mit seinen Erfolgen, seinem Können ~; er hat vor ihr mit seinem Wissen geprahlt

prah|le|risch ⟨Adj.⟩ *prahlend, angeberisch*

Prak|tik ⟨f.; -, -en⟩ **1** *Art der Ausübung (einer Tätigkeit)* **2** *Handhabung (eines Werkzeugs)* **3** *Verfahren* **4** ⟨fig.⟩ *Kunstgriff, Kniff* **5** ⟨nur Pl.⟩ *Machenschaften;* dunkle, undurchsichtige ~en

Prak|ti|kant ⟨m.; -en, -en⟩ *jmd., der eine praktische Ausbildungsphase durchläuft, ein Praktikum macht*

Prak|ti|kan|tin ⟨f.; -, -tin|nen⟩ *weibl. Praktikant*

Prak|ti|ker ⟨m.; -s, -⟩ *praktischer Mensch, Mensch mit (überwiegend) praktischer Erfahrung;* Ggs Theoretiker

Prak|ti|kum ⟨n.; -s, -ti|ka⟩ **1** *Übungen, Kurs zur praktischen Anwendung des in der Vorlesung Erlernten* **2** *zeitlich zusammenhängende Ausbildung in der praktischen Arbeit als Teil der gesamten Ausbildung*

prak|tisch ⟨Adj.⟩ **1** *auf Praxis (1) beruhend, in der Praxis (1), in Wirklichkeit, tatsächlich;* Ggs theoretisch; etwas lässt sich ~ kaum durchführen **2** *zweckmäßig, gut zu handhaben;* ~e Werkzeuge, Gegenstände, Verfahren; eine ~e Einrichtung • 2.1 *geschickt, findig;* du machst das sehr ~ **3** ~**er Arzt** *A. für alle Krankheiten, nicht spezialisierter A.* **4** ~**es Jahr** *Praktikum von einem Jahr Dauer (z. B. im Anschluss an das Studium der Medizin)*

prak|ti|zie|ren ⟨V.⟩ **1** ⟨500⟩ ein **Verfahren,** eine Methode ~ *in die Praxis umsetzen, in der Praxis anwenden, durchführen, ausführen* **2** ⟨400⟩ *als Arzt tätig sein;* Dr. X praktiziert ab 1. 10. wieder • 2.1 ~**der Arzt** *in der eigenen Praxis tätiger A.*

Prä|lat ⟨m.; -en, -en; Titel für⟩ **1** ⟨kath. Kirche⟩ *geistlicher Würdenträger, z. B. Bischof, Abt, mit besonderen Befugnissen* **2** ⟨evang. Kirche⟩ *leitender Geistlicher in einigen süddt. Landeskirchen*

Pra|li|ne ⟨f.; -, -n⟩ *kleines Stück Konfekt mit einem Überzug aus Schokolade u. mit verschiedenen Füllungen;* oV Pralinee

Pra|li|nee ⟨n.; -s, -s; österr.⟩ = *Praline*

prall ⟨Adj.⟩ **1** *ganz gefüllt;* ein ~er Beutel, Sack **2** *straff gespannt u. gewölbt;* ein ~es Segel, Kissen **3** ⟨umg.⟩ *dick, fest u. rund;* ~e Arme, Waden, Schenkel, Muskeln **4 in der ~en Sonne** *in der heißen, stark scheinenden S. ohne jeden Schatten;* die Sonne scheint ~ **5** ~ **füllen** = *prallfüllen*

prall|len ⟨V. 400⟩ **1** ⟨411(s.)⟩ **gegen, an** od. **auf etwas, gegen** od. **auf jmdn. ~** *heftig gegen, an od. auf etwas od. gegen, auf jmdn. stoßen u. zurückgeworfen werden;* die Brandung prallt an das Felsriff; in der Tür prallte er auf seinen Chef; er rannte um die Ecke und prallte gegen eine Frau; der Ball prallte gegen die Mauer **2** die **Sonne** prallt *die S. scheint mit voller Intensität*

prall|fül|len *auch:* **prall fül|len** ⟨V. 500⟩ *etwas ~ sehr voll füllen;* ein prallgefüllter / prall gefüllter Sack

Prä|lu|di|um ⟨n.; -s, -di|en⟩ **1** ⟨Mus.⟩ *Vorspiel* • 1.1 *frei gestaltetes (einleitendes) Musikstück;* ~ u. Fuge **2** ⟨fig.⟩ *einem Vorgang od. Ereignis vorausgehender Vorgang*

Prä|mie ⟨[-mjə] f.; -, -n⟩ **1** *Preis, Belohnung für gute Leistung;* Buch~, Geld~ **2** *Betrag, den der Versicherte der Versicherung regelmäßig zu zahlen hat;* Versicherungs~

prä|mie|ren ⟨V. 500⟩ *jmdn.,* eine **Leistung ~** *mit einer Prämie belohnen, auszeichnen*

Prä|mis|se ⟨f. 19; Logik⟩ **1** ⟨Philos.⟩ *Vordersatz, Voraussetzung (eines Schlusses)* **2** ⟨allg.⟩ *Voraussetzung, Grundbedingung;* eine Genehmigung erteilen unter der ~, dass…

pran|gen ⟨V.⟩ **1** ⟨411; geh.⟩ *in Glanz u. Pracht erscheinen, auffallend glänzen, leuchten;* auf den Wiesen ~ bunte Blumen; Sterne ~ am Himmel **2** ⟨411⟩ *an einer bestimmten Stelle auffällig angebracht sein;* an der Tür prangte ein Schild mit einer Girlande; auf der Kommode prangt eine kostbare Vase **3** ⟨400; Mar.⟩ *Segel, Masten, Maschinen od. Kessel überbeanspruchen, um eine Gefahr für das Schiff od. die Ladung abzuwenden* **4** ⟨417⟩ **mit etwas** od. **jmdm. ~** *mit jmdm. od. etwas prahlen, sich einer Sache rühmen, etwas stolz zur Schau tragen*

Pran|ger ⟨m.; -s, -; früher⟩ **1** ⟨früher⟩ *Pfahl auf einem öffentlichen Platz, an dem Übeltäter zur Schau gestellt wurden* **2** *jmdn.* od. *etwas* **an** den ~ **stellen** ⟨fig.⟩

Pranke

der öffentlichen Schande preisgeben **3** am ~ **stehen** ⟨fig.⟩ öffentlich getadelt, angeklagt werden

Pran|ke ⟨f.; -, -n⟩ **1** (vordere) Tatze (großer Raubtiere); der Tiger schlug mit seiner ~ zu **2** ⟨fig.; umg.; scherzh.⟩ große, starke Hand

Prä|pa|rat ⟨n.; -(e)s, -e⟩ **1** etwas kunstgerecht Vor-, Zubereitetes, z. B. Arzneimittel **2** getrocknete Pflanze od. ausgestopftes Tier als Lehrmittel **3** zum Mikroskopieren vorbereiteter Teil eines Gewebes

prä|pa|rie|ren ⟨V. 500⟩ **1** tote menschliche od. tierische **Körper** od. **Pflanzen** ~ (zu Lehrzwecken) zerlegen (u. dauerhaft haltbar machen) **2** einen **Stoff** ~ (für den Unterricht) vorbereiten • 2.1 ⟨505/Vr 7⟩ jmdn. (für eine **Aufgabe**) ~ vorbereiten

Prä|po|si|ti|on ⟨f.; -, -en; Gramm.⟩ Wort, das ein räumliches, zeitliches od. logisches Verhältnis zwischen Personen, Sachen, Begriffen usw. ausdrückt, z. B. vor, nach, während; Sy Verhältniswort

Prä|rie ⟨f.; -, -n⟩ nordamerikanische Grassteppe

Prä|sens ⟨n.; -; unz.; Gramm.⟩ Zeitform des Verbs, die ein gegenwärtiges od. unbestimmtes Geschehen bezeichnet, z. B. ich gehe; Sy Gegenwart (1.1)

prä|sent ⟨Adj.⟩ **1** gegenwärtig, anwesend • 1.1 etwas ~ haben im Gedächtnis haben

Prä|sent ⟨n.; -(e)s, -e⟩ (kleines) Geschenk; jmdm. ein ~ überreichen

prä|sen|tie|ren ⟨V.⟩ **1** ⟨503⟩ (jmdm.) etwas ~ darreichen, darbieten, vorlegen • 1.1 jmdm. die **Rechnung** ~ ⟨a. fig.⟩ jmdn. zwingen, die Konsequenzen seines Tuns zu tragen • 1.2 (jmdm.) einen **Wechsel** ~ zur Einlösung vorlegen **2** ⟨500⟩ das **Gewehr** ~ das G. senkrecht vor den Körper halten (als militär. Ehrenbezeigung) **3** ⟨500/Vr 7 od. Vr 8⟩ jmdn. ~ in der Öffentlichkeit vorstellen; die Staatsoberhäupter ~ sich

Prä|senz ⟨f.; -; unz.⟩ **1** Anwesenheit, Anzahl der Anwesenden; geringe ~ **2** Ausstrahlungskraft (eines Künstlers, Schauspielers o. Ä.)

Prä|ser ⟨m.; -s, -; umg.; kurz für⟩ Präservativ

Prä|ser|va|tiv ⟨[-va-] n.; -s, -e⟩ = Kondom

Prä|si|dent ⟨m.; -en, -en⟩ **1** Vorsitzender (einer Versammlung) **2** Leiter (einer Behörde, eines Vereins) **3** republikanisches Staatsoberhaupt; Bundes~, Reichs~, Staats~

Prä|si|den|tin ⟨f.; -, -tin|nen⟩ weibl. Präsident

Prä|si|di|um ⟨n.; -s, -di|en⟩ **1** Vorsitz, Leitung **2** Amtsgebäude eines Polizeipräsidenten; Polizei~

pras|seln ⟨V.⟩ **1** ⟨411(s.)⟩ etwas prasselt **auf** od. **gegen** etwas etwas schlägt mit trommelndem Geräusch auf, fällt mit knatterndem Geräusch auf od. gegen etwas; der Hagel, Regen prasselt aufs Dach; Steine prasselten gegen das Fenster • 1.1 ⟨800⟩ **Fragen,** Vorwürfe ~ **auf jmdn.** ⟨fig.⟩ jmd. ist sehr vielen F., V. ausgesetzt **2** ⟨400⟩ etwas prasselt gibt beim Verbrennen ein knisterndes Geräusch von sich; Feuer prasselt im Ofen; das Holz brennt ~d

pras|sen ⟨V. 400⟩ schwelgen, in Saus u. Braus leben, Geld verschwenden; er hat geschlemmt und geprasst

prä|ten|ti|ös ⟨Adj.; geh.⟩ anmaßend, selbstgefällig; ein ~es Auftreten

Prä|te|ri|tum auch: **Prä|te|ri|tum** ⟨n.; -s, -ri|ta;

Gramm.⟩ Zeitform des Verbs, die ein Geschehen in der Vergangenheit (1) bezeichnet, z. B. ich ging, er schlief; Sy Imperfekt (2), Vergangenheit

prä|ven|tiv ⟨[-vεn-] Adj. 24⟩ vorbeugend; ~e Medizin

Pra|xis ⟨f.; -, Pra|xen⟩ **1** ⟨unz.⟩ Ausübung, Anwendung, Tätigkeit; Ggs Theorie; das ist in der Theorie richtig, sieht in der ~ anders aus; etwas in der ~, durch die ~ lernen • 1.1 Erfahrung in der Ausübung eines Berufes; auf einem Gebiet ~ besitzen; sich eine gewisse ~ aneignen; eine langjährige ~ besitzen **2** ⟨unz.⟩ Sprechstunde eines Arztes; Dr. W. hat (hält) heute ~ **3** Raum od. Räume für die Ausübung des Berufes (von Ärzten u. Rechtsanwälten); Arzt~, Anwalts~; die ~ des Vaters übernehmen; die große, gutgehende ~ eines Arztes

Prä|ze|denz|fall ⟨m.; -(e)s, -fäl|le⟩ Musterfall, der für das Vorgehen bei späteren ähnlichen Fällen maßgebend ist; einen ~ schaffen

prä|zis ⟨Adj.⟩ genau, exakt; oV präzise; ~e Ausdrucksweise; 3 Uhr ~; ~ arbeiten, sich ~ ausdrücken; etwas ~ formulieren

prä|zi|se ⟨Adj.⟩ = präzis

prä|zi|sie|ren ⟨V. 500⟩ etwas ~ genauer angeben, genauer ausdrücken als vorher; Ausführungen weiter ~; er hat seine Meinung nicht genügend präzisiert

pre|di|gen ⟨V.⟩ **1** ⟨400⟩ im Gottesdienst die Predigt halten; über ein bestimmtes Bibelwort ~ **2** ⟨500⟩ etwas ~ verkündigen; das Evangelium, das Wort Gottes ~ • 2.1 ⟨530⟩ **jmdm. etwas** ~ ⟨fig.; umg.⟩ jmdn. häufig zu etwas mahnen, jmdm. etwas immer wieder mahnend sagen; jmdm. Ordnung, Vernunft ~ • 2.1.1 ⟨600⟩ tauben Ohren ~ ⟨umg.⟩ mahnen, raten, ohne dass der andere sich danach richtet

Pre|di|ger ⟨m.; -s, -⟩ **1** jmd., der (als Geistlicher) regelmäßig Predigten für eine Kirche od. Religionsgemeinschaft hält • 1.1 jmd., der häufig etwas predigt (1.1), ständig andere ermahnt (Moral~)

Pre|di|ge|rin ⟨f.; -, -rin|nen⟩ weibl. Prediger

Pre|digt ⟨f.; -, -en⟩ **1** Ansprache des Geistlichen im Gottesdienst, meist von der Kanzel, über einen Bibeltext; die ~ halten; eine zu Herzen gehende, erbauliche, trockene ~; Oster~, Weihnachts~; Grab~, Fest~ **2** ⟨fig.; umg.⟩ ermahnende Rede; jmdm. eine ~ halten; verschone mich mit deinen ewigen ~en!; Gardinen~, Moral~, Straf~

Preis ⟨m.; -es, -e⟩ **1** als Geldwert ausgedrückter Wert einer Ware; Kauf~; Markt~; Liebhaber~; hohe, niedrige, unerschwingliche ~e; die ~e fallen, sinken, steigen, klettern in die Höhe; die ~e drücken, hochtreiben; einen ~ festsetzen; sich auf einen ~ einigen; jmdm. eine Ware zum halben ~ überlassen; Waren zu herabgesetzten, ermäßigten ~en verkaufen; wie hoch ist der ~?; der ~ des Mantels beträgt 200,- € • 1.1 unter(m) ~ verkaufen billiger verkaufen, als der festgesetzte P. beträgt, mit sehr geringer Gewinnspanne • 1.2 **um jeden** ~ ⟨a. fig.⟩ unbedingt, unter allen Umständen • 1.3 **um keinen** ~ ⟨fig.⟩ auf keinen Fall **2** Belohnung für einen Sieg; Sieges~; erster, zweiter, dritter ~; einen ~ erringen, gewinnen, stiften; jmdm. den ~ zuerkennen • 2.1 einen ~ (auf etwas) (aus)setzen *eine Belohnung für etwas versprechen;* →a. *Fleiß (1.1)* **3** ⟨umg.; poet.⟩ *hohes Lob, Ehre;* zu Gottes ~; Gott sei ~ und Dank; jmdm., bes. Gott, Lob und ~ singen

Preis|aus|schrei|ben ⟨n.; -s, -⟩ *öffentlich ausgeschriebener Wettbewerb mit einer od. mehreren Aufgaben, auf deren richtige od. beste Lösung Preise ausgesetzt sind;* sich an einem ~ beteiligen

Prei|sel|bee|re ⟨f.; -, -n⟩ *der Heidelbeere ähnliches Heidekrautgewächs mit lederartigen immergrünen Blättern u. roten, essbaren Beeren mit herbem Geschmack: Vaccinium vitis idaea*

prei|sen ⟨V. 193/500⟩ **1** jmdn. od. etwas ~ ⟨geh.⟩ *loben, rühmen;* Gott ~; er pries sie als gute Fahrerin; sie hat seine Tüchtigkeit, den glücklichen Zufall gepriesen; sie ist eine gepriesene Schönheit • **1.1** ⟨513/Vr 7⟩ **jmdn. od. sich glücklich ~ (können)** *glücklich nennen (können)*

Preis|fra|ge ⟨f.; -, -n⟩ **1** *Frage eines Preisausschreibens* **2** ⟨fig.⟩ *schwierige Frage* **3** ⟨fig.; umg.⟩ *den Preis betreffende Angelegenheit;* es ist nur eine ~, ob wir uns dieses od. jenes Auto kaufen

preis|ge|ben ⟨V. 143⟩ **1** ⟨503/Vr 7⟩ **jmdn. od. sich, etwas (jmdm. od. einer Sache) ~** *ausliefern, nicht mehr schützen, überlassen, hingeben;* jmdn. der Schande, dem Spott der anderen ~; das Boot war dem Wind und den Wellen (hilflos) preisgegeben; der Witterung preisgegeben sein; er fühlte sich preisgegeben **2** ⟨503⟩ **(jmdm.) etwas ~** *verraten, etwas vor jmdm. nicht bewahren;* ein Geheimnis, einen Plan ~; er hat den Namen seines Komplizen der Polizei preisgegeben; sich selbst ~

Preis|la|ge ⟨f.; -, -n⟩ *Lage, Höhe des Preises;* haben Sie noch andere Stoffe in dieser ~?; in welcher ~?

preis|wert ⟨Adj.⟩ *im Preis verhältnismäßig niedrig u. dabei gut;* ein ~es Essen, Zimmer; etwas ~ kaufen

pre|kär ⟨Adj.⟩ *heikel, misslich, schwierig, unangenehm;* eine ~e Situation

Prell|bock ⟨m.; -(e)s, -bö|cke⟩ **1** *Bock, Klotz am Ende eines Gleises zum Anhalten von Eisenbahnwagen* **2** ⟨fig.; umg.⟩ *jmd., dem man ständig die Schuld gibt, der für alles geradestehen muss*

prel|len ⟨V.⟩ **1** ⟨505⟩ **jmdn. (um etwas) ~** ⟨umg.⟩ *jmdn. betrügen, durch List um etwas bringen;* er hat seine Kunden tüchtig geprellt; er prellte ihn um Geld, seinen Lohn; die geprellten Gläubiger • **1.1 die Zeche ~** *die Z. im Gasthaus in betrügerischer Absicht nicht bezahlen* **2** ⟨500/Vr 3 od. 530/Vr 1⟩ **sich (etwas) ~** *sich stoßen, ohne dass eine offene Wunde entsteht;* ich habe mir den Arm geprellt; ich prellte mich an der Schulter; sie hat sich nur geprellt; ein geprelltes Knie **3** ⟨400(s.); regional⟩ *rasch, heftig laufen (bes. vom Wild u. Jagdhund)*

Prel|lung ⟨f.; -, -en⟩ *innere Verletzung durch Stoß od. Schlag mit Bluterguss*

Pré|lude ⟨[prely:d] n.; -s, -s; französ. Form von⟩ *Präludium*

Pre|mi|e|re ⟨[prəmjɛ:rə] f.; -, -n⟩ *Ur- od. Erstaufführung*

pre|schen ⟨V. 400⟩ *sehr schnell u. wild rennen, laufen od. fahren;* nach vorn ~; an die Spitze der Bestsellerliste ~ ⟨fig.⟩

Pres|se ⟨f.; -, -n⟩ **1** *Gerät od. Maschine zum Pressen*
• **1.1** *Maschine, die mittels Druck Werkstücke formt*
• **1.2** *Apparat zum mechanischen Auspressen von Saft;* Obst~ • **1.3** *Druckmaschine;* die Buchseite kommt eben aus der ~ **2** ⟨unz.⟩ *die Gesamtheit der Zeitungen u. Zeitschriften;* die deutsche, englische, französische, inländische, ausländische ~; die ~ ist sich darüber einig, dass … • **2.1** **er hat eine gute, schlechte ~** ⟨umg.⟩ *er wird in der Zeitung gut, schlecht beurteilt*

pres|sen ⟨V. 500⟩ **1 etwas ~** *durch Druck od. mittels einer Presse bearbeiten;* Pflanzen, Holz, Papier ~; gepresste Blumen; eine Karosserie ~ • **1.1** *eine Flüssigkeit durch Zusammendrücken gewinnen;* Früchte ~; Saft aus einer Zitrone ~; Wein, Most ~ **2** ⟨511/Vr 7⟩ **etwas od. jmdn. irgendwohin ~** *heftig, stark drücken;* den Saft in ein Gefäß ~; die Kleider in einen Koffer ~; er presste das Kind an seine Brust; die Hand aufs Herz ~; ich presste mich eng an die Hauswand; ich presste mir die Hand an die Stirn; die Menschen standen gepresst am Eingang; in den engen Raum waren 20 Leute gepresst • **2.1** ⟨fig.⟩ *zwängen;* seine Gedanken in ein Schema ~; jmdn. in eine Entscheidung ~ **3** ⟨550/Vr 8⟩ **jmdn. zu etwas ~** *drängen, mit Zwang etwas von jmdm. zu erreichen suchen;* jmdn. zu einer Arbeit ~ **4** ⟨fig.⟩ *unterdrücken, ausbeuten;* die Bevölkerung, die Bauern, das arme Volk ~ **5 Segel ~** ⟨Seemannsspr.⟩ *mehr S. führen, als bei dem herrschenden Wind ratsam wäre*

pres|sie|ren ⟨V. 400; oberdt.⟩ **1** ⟨400⟩ *eilen, sich beeilen, drängen;* die Sache pressiert • **1.1** ⟨401⟩ *es pressiert* **es eilt** • **1.2** ⟨403⟩ *ich bin etwas pressiert* **ich bin in Eile**

Pres|tige ⟨[-ti:ʒ] n.; -s; unz.⟩ *Ansehen, Geltung bei anderen*

pre|ti|ös ⟨Adj.; geh.⟩ = *preziös*

pre|zi|ös ⟨Adj.; geh.⟩ oV *pretiös* **1** ⟨veraltet⟩ *kostbar, wertvoll* **2** *geziert, geschraubt, unnatürlich;* ein ~er Stil; eine ~e Ausdrucksweise

pri|ckeln ⟨V. 400⟩ **1 etwas prickelt (auf, gegen, in etwas)** *verursacht ein juckendes Gefühl, wie von vielen feinen Stichen;* kleine Eiskristalle ~ auf der Haut, gegen mein Gesicht; am ganzen Körper hat es geprickelt; seine Hände prickelten; Sekt, Selterswasser prickelt (mir) auf der Zunge; ein ~der Schmerz; etwas Prickelndes (für den Gaumen) • **1.1** ⟨Part. Präs.⟩ ~d ⟨fig.⟩ *(geschlechtlich) leicht erregend, reizend, beunruhigend;* ein ~des Gefühl; einen ~den Reiz verspüren; eine ~de Atmosphäre, Unruhe **2** *Sekt, Selterswasser prickelt perlt u. spritzt leicht*

Priel ⟨m.; -(e)s, -e⟩ *schmaler Wasserlauf im Watt*

Priem ⟨m.; -(e)s, -e⟩ *(Stück) Kautabak*

Pries|ter ⟨m.; -s, -⟩ **1** (i. w. S.) *mit bes. Vollmachten ausgestatteter Träger eines religiösen Amtes u. Vertreter der Gemeinde bei kultischen Handlungen;* Hohe~ **2** (i. e. S.) *kath. Geistlicher;* er wurde zum ~ geweiht

Prim ⟨f.; -, -en⟩ **1** ⟨kath. Kirche⟩ *morgendliche Gebetsstunde* **2** ⟨Mus.⟩ = *Prime*

pri|ma ⟨Adj. 11⟩ **1** ⟨Kaufmannsspr.; Abk.: pa., Ia⟩ *erstklassig, erster Güte, bester Qualität* **2** *etwas ist ~* ⟨umg.⟩ *ausgezeichnet, hervorragend; ~ Qualität; das hast du ~ gemacht* **3** *herrlich, großartig, sehr schön; das ist ~!* **4** *jmd. ist ~* ⟨umg.⟩ *tüchtig, prächtig; er ist ein ~ Kerl, Schüler*
Pri|ma|bal|le|ri|na ⟨f.; -, -ri|nen⟩ *erste Tänzerin eines Balletts*
Pri|ma|don|na ⟨f.; -, -don|nen⟩ **1** *Sängerin von Hauptrollen in der Oper* **2** ⟨abwertend⟩ *empfindliche, sich für etwas Besonderes haltende Person*
pri|mär ⟨Adj. 24⟩ **1** *unmittelbar entstanden, erst…* **2** *ursprünglich, Anfangs…* **3** *die Grundlage, Voraussetzung bildend;* Ggs *sekundär (1)*
Pri|mar|schu|le ⟨f.; -, -n; schweiz.⟩ = *Grundschule*
Pri|mat[1] ⟨m. od. n.; -(e)s, -e⟩ **1** *Vorrang, Vorzug, Vorherrschaft* **2** *Erstgeburtsrecht* **3** *Vorrangstellung (des Papstes als Oberhaupt der kath. Kirche)*
Pri|mat[2] ⟨m.; -en, -en; meist Pl.⟩ *Angehöriger einer Ordnung der Säugetiere, zu denen Halbaffen, Affen u. Menschen gerechnet werden*
Pri|me ⟨f.; -, -n⟩ **1** ⟨Mus.⟩ oV *Prim (2)* • **1.1** *erster Ton der diatonischen Tonleiter* • **1.2** *Intervall aus zwei Tönen derselben Tonhöhe* **2** ⟨Typ.⟩ *Signatur auf der ersten Seite des Druckbogens;* Ggs *Sekunde (2)*
Pri|mel ⟨f.; -, -n; Bot.⟩ *gezüchtete Form der Schlüsselblume: Primula*
pri|mi|tiv ⟨Adj.⟩ **1** *ursprünglich, dem Urzustand nahe* **2** *einfach, dürftig, unvollkommen; ~e Häuser, Geräte* **3** *geistig anspruchslos, wenig entwickelt; sie ist sehr ~; ein ~ geschriebenes Buch*
Prim|zahl ⟨f.; -, -en⟩ *nur durch 1 u. durch sich selbst teilbare ganze Zahl, z. B. 7, 13*
Prin|ter ⟨m.; -s, -; bes. EDV⟩ *Druckgerät, Drucker*
Prinz ⟨m.; -en, -en⟩ *nicht regierendes Mitglied eines Fürstenhauses*
Prin|zes|sin ⟨f.; -, -sin|nen⟩ *weibl., nicht regierendes Mitglied eines Fürstenhauses*
Prin|zip ⟨n.; -s, -pi|en od. (selten) -e⟩ *Grundsatz, Regel, Richtschnur; ~ien haben; es ist mein ~, mich nie sofort zu entscheiden; er hat sehr strenge ~ien; seinen ~ien treu bleiben; etwas aus ~ tun od. nicht tun; im ~ habe ich nichts dagegen; ein Mensch mit, von ~ien*
prin|zi|pi|ell ⟨Adj. 24⟩ **1** *grundsätzlich, im Prinzip; ~ bin ich einverstanden* **2** *aus Prinzip; das tue ich ~ nicht*
Pri|o|ri|tät ⟨f.; -, -en⟩ **1** *Vorrang, Vorrecht (bes. eines älteren Rechts vor dem jüngeren)* **2** ⟨Pl.⟩ *Wertpapiere, die vor anderen gleicher Art bevorzugt sind*
Pri|se ⟨f.; -, -n⟩ *kleine Menge, die man mit zwei Fingern fassen kann; eine ~ Salz*
Pris|ma ⟨n.; -s, Pris|men⟩ **1** ⟨Math.⟩ *Körper, der von zwei kongruenten n-Ecken (z. B. Drei-, Vierecken) u. n (z. B. drei, vier) Rechtecken od. Parallelogrammen begrenzt ist; gerades, schiefes ~* **2** ⟨Kristallographie⟩ *Körper in der Form eines Prismas (1)* **3** ⟨Optik⟩ *durchsichtiger, keilförmiger Körper in der Form eines Prismas (1), der zur Totalreflexion von Lichtstrahlen od. zu ihrer Zerlegung in Spektralfarben dient*

Prit|sche ⟨f.; -, -n⟩ **1** *flaches Schlagholz* **2** *schmales, bis auf den Griff mehrmals gespaltenes Holz als Schlag- u. Klapperinstrument des Hanswursts; Narren~* **3** *Holzschlegel zum Glätten von Lehmböden* **4** *Ladefläche auf Lastkraftwagen mit nach drei Seiten abklappbaren Seitenwänden* **5** *aus Holzbrettern zusammengefügte Liegestätte*
pri|vat ⟨[-vaːt] Adj.⟩ **1** *nicht öffentlich, Einzelnen vorbehalten; ~e Angelegenheiten;* Privat (Aufschrift an Türen); *~er Eingang* **2** *~e* **Meinung** *M., die jmd. als Einzelner, nicht als Vertreter seiner Gruppe od. als Inhaber eines Amtes äußert* **3** *~e* **Information** *nicht öffentliche, persönliche, vertrauliche I.; ~e Mitteilung; jmdm. ~ sprechen wollen* **4** *~es* **Unternehmen** *einer oder mehreren Personen, nicht dem Staat od. einer Genossenschaft gehörendes U.; Privatgeschäft* **5** ⟨Getrennt- u. Zusammenschreibung⟩ • **5.1** *~* versichert = *privatversichert*
pri|vat|ver|si|chert *auch:* **pri|vat ver|si|chert** ⟨[-vaːt-] Adj. 24⟩ *bei einer privaten Krankenkasse versichert; wir sind ~; die Privatversicherten /* privat Versicherten
Pri|vi|leg ⟨[-vi-] n.; -s, -gi|en⟩ *besonderes Recht Einzelner od. einer gesellschaftlichen Gruppe*
pro ⟨Präp.⟩ **1** *für;* Ggs *kontra; ~ und kontra* • **1.1** *~ domo in eigener Sache; ~ domo sprechen* • **1.2** *~ forma nur der Form wegen, nur zum Schein* **2** *je; 5 Euro ~ Kopf, ~ Person, ~ Stunde, ~ Stück*
pro…, Pro… ⟨in Zus.⟩ **1** *vor, vorher, vorwärts; progressiv, Progression* **2** *für jmdn. od. etwas; proamerikanisch, Prorektor*
pro|bat ⟨Adj. 24/70; geh.⟩ *bewährt, (erfolgreich) erprobt; ~es Mittel*
Pro|be ⟨f.; -, -n⟩ **1** *Versuch (der eine bestimmte Fähigkeit od. Eigenschaft belegen soll), Untersuchung, Prüfung; Bewährungs~; Gedulds~; mit jmdm. od. einer Sache eine ~ machen; die ~ bestehen; jmdn. od. eine Sache einer ~ unterziehen; es käme auf eine ~ an; da hast du eine ~ seines Mutes, seiner Tapferkeit, Ausdauer gesehen; ein Auto ~* fahren; *sie muss heute ~* singen • **1.1** *etwas od. jmdn.* **auf ~** *nehmen versuchsweise* • **1.2** *jmdn. od. etwas* **auf ~ stellen** *prüfen; jmdn., jmds. Geduld auf eine ~, auf eine harte ~ stellen* • **1.3** *eine ~ von seinem Können* **ablegen** *sein Können zeigen, beweisen* • **1.4** *die ~* **aufs Exempel machen** *überprüfen, ob eine Behauptung, Überlegung, ein Resultat richtig ist* **2** *Übung vor einer Aufführung; Sing~; Theater~; die ~n für den „Faust" haben begonnen; heute ist um 10 Uhr ~; ich muss zur ~* **3** *Teil einer Gesamtmenge, der ihre Beschaffenheit anzeigt, Prüfungsstück; Waren~; Stoff~; Mineral~; Gewebs~; eine ~ entnehmen; sich eine ~ (einer Ware) kommen lassen; ich lege Ihnen eine ~ zur Ansicht bei*
pro|ben ⟨V. 402⟩ **(etwas)** *~ üben; ein Theaterstück, einen Sketch ~*
pro|bie|ren ⟨V.⟩ **1** ⟨500⟩ *etwas ~ versuchen; kannst du das auch? Ich hab es noch nicht probiert; den Kopfstand, das Radfahren, Schwimmen ~; lass mich (es) mal ~!; willst du es einmal ~?* • **1.1** *Probieren geht*

über Studieren ⟨Sprichw.⟩ *Praxis ist im Leben wichtiger als alle Theorie* • **1.2 Speisen** *~ ihren Geschmack prüfen, kosten;* ein Getränk, eine Soße ~ **2** ⟨400; Theat.⟩ *proben*

Pro|blem auch: **Prob|lem** ⟨n.; -s, -e⟩ *schwierige, ungelöste Aufgabe od. Frage;* ein ~ lösen; vor einem ~ stehen; das ist ein unlösbares ~; das ist kein ~ für mich

pro|ble|ma|tisch auch: **prob|le|ma|tisch** ⟨Adj.⟩ **1** *schwer zu lösen, schwierig;* das ist eine ~e Angelegenheit **2** *bedenklich, zweifelhaft, fraglich;* aufgrund der neuartigen Enthüllungen erscheint die Berichterstattung ~

Pro|ce|de|re ⟨n.; -, -; geh.⟩ *Vorgehen, Vorgehensweise, Verfahren, Prozedur;* oV Prozedere

Pro|dukt ⟨n.; -(e)s, -e⟩ **1** = *Erzeugnis (1)* ~ der Landwirtschaft; Industrie~; chemische, tierische, pflanzliche ~e; handwerkliche, landwirtschaftliche, maschinelle ~e; ~entwicklung **2** *Ergebnis menschlichen Bemühens;* ein geistiges, künstlerisches ~; das ist das ~ unserer Erziehung ⟨iron.⟩ **3** *Ergebnis der Multiplikation;* das ~ aus (von) drei mal vier ist zwölf

Pro|duk|ti|on ⟨f.; -, -en⟩ **1** *Herstellung, Erzeugung von Gütern, Waren mit Hilfe menschlicher Arbeit;* handwerkliche, landwirtschaftliche, literarische, maschinelle ~; in der ~ arbeiten **2** *(Gesamtheit der) Erzeugnisse*

Pro|du|zent ⟨m.; -en, -en⟩ **1** *jmd., der etwas (bes. Güter) produziert, Hersteller, Erzeuger* • **1.1** *jmd., der einen Film produziert;* Film~ **2** *grüne Pflanze, die organische Substanz aus anorganischer herstellt*

Pro|du|zen|tin ⟨f.; -, -tin|nen⟩ *weibl. Produzent*

pro|du|zie|ren ⟨V. 500⟩ **1 Güter, Waren** ~ *schaffen, hervorbringen, erzeugen* **2** ⟨Vr 3⟩ **sich** ~ *zeigen, was man kann (u. dabei die Aufmerksamkeit auf sich lenken)*

pro|fan ⟨Adj. 24/90⟩ **1** *weltlich, unkirchlich, nicht heilig* **2** *alltäglich (1)*

Pro|fes|si|o|nal ⟨Adj. 24/90⟩ ⟨m.; -s, -e; engl. [prɔfɛʃənəl] m.; -s, -s; Kurzw.: Profi⟩ *Berufssportler*

pro|fes|si|o|nell ⟨Adj. 24/90⟩ **1** *als Beruf betrieben, beruflich;* ~e Tätigkeit • **1.1** ~er Sportler *Professional* **2** *mit großem Können ausgeführt, fachmännisch*

Pro|fes|sor ⟨m.; -s, -en; Abk.: Prof.⟩ **1** *beamteter Hochschullehrer;* Universitäts~; ~ der Germanistik, der Medizin; ordentlicher ~ ⟨Abk.: o. Prof.⟩; außerordentlicher ~ ⟨Abk.: a. o. Prof., ao. Prof.⟩ **2** ⟨Ehrentitel für⟩ *Gelehrter, Künstler* **3** ⟨schweiz., österr., früher auch in Dtschld. Titel für⟩ *Lehrer an einer höheren Schule;* Studien~ **4** *ein zerstreuter* ~ ⟨umg.; scherzh.⟩ *sehr zerstreuter Mensch*

Pro|fes|so|rin ⟨f.; -, -rin|nen⟩ *weibl. Professor*

Pro|fi ⟨m.; -s, -s; umg.⟩ = *Professional*

Pro|fil ⟨n.; -s, -e⟩ **1** *Seitenansicht;* das ~ eines Gesichts; er wandte mir das, sein ~ zu; ein hübsches, klares, markantes, scharfes ~ haben (Person); jmdn., etwas im ~ darstellen, malen, zeichnen **2** *Umriß, Längsod. Querschnitt;* das ~ eines Eisenbahnwagens, Gebäudes **3** *vorspringendes Bauelement* **4** *senkrechter Schnitt durch die Erdoberfläche;* geologisches ~ **5** *Erhebungen aufweisende Oberfläche;* ~ von Reifen,

Schuhsohlen; Kreppsohlen mit ~ **6** ⟨Tech.⟩ *Höhe u. (od.) Breite einer Durchfahrt;* Brücken~ **7** ~ haben ⟨fig.⟩ *eine klare Richtung verfolgen, eine klare Haltung einnehmen;* der Verlag hat ein starkes ~

Pro|fit ⟨a. [-fɪt] m.; -(e)s, -e⟩ **1** *Gewinn, Vorteil, Nutzen;* ~ aus etwas schlagen, ziehen; mit, ohne ~ arbeiten; ~ von etwas haben **2** ⟨Getrennt- u. Zusammenschreibung⟩ • **2.1** ~ bringend = *profitbringend*

pro|fit|brin|gend auch: **Pro|fit brin|gend** ⟨Adj.⟩ *profitabel, einträglich, gewinnbringend;* ein ~es Geschäft

pro|fi|tie|ren ⟨V. 405⟩ (von etwas ~) *Gewinn erzielen, Nutzen haben*

pro|fund ⟨Adj.⟩ **1** *gründlich, umfassend;* ~e Kenntnisse **2** ⟨Med.⟩ *tief (liegend)*

Pro|gno|se auch: **Prog|no|se** ⟨f.; -, -n⟩ *Voraussage aufgrund wissenschaftlicher Daten od. Erkenntnisse, wie eine Entwicklung vor sich gehen wird;* die ~ für eine Krankheit stellen; Wetter~

prog|nos|ti|zie|ren auch: **prog|nos|ti|zie|ren** ⟨V. 500⟩ etwas ~ *voraussagen;* eine Entwicklung ~

Pro|gramm ⟨n.; -(e)s, -e⟩ **1** *Folge der Darbietungen bei Veranstaltungen, Sendungen im Rundfunk;* Rundfunk~, Sende~, Film~, Theater~; das ~ der Woche; auf dem ~ stehen tänzerische Darbietungen • **1.1** *Blatt od. Heft mit dem Programm (1);* ein ~ kaufen, mitnehmen **2** *Angebot von Waren = Sortiment (1);* Möbel~ **3** *Plan, Pläne, Vorhaben;* hast du für heute Abend ein ~?; jmds. ~ stören; das passt mir nicht in mein ~ • **3.1** *das steht nicht in unserem* ~ ⟨a. fig.⟩ *das beabsichtigen wir nicht* • **3.2** *öffentlich verkündete Gesamtheit der Tätigkeiten u. Ziele einer politischen Partei;* Partei~, Godesberger ~; ein ~ aufstellen, verkünden **4** ⟨EDV; Kyb.⟩ *eindeutige Anweisung an eine Maschine, bestimmte Aufgaben in einer bestimmten Reihenfolge zu erfüllen;* ein benutzerfreundliches ~ entwickeln; ~ zur Textverarbeitung

pro|gram|mie|ren ⟨V. 500⟩ **1** einen **Computer** ~ *ein Programm für einen C. aufstellen* **2** ⟨550⟩ **jmdn. auf etwas** ~ *(im Voraus) festlegen, vorgeben, (auf ein bestimmtes Ziel) hinlenken;* auf Erfolg programmiert sein; die Zuschauer sind auf Spannung programmiert

Pro|gram|mie|rer ⟨m.; -s, -; EDV; Berufsbez.⟩ *jmd., der Programme schreibt u. Computer programmiert*

Pro|gram|mie|re|rin ⟨f.; -, -rin|nen⟩ *weibl. Programmierer*

Pro|gres|si|on ⟨f.; -, -en⟩ **1** ⟨geh.; bes. Wirtsch.⟩ *(stufenweise) Steigerung, Weiterentwicklung, Zunahme* **2** *Zunahme des prozentualen Steuersatzes bei Zunahme der zu versteuernden Werte;* Steuer~

Pro|jekt ⟨n.; -(e)s, -e⟩ **1** *Plan, Programm, Vorhaben, Absicht* **2** = *Entwurf (1)* **3** ⟨Päd.⟩ *Vorhaben im Schulunterricht, wobei die Schüler aktiv an der Lösung eines Problems mitarbeiten*

Pro|jek|til ⟨n.; -s, -e⟩ = *Geschoss*

Pro|jek|ti|on ⟨f.; -, -en⟩ **1** ⟨Math.⟩ *die Abbildung räumlicher Gebilde auf einer Ebene* **2** ⟨Kartogr.⟩ *die Darstellung der gekrümmten Erdoberfläche auf einer Ebene* **3** ⟨Opt.⟩ *die vergrößerte Abbildung durchsichtiger*

projizieren

od. undurchsichtiger Bilder mittels Lichtstrahlen auf einer hellen Fläche

pro|ji|zie|ren ⟨V. 500⟩ **1** einen **Körper** ~ *auf einer Fläche zeichnerisch darstellen* **2** ein **Lichtbild** ~ *auf eine Bildwand werfen*

pro|kla|mie|ren ⟨V. 500⟩ etwas ~ *öffentlich bekanntmachen, feierlich verkünden, einen Aufruf erlassen über*

Pro-Kopf-Ver|brauch ⟨m.; -(e)s; unz.⟩ *Verbrauch (einer bestimmten Sache) pro Person, durchschnittlicher Verbrauch jedes Einzelnen;* der ~ *an Butter*

Pro|le|ta|ri|er ⟨m.; -s, -⟩ **1** (im alten Rom) *Angehöriger der Klasse, die nicht besteuert wurde, da ihr Vermögen den Mindestsatz nicht erreichte* **2** ⟨nach Marx u. Engels⟩ *Lohnarbeiter ohne Besitz an Produktionsmitteln*

Pro|log ⟨m.; -(e)s, -e⟩ *Einleitung, Vorrede, Vorwort;* Ggs *Epilog*

Pro|me|na|de ⟨f.; -, -n⟩ **1** ⟨veraltet⟩ = *Spaziergang* **2** *Spazierweg, meist mit Grünanlagen*

Pro|mil|le ⟨n. 7; -s, -⟩ **1** *ein Teil vom Tausend, ein Tausendstel* • **1.1** ⟨umg.⟩ *Anteil des Alkohols im Blut in Promille (1) gemessen;* der Unfallfahrer hatte 1,8 ~

pro|mi|nent ⟨Adj.⟩ *hervorragend, bedeutend, allgemein bekannt, maßgebend, tonangebend;* ~e *Persönlichkeit;* Prominente treffen

Pro|mi|nenz ⟨f.; -, -en⟩ **1** ⟨unz.⟩ *Gruppe der prominenten Personen (eines bestimmten Bereiches);* die gesamte politische ~ war anwesend **2** ⟨unz.⟩ *Prominentsein (einer Person)*

Pro|mo|tion¹ ⟨f.; -, -en⟩ **1** *Verleihung der Doktorwürde* • **1.1** ⟨österr.⟩ *akademische Feier zur Verleihung der Doktorwürde* **2** ⟨schweiz.⟩ • **2.1** *Versetzung in die nächste Klasse* • **2.2** *Beförderung, Vorrücken in eine höhere Leistungsgruppe*

Pro|mo|tion² ⟨[-mouʃən] f.; -, -s⟩ *(durch Werbemaßnahmen unterstützte) Absatz-, Verkaufsförderung*

pro|mo|vie|ren ⟨[-vi:-] V.⟩ **1** ⟨400⟩ *die Doktorwürde erlangen* • **1.1** *die Doktorarbeit, Dissertation schreiben;* über Thomas Mann ~ **2** ⟨500⟩ jmdn. ~ *jmdm. die Doktorwürde verleihen*

prompt ⟨Adj.⟩ **1** *rasch, unmittelbar, sofort;* ~e *Erledigung eines Auftrags;* ich ließ ihn einen Augenblick los und ~ fiel er hin **2** = *schlagfertig (2)* eine ~e Antwort; „...!", erwiderte er ~; und ~ kam die Antwort ... **3** *ohne zu überlegen;* sie wollten mich veralbern und ich bin auch ~ darauf hereingefallen

Pro|no|men ⟨n.; -s, - od. -mi|na; Gramm.⟩ *Vertreter einer Klasse von Wörtern, die entweder anstelle eines Namens stehen, der Sprecher u. Hörer bekannt ist u. in der Rede nicht wiederholt werden soll, od. die auf bestimmte Individuen der mit einem folgenden Namen benannten Klasse von Sachen hinweisen;* Sy *Fürwort;* Personal~, Indefinit~, Possessiv~, Relativ~, Interrogativ~, Demonstrativ~

Pro|pa|gan|da ⟨f.; -; unz.; meist abwertend⟩ *werbende Tätigkeit für Ziele, bes. auf politischem Gebiet*

pro|pa|gie|ren ⟨V. 500⟩ etwas ~ *für etwas Propaganda machen, für etwas werben*

Pro|pan ⟨n.; -s; unz.; Chem.⟩ *(als Brenngas verwendeter) aliphatischer, gasförmiger Wasserstoff, der aus Erdgas u. bei der Erdölraffination gewonnen wird;* ~gas

Pro|pel|ler ⟨m.; -s, -⟩ *Antriebsgerät aus zwei od. mehr symmetrisch angeordneten, um eine gemeinsame Achse drehbaren, klingenförmigen Flächen (für Luftfahrzeuge od. Schiffe), Luft-, Schiffsschraube*

pro|per ⟨Adj.⟩ **1** *ordentlich, sauber, ansprechend;* ~ gekleidet **2** *wohlgenährt, gesund;* ein ~es Baby

Pro|phet ⟨m.; -en, -en⟩ **1** *jmd., der etwas Zukünftiges vorhersagt* **2** *Verkünder u. Deuter einer göttlichen Botschaft* **3** (im Islam Bez. für) *Mohammed* **4** der ~ *gilt nichts in seinem Vaterlande* (nach Matth. 13,57) *in der näheren Umgebung werden bedeutende Leistungen oft nicht anerkannt*

pro|phe|zei|en ⟨V. 503⟩ (jmdm.) etwas ~ **1** = *weissagen* **2** *in der Art eines Propheten (2) verkünden*

Pro|phy|la|xe ⟨f.; -, -n⟩ *Vorbeugung, Verhütung von Krankheiten*

Pro|por|ti|on ⟨f.; -, -en⟩ **1** *Größenverhältnis;* die Zeichnung ist in den ~en falsch, richtig **2** gute ~en haben ⟨umg.⟩ *eine Figur mit gut ausgewogenen Formen*

Pro|porz ⟨m.; -es, -e; Pol.⟩ *Verteilung der Sitze od. Ämter nach dem Verhältniswahlsystem*

Propst ⟨m.; -(e)s, Pröps|te⟩ **1** ⟨kath. Kirche⟩ *Leiter der äußeren Angelegenheiten eines Kapitels od. Stifts;* Dom~; Stifts~ **2** ⟨evang. Kirche⟩ *hoher Amtsträger*

Pro|sa ⟨f.; -; unz.⟩ **1** *nicht durch Verse, Rhythmus od. Reim gebundene Sprachform;* Ggs *Poesie (1.1);* Poesie und ~; er schreibt eine gute ~ ⟨fig.; geh.⟩ *Nüchternheit, Nüchternes;* Ggs *Poesie (2);* die ~ des Alltags

pro|sit! ⟨Int.; Trinkspruch⟩ oV *prost* **1** *wohl bekomm's, zum Wohl!;* ein Prosit ausbringen **2** ~ **Neujahr!** *ein glückliches neues Jahr!*

Pros|o|die auch: **Pro|so|die** ⟨f.; -, -n⟩ **1** ⟨Lit.⟩ *Lehre von der Behandlung der Sprache im Vers* • **1.1** ⟨antike Metrik⟩ *Lehre vom Maß der Silben u. der Tonhöhe* **2** ⟨Mus.⟩ *Verhältnis zwischen Ton u. Wort, Betonung mit Hilfe von Musik u. Rhythmus*

Pro|spekt auch: **Pros|pekt** ⟨m. od. österr. a. n.; -(e)s, -e⟩ **1** *in der Form eines senkrecht halbierten Zylinders gespannte Leinwand als hinterer Abschluss des Bühnenraumes mit darauf gemalter od. projizierter Landschaft bei Szenen im Freien;* Sy *Horizont (4)* **2** *meist perspektivisch übertriebene Ansicht, bildliche Darstellung (von Gebäuden, Straßen, Plätzen)* **3** *meist bebilderte Werbeschrift, Broschüre* **4** *Preisliste* **5** *das kunstvoll gestaltete Gehäuse des Pfeifenwerks der Orgel*

pro|spe|rie|ren auch: **pros|pe|rie|ren** ⟨V. 400; bes. Wirtsch.⟩ etwas prosperiert *gedeiht, entwickelt sich gut;* ein ~des Unternehmen

prost! ⟨Int.⟩ = *prosit*

◆ Die Buchstabenfolge **pro|st**... kann in Fremdwörtern auch **pros|t**... getrennt werden.

◆ **Pro|sta|ta** ⟨f.; -, -tae [-tɛ:]⟩ *beim Mann u. beim männl. Säugetier am Anfang der Harnröhre gelegene Drüse;* Sy *Vorsteherdrüse*

◆ **Pro|sti|tu|ier|te(r)** ⟨f. 2 (m. 1)⟩ *jmd., der Prostitution betreibt*
◆ **Pro|sti|tu|ti|on** ⟨f.; -; unz.⟩ *Geschlechtsverkehr gegen Bezahlung als Gewerbe;* der ~ nachgehen; zur ~ gezwungen werden

Prot|ago|nist *auch:* **Pro|ta|go|nist** ⟨m.; -en, -en⟩ **1** *der erste Schauspieler im altgriechischen Theater* **2** *handelnde Person, Hauptfigur, zentrale Gestalt (im Roman, Schauspiel usw.)* **3** ⟨fig.⟩ *Vorkämpfer, Vorreiter (für eine Sache)*

Pro|te|gé ⟨[-ʒeː] m.; -s, -s⟩ *jmd., der protegiert wird, Schützling, Günstling*

pro|te|gie|ren ⟨[-ʒiː-] V. 500; geh.; häufig abwertend⟩ **jmdn.** ~ *schützen, begünstigen, fördern;* einen jungen Künstler ~

Pro|te|in ⟨n.; -s, -e; Biochem.⟩ = *Eiweiß (2)*

Pro|tek|ti|on ⟨f.; -; unz.⟩ *Schutz, Förderung, Gönnerschaft*

Pro|test ⟨m.; -(e)s, -e⟩ **1** *Einspruch, Widerspruch;* ~ erheben (gegen); unter ~ den Saal verlassen; die Vorlesung wurde unter lautem ~ aller Anwesenden abgebrochen • **1.1** einen Wechsel zu ~ gehen lassen *feststellen lassen, dass ein W. nicht angenommen od. nicht eingelöst worden ist* **2** *Beurkundung der vergeblichen Präsentation eines Wechsels auf diesem selbst od. auf einem angefügten Blatt;* ~ mangels Annahme od. Zahlung

Pro|tes|tant ⟨m.; -en, -en⟩ *Angehöriger einer evangelischen Kirche*

Pro|tes|tan|tin ⟨f.; -, -tin|nen⟩ *weibl. Protestant*

pro|tes|tan|tisch ⟨Adj. 24⟩ *zum Protestantismus gehörend, ihn betreffend, auf ihm beruhend*

Pro|tes|tan|tis|mus ⟨m.; -; unz.⟩ *Gesamtheit der aus der Reformation hervorgegangenen christlichen Kirchen*

pro|tes|tie|ren ⟨V. 400⟩ *widersprechen, Einspruch, Protest einlegen*

Pro|the|se ⟨f.; -, -n⟩ **1** ⟨Med.⟩ *künstlicher Ersatz für ein fehlendes Glied* • **1.1** *Zahnersatz* **2** ⟨Gramm.⟩ *Voransetzen eines Lautes vor den Anfang des Wortes im Laufe der Sprachentwicklung, z. B. frz. „esprit" aus lat. „spiritus"*

pro|the|tisch ⟨Adj.⟩ **1** *eine Prothese betreffend, mit ihrer Hilfe, ersetzend;* ~e Zahnmedizin **2** ⟨Gramm.⟩ *auf Prothese (2) beruhend*

Pro|to|koll ⟨n.; -s, -e⟩ **1** *gleichzeitig erfolgende od. erfolgte (wortgetreue) Niederschrift einer Verhandlung od. eines Verhörs;* ~ eines Prozesses; ein ~ aufnehmen; das ~ führen; aus dem ~ geht hervor, dass …; laut ~ hat der Angeklagte …; eine Aussage zu ~ geben, zu ~ nehmen **2** *Gesamtheit der Regeln für Höflichkeit u. angemessene Form im diplomat. Verkehr, diplomat. Etikette;* das ~ schreibt vor, dass …
• **2.1 Chef** des ~s *Diplomat, der für die Einhaltung des Protokolls verantwortlich ist*

Pro|ton ⟨n.; -s, -to|nen; Zeichen: p⟩ *positiv geladenes Elementarteilchen, zusammen mit dem Neutron Baustein von Atomkernen*

Pro|to|plas|ma ⟨n.; -s; unz.; Biol.⟩ *die von der Zellmembran umhüllte grundlegende Substanz der lebenden Zelle;* Sy *Plasma (1)*

Pro|to|typ ⟨m.; -s, -en⟩ **1** *Urbild, Vorbild, Muster, Inbegriff;* der ~ eines erfolgreichen Managers **2** *erste Fertigung (vor der Serienherstellung) einer Maschine, eines Kraftfahrzeugs o. Ä.*

Protz ⟨m.; -es, -e; umg.; abwertend⟩ **1** *jmd., der mit etwas protzt, Angeber, Wichtigtuer;* Kraft~ **2** ⟨unz.⟩ *übertriebener Prunk, zur Schau gestellter Reichtum*

prot|zen ⟨V. 405; umg.; abwertend⟩ *prahlen, plump wichtigtun;* mit seinen Erfolgen, seinem Geld, seiner Kraft ~

Pro|vi|ant ⟨[-vi-] m.; -s; unz.⟩ *Lebensmittel für einen begrenzten Zeitraum;* Reise~

Pro|vinz ⟨[-vɪnts] f.; -, -en⟩ **1** *Landesteil, Verwaltungsbezirk* **2** ⟨fig.⟩ *ländliche Gegend im Unterschied zur Stadt;* aus der ~ kommen, stammen

pro|vin|zi|ell ⟨[-vɪn-] Adj.; meist abwertend⟩ *kleinstädtisch-ländlich, beschränkt (bezüglich der Bildung, Kultur, Meinungen usw.)*

Pro|vi|si|on ⟨[-vi-] f.; -, -en⟩ **1** *Vermittlungsgebühr;* für die Vermittlung eines Auftrags eine ~ bekommen **2** *Vergütung durch prozentualen Gewinnanteil;* auf ~ arbeiten

pro|vi|so|risch ⟨[-vi-] Adj.⟩ *vorübergehend, vorläufig, behelfsmäßig*

pro|vo|kant ⟨[-vo-] Adj.⟩ *provozierend, herausfordernd;* ein ~es Benehmen; ~e Äußerungen

pro|vo|zie|ren ⟨[-vo-] V. 500⟩ **1** etwas ~ *heraufbeschwören, hervorrufen;* eine Krankheitserscheinung ~ **2** jmdn. ~ *zu einer unbedachten Handlung veranlassen, herausfordern;* Widerstand, Widerspruch ~ • **2.1** ein solches Verhalten wirkt ~d *herausfordernd*

Pro|ze|de|re ⟨n.; -, -; geh.⟩ = *Procedere*

Pro|ze|dur ⟨f.; -, -en⟩ **1** *(langwieriger, schwieriger) Vorgang, (mühsam durchgeführtes) Verfahren;* eine ~ über sich ergehen lassen **2** ⟨EDV⟩ *als Programm formulierte Anweisung, die mehrfach od. auch in anderen Programmen als Unterprogramm verwendet werden kann*

Pro|zent ⟨n. 7; -(e)s, -e; Abk.: p. c.; Zeichen: %⟩ **1** *Hundertstel;* 10 % Bedienungszuschlag; der Wein enthält 13 % Alkohol; es waren höchstens 75 % aller Mitglieder anwesend; das Kapital verzinst sich mit 4 % **2** ~e für eine Arbeit bekommen *einen nach Prozenten berechneten Gewinnanteil* **3** ⟨nur Pl.⟩ ~e (beim Verkauf einer Ware) = *Rabatt*

Pro|zess ⟨m.; -es, -e⟩ **1** *Gerichtsverfahren, Rechtsstreit;* in dem ~ X gegen Y; einen ~ gegen jmdn. führen; einen ~ gewinnen, verlieren • **1.1** jmdm. den ~ machen *jmdn. verklagen;* →a. *kurz (4.9- 4.9.2)* **2** *Vorgang, Verlauf;* Entwicklungs~, Fäulnis~, Wachstums~; ein langwieriger, schwieriger, schneller ~
• **2.1 (chemischer)** ~ *Vorgang bei der Umwandlung von Stoffen*

Pro|zes|si|on ⟨f.; -, -en⟩ **1** ⟨kath. Kirche⟩ *feierlicher Umzug der Geistlichen u. der Gemeinde;* Fronleichnams~ **2** ⟨allg.⟩ *feierlicher Aufzug, Umzug*

prü|de ⟨Adj.⟩ jmd. ist ~ *übertrieben sittsam, zimperlich (in sexuellen Dingen)*

prü|fen ⟨V.⟩ **1** ⟨505/Vr 7 od. Vr 8⟩ **jmdn. (in etwas)** ~

Prüfling

Prüfling *jmds. Fähigkeiten, Eigenschaften feststellen;* gründlich, gewissenhaft ~; einen Examenskandidaten, Schüler ~; einen Schüler in Deutsch, Englisch, Mathematik ~ • 1.1 ⟨550/Vr 7 od. Vr 8⟩ **jmdn. auf etwas (hin)** ~ *feststellen, ob jmd. bestimmte Fähigkeiten, Eigenschaften hat;* alle Bewerber wurden auf Reaktionsschnelligkeit geprüft • 1.2 ⟨500/Vr 3⟩ **sich** ~ *sein Gewissen erforschen* • 1.3 ⟨Passiv⟩ er ist vom Leben schwer geprüft ⟨fig.⟩ er hat viel Schweres erleben müssen **2** ⟨505⟩ **etwas (auf etwas)** ~ *die Beschaffenheit (in Bezug auf etwas) erkunden, feststellen, untersuchen;* der Juwelier prüfte den vorgelegten Schmuck (auf seine Echtheit); den Geschmack einer Speise ~ • **2.1** *die Richtigkeit, ordnungsgemäße Beschaffenheit, Leistungsfähigkeit (in Bezug auf etwas) erkunden, feststellen, untersuchen;* eine Rechnung ~; eine Maschine ~; eine Ware (auf ihren einwandfreien Zustand) ~; eine Behauptung (auf ihre Wahrheit) ~
Prüf|ling ⟨m.; -s, -e⟩ *jmd., der geprüft wird, Prüfungskandidat*
Prüf|stein ⟨m.; -(e)s, -e; fig.⟩ *Probe, die jmdm. die Gelegenheit bietet, sich zu bewähren, etwas zu beweisen;* diese Aufgabe ist ein ~ für seine Leistungsfähigkeit, Ehrlichkeit, Zuverlässigkeit
Prü|fung ⟨f.; -, -en⟩ **1** *Feststellung der Fähigkeiten, die eine Person im Rahmen einer Ausbildung erworben hat od. die für eine zukünftig auszuübende Tätigkeit erforderlich sind, Examen;* Abschluss~; Eignungs~; Zwischen~; eine leichte, schwere, strenge ~; die mündliche, schriftliche ~; eingehende, gründliche, sorgfältige ~; juristische, medizinische, philologische ~; eine ~ abhalten; eine ~ ablegen; eine ~ bestehen; sich einer ~ unterziehen; sich auf eine ~ vorbereiten; durch die ~ fallen; für die ~(en) arbeiten; in der ~ durchfallen **2** ⟨fig.⟩ *Heimsuchung, schwerer Schicksalsschlag;* (schwere) ~en durchmachen, durchstehen **3** *das Prüfen (2.1), Ergebnis des Prüfens (2.1);* Sy Kontrolle (2)
Prü|gel ⟨m.; -s, -⟩ **1** *Stock, Knüppel;* einen ~ in die Hand nehmen; mit einem ~ auf jmdn. einschlagen **2** ⟨nur Pl.; umg.⟩ *Schläge;* jmdm. eine Tracht ~ verabreichen; ~ bekommen, beziehen, kriegen; komm her, oder es gibt, setzt ~!
prü|geln ⟨V. 500⟩ **1** *jmdn.* od. *ein Tier* ~ *(mit einem Stock) heftig schlagen* **2** ⟨Vr 8⟩ **sich** ~ *sich heftig schlagen, schlagend miteinander kämpfen;* er prügelte sich mit seinem Freund
Prunk ⟨m.; -(e)s; unz.⟩ *Pracht, üppig zur Schau gestellter Reichtum, übertriebener Luxus;* der ~ dieses Schlosses, Raumes; kalter, leerer, steifer ~
prunk|voll ⟨Adj.⟩ *prächtig, üppig, übertrieben luxuriös;* ein ~er Raum
prus|ten ⟨V.⟩ **1** ⟨400⟩ *mehrmals kräftig u. hörbar den Atem durch den Mund u. die Nase ausstoßen, heftig schnauben, schnaufen;* jmdm. Wasser ins Gesicht ~; der alte Mann prustete wie ~d; das Pferd prustete • 1.1 ⟨414⟩ **vor Lachen** ~ *mit einem blasenden Geräusch lachen, mit Lachen losplatzen*
Psalm ⟨m.; -s, -en⟩ *geistliches Lied aus dem Buch der Psalter (1)*

Psal|ter ⟨m.; -s, -⟩ **1** *Buch der 150 geistlichen Lieder des Alten Testaments* **2** ⟨Mus.⟩ = *Hackbrett (2)* **3** *Blättermagen der Wiederkäuer*
pseud..., Pseud... ⟨in Zus.⟩ = *pseudo..., Pseudo...*
pseu|do..., Pseu|do... ⟨vor Vokalen⟩ pseud..., Pseud... ⟨in Zus.⟩ *schein..., Schein..., vorgetäuscht, unecht;* pseudowissenschaftlich, Pseudokrupp
Pseud|onym *auch:* **Pseu|do|nym** ⟨n.; -s, -e⟩ = *Deckname (bes. von Schriftstellern)*
psych..., Psych... ⟨in Zus.⟩ = *psycho..., Psycho...*
Psy|che ⟨f.; -, -n⟩ **1** *Seele, seelisches u. geistiges Leben* **2** ⟨österr.⟩ *dreiteiliger Spiegel*
Psych|ia|trie *auch:* **Psy|chi|at|rie** ⟨f.; -; unz.⟩ **1** *Fachgebiet der Medizin, das sich mit der Erkennung u. Behandlung psychischer Störungen u. Geisteskrankheiten befasst* **2** ⟨umg.⟩ *psychiatrische Klinik;* jmdn. in die ~ einweisen
psy|chisch ⟨Adj. 24⟩ *die Psyche betreffend, zu ihr gehörend, seelisch*
psy|cho..., Psy|cho... ⟨vor Vokalen⟩ psych..., Psych... ⟨in Zus.⟩ *seelisch, Seelen...;* psychoanalytisch, psychotherapeutisch, Psychodrama, Psychothriller
Psy|cho|ana|ly|se ⟨f.; -, -n⟩ **1** ⟨unz.⟩ *Methode zur Erkennung u. Heilung psychischer Krankheiten, Störungen u. Fehlleistungen durch Bewusstmachen der ins Unterbewusstsein verdrängten Komplexe* **2** ⟨zählb.⟩ *Untersuchung u. Behandlung nach der Methode der Psychoanalyse (1)*
Psy|cho|lo|ge ⟨m.; -n, -n⟩ **1** *Wissenschaftler, Student auf dem Gebiet der Psychologie* **2** *jmd., der Menschen zu beobachten u. entsprechend zu behandeln versteht;* er ist ein guter, schlechter ~
Psy|cho|lo|gie ⟨f.; -; unz.⟩ *Wissenschaft vom Seelenleben*
Psy|cho|lo|gin ⟨f.; -, -gin|nen⟩ *weibl. Psychologe*
psy|cho|lo|gisch ⟨Adj. 24⟩ **1** *die Psychologie betreffend, auf ihr beruhend, mit ihrer Hilfe, seelenkundlich;* das ist ~ falsch, richtig (gedacht, gehandelt, geurteilt); in einer Sache ~ vorgehen **2** ~e **Kriegführung** *K. durch psychische Beeinflussung von Freund u. Feind zur Erlangung bestimmter politischer, propagandistischer od. wirtschaftlicher Ziele*
Psy|cho|se ⟨f.; -, -n⟩ *psychische Erkrankung, seelische Krankheit;* eine ~ entwickeln
Pu|ber|tät ⟨f.; -; unz.⟩ *Entwicklungsphase junger Menschen während der Zeit des Eintritts in die Geschlechtsreife*

♦ Die Buchstabenfolge **pu|bl...** kann in Fremdwörtern auch **publ|...** getrennt werden.

♦ **Pu|bli|ci|ty** ⟨[pʌblɪsɪti] f.; -; unz.⟩ **1** *Bekanntheit (einer Person) in der Öffentlichkeit* **2** *Maßnahmen zur Stärkung der Publicity (1)*
♦ **Pu|blic Re|la|tions** ⟨[pʌblɪk rɪleɪʃənz] Pl.; Abk.: PR⟩ *Öffentlichkeitsarbeit*
♦ **pu|blik** ⟨Adj. 24/80⟩ **1** *öffentlich, allgemein bekannt* **2** ⟨Getrennt- u. Zusammenschreibung⟩ • 2.1 ~ machen = *publikmachen*
♦ **Pu|bli|ka|ti|on** ⟨f.; -, -en⟩ **1** ⟨unz.⟩ *das Publizieren,*

Veröffentlichen **2** *Veröffentlichung, im Druck erschienene Schrift, publiziertes Werk*

◆ **pu|blik|ma|chen** *auch:* **pu|blik ma|chen** ⟨V. 500⟩ *etwas ~ allgemein bekanntmachen;* eine Angelegenheit ~

◆ **Pu|bli|kum** ⟨n.; -s; unz.⟩ **1** *Allgemeinheit, Öffentlichkeit* ● **1.1** *Gesamtheit der an Kunst u. Wissenschaft interessierten Menschen;* er wendet sich mit seinen Büchern an ein großes, breites ~ **2** *Gesamtheit der Zuhörer, Besucher;* bei der Vorlesung, dem Vortrag war viel ~ anwesend; das ~ lachte, pfiff, schrie, tobte; er hat in den Kindern ein dankbares ~ für seine Späße; vor einem großen ~ sprechen ● **2.1** er **braucht** immer ein ~ ⟨umg.⟩ *er tut sich gern vor anderen hervor*

◆ **pu|bli|zie|ren** ⟨V. 500⟩ Nachrichten, **Informationen** ~ *veröffentlichen, bekanntmachen, bes. im Druck*

Puck ⟨m.; -s, -s⟩ **1** *Kobold, kleiner Dämon* **2** *kleine schwarze Hartgummischeibe für Eishockey*

Pud|ding ⟨m.; -s, -s od. -e⟩ **1** *warme, gestürzte, meist süße Speise, die im Wasserbad gegart wurde* **2** *einfache, kalte Süßspeise aus Milch od. Fruchtsaft, eingedickt mit Grieß, Stärkepulver o. Ä.*

Pu|del ⟨m.; -s, -⟩ **1** *kleine bis mittelgroße, gelehrige Hunderasse mit krausem, meist schwarzem, auch weißem, braunem od. grauem Fell;* Zwerg~; ein schwarzer, weißer ~ ● **1.1** wie ein **begossener** ~ dastehen, abziehen ⟨umg.⟩ *sehr beschämt, verlegen* **2** des ~s **Kern** ⟨fig.⟩ *das Wichtigste, Wesentliche der Sache (nach Goethe, „Faust" I, Studierzimmer)* **3** ⟨umg.⟩ *Fehler beim Kegeln*

Pu|der ⟨m.; -s, -⟩ *zur Körperpflege u. Heilung verwendetes feines Pulver auf der Grundlage von Talk¹, Stärke, Zinkoxid mit Zusätzen*

pu|dern ⟨V. 500⟩ **1** ⟨503/Vr 5⟩ **jmdn.** od. **(jmdm.) etwas** ~ *(zur Pflege) mit Puder bestäuben;* ein Baby, eine Wunde ~ **2** ⟨Vr 3⟩ **sich** ~ *sich das Gesicht mit Puder bestäuben*

Puff ⟨m. od. n.; -s, -s; umg.⟩ *Bordell*

puf|fen ⟨V. 400⟩ **etwas** pufft ⟨umg.⟩ *etwas stößt unter (leise) knallendem od. zischendem Geräusch Luft od. Rauch aus;* die Lokomotive, Dampfmaschine pufftte (schwarzen Qualm in die Luft); ein ~der Motor

Puf|fer ⟨m.; -s, -⟩ **1** *Vorrichtung zum Auffangen von Stößen an Schienenfahrzeugen* **2** ⟨kurz für⟩ *Kartoffelpuffer*

Pulk ⟨m.; -(e)s, -s od. -e⟩ *dicht gedrängte Menge von Menschen, Tieren, Fahrzeugen o. Ä.;* ein ~ Fahrradfahrer sauste vorbei

Pul|li ⟨m.; -s, -s; Kurzw. für⟩ *Pullover*

Pul|lo|ver *auch:* **Pul|lo|ver** ⟨[-vər] m.; -s, -⟩ *über den Kopf zu ziehendes, gestricktes Stück der Oberbekleidung*

Pull|un|der *auch:* **Pull|un|der** ⟨m.; -s, -⟩ *ärmelloser Pullover, Strickweste*

Puls ⟨m.; -es, -e⟩ *durch rhythmische Zusammenziehungen des Herzens u. dadurch stoßweises Einfließen des Blutes in die Arterien erzeugter leichter, an manchen Stellen des Körpers (Hals, Innenseite des Handgelenks) fühlbarer Schlag der Arterien;* jmdm. den ~ fühlen (am Handgelenk, um die Tätigkeit des Herzens zu prüfen); der ~ geht ruhig, langsam, schnell; der ~ hämmert, jagt, klopft, pocht; aussetzender, beschleunigter, fliegender, hämmernder, jagender, matter, regelmäßiger, schwacher, unregelmäßiger, verlangsamter ~

pul|sie|ren ⟨V. 400⟩ **etwas** pulsiert **1** *durch Schlagen, Klopfen, Strömen sein Leben zeigen;* das Blut pulsiert in den Adern ● **1.1** ⟨fig.⟩ *hin und her wogen;* ~des Leben in den Straßen, in der Stadt ● **1.2** ~**der Schmerz** *sich rhythmisch wiederholender S.* ● **1.3** ~**de Vakuole** *sich periodisch nach außen entleerendes, mit Flüssigkeit gefülltes Bläschen vieler Protozoen zur Ausscheidung u. zur Aufrechterhaltung des isotonischen Gleichgewichts* **2** ~**der Gleichstrom** *gleichgerichteter Wechselstrom, der keine weiteren Umwandlungen erfahren hat*

Puls|schlag ⟨m.; -(e)s, -schläge⟩ **1** *einzelner Schlag des Pulses;* jmds. Pulsschläge zählen **2** ⟨fig.⟩ *fühlbares, sichtbares Leben;* der ~ der Stadt

Pult ⟨n.; -(e)s, -e⟩ **1** *tischähnliches Gestell mit schräger Fläche;* Lese~, Noten~, Schreib~; am ~ sitzen, stehen; die Noten aufs ~ legen, stellen; der Redner trat hinter das ~ **2** *schräggedeckter Festungsgang*

Pul|ver ⟨[-vər] n.; -s, -⟩ **1** *staubfein zerteilter, fester Stoff* ● **1.1** *explosive Mischung aus pulverförmigen Stoffen, die bei der Verbrennung Gas entwickeln, das sich plötzlich stark ausdehnt, Schießpulver* ● **1.1.1** er hat sein ~ schon verschossen ⟨fig.⟩ *er hat seine Argumente schon alle (vorzeitig) in die Diskussion gebracht* ● **1.2** *Arznei in Pulverform;* Schlaf~; ein ~ einnehmen, verschreiben; blutstillendes ~ **2** ⟨fig.; umg.⟩ *Geld;* es fehlt mir am nötigen ~

Pul|ver|fass ⟨[-vər-] n.; -es, -fässer⟩ **1** ⟨urspr.⟩ *Fass mit Schießpulver* **2** ⟨heute nur fig. in den Wendungen⟩ ● **2.1 auf** einem ~ **sitzen** *sich in einer sehr gefährlichen Lage befinden* ● **2.2** ein **Funke im** ~ **sein** *der Anlass zu einem aufregenden Geschehen sein* ● **2.3** einem ~ **gleichen** *jederzeit die Gefahr eines Konflikts, Krieges in sich bergen*

Pu|ma ⟨m.; -s, -s; Zool.⟩ *gelblich bis silbergrau gefärbte Raubkatze: Puma concolor*

pum|me|lig ⟨Adj.; umg.⟩ *dicklich, rundlich, leicht korpulent;* ein ~es Kind

Pump ⟨m.; -s; unz.⟩ *das Borgen, Leihen, Pumpen²;* etwas auf ~ bekommen

Pum|pe ⟨f.; -, -n⟩ *Arbeitsmaschine od. -gerät zum Fördern von Flüssigkeiten u. Gasen;* Luft~, Wasser~; eine elektrische ~

pum|pen¹ ⟨V.⟩ **1** ⟨400⟩ *eine Pumpe betätigen;* jmd., die Maschine pumpt zu langsam **2** ⟨500⟩ **etwas** ~ *mittels Pumpe hervor-, heraufbringen;* Luft ~; Wasser ~; Wasser in einen Eimer ~; das Herz pumpt das Blut durch den Körper

pum|pen² ⟨V.umg.⟩ **1** ⟨531/Vr 1 od. Vr 2⟩ **sich etwas von jmdm.** ~ *entleihen, borgen;* ich habe von ihm 20 Euro gepumpt; ich möchte mir von dir dein Rad, deine Schuhe ~ **2** ⟨530⟩ **jmdm. etwas** ~ *ausleihen, jmdm. etwas (bes. Geld) leihen;* ich habe ihm 20 Euro gepumpt

Pumps ⟨[pœmps] m.; -, -⟩ *leichter, geschlossener, den*

Punk

Spann nicht bedeckender Damenschuh mit Absatz (ohne Schnürung od. Verschluss)

Punk ⟨[pʌŋk] m.; -s, -s; bes. in den 1970er u. 1980er Jahren⟩ **1** ⟨unz.⟩ *Protestbewegung Jugendlicher gegen die Gesellschaft, die bes. durch auffälliges Aussehen (z. B. grell gefärbte Haare, zerrissene Kleidung, Sicherheitsnadeln in der Haut u. Ä.) u. rüdes Benehmen zum Ausdruck kommt* **2** *Angehöriger des Punks (1);* Sy *Punker*

Pun|ker ⟨[pʌŋ-] m.; -s, -⟩ = *Punk (2)*

Pun|ke|rin ⟨[pʌŋ-] f.; -, -rin|nen⟩ *weibl. Punker*

Punkt ⟨m.; -(e)s, -e⟩ **1** *sehr kleiner Fleck, Tupfen;* die Bluse ist rot mit weißen ~en; das Flugzeug war nur noch als ~ am Himmel zu erkennen; ein Stoff, Kleid mit ~en **2** *kleines schriftliches Zeichen;* Doppel~; der ~ über dem i; ein Wort durch drei ~e ersetzen; einen ~ setzen, machen • 2.1 *Satzzeichen am Satzende u. bei manchen Abkürzungen* • 2.1.1 er redet **ohne ~ und Komma** ⟨fig.; umg.⟩ *ohne innezuhalten, unaufhörlich* • 2.1.2 nun mach mal einen ~! ⟨umg.⟩ *mach Schluss jetzt!, hör damit auf!* **2.2** ⟨Mus.⟩ *hinter einer Note gesetztes Zeichen, das die Note um ihren ½ Zeitwert verlängert* • 2.2.1 *über eine Note gesetztes Zeichen, das ein kurz abgestoßenes Spiel vorschreibt* **3** ⟨Typ.; Abk.: p⟩ *Maßeinheit von 0,376 mm für den Schriftsatz, den Zeilenabstand;* eine Zehn-~-Schrift; diese Schrift hat die Größe von 10 ~ **4** *gedachtes geometrisches Gebilde ohne Ausdehnung, gedacht als Stelle, an der sich zwei Linien schneiden;* die beiden Geraden schneiden sich in einem ~ **5** *bestimmter Ort, bestimmte Stelle;* die Linie verläuft von ~ A nach ~ C; an diesem ~ gabelt sich der Weg **6** *Zeitpunkt* • 6.1 ~ 12 Uhr **pünktlich um 12 Uhr** • 6.2 er kam **auf den ~** (**genau**) *pünktlich* **7** *Einheit der Bewertung (im Sport, bei Prüfungen);* Sieg, Niederlage nach ~en; den Gegner nach ~en schlagen; er bekam 20 ~e von 30 möglichen **8** ⟨fig.⟩ *Sache, Frage, Angelegenheit, Einzelheit;* ein strittiger ~; ein wunder ~; den empfindlichen ~ treffen; der schwierigste, wichtigste ~ der Sache ist …; wir kommen noch auf diesen ~ zurück; wir sind in allen ~en einer Meinung; es gibt in seiner Vergangenheit einige dunkle ~e • 8.1 etwas **auf** den ~ **bringen** ⟨fig.⟩ *das Wesentliche erörtern, entscheiden;* →a. *springen (3.5)* **9** *Abschnitt;* die einzelnen ~e eines Vertrages; ich bin jetzt an dem ~, an dem ich allein nicht weiterarbeiten kann; eine Angelegenheit, Arbeit ~ für ~ durchgehen; →a. *tot (5.4)*

punk|tie|ren ⟨V. 500⟩ **1** jmdm. ~ ⟨Med.⟩ *an jmdm. eine Punktion vornehmen* **2** etwas ~ *mit vielen Punkten versehen, durch Punkte andeuten;* eine punktierte Linie **3** ⟨Mus.⟩ *eine Note ~ durch einen Punkt hinter der Note ihren Wert um die Hälfte verlängern;* punktierter Rhythmus

Punk|ti|on ⟨f.; -, -en; Med.⟩ *Entnahme von Flüssigkeit od. Gewebe aus dem Körper mit einer Hohlnadel für diagnostische Zwecke;* Sy *Punktur*

pünkt|lich ⟨Adj.⟩ **1** *zur rechten Zeit, auf die Minute genau;* ~ um 3 Uhr; ~ ankommen, gehen **2** *gewissenhaft, genau;* es wird ~ erledigt; er ist immer sehr ~

Punk|tur ⟨f.; -, -en⟩ = *Punktion*

Punsch ⟨m.; -(e)s, -e⟩ *Getränk aus Rum od. Arrak mit Wasser od. Tee, auch Wein, u. Zucker, meist heiß getrunken*

Pu|pil|le ⟨f.; -, -n⟩ *die schwarze Öffnung der Regenbogenhaut des Auges, Sehloch*

Pup|pe ⟨f.; -, -n⟩ **1** *Nachbildung der Figur eines Menschen* • 1.1 *Kinderspielzeug in Form eines kleinen Menschen;* sie spielt mit ihrer ~ • 1.2 *Figur des Puppen- u. Kasperletheaters, Marionette;* Hand~; Kasper~ • 1.3 *Gebilde in Form einer menschlichen Gestalt od. des menschlichen Rumpfes zum Anprobieren od. Ausstellen von Kleidung;* Schaufenster~; Schneider~ **2** ⟨Zool.⟩ *Hülle, in der Insekten mit vollkommener Verwandlung ein Ruhestadium durchmachen;* ~n von Ameisen, Bienen, Schmetterlingen **3** *mehrere aufrecht zusammengestellte Getreidegarben* **4** ⟨fig.; umg.⟩ *weibl. Person* • 4.1 *Mädchen, Freundin;* sie ist seine ~ • 4.2 ⟨abwertend⟩ *aufgeputzte weibl. Person* **5** bis in die ~n schlafen, feiern ⟨umg.⟩ *sehr lange, bis in den Morgen hinein*

pur ⟨Adj.⟩ **1** ⟨70⟩ ~e **Metalle** *M. ohne Beimischung = rein¹ (1);* ~es Gold **2** ⟨80⟩ **Getränke** ~ trinken *unverdünnt* **3** ⟨60⟩ *weiter nichts als;* aus ~er Neugierde; es war ~er Zufall **4** ⟨60⟩ ~er **Wahnsinn** ⟨umg.⟩ *völliger, uneingeschränkter W.*

Pü|ree ⟨n.; -s, -s⟩ *Brei, Mus;* Kartoffel~

Pur|pur ⟨m.; -s; unz.⟩ *blaustichiger roter Farbstoff, ursprünglich aus den im Mittelmeer lebenden Purpurschnecken gewonnen*

Pur|zel|baum ⟨m.; -(e)s, -bäu|me⟩ *Rolle um die eigene Querachse auf dem Boden;* einen ~ machen, schlagen, schießen

pur|zeln ⟨V. 411(s.); umg.⟩ *fallen, hinfallen, stürzen (bes. von Kindern);* aus dem Bett ~; er purzelte in den Schnee

pu|schen ⟨V. 500⟩ = *pushen*

pu|shen ⟨[pʊʃən] V. 500⟩ etwas ~ *vorantreiben, in Schwung bringen;* oV *puschen*

Pus|te ⟨f.; -; unz.; umg.⟩ **1** *Atem;* ich habe keine ~ mehr • 1.1 ihm geht die ~ aus ⟨a. fig.⟩ *er ist in (finanziellen) Schwierigkeiten*

Pus|tel ⟨f.; -, -n⟩ = *Pickel²*

pus|ten ⟨V.; umg.⟩ **1** ⟨411⟩ *irgendwohin ~ blasen,* Luft ausstoßen; er pustete ins Feuer; in einen Luftballon ~; jmdm. (den Rauch) ins Gesicht ~; den Staub von einem Buch ~ • 1.1 ⟨530⟩ **jmdm. was, eins ~** ⟨fig.⟩ *jmds. Wunsch nicht erfüllen* **2** ⟨400⟩ *außer Atem sein, keuchen*

Pusz|ta ⟨f.; -; unz.⟩ *ungarische Grassteppe*

Pu|te ⟨f.; -, -n⟩ **1** *Truthenne* **2** ⟨fig.; umg.; Schimpfw.⟩ *Mädchen, Frau;* dumme ~!; eingebildete ~

Putsch ⟨m.; -(e)s, -e⟩ **1** *politischer Umsturz od. Umsturzversuch;* der ~ misslang; sich an einem ~ beteiligen **2** ⟨schweiz.⟩ *Stoß*

Put|te ⟨f.; -, -n; eindeutschend für⟩ *kleine Engelsfigur, Kindergestalt*

Putz ⟨m.; -es; unz.⟩ **1** ⟨veraltet⟩ *schmucke Kleidung;* sie gibt viel Geld für den ~ aus • 1.1 *Gegenstände zum Schmücken der Kleidung, Zierrat* **2** *Mauerbewurf,*

Mörtel; der ~ bröckelt von den Wänden; Mauern mit ~ verkleiden, bewerfen

put|zen ⟨V. 500⟩ **1 etwas** ~ *durch Reiben od. Wischen blankmachen;* Silber, Bestecke ~ • **1.1 Schuhe** ~ *eincremen u. blankreiben* • **1.2 Klinken** ~ ⟨fig.; umg.⟩ *von Tür zu Tür gehen (um etwas anzubieten, zu verkaufen)* **2 etwas** ~ *säubern, reinigen;* die Zähne ~; das Fenster ~ • 2.1 ⟨503/Vr 1⟩ (**sich**) die **Nase** ~ *schnäuzen* • 2.2 die **Kerze** ~ *den Docht der K. kürzer schneiden* **3** ⟨500/Vr 3⟩ **jmdn.** ~ *jmdn. schmücken, zieren, hübsch anziehen u. frisieren* • 3.1 den **Weihnachtsbaum** ~ *mit Christbaumschmuck behängen* **4** ⟨400; oberdt.⟩ *Räume, Zimmer, die Wohnung reinigen;* sie muss heute noch ~

Putz|frau ⟨f.; -, -en⟩ *Frau, die stundenweise gegen Entgelt Wohn- od. Geschäftsräume putzt;* Sy *Putzhilfe*

Putz|hil|fe ⟨f.; -, -n⟩ = *Putzfrau*

put|zig ⟨Adj.; umg.⟩ *drollig, erheiternd, spaßig;* ein ~es kleines Tierchen; das kleine Mädchen war ~; ~ aussehen

puz|zeln ⟨[pụz(ə)ln] od. [pʌz(ə)ln] V. 400⟩ *ein Puzzle machen*

Puz|zle *auch:* **Puzz|le** ⟨[pụz(ə)l] od. [pʌz(ə)l] n.; -s, -s⟩ *Geduldsspiel, bei dem viele Einzelteile zu einem Bild zusammengefügt werden müssen*

Py|ja|ma ⟨[pydʒaː:ma] m.; -s, -s od. n.; -s, -s⟩ = *Schlafanzug*

Py|ra|mi|de ⟨f.; -, -n⟩ **1** *geometrischer Körper mit einem Viereck als Basis u. dreieckigen Seitenflächen, die in einer Spitze zusammenlaufen* **2** *altägyptischer Grabbau in Form einer Pyramide (1)* **3** *nach oben sich verjüngendes, oft in mehreren Etagen gebautes, mit einem durch Kerzen angetriebenen Innenteil ausgestaltetes, einem Gebäude ähnelndes Spielzeug;* Weihnachts~

Py|thon|schlan|ge ⟨f.; -, -n; Zool.⟩ *Angehöriger einer Unterfamilie eierlegender Riesenschlangen:* Pythonina

Quack|sal|ber ⟨m.; -s, -; abwertend⟩ *(angeblicher) Arzt, der von seinem Handwerk nichts versteht;* Sy *Kurpfuscher*

Qua|der ⟨m.; -s, -⟩ **1** *rechteckig behauener (Stein-)Block* **2** ⟨Math.⟩ *Körper mit drei Paar kongruenten, in parallelen Ebenen liegenden Rechtecken als Oberfläche*

◆ Die Buchstabenfolge **qua|dr**... kann in Fremdwörtern auch **quad|r**... getrennt werden.

◆ **Qua|drat**[1] ⟨n.; -(e)s, -e⟩ **1** *Viereck mit vier gleichen Seiten u. vier rechten Winkeln* **2** ⟨Math.⟩ *die zweite Potenz; eine Zahl ins ~ erheben* • **2.1** *drei zum ~ zweite Potenz von drei = 3^2*

◆ **Qua|drat**[2] ⟨m.; -(e)s, -en; Typ.⟩ *Ausschluss verschiedener Länge u. Dicke*

◆ **Qua|drat|zen|ti|me|ter** ⟨m. od. n. 7; -s, -; Abk.: cm²⟩ *Flächenzentimeter; Viereck, dessen Seiten je 1 Zentimeter lang sind*

◆ **Qua|drille** ⟨[kvadrɪljə], a. [kadrɪljə], österr.: [kadrɪl] f.; -, -n⟩ **1** ⟨18. bis Anfang 20. Jh.⟩ *Tanz mit vier Tänzern od. Paaren, die sich in einem Viereck aufstellen* **2** ⟨Reitsp.⟩ *zu Musik gerittene (festliche) Dressurvorstellung von mindestens vier Reitern*

◆ **qua|dro|fon** ⟨Adj. 24⟩ *über vier Kanäle u. Lautsprecher wiedergegebene Stereophonie (2); oV quadrophon*

◆ **qua|dro|phon** ⟨Adj. 24⟩ = *quadrofon*

Quai ⟨[keː] m.; -s, -s⟩ = *Kai*

qua|ken ⟨V. 400⟩ **1** *ein* **Frosch,** *eine* **Ente** *quakt gibt Laut, schreit* **2** ⟨fig.; umg.⟩ *unaufgefordert reden, meckernd rufen; das Kind hat die ganze Zeit gequakt*

Qual ⟨f.; -, -en⟩ *großer körperlicher od. seelischer Schmerz, Pein; die ~ des bösen Gewissens, der Reue; körperliche, seelische ~en aushalten, ertragen müssen; jmdm. ~en bereiten; jmdm. seine ~en erleichtern; es ist mir eine ~, das ansehen, anhören zu müssen; er starb unter großen ~en; er wurde von seinen ~en erlöst, befreit;* →a. *Wahl (2.1)*

quä|len ⟨V. 500⟩ **1** ⟨Vr 7 od. Vr 8⟩ **jmdn.** od. *ein* **Tier** *~ peinigen, jmdm. od. einem Tier Qual, Schmerz zufügen; den Gefangenen ~; die Kinder quälten die Katze; die Reue quält ihn* • **1.1** *trübe Gedanken ~ mich beunruhigen mich* **2** *jmdn. ~* ⟨fig.⟩ *dauernd u. heftig bedrängen, mit Bitten verfolgen; das Kind quält mich schon seit Tagen, ich soll mit ihm in den Zirkus gehen* **3** ⟨505/Vr 3⟩ *sich* **(mit etwas)** *~ sich (bei etwas) anstrengen; er hat sich anfangs sehr ~ müssen; der Esel musste sich sehr ~, die schwere Last den Berg hinaufzutragen; ~der Durst, ~de Zweifel*

qua|li|fi|zie|ren ⟨V. 500⟩ **1** *jmdn. ~ befähigen, fähig machen (zu etwas), durch Unterricht u. Übung ausbilden u. entwickeln (für etwas); qualifizierte Arbeit leisten* • **1.1** ⟨Vr 3⟩ **sich** *~ sich ausbilden, sich durch Fleiß u. Übung entwickeln, sich als geeignet erweisen* **2 etwas** *~ als geeignet anerkennen* • **2.1** *qualifizierte* **Straftat** *unter erschwerenden Umständen begangene u. deshalb schwerer bestrafte S.* • **2.2** ⟨513⟩ **jmdn.** od. **etwas als** ... *~ beurteilen, einordnen, kennzeichnen; er qualifizierte ihn als begabten Künstler*

Qua|li|tät ⟨f.; -, -en⟩ →a. *Quantität* **1** *Art, Beschaffenheit* • **1.1** *Eigenschaft, Fähigkeit; auch er hat seine ~en; er hat besondere ~en* • **1.2** ⟨Phon.⟩ *Vokalfärbung, z. B. e gegenüber o* **2** *Sorte, Güte, Brauchbarkeit; ausgezeichnete, hervorragende, gute ~; beste, mittlere ~; von guter ~*

Qual|le ⟨f.; -, -n; Zool.⟩ *gallertartiges Meerestier, das in der Nähe des Meeresbodens von der Strömung getrieben schwimmt, Meduse*

Qualm ⟨m.; -(e)s; unz.⟩ **1** *dichter Rauch; Zigaretten~* • **1.1** ⟨oberdt.⟩ *ausströmender Dunst, Dampf*

qual|men ⟨V.⟩ **1** ⟨400⟩ *etwas qualmt gibt Qualm von sich, raucht stark; der Schornstein, die (eben) ausgelöschte Kerze qualmt* **2** ⟨400, fig.; umg.; meist abwertend⟩ *(stark, häufig) rauchen* **3** ⟨500⟩ **etwas** *~* ⟨umg.; meist abwertend⟩ *rauchen; eine Zigarre, Pfeife ~; er qualmt täglich 30 Zigaretten*

Quänt|chen ⟨n.; -s, -⟩ *ein wenig, eine kleine Menge; mit einem ~ Glück kann er den Wettbewerb gewinnen*

Quan|ti|tät ⟨f.; -, -en⟩ →a. *Qualität* **1** *Menge, Masse, Größe, Umfang* • **1.1** ⟨Phon.⟩ *Dauer der Vokale (Länge bzw. Kürze)* **2** *Anzahl*

Quan|tum ⟨n.; -s, Quan|ten od. Quan|ta⟩ *bestimmte Menge, Anzahl; ein großes, kleines ~; ein ordentliches, tüchtiges ~* ⟨umg.⟩

Qua|ran|tä|ne ⟨[ka-] f.; -, -n⟩ *Isolierung (von Personen od. Tieren) als Schutzmaßnahme gegen das Einschleppen od. Verbreiten von (epidemischen) Krankheiten*

Quark[1] ⟨m.; -s; unz.⟩ **1** *beim Gerinnen der Milch ausgefällter Käsestoff, (daraus gewonnenes) breiiges Nahrungsmittel; Sahne~, Kräuter~, Mager~; Kartoffeln mit ~* **2** ⟨fig.; umg.; abwertend⟩ *lächerliche Kleinigkeit, belanglose Sache; sich über jeden ~ aufregen; seine Nase in jeden ~ stecken* • **2.1** *einen ~ gar nichts; das geht dich einen ~ an; davon verstehst du einen ~* • **2.2** *Unsinn, Unfug, Quatsch; das ist doch (alles) ~!*

Quark[2] ⟨[kwɔːrk] n.; -s, -s; Phys.⟩ *grundlegender Baustein der Materie, Elementarteilchen*

Quart ⟨n.; -s, -⟩ = *Quarte*

Quar|tal ⟨n.; -s, -e⟩ **1** *Vierteljahr; erstes, zweites ~* • **1.1** **zum** *~ kündigen zum Ende des Quartals (1)*

Quar|tär ⟨n.; -s; unz.; Geol.⟩ *erdgeschichtliche Gegenwart, jüngster Zeitraum der Erdgeschichte;* →a. *Tertiär*

Quar|te ⟨f.; -, -n; Mus.⟩ oV *Quart* **1** *vierter Ton der diatonischen Tonleiter* **2** *Intervall von vier Tönen; große ~, kleine ~*

Quar|tett ⟨n.; -(e)s, -e⟩ **1** *Musikstück für vier Stimmen* *od. Instrumente;* Vokal~; Bläser~, Streich~ **2** *Gruppe von vier Sängern od. Instrumentalisten* **3** *Kartenspiel, bes. für Kinder, bei dem vier zusammengehörige Karten abgelegt werden, die man von den anderen Spielern zu erhalten sucht*

Quar|tier ⟨n.; -s, -e⟩ **1** *Unterkunft;* Nacht~; Ferien~, Urlaubs~; sich ein ~ bestellen, suchen; haben Sie schon ein ~? • **1.1** *Unterkunft von Truppen außerhalb einer Kaserne;* ~ beziehen, nehmen; bei jmdm. im ~ sein ⟨a. Mil.⟩ **2** ⟨schweiz.⟩ *Stadtviertel*

Quarz ⟨m.; -es, -e; Min.⟩ *häufigstes Mineral der Erdoberfläche, chem. Siliziumoxid, SiO_2;* Rauch~, Rosen~

qua|si ⟨Adv.⟩ *gewissermaßen, gleichsam, sozusagen;* er hat mich ~ erpresst

quas|seln ⟨V.⟩ **1** ⟨400; abwertend⟩ *unentwegt reden, unaufhörlich schwatzen* **2** ⟨500⟩ *Unsinn* ~ *Unsinn erzählen, verbreiten* **3** ⟨800⟩ *mit jmdm.* ~ ⟨umg.⟩ *schwatzen, sich lange u. ausführlich unterhalten*

Quas|te ⟨f.; -, -n⟩ **1** *an einem Ende zusammengebundenes Büschel von Fäden, Fransen, dünnen Schnüren od. Litzen;* Sy *Troddel (1)* **2** *Watte- od. Faserbausch;* Puder~

Quatsch ⟨m.; -(e)s; unz.; umg.⟩ **1** *falsches, dummes Zeug, Fehler;* hier hast du ~ gemacht; das ist doch (alles) ~ **2** *dummes Gerede, Unsinn;* (ach) ~!; ich kann mir diesen ~ nicht länger anhören; red' keinen ~! • **2.1** ~ **mit Soße!** ⟨verstärkend⟩ *Unsinn!* **3** *dumme Späße, Kinderei, Alberei;* die Kinder machen im Unterricht nur, viel ~; macht nicht so viel, zu viel ~!; der Film ist ein herrlicher, fürchterlicher ~

quat|schen¹ ⟨V. 400; umg.⟩ *reden, plaudern, erzählen;* quatsch nicht so viel!; er hat den ganzen Abend Unsinn gequatscht; wir haben zwei Stunden miteinander gequatscht

quat|schen² ⟨V. 400⟩ *ein klatschendes, matschendes Geräusch erzeugen (beim Gehen, Waten durch Sumpf od. Schlamm)*

Queck|sil|ber ⟨n.; -s; unz.; chem. Zeichen: Hg⟩ *bei Zimmertemperatur flüssiges, silberglänzendes Metall, chem. Element, Ordnungszahl 80;* das ~ im Thermometer fiel

Quel|le ⟨f.; -, -n⟩ **1** *aus der Erde tretendes, fließendes Wasser, Ursprung eines Baches, Flusses;* eine heiße, kalte, warme ~; die ~ springt, sprudelt aus dem Felsen; die ~ der Donau; mit der Wünschelrute eine ~ suchen; Wasser aus einer ~ schöpfen; aus einer ~ trinken; die ~ ist versiegt ⟨a. fig.⟩ • **1.1 an** der ~ sitzen ⟨fig.; umg.⟩ *gute Verbindungen zu etwas haben* • **1.2** ⟨kurz für⟩ *Heilquelle;* Mineral~ **2** ⟨fig.⟩ *Herkunft, Ursprung, Ursprungsort;* die ~ seiner Freuden, Leiden, Sorgen, seines Glücks; das ist die ~ alles (allen) Übels; neue ~n (für Rohstoffe) erschließen • **2.1** *Person, Stelle, Zeitung, von der man eine Nachricht od. Ware bekommen, Kenntnis erlangt hat;* ich habe, weiß es aus erster, sicherer ~; aus welcher ~ haben Sie das (gehört, erfahren)? **3** ⟨*schriftliches*⟩ *Zeugnis (für die wissenschaftliche Forschung), Urkunde, wissenschaftliches Werk;* historische, sprachliche ~n; ~n lesen, studieren; die ~n angeben (bei historischen, literarischen Arbeiten); für die frühe Geschichte haben wir nur nichtsprachliche ~n

quel|len¹ ⟨V. 194/400⟩ **1** *etwas* quillt *aus, über etwas fließt aus etwas heraus, dringt aus etwas hervor;* das Wasser quillt aus dem Boden; das Blut quillt aus der Wunde; die Tränen quollen ihr aus den Augen; der Brei quillt über den Rand des Topfes; Rauch quoll aus den Fenstern, aus dem Krater; ihm quollen (vor Entsetzen, vor Zorn) fast die Augen aus dem Kopf; die Menschen quollen aus dem Saal **2** *etwas* quillt *schwillt durch Aufnehmen von Wasser an, vergrößert sich;* das Holz ist durch die Feuchtigkeit gequollen; Erbsen vor dem Kochen ~ lassen; der Grieß, Reis muss noch etwas ~

quel|len² ⟨V. 500; schwach konjugiert⟩ **etwas** ~ *zum Aufschwemmen ins Wasser legen, durch Wasser aufschwellen lassen, einweichen;* Erbsen, Linsen ~

quen|geln ⟨V. 400; umg.⟩ *immer wieder bitten, weinerlich nörgeln (bes. von Kindern);* das Kind quengelte den ganzen Tag

Quent|chen ⟨alte Schreibung für⟩ *Quäntchen*

quer ⟨Adv.⟩ **1** *von einer Breitseite zur gegenüberliegenden, die Längsausdehnung kreuzend, senkrecht zur Längsausdehnung;* Ggs *längs';* leg das Blatt ~; eine Schnur ~ durch einen Raum spannen; ein Brett ~ über einen Bach legen; ~ über den See, den Fluss fahren; ~ über die Straße gehen; den Stoff ~ nehmen (beim Zuschneiden) • **1.1** ~ übereinanderlegen *gekreuzt* **2** ⟨fig.⟩ *störend, verkehrt* • **2.1** kreuz und ~ gehen *planlos hin u. her gehen;* ⟨aber⟩ →a. *quergehen* **3** ⟨Getrennt- u. Zusammenschreibung⟩ • **3.1** ~ gestreift = *quergestreift*

Que|re ⟨f.; -; unz.⟩ **1** *Querrichtung;* den Stoff (in) der ~ nehmen **2** ⟨fig.; umg.; meist in festen Wendungen⟩ • **2.1** jmdm. in die ~ **kommen** *jmds. Weg störend kreuzen, jmdn. bei der Arbeit stören;* Vorsicht, komm mir nicht in die ~! • **2.1.1** es ist ihm etwas in die ~ gekommen *er wurde durch etwas abgehalten, gestört;* →a. *Kreuz (2.3.1)*

Que|re|le ⟨f.; -, -n⟩ *Klage, Streit, Auseinandersetzung, Beschwerde*

quer|feld|ein ⟨Adv.⟩ *mitten durch Feld u. Wiesen, quer durch das Gelände;* ~ wandern

quer|ge|hen ⟨V. 145/400(s.); umg.⟩ *misslingen, nicht erwartungsgemäß verlaufen;* mir ist heute alles quergegangen; es geht ihm alles quer; →a. *quer (2.1)*

quer|ge|streift *auch:* **quer ge|streift** ⟨Adj. 24⟩ *von einer Breitseite zur anderen, quer zur Längsrichtung gestreift;* ein ~er Pullover

Quer|schnitt ⟨m.; -(e)s, -e⟩ **1** ⟨Geom.⟩ *oberer Schnitt quer zur Längsachse od. Drehachse eines Körpers;* Ggs *Längsschnitt;* der ~ eines Kegels; ein kreisförmiger ~ **2** ⟨fig.⟩ *Überblick, Zusammenfassung der wichtigsten Punkte, Teile;* das Buch gibt einen ~ durch die Geschichte der Seefahrt; eine CD mit einem ~ durch Chopins Klavierkompositionen

Que|ru|lant ⟨m.; -en, -en; abwertend⟩ *jmd., der ständig quengelt, nörgelt u. an allem etwas auszusetzen hat*

quet|schen ⟨V. 500⟩ **1** *etwas* ~ *heftig zusammendrücken, pressen;* Kartoffeln (zu Brei) ~; Trauben, Obst,

Queue

Beeren ~ **2** ⟨511/Vr 3⟩ **sich irgendwohin** ~ ⟨umg.⟩ *sich mit Mühe vorwärtszwängen, -drängen;* ich habe mich in das überfüllte Abteil gequetscht; sich mit anderen in einen Wagen ~; wir mussten uns durch die Menge ~ **3** ⟨511⟩ **jmdn. od. etwas irgendwohin** ~ *mit Druck u. Kraft irgendwohin bringen, stoßen, pressen;* er quetschte seine Kleider in den Koffer; er hat ihn gegen, an die Mauer gequetscht; er quetschte seine Nase gegen, an die Fensterscheibe **4** ⟨530/Vr 5⟩ **jmdm. etwas** ~ *durch Druck verletzen;* ich habe mir den Finger gequetscht; ihm wurde die Hand in der Tür gequetscht; hast du dich gequetscht?
Queue ⟨[kø:] n.; -s, -s⟩ *Stock zum Stoßen der Kugeln beim Billard, Billardstock*
quick|le|ben|dig ⟨Adj. 24; umg.⟩ *sehr lebendig, äußerst lebhaft, voller Energie u. Tatendrang;* seine Großmutter ist noch ~
quie|ken ⟨V. 400⟩ oV *quieksen* **1** *Laut geben, rufen;* das Schwein, Ferkel quiekt **2** ⟨fig.; umg.⟩ *einen hohen, quietschenden Laut ausstoßen;* vor Schreck, Freude ~ • 2.1 *es ist zum Quieken! sehr komisch*
quiek|sen ⟨V. 400⟩ = *quieken*
quiet|schen ⟨V. 400⟩ **1** *einen hohen, schrillen Ton von sich geben;* die Tür, der Wagen, das Rad quietscht; mit ~den Bremsen anhalten **2** *vor Schreck, vor Vergnügen* ~ ⟨umg.⟩ *schreien, quieken (2)*
Quint ⟨f.; -, -en⟩ = *Quinte*
Quin|te ⟨f.; -, -n; Mus.⟩ oV *Quint* **1** *fünfter Ton der diatonischen Tonleiter* **2** *Intervall von fünf Tönen;* große ~, kleine ~
Quint|es|senz ⟨f.; -, -en⟩ *wesentliche Erkenntnis, Wesen, Kern (einer Sache);* die ~ einer Kontroverse
Quin|tett ⟨n.; -(e)s, -e; Mus.⟩ **1** *Musikstück für fünf Stimmen od. Instrumente* **2** *Gruppe von fünf Sängern od. Instrumentalisten*
Quirl ⟨m.; -(e)s, -e⟩ **1** *Küchengerät aus einem Holzstab (der zwischen den Handflächen gedreht wird) mit verdicktem Ende, von dem mehrere Zähne sternförmig abstehen, zum raschen Vermengen von Flüssigkeiten mit pulverigen Stoffen;* die Teigzutaten mit einem ~ verrühren • 1.1 *elektrisches Küchengerät zum Rühren* **2** ⟨Bot.⟩ = *Wirtel (1)* **3** ⟨fig.; umg.; scherzh.⟩ *sehr unruhiger, sehr lebhafter Mensch;* das Kind ist ein richtiger ~
quitt ⟨Adj. 11/40⟩ *frei von allen Verbindlichkeiten, ausgeglichen, fertig, wett;* nun sind wir ~
Quit|te ⟨f.; -, -n; Bot.⟩ **1** *Rosengewächs, bis 8 m hoher Baum mit leicht bitteren, sehr harten, apfel- od. birnenähnlichen Früchten: Cydonia oblonga* **2** *Frucht der Quitte (1)*
quit|tie|ren ⟨V. 500⟩ **1** *einen Betrag* ~ *den Empfang eines Betrages bescheinigen* **2** *den Dienst* ~ *aufgeben, das Amt niederlegen* **3** *eine Rechnung* ~ *den Empfang des Betrages auf der R. bescheinigen* **4** ⟨550⟩ *eine Bemerkung mit einem Lächeln* ~ ⟨fig.; umg.⟩ *mit einem L. beantworten*
Quit|tung ⟨f.; -, -en⟩ **1** *Empfangsbescheinigung* **2** *die* ~ *für ein Verhalten* ⟨fig.⟩ *unangenehme, unerwartete Folge, Rückwirkung*
Quiz ⟨[kvɪs] n.; -, -⟩ *unterhaltsames Spiel mit Frage und Antwort*
quiz|zen ⟨[kvɪsən] V.⟩ **1** ⟨400⟩ *ein Quiz spielen* **2** ⟨402⟩ (jmdn.) ~ *(jmdm.) in einem Quiz Fragen stellen*
Quo|rum ⟨n.; -s; unz.⟩ *beschlussfähige Anzahl von Stimmberechtigten, für eine Beschlussfassung erforderliche Zahl anwesender Mitglieder*
Quo|te ⟨f.; -, -n⟩ *aus dem Verhältnis zum Ganzen errechneter Anteil, Teilbetrag;* Arbeitslosen~; Frauen~; Zuschauer~
Quo|ti|ent ⟨m.; -en, -en; Math.⟩ **1** *Ergebnis einer Division* **2** *aus Zähler u. Nenner bestehender mathematischer Ausdruck*

Ra|batt ⟨m.; -(e)s, -e⟩ *prozentualer Nachlass des Preises;* Sy *Prozente,* → *Prozent (3)*

Ra|bat|te ⟨f.; -, -n⟩ **1** *schmales Beet, bes. als Einfassung von Wegen u. Rasenflächen* **2** *Aufschlag an Ärmel od. Kragen, bes. von Uniformen*

Ra|be ⟨m.; -n, -n; Zool.⟩ **1** *großer Rabenvogel mit glänzend schwarzem Gefieder, wuchtigem Schnabel u. einem keilförmigen Schwanz: Corvus corax* • 1.1 *wie ein ~ stehlen* ⟨fig.; umg.⟩ *viel stehlen;* →a. *weiß (1.5)* **2** ⟨Astron.⟩ *Sternbild des Südhimmels*

ra|bi|at ⟨Adj.⟩ **1** *rücksichtslos, gewalttätig; er wurde ~* • 1.1 *rigoros, unerbittlich, radikal, sehr hart; ~e Ansichten, Vorstellungen vertreten* **2** *wütend, zornig*

Ra|che ⟨f.; -; unz.⟩ *Vergeltung für erlittenes Unrecht;* (an jmdm.) *~ nehmen; jmdm. ~ schwören; ~ ist süß!* (als Drohung); *blutige ~ nehmen; auf ~ sinnen; etwas aus ~ tun*

Ra|chen ⟨m.; -s, -⟩ **1** *hinter dem Gaumensegel liegende Erweiterung des Schlundes: Pharynx; ein entzündeter, geröteter ~; einem Kranken den ~ pinseln* **2** ⟨i. w. S.⟩ *Maul, Schlund (von großen Raubtieren); er hielt den Kopf in den ~ des Löwen* • 2.1 *jmdm. etwas aus dem ~ reißen* ⟨fig.⟩ *jmdm. etwas entreißen, was er schon gepackt hält* • 2.2 *er kann den ~ nicht voll genug kriegen* ⟨fig.; umg.; abwertend⟩ *er ist unersättlich, gefräßig, habgierig* • 2.3 *jmdm. etwas in den ~ werfen* ⟨fig.; umg.⟩ *jmdm. etwas geben, überlassen, um ihn zu befriedigen, zum Schweigen zu bringen* • 2.4 ⟨fig.; poet.⟩ *gähnender Abgrund, Verderben bringender Schlund; Höllen~; der ~ des Todes*

rä|chen ⟨V. 500/Vr 7⟩ **1** *jmdn.* od. *etwas ~ Rache für jmdn.* od. *etwas nehmen, Vergeltung für ein Unrecht üben;* →a. *revanchieren (2); sich fürchterlich, empfindlich, grausam ~; er hat sich an ihm gerächt; er wird seinen Freund ~; ich rächte mich an ihm (für diese Beleidigung); jmds. Tod ~; er hat das Verbrechen, Unrecht gerächt* **2** ⟨Vr 3⟩ **etwas rächt sich** ⟨fig.⟩ *findet Vergeltung, zieht üble Folgen nach sich; es wird sich (noch) ~, dass du so leichtsinnig bist; sein Leichtsinn rächte sich bitter*

Ra|chen|blüt|ler ⟨m.; -s, -; Bot.⟩ *Angehöriger einer mit etwa 3000 Arten über die ganze Erde verbreiteten Familie meist krautiger Pflanzen, deren Blüten einem (aufgesperrten) Rachen gleichen: Scrophulariaceae*

Ra|chi|tis ⟨[-xi̱-] f.; -; unz.⟩ *Stoffwechselkrankheit, die auf Vitamin-D-Mangel beruht u. zur Erweichung der Knochen führt*

ra|ckern ⟨V. 400; umg.⟩ *schwer arbeiten, harte (körperliche) Arbeit verrichten, schuften, sich abmühen; sie hat den ganzen Tag im Garten gerackert*

Ra|clette *auch:* **Rac|lette** ⟨[-klɛt]⟩ **1** ⟨m.; -s, -s⟩ *ein schnittfester schweizerischer Käse* **2** ⟨n.; -s, -s od. f.; -, -s⟩ *Käsegericht, bei dem Raclette (1) in kleinen Pfännchen geschmolzen wird* **3** ⟨n.; ; -s, -s od. f.; -, -s⟩ *kleines elektrisches Grillgerät mit mehreren Pfännchen zum Schmelzen von Raclette (1)*

Rad ⟨n.; -(e)s, Räder⟩ **1** *runder, scheibenförmiger Körper, der sich um einen Mittelpunkt dreht; das ~ dreht sich, läuft, rollt, schnurrt; das ~ quietscht* • 1.1 *das ~ der Geschichte lässt sich nicht zurückdrehen* ⟨fig.⟩ *die Entwicklung* • 1.2 *Teil eines Fahrzeugs, der ermöglicht, dass es sich rollend fortbewegen kann; die Felge des ~s ist beschädigt* • 1.2.1 *das fünfte ~ am Wagen sein* ⟨fig.; umg.⟩ *in der Gemeinschaft anderer sich als überflüssig empfinden, überflüssig sein* • 1.2.2 *unter die Räder kommen* ⟨fig.; umg.⟩ *den moralischen Halt verlieren, moralisch sinken, in üble Gesellschaft geraten* • 1.3 *Teil einer Maschine, der in drehender Bewegung Kräfte überträgt; alle Räder drehen sich in großer Geschwindigkeit* **2** *durch ein Rad (1) bes. auffällig gekennzeichneter Gegenstand* • 2.1 *Fahrrad; das ~ schieben (müssen); sich aufs ~ schwingen, setzen; mit dem ~ fahren; vom ~ springen, steigen, stürzen* • 2.1.1 *~ fahren* • 2.1.1.1 *mit dem Fahrrad fahren* • 2.1.1.2 ⟨fig.; abwertend⟩ *gegenüber dem Vorgesetzten unterwürfig sein, aber Untergeordnete schikanieren, unterdrücken; er fährt ganz schön ~* • 2.2 *Lenk-, Steuerrad; das ~ herumwerfen* • 2.3 ⟨MA⟩ *zur Hinrichtung dienendes Wagenrad, auf das der Verurteilte mit zerschmetterten Gliedern gebunden wurde* u. *auf dem er verendete; jmdn. aufs ~ flechten, binden* • 2.4 *Mühlrad* • 2.5 *Spinnrad* • 2.6 *Treibrad (am Schiff)* **3** *der Pfau schlägt ein ~ stellt die gespreizten Schwanzfedern auf* **4** ⟨Turnen⟩ *ein- od. mehrmaliger seitlicher Überschlag auf beiden Händen* u. *Füßen nacheinander; ein ~ schlagen; sie kann ~ schlagen*

Ra|dar ⟨m. od. n.; -s; unz.⟩ **1** ⟨unz.⟩ *technisches Verfahren zum Erfassen* u. *Orten von Gegenständen bzw. sich bewegenden Objekten mit Hilfe elektromagnetischer Wellen, Funkmesstechnik* **2** *Funkmessgerät*

Ra|dar|kon|trol|le *auch:* **Ra|dar|kont|rol|le** ⟨f.; -, -n⟩ *polizeiliche Kontrolle der Geschwindigkeit von Kraftfahrzeugen mit Hilfe von Radargeräten; in eine ~ geraten*

Ra|dau ⟨m.; -(e)s; unz.; umg.⟩ *Krach, Lärm, Unruhe, Getöse; die Kinder machen ~*

Räd|chen ⟨n.; -s, -⟩ **1** *kleines Rad* • 1.1 *kleines Gerät mit einem gezahnten Rad zum Durchdrücken von Schnittmustern auf Papier od. zum Ausschneiden von Teigstücken für kleines Gebäck* **2** *bei dir ist wohl ein ~ locker?* ⟨fig.; umg.⟩ *du bist wohl nicht gescheit?, was denkst du dir eigentlich?*

ra|de|bre|chen ⟨V. 500⟩ *eine Sprache ~ stümperhaft sprechen*

rä|deln ⟨V. 500; umg.⟩ **1** *ein Schnittmuster ~ mit dem Rädchen (auf Papier) durchdrücken* **2** *den Teig ~ mit dem Rädchen ausschneiden*

Rädelsführer

Rä|dels|füh|rer ⟨m.; -s, -⟩ *Anführer bei gesetzwidrigen Handlungen einer Gruppe;* der ~ *eines Tumults, einer Verschwörung*

rä|dern ⟨V. 500⟩ **1** *jmdn.* ~ *durch das Rad hinrichten, aufs Rad flechten* **2** *ich bin wie gerädert* ⟨fig.; umg.⟩ *todmüde, völlig erschöpft, alle Glieder tun mir weh*

rad|fah|ren ⟨alte Schreibung für⟩ *Rad fahren*

Rad|fah|rer ⟨m.; -s, -⟩ *jmd., der Rad fährt;* Sy *Fahrradfahrer*

Rad|fah|re|rin ⟨f.; -, -rin|nen⟩ *weibl. Radfahrer;* Sy *Fahrradfahrerin*

ra|di|al ⟨Adj. 24⟩ *in Richtung des Radius, den Radius betreffend, strahlenförmig*

ra|die|ren ⟨V. 500⟩ **1** *Geschriebenes, Gezeichnetes* ~ *mit einem Radiergummi od. dem Radiermesser entfernen* **2** *eine Zeichnung* ~ *mit der Radiernadel in eine geätzte Kupferplatte ritzen*

Ra|die|rung ⟨f.; -, -en⟩ **1** ⟨unz.⟩ *Art des Kupferstichs, bei der die Zeichnung mit der Radiernadel in eine mit einer säurefesten Masse überzogene Kupferplatte eingeritzt wird; die Platte wird dann mit einer Säure übergossen, die in die eingeritzten Stellen eindringt* **2** *der von dieser Platte hergestellte Abdruck*

Ra|dies|chen ⟨n.; -s, -⟩ **1** ⟨Bot.⟩ *Rettichsorte mit kleinen, runden, weißen od. roten Stängelknollen: Raphanus sativus var. radicula* **2** *sich die* ~ *von unten ansehen, besehen* ⟨fig.; umg.; scherzh.⟩ *gestorben sein, unter der Erde liegen*

ra|di|kal ⟨Adj.⟩ **1** *bis auf die Wurzel, bis zum äußersten (gehend)* **2** *vom Ursprung aus; eine Sache* ~ *ändern* **3** *gründlich; sie haben alles* ~ *aufgegessen, aufgefressen* **4** *rücksichtslos, scharf; etwas* ~ *beseitigen* **5** ⟨Pol.⟩ = *extrem (2.1)*

Ra|dio ⟨n.; -s, -s⟩ **1** *Hörfunkgerät, Rundfunkgerät* **2** = *Rundfunk (1)*

ra|dio|ak|tiv ⟨Adj.⟩ **1** *unter Aussendung von Strahlen sich umwandelnd, Strahlen aussendend;* ~e *chem. Elemente, Isotope* • **1.1** ~er *Niederschlag von Atombomben od. von Unfällen in Kernreaktoren herrührende, auf die Erde fallende radioaktive (1) Stoffe* • **1.2** ~e *Verseuchung Verbreitung von Produkten des Kernzerfalls, die für Lebewesen schädlich sind* • **1.3** ~er *Zerfall spontane Kernspaltung*

Ra|dio|lo|gie ⟨f.; -; unz.; Med.⟩ *Lehre von den Strahlen, bes. den Röntgen- u. radioaktiven Strahlen u. ihrer Anwendung*

Ra|di|um ⟨n.; -s; unz.; chem. Zeichen: Ra⟩ *radioaktives chem. Element, Ordnungszahl 88*

Ra|di|us ⟨m.; -, -di|en; Abk.: r⟩ **1** *Hälfte des Durchmessers (von Kreisen), Halbmesser;* den ~ *bemessen, ermitteln* **2** ⟨Anat.; Pl. a.: -dii⟩ *Speiche*

Ra|don ⟨a. [-'-] n.; -s; unz.; chem. Zeichen: Rn⟩ *chem. Element, ein radioaktives Edelgas, Ordnungszahl 86*

rad|schla|gen ⟨alte Schreibung für⟩ *Rad schlagen*

Rad|tour ⟨[-tuːr] f.; -, -en⟩ *Ausflug mit dem Fahrrad;* eine ~ *machen*

raf|fen ⟨V. 500⟩ **1** ⟨550⟩ *etwas an sich* ~ ⟨geh.⟩ *schnell, gierig an sich nehmen, reißen u. festhalten; seine Sachen, Kleider an sich* ~ **2** *etwas* ~ ⟨abwertend⟩ *geizig anhäufen, gierig in seinen Besitz bringen; er hat in seinem Leben nur Geld gerafft* **3** *Stoff* ~ *in kleine Falten legen, bauschen; geraffte Vorhänge; Vorhänge, Gardinen* ~ **4** *ein Kleid* ~ *ein wenig hochheben, an sich ziehen; sie raffte ihr langes Kleid, ihre Schleppe* **5** *Segel* ~ *einziehen u. zusammenrollen*

Raf|fi|ne|rie ⟨f.; -, -n⟩ *Fabrikanlage zur Reinigung u. Veredlung von Zucker od. Erdöl; Zucker*~, *Erdöl*~

Raf|fi|nes|se ⟨f.; -, -n⟩ **1** *Durchtriebenheit, Schlauheit* **2** *Feinheit, fein ausgedachte Sache* • **2.1** *mit allen* ~n *mit allem praktischen u. bequemen Zubehör; mit allen Feinheiten*

raf|fi|nie|ren ⟨V. 500⟩ *Zucker, Erdöl* ~ *reinigen, verfeinern*

raf|fi|niert 1 ⟨Part. Perf. von⟩ *raffinieren* **2** ⟨Adj.⟩ • **2.1** *schlau, durchtrieben; er ist* ~ • **2.2** *ausgeklügelt, fein ausgedacht; ein* ~er *Plan; das hat er* ~ *gemacht*

Ra|ge ⟨[-ʒə] f.; -; unz.; umg.⟩ *Wut, Raserei;* jmdn. *in* ~ *bringen; in* ~ *kommen*

ra|gen ⟨V. 410⟩ *emporstehen, länger, höher sein als etwas; Felsklippen* ~ *aus dem Wasser; Türme, Berggipfel* ~ *in den Himmel*

Ra|gout ⟨[-guː] n.; -s, -s⟩ *Gericht aus kleingeschnittenen Stückchen von Fleisch od. Fisch u. a. Zutaten in einer gewürzten Soße*

Rag|time ⟨[rægtaɪm] m.; -s, -s; Mus.; seit der 2. Hälfte des 19. Jh.⟩ **1** ⟨unz.⟩ *stark synkopierte Frühform des Jazz (bes. für Klavier)* **2** *Komposition in der Art des Ragtime (1)*

Rah ⟨f.; -, -en⟩ = *Rahe*

Ra|he ⟨f.; -, -n⟩ *Querstange am Mast, an der das Rahsegel befestigt wird;* oV *Rah*

Rahm ⟨m.; -s; unz.; regional⟩ **1** ⟨süddt.; österr.; schweiz.⟩ = *Sahne* ⟨umg.⟩; *süßer, saurer* ~ **2** *den* ~ *abschöpfen* ⟨fig.; umg.⟩ *sich das Beste nehmen*

rah|men ⟨V. 500⟩ *ein Bild, Gemälde* ~ *in einen Rahmen bringen, mit einem Rahmen umgeben, einrahmen*

Rah|men ⟨m.; -s, -⟩ **1** *(stützendes) Gestell, das etwas umgibt od. in das etwas eingebaut ist* • **1.1** *einfassende Leiste, Einfassung, Bilderrahmen; ein Bild aus dem* ~ *nehmen* • **1.2** *Teil von Fenster od. Tür, der mit der Wand fest verbunden ist; die Tür ist aus dem* ~ *gefallen* • **1.3** *tragender Unterbau, stützendes Gestell der Kraftwagen u. Fahrräder; nach dem Unfall war der* ~ *verzogen* • **1.4** *Gerät aus zwei genau ineinanderpassenden Reifen zum Spannen von Stoff; Stick*~; *Stoff in einen* ~ *spannen* • **1.5** *schmaler Streifen aus Sohlenleder um den Rand des Schuhs, an dem Sohle, Brandsohle (u. Zwischensohle) u. Oberleder angenäht sind (zur besseren Haltbarkeit)* **2** ⟨fig.⟩ *Umwelt, Umgebung, Hintergrund; der Schlosspark gab einen schönen* ~ *für die Vorführung ab* • **2.1** *einer Sache einen bestimmten* ~ *geben ein bestimmtes Aussehen, Gepräge verleihen; einem Fest einen feierlichen, würdigen* ~ *geben; in bestimmtem* ~ *in bestimmter Art u. Weise, in bestimmtem Ausmaß; die Sache spielt sich in größerem* ~ *ab; so etwas ist nur in größerem, kleinerem* ~ *möglich; eine Feier in bescheidenem* ~ *abhalten* • **2.3** *Gesamtzusammenhang, in den Einzelnes sich einfügt; nur der große* ~

kann vorgegeben werden, die Einzelheiten müssen später geregelt werden • **2.4** *Abgrenzung, Grenzen, durch die etwas definiert wird;* einen ~ für etwas bestimmen, (ab)stecken, festlegen; im ~ einer kurzen Gedenkstunde • **2.4.1** **aus** dem ~ **fallen** *vom Üblichen, Gewohnten abweichen, übermäßig auffallen* • **2.5** *Einkleidung, Vor- u. Nachgeschichte einer Erzählung;* das Wiedersehen der beiden Freunde bildet den ~ für die Erzählung

Rain ⟨m.; -(e)s, -e⟩ *den Acker begrenzende kleine Bodenerhöhung;* Feld~; ein schmaler ~; wir gingen auf einem ~

rä|keln ⟨V. 500/Vr 3⟩ = rekeln

Ra|ke|te ⟨f.; -, -n⟩ **1** *durch Rückstoß angetriebener Flugkörper* **2** *durch Rückstoß angetriebener Feuerwerkskörper*

Ral|lye ⟨[rɛli] od. [rali] n.; -s, -s od. f.; -, -s; Sp.⟩ *sportliche Wettfahrt, bei der von verschiedenen Ausgangsorten aus ein Ziel erreicht werden muss, Sternfahrt*

Ram|me ⟨f.; -, -n⟩ *schwerer Holz- od. Eisenstempel, der maschinell od. von Hand hochgehoben u. fallen gelassen wird, um Erdreich zu verdichten, Pflastersteine od. Pfähle in den Erdboden einzutreiben usw.;* die ~ bedienen; an der ~ arbeiten

ram|meln ⟨V.⟩ **1** ⟨511⟩ **etwas in etwas** ~ *etwas wie mit einer Ramme zusammenpressen, stoßen, drängen* • **1.1** der Saal war gerammelt voll (mitteldt.) *gepresst voll, überfüllt* **2** ⟨411⟩ **an etwas** ~ ⟨umg.⟩ *heftig hin u. her rütteln;* an der Tür ~ **3** ⟨400⟩ **Kaninchen, Hasen** ~ ⟨Jägerspr.⟩ *decken, begatten sich* **4** ⟨400; derb⟩ *Geschlechtsverkehr ausüben*

ram|men ⟨V.⟩ **1** ⟨511⟩ **etwas in etwas** ~ *tief u. fest in die Erde stoßen, bes. mit der Ramme;* einen Pfahl in die Erde ~; er hat Stangen in den Boden gerammt **2** ⟨500⟩ ein **Fahrzeug** ~ *einem F. in die Seite fahren u. es beschädigen;* einen Wagen, ein Schiff ~ **3** ⟨400⟩ *in flachen Schichten lagernde Kohle vollmechanisch gewinnen*

Ram|pe ⟨f.; -, -n⟩ **1** *schiefe Ebene als Auffahrt für Wagen zum Verladen von Gütern;* Sy *Auffahrt (1);* Lade~ **2** *vorderer, etwas erhöhter Rand der Bühne, an dem innen die Lampen zum Beleuchten der Bühne von unten angebracht sind*

Ram|pen|licht ⟨n.; -(e)s, -er⟩ **1** *Licht der Lampen an der Rampe;* sich ins ~ stellen; der Schauspieler trat ins ~ **2** **im** ~ (stehen) ⟨fig.⟩ *im Mittelpunkt des öffentlichen Interesses (stehen)*

ram|po|nie|ren ⟨V. 500; umg.⟩ **etwas** ~ *(das äußere Erscheinungsbild von etwas) beschädigen, zerstören;* die Kinder haben den Stuhl ramponiert; die Schuhe sehen schon ziemlich ramponiert aus

Ramsch[1] ⟨m.; -(e)s; unz.⟩ *Plunder, Ausschuss, billige, alte Ware*

Ramsch[2] ⟨m.; -(e)s, -e⟩ **1** *Spiel beim Skat, das gespielt wird, wenn niemand reizt* **2** ⟨Studentenspr.⟩ *zu einer Forderung führender Streit*

ran ⟨Adv.; umg.⟩ = heran

Ranch ⟨[ræːntʃ] f.; -, -s od. -es [-tʃɪz]⟩ *großer landwirtschaftlicher Betrieb mit Viehzucht (in Nordamerika u. Kanada), Farm*

Rand ⟨m.; -(e)s, Rän|der⟩ **1** *äußere Begrenzung, Grenze;* Bach~; Stadt~; Ufer~; Wald~; Weg~; Wund~; oberer, unterer, rechter, linker ~; am ~ der Stadt wohnen; ein Gefäß bis zum ~ füllen • **1.1** *schmaler Streifen an einer Außenseite;* einen ~ zurücklassen (von Wasser-, Weinflecken, einem heißen Topf); dunkle, rote Ränder um die Augen haben; einen ~ lassen (auf der Seite beim Schreiben); breiter, schmaler ~; Briefbogen, Umschlag mit schwarzem ~; einen Fehler am ~ (der Seite) anstreichen, vermerken • **1.2** **Kante**, Hut~; Tisch~; die Tasse steht auf dem ~ des Tabletts • **1.3** (**bis**) **an den** ~ **einer Sache** ⟨a. fig.⟩ *bis fast zu einer S., bis nahe an etwas heran;* er hat mich an den ~ der Verzweiflung gebracht, getrieben • **1.3.1** die Lungenentzündung brachte ihn an den ~ des Grabes ⟨fig.⟩ *in Lebensgefahr* • **1.4 am** ~ (**e**) **einer Sache** ⟨a. fig.⟩ *nahe an einer S.;* am ~ des Abgrunds, des Verderbens • **1.4.1 am** ~(**e**) **des Grabes** stehen ⟨a. fig.⟩ *dem Tod nahe sein (Alters od. einer Krankheit, Gefahr usw. wegen)* • **1.5 am** ~(**e**) **einer Fähigkeit**, eines **Vermögens** sein ⟨fig.⟩ *(fast) am Ende mit einer F., einem V. sein;* am ~ seiner Kraft sein **2** ⟨fig.; umg.; in festen Wendungen⟩ **2.1 außer** ~ **und Band** *ausgelassen, überschäumend, übermütig;* außer ~ und Band sein, geraten **2.2** (**nur**) **am** ~(**e**) *wenig, (nur) nebenbei; das interessiert mich nur am* ~*e; etwas am* ~*e bemerken* **2.2.1** ich habe das nur am ~*e miterlebt nur als Beobachter, nicht unmittelbar* **3** ⟨umg.; derb⟩ *Mund;* einen großen, frechen ~ haben • **3.1** halt den ~! halt den Mund!, sei still! **4** ⟨Getrennt- u. Zusammenschreibung⟩ • **4.1** zu ~e *zurande*

ran|da|lie|ren ⟨V. 400⟩ *zügellos lärmenden Unfug treiben*

Rang[1] ⟨m.; -(e)s, Rän|ge⟩ **1** *Stellung, Stufe innerhalb einer Ordnung von Werten;* ein Mann ohne ~ und Namen; ein Mann von (hohem) ~ • **1.1** ⟨Mil.⟩ *Gruppe von Dienstgraden;* Dienst~, Unteroffiziers~, Offiziers~; im ~ eines Stabsoffiziers • **1.2** ⟨Toto; Lotto⟩ *Klasse von Gewinnen;* Gewinn im zweiten ~ • **1.3** *Einstufung nach Leistung od. Qualität;* ein Hotel ersten (dritten) ~es; ein Dirigent ersten (minderen) ~es • **1.4** den ersten ~ behaupten *führend bleiben* • **1.5** jmdm. den ~ streitig machen *in Wettbewerb treten mit* **2** ⟨Theat.⟩ *Stockwerk im Zuschauerraum;* Loge im ersten ~; zweiter ~ *Seite*

Rang[2] ⟨m.; -(e)s, Rän|ge; nur noch in der Wendung⟩ **jmdm. den** ~ **ablaufen** *jmdn. überflügeln, übertreffen*

ran|geln ⟨V. 400; umg.⟩ *sich balgen, spielerisch raufen*

ran|gie|ren ⟨[ranʒiː-] od. (veraltet) [rãˈʒiː-] V.⟩ **1** ⟨410⟩ *einen bestimmten Rang einnehmen, eine bestimmte Stellung innehaben;* an erster Stelle ~ • **1.1** **Sachen** ~ **unter** einem **Oberbegriff** ⟨umg.⟩ *werden unter einem O. geordnet;* Bleistifte ~ unter Schreibwaren **2** ⟨500⟩ **Eisenbahnwagen** ~ *verschieben, umstellen*

rank ⟨Adj. 70; geh.⟩ *biegsam, schlank;* eine ~e Gestalt; ~ und schlank

Rank ⟨m.; -(e)s, Rän|ke⟩ **1** ⟨oberdt.⟩ *Wegkrümmung* **2** ⟨nur Pl.⟩ Ränke ⟨fig.; geh.⟩ = *Intrige;* Ränke schmieden, spinnen **3** den ~ **finden** ⟨schweiz.⟩ *sich zu helfen wissen, sich aus der Schlinge ziehen*

ran|ken ⟨V. 511/Vr 3⟩ **sich** ~ *lang an etwas empor- od. um etwas wachsen, sich winden;* Efeu rankt sich um den Baum, die Mauer; Rosen ~ sich um die Gartenlaube

Ran|zen ⟨m.; -s, -⟩ **1** *auf dem Rücken zu tragende Tasche;* den ~ packen, tragen • **1.1** *Schultasche, Tornister;* Schul~; sie steckte die Bücher in den ~ **2** ⟨fig.; umg.⟩ *Bauch* • **2.1 sich** den ~ **vollschlagen** ⟨derb⟩ *sehr viel essen*

ran|zig ⟨Adj.⟩ *alt, nicht mehr frisch, schlecht;* ~e Butter; ~es Öl; ~ riechen, schmecken; die Butter ist ~

ra|pid ⟨Adj.⟩ *sehr schnell, blitzartig;* oV *rapide*

ra|pi|de ⟨Adj.⟩ = *rapid*

Rapp ⟨m.; -(e)s, -e; oberdt.⟩ *abgebeerte Traube, Traubenkamm;* oV *Rappe¹*

Rap|pe¹ ⟨f.; -, -n; oberdt.⟩ = *Rapp*

Rap|pe² ⟨m.; -n, -n⟩ *schwarzes Pferd;* auf einem ~n reiten; →a. *Schuster* (1.2)

rap|peln ⟨V.; umg.⟩ **1** ⟨400⟩ *klappern, rütteln, rasseln;* am Rollladen ~; es rappelt im Keller • **1.1 bei dir** rappelt's wohl? *du bist wohl nicht ganz richtig im Kopf?* **2** ⟨500/Vr 3⟩ **sich** ~ *sich aufrichten, sich in Bewegung setzen, sich aufraffen;* nach zwei Stunden rappelte er sich endlich **3** gerappelt **voll** *sehr, übermäßig voll, überfüllt*

Rap|pen ⟨m. 7; -s, -; Abk.: Rp.⟩ *schweizerische Münze* (¹⁄₁₀₀ *Schweizer Franken*)

Rap|port ⟨m.; -(e)s, -e⟩ **1** ⟨bes. Mil.⟩ *Bericht, Meldung;* sich zum ~ melden • **1.1** *regelmäßiger Bericht an eine übergeordnete Stelle od. Behörde* **2** *Verbindung, Zusammenhang, Wechselbeziehung;* der ~ zwischen Hypnotiseur u. Medium bei der Hypnose **3** ~ auf **Tapeten, Geweben** *sich regelmäßig wiederholendes Muster*

Raps ⟨m.; -es; unz.⟩ **1** ⟨Bot.⟩ *zu den Kreuzblütlern gehörende Kulturpflanze mit gelben Blüten u. Schotenfrüchten, die ölreiche Samen enthalten: Brassica napus var. napus;* ~ anbauen **2** ⟨unz.⟩ *Samen des Rapses* (1)

rar ⟨Adj.⟩ **1** *selten, knapp* (u. *daher*) *begehrt, kostbar;* ein ~er Artikel • **1.1** ein ~er **Vogel** ⟨a. fig.⟩ *jmd., den man selten sieht*

rar‖ma|chen ⟨V. 500/Vr 3; umg.⟩ **sich** ~ *sich selten blickenlassen, selten zu Besuch kommen*

ra|sant ⟨Adj.⟩ **1** *flach verlaufend;* eine ~e Flugbahn eines Geschosses **2** ⟨fig.; umg.⟩ *rasend, schnell, schwungvoll;* eine ~e Entwicklung **3** ⟨umg.⟩ *reizvoll, attraktiv;* eine ~e Frau

Ra|sanz ⟨f.; -; unz.⟩ *rasante Beschaffenheit*

rasch ⟨Adj.⟩ **1** *schnell, geschwind;* eine ~e Bewegung; ein ~er Entschluss; in ~er Folge; mit ~en Schritten; ~ handeln; ~er gehen; ~ laufen; mach ~!; ein bisschen ~, bitte!; einen Auftrag ~ erledigen • **1.1** ⟨50⟩ wer ~ gibt, gibt doppelt ⟨Sprichw.⟩ *wer sofort hilft, hilft am besten*

ra|scheln ⟨V. 400⟩ *ein Geräusch verursachen wie bewegtes Laub, Stroh od. Papier;* dort in der Ecke raschelt etwas; die Blätter ~ im Wind; ein Igel raschelt im Laub; Mäuse ~ im Stroh; ich hörte Papier

~; mit den Füßen im trockenen Laub ~; im ~den Stroh schlafen

ra|sen ⟨V.⟩ **1** ⟨405; a. fig.⟩ *sehr wütend sein, vor Wut außer sich sein* u. *dabei schreien* u. *sich wild gebärden, toben;* das Publikum raste vor Begeisterung; er raste vor Zorn, Schmerzen, Eifersucht; im Wahnsinn, Fieber ~; der Sturm, Krieg rast **2** ⟨400(s.); umg.⟩ *sehr schnell fahren od. laufen, sich mit größter Geschwindigkeit fortbewegen;* ich bin gerast, um möglichst schnell hier zu sein; durch die Stadt ~; mit dem Auto gegen einen Baum ~

Ra|sen ⟨m.; -s, -⟩ **1** *gepflegte Grasfläche;* einen ~ anlegen; englischer ~; den ~ mähen, sprengen **2** jmdn. deckt der (**grüne**) ~ ⟨poet.⟩ *jmd. ist tot*

ra|send 1 ⟨Part. Präs. von⟩ *rasen* **2** ⟨Adj. 24/60⟩ • **2.1** *sehr schnell;* mit ~er Geschwindigkeit • **2.2** *heftig, wild, sehr stark;* ~er Beifall; ich habe ~en Hunger, Durst; ~e Kopfschmerzen • **2.3** ⟨50; umg.⟩ *sehr;* das tu ich ~ gern; das ist ~ teuer; er ist ~ verliebt • **2.4** *toll, verrückt;* mach mich nicht ~!; dieser Lärm macht mich ~; ich könnte ~ werden (vor Ungeduld, Ärger); es ist zum Rasendwerden

ra|sie|ren ⟨V.⟩ **1** ⟨500/Vr 7 od. Vr 8⟩ jmdn. od. **sich** ~ *jmdn. od. sich mit dem Rasierapparat od. -messer unmittelbar an der Haut die Barthaare abschneiden;* sich ~ lassen; ein rasiertes Gesicht, Kinn; frisch, glatt, gut, schlecht rasiert sein **2** ⟨530/Vr 5 od. Vr 6⟩ jmdm. ein **Körperteil** ~ *die Haare an einem K. glatt abschneiden* (*lassen*)*;* sich die Beine, die Achselhöhlen ~; jmdm. den Kopf ~

Ra|sie|rer ⟨m.; -s, -⟩ **1** *aus einem Stiel mit einer Halterung für die Rasierklinge bestehender Apparat* (*für mechanisches Rasieren*) **2** ⟨umg.⟩ *elektrisches Gerät zum Rasieren, Rasierapparat*

Rä|son ⟨[-zɔ̃ː], umg. [-zɔŋ] f.; -; unz.; veraltet⟩ **1** (veraltet) *Vernunft, Einsicht* • **1.1** (noch in den Wendungen) • **1.1.1** jmdn. **zur** ~ **bringen** *jmdn. zur Einsicht, zur Vernunft bringen* • **1.1.2 zur** ~ **kommen** *Vernunft annehmen*

Ras|pel¹ ⟨f.; -, -n⟩ **1** *Stahlwerkzeug, eine Art grober Feile zum Glätten von Holz, Horn, Kunststoff, Leder* u. *Ä.;* Holz~; eine grobe ~ **2** *Küchengerät zum Raspeln von Obst, Gemüse usw.;* Äpfel, Mohrrüben mit der ~ zerkleinern

Ras|pel² ⟨m.; -s, -; meist Pl.⟩ *geraspelte Späne, bes. von Schokolade* u. *Kokosnuss;* Kokos~, Schokoladen~

Ras|se ⟨f.; -, -n⟩ **1** *Gesamtheit der Angehörigen einer Art, die sich durch bestimmte erbliche Merkmale voneinander unterscheiden, mit Angehörigen anderer Rassen dieser Art aber fruchtbare Nachkommen zeugen können;* Menschen~; natürliche ~ • **1.1** *durch Züchtung ausgewählte Angehörige einer Art mit vom Menschen besonders geschätzten erblichen Eigenschaften;* Zucht~ **2** ⟨fig.⟩ *ausgeprägtes, feuriges Wesen;* er hat ~

Ras|sel ⟨f.; -, -n⟩ *Gerät* (*mit Handgriff*)*, das ein rasselndes Geräusch hervorbringt;* Baby~

ras|seln ⟨V.; umg.⟩ **1** ⟨400⟩ *dumpf klirren, ein Geräusch wie bei der Bewegung von Ketten hervorbringen;* der Kranke atmete ~d • **1.1** ⟨416⟩ **mit etwas** ~ *durch wiederholtes Aufeinanderschlagen metallisch klingen-*

de Töne verursachen; der Portier rasselte mit dem Schlüsselbund; mit einer Sammelbüchse ~; mit den Ketten ~; →a. *Säbel (1.2)* • 1.2 ⟨411(s.)⟩ *sich fortbewegen u. dabei ein rasselndes Geräusch verursachen;* der Wagen rasselte über das Pflaster 2 ⟨800(s.)⟩ **durchs Examen** ~ ⟨fig.; umg.⟩ *durchfallen*

ras|sig ⟨Adj.⟩ **1 jmd.**, ein **Tier** ist ~ • **1.1** *von ausgeprägter, edler Rasse* • **1.2** *mit ausgeprägten, edlen, schönen Zügen ausgestattet;* ein ~es Gesicht **2** ⟨fig.⟩ *feurig, schwungvoll, temperamentvoll;* ~e Reitpferde; ~er Wein

Rast ⟨f.; -, -en⟩ **1** *Ruhepause, bes. während einer Wanderung od. Fahrt mit dem Auto;* ~ halten, machen; kurze, lange ~; ohne ~ und Ruh(e) **2** ⟨Met.⟩ *der mittlere kegelförmige Teil eines Hochofens*

ras|ten ⟨V. 400⟩ *Rast machen, sich ausruhen, die Arbeit, den Marsch unterbrechen;* wir rasteten eine Stunde am Waldrand; er ruhte und rastete nicht, bis er sie gefunden hatte; wer rastet, der rostet ⟨Sprichw.⟩

Ras|ter[1] ⟨m.; -s, -⟩ **1** *zur Reproduktion von Halbtonbildern verwendetes Gerät aus zwei mit eingeätzten, geschwärzten Linien versehenen gläsernen Platten, die so zusammengekittet sind, dass sich die Linien kreuzen* **2** *quadratische Felder bildendes Netz von Linien* • **2.1** *aus Rastern bestehende Struktur, Rasterung*

Ras|ter[2] ⟨n.; -s, -⟩ **1** ⟨EDV; El.⟩ *Punktmuster (auf Bildschirmen)* **2** ⟨geh.⟩ *vorgegebenes Schema, vergleichendes System von Kennzeichen, Merkmalen, Daten;* ~fahndung; er passt nicht in dieses ~

rast|los ⟨Adj.⟩ **1** *ohne zu rasten, ohne auszuruhen, ununterbrochen;* er war ~ tätig **2** *unruhig, nicht zur Ruhe kommend, ohne festes Ziel;* ein ~er Mensch

Ra|sur ⟨f.; -, -en⟩ **1** *das Rasieren;* Nass~, Trocken~ **2** *das Radieren* **3** *ausradierte Stelle*

Rat ⟨m.; -(e)s, Rä|te⟩ **1** ⟨unz.⟩ *Empfehlung, Vorschlag, etwas zu tun;* ein guter, schlechter, wohlmeinender, weiser ~; ich habe seinen ~ befolgt; ich bin seinem ~ gefolgt; jmdm. einen ~ geben; auf jmds. ~ hören; ich habe es auf seinen ~ hin getan; sich bei jmdm. einen ~ holen; bei jmdm. ~ suchen; jmdm. mit ~ und Tat beistehen; (in einer Angelegenheit) um ~ fragen **2** ⟨unz.⟩ *Abhilfe, Ausweg;* ich weiß mir keinen ~ mehr; er weiß für alles ~; kommt Zeit, kommt ~ **3** ⟨unz.⟩ *(gemeinsame) Überlegung, Beratung;* ~ abhalten, halten **4** *Kollegium, Versammlung, Behörde zur Beratung u. Lenkung öffentlicher Angelegenheiten;* Bundes~; Staats~; Stadt~; der ~ der Stadt, der Gemeinde; der ~ hat beschlossen, dass …; den ~ einberufen • **4.1** ⟨m.-(e)⟩ *sitzen Mitglied einer beratenden Körperschaft sein* **5** *(Amtstitel höherer Beamter);* Medizinal~; Ministerial~; Regierungs~; Studien~ **6** ⟨österr.; sonst früher⟩ *(Ehrentitel verdienter Personen);* Hof~ **7** ⟨Getrennt- u. Zusammenschreibung⟩ • **7.1** ~ suchend = ratsuchend • **7.2** zu ~e ziehen = *zurate*

Ra|te ⟨f.; -, -n⟩ *Betrag einer Teilzahlung;* Monats~; etwas auf ~n kaufen

ra|ten ⟨V. 195⟩ **1** ⟨402⟩ **(etwas)** ~ *herausfinden, mutmaßen, vermuten;* richtig, falsch ~; wo bist du gewesen? Rate mal!; ich weiß es nicht, ich kann nur ~

• **1.1** ⟨500⟩ ein **Rätsel** ~ *zu lösen suchen;* jmdm. etwas, ein Rätsel zu ~ aufgeben • **1.2 hin und her** ~ *Verschiedenes mutmaßen* **2** ⟨608⟩ **jmdm.** ~ *einen Rat geben, jmdn. beraten;* ich habe ihm geraten, er soll …; lass das bleiben, ich rate dir gut!; ihm ist nicht zu ~ und zu helfen • **2.1 lass dir** ~ (und tu es od. tu es nicht)! hör auf mich, (sonst geschieht etwas Schlimmes)! • **2.2 ich weiß mir nicht zu** ~ **noch zu helfen** *ich weiß keine Abhilfe, ich weiß nicht, was ich tun soll* **3** ⟨530⟩ **jmdm. etwas** ~ *vorschlagen, empfehlen;* er riet mir Geduld in dieser Sache • **3.1 das möchte ich dir geraten haben!** ⟨leicht drohend⟩ *darum möchte ich sehr energisch bitten!* **4** ⟨650⟩ **jmdm. zu einer Sache** ~ *bei einer S. zuraten, eine S. empfehlen;* ich möchte dir zur Vorsicht ~; wozu rätst du mir?

Rat|haus ⟨n.; -es, -häu|ser⟩ *Sitz der Stadtverwaltung*

Ra|ti|fi|ka|ti|on ⟨f.; -, -en⟩ *das Ratifizieren, Bestätigung, Genehmigung*

ra|ti|fi|zie|ren ⟨V. 500⟩ einen **Vertrag** ~ *(durch ein Parlament, Staatsoberhaupt) bestätigen, in Kraft setzen*

Ra|ti|on ⟨f.; -, -en⟩ *zugeteiltes Maß, täglicher Bedarf (an Nahrungsmitteln);* die Futter~ für ein Tier erhöhen, reduzieren

ra|ti|o|nal ⟨Adj.⟩ *Ggs irrational* **1** *auf der Vernunft, auf vernünftigem Denken beruhend* **2** = *vernünftig* **3** *begrifflich (fassbar);* ~es Denken

ra|ti|o|na|li|sie|ren ⟨V. 500⟩ **Arbeitsabläufe** ~ *wirtschaftlich, zweckmäßig gestalten*

ra|ti|o|nell ⟨Adj.⟩ **1** ein **Arbeitsablauf** ist ~ *zweckmäßig, wirtschaftlich* **2** ~ **wirtschaften** *sparsam, haushälterisch*

rat|los ⟨Adj.⟩ *ohne Rat, keinen Rat wissend, bestürzt, hilflos, verwirrt;* „...", sagte er ~; ich bin völlig ~; er zuckte ~ die Achseln

rat|sam ⟨Adj. 80⟩ *etwas ist* ~ *es ist zu empfehlen, dass man es tut;* es für ~ halten, etwas zu tun

rat|schen ⟨V. 405; umg.⟩ *ein knisterndes, zerreißendes Geräusch erzeugen;* das Messer ratscht durch das Papier

Rat|schlag ⟨m.; -(e)s, -schlä|ge⟩ *Rat, Empfehlung;* Ratschläge erteilen, geben; ein wertvoller, praktischer ~; jmds. ~ folgen

Rat|schluss ⟨m.; -es, -schlüs|se⟩ **1** ⟨veraltet⟩ *Beschluss, Urteil* **2 Gottes** ~ *Gottes Wille;* nach Gottes unerforschlichem ~ (in Todesanzeigen)

Rät|sel ⟨n.; -s, -⟩ **1** *spielerische Aufgabe, die gelöst werden soll;* Bilder~; Buchstaben~; Kreuzwort~; Silben~; ein ~ raten, lösen **2** ⟨fig.⟩ *Geheimnis, etwas Undurchschaubares;* jmdm. ein ~ aufgeben; das ist des ~s Lösung! • **2.1** es ist mir ein ~, wie das zugegangen ist *es ist mir völlig unklar, ich verstehe es nicht* • **2.2** er spricht **in** ~n *in unverständlichen Andeutungen* • **2.3 ich stehe vor einem** ~ *ich begreife das nicht*

rät|sel|haft ⟨Adj.⟩ *unverständlich, unklar, undurchschaubar, geheimnisvoll;* ein ~es Verhalten

rät|seln ⟨V. 400⟩ *raten, herauszufinden suchen, verstehen wollen, vermuten;* wir rätselten, warum er so früh aufgegeben hatte

rat|su|chend *auch:* **Rat su|chend** ⟨Adj. 24/90⟩ *einen Rat wünschend;* ~ wandte er sich um

Ratte

Rat|te ⟨f.; -, -n⟩ **1** ⟨i. w. S.⟩ *Angehörige einer Gattung der Echten Mäuse, die in Deutschland durch zwei Arten vertreten ist: Rattus* • **1.1** ⟨i. e. S.⟩ *ein Nagetier mit dunkelgrauem bis schwarzem Pelz u. großen, nackten Ohren: Rattus rattus* • **1.2** *die ~n verlassen das sinkende Schiff* ⟨fig.⟩ *die Feigen, die falschen Freunde, die Unzuverlässigen ziehen sich bei einem drohenden Unglück von einem Unternehmen, einem Menschen zurück*

rat|tern ⟨V. 400⟩ **1** *ein Geräusch wie von hart u. rasch aneinanderschlagenden hölzernen, steinernen od. metallenen Gegenständen von sich geben; die Maschine rattert* • **1.1** ⟨411(s.)⟩ *sich fortbewegen und dabei ein ratterndes (1) Geräusch von sich geben; der Wagen ratterte über das holprige Pflaster; der Zug ratterte über die Weichen, die Brücke*

Ratz ⟨m.; -es, -e; oberdt.⟩ **1** = *Iltis* **2** ⟨oberdt.⟩ *Ratte* • **2.1 schlafen wie ein ~** ⟨umg.⟩ *tief u. fest schlafen*

rau ⟨Adj.⟩ **1** *voller kleiner Unebenheiten, nicht glatt, rissig, aufgesprungen; Ggs weich (3); ~e Haut, Hände* • **1.1** *derb, grob, hart; der Stoff ist ~, fühlt sich ~ an* • **1.2** *~e See* ⟨Seemannsspr.⟩ *bewegte S.* **2** *leicht heiser; einen ~en Hals, eine ~e Kehle haben; eine ~e Stimme haben* **3** *oft kalt, unfreundlich, windbewegt; ~e Luft, ~es Klima; ein ~er Winter* • **3.1** ⟨60⟩ *hinaus ins ~e* **Leben** ⟨fig.⟩ *ins unwirtliche, harte L.* **4** ⟨fig.⟩ *barsch, grob, unfreundlich; jmdn. ~ behandeln, anreden; dort herrscht ein ~er Umgangston; er zeigt ein ~es Benehmen; hier ist der Ton ~, aber herzlich* • **4.1** *„…!", sagte er ~ barsch, um seine Rührung nicht zu zeigen* • **4.2** *~e* **Schale** ⟨fig.⟩ *äußerlich schroffes Wesen; er hat eine ~e Schale; in einer ~en Schale steckt oft ein guter, weicher Kern* ⟨Sprichw.⟩ **5** ⟨60⟩ *in ~en* **Mengen** ⟨fig.; umg.⟩ *in großen M.*

Raub ⟨m.; -(e)s; unz.⟩ **1** *das Rauben, gewaltsames Wegnehmen, mit Gewaltanwendung gegen eine Person od. mit Gewaltandrohung verbundener Diebstahl; einen ~ (an jmdm.) begehen; einen ~ verüben; auf ~ ausgehen (von Personen u. Tieren)* **2** *gewaltsame Entführung; Kindes~; der ~ der Helena, der Sabinerinnen* **3** *geraubter Gegenstand, geraubte Gegenstände, Beute, Opfer; jmdm. od. einem Tier seinen ~ wieder abjagen; der Fuchs, Wolf verschwand mit seinem ~ im Wald* • **3.1** *das Haus ist ein ~ der Flammen geworden ist verbrannt*

Raub|bau ⟨m.; -(e)s; unz.⟩ **1** ⟨Bgb.; Landw.; Forstw.⟩ *Wirtschaftsweise, bei der ein möglichst hoher Ertrag erstrebt, aber die Grundlagen für die Produktion aufgebraucht werden; ~ treiben; ~ am Wald* **2 mit einer Sache ~ treiben** ⟨fig.⟩ *etwas ohne Rücksicht auf die Folgen beanspruchen; ~ mit seiner Gesundheit treiben; mit seinen Kräften ~ treiben*

rau|ben ⟨V.⟩ **1** ⟨503/Vr 6⟩ **(jmdm.) etwas ~** *gewaltsam wegnehmen, mit Gewaltanwendung gegen eine Person od. unter Gewaltandrohung stehlen; Geld, Wertsachen ~; der Wolf hat ein Schaf, der Habicht hat ein Huhn geraubt* **2** ⟨500⟩ **jmdn. ~** *gewaltsam entführen; ein Kind ~* **3** ⟨530/Vr 6⟩ **jmdn. eine Sache ~** ⟨fig.⟩ *nehmen, wegnehmen (unter tragischen Umständen); diese Nachricht raubte ihm die letzte Hoff-*
nung; die Sorge raubt ihr alle Ruhe, allen Schlaf • **3.1** *durch einen Unfall wurde ihm das Augenlicht geraubt er wurde durch einen Unfall blind*

Räu|ber ⟨m.; -s, -⟩ **1** *jmd., der vom Rauben lebt; See~, Straßen~* **2** *jmd., der etwas raubt, geraubt hat; Kindes~; einen ~ festnehmen, verfolgen, verurteilen* • **2.1** *der ~ seiner Ehre* ⟨fig.; poet.⟩ *derjenige, der ihn entehrt, verleumdet hat* • **2.2** ⟨fig.⟩ *schlechte Gesellschaft; unter die ~ fallen, geraten* **3** *Tier, das andere Tiere tötet, um sich von ihnen zu ernähren; Nest~*

Raub|tier ⟨n.; -(e)s, -e⟩ *(meist mit scharfen Zähnen ausgestattetes) Tier, das sich von anderen Tieren ernährt*

Raub|zeug ⟨n.; -(e)s; unz.; Sammelbez. für⟩ *alle nicht jagdbaren Tiere, die sich von Raub ernähren, z. B. wildernde Hunde u. Hauskatzen, Elstern, Krähen*

Rauch ⟨m.; -(e)s; unz.⟩ **1** *von Feuer aufsteigendes Gewölk, Qualm; beißender, dichter, dicker, grauer, schwarzer ~; der ~ der Zigarre, Zigarette, Pfeife; der ~ beißt in den Augen; den ~ (der Zigarette) einatmen, ausblasen; (starken) ~ entwickeln; der ~ steigt (kerzengerade, sich kräuselnd) in die Höhe, aus dem Schornstein; es riecht nach ~* • **1.1** *in ~ und Flammen aufgehen verbrennen* • **1.2** *in ~ aufgehen* ⟨fig.⟩ *zunichte werden (Hoffnung)* • **1.3** *kein ~ ohne Flamme* ⟨Sprichw.⟩ *alles hat seine Ursache;* →a. *Schall*

rau|chen ⟨V.⟩ **1** ⟨400⟩ **etwas raucht** *lässt Rauch aufsteigen; das Feuer, der Ofen, der Schornstein raucht; von dem Haus waren nur noch ~de Trümmer zu sehen* • **1.1 Säure raucht** *verdunstet unter Entwicklung von sichtbaren Dämpfen* • **1.2 den Rauch glühenden Tabaks ein- u. ausatmend genießen; er raucht viel, wenig, stark; das Rauchen ist ~ abgewöhnen; der Arzt hat mir das Rauchen verboten; „Rauchen verboten!" (Aufschrift auf Schildern);* →a. *Schlot (1.1)* • **1.2.1** ⟨500⟩ **eine Zigarre, Zigarette, Pfeife ~** *den Rauch einer glühenden Zigarre, Zigarette, des glühenden Tabaks in einer Pfeife ein- u. ausatmen; er raucht täglich 20 Zigaretten* **2** • **2.1** ⟨411, unpersönl.⟩ *hier raucht's* ⟨fig.; umg.⟩ *hier hat es Krach, Ärger gegeben* • **2.2** ⟨unpersönl.⟩ *pass auf, sonst raucht's!* ⟨fig.; umg.⟩ *sonst gibt's Prügel, Schelte* • **2.3 jmdm. raucht der Kopf** *jmd. erledigt eine anstrengende geistige Arbeit; mir raucht der Kopf vom vielen Arbeiten, Lernen*

Rau|cher¹ ⟨m.; -s, -⟩ *jmd., der regelmäßig (Zigaretten, Zigarren od. Pfeife) raucht; starker ~*

Rau|cher² ⟨n.; -s, - kurz für⟩ *Raucherabteil (in der Eisenbahn)*

Rau|che|rin ⟨f.; -, -rin|nen; Med.⟩ *weibl. Raucher¹*

räu|chern ⟨V.⟩ **1** ⟨500⟩ **etwas ~** *in den Rauchfang od. in die Räucherkammer hängen u. dadurch haltbar machen; Schinken, Wurst, Speck, Fisch, Käse ~; geräucherter Aal* **2** ⟨402⟩ **(etwas) ~** *Räuchermittel verbrennen*

Rauch|fah|ne ⟨f.; -, -n⟩ *lange, dünne, etwa waagerechte Rauchwolke; das brennende Flugzeug ließ eine lange ~ hinter sich*

Rauch|fang ⟨m.; -(e)s, -fän|ge; oberdt.; früher⟩ *trichterförmiges Zwischenstück zwischen dem offener. Herd*

754

u. dem Schornstein; Schinken, Wurst, Speck in den ~ hängen *(zum Räuchern)*

Rauch|säu|le ⟨f.; -, -n⟩ *dicht u. senkrecht aufsteigender Rauch*

Räu|de ⟨f.; -; unz.⟩ **1** ⟨Vet.⟩ *durch Milben hervorgerufene, juckende Hautkrankheit von Tieren;* Sy *Krätze²* (2) **2** ⟨oberdt.⟩ *Schorf*

räu|dig ⟨Adj. 24/70⟩ **1** *mit Räude behaftet;* eine ~e Katze; das Pferd ist ~ am Kopf **2** ⟨fig.; derbes Schimpfwort⟩ *elend, widerwärtig;* so ein ~er Hund! • **2.1** ein ~es **Schaf** *ein die anderen schlecht beeinflussendes Mitglied einer Gruppe*

Rauf|bold ⟨m.; -(e)s, -e⟩ *jmd., der gern u. oft rauft*

Rau|fe ⟨f.; -, -n⟩ *Gestell für Raufutter (im Stall od. Wald);* Heu~

rau|fen ⟨V.⟩ **1** ⟨500⟩ **etwas** ~ *abreißen, (aus)rupfen;* Flachs ~; die Kühe rauften den frischen Klee • **1.1** ⟨530/Vr 1⟩ **sich** die **Haare,** den **Bart** ~ ⟨fig.; umg.⟩ *sehr verzweifelt, verärgert od. verlegen sein;* ich könnte mir die Haare ~ **2** ⟨402/Vr 4⟩ (**sich mit jmdm.**) ~ ⟨umg.⟩ *streiten u. einander prügeln, streitend ringen, sich balgen;* die Kinder ~ (sich) auf der Straße; du hast dich (mit ihm) (um das Geld) gerauft; er rauft gern • **2.1** ⟨402/Vr 7 od. Vr 8⟩ (**sich**) ~ *sich balgen;* die Kinder ~ (sich) auf der Straße; er rauft gern • **2.1.1 Tiere** ~ (**sich**) *kämpfen mit anderen u. beißen dabei;* die Hunde ~ schon wieder; die Kater ~ ♦

Rau|fut|ter ⟨n.; -s; unz.⟩ *an Rohfasern reiches Futter für Wiederkäuer (Heu, Stroh, Häcksel)*

rauh ⟨alte Schreibung für⟩ *rau*

rau|haa|rig ⟨Adj. 24⟩ **1** *mit kurzem, rauem, hartem Haar, drahthaarig* (von Tieren) • **1.1** die **Rauhaarige** Alpenrose ⟨Bot.⟩ *Angehörige einer (auch als Rhododendron bezeichneten) Gattung der Heidekrautgewächse*

Rau|heit ⟨f.; -, -en⟩ **1** *raue Beschaffenheit* **2** *raue Art, raues Benehmen*

Rauh|fut|ter ⟨alte Schreibung für⟩ *Raufutter*

rauh|haa|rig ⟨alte Schreibung für⟩ *rauhaarig*

Rauh|reif ⟨alte Schreibung für⟩ *Raureif*

Raum ⟨m.; -(e)s, Räu|me⟩ **1** *durch Wände begrenzter Teil eines Gebäudes, Zimmer;* Wohn~; Geschäfts~; Arbeits~; ein enger, hoher, kleiner, großer, weiter ~; die Wohnung hat drei Räume; wir haben keinen ~, wo wir die Kinder unterbringen könnten; wir arbeiten zu zweit in einem ~; Wohnung, Büro mit hellen, luftigen Räumen **2** *Weite, Ausdehnung, durch Länge, Breite u. Höhe bestimmte Gegebenheit;* zwischen den Büchern sollte etwas freier ~ bleiben; luftleerer ~; ~ und Zeit • **2.1** umbauter ~ ⟨Bauw.⟩ *Volumen eines Gebäudes* **3** ⟨unz.⟩ *Platz, Möglichkeit, etwas unterzubringen;* viel, wenig ~; auf engstem ~ wohnen; diese Waschmaschine braucht, beansprucht wenig ~; der Schrank nimmt viel ~ ein; (keinen) ~ (mehr) haben; im Text für Ergänzungen etwas ~ lassen; ~ (für etwas) schaffen, finden; hier ist noch etwas freier ~ • **3.1** ⟨fig.⟩ *Möglichkeit, Gelegenheit;* Spiel~; ihm blieb kein ~ für langes Überlegen • **3.1.1** einer **Sache** ~ **geben** *eine S. er-*

möglichen, sich ausbreiten lassen, freies Spiel geben; Gedanken, Hoffnungen, Launen, Zweifeln ~ geben **4** *geografisch zusammenhängendes Gebiet, Gegend;* im Mittelmeer~; Schnee u. Regen im Frankfurter ~ **5** *Weltall, Weltraum;* der unendliche ~ **6** ⟨Getrennt- u. Zusammenschreibung⟩ • **6.1** ~ sparend = *raumsparend*

räu|men ⟨V. 500⟩ **1** (**etwas**) ~ *leermachen, frei machen;* zuerst sollten die Regale geräumt werden • **1.1** seinen **Platz** ~ *verlassen, aufgeben* • **1.2** den **Saal** ~ *die in einem S. befindlichen Personen hinausweisen;* • **1.3** eine **Stadt** ~ *die Bewohner einer S. woanders unterbringen, sie evakuieren* • **1.4** das **Lager** ~ *alle gelagerten Waren verkaufen* • **1.5** ⟨503⟩ (**jmdm.**) **das Feld** ~ ⟨fig.⟩ *weichen, sich zurückziehen* • **1.6** *verlassen, aus etwas ausziehen;* ein Haus, ein Zimmer ~; wir müssen die Wohnung bis zum 1.7. ~; die Truppen haben die Stadt geräumt • **1.7** *säubern, leeren, in Ordnung bringen;* die Latrine, den Brunnen ~; die Straße (von Schnee) ~; die Straße von Schutt ~ **2** ⟨511⟩ **etwas** ~ *fortschaffen, an einen anderen Ort bringen;* etwas an eine andere Stelle ~; das Geschirr vom Tisch (in die Küche) ~; Möbel in ein anderes Zimmer ~; →a. *Weg (4.1)* **3** ⟨Tech.⟩ *mit einem zahnstangenförmigen Werkzeug spanend formen;* Werkstücke, Bohrungen ~

Raum|fah|rer ⟨m.; -s, -⟩ = *Astronaut*
Raum|fah|re|rin ⟨f.; -, -rin|nen⟩ = *Astronautin*
Raum|fahrt ⟨f.; -; unz.⟩ = *Astronautik;* Sy *Weltraumfahrt*

räum|lich ⟨Adj. 24⟩ **1** *einen Raum, die Räume betreffend;* ~e Ausdehnung, Entfernung; die Wohnung ist ~ sehr schön • **1.1** wir sind hier ~ sehr beengt *unsere Wohnung ist sehr klein* **2** *dreidimensional;* ~es Sehen

raum|spa|rend *auch:* **Raum spa|rend** ⟨Adj.⟩ *wenig Raum in Anspruch nehmend;* eine ~e Bestuhlung

rau|nen ⟨V.; geh.⟩ **1** ⟨402⟩ (**etwas**) ~ *sehr leise sprechen, murmeln;* jmdm. etwas ins Ohr ~ **2** ⟨400⟩ der **Wind, Wald** raunt *rauscht leise* **3** ⟨400⟩ das **Wasser** raunt *plätschert dumpf* **4** ⟨405⟩ (**über etwas**) ~ *heimlich klatschen, Gerüchte verbreiten;* über das Ereignis wurde viel geraunt

Rau|pe ⟨f.; -, -n⟩ **1** ⟨Zool.⟩ *langgestreckte u. walzenförmige Larve des Schmetterlings;* Seiden~; die ~ verpuppt sich **2** *aus Metallfäden geflochtenes Achselstück;* Achsel~ **3** ⟨Tech.⟩ *endloses Band aus Kettengliedern, die durch Platten verstärkt u. um die Räder von Gleiskettenfahrzeugen gelegt sind;* die ~n eines Panzers, Traktors **4** ⟨bes. auf bayerischen Helmen aus der 1. Hälfte des 19. Jh.⟩ *von vorn nach hinten über den Scheitel verlaufende Verzierung aus Rosshaar*

Rau|reif ⟨m.; -(e)s; unz.⟩ *weiße, kristalline Ablagerung, die sich bei windstillem Frostwetter an der Windseite fester Gegenstände aus feinsten Nebeltröpfchen bildet* Sy ⟨schweiz.⟩ *Duft (3.1);* glitzernder ~ liegt auf den Zweigen

raus ⟨Adv.; umg.⟩ **1** = *hieraus* **2** = *hinaus*

Rausch ⟨m.; -(e)s, Räu|sche⟩ **1** *Benebelung der Sinne als Folge von reichlichem Alkoholgenuss od. nach Einnahme von Rauschmitteln;* er hat einen leichten, schwe-

rauschen

ren, ordentlichen ~; seinen ~ ausschlafen • 1.1 sich einen ~ antrinken ⟨umg.⟩ *sich betrinken* **2** ⟨fig.⟩ *überwältigendes Glücksgefühl, überwältigende Begeisterung;* Freuden~, Glücks~; ~ der Leidenschaft

rau|schen ⟨V. 400⟩ **1** *etwas* rauscht *gibt ein Geräusch wie von stark im Wind bewegten Blättern od. von stark fließendem Wasser von sich;* Bäume, Blätter ~ (im Wind); der Wind rauscht in den Bäumen; die Brandung rauscht; es rauscht mir im Ohr **2 Wasser** rauscht *fließt rauschend, stark hörbar, bewegt sich rauschend vorwärts;* der Bach, Fluss rauscht; das Wasser rauscht in der Badewanne; ein ~der Bach • 2.1 ⟨411(s.)⟩ sie rauschte (beleidigt) aus dem Zimmer ⟨fig.; umg.⟩ *sie ging rasch, auffällig hinaus*

Rausch|gift ⟨n.; -(e)s, -e⟩ = *Rauschmittel*

Rausch|mit|tel ⟨n.; -s, -⟩ *Gift, das einen Rausch durch Erregen, Dämpfen od. Lähmen des Zentralnervensystems hervorruft, z. B. Alkohol, Opium, Haschisch;* Sy *Droge (2), Rauschgift,* ⟨Drogenszene⟩ *Stoff (3);* sich mit ~n betäuben; mit ~n handeln

räus|pern ⟨V. 500/Vr 3⟩ *sich* ~ **1** *durch Hüsteln die Kehle vor dem Reden, Singen reinigen;* er räusperte sich etliche Male und begann dann zu sprechen; sich kurz, stark, leise ~ **2** *sich durch leichtes Hüsteln bemerkbar machen od. dadurch seine Verlegenheit zu verbergen suchen;* sich auffällig, ungeduldig, nervös, verlegen ~

Raus|schmiss ⟨m.; -es, -e; umg.⟩ **1** *Hinauswurf, Rauswurf* **2** *fristlose Entlassung*

Rau|te ⟨f.; -, -n⟩ **1** ⟨Bot.⟩ *Angehörige einer Gattung der Rautengewächse: Ruta;* Wein~, Garten~, Silber~ **2** ⟨Geom.⟩ = *Rhombus* **3** ⟨Her.⟩ *auf der Spitze stehender Rhombus* **4** *Art des Schliffs von Diamanten, wobei eine Pyramide mit ebener Basis von 24 Facetten begrenzt ist* **5** ⟨Kart.⟩ *Spielkartenfarbe, Karo, Eckstein* **6** *Verzierung in Form einer Reihe von Rhomben, z. B. auf Harlekinskostümen*

Raz|zia ⟨f.; -, -zi|en⟩ *großangelegte Polizeiaktion zur Fahndung nach verdächtigen Personen;* in eine ~ geraten

Rea|der ⟨[ri:də(r)] m.; -s, -⟩ *aus verschiedenen (wissenschaftlichen) Beiträgen zu einem Thema zusammengestelltes Buch od. Heft*

Re|a|gens ⟨n.; -, -gen|zi|en; Chem.⟩ = *Reagenz*

Re|a|genz ⟨n.; -, -gen|zi|en; Chem.⟩ *Stoff, der beim Zusammentreffen mit einem anderen eine bestimmte Reaktion auslöst u. ihn so identifiziert;* oV *Reagens*

re|a|gie|ren ⟨V. 405⟩ **1** (**auf etwas**) ~ *eine Gegenwirkung zeigen;* auf einen Reiz ~; schnell, langsam, sofort ~; auf eine Frage ~; das Pferd reagiert auf die feinsten Hilfen • **1.1 jmd.** reagiert **sauer** ⟨fig.; umg.⟩ *wird böse, verhält sich sichtbar ablehnend* **2 Chemikalien** ~ *miteinander erfahren beim Zusammentreffen eine chem. Umwandlung* • 2.1 sauer, basisch ~ ⟨Chem.⟩ *die Eigenschaften einer Säure, Base zeigen*

Re|ak|ti|on ⟨f.; -, -en⟩ **1** *Gegenwirkung, Rückwirkung* **2** ⟨Phys.; Chem.⟩ *Vorgang, der eine stoffliche Umwandlung zur Folge hat;* chemische ~, Kern ~ **3** *das Streben, alte, nicht mehr zeitgemäße Einrichtungen, bes. auf politischem Gebiet, zu erhalten*

Re|ak|tor ⟨m.; -s, -en⟩ ⟨kurz für⟩ *Kernreaktor* **2** ⟨Chem.⟩ *Behältnis, Apparat, in dem chemische od. physikalische Reaktionen ablaufen*

re|al ⟨Adj.⟩ **1** *sachlich, dinglich, stofflich* **2** *der Realität entsprechend, tatsächlich, wirklich;* ~ denken, kalkulieren • 2.1 ⟨Wirtsch.⟩ *dem Kaufwert, nicht dem Nennwert, dem zahlenmäßigen Wert entsprechend;* Ggs *nominal (2)*

re|a|li|sie|ren ⟨V. 500⟩ *etwas* ~ **1** *in die Tat umsetzen, verwirklichen* **2** *in Geld umwandeln, gegen bares Geld verkaufen, zu Geld machen*

Re|a|lis|mus ⟨m.; -; unz.⟩ **1** *philosophische Lehre, die die Wirklichkeit als außerhalb u. unabhängig vom Bewusstsein stehend betrachtet* • 1.1 *Wirklichkeitssinn, Sachlichkeit* **2** ⟨Kunst⟩ *wirklichkeitsnahe Darstellung* • 2.1 *Richtung der Kunst Mitte des 19. Jh., die bes. den Realismus (2) pflegte* **3** ⟨Scholastik⟩ *Lehre, die besagt, dass die allgemeinen Begriffe die eigentlichen realen Dinge sind*

re|a|lis|tisch ⟨Adj.⟩ **1** *auf dem Realismus beruhend, in der Art, im Sinne des Realismus* **2** *wirklichkeitsnah, naturgetreu;* ~e Darstellung **3** *nüchtern, sachlich (denkend);* eine Sache sehr ~ betrachten; ~ gesehen, wird das recht schwierig

Re|a|li|tät ⟨f.; -, -en⟩ **1** ⟨unz.⟩ *Wirklichkeit, wirkliche Welt, reales Vorhandensein* **2** *(unwiderlegbare) Tatsache;* das sind die ~en **3** ⟨nur Pl.; österr.⟩ *Immobilien*

Re|al|schu|le ⟨f.; -, -n⟩ *Schule, die nach dem zehnten Schuljahr (mit der mittleren Reife) abschließt*

Re|be ⟨f.; -, -n⟩ **1** *Schössling, Zweig des Weinstocks* **2** ⟨geh.⟩ = *Weinrebe*

Re|bell ⟨m.; -en, -en⟩ *jmd., der sich auflehnt, rebelliert, Aufrührer*

re|bel|lie|ren ⟨V. 400⟩ **1** *jmd.* rebelliert *empört sich* **2** *jmds.* **Eingeweide** ~ *jmd. hat das Gefühl des Erbrechens od. Durchfalls*

Re|bel|li|on ⟨f.; -, -en⟩ *das Rebellieren, Aufruhr, Widerstand*

Reb|huhn ⟨n.; -(e)s, -hüh|ner⟩ *einheimischer, unscheinbarer, gedrungener Hühnervogel mit braunem Fleck auf der Brust: Perdix perdix*

re|chen ⟨V. 500; bes. süd- u. mitteldt.⟩ = *harken*

Re|chen ⟨m.; -s, -⟩ **1** ⟨bes. süd- u. mitteldt.⟩ = *Harke (1);* ein ~ aus Holz, Metall; das Heu mit dem ~ wenden **2** ⟨fig.⟩ *Gitter zum Zurückhalten von groben Verunreinigungen vor Einläufen von Wasserturbinen, Kläranlagen;* Schleusen~

Re|chen|schaft ⟨f.; -; unz.⟩ **1** *Bericht, Auskunft über Tun u. Lassen, das Sichverantworten* • 1.1 jmdm. (keine) ~ **schulden,** *schuldig sein (nicht) verpflichtet sein, jmdm. gegenüber seine Handlung zu begründen* • 1.2 (jmdm.) **über etwas** ~ **geben,** *ablegen (jmdm. gegenüber) sein Handeln, Tun rechtfertigen* • 1.3 (von jmdm.) ~ **verlangen,** *fordern verlangen, dass jmd. sich rechtfertigt* **2 jmdn.** (für etwas) **zur** ~ **ziehen** *jmdn. zur Verantwortung ziehen*

Re|cher|che ⟨[reʃɛrʃə] f.; -, -n; meist Pl.⟩ *Nachforschung, ermittelnde Untersuchung;* ~n anstellen; Internet~

rech|nen ⟨V.⟩ **1** ⟨402⟩ (eine **Aufgabe**) ~ *(zu einer Zahlenaufgabe) das Ergebnis ermitteln;* falsch, richtig ~; gut, schlecht ~ können; mündlich, schriftlich ~; mit Zahlen, Brüchen, Buchstaben ~ • **1.1** ⟨411 od. 511⟩ (eine Aufgabe) im Kopf ~ *rechnen (1), ohne dabei die Zahlen aufzuschreiben* **2** ⟨410⟩ *zählen, berücksichtigen, kalkulieren;* vom 1. November an gerechnet • **2.1** knapp gerechnet, zwei Stunden *mindestens zwei S.* • **2.2** reichlich gerechnet, zwei Stunden *höchstens zwei S.* **3** ⟨505⟩ **etwas** (**für etwas**) ~ *veranschlagen, für nötig halten;* ich habe für jeden drei Stück Kuchen gerechnet; er rechnet dafür 100 € **4** ⟨505⟩ **jmdn.** od. **etwas** (**zu etwas**) ~ *dazuzählen, (in etwas) einbeziehen;* jmdn. zu seinem Freundeskreis ~; 20 Personen, die Kinder nicht gerechnet **5** ⟨800⟩ **auf jmdn., mit jmdn.** od. **eine(r) Sache** ~ • **5.1** *jmdn. od. etwas zuversichtlich erwarten;* du musst damit ~, dass er nicht kommt; ich rechne fest damit, dass er kommt • **5.2** *sich auf jmdn. od. etwas verlassen;* ich kann doch auf dich ~?; er ist jmd., mit dem man ~ kann

Rech|nung ⟨f.; -, -en⟩ **1** *(schriftliche) Aufstellung der Kosten, Kostenforderung, Summe, die für etwas bezahlt werden muss;* eine hohe ~; eine offene, offenstehende ~; unbezahlte ~en; eine ~ begleichen, bezahlen, quittieren, schreiben; schicken Sie die ~ an meinen Vater; auf ~ und Gefahr des Empfängers • **1.1** jmdn. einen Betrag in ~ stellen *jmdm. einen B. berechnen, einen B. von jmdm. fordern* • **1.2** über eine Sache ~ legen *die Kosten für eine S. nachweisen, offenlegen* • **1.3** auf, für eigene ~ kaufen *auf eigene Kosten* • **1.4** auf ~ kaufen *kaufen u. nicht sofort, sondern erst nach Zusendung der Rechnung (1) bezahlen* • **1.5 auf jmds.** ~ *zur Bezahlung durch jmdn.* • **1.5.1** das geht auf meine ~ *das bezahle ich* • **1.5.2** ich habe es auf ~ meines Vaters bestellt *bestellt u. meinem V. die Rechnung (1) zusenden lassen, auf Kosten meines V. bestellt* • **1.6** auf seine ~ kommen ⟨fig.⟩ *auf seine Kosten kommen, zufrieden sein* • **1.7** für fremde ~ *auf Kosten eines Dritten* • **1.8** ich habe mit ihm noch eine alte ~ zu begleichen ⟨fig.⟩ *ich muss mit ihm noch wegen eines Vorfalls abrechnen, ihn zur Rechenschaft ziehen* • **1.9** die ~ ohne den Wirt machen ⟨fig.⟩ *sich in einer Erwartung täuschen* **2** ⟨schweiz.⟩ = *Abrechnung (2);* Jahres~ **3** *Zahlenaufgabe;* die ~ geht (nicht) auf **4** *Berechnung;* nach meiner ~ haben wir zwei Stunden gebraucht; es ist eine ganz einfache ~ • **4.1** ⟨fig.⟩ *Erwartung, Planung, Plan* • **4.1.1** meine ~ ist nicht aufgegangen *mein Plan ist nicht gelungen* • **4.1.2** jmdm. einen Strich durch die ~ machen *jmds. Pläne vereiteln* • **4.1.3** etwas in ~ ziehen, einer Sache ~ tragen ⟨fig.⟩ *eine S. berücksichtigen*

recht ⟨Adj.⟩ **1** *richtig* • **1.1** *der Wirklichkeit entsprechend, nicht falsch;* wenn ich es ~ überlege; das Rechte treffen; alles, was ~ ist, aber das geht zu weit! (Ausdruck der Ablehnung) • **1.1.1 ganz** ~! *ganz richtig!, das stimmt!, jawohl!* • **1.1.2** habe ich ~ gehört? *stimmt das, soll das wirklich so sein?* • **1.1.3** ich weiß nicht ~, ob ich es tun soll *ich bin mir noch nicht klar, ich zögere noch, es zu tun* • **1.1.4** nach dem Rechten sehen *nachsehen, ob alles in Ordnung ist, ob alles richtig getan wird, etwas überprüfen* • **1.1.5** es geht hier nicht **mit** ~en **Dingen** zu *es ist hier nicht ganz geheuer, hier stimmt etwas nicht* • **1.2** ⟨60⟩ *geeignet, passend;* er ist der ~e Mann am ~en Ort; wer nicht kommt zur ~en Zeit, der muss sehn, was übrig bleibt ⟨Sprichw.⟩ • **1.2.1** es geschieht ihm ganz ~ *er hat es nicht besser verdient* • **1.3** *wie es sich gehört, angemessen;* es muss alles das ~e Maß haben; es steht alles am ~en Ort; es ist gerade die ~e Zeit (dazu); du kommst gerade ~ • **1.3.1 jmdm. etwas** ~ **machen** *etwas so machen, wie jmd. es will;* man kann es nicht allen ~ machen; man kann ihm nichts ~ machen • **1.3.2** (es ist) **so**! *es ist gut, es ist in Ordnung, es hat sich erledigt, (behalten Sie das restliche Geld für sich!)* • **1.3.3** etwas od. **sich ins** ~e **Licht setzen, stellen** ⟨fig.⟩ *in seinen Vorzügen bewusst zur Geltung bringen;* →a. *Herz (6.3)* • **1.4** ⟨60; abgeschwächt, häufig in verneinten Wendungen⟩ *wirklich, typisch;* ich habe keine ~e Lust; er gibt sich keine ~e Mühe; er ist ein ~er Hasenfuß, Narr; es ist ein ~er Jammer mit ihm ⟨umg.⟩; →a. *erst (5)* • **1.5** etwas Rechtes ⟨umg.⟩ *Vernünftiges, Ordentliches;* er hat nichts Rechtes gelernt; das ist doch nichts Rechtes! **2** ⟨90⟩ *dem Recht, den Gesetzen, einer sittlichen Norm entsprechend, gut;* Ggs *unrecht;* das war nicht ~ (von dir, von ihm); er hat ~/Recht getan; tue ~/Recht und scheue niemand! ⟨Sprichw.⟩; allen Menschen ~/Recht getan, ist eine Kunst, die niemand kann ⟨Sprichw.⟩ • **2.1** jmdn. **auf** die ~e **Bahn**, auf den ~en Weg bringen ⟨fig.⟩ *zum rechten Tun hinlenken* • **2.2** jmdn. **vom** ~en **Wege** abbringen ⟨fig.⟩ *zu etwas Unrechtem verleiten* • **2.3** vom ~en **Wege** (ab)weichen ⟨fig.⟩ *etwas Unrechtes tun* • **2.4** was dem einen ~ ist, ist dem andern billig *jeder muss zu seinem Recht kommen* • **2.5** ~ **und billig** *völlig richtig* • **2.5.1** das ist nur ~ und **billig**, dass du ihm jetzt auch hilfst, nachdem er dir geholfen hat *ganz richtig, das kann er von dir mit Recht erwarten* • **2.5.2** es ist nicht mehr als ~ und billig, dass ich das tue *steht mir zu, das muss ich tun, dazu bin ich verpflichtet* • **2.6** ⟨50⟩ ich habe ~/Recht **behalten** *es war richtig, was ich gesagt, vermutet habe;* er will immer ~/Recht behalten • **2.7** ⟨50⟩ ~/Recht **haben** *das Richtige sagen, vermuten, richtig urteilen;* er hat ~/Recht gehabt; du hast ganz ~! • **2.8** ⟨50⟩ jmdm. ~/Recht **geben** *zustimmen* **3** ⟨40⟩ etwas ist jmdm. ~ *angenehm, jmd. ist einverstanden, zufrieden mit etwas;* mir ist es ~; ist es dir ~, wenn ich um drei Uhr komme?; nichts ist ihm ~; ist es (Ihnen) so ~?; mir ist alles ~ • **3.1** das ist ~! *das ist gut, schön, das freut mich!* • **3.2** mir soll es ~ sein! ⟨umg.⟩ *meinetwegen!* **4** ⟨33 od. 50⟩ *sehr, ziemlich;* ich danke Ihnen ~ herzlich; sei ~ herzlich gegrüßt von deiner … (Briefschluss); ich bin ~ hungrig, müde; ist der Koffer ~ schwer?; er ist ein ~ tüchtiger Arzt; ~ vielen, ~ herzlichen Dank! • **4.1** *ganz, einigermaßen;* wie geht es Ihnen? Danke, ~ gut; ich werde nicht ~ klug daraus; du bist wohl nicht ~ gescheit! • **4.1.1** das ist alles ~ schön und gut, aber … *das mag ja alles stim-*

Recht

men, aber ... **5** ⟨50⟩ ~ und **schlecht** nicht gut u. nicht schlecht, leidlich; er hat sich ~ und schlecht durchgeschlagen

Recht ⟨n.; -(e)s, -e⟩ **1** ⟨Pl. selten⟩ Rechtsordnung, Gesamtheit der Gesetze (des Staates, der Kirche od. eines Lebensgebietes); Handels~; Kirchen~; Staats~; Straf~; bürgerliches ~; römisches ~; das ~ beugen, brechen, verletzen; er hat das ~ auf seiner Seite; nach geltendem ~ • **1.1 nach** ~ **und Billigkeit** nach geschriebenem Gesetz u. nach dem Gefühl für Gerechtigkeit • **1.2** ~ **sprechen** ein Urteil fällen • **1.3 von** ~s **wegen** nach dem Gesetz; →a. Gnade (3.1) **2** Befugnis, Anspruch, Berechtigung; Hoheits~; Nutzungs~; Verkaufs~; das ~ des Älteren, des Vaters; ~e und Pflichten; das ~ auf Selbstbestimmung; er hat ein ~ auf Belohnung; ein ~ ausüben, beanspruchen; ein ~ erwerben (etwas zu tun); sein ~ fordern; sein ~ geltend machen; sich od. jmdm. sein ~ verschaffen; jmdm. das ~ streitig machen, etwas zu tun; wer gibt dir das ~, das zu behaupten, zu tun?; ich nehme mir das ~, meine eigene Meinung zu vertreten; er besitzt ältere ~e (als der andere) • **2.1 das** ~ **des Stärkeren** der Anspruch dessen, der die Macht hat u. nicht nach Rechtmäßigkeit fragt • **2.2 zu seinem** ~ **kommen** seinen Anspruch durchsetzen • **2.3 alle** ~e vorbehalten (Vermerk in Druckwerken) die Berechtigung zum Nachdrucken, zum Verfilmen u. a. wird vorbehalten **3** ⟨unz.⟩ Richtiges, Angemessenes, Zustehendes, das, was recht u. gut ist (nach persönlichem Rechtsempfinden); das ist mein gutes ~; ich kann mit Fug und ~ behaupten, dass ... ⟨verstärkend⟩ • **3.1 mit, zu** ~ mit Berechtigung, mit Grund; eine Sache mit gutem, vollem ~ vertreten; man kann mit vollem ~ behaupten, dass ...; mit welchem ~ maßt du dir an, ...?; er hat es verlangt, und das mit ~; sein Anspruch besteht zu ~ • **3.2 im** ~ **sein** Recht haben, die richtige Ansicht, das Richtige getan haben **4** ⟨meist Pl.; veraltet⟩ Rechtspflege, Rechtswissenschaft; Doktor, Student der ~e; die ~e studieren

rech|te(r, -s) ⟨Adj. 60⟩ **1** ⟨24⟩ auf der der Herzseite gegenüberliegenden Seite befindlich; Ggs linke(r, -s); der ~ Arm, das ~ Bein; das ~ Ufer eines Flusses; auf der ~n Seite der Straße gehen • **1.1** ⟨60⟩ das Haus liegt ~r **Hand** rechts, auf der rechten Seite • **1.2** ⟨60⟩ jmds. ~ **Hand** sein ⟨fig.⟩ jmds. wichtigster Helfer sein **2** ⟨60⟩ die ~ **Seite** Oberseite, Vorderseite, Außenseite; Ggs linke Seite, → linke(r, -s) (2); die ~ Seite einer Münze, eines Stoffes **3** ⟨60⟩ ~ **Masche** beim Stricken glatte M., M., bei der der Faden hinter der Nadel liegt; Ggs linke Masche, → linke(r, -s) (4) **4** ⟨60⟩ ~r **Winkel** Winkel von 90°

Rech|te ⟨f.; -n, -n⟩ Ggs Linke **1** ⟨geh.⟩ rechte Hand, rechte Seite; sie saß an, zu seiner ~n **2** Gesamtheit der konservativen Parteien; die äußerste, gemäßigte ~ • **2.1** Anhänger der ~ ein Konservativer

Recht|eck ⟨n.; -(e)s, -e; Geom.⟩ Viereck mit rechten Winkeln u. zwei Paaren paralleler Seiten

rech|ten ⟨V. 417; geh.⟩ **mit jmdm.** ~ sein Recht von jmdm. fordern, jmdn. tadeln, mit jmdm. streiten; sie hat mit ihm um das Erbe gerechtet

rech|tens ⟨Adv.⟩ nach dem Recht, mit Recht; ~ gilt der Anspruch als verjährt; es ist rechtens, dass ...; etwas für rechtens halten

recht|fer|ti|gen ⟨V. 500/Vr 7⟩ **1 jmdn.** ~ die Berechtigung seines Tuns nachweisen od. erklären, jmdn. von einem Verdacht befreien; ich habe ihn gerechtfertigt; es wird mir diesmal nicht gelingen, mich zu ~; sich vor jmdm. ~ **2 etwas** ~ nachweisen od. erklären, dass etwas berechtigt war; eine Handlung, ein Vorgehen ~; jmds. Verhalten ~ • **2.1 etwas** rechtfertigt **etwas** begründet etwas, lässt etwas als berechtigt erscheinen; unser Erfolg rechtfertigt das in uns gesetzte Vertrauen; unser Misstrauen war in keiner Weise gerechtfertigt

recht|ha|be|risch ⟨Adj.⟩ immer Recht behalten wollend, stets starr an seinem Standpunkt festhaltend; ein ~er Mensch; ~ sein

recht|lich ⟨Adj. 24⟩ das Recht betreffend, dem Recht nach, hinsichtlich des Rechtes, auf dem Recht beruhend, gesetzlich, juristisch; ~er Anspruch; die ~e Seite einer Sache; das ist ~ nicht zulässig (aber menschlich verständlich)

recht|mä|ßig ⟨Adj. 24⟩ dem Recht entsprechend, nach dem geltenden Recht, gesetzlich; er ist der ~e Erbe des Besitzes

rechts ⟨Adv.⟩ **1** die rechte Seite, auf der rechten Seite (befindlich, vohanden), nach der rechten Seite (hin); →a. links (1); ~ der Donau ~ gehen, fahren; lassen Sie die Kirche ~ liegen; oben ~, unten ~ (in Bilderläuterungen) **2** ~ **stehen** ⟨fig.⟩ ein Konservativer sein, auf der Seite der Rechten stehen **3** ⟨Getrennt- u. Zusammenschreibung⟩ • **3.1** ~ stehend = rechtsstehend

Rechts|an|walt ⟨m.; -(e)s, -wäl|te⟩ Jurist mit der Berechtigung, die Rechtsangelegenheiten anderer vor Gericht zu vertreten; ~ und Notar; sich einen ~ nehmen; sich als ~ niederlassen

recht|schaf|fen ⟨Adj.⟩ **1** ehrlich, redlich, anständig, pflichtbewusst; ein ~er Mensch; er handelt ~; jmdm. ~ dienen **2** ⟨50⟩ sehr; er hat sich ~ plagen müssen; ~ müde sein

recht|schrei|ben ⟨V. 230/400; nur im Inf.⟩ nach den geltenden Regeln der Rechtschreibung schreiben, orthografisch korrekt schreiben; die Schüler können heute nicht mehr ~; im Rechtschreiben hat er Schwächen

Recht|schrei|bung ⟨f.; -, -en⟩ **1** ⟨unz.⟩ Lehre von der richtigen Schreibung der Wörter; Sy Orthografie **2** Lehr-, Wörterbuch der Rechtschreibung

Rechts|hän|der ⟨m.; -s, -⟩ jmd., der mit der rechten Hand schreibt, mit der rechten Hand geschickter ist als mit der linken; Ggs Linkshänder

Rechts|hän|de|rin ⟨f.; -, -rin|nen⟩ weibl. Rechtshänder; Ggs Linkshänderin

rechts|kräf|tig ⟨Adj. 24⟩ nicht mehr anfechtbar, endgültig (von gerichtlichen Entscheidungen); eine ~e Entscheidung; das Urteil ist ~

Recht|spre|chung ⟨f.; -, -en⟩ **1** gerichtliche Entscheidung **2** Gerichtsbarkeit

Rechts|staat ⟨m.; -(e)s, -en⟩ Staat, in dem die Regierungsgewalt durch eine Rechtsordnung begrenzt u. die *rechtliche Stellung des Bürgers gesichert ist;* den ~ *stärken;* der deutsche ~

rechts|staat|lich ⟨Adj. 24⟩ *zu einem Rechtsstaat gehörend, ihm entsprechend;* die ~e *Gewalt;* eine *Entscheidung* ~ *begründen;* eine ~e *Gesinnung*

rechts|ste|hend *auch:* **rechts ste|hend** ⟨Adj. 24/70⟩ Ggs *linksstehend* **1** *auf der rechten Seite stehend* **2** *politisch nach rechts orientiert, dem rechten politischen Flügel zugeneigt;* die ~en *Parteien*

Rechts|weg ⟨m.; -(e)s, -e⟩ **1** *Inanspruchnehmen des Gerichts;* eine *Sache auf dem* ~ *entscheiden* • **1.1** den ~ *beschreiten, einschlagen, gehen* die *Hilfe des Gerichts in Anspruch nehmen*

recht|wink|lig ⟨Adj. 24⟩ *mit einem Winkel von 90° versehen;* ~es *Dreieck*

recht|zei|tig ⟨Adj. 24⟩ *gerade zur rechten Zeit, zum richtigen Zeitpunkt, pünktlich;* das *Paket ist* ~ *angekommen*

Reck ⟨n.; -(e)s, -e; Sp.⟩ **1** *Turngerät, an zwei Pfeilern waagerecht befestigte, verstellbare Eisenstange;* Übungen am ~ **2** *an zwei frei hängenden Seilen befestigte, kurze Holzstange;* Schwebe-~

Re|cke ⟨m.; -n, -n; poet.⟩ *tapferer Kämpfer, mutiger Krieger*

re|cken ⟨V. 500⟩ **1** ⟨Vr 7⟩ **etwas** od. **sich** ~ *strecken, hoch aufrichten, dehnen;* die *Arme,* die *Glieder* ~; den *Hals* ~ (*um etwas zu sehen*); er *hat die Hand in die Höhe, nach dem Buch gereckt;* ich *reckte mich nach dem Ast* **2 Eisen** ~ ⟨Met.⟩ *schrittweise den Querschnitt eines Werkstückes vermindern durch Verdrängen des Werkstoffes in Längsrichtung*

Re|cor|der ⟨m.; -s, -⟩ = *Rekorder*

re|cy|celn ⟨[rɪsaɪkəln] V. 500⟩ **Papier, Altglas, Wertstoffe** ~ *wiederverwerten;* oV *recyceln*

re|cy|clen *auch:* **re|cyc|len** ⟨[rɪsaɪkəln] V. 500⟩ = *recyceln*

Re|cy|cling *auch:* **Re|cyc|ling** ⟨[rɪsaɪklɪŋ] n.; -s, -s⟩ *Aufarbeitung, Wiederverwertung von Abfallstoffen;* Altglas-~

Re|dak|ti|on ⟨f.; -, -en⟩ **1** *Bearbeitung des Manuskripts für ein Druckwerk* **2** *Gesamtheit der bei der Redaktion (1) mitwirkenden Arbeitskräfte* **3** *die für die Redaktion (1) zur Verfügung stehenden Räume*

Re|de ⟨f.; -, -n⟩ **1** *das, was gesprochen wird* od. *wurde, das, was jmd. sagt* od. *gesagt hat, Äußerungen, (sinnvoll zusammenhängende) Worte;* große, großsprecherische, hässliche, prahlerische ~n *führen;* die ~ *kam auf den Vorfall von gestern* • **1.1** ~ *und Gegenrede das gesprächsweise erörterte Für und Wider* • **1.2** *diese Antwort verschlug ihm die* ~ *machte ihn sprachlos und verblüffte ihn so, dass er nichts mehr zu sagen wusste* • **1.3** *das ist doch (schon lange) meine* ~ ⟨umg.⟩ *das habe ich doch schon immer, schon lange gesagt* • **1.4 von etwas die** ~ **sein** *von etwas gesprochen werden;* wovon *ist die* ~? • **1.4.1** *davon ist nicht die* ~ *das hat keiner gesagt* od. *gemeint* • **1.4.2** *davon kann keine* ~ *sein das ist ausgeschlossen, unmöglich, das kommt nicht in Frage* • **1.5 in** ~ **stehen** *fraglich, noch nicht endgültig entschieden sein* • **1.6** *es ist nicht der* ~ **wert** *nur eine Kleinigkeit, nicht erwähnenswert*

2 *Ansprache, Vortrag;* Antritts-~; Trauer-~; eine *gute, lange, feierliche* ~; eine ~ *halten* **3** ⟨Sprachw.⟩ *aktualisierte Sprache (im Unterschied zum potenziellen, nur im Bewusstsein der Sprecher existenten Sprachsystem)* **4** *Rechenschaft* • **4.1 jmdn. zur** ~ **stellen** (*wegen*) *jmdn. (wegen einer Handlung) energisch befragen, zur Rechenschaft ziehen* • **4.2 jmdm.** ~ **und Antwort stehen** *Antwort, Auskunft geben, auf Fragen hin etwas bekennen, zugeben* **5** *Gerücht, Gerede;* ich *kümmere mich nicht um die* ~n, gebe *nichts auf die* ~n *der Leute* **6** *Redeweise, sprachl. Gestaltung (von Gedanken, Empfindungen);* →a. *binden (4.5), direkt (3.1), indirekt (2.2)*

re|den ⟨V.⟩ **1** ⟨400⟩ *sprechen, sich sinnvoll äußern;* laut, leise, deutlich, undeutlich ~; öffentlich ~; red *nicht so viel!*; mit *jmdm.* ~; mit *sich selbst* ~; von *jmdm.* od. *etwas* ~; über *jmdn.* od. *etwas* ~; wir *haben über ihn geredet;* darüber *werden wir noch* ~; Reden *ist Silber, Schweigen ist Gold* (Sprichw.) • **1.1** *darüber lässt sich* ~ *das ist verständlich, einsehbar* • **1.2** *lass ihn doch* ~! *lass ihn sagen, was er will, kümmere dich nicht um das, was er sagt!* • **1.3** *die Leute* ~ *viel.* ⟨fig.; abwertend⟩ *lass doch, es wird so viel Unwahres gesprochen!, das glaube ich nicht, es wird ein Gerücht sein!* • **1.4** *du hast* **gut, leicht** ~! *du hast es leicht, du bist ja nicht davon betroffen* • **1.5** *Reden und Tun ist zweierlei von einer Tat zu sprechen ist leichter, als sie auszuführen* • **1.6** *mit Händen u. Füßen* ~ ⟨umg.; scherzh.⟩ *beim Sprechen lebhafte Gebärden machen* • **1.7** *mit den Händen* ~ *die Zeichensprache anwenden* • **1.8** ⟨530⟩ **jmdm.** od. **einer Sache das Wort** ~ ⟨fig.⟩ *für jmdn.* od. *eine S. eintreten* • **1.9** *er lässt* **mit sich** ~ ⟨fig.⟩ *er ist aufgeschlossen für die Meinung anderer, er ist nachgiebig, entgegenkommend, umgänglich* • **1.10** ~de *Künste K. mit der Sprache als Ausdrucksmittel, Dichtung, Rhetorik* • **1.11** *von einer Sache viel Redens machen einer S. viel Aufmerksamkeit schenken, sehr viel Aufhebens von einer S. machen* • **1.12** *von sich* ~ *machen allgemein bekannt werden;* →a. *Gewissen (1.7), Mund (3.18)* **2** ⟨500⟩ **etwas** ~ *aussprechen, äußern, sagen;* Gutes, Schlechtes *über jmdn.* ~; Unsinn ~; dummes *Zeug* ~; er *hat die ganze Zeit kein Wort geredet* **3** ⟨*in festen Wendungen*⟩ • **3.1** ⟨511/Vr 3⟩ *sich in Wut* ~ *sich beim Sprechen in W. hineinsteigern* **3.2** ⟨513/Vr 3⟩ *sich heiser* ~ *so viel reden, dass man heiser davon wird* • **3.3** ⟨531/Vr 1 od. Vr 2⟩ *sich den Kummer, den Zorn, die Sorge vom Herzen, von der Seele* ~ *seinen K., Z., seine S. lindern, indem man darüber spricht*

Re|de|wen|dung ⟨f.; -, -en⟩ *abwandelbare, nicht feststehende sprachliche Wendung, sprachlicher Ausdruck, z. B.* ich *mache mir nichts daraus*

re|di|gie|ren ⟨V. 500⟩ **1** *ein* **Manuskript,** *einen* **Text** ~ *für den öffentlichen Vortrag, für den Druck bearbeiten* **2** *eine* **Zeitschrift, Zeitung,** *einen* **Sammelband** ~ *inhaltl. u. formal gestalten, herausgeben* • **2.1** *eine* **Sendung** ~ *gestalten, Beiträge für eine S. zusammenstellen*

red|lich ⟨Adj.⟩ **1** *ehrlich, zuverlässig, pflichtbewusst;* ein ~er *Mann, Mensch;* eine ~e *Gesinnung;* ~ *handeln*

2 ⟨90; fig.⟩ *groß, viel;* ich habe mir ~e Mühe gegeben **3** ⟨50; umg.⟩ *sehr, tüchtig;* sich ~ bemühen; ich habe mich ~ plagen müssen; ~ müde sein

Red|ner ⟨m.; -s, -⟩ **1** *jmd., der eine Rede hält od. gehalten hat, Vortragender;* Haupt~, Parlaments~, Volks~, Wahl~; der ~ des heutigen Abends; der ~ betonte, wiederholte, erklärte **2** *jmd., der (gut) Reden halten kann;* ein guter, schlechter ~ sein; er ist kein ~ ⟨umg.⟩

Red|ne|rin ⟨f.; -, -rin|nen⟩ *weibl. Redner*

red|se|lig ⟨Adj.⟩ **1** *viel u. gern redend;* ihre Nachbarin ist sehr ~; eine ~e alte Frau **2** *wortreich, weitschweifig;* ein ~er Brief, Bericht; sich ~ über etwas verbreiten

Re|duk|ti|on ⟨f.; -, -en⟩ **1** *das Reduzieren, Herabsetzung;* Preis~ ● 1.1 *Einschränkung* ● 1.2 *Minderung* **2** *das Zurückführen;* ~ eines komplizierten Sachverhalts u. Begriffes auf einen einfachen **3** ⟨Chem.⟩ *Ggs Oxydation* ● 3.1 ⟨i. w. S.⟩ *die Aufnahme von Elektronen u. damit Verminderung einer positiven Ladung* ● 3.2 ⟨i. e. S.⟩ ● 3.2.1 *Aufnahme von Wasserstoff in eine chem. Verbindung* ● 3.2.2 *Entzug von Sauerstoff aus einer Verbindung* **4** ⟨Biol.⟩ *die rückschreitende Umwandlung von Organen im Laufe der Stammesgeschichte od. der Entwicklung eines Individuums*

re|du|zie|ren ⟨V.⟩ **1** ⟨505⟩ **Mengen, Werte** ~ **(auf)** *verringern, vermindern (auf);* die tägliche Dosis eines Arzneimittels (auf zehn Tropfen, drei Tabletten) ~; die Preise auf die Hälfte ~; Preise, Forderungen ~; die Zahl der Mitglieder, Teilnehmer ~; den Arbeitsaufwand auf ein Mindestmaß ~ **2** ⟨Chem.⟩ **Stoffe** ~ **(zu)** *einer Reduktion (3-3.2.2) unterwerfen (u. dadurch in einen anderen Stoff umwandeln)*

re|ell ⟨Adj.⟩ **1** *redlich, ehrlich, zuverlässig;* ein ~er Mensch; eine ~e Firma; er ist (sehr) ~ ● 1.1 ~es **Geschäft** *anständiges G. ohne Übervorteilung des Käufers* **2** ~e **Zahlen** *rationale u. irrationale Zahlen*

Re|fe|rat ⟨n.; -(e)s, -e⟩ **1** *Bericht, Vortrag in der Art eines Gutachtens* ● 1.1 *Berichterstattung eines Fachkundigen* ● 1.2 *Vortrag zur Übung (in der Schule u. im Hochschulseminar)* **2** *Arbeitsgebiet;* Presse~

Re|fe|ren|dum ⟨n.; -s, -ren|den od. -ren|da⟩ *Volksentscheid*

Re|fe|rent ⟨m.; -en, -en⟩ **1** *jmd., der über etwas referiert, ein Referat hält, Vortragender;* →a. *Korreferent* ● 1.1 *Gutachter (bei wissenschaftl. Arbeiten)* **2** *Sachbearbeiter in einem Referat (2)*

re|fe|ren|ti|ell ⟨Adj. 24⟩ = *referenziell*

Re|fe|ren|tin ⟨f.; -, -tin|nen⟩ *weibl. Referent*

Re|fe|renz ⟨f.; -, -en⟩ **1** *Empfehlung;* ~en beibringen, einholen **2** *Person od. auch Stelle, auf die man sich berufen kann, bei der Auskünfte eingeholt werden können* **3** ⟨Sprachw.⟩ *Beziehung zwischen einem sprachlichen Ausdruck u. dem damit bezeichneten Inhalt* **4** ⟨allg.⟩ *Beziehung, Bezugnahme*

re|fe|ren|zi|ell ⟨Adj. 24⟩ *die Referenz betreffend, auf etwas beziehend;* oV *referenziell*

re|fe|rie|ren ⟨V. 505⟩ **(über)** *etwas* ~ *über etwas ein Referat, einen Vortrag halten, über etwas berichten, einen Sachverhalt zusammenfassend wiedergeben*

re|flek|tie|ren ⟨V.⟩ **1** ⟨500⟩ ein **Gegenstand** reflektiert **Strahlen** *wirft sie zurück;* reflektierte Strahlen **2** ⟨800⟩ **über** (abstrakte) **Gegenstände** ~ *gründlich von verschiedenen Gesichtspunkten aus überdenken*

Re|flek|tor ⟨m.; -s, -en⟩ **1** *Hohlspiegel hinter einer Lichtquelle* ● 1.1 *Spiegelfernrohr* **2** *Teil einer Richtantenne, der einfallende elektromagnetische Strahlen zur Sammlung nach einem Brennpunkt hin reflektiert*

Re|flex ⟨m.; -es, -e⟩ **1** *reflektiertes (1) Licht;* Licht~ **2** ⟨Physiol.⟩ *unbewusste, automatisch erfolgende Reaktion eines Lebewesens auf einen Reiz;* bedingter ~, unbedingter ~

Re|fle|xi|on ⟨f.; -, -en⟩ **1** ⟨Phys.⟩ *Zurückwerfen von Wellen an der Grenzfläche zweier Medien;* die ~ des Lichts an der Wasseroberfläche **2** *prüfendes vergleichendes Nachdenken (bes. über die eigene Person, das eigene Verhalten);* kritische ~

re|fle|xiv ⟨Adj. 24⟩ **1** ⟨Gramm.⟩ *sich auf das Subjekt beziehend;* Sy *rückbezüglich* ● 1.1 ~es **Pronomen** = *Reflexivpronomen* ● 1.2 ~es **Verb** *Verb, das sich mit Hilfe des Reflexivpronomens auf das Subjekt bezieht, z. B.* sich erkälten **2** ⟨geh.⟩ *auf Reflexion (2) beruhend, sie betreffend*

Re|fle|xiv|pro|no|men ⟨n.; -s, - od. -no|mi|na; Gramm.⟩ *sich auf das Subjekt beziehendes Pronomen (sich);* Sy *reflexives Pronomen*

Re|form ⟨f.; -, -en⟩ *verbessernde Umgestaltung, planmäßige Neugestaltung;* Gesundheits~; Hochschul~; Steuer~

Re|for|ma|ti|on ⟨f.; -, -en⟩ **1** ⟨unz.; i. e. S.⟩ *die durch Luther, Zwingli u. Calvin ausgelöste Bewegung zur Erneuerung der Kirche, wodurch die abendländische Kirche gespalten wurde u. neue, vom Papst unabhängige, evangelische Kirchen (protestantische, reformierte Kirche) entstanden* **2** ⟨i. w. S.⟩ *Erneuerung, Neugestaltung*

re|for|mie|ren ⟨V. 500⟩ **1** *etwas* ~ *erneuern, verbessern, umgestalten* **2** *reformiert* ⟨Abk.: ref.⟩ *der evangelisch-reformierten Kirche angehörend, sie betreffend* ● 2.1 reformierte **Kirche** *durch die Reformation von Zwingli u. Calvin (die Weiterentwicklung der durch Luther ausgelösten Bewegung) entstandene Kirche*

Re|frain *auch:* **Ref|rain** ⟨[rəfrɛː] m.; -s, -s⟩ *am Schluss eines Gedichtes, Liedes od. Musikstückes wiederkehrende Worte, Sätze od. Melodie,* Kehrreim

Re|fu|gi|um ⟨n.; -s, -gi|en; geh.⟩ *Zufluchtsstätte, Ort, an den man sich zurückziehen kann*

Re|gal ⟨n.; -s, -e⟩ *Gestell mit Fächern (für Bücher od. Waren);* Bücher~

Re|gat|ta ⟨f.; -, -gat|ten; Sp.⟩ *Wettfahrt für Boote;* Segel~

re|ge ⟨Adj.⟩ **1** *munter, lebhaft, beweglich, rüstig, betriebsam;* ~ Beteiligung; ~r Briefwechsel; einen ~n Geist haben; es herrschte ~r Verkehr; er ist für sein Alter noch sehr ~; geistig ~ ● 1.1 ⟨40⟩ ~ werden *munter werden, wach werden, erwachen;* der Wunsch wurde in mir ~, es auch einmal zu versuchen

Re|gel ⟨f.; -, -n⟩ **1** *Richtlinie, Richtschnur, Vorschrift;* Ggs *Ausnahme (1);* die ~n der Rechtschreibung, der Zeichensetzung; die ~n eines Spiels; eine ~ aufstellen; das ist gegen die ~ (beim Spiel); eine ~ (nicht) befolgen, einhalten; keine ~ ohne Ausnahme; sich (streng) an eine ~ halten • 1.1 nach allen ~n der Kunst *ganz richtig, sehr sorgfältig* • 1.2 sich etwas zur ~ machen *sich etwas vornehmen u. immer durchführen* **2** *Vorschrift, die Angehörigen eines Ordens einhalten müssen, Ordensregel;* Augustiner~; nach einer ~ leben (im Kloster) **3** *das allgemein Übliche, Norm;* Ggs *Ausnahme (1)* • 3.1 in der ~ ist es so *meistens, fast ohne Ausnahme* • 3.2 eine Ausnahme von der ~ machen *anders als üblich sein, handeln* **4** ⟨Physiol.⟩ = *Menstruation;* die ~ haben; die ~ ist ausgeblieben

re|gel|mä|ßig ⟨Adj.⟩ **1** *nach einer bestimmten Regel (geschehen, verlaufend, eintretend), in gleichen Abständen (sich wiederholend);* in ~en Abständen; ~er Puls, Herzschlag; ~e Mahlzeiten, Besuche; etwas ~ tun; ~ auftreten • 1.1 ein ~es **Gesicht** *G. mit ebenmäßigen Zügen* • 1.2 ~e **Körper** ⟨Geom.⟩ = *platonische Körper,* → *platonisch (2)* • 1.3 die ~en **Verben** *die nach bestimmter Regel gebildeten V.* **2** ⟨50⟩ *immer;* er geht ~ um diese Zeit in die Schule; er kommt ~ zu spät; das Programm fängt ~ um 8 Uhr an

re|geln ⟨V. 500⟩ **1** etwas ~ *nach einer bestimmten Regel ordnen, festlegen, festsetzen, einrichten, in ordnungsgemäße Bahnen lenken;* das werde ich noch ~; seine persönlichen, geschäftlichen Angelegenheiten ~; den Verkehr ~; in geregelten Verhältnissen leben • 1.1 ⟨Vr 3⟩ etwas regelt **sich** *erledigt sich;* manches hat sich von selbst geregelt

re|gel|recht ⟨Adj. 24/90⟩ **1** *der Regel gemäß, in aller Form, wie es sich gehört;* ein ~es Verfahren **2** ⟨umg.⟩ *beinahe, sozusagen;* das ist ja schon ein ~er Diebstahl; es war ein ~er Schock, Zusammenbruch; er war ~ unverschämt **3** *völlig;* ein ~er Reinfall

Re|ge|lung ⟨f.; -, -en⟩ **1** ⟨unz.⟩ *das Regeln, das Geregeltsein* • 1.1 *Vorschrift, Vereinbarung;* eine mündliche, schriftliche ~; ~ der Arbeitszeit **2** ⟨Kyb.⟩ *automatische Kontrolle u. Korrektur eines sich ständig wiederholenden Ablaufs, so dass ein konstanter Wert erhalten bleibt*

re|gen ⟨V. 500⟩ **1** etwas ~ *bewegen;* ich kann vor Kälte kaum noch die Finger ~; die Glieder ~; der Verletzte regte kein Glied **2** ⟨Vr 3⟩ **sich** ~ *sich bewegen, tätig sein, etwas tun, sich beschäftigen;* es war alles still, nichts regte sich; kein Blatt regte sich; er rührt und regt sich nicht ⟨verstärkend⟩ • 2.1 komm, reg dich! *sei nicht so faul!* **3** ⟨Vr 3⟩ **sich** ~ *erwachen, spürbar werden, sich bemerkbar machen;* ein leichter Wind regte sich in ihm; tiefes Mitleid regte sich in mir; sein Gewissen regte sich • 3.1 hättest du dich doch eher geregt! *hättest du dich doch eher bemerkbar gemacht, eher etwas gesagt!*

Re|gen ⟨m.; -s, -; Pl. selten⟩ **1** *flüssiger atmosphärischer Niederschlag;* der ~ fällt, rauscht, rinnt, strömt, trommelt; im strömenden ~ wollen wir uns jetzt beeilen, damit wir nicht noch in den ~ kommen; es sieht nach ~ aus • 1.1 auf ~ folgt Sonnenschein ⟨Sprichw.⟩ *alles Unglück hat einmal ein Ende, auf schlechte Zeiten folgen gute* • 1.2 vom ~ in die Traufe kommen ⟨fig.⟩ *von einer schlimmen Lage in eine noch schlimmere geraten* **2** ⟨fig.⟩ *große herabfallende Menge;* ein ~ von Blumen; ein ~ von Schimpfwörtern, Vorwürfen prasselte auf ihn herab

Re|gen|bo|gen ⟨m.; -s, - od. (südd., österr., schweiz.) -bö|gen⟩ *eine atmosphärisch-optische Erscheinung, die aus einem in den sieben Spektralfarben leuchtenden Bogen besteht u. durch Brechung u. Reflexion der Sonnenstrahlen in den einzelnen Regentropfen entsteht;* ein ~ war zu sehen

Re|ge|ne|ra|ti|on ⟨f.; -, -en⟩ Ggs *Degeneration* **1** *Wiederherstellung, Erneuerung* **2** ⟨Biol.⟩ *natürliches Ersetzen von verloren gegangenen organischen Teile* **3** ⟨Geol.⟩ *die Zurückführung erstarrter, konsolidierter Teile der Erdkruste in einen mobilen, faltbaren Zustand*

re|ge|ne|rie|ren ⟨V. 500/Vr 7⟩ Organe ~ (sich) ⟨Biol.⟩ *bilden sich neu, ergänzen sich, erneuern sich;* Ggs *degenerieren*

re|gen|nass ⟨Adj. 24/70⟩ *nass vom Regen;* ~e Fahrbahn, Straßen

Re|gen|rin|ne ⟨f.; -, -n⟩ = *Dachrinne*

Re|gen|schirm ⟨m.; -(e)s, -e⟩ *Schirm als Schutz gegen Regen*

Re|gent ⟨m.; -en, -en⟩ *regierender Fürst od. dessen Stellvertreter*

Re|gen|tin ⟨f.; -, -tin|nen⟩ *weibl. Regent*

Re|gie ⟨[-ʒi:] f.; -, -n⟩ **1** *Leitung, Verwaltung;* ein Geschäft in eigener ~ führen; ein Unternehmen in fremde ~ geben • 1.1 *Verwaltung der Betriebe, die Eigentum einer Gemeinde od. des Staates sind, durch Gemeinde od. Staat selbst;* die Arbeiten werden in städtischer ~ ausgeführt **2** ⟨Theat., Film, Rundfunk⟩ *leitende Tätigkeit, die die Besetzung der Rollen, die künstlerische Gestaltung u. Inszenierung eines Stückes, Filmes od. einer Sendung umfasst;* die ~ führen, haben • 2.1 *Raum für die Regie (2)*

re|gie|ren ⟨V.⟩ **1** ⟨400⟩ *eine Regierung leiten, herrschen;* jmd. regiert (über etwas); er regierte zehn Jahre lang **2** ⟨800 od. 500⟩ (**über**) ein **Land** ~ *ein L. beherrschen;* jmd. regiert jmdn., eine Gemeinschaft, ein Land, ein Volk, einen Staat **3** ⟨500⟩ eine **Wortart** regiert einen Fall (Kasus) ⟨Gramm.⟩ *bewirkt, dass das folgende Wort in einem bestimmten F. steht;* die Präposition „mit" regiert den Dativ

Re|gie|rung ⟨f.; -, -en⟩ **1** *das Regieren;* die ~ Adenauer **2** *oberste staatliche Behörde, deren Mitglieder den Staat leiten*

Re|gime ⟨[-ʒi:m] n.; - od. -s, - [-ʒi:mə]⟩ *Form der Regierung (1) eines Staates;* ein diktatorisches, totalitäres ~

Re|gi|ment ⟨n.; -(e)s, -er⟩ **1** ⟨Mil.⟩ *Verband aus zwei bis vier Bataillonen unter einem Obersten od. Oberstleutnant* **2** ⟨unz.; meist abwertend⟩ *Herrschaft, Leitung;* das ~ führen

Re|gi|on ⟨f.; -, -en⟩ **1** *Landstrich, Gebiet, Gegend;* ländliche ~en • 1.1 *Bezirk* **2** ⟨nur Pl.⟩ in höheren ~en schweben ⟨fig.; umg.⟩ *sich nicht auf dem Boden der Tatsachen befinden, unrealistische Vorstellungen besitzen*

Register

Re|gis|ter ⟨n.; -s, -⟩ **1** *Verzeichnis; ein ~ machen, anfertigen, zusammenstellen* • **1.1** *alphabetisches Verzeichnis (der Namen od. Begriffe in einem Buch);* Namens~, Sach~ • **1.2** *amtliches Verzeichnis wichtiger Vorgänge;* Handels~, Standes~; *etwas ins ~ eintragen* **2** *durch Ausstanzen sichtbar gemachte Titel od. Buchstaben am Rande von (Notiz-, Telefon-)Büchern zum schnellen Nachschlagen* **3** ⟨EDV⟩ *Anordnung zur vorübergehenden Speicherung kleiner Mengen von Informationen* **4** ⟨Typ.⟩ • **4.1** *genaues Aufeinanderpassen der Druckseiten u. des Satzspiegels auf Vorder- u. Rückseite;* ~ *halten* • **4.2** *genaues Aufeinanderpassen der einzelnen Farben beim Mehrfarbendruck* **5** ⟨Mus.⟩ *Stimme, Stimmlage, Klangfarbe* • **5.1** *alle ~ ziehen, spielen lassen alle Stimmlagen gleichzeitig erklingen lassen* • **5.2** *Bereich der mit gleicher Einstellung der Stimmbänder hervorgebrachten Töne, z. B. Brust-, Falsett-, Kopf-, gemischte Stimme* • **5.3** ⟨Orgel⟩ *Gruppe von Tönen aus Pfeifen gleicher Klangfarbe u. Bauart, z. B. Stimmen der Lippen- od. Zungenpfeifen* **6** *alle ~ ziehen* ⟨fig.⟩ *alle Mittel anwenden (um etwas zu erreichen)*

re|gis|trie|ren *auch:* **re|gist|rie|ren** ⟨V.⟩ **1** ⟨500⟩ *Vorgänge, Daten ~* • **1.1** *in ein Register eintragen* • **1.2** ⟨fig.; umg.⟩ *zur Kenntnis nehmen (ohne sich zu äußern)* **2** ⟨400; Orgel⟩ *Register ziehen*

Re|gle|ment *auch:* **Reg|le|ment** ⟨[-mã:] n.; -s, -s od. schweiz. [-mɛnt] n.; -s, -e⟩ **1** *in einer Dienstvorschrift, Geschäftsordnung enthaltene) Vorschriften u. Regelungen* • **1.1** *Satzung, Geschäftsordnung (eines Vereins)* • **1.2** ⟨Sp.⟩ *die für eine bestimmte Sportart geltenden Vorschriften u. Regelungen; gegen das ~ verstoßen*

reg|nen ⟨V.⟩ **1** ⟨401⟩ *es regnet es fällt Regen; fein, stark ~; es regnet in Strömen; hier regnet es oft, wenig, ausgiebig* • **1.1** ⟨501⟩ *es regnet Bindfäden* ⟨fig.; umg.; scherzh.⟩ *es regnet heftig* **2** ⟨501⟩ *es regnet etwas* ⟨fig.; umg.⟩ *etwas kommt, trifft in großen Mengen ein; es regnete Anfragen, Beschwerden, Glückwünsche, Vorwürfe* **3** ⟨501⟩ *es regnet etwas* ⟨fig.; umg.⟩ *etwas fällt in großer Menge herab; es regnet Steine, Dachziegel, Bomben*

reg|ne|risch ⟨Adj. 70⟩ *zu Regen neigend, Regen bringend; ~es Wetter*

Re|gress ⟨m.; -es, -e⟩ **1** ⟨Philos.⟩ *das Zurückgehen von der Wirkung zur Ursache* **2** ⟨Rechtsw.⟩ • **2.1** *Ersatz, Entschädigung* • **2.2** *Ersatzanspruch an den Hauptschuldner, Rückgriff (auf Bürgen od. an zweiter Stelle haftbar gemachte Personen)*

re|gu|lär ⟨Adj.⟩ *der Regel entsprechend, üblich, gewöhnlich*

Re|gu|la|ri|tät ⟨f.; -; unz.⟩ *reguläre Beschaffenheit, Gesetzmäßigkeit;* Ggs *Irregularität*

re|gu|lie|ren ⟨V. 500/Vr 7 od. Vr 8⟩ **1** *Vorgänge ~ regeln, in eine gewünschte Ordnung bringen; die Lebensvorgänge im Körper regulieren sich* • **1.1** *Maschinen ~ so einstellen, dass eine gewünschte Leistung erreicht wird* • **1.2** *Flüsse ~ in ein gewünschtes Flussbett leiten* **2** *eine Forderung ~* ⟨Kaufmannsspr.⟩ *bezahlen od. ausgleichen* • **2.1** *Schäden ~ Ersatz für S.*

leisten **3** *regulierter Kleriker* • **3.1** ⟨i. w. S.⟩ *Ordensgeistlicher* • **3.2** ⟨i. e. S.⟩ *Angehöriger eines Klosters ohne räumliche Bindung an das Kloster, in das er ursprünglich eingetreten ist*

Re|gung ⟨f.; -, -en⟩ **1** ⟨geh.⟩ *Bewegung; ohne jede ~ daliegen; eine leichte ~ der Luft* **2** *leichte Gefühlsaufwallung;* Gefühls~, Gemüts~, Seelen~; *~ des Gewissens; eine leise, plötzliche ~ des Mitleids, Erbarmens usw.; innere, menschliche ~*

Reh ⟨n.; -(e)s, -e; Zool.⟩ *Angehöriges einer zierlich gebauten Gattung der Hirsche mit kleinem, gabelig verzweigtem Gehörn:* Capreolus

Re|ha|bi|li|ta|ti|on ⟨f.; -, -en⟩ **1** *Wiedereinsetzung in frühere Rechte, in den früheren Stand, Wiederherstellung der verletzten Ehre, Rehabilitierung* **2** *Wiederherstellung der (körperlichen u. geistigen) Leistungsfähigkeit durch gezielte Übungen* • **2.1** *Wiedereingliederung von körperlich od. geistig beeinträchtigten Menschen in Gesellschaft u. Beruf*

re|ha|bi|li|tie|ren ⟨V. 500/Vr 7 od. Vr 8⟩ *jmdn. od. sich ~ in seine früheren Rechte, in seinen früheren Stand wieder einsetzen u. seinen Ruf wiederherstellen*

rei|ben ⟨V. 196⟩ **1** ⟨500⟩ *etwas ~ kräftig (auf etwas) hin u. her bewegen, scheuern; heftig, kräftig, leicht ~; ein Fenster, ein Möbelstück mit einem Tuch glänzend ~* • **1.1** ⟨511⟩ *etwas aus, von etwas ~ etwas durch Reiben (1) von etwas entfernen; einen Fleck aus der Hose ~; sich den Schlaf aus den Augen ~* **2** ⟨530/Vr 5 od. Vr 6⟩ *jmdm. etwas ~ mit einer streichenden Bewegung über etwas (hin)fahren; sich die Hände ~ (um sie zu erwärmen, vor Vergnügen od. aus Schadenfreude); sich die Augen ~ (um munter zu werden); sich den Kopf, eine schmerzende Stelle am Körper ~* **3** ⟨400⟩ *etwas reibt scheuert (unangenehm); der Schuh reibt (an der Ferse)* **4** ⟨500/Vr 3⟩ *sich ~ sich scheuern (um einen Juckreiz zu vertreiben); der Bär reibt sich am Baumstamm* • **4.1** ⟨500⟩ *sich an jmdm. ~* ⟨fig.⟩ *in gereizter Stimmung gegenüber jmdm. sein, oftmals Streit mit jmdm. haben* **5** ⟨602/Vr 1⟩ *sich (etwas) ~ durch Reiben verletzen; sich die Hände wund ~ /* wundreiben; *er hatte sich die Fersen wund gerieben /* wundgerieben **6** ⟨500⟩ *etwas ~ durch Reiben (auf dem Reibeisen) zerkleinern; Kartoffeln, Käse, Möhren, Semmeln ~; etwas zu Staub, zu Pulver ~; geriebene Nüsse, Schokolade* **7** ⟨500⟩ *etwas ~ mit der Reibahle durch Abheben feiner Späne innen glätten; Bohrlöcher ~* **8** ⟨531⟩ *jmdm. etwas unter die Nase ~* ⟨fig.; umg.⟩ *jmdm. etwas (eine Schwäche, einen Fehler) vorhalten, deutlich zu verstehen geben*

Rei|be|rei ⟨f.; -, -en; meist Pl.; fig.; umg.⟩ *andauerndes leichtes Streiten, ständige Meinungsverschiedenheit, Unstimmigkeit*

Rei|bung ⟨f.; -, -en⟩ **1** *das Reiben* **2** ⟨Phys.⟩ *Kraft, die die Bewegung eines Körpers relativ zu einem anderen berührten Körper od. die Bewegung von Teilen eines Stoffes gegeneinander zu hindern sucht; durch die ~ entsteht Wärme; innere ~; trockene, flüssige ~* **3** ⟨fig.⟩ *Verstimmung, Unstimmigkeit, leichter Streit; sie hatte mit ihm ständige ~en*

Rei|bungs|flä|che ⟨f.; -, -n⟩ **1** *Fläche, an der eine Reibung entsteht* **2** ⟨fig.; umg.⟩ *Anlass zu Unstimmigkeiten, Streit;* ich will keine ~n bieten

rei|bungs|los ⟨Adj.; fig.⟩ *ohne Schwierigkeiten, ohne Hemmnisse (verlaufend), problemlos;* eine ~e Fahrt

reich ⟨Adj.⟩ **1** ⟨70⟩ *viel Geld u. Sachwerte besitzend, sehr wohlhabend, sehr vermögend, begütert;* Ggs *arm;* die ~en Leute; er ist sehr ~; die Armen und die Reichen • **1.1** ⟨40⟩ **an etwas** sein ⟨fig.⟩ *von etwas viel haben;* an Ideen, Kenntnissen ~; das Land ist ~ an Bodenschätzen; →a. *arm (1)* **2** ⟨50⟩ *mit vielen wertvollen od. schönen Dingen ausgestattet; üppig, reichhaltig, kostbar, verschwenderisch, luxuriös;* ein ~es Mahl • **2.1** *reichhaltig, großzügig;* jmdn. ~ belohnen, beschenken **3** *ergiebig, gehaltvoll, umfangreich;* eine ~e Ernte einfahren; ein Land mit ~en Ölquellen; ~en Gewinn erzielen; eine reiche Erbschaft machen • **3.1** ⟨60⟩ ~er **Reim** = *gleitender Reim,* → *gleiten (2)* **4** *groß, umfassend, vielfältig;* eine ~e Auswahl bieten • **4.1** ⟨60⟩ **in** ~em **Maße** *in hohem M.* **5** ⟨Getrennt- u. Zusammenschreibung⟩ • **5.1** ~ **begabt** = *reichbegabt* • **5.2** ~ **geschmückt** = *reichgeschmückt* • **5.3** ~ **verziert** = *reichverziert*

Reich ⟨n.; -(e)s, -e⟩ **1** *großer Staat, großes Imperium, in dem alle Gebiete einem Herrscher unterstehen;* Kaiser~, Welt~, Erb~; das ~ Karls des Großen; die mächtigen ~e des Altertums; • **1.1** das ~ der **Mitte** China; →a. *deutsch (1.1.3), dritte (1.1), heilig (3.5.1)* **2** ⟨fig.; geh.⟩ *(größeres) Gebiet, Bereich;* Pflanzen-, Tier~; das ~ der Kunst, der Musik • **2.1** das ~ der **Toten** *Unterwelt, Jenseits*

reich|be|gabt *auch:* **reich be|gabt** ⟨Adj. 24/70⟩ *mit einer hohen Begabung, mit vielen Begabungen ausgestattet;* ein ~er Junge

rei|chen ⟨V.⟩ **1** ⟨410⟩ *eine Reichweite haben, sich erstrecken;* unser Grundstück reicht bis an den Wald; kannst du bis zum Fenster ~? • **1.1** meine Stimme reicht nicht so weit *trägt nicht so weit* **1.2** so weit das Auge, der Blick reicht *so viel man sehen kann* • **1.3 bis an, bis zu etwas** ~ *etwas berühren, an etwas angrenzen;* die Zweige des Baumes ~ bis an mein Fenster; das Wasser reicht ihm bis an die Knie; die Schnur reicht (nicht) bis hierher; er reicht mir gerade bis zur Schulter **2** ⟨400⟩ *genügen, ausreichen;* das Brot reicht nicht; die Butter muss bis morgen ~; das Essen reicht auch für drei; reicht es Ihnen?; danke, es reicht! • **2.1 mit etwas** ~ *mit etwas auskommen, genug von etwas haben;* wir ~ mit dem Geld nicht bis zum Monatsende • **2.2** es reicht hinten und vorne nicht ⟨fig.; umg.⟩ *es ist in keiner Hinsicht ausreichend (bes. Geld)* **2.3** ⟨600; unpersönl.⟩ mir reicht's ⟨umg.⟩ *ich habe genug davon, ich habe es satt* **3** ⟨530/Vr 6⟩ **jmdm. etwas** ~ *geben, hinhalten, entgegenhalten;* jmdm. die Hand ~; würden Sie mir bitte das Brot, das Salz ~? (bei Tisch) • **3.1** ⟨503⟩ **(jmdm.) etwas** ~ ⟨geh.⟩ *anbieten;* jmdm. eine Erfrischung ~; jmdm. die Wange zum Kuss ~; der Kaffee, Tee wird im Nebenzimmer gereicht; →a. *Hand (2.2.9), Wasser (1.4)*

reich|ge|schmückt *auch:* **reich ge|schmückt** ⟨Adj. 24/70⟩ *reichhaltig geschmückt;* eine ~e Kirche, Hochzeitstafel

reich|hal|tig ⟨Adj.⟩ **1** *vieles enthaltend;* eine ~e Auswahl, Bibliothek; ein ~es Essen **2** *vieles darbietend;* ein ~es Programm

reich|lich ⟨Adj.⟩ **1** *ziemlich groß, umfangreich, sehr viel;* ~ vorhanden; ein ~es Trinkgeld; ~e Verpflegung; ~ Zucker nehmen; jmdn. ~ belohnen, beschenken • **1.1 mehr als** ~ ⟨verstärkend⟩ *zu viel* **2** *etwas mehr, größer als notwendig;* es ist (noch) ~ Platz; ~ gerechnet, eine Stunde; der Stoff ist ~ • **2.1** sein ~es Auskommen haben *etwas mehr Geld haben als notwendig* • **2.2** ⟨bei Maß-, Mengen- u. Zeitangaben⟩ *etwas mehr als, etwas länger als;* ~ zwei Kilogramm; ~ 100 Euro; seit ~ einem Jahr; eine ~e Stunde; wir sind ~ eine Stunde gelaufen **3** ⟨50; umg.⟩ *ziemlich, sehr;* der Film war ~ langweilig; er war ~ unverschämt; ~ viel

Reichs|tag ⟨m.; -(e)s, -e⟩ **1** ⟨im Dt. Reich bis 1806⟩ *Vertretung der Reichsstände zur Gesetzgebung* **2** ⟨1871-1918⟩ *Volksvertretung zur Gesetzgebung (gemeinsam mit dem Bundesrat) u. Gesetzesausübung u. Verwaltung* **3** ⟨1919-1933⟩ *Volksvertretung zur Gesetzgebung mit bes. Einfluss auf die Dauer der Reichsregierung* **4** ⟨1933-1945⟩ *das machtlose Parlament des Dt. Reiches unter Hitler* **5** ⟨seit 1999; unz.⟩ *Sitz des Deutschen Bundestags in Berlin, Reichstagsgebäude*

Reich|tum ⟨m.; -s, -tü|mer⟩ **1** *großer Besitz an Geld u. Sachwerten, Vermögen;* zu ~ kommen; privater, gesellschaftlicher ~; Reichtümer erwerben; ~ an Bodenschätzen • **1.1** damit sind keine Reichtümer zu erwerben ⟨umg.⟩ *damit kann man nichts verdienen* **2** ⟨unz.⟩ *Menge, Fülle, Reichhaltigkeit;* Einfalls~, Farben~, Ausdrucks~; der ~ an Ideen, Formen

reich|ver|ziert *auch:* **reich ver|ziert** ⟨Adj. 24/70⟩ *mit vielen Verzierungen versehen;* eine ~e Krone

Reich|weite ⟨f.; -, -n⟩ **1** ⟨Mil.⟩ *Entfernung, bis zu der ein Geschoss fliegt;* das Schiff befand sich schon außerhalb der ~ des feindlichen Beschusses **2** ⟨Flugw.⟩ *Entfernung, die ein Flugzeug ohne Nachtanken auf direktem Flug erreichen kann;* das Flugzeug hat eine ~ von 8000 km **3** *Entfernung, die jmd. (mit der Hand) erreicht;* als ich mich umsah, war er schon längst außer ~; er befand sich außerhalb, innerhalb meiner ~; das liegt außerhalb meiner ~; sich ein Werkzeug in ~ legen; sich einen Gegenstand in ~ stellen **4** ⟨Phys.⟩ *der Flugweg geladener Teilchen bis zur völligen Abbremsung in der Materie* • **4.1** ~ eines (Rundfunk-)Senders *bestimmtes Gebiet, in dem eine (Rundfunk-)Sendung gehört werden kann* **5** ⟨fig.⟩ *Bereich, in dem man Wirkung, Einfluss ausüben kann;* das liegt außerhalb meiner ~

reif ⟨Adj.⟩ **1** ~e **Frucht** *F., die so weit entwickelt ist, dass sie geerntet werden kann;* ~e Himbeeren, Pflaumen; das Obst ist ~ **2** *jmd. ist* ~ *seelisch u. geistig vollendet, erwachsen;* ein ~er Mensch **2.1** ⟨60⟩ in ~eren **Jahren** *im mittleren od. fortgeschrittenen J.* • **2.2** ⟨60⟩ die ~ere **Jugend** ⟨scherzh.⟩ *diejenigen, die die J. bereits hinter sich haben, aber noch nicht alt sind* **3** ⟨40⟩ **etwas** ist ~ *ausgewogen, in sich vollendet;* ein ~es Werk; ein ~es Urteil haben **4** ⟨40⟩ ~ **für** od. **zu**

Reif

etwas ⟨fig.⟩ *genügend vorbereitet für etwas; die Zeit ist ~ für eine neue Entwicklung, Neuerung o. Ä.; der Plan ist (noch nicht) ~ zur Ausführung; die Arbeit ist ~ zur Veröffentlichung* • **4.1 jmd. od. etwas ist ~ für etwas** ⟨fig.; umg.⟩ *befindet sich in einem bestimmten Zustand, für den sich nur ein Ausweg bietet; ich bin ~ fürs Bett; das Haus ist ~ für eine Renovierung*

Reif[1] ⟨m.; -(e)s; unz.⟩ **1** *Eisablagerung von kristallinem Aussehen, die im Gegensatz zu Raureif durch Kondensation von Wasserdampf aus der umgebenden klaren Luft entsteht, gefrorener Tau; heute Nacht ist ~ gefallen; auf den Wiesen liegt ~; mit ~ bedeckt* **2** *auf seine Freude fiel ein ~* ⟨fig.; poet.⟩ *etwas Trauriges trübte seine F.*

Reif[2] ⟨m.; -(e)s, -e⟩ **1** *Stirnreif;* **einen goldenen ~ um die Stirn tragen 2** *Fingerring, Verlobungs- od. Ehering;* **einem Mädchen einen goldenen ~ an den Finger stecken; einen goldenen ~ am Finger tragen 3** ⟨kurz für⟩ *Reifen (4);* **Arm~; Haar~**

Rei|fe ⟨f.; -; unz.⟩ **1** *das Reifsein, Vollendung der Entwicklung; die ~ des Obstes, Getreides; zur ~ kommen, gelangen, bringen* **2** *Vollendung der körperlichen, seelischen Entwicklung, Ausgeglichenheit; biologische, geistige, sittliche, politische ~ eines Menschen* **3 mittlere ~** *Abschluss der Realschule od. der zehnten Klasse einer höheren Schule*

reifen[1] ⟨V. 401⟩ *es reift Reif fällt, entsteht;* **heute Nacht hat es gereift**

rei|fen[2] ⟨V.⟩ **1** ⟨400(s.)⟩ *etwas reift wird reif; die Äpfel, Erdbeeren ~; in diesem Jahr ist das Getreide früh gereift* • **1.1** ⟨500⟩ *etwas reift etwas od. jmdn.* ⟨a. fig.⟩ *macht etwas od. jmdn. reif; die Sonne reift den Wein* **2** ⟨415(s.); geh.⟩ *sich körperlich, seelisch u. geistig entwickeln, heranwachsen;* **zur Frau, zum Mann ~** • **2.1** *ein gereifter* **Mensch** *nicht mehr junger, sittlich gefestigter, an Erfahrungen reicher M.* **3** ⟨410⟩ *etwas reift in jmdm.* ⟨fig.⟩ *entwickelt sich in jmdm. u. nimmt seine endgültige Form an; in ihm reifte ein Plan*

rei|fen[3] ⟨V. 500⟩ *ein Fass ~ mit Reifen (2) versehen*

Rei|fen ⟨m.; -s, -⟩ **1** *luftgefüllter Gummischlauch mit darüberliegender Decke an den Rädern von Kraftfahrzeugen u. Fahrrädern;* **Gummi~; Luft~; die ~ wechseln (am Auto) 2** *ringförmiges Eisenband, ringförmiger Eisenbeschlag um Fässer u. Räder;* **Fass~, Rad~ 3** *großer Ring (aus Holz); einen Tiger durch einen ~ springen lassen (als Dressurübung)* • **3.1** *großer, schmaler Holzring, der mit einem Stock aufrecht gerollt wird (als Kinderspielzeug); den ~ treiben (als Kinderspiel)* • **3.2** *ringförmiges Gestell aus Draht, Horn u. Ä. für Reifröcke* **4** *ringförmiger Schmuck (für den Arm, für das Haar);* **Arm~; Haar~; mit einem ~ am Arm, im Haar**

reif|lich ⟨Adj. 90⟩ *eingehend, in aller Ruhe, gründlich;* **nach ~er Überlegung; etwas ~ überlegen**

Rei|gen ⟨m.; -s, -; Mus.⟩ **1** ⟨seit dem 10. Jh.⟩ *gesprungener bäuerlicher Rundtanz* **2** ⟨allg.⟩ *Rundtanz, Tanz im Kreis;* **Hochzeits~, Kinder~; ein junges Mädchen führte den ~ an** • **2.1 den ~ eröffnen** ⟨fig.⟩ *den Anfang machen* • **2.2 den ~ beschließen** ⟨fig.⟩ *als Letzter an die Reihe kommen*

Rei|he ⟨f.; -, -n⟩ **1** *geregeltes Neben- od. Hintereinander (von Personen od. Sachen), Linie; eine kurze, lange, lückenlose, unterbrochene ~; eine ~ Bäume, Häuser; eine ~ Bücher im Regal; am Anfang, Ende, Schluss der ~; eine ~, ~n bilden; in der ersten ~; in ~n zu dreien, vieren gehen, marschieren; in einer ~ antreten!; in Reih und Glied antreten, stehen* ⟨Mil.⟩ • **1.1** *Einheit von Sitzplätzen nebeneinander; ~ 3, Nr. 10 (im Kino, Theater)* • **1.2** *man kann ihn nicht mit ihm* **in einer ~ stellen** ⟨a. fig.⟩ *mit ihm vergleichen* • **1.3** *das Bild ging die ~ herum das B. wurde von einem zum anderen Betrachter weitergereicht;* →a. **bunt (3.4) 2** *regelmäßige, geordnete Folge; gehen wir der ~ nach!; nur nicht drängeln, immer der ~ nach!* • **2.1 an der ~ sein** ⟨fig.⟩ *nunmehr abgefertigt werden, dran sein; die ~ ist an dir, ihm zu schreiben* • **2.2 an die ~ kommen** ⟨fig.⟩ *als Nächster abgefertigt werden, drankommen* • **2.3 außer der ~** ⟨fig.⟩ *zwischendurch, nicht in der vorgeschriebenen Ordnung* • **2.4 immer hübsch in der ~ bleiben** *sich nicht vordrängen* • **2.5 die ~ der Ansprachen eröffnen** ⟨fig.⟩ *als Erster sprechen* • **2.6 eine ~ schließen** ⟨fig.⟩ *der Letzte sein* • **2.7** ⟨Zwölftonmusik⟩ *festgelegte Folge von 12 Tönen (11 Intervallen)* **3** *mehrere zusammengehörige Dinge, Satz, Serie; Buch~; er hat schon eine ganze ~ Bilder gemalt* • **3.1** ⟨Biol.⟩ *der Familie übergeordnete Kategorie der biologischen Systematik, Ordnung* • **3.2** ⟨Math.⟩ *durch gleichartige Rechenoperationen verbundene, durch einen bestimmten regelmäßigen Größenunterschied gekennzeichnete mathematische Größen; eine endliche, fallende, steigende, unendliche ~* **4** ⟨fig.; umg.⟩ *in festen Wendungen⟩ gute geistige od. körperliche Verfassung;* Sy **Ordnung (8)** • **4.1 aus der ~ fallen,** *tanzen sich nicht an die vorgeschriebene Ordnung halten, eigene Wege gehen* • **4.2** *als die Mutter im Krankenhaus war, ist der ganze Haushalt* **aus der ~ gekommen** *in Unordnung geraten* • **4.3** *das kommt schon wieder* **in die ~** *kommt schon wieder in Ordnung* • **4.4** *sie ist noch nicht wieder* **in der ~** ⟨oberdt.⟩ *noch nicht wieder auf der Höhe, gesund* **5** *Gruppe (von Menschen); in der ~ der Spitzenstars befinden sich …* • **5.1** ⟨meist Pl.⟩ *Ansammlung, Gruppierung; gegen Ende der Versammlung lichteten sich schon die ~n; Verräter in den eigenen ~n haben* **6** *Menge, größere Anzahl; eine ~ von Fenstern, Sälen, Sitzen, Zimmern; er ist nun schon eine ganze ~ von Tagen nicht dagewesen;* →a. **ganz (3.5), lang (4.1)**

rei|hen[1] ⟨V. 510/Vr 7⟩ **1 etwas auf, an, um etwas ~** *etwas in Reihen ordnen, aneinanderfügen; Perlen auf eine Schnur ~; er hat Buch an Buch gereiht* **2** ⟨Vr 3⟩ **etwas reiht sich an etwas** *folgt (zeitlich) aufeinander, schließt sich an etwas an; ein Unglück reihte sich ans andere*

rei|hen[2] ⟨V. 197/500; Schneiderei; oberdt.⟩ **etwas ~ mit großen Stichen nähen u. den Stoff dann in Fältchen zusammenziehen; der Rock ist in der Taille gereiht od. geriehen; das Oberteil ist stark geriehen**

rei|hen³ ⟨V. 400⟩ die **Enten** ~ ⟨Jägerspr.⟩ *mehrere Erpel folgen einer Ente (in der Paarungszeit)*

Rei|hen|fol|ge ⟨f.; -, -n⟩ **1** *geregelte Aufeinanderfolge;* in bestimmter, umgekehrter ~; die ~ ändern, einhalten • **1.1 in alphabetischer** ~ *geordnet nach dem Alphabet* • **1.2 die Ereignisse in chronologischer** ~ aufzählen *nach dem Zeitpunkt ihres Geschehens geordnet*

Rei|her ⟨m.; -s, -; Zool.⟩ *Angehöriger einer Familie von Schreitvögeln, der seine Nahrung mit plötzlichem Zustoßen aus dem Wasser erbeutet: Ardeidae*

reih|um ⟨Adv.⟩ *in der Runde, von einem zum andern;* ein Buch ~ gehen lassen; mit dem Hut ~ gehen und Geld einsammeln

Reim ⟨m.; -(e)s, -e⟩ **1** *Gleichklang einer od. mehrerer Silben bei verschiedenem Anlaut;* ~e bilden, drechseln, machen, schmieden; in ~e bringen; zwei Zeilen durch den ~ binden; auf dieses Wort kann ich keinen ~ finden; ich suche noch einen ~ auf „Buch" • **1.1 darauf kann ich keinen** ~ **finden** ⟨fig.; umg.⟩ *das verstehe ich nicht* • **1.2 kannst du dir darauf einen** ~ **machen?** ⟨fig.; umg.⟩ *verstehst du das?;* →a. *gleiten (2), klingen (4.2), männlich (1.2), reich (3.1), rein (1.2), stumpf (4), weiblich (1.1)*

rei|men ⟨V.⟩ **1** ⟨400⟩ *Reime bilden;* er kann gut ~; rein, unrein **2** ⟨500⟩ *etwas* ~ *in Reime bringen;* man kann nicht alles leicht ~; das sind schlecht gereimte Verse **3** ⟨Vr 3⟩ *sich* ~ *gleich klingen;* „Sang" reimt sich auf „Klang" • **3.1** *das reimt sich nicht* ⟨a. fig.; umg.⟩ *passt nicht zueinander, stimmt nicht miteinander überein* • **3.2 reim dich, oder ich fress' dich** ⟨scherzh.⟩ *(bei schlechten Reimen gesagt)*

rein¹ ⟨Adj.⟩ **1** *echt, lauter, unvermischt, keinerlei andersartigen Bestandteile enthaltend, unverfälscht;* Sy *pur (1);* ~er Wein; ~er Alkohol; ~es Gold, Silber; ~er Orangen-, Tomaten-, Trauben-, Zitronensaft; Stoff aus ~er Seide, Wolle; einen Stoff chemisch ~ darstellen; ~ wie Gold; aus ~em Leinen, Leder, Perlmutt hergestellt • **1.1** ⟨60⟩ *ein Idealist* ~*ster Prägung, vom* ~*sten Wasser* ⟨fig.⟩ *ein vollkommener I.* • **1.2** ~*er Reim R., dessen sich reimende Silben völlig gleich klingen* • **1.3** ~*er Ton klarer, genauer, angenehmer T.;* sie hat eine ~e Stimme • **1.4** *fehlerlos, akzent-, dialekt-, fremdwortfrei;* ein ~es Deutsch sprechen; im ~en Sächsisch sprechen; eine ~e Aussprache haben • **1.5** *reinrassig, nicht aus Vermischungen, Kreuzungen hervorgegangen;* er ist ~er Indianer; der Pudel ist von ~er Rasse • **1.6** ⟨60⟩ *ohne Abzüge;* der ~e Gewinn, Verlust, Überschuss beträgt ...; die ~e Flugzeit beträgt 3 Stunden **2** *sauber, klar, frisch gewaschen;* das darfst du nur mit ~en Händen anfassen; eine ~e Haut, einen ~en Teint haben; er hat sich in der ~en Luft der Nordsee gut erholt; ~e Wäsche anziehen; die Wohnung ~ halten; sich ~ halten; ~ Deck machen ⟨Seemannsspr.⟩ • **2.1 etwas ins Reine schreiben** *in endgültiger Fassung fehlerlos auf sauberes Papier abschreiben* • **2.2** ⟨60⟩ *jmdm.* ~*en* **Wein einschenken** ⟨fig.; umg.⟩ *die volle Wahrheit sagen* • **2.3** ~*e* **Hände** haben ⟨a. fig.⟩ *unschuldig, ehrenhaft sein* • **2.4 eine (keine)** ~*e* **Weste** haben ⟨a. fig.; umg.⟩ *(nicht) schuldlos sein* • **2.5** ⟨40⟩ *die* **Luft** ist ~ ⟨a. fig.; umg.⟩ *es sind keine Polizisten, Wächter usw. da, es besteht keine Gefahr* **3** *geordnet* • **3.1** ⟨60⟩ *wir wollen* ~*en* **Tisch machen** ⟨fig.; umg.⟩ *(rücksichtslos) Ordnung schaffen, alles Fehlerhafte beseitigen, eine Sache klarstellen* • **3.2 etwas ins Reine bringen** *ordnen, klären* • **3.3 mit jmdm. (nicht) ins Reine kommen** *sich (nicht) mit jmdm. verständigen, einigen* • **3.4 mit etwas (nicht) ins Reine kommen** *etwas (nicht) verstehen, (nicht) zustande bringen* • **3.5 mit sich (selbst) im Reinen sein** *sich klar (über etwas) sein* **4** ⟨60⟩ *theoretisch;* ~e Wissenschaft; ~e und angewandte Physik; Kants „Kritik der ~en Vernunft" **5** ⟨70⟩ *bloß, ausschließlich, ohne Berücksichtigung anderer Gesichtspunkte;* ~e Theorie; es war ~es Glück, dass ...; die ~e Wahrheit sagen; vom ~ juristischen Standpunkt aus; ~ menschlich betrachtet, sieht die Sache etwas anders aus; eine ~ innenpolitische Angelegenheit; er hat aus ~er Höflichkeit nicht widersprochen; es ist eine (keine) ~e Freude zu sehen, wie ...; sie hat aus ~er Einfalt, Gutmütigkeit zugesagt **5.1** ⟨60; umg.; verstärkend⟩ *nur;* das ist ~e Gewinnsucht; das ist ~e Verleumdung; seine Worte waren ~er Hohn; sie haben es aus ~em Übermut getan • **5.1.1** *das ist* ~*er* **Wahnsinn,** *was du da vorhast* ⟨umg.⟩ *undurchführbar, unvorsichtig, gefährlich* • **5.1.2** *das ist ja der* ~*ste Kriminalroman so unglaublich od. merkwürdig;* ~e Ideen, wie eine einem K. anmutet • **5.1.3** *es war ein* ~*es* **Wunder,** *dass sie wieder gesund wurde es ist unfassbar, keiner hat damit gerechnet* • **5.2** ⟨umg.; verstärkend⟩ *ausschließlich, ganz, gänzlich, nichts anderes als, wirklich;* zur Faschingszeit sind viele ~ närrisch, toll; er ist ~ verrückt (geworden); es ist ~ zum Verrücktwerden!; ~ durch Zufall habe ich davon erfahren; du weißt auch ~ gar nichts • **5.2.1** *das hat er* ~ *aus der Luft gegriffen, sich* ~ *aus den Fingern gesogen kein Wort ist daran wahr* • **5.2.2** *es ist* ~ **nichts** *dabei herausgekommen gar nichts* **6** *unberührt, keusch, unschuldig, aufrichtig;* sie hat ein ~es Gesicht, ~e Gesichtszüge; ich habe ein ~es Gewissen; ein ~es Leben führen; eine ~e Seele haben; ~en Herzens sein; den Reinen ist alles ~ (NT, Titus 1, 15) **7** ⟨schweiz.⟩ *fein gemahlen* **8** ⟨Getrennt- u. Zusammenschreibung⟩ • **8.1** ~ machen = *reinmachen (I)*

rein² ⟨Adv.; umg.⟩ = *herein*

Rei|ne|clau|de ⟨[rɛnəklo:də] f.; -, -n⟩ = *Reneklode*

rein|fal|len ⟨V. 131/400(s.); umg.⟩ = *hereinfallen*

Rein|heit ⟨f.; -; unz.⟩ **1** *Sauberkeit, Klarheit;* ~ der Luft, des Wassers **2** *Echtheit, Lauterkeit;* ~ seiner Absichten **3** *Unvermischtheit;* ~ einer Hunderasse **4** *Fehlerlosigkeit, Makellosigkeit;* ~ der Aussprache, des Reimes, des Tones **5** ⟨fig.⟩ *Unschuld, Keuschheit;* ~ des Charakters, des Herzens, der Seele, des Wesens

rei|ni|gen ⟨V. 500/Vr 7⟩ **1** *etwas* ~ *saubermachen, säubern, von Schmutz, Zusätzen o. Ä. befreien;* das Blut, eine Wunde ~; die Straße, die Treppe, das Zimmer ~; sich ~; (sich) die Hände ~; Kleidungsstücke chemisch ~; die (häusliche) Atmosphäre ~ (z. B. durch

Reinigung

eine offene Aussprache) ⟨fig.⟩ • 1.1 ein ~*des Gewitter* ⟨a. fig.⟩ *eine Auseinandersetzung, die Unstimmigkeiten beseitigt* • **1.2 jmdn. (von etwas)** ~ *befreien;* jmdn. von Schuld, von einem Verdacht ~; sich von seinen Sünden ~; der von jedem Verdacht gereinigte Angeklagte wurde freigesprochen

Rei|ni|gung ⟨f.; -, -en⟩ **1** *Tätigkeit des Reinigens;* die ~ des Gesichtes, der Hände, des Körpers; die ~ der Straße, der Treppe, des Zimmers; die ~ der Seele ⟨fig.⟩ **2** *Betrieb, der gegen Entgelt Textilien, bes. Kleidungsstücke, chemisch reinigt*

Rein|kul|tur ⟨f.; -, -en⟩ **1** ⟨Bakteriologie⟩ *Züchtung nur einer bestimmten Art* **2** in ~ ⟨fig.; umg.⟩ *unverfälscht;* das ist Kitsch in ~

rein|lei|nen ⟨Adj. 24/70⟩ *aus reinem Leinen (bestehend, gefertigt)*

rein∥ma|chen *auch:* **rein ma|chen** ⟨V.⟩ **I** ⟨400; Zusammen- u. Getrenntschreibung⟩ *säubern;* die Wohnung reinmachen / rein machen **II** ⟨500; nur Zusammenschreibung; umg.⟩ **1** etwas ~ *hineinmachen* • **1.1** du musst den Ball nur reinmachen *ins Tor schießen, werfen*

rein|sei|den ⟨Adj. 24/70⟩ *aus reiner Seide (bestehend, gefertigt)*

Reis[1] ⟨n.; -es, -er⟩ **1** ⟨geh.⟩ *junger Zweig, Schössling;* ein Bündel ~er; ~er sammeln; frische, grüne ~er **2** *zum Veredeln eines Baums od. Strauchs bestimmter Zweig* **3** viele ~er machen einen Besen ⟨Sprichw.⟩ *geeint gewinnt man an Kraft*

Reis[2] ⟨m.; -es, -e⟩ **1** ⟨Bot.; i. w. S.⟩ *Angehöriger einer tropischen Gattung der Süßgräser: Oryza* • **1.1** ⟨i. e. S.⟩ *zu dieser Gattung gehörige Getreideart: O. sativa* **2** *zubereitete Früchte des Reises (1.1);* ~ mit Huhn

Rei|se ⟨f.; -, -n⟩ **1** *längeres Entfernen vom Heimatort, größerer Ausflug, Fahrt;* eine angenehme, beschwerliche, kurze, lange, weite ~; eine ~ mit der Bahn, dem Bus, dem Flugzeug, dem Schiff, dem Auto; eine ~ zu Schiff; eine ~ abbrechen, antreten, beenden, unterbrechen, unternehmen; eine ~ planen, verschieben, vorhaben; auf ~n gehen; sich auf die ~ begeben; jmdm. glückliche ~ wünschen; Vorbereitungen zur ~ treffen; glückliche ~!, gute ~! (Abschiedsgruß); er ist (geschäftlich) viel auf ~n; wir haben eine weite ~ hinter uns; bei der ~ nach München trafen wir unterwegs …; er ist soeben von der ~ zurück(gekommen); wie war die ~?; wohin geht die ~?; wenn einer, (eigtl.) jemand eine ~ tut, so kann er was erzählen ⟨Sprichw., nach Matthias Claudius⟩ • **1.1** ⟨umg.; scherzh.⟩ *langer Weg;* bis zu ihm ist es jedes Mal eine ganze ~ • **1.2 letzte** ~ ⟨fig.⟩ *Sterben, Tod* • **1.2.1** die letzte ~ antreten, auf die letzte ~ gehen *sterben* **2** ⟨veraltet⟩ *Heerfahrt, Landsknechtsdienst*

Rei|se|bü|ro ⟨n.; -s, -s⟩ *Unternehmen, das Gesellschafts- u. Einzelreisen, Ausflugsfahrten usw. organisiert, zwischen Reisenden u. Verkehrsbetrieben, Hotels usw. vermittelt sowie die Reisenden berät u. unterstützt;* im ~ Karten bestellen, eine Reise buchen

rei|sen ⟨V. 400⟩ **1** *sich eines Verkehrsmittels bedienen, um an einen entfernten Ort zu kommen, fahren;* bequem, beschwerlich, langsam, schnell, umständlich ~; mit der Bahn, mit dem Flugzeug, dem Schiff, mit dem eigenen Wagen ~; allein ~; in Gesellschaft ~; erster, zweiter Klasse ~; Tag und Nacht ~; einen Tag und zwei Nächte ~; im Liegewagen ~; in die Schweiz ~; in ein Kurbad ~; nach Rom ~; von Hamburg über Frankfurt nach München ~ **2** ⟨411⟩ *sich auf eine Reise machen, abfahren;* in die Ferien, den Urlaub ~; aufs Land ~; ich reise heute, morgen, nächste Woche; zur Vervollkommnung seiner englischen Sprachkenntnisse reist er für einige Wochen nach London **3** *auf der Reise sein, in der Welt umherfahren, fremde Orte besuchen;* dienstlich, geschäftlich ~; inkognito ~; zum Vergnügen ~; als Diplomat ~; durch Italien ~; er ist schon viel gereist; Reisen bildet ⟨Sprichw.⟩ • **3.1** auf Schusters Rappen ~ ⟨umg.; scherzh.⟩ *wandern* **4** ⟨405⟩ in Textilien usw. ~ *als reisender Handelsvertreter T. usw. verkaufen*

Rei|se|pass ⟨m.; -es, -päs|se⟩ *Personalausweis, Pass für Reisen ins Ausland*

Rei|se|ver|kehr ⟨m.; -s; unz.⟩ *Verkehr durch Reisende, Fremdenverkehr;* ein starker ~

Rei|sig ⟨n.; -s; unz.⟩ *dürre Zweige;* Birken~, Tannen~; ~ sammeln, verbrennen

Reiß|brett ⟨n.; -(e)s, -er⟩ *viereckiges Holzbrett, auf dem mit Reißzwecken das Zeichenpapier befestigt wird;* am ~ arbeiten

rei|ßen ⟨V. 198⟩ **1** ⟨500⟩ etwas ~ *durch Auseinanderziehen zertrennen, entzweimachen, zerreißen;* der Sturm riss die Fahne mittendurch • **1.1** ⟨511⟩ **etwas in etwas** ~ *in einzelne Teile zerreißen;* der Mantel wurde bei dem Unfall in Fetzen gerissen; Papier in Stücke ~; ich könnte ihn, vor Wut in der Luft, in Stücke ~ (vor Zorn) • **1.2** ⟨511⟩ **etwas in etwas** ~ *etwas durch Zerreißen in etwas hervorrufen;* ein Loch in die Hose ~; sein Tod riss eine Lücke in die Gemeinschaft ⟨fig.⟩ • **1.2.1** die Reise riss ein Loch in seine Ersparnisse ⟨fig.⟩ *kostete ihn viel* **2** ⟨511⟩ **jmdn. od. etwas irgendwohin** ~ *mit Gewalt irgendwohin ziehen, zerren;* er riss ihn mit sich in den Abgrund; er wurde vom Strudel in die Tiefe gerissen; jmdn. zu Boden ~; er wird dich mit ins Verderben ~ ⟨fig.⟩ • **2.1** ⟨510⟩ ich werde (innerlich) hin und her gerissen ⟨fig.⟩ *ich kann mich nicht entscheiden* **3** ⟨511/Vr 5⟩ **jmdn. od. etwas von irgendwoher** ~ *gewaltsam entfernen, wegnehmen, wegzerren;* jmdm. die brennenden Kleider vom Leib ~ • **3.1** wie aus allen Wolken gerissen sah sie mich an ⟨fig.⟩ *völlig fassungslos* • **3.2** jmdn. aus seinen Träumen ~ *jmdn. unsanft wecken, ihm schonungslos die Wirklichkeit vor Augen führen* **3.3** etwas von etwas ~ *abreißen;* die abgemessene Leinwand vom Ballen ~ (statt abzuschneiden); einen Zweig vom Strauch ~ • **3.3.1** ⟨531/Vr 5 od. Vr 6⟩ jmdm. die Maske, den Schleier vom Gesicht ~ ⟨a. fig.⟩ *jmds. verborgene bösen Absichten aufdecken, ihn enthüllen* • **3.3.2** ⟨402⟩ ⟨die **Latte**⟩ ⟨Leichtathletik⟩ *die L. (beim Hochsprung u. Stabhochsprung) berühren, so dass sie herunterfällt;* sie hat (die Latte) bei 1,65 m gerissen • **3.4** ⟨411⟩ **etwas aus etwas** ~ *ausreißen, gewaltsam herausnehmen;* er reißt das Bäumchen aus dem Boden; sie riss ihm das Buch aus der Hand, aus den Händen; aus dem Zusammenhang gerissen, ist diese Stelle unverständlich ⟨fig.⟩ **4** ⟨400(s.)⟩ **etwas** reißt *geht durch Auseinandergezogenwerden entzwei, wird zertrennt, zerrissen;* die Funk-, Telefonverbindung *riss* plötzlich; das Seil ist gerissen; der Stoff reißt leicht • **4.1** ⟨600⟩ *jetzt reißt mir die Geduld, der Geduldsfaden* ⟨fig.⟩ *jetzt verliere ich die G., ich werde ungeduldig* **5** ⟨411⟩ **an etwas ~** *mit Gewalt ziehen, zerren;* der Hund reißt am Vorhang • **5.1** ⟨511/Vr 3⟩ **sich am Riemen ~** ⟨fig.; umg.⟩ *anstrengen, zusammennehmen;* wenn du die Prüfung noch bestehen willst, musst du dich sehr am Riemen ~ • **5.2** ⟨611; unpersönl.⟩ *es reißt mir in allen Gliedern* ⟨umg.⟩ *ich habe Rheumatismus* **6** ⟨511/Vr 3 od. Vr 4⟩ **sich von jmdm. od. etwas ~** *losreißen, befreien;* kaum konnte er sich von ihr ~ **7** ⟨511/Vr 3⟩ **sich ~** *durch Riss verletzen;* ich habe mich am Finger gerissen; ich habe mir am Stacheldraht die Finger blutig gerissen **8** ⟨511⟩ **etwas an sich ~** ⟨abwertend⟩ *gewaltsam in seinen Besitz bringen;* die Herrschaft, den Thron an sich ~ • **8.1** er hat die Führung an sich gerissen *rücksichtslos übernommen* • **8.2** er will immer das Gespräch an sich ~ ⟨fig.⟩ *das Thema eines Gesprächs bestimmen, im G. führend sein* **9** ⟨514/Vr 3⟩ **sich um jmdn.** od. **etwas ~** ⟨fig.; umg.⟩ *jmdn. od. etwas unbedingt haben, besitzen wollen;* die Leute rissen sich um die Ware; man *riss* sich um die Eintrittskarten • **9.1** die jungen Männer rissen sich um sie *bewarben sich heftig um sie, machten ihr den Hof* **10** ⟨500⟩ Possen, Witze, Zoten ~ *machen* **11** ⟨500⟩ Bären, Wölfe, Füchse, Luchse ~ Haustiere ⟨Jägerspr.⟩ *fangen H. u. beißen sie tot;* der Wolf hat ein Schaf gerissen

rei|ßend 1 ⟨Part. Präs. von⟩ *reißen* **2** ⟨Adj.⟩ • **2.1** *ungestüm, mit starkem Gefälle;* ein ~er Fluss; eine ~e Strömung • **2.2** *unangenehm heftig ziehend;* ~er Schmerz • **2.3** *sehr schnell;* die Ware geht ~ ab; die neue Ware findet ~en Absatz • **2.4** ~es **Tier** *Raubtier*

Rei|ßer ⟨m.; -s, -⟩ **1** ⟨umg.⟩ *zugkräftige Ware, die sich leicht u. schnell verkaufen lässt* **2** ⟨umg.⟩ *nicht bes. wertvolles, aber viel gelesenes, leicht verkäufliches Buch od. viel gespieltes, erfolgreiches Theaterstück;* Kriminal~, Bühnen~ **3** ⟨Textilw.⟩ *Maschine zum Zerreißen von Textilien, aus denen wieder Spinnstoffe gewonnen werden sollen*

rei|ße|risch ⟨Adj.; abwertend⟩ *in der Art eines Reißers (1,2), (unseriöse) Effekthascherei betreibend;* ein ~er Roman; mit ~en Schlagzeilen die Aufmerksamkeit erregen

Reiß|ver|schluss ⟨m.; -es, -schlüs|se⟩ *Verschlussvorrichtung für Kleidungsstücke, Taschen u. Ä., bei der die Zahnreihen der beiden Verschlussstücke durch einen Schieber ineinandergeschoben werden;* den ~ *öffnen*

Reiß|zwe|cke ⟨f.; -, -n⟩ *dünner, kurzer, spitzer Stift mit breitem, flachem Kopf zum Befestigen von Papier, Karton, Stoff o. Ä. an Wänden, Brettern usw.;* etwas mit ~n befestigen

rei|ten ⟨V. 199⟩ **1** ⟨410(s. od. h.)⟩ *sich auf einem Tier, bes. Pferd fortbewegen;* (nicht) ~ können; ~ lernen; gut, schlecht ~; langsam, schnell, scharf, tollkühn, vorsichtig ~; ich bin (auch habe) früher viel geritten; auf einem Esel, Kamel, Pferd ~; sie hat Unterricht im Reiten; (im) Galopp, Schritt, Trab ~; auf einem Turnier ~; mit, ohne Sattel ~; im Märchen ~ Hexen auf einem Besen; das Kind reitet auf dem Schaukelpferd **2** ⟨500⟩ ein **Tier ~** *zum Reiten benutzen, als Reittier haben;* einen Esel, ein Kamel, ein Pferd ~ • **2.1** ein **Steckenpferd ~** ⟨fig.⟩ *eine Liebhaberei betreiben* • **2.2** den **Pegasus ~** ⟨scherzh.⟩ *dichten* • **2.3** er reitet immer wieder seine **Prinzipien** ⟨fig.; umg.⟩ *versteift sich immer wieder auf seine P.* • **2.4** jmdn. reitet der **Teufel** ⟨fig.; umg.⟩ *jmd. tut mutwillig Böses, stiftet Unfug* • **2.4.1** dich reitet wohl der **Teufel**? ⟨fig.; umg.⟩ *du bist wohl nicht bei Sinnen, bei Trost?* **3** ⟨511⟩ ein **Tier irgendwohin ~** *als Reiter irgendwohin führen;* ein Pferd in die Schwemme ~; ein junges Pferd im Gelände ~ **4** ⟨513⟩ ein **Tier müde ~** *durch Reiten (1) bewirken, dass ein Reittier müde wird* **5** ⟨513/Vr 7⟩ **sich** od. **(sich) etwas müde** usw. ~ *müde Reiten müde werden od. etwas müde machen;* er hat sich müde geritten; er hat (sich) die Glieder müde geritten • **5.1** ⟨530/Vr 1⟩ **sich etwas ~** *durch Reiten (1) zuziehen;* er hatte sich schnell Schwielen geritten **6** ⟨510⟩ jmdn. od. etwas **über den Haufen, zu Boden ~** ⟨umg.⟩ *umreiten* **7** ⟨500⟩ einen **Weg ~** *auf einem Reittier sitzend zurücklegen;* er ist einen langen Weg geritten; wir wollen heute 20 km ~ • **7.1** er hat krumme Touren geritten ⟨fig.; umg.⟩ *sich unredlich verhalten* **8** ⟨500⟩ **etwas ~** *reitend absolvieren;* hohe Schule, Dressur ~; ein Rennen, Springen ~; ein schnelles Tempo ~ **9** ⟨501/Vr 3⟩ **es reitet sich gut, schlecht** usw. *ein Ritt ist angenehm, unangenehm usw.;* es reitet sich gut auf dem leichten Boden **10** ⟨400⟩ ein **Schiff** reitet ⟨Seemannsspr.⟩ *tanzt auf den Wellen* • **10.1** ⟨410⟩ das Schiff reitet vor Anker *liegt vor A.* **11** ⟨500⟩ der Stier reitet die Kuh ⟨Zool.⟩ *bespringt, begattet die K.*

Rei|ter ⟨m.; -s, -⟩ **1** *jmd., der reitet, jmd. zu Pferde;* ein tollkühner, tüchtiger, verwegener ~; Dressur~, Spring~; Ross und ~; die Apokalyptischen ~ **2** *Soldat der Kavallerie* **3** *auf Karteikarten, Bügel, Kleiderstangen u. Ä. aufklemmbare Kennmarke aus Metall od. Plastik* **4** *verschiebbarer Maschinenteil, z. B. Laufgewicht an der Waage* **5** *Gestell, Bock, Trockengestell*

Rei|te|rin ⟨f.; -, -rin|nen⟩ *weibl. Reiter (1)*

Reiz ⟨m.; -es, -e⟩ **1** *von außen kommende Einwirkung auf den Organismus, d. h. seine Organe, Gewebe u. Zellen;* ein chemischer, mechanischer, optischer, akustischer ~ **2** *angenehm anziehende Wirkung, Versuchung, Verlockung, Antrieb, Anreiz;* ein schwacher, starker, unwiderstehlicher ~; der ~ der Neuheit, des Neuen; es ist nur der ~ des Verbotenen; einen starken ~ ausüben; nach und nach dieser Sache keinen ~ abgewinnen; die Sache verliert immer mehr an ~; es hat keinen ~ für mich; der ~ liegt in ... **3** *Schönheit, Zauber;* weibliche ~e; eine Frau von eigenartigem, verführerischem ~; das ist der ~ dieser Frau; eine Landschaft von eigentümlichem ~; sie ist sich ihrer

~e bewusst; seine ~e spielen lassen (von einer Frau); das erhöhte, verstärkte noch ihren ~

reiz|bar ⟨Adj.⟩ **1** *fähig, einen Reiz zu beantworten* **2** *erregbar, empfindlich, aufbrausend;* sie ist heute wieder launenhaft und ~; ein ~er Mensch • 2.1 eine ~e **Schwäche** *krankhafte Reizbarkeit, Übererregbarkeit des vegetativen Nervensystems*

rei|zen ⟨V.⟩ **1** ⟨500⟩ **jmdn.** ~ *zornig machen, seelisch peinigen, hetzen, aufhetzen, herausfordern;* du darfst ihn nicht so ~; du lässt dich zu sehr ~; er hat den Hund so lange gereizt, bis er zubiss; jmdn. bis zu Tränen, bis zur Weißglut, Wut, bis zum Zorn ~; er ist vorher von ihm gereizt worden; das reizt mich zum Widerspruch **2** ⟨500⟩ **etwas** reizt **etwas** *übt einen Reiz (1) auf etwas aus;* das Licht reizt meine Augen **3** ⟨500⟩ **jmdn. od. etwas** ~ *einen Reiz (2) auf jmdn. od. etwas ausüben, bei jmdn. od. etwas hervorrufen, erwecken, erregen;* das kann mich nicht ~; es würde mich ~, es zu versuchen; das Abenteuer, die Gefahr reizt ihn; den Appetit ~; jmds. Begierde, Interesse, Neugierde ~; es reizt die Kinder, ihn zu ärgern; alles Neue reizt ihn zunächst; der Anblick dieser leckeren Dinge reizt meinen Gaumen, Magen **4** ⟨400; Kart.⟩ *Zahlenwerte nennen, um das höchste Spiel zu ermitteln (beim Skat);* er reizte bis 27 **5** ⟨400; Jägerspr.⟩ *durch Töne anlocken*

rei|zend 1 ⟨Part. Präs. von⟩ *reizen* **2** ⟨Adj.⟩ *Reiz (2) erregend, angenehm, anziehend;* sie ist eine ~e Person • 2.1 ⟨umg.; iron.⟩ *unangenehm;* das ist ja ~!; das kann ja ~ werden!; das ist ja eine ~e Bescherung **3** *lieblich, anmutig, hübsch;* ein ~es Kind, Mädchen; ein kleiner Ort in ~er Lage; ein ~ gelegenes Landhaus **4** *anregend, angeregt;* es war ein ~er Abend; wir haben uns ~ unterhalten

re|ka|pi|tu|lie|ren ⟨V. 500⟩ *Aussagen, Lehrstoff* ~ *zusammenfassend wiederholen*

re|keln ⟨V. 500/Vr 3; umg.⟩ **sich** ~ *sich behaglich dehnen, strecken, recken;* oV *räkeln;* sich in der Sonne, auf dem Sofa ~

Re|kla|ma|ti|on ⟨f.; -, -en⟩ *das Reklamieren, Beanstandung, Beschwerde*

Re|kla|me ⟨f.; -, -n⟩ *Werbung für Waren durch Plakate, Zeitung, Film, Funk;* eine geschickte, geschmacklose, kostspielige, marktschreierische, wirkungsvolle ~; für etwas ~ machen; ~ im Fernsehen, im Rundfunk; es geht nichts ohne ~

re|kla|mie|ren ⟨V.⟩ **1** ⟨500⟩ **mangelhafte Waren** ~ *beanstanden* • 1.1 etwas **nicht Geliefertes** ~ *verlangen, dass es geliefert wird;* ein verloren gegangenes Paket bei der Post ~ **2** ⟨400⟩ *sich beschweren*

re|kon|stru|ie|ren *auch:* **re|kon|stru|ie|ren** *auch:* **re|konst|ru|ie|ren** ⟨V. 500⟩ **1** *zerstörte od.* **verfallene Gegenstände** ~ *im ursprünglichen Zustand wiederherstellen* **2 Lebewesen** ~ *naturgetreu nachbilden* **3** *einen* **Vorgang** ~ *nach der Erinnerung berichten*

Re|kon|va|les|zenz ⟨[-va-] f.; -; unz.⟩ *Zeit der Genesung (1)*

Re|kord ⟨m.; -(e)s, -e⟩ **1** *(offiziell anerkannte) sportliche Höchstleistung;* einen ~ aufstellen, erringen, erzielen; einen ~ brechen, schlagen, überbieten, verbessern; den Welt~ halten, innehaben • 1.1 einen ~ **einstellen** *die gleiche bisherige Höchstleistung wie ein anderer erzielen* **2** ⟨allg.⟩ *Höchstleistung*

Re|kor|der ⟨m.; -s, -⟩ *Gerät zur Ton- u./od. Bildaufzeichnung u. Wiedergabe;* oV *Recorder;* Kassetten~; Video~

Re|krut *auch:* **Re|krut** ⟨m.; -en, -en⟩ *Soldat in der ersten Ausbildung, eben ausgehobener Soldat*

rek|tal ⟨Adj. 24; Med.⟩ *zum Mastdarm gehörig, ihn betreffend, im Mastdarm (gemessen);* ~e Temperatur; ein Zäpfchen ~ einführen

Rek|ti|on ⟨f.; -, -en; Gramm.⟩ *die Fähigkeit eines Wortes, den Kasus des von ihm abhängigen Wortes zu bestimmen, zu regieren;* →a. *Valenz (2)*

Rek|tor ⟨m.; -s, -en⟩ **1** *Leiter einer Grund-, Real- od. Sonderschule* **2** *Leiter, Vorsteher einer Hochschule od. Universität* **3** *geistlicher Vorsteher einer kirchlichen Einrichtung (Kolleg, Seminar o. Ä.)*

Rek|to|rin ⟨f.; -, -rin|nen⟩ *weibl. Rektor*

re|kur|rie|ren ⟨V. 800; geh.⟩ **auf jmdn.** od. **etwas** ~ *(anknüpfend) Bezug nehmen, sich auf jmd. od. etwas beziehen, auf jmd. od. etwas zum Ziel haben*

Re|lais ⟨[rəlɛː] n.; - [-lɛːs], - [-lɛːs]⟩ **1** ⟨früher⟩ *Wechsel der Pferde* • 1.1 *Stelle zum Auswechseln der Postpferde* **2** ⟨Mil.; früher⟩ *Kette von Meldegängern* **3** *elektrisch gesteuerter Schalter*

Re|la|ti|on ⟨f.; -, -en⟩ *Beziehung, Verhältnis;* eine ~ zwischen zwei od. mehr Gliedern eines Ausdrucks herstellen

re|la|tiv ⟨a. ['---] Adj. 24⟩ **1** *in einem Verhältnis zu etwas stehend, im Verhältnis zu etwas anderem zu betrachten;* Sy *bedingt (2.3.2);* Ggs *absolut (1)* • 1.1 ~e **Bewegung** *B. in einem Bezugssystem* • 1.2 ~es **Gehör** *Fähigkeit, einen Ton durch Intervalle zu bestimmen* • 1.3 ~e **Feuchtigkeit** *Feuchtigkeitsgehalt der Luft unter Berücksichtigung der Tatsache, dass warme Luft mehr Wasser aufnimmt als kalte* • 1.4 ~e **Helligkeit** *H. eines Sternes, wie sie sich dem Betrachter bietet, ohne Rücksicht auf die Entfernung;* Sy *scheinbare Helligkeit,* → *scheinbar (1.1)* • 1.5 ~e **Mehrheit** *Abstimmungsergebnis, bei dem der Wahlkandidat mehr Stimmen als die anderen erhalten hat, ohne aber die absolute Mehrheit erreicht zu haben* • 1.6 ~e **Zahl** *mit einem negativen od. positiven Vorzeichen versehene Z.* • 1.7 ~e **Dichte** ⟨Phys.⟩ *die D. eines Körpers im Verhältnis zur D. des Wassers;* →a. *spezifisch (2)* **2** *von den Umständen od. wechselnder Beurteilung abhängig;* er ist ~ groß; es ist ~ gut gelaufen; alles im Leben ist ~

re|la|xen ⟨[rilæksən] V. 400; umg.⟩ *sich entspannen, sich ausruhen, sich erholen;* nach der Arbeit muss ich erst einmal ~

re|le|vant ⟨[-vant] Adj.; geh.⟩ *denjenigen Teil einer Information betreffend, der zur Aufhellung eines zu untersuchenden Sachverhalts beiträgt;* Ggs *irrelevant*

Re|le|vanz ⟨[-vants] f.; -; unz.⟩ *relevante Beschaffenheit, Bedeutung, Wichtigkeit, Belang;* Ggs *Irrelevanz;* an ~ gewinnen, verlieren; die ~ einer Sache

Re|lief ⟨n.; -s, -s od. -e⟩ **1** *aus einer Fläche mehr od. minder erhaben herausgearbeitetes Bild* • 1.1 ⟨in der ägypt. Kunst a.〉 *vertieft angebrachtes Bild* **2** *Form der Erdoberfläche* • **2.1** *verkleinerte Nachbildung der Erdoberfläche*

Re|li|gi|on 〈f.; -, -en〉 **1** *Glaube an u. Auseinandersetzung mit einer überirdischen Macht sowie deren kultische Verehrung;* die buddhistische, christliche, islamische, jüdische ~ • **1.1** 〈Schule〉 *Unterricht in Religion (1);* wir haben eine Stunde ~ in der Woche; katholische, evangelische ~ **2** *Gottesglaube, Gottesverehrung* **3** = *Glaubensbekenntnis (1)* • **3.1** der Fußballverein ist seine ~ 〈fig.; umg.〉 *ist für ihn das Höchste*

re|li|gi|ös 〈Adj.〉 **1** *zur Religion gehörend, auf ihr beruhend* **2** *gläubig, fromm*

Re|likt 〈n.; -(e)s, -e〉 *Rest, Überbleibsel (einer vergangenen Epoche, eines Zeitabschnittes, eines Ereignisses);* ~e der frühkindlichen Phase

Re|li|quie 〈[-kviə] f.; -, -n〉 **1** *körperlicher Überrest eines Heiligen od. Gegenstand, der ihm einst gehörte* **2** 〈fig.〉 *teures Andenken*

Re|make 〈[riːmeɪk] n.; -s, -s〉 *Neufassung (bes. Neuverfilmung) einer künstlerischen Produktion, eines Kunstwerkes*

Re|mi|nis|zenz 〈f.; -, -en〉 **1** *Erinnerung;* Kindheits~ **2** *Anklang, (leichte) Ähnlichkeit;* ~en an die Malerei des 19. Jahrhunderts

re|mis 〈[rəmiː] Adj. 24/80; bes. Schach〉 *unentschieden;* das Spiel endete ~

Re|mou|la|de 〈[rəmu-] f.; -, -n〉 *helle, pikant gewürzte, kalte Soße aus Öl, Ei, Gewürzen u. Kräutern;* ~nsoße

rem|peln 〈V. 500; umg.〉 jmdn. ~ *(absichtlich) stoßen, schubsen, anrempeln;* beim Eishockey wird heftig gerempelt

Ren 〈n.; -s, -e; Zool.〉 *im Norden lebende Art der Hirsche, bei denen auch die weiblichen Tiere Geweihträger sind: Rangifer tarandus*

Re|nais|sance 〈[rənɛsãːs] f.; -, -n〉 **1** *Wiedererweckung, Wiedergeburt, Erneuerung* **2** *kulturelle Bewegung, die sich im 14.-16. Jh. in Italien u. ganz Europa an der Antike orientierte* **2.1** *Zeitalter der Renaissance (2)* • **2.1.1** *antike Stilelemente, nach- u. umformender Stil in der Bau- u. Bildhauerkunst der Renaissance (2)*

re|na|tu|rie|ren 〈V. 500〉 eine **Landschaft,** einen **Bachlauf** ~ *den ursprünglichen, der Natur entsprechenden Zustand wiederherstellen*

Ren|dez|vous 〈[rãdevuː] n.; - [-vuːs], - [-vuːs]〉 **1** *Verabredung, Treffen;* Sy *Stelldichein;* ein ~ einhalten, haben, verabreden, vorhaben **2** *Begegnung von Satelliten im Weltraum*

Ren|di|te 〈f.; -, -n〉 *aus einer Kapitalanlage jährlich erzielter Gewinn;* eine ~ von 5%

Re|ne|klo|de *auch:* **Re|nek|lo|de** 〈f.; -, -n〉 oV *Reineclaude;* Sy 〈österr.〉 *Ringlotte* **1** *Pflaumenbaum, der feste, grüne od. gelbe Früchte trägt* **2** *Frucht der Reneklode (1)*

re|ni|tent 〈Adj.〉 *aufsässig, widerspenstig*

Re|ni|tenz 〈f.; -; unz.〉 *renitentes Verhalten, Aufsässigkeit, Widerspenstigkeit*

ren|nen 〈V. 200〉 **1** 〈400(s.)〉 *schnell laufen;* sie rannte rasch nach Hause; sie kann noch ~ wie ein Wiesel; du wirst noch ins Verderben ~ • **1.1** 〈Sp.〉 *um die Wette laufen, am Rennen teilnehmen* • **1.2** der **Fuchs** rennt 〈Jägerspr.〉 *ist brünstig* **2** 〈411(s.)〉 (immer) **irgendwohin** ~ 〈umg.; abwertend〉 *sich begeben, gehen;* wegen jeder Kleinigkeit zum Arzt ~; musst du so oft ins Kino ~? • **2.1 an, gegen** jmdn. od. **etwas** ~ *prallen, heftig stoßen;* er rannte mit dem Kopf an, gegen die Wand; →a. *Kopf (6.3)* **3** 〈531/Vr 1〉 **sich etwas in, an,** auf **etwas** ~ *sich durch Anstoßen etwas (eine Verletzung) in, an, auf etwas zuziehen;* er hat sich ein Loch in den Kopf gerannt • **3.1** 〈531/Vr 5 od. Vr 6〉 jmdm. eine **Stichwaffe in** den **Körper,** ein Körperteil ~ *(heftig) stoßen;* er rannte ihm den Degen durch, in den Leib **4** 〈513/Vr 8〉 **jmdn. über** den **Haufen, zu Boden** ~ *im Laufen umstoßen, zu Fall bringen*

Ren|nen 〈n.; -s, -〉 **1** *sportlicher Schnelligkeitswettkampf im Laufen, Fahren (zu Lande u. zu Wasser), Reiten;* ein ~ abhalten, veranstalten; ein ~ fahren, laufen, reiten; das ~ gewinnen, verlieren; er hat sich an diesem ~ beteiligt; er wird an diesem ~ nicht teilnehmen • **1.1** er **liegt** im Augenblick hervorragend **im ~** 〈a. fig.〉 *in aussichtsreicher Position* • **1.2** das ~ **aufgeben** • **1.2.1** *vorzeitig aus dem Wettkampf ausscheiden* • **1.2** 〈fig.〉 *die Hoffnung aufgeben, ein angestrebtes Ziel zu erreichen, darauf verzichten* • **1.3** das ~ machen 〈fig.〉 *siegen, gewinnen, Erfolg haben;* →a. *tot (6.4)*

Ren|ner 〈m.; -s, -〉 **1** *(gutes) Rennpferd* **2** 〈fig.; umg.〉 *Sache, die sich sehr gut verkauft, viel Erfolg hat, äußerst begehrt ist;* der Film, das Buch, das Parfüm wurde ein ~

Re|nom|mee 〈n.; -s, -s〉 *Ansehen, Ruf;* ein gutes, schlechtes ~ besitzen

re|nom|miert 〈Adj.〉 *angesehen, anerkannt, gelobt, berühmt*

re|no|vie|ren 〈[-viː-] V. 500〉 ein **Gebäude,** eine **Wohnung** ~ *erneuern, neu herrichten, modernisieren*

ren|ta|bel 〈Adj.〉 *so beschaffen, dass es sich rentiert, Gewinn bringend, ertragreich, lohnend;* ~ arbeiten; rentable Wirtschaftsführung

Ren|te 〈f.; -, -n〉 *regelmäßiges Einkommen aus Versicherung od. Vermögen;* Alters~, Invaliden~; die ~n anheben, erhöhen, kürzen; die ~n der Preisentwicklung anpassen; eine ~ aussetzen, zahlen; ~ bekommen, beziehen

Ren|ten|ver|si|che|rung 〈f.; -, -en〉 *Versicherung, bei der sich der Versicherte durch regelmäßige Zahlungen einen Anspruch auf eine Rente erwirbt*

ren|tie|ren 〈V. 500/Vr 3〉 **etwas** rentiert **sich 1** *bringt Gewinn, wirft Ertrag ab;* diese Ausgabe, das Geschäft rentiert sich nicht **2** 〈fig.〉 *lohnt sich;* die Beschäftigung mit der Materie rentiert sich • **2.1 Anstrengungen, Bemühungen** ~ *sich bringen Erfolg, zahlen sich aus* • **2.2** das rentiert sich nicht *ist zwecklos, sinnlos*

Rent|ner 〈m.; -s, -〉 *jmd., der eine (staatliche) Rente bezieht;* Früh~

Rent|ne|rin 〈f.; -, -rin|nen〉 *weibl. Rentner*

Re|pa|ra|ti|on 〈f.; -, -en〉 **1** *dem Besiegten auferlegte Geld-, Sach- od. auch Arbeitsleistungen als Wieder-*

Reparatur

gutmachung von Kriegsschäden im feindlichen Staat **2** ⟨Med.⟩ *Wiederherstellung von zerstörtem Gewebe im Rahmen der Wundheilung*

Re|pa|ra|tur ⟨f.; -, -en⟩ *Instandsetzung, Wiederherstellung, Ausbesserung*

re|pa|rie|ren ⟨V. 500⟩ **Gegenstände** ~ *an Gegenständen eine Reparatur ausführen, G. instand setzen, wiederherstellen, ausbessern*

Re|per|toire ⟨[-toa:r] n.; -s, -s; Theat.; Mus.⟩ *Gesamtheit der einstudierten Rollen, Lieder, Vortrags-, Theaterstücke usw. (eines Künstlers od. Theaters);* eine Rolle im ~ haben; diese Arie gehört zum ~ einer jeden Sängerin

re|pe|tie|ren ⟨V. 500; geh.⟩ *etwas* **Gelerntes** ~ *wiederholen, durch Wiederholen einüben*

Re|pe|ti|tion ⟨f.; -, -en; geh.⟩ *Wiederholung*

Re|plik ⟨f.; -, -en⟩ **1** ⟨geh.⟩ *mündliche od. schriftliche Entgegnung* **2** ⟨Rechtsw.⟩ *Gegenrede (bes. des Klägers auf die Verteidigung des Beklagten)* **3** *genaue Nachbildung eines Kunstwerks durch den Künstler selbst* • **3.1** *originalgetreue Reproduktion, Nachbildung, Kopie;* ~ *eines Ölgemäldes von Rembrandt*

Re|port[1] ⟨m.; -(e)s, -e⟩ *Bericht, Mitteilung*

Re|port[2] ⟨m.; -(e)s, -e; Börse⟩ *Vergütung bei Prolongationsgeschäften*

Re|por|tage ⟨[-ʒə] f.; -, -n⟩ *Tatsachenbericht, anschauliche Schilderung eines Augenzeugen über ein Geschehen in Presse, Film, Internet, Rundfunk od. Fernsehen*

Re|por|ter ⟨m.; -s, -⟩ *Berichterstatter bei Presse, Film, Rundfunk od. Fernsehen*

Re|por|te|rin ⟨f.; -, -rin|nen⟩ *weibl. Reporter*

Re|prä|sen|tant ⟨m.; -en, -en⟩ **1** *jmd., der etwas (bes. eine bestimmte Gruppe, eine Partei, einen Verein o. Ä.) repräsentiert, Vertreter;* ein ~ *der sozialdemokratischen Partei, der Bürgerinitiative* **2** *Volksvertreter, Abgeordneter*

Re|prä|sen|tan|tin ⟨f.; -, -tin|nen⟩ *weibl. Repräsentant*

Re|prä|sen|ta|tion ⟨f.; -, -en⟩ **1** *Vertretung, Stellvertretung* **2** *würdiges Auftreten* **3** *(gesellschaftlicher, geschäftlicher) Aufwand, Zurschaustellung*

re|prä|sen|tie|ren ⟨V. 500⟩ **1** = *vertreten (7)* **2** ⟨400⟩ *würdig auftreten, bes. gesellschaftlich, etwas darstellen*

Re|pres|sa|lie ⟨[-ljə] f.; -, -n; meist Pl.⟩ **1** *Vergeltung, Gegenmaßnahme* **2** *Druckmittel;* ~n *anwenden*

Re|pres|si|on ⟨f.; -, -en⟩ *(gewaltsame) Unterdrückung, Einschränkung der (individuellen, politischen) Freiheit*

re|pres|siv ⟨Adj.⟩ *auf Repressionen beruhend, hemmend, unterdrückend;* ~e *Maßnahmen*

Re|pri|se ⟨f.; -, -n⟩ **1** *Wiederholung eines bes. bezeichneten Teils eines Musikstückes* **2** *Wiederaufnahme eines älteren (evtl. überarbeiteten) Bühnenstücks in den Spielplan* **3** *Wiederaufführung eines Films*

Re|pro|duk|ti|on ⟨f.; -, -en⟩ **1** *Nachbildung, Wiedergabe durch Fotografie od. Druck* **2** *das durch Reproduktion (1) erzeugte Bild* **3** ⟨Biol.⟩ *das Fortpflanzen von Lebewesen* **4** ⟨Wirtsch.⟩ *Wiederbeschaffung von Sachgütern*

Rep|til ⟨n.; -s, -li|en od. -e; Zool.⟩ *Angehöriges einer Klasse durch Lungen atmender, wechselwarmer Wir-*

beltiere mit Schuppen od. Schilden u. meist vier Gliedmaßen, die den Körper bei der schlängelnd-kriechenden Bewegung nur unvollkommen vom Boden abheben: *Reptilia*

Re|pu|blik *auch:* **Re|pub|lik** ⟨f.; -, -en⟩ *Ggs Monarchie* **1** *Staatsform, bei der Regierung u. Staatsoberhaupt vom Volk od. von Volksvertretern gewählt werden* **2** *Staat, der die Form einer Republik (1) hat*

Re|pu|ta|ti|on ⟨f.; -; unz.⟩ *Ruf, Ansehen*

Re|qui|em ⟨n.; -s, -s od. (österr.) -qui|en⟩ **1** ⟨kath. Kirche⟩ *Totenmesse* **2** ⟨Mus.⟩ • **2.1** *mehrstimmige Vertonung der liturgischen Texte eines Requiems (1)* • **2.2** *für ein Requiem (1) bestimmte Komposition*

Re|qui|sit ⟨n.; -(e)s, -en; meist Pl.⟩ **1** *Rüstzeug, Zubehör* **2** *bei einer Aufführung im Theater od. bei einer Filmaufnahme benötigter Gegenstand*

Re|qui|si|te ⟨f.; -, -n; Theat.; umg.⟩ **1** *Raum für Requisiten (2)* **2** *für Requisiten (2) zuständige Stelle*

Re|ser|vat ⟨[-va:t] n.; -(e)s, -e⟩ **1** *vertriebenen Ureinwohnern, od. einer bestimmten Gruppe zugesprochenes (umgrenztes) Gebiet;* Indianer~ **2** *Schutzbezirk, geschützter Lebensraum für bestimmte Tier- od. Pflanzenarten* **3** ⟨geh.⟩ *Sonderrecht*

Re|ser|ve ⟨[-və] f.; -, -n⟩ **1** *für den Notfall bestimmte Rücklage, Vorrat;* etwas in ~ haben • **1.1** *Lebens-, Geldmittel;* wir müssen bald unsere ~ angreifen; unsere ~n haben sich, sind erschöpft • **1.2** ⟨Kaufmannsspr.⟩ *stille* ~n *Rücklagen* • **1.3** ⟨Mil.⟩ *Gesamtheit der Reservisten;* die ~ einziehen; Leutnant der ~ ⟨Abk.: d. R.⟩ **2** ⟨unz.; fig.⟩ *Zurückhaltung, kühles Wesen;* ich versuchte vergebens, ihn aus seiner ~ herauszulocken

re|ser|vie|ren ⟨[-vi:-] V.⟩ **1** ⟨503⟩ **(jmdm.)** *etwas* ~ *vormerken, freihalten;* einen Platz ~ lassen; für jmdn. einen Platz ~; reservierte Plätze; dieser Tisch ist reserviert **2** ⟨550⟩ *etwas für* einen **Zweck** ~ *aufbewahren;* für den Notfall ~

re|ser|viert ⟨[-vi:rt]⟩ **1** ⟨Part. Perf. von⟩ *reservieren* **2** ⟨Adj.⟩ *zurückhaltend, kühl;* sich ~ verhalten

Re|ser|voir ⟨[-voa:r] n.; -s, -e⟩ **1** *Sammelbecken (bes. für Wasser), Speicher* **2** *Vorrat*

Re|si|denz ⟨f.; -, -en⟩ **1** *Sitz eines weltlichen od. kirchlichen Oberhauptes* **2** *Hauptstadt eines Fürstentums, Königreiches*

Re|si|gna|ti|on *auch:* **Re|sig|na|ti|on** ⟨f.; -, -en; Pl. selten⟩ *das Resignieren, Mut-, Hoffnungslosigkeit*

re|si|gnie|ren *auch:* **re|sig|nie|ren** ⟨V. 400⟩ *sich abfinden, den Mut, die Hoffnung aufgeben, sich in sein Schicksal ergeben;* jmd. hat, ist resigniert

re|sis|tent ⟨Adj.; Med.; Biol.⟩ *nicht anfällig, widerstandsfähig (gegen Bakterien, Medikamente);* dieser Erreger ist ~ gegen Antibiotika

Re|sis|tenz ⟨f.; -; unz.⟩ **1** ⟨bes. Pol.⟩ *Widerstand* **2** ~ *gegen* **Krankheiten, Gifte** ⟨Biol.; Med.⟩ *Fähigkeit, der schädigenden Wirkung von K. od. G. Widerstand zu bieten;* ~ gegen Malaria, DDT

re|so|lut ⟨Adj.⟩ *beherzt, tatkräftig, entschlossen*

Re|so|lu|ti|on ⟨f.; -, -en⟩ *Entschließung, Beschluss;* eine ~ verfassen, formulieren

Re|so|nanz ⟨f.; -, -en⟩ **1** *Mitschwingen (durch Schall-*

wellen angeregter Körper), Mittönen **2** ⟨fig.⟩ *Widerhall, Anklang;* keine ~ finden (mit einem Bericht, Vorschlag usw.)

◆ Die Buchstabenfolge **re|sp…** kann in Fremdwörtern auch **res|p…** getrennt werden.

◆ **Re|spękt** ⟨m.; -(e)s; unz.⟩ **1** *Achtung, Hochachtung, Ehrerbietung, Ehrfurcht, Scheu;* ~ einflößen; jmdm. ~ schulden; sich ~ verschaffen; vor jmdm. ~ haben • **1.1** allen ~! *meine Anerkennung* **2** ⟨Getrennt- u. Zusammenschreibung⟩ • **2.1** ~ heischend *= respektheischend*

◆ **re|spęk|ta|bel** ⟨Adj. 21⟩ *so beschaffen, dass man es respektieren muss, beachtlich;* eine respektable Leistung

◆ **re|spękt|hei|schend** *auch:* **Re|spękt hei|schend** ⟨Adj. 24/70⟩ *Respekt fordernd;* ein ~er Blick; eine ~e Uniform

◆ **re|spek|tie|ren** ⟨V. 500⟩ **1** jmdn. od. etwas ~ *vor jmdm. od. etwas Respekt haben, jmdn. od. etwas achten* **2** einen **Wechsel** ~ *anerkennen, bezahlen*

Res|sen|ti|ment ⟨[rɛsãtimã:] n.; -s, -s⟩ **1** *Vorurteil* **2** ⟨Pl.⟩ *negative Gefühle wie Abneigung, Groll, Hass, Rache*

Res|sort ⟨[rɛso:r] n.; -s, -s⟩ **1** *Geschäftsbereich einer Behörde, bes. eines Ministers;* ~leiter **2** *Aufgabenkreis*

Res|sour|cen ⟨[rəsu:rsən] Pl.⟩ **1** *(im Bedarfsfall) verfügbare Hilfsmittel, Geldmittel;* auf ~ zurückgreifen **2** ⟨Wirtsch.⟩ *(für die Realisierung eines wirtschaftlichen Vorhabens) zur Verfügung stehende Arbeitskräfte, Produktionsmittel, Bodenschätze usw.;* über größere ~ an Erdöl verfügen

Rest ⟨m.; -(e)s, -e⟩ **1** *Übrigbleibendes, Übriggebliebenes, Überbleibsel, Rückstand;* ein kleiner, schäbiger, trauriger, unansehnlicher ~; der ~ des Tages, unseres Urlaubs; für den ~ meines Lebens; die ~e vom Mittagessen müssen noch gegessen werden; verbilligte ~e (Stoffe beim Ausverkauf); das ist der ~ vom Schützenfest ⟨umg.; scherzh.⟩ • **1.1** der ~ ist Schweigen ⟨Sprichw.; nach Shakespeare, „Hamlet", 5,2⟩ *darüber spricht man besser nicht* • **1.2** jmdm. den ~ **geben** ⟨fig.; umg.⟩ *den Gnadenstoß geben, jmdn. ruinieren, ans Ende seiner Nervenkraft bringen* • **1.3** **sich** den ~ **holen** ⟨fig.; umg.⟩ *einen leichten Krankheitszustand so verschlimmern, dass die Krankheit voll zum Ausbruch kommt;* er war schon erkältet, und im Freibad hat er sich noch den ~ geholt **2** ⟨Math.⟩ *die Zahl, die übrig bleibt, wenn eine Rechenaufgabe nicht aufgeht;* 9 : 2 = 4 ~ 1

◆ Die Buchstabenfolge **re|st…** kann in Fremdwörtern auch **res|t…** getrennt werden. Davon ausgenommen sind Zusammensetzungen, in denen die fremdsprachigen bzw. sprachhistorischen Bestandteile deutlich als solche erkennbar sind, z. B. *-strukturieren, -strukturierung.*

◆ **Re|stau|rant** ⟨[rɛstorã:] n.; -s, -s⟩ *= Gaststätte*

◆ **Re|stau|ra|ti|on**[1] ⟨[-stau-] f.; -, -en⟩ **1** *Wiederherstellung eines früheren politischen od. wirtschaftlichen Zustandes* • **1.1** *Wiedereinsetzung eines gestürzten Herrscherhauses* **2** *Wiederherstellung des ursprünglichen Zustandes eines Kunstwerkes*

◆ **Re|stau|ra|ti|on**[2] ⟨[-sto-] f.; -, -en; veraltet; noch österr.⟩ *= Restaurant;* Bahnhofs~

◆ **re|stau|rie|ren** ⟨[-stau-] V. 500⟩ **1** ein politisches Regime ~ *wiederherstellen, erneut einsetzen* **2** Kunstwerke ~ *wiederherstellen, erneuern, ausbessern*

rest|lich ⟨Adj. 24/60⟩ *als Rest vorhanden, übrig;* die ~en Sachen warf er in den Müll

rest|los ⟨Adj. 24/90⟩ *keinen Rest lassend, ganz u. gar, völlig;* der Kuchen wurde von den Gästen ~ aufgegessen

Rest|müll ⟨m.; -s; unz.⟩ *nach dem Aussortieren von wiederverwertbaren Abfällen (Altpapier, Kunststoffe, Glas usw.) verbleibender Müll*

◆ **Re|strik|ti|on** *auch:* **Rest|rik|ti|on** ⟨f.; -, -en⟩ *Beschränkung, Einschränkung, Vorbehalt;* ~en verhängen, auferlegen

Re|sul|tat ⟨n.; -(e)s, -e⟩ **1** *Ergebnis, z. B. einer Rechnung* **2** *Erfolg*

Re|sü|mee ⟨n.; -s, -s⟩ *Zusammenfassung, Übersicht*

Re|tor|te ⟨f.; -, -n⟩ **1** *birnenförmiges Gefäß aus Glas mit langem, abgebogenen Hals zum Destillieren* • **1.1** aus der ~ ⟨a. fig.; meist abwertend⟩ *künstlich erzeugt, nicht auf natürliche Weise entstanden* **2** *geschlossener, eiserner Kessel mit ableitendem Rohr zur trockenen Destillation von Kohle, Holz u. a. Stoffen*

Re|tro|spek|ti|ve *auch:* **Ret|ros|pek|ti|ve** ⟨f.; -, -n⟩ *Rückblick, Rückschau*

rętten ⟨V. 500/Vr 7 od. Vr 8⟩ **1** jmdn. od. etwas ~ *(aus Gefahr) befreien, in Sicherheit bringen, bewahren;* jmdn. aus dem Feuer, aus der Not ~; jmdn. vor dem Ertrinken, vor drohender Schande ~; die Schiffbrüchigen, Verunglückten konnten gerettet werden; sich ~; rette sich, wer kann!; er konnte sich durch die Flucht ~; sich aufs Dach ~; sich unter ein schützendes Dach ~; Hab und Gut ~; jmdm. das Leben ~; eine ~de Tat; da kam ihm der ~de Gedanke; er erschien als ~der Engel ⟨fig.; umg.⟩ • **1.1** bist du noch zu ~? ⟨fig.; umg.⟩ *bist du denn verrückt?, ist dir noch zu helfen?* • **1.2** ⟨500/Vr 3⟩ sich vor etwas nicht mehr zu ~ wissen, nicht mehr ~ können ⟨fig.⟩ *mit etwas überhäuft werden*

Rętter ⟨m.; -s, -⟩ *jmd., der einen anderen rettet, Helfer, Beschützer;* ~ in der Not

Rętte|rin ⟨f.; -, -rin|nen⟩ *weibl. Retter*

Rętttich ⟨m.; -(e)s, -e; Bot.⟩ **1** ⟨i. w. S.⟩ *Angehöriger einer Gattung der Kreuzblütler (Cruciferae), deren Früchte in einzelne gegliederte Schoten zerfallen: Raphanus* • **1.1** ⟨i. e. S.⟩ *Gemüsepflanze mit verdickten, würzig schmeckenden schwarzen od. weißen Wurzeln: Raphanus sativus*

Rętttung ⟨f.; -, -en⟩ *Befreiung aus, Bewahrung vor Gefahr, Hilfe;* jmdm. ~ bringen; für ihn gibt es keine ~ mehr; hier ist keine ~ mehr möglich; seine letzte ~ war ~ zu denken; auf ~ hoffen; die Gesellschaft zur ~ Schiffbrüchiger

Rętu|sche ⟨f.; -, -n⟩ **1** *Überarbeitung von Bildvorlagen (Überdecken u. Verbessern von Fehlern, Hervorheben*

Reue

von Einzelheiten usw.) **2** *Stelle, an der eine Retusche (1) vorgenommen wurde*

Reue ⟨f.; -; unz.⟩ **1** *Bedauern, Schmerz, Zerknirschung über das eigene Tun, brennender Wunsch, eine Handlung rückgängig machen zu können;* keine ~ zeigen; bittere, tiefe ~ empfinden, fühlen, verspüren (über); keine ~ fühlen, verspüren, zeigen • **1.1** *Bereitschaft zur Buße;* →a. *tätig (4)*

reu|en ⟨V. 500⟩ **1 etwas** reut **jmdn.** *tut jmdm. leid, jmd. bedauert etwas, wünscht etwas ungeschehen machen zu können;* der Verkauf des Hauses reute ihn; das Geld, die Zeit reut ihn • **1.1** ⟨501/Vr 7⟩ **es** reut **jmdn., dass ...** *es erfüllt jmdn. mit Reue, dass ...;* es hat mich schon gereut, ihm ins Vertrauen gezogen zu haben; es reut mich, dass ich es getan habe

reu|mü|tig ⟨Adj.⟩ *Reue eingestehend, bekennend, voller Reue;* ~ kehrte er zu ihr zurück

Reu|se ⟨f.; -, -n⟩ *Fischereigerät aus Draht, Holz, Weidengeflecht oder Garn, meist ein fassartiger Behälter, der als Öffnung einen oder zwei sich nach innen verengende Trichter hat;* ~n auslegen, stellen

re|üs|sie|ren ⟨V. 400; geh.⟩ *Erfolg haben, zum Ziel gelangen;* die Sängerin reüssierte in Bayreuth

Re|van|che ⟨[rəvã:ʃə] f.; -, -n⟩ **1** *Rache, Vergeltung, Abrechnung* **2** ~ **geben** ⟨Sp.⟩ *dem Gegner die Möglichkeit geben, seine Niederlage in einem neuen Kampf wettzumachen*

re|van|chie|ren ⟨[rəvãʃi:-] V. 550/Vr 3⟩ **sich für etwas** ~ **1** *etwas vergelten;* sich bei jmdm. für ein Geschenk, eine Einladung ~ **2** *sich für eine* **Beleidigung** ~ *rächen*

Re|ve|renz ⟨[-və-] f.; -, -en⟩ **1** *Ehrerbietung* **2** *Ehrenbezeigung*

Re|vers ⟨[rəve:r] n. od. m., österr. nur m.; - [-ve:rs], - [-ve:rs]⟩ *nach außen umgeschlagener Kragen (aufsatz) von Jacken, Kleidern od. Mänteln;* ein breites ~

re|ver|si|bel ⟨[-ver-] Adj. 24⟩ Ggs *irreversibel* **1** *umkehrbar, rückgängig zu machen;* reversible Prozesse **2** ⟨Med.⟩ *heilbar*

re|vi|die|ren ⟨[-vi-] V. 500⟩ **1 etwas** ~ *prüfen, überprüfen* **2 seine Meinung** ~ *nach besserem Wissen ändern*

Re|vier ⟨[-vi:r] n.; -s, -e⟩ **1** *Bezirk, Gebiet* • **1.1** *Gebiet, in dem Bodenschätze abgebaut werden;* Kohlen~ • **1.2** *Teilgebiet eines Forstamtes* • **1.3** *Jagdgebiet;* Jagd~ **2** *Polizeidienststelle, Meldestelle;* Polizei~ **3** ⟨Bgb.⟩ *größeres Gebiet, in dem Bodenschätze abgebaut werden;* Kohlen~

Re|vi|si|on ⟨[-vi-] f.; -, -en⟩ **1** *(nochmalige) Durchsicht, Prüfung, Überprüfung* **2** ⟨Rechtsw.⟩ *Anrufung einer höheren Instanz zur nochmaligen Entscheidung einer Rechtsfrage;* ~ beantragen, einlegen; die ~ ist verworfen worden

Re|vol|te ⟨[-vɔl-] f.; -, -n⟩ *Aufruhr, Aufstand, Empörung*

re|vol|tie|ren ⟨[-vɔl-] V. 400⟩ **1** *sich empören, auflehnen* **2** ⟨fig.⟩ *Schwierigkeiten bereiten;* sein Magen revoltierte

Re|vo|lu|ti|on ⟨[-vo-] f.; -, -en⟩ **1** *Umwälzung, grundlegende Änderung;* industrielle ~; in der Mode bahnt sich eine ~ an • **1.1** *Sturz einer Gesellschaftsordnung;*

eine ~ bricht aus, wird niedergeschlagen, niedergedrückt, unterdrückt; die ~ ist gescheitert, siegt; die Französische ~ **2** ⟨veraltet; Astron.⟩ *Umlauf eines Himmelskörpers um das zentrale Gestirn*

Re|vo|lu|ti|o|när ⟨[-vo-] m.; -s, -e⟩ *jmd., der eine Revolution herbeiführt od. an ihr beteiligt ist*

Re|vo|lu|ti|o|nä|rin ⟨[-vo-] f.; -, -rin|nen⟩ *weibl. Revolutionär*

Re|vo|luz|zer ⟨[-vo-] m.; -s, -; abwertend od. herablassend⟩ *Revolutionär*

Re|vol|ver ⟨[-vɔlvər] m.; -s, -⟩ *Pistole mit trommelförmigem Magazin;* Trommel~

Re|vue ⟨[rəvy:] f.; -, -n⟩ **1** ⟨Theat.⟩ *musikalisches Bühnenstück mit großer Ausstattung u. Ballett* **2** *bebilderte Zeitschrift mit allgemeinen Überblicken* **3** ~ **passieren** *(in Gedanken) an jmdm. vorüberziehen*

Re|zen|sent ⟨m.; -en, -en⟩ *Verfasser einer Rezension, Kritiker*

Re|zen|sen|tin ⟨f.; -, -tin|nen⟩ *weibl. Rezensent*

re|zen|sie|ren ⟨V. 500⟩ *Bücher, Filme,* Theateraufführungen, Fernsehspiele ~ *in Zeitung od. Rundfunk kritisch besprechen*

Re|zen|si|on ⟨f.; -, -en⟩ *kritische Besprechung von Büchern, Filmen, Theater-, Konzertaufführungen, Fernsehsendungen u. Ä. in Zeitung od. Rundfunk*

Re|zept ⟨n.; -(e)s, -e⟩ **1** *Vorschrift zum Zubereiten einer Speise;* Back~; Koch~; ein neues ~ ausprobieren **2** *schriftliche Anweisung des Arztes an den Apotheker zur Abgabe eines Medikamentes;* ein ~ ausstellen, schreiben **3** ⟨fig.; umg.⟩ *Mittel;* das ist ein gutes ~ gegen deine Angst

Re|zep|ti|on ⟨f.; -, -en⟩ **1** ⟨veraltet⟩ *die* ~ *einer* **Person** *Empfang, Aufnahme;* die ~ eines Gastes im Hotel, eines Kranken im Krankenhaus **2** *Stelle, an der die Rezeption (1) stattfindet* **3** *Aufnahme, Verständnis, Beurteilung eines künstlerischen, (bes. literarischen) Werkes;* die ~ eines Romans, Theaterstücks

Re|zes|si|on ⟨f.; -, -en; Wirtsch.⟩ *Rückgang der Konjunktur*

re|zi|pie|ren ⟨V. 500⟩ *ein* **künstlerisches, literarisches Werk** ~ *(als Betrachter, Leser, Hörer) aufnehmen, verstehen, beurteilen*

re|zi|prok *auch:* **re|zi|prok** ⟨Adj. 24⟩ **1** *wechselseitig, gegenseitig, sich aufeinander beziehend* • **1.1** ~**er Wert** ⟨Math.⟩ *durch Vertauschen von Zähler u. Nenner eines Bruches entstandener Wert, z. B.* $^2/_3$ *aus* $^3/_2$*; Sy Kehrwert* • **1.2** ~**es Pronomen** ⟨Gramm.⟩ *Pronomen, das eine Beziehung der Wechselseitigkeit ausdrückt, z. B. sich (im Sinne von „einander");* →a. *reflexiv (1.1)*

Re|zi|ta|tiv ⟨n.; -s, -e⟩ *Sprechgesang in Oper, Oratorium, Kantate u. a., auch als Einleitung zu einer Arie*

re|zi|tie|ren ⟨V. 500⟩ **1 Dichtung** ~ *künstlerisch vortragen* **2** *ein Gedicht* ~ *auswendig hersagen*

Rha|bar|ber ⟨m.; -s; unz.⟩ **1** ⟨Bot.⟩ *Knöterichgewächs mit großen Blättern u. langen, dicken Blattstielen: Rheum* **2** *Blattstiele des Rhabarbers (1), die bes. zu Kompott, Marmelade u. Kuchen verarbeitet werden*

Rhap|so|die ⟨f.; -, -n⟩ **1** ⟨urspr.⟩ *von wandernden Sängern (Rhapsoden) vorgetragenes Gedicht od. Dichtung* **2** ⟨heute⟩ • **2.1** ⟨Lit.⟩ *in freier Form verfasstes Gedicht*

• 2.2 〈Mus.〉 *balladenhaft erzählende vokale od. instrumentale Komposition*

Rhe|sus|fak|tor 〈m.; -s; unz.; kurz: Rh-Faktor〉 *erbliche Eigenschaft der roten Blutkörperchen, deren Vorhandensein bei Bluttransfusionen u. Schwangerschaft überprüft wird, um bei Nichtübereinstimmung der Merkmale (rhesus-positiv od. rhesus-negativ) gesundheitliche Schäden zu vermeiden*

Rhe|to|rik 〈f.; -; unz.〉 **1** *Kunst der Beredsamkeit, Redekunst* **2** *Lehre von der Rhetorik (1)* **3** *Lehrbuch der Rhetorik (1);* die ~ *des Cicero*

Rheu|ma 〈n.; -s; unz.; kurz für〉 *Rheumatismus*

Rheu|ma|tis|mus 〈m.; -, -tis|men〉 *schmerzhafte Entzündung von Gelenken, Muskeln u. serösen Häuten*

Rhi|no|ze|ros 〈n.; - od. -ses, -se〉 = *Nashorn*

Rho|do|den|dron *auch:* **Rho|do|dend|ron** 〈n. od. m.; -s, -den|dren〉 *einer immergrünen Gattung der Heidekrautgewächse angehörender Strauch od. kleiner Baum mit prächtigen Blüten*

Rhom|bus 〈m.; -, Rhom|ben; Geom.〉 *schiefwinkliges Parallelogramm mit gleichen Seitenpaaren,* Sy *Raute (2)*

Rhyth|mik 〈f.; -; unz.〉 *Lehre vom Rhythmus, rhythmischer Gestaltung u. Bewegung*

rhyth|misch 〈Adj.〉 **1** *den Rhythmus, die Rhythmik betreffend, auf ihnen beruhend, in gleichen zeitlichen Abständen erfolgend* **2** ~e **Gymnastik** *die Umsetzung von musikalischen Rhythmen in schwingende, natürliche Bewegungen zur harmonischen Durchbildung des Körpers*

Rhyth|mus 〈m.; -, Rhyth|men〉 **1** *absichtlich gestaltete, in gleichen zeitlichen Abständen wiederkehrende Gliederung von Elementen der Tonstärke, -höhe u. Bewegung in Tanz, Musik u. Sprache;* ~ *eines Tangos, Verses* • **1.1 freie** Rhythmen *reimlose, durch kein bestimmtes Versmaß u. nicht an eine Strophenform gebundene, stark rhythmisch bewegte Verszeilen* **2** 〈bildende Kunst〉 *Gliederung eines Kunstwerkes durch gleichmäßig wiederholte, gleiche od. ähnliche Formen* **3** *regelmäßige Wiederkehr von Vorgängen;* der ~ *der Gezeiten, des Herzens*

Ri|bi|sel 〈f.; -, -n; österr.〉 *Johannisbeere*

rich|ten 〈V.〉 **1** 〈510/Vr 7〉 **jmdn.** od. **etwas** ~ *(in eine bestimmte Lage, Stellung, Richtung) bringen, lenken; das Fernrohr, die Waffe auf ein Ziel* ~; *seine Aufmerksamkeit, sein Augenmerk, sein Interesse, den Sinn, seine Wünsche auf etwas* ~; *sie sah, fühlte seine Blicke auf sich gerichtet; sein ganzes Streben ist darauf gerichtet, möglichst schnell Karriere zu machen; die Magnetnadel richtet sich nach dem magnetischen Pol der Erde; die Segel nach dem Wind* ~; *sie konnte sich vor Rückenschmerzen kaum in die Höhe* ~; →a. *zugrunde (2.2)* **2** 〈550〉 **etwas an jmdn.** od. **etwas** ~ *adressieren, jmdn. od. einer Sache gegenüber vorbringen, äußern; eine Aufforderung, eine Bitte, eine Frage an jmdn.* ~; *an wen war der Brief gerichtet?* • **2.1** *das Wort an jmdn.* ~ *jmdn. anreden* **3** 〈510/Vr 3〉 **etwas richtet sich** *wendet sich (in eine bestimmte Richtung); ihr Blick richtete sich in die Ferne; der Aufruf richtet sich an alle; er sollte sich* an die zuständige Stelle ~; *gegen wen richtet sich dein Verdacht?; der Luftangriff richtete sich auf vorgeschobene feindliche Stellungen; die Waffe gegen etwas od. jmdn.* ~ **4** 〈500/Vr 7〉 **etwas** od. **sich** ~ *in gerade Richtung bringen; die Menge schien wie zum Appell gerichtet* • **4.1** *richt't euch!* (militär. Kommando) *richtet euch nach dem Nebenmann, stellt euch in gerader Linie auf* • **4.2** *gerademachen, -richten; Bleche, Stangen* ~; *einen verbogenen wieder Draht* ~ **5** 〈500〉 **etwas** ~ *aufrichten, errichten; eine Fahnenstange* ~ • **5.1** 〈Bauw.〉 *eine vorgefertigte Konstruktion aufstellen, montieren* • **5.1.1** *ein* **Gebäude** ~ *die Dachbalken eines Gebäudes aufsetzen* **6** 〈500〉 **etwas** ~ *instand setzen, in Ordnung bringen; die Betten für die Gäste* ~; *er hat mir mein Fahrrad wieder gerichtet* **7** 〈500〉 **etwas** ~ *(richtig) einstellen; ein Fernrohr, ein Geschütz* ~; *seine Uhr nach der Zeitansage* ~ **8** 〈500/Vr 7〉 **etwas** od. **sich** ~ *zurechtmachen, vorbereiten, zubereiten; das Essen* ~; *alles war für seinen Empfang gerichtet; sie hatte eine prächtige Festtafel gerichtet; ich muss mich noch ein bisschen* ~ **9** 〈550/Vr 3〉 **sich nach jmdm.** od. **etwas** ~ *sich entsprechend jmdm. od. etwas verhalten, sich an jmdm. od. etwas anpassen, jmds. Anweisungen befolgen; er richtet sich immer nach seinem Vater; du musst dich nicht nach den Wünschen deiner Eltern* ~; *er richtet sich nach den Vorschriften;* ~ *Sie sich bitte danach!; ich muss mich nach seinen Anweisungen* ~; *die Endung des Verbums richtet sich immer nach dem Subjekt* • **9.1** *etwas richtet* **sich nach jmdm.** od. **einer Sache** *hängt von jmdm. od. einer S. ab; was wir weiter tun werden, richtet sich ganz danach, ob …* **10** 〈410〉 *zu Gericht sitzen (über), urteilen; gerecht, milde, streng, unparteiisch in einer Sache* ~; *es ist leichter zu* ~ *als zu helfen; über jmdn. od. etwas* ~; *wer kann, darf, will darüber* ~; *richtet nicht, auf dass ihr nicht gerichtet werdet!* (Matth. 7,1) **11** 〈500/Vr 7〉 **jmdn.** ~ *hinrichten, mit dem Tod bestrafen; Gott hat ihn gerichtet; er ist gerichtet* • **11.1** *er hat sich selbst gerichtet er hat sich der Verurteilung durch Selbstmord entzogen*

Rich|ter 〈m.; -s, -〉 **1** *mit der Entscheidung von Rechtsstreitigkeiten vom Staat bevollmächtigter Beamter; ein gerechter, milder, strenger, ungerechter, weiser* ~; *jmdn. zum* ~ *bestellen; jmdn. od. etwas vor den* ~ *bringen; er entzog sich dem irdischen* ~ *durch Selbstmord; wo kein Kläger ist, da ist auch kein* ~ 〈Sprichw.〉 • **1.1** *ein* ~ *soll zwei gleiche Ohren haben* 〈Sprichw.〉 *soll sich beide Parteien unparteiisch anhören, damit er ihnen gerecht werden kann* **2** *jmd., der über etwas od. jmdn. richtet; man soll sich nicht zum* ~ *über seine Mitmenschen aufwerfen, machen;* →a. *letzte(r, -s) (2.2.2), hoch (3.4)* **3** 〈Pl.; nach bibl. Überlieferung〉 *Stammeshelden u. zeitweise Regenten der Israeliten zwischen der Landnahme u. der Einsetzung des Königtums* • **3.1** *das Buch der* ~ *über die Geschichte der Richter (3) berichtender Teil des AT*

Rich|te|rin 〈f.; -, -rin|nen〉 *weibl. Richter*

Richt|fest 〈n.; -(e)s, -e〉 *Fest der Bauhandwerker, wenn der Dachstuhl eines Neubaus aufgesetzt ist;* ~ *feiern*

Richtfunk

Richt|funk ⟨m.; -s; unz.⟩ *Funkverkehr mit durch Richtantennen in eine bestimmte Richtung ausgesendeten elektromagnetischen Wellen*

rich|tig ⟨Adj. 24⟩ **1** *zutreffend, so geartet, wie es sein soll;* die Antwort war ~; etwas ~ beurteilen; du gehst von der ~en Annahme, Voraussetzung aus, dass …; es ist sicher ~, dass …; so viel ist ~, dass …; wenn ich ihn ~ verstanden habe, will er …; ist dies der ~e Weg nach …?; auf dem ~en Wege sein ⟨a. fig.⟩; ~! ⟨bestätigend, ermunternd⟩ • **1.1** sehr ~! *(Bestätigung einer zutreffenden Feststellung, Antwort)* • **1.2** auf das ~e **Pferd** setzen • **1.2.1** *auf ein P. wetten, das gewinnt* • **1.2.2** ⟨fig.; umg.⟩ *in einer Vermutung Recht behalten* • **1.3** ⟨60⟩ die Dinge **ins ~e Licht rücken** ⟨fig.⟩ *klarmachen* • **1.4** ⟨60⟩ nun ist sie **im** ~en **Fahrwasser** ⟨fig.; umg.⟩ *bei ihrem Lieblingsthema* **2** *regelrecht, fehlerfrei;* ~e Aussprache, Betonung; ein Fremdwort ~ aussprechen, betonen; ~ messen, wiegen; ~ rechnen; geht deine Uhr ~?; ein Wort ~ schreiben **3** *geeignet, passend, der gegebenen Situation angemessen, recht, günstig;* er ist der ~e Mann am ~en Platz, Posten; das ~e Verhältnis finden; er kam gerade im ~en Augenblick; es ist der ~e Zeitpunkt dafür; diese Pflanze steht an einem Südfenster ~; ~ urteilen; es ist gerade ~ (so); sie tut stets das Richtige; man muss die Angelegenheit nur am ~en Ende anfassen ⟨fig.⟩; so ist's ~! ⟨ermunternd; a. iron.⟩ • **3.1** er hat das ~e **Parteibuch** in der Tasche ⟨umg.⟩ *als Mitglied der einflussreichsten Partei wird seine Karriere gefördert* • **3.2** ⟨50⟩ du kommst gerade ~ ⟨fig.; umg.⟩ *zu einem günstigen Zeitpunkt* • **3.3** sie ist an den Richtigen geraten, gekommen *sie hat den passenden Mann gefunden* • **3.4** du bist (mir) der Richtige! ⟨iron.⟩ *gerade dich kann ich dabei, dafür nicht gebrauchen* • **3.5** da bist du an den Richtigen geraten, gekommen! ⟨iron.⟩ *an den Falschen* • **3.6** wir halten es für das Richtigste, wenn du…; es wird das Richtigste, das (einzig) Richtige sein, wenn wir absagen **4** *ordentlich, vernünftig, anständig;* das kann ich nicht für ~ halten; du wirst das schon ~ machen; das ist nicht ~ von dir, dass du ihm nicht hilfst; etwas ist da nicht ~ • **4.1** er hat nichts Richtiges gelernt *er hat keine ordentliche Berufsausbildung* • **4.2** er ist im Kopf nicht (ganz) ~ ⟨umg.⟩ *nicht ganz bei Verstand, nicht ganz normal* **5** *den Tatsachen entsprechend, wirklich* • **5.1** ⟨60⟩ *nicht vorgetäuscht, echt;* es war ein ~es Chaos; wir spielen um ~es Geld, nicht um Spielgeld; eine Puppe mit ~em Haar; er ist schon ein ~er Kavalier; sie ist nicht seine ~e Mutter; wir hatten in diesem Jahr keinen ~en Sommer; sein ~er Name ist …; er ist noch ein ~es Kind • **5.1.1** sie ist eine ~e Hexe ⟨fig.⟩ *so bösartig wie eine H.* • **5.1.2** endlich einmal jmd., der die Dinge beim ~en (rechten) Namen nennt! ⟨fig.⟩ *der schonungslos offen ist* • **5.2** ⟨50; umg.⟩ *sehr, völlig, ganz u. gar;* erst jetzt fühle ich mich ~ frei; du machst mich ~ gelernt; er wurde ~ ärgerlich, aufgebracht, böse, zornig; es war ~ nett • **5.3** ⟨50; umg.⟩ *in der Tat, wie zu vermuten war, wahrhaftig;* ja ~, jetzt erinnere ich mich **6** ⟨Getrennt- u. Zusammenschreibung⟩ • **6.1** ~ stellen = richtigstellen (I) • **6.2** ~ gehend = richtiggehend (I)

rich|tig|ge|hend *auch:* **rich|tig ge|hend** ⟨Adj. 24⟩ **I** ⟨60; Zusammen- u. Getrenntschreibung⟩ *die richtige Uhrzeit angebend;* eine ~e Uhr **II** ⟨90; nur Zusammenschreibung:⟩ *vollkommen, ausgesprochen, wirklich;* eine richtiggehende Verschwörung

Rich|tig|keit ⟨f.; -; unz.⟩ *das Richtigsein, ordnungsgemäße Beschaffenheit;* die ~ des Ausdrucks, der Aussprache, der Betonung; die ~ anzweifeln, bezweifeln; die ~ feststellen, prüfen; es wird schon seine ~ haben; damit hat es seine ~; an der ~ zweifeln

rich|tig|stel|len *auch:* **rich|tig stel|len** ⟨V. 500⟩ **I** ⟨Zusammen- u. Getrenntschreibung⟩ *die* **Uhr** richtigstellen / richtig stellen *die korrekte Uhrzeit einstellen* **II** ⟨nur Zusammenschreibung⟩ *etwas* richtigstellen *berichtigen;* eine falsche Aussage richtigstellen; er hat den Irrtum richtiggestellt

Richt|li|nie ⟨[-njə] f.; -, -n; meist Pl.⟩ *Grundsatz, Vorschrift, Anweisung;* die ~n beachten, einhalten, außer Acht lassen; ~n empfangen, erlassen, geben; sich an die ~n halten

Richt|schnur ⟨f.; -; unz.⟩ **1** *Schnur für den Maurer, Gärtner usw. zum Bezeichnen gerader Linien auf od. über der Erde* **2** ⟨unz.; fig.⟩ *Richtlinie, Grundsatz, Leitsatz;* das soll mir als ~ dienen; sich etwas zur ~ seines Handelns, seines Lebens machen

Rich|tung ⟨f.; -, -en⟩ **1** *das Gerichtetsein, Wendung auf ein Ziel zu, Verlauf;* Sy *Kurs (1);* die ~ anzeigen (beim Autofahren); in dem unwegsamen Gelände kann man leicht die ~ verlieren; das ist die verkehrte ~; aus welcher ~ ist das Auto gekommen?; in welche ~ gehst du?; in entgegengesetzter ~ gehen; die ~ der Autobahn, einer Bahnlinie, eines Flusses; die ~ ändern, beibehalten, wechseln; jmdm. die ~ zeigen; eine andere ~ einschlagen, nehmen; der Orkan bewegt sich in ~ Florida; nach allen ~en auseinanderfliegen, -laufen, -stieben; in ~ Hannover fahren; in nördlicher ~ fliegen • **1.1** ~ **halten** *in gerader Linie bleiben* • **1.2** ~ **nehmen** ⟨Mil.⟩ *zielen* • **1.3** ⟨umg.⟩ *Hinsicht;* in dieser ~ habe ich noch nichts unternommen • **1.4** ⟨fig.⟩ *Neigung, Streben;* das ist nicht gerade meine ~ **2** *Strömung, Bewegung (innerhalb der Kunst, Politik usw.);* Kunst~; Stil~; die ~ einer Partei; einer bestimmten ~ angehören, sie vertreten; eine politische ~; eine bestimmte ~ in der Kunst, der Mode, in Politik, Wissenschaft; ich will mich nach keiner ~ hin binden, festlegen

Ri|cke ⟨f.; -, -n⟩ *ausgewachsenes weibl. Reh*

rie|chen ⟨V. 201⟩ **1** ⟨410⟩ *einen Geruch von sich geben, ausströmen;* angenehm, gut, scharf, schlecht, stark, streng, unangenehm, widerlich ~; es riecht angebrannt, brenzlig; ihr Parfüm riecht berauschend, dezent, frisch, herb, süßlich; es riecht nach Fisch, Käse, Knoblauch; es riecht nach Gas; er riecht nach Schweiß; sein Atem riecht; er riecht aus dem Mund **2** ⟨500/Vr 8⟩ **etwas** ~ *durch den Geruchssinn wahrnehmen;* riechst du nichts?; du darfst mal (daran) ~ (wenn du schon nichts davon haben darfst) ⟨fig.⟩;

umg.) • 2.1 ⟨m. Modalverb⟩ **etwas** od. **jmdn. nicht ~ können** ⟨fig.; umg.⟩ *nicht leiden, nicht ausstehen können;* dieses schwere Parfüm kann ich nicht ~ • 2.2 ⟨fig.; umg.⟩ *ahnen, im voraus wissen;* das kann ich doch nicht ~; hast du es gerochen? **3** ⟨800⟩ **an etwas ~** *einen Geruch an etwas wahrzunehmen suchen;* an einer Blume, einer Parfümflasche ~

Ried ⟨n.; -(e)s, -e⟩ **1** ⟨Bot.⟩ *landwirtschaftlich minderwertig grasähnliche Pflanzen aus der Familie der Riedgräser (Cyperaceae) mit festen, kaum knotig gegliederten Stängeln u. dreireihig angeordneten Blättern* **1.1** ⟨umg.⟩ *hohes Gras mit kräftigem Halm;* ⟨i. e. S.⟩ → a. *Schilf (1)* **2** *(mit Ried (1) bewachsenes) Moor, Sumpf;* in ein ~ geraten

Rie|ge ⟨f.; -, -n; bes. Sp.⟩ *Gruppe, Mannschaft (bes. von Turnern);* einer Turn~ angehören

Rie|gel ⟨m.; -s, -⟩ **1** *einseitige Verschlussvorrichtung an Türen, Fenstern;* einen ~ zurückschieben; den ~ vorlegen, vorschieben (an der Tür); ein eiserner, hölzerner ~ • **1.1 einer Sache** einen ~ **vorlegen, vorschieben** ⟨fig.⟩ *etwas, die Wiederholung od. Weiterführung von etwas verhindern;* er hat diesem Plan einen ~ vorgeschoben; → a. *Schloss (1.1-1.2)* **2** *Querbalken am Fachwerkbau* **3** *eingeteilter Streifen, bes. bei Schokolade;* ein ~ Schokolade

Rie|men¹ ⟨m.; -s, -⟩ **1** *schmales Stück Leder* • **1.1** *Lederstreifen mit Schnalle u. Löchern zum Verschließen (als Gürtel, am Schuh usw.)* • **1.1.1** (sich) den ~ enger schnallen ⟨fig.; umg.⟩ *sich sehr einschränken, einen geringeren Verdienst haben* • **1.1.2** sich am ~ reißen ⟨fig.; umg.⟩ *sich zusammennehmen, zusammenreißen, sich anstrengen* **2** ⟨Tech.⟩ *geschlossenes Band aus Leder, Gummi od. festem Gewebe (mit dessen Hilfe eine Drehbewegung von einer Welle auf eine andere übertragen wird);* Treib~

Rie|men² ⟨m.; -s, -; Mar.⟩ **1** ⟨Seemannsspr.⟩ *Ruder* • **1.1** sich (tüchtig) **in** die ~ **legen** • **1.1.1** *kräftig rudern* • **1.1.2** ⟨fig.; umg.⟩ *sich anstrengen, sich für etwas einsetzen*

Rie|se¹ ⟨m.; -n, -n⟩ **1** *Märchen- u. Sagengestalt, menschliches, übernatürlich großes Wesen, entweder gutmütig u. tölpelhaft od. dem Menschen feindlich* **2** ⟨fig.⟩ *sehr großer Mensch;* Sy *Titan¹ (2);* er ist kein ~ **3** ⟨fig.⟩ *Mensch mit hervorragenden geistigen u. seelischen Eigenschaften;* ein ~ an Geist, Gelehrsamkeit **4** ⟨fig.⟩ *durch Größe auffallendes Tier od. Ding;* Fabrik~, Ozean~, Baum~; die ~n der Alpen

Rie|se² ⟨f.; -, -n; süddt.⟩ *im Gebirge angelegte Holzrinne zum Beförderen des Holzes ins Tal*

Rie|se³ ⟨nur in der Wendung⟩ **nach Adam ~** *genau gerechnet;* das macht nach Adam ~ 15,35 €

rie|seln ⟨V.(s.)⟩ **1** ⟨400⟩ *eine* **Flüssigkeit** *rieselt fließt, rinnt od. fällt kaum hörbar in kleinen Tropfen;* ein Bach, Blut, eine Quelle rieselt; das einschläfernde Rieseln des Regens **2** ⟨400⟩ **etwas** *rieselt fällt fast geräuschlos in kleinen einzelnen Teilen herunter;* Körner, Sand durch die Finger ~ lassen; Schnee rieselt leise; der Kalk rieselt von den Wänden **3** ⟨610 od. 510⟩ Angst, ein Schauder rieselt jmdm. über den Rücken *jmdm. od. jmdn. schaudert* ~ **3.1** es rieselt einem dabei kalt über den Rücken ⟨fig.⟩ *es schaudert einem dabei*

rie|sen|groß ⟨Adj. 24⟩ *groß wie ein Riese, sehr, übermäßig groß;* eine ~e Bitte; ein ~es Problem

rie|sig ⟨Adj.⟩ **1** *groß wie ein Riese, sehr, übermäßig groß;* von ~en Ausmaßen, von ~er Größe sein; ein ~es Land, Gebäude **2** ⟨fig.⟩ *gewaltig, schrecklich;* eine ~e Hitze, Begeisterung; etwas macht ~en Spaß **3** ⟨50; umg.⟩ *sehr;* sich ~ freuen

Riff¹ ⟨n.; -(e)s, -e⟩ *Felsenbank, Klippe, Felsengrat im Meer;* das Schiff ist auf ein ~ aufgelaufen

Riff² ⟨m.; -s; unz.; Popmusik⟩ *kurzes, mehrmals wiederholtes, rhythmisch betontes Motiv;* Gitarren~

ri|gid ⟨Adj.⟩ = *rigide*

ri|gi|de ⟨Adj.⟩ oV *rigid* **1** *unnachgiebig, hart, streng, kompromisslos;* ein ~es Vorgehen **2** ⟨Med.⟩ *steif, starr*

ri|go|ros ⟨Adj.⟩ **1** *streng, hart, unerbittlich* **2** *scharf, rücksichtslos*

Ril|le ⟨f.; -, -n⟩ *Furche, Rinne, Kerbe;* eine Säule mit ~n; ~n in der Baumrinde, in dem Fußboden

Rind ⟨n.; -(e)s, -er⟩ **1** *als Zugtier, Milch- u. Fleischlieferant gehaltenes (als Zuchtform wahrscheinlich vom Auerochsen abstammender) Wiederkäuer;* ~er züchten **2** ⟨Zool.; i. w. S.⟩ *Angehöriges einer Familie der Wiederkäuer: Bovidae* **3** *Rindfleisch;* ~ ist teurer als Schwein

Rin|de ⟨f.; -, -n⟩ **1** *äußerer Gewebemantel an Stamm, Ast, Wurzel höherer Pflanzen;* Baum~; die ~ des Baumes; die ~ ablösen, abschälen; eine glatte, raue, rissige ~; einen Namen in die ~ des Baumes ritzen **2** *bei Menschen u. Tieren das Mark mancher Organe umgebende Schicht;* Hirn~ **3** *Kruste, Schale;* Brot~, Käse~

Rind|vieh ⟨n.; -s; unz.; Sammelbez. für⟩ **1** ⟨unz.⟩ *Rind;* 15 Stück ~; ~ halten, züchten **2** ⟨fig.; Schimpfw.⟩ *dummer Kerl*

Ring ⟨m.; -(e)s, -e⟩ **1** *kreisförmiger Gegenstand* • **1.1** *Reif als Schmuckstück (bes. am Finger od. am Ohr);* ein mit Brillanten besetzter, goldener, kostbarer ~; einen ~ (am Finger) tragen; den ~ vom Finger abstreifen, ziehen • **1.1.1** die ~e wechseln (bei der Trauung) *heiraten* • **1.2** *runder, reifenförmiger Gegenstand aus Eisen od. Leichtmetall zum Befestigen von Tauen, Schnüren usw., als Türklopfer, als Nasenring bei Stieren, aus Gummi als Wurfspielgerät, aus Kork als Rettungsring, Kettenglied* • **1.2.1** ⟨Pl.⟩ *an Seilen schwebendes Turngerät mit zwei reifenförmigen Griffen;* an den ~en turnen **2** ⟨fig.⟩ *einem Ring (1) äußerlich Ähnliches* • **2.1** *Kreis (beim Kreisspiel od. als Absperrung);* einen ~ bilden; einen ~ um jmdn. schließen • **2.2** *reifenförmiger Streifen zwischen den konzentrischen Kreislinien auf einer Zielscheibe (der durch einen Zahlenwert gekennzeichnet ist)* • **2.2.1** ich habe fünf ~e geschossen *Ringe (2.2)* mit dem Zahlenwert 5 getroffen • **2.3** *kreisförmige Straße um den Stadtkern;* wir wohnen am ~; ~verkehr • **2.4** beim Rauchen ~e blasen *den Tabakrauch in der Form eines Ringes (1) ausblasen* • **2.5** ~e um die Augen haben *Schatten um die Augen* • **2.6** *kreis-*

ringen

förmige Zeichnung im Holz, Jahresring • **2.7** *leuchtende Erscheinung in Form eines Ringes* (1) *um ein Gestirn (z. B. um den Mond)* • **2.8** *reifenförmige Ansammlung von Meteoriten um Planeten;* Saturn~ **3** ⟨fig.⟩ *Kreislauf;* damit schließt sich der ~ der Beweise, Ermittlungen **4** *Gruppierung, Vereinigung von Menschen, die sich zu einem bestimmten Zweck zusammengeschlossen haben;* sich zu einem ~ zusammenschließen • **4.1** *Vereinigung von Großhändlern od. Finanzgruppen* • **4.2** *Vereinigung von Theaterbesuchern zum Abonnementsbesuch;* Besucher~ **5** *abgegrenzter Platz für Wettkämpfe (bes. beim Boxen);* die Boxer traten in den ~; er verließ den ~ als Besiegter, als Sieger; der Ringrichter erschien als Erster im ~; ~ frei! *(zur ersten Runde)* ⟨Boxsp.⟩

rin|gen ⟨V. 202⟩ **1** ⟨400⟩ *mit Hilfe bestimmter Körpergriffe kämpfen;* sie erproben ihre Kräfte, indem sie miteinander ~; mit einem Gegner ~ **2** ⟨800⟩ ⟨**mit jmdm. od. etwas**⟩ **nach, um etwas** ~ ⟨fig.⟩ *schwer kämpfen, versuchen, einer Sache Herr zu werden;* ich habe lange Zeit mit mir gerungen (um einen Entschluss); mit einem Entschluss ~; es war ein schweres Ringen mit dem Tode; um den Sieg ~ • **2.1** mit dem Tode ~ *todkrank sein* • **2.2** **nach etwas** ~ *heftig nach etwas streben;* nach Atem, Luft ~; nach Fassung ~; nach Worten ~ **3** ⟨500⟩ die **Hände** ~ *(aus Verzweiflung) drehend zusammenpressen;* sie rang verzweifelt die Hände **4** ⟨531⟩ **jmdm. etwas** aus der Hand ~ *entwinden;* es gelang ihm, dem Angreifer das Messer aus der Hand zu ~

Ring|kampf ⟨m.; -(e)s, -kämp|fe⟩ *Wettkampf im Ringen;* einen ~ austragen

Rin|glot|te auch: **Ring|lot|te** ⟨f.; -, -n; österr.⟩ = Reneklode

rings ⟨Adv.⟩ *um herum, auf allen Seiten, überall (um einen Mittelpunkt herum);* der Zaun läuft ~ um den Garten; die Kinder sprangen ~ um ihn her; Blumen waren ~ um sie verstreut

rings|her|um auch: **rings|he|rum** ⟨Adv.⟩ *im Kreis (um etwas od. jmdn.) herum, um herum;* sich ~ drehen; ein Garten mit einer Mauer ~

rings|um ⟨Adv.⟩ *um ... herum, im Umkreis;* ich konnte ~ nichts entdecken; ~ lief ein breiter Graben, Zaun

rings|um|her ⟨Adv.⟩ *im Kreise (um etwas od. jmdn.);* ich sah nichts ~

Rin|ne ⟨f.; -, -n⟩ **1** *lange, schmale, natürliche, z. B. vom Wasser ausgewaschene od. künstlich angelegte Vertiefung im Boden (zur Be- od. Entwässerung);* Wasser~; eine ~ aus Blech, Holz **2** *offenes Rohr zum Abfluss von Regen od. Abwasser;* Dach~, Abfluss~ **3** *langgezogener Riss im Eis* **4** *Rille* **3** ⟨Jägerspr.⟩ *Netz zum Fangen von Habichten* **6** ⟨Meereskunde⟩ *schmale, langgestreckte Einsenkung des Meeresbodens;* Norwegische ~

rin|nen ⟨V. 203⟩ **1** ⟨400(s.)⟩ eine **Flüssigkeit** rinnt *fließt langsam, sacht od. spärlich;* der Regen rinnt; Tränen ~ übers Gesicht; Blut rinnt aus der Wunde • **1.1** die **Zeit** rinnt (dahin) ⟨geh.⟩ *vergeht* • **1.2** ⟨611⟩ das **Geld** rinnt ihm durch die Finger ⟨fig.; umg.⟩ *er lebt verschwenderisch, kann sein G. nicht einteilen*

2 ⟨400⟩ etwas rinnt ⟨regional⟩ *ist undicht;* der Eimer, Topf, die Kanne rinnt

Rinn|sal ⟨n.; -(e)s, -e⟩ *sacht fließendes, schmales Wasser, kleiner Bach, Quelle;* ein kleines, klares, dünnes ~; ein ~ fließt über den Weg

Rinn|stein ⟨m.; -(e)s, -e⟩ **1** *Abflussrinne am Gehsteig, Gosse* **2** *Ausgussbecken in der Küche* **3** ⟨fig.⟩ *Elend, verkommene Umgebung, Verkommenheit;* jmdn. aus dem ~ auflesen; im ~ enden

Rip|pe ⟨f.; -, -n⟩ **1** *einer der länglichen, gebogenen Knochen, die, von der Wirbelsäule ausgehend, nach vorn den Leib des Menschen u. der Wirbeltiere beiderseits umfassen;* Costa; jmdm. eine ~ brechen; er hat sich eine ~ gebrochen; er stieß ihm das Messer in, zwischen die ~n • **1.1** jmdm. in die ~n stoßen *aufmunternd, derb, ermahnend stoßen, puffen* • **1.2** ich kann es doch nicht aus den ~n schwitzen, mir's doch nicht aus den ~n schneiden ⟨umg.⟩ *ich weiß nicht, woher ich's nehmen soll* • **1.3** du hast nichts, zu wenig auf den ~n ⟨umg.⟩ *du bist zu mager* • **1.4** man kann ihm durch die ~ blasen, bei ihm die ~n im Leibe, unter der Haut zählen ⟨fig.; umg.⟩ *er ist sehr mager* **2** ⟨fig.⟩ *einer Rippe* (1) *äußerlich Ähnliches* • **2.1** *lange, schmale Erhöhung zwischen zwei Rillen* • **2.2** *eingeteilter Streifen, Riegel* (3) *(bei Schokolade, Seife)* • **2.3** *Teil des im Zimmer befindlichen Heizkörpers (bei Dampf- od. Warmwasserheizung)* • **2.4** *rippenähnliches Bauteil zum Verstärken der Außenhaut von Schiffs- u. Flugzeugrümpfen* • **2.5** ⟨Kochk.⟩ *Fleischstück mit Rippenknochen* • **2.6** ⟨Arch.⟩ *aus dem Gewölbe hervortretender, stützender Bogen* • **2.7** ⟨Bot.⟩ *Ader im Blatt*

Rip|pen|fell ⟨n.; -(e)s; unz.⟩ *Teil des Brustfells, der die Rippen überzieht:* Pleura costalis

Ri|si|ko ⟨n.; -s, -s od. -si|ken (ö.; österr.) Ris|ken⟩ *Gefahr (des Verlustes), Wagnis;* das ~ fürchten; auf eigenes ~; mit einem ~ verbunden sein; die Sache ist ohne ~; ein (kein) ~ eingehen, tragen; ein ~ übernehmen, auf sich nehmen

ris|kant ⟨Adj.⟩ *mit einem Risiko verbunden, gewagt, gefährlich;* ein ~es Unternehmen

ris|kie|ren ⟨V. 500⟩ **1** etwas ~ *ein Risiko für etwas eingehen, auf sich nehmen, etwas wagen, etwas aufs Spiel setzen;* bei einer Sache etwas ~ • **1.1** den Kopf, den Kragen, sein **Leben** ~ *sich in große Gefahr begeben* • **1.2** ein **Wort, eine Lippe** ~ *eine Meinung offen aussprechen, auch wenn es einem schaden kann* **2** einen **Blick,** ein **Lächeln** ~ *vorsichtig wagen, zurückhaltend ausüben*

Ris|pe ⟨f.; -, -n⟩ *Blütenstand, bei dem an der Hauptachse der Traube wieder Trauben hängen*

Riss ⟨m.; -es, -e⟩ **1** *das Reißen;* der ~ des Fadens, Films **2** *durch Reißen entstandener Spalt, feine Öffnung, Ritze;* ein ~ im Stoff, in der Mauer, in der Haut, im Eis, im Felsen, im Gestein, im Papier; einen ~ flicken, leimen, verschmieren; ein großer, kleiner, leichter, tiefer ~; der Junge hat schon wieder einen ~ in der Hose **3** ⟨Bauw.; Maschinenbau⟩ *technische Zeichnung, Abbildung eines Körpers auf einer Ebene;* Auf~; Grund~; einen ~ (von einem Haus) zeichnen

4 ⟨Jägerspr.⟩ *Beute (des Raubwildes)* **5** ⟨fig.⟩ *Bruch, trennende Kluft; ihre Freundschaft hat einen ~ bekommen; zwischen unseren Anschauungen klafft ein tiefer ~; der ~ in unserer Freundschaft hat sich vertieft, wurde wieder geflickt; ein kleiner ~ ist leichter zu flicken als ein großer* ⟨Sprichw.⟩ **6** ⟨fig.⟩ *Schmerz, schmerzhaftes Zusammenzucken; das gab mir einen ~; einen ~ spüren*

Rist ⟨m.; -(e)s, -e⟩ **1** *Fuß-, Handrücken* **2** ⟨kurz für⟩ *Widerrist*

Ritt ⟨m.; -(e)s, -e⟩ **1** *das Reiten, Ausreiten* **2** *Ausflug, Reise zu Pferde; ein kurzer, langer, scharfer ~* **3** *auf einen ~* ⟨fig.; umg.⟩ *ohne Unterbrechung, auf einmal*

Rit|ter ⟨m.; -s, -⟩ ⟨im MA⟩ *adliger Krieger, Edelmann; ~, Tod und Teufel (Kupferstich von Dürer)* • **1.1** *einen Knappen* **zum *~* schlagen** *durch einen Schlag mit dem Schwert auf die Schulter feierlich in den Ritterstand aufnehmen* • **1.2** *ein ~ ohne Furcht und Tadel* ⟨fig.⟩ *ein tapferer, unerschrockener Mann* • **1.3** *~ von der traurigen Gestalt* ⟨Beiname für⟩ *Don Quichote;* →a. *arm (1.5), fahren (6)* **2** *Angehöriger eines geistlichen Ritterordens* **3** *Inhaber eines hohen Ordens, z. B. Pour le mérite* **4** ⟨in Bayern u. Österreich bis 1918⟩ *niedere Adelsstufe, meist zusammen mit einem Orden verliehen* **5** ⟨im antiken Rom⟩ *berittener, vermögender Krieger* • **5.1** *Angehöriger eines aus den Rittern (5) hervorgegangenen Standes* **6** ⟨fig.; veraltet⟩ *Kavalier, Begleiter einer Dame* • **6.1** *sich zu jmds. ~ aufwerfen* *Beschützer* **7** *Angehöriger einer formenreichen Familie von Tagschmetterlingen, deren Hinterflügel oft schwanzartige Anhänge tragen, Edelfalter: Papilionidae*

rit|ter|lich ⟨Adj.⟩ **1** *den Ritter betreffend, zu ihm gehörig, ihm gemäß; das ~e Leben; ~e Kampfspiele* **2** ⟨fig.⟩ *edel gesinnt, anständig, schützend u. hilfreich, ehrerbietig u. aufmerksam, zuvorkommend; ~es Benehmen, Verhalten; ~ verlieren*

ritt|lings ⟨Adv.⟩ *im Reitersitz; sich ~ auf einen Stuhl setzen*

Ri|tu|al ⟨n.; -s, -e od. -li|en⟩ **1** *festgelegte Form eines Ritus (1) (im Rahmen einer kultischen Feier)* • **1.1** *Gesamtheit der Riten (eines Kultes)* **2** *bei bestimmten Anlässen sich wiederholender, stets gleichartiger Ablauf, festgelegtes Verhalten; das ~ des Vorlesens vor dem Zubettgehen der Kinder; das morgendliche, abendliche ~ im Badezimmer*

Ri|tus ⟨m.; -, Ri|ten⟩ **1** *religiöser Brauch, kultische Handlung* **2** *die Gesamtheit der Bräuche bei einem Gottesdienst*

Ritz ⟨m.; -es, -e⟩ = *Ritze*

Rit|ze ⟨f.; -, -n⟩ *schmale Öffnung, Spalte;* oV *Ritz; eine ~ im Fußboden, in der Tür, in der Wand ausbessern, dichten; der Wind pfiff durch die ~n des alten Hauses*

rit|zen ⟨V. 500⟩ **1** *etwas ~ in etwas einen Ritz machen, mit hartem, spitzem Gegenstand eine schmale Vertiefung eingraben, kerben, spalten; seinen Namen in einen Baum, in die Rinde ~; Glas kann man mit einem Diamanten ~* **2** ⟨500/Vr 3⟩ *sich ~ sich die Haut oberflächlich verletzen; ich habe mich an einem*

Dorn, Nagel, am Stacheldraht geritzt; sie hat sich mit der Nadel, dem Nagel geritzt **3** *die* **Sache** *ist geritzt* ⟨umg.⟩ *erledigt*

Ri|va|le ⟨[-vaː-] m.; -n, -n⟩ *Nebenbuhler, Mitbewerber*

Ri|va|lin ⟨[-vaː-] f.; -, -lin|nen⟩ *weibl. Rivale*

Ri|zi|nus ⟨m.; -, - od. -se⟩ *aus den Samen des Wolfsmilchgewächses Ricinus gewonnenes Öl, das als starkes Abführmittel verwendet wird; ~öl*

Rob|be ⟨f.; -, -n; Zool.⟩ *Angehörige einer Unterordnung hoch spezialisierter Raubtiere des Meeres mit torpedoförmigem Körper u. dicker Speckschicht: Pinnipedia*

Ro|be ⟨f.; -, -n⟩ **1** *Amtstracht der Richter, Anwälte, Professoren, Geistlichen* **2** *Gesellschafts-, Abendkleid;* in feierlicher, großer *~ erscheinen* **3** ⟨scherzh.⟩ *(neues) Kleid; eine neue ~ vorführen; sich in einer neuen ~ zeigen*

Ro|bo|ter ⟨m.; -s, -⟩ *künstlicher Mensch, Automat, der (ferngesteuert) bestimmte Tätigkeiten ausführt*

ro|bust ⟨Adj.⟩ **1** *kräftig, stark, stämmig; ein ~er Mensch* **2** *widerstandsfähig, strapazierfähig, unempfindlich, zäh; diese Rinderrasse ist sehr ~; ein ~er Bezugsstoff*

rö|cheln ⟨V. 400⟩ *schnarchend, rasselnd, stöhnend atmen; der Sterbende röchelte*

Ro|chen ⟨[ˈrɔxən] m.; -s, -; Zool.⟩ *Angehöriger einer Familie der Knorpelfische mit abgeplattetem Körper u. stark verbreiterten Brustflossen, die seitlich gestreckt werden: Rajiformes*

Rock[1] ⟨m.; -(e)s, Rö|cke⟩ **1** *von der Taille od. Hüfte abwärtsreichendes Oberbekleidungsstück für Frauen und Mädchen; ein anliegender, enger, glockiger, kurzer, langer, weiter, plissierter ~* **2** ⟨schweiz.⟩ *(das ganze) Frauenkleid (in einem Stück)* **3** ⟨veraltet⟩ *männl. Oberbekleidungsstück, Jacke, Jackett; ein heller, warmer, abgeschabter ~; das Hemd ist mir näher als der ~* ⟨Sprichw.⟩ **4** *Anzug; der grüne ~ des Försters; der schwarze ~ des Geistlichen* **5** ⟨früher⟩ *am Oberkörper getragenes Teil der Oberbekleidung; Geh-; Schoß-*

Rock[2] ⟨m.; -s od. -; unz.⟩ **1** ⟨kurz für⟩ *Rock and Roll* **2** *Musikstil, der sich aus dem Rock and Roll, Rhythm and Blues u. Blues entwickelt hat, Rockmusik*

Rock and Roll ⟨[rɔk ənd roul] m.; - - -; unz.; Mus.⟩ oV *Rock 'n' Roll* **1** *den Rhythmus betonender, stark synkopierter, aus Amerika stammender Musikstil in schnellem Tempo; Rock-and-Roll-Musiker* **2** *schneller Tanz dazu*

Ro|cker ⟨m.; -s, -⟩ *Mitglied einer Gruppe von Jugendlichen, die meist in schwarzer Lederkleidung u. mit Motorrädern auftreten*

Ro|cke|rin ⟨f.; -, -rin|nen⟩ *weibl. Rocker*

Rock 'n' Roll ⟨[rɔkn roul] m.; - - -; unz.; Mus.⟩ = *Rock and Roll; Rock-'n'-Roll-Musiker*

Rock|schoß ⟨m.; -es, -schö|ße⟩ **1** *schwanzartige Verlängerung der Herrenjacke* **2** *in der Taille angesetzter Besatz von (mehrfach) gefaltetem Stoff über dem Frauenrock* • **2.1 an** *jmds. Rockschößen, sich jmdm. an die Rockschöße* **hängen** ⟨fig.; umg.⟩ *jmdm. nicht von der Seite weichen (bes. von Kindern), unselbstständig sein*

Rockzipfel

Rock|zip|fel ⟨m.; -s, -⟩ **1** *Zipfel eines Frauenrockes* • 1.1 **an** jmds. **~**, jmdm. am **~ hängen** ⟨fig.; umg.⟩ *unselbstständig sein;* das Kind hängt der Mutter noch am **~**, an Mutters **~**

Ro|del[1] ⟨m.; -s, -⟩ *(Rodel-)Schlitten*

Ro|del[2] ⟨f.; -, -n; bair.; österr.⟩ *Kinderschlitten*

ro|deln ⟨V. 400(s.) od. (h.)⟩ *mit dem Schlitten bergab gleiten;* ich bin, habe früher gern gerodelt; **~** gehen

ro|den ⟨V. 500⟩ Land **~** *urbar machen, Waldland in Feld verwandeln, Wurzelstöcke herausreißen*

Ro|gen ⟨m.; -s, -⟩ *Eier vom Fisch;* Fisch**~**

Rog|gen ⟨m.; -s; unz.; Bot.⟩ *zu den Süßgräsern gehörende, wichtige Getreidepflanze, die bes. als Brotgetreide genutzt wird: Secale cereale*

roh ⟨Adj.⟩ **1** *nicht zubereitet, ungekocht, ungebraten;* **~**es Fleisch, Gemüse, Obst; **~**e Kartoffeln; ein **~**es Ei mit Wasser verquirlen; **~**er Schinken; Obst, Gemüse lieber **~** essen • 1.1 man muss ihn wie ein **~**es Ei behandeln ⟨fig.; umg.⟩ *mit übertriebener Rücksicht* • 1.2 ⟨60⟩ **~**e **Klöße** *K. aus überwiegend rohen Kartoffeln* **2** *noch nicht verarbeitet, nicht behauen, nicht geschliffen;* **~**es Erz; eine Skulptur aus dem Rohen arbeiten • 2.1 *grob, unfertig, noch nicht im Detail bearbeitet;* ein **~** gezimmertes Schemel; **~** behauene Steine; der Entwurf ist im Rohen fertig **3** ⟨60⟩ **~**es **Fleisch** *blutiges F. ohne Haut;* er hatte sich so den Arm zerschunden, dass das **~**e Fleisch zu sehen war **4 ~**e **Pferde** *nicht zugerittene, nicht eingefahrene P.* **5** *gefühllos, rücksichtslos, gewalttätig, grausam;* ein **~**er Kerl; sich **~** benehmen; sein **~**es Benehmen, Betragen stößt jeden ab; mit **~**er Gewalt kann man da nichts erreichen; sei nicht so **~**! **6** ⟨oberdt.⟩ *rau* **7** *ungefähr;* ich kann das vorläufig nur **~** schätzen

Roh|bau ⟨m.; -(e)s, -ten⟩ **1** *nur aus den rohen Mauern (nicht verputzt u. ohne technische Installation) bestehender Bau;* das Haus ist erst im **~** fertig **2** ⟨unz.⟩ *Bauweise mit unverputzten Ziegeln*

Roh|heit ⟨f.; -, -en⟩ **1** ⟨unz.⟩ *roher Zustand (z. B. des Fleisches)* **2** ⟨unz.; fig.⟩ *rohe Gesinnung, rohes Benehmen;* Gefühls**~**; **~** der Sitten **3** *rohe Handlung, Grausamkeit;* **~**en begehen

Rohr ⟨n.; -(e)s, -e⟩ **1** *meist runder Hohlkörper zum Weiterleiten von Flüssigkeiten, Gasen, Rauch, Gegenständen, Schallwellen;* Wasser**~**, Gas**~**, Pfeifen**~**, Geschütz**~**, **~**post, Sprach**~**; das **~** der Flöte; ein **~** der Gasleitung, des Ofens, der Wasserleitung; das **~** des Geschützes, der Kanone; ein dickes, dünnes, gebogenes, gerades **~**; **~**e legen, verlegen; das Schiff feuerte aus allen **~**en **2** *Pflanze mit rohrförmigem Stiel, Stängel od. Stamm, z. B. Bambus, Peddigrohr, Rohrkolben, Schilf, Zuckerrohr;* **~**e geflochtene Gartenstühle, Körbe • 2.1 er ist wie ein schwankendes **~** im Winde *ein wankelmütiger, flatterhafter Mensch*

Röh|re ⟨f.; -, -n⟩ **1** *Rohr, rohrartiges Gebilde;* eine gerade, gebogene, metallene **~**; kommunizierende **~**n ⟨Phys.⟩ • 1.1 in die **~** gucken ⟨fig.; umg.⟩ *leer ausgehen, benachteiligt werden* **2** *Hohlraum im Küchenherd zum Backen od. Warmhalten;* Back**~**, Wärme**~**; einen Kuchen in die **~** schieben, in der **~** backen **3** ⟨Elektronik⟩ *von einem luftleeren Gefäß (meist aus* Glas) *umschlossenes Gerät zur Steuerung u. (od.) Verstärkung elektrischer Impulse od. Schwingungen;* Elektronen**~**; eine **~** ist durchgebrannt • 3.1 in die **~** gucken, glotzen ⟨umg.⟩ *fernsehen*

röh|ren ⟨V. 400⟩ **1** *ein* **Hirsch** *röhrt schreit (in der Brunftzeit)* **2** ⟨fig.; umg.⟩ • 2.1 *ein* **Motor**, *ein* **Gerät** *röhrt gibt ein lautes, dumpf schepperndes Geräusch von sich* • 2.2 ⟨salopp⟩ *(geräuschvoll) mit einem Kraftfahrzeug fahren;* über die Landstraße **~**

Rohr|kol|ben ⟨m.; -s, -; Bot.⟩ *Angehöriger einer Gattung der Rohrkolbengewächse (Typhaceae), deren Blüten an einem Kolben sitzen: Typha;* Sy ⟨umg.⟩ *Schilf* (2)

roh|sei|den ⟨Adj. 24/70⟩ *aus Rohseide, noch mit Seidenleim behafteter, matter Seide bestehend*

Roh|stoff ⟨m.; -(e)s, -e⟩ *Naturprodukt vor der Ver- u. Bearbeitung, z. B. Holz, Eisen*

Ro|ko|ko ⟨a. [-'--], österr. [--'-] n.; -s; unz.⟩ *im 18. Jh. auf das Barock folgender Stil, der durch zierliche, heitere, beschwingte Formen gekennzeichnet ist*

Rol|le ⟨f.; -, -n⟩ **1** *massiver Körper mit rundem Querschnitt* • 1.1 *drehbare Walze, Kugel, kleines Rad;* Kinderbetten, Schiebewände, Teewagen auf **~** laufen lassen; ein Schrank zum Fortbewegen auf **~**n laufen lassen • 1.2 *drehbare Scheibe mit einer Rille am (senkrechten) Rand für das aufzuwickelnde od. entlanglaufende Seil, z. B. bei Flaschenzügen* • 1.3 ⟨früher⟩ *zusammengerollt aufbewahrte Urkunde, Liste;* Stamm**~** • 1.4 *Stab mit scheibenförmigen Verdickungen an jedem Ende zum Aufwickeln von Garn o. Ä.* • 1.5 *etwas Gewickeltes, Zusammengerolltes;* Papier**~**; Geld**~**; eine **~** Geldstücke, Eurostücke; eine **~** Draht, Garn, Nähseide, Papier, Zwirn **2** *Turnübung, Überschlag, Purzelbaum auf dem Boden od. über dem Kasten;* eine **~** am Barren; eine **~** über den Kasten; **~** rückwärts **3** *Kunstflugfigur des Flugzeugs, bei der es sich um die Längsachse dreht* **4** ⟨Bgb.⟩ *senkrechter od. steil geneigter Grubenbau, in dem Fördergut zur nächstunteren Förderstrecke abgestürzt wird* **5** *darzustellende Gestalt in einem Bühnenwerk, Sprechtext eines Schauspielers;* eine kleine, umfangreiche, unbedeutende, wichtige **~**; eine **~** spielen; ich muss noch meine **~** lernen; ein Stück mit verteilten **~**n lesen; sie spielte die **~** der Julia; sie hat die **~** der jugendlichen Liebhaberin übernommen; eine **~** besetzen; die **~**n (für ein Theaterstück) verteilen; die **~**n tauschen, vertauschen (im Theater od. im Leben); diese **~** verlangt von der Darstellerin große Wandlungsfähigkeit; die tragende **~** in diesem Stück spielt …; sie geht in dieser **~** völlig auf, verliert sich ganz in ihr; die **~** ist der Schauspielerin wie auf den Leib geschrieben; das Schicksal hat dir eine schwere **~** zugedacht ⟨fig.⟩ • 5.1 **aus** der **~ fallen** • 5.1.1 *steckenbleiben* • 5.1.2 ⟨fig.⟩ *die Beherrschung verlieren, sich schlecht benehmen* • 5.2 du hast deine **~** gut gespielt ⟨a. fig.⟩ *deine Sache gut gemacht* • 5.3 *nach anfänglichen Schwierigkeiten wird sie sich* **in** ihre **~ finden** ⟨fig.⟩ *wird sie ihrer Aufgabe gerecht, mit ihrer Situation fertig* • 5.4 er hat seine **~ ausgespielt** ⟨fig.⟩ *er hat nichts mehr zu sagen* • 5.5 du musst dich **in** meine **~** versetzen ⟨fig.⟩ *dir meine Situation deutlich vorstellen* • 5.6 *eine (große, wichtige usw.)* ~ **spielen** ⟨a. fig.⟩ *von (großer, wichtiger usw.) Bedeutung sein; der General spielte bei dem Putschversuch eine beherrschende, führende, entscheidende, erhebliche, verhängnisvolle* ~ • 5.6.1 *sie will immer eine große* ~ *spielen sie will immer die wichtigste Person sein* • 5.6.2 *sie spielt eine* ~ *in der Gesellschaft sie bedeutet da etwas, sie gehört zur führenden Gesellschaftsschicht* • 5.6.3 *das spielt nur eine untergeordnete* ~ *ist nicht wesentlich* • 5.6.4 *er spielte eine doppelte, zweideutige, zwielichtige* ~ *er hat bei der Sache, machte beiden Seiten Zusicherungen* • 5.7 **bei** *einer* **Sache** *eine* ~ **spielen** ⟨fig.⟩ *an einer S. beteiligt sein; er hat dabei keine* ~ *gespielt* • 5.7.1 *er hat bei dieser Sache eine armselige, erbärmliche, klägliche* ~ *gespielt er hat dabei versagt* • 5.7.2 *er hat bei der Sache keine rühmliche* ~ *gespielt* ⟨fig.⟩ *sich nicht rühmlich benommen* • 5.8 *Einteilung der Schiffsbesatzung zu verschiedenen Dienstarten* • 5.9 ⟨Soziologie⟩ *Gesamtheit der Verhaltensweisen, die von einer Person innerhalb der Gesellschaft erwartet werden* **6** *es spielt keine* ~*, ob … ist nicht wichtig* • 6.1 *Geld spielt bei ihm keine* ~ *er ist sehr reich*

rol|len ⟨V.⟩ **1** ⟨400(s.)⟩ *etwas rollt bewegt sich (vorwärts), indem es sich um sich selber dreht; die Kugel rollt (beim Roulette); Tränen rollten ihr über die Wangen; die Kugel rollt auf die Kegel zu (beim Kegeln)* • 1.1 *etwas kommt ins* Rollen ⟨a. fig.⟩ *kommt in Bewegung, Schwung, entwickelt sich allmählich* • 1.2 *die* **Sache** *rollt schon* ⟨fig.; umg.⟩ *ist schon in Bewegung, läuft schon, entwickelt sich* • 1.3 **Blut** *rollt in jmds. Adern* ⟨fig.; geh.⟩ *fließt; feuriges Blut rollt in ihren Adern* • 1.4 *das* **Geld** *muss* ~ *muss unter die Leute kommen, muss stets in (raschem) Umlauf sein;* →a. *Stein (1.6)* **2** ⟨400⟩ **Fahrzeuge** ~ *bewegen sich auf Rädern* • 2.1 ~*des* **Material** *der Eisenbahn Fahrzeugpark* • 2.2 *(langsam) fahren; das Flugzeug rollt in die Startposition* **3** ⟨500/Vr 7 od. Vr 8⟩ *jmdn. od. etwas* ~ *drehend vorwärtsbewegen, schiebend wälzen; einen Felsbrocken, einen Stein zur Seite* ~; *er rollte sich blitzschnell zur Seite* **4** ⟨500⟩ *flache* **Gegenstände** ~ *zusammenrollen, zusammenwickeln; den Teppich soll man* ~*, nicht knicken; er rollt das Papier, anstatt es zu falten* • 4.1 ⟨Vr 3⟩ *etwas rollt* **sich** *wickelt sich zusammen, biegt sich ein; das Blatt rollt sich um die verpuppte Raupe; ihr Haar rollt sich zu natürlichen Locken; der Regenwurm, die Schlange rollt sich* **5** ⟨416 od. 500⟩ **(mit)** *etwas* ~ *etwas drehend bewegen, im Kreis bewegen; den Kopf im Nacken* ~ • 5.1 *die* **Augen**, *mit den Augen* ~ *die Augäpfel heftig bewegen (vor Zorn)* **6** ⟨400⟩ *die* **See** *rollt ist heftig bewegt* **7** ⟨400⟩ *das* **Schiff** *rollt schlingert u. stampft zugleich* **8** ⟨400⟩ *der* **Donner**, *das* **Echo** *rollt donnert, grollt; der Donner, das Echo rollt durchs Tal* **9** ⟨500⟩ **Teig** ~ *glätten, in flache Form bringen, ausrollen; den Kuchenteig* ~ **10** ⟨500⟩ *den* **Buchstaben** *r* ~ *mit vibrierender Zungenspitze aussprechen*

Rol|ler ⟨m.; -s, -⟩ **1** *niedriges Fahrzeug aus zwei durch ein Brett verbundenen kleinen Rädern u. Lenkstange, auf der man mit einem Fuß steht, Antrieb durch Abstoßen mit dem andern Fuß od. Zahnrad, das mittels Trittbretts angetreten wird;* Tret~ **2** *Kraftrad, das ohne Knieschluss gefahren wird, mit sesselartigem Sitz für den Fahrer* **3** ⟨veraltet⟩ *Kutscher eines Rollwagens* **4** ⟨Seemannsspr.⟩ *große Brandungswelle*

Roll|feld ⟨n.; -(e)s, -er; auf Flugplätzen⟩ *sorgfältig geebnetes Gelände, Teil des Flugplatzes, auf dem Flugzeuge starten u. landen u. das in der Hauptrichtung eine meist betonierte od. mit Stahlplatten ausgelegte Start- u. Landebahn hat*

Roll|kom|man|do ⟨n.; -s, -s⟩ *Kommando, Gruppe von Personen, die überfallartige, gewalttätige Einsätze durchführt*

Roll|la|den ⟨m.; -s, - od. -lä|den⟩ *aufrollbare Leisten od. Lamellen vor Fenstern, Türen od. Aktenschränken;* den ~ *hochziehen, herunterlassen*

Roll|mops ⟨m.; -es, -möp|se⟩ *um ein Stück Gurke, Zwiebel u. Gewürz gerollter, entgräteter halber Hering in Marinade*

Rol|lo ⟨a. [-'-] n.; -s, -s⟩ *aufrollbarer Vorhang;* oV *Rouleau:* Holz~; Kunststoff~; Stoff~

Roll|schuh ⟨m.; -(e)s, -e⟩ *dem Schlittschuh ähnliches Sportgerät mit vier auf Kugellagern laufenden Rädern (an einer am Schuh zu befestigenden Stahlsohle od. am Schuh selbst);* ~ *laufen*

Roll|stuhl ⟨m.; -(e)s, -stüh|le⟩ *Stuhl mit Rädern für Kranke u. Körperbehinderte, der von einer Hilfskraft geschoben od. von dem Sitzenden selbst fortbewegt wird (*~*fahrer)*

Ro|man ⟨m.; -(e)s, -e⟩ **1** *breit ausgeführte, in Prosa abgefasste Erzählung, deren Held in seiner Auseinandersetzung mit der Umwelt gezeigt wird; das gibt es nur in* ~*en!; ein historischer, politischer, satirischer, utopischer* ~; Kriminal~ **2** ⟨fig.⟩ *abenteuerliche od. ereignisreiche Begebenheit; das ist ja ein ganzer* ~; *sein Leben war ein* ~ • 2.1 *erzähl doch keine (langen)* ~*e!* ⟨fig.; umg.⟩ *fasse dich kürzer*

Ro|man|ci|er ⟨[rɔmɑ̃sje:] m.; -s, -s; Lit.⟩ *Romanschriftsteller*

Ro|man|tik ⟨f.; -; unz.⟩ **1** *die geistigen Kräfte u. das Gefühl betonende künstlerische u. philosophische Bewegung in Europa, bes. in Deutschland zwischen 1794 u. etwa 1830; die blaue Blume der* ~ **2** ⟨fig.⟩ *Hang zum Träumerischen, Abenteuerlichen, Fantastischen; die* ~ *eines Bildes, einer Landschaft, einer Schilderung* **3** *das Träumerische, Abenteuerliche, Fantastische selbst; er hat keinen Sinn für* ~

ro|man|tisch ⟨Adj.⟩ **1** ⟨urspr.⟩ *romanhaft* **2** *zur Romantik gehörend, aus ihr stammend* • 2.1 ~*e* **Ironie** *spielerische Einstellung zum eigenen Werk, über das sich der Künstler selbst ironisch äußert* **3** ⟨fig.⟩ • 3.1 *träumerisch, schwärmerisch* • 3.2 *fantastisch, unwirklich* • 3.3 *malerisch, wild; eine* ~*e Landschaft*

Ro|man|ze ⟨f.; -, -n⟩ **1** *aus Spanien stammende (14. Jh.), volkstümliche, episch-lyrische Dichtung in vierzeiligen Strophen mit acht- od. später vierhebigem trochäischem Versmaß* **2** *seit Ende des 18. Jh. zuerst in Frankreich aufkommendes strophisches Gesangsstück (für ein* *od.* zwei Singstimmen u. Klavier), später stimmungsvolles Instrumentalstück **3** ⟨fig.; poet.⟩ *Liebesabenteuer*

Rö|mer[1] ⟨m.; -s, -⟩ *(großes, meist aus Kristall geschliffenes) farbiges Weißweinglas mit kelchförmiger Kuppe u. einem konischen, durch Ringe od. Spiralen verzierten Fuß*

Rö|mer[2] ⟨m.; -s, -⟩ **1** *Einwohner der Stadt Rom* **2** *Bürger des Römischen Reiches*

Rö|me|rin ⟨f.; -, -rin|nen⟩ *weibl. Römer*[2]

Rom|mé ⟨a. [-me:] n.; -s; unz.⟩ = *Rommee*

Rom|mee ⟨a. [-me:] n.; -s; unz.⟩ *Kartenspiel für mehrere Mitspieler, bei dem die Karten nach bestimmten Regeln zusammenhängend abgelegt werden;* oV *Rommé*

Ron|dell ⟨n.; -s, -e⟩ **1** *rundes mit Schmuckpflanzen besetztes Beet;* oV *Rundell* **2** *runder Turm (einer Festung)* **3** *kreisrunder Weg in einem Garten*

Ron|do ⟨n.; -s, -s; Mus.⟩ *aus einem Rundtanz entstandenes Instrumentalstück, bei dem das Hauptstück (nach mehreren Zwischenthemen) immer wiederkehrt*

rönt|gen ⟨V. 500⟩ **1 Körperteile, Gegenstände** ~ *mit Röntgenstrahlen durchleuchten, untersuchen* **2 jmdn.** od. **etwas** ~ ⟨fig.; umg.; scherzh.⟩ *scharf beobachten*

Rönt|gen|strah|len ⟨Pl.; Phys.⟩ *elektromagnetische Strahlen mit sehr hohem Durchdringungsvermögen;* Sy *X-Strahlen*

ro|sa ⟨Adj. 11⟩ *blass-, zartrot; ein* ~*(farbenes) Kleid;* ~ *Rosen*

ro|sa|rot ⟨Adj. 24⟩ **1** *blassrot, hellrot, zwischen rosa u. rot* **2** ⟨fig.⟩ *übertrieben optimistisch, beschönigend; alles durch eine* ~*e Brille sehen*

Ro|se ⟨f.; -, -n⟩ **1** ⟨Bot.⟩ *Angehörige einer Gattung stacheliger Rosengewächse mit duftenden Blüten u. Steinfrüchten (Hagebutten): Rosa;* die ~ *n blühen, verblühen, welken* • **1.1** *keine* ~ *ohne Dornen* ⟨Sprichw.⟩ *alles Schöne hat auch seine Nachteile* **2** *Blüte der Rose (1); gelbe, rosa, rote* ~*n; eine* ~ *brechen, schneiden, in die Vase stellen; einen Strauß* ~*n binden, verschenken* • **2.1** *sie ist nicht auf* ~*n gebettet* ⟨fig.; umg.⟩ *sie hat kein leichtes Leben* **3** *der Rose (2) äußerlich Ähnliches* • **3.1** *Ornament in Form einer stilisierten Rose (2), als Fensteröffnung; Fenster*~ • **3.2** *Blatt des Kompasses* • **3.3** ⟨Med.⟩ *schwere infektiöse Entzündung des Zellgewebes der Haut u. der Unterhaut: Erysipel* • **3.4** ⟨Jägerspr.⟩ *Geweihansatz*

ro|sé ⟨[-ze:] Adj. 11⟩ *zart-, hellrosa*

Ro|sé[1] ⟨[-ze:] m.; -s, -s⟩ = *Weißherbst*

Ro|sé[2] ⟨[-ze:] n.; -s; unz.⟩ *rosé Farbe*

Ro|sen|kranz ⟨m.; -es, -krän|ze; kath. Kirche⟩ **1** ⟨kath. Kirche⟩ *Kette mit Perlen, an denen sich die Zahl der gesprochenen Gebete überprüfen lässt; einen* ~ *bei sich tragen* **2** ⟨kath. Kirche⟩ *diese Gebete selbst (gewöhnlich 5-mal je ein Vaterunser u. 10 Ave Maria); den* ~ *beten* **3 rachitischer** ~ ⟨Med.⟩ *eine schwere rachit. Skelettveränderung des Brustkorbes, wobei die Stellen, an denen Knochen an Knorpel grenzen, sich verdicken*

Ro|sen|mon|tag ⟨a. ['----] m.; -(e)s, -e⟩ *Montag vor Fastnacht*

ro|sen|rot ⟨Adj. 24; poet.⟩ *rot wie Rosen; ein* ~*es Leuchten*

Ro|set|te ⟨f.; -, -n⟩ **1** *kreisrundes Ornament mit von einem Mittelpunkt strahlenförmig ausgehenden, blattförmigen Gebilden, ähnlich einer stilisierten Rose, häufig als Fensteröffnung* **2** *kleine, kreisrunde Schleife aus Stoff* **3** *Schliff von Edelsteinen, der eine runde od. ovale Grundfläche mit dreiseitigen Facetten ergibt*

ro|sig ⟨Adj.⟩ **1** ⟨70⟩ *von zarter rosa Farbe;* ~*e Haut, Fingernägel, Wangen; ein* ~*es Gesicht;* ~ *und gesund aussehen* • **1.1** ~ *weiß weiß mit einem leichten rosa Schimmer* **2** ⟨fig.⟩ *gut, positiv, schön* • **2.1** *jmdm. etwas in* ~*en Farben schildern von der besten Seite darstellen* • **2.2** *jmds. Lage ist nicht gerade* ~ ⟨umg.⟩ *ist bedenklich, schlecht* • **2.3** ~*er Laune sein* ⟨umg.⟩ *bester L.* • **2.4** *etwas in* ~*em Licht, alles durch eine* ~*e Brille sehen allzu optimistisch, von der besten Seite* • **2.5** *eine* ~*e Zukunft vor Augen sehen eine glückliche Z. mit besten Aussichten*

Ro|si|ne ⟨f.; -, -n⟩ **1** *getrocknete Weinbeere* **2** ⟨fig.; umg.⟩ *etwas Gutes, das Beste; die* ~*n aus dem Kuchen picken* **3** ~*n im Kopf* ⟨fig.⟩ *große, unerfüllbare Pläne*

Roß ⟨n.; -es, -e⟩ *Wabe;* oV ⟨mitteldt.⟩ *Roße*

Ross ⟨n.; -es, Rös|ser⟩ **1** ⟨poet.⟩ *edles Pferd;* ~ *und Reiter; ein feuriges, schwarzes, weißes* ~*; er sitzt hoch zu* ~ • **1.1** *auf dem hohen* ~ *sitzen* ⟨fig.; umg.⟩ *herablassend, überheblich sein* **2** ⟨oberdt.⟩ *Pferd; ein* ~ *kaufen; die Rösser einspannen*

Ro|ße ⟨f.; -, -n; mitteldt.⟩ = *Roß*

Ros|se ⟨f.; -, -n⟩ *Brunst der Stute*

Rös|sel|sprung ⟨m.; -(e)s, -sprün|ge⟩ **1** ⟨Schach⟩ *Sprung des Rössels über ein Feld geradeaus ins nächste schräg dazu liegende od. umgekehrt* **2** *Rätselart, bei der Worttele über die Felder einer Figur verteilt sind, die nach Art des Sprungs vom Rössel im Schachspiel in ihrer richtigen Reihenfolge gesucht werden müssen*

Rost[1] ⟨m.; -(e)s, -e⟩ *Gitter aus mehreren dünnen nebeneinanderliegenden Holz-, Stahl- od. Eisenstäben; Gitter*~*, Grill*~*, Latten*~*; der* ~ *ist durchgebrannt; auf dem* ~ *braten, rösten*

Rost[2] ⟨m.; -(e)s; unz.⟩ **1** *rötlich brauner, bröckliger Belag auf Eisen u. Stahl aus Eisenoxid; den* ~ *vom Eisen abkratzen, entfernen;* ~ *ansetzen; der* ~ *zerfrisst das Eisen; Eisen von* ~ *säubern, vor* ~ *schützen* **2** ⟨Bot.⟩ *durch einen Rostpilz hervorgerufene Pflanzenkrankheit*

ros|ten ⟨V. 400⟩ **1 Eisen** *rostet setzt Rost an, oxidiert* **2** *rast' ich, so rost' ich* ⟨Sprichw.⟩ *ohne Betätigung wird der Mensch träge u. geistig stumpf* **3** *alte Liebe rostet nicht* ⟨umg.⟩ *alte Liebe bleibt lange lebendig*

rös|ten[1] ⟨V. 500⟩ **etwas** ~ **1** *ohne Zusatz von Fett od. Wasser durch Erhitzen bräunen; Brot, Kaffee, Getreide* ~ **2** ⟨Kochk.⟩ *auf dem Rost, in der Pfanne braten; Kartoffeln* ~ **3** ⟨Met.⟩ *unter Luftzutritt erhitzen; schwefelhaltige Erze* ~

rös|ten[2] ⟨V. 500⟩ **Fasern** ~ ⟨Textilw.⟩ **1** *mürbe werden lassen, in fließendem Wasser wässern, damit die holzigen Teile faulen u. entfernt werden; Flachs, Hanf* ~ **2** *durch Einfluss von Chemikalien innerhalb von 3 bis 4 Stunden aufschließen*

röst|frisch ⟨Adj. 24⟩ *frisch geröstet; der Kaffee ist* ~ *verpackt*

rot ⟨Adj. 23⟩ **1** *wie Blut, wie Feuer gefärbt;* ~ *wie Blut; das Kind hat gesunde,* ~*e Backen; ihre* ~*en Lippen; ihr* ~*er Mund; Trinker haben oft eine* ~*e Nase; sie hat* ~*e Augen (vom vielen Lesen, vom Weinen, vor Übernächtigkeit); sie hat* ~*es Haar; sie wurde vor Aufregung, Scham, Verlegenheit* ~ *bis über beide Ohren; vor Zorn* ~ *anlaufen;* ~*e Grütze mit Vanillesoße; sie trug ein* ~*es Kleid; im Feld blüht* ~*er Mohn; Salat aus* Roten Be(e)ten; *der Lehrer korrigierte mit* ~*er Tinte; er schenkte ihr einen Strauß* ~*er Rosen als Zeichen seiner Liebe; das* ~*e Ass* ⟨Kart.⟩ • **1.1** *diesen Tag werde ich mir im Kalender* ~ *anstreichen* ⟨a. fig.⟩ *bes. merken, er wird sich mir einprägen* • **1.2** *viel* ~*e* **Tinte** *verbrauchen viel (an einer schriftlichen Arbeit) korrigieren* • **1.3** *sein Name wirkt wie ein* ~*es* **Tuch** *auf mich wirkt sehr aufreizend auf mich, reizt mich zur Wut* • **1.4** *er, sie ist für mich ein* ~*es* **Tuch** ⟨fig.; umg.⟩ *ich kann ihn, sie nicht ausstehen* • **1.5** ~*es* **Gold** *mit Kupfer legiertes G.* • **1.6** ~*er* **Faden** *in das Tauwerk der englischen Marine eingewebter roter wollener Faden* • **1.6.1** ⟨fig.; seit Goethes „Wahlverwandtschaften", 2. Teil, 2. Kap.⟩ *Leitmotiv, Leitgedanke, Verbindungslinie, Fortlauf der Entwicklung;* der ~e Faden eines Buches, Theaterstückes, Vortrages; das Motto zieht sich als ~er Faden durch die ganze Erzählung • **1.7** ~*er* **Wein** *Rotwein* • **1.8** ~*e* **Welle** ⟨scherzh.⟩ *zentrale Regelung des Verkehrs in Großstädten, die sich zeitlich so auswirkt, dass Autofahrer an jeder Straßenkreuzung rotes Licht vorfinden u. so stets halten müssen;* Ggs *grüne* Welle, → grün (1.16) • **1.9** ⟨60⟩ Rotes **Kreuz** ⟨Abk.: R. K.⟩ *in Genf 1863/64 gegründete internationale Organisation, die im Krieg das Los der Kriegsopfer zu mildern sucht u. den neutralen Vermittler in allen Fragen spielt, die die Verwundeten u. Gefangenen betreffen* • **1.10** Rotes **Kreuz** *das internationale Schutzzeichen des Roten Kreuzes (1.14): rotes Kreuz auf weißem Feld* • **1.11** ⟨60⟩ der Rote **Davidstern** ⟨in Israel für⟩ *Rotes Kreuz* • **1.12** ⟨60⟩ Roter **Halbmond** ⟨in islamischen Ländern für⟩ *Rotes Kreuz* • **1.13** Rote **Johannisbeere** ⟨Bot.⟩ *zu den Steinbrechgewächsen gehörender Strauch mit roten wohlschmeckenden Beerenfrüchten: Ribes spicatum* • **1.14** ~*es* **Eisenholz** *Holz des aus dem Norden Irans stammenden Baumes: Parrotia persica* • **1.15** ~*es* **Blutkörperchen** *B., das mit Hilfe des Blutfarbstoffes Sauerstoff u. Kohlendioxid befördert;* Ggs *weißes Blutkörperchen,* → weiß (2.5) • **1.16** Rote **Liste** *Liste der vom Aussterben bedrohten Pflanzen- u. Tierarten* **2** ⟨umg.⟩ *linksgerichtet, sozialistisch, kommunistisch;* die ~ Studentengruppen repräsentieren eine Minderheit an der Universität • **2.1** ⟨60⟩ Rote **Zelle** *marxistisch orientierte Gruppe (bes. an Universitäten)* • **2.2** ⟨60⟩ die Rote **Armee** ⟨Kurzform für⟩ *die Rote Arbeiter- u. Bauernarmee, von 1918 bis 1946 die offizielle Benennung für das Heer der Sowjetunion* **3** ⟨Getrennt- u. Zusammenschreibung⟩ • **3.1** ~ glühend = *rotglühend*

Rot ⟨n.; -s, -s⟩ **1** *rote Farbe, Farbe des Blutes, Feuers;* ein dunkles, helles, reines, sattes, tiefes ~; das ~ der Abend-, Morgensonne; ~ *ist die Farbe der Liebe;* sie war ganz in ~ gekleidet • **1.1** die Vorhänge spielen ins ~ *haben einen rötlichen Farbton* **2** ⟨Kart.⟩ *Spielkartenfarbe, Herz u. Karo;* ~ *anspielen, ausspielen*

Ro|ta|ti|on ⟨f.; -, -en⟩ *Drehung, Umdrehung (eines Körpers od. einer Fläche) um eine Achse*

rot|blond ⟨Adj. 24⟩ *blond mit rötlichem Schimmer;* ~*es Haar*

Rö|te ⟨f.; -; unz.⟩ *rote Farbe, das Rotsein;* die ~ des Abendhimmels, der Wolken; die frische ~ ihrer Backen, Wangen; die ~ stieg ihr ins Gesicht; sein Vorwurf trieb ihr die ~ ins Gesicht; vor Schüchternheit war ihr Gesicht von glühender ~ übergossen; die erste zarte ~ zeigte sich am Morgenhimmel

Rö|teln ⟨Pl.; Med.⟩ *Infektionskrankheit mit Hautausschlag (linsengroße rosarote Flecken) u. Lymphknotenschwellung: Rubeola*

rö|ten ⟨V. 500⟩ **1** *etwas* rötet *etwas färbt etwas rot;* die Bergspitzen, die Wolken sind von der Abendsonne gerötet; mit geröteten Augen nahm sie Abschied **2** ⟨Vr 3⟩ *etwas* rötet sich *etwas wird rot, errötet;* ihr Gesicht rötete sich vor Verlegenheit; die Blätter ~ sich im Herbst • **2.1** *reif werden;* die Kirschen, Erdbeeren begannen sich zu ~

Rot|fuchs ⟨[-fuks] m.; -es, -füc|se⟩ **1** *Pferd mit rotbraunem Deckhaar* **2** *das rote Sommerfell eines Fuchses*

rot|glü|hend *auch:* rot glü|hend ⟨Adj. 24/70; fachsprachl. meist Zusammenschreibung⟩ *(bei starkem Erhitzen) in roter Farbe glühend (von Eisen, Kohle)*

ro|tie|ren ⟨V. 400⟩ Körper ~ *drehen sich gleichmäßig u. anhaltend um eine Achse*

röt|lich ⟨Adj.⟩ *etwas rot, rot schimmernd;* ~ weiß

Rot|licht ⟨n.; -(e)s; unz.⟩ *durch Rotlichtlampen mit roten Glühbirnen od. rotem Filter erzeugtes langwelliges rotes Licht;* einen Film bei ~ entwickeln; sich bei Muskelschmerzen, Erkältung mit ~ bestrahlen lassen

rot|se|hen ⟨V. 239/400; umg.⟩ *sehr wütend, gereizt werden, die Beherrschung verlieren;* wenn sie ihn trifft, sieht sie rot; nach der Beleidigung hat er nur noch rotgesehen

Rot|te ⟨f.; -, -n⟩ **1** *Abteilung, Schar* • **1.1** ⟨Mil.⟩ *drei im Glied nebeneinander marschierende Soldaten* • **1.2** ⟨Mil.⟩ *zwei zusammen fliegende Flugzeuge od. zwei zusammen fahrende Schiffe;* →a. blind (5.1) • **1.3** ~ Korah ⟨AT⟩ *von Korah, dem Urenkel Levis, angeführte Gruppe, die sich gegen Moses empörte* • **1.3.1** ⟨danach fig.; umg.⟩ *aufrührerische Horde* • **1.4** ⟨verächtlich⟩ *Bande, Haufe, Gruppe von Kriminellen;* eine ~ Jugendlicher machte die Straßen unsicher **2** ⟨Jägerspr.⟩ *Gruppe von Sauen od. Wölfen* **3** ⟨nddt.⟩ *ein Gerät zum Rösten des Flachses, Flachsröste*

Rot|wein ⟨m.; -(e)s, -e⟩ *roter Wein aus blauen Trauben;* ein Glas ~ trinken

Rotz ⟨m.; -es; unz.⟩ **1** *Nasenschleim;* den ~ von der Nase abwischen • **1.1** ~ **und Wasser** heulen *heftig weinen (bes. von Kindern)* **2** ⟨Vet.⟩ *mit Knötchen u. Geschwüren in Haut u. Unterhaut verbundene Infektionskrankheit der Einhufer*

rot|zig ⟨Adj.⟩ **1** *voller Rotz (1)* **2** *an Rotz (2) leidend* **3** ⟨umg.; derb⟩ *schmutzig, frech, respektlos*

Rouge ⟨[ru:ʒ] n.⟩ -s, -s⟩ *rote Schminke für die Wangen, Wangenrot; ~ auflegen*

Rou|la|de ⟨[ru-] f.; -, -n⟩ **1** ⟨Kochk.⟩ *dünne Scheibe Fleisch (auch Gemüseblatt), die (mit Speck, Zwiebeln u. a.) gefüllt, zusammengerollt u. geschmort wird* **2** ⟨ältere Mus.⟩ *schnell rollender, virtuoser Lauf*

Rou|leau ⟨[rulo:] n.; -s, -s⟩ = *Rollo*

Rou|lett ⟨[ru-] n.; -(e)s, -e od. -s⟩ = *Roulette*

Rou|lette ⟨[rulɛt] n.; -s, -s⟩ oV *Roulett* **1** *ein Glücksspiel, bei dem eine Kugel in einem Apparat mit einer drehbaren Scheibe mit schwarzen u. roten nummerierten Feldern über den Gewinn entscheidet* **2** *drehbare Scheibe für das Roulette (1)*

Round Ta|ble *auch:* **Round Tab|le** ⟨[raund tɛɪbl] m.; - -, - -⟩ *runder Tisch (an dem ein Gespräch mit allen Beteiligten eines Konflikts od. Problems geführt wird);* an einer *Round-Table-Konferenz* teilnehmen

Rou|te ⟨[ru:tə] f.; -, -n⟩ *(vorgeschriebener od. geplanter) Reise-, Schiffs-, Flugweg*

Rou|ti|ne ⟨[ru-] f.; -; unz.⟩ **1** *Übung, Geschicklichkeit, Erfahrung;* (keine) ~ *in einer Sache haben* **2** ⟨meist abwertend⟩ *gewohnheitsmäßiges Verhalten, ohne echtes Engagement ausgeführte Handlung; etwas aus reiner ~ machen* **3** ⟨EDV⟩ *Programm (4), das häufig verwendet wird, nicht erst geschrieben zu werden braucht*

Rou|ti|ni|er ⟨[rutinje:] m.; -s, -s⟩ **1** *jmd., der Routine (1) besitzt, in einer Arbeit erfahren, geübt ist* **2** ⟨meist abwertend⟩ *jmd., der aus Routine (2) handelt, etwas routinemäßig macht, kein Engagement zeigt*

rou|ti|niert ⟨[ru-] Adj.⟩ *geschickt, gewandt, geübt, erfahren*

Row|dy ⟨[raudɪ] m.; -s, -s⟩ *(meist junger) streitsüchtiger, ungehobelter, unflätiger Mensch, Raufbold*

rub|beln ⟨V. 500; bes. norddt.⟩ *jmdn. od. etwas ~ reiben, reibend trocknen; jmdm. den Rücken ~*

Rü|be ⟨f.; -, -n⟩ **1** ⟨Bot.⟩ *ganz oder teilweise verdickte pflanzliche Pfahlwurzel, die als Nahrungs-, Futtermittel oder zur Zuckergewinnung dient; rote, weiße ~n; ~n anbauen, füttern, hacken* • **1.1** *~n verziehen, ziehen in den Reihen der gesäten Pflänzchen nur in bestimmten Abständen Pflanzen stehen lassen, die übrigen ausziehen;* →a. *gelb (1.5), Kraut (6.1)* **2** ⟨fig.; umg.⟩ *Kopf; er hat eins auf die ~ bekommen*

Ru|bin ⟨m.; -s, -e⟩ *sehr wertvoller Edelstein von einem satten Rot*

Ru|brik *auch:* **Rub|rik** ⟨[-briːk] f.; -, -en⟩ **1** *Titel, Überschrift* **2** *~ einer Zeitung Spalte, Abschnitt* **3** *~ eines Ordnungssystems Klasse, Abteilung*

ruch|bar ⟨Adj. 24; geh.⟩ *durch Gerücht bekannt, ins Gespräch gekommen; die Sache wurde ~*

ruch|los ⟨Adj.; geh.⟩ *gewissenlos, niederträchtig, gemein, ehrfurchtslos, verrucht; ein ~er Mensch; ein ~es Verbrechen; etwas ~ vernichten; jmdn. ~ umbringen*

Ruck ⟨m.; -(e)s, -e⟩ **1** *plötzlicher Zug (am Zügel, Seil), Stoß, Erschütterung, kurzes, heftiges Anreißen od. Stemmen; mit einem ~ anfahren; mit einem ~ raffte* er sich auf • **1.1 auf** einen *~ auf einmal, plötzlich* • **1.2** *du musst dieser Sache einmal einen ~ geben* ⟨fig.; umg.⟩ *einen Anstoß, sie vorantreiben* • **1.3 sich einen ~ geben** ⟨fig.; umg.⟩ *sich (zu etwas) überwinden* • **1.4** *die Wahl ergab einen ~* **nach links, rechts** *einen plötzlichen Stimmengewinn einer links-, rechtsgerichteten politischen Partei*

ruck! ⟨Int.⟩ *(Ausruf zum Anfeuern, bes. beim Heben u. Transportieren schwerer Gegenstände);* hau ~!, ho ~!, ~, zuck!

rück|be|züg|lich ⟨Adj. 24/70⟩ = *reflexiv (1)*

Rück|blick ⟨m.; -(e)s, -e; fig.⟩ *(geistiger) Blick zurück, Erinnerung an Vergangenes; ein kurzer, kritischer ~*

ru|cken ⟨V. 400⟩ **1** *sich mit einem Ruck bewegen, sich plötzlich abstoßen; der Zug ruckte und blieb wieder stehen* **2** ⟨411⟩ **an etwas** *~ einen kurzen Stoß, Zug auf etwas ausüben; er hat am Schrank geruckt; der Hund ruckte an der Leine* **3 Tauben** *~ gurren*

rü|cken ⟨V.⟩ **1** ⟨400⟩ *sich (mit einem Ruck) bewegen (in eine bestimmte Richtung), Platz machen; der Zeiger der Bahnhofsuhr ist um eine Minute gerückt; kannst du ein Stückchen ~?* • **1.1** *an jmds. Seite ~ sich dicht zu jmdm. setzen* • **1.2** *nicht von der Stelle ~ nicht weichen, sich nicht bewegen (lassen)* • **1.3** *an jmds. Stelle ~* ⟨a. fig.⟩ *jmds. S. einnehmen, besetzen* • **1.4** *jmdm. auf den Pelz ~* ⟨fig.; umg.⟩ *sich jmdm. aufdrängen* • **1.5** *dieses Problem rückt zum ersten Mal in unser Blickfeld* ⟨fig.⟩ *wir werden zum ersten Mal darauf aufmerksam* **2** ⟨411⟩ **Truppen** *~ irgendwohin ziehen, begeben sich irgendwohin; die Truppen ~ ins Feld* **3** ⟨500⟩ *etwas ~ an einen anderen Platz schieben, verschieben; den Tisch an die Wand ~; den Schrank zur Seite ~* • **3.1** ⟨411⟩ **an etwas** *~ etwas durch Schieben bewegen; er ruckte nervös an seiner Krawatte* • **3.1.1** *daran ist nicht zu ~ es ist nicht zu ändern* • **3.2** ⟨416⟩ **mit** *den* **Stühlen** *~ schiebend (hin u. her) bewegen*

Rü|cken ⟨m.; -s, -⟩ **1** *der Bereich von der Schulter- bis zur Lendengegend auf der Rückseite des menschl. Rumpfes; ein breiter, krummer, schmaler, schwacher, starker ~; jmdm. den ~ zudrehen; ~ an ~ stehen; auf dem ~ schlafen; den Rucksack auf dem ~ tragen; eine Last auf den ~ nehmen; sich mit dem ~ anlehnen; ich stand mit dem ~ zur Tür; ein schöner ~ kann auch entzücken* ⟨Sprichw.⟩ • **1.1** *es lief mir kalt den ~ hinunter (vor Angst, Grauen, Kälte) ich erschauerte* • **1.2** *jmdn. auf den ~ legen jmdn. zu Fall bringen* • **1.3** *auf dem ~ liegen* ⟨a. fig.; umg.⟩ *faulenzen* • **1.4** *jmdm. od. einer Sache den ~ kehren, zukehren, wenden, zuwenden* ⟨a. fig.⟩ *sich von jmdm. od. einer S. abwenden, abkehren; das Glück hat uns den ~ gewandt* • **1.5** *jmdm. den ~ stärken* ⟨fig.⟩ *beistehen, Recht geben, jmdn. ermutigen, seines Beistandes versichern* • **1.6** *man hat ihm den ~ gebeugt, gebrochen* ⟨fig.; umg.⟩ *ihn unterwürfig, ergeben gemacht* • **1.7** **der verlängerte** *~* ⟨fig.; scherzh.⟩ *das Gesäß* • **1.8** *etwas* **hinter jmds.** *~ besprechen, tun* ⟨fig.⟩ *ohne jmds. Wissen;* →a. *hohl (2.1), krumm (1.1), verlängern (1.2)* **2** *Oberseite des tierischen Rumpfes; es gelang ihm nicht, sich auf dem ~ des Pferdes zu hal-*

ten **3** *Rückseite* • **3.1 im** ~ *auf der Rückseite, (von) hinten;* im ~ des Feindes • **3.1.1** beim Fotografieren hatte ich die Sonne im ~ kam das Sonnenlicht von hinten • **3.2 jmdn.** od. **etwas im** ~ **haben** ⟨fig.⟩ *sich auf jmdn. od. etwas stützen können;* er hat seine einflussreiche Verwandtschaft im ~ • **3.3 jmdn. den** ~ **decken** ⟨fig.; umg.⟩ *jmdn. gegen Angriffe, Vorwürfe schützen, Angriffen od. Vorwürfen gegen jmdn. vorbeugen* • **3.4 jmdm. in den** ~ **fallen** ⟨fig.⟩ *jmdn. hinterrücks angreifen, gegen ihn sprechen, nicht in seinem Sinne handeln* **4** *dem Rücken (1,2) ähnlicher oberer oder hinterer Teil eines Gegenstandes* • **4.1** *Oberseite;* Berg~; Fuß~; Hand~; Messer~; Nasen~ • **4.2** *Seite an eingebundenen Büchern, an der die Blätter befestigt sind;* Buch~ • **4.3** *(hintere) Lehne;* Stuhl~ • **5** ⟨Getrennt- u. Zusammenschreibung⟩ • **5.1** ~ schwimmen = *rückenschwimmen*

Rü|cken|de|ckung ⟨f.; -; unz.; fig.⟩ **1** *Sicherung vor Angriffen aus dem Hinterhalt;* eine starke, sichere ~ haben **2** ⟨fig.⟩ *Sicherung gegen mögliche Vorwürfe;* bei jmdm. ~ finden; sich eine ~ verschaffen

rü|cken|schwim|men ⟨V. 400; nur im Inf. üblich⟩ auch: **Rü|cken schwim|men** ⟨V. 235/400(s.) od. (h.)⟩ *auf dem Rücken schwimmen;* er kann noch nicht ~; du schwimmst Rücken

Rück|fahrt ⟨f.; -, -en⟩ *Fahrt vom Ziel zum Ausgangspunkt zurück;* Ggs Hinfahrt

Rück|fall ⟨m.; -(e)s, -fäl|le⟩ **1** *Rückkehr in einen früheren (schlechteren) Zustand;* ein ~ in alte Gewohnheiten **2** ⟨Med.⟩ *Wiederauftreten einer scheinbar überwundenen Krankheit;* Sy Rückschlag (4); ein plötzlicher, heftiger ~; der Patient erlitt einen unerwarteten ~ **3** ⟨Rechtsw.⟩ *erneute Begehung der gleichen Straftat nach der verbüßten Strafe;* Diebstahl im ~ **4** ⟨veraltet⟩ *Heim-, Anheimfall, Zurückkehren von Gütern an den ursprünglichen Besitzer*

Rück|gang ⟨m.; -(e)s; unz.; fig.⟩ *Verringerung, Verschlechterung, Verfall;* ein ~ der Bevölkerung, eines Börsenpapiers, des Exports, des Geschäftsumsatzes, der Preise; in der Erzeugung ist ein ~ zu befürchten, eingetreten, zu verzeichnen

Rück|grat ⟨n.; -(e)s, -e⟩ **1** ⟨Anat.⟩ = *Wirbelsäule;* ein verkrümmtes, gerades ~ **2** ⟨fig.⟩ *Stütze, Grundlage;* das gute Bildungssystem ist das ~ der finnischen Wirtschaft • **2.1** das hat ihm wirtschaftlich das ~ gebrochen ⟨fig.; umg.⟩ *ihn wirtschaftlich vernichtet* **3** ⟨fig.⟩ *innere Festigkeit, Mut, zu seiner Überzeugung zu stehen;* ein Mensch ohne ~; ~ haben, zeigen

Rück|halt ⟨m.; -(e)s; unz.⟩ **1** *Halt, Stütze;* ich habe keinen, einen starken ~ an ihm; durch seine Eltern haben sie finanziellen ~; ihm fehlt jeder moralische ~ **2** ⟨veraltet⟩ *Vorbehalt;* etwas ohne ~ anerkennen

Rück|kehr ⟨f.; -; unz.⟩ *das Zurückkehren, Zurückkommen, Heimkehr, Fahrt zum Ausgangspunkt zurück, Heimreise;* wir erwarten heute seine ~; auf jmds. ~ warten; nach seiner ~

rück|läu|fig ⟨Adj. 24⟩ **1** *sich rückwärtsbewegend, rückwärtsgewandt, zu dem Ausgangspunkt zurückgehend;* ~e Bewegung, Entwicklung; die Investitionen sind zurzeit ~ **2** ~es **Wörterbuch** ⟨Sprachw.⟩ *W., in dem die Stichwörter vom Wortende her bis zum Wortanfang hin durchgehend alphabetisch geordnet sind*

rück|lings ⟨Adv.⟩ **1** *rückwärts, nach hinten, mit dem Rücken nach vorn od. nach unten;* ~ ins Wasser stürzen; er saß ~ auf dem Stuhl • **1.1** jmdn. ~ angreifen *aus dem Hinterhalt*

Ruck|sack ⟨m.; -(e)s, -sä|cke⟩ *auf dem Rücken getragener Sack aus Stoff, Leder od. Kunststoff;* ein schwerer ~; einen ~ packen, auf dem Rücken tragen

Rück|schlag ⟨m.; -(e)s, -schlä|ge⟩ **1** *das Zurückschlagen, z. B. des Balles* **2** *Rückstoß, Rückprall;* der ~ eines Gewehres **3** ⟨fig.⟩ *ungünstige Wendung nach anfänglich günstiger Entwicklung;* er hat seinen geschäftlichen ~ überwunden **4** ⟨Med.⟩ = *Rückfall (2);* der Patient erlitt einen ~

Rück|schluss ⟨m.; -es, -schlüs|se⟩ *logischer Schluss einer gedanklichen Überlegung auf eine vorangegangene;* den ~ ziehen, dass ...; sein Verhalten legt den ~ nahe, dass ...

Rück|schritt ⟨m.; -(e)s, -e; fig.⟩ *Verschlechterung, Rückfall in scheinbar Überwundenes;* Ggs Fortschritt; gegen den ~ kämpfen

Rück|sicht ⟨f.; -, -en⟩ **1** *Achtsamkeit auf die Interessen, Gefühle usw. anderer;* ~ nehmen auf jmdn. od. etwas; ~ üben gegenüber jmdm.; er kennt keine ~; etwas mehr ~ verlangen; er hat es an der nötigen ~ fehlen lassen; aus finanziellen, geschäftlichen ~en; aus ~ auf seine kranke Mutter hat er abgesagt; mit ~ auf seine Gesundheit; er ging ohne jede ~ vor; ohne ~ auf mich zu nehmen, hat er ... • **1.1** ohne ~ auf Verluste ⟨fig.; umg.⟩ *rücksichtslos, unter allen Umständen*

rück|sichts|los ⟨Adj.⟩ **1** *ohne Rücksicht handelnd, die Interessen u. Gefühle anderer nicht beachtend, selbstsüchtig* **2** *hart, streng, unnachgiebig;* ~ gegen jmdn. vorgehen

rück|sichts|voll ⟨Adj.⟩ *voller Rücksicht, Rücksicht nehmend*

Rück|spra|che ⟨f.; -, -n⟩ **1** *erkundende Besprechung über eine bestimmte Frage* **2** *(als Vermerk auf Geschäftsvorgängen) Aufforderung an den Bearbeiter, sich zu rechtfertigen od. die Sache zu erläutern;* etwas durch eine ~ klären; laut, nach ~ mit Herrn X • **2.1** mit jmdm. ~ **nehmen** *sich mit jmdm. besprechen*

Rück|stand ⟨m.; -(e)s, -stän|de⟩ **1** *zurückbleibender Stoff beim Filtern, Auspressen usw., Bodensatz, Abfall;* Rückstände von chemischen Schutzmitteln in Pflanzen; im Glas blieb ein dunkler ~ **2** *unbezahlter Rest einer Rechnung;* alle Rückstände eintreiben, bezahlen **3** *Verzug;* er ist mit seiner Arbeit, seinen Zahlungen in ~ geraten; er ist mit den Raten im ~

rück|stän|dig ⟨Adj.⟩ **1** ⟨90⟩ *restlich, übrig bleibend, noch unbeglichen;* ~e Zahlungen; mit 50 € ~ sein **2** ⟨fig.⟩ *überholten Ansichten anhängend, nicht fortschrittlich;* ~e Ansichten **3** *auf niederer Entwicklungsstufe verharrend;* das ist wirtschaftlich ~ es Land

Rück|tritt ⟨m.; -(e)s, -e⟩ **1** *Verzicht auf ein staatsleitendes Amt;* Sy Demission (1); der ~ eines Ministers, Kabinetts; seinen ~ erklären, anbieten **2** *die rückwirkende Vernichtung eines Vertrages durch einseitige*

rückwärtig

Erklärung **3** ~ **vom Versuch** ⟨Rechtsw.⟩ *ein Verhalten, das den Versuch als solchen straflos macht* **4** *Verzicht auf eine Vergünstigung*

rück|wär|tig ⟨Adj. 24/60⟩ *hinter jmdm. od. etwas befindlich, auf der Rückseite liegend;* die ~e Seite eines Hauses; ~e Zimmer; ~er Ausgang, Eingang

rück|wärts ⟨Adv.⟩ **1** *mit dem Rücken zuerst;* Ggs *vorwärts* (1) **2** *nach hinten, zurück, der ursprüngl. Bewegung entgegengesetzt;* zwei Schritte ~!

rück|wärts|fah|ren ⟨V. 130/400(s.)⟩ *im Rückwärtsgang fahren*

rück|wärts|ge|hen ⟨V. 145/400(s.)⟩ **1** *nach Rücken vorangehen;* er kann rückwärtsgehen **2** ⟨fig.; umg.⟩ *sich verschlechtern, zurückgehen;* mit seinem Geschäft, seiner Laufbahn soll es rückwärtsgehen

rück|wei|se ⟨Adv.⟩ *in Rucken, Stößen, stoßweise;* sich ~ vorwärtsbewegen; ein Tau ~ anziehen

Rück|wir|kung ⟨f.; -, -en⟩ **1** *Wirkung auf den Wirkenden od. die wirkende Kraft zurück;* die wechselseitige, vorteilhafte ~ **2** *Wirkung eines Gesetzes, einer Willenserklärung usw. auf einen bestimmten Zeitraum vorher;* Gehaltserhöhung mit ~ zum 1. Mai

Rück|zie|her ⟨m.; -s, -; fig.; umg.⟩ **1** ⟨fig.; umg.⟩ *Aufgabe zu hoch gespannter Ziele, Verkleinerung zu großer Pläne, halber Widerruf, Einlenkung;* einen ~ machen **2** ⟨Fußb.⟩ *das Schießen des Balls über den eigenen Kopf nach rückwärts*

Rück|zug ⟨m.; -(e)s, -zü|ge⟩ **1** *Rückwärtsbewegung (bes. von Truppen), das Sichzurückziehen, Sichabsetzen vom Feind, geordnete Flucht* • **1.1** den ~ antreten ⟨fig.⟩ *ein Vorhaben, einen Plan aufgeben*

rü|de ⟨Adj.⟩ *rau, ungeschliffen, roh;* ein ~s Benehmen; eine ~ Schlägerei; einen ~n Ton anschlagen

Rü|de ⟨m.; -n, -n⟩ *Männchen (von Hund, Wolf, Fuchs u. der Marderfamilie)*

Ru|del ⟨n.; -s, -⟩ **1** *zusammenlebende Gruppe (von Hirschen, Gämsen, Rehen, Wölfen)* **2** ⟨fig.; umg.⟩ *Schar, Ansammlung, große Gruppe;* ein ~ von Kindern

Ru|der ⟨n.; -s, -⟩ **1** *Steuer, Vorrichtung zum Steuern (eines Schiffes od. Flugzeugs);* das ~ halten • **1.1** das ~ der Regierung, des Staates führen, halten ⟨fig.⟩ *an der Spitze der R. stehen* • **1.2** am ~ sein ⟨fig.; umg.⟩ *an der Macht* • **1.3** am ~ sitzen ⟨fig.; umg.⟩ *die Macht ausüben, bestimmen* • **1.4** ans ~ kommen ⟨fig.; umg.⟩ *an die Macht, in eine einflussreiche Stellung kommen* **2** ⟨volkstüml.⟩ *an einem Ende flächig verbreiterte Stange zur Fortbewegung eines Ruderbootes;* Sy *Riemen;* die ~ auslegen, einziehen • **2.1** sich kräftig in die ~ legen • **2.1.1** kräftig rudern • **2.1.2** ⟨fig.; umg.⟩ *die Arbeit kräftig anpacken* **3** ~ des **Schwans** ⟨Jägerspr.⟩ *Fuß*

ru|dern ⟨V.⟩ **1** ⟨400(s.) od. (h)⟩ *sich mit Rudern in einem Boot fortbewegen;* gegen die Strömung ~; wir sind gestern über den See gerudert; wir haben zu viert gerudert; um die Wette ~ **2** ⟨416⟩ **mit etwas** ~ ⟨fig.⟩ *Bewegungen machen wie mit einem Ruder;* mit den Armen ~; die Enten, Schwäne ruderten mit ihren Füßen **3** ⟨500⟩ **jmdn.** od. **etwas** ~ *mit Rudern fortbewegen;* ich habe das Boot ans andere Ufer gerudert; der Fährmann hat die Passagiere ans Land gerudert; wir haben den Kahn durch einen Strudel gerudert

Ru|di|ment ⟨n.; -(e)s, -e⟩ **1** *Rest, Überbleibsel, Bruchstück* **2** ⟨Biol.⟩ *verkümmertes Organ, Rest zurückgebildeter Körperteile od. Gliedmaßen*

Rü|eb|li ⟨n.; -s, -s; schweiz.⟩ = *Möhre*

Ruf ⟨m.; -(e)s, -e⟩ **1** *laute, meist kurze Äußerung, laut gesprochenes Wort;* der ~ des Wachtpostens; ein ~ erschallt, ertönt; die anfeuernden ~e der Zuschauer; gellende ~e schreckten uns auf • **1.1** *Aufforderung zum Kommen;* das Kind folgte dem ~ der Mutter; auf seinen ~ hin erschien …; der ~ der Glocke zum Kirchgang ⟨fig.⟩; sie folgt dem ~ ihres Herzens ⟨fig.⟩ **2** *Äußerung von Tieren, bes. Vögeln;* Vogel~; der ~ der Eule; ich vernahm den ~ des Kuckucks **3** ⟨umg.⟩ *Aufruf, Appell;* der ~ zu den Waffen • **3.1** ~ zur Ordnung *Aufforderung zur Ordnung* **4** ⟨unz.⟩ *(guter) Leumund, Ansehen;* einen guten ~ genießen; er erfreut sich keines guten ~es; sie hat einen guten ~; du hast einen guten ~ zu verlieren; er hat hier einen guten ~ als Chirurg; in gutem, üblem ~ stehen; er ist besser als sein ~; das wird deinem ~ abträglich sein; das wird deinem ~ schaden; er wird seine noch in schlechten ~ bringen; sein ~ ist zweifelhaft; dadurch, damit hat er seinen ~ aufs Spiel gesetzt; sie hält auf ihren ~; ihm geht der ~ eines erfahrenen Pädagogen voraus • **4.1** er kam in den ~, ein Verräter zu sein *er wurde als V. angesehen* • **4.2** er steht im ~e eines Betrügers, ein Betrüger zu sein *man sagt von ihm, dass er ein B. ist* • **4.3** eine Firma **von** ~ *eine berühmte, bekannte F.* **5** ⟨veraltet⟩ *Gerücht;* der ~ der Ereignisse drang bis ins kleinste Dorf **6** *Angebot (eines Engagements), Berufung (an ein Amt, einen Posten, auf einen Lehrstuhl);* ich bekam einen ~ an ihn, die Regie des neuen Stückes zu übernehmen; er erhielt einen ~ an die Universität München; er folgt dem ~ an die Universität Zürich **7** ⟨Jägerspr.⟩ *Lockpfeife*

ru|fen ⟨V. 204⟩ **1** ⟨400⟩ *die Stimme laut ertönen lassen;* anhaltend, aufgeregt, wiederholt, wütend, zornig ~; der Kuckuck ruft im Frühjahr; hat da nicht jmd. um Hilfe gerufen? **1.1** ⟨513/Vr 3⟩ **sich** … ~ *durch Rufen … werden;* ich musste mich heiser ~, bis er kam **2** ⟨800⟩ **nach jmdm.** od. **einer Sache** ~ *jmdn. od. eine S. herbeirufen, rufend nach jmdm. od. einer Sache verlangen;* sie habe lange nach dir gerufen; der Patient rief nach der Schwester; der Gast hat nach der Bedienung gerufen **3** ⟨500⟩ **etwas** ~ *laut, mit weittragender Stimme aussprechen, verkünden;* Alarm ~; „komm schnell!", rief er; mir ist, als hörte ich „Hilfe!" ~ **4** ⟨402/Vr 8⟩ **(jmdn.** od. **etwas)** ~ *kommen lassen (durch Anruf, Erinnerung), herbeiholen, herbeirufen;* den Arzt ~; einen Krankenwagen ~; ich habe laut und deutlich gerufen!; bitte ~ Sie ihn, lassen Sie ihn ~; jmdn. zu Hilfe ~; ich muss gehen, die Pflicht ruft; der Tod ruft ⟨poet.⟩ • **4.1** ⟨511⟩ Gott hat ihn zu sich gerufen ⟨poet.⟩ *er ist gestorben* • **4.2** ⟨511⟩ jmdn. zur Ordnung, zur Sache ~ *auffordern, sich ordentlich, sachlich zu benehmen* • **4.3** ⟨511⟩ niemand hatte ihn auf den Plan gerufen *er mischte sich ungebeten ein* • **4.4** (jmdm.) **wie gerufen kom-**

men ⟨umg.⟩ *(für jmdn.) gerade im rechten Augenblick kommen; du kommst wie gerufen* • **4.5** ⟨800⟩ **zu etwas ~** *zur Teilnahme an etwas auffordern;* jmdn. zum Essen ~; der Gong ruft zum Essen; die Glocke ruft alle zum Kirchgang; das Horn ruft zur Jagd • **4.6** ⟨531/Vr 4 od. Vr 5⟩ **jmdm. etwas ins Gedächtnis ~** *vergegenwärtigen, jmdn. od. sich an etwas erinnern;* man muss sich diese ersten Jahre nach der Wende wieder einmal ins Gedächtnis ~ • **4.7** ⟨600⟩ **jmdm. ~** ⟨bes. oberdt.⟩ *zurufen (dass er kommen solle);* gehst du hin zu ihm, oder soll ich ihm ~? **5** ⟨513⟩ **jmdn. od. ein Tier (bei, mit einem bestimmten Namen) ~** *nennen, anreden;* wir ~ ihn Hansi

Rüf|fel ⟨m.; -s, -; umg.⟩ *Verweis, Rüge, Tadel;* er hat einen ~ bekommen; er musste einen ~ einstecken; jmdm. einen ~ erteilen

Rug|by ⟨[rʌɡbi] n.; -s; unz.; Sp.⟩ *Spiel zwischen zwei Mannschaften mit einem eiförmigen Lederball, der mit Händen u. Füßen gespielt werden darf*

Rü|ge ⟨f.; -, -n⟩ *Tadel, Verweis, Zurechtweisung;* eine ~ bekommen, erhalten; jmdm. eine ~ erteilen; eine deutliche, empfindliche, scharfe, versteckte ~; eine ~ für ein Versäumnis; eine ~ wegen unentschuldigten Fehlens, wegen Zuspätkommens; eine ~ einstecken ⟨umg.⟩

rü|gen ⟨V. 500⟩ **1** jmdn. ~ *tadeln, zurechtweisen;* er wurde für seine Unordentlichkeit gerügt **2** *etwas ~ bemängeln, kritisieren;* jmds. Unzuverlässigkeit ~

Ru|he ⟨f.; -; unz.⟩ **1** *Schweigen, Stille;* bitte einen Augenblick ~!; plötzlich trat ~ ein; ~ gebieten; der Redner musste sich erst ~ verschaffen; die ~ wiederherstellen; die Schüler zur ~ ermahnen; ~ da! ⟨umg.⟩ • **1.1** gebt ~, Kinder! *lärmt nicht mehr* • **1.2** er hat endlich in dieser Sache ~ gegeben ⟨fig.⟩ *er besteht nicht mehr darauf* • **1.3** die ~ vor dem Sturm ⟨a. fig.⟩ *Spannung vor einer Auseinandersetzung* **2** *ungestörter Zustand;* in ~ und Frieden leben • **2.1** ~ geben, halten *nicht stören* • **2.2** gib doch endlich ~! *sei ruhig, behellige mich nicht mehr damit* • **2.3** er möchte seine ~ haben *ungestört bleiben* • **2.4** jmdm. keine ~ lassen *jmdn. dauernd stören, bedrängen* • **2.5** lass ihn jetzt in ~! *störe ihn nicht!* • **2.6** das muss ich mir erst in ~ überlegen *so schnell kann ich mich nicht entscheiden* • **2.7** man hat mich lange genug in ~ gewiegt ⟨geh.⟩ *über Schwierigkeiten, Gefahren hinweggetäuscht* • **2.8** nun hat die liebe Seele endlich Ruh'! ⟨fig.; umg.⟩ • **2.8.1** *nun hat man endlich deinen Wunsch erfüllt (nachdem du mir lange genug damit in den Ohren gelegen hast)!* • **2.8.2** ⟨auch iron.⟩ *durch Schaden ist er, bin ich endlich klug geworden* **3** *Zustand der Ordnung, der (öffentlichen) Sicherheit;* die nächtliche, öffentliche ~ stören • **3.1** *Frieden;* Waffen~ **4** *Ausruhen, Schlaf, Erholung, Rast;* (keine) ~ finden; der Kranke braucht dringend ~; du solltest dir mehr ~ gönnen; im Urlaub ~ suchen; wir sehnen uns nach ~; ich habe ein großes Bedürfnis nach ~; nach dem Umzug bin ich noch nicht zur ~ gekommen; die ~ des Friedhofes, des Grabes; Herr, gib, schenke ihm die ewige ~; angenehme ~! (als Gute-Nacht-Gruß) • **4.1** die Kinder müssen jetzt zur ~ gehen *schlafen*

gehen • **4.2** sich zur ~ begeben, legen *schlafen gehen* • **4.3** ich sollte so etwas endlich zur ~ setzen *in den Ruhestand treten, aufhören mit Arbeiten;* →a. ewig (1.1.2), letzte(r, -s) (1.8.5) **5** *Kaltblütigkeit, Gleichmut, innere Ausgeglichenheit;* ~ ausstrahlen; die ~ bewahren; diese Sorgen nehmen, rauben, stehlen mir meine ~; er ist die ~ selbst; eine grenzenlose, unerschütterliche ~ besitzen; er lässt sich nicht aus der ~ bringen; in aller ~ die Vorbereitungen treffen; ohne aus der ~ zu kommen; ~ ist die erste Bürgerpflicht ⟨Sprichw.⟩ • **5.1** immer mit der ~! ⟨umg.⟩ *nicht so hastig* • **5.2** nur die ~ kann es bringen ⟨umg.⟩ *mit Hast kann nichts gelingen* • **5.3** er hat die ~ weg ⟨umg.⟩ *er ist durch gar nichts zu erschüttern, nichts regt ihn auf* **6** *Stillstehen, Stillliegen, Unbeweglichkeit, Stillstand;* ein Körper, eine Maschine, ein Pendel in ~

ru|he|los ⟨Adj.⟩ *ohne Ruhe zu finden, rastlos, unruhig;* er ist in letzter Zeit sehr ~; in einer ~en Zeit leben

ru|hen ⟨V.⟩ **1** ⟨400⟩ *schlafen, ausruhen;* nach dem Mittagessen eine Stunde ~; ~de Venus (Gemäldebezeichnung); nach dem Essen soll man ruhn oder tausend Schritte tun ⟨Sprichw.⟩ • **1.1** ⟨513/Vr 3; unpersönl.⟩ **es ruht sich gut, schlecht** *(unter bestimmten Umständen) man kann (unter bestimmten Umständen) gut, schlecht ausruhen, schlafen;* es ruht sich sehr gut nach harter Arbeit, in diesem Bett • **1.2** ⟨400⟩ *rasten, sich erholen, sich entspannen;* ihr Kopf ruhte an seiner Schulter; nach getaner Arbeit ist gut ruhn ⟨Sprichw.⟩ • **1.2.1** im Urlaub will ich den Geist ~ lassen ⟨scherzh.⟩ *mich geistig nicht anstrengen, nur faulenzen;* ⟨aber Getrennt- u. Zusammenschreibung⟩ ~ lassen = ruhenlassen • **1.2.2** *nicht ~ und rasten bis ... unermüdlich tätig sein, sich dafür einsetzen, dass ...* • **1.3** ⟨400⟩ *etwas ruht* ⟨fig.⟩ *ist (vorübergehend) nicht in Funktion, geht (zeitweilig) nicht weiter* • **1.3.1** der Acker ruht *liegt brach* • **1.3.2** die Arbeit ruht während des Streiks *ist zum Stillstand gekommen* • **1.3.3** die Verhandlungen ~ *sind unterbrochen* • **1.3.4** die Sache ruht vorläufig *bleibt unentschieden, wird nicht vorangetrieben* • **1.3.5** ⟨400⟩ der Vertrag ruht (bis zu einer gerichtlichen Klärung) *ist außer Kraft, außer Geltung* • **1.3.6** die Waffen ~ *es wird nicht gekämpft* • **1.3.7** ~der **Verkehr** *Straßenverkehr, bei dem sich Fahrzeuge in Ruhe befinden, das Parken u. Halten von Fahrzeugen auf öffentlichen Straßen u. Plätzen;* Ggs fließender Verkehr, → fließen (1.2) • **1.4** ⟨400⟩ jmd. ruht ⟨fig.⟩ *ist gestorben, tot;* ruhe sanft! (Grabinschrift); hier ruht (in Gott)... (Grabinschrift) • **1.4.1** er ruht nun in Frieden *er ist tot* • **1.4.2** die Toten soll man ~ lassen *über die Toten soll man nichts Böses sprechen;* ⟨aber Getrennt- u. Zusammenschreibung⟩ ~ lassen = ruhenlassen • **1.4.3** *beerdigt sein (bes. in Grabüberschriften)* • **1.5** ⟨411⟩ **etwas ruht in etwas** ⟨fig.⟩ *liegt in etwas, ist in etwas aufbewahrt;* sein Geld ruht im Tresor • **1.6** ⟨400⟩ *still, bewegungslos, ruhig sein* • **1.6.1** ~der **Pol** ⟨fig.⟩ *jmd., der eine beruhigende Wirkung kraft der eigenen Ruhe ausübt;* die Mutter ist der ~de Pol dieser unruhigen Familie **2** ⟨411⟩ **etwas ruht**

auf jmdm. od. **etwas** *baut sich auf, liegt, lastet, beruht auf, wird getragen von;* die Brücke ruht auf mehreren Pfeilern; ein Fluch, ein Segen ruht darauf; die hierauf ~den Steuern; die ganze Last der Verantwortung ruht auf mir; der Verdacht ruht auf ihm **3** ⟨411⟩ **Blicke, Augen ~ auf jmdm.** od. **etwas** *sind auf jmdn.* od. *etwas gerichtet, geheftet;* seine Blicke ruhten mit Wohlgefallen auf ihr

ru|hen|las|sen *auch:* **ru|hen las|sen** ⟨V. 175/500; fig.⟩ *etwas ~* **1** *vorläufig nicht erörtern;* eine Frage, Angelegenheit ~ **2** *zeitweilig nicht ausüben, nicht wahrnehmen;* ein Amt, eine Mitgliedschaft ~; →a. *ruhen (1.2.1, 1.4.2)*

Ru|he|stand ⟨m.; -(e)s; unz.⟩ *Stellung eines im Alter aus dem Dienst ausgeschiedenen Beamten od. Offiziers;* Sy *Pension (2);* im ~ ⟨Abk.: i. R.⟩; in den ~ gehen, treten; sich in den ~ versetzen lassen; der wohlverdiente ~

ru|hig ⟨Adj.⟩ **1** *bewegungslos, unbeweglich, unbewegt;* jmdn. mit ~em Blick beobachten; ~e See; ~es Wetter • **1.1** ⟨fig.⟩ *gedeckt, keine Kontraste aufweisend (in der Farbgebung)* **2** *keine Störung bewirkend, ungestört* • **2.1** *nicht aufgeregt, sicher* • **2.1.1** als Chirurg muss er eine ~e Hand haben *darf er nicht zittern* • **2.1.2** nur ~ (Blut)! *keine Aufregung!* • **2.2** *ohne Lärm, geräuschlos, still, schweigend;* sie sind ~e Mieter; wir müssen uns jetzt ganz ~ verhalten • **2.2.1** sei doch endlich einmal ~! *rede doch bitte nicht unaufhörlich!* • **2.2.2** sei ~! *sprich jetzt nicht, reg dich nicht auf* • **2.3** *gleichmäßig, geordnet;* ~er Seegang; alles geht seinen ~en Gang • **2.3.1** der Motor läuft ~ *leise u. gleichmäßig* • **2.4** *lärmfrei, abgelegen, friedlich;* eine ~e Gegend; ich möchte ein ~es Zimmer haben (im Hotel) **3** *ohne Hast, in Muße;* wir haben ~e Tage, Wochen dort verlebt; wir führen ein sehr ~es Leben; wir haben jetzt eine ~e Zeit im Geschäft • **3.1** ⟨60⟩ er schiebt eine ~e Kugel ⟨fig.; umg.⟩ *führt ein geruhsames Leben* **4** *ausgeglichen;* er ist ein sehr ~er Mensch; sie muss ~er werden • **4.1** ich habe ein ~es Gewissen *ein gutes G.* • **4.2** du musst ~ bleiben *kaltblütig, furchtlos* • **4.3** er sah ihm ~ in die Augen *gelassen, gefasst* **5** ⟨50⟩ *ohne weiteres, unbesorgt, ohne Bedenken, durchaus;* du kannst ~ mitkommen; du kannst es ihm ~ sagen; du kannst es dir ~ noch einmal überlegen **6** ⟨Getrennt- u. Zusammenschreibung⟩ • **6.1** ~ stellen = *ruhigstellen (I)*

ru|hig|stel|len *auch:* **ru|hig stel|len** ⟨V. 500; Med.⟩ **I** ⟨Zusammen- u. Getrenntschreibung⟩ ein (gebrochenes, verletztes) **Körperteil** ~ *bewegungslos machen, stilllegen, in eine Ruhelage bringen* **II** ⟨nur Zusammenschreibung⟩ jmdn. (einen Patienten) ruhigstellen *durch Verabreichung von Medikamenten beruhigen*

Ruhm ⟨m.; -(e)s; unz.⟩ *durch hervorragende Taten errungenes hohes Ansehen in der Öffentlichkeit;* eitler, falscher, kurzer, nichtiger, verblassender, vergänglicher ~; ewiger, großer, unsterblicher, verdienter, wahrer ~; ~ davontragen, erlangen, ernten, erringen, erwerben; sich seines ~es erfreuen; zu ~ und Ehren gelangen; den Gipfel, die Höhe seines ~es erreichen; die Zeitungen sind seines ~es voll; dieses Gemälde, Kunstwerk hat seinen ~ begründet; dieses Werk wird ihm ~ einbringen; zu seinem ~(e); sein ~ lebt weiter, verblasst allmählich; er sonnt sich in seinem ~; er hat seinen ~ noch erlebt; da hast du dich ja nicht gerade mit ~ bedeckt, bekleckert! ⟨fig.; umg.⟩

rüh|men ⟨V. 500⟩ **1** ⟨Vr 7 od. Vr 8⟩ **jmdn.** od. **eine Sache ~** *jmds.* od. *einer S. Ruhm verkünden, jmdn.* od. *etwas loben, preisen, lobend hervorheben;* man kann ihn deshalb nicht genug ~; jmdn. laut, außerordentlich ~; man rühmt ihre Schönheit, seine Unparteilichkeit, deinen Fleiß; er wurde als Vorbild gerühmt; er macht nicht viel Rühmens von seinen Leistungen; das muss besonders ~d hervorgehoben werden • **1.1** ⟨550⟩ **eine Sache an jmdm. ~** *hoch schätzen;* ich muss an ihm besonders seinen Fleiß ~; er hat an ihm die Zuverlässigkeit, Klugheit gerühmt **2** ⟨540/Vr 3⟩ **sich einer Sache ~** *auf eine S. stolz sein, sie stolz verkünden, mit ihr prahlen;* ich rühme mich, sagen zu dürfen, dass …; ohne mich ~ zu wollen, darf ich sagen …; ich will mich meiner Tat nicht ~, aber ich muss doch sagen …

rühm|lich ⟨Adj.⟩ *lobenswert, löblich;* eine ~e Ausnahme bilden; sich ~ hervortun

Ruhr ⟨f.; -; unz.⟩ *infektiöse Darmerkrankung mit heftigen Durchfällen;* an der ~ sterben

Rühr|ei ⟨n.; -(e)s, -er⟩ *verquirltes, in der Pfanne kurz gebratenes Ei;* zum Frühstück ~ essen

rüh|ren ⟨V.⟩ **1** ⟨500⟩ **eine Flüssigkeit, Masse ~** *kreisend, drehend bewegen, vermischen, vermengen;* Gips, Teig ~ • **1.1** ⟨511⟩ **etwas in etwas ~** *unter Rühren beifügen;* anschließend wird das Ei in den Teig gerührt **2** ⟨500/Vr 7⟩ **sich** od. **etwas ~** *bewegen;* er kann sich nicht ~ vor Schmerzen; ~ Sie sich nicht vom Fleck, von der Stelle!; verschlafen die Glieder ~; ~!, rührt euch! ⟨militär. Kommando⟩ • **2.1** ⟨Vr 3⟩ es hat sich nichts gerührt *alles blieb ruhig* • **2.2** die Wanderung hat mich angestrengt, ich kann kein Glied mehr ~ *jede Bewegung fällt mir schwer* • **2.3** ⟨Vr 3⟩ kein Blättchen, Hälmchen, Lüftchen rührt sich *es ist ganz windstill* • **2.4** ⟨Vr 3⟩ bei meinem Taschengeld kann ich mich nicht ~ ⟨fig.; umg.⟩ *es ist so wenig, dass ich dadurch finanziell eingeengt bin* • **2.5** keinen Finger ~ *nicht mitarbeiten, nicht helfen* • **2.5.1** sie rührt zu Hause keinen Finger *sie tut im Haushalt nichts, hilft nicht* • **2.6** ⟨510⟩ **sich nicht mehr ~** *tot sein;* er lag da und rührte sich nicht mehr • **2.7 sich, alle Kräfte ~** ⟨fig.; umg.⟩ *tätig sein, sich anstrengen;* er muss sich schon ~, wenn er fertig werden will • **2.8** ⟨Vr 3⟩ **sich ~** ⟨fig.; umg.⟩ *sich bemerkbar machen, sich melden;* sein Gewissen rührte sich • **2.8.1** rühr dich rechtzeitig! *mach dich bemerkbar, melde dich;* →a. *Donner (1.1)* **3** ⟨411⟩ **an etwas ~** *etwas anfassen, etwas berühren, betasten, etwas bewegen;* rühre nicht daran! • **3.1** ⟨fig.⟩ *von etwas sprechen, etwas erwähnen;* an diese Begebenheit darf man bei ihm nicht ~ • **3.1.1** wir wollen nicht daran ~ *wir wollen die Sache ruhenlassen, nicht davon sprechen* **4** ⟨414⟩ **etwas rührt von jmdm.** od. **etwas** ⟨geh.⟩ *kommt,*

rund

stammt von jmdm. od. etwas; diese Schwellung rührt von einem Schlag • **4.1** sein Zustand rührt daher, dass ... *erklärt sich aus ..., ist bestimmt durch ...* **5** ⟨500⟩ **jmdn. ~** *gefühlvolle Stimmung, Rührung, Mitleid bewirken bei jmdm., jmdn. innerlich berühren;* jmdn. zu Tränen ~; das alles konnte ihn nicht ~; ihr Anblick rührte mich; sein Leid rührte ihr (ans) Herz; jmds. Herz ~ ⟨poet.⟩ • **5.1** ⟨m. Modalverb⟩ muss das nicht jeden ~? *kann das jmdn. gleichgültig lassen?* • **5.2** ein menschliches Rühren verspüren ⟨geh.; a. scherzh.⟩ *Hunger od. den Drang, sich zu entleeren, verspüren* **6** ⟨500⟩ **jmdn.** rührt **jmdn.** ⟨umg.⟩ *jmd. erleidet einen Schlaganfall;* ihn hat der Schlag gerührt • **6.1** mich hat fast der Schlag gerührt, ich glaube, mich rührt(e) der Schlag *ich war ganz überrascht, fassungslos, sehr erschrocken* **7** ⟨500⟩ die **Trommel** ~ ⟨Mus.⟩ *schlagen* • **7.1** die Reklametrommel, Werbetrommel ~ ⟨fig.⟩ *kräftig werben, Reklame machen*

rüh|rend **1** ⟨Part. Präs. von⟩ **rühren** **2** ⟨Adj.⟩ *das Gemüt bewegend, zu Herzen gehend, das Herz erwärmend;* ein ~er Anblick; eine ~e Begebenheit, Geschichte, Szene; seine ~en Worte taten mir gut; er hat einen ~en Beileidsbrief geschrieben; was für ein ~es Bild!; es ist ~ zu sehen, wie er ... • **2.1** *liebevoll, aufopfernd, selbstlos;* auf ~e, in ~er Weise für jmdn. sorgen; das ist ~ von dir!; er ist ~ zu dem Kind

rüh|rig ⟨Adj.⟩ *tätig, unternehmungslustig, flink, emsig;* ein ~er Mensch; immer ist sie ~

rühr|se|lig ⟨Adj.⟩ **1** *zu Rührung neigend, (übertrieben) gefühlvoll, tränenreich;* sie ist sehr ~ **2** *mit starken Mitteln Rührung verursachend;* ein ~es Buch; der Film war ~

Rüh|rung ⟨f.; -; unz.⟩ **1** *innere Bewegung, Bewegtsein, Ergriffenheit, weiche Stimmung, Mitgefühl;* ~ empfinden, erwecken, hervorrufen; mich überkam, übermannte die ~; etwas mit ~ anhören, betrachten, lesen; vor ~ kamen ihr die Tränen; sie konnte vor ~ kaum sprechen; sie weinte vor ~ • **1.1** auf den Gesichtern las man die ~ *konnte man die R. erkennen*

Ru|in ⟨m.; -s; unz.⟩ **1** *Zusammenbruch, Untergang, Verfall;* geschäftlicher, moralischer, wirtschaftlicher ~; das Land, dieses Unternehmen geht dem, seinem ~ entgegen; das ist mein ~! • **1.1** *Verlust des Vermögens;* der ~ war nicht aufzuhalten **2** er ist mein ~! ⟨umg.⟩ *mein Verderben*

Ru|i|ne ⟨f.; -, -n⟩ **1** *Reste eines zerstörten Bauwerks;* die malerisch gelegene ~ der Burg ist ein beliebtes Ausflugsziel **2** ist nur noch eine ~ ⟨fig.; umg.⟩ *ein körperlich völlig verfallener Mensch*

ru|i|nie|ren ⟨V. 500/Vr 7 od. Vr 8⟩ **1** jmdn. od. **etwas** ~ *zerstören, (wirtschaftlich) zugrunde richten, (gesellschaftlich) vernichten;* du wirst noch deine Gesundheit ~; seine Spielleidenschaft hat ihn ruiniert **2** **etwas** ~ *(mutwillig) schwer beschädigen, verderben;* die Beete im Garten sind durch den Regen ruiniert

rülp|sen ⟨V. 400⟩ *hörbar aufstoßen;* derb ~; laut ~

rum ⟨Adv.; umg.; kurz für⟩ *herum*

Rum ⟨m.; -s, -s⟩ *Branntwein aus Rohrzucker*

Rum|ba ⟨m.; -s, -s; fachsprachl. f.; -, -s; Mus.⟩ *aus einem kubanischen Volkstanz hervorgegangener Gesellschaftstanz im $^4/_4$-Takt*

Rum|mel ⟨m.; -s; unz.⟩ **1** *Lärm u. Getriebe, Menschengewühl u. Geschrei;* ich habe diesen ~ gründlich satt **2** *Jahrmarkt, Vergnügungspark;* auf den ~ gehen **3** *Gerümpel, Plunder, Trödelkram*

ru|mo|ren ⟨V. 410⟩ **1** *lärmen, poltern, dumpfe Geräusche von sich geben;* die Kinder rumorten im Keller; die Pferde ~ im Stall; es rumort im Schornstein • **1.1** es rumort in seinem Magen ⟨fig.⟩ *rumpelt* **2** ⟨fig.⟩ *Unruhe hervorrufen;* Zorn, Unwille rumort in ihm

rum|peln ⟨V. 400(h. od. s.)⟩ **1** ⟨umg.⟩ *dumpf polternd (über grobes Pflaster) fahren;* durch die Straßen ~ **2** ⟨400⟩ *ein dumpfes, polterndes Geräusch verursachen, erzeugen;* er rumpelt mit den Koffern, Kisten; es rumpelt auf dem Dachboden; was rumpelt und pumpelt in meinem Bauch herum? (aus dem Märchen „Der Wolf und die sieben Geißlein") • **2.1** es hat gerumpelt *leise gedonnert*

Rumpf[1] ⟨m.; -(e)s, Rümpfe⟩ **1** *menschlicher od. tierischer Körper ohne Kopf u. Glieder, Leib;* Kopf, ~ und Glieder; den ~ beugen, drehen, strecken (beim Turnen) **2** ⟨fig.⟩ *Körper des Schiffes od. Flugzeugs ohne Masten bzw. Tragflächen u. Fahrgestell;* Schiffs~, Flugzeug~

Rumpf[2] ⟨m.; -(e)s, Rümpfe; schweiz.⟩ **1** *Falte (im Stoff)* **2** *zerknitterter Stoff, zerknitterte Masse* **3** (jmd. ist) **am** (od.) **an** einem ~ *zum Umfallen müde, völlig erschöpft*

rümp|fen ⟨V. 505⟩ (**über jmdn. od. etwas**) die **Nase** ~ **1** *die N. als Ausdruck der Verachtung od. Missbilligung in Falten ziehen* **2** ⟨fig.⟩ *verächtlich über jmdn. od. etwas sprechen*

Rump|steak ⟨[rʊmpsteːk] n.; -s, -s⟩ *kurzgebratene Scheibe vom Lendenstück des Rinds*

Run ⟨[rʌn] m.; -s, -s; umg.⟩ *Ansturm auf etwas, das sehr begehrt u. nicht in ausreichender Menge vorhanden ist (Waren, Eintrittskarten u. Ä.);* ein ~ auf die Eintrittskarten begann

rund ⟨Adj.⟩ **1** *kugel-, kreis-, ringförmig, abgerundet, gewölbt;* ein ~er Tisch • **1.1** ⟨70⟩ das Kind machte ~e **Augen**, als es den Geburtstagstisch sah ⟨a. fig.⟩ *es staunte (mit großen Augen)* • **1.2** ⟨60⟩ Konferenz **am** ~en/Runden Tisch ⟨fig.⟩ *unter gleichberechtigten Teilnehmern* • **1.2.1** am ~en/Runden Tisch verhandeln *in einer kollegialen, freundschaftlichen Runde;* →a. Round Table **2** *dick, rundlich, pausbäckig;* ~e Arme, Bäckchen, Backen, Schultern haben; sich dick und ~ essen; dick und ~ werden **3** ⟨fig.⟩ *vollendet (geformt), voll;* ein ~er Klang, Ton **3.1** ⟨60⟩ es war ein ~es Fest ⟨umg.⟩ *geglücktes, herrliches Fest* **4** ⟨60⟩ eine ~e **Zahl** *eine auf- od. abgerundete, durch 10 od. 100 od. auch durch 5 teilbare Z.;* die ~e Summe von 1200 Euro **5** ⟨50⟩ *ungefähr, etwa;* ~ 200 Euro soll es kosten; ~ eine Stunde musste ich warten **6** ⟨50⟩ *im Kreis;* in einer Weltraumkapsel ~ um die Erde fliegen; eine Plauderei ~ um das Problem der richtigen Ernährung ⟨fig.⟩ • **6.1** heute ging's wieder einmal ~ ⟨fig.; umg.⟩ *es war viel los, viel zu tun*

Rund|brief ⟨m.; -(e)s, -e⟩ = *Rundschreiben*
Run|de ⟨f.; -, -n⟩ **1** *Kreis, Umkreis, Umgebung;* 20 Schritt in der ~ • **1.1** in der ~ singen *im Chor singen (von allen, die in einem Kreis sitzen)* **2** *Gesellschaft rund um den Tisch (Tafelrunde, Stammtischrunde), Kreis von Menschen;* in fröhlicher ~ beisammensitzen; er war in unserer ~ willkommen • **2.1** eine ~ Bier, Schnaps (ausgeben), spendieren, stiften ⟨umg.⟩ *für alle Anwesenden je ein Glas (Bier, Schnaps) zahlen* **3** *kreisförmige Bewegung;* drei ~n auf dem Karussell fahren • **3.1** die ~ **machen** • **3.1.1** *einen Bezirk prüfend abschreiten, von einem zum anderen weitergegeben werden, der Reihe nach jeden in einer Gesellschaft begrüßen* • **3.1.2** ⟨fig.; umg.⟩ *bekanntwerden, weitererzählt werden;* das Gerücht, dass ... machte die ~ **4** ⟨Sp.⟩ *kreisförmige Bahn um einen Sportplatz* • **4.1** *(einmal zurückgelegter) Weg rund um diese Bahn;* er lief 25 ~n (beim 10 000-m-Lauf); in der dritten ~ gab es einen Zusammenstoß **5** ⟨Sp.⟩ *(meist zeitlich begrenzter) Abschnitt eines Wettkampfes (z. B. beim Boxen);* er gewann durch K. o. in der vierten ~ • **5.1** gerade noch über die ~n kommen ⟨fig.; umg.⟩ *es eben noch schaffen* • **5.2** das hätten wir gut über die ~n gebracht ⟨fig.; umg.⟩ *erfolgreich beendet*
Run|dell ⟨n.; -s, -e; Nebenform von⟩ = *Rondell (1)*
run|den ⟨V. 500⟩ **1** etwas ~ *rund machen, rund formen, abrunden;* die Lippen ~; die Katze rundete den Rücken **2** ⟨Vr 3⟩ sich ~ *rund werden;* der Mond rundet sich zur vollen Scheibe; eine gerundete Stirn **3** ⟨Vr 3⟩ sich ~ *sich vervollständigen;* so rundet sich das Bild, die einzelnen Teile ~ sich zu einem geschlossenen Ganzen • **3.1** ein **Jahr** rundet sich *geht zu Ende*
run|der|neu|ern ⟨V. 500; nur im Inf. u. Perf.⟩ **Autoreifen** ~ *abgefahrene Autoreifen mit einem neuen Profil versehen;* er hat an seinem Wagen runderneuerte Reifen aufziehen lassen
Rund|funk ⟨m.; -s; unz.⟩ **1** *Übertragung von Wort- u. Tonsendungen an ein Netz von Empfängern;* Sy *Radio (2);* ich habe eben im ~ die Nachrichten gehört **2** ⟨Sammelbez. für⟩ *Hörfunk u. Fernsehen* **3** *die Stelle, in der diese Sendungen gesammelt, verarbeitet bzw. vorbereitet u. übertragen werden, Sender;* beim ~ arbeiten; der ~ überträgt heute die zweite Halbzeit des Fußballländerspiels **4** ⟨veraltet⟩ = *Radio (1);* den ~ ausschalten, einschalten
Rund|gang ⟨m.; -(e)s, -gän|ge⟩ **1** *Gang in der Runde, im Kreis, durch ein Gebäude, einen Bezirk als Spaziergang, Besichtigungsgang od. zur Prüfung, Bewachung;* der Wächter macht den planmäßigen ~; den ~ antreten **2** ⟨Arch.⟩ *kreis- od. halbkreisförmiger Gang, Wandelgang*
rund|her|aus *auch:* **rund|he|raus** ⟨Adv.⟩ *offen, ohne Umschweife;* etwas ~ bekennen, erklären, fordern, verbieten, zugeben; ~ gesagt ...
rund|her|um *auch:* **rund|he|rum** ⟨Adv.⟩ **1** *ringsum, ringsumher, im Umkreis;* der Ort ist ~ von Wald umgeben **2** *im Kreis um einen Mittelpunkt;* das Windrad dreht sich ~
rund|lich ⟨Adj.⟩ **1** *annähernd rund;* ein ~er Kiesel-

stein; die Steine sind ~ geschliffen **2** *dicklich, füllig;* ein kleiner, ~er Mann; er ist ein wenig ~ (geworden)
Rund|schrei|ben ⟨n.; -s, -⟩ *Brief, der entweder von einem Empfänger an den nächsten weitergeleitet wird usw. od. der in mehreren Exemplaren an mehrere Empfänger verschickt wird;* Sy *Rundbrief*
rund|um ⟨a. [-'-] Adv.⟩ *rings, im Umkreis;* es gab ~ nur Wiesen und Felder
rund|weg ⟨Adv.⟩ *unumwunden, klar, ohne Umschweife;* etwas ~ ablehnen, ableugnen, abschlagen, verneinen
Ru|ne ⟨f.; -, -n⟩ *ältestes germanisches Schriftzeichen*
Run|kel ⟨f.; -, -n; österr.; schweiz.; kurz für⟩ *Runkelrübe*
Run|kel|rü|be ⟨f.; -, -n; Bot.⟩ *als Viehfutter angebaute Rübe, Angehörige einer Gattung der Gänsefußgewächse: Beta*
run|ter ⟨Adv.; umg.; kurz für⟩ *herunter*
Run|zel ⟨f.; -, -n⟩ *Hautfalte, Falte auf der Oberfläche, Furche (z. B. auf der Gesichtshaut, Fruchtschale);* im Alter bekommt man ~n im Gesicht; regelmäßig Creme einmassieren, um die ~n zu glätten
run|ze|lig ⟨Adj.⟩ *voller Runzeln, mit Runzeln bedeckt, faltig;* oV *runzlig;* ein ~es Gesicht; ein ~er Apfel; ~es Trockenobst
run|zeln ⟨V.⟩ **1** ⟨500; in der Wendung⟩ die **Stirn** ~ *in Runzeln ziehen (als Zeichen der Missbilligung);* über jmdn. od. etwas die Stirn ~ **2** ⟨Vr 3⟩ sich ~ *Runzeln, Falten bilden (u. verdorren);* die Schale des Apfels runzelt sich
runz|lig ⟨Adj.⟩ = *runzelig*
Rü|pel ⟨m.; -s, -⟩ *Mensch, der sich rüpelhaft benimmt, Flegel, Grobian;* so ein ~!
rup|fen ⟨V.⟩ **1** ⟨500⟩ **Geflügel** ~ *dem G. vor der Zubereitung die Federn herausziehen* • **1.1** (517) ein Hühnchen mit jmdm. ~ ⟨fig.; umg.⟩ *jmdm. Vorwürfe machen* • **1.2** man hat mich tüchtig gerupft, ich bin tüchtig gerupft worden ⟨fig.; umg.⟩ *man hat mir viel Geld abgenommen* **2** ⟨500⟩ etwas ~ *pflücken, jäten;* Unkraut ~ **3** ⟨411⟩ **an** etwas ~ *reißen, ziehen, zerren;* jmdn. am Haar ~
rup|pig ⟨Adj.⟩ **1** *grob, derb, ungeschliffen, unhöflich;* ein ~er Mensch; er hat sich ~ benommen **2** ⟨nordd. a.⟩ *ärmlich, zerlumpt, struppig;* ein ~es Aussehen; ein ~er Hund
Ru|precht ⟨m.; -(e)s; unz.⟩ **Knecht** ~ ⟨im dt. Volksbrauch⟩ *Begleiter des Nikolaus od. des Christkindes, der am 6. Dezember Geschenke od. Ruten austeilt*
Rü|sche ⟨f.; -, -n⟩ *gefältelter od. gekräuselter Besatz an Kleidern od. Wäsche;* weiße ~n am Kragen; Seiden-~, Spitzen-~, Plissee-~
Rush|hour ⟨[rʌʃaʊə(r)] f.; -; Pl. selten; engl. Bez. für⟩ *Zeit des Berufsverkehrs (am Morgen u. am späten Nachmittag), Hauptverkehrszeit*
Ruß ⟨m.; -es; unz.⟩ **1** *tiefschwarzes Pulver aus Kohlenstoff, das sich bei unvollkommener Verbrennung organischer Substanzen ausscheidet;* mit ~ geschwärzt **2** ⟨Vet.⟩ *eine Hautkrankheit der Ferkel*

Rüs|sel ⟨m.; -s, -⟩ **1** *spitze od. auch röhrenförmige Verlängerung des Kopfes mancher Tiere, z. B. der Nase beim Elefanten, Mundorgan bei Würmern u. Schnecken, Saug- u. Stechwerkzeug bei manchen Insekten* **2** ⟨derb⟩ *Nase*

ru|ßen ⟨V.⟩ **1** ⟨400⟩ *(unvollständig verbrennen u. dabei) Ruß absondern;* Öl rußt; der Ofen rußt **2** ⟨500⟩ **etwas** ~ *mit Ruß färben*

rüs|ten ⟨V.⟩ **1** ⟨500/Vr 7⟩ **etwas** od. **sich** ~ *(sich) vorbereiten, bereitmachen, fertig machen;* ich rüstete (mich) zur Abreise; sich od. alles für die Reise ~; wir müssen uns zum Gehen ~; das Städtchen rüstet sich zum Weinfest • **1.1 ein Haus** ~ *ein Baugerüst anbringen, einrüsten* **2** ⟨400⟩ *Kriegsvorbereitungen treffen, sich od. das Land mit Waffen versehen;* die Staaten ~ um die Wette

rüs|tig ⟨Adj.⟩ *kräftig, frisch, tätig, tatkräftig;* eine ~e alte Dame; ~ ausschreiten; er ist noch sehr ~ für sein Alter

rus|ti|kal ⟨Adj.⟩ *ländlich, bäuerlich;* ~e Möbel

Rüs|tung ⟨f.; -, -en⟩ **1** ⟨unz.⟩ *das Rüsten, Kriegsvorbereitung, Ausstattung mit Waffen, Bewaffnung;* die ~ durch ein internationales Abkommen beschränken; die enormen Kosten für die ~; die atomare, nukleare ~ **2** ⟨bes. im MA⟩ *Schutzbekleidung der Krieger aus Metallplatten od. -ringen;* im Museum sind ~en aus dem Mittelalter ausgestellt

Rüst|zeug ⟨n.; -(e)s; unz.⟩ *Werkzeug od. Kenntnisse, die man für eine Arbeit braucht;* er hat (nicht) das nötige ~ für diesen Posten; er muss sich noch das nötige ~ hierfür aneignen

Ru|te ⟨f.; -, -n⟩ **1** *langer, dünner, gerader Zweig, Gerte;* Weiden~ • **1.1** mit der ~ nach einer Wasserader suchen *Wünschelrute* **2** *altes dt. Längenmaß, etwa 3,8 m* **3** ⟨Jägerspr.⟩ • **3.1** ~ *vom Raubwild, Hund u. Eich-* hörnchen *Schwanz* • **3.2** *männl. Glied (bei Schalen-, Raubwild u. Hund)*

Rutsch ⟨m.; -(e)s, -e⟩ **1** *gleitende Bewegung abwärts (bes. von Stein-, Erdmassen);* Berg~; Erd~ • **1.1** einen ~ machen *ausrutschen, ausgleiten u. dabei hinfallen* **2** ⟨umg.⟩ *kleiner Ausflug, kurze Fahrt, Spritztour;* einen ~ machen; guten ~ ins neue Jahr! (Neujahrsglückwunsch) ⟨fig.⟩ • **2.1** wir sind auf einen ~ nach Salzburg gefahren *für kurze Zeit, als kleinen Ausflug*

rut|schen ⟨V. 400(s.)⟩ **1** *sich gleitend auf einer Fläche bewegen, gleiten, ausrutschen;* das Kind rutschte vom Stühlchen • **1.1 etwas** rutscht *sitzt nicht fest, gleitet herunter;* mein Träger rutscht (mir von der Schulter) • **1.2** ins Rutschen kommen *den Halt verlieren;* Vorsicht, die Pakete kommen ins Rutschen • **1.3** und wenn er auf Knien gerutscht käme … ⟨fig.; umg.⟩ *u. wenn er mich noch so demütig darum bäte …* **2** ⟨411⟩ **irgendwohin** ~ ⟨umg.⟩ *eine kleine Reise, einen Ausflug machen, wegfahren* **3** ⟨Jägerspr.⟩ *sich mit Unterbrechungen, bes. während des Äsens, fortbewegen* (von Hasen)

rüt|teln ⟨V.⟩ **1** ⟨411⟩ **an etwas** ~ *heftig schütteln, in schnellen Rucken hin u. her bewegen;* der Sturm rüttelt an den Fensterläden; an der Tür ~; jmdn. an den Schultern ~ • **1.1** ⟨550⟩ jmdn. aus dem Schlaf ~ *unsanft durch Schütteln wecken* • **1.2** daran ist nicht zu ~ ⟨fig.⟩ *daran kann nichts geändert werden, das steht unumstößlich fest* • **1.3** ⟨500⟩ Getreide ~ *sieben* • **1.4** ⟨500⟩ ein gerüttelt Maß (von Arbeit, Sorgen usw.) ⟨fig.⟩ *sehr viel* **2** ⟨400⟩ **etwas** rüttelt *wird schnell u. anhaltend gestoßen;* der Wagen rüttelt auf dem holprigen Weg **3** ⟨400⟩ ein **Greifvogel** rüttelt ⟨Jägerspr.⟩ *flattert mit schnellen Flügelschlägen in der Luft, ohne sich vorwärtszubewegen;* der Falke rüttelt über der Beute

's ⟨umg.; kurz für⟩ *es, das;* wie geht's/gehts?; 's ist vorbei

Saal ⟨m.; -(e)s, Säle⟩ *sehr großer Innenraum;* einen ~ betreten, verlassen; der Ball fand im festlich geschmückten ~ des Kurhauses statt

Saat ⟨f.; -, -en⟩ **1** *das Säen, Aussäen;* eine frühe, späte ~; es ist Zeit zur ~ **2** *Samen od. Knollen, die gesät od. gesteckt werden u. aus denen neue Pflanzen entstehen sollen;* Sy *Saatgut;* die ~ bestellen, in die Erde bringen; aus der ~ des Hasses kann nichts Gutes gedeihen, hervorgehen ⟨fig.⟩; wie die ~, so die Ernte ⟨Sprichw.⟩ • 2.1 die ~ ist aufgegangen ⟨a. fig.⟩ *die Folgen zeigen sich* **3** *das noch grüne Getreide;* die ~ steht gut

Saat|gut ⟨n.; -(e)s; unz.⟩ = *Saat (2)*

Sab|bat ⟨m.; -(e)s, -e⟩ *Samstag (Freitag- bis Samstagabend), an dem alle Arbeit ruht*

Sä|bel ⟨m.; -s, -⟩ **1** *Hiebwaffe mit einschneidiger, spitzer, gekrümmter Klinge;* den ~ schwingen, wetzen, ziehen, zücken • 1.1 jmdn. **auf ~ fordern** *zum Säbelduell* • 1.2 mit dem ~ **rasseln** ⟨a. fig.⟩ *sich angriffslustig gebärden, mit kriegerischen Aktionen drohen*

Sa|bo|ta|ge ⟨[-ʒə] f.; -, -n⟩ *planmäßige Vereitelung eines Zieles anderer, bes. durch Zerstören od. Beschädigen von Maschinen, Waren usw., meist zu politischen Zwecken*

sach|dien|lich ⟨Adj.⟩ *einer Sache dienlich, nützlich;* ~e Angaben machen; ~e Hinweise erbittet die Kriminalpolizei

Sa|che ⟨f.; -, -n⟩ **1** *Gegenstand nicht näher bestimmter Art (des persönlichen Besitzes);* die ~n, die hier herumliegen, sind unbrauchbar • 1.1 alte ~n *Gerümpel, Antiquitäten* • 1.2 ⟨meist Pl.⟩ ~n ⟨umg.⟩ *Besitz, Kleidungsstücke, Gebrauchsgegenstände, Toilettenartikel, Möbel, Gepäck;* seine ~n in Ordnung halten; deine ~n kannst du in dieses Fach legen, tun • 1.2.1 jmdm. aus den ~n helfen *beim Ausziehen helfen* • 1.2.2 auf die ~n gut achtgeben, aufpassen *auf das Gepäck u. Ä.* • 1.3 ⟨umg.⟩ *Esswaren;* es gab gute ~n zu essen • 1.3.1 ich esse gern scharfe ~n *pikante Speisen* • 1.3.2 er trinkt gern scharfe ~n *Schnäpse* **2** *bestimmte, nicht näher bezeichnete Angelegenheit;* eine bedeutende, ehrliche, gerechte, große, gute, verheißungsvolle, wichtige ~; eine böse, ernste, gefährliche, hoffnungslose, langwierige, lästige, peinliche, schwierige, unangenehme, verlorene ~; erzähl doch einmal den Hergang der ~; er will sich meiner ~ annehmen; ich neige dazu, die ~ ganz anders anzusehen; die ~ verhielt sich so …; das ist aber auch das Beste an der ~; ich möchte wissen, was an der ~ wahr ist; in dieser ~ möchte ich nichts unternehmen; er ist in eine unangenehme ~ verwickelt; die ~ ist für mich erledigt; ich habe mich lange nicht um diese ~ gekümmert; ich kann mir noch kein Bild von der ~ machen; ich weiß nichts von der ~; einer ~ auf den Grund gehen; in eigener ~ verhandeln; in eigener ~ kann niemand Richter sein ⟨Sprichw.⟩ • 2.1 es muss etwas Wahres an der ~ sein *an dem Gerücht* • 2.2 es ist keine große ~ ⟨umg.⟩ *es ist nur eine Kleinigkeit* • 2.3 die ~ ist die, dass … *es verhält sich so, dass …* • 2.4 die ~ liegt so: … *ich will die Angelegenheit erklären:* … • 2.5 das ist so eine ~ ⟨umg.⟩ *das ist schwierig* • 2.6 das ist eine ~ für sich *etwas anderes, das hat nichts mit der vorangegangenen Angelegenheit zu tun* • 2.7 sie hat nichts mit dieser ~ zu tun *sie war nicht beteiligt, sie ist unschuldig* • 2.8 das liegt in der Natur der ~ *das ist hierbei unvermeidlich* • 2.9 *Unternehmen, Vorhaben;* eine ~ fallenlassen, verfolgen; eine große, tolle ~ vorhaben ⟨umg.⟩; die ~ ist schiefgegangen ⟨umg.⟩ • 2.9.1 die ~ macht sich nicht bezahlt *es lohnt sich nicht* • 2.9.2 die ~ schmeißen ⟨umg.⟩ *durchführen* • 2.9.3 das ist eine abgekartete ~ ⟨umg.⟩ *das war vorher verabredet* • 2.9.4 die ~ soll morgen steigen ⟨umg.⟩ *stattfinden, zustande kommen;* →a. *gemeinsam (1.1)* • 2.10 *Thema, Wesentliches;* das gehört nicht zur ~; sie kann nicht bei der ~ bleiben; er soll endlich zur ~ kommen; zur ~! • 2.10.1 zur ~ reden, sprechen, sich äußern *über das Thema, das Wesentliche sprechen, ohne abzuschweifen* • 2.10.2 etwas tut nichts zur ~ *ist nicht wesentlich, macht in diesem Fall nichts aus;* der Name tut nichts zur ~ • 2.10.3 du solltest nicht so lange um die ~ herumreden *sag doch gleich das Wesentliche* • 2.11 ⟨umfassendes⟩ *Ziel;* im Dienst einer großen ~ stehen; sich in den Dienst einer ~ stellen; die ~ der Freiheit vertreten; sie arbeitete stets aus Liebe zur ~ • 2.11.1 etwas um der ~ willen tun *ohne Rücksicht auf die eigene Person od. auf eigene Vorteile* • 2.12 *Umstand;* man muss dabei verschiedene ~n berücksichtigen • 2.13 *Frage, Problem;* das ist eine ~ der Erziehung, des Taktes, des Vertrauens; über ~n des Geschmacks lässt sich nicht streiten • 2.13.1 die ~ muss ich erst beschlafen ⟨umg.⟩ *ich kann mich erst morgen entscheiden* • 2.13.2 das ist meine ~! *kümmere dich nicht um meine Angelegenheit, das geht dich nichts an!* • 2.13.3 du musst die Person von der ~ trennen *die Angelegenheit ganz sachlich, unpersönlich beurteilen* • 2.14 *Aufgabe, Pflicht, Obliegenheit;* es ist ~ der Behörden, das zu entscheiden; einer ~ überdrüssig sein, werden • 2.14.1 er versteht seine ~ *er ist tüchtig in seinem Beruf* • 2.14.2 er versteht etwas von der ~ *er kennt sich damit aus* • 2.14.3 er macht seine ~ *erledigt zuverlässig, was man ihm aufträgt* • 2.14.4 du hast deine ~ gut gemacht *deine Aufgabe gut durchgeführt, ich bin mit dir zufrieden* • 2.15 *Geschmack, Art und Weise;* das ist nicht jedermanns ~ • 2.16 *Meinung, Handlung* • 2.16.1 ich bin meiner ~ gewiss, sicher *ich bin von der Richtigkeit meiner Meinung, Handlung überzeugt* **3** ⟨unz.; umg.⟩ *gute Ange-*

legenheit • 3.1 das ist ~! das ist großartig! 4 ⟨nur Pl.⟩ ~n ⟨umg.⟩ nicht näher bezeichnete (meist negativ) auffallende Angelegenheit • 4.1 mach keine ~n! (Ausruf des Erstaunens, der Zurechtweisung) • 4.2 das sind ja nette ~n! ⟨iron.⟩ ich staune, ich bin überrascht über das, was ich hören muss • 4.3 ~n gibt's (die gibt's gar nicht)! da kann man nur staunen 5 ⟨nur Pl.⟩ mit 160 ~n die Straße entlangbrausen ⟨umg.⟩ mit einer Geschwindigkeit von 160 Stundenkilometern fahren 6 ⟨Rechtsw.⟩ • 6.1 jeder körperliche Gegenstand, im Unterschied zur Person; Gewalt gegen ~n; bewegliche ~n • 6.2 Gegenstand eines Rechtsstreits; eine ~ anhängig machen, aufschieben, entscheiden, führen, gewinnen, verlieren, verteidigen, vertreten (vor Gericht); er wurde vom Richter zur ~ vernommen • 6.2.1 in ~n X gegen Y im Prozess des X gegen Y

sach|ge|mäß ⟨Adj. 24⟩ dem Wesen einer Sache entsprechend, angemessen, passend, treffend

Sach|kennt|nis ⟨f.; -, -se⟩ 1 Wissen, Erfahrung auf einem Gebiet; sein Urteil verrät ~ 2 Kenntnis der Umstände, der Lage, des Sachverhalts

sach|kun|dig ⟨Adj.⟩ Sachkenntnis besitzend, verratend, erfahren, fachmännisch; Sy sachverständig; ein ~es Urteil

sach|lich ⟨Adj.⟩ 1 eine Sache betreffend, zur Sache gehörig; ~ ist nichts auszusetzen, einzuwenden, aber formal; ~e Gründe 2 nüchtern (denkend), vorurteilsfrei, objektiv; ~e Angaben, Bemerkungen, Kritiken, Urteile; ein ~er Mensch; eine Angelegenheit ~ behandeln, betrachten, erörtern; er bleibt immer ~

säch|lich ⟨Adj. 24; Gramm.⟩ 1 = neutral (3); männliche, weibliche und ~e Substantive • 1.1 das ~e Geschlecht Neutrum

sacht ⟨Adj. 90⟩ oV sachte 1 kaum merklich • 1.1 ⟨90⟩ leise; sich mit ~en Schritten nähern • 1.2 ⟨90⟩ langsam, allmählich; ein ~ ansteigender Weg • 1.2.1 immer ~ voran! ⟨umg.⟩ nicht so stürmisch!, langsam! • 1.3 leicht, sanft; mit ~er Hand etwas berühren, darüberstreichen 2 ⟨50⟩ vorsichtig; sich ~ anfassen, berühren, streicheln; ~ näher kommen; sich ~ entfernen; wer ~ fährt, kommt auch an ⟨Sprichw.⟩

sach|te ⟨Adj. 90⟩ 1 = sacht • 1.1 ~, ~! ⟨umg.⟩ vorsichtig!, langsam!

Sach|ver|halt ⟨m.; -(e)s, -e⟩ 1 Lage, Stand der Dinge, Tatbestand; den ~ durchschauen, erkennen, erfahren, untersuchen; jmdm. den ~ darlegen, erklären, mitteilen, verschweigen; jmdn. über den ~ aufklären • 1.1 ⟨Rechtsw.⟩ die in einem Rechtsfall zu beurteilenden tatsächl. Verhältnisse u. Vorgänge

sach|ver|stän|dig ⟨Adj.⟩ = sachkundig

Sach|wal|ter ⟨m.; -s, -⟩ jmd., der sich einer Sache annimmt, Verwalter einer Sache, Verteidiger, Fürsprecher; sich für etwas zum ~ machen

Sack ⟨m. 7; -(e)s, Sä|cke⟩ 1 länglicher Behälter aus grobem Stoff, Kunststoff od. Papier zum Aufbewahren od. zum Transport von körnigen od. kleinstückigen Gütern; ein leichter, schwerer, voller ~; einen ~ aufbinden, zubinden; den ~ ausschütten, leeren; Getreide in Säcke füllen, schütten; Knüppel aus dem ~! (aus dem Märchen „Tischlein, deck dich" der Brüder Grimm); es ist leichter, einen ~ Flöhe zu hüten als diese Kinder ⟨umg.; scherzh.⟩; jmdm. einen ~ voller Lügen auftischen ⟨fig.⟩ • 1.1 ich habe geschlafen wie ein ~ ⟨fig.; umg.⟩ sehr fest • 1.2 er ist voll wie ein ~ ⟨fig.; umg.⟩ schwer betrunken • 1.3 mit ~ und Pack ⟨umg.⟩ mit allem Besitz, allen Habseligkeiten • 1.4 in den ~ hauen ⟨fig.; umg.⟩ mit einer Sache aufhören, kündigen • 1.5 in ~ und Asche gehen ⟨fig.; veraltet⟩ büßen • 1.6 jmdn. in den ~ stecken ⟨fig.; umg.⟩ • 1.6.1 jmdm. überlegen sein • 1.6.2 jmdn. betrügen • 1.7 (Maßeinheit, bes. für Schüttgut); ein ~ Kartoffeln; drei ~ Kaffee • 1.8 ⟨süddt.⟩ Tasche, Geldbeutel; Hosen~, Geld~ • 1.9 den ~ schlägt man u. den Esel meint man ⟨fig.⟩ der Unschuldige wird bestraft, der Falsche zur Verantwortung gezogen 2 ⟨fig.⟩ etwas mit einem Sack (1) Vergleichbares, entweder weil es nur einen Eingang u. keinen Ausgang hat od. weil es schlaff od. bauschend hängt; ~gasse; Tränen~ • 2.1 ⟨umg.⟩ Hodensack 3 ⟨umg.⟩ ⟨Schimpfwort⟩; ihr Säcke! • 3.1 so ein fauler ~ ⟨fig.; umg.⟩ fauler Mensch

Sa|ckerl ⟨n.; -s, -n; österr.⟩ Tüte, Beutel

Sack|gas|se ⟨f.; -, -n⟩ 1 Straße mit nur einem Zugang; in eine ~ geraten 2 ⟨fig.⟩ ausweglose Situation; er steckt in einer ~; er sucht verzweifelt einen Ausweg aus der ~

Sack|pfei|fe ⟨f.; -, -n; Mus.⟩ = Dudelsack

Sa|dis|mus ⟨m.; -; unz.⟩ 1 ⟨i. e. S.⟩ Perversion, bei der durch Zufügen von Misshandlungen geschlechtliche Befriedigung gefunden wird 2 ⟨i. w. S.⟩ Lust an Grausamkeiten

sä|en ⟨V.; du säst, er sät; du sätest; gesät; säe!⟩ 1 ⟨402⟩ (Samen) ~ (Saatgut) in den Boden bringen, über das Feld ausstreuen; Astern, Gerste, Karotten ~; nach dem Sturm lagen die Kastanien wie gesät auf dem Weg; was der Mensch säet, das wird er ernten ⟨Sprichw. nach NT, Galaterbrief 6, 7⟩ • 1.1 dünn gesät sein ⟨fig.⟩ spärlich anzutreffen, selten 2 ⟨500⟩ eine Sache ~ ⟨fig.⟩ die Grundlage, den Keim zu einer S. legen, den Anstoß zu einer S. geben; Hass, Liebe, Misstrauen, Zwietracht ~; wer Wind sät, wird Sturm ernten ⟨Sprichw. nach AT, Hosea 8, 7⟩

Sa|fa|ri ⟨f.; -, -s⟩ 1 ⟨urspr.⟩ längerer Marsch, Karawanenreise in Afrika 2 ⟨heute⟩ (in einer Gruppe unternommene) Reise od. längerer Ausflug zur Beobachtung von freilebenden Tieren (bes. in Afrika); auf ~ gehen; Foto~

Safe ⟨[seːf] m.; -s, -s⟩ 1 feuerfester, stark gesicherter Stahlbehälter zum Aufbewahren von Geld u. Wertsachen 2 (mietbares) Fach in den gesicherten Stahlkammern einer Bank

Sa|fran auch: **Saf|ran** ⟨m.; -s, -e⟩ 1 gelber Pflanzenfarbstoff aus den Narben u. einem Teil des Griffels von Crocus sativus 2 ⟨unz.⟩ aus dieser Pflanze gewonnenes Gewürz

Saft ⟨m.; -(e)s, Säf|te⟩ 1 der flüssige Bestandteil organ. Körper; von den Birken ~ abzapfen • 1.1 (roter) ~ ⟨umg.⟩ Blut; Blut ist ein ganz besondrer ~ (Goethe, „Faust" I, Studierzimmer) • 1.1.1 schlechte Säfte ha-

saftig

ben ⟨umg.⟩ *schlechte Körperflüssigkeit, (bes.) schlechtes Blut (nach altem Aberglauben die Ursache von Krankheiten)* **2** *aus reifen Früchten od. Gemüsen durch Auspressen gewonnene Flüssigkeit (bes. als Getränk);* Obst~; der ~ *von Äpfeln, Birnen, Karotten, Orangen, Tomaten;* den ~ der Früchte auspressen, einkochen, zu Gelee verarbeiten • 2.1 der ~ der **Reben** *Wein* **3** *Flüssigkeit, die während des Kochens od. Bratens aus dem Fleisch austritt u. zum Bereiten von Soßen dient* • 3.1 Fleisch im eigenen ~ schmoren *mit wenig Fett dünsten* • 3.2 im eigenen ~ schmoren ⟨fig.; umg.⟩ *in Angst, im Ungewissen sein* **4** ⟨fig.⟩ *Energie, Kraft, Leben* • 4.1 ohne ~ und Kraft *kraftlos;* eine Rede, ein Theaterstück ohne ~ und Kraft

saftig ⟨Adj.⟩ **1** *viel Saft enthaltend, reich an Saft;* ~e Früchte; ~es Obst **2** ⟨fig.⟩ • 2.1 *kräftig, üppig;* ein ~es Grün • 2.2 *schmerzhaft;* er hat eine ~e Ohrfeige bekommen • 2.3 *hoch, empfindlich;* eine ~e Geldstrafe **3** ⟨fig.; umg.⟩ *unanständig, derb;* ~e Geschichten, Witze erzählen

saftlos ⟨Adj.⟩ **1** *keinen Saft besitzend, trocken* **2** ⟨fig.⟩ *kraftlos;* saft- und kraftlos ⟨verstärkend⟩

Sage ⟨f.; -, -n⟩ **1** *mündlich überlieferte Erzählung historischen od. mythologischen Inhalts;* ~n einer Landschaft, eines Volkes; ~n aufzeichnen, sammeln, veröffentlichen; wie die ~ berichtet, erzählt ... **2** *Überlieferung, Gerücht;* es geht die ~, dass ...

Säge ⟨f.; -, -n⟩ **1** *aus einem stählernen, mit scharfen Zacken versehenen Blatt u. Griff bestehendes Werkzeug zum Zerschneiden von Metall u. Holz* **2** ⟨kurz für⟩ *Sägewerk* **3** *der Säge ähnlicher Gegenstand*

sagen ⟨V.⟩ **1** ⟨500⟩ **etwas** ~ *mit Worten mündlich ausdrücken;* er hat kein Wort gesagt; denken kannst du dir den Teil, nur ~ darfst du es nicht; jmdm. Bosheiten, Grobheiten, Sticheleien ~; etwas brüsk, herablassend, herausfordernd, mürrisch, vorwurfsvoll, wütend, zornig ~; etwas bescheiden, besorgt, freundlich, liebevoll, vorsorglich ~; etwas im Flüsterton ~; ja/Ja, nein/Nein ~; ich weiß nicht, wie es ~ soll; guten/Guten Morgen, gute/Gute Nacht, guten/Guten Tag ~; ich habe ihn ~ hören, dass ...; jmdm. Komplimente, etwas Nettes, Schmeicheleien ~; jmdm. Dank ~; er sagt nie seine Meinung; jmdm. seine Meinung, jmdm. ordentlich die Meinung ~; seine Gründe ~; das musste einmal gesagt werden; das ist leichter gesagt als getan; wie würdest du ~: ich bin gesessen oder ich habe gesessen?; das Stück hat - wie soll ich ~ - ... (wenn man nach Worten sucht) • 1.1 was ich noch ~ wollte *übrigens* • 1.2 es kostet sage **und schreibe** 20 Euro! *(Ausdruck der Entrüstung od. der Anerkennung)* • 1.3 wer kann ~, was die Zukunft bringen wird *niemand weiß, was ...* • 1.4 ich war, ~ **wir,** um 10 Uhr zu Hause *schätzungsweise* • 1.5 wann treffen wir uns? ~ **wir,** um vier Uhr *nun, vielleicht um vier Uhr?* • 1.6 das sagt man nicht! *es ist ungehörig, das auszusprechen* • 1.7 *mitteilen;* mit wenig Worten viel ~; das Gesagte bleibt unter uns; was sagte er?; eins muss man ja ~, er ist immer großzügig gewesen; ~ Sie, wenn es genug ist (beim Einschenken, Aufgeben der Spei-

sen) • 1.8 *erklären, äußern;* er sagt, er habe es vergessen; das habe ich doch nur im Scherz gesagt; um es klar, kurz, offen zu ~; das ist schnell gesagt; das hat er nur aus Bosheit gesagt; ~ Sie (ein)mal ...; wirst du bis morgen damit fertig? Das kann ich noch nicht ~; wie der Volksmund sagt ...; ich möchte fast ~, dieses Bild gefällt mir besser; Goethe sagt ... (vor einem Zitat); was würdest du ~, wenn ...; was Sie nicht ~! (Ausruf des Erstaunens) • 1.8.1 ich müsste lügen, wenn ich anders sagte *ich stehe zu meiner Meinung* • 1.8.2 was wollen Sie **damit** ~? *was meinen Sie, was beabsichtigen Sie mit Ihren Worten?* • 1.8.3 das ~ Sie so, aber ... *Sie sprechen das so leichthin aus, aber ...* • 1.8.4 ich sage, wie's ist *offen meine Meinung* • 1.8.5 gesagt - getan *eine Absicht wird geäußert u. sogleich danach gehandelt* • 1.9 *behaupten;* man sagt, dass ...; wie du nur so etwas ~ kannst!; man kann ohne Übertreibung ~ ...; da kann er ~, was er will, ich glaube ihm kein Wort; ich nehme von dem Gesagten kein Wort zurück; das ~ Sie, nicht ich! (indem man sich von jmds. Meinung distanziert); ich habe es ja schon immer gesagt, du sollst ...; ich wollte mit meiner Bemerkung nicht ~ (Ausdruck der Einschränkung) • 1.9.1 das möchte ich nicht ~ *ich glaube nicht, dass es so ist* • 1.9.2 ach, sag das nicht! *ich würde das nicht für unmöglich halten!* • 1.9.3 da soll noch einer ~, dass diese Geschichte nicht wahr sein kann *ich habe jetzt den Beweis, dass diese G. wahr ist* • 1.9.4 wie man auch ~ mag ... *auf jeden Fall, in jedem Fall* ... • 1.9.5 dann will ich nichts gesagt haben *unter diesen Umständen nehme ich zurück, was ich gesagt habe* • 1.9.6 wie man so schön sagt *wie die Redensart heißt* • 1.9.7 wenn ich so ~ darf *wenn dieser Ausdruck berechtigt ist* • 1.10 *gestehen, zugeben;* du sollst die Wahrheit ~ (und nicht lügen); ich habe nicht viel gegessen, um nicht zu ~: gar nichts; das muss man schon ~; sag doch, dass du es warst! • 1.11 dies od. jenes sagt **etwas** *bedeutet etwas;* das will schon etwas ~! (Ausdruck der Anerkennung); sagt dir dieser Name etwas?; das Buch, dieses Gemälde sagt mir gar nichts; was will das ~? • 1.11.1 damit ist nichts, viel, wenig gesagt *das bedeutet* • 1.11.2 damit ist nicht gesagt, dass ... *das bedeutet nicht, dass* ... • 1.12 ⟨530/Vr 6⟩ **(zu) jmdm. etwas** ~ *jmdm. etwas (mündlich) mitteilen;* ich kann dir nur ~: Nimm dich in Acht!; es muss ihr endlich einmal jemand die Wahrheit ~; hast du (zu) ihm etwas gesagt?; er hat mir gesagt, er komme später; ich habe es (dir) ja gleich gesagt, aber du wolltest nicht (auf mich) hören; mein Gefühl sagt mir, dass ...; das muss dir doch dein Verstand ~, dass das nicht stimmen kann • 1.12.1 **wem** sagst du **das**? ⟨iron.⟩ *das weiß ich doch schon längst!* • 1.12.2 ich habe mir ~ **lassen,** dass ... *ich habe erfahren, dass* ... • 1.12.3 ⟨531⟩ jmdm. etwas **ins Ohr** ~ *leise, damit es niemand sonst hört* • 1.12.4 ⟨Vr 1⟩ **sich etwas** ~, etwas **bei sich** ~ *denken, sich denken, sich überlegen* • 1.13 ⟨500⟩ **sich etwas** ~ **lassen** *einer Aufforderung nachkommen* • 1.13.1 sie will sich nichts ~ lassen *sie ist eigensinnig, nimmt keine Ratschläge an*

• 1.13.2 das ließ er sich nicht zweimal ~ *dieser Aufforderung kam er sofort nach, die angebotene günstige Gelegenheit ergriff er sofort* • 1.14 ⟨413; Part. Perf.⟩ **wie** gesagt *wie (bereits) erwähnt* • 1.14.1 **richtiger** gesagt ... *besser formuliert* • 1.14.2 **genug** gesagt! *deutlich genug klargemacht* • 1.14.3 **beiläufig, nebenbei** gesagt ... *übrigens* • 1.14.4 **kurz** gesagt ... *in kurzen Worten* ... • 1.14.5 **unter uns** gesagt *vertraulich mitgeteilt* • 1.14.6 das wäre **zu viel** gesagt *so weit kann man nicht gehen mit seinen Schlussfolgerungen* • 1.14.7 **lassen** Sie sich gesagt **sein** *nehmen Sie es als Lehre, als Warnung an* • 1.14.8 **offen** gesagt *wenn ich ehrlich sein soll* **2** ⟨550⟩ • 2.1 **über jmdn.** od. eine **Sache, von jmdm.** od. einer **Sache** etwas ~ *bemerken, erwähnen, Auskunft geben; darüber, davon hat er nichts gesagt; darüber wäre viel zu ~; wer kann mir etwas über ihn ~?; seine Schrift sagt viel über seinen Charakter* • 2.2 ich kann dasselbe von mir ~ *mir ist es ebenso ergangen, ich bin ganz Ihrer Meinung* • 2.3 zu einer **Sache** etwas ~ *meinen; was ~ Sie zu den neuesten Ereignissen?; was soll man dazu ~!; was werden die Leute dazu ~?; dazu kann ich nichts ~* • 2.4 etwas **gegen** jmdn. od. eine **Sache** ~ *geltend machen, einwenden; ich will nichts gegen ihn ~; haben Sie etwas dagegen zu ~?* • 2.4.1 dagegen ist nichts zu ~ *das stimmt schon* • 2.5 **auf** eine **Äußerung** etwas ~ *antworten; darauf sagte er, ...* • 2.6 Karl zu **jmdm.** ~ *jmdn. K. nennen* • 2.6.1 du, Sie zu jmdm. ~ *jmdn. duzen, siezen; sie ~ du zueinander* • 2.7 ⟨800⟩ **von** etwas (jmdm.) ~ ⟨veraltet⟩ *reden, erzählen, berichten; von Abenteuern singen und ~* • 2.7.1 **von Glück** ~, dass ... *G. gehabt haben* **3** ⟨Inf.⟩ • 3.1 ein **Ereignis** hat etwas zu ~ *ist Anzeichen für etwas noch nicht Bekanntes* • 3.1.1 das muss doch etwas zu ~ haben *zu bedeuten* • 3.1.2 das hat nichts zu ~ *ist unwichtig, ändert nichts an einer Sache* • 3.2 jmd. hat etwas zu ~ • 3.2.1 *darf befehlen, bestimmen, anordnen;* er hat hier nichts zu ~; du hast mir nichts zu ~! • 3.2.2 *etwas Neues, Interessantes mitteilen können;* der Redner hatte wirklich etwas zu ~ • 3.3 etwas **zu ~ wissen** • 3.3.1 *etwas Neues, Interessantes mitteilen können* • 3.3.2 *eine passende Bemerkung, Antwort haben* • 3.4 es ist nicht zu ~! *es ist nicht zu glauben, ist unerhört!*

sä|gen ⟨V.⟩ **1** ⟨500⟩ **etwas** ~ *mit einer Säge zerschneiden* **2** ⟨400; umg.; scherzh.⟩ *schnarchen*

sa|gen|haft ⟨Adj. 24⟩ **1** *nur in Sagen überliefert, nicht historisch belegt;* die ~e Gründung des Reiches **2** ⟨fig.; umg.⟩ *sehr, erstaunlich, unglaublich;* das Modellkleid war ~ teuer

Sa|go ⟨m.; -s; unz., österr. a.: n.; -s; unz.⟩ *gekörnte Stärke aus dem Mark der Sagopalmen od. aus Kartoffelstärke (für Pudding od. Suppen)*

Sah|ne ⟨f.; -; unz.⟩ *nach dem Entzug der Magermilch verbleibender, fetthaltiger Teil der Milch;* Sy ⟨süddt., österr., schweiz.⟩ *Rahm (1);* →a. *schlagen (3.1.1)*

Sai|son ⟨[zɛzõː] od. [zɛzɔŋ] f.; -, -s od. österr. [zɛzoːn] f.; -, -en⟩ **1** *(die richtige) Jahreszeit* **2** *jahreszeitlich bedingte Hauptgeschäftszeit, z. B. in Kurorten* **3** *Spielzeit des Theaters*

Sai|son|ar|bei|ter ⟨[zɛzõː-] od. [zɛzɔŋ-] m.; -s, -⟩ *Arbeiter, der nur für die Dauer der Saison beschäftigt ist;* Sy ⟨schweiz.⟩ *Saisonnier*

Sai|so|ni|er ⟨[zɛzɔnjeː] m.; -s, -s⟩ = *Saisonnier*

Sai|son|nier ⟨[zɛzɔnjeː] m.; -s, -s; schweiz.⟩ = *Saisonarbeiter;* oV *Saisonier*

Sai|te ⟨f.; -, -n⟩ **1** *Faden aus gedrehten Därmen, aus Pflanzenfasern, aus Metall od. Kunststoff* • 1.1 *Saite (1) als Tonträger von Saiteninstrumenten;* ein Instrument mit ~n bespannen; die Spielerin greift in die ~n der Harfe; die ~n erklingen, ertönen, platzen, reißen, zerreißen; eine neue ~ aufziehen, spannen, stimmen • 1.1.1 ich werde bald andere ~n aufziehen! ⟨fig.⟩ *böse, energisch werden, streng durchgreifen* • 1.1.2 gelindere, mildere ~n aufziehen ⟨fig.⟩ *nachsichtiger, weniger streng sein* • 1.1.3 da hast du eine empfindliche ~ bei ihm berührt ⟨fig.⟩ *ihn dort getroffen, wo er empfindlich ist* • 1.1.4 verwandte Seelen haben gleichgestimmte ~n ⟨fig.⟩ *empfinden gleich* • 1.1.5 eine bestimmte ~ ihres Wesens zum Erklingen bringen *ein bestimmtes Gefühl, eine bestimmte Regung in ihr wecken* • 1.2 *Saite (1) zur Bespannung von Tennis- od. Federballschlägern*

Sak|ko ⟨m.; -s, -s; fachsprachl. meist, österr. nur n.; -s, -s⟩ *Jacke zum Straßenanzug des Mannes*

◆ Die Buchstabenfolge **sa|kr**... kann in Fremdwörtern auch **sak|r**... getrennt werden.

◆ **sa|kral¹** ⟨Adj. 24⟩ *heilig, heilige Handlungen betreffend, kirchlichen Zwecken dienend;* ~e Kunst

◆ **sa|kral²** ⟨Adj. 24; Anat.⟩ *zum Kreuzbein gehörig, es betreffend*

◆ **Sa|kra|ment** ⟨n.; -(e)s, -e⟩ **1** *feierliche Handlung des christlichen Gottesdienstes, bei der dem Gläubigen symbolische Gaben (Wasser, Brot, Wein, Öl) gereicht werden* **2** *das Gnadenmittel selbst*

◆ **Sa|kri|leg** ⟨n.; -(e)s, -e⟩ *Frevel, Verstoß gegen Heiliges, Verletzung eines Rituals od. Tabus;* ein ~ begehen

sä|ku|lar ⟨Adj. 24⟩ **1** *alle hundert Jahre wiederkehrend* **2** = *weltlich (2)*

Sa|la|man|der ⟨m.; -s, -; Zool.⟩ **1** *Angehöriger einer Unterordnung der Schwanzlurche: Salamandroidae* • 1.1 (i. e. S.) *Angehöriger einer Familie der Molche, die als Larven durch Kiemen atmen: Salamandridae* **2** den ~ **reiben** ⟨veraltet; Studentenspr.⟩ *zu Ehren einer Persönlichkeit die gefüllten Trinkgläser auf den Tisch reiben*

Sa|la|mi ⟨f.; -, -s od. -⟩ *hartgeräucherte, stark gewürzte Dauerwurst aus Schweine-, Rind-, Esels- od. Lammfleisch*

Sa|lär ⟨n.; -s, -e; schweiz.⟩ *Lohn, Gehalt, Honorar*

Sa|lat ⟨m.; -(e)s, -e⟩ **1** *kaltes Gericht aus kleingeschnittenen, rohen od. gekochten Gemüsen, Obst, Fleisch, Fisch u. a., mit Essig, Öl, Salz u. Gewürzen, Mayonnaise o. Ä. angerichtet;* den ~ abschmecken, anmachen; gemischter, griechischer, italienischer, russischer ~ • 1.1 Bockwurst mit ~ **Kartoffelsalat** • 1.2 da haben wir den ~! ⟨fig.; umg.⟩ *die Bescherung (Ausruf des Unwillens)* **2** *Salatpflanze* • 2.1 (grüner) ~ *Kopfsalat;*

Salbe

ein Kopf ~; (grünen) ~ anbauen, ernten, waschen; →a. *ewig (1.2.2)*

Sal|be ⟨f.; -, -n⟩ **1** *schmierfähiges, fettiges Arzneimittel zur Behandlung von Hautkrankheiten, Wunden, zum Kühlen od. Erwärmen od. zu kosmetischen Zwecken: Unguentum;* →a. *grau (1.7)*

Sal|bei ⟨a. [-'-] m.; -(e)s; unz. od. f.; -; unz.; Bot.⟩ **1** *Angehöriger einer Gattung der Lippenblütler mit blauen od. rötlich violetten Blüten: Salvia* **2** *aus den getrockneten Blättern des Salbeis (2) bestehendes Gewürz*

sal|ben ⟨V. 500⟩ **1** *etwas ~ mit Salbe einreiben, Salbe auftragen auf; die Gesichtshaut, das Haar, die Hände ~; eine Wunde regelmäßig ~* • 1.1 ⟨Vr 3⟩ *sich ~ mit Salbe einreiben* **2** *jmdn. ~ durch Salbung (2) od. Ölung weihen; jmdn. zum Priester, zum König ~* • 2.1 *er spricht so gesalbt* ⟨fig.; umg.; abwertend⟩ *so übertrieben feierlich*

Sal|bung ⟨f.; -, -en⟩ **1** ⟨bei Naturvölkern u. im Orient⟩ *Einreiben des Körpers mit Salbe, Öl od. Fett zur Körperpflege, gegen Insekten od. zu Heilzwecken* **2** *Einreiben bestimmter Körperstellen (Stirn) mit Öl od. Salbe zu kultischen Zwecken (Weihe, Reinigung, Abwehr)*

sal|bungs|voll ⟨Adj.; abwertend⟩ *übertrieben feierlich, sanft, süßlich-würdevoll; ~ reden; sich ~ niederbeugen*

sal|die|ren ⟨V. 500⟩ **1** *ein Konto ~ den Saldo eines K. ermitteln* **2** *eine Rechnung ~* • 2.1 ⟨Kaufmannsspr.⟩ *eine R. begleichen, bezahlen* • 2.2 ⟨österr.⟩ *das Begleichen einer Rechnung bestätigen, quittieren*

Sal|do ⟨m.; -s, -s od. Sal|di od. Sal|den; Bankw.⟩ *Betrag, um den sich die eine Seite eines Kontos von der anderen unterscheidet, Restbetrag der Soll- od. Habenseite beim Abschluss*

Sa|li|ne ⟨f.; -, -n⟩ *Anlage zur Gewinnung von Kochsalz aus salzhaltigem Wasser durch Verdunstung*

Salm¹ ⟨m.; -(e)s, -e⟩ *= Lachs*

Salm² ⟨m.; -(e)s, -e; Pl. selten; umg.; abwertend⟩ *langweiliges, ermüdendes Gerede; diesen ~ konnte ich nicht länger ertragen*

Sal|mi|ak ⟨a. [---] m.; -s; unz.⟩ *anorganische Verbindung aus Ammonium u. Salzsäure, Ammoniumchlorid*

Sal|mo|nel|le ⟨f.; -, -nel|len; Med.⟩ *Darminfektionen erregende Bakterie*

Sa|lon ⟨[-lɔ̃:] od. [-lɔŋ], süddt., österr. a. [-lo:n] m.; -s, -s⟩ **1** *Empfangszimmer* **2** ⟨im 17.-19. Jh.⟩ *regelmäßige Empfänge für einen kleinen literar. u. künstler. interessierten, geselligen Kreis* **3** *Modegeschäft od. Friseur; Frisier~, Kosmetik~, Schönheits~, Mode~* **4** *Kunstausstellung*

sa|lon|fä|hig ⟨[-lɔ̃:-] od. [-lɔŋ-], süddt.; österr. a. [-lo:n-] Adj.⟩ *für feine Gesellschaft geeignet, manierlich, schicklich*

Sa|loon ⟨[səluːn] m.; -s, -s⟩ *im Stil der Wildwestfilme eingerichtetes Lokal; Western~*

sa|lopp ⟨Adj.⟩ **1** *= ungezwungen* **2** *nachlässig, schlampig*

Sal|pe|ter ⟨m.; -s; unz.⟩ *Leichtmetallsalz der Salpetersäure*

Sal|to ⟨m.; -s, -s od. Sal|ti⟩ *Sprung mit Überschlag in der Luft, Sprung mit Drehung um die waagerechte Achse*

sa|lü ⟨a. ['--] umg.; bes. schweiz.⟩ *(zur Begrüßung u. zum Abschied verwendetes Grußwort)*

Sa|lut ⟨m.; -(e)s, -e⟩ *militärische Ehrung durch eine Salve von Schüssen; ~ schießen*

sa|lu|tie|ren ⟨V. 400⟩ *einen Vorgesetzten od. Ehrengast militärisch grüßen*

Sal|ve ⟨[-və] f.; -, -n⟩ *das gleichzeitige Abfeuern mehrerer Schusswaffen*

Salz ⟨n.; -es, -e⟩ **1** *Gewürz, Geschmacksstoff, Kochsalz; eine Prise ~; mit Pfeffer und ~ würzen; ~ und Brot zum Einzug schenken; ~ sieden* • 1.1 *~ und Brot macht Wangen rot* ⟨Sprichw.⟩ *einfache Nahrung erhält die Gesundheit* • 1.2 *nicht das ~ zur Suppe, zum Brot haben* ⟨fig.⟩ *Not leiden* • 1.3 *Fleisch, Fisch in ~ legen einsalzen u. dadurch konservieren* • 1.4 ⟨fig.⟩ *belebendes Element, Würze* • 1.4.1 *das ~ der Erde* (NT, Matthäus 5,13) *die Menschen* • 1.5 ⟨fig.⟩ *Geist, Witz, Kraft; das ~ der Ironie* • 1.5.1 *das ist ohne ~* ⟨fig.⟩ *fade* **2** *chemische Verbindung, die sich aus einem Säurerest (Anion) u. Metallkationen (od. anderen Kationen, aber nicht ausschließlich Wasserstoff) zusammensetzt*

sal|zen ⟨V. 500; du salzt, gesalzen od. (selten) gesalzt⟩ **1** *eine Speise ~ mit Salz versehen, bestreuen, würzen; leicht gesalzener Schinken* **2** ⟨Part. Perf. nur gesalzen⟩ *eine Rede ~* ⟨fig.⟩ *würzen, mit Anspielungen versehen* **3** *gesalzene Preise* ⟨fig.; umg.⟩ *sehr hohe, überhöhte Preise*

sal|zig ⟨Adj.⟩ *Salz enthaltend, gesalzen, nach Salz schmeckend; es hat einen ~en Geschmack; ~e Tränen; es schmeckt bitter und ~; das Fleisch, die Suppe, das Wasser ist ~*

Salz|säu|le ⟨f.; -, -n⟩ *Säule aus Salz* • 1.1 *zur ~ erstarren* ⟨fig.; nach 1. Mose 19, 26⟩ *starr sein vor Schreck, vor Entsetzen*

Salz|säu|re ⟨f.; -; unz.; Chem.⟩ *stark ätzende Säure*

Sam|ba ⟨-s, -s od. fachsprachl. f.; -, -s⟩ *aus einem brasilianischen Tanz hervorgegangener Gesellschaftstanz im ²/₄-Takt*

Sa|men ⟨m.; -s, -⟩ **1** *der von der Pflanze abfallende, von einer Schutzhülle umgebene, mit Nahrungsstoffen versehene Keim; ~ geht auf, treibt* • 1.1 *in ~ schießen Samen bilden, wobei die Blüte verwelkt* • 1.2 *die für die Aussaat ausgewählten Samenkörner, Saat; ~ streuen, züchten* • 1.3 ⟨fig.; bes. poet.⟩ *Ursprung, Keim; der ~ des Hasses, Neides, der Zwietracht* • 1.4 ⟨fig.; bes. poet.⟩ *Grundlage; den ~ für eine zukünftige Entwicklung legen* **2** *von den Geschlechtsdrüsen bei Mensch u. Tier gebildete, die Samenzellen enthaltende Flüssigkeit, Sperma; der ~ ergießt sich (bei der Begattung)* **3** ⟨bibl.⟩ *die Nachkommen*

Sä|me|rei ⟨f.; -, -en; meist Pl.⟩ *Pflanzensamen, Saatgut*

sä|mig ⟨Adj.⟩ *dickflüssig, gebunden, angedickt*

Säm|ling ⟨m.; -s, -e; Bot.⟩ *junge, aus Samen gezogene Pflanze*

Sam|mel|be|cken ⟨n.; -s, -⟩ **1** *Behälter zum Sammeln u. Aufspeichern von Flüssigkeiten, z. B. Regenwasser*

2 ⟨fig.⟩ *Ansammlung, Treffpunkt, Vereinigung;* diese Partei ist ein ~ aller liberalen Kräfte

sam|meln ⟨V.⟩ **1** ⟨500⟩ **etwas** ~ *zusammentragen, zusammenbringen, zusammenlesen;* Beeren, Holz, Pilze, Regenwasser ~; Gutachten, Meinungen, Unterschriften ~; ich sammle noch Material für meinen Artikel; Aphorismen ~ und herausgeben; die Stimmen ~ und zählen (bei einer Abstimmung, Wahl); du hast feurige Kohlen auf mein Haupt gesammelt (nach Römerbrief 12,20); Kenntnisse ~ • **1.1** es muss jeder seine **Erfahrungen** ~ *E. machen u. daraus lernen* • **1.2** *eine Sammlung (2) anlegen von etwas;* Briefmarken, Gemälde, Münzen, Pflanzen, Schmetterlinge, Steine ~ • **1.2.1** ⟨800⟩ **an etwas** ~ *bemüht sein, eine Sammlung (2) von etwas zu vervollständigen;* er sammelt schon lange an einer Galerie antiker Statuen • **1.3** ⟨402⟩ **(etwas)** ~ *für einen wohltätigen Zweck von anderen erbitten, eine Sammlung (1) (von etwas) durchführen;* milde Gaben ~; wir sollten ~, um unser Vorhaben zu finanzieren • **1.4** ⟨500⟩ *anhäufen;* Reichtümer, Schätze ~; seine Kräfte für eine große Aufgabe ~ **2** ⟨500⟩ **etwas** ~ *versammeln, vereinigen;* seine Herde, Schar um sich ~ • **2.1** ⟨Vr 3⟩ **sich** ~ *zusammenkommen, sich versammeln, sich vereinigen;* alle Teilnehmer am Faschingszug ~ sich auf dem Rheinplatz; eine erregte Volksmenge sammelte sich und zog vor das Parlamentsgebäude; die zerstreuten Truppen sammelten sich wieder; zum Sammeln blasen ⟨Mil.⟩ • **2.1.1** *im Brennpunkt zusammentreffen;* die Lichtstrahlen ~ sich im Brennpunkt der Linse **3** ⟨500/Vr 7⟩ **sich** od. **etwas** ~ ⟨fig.⟩ *konzentrieren;* er kann sich bei diesem Lärm nicht ~ • **3.1** ich muss meine **Gedanken** ~ *auf einen Gegenstand lenken, mich konzentrieren*

Samm|ler ⟨m.; -s, -⟩ **1** *jmd., der etwas sammelt;* Briefmarken~ **2** *Gerät zum Speichern, bes. für elektrischen Strom, Akkumulator* **3** ⟨Straßenbau⟩ *Hauptstrang der Kanalisation* **4** ⟨Typ.⟩ *Behälter, in den die Linotypematrizen fallen, bis die ganze Zeile gesetzt ist*

Samm|le|rin ⟨f.; -, -rin|nen⟩ *weibl. Sammler (1)*

Samm|lung ⟨f.; -, -en⟩ **1** *das Sammeln (1), die Tätigkeit des Zusammentragens;* ~ von Aussprüchen, Briefen, Gedichten, Gemälden, Münzen, Steinen usw.; eine ~ zu wohltätigen Zwecken **2** *das Gesammelte, gesammelter Besitz, Zusammenstellung, Kunstsammlung;* eine kostbare, wertvolle ~; eine öffentliche, private, staatliche ~ **3** *Ort, Gebäude, in dem eine Sammlung (2) aufbewahrt wird;* die ~ ist nur vormittags geöffnet **4** ⟨fig.⟩ *Konzentration der Gedanken auf einen bestimmten Gegenstand;* keine Zeit zur (inneren) ~ haben

Sa|mo|war ⟨a. ['---] m.; -s, -e⟩ *russische Teemaschine, (meist kupferner) Kessel zum Bereiten u. Warmhalten von Tee, der aus einem kleinen verschließbaren Hahn entnommen wird*

Sams|tag ⟨m.; -(e)s, -e; Abk.: Sa; bes. süddt., rhein., österr., schweiz.⟩ = *Sonnabend*

Sams|tag|abend ⟨m.; -(e)s, -e⟩ *Abend eines (jeden) Samstags;* →a. *Dienstagabend*

sams|tags ⟨Adv.⟩ *an jedem Samstag;* →a. *dienstags*

samt ⟨Präp. mit Dativ⟩ **1** *mit, einbegriffen, einschließlich;* das Haus ~ allem Zubehör • **1.1** ~ und **sonders** *alles zusammen, alle miteinander, ohne Ausnahme*

Samt ⟨m.; -(e)s, -e; Textilw.⟩ **1** *Gewebe, meist aus Baumwolle, mit kurzer, dichter, feiner, aufgeschnittener Flordecke* • **1.1** *Hände, eine Haut wie* ~ *zarte, weiche, glatte H.* • **1.2** *sich in* ~ *und* **Seide** *kleiden* ⟨fig.⟩ *vornehm, kostbar*

sämt|lich ⟨Pronominaladj. 10⟩ *alle, ohne Ausnahme;* ich habe ~e Aufträge erledigt; ich habe deine Aufträge ~ erledigt; eine Aufstellung ~er Aufträge; die Adressen ~er alten, (od.) alter Kunden; ~e Angehörigen, (selten) ~e Angehörige kamen zusammen; ~es gesammeltes Material; mit ~em gesammelten Material; ~e gesammelten Aufträge; ~e Freigelassenen; Thomas Manns ~e Werke in 13 Bänden

Sa|mu|rai ⟨a. ['---] m.; -s, -s od. m.; -, -; früher⟩ *Angehöriger des japanischen Kriegerstandes*

Sa|na|to|ri|um ⟨n.; -s, -ri|en⟩ *klimatisch günstig gelegene Heilstätte für Kranke, die der Pflege, aber keiner stationären Behandlung im Krankenhaus bedürfen*

Sand ⟨m.; -(e)s, -e⟩ **1** *feinkörniges, durch Wasser od. Wind transportiertes Sedimentgestein;* Dünen~; Flug~; See~; feiner, grober, nasser, weißer, trockener ~; der ~ der Dünen, Wüsten; der ~ des Meeres, des Ufers; ~ zum Putzen, Reinigen, Scheuern; der Sandmann streut den Kindern abends ~ in die Augen (wenn sie müde sind, damit sie einschlafen) ⟨fig.⟩ • **1.1** wie ~ am Meer *zahllos, in großer Menge, im Überfluss* • **1.2** den Kopf in den ~ stecken (wie angeblich der Vogel Strauß) ⟨fig.⟩ *bestimmte Tatsachen nicht zur Kenntnis nehmen wollen, Gefahren nicht sehen wollen* • **1.3** jmdm. ~ in die Augen streuen ⟨fig.; umg.⟩ *jmdn. täuschen, indem man eine Sache in einem günstigeren Licht darstellt, als sie wirklich ist* • **1.4** ~ ins Getriebe streuen ⟨a. fig.; umg.⟩ *Sabotage treiben, Schwierigkeiten verursachen* • **1.5** ~ über eine Sache streuen ⟨a. fig.; umg.⟩ *nicht mehr über eine S. sprechen, sie vergessen (sein lassen)* **2** *sandiges Gelände, sandiges Ufer, Strand, Dünengebiet, Sandbank;* vor dem Fluss verläuft, verliert sich im ~; das Schiff läuft auf ~ • **2.1** auf (den) ~ geraten ⟨a. fig.⟩ *nicht mehr weiterkönnen (urspr. vom Schiff)* • **2.2** im ~ graben, Burgen bauen, liegen *am Strand* • **2.3** ~ ackern, pflügen ⟨a. fig.; umg.⟩ *etwas Unnützes, Vergebliches tun* • **2.4** auf ~ bauen ⟨a. fig.⟩ *auf unsicheren Grund* (nach Matthäus 7,26); seine Hoffnungen, seine Pläne sind auf ~ gebaut; wer Gott vertraut, hat nicht auf ~ gebaut ⟨Sprichw.⟩ • **2.5** die Sache ist im ~(e) verlaufen ⟨fig.⟩ *es ist nichts aus der S. geworden* **3** ⟨veraltet⟩ *Turnierplatz, Kampfplatz* • **3.1** jmdn. auf den ~ setzen ⟨fig.⟩ *jmdn. besiegen (urspr. in der Kampfbahn)*

San|da|le ⟨f.; -, -n⟩ *leichter Schuh mit Oberteil aus Riemchen od. durchbrochenem Leder*

Sand|bank ⟨f.; -, -bän|ke⟩ **1** *Anhäufung von Sand in Flussbetten u. im Meer dicht unter der Oberfläche* • **1.1** *das Schiff gerät auf eine* ~ *strandet*

Sand|uhr ⟨f.; -, -en⟩ *Gerät zum Messen der Zeit, wobei feiner Sand innerhalb einer bestimmten Zeit aus dem*

Sandwich

oberen Teil eines Glasgehäuses durch eine sehr enge Passage in den gleich großen unteren Teil fließt

Sand|wich ⟨[sændwɪtʃ] n. od. m.; -(e)s [-tʃɪz], -(e)s [-tʃɪz]⟩ **1** zwei mit Butter bestrichene, aufeinandergelegte Scheiben Weißbrot mit Wurst, Käse, Ei, Tomaten u. Ä. **2** über Rücken u. Brust gehängtes beschriftetes Schild od. Plakat (bei Kundgebungen)

sanft ⟨Adj.⟩ **1** friedfertig, zahm (Wesen, Gemüt); ihr ~es Wesen; ~ wie ein Lamm **2** mild, weich, freundlich; eine ~e Beleuchtung, Farbe; das ~e Licht, Rot des Abendhimmels; sie hat eine ~e Stimme; einen ~en Vorwurf kann ich dir nicht ersparen; ein gutes Gewissen ist ein ~es Ruhekissen ⟨Sprichw.⟩ **3** von geringer Intensität, zart, leicht; einen ~en Druck, Zwang ausüben; ein ~er Regen; ein ~er Händedruck; ein Kätzchen ~ streicheln; mit ~er Hand herrschen, lenken, regieren; jmdn. mit ~er Gewalt zu etwas zwingen **4** ruhig, friedlich; ~ ruhen, schlafen; nur ~! (Grabinschrift) • **4.1** etwas auf die ~e Tour erreichen ⟨umg.⟩ durch gutes Zureden • **4.2** ~ entschlafen friedlich sterben **5** leicht, gering, wenig ansteigend; eine ~e Steigung, ein ~er Hügel

Sänf|te ⟨f.; -, -n⟩ kastenartiges, offenes od. geschlossenes, von Menschen od. Tieren getragenes Gestell zur Beförderung von Personen

Sanft|mut ⟨f.; -; unz.⟩ sanfte, milde, geduldige Gesinnung; ~ des Herzens

Sang ⟨m.; -(e)s, Sän|ge; veraltet⟩ **1** Gesang, Singen • **1.1** mit ~ und Klang mit Gesang u. Musikbegleitung, singend u. musizierend

Sän|ger ⟨m.; -s, -⟩ **1** jmd., der singt • **1.1** Mitglied eines Gesangvereines od. eines Chores • **1.2** jmd., der berufsmäßig singt, Gesangskünstler; Konzert~, Opern~ **2** ⟨poet.⟩ jmd., der etwas verherrlicht, Dichter; ein ~ der Freiheit, der Liebe • **2.1** darüber schweigt des ~s Höflichkeit ⟨fig.; umg.⟩ darüber spricht man besser nicht, das ist zu peinlich **3** die gefiederten ~, die ~ des Waldes die Vögel

Sän|ge|rin ⟨f.; -, -rin|nen⟩ weibl. Sänger

sa|nie|ren ⟨V. 500⟩ **1** ein Körperteil ~ ⟨Med.⟩ den Herd einer Krankheit in einem K. beseitigen; Zähne ~ **2** ein Wohnviertel ~ ⟨fig.⟩ in einem W. gesunde Verhältnisse (zum Leben u. Wohnen) schaffen **3** ⟨Vr 7⟩ jmdn., ein Unternehmen ~ ⟨fig.⟩ wieder leistungsfähig machen

Sa|nie|rung ⟨f.; -, -en⟩ **1** das Sanieren, das Saniertwerden einer Wohnung, eines Denkmals, Stadtteils (Altbau~, Altstadt~) **2** Umgestaltung eines bestimmten wirtschaftlichen, politischen od. umweltgeschädigten Bereiches, um eine positive Entwicklung in Gang zu setzen; ~ der Staatsfinanzen, des Gesundheitswesens • **2.1** Behebung finanzieller Schwierigkeiten; ~ eines Unternehmens • **2.2** Reparatur verschmutzter Gewässer, geschädigter Landschaft u. a. durch Zurückführen in einen naturnahen Zustand; die ~ des Waldes fordern

sa|ni|tär ⟨Adj. 24⟩ **1** das Gesundheitswesen betreffend **2** der Gesundheit, Hygiene dienend **3** gesundheitlich, hygienisch; die ~en Verhältnisse einer öffentlichen Einrichtung

Sa|ni|tät ⟨f.; -, -en; österr.; schweiz.⟩ **1** Sanitätswesen, Sanitätstruppe **2** Rettungsdienst, Sanitätswagen

Sa|ni|tä|ter ⟨m.; -s, -⟩ **1** Sanitätssoldat **2** Krankenpfleger **3** jmd., der in der Ersten Hilfe ausgebildet ist

Sankt ⟨vor dt. Namen; Abk.: St.⟩ der, die heilige ...; ~-Marien-Kirche, ~ Gallen

Sank|ti|on ⟨f.; -, -en⟩ **1** Bestätigung, Anerkennung **2** Erhebung zum verbindlichen Gesetz **3** ⟨nur Pl.⟩ ~en Strafmaßnahmen, Zwangsmaßnahmen mehrerer Staaten gegen die Verletzung der Völkerrechte seitens eines anderen Staates

sank|ti|o|nie|ren ⟨V. 500⟩ **1** ein **Vorgehen** ~ als richtig bestätigen, gutheißen, anerkennen **2** eine **Sache** ~ zum verbindlichen Gesetz erheben **3** ein **Vergehen** ~ bestrafen, mit Sanktionen (3) ahnden

Sa|phir ⟨a. [-'-] m.; -(e)s, -e; Min.⟩ **1** Mineral u. Edelstein, hellblauer Korund **2** Schmuckstein aus Saphir (1) **3** Nadel am Tonabnehmer eines Plattenspielers aus Saphir (1)

Sa|ra|ban|de ⟨a. [-bāːd(ə)] f.; -, -n; Mus.⟩ **1** aus einem altspan. Volkstanz entwickelter französ. Gesellschaftstanz **2** Satz der Suite

Sar|del|le ⟨f.; -, -n; Zool.⟩ Angehörige einer Familie bis 20 cm langer, meist eingesalzen verwendeter, heringartiger Knochenfische; Engraulidae

Sar|di|ne ⟨f.; -, -n; Zool.⟩ bis zu 26 cm langer Heringsfisch in Atlantik, Schwarzem Meer u. Mittelmeer: Sardina Pilchardus; Öl~

Sarg ⟨m.; -(e)s, Sär|ge⟩ langer, meist hölzerner Kasten, in der Leichnam gelegt wird, Totenschrein; den Toten in den ~ legen; →a. Nagel (1.2)

Sar|kas|mus ⟨m.; -, -kas|men⟩ **1** ⟨unz.⟩ beißender Spott, bitterer Hohn **2** sarkastische Bemerkung, Äußerung

sar|kas|tisch ⟨Adj.⟩ beißend-spöttisch, bissig-höhnisch

Sar|ko|phag ⟨m.; -(e)s, -e⟩ großer, prunkvoller (Stein-) Sarg zur Bestattung hochgestellter Persönlichkeiten (meist in der Grabkammer einer Kirche aufgestellt)

Sa|tan ⟨m.; -s, -e⟩ **1** Teufel, Widersacher Gottes **2** ⟨fig.⟩ böser, teuflischer Mensch

Sa|tel|lit ⟨m.; -en, -en⟩ **1** einen Planeten in einer unveränderlichen Bahn umkreisender Himmelskörper, z. B. der Mond **2** um einen Planeten kreisender künstlicher Flugkörper, der eine bestimmte Funktion (Datensammlung, -übermittlung) ausübt (Wetter~)

Sa|tin ⟨[satɛ̃ː] m.; -s, -s; Textilw.⟩ atlasartiger Stoff aus Baumwolle, Wolle, Seide od. Chemiefasern

Sa|ti|re ⟨f.; -, -n⟩ literarische Gattung, die durch Ironie u. spöttische Übertreibung menschliche Schwächen, politische Ereignisse u. Ä. kritisiert

satt ⟨Adj.⟩ **1** ohne Verlangen nach Nahrungsaufnahme, nicht (mehr) hungrig; sich ~ essen; möchtest du noch etwas essen oder bist du ~? • **1.1** wir **bekommen** die Bauarbeiter schon ~ ⟨umg.⟩ bieten ihnen so viel zu essen an, dass sie ihren Hunger sicher stillen können; ⟨aber⟩ →a. sattbekommen • **1.2** ich **kriege** das Kind kaum ~ ⟨umg.⟩ es will immer noch mehr essen • **1.3** ich bin von diesem leichten Gericht nicht ~ geworden ich habe noch Hunger • **1.4** ⟨50⟩ genug; nicht ~ zu essen haben **2** ⟨fig.⟩ selbstzufrieden; ein ~es Lächeln umspielte seine Züge **3** ⟨60⟩ ~e **Farbe**

⟨fig.⟩ *kräftige, volle, tiefe F.;* ein ~es Grün, Rot **4** ⟨Chem.⟩ *gesättigt* **5** ⟨60; umg.⟩ *eindrucksvoll, ansehnlich;* eine ~e Leistung **6** ⟨Getrennt- u. Zusammenschreibung⟩ • 6.1 ~ machen = *sattmachen*

sạtt|be|kom|men ⟨V. 170/500⟩ *etwas od. jmdn. ~ dessen überdrüssig werden, die Lust daran verlieren;* →a. *satt (1.1)*

Sạt|tel ⟨m.; -s, Sät|tel⟩ **1** *Sitzvorrichtung für Reiter auf Reittieren* (Reit~); den ~ abschnallen, anbinden, auflegen, festbinden; mit, ohne ~ reiten; das Pferd warf den Reiter aus dem ~; der Reiter fiel vom ~; der Reiter hing im ~; sich in den ~ schwingen; ich könnte stundenlang im ~ sitzen (so gern reite ich); er ist mit dem ~ wie verwachsen (so gut reitet er) • 1.1 er ist in allen Sätteln gerecht ⟨fig.⟩ *er kennt sich in allen Gebieten aus, ist überall zu gebrauchen* • 1.2 er konnte sich im ~ halten ⟨a. fig.; umg.⟩ *er konnte sich gegen alle Angriffe behaupten* • 1.3 jmdn. aus dem ~ heben ⟨a. fig.⟩ *jmdn. besiegen, bezwingen, übertreffen (urspr. im ritterlichen Kampf durch Lanzenstoß)* • 1.4 jmdn. in den ~ heben, jmdm. in den ~ helfen ⟨a. fig.; umg.⟩ *jmdn. unterstützen, jmdm. eine Stellung verschaffen* • 1.5 fest im ~ sitzen ⟨a. fig.; umg.⟩ *in einer Stellung sicher sein* **2** *Tragvorrichtung für Lasten auf Lasttieren* (Tragsattel) **3** *Sitzvorrichtung auf dem Fahrrad u. Motorrad;* den ~ (eines Fahrrads) höher, tiefer stellen **4** ⟨fig.⟩ *dem Sattel (1-3) äußerlich ähnliches Ding* • 4.1 *Senke in einem Bergrücken, Pass* • 4.2 *Mittelteil des Turnpferdes* • 4.3 *Querbalken* 4.4 *angesetztes Stück über beide Schultern (an Kleidern od. Blusen), Passe* 4.5 ⟨bei Streich- u. Zupfinstrumenten⟩ *kleine Querleiste am Ende des Griffbretts, auf der die Saiten aufliegen* • 4.6 ⟨Geol.⟩ →a. *Falte (4)*

Sạt|tel|dach ⟨n.; -(e)s, -dä|cher⟩ *Dach mit zwei am First zusammenstoßenden Dachflächen*

sạt|tel|fest ⟨Adj.⟩ **1** ~ sein *fest im Sattel sitzen, ein guter Reiter sein;* ein ~er Reiter sein **2** ⟨fig.⟩ *auf einem Gebiet gut beschlagen, bewandert sein, gründliche Kenntnisse besitzend* • 2.1 ein ~er Prüfling *jmd., der gut vorbereitet in eine Prüfung geht* **3** ⟨fig.⟩ *moralisch gefestigt, charakterstark*

sạt|teln ⟨V. 500⟩ **1** ein **Reittier** ~ *einem Reittier den Sattel auflegen;* ein Pferd ~ **2** ⟨Vr 3⟩ sich ~ ⟨fig.; umg.⟩ *sich vorbereiten;* er hat sich für die Prüfung gesattelt

Sạt|tel|schlep|per ⟨m.; -s, -⟩ *mit starkem Motor versehener Kraftwagen aus dem verkürzten Fahrgestell eines Lastwagens, auf das ein Anhänger ohne Vorderachse aufgesattelt wird*

sạtt|ha|ben ⟨V. 159/500; umg.⟩ **jmdn. od. etwas** ~ *genug von jmdm. od. davon haben, dessen überdrüssig sein;* ich habe diese ständigen Ausreden satt

sät|ti|gen ⟨V.⟩ **1** ⟨400⟩ etwas **sättigt** *macht satt, stillt den Hunger;* das ist ein Essen, das sättigt • 1.1 das Essen ist sehr ~d *macht schnell satt* **2** ⟨500/Vr 7⟩ **jmdn.** od. **sich** ~ *jmdm. od. sich sattmachen, jmds. od. seinen Hunger stillen;* erst die Nachspeise konnte uns ~; sich an, mit, von einer Speise ~ • 2.1 ⟨fig.⟩ *jmds. Begierde stillen, befriedigen;* jmds. Ehrgeiz, Neugier,

Wissensdrang ~ **3** ⟨500⟩ eine **Lösung** ~ ⟨Chem.⟩ *einer L. so viel von einer Substanz hinzufügen, wie sie maximal aufnehmen kann;* Sy *saturieren (1);* die Lösung ist gesättigt • 3.1 **Basen** od. **Säuren** ~ *unwirksam machen* • 3.2 der **Markt** ist mit Waren gesättigt ⟨fig.⟩ *kann keine W. mehr aufnehmen*

Sạtt|ler ⟨m.; -s, -⟩ *Handwerker, der Sättel sowie alle größeren Ledergegenstände (Koffer, Mappen, Wagenpolster) herstellt u. repariert*

sạtt|ma|chen auch: **satt ma|chen** ⟨V.⟩ **1** ⟨500⟩ jmdn. ~ *jmds. Hunger stillen* **2** ⟨402⟩ *den Hunger stillen;* Süßigkeiten machen auch satt

sạtt|sam ⟨Adv.⟩ *genug, genügend, mehr als genug;* das ist doch ~ bekannt, besprochen, erörtert

sạtt|se|hen ⟨V. 239/405/Vr 3⟩ **sich (an etwas)** ~ *etwas so häufig ansehen, dass man es danach nicht mehr sehen möchte;* er konnte sich an ihren Bildern nicht ~

sa|tu|rie|ren ⟨V. 500⟩ **1** *Lösungen,* chem. **Verbindungen** ~ = *sättigen (3)* **2** jmdn. ~ ⟨fig.⟩ *jmds. Ansprüche befriedigen*

Sạtz ⟨m.; -es, Sät|ze⟩ **1** *sprachlicher, nach bestimmten Regeln aufgebauter, sinnvoller Ausdruck eines in sich abgeschlossenen Gedankens;* ein klar gegliederter, treffender, übersichtlicher, unübersichtlicher, verschachtelter ~; der nachfolgende, voranstehende ~; mitten im ~ abbrechen, stocken; einen ~ bilden, konstruieren, prägen ⟨Gramm.⟩ • 1.1 einen ~ analysieren, zergliedern, zerlegen ⟨Gramm.⟩ *die Satzteile bestimmen;* →a. *einfach (1.1), einschieben (2.1), erweitern (1.2), selbstständig (2.3)* **2** *Lehrsatz, Gesetz;* einen ~ aufstellen, verkünden; einem ~ widersprechen; einen ~ widerlegen; ~ 1 (eines Gesetzabschnitts usw.) **3** ⟨Typ.⟩ *das Setzen des Textes aus Lettern mit der Hand (Handsatz), maschinell (Maschinensatz) od. fotomechanisch (Fotosatz).* 3.1 ein ~ in Manuskript **in** ~ **geben** *zum Setzen in die Setzerei geben* **4** ⟨Typ.⟩ *der vom Setzer maschinell od. fotomechanisch zusammengestellte (gesetzte) Text;* den ~ korrigieren **5** ⟨Mus.⟩ *in sich geschlossener Teil eines mehrteiligen Instrumentalstücks, b. der Sonate, Symphonie, des Quartetts;* eine Symphonie hat im Allgemeinen vier Sätze; der langsame ~ des Klavierkonzerts enthält das bekannte Motiv **6** ⟨Mus.⟩ *die Stimmführung in einem mehrstimmigen Musikwerk;* ein schwieriger, fünfstimmiger, polyphoner ~ **7** *Rückstand, Niederschlag;* Boden~; Kaffee~; den ~ des Kaffees noch einmal aufbrühen **8** *einheitlich festgelegter Preis für Lieferungen u. Leistungen, Tarif, übliches Maß;* der ~ beträgt etwa 5 Euro; der Preis ist höher als der übliche ~; Fracht~; Zins~ **9** *eine Anzahl zusammengehöriger Gegenstände;* ein ~ Briefmarken, Gewichte, Schüsseln, Töpfe • 9.1 ⟨Jägerspr.⟩ *der Wurf der Häsin u. des Kaninchens* • 9.2 *eingesetzte Fischbrut im Teich;* ein ~ Forellen, Karpfen • 9.3 ein ~ **Erz** *die Menge, die auf einmal aus dem Hochofen kommt* **10** ⟨Sp.⟩ *Spielabschnitt (im Tennis, Tischtennis u. Ä.);* er gewann in drei Sätzen **11** *Sprung;* mit einem großen ~ sprang er zur Seite; mit wenigen Sätzen hatte er ihn eingeholt; ein ~ über einen Graben • 11.1 einen ~ **machen** *springen*

Satzung

Sat|zung ⟨f.; -, -en⟩ schriftlich niedergelegtes Recht, Regel, Ordnung, Vorschrift; Sy Statut; Vereins~; Ordens~

Satz|zei|chen ⟨n.; -s, -; Gramm.⟩ Schriftzeichen zur Gliederung des Satzes od. Trennung von Sätzen bzw. Satzteilen od. zur Bezeichnung des Satztons, Interpunktionszeichen, z. B. Punkt, Komma

Sau ⟨f.; -, Säue⟩ **1** das weibl. Hausschwein, Mutterschwein; die ~ ferkelt, hat Ferkel geworfen • 1.1 wie eine gestochene ~ bluten, schreien ⟨derb⟩ heftig • 1.2 davonrennen wie eine gesengte ~ ⟨derb⟩ sehr schnell • 1.3 jmdn. zur ~ machen ⟨fig.; derb⟩ jmdn. grob anherrschen, schonungslos tadeln • 1.4 etwas zur ~ machen ⟨fig.; derb⟩ durch unsachgemäße Behandlung zerstören • 1.5 das ist unter aller ~ ⟨fig.; derb⟩ sehr schlecht, nicht zu gebrauchen **2** ⟨fig.; derb⟩ sehr schmutziger Mensch, unanständiger, moralisch minderwertiger, verwerflicher Mensch • 2.1 keine ~ ⟨fig.; umg.⟩ niemand **3** ⟨Pl.: Sauen; Jägerspr.⟩ Wildschwein; →a. grob (6)

sau|ber ⟨Adj.⟩ **1** rein, reinlich, frisch gewaschen, fleckenlos, frei von Schmutz; ~e Fensterscheiben; ~e Wäsche anziehen; die Wohnung war ~; die Wohnung ist schwer ~ zu halten; sie ist ~ gekleidet • 1.1 ~e Hände haben ⟨a. fig.⟩ ehrenhaft, unschuldig sein **2** genau, ordentlich, sorgfältig; eine ~e Arbeit, Handschrift; das ist ~ gearbeitet; ~! ⟨Ausruf der Anerkennung, auch iron.⟩ **3** ⟨fig.; umg.⟩ anständig, lauter, sittlich einwandfrei; ein ~er Charakter; ein ~er Junggeselle **4** ⟨iron.⟩ nichtsnutzig, schlimm, böse; ein ~es Bürschchen!; das ist mir ein ~er Freund!; das sind ja ~e Geschichten! **5** ⟨oberdt.⟩ hübsch, schmuck; ein ~er Bursche **6** ⟨Getrennt- u. Zusammenschreibung⟩ • 6.1 ~ machen = saubermachen

Sau|ber|keit ⟨f.; -; unz.⟩ **1** Zustand des Sauberseins, Reinheit, Reinlichkeit; ~ der Arbeit, der Schrift; hier herrscht Ordnung und ~; ~ der Straße, der Wohnung; in ihrer Wohnung blinkt, glänzt alles vor ~ **2** ⟨fig.⟩ Anständigkeit, Lauterkeit; ~ des Charakters, des Denkens

säu|ber|lich ⟨Adj. 50⟩ sauber, ordentlich, sorgfältig; das wirst du noch einmal fein ~ abschreiben; es war fein ~ verpackt

sau|ber|ma|chen auch: **sau|ber ma|chen** ⟨V.⟩ **1** ⟨500⟩ etwas ~ säubern, vom Schmutz befreien, reinigen; wir haben den Keller saubergemacht / sauber gemacht **2** ⟨400⟩ putzen, reinigen; ich muss heute noch ~; sie geht ~

säu|bern ⟨V. 500/Vr 7⟩ **1** etwas od. sich ~ saubermachen, Schmutz entfernen aus, reinigen; den Boden, das Geschirr, den Tisch, das Zimmer ~; eine Wunde ~; er hat sich bereits gesäubert **2** etwas ~ ⟨fig.⟩ von nicht zugehörigen, schädlichen Dingen befreien; ein Beet von Unkraut ~ **3** Stoffränder ~ ⟨Schneiderei⟩ mit Garn einfassen, damit sie nicht ausfransen

Säu|be|rung ⟨f.; -, -en⟩ das Entfernen von Schmutz, Reinigung; die gründliche ~ der Wohnung hat sich gelohnt **2** ⟨fig.; umg.⟩ Entfernung von missliebigen od. störenden Personen; in der Partei, Regierung, Truppe wurde eine ~ vorgenommen

Sau|ce ⟨[ˈzoːsə] f.; -, -n; fachsprachl.⟩ = Soße

Sau|ci|e|re ⟨[zosjɛːrə] f.; -, -n⟩ kleine Schüssel mit Henkel u. einem muldenförmigen Ausguss u. dazugehöriger Untertasse (für das Ausgießen von Soßen verwendet)

sau|dumm ⟨Adj.; umg.⟩ **1** sehr dumm **2** ⟨fig.; umg.⟩ sehr unangenehm, sehr peinlich; das ist eine ~e Angelegenheit, Geschichte

sau|er ⟨Adj.⟩ **1** so schmeckend, dass sich der Mund zusammenzieht; Ggs süß (1); saure Drops; Zitronen schmecken ~ • 1.1 ⟨70⟩ da muss ich wohl oder übel in den sauren Apfel beißen ⟨fig.⟩ das Unangenehme hinnehmen od. tun • 1.2 ⟨50⟩ das wird ihm noch ~ aufstoßen ⟨a. fig.; umg.⟩ die unangenehmen Folgen wird er noch zu spüren bekommen • 1.3 gib ihm Saures! ⟨umg.⟩ verprügle ihn tüchtig! • 1.4 saure **Gurken** in Essigwasser konservierte G. • 1.5 saure **Milch, Sahne** gestockte, geronnene, dick gewordene M., S.; die Milch, die Sahne ist ~ geworden • 1.6 saurer **Wein** sehr herber W. • 1.7 ⟨70⟩ saure **Trauben** ⟨a. fig.⟩ etwas, was man schlechtmacht, weil man es nicht erhalten, erreichen kann (nach der Fabel „Der Fuchs u. die Trauben") **2** ⟨fig.⟩ mühselig, schwierig, hart, schwer • 2.1 das ist ein saures Brot mühselige (Lebens-)Arbeit • 2.2 ⟨50⟩ die Arbeit wird mir ~ fällt mir schwer • 2.3 ich habe es mir ~ werden lassen ⟨umg.⟩ große Mühe darauf verwendet • 2.4 das kommt mich ~ an fällt mir schwer • 2.5 das habe ich mir ~ erworben mit großem Fleiß, großer Mühe **3** ⟨fig.; umg.⟩ ärgerlich, verdrießlich, böse; eine saure Miene machen, ziehen; er ist heute ~; sie ist ~ auf ihn **4** ⟨fig.; umg.⟩ kraftlos, stark erschöpft; das Rennen war noch nicht halb vorbei, da wurde er ~ **5** ⟨60⟩ saurer **Boden** ⟨Landw.⟩ B., der reich an säurehaltigen Stoffen ist; die sauren Wiesen sind nicht als Weide nutzbar **6** ⟨Chem.⟩ aus Säure bestehend, säurehaltig • 6.1 ~ **reagieren** • 6.1.1 die Eigenschaften von Säuren zeigen • 6.1.2 ⟨fig.⟩ etwas ablehnen, nicht darauf eingehen • 6.2 saure **Farbstoffe** organische F., die saure Gruppen im Molekül enthalten, Säurefarbstoffe

Sau|er|kraut ⟨n.; -(e)s; unz.⟩ fein geschnittenes, mit Salz u. Gewürzen in Fässern eingestampftes, gegorenes Weißkraut, Sauerkohl

säu|er|lich ⟨Adj.⟩ **1** schwach sauer; ein ~er Geschmack **2** ⟨fig.⟩ missvergnügt, verdrießlich; ~ blicken

säu|ern ⟨V.⟩ **1** ⟨500⟩ etwas ~ sauer machen, zur Gärung bringen **2** ⟨400⟩ sauer werden

Sau|er|stoff ⟨m.; -(e)s; unz.; chem. Zeichen: O⟩ **1** chem. Element, farb-, geruch- u. geschmackloses Gas, das für alle Lebensprozesse unentbehrlich ist, Ordnungszahl 8 • 1.1 (sich) mit ~ verbinden oxydieren

sau|er|süß ⟨Adj.⟩ **1** von säuerlichem u. süßem Geschmack zugleich **2** ⟨fig.⟩ freundlich u. verdrießlich zugleich; ~ lächeln

Sau|er|teig ⟨m.; -(e)s, -e; Pl. selten⟩ **1** gegorener Hefeteig als Treibmittel beim Brotbacken **2** Rest des aufgegangenen Brotteiges, der bis zum nächsten Backen aufbewahrt wird u. inzwischen weitergärt

sau|fen ⟨V. 205/400⟩ **1** ⟨402⟩ ein **Tier** säuft (eine Flüssigkeit) *nimmt Flüssigkeit zu sich, trinkt;* die Katze säuft Milch; dem Vieh zu ~ geben **2** *jmd.* säuft ⟨derb⟩ *trinkt;* gibt es hier nichts als Wasser zu ~? • 2.1 *unmäßig, gierig trinken;* er säuft den Schnaps wie Wasser • 2.2 *in großen Mengen alkoholische Getränke zu sich nehmen;* er wird sich noch dumm, arm, krank ~; er wird sich noch zu Tode ~ • 2.2.1 ⟨511⟩ er säuft alle unter den Tisch *er kann viel Alkohol vertragen* • 2.2.2 ⟨413⟩ er säuft wie ein Bürstenbinder *er trinkt sehr viel (Alkohol)* • 2.3 *dem Alkohol verfallen sein;* sie säuft schon seit Jahren

sau|gen ⟨V. 206; im techn. Bereich schwache Beugung⟩ **1** ⟨500⟩ **etwas ~** *(Flüssigkeit) mit Lippen u. Zunge, (bei Tieren) mit Saugrüssel, (bei Pflanzen) mit Wurzeln in sich ziehen;* Blut aus einer Wunde ~; die Bienen ~ Honig aus den Blüten; der Säugling saugt Milch aus der Brust, aus der Flasche • 1.1 ⟨510⟩ etwas mit der Muttermilch in sich gesogen haben ⟨fig.⟩ *von Kindheit an gewohnt sein* • 1.2 ⟨531/Vr 1⟩ das hat er sich aus den Fingern gesogen ⟨fig.; umg.⟩ *das ist nicht wahr, das hat er erfunden* • 1.3 ⟨513/Vr 3⟩ **etwas saugt sich voll** *zieht (Flüssigkeit) in sich hinein;* der Schwamm hat sich voll Wasser gesogen, gesaugt **2** ⟨411⟩ **an etwas ~** *lutschend ziehen;* das Kind saugt am Daumen • 2.1 an der Pfeife, Zigarre ~ aus *P., Z. Rauch in den Mund ziehen* **3** ⟨402; nur schwache Beugung⟩ **(etwas) ~** *mit Hilfe des Staubsaugers säubern;* ich habe den Teppich erst gestern gesaugt; hast du auch schon gesaugt? • 3.1 sie soll noch Staub ~ / staubsaugen *mit dem Staubsauger saubermachen* **4** ⟨550⟩ **etwas aus etwas ~** ⟨a. fig.⟩ *gewinnen, schöpfen;* er sog neuen Mut aus dieser Begegnung

säu|gen ⟨V. 500⟩ einen **Säugling** od. ein **Jungtier ~** *einem S. an der Mutterbrust od. einem J. an Euter bzw. Zitzen zu trinken geben, ihn bzw. es stillen, nähren*

Sau|ger ⟨m.; -s, -⟩ **1** *hohler, dünnwandiger Gummistöpsel von der Größe eines Fingergliedes mit breitem Rand, der Säuglingen zum Lutschen gegeben wird, um sie zu beruhigen;* Sy **Schnuller 2** *mit feinem Loch versehenes Gummihütchen auf der Milchflasche, an dem das Kind saugt* **3** ⟨Tech.⟩ *Gerät, das etwas an sich saugt;* Staub~ **4** ⟨Zool.⟩ *Ernährungstyp (Lebensformtyp) von Tieren, die mit besonders ausgestalteten Mundwerkzeugen ihre Nahrung saugend aufnehmen;* Blut~

Säu|ge|tier ⟨n.; -(e)s, -e⟩ *Angehöriges einer Klasse der Wirbeltiere, deren Junge durch ein Milchsekret ernährt (gesäugt) werden*

Säug|ling ⟨m.; -s, -e⟩ *Kind, das noch an der Mutterbrust (od. mit der Flasche) genährt wird, bis etwa zum Ende des 1. Lebensjahres*

Säug|lings|schwes|ter ⟨f.; -, -n⟩ *in der Säuglingspflege ausgebildete Kinderkrankenschwester*

Saug|napf ⟨m.; -(e)s, -näp|fe⟩ *Vorrichtung an der Körperoberfläche verschiedener Tiere, die sich damit an einer Unterlage festsaugen*

Säu|le ⟨f.; -, -n⟩ **1** *stützender od. die Fassade schmückender Bauteil von kreisrundem Querschnitt (im Unterschied zum rechteckigen Pfeiler), gegliedert in Fuß, Schaft und Kapitell;* eine dicke, dünne, hohe, marmorne, steinerne ~; dorische, ionische, korinthische ~n; das Dach ruht auf ~n; eine ~ aufstellen, errichten; das Dach wird von ~n gestützt, getragen; die ~n stützen, tragen das Dach, zieren den Eingang • 1.1 wie eine ~ dastehen *fest u. unbeweglich* • 1.2 die ~n des **Herkules** ⟨fig.; im Altertum Bez. für⟩ *die Meerenge von Gibraltar* **2** ⟨fig.⟩ *Stütze, wichtiger Helfer;* er ist eine ~ der Wissenschaft; die ~n der Gesellschaft, des modernen Lebens, der Technik • 2.1 *tragender Bestandteil;* die drei ~n der Europäischen Union **3** ⟨fig.⟩ *etwas gerade Emporsteigendes;* Rauch~; Wasser~; Quecksilber~ **4** ⟨Math.⟩ *Körper mit gleichlaufenden Kanten, Prisma*

Säu|len|bau ⟨m.; -(e)s, -ten⟩ **1** ⟨unz.⟩ *Bau, Gliederung einer Säule* **2** *Bauwerk vorwiegend aus Säulen, Säulenhalle*

Saum[1] ⟨m.; -(e)s, Säu|me⟩ **1** *einfach od. (meist) doppelt umgebogener u. mit kleinen Nähstichen befestigter Stoffrand;* ich muss noch den ~ (des Kleides, am Kleid) abstecken, bügeln, heften, nähen; bei dir ist der ~ aufgegangen, gerissen • 1.1 *Besatz, Einfassung;* →a. *falsch (3.5)* **2** *Rand (einer Fläche);* die Hütte steht am ~ des Waldes • 2.1 *etwas begrenzender schmaler Streifen;* ein leuchtender, schmaler ~ am Horizont

Saum[2] ⟨m.; -(e)s, Säu|me; veraltet⟩ *Traglast eines Tieres*

säu|men[1] ⟨V. 500⟩ **1** ein Stück **Stoff ~** *mit einem Saum*[1] *(1) versehen;* ein Kleid, einen Rock ~ **2** *etwas ~ mit einem Rand, einer Einfassung versehen;* Pappeln ~ die Allee • 2.1 viele Zuschauer säumten die Strecke *standen (dicht gedrängt) am Streckenrand* **3** *Bretter ~ die Kanten roher Bretter beschneiden*

säu|men[2] ⟨V. 400; geh.⟩ *zögern, zaudern, sich nicht entschließen können, sich aufhalten, sich verspäten, auf sich warten lassen, zurückbleiben;* o säume nicht länger! ⟨poet.⟩

säu|mig ⟨Adj.⟩ **1** *säumend, langsam, zurückgeblieben, verspätet;* er ist ~ mit seiner Arbeit, der Rückzahlung **2** *nachlässig;* ein ~er Schuldner, Schüler, Zahler

saum|se|lig ⟨Adj.⟩ *nachlässig, langsam;* ein ~es Mädchen; ~ arbeiten

Sau|na ⟨f.; -, -s od. Sau|nen⟩ *(aus Finnland stammendes) Schwitzbad in trockener Hitze, bei dem durch das Übergießen heißer Steine regelmäßig Wasserdampf erzeugt wird*

Säu|re ⟨f.; -, -n⟩ **1** *chemische Verbindung, die in wässriger Lösung Wasserstoffionen abspaltet, aber nicht immer sauer schmeckt;* die ~ des Magens; hierbei bildet sich, entsteht eine ~; ~n färben blaues Lackmuspapier rot; eine ätzende, schwache, starke ~ **2** *saurer Geschmack;* die ~ des Essigs, der Früchte, des Weins

Sau|ri|er ⟨m.; -s, -; meist Pl.⟩ *ausgestorbenes, oft riesiges Reptil*

Saus ⟨m.; -es; unz.; nur noch in der Wendung⟩ in ~ **und Braus** leben *herrlich u. in Freuden, sorglos, verschwenderisch, im Überfluss*

säu|seln ⟨V. 400⟩ **1** der **Wind** säuselt *rauscht leise, weht leicht;* der Wind säuselt in den Blättern **2** ⟨402⟩ **(etwas)** ~ ⟨fig.⟩ *flüstern;* „Wie reizend von Ihnen", säuselte sie • **2.1** ⟨iron.⟩ *mit vorgeblichem Mitempfinden leise u. freundlich reden*

sau|sen ⟨V. 400 (s.)⟩ **1** etwas saust *tönt, braust, rauscht mit dunklem Zischen;* der Wind saust in den Bäumen, Blättern, Zweigen; der Pfeil sauste durch die Luft; es saust mir in den Ohren • **1.1 Wein** saust ⟨oberdt.⟩ *gärt, schäumt* **2** ⟨umg.⟩ *sich sehr schnell fortbewegen, eilen;* das Auto sauste um die Ecke; die Kugel sauste mir am Kopf vorbei • **2.1** er ist durchs Examen gesaust ⟨umg.; scherzh.⟩ *er hat das E. nicht bestanden* **3** ⟨Getrennt- u. Zusammenschreibung⟩ • **3.1** ~ lassen = *sausenlassen*

sau|sen|las|sen *auch:* **sau|sen las|sen** ⟨V. 175/500; fig.; umg.⟩ **etwas** ~ *darauf verzichten;* ein Vorhaben ~

Sa|van|ne ⟨[-van-] f.; -, -n⟩ *Grasland mit Buschwerk u. Baumgruppen*

Sa|xo|fon ⟨n.; -s, -e; Mus.⟩ *Holzblasinstrument mit von unten nach oben gebogenem Rohr, Klarinettenmundstück u. weichem, klarinettenartigem Klang;* oV *Saxophon*

Sa|xo|phon ⟨n.; -s, -e; Mus.⟩ = *Saxofon*

S-Bahn ⟨[ɛs-] f.; -, -en; Kurzw. für⟩ *Schnellbahn, auf Schienen betriebene Bahn innerhalb von Großstädten u. deren Vororten*

Scam|pi ⟨Pl.⟩ *eine Art kleiner Speisekrebse*

scan|nen ⟨[skæn-] V. 500⟩ **Bilder, Schriftvorlagen** ~ *mit Hilfe eines Scanners abtasten*

Scan|ner ⟨[skænə(r)] m.; -s, -⟩ *Gerät, das mit einem Elektronen- od. Lichtstrahl Bilder, Schriften o. a. Objekte punkt- od. zeilenweise abtastet und die dabei gewonnenen Messwerte zur weiteren Verarbeitung in elektronische Signale umsetzt, Bildabtaster*

Scha|be¹ ⟨f.; -, -n; Zool.⟩ *Angehörige einer Ordnung der Insekten, mittelgroßes bis großes, stark abgeplattetes Insekt mit kräftigen Laufbeinen u. langen Fühlern, bewohnt Ritzen u. Spalträume: Blattodea* (Küchen-~; oV *Schwabe*²

Scha|be² ⟨f.; -, -n⟩ *Werkzeug zum Schaben, Schabmesser, Schabeisen*

scha|ben ⟨V.⟩ **1** ⟨511⟩ **etwas aus, von etwas** ~ *durch Reiben, Kratzen entfernen;* sie schabt die Butter aus dem Topf ⟨500⟩ **etwas** ~ *reiben, kratzen u. dabei von Schmutz, Unebenheiten o. Ä. befreien;* Möhren, Leder ~ • **2.1** ⟨530/Vr 5⟩ **jmdm. den Bart** (eigtl. das Gesicht) ~ *jmdn. rasieren* **3** ⟨500⟩ **Fleisch** ~ *rasch in dünne Streifen od. kleine Stückchen zerschneiden*

Scha|ber|nack ⟨m.; -(e)s, -e⟩ **1** *übermütiger Streich, Neckerei;* ~ machen, treiben; jmdm. einen ~ spielen **2** *übermütiges Kind, das gern Schabernack (1) treibt;* der Junge ist ein kleiner ~

schä|big ⟨Adj.⟩ **1** *armselig, ärmlich, dürftig, abgetragen, ungepflegt, unansehnlich;* ein ~er Anzug; ~ angezogen sein **2** *geizig, kleinlich, nicht vornehm; sich* ~ *benehmen;* das war ~ von ihm (dass er nicht großzügiger war)

Scha|blo|ne *auch:* **Schab|lo|ne** ⟨f.; -, -n⟩ **1** *ausgeschnittene od. ausgestanzte Vorlage;* Zeichen~ **2** ⟨a. fig.⟩ *Muster;* er hält sich stets an die ~ **3** ⟨fig.⟩ *übliche, herkömmliche, erstarrte Form;* nach der ~ arbeiten, handeln

Schab|ra|cke *auch:* **Schabra|cke** ⟨f.; -, -n⟩ **1** *große, rechteckige (verzierte od. beschriftete) Satteldecke* **2** ⟨umg.; abwertend⟩ • **2.1** *altes Pferd* • **2.2** *alte Frau* • **2.3** *alter, abgenutzter Gegenstand* **3** ⟨Jägerspr.⟩ *durch hellere Färbung des Fells hervorgehobener Teil des Rückens od. der Flanken*

Schach ⟨n.; -s; unz.⟩ **1** *altes, ursprünglich orientalisches Brettspiel für zwei Spieler mit je 16 teils verschiedenen Schachfiguren;* eine Partie ~ spielen • **1.1 Brett u. Figuren,** mit denen man Schach (1) spielt **2** ~! *Warnruf an den König beim Schach (1)* • **2.1** ~ **bieten, geben** *den gegnerischen König angreifen* • **2.2** *das* ~ **decken** *den Angriff auf den König abwehren* • **2.3** *der König* **steht** im ~ *ist angegriffen* • **2.4 aus** dem ~ **ziehen** *durch einen Zug mit dem König einen Angriff abwehren* • **2.5** ~ und **matt!** *Ankündigung des Sieges im Schach (1)* **3** *jmdn. in, im* ~ *halten* ⟨fig.⟩ *jmdn. unter Druck od. in Furcht halten, ihn nicht gefährlich werden lassen*

Scha|cher ⟨m.; -s; unz.; abwertend⟩ *Handel mit vielem Feilschen, gewinnsüchtiger, unsauberer Handel, Wucher;* mit einer Ware ~ treiben

scha|chern ⟨V. 400⟩ *Schacher treiben;* um einen Posten, um ein Amt ~ ⟨fig.⟩

schach|matt ⟨Adj. 24⟩ **1** ⟨40⟩ *matt gesetzt, besiegt (beim Schachspiel);* dein König ist ~ • **1.1** *jmdn.* ~ **setzen** *im Schachspiel besiegen* • **1.1.1** ⟨fig.⟩ *jmdn. der Möglichkeiten zum Handeln berauben, jmdn. ausschalten* **2** ⟨70; fig.⟩ *sehr müde, erschöpft;* abends war ich ~

Schacht ⟨m.; -(e)s, Schäch|te⟩ **1** *hoher, schmaler, geschlossener Raum;* Brunnen~; Fahrstuhl~; Licht~ • **1.1** ⟨Bgb.⟩ *senkrechter od. schräg abwärtsführender Grubenbau;* →a. *blind (7)* • **1.2** *Loch zum Einsteigen in Abwässer- od. Kabelkanäle*

Schäch|tel ⟨f.; -, -n⟩ **1** *kleineres rundes od. eckiges Behältnis mit Deckel (aus Pappe, Holz, Blech o. Ä.);* Streichholz~, Hut~, Papp~ • **1.1** *alte* ~ ⟨fig.; umg.; abwertend⟩ *alte, unfreundliche Frau*

schäch|teln ⟨V. 500⟩ *etwas* ~ **1** *einen Teil in den anderen stecken, ineinanderfügen* • **1.1** ⟨fig.⟩ *Sätze* ~ *Satzgefüge mit einander mehrfach untergeordneten Nebensätzen bilden*

Schach|zug ⟨m.; -(e)s, -zü|ge⟩ **1** *Zug im Schachspiel, das Versetzen einer Figur* **2** ⟨fig.⟩ *geschickte Maßnahme;* ein diplomatischer, geschickter, kluger, wohlüberlegter ~

scha|de ⟨Adj. 11/40⟩ **1** *bedauerlich;* es ist (sehr) ~, dass du nicht kommen kannst; das ist aber ~!; nur ~, dass …; (o wie) ~!; (das ist aber) zu ~! • **1.1** *es ist* ~ **um ihn** *ein Jammer um ihn, sein Verlust, sein Untergang o. Ä. ist zu bedauern* • **1.2** *um den ist es nicht* ~ *er hat es nicht besser verdient* • **1.3** *darum ist es nicht (weiter)* ~ *das ist kein großer Verlust* **2** *wertvoll;* • **2.1** *dazu bin ich mir zu* ~ *dazu gebe ich mich nicht her* • **2.2** *es ist zu* ~ **zum Wegwerfen** *man kann es noch verwenden*

Schä|del ⟨m.; -s, -⟩ **1** *das Knochengerüst des Kopfes;* Toten~; ein hohler ~ **2** ⟨umg.⟩ *Kopf* • **2.1** ein kahler ~ *unbehaarter Kopf, Glatze* • **2.2** mir brummt, dröhnt der ~ *ich habe Kopfschmerzen, bin ganz benommen, überarbeitet* • **2.3** du wirst dir noch den ~ einrennen ⟨fig.⟩ *dein Eigensinn wird dir noch sehr schaden, sei doch nicht so hartnäckig;* →a. *Kopf (6.3)* • **2.4** er will immer gleich mit dem ~ durch die Wand ⟨fig.⟩ *will Unmögliches erzwingen, um jeden Preis seinen Willen durchsetzen* • **2.5** er hat sich das in den ~ gesetzt *er besteht darauf, will nicht davon abgehen* • **2.6** er hat einen dicken, harten ~ ⟨a. fig.⟩ *er hat einen Dickkopf, er ist eigensinnig, unbelehrbar* • **2.7** sich den ~ zermartern (über) *angestrengt überlegen* • **2.8** eins auf, über den ~ bekommen, kriegen *einen Hieb auf den Kopf* • **2.9** jmdm. den ~ einschlagen *jmdn. töten, umbringen* • **2.10** jmdm. eins auf, über den ~ geben, hauen *jmdm. auf den Kopf schlagen* • **2.11** er hat einen hohlen ~ ⟨fig.⟩ *er ist dumm*

scha|den ⟨V.⟩ **1** ⟨600/Vr 5 od. Vr 6⟩ **jmdm.** od. **einer Sache** ~ *Nachteil bringen, nicht zuträglich sein, Schaden zufügen, bereiten, tun, schädigen;* das wird deiner Gesundheit ~; das kann seinem guten Ruf ~; zu viel Sonne schadet mir; du wirst dir damit selbst ~; gesundheitlich ~ • **1.1** ⟨530⟩ das schadet jmdm. gar nichts *geschieht jmdm. ganz recht* • **1.2** ⟨500⟩ es schadet nichts *es ist belanglos, ungefährlich* • **1.3** ⟨500⟩ es kann nichts ~, wenn wir … ⟨umg.⟩ *es ist vielleicht besser …* • **1.4** ⟨500⟩ das schadet fast gar nichts ⟨umg.⟩ *so schlimm ist es nicht*

Scha|den ⟨m.; -s, Schä|den⟩ **1** *Verlust, Beeinträchtigung, Wertminderung (eines Gutes);* ein beträchtlicher, empfindlicher, geringer, großer, kleiner, unbedeutender ~; ~ anrichten, bringen, erleiden, leiden, stiften, verhüten, verursachen; einen ~ aufdecken, davontragen; jmdn. vor ~ bewahren; ~ entsteht, erwächst; der ~ beläuft, beziffert sich auf 3.000 Euro; der ~ beträgt 3 000 €; den ~ ersetzen, tragen, wiedergutmachen; er muss für den ~ aufkommen, bürgen, haften; als ich mir den ~ genauer besah … ⟨umg.⟩; aus, durch ~ wird man klug ⟨Sprichw.⟩; wer den ~ hat, braucht für den Spott nicht zu sorgen ⟨Sprichw.⟩ • **1.1 mit** ~ verkaufen *mit Verlust* • **1.2** ~ nehmen an Gesundheit, an seiner Seele *gesundheitlich, seelisch geschädigt werden* **2** *Verletzung, Gebrechen, Körperbehinderung;* jmdm. einen ~ zufügen; jmd. nimmt ~, kommt zu ~; einen ~ am Bein, Rücken haben; er hat einen lebenslänglichen ~ davongetragen (z. B. bei einem Unfall); du kannst dir dabei ~ tun (z. B. bei so schwerem Heben) **3** *Nachteil;* es ist dein eigener ~, wenn du …; ich habe mehr ~ als Nutzen, weder ~ noch Nutzen an, bei dieser Sache; zu seinem ~ • **3.1** es soll dein ~ nicht sein *du wirst dafür von mir belohnt* • **3.2** es wird dir (nicht) zum ~ gereichen ⟨geh.⟩ *(nicht) schaden*

Scha|den|freu|de ⟨f.; -; unz.⟩ *boshafte Freude über den Schaden od. das Missgeschick eines andern*

schad|haft ⟨Adj. 70⟩ **1** *beschädigt, mangelhaft, fehlerhaft, abgenutzt, angeschlagen;* ~e Stellen ausbessern, flicken, stopfen • **1.1** ~e Zähne *kranke Z.* • **1.2** ein ~es Gebäude *morsches G.*

schä|di|gen ⟨V. 500/Vr 7 od. Vr 8⟩ **1 jmdn.** od. **eine Sache** ~ *Schaden zufügen, schaden;* jmds. Ansehen, Interessen, Gesundheit, seinen guten Ruf ~; die Umwelt, den Organismus ~ • **1.1** ~de Einflüsse *schädliche E.*

schäd|lich ⟨Adj.⟩ Ggs *nützlich (1)* **1** *Schaden, Unheil bringend, nachteilig, gefährlich;* ~e Folgen; ein ~es Tier • **1.1** *nicht zuträglich, nicht bekömmlich;* dieser Stoff ist dem Menschen, für den Menschen ~; Nikotin ist ~ für die Gesundheit

Schäd|ling ⟨m.; -s, -e⟩ **1** *jmd. od. etwas, das Schaden bringt, zufügt (bes. Tier u. Pflanze)* • **1.1** ein ~ der Gesellschaft *ein der G. schadender Mensch*

schad|los ⟨Adj. 24/50⟩ **1** *ohne Schaden, keinen Schaden nehmend;* ~ ausgehen, davonkommen **2 sich an jmdm.** od. **etwas** (für etwas) ~ **halten** *sich einen erlittenen Schaden od. entgangenen Vorteil eigenmächtig auf Kosten anderer ersetzen*

Schaf ⟨n.; -(e)s, -e⟩ **1** *Angehöriges einer Gruppe von Horntieren aus der Familie der Ziegenartigen: Ovis (ammon);* ~e halten, hüten, scheren, weiden; das ~ blökt; furchtsam, geduldig, sanft wie ein ~ • **1.1** die gezählten ~e frisst der Wolf auch ⟨Sprichw.⟩ *man kann sich nicht gegen alles sichern, nicht gegen alles vorsorgen* • **1.2** ein räudiges ~ steckt die ganze Herde an ⟨Sprichw.⟩ *ein moralisch schlechter Mensch verdirbt viele andere;* →a. *Bock (1.1)* • **1.3** wer sich zum ~ macht, den fressen die Wölfe ⟨Sprichw.⟩ *wer allzu nachgiebig ist, wird immer mehr ausgenutzt;* →a. *schwarz (2.11), verlieren (3.2)* **2** ⟨fig.⟩ *(dummer) Mensch;* dummes ~ • **2.1** sie ist ein gutmütiges ~ ⟨umg.⟩ *sie ist allzu gutmütig*

Schäf|chen ⟨n.; -s, -⟩ **1** *kleines Schaf* • **1.1** silberne ~ ziehen am Abendhimmel vorüber ⟨fig.⟩ *Wolken* • **1.2** sein ~ ins Trockene bringen ⟨fig.⟩ *seinen eigenen Gewinn in Sicherheit bringen, sich einen Vorteil verschaffen* • **1.3** sein ~ zu scheren wissen ⟨fig.⟩ *sich auf seinen Vorteil verstehen* **2** ⟨umg.; a. als Kosewort⟩ *kleiner unwissender Mensch;* mein ~!

Schä|fer ⟨m.; -s, -⟩ **1** *Schafhirt* **2** *jmd., der Schafe hütet, pflegt, schert u. züchtet*

Schä|fer|hund ⟨m.; -(e)s, -e⟩ **1** *Hund eines Schäfers, der die Schafe hütet* **2** *wolfsähnliche, große, braunschwarze Hunderasse (bes. als Polizei-, Wach- u. Hütehund eingesetzt);* Deutscher Schäferhund

schaf|fen ⟨V. 207; in der Bedeutung „hervorbringen" stark konjugiert⟩ **1** ⟨500⟩ **etwas** ~ *hervorbringen, erzeugen, ins Leben rufen, errichten, gründen;* Werte ~; neue soziale Einrichtungen, einen Fonds für notleidende Künstler, ein Heim für Obdachlose, eine Zweigstelle in der Provinz ~; alles bisher Geschaffene wurde vernichtet; ein Teil von jener Kraft, die stets das Böse will und stets das Gute schafft (Goethe, „Faust" I, Studierzimmer); am Anfang schuf Gott Himmel und Erde (AT) • **1.1 wie geschaffen sein** *sehr geeignet sein;* er ist zum Erzieher wie geschaffen; dieser Posten ist für ihn wie geschaffen • **1.2** von der Natur dazu geschaffen sein *von N. aus*

Schaffen

alle Voraussetzungen dafür mitbringen • 1.3 er stand da, wie Gott ihn geschaffen hatte *nackt* • 1.4 ein **Kunstwerk** ~ *schöpferisch gestalten;* eine unsterbliche Dichtung, Komposition, ein unsterbliches Werk ~ **2** ⟨500⟩ etwas ~ *herstellen, bewirken, bereiten;* die Voraussetzungen ~ für etwas; das schafft uns viel Ärger, große Not, Briefe, Verdruss **3** ⟨500⟩ etwas ~ *bewältigen, bezwingen, beenden, zuwege bringen, erreichen;* Abhilfe, Hilfe, Linderung, Ordnung, Rat, Ruhe, Wandel ~; ich kann die Arbeit nicht ~ • 3.1 er schafft es noch, dass … *er wird es noch dazu bringen, dass …* • 3.2 wir ~ es *wir werden es erreichen, wir kommen noch ans Ziel* • 3.3 wir haben es geschafft *wir sind am Ziel* • 3.4 ich schaffe meinen Teller nicht mehr (umg.) *kann nicht alles essen* **4** ⟨511⟩ **jmdn.** od. **etwas an einen** anderen **Ort** ~ *bringen, wegbringen, herbringen;* etwas auf den Dachboden ~; Briefe, ein Paket zur Post ~; bitte ~ Sie das ins Haus • 4.1 ⟨511⟩ jmdn. od. etwas **vom Halse, Leib** ~ (umg.) *loswerden, fernhalten, mit jmdm. od. etwas nichts zu tun haben wollen;* ich will ihn mir vom Halse ~; lästige Pflichten schafft er sich gern vom Halse, Leib • 4.2 ⟨511⟩ **etwas auf** die **Seite** ~ *heimlich wegbringen* • 4.2.1 ⟨511⟩ er hat sich einen Notgroschen auf die Seite geschafft *erspart u. zurückgelegt* • 4.3 schaff ihn mir sofort **zur Stelle!** *bring ihn her!* • 4.4 ⟨511⟩ wir wollen die Sache doch endlich **aus** der **Welt** ~ *in Ordnung bringen u. in Vergessenheit geraten lassen, nicht mehr darüber sprechen* **5** ⟨400⟩ *wirken, rege tätig sein;* fleißig, sein Leben lang, tüchtig, unermüdlich ~; der ~de Mensch, der Schaffende; viele ~de Hände; die ~de Natur; alle ~den Kräfte, die Schaffenden **5.1** jmdm. **viel zu ~ machen** *viel Arbeit, Mühe, Sorgen bereiten* • 5.1.1 das Herz macht ihm viel zu ~ *er leidet an Herzbeschwerden* • 5.2 **sich zu ~ machen** (an) *sich beschäftigen (mit), herumwirtschaften (an);* er machte sich im Nebenzimmer zu ~, um etwas von dem Gespräch zu erlauschen (als Vorwand) • 5.2.1 ⟨411⟩ was machen Sie sich an meinen Sachen, in meinem Zimmer zu ~? *was suchen Sie da, was wollen Sie?* • 5.3 ⟨400; west-, südwestdt.⟩ *arbeiten;* auf dem Felde ~; im Garten ~; sie schafft von morgens bis abends **6** ⟨417; Inf.⟩ **mit jmdm.** od. **etwas (nichts) zu ~ haben** *zu tun haben, an etwas (nicht) beteiligt sein;* er hat nichts damit zu ~; Weib, was habe ich mit dir zu ~? (Jesus zu Maria, NT, Joh. 2,4) **7** ⟨500⟩ jmdn. ~ (umg.) *stark erschöpfen, fertigmachen;* diese Nachricht hat mich geschafft **8** ⟨500⟩ **etwas** ~ ⟨bair.; österr.⟩ *befehlen, auftragen* **9** ⟨500; Mar.⟩ *essen*

Schaf|fen ⟨n.; -s; unz.⟩ **1** *das Wirken* **2** *Arbeit, Werk;* das ~ dieses Dichters, Künstlers; dichterisches, geistiges, künstlerisches, musikalisches, wissenschaftliches ~; eine Probe seines ~s

Schaff|ner ⟨m.; -s, -⟩ *Angestellter bei der Eisen- u. Straßenbahn, der die Fahrkarten prüft u. auch verkauft*

Schaff|ne|rin ⟨f.; -, -rin|nen⟩ *weibl. Schaffner*

Schaf|gar|be ⟨f.; -, -n; Bot.⟩ *als Arznei- u. Wildgemüsepflanze verwendete Art der Korbblütler mit fein zerteilten Blättern: Achillea millefolium*

Scha|fott ⟨n.; -(e)s, -e⟩ *erhöhtes Gerüst für Hinrichtungen, Blutgerüst;* das ~ besteigen; jmdn. aufs ~ bringen; auf dem ~ enden

Schaft ⟨m.; -(e)s, Schäf|te⟩ **1** *stangenartiger Griff;* Fahnen~; Lanzen~; Ruder~ **2** *langer, gerader Mittelteil (der Säule, des Schlüssels usw.);* Säulen~; Schlüssel~ **3** *das Bein umhüllendes langes Oberteil des Stiefels;* Stiefel~ **4** *hölzerner Teil von Handfeuerwaffen, in dem Lauf u. Verschluss usw. befestigt sind* **5** *laubloser Teil des Zweiges* **6** *blattloser Blütenstiel, z. B. bei Zwiebelpflanzen* **7** *glatter Teil der Vogelfeder* **8** *Vorrichtung an Webstühlen, die das Heben u. Senken jeweils eines Teils der Kettfäden bewirkt*

Schah ⟨m.; -s, -s; im Iran Titel für⟩ *Herrscher*

schä|kern ⟨V. 410⟩ *(kokett) scherzen, sich necken, neckischen Spaß treiben (bes. mit dem anderen Geschlecht);* er schäkert gern mit jungen Mädchen; er ist zum Schäkern aufgelegt

schal ⟨Adj.⟩ **1** *abgestanden, fade, ohne Geschmack, ohne Würze;* ~es Bier; das Bier schmeckt, ist ~ **2** ⟨fig.⟩ *witzlos, geistlos;* ein ~er Kopf; das war ein ~er Witz • 2.1 das Leben dünkte sie, ihr ~ *leer, sinnlos, wertlos*

Schal ⟨m.; -s, -s od. -e⟩ **1** *langes, rechteckiges Halstuch* **2** *der an der Seite des Fensters herabhängende Teil der Übergardine;* Vorhang~

Scha|le ⟨f.; -, -n⟩ **1** *Hülle (bes. von Früchten, Keimen);* Eier~; Kartoffel~; Nuss~; Obst~; eine dicke, dünne, glatte, harte, raue, weiche ~; die ~ abschälen, abziehen, entfernen, mitessen; die ~ schützt den Keim; die ~ umhüllt, umschließt die Frucht; je bitterer die ~, umso süßer der Kern; →a. *rau (4.1)* • 1.1 *Rinde (z. B. vom Baum, Käse);* die ~ fällt ab, wird rissig, vertrocknet **1.2** *tierische feste Hülle;* die ~ der Krustentiere, Muscheln, Schildkröten, Schnecken • 1.3 *Eierschale* • 1.3.1 das Küken verlässt die ~ *schlüpft aus dem Ei* **2** ⟨fig.; umg.⟩ *(gute) Kleidung, Äußeres* • 2.1 **in** ~ **sein** *festlich, vorschriftsmäßig gekleidet sein* • 2.2 ich muss mich noch **in** ~ **werfen** *mich gut, festlich anziehen* **3** *flache Schüssel;* eine gläserne, kristallene, silberne ~; die ~ der Waage hebt, senkt sich; eine ~ für Butter, Marmelade, Obst, Zucker; eine ~ mit Konfekt herumreichen • 3.1 ⟨bes. österr.⟩ *(flache) Tasse;* eine ~ Kaffee, Tee **4** *unten ausgehöhlter rundgeschliffener Edelstein (Cabochon)* **5** ⟨meist Pl.; Jägerspr.⟩ *Huf von vielen Wildarten (z. B. Rehen, Gämsen u. Schwarzwild)* **6** ⟨Vet.⟩ *chronische Erkrankung des Gelenks zwischen dem ersten u. zweiten Zehenglied der Pferde*

schä|len ⟨V. 500⟩ **1 etwas** ~ *eine äußere Schicht von etwas entfernen* • 1.1 *die Schale (1) entfernen von;* gekochte Eier, Gemüse, Kartoffeln, Obst ~; das Ei ~; mit dem Kartoffelschäler die Schale von den Kartoffeln ~; zum Backen schon geschälte Nüsse kaufen • 1.2 einen **Baumstamm** ~ *die Rinde entfernen bzw. abnagen von einem B.* • 1.3 ⟨550/Vr 7⟩ **jmdn. aus Kleidern** ~ ⟨umg.⟩ *entkleiden* • 1.4 ⟨Vr 3⟩ die **Haut** schält **sich** *löst sich in Schuppen, kleinen Fetzen ab;* mein Gesicht, mein Rücken schält sich nach dem Sonnenbrand • 1.4.1 jmd. schält **sich** *jmdm. löst sich* *die Haut in Schuppen, kleinen Fetzen ab* **2** *oberflächlich, flach pflügen*

Scha|len|tier ⟨n.; -(e)s, -e; meist Pl.; im Handel Bez. für⟩ *Meerestier mit Schale (Krebs, Krabbe, Languste, Muschel usw.)*

Scha|len|wild ⟨n.; -(e)s; unz.; Sammelbez. für⟩ *Wild, das Schalen (Hufe) hat, z. B. Elche, Hirsche, Rehe, Wildschweine*

Schalk ⟨m.; -(e)s, -e od. Schäl|ke; Pl. selten⟩ **1** *lustiger, spitzbübischer Kerl, Schelm* • **1.1** *er hat den ~ im Nacken* ⟨fig.⟩ *er ist immer zu Spaß u. Neckerei aufgelegt* • **1.2** *der ~ sieht ihm aus den Augen er sieht spitzbübisch aus*

Schall ⟨m.; -(e)s, -e od. Schäl|le; Pl. selten⟩ **1** *hörbare od. mit physikalischen Geräten nachweisbare Schwingung;* der ~ *wird von der Luft fortgetragen, pflanzt sich fort;* ~ *dämpfen, erzeugen* • **1.1** *nachhallendes Geräusch, Widerhall;* ein dumpfer, lauter ~; der ~ einer Glocke, einer Stimme, einer Trompete drang an mein Ohr; der ~ seiner Schritte war in den leeren Gassen weit zu hören • **1.2** ~ *und Rauch sein* ⟨fig.⟩ *nichtssagend, unbedeutend; Gefühl ist alles, Name ist* ~ *und Rauch (Goethe, „Faust" I, Marthens Garten);* →a. *leer (3.1.4)*

schal|len ⟨V. 208/400⟩ **1** *Schall von sich geben, tönen, hallen, widerhallen;* das Geschrei der Kinder schallt mir noch in den Ohren; ~der Beifall; wir brachen in ~des Gelächter aus; jmdm. eine ~de Ohrfeige geben; ~d lachen • **1.1** *es schallt hier sehr es ist ein starker Widerhall zu hören* **2** *Wild* schallt ⟨Jägerspr.⟩ *meldet sich*

Schall|mau|er ⟨f.; -; unz.; bildhafte Bez. für⟩ *die starke Zunahme des Luftwiderstandes, die ein Flugobjekt bei Geschwindigkeiten nahe der Schallgeschwindigkeit erfährt;* die ~ *durchbrechen*

Schall|plat|te ⟨f.; -, -n⟩ *kreisende Scheibe aus Kunststoff, in die in spiralenförmig verlaufenden Rillen Schallschwingungen eingraviert sind, die mit einem Plattenspieler wieder hörbar gemacht werden können;* eine ~ *abspielen, auflegen, laufen lassen; etwas auf* ~ *aufnehmen*

Schall|mei ⟨f.; -, -en; Mus.⟩ **1** *(mit Doppelrohrblatt gespieltes) Holzblasinstrument der Hirten aus einem Rohr, Vorform der Oboe* **2** *Blechblasinstrument mit mehreren Rohren* **3** *Melodiepfeife des Dudelsacks*

Schal|lot|te ⟨f.; -, -n; Bot.⟩ *Lauchart mit kleinen eiförmigen Zwiebeln, die zusammen mit den Blättern als Gemüse verwendet werden: Allium ascalonicum*

schal|ten ⟨V.⟩ **1** ⟨400; bei Kraftfahrzeugen⟩ *den Gang wechseln;* auf, in den 2. Gang ~ • **1.1** ⟨513/Vr 3⟩ **etwas** schaltet **sich** *in bestimmter Weise lässt sich in bestimmter W. betätigen;* der Wagen schaltet sich recht gut **2** ⟨400⟩ *einen Schalter betätigen, eine Schaltung herstellen, einen Stromkreis schließen od. unterbrechen;* ich muss man ~, um das Gerät in Betrieb zu setzen • **2.1** ⟨500⟩ *etwas* ~ *mit einem Schalter in Betrieb setzen;* den Heizofen auf „warm" ~ **3** ⟨400⟩ *herrschen, wirtschaften, umgehen mit, hantieren, verfügen über;* die Hausfrau schaltet in der Küche; sie schaltet mit seinen Sachen, als wären es ihre eigenen • **3.1** ~ *und walten verfügen;* jmdn. frei ~ und walten lassen; ich kann hier ~ und walten, wie ich will; frei über etwas ~ und walten können; Sie können hier nach Belieben ~ und walten **4** ⟨413; umg.⟩ *begreifen, erfassen, verstehen;* schaltest du immer so langsam, schnell? • **4.1** *er hat nicht schnell genug geschaltet er hat nicht gleich reagiert* • **4.2** *da habe ich falsch, nicht richtig geschaltet das habe ich missverstanden*

Schal|ter ⟨m.; -s, -⟩ **1** *Gerät zum Schließen u. Unterbrechen von Stromkreisen;* den ~ andrehen, anknipsen, drehen **2** *kleiner abgetrennter Raum, oft mit Schiebefenster, zur Bedienung von Kunden, z. B. bei Post, Bank, Bahn u. Ämtern;* der ~ der Bank, der Deutschen Bahn; der ~ war schon geschlossen; Pakete bitte am ~ 4 aufgeben

Schal|tung ⟨f.; -, -en⟩ **1** *das Schalten* **2** *Vorrichtung zum Wechseln der Gänge im Auto, beim Fahrrad o. Ä.;* Gang~ **3** *Anordnung der elektrischen Leitungen zwischen Stromquellen u. elektrischen Geräten aller Art*

Scham ⟨f.; -; unz.⟩ **1** *Gefühl des Bloßgestelltseins, starke Verlegenheit;* ~ *empfinden, erkennen lassen, zeigen;* vor ~ erröten, die Augen senken; das Gefühl der ~ abtun, abwerfen, unterdrücken • **1.1** *ich möchte vor* ~ *vergehen, versinken, in die Erde sinken, mich in ein Mauseloch verkriechen* ⟨fig.⟩ *ich schäme mich sehr* • **1.2** *hast du denn gar keine* ~ *(im Leibe)?* ⟨umg.⟩ *schämst du dich gar nicht?* • **1.3** *Scheu, sich bloßzustellen od. andere zu verletzen;* das Gefühl jungfräulicher, mädchenhafter ~; bar aller, jeder ~ • **1.4** *nur keine falsche ~!* ⟨umg.⟩ *zier dich nicht!* **2** ⟨veraltet⟩ *Schamröte;* die ~ stieg ihr ins Gesicht **3** ⟨verhüllend⟩ *die Gegend der Geschlechtsteile beim Menschen;* seine ~ *bedecken, verhüllen* ⟨poet.⟩

Scham|bein ⟨n.; -(e)s, -e⟩ *vorderer, unterer Teil des Hüftbeins*

schä|men ⟨V. 500/Vr 3⟩ *sich* ~ *Scham empfinden, sich aus Scham scheuen, etwas zu tun;* sich einer Handlung, einer Sache, eines Wortes, wegen einer Handlung ~; er schämt sich seines Betragens, seiner Feigheit, seines Neides, seiner Unbeherrschtheit; sich vor jmdm. ~; sich für einen andern ~; er schämt sich (wegen) dieser Sache; pfui, schäm dich!; du brauchst dich dessen nicht zu ~; ich schäme mich, das sagen zu müssen; du solltest dich was ~ ⟨umg.⟩; sich in Grund und Boden ~ ⟨umg.⟩; sich zu Tode ~ ⟨umg.⟩

scham|haft ⟨Adj.⟩ *voller Scham, leicht Scham empfindend, sittsam, keusch, verschämt;* ~ etwas bekennen, gestehen, zugeben; ~ lächeln

Scham|lip|pe ⟨f.; -, -n⟩ **1** *eine von zwei Paar lippenförmigen Hautfalten, die die weibl. Scheide bedecken* • **1.1 große** ~ *außen liegende Schamlippe (1): Labium maior* • **1.2 kleine** ~ *innen liegende Schamlippe (1): Labium minor; Sy Nymphe (3)*

scham|los ⟨Adj.⟩ **1** *ohne Schamgefühl, unsittlich, unanständig;* ein ~es Buch, Theaterstück, ein ~er Film, Roman; ~e Gebärden, Worte; sich ~ benehmen **2** *schändlich, ruchlos, unverschämt;* ein ~er Betrug; eine ~e Forderung; er war ~ dreist

Schampus ⟨m.; -; unz.; umg.; scherzh.⟩ **1** *Champagner* • 1.1 ~ bis zum Abwinken *in großen Mengen*

Schan|de ⟨f.; -, -n; Pl. selten⟩ **1** *etwas, dessen man sich schämen muss, etwas Verachtenswertes;* die Aufführung war so schlecht, dass es eine ~ war; ich halte das für eine ~; es ist eine ~, wie dich benimmst, wie du herumläufst; pfui ~! • 1.1 *Unehre, Zustand des Verachtetseins, Schmach, Schimpf;* jmdm. ~ bringen; mit ~ beladen sein; der ~ entrinnen; in ~ geraten; der ~ preisgeben; jmdn. mit Schimpf und ~ davonjagen; Schmach und ~ über ihn ⟨geh.⟩; das macht ihm, seiner Familie, seinem Namen ~; ich will ihr diese ~ ersparen; sie muss die ~ auf sich nehmen; es gereicht ihm zur ~; es ist eine ~ für ihn; zu seiner ~ sei gesagt; der Horcher an der Wand hört seine eigne Schand ⟨Sprichw.⟩ **2** zu meiner ~ muss ich gestehen, dass … ⟨scherzh.⟩ *es ist mir peinlich, gestehen zu müssen* • 2.1 mach mir keine ~! ⟨meist scherzh.⟩ *benimm dich so, dass ich mich deiner nicht zu schämen brauche, blamier mich nicht!* **3** ⟨Getrennt- u. Zusammenschreibung⟩ • 3.1 zu Schanden = zuschanden

schän|den ⟨V. 500⟩ **1** jmdn. od. eine **Sache** ~ *beschmutzen, in Schande bringen, entehren;* jmds. Ehre, guten Namen ~; Armut schändet nicht ⟨Sprichw.⟩ • 1.1 ein geschändeter **Name** *entehrter N.* • 1.2 **Heiliges** ~ *beflecken, entweihen;* ein Grab, eine Kirche, eine Statue ~ **2** eine **Frau** ~ ⟨veraltet⟩ *(gewaltsam) sexuell missbrauchen* **3** *etwas* schändet **jmdn.** od. *etwas verstümmelt, verunstaltet;* eine hässliche Narbe schändet ihr Gesicht

Schand|fleck ⟨m.; -(e)s, -e⟩ **1** *verunstaltender, hässlicher Fleck (auf Möbeln usw.)* • 1.1 einen ~ auf seiner Ehre haben ⟨fig.⟩ *eine entehrende Tat begangen haben* **2** ⟨fig.⟩ *ehrloser, nichtswürdiger Mensch, Taugenichts, Tunichtgut;* er ist der, ein ~ der Familie

schänd|lich ⟨Adj.⟩ **1** *so geartet, dass es Schande bringt;* er nahm ein ~es Ende • 1.1 *ehrlos, ehrvergessen, abscheulich, niederträchtig, gemein;* ~e Absichten, Betrügereien, Taten; er hat ~ Lügen über mich verbreitet; jmdn. ~ betrügen **2** ⟨umg.⟩ *sehr schlecht, scheußlich;* ein ~es Wetter • 2.1 ⟨50⟩ *ungemein, ungeheuer;* sich ~ ärgern, das ist ~ teuer

Schand|tat ⟨f.; -, -en⟩ **1** *Tat, durch den Täter Schande bringt, abscheuliche, verabscheuungswürdige Tat* • 1.1 wir sind zu jeder ~ bereit ⟨scherzh.⟩ *zu jedem Spaß, Unfug*

Schän|ke ⟨f.; -, -n⟩ = *Schenke*

Schank|wirt|schaft ⟨f.; -, -en⟩ *kleine Gastwirtschaft, in der nur Getränke (bes. alkoholische) ausgeschenkt werden;* oV *Schänkwirtschaft, Schenkwirtschaft*

Schänk|wirt|schaft ⟨f.; -, -en⟩ = *Schankwirtschaft*

Schan|ze[1] ⟨f.; -, -n⟩ **1** ⟨Mil.⟩ *Befestigung, Erdwall;* eine ~ aufführen, aufwerfen, bauen, graben, schleifen **2** ⟨Mar.⟩ *Achterdeck* **3** ⟨Skispringen⟩ *Anlage mit steil abfallender Anlaufbahn, Absprungtisch u. steiler Aufsprungbahn;* Sprung~

Schan|ze[2] ⟨f.; -, -n; veraltet⟩ **1** *Glückswurf, Glücksumstand* • 1.1 sein Leben in die ~ schlagen ⟨fig.⟩ *aufs Spiel setzen*

Schar[1] ⟨f.; -, -en; regional a.: n.; -(e)s, -e⟩ = *Pflugschar*

Schar[2] ⟨f.; -, -en⟩ **1** *Menge, Gruppe;* eine ~ Gänse, Hühner, Vögel; um 14 Uhr verlassen die Arbeiter in ~en die Fabrik; in ~en sich drängen, herbeiströmen, die Straßen umsäumen; die Zugvögel zogen in ~en gen Süden; eine ~ von Menschen, Schaulustigen **2** ⟨Mil; veraltet⟩ *Abteilung einer Truppe* (Heer~)

Scha|ra|de ⟨f.; -, -n⟩ *Rätsel, Ratespiel, bei dem ein von Personen pantomimisch dargestellter Begriff erraten werden muss*

scha|ren ⟨V. 550/Vr 3⟩ sich um jmdn. od. etwas ~ *sich um jmdn. od. etwas sammeln, versammeln, drängen*

scharf ⟨Adj. 22⟩ **1** *schneidend, geschliffen;* ein ~es Beil, Messer, Schwert; eine ~e Ecke, Feile, Kante • 1.1 er führt eine ~e Klinge ⟨fig.⟩ *er spricht treffend, formuliert klar bei Debatten* • 1.2 *sehr schmal, spitz;* ~e Zähne • 1.3 ~er **Schnitt** *sauber einschneidender S.* • 1.3.1 das Messer, die Schere **schneidet** ~ *mit sauberem Schnitt* **2** *ätzend;* eine ~e Säure, Lauge **3** ⟨60⟩ ~e **Biegung**, Kante, Ecke *eng, spitzwinklig;* Ggs *weich* (7); in einer ~en Kurve wurde der Wagen aus der Bahn getragen **4** *die Sinnesorgane stark reizend, beißend* • 4.1 *stark würzig;* ~er Essig, Geruch, Senf; ~ riechen, schmecken; du hast das Essen zu ~ gewürzt • 4.2 *hochprozentig (alkoholisches Getränk);* ~e Getränke, Schnäpse • 4.3 *schrill, zischend, unangenehm laut;* in ~em Ton sprechen • 4.4 *kalt, eisig;* es weht ein ~er Wind • 4.5 ⟨fig.; umg.⟩ *aufreizend;* ~e Rhythmen • 4.6 ⟨fig.; derb⟩ *sexuell aufreizend;* eine ~e Frau **5** ⟨fig.⟩ *genau* • 5.1 *durchdringend, klar, genau sehend, hörend, denkend;* seinem ~en Blick entging nichts; ~e Augen, Ohren; ~er Verstand; jmdn. ~ beobachten • 5.1.1 jmdn. ~ ins Auge fassen *genau beobachten* • 5.1.2 da muss ich erst einmal ~ nachdenken *genau überlegen* • 5.1.3 eine Aufgabe, einen Plan ~ umreißen *genau festlegen* • 5.2 *deutlich, gut erkennbar, ausgeprägt;* die Fotografie ist ~ bis in die Details • 5.3 *genaues Sehen ermöglichend;* eine ~e Brille; ein ~es Fernglas; das Fernrohr, die Kamera, den Projektor ~ einstellen (so dass das Bild deutlich sichtbar wird) • 5.4 *direkt, unmittelbar;* dann ging es ~ nach rechts; der Schlag ging ~ an seinem Kopf vorbei **6** *hart, streng, zurechtweisend;* eine ~e Aussprache, Bemerkung, Entgegnung, Rüge, Zurechtweisung; ~ durchgreifen, vorgehen; ich musste einen ~en Tadel, Verweis einstecken; etwas schärfstens, aufs schärfste/Schärfste verurteilen; du darfst das Kind nicht so ~ anfassen; er übte ~e Kritik • 6.1 sie führt eine ~e **Zunge** ⟨fig.⟩ *sie führt gern böse, spitze, angriffs-, spottlustige Reden* • 6.2 das ist ein (ganz) Scharfer! ⟨umg.⟩ *ein unnachsichtiger Polizist, ein strenger Beamter u. Ä.* **7** *heftig, hart, hitzig, energisch;* ~en Protest einlegen, erheben; schärfsten Widerstand leisten • 7.1 *angriffslustig, bissig* • 7.1.1 ein ~er **Hund** *bissiger, auf den Mann dressierter Wachhund* • 7.2 *jäh, plötzlich;* ~ bremsen • 7.3 *schnell;* ~ fahren, gehen, reiten; ~en Trab reiten • 7.4 *stark, intensiv;* ein ~er Schmerz • 7.4.1 ~ **backen, braten** *knusprig, sehr braun* **8** ~e **Munition** *M. für den Ernstfall (im Unterschied zur ungefährlichen Übungs-*

munition) • 8.1 ~ **schießen** *auf ein Ziel schießen (nicht in die Luft);* ⟨aber⟩ →a. *scharfschießen* • 8.1.1 *hier wird ~* **geschossen!** (Warnung) *mit scharfer Munition geschossen* • 8.1.2 *~er* **Schuss** *S., der treffen soll* • 8.2 *die Waffe ist ~* **geladen** *mit scharfer Munition geladen* **9** ⟨46⟩ **auf jmdn.** od. **etwas ~ sein** ⟨umg.⟩ *begierig, lüstern; er ist ganz ~ auf die Torte; er ist ~ auf sie* **10** (Getrennt- u. Zusammenschreibung) • 10.1 *~* machen = *scharfmachen (I)* • 10.2 *~* blickend = *scharfblickend* • 10.3 *~* geschnitten = *scharfgeschnitten*

Scharf|blick ⟨m.; -(e)s; unz.; fig.⟩ *Scharfsinn, durchdringender Verstand, Fähigkeit, die Dinge zu durchschauen; seinem ~ entgeht kaum etwas, nichts*

scharf|blickend *auch:* **scharf blickend** ⟨Adj.; fig.⟩ *mit Scharfblick begabt; seine Reaktion war ~*

Schär|fe ⟨f.; -, -n; Pl. selten⟩ **1** *das Scharfsein, Schneidfähigkeit; die ~ einer Klinge, Schneide prüfen* **2** *Ätzkraft* **3** *stark reizende Wirkung auf die Sinnesorgane; ein Geruch von beißender ~* • **3.1** *Würze; die Suppe hat eine besondere ~* • **3.2** *Kälte, Eisigkeit; die ~ der Luft, des Windes trieb mir die Tränen in die Augen* **4** *Genauigkeit, Klarheit; die ~ seines Gedächtnisses hat im Alter nachgelassen* • **4.1** *Fähigkeit, logisch zu denken; Geistes~; Verstandes~* • **4.2** *Fähigkeit, genau zu hören; die ~ seiner Ohren* • **4.3** *Fähigkeit, genau zu sehen; die ~ seiner Augen* • **4.4** *genaues Sehen ermöglichende Qualität; die ~ der Brille* • **4.5** *Deutlichkeit, Erkennbarkeit; die ~ des Bildes, der Linien* • **4.5.1** *scharfer Umriss; die ~ seines Profils* **5** *Härte, Strenge, Schonungslosigkeit; ihn trifft die ganze ~ des Gesetzes* **6** *Kraft, Heftigkeit; die ~ der Auseinandersetzung; seine Kritikern haben an ~ verloren* **7** *Bissigkeit; ich habe das bewusst mit einer gewissen ~ gesagt; ich habe das ohne jede ~ lediglich festgestellt*

schär|fen ⟨V. 500⟩ **1** *etwas ~ scharf machen, schleifen; ein Messer, Werkzeug ~* **2** *etwas ~* ⟨fig.⟩ *stärken, üben, bilden, verbessern; die Sinne ~; die Kräfte des Geistes ~* • **2.1** ⟨Vr 3⟩ *etwas schärft sich verfeinert sich, wird scharf (5); sein Blick schärft sich allmählich für Feinheiten*

scharf|ge|schnit|ten *auch:* **scharf ge|schnit|ten** ⟨Adj. 24⟩ *markant; ein ~es Gesicht*

scharf|ma|chen *auch:* **scharf ma|chen** ⟨V. 500; hat⟩ **I** ⟨Zusammen- u. Getrenntschreibung⟩ **1** *ein* **Messer** *scharfmachen / scharf machen die Klinge schärfen* **2** *das Essen scharfmachen / scharf machen es z. B. mit Gewürzen bes. pikant zubereiten* **3** *eine* **Bombe** *scharfmachen für die Explosion vorbereiten* **II** ⟨nur Zusammenschreibung; umg.⟩ **1** ⟨550⟩ **jmdn. gegen jmdn.** *scharfmachen ihn gegen jmdn. aufhetzen, aufbringen* **2** *einen* **Hund** *scharfmachen ihn so abrichten, dass er (auf Befehl) zubeißt* **3** *jmdn.* scharfmachen *sexuell reizen*

scharf|schie|ßen ⟨V. 215/400; scherzh.⟩ *offen, schonungslos reden;* →a. *scharf (8.1)*

scharf|sich|tig ⟨Adj.⟩ **1** *scharfe Augen habend* **2** ⟨fig.⟩ *mit Scharfblick begabt*

Scharf|sinn ⟨m.; -(e)s; unz.⟩ *durchdringender Verstand,* *Fähigkeit, das Wesentliche zu erfassen, die Dinge zu durchschauen; eine Aufgabe, ein Problem mit ~ lösen*

scharf|sin|nig ⟨Adj.⟩ *mit Scharfsinn begabt, intelligent, das Wesentliche sofort erfassend*

Schar|lach ⟨m.; -s; unz.⟩ **1** *leuchtend rote Farbe* **2** ⟨unz.; Med.⟩ *fieberige Infektionskrankheit mit rotem, fleckigem Ausschlag*

Schar|la|tan ⟨m.; -s, -e⟩ *Schwindler, der Kenntnisse u. Fähigkeiten auf einem Gebiet nur vortäuscht*

Scharm ⟨m.; -s, -s⟩ = *Charme*

schar|mant ⟨Adj.⟩ = *charmant*

Schar|müt|zel ⟨n.; -s, -; veraltet⟩ **1** ⟨Mil.; veraltet⟩ *kleines Gefecht* **2** ⟨fig.⟩ *kleine Auseinandersetzung, Zwist*

Schar|nier ⟨n.; -s, -e⟩ *Gelenk aus zwei Platten mit eingerollten Ösen, die mit einem Stift verbunden werden, zur beweglichen Befestigung von Türen, Fenstern, Klappen, Deckeln*

Schär|pe ⟨f.; -, -n⟩ **1** *breites, um die Hüften od. schräg über Schulter u. Brust getragenes Band (als Teil einer Uniform od. Band bestimmter Orden)* • **1.1** *breites, um die Taille od. Hüften getragenes u. zur Schleife geschlungenes Band (als Kleiderschmuck)*

schar|ren ⟨V. 410⟩ **1** *geräuschvoll reiben, kratzen, oberflächl. graben; ein Loch ~; das Pferd scharrt ungeduldig mit dem Huf; der Hund scharrt an der Tür; die Hühner ~ auf dem Boden nach Würmern; etwas in die Erde ~* • **1.1** *mit den Füßen ~* ⟨früher⟩ *(studentischer Brauch zum Zeichen des Missfallens)*

Schar|te ⟨f.; -, -n⟩ **1** *Kratzer, Riss, durch Kratzen entstandene Kerbe (bes. an Messerklingen usw.); der Hobel, die Klinge, das Messer hat ~n bekommen* **2** *schmaler Bergsattel* **3** *Öffnung in Befestigungsanlagen; Schieß~* **4** *Lippenspalte; Hasen~* **5** ⟨fig.⟩ *Fehler, Mangel, Misserfolg* • **5.1** *du musst die ~ wieder auswetzen den Fehler, Misserfolg wiedergutmachen*

Schasch|lik ⟨m. od. n.; -s, -s⟩ *auf einen dünnen Spieß gereihte Fleisch-, Speck- (od. Fisch-), Zwiebel- u. Gemüsestückchen, die gegrillt od. gebraten werden*

Schat|ten ⟨m.; -s, -⟩ **1** *dunkle Fläche hinter einem den direkten Lichteinfall verhindernden Körper, dessen Umriss; wenn die Sonne am Nachmittag tiefer sinkt, werden die ~ länger; der ~ des Todes lag auf ihm* (poet.) • **1.1** *ein krummer Stecken wirft keinen geraden ~* ⟨Sprichw.⟩ *wenn der Mensch nichts taugt, taugt auch seine Leistung nichts* • **1.2** *er folgt ihm wie sein ~ folgt ihm auf Schritt und Tritt* • **1.3** *man kann nicht über seinen eigenen ~ springen* ⟨fig.⟩ *nicht anders handeln, als der eigene Charakter es erlaubt* • **1.4** *er möchte am liebsten vor seinem eigenen ~ ausreißen er hat Angst, fürchtet sich häufig grundlos* • **1.5** *~ nachjagen* ⟨fig.⟩ *unerreichbare Ziele verfolgen* • **1.6** *große Ereignisse werfen ihre ~ voraus* ⟨fig.⟩ *kündigen sich mehr od. minder geheimnisvoll an* • **1.7** *ein ~ flog, huschte, zog über sein Gesicht* ⟨fig.⟩ *er sah einen Augenblick lang ernst, traurig aus* • **1.8** *die ~ der Nacht Dunkelheit* • **1.9** *er ist nur noch ein ~ seiner selbst* ⟨fig.⟩ *er ist vollkommen abgemagert, nicht mehr geistreich od. leistungsfähig* • **1.10** *ein ~ fiel auf ihr Glück* ⟨fig.⟩ *etwas trübte ihr*

Schattenriss

Glück, ließ sie Sorge empfinden **2** *dunkle Stelle;* ~ unter den Augen; auf dem Röntgenbild ist ein ~ zu sehen **3** ⟨fig.⟩ *Spur, Anzeichen, Schein; auch nicht der* ~ *eines Beweises war zu erbringen; auch nicht der* ~ *eines Verdachtes fiel auf ihn* **4** *Bereich, in den kein direktes Licht fällt, Dunkel;* kühler, wohltuender ~; ~ des Hauses, des Waldes; im ~ eines Baumes, Hauses; ~ geben, spenden, werfen; im ~ liegen, sitzen; aus der Sonne in den ~ gehen; die Verteilung von Licht und ~ auf einem Gemälde; die ~ auf einem Bilde aufhellen; in der Sommerglut sucht man den ~; 30 Grad im ~ • **4.1** wo viel Licht ist, ist viel ~ ⟨Sprichw.⟩ *alles hat seine Vorzüge und Nachteile* • **4.2 im ~ leben** ⟨fig.⟩ *im Verborgenen leben, unbeachtet dahinleben* • **4.3** *etwas od. jmdn. in den ~ stellen* ⟨fig.⟩ *weit übertreffen* **5** *undeutliche, schemenhafte Erscheinung;* ich konnte nur einen ~ durchs Zimmer huschen sehen; im Dunkeln glaubte er gespenstische ~ zu sehen • **5.1** ⟨Myth.⟩ *körperloses Wesen, Geist eines Toten* • **5.1.1 das Reich** der ~ ⟨poet.⟩ *das Totenreich* **6** ⟨Getrennt- u. Zusammenschreibung⟩ • **6.1** ~ spendend = schattenspendend

Schat|ten|riss ⟨m.; -es, -e⟩ *den Schatten nachgezeichneter, schwarz ausgefüllter Umriss des Profils (im 18. Jh. als billige Bildniszeichnung beliebt)*

Schat|ten|sei|te ⟨f.; -, -n; fig.⟩ **1** *Kehrseite, Nachteil;* das sind die ~n dieser Angelegenheit; er stand von jeher auf der ~ des Lebens • **1.1** alles hat seine Licht- und seine ~ *seine Vor- u. Nachteile*

schat|ten|spen|dend *auch:* **Schat|ten spen|dend** ⟨Adj. 24⟩ *Schatten (u. Kühle) gebend;* ein ~er Baum

Schat|ten|spiel ⟨n.; -(e)s, -e⟩ **1** *(bes. Ostasien) Spiel mit den auf eine lichtdurchlässige, beleuchtete Wand geworfenen Schatten flacher, beweglicher od. unbeweglicher, meist sehr kunstreich gearbeiteter Figuren* **2** ⟨Mal.⟩ *kunstreich verwendeter Kontrast zwischen Licht u. Schatten*

schat|tie|ren ⟨V. 500⟩ **1 Farben** ~ *tönen, abtönen, mit Tonabstufungen versehen* **2** ein **Bild** ~ *Schatten einzeichnen in ein B., um die räumliche Bildwirkung zu erhöhen*

Schat|tie|rung ⟨f.; -, -en⟩ **1** *das Abtönen (von Farben)* **2** *(kleiner) Farbunterschied, Farbabstufung;* das Stoffmuster brachte alle ~en vom hellsten bis zum dunkelsten Blau • **2.1** die Presse aller ~en war sich in der Beurteilung der Lage einig ⟨fig.⟩ *aller politischen Richtungen*

schat|tig ⟨Adj.⟩ *schattenreich, voll Schatten, beschattet;* ein ~er Balkon, Sitzplatz vor dem Haus; sich ein ~es Plätzchen suchen **2** *Schatten spendend;* ein ~er Baum; das ~e Laub

Scha|tul|le ⟨f.; -, -n⟩ *kleines verziertes Kästchen (bes. zur Aufbewahrung von Geld od. Schmuck);* Schmuck~

Schatz ⟨m.; -es, Schät|ze⟩ **1** *Anhäufung (von kostbaren Dingen);* **1.1** *Anhäufung von Edelmetallen, Edelsteinen u. Ä.;* ein kostbarer, reicher, sagenhafter, verborgener, vergrabener ~; Schätze anhäufen, ansammeln, besitzen, erwerben; einen ~ ausgraben, entdecken, finden, heben; nach Schätzen graben; für alle Schätze der Welt gebe ich das nicht her; der ~ der Nibelungen • **1.2** *Anhäufung von seltenen und daher kostbaren Dingen;* das Museum besitzt einen reichen ~ an Gemälden • **1.3** *Geldvorrat eines Staates für Notfälle;* Staats~ • **1.4** ⟨fig.⟩ *Fülle, große Menge;* einen ~ von, (auch) an Erfahrungen, Erinnerungen, Kenntnissen, Wissen **2** ⟨nur Pl.⟩ *Schätze* **Bodenschätze, natürlicher Reichtum;** die Schätze eines Landes (Bodenschätze usw.); die Schätze des Bodens sind der Reichtum dieses Landes **3** *etwas Teures, Kostbares, sorgfältig Gehütetes, kostbarer Besitz;* sein kostbarster ~ in dieser Situation war ein Messer **4** *Geliebte (1), Geliebter (1) (a. als Kosewort);* mein (lieber) ~!

schät|zen ⟨V.⟩ **1** ⟨505/Vr 7 od. Vr 8⟩ **etwas od. jmdn. ~ (auf)** ... *ungefähr berechnen, bestimmen (in Größe, Maß, Wert);* eine Entfernung, einen Wert ~; der Schaden wird auf 10.000 Euro geschätzt; das auf 30.000 Euro geschätzte Vermögen; wie alt ~ Sie ihn?; ich hätte ihn älter, jünger geschätzt; ich schätze sie auf 30 Jahre **2** ⟨505⟩ **etwas ~ (auf)** *Wert, Größe, Maß einer Sache möglichst genau ermitteln;* Sy *taxieren (1);* Grundstücke, einen Nachlass, eine Sammlung, ein Vermögen ~ lassen; ein Sachverständiger wurde beauftragt, das Haus zu ~ • **2.1** ⟨500⟩ **Einwohner** ~ ⟨bibl.⟩ *zählen, die Zahl feststellen von* **3** ⟨500⟩ **etwas ~** *vermuten, annehmen;* ich schätze, er wird schon lange dort sein **4** ⟨513/Vr 7 od. Vr 8⟩ **jmdn. od. etwas in einer bestimmten Weise ~** *hoch achten, für wertvoll, achtbar halten, verehren;* etwas sehr, nicht zu ~ wissen; jmds. Fleiß (nicht) zu ~ wissen; er weiß ein gutes Glas Wein zu ~; ich würde mich glücklich ~, wenn ...; ich schätze ihn (nicht) besonders, (nicht) sehr; er ist ein geschätzter Gelehrter, Gesellschafter, Künstler, Mitarbeiter; jmdn. od. etwas sehr hoch ~; Ihr geschätztes Schreiben ⟨förml.⟩ • **4.1 jmdn. od. etwas ~ lernen** *seinen Wert erkennen u. zu würdigen wissen;* das wirst du später schon noch ~ lernen

Schät|zung ⟨f.; -, -en⟩ **1** *das Schätzen, ungefähre Berechnung;* nach meiner ~ müssten wir gleich da sein **2** ⟨fig.⟩ *Achtung, Verehrung;* sie erfreut sich allgemeiner ~ **3** *(amtliche) Ermittlung, Festsetzung des Preises einer Sache* **4** ⟨veraltet⟩ *Volkszählung*

Schau ⟨f.; -, -en⟩ **1** *öffentliche, bes. auf optische Wirkung zielende Veranstaltung* • **1.1** *Ausstellung, Darbietung, Vorführung;* Blumen~, Heeres~, Moden~, Fohlen~; etwas auf einer ~ ausstellen, vorführen, zeigen • **1.1.1 Muster zur ~ stellen** *ausstellen* • **1.1.2** sie trägt ihr neues Kleid zur ~ *sie trägt es, um es zu zeigen, vorzuführen, damit viele sie darin sehen* • **1.2** *revuehafte Vorstellung, Darbietung;* oV *Show;* der Sänger tritt in einer großen ~ auf • **1.3** ⟨fig.; umg.⟩ *eindrucksvolles Ereignis* • **1.3.1** wir wollen heute Abend eine große, tolle ~ abziehen *etwas Lärmendes, Tolles veranstalten* • **1.4** ⟨fig.; abwertend⟩ *eine nur auf sensationelle Wirkung abzielende Darbietung;* die öffentliche Diskussion war eine bloße ~ • **1.4.1** zieh nicht so 'ne ~ ab, mach nicht so 'ne ~! ⟨umg.⟩ *gib nicht so an!* • **1.4.2** sie hat ihr die ~ gestohlen ⟨umg.⟩

sie um die erwartete Wirkung, um die berechnete Beachtung durch die anderen gebracht, aus dem Vordergrund verdrängt **2 zur ~ stellen, tragen** ⟨fig.⟩ *zeigen, vorweisen, ausdrücken;* er hütete sich, sein Wissen zur ~ zu stellen; sie trägt stets eine freundliche Miene zur ~; Heiterkeit, Ruhe, Zuversicht zur ~ tragen **3** *Ansicht, Blickwinkel;* dieses aktuelle Problem in ganz neuer ~ **4** *Überblick, Betrachtung, (prüfendes) Ansehen;* eine umfassende ~ aller Probleme führt zu dem Ergebnis, dass ... **5** *bildhafte Erkenntnis durch tiefes Insichversenken;* dichterische, innere, mystische, religiöse ~

Schau|der ⟨m.; -s, -⟩ **1** *Grauen, Abscheu u. Angst zugleich;* mich durchläuft, erfasst, ergreift, überfällt, überläuft ein ~ **2** *Erzittern vor Kälte;* ein ~ fuhr, lief mir über den Rücken **3** *ehrfürchtiges Erbeben;* Sy *Schauer²* (4); er wurde von einem frommen ~ erfasst **4** ⟨Getrennt- u. Zusammenschreibung⟩
• 4.1 ~ erregen = schaudererregend

schau|der|er|re|gend *auch:* **Schau|der er|re|gend** ⟨Adj.⟩ *Abscheu hervorrufend, Ekel erregend, Entsetzen erzeugend;* das war ein ~er Anblick

schau|der|haft ⟨Adj.; umg.; abwertend⟩ **1** *grauenvoll, scheußlich, übel;* ein ~er Mord **2** *sehr, äußerst schlecht;* ~es Wetter; es ist ~ kalt; er spricht ein ~es Französisch

schau|dern ⟨V.⟩ **1** ⟨405⟩ *vom Schauder erfasst, geschüttelt werden, Schauder, Abscheu, Grauen, Entsetzen empfinden;* mir, mich schaudert vor jmdm. od. etwas; mir, mich schaudert, wenn ich daran denke, wenn ich ihn sehe; er schauderte vor Kälte; sie schauderte bei dieser Vorstellung • 1.1 ⟨501 od. 601⟩ **jmdn., jmdn.** schaudert **es** *jmd. ist mit Furcht, Entsetzen erfüllt;* es schaudert mich, es schaudert mich bei diesem Gedanken, vor ihm

schau|en ⟨V.⟩ **1** ⟨400⟩ *sehen, blicken;* schau doch mal!; überall, wohin man schaut; aus dem Fenster ~; jmdm. ins Auge, in die Augen, ins Gesicht ~; über den Zaun ~; rückwärts, vorwärts, zur Seite ~; schau um dich und schau in dich!; schau, schau!, schau (einer) an! (Ausruf des Erstaunens) ⟨iron.⟩ • 1.1 ⟨533/ Vr 1⟩ sich die Augen aus dem Kopf ~ ⟨fig.⟩ *angestrengt schauen, spähen* • 1.2 ⟨611⟩ du kannst keinem ins Herz ~ ⟨fig.⟩ *du weißt von keinem, was er denkt* • 1.3 ⟨611⟩ ihm schaut der Neid aus den Augen ⟨fig.⟩ *man sieht ihm an, dass er neidisch ist* • 1.4 ⟨611⟩ dem Tod ins Auge ~ ⟨fig.⟩ *in Lebensgefahr schweben, mit dem Tode rechnen* • 1.5 ⟨410⟩ besorgt in die Zukunft ~ ⟨fig.⟩ *die Z. mit Bangen erwarten* **2** ⟨411⟩ **nach jmdm. od. etwas** ~ ⟨regional⟩ *sich um jmdn. od. etwas kümmern, für jmdn. od. etwas sorgen;* nach dem Kranken ~; nach dem Rechten ~ • 2.1 schau, dass du weiterkommst! mach, dass du fortkommst, pack dich! **3** ⟨500⟩ **etwas** ~ ⟨geh.⟩ *anblicken, sehen, betrachten;* das Licht der Sonne ~; schau das Bild, die Blume, das Haus dort drüben! **4** ⟨500⟩ **etwas** ~ *durch tiefes Sichversenken bildhaft sehen, erkennen, begreifen;* die Zukunft ~ • 4.1 **Gott** ~ ⟨fig.⟩ *geistig, innerlich erleben*

Schau|er¹ ⟨m.; -s, -⟩ *jmd., der schaut, Schauender*

Schau|er² ⟨m.; -s, - od. n.; -s, -; regional⟩ **1** *kurzer, heftiger Niederschlag;* Hagel~, Regen~; wir wollen warten, bis der ~ vorüber ist; der Wetterbericht hat gewittrige ~ vorhergesagt **2** *Frösteln, Zittern;* ein (kalter) ~ lief mir den Rücken hinunter **3** *ängstliches Erbeben, Erzittern, Gruseln, Schreck;* ein ~ durchfuhr ihn **4** = *Schauder* (3)

Schau|er³ ⟨m.; -s, -⟩ *Schuppen, Scheune*

Schau|er⁴ ⟨m.; -s, -⟩ = *Schauermann*

schau|er|lich ⟨Adj.⟩ **1** *grässlich, schrecklich, furchterregend;* er hörte ~e Klagelaute **2** ⟨umg.⟩ *sehr schlecht;* ~e Arbeit, Schrift

Schau|er|mann ⟨m.; -(e)s, -leu|te⟩ *Hafen-, Schiffsarbeiter;* Sy *Schauer⁴*

Schau|fel ⟨f.; -, -n⟩ **1** *Werkzeug aus einem leicht gewölbten Blatt, oft mit aufgebogenen Seitenrändern u. einem Stiel zum Aufnehmen u. Forttragen von körnigem od. kleinstückigem Material;* Kohlen~; Sand~; nimm ~ und Besen und kehr das zusammen; eine ~ voll Erde, Kies, Sand **2** ~ **der Wasserräder, Windräder, Turbinen** *blattförmiger Teil;* das Wasser stürzt auf die ~n des Mühlrades **3** ~ **des Elch-** u. **Damwildes** *Geweihende* **4** = *Schaf, Rind Schneidezahn* **5** ~ **des Auerhahnes** ⟨Jägerspr.⟩ *Schwanzfedern* **6** ⟨Kart.; schweiz.⟩ *Pik*

schau|feln ⟨V.⟩ **1** ⟨400⟩ *mit der Schaufel arbeiten;* sie mussten lange ~, bis sie die Sandsäcke gefüllt hatten; die Kinder ~ im Sand **2** ⟨500⟩ **etwas** ~ *mit Hilfe der Schaufel befördern;* Getreide, Sand, Schnee ~; der Koks muss noch durchs Kellerfenster in den Kohlenkeller geschaufelt werden • 2.1 ⟨511⟩ er schaufelte das Essen in sich hinein ⟨fig.; umg.⟩ *verschlang das E. gierig* **3** ⟨500⟩ **etwas** ~ *mit Hilfe einer Schaufel ausheben;* einen Graben, eine Grube ~ • 3.1 damit hat er sich sein eigenes Grab geschaufelt ⟨fig.⟩ *seine Karriere selbst zerstört*

Schau|fens|ter ⟨n.; -s, -⟩ *verglaste Auslage eines Geschäfts*

Schau|kel ⟨f.; -, -n⟩ *an zwei Seilen od. Ketten aufgehängter Sitz, auf dem man sich hin u. her schwingt*

schau|keln ⟨V.⟩ **1** ⟨400⟩ *auf der Schaukel hin u. her schwingen;* auf dem Spielplatz ~ die Kinder gern • 1.1 *hin u. her pendeln, von einer Seite auf die andere wippen, sich wiegen, schwanken, pendeln;* mit einem Boot auf den Wellen ~ **2** ⟨500⟩ **jmdn. od. etwas** ~ *wiegen, in schaukelnder Bewegung halten;* ein Kind auf den Knien, in der Wiege ~; die Wiege ~; sich in der Hängematte ~ • 2.1 wir werden das Kind, die Sache schon ~ ⟨fig.; umg.⟩ *die Sache in Ordnung bringen, regeln*

schau|lus|tig ⟨Adj.; meist abwertend⟩ *neugierig, gern zuschauend (bes. bei Vorgängen od. Unfällen auf der Straße);* ~e Menschen; die Feuerwehr bahnte sich den Weg durch die Menge der Schaulustigen

Schaum ⟨m.; -(e)s, Schäu|me⟩ **1** *Gefüge aus Luftbläschen, die durch dünne Häutchen aus Flüssigkeit od. festem Stoff getrennt sind u. zugleich zusammengehalten werden;* den ~ vom Bier abtrinken, ehe er zergeht; Eiweiß zu ~ schlagen • 1.1 *schaumiger Speichel;* dem Pferd flog der ~ vom Maul • 1.2 ~ **schlagen**

schäumen ⟨a. fig.⟩ *große Reden führen, angeben, durch prahlerische Reden blenden* **2** ⟨fig.⟩ *Hohlheit, Nichtigkeit, trügerischer Schein* • **2.1** *Träume sind Schäume* ⟨Sprichw.⟩ *gaukeln nur etwas vor, bedeuten nichts* • **2.2** *sein Glück, seine Hoffnung wurde zu ~ löste sich auf, schwand, verging*

schäu|men ⟨V. 400⟩ **1** *etwas* schäumt *bildet Schaum; das Bier, der Sekt schäumt* • **1.1** *die* **Wellen** *~ werfen Gischt auf* • **1.2** *der* **Wein** *schäumt gärt* **2** *jmd.* schäumt ⟨fig.⟩ *ist wütend;* er schäumt vor Wut

Schaum|gum|mi ⟨m.; -s; unz.⟩ *aus natürlichem od. synthetischem Latex hergestellter, schwammartiger, poröser Stoff (bes. für Polster)*

schau|mig ⟨Adj.⟩ *aus Schaum bestehend, Schaum bildend*

Schaum|schlä|ger ⟨m.; -s, -⟩ **1** = *Schneebesen* **2** ⟨fig.⟩ *jmd., der Schaum schlägt, Angeber, Prahler*

Schaum|stoff ⟨m.; -(e)s, -e⟩ *poröser Kunststoff, der bes. leicht ist u. gut gegen Wärme u. Schall isoliert*

Schau|pro|zess ⟨m.; -es, -e⟩ *auf Massenwirkung berechneter, öffentlich ausgetragener Prozess (bes. aus politischen Gründen)*

schau|rig ⟨Adj.⟩ *schaudererregend, schrecklich, gruselig; eine ~e Geschichte*

Schau|spiel ⟨n.; -(e)s, -e⟩ **1** *jedes auf der Bühne darstellbare Werk, Trauerspiel, Lustspiel, Schwank usw.;* Sy ⟨veraltet⟩ *Spektakel¹* • **1.1** *ernstes Bühnenstück ohne tragischen Ausgang* **2** ⟨fig.⟩ *Anblick eines Geschehens, Vorgangs, einer Handlung, Szene; da bot sich ihren Blicken ein reizvolles ~*

Schau|spie|ler ⟨m.; -s, -⟩ **1** *Bühnenkünstler* **2** *Darsteller, Gestalter einer Rolle in einem Schauspiel; ein begabter, bekannter, routinierter, talentierter, wandlungsfähiger ~; er ist ein guter ~, im Leben wie auf der Bühne* **3** ⟨fig.⟩ *jmd., der sich gut verstellen kann, Heuchler*

Schau|spie|le|rin ⟨f.; -, -rin|nen⟩ *weibl. Schauspieler*

schau|spie|le|risch ⟨Adj.⟩ *den Schauspieler betreffend, von ihm hervorgebracht, keine ~e, auf seiner Leistung beruhend; er hat große, keine ~e Begabung; eine glänzende ~e Leistung*

schau|spie|lern ⟨V. 400; umg.⟩ **1** *als Schauspieler tätig sein, arbeiten* • **1.1** ⟨fig.; abwertend⟩ *etwas vortäuschen, so tun, als ob; seine Krankheit war nur geschauspielert*

Schau|stel|ler ⟨m.; -s, -⟩ *jmd., der etwas zur Schau stellt, ausstellt, zeigt (bes. auf dem Jahrmarkt)*

Schau|stel|le|rin ⟨f.; -, -rin|nen⟩ *weibl. Schausteller*

Scheck¹ ⟨m.; -en, -en⟩ *Hengst od. Stier mit hellen Flecken im Fell*

Scheck² ⟨m.; -s, -s od. (selten) -e⟩ *an eine bestimmte Form gebundene Zahlungsanweisung auf das Guthaben des Ausstellers;* oV *Check²*

Sche|cke ⟨f.; -, -n od. m.; -n, -n⟩ *Tier (bes. Pferd od. Kuh) mit großen hellen Flecken im Fell*

sche|ckig ⟨Adj. 70⟩ **1** *gefleckt; eine ~e Kuh, Stute; ein ~es Pferd, Rind; ~* braun **1.1** *er ist hier bekannt* **wie ein** *~er Hund* ⟨umg.⟩ *sehr bekannt* • **1.2** *sich ~* **lachen** ⟨umg.⟩ *heftig lachen*

Scheck|kar|te ⟨f.; -, -n⟩ *von Banken u. Sparkassen ausgegebene, auf den Kontoinhaber lautende Karte, mit der man an Geldautomaten Geld abheben sowie an automatisierten Kassen im Handel Waren od. Dienstleistungen bezahlen kann, Bankkarte*

scheel ⟨Adj.⟩ **1** *schielend, schief* **2** ⟨fig.⟩ *neidisch;* jmdn. ~, *mit ~en Augen, ~em Blick ansehen* **3** *~es* **Grün** *Kupferhydrogenarsenit, enthaltender, heute nicht mehr verwendeter, giftiger grüner Farbstoff, schwedisches Grün, Mineralgrün* **4** ⟨Getrennt- u. Zusammenschreibung⟩ • **4.1** ~ blickend = scheelblickend

scheel|bli|ckend *auch:* **scheel bli|ckend** ⟨Adj. 24/60⟩ *scheel, neidisch blickend*

Schef|fel ⟨m.; -s, -; veraltet⟩ **1** *altes Hohlmaß landschaftlich sehr verschiedener Größe, 23-223 l* **2** *altes Flächenmaß, so viel Boden, wie man mit einem Scheffel (1) voll Körner besäen kann* **3** *offenes Holzgefäß, Bottich* • **3.1** *etwas in ~n einheimsen, erlangen, gewinnen* ⟨fig.⟩ *in großen Mengen* • **3.2** *es regnet wie aus ~n vom Himmel* ⟨fig.⟩ *sehr stark* • **3.3** *er stellt sein Licht nicht unter den ~* ⟨fig.⟩ *er bringt seine Fähigkeiten gern zur Geltung* • **3.4** *du brauchst dein Licht nicht unter den ~ zu stellen* ⟨fig.⟩ *deine Fähigkeiten aus Bescheidenheit nicht zu verbergen*

schef|feln ⟨V. 500⟩ *Geld, Reichtümer ~* ⟨fig.⟩ *zusammenraffen, horten, in großen Mengen erlangen, gewinnen*

Schei|be ⟨f.; -, -n⟩ **1** *runde od. ovale Platte, Fläche; eine hölzerne, stählerne ~; die ~ des Mondes* • **1.1** *Töpferscheibe* • **1.2** *dünn abgeschnittenes Stück, Schnitte; Apfel~; Brot~; Wurst~; eine ~ Brot, Fleisch, Schinken, Wurst; in ~n schneiden* • **1.2.1** *da kannst du dir eine ~ abschneiden* ⟨fig.; umg.⟩ *daran kannst du dir ein Beispiel nehmen* • **1.3** *Glas des Fensters (Fensterscheibe) od. Spiegels (Spiegelscheibe); jmdm. die ~n einschlagen, einwerfen; eine ~ einsetzen (ins Fenster); die Detonation war so stark, dass die ~n klirrten* • **1.4** *Zielscheibe; nach der ~ schießen, werfen* • **1.5** ⟨Jägerspr.⟩ *= Spiegel (11,12)*

Scheich ⟨m.; -s, -e od. -s⟩ **1** *Häuptling eines arabischen Nomadenstammes* **2** *islamischer Prediger einer Moschee* **3** *Ehrentitel im Vorderen Orient* **4** ⟨fig.; umg.⟩ *unangenehmer Kerl* **5** ⟨scherzh.; salopp⟩ *ständiger Freund (eines Mädchens); sie hat einen neuen ~*

Schei|de ⟨f.; -, -n⟩ **1** *Grenze; Feld~, Wasser~* **2** *schmaler Behälter, Futteral für Schneidwerkzeuge, Hieb- u. Stichwaffen; Degen~; den Degen, das Schwert aus der ~ ziehen, in die ~ stecken* **3** *Teil des weibl. Geschlechtsorgans bei Mensch u. Tier, Verbindungsgang zwischen Gebärmutter u. äußerem Geschlechtsteil;* Sy *Vagina* **4** *Werkstätte, in der Gold u. Silber legiert wird* **5** ⟨Bot.⟩ *röhrenförmiger Pflanzenteil*

schei|den ⟨V. 209⟩ **1** ⟨405(s.)⟩ *Abschied nehmen, sich trennen, auseinandergehen, fortgehen, weggehen; im Guten ~; von jmdm., von einem Orte ~; wir wollen als Freunde ~* • **1.1** *er ist aus dem Amt geschieden hat sein A. niedergelegt* • **1.2** *aus dem Leben ~ sterben* **2** ⟨500⟩ *eine* **Ehe** *~ gesetzlich für ungültig erklären* • **2.1** *jmdn. ~ jmds. Ehe gesetzlich trennen* • **2.2** *sich ~ lassen seine Ehe gerichtlich lösen, trennen lassen; das Ehepaar lässt sich ~* **3** ⟨500⟩ *etwas ~*

trennen, zerlegen, teilen, lösen; eine chemische Verbindung ~; eine Trennwand scheidet die beiden Bereiche • **3.1** ⟨550⟩ **etwas von einer Sache** od. **jmdn. von jmdm.** ~ *trennen, absondern;* die giftigen Pilze von den essbaren ~ • **3.1.1** ⟨500⟩ **Erze** ~ *vom tauben Gestein trennen;* →a. *Bock (1.1), Spreu (1.1)* • **3.2** ⟨550⟩ **etwas von einer Sache** ~ *unterscheiden;* seine Ansichten sollten von den unseren scharf geschieden werden • **3.3** ⟨550⟩ **jmdn.** od. **etwas in etwas** ~ *einteilen;* die gefundenen Pflanzen in zwei Gruppen ~ • **3.4** ⟨Vr 7⟩ **sich** ~ *voneinander abweichen, sich trennen;* ihre Auffassung scheidet sich deutlich von der meinen; beide sind durch gegensätzliche Ansichten, unterschiedliche Erziehung, unterschiedliches Herkommen geschieden • **3.4.1** hier scheiden sich die Geister, die Meinungen *die M. gehen auseinander, stimmen nicht überein* • **3.4.2** wir sind geschiedene Leute ⟨fig.⟩ *uns verbindet nichts mehr, wir sind fertig miteinander* • **3.5** etwas scheidet **jmdn.** *unterscheidet;* seine Intelligenz scheidet ihn klar von seinen Mitbewerbern **4** ⟨400⟩ die **Milch** scheidet ⟨umg.; schweiz.⟩ *gerinnt*

Schei|de|wand ⟨f.; -, -wän|de⟩ **1** *Wand, die etwas voneinander scheidet, Trennwand;* Nasen~ • **1.1** die ~ zwischen Gegnern niederreißen ⟨fig.⟩ *das, was G. trennt*

Schei|de|weg ⟨m.; -(e)s, -e⟩ **1** *Kreuzweg, sich gabelnder Weg* • **1.1** am ~ stehen ⟨fig.⟩ *vor einer Entscheidung stehen*

Schei|dung ⟨f.; -, -en⟩ **1** *das Scheiden, Trennung* **2** *Ehescheidung;* die ~ ablehnen, beantragen, bewilligen, erlangen, verweigern; sie willigte nicht in die von ihm gewünschte ~ ein • **2.1** in ~ leben *im Begriff sein, geschieden zu werden* **3** ⟨Chem.⟩ *Trennung von Gold u. Silber durch Scheidewasser*

Schein ⟨m.; -(e)s; unz.⟩ **1** ⟨unz.⟩ *Licht, Lichterscheinung, Glanz, Schimmer;* Lampen~; Licht~; Mond~; Sonnen~; heller, leuchtender, strahlender ~; matter, trüber ~; der ~ des Mondes, der Sonne, der Sterne; im ~ der Lampe, Laterne; der (helle) ~ eines Lächelns **2** ⟨unz.⟩ *äußeres Ansehen, Aussehen, äußeres Bild, das nicht sofort erkennen lässt, was wirklich dahintersteckt;* ~ und Sein; den (äußeren) ~ retten; der ~ spricht gegen ihn; der ~ trügt; den ~ wahren; sich durch den ~ täuschen lassen; dem ~(e) nach; etwas (nur) zum ~ sagen, tun • **2.1** *Sinnestäuschung, Trugbild;* das ist alles nur schöner ~ **3** *Bescheinigung, schriftliche Bestätigung, Attest, Quittung;* Empfangs~; Entlassungs~; Gut~; Schuld~; der Beamte füllte den ~ aus **4** *einzelnes Stück Papiergeld, Banknote;* Geld~; Zehneuro~; falscher, unechter ~; geben Sie mir bitte keine Münzen, sondern ~e; jmdm. einen (größeren) ~ in die Hand drücken

schein|bar ⟨Adj. 24⟩ **1** *nicht wirklich, nur so scheinend, vermeintlich, dem Schein nach;* →a. *anscheinend;* die Sonne dreht sich ~ um die Erde • **1.1** ~e **Helligkeit** (eines Himmelskörpers) ⟨Astron.⟩ = *relative Helligkeit,* → *relativ (1.4)* • **1.2** *vorgetäuscht, erheuchelt;* er gab nur ~ nach; er blieb ~ ruhig, aber innerlich war er wütend

schei|nen ⟨V. 210⟩ **1** ⟨400⟩ etwas scheint *verbreitet Helligkeit, leuchtet, glänzt, schimmert;* der Mond, die Sonne scheint; die Lampe scheint hell • **1.1** ⟨413⟩ die Sonne scheint **heiß** *brennt* • **1.2** ⟨411⟩ **etwas** scheint **auf einen Ort** *wirft Helligkeit auf einen O.;* die Sonne, der Mond scheint ins Zimmer; ein Licht schien durch die Bäume; die Sonne schien ihm auf den bloßen Rücken **2** ⟨380⟩ *den Anschein haben, aussehen wie ..., wirken, als ob ..., so tun, als ob ...;* es könnte ~, als ob wir nicht wollten; er scheint keine Lust zu haben; sie scheint ihn zu kennen; er scheint nicht zu wissen ...; er scheint sehr fröhlich, ist es aber nicht; er schien sehr glücklich darüber zu sein; er scheint krank zu sein; er ist jünger, älter, klüger, als er scheint; es scheint, als käme er heute nicht mehr; es scheint so; wie es scheint, war er noch nicht da • **2.1** es hat schein't (eigtl.: so scheint es, wie es scheint) *keinen Zweck, noch länger zu warten* ⟨umg.⟩ *anscheinend, offenbar;* er hat es schein't vergessen • **2.2** ⟨330⟩ jmdm. ~ *für jmdn. den Anschein haben;* das scheint mir richtig, falsch, gut, nicht gut; mir scheint, als wolle er ...

schein|hei|lig ⟨Adj.; abwertend⟩ **1** *Aufrichtigkeit* od. *Freundlichkeit vortäuschend, heuchlerisch* **2** *Frömmigkeit vortäuschend*

Schein|tod ⟨m.; -(e)s; unz.⟩ *Zustand, in dem alle Lebensäußerungen scheinbar erloschen sind, z. B. bei Sauerstoffmangel, Blutverlust usw.* od. *(absichtlich, bei Tieren) als Schutzmaßnahme bei Gefahr*

Schein|wer|fer ⟨m.; -s, -⟩ *Lichtquelle, die mit Hilfe von Reflektoren einen begrenzten Lichtstrahl aussendet;* die ~ abblenden, einschalten; mit ~n den Himmel, ein Gebäude absuchen

scheiß..., Scheiß... ⟨in Zus.; derb; abwertend⟩ **1** *miserabel, schlecht, abscheulich;* Scheißkerl, Scheißwetter **2** *sehr, äußerst, besonders;* scheißnormal, scheißfreundlich

Schei|ße ⟨f.; -; unz.; derb⟩ **1** *Kot* • **1.1** in der ~ sitzen ⟨fig.⟩ *in großer Bedrängnis, in einer sehr unangenehmen Lage sein* **2** ⟨fig.⟩ *(Ausruf der Enttäuschung)* • **2.1** *dummes Zeug, Unsinn;* so eine ~! • **2.2** *zwecklose Sache;* das ist doch alles ~ • **2.3** *schlechte Arbeit;* das ist ~, was er da gemacht hat

schei|ßen ⟨V. 211; derb⟩ **1** ⟨400⟩ *den Darm entleeren* **2** ⟨800⟩ **auf etwas** ⟨fig.⟩ *sich nicht um etwas kümmern, sich nichts daraus machen, nichts damit zu tun haben wollen;* ich scheiße auf seine Ratschläge • **2.1** ach, scheiß drauf! *lass es doch sein!, weg damit!*

Scheit ⟨n.; -(e)s, -e; süddt., österr., schweiz. n.; -(e)s, -er⟩ **1** *durch Hacken, Spalten zugehauenes Stück Holz vom Stamm* **2** ⟨ostdt.⟩ *Spaten;* Grab~

Schei|tel ⟨m.; -s, -⟩ **1** *mittlerer oberer Teil des Kopfes;* jmdm. die Hand auf den ~ legen • **1.1** vom ~ bis zur Sohle *von Kopf bis Fuß, den ganzen Körper betreffend;* vom ~ bis zur Sohle neu eingekleidet sein **2** *Trennungslinie der Frisur;* Mittel~; Seiten~; den ~ links, rechts tragen • **2.1** beim Kämmen einen ~ ziehen *das Haar nach zwei Seiten teilen* **3** ⟨geh.⟩ *Kopf;* kahler, lockiger, heller, dunkler ~ **4** *höchster* od. *äußerster Punkt, Spitze;* der Planet steht im ~

scheiteln

seiner Bahn; der ~ eines Bogens, einer Kurve, eines Kegels • 4.1 ⟨Math.⟩ *Punkt, in dem sich die Schenkel eines Winkels treffen*

schei|teln ⟨V. 500⟩ *das Haar ~ durch einen Scheitel teilen u. nach beiden Seiten kämmen*

Schei|tel|punkt ⟨m.; -(e)s, -e⟩ **1** *höchster Punkt (einer Flugbahn, Gestirnbahn, Kurve)* **2** ⟨fig.⟩ *Gipfelpunkt* **3** ⟨Astron.⟩ = *Zenit (1)*

schei|ten ⟨V. 500; schweiz.⟩ *Holz ~ aus H. Scheite machen, H. spalten*

schei|tern ⟨V. 400(s.)⟩ **1** *das Schiff scheitert läuft auf Klippen auf, zerschellt* **2** *jmd. scheitert* ⟨fig.⟩ *gelangt nicht zum Ziel, erleidet Schiffbruch;* er ist im Beruf gescheitert **3** *etwas scheitert* ⟨fig.⟩ *wird zunichte, misslingt;* der Plan, das Vorhaben ist gescheitert; das Unternehmen scheiterte am Widerstand Einzelner; die Sache war von vornherein zum Scheitern verurteilt

Schel|lack ⟨m.; -(e)s, -e⟩ *harzige Ausscheidung von Schildläusen auf den Zweigen verschiedener Bäume (zur Herstellung von Lacken, Polituren u. Ä. verwendet)*

Schel|le[1] ⟨f.; -, -n⟩ **1** *Klingel, Glocke* **2** *geschlossenes Glöckchen;* →a. *Katze (3.1)* **3** ⟨mitteldt.⟩ = *Ohrfeige;* ~n austeilen; eine ~ bekommen **4** ⟨nur Pl.⟩ *metallene Handfesseln; Hand~n;* einem Gefangenen ~n anlegen **5** *Farbe (4) im dt. Kartenspiel*

Schel|le[2] ⟨f.; -, -n⟩ **1** *Halterung für Rohre* **2** *Klammer, Bügel*

schel|len ⟨V. 400⟩ *an der Türglocke ziehen, klingeln, läuten*

Schell|fisch ⟨m.; -(e)s, -e; Zool.⟩ *(als Speisefisch geschätzte) bis 12 kg schwere Art der Dorsche des europäischen u. nordamerikanischen Atlantiks: Melanogrammus aeglefinus*

Schelm ⟨m.; -(e)s, -e⟩ **1** ⟨früher⟩ *ehrloser, aus der Gesellschaft ausgestoßener Mensch, z. B. Henker* • **1.1** *nur ein ~ gibt mehr, als er hat* ⟨Sprichw.⟩ *unehrenhaft ist der, der mehr verschenkt, als er dann bezahlen kann* **2** ⟨Lit.⟩ *Held des Schelmenromans, lustiger, durchtriebener, vom Missgeschick verfolgter Bursche* **3** *Schalk, Spaßvogel* • **3.1** *der ~ sieht ihm aus den Augen, den ~ im Nacken haben* ⟨fig.⟩ *gern lustige Streiche machen, Schabernack treiben* **4** *Schlingel (als Kosewort);* du kleiner ~!

schel|misch ⟨Adj.⟩ *in der Art eines Schelms (3), schalkhaft, neckisch, fröhlich u. lustig, stets zu Schabernack aufgelegt;* jmdm. ~ drohen; ~ lächeln

schel|ten ⟨V. 212⟩ **1** ⟨500/Vr 8⟩ *jmdn. ~ jmdm. Vorwürfe machen, jmdn. laut tadeln* • **1.1** *jmds.* **Verhalten** *~ tadeln;* sein Betragen wurde von mir gescholten **2** ⟨400⟩ *schimpfen;* die Mutter schalt, als er nicht gehorchte; er entfernte sich laut ~d • **2.1** ⟨800⟩ *auf jmdn. od. etwas ~ über jmdn. od. etwas schimpfen;* er schilt auf ihn und seine Ratschläge **3** ⟨520/Vr 7⟩ *jmdn. ... ~ herabsetzend bezeichnen, beschimpfen als;* er schilt sich Meister, kann aber nichts

Sche|ma ⟨n.; -s, -s od. Sche|ma|ta od. Sche|men⟩ **1** *Plan;* sich nach einem ~ richten; wir sind mit unserer Arbeit an kein ~ gebunden • **1.1** *Muster, Vor-*

schrift; sich an ein festes ~ halten • **1.2** *Norm* • **1.2.1** *etwas in ein ~* **pressen** *gewaltsam, ohne Rücksicht auf seine Eigenart nach einer festgelegten Vorstellung betrachten, behandeln* • **1.2.2** *etwas nach ~ F behandeln (gedankenlos) auf stets dieselbe Weise, nach der üblichen Ordnung* **2** *Rahmen, Übersicht, zeichnerische Darstellung;* einen Sachverhalt durch ein ~ verdeutlichen

sche|ma|tisch ⟨Adj.⟩ **1** *nach einem bestimmten Schema (1), an ein S. gebunden; etwas (rein) ~ behandeln, betrachten, tun; das ist eine ganz ~e Arbeit, Tätigkeit* • **1.1** *grundsätzlich regelnd* • **1.2** *gleichmacherisch* **2** *in der Art eines Schemas (2), durch, mit Hilfe eines Schemas (verdeutlicht, dargestellt);* ~e Darstellung, Zeichnung; einen Vorgang ~ darstellen

Sche|mel ⟨m.; -s, -⟩ *Hocker, niedriger Stuhl ohne Lehne, Fußbank;* Fuß~

Sche|men ⟨n. od. m.; -s, -⟩ *Gespenst, Schatten, wesenloses Trugbild, Maske*

Schenk ⟨m.; -en, -en⟩ **1** *jmd., der (Wein) einschenkt* • **1.1** ⟨MA⟩ *Mundschenk, Kellermeister* • **1.2** *jmd., der Wein od. Bier ausschenkt, Schankwirt*

Schen|ke ⟨f.; -, -n⟩ *kleines Wirtshaus, Schankwirtschaft, Ausschank;* oV *Schänke;* Dorf~

Schen|kel ⟨m.; -s, -⟩ **1** *Abschnitt des Beins vom Knie bis zur Hüfte (Oberschenkel) bzw. vom Knöchel bis zum Knie (Unterschenkel)* **2** *Oberschenkel;* sich (vor Vergnügen) auf die ~ schlagen **3** *von einer Knickung, einem gemeinsamen Ansatzpunkt ausgehender Teil eines Gerätes, Arm, z. B. an Schere, Zange, Zirkel* **4** *eine der beiden einen Winkel einschließenden Geraden*

schen|ken ⟨V.⟩ **1** ⟨530/Vr 5 od. Vr 6⟩ *jmdm. etwas ~ zum Geschenk machen, freiwillig und gern geben;* jmdm. etwas als Andenken ~; jmdm. etwas zum Geburtstag, zu Weihnachten ~; jmdm. Blumen, ein Buch ~; etwas geschenkt bekommen; er schenkt gern • **1.1** *das ist wirklich geschenkt* ⟨a. fig.; umg.⟩ *das ist sehr billig* • **1.2** *das möchte ich nicht geschenkt!* ⟨umg.⟩ *das würde ich nicht haben wollen, und wenn man es mir ohne Bezahlung gäbe* • **1.3** *ihm ist im Leben nichts geschenkt worden* ⟨fig.⟩ *er hat sich alles selbst erarbeiten müssen* • **1.4** *einem* **Verurteilten** *das* **Leben** *~ einen V. begnadigen* • **1.5** *einem* **Kind** *das* **Leben** *~ ein K. gebären* • **1.6** *jmdm. sein* **Herz** *~* ⟨fig.⟩ *sich in jmdn. verlieben* **2** ⟨530/Vr 6; Funktionsverb⟩ • **2.1** *jmdm. od. einer Sache* **Aufmerksamkeit** *~ widmen* • **2.2** *jmdm. keinen* **Blick** *~ jmdn. nicht beachten* • **2.3** *jmdm.* **Gehör** *~ jmdn. bereitwillig anhören* • **2.4** *jmdm.* **Glauben** *~ jmdm. glauben* • **2.5** *jmdm.* **Vertrauen** *~ jmdm. vertrauen* **3** ⟨530/Vr 5⟩ *jmdm. etwas ~ erlassen, ersparen (weil es nicht nötig ist);* das Fensterputzen kann ich mir heute ~ (weil es ohnehin regnet); ihm wurde die Strafe geschenkt • **3.1** *das kann er sich ~! darauf verzichte ich* • **3.2** *diesen Film kannst du dir ~ brauchst du nicht anzusehen (weil er schlecht ist)* **4** ⟨511⟩ *etwas in etwas ~ eingießen, einschenken;* Bier, Wein ins Glas ~

Schen|kung ⟨f.; -, -en⟩ *unentgeltliche Zuwendung aus dem eigenen Vermögen od. Besitz an jmdn.;* eine ~

machen; die Bilder sind eine ~ der Künstlerin an das Museum

Schenk|wirt|schaft ⟨f.; -, -en⟩ = *Schankwirtschaft*

schep|pern ⟨V. 400; oberdt.⟩ *klappern, klirren; mit dem Geschirr ~*

Scher|be ⟨f.; -, -n⟩ **1** *Bruchstück (eines Gefäßes);* Glas~, Porzellan~; sei vorsichtig, sonst gibt's ~n; die ~n zusammenkehren; sich an einer ~ schneiden • 1.1 *in ~n gehen zerbrechen, entzweigehen* • 1.2 *bei der Auseinandersetzung hat's ~n gegeben* ⟨fig.; umg.⟩ *großen Krach, Unfrieden* **2** ⟨fig.⟩ *(klägliche) Überreste; von der Reform blieben nur ~n* **3** ⟨oberdt.⟩ *Blumentopf*

Sche|re ⟨f.; -, -n⟩ **1** *aus zwei gegeneinander beweglichen Messern bestehendes Werkzeug zum Schneiden, Zertrennen;* mit der ~ den Stoff zerschneiden • 1.1 die ~ zwischen Preisen und Löhnen öffnet sich immer weiter ⟨fig.⟩ *der Abstand zwischen P. und L. wird immer größer* **2** ⟨Zool.⟩ *Greifwerkzeuge der Krebse u. Hummern sowie mancher Spinnentiere (Skorpione)* **3** ⟨Sp.⟩ *Turnübung am Barren, Wendung im Stütz durch Kreuzen der Beine* **4** ⟨Ringen⟩ *Griff mit scherenförmig verschränkten Armen;* den Gegner in die ~ nehmen

sche|ren¹ ⟨V. 213/500⟩ **1** ⟨503⟩ **(jmdm. od. einem Tier) etwas ~** *abschneiden, kurzschneiden;* jmdm. den Bart, ~; einem Schaf die Wolle ~ • 1.1 *Bart, Haar od. Wolle abschneiden;* Schafe ~; einem Pudel ~; Tuch, Teppiche ~; er hat sich den Bart kurz geschoren • 1.2 *eine* **Hecke,** Sträucher ~ *glattschneiden, beschneiden;* →a. *Kamm (14.1)* **2 Kettfäden ~** *auf den Scherbaum wickeln*

sche|ren² ⟨V. 500⟩ **1** ⟨550⟩ **sich um jmdn. od. etwas ~** *kümmern;* sich nicht um etwas ~ • 1.1 ich schere mich nicht darum, was er will, tut *es ist mir völlig gleichgültig;* sich den Teufel um etwas ~ ⟨umg.⟩; ich schere mich einen Dreck darum ⟨derb⟩ **2 jmdn. ~** *kümmern, angehen, stören;* es schert mich nichts; was schert mich seine Meinung?; was schert euch das? **3** ⟨511/Vr 3⟩ **sich an einen** bestimmten **Ort ~** *gehen, begeben* • 3.1 scher dich zum Kuckuck, zum Teufel! ⟨umg.⟩ *mach, dass du fortkommst!*

Sche|re|rei ⟨f.; -, -en; fig.; umg.; meist Pl.⟩ *Schwierigkeit, Unannehmlichkeit, lästige, zusätzliche Mühe;* ich will keine ~en haben; das, er, sie macht mir bloß ~en; unnötige ~en

Scherf|lein ⟨n.; -s, -⟩ *kleiner Beitrag;* sein ~ zu etwas beitragen

Scher|ge ⟨m.; -n, -n⟩ *käuflicher Verräter, Handlanger (bes. einer politischen Macht);* die ~n der Machthaber

Scherz ⟨m.; -es, -e⟩ **1** *Spaß, Neckerei, schalkhafter Einfall;* alberner, derber, grober, netter, plumper ~; im ~ sagen; ~ und Ernst; halb im ~, halb im Ernst; es war doch nur ein ~!; ich hab' es doch nur aus ~, zum ~ gesagt; damit treibt man keinen ~; ~ beiseite!
• 1.1 keinen ~ verstehen *jede Neckerei gleich übelnehmen* • 1.2 es hat sich jmd. einen schlechten ~ mit ihm erlaubt *jmd. hat ihn mutwillig in eine sehr unangenehme Lage gebracht* • 1.3 (seinen) ~ mit jmdn. treiben *jmdn. necken, zum Narren halten* • 1.4 ein übler ~ *Spaß mit üblen Folgen* • 1.5 und **ähnliche ~e** ⟨umg.⟩ *u. ähnliche Dinge, u. Ähnliches* **2** *Witz;* harmloser, unschuldiger ~; einen ~ machen

Scherz|ar|ti|kel ⟨m.; -s, -⟩ *spaßhafte Kleinigkeiten für Verkleidung u. Schabernack, z. B. Knallfrösche, Nasen, Larven usw.*

scher|zen ⟨V. 400⟩ **1** *einen Scherz od. Scherze machen, Spaß treiben, lustig sein;* mit den Kindern (fröhlich sein und) ~; nicht zum Scherzen aufgelegt sein
• 1.1 er beliebt zu ~! *das kann nicht sein Ernst sein!* • 1.2 damit ist nicht zu ~! *das sollte man ernst nehmen* **2** *(etwas) im Scherz sagen;* „…!", scherzte er

scherz|haft ⟨Adj.⟩ **1** *spaßig, lustig, witzig, spöttisch;* eine ~e Frage, Antwort **2** *nicht ernst gemeint* • 2.1 **etwas ~ aufnehmen** *etwas mit Humor aufnehmen, als nicht ernst gemeint behandeln, betrachten*

scheu ⟨Adj.⟩ **1** *ängstlich, schüchtern, furchtsam, bange;* menschen~; wasser~; ein ~es Kind, Mädchen, Reh; ein ~er Blick, Kuss; ~ näher treten • 1.1 *bei jeder (menschlichen) Annäherung fliehend;* die ~en Dorfbewohner bekamen wir nicht zu Gesicht; ~e Tiere **2** *ehrfürchtig;* in ~er Andacht kniete das Kind nieder **3** ⟨Getrennt- u. Zusammenschreibung⟩ • 3.1 ~ machen = *scheumachen*

Scheu ⟨f.; -; unz.⟩ **1** *Angst, Furcht, Bangigkeit, ängstliche Zurückhaltung;* Menschen~, Wasser~; eine abergläubische, geheime, unheimliche ~; voller ~ näher kommen; aus ~, ihn zu verletzen, ihn zu wecken; sie schwieg aus ~; ohne ~ sprechen **2** *Ehrfurcht;* mit heiliger ~ trat er näher

scheu|chen ⟨V. 500⟩ *ein Lebewesen ~ jagen, treiben, wegjagen;* Hühner aus dem Garten ~; die Katze vom Tisch ~; Fliegen von der Wand ~

scheu|en ⟨V.⟩ **1** ⟨400⟩ *scheu (2) werden, wild werden, durchgehen;* das Pferd scheut **2** ⟨500⟩ **etwas ~** *zurückschrecken, Angst haben vor etwas, etwas fürchten;* die Arbeit ~; er scheute keine Opfer, Mühe, Kosten, ihr zu helfen; nicht ich scheue lang die Auseinandersetzung; er scheut kein Mittel, sich einen Vorteil zu verschaffen; tue recht und scheue niemand • 2.1 ⟨Vr 3⟩ **sich ~** *Angst, Bedenken haben (etwas zu sagen od. zu tun);* ich scheue mich, es ihm zu sagen • 2.2 ⟨550/ Vr 3⟩ **sich vor etwas ~** *vor etwas zurückschrecken;* sie scheut sich vor keiner Arbeit, Aufgabe

scheu|ern ⟨V.⟩ **1** ⟨500⟩ **etwas ~** *durch kräftiges Reiben säubern, grob reinigen;* den Fußboden ~; ich komme, wenn ich gescheuert habe • 1.1 ⟨550⟩ **etwas von etwas ~** *durch kräftiges Reiben entfernen;* sie scheuerte das Etikett von der Packung **2** ⟨400⟩ **etwas scheuert** *reibt unangenehm, reibt die Haut auf;* der Riemen scheuert (an der Schulter) • 2.1 ⟨500/Vr 7⟩ **etwas scheuert etwas od. jmdn.** *reibt etwas od. jmdn. unangenehm;* der Riemen scheuert mich; der Schuh scheuert meine Ferse **3** ⟨500/Vr 3 od. 530/ Vr 1⟩ **sich (etwas) ~** *reiben;* das Pferd scheuert sich (den Schweif an der Mauer) **4** ⟨530⟩ **jmdm. eine ~** ⟨umg.⟩ *eine Ohrfeige geben*

Scheu|klap|pen ⟨Pl.⟩ **1** *zwei seitlich der Augen angebrachte, viereckige Lederstücke (für leicht scheuende*

Pferde) **2** mit ~ durchs Leben gehen ⟨fig.⟩ *ohne Interesse für andere, nur an sich selbst denkend u. in den eigenen Meinungen befangen*

scheu|ma|chen *auch:* **scheu ma|chen** ⟨V. 500⟩ **jmdn.** od. **ein Tier** ~ *in Aufregung versetzen;* die Pferde ~; mach mir das Kind, den Hund nicht scheu

Scheu|ne ⟨f.; -, -n⟩ *landwirtschaftliches Gebäude zum Lagern (früher auch Dreschen) von Getreide, Stroh u. Heu*

Scheu|sal ⟨n.; -(e)s, -e od. ⟨umg. a.⟩ -sä|ler⟩ **1** *Ungeheuer, Schreckbild* **2** *abstoßend hässliches Geschöpf* **3** *verabscheuenswerter, brutaler Mensch, Verbrecher, Unmensch* • **3.1** ⟨umg.; scherzh.⟩ *jmd., der einen oft ärgert od. neckt;* du (bist ein altes) ~!

scheu|ßlich ⟨Adj.⟩ **1** *abstoßend, hässlich, ekelhaft;* ein ~er Anblick; ~es Wetter; ein ~es Tier; das Essen schmeckt (ja) ~ • **1.1** *entstellend;* eine ~e Narbe, Wunde **2** *gemein, abscheulich, verabscheuenswert, widernatürlich grausam;* ein ~es Verbrechen; ein ~er Mord **3** ⟨umg.⟩ *unangenehm, peinigend;* wir befinden uns in einer ~en Lage; ich habe eine ~e Erkältung; es ist ein ~es Gefühl; es ist ~ kalt

Schi ⟨m.; -s, Schi|er; Sp.⟩ = *Ski*

Schicht ⟨f.; -, -en⟩ **1** *einheitlicher Stoff in flächenhafter Ausdehnung, Lage;* dicke, dünne, feine ~; obere, untere, mittlere ~; eine ~ Holz, Sand, Steine, Stroh; abwechselnd eine ~ Kartoffeln und eine ~ Fleisch • **1.1** *Überzug;* Farb~; Luft~; Staub~; Schutz~; lichtempfindliche ~ auf Filmen • **1.2** ⟨Geol.⟩ *durch Sedimentation entstandene, tafel- od. plattenförmige Gesteinslage, deren waagerechte Ausdehnung beträchtlich ist* **2** *gesellschaftlich gleichgestellte Personengruppe;* Arbeiter~; Gesellschafts~; Ober~; die verschiedenen ~en der Bevölkerung **3** *Tagewerk, tägliche Arbeitszeit (der Industrie- u. Bergarbeiter);* Früh-, Nacht~; der Betrieb arbeitet in drei ~en • **3.1** eine ~ **fahren** ⟨Bergmannsspr.⟩ *ein Tagewerk vollbringen, einen Tag arbeiten* • **3.2** ~ **machen** *Feierabend, Feierschicht machen* **4** *Arbeitsgruppe, die gleichzeitig arbeitet;* die erste ~ wird bald abgelöst • **4.1** *alle Bergleute, die zur gleichen Arbeitszeit ins Bergwerk einfahren*

schich|ten ⟨V.⟩ **1** ⟨500⟩ etwas ~ *in Schichten übereinanderlegen;* Getreide, Holz, Kohlen ~ **2** ⟨400; Geol.⟩ *eine Schicht bilden* **3** ⟨500⟩ einen **Hochofen** ~ *beschicken*

Schicht|wech|sel ⟨[-ks-] m.; -s, -⟩ *Ablösung nach Beendigung einer Schicht (in Betrieben)*

schick ⟨Adj.⟩ oV *chic* **1** *modisch, elegant, geschmackvoll;* ein ~es Kostüm; sich ~ anziehen; sie ist heute wieder sehr ~ **2** ⟨umg.⟩ *fein, großartig, sehr erfreulich;* es ist ~, dass du da bist

Schick ⟨m.; -s; unz.⟩ *Eleganz, modische Feinheit;* oV *Chic*

schi|cken ⟨V.⟩ **1** ⟨500⟩ **jmdn.** od. **etwas** ~ *senden, bringen lassen;* jmdm. einen Boten, Vertreter ~; jmdm. einen Brief, eine Einladung, Vorladung ~; jmdm. Blumen ~; sich die Waren ~ lassen **2** ⟨500⟩ **jmdn.** *veranlassen zu gehen, sich an einen bestimmten Ort zu begeben;* die Kinder ins Bett ~; ein Kind in die Schule ~; jmdn. zur Kur, zur Erholung ~; wir schicken die Kinder in den Sommerferien zu den Großeltern; meine Mutter schickt mich, ich soll Ihnen sagen …; ich schicke Ihnen den Jungen mit den Sachen; jmdn. nach Hause ~ • **2.1** ⟨511⟩ **jmdn. zum Teufel** ~ *jmdn. verwünschen, wegwünschen* **3** ⟨411⟩ **nach jmdm.** ~ ⟨umg.⟩ *jmdn. bitten lassen zu kommen;* nach dem Arzt ~ **4** ⟨500/Vr 3⟩ **sich** ~ *sich gehören, dem Anstand, der guten Sitte entsprechen;* es schickt sich nicht, in der Nase zu bohren • **4.1** *eines schickt sich nicht für alle* man kann nicht überall den gleichen Maßstab anwenden, was der eine darf, darf nicht zwangsläufig der andere auch **5** ⟨550/Vr 3⟩ **sich für etwas** ~ ⟨selten⟩ *sich für etwas eignen;* er schickt sich nicht für dieses Amt **6** ⟨500/Vr 3⟩ **sich** ~ *sich entwickeln, sich fügen, sich ergeben, passen;* es wird sich schon alles noch ~; es hat sich alles noch gut, recht, wohl geschickt; es hat sich eben so gefügt, dass … • **6.1** ⟨550/Vr 3⟩ **sich in etwas** ~ *sich anpassen, sich in etwas fügen, sich mit etwas abfinden;* sich in sein Los, in die Umstände ~ **7** ⟨500/Vr 3⟩ **sich** ~ ⟨oberdt.⟩ *sich beeilen;* schickt euch!; jetzt muss ich mich aber ~; ich hab' mich ~ müssen, um rechtzeitig fertigzuwerden

Schi|cke|ria ⟨f.; -; unz.; abwertend⟩ *reiche, sich extravagant gebärdende, übertrieben schick gekleidete Gesellschaftsschicht*

Schi|cki|mi|cki ⟨m.; -s, -s od. f.; -, -s; umg.; abwertend⟩ **1** ⟨zählb.⟩ *Angehöriger der Schickeria* **2** ⟨unz.⟩ *wertloser, überflüssiger Kleinkram, Schnickschnack;* diesen ganzen ~ brauche ich nicht

schick|lich ⟨Adj.⟩ *so, wie es sich schickt, passend, geziemend, Brauch u. Sitte gemäß;* eine ~e Entschuldigung, einen ~en Grund haben, etwas (nicht) zu tun; das ist nicht ~

Schick|sal ⟨n.; -s, -e⟩ **1** *alles, was dem Menschen widerfährt, Geschick, Los;* blindes, unerbittliches ~; böses, grausames, schweres, trauriges ~; menschliches ~; die Gunst, Ungunst des ~s; das gleiche ~ erleiden; es ist anscheinend mein ~, immer zu spät zu kommen ⟨umg.; scherzh.⟩ • **1.1** jmdn. seinem ~ überlassen *sich nicht mehr um jmdn. kümmern, jmdn. alleinlassen* **2** *Fügung, Lebensbestimmung, das menschliche Leben lenkende Macht;* das ~ wollte es, dass …; ein günstiges ~ gab, dass …; ein günstiges ~ hat ihn vor dem Tode bewahrt; was mir auch das ~ beschieden hat; es war ihm vom ~ bestimmt • **2.1** *das müssen wir dem ~ überlassen* dem Lauf der Dinge, hier können wir nichts tun

schie|ben ⟨V. 214⟩ **1** ⟨500⟩ **jmdn.** od. **etwas** ~ *durch Andrücken in Bewegung setzen, vorwärts-, rückwärts- od. seitwärtsdrücken;* eine schwere Kiste nach vorn, nach hinten, zur Seite ~; einen Kinderwagen, Schubkarren ~; das Fahrrad ~ (nicht darauf fahren); den Hut aus der Stirn ~; sich durch die Menge ~; Kuchen in den Ofen ~; die Bettdecke von sich ~; den Riegel vor die Tür ~; du glaubst zu ~, und du wirst geschoben (Goethe, „Faust" I, Walpurgisnacht) • **1.1** er muss immer geschoben werden ⟨fig.⟩ *er macht nichts von selbst, von allein* • **1.2** **jmdn.** ~

⟨fig.; umg.⟩ *jmdn. in nicht ganz einwandfreier Weise fördern* • 1.3 etwas ~ ⟨fig.; umg.⟩ *manipulieren, verfälschen;* ein Spiel ~; →a. Kegel (2), lang (4.9), Schuh (1.3), Wache (3.2) 2 ⟨550⟩ **etwas auf jmdn.** od. **etwas ~** ⟨fig.⟩ *jmdn. od. etwas für etwas verantwortlich machen;* du schiebst immer alles auf andere, an den Mangel an Zeit • 2.1 ⟨510⟩ eine **Arbeit** von einem Tag auf den anderen ~ *hinauszögern* 2.2 die **Schuld** auf jmdn. ~ *abwälzen, abschieben* • 2.3 den **Verdacht** auf jmdn. ~ *lenken* 3 ⟨400(s.); umg.; scherzh.⟩ *plump u. vorgebeugt gehen;* durch die Gegend ~ 4 ⟨500⟩ **Gehörn, Geweih** ~ ⟨Jägerspr.⟩ *ausbilden (Rehbock, Hirsch)* 5 ⟨405⟩ **(mit etwas)** ~ *unsaubere Geschäfte tätigen, auf dem schwarzen Markt handeln (mit etwas);* mit Butter, Kaffee, Teppichen ~; nach dem Krieg hat fast die ganze Stadt geschoben • 5.1 ⟨500⟩ **etwas** ~ *Schwarzhandel treiben mit etwas;* Devisen ~

Schie|ber ⟨m.; -s, -⟩ 1 *Teil eines Gerätes, der geschoben wird (bes. vor einer Öffnung), Riegel* • 1.1 *Maschinenteil zum Öffnen u. Schließen von Leitungen für Gase od. Flüssigkeiten* 2 *Essgerät für Kinder zum Nachschieben des Bissens auf den Löffel* 3 *flaches Gefäß für die Entleerung der Harnblase u. des Darms, das bettlägerigen Kranken untergeschoben wird, Bettpfanne* 4 ⟨fig.⟩ *jmd., der unsaubere Geschäfte unter Umgehung von Wirtschaftsgesetzen macht* 5 ⟨umg.⟩ *Gesellschaftstanz im* $^2/_4$-*Takt*

Schie|bung ⟨f.; -, -en; umg.⟩ 1 *ungerechtfertigte Bevorzugung (im Amt)* 2 *Unredlichkeit (im Spiel)* 3 ⟨fig.; umg.⟩ *unsauberes Geschäft eines Schiebers (4);* eine ~ aufdecken

Schieds|ge|richt ⟨n.; -(e)s, -e⟩ *aus mehreren Personen bestehendes Gremium, das einen Streit entscheidet*

Schieds|rich|ter ⟨m.; -s, -⟩ 1 *Angehöriger eines Schiedsgerichts, Vermittler* 2 ⟨Sp.⟩ *Unparteiischer, der ein Wettspiel beaufsichtigt u. leitet*

Schieds|rich|te|rin ⟨f.; -, -rin|nen⟩ *weibl. Schiedsrichter*

Schieds|spruch ⟨m.; -(e)s, -sprü|che⟩ *Urteilsspruch des Schiedsgerichts od. Schiedsrichters*

schief ⟨Adj.⟩ 1 *krumm, schräg, geneigt, weder senkrecht noch waagerecht;* ~e Absätze (an den Schuhen); ~ u. krumm gehen; einen ~en Hals, Rücken, eine ~e Schulter haben; eine ~e Haltung haben; sich ~ halten; die Decke liegt ~; ~ am Stuhl sitzen; der Hut, die Mütze sitzt ~; der Schrank steht ~; der Baum ist ~ gewachsen; seine Zeilen sind krumm und ~; den Hut ~ auf dem Kopf tragen; der Schiefe Turm von Pisa • 1.1 ⟨60⟩ ~e **Ebene** ⟨Phys.⟩ *geneigte Fläche als einfache Maschine zum Heben von Lasten* • 1.2 ⟨60⟩ auf die ~e **Bahn**, Ebene geraten ⟨fig.⟩ *den inneren, sittlichen Halt verlieren, unmoralisch od. unredlich werden* • 1.3 ⟨60⟩ ein ~es **Gesicht**, einen ~en **Mund** machen, ziehen *das G., den M. verziehen u. so Übellaunigkeit od. Nichteinverstandensein zeigen* • 1.4 ⟨50⟩ jmdn. ~ **ansehen** ⟨fig.⟩ *misstrauisch, argwöhnisch* • 1.5 ~ **gehen** *in gekrümmter Haltung;* ⟨aber⟩ →a. *schiefgehen* 2 ⟨fig.⟩ *nicht ganz korrekt, nicht ganz richtig;* ein ~er Ausdruck, Vergleich, Satz • 2.1 ein ~es **Bild** von etwas haben *eine nicht ganz richtige Vorstellung* 3 ⟨fig.⟩ *verdächtig, zweideutig;* in eine ~e Lage geraten sein • 3.1 ⟨60⟩ in ein ~es **Licht** geraten *(infolge falschen Verhaltens) falsch, ungünstig beurteilt werden* 4 ⟨Getrennt- u. Zusammenschreibung⟩ • 4.1 ~ gewickelt = schiefgewickelt

Schie|fer ⟨m.; -s, -⟩ 1 *Gestein, das sich in ebene, dünne Platten spalten lässt* 2 *Schiefer (1) zum Dachdecken;* ein Dach mit ~ decken 3 ⟨oberdt.⟩ *Splitter;* sich einen ~ eingezogen haben

schief|ge|hen ⟨V. 145/400(s.); umg.⟩ **etwas** geht schief *misslingt;* die Sache ist schiefgegangen; keine Angst, das geht nicht schief; →a. *schief (1.5)*

schief|ge|wi|ckelt *auch:* **schief ge|wi|ckelt** ⟨Adj. 24⟩ I ⟨60; Zusammen- u. Getrenntschreibung⟩ *nicht geradlinig gewickelt;* ein ~er Verband II ⟨40; nur Zusammenschreibung; fig.; umg.⟩ *falsche Vorstellungen habend, im Irrtum seiend, danebenliegend;* da bist du schiefgewickelt!

schie|len ⟨V.⟩ 1 ⟨400⟩ *eine fehlerhafte Augenstellung haben;* er schielt mit dem rechten Auge 2 ⟨411⟩ **irgendwohin** ~ ⟨fig.; umg.⟩ *von der Seite her, möglichst unbemerkt irgendwohin blicken;* in des Nachbars Buch ~; um die Ecke ~ 3 ⟨411⟩ **nach etwas** ~ ⟨fig.; umg.⟩ *etwas haben wollen;* er schielte nach dem Posten des Klassensprechers

Schien|bein ⟨n.; -(e)s, -e; Anat.⟩ *einer der beiden Unterschenkelknochen der vierfüßigen Wirbeltiere, beim Menschen der größere, vordere: Tibia*

Schie|ne ⟨f.; -, -n⟩ 1 *aus Stahl gewalzter Profilstab als Fahrbahn für Schienenfahrzeuge;* Eisenbahn~; Straßenbahn~; die Bahn läuft auf ~n 1.1 aus den ~n springen *entgleisen* 2 *Profilstab aus Holz, Eisen od. Stahl, der als Vorrichtung zur Führung beweglicher Teile dient;* Seiten~, Trag~, Gleit~; Gardinen~; die Schiebetür rollt auf einer in den Boden eingelassenen ~ 3 ⟨Med.⟩ *Gerät aus festem od. biegsamem Material zum Verstärken von Verbänden u. Bandagen mit dem Zweck der Ruhigstellung u. Feststellung von Knochenbrüchen u. Gelenken;* einen Arm in der ~ tragen 4 *Arm bzw. Bein bedeckender Teil der Rüstung;* Arm~; Bein~

schier[1] ⟨Adj. 24⟩ 1 ⟨70⟩ *rein, lauter* • 1.1 ~es Fleisch *F. ohne Knochen*

schier[2] ⟨Adv.⟩ *fast, beinahe;* diese Geschichte ist (doch) ~ unglaublich

schie|ßen ⟨V. 215⟩ 1 ⟨500⟩ ein **Tier, jmdn.** od. **etwas** ~ *mit einem Geschoss treffen* • 1.1 ein **Jagdtier** ~ *erlegen;* einen Hasen ~ • 1.2 ⟨510⟩ **jmdn.** od. **etwas** ... ~ *mit einem Schuss, Schüssen treffen und damit ... bewirken* • 1.2.1 eine Festung sturmreif ~ *durch Beschießen so zerstören, dass sie gestürmt werden kann* • 1.2.2 einen Vogel vom Baum ~ *mit einem Geschoss treffen, so dass er vom Baum fällt* • 1.2.3 jmdn. **zum Krüppel** ~ *jmdn. durch einen Schuss furchtbar verwunden* • 1.2.4 jmdn. od. ein Tier **über den Haufen** ~ *rücksichtslos erschießen* • 1.3 ⟨611/Vr 5 od. Vr 6, 511/Vr 7 od. Vr 8⟩ **jmdm., jmdn.** in den **Körper** ~ *jmdn. od. sich durch einen Schuss verletzen;* jmdm. od. einem Tier, jmdn. od. ein Tier ins Herz, in die Brust, zwischen die Augen ~ • 1.4 ⟨531/Vr 5⟩ **jmdm.**

schießenlassen

od. **sich** ein **Geschoss** irgendwohin ~ *jmdn.* od. *sich durch ein G. irgendwo verletzen;* jmdm. einen Ball, Stein an den Kopf ~ • 1.4.1 sich eine Kugel durch den Kopf ~ *sich durch Kopfschuss töten* • 1.5 ⟨511⟩ **etwas in etwas** ~ *durch einen Schuss, Schüsse verursachen;* ein Loch in die Scheibe ~ • 1.6 **etwas** ~ *durch Schüsse erzielen, bekommen;* er schoss auf dem Jahrmarkt eine Papierblume; er schießt beim Fußball die meisten Tore • 1.7 ein **Bild**, ein Foto ~ *(mit dem Fotoapparat)* ⟨fig.⟩ *ein B., einen Schnappschuss machen* • 1.8 **Erz**, Gestein, Kohle ~ ⟨Bgb.⟩ *sprengen;* →a. *Bock (1.2)* **2** ⟨410⟩ *in schnelle Bewegung bringen;* (mit) Papierkugeln ~; zu hoch, zu kurz, zu tief, zu weit ~ • 2.1 *einen Schuss, Schüsse abfeuern, von einer Schusswaffe Gebrauch machen;* scharf ~; mit dem Gewehr, der Pistole ~; mit Kanonen ~; mit Pfeil und Bogen ~; mit Kugeln, Schrot ~; in die Luft ~ (als Warnung); los, schieß doch!; Achtung, hier wird scharf geschossen (auf Warnungsschildern bei Manövern) • 2.1.1 jmd. schießt **gut**, schlecht *ist ein guter, schlechter Schütze* • 2.1.2 etwas schießt **gut**, schlecht *eignet sich gut, schlecht zum Schießen;* das Gewehr schießt ausgezeichnet • 2.1.3 wir haben morgen Schießen *Schießübung* • 2.1.4 seine Antwort kam wie aus der Pistole geschossen *sofort, ohne Besinnen* • 2.2 *(einen Ball) abstoßen, werfen;* der Ball war hart geschossen worden **3** ⟨411⟩ *nach jmdm.* od. *einer Sache, auf jmdn.* od. *etwas mit einem Schuss, mit Schüssen zu treffen versuchen;* nach der, auf die Scheibe ~; er schoss zweimal nach mir, ohne zu treffen • 3.1 ⟨517/Vr 3⟩ **sich mit jmdm.** ~ *sich mit Pistolen duellieren* • 3.2 ⟨500⟩ ein **Gestirn** ~ ⟨Navigation⟩ *die Höhe eines Gestirns messen* **4** ⟨511⟩ *etwas in eine bestimmte Richtung* ~ *schicken, schnell befördern;* sie ~ die Feuerwerkskörper in die Luft; drei Satelliten wurden in die Umlaufbahn geschossen; den Ball ins Netz, ins Tor ~ • 4.1 ⟨505⟩ **Blicke** (**auf jmdn.**) ~ ⟨fig.⟩ *wütende, empörte B. (auf jmdn.)* werfen • 4.2 das **Brot in den Ofen** ~ ⟨Bäckerspr.⟩ *schieben* **5** ⟨410(s.)⟩ *stürzen, sich rasch in einer Richtung bewegen, rasch laufen, fahren, fliegen;* das Wasser schießt aus dem Felsen, aus der Leitung; das Blut schoss aus der Wunde; der Vogel schießt durch die Luft; das Boot schießt durch, über das Wasser; Tränen schossen ihr in die Augen; er schoss mit einem Kopfsprung ins Wasser; er schoss um die Ecke • 5.1 das Blut schoss ihm ins Gesicht *er wurde plötzlich rot* • 5.2 ein Gedanke schoss ihm durch den Kopf ⟨fig.⟩ *plötzlich kam ihm, durchzuckte ihn ein G.* **6** ⟨400(s.)⟩ *schnell wachsen;* der Salat, der Spargel schießt; der Junge ist im letzten Jahr mächtig, ziemlich geschossen • 6.1 **in die Höhe** ~ *rasch wachsen* • 6.1.1 der Bau schoss in die Höhe *ging rasch voran* • 6.2 **in die Ähren** ~ *schnell reifen (vom Getreide)* • 6.3 **ins Kraut** ~ *(zu) viel Kraut treiben u. zu wenig Früchte entwickeln (Kartoffeln)* • 6.4 es ist zum Schießen ⟨fig.; umg.⟩ *es ist zum Lachen, sehr komisch* **7** ⟨Getrennt- u. Zusammenschreibung⟩ • 7.1 ~ **lassen** = *schießenlassen*

schie|ßen||las|sen *auch:* **schie|ßen las|sen** ⟨V. 175/500;

fig.; umg.⟩ *etwas*~ *ungenutzt vorübergehen lassen, auf etwas verzichten*

Schiff ⟨n.; -(e)s, -e⟩ **1** *größeres Wasserfahrzeug;* Handels~; Kriegs~; Segel~; das ~ schaukelt, schlingert, stampft, rollt; mit dem ~ fahren; zu ~ unterwegs sein; →a. *Ratte (1.2)* **2** *Fahrzeug, Transportmittel;* Raum~ • 2.1 das ~ **der Wüste** ⟨fig.⟩ *das Kamel* **3** *Raum der Kirche für die Gemeinde;* Mittel~; Seiten~; Lang~; Quer~ **4** ⟨Typ.⟩ *Metallplatte mit an drei Seiten aufgebogenem Rand, auf der der Schriftsatz zusammengestellt wird*

Schiffahrt ⟨alte Schreibung für⟩ *Schifffahrt*

Schiffahrts|kun|de ⟨alte Schreibung für⟩ *Schifffahrtskunde*

Schiff|bruch ⟨m.; -(e)s, -brü|che⟩ **1** *schwerer Schiffsunfall;* nach den Überlebenden des ~s suchen **2** ⟨fig.⟩ *Misserfolg* • 2.1 ~ erleiden *scheitern*

Schiff|chen ⟨n.; -s, -⟩ **1** *kleines Schiff, Schiff zum Spielen;* ~ *(aus Papier) falten;* ~ *(im Rinnstein, im Bach) schwimmen lassen* **2** *einem Schiff in der äußeren Gestalt ähnlicher Gegenstand* • 2.1 *Weihrauchgefäß* • 2.2 ⟨Bot.⟩ *kahnförmiger unterster Teil der Schmetterlingsblüte* • 2.3 *der untere Spulenhalter der Nähmaschine, der die Schlingen fängt* • 2.4 ⟨Web.⟩ *länglicher Gegenstand, auf den Schussfaden aufgewickelt ist u. mit dem dieser durch die Kettfäden geführt wird* • 2.5 *kleines längliches Gerät, durch das der Faden läuft, zum Arbeiten von Spitzen* • 2.6 *schmale, längs gefaltete Militärmütze*

schif|fen ⟨V. 400⟩ **1** ⟨411(s.); veraltet⟩ *mit dem Schiff fahren, zu Wasser fahren;* übers Meer ~ **2** ⟨derb⟩ *harnen* • 2.1 ⟨401⟩ es schifft ⟨derb; scherzh.⟩ *es regnet*

Schif|fer|kla|vier ⟨[-vi:r] n.; -s, -e; Mus.⟩ = *Akkordeon*

Schiff|fahrt ⟨f.; -; unz.⟩ *der Verkehr zu Schiff;* Handels~; Kriegs~; Fracht~; Personen~

Schiff|fahrts|kun|de ⟨f.; -; unz.⟩ = *Nautik*

Schi|is|mus ⟨m.; -; unz.; islam. Rel.⟩ *Lehre der Schia;* →a. *Schiit*

Schi|it ⟨m.; -en, -en; islam. Rel.⟩ *Anhänger der Schia (der Partei Alis, des Schwiegersohnes Mohammeds u. seiner Nachkommen), einer der beiden Hauptrichtungen des Islams;* →a. *Sunnit*

Schi|ka|ne ⟨f.; -, -n⟩ **1** *böswillig bereitete Schwierigkeit (meist unter Ausnutzung einer Machtstellung)* **2** ⟨Sp.⟩ *bes. Schwierigkeiten in der Streckenführung einer Rennstrecke, z. B. eine enge Kurve* **3** **mit allen** ~**n** ⟨fig.; umg.⟩ *mit allen Annehmlichkeiten, Feinheiten (ausgestattet)*

Schi|ko|ree ⟨f.; -; unz. od. m.; -s; unz.; Bot.⟩ *als Salat od. Gemüse verwendeter Wintertrieb der Zichorie;* oV *Chicorée*

Schild[1] ⟨m.; -(e)s, -e⟩ **1** *älteste, am Arm getragene Schutzwaffe, runde od. ovale, leicht gekrümmte Platte aus Holz, Leder, Metall od. Flechtwerk;* sich mit dem ~ decken • 1.1 jmdn. auf den ~ erheben ⟨fig.⟩ *jmdn. zum Führer machen nach der alten Sitte, den Gewählten auf einem Schild für alle sichtbar hochzuheben* **2** *Hauptteil des Wappens mit der für den Eigentümer kennzeichnenden Figur* • 2.1 einen Adler, Löwen o. Ä. im ~e führen *als Wappentier haben* • 2.2 etwas im ~e führen ⟨fig.⟩ insgeheim etwas beabsichtigen **3** Schirm an der Mütze **4** die Skelettkapsel der Schildkröten, die aus Knochenplatten, meist mit Hornschilden überzogen, besteht **5** Teile des Außenskeletts von Krebsen u. Insekten; Brust~; Kopf~; Rücken~

Schild² ⟨n.; -(e)s, -er⟩ Abzeichen, Erkennungs-, Warnungszeichen, meist Platte aus Holz od. Metall bzw. Blatt Papier mit Aufschrift; Blech~; Holz~; Flaschen~; Laden~; ~ mit Namen u. Anschrift, mit Preis, Größe; ein ~ anbringen, anschlagen, aufhängen, aufkleben, entfernen; ~er beschriften, malen; ein kleines ~ an der Mütze, am Rockaufschlag, Ärmel haben

Schild|bür|ger ⟨m.; -s, -; fig.⟩ jmd., der eine törichte Handlung begeht

Schild|drü|se ⟨f.; -, -n⟩ Drüse innerer Sekretion bei Wirbeltieren u. Menschen, dicht unter dem Kehlkopf, die ein Hormon, welches den Grundumsatz steigert, an das Blut abgibt: Glandula thyreoidea

schil|dern ⟨V. 500 od. 513/Vr 8⟩ **1** etwas ~ lebendig beschreiben, anschaulich erzählen; seine Erlebnisse ~; eine Landschaft, einen Menschen ~; bitte ~ Sie mir den Vorgang in allen Einzelheiten; unser Entsetzen, als wir das sahen, ist kaum zu ~ • 1.1 etwas in leuchtenden Farben ~ mit viel Fantasie, begeistert von etwas erzählen

Schil|de|rung ⟨f.; -, -en⟩ das Schildern (eines Menschen, Erlebnisses, Vorfalls o.Ä.), anschauliche Beschreibung von jmdm. od. etwas; die ~ einer Reise, eines Unfalls

Schild|krö|te ⟨f.; -, -n⟩ Kriechtier mit kurzer, gedrungener Körperform u. knöchernem Rückenpanzer, unter den Kopf, Schwanz u. Beine zurückgezogen werden können

Schilf ⟨n.; -(e)s; unz.; Bot.⟩ **1** eine Gattung aus der Familie der Süßgräser (Gramineae): Phragmites • 1.1 an Ufern vorkommendes, als Papierrohstoff u. für Matten verwendetes hohes Gras mit braunen Rispen: Phragmites communis; →a. Ried **2** ⟨umg.⟩ = Rohrkolben

schil|lern ⟨V. 400⟩ **1** etwas schillert glänzt in wechselnden Farben; in allen Regenbogenfarben, in vielen Farben ~ **2** eine Sache schillert ⟨fig.⟩ ist zwiespältig, undurchschaubar; ein ~der Charakter

Schil|ling ⟨m. 7; -s, -e⟩ **1** frühere österr. Währungseinheit, 100 Groschen **2** ⟨eindeutschend für⟩ Shilling (frühere Währungseinheit in Großbritannien u. Irland)

schil|pen ⟨V. 400⟩ = tschilpen

Schi|mä|re ⟨f.; -, -n⟩ Trugbild, Hirngespinst; oV Chimäre

Schim|mel ⟨m.; -s, -⟩ **1** ⟨unz.⟩ Schimmelpilz • 1.1 weißlicher Überzug aus Schimmelpilzen **2** graues od. weißes Pferd

schim|meln ⟨V. 400⟩ Schimmel (1) ansetzen, sich mit Schimmel überziehen; das Brot schimmelt

Schim|mer ⟨m.; -s; unz.⟩ **1** schwacher Glanz, schwacher Schein, leichtes Funkeln, zartes Leuchten; der ~ eines Lichts **2** ⟨fig.; umg.⟩ Ahnung, Spur; der ~ eines Lächelns; einen ~ von Hoffnung haben • 2.1 keinen (blassen) ~ von etwas haben nichts wissen, keine Ahnung von etwas haben

schim|mern ⟨V. 400⟩ zart, schwach leuchten, leicht glänzen; der Mond schimmert durch die Bäume; ein ~der Stoff

Schim|pan|se ⟨m.; -n, -n; Zool.⟩ Angehöriger einer Gattung der Menschenaffen, lebt gesellig in den Wäldern West- u. Zentralafrikas: Pan troglodytes

Schimpf ⟨m.; -(e)s, -e⟩ Beleidigung, Schmach, Demütigung; jmdm. einen ~ antun; jmdm. mit ~ und Schande davonjagen

schimp|fen ⟨V.⟩ **1** ⟨400⟩ Wut, Zorn laut äußern, fluchen; „Donnerwetter!", schimpfte er; laut, tüchtig, unflätig ~; auf jmdn. od. etwas ~; über jmdn. od. etwas ~ • 1.1 ⟨417⟩ mit jmdm. ~ jmdn. schelten; der Vater schimpft mit seiner Tochter **2** ⟨520⟩ jmdn. etwas ~ jmdn. (zu Unrecht) mit einem kränkenden Namen nennen; jmdn. einen Betrüger, einen Feigling ~ **3** ⟨Vr 3⟩ sich etwas ~ von sich behaupten, etwas zu sein (das man gar nicht ist); und so einer schimpft sich Moderator, Journalist!

schimpf|lich ⟨Adj.⟩ ehrverletzend, beleidigend, ehrlos, schmachvoll; eine ~e Behandlung; einen ~en Frieden schließen müssen

Schimpf|na|me ⟨m.; -ns, -n⟩ beleidigende Bezeichnung (für jmdn.); jmdm. ~n geben

Schimpf|wort ⟨n.; -(e)s, -wör|ter od. n.; -(e)s, -e⟩ beleidigender Ausdruck, grobes, ordinäres Wort, Fluchwort; Schimpfwörter gebrauchen; jmdn. mit Schimpfwörtern überhäufen

Schin|del ⟨f.; -, -n⟩ Holzbrettchen zum Dachdecken; Dach~

schin|den ⟨V. 216/500⟩ **1** ein Lebewesen ~ grausam quälen, ausbeuten; jmdn. od. ein Tier zu Tode ~ **2** ⟨Vr 3⟩ sich ~ sich plagen, sich sehr anstrengen, sich hart mühen; er hat sich sein Leben lang ~ müssen **3** ein Tier ~ einem T. das Fell abziehen; Vieh ~ **4** etwas ~ ⟨fig.; umg.⟩ ohne Bezahlung zu bekommen suchen; ein paar Zigaretten ~ • 4.1 **Eintrittsgeld, Fahrgeld** ~ nicht bezahlen **4.2 Zeilen** ~ den Text möglichst verlängern, breit, mit Zwischenräumen schreiben, wenn nach Zeilen bezahlt wird • 4.3 **Eindruck** ~ versuchen, (einen günstigen) E. zu machen

Schin|der ⟨m.; -s, -⟩ jmd., der Lebewesen (Menschen od. Tiere) schindet; Leute~

Schind|lu|der ⟨n.; -s, -; in der Wendung⟩ **mit jmdm.** od. **etwas ~ treiben** ⟨umg.⟩ jmdn. od. etwas schlecht behandeln, missbrauchen

Schin|ken ⟨m.; -s, -⟩ **1** Schenkel, Keule (bes. vom Schwein); gekochter, geräucherter, roher ~; westfälischer ~; ~ im Brotteig (gebacken); mit ~ belegtes Brot • 1.1 mit der Wurst nach dem ~ werfen ⟨fig.; umg.⟩ durch ein kleines Geschenk ein größeres zu erhalten suchen **2** ⟨umg.; scherzh.; meist abwertend⟩ • 2.1 großes, dickes (urspr. in Schweinsleder gebundenes) Buch (bes. Roman) • 2.2 riesiges (künstlerisch belangloses) Gemälde

Schip|pe ⟨f.; -, -n⟩ **1** Schaufel • 1.1 jmdn. **auf die ~ nehmen** ⟨fig.; umg.⟩ jmdn. zum Narren halten, veralbern **2** ⟨umg.; scherzh.⟩ Schmollmund, vorgeschobene Unterlippe; eine ~, ein Schippchen machen, ziehen

schippen

schip|pen ⟨V.; norddt.; mitteldt.⟩ **1** ⟨400⟩ *schaufeln, mit der Schippe arbeiten* **2** ⟨500⟩ *etwas ~ mit Hilfe der Schippe befördern*

Schirm ⟨m.; -(e)s, -e⟩ **1** *zum Schutz dienender Gegenstand* • **1.1** *Gerät aus einem aufspann- u. zusammenklappbaren runden Dach aus Stoff oder Folie mit langem Griff, zum Schutz gegen Regen u. Sonne;* Regen~; Sonnen~; den ~ aufspannen, zusammenklappen; du solltest vorsichtshalber einen ~ mitnehmen **2** *einem Schirm (1) ähnlicher Gegenstand zum Schutz gegen zu helles Licht;* Augen~; Lampen~; Mützen~ **3** *Metall- od. Stoffwand zum Schutz gegen strahlende Wärme;* Ofen~ • **3.1** (Jägerspr.) *Geflecht aus Zweigen od. Schilf, hinter dem sich der Jäger verbirgt* **4** ⟨kurz für⟩ *Bildschirm* • **4.1** *Teil des Röntgenapparates, auf dem der zu untersuchende Körper sichtbar wird;* Röntgen~

Schirm|bild ⟨n.; -(e)s, -er⟩ *bei der Durchleuchtung auf dem Schirm (4.1) sichtbar werdendes Bild (des Körpers), Röntgenbild*

Schi|rok|ko ⟨m.; -s, -s; Meteor.⟩ *warmer Wind im Mittelmeerraum, der oft Sand od. Staub (aus der nordafrikanischen Wüste) mit sich führt*

Schis|ma ⟨[ʃɪs-] od. [sçɪs-] n.; -, -s, Schis|men od. Schis|ma|ta⟩ *Spaltung der Kirche (in die griechisch-orthodoxe u. die römisch-katholische Kirche 1378-1417), Kirchenspaltung*

Schiss ⟨m.; -es, -e; derb⟩ **1** ⟨zählb.⟩ *Kot* (Fliegen~, Ratten~) **2** ⟨unz.; fig.⟩ *Angst;* er hat ~ vor der Prüfung

schi|zo|phren ⟨Adj.⟩ **1** *an Schizophrenie leidend* **2** *einen Widerspruch in sich enthaltend, zwiespältig*

Schi|zo|phre|nie ⟨f.; -, -n; Med.; Psych.⟩ *Psychose mit einem völligen Auseinanderfallen der inneren seelischen Zusammenhänge, Bewusstseinsspaltung*

schlab|bern ⟨V.; umg.⟩ **1** ⟨500⟩ *eine Flüssigkeit ~ geräuschvoll schlürfen, auflecken;* der Hund schlabbert Wasser **2** ⟨500⟩ jmd. schlabbert **Nahrung**, *ein Getränk isst schmatzend od. schlürft* **3** ⟨400⟩ *die Hose schlabbert* ⟨fig.⟩ *bewegt sich weit fallend am Körper* **4** ⟨400⟩ *lang u. anhaltend reden, schwätzen;* das Kind schlabbert ununterbrochen

Schlacht ⟨f.; -, -en⟩ **1** *heftige, umfangreiche Kampfhandlung, großes Gefecht;* blutige, heiße, wilde ~; eine ~ gewinnen, verlieren; dem Feind eine ~ liefern; die ~ bei, von Waterloo; die ~ um Stalingrad • **1.1** *Prügelei zwischen vielen;* Saal~; eine ~ zwischen zwei Schulklassen, zwischen den Jungen zweier Dörfer • **1.2** ⟨fig.⟩ *Kampf, Wettstreit;* Kissen~; Schneeball~

Schlacht|bank ⟨f.; -, -bän|ke⟩ **1** *Gestell zum Schlachten (im Schlachthaus)* • **1.1** jmdn. zur ~ führen ⟨fig.; abwertend⟩ *zum Ort der Bestrafung*

schlach|ten ⟨V. 500⟩ *ein Tier ~ fachgerecht töten zur Herstellung von Fleisch- u. Wurstwaren;* ein Huhn, Kalb, Schwein ~

Schlach|ten|bumm|ler ⟨m.; -s, -⟩ **1** ⟨veraltet⟩ *Zuschauer bei militärischen Ereignissen* **2** ⟨fig.; umg.⟩ *Anhänger einer Sportmannschaft, der diese zu auswärtigen Spielen begleitet*

Schlach|ter ⟨m.; -s, -; norddt.⟩ = *Fleischer*

Schläch|ter ⟨m.; -s, -⟩ **1** = *Fleischer* **2** ⟨fig.⟩ = *Massenmörder*

Schlacht|feld ⟨n.; -(e)s, -er⟩ *Gelände, auf dem eine Schlacht stattfindet od. stattgefunden hat*

Schlacht|plan ⟨m.; -(e)s, -plä|ne; fig.⟩ *Plan für eine Unternehmung, ein Vorhaben;* einen ~ entwerfen

Schla|cke ⟨f.; -, -n⟩ **1** *bei einer Verbrennung zusammengesinterte Ascheteile;* ~n bilden; einen Kessel, Ofen von ~ befreien, reinigen **2** ⟨Met.⟩ *Rückstand bei der Verhüttung von Erzen;* Hochofen~; Thomas~, Bessemer~; flüssige ~ **3** ⟨Geol.⟩ *raue u. blasige Lavabrocken od. stark poröse blasige Bildungen an der Unter- u. Oberseite von Lavaströmen* **4** ⟨Physiol.⟩ *Rückstände des Stoffwechsels im Gewebe u. im Verdauungskanal* **5** ⟨fig.⟩ *Unnützes, Unreines*

schla|ckern ⟨V. 400⟩ **1** ⟨400⟩ *schlenkern, schlottern, wackeln;* hin und her ~; seine Knie ~, mit den Knien ~; →a. Ohr (1.4.3) **2** ⟨401; nddt.⟩ **es** schlackert *es regnet u. schneit gleichzeitig*

Schlaf ⟨m.; -(e)s; unz.⟩ **1** *Zustand der Ruhe und Untätigkeit bei herabgesetzter Nervenreizfähigkeit;* bleierner, fester, leichter, leiser, tiefer, traumloser, unruhiger ~; täglich acht Stunden ~; die Sorge um ihn raubt mir den ~; der ~ überfiel, übermannte, überwältigte mich; keinen ~ finden; jmdn. aus dem ~ reißen, rütteln; aus tiefstem ~ emporfahren; in ⟨tiefen⟩ ~ fallen, sinken; in tiefstem ~ liegen; jmdn. um den ⟨wohlverdienten⟩ ~ bringen; vom ~ erwachen • **1.1** ~ **haben** ⟨oberdt.⟩ *müde, schläfrig sein* • **1.2 im** ~(e) *während des Schlafens;* im ~ reden; noch halb im ~(e) sagte er … • **1.2.1** *das kann ich im* ~ ⟨fig.; umg.⟩ *das beherrsche ich völlig, das kann ich auswendig* • **1.2.2** *nicht im* ~(e)! ⟨fig.; umg.⟩ *keinesfalls!* • **1.2.3** *das fällt mir nicht im* ~(e) *ein!* ⟨fig.; umg.⟩ *ich denke nicht daran (das zu tun)!* • **1.3** *ein Kind in den* ~ *singen mit einem Wiegenlied zum Einschlafen bringen* • **1.4** *ein Kind in den* ~ *wiegen wiegen, bis es eingeschlafen ist* • **1.5** *ein Auge voll* ~ *nehmen* ⟨scherzh.⟩ *ein wenig schlafen* • **1.6** *sich den* ~ **aus** *den Augen reiben die letzte Müdigkeit, Benommenheit durch Augenreiben beseitigen* • **1.7** *der* ~ *des Gerechten tiefer u. ruhiger Schlaf (1)* • **1.8** *den Seinen gibt's der Herr im* ~ ⟨fig.; umg.⟩ *manche Menschen haben unwahrscheinlich großes (unverdientes) Glück;* →a. ewig (1.1.1)

Schlaf|an|zug ⟨m.; -(e)s, -zü|ge⟩ *beim Schlafen getragener leichter Anzug aus Hose u. dazugehörigem Oberteil;* Sy Pyjama

Schlä|fe ⟨f.; -, -n; Anat.⟩ **1** *über den Wangen gelegene Stelle des Kopfes der Wirbeltiere u. des Menschen;* das Blut pochte in seinen ~n **2** ⟨nur Pl.⟩ *der die Schläfen (1) bedeckende Teil des Kopfhaares;* graue ~n

schla|fen ⟨V. 217⟩ **1** ⟨400⟩ *im Schlaf liegen, sich im Zustand des Schlafes befinden;* fest, gut, ruhig, schlecht, tief, unruhig ~; nicht ~ können; lass ihn doch noch ~!; die Sorge lässt mich nicht ~; schlaf (recht) gut!; hast du gut geschlafen?; wünsche wohl zu ~!; bis weit in den Tag hinein ~; wie hast du geschlafen?; sich ~d stellen • **1.1** ~ **gehen** *zu Bett gehen;* früh, spät, zeitig ~ gehen • **1.2 sich** od. **ein Kind** ~ **legen**

schlagen

zu Bett gehen bzw. zu Bett bringen • 1.3 ⟨413⟩ mit offenen Augen ~ ⟨fig.⟩ unaufmerksam sein, nicht aufpassen • 1.4 ⟨500⟩ den ewigen Schlaf ~ ⟨poet.⟩ im Grab ruhen, tot sein 2 ⟨411⟩ **an einem Ort** od. **bei jmdm.** ~ übernachten; auf der Couch, auf der Luftmatratze ~; kann ich heute Nacht bei euch ~? 3 ⟨417⟩ **mit einem Mann, einer Frau** ~ Geschlechtsverkehr haben 4 ⟨fig.; umg.⟩ nicht aufpassen, unaufmerksam sein; oh, Verzeihung, jetzt hab' ich geschlafen! • 4.1 schlaf nicht! pass auf!

schlaff ⟨Adj.⟩ oV schlapp 1 entspannt, locker, nicht straff; die Schnur ist zu ~; die Segel hängen ~ herunter 2 welk, erschlafft; ~e Haut; ihr Gesicht war grau und ~ 3 schwach, kraftlos; mit ~ herabhängenden Armen; er saß ~ in seinem Sessel 4 ⟨fig.⟩ matt, mutlos; er fühlte sich abgespannt u. ~

Schla|fitt|chen ⟨n.; -s; unz.; nur in den Wendungen⟩ **jmdn. beim** ~ **kriegen,** nehmen, packen ⟨umg.⟩ jmdn. zu fassen bekommen, festhalten (um ihn zu züchtigen od. ihm die Meinung zu sagen)

schlä|frig ⟨Adj.⟩ 1 schlafbedürftig, müde; ~e Augen; ein ~er Blick; der Wein macht mich ~; ich bin noch ~ 2 ⟨fig.⟩ langsam, träge; mit ~en Bewegungen

schlaf|trun|ken ⟨Adj.⟩ noch vom Schlaf befangen, noch halb im Schlaf; ~ die Augen öffnen; ~ durchs Zimmer stolpern

schlaf|wan|deln ⟨V. 400(s. od. h.)⟩ im Schlaf umhergehen, traumwandeln; das Kind ist/hat in der Nacht geschlafwandelt

Schlag ⟨m.; -(e)s, Schläge⟩ 1 kurze, heftige Berührung, Hieb; Faust~; Hand~; ein dumpfer, harter, klatschender, leichter, lauter, schwacher, tödlicher ~; ein ~ mit der Hand, mit der Faust, mit dem Knüppel, mit dem Hammer, Stock; ein ~ an, gegen die Tür; ein ~ auf den Kopf; ein (herzhafter) ~ auf die Schulter; einen ~ abwehren, auffangen; (nach allen Seiten) Schläge austeilen • 1.1 **mit einem** ~ plötzlich, auf einmal • 1.2 es ging ~ auf ~ ohne Unterbrechung, schnell nacheinander • 1.3 zum **entscheidenden** ~ ansetzen, ausholen die entscheidende Tat, Handlung beginnen • 1.4 es war ein ~ ins Wasser ⟨fig.⟩ Misserfolg, Fehlschlag • 1.5 ein ~ ins Gesicht ⟨a. fig.⟩ grobe Beleidigung, verletzende Taktlosigkeit • 1.6 ein ~ ins Kontor ⟨fig.; umg.⟩ sehr unangenehme Überraschung; →a. Fliege (1.5) 2 ⟨nur Pl.⟩ Schläge Prügel; Schläge bekommen, beziehen; gleich wird's Schläge geben, setzen; jmdm. Schläge verabreichen 3 Stromstoß, Durchlaufen des elektrischen Stroms durch den Körper; ein elektrischer ~; einen (elektrischen) ~ bekommen 4 Einschlagen des Blitzes; ein Gewitter mit schweren Schlägen; →a. kalt (1.9.3) 5 Niederprasseln von kleinen Körpern; Stein~; Hagel~ 6 durch einen Schlag (1) hervorgerufener Ton; Glocken~; Hammer~; Huf~; Trommel~; der ~ der Uhr 6.1 ~ 12 Uhr als es 12 Uhr schlug, pünktlich um 12 Uhr • 6.2 mit dem ~(e) 12 Uhr pünktlich um 12 Uhr, genau 12 Uhr 7 durch Berührung, Anstoß, Druck hervorgerufene Bewegung; Herz~; Pendel~; Puls~; Ruder~; Wellen~; der ~ seines Herzens 8 Art des Singens, Lied, Ruf (bei Singvögeln); Finken~; der ~ der Nachtigall, der Wachtel 9 Verschlag, Kasten mit Falltür; Hühner~; Tauben~ 10 Tür, Wagentür; Wagen~; jmdm. den ~ (des Wagens, der Kutsche) aufhalten, öffnen 11 ⟨unz.; umg.⟩ = Schlaganfall; Gehirn~; Herz~; Hitz~ • 11.1 vom ~ getroffen werden einen Schlaganfall erleiden 11.2 ich dachte, mich rührt der ~! ich war sprachlos vor Erstaunen • 11.3 wie vom ~ gerührt starr vor Staunen od. Entsetzen 12 ⟨Forstw.⟩ Fällen einer Anzahl von Bäumen auf einmal • 12.1 von Bäumen befreite Fläche im Wald; Kahl~; Wald~; einen ~ wieder aufforsten 13 ⟨Landw.⟩ Feld, das zu einer bestimmten Fruchtfolge (bei der Wechselwirtschaft) gehört; Gersten~; Hafer~; Weizen~ 14 ⟨Soldatenspr.⟩ eine Kelle voll, ein Teller voll; ein ~ Suppe; noch einen ~ (Suppe) nachfassen 15 ⟨Segeln⟩ Strecke zwischen zwei Wendungen; ein paar Schläge segeln 16 ⟨Weberei⟩ Einschuss des Schussfadens 17 ⟨fig.⟩ Unglück, niederdrückendes Ereignis; Schicksals~; es war ein ~ für mich, als ich das hörte; ein harter, schwerer ~; sie hat sich von dem ~ noch immer nicht erholt 18 ⟨fig.⟩ Art, Sorte; Menschen~; Volks~; ein leichtblütiger, schwerfälliger ~ (von Menschen); sie sind alle vom gleichen ~ • 18.1 Leute jeden ~es L. jeder Art, die verschiedensten L. • 18.2 Leute unseres ~es L. wie wir • 18.3 er ist noch ein Bauer, Beamter, Lehrer, Offizier alten ~es wie sie früher waren

Schlag|an|fall ⟨m.; -(e)s, -fäl|le⟩ durch Zerreißen od. Verschluss eines Blutgefäßes im Hirn verursachtes plötzliches Aufhören bestimmter Gehirnfunktionen; Sy Schlag (11)

schlag|ar|tig ⟨Adj. 24/90⟩ plötzlich, sehr schnell, mit einem Schlag; die Feier war ~ zu Ende

Schlag|baum ⟨m.; -(e)s, -bäu|me; an Grenzen, Bahnübergängen⟩ Sperrschranke (an Grenz-, Bahnübergängen)

Schlä|gel[1] ⟨m.; -s, -; Bgb.⟩ Hammer des Bergmanns; Hammer und ~ sind die Kennzeichen des Bergbaus

Schlä|gel[2] ⟨m.; -s, -⟩ Werkzeug zum Schlagen, Klöppel; Trommel~

schla|gen ⟨V. 218⟩ 1 ⟨500⟩ **ein Lebewesen** od. **etwas** ~ einen Schlag gegen ein L. od. etwas führen, ein L. od. etwas hauen; jmdm. ins Gesicht ~; jmdn. od. ein Tier ~ u. prügeln; ich werde ihn, mich ~, wenn er mich ~ lasse, will ich's tun ⟨fig.; umg.⟩ • 1.1 ⟨611⟩ das schlägt allen Regeln der Höflichkeit ins Gesicht ⟨fig.⟩ das ist gegen alle Regeln der H., das ist sehr unhöflich • 1.2 **ein Bär, Raubvogel** schlägt **Beute** ergreift, tötet B. • 1.3 einen **Baum** ~ fällen • 1.4 **Gold, Blech** ~ durch Schlagen formen, treiben • 1.5 ⟨Vr 4⟩ **sich** ~ prügeln, balgen, miteinander kämpfen; warum müsst ihr euch immer ~?, die Jungen schlagen sich um den Ball; die Leute haben sich um die Theaterkarten geschlagen ⟨a. fig.⟩ • 1.5.1 ⟨513/Vr 3⟩ **sich** in bestimmter Weise ~ in bestimmter W. kämpfen; die gegnerische Mannschaft hat sich gut geschlagen 1.6 ⟨517/Vr 3⟩ **sich mit jmdm.** ~ sich prügeln, sich duellieren 1.7 ⟨550/Vr 3⟩ **sich durchs Leben** ~ ⟨fig.⟩ sich im Leben redlich plagen müssen • 1.8 ⟨411⟩ **nach jmdm.** od. **auf etwas** ~ eine Schlagbewegung auf jmdn. od. etwas hin ausführen

Schlager

• 1.9 ⟨411⟩ **um sich** ~ (aus Angst od. Zorn od. um sich zu befreien) *ungerichtete Schlagbewegungen ausführen* **2** ⟨510⟩ **jmdn. od. etwas ... ~ durch Schläge** *bewirken, dass jmd. od. etwas ... ist od. wird;* jmdn. krumm und lahm ~; jmdn. zum Krüppel ~; sich blutig ~; etwas in Scherben, in Stücke ~ • 2.1 jmdn. zu Boden ~ *jmdn. eine Schlag versetzen, dass er zu Boden geht* • 2.2 etwas kurz und klein ~ *im Zorn zerstören, zerbrechen;* →a. Ritter (1.1) **3** ⟨500⟩ **etwas ~ durch einen Schlag (1), Schläge verursachen, hervorbringen;** einen Trommelwirbel ~ • 3.1 Schaum, Schnee ~ *Eiweiß, Sahne durch schnelle rührende Bewegungen zu Schaum machen* • 3.1.1 geschlagene Sahne *Schlagsahne* • 3.2 Brennholz ~ *schneiden, abhauen* • 3.3 eine **Brücke** (über einen Fluss) ~ *errichten, bauen* • 3.3.1 ⟨511⟩ eine **Brücke zu jmdm.** od. **etwas** ~ ⟨a. fig.⟩ *eine Verbindung herstellen* • 3.4 ⟨530⟩ **jmdm. eine Wunde** ~ *zufügen* • 3.5 **Feuer** ~ *aus einem Stein Funken herausschlagen* • 3.6 durch eine (schnelle) Bewegung bewirken, herstellen • 3.6.1 einen **Kreis** (um einen Punkt) ~ *ziehen* • 3.6.2 ein **Kreuz** ~ *das Kreuzzeichen machen* • 3.6.3 **Münzen** ~ *prägen* • 3.6.4 den **Takt** ~ *durch bestimmte Bewegungen den T. angeben* **4** ⟨511⟩ **etwas** irgendwohin ~ *durch einen Schlag irgendwohin befördern;* den Ball ins Netz ~; einen Nagel in die Wand ~ • 4.1 Quark, Kartoffeln **durch** ein **Sieb** ~ *mit rührender Bewegung hindurchdrücken* • 4.2 einen **Pfahl in die Erde** ~ *durch Schläge auf einen P. diesen in die Erde treiben* • 4.3 Eier in die Suppe ~ *aufschlagen u. hineinrühren* • 4.4 ⟨531⟩ jmdm. etwas **aus der Hand** ~ *jmdn. durch einen in Richtung auf die Hand geführten Schlag veranlassen, etwas fallen zu lassen* • 4.5 ⟨411⟩ jmdm. ein Argument, ein Recht, einen Vorteil aus der Hand ~ ⟨fig.⟩ *gröblich, widerrechtlich nehmen* **5** ⟨411 (s.)⟩ **auf, gegen etwas** ~ *treffen, prallen, stoßen;* der Vogel schlug mit dem Kopf ans, gegen das Fenster **6** ⟨511⟩ **jmdn. od. etwas an etwas** ~ *befestigen* • 6.1 jmdn. ans Kreuz ~ *kreuzigen* **7** ⟨411(s.)⟩ **etwas schlägt irgendwohin** *dringt, bewegt sich irgendwohin* • 7.1 die **Flammen** schlugen aus den Fenstern *züngelten, loderten* • 7.2 ein **Ton** schlug an mein Ohr *ich hörte plötzlich einen T.* **8** ⟨400⟩ **etwas schlägt** *erzeugt durch Schlag, Berührung eine Bewegung;* das Herz, der Puls schlägt • 8.1 sich lose hin u. her bewegen; die offene Tür schlägt im Wind • 8.2 ⟨416⟩ **mit** den **Flügeln** ~ *die F. rasch bewegen (ohne wegzufliegen)* • 8.3 ein **Motor**, ein **Rad** schlägt *läuft ungleichmäßig* **9** ⟨400⟩ *Töne erzeugen* • 9.1 etwas schlägt erklingt, zeigt durch einen Ton etwas an; die Uhr hat geschlagen; die Uhr schlägt sechs • 9.1.1 die **Abschiedsstunde** schlägt ⟨fig.⟩ *bricht an* • 9.1.2 ⟨530⟩ jedem schlägt seine Stunde ⟨fig.⟩ *jeder kommt einmal an die Reihe, jeder muss einmal sterben* • 9.1.3 wissen, was es, was die Glocke geschlagen hat ⟨fig.; umg.⟩ *wissen, dass es ernst wird, dass keine Nachsicht mehr geübt wird* • 9.2 ein **Vogel** schlägt *ruft, singt auf besondere Weise;* die Nachtigall, Wachtel, der Fink schlägt **10** ⟨500⟩ ein **Instrument** ~ *(in bestimmter Weise) spielen;* die Trommel ~; die Laute, Zither ~

(durch Anreißen der Saiten) **11** ⟨500⟩ eine **Schlacht** ~ *kämpfen* **12** ⟨500⟩ jmdn. ~ *besiegen;* das feindliche Heer wurde vernichtend geschlagen; wir haben sie 3:2 geschlagen (Sp.) • 12.1 ⟨516⟩ jmdn. mit seinen eigenen Worten, Waffen ~ *jmds. eigene Worte als Gegenbeweis anführen* • 12.2 einen **Stein** ~ ⟨Brettspiel⟩ *einen Stein des Gegners wegnehmen, ausschalten* • 12.3 ⟨511⟩ jmdn. **in** die **Flucht** ~ *zum Fliehen bringen* **13** ⟨500⟩ **Falten** ~ *F. bilden;* die Gardine, das Kleid, die Hose schlägt Falten **14** ⟨550⟩ **etwas über etwas** ~ *decken;* er schlägt sich die Decke über die Beine **15** ⟨50⟩ **etwas um etwas** ~ *als Hülle um etwas legen* • 15.1 den Mantel um sich ~ *sich in den M. hüllen* • 15.2 einen Bogen Papier um etwas ~ *hüllen, legen* **16** ⟨800(s.)⟩ **nach jmdm.** ~ ⟨a. fig.⟩ *jmdm. nachgeraten, ähnlich werden, sein;* nach der Mutter, dem Vater ~ **17** ⟨511/Vr 3⟩ **sich irgendwohin** ~ ⟨umg.⟩ *begeben* • 17.1 sich **in die Büsche** ~ *heimlich verschwinden* • 17.2 sich **auf jmds. Seite** ~ *auf jmds. S. treten, jmdn. unterstützen, jmdm. zustimmen* • 17.3 ⟨513/Vr 3⟩ sich vor den Kopf ~ ⟨fig.⟩ *sich an den K. fassen vor Ärger über eine Dummheit* **18** ⟨511⟩ einen **Betrag** auf einen anderen ~ ⟨fig.⟩ *hinzufügen* • 18.1 die Zinsen zum Kapital ~ *dazurechnen, dazulegen* **19** ⟨511/Vr 3⟩ **etwas schlägt sich auf etwas** ⟨a. fig.⟩ *wird übertragen* • 19.1 die Erkältung hat sich auf die Nieren geschlagen *hat eine Nierenerkrankung verursacht* **20** ⟨511⟩ etwas schlägt **in etwas** ⟨fig.⟩ *fällt in, gehört zu etwas* • 20.1 das schlägt nicht in mein Fach *dafür bin ich nicht zuständig, darüber weiß ich nicht Bescheid;* →a. Rad (4)

Schlager ⟨m.; -s, -⟩ **1** *in Mode befindliches, international bekanntes, zündendes, oft sentimentales Lied, auch aus Operette, Film od. Musical* **2** *Ware, die reißend abgesetzt wird, großen Erfolg hat* **3** *erfolgreiches Theaterstück, Erfolgsstück, Zugstück*

Schläger ⟨m.; -s, -⟩ **1** (Sp.) *Gerät, mit dem ein Ball od. eine Kugel in eine bestimmte Richtung geschlagen wird;* Golf~; Tennis~ **2** *Fechtwaffe mit gerader Klinge* **3** *Küchengerät zum Schlagen von Eiweiß od. Sahne;* Schnee~ **4** *leicht ausschlagendes Pferd* **5** ⟨umg.⟩ *Raufbold*

Schläge|rei ⟨f.; -, -en⟩ *Rauferei, Prügelei, handgreifliche Auseinandersetzung;* eine ~ beginnen

schlägern ⟨V. 500; österr.⟩ *Bäume* ~ *fällen*

schlag|fer|tig ⟨Adj.; fig.⟩ **1** *nie um eine Antwort verlegen, einfallsreich im Antworten;* er ist ein ~er Mensch; sie antwortete ~ **2** *rasch, treffend u. meist auch witzig;* Sy prompt (2); er gab ihr eine ~e Antwort

Schlag|in|stru|ment auch: **Schlag|ins|tru|ment** auch: **Schlag|inst|ru|ment** ⟨n.; -(e)s, -e; Mus.⟩ *durch Schlagen betätigtes Musikinstrument, z. B. Becken, Pauke, Trommel, Triangel, Glockenspiel*

Schlag|kraft ⟨f.; -; unz.⟩ **1** *Kraft, Wucht eines Schlages;* der Boxer hat eine erstaunliche ~ **2** *Durchschlagskraft* **3** ⟨fig.⟩ *durchgreifende Wirkung, Wirkungskraft;* die ~ seiner Rede **4** ⟨fig.⟩ *Überzeugungskraft;* seine Argumente hatten ~ **5** *Kampfstärke (einer Truppe);* die ~ der Armee war ungebrochen

Schlag|loch 〈n.; -(e)s, -lö|cher〉 *Loch im Straßenbelag, im Weg*
Schlag|obers 〈n.; -; unz.; österr.〉 = *Schlagsahne*
Schlag|sah|ne 〈f.; -; unz.〉 *steifgeschlagene Sahne;* Sy 〈österr.〉 *Schlagobers;* Erdbeerkuchen mit ~
Schlag|sei|te 〈f.; -; unz.〉 **1** *Schräglage (eines Schiffes);* das Schiff hat ~ **2** ~ **haben** 〈umg.; scherzh.〉 *einen Rausch haben (u. deshalb nicht mehr gerade gehen können)*
Schlag|wort 〈n.; -(e)s, -e od. -wör|ter〉 **1** *treffendes, vielgebrauchtes Wort zum Kennzeichnen einer Zeiterscheinung* **2** *Gemeinplatz* **3** 〈Bibliothek〉 *Stichwort, Kennwort, das den Inhalt eines Buches bezeichnet, meist dem Buchtitel entnommen;* ~katalog
Schlag|zei|le 〈f.; -, -n; in Zeitungen〉 **1** *hervorgehobene Überschriftszeile (in der Zeitung)* **2** ~n **machen** 〈fig.〉 *auf sensationelle Weise bekanntwerden*
Schlag|zeug 〈n.; -(e)s, -e; Mus.〉 *Zusammenstellung von Schlaginstrumenten in einer Musikgruppe*
schlak|sig 〈Adj.〉 *groß, schlank u. leicht ungeschickt in den Bewegungen (bes. von Jugendlichen)*
Schla|mas|sel 〈m. od. n.; -s, -; umg.〉 *Missgeschick, Unannehmlichkeit, schwierige, ausweglos erscheinende Situation;* in einen ~ hineingeraten; im ~ sitzen; da haben wir den ~!
Schlamm 〈m.; -(e)s, -e od. Schläm|me〉 *aufgeweichte Erde, Schmutz, Ablagerung in schmutzigen Gewässern;* der ~ war knöcheltief; im ~ stecken bleiben, versinken; jmdn. od. etwas mit ~ bewerfen, vom ~ reinigen
schläm|men 〈V. 500〉 **1** *ein Gewässer* ~ *von Schlamm reinigen* **2** *Pflanzen* ~ *gründlich begießen* **3** *ein Gesteinsgemisch* ~ 〈Tech.〉 *grobkörnige od. spezifisch schwerere Anteile aus einem fein zerteilten, mit Wasser angerührten (aufgeschlämmten) Gemisch abtrennen, sich absetzen lassen*
Schlamm|mas|se 〈f.; -, -n〉 *Masse an Schlamm*
schlam|pig 〈Adj.; umg.〉 *unordentlich, nachlässig, liederlich;* ~ angezogen sein; ~ herumlaufen; er, sie ist ~; eine Arbeit ~ ausführen
Schlan|ge 〈f.; -, -n〉 **1** 〈Zool.〉 *Angehörige einer Unterordnung der Schuppenkriechtiere, mit langem Körper, ohne Gliedmaßen: Serpentes, Ophidia* • 1.1 eine ~ am Busen nähren 〈fig.; umg.〉 *jmdm. Gutes erweisen u. dafür Undank ernten* **2** 〈fig.〉 *falsche, hinterhältige Frau;* sie ist eine gemeine ~ 〈fig.〉 **3** 〈fig.〉 *etwas, das einer Schlange (1) der Gestalt nach ähnlich ist;* Heiz~; Papier~ • 3.1 *lange Reihe wartender Menschen* • 3.1.1 ~ **stehen** 〈umg.〉 *sich in einer Reihe anstellen u. warten* • 3.2 *lange Reihe dicht hintereinanderfahrender od. wartender Fahrzeuge;* auf der Autobahn hatten sich lange ~n gebildet • 3.3 〈15.-17. Jh.〉 *Geschütz mit kleinem Kaliber, aber langem Rohr, das die Treffsicherheit erhöhen sollte;* Feld~ • 3.4 〈Astron.〉 *Sternbild am Himmelsäquator, Serpens*
schlän|geln 〈V. 500〉 **1** 〈500/Vr 3〉 *sich* ~ *sich wie eine Schlange bewegen, sich geschmeidig (windend) bewegen;* die Kreuzotter, Ringelnatter schlängelt sich über die Steine; sich durch die Menschen, eine Menschenmenge ~ 〈Vr 3〉 *etwas schlängelt sich* (**durch etwas**) *windet sich, verläuft in Windungen;* der Weg schlängelt sich durch die Felsen; der Bach schlängelt sich durch die Wiesen **3** *eine Linie* ~ *in gleichmäßigen Windungen zeichnen;* ein geschlängeltes Ornament
schlank 〈Adj.〉 **1** *dünn, schmal im Umfang u. in guten Proportionen lang;* ein (großer) ~er Mensch; ein ~er Baum; ~e Beine, Finger, Hände; eine ~e Gestalt, Taille; ~er Wuchs; ~ bleiben wollen; das Kleid lässt dich ~ erscheinen; rank und ~ (gewachsen); ~ wie eine Tanne • 1.1 *die* ~**e Linie** 〈umg.〉 *Schlankheit des Körpers* • 1.2 ~**e Unternehmensführung** (eindeutschend für) *Lean Management* **2** *gewandt u. schnell;* im ~en Trab **3** 〈Getrennt- u. Zusammenschreibung〉 • 3.1 ~ **machen** = *schlankmachen*
schlank||ma|chen *auch:* **schlank ma|chen** 〈V. 400〉 *eine Gewichtsabnahme bewirken, jmdn. schlanker wirken lassen;* Längsstreifen machen schlank
schlapp 〈Adj.〉 = *schlaff*
Schlap|pe 〈f.; -, -n〉 *Misserfolg, Niederlage, Schaden;* eine ~ erleiden, einstecken müssen; jmdm. eine ~ beibringen
schlap|pen 〈V.; umg.〉 **1** 〈400〉 *etwas schlappt hängt schlaff (1) herunter, schlottert;* die nassen Segel ~ im Wind **2** 〈400〉 *etwas schlappt schlenkert* • 2.1 *die Schuhe* ~ *sind zu groß, rutschen bei jedem Schritt über die Ferse* **3** 〈400(s.)〉 *sich schleppend bewegen, schlurfen;* durchs Zimmer ~ **4** 〈500〉 *ein Tier schlappt eine Flüssigkeit trinkt schmatzend, schlürfend*
schlapp||ma|chen 〈V. 400; umg.〉 *nicht durchhalten, zusammenbrechen, nicht mehr weiterkönnen;* sie hat kurz vor Erreichen der Ziellinie schlappgemacht
Schla|raf|fen|land 〈n.; -(e)s; unz.〉 *märchenhaftes Land, in dem man unaufhörlich schlemmen u. genießen kann*
schlau 〈Adj.〉 **1** *klug, gewitzt, listig;* ein ~er Bursche; ein ~er Kopf; ein ~er Plan; das hat er sich sehr ~ ausgedacht; jetzt heißt es ~ sein; ein ~er Fuchs 〈fig.〉 • 1.1 *etwas* ~ **anfangen, machen** *geschickt u. intelligent beginnen, zustande bringen, meistern;* 〈aber〉 →a. *schlaumachen* • 1.2 *aus jmdm. od. einer Sache nicht* ~ *werden jmdn. nicht durchschauen können, eine S. nicht verstehen* • 1.3 (genau) so ~ wie vorher sein *nichts begreifen*
Schlau|ber|ger 〈m.; -s, -; umg.; scherzh.〉 *schlauer, pfiffiger, gewitzter Mensch*
Schlauch 〈m.; -(e)s, Schläu|che〉 **1** *biegsame Röhre, meist aus Gummi, durch die Flüssigkeiten od. Gase geleitet werden;* Feuerwehr~; Garten~; Wasser~; Wein~ • 1.1 *kreisförmiges, durch ein Ventil geschlossenes Gebilde aus Gummi, das im Reifen die Luft enthält;* Fahrrad~, Auto~; einen ~ flicken, aufpumpen **2** 〈Bot.〉 *schlauchförmiges Pflanzenteil* **3** 〈umg.〉 *große körperliche Anstrengung, Kraftakt, Strapaze;* das war aber ein ~! **4** 〈fig.; umg.; abwertend〉 *langer, schmaler Raum*
schlau|chen 〈V. 500〉 **1** *eine Flüssigkeit* ~ *durch einen Schlauch leiten* **2** *etwas schlaucht jmdn.* 〈fig.; umg.〉 *strengt jmdn. körperlich sehr an;* die lange Reise hat mich sehr geschlaucht
Schläue 〈f.; -; unz.〉 = *Schlauheit*

Schlaufe ⟨f.; -, -n⟩ Schlinge, Schleife¹

Schlauheit ⟨f.; -, -en⟩ schlaues Wesen, Gewitztheit, Durchtriebenheit; Sy Schläue

schlaumachen ⟨V. 500/Vr 3⟩ sich ~ sich erkundigen, informieren; →a. schlau (1.1)

Schlauwiner ⟨m.; -s, -; umg.⟩ pfiffiger, gewitzter, durchtriebener Kerl

schlecht ⟨Adj.⟩ **1** minderwertig, wertlos, ungenügend; Ggs gut (1); ~e Zensuren; jmdm. einen ~en Dienst erweisen; das macht einen ~en Eindruck • 1.1 (das ist gar) nicht ~! ganz gut • 1.2 ~e **Luft** verbrauchte, stickige L. • 1.3 nicht normal, nicht funktionsgerecht; ~ hören, sehen • 1.4 faul, verdorben, ungenießbar; das Fleisch ist ~ geworden • 1.5 ⟨Jägerspr.⟩ kümmernd, kränkelnd • 1.5.1 ein ~er **Hirsch** H. mit geringem, schwachem Geweih **2** ungünstig, nachteilig in den Folgen; da hast du einen ~en Tausch gemacht; ein ~es Geschäft machen; das Essen ist mir ~ bekommen; eine ~e Angewohnheit; das ist ein ~es Zeichen • 2.1 das wird dir ~ **bekommen!** ⟨fig.⟩ davon wirst du noch unangenehme Folgen spüren, das wirst du noch bereuen • 2.2 ~e **Zeiten** wirtschaftlich ungünstige Zeiten, Notzeiten **3** unerfreulich, unbefriedigend, unangenehm; ~e Laune, Stimmung; das ist ein ~er Trost; einen ~en Geschmack im Mund haben • 3.1 es ist ~es **Wetter** kühles, kaltes u. regnerisches W. **4** unwohl, übel, krank; mir wird ~; mir ist ~ **5** minder der (moralischen) Norm entsprechend, böse; Ggs gut (5); ~er Einfluss, Umgang; einen ~en Ruf haben • 5.1 ⟨60⟩ ~e **Gesellschaft** einen verderblichen Einfluss ausübende G. • 5.2 in ~e **Hände** geraten an jmdn., der ungeeignet (zur Aufsicht, als Besitzer) ist od. nachteiligen Einfluss ausübt **6** unfein, unanständig; Ggs gut (4); sich ~ benehmen; ein ~er Witz **7** ⟨50⟩ feindselig, übel; Ggs gut (7); von jmdm. ~ denken, reden • 7.1 auf jmdn. ~ zu sprechen sein böse auf jmdn. sein **8** ⟨50⟩ nur unter Schwierigkeiten, kaum; Ggs gut (8); ich kann ~ Nein sagen, es ~ vermeiden; das passt ~ (zusammen); er kann sich Gesichter sehr ~ merken • 8.1 nein, heute geht es ~ ⟨umg.⟩ heute passt es mir nicht; ⟨aber Getrennt- u. Zusammenschreibung⟩ ~ **gehen** = schlechtgehen **9** ⟨50; umg.⟩ nicht ~ sehr; sie wunderte sich nicht ~ **10** ⟨50; veraltet; noch in der Wendung⟩ **recht u.** ~ schlicht, einfach; sich recht u. ~ durchschlagen, recht u. ~ leben **11** ⟨Getrennt- u. Zusammenschreibung⟩ • 11.1 ~ **bezahlt** = schlechtbezahlt • 11.2 ~ **gelaunt** = schlechtgelaunt

schlechtbezahlt auch: **schlecht bezahlt** ⟨Adj. 24⟩ eine schlechte Bezahlung erhaltend; ~e Angestellte, Mitarbeiter

schlechterdings ⟨Adv.⟩ durchaus, ganz u. gar; noch mehr sparen (als jetzt) kann ich ~ nicht; das ist ~ unmöglich

schlechtgehen auch: **schlecht gehen** ⟨V. 145/601⟩ sich in einer üblen Lage befinden, sehr krank, in Not, unwohl, elend sein; es geht mir schlecht; mir ist es lange Zeit schlechtgegangen / **schlecht gegangen**; →a. schlecht (8.1)

schlechtgelaunt auch: **schlecht gelaunt** ⟨Adj. 24/

70⟩ schlechte Laune haben; eine ~e Kundin, Verkäuferin

schlechthin ⟨a. ['--] Adv.⟩ überhaupt, ganz u. gar, vollkommen, typisch, absolut, ohne Einschränkung; er ist der romantische Dichter ~

schlechtmachen ⟨V. 500/Vr 7 od. Vr 8⟩ **jmdn.** od. **etwas** ~ auf üble Weise über jmdn. od. etwas reden, jmdn. od. etwas herabsetzen; er hat sie in der Nachbarschaft schlechtgemacht

schlechtweg ⟨Adv.⟩ einfach, ohne Umstände

schlecken ⟨V.⟩ **1** ⟨500⟩ ein **Lebewesen** od. **etwas** ~ ablecken; die Tiermutter schleckt ihre neugeborenen Jungen **2** ⟨500⟩ etwas **Süßes** ~ genussvoll zu sich nehmen; Eis u. Sahne ~; die Katze schleckt die Milch aus der Schüssel • 2.1 ⟨411⟩ **an etwas** ~ (genießerisch) lecken; an einer Eiswaffel ~ • 2.2 ⟨411⟩ **von etwas** ~ kosten, genießen; sie schleckte vom Kuchen, Pudding • 2.3 ⟨400⟩ (**gern**) ~ gern Süßigkeiten naschen

Schlegel¹ ⟨alte Schreibung für⟩ Schlägel²

Schlegel² ⟨m.; -s, -⟩ **1** ⟨süddt., österr. u. schweiz.⟩ Schenkel (eines geschlachteten od. geschossenen Tieres), Keule; Kalbs~; Reh~ **2** ⟨umg.; schweiz.⟩ Bierflasche, Mostflasche

schleichen ⟨V. 219/400⟩ **1** ⟨⟨s.⟩⟩ (**sich irgendwohin**) ~ vorsichtig, leise u. möglichst unbemerkt (irgendwohin) gehen; auf leisen Sohlen ~; auf Zehenspitzen ~; sich ans Fenster, an die Tür ~; sich aus dem Haus ~; Argwohn, Misstrauen schlich sich in ihr Herz geschlichen ⟨fig.⟩ • 1.1 sich in jmds. Vertrauen ~ ⟨fig.⟩ jmds. V. zu betrügen. Zwecken gewinnen • 1.2 ⟨⟨s.⟩⟩ (quälend) langsam vergehen; die Zeit schleicht

Schleichweg ⟨m.; -(e)s, -e⟩ **1** verborgener Weg, heimlicher Pfad • 1.1 **auf** ~en ⟨fig.⟩ auf ungesetzlichem Wege, unrechtmäßig

Schleier ⟨m.; -s, -⟩ **1** Gesicht od. Kopf verhüllendes, dichtes od. durchsichtiges Gewebe; Braut~; den ~ zurückschlagen; Hut mit ~ • 1.1 den ~ **nehmen** Nonne werden **2** ⟨fig.⟩ Dunst, Dunstschicht, Trübung; das Bild, Foto hat einen ~; alles wie durch einen ~ sehen; einen ~ vor den Augen haben **3** ⟨fig.⟩ Hülle, etwas Verhüllendes; etwas mit dem ~ der Nächstenliebe verhüllen; der ~ der Dämmerung, der Nacht ⟨poet.⟩ • 3.1 den ~ eines Geheimnisses lüften ein Geheimnis preisgeben **4** schleierähnlicher Federschmuck (von Eulen) **5** Blättchen um die Fruchtbäutchen (von Farnen)

schleierhaft ⟨Adj.; umg.⟩ unbegreiflich, rätselhaft, unklar; es ist mir (völlig) ~, wie ...

Schleife¹ ⟨f.; -, -n⟩ **1** leicht lösbare Verknüpfung aus Schnur oder Band, bes. an Paketen u. Päckchen, meist in der Form einer Acht; →a. Schlinge (1); eine ~ binden • 1.1 dekorativ zur Schleife (1) geschlungenes Band; Band~; Haar~; ein Kranz mit ~ **2** mit den Enden aneinandergeklebter Filmstreifen, der die ununterbrochene Beobachtung eines Bewegungsablaufes gestattet, Ringfilm **3** fast kreisförmige Kurve, Windung, Kehre; Fluss~ **4** Figur in der Form einer Schleife (1); die Straßenbahn fährt hier eine ~; das Flugzeug fliegt eine ~

Schleife² ⟨f.; -, -n⟩ Schlitterbahn, Rutschbahn, Rutsche

schleifen ⟨V. 220⟩ **1** ⟨500⟩ etwas ~ *durch Abschleifen bearbeiten* • **1.1** *(durch dauernde Bewegung am sich drehenden Schleifstein) schärfen;* Bohrer, Messer, Scheren ~; das Messer ist frisch, scharf geschliffen • **1.2** *die Oberfläche zu bestimmten Formen bearbeiten, glätten;* Edelstein, Glas ~; geschliffenes Glas **2** ⟨500⟩ eine **Festung** ~ *niederreißen, dem Erdboden gleichmachen* **3** ⟨500⟩ **jmdn.** ~ *(fig.; umg.) jmdm. beibringen, wie er sich zu benehmen hat* • **3.1** ⟨Soldatenspr.⟩ *hart ausbilden, schwere körperl. Übungen machen lassen, scharf drillen* **4** ⟨500⟩ etwas ~ *schleppend nachziehen, über den Boden mitziehen;* einen Sack über den Hof ~ • **4.1** einen **Ton** ~ ⟨Mus.⟩ *zum nachfolgenden Ton hinüberziehen* • **4.2** den kranken **Fuß** (beim Laufen) ~ **lassen** *den F. nur mitziehen, nicht aktiv in den Bewegungsvorgang einbeziehen;* ⟨aber Getrennt- u. Zusammenschreibung⟩ ~ lassen = *schleifenlassen* **5** ⟨511⟩ **jmdn.** an einen Ort od. zu jmdm. ~ *(fig.; umg.; scherzh.) gewaltsam, trotz Widerstand mitnehmen, an einen O. od. zu jmdm. bringen;* jmdn. mit ins Theater, zu Freunden ~ **6** ⟨411⟩ **(an, auf** od. **über etwas)** ~ *etwas in anhaltender Bewegung in derselben Richtung berühren;* mit dem Fuß beim Fahren auf dem Boden, auf dem Eis, Schnee ~; das Kleid schleift am, über den Boden; das Rad schleift am Schutzblech • **6.1** die **Kupplung** ~ **lassen** *die K. eines Kraftfahrzeugs nur so weit greifen lassen, dass sie nur einen Teil der Motorkraft auf das Getriebe überträgt;* ⟨aber Getrennt- u. Zusammenschreibung⟩ ~ lassen = *schleifenlassen*

schlei|fen‖las|sen *auch:* **schlei|fen las|sen** ⟨V. 175/500⟩ etwas ~ *nicht mehr so streng sein, keine Ordnung, Disziplin mehr halten;* die Zügel ~; er lässt alles schleifen; →a. *schleifen (4.2, 6.1)*

Schleifer ⟨m.; -s, -⟩ **1** *jmd., der Werkzeuge schleift;* Scheren~ • **1.1** *Facharbeiter, der Edelsteine schleift;* Edelstein~ **2** *alter dt. Rundtanz (nach dem Schleifen des Fußes bei manchen Schritten)* **3** ⟨Mus.⟩ *dem Vorschlag (4) ähnliche, aus zwei od. mehreren, meist von unten nach oben verlaufenden Tönen bestehende musikalische Verzierung* **4** ⟨Soldatenspr.⟩ *Ausbilder, der seine Untergebenen schleift* **5** ⟨fig.; umg.; schweiz.⟩ *Spitzbube, Windbeutel*

Schleim ⟨m.; -(e)s, -e⟩ **1** *bei Menschen u. Tieren eine von Schleimdrüsen u. Becherzellen abgesonderte, zähe, schlüpfrige, leicht klebrige Flüssigkeit;* Nasen~; Magen~; der ~ von Schnecken **2** *alle quellbaren, nicht fadenziehenden Polysaccharide;* Pflanzen~; ~ *absondern* **3** *Schleimsuppe;* Hafer~, Reis~; einem Kranken einen ~ kochen

Schleim|haut ⟨f.; -, -häu|te⟩ *die bei den Menschen u. Wirbeltieren alle nach außen sich öffnenden Höhlen u. Kanäle auskleidende, stets feucht u. schlüpfrig gehaltene Membran: Tunica mucosa;* Magen~, Nasen~

schlei|mig ⟨Adj.⟩ **1** *voller Schleim* **2** *schlüpfrig, schmierig wie Schleim;* sich ~ anfühlen **3** ⟨fig.; abwertend⟩ *schmeichlerisch, kriecherisch, süßlich*

schlei|ßen ⟨V. 221⟩ **1** ⟨500⟩ **Holz** ~ *spalten, auseinanderreißen;* er schliss den Baumstumpf in Stücke • **1.1** **Späne** ~ *abschälen* • **1.2** **Federn** ~ *den Flaum*

vom Kiel abreißen **2** ⟨400; veraltet⟩ *(leicht) zerreißen, sich schnell abnutzen;* ein leicht ~der Stoff

schlem|men ⟨V. 400⟩ *üppig, gut essen u. trinken*

Schlem|pe ⟨f.; -, -n⟩ *beim Brennen von Getreide, Kartoffeln (zur Alkoholgewinnung) o. Ä. entstandener Rückstand, der als Viehfutter verwendet wird*

schlen|dern ⟨V. 400 (s.)⟩ *langsam u. behaglich gehen, bummeln;* auf und ab ~; durch die Straßen ~

Schlen|ker ⟨m.; -s, -⟩ **1** *(plötzlich) ausschwingende Bewegung, von der (geraden) Bewegungsrichtung abweichender Bogen;* einen ~ mit dem Fahrrad machen **2** *kleiner Umweg (auf einer Reise, Fahrt);* einen ~ über München machen

schlen|kern ⟨V.⟩ **1** ⟨500⟩ etwas ~ *nachlässig hin- u. herschwingen (lassen);* eine Tasche o. Ä. (beim Gehen) hin und her) ~; den Stock in der Hand ~ • **1.1** ⟨416⟩ **mit etwas** ~ *etwas pendeln lassen;* mit den Armen, Beinen ~ **2** ⟨400(s.)⟩ *sich schwankend hin- u. herbewegen;* der Wagen begann in der Kurve zu ~; der Vorhang schlenkert im Wind

Schlep|pe ⟨f.; -, -n⟩ **1** *langer, am Boden nachschleifender Teil des Kleides;* ein Brautkleid mit ~; die ~ über den Arm nehmen **2** ⟨Jägerspr.⟩ *an einer Leine nachgeschlepptes Geschleide von Hasen o. Ä., um Raubwild an eine bestimmte Stelle zu locken* **3** ⟨Jägerspr.⟩ *Fährte der Wildente u. a. Wasservögel durchs Rohr od. Schilf*

schlep|pen ⟨V.⟩ **1** ⟨500⟩ etwas ~ *mit großer Anstrengung tragen;* einen Koffer ~ • **1.1** ⟨550/Vr 3⟩ **sich mit etwas** ~ *etwas lange u. mühsam tragen, sich mit etwas (ab)plagen;* ich habe mich die ganze Zeit mit der schweren Tasche geschleppt; sich mit einer Erkältung, Grippe ~ • **1.2** ein **Kleidungsstück** ~ ⟨umg.⟩ *sehr lange tragen, sehr oft anziehen u. abnutzen* **2** ⟨500/Vr 3⟩ **jmdn.** od. etwas ~ *(in bestimmter Weise irgendwohin)* ~ *mit Mühe fortbewegen;* er konnte sich noch langsam nach Hause ~ • **2.1** etwas *(irgendwohin)* ~ *mit dem Schlepper ziehen, abschleppen;* Lastkähne (stromaufwärts) ~ • **2.1.1** *hinter sich herziehen, nachschleifen lassen;* ein Fischernetz ~ • **2.2** ⟨511⟩ **jmdn.** an einen Ort od. zu jmdm. ~ ⟨fig.; umg.⟩ *gewaltsam, trotz Widerstreben an einen Ort od. zu jmdm. bringen;* der Gefangene wurde ins Lager geschleppt; jmdn. vor den Richter ~; jmdn. mit ins Kino, Theater, zu Freunden ~; er hat mich durchs Museum, durch die ganze Stadt geschleppt • **2.3** ⟨511/Vr 3⟩ **sich** *(irgendwohin)* ~ *sich mühsam (irgendwohin) fortbewegen;* der Kranke schleppte sich zum Bett, zum Lehnstuhl; der Verwundete konnte sich gerade noch bis zum nächsten Haus ~; ich kann mich selbst kaum noch ~ (vor Erschöpfung) **3** ⟨400⟩ etwas schleppt *schleift nach, berührt den Boden;* der Rock, der Mantel schleppt

Schlep|per ⟨m.; -s, -⟩ **1** *Fahrzeug zum Schleppen anderer Fahrzeuge, z. B. Schleppdampfer, Traktor;* Rad~, Sattel~ **2** *jmd., der (betrügerischen) Unternehmen Opfer zuführt* **3** *jmd., der Personen illegal in ein Land einschleust*

Schlepp|tau ⟨n.; -(e)s, -e⟩ **1** *Tau zum Befestigen eines Fahrzeugs am Schlepper (1);* der Dampfer nahm die Kähne ins ~ • **1.1** *jmdn. ins ~ nehmen* ⟨a. fig.; umg.⟩

821

Schleuder

jmdn. mit sich ziehen, mitschleppen; sich (nicht) ins ~ nehmen lassen • 1.1.1 *in jmds.* ~ *geraten* ⟨fig.; umg.⟩ *in Abhängigkeit von jmdm. geraten, jmdn. über sich verfügen lassen* **2** *am Freiballon hängendes Seil zur Erleichterung der Landung*

Schleu|der ⟨f.; -, -n⟩ **1** *schnell rotierende Maschine zum Entfernen des Wassers aus nasser Wäsche;* Wäsche~, Trocken~ **2** *Vorrichtung zum Trennen von Flüssigkeiten, Zentrifuge;* Honig~ **3** *Wurfgerät für Steine od. Bleikugeln aus zwei durch ein taschenartiges Lederstück verbundenen Riemen od. Stricken, deren einer nach dem Schwingen um den Kopf losgelassen wird, Bandschleuder;* der junge schoss mit einer ~ auf eine Flasche • **3.1** ⟨MA⟩ *an einem Stab befestigte Schleuder (3) als Wurfwaffe für Brandkugeln, Stabschleuder* **4** ⟨Ringen⟩ *Griff mit der rechten Hand unter den linken Oberarm des Gegners, um diesen mit sich zu Boden zu reißen*

schleu|dern ⟨V.⟩ **1** ⟨500⟩ *jmdn. od.* **etwas** ~ *mit Schwung, Wucht werfen;* einen Ball, Stein ~; jmdn. zu Boden ~; einen Gegenstand an die Wand, aus dem Fenster ~ • **1.1** ⟨531/Vr 6⟩ jmdm. *eine Antwort ins Gesicht* ~ ⟨fig.⟩ *jmdm heftig, zornig antworten* **2** ⟨500⟩ **etwas** ~ *in der Schleuder (1,2) bearbeiten;* Honig, Milch, Wäsche ~ **3** ⟨400⟩ *auf glatter Bahn schnell abwechselnd links u. rechts seitlich abgleiten;* in der Kurve ist, hat das Motorrad geschleudert; das Auto geriet ins Schleudern

schleu|nig ⟨Adj. 90⟩ *eilig, baldig, unverzüglich, sofortig, schnell;* wir bitten um ~e Rückgabe des Buches; ~ weglaufen

schleu|nigst ⟨Adv.⟩ *unverzüglich, schnellstens, sofort;* ich muss ~ nach Hause

Schleu|se ⟨f.; -, -n⟩ **1** *Anlage in Flüssen u. Kanälen für Schiffe zur Überwindung von Höhenunterschieden* **2** *Klappe zum Stauen u. Freigeben eines Wasserlaufs* • **2.1** *die* ~*n des* **Himmels** *öffnen sich* ⟨fig.⟩ *es beginnt, heftig zu regnen* **3** *Vorrichtung zum Ableiten von Wasserläufen od. Abwässern in Kanäle od. Rohre* **4** *Kammer mit zwei Türen, in der der Luftdruck langsam erhöht od. gesenkt werden kann, zur Überwindung von Druckunterschieden zwischen zwei Räumen;* Luft~

schleu|sen ⟨V. 500⟩ **1** *ein Schiff durch einen Kanal* ~ *mittels Schleuse bringen* **2** ⟨511/Vr 7 od. Vr 8⟩ **jmdn.** *od.* **etwas durch etwas** ~ ⟨fig.⟩ *(durch Hindernisse) bringen, leiten;* Flüchtlinge durch ein Lager ~; jmdn. durch eine Reihe von Instanzen, Ämtern ~; eine Autokolonne durch den Großstadtverkehr ~ • **2.1** *jmdn. durch eine Kontrolle, über die Grenze* ~ *heimlich bringen*

Schlich ⟨m.; -(e)s, -e⟩ **1** *Schleiferschlamm* **2** ⟨Met.⟩ *feinkörniges Erz* **3** ⟨Pl.; umg.⟩ *Ränke, Listen, heimliches Treiben, heimliche Umwege, Heimlichkeiten;* jmds. ~e kennen; jmdm. auf die ~e kommen; hinter jmds. ~e kommen

schlicht ⟨Adj.⟩ **1** *einfach, ungekünstelt, anspruchslos, bescheiden;* ein ~er Mensch; „...", sagte er ~; ~ gekleidet sein; mit ~en Worten • **1.1** *das Haar* ~ *zurückgekämmt tragen glatt*

schlich|ten ⟨V. 500⟩ **1 etwas** ~ *glätten;* Holz, Metall ~ • **1.1** *Leder* ~ *geschmeidig machen* • **1.2** *Kettfäden* ~ ⟨Web.⟩ *mit klebriger Flüssigkeit (Schlichte) zum Glätten behandeln* **2** *eine* **Auseinandersetzung** ~ ⟨fig.⟩ *beilegen, befrieden, begütigen;* Meinungsverschiedenheiten, Streit ~

Schlick ⟨m.; -(e)s, -e⟩ *Schlamm*

Schlie|re ⟨f.; -, -n⟩ **1** ⟨obersächs.; unz.⟩ *schleimige Masse* **2** *streifige Stelle in od. auf einem durchsichtigen Stoff (bes. im Glas);* auf dem Fensterglas sind ~n zu sehen

schlie|ßen ⟨V. 222⟩ **1** ⟨500⟩ *etwas* ~ *die Öffnung von etwas verdecken, etwas zumachen;* einen Kasten, Koffer, Schrank ~; eine Lücke ~ • **1.1** *einen Stromkreis* ~ *den Stromfluss ermöglichen* • **1.2** *die Reihen* ~ *zusammenrücken* **2** ⟨500⟩ *etwas* ~ *zuklappen;* die Tür, das Fenster, den Deckel ~; ein Buch, die Augen ~ • **2.1** *er hat seine Augen (für immer) geschlossen er ist gestorben* **3** ⟨500/Vr 3⟩ *etwas schließt* **sich** *geht zu;* die Wunde hat sich geschlossen; die Blüten ~ sich am Abend **4** ⟨400⟩ *etwas schließt (in bestimmter Weise) geht (in bestimmter Weise) zu;* die Tür schließt nicht, schließt schlecht; die Tür (sich) von selbst **5** ⟨400⟩ *zuschließen, verschließen* • **5.1** *zweimal* ~ *den Schlüssel zweimal im Schloss umdrehen* • **5.2** *der* **Schlüssel** *schließt passt, kann auf- und zuschließen;* der Schlüssel schließt (nicht); der Schlüssel schloss mehrere Türen **6** ⟨500⟩ *etwas* ~ *für Besucher unzugänglich machen, versperren;* die Kirche, den Laden, den Schalter, die Schule ~; wir ~ (den Laden) um 18 Uhr; wann werden die Läden geschlossen? **7** ⟨500⟩ *etwas schließt stellt den Betrieb ein, ist nicht mehr geöffnet;* der Laden schließt samstags schon um 14 Uhr • **7.1** *das Museum hat heute geschlossen ist heute nicht geöffnet* **8** ⟨511⟩ **jmdn.** *od.* **etwas an etwas** ~ *(mit einem Schloß) befestigen;* einen Gefangenen mit Ketten an die Mauer, an einen Ring in der Mauer ~; den Hund an die Kette ~; das Fahrrad an einen Zaun ~ **9** ⟨511⟩ **jmdn.** *od.* **etwas in etwas** ~ *sicher verwahren, einsperren, einschließen;* einen Gefangenen in eine Zelle ~; einen Brief, Geld in ein Fach, in den Schreibtisch ~ • **9.1** *jmdn.* **in Ketten** ~ *fesseln* • **9.2** *jmdn.* **in die Arme** ~ *umarmen* • **9.3** *sie hat das Kind in ihr* **Herz** *geschlossen* ⟨fig.⟩ *das K. liebgewonnen* **10** ⟨511⟩ *etwas schließt* **etwas in sich** *enthält, birgt etwas;* diese Behauptung schließt einen Widerspruch in sich; dieses Land schließt manche unbekannten Gefahren, Schönheiten in sich **11** ⟨505⟩ *etwas (mit etwas)* ~ *beenden;* eine Sitzung, Versammlung ~; er schloss seine Rede, seinen Vortrag mit den Worten ... **12** ⟨405⟩ (**mit etwas**) ~ *zu Ende kommen, aufhören;* lass mich für heute ~ (Schlussformel im Brief); und damit will ich ~ (Schlussformel im Brief, bei einem Vortrag) **13** ⟨850⟩ *von jmdm. od.* **etwas auf jmdn. od. etwas** ~ *folgern;* du sollst nicht immer von dir auf andere ~; von seiner Handlungsweise kann man auf seinen Charakter ~ • **13.1** ⟨550⟩ *etwas* **aus etwas** ~ *folgern, eine Schlussfolgerung aus etwas ziehen;* aus seiner Bemerkung kann man ~, dass ... **14** ⟨550/Vr 3⟩ *etwas* schließt *sich an etwas folgt auf etwas, knüpft an etwas an;* an den Vortrag **schloss** sich eine rege Diskussion **15** ⟨500⟩ **etwas ~ vereinbaren** • **15.1** eine **Freundschaft ~** *jmds. Freund(in) werden* • **15.2** einen **Vertrag,** ein Bündnis **~** *unterzeichnen, rechtskräftig machen* • **15.3** ⟨505⟩ die **Ehe** (mit jmdm.) ~ *(jmdn.) heiraten* • **15.4 Frieden ~** *sich versöhnen, einen Streit beenden* • **15.4.1** *einen Krieg durch einen Friedensvertrag beenden* • **15.5** die Schulen (wegen Grippe, Glatteis) ~

schließlich ⟨Adv.⟩ **1** *zum Schluss, endlich, am Ende;* er ist ~ doch noch gekommen **2** *nach einigem Zögern;* ~ fragte er ... **3** *wenn man es recht bedenkt, im Grunde;* ~ hat er doch Recht

Schliff ⟨m.; -(e)s, -e⟩ **1** ⟨unz.⟩ *das Schleifen, Glätten;* der ~ eines Diamanten erfordert viel Mühe **2** *Art des Geschliffenseins;* der ~ des Glases; das Glas hat einen edlen ~; man unterscheidet verschiedene ~e **3** *durch Schleifen bearbeitete Stellen;* der schöne ~ des Glases **4** ⟨fig.⟩ *gutes Benehmen, gute Umgangsformen, gute Manieren;* jmdm. ~ beibringen; er hat keinen ~ • **4.1** ⟨militär.⟩ *Drill* **5** *unausgebackene, glasige Stelle im Backwerk* • **5.1** der Kuchen ist ~ geworden *nicht durchgebacken* • **5.2** ~ **backen** ⟨fig.⟩ *keinen Erfolg haben, scheitern*

schlimm ⟨Adj.⟩ **1** *nachteilig, ungünstig;* es war nicht so ~, wie ich dachte; (es ist) ~ genug, dass er sich verletzt hat (du brauchst ihn nicht auch noch zu schelten); es gibt Schlimmeres als das; ich bin auf das Schlimmste gefasst; ist es ~, wenn ich nicht komme? ⟨umg.⟩; das ist halb so ~ (wie es aussieht) ⟨umg.⟩ • **1.1** das ist nicht (so) ~ ⟨umg.⟩ *das hat nichts zu bedeuten, das macht nichts* • **1.2** im ~sten Fall komme ich eben etwas später ⟨umg.⟩ *wenn es nicht anders geht* • **1.3** das ist (noch lange) nicht das Schlimmste ⟨umg.⟩ *es hätte ärger kommen können, es hätte unglücklicher ausgehen können* • **1.4** es steht ~ (mit ihm) *es geht ihm sehr schlecht* • **1.5** ine Entwicklung wendet sich zum Schlimmen *nimmt eine böse Wendung* • **1.6** jmdn. aufs ~ste/Schlimmste zurichten *jmdn. übel zurichten* • **1.7** aufs Schlimmste gefasst sein *mit einer sehr schlechten Nachricht, einer negativen Entwicklung rechnen* **2** ⟨umg.⟩ *unangenehm;* eine ~e Nachricht **3** *böse, übel, moralisch schlecht;* es wird mit ihm noch ein ~es Ende nehmen • **3.1** du Schlimmer! ⟨umg.; scherzh.⟩ *du Schwerenöter* **4** ⟨umg.⟩ *krank, wund;* einen ~en Finger haben

Schlinge ⟨f.; -, -n⟩ **1** *einfache Schleife, lose verknüpftes Band;* →a. *Schleife (1);* den gebrochenen Arm in der ~ tragen **2** *Fanggerät aus lose verknüpftem Draht;* ~n legen; sich in einer ~ fangen • **2.1** sich od. den Kopf aus der ~ ziehen ⟨fig.⟩ *sich (im letzten Moment) geschickt aus einer bedrängten Lage befreien* • **2.2** den Kopf in die ~ stecken ⟨fig.⟩ *sich leichtfertig in Gefahr begeben*

Schlingel ⟨m.; -s, -; umg.⟩ **1** *durchtriebener, frecher Kerl, Tunichtgut* **2** *freches Kerlchen, kleiner Schelm*

schlingen[1] ⟨V. 223/550⟩ **1 etwas um etwas** od. **jmdn. ~** *kreisförmig od. in Windungen um etwas od. jmdn. legen;* ein Band um das Päckchen ~; sie hat sich den Schal lose um die Schultern geschlungen • **1.1** ⟨Vr 3⟩ **sich um etwas ~** *legen, winden;* die Pflanzen ~ sich um den Baum, um die Laube; die Schlange schlingt sich um ihr Opfer • **1.2** die Arme um jmdn., um jmds. Hals ~ *jmdn. umarmen* **2 etwas in, durch etwas ~** *(ver)flechten, lose (ver)knüpfen;* sich ein Band durchs Haar ~

schlingen[2] ⟨V. 223⟩ **1** ⟨500⟩ **etwas ~** *schlucken* **2** ⟨402⟩ **(etwas) ~** *gierig essen;* schling (dein Essen) nicht so!

schlingern ⟨V. 400⟩ *ein* **Schiff** *schlingert pendelt infolge Seeganges um die Längsachse*

Schlips ⟨m.; -es, -e⟩ **1** *lange, selbst geknotete Krawatte* • **1.1** sich auf den ~ getreten fühlen ⟨umg.; scherzh.⟩ *beleidigt sein* • **1.2** jmdn. beim ~ erwischen ⟨fig.; umg.⟩ *jmdn. gerade noch zu fassen bekommen*

Schlitten ⟨m.; -s, -⟩ **1** *auf Kufen gleitendes Fahrzeug zum Fahren auf Schnee u. Eis;* Pferde~, Rodel~; Eskimo~, Hunde~ • **1.1** ~ **fahren** *rodeln* • **1.2** **unter den ~ kommen** ⟨fig.; umg.⟩ *moralisch sinken, verkommen* **2** *gleitender Maschinenteil, Gleitstück, Gleitschuh* **3** *die Holzvorrichtungen, auf denen das Schiff beim Stapellauf ins Wasser gleitet* **4** ⟨umg.; scherzh.⟩ *schickes, luxuriöses Fahrzeug (bes. Auto)* **5 mit jmdm. ~ fahren** ⟨fig.; umg.⟩ *jmdn. grob behandeln, jmdn. schikanieren*

schlittern ⟨V. 400(h. od. s.)⟩ *auf dem Eis, auf glatter Fläche (Parkett) rutschen*

Schlittschuh ⟨m.; -(e)s, -e⟩ **1** *schmale Stahlkufe unter dem Schuh als Fortbewegungsmittel auf dem Eis* • **1.1** ~ **laufen** *eislaufen*

Schlitz ⟨m.; -es, -e⟩ **1** *schmale Öffnung, Spalt;* Mauer~; Tür~ **2** *Einschnitt als Öffnung (im Kleid, in der Hose);* Hosen~

Schlitzohr ⟨n.; -(e)s, -en⟩ **1** *geschlitzte Ohrmuschel* **2** ⟨fig.⟩ *durchtriebener, pfiffiger Kerl, Betrüger*

schlohweiß ⟨Adj. 24/70⟩ *ganz weiß, schneeweiß;* ~es Haar

Schloss ⟨n.; -es, Schlösser⟩ **1** *Vorrichtung zum Verschließen;* Tür~; Vorhänge~; der Schlüssel steckt im ~; die Tür fiel (mit einem Krach) ins ~; man sollte ihm ein ~ vor den Mund legen (damit er endlich aufhört zu reden) • **1.1 hinter ~ und Riegel** *im Gefängnis;* hinter ~ und Riegel sitzen • **1.1.1** jmdn. hinter ~ und Riegel bringen, setzen *gefangen setzen, ins Gefängnis einsperren* • **1.2 unter ~ und Riegel** halten *unter Verschluss halten, sicher verwahrt haben* • **1.3** *Teil der Handfeuerwaffen, in den die Patronen eingelegt u. in dem sie zum Zünden gebracht werden* • **1.4** ⟨Jägerspr.⟩ *knorpelige Verbindung der Beckenknochen (beim Schalenwild)* **2** *großes, repräsentatives, künstlerisch ausgestaltetes Wohngebäude, bes. von Fürsten, Palast;* ein (altes) ~ besichtigen

Schlosser ⟨m.; -s, -⟩ **1** *Handwerker der Eisen- u. Metallverarbeitung;* Auto~; Bau~; Maschinen~; Kunst~ **2** *Lehrberuf des Schlossers (1) mit dreijähriger Lehrzeit*

Schlosserin ⟨f.; -, -rinnen⟩ *weibl. Schlosser (1)*

Schlot ⟨m.; -(e)s, -e⟩ **1** *Schornstein* • **1.1** rauchen wie ein ~ *sehr viel rauchen (Zigaretten, Zigarren)* **2** ⟨fig.;

schlottern

umg.; abwertend⟩ *leichtsinniger, oberflächlicher Mensch* **3** ⟨fig.; umg.; abwertend⟩ *unangenehmer Kerl*

schlot|tern ⟨V. 410⟩ **1** *heftig zittern; seine Knie schlotterten (vor Angst); vor Kälte (an allen Gliedern)* ~; *mit* ~*den Knien* **2** *ein* **Kleidungsstück** *schlottert (am, um den Körper)* ⟨fig.; umg.⟩ *ist zu weit u. hängt schlaff um die Glieder*

Schlucht ⟨f.; -, -en⟩ *tiefes, enges Tal mit steilen Wänden, bes. zwischen Felsen*

schluch|zen ⟨V. 402⟩ (etwas) ~ *heftig stoßweise weinen;* ~d *etwas sagen;* „Ja!", *schluchzte sie*

Schluck ⟨m.; -(e)s, -e⟩ **1** *Flüssigkeitsmenge, die man auf einmal schlucken kann* • 1.1 *hast du einen* ~ *Wasser, Milch für mich? ein wenig W., M.* • 1.2 *einen* ~ *trinken ein Getränk probieren, ein wenig trinken* **2** *ein* **guter** ~ *gutes alkoholisches Getränk, guter Trunk*

Schluck|auf ⟨m.; -s, -s⟩ *wiederholtes krampfartiges, kurzes Einatmen infolge schneller, heftiger Zusammenziehung des Zwerchfells u. anschließenden Verschlusses der Stimmritze; einen* ~ *haben*

schlu|cken ⟨V.⟩ **1** ⟨500⟩ etwas ~ *(einen Bissen od. eine kleine Flüssigkeitsmenge) aus dem Mund in den Magen bringen; eine Pille, Tablette* ~; *Wasser* ~ *(beim Schwimmen, Ertrinken)* • 1.1 *Staub* ~ ⟨fig.⟩ *einatmen* • 1.2 *das neue Haus hat all unser* **Geld** *geschluckt* ⟨fig.⟩ *wir haben alles G. für das unser neues H. ausgegeben* • 1.3 *der große Betrieb hat mehrere kleine geschluckt* ⟨fig.⟩ *mit sich vereinigt* • 1.4 ⟨fig.⟩ *schweigend hinnehmen; eine Beleidigung, Zurechtweisung* ~ • 1.4.1 *vieles* ~ **müssen** *sich vieles gefallen lassen müssen* **2** ⟨400⟩ *die Schluckbewegung ausführen; Schmerzen beim Schlucken haben* • 2.1 *ich musste erst dreimal* ~, *bevor ich antworten konnte* ⟨fig.; umg.⟩ *ich musste mich erst fassen*

schlu|dern ⟨V. 400; umg.; abwertend⟩ *nachlässig, fahrig, unordentlich arbeiten; bei den Hausaufgaben* ~

Schlum|mer ⟨m.; -s; unz.⟩ *leichter, sanfter, kurzer Schlaf*

schlum|mern ⟨V. 400⟩ *in Schlummer liegen, sanft schlafen, leicht schlafend ruhen*

Schlumpf ⟨m.; -(e)s, Schlümp|fe; umg.⟩ **1** *kleine zwergenhafte Gestalt (als Comicfigur)* • 1.1 *niedliches Geschöpf* **2** *einfältiger Mensch, Witzbold; du bist vielleicht ein* ~!

Schlund ⟨m.; -(e)s, Schlün|de⟩ **1** ⟨Anat.⟩ *trichterförmige Verbindung der Mund- u. Nasenhöhle mit der Speiseröhre: Fauces* **2** ⟨Jägerspr.⟩ *Speiseröhre (beim Schalenwild)* **3** ⟨fig.; geh.⟩ *tiefe Öffnung, Abgrund; der* ~ *eines Vulkans*

Schlupf ⟨m.; -(e)s, Schlüp|fe⟩ **1** ⟨oberdt.⟩ *Loch, durch das man schlüpft, Durchschlupf* **2** ⟨Tech.⟩ *das Zurückbleiben des angetriebenen Teils gegenüber dem treibenden Teil bei einer Übertragung der Kraft durch Treibriemen od. Gleitkupplung* **3** ⟨El.⟩ *Maß für die Drehzahldifferenz zwischen Ständer- u. Läuferdrehfeld bei Asynchronmotoren*

schlup|fen ⟨V. 405(s.); süddt.; österr.⟩ = *schlüpfen*

schlüp|fen ⟨V. 405(s.)⟩ oV *schlupfen* **1** *sich gleitend, behände od. unbemerkt (durch eine bes. enge Öffnung) bewegen; der Fisch ist mir aus der Hand geschlüpft; durch eine Zaunlücke* ~; *in ein Haus, Zimmer* ~; *die Maus schlüpft ins Loch* • 1.1 *in ein Kleidungsstück, in Schuhe* ~ ⟨umg.⟩ *ein K., S. schnell anziehen* • 1.2 *aus einem Kleidungsstück, Schuh* ~ ⟨umg.⟩ *ein K., einen S. schnell ausziehen* **2** *Vögel* ~ *aus dem Ei kriechen daraus*

Schlüp|fer ⟨m.; -s, -⟩ *kurze Unterhose für Damen od. Kinder*

Schlupf|loch ⟨n.; -(e)s, -lö|cher⟩ **1** *Loch als Versteck* **2** ⟨fig.⟩ **2.1** *Schlupfwinkel, verborgener Zufluchtsort* • 2.2 *Lücke (in einem Gesetz), Ausweg; ein juristisches* ~; *ein* ~ *stopfen; Steuer*~

schlüpf|rig ⟨Adj.⟩ **1** *glatt, feucht, rutschig;* ~e *Straßen, Wege* **2** ⟨fig.; abwertend⟩ *zweideutig, anstößig; eine* ~e *Bemerkung, Lektüre; ein* ~er *Witz*

schlur|fen ⟨V. 400(s.)⟩ *mit schleifenden Füßen gehen, schleppend einhergehen;* oV ⟨mitteldt.⟩ *schlürfen (2); (in Pantoffeln) durchs Zimmer* ~

schlür|fen ⟨V.⟩ **1** ⟨402⟩ (Getränke, Suppe) ~ • 1.1 *geräuschvoll trinken; schlürf nicht so!; beim Essen, Trinken* ~ • 1.2 *mit Genuss trinken; heißen Kaffee* ~ **2** ⟨400; mitteldt.⟩ = *schlurfen*

Schluss ⟨m.; -es, Schlüs|se⟩ **1** ⟨unz.⟩ *Ende, Abschluss, Beendigung;* ~ *des Schuljahres; wir müssen zum* ~ *kommen;* ~ *für heute!; am* ~ *des Briefes; nach* ~ *der Vorstellung* • 1.1 *am* ~ *marschieren zuletzt marschieren, die Letzten, der Letzte sein* • 1.2 ~ *jetzt! jetzt wird aufgehört!* • 1.3 ~ *damit! ich will nichts mehr davon hören!* • 1.4 *mit etwas* ~ **machen** *etwas beenden* • 1.4.1 (mit sich, mit seinem Leben) *machen Selbstmord begehen* • 1.5 *mit jmdm.* ~ **machen** *ein Liebesverhältnis mit jmdm. beenden* • 1.6 *zum* ~ *zuletzt; zum* ~ *sagte er; bis zum* ~ *bleiben* **2** *abschließende Worte, abschließendes, letztes Kapitel; plötzlicher, überraschender* ~ *(eines Buches, Theaterstückes);* ~ *folgt (bei Fortsetzungsromanen); 27. Fortsetzung und* ~ *(bei Fortsetzungsromanen in Zeitungen und Zeitschriften)* **3** *Folgerung, aus einem Sachverhalt geschlossenes, abgeleitetes Urteil; ein überzeugender, zwingender* ~ • 3.1 *aus einer Bemerkung, Handlung einen* ~ **ziehen** *etwas aus einer B., H. folgern, schließen* • 3.2 *vom* ~ *der Weisheit letzter* ~ (meist iron.) *höchste Weisheit* • 3.3 ~ *von n auf n + 1* ⟨Math., Logik⟩ *vollständige Induktion* **4** ⟨unz.⟩ *Zusammenfügung, dichtes Schließen* • 4.1 *die Tür, das Fenster hat (keinen) guten* ~ *schließt (nicht) gut* • 4.2 *der Reiter hat (keinen) guten* ~ *hat das Pferd (nicht) fest zwischen den Schenkeln* **5** ⟨Börse⟩ *festgesetzte kleinste Menge, in der Waren od. Wertpapiere gehandelt werden*

Schlüs|sel ⟨m.; -s, -⟩ **1** *Gerät zum Öffnen u. Schließen von Schlössern; der* ~ *passt (nicht); den* ~ *abziehen; den* ~ *(im Schloss) stecken lassen; dem Käufer des Hauses die* ~ *übergeben* • 1.1 ~ *zu etwas od.* **jmdm.** ⟨fig.⟩ *Mittel zu etwas, zum Verständnis von etwas; der* ~ *zum Erfolg; der* ~ *zum Verständnis einer Sache, eines Vorgangs; der* ~ *zu ihrer Psyche ist ihre Kinderliebe* **2** *Verfahren zum Entziffern von Geheimtexten; Chiffren*~ **3** ⟨fig.⟩ *Schema für die Verteil-*

lung, bestimmtes Verhältnis für die Aufteilung; Verteilungs~; Verteiler~ **4** ⟨Mus.⟩ *Zeichen am Anfang der Notenlinien, das die Tonlage der Noten bestimmt, Notenschlüssel;* Bass~; Violin~; F-~; C-~

schluss|folgern ⟨V. 500⟩ *etwas aus etwas ~ einen Schluss aus etwas ziehen, etwas folgern*

Schluss|fol|ge|rung ⟨f.; -, -en⟩ *logischer Schluss, Folgerung*

schlüs|sig ⟨Adj.⟩ **1** *einen Schluss zulassend, folgerichtig; eine ~e Behauptung, ein ~er Gedankengang* **2** *entschlossen* • **2.1** *sich* (noch nicht) *~ sein sich* (noch nicht) *entschlossen haben* • **2.2** *sich ~ werden sich entschließen, sich klarwerden*

Schluss|licht ⟨n.; -(e)s, -er⟩ **1** *rotes Licht an der hinteren Seite eines Fahrzeugs* **2** ⟨fig.; umg.; scherzh.⟩ *Schlechtester, Letzter (in der Schulklasse, bei Sportwettkämpfen u. Ä.)* • **2.1** *das ~ machen als Letzter gehen, fahren*

Schluss|strich ⟨m.; -(e)s, -e⟩ **1** *Strich am Ende eines Schriftstückes* • **1.1** *einen ~ unter eine Angelegenheit ziehen* ⟨fig.⟩ *eine A. endgültig beenden*

Schmach ⟨f.; -; unz.⟩ *Schande, Demütigung, Entehrung;* ~ *und Schande über dich!;* ~ *erleiden*

schmach|ten ⟨V.; geh.⟩ **1** ⟨400⟩ *leiden, hungern u. dürsten;* im Kerker ~ **2** ⟨800⟩ *nach etwas* od. *jmdm.* ~ ⟨a. fig.⟩ *sich schmerzlich nach etwas* od. *jmdm. sehnen;* nach jmds. Liebe ~; nach einem Glas Wasser ~; jmdm. ~de Blicke zuwerfen; jmdn. ~d ansehen

schmäch|tig ⟨Adj.⟩ *mager, dünn u. klein, schwächlich;* eine ~e Person

schmack|haft ⟨Adj.⟩ **1** *wohlschmeckend* **2** *jmdm. etwas ~ machen* ⟨fig.; umg.⟩ *etwas so darstellen, dass es jmd. für gut, reizvoll hält*

Schmäh ⟨m.; -s, - od. -s; österr.; umg.⟩ **1** *Schwindel, Trick, Scherz* • **1.1** *einen ~ führen miteinander scherzen* • **1.2** *jmdn. am ~ halten jmdn. vorführen, jmdn. zum Narren halten* **2** ⟨unz.⟩ *Witz, Humor* • **2.1** *Wiener ~ morbid-freundliche Wiener Lebensart*

schmä|hen ⟨V. 500/Vr 8; geh.⟩ *jmdn.* od. *etwas ~ beleidigen, beschimpfen, schlechtmachen, geringschätzig über jmdn.* od. *etwas sprechen*

schmäh|lich ⟨Adj.⟩ *schmachvoll, schändlich;* er hat ihn ~ *betrogen;* jmdn. ~ *im Stich lassen*

schmal ⟨Adj. 23⟩ **1** *von geringer Ausdehnung nach zwei Seiten;* Ggs *breit (2); ein ~er Gegenstand; ein ~es Gesicht; eine ~e Hand* • **1.1** *der Stoff liegt ~ die Stoffbahn ist nicht breit* • **1.2** *ein ~er Band (Gedichte) ein dünner B.* • **1.3** *eng; ein ~er Weg, Durchgang* • **1.4** *dünn, sehr schlank;* eine ~e *Gestalt; sie ist von* ~em *Wuchs;* ~e *Hüften* • **1.4.1** *mager u. blass;* er sieht ~ *aus; er ist (in letzter Zeit recht)* ~ *geworden* **2** *knapp, karg, gering;* ~e *Kost;* ein ~es *Einkommen*

schmä|lern ⟨V. 500⟩ *eine Sache ~* **1** *verringern, verkleinern;* jmds. Gewinn, Rechte ~ • **1.1** ⟨fig.⟩ *herabsetzen;* jmds. Verdienste, Vergnügen ~

Schmalz¹ ⟨n.; -es, -e⟩ **1** *ausgelassenes, weiches, leicht streichbares tierisches Fett als Speisefett, im Unterschied zum Talg;* Schweine~ **2** ⟨oberdt.; schweiz.⟩ *Butterschmalz, ausgelassene Butter; Pfannkuchen in* ~ *backen*

Schmalz² ⟨m.; -es; unz.; fig.; umg.⟩ **1** *übertriebenes Gefühl, Sentimentalität;* mit viel ~ *singen* **2** *sentimentales Erzeugnis; dieses Lied ist ein rechter ~*

Schmand ⟨m.; -(e)s; unz.⟩ oV *Schmant* **1** ⟨bes. westmitteldt.⟩ *saure Sahne* **2** ⟨ostmitteldt.⟩ *Regen u. Schnee zugleich, Schneematsch, Schlamm*

Schman|kerl ⟨n.; -s, -n; bair.-österr.⟩ *Leckerei, leckere Kleinigkeit*

Schmant ⟨m.; -(e)s; unz.⟩ = *Schmand*

schma|rot|zen ⟨V. 400⟩ **1** *auf Kosten anderer leben; ein Parasit schmarotzt in anderen, in fremden Körpern;* ~de *Milben* • **1.1** ⟨411⟩ *bei jmdm. ~* ⟨umg.; abwertend⟩ *ungebeten an etwas teilhaben, was ein anderer hat*

Schma|rot|zer ⟨m.; -s, -⟩ Sy *Parasit (1)* **1** *Pflanze* od. *Tier, die bzw. das sich in* od. *auf einem anderen Lebewesen aufhält u. sich von ihm ernährt* **2** ⟨fig.⟩ *jmd., der schmarotzt, der auf fremde Kosten lebt;* Sy *Parasit (2)*

Schmar|ren ⟨m.; -s; unz.; bair.-österr.⟩ oV *Schmarrn* **1** *in der Pfanne gebackene (süße) Mehlspeise, die nach dem Backen in kleine Stückchen geschnitten od. zerrissen u. mit Zucker bestreut wird;* Kaiser~ **2** ⟨fig.; umg.⟩ • **2.1** *leichtes, heiteres, wenig geistreiches, etwas kitschiges Bühnenstück* od. *ebensolcher Film; das Stück war ein ganz netter, ein rechter ~* • **2.2** *Unsinn; so ein ~!* **3** *das geht dich einen ~ an!* ⟨fig.; umg.⟩ *gar nichts, überhaupt nichts*

Schmarrn ⟨m.; -s; unz.; bair.-österr.⟩ = *Schmarren*

schmat|zen ⟨V.⟩ **1** ⟨400⟩ *geräuschvoll essen* **2** ⟨500/ Vr 8⟩ *jmdn. ~* ⟨umg.⟩ *laut küssen* **3** *etwas mit geschmatzten Händen nehmen* ⟨fig.; umg.⟩ *sehr gern, mit Freude*

schmau|chen ⟨V. 402; umg.⟩ *(eine* **Pfeife***, eine* **Zigarre***) ~ behaglich, genussvoll rauchen*

Schmaus ⟨m.; -es, Schmäu|se; scherzh.⟩ *leckere Mahlzeit*

schmau|sen ⟨V. 400; scherzh.⟩ *mit Genuss essen, es sich gut schmecken lassen*

schme|cken ⟨V.⟩ **1** ⟨413⟩ *etwas schmeckt* (**in bestimmter Weise**) *bewirkt einen bestimmten Geschmack; angenehm, unangenehm, lecker, gut, schlecht ~; bitter, fad, herb, salzig, sauer, süß ~; angebrannt ~; nach Fisch, nach Vanille, nach nichts ~; das schmeckt (gut)!* • **1.1** *das schmeckt nach mehr* ⟨umg.; scherzh.⟩ *so gut, dass man mehr davon essen möchte* • **1.2** *das schmeckt nach Selbstlob* ⟨fig.; umg.⟩ *es klingt nach S.* **2** ⟨613⟩ *etwas schmeckt jmdm.* (**in bestimmter Weise**) *bereitet jmdm. Genuss, mundet jmdm.; es schmeckt ihm, wie schmeckt Ihnen der Wein?; lassen Sie sich's (gut) ~!* • **2.1** *diese Arbeit schmeckt ihm nicht* ⟨fig.; umg.⟩ *behagt ihm nicht, missfällt ihm, bereitet ihm zu viel Mühe* **3** ⟨500⟩ *etwas ~ kosten, mit der Zunge prüfen, abschmecken; schmeck mal den Salat, ob genug Salz daran ist* • **3.1** ⟨fig.⟩ *empfinden, spüren* **4** ⟨500; alemann. a.⟩ *riechen* • **4.1** *ich habe den* **Braten** *geschmeckt* ⟨a. fig.⟩ *gerochen, die Sache geahnt*

Schmei|che|lei ⟨f.; -, -en⟩ *liebenswürdige, schmeichelhafte Äußerung, übertriebenes Lob*

schmei|cheln ⟨V.⟩ **1** ⟨600⟩ *jmdn. od. einer Sache ~ jmdn. od. eine S. in ein günstiges Licht setzen, loben* • **1.1** *jmdn. ~ jmdn. Angenehmes sagen, jmdn. übertrieben loben;* versuche nicht, mir zu ~! • **1.2** *jmdn. od.* **einer Sache** *~ die positiven Seiten von jmdm. od. einer S. bes. hervorheben;* das Bild schmeichelt ihr • **1.2.1** *die Farbe, der Stoff schmeichelt ist kleidsam, lässt das Gesicht frischer u. weicher erscheinen* • **1.3** *jmds.* **Eitelkeit** *~ jmdm. in übertriebener Weise entgegenkommen* • **1.4** *es schmeichelt mir, dass … es hebt mein Selbstbewusstsein, macht mich ein wenig eitel, es ehrt mich, dass …* • **1.4.1** *sich geschmeichelt fühlen auf angenehme Weise sein Selbstgefühl gestärkt fühlen* • **1.5** ⟨540/Vr 3⟩ **sich einer Sache,** *einer Absicht, eines Tuns ~ sich etwas zugutehalten, einbilden auf eine S., eine A., ein T.;* er schmeichelte sich, ein guter Mathematiker zu sein • **1.6** ⟨550/Vr 3⟩ **sich in jmds. Wohlwollen,** *Vertrauen ~ sich jmds. W., V. durch Schmeichelei erschleichen* **2** ⟨417⟩ **mit jmdm.** *~ zärtlich sein, jmdn. liebkosen; etwas ~d sagen*

Schmeich|ler ⟨m.; -s, -⟩ **1** *jmd., der schmeichelt, Schmeicheleien sagt* **2** ⟨abwertend⟩ *jmd., der durch Schmeicheleien seine Ziele zu erreichen sucht*

Schmeich|le|rin ⟨f.; -, -rin|nen⟩ *weibl. Schmeichler*

schmei|ßen ⟨V. 224; umg.⟩ **1** ⟨500 od. 416⟩ **einen Gegenstand** *od.* **mit einem G.** *~ werfen, schleudern;* mit einem Stein ~; er schmiss die Vase auf den Boden (aus Zorn) • **1.1** ⟨531⟩ *jmdm.* **Geld in den Rachen** *~* ⟨fig.⟩ *nutzlos zukommen lassen, sinnlos an jmdn. vergeuden* • **1.2** ⟨531⟩ *jmdm. etwas* **vor die Füße** *~* ⟨a. fig.⟩ *wütend zurückgeben;* ich hätte ihm sein Geld am liebsten vor die Füße geschmissen • **1.3** ⟨531/Vr 3⟩ *sich* **einen Mann an den Hals** *~* ⟨fig.⟩ *sich einem M. aufdrängen* **1.4** ⟨400⟩ *ein* **Greifvogel** *schmeißt* ⟨Jägerspr.⟩ *scheidet Kot aus* **2** ⟨500⟩ **etwas** *~ (erfolgreich) durchführen, bewältigen, meistern;* das werden wir schon ~! • **2.1** *wir werden* **den Laden** *schon ~ wir werden die Sache schon in Ordnung bringen* **3** ⟨500⟩ *aufgeben, vorzeitig beenden;* eine **Vorstellung,** seine Rolle ~; er hat seine Lehre geschmissen **4** ⟨500⟩ **etwas** *~ ausgeben, stiften, spendieren;* ein Bier ~; eine Runde, eine Lage ~

Schmelz ⟨m.; -es, -e⟩ **1** *harter, glänzender Überzug* • **1.1** *Glasfluss, Email* • **1.2** *Glasur (auf Tongefäßen)* • **1.3** *oberste Schicht des Zahns* **2** ⟨unz.; poet.⟩ *weiches, harmonisches Erscheinungsbild* • **2.1** *weicher Glanz (einer Farbe)* • **2.2** *weicher Klang, Wohllaut (einer Stimme)*

schmel|zen ⟨V. 225⟩ **1** ⟨500⟩ **etwas** *~ durch Hitze flüssig machen;* Butter, Eis, Metall, Wachs ~; die Sonne schmilzt das Eis, den Schnee **2** ⟨400(s.)⟩ **etwas** *schmilzt wird durch Wärme flüssig, zerfließt;* der Schnee ist (in der Sonne) geschmolzen • **2.1** ⟨fig.⟩ *weich werden;* sein Herz schmolz, als er sie sah, redete, hörte • **2.2** ⟨fig.⟩ *verschwinden;* das Vermögen war bis auf einen kleinen Rest geschmolzen; unsere Zweifel waren geschmolzen

Schmerz ⟨m.; -es, -en⟩ **1** *unangenehme, peinigende körperliche Empfindung;* bohrender, brennender, nagender, reißender, schneidender, stechender ~; großer, kleiner, rasender, unerträglicher ~; ~en aushalten (können); den ~ betäuben; ~en erdulden, erleiden, ertragen, haben, leiden; ~en lindern, stillen; wo haben Sie ~en?; sich den ~ verbeißen; vor ~ aufschreien, stöhnen • **1.1** *hast du sonst noch ~en?* ⟨a. fig.; umg.⟩ *hast du sonst noch Wünsche?* • **1.2** *geteilter ~ ist halber ~* ⟨Sprichw.⟩ *ein Mitfühlender kann den Kummer erleichtern, ist tröstlich* **2** ⟨fig.⟩ *peinigende seelische Empfindung, große Trauer, Kummer, Leid; tiefer ~;* jmdm. ~ zufügen; dein Verhalten bereitet mir ~ • **2.1** *jmdm. mit ~en erwarten* ⟨fig.⟩ *sehnsüchtig*

schmer|zen ⟨V.⟩ **1** ⟨400⟩ **etwas** *schmerzt tut weh, bereitet Schmerz;* die Wunde schmerzt (nicht, stark, wenig); sich die ~den Füße, den ~den Kopf kühlen; den ~den Zahn herausziehen lassen • **1.1** ⟨500 od. 600⟩ **etwas** *schmerzt* **jmdn., jmdm.** *bereitet jmdm. körperlichen Schmerz;* die Wunde schmerzt mich (sehr); mein linker Fuß schmerzt mir **2** ⟨402⟩ **etwas** *schmerzt* **(jmdn.)** ⟨fig.⟩ *bereitet (jmdm.) Kummer;* es schmerzt mich (sehr), dass …; ein solcher Verlust schmerzt natürlich

schmerz|lich ⟨Adj.⟩ **1** *seelischen Schmerz, Kummer erregend, betrüblich;* eine ~e Erinnerung; ein ~er Verlust; von etwas ~ berührt sein; sich einer Sache, eines Verlustes ~ bewusst werden • **1.1** *ein ~es* **Verlangen** *(nach etwas) sehnsüchtiges V.* • **1.2** *es ist mir sehr ~, Ihnen mitteilen zu müssen, dass … es tut mir sehr leid*

schmerz|los ⟨Adj.⟩ **1** *ohne Schmerzen, keine Schmerzen verursachend;* ~e Behandlung • **1.1** *ohne viel Umstände;* →a. kurz (2.3.4)

schmerz|stil|lend ⟨Adj. 24⟩ *Schmerzen behebend, das Schmerzgefühl beseitigend;* ein ~es Medikament

Schmet|ter|ling ⟨m.; -s, -e; Zool.⟩ **1** *Angehöriger einer Ordnung der Insekten mit gleichartig beschuppten Flügeln u. einem aus den Mundwerkzeugen gebildeten Saugrüssel, deren Larven (Raupen) nach Verpuppung u. Ruhestadium das erwachsene Insekt liefern: Lepidoptera; Sy Falter* • **1.1** *wie ein ~ hin und her flattern, von einer Blume zur andern gaukeln* ⟨fig.⟩ *viele Liebschaften haben* • **1.2** *wie ein ~ aus der Puppe kriechen* ⟨fig.⟩ *sich hübsch, anmutig entwickeln*

Schmet|ter|lings|blüt|ler ⟨m.; -s, -; Bot.⟩ *Angehöriger einer Familie der Hülsenfruchtartigen, deren Blüten den Schmetterlingen ähneln: Papilionaceae*

schmet|tern ⟨V.⟩ **1** ⟨511⟩ **jmdn.** *od.* **etwas irgendwohin** *~ wuchtig irgendwohin schlagen, werfen;* jmdn. od. etwas zu Boden ~; einen Ball (übers Netz) ~; einen Gegenstand an die Wand ~; die Karten auf den Tisch ~; die Tür ins Schloss ~; einen Gegenstand in Stücke ~ **2** ⟨402⟩ *(ein* **Lied)** *~ laut tönen (lassen);* die Trompeten schmetterten (einen Marsch) • **2.1** ⟨500⟩ **etwas** *~ laut tönen lassen, laut und fröhlich singen;* der Sänger schmettert eine Arie; der Kanarienvogel schmettert sein Lied **3** ⟨500⟩ **einen (Schnaps)** *~* ⟨fig.; umg.⟩ *trinken*

Schmied ⟨m.; -(e)s, -e⟩ *Handwerker der Eisenverarbeitung, der (glühendes) Eisen mit dem Hammer formt;* →a. Glück (2.2)

schmie|den ⟨V. 500⟩ **1** Metall ~ *(glühend gemachtes) M. mit dem Hammer formen* • **1.1** *man muss das Eisen ~, solange es heiß ist* ⟨Sprichw.⟩ *man muss einen Plan versuchen durchzusetzen, solange die Zeit dafür günstig ist* **2** ⟨511⟩ jmdn. od. etwas **an etwas** ~ *durch Schmiedearbeit an etwas befestigen, fesseln; der Gefangene wurde an die Kerkermauer geschmiedet; eine Eisenleiter an den Felsen ~* • **2.1** ⟨511⟩ jmdn. **in Ketten** ~ *in K. legen, mit K. fesseln* **3** etwas ~ *durch Schmieden (1) herstellen;* Nägel, eine Kette ~; „Hat nicht mich zum Manne geschmiedet die allmächtige Zeit und das ewige Schicksal …?" (Goethe, „Prometheus") • **3.1** *unsere Freundschaft ist fest geschmiedet* ⟨fig.⟩ *durch Bewährung, Erprobung fest geworden* **4** ⟨fig.⟩ *ersinnen, sich ausdenken;* Pläne ~; Ränke ~; Verse ~

schmie|gen ⟨V. 510⟩ **1** ⟨Vr 3⟩ **sich an eine Form** ~ *sich weich, geschmeidig einer F. anpassen; das Kleid schmiegt sich eng um ihren Körper; die Einlage schmiegt sich leicht, weich in den Schuh* • **1.1** ⟨Vr 7⟩ **sich od. etwas an jmdn.** od. **etwas** ~ *wohlig, behaglich anlehnen, behutsam herandrücken, sich ankuscheln; sich an jmdn. ~; sich an jmds. Brust, in jmds. Arme ~; sich in die Kissen ~; sich in die Sofaecke, in einen Sessel ~*

schmieg|sam ⟨Adj.⟩ **1** *sich leicht einer Form anpassend;* Stricksachen sind ~ *und bequem;* ~es Leder **2** ⟨fig.⟩ *anpassungsfähig*

Schmie|re¹ ⟨f.; -, -n⟩ **1** *Fett zum Schmieren, Schmiermittel;* Schuh~; Wagen~ • **1.1** ~ **bekommen** ⟨fig.⟩ *Prügel* **2** *fettige, klebrige Masse, Salbe* **3** *feuchter Schmutz* **4** ⟨abwertend⟩ *schlechtes kleines Theater, primitive Wanderbühne;* sie hat bei einer ~ angefangen

Schmie|re² ⟨f.; umg.; nur in der Wendung⟩ ~ **stehen** ⟨umg.⟩ *Wache stehen (bei Verbrechen od. bösen Streichen)*

schmie|ren ⟨V.⟩ **1** ⟨500⟩ etwas ~ *mit Schmiere einfetten, ölen;* ein Rad, Schloss, eine Kette, Türangel ~ • **1.1** ⟨513⟩ *wer gut schmiert, der gut fährt* ⟨Sprichw.⟩ *gute Vorbereitung erleichtert jeden Plan* • **1.2** *es geht wie geschmiert es geht reibungslos, es klappt ohne Zwischenfälle* **2** ⟨511⟩ **etwas irgendwohin** ~ *streichen;* Butter dick aufs Brot ~; Salbe auf eine Wunde ~; Lehm in Fugen, Ritzen ~ • **2.1** ⟨531⟩ **jmdm. etwas aufs (Butter-)Brot** ~ ⟨a. fig.; umg.⟩ *etwas Unangenehmes (deutlich, als Vorwurf) sagen; du brauchst mir das nicht immer wieder aufs Butterbrot zu ~; ich werde es ihm nicht gleich aufs Butterbrot ~* • **2.2** ⟨531⟩ jmdm. etwas **in den Mund** ~ ⟨fig.; umg.⟩ *jmdm. deutlich sagen, was er (bei bestimmter Gelegenheit) sagen soll;* →a. Honig (2.1) **3** ⟨500⟩ ein Brot, Brötchen **(mit Aufstrich)** ~ *bestreichen;* ein Butterbrot ~ **4** ⟨402⟩ **(etwas)** ~ *schlecht, unsauber schreiben od. malen, klecksen;* die Feder, der Füllhalter, Kugelschreiber schmiert; du schmierst fürchterlich; warum hast du deinen Aufsatz so geschmiert? • **4.1** *einen Ton beim Singen, Blasen od. Streichen zum andern unsauber hinüberziehen* **5** ⟨500⟩ **jmdn.** ~ ⟨fig.; umg.⟩ *bestechen;* die Angestellten sind alle (mit Geld) geschmiert worden **6** ⟨530⟩ **jmdm. eine** ~ ⟨fig.; umg.⟩ *eine Ohrfeige geben*

schmie|rig ⟨Adj.⟩ **1** *voller Schmiere¹ (1-3), fettig, feucht u. klebrig, feucht u. schmutzig, unsauber* • **1.1** ein ~es **Buch** *ein abgegriffenes u. schmutziges B.* **2** ~e **Geschäfte** ⟨fig.⟩ *unsaubere, unkorrekte G.* **3** eine ~e **Person;** ⟨fig.; abwertend⟩ *eine unangenehm freundliche, kriecherische Person;* ein ~er Kerl

Schmin|ke ⟨f.; -, -n⟩ *kosmetisches Mittel zum Färben der Haut, Lippen, Augenbrauen u. Wimpern;* ~ auftragen

schmin|ken ⟨V. 503/Vr 5 od. Vr 7⟩ *jmdn. od. (jmdm.) etwas* ~ *mit Schminke färben; sich* ~ *und pudern; sich die Lippen, Augenbrauen* ~; *einen Schauspieler (vor dem Auftritt)* ~; *geschminkte Lippen; auffallend, leicht, stark geschminkt*

Schmir|gel ⟨m.; -s; unz.⟩ *als Polier- u. Schleifmittel verwendetes feinkörniges Mineral (Korund);* ~papier

Schmiss ⟨m.; -es, -e⟩ **1** *Säbelhiebwunde u. deren Narbe;* Schmisse im Gesicht haben **2** ⟨unz.; fig.⟩ *Lebendigkeit u. Witz, Schwung;* ~ haben

schmis|sig ⟨Adj.; umg.⟩ *voller Schmiss (2), schwungvoll, flott;* ein ~er Kerl, ~er Tanz; die Tanzkapelle spielte ~

schmö|kern ⟨V. 402/405; umg.⟩ **(in etwas)** ~ *viel u. genussvoll lesen, behaglich in Büchern u. Zeitschriften herumblättern;* Romane ~; in einer Zeitschrift ~

Schmol|le ⟨f.; -, -n⟩ österr.⟩ *das Weiche im Brot, Brotkrume*

schmol|len ⟨V. 400⟩ **1** *seinen Unwillen zeigen, trotzen;* ~d den Mund verziehen; das Kind schmollt und weint • **1.1** ⟨417⟩ **mit jmdm.** ~ *mit jmdm. böse sein, jmdm. etwas übelnehmen*

schmo|ren ⟨V.⟩ **1** ⟨500⟩ **Fleisch** ~ *in Fett anbraten u. dann mit wenig Wasser in zugedecktem Topf langsam garen lassen;* Hammel-, Rind-, Schweinefleisch ~ **2** ⟨400⟩ **Fleisch** schmort *wird nach dem Anbraten im zugedeckten Topf langsam unter Kochen gar; der Braten schmort schon eine Stunde* **3** ⟨400; fig.; umg.⟩ *sich in großer Hitze aufhalten; unter glühender südlicher Sonne* ~ **4** ⟨400⟩ **eine elektrische Leitung,** ein Kabel, ein Kontakt schmort *entwickelt infolge zu hohen Stromdurchflusses unerwünschte Hitze* **5** ⟨Getrennt- u. Zusammenschreibung⟩ ~ **lassen** = *schmorenlassen*

schmo|ren∥las|sen *auch:* **schmo|ren las|sen** ⟨V. 175/500; fig.; umg.⟩ **jmdn.** ~ *jmdn. im Ungewissen lassen;* er weiß nicht, wie sie es meint, und sie lässt ihn erst eine Weile schmoren; ich werde ihn noch ein wenig ~

schmuck ⟨Adj.⟩ *hübsch, ansprechend, gepflegt;* ein ~es Dorf, Haus, Mädchen, Paar; sie macht sich ~

Schmuck ⟨m.; -(e)s, -e; unz.⟩ **1** (i. w. S.) *Verzierung, Verschönerung, Zierde, Zierrat;* Fenster~, Altar~, Blüten~, Tisch~; der Garten im ~ der Blumen, des Frühlings; die Straßen im ~ der Fahnen, Girlanden; zum ~ dienen, gereichen **2** (i. e. S.) *vom Menschen getragene schmückende Gegenstände, oft aus kostbarem Material, z. B. Ringe, Ketten, Broschen u. Ä.;* Silber~; Familien~; Mode~; ~ ablegen, anlegen,

schmücken

tragen, umtun; echter, falscher, goldener, kostbarer, silberner, wertvoller, mit Edelsteinen besetzter ~; sie sollte sich nicht mit so viel ~ behängen

schmü|cken ⟨V. 500 od. 516/Vr 7⟩ **1** jmdn. od. **etwas** ~ *verzieren, putzen, verschönern, dekorieren, festlich herrichten;* sie schmückt sich mit einer Brosche aus Gold; den Christbaum ~ (mit Fahnen, Girlanden); die Tafel war festlich geschmückt; das mit kostbaren Edelsteinen reich geschmückte Diadem; der mit Blumen und Girlanden festlich geschmückte Saal; ~des Beiwerk; einen Aufsatz, eine Rede mit Bildern und Vergleichen ~ • **1.1** er schmückt sich gern mit fremden Federn ⟨fig.⟩ *prahlt mit Verdiensten anderer*

schmud|de|lig ⟨Adj.; norddt.⟩ *leicht schmutzig, unsauber;* oV *schmuddlig;* ~es Wetter; eine ~e Wohnung

schmudd|lig ⟨Adj.; -s; unz.⟩ = *schmuddelig*

Schmug|gel ⟨m.; -s; unz.⟩ *gesetzwidrige Ein- od. Ausfuhr, Schleichhandel*

schmug|geln ⟨V. 500⟩ **Waren** ~ *Schmuggel treiben mit W.*

schmun|zeln ⟨V. 400⟩ *verstohlen lächeln*

schmu|sen ⟨V.; umg.⟩ **1** ⟨400⟩ *jmdm. Komplimente machen, sich anbiedern, schöntun* **2** ⟨405⟩ **(mit jmdm.)** ~ *zärtlich sein*

Schmutz ⟨m.; -es; unz.⟩ **1** *Unreinlichkeit, Unrat;* den ~ auf-, weg-, zusammenkehren; den ~ aus dem Zimmer, von der Treppe fegen; jmdn., jmds. Ehre, jmds. guten Namen in den ~ treten, zerren, ziehen ⟨fig.⟩; innen ~, außen Putz • **1.1** vor ~ starren *sehr schmutzig sein* • **1.2** jmdn. mit ~ bewerfen ⟨a. fig.⟩ *jmdn. beschimpfen, verleumden* **2** ⟨alemann.⟩ *Fett*

schmut|zig ⟨Adj.⟩ **1** *unsauber, mit Schmutz bedeckt, fleckig, verunreinigt;* ~e Kleider, Strümpfe, Wäsche; die ~en Füße, Hände waschen; als Heizer muss er ~e Arbeit verrichten; mit deinen nassen Schuhen machst du den Teppich ~; du hast deine Jacke, deine Hose schon wieder ~ gemacht; auf der Bahnfahrt ~ werden; gib doch acht, dass du dich nicht gleich wieder ~ machst! • **1.1** ⟨60⟩ diese Handtücher werde ich in die ~e Wäsche geben *in die zum Waschen bestimmte W.* • **1.2** ~e **Hände** haben ⟨a. fig.⟩ *unehrenhaft gehandelt haben* • **1.3** ⟨60⟩ man soll seine ~e **Wäsche** nicht vor anderen Leuten waschen ⟨fig.; umg.⟩ *anderen keinen Einblick in peinliche Privatangelegenheiten geben* • **1.4** ⟨50⟩ du machst dich wohl nicht gern ~? ⟨a. fig.; umg.⟩ *du sollst mithelfen, mit zupacken!* **2** ⟨fig.⟩ *unanständig, gegen die Sitte verstoßend;* ~e Ausdrücke, Gedanken, Redensarten, Witze, Worte; das war ein ~er Witz, er hat eine ~e Fantasie • **2.1** ein ~es Geschäft, Gewerbe, Handwerk treiben *ein unredliches G.* **3** ~e **Farbe** *verwaschene, unklare, nicht reine F.;* ein ~es Rot, Braun, Gelb • **3.1** → **grau** *grau wie Schmutz*

Schna|bel ⟨m.; -s, Schnä|bel⟩ **1** ⟨Zool.⟩ *der verlängerte u. mit einem Horn überzogene, meist spitz auslaufende Kiefer der Vögel; Rostrum;* den ~ weit aufreißen, aufsperren; ein breiter, dicker, dünner, gekrümmter, kurzer, langer, spitzer ~; der Vogel trug einen Wurm im ~; mit dem ~ hacken, picken; der Storch klappert mit dem ~; der Vogel wetzt seinen ~ **2** *einem Schnabel (1) ähnlicher Rüssel mancher Insekten (der Schnabelkerfe), der zum Stechen u. Saugen dient* **3** ⟨umg.⟩ *Mund* • **3.1** mach doch den ~ auf! sprich doch endlich! • **3.2** halt endlich den ~! *schweig!* • **3.3** (bei) ihr steht der ~ nie eine Minute still *sie spricht unaufhörlich* • **3.4** man sollte ihm endlich den ~ stopfen *dafür sorgen, dass er aufhört zu reden* • **3.5** damit habe ich mir den ~ verbrannt *das hätte ich lieber nicht sagen sollen* • **3.6** sie wetzt ihren ~ gern an anderen Leuten *sie spricht boshaft über andere* • **3.7** es ist ihr nicht ganz schön um den ~ *sie schmeichelt ihm geschickt* • **3.8** reden, sprechen, wie einem der ~ gewachsen ist *natürlich, ungeziert* **4** *etwas, was einem Schnabel (1) in der Form ähnelt* • **4.1** schnabelartiger Vorsprung, Spitze • **4.2** *Ausguss an Kannen* • **4.3** ⟨Mus.⟩ *Mundstück an Klarinetten u. Schnabelflöten*

Schna|ke ⟨f.; -, -n; Zool.⟩ **1** *Angehörige einer Familie großer, langbeiniger Mücken, deren Larven sich im od. am Wasser entwickeln: Tipulidae* **2** ⟨umg.⟩ *Stechmücke*

Schnal|le ⟨f.; -, -n⟩ **1** *Vorrichtung zum Schließen, bes. an Riemen;* Gürtel~ **2** ⟨österr. a.⟩ *Türklinke* **3** ⟨Jägerspr.⟩ *äußerer weibl. Geschlechtsteil (bei Hunden u. Haarraubwild)* **4** ⟨Jugendspr.⟩ *Mädchen, Frau*

schnal|len[1] ⟨V. 503/Vr 5 od. Vr 6⟩ **1 (jmdm.) etwas** ~ *mit einer Schnalle befestigen, schließen;* einen Gürtel, Riemen enger, weiter ~; die Koffer, die Skier auf den Gepäckträger ~; eine Decke auf den Koffer ~; sich den Ranzen, den Rucksack auf den Rücken ~; →a. **Riemen**[1] (1.1) **2 etwas** ~ ⟨fig.; umg.⟩ *verstehen, begreifen;* er schnallt es immer noch nicht

schnal|len[2] ⟨V.; oberdt.⟩ = *schnalzen*

schnal|zen ⟨V. 400⟩ *ein schnappendes Geräusch erzeugen (durch schnelle Bewegung der Peitsche, der Zunge, der Finger);* oV ⟨oberdt.⟩ *schnallen*[2]; er schnalzt mit der Peitsche

schnap|pen ⟨V.⟩ **1** ⟨411⟩ **nach jmdm. od. etwas** ~ *mit dem Mund, den Zähnen zu greifen suchen, darauf zufahren, beißen;* der Hund schnappte nach der Beute, meiner Hand, meinem Hosenbein, der Wurst • **1.1** nach Luft ~ ⟨umg.⟩ *mit offenem Mund keuchend atmen* **2** ⟨503/Vr 1⟩ **(sich) jmdn. od. etwas** ~ ⟨umg.⟩ *(mit schneller Bewegung) greifen, fangen, erwischen;* ich schnappte mir meinen Mantel und ging; er schnappte sich das beste Stück; ein Insekt im Fluge ~; hat man den Dieb schon geschnappt?; er wurde beim Grenzübertritt geschnappt • **2.1** ich muss noch ein wenig frische Luft ~ *ein wenig ins Freie gehen, einen kleinen Spaziergang machen* **3** ⟨411(s.)⟩ **etwas** schnappt **in eine bestimmte Richtung** *bewegt sich ruckartig in eine bestimmte R.;* der Deckel schnappte plötzlich in die Höhe; die Tür schnappte ins Schloss **4** ⟨401⟩ jetzt hat's geschnappt! ⟨fig.; umg.⟩ *jetzt ist es mit meiner Geduld zu Ende*

Schnapp|schuss ⟨m.; -es, -schüs|se⟩ *fotografische Aufnahme von jmdm. od. etwas in einer nicht gestellten Momentaufnahme (meist von Personen od. Tieren in Bewegung)*

Schnaps ⟨m.; -es, Schnäp|se⟩ *stark alkoholisches Getränk, Branntwein*

schnar|chen ⟨V. 400⟩ *jmd. od. ein* **Tier** *schnarcht erzeugt beim Atmen mit offenem Mund (meist im Schlaf) durch das hin u. her schwingende, erschlaffte Gaumensegel ein sägendes Geräusch*

schnar|ren ⟨V. 400⟩ *knarrendes, schnarchendes, rasselndes Geräusch hervorbringen*

schnat|tern ⟨V. 400⟩ **1** *klappernde Laute von sich geben;* Enten, Gänse ~ • 1.1 ⟨414⟩ **vor Angst, Kälte** ~ ⟨fig.⟩ *zittern* **2** ⟨fig.; umg.⟩ *unaufhörlich reden, schwatzen, durcheinandersprechen*

schnau|ben ⟨V. 226⟩ **1** ⟨400⟩ *heftig, deutlich hörbar durch die Nase atmen;* die Pferde ~ • 1.1 *keuchen;* ~d zog die Dampflokomotive die Güterwagen bergauf • 1.2 *der* **Wind** *schnaubt bläst hörbar* **2** ⟨414; fig.⟩ *äußerst erregt sein;* er schnaubte vor Empörung, Wut, Zorn **3** ⟨500⟩ *die* **Nase** ~ *schnäuzen;* du musst die Nase ~ • 3.1 ⟨Vr 3⟩ *sich* ~ ⟨bes. nord- u. mitteldt.⟩ *sich die Nase putzen*

schnau|fen ⟨V. 400⟩ **1** *heftig atmen, außer Atem sein, keuchen, schnauben;* bergauf mussten sie vor Anstrengung ein wenig ~ • 1.1 was ist los, du kannst ja kaum noch ~ ⟨umg.⟩ *du bist ja außer Atem*

Schnauz ⟨m.; -es, Schnäu|ze; bes. schweiz.⟩ = *Schnauzer (2)*

Schnau|ze ⟨f.; -, -n⟩ **1** *Gegend von Mund u. Nase mancher Tiere;* die ~ des Wolfes, Fuchses, Bären **2** ⟨derb⟩ *Mund* • 2.1 halt die ~! sei still! • 2.2 gib ihm eines auf die, auf seine große ~! ⟨fig.⟩ *bring ihn zum Schweigen!* • 2.3 ich will mir nicht die ~ verbrennen ⟨fig.⟩ *ich sage lieber nichts, um Schwierigkeiten zu vermeiden* • 2.4 der mit seiner großen ~! *dieser großsprecherische Mensch!* • 2.5 ich habe die ~ voll davon ⟨fig.⟩ *ich bin der Sache überdrüssig, will nichts mehr damit zu tun haben* • 2.6 wie hast du das gemacht? Frei nach ~! ⟨fig.⟩ *ohne Plan, ganz ohne Vorbereitung* **3** = *Ausguss (2);* die ~ der Kaffeekanne ist ab-, angeschlagen • 3.1 *Vorsprung an Dachrinnen;* Dach~

schnäu|zen ⟨V. 500⟩ **1** ⟨Vr 3⟩ *sich* ~ *sich die Nase putzen* • 1.1 ⟨503/Vr 5⟩ *etwas* ~ *putzen, säubern;* er schnäuzt (sich) die Nase

Schnau|zer ⟨m.; -s, -⟩ **1** *mittelgroßer, rauhaariger Haushund mit einer bartähnlich behaarten Schnauze* **2** *Schnurrbart;* oV ⟨schweiz.⟩ *Schnauz*

Schne|cke ⟨f.; -, -n⟩ **1** ⟨Zool.⟩ *Angehörige einer Klasse der Weichtiere mit od. ohne Gehäuse in Form einer Spirale: Gastropoda* • 1.1 jmdn. zur ~ machen ⟨fig.; umg.⟩ *heftig ausschelten, mit Vorwürfen überschütten* **2** *gewundenes, spiralförmiges Gebilde* • 2.1 *ein Gebäck aus Hefeteig, dessen Teig spiralförmig gewunden wird* • 2.2 *Haartracht mit gewundenen Zöpfen über den Ohren* • 2.3 *Kopfende des Geigenhalses* • 2.4 *Spirale, Schraube ohne Ende* • 2.5 *Welle mit Gewinde, in das ein Schneckenrad eingreift* • 2.6 *Teil des inneren Ohrs: Cochlea*

Schnee ⟨m.; -s; unz.⟩ **1** *aus gefrorenem Wasser bestehender, fester, flockenförmiger Niederschlag;* dichter, festgetretener, lockerer, nasser, trockener, verharschter ~; es liegt viel ~; der Wald lag in tiefem ~; hoher ~ bedeckte die Felder; durch den ~ stapfen; der ~ knirschte bei jedem Schritt unter unseren Füßen (so kalt war es); die Bergsteiger erreichten das Gebiet des ewigen ~s; die Straße vom ~ säubern • 1.1 es fällt ~ *es schneit* • 1.2 ~ fegen, schippen *Wege vom Schnee (1) säubern* • 1.3 unser Geld schmilzt wie ~ an der Sonne *wird schnell ausgegeben* • 1.4 und wenn der ganze ~ verbrennt (die Asche bleibt uns doch) ⟨fig.; umg.; scherzh.⟩ *und wenn es noch so schlimm kommt, lassen wir uns nicht entmutigen* **2** *geschlagenes Eiweiß;* Ei~; mit der Hand, mit der Küchenmaschine, dem Schneebesen ~ schlagen; Eiweiß zu ~ schlagen **3** ⟨Drogenszene⟩ *Rauschmittel (bes. Kokain) in Form von weißem Pulver*

Schnee|be|sen ⟨m.; -s, -⟩ *Küchengerät, mit dem Eiweiß zu Schnee, Sahne zu Schlagsahne geschlagen wird;* Sy *Schaumschläger (1)*

schnee|ig ⟨Adj. 24⟩ **1** *mit Schnee bedeckt;* ~e Berge, Gipfel • 1.1 ~e **Luft** *L., in der sich Schnee ankündigt* **2** ⟨poet.⟩ *weiß wie Schnee;* ~es Leinen

Schnee|mensch ⟨m.; -en, -en⟩ = *Yeti*

Schneid ⟨m.; -(e)s; unz. od. regional: f.; -; unz.; umg.⟩ **1** *Mut, Tatkraft, forsches Wesen;* er hat (keinen) ~ • 1.1 jmdm. den ~ abkaufen ⟨fig.⟩ *ihn einschüchtern*

Schnei|de ⟨f.; -, -n⟩ **1** *die scharfe Seite der Klinge (im Unterschied zum Rücken);* die ~ einer Axt, eines Beiles, eines Degens, eines Messers, einer Schere, eines Schwertes, einer Sense, Sichel; Rücken und ~ der Klinge; eine blanke, soeben geschliffene, rostige, scharfe, schartige, stumpfe ~ • 1.1 die Sache steht auf (des) Messers ~ ⟨fig.⟩ *die Entscheidung steht bevor, u. durch eine Kleinigkeit kann sie so od. entgegengesetzt ausfallen* **2** ⟨allg.⟩ *Klinge (des Messers, Degens usw.)* **3** ⟨oberdt.⟩ *Grat* **4** ⟨südostdt.⟩ *Schneid, Trieb zu etwas*

schnei|den ⟨V. 227⟩ **1** ⟨500⟩ **etwas** ~ *(mit dem Messer od. etwas ähnlich Scharfem) zerteilen, zerschneiden;* Brot, Fleisch, Tomaten, Wurst (in Scheiben) ~; Gurke, Käse, Zwiebel (in Würfel) ~; Stämme zu Brettern ~; Stoff in Schrägstreifen ~ • 1.1 in diesem Lokal ist die Luft **zum** Schneiden **dick** *verbraucht, verräuchert* **2** ⟨500⟩ *etwas* ~ *mit einem scharfen Werkzeug abtrennen;* Blech, Papier ~; Bretter, Riemen ~; Zweige vom Baum ~ • 2.1 ⟨503/Vr 5⟩ **(jmdm.) etwas** ~ *beschneiden, stutzen;* Bäume, Hecken, Sträucher ~; ich muss mir vom Friseur das Haar ~ lassen; du musst die Nägel ~ • 2.1.1 **Gras, Getreide** ~ *mähen* **3** ⟨500⟩ **etwas** ~ *mit einem scharfen Werkzeug durch Zerteilen herstellen;* Bretter, Blumen ~; aus Rohr eine Pfeife ~ • 3.1 *mit Hilfe eines Schneidewerkzeuges hervorbringen, schnitzen;* ein Bild in Holz ~; Figuren, Muster in Holz, Metall, Stein ~; Gemmen, Stempel ~ • 3.2 einen **Film**, ein **Tonband** ~ *durch Zerschneiden u. Zusammenkleben so bearbeiten, dass die beabsichtigte Fassung entsteht;* die Fernsehaufzeichnung, der Film muss noch geschnitten werden • 3.3 ⟨fig.⟩ *formen;* sie hat aparte mandelförmig geschnittene Augen; er hat ein markant geschnittenes Gesicht • 3.3.1 sie ist ihrer Mutter wie aus dem

Schneider

Gesicht geschnitten *ähnelt ihrer M. sehr* • 3.3.2 **Fratzen**, Grimassen ~ *mit dem Gesicht hervorbringen* **4** ⟨500/Vr 7⟩ **jmdn.** ~ *mit etwas Scharfem eine Schnittwunde zufügen, verletzen; er hat mir mit der Sichel ins Bein geschnitten; eine Glasscherbe hat ihn geschnitten; ich habe mich an der Brotmaschine geschnitten; er hat sich beim Brotschneiden geschnitten; ich habe mich in den Finger geschnitten; sich mit dem Messer* ~ **4.1** ⟨510/Vr 3⟩ *wenn du damit rechnest, schneidest du dich (aber) gewaltig (in den Finger)* ⟨fig.; umg.⟩ *dann irrst du dich (gewaltig)* • **4.2** ⟨511/Vr 3⟩ *da würde ich mich ja ins eigene Fleisch* ~ ⟨fig.; umg.⟩ *mir selbst schaden* • **4.3 operieren;** *bei Blinddarmentzündung muss fast immer geschnitten werden* • **4.4** *ein* **Tier** ~ *kastrieren* **5** ⟨411⟩ **etwas** schneidet ⟨a. fig.⟩ *berührt schmerzhaft (wie ein scharfer Gegenstand); ein kalter Ostwind schnitt ihm ins Gesicht* • **5.1** *es schneidet mir im Leib ich habe Leibschmerzen* • **5.2** ⟨611⟩ *das schneidet einem ins Herz, in die Seele es schmerzt jmdn., tut jmdn. leid* **6** ⟨413⟩ **etwas** schneidet **auf bestimmte Weise** *ist auf bestimmte Weise zum Zertrennen geeignet; das Messer, die Schere schneidet gut, schlecht* **7** ⟨400; Sp.⟩ *einen Ball seitlich treffen u. ihm so einen Drall geben; geschnittene Bälle erscheinen oft unberechenbar* **8** ⟨500/Vr 8⟩ **etwas** *od.* **sich** ~ **kreuzen;** *die Bundesstraße schneidet hier eine Bahnlinie; auf diesem Platz* ~ *sich die beiden Hauptstraßen; zwei Geraden* ~ *sich in einem Punkt* **9** ⟨500⟩ *eine* **Kurve** ~ *dicht an der Innenseite fahren u. dabei die linke Fahrbahn benutzen;* Ggs **ausfahren** (2.3); *ein Autofahrer hat mich heute auf der Straße geschnitten* **10** ⟨500/Vr 8⟩ **jmdn.** ~ ⟨a. fig.⟩ *ignorieren, absichtlich unbeachtet lassen, absichtlich übersehen, übergehen, nicht grüßen* **11** ⟨500⟩ *eine* **Karte** ~ (Skat) *eine bessere Karte für einen erhofften späteren besseren Stich aufsparen* **12** ⟨500⟩ **Wein** ~ *verfälschen*

Schnei|der ⟨m.; -s, -⟩ **1** *Handwerker, der Oberbekleidung nach Maß herstellt sowie dazu Änderungen u. Reparaturen vornimmt; Damen*~; *Herren*~; *einen Anzug, ein Kostüm beim, vom* ~ *anfertigen, machen, nähen lassen; bei welchem* ~ *lassen Sie arbeiten?* **1.1** *ich friere heute wie ein* ~ ⟨fig.; umg.⟩ *heftig* **2** ⟨*ohne Pl.*⟩ *Lehrberuf mit doppelter Lehrzeit* **3** ⟨Kart.⟩ *die Punktzahl 30 als Spieler, 29 als Gegenspieler* **3.1 aus dem** ~ (heraus) sein *mehr als 30 od. 29 Punkte haben* • **3.1.1** ⟨fig.; umg.⟩ *aus allen Schwierigkeiten heraus sein* **3.1.2** ⟨fig.; umg.⟩ *älter als 30 Jahre sein* • **3.1.3** ⟨iron.⟩ *nicht mehr der, die Jüngste sein* **4** ⟨Jägerspr.⟩ *geringwertiger Edelhirsch* **5** ⟨Jägerspr.⟩ *Jäger, der von einer Treibjagd nichts geschossen hat* **6** ⟨Zool.⟩ *smaragdgrüne Libelle mit großen blau schillernden Flügelflecken, Seejungfer: Calopteryx virgo* **7** ⟨Zool.⟩ = **Weberknecht 8** (Spinnerei) *ein Garnmaß*

Schnei|de|rin ⟨f.; -, -rin|nen⟩ *weibl. Schneider*
schnei|dern ⟨V.⟩ **1** ⟨400⟩ *das Schneiderhandwerk betreiben* **2** ⟨503/Vr 5⟩ (**jmdm.** *od.* **sich**) *ein Kleidungsstück* ~ *anfertigen, nähen; das Kleid hat sie sich selbst geschneidert*
Schnei|de|zahn ⟨m.; -(e)s, -zäh|ne; Anat.⟩ *am Ober- u. Unterkiefer einer der beiden mittleren Zähne auf jeder Hälfte eines Kiefers*

schnei|dig ⟨Adj.; fig.⟩ *forsch, draufgängerisch, wagemutig, tatkräftig;* ein ~er *Bursche, Kerl, Kavalier, Offizier*

schnei|en ⟨V.⟩ **1** ⟨401⟩ **es** schneit *es fällt Schnee; es schneit in dichten Flocken; seit der vergangenen Nacht schneit es ununterbrochen* **2** ⟨611⟩ *jmdm.* **ins Haus** ~ ⟨fig.; umg.⟩ *jmdn. überraschend besuchen*

Schnei|se ⟨f.; -, -n⟩ **1** *von Bäumen frei gehaltener Streifen im Wald* **2** *Schlinge zum Vogelfang*

schnell ⟨Adj.⟩ **1** *rasch, geschwind, eilig, flink, flott;* Ggs **langsam** (1); *eine* ~e *Bedienung; ein* ~es *Pferd;* ~e *Schritte hören; noch ein* ~er *Blick und dann …;* ~e *Hilfe ist nötig; nicht so* ~!; *du musst dich* ~ *entscheiden, entschließen; das muss* ~*stens erledigt werden;* (zu) ~ *fahren, denken, lesen, sprechen, urteilen; ihr Puls ging* ~; *mit Geduld würdest du* ~er *zum Ziele kommen; der Arzt war* ~ *gekommen; die Nachricht verbreitete sich* ~; *wie* ~ *die Zeit vergeht!; die Sache ging* ~er, *als ich dachte* ⟨umg.⟩; *doppelt gibt, wer* ~ *gibt* (Sprichw.) • **1.1** ⟨80⟩ ~ *wie der Blitz, wie ein Gedanke, wie ein Pfeil, wie der Wind* ⟨fig.⟩ *sehr schnell* • **1.2** *allmählich* ~er *werden das Tempo beschleunigen* • **1.3** ⟨33⟩ *sie ist immer* ~ *fertig mit allem sie arbeitet rasch, aber auch nachlässig* • **1.4** ⟨90⟩ *mach* ~! ⟨umg.⟩ *beeile dich* • **1.5** ⟨60⟩ ~e **Truppen** (Mil.) *motorisierte T.* • **1.6** *auf dem* ~sten **Wege** ⟨fig.; umg.⟩ *so schnell wie möglich* • **1.7** ~er/**Schneller Brüter** *Brutreaktor mit überwiegend von schnellen Neutronen ausgelöster Kernspaltung* **2** *plötzlich, jäh;* ein ~er *Wechsel;* eine ~e *Bewegung, Drehung, Wendung* **3** ⟨Getrennt- u. Zusammenschreibung⟩ • **3.1** ~ **entschlossen** = *schnellentschlossen*

Schnel|le ⟨f.; -, -n⟩ **1** ⟨*unz.*⟩ *Schnelligkeit* • **1.1** *jmdn. auf die* ~ *besuchen* ⟨umg.⟩ *ganz kurz* • **1.2** *nur auf die* ~ *eine Kleinigkeit essen* ⟨umg.⟩ *ganz rasch (im Stehen)* **2** = **Stromschnelle**

schnel|le|big ⟨alte Schreibung für⟩ *schnelllebig*
schnel|len ⟨V.⟩ **1** ⟨500⟩ **etwas** ~ *federnd springen lassen, ruckartig in Schwung bringen; eine Feder, einen Gummi* ~ (lassen); *einen Pfeil in die Höhe* ~; *er schnellte sich vom Sprungbrett* **2** ⟨410(s.)⟩ *federn (in die Höhe) springen, emporfahren; er schnellte von seinem Sitz (in die Höhe); die Feder schnellte in die Höhe* **2.1** ⟨416⟩ **mit dem Finger** ~ *Daumen u. Mittelfinger mit einem hörbaren Laut ruckartig aneinanderreiben* • **2.2** ⟨411⟩ *die* **Preise** *schnellten in die Höhe* ⟨fig.⟩ *stiegen plötzlich*

schnell|ent|schlos|sen *auch:* **schnell ent|schlos|sen** ⟨Adj. 24⟩ *in kurzer Zeit eine Entscheidung treffend; für* ~e *Käufer*

schnell|le|big ⟨Adj.⟩ **1** *von kurzer Lebensdauer, nur kurze Zeit lebend;* ~e *Insekten* **2** *sich schnell wandelnd, kurzlebig;* ~e *Moden; in unserer* ~en *Zeit*

Schnep|fe ⟨f.; -, -n⟩ **1** ⟨Zool.⟩ *Angehörige einer Unterfamilie der regenpfeiferartigen Vögel mit langen Beinen zum Waten u. einem meist langen Schnabel, der mit einem gut ausgebildeten Tastsinn für die Nahrungs-*

schnüffeln

suche im Boden ausgerüstet ist: Scolopacidae **2** ⟨fig.; umg.; abwertend⟩ *schnippische, unfreundliche Frau*

schnet|zeln ⟨V. 500⟩ **Fleisch ~** *kleinschneiden;* ge- schnetzeltes Kalbfleisch

schneu|zen ⟨alte Schreibung für⟩ *schnäuzen*

schnie|fen ⟨V. 400; mitteldt.⟩ *hörbar durch die Nase atmen (bes. bei Schnupfen od. bei weinendem Spre- chen)*

schnie|geln ⟨V. 500⟩ **1** *jmdn. ~ fein herrichten, heraus- putzen* • 1.1 *ein geschniegeltes* **Bürschchen** *ein stut- zerhafter junger Mann* • 1.2 *stets geschniegelt und* **gebügelt** *sein* ⟨umg.⟩ *fein hergerichtet, übertrieben sorgfältig gekleidet u. frisiert* • 1.3 ⟨Vr 3⟩ **sich ~** *sich herausputzen, mit übertriebener Sorgfalt kleiden u. kämmen*

Schnipp|chen ⟨n.; -s, -; mdt. u. nddt.⟩ **jmdm. ein ~ schlagen** ⟨umg.⟩ *jmds. Absichten durchkreuzen, jmdm. einen Streich spielen*

schnip|peln ⟨V.; umg.⟩ oV *schnipseln* **1** ⟨411⟩ **an etwas ~** *mit Messer od. Schere kleine Stücke abschneiden;* am Papier, an den Haaren ~ **2** ⟨500⟩ **etwas ~** *schneiden, kleinschneiden;* Bohnen ~; eine Figur aus Stoff ~ • 2.1 *etwas in etwas* od. **aus etwas ~** *hinein-, heraus- schneiden;* Löcher in den Käse ~

schnip|pen ⟨V.⟩ oV *schnipsen* **1** ⟨416⟩ **mit den Fingern ~** *schnellen (2.1)* **2** ⟨500⟩ **etwas ~** *(mit den Fingern) wegschleudern;* Papierkügelchen ~

schnip|pisch ⟨Adj.; abwertend⟩ **1** *naseweis, auf res- pektlose Art anmaßend, keck;* sie hat ein ~es Wesen; sie erwiderte ~ … • 1.1 *ein ~es* **Ding** ⟨umg.⟩ *ein ke- ckes junges Mädchen*

schnip|seln ⟨V.; umg.⟩ = *schnippeln*

schnip|sen ⟨V.⟩ = *schnippen*

Schnitt ⟨m.; -(e)s, -e⟩ **1** *das Schneiden, Zertrennen;* mit einem raschen ~ befreite er den Freund von seinen Fesseln • 1.1 *Ernte;* der ~ des Getreides • 1.1.1 *Heu- ernte;* der erste, zweite ~ des Heus • 1.2 *das Ver- schneiden der Obstbäume, Reben u. a. Holzgewächse* **2** *Ergebnis des Schneidens, Spur eines scharfen Gegen- standes, einer Klinge;* der ~ ging tief ins Fleisch; ei- nen ~ ins Holz, Leder machen • 2.1 *Schnittwunde;* der ~ am Bein war nicht verheilt **3** *abgeschnittenes Stück;* das Gewebe liegt in verschiedenen ~en für das Mikroskop bereit • 3.1 *der vordere, glattgeschnit- tene Rand der Buchseiten* **4** *(durch Schneiden entstan- dene) Form, Zuschnitt;* der ~ des Anzugs ist nicht mehr modern; der ~ der Augen, des Gesichts, der Nase **5** *Bearbeitung eines Films durch Herausschnei- den u. erneutes Zusammensetzen;* Regie: Konrad Müller, ~: Michael Markworth (im Vorspann eines Films); den ~ (des Films) besorgte Michael Mark- worth **6** *Vorlage aus Papier zum Zuschneiden eines Kleidungsstückes;* ~e abzeichnen, ausrädeln, durch- pausen (zum Schneidern); ich suche einen ~ für ein, zu einem Jackenkleid **7** *Schneidwerkzeug zum Stan- zen* **8** *kleines* od. *nur halbgefülltes Glas Bier* od. *Wein, Schnittchen* **9** ⟨Geom.⟩ *gemeinsame Punkte zweier Kurven (Schnittpunkte), zweier Flächen (Schnitt- linie), einer Fläche mit einem Körper (Schnittfläche)* • 9.1 *Zeichnung, die einen Körper darstellt, den man sich in irgendeiner Ebene geschnitten vorstellt;* Längs~, Quer~ **10** *Ergebnis eines Rechenvorgangs* • 10.1 *Durchschnitt(swert)* • 10.1.1 er fuhr einen ~ von 110 km/h heraus ⟨umg.⟩ *er erreichte im Durch- schnitt eine Geschwindigkeit von 110 km/h* • 10.2 *ei- nen großen, guten ~ bei einem Geschäft machen* ⟨umg.⟩ *großen Gewinn, Vorteil erzielen;* →a. *gol- den (4.7.3)*

Schnitt|blu|me ⟨f.; -, -n⟩ *geschnittene Blume (für die Vase)*

Schnit|te ⟨f.; -, -n⟩ *abgeschnittene Scheibe, bes. vom Brot, belegtes Butterbrot;* schnell eine ~ essen

schnit|tig ⟨Adj.⟩ **1** *rassig, elegant, (scharf) ausgeprägt;* ein ~er Sportwagen **2** *zum Abmähen reif, erntereif;* das Getreide, Gras ist ~

Schnitt|lauch ⟨m.; -(e)s; unz.; Bot.⟩ *Lauch mit röhrig gefalteten Blättern, die als Gewürz (bes. für Salat, Quark u. Ä.) dienen, u. lila bis rosafarbenen Dolden- blüten: Allium schoenoprasum*

Schnit|zel¹ ⟨n.; -s, -⟩ *dünne, gebratene Scheibe Fleisch von der Keule* od. *Schulter;* Kalbs~; ein ~ braten, klopfen, panieren

Schnit|zel² ⟨n.⟩ od. (österr. nur so) ⟨m.; -s, -; umg.⟩ *klei- nes Stückchen Papier;* Papier~

schnit|zen ⟨V.⟩ **1** ⟨402⟩ **(etwas) ~** *in Holz ausschneiden;* eine Krippe, ein Kruzifix, Pfeile, einen Weihnachts- engel ~; geschnitzte Dosen, Puppenköpfe, Möbel; schon als Kind schnitzte er gern • 1.1 er ist aus har- tem Holz geschnitzt ⟨fig.⟩ *unbeugsam*

schnöd ⟨Adj.⟩ = *schnöde*

schnod|de|rig ⟨Adj.; umg.; abwertend⟩ *ohne die ge- ringste Ehrerbietung sprechend, großsprecherisch, vor- laut;* oV *schnoddrig;* eine ~e Bemerkung machen; ein ~er Kerl; er sollte nicht so ~ daherreden, sein

schnodd|rig ⟨Adj.⟩ = *schnodderig*

schnö|de ⟨Adj.; abwertend⟩ **1** *gemein, schändlich, ver- ächtlich, geringschätzig;* oV *schnöd;* ~r Geiz, Gewinn, Undank, Verrat; jmdn. ~ abweisen, behandeln, zu- rechtweisen • 1.1 *der ~* **Mammon** ⟨scherzh.; meist abwertend⟩ *das (zu verachtende) Geld, Reichtum*

Schnor|chel ⟨m.; -s, -⟩ **1** ⟨beim Unterseeboot⟩ *ein- u. ausfahrbare Röhre mit Ventil zum Ansaugen von Frischluft* **2** ⟨Sporttauchen⟩ *Atemrohr mit Mundstück (an Tauchgeräten)*

Schnör|kel ⟨m.; -s, -⟩ **1** *gewundene Linie als Verzierung (an Schriftzügen)* **2** *linear gewundene Verzierung (an Möbeln)* **3** ⟨fig.⟩ *unnötige Verzierung (in der Rede)*

schnu|cke|lig ⟨Adj.; umg.⟩ *hübsch u. niedlich, anspre- chend, gemütlich;* oV *schnucklig;* das kleine Mädchen sieht niedlich ~ aus; ein ~es Häuschen

schnuck|lig ⟨Adj.⟩ = *schnuckelig*

schnüf|feln ⟨V. 400⟩ **1** *die Luft hörbar durch die Nase ziehen* **2** *den Atem einziehen, um zu wittern, schnup- pern* **3** ⟨fig.⟩ *allem nachspüren, stöbern, heimlich beob- achten, seine Nase in alles stecken;* sie schnüffelt gern in fremden Angelegenheiten; du hast hier gar nichts zu ~! **4** *Dämpfe von Rauschmitteln* od. *von organi- schen Lösungsmitteln in Klebstoffen, Farben, Lacken u. a. inhalieren, um sich in einen rauschhaften Zu- stand zu versetzen*

Schnul|ler ⟨m.; -s, -⟩ = *Sauger (1)*
Schnul|ze ⟨f.; -, -n; umg.; abwertend⟩ *kitschiges, rührseliges Schlagerlied, Theater-, Kino- od. Fernsehstück*
schnup|fen ⟨V.⟩ **1** ⟨400⟩ *Schnupftabak nehmen* **2** ⟨400; oberdt. a.⟩ *schluchzen* **3** ⟨501⟩ *es schnupft mich* ⟨umg.⟩ *es ärgert mich, macht mich verdrießlich*
Schnup|fen ⟨m.; -s, -⟩ *Entzündung der Nasenschleimhaut mit Absonderung schleimigen, flüssigen od. eitrigen Sekrets, Nasenkatarrh: Koryza; einen ~ bekommen, haben; bei diesem nasskalten Wetter kann man sich leicht einen ~ holen*
schnup|pern ⟨V. 400⟩ *den Atem einziehen, um zu wittern, schnüffeln*
Schnur[1] ⟨f.; -, Schnü̈re od. (selten) -en⟩ **1** *aus dünneren Fäden od. Fasern gedrehter dickerer Faden, Bindfaden, Kordel; eine derbe, dicke, dünne, feste, leinene, seidene ~; Perlen auf eine ~ fädeln, ziehen; mit Schnüren besetzen, einfassen, verzieren; ein Paket mit einer ~ umwickeln, verschnüren; die Gardine, einen Vorhang mit einer ~ zuziehen* • **1.1** *über die ~ hauen* ⟨fig.; umg.⟩ *übermütig sein, des Guten zu viel tun*
Schnur[2] ⟨f.; -, -en; veraltet⟩ *Schwiegertochter*
schnü|ren ⟨V.⟩ **1** ⟨500⟩ *etwas ~ mit einer Schnur umwickeln, zubinden, fest zusammenbinden; die Schuhe ~; das Mieder, die Taille ~* • **1.1** ⟨511⟩ *etwas um etwas ~ fest darumbinden; einen Bindfaden, Riemen, Strick um den Koffer ~;* →a. *Bündel (2.1)* **2** ⟨500/Vr 3⟩ *sich ~* ⟨veraltet⟩ *ein Mieder zum Schnüren (1) anlegen, tragen, sich damit schlanker zu machen suchen; sie hat sich zu fest geschnürt* **3** ⟨400⟩ *ein Tier schnürt setzt die Tritte beim Traben in gerader Linie hintereinander; der Wolf, Fuchs u. die Wildkatze ~*
schnur|ge|ra|de ⟨Adj.⟩ **1** *so gerade wie eine gespannte Schnur, ganz gerade; ein ~r Weg* **2** ⟨fig.⟩ *ohne Umschweife, unverzüglich, sofort; ~ auf ein Ziel zusteuern*
Schnurr|bart ⟨m.; -(e)s, -bär|te⟩ *Bart auf der Oberlippe*
Schnur|re ⟨f.; -, -n⟩ *scherzhafte Erzählung, Posse, Schwank*
schnur|ren ⟨V. 400⟩ **1** *ein leises, behagliches knurrendes Geräusch von sich geben; die Katze schnurrt* **2** *summen; der Kreisel, das Spinnrad schnurrt*
schnur|rig ⟨Adj. 60⟩ *eigenartig, wunderlich, sonderbar, drollig; eine ~e Alte; eine ~e Geschichte; ein ~er Kauz*
Schnür|sen|kel ⟨m.; -s, -⟩ *Band zum Schnüren des Schnürschuhs*
schnur|stracks ⟨Adv.⟩ *sofort, geradewegs, ohne Umschweife, unverzüglich*
Scho|ber ⟨m.; -s, -⟩ **1** *überdachter Platz zum Aufbewahren von Heu u. Ä.; Heu-* **2** *aufgeschichtetes Heu, Getreide u. Ä.*
Schock[1] ⟨n. 7; -s, -⟩ *60 Stück; ein, zwei ~ Eier; ein halbes ~* **2** ⟨selten fig.⟩ *große Menge*
Schock[2] ⟨m.; -(e)s, -s od. (selten) -e⟩ *plötzliche gewaltsame Erschütterung, die den Organismus trifft u. ihn an die äußerste Grenze seiner Anpassungsfähigkeit bringt; sie hat bei dem Unfall einen ~ erlitten*

scho|cken ⟨V. 500⟩ **1** *jmdn. ~* ⟨umg.⟩ *durch eine unerwartete Handlung erschrecken* **2** *einen Ball, eine Kugel ~* ⟨Sp.⟩ *mit gestrecktem Arm aus dem Stand od. nach kurzem Anlauf mit u. ohne Drehung werfen* **3** *jmdn. ~* ⟨Med.⟩ *mit einem künstlichen (meist elektrischen) Schock*[2] *behandeln*
scho|ckie|ren ⟨V. 500⟩ *jmdn. ~ in sittliche Entrüstung versetzen*
scho|fel ⟨Adj.; umg.; abwertend⟩ *erbärmlich, schäbig, niederträchtig, geizig;* oV *schofelig, schoflig; er ist sehr ~; eine schofle Gesellschaft*
scho|fe|lig ⟨Adj.⟩ = *schofel*
Schöf|fe ⟨m.; -n, -n⟩ **1** *ehrenamtliches Mitglied (Laienrichter) eines Gerichtes;* Sy ⟨bis 1972 amtl. Bez.⟩ *Geschworene(r)* **2** ⟨in der altpreuß. Magistratsverfassung⟩ *ländlicher Gemeinderat* **3** ⟨im MA seit Karl d. Gr.⟩ *einer der Angehörigen des Volksgerichtes, das für das Thing das Urteil fand*
schof|lig ⟨Adj.⟩ = *schofel*
Scho|ko|la|de ⟨f.; -, -n⟩ *Nahrungs- u. Genussmittel aus Kakao, Milch od. Sahne, Gewürzen, meist Kakaobutter u. bis zu 60 % Zucker, in Tafeln gewalzt od. in Figuren gegossen*
Scho|las|tik ⟨f.; -; unz.⟩ **1** *die auf die antike Philosophie gestützte, christliche Dogmen beinhaltende Philosophie u. Wissenschaft des Mittelalters* **2** ⟨abwertend⟩ *engstirnige Schulweisheit*
Schol|le ⟨f.; -, -n⟩ **1** *flaches, in den Umrissen unregelmäßiges Stück* • **1.1** *flacher Erdklumpen; die frisch umgebrochenen ~n auf dem Feld; die beim Pflügen entstandenen ~n zerkleinern* • **1.2** *Bruchstück einer Eisdecke; die ~n des Eises blockierten die Schifffahrt auf dem Fluss* **1.3** ⟨Geol.⟩ *ein von Verwerfungen umsäumtes Bruchstück der Erdkruste* **2** ⟨unz.; fig.⟩ *Heimatboden, Heimat; die eigene, ererbte, heimatliche, heimische ~; Liebe zur ~; sich nicht von der ~ trennen können* • **2.1** *an die ~ gebunden, gefesselt sein sich nicht von der Heimat trennen können* **3** *Plattfisch der europäischen Meere, Goldbutt: Pleuronectes platessa; gebackene ~ essen*
schon ⟨Adv.⟩ **1** Sy *bereits* • **1.1** *früher als erwartet, erhofft, gewünscht, frühzeitig; er ist ~ zurückgekommen; ~ heute wird er die Arbeit abschließen; warum willst du ~ gehen?* • **1.2** *sehr zeitig; ich muss ~ um 6 Uhr aufstehen; du kannst ~ jetzt kommen; ~ am frühen Morgen* • **1.3** *später, länger als erwartet; er liegt ~ 3 Wochen im Krankenhaus; das habe ich ~ längst gewusst; es ist ~ so spät* • **1.4** ~ (**wieder**) *wiederholt; was will er denn ~ wieder?; ~ einmal haben wir dort unseren Urlaub verbracht; das ist ~ das zweite Mal, dass …* **2** *rechtzeitig, bestimmt; es wird sich ~ wieder einrenken, geben; du wirst es ~ noch früh genug erfahren* • **2.1** *ich komme ~! ich bin bereits auf dem Wege* • **2.2** *endlich; wenn er doch ~ käme!; nun rede, schweig doch ~* **3** ⟨einräumend od. bedingend⟩ **3.1** *wohl, zwar, auch, an u. für sich; es wird ~ gehen; das mag ~ so gewesen sein; das wird ~ stimmen, nur …; was kann er ~ wollen!; möglich, wenn es ~ wahr ist, so hätte er doch …; das ist ~ möglich, doch ich kann es nicht glauben;*

(das ist) ~ gut, recht, richtig, wahr, aber ... • 3.2 *ohnehin;* es ist so ~ teuer genug; ich habe deinen Wink ~ verstanden • 3.2.1 man konnte es kaum Freundschaft nennen, Liebe ~ gar nicht *erst recht nicht* • 3.3 (na,) **wenn** ~! ⟨umg.⟩ *macht nichts!* • 3.3.1 wenn ~, denn ~ ⟨umg.⟩ *keine halben Sachen, wenn überhaupt, dann richtig;* wenn ~, dann gründlich, richtig • 3.4 *allein;* ~ sie zu sehen, machte ihm Freude; ~ der Gedanke daran ist mir schrecklich; ~ der Name sagte mir genug

schön ⟨Adj.⟩ **1** *ästhetisch angenehm berührend, wohlgefällig;* das Schöne und Gute; sie ist stets auf das Schönste bedacht • **1.1** *optisch angenehm berührend;* eine ~e Frau; ein ~er Mann; ein ~es Kind, Mädchen; ~e Augen, Beine, Hände; ~e Bilder, Kleider, Möbel, Stoffe; ein ~er Garten, Park; ein ~es Haus; eine ~e Aussicht haben; ~ von Aussehen, Gestalt; die Schönste von allen; ~ wie ein Bild; sie ist (auffallend, blendend, ungewöhnlich) ~ • **1.2** *akustisch angenehm berührend;* sie besitzt eine ~e Stimme • **1.3** ⟨60⟩ jmdm. ~e **Augen** machen ⟨fig.⟩ *mit jmdm. kokettieren* • **1.4** ⟨60⟩ das ~e **Geschlecht** ⟨poet.⟩ *die Frauen* • **1.5** ⟨60⟩ die ~en **Künste** *Dichtung, Musik, Malerei, Bildhauerei* • **1.6** ⟨60⟩ die ~e **Literatur** *die nicht zweckgebundene, die dichterische u. unterhaltende Literatur, Belletristik* • **1.7** ⟨60⟩ Schöne **Madonna** *Sonderform der Madonnendarstellung in der dt. Kunst zu Beginn des 15. Jh.* • **1.8** ⟨60⟩ eine ~e **Seele** *ein empfindsames Gemüt* • **1.9** ~ ist anders ⟨iron.⟩ *es ist alles andere als schön, es ist ausgesprochen hässlich* **2** *angenehm;* du hast ~ geredet; am ~sten wäre es, wenn ...; in ~ster Harmonie beisammen sein; ein ~er Morgen; etwas Schönes erleben; wir wollen es ~ haben; das waren noch ~e Zeiten; es verlief alles auf das, aufs ~ste/Schönste • **2.1** ⟨60⟩ eines ~en **Tages** ⟨fig.⟩ *irgendwann einmal* • **2.2** er hatte, starb einen ~en **Tod** *er starb leicht, ohne langen Todeskampf* • **2.3** ~es **Wetter** *klares, trockenes W.* • **2.4** ⟨60⟩ ~e **Worte** machen ⟨fig.⟩ *schmeicheln* • **2.5** das ist ein ~er **Zug** von ihm *eine gute Eigenschaft* • **2.6** ⟨60; fig.; iron.⟩ *unangenehm;* das sind ja ~e Aussichten • **2.6.1** das ist ja eine ~e Bescherung! *eine unangenehme Überraschung* • **2.6.2** das ist ja eine ~e Geschichte *eine unangenehme Angelegenheit* • **2.6.3** von dir hört man ja ~e Sachen *nichts Gutes* • **2.6.4** da hast du etwas Schönes angerichtet, angestellt *eine Dummheit gemacht* **3** *so, wie es sein soll, in Ordnung;* bleib, sei ~ brav! • **3.1** das hast du aber ~ gemacht, geschrieben, gemalt *gut, sauber, ordentlich* • **3.2** ⟨40⟩ das wäre ja noch ~er! *(Ausruf der Ablehnung) das kommt gar nicht in Frage* • **3.3** ⟨40⟩ das wird ja immer ~er (mit dir)! ⟨iron.⟩ *du treibst es allmählich zu bunt, das geht zu weit* • **3.4** du bist mir ja ein ~er **Freund** ⟨iron.⟩ *du hast mich als F. enttäuscht* **4** *freundlich, höflich;* ~en Dank!; danke, bitte ~! **5** ⟨60; umg.⟩ *beträchtlich, groß;* einen ~en Gewinn erzielen • **5.1** das ist eine ~e Stange Geld *viel G.* • **5.2** ⟨50⟩ (ganz) ~ *sehr, ziemlich;* er wird ganz ~ staunen, überrascht sein, wenn er davon erfährt; sie müsste ganz ~ arbeiten, um ...; er wird sich ~ wun-

dern, wenn ...; ich habe mich ~ gewundert, als ...; er wird sich dabei ~ langweilen; du bist ~ dumm, dass du ...; es ist ~ ziemlich dumm von dir, wenn du ... **6** ⟨umg.⟩ *gut, einverstanden, ja (als Antwort);* ~, ich bin einverstanden; na ~ **7** ⟨Getrennt- u. Zusammenschreibung⟩ • **7.1** ~ machen = schönmachen (I)

scho|nen ⟨V. 500⟩ **1** ⟨Vr 8⟩ **jmdn.** od. **etwas** ~ *gut, behutsam, pfleglich behandeln, Rücksicht nehmen auf jmdn. od. etwas;* fremdes Eigentum ~; jmds. Gefühle, Schwäche ~; seine Gegner ~; du musst deine Kleider, deine Sachen mehr ~; man sollte ihn nicht länger ~ (sondern endlich gegen ihn vorgehen); dieses Waschmittel schont die Wäsche; jmdm. auf ~de Weise etwas beibringen; jmdm. ~d die Wahrheit sagen; jmdn. ~d auf etwas vorbereiten; möglichst ~d gegen jmdn. vorgehen; ~de Behandlung; ~des Verfahren • **1.1** sie schont ihren Kopf ⟨fig.; umg.⟩ *denkt nicht nach* • **1.2** er schont sein Geld ⟨fig.; umg.⟩ *ist äußerst sparsam* **2** ⟨Vr 3⟩ **sich** ~ *sich nicht überanstrengen, seine Kräfte sorgsam einteilen, auf seine Gesundheit bedacht sein;* du solltest dich mehr ~!; sie muss ihre Augen, ihre Gesundheit, ihre Kräfte, ihren Magen ~; der Patient muss sich ~

Scho|ner[1] ⟨m.; -s, -⟩ *Schutzdecke, -hülle;* Matratzen~

Scho|ner[2] ⟨m.; -s, -⟩ *mehrmastiges Segelschiff*

schön|fär|ben ⟨V. 500⟩ etwas ~ *beschönigen, zu günstig, optimistisch darstellen;* ich weiß Bescheid, du brauchst nichts schönzufärben

schön|geis|tig ⟨Adj. 24⟩ *die schönen Künste betreffend, sie bevorzugend, liebend, auf ihnen beruhend*

Schön|heit ⟨f.; -, -en⟩ **1** *das Schönsein, schönes Aussehen;* geistige, sinnliche ~; hinreißende, leuchtende, makellose, strahlende, überwältigende ~; landschaftliche ~en; die ~ der Natur; ein Kunstwerk von großer, klassischer, strenger ~; der ~ dienen, huldigen **2** *schöne Frau;* sie ist eine ~

Schon|kost ⟨f.; -; unz.⟩ = *Diät*

schön|ma|chen *auch:* **schön ma|chen** ⟨V.⟩ **I** ⟨500/Vr 3; umg.⟩ Zusammen- u. Getrenntschreibung⟩ sich ~ *sich sorgfältig kleiden u. sich ein gepflegtes Aussehen geben* **II** ⟨400; nur Zusammenschreibung⟩ der **Hund** kann schönmachen *sich auf die Hinterpfoten setzen;* ⟨aber nur Getrenntschreibung⟩ etwas schön machen → *schön (3.1)*

schön|re|den ⟨V. 403⟩ (**jmdm.**) ~ *schmeicheln;* er redete ihr schön; ⟨aber Getrenntschreibung⟩ schön reden → *schön (2)*

schön|schrei|ben ⟨V. 230/400⟩ *in Schönschrift schreiben;* ⟨aber Getrenntschreibung⟩ schön schreiben → *schön (3.1)*

Schön|schrift ⟨f.; -, -en⟩ *ebenmäßige, ordentliche Schrift;* im Unterricht ~ üben

Scho|nung ⟨f.; -, -en⟩ **1** ⟨unz.⟩ *das Schonen, pflegliche Behandlung, Rücksichtnahme, Sorgfalt, Achtung, Schutz, Mäßigung, Nachsicht, Gnade;* jmdn. od. etwas mit ~ behandeln; ohne ~ verfahren, vorgehen; um ~ für jmdn. od. etwas bitten, ersuchen, flehen; die ~ deiner Gesundheit geht vor; ~ walten lassen; er kann auf keine ~ rechnen • **1.1** einer Sache ~ angedeihen lassen *eine S. schonend behandeln* • **1.2** er kennt keine ~ *er geht rücksichtslos vor* **2** ⟨unz.⟩ *Vermeiden von Überanstrengung, sorgsame Einteilung seiner Kräfte zur Erhaltung der Gesundheit; der Arzt hat dem Patienten noch ~ auferlegt; der Zustand der Patientin verlangt äußerste ~* **3** *geschützter Forstbezirk mit jungen Pflanzungen; der Förster wird eine ~ anlegen; die ~ nicht betreten*

Schopf[1] ⟨m.; -(e)s, Schö|pfe⟩ **1** *Haarbüschel auf dem Kopf; jmdn. beim ~ fassen, haben, halten, packen* • **1.1** eine **Gelegenheit beim ~(e) ergreifen,** fassen, nehmen, packen ⟨fig.⟩ *sofort nutzen* **2** *etwas, was dem Schopf (1) äußerlich ähnelt* • **2.1** *Blätterbüschel* • **2.2** ⟨Jägerspr.⟩ *verlängerte Kopffedern (bei verschiedenen Vogelarten)*

Schopf[2] ⟨m.; -(e)s, Schö|pfe; oberdt.⟩ *Schuppen, Wetterdach*

schöp|fen ⟨V.⟩ **1** ⟨500⟩ **etwas ~** *mit einem Gefäß od. der hohlen Hand aufnehmen, heben;* Wasser mit dem Eimer, mit der hohlen Hand aus dem Bach, Brunnen, aus der Quelle ~ • **1.1** ⟨511⟩ Wasser in ein Sieb ~ ⟨fig.⟩ *etwas Unmögliches, Unsinniges tun* • **1.2** ⟨413⟩ aus dem **Vollen** ~ ⟨fig.⟩ *ohne jede Einschränkung frei verfügen können, nicht eingeengt sein* **2** ⟨500⟩ **Papier ~** *die Masse mit einem Sieb aufnehmen u. auf die Formplatte gießen* **3** ⟨500⟩ **Atem, Luft ~** ⟨fig.⟩ *tief einatmen* • **3.1** ich will noch ein wenig **frische Luft ~** *an die frische Luft, ins Freie gehen* • **3.2** ⟨512 m. Modalverb⟩ endlich kann ich wieder **Luft ~** *aufatmen, die Gefahr ist vorüber* **4** ⟨500⟩ **etwas ~** ⟨fig.⟩ *gewinnen, (von neuem) bekommen;* Hoffnung, Mut, Vertrauen ~; ich muss erst wieder Kraft ~ • **4.1** er hat **Verdacht** geschöpft ⟨fig.⟩ *er ist misstrauisch geworden, er ahnt etwas* **5** ⟨500⟩ **etwas ~** ⟨fig.⟩ veraltet⟩ *schaffen, erschaffen; neue Worte ~* **6** ⟨400⟩ **Wild, Hunde ~** ⟨Jägerspr.⟩ *trinken*

Schöp|fer[1] ⟨m.; -s, -⟩ *Gefäß zum Schöpfen, Schöpfkelle od. -eimer*

Schöp|fer[2] ⟨m.; -s, -⟩ **1** *jmd., der schöpferisch tätig ist, etwas erschafft, Urheber (eines Kunstwerkes); der ~ dieses Denkmals, Entwurfs, Gemäldes, Kunstwerks, Projektes* **2** *Gott;* dem ~ sei Dank, gedankt; er kann seinem ~ danken, dass …; sie dankten ihrem ~ für ihre Rettung; der allmächtige, ewige ~

Schöp|fe|rin ⟨f.; -, -rin|nen⟩ *weibl. Schöpfer*[2] *(1)*

schöp|fe|risch ⟨Adj.⟩ **1** *(fantasievoll) etwas Neues, Bedeutendes schaffend, gestaltend;* ein ~er Akt; eine ~e Arbeit leisten; ~e Kräfte wirken lassen; eine ~e Fantasie entfalten; ~ tätig sein, wirken; ein ~ tätiger Mensch **2** *die Fähigkeit besitzend, (fantasievoll) etwas Neues, Bedeutendes zu schaffen, zu gestalten;* ein ~er Geist, Kopf, Mensch **3** *die Voraussetzung bietend, (fantasievoll) etwas Neues, Bedeutendes zu schaffen, zu gestalten;* eine ~e Anlage, Gabe, Natur besitzen; ein ~ er Augenblick; eine ~e Pause einlegen; ein ~ veranlagter Mensch

Schöp|fung ⟨f.; -, -en⟩ **1** *Erschaffung;* die ~ der Erde, eines Kunstwerks • **1.1** *Erschaffung der Welt, des Weltalls* **2** *das Geschaffene, Werk eines schöpferischen Menschen* • **2.1** *Kunstwerk;* eine bewundernswerte,

unvergängliche ~ dieses Meisters • **2.2** *Gesamtheit des von Gott Erschaffenen; der Mensch als Krone der ~; die Wunder der ~;* →a. *Herr (2.2)*

Schop|pen ⟨m.; -s, -⟩ **1** ⟨oberdt.⟩ *Flüssigkeitsmaß, etwa* ½ *l,* ½ *Flasche* **2** ⟨Gastronomie⟩ ¼ *l (Bier od. Wein)* **3** ⟨alemann.⟩ *Saugflasche*

Schöps ⟨m.; -es, -e; ostmdt. u. südostdt.⟩ *Hammel*

Schorf ⟨m.; -(e)s, -e⟩ *verkrusteter Belag über einer Wunde, bes. aus eingetrocknetem Wundsekret, Blut u. Gewebsflüssigkeit bestehend*

Schor|le ⟨f. 7; -, -n od. n.; -s, -s⟩ *mit Mineralwasser gemischter Wein, Apfelwein od. Apfelsaft;* eine Apfelwein~ bestellen

Schorn|stein ⟨m.; -(e)s, -e⟩ **1** *bis über das Dach hochgeführter Kanal zum Abzug für die Rauchgase der Feuerstätten, Esse, Schlot, Kamin;* der ~ qualmt, raucht • **1.1** die ~e rauchen wieder ⟨fig.⟩ *es wird wieder gearbeitet* • **1.2** eine Schuld in den ~ schreiben ⟨fig.; umg.⟩ *die Hoffnung aufgeben, dass eine Schuld bezahlt wird, eine Schuld verloren geben* • **1.3** er raucht wie ein ~ ⟨fig.; umg.⟩ *sehr viel* • **1.4** er hat sein Erbteil, Geld, Vermögen zum ~ hinausgejagt ⟨fig.; umg.⟩ *vergeudet*

Schoss ⟨m.; -es, -e⟩ *Ausläufer, junger Trieb (einer Pflanze);* Sy *Schössling, Trieb (2); der Baum treibt einen neuen ~; Schosse treiben*

Schoß[1] ⟨m.; -es, Schö|ße⟩ **1** *beim Sitzen durch Unterleib u. Oberschenkel gebildete Vertiefung;* weinend legte sie ihren Kopf in den ~ der Mutter; das Kind klettert der Mutter auf den ~, auf den ~ der Mutter; ein Kind auf den ~ nehmen; auf jmds. ~ sitzen; sie warf ihr den Ball in den ~ • **1.1** die Hände in den ~ legen ⟨fig.⟩ *nichts tun, müßig sein* • **1.2** das Glück ist ihr nur so in den ~ gefallen ⟨fig.⟩ *kam unerwartet, ohne dass sie sich darum bemüht hätte* • **1.3** wie in Abrahams ~ sitzen ⟨fig.⟩ *wohl behütet* **2** *Mutterleib* • **2.1** es ruht im ~(e) der Vergessenheit ⟨fig.⟩ *ist vergessen* • **2.2** das liegt, ruht noch im ~(e) der Zukunft *darüber kann man noch nichts sagen, die Zukunft wird es zeigen* **3** ⟨poet.⟩ *weibl. Geschlechtsteil, Scheide* **4** ⟨fig.⟩ *Schutz, Geborgenheit* • **4.1** in den **~ der Familie** zurückkehren *zur F. heimkehren* • **4.2** in den **~ der Kirche** zurückkehren *zum Glauben zurückfinden* **5** *Hüftteil (mancher Kleidungsstücke);* Frack~, Rock~; ein Frack mit langen Schößen; eine Jacke mit langem ~

Schoß[2] ⟨f.; -, -en od. ⟨österr.⟩ Schö|ße⟩ **1** ⟨österr.⟩ *Damenrock* **2** ⟨schweiz.⟩ *Schürze, Arbeitsmantel;* Berufs~

Schöss|ling ⟨m.; -s, -e⟩ = *Schoss*

Scho|te[1] ⟨f.; -, -n⟩ **1** *Fruchtform der Kreuzblütler* **2** ⟨volkstüml.⟩ = *Hülse (2)*

Scho|te[2] ⟨f.; -, -n; Mar.⟩ *Tau zum Segelspannen, Segelleine*

Scho|te[3] ⟨f.; -, -n; umg.⟩ *spaßiger Einfall, witzige Geschichte;* ~n erzählen

Schot|ter ⟨m.; -s, -⟩ **1** *grobes Geröll (z. B. in Flüssen)* **2** *fein geschlagene Steine (bes. zum Straßenbau);* Straßen~

schraf|fie|ren ⟨V. 500⟩ **Flächen** einer Zeichnung ~

mit feinen parallelen Strichen bedecken; die Landesteile mit mehr als 200 Einwohnern pro Quadratkilometer sind auf dieser Karte schraffiert dargestellt

schräg ⟨Adj.⟩ **1** *geneigt, weder senkrecht noch waagerecht* **2** *von einer (gedachten) Geraden in gerader Richtung abweichend, ohne einen rechten Winkel zu bilden;* eine ~e Linie, Richtung; du sollst nicht ~ über die Straße gehen • 2.1 den Stoff zum Rock ~ **verarbeiten** *nicht gerade, sondern in einem Winkel von 45° zum Verlauf der Fäden* **3** ⟨fig.; umg.⟩ *merkwürdig, seltsam;* das war ein ~er Film **4** ⟨Getrennt- u. Zusammenschreibung⟩ • 4.1 ~ **legen** = *schräglegen* • 4.2 ~ **stellen** = *schrägstellen* • 4.3 ~ **laufend** = *schräglaufend*

schräg|lau|fend *auch:* **schräg lau|fend** ⟨Adj. 24/60⟩ *schräg, in einer schrägen Linie verlaufend*

schräg|le|gen *auch:* **schräg le|gen** ⟨V. 500⟩ **1** *etwas ~ etwas schräg hinlegen* **2** *den Kopf ~ (leicht) geneigt halten*

schräg|stel|len *auch:* **schräg stel|len** ⟨V. 500⟩ *etwas ~ etwas schräg hinstellen*

Schram|me ⟨f.; -, -n⟩ **1** *Kratzwunde, oberflächlicher Riss, länglich klaffende Hautwunde* **2** *Ritz, Kratzer (in Glas, auf Politur);* die vielen ~n im Glas der Tischplatte waren vor dem Transport noch nicht da

Schrank ⟨m.; -(e)s, Schrän|ke⟩ **1** *aufrecht stehendes, meist verschließbares Möbel zum Aufbewahren von Kleidung, Geschirr, Büchern u. a.;* Kleider~, Geschirr~, Bücher~; einen ~ ausräumen, einräumen, öffnen, schließen; →a. Tasse (2) **2** ⟨Jägerspr.⟩ *seitlicher Abstand der Tritte einer Fährte von einer gedachten geraden Linie (beim Rothirsch)*

Schran|ke ⟨f.; -, -n⟩ oV ⟨österr.⟩ *Schranken* **1** *horizontal gelegte lange Stange als Absperrung (z. B. Schlagbaum, Bahnschranken u. Ä.);* die ~n des Bahnüberganges, einer Rennbahn, eines Sportplatzes; die ~n aufziehen, herunterlassen, hochziehen, schließen (am Bahnübergang) • 1.1 auch die letzten ~n zwischen ihnen fielen ⟨fig.⟩ *das, was sie noch trennte* • 1.2 ~n ⟨des Gerichts⟩ ⟨fig.⟩ *Gericht;* vor den ~n ⟨des Gerichts⟩ erscheinen, stehen, sich verantworten • 1.2.1 jmdn. vor die ~n ⟨des Gerichts⟩ fordern *eine gerichtliche Entscheidung fordern* • 1.3 jmdn. in die ~n weisen ⟨fig.⟩ *zur Mäßigung ermahnen, zurückweisen* • 1.3.1 jmdn. in ~n halten ⟨fig.⟩ *zur Mäßigung anhalten* • 1.3.2 sich in ~n halten ⟨fig.⟩ *sich mäßigen, beherrschen* **2** ⟨nur Pl.⟩ *umgrenzter Raum, Kampfplatz;* so fordr' ich mein Jahrhundert in die ~n (Schiller, „Don Carlos") • 2.1 jmdn. in die ~n fordern ⟨fig.⟩ *zum Kampf fordern* • 2.2 mit jmdm. in die ~n treten ⟨fig.⟩ *sich zum Kampfe stellen* • 2.3 er ist für dich in die ~n getreten ⟨fig.⟩ *er hat sich für dich eingesetzt* **3** ⟨nur Pl.⟩ ~n ⟨fig.⟩ *Grenze(n);* die ~n der Konvention, der Wirklichkeit; die ~n einstoßen, überspringen; deiner Hilfsbereitschaft sind keine ~n gesetzt; seinem Streben nach Selbstständigkeit waren noch enge ~n gesetzt, gezogen; in der Erregung kennt er keine ~n • 3.1 sich ~n auferlegen *sich Grenzen setzen* • 3.2 ~n errichten ⟨a. fig.⟩ *einschränken* • 3.3 die ~n niederreißen, überschreiten,

übertreten ⟨a. fig.⟩ *gesetzliche Bestimmungen, Grenzen übertreten*

Schran|ken ⟨m.; -s, -; regional⟩ = *Schranke*

schran|ken|los ⟨Adj. 24⟩ **1** *ohne Schranke* **2** ⟨fig.⟩ *unbeherrscht, zügellos*

schrap|pen ⟨V.; bes. norddt.⟩ **1** ⟨500⟩ etwas ~ *kratzen, schaben, scheuern, scheuernd reiben;* Gemüse, Möhren ~; Töpfe, Pfannen ~ **2** ⟨411⟩ **auf etwas** ~ *kratzen, schaben, quietschende Töne erzeugen;* er schrappt auf der Geige

Schrat ⟨m.; -(e)s, -e⟩ *zottiger Waldgeist;* oV *Schratt;* Wald~

Schratt ⟨m.; -(e)s, -e⟩ = *Schrat*

Schrau|be ⟨f.; -, -n⟩ **1** *walzenförmiger Körper mit Gewinde, der in einen anderen Körper eingedreht werden kann, zur Herstellung lösbarer Verbindungen, zur Erzeugung von Druck od. zur Übertragung von Bewegung;* eine ~ anziehen, ausschrauben, einschrauben, lockern; eine ~ mit Mutter; etwas mit ~n befestigen • 1.1 das ist ja eine ~ **ohne Ende** ⟨fig.⟩ *eine endlose Sache* • 1.2 bei ihm ist eine ~ **locker, los** ⟨fig.; umg.; derb⟩ *er ist ein bisschen verrückt* **2** *Propeller als Antriebsmittel für Schiffe, Luftfahrzeuge u. a.;* Schiffs~, Luft~ **3** ⟨Sp.⟩ *spiralige Bewegung um die Längsachse des Körpers (z. B. beim Turmspringen)*

schrau|ben ⟨V. 228/500⟩ **1** ⟨511 od. 513⟩ **etwas irgendwie** od. **irgendwohin** ~ *irgendwie od. irgendwo mit Schrauben befestigen;* etwas fester, loser ~; eine Platte auf das Gerät ~ **2** ⟨510⟩ etwas **in die Höhe** ~ ⟨fig.⟩ *(immer wieder) erhöhen;* die Preise in die Höhe ~ **3** ⟨511/Vr 3⟩ **sich irgendwohin** ~ *(drehend) bewegen* • 3.1 das Flugzeug schraubte sich allmählich in die Höhe *stieg in Windungen in die Höhe*

Schraub|stock ⟨m.; -(e)s, -stöcke⟩ *Werkzeug zum Festhalten von Arbeitsstücken, die mit der Hand oder einer Maschine bearbeitet werden sollen*

Schre|ber|gar|ten ⟨m.; -s, -gär|ten⟩ *kleiner Garten innerhalb einer Gartenkolonie, meist am Stadtrand gelegen*

Schreck ⟨m.; -(e)s, -e⟩ **1** = *Schrecken;* vor ~ aufschreien, beben, davonlaufen, fast vergehen, zittern; sie war vor ~ wie gelähmt; bleich, halb ohnmächtig, starr, steif vor ~ • 1.1 ⟨Ausruf der Bestürzung⟩ ach du mein ~!; ~, lass nach!

schre|cken ⟨V.⟩ **1** ⟨500/Vr 8⟩ **jmdn.** ~ *in Schrecken versetzen, erschrecken, ängstigen* • 1.1 **sich** ~ ⟨österr.⟩ *sich erschrecken* **2** ⟨229/400; Jägerspr.⟩ *Schrecklaute ausstoßen (bes. beim Rotwild)*

Schre|cken ⟨m.; -s, -⟩ *heftige, plötzliche, mit Angst u. Entsetzen verbundene Gemütserschütterung;* oV *Schreck;* ein eisiger, großer, jäher, panischer, tiefer ~; ~ des Krieges, Todes, des Unwetters; einen ~ bekommen, erleben, fühlen, kriegen; jmdm. einen ~ bereiten, einflößen, einjagen, versetzen; bei jmdm. ~ hervorrufen, verbreiten; jmdn. in ~ halten, versetzen; ~ befiel, durchfuhr, erfasste, erfüllte, überfiel die Menge; die ~ dieser Stunde werde ich nie vergessen; zu meinem ~ musste ich feststellen, dass …; der ~ fuhr mir durch, in die Glieder, Knochen; der ~ lag mir noch in den Gliedern, in den Knochen; ~ stieg in ihr hoch; auf den ~ hin muss ich erst einmal einen Schnaps trinken; da sind wir noch einmal mit dem (bloßen) ~ davongekommen; der Gedanke daran hat nichts von seinem ~ verloren; ich muss mich vom ersten ~ erholen; lieber ein Ende mit ~ als ein ~ ohne Ende (Major Ferdinand von Schill, 1809)

Schreck|ge|spenst ⟨n.; -(e)s, -er⟩ Sy *Popanz (1)* **1** *Entsetzen u. Schrecken verbreitendes Gespenst* **2** ⟨fig.⟩ *drohende Gefahr, Vorstellung von etwas Schrecklichem;* das ~ des Krieges heraufbeschwören

schreck|haft ⟨Adj.⟩ *leicht erschreckend;* sehr ~ sein

schreck|lich ⟨Adj.⟩ **1** *furchtbar, entsetzlich, grauenvoll;* eine ~e Entdeckung, Mitteilung, Nachricht; ein ~es Ereignis, Erlebnis, Unglück; die Unfallstelle bot einen ~en Anblick; er stieß ~e Drohungen, Verwünschungen aus; das wird noch ein ~es Ende nehmen; gegen diese ~e Krankheit ist der Mensch machtlos; er hat Schreckliches erlebt; auf das Schrecklichste gefasst sein; sie haben ihn aufs ~ste/Schrecklichste zugerichtet **2** ⟨70; umg.⟩ *(sehr) unangenehm;* ich habe ~e Stunden, Tage hinter mir; sie leidet unter der ~en Hitze; wie ~! (Ausruf des Erschreckens u. des Mitleids) • **2.1** ein ~er Mensch! *ein unausstehlicher M.* **3** ⟨50; umg.⟩ *sehr;* ich freue mich ~ darauf; es hat ~ lange gedauert

Schred|der ⟨m.; -s, -⟩ *Maschine zum Zertrümmern u. Zusammenpressen von Schrott*

Schrei ⟨m.; -(e)s, -e⟩ *lauter Ausruf eines Lebewesens, bes. bei Angst ausgestoßen;* →a. *letzte (4.1)*

Schrei|be ⟨f.; -; unz.; umg.⟩ **1** ⟨unz.⟩ *Art zu schreiben, Schreibstil;* die ~ eines Journalisten • **1.1** *Geschriebenes, schriftsprachliche Form* **2** (kurz für) *Schreibgerät*

schrei|ben ⟨V. 230⟩ **1** ⟨402⟩ (etwas) ~ *in Zeichen, Buchstaben od. Zahlen schriftl. niederlegen, zu Papier bringen;* Adressen ~; dieses Wort hast du falsch, richtig geschrieben (nach den Regeln der Rechtschreibung); einen Begriff getrennt ~; eine Arbeit ins Konzept, ins Reine ~; der Lehrer hat das Aufsatzthema an die Tafel geschrieben; das gesprochene und das geschriebene Wort; das Kind kann schon, lernt in der Schule ~; diese Feder schreibt zu dick, gut, schlecht; wie viele Silben schreibt sie in der Minute? • **1.1** ~ein Namen unter etwas ~ *etwas unterschreiben* • **1.2** schreib dir das hinter die Ohren! ⟨fig.; umg.⟩ *lass dir das zur Warnung dienen, merke dir das, richte dich künftig danach!* • **1.3** das steht in den Sternen geschrieben ⟨fig.⟩ *ist völlig ungewiss* • **1.4** es stand ihm auf der Stirn geschrieben, dass er log ⟨fig.⟩ *es war offensichtlich* • **1.5** dieses Geld kannst du in den Schornstein ~ ⟨fig.; umg.⟩ *das wirst du nie zurückbekommen, darauf wirst du verzichten müssen* • **1.6 etwas in bestimmter Weise ~** *in bestimmter Weise schriftlich niederlegen;* mit Bleistift, Farbstift, Füllfederhalter, Kreide, Kugelschreiber, Rotstift, Schreibmaschine ~; mit der Hand, mit dem Computer ~; etwas in Stenografie ~; nach Diktat ~; deutlich, eng, gut, sauber, unleserlich ~; langsam, schnell ~ **2** ⟨500⟩ **etwas** ~ *schriftlich niederlegen, verfassen;* in der Schule einen Aufsatz ~; er schreibt ein Buch, ein Drama, ein Fernsehstück, einen Roman; der Artikel ist flüssig, gewandt, leicht, verständlich geschrieben; ein humorvoll geschriebener Roman; geschriebenes und ungeschriebenes Recht • **2.1** diese Rolle ist ihr auf den Leib geschrieben ⟨fig.; umg.⟩ *wie für sie geschrieben, so gut eignet sie sich dafür* • **2.2** ⟨800⟩ **an etwas** ~ *mit der Niederschrift von etwas beschäftigt sein;* er schreibt an seiner Dissertation, Examensarbeit **3** ⟨410⟩ *als Autor, Schriftsteller tätig sein;* er schreibt für den Rundfunk, für Zeitschriften, Zeitungen **4** ⟨500⟩ einen guten **Stil**, eine schlechte **Handschrift** ~ *in gutem S., in schlechter H. formulieren, zu Papier bringen;* guten, schlechten Stil ~; er schreibt eine gute Handschrift • **4.1** eine gewandte Feder ~ *einen gewandten Stil haben* **5** ⟨500⟩ **etwas** ~ *schriftlich mitteilen;* wir werden dir die Ergebnisse der Besprechung ~; er schreibt ihm, dass … • **5.1** ⟨602 od. 802⟩ **jmdm.** od. **an jmdn.** (eine Nachricht, einen Brief) ~ *eine N., einen B. senden;* ich schreibe ihm einen Brief, einen Brief an ihn • **5.2** ⟨500⟩ **etwas** ~ *berichten;* die Zeitung schreibt darüber Folgendes … • **5.3** ⟨517/Vr 3⟩ **sich mit jmdm.** ~ ⟨umg.⟩ *in Briefwechsel stehen mit jmdm.* **6** ⟨513/Vr 3⟩ **sich in bestimmter Weise** ~ *in bestimmter Weise (orthografisch) buchstabiert werden;* wie schreibt er sich? Er schreibt sich Mueller mit ue; das Wort schreibt sich mit y **7** ⟨520/Vr 3⟩ **sich X Y** ~ *XY heißen* **8** ⟨500⟩ **etwas** ~ *als Datum haben;* wir ~ heute den 2. Juli 2008 • **8.1** man schrieb das Jahr 1914 *es war, geschah im Jahr 1914* **9** ⟨550⟩ **etwas auf etwas** ~ *verbuchen, eintragen;* einen Betrag auf ein Konto, eine Rechnung ~; →a. *sagen (1.2)*

Schrei|ben ⟨n.; -s, -⟩ *Schriftstück, Brief;* ein ~ abfassen, absenden, diktieren, richten an; wir danken Ihnen für Ihr ~ vom …; in unserem ~ vom … baten wir Sie …, fragten wir an, ob …

Schrei|ber ⟨m.; -s, -⟩ **1** *jmd., der etwas schreibt od. geschrieben hat* **2** *Schriftsteller, Verfasser eines literarischen Werkes* **3** ⟨schweiz.⟩ *Schriftführer, Sekretär;* Gemeinde~ **4** ⟨veraltet⟩ *Angestellter, Beamter, dessen Tätigkeit hauptsächlich im Schreiben (von Akten, Briefen) besteht* **5** *Empfangsgerät für Fernmeldungen;* Fern~

Schrei|be|rin ⟨f.; -, -rin|nen⟩ *weibl. Schreiber (1-4)*

schreib|ge|wandt ⟨Adj. 70⟩ **1** *geübt im (raschen) Schreiben* **2** *in einem guten Stil schreibend*

Schreib|ma|schi|ne ⟨f.; -, -n⟩ *Maschine, mit der man durch Niederdrücken von Tasten schreibt*

Schreib|tisch ⟨m.; -(e)s, -e⟩ *Arbeitstisch zum Schreiben*

schrei|en ⟨V. 231⟩ **1** ⟨400⟩ *Schreie ausstoßen, die Stimme laut erschallen lassen, laut sprechen, rufen, brüllen;* vor Angst, Furcht, Schmerz ~; um Hilfe ~; kläglich, mörderisch ~; wir hörten ein entsetzliches Schreien; wie ein Berserker, wie eine angestochene Sau, wie am Spieß ~; der Affe, der Hirsch, das Käuzchen, der Papagei schreit • **1.1** schrei nicht so, ich bin nicht taub! *sprich leiser* • **1.2** das **Kind** schreit *weint heftig;* laut ~d lief das Kind davon • **1.3** *kreischen, gellen; durchdringend, gellend, laut, markerschütternd, schrill ~;* die Säge schreit • **1.4** es war **zum**

Schreien (komisch) *außerordentlich komisch* • 1.5 er schrie **vor Lachen** ⟨umg.⟩ *er lachte sehr* • 1.6 ⟨unpersönl.⟩ es schreit **gen, zum Himmel** ⟨fig.; umg.⟩ *ist unerhört, empörend, verlangt Abhilfe, Bestrafung* • 1.7 ⟨513/Vr 3⟩ **sich heiser ~** *so lange schreien, bis man heiser ist* **2** ⟨500⟩ **etwas ~** *in großer Lautstärke herausrufen;* Hilfe, Zeter und Mord(io) ~ ⟨umg.⟩ • 2.1 Ach und Weh ~ *jammern, klagen* • 2.2 ⟨531⟩ **jmdm. etwas ins Gesicht ~** *jmdn. aus nächster Nähe mit etwas sehr lautstark ansprechen;* er schrie ihnen seine Verachtung ins Gesicht • 2.3 ⟨800⟩ **nach jmdm. od. etwas ~** ⟨fig.⟩ *heftig verlangen;* alles in ihr schrie nach ihren Kindern; nach Rache, Vergeltung ~

Schrei|e|rei ⟨f.; -; unz.⟩ *anhaltendes, lästiges Schreien*

Schrein ⟨m.; -(e)s, -e⟩ *stehender Behälter mit Türen, Schrank, Kasten, Lade (bes. zum Aufbewahren von Reliquien);* Reliquien~; etwas im ~ *des Herzens, der Seele bewahren* ⟨fig.⟩

Schrei|ner ⟨m.; -s, -; südd. u. westdt.⟩ = *Tischler*

Schrei|ne|rin ⟨f.; -, -rin|nen; südd. u. westdt.⟩ = *Tischlerin*

schrei|ten ⟨V. 232(s.)⟩ **1** ⟨410⟩ *gemessenen Schrittes, feierlich gehen;* die Trauernden schritten hinter dem Sarge **2** ⟨411⟩ **zu etwas ~** ⟨fig.⟩ *übergehen, mit etwas beginnen, sich an etwas machen;* zur Tat, Wahl ~

Schrieb ⟨m.; -s, -e; umg.; scherzh.⟩ *Schriftstück, Schreiben, Brief*

Schrift ⟨f.; -, -en⟩ **1** *System von Zeichen, mit denen die gesprochene Sprache festgehalten, lesbar gemacht wird;* deutsche, gotische, lateinische, griechische, kyrillische ~; die ~ der Ägypter, Azteken **2** *Handschrift;* eine gute, leserliche, regelmäßige, schöne, schräge, steile, unleserliche ~; eine ~ begutachten, beurteilen, deuten, entziffern **3** *geschriebener od. gedruckter Text, Abhandlung, Aufsatz, Buch;* ~en philosophischen, politischen, religiösen Inhalts; geschriebene und gedruckte ~; ~en herausgeben, drucken, publizieren, veröffentlichen **4** ⟨nur Pl.; schweiz.⟩ *persönliche Ausweispapiere* • 4.1 eine ~ abfassen, aufsetzen, eingeben, weiterleiten *eine Eingabe* • 4.2 die gesammelten, sämtlichen ~en eines Dichters *Werke;* →a. *heilig (3.3.2)*

schrift|lich ⟨Adj. 24⟩ **1** *durch Schrift festgehalten, niedergeschrieben;* Ggs mündlich; ~e Arbeit, Überlieferung, Vereinbarung; eine ~e Prüfung ablegen; Fragen ~ beantworten; einen Vorgang ~ festhalten, niederlegen; ich habe noch etwas Schriftliches zu erledigen • 1.1 gib mir die Sache ~ *eine schriftliche Vereinbarung* • 1.2 ich habe nichts Schriftliches darüber in Händen *wir haben nur darüber gesprochen, nur mündlich etwas vereinbart* • 1.3 **es Verfahren** *Prozessverfahren, bei dem das Urteil allein nach dem Inhalt der Akten gebildet wird* • 1.4 ⟨90⟩ das kann ich dir **geben!** ⟨fig.; umg.⟩ *darauf kannst du dich verlassen, das ist sicher!*

Schrift|stel|ler ⟨m.; -s, -⟩ *Verfasser von schöngeistigen, kritischen od. die verschiedensten Sachgebiete betreffenden Werken, die zur Veröffentlichung bestimmt sind*

Schrift|stel|le|rin ⟨f.; -, -rin|nen⟩ *weibl. Schriftsteller*

schrill ⟨Adj.⟩ **1** *durchdringend, grell tönend;* ein ~er Missklang, Misston, Schrei; der ~e Ton der Klingel, Pfeife; sie lachte ~ auf; das ~e Läuten des Telefons • 1.1 ⟨fig.⟩ *grell, auffallend, verrückt;* ~e Kleidung; ein ~es Benehmen

Schrimp ⟨m.; -s, -s; meist Pl.⟩ = *Shrimp*

Schritt ⟨m. 7; -(e)s, -e⟩ **1** *Vorsetzen eines Fußes beim Gehen;* ein elastischer, federnder, forscher, schleppender, steifer, tappender, unsicherer, wankender, zaghafter, zögernder ~; ein fester, kräftiger, lauter, leichter, leiser, schwerer, unhörbarer ~; ein großer, kleiner, kurzer, langer, weit ausgreifender ~; nach meiner Krankheit habe ich noch keinen ~ aus dem Haus getan; seine ~e zur Wirtschaft lenken; die ersten ~e machen, tun; die Freude auf das Wiedersehen beflügelte seine ~e; den ~ beschleunigen, verlangsamen, zurückhalten; auf der Straße hörte man eilige ~e; jmdn. am ~ erkennen; im gleichen ~ und Tritt; jmds. Einfluss ~ um ~ eindämmen, zurückdrängen; vom Erhabenen zum Lächerlichen ist nur ein ~ (Napoleon I.); nach dem Essen soll man ruhn oder tausend ~e tun ⟨Sprichw.⟩; ~ vor ~ kommt auch ans Ziel ⟨Sprichw.⟩ • 1.1 sich **für ~** vorwärtstasten *langsam, vorsichtig* • 1.2 der **erste ~** zur Besserung ⟨fig.⟩ *der Anfang zur B.* • 1.3 den zweiten ~ vor dem ersten tun ⟨fig.⟩ *nicht folgerichtig verfahren* • 1.4 ein **vom Wege** ⟨fig.; heute fast nur noch scherzh.⟩ *ein Fehltritt* • 1.5 **auf ~** und **Tritt** *dauernd, immer wieder;* er begegnet mir auf ~ und Tritt • 1.5.1 jmdm. auf ~ und Tritt folgen *überallhin* • 1.6 *Gleichschritt;* aus dem ~ kommen; im ~ bleiben • 1.7 mit der Zeit ~ **halten** ⟨fig.⟩ *die Veränderungen, Entwicklung u. Fortschritte der Z. ~ zu verstehen suchen* • 1.8 heute haben wir deine Angelegenheit einen guten ~ weitergebracht ⟨fig.⟩ *ein gutes Stück* **2** ⟨unz.⟩ *Gehen, (langsame) Gangart;* den ~ wechseln; im ~ fahren, reiten; langsamen, schnellen ~es kam er auf mich zu; sein ~ stockte; die Pferde gingen im ~; die Pferde im ~ gehen lassen • 2.1 du hast vielleicht einen ~ an dir, **am Leib** ⟨umg.⟩ *du gehst zu schnell* • 2.2 **~ fahren** *langsam fahren* **3** *70 bis 90 cm, kurze Strecke;* zwei ~ näher treten, vorgehen, zurücktreten • 3.1 er soll mir drei ~ vom Leibe bleiben! *mir so nahe mich heranzukommen, ich will nichts mit ihm zu tun haben* • 3.2 noch einen ~ weitergehen ⟨a. fig.⟩ *noch etwas mehr riskieren, wagen* • 3.3 wir sind in unseren Verhandlungen noch keinen ~ weitergekommen ⟨fig.⟩ *gar nicht* **4** *Entfernung vom Gürtel bis zum Ansatz der Beine (bei der Hose);* zu enge, kurzer, langer ~ (der Hose) **5** ⟨fig.⟩ *(einleitende) Maßnahme, Vorgehen;* ein bedeutsamer, gewagter, unüberlegter ~; diplomatische ~e einleiten; geeignete, die nötigen ~e tun, unternehmen, veranlassen; er hat sich weitere ~e vorbehalten; ~e gegen jmdn. unternehmen; beide Länder wollen gemeinsame ~e unternehmen • 5.1 den **entscheidenden ~** nicht wagen *unentschlossen sein*

Schritt|ma|cher ⟨m.; -s, -⟩ **1** *Motorradfahrer, der bei Radrennen für Steher vor dem Steher herfährt u. ihm*

Windschatten gibt **2** ⟨früher⟩ *Helfer bei sportlichen Wettbewerben, der durch Anschlagen eines bestimmten Tempos dem Wettkämpfer die Aufgabe erleichtern soll* **3** ⟨fig.⟩ *jmd., der anderen den (günstigen) Weg vorbereitet* **4** ⟨Med.⟩ *Gerät, das die Frequenz des Herzschlages steuert; Herz~*

schroff ⟨Adj.⟩ **1** *steil (aufragend), jäh (abfallend); ~e Felsen, Klippen; eine ~ abfallende Felswand* **2** ⟨fig.⟩ *hart u. unfreundlich, grob (abweisend); eine ~e Ablehnung, Abweisung; sein ~es Benehmen, Wesen stieß alle ab* • **2.1** *seine Aussage steht im ~en Gegensatz zu der deinen lautet ganz anders* **3** ⟨fig.⟩ *plötzlich, abrupt; ein ~er Übergang*

schröp|fen ⟨V. 500⟩ **1** *jmdm. ~ jmdm. mit einem saugenden Gerät Blut örtlich in die Haut ableiten od. gleichzeitig entziehen* **2** ⟨Vr 8⟩ *jmdm. ~* ⟨fig.⟩ *viel zahlen lassen, finanziell ausnützen, übervorteilen; er wurde beim Kartenspiel gehörig geschröpft* **3** *Saat ~ die Spitzen davon abschneiden, um zu üppiges Wachstum zu verhindern* • **3.1** *Obstbäume ~ bei schlechtem Ertrag die Rinde einschneiden*

Schrot ⟨m. od. n.; -(e)s, -e⟩ **1** *grob gemahlene Getreidekörner* **2** *gehärtete Bleikügelchen, die in größerer Anzahl mit einem Schuss aus Gewehren mit glatten Läufen geschossen werden* **3** *Gesamtgewicht von Gold- u. Silbermünzen* • **3.1** *eine Münze von gutem ~ u. Korn von echtem Feingehalt* • **3.2** *er ist ein Mann von echtem ~ u. Korn* ⟨fig.⟩ *von guter alter Art, tüchtig, solide, zuverlässig* **4** *unförmiges Stück Holz, Klotz, Scheit* **5** ⟨oberdt.⟩ *Leinwandmaß, Bahn*

schro|ten[1] ⟨V. 500⟩ *etwas ~ grob zerkleinern, zermahlen, zermalmen, zerschneiden; Getreide, Alteisen ~*

schro|ten[2] ⟨V. 500⟩ *schwere Lasten ~ wälzend, rollend, ziehend fortbewegen; eine Kiste in den Keller ~*

Schroth|kur *auch:* **Schroth-Kur** ⟨f.; -, -en⟩ *(von dem Naturheilkundigen J. Schroth begründete) wasserarme Diätkur*

Schrott ⟨m.; -(e)s; unz.⟩ **1** *nicht mehr zu verwendende metallische Gegenstände, Altmetall; Eisen~, Aluminium~; ~ abladen* **2** ⟨unz.; fig.; umg.⟩ *wertloses Zeug; Ware(n) schlechter Qualität; auf dem Flohmarkt gab es nur ~; dieser Fernseher ist ~*

schrub|ben ⟨V. 500/Vr 7⟩ **1** *jmdn. od. etwas ~ kräftig abreiben* • **1.1** *etwas ~ mit der Scheuerbürste reinigen*

Schrul|le ⟨f.; -, -n⟩ **1** *Laune, wunderlicher Einfall; er hat den Kopf voller ~n; du hast nichts als ~n im Kopf; was hat sie sich da wieder für eine ~ in den Kopf gesetzt* **2** ⟨umg.; abwertend⟩ *wunderliche alte Frau, hässliche Frau*

schrum|peln ⟨V. 400(s.); bes. nddt.; mitteldt.⟩ *schrumpfen*

schrump|fen ⟨V. 400(s.)⟩ **1** *eingehen, kleiner werden; die Äpfel ~, wenn man sie lange lagert; manche Stoffe ~ bei der Wäsche* **2** ⟨fig.⟩ *sich vermindern; das Kapital schrumpft*

Schrund ⟨m.; -(e)s, Schründe⟩ = *Schrunde*

Schrun|de ⟨f.; -, -n⟩ oV *Schrund* **1** *Spalt, Riss (bes. in der Haut)* **2** *Gletscherspalte*

Schub ⟨m.; -(e)s, Schü|be⟩ **1** *das Schieben, einzelner Stoß; alle neune beim ersten ~ (beim Kegeln)* **2** *auf einmal beförderte Menge; einen ~ Steine abladen* • **2.1** *der Andrang war so groß, dass die Schaulustigen nur in Schüben eingelassen werden konnten in nacheinander folgenden Gruppen* • **2.2** *ein ~ Brötchen die Anzahl B., die auf einmal in den Ofen geschoben wird* **3** ⟨Phys.⟩ *Kraft, mit der ein durch Rückstoß bewegter Körper bewegt wird (bei Raketen u. Strahltriebwerken)* **4** = *Schwerkraft* **5** ⟨umg.⟩ *Schubfach, Schubkasten, Schublade*

Schub|la|de ⟨f.; -, -n⟩ *herausziehbarer Kasten unter (Schreib-)Tischen u. in Schränken*

Schubs ⟨m.; -es, -e; umg.⟩ *leichter Stoß; jmdm. einen ~ geben*

schub|sen ⟨V. 500; umg.⟩ *jmdn. ~ jmdn. leicht stoßen, ihm einen Schubs geben; er hat mich geschubst*

schüch|tern ⟨Adj.⟩ **1** *scheu, ängstlich, beklommen, zurückhaltend; ein ~es Mädchen; ~ stand die Kleine da und sagte kein Wort* • **1.1** *einen ~en Versuch machen* ⟨fig.⟩ *vorsichtig etwas versuchen*

Schuft ⟨m.; -(e)s, -e⟩ *ehrloser, gemeiner Mensch, Schurke, Betrüger*

schuf|ten ⟨V. 400; umg.⟩ *schwer arbeiten*

Schuh ⟨m. 7; -(e)s, -e⟩ **1** *Fußbekleidung des Menschen; ein bequemer, derber, (zu) enger, (zu) großer ~; flache, hohe, orthopädische, spitze ~e; ~e anhaben; ~e an- u. ausziehen, schieftreten, tragen; ~e ausbessern, besohlen, flicken, machen; ~e eincremen, fetten, pflegen, putzen; ~e nach Maß arbeiten lassen; diese ~e drücken (mich), passen, sind bequem, sind zu eng* • **1.1** *ich weiß, wo ihn der ~ drückt* ⟨fig.⟩ *ich kenne seine Schwierigkeiten, wenn er es mir auch nicht gesagt hat* • **1.2** *umgekehrt wird ein ~ daraus!* ⟨fig.; umg.⟩ *das Gegenteil ist richtig* • **1.3** *er versuchte, mir die Sache in die ~e zu schieben* ⟨fig.; umg.⟩ *mir die Schuld daran zu geben, mich dafür verantwortlich zu machen* **2** *dem Schuh (1) in Form od. Funktion ähnlicher Gegenstand* • **2.1** *Hufeisen o. ä. Beschlag* • **2.2** *Hülle aus Eisen um das untere Ende von Lanzen, Pfählen* • **2.3** *Hemmschuh, Bremsschuh* **3** = *Fuß (6); drei ~ hoch*

Schuh|ma|cher ⟨m.; -s, -⟩ *Handwerker, der Lederschuhe nach Maß herstellt u. Schuhreparaturen durchführt;* Sy *Schuster (1)*

Schuh|ma|che|rin ⟨f.; -, -rin|nen⟩ *weibl. Schuhmacher*

Schuh|platt|ler ⟨m.; -s, -⟩ *Volkstanz, bei dem der Tänzer sich auf Schenkel, Knie u. Absätze schlägt*

Schul|ar|beit ⟨f.; -, -en⟩ **1** ⟨meist Pl.⟩ *zu Hause zu erledigende Arbeiten für die Schule, Hausaufgabe* **2** ⟨österr.⟩ = *Klassenarbeit*

Schul|bank ⟨f.; -, -bän|ke⟩ **1** *Pult mit Sitz für Schüler* • **1.1** *er drückt noch die ~* ⟨fig.; umg.⟩ *geht noch zur Schule* • **1.2** *wir haben miteinander die ~ gedrückt, haben (miteinander) auf einer ~ gesessen* ⟨fig.; umg.⟩ *waren in der gleichen Schulklasse*

schuld ⟨Adj. 80; nur präd. u. adv.⟩; *Kleinschreibung in Verbindung mit den Verben „sein", „bleiben" u. „werden") ~ sein; wer ist ~?; sie ist an allem ~; die Verhältnisse sind ~ daran*

Schuld ⟨f.; -, -en⟩ **1** *Verpflichtung zu einer Gegenleistung* • **1.1** *ich bin, stehe tief in seiner ~* ⟨fig.⟩ *ich füh-*

le mich ihm sehr verpflichtet, ich habe noch vieles gutzumachen, was er für mich getan hat • **1.2** *Verpflichtung zur Rückgabe von Geld od. zur Bezahlung von etwas;* eine ~ abtragen, anerkennen, begleichen, bezahlen, löschen, tilgen; ~en einklagen, eintreiben, einziehen; ~en haben, machen; sich seiner ~ entledigen; in ~en geraten; sich in ~en stürzen; das Haus ist frei von ~en; auf dem Grundstück liegt eine ~ von 20.000 €; nach Bezahlung seiner ~en blieb ihm nur noch ein Bruchteil seines Vermögens • **1.2.1** bis über die Ohren (tief) in ~en stecken ⟨fig.⟩ *stark verschuldet sein* • **1.2.2** er hat seine ~en als Haare auf dem Kopfe ⟨fig.⟩ *er ist stark verschuldet* **2** ⟨unz.⟩ *Verantwortung, (sittliches) Verschulden;* jmdm. Schuld geben, Schuld haben; er allein hat Schuld; eine große, schwere, tiefe ~; eine moralische ~; von einer ~ (nicht) loskommen; vom Gefühl tiefster ~ durchdrungen, erfüllt sein; die ~ auf jmdn. abwälzen, schieben; eine ~ auf sich nehmen; jmdm. die ~ an etwas geben; mit ~ beladen sein; sich frei von ~ fühlen; ich bin mir keiner ~ bewusst; die ~ fällt auf ihn; die ~ liegt allein bei ihm; ihn trifft keine ~; er trägt die moralische ~ daran; du solltest die ~ nicht nur bei anderen, sondern auch bei dir selbst suchen; der Übel größtes aber ist die ~ (Schiller, „Braut von Messina", 4,7); alle ~ rächt sich auf Erden (Goethe) • **2.1** die ~ liegt nicht bei ihm *er kann nichts dafür* • **2.2** ⟨Rechtsw.⟩ *die innere Beziehung des Täters zu einer Tat, strafbare Verfehlung, die Verantwortung hierfür;* seine ~ abstreiten, eingestehen, leugnen, zugeben; jmdm. die ~ beimessen, geben, zuschieben, zuschreiben; ~ tragen; man kann ihm seine ~ nicht beweisen; die ~ blieb ungesühnt • **2.3** ⟨Rel.⟩ *die in der Übertretung des Gottesgebotes (Sünde) begründete u. im Gewissen erfahrbare Strafwürdigkeit des Menschen;* ~ und Buße; ~ und Sühne; eine ~ büßen, sühnen; ... und vergib uns unsere ~ (Vaterunser); eine schwere ~ auf sich laden **3** ⟨Getrennt- u. Zusammenschreibung⟩ • **3.1** zu Schulden = *zuschulden*

schuld|be|wusst ⟨Adj. 24⟩ *sich einer Schuld bewusst (u. deshalb kleinlaut)*

schul|den ⟨V. 530/Vr 6⟩ **1** *jmdm. etwas* ~ *jmdm. zu einer Leistung, bes. zur Rückzahlung eines Geldbetrages verpflichtet sein;* er schuldet mir nichts, noch 50 Euro, eine Gegenleistung **2** *jmdm. etwas* ~ *verdanken, schuldig sein* • **2.1** ich schulde ihm mein Leben *er hat mein L. gerettet*

schul|dig ⟨Adj.⟩ **1** *Schuld tragend, schuldbeladen, (für eine Tat) verantwortlich;* jmdn. einer Tat für ~ erklären; eines Verbrechens ~ sein; er hat sich ~ bekannt; wir fühlen uns ~ an seinem Unglück; du hast dich damit einer strafbaren Handlung ~ gemacht; wer ist der Schuldige?; die Geschworenen erkannten auf ~; bei Dir brauchst den Schuldigen nicht weit zu suchen • **1.1** ich werde den wahren Schuldigen herausfinden *den eigentl. Urheber* • **1.2** ⟨44⟩ *des Todes* ~ *sein* ⟨poet.⟩ *den T. verdienen* **2** ⟨42⟩ *zu geben verpflichtet;* jmdm. etwas ~ sein; jmdm. Rechenschaft ~ sein; dafür bin ich ihm Dank ~ • **2.1** dieses Entgegenkommen ist er mir ~ *das kann ich von ihm erwarten, nach dem, was ich für ihn getan habe* • **2.2** ~ *sein* noch nicht gegeben haben, noch schulden, (noch) geben müssen; den Beweis hierfür bist du mir noch ~; er ist mir noch eine Antwort auf meine Frage ~ • **2.3** *zu zahlen verpflichtet;* ich bin ihm noch Geld, 100 Euro, die Miete, eine Rechnung ~ • **2.4** ⟨60⟩ *gebührend, geziemend;* er lässt es an der Achtung, Rücksicht fehlen; den ~en Gehorsam außer Acht lassen; jmdm. den ~en Respekt zollen **3** ⟨Getrennt- u. Zusammenschreibung⟩ • **3.1** ~ *sprechen* = *schuldigsprechen*

schul|dig|blei|ben ⟨V. 114/530⟩ *jmdm. nichts* ~ *jmdm. alles vergelten, schlagfertig antworten*

Schul|dig|keit ⟨f.; -; unz.⟩ **1** *Pflicht, Verpflichtung* • **1.1** ich habe nur meine ~ getan *meine Pflicht erfüllt* • **1.2** der Mohr hat seine ~ getan, der Mohr kann gehn *nachdem jmd. das getan hat, was man von ihm wollte, entledigt man sich seiner (sprichwörtl. nach Schiller, „Fiesco", 3,4);* →a. *Pflicht (1.1)*

schul|dig|spre|chen *auch:* **schul|dig spre|chen** ⟨V. 251/504⟩ *jmdn. einer Tat* ~ *jmdm. die Schuld an einer Tat geben*

Schu|le ⟨f.; -, -n⟩ **1** *Institution für die Erziehung u. Ausbildung von Kindern u. Jugendlichen;* höhere, mittlere ~n; öffentliche, private ~n; Schüler aus der ~ entlassen; Schüler in die ~ aufnehmen; von der ~ abgehen; sie geht noch in die, zur ~ **2** *Gebäude, in dem eine Schule (1) untergebracht ist;* die ~ bauen; die ~ betreten **3** ⟨unz.⟩ *Unterricht (der in einer Schule (2) erteilt wird);* morgen fällt die ~ aus; die ~ beginnt um 8 Uhr; die ~ besuchen; zur, in die ~ gehen; die harte ~ der Armut, des Lebens ⟨fig.⟩ • **3.1** ~ halten ⟨veraltet⟩ *unterrichten* • **3.2** die ~ ist aus ⟨umg.⟩ *beendet* **3.3** die ~ **schwänzen** ⟨umg.⟩ *den Unterricht absichtl. versäumen* • **3.4** eine **harte** ~ durchmachen ⟨fig.⟩ *Lehrzeit* • **3.5** durch eine **harte** ~ gehen ⟨fig.⟩ *im Leben viel Schweres erleiden, bittere Erfahrungen machen* • **3.6** er ist bei den Klassikern in die ~ gegangen ⟨fig.⟩ *hat von den K. gelernt* • **3.7** **aus der** ~ **plaudern,** schwatzen ⟨fig.; umg.⟩ *Geheimnisse ausplaudern;* →a. *hoch (6.1, 6.3)* **4** *Lehrer u. Schüler in ihrer Gesamtheit;* die ganze ~; an dem Wettbewerb nehmen auch ~n teil **5** *künstlerische od. wissenschaftliche Richtung, die von einem Meister ausging;* die ~ Dürers, Rembrandts; die florentinische ~; die Frankfurter ~ • **5.1** das wird ~ **machen** ⟨fig.; umg.⟩ *nachgeahmt werden;* hoffentlich macht sein Beispiel nicht ~! • **5.2** ein Kavalier der (guten) **alten** ~ ⟨fig.; umg.⟩ *von vollendeter Höflichkeit* **6** *Baumschule*

schu|len ⟨V. 500/Vr 7 od. Vr 8⟩ **1** *jmdn. od. etwas* ~ *unterrichten, heranbilden, unterweisen;* die Augen, das Gedächtnis, das Ohr, den Verstand ~; mit geschultem Blick sah er sofort den Fehler; uns fehlt geschultes Personal • **1.1** eine geschulte **Stimme** *ausgebildete S.*

Schü|ler ⟨m.; -s, -⟩ **1** *Angehöriger einer Schule, Schulkind;* Sy *Pennäler;* ein aufmerksamer, begabter, fauler, fleißiger, gelehriger, guter, interessierter, streb-

Schülerin

samer ~; →a. *fahren (6)* **2** *Lernender (bei einem Meister);* ein ehemaliger ~ von ihm; ein ~ von Hindemith

Schü|le|rin ⟨f.; -, -rin|nen⟩ *weibl. Schüler*

Schul|jahr ⟨n.; -(e)s, -e⟩ **1** *Zeit vom Eintritt der Schüler in eine Klasse bis zu den letzten Ferien vor Beginn der neuen Klasse; das neue ~ beginnt nach den Sommerferien* • 1.1 er ist jetzt im zweiten ~ *in der zweiten Klasse*

Schul|klas|se ⟨f.; -, -n⟩ **1** *Gesamtheit der Schüler, die gemeinsam unterrichtet werden* **2** *der Raum für Schulunterricht, Klassenzimmer*

Schul|meis|ter ⟨m.; -s, -⟩ **1** ⟨veraltet⟩ = *Lehrer* **2** ⟨fig.; abwertend⟩ *jmd., der andere pedantisch belehrt, bekrittelt*

Schul|ter ⟨f.; -, -n; Anat.⟩ **1** *die Verbindung der Arme mit dem Brustkorb;* die ~n beugen, einziehen, heben, schütteln; bedauernd die ~n hochziehen; die ~, mit den ~n zucken (zum Zeichen, dass man etwas nicht weiß); ihre ~n zuckten, während sie schluchzte; enttäuscht ließ sie die ~n hängen, sinken; breite, gerade, hängende, schmale ~n; vom Alter gebeugte ~n; sie stand mit hängenden ~ n da (vor Enttäuschung); jmdn. an den ~n fassen, packen; das Kind hängt sich an seine ~; sie reichte ihm nur bis an die, bis zur ~; ein Kind auf die ~ heben, nehmen; das Kind kletterte ihm auf die ~; jmdm. auf die ~ klopfen; der Polizist legte ihm die Hand auf die ~ (zum Zeichen der Verhaftung); den Gegner beim Ringen auf die ~n legen, zwingen; er ist breit in den ~n; die Jacke über die ~n hängen; jmdn. um die ~ fassen • 1.1 die ganze Verantwortung ruht auf seinen ~n ⟨fig.⟩ *er trägt die volle Verantwortung* • 1.2 **an** ~ stehen *dicht aneinandergedrängt* • 1.3 **an** ~ mit jmdm. arbeiten, kämpfen ⟨a. fig.⟩ *in kameradschaftlichem Einvernehmen, gemeinschaftlich* • 1.4 jmdn. über die ~ ansehen ⟨fig.⟩ *verachten;* →a. *kalt (3.1.3), leicht (9.3)*

schul|tern ⟨V. 500⟩ **1 etwas** ~ *auf die Schulter nehmen;* das Gewehr ~; mit geschultertem Gewehr **2** eine Aufgabe ~ ⟨fig.⟩ *im Bewusstsein ihrer Schwere auf sich nehmen*

Schu|lung ⟨f.; -, -en⟩ **1** *Belehrung, Unterricht, Heranbildung;* eine fachmännische, gründliche, langjährige, strenge ~ **2** *sicheres Können, Routine, Erfahrung;* die Arbeit verrät gute ~

schum|meln ⟨V. 400; umg.⟩ *leicht betrügen, sich nicht ganz ehrlich verhalten;* beim Spielen ~

schum|me|rig ⟨Adj. 70⟩ *dämmerig, halbdunkel;* oV *schummrig;* ~es Licht

schumm|rig ⟨Adj. 70⟩ = *schummerig*

Schund ⟨m.; -(e)s; unz.⟩ **1** *wertloses Zeug, Plunder, Abfall, Ausschussware* **2** *künstlerisch wertloses Erzeugnis (bes. der Literatur);* Schmutz und ~ bekämpfen; ~ kaufen, lesen

schun|keln ⟨V. 400⟩ *schaukeln, sich (zum Rhythmus der Musik) hin- u. herwiegen*

Schup|fen ⟨m.; -s, -; oberdt.⟩ = *Schuppen*

Schup|pe ⟨f.; -, -n⟩ **1** *Plättchen der Haut bei Fischen, Schlangen, Eidechsen, Lurchen;* die ~n vom Fisch schaben **2** *Talgabsonderung der Haut (bes. der Kopfhaut)* • 2.1 es fiel ihm wie ~n von den Augen *plötzlich erkannte er die Wahrheit, den wahren Sachverhalt* **3** *flache, mehrzellige Haarbildung bei Pflanzen;* die ~n des Tannenzapfens **4** *Metallplättchen am Panzer einer Ritterrüstung*

Schup|pen ⟨m.; -s, -⟩ *überdeckter Raum, meist aus Brettern (bes. zum Abstellen für Geräte od. Wagen), Speicher;* oV ⟨süddt.; österr.⟩ *Schupfen*

Schur ⟨f.; -, -en⟩ **1** *das Scheren (bes. der Schafe);* Schaf~ **2** *der Schnitt (bes. von Hecken, Wiesen)*

schü|ren ⟨V. 500⟩ **1 Feuer, Glut** ~ *anfachen, indem man im Feuer stochert, damit Luft zugeführt wird;* den Brand, das Feuer in der Heizung ~ **2 etwas** ~ ⟨fig.⟩ *anfachen, vergrößern;* jmds. Argwohn, Eifersucht, Groll, Hass, Leidenschaften, Neid, Unzufriedenheit, Zorn ~

schür|fen ⟨V.⟩ **1** ⟨400; Bgb.⟩ *Mineralagerstätten aufsuchen, (nach Bodenschätzen) in geringer Tiefe graben;* auf, nach Gold ~ • 1.1 ⟨500⟩ **Bodenschätze** ~ *fördern, gewinnen, nach B. graben;* Erz ~ ⟨455⟩ (**nach etwas**) ~ ⟨fig.⟩ *emsig forschen, gründlich suchen;* tief schürfen **3** ⟨602/Vr 1⟩ **sich** (**einen Körperteil**) ~ *sich oberflächlich verletzen, aufschaben;* sie hat sich beim Sturz das Knie geschürft

schu|ri|geln ⟨V. 500; umg.⟩ **jmdn.** ~ *schikanieren, bevormunden, quälen*

Schur|ke ⟨m.; -n, -n⟩ *gemeiner, ehrloser, niederträchtiger Mensch, Verräter;* ein abgefeimter ~

Schurz ⟨m.; -es, -e⟩ *um die Hüften gebundenes Kleidungsstück;* Lenden~

Schür|ze ⟨f.; -, -n⟩ **1** *zum Schutz gegen Beschmutzung bei der Arbeit getragenes Kleidungsstück, bes. für Frauen;* die ~ abbinden, ablegen, ausziehen; eine ~ anziehen, umbinden, vorbinden; die Kinder klammerten sich ängstlich an die ~ der Mutter; die Kinder verkrochen sich schüchtern hinter der ~ der Mutter • 1.1 er hängt noch der Mutter an der ~ ⟨fig.; umg.⟩ *er ist noch unselbstständig* **2** ⟨fig.; umg.⟩ *weibl. Wesen* • 2.1 er ist hinter jeder ~ her, läuft jeder nach *er stellt den Frauen nach* **3** ⟨Jägerspr.⟩ *der Haarpinsel am Geschlechtsteil des weibl. Rehs*

schür|zen ⟨V. 500⟩ **1** ein **Kleidungsstück** ~ *heben, raffen;* sie schürzte ihre Röcke und watete durch den Bach • 1.1 die **Lippen**, den **Mund** ~ ⟨fig.⟩ *kräuseln, in die Höhe ziehen;* sie schürzte hochmütig die Lippen **2** einen **Knoten** ~ ⟨veraltet⟩ *knüpfen, binden;* den Faden zu einem Knoten ~ • 2.1 im Drama den Knoten ~ ⟨fig.⟩ *den Konflikt herbeiführen*

Schuss ⟨m. 7; -es, Schüs|se; als Maßangabe Pl.: -⟩ **1** *das Fortschleudern eines Geschosses, Abdrücken einer Feuerwaffe;* auf den ersten ~ treffen; ein ~ nach der Scheibe, nach Tontauben • 1.1 plötzlich fiel ein ~ *wurde einmal geschossen* • 1.2 **weit vom** ~ sein ⟨fig.; umg.⟩ *weitab von jeder Gefahr, außerhalb der Gefahrenzone;* →a. *blind (1.3.1), scharf (8.1.1)* **2** *das beim Schießen entstehende Geräusch, Knall;* Schüsse knallten, krachten, peitschten durch die Nacht; der ~ war weithin zu hören **3** *Geschoss;* ein ~ durch die Brust; ein ~ ins Blaue; ein ~ ins Herz; einen ~ abbekommen; einen ~ abfeuern, abgeben; ein ~ geht los; einem Schiff einen ~ vor den Bug setzen (als warnendes Zeichen zum Stoppen) • 3.1 ich habe noch drei ~ im Magazin *Patronen* • 3.2 ein ~ ins **Schwarze** (der Schießscheibe) ⟨a. fig.⟩ *ein Treffer* • 3.3 das Wild **in, vor den** ~ bekommen *gut auf das W. zielen können* • 3.4 er ist mir gerade richtig **vor den** ~ gekommen ⟨fig.; umg.⟩ *im richtigen Augenblick begegnet* • 3.5 ~ **Pulver** *Ladung P.* • 3.5.1 er ist **keinen** ~ **Pulver** wert ⟨fig.; umg.⟩ *er taugt gar nichts* **4** *das Fortschleudern, kräftiger Wurf des Balls; sein* ~ *ist kräftig und zielsicher* **5** *der geschossene Ball;* ein ~ trifft fehl, verfehlt sein Ziel; ein unhaltbarer ~ ins Tor **6** ⟨Bgb.⟩ *Sprengung, Sprengladung;* ein ~ im Steinbruch **7** ⟨Web.⟩ *Querfäden; Ggs* Kette (6) **8** *Portion, Menge, die man mit einem Mal hinwirft od. eingießt;* Tee mit einem ~ Rum; seine Rede war mit einem kräftigen ~ Ironie gewürzt ⟨fig.⟩; einen ~ Leichtsinn im Blut haben ⟨fig.⟩ • **8.1** Berliner Weiße **mit** ~ *ein Weißbier mit einer kleinen Menge Himbeersaft* **9** *rasche Bewegung, Schwung* • **9.1** ~ **fahren** *in ungebremster Abfahrt (beim Skisport, Rodeln o. Ä.)* • **9.2** ⟨fig.⟩ *schnelles Wachstum* • **9.2.1** der Junge hat einen kräftigen ~ getan, seit ich ihn das letzte Mal gesehen habe ⟨fig.; umg.⟩ *er ist tüchtig gewachsen* **10 im, in** ~ ⟨umg.⟩ *in Ordnung, funktionstüchtig, gesund;* sie hat den Haushalt gut im, in ~; sie Sachen in ~ halten • **10.1** nach meiner Krankheit bin ich noch nicht wieder ganz in ~ *ich habe mich noch nicht völlig von meiner Krankheit erholt* • **10.2** der neue Besitzer hat das Geschäft wieder in ~ bekommen (nachdem es schon abgewirtschaftet war) *wieder belebt*

Schüs|sel ⟨f.; -, -n⟩ **1** *vertieftes Gefäß (bes. zum Anrichten u. Auftragen von Speisen);* ein Satz ~n; eine ~ voll Kartoffelbrei; eine ~ aus Glas, Kristall, Plastik, Porzellan, Silber, Steingut; die ~ auswaschen, füllen, leeren, zudecken; eine flache, runde, tiefe, verdeckte ~ • **1.1** aus einer ~ essen ⟨fig.⟩ *gemeinsame Sache machen* • **1.2** er hält es mit vollen ~n ⟨fig.⟩ *er isst gern üppig* • **1.3** vor leeren ~n sitzen ⟨a. fig.; umg.⟩ *hungern müssen* **2** ⟨fig.⟩ *Gericht, Speise;* eine ~ kannst du doch noch essen **3** ⟨Jägerspr.⟩ *Ohr (beim Schwarzwild), Teller*

Schuss|waf|fe ⟨f.; -, -n⟩ *Waffe, mit der man schießen kann;* von der ~ Gebrauch machen

Schus|ter ⟨m.; -s, -⟩ **1** = *Schuhmacher* • **1.1** ~, bleib bei deinen Leisten ⟨Sprichw.⟩ *tu nur das, wovon du etwas verstehst* • **1.2** auf ~s **Rappen** reiten ⟨fig.; umg.⟩ *zu Fuß gehen* **2** ⟨Zool.⟩ = *Weberknecht* **3** ⟨abwertend⟩ *Pfuscher*

Schutt ⟨m.; -(e)s; unz.⟩ **1** *Trümmer, Gesteinstrümmer;* eine Grube mit ~ auffüllen • **1.1** etwas in ~ und Asche legen ⟨a. fig.⟩ *verbrennen, zerstören;* Bomben legten die Stadt in ~ und Asche **2** *Abfall;* ~ abladen verboten!

schüt|teln ⟨V. 500/Vr 7⟩ **1** jmdn. od. etwas ~ *schnell hin u. her bewegen;* ich hätte ihn ~ können, mögen! (um ihn zur Vernunft zu bringen); die Betten ~ (um die Federn zu lockern); jmdm. zur Begrüßung die Hand, die Hände, die Rechte ~; sie schüttelte verneinend den Kopf; vor Gebrauch (zu) ~! (Aufschrift auf Arzneiflaschen); ein unwiderstehlicher Lachreiz schüttelte sie; Bäumchen, rüttel dich und schüttel dich, wirf Gold und Silber über mich (Märchen „Aschenputtel") • **1.1** von Angst, Ekel, Entsetzen, Grauen geschüttelt ⟨fig.⟩ *erfüllt* • **1.2** vom Fieber geschüttelt sein *hohes Fieber haben* • **1.3** von Lachen, Schluchzen geschüttelt sein *heftig, haltlos lachen, schluchzen* • **1.4** ⟨Vr 3⟩ sich ~ *die Glieder heftig hin u. her bewegen;* der Hund schüttelte sich (und damit die Nässe aus seinem Fell); sie schüttelte sich vor Lachen, Ekel • **1.5** ⟨510⟩ etwas **aus, durch, von** etwas ~ *durch Schütteln (1) aus, durch, von etwas befördern;* sie schüttelte den Staub aus dem Lappen; Mehl, Puderzucker durch ein Sieb ~; Pflaumen ~ (vom Baum) • **1.5.1** ⟨513⟩ ich habe ihn tüchtig **aus dem Anzug, den Lumpen** geschüttelt ⟨fig.; umg.⟩ *zurechtgewiesen* • **1.5.2** das kann man doch nicht **aus dem Ärmel, dem Handgelenk** ~ ⟨fig.; umg.⟩ *schnell nebenher erledigen, so etwas will gründlich überlegt, vorbereitet sein* • **1.5.3** ⟨550⟩ den Staub **von den Füßen** ~ ⟨fig.⟩ *fortgehen, alles hinter sich lassen u. neu beginnen*

schüt|ten ⟨V.⟩ **1** ⟨511⟩ etwas ~ *gießen, strömen, fließen, fallen lassen;* Schutt auf einen Haufen ~; Getreide auf den Kornboden ~; das Schmutzwasser in den Ausguss ~ **2** ⟨400⟩ etwas schüttet ⟨auch⟩ *gibt guten Ertrag;* in diesem Jahr schüttet das Korn; die Quelle schüttet in diesem Frühjahr schlecht **3** ⟨401⟩ **es** schüttet ⟨umg.⟩ *es regnet in Strömen*

schüt|ter ⟨Adj.⟩ *dünn stehend, spärlich, gelichtet;* er hat schon ~es Haar

Schutz ⟨m.; -es, -e⟩ **1** *Unterstützung der Sicherheit, Abwehr (von etwas Unangenehmem), Hilfe (bei etwas Bedrohlichem);* den ~ des Gesetzes genießen; unter dem ~ des Gesetzes stehen; die Veranstaltung stand unter dem ~ von …; ~ bieten, gewähren, finden, leihen, suchen, verleihen, zusichern; bei jmdm. ~ suchen; sich in jmds. ~ begeben; sich unter jmds. ~ befinden; ~ und Schirm gewähren ⟨verstärkend⟩ • **1.1** *Obhut;* ich empfehle ihn deinem ~; jmdn. in seinen ~ nehmen; die Einbrecher entkamen im, unter dem ~ der Dunkelheit **2** *Bürgschaft, Fürsprache, Gönnerschaft;* sich Gottes ~ anvertrauen, befehlen, empfehlen; Gottes ~ vertrauen; jmdm. seinen ~ angedeihen lassen; Gott, lass mich deinem ~ befohlen sein; in, unter Gottes ~ stehen • **2.1** das hat er nicht gesagt, da muss ich ihn **in** ~ **nehmen** *gegen unwahre Beschuldigung verteidigen* **3** *Sicherheit;* ein Patent gewährt ~ vor Nachahmungen **4** *Zuflucht, Bedeckung vor Unwetter;* das Dach über der Haltestelle bietet ~ gegen Regen; ~ vor Kälte, Regen, jmds. Nachstellungen, einem Unwetter, den Verfolgern suchen **5** *Vorbeugung, vorbeugende Maßnahme;* ~impfung; das Medikament bietet weitgehend ~ vor Ansteckung **6** *Abwehr, Verteidigung;* Militär~; die Infanterie rückte unter dem ~ des Artilleriefeuers vor; zu ~ und Trutz zusammenstehen ⟨verstärkend⟩ • **6.1** Gesetz zum ~ **der Republik** *Gesetz in der Wei-*

Schütz

marer Republik **7** Bewachung; ~wache; Geleit~ **8** ⟨Getrennt- u. Zusammenschreibung⟩ • 8.1 ~ suchend = schutzsuchend

Schütz ⟨n.; -(e)s, -e⟩ **1** ⟨Wasserbau⟩ bewegliche Vorrichtung an Wehren u. Schleusen, um den Wasserdurchlauf zu regeln; oV Schütze² **2** ⟨El.⟩ automatisch wirkender Schalter, der z. B. zum Schutze einer Maschine vor zu hohen Spannungen dient

Schutz|be|foh|le|ne(r) ⟨f. 2 (m. 1); geh.⟩ jmd., der dem Schutz eines anderen anbefohlen ist, für den man sorgt, Schützling

Schutz|blech ⟨n.; -(e)s, -e⟩ halbkreisförmiges, gewölbtes Blech über den Rädern von Fahrzeugen zum Auffangen des Schmutzes

Schüt|ze¹ ⟨m.; -n, -n⟩ **1** jmd., der mit einer Schusswaffe schießt **2** der das Gewehr als Hauptwaffe tragende Infanterist **3** ⟨Fußb.⟩ den Ball schießender Spieler; Tor~ **4** ⟨Astron.⟩ ein Sternbild des Tierkreises am südlichen Himmel **5** ⟨Web.⟩ mit Spule versehenes Gerät, mit dem der Schussfaden durch die Kettfäden gezogen wird, Weberschiffchen **6** ⟨Zool.⟩ Fisch, der in Ufernähe die an Pflanzen sitzenden Insekten mit Wasser bespritzt, so dass sie herabfallen u. von ihm gefressen werden können: Toxotes jaculator

Schüt|ze² ⟨m.; -es, -⟩ = Schütz (1)

schüt|zen ⟨V. 505/Vr 7 od. Vr 8⟩ **1** jmdn. od. etwas (vor jmdm. od. etwas) ~ bewahren, behüten, verteidigen; sich ~ (vor); Gott schütze dich! (Abschiedsgruß); jmds. Eigentum, Interessen, Leben ~; jmdn., sich vor Ansteckung, Gefahr, Indiskretionen, Nachstellungen, Verleumdung ~; ich werde mich vor Einmischung Dritter ~; etwas vor der Sonne ~; Unkenntnis schützt nicht vor Strafe; gesetzlich geschützt (als Markenzeichen); ein ~des Dach vor Ausbruch des Gewitters erreichen; Alter schützt vor Torheit nicht ⟨Sprichw.⟩ • 1.1 das **Wasser** ~ mit Hilfe eines Schützes stauen • 1.2 seine ~de **Hand** über jmdn. breiten, halten ⟨fig.⟩ jmdn. beschützen

schutz|imp|fen ⟨V. 500⟩ jmdn. ~ vorbeugend impfen; Schüler ~ lassen; schutzgeimpfte Personen; der Amtsarzt schutzimpfte gegen Tetanus

Schüt|zin ⟨f.; -, -zin|nen⟩ weibl. Schütze¹ (1, 3)

Schütz|ling ⟨m.; -s, -e⟩ jmd., den man schützt, für den man sorgt

Schutz|mann ⟨m.; -(e)s, -män|ner; Pl. meist: -leu|te⟩ Polizeibeamter im Außendienst, Polizist

schutz|su|chend auch: **Schutz su|chend** ⟨Adj. 24/90⟩ Schutz erbittend; das Kind wandte sich ~ an den Vater

schwa|beln ⟨V. 400; umg.⟩ **1** wackeln, sich wackelnd hin- u. herbewegen (bes. von gallertartiger Masse) **2** ⟨umg.; abwertend⟩ schwätzen **3** ⟨Tech.⟩ Metallteile mittels einer Polierpaste aus Schmirgel mit umlaufenden Lappen polieren, glänzend machen

Schwa|be¹ ⟨m.; -n, -n⟩ **1** Einwohner von Schwaben **2** jmd., der aus Schwaben stammt

Schwa|be² ⟨f.; -, -n⟩ = Schabe¹

schwach ⟨Adj. 22⟩ **1** arm an Kraft, kraftlos, geschwächt; ein ~es Kind • 1.1 als Lehrer darf man keine ~en Nerven haben darf man sich nicht leicht aus der Ruhe bringen lassen • 1.2 mir wird ~ mir wird schwindlig; ⟨aber Getrennt- u. Zusammenschreibung⟩ ~ werden = schwachwerden • 1.3 hinfällig, kränklich; eine ~e Gesundheit, Konstitution haben; der Kranke ist sehr ~; krank und ~; alt und ~ • 1.3.1 sie hat ein ~es Herz sie ist herzkrank • 1.3.2 er hat einen ~en Magen er verträgt viele Speisen nicht • 1.3.3 er ist ~ auf den Beinen er kann nicht mehr gut gehen und stehen • 1.3.4 ~ auf der **Brust**, auf der **Lunge** sein eine angegriffene od. anfällige Lunge, Neigung zu Tuberkulose haben • 1.3.5 ~ auf der **Brust** sein ⟨fig.; umg.; scherzh.⟩ kein Geld haben **2** charakterlich nicht gefestigt, willensschwach, machtlos; wir sind alle nur ~e Menschen; er hat einen ~en Charakter; in einem ~en Augenblick, in einer ~en Stunde gab sie nach; der Geist ist willig, aber das Fleisch ist ~ (Matth. 26,41) • 2.1 (60) etwas ist jmds. ~e **Seite** ⟨umg.⟩ jmd. hat für etwas eine Vorliebe, Leidenschaft; Sahnetorten sind seine ~e Seite **3** ⟨70⟩ dünn, nicht hoch belastbar, nicht widerstandsfähig; ein ~er Ast, Faden, Zweig; du kannst noch nicht auf den See, das Eis ist noch zu ~; ~e Mauern • 3.1 auf ~en **Füßen** stehen ⟨fig.⟩ keine feste Grundlage haben • 3.1.1 die Behauptung, der Beweis steht auf ~en Füßen ist wenig überzeugend • 3.1.2 das Unternehmen steht auf ~en Füßen ist nicht entwicklungsfähig, droht einzugehen **4** klein, gering in der Qualität; die Nachfrage danach ist ~; das ist nur ein ~er Trost; eine ~ Dosis des Medikaments genügt; diese Arbeit vermittelt nur einen ~en Eindruck seines Könnens; alles, was in meinen ~en Kräften steht, will ich tun • 4.1 es besteht nur noch eine ~e **Hoffnung** my H. **5** gering an Zahl od. Menge, nicht zahlreich; der Beifall war ~; der Gegner griff mit ~en Kräften an **6** arm an Geist, unbedeutend; seine Leistungen sind ~; dieser Roman ist eins seiner schwächsten Werke **7** ⟨70⟩ nicht leistungsstark, -fähig; ein ~er Schüler • 7.1 er hat ~e **Augen** er kann nicht gut sehen • 7.2 ein ~es **Gedächtnis** haben vergesslich sein • 7.3 mit ~er **Stimme** leise • 7.4 etwas ist jmds. ~e Seite ⟨umg.⟩ jmd. kommt mit etwas nicht gut zurecht, beherrscht etwas nicht; Rechnen ist meine ~e Seite; Konsequenz in der Erziehung ist ihre ~e Seite • 7.5 eine ~e **Glühbirne** eine G. mit geringer Wattstärke **8** wässrig, dünn; die Brühe, der Kaffee, Tee ist ~ **9** die **Börse** war ~ es herrschte wenig Nachfrage **10** ⟨Gramm.⟩ • 10.1 ~e **Deklination** der durch „-(e)n" gekennzeichnete Deklinationstyp; Ggs starke Deklination, → stark (8.1) • 10.2 ~e **Konjugation** durch das Suffix „-t" für die Formen der Zeiten gekennzeichnete Typ der Stammfortbildung german. Verben; Ggs starke Konjugation, → stark (8.2) • 10.3 ~e **Verben** V. mit schwacher Konjugation; Ggs starke Verben, → stark (8.3) **11** ⟨Getrennt- u. Zusammenschreibung⟩ • 11.1 ~ begabt = schwachbegabt • 11.2 ~ besetzt = schwachbesetzt • 11.3 ~ besucht = schwachbesucht

schwach|be|gabt auch: **schwach be|gabt** ⟨Adj. 24/70⟩ wenig begabt; ein ~er Schüler

schwach|be|setzt auch: **schwach be|setzt** ⟨Adj. 24/

70) *in der Besetzung Defizite u. Mängel aufweisend;* eine ~e Mannschaft

schwạch|be|sucht *auch:* **schwạch be|sucht** ⟨Adj. 24/70⟩ *nur wenige Besucher aufweisend;* eine ~e Vorstellung

Schwạ̈|che ⟨f.; -, -n⟩ **1** *Mangel an Kraft;* jmds. ~ ausnutzen; vor ~ umfallen, zusammenbrechen; von einer ~ befallen werden; es ist ein Zeichen von ~, dass du jetzt nachgibst • **1.1** die ~ **des Körpers** *Hinfälligkeit* • **1.2** du darfst keine ~ zeigen *nimm dich zusammen* **2** *Geringwertigkeit, nachteilige Eigenschaft;* darin zeigt sich die ~ seines Charakters; darin besteht die ~ dieser Arbeit, Leistung • **2.1** *Fehler, charakterlicher Mangel;* es ist eine verzeihliche menschliche ~; ein Beweis persönlicher ~; jeder Mensch hat seine ~n; jmds. ~n kennen; einer ~ nachgeben, widerstehen • **2.2** etwas ist jmds. ~ *jmd. beherrscht etwas unvollkommen* • **2.2.1** Rechnen ist meine ~ *ich kann schlecht rechnen* **3** eine ~ **für jmdn.** *od.* **etwas** *eine Vorliebe;* er hat eine unverständliche ~ für das Mädchen • **3.1** ich habe eine ~ für Thomas Mann *ich lese die Bücher von Th. M. sehr gern*

schwạ̈|chen ⟨V. 500⟩ **1** jmdn. ~ *jmds. Kraft mindern, jmdn. ermüden, entnerven;* sein von Krankheit geschwächter Körper **2** etwas ~ *etwas vermindern, geringer machen* • **2.1** jmds. Ansehen ~ *herabsetzen, vermindern* • **2.2** der Feind wurde in diesem Kampf stark geschwächt *erlitt starke Verluste*

schwạ̈ch|lich ⟨Adj. 70⟩ *körperlich schwach*

Schwạ̈ch|ling ⟨m.; -s, -e; abwertend⟩ **1** *körperlich kraftloser Mensch* **2** *charakterlich schwacher Mensch*

Schwạch|sinn ⟨m.; -(e)s; unz.⟩ **1** ⟨Med.; inzwischen als abwertend geltende, frühere Bez. für⟩ *Mangel an Intelligenz durch angeborene Unterentwicklung od. erworbene Zerstörung u. Verminderung der Substanz der Hirnrinde* **2** ⟨umg.; abwertend⟩ *Unsinn, Unfug, Blödsinn (2)*

schwạch|sin|nig ⟨Adj.⟩ **1** *an Schwachsinn (1) leidend* **2** ⟨umg.; abwertend⟩ *unsinnig, blödsinnig, dumm;* eine ~e Idee

schwạch‖wer|den *auch:* **schwạch wer|den** ⟨V. 285/405(s.); umg.⟩ *einer Versuchung nachgeben; nur nicht ~!;* bei einem guten Wein wird er schwach; →a. *schwach (1.2)*

Schwạ|de ⟨f.; -, -n⟩ = *Schwaden¹ (1)*

Schwạ|den¹ ⟨m.; -s, -⟩ **1** *Reihe hingemähten Grases od. Getreides;* oV *Schwade* **2** *Angehöriger einer Gattung der Süßgräser an feuchten Standorten:* Glyceria

Schwạ|den² ⟨m.; -s, -⟩ **1** *mit Gasen od. Dämpfen durchsetzte Luftströmung, Dunstfetzen;* Nebel~ **2** ⟨Bgb.⟩ *Grubenausströmung* **3** *(giftige) Bodenausdünstung*

Schwạ|dron *auch:* **Schwad|rọn** ⟨f.; -, -en; Mil.; früher⟩ *kleinste Einheit in der Kavallerie*

schwạ|feln ⟨V. 400; umg.; abwertend⟩ *töricht (u. langatmig) daherreden*

Schwạ|ger ⟨m.; -s, Schwạ̈|ger⟩ **1** *Ehemann der Schwester* **2** *Bruder eines Ehepartners*

Schwạ̈|ge|rin ⟨f.; -, -rin|nen⟩ **1** *Ehefrau des Bruders* **2** *Schwester eines Ehepartners*

Schwai|ge ⟨f.; -, -n; bair.-österr.⟩ *Sennhütte*

Schwạl|be ⟨f.; -, -n; Zool.⟩ **1** *Angehörige einer Familie kleiner Singvögel mit kurzen, nicht zum Laufen geeigneten Beinen:* Hirundinidae • **1.1** eine ~ macht noch keinen Sommer ⟨Sprichw.⟩ *aus einem Einzelfall kann man noch nicht auf das Allgemeine schließen*

Schwạl|ben|schwanz ⟨m.; -es, -schwän|ze⟩ **1** *trapezförmiger Einschnitt in einen Maschinenteil, wobei die kürzere Seite offen ist, dient als leicht lösbare Verbindung von Maschinenteilen, auch in der Tischlerei verwendet* **2** ⟨Zool.⟩ *Tagfalter mit schwanzartigem Anhang an den Hinterflügeln:* Papilio machaon **3** ⟨umg.; scherzh.⟩ *Rockschoß am Frack*

Schwạll ⟨m.; -(e)s, -e⟩ **1** *Gewoge, Welle, Guss;* Wasser~ • **1.1** ein ~ **von Worten** ⟨fig.⟩ *Flut von Worten, Redefluss*

Schwạmm ⟨m.; -(e)s, Schwäm|me⟩ **1** *weiches, poriges Material (künstlich hergestellt od. aus Schwamm (2)), das Wasser aufnimmt, zum Waschen u. Säubern;* ein feuchter, nasser, trockener ~; mit dem ~ abwaschen, abwischen, (Fenster) putzen; der ~ saugt sich voll • **1.1** er hat einen ~ im Magen ⟨umg.; scherzh.⟩ *er kann viel trinken* • **1.2** er kann sich mit dem ~ frisieren, kämmen ⟨umg.; scherzh.⟩ *er hat eine Glatze* • **1.3** ~ drüber! ⟨fig.; umg.⟩ *wir wollen es vergessen* **2** *Angehöriger eines im Wasser lebenden Tierstammes mit sehr verschieden gestalteten, festsitzenden Arten, die aus lockeren Zellansammlungen bestehen:* Porifera **3** *Zunder am Baumpilzen* **4** ⟨umg.⟩ *Ständerpilz* **5** *Hausschwamm, Schädling des toten Holzes bei Feuchtigkeit*

Schwạm|merl ⟨n.; -s, -n; bair.; österr.⟩ *Pilz*

schwạm|mig ⟨Adj.⟩ *weich, aufgedunsen;* ein ~es Gesicht; ~ aussehen

Schwạn ⟨m.; -(e)s, Schwạ̈|ne; Zool.⟩ *Angehöriger einer Gruppe mit den Gänsen nah verwandter Siebschnäbler, die sich durch bedeutende Größe u. langen Hals auszeichnen:* Cygneae

schwạ|nen ⟨V. 601; umg.⟩ jmdm. schwant etwas *jmd. ahnt etwas;* mir schwant nichts Gutes

Schwạ|nen|ge|sang ⟨m.; -(e)s, -sän|ge; fig.; geh.⟩ *letztes Werk eines Dichters od. letzter Auftritt eines Schauspielers od. Sängers vor seinem Tod*

Schwạng ⟨m.; veraltet; nur noch in den Wendungen⟩ **1** in ~ kommen *üblich werden, in Gebrauch kommen* **2** im ~e sein *üblich sein*

schwạn|ger ⟨Adj. 24⟩ *ein sich entwickelndes Kind im Leib tragend;* ~ sein, werden; mit einem Kind ~ gehen; ⟨aber⟩ →a. *schwangergehen*

schwạn|ger|ge|hen ⟨V. 145/800(s.); fig.⟩ **mit etwas** ~ *sich seit längerem gedanklich mit etwas beschäftigen, etwas allmählich in sich reifen lassen;* mit einem bestimmten Plan ~; →a. *schwanger*

schwạ̈n|gern ⟨V. 500⟩ **1** eine Frau ~ *schwanger (1) machen* **2** ⟨550⟩ die **Luft mit** einem **Geruch** ~ ⟨fig.; poet.⟩ *erfüllen, sättigen;* die Luft mit Wohlgeruch ~

Schwạn|ger|schaft ⟨f.; -, -en⟩ **1** *Zeitabschnitt von der Befruchtung der Frau bis zur Geburt des Kindes* **2** *Zustand der Frau während der Zeit der Schwangerschaft (1), das Schwangersein*

schwạnk ⟨Adj. 70⟩ **1** *dünn u. biegsam, federnd,*

Schwank

schwankend; ein ~es Rohr, Gras • **1.1** er ist wie ein ~es Rohr im Winde *unsicher, unstet*

Schwank ⟨m.; -(e)s, Schwän|ke; Lit.⟩ *derb-komische Erzählung, derb-komisches Bühnenstück;* einen ~ von Hans Sachs aufführen; einen ~ aus der Jugendzeit erzählen

schwan|ken ⟨V. 400⟩ **1** *sich hin u. her bewegen* • **1.1** *etwas* schwankt *schwingt hin u. her;* die Gräser, Halme, Zweige ~ im Winde; der Boden schwankte plötzlich unter unseren Füßen • **1.1.1** er ist wie ein ~des **Rohr** im Winde *ein unbeständiger Charakter* • **1.1.2** das **Schiff** schwankt *schlingert* • **1.2** *taumeln, torkeln;* unter einer Last ~ • **1.2.1** ⟨411(s.)⟩ *irgendwohin* ~ *taumelnd irgendwohin gehen;* er schwankte in die Wirtschaft **2** eine **Sache** schwankt ⟨fig.⟩ *bewegt sich auf u. nieder, ist nicht fest, wechselt;* die Kurse, Preise ~; ihre ~de Gesundheit macht ihm große Sorge; die Meinungen über ihn ~ **3** ⟨410⟩ *zögern, zaudern, noch nicht entschlossen sein;* ich schwanke noch, ob ich es tun soll; mein Vertrauen in diese Angelegenheit ist ins Schwanken gekommen, geraten

Schwanz ⟨m.; -es, Schwän|ze⟩ **1** *bei fast allen Wirbeltieren beweglicher Fortsatz der Wirbelsäule über den Rumpf hinaus;* ein Tier beim ~ fassen, packen, ziehen; der Hund wedelt vor Freude mit dem ~; der Hund klemmt den ~ zwischen die Beine; der Hund klemmt, zieht den ~ ein; der Vogel wippt mit dem ~; dem Hasen Salz auf den ~ streuen (um ihn zu fangen) ⟨scherzh.⟩ • **1.1** (das Musikstück) klingt, als ob man einer Katze auf den ~ getreten hätte ⟨umg.⟩ *klingt unharmonisch, schrill, misstönend* • **1.2** das Pferd **vom** ~ **her,** den Gaul **beim** ~ **aufzäumen** ⟨fig.⟩ *eine Sache falsch anpacken* • **1.3** den ~ **einziehen** ⟨a. fig.; umg.⟩ *sich kleinlaut fügen, nachgeben* • **1.3.1** mit eingezogenem, hängendem ~ abziehen ⟨fig.; umg.⟩ *bedrückt, beschämt weggehen* • **1.4** jmdm. **auf den** ~ **treten** ⟨fig.; umg.⟩ *jmdn. beleidigen* **2** *langer Anhang, Schlussteil, Endglied, Schleppe;* ein ~ am Drachen, Flugzeug, Kleid • **2.1** *Ende;* am ~ des Zuges stiegen Leute ein • **2.1.1** wir bildeten den ~ in der Reihe der Wartenden ⟨umg.⟩ *wir warteten ganz hinten* • **2.2** *lange Reihe (wartender Menschen)* **3** kein ~ ⟨fig.; umg.⟩ *niemand, kein Mensch;* danach fragt kein ~; es war kein ~ mehr zu sehen **4** ⟨derb⟩ *das männl. Glied*

schwän|zeln ⟨V. 400⟩ **1** *mit dem Schwanz wedeln;* der Hund schwänzelt **2** ⟨fig.; umg.⟩ *geziert, tänzelnd gehen;* da kommt er geschwänzelt • **2.1** ⟨410⟩ **um jmdn.** ~ *eifrig bemüht sein um jmdn.)*

schwän|zen ⟨V. 500⟩ Schule, Unterricht, eine **Vorlesung** ~ ⟨umg.⟩ *absichtlich versäumen, nicht hingehen*

Schwapp ⟨m.; -(e)s, -e; umg.⟩ *plötzliches Überlaufen, Übergießen, Wasserguss;* oV *Schwaps;* mit einem ~ lief das Wasser über den Rand des Badewanne

schwap|pen ⟨V. 400(s.)⟩ *sich schwankend hin- u. herbewegen (von Flüssigkeiten in Gefäßen);* die Suppe ist über den Tellerrand geschwappt

Schwaps ⟨m.; -es, -e⟩ = *Schwapp*

schwä|ren ⟨V. 400; geh.; meist fig.⟩ *ein offenes, eiterndes Geschwür bilden, eitern;* eine ~de Wunde

Schwarm ⟨m.; -(e)s, Schwär|me⟩ **1** *lockere Menge, Gruppe;* Bienen~, Mücken~; ein ~ von Bienen, Fischen, Mücken, Vögeln **2** *Vielzahl, Haufe (von Menschen);* ein ~ von Kindern; sie hatte einen ~ von Anbetern um sich **3** ⟨fig.; umg.⟩ *jmd. od. etwas, für den bzw. wofür man schwärmt;* er, sie ist mein ~; ihr ~ ist eine eigene kleine Wohnung

schwär|men ⟨V.⟩ **1** ⟨400⟩ *sich im Durcheinander bewegen* • **1.1** ⟨(s.)⟩ *durcheinanderlaufen, -springen;* die Jungen schwärmten im Spiel durch den Wald • **1.2** ⟨(s.)⟩ *sich im Schwarm bewegen, durcheinanderfliegen* • **1.2.1** Mücken ~ *tanzen* • **1.2.2** Bienen ~ *B. fliegen zur Gründung eines neuen Staates aus* • **1.3** ⟨(s.); Mil.⟩ *die geschlossene Formation verlassen u. eine lockere Schützenlinie bilden* • **1.4** ⟨fig.⟩ *sich herumtreiben, tanzen u. zechen;* er hat die ganze Nacht bis zum Morgen geschwärmt **2** ⟨415⟩ **für jmdn.** od. **etwas** ~ ⟨fig.⟩ *begeistert sein, in jmdn. od. etwas verliebt sein;* er schwärmt für Blondinen, eine Schauspielerin; er schwärmt für Italien **3** ⟨405⟩ **(von jmdm.** od. **etwas)** ~ ⟨fig.⟩ *begeistert (von jmdm. od. etwas) reden, sich in Träumen (über jmdn. od. etwas) verlieren;* er schwärmt wieder von Italien; wenn ich daran denke, komme ich ins Schwärmen

Schwär|mer ⟨m.; -s, -⟩ **1** *jmd., der sich leicht begeistert u. dabei nicht auf dem Boden der Tatsachen bleibt, Träumer;* er ist ein sentimentaler ~ **2** *religiöser Eiferer;* ein ~ für hohe Ideen **3** *ein Feuerwerkskörper;* beim Feuerwerk auch ~ abbrennen **4** *Angehöriger einer Familie der Nachtfalter mit langen u. schmalen Vorderflügeln:* Sphingidae

Schwär|me|rin ⟨f.; -, -rin|nen⟩ *weibl. Schwärmer (1,2)*

schwär|me|risch ⟨Adj.⟩ *verzückt, übertrieben begeistert;* ~er Liebhaber; jmdn. ~ anblicken; ~ von jmdm. sprechen

Schwar|te ⟨f.; -, -n⟩ **1** *dicke, zähe Haut* • **1.1** *feste Hautschicht am Schweinefleisch;* Speck~ • **1.2** ⟨Jägerspr.⟩ *Außenhaut, Fell (vom Dachs, Murmeltier u. Wildschwein)* • **1.3** ⟨umg.⟩ *menschliche Haut* • **1.3.1** jmdm. die ~ gerben, klopfen *jmdn. verprügeln* • **1.3.2** arbeiten, dass, bis die ~ kracht *tüchtig, hart arbeiten* • **1.4** Schwiele **2** ⟨Pelzhandel⟩ *Sommerfell* **3** (früher) *schweinsledernes Buch* • **4** ⟨umg.⟩ *altes, hartes wertloses Buch* **5** ⟨Schreinerei⟩ *die äußeren Teile des Baumstammes, die beim Zersägen übrig bleiben* **6** ⟨Med.⟩ *flächenhafte, narbige Verwachsung von Brust- u. Rippenfell nach Entzündungen*

schwarz ⟨Adj. 22⟩ **1** *ohne Farbe, Licht fast vollkommen absorbierend, nicht reflektierend;* ein Ring mit einer ~en Perle; sie hat ~e Augen, ~es Haar; ~e Kleidung, einen ~en Schleier, Trauerflor tragen (zum Zeichen der Trauer); sich ~ kleiden (zum Zeichen der Trauer) • **1.1** ⟨umg.⟩ *politisch konservativ;* ~ sein, wählen • **1.2** **Orden vom Schwarzen Adler** (1701-1918) *höchster Orden der ehemaligen preuß. Monarchie;* →a. *rot (1.19)* • **1.3** ⟨60⟩ das Schwarze/schwarze **Brett** *Anschlagtafel für Bekanntmachungen* • **1.4** ⟨60⟩ ~es/Schwarzes **Gold** ⟨fig.⟩ *Erdöl* • **1.5** ⟨60⟩ die

Schwarze/schwarze **Kunst** *die Buchdruckerkunst* • **1.6** ⟨60⟩ *der ~e/Schwarze* **Mann** *Kinderschreck; wer hat Angst vorm ~en/Schwarzen Mann?* ⟨Kinderspiel⟩ • **1.7** ⟨60⟩ *Schwarzer/schwarzer* **Peter** ⟨Kartenspiel für Kinder⟩ *Spielkarte, die den als Verlierer bestimmt, der sie als Letzter behalten muss* • **1.7.1** *jmdm. den Schwarzen/schwarzen Peter zuschieben* ⟨fig.⟩ *die Verantwortung zuschieben, etwas Unangenehmes aufbürden* • **1.8** ~ *auf weiß in geschriebener Form, schriftlich; etwas ~ auf weiß besitzen; denn was man ~ auf weiß besitzt, kann man getrost nach Hause tragen* (Goethe, „Faust" I, Studierzimmer); *hier steht es ~ auf weiß* **2** *von besonders dunkler Farbe, finster;* ~*e Wolken am Himmel künden Regen an;* ~ *wie die Hölle;* ~ *wie die Nacht* • **2.1** *sehr schmutzig; deine Hände sind ja ganz ~; sein Gesicht ist durch den Staub ganz ~ geworden;* ⟨aber Getrennt- u. Zusammenschreibung⟩ ~ *werden* = *schwarzwerden* • **2.2** ⟨60⟩ ~*er* **Bernstein** ⟨fig.⟩ *als Schmuckstein verwendete feste, muschelige Braunkohle, Gagat* • **2.3** ⟨60⟩ ~*e* **Blattern** ⟨Pathol.⟩ *Pocken, Variola* • **2.4** ⟨60⟩ *der Schwarze* **Erdteil** ⟨fig.⟩ *Afrika* • **2.5** ⟨60⟩ *Schwarze* **Harnwinde** ⟨Vet.⟩ *oft tödlich verlaufende Muskelerkrankung mit Lähmungserscheinungen, Lumbago* • **2.6** ~*er* **Kaffee** *K. ohne Milch od. Sahne* • **2.7** ~*e* **Kirschen** *dunkelrote K.* • **2.8** ~*er* **Pfeffer** *die getrockneten Früchte des Pfefferstrauchs* • **2.9** ⟨60⟩ *er ist das* ~*e* **Schaf** *in der Familie* ⟨fig.⟩ *das ungeratene Familienmitglied* • **2.10** ⟨60⟩ ~*er* **Star** ⟨Pathol.⟩ *totale Blindheit, bei der keinerlei Lichtempfindung mehr vorhanden ist* • **2.11** ~*er* **Tee** *Tee aus (durch die Aufbereitung mit Fermenten) dunkel gefärbten Blättern des Teestrauches* • **2.12** ⟨60⟩ *der Schwarze/schwarze* **Tod** ⟨MA⟩ *Beulenpest* • **2.13** ⟨60⟩ *Schwarze* **Witwe** ⟨Zool.⟩ *zu den Kugelspinnen gehörende amerikan. Spinne, deren Biss sehr giftig u. für den Menschen gefährlich ist: Latrodectus mactans* • **2.14** *Schwarzer* **Holunder** ⟨Bot.⟩ *bis zu 6 m hoher Strauch mit essbaren schwarzen Früchten: Sambucus nigra;* Sy *Flieder (3)* • **2.15** *Schwarze* **Johannisbeere** ⟨Bot.⟩ *zu den Steinbrechgewächsen gehörender Strauch mit schwarzen Beerenfrüchten: Ribes nigrum* **3** ⟨fig.⟩ *böse, unheilvoll, düster;* ~*e Gedanken haben; ein* ~*es Geschick, Schicksal; eine* ~*e Tat; eine* ~*e Seele* • **3.1** *heute hatte ich einen* ~*en Tag Unglückstag, Pechtag* • **3.2** ⟨70⟩ ~*en* **Gedanken** *nachhängen trüben, schwermütigen G.* • **3.3** ⟨60⟩ *schwarze* **Magie** *(bei Naturvölkern) von der Gesellschaft nicht anerkannte M.;* Ggs *weiße Magie,* → *weiß (2.7)* • **3.4** ⟨60⟩ *auf der* ~*en* **Liste** *stehen auf der L. von Verdächtigen, Missliebigen* • **3.5** ~*e* **Wolken** *am Ehehimmel* ⟨fig.; umg.⟩ *häusliche Auseinandersetzungen* • **3.6** *du darfst dir nicht alles so* ~ **ausmalen,** *vorstellen so pessimistisch sein* • **3.6.1** *alles durch eine* ~*e* **Brille** *sehen* ⟨fig.⟩ *allzu pessimistisch, zu wenig zuversichtl. sein* • **3.7** *mir wird* ~ **vor (den) Augen** *mir wird schlecht, ich werde ohnmächtig* • **3.8** *etwas* **in** ~*en* **Farben** *schildern* ⟨fig.⟩ *schlimmer schildern, als es ist* • **3.9** *der Bahnsteig war* ~ **von Menschen** *voller Menschen* **4** *heimlich, verboten; ein* ~*es Geschäft*

• **4.1** ⟨60⟩ ~ *über die Grenze gehen heimlich, ohne Genehmigung, an keiner amtlichen Grenzstation* • **4.2** *ich habe den Stoff* ~ *gekauft ohne Genehmigung, im Schleichhandel* • **4.3** ~*er* **Markt** *geheimer, verbotener Markt, Schleichhandel;* oV *Schwarzmarkt;* →a. *Schwarz*

Schwarz ⟨n.; -od. -es; unz.⟩ **1** *Farbe, die fast alles Licht absorbiert, kein Licht reflektiert; für diese Wand kommt nur* ~ *in Frage* • **1.1** *schwarze Spielfigur, Spielkarte mit schwarzem Symbol;* ~ *zieht nach A2* (in Schachaufgaben); *auf* ~ *reizen* (im Kartenspiel) • **1.2** *er will sich* Schwarz Weiß *machen* ⟨fig.⟩ *er stellt etwas offensichtlich Schlimmes als harmlos hin* **2** *schwarze Kleidung; gern* ~ *tragen* • **2.1** *in* ~ *gehen, gekleidet sein in Trauerkleidung* • **2.2** *das kleine* ~*e anziehen* ⟨umg.⟩ *kurzes schwarzes Kleid für kleinere Festlichkeiten* • **2.3** *ich ziehe mein* ~*es an* ⟨umg.⟩ *mein schwarzes Kleid* **3 ins** Schwarze **treffen** • **3.1** *in den Mittelpunkt der Zielscheibe treffen* **3.2** ⟨fig.⟩ *das Wesentliche herausfinden, treffen* **4** *etwas* ~*es schwarzer Fleck, Schmutzfleck; du hast etwas* ~*es auf der Stirn* **5 nicht das** ~*e* **unter dem Nagel,** *unter den Nägeln* ⟨fig.; umg.⟩ *gar nichts; nicht das* ~ *unterm Nagel haben, hergeben; er gönnt mir nicht das* ~*e unter den Nägeln*

Schwarz|ar|beit ⟨f.; -, -en⟩ *Lohnarbeit entgegen den gesetzlichen Bestimmungen (ohne Abführung von Steuern od. bei gleichzeitigem Bezug von Arbeitslosengeld)*

schwarz‖ar|bei|ten ⟨V. 400⟩ *Schwarzarbeit ausführen; er arbeitet schwarz; er hat jahrelang schwarzgearbeitet*

schwarz‖är|gern ⟨V. 500/Vr 3; umg.⟩ *sich* ~ *sich sehr stark ärgern*

Schwarz|dros|sel ⟨f.; -, -n⟩ = *Amsel*

Schwar|ze(r) ⟨f. 2 (m. 1)⟩ **1** *Angehörige(r) der in Afrika lebenden negriden Rasse* • **1.1** *Nachkomme der nach Amerika verschleppten schwarzen Afrikaner;* Sy *Farbige(r),* ⟨abwertend⟩ *Neger; ein Protestmarsch der* ~*n* **2** *dunkelfarbiger, dunkelhaariger Mensch* • **2.1** *wer war eigentlich die* ~ *vorhin? die Kleine mit dem schwarzen Haar* **3** *Anhänger einer konservativen Partei* **4** *der* ~ *der Teufel*

schwarz‖fah|ren ⟨V. 130/400(s.); umg.; fig.⟩ *ohne Erlaubnis, ohne Fahrkarte (im Bus, in der Eisen-, Straßenbahn) fahren, ohne Führerschein (Auto) fahren; einen Schüler beim Schwarzfahren erwischen; er fährt immer schwarz; ich bin noch nie schwarzgefahren*

Schwarz|han|del ⟨m.; -s; unz.⟩ *Handel zu Preisen, die (bei eingeschränktem Angebot an Waren u. gesetzlicher Regelung für Höchstpreise) höher liegen als die gesetzlich erlaubten Preise*

Schwarz|markt ⟨m.; -(e)s, -märk|te⟩ = *schwarzer Markt,* → *schwarz (4.3)*

schwarz‖se|hen ⟨V. 239; fig.; umg.⟩ **1** ⟨400⟩ *alles, bes. die Zukunft in dunklen Farben sehen, pessimistisch sein; da sehe ich schwarz* • **1.1** ⟨500⟩ **etwas** ~ *ungünstig beurteilen; er sieht die politische Lage zu schwarz* • **1.2** ⟨415⟩ **für jmdn.** *od.* **etwas** ~ *sich um jmdn. od. etwas Sorgen machen* • **1.2.1** *für mein Examen sehe ich schwarz ich fürchte, ich werde mein Examen nicht*

schwarzweiß

bestehen 2 ⟨400⟩ *ohne Begleichung der Rundfunkgebühren fernsehen*
schwarz|weiß *auch:* **schwarz-weiß** ⟨Adj. 24⟩
1 *schwarz u. weiß* **2** *etwas ~ malen* ⟨fig.⟩ *vereinfacht darstellen*
schwarz||wer|den *auch:* **schwarz wer|den** ⟨V. 285/400(.)⟩ **1** ⟨meist in der Wendung⟩ da kannst du warten, bis du schwarzwirst / schwarz wirst *vergeblich warten* **2** ⟨Kart.⟩ *keinen Stich bekommen;* →a. *schwarz (2.1)*
schwat|zen ⟨V.; du schwatzt od. schwatzest; süddt.⟩ = **schwätzen**
schwät|zen ⟨V.; umg.⟩ oV ⟨süddt.⟩ *schwatzen* **1** ⟨400⟩ *sich gemütlich unterhalten, plaudern; lasst uns noch ein wenig ~!* **2** ⟨400⟩ *viel u. oberflächlich reden; du solltest nicht so viel ~* • **2.1** ⟨500⟩ *etwas ~ erzählen, daherreden; lauter dummes Zeug ~* **3** ⟨400⟩ *während des Unterrichts (heimlich) reden;* sie ist eine gute Schülerin, aber sie schwätzt zu viel **4** ⟨410⟩ *Geheimnisse, Vertrauliches ausplaudern;* →a. *Schule (3.7)*
Schwe|be ⟨f.; -; unz.; nur in wenigen Wendungen⟩ **1** *sich in der ~ halten frei schweben; die Waagschalen halten sich in der ~* **2** *in der ~ bleiben, lassen, sein* ⟨fig.⟩ *unentschieden; vorläufig bleibt alles noch in der ~*
schwe|ben ⟨V.⟩ **1** ⟨400⟩ *frei hängen, sich in der Schwebe halten; im Gleichgewicht ~ (Waagschalen); über dem Abgrund ~* • **1.1** *der Ton schwebte noch lange im Raum klang lange nach* **1.2** *in Illusionen ~* ⟨fig.⟩ *I. anhängen* • **1.3** *sie ~ beide im siebenten Himmel* ⟨fig.; umg.⟩ *sie sind überglücklich* • **1.4** *er schwebt gern in höheren Regionen* ⟨fig.; umg.⟩ *er ist verträumt, wirklichkeitsfremd* **2** ⟨411(.)⟩ *sich langsam in der Luft bewegen, ohne festen Halt zu haben, sacht, langsam fliegen, gleiten; das Blatt schwebte sanft zu Boden; Wolken ~ nach Süden; der Raubvogel schwebte hoch in den Lüften* • **2.1** *~den Schrittes daherkommen mit wiegenden, leichten S.* **3** ⟨411; fig.⟩ *sich befinden, sein; in großer Angst, Gefahr ~; Gottes Geist schwebte über den Wassern* • **3.1** *sich (zwischen zwei Möglichkeiten) befinden, schwanken; der Verletzte schwebt noch in Lebensgefahr; zwischen Furcht und Hoffnung ~; der Patient schwebt zwischen Leben und Tod* • **3.2** ⟨411⟩ *sich andeutungsweise befinden; mir schwebt sein Bild vor Augen; ein Lächeln schwebte auf ihren Lippen* **4** ⟨400⟩ *eine* **Angelegenheit** *schwebt ist im Gang, noch nicht beendet, unentschieden; der Prozess, das Verfahren schwebt (noch); ~de Fragen, Geschäfte, Verhandlungen; in ein ~des Verfahren eingreifen (Rechtsw.)* • **4.1** *~de* **Schulden** *kurzfristige Staatsschulden, die nach Präsentieren des Schuldscheins, spätestens aber innerhalb eines Jahres zurückzuzahlen sind*
Schwe|fel ⟨m.; -s; unz.; chem. Zeichen: S⟩ **1** *chem. Element, Nichtmetall, Ordnungszahl 16* • **1.1** *die beiden halten zusammen wie Pech und ~* ⟨fig.; umg.⟩ *ganz fest*
Schweif ⟨m.; -(e)s, -e⟩ **1** *lange, buschige, am Schwanzansatz wachsende Haare; Pferde~* **2** *Schleppe; Kometen~*

schwei|fen ⟨V.⟩ **1** ⟨411(s.)⟩ *ziellos umhergehen, umherwandern, durch die Gegend fahren; durch Wald und Feld ~; über etwas den Blick ~ lassen; seine Blicke schweiften von einem zum anderen; in die Ferne ~; er ließ seine Gedanken in die Vergangenheit, Zukunft ~* **2** ⟨500⟩ *etwas ~ wölben, bogen-, kurvenförmig ausschneiden, -sägen* • **2.1 Bretter** *~ bogenförmig abrunden*
Schwei|ge|geld ⟨n.; -(e)s, -er⟩ *Bestechungsgeld, um einen andern zum Geheimhalten einer Sache zu veranlassen*
schwei|gen ⟨V. 233⟩ **1** ⟨400⟩ *nichts sagen, still sein; ein beklemmendes, dumpfes, eisiges, niederdrückendes Schweigen; beschämt, erschreckt, verlegen, verwirrt, verwundert ~; auf eine Frage ~; Schweigen befehlen, bewahren, gebieten, fordern; das tiefe Schweigen des Waldes; es herrschte tiefes Schweigen; der Rest ist Schweigen; in ~der Erwartung verharren; den Weg ~d zurücklegen; ~d nicken; die Stimme des Gewissens schweigt; schweig!; sie schwieg um des lieben Friedens willen; sie hüllte sich in Schweigen; er schweigt wie das Grab; sie schweig zu all seinen Vorwürfen; wer schweigt, scheint zuzustimmen; Reden ist Silber, Schweigen ist Gold* ⟨Sprichw.⟩*; lieber ~ als das Maul verbrannt* ⟨Sprichw.⟩ • **1.1** ⟨800⟩ **über, von etwas** *~ nicht sprechen* **1.2** *endlich brach er das Schweigen endlich sprach er (davon)* **1.3** *jmdn. od. etwas zum Schweigen bringen* ⟨fig.⟩ • **1.3.1** *jmdm. das Wort abschneiden* • **1.3.2** *jmdn. töten* **1.4** *~ können* ⟨fig.⟩ *ein Geheimnis bewahren können* • **1.5** *von ihm, davon ganz zu ~! von ihm, davon gilt ganz bes., was ich vorhin sagte* • **1.6 etwas** *schweigt hört auf, kommt zur Ruhe, befindet sich in Ruhe; der Donner, der Gesang der Vögel, die Musik schweigt; die Maschine schweigt* • **1.6.1** *der* **Wind** *schweigt hat sich gelegt* • **1.6.2** *die* **Waffen** *~ eine kriegerische Auseinandersetzung ist beendet*
schweig|sam ⟨Adj.⟩ *nicht gesprächig, wortkarg;* er ist ein ~er Mensch, Zeitgenosse; er verhält sich heute Abend recht ~
Schwein ⟨n.; -(e)s, -e⟩ **1** ⟨Zool.⟩ *Angehöriges einer Familie nicht wiederkäuender, mit Borsten bedeckter Paarhufer, mit kurzer rüsselförmiger Schnauze, die meist zum Wühlen eingerichtet ist: Suidae* **2** *vom Eurasischen Wildschwein abstammendes Haustier: Sus scrofa; Haus~; ~e füttern, halten, mästen, schlachten, züchten* • **2.1** *da haben wir das* **falsche** *~ geschlachtet* ⟨fig.; umg.⟩ *einen Fehler gemacht, der nie wieder gutgemacht werden kann* • **2.2** *er* **blutet wie ein** *~* ⟨derb⟩ *heftig* • **2.3** *haben wir etwa zusammen ~e gehütet?* ⟨umg.; bei unerwünschter Vertraulichkeit, z. B. Anrede mit „du"⟩ *(Ausdruck für die Zurückweisung)* **3** ⟨Kochk.⟩ *Schweinefleisch; 500 g Gehacktes, halb Rind, halb ~* **4** ⟨fig.⟩ *Mensch* • **4.1** *er ist ein* **armes** *~* ⟨umg.⟩ *ein bedauernswerter Mensch* • **4.2 kein** *~* ⟨umg.⟩ *kein Mensch, niemand; das frisst, kapiert, versteht kein ~; daraus wird kein ~ gescheit, klug; davon hat kein ~ etwas gesagt; es kümmert sich kein ~ darum, ob …* • **4.3** ⟨umg.; abwertend⟩ • **4.3.1** *schmutziger, unreinlicher Mensch*

- **4.3.2** *gemeiner, rücksichtsloser Mensch;* er ist ein ~
- **4.3.3** *moralisch nicht einwandfreier, unanständiger Mensch* **5** ⟨umg.⟩ *Glück, unverhofft guter Ausgang einer Sache;* da hast du aber ~ gehabt

Schwei|ne|rei ⟨f.; -, -en; derb⟩ **1** *schmutziger, sehr unordentlicher Zustand;* wer hat hier eine solche ~ gerichtet? **2** ⟨fig.⟩ *Schmutz, Unanständigkeit, Unflätigkeit;* was ist das für eine ~? • **2.1** *unanständiger Witz*

schweinisch ⟨Adj.; fig.; derb⟩ *unanständig;* ein ~er Witz

Schweiß ⟨m.; -es; unz.⟩ **1** *wasserklare Absonderung der Schweißdrüsen der Haut;* kalter ~ stand ihm vor Angst auf der Stirn; der ~ bricht ihm aus allen Poren; der ~ lief, rann, rieselte ihm (in Strömen) übers Gesicht; sich den ~ trocknen, von der Stirn wischen; im ~e seines Angesichts arbeiten, sein Geld verdienen; im ~e deines Angesichtes sollst du dein Brot essen (1. Mose, 3,19); der Boden ist mit dem ~ mehrerer Generationen gedüngt ⟨poet.⟩ • **1.1** ich bin in ~ gebadet *habe sehr geschwitzt* **2** ⟨fig.⟩ *Mühe, schwere Arbeit;* das hat mich viel ~ gekostet; daran hängt viel ~ • **2.1** er konnte die Früchte seines ~es nicht mehr ernten ⟨poet.⟩ *bevor er den Ertrag seiner Mühe genießen konnte, starb er* **3** ⟨Jägerspr.⟩ *Blut des Wildes;* viel ~ verlieren (vom angeschossenen Wild)

schwei|ßen ⟨V.⟩ **1** ⟨500⟩ etwas ~ *durch Druck (z. B. Schläge) oder Zufuhr von Wärme (Schmelzen) miteinander verbinden;* Ggs *löten;* Metall, Kunststoff ~ **2** ⟨400⟩ ein **Tier** schweißt ⟨Jägerspr.⟩ *verliert Blut*

schwel|len ⟨V.⟩ **1** ⟨400⟩ etwas schwelt *brennt langsam, ohne Flamme mit starker Rauchentwicklung;* das Holz schwelt; das Feuer schwelt noch unter der Asche **2** ⟨500⟩ etwas ~ *unter Luftabschluss erhitzen, langsam verbrennen;* Koks ~ **3** ⟨410⟩ etwas schwelt ⟨fig.⟩ *lebt unter der Oberfläche, unmerklich (weiter);* Hass-, Rachegefühle ~; Feindschaft schwelt; jahrelang ~der Hass

schwel|gen ⟨V.⟩ **1** ⟨400⟩ *üppig leben, gut essen u. trinken* **2** ⟨800⟩ in etwas ~ ⟨fig.⟩ *etwas in vollen Zügen genießen;* in angenehmen Erinnerungen, in Musik, im Überfluss ~

Schwel|le ⟨f.; -, -n⟩ **1** *waagerechter Balken od. Brett als untere Begrenzung u. zum Abdichten der Türöffnung;* Tür~; die ~ betreten, überschreiten; über die ~ treten • **1.1** er darf meine ~ nie wieder betreten ⟨fig.⟩ *ich habe ihm mein Haus verboten* • **1.2** an der ~ ⟨fig.⟩ *am Beginn, kurz vor;* an der ~ einer neuen Zeit; an der ~ des Grabes, zum Jenseits stehen **2** ⟨Eisenb.⟩ *Querbalken, auf dem die Eisenbahnschienen befestigt sind;* ~n erneuern, legen **3** ⟨Wasserbau⟩ *unterer Abschluss eines Wehres od. Schützes unterhalb der Wasserlinie* **4** ⟨Geol.⟩ *Bodenerhebung zwischen zwei Senken* **5** ⟨Psych.⟩ *Minimum eines Nervenreizes, das zum bewussten Empfinden des Reizes notwendig ist;* Reiz~; die ~ des Bewusstseins (nicht mehr) erreichen

schwel|len ⟨V. 234⟩ **1** ⟨400(s.)⟩ etwas schwillt *wird dick, groß, weitet sich, bläht sich (auf), dehnt sich (aus);* geschwollene Augen vom Weinen; eine geschwollene Backe von einer entzündeten Zahnwurzel; geschwollene Beine haben; das Herz schwoll ihm vor Freude; der Finger schwillt; ~de Früchte, Knospen; ~de Brüste, Lippen ⟨poet.⟩ • **1.1** ⟨600⟩ jmdm. schwillt der **Kamm** ⟨fig.; umg.⟩ *jmds. Selbstvertrauen wächst allzu sehr* • **1.2** *sich verstärken;* der Wind schwoll zum Sturm **2** ⟨500⟩ etwas ~ *zum Schwellen (1) bringen;* Freude schwellte ihm die Brust; der Wind schwellte das Segel

Schwel|lung ⟨f.; -, -en⟩ **1** *das Schwellen;* eine ~ verursachen • **1.1** *Zustand des Geschwollenseins;* eine ~ der Augenlider behandeln **1.2** *geschwollene Stelle* **2** ⟨Geogr.⟩ *Rundung, rundliche Erhebung*

Schwem|me ⟨f.; -, -n⟩ **1** *Teich als Bad für Tiere, bes. Wild u. Pferde;* die Pferde in die ~ führen, reiten **2** ⟨fig.; umg.⟩ *Wirtsstube, Kneipe*

schwem|men ⟨V. 500⟩ **1** ⟨511⟩ jmdn. od. etwas irgendwohin ~ *durch die Strömung irgendwohin tragen;* die Flut schwemmte Holz und Seetang an den Strand; der Ufersand ist mit der Zeit in den Fluss geschwemmt worden **2** etwas ~ *spülen, wässern;* Felle ~ **3** Tiere ~ *waschen, baden;* er wollte noch die Pferde (im Fluss) ~

Schwen|gel ⟨m.; -s, -⟩ **1** = *Klöppel (1)* **2** *schwenkbarer Griff der Pumpe;* Brunnen~, Pumpen~

schwen|ken ⟨V.⟩ **1** ⟨500⟩ jmdn. od. etwas ~ *hin u. her bewegen, hin u. her schwingen;* die Arme, Fahnen ~; den Hut, das Taschentuch ~ **2** ⟨411(s.)⟩ **irgendwohin** ~ *sich herumdrehen, die Richtung verändern;* links schwenkt, marsch! ⟨Mil.⟩; er schwenkte nach rechts, um die Ecke • **2.1** ⟨402⟩ (etwas) ~ *in eine andere Richtung bringen;* die Kamera schwenkte zum Hauptdarsteller; einen Hebel nach links ~ **3** ⟨511⟩ etwas in etwas ~ *umdrehen, wälzen;* Kartoffeln in Butter ~ • **3.2** *hin u. her ziehen;* Wäsche im Wasser ~ • **3.3** die **Gläser** (im Wasser) ~ *ausspülen*

Schwen|kung ⟨f.; -, -en; a. fig.⟩ **1** *Drehung, Richtungsänderung;* halbe ~ links, rechts! • **1.1** eine ~ machen, vollziehen, vornehmen *schwenken* **2** ⟨fig.⟩ *Standortwechsel;* eine grundsätzliche ~ in der Politik • **2.1** er hat plötzlich eine ~ gemacht *seine Meinung geändert*

schwer ⟨Adj.⟩ **1** *von Gewicht, ein (bestimmtes) Gewicht habend;* der Sack ist 50 kg, einen Zentner ~ • **1.1** wie ~ bist du? *wie viel wiegst du?* **2** *von großem Gewicht, lastend, drückend;* ein ~er Stein, ~es Gepäck; die ersten ~en Tropfen schlugen gegen die Fensterscheibe; die Kiste ist mir zu ~; meine Glieder sind ~ wie Blei; die Zweige, ~ von Früchten, wurden fast bis zum Boden gedrückt; die Kleider sind ~ von der Nässe, vom Regen; der Kopf ist mir ~ (z. B. nach Alkoholgenuss) ⟨fig.⟩ • **2.1** diese Pflanze braucht ~en **Boden** *fette, nährstoffreiche Erde* • **2.2** ~er **Boden** behinderte die Fußballspieler *regennasser B.* • **2.3** ⟨60⟩ ein ~es **Geschütz** *G. mit großem Kaliber* • **2.4** ⟨60⟩ ich musste erst ~es **Geschütz** auffahren ⟨fig.; umg.⟩ *etwas deutlich zu verstehen geben, gewichtige Gründe vorbringen* • **2.5** ⟨60⟩ die ~e **Reiterei** *mit schwerer Ausrüstung u. Bewaffnung ausgestattete R.* • **2.6** eine ~e **Seide** *gute, kostbare S.* • **2.7** ⟨60⟩ ~es **Wasser** ⟨Chem.⟩ *Verbindung aus Sauerstoff u.*

schwerbehindert

Deuterium • 2.8 ⟨60⟩ ~e **Wetter** ⟨Bgb.⟩ *vornehmlich Kohlendioxid u. eine ungenügende Menge Sauerstoff enthaltende Grubenluft* **3** *bedrückt, belastet, kummervoll;* das Herz ist ihm ~; ihm ist ~ ums Herz; ~en Herzens gab er nach, stimmte er zu; ein ~er Seufzer entrang sich seiner Brust • 3.1 sich nur ~ von etwas trennen *sich nur ungern von etwas trennen* **4** *schwerfällig, unbeholfen, massig, massiv;* ein ~er Bau; ein ~es Pferd; er ging ~en Schrittes • 4.1 er ist ~ **von Begriff** ⟨umg.⟩ *er ist geistig schwerfällig* • 4.2 ⟨60⟩ er hat ~es **Blut** ⟨fig.⟩ *er ist schwermütig, melancholisch, bedächtig, schwerfällig* • 4.3 er hat einen ~en **Gang** *er geht unbeholfen* • 4.4 eine ~e **Hand** *(bei etwas)* haben *(bei etwas) ungeschickt sein;* er hat eine ~e Hand beim Schreiben • 4.5 er hat eine ~e **Zunge** ⟨fig.⟩ *er spricht langsam u. schwerfällig, das Sprechen fällt ihm schwer* **5** *mühsam, anstrengend, hart, ermüdend;* er muss ~ arbeiten; aller Anfang ist ~ ⟨Sprichw.⟩ • 5.1 sie hatte ein ~es Leben *ein L. voller Sorgen* • 5.2 ich habe einen ~en Tag hinter mir *einen anstrengenden, arbeitsreichen, sorgenvollen T.* • 5.3 das Schwerste habe ich jetzt hinter mir *den anstrengendsten Teil* • 5.4 ⟨60⟩ ihre ~e **Stunde** ⟨fig.⟩ *die S. ihrer Entbindung* • 5.5 *schwierig, nicht leicht;* es war ein ~er Kampf, bis ich meinen Willen durchsetzen konnte; das ist leicht gesagt, doch ~ getan; das kann man nur ~ begreifen, nachfühlen, verstehen, sich vorstellen; das wird sich nur ~ machen lassen; ⟨aber Getrennt- u. Zusammenschreibung⟩ ~ machen = *schwermachen* • 5.5.1 ich konnte ihn nur ~ davon überzeugen *nur mit Mühe* • 5.5.2 ~ **hören** *schwerhörig sein* • 5.5.3 ein ~es Amt übernehmen *ein verantwortungsvolles Amt* • 5.6 *nicht leicht zu lösen, zu beantworten;* eine ~e Aufgabe, Frage • 5.7 *nicht leicht verständlich;* ~e Musik; ein ~es Buch **6** *unheilvoll, unglücklich, kaum zu ertragen;* eine ~e Bürde, Last; jmdm. eine ~e Enttäuschung bereiten; ich habe einen ~en Gang vor mir (einen Bittgang, einen Kondolenzbesuch u. Ä.); sein Tod war ein ~er Schlag für uns; ~e Schuld auf sich laden; ~e Sorgen lasteten auf ihm; wir gehen ~en Zeiten entgegen; die Kriegsjahre lasteten ~ auf dem Land • 6.1 er hatte einen ~en **Tod** *einen qualvollen T.* • 6.2 ich fiel in einen ~en **Traum** *einen bedrückenden T.* • 6.3 das liegt mir ~ auf der Seele *das bedrückt mich* **7** ~e **Speisen, Getränke** *schwer verdauliche, gehaltvolle S., G.;* ~e Speisen bekommen mir nicht; die Majonäse liegt mir ~ im Magen; das ist ein ~er Tropfen! (Wein) **8** ⟨90⟩ *in hohem Maß, Grad, von großer Stärke* • 8.1 *sehr stark, heftig;* ein ~es Gewitter, Unwetter; ein ~er Sturm, Regen • 8.1.1 sie ist ~ gefallen *gestürzt* • 8.1.2 *rau, stark bewegt;* es herrschte ~e See • 8.1.3 ein ~er **Schlaf** *sehr tiefer S.;* er fiel in einen ~en Schlaf • 8.1.4 ein ~er **Winter** *ein langer, kalter W.* • 8.2 *ernst, schwerwiegend;* ein ~es Verbrechen, Vergehen; eine ~e Krankheit, Verletzung, Wunde; nach langem, ~em Leiden entschlief … (in Todesanzeigen); das war eine ~e Belastungsprobe für uns alle • 8.3 *hart, streng;* eine ~e Strafe; er wurde ~ bestraft; das hat sie ~ büßen müssen **9** ⟨90⟩ *beträchtlich (Menge), sehr stark, viel;* jmdm. ~en Schaden zufügen; dem Feind ~e Verluste beibringen • 9.1 ~ an etwas tragen *sehr unter etwas leiden* • 9.2 seine Meinung, sein Rat, sein Urteil wiegt ~ *bedeutet viel, ist wichtig* • 9.3 das kostet ein ~es **Geld** ⟨umg.; veraltet⟩ *viel G.* • 9.4 Geld **die ~e Menge** haben ⟨umg.⟩ *viel G.* • 9.5 seine Worte haben mich ~ **verletzt** *tief beleidigt;* ⟨aber Getrennt- u. Zusammenschreibung⟩ ~ **verletzt** = *schwerverletzt* • 9.6 ⟨umg.⟩ *sehr;* man muss ~ auf ihn aufpassen; er war ~ betrunken; ich werde mich ~ hüten!; da sind Sie ~ im Irrtum!; das macht mir ~ zu schaffen **10** ⟨60⟩ ein ~er **Junge** ⟨umg.⟩ *gefährlicher Verbrecher* **11** ⟨Getrennt- u. Zusammenschreibung⟩ • 11.1 = **behindert** = *schwerbehindert* (I) • 11.2 = **beladen** = *schwerbeladen* • 11.3 ~ **bewaffnet** = *schwerbewaffnet* • 11.4 ~ **erziehbar** = *schwererziehbar* • 11.5 ~ **krank** = *schwerkrank* • 11.6 ~ **verständlich** = *schwerverständlich* • 11.7 ~ **wiegend** = *schwerwiegend*

schwer|be|hin|dert *auch:* **schwer be|hin|dert** ⟨Adj. 70⟩ **I** ⟨Zusammen- u. Getrenntschreibung⟩ *unter einer schweren Behinderung leidend;* ein ~er Mann **II** ⟨nur Zusammenschreibung⟩ *infolge körperlicher od. geistiger Behinderung dauerhaft geschädigt u. in der Erwerbsfähigkeit um mindestens 50 % beeinträchtigt; aufgrund seiner zahlreichen körperlichen Beeinträchtigungen wurde er als schwerbehindert eingestuft;* →a. *schwerstbehindert*

schwer|be|la|den *auch:* **schwer be|la|den** ⟨Adj. 24/70⟩ *mit großer Last, schweren Dingen versehen;* ein ~er Wagen; der Wagen ist ~

schwer|be|waff|net *auch:* **schwer be|waff|net** ⟨Adj. 24/70⟩ *viele Waffen tragend;* ein ~er Soldat

Schwe|re ⟨f.; -; unz.⟩ **1** ⟨Phys.⟩ = *Schwerkraft;* das Gesetz der ~ **2** *Gewicht;* die ~ des Sackes war nicht zu bestimmen **3** *das Schwersein, großes Gewicht;* bei seiner ~ sollte er sich hüten, auf das Eis zu gehen; beim Erwachen spürte er die bleierne ~ der Glieder **4** *Schwierigkeit;* er machte sich keinen Begriff von der ~ des Problems **5** *Anstrengung, Mühseligkeit;* die ~ der Arbeit **6** *Stärke, Heftigkeit;* die ~ des Unwetters konnte man erst danach erkennen **7** *Härte;* er bekam die ganze, volle ~ des Gesetzes zu spüren **8** *Ernst, Gewichtigkeit;* die ~ einer Anklage, Beleidigung, Beschuldigung, der Beweise, eines Verdachts, eines Vergehens **9** *Last;* die ganze ~ der Verantwortung lastete auf ihr

Schwe|re|nö|ter ⟨m.; -s, -; umg.⟩ *Mann, der durch seinen Charme u. seine Liebenswürdigkeit andere Personen (bes. Frauen) zu betören weiß*

schwer|er|zieh|bar *auch:* **schwer er|zieh|bar** ⟨Adj. 24/60⟩ *mit den üblichen Methoden nicht erziehbar;* ein ~es Kind

schwer||fal|len ⟨V. 131/403(s.)⟩ *etwas fällt schwer verursacht Mühe;* diese Arbeit sollte ihm nicht so ~, ist ihm immer schwergefallen; ⟨nur Getrenntschreibung⟩ schwer fallen → *schwer (8.1.1)*

schwer|fäl|lig ⟨Adj.⟩ *ungeschickt, unbeholfen, langsam, träge;* ~en Geistes sein; ein ~er Mensch; stell dich nicht so ~ an!; ~ antworten, gehen, sprechen

schwer|hö|rig ⟨Adj.⟩ **1** *nicht gut, genau hörend, vermindert hörfähig;* eine ~e Frau; die alte Frau ist ~ • **1.1** auf diesem Ohr bin ich ~! ⟨scherzh.; umg.⟩ *gerade das will ich nicht verstehen* • **1.2** er stellte sich bei meinen Anspielungen ~ *er überhörte meine A. absichtlich*

Schwer|kraft ⟨f.; -; unz.; Phys.⟩ *die Anziehungskraft der Erde;* Sy *Schwere (1), Schub (4)*

schwer|krank auch: **schwer krank** ⟨Adj. 24/60⟩ *sehr, ernstlich krank*

schwer|lich ⟨Adv.⟩ *kaum;* das wirst du ~ fertigbringen

schwer|ma|chen auch: **schwer ma|chen** ⟨V. 530⟩ **jmdm. etwas** ~ *jmdm. bei etwas Schwierigkeiten machen, jmdm. etwas erschweren;* er macht ihr das Herz, Leben schwer; →a. *schwer (5.5)*

Schwer|mut ⟨f.; -; unz.⟩ **1** ⟨Psych.⟩ *Gemütskrankheit, Depression* **2** *anhaltende tiefe Niedergeschlagenheit*

schwer|mü|tig ⟨Adj.⟩ **1** ⟨Psych.⟩ *gemütskrank, depressiv* **2** *tief niedergeschlagen*

schwer|neh|men ⟨V. 189/500⟩ **etwas** ~ *als bedrückend, schlimm empfinden;* nimm es nicht so schwer!; man soll im Leben nicht alles so ~; sie hat im Leben immer alles schwergenommen

Schwer|punkt ⟨m.; -(e)s, -e⟩ **1** *derjenige Punkt in einem physikalischen System mit mehreren Massen od. in einem starren Körper, in dem man sich die gesamte Masse vereinigt denken kann, wenn die Bewegung in einem äußeren homogenen Kraftfeld untersucht wird;* den ~ berechnen, verlagern **2** ⟨fig.⟩ *wichtigster Punkt (eines Problems, einer Frage, Tätigkeit);* der ~ seines Wirkens lag im politischen Bereich

schwerst|be|hin|dert ⟨Adj. 24/70⟩ **1** *in schwerster Weise körperlich od. geistig behindert;* er ist ~; die Betreuung von Schwerstbehinderten • **1.1** →a. *schwerbehindert*

Schwert ⟨n.; -(e)s, -er⟩ **1** *Hieb- u. Stichwaffe mit gerader, breiter, ein- od. zweischneidiger Klinge u. kurzem Querstück vor dem Griff;* ein blankes, rostiges, scharfes ~; mit ~ und Spieß; das ~ ergreifen, nehmen, ziehen, zücken; ein ~ führen, tragen; sich mit dem ~ gürten; mit dem ~e hinrichten; mit dem ~ auf jmdn. eindringen, gegen jmdn. kämpfen, vordringen, sich verteidigen; zum ~ greifen; jmdn. zum Tod durch das ~ verurteilen; denn wer das ~ nimmt, soll durch das ~ umkommen (Matth. 26,52); scharfe ~er schneiden sehr, scharfe Zungen noch viel mehr (Sprichw.) • **1.1** das ~ in die Scheide stecken ⟨a. fig.⟩ *den Streit beenden* • **1.2** das ~ **des Damokles** hing, schwebte über ihm ⟨fig.⟩ *jeden Augenblick konnte ihn das Unglück treffen (nach dem Schwert, das der Tyrann Dionys von Syrakus an einem Rosshaar über dem Haupt eines Höflings aufhängen ließ)* • **1.3** sein ~ **in die Waagschale** werfen ⟨fig.⟩ *etwas gewaltsam entscheiden;* →a. *Feuer (1.8.4)*, *zweischneidig (2)* **2** *schräge Verstrebung im Gerüstbau* **3** ⟨bei Segelbooten⟩ *senkbare Holz- od. Stahlplatte in einem Kasten unten in der Mitte des Rumpfes, um das Boot am Abtreiben zu hindern*

schwer|ver|letzt auch: **schwer ver|letzt** ⟨Adj. 24/70⟩ *eine schwere Verletzung habend;* er wurde bei dem Unfall ~; die Schwerverletzten / schwer Verletzten versorgen; →a. *schwer (9.5)*

schwer|ver|ständ|lich auch: **schwer ver|ständ|lich** ⟨Adj. 24/70⟩ *schwer zu verstehen;* eine ~e Abhandlung

schwer|wie|gend auch: **schwer wie|gend** ⟨Adj. 24/70⟩ *wichtig, gewichtig;* ~e Bedenken, Folgen, Gründe; ⟨bei Steigerung der gesamten Verbindung nur Zusammenschreibung⟩ schwerwiegendere Überlegungen, schwerwiegendste Überlegungen; ⟨bei Steigerung des ersten Bestandteils nur Getrenntschreibung⟩ schwerer wiegende Bedenken, am schwersten wiegende Bedenken; ⟨ebenfalls nur Getrenntschreibung⟩ schwer wiegende Fracht, Kisten, Koffer → *schwer (2)*

Schwes|ter ⟨f.; -, -n⟩ **1** *von denselben Eltern abstammende weibl. Person;* ich habe zwei Brüder und eine ~ **2** ⟨Abk.: Schw.⟩ *in der Kranken-, Säuglings- od. Kinderpflege od. (zusätzlich) in der Operationshilfe ausgebildete weibl. Person;* Kranken~, Operations~, Säuglings~; bei der Visite wurde der Arzt von zwei ~n begleitet **3** *weibl. Mitglied einer kirchl. oder krankenpflegerischen Vereinigung;* Ordens~; ~ Chrysogona (Name einer Ordensschwester)

Schwie|ger|el|tern ⟨nur Pl.⟩ *die Eltern des Ehepartners*

Schwie|ger|mut|ter ⟨m.; -, -müt|ter⟩ *Mutter des Ehepartners*

Schwie|ger|va|ter ⟨m.; -s, -vä|ter⟩ *Vater des Ehepartners*

Schwie|le ⟨f.; -, -n⟩ **1** *durch ständige Reibung entstandene Verdickung der Außenhaut;* ich habe von der Gartenarbeit ~n bekommen; ~n an den Händen haben **2** ⟨Zool.⟩ *Hautwulst;* Gesäß~

schwie|rig ⟨Adj.⟩ **1** *mühsam, schwer (zu bewerkstelligen), verzwickt, verwickelt;* eine ~e Angelegenheit, Aufgabe, Lage, Sache; die Verhandlungen, Vorbereitungen waren ~; es ist ~, immer auf ihn einzugehen; Sy *subtil (2)* **2** *heikel;* ein ~es Unternehmen, Vorhaben, Werk; das ist ein besonders ~er Fall **3** *schwer zu behandeln, zu erziehen;* er wird im Alter immer ~er • **3.1** ~es **Gelände** *unübersichtlich, schwer zu überwindendes G.*

Schwie|rig|keit ⟨f.; -, -en⟩ **1** *etwas Schwieriges, das Schwierige, das Schwierigsein, schwierige Umstände;* die ~ liegt darin, dass …; auf ~en stoßen; das ist doch keine ~!; ernste, große, offene, unnötige, unüberwindliche, verborgene, versteckte, wachsende ~en; ~en aus dem Wege gehen, räumen; das ist mit großen ~en verbunden **2** *Unannehmlichkeit, Hindernis;* wenn du das tust, bekommst du ~en; ~en bereiten, machen, verursachen; ~en beseitigen, überwinden, umgehen, vermeiden; von ihm sind keine ~en zu erwarten; ich fürchte ~en; mit dieser Firma hat es noch nie ~en gegeben; ich sehe (dabei, hierbei) keine ~en; berufliche, geschäftliche, private ~en; mit ~en kämpfen; mit ~en rechnen; er befindet sich in ~en; jmdn. in ~en bringen; ich möchte nicht, dass Sie dadurch in ~en geraten; jmdm. ~en in den Weg legen

Schwimm|bad ⟨n.; -(e)s, -bä|der⟩ **1** *Anlage mit*

Schwimmbecken

Schwimmbecken, Umkleideräumen, im Freien auch mit Liegewiesen (Hallen~, Frei~) **2** = *Schwimmbecken*

Schwim|be|cken ⟨n.; -s, -⟩ *Wasserbecken zum Schwimmen, Schwimmbassin;* Sy *Schwimmbad (2)*

Schwimmei|ster ⟨alte Schreibung für⟩ *Schwimmmeister*

Schwimmei|ste|rin ⟨alte Schreibung für⟩ *Schwimmmeisterin*

schwim|men ⟨V. 235⟩ **1** ⟨400 (s.)⟩ *von einer Flüssigkeit getragen werden, nicht untergehen;* nicht jedes Holz schwimmt; Schiffchen ~ lassen (als Kinderspiel); ⟨aber Getrennt- u. Zusammenschreibung⟩ ~ lassen = *schwimmenlassen* • 1.1 ⟨400⟩ das Schiff schwimmt wieder *ist wieder schwimmfähig* • 1.2 ⟨411⟩ **auf, in** einer **Flüssigkeit** ~ *treiben;* Eisschollen ~ träge den Strom herab; in der Suppe schwimmt ein Haar **2** ⟨400(s.)⟩ *sich im Wasser fortbewegen;* (noch nicht) ~ können; ~ lernen; wir sind gestern ~ gewesen; ans Ufer ~; ich bin über den See geschwommen; auf der Brust, dem Rücken, der Seite ~; im Schmetterlingsstil ~; stromabwärts, stromaufwärts ~; über einen See ~; unter Wasser ~; der neue Überseedampfer ist ein komfortables ~des Hotel; das Kind schwimmt wie ein Fisch ⟨umg.⟩; ich schwimme wie eine bleierne Ente ⟨umg.⟩ • 2.1 ~de **Waren** *auf Seetransport befindliche W.* • **2.2** mit dem Strom ~ ⟨a. fig.⟩ *sich der allgemein herrschenden Meinung anschließen* • 2.3 gegen den Strom ~ ⟨a. fig.⟩ *sich der allgemein herrschenden Meinung entgegenstellen u. ihr zuwiderhandeln* • 2.4 er schwimmt ganz **im Kielwasser** seines Vaters ⟨fig.⟩ *er ist unselbstständig u. lässt sich ganz von seinem Vater leiten* • 2.5 ⟨411⟩ **im,** in seinem **Blute** ~ ⟨fig.⟩ *stark blutend daliegen* • 2.6 **in Tränen** ~ ⟨fig.⟩ *heftig weinen* • 2.7 ⟨411⟩ **in etwas** ~ ⟨a. fig.⟩ *etwas im Überfluss besitzen;* sie schwammen im Geld; sie schwimmt im Glück **3** ⟨500(s. od. h.)⟩ **etwas** ~ • 3.1 eine **Strecke** ~ *sich im Wasser bewegend zurücklegen;* sie ist, hat die 100 m in neuer Bestzeit geschwommen • 3.2 einen **Rekord,** gute Zeiten ~ *in sportlicher Anstrengung erzielen;* die Staffel ist, hat Weltbestzeit geschwommen **4** ⟨400⟩ **etwas** schwimmt *ist sehr nass, überströmt, überschwemmt;* der Boden schwimmt; die ganze Küche schwimmt vor, von vergossenem Spülwasser **5** ⟨400(s.); fig.⟩ *nicht Bescheid wissen, nicht genügend Kenntnisse haben u. deshalb unsicher sein;* in der Prüfung ~; am Anfang einer neuen Arbeit schwimmt man noch etwas • 5.1 beim Aufsagen des Gedichts geriet er ins Schwimmen *wusste er den Text nicht mehr genau* • 5.2 *seine* Rolle nicht können; die Schauspielerin ist bekannt dafür, dass sie schwimmt **6** ⟨611⟩ **etwas** schwimmt jmdm. vor den Augen ⟨fig.⟩ *ist jmdm. nur unklar, verschwommen sichtbar;* mir schwimmt alles vor (den) Augen

schwim|men‖las|sen *auch:* **schwim|men las|sen** ⟨V. 175/500; umg.; fig.⟩ eine **Sache,** einen **Vorteil** ~ *darauf verzichten;* →a. *schwimmen*

Schwim|mer ⟨m.; -s, -⟩ **1** *jmd., der schwimmen kann, der das Schwimmen beherrscht;* er ist ein ausdauernder, erfahrener, geübter, ~; die besten ~ ertrinken zuerst (Sprichw.) **2** *Schwimmkörper* • 2.1 *auf einer Flüssigkeit schwimmender Hohlkörper, der ihren Stand anzeigt od. ein Ventil betätigt* • 2.2 (Pl.) *bootähnliches Gestellpaar unten am Rumpf von Wasserflugzeugen zum Starten u. Landen auf dem Wasser* • 2.3 *Teil der Angel, der auf dem Wasser schwimmt u. den Köder im Wasser schwebend hält*

Schwim|me|rin ⟨f.; -, -rin|nen⟩ *weibl. Schwimmer (1)*

Schwimm|meis|ter ⟨m.; -s, -⟩ *Schwimmlehrer, Bademeister*

Schwimm|meis|te|rin ⟨f.; -, -rin|nen⟩ *weibl. Schwimmmeister*

Schwin|del ⟨m.; -s; unz.⟩ **1** *Störung des Gleichgewichtssinnes: Vertigo;* ~ haben, bekommen; mich überfällt ein ~; dieses Medikament kann zunächst leichten ~ verursachen; von einem plötzlichen ~ gepackt; an ~ leiden **2** ⟨unz.⟩ *Vorspiegelung falscher Tatsachen, Lüge, Betrug, Aufschneiderei;* erzähl nicht solchen ~; das ist ~!; auf einen ~ hereinfallen; das ist ein ausgemachter ~ ⟨umg.⟩ • **2.1** ⟨umg.⟩ *Sache, Angelegenheit, von der man nichts hält, Trick;* ich will von dem ganzen ~ nichts wissen • 2.1.1 den ~ kenne ich! *die Sache, den Trick kenne ich, darauf falle ich nicht herein* • 2.1.2 das ist der ganze ~ *der ganze Trick, das ist alles* • 2.2 ⟨umg.⟩ *wertloses Zeug, Sache, Kram, Plunder* • 2.2.1 was kostet der ganze ~? *alles zusammen* **3** ⟨Getrennt- u. Zusammenschreibung⟩ • 3.1 ~ erregend = *schwindelerregend*

schwin|del|er|re|gend *auch:* **Schwin|del er|re|gend** ⟨Adj.⟩ **1** *so beschaffen, dass einem davon schwindelig wird;* der Akrobat turnte in ~er Höhe • 1.1 ~e **Preise** ⟨fig.⟩ *sehr hohe, übertrieben hohe Preise*

schwin|de|lig ⟨Adj. 70⟩ = *schwindlig*

schwin|deln ⟨V.⟩ **1** ⟨400⟩ *nicht ganz die Wahrheit sagen, lügen (in kleinen Dingen), flunkern, ein wenig betrügen;* er schwindelt gelegentlich, manchmal, oft • 1.1 ⟨500⟩ **etwas** ~ ⟨umg.⟩ *in etwas die Unwahrheit sagen;* das hat er geschwindelt **2** ⟨501 od. 601⟩ jmdm., jmdn. schwindelt es *jmd. wird von Schwindel befallen;* mich schwindelt; mir schwindelt der Kopf

schwin|den ⟨V. 236/400(s.)⟩ **1** *etwas* schwindet *nimmt ab, vermindert sich, wird kleiner, weniger, schrumpft zusammen, löst sich in nichts auf;* Holz schwindet (beim Trocknen); Metall schwindet beim Bearbeiten, beim Gießen; meine Angst, meine Hoffnung, mein Vertrauen schwindet; sein Einfluss schwindet mehr und mehr; ihm schwand der Mut; sein Ruhm ist im Schwinden begriffen • 1.1 **Farben** ~ *verblassen* • 1.2 **Kräfte** ~ *verfallen* • 1.3 ⟨600⟩ die **Sinne** schwanden ihr *sie wurde bewusstlos* • 1.4 **Töne** ~ *werden leiser* • 1.5 **Zeit** schwindet *vergeht* **2** ⟨410⟩ **aus etwas** ~ *allmählich verschwinden* • 2.1 **aus** den **Augen** ~ *nicht mehr zu sehen sein* • 2.2 es ist mir **aus** der **Erinnerung,** aus dem **Gedächtnis** geschwunden *ich erinnere mich nicht mehr daran*

schwind|lig ⟨Adj. 70⟩ *von Schwindel befallen;* oV *schwindelig;* ich bin, mir ist ~; ich werde, mir wird leicht ~

Schwind|sucht ⟨f.; -; unz.; veraltet⟩ **1** *zehrende Krankheit, bes. Lungentuberkulose* • 1.1 sich die ~ an den Hals ärgern ⟨fig.; umg.⟩ *sich sehr ärgern* • 1.2 die ~ im Geldbeutel haben ⟨fig.; umg.⟩ *kein Geld haben*

Schwin|ge ⟨f.; -, -n⟩ **1** *Flügel (des Vogels), Fittich* **2** *zweiarmiger Hebel am Handwebstuhl, der die Verbindung zwischen Tritthebel u. Schaft herstellt* **3** *Gerät zum Schwingen des Flachses* **4** *Kornsieb, flacher Korb, Wanne*

schwin|gen ⟨V. 237⟩ **1** ⟨500⟩ **etwas ~** *in großem Bogen hin- und herbewegen, heftig schwenken, schleudernd bewegen;* den Becher, das Glas ~ in Rauchfass, den Weihrauchkessel ~; Fackeln, Fahnen, Keulen, Waffen ~; den Zauberstab zur Beschwörung ~ • 1.1 Flachs ~ *die gebrochenen Holzteile durch Schlagen mit einem besonderen Messer vom Halm lösen, bis dieser, zum Faden geworden, glänzt* • 1.2 Getreide ~ *mit der Schwinge reinigen* • 1.3 Rahm ~ ⟨schweiz.⟩ *Sahne schlagen* • 1.4 das **Schwert**, die Peitsche, die Gerte ~ *mit dem S., der P., der G. weit ausholen* • 1.4.1 sie schwingt den Pantoffel ⟨fig.; umg.⟩ *beherrscht ihren Mann* • 1.5 das **Tanzbein** ~ ⟨umg.⟩ *tanzen* • 1.6 die **große Klappe** ~ ⟨fig.; umg.⟩ *angeben, große Reden führen* • 1.7 eine **Rede** ~ ⟨fig.; umg.⟩ *eine R. halten* **2** ⟨511/Vr 7⟩ **jmdn. od. etwas irgendwohin ~** *schwungvoll im Bogen irgendwohin befördern;* er schwingt (sich) den Sack auf den Rücken • 2.1 sich in den Sattel ~ *zum Reiten aufsitzen* **3** ⟨511/Vr 3⟩ **sich ~** *schleudernd, schnellend, mit Schwung bewegen, bes. aufwärts;* sie schwang sich auf der Schaukel hin und her; das Flugzeug, der Vogel schwang sich in die Luft **4** ⟨400⟩ *sich regelmäßig hin- u. herbewegen;* das Pendel der Uhr schwingt nicht mehr (ist muss aufgezogen werden); eine langsam ~de Schaukel; am Barren, Reck, an den Ringen ~ • 4.1 *(er)zittern, sich vibrierend bewegen, beben;* die Brücke schwingt unter der Kolonne marschierender Soldaten; die Berührung lässt die Saite der Gitarre ~ • 4.2 *sich wellenförmig fortpflanzen;* das schrille Warnsignal schwingt durch die Halle • 4.3 *nachklingen;* die Töne des Schlussakkords schwangen noch im Raum; unüberhörbar schwang der Vorwurf in ihrer Stimme ⟨fig.⟩ **5** ⟨400⟩ *Bogen beschreiben, ausführen, sich in weiten Bogen vorwärtsbewegen* • 5.1 in großen Bogen abwärts Ski fahren **6** ⟨400; schweiz.⟩ *ringen, indem man versucht, den Gegner hochzuheben u. auf den Boden zu legen* **7** ⟨500/Vr 3⟩ **etwas schwingt sich** ⟨fig.⟩ *verläuft bogenförmig, erstreckt sich in Kurven;* in kühner Konstruktion schwingt sich die Brücke über das Tal; schön geschwungene Augenbrauen, Lippen; eine kühn, leicht geschwungene Linie

Schwin|gung ⟨f.; -, -en⟩ **1** *die zeitlich sich wiederholende Zu- u. Abnahme einer physikalischen Größe;* die ~en einer Feder od. Saite; die ~ von Licht- u. Materiewellen; die ~ einer Saite berechnen, messen **2** *bogenförmig schwingende Bewegung;* etwas in ~ versetzen **3** ⟨fig.⟩ *Regung;* ~en in der Seele

schwir|ren ⟨V.⟩ **1** ⟨411(s.)⟩ *mit leicht sausendem Geräusch schnell fliegen;* eine Kugel, ein Pfeil schwirrt durch die Luft; Insekten schwirrten um meinen Kopf **2** ⟨411(s.); fig.⟩ *sich schnell u. ungeordnet bewegen;* allerlei Gedanken ~ mir durch den Kopf; Gerüchte ~ durch die Stadt • 2.1 ⟨605(h.)⟩ mir schwirrt der Kopf vor lauter Lernen *ich bin benommen*

schwit|zen ⟨V.⟩ **1** ⟨400⟩ *Schweiß absondern, in Schweiß geraten;* Sy transpirieren (1); die Füße, Hände ~; am ganzen Körper ~; die Stirn schwitzt; bei der Arbeit, beim Essen ~; im Bad, in der Sauna ~; ins Schwitzen kommen; unter den Armen ~; vor Angst, Anstrengung, Aufregung, Hitze ~; zum Schwitzen kommen • 1.1 ⟨fig.; umg.⟩ *sich sehr anstrengen;* er soll ruhig ~, wenn er etwas zu essen haben will • 1.2 ⟨500⟩ **etwas ~** ⟨fig.⟩ *absondern;* Bäume ~ Harz • 1.2.1 **Blut** (und Wasser) ~ ⟨fig.; umg.⟩ *sich sehr aufregen (vor Angst, Spannung usw.)* • 1.2.2 (**Geld**) ~ **müssen** ⟨fig.; süddt.⟩ *zahlen müssen* • 1.2.3 ⟨511⟩ ich kann es doch nicht **durch die Rippen** ~ ⟨umg.⟩ *ich kann mein natürliches Bedürfnis doch nicht zurückhalten* • 1.3 ⟨513/Vr 3⟩ **sich ... ~** *sich durch Schwitzen in einen bestimmten Zustand bringen;* sie schwitzte sich ganz nass • 1.3.1 ich schwitze mich halb tot ⟨umg.⟩ *gerate sehr, unerträglich in Schweiß* • 1.4 ⟨400⟩ **etwas** schwitzt ⟨fig.⟩ *sondert Feuchtigkeit, Schwitzwasser ab;* die Wände ~ • 1.4.1 das Fenster schwitzt *beschlägt sich* • 1.4.2 ⟨500⟩ **etwas ~** (**lassen**) ⟨Kochk.⟩ *in Butter dämpfen, bräunen;* Mehl ~ (lassen)

schwö|ren ⟨V. 238⟩ **1** ⟨410⟩ *durch Eid versichern;* am, vor dem Altar ~; mit erhobener Hand ~; vor Gericht ~; falsch, feierlich, hoch und heilig, leichtsinnig, öffentlich ~ • 1.1 ⟨800⟩ **auf, bei etwas od. jmdn.** ~ *etwas od. jmdn. zum Zeugen anrufen;* auf die Bibel, das Evangelium ~; auf Ehre und Gewissen ~; bei Gott, bei allen Heiligen, bei allem, was einem heilig ist, ~; beim Barte des Propheten ~ ⟨umg.; scherzh.⟩ • 1.1.1 auf die Fahne ~ *auf die F. vereidigt werden* • 1.2 ⟨500⟩ **etwas ~** *(als Schwur) leisten;* einen Eid, den Fahneneid, einen Meineid ~; geschworene Eide sind heilig • 1.2.1 ⟨m. Modalverb⟩ ich könnte, möchte ~, dass ich ihn gesehen habe *ich bin fast sicher* **2** ⟨500⟩ **etwas ~** *geloben, feierlich versprechen;* jmdm. ewige Feindschaft, Rache, Tod und Verderben ~; einander ewige Freundschaft, Liebe, Treue ~; Stein und Bein ~ • 2.1 ⟨503; umg.⟩ *nachdrücklich versichern, erklären;* ich schwöre dir, ich habe es mit eigenen Augen gesehen; bei meiner Ehre, Seele schwöre ich, dass ... • 2.2 ⟨530/Vr 1⟩ **sich etwas ~** *fest vornehmen;* ich habe mir geschworen, dass ich nicht mehr rauche **3** ⟨800⟩ **auf etwas od. jmdn. ~** ⟨umg.⟩ *fest an etwas od. jmdn. glauben, vom Wert einer Sache od. von jmds. Wert überzeugt sein;* sie schwört auf dieses Heilmittel; auf seine Freunde kann er ~ • 3.1 ⟨405m. Modalverb⟩ ich kann (darauf) ~, dass es sich so verhält *ich weiß es genau*

schwul ⟨Adj. 24; umg.⟩ *homosexuell (von Männern)*

schwül ⟨Adj.⟩ **1** ⟨70⟩ *drückend heiß, feuchtwarm;* die Luft ist ~; Düfte im Treibhaus ~ ⟨fig.⟩ *beängstigend, beklemmend;* keiner wagte, in dieser ~en Stimmung etwas zu sagen **3** *durch dumpfe Sinnlichkeit erregend;* ~e Fantasien, Träume, Vorstellungen

Schwulst

Schwụlst ⟨m.; -(e)s; unz.⟩ **1** *überschwängliche, hochtrabende, aufgeblasene Redeweise* **2** *Überladenheit, überreicher Schmuck*

schwụls|tig ⟨Adj.⟩ **1** *aufgeschwollen, aufgeworfen, verdickt* **2** = *schwülstig*

schwül̲s|tig ⟨Adj.⟩ oV *schwulstig* (2) **1** *hochtönend, hochtrabend, überschwänglich;* ein ~er Ausdruck, Stil; eine ~e Redeweise, Sprache, Wendung; sich ~ ausdrücken; ~ reden, schreiben **2** *überladen, überreich verziert*

Schwụnd ⟨m.; -(e)s; unz.⟩ **1** *das Schwinden, Nachlassen* • **1.1** ⟨Pathol.⟩ *Abnahme, Verminderung, Schrumpfung;* Muskel~ • **1.2** ⟨Radio⟩ *plötzliches Schwinden des Tons infolge Überlagerung von Boden- u. Raumwelle* **2** *geschwundene Menge* • **2.1** *Gewichtsverlust (bei Waren);* der ~ beträgt mehrere Kilogramm je Ladung

Schwụng ⟨m.; -(e)s, Schwün|ge⟩ **1** ⟨unz.⟩ *schnelle, treibende Bewegung, Stoßkraft, Triebkraft, Antrieb;* der Schaukel einen leichten ~ geben; zum Schaukeln musst du kräftig ~ nehmen • **1.1** ~ hinter die Arbeit setzen ⟨fig.; umg.⟩ *schneller arbeiten* • **1.2** die Sache gerät allmählich in ~, bekommt allmählich ~ ⟨fig.; umg.⟩ *kommt voran* • **1.3** jmdn. od. etwas in ~ bringen ⟨fig.; umg.⟩ *antreiben, mitreißen* • **1.4** ⟨fig.⟩ *Begeisterung, inneres Feuer, mitreißende innere Kraft;* (keinen) ~ haben, etwas zu tun; seinem Stil ~ geben; ich bin erst jetzt so richtig in ~ gekommen; den ~ verlieren; dichterischer, rednerischer, schöpferischer ~ **2** ⟨unz.⟩ *schwingende Bewegung;* Pendel~; eine Schaukel, ein Uhrpendel in ~ setzen **3** *bogenförmige Bewegung;* die Schwünge der Skiläufer; die Schwünge des Turners am Pferd • **3.1** *einmalige, bogenförmige zielgerichtete Bewegung;* mit einem kühnen ~ nahm der Reiter das Hindernis • **3.2** *Richtungsänderung im Bogen;* mit einem ~ nach rechts **4** *geschwungene Form, geschwungene Linie, Bogen, Schnörkel (an Buchstaben);* der ~ seiner Augenbrauen **5** ⟨umg.⟩ *Menge, größere Anzahl;* ich habe heute einen ganzen ~ Briefe erledigt; ich muss noch einen ganzen ~ Wäsche bügeln, waschen

schwụng|haft ⟨Adj.; fig.⟩ **1** *mit Schwung durchgeführt, energisch;* er redete mit ~en Gebärden **2** *lebhaft, rege;* ~en Handel mit etwas treiben

schwụng|voll ⟨Adj.⟩ *voller Schwung, lebhaft, feurig;* ~e Arabesken, Linien, Schriftzüge; in ~en Worten etwas schildern; er setzte sich ~ dafür ein

Schwur ⟨m.; -(e)s, Schwü|re⟩ *Eid;* einen ~ ablegen, leisten, tun; seinen ~ brechen, verletzen; seinen ~ halten; der ~ am, vor dem Altar; der ~ auf dem Rütli in Schillers „Wilhelm Tell"; eine Aussage mit einem ~ bekräftigen; die Hand zum ~ erheben

Schwur|ge|richt ⟨n.; -(e)s, -e⟩ *aus Berufsrichtern u. Geschworenen zusammengesetzter Gerichtshof für schwere Straftaten*

Sci|ence|fic|ti|on auch: **Sci|ence-Fic|ti|on** ⟨[saıənsfıkʃn] f.; -, -s⟩ *Richtung der Unterhaltungsdichtung, des Films, Hörspiels usw., die in der (meist auf naturwissenschaftlich-technischen Utopien basierend) die Zukunft der Menschheit u. der Welt dargestellt wird*

Scotch ⟨[skɔtʃ] m.; -s, -s⟩ *aus Gerste hergestellter irischer Whisky;* einen ~ trinken

Sé|an|ce ⟨[seɑ̃:s(ə)] f.; -, -n⟩ *spiritistische Sitzung*

sechs ⟨[-ks] Numerale 11; Dat. ~ od. ~en; in Ziffern: 6⟩ *die Zahl 6;* →a. *vier;* wir waren ~, zu ~t; sie sind zu ~en ⟨umg.⟩; wo ~ essen, wird auch der siebente satt (Sprichw.)

Sechs ⟨[-ks] f.; -, -en⟩ **1** *die Ziffer 6* • **1.1** *die Straßenbahn-, Buslinie Nr. 6;* in die ~ umsteigen **2** *sechs Punkte (beim Würfelspiel);* bei einer ~ darf man noch einmal würfeln **3** *ungenügend (als Schulnote, Zensur);* er hat leider eine ~ geschrieben

Sech|ser ⟨[-ks-] m.; -s, -; umg.⟩ **1** ⟨veraltet⟩ *Fünfpfennigstück* • **1.1** ⟨fig.⟩ er hat nicht für einen ~ Verstand *er ist ziemlich dumm* • **1.2** ⟨Lotto⟩ *Gewinn mit sechs richtigen Zahlen, Hauptgewinn, Haupttreffer*

sechs|fach ⟨[-ks-] Adj. 24; in Ziffern: 6fach/6-fach⟩ *sechsmal so viel;* ein Schriftstück in ~er Ausfertigung; er ist ~er Weltmeister

sechs|mal auch: **sechs Mal** ⟨[-ks-] Adv.; in Ziffern: 6-mal / 6 Mal⟩ *sechsfach, wiederholt, mit sechs multipliziert*

sechs|tel ⟨[-ks-] Numerale 11; Bruchzahl zu⟩ *sechs;* ein ~ Kilogramm, Liter

Sechs|tel ⟨[-ks-] n.; -s, - od. schweiz. m.; -s, -⟩ *der sechste Teil*

sech|zehn ⟨Numerale in Ziffern: 16⟩ **1** *die Zahl 16* • **1.1** im Jahre ~ 1916 **1.2** ~hundert *etwa 1600*

sech|zig ⟨Numerale in Ziffern: 60⟩ *die Zahl 60*

Sech|zi|ger|jah|re auch: **sech|zi|ger Jah|re** ⟨Pl.⟩ **1** ⟨in Ziffern: 60er Jahre / 60-er Jahre⟩ *die Sechzigerjahre / sechziger Jahre des 20. Jahrhunderts die Jahre zwischen 1960 u.1970* **2** er ist in den Sechzigerjahren / sechziger Jahren *er ist in den Lebensjahren zwischen 60 u. 70*

Se|cond|hand|shop ⟨[sekəndhæ:ndʃɔp] m.; -s, -s⟩ *Geschäft, in dem gebrauchte Waren (bes. Kleidung u. Schuhe) zum Verkauf angeboten werden*

Se|di|mẹnt ⟨n.; -(e)s, -e⟩ **1** ⟨Geol.⟩ *Ablagerung von mechanisch im bewegten Wasser getragenen Teilen od. gelöst gewesenen Stoffen* **2** ⟨Med.⟩ *Bodensatz, z. B. in der Harnblase*

See[1] ⟨m.; -s, -n⟩ **1** *große, mit Wasser gefüllte Bodenvertiefung, stehendes Binnengewässer;* Binnen~; es lächelt der ~, er ladet zum Bade (Schiller); das Hotel liegt unmittelbar an einem ~; im ~ baden; über den ~ rudern; der große, spiegelglatte, tiefe, versteckt gelegene ~ • **1.1** *künstlich angelegtes, großes Wasserbecken;* Stau~

See[2] ⟨f.; -, -n⟩ **1** ⟨unz.⟩ *Meer;* in die offene ~ hinausfahren; im Urlaub an die ~ fahren, reisen; auf hoher ~; bewegte, stürmische, tosende ~ • **1.1** faule ~ *Windstille* • **1.2** auf ~ bleiben *auf dem Meer umgekommen sein* • **1.3** in ~ gehen, stechen *ausfahren;* das Schiff geht, sticht in ~; der Reisende stach in ~ • **1.4** zur ~ ⟨fig.⟩ *in der Seefahrt, bei der Marine;* Kapitän, Leutnant zur ~ (Dienstgrad) • **1.4.1** Handel zur ~ *Überseehandel* • **1.4.2** zur ~ fahren *bei der Marine sein* • **1.4.3** zur ~ gehen *zur Marine gehen* **2** *große, sich brechende Welle;* Sturz~; grobe, schwere

~n gingen über Bord • **2.1 raue,** schwere ~ *hoher Wellengang*

See|bad ⟨n.; -(e)s, -bä|der⟩ *Kurort am Meer*

See|ele|fant *auch:* **See-Ele|fant** ⟨m.; -en, -en; Zool.⟩ *ein zu den Rüsselrobben gehörendes, bis 6 m langes Wasserraubtier, Elefantenrobbe: Mirounga*

See|fah|rer ⟨m.; -s, -⟩ *jmd., der zur See fährt*

See|fahrt ⟨f.; -, -en⟩ **1** ⟨unz.⟩ *Schifffahrt auf dem Meer* **2** *Fahrt übers Meer*

See|gang ⟨m.; -(e)s; unz.⟩ *Bewegung der See in Wellen*; hoher, leichter, schwerer, starker ~

See|hund ⟨m.; -(e)s, -e⟩ **1** *Angehöriger einer Familie der Robben, die im Gegensatz zu den Ohrenrobben kein äußeres Ohr haben: Phocidae* **2** *Fell des Seehunds (1)* **3** *Gewöhnlicher ~ in den nördlichen Meeren verbreitete, bis zu 2 m lange Art der Seehunde (1): Phoca vitulina*

See|krank|heit ⟨f.; -; unz.⟩ *durch Störung des Gleichgewichtsorgans infolge anhaltender schaukelnder Bewegung hervorgerufene Krankheit mit Übelkeit, Erbrechen, Schwindel*

See|le ⟨f.; -, -n⟩ **1** *Lebensprinzip, Innenleben eines Lebewesens, das sich im Denken, Fühlen, Handeln od. Bewegen äußert, Lebenskraft*; an Leib und ~ gesund; in tiefster ~ ergriffen sein; bei meiner ~! ⟨zur Bekräftigung, Beteuerung⟩; meiner Seel! ⟨Ausruf des Erstaunens, Erschreckens⟩ ⟨umg.⟩ • **1.1** zwei ~n wohnen in seiner Brust ⟨fig.⟩ *er ist von zwiespältigem Charakter, unentschlossen* • **1.2** seine ~ aushauchen ⟨fig.⟩ *sterben* • **1.3** eine gute ~ haben ⟨umg.⟩ *gutmütig, selbstlos sein* • **1.4** eine schwarze ~ haben ⟨fig.; umg.; meist scherzh.⟩ *ein Bösewicht sein* • **1.5** jmdm. auf der ~ knien ⟨fig.; umg.⟩ *jmdm. heftig zusetzen, ihn bedrängen* • **1.6** es tut mir in der ~ weh *sehr, unendlich leid* • **1.7** es liegt mir schwer auf der ~, dass ... ⟨fig.⟩ *es bedrückt mich* • **1.8** ich habe es ihm noch einmal auf die ~ gebunden ⟨fig.; umg.⟩ *bes. eingeschärft* • **1.9** diese Last musste ich mir einmal von der ~ reden ⟨fig.⟩ *bedrückte mich so sehr, dass ich einmal davon sprechen musste* • **1.10** sich die ~ **aus dem Leib** reden, rennen ⟨fig.; umg.⟩ *mit großer Anstrengung, Intensität, vollem Einsatz reden, rennen* • **1.10.1** sich die ~ aus dem Leib husten *sehr stark husten* • **1.11** du hast mir aus der ~ gesprochen *gesagt, was auch meine Überzeugung ist* • **1.12 aus tiefster, voller, von ganzer** ~ ⟨fig.⟩ *vorbehaltlos, aus einer starken Empfindung heraus*; jmdm. aus tiefster ~ danken; aus voller ~ jubeln, zustimmen • **1.13 in tiefster** ~ *zutiefst, sehr*; das ist mir in tiefster ~ verhasst; →a. *Leib (5.7), Herz (2.12)* **2** *die Gemütskräfte des Menschen*; sie hat eine empfindliche, kindliche, zarte ~; das Land der Griechen mit der ~ suchend (Goethe, „Iphigenie", I,1) **3** ⟨Rel.⟩ *unsterblicher Teil des Menschen*; um die ~n der Abtrünnigen ringen; die ~ bewahren, retten, verderben, verlieren; Schaden an seiner ~ nehmen; der Mensch besitzt eine unsterbliche ~; seine ~ dem Bösen, dem Teufel verschreiben • **3.1** eine **arme** ~ ⟨kath. Kirche⟩ *die im Fegefeuer büßende Seele eines Verstorbenen*; für die armen ~n (im Fegefeuer) beten • **3.1.1** hinter etwas od. jmdm. her sein wie der Teufel hinter der armen ~ *ganz bes. erpicht auf etwas od. jmdn. sein* • **3.1.2** er ist auf den Pfennig aus wie der Teufel auf die ~ *er ist äußerst habgierig* • **3.2** wie die ~n im Fegefeuer umherirren ⟨fig.⟩ *ruhelos sein* **4** er ist eine ~ **von Mensch** ⟨umg.⟩ *ein gutmütiger, selbstloser M.* **5** ⟨fig.⟩ *geistiger, lenkender Mittelpunkt, Triebkraft*; die Frau ist die ~ des Hauses • **5.1** er ist die ~ der Firma ⟨umg.⟩ *an ihm hängt alles, er kümmert sich um alles* **6** ⟨fig.⟩ *Mensch, Einwohner*; eine gute ~ sein; eine edle, große, reine, schöne, stolze ~; er ist eine treue ~; die Bevölkerung des Dorfes beträgt etwa 1 000 ~n; die Gemeinde, Pfarrei zählt 5 000 ~n • **6.1** die **arme** ~! *so ein bedauernswertes Geschöpf* • **6.2** es ist **keine** ~ hier ⟨umg.⟩ *niemand* • **6.3** nun hat die **liebe** ~ Ruh! ⟨umg.⟩ *nun hat er, sie endlich, was er, sie wollte* • **6.4** zwei ~n und ein Gedanke *da haben wir beide in diesem Moment dasselbe gedacht* • **6.5** er ist eine **durstige** ~ ⟨umg.⟩ *er trinkt gern* **7** *das Innerste von etwas* • **7.1** *Hohlraum des Gewehrlaufs od. Geschützes* • **7.2** *der innere Strang eines Kabels, eines Taus* • **7.3** ⟨bei Streichinstrumenten⟩ *Stimmstock*

See|len|heil ⟨n.; -s; unz.⟩ *das Heil, Glück, Unversehrtsein der Seele*; auf sein, jmds. ~ bedacht sein; für sein, jmds. ~ beten, sorgen; um sein, jmds. ~ besorgt sein

See|len|ru|he ⟨f.; -; unz.⟩ *Gemütsruhe, unerschütterliche Ruhe, Ausgeglichenheit*; in aller ~ erwartete er den Ausgang der Verhandlungen

See|leu|te ⟨Pl. von⟩ *Seemann*

see|lisch ⟨Adj. 24⟩ *die Seele betreffend, auf ihr beruhend, ihr angehörend*; eine ~e Belastung, Erschütterung, Störung; sie befindet sich in großer ~er Erregung; aus dem ~en Gleichgewicht geraten, kommen; das ~e Gleichgewicht verlieren, wiederfinden; ein ~es Leiden; jmdn. ~ beeinflussen; ~ übereinstimmen, verwandt sein

Seel|sor|ge ⟨f.; -; unz.; in der christl. Kirche⟩ *die seelische Hilfe für das Gemeindemitglied u. seine Hinführung zu Gott*

See|mann ⟨m.; -(e)s, -leu|te⟩ **1** *jmd., der auf einem Hochseeschiff beschäftigt ist* • **1.1** das kann doch einen ~ nicht erschüttern! ⟨umg.⟩ *das macht doch einem lebenserfahrenen Mann nichts aus*

See|mei|le ⟨f.; -, -n; Zeichen: sm⟩ *Längenmaß von 1852 bzw. 1853 m*

See|not ⟨f.; -; unz.⟩ *schwere Gefahr des Untergangs von Schiffen u. auf See notgelandeten Flugzeugen*; Rettung aus ~; Schiff in ~

See|räu|ber ⟨m.; -s, -⟩ = *Freibeuter (1.1)*

see|tüch|tig ⟨Adj.⟩ ein **Schiff** ist ~ *fähig, übers Meer zu fahren, tauglich für hohe See*

see|wärts ⟨Adv.⟩ *zur See hin, nach der See zu*; ~ gelegen

Se|gel ⟨n.; -s, -⟩ **1** *Tuch, das am Mast eines Schiffes befestigt und durch Taue ausgespannt werden kann, so dass sich der Wind darin fängt u. das Schiff fortbewegt*; die ~ aufziehen, klarmachen, heißen, hissen, setzen; die ~ reffen • **1.1 unter** ~ **gehen** *abfahren* • **1.2** die ~ **streichen** *einziehen* • **1.2.1** ⟨fig.; umg.⟩ *nachgeben,*

Segelboot

klein beigeben, sich zurückziehen • **1.3 mit vollen** ~n fahren bei gutem Wind segeln • 1.3.1 〈fig.; umg.〉 alle Mittel anwenden • 1.3.2 mit vollen ~n auf ein Ziel zugehen 〈fig.; umg.〉 direkt, schnurstracks, geradewegs; →a. Wind (1.6, 1.7) **2** als Sonnenschutz aufgespanntes Leinwandtuch; Sonnen~

Se|gel|boot 〈n.; -(e)s, -e〉 Boot, das mit Hilfe von Segeln auf dem Wasser fortbewegt wird

se|gel|flie|gen 〈V. 400; nur im Inf.〉 mit dem Segelflugzeug fliegen; er lernt ~

Se|gel|flug 〈m.; -(e)s, -flü|ge〉 Flug mit motorlosem Flugzeug unter Ausnutzung aufsteigender Luftströmungen

Se|gel|flug|zeug 〈n.; -(e)s, -e〉 motorloses Flugzeug

se|geln 〈V.〉 **1** 〈400(s. od. h.)〉 mit einem Segelboot fahren, sich mittels Segel vorwärtsbewegen; hart gegen den Wind ~; um ein Vorgebirge ~; übers Meer ~; er hat den ganzen Nachmittag gesegelt; er ist nach Schweden gesegelt **2** 〈500〉 ein **Boot** ~ ein Segelboot führen, steuern; dieses Boot lässt sich nur schwer ~; er hat das Boot über den Kanal gesegelt **3** 〈500(s. od. h.)〉 eine **Strecke** ~ im Segelboot zurücklegen; diese Route bin, habe ich noch nicht gesegelt **4** 〈500〉 einen **Wettbewerb** ~ im Segelboot an einem W. teilnehmen, einen W. absolvieren; er will die Regatta nicht ~ **5** 〈400(s.)〉 schweben, fliegen; Möwen ~ über das Wasser **6** 〈411(s.); fig.; umg.〉 schnell, mit fliegenden Röcken gehen; um die Ecke ~ **7** 〈411(s.); fig.; umg.〉 fallen, stürzen; er segelte in hohem Bogen aus der Hängematte **8** 〈800(s.)〉 durch eine **Prüfung** ~ 〈fig.; umg.〉 eine P. nicht bestehen; ich bin durchs Examen gesegelt

Se|gen 〈m.; -s; unz.〉 **1** Gunst, Gnade, Wohlwollen; es ist ein ~ Gottes; es ist ein wahrer ~!; göttlicher ~; gib mir deinen väterlichen ~; an Gottes ~ ist alles gelegen 〈Sprichw.〉 • 1.1 〈Rel.〉 Verheißung, Übertragung göttlicher Gnade (als liturgische Formel, durch Worte, Handauflegen, Kreuzzeichen o. Ä.); den ~ bekommen, erhalten; den ~ erteilen, geben, spenden, sprechen; päpstlicher ~; den ~ über jmdn. od. etwas sprechen • 1.2 〈fig.; umg.〉 Einverständnis, Zustimmung; seinen ~ zu etwas geben; meinen ~ hat er! **2** 〈umg.〉 unerwarteter Reichtum, reiche Ernte, Ausbeute; Geld~; es gab dieses Jahr so viel Obst auf den Bäumen, dass niemand wusste, wohin mit dem ~ • 2.1 das ist der ganze ~? das ist alles? **3** Heil, Glück; ihm, dir zum ~; jmdm. Glück u. ~ wünschen; seine Tat hat ihm (keinen) ~ gebracht; auf seiner Arbeit liegt kein ~ • 3.1 sich regen bringt ~ 〈Sprichw.〉 wer selbst viel arbeitet, bringt es auch zu etwas **4** 〈Getrennt- u. Zusammenschreibung〉 • 4.1 ~ **bringend** = segenbringend

se|gen|brin|gend auch: **Se|gen brin|gend** 〈Adj. 24〉 Segen mit sich bringend; eine ~e Tat

se|gens|reich 〈Adj.〉 voller Segen, Segen, Glück bringend, fruchtbar; eine ~e Einrichtung, Erfindung, Tätigkeit

Seg|ment 〈n.; -(e)s, -e〉 **1** Abschnitt, Ausschnitt, Teilbereich, Teilstück **2** 〈Math.〉 Kreisabschnitt, Kugelabschnitt **3** 〈Med.〉 einer der hintereinandergelegenen Abschnitte, aus denen (entwicklungsgeschichtlich) der Körper zusammengesetzt ist, bes. bei Wirbelsäule u. Rückenmark **4** 〈Biol.〉 Teil, aus dem der Körper von Lebewesen aufgebaut ist

seg|nen 〈V. 500/Vr 8〉 **1** jmdn. od. etwas ~ 〈Rel.〉 den Segen (1) Gottes herabwünschen auf jmdn. od. etwas; der Pfarrer segnet die Gemeinde; komm, Herr Jesus, sei unser Gast und segne, was du uns bescheret hast (Tischgebet) • 1.1 ~d die Hände ausbreiten, heben das Zeichen des Kreuzes machen; →a. zeitlich (2.1) **2** Gott segnet jmdn. od. etwas spendet jmdm. od. einer Sache Gnade, Glück, Schutz; Gott segne dich!; Gott segne dieses Haus!

Seg|nung 〈f.; -, -en〉 **1** das Segnen **2** Wirkung des Segnens **3** segensreiche Wirkung; die ~en des sozialen und technischen Fortschritts, des Friedens, der Kultur genießen, ihrer teilhaftig werden

se|hen 〈V. 239〉 **1** 〈410〉 mit dem Auge wahrnehmen können; gut, schlecht, scharf, deutlich, undeutlich, verschwommen ~; nur 3 m weit ~; nur auf einem Auge, auf beiden Augen nichts ~ **2** 〈500/Vr 7 od. Vr 8 od. 411〉 jmdn. od. etwas, nach jmdm. od. etwas ~ mit dem Auge wahrnehmen; wir ~, dass er kommt, ob er arbeitet, wie er nach Hause kommt, wo er arbeitet; er sieht ihn (es) deutlich, verschwommen, gut, schlecht; etwas von weitem, von nahem ~; aus der Nähe, von einem Ort aus ~; das Kind sieht der Mutter in den Kochtopf; jmd. sieht auf, nach jmdm. od. etwas, nach links, rechts, oben, unten; nach der Uhr, zur Tür hinaus ~; wir ~, wenn das Schiff anlegt, wie er nach Hause kommt, wo das Hochwasser gestiegen ist; etwas durch eine Brille, ein Mikroskop ~; mit eigenen Augen ~; wir ~ jmdn. kommen; sie ~ die Bauern das Heu ernten; er will ~, ob die Maschine läuft; Sie ~, das Pferd ist gesund, dass das Pferd gesund ist; er sieht sich im Spiegel; sie ~ sich auf der Straße • **2.1 Gespenster, weiße Mäuse** ~ in der Einbildung wahrnehmen (weil man Angst hat oder aufgrund einer durch Drogen hervorgerufenen Sinnestäuschung) • 2.2 die **Hand** nicht ~ die **Augen** ~ sich in äußerster Dunkelheit befinden • 2.3 jmdn. od. **etwas noch vor sich** ~ in der Erinnerung deutlich wahrnehmen • 2.4 〈Part. Perf.〉 gesehen 〈Abk.: ges.〉 gelesen u. zur Kenntnis genommen; →a. rot (1.3) • **2.5** 〈500〉 **Veranstaltungen, Sehenswürdigkeiten** ~ sich ansehen, betrachten; eine Vorführung, einen Film, ein Theater, Fernsehstück ~; ein Reitturnier, Fußballspiel ~; jmd. hat Frankreich, die Welt gesehen • 2.6 〈Imperativ〉 siehe …! sieh nach, schlag nach!; siehe dies 〈Abk.: s. o.〉; siehe unten 〈Abk.: s. u.〉; siehe Seite … 〈Abk.: s. S. …〉 • 2.7 〈500〉 **jmdn. etwas** ~ lassen jmdm. etwas zeigen; 〈aber Getrennt- u. Zusammenschreibung〉 ~ lassen = sehenlassen **3** 〈411〉 etwas sieht in eine Richtung liegt in einer Richtung; die Zimmer, Fenster ~ auf den, nach dem Garten **4** 〈500〉 bessere (schlechtere) **Zeiten** gesehen haben erlebt haben • 4.1 etwas hat auch schon bessere Zeiten gesehen 〈fig.〉 sieht abgenutzt, alt aus **5** 〈500/Vr 8〉 **jmdn.** ~ treffen, besuchen, jmdm. begegnen; ich freue mich, Sie zu ~; wir ~ ihn gern bei uns (als Gast); er lässt sich nicht mehr ~; ⟨aber Getrennt- u. Zusammenschreibung⟩ ~ lassen = *sehenlassen;* sie ~ sich jetzt häufiger • **5.1** jmdn. vom Sehen kennen *nur flüchtig, nicht mit Namen* **6** ⟨513⟩ **jmdn. ..., etwas tun** ~ *wahrnehmen, wie jmd. ... ist, etwas tut;* jmdn. lachen, weinen, leiden ~; jmd. sieht jmdn. lustig, fröhlich, leidend • **6.1** ⟨611⟩ eine **Gefühlsregung** sieht **jmdm. aus** den **Augen** *man nimmt wahr, dass ein anderer von einem Gefühl bewegt ist;* ihm sieht der Schelm, das Entsetzen aus den Augen • **6.2** ⟨Frageform⟩ hast du nicht gesehen? *plötzlich* • **6.3** da vergeht einem Hören und Sehen *das ist unerträglich* • **6.4** ⟨550⟩ **etwas mit, in etwas** ~ *erkennen, feststellen;* jmd. sieht seine Aufgabe, eine Verlockung in etwas; etwas mit Bestürzung, Freude, Trauer, Schrecken, Staunen, Überraschung ~ • **6.4.1** ⟨514⟩ er sieht den Wald vor lauter Bäumen nicht ⟨Sprichw.⟩ *er erkennt die offensichtlichen Zusammenhänge nicht* • **6.4.2** jmdn. ~(d) machen *die Wahrheit erkennen lassen* • **6.5** ⟨610/Vr 5 od. Vr 6⟩ **jmdm. ins Herz** (usw.) ~ *jmds. Denken, Fühlen, Absichten, Pläne zu erforschen suchen;* jmdm. ins Herz, ins Auge, in die Karten, ins Gesicht ~ • **6.5.1** ⟨511 m. Modalverb⟩ **jmdm. nicht in** die **Augen** ~ können *ein schlechtes Gewissen vor jmdm. haben* **7** ⟨500⟩ **etwas** ~ *wissen, was geschehen wird;* jmd. sieht seinen Weg vor sich, sieht in die Zukunft; er hat es kommen ~ • **7.1** ⟨513⟩ **etwas ... ~** *beurteilen;* etwas deutlich, gut, gern, kaum, verschwommen, falsch, verzerrt, recht, menschlich ~; er sieht es nur allzu deutlich; er sieht es, wie es ist; wie ~ Sie es?; menschlich gesehen, kann man es verstehen • **7.1.1** ⟨Futur⟩ wir werden (es) schon ~ *man kann erst später darüber genauer urteilen* • **7.1.2** das möchte ich ~! *ich habe hier Zweifel* • **7.1.3** ⟨513⟩ **etwas unter** einem bestimmten **Gesichtspunkt** ~ *voreingenommen beurteilen;* etwas unter einem besonderen Aspekt, durch eine gefärbte Brille, in einem besonderen Licht ~; er sieht das Problem nur als Erzieher; sie ~ es als gegeben • **7.1.4** ⟨513/Vr 7⟩ **jmdn. ... ~** die **Meinung** haben, dass jmd. ... ist; sich od. einen anderen betrogen, enttäuscht, übergangen, verletzt, veranlasst, bemüßigt, bestätigt, gezwungen ~; →a. *Finger (1.13)* • **7.2** ⟨512; Frageform⟩ hat man so etwas schon gesehen? *das ist unwahrscheinlich!* • **7.3** ⟨413⟩ siehst du wohl! *das ist bemerkenswert!* • **7.4** ⟨Imperativ⟩ sieh, dass du es machen kannst! *versuche, es zu tun* **8** ⟨800⟩ **auf jmdn.** od. **etwas** ~ *achten, aufpassen, für jmdn. od. etwas sorgen;* auf Einzelheiten, auf den Preis, auf die Kinder, auf den Gauner, auf sich selbst ~ • **8.1** nach dem **Rechten** ~ *für Ordnung sorgen*

se|hen||las|sen *auch:* **se|hen las|sen** ⟨V. 175/500/Vr 7⟩ **1** sich ~ können *so beschaffen sein, dass man es stolz herzeigen kann, stolz darauf sein kann* • **1.1** dieses Werk kann sich ~ *es ist gut gelungen* • **1.2** in dem Anzug kannst du dich ~ *du siehst gut darin aus* • **1.3** mit ihr kann er sich ~ ⟨fig.; umg.⟩ *er kann stolz auf sie sein;* →a. *sehen (2.7, 5)*

Se|hens|wür|dig|keit ⟨f.; -, -en⟩ *sehenswertes Kunstod. Bauwerk;* die ~en einer Stadt besichtigen

Se|her ⟨m.; -s, -⟩ **1** *jmd., der in die Zukunft schaut, Prophet* **2** ⟨Pl.; Jägerspr.⟩ *Augen beim Hasen u. niederen Raubwild*

Se|he|rin ⟨f.; -, -rin|nen⟩ *weibl. Seher (1)*

Seh|kraft ⟨f.; -; unz.; Med.⟩ *Fähigkeit des Auges zu sehen;* Sy *Sehvermögen*

Seh|ne ⟨f.; -, -n⟩ **1** *weiße, derbe, bindegewebige Endfaser des Muskels, Verbindung zwischen Muskel u. Knochen;* Sy ⟨veraltet⟩ *Nerv (5);* er hat sich eine ~ gezerrt **2** *Gerade, die zwei Punkte einer krummen Linie verbindet* **3** *Strang zum Spannen des Bogens;* Bogen~; die ~ spannen, straffen (am Bogen); der Pfeil schnellt von der ~

seh|nen ⟨V. 550/Vr 3⟩ **1** sich nach jmdm. od. **einer Sache ~** *innig, schmerzlich verlangen nach jmdm. od. einer Sache;* er sehnte sich nach ihr; er sehnte sich nach Ruhe; ein heißes, inniges, stilles Sehnen; ~des Verlangen • **1.1** sich nach Hause ~ *Heimweh haben*

sehn|lich ⟨Adj.⟩ *voller, mit Sehnsucht, sehnsüchtig, innig;* es ist mein ~er, ~ster Wunsch; jmdn. ~st erwarten; etwas ~st verlangen, wünschen

Sehn|sucht ⟨f.; -, -süch|te⟩ *inniges, schmerzliches Verlangen;* das wird ihrer ~ neue Nahrung geben; ~ empfinden, erwecken, fühlen, wachrufen, wecken; brennende, ewige, glühende, heftige, quälende, unstillbare, verzehrende ~; diese Erinnerung erfüllte sie mit ~; du wirst schon mit ~ erwartet; ~ haben nach jmdm. od. etwas; von ~ ergriffen, gequält, verzehrt; vor ~ vergehen; sich vor ~ verzehren

sehn|süch|tig ⟨Adj.⟩ *voller Sehnsucht, innig, schmerzlich verlangend;* ein ~es Verlangen; ~ nach jmdm. ausschauen; ~ auf jmdn. warten

sehr ⟨Adv.; Komparativ: mehr; Superlativ: am meisten⟩ **1** *in hohem Grade, Maße, besonders;* ~ arm, reich sein; das ist ~ bedauerlich; er ist gerade ~ beschäftigt; ~ betrübt, entmutigt, niedergeschlagen, traurig sein; ~ glücklich, zufrieden sein; sie ist ~ hübsch, charmant, schön; ein ~ nettes Mädchen; dieses System ist ~ veraltet; ~ viel (Geld usw.); ~ vieles hat mir nicht gefallen; du weißt, wie ~ wir ihn schätzen; das ist ~ freundlich, liebenswürdig von Ihnen; ~ feine Qualität ⟨Abk.: ff⟩ • **1.1** bitte ~! *(Höflichkeitsformel der Aufforderung)* • **1.2** danke ~! *(Höflichkeitsformel des Dankes)* • **1.3** ~ liebenswürdig! *(Höflichkeitsformel des Dankes nach Hilfeleistung)* • **1.4** ~ geehrte(r) Frau (Herr) *(Anrede im Brief)* • **1.5** meine ~ geehrten Damen und Herren *(Anrede an ein Publikum)* • **1.6** ich weiß (es) ~ **wohl,** dass ... *ganz genau;* du weißt ~ gut, was damit gemeint ist • **1.7** ~ **wohl!** *jawohl, wie Sie wünschen (unterwürfige Antwort)* • **1.8** (nicht) zu ~ *(nicht) übermäßig* • **1.9** ~ gut →a. *Note (2.1)* **2** *viel, stark, heftig;* Ggs *wenig (2);* es regnet ~; sie hat ~ geweint; er hat mich so ~ gebeten, dass ich nachgegeben habe; ich wünsche es mir so ~

Seh|schärfe ⟨f.; -; unz.⟩ *Grad der Fähigkeit des Auges, Einzelheiten scharf zu erkennen*

Seh|vermögen ⟨n.; -s; unz.; Med.⟩ = *Sehkraft*

seicht ⟨Adj.⟩ **1** ⟨70⟩ *wenig tief, flach;* der Fluss, Bach, Teich ist ~; ~e Stellen im See **2** ⟨fig.; abwertend⟩

Seide

oberflächlich, nichtig, fade; eine ~e Lektüre, Unterhaltung; ein ~er Mensch

Sei|de ⟨f.; -, -n⟩ **1** *sehr feiner, dünner Faden vom Kokon der Seidenspinner od. aus Zellstoff künstl. hergestellt;* Natur~, Kunst~, sie hat Haar wie ~ • **1.1 wilde ~** *vom nicht züchtbaren Tussahspinner, früher in Europa auch vom Eichenspinner gewonnene Seide von bräunl. Farbe* • **1.2** damit kann ich keine ~ spinnen ⟨fig.; umg.⟩ *davon habe ich keinen Nutzen* • **1.3** die beiden spinnen keine gute ~ miteinander ⟨fig.; umg.; veraltet⟩ *vertragen sich nicht gut* **2** ⟨*glänzendes, feines Gewebe aus Seide (1);* eine Bluse, ein Halstuch, ein Kleid aus ~; bunte, bunt bedruckte, einfarbige, künstliche, natürliche, reine ~; eine Haut weich wie ~; →a. Samt (1.2) **3** *einer Gattung der Windengewächse angehörende Schmarotzerpflanze mit blattlosem, sich windendem Stängel ohne Blattgrün:* Cuscuta

Sei|del ⟨n.; -s, -⟩ *Bierglas, -krug;* Bier~

sei|den ⟨Adj. 24/60⟩ **1** *aus Seide bestehend;* ~e Blusen, Kissen, Kleider, Krawatten, Schals, Stoffe, Wäsche • **1.1** es hängt an einem ~en **Faden** ⟨fig.; umg.⟩ *es ist ganz ungewiss, kann leicht ein böses Ende nehmen* **2** ~e **Klöße** *K. aus gekochten Kartoffeln*

sei|dig ⟨Adj.⟩ **1** *aus Seide bestehend* **2** *weich, glänzend wie Seide;* ein Fell, Pelz, Stoff mit ~em Glanz; ihr Haar, ihre Haut hat einen ~en Glanz, Schimmer; dieser Stoff fühlt sich ~ an

Sei|fe ⟨f.; -, -n⟩ **1** *zum Reinigen verwendete Natriumod. Kaliumsalze von höheren Fettsäuren;* ~ kochen, sieden • **1.1** *Waschmittel;* ein Stück ~; ~ reinigt, schäumt; duftende, parfümierte, wohlriechende ~; wasch dir die Hände mit ~! • **1.1.1 grüne ~** *Schmierseife* **2** ⟨Geol.⟩ *Sand- u. Kieselablagerungen, in denen sich Metalle, Erze od. Diamanten abgelagert haben;* Diamant~, Gold~

Sei|fen|bla|se ⟨f.; -, -n⟩ **1** *Blase des Seifenschaums;* die Kinder lassen ~n aufsteigen • **1.1** die Gerüchte, seine Hoffnungen zerplatzten wie ~n *zergingen in nichts* **2** ⟨fig.⟩ *das leicht Vergängliche, Trügerische, Nichtige;* seine Hoffnungen sind nur ~n

sei|gern ⟨V.⟩ **1** ⟨400⟩ *seihen, sickern, sich ausscheiden* • **1.1** ⟨Chemie⟩ *beim Erkalten Kristalle ausscheiden* **2** ⟨500⟩ *etwas ~ sickern lassen, ausscheiden* • **2.1 Metalle ~** *M. aus ihren Erzen auf einer schräggestellten Unterlage ausscheiden* • **2.2** ⟨Gießerei⟩ *(die Bestandteile von Metallschmelzen) beim Erstarren entmischen, wodurch ein uneinheitl. Gefüge entsteht*

sei|hen ⟨V. 500⟩ **etwas ~** *(durch einen Filter) sickern lassen, filtern*

Seil ⟨n.; -(e)s, -e⟩ **1** *aus Fasern od. Draht gedrehtes langes Gebilde, dicker Strick;* Hanf~; Draht~; ein ~ spannen; eine Last am ~ emporwinden, hochziehen; eine Ziege am ~ führen; einen Gletscher am ~ überqueren; auf dem ~ balancieren, tanzen; der Bergsteiger klettert mit ~, sichert sich mit einem ~; mit dem ~ springen (Kinderspiel) • **1.1** das ist ein **Tanz auf dem ~** ⟨fig.⟩ *ein schwieriges, gefährliches Unternehmen* • **1.2** wir ziehen **am gleichen ~**, Strang ⟨fig.; umg.⟩ *wir halten zusammen* • **1.3** jmdn.

am ~ **herunterlassen** ⟨a. fig.; umg.; schweiz.⟩ *jmdn. unbegründete Hoffnungen machen und sie dann zerstören, jmdn. versetzen, verspotten, verulken*

Seil|bahn ⟨f.; -, -en⟩ *auf Schienen od. auf einem als Schiene dienenden Seil fahrendes, durch Seil gezogenes Transportmittel für Personen u. Lasten;* Draht~

seil|tan|zen ⟨V. 400; nur im Inf.⟩ *auf einem in der Luft gespannten Seil balancieren u. dabei akrobatische Kunststücke vorführen;* er lernt ~

Seil|tän|zer ⟨m.; -s, -⟩ *Artist auf dem Seil*

Seil|tän|ze|rin ⟨f.; -, -rin|nen⟩ *weibl. Seiltänzer*

Seim ⟨m.; -(e)s, -e⟩ *dicke, zähe Flüssigkeit, Sirup;* Honig~

sein¹ ⟨Possessivpron. 3. Person Sg. 4 m. u. n.⟩ →a. *mein (1.1-3.4)* **1** ~ Buch (usw.) *er hat ein B. (usw.)* • **1.1** ihm gehörend, aus seinem Eigentum od. Besitz stammend • **1.1.1** das Seine/seine sein Eigentum • **1.2** mit ihm verwandt, bekannt, befreundet • **1.2.1** die Seinen/seinen seine (engen) Verwandten • **1.3** einen Teil von ihm bildend • **1.4** von ihm ausgehend, bei ihm Ursprung habend • **1.5** ihm zukommend **2** eine Eigenschaft von ihm darstellend • **2.1** ihm zur Gewohnheit geworden **3** von ihm getan • **3.1** von ihm verursacht • **3.2** von ihm vertreten, gerechtfertigt • **3.3** ihm erwünscht • **3.4** von ihm benutzt **4** alles zu ~er Zeit *zur passenden Z.* **5** ⟨betonend⟩ *(Maße und Mengen);* der Fluss hat ~e 100 m Breite; der Karpfen wog ~e 5 Pfund **6** Seine Durchlaucht, Exzellenz, Heiligkeit, Hoheit, Magnifizenz, Majestät ⟨Abk.: Se.⟩ *(Teil des Titels von männl. Adligen, Diplomaten u. a. Würdenträgern)*

sein² ⟨Gen. von⟩ **1** *er* **2** *es¹*

sein³ ⟨V. 240(s.)⟩ **1** ⟨300; Kopula⟩ alt, jung, krank, schlank, sportlich ~; angesehen, bekannt, berühmt, geachtet, geehrt, umworben ~; sei doch nicht so ängstlich, schüchtern!; er war ärgerlich, wütend, zornig; sei er auch noch so arm, reich; er war durstig, hungrig; sie ist geschieden, ledig, verheiratet; er ist blind; er ist zu allem fähig; sie ist acht Jahre alt; sei ruhig!; es ist besser so; das ist (nicht) wahr; das ist empörend, unerhört, unglaublich!; es wäre besser, wenn wir …; das ist schade; heute ist schulfrei; wie ist dieser Salat? Er ist gut; was ist das?; wer ist es?; wir sind Freunde, Kollegen, Nachbarn; ein guter Mensch ~; er ist Schwede; ich bin (ein) Berliner; er ist Lehrer, Arzt, Geschäftsmann; sie ist eine Unternehmerin; ich bin ein ganz anderer Mensch, seit …; Zeit ist Geld • **1.1** du bist wohl **verrückt**? ⟨umg.⟩ *wie kannst du so etwas sagen, tun, planen!* • **1.2** seien Sie so **freundlich**, gut, nett und helfen Sie mir bei … *bitte helfen Sie mir bei …* • **1.3** *(Ausruf der Empörung);* das ist doch …! (die Höhe!, nicht zu glauben! usw.); das wäre ja noch schöner!; das ist denn doch stark! ⟨umg.⟩ • **1.4 es ist nichts** *es hat nichts zu bedeuten, ist unerheblich* • **1.4.1 es ist nichts** *er hat es zu nichts gebracht* • **1.5** ist es nicht so? *habe ich nicht Recht mit dem, was ich gesagt habe?* • **1.6 es sei denn,** dass … *ausgenommen, es geschieht, dass …* • **1.7** die **Sache** ist die, … *so verhält es sich;* das ist ja gerade!• **1.8** ⟨Rechnen⟩ *hat zum Ergebnis;* zwei und zwei ist vier (2 + 2 = 4); drei mal drei ist neun (3 × 3 = 9); das ist nur ein Bruchteil des Ganzen **2** ⟨300; als selbstständiges Prädikat⟩ *existieren, vorhanden sein, bestehen;* ich denke, also bin ich; ich bin es; es war einmal eine Königin, die hatte … (Beginn eines Märchens); es ist schon lange her, dass …; alles, was war, ist und noch ~ wird; es sei!; keiner will es gewesen ~; sei es nun, dass … oder dass …; etwas darf, kann, mag, muss, soll ~; wie wäre es, wenn …?; Ordnung muss ~; es ist möglich, dass …; das war gestern, heute erst, wird morgen ~; was ist (geschehen, los)?; mehr ~ als scheinen; was gewesen ist, soll man ruhenlassen • **2.1** der gewesene Präsident *der frühere P.* • **2.1.1** das Gewesene *das Vergangene, das, was vorbei ist;* Gewesenem soll man nicht nachtrauern; fürs Gewesene gebe ich nichts • **2.2** das Seiende *das Sein* • **2.3** so ist es! ⟨bestätigend⟩ *das ist richtig* • **2.4** kann ~! ⟨umg.⟩ *vielleicht, es ist schon möglich* • **2.5** ist nicht! ⟨umg.⟩ *(das) gibt's nicht* • **2.6** was ~ muss, muss ~ *es gibt gewisse Dinge, die unausweichlich sind* **3** ⟨311⟩ **an** einem **Ort** ~ *sich befinden, aufhalten;* da ist er!; um 8 Uhr bin ich bei Ihnen; wir waren noch bei Tisch, als er kam; hier ist es; sie sind in München; zu Hause ~; wer ist dort, bitte? (am Telefon); unterwegs ~ • **3.1** er ist **zu** Tisch *zum Essen gegangen* • **3.2 hier** ist gut ~ *hier kann man sich wohlfühlen* **4** ⟨312⟩ etwas ist **an,** zu einem **Zeitpunkt** *findet statt;* das Essen ist um zwölf; wann ist es? (das Fest) • **4.1** welche **Zeit** ist es? *wie spät;* es ist Abend, Morgen, Nacht, Vormittag; es war im Frühjahr, im Sommer; es ist 12 Uhr mittags; es ist schon spät; heute ist Mittwoch, der 1. Januar • **4.2** es war … *ist vergangen;* gestern war es ein Jahr **5** ⟨313⟩ **5.1** ⟨mit adverbialem Genitiv⟩ *haben;* voller Erwartung, Hoffnung, Spannung ~; reinen Herzens ~; guten Mutes ~; ich war des Glaubens, dass … • **5.1.1** es ist nicht meines **Amtes** ⟨veraltet⟩ *ich habe nicht die Aufgabe* • **5.1.2** wir sind des Herrn ⟨bibl.⟩ • **5.1.3** er ist des Todes *dem T. geweiht* • **5.2** ⟨mit Präpositionalgruppe⟩ • **5.2.1** in einem **Zustand** ~ *einen Z. haben;* wir sind in der Minderheit; im Vorteil, Nachteil ~ • **5.2.2** aus einer **Gruppe,** einem **Land** ~ *stammen, herkommen von;* er ist aus guter Familie, aus gutem Haus, aus Italien • **5.2.3 aus** einem **Material** ~ *hergestellt sein;* der Tisch ist aus Holz • **5.2.4** aus … **Teilen** ~ *bestehen aus;* der Apparat ist (besser: besteht) aus 4 Teilen • **5.2.5** außer sich ~ *Empörung fühlen* **6** ⟨315⟩ **für, mit,** (**gegen**) jmdn. ~ *jmdn. unterstützen (bekämpfen);* er ist für mich; ich bin dafür, dagegen, dass wir schon gehen; wer nicht mit mir ist, ist wider mich ⟨bibl.⟩ **7** ~ **lassen** • **7.1** den lieben Gott einen guten Mann ~ **lassen** ⟨umg.⟩ *sich nicht weiter (um etwas) kümmern, (Dingen gegenüber) gleichgültig sein* • **7.2** jmdn. Kind ~ lassen *einem Kind seine kindlichen Neigungen nicht verbieten;* ⟨aber Getrennt- u. Zusammenschreibung⟩ ~ lassen = *seinlassen* **8** ⟨330⟩ **jmdm.** ist … *jmd. fühlt, meint wahrzunehmen, dass etwas … ist;* ich bin ihm böse, böse mit ihm; mir ist kalt, warm; es ist mir warm; mir ist nicht gut, übel, schlecht; es ist mir nicht gut; mir ist schon wieder besser; wie ist Ihnen (zumute)?; das kann dir doch ganz gleich ~!; was ist dir?; jmdm. gut ~; es ist mir (so), als ob ich einen Hilferuf gehört hätte; wäre es dir recht, wenn …? • **8.1** sei dem, wie ihm wolle *auf jeden Fall* • **8.2** jmdm. ist **nach** … *jmd. möchte gern;* mir ist nicht danach (zumute); mir ist heute nicht nach Arbeiten ⟨umg.⟩ • **8.3** jmdm. ist **es um** … *interessiert ihn, geht ihm um;* ihr ist es nur um sein Geld zu tun • **8.3.1** jeder ist sich selbst der Nächste *sorgt zuerst für sich selbst* **9** ⟨408⟩ • **9.1 zu** … ~ *etwas ist zu tun, muss getan werden;* Hunde sind an der Leine zu führen • **9.1.1** es braucht nicht sofort zu ~ *es eilt nicht* • **9.1.2** es ist **zu** … *man kann, (sollte);* es ist zu hoffen, dass …; es ist nichts zu machen; es ist nicht zu glauben **10** ⟨800⟩ • **10.1** jetzt ist es **an** dir zu handeln *jetzt bist du an der Reihe* • **10.2** was ist **mit** ihm? *wie geht es ihm, was ist mit ihm vorgefallen?* **11** ⟨330 od. mit Possessivpron.⟩ **etwas** ist **jmdm.** od. **sein** *gehören, zugehörig sein;* wem gehört das Buch? Es ist meins **12** ⟨Hilfsverb⟩ • **12.1** ⟨zur Bildung des Perfekts von Verben der Bewegung (südd. auch der Ruhe)⟩ bist du angekommen?; er war schon eingetroffen, als ich kam; ihr wart gegangen; wenn du das tust, dann sind wir Freunde gewesen! • **12.2** ⟨Hilfsverb zur Bildung des Zustandspassivs⟩ der Tisch war schon gedeckt, als …; die Briefe sind mit der Maschine geschrieben

Sein ⟨n.; -s; unz.⟩ das ~ *das Dasein, Vorhandensein, Existieren, die Existenz;* das vollkommene, wahre ~; mit allen Fasern seines ~s hängt er daran; die tiefsten Probleme des ~s; ~ und Schein unterscheiden können; das Urbild, der Ursprung des ~s; alles muss in nichts zerfallen, wenn es im ~ beharren will (Goethe, „Westöstlicher Divan"); ~ oder Nichtsein, das ist hier die Frage (Shakespeare, „Hamlet" III, 1)

sei|ner ⟨Gen. von⟩ **1** *er* **2** *es*

sei|ner|seits ⟨Adv.⟩ *von seiner Seite, von seiner Person, von ihm;* ~ ist kein Einwand zu befürchten

sei|ner|zeit ⟨Adv.⟩ *damals;* ~ standen auf der Wiese Obstbäume

sei|nes|glei|chen ⟨Pron.⟩ **1** *Person(en) od. Sache(n) vom gleichen Wert, etwas od. jmd. Ebenbürtiges;* dieses Kunstwerk hat nicht ~ • **1.1** *Leute wie er, seines Schlages;* er verkehrt nur mit ~; er soll unter ~ bleiben; jmdn. wie ~ behandeln; er und ~ ⟨abwertend⟩

sei|net|we|gen ⟨Adv.⟩ *um seinetwillen, für ihn, ihm zuliebe*

sei|net|wil|len ⟨Adv.⟩ *um ~ seinetwegen*

sei|ni|ge ⟨Possessivpron.⟩ *seine;* der, die, das Seinige/seinige; wir bekamen beide ein Geschenk, das ~ gefiel mir besser; die Seinigen/seinigen waren mit der Hochzeit einverstanden

sein‖las|sen *auch:* **sein las|sen** ⟨V. 175/500⟩ **1** etwas ~ *etwas nicht tun, bleibenlassen* • **1.1** du solltest das lieber ~; lass das sein!; lass das lieber sein! ⟨umg.⟩ *tu das nicht, unterlass es lieber!* **2** jmdn. ~ *nicht behelligen, nicht beachten* • **2.1** lassen Sie mich sein! *in Ruhe;* →a. *sein³ (7)*

Seis|mo|graf ⟨m.; -en, -en⟩ *Gerät zum Aufzeichnen*

von Bodenerschütterungen, Erdbebenmesser; oV *Seismograph*

Seis|mo|graph ⟨m.; -en, -en⟩ = *Seismograf*

seit ⟨Präp. mit Dat.⟩ **1** *von einer bestimmten Zeit an (bis jetzt dauernd);* ~ Anfang dieses Jahrhunderts; ~ etwa einem Jahr; ~ der Zeit, da …; ~ ich ihn kenne; ~ alters; ~ damals; ~ heute weiß ich erst, dass …; ~ kurzem/Kurzem, ~ kurzer Zeit; ~ langem/Langem, ~ langer Zeit; ~ wann ist er hier? • **1.1** ~ **Adam und Eva** ist das so gewesen ⟨umg.⟩ *schon immer* **2** ⟨unterordnende temporale Konj.; umg.⟩ *seitdem;* ~ wir umgezogen sind …

seit|dem 1 ⟨unterordnende temporale Konj.⟩ *seit der Zeit, da;* ~ er pensioniert ist … **2** ⟨Adv.⟩ *seit dieser Zeit;* Sy *seither;* ~ ist er pensioniert

Sei|te ⟨f.; -, -n⟩ **1** *Grenzfläche (eines Körpers);* Vorder~; Rück~; die äußere, hintere, innere, obere, untere, vordere ~ **2** *rechte od. linke, zwischen vorn u. hinten gelegene Fläche, Flanke;* die linke, rechte ~; das Schiff legte sich auf die ~ **2.1** *der rechte od. linke Teil des menschlichen Körpers, bes. von der Hüfte bis zur Achsel;* mit dem Degen an der ~; die Hände in die ~n stemmen; auf der ~ liegen, schlafen; er hat sich im Schlaf auf die andere ~ gedreht; er ging ihr nicht von der ~; er hielt sich die ~n vor Lachen (so heftig lachte er) ⟨umg.⟩ • **2.1.1** komm, setz dich an meine **grüne** ~ ⟨umg.⟩ *zu meiner Linken* • **2.1.2 an jmds.** ~ gehen *neben jmdm.* • **2.1.3** ~ **an** ~ *gehen nebeneinander* • **2.1.4** jmdm. **zur** ~ **stehen** ⟨fig.⟩ *beistehen, helfen;* jmdm. mit Rat und Tat zur ~ stehen ⟨fig.⟩ • **2.1.5 sich jmdm. an die** ~ **stellen** ⟨a. fig.⟩ *sich mit jmdm. messen, vergleichen* • **2.2** *der rechte od. linke Teil des Körpers eines Vierbeiners;* eine Schweine~; eine ~ Speck **3** ⟨bei sehr flachen Körpern⟩ *Vorder- bzw. Rückseite, z. B. bei Stoffen;* eine glänzende und eine matte ~; beide ~n der Münze **4** ⟨Abk.: S. od. p., Pl. pp. (von lat. pagina, paginae)⟩ *Vorder- od. Rückfläche (eines Papierblattes);* Buch~; Heft~; Zeitungs~; das Buch hat 170 ~n; die falsche ~ aufschlagen (in einem Buch); die Nachricht steht auf der ersten ~ der Zeitung; Fortsetzung auf ~ 10 (in Zeitungen od. Zeitschriften) **5** *Grenzlinie (einer Fläche, z. B. eines Dreiecks);* die drei ~n des Dreiecks **6** *rechts od. links gelegener Abschnitt, Teil (eines Gegenstands, eines Raumes);* auf einer ~ gelähmt sein; auf die ~, zur ~ gehen, rücken, treten (um Platz zu machen); auf der falschen ~ (der Straße) fahren; die gegenüberliegende ~ des Flusses; von der ~ angreifen ⟨Mil.⟩; jmdm. auf die ~ nehmen (um ihm unter vier Augen etwas zu sagen) ⟨fig.⟩ • **6.1 auf der einen** ~ hast du Recht, **auf der anderen** ~ darfst du aber nicht vergessen, dass … ⟨fig.⟩ *einerseits - andererseits, hingegen* • **6.2** etwas **auf die** ~ **legen** ⟨fig.⟩ *weglegen, sparen (bes. Geld)* • **6.3** jmdn. **von der** ~ **ansehen** ⟨a. fig.⟩ *misstrauisch, missgünstig* • **6.4** etwas betrachten, nimmt alles, das Leben **von der angenehmen,** heiteren ~ *er hält sich nur an das Angenehme* • **6.5** alles, jedes Ding hat **seine zwei** ~n *ist günstig u. ungünstig zugleich* • **6.6** man muss einer Sache die **beste** ~ **abgewinnen** *das Gute an ihr sehen* • **6.7 auf die große, kleine** ~ **müssen** ⟨umg.; österr.⟩ *seine Notdurft verrichten müssen* • **6.8 jmdn. auf die** ~ **bringen, schaffen** ⟨fig.; umg.⟩ *jmdn. ermorden, beseitigen* • **6.9 etwas auf die** ~ **bringen,** schaffen ⟨fig.; umg.⟩ *heimlich wegnehmen* **7** *Richtung;* nach allen ~n auseinanderlaufen, auseinanderfliegen usw.; sich nach allen ~n umsehen; man sah die Menschenmenge von allen ~n herbeikommen, zusammenströmen • **7.1** komm mir nur nicht **von der** ~! ⟨umg.⟩ *auf diese Weise erreichst du bei mir nichts* **8** *Linie (in der Abstammung), Familie;* meine Großmutter von der mütterlichen, väterlichen ~ **9** *Gruppe, Partei;* das kann von keiner ~ geleugnet, bestritten, bewiesen werden; zur stärkeren ~ übergehen • **9.1** keine ~ kann das bestreiten *niemand, keine der beiden streitenden Parteien* • **9.2 verschiedene** ~n machten ihm Angebote *Personen, Firmen* • **9.3** *Informationsquelle;* ich weiß von zuverlässiger ~, dass …; von anderer, dritter, gut unterrichteter ~ erfahren wir, dass … **10** *von jmdm. eingenommener Platz, Standpunkt* • **10.1 auf jmds.** ~ ⟨fig.⟩ *bei jmdm.;* ich sehe das Recht auf seiner ~ • **10.1.1** ich habe ihn auf meiner ~ *er hält zu mir* • **10.1.2 auf jmds.** ~ **stehen** *zu jmdm. halten, für ihn eintreten* • **10.2 auf jmds.** ~ ⟨fig.⟩ *zu jmdm.* • **10.2.1 jmdn. auf seine** ~ **bringen,** ziehen *für sich u. seine Interessen gewinnen;* es gelang mir nicht, ihn auf unsere ~ zu bringen • **10.2.2 sich auf jmds.** ~ **schlagen** *zu jmdm. übergehen, seine Meinung übernehmen* • **10.2.3 auf jmds.** ~ **treten** *jmds. Partei ergreifen* • **10.3 von jmds.** ~ ⟨fig.⟩ *von jmdm.;* von seiner ~ haben wir nichts zu fürchten **11** ⟨fig.⟩ *Charakterzug, Eigenschaft;* die angenehmen ~n des Lebens genießen; jeder hat seine guten und seine schlechten ~n; ich entdecke ganz neue ~n an ihm; von dieser ~ kenne ich dich gar nicht; er hat sich von seiner besten ~ gezeigt • **11.1** Physik ist seine **schwache, starke** ~ ⟨fig.⟩ *das Gebiet, auf dem er nicht gut, gut Bescheid weiß* • **11.2** *Aspekt;* die technische ~ dieses Plans, Zieles ist noch nicht gelöst • **11.3** die juristische, menschliche, politische ~ dieser Angelegenheit *Dimension* **12** ⟨Getrennt- u. Zusammenschreibung⟩ • **12.1** auf Seiten = *aufseiten* • **12.2** von Seiten = *vonseiten* • **12.3** zu Seiten = *zuseiten*

Sei|ten|hieb ⟨m.; -(e)s, -e⟩ **1** ⟨Fechtkunst⟩ *Hieb von der Seite* **2** ⟨fig.⟩ *bissige Anspielung, spöttische Bemerkung;* jmdm. einen ~ versetzen; mit einem ~ auf die Opposition stellte der Redner fest, dass …; ~e austeilen

sei|tens ⟨Präp. mit Gen.⟩ *vonseiten, von der Seite des, der, von;* ~ des Klägers wurde Folgendes vorgebracht; ~ einiger Abgeordneter, Abgeordneten

Sei|ten|sprung ⟨m.; -(e)s, -sprün|ge; fig.; umg.⟩ **1** ⟨selten⟩ *Sprung zur Seite* **2** ⟨verhüllend⟩ *Ehebruch, erotisches Abenteuer*

Sei|ten|stück ⟨n.; -(e)s, -e⟩ **1** *seitliches Teil* **2** ⟨fig.⟩ *Gegenstück, Entsprechung, Pendant*

sei|ten|ver|kehrt ⟨Adj. 24⟩ *dem Spiegelbild des Originals entsprechend;* ein Diapositiv ~ projizieren

seit|her ⟨Adv.⟩ **1** = *seitdem* (2) **2** = *bisher*

seit|lich 1 ⟨Adj. 24⟩ *an, auf der Seite, rechts od. links gelegen;* eine ~e Begrenzung; das Tal wird ~ begrenzt von … • **1.1** ⟨Präp. mit Gen.⟩ ~ des Hauses, der Straße **2** ⟨Adj.⟩ *nach der Seite;* mit einem ~en Blick aus den Augenwinkeln **3** ⟨Adj.⟩ *von der Seite;* der Wind kam ~ von links

…seits ⟨Adv.; in Zus.⟩ *von jmds. Seite her;* seinerseits; ärztlicherseits wurde verordnet …

seit|wärts 1 ⟨Adv.⟩ *nach der Seite;* sich ~ in die Büsche schlagen **2** ⟨Adv.⟩ *von einer Seite her;* er näherte sich ~ von rechts **3** ⟨Präp. mit Gen.⟩ *auf der Seite (des, der …);* ~ der Straße

seit|wärts|dre|hen ⟨V. 500/Vr 7⟩ *etwas* od. *sich* ~ *etwas od. sich zur Seite drehen*

sek|kant ⟨Adj.; bair.; österr.⟩ *ärgerlich, lästig, unangenehm*

sek|kie|ren ⟨V. 500; bair.; österr.⟩ *jmdn.* ~ *ärgern, quälen, belästigen*

Se|kret[1] ⟨n.; -(e)s, -e⟩ **1** ⟨Biol.⟩ *Absonderung, abgesonderte Flüssigkeit, bes. einer Drüse mit Ausführungsgang* **2** ⟨Geol.⟩ *kristallisierte Bestandteile von Gesteinen, die einen Hohlraum ausfüllen*

Se|kret[2] ⟨f.; -, -e; kath. Kirche⟩ *stilles Gebet des Priesters während der Messe*

Se|kre|tär ⟨m.; -(e)s, -e⟩ **1** ⟨veraltet⟩ *Titel für Kanzlei- u. höhere Staatsbeamte, Schreiber* **2** *Schriftführer, qualifizierter kaufmännischer Angestellter für Korrespondenz, Verhandlungen, Organisation bei einer leitenden Persönlichkeit* **3** *Dienstbezeichnung für Beamte;* Staats~ • **3.1** *leitender Funktionär einer Partei od. Organisation;* General~; ~ des Zentralkomitees **4** *Schrank, dessen Unterteil durch Türen u. dessen Oberteil durch eine Platte verschließbar ist, die heruntergeklappt als Unterlage zum Schreiben dient* **5** *afrikanischer Greifvogel mit langen Läufen, langem Hals, Verlängerung des Gefieders am Hinterkopf zu einem Schopf: Sagittarius serpentarius*

Se|kre|ta|ri|at ⟨n.; -(e)s, -e⟩ **1** *Amt, Dienststelle eines Sekretärs, Verwaltungsabteilung* **2** *Raum, Räume eines Sekretariats (1)*

Se|kre|tä|rin ⟨f.; -, -rin|nen⟩ *weibl. Sekretär (2, 3)*

Sekt ⟨m.; -(e)s, -e⟩ *Kohlensäure enthaltender Wein, der stärker schäumt als Schaumwein*

Sek|te ⟨f.; -, -n⟩ *kleine religiöse Gemeinschaft, die sich von einer größeren Glaubensgemeinschaft losgesagt hat*

Sek|ti|on ⟨f.; -, -en⟩ **1** ⟨Med.⟩ = *Obduktion* **2** *Abteilung, Unterabteilung, Gruppe*

Sek|tor ⟨m.; -s, -en⟩ **1** *Sachgebiet, Teilgebiet, Abschnitt, Bezirk* **2** ⟨Math.⟩ *Kreisausschnitt, Kugelausschnitt* **3** ⟨nach 1945⟩ *eine der vier Besatzungszonen in Berlin u. (bis 1955) Wien*

Se|kund ⟨f.; -, -en; Mus.; österr.⟩ = *Sekunde*[2] *(1)*

se|kun|där ⟨Adj. 24⟩ Ggs *primär (3)* **1** *zur zweiten Ordnung gehörig, zweitrangig, in zweiter Linie in Betracht kommend, nachträglich hinzukommend* **2** ⟨El.⟩ *durch Induktion entstehend*

Se|kun|de[1] ⟨f.; -, -n; Abk.: Sek., s, sec⟩ **1** *der 60. Teil einer Minute* **2** ⟨Math.; Zeichen: '⟩ *der 60. Teil einer Winkelminute* **3** ⟨fig.; umg.⟩ *sehr kurze Zeitspanne, Augenblick*

Se|kun|de[2] ⟨f.; -, -n⟩ **1** ⟨Mus.⟩ *die 2. Tonstufe der diatonischen Tonleiter;* oV ⟨österr.⟩ *Sekund* • **1.1** *zweistufiges Intervall* **2** ⟨Typ.⟩ *Signatur auf der dritten Seite eines Druckbogens;* Ggs *Prime (2)* **3** ⟨Fechten⟩ *von unten nach oben geschlagener Hieb*

se|kun|den|lang ⟨Adj. 24⟩ *eine od. mehrere Sekunden dauernd, einen Augenblick lang;* ein ~er Herzstillstand

se|kun|die|ren ⟨V. 600⟩ jmdm. ~ **1** ⟨Duell; Boxsp.⟩ *jmdn. begleiten, um ihm beizustehen* **2** *jmdn. helfen, jmdn. (mit Worten) unterstützen*

…sel|be ⟨Demonstrativpron. 10 (schwach); immer an den bestimmten Artikel gebraucht, mit dessen Vollform zusammengeschrieben) derselbe, dieselbe, dasselbe *der (die, das) in allen Merkmalen Übereinstimmende, Identische;* Sy ⟨fälschlich⟩ *gleich (1);* der~ Hut; der~ Wagen; das~ Mädchen; im ~n Augenblick; zur ~n Zeit; von der ~n Art; von mir kann ich das~ berichten; wir sitzen alle im ~n Boot, ziehen am ~n Strang

sel|ber ⟨Demonstrativpron.; undeklinierbar; umg.⟩ = *selbst*

selbst[1] ⟨Demonstrativpron.; undeklinierbar⟩ oV ⟨umg.⟩ *selber* **1** *in eigener Person, persönlich;* mir ist es ~ peinlich, nicht wohl bei der Sache; ein Schreiben nur dem Vorsitzenden ~ aushändigen; er ist die Güte ~; der Komponist dirigiert die Oper ~; die Mutter ~ hat gesagt …; ich ~ habe gehört, …, ich habe ~ gehört, …; schicken Sie einen Kurier? Nein, ich komme ~; das muss ich erst ~ sehen; der brave Mann denkt an sich ~ zuletzt (Schiller, „Wilhelm Tell") • **1.1** *(zur Besinnung);* ich komme vor Arbeit kaum noch zu mir ~ • **1.2** *du bist nicht mehr du* ~ *du bist verändert* **2** *als solche(r, -s);* das Haus ~ ist ganz schön, aber die Lage … **3** *allein, ohne fremde Hilfe;* das Kind kann sich ~ ausziehen; jmdn. sich ~ überlassen; das musst du ~ wissen; ein jeder zählt nur sicher auf sich ~ (Schiller, „Wilhelm Tell"); aus eigener Kraft etwas tun, schaffen; mit sich ~ sprechen; es geht von ~; die Tür schließt von ~; das versteht sich von ~; ~ ist der Mann ⟨Sprichw.⟩ **4** *niemand anderen;* er belügt sich damit ~; das sollst du um deiner ~ willen tun **5** *nur für diesen Zweck;* eine Sache um ihrer ~ willen tun **6** ⟨Getrennt- u. Zusammenschreibung⟩ • **6.1** ~ *gebacken* = *selbstgebacken*

selbst[2] ⟨Adv.⟩ *sogar;* ~ seine Freunde haben ihn im Stich gelassen; ~ meine Warnung konnte ihn nicht umstimmen; ~ in den schlimmen Zeiten; ~ wenn es dazu kommen sollte …

Selbst ⟨n.; -; unz.⟩ *die eigene Person, das Ich;* ein Stück meines ~; mein anderes, besseres, zweites ~; unser wahres ~

selbst|stän|dig ⟨Adj.⟩ = *selbstständig*

Selbst|be|herr|schung ⟨f.; -; unz.⟩ *Beherrschung der eigenen Gefühle u. Triebe, Zurückhaltung, Fassung;* seine ~ bewahren; ~ üben; die ~ verlieren

Selbst|be|stim|mung ⟨f.; -, -en; Pl. selten⟩ **1** *Bestimmung des eigenen Handelns, eigene Entscheidung, Autonomie* **2** *(i. e. S.) von einer Gemeinschaft (z. B. einem Volk) vorgenommene Bestimmung seiner Gesell-*

selbstbewusst

schaftsordnung, Staatsform od. Zugehörigkeit zu einem Staat

sẹlbst|be|wusst ⟨Adj.⟩ **1** *vom eigenen Wert, Können überzeugt, stolz;* ein ~es Benehmen; eine ~e Haltung; ~ auftreten • 1.1 ⟨Philos.⟩ *seiner selbst bewusst, seiner Fähigkeiten als denkendes, fühlendes Wesen bewusst*

Sẹlbst|be|wusst|sein ⟨n.; -s; unz.⟩ **1** *Überzeugung vom eigenen Wert u. Können, Stolz;* ein ausgeprägtes, starkes ~ haben; man muss sein mangelndes ~ kräftigen, stärken **2** ⟨Philos.⟩ *das Wissen von sich selbst als denkendem, fühlendem Wesen*

Sẹlbst|er|hal|tung ⟨f.; -; unz.⟩ *Erhaltung der eigenen Lebensfähigkeit, des eigenen Selbst*

Sẹlbst|er|kennt|nis ⟨f.; -, -se⟩ *Erkenntnis der eigenen Fähigkeiten, Fehler usw.;* ~ ist der erste Schritt zur Besserung ⟨umg.; scherzh.⟩

sẹlbst|ge|backen *auch:* **selbst ge|backen** ⟨Adj. 24/70⟩ *eigenhändig gebacken (nicht gekauft);* ~er Kuchen

sẹlbst|ge|fäl|lig ⟨Adj.; abwertend⟩ *sich selbst gefallend, von sich selbst beglückt, eitel, dünkelhaft;* eine ~e Miene zur Schau tragen; sich ~ im Spiegel betrachten; er ist sehr ~

sẹlbst|herr|lich ⟨Adj.⟩ *rücksichtslos, tyrannisch;* ~ regieren

Sẹlbst|kos|ten ⟨Pl.⟩ *die Kosten für Herstellung u. Vertrieb der Erzeugnisse eines Unternehmens;* etwas zum ~preis verkaufen

sẹlbst|los ⟨Adj.⟩ *ohne Rücksicht auf das eigene Wohl, uneigennützig;* ein ~er Verzicht; ~ handeln; sich ~ für jmdn. einsetzen

Sẹlbst|mord ⟨m.; -(e)s, -e⟩ **1** *die gewaltsame Beendigung des eigenen Lebens;* Sy *Freitod, Suizid;* ~ begehen • 1.1 das ist ja der reinste ~! ⟨fig.; umg.⟩ **1.1.1** *das sind übertriebene Anforderungen, das kann man unmöglich leisten* • 1.1.2 *durch solche Handlungsweise schadet man sich selbst am meisten*

sẹlbst|si|cher ⟨Adj.⟩ *seiner Wirkung sicher, nicht schüchtern, gewandt, bes. im Auftreten;* eine ~e Haltung, Miene; er ist sehr ~

sẹlbst|stän|dig ⟨Adj.⟩ oV *selbständig* **1** *ohne Hilfe, allein, ohne Anregung, Antrieb von außen, aus eigener Kraft u. Verantwortung handelnd;* sie ist ein sehr ~er Mensch; ~ arbeiten können; junge Menschen zu ~em Denken, Handeln erziehen **2** *unabhängig (von anderen);* ein ~er Staat; sie hat eine ~e Stellung • 2.1 *Geschäft, Beruf auf eigene Rechnung betreibend;* er ist ~er Kaufmann • 2.1.1 sich ~ **machen** *ein privates kaufmännisches od. gewerbliches Unternehmen gründen;* der Geschäftsmann, der Arzt macht sich ~ • 2.2 sich ~ **machen** ⟨fig.; umg.⟩ *außer Kontrolle geraten* • 2.2.1 der Ball hat sich ~ gemacht *ist davongerollt* • 2.2.2 das Kind hat sich ~ gemacht *ist davongelaufen* • 2.3 ein ~er **Satz** ⟨Gramm.⟩ *ein S. mit Subjekt u. Prädikat*

Sẹlbst|sucht ⟨f.; -; unz.⟩ *nur auf den eigenen Vorteil gerichtetes Denken u. Handeln;* Sy *Eigenliebe, Eigennutz, Egoismus*

sẹlbst|süch|tig ⟨Adj.⟩ *nur auf den eigenen Vorteil bedacht;* Sy *eigensüchtig, egoistisch*

sẹlbst|tä|tig ⟨Adj. 24⟩ *ohne äußeres Eingreifen wirksam;* die Maschine schaltet sich ~ an und aus

Sẹlbst|täu|schung ⟨f.; -, -en⟩ *Täuschung der eigenen Person, falsche Vorstellung;* sich einer, keiner ~ hingeben; einer ~ erliegen, zum Opfer fallen

sẹlbst|ver|ständ|lich ⟨Adj.⟩ **1** *ohne Erklärung, Begründung verständlich, natürlich;* er nahm ihre Hilfe als ganz ~ an; ~e Tatsachen; das ist doch ~, dass wir dir beim Umzug helfen; ~! (zusagende Antwort); ~, gern! • 1.1 ~ nicht! *auf keinen Fall!* **2** *ohne Bedenken, ohne Umschweife handelnd;* sie nahmen ihn ganz ~ bei sich auf **3** *ganz u. gar unbefangen, arglos;* jmdn. mit ~er Herzlichkeit begrüßen; er setzte sich ganz ~ zu ihnen an den Tisch

Sẹlbst|ver|trau|en ⟨n.; -s; unz.⟩ *Vertrauen in die eigene Kraft, die eigenen Fähigkeiten;* (kein) ~ haben; an mangelndem ~ leiden

Sẹlbst|zweck ⟨m.; -(e)s; unz.⟩ **1** *Zweck ohne äußeres Ziel, sich in der Sache selbst erfüllender Zweck* • 1.1 eine Tätigkeit, z. B. das Autofahren, als ~ betreiben *nicht als Mittel, z. B. zur Fortbewegung, sondern um der Sache selbst willen*

Se|lek|ti|on ⟨f.; -, -en⟩ *Auslese, Auswahl, Zuchtwahl*

Sẹlf|made|man ⟨[sɛlfmeɪdmæn] m.; -s, -men [-mæn]⟩ *jmd., der aus eigener Kraft (ohne entsprechende Ausbildung) zu beruflichem Erfolg gekommen ist*

se|lig ⟨Adj.; Abk.: sel.⟩ **1** ⟨Rel.⟩ *nach dem Tod der himmlischen Freude teilhaftig* • 1.1 Gott hab' ihn ~ *gebe ihm die ewige Seligkeit* • 1.2 ⟨kath. Kirche⟩ *seliggesprochen, eine begrenzte (lokale) Verehrung genießend* • 1.3 ⟨60⟩ *verklärt;* bis an mein ~es Ende • 1.3.1 ~en **Angedenkens** *mit freundlicher, heiterer Erinnerung verbunden* • 1.3.2 ~ **entschlafen** *sanft, in Frieden entschlafen* **2** ⟨fig.⟩ *überglücklich, wunschlos glücklich, beglückt, entzückt;* das Kind war ~ über das Geschenk • 2.1 jeden nach seiner Fasson ~ werden lassen (nach Friedrich II.) *jeder soll seinen eigenen Vorstellungen entsprechend leben* **3** *verstorben;* mein ~er Vater; mein Vater ~ ⟨bes. süddt.⟩ **4** ⟨Getrennt- u. Zusammenschreibung⟩ • 4.1 ~ machend = selig*machend*

Se|lig|keit ⟨f.; -; unz.⟩ **1** ⟨unz.⟩ *die himmlische Freude, die vollkommene Einheit mit Gott nach dem Tode;* die ewige ~ erlangen, gewinnen, verlieren; in die ewige ~ eingehen **2** ⟨fig.⟩ *Zustand wunschlosen Glücks, strahlender Freude;* alle ~en dieses Lebens auskosten, genießen • 2.1 in ~ schwimmen ⟨umg.⟩ *überglücklich, verliebt sein*

se|lig|ma|chend *auch:* **se|lig ma|chend** ⟨Adj. 24/60⟩ *beglückend, erfreulich, glücklich machend;* ~e Worte sprechen

se|lig|prei|sen ⟨V. 193/500⟩ jmdn. ~ **1** *für wunschlos glücklich erklären;* für den Gewinn dieses Pokals ist er seligzupreisen **2** ⟨christl. Rel.⟩ *jmdn. preisen als einen, der die ewige Seligkeit erlangt hat*

Sẹl|le|rie ⟨m.; -s, -s od. f.; -, -; Bot.⟩ *Doldengewächs, dessen Knollen als Gewürz, Salat u. Gemüse verwendet werden:* Apium graveolens

sẹl|ten ⟨Adj.⟩ **1** *sehr wenig, kaum;* wir sehen uns nur noch ~; das ist ganz ~ der Fall; es kommt nicht ~

vor, dass … **2** *kaum vorkommend, rar, knapp;* er sammelt ~e Bücher; ~e Pflanzen, Tiere; diese Pflanzen sind sehr ~ geworden • 2.1 ein ~er **Gast** *nicht häufig kommender G.* • 2.2 ⟨60⟩ ~e **Erden** ⟨veraltet; Chem.⟩ *Oxide der Metalle der 3. Gruppe des Periodensystems der Elemente, Erdmetalle* • 2.3 ⟨60⟩ ein ~er **Vogel** ⟨a. fig.; umg.⟩ *ein sonderbarer Mensch* **3** ⟨60; umg.⟩ *außergewöhnlich, besonders;* ein ~ schönes Exemplar; ein Mensch von einer ~en Begabung

Sel|ten|heit ⟨f.; -, -en⟩ **1** ⟨unz.⟩ *seltenes Vorkommen, geringe Häufigkeit;* solche Ausfälle sind keine ~ bei ihm **2** ⟨fig.⟩ *seltenes Stück;* diese Marke gehört zu den ~en dieser Briefmarkenauktion; dieser Vogel ist heute eine ~

Sel|ters ⟨n.; -; unz.; umg.; kurz für⟩ *Selterswasser*

Sel|ters|was|ser ⟨n.; -s; unz.⟩ **1** ⟨i. e. S.⟩ *Wasser der Mineralquelle in Niederselters an der Ems* **2** ⟨i. w. S.⟩ *mit Kohlensäure versetztes Wasser*

selt|sam ⟨Adj.⟩ **1** *eigenartig, ungewöhnlich, befremdlich, merkwürdig, sonderbar, wunderlich;* es war ein ~es Gefühl; das ist eine ~e Geschichte; ein ~er Mensch; das kommt mir ~ vor; ich habe etwas Seltsames erlebt; ihm war ~ zumute • 1.1 er ist im Alter ~ geworden *ein Sonderling*

Se|man|tik ⟨f.; -; unz.; Sprachw.⟩ **1** *Lehre von der Bedeutung der Wörter u. ihrer Wandlungen, Bedeutungslehre* **2** *Bedeutung, Inhalt (eines Zeichens, Begriffes, Satzes, einer Aussage o. Ä.)*

Se|mes|ter ⟨n.; -s, -⟩ **1** *Hälfte eines Studien- od. Schuljahres;* Sommer~, Winter~; jmd. ist im 8. ~ **2** *jmd. ist ein (altes, junges) ~* ⟨fig.; umg.⟩ • 2.1 *Student, Studentin in den (fortgeschrittenen od. Anfangs-) Semestern (1)* • 2.2 ⟨scherzh.⟩ *älterer Mensch*

se|mi…, Se|mi… ⟨in Zus.⟩ *halb…, Halb…;* semilunar, Semifinale

Se|mi|ko|lon ⟨n.; -s, -s od. -ko|la; Gramm.; Zeichen: ;⟩ *zwei Hauptsätze trennendes, aus Punkt u. Strich (untereinander) bestehendes Satzzeichen (;), trennt stärker als das Komma, aber weniger stark als der Punkt;* Sy *Strichpunkt*

Se|mi|nar ⟨n.; -s, -e⟩ **1** *Arbeitsgemeinschaft für Studierende innerhalb eines Fachgebietes unter Leitung eines Dozenten während eines Semesters;* Haupt~; Pro~ **2** *Institut einer Universität;* Englisches, Romanisches ~ • 2.1 *die Räume (meist mit Handbibliothek) für ein Seminar (2)* **3** *Einrichtung, die Studienreferendare während ihres Schulpraktikums vor dem 2. Examen betreut* **4** *Bildungsstätte für Geistliche;* evangelisches Prediger~; katholisches Priester~ **5** ⟨veraltet; noch schweiz.⟩ *Bildungsstätte für Volksschullehrer;* Lehrer~

Sem|mel ⟨f.; -, -n; fränk., bair., österr.⟩ **1** = *Brötchen;* altbackene, frische, geriebene, knusprige, noch warme ~n • 1.1 *etwas geht weg wie warme ~n* ⟨fig.; umg.⟩ *verkauft sich leicht, ist sehr begehrt*

Se|nat ⟨m.; -(e)s, -e⟩ **1** ⟨im alten Rom⟩ *oberste Regierungsbehörde* **2** ⟨in verschiedenen Staaten⟩ *eine Kammer des Parlaments* **3** *Verwaltungsbehörde an Hochschulen;* Universitäts~ **4** *Entscheidungsgremium höherer deutscher Gerichte;* Straf~ **5** *Regierungsbehörde der Stadtstaaten (Länder) Berlin, Bremen u. Hamburg*

sen|den ⟨V. 241/500⟩ *etwas ~* **1** ⟨503/Vr 8⟩ *schicken, übermitteln, zukommen lassen, mit Auftrag weggehen lassen;* jmdm. Blumen, Glückwünsche, Grüße ~; er hat den Brief mit einem Boten, mit der Post gesandt, gesendet; er ist von Gott gesandt (nicht: gesendet) **2** *durch Radio od. Fernsehen verbreiten, übertragen;* der Rundfunk hat eben eine Durchsage gesendet (nicht: gesandt)

Sen|der ⟨m.; -s, -; Radio; TV⟩ *Anlage zum Senden von Schall-, Licht- od. elektromagnetischen Wellen;* Rundfunk~; einen ~ gut, schlecht empfangen, hereinbekommen; die angeschlossenen ~ kommen wieder mit eigenem Programm; auf einen anderen ~ umschalten

Sen|dung ⟨f.; -, -en⟩ **1** *das Senden, Schicken;* die ~ der Bücher ist für morgen vorbereitet **2** *das Gesendete;* den Empfang einer ~ bestätigen; wir haben eure ~ erhalten **3** *Fernsehsendung, Funkübertragung;* in der heutigen ~ sahen, hörten wir …; der Schulfunk bringt eine ~ über… **4** *hoher (göttlicher) Auftrag, geschichtlich wichtige, schicksalhafte Aufgabe, Berufung;* eine diplomatische, politische ~ erfüllen; er betrachtet es als seine ~, diesen Menschen zu helfen

Senf ⟨m.; -(e)s, -e⟩ **1** ⟨Bot.⟩ • 1.1 **Weißer** ~ *Kreuzblütler mit gelblich weißen, in Schoten enthaltenen Samen: Sinapis alba* • 1.2 **Schwarzer** ~ *zur Gewinnung von Senföl angebaute Heilpflanze: Brassica nigra* • 1.3 *gelbblühender Kreuzblütler in Sommergetreidefeldern, Ackersenf: Sinapis arvensis* **2** *aus den Samen des Weißen Senfes mit Essig u. Gewürzen zubereitete Gewürzpaste;* Sy ⟨norddt.⟩ *Mostrich;* milder, scharfer, süßer ~; Bockwurst mit ~ **3** ⟨fig.; umg.; abwertend⟩ *unnützes Gerede;* ungefragt hast du wieder deinen langen ~! • 3.1 musst du immer deinen ~ dazugeben *ungefragt deine Meinung äußern*

sen|gen ⟨V.⟩ **1** ⟨500⟩ *etwas ~ die Oberfläche verbrennen von etwas, etwas leicht anbrennen* • 1.1 **Geflügel** ~ *die verbliebenen Haare, Federkiele bei gerupftem G. abbrennen* • 1.2 *wie* eine gesengte **Sau** ⟨umg.⟩ *wild u. rücksichtslos;* er fährt, schreit wie eine gesengte Sau **2** ⟨400⟩ *etwas sengt brennt;* unter der ~den Sonne • 2.1 *~ und* **brennen** *plündern u. zerstören (bes. von den Landsknechtsheeren)*

se|nil ⟨Adj.; meist abwertend⟩ *greisenhaft, altersschwach*

Se|ni|or ⟨m.; -s, -en⟩ **1** *der Ältere, Ältester;* Ggs *Junior* • 1.1 ⟨Sp.⟩ *Angehöriger der Altersklasse von etwa 20-30 Jahren* • 1.2 *älterer Herr im Rentenalter* **2** *Vorsitzender, Sprecher, Alterspräsident*

Se|ni|o|rin ⟨f.; -, -rin|nen⟩ *weibl. Senior;* Ggs *Juniorin*

Sen|ke ⟨f.; -, -n⟩ *flache Bodenvertiefung, Mulde*

sen|ken ⟨V. 500⟩ **1** *etwas ~ sinken lassen, an einen tieferen Ort bringen;* die Angel, das Lot ins Wasser ~; die Arme, den Blick, das Haupt ~; den Degen, die Fahne (zum Gruß) ~; die Lanze, den Speer (zum Angriff) ~; den Sarg in die Erde ~; mit gesenktem Blick, Kopf stand er vor mir; er hielt den Kopf gesenkt • 1.1 einen **Schacht** ~ ⟨Bgb.⟩ *in die Tiefe führen*

• 1.2 ⟨511⟩ *ein-, niederdrücken;* Samen in die Erde ~; den Keim der Liebe, Hoffnung usw. in jmds. Herz ~ ⟨fig.⟩ • 1.3 ⟨Vr 3⟩ **etwas senkt sich** *etwas neigt sich, verläuft nach unten, wird niedriger;* das Haus hat sich gesenkt; jenseits des Flusses senkt sich die Straße; der Abend senkte sich über das Land ⟨poet.⟩; die Nacht senkte sich auf die Erde ⟨poet.⟩ • 1.4 mit gesenktem **Haupt**, gesenkten Hauptes ⟨a. fig.⟩ *kleinlaut, schuldbewusst* **2 etwas** ~ *herabsetzen, erniedrigen, verringern;* die Preise ~; Löhne, Steuern ~ • 2.1 die **Stimme** ~ *leiser werden lassen*

Sen|ker ⟨m.; -s, -⟩ **1** *spanabhebendes Werkzeug zum Erweitern od. Formgeben vorgebohrter Löcher* **2** *Stein od. Bleikugel zum Beschweren des Fischernetzes* **3** ⟨Bot.⟩ = *Ableger (1)*

senk|recht ⟨Adj. 24⟩ **1** *im Winkel von 90° zu einer Ebene od. Geraden stehend;* beim rechten Winkel stehen die beiden Schenkel ~ aufeinander • **1.1** *im Winkel von 90° zur Erdoberfläche (d. h. in Richtung des Lotes) stehend;* Sy vertikal, lotrecht; zu beiden Seiten des Pfades stürzten die Felsen fast ~ ab • **1.1.1** bleib ~! ⟨umg.; scherzh.⟩ *fall nicht hin!* • **1.1.2** das ~e **Lot** *am Faden aufgehängtes Gewicht, Lot zur Bestimmung der Senkrechten* **2** *immer schön* ~ *bleiben!* ⟨fig.; umg.⟩ *Haltung, Fassung bewahren* **3** das ist das einzig Senkrechte ⟨fig.; umg.⟩ *das Richtige*

Sen|kung ⟨f.; -, -en⟩ **1** *das Senken, Tieferlegen, Sinken;* Ggs *Hebung (1);* eine ~ des Erdreichs **2** *Gefälle, Neigung* **3** ⟨fig.⟩ *Verkleinerung, Verringerung, Herabsetzung;* die Regierung fordert eine ~ der Benzinpreise **4** ⟨fig.⟩ *unbetonte Silbe im Vers;* Ggs *Hebung (4)* **5** ⟨Med.⟩ *Blutsenkung*

Senn ⟨m.; -(e)s, -e; bair.- österr. u. schweiz.⟩ *Hirt auf der Alm, der auch die Butter- u. Käsebereitung besorgt, Almhirt;* oV *Senne*[1]

Sen|ne[1] ⟨m.; -n, -n; bair.- österr. u. schweiz.⟩ = *Senn*

Sen|ne[2] ⟨f.; -, -n; bair.-österr.⟩ *Bergweide*

Sen|ne|rin ⟨f.; -, -rin|nen⟩ *weibl. Senn*

Sen|sa|ti|on ⟨f.; -, -en⟩ **1** *Aufsehen* **2** *aufsehenerregendes Ereignis*

sen|sa|ti|o|nell ⟨Adj.⟩ *Aufsehen erregend, herausragend;* ein ~er Erfolg; das Konzert war ~

Sen|se ⟨Se; f.; -, -n⟩ **1** *armlanges, leicht gebogenes Messer an langem Stiel mit zwei Handgriffen zum Mähen von Getreide, Gras usw.;* mit der ~ mähen; wie die ~ so der Schnitt ⟨Sprichw.⟩ • **1.1** von der ~ des Todes dahingemäht werden ⟨poet.⟩ *sterben* **2** ~! ⟨fig.; umg.⟩ *aus!, Schluss!, jetzt ist es genug!;* und damit, dann ist aber ~!

sen|si|bel ⟨Adj.⟩ **1** *empfänglich für Reize* • **1.1** sensible **Nerven** ⟨Med.⟩ *die Reize aufnehmende u. weiterleitende N.* **2** *empfindsam, feinfühlig*

sen|si|tiv ⟨Adj.; geh.⟩ *überempfindlich, leicht reizbar, sensibel;* ein ~er Mensch; ~er Charakter

Sen|sor ⟨m.; -s, -en⟩ *Gerät, das physikalische, chemische od. elektrochemische Größen erfasst u. in elektrische Signale umwandelt;* Sy *Messfühler*

Sen|tenz ⟨f.; -, -en⟩ **1** *knapp formulierter Satz mit allgemeingültigem Sinn, Ausspruch, Denkspruch* **2** ⟨Rechtsw.⟩ = *Urteil (1)*

Sen|ti|ment ⟨[sãtimã:] n.; -s, -s; geh.⟩ *Empfindung, Gefühl*

sen|ti|men|tal ⟨Adj.⟩ *voller empfindsamer Gefühle*

se|pa|rat ⟨Adj. 24⟩ **1** *getrennt, abgesondert* **2** *einzeln, privat;* Sy *eigen (1.3.1)*

Se|pa|ree ⟨n.; -s, -s⟩ *separates, abgetrenntes Zimmer od. Nische (in Lokalen o. Ä.);* oV *Séparée*

Sé|pa|rée ⟨[separe:] n.; -s, -s⟩ = *Separee*

Sep|sis ⟨f.; -, Sep|sen⟩ = *Blutvergiftung*

Sept ⟨f.; -, -en⟩ = *Septime*

Sep|te ⟨f.; -, -n⟩ = *Septime*

Sep|tem|ber ⟨m.; - od. -s, -; Abk.: Sept.⟩ *der 9. Monat des Jahres, Herbstmonat;* ~-Oktober-Heft, ⟨auch⟩ ~/Oktober-Heft

Sep|tett ⟨n.; -(e)s, -e; Mus.⟩ **1** *siebenstimmige Komposition* **2** *Ensemble von sieben Musikern*

Sep|tim ⟨f.; -, -en; Sp.⟩ = *Septime*

Sep|ti|me ⟨a. ['---] f.; -, -n; Mus.⟩ oV *Sept*, ⟨österr.⟩ *Septe, Septim* **1** *siebenter Ton der diatonischen Tonleiter* **2** *Intervall von sieben Tönen*

sep|tisch ⟨Adj. 24⟩ **1** *die Sepsis betreffend, auf ihr beruhend* **2** *Krankheitserreger enthaltend, eine Blutvergiftung hervorrufend*

se|quen|ti|ell ⟨Adj. 24⟩ = *sequenziell*

Se|quenz ⟨f.; -, -en⟩ **1** *Reihe, Folge* **2** ⟨mittelalterl. Liturgie⟩ *eingefügter, hymnusähnlicher Gesang* **3** ⟨Mus.⟩ *auf anderer Tonstufe wiederholte kleine Tonfolge* **4** ⟨Film⟩ *Reihe von Einstellungen, die im Ablauf der Handlung unmittelbar aufeinanderfolgen* **5** ⟨Kart.⟩ *mindestens drei aufeinanderfolgende Karten mit gleichen Merkmalen*

se|quen|zi|ell ⟨Adj. 24⟩ oV *sequentiell* **1** *in Sequenzen, in einer bestimmten Anordnung erfolgend;* ~e Musik • **1.1** ⟨EDV⟩ ~e **Datei** *D., in der die Daten in einer vorgegebenen fortlaufenden Reihenfolge gespeichert u. abgefragt werden*

Se|re|na|de ⟨f.; -, -n; Mus.⟩ **1** *freies Instrumentalstück, meist aus mehreren (Tanz-)Sätzen bestehend* **2** *Konzertveranstaltung (bes. im Freien);* eine ~ veranstalten

Se|rie ⟨[-riə] f.; -, -n⟩ *Reihe, Folge, zusammengehörige Gruppe von Gegenständen in einer Sammlung*

se|ri|ös ⟨Adj.⟩ **1** *ein ~es* **Angebot** *ernstes, ernst gemeintes A.* **2** *ein ~er* **Geschäftsmann** *anständiger G., kein Betrüger*

Ser|mon ⟨m.; -s, -e⟩ **1** ⟨veraltet⟩ *Rede, Predigt* **2** ⟨abwertend⟩ *langweilige Rede, langatmige belehrende Ausführungen*

Ser|pen|ti|ne ⟨f.; -, -n⟩ **1** *in Schlangenlinien ansteigender Weg am Berghang* **2** *Kurve, Kehre, Windung*

Se|rum ⟨n.; -s, Se|ren od. Se|ra; Med.⟩ **1** *der wässrige, nicht gerinnende, von Blutkörperchen u. Fibrin freie Bestandteil von Körperflüssigkeiten, bes. des Blutes* **2** *als Impfstoff verwendetes, mit Immunkörpern angereichertes Serum (1) aus dem Blut von Tieren (a. von Rekonvaleszenten)*

Ser|vel|la ⟨[-və-] f.; -, -s od. schweiz. m.; -s, -s; regional, bes. schweiz.⟩ = *Zervelatwurst*

Ser|ve|lat|wurst ⟨[-və] f.; -, -würs|te⟩ = *Zervelatwurst*

Ser|vice[1] ⟨[-vi:s] n.; - od. -s [-səs], - [-vi:s] od.

[-viːsə]⟩ *zusammengehöriges Geschirr;* Speise~, Kaffee~
Ser|vice² ⟨[sœːvɪs] m. od. (selten) n.; -, -s [-vɪsɪz]⟩ **1** *Kundendienst, z. B. an Tankstellen* **2** *Bedienung in Gaststätten*
ser|vie|ren ⟨[-viː-] V.⟩ **1** ⟨500⟩ **Speisen** ~ = *auftragen (2)* • 1.1 ⟨400⟩ *bei Tisch bedienen* **2** ⟨503⟩ **(jmdm.) etwas** (Unangenehmes) ~ ⟨fig.; umg.⟩ *vortragen, erklären*
Ser|vi|et|te ⟨[-vi-] f.; -, -n⟩ *zum Schutz der Kleider beim Essen und zum Abwischen des Mundes nach dem Essen benutztes Tuch*
ser|vil ⟨[-viːl] Adj.; geh.; abwertend⟩ *untertänig, kriecherisch*
ser|vus ⟨[-vus] bair.; österr.⟩ *Guten Tag!, Auf Wiedersehen! (als Grußformel, wenn man sich duzt)*
Se|sam ⟨m.; -s, -s⟩ **1** ⟨Bot.⟩ *Angehöriger einer zur Familie der Sesamgewächse (Pedaliaceae) gehörenden Gattung krautiger Pflanzen mit oben aufspringenden Kapselfrüchten: Sesamum* • 1.1 ~, *öffne dich!* ⟨in dem Märchen „Ali Baba u. die vierzig Räuber" in 1001 Nacht⟩ • 1.1.1 *(Zauberformel für eine verschlossene Schatzkammer in einem Berg)* • 1.1.2 ⟨fig.⟩ *Zauberwort, um etwas (das aussichtslos erscheint) zu erreichen* **2** *Samen des Sesams (1)*
Ses|sel ⟨m.; -s, -⟩ **1** *bequemer, gepolsterter Stuhl mit (oft gepolsterten) Armlehnen;* Arm~; Lehn~; Club~ • 1.1 ⟨Theat.⟩ *erster Platz im Parkett;* Parkett~
sess|haft ⟨Adj. 70⟩ **1** *einen festen Wohnsitz habend; zur ~en Lebensweise übergehen; sich ~ machen* **2** ⟨umg.; scherzh.⟩ *gern bei jmdm. sitzen bleibend;* ein ~er Gast
set|zen ⟨V.⟩ **1** ⟨500/Vr 3⟩ **sich** (an einen Ort, zu einem Zweck) ~ *niederlassen, in eine sitzende Stellung begeben, einen Sitzplatz einnehmen; bitte ~ Sie sich!; sich ans Fenster, an den Tisch ~; das Kind setzte sich auf ihren Schoß; sich auf einen Stuhl, eine Bank, auf die Couch ~; der Vogel hat sich auf einen Zweig, aufs Fensterbrett gesetzt; sich neben jmdn. ~; sich zu jmdm. ~* • 1.1 *sich* **aufs Pferd** ~ *aufs P. steigen* • 1.2 *sich* **an eine Arbeit** ~ ⟨fig.⟩ *eine A. beginnen* • 1.3 *sich* **zu Tisch** ~ *für das Essen Platz nehmen* • 1.4 *sich* **zur Ruhe** ~ ⟨fig.⟩ *für immer aufhören zu arbeiten, sich pensionieren lassen, Rentner werden* • 1.5 **jmdn. an einen Ort** ~ *an einem O. zum Sitzen bringen; ein Kind aufs Töpfchen* ~ **2** ⟨511/Vr 7⟩ **jmdn. od. etwas** an einen bestimmten Ort, Platz ~ *tun, stellen; einen Topf aufs Feuer, auf den Herd* ~; *eine Schüssel, Platte auf den Tisch* ~; *ein Kind auf ein Schaukelpferd* ~ • 2.1 *sich die Krone aufs Haupt* ~ *sich krönen* • 2.2 *in Anführungszeichen* ~ *mit A. bezeichnen* • 2.3 *jmdn. über einen anderen* ~ ⟨fig.⟩ *jmdn. zum Vorgesetzten eines anderen bestimmen* • 2.4 *einen Namen auf eine Liste* ~ *eintragen, schreiben* • 2.5 *seinen Namen unter ein Schriftstück* ~ *unter S. unterschreiben* • 2.6 *ein Kind in die Welt* ~ (meist mit dem Unterton des Vorwurfs mangelnder Verantwortung) *zeugen, gebären* • 2.7 *ich setze keinen Fuß mehr in sein Haus ich gehe nicht mehr zu ihm, will mit ihm nichts mehr zu tun haben* • 2.8 ⟨610/

Vr 1⟩ *sich etwas in den Kopf* ~ *etwas hartnäckig wollen, sich fest vornehmen* **3** ⟨511⟩ **Personen an einen bestimmten Ort,** Platz ~ *bringen, befördern; Fahrgäste vom Schiff ans Land* ~ • 3.1 *das Glas, die Trompete an den Mund* ~ *heben* • 3.2 *jmdn. an die Luft* ~ ⟨fig.; umg.⟩ *hinauswerfen* 3.3 *einen Artikel, eine Anzeige in die Zeitung* ~ ⟨fig.⟩ *veröffentlichen, drucken lassen* • 3.4 *etwas* ~ *in eine bestimmte Position bringen* • 3.4.1 *ein Satzzeichen* ~ *anbringen, schreiben; einen Punkt, ein Komma* ~ • 3.4.2 *die Segel* ~ *aufziehen, ausspannen* **4** ⟨411⟩ *über etwas* ~ *etwas überwinden, überqueren; bei Hochwasser kann man nicht über den Fluss* ~ • 4.1 ⟨411⟩ *über ein Hindernis* ~ *ein H. überspringen; über einen Bach, eine Hecke* ~ • 4.2 ⟨550⟩ *jmdn. über etwas* ~ *befördern* • 4.2.1 *jmdn. über den Fluss* ~ *mit dem Boot bringen* **5** ⟨500/Vr 3⟩ *etwas setzt* **sich** *sinkt zu Boden, lagert sich ab; der Kaffee hat sich im Filter gesetzt* • 5.1 *zusammensinken, Hohlräume verschwinden lassen; das Erdreich setzt sich* • 5.2 *etwas setzt* **sich in etwas** *dringt in etwas ein; der Staub hat sich in die Fugen, Ritzen gesetzt; der Geruch setzt sich in die Kleider* • 5.3 **Beton,** Mörtel, Zement setzt sich *wird hart, bindet ab* **6** ⟨500⟩ **etwas** ~ *herstellen, errichten, (an einem Ort) unterbringen* • 6.1 ⟨530⟩ *jmdm. ein* **Denkmal** ~ *errichten* • 6.2 *einen* **Ofen** ~ *aufstellen, errichten* • 6.3 *eine* **Pflanze** ~ *einpflanzen; einen Baum, Strauch* ~ • 6.4 *ein Manuskript, einen* **Text** ~ ⟨Typ.⟩ *Zeilen u. Seiten in die Form bringen, in welcher der Text gedruckt wird* • 6.5 **Junge** ~ ⟨Jägerspr.⟩ *zur Welt bringen (vom Haarwild außer Schwarzwild)* **7** ⟨511/Vr 7⟩ **jmdn. od. etwas in, auf, unter, außer etwas** ~ *in etwas (eine Lage, Tätigkeit, einen Zustand) bringen, versetzen; jmdn. in Erstaunen* ~; *den Motor in Gang* ~; *jmdn. in Angst* ~ • 7.1 ⟨Vr 3⟩ *sich* **in den Besitz** *einer Sache* ~ *sich eine S. aneignen, sie sich nehmen* • 7.2 ⟨Vr 3⟩ *sich* **in Bewegung** ~ *zu gehen, fahren beginnen* • 7.3 *jmdn.* **auf freien Fuß** ~ *aus dem Gefängnis entlassen* • 7.4 *jmdn. od. ein Tier* **in Freiheit** ~ *jmdn. od. ein T. die Freiheit geben, jmdn., ein T. freilassen* • 7.5 *ein Gesetz, einen Vertrag* **außer Kraft** ~ *für ungültig erklären* • 7.6 *ein Gedicht, einen Text* **in Musik** ~ *komponieren, vertonen* • 7.7 *ein Theaterstück* **in Szene** ~ *aufführen, zur Aufführung vorbereiten;* →a. *Szene (3)* • 7.8 *neue Geldscheine* **in Umlauf** ~ *in U. bringen* • 7.9 *eine Arbeit, ein Vorhaben* **ins Werk** ~ *beginnen* **8** ⟨530/Vr 1⟩ **jmdm. od. einer Sache etwas** ~ *bestimmen, festlegen; ich habe mir ein Ziel gesetzt; dieser Angelegenheit müssen Schranken gesetzt werden; jmdm. eine Frist* ~ **9** ⟨500⟩ *etwas* ~ *annehmen; gesetzt, er kommt;* ~ *wir einmal den Fall, dass* … **10** ⟨550; Funktionsverb⟩ • 10.1 **Hoffnung auf jmdn.** ~ *auf jmdn. hoffen, hoffen, dass jmd. etwas Bestimmtes erreichen wird* • 10.2 **Vertrauen in jmdn.** ~ *jmdm. vertrauen* • 10.3 ⟨550/Vr 3⟩ **sich zur Wehr** ~ *sich verteidigen* **11** ⟨510⟩ **auf etwas** ~ *(als Einsatz, Pfand) einsetzen; er hat eine hohe Summe auf Sieg gesetzt* • 11.1 *hoch, niedrig* ~ *(im Spiel) einen hohen, niedrigen Einsatz zahlen* • 11.2 *auf ein Pferd* ~ *wetten,*

Setzling

einen bestimmten Betrag einzahlen, um für den Fall, dass das P. siegt, einen Gewinn zu erhalten **12** ⟨501⟩ **es** setzt **Schläge,** Prügel, Ohrfeigen ⟨umg.⟩ *es gibt S., P., O.*

Setz|ling ⟨m.; -s, -e⟩ **1** *junge Pflanze, die gesetzt (in die Erde gepflanzt) wird* **2** *junger Fisch, der in einen Teich (zur Zucht) gesetzt wird*

Seu|che ⟨f.; -, -n⟩ = *Epidemie*

seuf|zen ⟨V.⟩ **1** ⟨400⟩ *einmal tief aufatmen; vor Kummer, Bangen, Sehnsucht ~* **2** ⟨500⟩ **etwas ~** *seufzend sagen; „Vielleicht!", seufzte er* **3** ⟨800⟩ **unter jmdm.** od. **etwas ~** ⟨fig.⟩ *leiden, jmdn.* od. *etwas stumm erdulden*
→a. *letzte(r, -s) (1.8.2)*

Seuf|zer ⟨m.; -s, -⟩ *einmaliges tiefes Atmen; ein schwerer, tiefer ~; ein ~ der Erleichterung; einen ~ ausstoßen; einen ~ unterdrücken; heimlicher, stiller ~;*

Sex ⟨m.; - od. -es; unz.; umg.; kurz für⟩ **1** *Geschlecht, Sexus* **2** *Sexualität, Erotik (u. ihre Darstellung in der Öffentlichkeit);* ~*film,* ~*shop* **3** *Geschlechtsverkehr; mit einem Mann, einer Frau ~ haben; ungeschützten ~ haben* **4** = *Sexappeal*

Sex|ap|peal *auch:* **Sex-Ap|peal** ⟨[ˈsɛksəpiːl] m.; -s; unz.⟩ *geschlechtliche, erotische Anziehungskraft;* Sy *Sex (4); viel, wenig ~ haben*

Sext ⟨f.; -, -en⟩ = *Sexte*

Sex|te ⟨f.; -, -n; Mus.⟩ oV ⟨österr.⟩ *Sext* **1** *sechster Ton der diatonischen Tonleiter* **2** *Intervall aus sechs Tönen*

Sex|tett ⟨n.; -(e)s, -e; Mus.⟩ **1** *sechsstimmige Komposition* **2** *Ensemble aus sechs Musikern*

se|xu|al ⟨Adj.⟩ = *sexuell*

Se|xu|a|li|tät ⟨f.; -; unz.⟩ *Gesamtheit der mit dem Geschlechtsleben verbundenen Triebe, Empfindungen, Bedürfnisse u. Äußerungen*

se|xu|ell ⟨Adj. 24⟩ *geschlechtlich, das Geschlecht, die Sexualität betreffend, auf ihm bzw. ihr beruhend;* oV *sexual;* ~e *Anziehungskraft; eine (rein)* ~e *Bindung;* ~es *Verhalten in der Tiergattung*

se|xy ⟨Adj. 11⟩ *sexuell anziehend, körperliche Reize betonend; sie sieht ~ aus; ein ~ Nachthemd*

Se|zes|si|on ⟨f.; -, -en⟩ **1** *Abfall, Loslösung (eines Staates, einer Provinz)* **2** *Name für eine Gruppe von Künstlern, die sich von einer bestehenden Künstlervereinigung lossöen, weil sie sich anderen Zielen zugewendet haben* • 2.1 *Berliner* ~ (1899) • 2.2 *Münchner* ~ (1892) • 2.3 *Wiener* ~ (1897)

se|zie|ren ⟨V. 500⟩ **1** *eine Leiche ~ anatomisch zerlegen u. untersuchen* **2** *Texte, Äußerungen ~* ⟨fig., geh.⟩ *auseinandernehmen u. genau untersuchen*

S-för|mig *auch:* **s-för|mig** ⟨[ɛs-] Adj. 24/70⟩ *in der Form eines S*

s-Ge|ni|tiv ⟨[ɛs-] m.; -s, -e; Gramm.⟩ *Genitiv, der durch das Anfügen eines s an das Substantiv mit Apostroph markiert wird (z. B. im Englischen "father's book"), bes. bei Eigennamen mitunter fälschlich auch das Deutsche übertragen ("Erika's Gemüseladen" statt "Erikas Gemüseladen")*

Shake[1] ⟨[ʃeɪk] m.; -s, -s⟩ **1** *Zittern, Schüttelfrost (als Folge häufigen Drogenkonsums)* **2** *Mixgetränk; Milch~*

Shake[2] ⟨[ʃeɪk] n.; -s, -s; Jazz⟩ *Vibrato, Triller über einer Note*

Shake|hands ⟨[ʃeɪkhæːndz] n.; -; unz.⟩ *Händeschütteln (zur Begrüßung); das ~ der Staatspräsidenten*

Sham|poo ⟨[ʃampuː] od. [ʃampo] n.; -s, -s⟩ *Haarwaschmittel;* oV *Shampoon*

Sham|poon ⟨[ʃampuːn] od. [ʃampoːn] n.; -s, -s⟩ = *Shampoo*

Shan|ty ⟨[ʃænti] n.; -s, -s⟩ *Seemannslied (mit Refrain)*

She|riff ⟨[ʃɛrɪf] m.; -s, -s; in Großbritannien u. den USA⟩ **1** (USA) *Vollzugsbeamter, teilweise mit richterlichen Befugnissen* **2** ⟨England u. Nordirland⟩ *Verwaltungsbeamter einer Grafschaft*

Sher|ry ⟨[ʃɛri] m.; -s, -s⟩ *würziger Südwein (ursprünglich aus der spanischen Stadt Jerez de la Frontera);* Sy *Jerez*

Shoo|ting|star ⟨[ˈʃuːtɪŋ-] m.; -s, -s⟩ *Person (bes. Sänger* od. *Schauspieler), die schnell bekanntgeworden ist, eine steile Karriere gemacht hat, Senkrechtstarter*

Shop ⟨[ʃɔp] m.; -s, -s⟩ *Geschäft, Laden; Sex~*

Shop|ping ⟨[ʃɔpɪŋ] n.; -s, -s⟩ *das Einkaufen, Einkaufsbummel; ~ gehen*

Shop|ping|cen|ter *auch:* **Shop|ping-Cen|ter** ⟨[ˈʃɔpɪŋsɛntɐ(r)] n.; -s, -⟩ *Einkaufszentrum*

Shorts ⟨[ʃɔːts] Pl.⟩ *kurze Sommerhosen*

Short|sto|ry ⟨[ˈʃɔːtstɔːrɪ]⟩ *auch:* **Short Sto|ry** ⟨f.; (-) -, (-) -s⟩ *Kurzgeschichte*

Show ⟨[ʃoʊ] f.; -, -s⟩ = *Schau (1.2)*

Show-down *auch:* **Show|down** ⟨[ˈʃoʊdaʊn] n. cd. m.; -s, -s⟩ **1** *abschließende, entscheidende (meist kämpferische) Auseinandersetzung zwischen den Haupthelden* • 1.1 ⟨allg.⟩ *Macht-, Kraftprobe* **2** ⟨Poker⟩ *Aufdecken der Karten*

Shrimp ⟨[ʃrɪmp] m.; -s, -s; meist Pl.⟩ *Krabbe;* oV *Schrimp*

sich ⟨Reflexivpron. 3. Person Sg. u. Pl.; Sg. 1. Person: mir, mich, Sg. 2. Person: dir, dich; Pl. 1. Person: uns, Pl. 2. Person: euch⟩ **1** *(Ausdruck für die Identität des Objektes* od. *des nominalen Teiles einer präpositionalen Fügung mit dem Subjekt); ~ ereignen; wir wundern uns; ich wasche mich; ihr bedankt euch; du überzeugst dich; wir baten ihn zu uns (zu kommen); nur an ~ denken; hinter ~ schauen; er wäscht ~ die Hände; ich schreibe dir; du dankest mir; ihr gebt uns das Buch; wir ringen mit euch* • 1.1 **für** *~ von anderen getrennt* • 1.1.1 *etwas für ~ behalten es niemandem sagen* • 1.1.2 *jmd. ist für ~ allein* • 1.1.3 *eine Sache für ~ eine andere, besondere S.* • 1.1.4 **an** *(und für)* ~ *eigentlich, wenn man die Sache selbst betrachtet;* →a. *Ding (1.4)* • 1.2 **hinter** *~* ⟨a. fig.⟩ *erledigt* • 1.2.1 *etwas hinter ~ bringen etwas vollenden, fertig machen* • 1.2.2 *etwas hinter ~ haben etwas (Unangenehmes) erlebt, beendet haben* • 1.3 **vor** *~* ⟨a. fig.⟩ *noch zu erledigen, zu tun; etwas (noch) vor ~ haben* • 1.4 **bei** *~* ⟨a. fig.⟩ *bei* od. *im Bewusstsein* • 1.4.1 *er ist nicht mehr ganz bei ~ nicht bei Besinnung vor Zorn* • 1.4.2 *er dachte bei ~* ⟨verstärkend⟩ *er dachte es, ohne es zu äußern; „…", sagte er bei ~, leise, in Gedanken* • 1.5 **aus** *~ herausgehen zutraulich, aufgeschlossen werden* • 1.5.1 *jmd. ist außer ~ (vor) in* höchstem Grade erregt (wegen) • **1.6** jmd. kommt wieder zu ~ *erlangt das Bewusstsein wieder* • **1.7** etwas **an ~ haben** *eine (bestimmte) Eigenschaft haben;* er hat etwas an ~, das alle anzieht • **1.8** etwas von ~ aus tun *von selbst, freiwillig, aus eigenem Antrieb* • **1.9** ⟨nur 3. Person⟩ • **1.9.1 in ~ haben** ⟨a. fig.⟩ *eine (unvermutete) Kraft, Wirkung, Intensität haben;* der Wein hat es in ~; diese Arbeit hat es in ~ • **1.9.2 auf ~ haben** ⟨a. fig.⟩ *bedeuten;* es hat nichts auf ~; was hat es damit auf ~? • **2** ⟨im Pl. a.⟩ *einander, einer den (dem) anderen;* sie schlugen ~; wir berieten uns; ihr dürft euch nicht immer streiten

Si|chel ⟨f.; -, -n⟩ *kleines Werkzeug zum Mähen mit halbkreisförmig nach innen gebogener Klinge*

si|cher ⟨Adj.⟩ **1** *zweifelsfrei, bestimmt, gewiss, zuverlässig, verbürgt;* er ist ein ~er Fahrer, Schütze, Schwimmer; ein ~es Urteil haben; hat er das wirklich gesagt? Aber ~!; ich weiß es aus ~er Quelle; ist das wirklich so? Ganz ~!; kommst du heute? ~!; er kommt ~ noch; er hat es ~ vergessen • **1.1 ~ wie das Amen in der Kirche sein** ⟨umg.⟩ *voraussagbar, ganz bestimmt sein* • **1.2** ich bin mir (nicht) ganz ~ *ich weiß es (nicht) ganz genau* • **1.3 einer Sache ~ sein** *keinen Zweifel an etwas haben;* seines Sieges ~ sein; du kannst seiner Freundschaft, Liebe, seines Schweigens ~ sein • **1.3.1** dessen kannst du ~ sein *darauf kannst du dich verlassen* • **1.3.2** ich bin mir meiner Sache ~ *ich weiß es genau* • **1.4** ~es **Geleit** *gegen Gefahr schützendes G.* **2** *ungefährdet, gesichert, geborgen;* sein ~es Auskommen haben; bei uns bist du ~; am ~sten wird es sein, wenn …; es wird das Sicherste sein, wenn du …; einen Gegenstand ~ aufbewahren; ~ vor etwas od. jmdm.; endlich im Sichern sein • **2.1** hier ist man seines Lebens nicht ~ ⟨oft scherzh.⟩ *hier besteht Lebensgefahr* • **2.2** ~ ist ~! ⟨umg.⟩ *lieber vorsichtig sein* • **2.3** *gefahrlos;* wir gehen hier herum, das ist ~er; →a. *Nummer (5)* **3** *fest u. ruhig, geübt;* eine ~e Hand haben; ~ auftreten; er fährt, schwimmt (völlig) ~; seine Aufgaben, Vokabeln ~ können, beherrschen; der Kleine läuft schon ganz ~; er sitzt, geht, steht (ganz) ~; mit ~em Schritt **4** *unfehlbar, untrüglich;* ein ~es Gefühl für etwas haben; das ist ein ~es Zeichen für …; etwas mit ~em Blick erkennen; mit ~em Instinkt

si|cher|ge|hen ⟨V. 145/400 od. 410(s.)⟩ *kein Risiko eingehen;* ⟨aber Getrenntschreibung⟩ sicher gehen → *sicher (3)*

Si|cher|heit ⟨f.; -, -en⟩ **1** ⟨unz.⟩ *Geborgenheit, Geschütztsein, Schutz;* etwas, jmdn., sich in ~ bringen; in ~ sein; zu Ihrer ~; der ~ halber • **1.1 öffentliche ~** *öffentliche Ruhe u. Ordnung* • **1.2** *Ruhe, Sorglosigkeit* • **1.2.1 jmdn., sich in ~ wiegen** *jmdn., sich vormachen, vortäuschen, es bestehe keine Gefahr, kein Grund zu Besorgnis* **2** ⟨unz.⟩ *sichere Beschaffenheit, Festigkeit;* die ~ der Fabrikanlage ist gewährleistet • **2.1** *Verlässlichkeit, Zuverlässigkeit;* auf die ~ seines Urteils kann man sich verlassen • **2.2** *(durch Übung erworbene) Vollkommenheit;* ihm fehlt die nötige ~ am Instrument **3** ⟨unz.⟩ *das Sichersein, Gewissheit;* ich kann es (nicht) mit ~ behaupten; ich weiß es (nicht) mit ~ • **3.1** *Bestimmtheit;* ~ im Auftreten **4** *Bürgschaft, Pfand;* gewisse ~en fordern; ~ leisten; eine Summe als ~ geben; er bekam den Kredit ohne die geringste ~

si|cher|heits|hal|ber ⟨Adv.⟩ *um der Sicherheit willen, um sicher zu sein;* ~ habe ich alle Geräte ausgeschaltet

si|cher|lich ⟨Adv.⟩ **1** *bestimmt, gewiss;* ~!; ich werde ihn ~ finden **2** *vermutlich, wahrscheinlich;* er kommt ~ nicht

si|chern ⟨V.⟩ **1** ⟨500/Vr 7 od. Vr 8⟩ **jmdn.** od. **etwas ~** *in Sicherheit bringen, vor Gefahr schützen;* sich beim Bergsteigen durch ein Seil ~; sich gegen, vor etwas ~ • **1.1** *fest, zusätzlich (mit Hebel, Riegel) verschließen, festmachen;* ein offenes Fenster vor dem Zuschlagen ~ • **1.2 eine Waffe ~** *den Abzugshebel feststellen* **2** ⟨400⟩ *gewährleisten, sicherstellen;* seine Zukunft ist gesichert; in gesicherten Verhältnissen leben **3** ⟨530/Vr 5⟩ **jmdm.** od. **sich etwas ~** *verschaffen;* sich einen guten Platz ~; sich das Vorkaufsrecht, ein Anspruchsrecht ~ **4** ⟨400⟩ **das Wild** sichert ⟨Jägerspr.⟩ *blickt sich um, horcht, wittert, ob Gefahr droht*

si|cher|stel|len ⟨V. 500⟩ **1** etwas ~ *sichern, in Sicherheit bringen* • **1.1** *beschlagnahmen;* gestohlene Gegenstände ~ **2** jmdn. ~ *jmds. Zukunft, finanzielle Lage sichern*

Si|che|rung ⟨f.; -, -en⟩ **1** ⟨unz.⟩ *das Sichern* • **1.1** *Schutz;* zur ~ des Friedens • **1.2** ⟨Mil.⟩ *Schutzmaßnahme gegen Überfall;* eine Abteilung übernahm die ~ der Gebäude • **1.3** *Gewährleistung;* eine ~ der Versorgung mit Lebensmitteln gelang nicht • **1.4** *polizeiliche Ermittlung der Spuren am Tatort* **2** *Vorrichtung, die etwas unter Kontrolle hält (u. so vor Gefahr schützt)* • **2.1** *Vorrichtung, die das selbsttätige Lösen eines Maschinenteils verhindert* • **2.2** *Hebel an Schusswaffen, der das unbeabsichtigte Lösen eines Schusses verhindern soll* • **2.3** *Vorrichtung, die den Strom bei Überlastung des Netzes abschaltet;* Schmelz~; die ~ ist durchgebrannt; eine neue ~ einsetzen

Sicht ⟨f.; -; unz.⟩ **1** *Möglichkeit des Sehens über größere Entfernung, Ausblick;* von hier oben hat man eine weite ~ • **1.1** heute ist gute, klare ~ *die Luft ist klar, man kann weit sehen* • **1.2** heute ist keine, schlechte ~ *heute ist es dunstig, neblig, man kann nicht weit sehen* • **1.3 auf kurze, lange ~** ⟨fig.⟩ *für kurze, längere Zeit* **2 in, außer ~** *Sichtweite* • **2.1** der Dampfer, das Flugzeug ist in ~ *man kann den D., das F. schon sehen* • **2.2** der Ballon geriet bald außer ~ *war bald nicht mehr zu sehen* **3** *Blickwinkel, Perspektive;* das ist aus meiner ~ überhaupt kein Problem **4** ⟨Bankw.⟩ *Zeitpunkt der Vorlage eines Wechsels zur Bezahlung;* mit drei Monaten ~

sicht|bar ⟨Adj.⟩ **1** *so beschaffen, dass man es sehen kann;* etwas durch Röntgenstrahlen ~ machen; gut, deutlich, kaum ~; für alle ~ • **1.1** die ~ **Kirche** *die Gemeinschaft der Gläubigen* • **1.2** *deutlich erkennbar, sichtlich;* er ärgerte, freute sich ~

sich|ten ⟨V. 500⟩ **1** etwas ~ *in größerer Entfernung erblicken;* ein Flugzeug, Schiff ~; Land, eine Insel ~

sichtlich

2 etwas ~ ⟨fig.⟩ *prüfen u. ordnen;* jmds. Nachlass ~; Papiere ~

sicht|lich ⟨Adj. 24/90⟩ *offensichtlich, offenkundig;* er war ~ erleichtert; er ist ~ größer, hübscher geworden; es war ihm ~ peinlich

si|ckern ⟨V. 400 od. 410(s.)⟩ *etwas sickert fließt langsam u. dünn;* Regenwasser sickert durchs Dach; aus der Wunde sickert Blut

Side|board ⟨[saɪdbɔːd] n.; -s, -s⟩ *breiter, niedriger Schrank (zum Aufbewahren von Geschirr o. Ä., auch als Abstellfläche od. Anrichte genutzt)*

sie[1] ⟨Personalpron., 3. Person Sg. f.; Gen.: ihrer, Dat.: ihr, Akk.: sie; Pl.: sie[2]⟩ *(Ausdruck für eine Person od. Sache, die weder Sprecher noch Hörer ist);* ~ geht; wir erinnern uns ihrer; er gibt ihr etwas; alle sehen ~

sie[2] ⟨Personalpron., 3. Pers. Pl.; Gen.: ihrer, Dat.: ihnen, Akk.: sie⟩ *(Ausdruck für mehrere Personen od. Sachen, die weder Sprecher noch Hörer sind);* ~ gehen; wir gedenken ihrer; sie gibt es ihnen; viele beobachten ~

Sie[1] ⟨Personalpron., 3. Person Pl.; Gen. Ihrer, Dat. Ihnen, Akk. Sie⟩ **1** *(Anrede für eine od. mehrere nicht verwandte u. nicht befreundete erwachsene Personen);* ~ können mir leidtun; sie dankt Ihnen; wir grüßten ~; darf ich ~ miteinander bekanntmachen? **2** ~ da!, he ~! ⟨umg.⟩ *(unhöfliche Anrede an Personen, deren Namen man nicht weiß)* **3** jmdn. mit ~ anreden *eine nichtvertrauliche Anrede verwenden*

Sie[2] ⟨f.; -, -s; umg.⟩ *eine Frau, ein weibl. Wesen;* dieses Pferd ist eine ~; →a. Er

Sieb ⟨n.; -(e)s, -e⟩ **1** *Gefäß mit mehr od. weniger feinen Löchern, Scheibe aus grobem od. feinem Drahtgeflecht, um körnige Stoffe nach ihrer Größe zu scheiden bzw. feste Stoffe von einer Flüssigkeit zu trennen, od. Flechtwerk zum Reinigen von Getreide u. a.;* Mehl~, Sand~; Tee~; Getreide~, Körner~; feines, grobes ~; eine Flüssigkeit durch ein ~ gießen; Quark durch ein ~ rühren; seine Jacke ist wie ein ~ durchlöchert ● **1.1** Wasser mit einem ~ schöpfen ⟨fig.⟩ *nutzlose, nie endende Arbeit verrichten* ● **1.2** sein Gedächtnis ist wie ein ~ ⟨umg.⟩ *er vergisst alles*

sie|ben[1] ⟨V. 500⟩ **1** etwas ~ *durch ein Sieb schütten od. rühren, so dass größere Teile zurückbleiben;* Getreide, Korn, Mehl ~ **2 jmdn.** od. **etwas** ~ ⟨fig.⟩ *die besseren Arbeitskräfte, Schüler o. Ä. von den schlechteren trennen* ● **2.1** in der Klasse vor dem Abitur, vor der Zulassung zum Lehrgang wird noch einmal gründlich gesiebt *werden die Schüler bzw. Anwärter geprüft u. nur die besten behalten*

sie|ben[2] ⟨Numerale 11; in Ziffern: 7⟩ →a. vier **1** *sechs u. eins;* ~ Personen, Stück ● **1.1** die sieben freien Künste (im MA) *die eines freien Mannes würdigen Kenntnisse (Grammatik, Dialektik, Rhetorik, Arithmetik, Geometrie, Astronomie, Musik)* ● **1.2** im ~ten Himmel sein, schweben ⟨fig.⟩ *überglücklich sein, verliebt sein* ● **1.3** das ist für mich ein Buch mit ~ Siegeln ⟨fig.⟩ *etwas, das ich nicht verstehe* ● **1.4** die sieben **Weltwunder** *sieben außergewöhnliche Bau- u. Kunstwerke (im Altertum);* die Zeusstatue in Olympia, die Hängenden Gärten der Semiramis, der Leuchtturm von Alexandria, das Mausoleum von Halikarnassos, die ägyptischen Pyramiden, der Koloss von Rhodos u. der Artemistempel in Ephesos werden meist als die sieben Weltwunder bezeichnet

Sie|ben ⟨f.; -, -⟩ **1** *Zahl zwischen Sechs u. Acht, die Ziffer 7* ● **1.1** die Straßen-, Buslinie Nr. 7; in die ~ einsteigen **2** *(nach altem Volksglauben Glück od. Unheil bringende od. auch nur bedeutungsvolle Zahl);* die böse ~

Sie|ben|sa|chen ⟨nur Pl.⟩ *Eigentum od. Arbeitsmaterial, das man täglich braucht, Habe, Habseligkeiten;* hast du deine ~ beisammen?; seine ~ packen

sie|ben|tel ⟨Numerale 11⟩ = siebtel

Sie|ben|tel ⟨n.; -s, -; schweiz. m.; -s, -⟩ = Siebtel

sieb|tel ⟨Numerale 11; Bruchzahl zu⟩ *sieben;* oV *siebentel;* ein ~ Kilogramm, Liter

Sieb|tel ⟨n.; -s, -; schweiz. m.; -s, -⟩ *der siebte Teil;* oV *Siebentel*

sieb|zig ⟨Numerale; in Ziffern: 70⟩ *die Zahl 70;* →a. achtzig

Siech|tum ⟨n.; -s; unz.; geh.⟩ *Zustand des Dahinsiechens, langes Kranksein, Zeit vor dem Tode*

sie|deln ⟨V. 400⟩ *sich an einem Ort (bes. auf noch unbesiedeltem Land) niederlassen u. dort ein neues Zuhause gründen*

sie|den ⟨V. 242/400⟩ **1** eine **Flüssigkeit** siedet *kocht;* →a. braten (1.1); das Wasser siedet; ~des Wasser; ~d heißes Wasser ● **1.1** der Blumenkohl hat 15 Minuten gesiedet, gesotten *in kochendem Wasser gelegen* ● **1.2** es überlief ihn ~d heiß ⟨fig.⟩ *er erschrak sehr*

Sie|de|punkt ⟨m.; -(e)s, -e⟩ **1** *Temperatur, bei der eine Flüssigkeit siedet* ● **1.1** auf dem ~ angelangt sein ⟨fig.⟩ *sehr wütend sein, an dem Punkt angelangt sein, an dem man die Geduld, die Beherrschung verliert*

Sied|lung ⟨f.; -, -en⟩ **1** ⟨unz.⟩ *das Siedeln* **2** *Niederlassung mit bebautem Land, Wohnhäusern u. Ställen* **3** *Siedlerstelle* **4** *Gruppe gleichartiger, kleiner Wohnhäuser mit Garten am Rand eines Dorfes od. einer Stadt;* Wohn~

Sieg ⟨m.; -(e)s, -e⟩ **1** *das Besiegen des Gegners;* das war ein leichter ~ **2** ⟨a. fig.⟩ *gewonnener Kampf;* ~ des Guten, der Wahrheit; den ~ erringen, davontragen; ein schwer erkämpft~, schwer errungener ~; dem Guten, der Wahrheit zum ~ verhelfen

Sie|gel ⟨n.; -s, -⟩ **1** *Stempel zum Abdruck eines Zeichens in weiche Masse;* ein ~ auf etwas drücken **2** *der Abdruck eines Siegels (1) auf einem Schriftstück, Behältnis od. einer Tür als Verschluss od. Bestätigung angebracht;* ein ~ erbrechen, lösen ● **2.1** jmdm. etwas unter dem ~ der Verschwiegenheit erzählen *unter der Bedingung der V.;* →a. Brief (2.1), Buch (2.6)

sie|geln ⟨V. 500⟩ ein **Schriftstück** ~ *mit einem Siegel verschließen od. bestätigen;* einen Brief, ein Dokument, eine Urkunde ~

sie|gen ⟨V. 400⟩ *einen Kampf gewinnen, einen Sieg erringen;* die Vernunft siegte; wir haben 3:2 gesiegt; im Kampf, Zweikampf, Wettkampf ~; nach Punkten ~; über jmdn. ~; sein Mitleid siegte über seinen Zorn

Sie|ger ⟨m.; -s, -⟩ *jmd., der einen Sieg errungen hat;* als ~ *aus einem Kampf hervorgehen*
Sie|ge|rin ⟨f.; -, -rin|nen⟩ *weibl. Sieger*
sieg|reich ⟨Adj.⟩ *gesiegt habend;* das ~e *Heer;* die ~e *Mannschaft;* ~ (*vom Kampf*) *zurückkehren*
Sies|ta ⟨[siɛsta] f.; -, -s od. -es|ten⟩ *Mittagsruhe;* ~ *halten*
sie|zen ⟨V. 500/Vr 8⟩ *jmdn.* ~ *mit „Sie" anreden;* Ggs *duzen*
Si|gel ⟨n.; -s, -⟩ *Wortkürzung, Abkürzung, Abkürzungszeichen, Kürzel;* oV *Sigle*
Sight|see|ing ⟨[saɪtsiːɪŋ] n.; -s; unz.⟩ *Besichtigung von Sehenswürdigkeiten;* zum ~ *nach London fliegen*
Si|gle *auch:* **Sig|le** ⟨f.; -, -n⟩ = *Sigel*

◆ Die Buchstabenfolge **sign...** kann in Fremdwörtern auch **sig|n...** getrennt werden.

◆ **Si|gnal** ⟨n.; -s, -e⟩ **1** *optisches od. akustisches Zeichen mit festgelegter Bedeutung* • **1.1** *verabredetes Zeichen zur Übermittlung einer Nachricht, eines Befehls;* Horn~; Licht~; Warn~
◆ **si|gna|li|sie|ren** ⟨V. 503⟩ **1** (jmdm.) etwas ~ *durch Signal(e) übermitteln* (bes. Nachricht) **2** (jmdm.) *Einverständnis* ~ ⟨fig.⟩ *anzeigen, ankündigen*
◆ **Si|gna|tur** ⟨f.; -, -en⟩ **1** *Kennzeichen in einem Ordnungssystem, meist Buchstaben u. Zahlen* **2** *auf Karten verwendetes Zeichen für die Darstellung wichtiger Gegenstände* **3** *abgekürzte Unterschrift, Namenszeichen* **4** ⟨Typ.⟩ *laufende Nummer eines Druckbogens auf dessen erster Seite links unten* • **4.1** *abgerundeter Einschnitt, Kerbe am Fuß einer Letter*
◆ **si|gnie|ren** ⟨V. 500⟩ *ein* **Schriftstück** ~ **1** *mit der Signatur* ⟨1⟩ *versehen* **2** = *unterzeichnen*
Si|la|ge ⟨[-ʒə] f.; -, -n⟩ **1** ⟨unz.⟩ *Einsäuern von Futter* **2** *eingesäuertes Futter;* Sy *Silo* (3)
Sil|be ⟨f.; -, -n; Sprachw.⟩ **1** *mit einem Gipfel an Stimmhaftigkeit versehenes Segment einer sprachlichen Äußerung, die mindestens aus einem Dauerlaut* (z. B. Vokal) *u. zusätzlich aus mehreren Konsonanten besteht;* betonte, unbetonte, kurze, lange ~; →a. *offen* (1.13.1) • **1.1** *Segment einer schriftlichen Äußerung, im Deutschen gebildet nach einer Mischung von Regeln für die Segmentierung von Silben, Besonderheiten des Drucksatzes u. Wortbildungskriterien* **2** keine ~ ⟨fig.⟩ *nichts, kein;* er hat mir keine ~ *davon gesagt;* ich verstehe keine ~ (davon); keine ~ *Englisch verstehen;* ich habe es mit keiner ~ *angedeutet*
Sil|ber ⟨n.; -s; unz.; chem. Zeichen: Ag⟩ **1** *chem. Element, weißes, glänzendes Edelmetall, Ordnungszahl 47;* Gold und ~ • **1.1** ⟨fig.; poet.⟩ *silbriger Schimmer;* das ~ *des Mondlichts* **2** ⟨umg.⟩ *Silbergerät, Tafelbesteck aus Silber;* ~ *putzen*
Sil|ber|hoch|zeit ⟨f.; -, -en⟩ *25. Jahrestag der Hochzeit;* →a. *Hochzeit* (1.8)
sil|bern ⟨Adj. 24/70⟩ **1** *aus Silber* • **1.1** ⟨60⟩ →a. *Hochzeit* (1.8) **2** ⟨poet.⟩ *silbrig, silberhell;* ~es *Haar;* das ~e *Licht des Mondes* **3** ⟨poet.⟩ *hell, hoch, rein tönend;* ihr ~es *Lachen*
sil|brig ⟨Adj.⟩ *wie Silber (glänzend)*

Sil|hou|et|te ⟨[ziluɛtə] f.; -, -n⟩ *dunkler Umriss (vor hellem Hintergrund), Kontur, Schattenriss;* Großstadt~
Si|li|cat ⟨n.; -(e)s, -e; fachsprachl.⟩ = *Silikat*
Si|li|con ⟨n.; -(e)s, -e; fachsprachl.⟩ = *Silikon*
Si|li|kat ⟨n.; -(e)s, -e⟩ *Salz der Kieselsäure, z. B. Quarz u. a. Mineralien;* oV ⟨fachsprachl.⟩ *Silicat*
Si|li|kon ⟨n.; -s, -e⟩ *polymere Verbindung des Siliziums mit Kohlenwasserstoffen;* oV ⟨fachsprachl.⟩ *Silicon*
Si|lo ⟨n.; -s, -s; Landw.⟩ **1** *Behälter für Futter, das durch Gären haltbar gemacht wurde* **2** *Getreidespeicher* **3** = *Silage* (2)
Si|lur ⟨n.; -s; unz.; Geol.⟩ *Formation des Paläozoikums vor 440 -405 Millionen Jahren*
Sil|ves|ter ⟨[-ves-] n.; -s, -; meist ohne Artikel⟩ *letzter Tag des Jahres, 31. Dezember;* ~ *feiern;* an, zu ~
sim|pel ⟨Adj.⟩ **1** *einfach;* eine simple *Aufgabe, Frage;* die Antwort klingt ~, *trifft aber das Wesentliche* **2** ⟨abwertend⟩ *einfältig;* ein simples *Gemüt*
Sim|pli|zi|tät ⟨f.; -; unz.; geh.⟩ *simple Beschaffenheit, Einfachheit*
Sims ⟨n. od. m.; -es, -e⟩ *kleiner Wand-, Mauervorsprung;* Fenster~; Kamin~
si|mu|lie|ren ⟨V.⟩ **1** ⟨400⟩ *sich verstellen;* er ist nicht krank, er simuliert nur **2** ⟨500⟩ eine **Krankheit** ~ *vortäuschen* **3** ⟨500⟩ technische **Vorgänge** ~ *wirklichkeitsgetreu nachahmen*
si|mul|tan ⟨Adj. 24⟩ **1** *gleichzeitig, zu gleicher Zeit;* der Schachweltmeister spielte ~ *gegen zehn Gegner* • **1.1** einen **Text**, eine **Rede** ~ *dolmetschen einen T., eine Rede während des mündlichen Vortrags in eine andere Sprache übersetzen*
Sin|fo|nie ⟨f.; -, -n; Mus.⟩ *großes Musikstück, meist aus vier bis fünf Sätzen für Orchester;* oV *Symphonie*
sin|fo|nisch ⟨Adj.⟩ oV *symphonisch* **1** *in der Art einer Sinfonie* • **1.1** ~e **Dichtung** *Instrumentalmusik für Orchester in einem Satz über eine Dichtung in der Art der Programmmusik*
sin|gen ⟨V. 243⟩ **1** ⟨400⟩ *die Stimme in einer Melodie ertönen lassen,* (ein Lied) *vortragen;* die Vögel ~; kannst du ~?; hoch, tief, laut, leise, gut, schlecht, richtig, falsch, schön ~; mit ~dem *Tonfall sprechen;* singe, wem Gesang gegeben (Uhland, Gedicht „Freie Kunst"); ~ *lernen;* zweistimmig, dreistimmig ~; im Kirchenchor, Schulchor ~; die Geige singt ⟨fig.⟩ *klingt schmelzend, wird ausdrucksvoll gespielt;* →a. *Engel* (1.2), *Wiege* (1.2) **1.2** ⟨500⟩ etwas ~ *als Melodie hören lassen, vortragen;* eine Arie, ein Lied ~; ein Duett, Terzett ~; die erste, zweite, dritte Stimme ~ • **1.3** ⟨500⟩ etwas ~ *als Stimmlage haben;* Sopran, Alt, Tenor, Bass ~ **2** ⟨400; fig.⟩ *einen singenden, summenden Ton von sich geben;* der Dynamo, ein sich drehendes Rad singt **3** ⟨400; poet.; veraltet⟩ *in Versen erzählen, berichten von;* von alten Zeiten, alten Helden und ihren Taten ~ **4** ⟨400; umg.⟩ *gestehen, verraten;* einer der Bande hat bei der Polizei gesungen
Sin|gle[1] *auch:* **Sing|le**[1] ⟨[sɪŋɡəl] m.; - od. -s, -s⟩ *allein, ohne feste Bindung an einen Partner lebende Person;* er, sie lebt als ~

Single

Sin|gle² *auch:* **Sing|le²** ⟨[sɪŋəl] f.; -, -s⟩ *kleine Schallplatte mit nur je einem Titel auf der Vorder- u. Rückseite*

Sin|gle³ *auch:* **Sing|le³** ⟨[sɪŋəl] n.; - od. -s, - od. -s; Sp.⟩ **1** ⟨Tennis; Badminton⟩ *Einzelspiel (zwischen zwei Spielern)* **2** ⟨Golf⟩ *Zweierspiel (Loch- od. Zählspiel)*

Sin|gu|lar ⟨m.; -s, -e; Gramm.⟩ *eine der beiden Zahlformen des Verbs, Substantivs u. Pronomens; Sy Einzahl; Ggs Plural*

sin|ken ⟨V. 244/400(s.)⟩ **1** ⟨411⟩ *langsam fallen, abwärtsgleiten, sich abwärtsbewegen, untergehen;* die Arme, den Kopf ~ lassen; ⟨aber Getrennt- u. Zusammenschreibung⟩ ~ lassen = *sinkenlassen;* auf den Grund (des Wassers) ~; vor jmdm. auf die Knie ~; auf einen Stuhl ~; jmdm. in die Arme ~; das Gebäude ist allmählich in die Erde gesunken; ich hätte in die Erde ~ mögen (vor Scham, Verlegenheit); zu Boden ~ ● **1.1** ⟨413⟩ jmd. ist tief gesunken *(a. fig.) jmd. ist moralisch od. gesellschaftlich heruntergekommen* ● **1.2** ⟨413⟩ in jmds. Achtung ~ *jmds. A. verlieren* ● **1.3** *untergehen, langsam versinken;* das Schiff ist gesunken; die Sonne sinkt; in der ~de Sonne schauen **2** etwas sinkt *wird niedriger, geringer, kleiner;* der Wasserstand sinkt von Tag zu Tag; die Preise ~; der Kurs sinkt ● **2.1** der Tag sank *es wurde Abend* ● **2.2** sein Ansehen sank *er verlor an A.* ● **2.3** unsere Stimmung sank (immer mehr) *wir wurden bedrückt, traurig, mutlos* **3** ⟨800⟩ **in etwas** ~ *geraten, kommen* ● **3.1** in Ohnmacht ~ *ohnmächtig werden* ● **3.2** in Schlaf ~ *einschlafen*

sin|ken|las|sen *auch:* **sin|ken las|sen** ⟨V. 175/500; fig.⟩ den Mut ~ *verlieren;* →a. *sinken*

Sinn ⟨m.; -(e)s, -e⟩ **1** *Fähigkeit der Organismen, verschiedene Arten von Reizen zu unterscheiden;* seine ~e waren geschärft; aus den Augen, aus dem ~ ⟨Sprichw.⟩ →a. *fünf (1.1)* ● **1.1** er ist **nicht bei** ~en *nicht bei Verstand, er ist außer sich (vor Erregung, Zorn)* ● **1.2** (wie) von ~en **sein** *(vor Schmerz, Zorn) außer sich sein, aufs Höchste erregt sein* ● **1.3** bist du von ~en? ⟨umg.⟩ *bist du verrückt?* ● **1.4** einen **sechsten** ~ haben (für etwas) ⟨umg.; scherzh.⟩ *ein besonderes Ahnungsvermögen* ● **1.5** ⟨nur Pl.⟩ ~e ⟨geh.⟩ *geschlechtliches Empfinden, geschlechtliche Begierde;* seine ~e erwachten **2** ⟨unz.⟩ *Denken, Gedanken, Bewusstsein* ● **2.1** etwas **ohne** ~ **und Verstand** tun *ohne Überlegung, ohne nachzudenken* ● **2.2** das hat **weder** ~ **noch Verstand** *das ist Unsinn* ● **2.3** sein ~ steht nach Höherem *er strebt nach H.* ● **2.4** seine Bemerkung geht, will mir nicht **aus** dem ~ *ich muss immer an seine B. denken* ● **2.5** ein Wort ging mir **durch** den ~ *fiel mir ein* ● **2.6** etwas **im** ~(e) haben *etwas beabsichtigen, planen* ● **2.7** was ist dir plötzlich in den ~ gekommen? *was hast du dir nur auf einmal gedacht?* ● **2.8** lass es dir ja nicht **in** den ~ kommen, allein zu gehen! *lass es dir nicht einfallen, tu es ja nicht!* **3** ⟨unz.⟩ *Gesinnung, Denkungsart, Gemüt;* einen geraden, aufrechten, ehrlichen, edlen ~ haben; einen frohen, fröhlichen, heiteren ~ haben ● **3.1 anderen** ~es **werden** *seine Meinung ändern* ● **3.2** mit jmdm.

eines ~es **sein** *mit jmdm. übereinstimmen* ● **3.3 in** jmds. ~(e) handeln *so handeln, wie der andere es wünscht* ● **3.4** nach jmds. ~ **sein** *jmdm. gefallen, recht sein;* das ist nicht nach meinem ~; das ist so recht nach meinem ~; →a. *leicht (6)* **4** ~ **für etwas haben** *Verständnis, Empfänglichkeit, Aufgeschlossenheit für etwas haben;* ~ für Humor, Kunst, Musik, Schönheit haben; dafür habe ich keinen ~ **5** ⟨unz.⟩ *Bedeutung, geistiger Gehalt;* der ~ einer Aufgabe, Frage, eines Wortes; der ~ einer Fabel, Erzählung; dieser Satz gibt keinen ~; dadurch bekommt die Sache, Maßnahme erst ihren (richtigen) ~; was ist der langen Rede kurzer ~? (Schiller, „Piccolomini", I,2); in diesem ~(e) habe ich das nicht gemeint; im eigentlichen, engeren, weiteren ~(e); im guten ~(e) des Wortes; ein Wort im schlechten ~ verstehen; im wahrsten ~(e) des Wortes; im schönsten, tiefsten ~ des Wortes; eine Anordnung dem ~(e) nach (nicht dem Buchstaben nach) erfüllen ● **5.1** langer Rede kurzer ~ ⟨umg.⟩ *um es kurzzumachen, kurz zusammenzufassen …* ● **5.2 im** ~(e) *des Gesetzes so, wie es das Gesetz vorschreibt* ● **5.3** ein Musikant im besten ~(e) (des Wortes) *ein guter, echter M.* ● **5.4** in diesem ~(e) habe ich auch an ihn geschrieben *so, wie wir es (eben) besprochen haben* ● **5.5** im strengsten ~(e) *genau genommen* ● **5.6** in übertragenem, bildlichen ~ *bildlich, nicht wörtlich gemeint* ● **5.7** einem Brauch, einer Gewohnheit einen neuen ~ geben einen B., eine G. wieder sinnvoll machen **6** ⟨unz.⟩ *Zweck, Ziel;* der ~ dieses Unternehmens ist es, … ● **6.1** es hat keinen ~, länger zu warten *es ist unvernünftig, hat keinen Zweck* ● **6.2** das ist nicht der ~ der Sache ⟨umg.⟩ *so ist es nicht gemeint, man muss es anders machen*

Sinn|bild ⟨n.; -(e)s, -er⟩ *Bild od. Gegenstand, das od. der die Bedeutung, den Sinn eines Begriffs anschaulich ausdrückt;* →a. *Allegorie, Symbol (1);* das Kreuz ist ein ~ für das Leiden Christi bzw. für Leid, Bürde, Last

sin|nen ⟨V. 245⟩ **1** ⟨405⟩ **(über etwas)** ~ *nachdenken, grübeln;* (all) sein Sinnen und Trachten auf etwas richten; was sinnst du?; er sinnt darüber, wie er seine Aufgabe erfüllen kann; ~d vor sich hin blicken **2** ⟨800⟩ **auf etwas** ~ *überlegen, wie man etwas tun, bewerkstelligen kann;* auf Abhilfe ~; auf Mittel und Wege ~, wie etwas getan werden kann; auf Rache ~ **3** ⟨500⟩ etwas ~ ⟨meist poet.⟩ *planen, vorhaben;* er sinnt Verrat

Sin|nes|or|gan ⟨n.; -s, -e⟩ *Organ, das der Information eines Organismus über äußere u. innere Zustandsänderungen dient*

sinn|ge|mäß ⟨Adj. 24⟩ *dem Sinn entsprechend, nicht wörtlich;* ich kann seine Äußerung nur ~ wiederholen

sin|nig ⟨Adj.⟩ **1** *sinnvoll ausgedacht, zweckentsprechend;* eine ~e Vorrichtung; ein ~es Geschenk ● **1.1** ⟨iron.⟩ *übertegt, aber gerade das Falsche betreffend* **2** *tiefsinnig, tiefschürfend, überlegt, durchdacht;* eine ~e Äußerung; ein ~er Gedanke

sinn|lich ⟨Adj.⟩ **1** *mit den Sinnen wahrnehmbar, körperlich, leiblich, fleischlich; Ggs geistig (1);* ~e Eindrücke; ~e Wahrnehmung; die ~e Welt **2** *mit dem Geschlechtsverkehr zusammenhängend;* →a. *erotisch (2);* ~e Freuden, Genüsse; (rein) ~e Liebe **3** *auf sinnliche Veranlagung hindeutend;* ein ~er Mund; ~e Lippen **4** *dem Sinnengenuss ergeben, dem Geschlechtlichen zugänglich;* er, sie ist sehr ~

sinn|los ⟨Adj.⟩ **1** *ohne Sinn, ohne Zusammenhang;* ein ~er Satz; es ist doch ~, was du da sagst **2** *ohne Zweck, ohne Vernunft, unvernünftig, unüberlegt;* ~es Handeln, Tun; ~e Hoffnung; ~er Versuch; es ist ~, länger zu warten; in ~er Wut auf jmdn. einschlagen
• 2.1 ~ **betrunken** *so betrunken, dass der Betreffende seiner Sinne nicht mehr mächtig ist, nicht weiß, was er tut*

sinn|voll ⟨Adj.⟩ **1** *einen Sinn ergebend* **2** *zweckmäßig, vernünftig;* es ist nicht ~, das zu tun

Sin|ter ⟨m.; -s; unz.⟩ *mineralische Ausscheidung aus fließendem od. stehendem Wasser;* Kalk~; Kiesel~

sin|tern ⟨V.⟩ **1** ⟨400(s.)⟩ *etwas* sintert *backt zusammen u. verfestigt sich beim Erhitzen auf hohe Temperaturen* **2** ⟨500⟩ *etwas ~ durch starkes Erhitzen zusammenbacken u. verfestigen;* ein Gemisch keramischer Stoffe ~ **3** ⟨400⟩ **in Wasser gelöste Stoffe** ~ *bilden Mineralien*

Sint|flut ⟨f.; -; unz.; nach der Überlieferung der Bibel⟩ *von Gott herbeigeführte Überschwemmung der Erde infolge 40 Tage anhaltenden Regens als Strafe für die Menschheit, der nur Noah u. seine Familie entgingen;* oV *Sündflut*

Si|phon ⟨a. [-fõː], österr. [-foːn] m.; -s, -s⟩ **1** *Geruchsverschluss (am Waschbecken, an der Badewanne)* **2** *Gefäß zum Bereiten u. Ausschenken von kohlensäurehaltigen Getränken, die durch zugefügte Kohlensäure beim Öffnen eines Ventils herausgedrückt werden* **3** ⟨österr.; umg.⟩ *Sodawasser*

Sip|pe ⟨f.; -, -n; Völkerk.⟩ **1** ⟨Völkerkunde⟩ *durch ausgeprägtes Zusammengehörigkeitsgefühl u. bestimmte Vorschriften u. Bräuche verbundene Gruppe von Blutsverwandten* **2** *Gesamtheit der Blutsverwandten* **3** ⟨fig.⟩ *Gruppe*

Sipp|schaft ⟨f.; -, -en; abwertend⟩ **1** *Verwandtschaft;* er und seine ganze ~ **2** *schlechte Gesellschaft, Klüngel, Bande*

Si|re|ne ⟨f.; -, -n⟩ **1** ⟨griech. Myth.⟩ *eins von mehreren auf einer Insel lebenden Mädchen mit dem Körper eines Vogels, die die Vorbeifahrenden durch ihren Gesang anlockten u. dann töteten* • **1.1** ⟨fig.⟩ *verführerische Frau* **2** *Warnanlage, die einen rhythmisch unterbrochenen Ton erzeugt* • **2.1** *Dampfpfeife* **3** ⟨Zool.⟩ *an Meeresküsten u. Flussmündungen lebende Angehörige einer Ordnung der Säugetiere von plumpem Körperbau:* Sirenia

sir|ren ⟨V. 400⟩ *hell u. scharf klingen, hellschwirrend summen;* eine Libelle sirrt durch die Luft; Drähte ~

Si|rup ⟨m.; -s, -⟩ **1** *konzentrierte, zähflüssige, bei der Gewinnung von Zucker entstehende Lösung, die überwiegend aus Rohr-, Rüben- od. Stärkezucker besteht* **2** *eingedickter Fruchtsaft;* Himbeer~

Sit-in *auch:* **Sit|in** ⟨n.; -s, -s⟩ *Sitzstreik (als Protestaktion);* ein ~ machen, veranstalten

Sit|te ⟨f.; -, -n⟩ **1** *auf den allgemeinen Moralgesetzen beruhende Verhaltensweise, Sittlichkeit;* Anstand und ~ (nicht) beachten **2** *allg. verbreitete Gewohnheit, Brauch;* ~n und Gebräuche; das ist bei uns (nicht) ~; alte, althergebrachte ~; feine, gute, schlechte ~n
• **2.1 gute** ~n *gutes Benehmen, Anstand;* auf gute ~n achten; Verstoß gegen die guten ~n; →a. *Beispiel (1), Land (5)*

Sit|tich ⟨m.; -(e)s, -e; Zool.⟩ *Angehöriger einer Gruppe kleiner, meist langschwänziger Papageien:* Psittacinae; Wellen~

sitt|lich ⟨Adj.⟩ *den Forderungen der Sittlichkeit entsprechend, wie es den allgemeinverbindlichen guten Sitten entspricht, anständig, (moralisch) gut;* ~e Entrüstung; ~e Forderungen; ~es Verhalten; →a. *ländlich (3.1)*

Sitt|lich|keit ⟨f.; -; unz.⟩ Sy *Moral (2)* **1** *Inbegriff dessen, was in einer Gesellschaft für (moralisch) gut, anständig, richtig gehalten wird* **2** *gute, anständige innere Haltung, anständiges Verhalten*

Si|tu|a|ti|on ⟨f.; -, -en⟩ **1** = *Lage (2)* **2** ⟨Kartogr.⟩ *die durch Signaturen in Form von Punkten, Linien od. Flächen dargestellten Gegebenheiten der Erdoberfläche im Grundriss*

si|tu|iert ⟨Adj. 24⟩ jmd. ist gut (schlecht) ~ **1** *hat eine gute (schlechte) berufliche Stellung* **2** *lebt in guten (schlechten) Verhältnissen*

Sitz ⟨m.; -es, -e⟩ **1** *Platz, auf dem man sich setzen kann;* jmdm. einen ~ anbieten; erhöhter ~; ein luftiger ~ (auf einem Baum, auf dem Dach); sie erhoben sich von ihren ~en • **1.1** *Stuhl, Sessel* • **1.2** *Sitzfläche (des Stuhls);* den ~ hochklappen, herunterklappen, herausnehmen; harter, gepolsterter, gefederter, weicher ~ • **1.3** *einzelner Platz im Zuschauerraum, im Fahrzeug;* Parkett~; Rück~; ~ im ersten Rang, im Parkett **2** *Platz, Stelle mit Stimmberechtigung (im Parlament, Vorstand);* in einer Versammlung ~ und Stimme haben; unsere Partei hat im Parlament 65 ~e **3** *Wohnort, ständiger Aufenthaltsort;* Regierungs~; Wohn~; ~ einer Firma; die Regierung hat ihren ~ in X **4** *Körperhaltung im Sitzen (z. B. auf dem Pferd);* der Reiter hat einen guten, schlechten ~ **5** *Schnitt, Passform (von Kleidungsstücken);* das Kleid, der Anzug hat einen guten, schlechten, hat keinen rechten ~ **6** *ugs* **auf einen** ~ *fünf Schnäpse getrunken* ⟨fig.; umg.⟩ *auf einmal, hintereinander*

sit|zen ⟨V. 246⟩ **1** ⟨400⟩ *auf Gesäß (u. unterer Seite der Oberschenkel) ruhen, sich auf einem Sitz niedergelassen haben;* aufrecht, gebückt, gerade, krumm ~; bitte bleiben Sie doch ~!; des langen Sitzens müde; das viele Sitzen (bei meiner Arbeit) bekommt mir nicht gut; am Schreibtisch, am Tisch ~; auf einem Hücker, Stuhl, auf dem Sofa, auf dem Boden ~; hinter, neben, vor jmdm. ~; in ~der Stellung; unter, zwischen lauter Fremden ~; wie auf (glühenden) Kohlen ~ • **1.1** jmdn. *zum Sitzen nötigen jmdn. auffordern, sich zu setzen* **1.2** ~ *bleiben nicht aufstehen;* ⟨aber Getrennt- u. Zusammenschreibung⟩ ~ bleiben = sitzenbleiben • **1.3** *eine ältere Dame (in der Straßenbahn)* ~ lassen *sich setzen lassen;* ⟨aber Getrennt-

u. Zusammenschreibung⟩ ~ lassen = *sitzenlassen*
• 1.4 ~de **Beschäftigung** ⟨umg.⟩ *B., die man im Sitzen verrichten muss* • 1.5 ~de **Lebensweise** ⟨umg.⟩ *L., bei der man sich nicht viel bewegt* • 1.6 *zu viel ~ sich nicht genug bewegen* • 1.7 *ein* **Vogel** *sitzt steht, hat sich niedergelassen; der Vogel sitzt auf dem Baum, dem Dach* • 1.8 *die Henne sitzt (auf den Eiern) brütet* • 1.9 ⟨600⟩ *einem Künstler ~ sich von einem K. abbilden lassen; auch bekannte Politiker saßen dem Maler* • 1.10 ⟨411⟩ **an etwas** ~ ⟨fig.⟩ *mit etwas beschäftigt sein, an etwas arbeiten; ich habe lange an der Arbeit gesessen; er sitzt schon seit drei Wochen an seinem Referat* • 1.11 ⟨411⟩ *bei der, über einer Arbeit* ~ ⟨fig.⟩ *mit einer A. (sitzend) beschäftigt sein* • 1.11.1 ⟨411⟩ *über den Büchern ~ lesen, arbeiten, studieren;* →a. *Ohr (1.2.16), Pelle (1.1)* **2** ⟨411; fig.⟩ *sich aufhalten, befinden, (in einer Lage) sein; beim Mittagessen, beim Frühstück ~; beim Friseur ~; im Wartezimmer ~* • 2.1 *im Parlament, im Vorstand ~ einen Sitz haben* • 2.2 ⟨umg.; scherzh.⟩ *in einer Sitzung sein; die Kollegen ~ immer noch* • 2.3 *er sitzt immer noch in der zweiten Klasse er ist noch nicht in die 3. Klasse versetzt worden* • 2.4 **einen** ~ **haben** ⟨fig.; umg.⟩ *leicht betrunken sein* • 2.5 *in der Tinte, Patsche ~* ⟨fig.⟩ *sich in einer unangenehmen Lage befinden* • 2.6 *leben, siedeln; die Goten saßen ursprünglich an der Weichsel* • 2.7 ⟨umg.⟩ *im Gefängnis sein, eine Gefängnisstrafe verbüßen; er hat jahrelang gesessen (im Gefängnis);* →a. *Gericht² (4.2)* **3** ⟨400⟩ *etwas sitzt* ⟨fig.⟩ *befindet sich in (bestimmter Weise) an einem bestimmten Platz* • 3.1 ⟨610⟩ *die Mütze sitzt ihm schief auf dem Kopf er hat die M. schief auf dem K.* • 3.2 ⟨411⟩ *da sitzt das Problem dort ist das P.* • 3.3 *passen; das Kleid sitzt gut, schlecht, wie angegossen* • 3.4 *sich in der richtigen Lage befinden; die Schrauben ~ noch nicht* • 3.5 *treffen; der Hieb, Schuss hat gesessen* • 3.5.1 *das saß!* ⟨umg.⟩ *das hat getroffen!, das war eine treffende Anspielung* • 3.6 *etwas (Gelerntes) sitzt ist fest im Gedächtnis eingeprägt, wird beherrscht; er sitzt endlich, die lateinischen Wörter ~ jetzt*

sit|zen|blei|ben *auch:* **sit|zen blei|ben** ⟨V. 114(s.)⟩
1 ⟨400⟩ *(in der Schule) nicht in die nächste Klasse versetzt werden; er ist dieses Jahr sitzengeblieben / sitzen geblieben; das Sitzenbleiben hat ihn zum Nachdenken gebracht* **2** ⟨800⟩ **auf etwas** ~ ⟨fig.; umg.⟩ *für etwas keinen Abnehmer finden; er blieb auf seiner Ware sitzen;* →a. *sitzen (1.2)*
sit|zen|las|sen *auch:* **sit|zen las|sen** ⟨V. 175/500⟩
1 *jmdn.* sitzenlassen / *sitzen lassen im Stich lassen, verlassen* • 1.1 *jmdn.* sitzenlassen / *sitzen lassen vergeblich warten lassen, eine Verabredung mit jmdm. nicht einhalten* **2** ⟨511⟩ *eine* **Beleidigung** *nicht* **auf sich** sitzenlassen */ sitzen lassen sich gegen eine B. wehren;* →a. *sitzen (1.3)*
Sitz|mö|bel ⟨n.; -s, -⟩ *zum Sitzen dienendes Möbelstück*
Sitz|platz ⟨m.; -es, -plät|ze⟩ *Platz (bes. Stuhl) zum Sitzen; Ggs Stehplatz; gerade noch einen ~ finden; das Theater hat 500 Sitzplätze*
Sit|zung ⟨f.; -, -en⟩ **1** *Versammlung zur Beratung; eine ~ einberufen; die ~ eröffnen, schließen; ~ haben* **2** *Zusammenkunft mit einem Maler od. Bildhauer zum Porträtieren; der Maler brauchte für das Bild vier ~en*

Ska|la ⟨f.; -, Ska|len⟩ **1** *Einteilung in Maßeinheiten bei Anzeigegeräten* **2** *Angaben der zu einer Druck- od. einer fotografischen Wiedergabe verwendeten Farben; Farb~* **3** = *Tonleiter; Ton~*
Skal|pell ⟨n.; -s, -e⟩ *kleines chirurgisches Messer mit fest stehender Klinge*
Skan|dal ⟨m.; -s, -e⟩ **1** *aufsehenerregendes Ärgernis, unerhörtes Vorkommnis* **2** *etwas Unerhörtes, Empörendes*
skan|da|lös ⟨Adj.⟩ **1** *einen Skandal verursachend, bedeutend, erregend* **2** *unerhört, empörend; ~e Verhältnisse*
Skat ⟨m.; -(e)s, -e od. -s⟩ **1** ⟨unz.⟩ *deutsches Kartenspiel für drei Spieler* **2** *die zwei beiseitegelegten Karten*
Skate|board ⟨[skɛɪtbɔːd] n.; -s, -s⟩ *kleines, ovales Brett mit vier Rollen, auf dem der Fahrer frei steht (als Spiel- u. Sportgerät), Rollerbrett*
Ske|lett ⟨n.; -(e)s, -e⟩ **1** ⟨i. e. S.⟩ *Knochengerüst der Wirbeltiere; Knochen~, Knorpel~* • 1.1 *zum ~ abmagern* ⟨fig.⟩ *sehr mager werden* **2** ⟨i. w. S.⟩ *inneres u. äußeres Gerüst eines tierischen Körpers; Chitin~* **3** ⟨fig.⟩ *tragende Elemente einer Konstruktion, Gerüst; Stahl~*
Skep|sis ⟨f.; -; unz.⟩ *Zweifel, Ungläubigkeit; etwas mit ~ betrachten; berechtigte ~*
skep|tisch ⟨Adj.⟩ **1** *misstrauisch, ungläubig* **2** *zum Zweifel neigend*
Sketch ⟨m.; -(e)s, -e⟩ *kurzes Bühnenstück, effektvolle Szene mit witziger Pointe; oV Sketsch*
Sketsch ⟨m.; -(e)s, -e⟩ = *Sketch*
Ski ⟨[ʃiː] m.; -s, Ski|er⟩ *am Skistiefel befestigtes elastisches, vorn aufgebogenes Brett aus Kunststoff, Holz od. Metall zur Fortbewegung im Schnee; oV Schi*
Skin ⟨m.; -s, -s; umg. kurz für⟩ *Skinhead*
Skin|head ⟨[-hed] m.; -s, -s⟩ *Angehöriger einer Gruppe meist gewalttätiger, oft dem Rechtsextremismus nahe stehender Jugendlicher mit kurz- od. kahlgeschorenem Kopf u. schwarzen Lederstiefeln*
Skiz|ze ⟨f.; -, -n⟩ **1** = *Entwurf (1.1)* **2** *kurze Aufzeichnung in Andeutungen, in Stichworten; Arbeits~, Teil~* **3** *kurze, fragmentarische Erzählung; Reise~; nach einer ~ von …*
skiz|zie|ren ⟨V. 500⟩ *etwas ~ entwerfen, in Kurzform aufzeichnen od. erläutern, mit Hilfe einer Skizze darstellen; einen Plan, ein Vorhaben ~; der Vorsitzende skizzierte sein Programm*
Skla|ve ⟨[-və] m.; -n, -n⟩ **1** *unfreier, entrechteter Mensch im Besitz eines anderen Menschen; Arbeits~, Galeeren~* **2** ⟨fig.⟩ *jmd., der von einer anderen Person, einem Laster, einer Gewohnheit abhängig ist; der ~ seiner Triebe*
Skla|vin ⟨f.; -, -nin|nen⟩ *weibl. Sklave*
skla|visch ⟨[-vɪʃ] Adj.⟩ **1** *wie ein Sklave, unterwürfig, blind gehorchend, willenlos; sich ~ an eine Anordnung halten* **2** ⟨fig.⟩ *ohne eigene Erfindungsgabe, unselbstständig; ~e Nachahmung*

Skon|to ⟨n. od. m.; -s, -s⟩ *Abzug vom Rechnungsbetrag bei sofortiger Zahlung;* 2% ~ *gewähren*

Skor|pi|on ⟨m.; -s, -⟩ **1** ⟨Zool.⟩ *Angehöriger einer Ordnung der Spinnentiere mit langem, gegliedertem Hinterleib, der als Anhang eine Giftblase mit beweglichem Endstachel trägt: Scorpiones* **2** ⟨Astron.⟩ *Sternbild des südlichen Himmels: Scorpius* • **2.1** ⟨Astrol.⟩ *Tierkreiszeichen*

Skript ⟨n.; -(e)s, -en od. -s⟩ **1** *Schriftstück, schriftliche Ausarbeitung* • **1.1** *Manuskript;* ein ~ *rechtzeitig abliefern* • **1.2** *Nachschrift (einer Vorlesung);* etwas im ~ *nachlesen* **2** ⟨Film⟩ *Drehbuch*

Skru|pel ⟨Pl.⟩ *Zweifel, Bedenken, ob ein Vorhaben moralisch zu rechtfertigen ist;* keine ~ *haben, etwas zu tun*

skru|pel|los ⟨Adj.⟩ *ohne Skrupel, ohne Bedenken, gewissenlos;* ein ~er *Geschäftemacher;* er ist ~; er setzt sich ~ *über alles hinweg*

skru|pu|lös ⟨Adj.; veraltet⟩ **1** *voller Skrupel, ängstlich* **2** *peinlich genau*

Skulp|tur ⟨f.; -, -en⟩ **1** ⟨unz.⟩ *Bildhauerkunst* **2** *Werk der Bildhauerkunst;* Holz~, Stein~

skur|ril ⟨Adj.⟩ *närrisch, possenhaft, drollig;* ~e *Einfälle, Ideen, Fantasie, Geschichte*

Sky|line ⟨[ˈskaɪlaɪn] f.; -, -s⟩ *Ansicht, Silhouette einer sich aus der Ferne gegen den Himmel abzeichnenden Großstadt;* die ~ *von Frankfurt*

Sla|lom ⟨m. od. n.; -s, -s⟩ **1** *ein Wettbewerb des alpinen Skisports, bei dem eine durch Tore festgelegte Strecke zu durchfahren ist;* Riesen~ **2** *ein Wettbewerb, bei dem ein Kanu auf einer wildwasserähnlichen Strecke mit künstlichen od. natürlichen Hindernissen mit höchstmöglicher Schnelligkeit mehrere Tore zu durchfahren hat*

Slang ⟨[slæŋ] m.; -s, -s⟩ *nachlässige, saloppe Umgangssprache, bes. im Englischen, Jargon*

Slap|stick ⟨[slæp-] m.; -s, -s; bes. im Stummfilm⟩ *groteske Szene, komischer Gag*

s-Laut ⟨[ɛs-] m.; -(e)s, -e⟩ *im Deutschen mit den Buchstaben s, ss od. ß bezeichneter Laut*

Slip ⟨m.; -s, -s⟩ *kurze, eng anliegende Unterhose;* Damen~; Herren~

Slip|per ⟨m.; -s, -⟩ *flacher, bequemer Straßenschuh ohne Schnürung*

Slo|gan ⟨[ˈslougən] m.; -s, -s⟩ *Schlagwort, wirkungsvolle, werbeträchtige Redewendung*

Slow|fox ⟨engl. [slou-] od. [sloː-] m.; -es, -e⟩ *langsamer Foxtrott*

Slum ⟨[slʌm] m.; -s, -s; meist Pl.⟩ *Elendsviertel, bes. in Großstädten*

Small|talk ⟨[ˈsmɔːltɔːk] *auch:* **Small Talk** ⟨m. od. n.; (-) -s; unz.⟩ *leichte Unterhaltung, oberflächliches Geplauder*

Sma|ragd ⟨m.; -(e)s, -e⟩ *Mineral, grüner Edelstein*

smart ⟨Adj.; salopp⟩ **1** *hübsch, elegant, gepflegt;* er sieht ~ aus **2** *gewandt, pfiffig, gewitzt;* ein ~er *Geschäftsmann*

Smog ⟨m.; - od. -s; unz.⟩ *dicker, aus Rauch u. Abgasen bestehender Nebel od. Dunst, bes. über Industrie- od. Großstädten;* ~alarm *auslösen*

Smo|king ⟨m.; -s, -s; österr. auch m.; -s, -e⟩ *Gesellschaftsanzug für Herren mit tief ausgeschnittener Jacke, deren Revers mit Seide belegt sind*

Snack ⟨[snæk] m.; -s, -s⟩ *kleiner Imbiss, Kleinigkeit zu essen;* einen ~ *anbieten;* ~bar

Snob ⟨m.; -s, -s; abwertend⟩ **1** *reicher, vornehm tuender Mensch, der nach gesellschaftlichem Ansehen strebt u. auf andere hinabblickt* **2** *jmd., der seine (tatsächliche od. eingebildete) Überlegenheit anderen gegenüber zeigt*

sno|bis|tisch ⟨Adj.; abwertend⟩ *in der Art eines Snobs, eitel u. eingebildet*

so¹ ⟨Adv.⟩ **1** *auf diese Art u. Weise;* ~ *geht es, wenn …;* ~ *geht es nicht; bald* ~, *bald* ~; *(entweder)* ~ *oder* ~; ~ *wie es jetzt ist …;* ~ *soll es sein!; die Sache verhält sich* ~; *gut* ~!; *recht* ~! • **1.1** *wie du mir,* ~ *ich dir* was du mir (Böses) tust, das tue ich auch dir • **1.2** *du kannst* ~ *nicht auf die Straße gehen* in diesem Anzug **2** *in dieser Art u. Weise;* ~ *habe ich es mir gedacht;* ~ *geht es in der Welt; handle* ~, *wie du es für richtig hältst; es ist dann* ~ *gekommen, dass …; wenn ich das* ~ *sage* **3** *von dieser Art;* also ~ *ist das!;* ~ *ist er nun mal!;* ~ *ist's nun mal im Leben;* ~ *einfach ist das nicht!;* ~ *etwas;* ~ *etwas Schönes;* ~ *wie ich* **4** *ebenso, genauso;* ~ *sieht er aus!; wenn dem* ~ *wäre, …;* ~ *und nicht anders ist es!; er ist* ~ *groß wie ich; er ist* ~ *groß, klein (wie ich es hier zeige);* ~ *stolz wie ein Löwe,* ~ *weiß wie Schnee;* ~ *mir nichts dir nichts* • **4.1** *in diesem Sinne;* ~ *(böse, ernst) habe ich es nicht gemeint; der eine sagt* ~, *der andere* ~ • **4.2** *es ist mir* ~, *als wäre …, als ob …* ich habe den Eindruck; *es kommt mir* ~ *vor* • **4.3** *ich will mal* nicht ~ sein *kleinlich sein* • **4.4** ~ gut wie *fast; das ist* ~ *gut wie sicher, unmöglich;* ich bin **5** *in demselben Maße, Grade, gleichermaßen; du stellst dir das* ~ *leicht vor; ich habe es dir schon* ~ *oft gesagt; er ist* ~ *reich wie geizig; ich habe nicht gewusst, dass es ihm* ~ *schlecht geht; das eine ist* ~ *schön wie das andere; ist es schon* ~ *spät?; ich warte schon* ~ *lange auf dich; ich mach mir nicht* ~ *viel daraus; er hat* ~ *viel gegessen, dass …; er hat* ~ *viele Freunde;* ~ *schlimm wird es nicht sein; es ist nicht* ~ *schwer; er ist* ~ *klug,* ~ *reich, dass …;* ~ *gut es ging,* ~ *gut ich (es) kann; er liebt mich* ~ *sehr, dass …;* ~ *wahr ich lebe; sei(en Sie)* ~ *gut bitte!* • **5.1** ~ schnell wie möglich *in dem Maße, wie es möglich ist;* ~ *früh wie möglich* • **5.2** *sehr;* ich bin ~ *durstig, müde, froh; ich bin* ~ *froh, dass du da bist* • **5.3** *ich kann mich* noch ~ (sehr) anstrengen *in hohem Maße, aber ohne Erfolg* • **5.4** ~ viel *diejenige Menge, die …,* wie viel auch immer; *iss,* ~ viel *du kannst; nimm,* ~ viel *du tragen kannst* • **5.4.1** *noch einmal* ~ viel *die doppelte Menge* • **5.4.2** ~ viel als, ~ viel wie *von gleicher Bedeutung, Größe;* ⟨aber⟩ →a. soviel¹ • **5.5** es kam ~ weit, dass … *die Sache entwickelte sich in einem Maße, dass, …* • **5.6** ~ weit sind wir (noch nicht) *wir haben es (noch nicht) erreicht; du wirst es noch* ~ *weit treiben …* • **5.7** ~ weit *insgesamt gesehen (einschränkend) bis hierher; ich bin* ~ weit *fertig* • **5.7.1** *es geht ihm* ~ weit gut *ziemlich g., ganz g.* • **5.8** ~ weit sein *bis zu einem gewissen Zeitpunkt, Grad fortgeschritten sein* • 5.8.1 *wir sind* ~ *weit fertig, bereit* • 5.8.2 *ich melde mich, wenn es* ~ *weit ist wenn der Zeitpunkt gekommen ist;* ⟨aber⟩ →a. *soweit¹* • 5.9 ~ **wenig** *wie in so geringem Maß, ebenso wenig wie; er weiß* ~ *wenig wie ich; beweg dich* ~ *wenig wie möglich; iss* ~ *wenig wie möglich;* ⟨aber⟩ →a. *sowenig¹* **6** *ohne etwas* • 6.1 *habt ihr eine Eintrittskarte? Nein, wir sind* ~ *hereingekommen ohne zu zahlen, umsonst* • 6.2 *wir können ihn* ~ *nicht liegen lassen! hilflos* • 6.3 *er muss* ~ **oder** ~ *kommen unbedingt, auf jeden Fall* **7** ⟨als Füllwort⟩ *mancher; das ist* ~ *eine Art Pfannkuchen; nicht* ~ *ganz; gar nicht* ~ *übel;* ~ *gegen Abend;* ~ *ohne weiteres* • 7.1 **und** ~ **weiter** ⟨Abk.: usw.⟩ • 7.2 **nur** ~ →a. *nur* **8** ⟨alleinstehend⟩ • 8.1 ~! *endlich!;* ~, *jetzt komm mit!;* ~, *das ist erledigt* • 8.2 ~? *wirklich, kann man das glauben?;* ~, *und nun?* **9** ⟨Getrennt- u. Zusammenschreibung⟩ • 9.1 ~ **genannt** = *sogenannt* 9.2 ~ **dass** = *sodass*

so² ⟨Pron., undeklinierbar⟩ **1** *solch; in* ~ *einem Kleid; in* ~ *einem Falle; bei* ~ *einem Wetter;* ~ *ein Unsinn* • 1.1 ~ **einer** *ist das also! ein solcher Mensch* **2** ⟨intensivierend⟩ ~ *ein* **Glück** ~ *ein großes G.* • 2.2 ~ *ein* **Unglück** *ein schreckliches U.* **3** ⟨relativierend⟩ ~ **etwas wie** *etwas Ähnliches wie* • 3.1 *nein,* ~ *etwas!; das ist kaum zu glauben!*

so³ ⟨Konj.⟩ **1** ⟨verstärkend⟩ *also, nun;* ~ *hör doch!;* ~ *komm doch endlich!;* ~ *lass mich doch in Ruhe!* **2** ⟨einschränkend⟩ *wenn auch, obwohl;* ~ *leid es mir tut;* ~ *arm er auch ist;* ~ *sehr er ihn schätzt* **3** ⟨konditional; veraltet⟩ *wenn, falls; ich helfe dir,* ~ *ich kann;* ~ *du nicht willst;* ~ *Gott will*

so|bald ⟨Konj.⟩ *gleich wenn, sofort wenn; komm,* ~ *du kannst;* ~ *er kommt;* ~ *der Zug eingefahren ist*

Söck|chen ⟨n.; -s, -⟩ *kurze Socke für Damen od. Kinder; weiße* ~ *mit Umschlag*

So|cke ⟨f.; -, -n⟩ oV *Socken* **1** *kurzer Strumpf; Herren-*~; *Ski-*~; *Woll-*~ • 1.1 *ich schlüpft auf die* ~n *machen* ⟨fig.; umg.⟩ *weggehen, aufbrechen* • 1.2 *von den* ~n *sein* ⟨fig.; umg.⟩ *überrascht, erstaunt sein*

So|ckel ⟨m.; -s, -⟩ **1** *etwas vorspringender Unterbau (von Gebäuden, Säulen, Pfeilern, Möbelstücken)* **2** *Bauteil zum Einsetzen von Elektronenröhrchen od. Glühlampen mittels Steckers od. Bajonettverschlusses; Röhren-*~; *Lampen-*~

So|cken ⟨m.; -s, -⟩ = *Socke*

So|da ⟨f.; -, -s od. n.; -s; unz.⟩ **1** *Natriumcarbonat* **2** ⟨kurz für⟩ *Sodawasser; Whisky mit* ~

so|dann ⟨Adv.; veraltet⟩ *dann, danach*

so|dass *auch:* **so dass** ⟨Konj.⟩ *mit der Folge, mit dem Ergebnis*

So|da|was|ser ⟨n.; -s; unz.⟩ *mit Kohlensäure versetztes Wasser, Selterswasser (2)*

Sod|bren|nen ⟨n.; -s; unz.⟩ *brennendes Gefühl in der Speiseröhre infolge eines Überschusses od. Mangels an Magensäure*

so|eben ⟨Adv.⟩ = *eben (2.1)*

So|fa ⟨n.; -s, -s⟩ *gepolstertes Sitzmöbel für mehrere Personen mit Rückenlehne u. Armlehnen; auf dem* ~ *sitzen, liegen*

so|fern ⟨Konj.⟩ *wenn, im Fall, dass …, vorausgesetzt, dass …; ich bleibe hier,* ~ *ich nicht abberufen werde*

so|fort ⟨Adv.⟩ *gleich, ohne Aufschub, unverzüglich; komm bitte einmal her!* ~!; *ich komme* ~!; *es wird* ~ *geschehen; komm her, aber* ~!; ~ *nach Empfang; ich werde hingehen, und zwar* ~

Soft|drink ⟨[sɔft-]⟩ *auch:* **Soft Drink** ⟨m.; (-) -s, (-) -s⟩ *Getränk ohne od. mit geringem Alkoholgehalt*

Soft|eis ⟨[sɔft-] n.; -es; unz.⟩ *cremiges Milchspeiseeis*

Sof|tie ⟨[sɔfti] m.; -s, -s; umg.⟩ *sanfter, empfindsamer (junger) Mann*

Soft|ware ⟨[sɔftwɛːr] f.; -, -s⟩ *Programm für eine EDV-Anlage;* Ggs *Hardware*

Sog ⟨m.; -(e)s, -e⟩ **1** *das Saugen* **2** *saugende Strömung, Wirbel hinter einem Fahrzeug od. um ein Feuer; von dem* ~ *des Strudels erfasst werden* **3** ⟨fig.⟩ *etwas Anziehendes, starke, verführerische Anziehungskraft (von Sachen); einen (starken)* ~ *ausüben; in den* ~ *der Großstadt geraten*

so|gar ⟨Adv.⟩ *auch (obwohl man es nicht vermutet, nicht angenommen hat), dazu, obendrein;* ~ *ich war dabei; man könnte* ~ *sagen, es sei Betrug; er hat mir* ~ *noch ein Buch geschenkt; er war* ~ *in Grönland*

so|ge|nannt *auch:* **so ge|nannt** ⟨Adj. 24/60; Abk.: sog.⟩ **1** *unter diesem Namen, dieser Bezeichnung bekannt; das ist die* ~e *Seufzerbrücke* **2** *den Namen haben, der nicht ganz zutrifft; sein* ~er *Freund*

so|gleich ⟨Adv.⟩ *sofort, gleich, ohne Aufschub*

Soh|le ⟨f.; -, -n⟩ **1** *Lauffläche (des Fußes, Schuhs u. Strumpfes); Fuß-*~; *Schuh-*~; *Stiefel-*~; *Strumpf-*~; *Gummi-*~; *Krepp-*~; *Leder-*~ **2** *Einlage aus festem Papier, Schaumgummi od. Fell von gleicher Form wie die Lauffläche zum Einlegen in den Schuh; Einlege-*~ **3** *Boden (von Tälern, Flüssen, Kanälen, Gräben); Tal-*~; *Kanal-*~ • 3.1 ⟨Bgb.⟩ *waagerecht zum Förderschacht verlaufender Grubenbau* • 3.2 ⟨Bgb.⟩ *Höhenlage eines Streckensystems in einer Grube unter Tage; die Kumpel arbeiten in der 700-Meter-*~

Sohn ⟨m.; -(e)s, Söh|ne⟩ **1** *unmittelbarer männl. Nachkomme, männl. Kind von Vater u. Mutter; Firma Müller und* ~; *Söhne und Töchter; Vater und* ~, *Mutter und* ~; *wir haben einen* ~ *bekommen; einen* ~ *haben; er hat drei Söhne; ältester, jüngster, erstgeborener* ~; *er ist ein guter, liebevoller* ~; *jmdn. wie einen* ~ *lieben* • 1.1 *er ist (ganz) der* ~ *seines Vaters er ist seinem V. sehr ähnlich;* →a. *Gott (2)* **2** ⟨fig.⟩ *Angehöriger, Vertreter; der größte* ~ *seiner Heimat(stadt)* • 2.1 *ein* ~ *der Berge* ⟨poet.⟩ *ein Bewohner der B.* **3** ⟨veraltet; noch scherzh.⟩ **mein** ~ *(vertrauliche, an einen Jüngeren gerichtete Anrede); hör auf mich, mein* ~

Soi|ree ⟨[soa-] f.; -, -n⟩ *künstlerische Abendveranstaltung od. -vorstellung, aus besonderem Anlass stattfindende festliche Abendveranstaltung;* Ggs *Matinee*

So|ja ⟨f.; -, So|jen; kurz für⟩ *Sojabohne;* ~*milch;* ~*wurst*

So|ja|boh|ne ⟨f.; -, -n; Bot.⟩ **1** *aus Ostasien stammende, einjährige Nutzpflanze mit ölhaltigem Samen* **2** *Samen der Sojabohne (1)*

so|lang ⟨Konj.⟩ = *solange*

so|lan|ge ⟨Konj.⟩ oV *solang* **1** *während;* ~ du da bist, fürchte ich mich nicht **2** *währenddessen, die ganze Zeit (über);* ~ es regnet, bleiben wir hier **3** *wie lange auch immer;* schlaf, ~ du kannst, ~ du willst; ~ er lebt; ich warte ~!; ⟨aber Getrenntschreibung⟩ warte so lange, bis ich komme → *so¹ (5)*

so|lar ⟨Adj. 24⟩ *die Sonne betreffend, von ihr stammend, zu ihr gehörig;* oV *solarisch;* ~e Energie; Solaranlage

so|la|risch ⟨Adj. 24⟩ = *solar*

solch ⟨Demonstrativpron. 10; Deklination: nach „all …" stark; im Gen. vor starkem Subst. heute meist schwach; vor Subst. Mask. od. Neutr. Nom. od. Akk. Sg. selten; vor unbestimmtem Artikel immer ohne Flexion⟩ **1** *von dieser Beschaffenheit, Qualität;* ein Buch für Eheleute und ~e, die es werden wollen; ~ ein Mensch, ein ~er Mensch; die Bücher eines ~en Schwachkopfes; ~ ein Ding; ~ ein Theaternarr; wegen aller ~er Sachen; ~ es ist ihm widerfahren **2** *von diesem Grade, dieser Intensität, so groß, so sehr;* ~ ein Pech; bei ~em Regen; ~ ein Scheusal!

sol|cher|art ⟨Adv.⟩ *von derselben Art*

sol|cher|lei ⟨Adj. 24/60⟩ *so ähnliche Sachen*

Sold ⟨m.; -(e)s; unz.⟩ **1** *Lohn, Löhnung (des Soldaten)* **2** ⟨fig.⟩ *Dienst;* in jmds. ~ stehen

Sol|dat ⟨m.; -en, -en⟩ **1** *Angehöriger einer Streitkraft eines Staates* **2** ⟨Schach⟩ = *Bauer (2)* **3** ⟨Zool.⟩ *auf die Verteidigung spezialisiertes Individuum eines Insektenstaates* **4** ⟨Zool.⟩ = *Feuerwanze (1.1)*

Sol|da|tin ⟨f.; -, -tin|nen⟩ *weibl. Soldat*

Söld|ner ⟨m.; -s, -⟩ *Soldat, der gegen Sold Kriegsdienste nimmt, wo er gebraucht wird*

So|le ⟨f.; -, -n⟩ *kochsalzhaltiges Wasser aus natürlicher Quelle, Salzbrühe*

so|lid ⟨Adj.⟩ = *solide*

so|li|da|risch ⟨Adj.⟩ **1** *füreinander einstehend, fest verbunden* **2** *gemeinsam, geschlossen;* eine ~e Handlung **3** *einig, übereinstimmend;* mit seinen Kameraden ~ sein

so|li|de ⟨Adj.⟩ oV *solid* **1** *charakterfest, zuverlässig, maßvoll, sittlich einwandfrei;* einen ~n Eindruck machen; ein ~r Mensch; diese Firma ist sehr ~ • **1.1** *nicht ausschweifend, häuslich;* ~ leben; jetzt ist er ganz ~ geworden **1.2** ~ **Verhältnisse** *anständige, ordentliche, geordnete V.* **2** *dauerhaft, haltbar, gut gebaut, fest;* ein ~s Paar Schuhe; ~ Arbeit leisten • **2.1** ~s **Essen** *nahrhaftes, gutbürgerliches E.*

So|list ⟨m.; -en, -en⟩ *(von Orchester od. Chor begleiteter) einzeln hervortretender Instrumentalist od. Sänger;* als ~ auftreten; Gesangs~

So|lis|tin ⟨f.; -, -tin|nen⟩ *weibl. Solist*

Soll ⟨n.; -s; unz.⟩ **1** ⟨Kaufmannsspr.⟩ *Schuld, linke Seite eines Kontos;* ins ~ eintragen; ~bestand • **1.1** ~ und **Haben** *die beiden Seiten eines Kontos, in denen Ausgaben u. Einnahmen verzeichnet sind* **2** *in einer bestimmten Zeit zu bewältigende Arbeit od. Produktion (bes. bei Wirtschaftsplänen);* sein ~ nicht erfüllen **3** *Planaufgabe, Norm*

sol|len ⟨Modalverb 247⟩ **1** (**etwas tun**) ~ *die Pflicht, Verpflichtung, Aufgabe, den Auftrag haben (etwas zu tun);* der Kranke soll noch nicht aufstehen; ich soll Ihnen ausrichten, dass …; ich hätte daran denken ~; das Grundstück soll 50.000 Euro kosten; das hättest du mir sagen ~; ihr sollt still sein!; du sollst nicht töten (fünftes der Zehn Gebote); ich weiß nicht, was ich hier (tun) soll; ich weiß nicht, an wen ich mich wenden soll; was soll ich ihm sagen?; was hätte ich denn anderes tun ~? • **1.1** das hättest du nicht tun ~ *es wäre besser gewesen, wenn du es nicht getan hättest* • **1.2 jmd.** soll etwas tun, lassen *jmd. ist aufgefordert, gehalten, wird veranlasst, etwas zu tun, zu lassen;* was soll ich damit (anfangen)?; soll ich gehen, kommen?; man soll mich in Frieden lassen • **1.3** jmd. od. etwas soll sein *möge sein, es ist wünschenswert, erwünscht, dass etwas ist!;* hoch soll er leben, drei Mal hoch! (Trinkspruch); dich soll doch (der Teufel holen)! • **1.3.1** du hättest ihn sehen ~, wie er …! *du hättest gestaunt, wenn du ihn gesehen hättest, wie er …* • **1.3.2** sie ~ nur kommen! ⟨leicht drohend⟩ *lass sie nur kommen* • **1.4** jmd. od. etwas soll sein *es ist beabsichtigt, dass jmd. od. etwas ist;* wozu soll das gut sein?; das soll ich sein? (erg.: auf dem Bild) • **1.4.1** was soll das? *was bedeutet das?* • **1.4.2** was soll es denn kosten? *wie teuer ist es?* • **1.4.3** was soll, darf es denn sein? *was möchten Sie haben? (Frage des Verkäufers)* • **1.4.4** es hat nicht ~ sein *es war nicht so bestimmt* • **1.4.5** an mir soll es nicht liegen (umg.) *was ich tun kann, werde ich tun* • **1.5** werden; *es soll nicht wieder vorkommen!;* es sollte mich freuen, wenn es so wäre! • **1.6** jmd. od. etwas sollte *müsste (eigentlich);* ich sollte dich eigentlich ausschelten; er sollte doch wissen, was er zu tun hat • **1.6.1** man sollte glauben, dass … *man könnte fast glauben …* • **1.6.2** das sollte ich meinen! *ganz gewiss!, aber sicher!* • **1.7** *nützen, bezwecken;* was soll's?; was soll das alles?; was soll das Klagen? **2** jmd. od. etwas sollte ⟨geh.⟩ *jmdm. od. einer Sache war es bestimmt;* er sollte an diesem Tag noch eine Überraschung erleben **3** sollte jmd. od. etwas sein? *ist es (tatsächlich) so, dass etwas ist?;* sollte es möglich sein, dass …?; sollte ich das wirklich vergessen haben? **4** sollte jmd. od. etwas sein, wenn jmd. od. etwas sein sollte *wenn es der Fall ist, dass jmd. od. etwas ist;* wenn es morgen regnen sollte, …; solltest du ihn sehen, dann sag ihm … **5** jmd. od. etwas soll sein *ist angeblich, vermutlich;* bei dem Unfall soll es fünf Tote gegeben haben; er soll schon gestern gekommen sein; ich soll das nicht können?; er soll krank gewesen sein; er soll ein sehr guter Lehrer sein; er soll sehr klug sein; es soll morgen schneien **6** ⟨mit vorangestelltem Adv.; Zusammenschreibung nur der infiniten Formen⟩ soll ich mit? ⟨umg.⟩ *mitkommen;* mit~; du sollst nicht mit

so|lo ⟨Adj. 11/50; Mus.⟩ *ohne Begleitung, allein, einzeln;* ~ singen, spielen; ich bin ~ ⟨umg.⟩ scherzh.)

So|lo ⟨n.; -s, So|li⟩ **1** ⟨Mus.⟩ *Vortrag eines einzelnen Sängers od. Instrumentalisten* **2** ⟨Kart.⟩ *Spiel eines Einzelnen gegen mehrere Mitspieler* **3** ⟨Tennis usw.⟩ *Spiel einzelner Spieler gegeneinander*

sol|vent ⟨[-vɛnt] Adj. 24/70; Wirtsch.⟩ *zahlungsfähig;* der Kunde ist nicht ~

Sombrero

Som|bre|ro *auch:* **Somb|re|ro** ⟨m.; -s, -s⟩ *breitrandiger Strohhut (in Mittel- u. Südamerika getragen)*

so|mit ⟨a. [-'-] Konj.⟩ *und so, also, folglich;* er hat angerufen, (und) ~ brauche ich nicht hinzugehen

Som|mer ⟨m.; -s, -⟩ **1** *die wärmste Jahreszeit, astronomisch die Zeit vom 21. Juni bis 23. September (auf der nördlichen Halbkugel);* Ggs *Winter (1);* heißer, kühler, kurzer, langer, nasser, regenreicher, trockener ~; im ~ ins Gebirge, ans Meer fahren • **1.1** *der ~ des* **Lebens** ⟨fig.⟩ *die Jahre der höchsten Leistungsfähigkeit im Leben* • **1.2** *~ wie* **Winter** *bei jeder Temperatur, in jeder Jahreszeit, das ganze Jahr über;* →a. **Schwalbe** (1.1)

Som|mer|an|fang ⟨m.; -s; unz.⟩ *Anfang des Sommers (auf der nördlichen Halbkugel 21. Juni)*

som|mer|lich ⟨Adj.⟩ *dem Sommer entsprechend, wie im Sommer;* ~es Wetter; es ist schon ~ warm; sich ~ kleiden;

som|mers ⟨Adv.⟩ *im Sommer;* Ggs *winters;* ~ wie winters fährt sie mit dem Fahrrad

Som|mer|schluss|ver|kauf ⟨m.; -(e)s, -käu|fe; Abk.: SSV; früher⟩ *Verkauf vor dem Ende des Sommers von Artikeln, bes. Kleidung, die im Sommer gebraucht werden u. im nächsten Jahr nicht mehr modern sind, zu herabgesetzten Preisen*

Som|mer|spros|se ⟨f.; -, -n; meist Pl.⟩ *kleiner, hellbrauner Hautfleck, bes. im Gesicht, infolge zu starker Pigmentbildung, der im Sommer deutlicher hervortritt als im Winter*

So|na|te ⟨f.; -, -n; Mus.⟩ *Musikstück für ein od. mehrere Instrumente aus drei od. vier Sätzen;* Klavier~, Violin~

Son|de ⟨f.; -, -n⟩ **1** ⟨Med.⟩ *stab- od. schlauchförmiges Instrument zur Untersuchung von Körperhöhlen u. -gängen od. zum Entnehmen bzw. Einbringen von Flüssigkeiten;* Blasen~, Gebärmutter~, Magen~ **2** ⟨Bgb.⟩ *bis 10 m tiefe Bohrung zur Entnahme einer Probe*

son|der ⟨Präp. m. Akk.; veraltet⟩ *ohne;* ~ Tadel

son|der|bar ⟨Adj.⟩ **1** *eigenartig, merkwürdig, anders als das Gewohnte, Übliche, Erstaunen erregend, befremdend, befremdlich;* ~!; ~es Benehmen, Verhalten; ein ~es Erlebnis, Naturereignis; ein ~es Geräusch; warum siehst du mich so ~ an?; es klingt ~, aber es ist wirklich so; das ist doch ~! • **1.1** ein ~er **Heiliger** ⟨umg.⟩ *ein Sonderling*

Son|der|druck ⟨m.; -(e)s, -e⟩ *im besonderen Auftrag erfolgter Druck eines einzelnen Beitrags aus einem Sammelband o. Ä., Sonderausgabe*

Son|der|fall ⟨m.; -(e)s, -fäl|le⟩ **1** *Einzelfall, besonderer, selten vorkommender Fall* **2** *Fall, der besonders, für sich betrachtet u. beurteilt werden muss, Ausnahme*

son|der|glei|chen ⟨Adv.; nachgestellt⟩ *ohnegleichen, einzigartig;* das ist eine Frechheit, Nachlässigkeit ~

Son|der|heit ⟨f.; nur in der Wendung⟩ **in** *Sonderheit besonders, vor allem*

son|der|lich ⟨Adj. 80⟩ **1** *sonderbar;* er ist etwas ~; er ist im Alter ~ geworden **2** ⟨50; meist in verneinenden Sätzen⟩ *besonders;* wie hat es dir gefallen? Nicht ~!; das finde ich nicht ~ schön

Son|der|ling ⟨m.; -s, -e; meist abwertend⟩ *sonderbarer, merkwürdiger Mensch, Einzelgänger, Mensch von starker Eigenart, mit besonderen, ausgeprägten Gewohnheiten;* Sy *Eigenbrötler*

son|dern[1] ⟨V. 550⟩ *von jmdm. od. von etwas ~* ⟨geh.⟩ *beiseitelegen, trennen, auslesen;* die guten Beeren von den schlechten ~; die Spreu vom Weizen ~

son|dern[2] ⟨Konj.⟩ **1** *vielmehr, richtiger gesagt; nicht er, ~ sie ist schuld;* ich habe ihr nicht geschrieben, ~ sie angerufen • **1.1** *nicht nur ..., ~ auch dazu, außerdem, und;* er ist nicht nur ein guter Wissenschaftler, ~ auch ein guter Lehrer; sie ist nicht nur hübsch, ~ auch klug

son|die|ren ⟨V. 500⟩ **1** *etwas ~ mit einer Sonde untersuchen* **2** *etwas ~* ⟨fig.; umg.⟩ *vorsichtig erkunden, erforschen, ordnen;* das Gelände, die Lage ~

So|nett ⟨n.; -(e)s, -e⟩ *Gedicht aus zwei vier- u. zwei dreizeiligen Strophen*

Song ⟨m.; -s, -s⟩ **1** ⟨umg.⟩ *Schlager, Lied;* ein bekannter ~; Pop~; Protest~ **2** ⟨seit B. Brecht u. K. Weill⟩ *ein scharf satirisches Lied im Stil des Bänkelsangs mit Elementen der Jazzmusik*

Sonn|abend ⟨m.; -(e)s, -e; Abk.: Sa; bes. nord- u. mitteldt.⟩ *der vorletzte Tag der Woche;* Sy ⟨bes. süddt.⟩ *Samstag;* →a. *Dienstag*

sonn|abends ⟨Adv.⟩ *an jedem Sonnabend;* ~ gehen wir ins Kino; →a. *dienstags*

Son|ne ⟨f.; -, -n⟩ **1** ⟨i.e. S.⟩ *der zentrale Fixstern unseres Planetensystems;* ~ und Mond; ~, Mond und Sterne; die ~ geht auf, geht unter, sinkt, steigt; die ~ steht hoch, niedrig, tief; bei sinkender ~; die liebe ~ ⟨umg.⟩; Frau ~ ⟨poet.⟩ • **1.1** ich bin der Glücklichste unter der ~ ⟨poet.⟩, *auf der Welt* **2** ⟨i. w. S.⟩ *selbst leuchtender Fixstern, um den Planeten kreisen* **3** *von der Sonne (1) ausgestrahltes Licht; diese Pflanze braucht viel ~;* die ~ brennt, wärmt; das Zimmer hat keine, wenig, viel ~; brennende, heiße, glühende, sengende ~; die goldene ~; gegen die ~ fotografieren, schauen; in der ~ bleichen, trocknen; in der ~ sitzen, liegen; sich von der ~ bescheinen lassen; von der ~ gebräunt • **3.1** *sich die ~ auf den Pelz brennen lassen* ⟨fig.; umg.⟩ *sich sonnen* • **3.2** *die ~ bringt es an den Tag es kommt doch heraus, wird bekannt* • **3.3** geh mir aus dem Licht, mach mir keinen Schatten! (nach der Antwort des Diogenes auf die Aufforderung Alexanders des Großen, sich eine Gnade zu erbitten) **4** ⟨fig.; poet.⟩ *Licht, Wärme, etwas Strahlendes, Helles, Schönes;* die ~ des Glücks; die ~ seiner Liebe

son|nen ⟨V. 500/Vr 7⟩ **1** *etwas od.* **sich** *~ von der Sonne bescheinen lassen, der Sonne aussetzen;* er hat sich den ganzen Tag gesonnt **2** ⟨550⟩ *sich in etwas ~* ⟨fig.⟩ *etwas selbstzufrieden genießen;* er sonnt sich in seinem Ruhm; sich in jmds. Gunst ~

son|nen|arm ⟨Adj. 22/70⟩ *wenig Sonnenschein bekommend; das Gebiet ist* ~; ~e *Jahreszeit*

Son|nen|bad ⟨n.; -(e)s, -bä|der⟩ *freie Bewegung od. Ruhen in der Sonne (3), wobei der Körper wenig od. nicht bekleidet ist;* ein ~ nehmen

son|nen|ba|den ⟨V. 400; nur im Inf. u. Part. Perf.⟩ *sich*

sonnen; ich würde gerne ~; er hat zwei Stunden sonnengebadet

Son|nen|brand ⟨m.; -(e)s, -brän|de⟩ *starke Rötung u. Reizung der Haut durch übermäßige Sonnenbestrahlung;* sich vor ~ schützen

son|nen|klar ⟨Adj. 24⟩ **1** *klar u. hell wie die Sonne* **2** ⟨['--'-] 40; fig.; umg.⟩ *ganz klar, völlig klar, eindeutig;* das ist doch ~!

Son|nen|wen|de ⟨f.; -, -n⟩ *Tag des Sommer- od. Winterbeginns mit dem Zeitpunkt, zu dem die Sonne während ihrer scheinbaren jährlichen Bewegung an der Himmelskugel ihre größte bzw. geringste Höhe über dem Horizont erreicht: Solstitium;* Sommer~; Winter~

son|nig ⟨Adj. 70⟩ **1** *vom Sonnenlicht erleuchtet u. erwärmt;* ~er Morgen, Tag, Platz; der ~e Süden; ~es Wetter; hier ist es mir zu ~ **2** ⟨fig.⟩ *heiter, fröhlich;* ein ~er Mensch; sie hat ein ~es Gemüt, Wesen

Sonn|tag ⟨m.; -(e)s, -e; Abk.: So⟩ **1** ⟨Abk.: So⟩ *der letzte Tag der Woche, Ruhetag;* Ggs *Werktag;* →a. *Feiertag;* →a. *Dienstag;* an Sonn- und Feiertagen ist das Museum geschlossen • **1.1** es ist nicht alle Tage ~ ⟨fig.⟩ *man kann es nicht immer gut haben, man kann nicht immer feiern;* →a. *golden* (4.5.3), *silbern* (1.2), *weiß¹* (1.6)

Sonn|tag|abend ⟨m.; -(e)s, -e⟩ *Abend eines (jeden) Sonntags;* →a. *Dienstagabend*

sonn|täg|lich ⟨Adj. 24⟩ **1** *an jedem Sonntag stattfindend;* unser ~es Frühstück; der ~e Abendspaziergang **2** *wie am Sonntag, festlich, feierlich, geruhsam;* ~e Stille

sonn|tags ⟨Adv.⟩ *an jedem Sonntag stattfindend;* ~ schlafen wir länger als werktags; →a. *dienstags*

Son|ny|boy ⟨[-bɔɪ]; m.; -s, -s⟩ *fröhlicher, charmanter, beliebter junger Mann;* er ist ein richtiger ~; er ist der ~ der Mannschaft

so|nor ⟨Adj.⟩ **1** *tief u. klangvoll, voll tönend;* eine ~e Stimme besitzen **2** ⟨Phon.⟩ *stimmhaft;* ~e Konsonanten

sonst ⟨Adv.⟩ **1** *andernfalls;* komm sofort her, ~ gibt's Prügel!; ich muss mich beeilen, ~ komme ich zu spät; wer ~, wenn nicht er **2** *außerdem, bei anderer Gelegenheit;* will ~ noch jemand mitfahren?; war ~ noch jemand da?; so etwas tue ich ~ nicht; mehr als ~; darf es ~ noch etwas sein? (Frage des Verkäufers); er und ~ keiner; ~ niemand; ~ nirgends; ~ überall; ~ was; ~ wem; ~ wen; ~ wer; wer kommt ~ noch?; ~ wie; ~ wo; ~ wohin **3** *für gewöhnlich, im Allgemeinen, immer;* was ist mit dir los, du bist doch ~ nicht so?; der ~ so schlagfertige X blieb ihr diesmal die Antwort schuldig; er ist ~ so verträglich, freundlich, genau wie ~ **4** *anderes;* was soll ich denn ~ tun?; ~ weiß ich nichts zu erzählen; willst du das wirklich tun? Was denn ~?

sons|tig ⟨Adj. 24/60⟩ **1** *ander, übrig;* und ~e Kleinigkeiten; das Sonstige regelt sein Vater • **1.1** *Sonstiges Verschiedenes, alles, was nicht einzuordnen ist*

sonst|was ⟨alte Schreibung für⟩ *sonst was*

sonst|wem ⟨alte Schreibung für⟩ *sonst wem*

sonst|wen ⟨alte Schreibung für⟩ *sonst wen*

sonst|wer ⟨alte Schreibung für⟩ *sonst wer*

sonst|wie ⟨alte Schreibung für⟩ *sonst wie*

sonst|wo ⟨alte Schreibung für⟩ *sonst wo*

sonst|wohin ⟨alte Schreibung für⟩ *sonst wohin*

so|oft ⟨Konj.⟩ **1** *wie viele Male auch immer;* ~ du willst **2** *wann auch immer, jedes Mal, wenn;* ~ er kommt, bringt er Blumen mit; ⟨aber Getrenntschreibung⟩ ich habe schon so oft versucht, ihn telefonisch zu erreichen → *so¹* (5)

So|pran *auch:* **Sop|ran** ⟨m.; -s, -e; Mus.⟩ **1** *die höchste Stimmlage (von Frauen u. Knaben)* **2** *Frau, die (Knabe, der) Sopran* (1) *singt* **3** *Gesamtheit der Sopranstimmen im Chor*

Sor|bet ⟨[zɔrbeː] n. od. m.; -s, -s⟩ *Halbgefrorenes (bes. Fruchteis);* oV *Sorbett*

Sor|bett ⟨n. od. m.; -s, -s⟩ = *Sorbet*

Sor|ge ⟨f.; -, -n⟩ **1** *Unruhe, Bangigkeit, etwas, was einen bedrückt;* ~n haben; jmdm. ~ machen; es macht mir ~, dass …; dein schlechtes Aussehen macht mir ~n; mach dir (darum, darüber, deshalb) keine ~n; aller ~n ledig sein; berufliche, finanzielle ~n; drückende, große, quälende, schwere ~; das ist meine geringste ~; keine ~! (das erledige ich schon); du machst dir unnötige ~n; ich komme aus den ~n nicht heraus; ich bin in ~, weil er so lange ausbleibt; sei ohne ~!; ich mache mir ~n um ihn; kleine Kinder, kleine ~n, große Kinder, große ~n ⟨Sprichw.⟩; deine ~n möcht ich haben! ⟨iron.⟩; wenn das deine einzige ~ ist (, dann ist es ja nicht so schlimm) ⟨leicht iron.⟩ • **1.1** du hast ~n! ⟨iron.⟩ *wie kann dich so eine Kleinigkeit so bekümmern?* • **1.2** lassen Sie das meine ~ sein *kümmern Sie sich nicht darum, überlassen Sie das nur mir* • **1.2.1** ⟨abweisend⟩ *das geht Sie nichts an* **2** *Fürsorge, Pflege;* für Ruhe und Ordnung ~ tragen; liebevolle, mütterliche ~

sor|gen ⟨V.⟩ **1** ⟨415⟩ *für jmdn. od.* **etwas** ~ *Sorge tragen, sich um jmdn. od. etwas kümmern;* für seine Familie ~; und wer sorgt inzwischen für die Kinder? • **1.1** dafür lass mich ~ *überlass das mir* • **1.2** ⟨**dafür**⟩ ~**, dass**… *aufpassen, dass …;* sorge dafür, dass nichts geschieht!; sorge dafür, dass die Kinder ihre Schularbeiten machen **2** ⟨415⟩ **für etwas** ~ *etwas herbeischaffen, sich um etwas bemühen;* für einen reibungslosen Ablauf (der Sache, des Verkehrs) ~; für jmds. Lebensunterhalt ~ • **2.1** ~ Sie für ein Taxi *bringen, rufen Sie ein T.* • **2.2** *etwas bewirken;* für Ruhe ~; dafür ist gesorgt **3** ⟨505/Vr 3⟩ **sich** ~ *sich Sorgen machen, sich ängstigen;* sorg dich nicht, es wird schon alles noch gut; sich um jmdn. ~; sich um jmds. Gesundheit, Leben, Zukunft ~

Sorg|falt ⟨f.; -; unz.⟩ *Genauigkeit, Gewissenhaftigkeit;* du hast es an der nötigen ~ fehlen lassen; ~ auf eine Arbeit verwenden; mit aller, mit größter ~; mit liebevoller ~; ohne ~ arbeiten

sorg|fäl|tig ⟨Adj.⟩ *mit Sorgfalt, peinlich genau, gewissenhaft;* ~ arbeiten; ~ aufpassen; ein geliehenes Buch ~ behandeln; mach es ~!; die Serviette ~ zusammenlegen

sorg|los ⟨Adj.⟩ **1** *ohne Sorgen;* ein ~es Leben führen **2** *sich keine Gedanken, keine Sorgen machend;* er blickt

sorgsam

~ in die Zukunft **3** *leichtfertig, leichtsinnig;* du bist allzu ~ • **3.1** *unachtsam;* er geht allzu ~ mit den Werkzeugen um • **3.2** *vertrauensselig;* sie ist zu ~ im Umgang mit Fremden

sorg|sam ⟨Adj.⟩ *auf liebevolle od. vorsichtige Art u. Weise, sorgfältig;* jmdn. ~ zudecken; etwas ~ in den Schrank stellen

Sor|te ⟨f.; -, -n⟩ *Art, Gattung, Güteklasse (bes. von Waren);* beste, feinste, gute, mittlere, schlechte ~; billigste, teuerste ~; in allen ~n und Preislagen; das gibt es in verschiedenen ~n; von derselben ~; ich gehöre nicht zu der ~ (Menschen), die …; er ist eine merkwürdige ~ von Mensch ⟨umg.⟩

sor|tie|ren ⟨V. 500⟩ *Gegenstände* ~ *(nach Sorten) ordnen, auslesen;* Sachen in verschiedene Fächer, Kästen ~; Bausteine nach ihrer Farbe, Größe, Form ~

Sor|ti|ment ⟨n.; -(e)s, -e⟩ **1** *Gesamtheit der vorhandenen Sorten, Angebot an Waren;* Sy *Programm (2);* ein ~ von Wäsche **2** *Buchhandel in Ladengeschäften, die Bücher verschiedenster Arten u. Verlage vorrätig haben* • **2.1** *Ladengeschäft für ein Sortiment (2)*

so|sehr ⟨Konj.⟩ *wie sehr (auch immer);* ~ ich ihn auch schätze, billige ich in diesem Fall sein Verhalten nicht; ⟨aber Getrenntschreibung⟩ ich habe es mir so sehr gewünscht → *sehr (2)*

so|so ⟨Adv.⟩ **1** ~! ⟨alleinstehend⟩ • **1.1** *(ungläubig zustimmend, nicht ganz überzeugt beipflichtend)* was du nicht sagst!, ich glaube es nicht recht, aber ich nichts dazu sagen • **1.2** *(leicht triumphierend)* also doch!, also hab ich doch Recht gehabt! • **1.3** *(erstaunt, aber verständnisvoll)* aha!, sieh mal einer an! **2** ~ **(la-la)** *leidlich, mittelmäßig, nicht bes. gut;* es geht mir ~ (lala); seine Leistungen sind ~ (lala); es steht mit ihm ~ (lala)

So|ße ⟨f.; -, -n⟩ oV *Sauce* **1** *als Beilage gereichte, meist sämige Flüssigkeit aus Bratensaft, Sahne, Milch, Mehl, Ei, Gewürzen od. anderen Zutaten;* Fleisch~; Braten~; Vanille~; Joghurt~ **2** *Geschmacks- u. Geruchsstoff zum Aromatisieren von Tabakblättern;* Tabak~ **3** ⟨umg.; scherzh.⟩ *schmutzige Brühe, flüssiger Schmutz*

S

◆ Die Buchstabenfolge **souffl…** kann in Fremdwörtern auch **souff|l…** getrennt werden.

◆ **Souf|flé** ⟨[sufle:] n.; -s, -s⟩ = *Soufflee*
◆ **Souf|flee** ⟨[sufle:] n.; -s, -s⟩ *sehr lockerer Auflauf mit geschlagenem Eiweiß;* oV *Soufflé*
◆ **Souf|fleur** ⟨[suflø:r] m.; -s, -e⟩ *jmd., der während des Spiels die Rollen flüsternd mitliest, um die Schauspieler vor dem Steckenbleiben zu bewahren*
◆ **Souf|fleu|se** ⟨[suflø:zə] f.; -, -n⟩ *weibl. Souffleur*
◆ **souf|flie|ren** ⟨[su-] V.⟩ **1** ⟨600⟩ **jmdm.** ~ *einsagen, vorsagen* **2** ⟨400⟩ *als Souffleur bzw. Souffleuse tätig sein*

Sound ⟨[saʊnd] m.; -s, -s; meist in Zus.⟩ *Klang, Klangcharakter, -qualität;* die Stereoanlage hat einen guten ~

sound|so ⟨Adv.⟩ **1** *von gewisser Art, von gewissem Maß, das bzw. die im Augenblick nicht bestimmt werden kann od. soll, unbestimmt wie;* er hat mir erklärt, das Grundstück sei ~ groß und …; ~ viel • **1.1** am Soundsovielten *an einem gewissen Datum* • **1.2** ~ oft *sehr oft* **2** dieser **Herr** Soundso *(dessen Namen mir gerade nicht einfällt)*

Sou|per ⟨[supe:] n.; -s, -s⟩ *(festliches) Abendessen*

Sou|ter|rain ⟨[sutɛrɛ̃:] n.; -s, -s⟩ *Kellergeschoss, etwa zur Hälfte unter dem Straßenniveau liegendes Geschoss, Tiefparterre*

Sou|ve|nir ⟨[suvə-] n.; -s, -s⟩ = *Andenken (2)*

sou|ve|rän ⟨[suvə-] Adj.⟩ **1** *unumschränkt herrschend, die Herrschergewalt, Oberherrschaft ausübend;* ein ~er Staat, Herrscher **2** ⟨fig.⟩ = *überlegen² (1);* ~ beantwortete er alle Fragen

so|viel¹ ⟨Konj.⟩ **1** *nach dem zu urteilen, was (ich sehe, weiß usw.);* ~ ich sehe, ist die Arbeit nahezu fertig • **1.1** ~ ich weiß, kommt er heute nicht mehr *meines Wissens;* →a. *so¹ (5.4)*

so|viel² ⟨alte Schreibung für⟩ *so viel*

so|weit¹ ⟨Konj.⟩ **1** *in der, über die Entfernung, die …;* ~ ich sehe, ist niemand mehr da **2** *in dem Maße, wie;* ~ ich es beurteilen kann, ist die Sache in Ordnung **3** *insoweit, für den Fall, unter der Voraussetzung, dass;* ~ er geeignet ist, wird er auch eingestellt; →a. *so¹ (5.5-5.8)*

so|weit² ⟨alte Schreibung für⟩ *so weit*

so|we|nig¹ ⟨Konj.⟩ *in wie geringem Maß, Umfang auch immer;* ~ es auch nutzen wird, ich versuche es doch; →a. *so¹ (5.9)*

so|we|nig² ⟨alte Schreibung für⟩ *so wenig*

so|wie ⟨Konj.⟩ **1** *wenn, im gleichen Augenblick, wie, …;* ~ er uns sah, lief er weg; ~ ich fertig bin, komme ich **2** *wie auch, und auch, außerdem;* Äpfel, Birnen, Apfelsinen ~ Nüsse und Mandeln; ⟨aber Getrenntschreibung⟩ so wie → *so¹ (2)*

so|wie|so ⟨Adv.⟩ **1** *in jedem Fall, auf alle Fälle, ohnehin;* ich nehme dein Paket mit, denn ich muss ~ zur Post • **1.1** ~ **nicht** *auf keinen Fall;* wir brauchen nicht zu warten, er wird ~ nicht kommen • **1.2** das ~! ⟨umg.⟩ *das versteht sich von selbst!* **2 Herr** Sowieso *(dessen Name mir gerade nicht einfällt)*

so|wohl ⟨Konj.⟩ ~ … **als auch** … *nicht nur …, sondern auch;* ~ Männer und Frauen als auch Kinder; dieses Gerät ist ~ praktisch als auch äußerlich hübsch; das Sowohl-als-auch

so|zi|al ⟨Adj.⟩ **1** ⟨24⟩ *die Gemeinschaft, Gesellschaft betreffend, zu ihr gehörend;* ~e Entwicklung, ~e Lasten, ~e Verhältnisse **2** *die Normen einer Gesellschaft respektierend;* ~ denken, empfinden, sich ~ verhalten, ~es Verhalten **3** *der Gemeinschaft, Gesellschaft dienend;* ~e Fürsorge, in der ~en Arbeit stehen • **3.1** ~e **Berufe** *B., die ihre Arbeit den hilfsbedürftigen Mitmenschen widmen, z. B. Gemeindeschwester, Sozialarbeiter(in)* • **3.2** ~er **Wohnungsbau** *Bau von preiswerten Wohnungen (für Personen mit niedrigem Einkommen) mit staatlichen Zuschüssen u. Steuerbegünstigungen* **4** ⟨24⟩ ~e **Tiere** *T., die die Gesellschaft von Artgenossen aus innerem Antrieb heraus suchen* • **4.1** ~e **Bienen** *Stechimmen aus der Familie der Bienen, die in Staaten leben, in denen ein befruchtetes*

Weibchen, die Königin, Eier legt, während kleine Weibchen mit unentwickelten Geschlechtsorganen die Brut aufziehen **5** ⟨24⟩ *die gesellschaftliche Stellung betreffend, auf ihr beruhend;* ~ *aufsteigen, sinken;* ~es Ansehen; ~e Unterschiede

So|zi|al|ar|beit ⟨f.; -; unz.⟩ *Gesamtheit der Berufe, die im Bereich der Jugend- u. Sozialhilfe tätig sind;* ~ *leisten, fördern*

So|zi|al|ar|bei|ter ⟨m.; -s, -⟩ *jmd., der Sozialarbeit leistet, im Bereich der Sozialhilfe tätig ist*

So|zi|al|hil|fe ⟨f.; -; unz.⟩ *mit einem Rechtsanspruch verbundene öffentliche Hilfe für Menschen, die sich in einer materiellen Notlage befinden;* ~ *bekommen, beziehen; von der* ~ *leben*

So|zi|a|lis|mus ⟨m.; -; unz.⟩ *Bewegung gegen den wirtschaftlichen u. politischen Liberalismus, die dem Arbeitnehmer mehr Einfluss auf die Verwendung der Produktionsmittel u. damit eine größere persönliche Unabhängigkeit u. soziale Sicherheit geben will*

So|zi|al|pro|dukt ⟨n., -(e)s, -e⟩ *volkswirtschaftliches Nettoprodukt, das sich aus der Summe aller produzierten Güter ergibt, Volkseinkommen*

So|zi|al|ver|si|che|rung ⟨f.; -, -en⟩ *staatliche Kranken-, Pflege-, Unfall-, Arbeitslosen- u. Rentenversicherung*

So|zio|lo|gie ⟨f.; -; unz.⟩ **1** *Wissenschaft von den Formen des menschlichen Zusammenlebens u. den dadurch hervorgerufenen Verhaltensweisen, Gesellschaftslehre;* Wirtschafts~, Geschichts~, Literatur~ **2** ⟨i. w. S.⟩ *Lehre von den Formen u. Veränderungen im Zusammenleben von Lebewesen;* Pflanzen~, Tier~

so|zu|sa|gen ⟨Adv.⟩ *gewissermaßen, wenn man es so ausdrücken will, obwohl es nicht ganz richtig ist; sie ernährt* ~ *die ganze Familie allein (denn er verdient nur gelt wenig)*

Spach|tel ⟨m.; -s, - od. f.; -, -n⟩ **1** *kleines Werkzeug mit trapezförmigem Blatt zum Aufstreichen u. Abkratzen von weichen bzw. festgewordenen Stoffen* **2** ⟨unz.⟩ *Masse zum Ausfüllen von Unebenheiten in Werkstücken, die lackiert werden sollen*

Spa|gat[1] ⟨n. od. (österr. nur so) m.; -(e)s, -e⟩ *Figur beim Ballett u. Turnen, völliges Spreizen der Beine nach vorn u. rückwärts, so dass sie eine gerade Linie bilden*

Spa|gat[2] ⟨m.; -(e)s, -e; bair.; österr.⟩ *Bindfaden*

Spa|get|ti ⟨Pl.⟩ *lange, dünne, nicht hohle Nudeln;* oV *Spaghetti*

Spa|ghet|ti ⟨Pl.⟩ = *Spagetti*

spä|hen ⟨V. 411⟩ **1** *genau schauen, vorsichtig, aber scharf schauen; durch eine Mauerritze, Zaunlücke* ~; *um die Ecke, über den Zaun* ~ • **1.1** *Ausschau halten, ausschauen*

Spa|lier ⟨n.; -s, -e⟩ **1** *Gitter an einer Mauer, an dem junge Obstbäume, Reben od. Kletterpflanzen hochgezogen werden;* ~obst; *wilde Rosen ranken am* ~ **2** *doppelte Reihe von Personen, die sich zu jmds. ehrenvollem Empfang so aufgestellt haben, dass der Betreffende zwischen ihnen hindurchschreiten muss; ein* ~ *bilden;* ~ *stehen*

Spalt ⟨m.; -(e)s, -e⟩ **1** *sehr schmale Öffnung, Ritze;* oV *Spalte (1);* Tür~; *durch einen (schmalen)* ~ *drang ein Lichtschein heraus; ein* ~ *in der Wand* **2** ⟨Getrennt- u. Zusammenschreibung⟩ • **2.1** ~ *breit* = *Spaltbreit*

spalt|bar ⟨Adj. 24/70⟩ **1** *so beschaffen, dass man es spalten kann* • **1.1** ~es **Material** *Atomkerne, die im Kernreaktor durch Neutronen gespalten u. zur Energiegewinnung verwendet werden können*

Spalt|breit *auch:* **Spalt breit** ⟨m.; (-) -, (-) -⟩ *Breite eines Spaltes als ungefähre Maßangabe; die Tür, das Fenster einen* ~ *öffnen*

Spal|te ⟨f.; -, -n⟩ **1** = *Spalt;* Erd~; Fels~; Gletscher~ **2** ⟨Abk.: Sp.⟩ *Schriftsatz in Form eines senkrechten Streifens in der Zeitung od. in einem Buch); der Artikel nahm zwei* ~n *ein; die* ~n *(der Zeitung) füllen; Seite 2,* ~ *4 (der Zeitung); das Wörterbuch, Lexikon ist in zwei* ~n *gesetzt*

spal|ten ⟨V. 500; ich spaltete, habe gespalten⟩ **etwas** ~ **1** *senkrecht, in der Mitte zerteilen, zerschlagen; Holz mit dem Beil* ~ • **1.1** ⟨Kernphysik⟩ *durch Kernspaltung in ein Element niederer Ordnung verwandeln, wobei Energie freigesetzt wird; schwere Atomkerne, Radium, Uran* ~ • **1.2** ⟨Vr 3⟩ **etwas** *spaltet* **sich** *reißt auf, zerteilt sich; ihre Haare* ~ *sich in den Spitzen* • **1.3** ⟨513/Vr 3⟩ *etwas spaltet* **sich in bestimmter Weise** *lässt sich in bestimmter W. zerteilen; dieses trockene Holz spaltet sich leicht* **2** *(gewaltsam) in seine Bestandteile zerlegen; der Blitz hat den Baum gespalten* **3** ⟨fig.⟩ *trennen, die Einheit von etwas zerstören; das neue Programm hat die Partei gespalten* • **3.1** ⟨Vr 3⟩ *etwas spaltet* **sich** *teilt, trennt sich; die Partei hat sich in zwei Lager gespalten; die germanische Sprache hat sich in mehrere Zweige gespalten; gespaltenes Bewusstsein (bei Schizophrenie); die Schlange hat eine gespaltene Zunge*

Spalt|pilz ⟨m.; -es, -e⟩ = *Bakterium*

Spal|tung ⟨f.; -, -en⟩ **1** *das Spalten, Teilung, Trennung;* ~ *der Atome; Fortpflanzung durch* ~ **2** ⟨fig.⟩ *Entzweiung; die religiöse* ~; *es kam zu einer* ~ *der Partei*

Span ⟨m.; -(e)s, Spä|ne⟩ **1** *abgespaltenes, abgehobeltes Blättchen, Streifchen;* Hobel~; Holz~; *ein* ~ *zum Feueranzünden* • **1.1** *arbeiten, dass die Späne fliegen* ⟨fig.⟩ *heftig, schwungvoll arbeiten*

Span|ge ⟨f.; -, -n⟩ **1** *schmales, leicht gebogenes Stück Metall, Kunststoff od. Horn mit Verschluss* • **1.1** *Spange (1) zum Festhalten des Haars;* Haar~ • **1.2** *Spange (1) am Schuh zum Schnallen od. Knöpfen* **2** = *Fibel*[2]; Gewand~ **3** *Armreif ohne Verschluss;* Arm~

Spann ⟨m.; -(e)s, -e⟩ **1** *oberer Teil des Fußes vom Ansatz des Schienbeins bis zu den Zehen, Rist* **2** = *Spanne (1)* **3** *Gespann*

Span|ne ⟨f.; -, -n⟩ **1** *altes Längenmaß, etwa 20 cm, so lang, wie man Daumen u. Mittelfinger auseinanderspannen kann;* oV *Spann (2); zwei* ~n *lang* **2** *Zwischenraum, Unterschied;* Verdienst~, Zeit~; *die* ~ *zwischen Brutto- und Nettogehalt, zwischen Einkaufs- und Verkaufspreis* • **2.1** *eine* ~ **Zeit** *ein gewisser Zeitraum, Zeitabschnitt*

span|nen ⟨V.⟩ **1** ⟨500⟩ *etwas* ~ *straff anziehen, straffziehen; ein Seil* ~; *den Bogen* ~; *die Muskeln* ~; *die*

spannend

Saiten ~ • **1.1** etwas ~ *straff befestigen;* die Wäscheleine ~; →a. *Folter (2-2.1)* • **1.2** etwas ~ *zum Auslösen, Abziehen bereitmachen;* den Hahn, den Kameraverschluss ~ • **1.3** ⟨511⟩ **etwas in etwas** ~ *einspannen* • **1.3.1** ⟨511⟩ ein Werkstück in den Schraubstock ~ *im S. befestigen, in den S. klemmen* • **1.4** ⟨Vr 3⟩ **etwas spannt sich** *wird straff;* die Haut über seinen Wangenknochen spannte sich; seine Muskeln spannten sich **2** ⟨500⟩ eine bestimmte **Ausdehnung** ~ *eine Spannweite von bestimmter A. haben;* der Raubvogel spannt anderthalb Meter; das Flugzeug spannt 40 m • **2.1** eine Oktave ~ können *greifen* **3** ⟨400⟩ **etwas spannt** *ist zu eng;* das Kleid, der Rock spannt **4** ⟨511⟩ ein **Zugtier** an, vor den Wagen ~ *anschirren, mit dem Geschirr am W. zum Ziehen befestigen* **5** ⟨511/Vr 3⟩ **etwas spannt sich über etwas** ⟨geh.⟩ *wölbt sich über etwas;* ein strahlend blauer Himmel spannte sich über die Erde; ein Regenbogen spannte sich über den Himmel; über den Fluss spannt sich eine Brücke **6** ⟨513⟩ etwas ~ ⟨fig.⟩ *sehr reizen;* jmds. Erwartungen, Hoffnungen hoch ~

span|nend 1 ⟨Part. Präs. von⟩ *spannen* **2** ⟨Adj.⟩ *Spannung erregend, fesselnd;* ein ~es Buch; der Film war sehr ~

Span|ner ⟨m.; -s, -⟩ = *Voyeur*

Spann|kraft ⟨f.; -; unz.⟩ **1** ⟨Tech.⟩ ~ einer **Feder**, eines **Gases** *Kraft der Spannung* **2** ~ eines **Menschen** ⟨fig.⟩ *Leistungsfähigkeit, Energie;* keine ~ mehr haben

Span|nung ⟨f.; -, -en⟩ **1** ⟨unz.⟩ *das Spannen (1);* durch ~ der Seile wurde das Zelt verankert **2** ⟨unz.⟩ *das Gespanntsein, Straffsein;* die nachlassende ~ des Seils gefährdete die Standsicherheit des Mastes • **2.1** ⟨Tech.⟩ *in einem beanspruchten Körper durch Einwirkung äußerer Kräfte entstehende Kraft;* Gewölbe ~ **3** ⟨El.⟩ *die den Fluss des elektrischen Stromes in einem Stromkreis bewirkende Kraft;* Gleich~; Hoch~; Nieder~; Wechsel~; die ~ beträgt 220 Volt; elektrische ~ *ist die Maßeinheit für die* ~ *ist das Volt* **4** ⟨unz.; fig.⟩ *gespannte Aufmerksamkeit;* ein Buch mit (großer) ~ lesen; einen Wettkampf mit ~ verfolgen; atemlose ~ • **4.1** *gespannte, neugierige Erwartung, Ungeduld;* jmdn. od. etwas mit ~ erwarten • **4.2** *starke, anhaltende innere Erregung, Überreizung;* die ~ wurde unerträglich **5** ⟨fig.⟩ *gespanntes Verhältnis, Feindseligkeit;* politische ~en; mit jmdm. in (dauernder) ~ leben • **5.1** *Zustand der Feindseligkeit, Missstimmung;* zwischen uns ergeben sich dauernd ~en

Spann|weite ⟨f.; -, -n⟩ **1** *die Entfernung zwischen beiden Spitzen der (ausgebreiteten) Flügel;* der Vogel hat eine ~ von 50 cm **2** *Weite (einer Brücke, eines Bogens);* das Flugzeug hat eine ~ von 40 m **3** **geistige** ~ ⟨fig.⟩ *Umfang der geistigen Begabung od. Interessen*

spa|ren ⟨V.⟩ **1** ⟨500⟩ etwas ~ *zurücklegen, nicht ausgeben;* ich habe dabei eine Menge Geld gespart; ich habe mir 100 Euro gespart • **1.1** *für andere Zwecke aufbewahren, nicht verwenden, nicht gebrauchen;* Kraft, Zeit ~ • **1.1.1** den Weg hätte ich mir ~ können *hätte ich nicht zu machen brauchen* • **1.1.2** spar dir deine Ratschläge! ⟨abweisend⟩ *ich brauche deine R. nicht* • **1.1.3** das hättest du dir ~ können *das hättest du nicht zu tun brauchen* • **1.1.4** die Mühe kannst du dir ~ *die M. brauchst du dir nicht zu machen* • **1.1.5** alle weiteren Worte kannst du dir ~ *weiter brauchst du nichts zu sagen* **2** ⟨400⟩ *sich einschränken, wenig Geld ausgeben, sparsam sein;* wir müssen sehr ~; mit jedem Cent, mit jedem Gramm Butter, Fleisch ~ • **2.1** wir ~ am Essen *wir geben wenig Geld für E. aus* • **2.2** sie sparte nicht mit Lob *sie lobte freundlich, ausdrücklich* • **2.3** spare in der Zeit, so hast du in der Not ⟨Sprichw.⟩ *bilde, solange es dir finanziell gutgeht, Rücklagen für schlechtere Zeiten* • **2.4** *Geld zurücklegen;* ich spare auf, für ein Auto

Spar|gel ⟨m.; -s, -; Bot.⟩ *ein Liliengewächs mit stark verzweigtem Stängel, kleinen, borstenähnlichen Blättern, dessen junge, essbare Sprossen durch Aufschütten der Erde weiß bleiben u. in einer Länge von ca. 20 cm gestochen werden:* Asparagus officinalis

spär|lich ⟨Adj.⟩ **1** *knapp, dürftig, kümmerlich;* ein ~es Mahl **2** *wenig;* ~e Mittel; die Straße ist ~ beleuchtet **3** *vereinzelt;* ~er Pflanzenwuchs; diese Pflanzen kommen hier nur ~ vor; das Gras wächst hier nur ~; dieser Landstrich ist nur ~ besiedelt • **3.1** ~es **Haar** *dünnes, schütteres H.*

Spar|ren ⟨m.; -s, -⟩ **1** ~ des **Daches** ⟨Bauw.⟩ *schräger Balken;* Dach~ **2** ⟨unz.; fig.; umg.⟩ *kleine Verrücktheit, Klaps, Spleen;* er hat einen ~ • **2.1** er hat einen ~ zu viel (im Kopf) *er ist ein bisschen verrückt*

spar|sam ⟨Adj.⟩ **1** *immer sparend, Verschwendung vermeidend, mit wenig auskommend;* eine ~e Hausfrau; er ist sehr ~; *wirtschaften;* mit seinem Geld, seinen Vorräten, Kräften ~ umgehen • **1.1** ~ **im Gebrauch**, Verbrauch *ausgiebig, lange reichend;* dieses Wasch-, Putzmittel ist ~ im Gebrauch **2** ⟨fig.⟩ *zurückhaltend, knapp, mäßig;* rote Farbe ~ verwenden • **2.1** von seiner Macht, Vollmacht ~(en) Gebrauch machen *wenig G.*

spar|ta|nisch ⟨Adj.⟩ **1** *Sparta betreffend, zu ihm gehörend, aus ihm stammend* **2** *in der Art der Spartaner* **3** ⟨fig.⟩ *streng, hart, genügsam u. einfach, anspruchslos;* ~e Erziehung, Lebensweise; ~ leben

Spar|te ⟨f.; -, -n⟩ **1** *Abteilung, Fach;* in meiner ~ **2** *Geschäfts-, Wissenszweig, Sportart;* das Rudern ist eine ~ des Wassersports **3** *Spalte in einer Zeitung*

Spaß ⟨m.; -es, Späße⟩ **1** *Scherz, Witz;* die Späße des Clowns; ~ machen, treiben; Späße machen; ein alberner, derber, dummer, gelungener, grober, netter, roher, schlechter ~; einen ~ machen ~ sagen; seinen ~ mit jmdm. treiben • **1.1** ~ beiseite! *jetzt wieder ernst gesprochen!* • **1.2** ~ **verstehen**, *nicht leicht beleidigt sein* • **1.2.1** darin versteht er keinen ~ *so etwas nimmt er übel* • **1.3** **schlechter** ~ *Streich, der jmdn. ärgert* • **1.4** das hab' ich doch nur **aus** ~ gesagt, getan *das meinte ich nicht ernst* • **1.5** das geht **über** den ~! *das geht zu weit!* **2** *Vergnügen, Belustigung;* er hat seinen ~ damit, daran; wir hatten viel ~ miteinander; das macht ~!; das Spiel, Theaterstück hat mir viel ~ gemacht; sich einen ~ daraus machen, die Erwachsenen zu ärgern; es war ein ~ zu sehen …; er hat mir, uns den ~ verdorben; das macht mir großen, viel, keinen ~ • 2.1 ich sag' das doch nicht **zum** ~! *ich meine es ernst;* etwas (nur) zum ~ tun

spa|ßen ⟨V. 400⟩ **1** *Spaß machen, scherzen* • **1.1** Sie ~! *Sie meinen das wohl nicht im Ernst?* • **1.2** er lässt nicht mit sich ~ *er erlaubt nicht, dass man sich über ihn lustig macht* • **1.3** damit ist nicht zu ~ *das muss man ernst nehmen, mit Vorsicht behandeln*

spa|ßes|hal|ber ⟨Adv.⟩ **1** *zum Spaß;* wir wollen einmal ~ annehmen, dass … **2** *aus Neugierde, Interesse;* ich möchte es ~ einmal probieren

spa|ßig ⟨Adj.⟩ *lustig, vergnüglich, unterhaltsam, Spaß machend;* du siehst ja ~ aus!; was findest du denn daran so ~?

spät ⟨Adj.⟩ **1** *nicht rechtzeitig;* Ggs *früh (1);* ~e Reue; warum kommst du so ~?; ~ kommt Ihr - doch Ihr kommt! (Schiller, „Die Piccolomini", I,1); besser ~ als nie; zu ~ kommen; es ist zu ~ **2** *am Ende (eines Zeitraumes), vorgerückt (Stunde, Jahreszeit);* ein ~es Glück erfahren, erleben; das ~e Mittelalter; ~ aufstehen, schlafen gehen; es ist schon ~; es wird heute Abend ~; ~ abends; ~ am Morgen; von früh bis ~ arbeiten; es ist schon ~ am Tage; im ~en Frühjahr, Sommer; ~ im Jahr; ~ in der Nacht; bis in die ~e Nacht, bis ~ in die Nacht hinein • **2.1** ~es **Obst** *spät im Jahr reifendes O.* • **2.2 wie** ~ ist es? *wie viel Uhr ist es?*

Spa|tel ⟨m.; -s, -⟩ *schmaler, flacher Stab (aus Holz, Kunststoff o. Ä.) zum Mischen u. zum Aufnehmen kleiner Mengen einer Substanz*

Spa|ten ⟨m.; -s, -⟩ *Gerät zum Graben, bestehend aus viereckiger Metallscheibe (Blatt), langem Stiel u. quer dazu stehendem Griff*

spä|ter ⟨Adj.⟩ **1** *(Komparativ von) spät, zu einem ferneren Zeitpunkt;* ~ denkst du vielleicht anders darüber; ein ~er Zeitpunkt wäre mir lieber; ich komme heute etwas ~; ich komme ~ wieder; es ist ~, als ich dachte; sprechen wir ~; ich vertröstete ihn auf ~ **2** *(zu)künftig, kommend;* in ~en Jahren; in ~er Zeit • **2.1** ~e **Geschlechter** *später lebende G., G. der Zukunft* **3** ⟨50⟩ *danach;* drei Stunden ~ • **3.1** *also dann -* **auf** ~!, **bis** ~! *(Abschiedsformel) auf Wiedersehen bzw. bis zum Wiedersehen am selben Tag*

spä|tes|tens ⟨Adv.⟩ *nicht nach (einem bestimmten Zeitpunkt);* ~ um fünf Uhr; ~ morgen

Spät|le|se ⟨f.; -, -n⟩ **1** *Weinlese am Ende des Herbstes nach dem normalen Zeitpunkt der Lese* **2** *Wein aus Trauben, die zur Spätlese (1) geerntet worden sind*

Spatz ⟨m.; -es, -en⟩ **1** = *Sperling (1)* • **1.1** das pfeifen die ~en von den Dächern ⟨fig.⟩ *das ist allgemein bekannt* • **1.2** essen wie ein ~ *sehr wenig essen* • **1.3** lieber den ~en in der Hand als die Taube auf dem Dach ⟨Sprichw.⟩ *lieber wenig besitzen, als viel in Aussicht haben;* →a. *Kanone (1.1)* **2** ⟨fig.⟩ *kleines, mageres, (auch) kränkliches Kind (oft als Kosename)*

Spätz|le ⟨Pl.; süddt.⟩ *kleine Stückchen Nudelteig, die von einer Teigmasse abgeschabt od. durch ein Gerät gepresst u. in Wasser gekocht werden;* oV ⟨schweiz.⟩ *Spätzli*

Spätz|li ⟨Pl.; schweiz.⟩ = *Spätzle*

spa|zie|ren ⟨V. 411⟩ **1** *zur Erholung im Freien (umher)gehen;* durch die Stadt, den Park ~; ich gehe jeden Tag spazieren; wir sind lange ~ gegangen; mit dem Fahrrad ~ fahren; einen Hund ~ führen; im Park ~ **reiten** **2** *fröhlich, behaglich (umher)gehen;* vor einem Haus auf und ab ~ **3** *dreist, unbekümmert (umher)gehen;* durch ein Museum ~

Spa|zier|gang ⟨m.; -(e)s, -gän|ge⟩ *Gang im Freien zur Erholung od. Unterhaltung;* Sy ⟨veraltet⟩ *Promenade (1);* einen ~ machen; ein kurzer, langer, weiter ~

Specht ⟨m.; -(e)s, -e; Zool.⟩ *Angehöriger einer Familie mit Meißelschnabel ausgerüsteter, kräftiger, oft bunter Vögel, die Insekten u. deren Larven aus Baumrinde u. Holz heraushacken: Picidae*

Speck ⟨m.; -s; unz.⟩ **1** *unter der Haut sitzendes, von Fett erfülltes Zellgewebe beim Schwein;* gebratener, geräucherter ~; Erbsen mit ~ • **1.1** ~ auf den Knochen, auf dem Leib, drauf haben ⟨umg.⟩ *dick, beleibt sein* • **1.1.1** ~ **ansetzen** *dick werden, an Gewicht zunehmen* **2** *ran an den* ~! ⟨umg.; scherzh.⟩ *nun los!, angefangen!, an die Arbeit!* • **2.1** mit ~ fängt man Mäuse ⟨fig.⟩ *durch Geschenke erreicht man etwas* • **2.2** wie die Made im ~ sitzen ⟨fig.; umg.⟩ *ein sehr einträgliches Amt haben u. dadurch üppig leben können;* →a. *Dreck (1.1)*

spe|ckig ⟨Adj.⟩ **1** *fettig;* das Papier ist ~; er hat ~es Haar **2** ⟨fig.⟩ *schmutzig u. abgegriffen;* ein ~es Buch **3** *abgewetzt, abgetragen u. glänzend;* sein alter Anzug ist ~; →a. *dreckig (1.1)*

Spe|di|teur ⟨[-tø:r] m.; -s, -e⟩ *jmd., der gewerblich Güter (mit Lastkraftwagen) versendet*

Spe|di|ti|on ⟨f.; -, -en⟩ **1** *Versandabteilung (eines Betriebes)* **2** *Firma eines Spediteurs*

Speer ⟨m.; -(e)s, -e⟩ *Wurfwaffe, mit Eisenspitze versehener langer Stab, Spieß, Lanze (auch als Sportgerät für Wurfübungen und -wettkämpfe)*

Spei|che ⟨f.; -, -n⟩ **1** *Teil des Rades, Strebe zwischen Nabe u. Felge* • **1.1** dem Schicksal in die ~n greifen ⟨fig.⟩ *das S. aufzuhalten, zu hemmen suchen* **2** ⟨Anat.⟩ *auf der Daumenseite liegender Unterarmknochen;* Elle und ~

Spei|chel ⟨m.; -s; unz.⟩ *Absonderung der im Mund befindlichen Speicheldrüsen: Saliva*

Spei|cher ⟨m.; -s, -⟩ **1** *Raum für Vorräte* • **1.1** *Lagerhaus;* Korn~ • **1.2** *Bodenraum im Haus, Dachboden (als Abstellraum u. zum Wäschetrocknen);* Trocken~ • **1.3** *Behälter für Vorräte;* Wasser~ **2** ⟨EDV⟩ *Vorrichtung, auf der Daten gespeichert werden (z. B. USB-Stick, Festplatte)*

spei|chern ⟨V. 500⟩ **1** etwas ~ *in einem Speicher sammeln, aufbewahren, lagern;* Getreide, Vorräte ~ **2** etwas ~ ⟨a. fig.⟩ *als Vorrat anhäufen;* Hass, Liebe in sich gespeichert haben

spei|en ⟨V. 248; geh.⟩ **1** ⟨400⟩ *Speichel auswerfen, spucken;* auf den Boden ~; jmdm. ins Gesicht ~ • **1.1** es ist **zum** Speien *unangenehm, langweilig* ⟨fig.⟩ *sehr* **2** ⟨500⟩ etwas ~ *aus dem Mund auswerfen;* Blut ~; der Drache spie Feuer; ein Löwe als Brunnenfigur speit Wasser • **2.1** Gift und Galle ~ ⟨fig.⟩ *seiner Wut* *in giftigen Worten Luft machen* • 2.2 ⟨fig.⟩ *(in großen Mengen) auswerfen, von sich sprühen;* der Vulkan speit Feuer, Lava **3** ⟨400⟩ *sich erbrechen, übergeben;* alle Passagiere haben gespien, als das Schiff auf offene See kam

Spei|se ⟨f.; -, -n⟩ **1** *feste Nahrung, Essen;* ~ und Trank; die ~n auftragen; Wurzeln und Beeren waren seine ~, dienten ihm zur ~ **2** *essfertig zubereitetes Nahrungsmittel, Gericht;* Eier~; Fleisch~; Mehl~; Süß~; Vor~; Nach~; kalte, warme ~n **3** ⟨unz.⟩ *Mörtel, Speis* **4** *das flüssige Metall zum Guss;* Glocken~

Spei|se|kar|te ⟨f.; -, -n; in Gaststätten⟩ *Verzeichnis der vorrätigen od. zubereitbaren Speisen;* nach der ~ essen; die ~ verlangen

spei|sen ⟨V.; geh.⟩ **1** ⟨400⟩ *Speise zu sich nehmen, eine Mahlzeit einnehmen, essen;* wir haben ausgezeichnet, gut gespeist; (wünsche) wohl zu ~!; zu Abend, zu Mittag ~ **2** ⟨500⟩ **jmdn.** ~ *jmdn. zu essen geben;* der Gastgeber speiste sie an langen Tafeln **3** ⟨500⟩ einen **Apparat,** eine **Anlage** ~ *mit Betriebsstoff versorgen;* einen Ofen mit Brennmaterial ~; eine elektrische Anlage mit Strom ~; einen Kessel mit Wasser ~; die Wasserwerke der Stadt werden aus dem, durch den, vom Fluss gespeist

Spei|se|röh|re ⟨f.; -, -n; Anat.⟩ *aus Muskeln bestehender Schlauch zwischen Schlund u. Magen zur Beförderung der Speise in den Magen: Oesophagus*

Spek|ta|kel¹ ⟨n.; -s, -; veraltet⟩ = *Schauspiel (1)*

Spek|ta|kel² ⟨m.; -s, -; fig.; umg.⟩ **1** *Aufregung, Aufsehen* **2** *lauter Auftritt, Szene, Trubel;* mach keinen (solchen) ~!

spek|ta|ku|lär ⟨Adj.⟩ *großes Aufsehen erregend, sensationell;* ein ~er Auftritt

Spek|trum *auch:* **Spękt|rum** ⟨n.; -, Spęk|tren od. Spęk|tra⟩ **1** (i. e. S.; Phys.) *die Aufspaltung von weißem Licht in verschiedene Farben;* Sonnen~; Linien~ **2** (i. w. S.; Phys.) *die Gesamtheit der elektromagnet. Strahlung verschiedener Wellenlänge;* Frequenz~ **3** ⟨fig.⟩ *Vielfalt, Buntheit;* das ~ der modernen Literatur, Kunst usw.

Spe|ku|la|ti|on ⟨f.; -, -en⟩ **1** *Betrachtung* **2** *das Denken, das über die reine Erfahrung hinaus durch Überlegung Erkenntnis zu gewinnen sucht* **3** *die nur auf Überlegung beruhende Erkenntnis* **4** *Kauf (bzw. Verkauf) von Gütern in der Erwartung, sie zu einem späteren Zeitpunkt mit Gewinn verkaufen (bzw. kaufen) zu können;* ~ mit (in) Wertpapieren, Devisen **5** *(gewagtes) Geschäft, Unternehmen*

Spe|ku|la|ti|us ⟨m.; -, -⟩ *knuspriges, flaches, mit Modeln ausgestochenes Pfefferkuchengebäck*

spe|ku|lie|ren ⟨V.⟩ **1** ⟨405⟩ (**auf etwas**) ~ *Handel aufgrund von Spekulation (4) treiben;* an der Börse ~; auf Hausse, auf Baisse ~ **2** ⟨800⟩ **auf** eine **Stellung** ~ ⟨umg.⟩ *nach einer ~ streben* **3** ⟨400⟩ *grübeln, nachsinnen, überlegen;* er spekulierte lange, was …

Spe|lun|ke ⟨f.; -, -n; abwertend⟩ **1** *schlechtes, anrüchiges Lokal, schmutzige Kneipe* **2** *elende, verkommene Unterkunft*

Spęl|ze ⟨f.; -, -n⟩ **1** *Hülse, Schale des Getreidekorns* **2** *trockenes Blatt der Grasblüten*

spen|da|bel ⟨Adj.⟩ *freigebig, großzügig;* ein spendabler Gastgeber; sie ist sehr ~

Spęn|de ⟨f.; -, -n⟩ *Gabe, Geschenk, Schenkung, freiwilliger Beitrag;* bitte eine kleine ~!; milde ~n

spęn|den ⟨V. 500⟩ **1** *etwas* ~ *reichlich geben, schenken;* Geld (für etwas) ~; die Kuh spendet Milch; der Brunnen spendet kein Wasser mehr; es wurde reichlich gespendet • 1.1 **Blut** ~ *sich B. zur Konservierung für Notfälle abzapfen lassen* • 1.2 die **Sakramente** ~ *austeilen* • 1.3 ⟨fig.⟩ *(als Dank od. Wohltat) geben, erweisen;* Lob, Segen ~; einem Künstler, einem Vorschlag Beifall ~ • 1.4 ⟨fig.⟩ *beitragen (zu);* ich habe auch etwas dazu gespendet

spen|die|ren ⟨V. 503; umg.⟩ (**jmdm.**) **etwas** ~ *spenden, geben, ausgeben;* er hat den Kindern fünfzehn Euro für den Jahrmarkt spendiert; eine Runde Bier im Wirtshaus ~

Spęr|ber ⟨m.; -s, -; Zool.⟩ *dem Habicht ähnlicher, kleinerer Raubvogel mit graubraunem Gefieder: Accipiter nisus*

Spe|renz|chen ⟨nur Pl.; umg.⟩ **1** *Umstände, Schwierigkeiten, Widerstand* • 1.1 ~ *machen sich sträuben, Widerstand zeigen*

Spęr|ling ⟨m.; -s, -e; Zool.⟩ **1** *Angehöriger einer Unterfamilie der Webervögel: Passerinae;* Sy *Spatz (1);* Feld~, Haus~ • 1.1 *der ~ in der Hand ist besser als die Taube auf dem Dach* ⟨Sprichw.⟩ *eine kleine, aber sichere Sache ist besser als eine große, die nur in Aussicht ist*

Spęr|ma ⟨n.; -s, Spęr|men *od.* Spęr|ma|ta⟩ = *Samen (2)*

Spęr|re ⟨f.; -, -n⟩ **1** *Sperrvorrichtung, Riegel, Schranke, Schlagbaum;* eine ~ errichten; an, vor der ~ warten **2** *Hindernis;* in den Straßen wurden ~n errichtet **3** *Maßnahme, die etwas verhindert, Verbot;* eine ~ verhängen • 3.1 *das Verhindern von Vergünstigungen;* Urlaubs~ • 3.2 *das Verhindern von Warenbezügen od. -lieferungen;* Kontinental~

spęr|ren ⟨V.⟩ **1** ⟨500⟩ **etwas** ~ *eine Sperre errichten in, an, der Zu- od. Durchgang verhindern zu, durch;* eine Straße für den Verkehr ~; bei den ersten Unruhen wurde die Grenze gesperrt; gesperrt für Durchgangsverkehr (auf Verkehrsschildern) **2** ⟨500⟩ **jmdn.** *od.* **etwas** ~ *eine Sperre verhängen über jmdn. od. etwas, etwas verhindern, verbieten, untersagen;* die Einfuhr, Ausfuhr ~ • 2.1 jmdn. das **Gas, Licht,** den **Strom** ~ *den Gebrauch von G., L., S. durch Abschalten od. Abstellen der Leitung verhindern, unterbinden* • 2.2 ein **Konto** ~ *unzugänglich machen, nichts mehr vom K. auszahlen* • 2.3 jmdm. den **Kredit** ~ *jmdm. keinen K. mehr geben* • 2.4 ein **Rad** ~ *durch Klotz o. Ä. am Bewegen, Rollen hindern* • 2.5 einen **Scheck** ~ *ungültig machen* • 2.6 einen **Spieler** ~ ⟨Sp.⟩ • 2.6.1 *einen gegnerischen S. bei der Abwehr behindern* • 2.6.2 *einem S. für einen bestimmten Zeitraum das Mitspielen untersagen (Disziplinarstrafe)* **3** ⟨400⟩ *etwas sperrt klemmt, ist nicht od. schlecht beweglich;* schon seit Tagen sperrt die Tür **4** ⟨511⟩ jmdn. od. etwas **in etwas** ~ *einsperren, einschließen;* jmdn. ins Gefängnis ~; Tiere in den Stall ~ **5** ⟨505/Vr 3⟩ **sich** ~ (**gegen**) *sich sträuben (gegen), sich (einer Sache)* widersetzen **6** ⟨500⟩ **Wörter** ~ ⟨Typ.⟩ *mit größeren Zwischenräumen zwischen den Buchstaben drucken*

Sperr|gut ⟨n.; -(e)s, -güter⟩ *sperriges Gut (mit erhöhtem Beförderungstarif);* eine Ware, einen Gegenstand als ~ schicken

Sperr|holz ⟨n.; -es; unz.⟩ *Holz aus mehreren, in sich kreuzender Faserrichtung übereinandergeleimten Platten, wodurch verhindert wird, dass sie sich verziehen*

sper|rig ⟨Adj.⟩ **1** *viel Platz einnehmend, unhandlich;* ein ~es Paket **2** ⟨fig.⟩ *schwer zu handhaben, widerspenstig;* ein ~es Problem

Sperr|sitz ⟨m.; -es, -e⟩ **1** *(im Zirkus, Theater) die vorderen Plätze* **2** *(im Kino) die hinteren Plätze*

Spe|sen ⟨Pl.⟩ *Nebenausgaben bei der Besorgung eines Geschäftes;* Fracht~, Transport~, Reise~; ~ machen, haben

spe|zi|a|li|sie|ren ⟨V. 500/Vr 3⟩ *sich auf* ein **Fachgebiet** ~ *beschränken und dieses besonders eingehend studieren*

Spe|zi|a|list ⟨m.; -en, -en⟩ *jmd., der sich auf ein Gebiet spezialisiert hat;* ~ für innere Krankheiten

Spe|zi|a|lis|tin ⟨f.; -, -tin|nen⟩ *weibl. Spezialist*

Spe|zi|a|li|tät ⟨f.; -, -en⟩ **1** *Besonderheit (bes. Speise), etwas, das für jmdn. od. etwas kennzeichnend ist;* Eierkuchen sind ihre ~; ~n der französischen Küche **2** *bes. eingehend studiertes Fachgebiet;* englische Literatur ist seine ~ **3** *das, wovon man bes. viel versteht, was man bes. gut beherrscht* **4** *Liebhaberei, das, was man bes. gernhat od. gern tut;* Schach, Schwimmen ist seine ~

spe|zi|ell ⟨Adj.⟩ **1** *einzeln, besonders;* Ggs *generell;* im ~en Falle; ~e Wünsche **2** ⟨50⟩ *besonders, nur, hauptsächlich;* das Kleid wurde ~ für sie gefertigt; ~ an diesen Bildern war er interessiert **3** **auf** dein (Ihr) Spezielles! ⟨umg.⟩ *auf dein (Ihr) Wohl!*

Spe|zi|es ⟨f.; -, -⟩ **1** *Art, Gattung* **2** ⟨Biol.⟩ = *Art (1.1)* **3** *Gestalt, Erscheinung, Erscheinungsform* **4** ⟨Math.⟩ *Grundrechenart* **5** ⟨Pharm.⟩ *Mischung aus mehreren Sorten Tee*

spe|zi|fisch ⟨Adj.⟩ **1** *(art)eigen, eigentümlich;* ein ~es Merkmal, Mittel; ~e Interessen **2** ~es **Gewicht** ⟨Phys.⟩ *G. (Masse) im Verhältnis zum Volumen* **3** ~e **Wärme** ⟨Phys.⟩ *die W., die benötigt wird, um 1 g (od. 1 Mol) eines Stoffes um 1 °C zu erwärmen* **4** ~e **Ladung** ⟨Phys.⟩ *elektrische Ladung (6) eines Teilchens, dividiert durch seine Masse*

spe|zi|fi|zie|ren ⟨V. 500⟩ **1** *etwas* ~ *aufgliedern, unterscheiden;* einen Text ~; die verschiedenen Gesichtspunkte ~; einen Plan ~ **2 Posten** ~ *einzeln anführen, im Einzelnen darlegen;* eine Rechnung ~

Sphä|re ⟨f.; -, -n⟩ **1** *Kugel, Kreis* • **1.1** ⟨Astron.⟩ *Himmelskugel* **2** *Bereich;* private ~ • **2.1** *Machtbereich, Wirkungskreis;* Macht~

Sphinx 1 ⟨fachsprachl.: m.; - od. -es, Sphin|gen od. umg. f.; -, -e⟩ *ägyptisches Fabelwesen mit Löwenleib u. Menschenkopf* **2** ⟨f.; -; unz.; grch. Myth.⟩ *weibl. Ungeheuer mit Löwenleib u. Frauenkopf, das jeden tötete, der sein Rätsel nicht lösen konnte*

spi|cken ⟨V.⟩ **1** ⟨500⟩ **Fleisch** ~ *vor dem Braten mit Speckstreifen durchziehen;* einen Hasen ~ **2** ⟨516⟩ **etwas mit etwas** ~ ⟨fig.; umg.⟩ *reichlich mit etwas versehen;* er spickte seinen Vortrag mit Anekdoten; eine mit Fehlern gespickte Arbeit • **2.1** ⟨530/Vr 5⟩ **sich** od. **jmdm.** den **Beutel** ~ *reichlich mit Geld versehen* • **2.2** ⟨500⟩ **jmdn.** ~ *bestechen;* einen Beamten ~ **3** ⟨400; Schülerspr.⟩ *abgucken, vom Heft des Nachbarn od. von einem Spickzettel abschreiben;* er hat gespickt **4** ⟨400(s.); schweiz.⟩ *(durch eine Prüfung) durchfallen;* er ist gespickt

Spi|cker ⟨m.; -s, -; Schülerspr.⟩ **1** *jmd., der spickt (4)* **2** *(kurz für) Spickzettel*

Spick|zet|tel ⟨m.; -s, -; Schülerspr.⟩ *kleiner Zettel mit Notizen, von dem man unerlaubt während einer Klassenarbeit abschreibt*

Spie|gel ⟨m.; -s, -⟩ **1** *glatte Fläche, die den größten Teil der auftreffenden Lichtstrahlen zurückwirft u. dadurch ein Abbild des davor befindlichen Gegenstandes gibt, bes. Glas mit dünner Silberschicht;* sich im ~ betrachten; sein Bild im ~ sehen • **1.1** jmdm. einen ~ vorhalten ⟨fig.⟩ *jmdn. über seine Fehler aufklären* • **1.2** sich etwas hinter den ~ stecken ⟨fig.⟩ *zur täglichen Ansicht aufheben* • **1.2.1** *sich merken, einprägen (bes. Unangenehmes)* • **1.3** der Aufsatz zeigt das deutsche Theater, den deutschen Film im ~ der öffentlichen Meinung *so, wie sich das T., der F. in der öffentlichen M. darbietet, wie die Öffentlichkeit sie sieht* **2** ⟨Med.⟩ *mit einem Spiegel (1) versehenes Instrument zur Besichtigung von Körperhöhlen;* Augen~; Kehlkopf~ • **2.1** *röhrenförmiges Instrument zum Einführen in Körperhöhlen, so dass man diese durch das nun einfallende Licht sehen kann;* Mastdarm~ **3** *Oberfläche (einer Flüssigkeit, eines Gewässers);* Meeres~; Wasser~ **4** ⟨Arch.⟩ *flache Decke eines Kreuzgewölbes;* ~gewölbe **5** *Türfüllung* **6** *eingefasstes Feld an der Decke od. zwischen Fenstern* **7** ⟨Physiol.⟩ *Gehalt einer Körperflüssigkeit an bestimmten Stoffen;* Vitamin~; Zucker~ **8** *seidener Aufschlag am Rock des Fracks u. Smokings* **9** *Tuchbesatz an den Kragenecken der Uniform, meist mit Kennzeichen der Einheit, Waffengattung, des Dienstgrades usw.* **10** *weißer Fleck auf der Stirn von Rind od. Pferd* **11** ⟨Jägerspr.⟩ *schillernder Fleck am Flügel von Entenvögeln* **12** ⟨Jägerspr.⟩ *weißer Fleck um den After des Reh-, Rot- u. Gamswildes;* Sy *Scheibe (1.5)* **13** *plattes Heck (eines Schiffes)* **14** *mittlerer Teil der Schießscheibe* **15** ⟨Geol.⟩ *blankpolierter Harnisch (3)* **16** ⟨Typ.⟩ *der bedruckte Teil einer Seite;* Satz~

Spie|gel|bild ⟨n.; -(e)s, -er⟩ *im Spiegel erscheinendes, seitenverkehrtes Bild*

spie|gel|bild|lich ⟨Adj. 24⟩ *in der Art eines Spiegelbildes, seitenverkehrt*

Spie|gel|ei ⟨n.; -(e)s, -er⟩ *in der Pfanne in Fett gebratenes, nicht verquirltes Ei;* ~ mit Schinken

spie|gel|glatt ⟨Adj. 24⟩ *glatt wie ein Spiegel, vollkommen glatt, eben;* das Meer lag ~ vor uns; die Straße war ~ gefroren

spie|geln ⟨V.⟩ **1** ⟨400⟩ *etwas spiegelt wirft Lichtstrahlen zurück, glänzt (wie ein Spiegel), blendet;* der Fußboden spiegelt; man kann das Bild schlecht erken-

Spiel

nen, weil das Glas darüber spiegelt; Metall spiegelt **2** ⟨500⟩ *etwas* spiegelt *etwas gibt ein Abbild von etwas, spiegelt etwas wider; die blanke Scheibe spiegelte sein Bild* **3** ⟨500/Vr 3⟩ **sich (in etwas)** ~ *als (seitenverkehrtes) Abbild erscheinen, sich widerspiegeln; die Bäume* ~ *sich im Wasser* • **3.1** *sich im Spiegel betrachten* • **3.2** ⟨fig.⟩ *wirklichkeitsgetreu in etwas zum Ausdruck kommen; seine innere Entwicklung spiegelt sich in seinem Schaffen, seinem Werk*

Spiel ⟨n.; -(e)s, -e⟩ **1** *zweckfreie Tätigkeit, Beschäftigung aus Freude an ihr selbst, Zeitvertreib, Kurzweil;* ~ *mit Worten* • **1.1** *ein* ~ **der Natur** *eine seltsame Naturform* • **1.2** *ein* ~ **des Schicksals** *eigenartiges Zusammentreffen* • **1.3** *ein* ~ **des Zufalls** *ein seltsamer Zufall* • **1.4** *das ist für mich ein* ~ ⟨fig.⟩ *ein Leichtes* • **1.5** *unregelmäßige, nicht zweckbestimmte Bewegung;* ~ *der Augen, Hände, Muskeln* • **1.6** *lebhafte, harmonische Bewegung; Farben-; Wellen-;* ~ *der Lichter, Scheinwerfer; das* ~ *der Wellen; das freie* ~ *der Kräfte* • **1.7** *nur* ~ *Scherz, kein Ernst; es ist doch alles nur* ~*; etwas nur als* ~ *auffassen* **2** *unterhaltende Beschäftigung nach bestimmten Regeln; Gedulds-; Geschicklichkeits-~* • **2.1** **mit im** ~ **sein** • **2.1.1** *an einem Spiel (2) teilnehmen* • **2.1.2** ⟨fig.⟩ *an etwas beteiligt sein* • **2.2** *das* ~ **verderben** • **2.2.1** *nicht mitmachen u. dadurch die andern stören od. das Gelingen verhindern* • **2.2.2** *ein Unternehmen vereiteln* • **2.3** **gewonnenes** ~ **haben** ⟨fig.⟩ *eine Sache durchgesetzt, erreicht haben* • **2.4** *jmdn. od. etwas* **aus dem** ~ **lassen** ⟨fig.⟩ *unbeteiligt, in Ruhe; lassen Sie mich aus dem* ~*!* • **2.5** *die* **Finger** *bei etwas* **im** ~ **haben** ⟨fig.⟩ *bei, an einem Unternehmen beteiligt sein;* →*a.* **Hand** *(2.6)* • **2.6** *bei, mit jmdm.* **leichtes** ~ **haben** ⟨fig.⟩ *bei jmdm. leicht etwas durchsetzen, erreichen* • **2.7** *(unterhaltende) Beschäftigung nach bestimmten Regeln, um Geld mit Vermögenseinsatz u. vom Zufall abhängigem Gewinn od. Verlust; Glücks-~; dem* ~ *verfallen sein; er hat Glück im* ~ *gehabt; sein Glück im* ~ *versuchen* • **2.7.1** *machen Sie Ihr* ~*!* ⟨Aufforderung des Croupiers⟩ *geben Sie Ihren Einsatz, setzen Sie!* • **2.7.2** *falsches* ~ *Spiel mit der Absicht zu betrügen* • **2.7.3** **falsches** ~ **mit jmdm. treiben** ⟨fig.⟩ *jmdn. betrügen, irreführen* • **2.7.4** *ein* **abgekartetes** ~ ⟨fig.⟩ *heimliche Abmachung* • **2.7.5** *ein* **doppeltes** ~ *spielen* ⟨fig.⟩ *unehrlich handeln, zwei gegeneinander ausspielen* • **2.7.6** *etwas* **aufs** ~ **setzen** ⟨a. fig.⟩ *etwas wagen, etwas einsetzen, etwas einer Gefahr aussetzen* • **2.7.7** **auf dem** ~ **stehen** ⟨fig.⟩ *in Gefahr sein; sein Leben, seine Zukunft steht auf dem* ~ • **2.8** *unterhaltender Wettbewerb; Gesellschafts-~; Ball-~; Karten-~; ein* ~ *gewinnen; ein* ~ *verlieren;* ~ *im Freien* • **2.8.1** *das* ~ **machen** *gewinnen* • **2.9** *sportlicher Wettkampf; Fußball-~; das* ~ *geht aus; das* ~ *beginnt um 10 Uhr; das* ~ *eröffnen; das* ~ *steht 2:1 für X; die Olympischen* ~*e; faires, unfaires, hartes, rücksichtsloses, rohes* / *hohes, flaches* ~ ⟨Fußball⟩ **3** ⟨fig.⟩ *leichtsinniges, gefährliches Treiben; genug des grausamen* ~*s!;* ~ *mit der Liebe* • **3.1** *gute Miene zum bösen* ~ *machen wider Willen mitmachen, sich lächelnd etwas Unangenehmes gefallen*

lassen **4** ⟨fig.⟩ *absichtsvolles Treiben, Ränke; jmds. durchschauen* • **4.1** *sein* ~ *mit jmdm. treiben jmdn. zum Besten haben, es nicht ernst mit ihm meinen* **5** *einzelner Abschnitt eines längeren Wettspiels, z. B. beim Billard, Kartenspiel, Tennis; das erste* ~ *verlorengeben* **6** *künstlerische Darbietung, Art des künstlerischen Vortrags* • **6.1** *schauspielerische Vorführung, Darstellung* • **6.1.1** **stummes** ~ *Darstellung ohne Worte, nur mit Bewegung u. Mimik* • **6.1.2** *Gestik u. Mimik (des Schauspielers); ausdrucksvolles* ~ *des Schauspielers* • **6.2** *musikalische Darbietung; Lauten-~, Klavier-~* • **6.2.1** *das Spielen (eines Instruments); das Publikum feierte sein* ~ • **6.2.2** *Anschlag u. Ausdruck (des Spielenden); expressives* ~ *der Pianistin* **7** *Theaterstück; Schau-~; Mysterien-~; Puppen-~* • **7.1** ~ **im** ~ *in ein Bühnenstück eingefügtes kleineres Bühnenstück* **8** *mehrere zusammengehörige Gegenstände; ein* ~ *Karten* **9** *Maßunterschied zweier zusammengehöriger Maschinenteile, Spielraum; die Räder haben genügend* ~ **10** ~ *des* **Auerhahns, Birkhahns, Fasans** ⟨Jägerspr.⟩ *Schwanz*

Spiel|art ⟨f.; -, -en⟩ **1** *Abweichung innerhalb einer Art, Abart, Sonderform* **2** ⟨Biol.⟩ • **2.1** *die innerhalb einer Art möglichen Abweichungen in Bezug auf Farbe, Form usw. eines Lebewesens* • **2.2** *Rasse, Subspezies, Unterabteilung einer Art*

Spiel|ball ⟨m.; -(e)s, -bäl|le⟩ **1** *Ball zum Spielen* **2** ⟨fig.⟩ *macht-, willenloses Werkzeug; ein* ~ *in den Händen der Mächtigen; das Boot war nur noch ein* ~ *der Wellen*

Spiel|do|se ⟨f.; -, -n⟩ *durch ein Uhrwerk od. eine Kurbel bewegtes, eine od. mehrere Melodien spielendes Musikgerät in Kasten- od. Dosenform mit Zungen, die von den Haken einer Walze angerissen werden*

spie|len ⟨V.⟩ **1** ⟨400⟩ *sich ohne Zweck, zur Unterhaltung beschäftigen, ein Spiel machen, treiben; komm, wir* ~ *ein bisschen!; mit Puppen, mit der Eisenbahn* ~*; mit jmdm.* ~ *mit dem Feuer* ~ ⟨a. fig.⟩ • **1.1** *mit dem Kugelschreiber, dem Feuerzeug* ~ *den K.,das F. nervös od. gedankenlos mit den Fingern bewegen* • **1.2** **mit dem Gedanken** ~*, etwas zu tun überlegen, den G. erwägen* • **1.3** **mit Worten** ~ *ein Wortspiel bilden, Wörter in ihren unterschiedlichen od. ähnlichen Bedeutungen geistreich verwenden* • **1.4** ⟨500⟩ *etwas* ~ *als Spiel (2) ausführen; Ball-~; Karten-~; was wollen wir (heute)* ~*?; eine Farbe* ~ ⟨Kart.⟩ • **1.5** ⟨530⟩ **jmdm. einen Streich** ~ ⟨fig.⟩ *einen S. an jmdm., auf jmds. Kosten verüben* • **1.6** ⟨500⟩ **Vorsehung** ~ ⟨fig.⟩ *dem Geschehen nachhelfen* • **2** ⟨410⟩ *Glücksspiele betreiben; in der Lotterie* ~*; um Geld* ~ • **2.1 hoch** ~ *(beim Glücksspiel) einen hohen Einsatz wagen* • **2.2** *sich um sein Vermögen* ~ *so lange spielen, bis man sein V. verloren hat* **3** ⟨410⟩ *ein Wettspiel durchführen; fair, unfair, hart, rücksichtslos* ~*; die Mannschaft spielt heute gegen …* • **4** ⟨417⟩ **mit jmdm.** od. **etwas** ~ ⟨fig.⟩ *tändeln, leichtsinnig umgehen, jmdn. od. etwas nicht ernst nehmen; er spielt ja nur mit ihr; man soll nicht mit der Liebe* ~ **5** ⟨400⟩ *etwas* spielt *bewegt sich unregelmäßig, ohne einen bestimmten Zweck; die Scheinwerfer spielten über den Himmel;*

das Pferd lässt seine Ohren ~ • 5.1 etwas spielt **um etwas** ist in lebhafter, leichter, harmonischer Bewegung; Schmetterlinge ~ um die Blumen • 5.1.1 um seine Lippen spielte ein Lächeln *er lächelte (kaum erkennbar)* **6** ⟨413⟩ etwas spielt **in allen Farben** *schimmert, schillert;* der Diamant spielt in allen Farben • 6.1 etwas spielt **in eine Färbung** *geht in eine F. über* • 6.1.1 ins Gelbliche, Grünliche usw. ~ *einen gelblichen, grünlichen Farbton, Schimmer aufweisen* **7** ⟨413⟩ *künstlerisch darbieten, vortragen;* auswendig ~; aus dem Kopf ~ • **7.1** ⟨402⟩ **(jmdn. od. etwas)** ~ *schauspielerisch darstellen;* den Don Carlos ~; sie spielt seit Jahren am Burgtheater; das Stück war inhaltlich gut, aber es war, es wurde schlecht gespielt; wer hat den Hamlet gespielt?; der Darsteller des Hamlet spielt ausgezeichnet, gut, schlecht; eine Rolle ~ ⟨a. fig.⟩ • **7.2** ⟨511/Vr 3⟩ **sich an eine Kulisse** ~ *während des Spiels (6.1) sich langsam der K. nähern* • **7.3** ⟨511⟩ **jmdn. an die Wand** ~ ⟨fig.⟩ *(einen andern Schauspieler) weit übertreffen, jmdn. durch bessere Leistung od. sichereres Auftreten übertreffen od. verdrängen* • **7.4** ⟨500⟩ ein **Stück** ~ *(im Theater) aufführen;* was wird heute (im Theater) gespielt?; Theater ~ ⟨a. fig.⟩ • 7.4.1 was wird hier gespielt? ⟨a. fig.⟩ *was geht hier vor?, was ist hier los?* • **7.5** ⟨500⟩ **jmdn.** od. eine **Sache** ~ ⟨fig.⟩ *vorgeben, vortäuschen, so tun, als ob;* den Beleidigten, Unschuldigen ~; den feinen Mann ~; seine Entrüstung war nur gespielt; mit gespieltem Erstaunen fragte er ... • **7.6** ⟨500⟩ ein **Musikstück** ~ *musikalisch darbieten, vortragen;* ein Konzert, einen Schlager, eine Sonate ~ • 7.6.1 Beethoven ~ *ein Stück von B. spielen* • **7.7** ⟨400⟩ *ein Musikinstrument betätigen, musizieren;* es spielt das Rundfunk-Symphonieorchester; falsch ~ (auf einem Instrument) • **7.8** ⟨500⟩ ein **Musikinstrument** ~ *beherrschen, künstlerisch betätigen können;* Geige, Klavier ~ **8** ⟨410⟩ etwas spielt **zu bestimmter Zeit, an einem bestimmten Ort** *handelt, geht vor sich;* der Roman, das Stück spielt im Mittelalter **9** ⟨511/Vr 7⟩ **jmdn.** od. **etwas irgendwohin** ~ ⟨fig.⟩ *unauffällig, heimlich irgendwohin befördern, bewegen* • 9.1 jmdm. etwas **in die Hände** ~ *es ihm unauffällig zukommen lassen* • 9.2 sich **in den Vordergrund** ~ *sich unauffällig in den V. drängen* **10** ⟨Getrennt- u. Zusammenschreibung⟩ • 10.1 ~ **lassen** → *spielenlassen*

spie|lend 1 ⟨Part. Präs. von⟩ spielen **2** ⟨Adj. 24/70⟩ *mit Leichtigkeit, mühelos;* eine Aufgabe ~ bewältigen
spie|len|las|sen auch: **spie|len las|sen** ⟨V. 175/500⟩ **1 etwas** ~ *etwas einsetzen, um eine best. Wirkung zu erzielen;* alle Beziehungen ~; seine Reize ~ **2** seine **Augen über etwas** ~ *schweifen, wandern lassen*
Spie|ler ⟨m.; -s, -⟩ **1** *jmd., der spielt, an einem Spiel teilnimmt;* Mit~; ein guter, schlechter (Karten-, Fußball-, Schach-)~ sein; ein Gesellschaftsspiel für drei od. vier ~ **2** ⟨abwertend⟩ *jmd., der ein Glücksspiel betreibt* • 2.1 ein ~ **sein** *dem Glücksspiel verfallen sein* • 2.1.1 ⟨fig.⟩ *ein leichtsinniger, verantwortungsloser Mensch sein* **3** *jmd., der ein Musikinstrument spielt;* Klavier~ **4** *jmd., der als Schauspieler auftritt*

Spie|le|rin ⟨f.; -, -rin|nen⟩ *weibl. Spieler*
spie|le|risch ⟨Adj.⟩ **1** *wie bei einem Spiel, als Spiel;* ~ leicht; mit ~er Leichtigkeit, Fertigkeit **2** ⟨fig.⟩ *ohne Ernst, ohne ernste Absicht* **3** *zierlich, leicht;* ~e Verzierungen **4** ⟨90⟩ *das (sportliche) Spiel betreffend;* ein ~ hervorragender, überlegener Gegner
Spiel|feld ⟨n.; -(e)s, -er⟩ *begrenztes, bestimmte Maße einhaltendes Feld für sportliche Wettkämpfe*
Spiel|kar|te ⟨f.; -, -n⟩ *Karte, die zum Spielen dient, zu einem Kartenspiel gehört*
Spiel|mann ⟨m.; -(e)s, -leu|te⟩ **1** ⟨MA⟩ *fahrender Musikant* **2** *Angehöriger eines Spielmannszuges*
Spiel|manns|zug ⟨m.; -(e)s, -zü|ge; Mus.⟩ *aus Trommlern, Pfeifern u. a. Musikern bestehende Musikkapelle (für militärische od. festliche Umzüge)*
Spiel|plan ⟨m.; -(e)s, -plä|ne⟩ **1** *Plan der in einer Spielzeit zu spielenden Bühnenstücke (eines Theaters);* das Stück ist vom ~ abgesetzt worden **2** *(gedrucktes) Programm der in einer bestimmten Zeit in bestimmten Theatern od. Lichtspieltheatern gespielten Stücke bzw. Filme;* Monats~; „Hamlet" steht (noch, nicht mehr) auf dem ~
Spiel|platz ⟨m.; -es, -plät|ze⟩ *umgrenzter Platz im Freien mit Spiel- u. Klettergeräten, bes. für Kinder*
Spiel|raum ⟨m.; -(e)s; unz.⟩ **1** *Hohlraum zwischen zwei ineinandergreifenden od. fast aneinanderstoßenden Maschinenteilen od. anderen Gegenständen* **2** ⟨fig.⟩ *Bewegungsfreiheit;* (keinen) ~ haben; genügend ~ lassen
Spiel|uhr ⟨f.; -, -en⟩ = *Spieldose*
Spiel|ver|der|ber ⟨m.; -s, -⟩ **1** *jmd., der bei einem Spiel nicht mitmacht u. es dadurch verhindert od. stört* **2** ⟨fig.⟩ *jmd., der ein gemeinschaftliches Unternehmen vereitelt;* sei kein ~!
Spiel|wa|ren ⟨Pl.⟩ *zum Verkauf stehende Gegenstände zum Spielen für Kinder, Spielsachen;* ~geschäft
Spiel|zeug ⟨n.; -(e)s, -e⟩ **1** *Gegenstand zum Spielen für Kinder, Spielsachen;* der Junge hat schon so viel, hat zu viel ~ • 1.1 ⟨fig.⟩ *etwas, das nur als Zeitvertreib dient;* lass den Apparat stehen, er ist kein ~; sie ist für ihn nur ein ~
Spieß ⟨m.; -es, -e⟩ **1** *dünner, zugespitzter Eisenstab;* Brat~; am ~ gebratenes Huhn **2** *Stich- u. Wurfwaffe aus langem Stab mit Eisenspitze, Lanze, Speer;* Wurf~ • 2.1 er schrie **wie am** ~, *als ob er am* ~ *steckte* ⟨fig.; umg.⟩ *heftig, sehr laut, verzweifelt* • 2.2 den ~ **umdrehen** ⟨fig.⟩ *den Angriff durch einen Gegenangriff abwehren, einen Vorwurf zurückgeben* **3** ⟨Jägerspr.⟩ *Geweihstange ohne Enden (beim jungen Elch, Hirsch, Rehbock)* **4** ⟨Soldatenspr.⟩ *Feldwebel*
Spieß|bür|ger ⟨m.; -s, -; abwertend⟩ *engstirniger, kleinlich denkender Mensch;* Sy Spießer[2]
spie|ßen ⟨V. 500⟩ **1 etwas** ~ *mit dem Spieß durchstechen, durchbohren* **2** ⟨511⟩ **etwas auf, an etwas** ~ *auf eine Spitze stecken, mit spitzem Gegenstand feststecken;* Fotos an die Wand ~; eine Kartoffel auf die Gabel ~
Spie|ßer[1] ⟨m.; -s, -; Jägerspr.⟩ *junger Elch, Hirsch od. Rehbock mit Schaufeln, Geweih od. Gehörn mit nur einem Ende*

Spie|ßer² ⟨m.; -s, -; fig.⟩ = *Spießbürger*
Spieß|ge|sel|le ⟨m.; -n, -n⟩ **1** ⟨veraltet⟩ *Kamerad, Waffenbruder* **2** ⟨abwertend⟩ *Mitschuldiger, Mittäter;* Sy *Helfershelfer* **3** ⟨abwertend⟩ *Kumpan, Genosse*
spie|ßig ⟨Adj.; abwertend⟩ *wie ein Spießbürger, engstirnig, kleinlich*
Spieß|ru|te ⟨f.; -, -n⟩ **1** *dünner, spitzer Zweig, Spießgerte* **2** ⟨meist in der Wendung⟩ ~n *laufen* • **2.1** ⟨früher als Strafe beim Militär⟩ *durch eine Gasse von 100-300 Soldaten laufen u. sich von jedem mit der Spießrute (1) auf den Rücken schlagen lassen* • **2.2** ⟨fig.⟩ *sich im Vorbeigehen von den Leuten spöttisch ansehen lassen müssen*
Spi|nat ⟨m.; -(e)s; unz.; Bot.⟩ *als Blattgemüse angebautes Gänsefußgewächs: Spinacia oleracea*
Spind ⟨m. od. n.; -(e)s, -e⟩ *schmaler Schrank*
Spin|del ⟨f.; -, -n⟩ **1** *Teil des Spinnrades od. der Spinnmaschine, der die Spule trägt* **2** ⟨Tech.⟩ *mit einem Gewinde versehene Welle mit der Funktion, einen Gegenstand zu bewegen od. Druck zu erzielen* **3** ⟨Bauw.⟩ *zylindrische Mittelsäule (einer Wendeltreppe)* **4** *Achse, Stange*
Spi|nett ⟨n.; -(e)s, -e⟩ *Tasteninstrument, bei dem die quer od. schräg zu den Tasten stehenden Saiten mit einem Kiel angerissen werden, Vorläufer des Klaviers*
Spin|ne ⟨f.; -, -n⟩ **1** ⟨Zool.⟩ *Angehörige einer Ordnung der Spinnentiere, deren Kopf u. Brust zu einem Stück verschmolzen sind, an dem zwei Paar Mundwerkzeuge u. vier Paar Beine sitzen: Araneae;* ~ *am Abend, erquickend und labend,* ~ *am Morgen bringt Kummer und Sorgen* ⟨Sprichw., das sich eigtl. auf die Tätigkeit des Spinnens (1) bezieht⟩ **2** *pfui* ~*!* ⟨umg.⟩ *(Ausruf des Ekels, Abscheus)*
spin|nen ⟨V. 249⟩ **1** ⟨402⟩ ⟨etwas⟩ ~ *zu Fäden verarbeiten;* Wolle, Flachs ~ • **1.1** ⟨400⟩ *mit dem Spinnrad od. der Spinnmaschine Fasern zum Faden drehen* • **1.2** *Garn,* einen **Faden** ~ *aus Fasern herstellen* • **1.2.1** *ein* **Seemannsgarn** ~ ⟨fig.⟩ *eine abenteuerliche, nicht ganz glaubwürdige Seemannsgeschichte erzählen* • **1.3** *einen Faden aus einer Spinnlösung, Schmelze od. verformbaren Masse, die durch Spinndüsen gepresst wird, herstellen* • **1.4** *die* **Spinne,** die **Raupe** *spinnt* **etwas** *erzeugt aus einem Körpersekret, das an der Luft erstarrt, Fäden und stellt daraus etwas her; zwischen den Zweigen spann eine Spinne ihr Netz; von Raupen gesponnene Kokons* **2** ⟨500⟩ *etwas* ~ ⟨fig.⟩ *ersinnen, ausdenken;* Ränke ~ • **2.1** *ein Netz von Lügen* ~ ⟨fig.⟩ *vielfältige L. ersinnen u. verbreiten* • **2.2** *er spinnt das alles ja bloß* ⟨fig.; umg.⟩ *alles, was er erzählt, ist zu einem wahr* **3** ⟨400; fig.; umg.⟩ *geisteskrank, verrückt sein; der spinnt ja*
Spin|ner ⟨m.; -s, -⟩ **1** *Facharbeiter in einer Spinnerei* **2** ⟨Zool.⟩ *Angehöriger verschiedener Familien der Großschmetterlinge, deren Raupen vor der Verpuppung einen Kokon spinnen* **3** ⟨Zool.⟩ *Angehöriger einer Überfamilie der Schmetterlinge, zu der die Familien der Glucken u. Seidenspinner zählen: Bombycidea* **4** *zum Fang von Raubfischen benutzter künstlicher Köder, der sich um die Längsachse dreht, wenn er durch das Wasser gezogen wird, und so einen kleinen*

Fisch vortäuscht **5** ⟨fig.; umg.⟩ *jmd., der spinnt, der dummes Zeug od. nicht ernstzunehmende Dinge redet*
Spin|ne|rin ⟨f.; -, -rin|nen⟩ *weibl. Spinner (1, 5)*
Spinn|we|be ⟨f.; -, -n⟩ *Netz od. Faden der Spinne aus erstarrtem Körpersekret*
Spi|on ⟨m.; -s, -⟩ **1** *jmd., der Spionage treibt* **2** ⟨fig.⟩ *außen am Fenster angebrachter Spiegel, in dem man vom Zimmer aus die Straße überblicken kann*
Spi|o|na|ge ⟨[-ʒə] f.; -; unz.⟩ *das heimliche Auskundschaften von militärischen, politischen od. wirtschaftlichen Geheimnissen eines Staates im Auftrag eines anderen (strafbar)*
spi|o|nie|ren ⟨V. 400⟩ *Spionage treiben, etwas auskundschaften, zu erkunden suchen*
Spi|o|nin ⟨f.; -, -nin|nen⟩ *weibl. Spion*
Spi|ra|le ⟨f.; -, -n⟩ **1** ⟨Math.⟩ *ebene, sich unendlich um einen Punkt windende Kurve, die sich immer weiter von diesem Punkt entfernt* **2** ⟨allg.⟩ *sich um eine Achse windende, räumliche Kurve* • **2.1** *Gegenstand in dieser Form*
Spi|ri|tis|mus ⟨m.; -; unz.⟩ *Glaube an Geister u. die Möglichkeit des Kontakts u. der Kommunikation mit ihnen*
Spi|ri|tu|al ⟨[spɪrɪtjuəl] m. od. n.; -s, -s⟩ *geistliches Lied der nordamerikanischen Schwarzen mit synkopiertem Rhythmus*
spi|ri|tu|ell ⟨Adj.⟩ *geistig, übersinnlich;* Ggs *materiell (1)*
Spi|ri|tu|o|sen ⟨Pl.⟩ *alkoholische Getränke*
Spi|ri|tus¹ ⟨[spiː-] m.; -, -⟩ **1** *Atem* **2** *Leben(shauch)* **3** *Zeichen für die Behauchung in der griechischen Schrift* • **3.1** ~ **asper** *Zeichen auf einem Vokal zur Aussprache mit anlautendem h* **3.2** ~ **lenis** *Zeichen zur Aussprache ohne h* **4** *Geist* • **4.1** ~ **Rector** *führender, belebender Geist, treibende Kraft (eines Unternehmens)* • **4.2** ~ **sanctus** *der Heilige Geist*
Spi|ri|tus² ⟨[ˈʃpiː-] m.; -, -se⟩ = *Äthylalkohol*
Spi|tal ⟨n.; -s, -tä|ler; österr., schweiz.⟩ *Krankenhaus*
spitz ⟨Adj.⟩ **1** *immer schmaler, dünner werdend, in einem Punkt endend;* Ggs *stumpf;* ein gotisch ~er Bogen • **1.1** ~*er* **Winkel** *W. unter 90 °* • **1.2** *etwas* **mit** ~**en Fingern** *anfassen mit Daumen u. Zeigefinger u. die übrigen Finger abspreizend (vor Ekel od. aus Angst, sich zu beschmutzen)* • **1.3** *mit einer Spitze versehen;* ein ~*er* Bleistift **2** ⟨umg.⟩ *mager, dünn (im Gesicht); du siehst* ~ *aus; ein* ~*er Kopf* • **2.1** ⟨fig.⟩ *leicht boshaft, anzüglich, stichelnd;* ~*e Reden führen; „...!", sagte sie* • **2.2** *eine* ~*e* **Zunge** *haben boshaft sein, gern sticheln*
Spitz ⟨m.; -es, -e⟩ *kleine Hunderasse mit spitzer Schnauze, spitzen Ohren u. langhaarigem Fell*
spitz|be|kom|men ⟨V. 170/500; umg.⟩ = *spitzkriegen*
Spitz|bu|be ⟨m.; -n, -n⟩ **1** ⟨veraltet⟩ *Dieb, Gauner, Betrüger* **2** *Frechdachs, Schelm*
spit|ze ⟨Adj. 11; umg.⟩ *hervorragend, prima, super; das ist (ja)* ~*!; der Rock sieht* ~ *aus;* →a. *Spitze*
Spit|ze ⟨f.; -, -n⟩ **1** *in einen Punkt auslaufendes od. dünner, schmaler werdendes Ende (eines Gegenstandes);* Baum~; Fels~; Finger~; Nadel~; Schuh~; Turm~; *vom Bleistift die* ~ *abbrechen* • **1.1** *einer Sache die* ~ **abbrechen** ⟨fig.⟩ *einer S. geschickt begegnen, einer*

S. das Verletzende nehmen • **1.2** *jmdm. die* ~ **bieten** ⟨fig.⟩ *Trotz bieten, sich jmdm. widersetzen* • **1.3** *eine Sache auf die* ~ *treiben* ⟨fig.⟩ *bis zum Äußersten gehen, es zum Kampf kommenlassen* **2** *Punkt, an dem zwei od. mehrere Linien od. Kanten zusammenstoßen (z. B. eines Dreiecks, einer Pyramide)* **3** ⟨früher⟩ *spitz zulaufendes (Bernstein-, Metall- od. Papp-)Röhrchen zum Rauchen von Zigarren od. Zigaretten; Zigaretten~* **4** *durchbrochenes Gewebe, Fadengeflecht (als Kleider-, Wäscheeinsatz);* ~*n häkeln, klöppeln, weben, wirken; ein mit* ~*n besetztes Kleid* **5** ⟨fig.⟩ *vorderste Gruppe; die* ~ *des Zuges* **6** ⟨fig.⟩ *vorderste Position; im Rennen an der* ~ *liegen; an der* ~ *eines Unternehmens stehen; sich an die* ~ *eines Unternehmens, Zuges stellen; die* ~ *halten* **7** ⟨fig.⟩ *oberste Schicht (einer Gesellschaft), die leitenden, führenden Personen; die* ~*n der Gesellschaft, der Stadt* **8** ⟨fig.⟩ *leicht boshafte Anspielung od. Bemerkung, Anzüglichkeit, Stichelei; das ist eine* ~ *gegen dich* • **8.1** *sie gab ihm die* ~ *zurück sie antwortete schlagfertig u. ebenso boshaft* **9** ⟨ohne Artikel; umg.⟩ *ausgezeichnete, großartige Sache; das ist einsame* ~; →*a. spitze*

Spit|zel ⟨m.; -s, -⟩ *Späher, Aushorcher, heiml. Aufpasser, Spion; Polizei~; Lock~; jmdm. als* ~ *einsetzen, entlarven*

spit|zeln ⟨V. 400⟩ *als Spitzel tätig sein; er hat für die Stasi gespitzelt*

spit|zen ⟨V.⟩ **1** ⟨500⟩ *etwas* ~ *mit einer Spitze versehen, spitz machen; den Bleistift* ~; *die Lippen (zum Pfeifen)* ~; *den Mund (zum Kuss)* ~ • **1.1** *die* **Ohren** ~ ⟨fig.; umg.⟩ *aufmerksam lauschen, gut zuhören, aufpassen* **2** ⟨400; fig.; umg.⟩ *aufmerksam oder vorsichtig schauen, lugen, aufpassen; ich muss (ein bisschen)* ~, *dass ich ihn nicht verpasse; um die Ecke* ~ • **2.1** *da wirst du* ~! ⟨oberdt.⟩ *da wirst du schauen, staunen* • **2.2** *die Schneeglöckchen* ~ *schon aus der Erde zeigen schon ihre Spitzen*

Spit|zen|klas|se ⟨f.; -; unz.⟩ **1** *erste Klasse, erste Güte; dieser Wein, der Apparat ist* ~ **2** *Klasse der Höchstleistungen; dieser Sportler gehört zur* ~

Spit|zen|rei|ter ⟨m.; -s, -⟩ **1** ⟨i. e. S.⟩ *ausgezeichneter Turnierreiter* **1.1** ⟨i. w. S.; Sp.⟩ *Sportler, der zur Spitzenklasse (2) gehört* **2** ⟨fig.; umg.⟩ *bes. zugkräftiger Artikel* • **2.1** *bes. erfolgreiches Stück (bei Theater, Film od. Fernsehen); der* ~ *der Saison*

spitz|fin|dig ⟨Adj.⟩ *überscharf unterscheidend, klügelnd, haarspalterisch, ausgeklügelt;* ~*e Fragen*

spitz|krie|gen ⟨V. 500; umg.⟩ *etwas* ~ *in Erfahrung bringen, herausbekommen, bemerken;* Sy *spitzbekommen; er hat den Plan spitzgekriegt*

Spitz|na|me ⟨m.; -ns, -n⟩ *jmdm. von anderen gegebener zusätzlicher, neckender Name; jmdm. einen* ~*n geben*

Spleen ⟨[[spli:n] od. [splɪn] m.; -s, -e⟩ **1** *leichte Verrücktheit, eigenartige Vorliebe für etwas, Verschrobenheit; er hat einen* ~ **2** *überspannte, sonderbare Idee*

splei|ßen ⟨V. 250/500⟩ **1** *etwas* ~ *zerreißen* • **1.1** *Holz* ~ *spalten; er spleißte (od.* spliss*) den Baumstumpf* **2** *etwas* ~ ⟨Techn.; Seemannsspr.⟩ *miteinander verflechten; zwei aufgedrehte Tauenden, Kabel* ~

Splint ⟨m.; -(e)s, -e⟩ *zweischenkliger Metallstift (zur Sicherung von Schraubenmuttern u. Bolzen)*

Spliss ⟨m.; -es; unz.⟩ *gespaltene Haarspitzen*

Splitt ⟨m.; -(e)s, -e⟩ *grobkörniges Gestein für Straßenbelag*

split|ten ⟨[ˈsplɪt-] V. 500⟩ *etwas* ~ *teilen, (nach dem Splittingverfahren) aufteilen, halbieren*

Split|ter ⟨m.; -s, -⟩ **1** *spitzes, abgesprungenes Stück von hartem Material (z. B. Holz, Metall usw.), scharfer Span, kleines Bruchstück; Eisen~; Glas~; Granat~; Holz~; Knochen~; sich einen* ~ *einziehen; einen* ~ *im Finger haben; das Glas zersprang in tausend* ~ • **1.1** *was siehst du aber den* ~ *in deines Bruders Auge und wirst nicht gewahr des Balkens in deinem Auge?* (Matth. 7,3) *dir fehlt jede Fähigkeit, deine Handlungen kritisch zu beurteilen*

split|ter|fa|ser|nackt ⟨Adj. 24; umg.⟩ *ganz, völlig nackt;* Sy *splitternackt*

split|tern ⟨V. 400(s.)⟩ *etwas splittert* **1** *zerbricht in Splitter* **2** *bildet Splitter; das Holz splittert*

split|ter|nackt ⟨Adj. 24; umg.⟩ = *splitterfasernackt*

Split|ting ⟨n.; -s; unz.⟩ **1** *Form der Besteuerung von Ehegatten, wobei zur Berechnung der Steuer das Gesamteinkommen durch zwei geteilt wird* **2** ⟨Pol.⟩ *Verteilung von Erst- u. Zweitstimmen bei Wahlen an verschiedene Parteien*

Spoi|ler ⟨m.; -s, -⟩ **1** *Luftleitblech am Heck od. an der Front von Autos zur Verbesserung der Bodenhaftung* **2** *Klappen zur Verringerung des Auftriebs an Flugzeugtragflächen*

spon|sern ⟨V. 500; bes. Sp.⟩ **jmdn.** od. **etwas** ~ *finanziell unterstützen, fördern; junge Sportler, eine Kulturveranstaltung* ~

Spon|sor ⟨m.; -s, -en⟩ *jmd., der eine Sache od. jmdn. finanziell unterstützt*

Spon|so|rin ⟨f.; -, -rin|nen⟩ *weibl. Sponsor*

spon|tan ⟨Adj.⟩ **1** *von selbst, aus eigenem Antrieb, von innen heraus (kommend), ohne äußeren Anlass; es geschah ganz* ~; ~*e Heilung;* ~*e Geburt* **2** *plötzlich, aus plötzlicher Eingebung, plötzlichen Entschluss (erfolgend); eine* ~*e Äußerung; ein* ~*er Entschluss*

spo|ra|disch ⟨Adj.⟩ **1** *vereinzelt, verstreut (vorkommend); diese Pflanzen kommen hier nur* ~ *vor* **2** *hin und wieder, nicht oft, unregelmäßig; wir sehen uns nur* ~

Spo|re ⟨f.; -, -n⟩ **1** *ungeschlechtliche Zelle zur Fortpflanzung vieler Algen u. Pilze* **2** ⟨Getrennt- u. Zusammenschreibung⟩ • **2.1** ~ *bildend* = *sporenbildend*

Spo|ren ⟨Pl.; Sing.: Sporn⟩ *Sporn*

spo|ren|bil|dend *auch:* **Spo|ren bil|dend** ⟨Adj. 24⟩ *zur Sporenbildung befähigt;* ~*e Pflanzen*

Sporn ⟨m.; -s, Spo|ren⟩ **1** ⟨meist Pl.⟩ *Sporen zwei mit einem Riemen am Schaft u. an den Absätzen der Reitstiefel befestigte Metallbügel mit einem Rädchen od. Dorn zum Antreiben des Pferdes; dem Pferd die Sporen geben* • **1.1** *sich die Sporen* **verdienen** ⟨fig.⟩ *sich (bei einer Aufgabe, einem Auftrag) behaupten, bewähren* **2** ⟨Zool.⟩ *horniger Fortsatz hinten am Fuß vieler männlicher Vögel, bes. der Hühnervögel, der als Waffe dient* • **2.1** ⟨Med.⟩ *schmerzhafter knöcherner Fortsatz* des Fersenbeins, der sich durch länger andauernden Reiz bilden kann **3** unter Wasser befindlicher Vorsprung am Bug von Kriegsschiffen zum Rammen anderer Schiffe **4** ⟨Bot.⟩ hornartige, meist Nektar enthaltende Ausstülpung mancher Blütenblätter **5** mit Bügel unter dem Heck von Flugzeugen befestigte Kufe, Spornrad **6** Stachel od. spatenartiger Fortsatz an Geschützen, der das Zurückrollen verhindert **7** Nagel an der Sohle des Bergschuhs **8** ⟨unz.; fig.⟩ Antrieb, Ansporn

spor|nen ⟨V. 500⟩ **1** ein **Pferd** ~ einem P. die Sporen geben • **1.1 jmdn.** ~ ⟨fig.⟩ antreiben, anspornen **2** die **Stiefel** ~ mit Sporen versehen • **2.1** gestiefelt und gespornt • **2.1.1** mit Sporenstiefeln angetan • **2.1.2** ⟨fig.⟩ reisefertig, marschbereit (angezogen)

Sport ⟨m.; -(e)s, -e; Pl. selten⟩ **1** körperliche Betätigung nach bestimmten Regeln zum Vergnügen od. zur Erhaltung der Gesundheit; einen ~ betreiben; ~ treiben **2** Gesamtheit des Sports (1) u. der damit verbundenen Einrichtungen u. Vorkommnisse **3** bestimmte Art von Sport (1), sportliche Disziplin, Sportart; Reit~; Wasser~; Ski~

Sport|ler ⟨m.; -s, -⟩ jmd., der einen Sport betreibt; den ~ des Jahres wählen; Profi~; Amateur~

Sport|le|rin ⟨f.; -, -rin|nen⟩ weibl. Sportler

sport|lich ⟨Adj.⟩ **1** den Sport betreffend; ~e Höchstleistungen; ~es Können **2** vom Sport geprägt, durch Sport trainiert, kräftig u. schlank; eine ~e Figur; er ist sehr ~ **3** zum Sport gehörend, für den Sport geeignet; eine ~e Kleidung • **3.1** ~e **Kleidung** ⟨a. fig.⟩ eine in Schnitt u. Material einfache, zweckmäßige u. jugendlich wirkende K. **4** fair, kameradschaftlich; eine ~e Haltung; ein ~es Benehmen; ~en Geist zeigen

Sport|platz ⟨m.; -es, -plät|ze⟩ freier Rasenplatz, auf dem Sport (bes. Ballsport u. Leichtathletik) getrieben wird

Sports|wear ⟨[spɔːtswɛː(r)] Pl.⟩ legere, sportliche Kleidung

Sport|wa|gen ⟨m.; -s, -⟩ **1** leichter Kinderwagen, in dem ein Kind auch sitzen kann **2** niedriger, schneller Personenkraftwagen

Spot ⟨[spɔt] m.; -s, -s⟩ kurze Sendung im Rundfunk od. Fernsehen, meist zur Werbung; Fernseh~; Hör~; Werbe~

Spot|light ⟨[spɔtlaɪt] n.; -s, -s⟩ auf die Beleuchtung nur einer Stelle konzentriertes Licht (bes. auf der Bühne im Theater), Punktlicht

Spott ⟨m.; -(e)s; unz.⟩ **1** das Auslachen, boshaftes Veralbern, Lächerlichmachen, leichter Hohn; nur ~ und Hohn ernten; seinen ~ über jmdn. (od. jmdn.) ausgießen; jmdn. dem ~ der anderen preisgeben; seinen ~ mit jmdm. treiben; beißender, bitterer, feiner, gutmütiger, scharfer, versteckter ~ • **1.1** das hat er nur mir **zum** ~ gesagt um mich zu verspotten

Spott|bild ⟨n.; -(e)s, -er; veraltet⟩ = Karikatur

spott|bil|lig ⟨Adj. 24; umg.⟩ sehr, äußerst billig

spot|ten ⟨V.⟩ **1** ⟨400⟩ etwas zum Spott sagen; „...!", spottete er; spotte nicht!; etwas ~d sagen • **1.1** das spottet jeder Beschreibung das ist unbeschreiblich (schlimm, hässlich usw.) • **1.2** ⟨800⟩ **über etwas** od.

jmdn. ~ sich über etwas od. jmdn. lustig machen; über ernste Dinge soll man nicht ~

spöt|tisch ⟨Adj.⟩ voller Spott, spottend, leicht verächtlich, boshaft; ~e Bemerkungen machen; seine Ablehnung klang sehr ~

Spra|che ⟨f.; -, -n⟩ **1** System von Verständigungsmitteln • **1.1** System verbaler Zeichen einer menschlichen Gemeinschaft, die der Verständigung dienen; Landes~; Volks~; der Bau einer ~; die Regeln der ~; fünf ~n beherrschen; die deutsche, englische ~; fremde ~n lernen; jmdn. an seiner ~ (als Engländer, Franzosen) erkennen; einen Text, einen Buch aus einer ~ in die andere übersetzen, übertragen • **1.1.1** Redeweise der Angehörigen eines Berufs od. einer sozialen Gemeinschaft; Kaufmanns~; Gauner~; Geheim~; →a. deutsch (2), leben (6.3), tot (6.5) • **1.2** System von Gebärden, Zeichen, die der Verständigung dienen; Gebärden~; Taubstummen~; Zeichen~ • **1.3** Laut- u. Signalsystem der Tiere; Tier~; Hunde~; Vogel~ • **1.4** ⟨fig.⟩ lebendiger, stummer Ausdruck (z. B. der Augen, Hände); sie sagte nichts, aber ihr glückliches Gesicht sprach eine deutliche ~ **2** Fähigkeit zu sprechen; endlich fand er nach dem Schreck die ~ wieder; er hat vor Schreck die ~ verloren • **2.1** hast du die ~ verloren? ⟨umg.⟩ warum sagst du nichts? • **2.2** vor Schreck hat es mir die ~ verschlagen ich war sprachlos vor S. **3** Tätigkeit des Sprechens, Besprechung • **3.1** die ~ auf einen Vorfall, ein Ereignis, ein Problem bringen davon zu sprechen beginnen • **3.2** etwas zur ~ bringen als Gesprächsthema vorbringen, erörtern wollen • **3.3** auch der Vorfall von gestern kam zur ~ es wurde auch über den V. von gestern gesprochen • **3.4** er will nicht mit der ~ heraus(rücken) er will nicht darüber sprechen • **3.5** eine deutliche, kühne ~ führen sich unmissverständlich, energisch ausdrücken • **3.6** heraus mit der ~! sprich! **4** die Art, sich schriftlich od. mündlich auszudrücken, Stil; er ist ein Meister der ~; dieser Schriftsteller hat, schreibt eine schöne ~, einwandfreie, elegante, gehobene, gepflegte, reine ~

Sprach|feh|ler ⟨m.; -s, -⟩ Unfähigkeit, bestimmte Laute richtig auszusprechen; das Lispeln des s ist ein ~

...spra|chig ⟨Adj. 24; in Zus.⟩ **1** eine bestimmte Zahl von Sprachen sprechend; er ist zweisprachig aufgewachsen **2** in einer bestimmten Sprache od. einer bestimmten Zahl von Sprachen abgefasst; dreisprachiges Wörterbuch • **2.1** deutschsprachiger, fremdsprachiger Unterricht in deutscher, in einer fremden Sprache gehaltener U.

sprach|lich ⟨Adj. 24⟩ die Sprache, eine Sprache betreffend, zu ihr gehörig, einer Sprache eigentümlich; ~er Fehler; der Aufsatz ist inhaltlich gut, aber ~ nicht einwandfrei; das ist ~ richtig, falsch

...sprach|lich ⟨Adj. 24; in Zus.⟩ **1** eine bestimmte Sprache betreffend • **1.1** englischsprachlicher, fremdsprachlicher Unterricht U. über die englische, über eine fremde Sprache, aber in der Muttersprache der Schüler gehalten

sprach|los ⟨Adj.⟩ **1** ohne Sprache, nicht sprechen könnend; die ~e Kreatur **2** ⟨fig.⟩ so erstaunt od. erschro-

Sprach|raum ⟨m.; -(e)s, -räu|me⟩ *geograf. Gebiet, in dem eine bestimmte Sprache gesprochen wird, Sprachgebiet;* der deutsche, englische ~

Sprach|rohr ⟨n.; -(e)s, -e⟩ **1** ⟨früher⟩ *der Lautverstärkung dienende trichterförmige Blechröhre, deren kleinere Öffnung beim Sprechen an den Mund gesetzt wird* **1.1** jmds. ~ sein ⟨fig.⟩ *kritiklos jmds. Meinung nachreden* **2** ⟨fig.⟩ *Sprecher* ● **2.1** sich zum ~ einer Sache machen *öffentlich für eine S. eintreten*

Spray ⟨[ʃpreː] od. engl. [spreɪ] n.; -s, -s od. m.; -s, -s⟩ **1** *Flüssigkeit zum Zerstäuben (mit Hilfe eines Treibgases)* **2** *Gerät, Sprühdose zum Zerstäuben eines Sprays* ⟨1⟩ **3** *durch das Zerstäuben eines Sprays* ⟨1⟩ *entstandener feiner Sprühregen*

Sprech|chor ⟨[-koːr] m.; -s, -chö|re⟩ **1** *das gemeinsame Sprechen von Dichtwerken (im Theater), Losungen, Aufrufen (bei Veranstaltungen) durch mehrere Personen;* im ~ sprechen **2** *von einer Gruppe von Personen im Sprechchor* ⟨1⟩ *gesprochener Text;* einen ~ einstudieren **3** *Gruppe von Personen, die im Sprechchor* ⟨1⟩ *spricht;* die Sprechchöre fanden rasch regen Zulauf

spre|chen ⟨V. 251⟩ **1** ⟨400⟩ *Laute, Wörter bilden;* das Kind konnte mit drei Jahren noch nicht ~; er konnte vor Erschöpfung kaum ~; ein Kind, einen Vogel das Sprechen lehren; das Kind lernt ~; sie hat schon früh ~ gelernt; mit hoher, tiefer, bedrohlicher, zitternder, lauter Stimme ~; laut, leise ~; sprich doch deutlich!; durch die Nase ~; unter uns gesprochen …; jmdn. zum Sprechen bringen; →a. *Rätsel (2.2)* ● **1.1 auf jmdn. schlecht,** nicht gut **zu ~ sein** ⟨umg.⟩ *jmdn. nicht leiden können, jmdm. böse sein* ● **1.2** für jmdn. ~ ⟨a. fig.⟩ *für jmdn. eintreten, sich für jmdn. einsetzen* ● **1.3 für jmdn.** ~ ⟨a. fig.⟩ *jmdn. vertreten, an seiner Stelle verhandeln* ● **1.4 mit jmdm.** ~ *reden, sich mit jmdm. unterhalten;* hast du schon mit ihm darüber gesprochen?; mit sich selbst ~; wir haben lange miteinander gesprochen; wir ~ uns noch! (bei der Verabschiedung od. als Drohung) ● **1.4.1** wir ~ nicht miteinander *wir sind einander böse* ● **1.4.2** Häftlinge miteinander ~ lassen; ⟨aber Getrennt- u. Zusammenschreibung⟩ ~ lassen = *sprechenlassen* ● **1.5 über jmdn.** od. **etwas** ~ *sich über jmdn. od. etwas unterhalten;* ~ wir nicht (mehr) darüber! ● **1.6 von jmdm.** od. **etwas** ~ *berichten, sich über jmdn. od. etwas unterhalten;* wir ~ gerade davon, dass …; ~ wir von etwas anderem! ● **1.7 über jmdn.** od. **etwas, von jmdm.** od. **etwas** in bestimmter Weise ~ *seine Meinung äußern, urteilen;* Gutes, Schlechtes von jmdm. ~ **2** ⟨400⟩ *eine Rede, einen Vortrag halten;* der Redner hat vor Stunden lang gesprochen; ich habe den Bundeskanzler gestern ~ hören; der Redner hat (nicht) gut gesprochen; er spricht heute im Radio; er spricht heute über den jungen Goethe; vor einem großen Zuhörerkreis ~; sie verstand es, völlig frei zu ~ **3** ⟨500⟩ **etwas** ~ *äu-*

sprengen

ßern, sagen; „…", sprach er; die Wahrheit ~; er hat die ganze Zeit kein Wort gesprochen ● **3.1 den Segen** ~ *jmdn. segnen* ● **3.2** *aufsagen, vortragen;* ein Gebet, Gedicht ~ ● **3.3 eine Sprache** ~ *sich in einer S. äußern, eine S. beherrschen;* Englisch, Französisch ~; er spricht fließend Französisch; hier wird Englisch und Französisch gesprochen (in Geschäften); (einen) Dialekt ~; ich kann Italienisch verstehen, aber beim Sprechen habe ich noch Schwierigkeiten; →a. *Band²* (1.2) ● **3.4 jmdn.** ~ *ein Gespräch mit jmdm. führen, mit jmdm. reden;* ich möchte Herrn X ~; kann ich dich kurz ~? ● **3.4.1 (nicht) zu ~ sein** *(nicht) bereit sein, Besuch zu empfangen;* ich bin nicht zu ~!; für Herrn X bin ich nicht zu ~! ● **3.5** *eine Entscheidung kundtun* ● **3.5.1 das Gericht hat gesprochen** *ein Urteil gefällt;* →a. *Recht (1.2)* **4** ⟨400⟩ **etwas** spricht (für sich) ⟨fig.⟩ *äußert sich wortlos, tut sich kund* ● **4.1 die Waffen** ~ *es wird gekämpft* ● **4.2** *zum Ausdruck kommen, deutlich werden;* aus all dem spricht seine tiefe Dankbarkeit; aus seinen Augen spricht Angst ● **4.3** ⟨800⟩ **etwas** spricht **für etwas** *ist Beleg für, zeugt von etwas;* dies spricht doch für seine Gutmütigkeit ● **4.4** ⟨800⟩ **etwas** spricht **für, gegen** jmdn. od. etwas *vermittelt einen positiven, negativen Eindruck von jmdm. od. etwas, nimmt für, gegen jmdn. od. etwas ein;* gegen deinen Plan spricht vieles; es spricht für ihn, dass er die Anstrengungen nicht gescheut hat

spre|chen‖las|sen *auch:* **spre|chen las|sen** ⟨V. 175/500⟩ *(anstelle von Worten) eine Wirkung erzielen lassen;* Blumen ~

Spre|cher ⟨m.; -s, -⟩ **1** *jmd., der (gerade) spricht* **2** *Redner* **3** = *Ansager* **4** *Wortführer (einer Gruppe);* sich zum ~ einer Gruppe machen **5** *Staatsbeamter, der offiziell Mitteilungen an die Presse weitergibt;* Regierungs~; ein ~ des Außenministeriums teilte mit … **6** *Sitzungsleiter* **7** ⟨Theat.⟩ *jmd., der eine kleine, einleitende Rolle zu sprechen hat;* erster, zweiter ~

Spre|che|rin ⟨f.; -, -rin|nen⟩ *weibl. Sprecher*

Sprech|stun|de ⟨f.; -, -n⟩ *Zeit, in der jmd. zu sprechen ist;* die ~ des Arztes, Lehrers, Professors; die ~ der Behörde; wann haben Sie ~?; ~ halten; kommen Sie bitte in meine ~

sprei|zen ⟨V. 500⟩ **1 etwas** ~ *auseinanderstellen, -strecken* ● **1.1 Beine,** Finger, Zehen ~ *vom Körper wegstrecken (nach verschiedenen Richtungen)* ● **1.2 die Flügel** ~ *ausbreiten* ● **1.3 die Federn** ~ *aufplustern, sträuben* **2** ⟨510/Vr 3⟩ **sich** ~ ⟨fig.⟩ *geziert einherschreiten, sich wichtigtun (mit Gebärden);* sich ~ wie ein Pfau ● **2.1** ⟨550⟩ **sich gegen etwas** ~ ⟨fig.⟩ *sich sträuben, sich zieren, sich geziert wehren*

Spren|gel ⟨m.; -s, -⟩ **1** *Kirchspiel, Pfarrbezirk, Diözese* **2** *Amtsbezirk (einer weltlichen Behörde)*

spren|gen ⟨V.⟩ **1** ⟨500⟩ **etwas** ~ *mit Sprengstoff zerstören;* ein Haus in die Luft ~; ein Bank² (2.2) **2** ⟨500⟩ **etwas** ~ *mit Gewalt öffnen, aufbrechen;* eine Tür, ein Schloss ~ ● **2.1** *durch Druck von innen her zertrümmern;* der Fluss hat die Eisdecke gesprengt; das Eis hat das Gefäß gesprengt ● **2.2** *auseinanderreißen;* Ketten, Fesseln ~; die Freude sprengte mir fast die

Sprengstoff

Brust ⟨fig.⟩ **3** ⟨500⟩ eine **Versammlung** ~ ⟨fig.⟩ *auseinandertreiben, aufscheuchen, verjagen* • 3.1 **Wild** ~ ⟨Jägerspr.⟩ *aus dem Bau od. einem Kessel aufjagen* **4** ⟨500⟩ **etwas** ~ ⟨fig.⟩ *überschreiten; das würde den Rahmen unseres Buches* ~ **5** ⟨500⟩ **etwas** ~ *bespritzen, besprühen, beträufeln; die Wäsche, den Rasen, die Straße* ~ **6** ⟨411(s.)⟩; geh.; veraltet⟩ ein **Reiter** sprengt **irgendwohin** *galoppiert; der Reiter sprengt in den Hof*

Spreng|stoff ⟨m.; -(e)s, -e⟩ *Stoff, der nach einer Zündung plötzlich große Mengen heißer Gase bildet, die einen zerstörenden Druck auf ihre Umgebung ausüben*

Spren|kel ⟨m.; -s, -⟩ *Punkt, Tupfen, kleiner Fleck*

spren|keln ⟨V. 500⟩ *etwas* ~ *mit Sprenkeln versehen*

Spreu ⟨f.; -; unz.⟩ **1** *Hülsen, Spelzen, Grannen (des gedroschenen Getreides)* • 1.1 *die* ~ *vom* **Weizen** *trennen, sondern, scheiden* ⟨a. fig.⟩ *Schlechtes vom Guten trennen* **2** ⟨fig.⟩ *Wertloses*

Sprich|wort ⟨n.; -(e)s, -wör|ter⟩ *kurze, in ausdrucksvoller, einprägsamer Form (häufig mit End- od. Stabreim) überlieferte Lebensweisheit; „Frisch gewagt ist halb gewonnen", wie das* ~ *sagt*

sprich|wört|lich ⟨Adj.⟩ **1** *als Sprichwort überliefert; eine* ~*e Wendung* **2** *zum Sprichwort geworden; eine* ~*e Wahrheit* **3** ⟨70⟩ *allgemein bekannt wie ein Sprichwort; seine Freigebigkeit ist* ~

sprie|ßen[1] ⟨V. 500⟩ *etwas* ~ *stützen; sie sprießten die Kellerdecke*

sprie|ßen[2] ⟨V. 252/400(s.)⟩ *eine* **Pflanze** *sprießt keimt, wächst hervor, empor; die ersten Knospen* ~; *die Blumen sprossen aus der Erde; ein zarter Keim* spross *empor*

Spriet ⟨f.; -, -e⟩ *Rundholz zum Ausspannen des viereckigen Sprietsegels*

Spring|brun|nen ⟨m.; -s, -⟩ *Brunnen, bei dem das Wasser durch Druck aus einer Düse nach oben schießt und in einem Becken gesammelt wird*

sprin|gen ⟨V. 253(s.)⟩ **1** ⟨400⟩ *einen Sprung machen, sich vom Boden wegschnellen; in die Höhe* ~ (vor Freude); *ins Wasser* ~; *aus dem Bett* ~; *aus dem Fenster* ~; *mit Anlauf* ~; *mit dem Seil* ~ (Kinderspiel); *über einen Graben* ~; *vom Pferd* ~; *vom Sprungturm* ~; *zur Seite* ~; →a. **Klinge** • 1.1 ⟨500⟩ **etwas** ~ ⟨Sp.⟩ *in eine Sprung erreichen; 1,20 m* (hoch) ~; *er sprang die größte Weite in diesem Wettbewerb* **2** ⟨410; umg.; bes. süddt.⟩ *rasch laufen; durchs Zimmer* ~; *bitte spring rasch zum Bäcker!* • 2.1 *in Sprüngen laufen, hüpfen; die Kinder kamen gesprungen* • 2.2 ⟨fig.⟩ *sich beeilen, eilen; wer den ganzen Tag* ~ *muss, hat abends gern seine Ruhe* • 2.3 ⟨fig.⟩ *eilfertig zu Diensten sein; wenn sie nur mit dem kleinen Finger winkt, dann springt er schon* • 2.3.1 jmdn. (nur für sich) ~ *lassen* ⟨fig.; umg.⟩ *seine Hilfsbereitschaft dauernd in Anspruch nehmen;* ⟨aber Getrennt- u. Zusammenschreibung⟩ ~ *lassen* ⟨fig.; umg.⟩ = *springenlassen* **3** ⟨400⟩ *etwas* springt *wird plötzlich mit Kraft bewegt* • 3.1 *das springt ja in die Augen* ⟨fig.⟩ *ist offensichtlich* • 3.2 *in die Höhe geschnellt werden; der Ball sprang bis an die Decke* • 3.3 *etwas* springt *(aus etwas) schießt,* schnellt *in die Höhe, spritzt heraus, hervor; die Quelle springt aus der Erde, aus einem Felsen; er hieb auf den Stein, dass die Funken sprangen* • 3.4 ⟨411⟩ **etwas** springt **von etwas** *löst sich (mit einem Ruck); der Lack springt vom Untergrund* • 3.5 ⟨411⟩ **etwas** springt **aus etwas** *löst sich plötzlich aus etwas heraus; der Wagen ist aus dem Gleis gesprungen* • 3.6 *der* ~*de* **Punkt** *dabei ist, dass ...* ⟨fig.⟩ *das Entscheidende dabei* **4** ⟨400⟩ **etwas** springt *bekommt einen Sprung, Riss; das Glas, die Schüssel sprang in tausend Stücke; das Glas, der Topf ist gesprungen* • 4.1 *eine* **Saite** *springt reißt* • 4.2 *eine* **Knospe** *springt öffnet sich, platzt auf* **5** ⟨400; fig.⟩ *eine Stelle auslassen, unvermittelt zu etwas anderem übergehen; der Solist sprang mehrfach in seinem Vortrag* • 5.1 ⟨Brettspiel⟩ *ein Feld überschlagen*

sprin|gen||las|sen *auch:* **sprin|gen las|sen** ⟨V. 175/500; fig.; umg.⟩ *etwas* ~ *etwas ausgeben, spendieren;* →a. *springen* (2.3.1)

Sprin|ger ⟨m.; -s, -⟩ **1** *jmd., der springt* • 1.1 *Sportler, der eine Sportart ausübt, in der gesprungen wird;* Hoch~; Turm~; Weit~ **2** *Arbeitnehmer, der in einem (Industrie-)Betrieb je nach Bedarf an unterschiedlichen Arbeitsplätzen eingesetzt wird* **3** *Typ von Tieren, die sich springend bewegen* **4** *Bespringer, männliches Zuchttier* **5** ⟨Schach⟩ *Pferd, Rössel*

Sprin|ge|rin ⟨f.; -, -rin|nen⟩ *weibl. Springer (1, 2)*

Sprink|ler ⟨m.; -s, -⟩ *Gerät, Anlage zum Besprengen od. Berieseln größerer Flächen*

Sprint ⟨m.; -(e)s, -e⟩ **1** *schneller Wettlauf (od. Wettfahrt) über eine kurze Strecke* **2** *das Sprinten; einen* ~ *einlegen*

sprin|ten ⟨V. 400(h. od. s.)⟩ *eine kurze Strecke mit größtmöglicher Geschwindigkeit zurücklegen*

Sprit ⟨m.; -(e)s, -e⟩ **1** *Ethylalkohol als Grundlage von Branntwein* **2** ⟨umg.⟩ *Benzin, Treibstoff*

Sprit|ze ⟨f.; -, -n⟩ **1** *Einspritzung; eine* ~ *bekommen;* jmdm. eine ~ *geben* **2** *Gerät zum Spritzen, entweder als Gummiball mit Kanüle, als Schlauch mit verstellbarer Düse od. als zylinderförmiges Glasröhrchen, in dem ein mit Handdruck bewegter Kolben die Flüssigkeit durch eine feine Nadel auspresst (für Einspritzungen zu Heilzwecken);* Hand~; Einweg~; Garten~; Feuer~

sprit|zen ⟨V.⟩ **1** ⟨500⟩ **Flüssigkeit irgendwohin** ~ *F. in Tropfen od. Strahlen irgendwohin schleudern; Wasser ins Feuer* ~; *Schlagsahne auf die Torte* ~ • 1.1 jmdn. od. etwas ~ *(mit Flüssigkeit) übersprühen;* Bäume, Pflanzen (mit einem Schädlingsbekämpfungsmittel) ~; *die Blumen, den Rasen* ~ • 1.2 ⟨400⟩ *plantschen, Wasser versprühen; mit Wasser* ~; *spritz nicht so!* • 1.3 ⟨500⟩ *etwas* ~ *mit der Spritzpistole Farben auf etwas auftragen, etwas mit Farbe, Lack versehen; den Wagen* ~ (lassen); *der Wagen muss frisch gespritzt werden* • 1.4 ⟨400⟩ **es** spritzt ⟨umg.⟩ *es regnet leicht, in wenigen Tropfen; regnet es? Nein, es spritzt nur ein bisschen* **2** ⟨400⟩ *etwas* spritzt *schnellt in Tropfen od. im Strahl heraus, quillt hervor; das heiße Fett spritzt (aus der Pfanne); das Blut spritzte aus der Wunde* **3** ⟨500/Vr 7⟩ ein

Medikament ~ *ein M. mittels Injektionsspritze in den Körper einführen;* der Arzt spritzt das Medikament unter die Haut • **3.1 jmdn.** ~ *jmdm. eine Einspritzung geben;* jmdn. gegen Typhus ~; jmdn. in die Vene, in den Muskel, unter die Haut ~; er hat Zucker u. muss sich seit einiger Zeit ~ **4** ⟨500⟩ **Wein, Schnaps, Saft** ~ *mit Sodawasser verdünnen;* möchtest du den Saft gespritzt oder pur?

Sprit|zer ⟨m.; -s, -⟩ **1** *kleine gespritzte Menge;* einen ~ Zitronensaft zugeben **2** *durch Spritzen entstandener Fleck;* Farb~

sprit|zig ⟨Adj.⟩ **1** *prickelnd;* ein ~er Wein **2** ⟨fig.⟩ *sprühend witzig, geistreich;* ein ~es Lustspiel; in einem ~en Stil geschrieben

spröd ⟨Adj.⟩ = spröde

sprö|de ⟨Adj.⟩ oV spröd **1** *hart, fest, aber bei Druck od. Schlag leicht zerspringend, zerbrechlich;* Glas, Porzellan ist ~ **2** *trocken, aufgesprungen, rissig;* sie leidet unter ~r Haut **3** *brüchig, heiser;* eine ~ Stimme haben **4** ⟨fig.⟩ *schwer formbar, widerspenstig;* der Stoff ist für einen Film zu ~ **5** *kühl, herb, abweisend, verschlossen;* sie ist eine ~ Schönheit

Spross ⟨m.; -es, -e⟩ **1** *Teil der höheren Pflanzen, der aus Sprossachse, Blättern u. Blüten besteht;* Ggs Wurzel (1) **2** ⟨geh.⟩ *Nachkomme*

Spros|se ⟨f.; -, -n⟩ **1** *Querholz zum Darauftreten an der Leiter;* er stand auf der letzten ~ **2** ⟨Jägerspr.⟩ = *Ende* (10)

Spröss|ling ⟨m.; -s, -e; umg.; scherzh.⟩ *Kind;* deine, eure ~e

Sprot|te ⟨f.; -, -n; Zool.⟩ *ca. 15 cm langer, mit dem Hering verwandter Fisch der Nord- u. Ostsee:* Sprattus sprattus; Kieler ~n

Spruch ⟨m.; -(e)s, Sprü|che⟩ **1** *kurz u. einprägsam ausgesprochener Gedanke, kurzer Lehrsatz, Lebensregel, oft in Reimen;* Denk~; Sinn~; Wahl~; Goethes Sprüche in Prosa, in Reimen; ein weiser ~! (iron.) • **1.1** *Beschwörungsformel;* Zauber~ • **1.2** Sprüche **machen** ⟨fig.⟩ *leeres Gerede von sich geben, aufschneiden* **2** *Stelle aus einem Buch, Zitat, bes. aus der Bibel;* Bibel~; die Sprüche Salomonis **3** *Form der mittelhochdeutschen Lyrik, liedartiges, strophisches, sangbares Gedicht* **4** *kurzes Lehrgedicht in Reimpaaren ohne Einteilung in Strophen* **5** *Wortlaut einer Entscheidung;* Richter~; Schieds~; Urteils~

Spru|del ⟨m.; -s, -⟩ **1** *Wasserwirbel, Strudel* **2** *Strahl des Springbrunnens* **3** *Quelle* **4** *Selters-, Mineral-, Sodawasser;* ~ trinken, bestellen

spru|deln ⟨V. 400⟩ **1** eine **Flüssigkeit** sprudelt *wallt, kocht, bildet Blasen;* das Wasser sprudelt im Topf • **1.1** *wirbeln, sprühend od. schäumend bewegt sein;* ein ~der Wasserfall **2** ⟨411(s.)⟩ eine **Flüssigkeit** sprudelt **aus etwas** *quillt sprühend, schäumend aus etwas hervor;* Sekt sprudelt aus der Flasche • **2.1 etwas** sprudelt **aus jmdm.** ⟨fig.⟩ *jmd. spricht etwas schnell, überstürzt;* die Worte sprudelten nur so aus seinem Munde

sprü|hen ⟨V.⟩ **1** ⟨400⟩ **etwas** sprüht *spritzt in kleinen Teilchen, fließt davon, auseinander;* die Gischt sprühte ins, übers Boot; sprühende Funken; die Funken sprühten nach allen Seiten • **1.1** ⟨401⟩ **es** sprüht *es regnet fein* • **1.2** ⟨fig.⟩ *lebhaft, ausgelassen sein;* ~ vor Freude, Lebenslust; ihre Augen sprühten vor Begeisterung; ~der Laune sein • **1.2.1** sein ~der **Geist** *bezauberte alle* sein schlagfertiger, witziger, lebhafter G. • **1.2.2** ~der **Witz** *Reichtum an lebendigen, geistvollen Einfällen* **2** ⟨500⟩ **etwas** ~ *als kleinste Teilchen (bes. von Flüssigkeit) aussenden;* Flüssigkeit über Pflanzen usw. ~; ihre Augen sprühten Blitze ⟨fig.⟩

Sprung ⟨m.; -(e)s, Sprün|ge⟩ **1** *Bewegung, bei der man sich mit einem Bein od. beiden Beinen zugleich vom Boden abstößt, so dass man sekundenlang frei od. sich auf ein Gerät stützend in der Luft schwebt;* ein großer, hoher, kleiner, mächtiger, weiter ~; ein ~ aus dem Fenster, ins Wasser, über einen Graben; beim ~ von der Mauer brach er sich ein Bein; in großen Sprüngen davonlaufen; er überquerte den Graben mit einem ~; zum ~ ansetzen (bes. vom Raubtier); ein ~ übers Pferd, über den Bock, Kasten ⟨Turnen⟩ • **1.1** *Wettkampfübung im Springen;* Hoch~, Weit~, Stabhoch~ • **1.2** keine **großen** Sprünge **machen können** ⟨fig.; umg.⟩ *nicht viel Geld haben, sich nicht viel leisten können* • **1.3 auf dem ~(e) sein,** *stehen im Begriff sein (fortzugehen)* • **1.4** jmdn. **auf die** Sprünge **helfen** ⟨fig.⟩ *jmdm. helfen, einen Hinweis, Wink geben, jmdn. fördern* • **1.5** ein ~ **ins Ungewisse** ⟨fig.⟩ *eine kühne Handlung, bei der man nicht weiß, was daraus wird* **2** ⟨fig.; umg.⟩ *kurze Zeitspanne;* ich komme auf einen ~ bei dir vorbei **3** ⟨fig.; umg.⟩ *kleine Entfernung, kurze Strecke;* es ist nur ein ~ dahin **4** *kleiner Spalt, Riss;* ein ~ im Glas, Porzellan; das Glas hat einen ~ **5** ⟨fig.⟩ *Weglassen von Zwischenstufen, plötzlicher Übergang;* Gedanken~; ein ~ in der natürlichen Entwicklung, im Denken; die Natur macht keine Sprünge • **5.1** *Weglassen einer Textstelle (im Buch, in der Rolle)* • **5.2** der Schauspieler machte einen ~ *übersprang eine Textstelle* **6** ⟨Jägerspr.⟩ *Gruppe;* ein ~ Rehe **7** ⟨veraltet; Mar.⟩ *Erhöhung des Schiffsdecks, Heck und Bug* **8** ⟨Geol.⟩ *vertikale Verschiebung von Gesteinsschollen längs einer Spalte, Verwerfung, Bruch*

Sprung|brett ⟨n.; -(e)s, -er⟩ **1** *federndes, übers Wasser hinausragendes Brett (zum Absprung beim Kunstspringen)* **2** *schrägstehendes, leicht federndes Brett als Hilfsmittel beim Geräteturnen* **3** ⟨fig.⟩ *günstiger Ausgangspunkt;* eine Stellung als ~ für eine höhere benutzen

sprung|haft ⟨Adj.⟩ **1** *in Sprüngen, ruckweise;* sich ~ steigern; die Preise sind ~ in die Höhe geschnellt • **1.1** *rasch u. plötzlich;* der Fremdenverkehr ist ~ angestiegen; der ~e Wechsel, Umsatz **2** ⟨fig.⟩ *unfähig, bei der Sache zu bleiben, einen Gedanken zu verfolgen;* er ist sehr ~ (in seinen Gedanken, Stimmungen); einer ~en Unterhaltung nicht folgen können

spüch|tig ⟨Adj.; regional⟩ *zu eng, zu klein (bei Kleidung);* Petra trug als Kind gern ~e T-Shirts

Spu|cke ⟨f.; -; unz.⟩ **1** *Speichel* • **1.1** da bleibt einem die ~ weg! ⟨fig.⟩ *da ist man sprachlos, da fehlen einem die Worte;* →a. Geduld (1.3)

spu|cken ⟨V.⟩ **1** ⟨400⟩ *Speichel, Auswurf von sich geben, speien;* jmdm. ins Gesicht ~; in die Hände ~ (um dann kräftig zupacken zu können); jmdm. vor die Füße ~ • **1.1** ich spucke darauf! ⟨fig.; umg.⟩ *es ist mir gleichgültig, ich verzichte darauf* • **1.2** jmdm. in die Suppe ~ ⟨fig.; umg.⟩ *jmdm. ein Vorhaben, einen Plan verderben* • **1.3** jmdm. auf den Kopf ~ können ⟨fig.; umg.; scherzh.⟩ *größer sein als jmd.* • **1.4** dem kannst du doch auf den Kopf ~ ⟨fig.; umg.; scherzh.⟩ *dem bist du doch weit überlegen* • **1.5** ⟨400; umg.⟩ *sich übergeben, erbrechen* • **1.6** ⟨500⟩ **etwas** ~ *aus dem Mund von sich geben;* Blut ~ • **1.7** ⟨500⟩ große Töne ~ ⟨fig.; umg.⟩ *angeben, prahlen*

Spuk ⟨m.; -(e)s, -e; Pl. selten⟩ *Gespenstererscheinung, gespenstische Erscheinung, gespenstisches Treiben*

spu|ken ⟨V. 400⟩ **1** *als Geist umgehen;* der alte Graf spukt noch immer des Nachts im Schloss • **1.1** ⟨411; unpersönl.⟩ hier spukt es *hier gehen Geister um;* in diesem Haus soll es ~ **2** ⟨fig.⟩ *leben, sich halten;* dieser Aberglaube spukt noch immer unter den Leuten

Spu|le ⟨f.; -, -n⟩ **1** *(zylinderförmige) Rolle zum Aufwickeln;* Film~; die ~ der Nähmaschine ist schon wieder leer • **1.1** *zum Aufwickeln von Garn bestimmter Gegenstand;* Garn~ **2** ⟨El.⟩ *in mehreren Windungen um einen Zylinder gewickelter Draht*

spü|len ⟨V.⟩ **1** ⟨500⟩ **etwas** ~ *mit Wasser reinigen;* den Mund, Gläser, Geschirr ~ • **1.1** *im Wasser schwenken, um Seife zu entfernen;* Haar, Wäsche ~ • **1.2** *mit Flüssigkeit benetzen, auswaschen (bes. zu Heilzwecken);* eine Verletzung, einen Zahn mit Kamillentee ~ **2** ⟨511⟩ **etwas spült jmdn.** od. **etwas auf, an, von, über etwas** *etwas treibt jmdn.* od. *etwas irgendwohin;* die Wellen ~ Muscheln ans Ufer; der Matrose wurde von Deck gespült; der Fluss spülte eine Leiche an Land **3** ⟨411⟩ *etwas* spült **an etwas** *ergießt sich, treibt an etwas;* Wellen ~ ans Ufer

Spül|ma|schi|ne ⟨f.; -, -n⟩ *Maschine zum Geschirrspülen,* Geschirrspülmaschine

Spü|lung ⟨f.; -, -en⟩ **1** *das Spülen (1.2) (bes. zu Heilzwecken)* **2** ⟨Tech.⟩ *(Vorrichtung zur) Zufuhr von Wasser, das nicht erwünschtes Material wegschwemmen soll* • **2.1** *Vorrichtung zum Spülen (1) (am Wasserklosett)*

Spund ⟨m.; -(e)s, -e od. Spün|de⟩ **1** *Holzpflock, Zapfen, Pfropfen zum Verschließen von Fässern und anderen Behältern;* oV ⟨schweiz.⟩ Spunten **2** *in die Nut eingreifender Zapfen* **3** ⟨Pl. nur: -e; fig.; umg.; abwertend⟩ *junger, unreifer Mann, Rekrut*

Spun|ten ⟨m.; -s, -; schweiz.⟩ **1** = *Spund (1)* **2** ⟨umg.⟩ *einfaches Gasthaus, Wirtschaft*

Spur ⟨f.; -, -en⟩ **1** *Abdruck von Füßen, Rädern, Skiern usw. im Boden od. Schnee;* Fuß~; Rad~; Schlitten~; Wagen~; (keine) ~en hinterlassen; seine ~en verwischen • **1.1** *Fährte, Tritt;* eine ~ verfolgen; die ~ verlieren; die ~ führt in den Wald, ins Ausland ⟨a. fig.⟩; der ~ nach ~ abbringen, ablenken ⟨a. fig.⟩ • **1.1.1** einem Dieb auf der ~ sein *einen D. verfolgen* • **1.1.2** jmdn. auf die (richtige) ~ bringen ⟨fig.⟩ • **1.1.3** (jmdm.) auf die ~ kommen ⟨fig.⟩ *jmds. (heiml.) Handlungen entdecken* • **1.2** ~ halten *mit einem Fahrzeug innerhalb einer auf die Straße gezeichneten od. gedachten Fahrbahn fahren* • **1.3** ⟨Jägerspr.⟩ *Fußabdrücke (des Niederwildes);* eine alte, frische, neue ~ • **1.4** *Furche, Kielwasser* **2** ⟨fig.⟩ *Anzeichen;* in ihrem Gesicht waren noch ~en der überstandenen Krankheit zu erkennen • **2.1** wir haben keine ~ von ihm gefunden *kein Zeichen, dass er hier gewesen ist* **2.2** *Überrest;* die ~en einer versunkenen Kultur • **2.3** *etwas, das mit einem (kriminellen) Geschehen in Verbindung steht u. zu dessen Aufklärung beitragen kann;* der Mörder hinterließ keine ~en **3** ⟨fig.⟩ *Kleinigkeit, winzige Menge;* es fehlt noch eine ~ Salz • **3.1** keine, nicht eine ~, nicht eine ~ **von** etwas ⟨umg.⟩ *gar nichts (von),* keinerlei; keine ~ davon ist wahr; keine ~ von Geist, von Talent besitzen • **3.1.1** keine ~! *ganz und gar nicht!* • **3.1.2** nicht die ~! ⟨fig.; umg.⟩ *ganz und gar nicht, nicht das Geringste!* **4** *Eisenbahngleis hinsichtlich seines Schienenabstandes;* Schmal~ **5** *markierte Fahrbahn auf der Straße* **6** ⟨Techn.⟩ *Geradeauslauf (eines Wagens);* die ~ dieses Wagens ist nicht in Ordnung **7** *Streifen auf dem Tonband, der jeweils für eine Aufnahme genutzt wird;* mit vier ~en • **7.1** der digitale Rekorder hat 64 Spuren ⟨fig.⟩ *Raum für 64 digitale Sequenzen in der Art einer Spur (7)*

spu|ren ⟨V. 400⟩ **1** ⟨Skisport⟩ *die erste Spur hinterlassen (im Neuschnee)* **2** *genau in einer Spur fahren;* dieses Auto spurt einwandfrei **3** ⟨fig.; umg.⟩ *gehorchen, sich einfügen, einordnen;* er wird schon ~

spü|ren ⟨V. 500⟩ **1** ⟨Vr 8⟩ **etwas** od. **jmdn.** ~ *mit dem Tastsinn wahrnehmen, merken, empfinden, fühlen;* das Pferd bekam die Peitsche zu ~; er spürt jetzt sein Alter; bei ihm war nichts von Anstrengung zu ~; Schmerz, Wirkung ~; den Wind, die Kälte ~; du wirst die Folgen deines Leichtsinns noch zu ~ bekommen • **1.1** etwas am eigenen Leibe ~ *selbst erleben, erfahren* **2** der Hund spürt **das Wild** *folgt einer Spur des Wildes, nimmt eine Spur auf*

Spurt ⟨m.; -(e)s, -s od. -e (selten) -e; Sp.⟩ *plötzliche, kurzfristige Beschleunigung des Tempos während od. gegen Ende eines Rennens;* Zwischen~, End~

spur|ten ⟨V. 400⟩ *das Tempo kurzfristig steigern, so schnell wie möglich laufen*

spu|ten ⟨V. 500/Vr 3⟩ **sich** ~ *sich eilen, beeilen;* spute dich!; wir müssen uns ~

Square|dance ⟨[skwɛːrdæːns] m.; -, -s [-sɪz]⟩ *in Formationen getanzter amerikanischer Volkstanz*

Squash ⟨[skwɔʃ] n.; - od. -s; unz.; Sp.⟩ *Ballspiel, bei dem die nebeneinanderstehenden Spieler einen Gummiball mit einer Art Tennisschläger gegen eine Wand schlagen*

Staat ⟨m.; -(e)s, -en⟩ **1** *größere Gemeinschaft von Menschen innerhalb festgelegter Grenzen unter einer hoheitlichen Gewalt;* im Interesse des ~es; der französische, englische ~; unabhängiger, souveräner ~; →a. *Vater (6.2)* **2** ⟨fig.⟩ *die Regierung eines Staates;* beim ~ angestellt sein **3** ⟨umg.⟩ *Land;* er hatte schon viele ~en bereist **4** *zweckvoll organisierte größere Gemeinschaft mancher Tiere;* Bienen~; Ameisen~ **5** ⟨unz.; veraltet⟩ *schöne Kleidung;* Sonntags~; in

städtisch

ihrem besten ~ • 5.1 ⟨fig.⟩ *Aufwand, Pracht, Prunk* • 5.1.1 in vollem ~ erscheinen *prächtig angezogen u. geschmückt* • 5.1.2 der Festzug war wirklich ein ~ *war prächtig* • 5.2 ~ **machen** *Aufwand treiben* • 5.2.1 mit diesem Kleid kannst du keinen ~ mehr machen *dich nicht mehr sehenlassen* **6** ⟨Getrennt- u. Zusammenschreibung⟩ • 6.1 ~en bildend = *staatenbildend*

staa|ten|bil|dend *auch:* **Staa|ten bil|dend** ⟨Adj. 24/70; Zool.⟩ *größere organisierte Tiergemeinschaften bildend;* ~e Ameisen

staat|lich ⟨Adj. 24⟩ **1** *den Staat (1) betreffend, zu ihm gehörig, von ihm ausgehend;* ~e Souveränität; ~e Interessen **2** *die Staatsregierung betreffend, zu ihr gehörig, in ihrem Dienste stehend, sie vertretend, von ihr ernannt;* ~e Kontrolle, Planung; einen ~en Zuschuss gewähren; ~e Behörde, Institution • 2.1 ~ **geprüft** *im Beisein einer von Organen der Staatsregierung bestellten Prüfungskommission geprüft*

Staats|an|ge|hö|rig|keit ⟨f.; -, -en⟩ *(mit politischen Rechten u. Pflichten verbundene) Zugehörigkeit zu einem Staat;* doppelte ~

Staats|an|walt ⟨m.; -(e)s, -wäl|te⟩ *juristisch ausgebildeter Untersuchungsbeamter u. Ankläger im Strafverfahren;* Sy *öffentlicher Ankläger,* → *öffentlich (3.4)*

Staats|an|wäl|tin ⟨f.; -, -tin|nen⟩ *weibl. Staatsanwalt*

Staats|bür|ger ⟨m.; -s, -⟩ **1** *Staatsangehöriger;* deutsche, amerikanische ~ **2** *Bürger eines Staates mit allen politischen Rechten u. Pflichten* • 2.1 ~ in Uniform ⟨Dtschld.⟩ *Soldat der Bundeswehr, der grundsätzlich alle Rechte und Pflichten des Staatsbürgers haben soll, soweit sie irgend mit den Besonderheiten des militärischen Auftrages vereinbar sind*

Staats|bür|ge|rin ⟨f.; -, -rin|nen⟩ *weibl. Staatsbürger*

Staats|dienst ⟨m.; -(e)s, -e⟩ *der beruflich od. pflichtgemäß dem Staat geleistete Dienst, Dienst als Staatsbeamter;* in den ~ eintreten; im ~ stehen; in den ~ gehen ⟨umg.⟩

Staats|mann ⟨m.; -(e)s, -män|ner; Pl. selten: -leu|te⟩ *(bedeutender) Politiker eines Staates*

Staats|streich ⟨m.; -(e)s, -e⟩ *Regierungsumsturz durch die Regierung selbst od. hohe Militärpersonen*

Stab ⟨m.; -(e)s, Stä|be⟩ **1** *(runder, glatter) Stock, dünne Stange, als Turngerät für Stabhochsprung, oft als Zeichen einer bes. Würde;* Wander~, Holz~, Gitter~, Bischofs~, Marschall~ • 1.1 den ~ **führen** *die musikalische Leitung haben, dirigieren* • 1.2 den ~ **über jmdn. brechen** ⟨fig.⟩ *jmdn. verurteilen* **2** *Gesamtheit der leitenden Angestellten eines Unternehmens;* Unternehmens~ • 2.1 *Gruppe von Mitarbeitern um eine leitende Persönlichkeit;* Mitarbeiter~ • 2.2 ⟨Mil.⟩ *das Hilfspersonal von Truppenführern (vom Bataillon an aufwärts);* General~, Regiments~

Stab|füh|rung ⟨f.; -; unz.⟩ *musikalische Leitung;* das Orchester spielte unter der ~ von …

sta|bil ⟨Adj.⟩ **1** ~e **Lage** *nicht zur Veränderung neigende, dauerhafte L.;* Ggs *labil (1-1.1);* eine ~e Wirtschaft, Währung; ~e Preise • 1.1 ⟨24⟩ ~es **Gleichgewicht** ⟨Phys.⟩ *G., bei dem ein Körper bei einer kleinen Verschiebung seiner Lage von außen in seine alte Lage*

zurückstrebt **2** jmd. ist ~ *widerstandsfähig, kräftig;* ~e Gesundheit, Nerven haben **3** ein ~er **Gegenstand** *fester, haltbarer G.;* das Haus ist sehr ~ gebaut

Stabs|of|fi|zier ⟨m.; -s, -e⟩ **1** *Offizier im Rang eines Obersten, Oberstleutnants od. Majors* **2** *Offizier als Mitarbeiter eines militär. Stabes*

Sta|chel ⟨m.; -s, -n⟩ **1** *stechend spitzer Gegenstand* • 1.1 *Stock mit eiserner Spitze (zum Antreiben von Rindern, Stoßen des Schlittens)* • 1.2 *metallene Spitze, schmaler, spitzer, metallener Gegenstand, Dorn (an Schnallen)* • 1.3 *spitzes Anhangsgebilde der Pflanzen, an dessen Bildung außer der Oberhaut auch tieferliegende Gewebeschichten beteiligt sind* • 1.4 ⟨Pl.⟩ *kräftige, spitze, stark entwickelte Haare, Schuppen od. Anhänge des Hautskeletts* • 1.5 *mit Giftdrüsen verbundener umgewandelter Teil des Legeapparates von Hautflüglern, Wehrstachel* • 1.6 *einer Sache den* ~ **nehmen** ⟨fig.⟩ *einer S. das Verletzende nehmen* • 1.7 ⟨fig.⟩ *stechender seelischer Schmerz, leiser Groll;* der Vorwurf ließ einen ~ in ihr zurück • 1.8 ⟨fig.⟩ *heftiger Antrieb;* der ~ des Ehrgeizes

Sta|chel|bee|re ⟨f.; -, -n; Bot.⟩ **1** *zu den Steinbrechgewächsen gehöriger, stacheliger Strauch mit derbschaligen ovalen Beeren: Ribes uva-cripsa* **2** *Frucht der Stachelbeere (1)*

sta|che|lig ⟨Adj.⟩ *voller Stacheln, kratzend, stechend;* oV *stachlig;* ein ~er Zweig; sein Bart ist ~

sta|cheln ⟨V.⟩ **1** ⟨400⟩ **etwas** stachelt *sticht mit Stacheln;* der Kaktus stachelt **2** ⟨500/Vr 7 od. Vr 8⟩ **jmdn. od. etwas** ~ ⟨fig.⟩ *(an)reizen, anstacheln;* etwas stachelt jmds. Argwohn, Hass; jmdn. zu neuen Taten ~

stach|lig ⟨Adj.⟩ = *stachelig*

Sta|del ⟨m.; -s, -; oberdt.; schweiz.⟩ *Scheune;* Heu~

Sta|di|on ⟨n.; -s, -di|en⟩ **1** *die gesamte Anlage eines Wettkampfplatzes;* Sport~, Schwimm~ **2** *Zuschauer in einem Stadion (1);* das ~ tobte vor Begeisterung

Sta|di|um ⟨n.; -s, -di|en⟩ **1** *Stand, Zustand;* Ruhe~, Verfalls~; die Krankheit ist im entscheidenden ~ **2** *Entwicklungsstufe, Abschnitt;* Anfangs~, End~; der Mensch bildet das letzte ~ in der Entwicklung des Lebens

Stadt ⟨f.; -, Städ|te⟩ **1** *größere, geschlossene, vom Dorf durch bestimmte Rechte unterschiedene Wohnsiedlung;* Ggs *Land (3);* die ~ Berlin; der Rat der ~; in ~ und Land; große, kleine ~; außerhalb der ~ wohnen; am Rand der ~ wohnen • 1.1 bei der ~ angestellt sein ⟨fig.; umg.⟩ *bei einer städtischen Behörde angestellt sein* • 1.2 ⟨fig.; umg.⟩ *die Bewohner einer Stadt;* die ganze ~ spricht schon davon; →a. *ewig (1.2)* **2** *Innenstadt, Geschäftszentrum;* zum Einkaufen in die ~ gehen

städ|tisch ⟨Adj. 24⟩ **1** *die Stadt betreffend, zu ihr gehörend;* Ggs *ländlich (1);* der ~e Nahverkehr **2** *in der Stadt wohnend, aus ihr stammend;* Ggs *ländlich (2);* die ~e Bevölkerung **3** *die Stadtverwaltung betreffend, zu ihr gehörend, ihr unterstellt, von ihr ausgehend;* ~er Angestellter; die ~en Behörden **4** *wie in der Stadt üblich, ihr gemäß;* Ggs *ländlich (3);* ~ gekleidet

Stadtplan

Stadt|plan ⟨m.; -(e)s, -plä|ne⟩ Straßenkarte einer Stadt; ~ von Hamburg

Staf|fel ⟨f.; -, -n⟩ **1** aus mehreren Personen bestehende Gruppe; Polizei~ **2** Aufeinanderfolge **3** ⟨Mil.⟩ Verband von Flugzeugen od. Schiffen **4** ⟨Sp.⟩ Mannschaft (bes. beim Staffellauf) **5** ⟨süddt.⟩ = Treppe (1)

Staf|fe|lei ⟨f.; -, -en⟩ Gerüst, auf dem das Bild beim Malen steht **2** ⟨süddt., österr.⟩ = Leiter²

Staf|fel|lauf ⟨m.; -(e)s, -läu|fe⟩ Wettlauf, bei dem die Mitglieder einer Mannschaft einander ablösen u. dabei jeweils einen Stab (der nicht zu Boden fallen darf) übergeben

staf|feln ⟨V. 500⟩ **1** etwas ~ abstufen; Löhne, Tarife ~ • **1.1** ⟨Vr 3⟩ etwas staffelt sich ist stufenweise geordnet; die Gewinne ~ sich nach den Einsätzen **2** etwas ~ staffelweise aufstellen, stufenweise anordnen; die Infanterie war in mehreren Reihen gestaffelt

Sta|gna|ti|on auch: **Stag|na|ti|on** ⟨f.; -; unz.⟩ das Stagnieren, Stocken, Stillstand; die ~ der Konjunktur hält an

sta|gnie|ren auch: **stag|nie|ren** ⟨V. 400⟩ etwas stagniert stockt, steht still, beharrt; eine Entwicklung, die Wirtschaft stagniert; die Reallöhne der Arbeiter stagnieren

Stahl ⟨m.; -(e)s, -Stäh|le od. (selten) -e⟩ **1** schmiedbares Eisen mit einem Kohlenstoffgehalt unter 1,7 %; hart wie ~; Muskeln wie ~ • **1.1** aus ~ ⟨a. fig.⟩ bes. kräftig, widerstandsfähig; anscheinend hatte er Nerven aus ~ **2** ⟨poet.⟩ blanke Waffe, Schwert, Säbel, Messer; jmdm. den (blanken) ~ in den Leib stoßen

stäh|len ⟨V. 500⟩ **1** Eisen ~ in Stahl verwandeln **2** jmdn. od. jmds. **Körper** ~ ⟨fig.⟩ härten, kräftigen, abhärten; seinen Körper ~

Stahl|stich ⟨m.; -(e)s, -e⟩ dem Kupferstich entsprechende grafische Technik, bei der statt der Kupfer- eine Stahlplatte verwendet wird, was höhere Auflagen zulässt

stak|sen ⟨V. 400(s.); umg.⟩ steif, unbeholfen gehen; durch das Gebüsch ~

Sta|lag|mit ⟨m.; -s od. -en, -e od. -en⟩ von unten nach oben sich aufbauendes, stehendes Tropfsteingebilde; Ggs Stalaktit

Sta|lak|tit ⟨m.; -s od. -en, -e od. -en⟩ von der Decke (einer Höhle) nach unten wachsendes, hängendes Tropfsteingebilde; Ggs Stalagmit

Stall¹ ⟨m.; -(e)s, Stäl|le⟩ **1** Raum für Tiere; Hühner~; Kuh~; Pferde~; Schaf~; Schweine~; den ~ ausmisten; →a. Pferd (2.4) **2** ⟨fig.; umg.; abwertend⟩ unordentliches, schmutziges Zimmer; räum diesen Sau~ auf!

Stall² ⟨m.; -s; unz.; regional⟩ Einzelsitz des Chorgestühls

Stall³ ⟨m.; -es; unz.; mundartl.⟩ Harn (des Pferdes)

Stamm ⟨m.; -(e)s, Stäm|me⟩ **1** der das Astwerk tragende Holzkörper des Baumes, Baumstamm; der ~ des alten Baumes war völlig morsch; →a. Apfel (1.2) **2** durch verwandtschaftliche Beziehungen organisierte Gruppe • **2.1** Geschlecht, Familie; aus dem ~e Davids; aus königlichem ~; der Letzte seines ~es • **2.2** größere Gruppe von Familien, Sippen od. Clans, die sich durch sprachliche u. kulturelle Gemeinsamkeiten vor: anderen unterscheiden; Volks~; Indianer~ • **2.2.1** er ist vom ~e Nimm ⟨umg.; scherzh.⟩ er ist besitzgierig • **2.3** ⟨Biol.⟩ höchste der obligator. Kategorien oberhalb der Klasse • **2.4** ⟨Tierzucht⟩ kleinste züchterisch bearbeitete Gruppe gleicher Rasse; Bakterien~ **3** fester, unverändert bleibender Bestandteil • **3.1** fester Bestand von Personen (im Unterschied zu neu hinzugetretenen u. wieder weggegangenen); er gehört noch zum alten ~; einen festen ~ von Kunden, Gästen, Arbeitern haben • **3.2** ⟨Mil.⟩ altgediente Mannschaft (im Unterschied zu den neu eingezogenen Rekruten) • **3.3** Grundstock; ein Kapital als ~ eines Unternehmens • **3.4** ⟨Gramm.⟩ der sinntragende Teil eines Wortes ohne Vor- u. Nachsilben u. Flexionsendungen

Stamm|baum ⟨m.; -(e)s, -bäu|me⟩ **1** die Aufzeichnung aller Nachkommen eines Elternpaares, häufig in Baumform, Ahnentafel **2** ⟨Biol.⟩ Darstellung der Abstammung eines Lebewesens od. einer Gruppe verwandter Arten, Klassen usw.; Hund mit erstklassigem ~

stam|meln ⟨V. 402⟩ **1** (etwas) ~ gehemmt, abgerissen sprechen, stottern; eine Entschuldigung ~ **2** bestimmte Laute u. Lautverbindungen unzureichend artikulieren; vor Schreck konnte er nur noch ~

stam|men ⟨V. 411⟩ aus etwas od. von jmdm. ~ **1** seinen Ursprung haben (in), herkommen von; die Äpfel ~ aus Italien; der Ausspruch stammt von Schopenhauer **2** Nachkomme sein (von); er stammt aus einer Arztfamilie **3** zur Heimat haben, geboren sein (in); er stammt aus München **4** herrühren (von), sich ableiten (von); das Wort stammt aus dem Griechischen; die Kette stammt von meiner Großmutter

Stamm|hal|ter ⟨m.; -s, -⟩ männl. Nachkomme, der den Stamm, d. h. Familiennamen, erhält

stäm|mig ⟨Adj. 70⟩ nicht groß, aber kräftig, untersetzt, gedrungen; eine kleine ~e Fichte; ein kleiner, ~er Kerl

Stamm|platz ⟨m.; -es, -plät|ze⟩ = Stammsitz (3)

Stamm|sitz ⟨m.; -es, -e⟩ **1** ursprünglicher Wohnsitz eines Geschlechtes **2** Ort od. Gebäude, in dem eine Firma gegründet wurde **3** fester Platz im Lokal, ständig gemieteter Platz im Theater; Sy Stammplatz

stamm|ver|wandt ⟨Adj. 24/70⟩ vom gleichen Stamm (2, 3.4) herrührend, abstammend; ~e Wörter

Stam|perl ⟨n.; -s, -n; bair.-österr.⟩ Schnapsglas ohne Stiel

stamp|fen ⟨V.⟩ **1** ⟨400⟩ (mit dem **Fuß**, den Hufen) ~ kräftig auftreten; er stampfte zornig mit dem Fuß auf den Boden; das Pferd stampft mit den Hufen • **1.1** ⟨511⟩ ich kann es doch nicht **aus dem Boden, aus der Erde** ~ ⟨fig.⟩ nicht hervorzaubern **2** ⟨411(s.)⟩ irgendwo od. irgendwohin ~ schwer, wuchtig gehen; durchs Zimmer ~; übers Feld ~ **3** ⟨500⟩ etwas ~ mit der Stampfe od. dem Stampfer zerkleinern; Kartoffeln, Zucker ~; Gewürze im Mörser ~ **4** ⟨500⟩ etwas ~ festtreten, -rammen, zusammenpressen; Sand, Erde, Schnee ~; Pflastersteine ~; gemähtes Gras im Silo ~ **5** ⟨400⟩ etwas stampft bewegt sich wuchtig u. regelmäßig • **5.1** die **Maschine** stampft arbeitet mit regelmäßigen Stößen; das Stampfen der Maschinen war weithin zu hören • 5.2 das **Schiff** stampft *bewegt sich (bei hohem Seegang) in der Längsrichtung auf u. nieder*

Stand ⟨m.; -(e)s, Stän|de⟩ **1** ⟨unz.⟩ *stehende Stellung, Stillstehen, festes Stehen, Halt in sich;* keinen (festen) ~ haben; der Gartentisch hat hier keinen festen ~ • **1.1** aus dem ~ springen *ohne Anlauf* • **1.2** ⟨fig.⟩ • **1.2.1** einen **schweren** ~ haben *sich schwer durchsetzen können* • **1.2.2** er hat bei seinem Vorgesetzten keinen **guten** ~ *er ist nicht gut angeschrieben, nicht angesehen* **2** *Stellung, Standort;* an einem bestimmten Ort seinen ~ haben • **2.1** seinen ~ verändern *den Standort wechseln* • **2.2** ⟨Jägerspr.⟩ *Lieblingsaufenthalt (des Wildes)* **3** *zu einem besonderen Zweck vorgesehener (u. eingerichteter) Ort* • **3.1** *kleiner abgeteilter Raum (für Pferd, Auto) innerhalb eines größeren* • **3.2** *kleiner, offener Ausstellungsraum;* Messe~; einen ~ einrichten; wo haben Sie auf der Messe Ihren ~? • **3.3** *offene Verkaufsbude (auf Straßen, Jahrmärkten)* • **3.4** *Aufenthaltsort, Warteplatz;* Taxi~ **4** *Stufe, Stellung, Lage, Punkt (in einer Entwicklung, in einem Geschehen)* • **4.1** *Höhe (von Wasser, Sonne, Wechselkurs);* seinen höchsten, niedrigsten ~ erreichen • **4.2** *zahlenmäßiges Ergebnis (bis zu einem bestimmten Zeitpunkt);* Spiel~ • **4.3** *errechneter Betrag (zu einem bestimmten Zeitpunkt);* Kassen~; ~ vom 20.3.: € 130,-- **5** ⟨unz.⟩ *Beschaffenheit, Verfassung, Zustand* • **5.1** ein Buch, Werk auf den neuesten ~ bringen *die neuesten Ergebnisse in einem B., W. berücksichtigen* • **5.2** wie war der ~ **der Dinge,** als du ankamst? *wie war die Lage, die Situation bei deiner Ankunft?* • **5.3 gut im** ~e sein *in gutem Zustand;* ⟨aber Getrennt- u. Zusammenschreibung⟩ im Stande = *imstande* • **5.4** jmdn. **in den** ~ **setzen,** etwas zu tun *jmdm. ermöglichen, etwas zu tun;* ⟨aber⟩ →a. *instand* • **5.5** *Lage, Status;* in den heiligen ~ der Ehe treten • **5.5.1** seinen ~ verändern *sich verheiraten* **6** *gesellschaftliche Gruppe, Klasse;* die höheren, niederen Stände; der bürgerliche, der geistliche ~ • **6.1** die drei (Reichs-)Stände ⟨MA⟩ *Adel, Geistlichkeit, Bürgertum;* →a. *vierte (1.1)* • **6.2** *Beruf, Berufsgruppe;* Kaufmanns~ • **6.3** *soziale, gesellschaftliche, berufliche Stellung, Rang, Würde;* Name und ~; ein Mann von hohem ~; über, unter seinem ~(e) heiraten **7** ⟨schweiz.⟩ *Kanton;* der ~ Aargau **8** ⟨Getrennt- u. Zusammenschreibung⟩ • **8.1** außer Stande = *außerstande* • **8.2** zu Stande = *zustande*

Stan|dard ⟨m.; -s, -s⟩ **1** *Richt-, Eichmaß* **2** *Norm, allgemeines Niveau;* Lebens~ **3** *Feingehalt (der Münzen)* **4** = *Norm (1.1)*

Stan|dard|werk ⟨n.; -(e)s, -e⟩ *mustergültiges, grundlegendes Werk;* ein ~ der Literatur

Stan|dar|te ⟨f.; -, -n⟩ **1** *eine kleine viereckige Fahne* • **1.1** ⟨früher⟩ *Reiterfahne* • **1.2** *Flagge, die von Fürsten od. Staatsoberhäuptern geführt wird* **2** ⟨Jägerspr.⟩ *Schwanz (des Fuchses)*

Stand|bild ⟨n.; -(e)s, -er⟩ **1** *plastische Nachbildung eines (meist stehenden) Menschen oder Tieres aus Stein, Bronze o. Ä.;* Sy *Statue* **2** *(bei der Wiedergabe von Auf-*

zeichnungen) nicht bewegtes einzelnes Bild; das ~ erbrachte den Beweis

Stän|del|wurz ⟨f.; -, -en⟩ = *Stendelwurz*

Stän|der ⟨m.; -s, -⟩ **1** *Gestell;* Blumen~; Bücher~; Fahrrad~; Kleider~; Noten~; Schirm~ **2** *vertikaler Balken im Fachwerk* **3** *fest stehender Teil einer elektrischen Maschine;* Ggs *Läufer (11)* **4** ⟨Jägerspr.⟩ *Fuß (des Federwildes außer dem Wasserwild)*

Stan|des|amt ⟨n.; -(e)s, -äm|ter⟩ *Behörde zur Beurkundung von Geburten, Eheschließungen u. Todesfällen*

stand|fest ⟨Adj. 24⟩ **1** *fest stehend;* der Schrank, Tisch ist jetzt ~ • **1.1** ⟨40⟩ *nicht mehr ganz* ~ *sein betrunken sein, infolge Trunkenheit leicht schwanken*

stand|haft ⟨Adj.⟩ *fest, unerschütterlich, nicht nachgebend, beharrlich;* ~ bleiben; sich ~ wehren, weigern

stand|hal|ten ⟨V. 160⟩ **1** ⟨400⟩ *sich behaupten, fest, unerschütterlich bleiben;* die Verteidiger konnten ~ • **1.1** ⟨600⟩ **jmdm.** od. einer **Sache** ~ *vor jmdm. od. einer S. nicht zurückweichen;* einem Angriff ~; jmds. forschendem Blick ~ • **1.1.1** der Kritik ~ *der K. nicht ausweichen, sich ihr stellen* • **1.1.2** einer Prüfung ~ *eine P. aushalten, eine P. bestehen* **2** ⟨403⟩ *etwas* hält (**jmdm.** oder einer **Sache**) stand *zerbricht nicht, geht (durch die Einwirkung von jmdm. od. einer S.) nicht entzwei;* das Fenster hat dem Schlag standgehalten

stän|dig ⟨Adj. 24/90⟩ **1** *dauernd, immer (bestehend, vorhanden);* eine ~e Einrichtung, Institution; sein ~er Wohnsitz **2** *ununterbrochen, unaufhörlich;* trotz ~er Anwesenheit, Mitarbeit; er hat ~ etwas zu tadeln, auszusetzen; ~ zunehmen, wachsen; er steht ~ unter Alkohol, unter Druck **3** *häufig;* seine ~en Bitten, Klagen, Vorwürfe; ein ~er Gast

Stan|ding Ova|tions ⟨[stændɪŋ oveɪʃns] Pl.⟩ *Beifallssturm, heftiges Beifallklatschen im Stehen;* einem Künstler ~ entgegenbringen

Stand|ort ⟨m.; -(e)s, -e⟩ **1** *augenblicklicher Aufenthaltsort;* Sy *Position (3.1);* der ~ des Schiffes, des Flugzeugs **2** *dauernder Unterkunfts-, Aufenthaltsort (von Truppen),* Garnison **3** *die Umwelt (einer Pflanze oder der Pflanzengesellschaft)*

Stand|punkt ⟨m.; -(e)s, -e⟩ **1** *Ort, an dem jemand steht, Standort, Stellung (eines Beobachters);* er konnte von seinem ~ aus nichts sehen **2** ⟨fig.⟩ *Ansicht, Auffassung, Einstellung, Meinung;* von seinem ~ aus hat er Recht; das ist ein lange überwundener, überholter ~ • **2.1** ich stehe auf dem ~, dass … *ich bin der Meinung, dass …* • **2.2** jmdm. seinen ~ klarmachen *jmdm. energisch seine Auffassung erklären* • **2.3** das ist doch kein ~! ⟨umg.⟩ *so darf man doch nicht denken, sich nicht verhalten!*

Stand|recht ⟨n.; -(e)s; unz.⟩ *verschärftes Strafrecht u. vereinfachtes Strafverfahren während eines Ausnahmezustandes*

Stan|ge ⟨f.; -, -n⟩ **1** *langer Stab, langer Stock (zum Stützen, Halten, Stoßen o. Ä.);* Bohnen~; Hopfen~; Fahnen~; Kleider~; Kletter~; Vorhang~; eine ~ Zimt • **1.1** sie saßen da wie die Hühner auf der ~ *still u. stumm nebeneinander* • **1.2** Anzug von der ~ ⟨umg.⟩ *Konfektionsanzug (von der langen Stange, an der die*

Stängel

billigeren Anzüge im Geschäft aufgereiht hängen) • **1.3** jmdm. die ~ **halten** ⟨fig.; umg.⟩ *jmds. Partei ergreifen, jmds. Meinung unterstützen* • **1.4 bei der ~ bleiben** ⟨fig.; umg.⟩ *bei seiner Meinung bleiben, sich in seiner Ansicht nicht beirren lassen, in seinem Interesse an etwas nicht erlahmen* • **1.5** jmdn. **bei der ~ halten** ⟨fig.; umg.⟩ *jmdn. so beeinflussen, dass er bei einem Unternehmen bleibt, weiter mitmacht* • **1.6** *das kostet eine ~* **Geld** ⟨fig.; umg.⟩ *das kostet viel Geld, das ist teuer* • **1.7** *eine ~* **Zigaretten** *mehrere nebeneinander zu einem Paket verpackte Schachteln Z.* **2** *der im Maul des Pferdes liegende Teil des Zaums, an den Backen- u. Kinnriemen befestigt sind*; Kandaren~ **3** ⟨Forstw.⟩ *Nutzholz, das 1 m über dem stärkeren Ende höchstens 14 cm Durchmesser hat* **4** ⟨Jägerspr.⟩ *Teil, Hälfte des Geweihs od. Gehörns*

Stän|gel ⟨m.; -s, -⟩ **1** *Stamm der Pflanzen, die nicht Bäume, Sträucher sind; Gräser sind*; Sy *Stiel (1.2)* • **1.1** ⟨Bot.⟩ *Sprossachse der höheren Pflanzen* **2** *fall nicht vom ~!* ⟨umg.⟩ *fall nicht herunter!*

stän|kern ⟨V. 400; umg.⟩ *Unfrieden stiften, Streit schüren*

Stan|ni|ol ⟨n.; -s; unz.⟩ *sehr dünn ausgewalzte, silbrige Folie aus Aluminium od. Zinn;* ~papier

stan|zen ⟨V. 500⟩ **1** *etwas ~ (maschinell) unter Druck in eine bestimmte Form pressen, schlagen;* Blech, Leder ~ • **1.1** ⟨511⟩ **etwas in etwas ~** *auf etwas einprägen; ein Wappen auf das Blech ~* **2** *ein zu formendes Stück (maschinell) ausschneiden, -stechen;* Scheiben aus Blechen ~ • **2.1 Löcher ~** *hineindrücken*

Sta|pel ⟨m.; -s, -⟩ **1** *aufgeschichteter Haufen; ein ~ Bücher, Holz, Wäsche* • **1.1 Warenniederlage, Platz, an dem Güter aufgestapelt werden* **2** *Unterlage, auf der ein Schiff während des Baues ruht* • **2.1** *ein Schiff vom ~ (laufen) lassen nach vollendetem Bau zu Wasser lassen* • **2.1.1** *eine Rede vom ~ lassen* ⟨fig.; umg.; leicht iron.⟩ *eine R. halten* **3** *einzelnes Wollbüschel in der Wolldecke des Schafes;* Woll~ **4** *Länge einer Textilfaser*

Sta|pel|lauf ⟨m.; -(e)s, -läu|fe⟩ *Hinabgleiten eines neu gebauten Schiffes vom Stapel (2) ins Wasser*

sta|peln ⟨V. 500/Vr 7⟩ *etwas ~* **1** *zu einem Stapel (1) schichten, aufhäufen* **2** ⟨fig.⟩ *anhäufen, in Mengen lagern*

stap|fen ⟨V. 410(s.)⟩ *kräftig auftreten, mit schwerem Schritt gehen; durch den Schnee ~*

Star[1] ⟨m.; -s, -e; Zool.⟩ *Angehöriger einer Familie der Singvögel mit kurzem Hals und langem, spitzem Schnabel: Sturnidae*

Star[2] ⟨m.; -s, -e⟩ *Gruppe von Augenkrankheiten;* →a. *grau (1.9), grün (1.12), schwarz (2.12)*

Star[3] ⟨m.; -s, -s⟩ *gefeierte Persönlichkeit (von Film, Bühne od. Sport);* Film~, Fußball~, Opern~

stark ⟨Adj. 22⟩ **1** *viel Kraft besitzend, sehr kräftig; ~e Arme; ein ~er Bursche, Kerl, Mann; der Kranke fühlt sich schon ~ genug, um einmal auszugehen* • **1.1** *~es* **Haar** *haben dichtes H.* • **1.2** ⟨60⟩ *den ~en Mann markieren* ⟨umg.⟩ *mit seiner Kraft, Energie, seinem Können prahlen* • **1.3** ⟨60⟩ *Politik der ~en Hand P., die sich auf überlegene Macht gründet*

• **1.4** ⟨60⟩ *das ~e Geschlecht* ⟨umg.; scherzh.⟩ *die Männer;* →a. *Recht (2.1)* • **1.5** ⟨fig.⟩ *gefestigt, unerschütterlich; einen ~en Glauben haben* • **1.6** ⟨Jägerspr.⟩ *groß u. kräftig; ein ~er Bock, Hirsch* **2** ⟨70⟩ *dick, umfangreich; ein ~er Baum, Nagel, Strick; sein schriftstellerisches Werk besteht aus sechs ~en Bänden* • **2.1** ⟨bei Maßangaben⟩ *Umfang, Dicke aufweisend; das Brett ist 3 cm ~; ein 200 Seiten ~er Band* • **2.2** *dick, beleibt; eine sehr ~e Dame; stärker werden* **3** ⟨70⟩ *zahlreich, groß, mächtig; ~e Streitkräfte besetzen die Stadt* • **3.1** ⟨bei Maßangaben⟩ *Anzahl aufweisend* • **3.1.1** *das Heer war 10 000 Mann ~ das H. bestand aus 10 000 Mann* **4** *gut, bemerkenswert, bedeutend; beide Mannschaften haben ~ gespielt* • **4.1** *das ist ein ~es* **Stück!** ⟨fig.; umg.⟩ *das ist unerhört!* • **4.2** *das ist seine ~e* **Seite** ⟨fig.; umg.⟩ *das kann er gut, das liegt ihm* • **4.3** *beträchtlich, groß; er hat keinen ~en Eindruck hinterlassen* • **4.3.1** *ist ein ~er Esser er isst viel* **5** *mächtig, heftig, intensiv; ein ~er Wind, Frost; eine ~e Erkältung, ~es Fieber haben; ~er Regen* • **5.1** ⟨70⟩ *~er* **Verkehr** *lebhafter V.* • **5.2** ⟨70⟩ *im stärksten Kampfgewühl im dichtesten, heftigsten K.* **6** *gehaltvoll, kräftig; ein ~er Kaffee, Tee; ein ~es Bier* • **6.1** *~es* **Mittel**, *~e Arznei kräftig, nachhaltig wirkendes M.* • **6.2** *eine ~e* **Brille** *brauchen B. mit stark gekrümmten Gläsern* • **6.3** ⟨70⟩ *~er* **Tabak** (a. Tobak) ⟨a. fig.; umg.⟩ *eine schwierige Sache, ein derber Witz o. Ä.* **7** ⟨50⟩ *reichlich, heftig, sehr; ~ essen, rauchen, husten; die Wunde blutet ~; es regnet ~; ~ riechen; ich bin gerade ~ beschäftigt; ~ erkältet sein; das ist ~ übertrieben* **8** ⟨Gramm.⟩ • **8.1** *~e* **Deklination** *der durch „-(e)s" im Genitiv des Singulars gekennzeichnete Deklinationstyp (z. B. der Mann, des Mannes);* Ggs *schwache Deklination,* → *schwach (10.1)* • **8.2** *~e* **Konjugation** *der durch Ablaut charakterisierte Typ der Stammformbildung; german. Verben (z. B. springen, sprang, gesprungen; klingen, klang, geklungen);* Ggs *schwache Konjugation,* → *schwach (10.2)* • **8.3** *~e* **Verben** *V. mit starker Konjugation;* Ggs *schwache Verben,* → *schwach (10.3)* **9** ⟨Getrennt- u. Zusammenschreibung⟩ • **9.1** *~* **machen** = *starkmachen (I)* • **9.2** *~* **behaart** = *starkbehaart* • **9.3** *~* **besetzt** = *starkbesetzt* • **9.4** *~* **betrunken** = *starkbetrunken* • **9.5** *~* **verdünnt** = *starkverdünnt* • **9.6** *~* **verschuldet** = *starkverschuldet*

stark|be|haart *auch:* **stark be|haart** ⟨Adj. 24/70⟩ *mit viel Haar versehen; ~e Arme*

stark|be|setzt *auch:* **stark be|setzt** ⟨Adj. 24/70⟩ **1** *mit vielen Menschen angefüllt; eine ~e Straßenbahn* **2** *mit leistungsstarken Sportlern besetzt; ein ~es Team*

stark|be|trun|ken *auch:* **stark be|trun|ken** ⟨Adj. 24/70⟩ *heftig betrunken; ein ~er Mann*

Stär|ke ⟨f.; -, -n⟩ **1** *große Kraft; die ~ seiner Muskeln* • **1.1** ⟨fig.⟩ *Festigkeit, Unerschütterlichkeit; die ~ seines Glaubens* **2** *Umfang, Durchmesser, Dicke;* **die ~** *des Baumes, Brettes, der Mauer* **3** *Anzahl, Bestand; eine Truppe von 300 Mann ~* **4** *starke (4) Seite, besondere Fähigkeit; seine ~ liegt im schnellen Auffassen, scharfen Denken; Französisch, Mathematik ist*

894

seine ~ **5** *Macht, Heftigkeit, Intensität;* die ~ des Sturmes **6** *Gehalt, Kraft;* an der ~ des Kaffees war nichts auszusetzen • **6.1** *Konzentration, Gehalt an gelöstem Stoff;* die ~ einer Lösung **7** *im Blattgrün der Pflanzen gebildetes, quellfähiges Polysaccharid, das in Form kleiner Körnchen in Wurzeln, Knollen u. Samen gespeichert wird, auch zur Versteifung von Textilien verwendet;* Kartoffel~, Mais~, Wäsche~

stär|ken ⟨V. 500⟩ **1** ⟨511/Vr 8⟩ **jmdn. im Glauben ~** *jmdn. in seinem G. stark machen, unterstützen, jmds. Glauben festigen* • **1.1 jmdn. ~** *kräftigen, jmds. Kräftezustand verbessern;* das gute Essen hatte ihn gestärkt • **1.1.1** ~des **Mittel** *Medikament, das die Gewebespannung erhöht, die Blutbildung u. den Stoffwechsel anregt, Appetitlosigkeit beseitigt, den Kreislauf fördert u. Ermüdung beseitigt, Tonikum* • **1.2** ⟨Vr 7⟩ **sich** od. **jmdn. ~** *erfrischen, erquicken;* frisch gestärkt; sich od. jmdn. mit einem Imbiss ~; vom Schlaf gestärkt **2** *mit Stärke (7) steif machen;* Wäsche ~; Kragen und Manschetten ~

stark||ma|chen *auch:* **stark ma|chen** ⟨V.⟩ **I** ⟨500; Zusammen- u. Getrenntschreibung⟩ **jmdn. ~** *ihn stärken;* einen Gegner durch Zögern ~ **II** ⟨550/Vr 3⟩ **sich für jmdn.** od. **etwas** starkmachen *sich für jmdn. od. etwas einsetzen;* der Minister hat sich für das Gesetz starkgemacht

stark|ver|dünnt *auch:* **stark ver|dünnt** ⟨Adj. 24/70⟩ *in hohem Maße verdünnt;* ein ~e Lösung

stark|ver|schul|det *auch:* **stark ver|schul|det** ⟨Adj. 24/70⟩ *besonders hoch verschuldet;* ein ~es Unternehmen

Star|let ⟨[sta:r-] n.; -s, -s⟩ *junge, erfolgreiche Schauspielerin, angehender Filmstar, Filmsternchen;* oV *Starlett*

Star|lett ⟨[sta:r-] n.; -s, -s⟩ = *Starlet*

starr ⟨Adj.⟩ **1** *steif, unbeweglich;* die beiden Gegenstände, Teile sind ~ miteinander verbunden; ein ~er Körper; ~ und steif (daliegen, dasitzen); ~ vor, von der Kälte; ~ vor Entsetzen, Schrecken, Staunen ⟨a. fig.⟩ • **1.1** *nicht elastisch;* ~es Papier **2** *regungs-, bewegungslos;* jmdn. od. etwas ~ ansehen **3** ⟨fig.⟩ *nicht abwandelbar;* ~e Regeln, Prinzipien • **3.1** *hartnäckig, unbeugsam;* ~ an einer Meinung, einem Gedanken festhalten

star|ren ⟨V.⟩ **1** ⟨400⟩ *unbeweglich, starr blicken, schauen, unentwegt in eine Richtung blicken;* auf jmdn. od. etwas ~; jmdm. ins Gesicht ~; vor sich hin ~; Löcher in die Luft ~ ⟨fig.; umg.; scherzh.⟩ **2** ⟨800⟩ **von, vor etwas ~** *ganz voll sein von;* das Zimmer starrte vor, von Schmutz

Starr|sinn ⟨m.; -(e)s; unz.⟩ *unbeugsame Härte, Unnachgiebigkeit, Eigensinn*

Start ⟨m.; -s, -s⟩ od. (selten) -e⟩ **1** *Beginn einer Fortbewegung von einem bestimmten Ausgangspunkt* • **1.1** *Beginn eines Wettlaufs od. Rennens;* einen guten, schlechten ~ haben; fliegender ~; stehender ~ • **1.1.1** den **~ freigeben** *den Wettlauf, das Rennen beginnen lassen* • **1.2** *Abflug (von Flugzeugen, Raketen, Raumschiffen)* • **1.2.1** den **~ freigeben** *einem Luftfahrzeug den Abflug genehmigen* **2** *Stelle, an der ein Start (1) stattfindet;* die Wettkämpfer gehen zum ~ **3** ⟨fig.⟩ *Anfang, Beginn;* einen guten, schlechten ~ haben (bei einer Arbeit)

star|ten ⟨V.⟩ **1** ⟨400(s.)⟩ *eine Fortbewegung beginnen* • **1.1** *bei einem Rennen, Wettkampf ablaufen, abfahren, abspringen, abschwimmen;* →a. *Start (1.1)* • **1.2** ein **Flugzeug** startet *ein F. fliegt ab;* Ggs *landen (1.2)* • **1.3** ⟨umg.⟩ = *abreisen (bes. mit dem Auto);* wir ~ heute **2** ⟨500(h.)⟩ **etwas ~** *beginnen lassen* • **2.1** ein **Flugzeug ~** *in Bewegung setzen* • **2.2** eine **Rede ~** ⟨fig.; umg.⟩ *mit einer R. beginnen* • **2.3** eine **Veranstaltung ~** ⟨fig.; umg.⟩ *stattfinden lassen*

Start|schuss ⟨m.; -es, -schüs|se⟩ **1** *Schuss zum Zeichen des Starts* • **1.1** den **~ geben** (für etwas) ⟨a. fig.⟩ *(etwas) beginnen lassen*

Sta|si ⟨f. od. m.; -; unz.; DDR; Kurzw. für⟩ *Staatssicherheitsdienst, Ministerium für Staatssicherheit (politische Polizei der DDR)*

State|ment ⟨[stɛɪt-] n.; -s, -s⟩ *(öffentliche) Behauptung, Erklärung, Verlautbarung*

Sta|tik ⟨f.; -; unz.⟩ **1** ⟨Phys.⟩ *ein Teilgebiet der Mechanik, Lehre von den Kräften, die an ruhenden Körpern auftreten;* Ggs *Dynamik (1)* • **1.1** ⟨Tech.⟩ *Statik (1) eines Bauwerks;* die ~ einer Brücke, eines Hauses; die ~ berechnen **2** ⟨Tech.⟩ *Stabilität eines Bauwerkes*

Sta|ti|on ⟨f.; -, -en⟩ **1** *Ort, an dem öffentliche Verkehrsmittel halten;* Sy *Bahnhof;* ich muss an der nächsten ~ aussteigen; bis zum Zoo sind es noch drei ~en; bis Berlin sind es noch zwei ~en **2** *Ort, an dem sich eine technische Anlage befindet;* Funk~, Sende~, Wetter~ **3** *Abteilung eines Krankenhauses;* der Patient liegt auf ~ 4; Unfall~ **4** ⟨fig.⟩ *Aufenthalt, Halt, Rast* • **4.1 an** einem **Ort, bei jmdm. ~ machen** *haltmachen, einen kurzen Aufenthalt einschieben*

sta|ti|o|när ⟨Adj. 24⟩ **1** *in Ruhe befindlich, ruhend* **2** *bleibend* **3** *ortsfest* **4** ~e **Behandlung** *B. im Krankenhaus;* Ggs *ambulant (2)*

sta|ti|o|nie|ren ⟨V. 500⟩ **1** *etwas ~ an einen Standort stellen, an einer Stelle aufstellen* **2** ⟨Vr 7 od. Vr 8⟩ **jmdn. ~** *jmdm. einen Standort zuweisen;* Truppen im besetzten Gebiet ~

sta|tisch ⟨Adj. 24⟩ **1** ⟨Phys.⟩ *die Statik betreffend, auf ihr beruhend;* Ggs *dynamisch (1)* • **1.1** ~er **Auftrieb** *nach oben wirkende Kraft, die entsteht, wenn ein in einer Flüssigkeit od. einem Gas befindlicher Körper leichter ist als diese od.* dieses **2** *das Stehen od. Gleichgewicht betreffend* **3** *stillstehend, ruhend, unbewegt* **4** ~es **Organ** ⟨Med.⟩ *Gleichgewichtsorgan*

Sta|tist ⟨m.; -en, -en⟩ **1** *ungenannter Darsteller einer stummen Nebenrolle* **2** ⟨a. fig.⟩ *Nebenperson, unbedeutende, unwichtige Person*

Sta|tis|tik ⟨f.; -, -en⟩ **1** ⟨unz.⟩ *Wissenschaft, die aus dem massenhaften Auftreten bestimmter Erscheinungen auf empirische Gesetze schließt* **2** *Zusammenstellung der Ergebnisse von breit angelegten Untersuchungen;* Bevölkerungs~; eine genaue ~; etwas aus einer ~ ablesen

Sta|tis|tin ⟨f.; -, -tin|nen⟩ *weibl. Statist*

Sta|tiv ⟨n.; -s, -e⟩ *meist dreibeiniges Gestell zum Aufstellen u. Festhalten von Geräten, z. B. einer Kamera*

statt[1] **1** ⟨Präp. mit Gen.⟩ *anstelle von, anstelle eines, ei-*

statt

ner ...; er wird ~ meiner zu dir kommen; ~ einer Antwort; ~ des „Wallenstein" wurde im Theater „Tasso" gegeben **2** ⟨Konj.⟩ ~ **zu,** ~ **dass** als Alternative, anstelle; oV **anstatt;** ~ zu arbeiten, ging er ins Kino; ~ dass er arbeitete, ...

statt² ⟨in bestimmten Wendungen mit „an"⟩ an seiner ~; an Eides ~; an Kindes ~.

Statt ⟨f.; -, Stät|ten; veraltet⟩ **1** Stätte, Platz (dauernden Aufenthalts); ein gutes Wort findet eine gute ~ ⟨Sprichw.⟩ • **1.1** ich habe hier keine bleibende ~ Heimat, Wohnung

statt|des|sen ⟨Konj.⟩ anstelle, dafür, in Vertretung, als Ersatz für; er wollte heute kommen, aber ~ hat er angerufen; →a. *statt¹*

Stät|te ⟨f.; -, -n⟩ **1** Stelle, Platz; Ruhe~, Wohn~; dieser Ort ist eine ~ des Friedens, des Grauens; eine gastliche, ungastliche ~ • **1.1** eine **bleibende** ~ haben ⟨poet.⟩ *keinen festen Wohnsitz, keine Heimat haben* • **1.2** die **heiligen** ~*n Orte, in denen Jesus einst war*

statt|fin|den ⟨V. 134/400⟩ etwas findet statt *wird termingemäß durchgeführt;* heute findet keine Vorstellung statt; das Konzert findet im Kongresssaal statt

statt|ge|ben ⟨V. 143/600⟩ einer **Sache** ~ *eine S. bewilligen, gewähren, zulassen;* einer Bitte ~; einem Gesuch ~

statt|haft ⟨Adj. 24/70⟩ zulässig, gestattet, erlaubt

Statt|hal|ter ⟨m.; -s, -⟩ *Beamter als Vertreter des Staatsoberhauptes od. der Staatsregierung in einer Provinz*

statt|lich ⟨Adj.⟩ **1** groß u. kräftig; eine ~e Erscheinung, Figur **2** ansehnlich, imponierend, eindrucksvoll; ein ~es Gebäude **3** ziemlich groß, beträchtlich; ~e Einnahmen; eine ~e Familie

Sta|tue ⟨[-tuə] f.; -, -n⟩ = *Standbild*

sta|tu|ie|ren ⟨V. 500⟩ **1** einen **Sachverhalt** ~ *feststellen, festsetzen, bestimmen* **2** ein **Exempel** ~ *ein warnendes Beispiel geben*

Sta|tur ⟨f.; -; unz.⟩ *Gestalt, Wuchs;* von kräftiger ~

Sta|tus ⟨m.; -, - [-tu:s]⟩ **1** Zustand, Stand (der Dinge), Lage • **1.1 sozialer** ~ *soziale Stellung* • **1.2** ~ **quo** *gegenwärtiger Zustand* • **1.3** ~ **quo ante** *Zustand, in dem sich etwas vor einem bestimmten Ereignis od. bis zu einem bestimmten Zeitpunkt befunden hat* **2** Rechtslage **3** ~ **Nascendi** ⟨Chem.⟩ *Zustand, Augenblick des Entstehens*

Sta|tut ⟨n.; -(e)s, -en⟩ = *Satzung;* Vereins~

Stau ⟨m.; -s, -s⟩ **1** Stillstand od. Hemmung in fließendem Wasser • **1.1** im ~ sein *zwischen Ebbe u. Flut* **2** das Aufwärtsströmen des Windes vor Hindernissen **3** ⟨fig.⟩ Stockung; Verkehrs~; der ~ auf der Autobahn München-Salzburg hat sich aufgelöst

Staub ⟨m.; -(e)s; unz.⟩ **1** winzige, sich absondernde od. in der Luft schwebende feste Teilchen; Blüten~; Straßen~; mit ~ bedeckt • **1.1** die Sache hat recht viel ~ aufgewirbelt ⟨fig.⟩ *hat großes Aufsehen erregt, viel Aufregung verursacht* • **1.2** ~ schlucken ⟨umg.⟩ *einatmen* • **1.3** in, zu ~ zerfallen *sich in Pulver auflösen* • **1.4** sich aus dem ~ machen ⟨fig.; umg.⟩ *sich heimlich entfernen, schnell davonschleichen, -stehlen, entfliehen* • **1.5** vor jmdm. im ~ kriechen ⟨fig.; poet.⟩ *sich vor jmdm. demütigen* • **1.6** den ~ eines Ortes,

einer Stadt von den Füßen schütteln ⟨fig.; poet.⟩ *einen O., eine S. verlassen* • **1.7** etwas in den ~ ziehen ⟨fig.⟩ *hässlich darüber sprechen* **2** ⟨poet.⟩ *Erde;* es ist alles von ~ gemacht und wird wieder zu ~ (Prediger Salomo, 3,20) • **2.1** zu ~ (und Asche) werden ⟨fig.; poet.⟩ *vergehen, verwesen, sterben* **3** ⟨Getrennt- u. Zusammenschreibung⟩ • **3.1** ~ saugen = *staubsaugen* • **3.2** ~ abweisend = *staubabweisend*

staub|ab|wei|send auch: **Staub ab|wei|send** ⟨Adj. 24/70⟩ *die Ablagerung von Staub verhindernd;* eine ~e Lackierung

stau|ben ⟨V. 400⟩ etwas staubt *gibt Staub, sondert Staub ab, wirbelt Staub auf;* es staubt hier sehr; die Straße staubt

stäu|ben ⟨V.⟩ **1** ⟨400⟩ etwas stäubt *zerstiebt in kleinste Teilchen* **2** ⟨550⟩ eine **feinkörnige Masse über etwas** ~ *schütten, verteilen;* Mehl über das Gemüse, eine Bratensoße ~; Puderzucker über einen Kuchen ~

stau|big ⟨Adj. 70⟩ *voller Staub, mit Staub bedeckt;* die Bücher sind ~

staub|sau|gen auch: **Staub sau|gen** ⟨V.⟩ **1** ⟨400⟩ *mit dem Staubsauger arbeiten;* ich staubsauge / sauge Staub; er hat gestaubsaugt / Staub gesaugt **2** ⟨500⟩ etwas ~ *mit dem Staubsauger von Staub befreien;* den Teppich ~

Staub|sau|ger ⟨m.; -s, -⟩ *elektrisches Gerät zum Absaugen des Staubes von Teppichen u. Polstermöbeln*

stau|chen ⟨V. 500⟩ **1** etwas ~ *kräftig auf den Boden od. auf den Tisch stoßen, heftig zusammendrücken u. dadurch kürzer u. breiter machen* • **1.1** einen **Werkstoff** ~ ⟨Tech.⟩ *mittels Drucks verkürzen;* →a. *dehnen (1)*

Stau|de ⟨f.; -, -n⟩ **1** *ausdauernde Pflanze, deren oberirdische krautige Teile im Winter absterben, während die unterirdischen Teile überwintern* **2** *Kopf des Salats*

stau|en ⟨V. 500⟩ **1** etwas ~ *am Fließen hindern, hemmen, zurückhalten;* durch Abbinden der Vene Blut ~ (zur Entnahme); einen Fluss, Wasser ~ **2 Ladung** ~ ⟨Seemannsspr.⟩ *auf dem Schiff seefest unterbringen* **3** ⟨Vr 3⟩ sich ~ *sich ansammeln, sich anhäufen, ins Stocken geraten;* das Wasser staut sich hier; der Verkehr staut sich in der engen Straße

stau|nen ⟨V. 405⟩ **1** *sich sehr wundern, verwundert sein;* da staunst du, was?; ich staunte, wie schnell er das zuwege gebracht hatte; ich kam aus dem Staunen nicht heraus • **1.1** jmdn. in Staunen setzen *Verwunderung bei jmdm. erwecken* • **1.2** bewundernd vor etwas stehen; ich staune über deine Kunstfertigkeit; etwas ~d beobachten

Stau|pe ⟨f.; -, -n⟩ *durch ein Virus verursachte Tierseuche (bes. bei Hunden u. Katzen)*

Steak ⟨[ste:k] n.; -s, -s⟩ *gegrillte od. kurzgebratene Scheibe Fleisch (bes. von Rind od. Kalb)*

Ste|a|rin ⟨n.; -s, -e⟩ *weiße Masse aus Stearin- u. Palmitinsäure, die für Kerzen, Lippenstifte u. kosmetische Salben verwendet wird*

ste|chen ⟨V. 254⟩ **1** ⟨400⟩ *mit einem spitzen Gegenstand zustoßen* • **1.1** ⟨500/Vr 7 od. Vr 8⟩ **jmdn.** ~ *durch einen Stich verletzen;* eine Biene, Mücke hat mich gestochen; sich od. jmdn. (mit der Nadel) in der Finger, Arm ~; →a. *Hafer (2)* • **1.2** ⟨411⟩ **irgendwo** od.

irgendwohin ~ einen spitzen Gegenstand eindringen lassen • 1.2.1 ⟨411⟩ **in die Augen** ~ ⟨fig.⟩ auffallen • 1.2.2 ⟨501 od. 601⟩ es sticht mir, mich **in der Seite** ⟨fig.⟩ ich habe einen stechenden Schmerz in der Seite; ein Stechen in der Brust, im Rücken fühlen, verspüren • 1.3 ⟨411⟩ **nach jmdm.** od. **etwas** ~ mit einem spitzen Gegenstand stoßen; (mit dem Messer) nach jmdm. ~ • 1.3.1 nach dem Ring ~ mit der Lanze od. einem Stock vom Pferd aus einen Ring zu treffen versuchen (Reiterspiel) • 1.4 ⟨511⟩ jmdn. aus dem Sattel ~ mit der Lanze aus dem Sattel heben (beim Turnier); →a. hauen (2.3), See² (1.3) **2** ⟨400⟩ spitz sein, mit dem Stachel od. Dorn verletzen können; Rosen ~; Bienen, Mücken ~ • 2.1 rau, kratzig sein; der Stoff, die Wolle sticht • 2.2 die **Sonne** sticht ⟨fig.⟩ brennt, strahlt sehr heiß **3** ⟨500⟩ ein **Tier** ~ mit einem spitzen Gegenstand töten; ein Schwein ~ • 3.1 Aale ~ mit einer bes. geformten Gabel (Stechgabel) fischen **4** ⟨500⟩ **etwas** ~ durch Stoßen mit einem scharfen Gegenstand herauslösen; Spargel ~ • 4.1 ⟨500⟩ **Torf, Rasen** ~ mit einem Spaten in viereckigen Stücken ausgraben, herausheben **5** ⟨511⟩ **etwas in etwas** ~ etwas mit einem spitzen Gegenstand in etwas erzeugen; Löcher in Papier ~ • 5.1 einritzen, eingravieren • 5.1.1 ⟨550⟩ ein Bild in Kupfer ~ mit dem Stichel in eine Kupferplatte eingraben, von einem Bild einen Kupferstich herstellen • 5.1.2 wie gestochen schreiben gleichmäßig u. sauber, wie gedruckt schreiben **6** ⟨402, Kart.⟩ (**eine Karte**) ~ mit Hilfe einer höherwertigen K. nehmen **7** ⟨800⟩ etwas sticht **in einen Farbton** geht in einen F. über; ins Grüne, Gelbliche ~ **8** ⟨400, Sp.⟩ (einen unentschiedenen Wettkampf) durch ein letztes Spiel entscheiden; er blieb im Stechen Sieger

Steck|brief ⟨m.; -(e)s, -e⟩ öffentlich bekanntgegebene Personenbeschreibung (flüchtiger Verbrecher usw.)

Steck|do|se ⟨f.; -, -n⟩ an einer Wand befestigte Vorrichtung zum Anschluss an das Stromnetz

ste|cken ⟨V. 255⟩ **1** ⟨411⟩ irgendwo ~ sich in etwas, an einem Ort, einer Stelle befinden, sein; wo steckt er?; wo hast du die ganze Zeit gesteckt?; der Schlüssel steckt (im Schloss); die Zeitung, ein Brief steckt im Kasten; seine Füße ~ in derben Stiefeln • 1.1 ⟨411⟩ es steckt viel Mühe, Arbeit darin ⟨umg.⟩ es hat viel M., A. gemacht • 1.2 ⟨411⟩ da steckt etwas dahinter da ist etwas verborgen, da stimmt irgendetwas nicht • 1.3 ⟨411⟩ da steckt mehr dahinter, als man glaubt es ist wertvoller, als es scheint • 1.4 ⟨411⟩ im Schnee, Schlamm ~ bleiben nicht vorwärtskommen, nicht weiterkönnen; mir ist vor Schreck fast der Bissen im Hals ~ geblieben; mit ist die Gräte im Hals ~ geblieben; ⟨aber Getrennt- u. Zusammenschreibung⟩ ~ bleiben = steckenbleiben • 1.5 ⟨411⟩ wir ~ mitten in der Arbeit ⟨umg.⟩ wir haben gerade sehr viel Arbeit • 1.6 ⟨411⟩ immer zu Hause ~ ⟨umg.⟩ immer zu Hause sein, nicht von zu Hause wegkommen • 1.7 ⟨410⟩ tief in Schulden ~ tief verschuldet sein; →a. Decke (1.1), Haut (8.1.2, 8.1.4) • 1.8 ⟨411⟩ festgemacht sein, festsitzen; die Kugel steckt noch in der Wunde; der Ring steckt (fest) am Finger; die Krankheit steckt schon lange in ihm • 1.8.1 ⟨411⟩ in ihm steckt etwas ⟨umg.⟩ er hat Fähigkeiten, ist tüchtig, begabt • 1.8.2 ⟨411⟩ der Schreck steckt mir noch in allen Gliedern ⟨umg.⟩ ich habe mich von dem Schrecken noch nicht erholt • 1.9 den Schlüssel ~ lassen nicht herausziehen, dort lassen, wo er sich befindet; ⟨aber Getrennt- u. Zusammenschreibung⟩ ~ lassen ⟨fig.; umg.⟩ = steckenlassen **2** ⟨511/Vr 5 od. Vr 6⟩ **jmdn.** od. **etwas irgendwohin** ~ tun, irgendwo durch Schieben befestigen, daran-, daraufschieben, anfügen, hineinschieben, einfügen, hineingeben; jmdn. einen Ring an den Finger ~; eine Blume ans Kleid ~; eine Hülse auf einen Gegenstand ~; einen Brief in den Briefkasten ~; den Stöpsel in die Flasche ~; sich eine Rose ins Haar ~; einen Bissen, den Finger in den Mund ~; sich Watte in die Ohren ~; den Degen in die Scheide ~; etwas in die Tasche ~ • 2.1 jmdn. ins Gefängnis ~ gefangen setzen, einsperren • 2.2 ⟨550⟩ jmdn. in eine Uniform ~ jmdn. zwangsweise zum Soldaten machen • 2.3 ⟨511⟩ Geld in etwas ~ ⟨fig.⟩ Geld in etwas anlegen • 2.4 der Saal war gesteckt voll ⟨umg.⟩ ganz voll, überfüllt; →a. Nase (1.3-1.4, 3.3), Tasche (3.5, 4.4) **3** ⟨500⟩ **etwas** ~ mit einer Nadel, Nadeln befestigen, zusammenhalten; ich habe den Saum erst einmal (probeweise) gesteckt • 3.1 ⟨513⟩ (sich) das **Haar** zum Knoten ~ zum K. ordnen, frisieren • 3.2 **Blumen** ~ in einer Vase od. Schale (kunstvoll) anordnen **4** ⟨500⟩ **etwas** ~ zum Keimen einsäen, einpflanzen; Erbsen, Bohnen ~ **5** ⟨530⟩ **jmdm. etwas** ~ ⟨umg.⟩ heimlich mitteilen, jmdm. einen Wink geben über etwas **6** ⟨Funktionsverb⟩ →a. Brand (1.2), Ziel (3.1)

Ste|cken ⟨m.; -s, -; bes. oberdt.⟩ Stock

stecken||blei|ben auch: **ste|cken blei|ben** ⟨V. 114/400(s.)⟩ nicht weiterwissen (in der Rede, im Vortrag); er ist beim Aufsagen des Gedichts zweimal steckengeblieben / stecken geblieben; →a. stecken (1.4)

ste|cken||las|sen auch: **ste|cken las|sen** ⟨V. 175/500; fig.; umg.⟩ **1** nicht machen, nicht tun, sich schenken • 1.1 du kannst dein Geld ~ ⟨Bemerkung, wenn man jmdn. einladen, die Rechnung bezahlen will o. Ä.⟩

Ste|cken|pferd ⟨n.; -(e)s, -e⟩ **1** an einem Stock befestigter hölzerner Pferdekopf (als Kinderspielzeug) **2** ⟨fig.⟩ = Hobby; Fotografieren ist sein ~

Ste|cker ⟨m.; -s, -⟩ Vorrichtung zum Anschluss eines Geräts an das Stromnetz

Steck|ling ⟨m.; -s, -e⟩ Pflanzenteil, der zur vegetativen Vermehrung von der Mutterpflanze abgetrennt u. in die Erde gesteckt wird

Steck|na|del ⟨f.; -, -n⟩ **1** Nadel mit Kopf, mit Verdickung an einem Ende • 1.1 im Saal hätte keine ~ zu Boden fallen können ⟨fig.⟩ der S. war völlig überfüllt • 1.2 eine ~ im Heuschober suchen ⟨fig.⟩ ein aussichtsloses Unternehmen beginnen • 1.3 etwas od. jmdn. wie eine ~ suchen ⟨fig.⟩ lange u. vergeblich suchen

Steg ⟨m.; -(e)s, -e⟩ **1** sehr schmale, einfache Brücke, Brett als Brücke; Bach~; Landungs~ **2** ⟨veraltet⟩ schmaler Pfad; es gab nicht Weg noch ~ **3** Zwischenstück, Verbindungsteil; Brillen~ **4** die Saitenschwingungen auf den Klangkörper übertragende Hartholz-

Stegreif

plättchen (bei Streichinstrumenten) od. Holzleiste (bei Klavier u. Zither); Geigen~ **5** ⟨Typ.⟩ *freier Raum an den Seiten der Druckform bis zum Rand der Seite;* Bund~; Kopf~ **6** ⟨Typ.⟩ *nicht mitdruckendes Material zum Ausfüllen größerer Zwischenräume* **7** *unter dem Fuß hindurchführendes Band zum Straffhalten der Hose;* Hosen~

Steg|reif ⟨m.; -(e)s, -e; veraltet⟩ **1** ⟨veraltet⟩ *Steigbügel* **2 aus dem ~** ⟨fig.⟩ *nicht vorbereitet, improvisiert* • **2.1 aus dem ~ dichten** *rasch, aus einer augenblicklichen Eingebung, ohne lange nachzudenken dichten* • **2.2 aus dem ~ reden, sprechen** *ohne Vorbereitung eine Rede halten* **2.3 aus dem ~ singen, spielen** *singen, spielen, ohne vorher geprobt zu haben*

ste|hen ⟨V. 256⟩ **1** ⟨400⟩ *sich in aufrechter Stellung befinden;* fest, sicher, unsicher, wackelig ~; oben, unten ~; rechts, links (von jmdm. oder etwas) ~; die Flasche soll ~, nicht liegen; der Kaffee ist so stark, dass der Löffel darin steht ⟨umg.; scherzh.⟩ • **1.1 ~der Start** *S. ohne Anlauf* • **1.2 jmd. od. ein Tier** steht *befindet sich in aufrechter Haltung auf den Füßen;* das Kind kann schon ~; ich kann nicht mehr, nicht länger ~; gerade, krumm, gebückt ~; am Fenster, an der Tür ~; auf der Leiter, Mauer ~; ich bin so müde, dass ich im Stehen schlafen könnte; plötzlich stand er vor mir • **1.2.1** so wie er ging und stand *sofort, ohne den geringsten Aufenthalt, ohne sich an- od. umzuziehen* • **1.2.2** ich kam neben ihn, ihm zu ~ ⟨umg.⟩ *ich geriet zufällig neben ihn* • **1.2.3** ⟨800⟩ ich stehe für nichts ⟨fig.⟩ *ich bürge für nichts, ich leiste für nichts Gewähr* **1.2.4 hinter jmdm. ~** ⟨a. fig.⟩ *jmdn. unterstützen, jmdn. schützen, jmdm. beistehen* • **1.3** ⟨800⟩ die Hose steht vor Dreck ⟨umg.; scherzh.⟩ *ist durch D. steif geworden* • **1.4** ⟨500⟩ *etwas ~ (stehend) in bestimmter Aufgabenstellung ausüben;* Wache ~; Schmiere ~ ⟨umg.⟩ • **1.5** ⟨500⟩ **einen Sprung ~** ⟨Sp.⟩ *stehend zum Abschluss bringen;* alle Skispringer standen ihre Sprünge • **1.6 ~ bleiben** • **1.6.1** *nicht weitergehen* **1.6.2** *an Ort u. Stelle bleiben;* es sind drei Schirme in der Garderobe ~ geblieben; ⟨aber Getrennt- u. Zusammenschreibung⟩ ~ bleiben ⟨fig.⟩ = *stehenbleiben* • **1.7** ~ **lassen** *dort lassen, wo es sich befindet, wo es steht, nicht wegnehmen* **1.7.1** ein Wort, einen Satz ~ *lassen nicht auslöschen, nicht wegstreichen* **1.7.2** alles liegen und ~ lassen *plötzlich, spontan aufbrechen* • **1.7.3** für ein Wurstbrot lasse ich jedes Stück Torte ~ ⟨umg.⟩ *ein W. esse ich viel lieber als ein Stück T.* • **1.7.4** du kannst die alte Dame nicht ~ lassen *du musst ihr einen, deinen Sitzplatz anbieten;* ⟨aber Getrennt- u. Zusammenschreibung⟩ ~ lassen = *stehenlassen* **2** ⟨410; fig.⟩ *sich befinden* • **2.1 im gleichen Alter ~ gleichaltrig sein* • **2.2 in** hohem **Ansehen (bei jmdm.)** ~ *hohes Ansehen (bei jmdm.) genießen, sehr angesehen sein* • **2.3** ⟨611⟩ es steht mir **bis** hier **oben**, bis zum Hals *ich habe es gründlich satt* • **2.4** es steht nicht **dafür** ⟨süddt.⟩ *es lohnt sich nicht* • **2.5** es steht noch **dahin** *es ist noch unentschieden* • **2.6** ⟨unpersönl.⟩ es steht nicht **in** jmds. **Macht**, das zu tun *niemand vermag es* • **2.7 unter** jmds. **Einfluss** ~ *von jmdm. beeinflusst sein* • **2.8** es steht mir immer **vor Augen** *ich sehe es immer vor mir* • **2.9** die Wiese steht **unter Wasser** *ist überschwemmt* • **2.10** *bestehen, existieren;* das Haus steht noch; solange die Welt steht • **2.10.1** ⟨400⟩ das Werk steht und fällt mit … *hängt davon ab, ob* … • **2.10.2** ⟨412⟩ das Haus steht seit 1930 *wurde 1930 gebaut* • **2.11** ⟨411⟩ *etwas* steht **an einer Stelle** ⟨fig.⟩ *befindet sich, ist an einer S., ist an einer S. aufgestellt, erbaut, gewachsen;* das Denkmal steht auf dem Markt; auf dem Tisch ~ Blumen (in einer Vase); die Sonne steht am Himmel • **2.12** ⟨411⟩ *etwas* steht **in** einem **Text** *ist in einem T. geschrieben, verzeichnet, zu lesen;* auf dem Schild steht …; in der Zeitung, in dem Brief steht, dass …; auf der Liste, dem Spielplan ~ • **2.12.1** der Konjunktiv steht in Wunschsätzen *wird in W. verwendet* • **2.13** ⟨413⟩ *etwas* steht **in bestimmter Weise** *hat einen bestimmten Stand, befindet sich in bestimmter W.;* die Sache steht so, dass …; das Spiel steht 2:3 • **2.13.1** die Angelegenheit steht gut, schlecht *verspricht Erfolg, keinen Erfolg* • **2.13.2** das Getreide steht gut, schlecht *ist gut, schlecht gediehen, verspricht eine gute, keine gute Ernte* • **2.13.3** ⟨unpersönl.⟩ wie steht's mit deiner Gesundheit? *wie ist deine G.?* • **2.13.4** wie steht die Sache? *wie ist die S. bisher verlaufen?* • **2.13.5** ⟨unpersönl.⟩ wie geht's, wie steht's? ⟨umg.⟩ *wie geht es dir?, was gibt es Neues?* • **2.13.6** ⟨411⟩ wo steht er politisch? *wie ist seine politische Einstellung?* • **2.14** ⟨Funktionsverb⟩ **2.14.1** ⟨800⟩ bei jmdm. in Arbeit ~ *beschäftigt sein* • **2.14.2** ⟨413⟩ die Obstbäume ~ in Blüte *blühen* • **2.14.3** ~des **Gut** ⟨Mar.⟩ *alles Tauwerk, das beim Segeln nicht bewegt wird* **3** ⟨413⟩ *etwas* steht **in einer Richtung** ⟨fig.⟩ *ist irgendwohin gerichtet, zeigt auf, an;* das Thermometer steht auf 10 Grad unter 0; das Barometer steht auf Regen • **3.1** ⟨800⟩ auf seinen Kopf steht eine Belohnung *auf seinen Kopf, für seine Ergreifung ist eine B. ausgesetzt* • **3.2** ⟨800⟩ sein Sinn steht nach Höherem *er strebt nach H.* **4** ⟨605⟩ *etwas* steht **jmdm.** (zu Gesicht) ⟨fig.⟩ *passt zu jmdm., sieht an jmdm. (hübsch, gut) aus;* der Hut steht ihr ausgezeichnet, gut, nicht gut; die Farbe steht dir gut **5** ⟨400⟩ *etwas* steht ⟨fig.⟩ *ist fertig, abgeschlossen;* das Haus steht; das Manuskript, Referat steht **6** ⟨400⟩ *etwas* steht ⟨fig.⟩ *ist nicht mehr in Betrieb, bewegt sich nicht mehr;* die Maschine, die Uhr steht • **6.1** einen Zug, Wagen zum Stehen bringen *anhalten, bremsen* • **6.2** *nicht weitergehen, stocken;* die Arbeit, der Verkehr steht **7** ⟨800⟩ *etwas* steht **bei jmdm.** ⟨fig.; geh.⟩ *ist in jmds. Entscheidung gestellt, hängt von jmdm. ab* • **7.1** ⟨480; unpersönl.⟩ **es steht zu …** *man muss, darf, kann …;* es steht zu befürchten, zu hoffen **8** ⟨800⟩ jmd. steht **auf jmdn.** od. **etwas** ⟨fig.; umg.⟩ *schätzt, bevorzugt jmdn. od. etwas, hat ein besonderes Interesse an jmdm. od. etwas* **9** ⟨800⟩ *auf ein* **Verbrechen** steht **Strafe** ⟨fig.⟩ *für ein V. droht Strafe, ein V. wird bestraft;* auf dieses Verbrechen steht lebenslängliche Gefängnisstrafe **10** ⟨Inf.⟩ **jmdm. (jmdn.)** kommt **etwas teuer zu** ~ ⟨fig.⟩ *jmd. wird für etwas schwer büßen müssen* **11** ⟨800⟩ **zu jmdm.** ~ ⟨fig.⟩ *zu jmdm. halten, jmdm.*

beistehen, jmdm. unterstützen; in jeder Schwierigkeit steht sie zu ihm • **11.1 zu etwas ~** *etwas einhalten, verteidigen;* zu seinem Versprechen ~ **12** ⟨813⟩ **in bestimmter** Weise zu jmdm. od. etwas ~ ⟨fig.⟩ *ein bestimmtes Verhältnis zu jmdm. od. etwas haben;* wie stehst du zu ihm? • **12.1** wie ~ Sie zu diesem Vorfall? *wie beurteilen Sie diesen V.?* **13** ⟨813⟩ jmd. steht **(sich) in bestimmter Weise mit jmdm. od. einer** Sache ⟨fig.⟩ *kommt mit jmdm. od. einer Sache in bestimmter Weise aus;* (sich) mit jmdm. gut, schlecht ~

ste|hen|blei|ben *auch:* **ste|hen blei|ben** ⟨V. 114/400(s.)⟩ **1** *nicht fortdauern, nicht fortsetzen;* die Uhr ist stehengeblieben / stehen geblieben • **1.1** wo waren wir stehengeblieben / stehen geblieben? *wo haben wir aufgehört (zu lesen, zu diskutieren, zu besprechen)?;* →a. *stehen (1.6-1.6.2)*

ste|hen|las|sen *auch:* **ste|hen las|sen** ⟨V. 175/500⟩ **1** jmdn. ~ *sich unhöflich von ihm abwenden u. weggehen* **2** einen **Regenschirm** ~ *vergessen mitzunehmen* **3** sich einen **Bart** ~ *wachsen lassen* **4** einen Speiserest ~ *nicht aufessen;* →a. *stehen (1.7-1.7.4)*

Ste|her ⟨m.; -s, -; Sp.⟩ **1** ⟨Radsp.⟩ *Radrennfahrer für längere Strecken, der hinter einem Schrittmacher herfährt;* Ggs *Flieger (5)* **2** *Rennpferd für längere Strecken;* Ggs *Flieger (6)* **3** ⟨umg.⟩ *jmd., der seine Meinung offen vertritt, für sein Handeln einsteht*

steh|len ⟨V. 257/500⟩ **1** etwas ~ *widerrechtlich wegnehmen, entwenden;* Geld, Schmuck, Waren ~ • **1.1** woher nehmen und nicht ~ ⟨umg.; scherzh.⟩ *woher soll ich's denn nehmen?* **1.2** ⟨530⟩ jmdm. die **Zeit** ~ ⟨fig.⟩ *jmdm. mit seinem Besuch belästigen u. ihn dadurch von der Arbeit abhalten* • **1.2.1** dem lieben Gott die Zeit ~ *faulenzen* • **1.3** er kann mir gestohlen bleiben! ⟨fig.; umg.⟩ *ich will nichts von ihm wissen* **2** ⟨511/Vr 3⟩ **sich irgendwohin** ~ *heimlich irgendwohin gehen;* sich aus dem Hause ~

Steh|platz ⟨m.; -es, -plät|ze⟩ *Platz zum Stehen, Platz ohne Sitz;* Ggs *Sitzplatz;* ein ~ im Bus

steif ⟨Adj.⟩ **1** *starr, fest, unbeweglich, nicht biegsam* • **1.1** ~ wie ein Brett ⟨umg.⟩ *sehr ungelenk* • **1.2** ~er **Hut** *H. aus festem Material, Melone* • **1.3** ~es **Schiff** ⟨Seemannsspr.⟩ *sich kaum wiegendes Schiff* • **1.4** *mit Wäschestärke gestärkt;* ein ~er Kragen • **1.5** ⟨50⟩ etwas ~ **und fest** behaupten ⟨fig.⟩ *hartnäckig behaupten* **2** *sehr dickflüssig, fast ganz fest;* ein ~er Eischnee, Pudding **3** *etwas ist* ~ *ungelenk, schwer zu bewegen;* ein ~es Bein, einen ~en Arm haben; seine Glieder sind im Alter, durch die Gicht ~ geworden; meine Finger sind ~ vor Kälte • **3.1** einen ~en **Hals** haben *durch Zugluft verursachtes unbewegliches Genick, Halsstarre* **4** ⟨60; Seemannsspr.⟩ *stark, kräftig;* ein ~er Grog • **4.1** eine ~e **Brise** *stark u. ständig wehender Wind* • **4.2** ~e **See** *stark bewegte See* **5** ⟨fig.⟩ *förmlich, gezwungen;* ein ~es Benehmen; jmdn. ~ begrüßen; „Wie Sie wünschen!", sagte er ~; er verbeugte sich ~; bei ihnen geht es immer etwas ~ zu **6** ⟨Getrennt- u. Zusammenschreibung⟩ • **6.1** ~ **schlagen** = *steifschlagen*

steif|bei|nig ⟨Adj.; umg.⟩ *mit steifen Beinen, die Beine steif u. ungelenk bewegend;* ~ gehen

steif|hal|ten ⟨V. 160/500; in der Wendung⟩ die **Ohren** ~ ⟨umg.⟩ *sich nicht unterkriegen lassen, sich behaupten*

steif|schla|gen *auch:* **steif schla|gen** ⟨V. 218/500⟩ Eiweiß, Sahne ~ *so lange schlagen, bis eine dickflüssige Masse entsteht*

Steig|bü|gel ⟨m.; -s, -⟩ **1** *Metallbügel als Fußstütze für den Reiter* • **1.1** jmdm. den ~ halten ⟨fig.⟩ *jmdm. Hilfestellung leisten (bes. zum beruflichen Aufstieg)* **2** *ein wie ein Steigbügel (1) geformtes Gehörknöchelchen*

stei|gen ⟨V. 258(s.)⟩ **1** ⟨400⟩ etwas steigt *bewegt sich aufwärts;* der Nebel, Dampf, Rauch steigt • **1.1** *aufwärtsfliegen;* Drachen ~ *lassen;* ⟨aber Getrennt- u. Zusammenschreibung⟩ ~ lassen = *steigenlassen* • **1.2** das **Pferd** steigt *bäumt sich* • **1.3** ⟨Jägerspr.⟩ *klettern (von Gams- u. Steinwild)* **2** ⟨611⟩ Tränen stiegen ihr in die Augen *sie begann zu weinen* • **2.1** das Blut stieg ihr ins Gesicht *sie wurde rot, errötete* • **2.2** der Wein ist ihm zu Kopf gestiegen *hat ihn etwas trunken, benommen gemacht* **3** ⟨500⟩ etwas ~ *(über) etwas hinaufgehen;* er musste viele Treppen ~; das Steigen fällt mir schwer **4** ⟨411⟩ jmd. steigt **irgendwohin** *bewegt, begibt sich irgendwohin (hinauf, hinunter, hinaus, hinein);* auf einen Berg, auf eine Leiter, einen Stuhl ~; aufs Fahrrad, aufs Pferd ~; aus dem Auto, aus dem Wasser ~; aus dem Zug, der Straßenbahn ~; ins Auto, ins Wasser ~; in den Keller, in einen Schacht ~; in den Zug, in die Straßenbahn ~; über einen Zaun ~ • **4.1** aus dem Bett ~ *aufstehen* • **4.2** durchs Fenster ~ *hindurchklettern* • **4.3** ins Bett ~ ⟨umg.⟩ *zu Bett gehen, schlafen gehen* **5** ⟨400⟩ etwas steigt ⟨fig.⟩ *wird höher, nimmt zu;* Ggs *fallen (2);* die Temperatur steigt; das Barometer steigt; die Flut steigt; der Wert des Bildes, des Grundstücks ist gestiegen; das Steigen und Fallen, Steigen und Sinken der Kurse; das Fieber ist gestiegen • **5.1** die Stimmung stieg *hob sich, man wurde lustiger* • **5.2** ⟨800⟩ **in etwas** ~ *an etwas zunehmen* • **5.2.1** das Bild, Grundstück ist im Wert gestiegen *ist wertvoller, teurer geworden* • **5.2.2** das Brot ist im Preis gestiegen *ist teurer geworden* • **5.2.3** er ist in meiner Achtung gestiegen *ich achte ihn jetzt mehr, höher* • **5.2.4** im Rang ~ *einen höheren R. erhalten, befördert werden* **6** ⟨400⟩ eine **Veranstaltung** steigt ⟨fig.; umg.⟩ *findet statt*

stei|gen|las|sen *auch:* **stei|gen las|sen** ⟨V. 175/500; fig.⟩ eine **Party** ~ *veranstalten;* →a. *steigen (1.1)*

stei|gern ⟨V.⟩ **1** ⟨500⟩ etwas ~ *verstärken, vergrößern;* dieses Erlebnis steigerte sein Mitgefühl; die Geschwindigkeit ~; diese Maßnahme steigert das Übel ja nur noch; ihr Widerspruch steigerte seinen Zorn • **1.1 Adjektive** ~ *in die Steigerungsstufen (Komparativ, Superlativ) setzen* • **1.2** *erhöhen;* Miete, Preise, Leistungen ~ • **1.3** ⟨Vr 3⟩ etwas steigert **sich** *wird mehr, größer, stärker;* sein Entzücken, sein Zorn steigerte sich noch, als er das Bild sah; der Wind steigerte sich zum Sturm • **1.4** ⟨Vr 3⟩ **sich** ~ *besser werden* **2** ⟨400⟩ *bieten, ein Angebot machen (bei Auktionen)*

Stei|gung ⟨f.; -, -en⟩ **1** *Höhenzunahme* • **1.1** ~ von 10 % *10 m Höhenänderung auf 100 m* **2** *ansteigendes Stück*

Weg, Straße, Gelände; die ~ im 3. Gang nehmen, eine ~ überwinden

steil ⟨Adj.⟩ **1** *mehr senkrecht als waagerecht;* ein ~er Berg, eine ~e Küste; ein ~er Abhang; hier ist der Weg am steilsten; ~ abfallen, ansteigen; eine ~e Karriere machen ⟨fig.⟩ **2** ⟨60⟩ *ein ~er Zahn* ⟨umg.; veraltet⟩ *hübsches, kokettes Mädchen*

Stein ⟨m.; -(e)s, -e⟩ **1** *natürliches Gestein, Gesteinsstück;* Kiesel~; Sand~; den ~ behauen; der Weg ist voller ~e; beim Graben auf ~ stoßen; eine Bank, ein Denkmal aus ~; Funken aus einem ~ schlagen; eine Figur in ~ hauen; einen ~ im Schuh haben; einen Weg mit ~en pflastern; ~e und Erden • 1.1 *Gegenstand großen Gewichts* • 1.1.1 *mir ist ein ~ vom Herzen gefallen* ⟨fig.⟩ *ich bin jetzt sehr erleichtert, eine große Sorge ist von mir genommen* • 1.2 *Gegenstand von störender, hinderlicher Qualität* • 1.2.1 *ein ~ des Anstoßes* ⟨fig.⟩ *allgemeines Ärgernis* • 1.2.2 *jmdm. die ~e aus dem Weg räumen* ⟨fig.⟩ *alle Schwierigkeiten bei seinem Tun, Vorhaben beseitigen* • 1.2.3 *jmdm. ~e in den Weg legen* ⟨fig.⟩ *jmds. Tun, Vorhaben behindern, erschweren* • 1.2.4 *über Stock und ~* ⟨fig.⟩ *querfeldein, ohne Weg* • 1.3 *Gegenstand großer Härte, mangelnder Reaktionsfähigkeit;* →a. *Tropfen (5.1)* • 1.3.1 *das könnte einen ~ erbarmen, erweichen* ⟨fig.⟩ *das ist jammervoll, Mitleid erregend* • 1.3.2 *ein Herz aus ~ haben* ⟨fig.⟩ *hartherzig, mitleidlos sein* • 1.3.3 *zu ~ werden* ⟨fig.; umg.⟩ *eine eisige Miene aufsetzen, erstarren* • 1.4 *als ungenießbar vorgestellter Gegenstand* • 1.4.1 *jmdm. ~e statt Brot geben* ⟨fig.⟩ *jmdm. etwas geben, was ihm nicht hilft, jmdm. gegenüber hartherzig sein* • 1.5 *einen ~ auf jmdn. werfen* ⟨fig.⟩ *jmdn. verurteilen, verdammen* • 1.5.1 *den ersten ~ auf jmdn. werfen* ⟨fig.⟩ *als erster jmdn. verurteilen* • 1.6 *den ~ ins Rollen bringen* ⟨fig.⟩ *den Anstoß zu etwas geben, eine Sache, Entwicklung in Bewegung bringen* • 1.7 *der ~ der Weisen (nach dem Glauben der Alchimisten) Wunderstein, der unedles Metall in Gold verwandelt* • 1.7.1 *und damit glaubt er den ~ der Weisen gefunden zu haben* ⟨fig.⟩ *eine allgemeingültige Lösung* **2** *einem Stein in seiner Eigenschaft (Härte) ähnlicher Gegenstand* • 2.1 *künstlicher Werkstoff mit Eigenschaften des Steins (1);* Ziegel~; Bau~; Mauer~; Zement ist noch da, aber die ~e sind aufgebraucht • 2.1.1 *keinen ~ auf dem anderen lassen alles zerstören* • 2.2 *Edelstein;* dein Ring hat einen sehr schönen ~; ⟨schöne⟩ ~e sammeln; echte, edle, künstliche, imitierte, schöne ~e; geschnittener, geschliffener ~ • 2.2.1 *dabei fällt dir kein ~ aus der Krone* ⟨fig.; umg.⟩ *vergibst du dir nichts* • 2.3 ⟨Brettspiel⟩ *Spielfigur, Spielstein;* ein schwarzer, weißer ~; einen ~ schlagen, überspringen • 2.3.1 *bei jmdm. einen ~ im Brett haben* ⟨fig.⟩ *in besonderer Gunst stehen* • 2.4 ⟨Bot.⟩ *der innere, harte, den Samen umgebende Teil der Fruchtwand bei den Steinfrüchten* • 2.5 *aus organischen Gerüsten u. gestaltlosen od. kristallisierten Salzen zusammengesetzte Bildungen in Ausscheidungshohlorganen;* Blasen~; Gallen~; Nieren~; Speichel~ • 2.6 *~ und Bein schwören* ⟨umg.⟩ *fest behaupten*

Stein|brech ⟨m.; -(e)s; unz.; Bot.⟩ *Angehöriger einer Gattung der Steinbrechgewächse (Saxifragaceae) mit Blattrosetten u. rötlich weißen Blüten: Saxifraga*

Stein|bruch ⟨m.; -(e)s, -brü|che⟩ *Abbaustelle für nutzbares Gestein im Tagebau*

Stein|druck ⟨m.; -(e)s, -e⟩ = *Lithographie*

stei|nern ⟨Adj. 24⟩ **1** ⟨60⟩ *aus Stein* **2** ⟨fig.⟩ *hart, mitleidlos;* ein ~es Herz haben

Stein|gut ⟨n.; -(e)s; unz.⟩ *Erzeugnis der Feinkeramik mit porösen Scherben, das weniger dicht ist als Porzellan*

Stein|koh|le ⟨f.; -; unz.⟩ *dichte, erdgeschichtlich alte Kohle mit hohem Gehalt an Kohlenstoff*

Stein|metz ⟨m.; -en, -en⟩ **1** *Handwerker, der Steine (für Bauten, Denkmäler u. a.) bearbeitet* **2** *Lehrberuf mit dreijähriger Ausbildungszeit*

Stein|obst ⟨n.; -es; unz.⟩ *Früchte (z. B. Pfirsich, Aprikose, Pflaume, Kirsche, Walnuss), bei denen die innere Schicht der Fruchtwand einen den Samen bergenden sehr harten Kern bildet*

Stein|schlag ⟨m.; -(e)s, -schlä|ge⟩ **1** *Abstürzen von Steinen od. Felsstücken im Gebirge* **2** ⟨unz.⟩ *gebrochenes Gestein als Schotter*

Stein|zeit ⟨f.; -, -en⟩ *Abschnitt der Urgeschichte, während dessen die Menschen vorwiegend Steine als Werkzeug verwendeten;* ältere, jüngere, mittlere ~

Steiß ⟨m.; -es, -e; kurz für⟩ **1** *unterer Teil des menschlichen Rumpfes* **2** *hinteres (unteres) Ende der Wirbelsäule*

Stell|dich|ein ⟨n.; -s, -s; oft iron.⟩ = *Rendezvous (1)*

Stel|le ⟨f.; -, -n⟩ **1** *Ort, Platz, Stätte, Gegend;* eine holperige, vereiste ~ (auf der Straße); eine kahle ~ auf dem Kopf, im Wald; eine raue, schadhafte ~; versetz dich einmal an meine ~!; als ich wiederkam, saß er noch an derselben ~; etwas an eine andere ~ setzen; an der falschen, richtigen ~ stehen • 1.1 **offene**, wunde ~ *Wunde* • 1.2 *das ist eine* **schwache**, empfindliche, verwundbare ~ *von mir* ⟨fig.⟩ *in dieser Beziehung bin ich schwach* usw. • 1.3 **an jmds.** ~ ⟨fig.⟩ *in jmds. Rolle* • 1.3.1 *ich an deiner ~ würde das nicht tun wenn ich du wäre* • 1.3.2 *ich möchte nicht an seiner ~ sein ich möchte nicht mit ihm tauschen* • 1.4 **auf der** ~ **treten** ⟨fig.⟩ *nicht vorankommen, keinen Erfolg haben* • 1.5 **von der** ~ *weg, fort* • 1.5.1 *ich bringe den Schrank nicht von der ~ ich kann den S. nicht wegrücken, verrücken* • 1.5.2 *sich nicht von der ~ rühren still sitzen od. stehen bleiben* • 1.5.3 *nicht von der ~ kommen* ⟨fig.⟩ *nicht vorankommen (mit einer Angelegenheit)* • 1.6 **zur** ~ **schaffen** ⟨fig.⟩ *herbeischaffen* • 1.7 **zur** ~ **sein** ⟨fig.⟩ *da sein, bereit sein, wo man gebraucht wird;* →a. *Ort¹ (1.2)* **2** *Textstelle (in einem Buch, einer Zeitung), Teilstück, Absatz, Abschnitt;* eine ~ (aus einem Buch, Brief) herausschreiben; eine ~ zitieren, noch einmal lesen; eine spannende ~ (im Buch); das ist an anderer ~ (im Buch) bereits erklärt worden; davon ist in dem Buch an mehreren ~n die Rede **3** ⟨fig.⟩ *Anstellung, Stellung, Posten, Dienst;* eine ~ suchen, finden, bekommen; die ~ wechseln; eine gute, gut bezahlte ~; eine freie, offene, unbesetzte ~; ohne ~ sein; sich um eine ~ bemühen, bewerben • 3.1 *Position* • 3.1.1 an erster ~ *als Erste(r), als Vorderste(r)* • 3.1.2 an erster ~ stehen *die größte Bedeutung haben, am wichtigsten sein, Vorgesetzter sein* • 3.1.3 ich werde mich an höherer ~ erkundigen, beschweren *beim Vorgesetzten* • 3.2 *Amt, Behörde; Beratungs~; Dienst~; sich an der zuständigen ~ erkundigen* • 3.2.1 die amtlichen ~n *die Behörden* 4 *Platz einer Zahl in einer Zahlenreihe; Dezimal~; die ersten ~n hinter dem Komma; eine Zahl mit drei, vier ~n* 5 auf der ~ ⟨fig.⟩ *sofort; er war auf der ~ tot* 6 ⟨Getrennt- u. Zusammenschreibung⟩ • 6.1 an ~ = *anstelle*

stel|len ⟨V. 500⟩ 1 ⟨500/Vr 7⟩ jmdn. od. etwas ~ *in aufrechte Lage, stehende Haltung bringen; du musst die Flasche ~, nicht legen; jmdn. (der gestürzt ist) wieder auf die Füße ~; sich auf die Zehenspitzen ~* • 1.1 ⟨511/Vr 7 od. Vr 8⟩ jmdn. od. etwas irgendwohin ~ *(in aufrechter Stellung) irgendwohin tun, bringen; einen Kochtopf auf den Herd ~; Geschirr, Blumen auf den Tisch ~; das Fahrrad in den Keller ~; Geschirr, Bücher in den Schrank ~* • 1.1.1 etwas in Aussicht ~ ⟨fig.⟩ *verheißen, ankündigen* • 1.1.2 eine Sache über eine andere ~ ⟨fig.⟩ *eine S. mehr als eine andere schätzen* • 1.1.3 jmdn. vor Gericht ~ ⟨fig.⟩ *anklagen* • 1.1.4 ⟨531⟩ jmdm. einen Helfer zur Seite ~ *einen H. geben* • 1.2 ⟨500/Vr 3⟩ sich irgendwohin ~ *sich irgendwo aufrecht hinstellen; sich ans Fenster ~; sich (schützend) vor jmdn. ~; stell dich dorthin* • 1.2.1 sich hinter jmdn. ~ ⟨a. fig.⟩ *jmdn. unterstützen, für jmdn. Partei ergreifen* • 1.2.2 sich jmdm. in den Weg ~ ⟨a. fig.⟩ *jmdm. den Weg versperren, jmdn. am Weiterkommen hindern* • 1.3 ⟨500⟩ Einrichtungsgegenstände ~ *aufstellen, hinstellen; wie sollen wir die Möbel ~?; das Zimmer ist so klein, dass man keinen Schrank ~ kann* 1.4 ⟨800; Part. Perf.⟩ auf sich selbst gestellt sein ⟨fig.⟩ *für sich selbst sorgen müssen, sich seinen Lebensunterhalt selbst verdienen;* →a. *Kopf (1.9), Mann¹ (2.2), Schatten (4.3)* 2 ⟨500⟩ Personen od. Material ~ *herbeischaffen, beschaffen; einen Bürgen, Vertreter, Zeugen ~; für einen Bau Arbeitskräfte ~; das Material stellt er, die Löhne zahle ich* • 2.1 etwas zur Verfügung ~ *leihen, zum Gebrauch geben* 3 ⟨513⟩ etwas irgendwie ~ *einstellen, bes. behandeln; das Radio lauter ~; ein elektrisches Gerät auf null ~; Wein kalt ~ /* kaltstellen*; Speisen warm ~ /* warmstellen • 3.1 ⟨500⟩ eine Uhr, ein Messgerät ~ *auf den gewünschten od. richtigen Wert einstellen; den Wecker ~* 4 ⟨513/Vr 3⟩ sich irgendwie ~ *irgendetwas vortäuschen, tun, als ob etwas der Fall wäre; sich krank, taub, unwissend ~; sich tot ~* (Tier); er stellt sich nur so 5 ⟨553/Vr 3⟩ sich irgendwie zu jmdm. od. einer Sache ~ *einstellen* 6 Fallen ~ *aufstellen* 6.1 ⟨530/Vr 5 od. Vr 6⟩ jmdm. ein Bein ~ ⟨a. fig.⟩ *bewirken, dass jmd. im Weiterkommen behindert wird* • 6.2 ⟨513/Vr 7⟩ etwas zur Schau ~ ⟨fig.⟩ *öffentlich zeigen* 7 ⟨500⟩ eine Frist, eine Aufgabe ~ *nennen, geben;* eine Frist ~; jmdm. ein Thema (zur Bearbeitung) ~; jmdm. ein Ultimatum ~ • 7.1 *festlegen, bestimmen;* eine Rechnung ~; jmdm. ein Horoskop ~ 8 ⟨500⟩ jmdn. ~ • 8.1 zum *Stehen bringen, an der Flucht hindern, fangen;* bald hatte die Polizei den Verbrecher gestellt • 8.2 ⟨515⟩ jmdn. zur Rede ~ *von jmdm. Aufklärung, Rechenschaft fordern* • 8.3 ein Stück Wild ~ ⟨Jägerspr.⟩ *zum Stehenbleiben zwingen* (vom Hund) • 8.4 ⟨Vr 3⟩ sich ~ *sich freiwillig melden, sich freiwillig zu den Behörden (bes. der Polizei) begeben; der Täter hat sich gestellt* 9 ⟨Funktionsverb⟩ • 9.1 einen Antrag ~ *beantragen* • 9.2 Ersatz ~ *ersetzen* • 9.3 eine Forderung ~ *fordern* • 9.4 eine Frage ~ *etwas fragen* • 9.5 der Erfolg ist in Frage / infrage gestellt *der Erfolg ist fraglich, unsicher* • 9.6 etwas in Abrede ~ *verneinen, leugnen* • 9.7 jmdm. einen Betrag in Rechnung ~ *berechnen* • 9.8 etwas unter Beweis ~ *beweisen* • 9.9 jmdm. etwas zur Bedingung ~ *etwas als Voraussetzung fordern, ausbedingen*

stel|len|los ⟨Adj. 24/70⟩ *stellungslos, ohne Anstellung*

stel|len|wei|se ⟨Adv.⟩ 1 *an manchen Stellen, hier u. da;* ~ liegt auf den Feldern noch Schnee 2 *teilweise;* der Roman ist ~ sehr langweilig

Stel|lung ⟨f.; -, -en⟩ 1 *Lage, Stand, Haltung; Körper~; Bein~; eine bequeme, gezierte, gezwungene, natürliche, zwanglose ~; gebückte, hockende, kniende, liegende, sitzende ~* 2 *Stand, Position; gesellschaftliche, soziale ~; die ~ der Gestirne* 2.1 *Einstellung, Regulierung;* die ~ aller Hebel muss identisch sein 3 *Amt, Anstellung, Posten; Dienst~; eine ~ suchen, finden, annehmen, aufgeben, bekommen; eine einflussreiche, hohe ~; eine ~ als Buchhalter haben; ohne ~ sein* • 3.1 *Rang;* er in seiner ~ kann so etwas nicht tun 4 ⟨Mil.⟩ *Feldbefestigung, in der sich Truppen zur Abwehr einrichten;* befestigte ~; feste ~en beziehen in, bei … 5 (zu einer Sache) ~ nehmen ⟨fig.⟩ *seine Meinung (zu einer S.) äußern* 5.1 (für, gegen jmdn. od. etwas) ~ nehmen *Partei ergreifen, eintreten, sich (für, gegen jmdn. od. etwas) aussprechen;* bisher hat sie sich noch nicht ~ genommen; er hat ausdrücklich für diese Lösung ~ genommen

Stel|lung|nah|me ⟨f.; -, -n⟩ *Äußerung einer Meinung zu einem Vorfall od. Problem*

stel|lungs|los ⟨Adj. 24/60⟩ *ohne Anstellung*

Stell|ver|tre|ter ⟨m.; -s, -⟩ *jmd., der einen anderen vertritt, jmd., der im Namen eines anderen handelt*

Stel|ze ⟨f.; -, -n⟩ 1 *Stange mit über dem Boden angebrachtem Klotz zur Verlängerung des Beins;* ~n laufen • 1.1 wie auf ~n gehen ⟨a. fig.⟩ *sich steif, geziert fortbewegen* 2 ⟨Zool.⟩ *Angehörige einer Familie gut laufender Singvögel: Motacillidae*

stel|zen ⟨V. 400⟩ 1 *auf Stelzen gehen* 2 *wie auf Stelzen, steifbeinig gehen od. schreiten;* der Storch stelzte über die Wiese • 2.1 *sich steif, geziert fortbewegen*

stem|men ⟨V.⟩ 1 ⟨500⟩ etwas Schweres ~ *über den Kopf in die Höhe heben;* Gewichte, Hanteln ~ 2 ⟨511 od. 550/Vr 7⟩ sich od. etwas auf, gegen, in etwas ~ *fest, auf, gegen, in etwas drücken;* die Ellbogen auf den Tisch ~; sich gegen eine Tür, einen Schrank ~; die Füße gegen die Wand ~; die Hände in die Hüften, Seiten ~ (oft als Zeichen der Herausforderung) • 2.1 ⟨550/Vr 3⟩ sich gegen eine Sache ~ ⟨fig.⟩ *sich einer S. widersetzen, sie zu verhindern suchen*

Stempel

Stem|pel ⟨m.; -s, -⟩ **1** Gerät mit Gummitypen od. -zahlen zum Drucken von Hand; einen ~ auf eine Urkunde drücken • **1.1** *Abdruck eines Stempels (1);* Datum~, Firmen~; den ~ unter einen Brief setzen **2** *Teil einer Prägevorrichtung* **3** *geprägtes Zeichen (auf Waren, Silber usw.)* **4** ⟨Bgb.⟩ *senkrecht od. schräg stehende Stütze in einer Strecke od. einem Abbau* **5** ⟨Bot.⟩ *Fruchtknoten der Bedecktsamer mit Griffel u. Narbe: Pistillum* **6** *Kolben einer Druckpumpe* **7** ⟨fig.⟩ *Zeichen, Prägung, Aussehen;* dieses Werk trägt den ~ eines genialen Geistes, eines hervorragenden Könners

stem|peln ⟨V.⟩ **1** ⟨500⟩ *etwas ~ einen Stempel auf etwas drücken;* einen Ausweis, Brief, eine Urkunde ~ **2** ⟨500⟩ **Gold, Silber ~** *mit einem Prägezeichen versehen* **3** ⟨400 od. Inf.⟩ **~ gehen** ⟨umg.; veraltet⟩ *Arbeitslosenunterstützung beziehen (früher wurde die Auszahlung der Unterstützung mit einem Stempel auf der Ausweiskarte vermerkt);* er stempelt seit Monaten **4** ⟨550/Vr 7 od. Vr 8⟩ *jmdn.* **zu etwas ~** *als etwas bezeichnen, kennzeichnen;* jmdn. zum Verräter ~

Sten|del|wurz ⟨f.; -, -en; Bot.⟩ *Angehörige einer geschützten Gattung der Orchideen, in Wäldern u. Gebüschen verbreitet: Epipactis;* oV *Ständelwurz*

Sten|gel ⟨alte Schreibung für⟩ *Stängel*

Stepp ⟨m.; -s, -s⟩ **1** *Tanz, dessen Rhythmus in lockeren, schnellen Fußbewegungen mit Hacke u. Spitze geschlagen wird u. zu dem, um die Wirkung zu verstärken, Schuhe mit besonderen Beschlägen getragen werden;* ~ tanzen **2** ⟨Sp.; Tanzen⟩ *Schritt, Laufschritt*

Stepp|de|cke ⟨f.; -, -n⟩ *gefüllte Bettdecke, bei der die Hülle durch kassettenförmig gesteppte Nähte mit dem Futter verbunden ist*

Step|pe ⟨f.; -, -n⟩ *baumlose Gegend, hauptsächlich mit Gräsern, die zusammen mit Stauden eine mehr od. minder geschlossene Pflanzendecke bilden, Grasland*

step|pen[1] ⟨V. 500⟩ *etwas ~ mit Steppstichen nähen od. verzieren;* eine Naht, einen Saum ~

step|pen[2] ⟨V. 400⟩ *Stepp tanzen*

ster|ben ⟨V. 259/405(s.)⟩ **1 ein Lebewesen** stirbt *scheidet aus dem Leben, hört zu leben auf;* er ist gestern gestorben; eines natürlichen, unnatürlichen, gewaltsamen Todes ~; jung, alt, hochbetagt ~; plötzlich, unerwartet ~; am Herzschlag, an Altersschwäche ~; aus Gram ~; er ist für seine Überzeugung gestorben; über einem Werk, einer Arbeit ~; … und wenn sie nicht gestorben sind, so leben sie noch heute (Märchenschlussformel); ich sterbe vor Neugierde, vor Langeweile ⟨fig.; umg.⟩ • **1.1** hungers ~ *verhungern* • **1.2** du wirst nicht gleich dran ~! ⟨umg.⟩ *es wird dir nichts schaden* • **1.3** im Sterben liegen *mit dem Tode ringen, kurz vorm Tode sein* • **1.4 durch jmdn.**, durch jmds. Hand ~ *von jmdm. ermordet werden* • **1.5** es ist **zum** Sterben langweilig ⟨umg.⟩ *sehr langweilig;* →a. *leben (1.7)* • **1.6** einen alten Menschen friedlich ~ lassen; ⟨aber Getrennt- u. Zusammenschreibung⟩ ~ lassen = *sterbenlassen* **2 etwas** stirbt ⟨fig.⟩ *vergeht, schwindet, erlöscht;* seine Liebe ist gestorben; eine ~de Kultur

ster|ben|las|sen *auch:* **ster|ben las|sen** ⟨V. 175/500⟩ *aufgeben;* einen Plan ~

sterb|lich ⟨Adj. 24⟩ **1** ⟨70⟩ **Lebewesen** sind ~ *so beschaffen, dass sie sterben müssen, dem Tode unterworfen;* alle Menschen sind ~ • **1.1** die Sterblichen ⟨poet.⟩ *die Menschen* • **1.2** die ~en Überreste ⟨geh.⟩ *die Leiche, die Gebeine*

Ste|reo|an|la|ge ⟨f.; -, -n⟩ *aus mehreren einzelnen Geräten bestehende technische Anlage zum stereophonen Hören von Schallplatten, Kassetten, CDs, Radiosendungen usw.*

Ste|reo|fo|nie ⟨f.; -; unz.⟩ oV *Stereophonie* **1** ⟨Psych.⟩ *räumliches Hören* **2** *elektroakustische Technik der räumlich wirkenden Wiedergabe von Tönen*

Ste|reo|pho|nie ⟨f.; -; unz.⟩ = *Stereofonie*

ste|reo|typ ⟨Adj. 24⟩ **1** *mit feststehender Schrift (gedruckt)* **2** *feststehend, unverändert* **3** ⟨fig.⟩ *ständig wiederkehrend, immer wieder gleich, formelhaft;* eine ~e Antwort, Redewendung; ein ~es Lächeln

ste|ril ⟨Adj.⟩ **1** ⟨24⟩ *keimfrei;* ~e Watte, Milch **2** ⟨24⟩ *unfruchtbar, unfähig, Nachkommen zu zeugen od. zu gebären* **3** ⟨fig.⟩ *nicht schöpferisch, nicht produktiv, geistig unfruchtbar;* ~e Wissenschaft; ein ~er Schriftsteller

ste|ri|li|sie|ren ⟨V. 500⟩ **1 Gegenstände ~** *keimfrei machen, entkeimen durch Erhitzen auf 100-130 °C;* Lebensmittel zur Konservierung ~ **2 jmdn., ein Lebewesen ~** *unfruchtbar, zeugungsunfähig machen bei Erhaltung der Keimdrüsen;* →a. *kastrieren (1)*

Stern[1] ⟨m.; -(e)s, -e⟩ **1 Gestirn, Himmelskörper;** die ~e funkeln, strahlen, leuchten; der ~ erster, zweiter Größe; das Schicksal aus den ~en besäter Himmel; ~ erster, zweiter Größe; das Schicksal aus den ~en deuten ⟨Astrol.⟩; in den ~en lesen ⟨Astrol.⟩ • **1.1** ~e tanzten mir vor den Augen ⟨fig.; umg.⟩ *es flimmerte mir vor den A.* • **1.2** ein guter ~ hat mich davor bewahrt ⟨fig.⟩ *eine günstige Fügung* • **1.3** nach den ~en greifen ⟨fig.⟩ *nach dem Höchsten streben, Unmögliches wollen* • **1.4** unter einem günstigen, ungünstigen ~ geboren sein ⟨fig.⟩ *im Leben viel Glück, Unglück haben* • **1.5** die Veranstaltung stand unter einem (keinem) günstigen ~ ⟨fig.⟩ *fand unter guten (schlechten) Voraussetzungen statt;* →a. *neu (2.2)* **2** *sternähnliches Gebilde* • **2.1** *sternförmiges gedrucktes Zeichen* • **2.1.1** *sternförmiges Symbol zur Bezeichnung der Güteklasse von Hotels und Speiselokalen;* ein Restaurant, Hotel mit vier ~en • **2.2** *sternförmiger Gegenstand als Rangabzeichen u. a.;* Ordens~; zwei ~e auf den Schulterstücken haben • **2.3** *Blesse (des Pferdes)* **3** ⟨fig.⟩ *Berühmtheit, Star;* Film~; ein neuer ~ am Film-, Theaterhimmel **4** ⟨poet.⟩ *strahlender, leuchtender Gegenstand, Körper;* Augen~ **5** ⟨fig.; umg.; schweiz.⟩ *Freund(in), Geliebte(r)*

Stern[2] ⟨m.; -(e)s, -e⟩ *Heck (des Schiffes)*

Stern|bild ⟨n.; -(e)s, -er⟩ *als Bild gedeutete Gruppe von Sternen;* ~ des Wassermanns

Stern|blu|me ⟨f.; -, -n⟩ = *Aster*

Stern|chen ⟨n.; -s, -⟩ **1** *kleiner Stern* **2** ⟨Zeichen: *⟩ *sternförmiges gedrucktes Zeichen (für Fußnoten, zur Kennzeichnung besonderer Qualitäten usw.)* • **2.1** dieses Bauwerk ist im Reiseführer mit drei ~ versehen *ist bes. sehenswert* **3** ⟨fig.⟩ *angehende Berühmtheit beim Film;* Film~

Stern|schnup|pe ⟨f.; -, -n⟩ *kleiner punkt- od. sternförmiger Meteor*

Stern|war|te ⟨f.; -, -n⟩ *wissenschaftliches Observatorium, Institut, in dem die Gestirne beobachtet werden*

Sterz ⟨m.; -es, -e⟩ **1** *Schwanz (bes. von Vögeln)* **2** *Führungs- u. Haltevorrichtung am Pflug; Pflug~* **3** *(bair.; österr.) dicker Brei (als Nahrungsmittel); Mehl~, Kartoffel~*

Ste|tho|skop *auch:* **Ste|thos|kop** ⟨n.; -s, -e⟩ *ärztliches Untersuchungsgerät zum Abhören von Herz u. Lunge*

ste|tig ⟨Adj.⟩ *beständig, andauernd, gleichmäßig, nicht unterbrochen; ~e Arbeit; ~er Fleiß; ~er Wind*

stets ⟨Adv.⟩ *immer, jederzeit, jedes Mal;* ich bin ~ für ihn eingetreten, wenn es nötig war; er bringt ~ Blumen mit, wenn er kommt; er ist ~ hilfsbereit; du bist mir ~ willkommen; ~ zu (Ihren) Diensten

Steu|er[1] ⟨n.; -s, -⟩ **1** *Vorrichtung zum Lenken* • 1.1 am ~ sitzen *ein Auto steuern* • 1.2 am ~ stehen *ein Schiff steuern* **2** ⟨fig.⟩ *Lenkung, Leitung, Führung;* das ~ (der Regierung o. Ä.) fest in der Hand haben

Steu|er[2] ⟨f.; -, -n⟩ *vom Staatsbürger zu leistende Abgabe; Einkommen~; Lohn~; Tabak~; Vermögen(s)~;* ~n hinterziehen; das Auto kostet monatlich 238,- € ~n; der ~ unterliegen; ~n zahlen; hohe ~n; eine Sache mit einer ~ belegen

Steu|er|bord ⟨n.; -(e)s; unz.; Flugw.; Mar.⟩ *rechte Seite des Schiffs od. Flugzeugs; Ggs Backbord*

Steu|er|mann ⟨m.; -(e)s, -män|ner⟩ *zum Steuern von Schiffen u. Booten ausgebildeter Seemann*

steu|ern ⟨V.⟩ **1** ⟨500⟩ *etwas ~ lenken; ein Schiff, Auto, Flugzeug, einen Kran ~* • 1.1 den Ton ~ *Tonhöhe u. Lautstärke ausgleichen* • 1.2 ⟨400⟩ *das Steuer handhaben* **2** ⟨411(s.)⟩ *irgendwohin ~ das Steuer in eine bestimmte Richtung drehen;* nach einer Insel, in den Hafen ~; wohin steuert er?

Steu|e|rung ⟨f.; -, -en⟩ **1** ⟨unz.⟩ *das Steuern* **2** *Vorrichtung zum Lenken* **3** *Vorrichtung zur Regelung eines Arbeitsablaufes*

Ste|ven ⟨m.; -s, -⟩ *Bug u. Heck eines Schiffes begrenzende Bauteile; Vorder~; Hinter~*

Ste|ward ⟨[stjuːərt] m.; -s, -s; auf Schiffen u. in Flugzeugen⟩ *Betreuer der Fahrgäste*

Ste|war|dess ⟨[stjuːərdɛs] f.; -, -en⟩ *weibl. Steward*

Stich ⟨m.; -(e)s, -e⟩ **1** *das Stechen, Einbohren eines spitzen Gegenstandes* • 1.1 er erhielt drei ~e in die Brust *ihm wurde dreimal in die B. gestoßen* **2** *die durch Stich (1) entstandene Wunde; Dolch~; Messer~; Nadel~; Insekten~; tiefer, tödlicher ~* **3** ⟨fig.⟩ *stechender Schmerz; ~e in der Seite, in der Brust verspüren* • 3.1 das gab mir einen ~ (ins Herz) *das schmerzte mich tief* **4** *Einstechen mit der Nadel u. Durchziehen des Fadens (beim Nähen, Sticken);* mit kleinen, großen ~en nähen • 4.1 *die aus Stichen (4) entstandene Figur; Kreuz~; Stepp~; Stiel~* **5** *Kupferstich, Stahlstich;* alte ~e sammeln; ein ~ von Dürer **6** *beginnende Säuerung, Fäulnis* • 6.1 die Milch, das Fleisch hat einen ~ *schmeckt nicht mehr ganz frisch* **7** einen ~ haben ⟨fig.; umg.; abwertend⟩ *verrückt, nicht recht bei Verstand sein* **8** einen ~ ins Grüne, Rötliche usw. haben *ins Grüne, Rötliche usw. übergehen* **9** (nicht) ~ halten *(nicht) überzeugen, einer Probe (nicht) standhalten;* der Beweis, die Behauptung hält nicht Stich **10** jmdn. od. etwas im ~ lassen *treulos verlassen, seinem Schicksal preisgeben* • 10.1 sein Gedächtnis lässt ihn im ~ *er kann sich nicht erinnern, es fällt ihm nicht wieder ein* **11** ⟨Kart.⟩ *Wegnahme gegnerischer Karten durch höherwertige eigene* • 11.1 einen ~ machen *die gegnerischen Karten an sich nehmen* **12** ⟨Met.⟩ *Durchgang des Walzgutes beim Walzen* **13** ⟨Arch.⟩ *Höhe eines Bogens od. Gewölbes* **14** ⟨Mar.⟩ *eine Art Knoten* **15** ⟨Jägerspr.⟩ *unterer Brustteil (des Hochwildes), aus dem sich der Hals heraushebt*

Sti|chel ⟨m.; -s, -⟩ *spitzes Werkzeug für Holz-, Kupfer- od. Stahlstiche, mit dem die Zeichnung in die Platte eingegraben wird*

sti|cheln ⟨V. 400⟩ **1** *mit kleinen Stichen nähen od. sticken* **2** *eifrig, emsig nähen od. sticken* **3** ⟨fig.⟩ *boshaft auf etwas anspielen, boshafte Bemerkungen machen; gegen jmdn. ~*

stich|fest ⟨Adj.⟩ **1** *gegen Stiche gesichert* **2** ⟨fig.⟩ *unangreifbar, unantastbar;* hieb- und ~

stich|hal|ten ⟨alte Schreibung für⟩ *Stich halten*

stich|hal|tig ⟨Adj.⟩ *überzeugend, wohlbegründet, nicht widerlegbar;* eine ~e Begründung, ein ~er Beweis

Stich|ling ⟨m.; -s, -e; Zool.⟩ *Angehöriger einer Fischfamilie, deren Rücken- u. Bauchflossen in Dornen umgewandelt sind: Gasterosteidae*

Stich|pro|be ⟨f.; -, -n⟩ *Prüfung od. Untersuchung eines einzelnen Teils, von dem man aufs Ganze schließen kann*

Stich|tag ⟨m.; -(e)s, -e⟩ *für bestimmte Handlungen, für das Inkrafttreten von Vorschriften u. Ä. festgesetzter Tag, Termin;* der 1. Juli ist der ~ für das Alter schulpflichtig werdender Kinder

Stich|wort **1** ⟨n.; -(e)s, -wör|ter; in Nachschlagewerken⟩ *Wort, das erklärt wird;* neue Stichwörter aufnehmen **2** ⟨n.; -(e)s, -e⟩ • 2.1 *Wort eines Schauspielers, auf das hin ein anderer einsetzen od. auftreten muss;* sein ~ geben • 2.1.1 ⟨fig.⟩ *Wort, Bemerkung, auf das bzw. die hin etwas geschieht od. etwas getan wird;* das war das ~, das alle zum Aufbruch mahnte; auf dieses ~ hin erhoben sich alle von ihren Sitzen • 2.2 *Wort, in dem der Sinn eines längeren Textes zusammengefasst ist;* sich etwas in ~en aufschreiben, notieren

sti|cken ⟨V.⟩ **1** ⟨400⟩ *durch Stiche auf Stoff Verzierungen herstellen;* früher stickte man noch viel mit der Hand **2** ⟨500⟩ *etwas ~ mit Stichen verzieren;* eine Decke, ein Kissen ~

sti|ckig ⟨Adj.⟩ *schwer zum Atmen, dumpf, zum Ersticken, verbraucht;* ~e Luft; hier ist es so ~; ~ heiß

Stick|stoff ⟨m.; -(e)s; unz.; chem. Zeichen: N⟩ *chem. Element, Nichtmetall, Ordnungszahl 7, Hauptbestandteil der Luft*

stie|ben ⟨V. 260/400(s.)⟩ *etwas stiebt fliegt in kleinen Teilchen auseinander;* das Pferd galoppierte davon, dass die Funken stoben

Stief|bru|der ⟨m.; -s, -brü|der⟩ *Bruder, mit dem man keinen od. nur einen Elternteil gemeinsam hat*

Stie|fel ⟨m.; -s, -⟩ **1** *hoher, über die Knöchel reichender*

Schuh; sie hat noch zwei Paar ~ im Schrank • 1.1 das zieht einem in die ~ aus! ⟨fig.; umg.⟩ *das ist unerträglich, überraschend u. unangenehm* **2 alter** ~ ⟨fig.; umg.⟩ *gewohnter Trott;* es geht immer so im alten ~, nach dem alten ~ weiter • 2.1 immer seinen alten ~ arbeiten *im alten Trott* **3 ein ordentlicher,** tüchtiger ~ ⟨fig.; umg.⟩ *viel* • 3.1 einen ordentlichen ~ **vertragen** *viel Alkohol* • 3.2 einen tüchtigen ~ **zusammenreden** *viel Unsinn* **4** *hohes Trinkgefäß in Form eines Stiefels*

Stief|kind ⟨n.; -(e)s, -er⟩ **1** *Sohn od. Tochter des Ehepartners* **2** ⟨fig.⟩ *jmd. od. eine Sache, dem bzw. der man ungerechterweise wenig Aufmerksamkeit widmet;* diese Abteilung ist das ~ des Betriebes • 2.1 ein ~ des Glückes ⟨fig.⟩ *Mensch, der im Leben wenig Glück gehabt hat;* als ~ behandelt werden

Stief|mut|ter ⟨f.; -, -müt|ter⟩ *zweite Frau des Vaters, nicht leibliche Mutter*

Stief|müt|ter|chen ⟨n.; -s, -; Bot.⟩ *beliebte Veilchenart mit bunten, auch mehrfarbigen Blüten: Viola tricolor*

stief|müt|ter|lich ⟨Adj.⟩ **1** *wie eine schlechte Stiefmutter* • 1.1 jmdn. ~ behandeln ⟨fig.⟩ *lieblos behandeln, vernachlässigen* • 1.1.1 die Natur hat jmdn. ~ behandelt *die Natur hat ihn vernachlässigt, er ist nicht sehr schön*

Stief|va|ter ⟨m.; -s, -vä|ter⟩ *zweiter Mann der Mutter, nicht leiblicher Vater*

Stie|ge[1] ⟨f.; -, -n⟩ **1** *schmale, steile Treppe* **2** ⟨süddt.⟩ *Treppe* **3** ⟨bes. österr.⟩ *Verschlag, Lattenkiste*

Stie|ge[2] ⟨f.; -, -n⟩ *altes Zählmaß, 20 Stück*

Stiel ⟨m.; -(e)s, -e⟩ **1** *langes, dünnes Verbindungsstück zwischen zwei größeren Teilen* • 1.1 *stabförmiger Griff, Handgriff;* Axt~, Löffel~, Peitschen~, Pinsel~ • 1.2 = *Stängel;* →a. *Stumpf (1.1)* • 1.3 *Teil des Glases zwischen Fuß u. Kelch*

Stiel|au|ge ⟨n.; -s, -n⟩ **1** *auf einem beweglichen Stiel sitzendes Auge mancher Krebstiere* **2** ~n machen, bekommen ⟨fig.; umg.⟩ *etwas od. jmdn. begierig od. neugierig anblicken, anstarren*

stier ⟨Adj.⟩ **1** *starr, unbeweglich;* ein ~er Blick; jmdn. ~ ansehen **2** ⟨40⟩ *sein* ⟨umg.; österr.; schweiz.⟩ *ohne Geld sein*

Stier ⟨m.; -(e)s, -e⟩ **1** *Bulle, männl. Rind* • 1.1 den ~ bei den Hörnern packen, fassen ⟨fig.⟩ *eine Angelegenheit mutig angreifen* **2** ⟨Astron.⟩ *Sternbild des nördlichen Himmels u. zweites Sternbild des Tierkreises;* sie ist im Zeichen des ~es geboren

stie|ren[1] ⟨V. 400⟩ *die* **Kuh** *stiert* *ist brünstig*

stie|ren[2] ⟨V. 411⟩ *jmd. stiert* **irgendwohin** *blickt starr, mit stierem Blick, regungslos;* er stierte auf den Kuchen

Stift[1] ⟨m.; -(e)s, -e⟩ **1** *stäbchenförmiges Gerät, kleiner Pflock, kleiner Nagel ohne Kopf* **2** ⟨kurz für⟩ *Bleistift, Zeichenstift, Buntstift* **3** ⟨fig.; umg.⟩ *kleiner Junge* • 3.1 *Lehrling*

Stift[2] ⟨n.; -(e)s, -e od. (selten) -er⟩ **1** *mit gestiftetem Grundbesitz u. Vermögen ausgestattete, einem geistlichen Kollegium gehörende, kirchlichen Zwecken dienende Anstalt, z. B. Kloster* **2** ⟨danach auch⟩ • 2.1 *Erziehungsanstalt (für Mädchen)* • 2.2 *Altersheim*

stif|ten[1] ⟨V. 400; schweiz.⟩ *als Lehrling (Stift*[1] *(3.1)) tätig sein;* ich stifte bei der Firma X

stif|ten[2] ⟨V.⟩ **1** ⟨500⟩ **etwas** ~ *schenken, spenden;* eine Summe für einen wohltätigen Zweck ~ • 1.1 ⟨umg.⟩ *spendieren;* er hat eine Flasche Kognak gestiftet; →a. *Runde (2.1)* **2** ⟨500⟩ **etwas** ~ *gründen, ins Leben rufen u. die finanziellen Mittel dafür bereitstellen;* ein Kloster, eine Kirche ~; einen Orden, Preis ~ **3** ⟨500⟩ eine **Sache** ~ ⟨fig.⟩ *schaffen, herbeiführen;* Frieden ~; Gutes ~; Unfrieden ~ • 3.1 einen **Brand** ~ *B. legen, etwas böswillig anzünden*

stif|ten[3] ⟨V.; nur in der Wendung⟩ ~ **gehen** ⟨umg.⟩ *davonlaufen, weglaufen;* er ist ~ **gegangen**

Stif|tung ⟨f.; -, -en⟩ **1** ⟨Rechtsw.⟩ *juristische Person, in der ein nach dem Willen eines Stifters eingebrachtes Vermögen einem bestimmten Zweck dienen soll;* Geld aus einer ~ bekommen; eine ~ errichten, verwalten **2** *Schenkung;* eine kirchliche, öffentliche ~ **3** *Gründung;* die ~ des Klosters

Stig|ma ⟨n.; -s, Stig|men od. Stig|ma|ta⟩ **1** *Zeichen, Mal* **2** ⟨kath. Kirche⟩ *Wundmal (Christi)* **3** ⟨Zool.⟩ *eine der seitlichen, am Körper liegenden Öffnungen der Atmungsorgane (Tracheen) von Insekten, Tausendfüßlern u. Spinnen* **4** ⟨Bot.⟩ = *Narbe (3)*

Stil ⟨m.; -(e)s, -e⟩ **1** *die Art u. Weise, sich schriftlich auszudrücken;* ~ eines Dichters; einen guten, schlechten ~ schreiben; flüssiger, knapper, gewandter, weitschweifiger ~ **2** *einheitliches Gepräge der künstlerischen Erzeugnisse einer Zeit, einer Persönlichkeit;* Bau~, Mal~; Barock~, Rembrandt~; gotischer, romanischer ~; der ~ Richard Wagners, Franz Marcs **3** *besonderes Gepräge einer menschlichen Lebensweise;* Lebens~; der ~ einer Zeit, unserer Zeit; einen eigenen, persönlichen ~ entwickeln • 3.1 jmd. hat ~ *jmds. Art zu leben hat vorbildliches Gepräge* • 3.2 eine **Veranstaltung großen** ~s *eine in jeder Beziehung großzügige V.* • 3.3 in großem ~ leben *in finanziell großzügiger Weise* **4** *Art, Technik der Ausübung einer Sportart;* Schwimm~

Sti|lett ⟨n.; -(e)s, -e⟩ *Dolch mit kurzer, schmaler, dreikantiger Klinge*

sti|li|sie|ren ⟨V. 500⟩ **Formen** der **Natur** ~ *künstlerisch vereinfacht wiedergeben;* stilisierte Blattornamente

Sti|lis|tik ⟨f.; -; unz.⟩ **1** *Lehre von den Gesetzen des sprachlichen Stils (1)* **2** *Lehrbuch der Stilistik (1)*

sti|lis|tisch ⟨Adj. 24/90⟩ *den Stil (1,2) betreffend;* eine ~e Analyse; der Aufsatz ist ~ gut, schlecht

still ⟨Adj.⟩ **1** *ohne zu sprechen, schweigend, stumm;* du bist heute ja so ~; in ~em Gedenken (Schlussformel in Beileidsbriefen); in ~er Trauer, in ~em Schmerz (in Todesanzeigen); willst du wohl ~ sein? ⟨umg.⟩ • 1.1 sei ~! *hör auf zu reden!* **2** *geräuschlos, lautlos;* ein ~er Seufzer; sich ~ verhalten; es wurde ~ im Saal • 2.1 ~! *Ruhe!,* ruhig! • 2.2 ~es **Gebet** *nicht in Worten ausgesprochenes G.* • 2.3 ~e **Messe** M., *die nur gesprochen oder gesungen wird* **3** *unbeweglich, regungslos* • 3.1 bitte den Kopf jetzt ganz ~ halten *ruhig, halten, nicht bewegen;* ⟨aber⟩ →a. *stillhalten* • 3.2 ich will nur ganz ~ liegen *ruhig liegen;* ⟨aber⟩ →a. *stillliegen* • 3.3 er blieb ganz ~ sitzen *ru-*

stimmen

hig sitzen; ⟨aber Getrennt- u. Zusammenschreibung⟩ ~ *sitzen* = *stillsitzen* • **3.4** *ich kann sehr lange ganz ~ stehen ruhig stehen;* ⟨aber⟩ →a. *stillstehen* • **3.5** ⟨60⟩ *~es* **Wasser** *stehendes Gewässer* • **3.5.1** *~e Wasser sind tief* ⟨fig.⟩ *hinter der ruhigen, verschlossenen Außenseite eines Menschen verbirgt sich oft mehr, als es den Anschein hat* **4** *wenig belebt, ruhig, friedlich;* eine *~e* Straße; ein *~er* Ort; ein schönes Buch für eine *~e* Stunde • **4.1** ⟨60⟩ Stiller **Freitag** *Karfreitag* • **4.2** ⟨60⟩ Stille **Woche** *Karwoche* • **4.3** *um diese Sache ist es ~ geworden es wird nur noch wenig von dieser S. gesprochen* **5** *zurückhaltend, wenig sprechend, ruhig;* er ist ein *~er* Mensch, ein *~es* Kind; sie ging *~* neben ihm her **6** *nicht in Erscheinung tretend* • **6.1** ein *~er* Betrachter *jmd., der am Gespräch, am Trubel eines Festes u. Ä. nicht teilnimmt, sondern nur zuhört, zusieht* **6.2** *~e* **Reserven** *R., die nicht in der Bilanz ausgewiesen sind* • **6.3** *~er* **Teilhaber,** Gesellschafter *T., G., der nach außen hin nicht in Erscheinung tritt, aber gewisse Rechte hat* **7** *heimlich, verborgen;* sie ist seine *~e* Liebe • **7.1** *der ~e* **Ort,** *das ~e Örtchen* ⟨umg.; verhüllend⟩ *die Toilette* • **7.2** *im* Stillen *heimlich, bei sich, im Inneren;* im Stillen *sagte er sich …; sich im* Stillen *wundern, fluchen, freuen*

Stille ⟨f.; -; unz.⟩ **1** *Zustand des Stillseins, Ruhigseins* • **1.1** *Ruhe, Schweigen;* andächtige, feierliche, tiefe, wohltuende *~* • **1.2** *Friede;* die *~* der Nacht, des Waldes **1.3** *in der ~ ohne Aufsehen, in Ruhe, in ruhigem Nachdenken, Besinnen* • **1.3.1** *in aller ~* heiraten *ohne Aufsehen;* jmdn. in aller *~* beisetzen, begraben **2** *das Fehlen von Bewegung;* Geschäfts*~*; Wind*~*

Stille|ben ⟨alte Schreibung für⟩ *Stillleben*

stille|gen ⟨alte Schreibung für⟩ *stilllegen*

stillen ⟨V. 500⟩ **1** *einen* **Säugling** *~ an der Mutterbrust trinken lassen* **2** *etwas ~ zum Stillstand bringen;* Blutungen *~* • **2.1** ⟨fig.⟩ *zur Ruhe bringen, besänftigen;* Schmerzen *~* **3** *ein* **Bedürfnis** *~ befriedigen;* seinen Durst, Hunger *~*

still|ge|stan|den → *stillstehen*

still|hal|ten ⟨V. 160/400⟩ **1** *ohne Widerspruch ausharren* **2** *sich nicht gegen etwas zur Wehr setzen;* wir haben lange genug stillgehalten; →a. *still (3.1)*

Still|le|ben ⟨n.; -s, -⟩ *bildliche Wiedergabe lebloser od. unbewegter Gegenstände, bes. Blumen, Früchte, erlegtes Wild*

still|le|gen ⟨V. 500; legte still, stillgelegt⟩ *etwas ~ schließen, vorübergehend od. dauernd einstellen;* einen Betrieb, den Verkehr *~*

still|lie|gen ⟨V. 180/400⟩ *eine Fabrik liegt still ist außer Betrieb;* →a. *still (3.2)*

still|schwei|gen ⟨V. 233/400⟩ **1** *nicht reden* • **1.1** ⟨Part. Präs.⟩ *~d ohne zu sprechen, schweigend;* er nahm ihren Vorwurf *~d* hin; in *~dem* Einverständnis **1.1.1** eine *~de* Übereinkunft *nicht ausgesprochene Ü.*

still|sit|zen *auch:* **still sit|zen** ⟨V. 246/400(h.) od. süddt. (s.)⟩ *konzentriert sein;* kannst du jetzt bitte einmal *~?;* →a. *still (3.3)*

Still|stand ⟨m.; -(e)s; unz.⟩ *das Stillstehen, Pause, Einstellung einer Bewegung; ~ einer Entwicklung;* eine Blutung, eine Maschine zum *~* bringen; der Motor, Verkehr kommt zum *~*

still|ste|hen ⟨V. 256/400(h.) od. süddt., österr., schweiz. (s.)⟩ **1** *nicht in Tätigkeit sein, aufhören zu arbeiten;* die Maschinen stehen still; eine stillstehende Fabrikanlage • **1.1** stillgestanden! *(militärisches Kommando);* →a. *still (3.4)*

Stimm|band ⟨n.; -(e)s, -bän|der⟩ *bandartiges Organ im Kehlkopf, das an der Stimmbildung beteiligt ist*

Stim|me ⟨f.; -, -n⟩ **1** *die von Menschen u. Tieren mittels Stimmbändern erzeugten Töne;* Sy *Organ (2);* eine dunkle, harte, heisere, helle, hohe, klare, knarrende, laute, leise, metallische, schrille, tiefe, weiche *~*; jmdn. od. ein Tier an der *~* erkennen • **1.1** *durch die Stimmbänder zum Zweck des Sprechens erzeugte Töne;* seine *~* brach; seine *~* gehorchte ihm nicht (mehr); seine *~* verstellen; seine *~* zitterte; mit gedämpfter, lauter, leiser *~* sprechen; die *~* erheben, senken; seine *~* ölen ⟨fig.; umg.⟩ • **1.1.1** mit halber *~* sprechen *leise, gedämpft* **1.2** *Fähigkeit zu sprechen;* seine *~* versagte • **1.3** *(Fähigkeit zur) Artikulation von Tönen zum Zwecke des Singens;* der Sänger hat eine gute, schöne, volle, tragende *~*; seine *~* ausbilden (lassen) • **1.3.1** (nicht) gut bei *~* sein *augenblicklich (nicht) gut singen können, (nicht) disponiert sein* • **1.4** ⟨fig.⟩ *instrumentales Hervorbringen von Tönen;* die *~n* der Geigen, Flöten, Trompeten **2** *von einem einzelnen Spieler od. Sänger (bzw. einer Spieler- od. Sängergruppe) auszuführender Teil eines Musikstückes;* Gesangs*~;* Instrumental*~;* erste, zweite, dritte *~* singen *(in einem mehrstimmigen Satz)* **3** *schriftlich vorliegende Noten hierzu (2);* die *~n* einsammeln, verteilen **4** ⟨fig.⟩ *Äußerung, Mahnung, Weisung;* eine innere *~* sagt mir, dass …; die *~* der Wahrheit; der *~* des Gewissens, des Herzens, der Vernunft folgen **5** *Meinungsäußerung* • **5.1** die *~n* mehren sich, dass … *man hört immer öfter davon sprechen, dass …* • **5.2** die *~* der Öffentlichkeit, des Volkes *die öffentliche Meinung* • **5.3** *Recht zur Meinungsäußerung;* in einer Vereinigung, im Parlament Sitz und *~* haben • **5.4** *Willensbekundung bei einer Abstimmung;* sich der *~* enthalten; die *~n* zählen • **5.4.1** seine *~* abgeben *sich an einer Abstimmung beteiligen, wählen* • **5.4.2** der Kandidat hat alle *~n* auf sich vereinigt *ist einstimmig gewählt worden* • **5.4.3** in einer Versammlung, Vereinigung beratende *~* haben *beratendes Mitglied sein, eine (nur) beratende Funktion haben*

stim|men ⟨V.⟩ **1** ⟨400⟩ *etwas* stimmt *ist richtig, wahr;* es stimmt, was er gesagt hat; stimmt es, dass …?; das stimmt nicht!; die Nachricht stimmt (nicht); die Rechnung, der Kassenbetrag stimmt (nicht); das kann nicht, kann unmöglich *~* • **1.1** ⟨400⟩ hier stimmt etwas nicht! *hier ist etwas nicht in Ordnung* • **1.2** ⟨411⟩ bei dir stimmt's wohl nicht (ganz)? ⟨umg.⟩ *du bist wohl nicht recht bei Verstand?* **2** ⟨417⟩ etwas stimmt **zu jmdm.** od. **einer Sache** *passt;* die Vorhänge *~* gut zur Tapete **3** ⟨513⟩ **jmdn. irgendwie** *~ jmdn. in eine bestimmte Stimmung versetzen;*

Stimmgabel

jmdn. froh, fröhlich, heiter, milde, nachdenklich, traurig, trübe, versöhnlich ~; wir waren alle froh gestimmt • 3.1 er ist gut, schlecht gestimmt *guter, schlechter Laune* **4** ⟨800⟩ **für, gegen jmdn.** od. *etwas* ~ *eine Stimme (5.4) abgeben;* ich stimme gegen dieses Vorhaben • 4.1 für jmdn. ~ *jmdn. in einer Abstimmung wählen* **5** ⟨500⟩ ein **Instrument** ~ *die Höhe der einzelnen Töne eines Instruments (richtig) einstellen;* eine Geige, Gitarre, ein Klavier ~; ein Instrument höher, tiefer ~; das Instrument ist zu hoch, zu tief, schlecht gestimmt

Stimm|ga|bel ⟨f.; -, -n; Mus.⟩ *gabelförmiger, zweizinkiger Stahlstab, der durch Anschlagen in Schwingungen versetzt wird u. einen bestimmten Ton, meist den Kammerton a, angibt*

stimm|haft ⟨Adj. 24; Phon.⟩ *mit Hilfe der Stimmbänder gebildet;* Ggs *stimmlos;* ~e Laute sind alle Vokale sowie im Deutschen die Konsonanten (als Lautschrift) b, d, g, l, m, n, r, v, w, z

Stimm|la|ge ⟨f.; -, -n⟩ *Höhe der menschlichen Stimme (Sopran, Alt, Tenor, Bass)*

stimm|los ⟨Adj. 24; Phon.⟩ *ohne Hilfe der Stimmbänder gebildet;* Ggs *stimmhaft;* ~e Laute sind im Deutschen z. B. die Konsonanten (als Lautschrift) p, t, k, f, s

Stimm|stock ⟨m.; -(e)s, -stö|cke⟩ **1** *(in Streichinstrumenten) Stäbchen zwischen Decke u. Boden als Stütze* **2** *(beim Klavier) der starke hölzerne Querbalken dicht über u. hinter der Klaviatur*

Stim|mung ⟨f.; -, -en⟩ **1** *das Stimmen, Gestimmtsein (5) (von Instrumenten);* die ~ der Geige ist nicht einwandfrei, nicht rein; zu hohe, zu tiefe ~ (eines Instruments) **2** *Gefühlslage, Gemütslage, Laune;* die (allgemeine) ~ heben, beeinträchtigen; frohe, gute, heitere, schlechte, traurige ~; günstige, ungünstige ~; ich bin nicht in der ~, aufmerksam zuzuhören; (in) guter, schlechter ~ sein; jmdn. in gute, schlechte ~ versetzen; ich bin nicht in der richtigen ~; sie ist sehr von ~en abhängig; es herrscht eine angeregte ~ **3** *fröhliche Laune, Fröhlichkeit, Ausgelassenheit;* jmdm. die ~ verderben; hier herrscht ~; in ~ geraten, kommen • 3.1 ~ **machen** *allgemeine Fröhlichkeit hervorrufen* **4** *Eindruck, Wirkung (eines Raumes, einer Landschaft);* Abend-, Gewitter~; die ~ des Sonnenuntergangs, des Gewitters im Bild wiedergeben; abendliche ~; das Mondlicht erzeugt eine geheimnisvolle, märchenhafte ~ **5** *Einstellung, Meinung;* er versuchte, die ~ der Belegschaft zu erforschen • 5.1 **für jmdn.** od. *etwas* ~ **machen** *werben*

Stimm|wech|sel ⟨[-ks-] m.; -s; unz.⟩ *Übergang von der Knabenstimme zur Stimme des Erwachsenen;* Sy *Mutation (2);* im ~ sein

sti|mu|lie|ren ⟨V. 505⟩ *etwas* od. *jmdn.* (**zu** einer Tätigkeit) ~ *anregen, mit besonderen Mitteln veranlassen, etwas zu tun;* das Herz, den Kreislauf ~; ~de Mittel, Spritzen bekommen; ~d wirken

stin|ken ⟨V. 261⟩ **1** ⟨400⟩ *übel riechen;* Geld stinkt nicht (nach der Antwort des Kaisers Vespasian: „[Pecunia] non olet", als man ihm zum Vorwurf machte, dass er öffentliche Bedürfnisanstalten mit einer Steuer belegte); nach Alkohol, Tabak ~; er stinkt wie die Pest; es stinkt nach Farbe, Gas, Petroleum • 1.1 nach Geld ~ ⟨fig.; umg.⟩ *sehr reich sein* • 1.2 vor Faulheit, vor Geiz ~ ⟨fig.; umg.⟩ *sehr faul, sehr geizig sein* • 1.3 es, etwas stinkt zum Himmel ⟨fig.⟩ *es, etwas ist eine Schande, es, etwas ist unerhört* • 1.4 er ~d faul, stinkfaul ⟨fig.; umg.⟩ *sehr faul* **2** ⟨400⟩ *etwas* stinkt ⟨fig.; umg.⟩ *ist nicht in Ordnung, ist verdächtig;* die ganze Sache stinkt **3** ⟨600⟩ **jmdm.** ~ ⟨umg.⟩ *lästig sein;* dieser Mensch, diese Sache stinkt mir schon lange

Sti|pen|di|um ⟨n.; -s, -di|en⟩ *finanzielle Unterstützung für Studierende;* Forschungs~, Auslands~; ein staatliches ~ erhalten

stip|pen ⟨V. 500; umg.⟩ **1** *etwas* ~ *hineintunken;* einen Keks in den Kaffee ~ **2** *jmdn.* ~ *tippen, anrühren, leicht anstoßen;* jmdn. an die Schulter ~

Stipp|vi|si|te ⟨[-vi-] f.; -, -n; umg.⟩ *kurzer Besuch;* eine ~ machen

Stirn ⟨f.; -, -en⟩ **1** *oberer Teil des Gesichts zwischen Augen u. Haar;* die ~ runzeln (als Zeichen des Nachdenkens od. Unmuts); sich die ~ trocknen, kühlen, eine fliehende, gewölbte, glatte, hohe, niedrige, runzlige, steile ~; jmdm., sich das Haar aus der ~ streichen; eine Locke fiel ihm in die ~; sich den Schweiß von der ~ wischen; er schlug sich vor die ~ (weil er etwas vergessen hatte) • 1.1 jmdm. die ~ **bieten** *trotzen, offen Widerstand leisten* • 1.2 da kann man **sich** nur **an die** ~ **greifen!** *das ist ja vollkommen unglaublich, völlig unverständlich* • 1.3 die ~ **haben** *zu behaupten, dass …* ⟨fig.⟩ *es wagen zu behaupten* • 1.4 seine ~ umwölkte sich ⟨fig.⟩ *sein Gesicht nahm einen finsteren Ausdruck an* • 1.5 es steht ihm an der ~ geschrieben ⟨fig.⟩ *man sieht es ihm an* • 1.6 niemand ahnte, was hinter seiner ~ vorging ⟨poet.⟩ *was er dachte* **2** *Vorderseite, Front (von Gebäuden)*

stö|bern ⟨V.⟩ **1** ⟨400⟩ *umherfliegen (bes. Schneeflocken), vom Wind umhergetrieben werden* • 1.1 ⟨401⟩ es stöbert *es herrscht Schneegestöber* **2** ⟨800; fig.⟩ **nach etwas** ~ *nach etwas suchen, Sachen durcheinanderbringen, um etwas zu finden* • 2.1 *(in fremden Sachen) herumsuchen, schnüffeln;* in jmds. Schreibtisch ~ • 2.2 *Wild aufscheuchen (vom Jagdhund)*

sto|chern ⟨V. 411⟩ **1** **in etwas** ~ *mit einem spitzen Gegenstand herumbohren, -suchen;* im Ausguss ~ (um ihn wieder durchlässig zu machen); im Feuer, in der Glut ~; (sich) in den Zähnen ~ • 1.1 im Essen ~ *langsam u. lustlos essen*

Stock ⟨m.; -(e)s, Stö|cke⟩ **1** *Stab, kurze Holzstange (als Stütze beim Gehen, zum Schlagen od. Zeichengeben);* Krück~; Takt~; Zeige~; sich einen ~ zurechtschneiden; sich auf einen ~ stützen • 1.1 über ~ und Stein *querfeldein, ohne Weg* • 1.2 den ~ zu spüren bekommen *Prügel bekommen* • 1.3 er geht, als wenn er einen ~ verschluckt hätte ⟨umg.⟩ *sehr steif* • 1.4 am ~ **gehen** *zum Gehen einen Stock benötigen* • 1.4.1 ⟨fig.; umg.; scherzh.⟩ *augenblicklich sehr wenig Geld haben, zu viel Geld ausgegeben haben* **2** *Baumstumpf u. -wurzel;* Wurzel~ **3** *Stamm u. Hauptwurzel holziger Pflanzen;* Blumen~, Reb~, Rosen~, Wein~

4 *Stockwerk;* erster, zweiter ~; im fünften ~ wohnen **5** *feste Unterlage, Klotz;* Druck~, Opfer~ **6** *Bienenstock* **7** *große Masse, (bes.) Bergmassiv;* Gebirgs~; Granit~ **8** *Bestand, Vorrat, Warenlager* • 8.1 *Vermögen als Grundlage, Stammkapital;* Grund~

stock|be|sof|fen ⟨Adj. 24; derb⟩ *völlig betrunken*

stock|dun|kel ⟨Adj. 24/70⟩ *völlig dunkel;* es war stockdunkle Nacht

stö|ckeln ⟨V. 400(s.); umg.⟩ *in Stöckelschuhen steif u. trippelnd gehen*

Stö|ckel|schuh ⟨m.; -(e)s, -e⟩ *Damenschuh mit hohem, dünnem Absatz*

stoc|ken ⟨V. 400⟩ **1** *nicht vorangehen, stillstehen, unterbrochen sein;* die Produktion, der Verkehr stockt; Handel u. Geschäft ~; der Atem stockte mir vor Schreck; ins Stocken geraten, kommen; das Gespräch stockte • 1.1 ⟨400⟩ *im Sprechen innehalten, nicht weitersprechen;* er stockte mitten im Satz; ohne Stocken lesen, sprechen • 1.1.1 ~d reden *unsicher, mit vielen Pausen, zögernd* **2** ⟨⟨h. od. s.⟩⟩ *dick werden, gerinnen;* das Blut, die Milch stockt **3** *Stockflecke bekommen, stockig werden;* die Wäsche, das Papier hat gestockt

Stock|fleck ⟨m.; -(e)s, -e⟩ *durch Schimmel entstandener Fleck auf Textilien od. Papier*

stock|steif ⟨Adj. 24⟩ **1** *ganz steif, unbeweglich;* nach dem stundenlangen Bücken war ich ~ **2** ⟨fig.; umg.⟩ *unbeholfen, gehemmt im gesellschaftl. Umgang;* er saß ~ da und sagte kein einziges Wort

Stock|werk ⟨n.; -(e)s, -e⟩ *Geschoss, alle Räume eines Gebäudes in gleicher Höhe;* erstes, zweites, drittes ~; das oberste ~; ein Haus mit fünf ~en

Stoff ⟨m.; -(e)s, -e⟩ **1** *noch nicht verarbeitetes Gewebe;* Seiden~; Woll~; Kleider~; Mantel~; der ~ liegt 90 cm breit; ~ zuschneiden; dicker, dünner, feiner, grober, rauer, weicher ~; gemusterter, geblümter, gestreifter ~; seidener, wollener ~; Rock und Jacke aus dem gleichen ~; ~ aus Leinen, Seide, Wolle; ~ für, zu einem Anzug, für ein Kleid **2** *Masse, Materie, Substanz;* pflanzlicher, tierischer, mineralischer, synthetischer ~; Glas ist ein spröder ~ **3** ⟨Drogenszene⟩ = *Rauschmittel* **4** ⟨fig.⟩ *Grundlage, Möglichkeiten, Material, Gegenstand;* Gesprächs~; Lehr~; Lese~; der Vorfall hat viel ~ zum Gerede, zum Lachen gegeben; der Vortragende beherrscht den ~ nicht genügend; der ~ ist viel zu umfangreich für diesen kurzen Lehrgang; ~ sammeln (für eine wissenschaftliche Arbeit) • 4.1 *künstlerisch noch nicht verarbeitete Grundlage (erdachtes od. überliefertes Geschehen) zu einem Literaturwerk;* einen ergiebigen, interessanten ~ (für ein Literaturwerk); einen (literarischen) ~ bearbeiten, gestalten; ~ für, zu einem Roman, Film, Theaterstück; dieser Vorfall liefert mir ~ für eine Novelle

Stoff|fet|zen ⟨m.; -s, -⟩ *Fetzen, abgerissenes Stück Stoff (1)*

stoff|lich ⟨Adj. 24⟩ **1** *aus Stoff, Materie bestehend, gegenständlich* **2** *den Stoff, Inhalt betreffend;* Sy *substantiell, substanziell (2)*

Stoff|wech|sel ⟨[-ks-] m.; -s; unz.⟩ *Gesamtheit der chem. Umwandlungen, denen körpereigene Stoffe u. Nährstoffe unterworfen sind;* ~krankheit

stöh|nen ⟨V.⟩ **1** ⟨400⟩ *laut seufzen, ächzen, schmerzvoll klagen;* unter einer Last, Gewaltherrschaft ~; vor Schmerz ~; ächzend und ~d; der Kranke wälzte sich ~d im Bett **2** *über etwas* ~ *sich über etwas beklagen, über etwas klagen, leicht schelten;* über eine Arbeit, über jmds. Unpünktlichkeit ~

sto|isch ⟨Adj.⟩ **1** ⟨24⟩ *zur griechischen Philosophie der Stoa gehörend, auf ihr beruhend* **2** ⟨fig.⟩ *gleichmütig, gelassen, unerschütterlich;* mit ~er Ruhe

Sto|i|zis|mus ⟨m.; -; unz.⟩ **1** *stoische (1) Lehre* **2** ⟨fig.⟩ *stoisches (2) Verhalten*

Sto|la ⟨f.; -, Sto|len⟩ **1** *altrömisches langes, weißes, mit Borten verziertes Gewand mit Ärmeln für Frauen* **2** *lose umgehängter breiter Schal* **3** *langer, schmaler, über beide Schultern hängender Teil des Messgewandes katholischer Priester*

Stol|le ⟨f.; -, -n⟩ = *Stollen¹*

Stol|len¹ ⟨m.; -s, -⟩ *zu Weihnachten gebackener, langer, butterreicher Hefekuchen in Form eines länglichen Brotes aus Weizenmehl mit Rosinen, Mandeln u. Zitronat;* oV *Stolle;* Weihnachts~

Stol|len² ⟨m.; -s, -⟩ **1** *unterirdischer Gang;* einen ~ vortreiben **2** *einer der beiden eisernen Bolzen am Ende des Hufeisens, der ein Ausgleiten vermeiden soll* • 2.1 *quer unter der Stiefelsohle angebrachte Leisten als Schutz gegen Ausgleiten* **3** *eine der zwei gleichartig gebauten Strophen des Aufgesangs im Lied des Meistergesangs*

stol|pern ⟨V.(s.)⟩ **1** ⟨400 od. 410⟩ *straucheln, fast über etwas fallen;* über eine Baumwurzel ~ • 1.1 er stolpert über seine eigenen Füße *er geht sehr ungeschickt* • 1.2 ⟨800⟩ *über einen Satz, ein Wort* ~ ⟨fig.⟩ *einen S., ein W. nicht verstehen, an einem S., W. Anstoß nehmen* **2** ⟨411⟩ **irgendwohin** ~ *stolpernd (1) gehen;* der Betrunkene stolperte von Haus zu Haus

stolz ⟨Adj.⟩ **1** *voller Selbstbewusstsein, vom Wert der eigenen Person überzeugt;* er ist sehr ~ • 1.1 *auf jmdn. od. etwas* ~ *sein hochbefriedigt über jmdn. od. etwas sein;* ~ auf seinen Erfolg, seine Leistung sein; er ist sehr ~ auf seinen Sohn **2** *hochmütig, eingebildet;* er ist zu ~, andere um Hilfe zu bitten; jmdn. durch zu viel Lob ~ machen **3** *stattlich (in der Erscheinung);* auf einem ~en Ross (poet.)

Stolz ⟨m.; -es; unz.⟩ **1** *starkes Selbstbewusstsein, Selbstgefühl;* er hat keinen ~; den Freund um Geld zu bitten, lässt sein ~ nicht zu; berechtigter, unberechtigter ~; falscher ~; er blickte voller ~ auf sein Werk, seine Tochter • 1.1 *Hochmut, Dünkel;* jmds. ~ brechen; →a. *Dummheit (1.2)* **2** *große Befriedigung;* seine Bibliothek ist sein ganzer ~

stol|zie|ren ⟨V. 411(s.)⟩ *stolz od. hochmütig u. steif einhergehen;* im neuen Kleid durchs Zimmer, durch die Stadt ~

Stop ⟨alte Schreibung für⟩ *Stopp²*

Stop-and-go-Ver|kehr ⟨[stɔpəndgou-] m.; -s; unz.⟩ *(aufgrund eines Staus) häufiges Anhalten u. Anfahren erfordernde Verkehrslage*

stop|fen ⟨V.⟩ **1** ⟨500⟩ etwas ~ *mit Nadel u. Faden aus-*

bessern; Strümpfe, ein Gewebe ~; eine Hose, Jacke, Tischdecke ~; ein Loch mit Wolle, Zwirn ~ **2** ⟨500⟩ *etwas* ~ *füllen, bis nichts mehr hineingeht, vollfüllen;* sich die Taschen voll Äpfel ~ • **2.1** die **Pfeife** ~ *mit Tabak füllen* • **2.2** ein **Loch** ~ ⟨fig.⟩ *einen Mangel beseitigen* • **2.3** ⟨530⟩ jmdm. den **Mund** ~ ⟨fig.⟩ *jmdn. zum Schweigen bringen* • **2.4 Wurst** ~ *Fleischmasse in den Darm füllen* • **2.5** der Saal war gestopft voll ⟨umg.⟩ *der Saal war sehr besetzt, überfüllt* **3** ⟨500⟩ eine **Trompete** ~ *dämpfen (indem die Faust od. ein Dämpfer in die Schallöffnung gesteckt wird)* • **3.1** gestopfte **Töne** (bei Blechblasinstrumenten) *gedämpfte T.* **4** ⟨500⟩ **Geflügel** ~ *mästen* **5** ⟨511⟩ **etwas in etwas** ~ *(hastig u. unordentlich) hineintun, hineinpressen;* Sachen in den Koffer, Rucksack ~ • **5.1** etwas in den Mund ~ *hastig, gierig u. in möglichst großer Menge in den M. stecken* **6** ⟨400⟩ *das Essen rasch hinunterschlingen;* stopf nicht so! **7** ⟨400⟩ eine **Speise** stopft ⟨umg.⟩ *sättigt stark;* die Vorspeise ist gut, aber sie stopft **8** ⟨400⟩ *Hartleibigkeit verursachen, den Stuhlgang verlangsamen;* Kakao, Schokolade stopft; bei Durchfall ein Mittel zum Stopfen verschreiben

Stopp[1] ⟨m.; -s, -s⟩ *Anhalten von Kraftfahrzeugen, Pause während einer Fahrt;* einen ~ einlegen; ohne ~ durchfahren können

Stopp[2] ⟨m.; -s, -s; kurz für⟩ *Stoppball*

stopp! ⟨Int.; umg.⟩ *halt!;* ~, ihr sollt warten; →a. *stop*

Stopp|ball ⟨m.; -(e)s, -bäl|le; Sp.; Tennis⟩ *kurz hinter das Netz geschlagener Ball;* Sy *Stopp*[2]

Stopp|pel ⟨f.; -, -n⟩ **1** *nach dem Mähen stehengebliebener Halmrest* **2** *nach dem Rasieren nachgewachsenes Haar;* Bart~n

stop|pen ⟨V.⟩ **1** ⟨500/Vr 8⟩ **jmdn.** od. **etwas** ~ *aufhalten, anhalten, am Weiterfahren hindern;* ein Auto ~ **2** ⟨500⟩ die **Zeit** ~ *mit der Stoppuhr messen;* die Laufzeit, Fahrzeit ~ **3** ⟨400⟩ *stehen bleiben, nicht weiterfahren*

Stopp|uhr ⟨f.; -, -en⟩ *Uhr, deren Sekundenzeiger durch Druck auf einen Knopf gestartet, angehalten werden kann (zum Stoppen von Zeiten bei Wettkämpfen u. a.)*

Stöp|sel ⟨m.; -s, -⟩ **1** *Flaschenverschluss, Korken, Pfropfen;* Glas~ **2** *elektrischer Steckkontakt* **3** ⟨fig.; umg.⟩ *kleiner Junge, Knirps*

Stör ⟨m.; -(e)s, -e; Zool.⟩ *Angehöriger einer Unterklasse der Fische, die in Flüssen gefangen werden, um ihren Rogen (Kaviar) u. ihre Schwimmblase (Hausenblase) zu gewinnen: Acipenseridae*

Storch ⟨m.; -(e)s, Stör|che⟩ **1** ⟨Zool.⟩ *Angehöriger einer Familie der Stelzvögel mit kräftigem, langem, geradem Schnabel: Ciconiidae* • **1.1** nun brat mir (aber) einer nen ~! ⟨umg.⟩ *(als Ausruf der Verwunderung)* **2** ⟨früher⟩ *(Märchengestalt für Kinder, bevor sie aufgeklärt waren) Vogel, der die kleinen Kinder bringt* • **2.1** bei Familie Schneider ist der ~ gewesen *Familie Schneider hat ein Kind bekommen*

stö|ren ⟨V. 500/Vr 8⟩ **1 jmdn.** ~ *belästigen, von der Arbeit ablenken;* störe ich Sie?; entschuldigen Sie, wenn ich (Sie) störe; bitte nicht ~! (Aufschrift auf einem kleinen, an die Tür gehängten Schild); jmdn. bei der Arbeit ~; lassen Sie sich nicht ~!; etwas als ~d empfinden; der Lärm ist sehr ~d **2** etwas ~ *behindern, hemmen, beeinträchtigen;* jmds. Freude, Ruhe ~; den Frieden, die Eintracht, Gemütlichkeit ~; den Rundfunkempfang ~; ein ~der Umstand; die Leitung ist gestört; er stört fortgesetzt den Unterricht; jmds. Pläne ~ • **2.1** ein gestörtes Gefühls-, Sexualleben haben *nicht ganz normales, ein geschädigtes G., S.* • **2.2** er ist geistig, psychisch gestört *nicht ganz gesund*

stor|nie|ren ⟨a. [st-] V. 500⟩ **1** eine **Buchung**, einen Betrag ~ *berichtigen, ungültig machen, durch Gegenbuchung ausgleichen* **2** einen **Auftrag** ~ ⟨österr.⟩ *rückgängig machen*

stör|risch ⟨Adj.⟩ *widerspenstig, nicht fügsam, schwer lenkbar, trotzig;* ~es Pferd; ~ sein; ~ wie ein Esel

Stö|rung ⟨f.; -, -en⟩ **1** *das Stören, Gestörtwerden;* entschuldigen Sie die ~! **2** *das Gestörtsein, Beeinträchtigung des normalen Ablaufs;* Entwicklungs~, Stoffwechsel~, Verdauungs~; ~en im Fernsehempfang

Sto|ry ⟨[stɔri] od. [stɔ:ri] f.; -, -s⟩ **1** *Geschichte (als Roman-, Filminhalt), kurze Erzählung* **2** ⟨umg.⟩ *Erzählung eines (ungewöhnlichen, aufregenden) Ereignisses;* diese ~ habe ich ihm nicht geglaubt

Stoß ⟨m.; -es, Stö|ße⟩ **1** *heftiger, plötzlicher Anprall eines bewegten Körpers an einen anderen bewegten od. unbewegten; Zusammen~;* die Stöße der Räder, des Wagens auf holpriger Straße; einen ~ abwehren, auffangen; einen ~ erhalten; jmdm. od. einem Gegenstand einen ~ versetzen; ~ mit dem Ellenbogen, Fuß, mit den Hörnern; einen ~ in den Rücken erhalten • **1.1** ⟨fig.⟩ *Erschütterung;* sein Selbstvertrauen hat einen (gewaltigen) ~ erlitten, erhalten • **1.1.1** das gab ihm den letzten ~ *das vernichtete ihn völlig (z. B. geschäftlich)* • **1.2** ⟨fig.⟩ *Antrieb, Schwung* • **1.2.1** sich einen ~ geben *sich überwinden, etwas zu tun, einen schweren Entschluss fassen* • **1.2.2** seinem Herzen einen ~ geben *sich zu etwas durchringen* **2** *ruckartige gezielte Bewegung;* Schwimm~; mit kräftigen Stößen schwimmen; einen sicheren ~ haben ⟨Billard⟩ • **2.1** *Schlag, Stich (mit einer Waffe);* Dolch~; der Gegner konnte seinen ~ nicht parieren; einen ~ (mit dem Dolch) führen • **2.2** *heftige Bewegung in einer Richtung;* Atem~; Erdbeben~; Wind~ • **2.3** *ein* in **Horn** *Atemstoß* **3** *Menge von geordnet aufeinanderliegenden Gegenständen, Stapel;* Akten~; Bücher~; Holz~; Wäsche~; ein ~ Briefe, Teller **4** *größere Menge einer Arznei o. Ä. innerhalb eines kurzen Zeitraumes;* Vitamin~ **5** *untergelegtes u. ein wenig hervorschauendes Gewebestück an Kleidungsstücken* **6** ⟨Bgb.⟩ *Seitenwände eines Grubenbaus* **7** *Verbindung zweier aneinanderstoßender Konstruktionsteile;* auf ~ aneinanderfügen • **7.1** ⟨Eisenb.⟩ *Stelle, an der zwei Schienen aneinandergeschraubt od. -geschweißt sind; Schienen~* • **8** *das zur Ernährung einer Kuh notwendige Fläche der Alp* **9** ⟨Jägerspr.⟩ *Schwanz (bei größerem Federwild)* **10** ⟨Jägerspr.⟩ *Netz zum Fangen von Habichten u. Falken, Stoßgarn*

Stö|ßel ⟨m.; -s, -⟩ *Werkzeug zum Stoßen, Zerkleinern, Zerreiben;* Mörser und ~

sto|ßen ⟨V. 262⟩ **1** ⟨511/Vr 8⟩ jmdn. od. etwas **in eine bestimmte Richtung** ~ *kurz u. heftig in eine bestimmte R. bewegen, befördern;* jmdn. ins Wasser ~; jmdn. ins Elend ~ ⟨fig.⟩ • **1.1** ⟨513⟩ jmdn. od. etwas *von sich* ~ *in kurzer u. heftiger Bewegung wegdrängen* • **1.2** jmdn. mit der Nase auf etwas ~ ⟨fig.⟩ *jmdn. nachdrücklich auf etwas hinweisen;* →a. *Bescheid (1.3)* **2** ⟨511/Vr 8⟩ **etwas irgendwohin** ~ *mit schneller, kurzer u. heftiger Bewegung irgendwo eindringen lassen, (mit etwas) irgendwohin stechen;* in einen Ameisenhaufen ~ **3** ⟨400⟩ *sich kurz und heftig in einer Richtung bewegen* • **3.1** ein **Tier** stößt *stößt mit der Hörnern od. dem Kopf zu, greift an;* Vorsicht, der Ziegenbock stößt leicht, stößt gern • **3.2** ⟨411(s.)⟩ **auf etwas** ~ *sich (schnell) auf etwas herabbewegen;* der Bussard stieß auf den Hasen **4** ⟨500⟩ **jmdn.** ~ *mit kurzer u. heftiger Bewegung anstoßen,* jmdn. mit dem Ellenbogen, mit dem Fuß ~ • **4.1** ⟨530/Vr 1⟩ **sich etwas** ~ *kurz u. heftig an etwas berührt werden;* ich habe mir bei der Kletterei den Kopf gestoßen • **4.2** **etwas** ~ *durch wiederholte Stöße (2) (mit einem Instrument) zerkleinern;* Pfeffer, Zimt, Zucker ~ • **4.3** ⟨411⟩ an, auf, gegen etwas od. jmdn. ~ *prallen, jmdn. od. etwas heftig berühren;* versuche, nicht an den Tisch zu ~; mit großem Schwung stieß er auf seinen Vordermann; sie ist mit ihrem Auto gegen eine Mauer gestoßen • **4.4** ⟨411⟩ **nach jmdm.** ~ *jmdn. kurz u. kräftig zu berühren versuchen;* das Kind stieß mit den Füßen nach ihm • **4.5** ⟨511⟩ jmdn. **vor den Kopf** ~ ⟨fig.⟩ *jmdn. kränken, jmdn. unfreundlich behandeln* • **4.5.1** er ist wie vor den Kopf gestoßen *er ist ganz verstört, diese unangenehme Sache kam für ihn völlig überraschend* **5** ⟨500/Vr 3⟩ **sich** ~ *eine kurze u. kräftige Berührung erleiden, hinnehmen;* er hat sich so gestoßen, dass er blutete; Vorsicht, stoß dich nicht! • **5.1** ⟨550⟩ **sich an etwas** ~ *sich durch Stoß an etwas wehtun;* sich an den Kopf, ans Schienbein ~; sich an der Türklinke, an einer Ecke ~ • **5.1.1** ⟨fig.⟩ *sich durch etwas stören lassen, an etwas Anstoß nehmen;* du darfst dich an seiner Schweigsamkeit nicht ~ **6** ⟨400⟩ **etwas** stößt *rüttelt, schüttelt;* der Wagen stößt auf dem schlechten Pflaster **7** ⟨511⟩ **etwas in etwas** ~ *etwas durch kurze u. heftige Bewegung verursachen;* mit dem Besen stieß er ein Loch ins Fenster **8** ⟨411⟩ **in etwas** ~ *kurz u. kräftig blasen;* ins Horn ~ (bes. als Signal) • **8.1** ⟨410⟩ mit jmdm. in dasselbe Horn ~ ⟨fig.⟩ *die gleiche Meinung wie jmd. vertreten, jmds. Meinung unterstützen* • **8.2** einen Ton gestoßen spielen (auf der Flöte) *kurz u. mit der Zunge anblasen* **9** ⟨411(s.)⟩ **auf** jmdn. od. etwas ~ ⟨fig.⟩ *jmdn. od. etwas zufällig finden, jmdn. od. einer Sache unvermutet gegenüberstehen;* ich bin auf ihn gestoßen, als ich gerade nach Hause ging; auf Schwierigkeiten, Widerstand, Abneigung ~; ich bin beim Lesen auf einen interessanten Satz gestoßen **10** ⟨411(s.)⟩ **zu jmdm.** ~ *zu jmdm. gelangen, sich mit jmdm. treffen;* unsere Gruppe stößt an der Weggabelung zu euch **11** ⟨411(s.)⟩ **etwas** stößt **an etwas** ⟨fig.⟩ *liegt neben, grenzt an etwas;* unser Garten stößt an ein Feld, an ein unbebautes Grundstück; mein Zimmer stößt an die Küche **12** ⟨411(s.)⟩ **etwas** stößt **auf etwas** ⟨trifft auf etwas⟩ *die nächste Querstraße stößt auf den Luisenplatz*

Stoß|ge|bet ⟨n.; -(e)s, -e⟩ *kurzes, rasch hervorgestoßenes Gebet;* ein ~ zum Himmel schicken

Stoß|seuf|zer ⟨m.; -s, -⟩ *kurzer, starker Seufzer;* einen ~ ausstoßen

Stoß|trupp ⟨m.; -s, -s⟩ *kleine Kampfgruppe für besondere Aufgaben*

stot|tern ⟨V.⟩ **1** ⟨405⟩ *stoßweise sprechen, indem die ersten Buchstaben od. Silben von Wörtern mehrmals rasch od. krampfartig wiederholt werden;* vor Verlegenheit ~ **2** ⟨500⟩ **etwas** ~ *stammelnd, stockend, gehemmt, in abgerissenen Sätzen sagen;* „…!", stotterte er

stracks ⟨Adv.⟩ **1** *sofort, sogleich* **2** *geradewegs, ohne Umweg;* sich ~ nach Hause begeben

Straf|an|stalt ⟨f.; -, -en⟩ *Anstalt, in der Freiheitsstrafen abgebüßt werden*

straf|bar ⟨Adj. 24⟩ **1** *gesetzlich mit Strafe bedroht;* Sy *kriminell (2);* ~e Handlungen **2** sich ~ machen *etwas tun, wofür man gesetzlich bestraft werden kann;* er macht sich ~, wenn er das tut

Stra|fe ⟨f.; -, -n⟩ **1** *Buße, Vergeltung für begangenes Unrecht;* Freiheits~; Geld~; Todes~; seine ~ (im Gefängnis) abbrummen, absitzen, antreten, verbüßen; eine ~ androhen, auferlegen, verhängen, zuerkennen; eine ~ aufheben, aufschieben, aussetzen, erlassen, ermäßigen, mildern, verschärfen; die ~ bleibt nicht aus, folgt auf dem Fuße; jmdm. die ~ ganz oder teilweise erlassen; er hat mir die ~ geschenkt; ~ muss sein!; es ist mir eine ~, eine ~ für mich, dorthin zu gehen; er hat ~ verdient; eine abschreckende, angemessene, empfindliche, entehrende, exemplarische, gelinde, geringe, grausame, harte, hohe, leichte, milde, niedrige, schwere ~; eine disziplinarische, gerechte, gerichtliche, ungerechte, unverdiente, verdiente ~; elterliche, väterliche ~; Betreten der Baustelle bei ~ verboten; darauf steht ~; ich habe dich gleich davor gewarnt, das ist nun die ~ dafür; eine ~ über jmdn. verhängen; etwas unter ~ stellen; zur ~ bleibst du zu Hause • **1.1** eine ~ **Gottes** *ein von G. auferlegtes Übel* • **1.2** jmdn. mit einer ~ belegen *bestrafen* • **1.3** ⟨umg.⟩ *Geldbetrag als Buße für eine verbotene Handlung;* wegen falschen Parkens musste ich 10 Euro ~ zahlen • **1.4** sein Redefluss ist eine wahre ~ für alle Zuhörer ⟨fig.⟩ *schwer erträglich;* →a. *körperlich (1.2)*

stra|fen ⟨V. 500/Vr 7⟩ **1** jmdn. ~ *mit einer Strafe belegen, eine Strafe vollziehen an jmdm.;* Gott strafe mich, wenn ich nicht die Wahrheit spreche; jmdn. hart, leicht, nachdrücklich ~; jmdn. für ein Vergehen ~; ein ~der Blick; die ~de Gerechtigkeit; ~de Worte **2** mit diesem Haus ist er gestraft *das H. bereitet ihm viel Sorgen;* →a. *körperlich (1.2.1), Lüge (1.3), Wort (2.4)*

straff ⟨Adj.⟩ **1** *fest, gespannt;* ein ~es Seil; eine ~e Brust; die Zügel ~ anziehen; ~e Haltung annehmen; der Gürtel sitzt ~; die Schnur ~ spannen, ziehen; ~ aufgerichtet sitzen, stehen; ~ zurückgekämmtes Haar 2 ⟨fig.⟩ *streng, energisch;* er führt ein ~es Regiment; hier herrscht ~e Ordnung; jmdn. ~ anfassen 3 ⟨fig.⟩ *knapp, bündig;* sein Stil ist ~

straf|fäl|lig ⟨Adj. 24/70⟩ **1** *eine Straftat begangen habend* • 1.1 (von neuem) ~ werden *(von neuem) eine Straftat begehen*

straf|fen ⟨V. 500⟩ **1** etwas ~ *straffmachen, fest anziehen, spannen;* eine Leine, Saite ~ **2** ⟨Vr 3⟩ **sich ~** *straff werden, sich aufrichten, sich recken;* seine Züge strafften sich

Straf|ge|richt ⟨n.; -(e)s, -e⟩ **1** *Teil des Gerichts, der nur über Straftaten entscheidet* **2** ⟨fig.⟩ *Strafe, Vergeltung;* das ~ des Himmels; ein ~ abhalten über …; das göttliche ~ bricht herein

sträf|lich ⟨Adj.⟩ *eine Strafe verdienend, tadelnswert, unverantwortlich, unverzeihlich;* das war ~er Leichtsinn von dir!; jmdn. od. etwas ~ lange vernachlässigen

Straf|maß ⟨n.; -es, -e⟩ *Maß, Höhe der Strafe;* das ~ festsetzen

Straf|tat ⟨f.; -, -en⟩ *strafbare Handlung*

straf|ver|set|zen ⟨V. 500; nur im Inf. u. Part. Perf.⟩ **jmdn. ~** *zur Strafe auf einen anderen Posten setzen;* der Beamte wurde strafversetzt

Straf|voll|zug ⟨m.; -(e)s, -züge⟩ *derjenige Teil der Strafvollstreckung, der die unmittelbare Verwirklichung der Strafe betrifft, bes. die Freiheitsstrafen*

Strahl ⟨m.; -(e)s, -en⟩ **1** *etwas, das sich geradlinig ausbreitet;* Licht~; Sonnen~; Wasser~; die ~en des Mondes, der Sonne, der Sterne; unter den brennenden, glühenden, sengenden ~en der Sonne leiden; das Verlies wird von keinem ~ (des Tageslichts) erhellt; ein ~ der Hoffnung ⟨fig.; geh.⟩ **2** ⟨Pl.; Phys.⟩ • 2.1 *die aus elektromagnetischen Wellen bestehenden Licht-, Röntgen- u. Gammastrahlen* • 2.2 *die aus Elementarteilchen bestehenden Strahlen, z. B. Alpha-, Beta-, Kathodenstrahlen;* vor radioaktiven ~en wird gewarnt **3** ⟨Math.⟩ *von einem Punkt ausgehende Gerade* **4** ⟨Vet.⟩ *mittlerer, sehr empfindlicher Teil des Pferdehufs*

Strahl|an|trieb ⟨m.; -(e)s; unz.⟩ *Antriebsverfahren für Flugkörper mittels Luftstrahl od. Raketentriebwerk*

strah|len ⟨V. 400⟩ **1** *etwas* strahlt *sendet Strahlen aus;* das radioaktiv verseuchte Material strahlt noch nach Jahrzehnten • 1.1 *leuchten;* die Sonne strahlt am Himmel; der Tag war ~d schön • 1.2 *glänzen, funkeln;* die Edelsteine ~ in ihrem Glanz **2** *glücklich aussehen;* was hat sie nur, sie strahlt ja förmlich!; sie strahlte übers ganze Gesicht; ihre Augen strahlten vor Begeisterung, Freude, Glück; mit ~dem Auge, ~dem Blick, Gesicht; jmdn. ~d ansehen; vor Freude ~d begrüßte sie ihn; ~d **hell**

sträh|len ⟨V. 500/Vr 5 od. Vr 7; schweiz.⟩ **jmdn.** (sich), das **Haar ~** *kämmen*

Strah|lung ⟨f.; -, -en⟩ **1** *das Strahlen* **2** ⟨Phys.⟩ *die in Form von Strahlen sich fortbewegende Energie;* Sonnen~, Atom~, Kern~; radioaktive, elektromagnetische, kosmische ~

Sträh|ne ⟨f.; -, -n⟩ **1** *kleine Menge von (Fasern od.) Haaren, die in lockerem Zusammenhalt glatt nebeneinanderliegen;* Haar~; eine ~ im Haar bleichen, heller tönen; eine ~ fiel ihm ins Gesicht, in die Stirn **2** *zu einem Büschel zusammengebundener Garnfaden bestimmter Länge*

stramm ⟨Adj.⟩ **1** *straff, gespannt;* der Anzug, Gürtel sitzt zu ~ **2** *gerade aufgerichtet;* ~e Haltung annehmen **3** ⟨umg.⟩ *kräftig gebaut, gesund;* ein ~er Bursche • 3.1 ⟨60⟩ ~er/**Strammer Max** ⟨Kochk.⟩ *Spiegelei auf einer Brotscheibe* **4** ⟨umg.⟩ *anstrengend;* ein ~er Marsch **5** ⟨Getrennt- u. Zusammenschreibung⟩ • 5.1 ~ ziehen = strammziehen

stramm|ste|hen ⟨V. 256/400(h. od. süddt.; österr.; schweiz. s.)⟩ **1** *in strammer Haltung stehen, stramme Haltung einnehmen (bes. von Soldaten)* • 1.1 ⟨fig.⟩ *gehorchen, sich der Befehlsgewalt fügen;* die Kinder haben bei ihm immer strammgestanden

stramm|zie|hen auch: **stramm zie|hen** ⟨V. 293⟩ **1** ⟨500⟩ *etwas ~ festziehen, anziehen, stark spannen* • 1.1 ⟨602⟩ **jmdm. die Hosen ~** ⟨fig.; umg.⟩ *ihn (durch Prügel) strafen, zurechtweisen*

stram|peln ⟨V. (h. od. fig. s.)⟩; ich strampele od. stample⟩ **1** ⟨400⟩ *die Beine rasch, hastig in unterschiedliche Richtungen bewegen;* das Baby ~ lassen; sie strampelte vergnügt im Wasser **2** *einen* **Weg ~** ⟨umg.⟩ *auf dem Fahrrad zurücklegen;* heute bin ich 20 km gestrampelt

Strand ⟨m.; -(e)s, Strän|de⟩ **1** *flacher Küstenstreifen am Rand größerer Gewässer, bes. des Meeres;* Sand~; ein breiter, kurzer, langer, flacher, sandiger, schmaler, steiniger ~ • 1.1 *von Badenden genützter (sandiger) Strand (1);* wir wollen zum Baden an den ~ gehen (im Seebad); am ~ liegen • 1.2 **auf ~ geraten, laufen, setzen** ⟨Seemannsspr.⟩ *mit dem Boden eines Schiffes auf den Strand (1) aufsetzen u. nicht mehr weiterfahren können;* das lecke Schiff wurde auf ~ gesetzt; ein Schiff gerät, läuft auf ~

Strand|gut ⟨n.; -(e)s; unz.⟩ *an den Strand gespültes Gut von gestrandeten Schiffen*

Strand|korb ⟨m.; -(e)s, -kör|be⟩ *großer, nur nach einer Seite offener Doppelkorbstuhl mit verschiebbarem Sonnendach als Wind- u. Sonnenschutz am Badestrand*

Strang ⟨m.; -(e)s, Strän|ge⟩ **1** *Seil, Strick* • 1.1 er wurde zum Tod(e) durch den ~ verurteilt *zum Tod durch Erhängen* • 1.2 wenn alle Stränge reißen, werde ich … ⟨fig.; umg.⟩ *im Notfall werde ich …* • 1.3 wir ziehen alle an einem, an demselben, am gleichen ~ *wir haben das gleiche Ziel, wir erstreben das Gleiche, wir gehen gemeinsam vor* **2** *Bündel, Büschel, Strähne;* Nerven~; Woll~ **3** *langes zusammenhängendes Stück* **4** *Teil des Pferdegeschirrs, mit dem das Pferd am Wagen befestigt ist* • 4.1 über die Stränge hauen, schlagen ⟨fig.⟩ *aus der gewohnten Ordnung ausbrechen, leichtsinnig, übermütig sein*

stran|gu|lie|ren ⟨V. 500/Vr 7 od. Vr 8⟩ **jmdn.** od. ein **Tier ~** *erhängen, erwürgen, erdrosseln*

Stra|pa|ze ⟨f.; -, -n⟩ *(große) Anstrengung, Beschwerlichkeit;* ~n aushalten, ertragen; den ~n (nicht) gewachsen sein, standhalten; ~n auf sich nehmen

stra|pa|zie|ren ⟨V. 500⟩ **1** ⟨Vr 7⟩ **jmdn.** od. **sich ~** *überanstrengen;* er sieht strapaziert aus; sich bei einer

Arbeit ~; diese Arbeit strapaziert ihn **2** jmdn. ~ *stark in Anspruch nehmen, beanspruchen;* jmdn. mit einer Arbeit – **3** etwas ~ *abnutzen, viel benutzen;* Kleider, Schuhe ~; vielstrapazierte Redensarten

Straps ⟨m.; -es, -e⟩ *Strumpfhalter (für das Befestigen von Nylonstrümpfen)*

Strass ⟨m.; -es, - od. -e⟩ *Nachbildung von Edelsteinen aus stark lichtbrechendem Bleiglas* (~stein)

straß|ab →a. *straßauf*

straß|auf ⟨Adv.; meist in der Wendung⟩ ~, **straßab** *die Straße(n)hinauf u. hinab;* ich bin ~, straßab gelaufen, um ihn zu suchen

Stra|ße ⟨f.; -, -n; Abk.: Str.⟩ **1** *befestigter (planmäßig angelegter) Weg;* Bundes~; Fahr~; Land~; eine ~ anlegen, ausbessern, bauen, planen, sperren, verbreitern, verlegen; wohin führt diese ~?; diese ~ führt nach …; die ~ kreuzen, überschreiten; die ~ ist gesperrt; in den Hauptverkehrszeiten sind die ~n verstopft (von Fahrzeugen); eine belebte, ruhige, verkehrsreiche ~; eine breite, enge, freie, gerade, kurze, lange, schmale, winkelige ~; Leipziger ~; wir fuhren auf derselben ~ zurück, auf der wir gekommen waren; durch die ~n irren; wir schlenderten durch die ~; in eine ~ einbiegen; das Geld liegt auf der ~, man muss nur verstehen, es aufzuheben ⟨Sprichw.⟩ • **1.1** ich habe die ganze ~ abgeklappert u. konnte das Haus nicht finden ⟨umg.⟩ *ich bin die ganze Straße (1) entlang von Haus zu Haus gegangen* • **1.2** ich habe eine Wohnung, ein Zimmer nach der ~ mit Fenster(n) auf der Straßenseite • **1.3** die Kinder vor den **Gefahren** der ~ warnen ⟨fig.⟩ *vor dem Straßenverkehr* • **1.4** seine (stille) ~ **ziehen** ⟨fig.; umg.; scherzh.⟩ *fort-, von dannen gehen* • **1.5** die Aufständischen beherrschen die ~ ⟨fig.⟩ *das öffentliche Leben* • **1.6 auf die** ~ **gehen** • **1.6.1** ⟨fig.⟩ *öffentlich demonstrieren* • **1.6.2** ⟨fig.⟩ *eine Prostituierte werden* • **1.7** auf der schmalen ~ des Rechts gehen ⟨fig.⟩ *nie das geringste Unrecht tun* • **1.8 auf der** ~ liegen, sitzen ⟨fig.; umg.⟩ • **1.8.1** *stellungslos, ohne Verdienst sein* • **1.8.2** *ohne Obdach sein* • **1.9** er wurde **auf die** ~ **gesetzt** • **1.9.1** ⟨fig.⟩ *aus der Wohnung vertrieben* • **1.9.2** *fristlos aus dem Dienst entlassen* • **1.10** man findet das **Geld** ja nicht **auf der** ~ ⟨fig.⟩ *G. erwirbt man sich nicht leicht* • **1.11** du solltest das **Geld** nicht so **auf die** ~ **werfen** ⟨fig.⟩ *so leichtsinnig ausgeben* • **1.12** jmdn. **von der** ~ **auflesen** ⟨fig.⟩ *sich eines Obdachlosen hilfreich annehmen;* →a. *offen (4.3)* **2** *Verkehrslinie zur See, Meerenge;* Schifffahrts~; ~ von Gibraltar

Stra|ßen|bahn ⟨f.; -, -en⟩ *auf Schienen laufende, elektrisch betriebene Bahn für den Stadt- u. Vorortverkehr*

Stra|te|gie ⟨f.; -, -n⟩ **1** *Planung u. Führung in großem Rahmen* • **1.1** *umfassende Planung zur Verwirklichung grundsätzlicher Vorstellungen* **2** *Kunst der militärischen Kriegführung, Feldherrnkunst* **3** ⟨Kyb.⟩ *Plan, der aufgestellt wird, um mittels aufeinander einwirkender dynamischer Systeme ein Ziel zu erreichen*

Stra|to|sphä|re ⟨f.; -; unz.⟩ *Schicht der Lufthülle der Erde von etwa 10 km bis 80 km über der Erdoberfläche*

sträu|ben ⟨V. 500⟩ **1** ⟨Vr 3⟩ Fell, Haare, Federn ~ *sich richten sich auf, stehen ab;* mir sträubten sich die Haare (vor Schreck, Entsetzen) • **1.1** ein **Tier** sträubt **Haare, Fell, Gefieder** *richtet sie auf, lässt sie nach allen Seiten hin abstehen, plustert sich auf;* mit gesträubtem Fell sprang die Katze auf ihn zu **2** ⟨Vr 3⟩ sich ~ ⟨a. fig.⟩ *sich wehren (gegen), sich widersetzen, widerstreben;* nach langem Sträuben gab sie endlich nach; es half kein Sträuben; er sträubte sich mit Händen und Füßen dagegen

Strauch ⟨m.; -(e)s, Sträu|cher⟩ **1** *ausdauernde Holzpflanze mit mehreren, von der Wurzel an sich teilenden, dünn bleibenden Stämmen;* Flieder~, Hasel(nuss)~, Rosen~, Tee~; belaubter, blühender ~ **2** ⟨umg.⟩ *Busch*

strau|cheln ⟨V. 400(s.); ich strauchele od. strauchle; geh.⟩ **1** *fehltreten u. dadurch taumeln, stolpern;* bei einem schlechten Weg ~ **2** ⟨fig.⟩ *sich etwas zuschulden kommenlassen, einen Fehltritt begehen, auf die schiefe Bahn geraten;* sein Leichtsinn ließ ihn im Leben ~

Strauß[1] ⟨m.; -es, -e⟩ *der größte heute lebende Vogel, ein zu den Flachbrustvögeln gehörender Vertreter einer eigenen Familie (Struthionidae) in den Steppen Afrikas u. Vorderasiens: Struthio camelus camelus;* Vogel ~

Strauß[2] ⟨m.; -es, Sträu|ße⟩ *mehrere zusammengebundene Blumen;* Blumen~, Rosen~; Blumen zu einem ~ binden

Stre|be ⟨f.; -, -n⟩ *schräge Stütze (bes. am Dach)*

stre|ben ⟨V.⟩ **1** ⟨411(s.)⟩ *sich in Richtung von etwas begeben, einen Ort zu erreichen suchen;* sie strebten auf die Höhe (des Berges); die Pflanze strebt zum Licht **2** ⟨411(s.)⟩ *(eilig) auf etwas, jmdn. zugehen;* er strebte nach Hause **3** ⟨800⟩ **nach etwas** ~ *sich um etwas bemühen, nach etwas das, was schwer zu erreichen ist, verlangen, trachten;* nach Erkenntnis, Gewinn, Macht, Ruhm, Vollkommenheit ~; es irrt der Mensch, solang er strebt (Goethe, „Faust" I, Prolog im Himmel); sein ganzes Streben, des Menschen Streben ist darauf gerichtet ⟨geh.⟩

Stre|ber ⟨m.; -s, -; abwertend⟩ *jmd. (bes. ein Schüler od. Beamter), der sich ehrgeizig u. egoistisch bemüht, rasch vorwärts zu kommen*

Stre|be|rin ⟨f.; -, -rin|nen; abwertend⟩ *weibl. Streber*

streb|sam ⟨Adj. 70⟩ *sehr fleißig u. zielbewusst*

Stre|cke ⟨f.; -, -n⟩ **1** *Entfernung zwischen zwei mehr od. weniger genau definierten Punkten;* eine große, kleine, kurze, übersichtliche, weite ~; wir sind heute eine tüchtige ~ marschiert **2** *Teilstück, Abschnitt eines Weges;* Weg~; es ist noch eine gute ~ (Weges) bis dorthin; täglich eine ~ von 10 Kilometern zurücklegen **3** *Bahnlinie, Route;* die ~ Frankfurt – Hamburg; auf der ~ nach München; welche ~ bist du gefahren? • **3.1** ⟨Eisenb.⟩ *Abschnitt einer Bahnlinie, bes. zwischen zwei Bahnhöfen, Gleisabschnitt;* die ~ ab-, begehen; die ~ ist frei • **3.1.1** der Zug hielt auf freier ~ *außerhalb eines Bahnhofs* • **3.2** auf der ~ (liegen) bleiben *unterwegs liegen bleiben, nicht mehr weiterkommen* **4** jmdn. zur ~ bringen *überwältigen, besiegen, (einen Verbrecher) verhaften;* im Wald gelang es ihnen, den Verbrecher zur ~ zu

strecken

bringen **5** ⟨Math.⟩ *durch zwei Punkte begrenzter Teil einer Geraden* **6** ⟨Sp.⟩ *bei einem Rennen, Wettkampf zurückzulegender Weg* **7** ⟨Bgb.⟩ *waagerechter Grubenbau, der von einem anderen Grubenbau ausgeht* **8** ⟨Jagdw.⟩ *Ort, an dem Jagdbeute niedergelegt wird* • 8.1 ⟨Jägerspr.⟩ *die Jagdbeute strecken* • 8.2 *einen Hasen zur ~ bringen* (Jägerspr.) *erlegen* **9** ⟨Spinnerei⟩ *Maschine zum Strecken (Verziehen) der Faserbänder zum Spinnen von dünnen Garnen, Streckmaschine*

stre|cken ⟨V. 500⟩ **1** ⟨Vr 7⟩ *etwas* od. *sich ~* ⟨a. fig.⟩ *ziehen, lang ziehen, dehnen;* als er erwachte, streckte er die Glieder, streckte er sich, das Bein muss gestreckt werden • 1.1 eine **Suppe**, Sauce *~ verdünnen, damit sie mehr wird* • 1.2 **Rationen** *~ verkleinern, damit sie länger reichen* • 1.3 die **Arbeit** *~* ⟨fig.⟩ *absichtlich in die Länge ziehen, verzögern* • 1.4 der **Weg** streckt sich ⟨fig.⟩ *ist länger als erwartet* • 1.5 ⟨Tech.⟩ *länger, breiter, dünner machen;* Eisen durch Walzen, Hämmern ~ **2 Gliedmaßen** *~ gerademachen, ausstrecken;* Arme ~ • 2.1 ⟨510⟩ Gliedmaßen **in eine bestimmte Richtung** *~ in eine bestimmte R. bringen;* die Zunge aus dem Mund ~; die Arme zur Seite ~; die Arme in die Höhe ~; die Arme nach vorn ~; der Schüler streckt den Finger, die Hand (in die Höhe), wenn er eine Antwort weiß; er streckte die Beine behaglich unter den Tisch • 2.1.1 **Gliedmaßen von sich** *~ es sich bequem machen;* behaglich die Beine von sich ~ • 2.1.2 alle viere von sich ~ *sich bequem hinsetzen, ausruhen* • 2.1.3 ein Tier streckt alle viere von sich *verendet;* der Hund streckte alle viere von sich **3** ⟨511/Vr 3⟩ **sich irgendwohin** *~ sich an einem Ort lang hinlegen;* sich aufs Sofa, ins Gras ~ **4** ⟨fig.⟩ • 4.1 **Tiere** in gestrecktem **Galopp** (Lauf) *in raschem Galopp, mit weit ausgreifenden Beinen* • 4.2 ⟨500⟩ die **Waffen** *~ sich ergeben* • 4.3 ⟨511⟩ **jmdn. zu Boden** *~ niederschlagen, jmdn. so verletzen, dass er am Boden liegt;* mit wenigen Schlägen streckte er ihn zu Boden **5** ⟨Math.⟩ gestreckter **Winkel** *W. von 180°*

stre|cken|wei|se ⟨Adv.⟩ **1** *über gewisse Strecken hin;* diese Autobahn ist ~ sehr schlecht; die Arbeit ist ~ gut, schlecht **2** *in einzelnen Abschnitten;* wir sind ~ gefahren

Streich ⟨m.; -(e)s, -e⟩ **1** ⟨geh.⟩ *Schlag mit der Hand, Rute od. Peitsche, Hieb, Schwerthieb;* jmdm. einen heftigen, tödlichen ~ versetzen; zu einem ~ ausholen; sieben (Feinde) auf einen ~ (töten) (im Märchen vom „Tapferen Schneiderlein"); →a. *Eiche (1.1)* **2** *Unfug, Handlung, mit der man jmdn. necken od. ärgern will, Posse, Schabernack;* sich ~e ausdenken; böse, gefährliche, dumme, lose, leichtsinnige, lustige, mutwillige, schlimme, törichte ~e; dumme ~e machen, verüben, vollführen; er ist stets zu ~en aufgelegt; dieses war der erste ~, doch der zweite folgt sogleich (Wilhelm Busch, „Max und Moritz") • 2.1 jmdm. einen ~ spielen *jmdn. zum Opfer eines Streichs (2) machen*

strei|cheln ⟨V. 500/Vr 7 od. Vr 8; ich streichele od. streichle⟩ *jmdn., ein Tier od. etwas ~ mit der Hand sacht, zärtlich berühren, darüber hinfahren, liebkosen;* jmds. Gesicht, Haar, Hand, Kopf, Wange zärtlich ~; ein Tier, das Fell eines Tieres ~

strei|chen ⟨V. 263⟩ **1** ⟨500⟩ **jmdn.** od. **ein Tier** *~* ⟨veraltet⟩ *schlagen;* einen Hund mit der Peitsche ~ **2** ⟨503/Vr 5⟩ ⟨**jmdm.**⟩ **etwas** *~ mit der Hand* od. *einem Gegenstand (jmdm.) über etwas fahren;* jmdm., sich mit den Fingern durchs Haar ~; jmdm., sich das Haar aus der Stirn ~; jmdm. übers Gesicht, Haar, über die Hand, den Kopf, die Wange ~; nachdenklich strich er sich den Bart • 2.1 ⟨500⟩ ein **Streichinstrument** *~* ⟨geh.⟩ *spielen;* die Geige, das Cello ~ **3** ⟨411(s.)⟩ der **Wind** streicht (**über, durch etwas**) ⟨fig.⟩ *weht, bläst leicht (über, durch etwas);* der Wind streicht übers Feld; ein kühles Lüftchen strich durch die offenen Fenster **4** ⟨411⟩ *vorsichtig* od. *erwartungsvoll (um etwas herum) gehen;* durch die Felder, das Land, die Wälder ~; die Katze streicht ihm um die Beine; eine dunkle Gestalt strich ums Haus **5** ⟨503/Vr 5⟩ ⟨**jmdm.**⟩ **etwas** *~ etwas mit einer klebrigen Masse, dünnen Schicht versehen;* sich Butter, Honig, Marmelade, Wurst aufs Brot ~; sich ein Butterbrot ~; Kitt, Mörtel in die Fugen ~; Salbe auf eine Wunde ~; das Brot fingerdick mit Butter ~ • 5.1 ⟨402⟩ (**etwas**) *~ Farbe (auf etwas) auftragen;* eine Bank, einen Schrank, einen Zaun (blau, grün) ~; der Zaun ist frisch gestrichen; Vorsicht, frisch gestrichen! • 5.2 ⟨500⟩ gestrichenes **Papier** *P. mit einem Überzug* **6** ⟨500⟩ **etwas** *~ durchstreichen, weglassen, tilgen, ausmerzen;* diesen Abschnitt (im Text) können wir ~; einen Namen aus einem Verzeichnis ~; Nichtzutreffendes bitte ~!; ich habe seinen Namen aus meinem Gedächtnis gestrichen **7** ⟨500/Vr 7⟩ **etwas** *~ für nichtig, ungültig erklären,* einen Auftrag ~ • 7.1 ich habe mich von der Liste ~ lassen *ich habe meinen Auftrag, meine Kandidatur zurückgezogen* **8** ⟨500⟩ das **Segel**, die **Flagge** *~ herunterlassen, einholen, einziehen* • 8.1 das Schiff hat die Flagge gestrichen *das S. hat sich ergeben* **9** ⟨500⟩ ein gestrichenes **Maß**, ein Maß gestrichen **voll** *genau bis an den Rand voll;* ein gestrichener Teelöffel voll Zucker **10** ⟨500; fig.⟩ • 10.1 die **Segel** *~ nachgeben, sich geschlagen geben* • 10.2 die **Ruder** *~ gegen die Fahrtrichtung stemmen, um zu bremsen* **11** ⟨400⟩ ein **Schiff** streicht durch die Wellen (poet.) *fährt* **12** gestrichenes **Maß** nehmen (Waffenk.) *so zielen, dass Kimme u. Korn genau eine Linie bilden*

Streich|garn ⟨n.; -(e)s, -e⟩ *Baumwoll-, Woll-* od. *Zellwollgarn, das aus nicht gekämmten Faserbändern gesponnen u. nicht so gleichmäßig wie Kammgarn ist*

Streich|holz ⟨n.; -es, -hölzer⟩ = *Zündholz*

Streich|in|stru|ment *auch:* **Streich|ins|tru|ment** *auch:* **Streich|instru|ment** ⟨n.; -(e)s, -e; Mus.⟩ *Musikinstrument, dessen Saiten durch Streichen mit einem schwach gekrümmten, mit Pferdehaaren bespannten Bogen zum Klingen gebracht werden, z. B. Violine, Cello*

Streif ⟨m.; -(e)s, -e; Nebenform von⟩ = *Streifen*

Strei|fe ⟨f.; -, -n⟩ **1** *Erkundungs-* od. *Kontrolltrupp* **2** *zwei* od. *mehrere Polizisten, die planmäßig Kontrollgänge durchführen* **3** = *Streifzug (1)* **4** *Treibjagd,* *bei der die Schützen in einer Linie mit den Treibern gehen*

strei|fen ⟨V.⟩ **1** ⟨500⟩ *jmdn. od.* **etwas** ~ *eine kurze Zeitlang leicht berühren;* jmdn. an der Schulter ~; das Auto hat den Radfahrer nur gestreift • **1.1** eine **Kugel** streift **jmdn.** *verletzt jmdn., ohne ein Körperteil zu durchdringen;* die Kugel hat ihn am Arm gestreift • **1.2** eine **Frage,** ein **Problem** ~ ⟨fig.⟩ *nebenbei erwähnen, nur andeuten* • **1.3** ⟨550; fig.⟩ • **1.3.1** ⟨516⟩ **jmdn.** od. **etwas mit** einem **Blick** ~ *flüchtig ansehen* • **1.3.2** ⟨800⟩ eine **Sache** streift **an etwas** *grenzt an etwas, erreicht etwas fast;* sein Vorhaben streift ans Verbrecherische **2** ⟨511⟩ **etwas an** eine **Stelle** ~ *durch ziehende u. (od.) schiebende Bewegungen bewirken, dass ein Gegenstand etwas umschließt, darüber ziehen, an die gewünschte Stelle bringen;* das Armband über die Hand ~; den Ring über den Finger ~; einen Schlauch über ein Rohr ~; sich das Hemd über den Kopf ~; die Ärmel in die Höhe ~ • **2.1 etwas von** einer **Stelle** ~ *etwas durch Ziehen, Abstreifen von einer bestimmten Stelle entfernen;* den Goldring vom Finger ~; die Beeren von einer Rispe ~ • **2.2** ⟨500⟩ **erlegtes Wild** ~ ⟨Jägerspr.⟩ *dem W. die Haut, das Fell abziehen* **3** ⟨411(s.)⟩ **durch** eine **Gegend** ~ *ziellos wandern, schweifen;* durch die Wälder, durchs Gebirge ~

Strei|fen ⟨m.; -s, -⟩ oV ⟨geh.⟩ *Streif* **1** *langes, schmales Stück;* Pelz~, Papier~, Tuch~, Wald~, Wiesen~; ein ~ Land(es); Fleisch, Papier, Stoff in ~ schneiden • **1.1** ⟨umg.⟩ *Film;* der neue ~ von Tykwer **2** *langes, schmales Gebilde, das sich durch andere Beschaffenheit von seiner Umgebung abhebt;* Licht~, Dunst~, Nebel~, Farb~; die Farbe hat ~ gebildet; ein Stoff mit farbigen ~; der weiße ~ auf der Fahrbahn

Streif|licht ⟨n.; -(e)s, -er⟩ **1** *schnell über etwas hinhuschendes Licht* • **1.1** ein ~ auf etwas werfen ⟨fig.⟩ *die Aufmerksamkeit kurzfristig auf etwas lenken*

Streif|zug ⟨m.; -(e)s, -zü|ge⟩ **1** *Erkundungszug, Wanderung;* Sy *Streife (3)* **2** ⟨fig.⟩ *kurzer Überblick über ein Sachgebiet;* Streifzüge durch die Geschichte unserer Stadt

Streik ⟨m.; -s, -s⟩ *meist organisierte u. mit bestimmten Forderungen verknüpfte, vorübergehende Arbeitsniederlegung von Arbeitnehmern od. Angehörigen des Dienstleistungsgewerbes;* den ~ abbrechen, beilegen, mit Gewalt niederwerfen; einen ~ organisieren; in den ~ treten; zum ~ aufrufen; den ~ abblasen ⟨umg.⟩

strei|ken ⟨V. 400⟩ **1** *in Streik treten, einen Streik durchführen, die Arbeit niederlegen* **2** ⟨umg.⟩ *nicht mitmachen, sich weigern* **3** eine **Maschine, Organ** streikt ⟨umg.; fig.⟩ *hört auf zu funktionieren, setzt plötzlich aus, versagt;* das Auto, der Fernseher, mein Magen streikt

Streit ⟨m.; -(e)s, -e; Pl. selten⟩ **1** *Zustand der Uneinigkeit, bei dem jeder Beteiligte versucht, seinen Willen durchzusetzen;* Ggs *Frieden (3.1)* • **1.1** ⟨geh.⟩ *Streit (1), der mit Waffengewalt ausgetragen wird, Kampf;* zum ~(e) rüsten • **1.2** *Streit (1), der handgreiflich ausgetragen wird;* jmdn. in einen ~ hineinziehen; einen ~ mit den Fäusten austragen; mit jmdn. in ~ geraten; den ~ beilegen, schlichten; einen ~ anfangen, anzetteln, beginnen, entfachen; bei ihnen gibt es immer Zank und ~; er sucht stets ~; miteinander im ~ liegen • **1.3** *Streit (1), der mit Worten ausgetragen wird, heftiger Wortwechsel, hitzige Erörterung;* ein erbitterter, heftiger, kleinlicher, unversöhnlicher ~; ein heftiger ~ entbrannte zwischen ihnen um …; ein ~ mit Worten; zwischen den beiden gibt es dauernd ~; ein ~ um nichts, um Worte; ein gelehrter ~ • **1.4** einen ~ vom Zaun brechen ⟨fig.⟩ *anfangen* **2** *Rechtsstreit;* ~ zwischen zwei Parteien

streit|bar ⟨Adj.⟩ **1** *zu Streit neigend, gern, oft streitend;* ein ~er Mensch; in ~er Stimmung sein **2** *einen Streit nicht scheuend, bereit, um etwas zu kämpfen;* eine ~e Gesinnung beweisen, haben, zeigen, an den Tag legen; ein ~er Politiker

strei|ten ⟨V. 264⟩ **1** ⟨400; geh.⟩ *kämpfen;* das Volk streitet für mehr soziale Gerechtigkeit **2** ⟨415; geh.; fig.⟩ *sich für eine Sache mit allen Kräften einsetzen;* mit Fäusten, Waffen ~; für eine Idee ~ **3** ⟨402/Vr 4⟩ (**sich**) ~ *sich im Zustand des Streits (1.2 od. 1.3) befinden, zanken;* miteinander ~; müsst ihr (euch) denn immer ~?; ich habe mich noch nie mit ihm gestritten; sich ~; wenn zwei sich ~, freut sich der Dritte ⟨Sprichw.⟩ **4** ⟨410⟩ *einen Streit (1.3) führen, eine Sache heftig, hitzig erörtern;* wegen dieser Angelegenheit haben wir uns schon gestritten; über ein Problem, ein gelehrtes Thema ~; sie ~ sich oftmals um nichts • **4.1** darüber kann man, lässt sich ~ *darüber kann man verschiedener Meinung sein* **5** ⟨411⟩ *prozessieren;* vor Gericht ~ • **5.1** die ~den **Parteien** *die Gegner in einem Prozess*

strei|tig ⟨Adj.⟩ **1** = *strittig (1)* **2** ⟨24/52⟩ **jmdm. etwas** ~ **machen** *behaupten, dass jmd. kein Recht auf etwas hat* **3** ⟨Rechtsw.⟩ *einem Gericht zur Entscheidung vorgelegt* • **3.1** ~e **Gerichtsbarkeit** *G., die mit der Klärung von Streitfällen beschäftigt ist;* Ggs *freiwillige Gerichtsbarkeit,* → *freiwillig (2)*

Streit|kraft ⟨f.; -, -kräf|te; meist Pl.; Mil.⟩ *Streitkräfte die für die Verteidigung u. (od.) Kriegführung bestimmten Angehörigen eines Staates;* die feindlichen Streitkräfte

streit|lus|tig ⟨Adj.⟩ *Lust, Freude am Streiten empfindend;* ein ~er Mensch

streng ⟨Adj.⟩ **1** *ohne Mitleid, Rücksicht (seiend), schonungslos, unnachgiebig;* seine Eltern sind zu ~; ~ gegen sich selbst u. gegen andere sein; ein ~er Richter, Vater, Lehrer; jmdn. ~ bestrafen; ~ durchgreifen; das war ~ gehandelt, verfahren; eine ~ Erziehung; ~e Herren regieren nicht lange ⟨Sprichw.⟩ • **1.1** ein ~es **Gesetz,** ein ~er **Befehl** *ein für den Betroffenen hartes G., ein harter B., ein G., B., unter dem der Betroffene zu leiden hat;* ~e Maßnahmen, Verordnungen, Vorschriften; ein ~es Urteil, Verbot • **1.2** ~e **Worte** *barsche, schroffe W.* • **1.3** ~es **Aussehen** *ernstes A.;* ein ~es Gesicht; ein ~er Blick; jmdn. ~ anblicken; ~ aussehen **2** *genau, der Regel entsprechend;* Vorschriften, Grundsätze, Diät ~ einhalten; ein

Strenge

Thema ~ sachlich, wissenschaftlich behandeln; eine ~ wissenschaftliche Arbeit; sich ~ an eine Anweisung halten, eine Anweisung auf das ~ste/Strengste befolgen • 2.1 etwas ~ nehmen *genau nehmen, sich streng an etwas halten;* nimm es nicht so ~ mit ihr • 2.2 ~ genommen(,) *handelt es sich um einen klaren Rechtsverstoß eigentlich, im Grunde;* ⟨aber Getrennt- u. Zusammenschreibung⟩ ~ genommen = strenggenommen **3** ein ~er **Geschmack** *ein herber G.;* etwas riecht, schmeckt ~ • 3.1 es ist ein ~er Winter zu erwarten *sehr kalter und lange dauernder W.* **4** ein ~er **Geruch**, eine ~e **Kälte** *durchdringend, scharf, beißend* **5** ⟨90⟩ *absolut, ganz, völlig;* Zutritt ~ verboten!; zu ~stem Stillschweigen verpflichten; etwas ~ untersagen, verbieten **6** ⟨Getrennt- u. Zusammenschreibung⟩ • 6.1 ~ verboten = *strengverboten*

Strenge ⟨f.; -; unz.⟩ **1** *strenge Einstellung gegenüber sich selbst od. gegenüber seinen Mitmenschen;* die Eltern haben es stets an ~ fehlen lassen (in der Erziehung usw.); jmdn. zur ~ gegen sich selbst anhalten • 1.1 *Härte bei der Durchführung einer Handlung;* ~ zeigen; hier hilft nur drakonische ~; mit eiserner, unerbittlicher ~ durchgreifen; mit ~ herrschen, regieren, seines Amtes walten • 1.2 *keine Ausnahmen duldende Härte;* die ~ eines Gesetzes, einer Vorschrift **2** *große Kälte;* die ~ des Winters **3** *leichte Bitterkeit des Geruchs od. Geschmacks* **4** *schlichte Linienführung, Klarheit der äußeren Formen;* die ~ eines Raumes, Bauwerks; in der geometrischen ~ der Formen erkennt man seinen Stil

streng|ge|nom|men auch: **streng ge|nom|men** ⟨Adj. 50⟩ *wörtlich genommen, präzise ausgeführt;* →a. *streng (2.2)*

streng||neh|men ⟨alte Schreibung für⟩ *streng nehmen*

streng|ver|bo|ten auch: **streng ver|bo|ten** ⟨Adj. 24/70⟩ *unter keinen Umständen gestattet*

Stress ⟨m.; -es, -e⟩ *übermäßige Belastung körperlicher od. seelischer Art (u. daraus erfolgende Reaktionen);* unter ~ stehen; dem ~ nicht mehr gewachsen sein; Lärm ist ein ~faktor; eine ~situation meistern

stres|sen ⟨V. 500; umg.⟩ *jmdn.* ~ *übermäßig anstrengen, erschöpfen, belasten;* die Arbeit stresst ihn zunehmend; ich bin ganz völlig gestresst

Stretch ⟨[strɛtʃ] m.; -; unz.⟩ *sehr elastische Wirkware;* Baumwoll~

streu|en ⟨V.⟩ **1** ⟨500⟩ *etwas* ~ *durch leichtes Werfen locker verteilen;* den Hühnern Körner ~; Samen auf den Acker ~; Sand ~ (auf vereister Straße); den Pferden Stroh ~; Zucker auf den Kuchen ~; Blumen ~ (bei der Trauung vor dem Brautpaar) **2** ⟨400⟩ *ein* **Gewehr, Geschütz** *streut trifft ungenau;* die Gewehre der Schießbuden ~ meistens

streu|nen ⟨V. 400(s.); umg.⟩ *sich herumtreiben;* ein ~der Hund

Streu|sel ⟨m. od. n.; -s, -; meist Pl.⟩ **1** *kleines Bröckchen aus Zucker, Butter u. Mehl zum Bestreuen von Kuchen;* ~kuchen **2** ⟨nur m.; kurz für⟩ *Streuselkuchen;* einen Obst~ backen

Strich ⟨m. 7; -(e)s, -e⟩ **1** *schmale, lange Markierung durch einen Zeichenstift o. Ä;* Sy *Linie (1);* Feder~, Pinsel~; einen ~ machen, zeichnen, ziehen; ein dicker, dünner, gerader, langer ~; etwas ~ für ~ ab-, nachzeichnen; eine Zeichnung mit wenigen ~en entwerfen • 1.1 *einen ~ durch etwas machen etwas durchstreichen u. damit ungültig machen* • 1.2 *er ist bloß noch ein ~ in der Landschaft* ⟨fig.; umg.⟩ *er ist sehr abgemagert, dünn* • 1.3 *der Redner entwarf, zeichnete mit knappen ~en ein Bild der derzeitigen Schulpolitik* ⟨fig.⟩ *der R. kennzeichnete in wenigen Sätzen* ... **2** *gestrichene Textstelle, Streichung;* ~e in einem Manuskript anbringen **3** *Streifen Landes, Gegend;* Land~, Küsten~; ein öder ~ lag vor uns **4** *das Streichen, Art der Bogenführung beim Spielen auf einem Streichinstrument;* Bogen~; der ~ des Bogens; einen harten, kräftigen, weichen ~ haben **5** ⟨Jägerspr.⟩ *das Umherstreichen der Vögel (in geringer Höhe);* der ~ der Schwalben, Stare, Zugvögel **6** *Verlauf des Fadens beim Tuch;* Samt muss gegen den ~ verarbeitet werden **7** *die Richtung, Lage des Haars beim Kopfhaar, Fell;* gegen den ~ bürsten, kämmen **8** ⟨umg.⟩ *das Herumstreichen der Prostituierten auf der Straße, das Gewerbe der Prostituierten* • 8.1 *auf den ~ gehen* ⟨umg.⟩ *das Gewerbe der Prostitution ausüben, als Prostituierte Kunden suchen* **9** ⟨fig.⟩ • 9.1 ich habe an der Arbeit noch keinen ~ getan ⟨umg.⟩ *noch nichts* • 9.2 er hat uns einen ~ durch die Rechnung gemacht *unseren Plan vereitelt* • 9.3 einen ~ unter etwas, das Vergangene machen, ziehen *neu beginnen u. das Alte vergessen sein lassen* • 9.4 ein **Artikel** steht **unterm** ~ *im Unterhaltungsteil einer Zeitung (der ursprünglich vom politischen od. lokalen Teil durch einen Querstrich getrennt war)* • 9.5 jmdn. auf dem ~ haben ⟨umg.⟩ *jmdn. nicht leiden können* • 9.6 das geht mir gegen den ~ ⟨umg.⟩ *passt mir nicht, ist mir zuwider* • 9.7 **unterm** ~ ⟨umg.⟩ *nach Berücksichtigung sämtlicher einzubeziehenden Faktoren* • 9.7.1 das ist unterm ~ ⟨umg.⟩ *sehr schlecht* • 9.8 **nach** ~ **und Faden** ⟨umg.⟩ *deutlich, kräftig, ordentlich, tüchtig;* jmdn. nach ~ und Faden verprügeln **10** ⟨Nautik⟩ $^{1}/_{32}$ *der Einteilung des Kreises auf einem Kompass,* $^{1}/_{8}$ *eines rechten Winkels* **11** ⟨Min.⟩ *die Farbe fein zerteilter od. pulverisierter Mineralien, die oft von der im kompakten Zustand abweicht*

Strich|punkt ⟨m.; -(e)s, -e⟩ = *Semikolon*

strich|wei|se ⟨Adv.⟩ *nur in manchen Gebietsstreifen;* es hagelt, regnet ~

Strick ⟨m.; -(e)s, -e⟩ **1** *dünnes Tau, dünnes Seil, dicke Schnur, Bindfaden;* ein Tier mit einem ~ an-, festbinden; einen ~ um ein Paket schnüren • 1.1 *Galgenstrick* • 1.1.1 *zum* ~ *greifen* ⟨fig.⟩ *Selbstmord (durch Erhängen) begehen* • 1.1.2 da kann ich gleich einen ~ nehmen (und mich aufhängen)! ⟨fig.⟩ *wenn das geschieht, dann ist die Lage für mich hoffnungslos* **2** ⟨fig.⟩ • 2.1 aus dieser unbedachten Äußerung, Bemerkung, daraus wollte er mir einen ~ drehen *u. versuchte, mich damit zu belasten* • 2.2 wenn alle ~e reißen ⟨umg.⟩ *im Notfall* **3** ⟨unz.; umg.⟩ *Strickwaren, Gestricktes, gestrickte Oberbekleidung;* ~ ist wieder modern

stri|cken 〈V.〉 **1** 〈400〉 *mit einer Rundnadel, zwei od. mehreren Nadeln einen Faden zu Maschen verschlingen u. so allmählich ein Maschengeflecht herstellen;* ich habe in der Schule ~ gelernt; gern, jeden Tag ~; an einer Jacke ~; →a. *links (6)* **2** 〈500〉 **etwas** ~ *durch Stricken (1) herstellen;* Muster ~; einen Pullover, Strümpfe ~; gestrickte Handschuhe, Strümpfe; ein gestrickter Wollschal
Strick|ja|cke 〈f.; -, -n〉 *gestrickte Jacke*
Strie|gel 〈m.; -s, -〉 *harte Bürste od. gezähntes Gerät mit Handgriff zum Reinigen des Fells der Haustiere;* Pferde~
Strie|me 〈f.; -, -n〉 = *Striemen*
Strie|men 〈m.; -s, -〉 *blutunterlaufener Streifen auf der Haut (meist durch einen Hieb);* oV *Strieme*
Strie|zel 〈m.; -s, -〉 **1** 〈ostmdt.; süddt.; österr.〉 *längliches Hefegebäck, meist in Zopfform;* Mohn~ **2** 〈umg.〉 *frecher Bursche, Schlingel*
strikt 〈Adj. 70〉 *streng, genau;* sich ~ an die Vorschriften halten
strin|gent 〈Adj.; geh.〉 *(nach den Gesetzen der Logik) zwingend, schlüssig, stimmig;* eine ~e Argumentation
Strin|genz 〈f.; -; unz.; geh.〉 *(logische) Schlüssigkeit, Beweiskraft*
Strip 〈m.; -s, -s〉 **1** 〈umg.; kurz für〉 *Striptease* **2** *zugeschnittener u. steril verpackter Streifen Heftpflaster*
Strip|pe 〈f.; -, -n; umg.〉 **1** *Bindfaden, Strick, Schnur, Schnürsenkel* **1.1** jmdn. fest an der ~ haben, halten 〈fig.; umg.〉 *streng behandeln, erziehen* **2** 〈scherzh.〉 *Fernsprechleitung* • **2.1** sie hängt dauernd an der ~ 〈umg.〉 *sie telefoniert viel*
strip|pen 〈V.〉 **1** 〈400; umg.〉 *einen Striptease vorführen* **2** 〈500〉 *leichtflüchtige Anteile* ~ 〈Chem.〉 *bei der Destillation entfernen* **3** 〈500〉 **Elektronen** ~ 〈Phys.〉 *bei der Erzeugung von Schwerionen wegnehmen*
Strip tease 〈[-ti:z] m. od. n.; -; unz.〉 *das Entkleiden vor Publikum (als erotischer Reiz);* einen ~ im Varietee vorführen
strit|tig 〈Adj. 70〉 *umstritten, fraglich, nicht geklärt;* oV *streitig (1);* eine ~e Angelegenheit; die Sache ist ~
Stroh 〈n.; -(e)s; unz.〉 **1** *Halme, Blätter, Hülsen ohne Früchte von Getreide u. Hülsenfrüchten;* ein Bund ~; dem Vieh frisches ~ aufschütten, schütten; auf, im ~ schlafen; ein Haus mit ~ decken; viel ~, wenig Korn 〈Sprichw.〉 • **1.1** das brennt wie ~ *besonders gut* • **1.2** das brennt wie nasses ~ *sehr schlecht* • **1.3** das schmeckt wie ~ 〈umg.〉 *nach nichts, ist nicht gehaltvoll* **2** *leeres* ~ *dreschen* 〈fig.; abwertend〉 *gehaltlose, unwichtige Sachen erzählen* **3** ~ im Kopf haben 〈fig.; umg.〉 *dumm sein* **4** ~ und Lehm 〈oberdt.〉 *Sauerkraut mit Erbsenbrei*
Stroh|feu|er 〈n.; -s, -〉 **1** *mit Stroh genährtes, rasch brennendes, hoch auflodernds Feuer* **2** 〈fig.〉 *rasch aufflammende, aber schnell verlöschende Begeisterung;* ihre angeblich große Liebe war nur ein ~
Stroh|halm 〈m.; -(e)s, -e〉 **1** *Getreidehalm ohne Körner (auch als Trinkhalm);* Limonade mit einem ~ trinken; bei dem Unwetter wurden Bäume wie ~e ge-

knickt • **1.1** sich an einen ~ klammern (wie ein Ertrinkender) 〈fig.〉 *an den letzten Hoffnungsschimmer* • **1.2** nach dem rettenden ~ greifen 〈fig.〉 *nach dem letzten Hoffnungsschimmer* • **1.3** er ist zuletzt noch über einen ~ gestolpert 〈fig.; umg.〉 *wegen einer Kleinigkeit hat er zuletzt sein Ziel doch nicht erreicht*
stroh|hig 〈Adj.〉 **1** *dürr u. trocken wie Stroh* • **1.1** **Gemüse, Obst** ist, schmeckt ~ 〈fig.〉 *ist hart u. trocken, schmeckt nach nichts* **2** ~e **Haare** • **2.1** *strohgelbe H.* • **2.2** *trockene H.*
Stroh|mann 〈m.; -(e)s, -män|ner〉 **1** *aus Stroh zusammengebundene mannsgroße Puppe* **2** 〈fig.〉 *nur nach außen hin als Rechtsträger auftretende Person, die eine andere verdecken od. ersetzen soll;* den ~ abgeben, machen **3** 〈Kart.〉 *Ersatz für einen fehlenden Spieler*
Strolch 〈m.; -(e)s, -e〉 **1** *betrügerischer Mensch, Dieb, Gauner* **2** 〈umg.; scherzh.〉 *Schlingel, Schelm*
strol|chen 〈V. 411(s.)〉 *untätig u. ohne ein festes Ziel (durch die Gegend) streifen;* durch den Wald ~
Strom 〈m.; -(e)s, Strö|me〉 **1** *großer Fluss;* einen ~ befahren; mit dem Dampfer auf einem ~ fahren; ein breiter, langer, reißender ~ • **1.1** gegen den ~ schwimmen *stromaufwärts schwimmen* • **1.2** mit dem ~ schwimmen *stromabwärts schwimmen* **2** *fließende Bewegung, Strömung;* der ~ des Verkehrs ergoss sich morgens in die Innenstadt; in den ~ der Vergessenheit sinken 〈poet.〉; der ~ der Zeit 〈fig.〉 **3** *große Menge von etwas Flüssigem, Fließendem;* Ströme Bluts sind auf diesem Schlachtfeld geflossen; ein ~ von Tränen, Worten • **3.1** es regnet in Strömen *heftig* • **3.2** der Wein floss in Strömen 〈fig.〉 *es gab viel zu trinken* **4** *fließende Elektrizität; elektrischer ~;* wir haben im letzten Monat viel ~ verbraucht; den ~ ausschalten, einschalten, unterbrechen **5** 〈fig.〉 **5.1** *große Menschenmenge, die sich bewegt;* nach der Vorstellung ergoss sich ein ~ von Menschen auf die Straße • **5.2** sich vom ~ der Menge tragen, treiben lassen *innerhalb einer Menschenmenge vorangeschoben werden* • **5.3** gegen den ~ schwimmen 〈fig.〉 *sich gegen die allgemein geltende Meinung stellen* • **5.4** mit dem ~ schwimmen 〈fig.〉 *die allgemein geltende Meinung (kritiklos) vertreten* **6** 〈Getrennt- u. Zusammenschreibung〉 • **6.1** ~ sparend = *stromsparend*
strom|ab 〈Adv.kurz für〉 *stromabwärts*
strom|ab|wärts 〈Adv.〉 *der Mündung des Stromes zu*
strom|auf 〈Adv.kurz für〉 *stromaufwärts*
strom|auf|wärts 〈Adv.〉 *der Quelle des Stromes zu*
strö|men 〈V. 400(h.) od. 411(s.)〉 *sich ununterbrochen, stark, in großen Mengen in die gleiche Richtung bewegen;* die Menschen strömten aus dem Kino; das Gas strömte aus der Leitung; das Blut strömt in den Adern; Wasser strömt ins Becken; bei ~dem Regen
Strom|kreis 〈m.; -es, -e〉 *aus Spannungsquelle, Leitern u. Widerständen bestehende kreisförmige Anordnung, in der ein elektrischer Strom fließt*
Strom|li|ni|en|form 〈f.; -, -en〉 *Form eines festen Körpers mit geringem Strömungswiderstand*
Strom|schnel|le 〈f.; -, -n〉 *Flussstrecke mit starkem Gefälle u. bes. starker Strömung;* Sy *Schnelle*

strom|spa|rend *auch:* **Strom spa|rend** ⟨Adj. 70⟩ *wenig Strom verbrauchend;* ~e Geräte

Strö|mung ⟨f.; -, -en⟩ **1** *starke, fließende Bewegung von Wasser od. Luft;* eine kalte, warme ~, z. B. im Meer; der Fluss hat eine reißende, starke ~; das Boot wurde von der ~ fortgerissen; die ~ nimmt hier plötzlich zu; sich mit der ~ treiben lassen; gegen die ~ kämpfen **2** ⟨fig.⟩ *geistige Bewegung, Richtung;* verschiedene ~en trafen hier zusammen; eine revolutionäre ~; eine neue ~ in der deutschen Literatur des 18. Jahrhunderts • **2.1** gegen die ~ ankämpfen *gegen die überwiegende Meinung*

Stron|ti|um ⟨n.; -s; unz.; chem. Zeichen: Sr⟩ **1** *silberweißes Leichtmetall, Ordnungszahl 38* **2** ~ 90 *radioaktives Isotop des Strontiums*

Stro|phe ⟨f.; -, -n⟩ **1** ⟨griech. Tragödie⟩ *Wendung des singenden u. tanzenden Chors zum Altar* • **1.1** *der zur Strophe (1) gesungene Abschnitt des Chorgesangs* **2** *aus mehreren Versen bestehender, durch Länge der Zeilen, Rhythmus u. häufig Reim bestimmter, sich in gleicher Form wiederholender Abschnitt eines Liedes od. Gedichtes;* ein in ~n gegliedertes Gedicht; ein Lied mit vier ~n

strot|zen ⟨V. 405⟩ ~ (an, von, vor etwas) *wegen etwas übervoll sein, fast bersten;* er strotzt vor Energie, Gesundheit, Kraft, Lebensfreude; der Aufsatz, die Rechenarbeit strotzt von Fehlern; die Behausung strotzte von Schmutz; eine Kuh mit ~dem Euter

strub|be|lig ⟨Adj.; umg.⟩ *zerzaust, unordentlich, wirr;* oV *strubblig;* ~es Haar; du siehst ganz ~ aus

strubb|lig ⟨Adj.⟩ = strubbelig

Stru|del ⟨m.; -s, -⟩ **1** *heftige kreis- od. spiralförmige Drehbewegung im Wasser, oft mit Sog nach unten, Wirbel;* Wasser~; das Boot geriet in einen gefährlichen ~; er wurde in den ~ hinabgezogen; das Boot wurde vom ~ erfasst und kenterte **2** ⟨fig.⟩ *tolles Treiben, Wirbel, Durcheinander;* er stürzte sich in den ~ der Vergnügen; das ging im ~ der Ereignisse unter **3** ⟨oberdt.⟩ *Mehlspeise aus Nudel- od. Hefeteig mit eingerolltem Obst od. Fleisch;* Apfel~, Kirsch~; ein ~ mit Äpfeln, Kirschen **4** ⟨oberdt.⟩ *Quirl;* mit einem ~ hantieren

Struk|tur ⟨f.; -, -en⟩ **1** *inneres Gefüge;* ~ eines Kristalls, Gewebes **2** *Bau, Aufbau;* ~ eines Gebäudes **3** *innere Gliederung, Anordnung der Teile;* ~ einer Abhandlung **4** ⟨Wissth.⟩ *Menge der Relationen, die die Elemente eines Systems miteinander verbinden*

Strumpf ⟨m.; -(e)s, Strümp|fe⟩ **1** *eng anliegende, Fuß u. Bein umhüllende Bekleidung aus Wolle, Baumwolle od. Kunstfasern;* Knie~, Nylon~, Seiden~, Woll~; ein Paar Strümpfe; Strümpfe stopfen, stricken, waschen; gestrickte, lange, nahtlose Strümpfe; auf Strümpfen schlich er (sich) die Treppe hinunter; du hast eine Laufmasche, ein Loch im ~ **2** sich auf die Strümpfe machen ⟨fig.; umg.⟩ *weggehen, aufbrechen* **3** *weiße Färbung der unteren Hälfte des Pferdebeines*

Strumpf|ho|se ⟨f.; -, -n⟩ *gestrickte od. gewirkte Kleidungsstück für Damen u. Kinder, das aus Strümpfen u. anliegenden Hosen in einem Stück besteht* (Seiden~, Woll~)

Strunk ⟨m.; -(e)s, Strün|ke⟩ **1** *Stammrest eines gefällten Baumes mit Wurzeln;* Baum~ **2** *dicker Pflanzenstängel ohne Blätter;* Kohl~, Kraut~

strup|pig ⟨Adj. 70⟩ *unordentlich, verwirrt, ungepflegt;* ein ~er Bart; ein ~er Kerl; mit ~em Haar

Strych|nin ⟨n.; -s; unz.⟩ *Alkaloid aus dem Samen einer Gattung der Loganiengewächse (z. B. der Brechnuss), wirkt hemmend auf Nervensystem, Muskeln, Kreislauf u. Atmung, in höherer Dosis tödlich*

Stu|be ⟨f.; -, -n⟩ **1** *Zimmer, Raum;* Wohn~, Schlaf~; Wohnung mit ~, Kammer, Küche • **1.1** immer nur herein in die gute ~! ⟨scherzh.⟩ *(Aufforderung zum Eintreten)* • **1.2** *Wohn- u. Schlafraum mehrerer Soldaten, Schüler in Internaten;* die Bewohner von ~ drei • **1.3** *Wohnstube, Wohnzimmer;* die gute ~ • **1.4** (immer) in der ~ hocken ⟨umg.⟩ *nicht ausgehen, spazieren gehen*

Stuck ⟨m.; -(e)s; unz.⟩ *schnell härtende Masse aus Gips, Kalk, Sand, Leim u. Wasser zum halbplastischen Verzieren von Decken u. Wänden*

Stück ⟨n. 7; -(e)s, -e⟩ **1** *Teil eines Ganzen, Bruchteil;* ein ~ Brot, Fleisch, Kuchen, Torte; ein halbes ~ (Kuchen, Fleisch); ein ~ Papier für eine Notiz; ein gutes ~ Weges; ein abgerissenes, abgeschnittenes, abgesprungenes ~; etwas in (kleine) ~e reißen, schneiden; ein ~ abbeißen, abreißen, abschneiden; er hat das größte ~ erwischt; ein breites, dickes, großes, kleines, kurzes, langes, schmales ~; er schlug ~e; die Vase zersprang in tausend ~e • **1.1** das wird noch in ~e gehen *zerbrechen* • **1.2** sich für jmdn. in ~e reißen lassen ⟨fig.; umg.⟩ *unbeirrbar zu jmdm. stehen, jmdn. mit aller Kraft verteidigen* • **1.3** ~ eines **Textes** *Absatz, Abschnitt;* aus einem Buch ein ~ vorlesen; einen Text für ~ durcharbeiten **2** *eine Einheit von etwas;* das ~ für zehn Euro; fünf ~ davon gehören immer zusammen; es ist aus einem ~ geschnitten; die Herde, Menge usw. ~ für ~ abzählen; ein ~ Land; ein ~ Feld, Land, Wiese pachten • **2.1** ein ~ spazieren gehen *eine kleinere od. größere Strecke* • **2.2** **Käse, Wurst im, am** ~ kaufen *nicht in Scheiben geschnitten* **3** ⟨zur Bez. der Anzahl⟩ *eine Einheit bildender Teil eines Ganzen, Einzelteil;* zwölf ~ Vieh; ein ~ Wild; ein ~ Seife; ich nehme zwei ~ Zucker in den Kaffee; ich möchte zehn ~ (Eier); möchten Sie drei, vier ~? **4** *Münze;* Geld~, Zehncent~ **5** ⟨Börse⟩ *Wertpapier;* ~e der Staatsanleihe **6** *Kunstwerk* • **6.1** *Bühnenwerk;* Musik~, Theater~; hast du das ~ (im Theater) schon gesehen?; das ~ läuft Abend für Abend vor ausverkauftem Haus (Theaterstück); ein ~ ist bei der Premiere durchgefallen; ein ~ vom Spielplan absetzen; ein ~ auf dem Klavier spielen, üben, vortragen **7** *wertvoller Gegenstand;* Erb~, Meister~, Möbel~, Pracht~; er hat in seiner Sammlung ein paar herrliche ~e; das ist mein bestes, wertvollstes ~ **8** ⟨veraltet⟩ *Geschütz* **9** *besondere Tat, Sache;* Kunst~; das ist aber ein starkes ~! • **9.1** *Übeltat, Streich;* Buben~ **10** ⟨umg.⟩ ⟨bes. weibl.⟩ *Person mit schlechten Wesenszügen;* Weib(s)~; so ein freches ~!; sie ist ein raffiniertes ~ **11** ⟨verstärkend⟩

viel; ein schweres ~ Arbeit; damit kannst du dir ein hübsches ~ Geld verdienen **12 in allen, vielen ~en** *in vieler Hinsicht, in vielen, allen Einzelheiten;* jmdm. in allen ~en Recht geben; sie gleicht ihrer Mutter in allen, vielen ~en **13** es ist ein **Heimat** für mich ⟨fig.⟩ *etwas, was mich an die H. erinnert* **14** diese Aktie ist nur noch ein ~ Papier *nichts mehr wert* **15** sie, er ist mein **bestes** ~ ⟨umg.; scherzh.⟩ *sie, er ist für mich der beste Mensch, der Mensch, den ich am liebsten habe*

Stu|cka|teur ⟨[-tøːr] m.; -s, -e⟩ **1** *Handwerker, der Gebäude innen u. außen verputzt, Stuckarbeiten ausführt u. Ä.* **2** *Lehrberuf mit dreijähriger Lehrzeit*

Stu|cka|tur ⟨f.; -, -en⟩ *Verzierung aus Stuck;* eine Zimmerdecke mit ~en versehen

Stück|gut ⟨n.; -(e)s, -gü|ter⟩ **1** ⟨Kaufmannsspr.⟩ *nach Stück verkaufte Ware* **2** ⟨Eisenb.⟩ *einzeln, gesondert befördertes Frachtgut;* etwas als ~ versenden

Stück|werk ⟨n.; -(e)s; unz.; fig.⟩ *unvollkommene, unvollständige Arbeit*

Stu|dent ⟨m.; -en, -en⟩ **1** *jmd., der an einer Hochschule studiert, Studierender* **2** ⟨österr.; schweiz.⟩ *Schüler einer höheren Schule*

Stu|den|tin ⟨f.; -, -tin|nen⟩ *weibl. Student*

Stu|die ⟨[-djə] f.; -, -n⟩ **1** *(wissenschaftliche) Arbeit, Übung, Untersuchung* **2** *Vorarbeit zu einem wissenschaftlichen Werk* **3** *Entwurf zu einem Kunstwerk (bes. der Malerei);* Akt~

Stu|di|en|fach ⟨n.; -(e)s, -fä|cher⟩ *Fachgebiet für ein Studium, Studienrichtung;* sich für das ~ Medizin bewerben

stu|die|ren ⟨V.⟩ **1** ⟨400⟩ *Gegenstände einer Wissenschaft aufnehmen u. geistig verarbeiten;* ein voller Bauch studiert nicht gern ⟨Sprichw.⟩; Probieren geht über Studieren ⟨Sprichw.⟩ **1.1** *eine Hochschule besuchen;* er studiert in München; die Studierenden des Faches Musik **2** ⟨500⟩ ein **Fachgebiet** ~ *sich durch geistige Arbeit Wissen, Kenntnisse eines Fachgebietes aneignen;* Biologie, Germanistik, Jura ~; er hat fünf Semester Medizin studiert • **2.1** eine **Rolle** ~ *einüben* • **2.2 jmdn.** od. **etwas** ~ *eingehend beobachten u. sich gründlich beschäftigen mit jmdm. od. etwas;* jmds. Charakter, Gesichtsausdruck ~ • **2.3** ein **Problem** ~ *eingehend erforschen u. sich damit wissenschaftlich auseinandersetzen;* die Entwicklung verkehrstechnischer Probleme in den USA an Ort u. Stelle ~; menschliche Verhaltensweisen ~ • **2.4 etwas** ~ ⟨umg.; scherzh.⟩ *eingehend betrachten, lesen;* die Speisekarte, die Zeitung ~

Stu|dio ⟨n.; -s, -s⟩ **1** *Werkstatt eines Künstlers, Arbeitszimmer* **2** ⟨Film, Funk, Fernsehen⟩ *Raum für Bild u. Tonaufnahmen* **3** *Experimentiertheater* **4** *Einzimmerwohnung*

Stu|di|um ⟨n.; -s, -di|en⟩ **1** *das Studieren (1);* Hochschul~; ~ der Mathematik, Musik; sein ~ abbrechen, abschließen, absolvieren, aufgeben, beenden, beginnen, unterbrechen; während meines ~s in Tübingen **2** *das Studieren (2)* **2.1** ~ **generale** *allgemein bildende Vorlesungen für Hörer aller Fachbereiche od. Fakultäten*

Stu|fe ⟨f.; -, -n⟩ **1** *einzelne Trittfläche in einer schiefen Ebene, bes. Treppe;* Vorsicht ~(n)! (Warnungsschild); die ~n des Altars, des Thrones; die ~n einer Leiter, einer Treppe; ausgetretene, breite, hohe, schmale ~n; von ~ zu ~ klettern, steigen; ein paar ~n führten zum Eingang empor, zum Wasser hinunter **2** *Absatz in einer fortlaufenden Folge, einzelner Absatz, Abschnitt;* Ober~ u. Mittel~ der Schule; Rang~; auf der Leiter des Erfolges von ~ zu ~ steigen ⟨fig.⟩; die ~n zum Erfolg, zum Ruhm hinaufsteigen, emporklimmen ⟨fig.⟩ • **2.1** *Abschnitt innerhalb einer Entwicklung;* →a. *Etappe (1);* Entwicklungs~, Zwischen~; die höchste ~ der Ehre, des Glückes, seiner Laufbahn, des Ruhmes, der Vollkommenheit, der Zufriedenheit erreichen • **2.2** *Unterteilung in einer Rangfolge, Rang;* der Leutnant ist die unterste ~ des Offiziersrangs • **2.2.1** er kann sich mit ihm auf die gleiche ~ stellen ⟨fig.⟩ *sich als gleichwertig betrachten, sich mit ihm vergleichen* • **2.3** *der Stand einer Entwicklung, Niveau;* ihre Kultur stand damals schon auf einer hohen ~; seine Bildung steht auf einer niedrigen ~; wir stehen beruflich und gesellschaftlich auf gleicher ~ **3** *waagerecht abgenähte Falte (im Kleid)* **4** ⟨Mus.⟩ *Tonabstand, Intervall;* Ton~ **5** ⟨Bgb.⟩ *erzhaltiges Gesteinsstück* **5.1** ⟨Geol.⟩ *kleinster Abschnitt der Erdgeschichte, Teil einer Abteilung*

stu|fen ⟨V. 500⟩ etwas ~ **1** *in Stufen einteilen, nach Stufen ordnen, gliedern* **2** *mit Stufen versehen;* treppenartig, terrassenförmig gestuft

Stu|fen|lei|ter ⟨f.; -, -n⟩ **1** *Leiter mit Stufen (statt Sprossen)* **2** ⟨fig.⟩ *Gesamtheit von Entwicklungsstufen, Rangordnung;* auf der ~ des Erfolges emporklettern, -steigen; die ~ zum Erfolg

Stuhl ⟨m.; -(e)s, Stüh|le⟩ **1** *Sitzmöbel mit Rückenlehne u. vier Beinen für eine Person;* Garten~, Korb~, Küchen~; ein bequemer, gepolsterter, harter, hölzerner ~; einen Mörder durch den elektrischen ~ hinrichten; sich auf einen ~ setzen; Stühle für den Balkon, das Esszimmer, das Kinderzimmer, die Küche; die Stühle um den Esstisch stellen; genügend Stühle bereitstellen; ich wäre beinahe vom ~ gefallen, als ich das hörte (so erschrak ich, so überrascht war ich) ⟨umg.⟩ • **1.1** jmdm. einen ~ anbieten *jmdn. zum Sitzen auffordern* **2** *Sitzmöbel für eine Person zum Zusammenklappen* od. *-falten ohne Lehne;* Jagd~, Klapp~, Camping~ **3** ⟨kurz für⟩ *tragbarer Zimmerabort für Kranke;* Nacht~ **4** ⟨kurz für⟩ *Stuhlgang;* blutiger, harter, weicher ~ **5** ⟨fig.⟩ *Amt;* Richter~, Lehr~; →a. *heilig (2.2)* **6** ⟨fig.⟩ • **6.1** sich zwischen zwei Stühle setzen, zwischen ~ und Bank fallen ⟨schweiz.⟩ *es keiner von zwei beteiligten Parteien recht machen, zwei Gelegenheiten zugleich verpassen* • **6.2** jmdm. den ~ vor die Tür setzen *jmdn. hinauswerfen*

Stuhl|gang ⟨m.; -(e)s; unz.⟩ *Ausscheidung von Kot;* keinen, regelmäßig ~ haben

Stuk|ka|teur ⟨alte Schreibung für⟩ *Stuckateur*

Stul|pe ⟨f.; -, -n⟩ **1** *umgeschlagenes, umgekrempeltes Stück, z. B. an Ärmel, Handschuh, Stiefel* **2** *verlänger-*

stülpen

tes, über das Handgelenk reichendes Stück am Handschuh

stül|pen ⟨V. 511⟩ *etwas ~* **1** *umkehren, umstürzen, umdrehen;* er hatte die Hutkrempe nach oben gestülpt **2** *(darauf) setzen;* er stülpte sich den Hut auf den Kopf; den Kasten über die Nähmaschine ~

stumm ⟨Adj.⟩ **1** *aufgrund einer körperlichen od. einer vorübergehenden psychischen Disposition unfähig (od. nicht gewillt), einen Laut hervorzubringen;* von Geburt an ~; ~ vor Freude, Schreck, Staunen sein; trotz unserer teilnehmenden Fragen blieb er ~ **2** eine **Gebärde** *lautlos, wortlos, nicht von Worten begleitet;* er reichte mir ~ den Brief; ~er Schmerz, Zorn • 2.1 ⟨60⟩ ~e **Person** ⟨Theat.⟩ *Darsteller einer Rolle, in der nicht gesprochen wird, Statist* • 2.2 ⟨60⟩ ~es **Spiel** ⟨Theat.⟩ *ausdrucksvolle Gestik u. Mimik, ohne zu sprechen* • 2.3 ⟨60⟩ ~e **Rolle** ⟨bei Theat. u. Film⟩ *eine R., bei der der Darsteller nichts zu sprechen hat* **3** *schweigend, nicht redend;* er blieb auf alle Fragen ~; ~ dabeisitzen, am Tische sitzen; ich werde ~ wie das Grab sein (u. das Geheimnis nicht ausplaudern); besser ~ als dumm ⟨Sprichw.⟩ • 3.1 er war ~ wie ein Fisch, ein Stock *sehr zurückhaltend, wenig unterhaltsam* • 3.2 ⟨50⟩ jmdn. ~ machen ⟨fig.⟩ *töten* **4** *etwas ist ~ nicht tönend* • 4.1 ~er **Laut** ⟨Sprachw.⟩ *L., der nur geschrieben, nicht gesprochen wird; das ~e „e" im Französischen*

Stum|mel ⟨m.; -s, -⟩ *kleines Endstück eines lang gestreckten (kleinen) Körpers, Stückchen, Rest;* Zigarren~; Schwanz~

Stum|pen ⟨m.; -s, -⟩ **1** ⟨süddt.⟩ *Stumpf, Baumstumpf* **2** *Zigarrenart ohne Spitzen* **3** *rohe Filzform für Hüte*

Stüm|per ⟨m.; -s, -; abwertend⟩ *jmd., der von seinem Fach nicht viel versteht, Pfuscher, Nichtskönner*

stumpf ⟨Adj.⟩ **1** *keine spitzen, geschliffenen od. scharfen Kanten od. Spitzen aufweisend;* Ggs spitz (1); ~e Zähne; Messer, Schwerter od. Werkzeuge werden rasch ~ • 1.1 ein ~er Bleistift *ungespitzter B.* • 1.2 eine ~e **Nadel** *nicht stechende N.* **2** *matt, nicht glänzend;* ~e Seide; ~es Haar; ~es Metall **3** *unempfindlich, ausdruckslos, verständnislos, teilnahmslos, abgestumpft, seelenlos;* die Gefangenen haben einen ~en Blick, Gesichtsausdruck; er blieb ~ gegen alles Schöne, ~ gegenüber allen Versuchen, ihn aufzumuntern; durch viele Schicksalsschläge ist sie ~ geworden; er ist nach seinem Schlaganfall völlig ~ geworden ⟨fig.⟩ **4** ⟨70⟩ ~er **Reim** ⟨Metrik⟩ = *männlicher Reim,* → *männlich (1.2)* **5** ⟨70⟩ ~er **Winkel** ⟨Math.⟩ *W., der größer als 90 ° u. kleiner als 180 ° ist*

Stumpf ⟨m.; -(e)s, Stümp|fe⟩ *übrig bleibendes Stück eines lang gestreckten Körpers, Reststück, Ende;* Baum~, Bein~

Stumpf|sinn ⟨m.; -(e)s; unz.⟩ **1** ⟨umg.⟩ *langweiliges, dummes Treiben;* das ist doch ~! • 1.1 ~ **brüten** ⟨umg.⟩ *teilnahmslos vor sich hinstarren*

stumpf|sin|nig ⟨Adj.⟩ **1** *verblödet, schwachsinnig* **2** *uninteressant, langweilig, öde;* eine ~e Arbeit

Stun|de ⟨f.; -, -n⟩ **1** (Abk.: St., Std., Stde., (Pl.) Stdn.) Zeichen: st, h (Astron.), …[h]⟩ *der 24. Teil des Tages, Zeitraum von 60 Minuten;* ich komme in einer ~; ich musste eine ~ warten; ich habe eine kleine, knappe ~ gebraucht; auf, für eine ~ bleiben, kommen; er kam nach einer ~ zurück; vor einer ~ hat er angerufen; die ~n bis zur Abreise zählen; er kann (ganze) ~n damit verbringen, zu …; mit zwei ~n Wartezeit musst du rechnen; alle zwei ~n eine Tablette nehmen; die Wirkung der Tablette hält 24 ~n an; eine viertel ~, Viertelstunde; der Zug hat eine halbe ~ Aufenthalt, Verspätung; anderthalb ~n; ~ um ~ verging, verrann, verstrich; des Jahres letzte ~ (zu Silvester); bis dorthin ist es eine gute, reichliche ~ (Weges); der Wagen fährt 140 km in der, pro ~, 140 km die ~ ⟨umg.⟩; besser eine ~ zu früh als eine Minute zu spät ⟨Sprichw.⟩ **2** *Unterricht von etwa einer Stunde (1) Dauer;* Deutsch~, Gesangs~, Schul~, Unterrichts~; die erste ~ fällt morgen aus (in der Schule); ~n geben, halten, nehmen; die morgigen ~n vorbereiten; ich gehe um 4 Uhr zur ~; der Schüler muss während der ~ gut aufpassen; was haben wir nächste ~? • 2.1 *Arbeitszeit von einer Stunde (1) Dauer;* er bekommt 15 Euro für die ~ **3** ⟨veraltet⟩ *Längenmaß von 4 bis 5 km;* drei ~n weit im Umkreis **4** *längerer Zeitraum innerhalb eines Tages;* Muße~; keine ruhige ~ für sich haben; das waren böse ~n für mich; die ~n dehnten sich; eine gemütliche ~ verplaudern; in beschaulichen, einsamen, langen ~n darüber nachdenken; frohe, heitere, schöne ~n miteinander verbringen; leere, unausgefüllte, verlorene ~n; seine müßigen ~n mit Malen verbringen; in einer stillen ~ werde ich es dir erzählen; dem Glücklichen schlägt keine ~ (nach Schiller, „Piccolomini", III, 3) • 4.1 seine ~n sind gezählt ⟨fig.⟩ *er wird bald sterben;* seine letzte ~ (vor dem Tod) **5** *Zeitpunkt, Augenblick;* die ~ der Entscheidung, der Gefahr; die ~ der Rache ist gekommen; die Gunst der ~ nutzen, verpassen, wahrnehmen; die richtige, rechte, geeignete ~ abwarten; zu beliebiger ~; zur gleichen, selben ~ geschah Folgendes …; in vorgerückter ~ war die Stimmung auf dem Höhepunkt; Zeit und ~ warten nicht ⟨Sprichw.⟩ • 5.1 zu später ~ *spät (am Abend, in der Nacht)* • 5.1.1 zu früher ~ *früh (am Morgen)* • 5.1.2 in letzter ~ *kurz bevor es zu spät ist* • 5.2 zu gelegener ~ kommen *gelegen kommen, zur passenden Zeit* • 5.2.1 seine ~ wahrnehmen *seine Chance nutzen* • 5.2.2 dem Gebot, Gesetz der ~ gehorchen *das im Augenblick Wichtigste tun* • 5.3 die X ein noch unbekannter *Zeitpunkt* • 5.4 bis zur ~ *bis zu diesem Augenblick* • 5.4.1 von Stund an ⟨poet.⟩ *von da an, von dieser Stunde an* • 5.4.2 zur ~ *war er gesund noch vor diesem Zeitpunkt* • 5.4.3 zu jeder ~ *jederzeit* • 5.4.4 in einer schwachen ~ ⟨fig.⟩ *in einem Augenblick, da man schwach, nachgiebig ist* **6** *Zeitpunkt nach Ablauf einer Stunde (1);* von ~ zu ~ warten; die Uhr schlägt die halben und ganzen (an) • 6.1 **wissen, was die ~ schlägt** ⟨fig.⟩ *die Bedeutung einer Sache erkennen u. entsprechend handeln* • 6.2 seine ~ **hat geschlagen** ⟨fig.⟩ • 6.2.1 *sein Tod steht kurz bevor* • 6.2.2 *der Zeitpunkt der Abrechnung naht*

stun|den ⟨V. 503⟩ **(jmdm.)** *etwas* ~ *für etwas Zah-*

lungsaufschub, -frist geben, gewähren; • können Sie mir den Betrag drei Wochen ~?

Stun|den|blu|me ⟨f.; -, -n⟩ = *Hibiskus*

stun|den|lang ⟨Adj. 24/90⟩ *eine od. mehrere Stunden andauernd;* ~es Warten

Stun|den|plan ⟨m.; -(e)s, -plä|ne⟩ *Plan, Übersicht über die Verteilung der Unterrichts- od. Arbeitsstunden*

Stun|den|zei|ger ⟨m.; -s, -⟩ *den Ablauf der Stunden anzeigender Uhrzeiger;* Ggs Minutenzeiger

...stün|dig ⟨Adj. 24; in Zus.⟩ *eine bestimmte od. unbestimmte Anzahl von Stunden dauernd;* dreistündig, mehrstündig, vielstündig; ein dreistündiger Vortrag

stünd|lich ⟨Adj. 24⟩ *jede Stunde stattfindend, alle Stunden wiederkehrend;* die Lage, sein Zustand ändert sich ~; man muss ihn täglich und ~ daran erinnern; der Autobus verkehrt ~; ich warte ~ auf seine Ankunft; →a. *täglich (1.1)*

...stünd|lich ⟨Adj. 24; in Zus.⟩ *im Abstand von einer bestimmten Anzahl von Stunden (stattfindend, wiederkehrend);* der Bus verkehrt dreistündlich

Stunt ⟨[stʌnt] m.; -s, -s⟩ *(von einem Stuntman gespielte) gefährliche Filmszene*

Stunt|man ⟨[stʌntmæn] m.; -, -men [-mən]⟩ *Mann, der Filmszenen anstelle des Hauptdarstellers spielt*

stu|pend ⟨Adj. 24/70; geh.⟩ *erstaunlich, ungeheuer, verblüffend;* ein ~es Wissen besitzen

stu|pid ⟨Adj.⟩ oV *stupide* **1 jmd.** ist ~ *dumm, beschränkt* **2** eine **Beschäftigung** ist ~ *stumpfsinnig, eintönig, langweilig*

stu|pi|de ⟨Adj.⟩ = *stupid*

Stups ⟨m.; -es, -e⟩ *leichter Stoß;* er gab mir einen ~

stup|sen ⟨V. 500; umg.⟩ **jmdn.** ~ *jmdn. anstoßen, jmdm. einen leichten Stoß versetzen*

stur ⟨Adj.; umg.⟩ **1** *stier, starr;* ein ~er Blick **2** *sehr beharrlich, hartnäckig, verbissen, eigensinnig, uneinsichtig, borniert;* er bleibt ~ bei seiner Meinung; ~ ein Ziel verfolgen • **2.1** ~ *wie ein Panzer, Brett vollkommen unnachgiebig, in keiner Weise zu beeinflussen* • **2.2** ⟨60⟩ ein ~er Bock! ⟨derb⟩ *ein Starrkopf*

Sturm¹ ⟨m.; -(e)s, Stür|me⟩ **1** *starker, heftiger Wind, Orkan;* der ~ legt sich; ein ~ wird losbrechen; der ~ tobt; ein furchtbarer, verheerender ~ wütet über dem Land; das Barometer steht auf ~; durch ~ und Regen laufen; wer Wind sät, wird ~ ernten (nach Hosea, 8,7); die Ruhe vor dem ~ • **1.1** ⟨Meteor.⟩ *Wind von mindestens Stärke 9 nach der Beaufortskala* **2** *heftiger, entscheidender Angriff, heftiger Kampf, Streit;* der ~ auf die Bastille; eine Festung usw. im ~ erobern, nehmen; zum ~ blasen ⟨Mil.⟩ • **2.1** gegen eine Anordnung ~ laufen ⟨fig.⟩ *heftig dagegen kämpfen* • **2.2** das od. jmds. Barometer steht heute auf ~ ⟨fig.; umg.⟩ *das Ausbrechen eines Streites, eines Wutanfalls steht kurz bevor* • **2.3** jmdn. od. jmds. Herz im ~ erobern *schnell die Sympathie von jmdm. erringen* **3** ⟨fig.⟩ *Aufruhr, Tumult* • **3.1** es war nur ein ~ im Wasserglas *Aufregung um Kleinigkeiten* **4** ⟨fig.⟩ *heftiger Andrang;* ein ~ auf die Banken setzte ein (um Geld abzuheben) **5** ⟨fig.⟩ *heftige Bewegung der Gemüter, heftige Erregung, Protest;* ~ der Leiden-

schaften; diese Verfügung entfesselte einen ~ der Empörung, Entrüstung • **5.1** die Ruhe vor dem ~ *vor einem Zornausbruch* **6** ⟨Gen. -; unz.⟩ ~ und **Drang** *Richtung der deutschen Literatur von 1767-1785, die sich gegen den Rationalismus der Aufklärung wandte u. durch Betonung des Gefühls u. Freiheitsdrang gekennzeichnet ist (nach dem Schauspiel „Wirrwarr" von M. Klinger, das von den Zeitgenossen Sturm u. Drang genannt wurde);* ~-und-Drang-Zeit; ein Werk aus der Zeit des ~ und Drang **7** *den Stürmen des Lebens ausgeliefert sein, trotzen* ⟨fig.⟩ *den Anforderungen, Schwierigkeiten* **8** ~ **läuten** ⟨umg.⟩ *heftig, stark läuten* **9** ⟨Sp.⟩ *Gesamtheit der Spieler, die den Angriff vortragen (z. B. beim Fußball)*

Sturm² ⟨m.; -(e)s; unz.; österr.⟩ *in Gärung übergegangener Most*

stür|men ⟨V.⟩ **1** ⟨400⟩ der **Wind** stürmt *weht stark, tobt* • **1.1** ⟨401⟩ es stürmt *ein Sturm weht, es geht ein starker Wind;* es stürmt u. schneit **2** ⟨411(s.)⟩ **jmd.** stürmt **irgendwo(hin)** *rennt, jagt, stürzt;* ins Zimmer ~; durch den Wald ~ **3** ⟨500⟩ etwas ~ ⟨fig.⟩ *im Ansturm in Besitz nehmen;* das Spielfeld wurde von aufgebrachten Fans gestürmt **4** ⟨400⟩ **Most, Wein** stürmt *gärt* **5** ⟨500⟩ etwas ~ ⟨Mil.⟩ *im Sturm nehmen, erobern;* die feindliche Stellung ~; die Vorratshäuser ~ **6** ⟨400; Sp.⟩ *als Stürmer spielen*

Stür|mer ⟨m.; -s, -⟩ **1** ⟨Sp.⟩ *im Sturm (9) eingesetzter Spieler* **2** *gegorener Most, Federweißer*

Sturm|flut ⟨f.; -, -en⟩ *durch Sturm hervorgerufene, sehr hohe Flut*

sturm|frei ⟨Adj. 24⟩ **1** ⟨Mil.⟩ *gegen Erstürmung gesichert, unangreifbar, uneinnehmbar* **2** ⟨70⟩ eine ~e Bude ⟨umg.⟩ *Zimmer, in dem man ohne Kontrolle durch die Eltern Freunde empfangen u. feiern kann*

stür|misch ⟨Adj.⟩ **1** *sturmerfüllt, sehr windig;* ~es Wetter, ein ~er Tag, eine ~e Nacht • **1.1** *mit hohem Wellengang;* ~e See; eine ~e Überfahrt **2** *leidenschaftlich, wild, ungestüm, gewaltsam vorwärts drängend;* ein ~es Temperament haben; die Auseinandersetzung, Begrüßung, der Beifall war sehr ~; der Redner rief ~e Heiterkeit hervor; ein ~er Liebhaber; jmdn. ~ um etwas bitten; ~ gegen etwas protestieren

Sturm|schritt ⟨m.; -(e)s; unz.⟩ **im** ~ *sehr schnell, mit großen, stürmischen Schritten;* im ~ angelaufen kommen

Sturz ⟨m.; -es, Stür|ze⟩ **1** *heftiger, schwerer, plötzlicher Fall;* Ab~, Ein~, Fels~; ein ~ auf dem Eis, aus dem Fenster, ins Wasser, vom Pferd **2** ⟨fig.⟩ *plötzliches Fallen, Sinken von etwas;* der ~ der Temperatur, der Preise • **2.1** *plötzliches Umschlagen, plötzliche Verschlechterung;* Wetter~; Kurs~; Preis~ • **2.1.1** ~ des Barometers *plötzliches Sinken des Luftdrucks* **3** ⟨fig.⟩ *gewaltsame Amtsenthebung, plötzliche Absetzung (eines Politikers od. der ganzen Regierung);* ~ eines Ministers, der Regierung **4** *Feststellen des Kassenbestandes, genaue Abrechnung (eigentlich durch Umstürzen);* Kassen~ **5** ⟨Pl.: -e; Arch.⟩ *oberer Abschluss von Fenster u. Tür;* Fenster~, Tür~ **6** ⟨Bgb.⟩ *Ausladeplatz*

Sturz|bach ⟨m.; -(e)s, -bä|che⟩ **1** *Bach mit starkem Ge-*

stürzen

fälle **2** ⟨fig.⟩ *Schwall, Flut;* ein ~ von Flüchen, Worten brach auf ihn nieder

stür|zen ⟨V.⟩ **1** ⟨400(s.)⟩ *heftig zu Fall gebracht werden, hinfallen, herabfallen;* sie ist gestürzt und hat sich ein Bein gebrochen; sein Pferd stürzte; sie ist sehr schwer, unglücklich gestürzt; auf dem Eis ~; sie ist auf der Treppe gestürzt; aus dem Fenster ~; beim Skilaufen ~; ins Wasser ~; mit dem Pferd ~; über einen Stein ~; vom Pferd, von der Leiter ~; zu Boden ~ **2** ⟨510/Vr 7⟩ *jmdn. ~ hinunterwerfen, (mittels Kraftanwendung) zu Fall bringen;* jmdn. aus dem Fenster, ins Wasser ~; sie beging Selbstmord, indem sie sich aus dem Fenster stürzte; in seiner Verzweiflung wollte er sich aus dem Fenster stürzte; in seiner Verzweiflung wollte er sich von der Brücke aus ins Wasser ~; (sich) jmdm. flehend zu Füßen ~ • **2.1** sich zu Tode ~ *durch Sturz (1) sterben* **3** ⟨411(s.)⟩ *ein* **Berghang, Fels** *stürzt bildet einen sehr steilen Hang;* der Fels stürzt hier steil in die Tiefe **4** ⟨411(s.)⟩ *eine* **Flüssigkeit** *stürzt bricht heftig, plötzlich hervor;* die Tränen stürzten ihr aus den Augen **5** ⟨411(s.)⟩ *eilen, rennen;* jmdm. in die Arme ~; er kam ins Zimmer gestürzt; er stürzte davon **6** ⟨500⟩ einen **Behälter** ~ *umdrehen, umkippen;* einen Kasten mit ~! (Aufschrift auf Kisten mit zerbrechlichem Inhalt); gespülte Gläser zum Trocknen auf ein Tuch ~; den Pudding (eigentlich die Schüssel mit dem Pudding) ~ **7** ⟨500⟩ einen Acker ~ *umpflügen* **8** ⟨511⟩ *etwas* **über** *etwas* ~ *etwas mit etwas bedecken;* den Deckel über den Kochtopf ~ **9** ⟨511/Vr 3⟩ **sich in, auf etwas** ~ *sich schnell auf etwas zubewegen;* er stürzte sich auf sie, um sie zum Tanzen aufzufordern • **9.1** *sich mit Schwung, Heftigkeit in, auf etwas begeben;* sich in den Trubel, sich ins Vergnügen ~; sich auf die besten Plätze ~ • **9.1.1** sich **auf** die **Zeitung** ~ *die Z. eilig nehmen* • **9.1.2** er stürzte sich förmlich auf das Essen *er aß hastig* • **9.2 sich auf jmdn.** ~ • **9.2.1** *jmdn. tätlich angreifen;* der Einbrecher wurde daran gehindert, sich auf die alte Frau zu ~ • **9.2.2** ⟨fig.⟩ *jmdn. in Beschlag nehmen;* die Gäste stürzten sich auf den berühmten Arzt • **9.3** *sich intensiv mit etwas beschäftigen, etwas intensiv betreiben;* sich in die Arbeit ~ • **9.3.1** du sollst dich nicht in Unkosten ~ *du sollst dir keine (großen) Ausgaben machen* **9.3.2** bei diesem Projekt hat er sich in Schulden gestürzt *hat er viel Schulden gemacht* **10** ⟨500⟩ **jmdn.** ~ *jmds. Sturz (3) bewirken, jmdn. gewaltsam absetzen, seines Amtes entheben, zum Rücktritt zwingen;* einen Minister, ~; der König wurde gestürzt **11** ⟨511⟩ *jmdn.* **ins Unglück, ins Verderben** ~ ⟨fig.⟩ *jmdn. unglücklich machen, jmds. U., V., V. verursachen*

Stuss ⟨m.; -es; unz.; umg.⟩ *Unsinn, törichtes Zeug;* er erzählt nur ~; mach keinen ~!

Stu|te ⟨f.; -, -n⟩ **1** *weibl. Pferd;* eine ~ mit ihrem Fohlen **2** *weibl. Tier (von Esel, Kamel, Zebra)*

Stüt|ze ⟨f.; -, -n⟩ **1** *Gegenstand, Vorrichtung, die etwas stützt;* der Stock dient mir als ~; Bäume, ein Dach, Pflanzen, die Wäscheleine mit ~n versehen **2** ⟨fig.⟩ *Hilfe, Beistand, Unterstützung, Halt;* er ist mir im Alter eine große ~; ein Notizbuch als ~ für mein Gedächtnis; eine ~ an jmdm. haben; jmds. ~ sein

stut|zen[1] ⟨V. 400⟩ **1** *erstaunt, verwirrt innehalten, überrascht sein* **2** *plötzlich argwöhnisch werden, Verdacht fassen;* als sein Name erwähnt wurde, stutzte sie **3** *ein* **Pferd, Wild** *stutzt bleibt plötzlich stehen, wird scheu;* das Pferd stutzte vor der Hecke

stut|zen[2] ⟨V. 500⟩ *etwas* ~ *kurz schneiden, beschneiden, verkürzen;* den Bart, Bäume, Flügel, Haare, Hecken ~; die Ohren des Hundes, den Schwanz des Hundes ~

Stut|zen ⟨m.; -s, -⟩ **1** *kurzes Jagdgewehr mit gezogenem Lauf* **2** *Ansatzrohr, Rohrstück* **3** ⟨Fußb.⟩ *fußloser Kniestrumpf*

stüt|zen ⟨V. 500⟩ **1** *jmdn.* od. *etwas* ~ *Halt geben, sichern, am Fallen, Zusammenbrechen hindern;* die mit Früchten schwer beladenen Äste des Baumes ~; ein baufälliges Haus ~; alte Mauern durch Pfeiler ~; Äste, Bäume mit einem Stock usw. ~; Kranke ~; er stützte den Kopf in die Hände • **1.1** ⟨511/Vr 7⟩ *sich auf die Ellbogen* ~, *die Ellbogen auf den Tisch* ~ *beim Sitzen mit der E. Halt am Tisch finden;* du sollst die Ellenbogen nicht auf den Tisch ~ **2** ⟨511/Vr 3⟩ **sich auf jmdn., etwas** ~ *Halt bei jmdm., etwas finden, etwas, jmdn. als Stütze benutzen;* sich auf den Stock, den Tisch ~; ~ Sie sich auf meinen Arm! **3** *etwas* ~ ⟨fig.⟩ *am Zusammenbrechen hindern;* eine Währung ~ • **3.1** *eine* **Regierung** ~ *einer R., die Schwierigkeiten hat, helfen, sie unterstützen* **4** ⟨511/Vr 3⟩ **sich auf etwas** ~ ⟨fig.⟩ *sich stark an etwas anlehnen, als Grundlage benutzen;* sich auf ein wissenschaftliches Werk ~; sich auf Aussagen, Beweise ~; worauf wird sich die Verteidigung ~?

stut|zig ⟨Adj. 80⟩ *verwundert, argwöhnisch;* das machte mich ~; als ich das hörte, wurde ich ~

Stütz|punkt ⟨m.; -(e)s, -e⟩ **1** *Punkt, auf dem ein Teil einer Last ruht, an dem ein Hebel Halt findet* **2** ⟨fig.⟩ *Ort, der sich bes. gut zur Verteidigung innerhalb eines größeren Gebietes eignet* **3** *wichtiger, oft befestigter Ausgangspunkt von Unternehmungen;* Flotten~, Handels~; ~ anlegen, errichten, sich schaffen

sty|len ⟨[sta͜i-] V.⟩ **1** ⟨500⟩ etwas ~ *modisch gestalten, entwerfen* **2** ⟨500/Vr 3; salopp⟩ **jmdn.** od. **sich** ~ *aufwändig zurechtmachen;* sie war kunstvoll gestylt

Sty|ro|por® ⟨n.; -s; unz.⟩ *aus Styrol u. Treibmittel hergestellter Kunststoff mit geringer Dichte (als Verpackungs- u. Isoliermittel verwendet)*

sub..., Sub... ⟨in Zus.⟩ *unter..., Unter...;* subaltern, subarktisch; Subkategorie, Substandard

sub|al|tern ⟨Adj.⟩ **1** ⟨24⟩ *jmd., jmds.* **Stellung** *ist* ~ *untergeordnet, unvollständig;* ein ~er Beamter **2** *ein* ~*es Benehmen unterwürfiges B.*

Sub|jekt ⟨n.; -(e)s, -e⟩ **1** *wahrnehmendes, denkendes, wollendes Wesen;* Ggs Objekt (1) **2** ⟨fig.; umg.; abwertend⟩ *Person;* ein verdächtiges, widerwärtiges ~ **3** ⟨Logik⟩ *Begriff, dem ein anderer beigelegt* od. *abgesprochen wird;* →a. Prädikat (3) **4** ⟨Gramm.⟩ *Satzteil, von dem etwas ausgesagt wird;* →a. Prädikat (3.1), Objekt (3)

sub|jek|tiv ⟨a. ['---] Adj.⟩ **1** ⟨24⟩ *zum Subjekt (1) gehörig, auf ihm beruhend, von ihm ausgehend, ihm entsprechend, gemäß* **2** *persönlich, nicht sachlich, unsach-*

lich: Ggs *objektiv (2);* ein ~es Urteil; etwas ~ betrachten, beurteilen

sub|lim ⟨Adj.; geh.⟩ *erhaben, verfeinert, von einem verfeinerten Verständnis zeugend, nur mit einem sehr feinen Empfinden zu verstehen;* ~e Betrachtungen

sub|li|mie|ren ⟨V.⟩ **1** ⟨500⟩ **Erlebnisse** ~ *ins Erhabene steigern, läutern, verfeinern* **2** ⟨400⟩ **Stoffe** ~ ⟨Phys.⟩ *gehen aus dem festen in den gasförmigen Aggregatzustand über u. umgekehrt, ohne dass die Stufe des flüssigen Aggregatzustandes durchlaufen wird*

sub|or|di|nie|ren ⟨V. 500/Vr 7⟩ **1** *jmdn.* od. *etwas* ~ *unterordnen* **2** ~de **Konjunktion** ⟨Gramm.⟩ *K., die einen Nebensatz mit einem Hauptsatz verbindet;* Sy *unterordnende Konjunktion,* → unterordnen (1.3)

Sub|skrip|ti|on ⟨f.; -, -en⟩ **1** *Vorbestellung u. Verpflichtung zur Abnahme durch Unterschrift, z. B. bei größeren, in mehreren Bänden erscheinenden Werken der Literatur;* ~ auf ein Lexikon **2** *Zeichnung von Anleihen*

♦ Die Buchstabenfolge **sub|st…** kann in Fremdwörtern auch **subs|t…** getrennt werden. Davon ausgenommen sind Zusammensetzungen, in denen die fremdsprachigen bzw. sprachhistorischen Bestandteile deutlich als solche erkennbar sind, z. B. *-standard* (→a. *Standard*).

♦ **sub|stan|ti|ell** ⟨Adj.⟩ = *substanziell*
♦ **Sub|stan|tiv** ⟨n.; -s, -e; Gramm.⟩ *Wort, das einen Gegenstand od. Begriff bezeichnet;* Sy *Hauptwort*
♦ **Sub|stanz** ⟨f.; -, -en⟩ **1** ⟨Philos.⟩ *das Ding* ● **1.1** *das allen Dingen innewohnende Wesen* ● **1.2** *der Urgrund alles Seins* **2** ⟨Phys.⟩ = *Materie (2);* eine neue ~ auf chemischem Gebiet entdecken **3** *Stoff, das Stoffliche* ● **3.1** *das Bleibende* **4** ⟨fig.⟩ *innerstes Wesen, Kern (einer Sache), das Wesentliche* **5** ⟨fig.; umg.⟩ *das Vorhandene, Besitz, Vorrat, Kapital, Vermögen;* die ~ angreifen, aufbrauchen; von der ~ leben, zehren
♦ **sub|stan|zi|ell** ⟨Adj.⟩ oV *substantiell* **1** *wesentlich, wesenhaft* **2** ⟨24⟩ = *stofflich (2)*
sub|su|mie|ren ⟨V. 500⟩ *etwas* ~ **1** *unter-, einordnen* **2** *zusammenfassen*
Sub|sum|ti|on ⟨f.; -, -en⟩ *das Subsumieren*
sub|til ⟨Adj.⟩ **1** eine **Person** ist ~ *zart, fein* **2** ein **Problem** ist ~ *schwierig* **3** eine **Äußerung** ist ~ *spitzfindig, scharfsinnig*
sub|tra|hie|ren ⟨V. 500⟩ eine **Zahl** ~ *eine Subtraktion mit einer Z. durchführen;* Sy *abziehen;* Ggs *addieren;* vier von sechs ~
Sub|trak|ti|on ⟨f.; -, -en; Math.⟩ Ggs *Addition* **1** *das Subtrahieren* **2** *Ergebnis des Subtrahierens*
Sub|ven|ti|on ⟨[-vɛn-] f.; -, -en⟩ *(finanzielle) Hilfe, zweckgebundene Unterstützung, bes. aus öffentlichen Mitteln*
Sub|ver|si|on ⟨[-ver-] f.; -, -en⟩ *Untergrabung, Umsturz, Zerstörung*
sub|ver|siv ⟨[-ver-] Adj.⟩ *umstürzend, umstürzlerisch, zerstörerisch;* ~e Elemente, Meinungen
Su|che ⟨f.; -; unz.⟩ **1** ⟨unz.⟩ *das Suchen (1), Aufspüren, Nachforschung, Fahndung;* sich auf die ~ begeben; machen; auf die ~ gehen; jmdn. auf die ~ schicken; ich bin auf der ~ nach einem Hotel, einer Stellung, einer Wohnung; die polizeiliche ~ nach dem Verbrecher **2** ⟨Jagdw.⟩ *das Suchen, Aufspüren von Wild durch den Jäger u. die Hunde*

su|chen ⟨V.⟩ **1** ⟨500/Vr 8 od. 800⟩ **jmdn., etwas, nach jmdm., nach etwas** ~ *jmdn., etwas finden wollen, zu finden sich bemühen;* ich habe dich überall gesucht; im Wald Beeren, Pilze ~; ein Hotel, eine Unterkunft, eine Wohnung, ein Zimmer ~; eine Stelle in einem Buch ~; in allen Taschen nach etwas ~; das Gesuchte hat sich gefunden; sich ~d umschauen; ich habe lange nach einer Ausrede, einem Vorwand gesucht; nach einem passenden Ausdruck, Wort ~; suchet, so werdet ihr finden (Matth. 7,7) ● **1.1** ⟨513⟩ etwas wie eine Stecknadel im Heuhaufen ~ ⟨fig.⟩ *lange u. gründlich, aber mit wenig Aussicht auf Erfolg* ● **1.2** ⟨500⟩ ein **Betrieb** sucht **jmdn.** *möchte jmdn. neu einstellen;* Verkäufer(in), Kellner(in) etc. gesucht (Anzeige eines Betriebes) ● **1.2.1** jmd. sucht eine **Stellung** *möchte von einem Betrieb neu eingestellt werden* ● **1.3** ⟨500⟩ **Anschluss** ~ *einen Bekanntenkreis finden wollen;* er wohnt erst seit kurzem hier und sucht noch Anschluss ● **1.4** ⟨513⟩ **jmdn.** polizeilich, steckbrieflich ~ (lassen) *nach jmdm. fahnden* **2** ⟨400⟩ ein **Jagdhund** sucht *spürt nach;* such!, suche! (Aufforderung an den Hund) **3** eine **Sache** ~ *eine S. erreichen wollen, sich die Realisierung, Erfüllung einer S. wünschen;* einen Ausweg, Hilfe, Rat, Schutz, Trost, Zuflucht ~; Entspannung, Erholung, Ruhe, Vergessen ~; Abenteuer, Bekanntschaften ~ ● **3.1** er sucht gern Händel, Streit *er ist streitsüchtig* ● **3.2** er sucht eine Frau *er möchte eine Liebesbeziehung eingehen, heiraten* ● **3.3** er sucht den eigenen Vorteil *ist auf den eigenen V. bedacht* **4** ⟨580⟩ eine **Sache zu tun** ~ *versuchen, trachten, sich bemühen;* einer sucht den anderen auszustechen, zu überbieten, zu übertrumpfen; etwas zu erreichen ~; sie suchte ihm zu gefallen; jmdm. zu helfen ~; er suchte mir zu schaden; man muss ihn zu verstehen ~ **5** ⟨500⟩ etwas ist gesucht *geziert, gekünstelt;* gesuchter Stil, Vergleich **6** ⟨Part. Perf.⟩ jmd. od. **etwas** ist gesucht *rar, begehrt;* dieses Produkt ist sehr gesucht; er ist ein gesuchter Architekt, Arzt, Künstler **7** ⟨500; fig.⟩ ● **7.1** ⟨511; umg.⟩ *in bestimmten Wendungen* *tun, treiben;* was suchst du hier?; was hast du hier zu ~? ● **7.1.1** hier haben wir nichts zu ~ ⟨umg.⟩ *hier gehören wir nicht her, lasst uns gehen* ● **7.2** jmd. hat bei **jmdm. nichts zu** ~ *ist bei jmdm., dort unerwünscht* ● **7.3** ⟨510⟩ in allem etwas ~ *sehr misstrauisch sein* ● **7.4** man muss nicht hinter allem etwas Schlechtes ~ *vermuten*

Sucht ⟨f.; -, Süch|te⟩ **1** *krankhaft gesteigertes Bedürfnis;* Alkohol~, Drogen~; ~kranke; das Rauchen ist bei ihm zur ~ geworden **2** ⟨fig.⟩ *hemmungsloses Verlangen, übersteigertes Streben;* Geltungs~, Ruhm~, Vergnügungs~; ~ nach Abwechslung, Vergnügen, Zerstreuung; die schnöde ~ nach dem Geld **3** ⟨veraltet⟩ *Krankheit, Leiden;* Gelb~

süch|tig ⟨Adj. 24⟩ *einer Sucht verfallen, ein krankhaft* *gesteigertes Bedürfnis nach etwas spürend;* alkohol~, drogen~; *er ist* ~ *nach Büchern* ⟨fig.⟩

Sud ⟨m.; -(e)s, -e; Pl. selten⟩ *Wasser, in dem Lebensmittel gekocht werden*

su|deln ⟨V. 400; umg.; abwertend⟩ *Schmutz machen, etwas mit Schmutz beschmieren, im Schmutz wühlen*

Sü|den ⟨m.; -s; unz.; Abk.: S⟩ **1** *Himmelsrichtung, in der auf der nördlichen Halbkugel der Erde die Sonne am höchsten steht, Richtung auf den Südpol; die Sonne steht im* ~; *das Zimmer geht, liegt, schaut nach* ~; *die Zugvögel fliegen, ziehen schon nach* ~; *gen* ~ ⟨poet.⟩ **2** *das im Süden (1) gelegene Gebiet;* im ~ *von Berlin* • **2.1** *die Mittelmeerländer; er verbringt den Winter im* ~; *im sonnigen* ~; *aus dem* ~ *(Europas) stammen* • **2.2** *die südlichen Staaten der USA; im* ~ *aufgewachsen sein und seine Probleme kennen*

süd|lich ⟨Adj.⟩ *im Süden gelegen, in Richtung nach Süden gelegen; die* ~*e Erdhalbkugel; der* ~*e Sternenhimmel;* ~ *von Berlin; die Südlichen Kalkalpen;* 10° ~*er Breite* ⟨Abk.: s. Br. od. südl. Br.⟩

Süf|fi|sance ⟨[-zã:s] f.; -; unz.⟩ = *Süffisanz*

süf|fi|sant ⟨Adj.⟩ *spöttisch od. ironisch u. dabei selbstsicher, dünkelhaft;* ein ~*es Lächeln*

Süf|fi|sanz ⟨f.; -; unz.⟩ *Dünkel, Selbstgefälligkeit, Spottsucht;* oV *Süffisance*

Suf|fix ⟨n.; -es, -e; Gramm.⟩ *(dem Wortstamm) angefügte Wortbildungssilbe, z. B. „-heit" in „Krankheit", „-e" in „viele";* Sy *Nachsilbe;* Ggs *Präfix*

sug|ge|rie|ren ⟨V. 530⟩ **jmdm. etwas** ~ *durch seelische Beeinflussung glauben machen; diesen Gedanken hat er ihm suggeriert*

Sug|ges|ti|on ⟨f.; -, -en⟩ **1** *seelische Einflussnahme, Willensübertragung auf eine andere Person, ohne dass dieses bemerkt;* Massen~ **2** ⟨unz.⟩ *suggestive Kraft; sie strahlt eine starke* ~ *aus*

sug|ges|tiv ⟨Adj.⟩ *seelisch beeinflussend; eine* ~*e Macht besitzen; von ihm ging eine* ~*e Macht aus; eine* ~*e Wirkung auf jmdn. ausüben, haben*

Süh|ne ⟨f.; -, -n⟩ *Wiedergutmachung (für begangenes Unrecht); jmdm.* ~ *anbieten, geben, leisten; jmdm. eine* ~ *auferlegen; von jmdm.* ~ *erhalten, fordern, verlangen; gerechte* ~ *finden; als* ~ *für begangenes Unrecht*

süh|nen ⟨V. 500⟩ *ein* **Unrecht** ~ *wiedergutmachen, dafür büßen, Genugtuung geben; begangenes Unrecht, eine Verfehlung, ein Verbrechen mit dem Leben, dem Tode* ~

Sui|te ⟨[svi:t(ǝ)] f.; -, -n⟩ **1** *Folge von langsamen u. schnellen Sätzen gleicher Tonart;* Tanz~ **2** *militärisches od. fürstliches Gefolge, Begleitung* **3** *mehrere miteinander verbundene Zimmer, Zimmerflucht (im Hotel)*

Su|i|zid ⟨m.; -(e)s, -e⟩ = *Selbstmord*

Su|jet ⟨[sy3ɛ:] n.; -s, -s⟩ *Thema (einer künstlerischen Darstellung), Gegenstand einer Untersuchung*

Suk|ka|de ⟨f.; -, -n⟩ *kandierte Schale von Zitrusfrüchten, z. B. Zitronat*

suk|zes|siv ⟨Adj. 24⟩ *allmählich (eintretend);* oV *sukzessive*

suk|zes|si|ve ⟨[-vǝ] Adj. 24⟩ = *sukzessiv*

Sul|ky ⟨engl. [sʌlki:] n.; -s, -s⟩ *zweirädriger Einspänner (für Trabrennen), Traberwagen*

Sul|ta|ni|ne ⟨f.; -, -n⟩ *helle, große, kernlose Rosine*

Sulz ⟨f.; -, -en; oberdt.; Kochk.⟩ = *Sülze (1)*

Sül|ze ⟨f.; -, -n⟩ **1** ⟨Kochk.⟩ *Fleisch-, Fischstücke in Gallert;* oV ⟨oberdt.⟩ *Sulz* **2** *Sole* • **2.1** *Salzlake, -brühe* **3** *Salzquelle* **4** ⟨Jägerspr.⟩ *Stelle, wo Salz für das Wild gestreut wird*

sum|ma|risch ⟨Adj. 24/70⟩ *kurz zusammengefasst, kurz gefasst, bündig; ein Thema nur, sehr* ~ *behandeln*

Sum|me ⟨f.; -, -n⟩ **1** *Ergebnis einer Addition; die* ~ *einer Rechnung* **2** *bestimmter Betrag an Geld; eine beträchtliche, große, hohe, stattliche* ~; *die runde* ~ *von 500 Euro; große* ~*n für etwas anlegen, aufwenden, ausgeben, verbrauchen; eine gewisse* ~ *für einen bestimmten Zweck bereitstellen; die ganze* ~ *bar bezahlen; dabei wurden große* ~*n einfach vergeudet, verschleudert, verschwendet* **3** ⟨fig.⟩ *Gesamtheit, das Ganze;* ~ *aller Erkenntnis, des Wissens*

sum|men ⟨V.⟩ **1** ⟨400⟩ **Insekten, Flugzeuge** ~ *brummen leise, anhaltend, fliegen hörbar; Käfer summten über der Wiese; es summt und brummt; Bienen* ~; *ein eintöniges Summen war in der Luft* **2** ⟨400⟩ *etwas* summt *gibt einen vibrierenden, anhaltenden Ton von sich (wie Insekten od. Flugzeuge); die* ~*den Laute im Lautsprecher stören; es summt mir in den Ohren; ein Summen ertönte im Radio* **3** ⟨402⟩ *(eine* **Melodie**⟩ ~ *mit geschlossenen Lippen singen, leise, ohne Worte vor sich hin singen; ein Liedchen, eine Melodie* ~

sum|mie|ren ⟨V. 500⟩ **1** *Beträge* ~ *zu einer Summe vereinigen* **2** ⟨Vr 3⟩ *sich* ~ *anwachsen, sich häufen, immer mehr werden*

Sumpf ⟨m.; -(e)s, Sümp|fe⟩ **1** *mit Wasser durchtränkter Erdboden; die charakteristischen Vegetationen der Sümpfe; in einen* ~ *geraten* • **1.1** *Gebiet, das mit Sumpf (1) bedeckt ist; einen* ~ *entwässern, trockenlegen* **2** ⟨fig.⟩ *Verkommenes, Schlechtes, Unmoralisches; im* ~ *der Großstadt untergehen, versinken* • **2.1** *in einen* ~ *geraten unter schlechten Einfluss, in eine verkommene Umgebung; im* ~ *stecken bleiben* **3** ⟨Bgb.⟩ *unterster Teil eines Schachtes, meist mit Wasser gefüllt*

Sund ⟨m.; -(e)s, -e⟩ *Meeresstraße, Meeresenge bes. zwischen der dänischen Insel Seeland u. Südschweden)*

Sün|de ⟨f.; -, -n⟩ **1** ⟨Rel.⟩ *Verfehlung gegen die Gottheit od. ihr Gebot; die* ~*n des Fleisches; die* ~ *des Hochmuts, des Unglaubens; seine* ~*n beichten, bekennen, bereuen, einsehen, erkennen; deine* ~*n sind dir vergeben, verziehen; in* ~ *fallen, geraten; von einer* ~ *erlöst werden; eine* ~ *begehen, tun; in* ~ *verstrickt sein* **2** *Handlung, deren man sich schämen sollte, Verstoß, Unrecht; es ist eine* ~ *und Schande; es ist eine* ~, *das Brot wegzuwerfen; es ist eine* ~ (*wahre*), *dass deine Gaben nicht besser nutzt*

Sün|der ⟨m.; -s, -⟩ **1** *jmd., der eine Sünde begangen hat od. immer wieder sündigt; wir sind alle* ~; *du stehst da wie ein ertappter* ~; *ein hart gesottener, verstockter* ~; →a. *arm (1.5)*

Sün|de|rin ⟨f.; -, -rin|nen⟩ *weibl. Sünder*

Sünd|flut ⟨f.; -; unz.; volksetymolog. Umdeutung von⟩ *Sintflut*

sünd|haft ⟨Adj.⟩ **1** *mit Sünden beladen, sündig, gegen Gottes Gebot, gegen die Sitten verstoßend;* oV *sündig;* ~e *Absichten, Gedanken, Wünsche, Taten; ich* ~er *Mensch; es ist* ~*, das zu tun* **2** ⟨fig.; umg.⟩ *übertrieben (viel), sehr; das kostet ein* ~es *Geld; das ist* ~ *teuer*

sün|dig ⟨Adj.⟩ **1** = *sündhaft (1)* • **1.1** ~ *werden eine Sünde begehen, sündigen*

sün|di|gen ⟨V. 800⟩ **gegen etwas** ~ *eine Sünde begehen, gegen etwas verstoßen, sich vergehen; gegen Gottes Gebote* ~*; du sündigst gegen deine Gesundheit*

Sun|na ⟨f.; -; unz.⟩ *Sammlung von Aussprüchen u. Vorschriften Mohammeds als Richtschnur der islamischen Lebensweise*

Sun|nit ⟨m.; -en, -en⟩ *Anhänger der orthodoxen Glaubensrichtung des Islams, die auf der Sunna basiert (die auf Ali zurückzuführende gesonderte Sunna der Schiiten wird von Sunniten nicht anerkannt);* →a. *Schiit*

su|per ⟨Adj. 11; umg.; salopp⟩ *hervorragend, sehr gut, großartig, toll; du siehst* ~ *aus; das blaue Kleid steht dir* ~

su|per…, Su|per… ⟨in Zus.⟩ **1** *ober…, Ober…, über…, Über…;* Superintendent, Supermacht **2** *äußerst, sehr, besonders;* superklug, superfein, superleicht • **2.1** *herausragend, großartig;* Superhit

su|perb ⟨[sy-] Adj.; bes. österr.⟩ = *süperb*

sü|perb ⟨Adj.; geh.⟩ *vorzüglich, prächtig;* oV *superb*

Su|per-G ⟨[-dʒi] m.; - od. -s, - od. -s; Sp.⟩ *Skirennen, eine Kombination aus Abfahrtslauf u. Riesenslalom*

Su|per|la|tiv ⟨m.; -s, -e⟩ **1** ⟨Gramm.⟩ *Stufe des Vergleichs, die angibt, dass eine Eigenschaft einer Sache in größtem Maße zukommt, zweite Steigerungsstufe, Meiststufe* **2** *übertriebener Ausdruck, übermäßiges Lob; in (lauter)* ~en *reden; eine Ware in* ~en *anpreisen: Amerika ist ein Land der* ~e

Su|per|markt ⟨m.; -(e)s, -märk|te⟩ *großes Lebensmittelgeschäft mit Selbstbedienung u. umfangreichem Sortiment*

Sup|pe ⟨f.; -, -n⟩ **1** *flüssige Speise; ein Teller* ~ *als Vorspeise; eine dicke, klare, legierte, süße, versalzene* ~*; die* ~ *versalzen, würzen;* ~ *mit Einlage* **2** ⟨fig.⟩ • **2.1** *die* ~ *hast du dir selbst eingebrockt* ⟨fig.; umg.⟩ *diese Unannehmlichkeit hast du dir selbst zuzuschreiben* • **2.2** *jmdm. eine schöne* ~ *einbrocken, einrühren* ⟨umg.⟩ *eine unangenehme Sache aufhalsen* • **2.3** *die* ~ *auslöffeln, die man sich eingebrockt hat* ⟨umg.⟩ *die unangenehmen Folgen seiner Handlungsweise tragen* • **2.4** *jmdm. in die* ~ *fallen* ⟨umg.; scherzh.⟩ *jmdn. unerwartet während der Essenszeit besuchen* • **2.5** *jmdm. die* ~ *versalzen* ⟨umg.⟩ *jmds. Pläne durchkreuzen, jmdm. die Freude verderben* • **2.6** *das macht die* ~ *auch nicht fett* ⟨umg.⟩ *hat wenig Wert* • **2.7** *jmdm. in die* ~ *spucken* ⟨umg.⟩ *jmdm. etwas verderben*

Sup|ple|ment ⟨n.; -(e)s, -e⟩ *Ergänzung, bes. Nachtrag zu einem Werk;* ~band

su|pra…, Su|pra… *auch:* **sup|ra…, Sup|ra…** ⟨in Zus.⟩ *ober…, Ober…, über…, Über…;* supranational; Supraleiter

sur|fen ⟨[sœː-] V. 400⟩ **1** *Surfing betreiben; auf dem Meer* ~*; er ist über den See gesurft* **2** ⟨fig.⟩ *im Netz, im Internet* ~ *mit einem Browser durch das Internet navigieren*

Sur|fing ⟨[sœːfɪŋ] n.; -s; unz.⟩ *Wassersport, bei dem man sich, auf einem Surfbrett stehend, von Wind u. Wellen vorwärts tragen lässt*

Sur|re|a|lis|mus ⟨a. [zyr-] m.; -; unz.; seit Anfang des 20. Jh.⟩ *Strömung in Kunst u. Literatur, die das Fantastische, das Unbewusste u. die Traumhafte u. seine Verschmelzung mit der Wirklichkeit darzustellen sucht*

sur|ren ⟨V. 400⟩ *etwas surrt erzeugt ein gleichmäßiges, klangloses, metallisches Geräusch; ein Flugzeug surrt*

Sur|ro|gat ⟨n.; -(e)s, -e; geh.⟩ *(nicht vollwertiger) Ersatz, Behelf*

su|spekt *auch:* **sus|pekt** ⟨Adj.⟩ *verdächtig*

sus|pen|die|ren ⟨V. 500⟩ **1** *jmdn.* ~ *bis auf weiteres des Amtes entheben* **2** *Anordnungen* ~ *(zeitweilig) aufheben* **3** *Entscheidungen* ~ *aufschieben, in der Schwebe lassen* **4** *Gliedmaßen* ~ ⟨Med.⟩ *schwebend aufhängen* **5** *Stoffe* ~ ⟨Chem.⟩ *feste Teilchen eines Stoffes in einer Flüssigkeit fein verteilen, so dass sie schweben*

Sus|pen|si|on ⟨f.; -, -en⟩ **1** *(zeitweilige) Entlassung aus einem Amt* **2** ⟨Med.⟩ *schwebende Aufhängung* **3** ⟨Chem.⟩ *Aufschwemmung feinster Teilchen in einer Flüssigkeit*

süß ⟨Adj.⟩ **1** *von zucker- od. honigartigem Geschmack (seiend);* Ggs *sauer (1), bitter (1); das schmeckt widerlich* ~*;* ~er *Kuchen schmeckt nicht allen;* ~e *Kirschen, Mandeln (im Unterschied zu sauren Kirschen u. bittern Mandeln)* • **1.1** *möchten Sie den Kaffee* ~*? gezuckert* • **1.2** *einen* ~en **Gruß** *senden eine Süßigkeit* **2** *ein* **Duft, Geschmack** *ist* ~ *angenehm, wie Blüten, Backwerk riechend; einen* ~en *Duft einatmen* **3** *eine* **Person**, *ein* **Kind** *ist* ~ *entzückend, reizend, nett anzusehen; ein* ~es *Kind; ist er, sie nicht* ~*?; du bist (einfach)* ~*!* • **3.1** *mein Süßer!, meine Süße!* ⟨fig.; umg.⟩ *(zärtliche od. spottende Anrede)* **4** *eine* **Stimme,** *ein* **Klang** *ist* ~ *lieblich; den* ~en *Klängen lauschen* ⟨geh.⟩ **5** *süßlich (2); die Musik ist reichlich* ~ **6** ⟨fig.; umg.⟩ *sehr hübsch; ein* ~es *Kleid; sie hat ein* ~es *Gesicht* **7** ⟨fig.⟩ *ein* ~es *Leben* ⟨fig.; umg.⟩ *ausschweifendes L.* • **7.1** ~es *Nichtstun das angenehme Leben des Nichtstuns* **8** *eine* ~e *Last* ⟨umg.; scherzh.⟩ *eine L., die man gern trägt*

Süß|holz ⟨n.; -es; unz.⟩ **1** *als Hustenmittel u. zur Herstellung von Lakritze verwendeter Wurzelstock des Schmetterlingsblütlers: Glycyrrhiza glabra* • **1.1** ~ *raspeln* ⟨fig.; umg.⟩ *(Frauen gegenüber) schmeichlerisch reden, schöntun*

Süß|ig|keit ⟨f.; -, -en⟩ **1** ⟨meist Pl.⟩ ~en *hauptsächlich aus Zucker hergestellte Nahrungsmittel, z. B. Schokolade, Pralinen, Bonbons; ich habe mir mit* ~en *den Magen verdorben* **2** ⟨fig.⟩ *angenehmes Wohlbefinden; die* ~ *des Lebens genießen*

süß|lich ⟨Adj.⟩ **1** *leicht süß; erfrorene Kartoffeln haben einen* ~en *Beigeschmack* **2** ⟨fig.⟩ *kitschig, sentimen-*

süßsauer

tal, unangenehm gefühlvoll; ein ~es Bild, Gedicht; eine ~e Darstellung; ein ~er Mensch **3** *scheinheilig freundlich;* ein ~es Benehmen; ~e Worte; ein ~es Lächeln; eine ~e Miene machen

süß|sau|er ⟨Adj. 24⟩ **1** *süß u. säuerlich zugleich (schmeckend);* eine ~e Speise; die Gurken sind ~ eingelegt **2** *freundlich u. unfreundlich zugleich (blickend);* er machte ein ~es Gesicht

Sweat|shirt ⟨[swɛtʃœːt] n.; -s, -s⟩ *Sportpullover aus Baumwolltrikot*

Swim|ming|pool ⟨[-puːl] m.; -s, -s⟩ *Schwimmbecken (im Haus od. Garten)*

Swing ⟨m.; -s, -s⟩ **1** *ruhig schwingender Stil im Jazz* • 1.1 *Tanz im Stil des Swing (1)* **2** ⟨Wirtsch.⟩ *höchste Grenze des Kredits, die sich zwei Staaten bei Handelsverträgen gegenseitig einräumen*

Sym|bio|se ⟨f.; -, -n⟩ *dauerndes Zusammenleben mehrerer Lebewesen (Tiere, Pflanzen od. Tier u. Pflanze) zu beiderseitigem Nutzen;* Sy *Lebensgemeinschaft (2)*

Sym|bol ⟨n.; -(e)s, -e⟩ **1** *einen tieferen Sinn andeutendes Zeichen;* →a. *Sinnbild, Allegorie* **2** *für ein chem. Element od. einen physikalischen Begriff stehendes Zeichen* **3** ⟨Semiotik⟩ *ein Ding od. ein Bild als Zeichen, das für ein Ding, eine Vorstellung od. ein Gefühl usw. steht* **4** ⟨bildende Kunst; Dichtung⟩ *bildhaftes, visuell wirkungsvolles Zeichen für einen Begriff od. Vorgang, oft ohne erkennbaren Zusammenhang mit diesem;* →a. *Allegorie;* die blaue Blume als ~ für die Romantik

sym|bo|lisch ⟨Adj. 24⟩ *auf einem Symbol beruhend, mit Hilfe eines Symbols*

Sym|me|trie auch: **Sym|met|rie** ⟨f.; -, -n⟩ *spiegelbildliches Gleichmaß, Spiegelgleichheit*

sym|me|trisch auch: **sym|met|risch** ⟨Adj. 24⟩ *auf beiden Seiten einer gedachten Achse od. Ebene spiegelbildlich gleich*

Sym|pa|thie ⟨f.; -, -n⟩ **1** = *Zuneigung* **2** *gefühlsmäßige Übereinstimmung, Seelenverwandtschaft*

Sym|pa|thi|kus ⟨m.; -; unz.⟩ *einer der Lebensnerven der Säugetiere u. des Menschen: Nervus sympathicus*

Sym|pa|thi|sant ⟨m.; -en, -en⟩ *jmd., der mit jmdm. od. etwas (bes. einer politischen Richtung od. Organisation) sympathisiert;* ~en einer terroristischen Organisation

Sym|pa|thi|san|tin ⟨f.; -, -tin|nen⟩ *weibl. Sympathisant*

sym|pa|thisch ⟨Adj.⟩ **1** *auf Sympathie beruhend, von angenehmem, liebenswertem Wesen;* ein ~er Mensch; er ist mir nicht ~ **2** ⟨Med.⟩ *den Sympathikus betreffend, auf ihm beruhend, mit ihm verbunden*

Sym|pho|nie ⟨f.; -, -n; Mus.⟩ = *Sinfonie*

sym|pho|nisch ⟨Adj.⟩ = *sinfonisch*

Sym|po|si|um ⟨n.; -s, -si|en⟩ *wissenschaftliche Tagung (zur Erörterung u. Diskussion fachbezogener Themen);* ein internationales ~ veranstalten

Sym|ptom auch: **Symp|tom** ⟨n.; -s, -e⟩ *Zeichen, Kennzeichen, Merkmal (bes. einer Krankheit, Entwicklung);* Sy *Anzeichen (1.1);* das ist ein ~ der Gesellschaft unserer Zeit; die ~e einer Krankheit beschreiben; die ~e von Schizophrenie mehrten sich bei ihm

sym|pto|ma|tisch auch: **symp|to|ma|tisch** ⟨Adj. 24⟩ *auf bestimmten Symptomen beruhend, kennzeichnend, typisch;* das ist ~ für unsere Zeit

Syn|a|go|ge auch: **Sy|na|go|ge** ⟨f.; -, -n⟩ *Gotteshaus der Juden*

syn|chron ⟨[-kroːn] Adj. 24⟩ *gleichlaufend, gleichzeitig (stattfindend), zeitlich übereinstimmend;* ~e Vorgänge

Syn|chro|ni|sa|ti|on ⟨[-kro-] f.; -, -en⟩ **1** ⟨Tech.⟩ *Vorgang sowie Ergebnis des Synchronisierens* **2** ⟨Film⟩ • 2.1 *das zeitliche Zusammenbringen von getrennt aufgenommenen Bildern u. Tönen* • 2.2 *Ersetzen einer fremdsprachigen Tonspur durch eine in der Landessprache besprochene u. zeitliche Abstimmung derselben mit den Bildern*

syn|chro|ni|sie|ren ⟨[-kro-] V. 500⟩ **1** *mehrere Vorgänge* ~ *bewirken, dass mehrere V. gleichzeitig ablaufen* **2** *einen Film* ~ *den (übersetzten u.) gesprochenen Text zu einem F. nachträglich so einspielen, dass die Bewegung der Lippen (ungefähr) mit den Worten des Textes übereinstimmt* **3** ⟨Tech.⟩ *ein Getriebe* ~ *die Drehzahlen des Getriebes aufeinander abstimmen*

Syn|di|kat ⟨n.; -(e)s, -e⟩ **1** ⟨Wirtsch.⟩ *Form des Kartells mit festen Preisbestimmungen u. eigener Verkaufsorganisation* **2** *Zusammenschluss von Verbrechern;* Verbrecher~ **3** *Amt eines Syndikus*

Syn|di|kus ⟨m.; -, -di|ken od. -di|zi⟩ *ständiger Rechtsbeistand von Wirtschaftsunternehmen, Verbänden, Vereinen usw.*

Syn|ko|pe ⟨[-kɔpe:] f.; -, -n⟩ **1** ⟨[zynkɔpeː]⟩ • 1.1 ⟨Gramm.⟩ *Ausfall eines unbetonten Vokals im Innern eines Wortes, z. B. „ew'ger" statt „ewiger"* • 1.2 ⟨Metrik⟩ *Ausfall einer Senkung* **2** ⟨[-koːpə] Mus.⟩ *Verlagerung des Akzentes von einem betonten auf einen unbetonten Teil des Taktes durch Zusammenziehung beider (gleicher) Noten zu einer*

♦ Die Buchstabenfolge **syn|o...** kann in Fremdwörtern auch **sy|no...** getrennt werden. Davon ausgenommen sind Zusammensetzungen, in denen die fremdsprachigen bzw. sprachhistorischen Bestandteile deutlich als solche erkennbar sind, z. B. *-öko-logie*.

♦ **Syn|o|de** ⟨f.; -, -n⟩ **1** *Kirchenversammlung, bes. die evangelische, als Trägerin der Gesetzgebung* **2** ⟨kath. Kirche⟩ = *Konzil* **3** *die Körperschaft der evangelischen kirchlichen Selbstverwaltung*

♦ **syn|o|nym** ⟨Adj. 24⟩ *sinnverwandt, von gleicher Bedeutung;* ~e Wörter, Ausdrücke

♦ **Syn|o|nym** ⟨n.; -s, -e od. -ny|ma⟩ *sinnverwandtes Wort, Wort von gleicher od. ähnl. Bedeutung*

syn|tak|tisch ⟨Adj. 24⟩ *die Syntax betreffend, auf ihr beruhend;* ~e Analyse

Syn|tax ⟨f.; -; unz.; Sprachw.⟩ *Lehre vom Satzbau, Satzlehre*

Syn|the|se ⟨f.; -, -n⟩ Ggs *Analyse* **1** oV *Synthesis* • 1.1 ~ *eines Ganzen Aufbau aus seinen Teilen* • 1.2 ~ *zweier gegensätzlicher* **Begriffe** *(These und Antithese) die Verbindung zu einem höheren, dritten Begriff*

• 1.3 ⟨Philos.⟩ *der durch Synthese (1.2) gebildete Begriff* **2** ~ einer **chemischen Verbindung** *Aufbau aus ihren Bestandteilen*

Syn|the|si|zer ⟨[-saɪzə(r)] m.; -s, -; Mus.⟩ *Gerät zur Erzeugung verschiedenartiger künstlicher Töne mittels elektronischer Schaltungen*

Syn|the|tics ⟨Pl.⟩ *Gewebe, Textilien aus Kunstfasern*

syn|the|tisch ⟨Adj. 24⟩ Ggs *analytisch (1)* **1** *auf Synthese beruhend, mittels Synthese* • 1.1 ~es **Urteil** *U., in dem von einem Gegenstand etwas Neues ausgesagt wird, das nicht bereits in seinem Begriff enthalten ist* **2** *aus einfachsten Stoffen chem., künstlich hergestellt*

Sy|phi|lis ⟨f.; -; unz.⟩ *Geschlechtskrankheit, die in mehreren Stadien verläuft u. Gehirn, Organe, Knochen u. Knochenmark schädigt*

Sys|tem ⟨n.; -s, -e⟩ **1** *ein in sich geschlossenes, geordnetes u. gegliedertes Ganzes* **2** *Gesamtheit, Gefüge von Teilen, die voneinander abhängig sind, ineinander greifen od. zusammenwirken, z. B. von Straßen, Flüssen, Lauten (einer Sprache);* ein ~ von Kanälen; das ~ einer Wissenschaft **2.1** ⟨Phys.⟩ *Gesamtheit von Körpern, Feldern usw., die voneinander abhängig sind u. als Ganzes betrachtet werden* **3** *Ordnung;* (etwas Ungeordnetes) in ein ~ bringen • 3.1 *Gesellschaftsordnung, Staatsform;* ein korruptes, totalitäres, überaltertes ~; das herrschende ~ ablehnen, bekämpfen, unterstützen • 3.2 ⟨Biol.⟩ *Einteilung von Tieren u. Pflanzen in Gruppen, meist danach, ob sie entwicklungsgeschichtlich verwandt sind* **4** *Methode, Prinzip;* in seinem Verhalten liegt ~; nach einem bestimmten ~ arbeiten, vorgehen

sys|te|ma|tisch ⟨Adj.⟩ **1** *auf einem System beruhend, in ein System gebracht* **2** *nach einem bestimmten System geordnet, gegliedert* **3** *sinnvoll, folgerichtig*

Sze|ne ⟨f.; -, -n⟩ **1** ⟨Theat.⟩ *durch das Auf- od. Abtreten eines Schauspielers gekennzeichneter Teil eines Aktes, Bild;* Sy *Auftritt;* eine ~ proben, vorführen, filmen; 1. Akt, 3. ~; die ~ spielt auf dem Lande • 1.1 *Schauplatz, Bühne, auf der die Szene (1) aufgeführt wird;* Applaus auf, bei offener ~; hinter der ~ • 1.2 *ein Stück* **in** ~ **setzen** *für eine Aufführung vorbereiten* **2** ⟨geh.⟩ *ein besonderer Vorgang;* eine anmutige, rührende, hübsche ~; folgende ~ bot sich unseren Blicken • 2.1 *eine* **unangenehme** ~ *Zank, heftiger Streit* • 2.2 *jmdm. eine* **machen** ⟨umg.⟩ *heftige, laute Vorwürfe* **3** *jmdn. od.* **etwas in** ~ **setzen** ⟨a. fig.⟩ *effektvoll ablaufen lassen, zur Geltung bringen*

Szep|ter ⟨n.; -s, -; veraltet⟩ = *Zepter*

Ta|bak ⟨a. [-'-] m.; -s, -e⟩ **1** ⟨unz.⟩ *einer Gattung der Nachtschattengewächse angehörendes nikotinhaltiges Kraut: Nicotiana;* ~ bauen **2** *aus dem Tabak (1) hergestelltes Genussmittel;* Zigaretten~, Pfeifen~, Kau~, Schnupf~; ~ beizen, ernten, fermentieren; ~ kauen, rauchen, schnupfen; guter, leichter, schlechter, schwerer ~; in dem Lokal roch es stark nach ~ • 2.1 *das ist* **starker** ~ ⟨fig.; umg.⟩ *eine schwierige Sache, ein derber Witz u. Ä.*

Ta|bel|le ⟨f.; -, -n⟩ *Übersicht von Zahlen, Begriffen o. Ä. in der Form von Spalten od. Listen*

Ta|blett *auch:* **Tab|lett** ⟨n.; -(e)s, -e od. -s⟩ *kleines Brett mit erhöhtem Rand zum Auftragen von Geschirr, Speisen usw.*

Ta|blet|te *auch:* **Tab|let|te** ⟨f.; -, -n⟩ *in eine kugelige, ovale od. flache Form gepresstes Arzneimittel*

ta|bu ⟨Adj. 11/40⟩ **1** *unantastbar, heilig, geheiligt* **2** ⟨fig.⟩ *verboten*

Ta|bu|la ra|sa ⟨f.; - -; unz.⟩ **1** ⟨urspr.⟩ *Tafel, von der die Schrift entfernt wurde* **2** ⟨Philos.⟩ *Seele ohne jede Erfahrung* **3** ⟨meist fig.⟩ *unbeschriebenes Blatt* • 3.1 *mit etwas* Tabula *rasa machen reinen Tisch machen, grundlegend Ordnung schaffen*

Ta|bu|la|tor ⟨m.; -s, -en⟩ *Taste an Computern od. Schreibmaschinen, die ein Weiterrücken des Cursors od. des Wagens an eine bestimmte Position in der Zeile bewirkt (bes. beim Erstellen von Tabellen)*

Ta|cho|me|ter ⟨n.; -s, -⟩ *Gerät zur Messung der Geschwindigkeit, Geschwindigkeitsmesser*

Ta|del ⟨m.; -s, -⟩ **1** *missbilligende Äußerung, Rüge, Verweis;* einen ~ bekommen, empfangen, erhalten; ihn trifft kein ~; damit habe ich mir einen ~ zugezogen; ein berechtigter, empfindlicher, harter, scharfer, schwerer, ungerechtfertigter, versteckter ~; einen ~ einstecken ⟨umg.⟩ • 1.1 einen ~ aussprechen, erteilen *tadeln* **2** *ohne* ~ *ohne Fehler, vollkommen;* ein Ritter ohne Furcht und ~

ta|deln ⟨V. 500/Vr 7 od. Vr 8⟩ **jmdn.** od. **etwas** ~ *Unwillen, Missfallen über jmdn. od. etwas äußern, abfällig beurteilen, bemängeln, rügen;* ich muss dein Verhalten ~; ich muss dich für dein Verhalten ~; ich muss dich wegen deines Verhaltens ~; er findet, hat an deinem Verhalten etwas zu ~; ~de Bemerkungen, Blicke

Ta|fel ⟨f.; -, -n⟩ **1** *breites Brett, größere Platte;* eine hölzerne, metallene, steinerne ~ • 1.1 ⟨kurz für⟩ *Schiefertafel, Wandtafel* • 1.1.1 etwas an die ~ schreiben *Wandtafel* • 1.1.2 etwas auf die ~ schreiben *Schiefertafel* • 1.2 *Stein-, Metallplatte mit Inschrift;* Gedenk~; eine ~ (am Haus usw.) anbringen; eine ~ errichten zum Gedenken an … • 1.3 *aufgehängtes Brett mit Anzeigen, Mitteilungen, großes Schild;* Anschlag~, Aushänge~; eine wichtige Mitteilung an der ~ anschlagen • 1.4 *Brett od. brettförmiges Gerät mit Schaltern, Instrumenten usw.;* Schalt~; plötzlich erschien ein Warnsignal auf der ~ • 1.5 *plattenförmiges Stück;* eine ~ Schokolade; zwei ~n Schokolade als Reiseproviant kaufen **2** *langer Tisch, Speisetisch, gedeckter Tisch;* die ~ decken, dekorieren, schmücken; eine festliche, festlich gedeckte, geschmückte, reich besetzte ~ **3** ⟨geh.⟩ *festliche Mahlzeit an der Speisetafel;* vor der ~ einen Aperitif anbieten; während der ~ eine Rede halten • 3.1 die ~ aufheben *das Zeichen zur Beendigung der Mahlzeit, zum Aufstehen geben* • 3.2 zur ~ bitten *zur Mahlzeit* **4** ⟨Typ.; Abk.: Taf.⟩ *ganzseitige Illustration (in Büchern);* vgl. ~ 6 auf S. 110, Abbildung 2 (Hinweis in Büchern).

ta|feln ⟨V. 400⟩ *an der Tafel (2) sitzen u. gut essen u. trinken*

tä|feln ⟨V. 500⟩ *eine* **Wand, Decke** ~ *mit Holztafeln verkleiden;* ein getäfeltes Zimmer

Taft ⟨m.; -(e)s, -e⟩ *steifer glänzender Stoff aus reiner od. mit einem anderen Material gemischter Seide für Kleider u. als Futter;* ein Kleid ganz aus ~

Tag ⟨m.; -(e)s, -e⟩ **1** *die Zeit von 24 Stunden, von Mitternacht bis Mitternacht gerechnet;* jeder ~ kostet Geld; der ~ hat nur 24 Stunden; das Jahr hat 365 ~e; ein bedeutender, großer, historischer ~ in der Geschichte der Raumfahrt; erholsame, frohe, heitere, unbeschwerte ~e verbringen; festliche ~e stehen uns bevor; er blieb einige, etliche, ein paar, viele, wenige ~e; ich habe mehrere ~e daran gearbeitet; er kommt auf, für ein paar ~e zu uns; in den nächsten ~en wird es sich entscheiden; vor einigen ~en; in ein paar ~en; heute in acht ~en; alle acht ~e; jeder ~ bringt neue Sorgen ⟨Sprichw.⟩; die Arznei ist zweimal am ~(e) zu nehmen, zweimal pro ~ ⟨umg.⟩; →a. **acht** • 1.1 ~ **für** ~ *jeden Tag* • 1.2 ~ **um** ~ *verging ein Tag nach dem anderen* • 1.3 **von** ~ **zu** ~ *ständig* • 1.4 er hat heute seinen **guten (schlechten)** ~ *er ist heute gut (schlecht) aufgelegt, gelaunt* **2** *unbestimmter Zeitraum;* in guten und in bösen ~en zusammenhalten • 2.1 sie hat **bessere** ~e gesehen *es ist ihr früher besser gegangen* • 2.1.1 das waren **goldene** ~e (damals)! *eine schöne Zeit* • 2.2 eines schönen ~es *einmal, nachdem man gewartet hat* • 2.3 seine ~e sind **gezählt** *er wird nicht mehr lange leben* • 2.4 in den ~ **hinein** leben *sorglos, ohne sich Gedanken um die Zukunft zu machen* • 2.4.1 **seit Jahr und** ~ *seit langem* • 2.5 dieser ~e • 2.5.1 *vor kurzem;* ich habe ihn dieser ~e (noch) gesehen • 2.5.2 *innerhalb kurzer Zeit;* dieser ~e komme ich bei dir vorbei • 2.5.3 er muss **jeden** ~ ankommen ⟨umg.⟩ *sehr bald* • 2.5.4 ewig und drei ~e ⟨umg.⟩ *lange Zeit* • 2.6 die ~e der **Jugend** *Zeit der Jugend* • 2.6.1 **auf** meine **alten** ~e *in meinem hohen Alter;* in meinen ~en fange ich damit nicht mehr an • 2.7 es ist noch nicht aller ~e Abend ⟨Sprichw.⟩ *noch ist die Entscheidung nicht gefallen* • 2.8 die **Forderung** des

~es *das in der Gegenwart, im Augenblick Nötige, Wichtigste;* den Anforderungen des ~es nicht gewachsen sein • **2.9** dein ~ wird (schon noch) kommen • **2.9.1** *dein Erfolg* • **2.9.2** *deine Strafe* • **2.9.3** seine großen ~e haben *den Höhepunkt seiner Laufbahn erreicht haben* • **2.9.4** der Held, der Mann des ~es *der im Mittelpunkt Stehende, Gefeierte* **3** *ein bestimmter Tag (1) im Ablauf des Jahres od. der Jahre, Datum;* ~ und Stunde für ein Treffen bestimmen, verabreden, vereinbaren; im Laufe des (heutigen) ~es; ich habe den ganzen ~ auf dich gewartet; er kam noch am gleichen, selben ~; an welchem ~ bist du geboren?; am ~ vorher war er noch bei uns; dein Geburtstagspaket kam auf den ~ an; heute ist es auf den ~ (genau) ein Jahr her, seit …; am folgenden, nächsten ~; einen ~ eher, früher, später; einen ~ um den anderen, schwarzer ~; kein ~ gleicht dem andern ⟨Sprichw.⟩ • **3.1** sich einen guten ~ machen *es sich einen Tag lang wohl sein lassen, feiern* • **3.2** einen ~ rot im Kalender anstreichen *sich merken* • **3.3** der ~ des **Herrn** *Sonntag* • **3.3.1** der **letzte** ~ des **Jahres** *Silvester* • **3.3.2** der **Jüngste** ~ ⟨Rel.⟩ *der Tag des Gerichts* **4** *die helle Zeit des Tages (1);* Ggs *Nacht;* bei Anbruch des ~es; ~ und Nacht arbeiten; die ~e nehmen ab, zu, werden kürzer, länger; der ~ bricht an, beginnt; ein bewölkter, kalter, nasskalter, nebliger, regnerischer, trüber, windiger ~; ich bin den ganzen ~ unterwegs (auf den Beinen) gewesen; ein gewittriger, heißer, klarer, schöner, schwüler, sonniger, warmer ~; am helllichten ~ wurde sie überfallen; bis (weit) in den ~ hinein schlafen; früh, spät am ~e • **4.1** ein **Unterschied wie** ~ **und Nacht** *in krassem Unterschied* • **4.2** man soll den ~ nicht vor dem Abend loben ⟨Sprichw.⟩ *erst wenn der Tag vorüber ist, weiß man, was er gebracht hat, vorher kann noch manches Unvorhergesehene geschehen* • **4.3** sie ist **schön wie** der junge ~ ⟨poet.⟩ *sehr schön* • **4.4** **jetzt** wird's ~! ⟨fig.; umg.⟩ *jetzt verstehe ich es!* • **4.5** Guten ~! ⟨Grußformel⟩ Guten ~ sagen; jmdm. (einen) Guten ~ wünschen; ~! ⟨umg.⟩ • **4.6** den lieben **langen** ~ faulenzen *den ganzen Tag, immerzu* • **4.6.1** er redet viel, wenn der ~ lang ist ⟨umg.⟩ *man kann nichts auf seine Worte geben* • **4.7** ein Gesicht wie drei ~e Regenwetter ⟨umg.⟩ *ein griesgrämiges, mürrisches G.* • **4.8** kürzeste, längste ~ des Jahres *der 22. Dezember, 22. Juni* • **4.9** der ~ neigt sich, sinkt, geht zur Neige, vergeht *es dämmert (abends)* • **4.10** der ~ graut, erwacht, kommt herauf, zieht herauf *es dämmert (morgens)* • **4.11 am, bei** ~(e) *bei Tageslicht* • **4.11.1** zwei Stunden **vor** ~ *vor Anbruch des Tages (4)* **5** *Tagewerk, Arbeitszeit an einem Tag (4);* 8-Stunden-~, ein aufreibender, trostloser, verlorener ~; der Lärm des ~es; ich habe heute einen, meinen freien ~ • **5.1** der ~ der **offenen Tür** *Tag, an dem Betriebe usw. besichtigt werden können* • **5.2 morgen** ist auch noch ein ~ ⟨fig.⟩ *was heute nicht getan wird, kann morgen getan werden* • **5.2.1** Rom wurde auch nicht an einem ~ erbaut ⟨Sprichw.⟩ *(zurückweisende Antwort, wenn eine Arbeit in zu kurzer Zeit fertig sein soll)* • **5.3** den ~ **stehlen** ⟨fig.⟩ *nicht arbeiten* • **5.3.1** du stiehlst mir den ~ hältst mich von der Arbeit ab • **5.3.2** dem lieben Gott die ~e stehlen *faulenzen* • **5.3.3** den ~ **totschlagen** *ihn nutzlos verbringen* **6** ⟨Bgb.⟩ *Erdoberfläche, Licht, Tageslicht* • **6.1** **über** ~e *auf der Erdoberfläche* • **6.2 unter** ~e *unter der Erdoberfläche, in der Grube* **7 an den** ~ *offenbar* • **7.1** ein Verbrechen an den **bringen** *aufdecken, offenbar machen;* →a. *Sonne (3.2)* • **7.2 an den** ~ **kommen** *offenbar werden* • **7.3** eine überraschende Sachkenntnis **an den** ~ **legen** *zeigen, offenbaren* **8** ⟨Getrennt- u. Zusammenschreibung⟩ • **8.1** zu Tage = *zutage*

…tag ⟨m.; -(e)s, -e; in Zus.⟩ **1** = *Tag* **2** *Versammlung von Abgeordneten;* Reichstag; Bundestag; Landtag; Kirchentag; Kreistag

tag|aus ⟨Adv.⟩ ~, tagein *jeden Tag, immerzu*

Ta|ge|bau ⟨m.; -(e)s, -e⟩ *Bergbau an der Erdoberfläche*

Ta|ge|buch ⟨n.; -(e)s, -bü|cher⟩ Sy *Journal* **1** *Buch, in dem man sich täglich (od. häufig) Aufzeichnungen macht (bes. über Erlebnisse, Gedanken);* Roman in Form eines ~es **2** *Buch, in das die täglichen Geschäfte od. Vorkommnisse eingetragen werden;* Geschäfts~, Schiffs~

tag|ein ⟨Adv.⟩ → *tagaus*

ta|ge|lang ⟨Adv.⟩ *mehrere Tage (andauernd);* ~es Warten

Ta|ge|löh|ner ⟨m.; -s, -⟩ *Arbeiter, der täglich bezahlt wird u. dessen Arbeitsverhältnis täglich gelöst werden kann*

ta|gen[1] ⟨V. 400⟩ **1** es, etwas tagt *wird Tag;* der Morgen tagt; es beginnt zu ~ **2** es, eine **Sache** tagt ⟨fig.; schweiz.⟩ *ein Ende, das Ende einer S. ist abzusehen;* es tagt mit der Arbeit

ta|gen[2] ⟨V. 400 od. 410⟩ *eine Tagung, Sitzung abhalten;* das Kollegium tagt schon seit zwei Stunden; das Parlament tagt

Ta|ges|licht ⟨n.; -(e)s; unz.⟩ **1** *Licht des Tages, natürliches Licht;* bei ~ arbeiten; der Stoff sieht bei ~ anders aus **2** ⟨fig.⟩ *Situation, in der etwas klar erkennbar wird;* ans ~ kommen

Ta|ges|ord|nung ⟨f.; -, -en⟩ **1** *Reihenfolge der Themen, die bei einer Versammlung behandelt werden sollen;* ein Thema auf die ~ setzen; auf der ~ standen drei Punkte; ein Thema von der ~ absetzen, streichen; zur ~! *(Zuruf, der einen Redner auf Sitzungen mahnt, nicht vom Thema abzuschweifen)* • **1.1 an** der ~ sein ⟨fig.; umg.⟩ *nicht mehr selten sein, häufig auftreten;* Autodiebstähle sind hier leider an der ~ • **1.2** zur ~ übergehen ⟨a. fig.; umg.⟩ *eine Sache nicht beachten, sich über etwas hinwegsetzen*

Ta|ge|werk ⟨n.; -(e)s, -e⟩ **1** *die Arbeit eines Tages* **2** (früher) *Feldmaß* **3** ⟨allg.⟩ *Tagesarbeit, Arbeit, Aufgabe;* seinem ~ nachgehen; sein ~ verrichten, vollbringen; ein schweres ~ haben

…tä|gig ⟨Adj. 24; in Zus.⟩ *eine bestimmte od. unbestimmte Zahl von Tagen dauernd;* dreitägig (in Ziffern) 3-tägig; ganztägig, halbtägig, mehrtägig

täg|lich ⟨Adj. 24/90⟩ **1** *jeden Tag, an jedem Tag, für jeden Tag, einen Tag während, jeden Tag wiederkehrend;* meine ~e Arbeit; die Arznei ~ einnehmen;

...täglich

unser ~es Brot gib uns heute (Vaterunser); ~ wiederkehrende Anfälle; der ~e Bedarf an Lebensmitteln; die ~en Gebete ⟨kath. Kirche⟩ • 1.1 ~ und stündlich *immer wieder;* man muss ihn wirklich ~ und stündlich daran erinnern **2** ⟨60⟩ ~es **Geld** • 2.1 ⟨Börse⟩ *innerhalb eines Tages kündbare Darlehen* • 2.2 ⟨Bankw.⟩ *jederzeit ohne Kündigung abhebbare Darlehen*
...täg|lich ⟨Adj. 24; in Zus.⟩ *im Abstand von einer bestimmten Anzahl von Tagen (wiederkehrend, stattfindend); vierzehntäglich* ⟨in Ziffern⟩ 14-täglich
tags ⟨Adv.⟩ *am Tage;* ~ *darauf*
tags|über ⟨Adv.⟩ *während des Tages*
Ta|gung ⟨f.; -, -en⟩ *Versammlung, (längere) Beratung, Sitzung*
Tai|fun ⟨m.; -s, -e⟩ *tropischer Wirbelsturm (bes. an den Küsten Südostasiens)*
Tai|ga ⟨f.; -; unz.⟩ *sumpfiges Waldgebiet (bes. in Sibirien)*
Tail|le ⟨[taljə] f.; -, -n⟩ **1** *schmalste Stelle des Rumpfes zwischen dem unteren Bogen der Rippen u. der Hüfte;* sie hat eine schlanke ~; beim Volkstanz ein Mädchen um die ~ fassen • 1.1 en Anzug, Kleid ist auf ~ gearbeitet *in der Taille anliegend* **2** *versteiftes, trägerloses Oberteil eines Kleides* **3** ⟨Kart.⟩ *das Aufdecken der Blätter für Gewinn od. Verlust* **4** ⟨in Frankreich vom 15. Jh. bis zur Frz. Revolution⟩ *Einkommens- u. Vermögenssteuer der nichtprivilegierten Stände (Bürger, Bauern)*
Ta|ke|la|ge ⟨[-ʒə] f.; -, -n; Mar.; bei Segelschiffen⟩ *die gesamte Segeleinrichtung einschließlich Masten (eines Segelschiffes); Sy Takelung (2), Takelwerk*
Ta|ke|lung ⟨f.; -, -en; Mar.⟩ **1** *das Takeln* **2** = *Takelage*
Ta|kel|werk ⟨n.; -(e)s; unz.; Mar.⟩ = *Takelage*
Takt ⟨m.; -(e)s, -e⟩ **1** *rhythmische Maßeinheit eines Musikstücks, am Anfang durch Bruchzahlen* (³/₄, ⁴/₄, ⁶/₈), *innerhalb des Stückes durch senkrechte Taktstriche gekennzeichnet;* du musst besser den ~ halten; den ~ schlagen; ich bin aus dem ~ gekommen; gegen den ~ spielen; im ~ spielen • 1.1 den **angeben** ⟨a. fig.⟩ *führen* • 1.2 jmdn. **aus dem ~ bringen** ⟨a. fig.⟩ *verwirren* **2** *der zwischen den Taktstrichen eingeschlossene kleinste Teil eines aufgezeichneten Musikstücks;* er pfiff ein paar ~e des Liedes; hier ist ein ~, sind drei ~e Pause; die letzten ~e wiederholen; setzen Sie im vierten ~ ein! **3** *regelmäßiger Schlag, regelmäßige Bewegung;* der ~ von Maschinen; gegen den ~ marschieren; im ~ marschieren • 3.1 *Abschnitt bei der Arbeit am Fließband* • 3.2 ⟨EDV⟩ *in regelmäßigem Rhythmus erfolgende kleinste gleichbleibende Phase zur Steuerung von Arbeitsschritten* **4** ⟨unz.⟩ *Gefühl für richtiges Verhalten, Einfühlungsvermögen u. entsprechende Handlungsweise;* viel, wenig ~ haben; jmdm. Mangel an ~ vorwerfen; gegen den ~ verstoßen; eine Angelegenheit mit ~ behandeln; mit feinem ~ half er ihr aus der peinlichen Situation
takt|fest ⟨Adj.⟩ **1** ⟨Mus.⟩ *den Takt gut (ein)halten könnend, nicht leicht aus dem Takt zu bringen;* er ist nicht ganz ~ **2** ⟨fig.⟩ *sicher (in der Arbeit, im Können)* **3** *widerstandsfähig, gesund*

Takt|ge|fühl ⟨n.; -(e)s; unz.; Mus.; a. fig.⟩ *Gefühl für Takt (1,4); feines, kein, viel* ~ *haben; ich überlasse es Ihrem* ~
tak|tie|ren¹ ⟨V. 400; Mus.⟩ *den Takt schlagen, durch Handbewegungen angeben*
tak|tie|ren² ⟨V. 400⟩ *taktisch vorgehen*
Tak|tik ⟨f.; -, -en⟩ **1** ⟨Mil.⟩ *Theorie u. Praxis des Einsatzes von Einheiten, Truppenteilen u. Verbänden in Gefechten* **2** *geschicktes Vorgehen, planvolles Ausnützen der Gegebenheiten zur Erreichung eines bestimmten Zieles;* eine bestimmte, feine, raffinierte ~ verfolgen
takt|los ⟨Adj.⟩ *ohne Taktgefühl, verletzend;* sein ~es Benehmen, Verhalten erregte Anstoß; diese Frage war ~; ein ~er Mensch; es war ~ von dir, darauf anzuspielen
takt|voll ⟨Adj.⟩ *Taktgefühl besitzend, voll Einfühlungsvermögen, zartfühlend;* er ist sehr ~; er ging ~ darüber hinweg; ~ schweigen
Tal ⟨n.; -(e)s, Täler⟩ *meist durch fließendes Gewässer od. durch Gletscher entstandener, langgestreckter Einschnitt in der Erdoberfläche;* Ggs Berg (1); Fluss~; über Berg und ~ wandern; auf dem Grund des ~es; an dieser Stelle verengt sich, weitet sich das ~; ein breites, enges, gewundenes, langgestrecktes, weites ~; ein dunkles, einsames, liebliches, stilles ~; der Fluss schlängelt sich das ~ entlang; tief im ~ gelegen; ins ~ hinabschauen, hinabsteigen; die Sennen treiben das Vieh im Herbst ins ~; zu ~; zu ~ fahren
Ta|lar ⟨m.; -s, -e⟩ *weites, weitärmeliges, bis zu den Knöcheln reichendes schwarzes Obergewand, Amtstracht von Geistlichen, Richtern u. a.*
Ta|lent ⟨n.; -(e)s, -e⟩ **1** *antikes Gewicht (in Attika 26,196 kg) u. ihm entsprechende Geldeinheit (= 60 Minen = 6000 Drachmen)* **2** = *Begabung (1);* sein ~ entfalten, entwickeln, verkümmern lassen; ein ~ fördern, schätzen, überschätzen; kein, viel, wenig ~ haben; an jmds. ~ glauben, zweifeln; von jmds. ~ überzeugt sein; ~ zum Klavierspielen; sie hat ein ~ immer gerade das Falsche zu sagen, zu tun ⟨umg.; scherzh.⟩ • 2.1 *Mensch mit Talent (2);* er ist ein großes, starkes, ungewöhnliches, musikalisches ~; ein ~ entdecken
Ta|ler ⟨m.; -s, -⟩ *bis ins 18. Jh. amtliche dt. Münze;* Reichs~; ~, ~, du musst wandern (ein Kinderlied u. -spiel); blanke, harte, preußische ~; wer den Pfennig nicht ehrt, ist des ~s nicht wert ⟨Sprichw.⟩
Talg ⟨m.; -(e)s, -e⟩ *geschmolzenes u. gereinigtes Fett, bes. vom Rind u. Schaf (Hammel), zum Kochen sowie zur Kerzen- u. Seifenherstellung verwendet*
Ta|lis|man ⟨m.; -(e)s, -e⟩ *kleiner, meist am Körper getragener, vermeintlich schützender od. glückbringender Gegenstand*
Talk¹ ⟨m.; -(e)s; unz.; Chem.⟩ *sehr weiches, blättriges od. schuppiges Mineral, das sich fettig anfühlt, Bestandteil von Pudern u. Schminken;* oV Talkum
Talk² ⟨m.; -(e)s, -e; oberdt.⟩ *Teig*
Talk³ ⟨[tɔːk] m.; -s, -s⟩ *Gespräch, Plauderei;* ~ am Nachmittag
Talk|mas|ter ⟨[tɔːk-] m.; -s, -⟩ *Leiter einer Talkshow*
Talk|show ⟨[tɔːkʃoʊ] f.; -, -s⟩ *Fernsehsendung, in der*

ein Moderator einen Gast od. mehrere Gäste dem Publikum vorstellt u. mit ihnen diskutiert

Tal|kum 〈n.; -s; unz.〉 = *Talk¹*

Tal|mi 〈n.; -s; unz.〉 **1** *goldfarbige Legierung aus Kupfer, Zink u. 1 % Gold für Schmuck* **2** 〈fig.〉 *Unechtes, Wertloses*

Tal|sper|re 〈f.; -, -n〉 *Bauwerk, das einen Fluss über die ganze Breite des Tals absperrt u. so einen Stausee entstehen lässt*

Tam|bour 〈[-buːr] m.; -s, -e; Pl. [-buː-] od. schweiz.: m.; -s, -en〉 **1** *Trommler* **2** 〈Arch.〉 *von Fenstern durchbrochener Sockel einer Kuppel*

Tam|bu|rin 〈a. ['---] n.; -(e)s, -e〉 **1** *aus dem Orient u. Südeuropa (bes. Spanien) stammende kleine, flache Handtrommel mit am Rand befestigten Schellen* **2** *kleines, flaches, trommelartiges, unten offenes Gerät zum Ballspiel u. zum Schlagen des Taktes bei der Gymnastik*

Tam|pon 〈a. [-poːn] od. [tãpɔ̃] m.; -s, -s〉 **1** *mit Gaze, Mull o. Ä. überzogener Bausch aus Watte od. Zellstoff zum Aufsaugen von Flüssigkeiten, zur Stillung des Blutes usw.* • **1.1** *während der Menstruation in die Scheide eingeführter Tampon (1)* **2** *Ballen zum Einschwärzen der Druckplatte*

Tam|tam 〈n.; -s, -s〉 **1** 〈a. ['--]〉 *ostasiatisches Musikinstrument, mit Klöppel geschlagenes, flaches Metallbecken, Gong* **2** 〈unz.; umg.〉 *Lärm, Aufhebens, Aufwand, aufdringliche Reklame*; jmdn. mit großem ~ empfangen; man sollte nicht so viel ~ um diese Schauspielerin machen

tän|deln 〈V. 400〉 **1** *spielen, scherzen, flirten* **2** *mit Nichtigkeiten die Zeit totschlagen, trödeln* **3** 〈bair.〉 *mit Altwaren handeln*

Tan|dem 〈n.; -s, -s〉 **1** *Fahrrad für zwei Personen* **2** *Wagen mit zwei hintereinandergespannten Pferden*

Tang 〈m.; -(e)s, -e〉 *derbe Formen der Braun- u. Rotalgen, Seetang*

Tan|ga 〈m.; -s, -s〉 *sehr knapper Bikini*

Tan|gen|te 〈f.; -, -n〉 **1** 〈Math.〉 *Gerade, die eine Kurve in einem Punkt berührt* • **1.1** 〈Verkehrswesen〉 *Straße, Eisenbahnlinie, die eine Stadt od. Landschaft berührt, aber nicht durch sie hindurchführt*; Ost~; Ruhr~ der Autobahn **2** 〈Mus.〉 *Plättchen aus Messing am Ende einer Taste, das beim Klavichord die Saiten anschlägt u. sie so zum Klingen bringt*

tan|gen|ti|al 〈Adj. 24〉 *eine Kurve od. gekrümmte Fläche berührend*

tan|gie|ren 〈V. 500〉 **1** *ein Gebilde tangiert ein anderes* 〈Geom.〉 *berührt es, ohne es zu schneiden*; die Linie tangiert die Kurve **2** *eine Sache tangiert jmdn.* 〈fig.〉 • **2.1** *berührt, beeindruckt jmdn.* • **2.2** *betrifft jmdn., geht jmdn. an*; das tangiert mich nicht

Tan|go 〈m.; -s, -s〉 *aus einem argentinischen Volkstanz hervorgegangener europäischer Gesellschaftstanz im langsamen ²/₄-Takt*

Tank 〈m.; -(e)s, -s od. -e〉 *großer Behälter für (bes. feuergefährliche) Flüssigkeiten*; Öl~, Benzin~

tan|ken 〈V.〉 **1** 〈402〉 (**Treibstoff**) ~ *den Tank eines Fahrzeugs mit Treibstoff füllen (lassen)*; Benzin ~ **2** 〈500〉 **Kräfte, Mut** ~ 〈fig.〉 *wieder K. sammeln, M. schöpfen; neue Kräfte, wieder Mut* ~ **3** 〈400; umg.〉 *sich betrinken* • **3.1** er hat heute zu viel getankt 〈fig.; umg.〉 *er ist betrunken*

Tank|stel|le 〈f.; -, -n〉 *Anlage zum Versorgen von Fahrzeugen mit Treibstoff u. Öl*

Tan|ne 〈f.; -, -n; Bot.〉 *einer immergrünen Gattung der Kieferngewächse angehörender Baum: Abies*; kerzengerade, schlank wie eine ~

Tan|te 〈f.; -, -n〉 **1** *Schwester des Vaters od. der Mutter*; ~ Erika; bei der ~ eingeladen sein; meine ~, deine ~ (Kartenspiel) **2** 〈veraltet〉 *(kindliche Anrede für Frauen)*; die ~ im Schreibwarenladen **3** 〈umg.〉 *nicht sehr sympathische Frau*; da kam so eine (alte, komische) ~ daher

Tan|tie|me 〈a. [tãtjɛːmə] f.; -, -n; meist Pl.〉 *Gewinnanteil*; ~n beziehen

Tanz 〈m.; -es, Tän|ze〉 **1** *Folge rhythmischer, meist von Musik begleiteter Körperbewegungen u. Gebärden, ursprünglich als Ausdruck von Empfindungen, Vorstellungen, Gedanken od. als Beschwörung*; kultischer ~; langsamer, schnellerer, feierlicher, schwungvoller ~; ein spanischer, russischer, deutscher ~; sich im ~e drehen, schwingen, wiegen **2** *künstlerisch betriebener Tanz (1), Ballett*; sich in ~ ausbilden **3** *das zu Tanz (1) gespielte od. gesungene Musikstück*; einen polnischen ~ spielen **4** *Gesellschaftstanz*; darf ich um den nächsten ~ bitten?; eine Dame zum ~ auffordern; zum ~ aufspielen **5** *Veranstaltung, an der Tanz (4) betrieben wird*; zum ~ gehen **6** *Instrumentalstück in der Art eines Tanzes, Teil der Sonate, Suite u. a.* **7** 〈fig.〉 • **7.1** ein ~ auf dem Vulkan *leichtsinnige Ausgelassenheit in bedrohlicher Lage* • **7.2** der ~ ums goldene Kalb *die übertriebene Wertschätzung des Geldes, die Jagd nach dem Geld*

tän|zeln 〈V. 400(h.) od. 411(s.)〉 *in tänzerischen Schritten, fast hüpfend gehen*; ein Pferd tänzelt

tan|zen 〈V.〉 **1** 〈402〉 (**etwas**) ~ *Tanz (1) od. Tanz (4) ausführen*; Walzer ~; ~ können, lernen; mit jmdm. den ganzen Abend ~; sie tanzt sehr gut, sehr leicht • **1.1** 〈(s.)〉 *sich mit Tanzschritten irgendwohin bewegen*; aus der Reihe ~ 〈a. fig.〉 **2** 〈500〉 **etwas** ~ *einen Tanz nach den Regeln der Tanzkunst aufführen*; Figuren ~; ein Solo ~; ein Turnier ~ **3** 〈400; fig.〉 *sich leicht und schnell (fort)bewegen* • **3.1** die **Mücken** ~ (über dem Wasser) *fliegen im Schwarm durcheinander* • **3.2** das **Schiff** tanzt (auf den Wellen) *bewegt sich auf und ab* • **3.3** *sich leicht u. froh bewegen, hüpfen, springen*; das Kind tanzte vor Freude durchs Zimmer; tanzt durchs Leben ~ **4** 〈611〉 jmdm. tanzt **etwas vor den Augen** 〈fig.〉 *jmdm. wird es vom Hinsehen auf etwas schwindlig*; mir tanzt alles vor den Augen ~; mir ~ die Buchstaben vor den Augen

Tän|zer 〈m.; -s, -〉 **1** *jmd., der tanzen kann, der tanzt*; ein guter, schlechter, begabter, leidenschaftlicher ~ sein • **1.1** *jmd., der den künstlerischen Tanz beruflich ausübt u. öffentlich vorführt*; Solo~ • **1.2** *Partner beim Tanz*; einen (keinen) guten ~ haben; sie hat immer viele ~

Tän|ze|rin 〈f.; -, -rin|nen〉 *weibl. Tänzer*

Ta|pet 〈n.; -(e)s, -e〉 **1** 〈veraltet〉 *Bespannung von Kon-*

ferenztischen **2** etwas **aufs ~ bringen** ⟨fig.⟩ *zur Sprache bringen*

Ta|pe|te ⟨f.; -, -n⟩ *Wandverkleidung aus Gewebe, bes. Seide, Leder, Kunststoff od. (meist) Papier, häufig künstlerisch gestaltet*

ta|pe|zie|ren ⟨V. 500⟩ **etwas ~** *mit Tapeten bekleben, auskleiden;* **eine Wand, ein Zimmer ~**

tap|fer ⟨Adj.⟩ *mutig, furchtlos, kühn, unerschrocken, widerstandsfähig, nicht wehleidig;* **~er Krieger, Streiter; bleib ~!;** *Schmerzen ~ ertragen, aushalten;* **~ standhalten**

Ta|pir ⟨m.; -s, -e; Zool.⟩ *Angehöriger einer Familie von Pflanzenfressern, die den Schweinen ähneln: Tapiridae*

Ta|pis|se|rie ⟨f.; -, -n⟩ **1** *(Technik der) Tapeten-, Teppichwirkerei* **2** *Wandteppich*

tap|pen ⟨V.(s.)⟩ **1** ⟨400⟩ *mit leise, dumpf klatschendem Geräusch gehen, bes. barfuß;* **Füße, Schritte tappten über den Flur; man hörte ~de Schritte** • **1.1** *tapsig, unbeholfen, unsicher gehen, bes. im Dunkeln od. blind* • **1.2 im Dunkeln ~** ⟨fig.; umg.⟩ *im Ungewissen sein* **2** ⟨411⟩ **irgendwohin ~** *tappend an einen anderen Ort gelangen;* **er ist in die Pfütze getappt**

täp|pisch ⟨Adj.⟩ *schwerfällig, unbeholfen, plump;* **~e Bewegungen; er ist richtig ~**

tap|sig ⟨Adj.; umg.⟩ *ungeschickt, unbeholfen, täppisch*

Ta|ra ⟨f.; -, -ren⟩ **1** *Gewicht der Verpackung* **2** *Verpackung (einer Ware)*

Ta|ran|tel ⟨f.; -, -n; Zool.⟩ **1** *in Erdhöhlen lebende Wolfsspinne in Südeuropa, deren Biss für den Menschen harmlos ist: Lycosa tarentula* • **1.1 wie von der ~ gestochen aufspringen** *plötzlich u. heftig aufspringen*

Ta|ran|tel|la ⟨f.; -, -tel|len od. -s⟩ **1** *stürmischer süditalienischer Volkstanz im ³/₄- od. ⁶/₈-Takt* **2** ⟨seit dem 19. Jh.⟩ *virtuoses Musikstück (bes. für Klavier)*

ta|rie|ren ⟨V. 500⟩ **eine Ware ~ 1** ⟨Phys.⟩ *durch Gegengewichte das Reingewicht einer W. feststellen* **2** *das Gewicht der Tara (1) einer W. feststellen*

Ta|rif ⟨m.; -(e)s, -e⟩ **1** *vertraglich od. gesetzlich festgelegte Summe für Preise, Löhne, Gehälter, Steuern usw.* **2** *amtl. Verzeichnis von Preisen, Löhnen, Steuern usw.;* **Zoll~, Steuer~, Fracht~**

ta|rif|lich ⟨Adj. 24⟩ *dem Tarif gemäß, ihm entsprechend;* **Angestellte ~ bezahlen**

tar|nen ⟨V. 500⟩ **1** ⟨Vr 7⟩ **jdmn. od. etwas ~** *unsichtbar machen, gegen Sicht od. Entdeckung schützen, der Umgebung anpassen* **2 eine Sache ~** ⟨fig.⟩ *verdecken, verschleiern, bemänteln*

Ta|rock ⟨m. od. n.; -s; unz.⟩ **1** *Kartenspiel für drei Spieler mit speziellen Karten* **2** ⟨nur m.⟩ *eine der 21 Bildkarten des Tarocks (1)*

Ta|sche ⟨f.; -, -n⟩ **1** *in ein Kleidungsstück eingenähter Beutel;* **Rock~, Hosen~, Schürzen~; jdmn. die ~n durchsuchen; aufgesetzte ~n am Anzug, Kleid; nimm die Hände aus den ~n!; sich die ~n mit Obst, Nüssen usw. füllen 2** *meist flaches Behältnis aus Stoff od. Leder, oft mit Henkel;* **Brief~, Akten~, Hand~, Schul~; eine ~ aus festem Stoff anfertigen; in der ~ wühlen, um etwas zu finden 3** ⟨kurz für⟩ *Geldtasche, Portemonnaie;* **etwas aus seiner eigenen ~ bezahlen**

• **3.1 sich die ~n füllen** ⟨fig.⟩ *sich unrechtmäßig bereichern* • **3.2 jdmn. auf der ~ liegen** ⟨fig.; umg.⟩ *sich von jdm. ernähren, unterhalten lassen* • **3.3 jdmn. das Geld aus der ~ locken, ziehen** ⟨fig.⟩ *jdmn. immer wieder um Geld bitten, zahlen lassen* • **3.4 (tief) in die ~ greifen** ⟨fig.; umg.⟩ *Geld ausgeben, etwas spendieren, bezahlen* • **3.5 etwas in seine eigene ~ stecken, in die eigene ~ arbeiten** *sich unrechtmäßig bereichern* **4** ⟨fig.⟩ • **4.1 ich kenne diese Branche wie meine eigene ~** ⟨umg.⟩ *bis in alle Einzelheiten* • **4.2 jmdn. in der ~ haben** ⟨umg.⟩ *gefügig wissen* • **4.3 er hat den Auftrag, Vertrag in der ~** ⟨umg.⟩ *(so gut wie) abgeschlossen* • **4.4 jmdn. in die ~ stecken** ⟨umg.⟩ *übertreffen, jmdm. überlegen sein;* →a. *Faust (2.2)*

Ta|schen|buch ⟨n.; -(e)s, -bü|cher⟩ *broschiertes Buch in Taschenformat;* Sy *Paperback;* Ggs *Hardcover;* **dieser Roman erscheint jetzt auch als ~**

Ta|schen|dieb ⟨m.; -(e)s, -e⟩ *Dieb, der Gegenstände aus Taschen entwendet, meist ein Gedränge ausnutzend;* **vor ~en wurde gewarnt**

Ta|schen|geld ⟨n.; -(e)s; unz.⟩ *regelmäßig gezahlte Geldsumme für kleine persönliche Ausgaben (bes. für Kinder, Schüler);* **wöchentlich, monatlich ~ bekommen**

Ta|schen|spie|ler ⟨m.; -s, -⟩ *Zauberkünstler, der durch Fingerfertigkeit kleine Kunststücke vollbringt*

Ta|schen|tuch ⟨n.; -(e)s, -tü|cher⟩ *kleines Tuch aus Baumwolle, Seide od. Zellstoff;* **Papier~**

Tas|se ⟨f.; -, -n⟩ **1** *schalen- od. becherartiges Trinkgefäß mit Henkel u. dazugehöriger Untertasse;* **eine ~ Kaffee, Tee** • **1.1 hoch die ~n!** ⟨umg.; scherzh.⟩ *hoch die Gläser! (Aufforderung zum Trinken)* **2 du hast wohl nicht alle ~n im Schrank?** ⟨fig.; umg.⟩ *du bist wohl verrückt?*

Tas|ta|tur ⟨f.; -, -en⟩ *Gesamtheit der Tasten (an Klavier, Schreibmaschine, Computer)*

Tas|te ⟨f.; -, -n⟩ **1** *mit dem Finger herabzudrückender Hebel, z. B. am Klavier, am Laptop* • **1.1** *(mächtig, kräftig)* **in die ~n greifen, hauen** *schwungvoll Klavier spielen*

tas|ten ⟨V.⟩ **1** ⟨500 od. 800⟩ **(nach) etwas ~** *mit den Fingerspitzen od. der ganzen Hand etwas fühlend, prüfend berühren, auf diese Weise zu erkennen suchen;* **eine Geschwulst ~** • **1.1** *vorsichtig zu ergreifen suchen;* **er tastete nach ihrer Hand 2** ⟨500/Vr 3⟩ **sich ~** *sich tastend (1) vorwärtsbewegen;* **sich durch einen dunklen Gang ~ 3** ⟨500; fig.⟩ *durch vorsichtiges Fragen etwas zu ergründen suchen, behutsam fragen;* **(vorsichtig) ~, ob der andere beleidigt ist**

Tat ⟨f.; -, -en⟩ **1** *das Tun, Handeln;* **seine Worte durch die ~ beweisen; sich zu keiner ~, sich nicht zur ~ aufraffen können** • **1.1 ein Mann der ~** *jmd., der handelt, ohne viele Worte zu machen* • **1.2 jmdm. mit Rat und ~ zur Seite stehen** *mit Rat u. Hilfe* **2** *(gewollte, bewusste) Handlung;* **eine gute, böse, edle, mutige, tapfere, blutige, verbrecherische, verhängnisvolle ~; einen Gedanken, ein Vorhaben in die ~ umsetzen; sich zu einer (unbedachten usw.) ~ hinreißen lassen** • **2.1 zur ~ schreiten** ⟨geh.⟩ *zu handeln* *beginnen* **3** *das, was getan worden ist, Leistung;* Helden~; Leben und ~en des … (als Untertitel); eine (große) ~ vollbringen **4** *in der* ~! *tatsächlich, wirklich!;* in der ~ ist es so, dass …

Ta|tar[1] ⟨m.; -en, -en⟩ **1** ⟨urspr.⟩ *Angehöriger eines mongolischen Volksstammes* • **1.1** ⟨später a.⟩ *Angehöriger eines von verschiedenen Turkvölkern im Süden u. Osten Russlands*

Ta|tar[2] ⟨n.; - od. -s, -s; Kochk.⟩ *rohes, gehacktes, mit Pfeffer, Salz, Essig, Öl, Zwiebeln u. evtl. rohem Ei angemachtes Rindfleisch*

Tat|be|stand ⟨m.; -(e)s, -stän|de; Rechtsw.⟩ *Gesamtheit aller Merkmale einer strafbaren Handlung;* den ~ aufnehmen

Ta|ten|drang ⟨m.; -(e)s; unz.⟩ *Bedürfnis zu Taten, Unternehmungslust*

Ta|ten|durst ⟨m.; -(e)s; unz.⟩ *gesteigerter Tatendrang*

ta|ten|los ⟨Adj. 24⟩ *untätig, ohne einzugreifen;* ~ zusehen

Tä|ter ⟨m.; -s, -⟩ *jmd., der eine Tat begangen hat;* wer ist der ~?

Tä|te|rin ⟨f.; -, -rin|nen⟩ *weibl. Täter*

tä|tig ⟨Adj.⟩ **1** ⟨60⟩ *handelnd, wirksam, wirkend, tatkräftig;* ~e Mitarbeit, Hilfe **2** ⟨40⟩ ~ *sein (als)* *arbeiten, angestellt sein (als);* als Lehrer ~ sein; in einem Verlag ~ sein **3** ⟨40; umg.; scherzh.⟩ *fleißig;* ich war heute schon sehr, ungeheuer ~ **4** ⟨60⟩ ~e Reue ⟨Rechtsw.⟩ *freiwillige Verhinderung des Erfolgs einer strafbaren Handlung durch den Täter vor seiner Entdeckung*

tä|ti|gen ⟨V. 500; geh.⟩ *etwas* ~ *in die Tat umsetzen, vollbringen, abschließen;* einen Verkauf, Handel ~

Tä|tig|keit ⟨f.; -, -en⟩ **1** *Handeln, Wirken, Schaffen, Wirksamkeit;* fieberhafte, rastlose, rege, segensreiche ~; in ~ treten • **1.1** eine Maschine außer ~ setzen *außer Betrieb* • **1.2** der Vulkan ist noch in ~ *arbeitet noch* **2** *Arbeit, Beruf;* eine ~ ausüben; eine angenehme, anstrengende ~; berufliche, häusliche, kaufmännische, praktische ~; an eine geregelte ~ gewöhnt sein; auf eine langjährige ~ (bei, in …) zurückblicken

Tat|kraft ⟨f.; -; unz.⟩ *Kraft, Energie, etwas zu tun, zu vollbringen;* ein Mensch von großer ~

tat|kräf|tig ⟨Adj.⟩ *voller Tatkraft, wirksam;* ~e Hilfe; ~ eingreifen, helfen, mitarbeiten

tät|lich ⟨Adj. 24⟩ *handelnd, handgreiflich* • **1.1** ~ werden *jmdn. anpacken, angreifen, schlagen*

Tät|lich|keit ⟨f.; -, -en⟩ *Angriff, Schlag, Gewalttätigkeit;* der Streit artete in ~en aus; sich zu ~en hinreißen lassen; es kam zu ~en

tä|to|wie|ren ⟨V. 500⟩ *jmdn.* ~ *Farbstoff durch Nadelstich in jmds. Haut bringen u. diese dadurch mit (nicht mehr entfernbaren) Figuren od. Mustern versehen*

Tat|sa|che ⟨f.; -, -n⟩ **1** *das, was sich wirklich, tatsächlich ereignet hat, was geschehen ist, Realität;* der Bericht, die Behauptung entspricht nicht den ~n **2** *wirklicher Sachverhalt;* die ~n verdrehen, verdrängen; Vorspiegelung falscher ~n; Vortäuschung von ~n • **2.1** auf dem Boden der ~n bleiben *sachlich bleiben* **3** *etwas Feststehendes, etwas, woran nicht zu zweifeln ist;* das sind die nackten ~n; eine unbestrittene, unwiderlegbare ~; sich mit einer ~, mit den ~n abfinden • **3.1** ~! ⟨umg.⟩ *wirklich!*

tat|säch|lich ⟨a. ['---] Adj. 24⟩ **1** *den Tatsachen entsprechend, wirklich, wahrhaftig* **2** ⟨50⟩ *in Wirklichkeit;* ~ hat sich die Sache aber so zugetragen … • **2.1** ~? *ist das wirklich so?*

tät|scheln ⟨V. 530/Vr 5 od. Vr 6⟩ *jmdm. etwas* ~ *leicht, liebkosend klopfen;* jmdm. den Rücken, die Wange, die Hand ~

tat|schen ⟨V. 411 od. 511 od. 611/Vr 5 od. Vr 6; umg.; abwertend⟩ *jmdn.* od. *etwas* od. *an, auf,* in ~ *etwas od. jmdn. plump anfassen, zudringlich streicheln;* auf den Kuchen, die Wurst ~; jmdm. ins Gesicht ~

Tat|ze ⟨f.; -, -n⟩ *Pfote (von großen Tieren, bes. Raubtieren)* **2** ⟨umg.; scherzh.⟩ *plumpe Hand* **3** ⟨oberdt.; früher⟩ *Schlag, bes. auf die Hand (als Schulstrafe)*

Tau[1] ⟨n.; -(e)s, -e⟩ *dickes Seil*

Tau[2] ⟨m.; -(e)s; unz.⟩ *wässriger Niederschlag während der Nacht an der sich abkühlenden Erdoberfläche;* der ~ fällt; der ~ hängt (noch) an den Gräsern

taub ⟨Adj.⟩ **1** *infolge einer physischen Disposition unfähig zu hören, ohne Gehör;* ~ geboren sein; auf einem, auf dem rechten, linken Ohr ~ sein • **1.1** ⟨umg.⟩ *schwerhörig;* schrei nicht so, ich bin doch nicht ~; bist du ~ (oder warum hörst du nicht?) **2** ⟨fig.⟩ *nicht willens zu hören;* gegen alle Bitten ~ bleiben; →a. Ohr (1.2.5, 1.2.11) **3** *leer, hohl, ohne nutzbaren Inhalt;* eine ~e Ähre, ~e Nuss • **3.1** ~es Gestein *G. ohne nutzbare Metalle* **4** ~es **Metall** *mattes, glanzloses M.* **5** ~e **Glieder** *G. ohne Empfindung* **6** ~es **Gewürz** *nicht mehr scharfes G.* **7** ⟨40; schweiz.⟩ *verärgert, ungehalten;* ~ sein

Tau|be ⟨f.; -, -n; Zool.⟩ **1** *Angehörige einer Ordnung amsel- bis gänsegroßer Vögel mit an den Nasenlöchern blasenförmig aufgetriebenem Schnabel: Gyrantes* • **1.1** (i. e. S.) *als Symbol des Friedens geltende, z. T. als Haustier gehaltene, in vielen Rassen verbreitete Art der Tauben (1): Columba livia;* die ~ girrt, gurrt, ruckt, ruckst; →a. *Spatz (1.4), braten (1.3)*

Tau|ben|schlag ⟨m.; -(e)s, -schlä|ge⟩ **1** *auf einer Säule befestigter Holzverschlag mit Fluglöchern, Sitzstangen und Nistkästen für Haustauben* • **1.1** heute ging es im Büro, Geschäft zu wie in einem ~ ⟨fig.; umg.⟩ *bes. turbulent* **2** ⟨fig.; umg.⟩ *Ort, an dem ein ständiges Kommen u. Gehen herrscht;* das ist hier der reinste ~

taub|stumm ⟨Adj. 24/70⟩ *unfähig zu hören u. (daher auch) zu sprechen, gehörlos*

tau|chen ⟨V.⟩ **1** ⟨400(s.)⟩ *sich völlig unter Wasser begeben, unter Wasser (für kürzere od. längere Zeit) verschwinden;* ich kann zwei Minuten ~; ein U-Boot taucht; den jungen Enten beim Tauchen zusehen • **1.1** ⟨411⟩ **nach** einem **Gegenstand** ~ *einen G. unter Wasser suchen;* nach Muscheln, nach einem ins Wasser gefallenen Gegenstand ~ • **1.2** ⟨411⟩ **aus** dem **Wasser**, aus der Flut ~ *wieder an die Oberfläche gehen* **2** ⟨511⟩ *etwas in* eine **Flüssigkeit** ~ *hineinstecken, hineinhalten;* Stoff in die Farbbrühe ~; die Hand ins Wasser ~ **3** ⟨511⟩ *jmdn. ins, unter Wasser* ~ *jmds.*

Körper mittels Kraftanwendung teilweise od. ganz unter Wasser bringen **4** in **Licht** getaucht ⟨fig.; geh.⟩ *von Licht überflutet, umgeben;* die Wiese war in Licht getaucht

Tau|cher ⟨m.; -s, -⟩ **1** *jmd., der taucht (u. unter Wasser arbeitet)* **2** ⟨Zool.⟩ *zum Tauchen befähigter Vogel*

Tau|che|rin ⟨f.; -, -rin|nen⟩ *weibl. Taucher (1)*

Tauch|sie|der ⟨m.; -s, -⟩ *elektrisches Gerät zum Erhitzen von Wasser, mit spiralförmigem Heizkörper, der eingetaucht wird*

tau|en¹ ⟨V. 401⟩ es taut *es fällt Tau*², *Tau*² *setzt sich an*

tau|en² ⟨V. 400⟩ **1** ⟨(s.)⟩ **Eis, Schnee** taut *schmilzt;* der Schnee taut von den Dächern **2** ⟨401⟩ es taut *das Eis, der Schnee schmilzt;* es hat heute getaut

tau|en³ ⟨V. 500⟩ etwas ~ ⟨niederdt.⟩ *mit einem Tau vorwärtsziehen, -schleppen*

Tau|fe ⟨f.; -, -n⟩ **1** ⟨unz.⟩ *Sakrament der Aufnahme des Täuflings in die Gemeinschaft der Christen durch Besprengen des Kopfes mit Wasser durch den Geistlichen od. durch Untertauchen des ganzen Körpers* **2** *kirchliche Zeremonie der Taufe (1)* • 2.1 ⟨fig.⟩ *feierliche Namensgebung;* Schiffs~

tau|fen ⟨V. 500⟩ **1** jmdn. ~ *jmdn. die Taufe geben, spenden;* ein Kind ~; sich ~ lassen **2** ⟨505⟩ **jmdn.**, ein **Tier** od. **etwas** (auf einen **Namen**) ~ *(mit einem Namen) nennen, benennen, jmdm., einem T. od. etwas einen Namen geben;* wir haben den Hund Fips getauft; ein Schiff beim Stapellauf ~; ein Kind auf den Namen Jan Christian ~; er ist auf den Namen Martin getauft

tau|frisch ⟨Adj. 24⟩ **1** *frisch u. kühl von der Feuchtigkeit des Taus²;* ein ~er Morgen; die Luft ist ~ **2** ⟨fig.⟩ *sehr frisch, ganz neu;* eine ~e Nachricht

tau|gen ⟨V.⟩ **1** ⟨415⟩ **für jmdn.** od. **etwas, zu etwas** ~ *brauchbar, geeignet sein;* die gleiche Arznei taugt nicht für jeden; er taugt nicht zum Lehrer **2** ⟨500⟩ **etwas** ~ *wert sein;* er hat nie viel getaugt; das Werkzeug, das Buch, der Stoff taugt nichts

Tau|ge|nichts ⟨m.; -es, -e⟩ *jmd., der nichts taugt, unbrauchbarer Mensch, Nichtsnutz*

taug|lich ⟨Adj. 24⟩ *zu etwas taugend, brauchbar, geeignet;* zum Wehrdienst ~

Tau|mel ⟨m.; -s; unz.⟩ **1** *Schwindel (bes. bei Ohnmachtsanfällen), Zustand des Schwankens;* von einem ~ erfasst sein, werden **2** ⟨fig.⟩ *Rausch, Zustand der Verzückung, Überschwang;* Begeisterungs~; ~ des Entzückens; im ~ der Leidenschaft

tau|meln ⟨V. 400⟩ **1** *unsicher hin und her schwanken;* nach einem Schlag, Stoß ~; vor Müdigkeit, Schwäche ~; wie ein Betrunkener ~ **2** ⟨411(s.)⟩ *sich unsicher schwankend, ungleichmäßig fortbewegen;* durch die Straßen ~; der Falter taumelt von Blüte zu Blüte

Tausch ⟨m.; -(e)s, -e; Pl. selten⟩ *Hingabe eines Gutes u. dafür Annahme eines anderen;* einen ~ vornehmen; einen guten, schlechten ~ machen; etwas im ~ gegen etwas anderes erhalten; etwas in ~ geben; in ~ nehmen

tau|schen ⟨V.⟩ **1** ⟨500⟩ **jmdn.** od. **etwas** ~ *hergeben, um dafür jmd. anderen od. etwas anderes zu erhalten;* Briefmarken, Zigarettenbilder ~; Blicke, Küsse ~; eine Briefmarke gegen eine andere ~; einen Spieler gegen einen anderen ~ • 1.1 ⟨517⟩ **mit jmdm. etwas** ~ *auswechseln;* mit jmdm. die Rollen ~ • 1.1.1 ⟨417⟩ **mit jmdm. nicht** ~ **wollen** *nicht an jmds. Stelle sein wollen;* ich möchte nicht mit ihm ~

täu|schen ⟨V. 500⟩ **1** jmdn. ~ *absichtlich etwas Falsches glauben machen, irreführen, betrügen, jmdm. etwas vorspiegeln;* wenn meine Augen mich nicht ~ …; wenn mich mein Gedächtnis nicht täuscht …; meine Erwartungen, Hoffnungen haben (mich) getäuscht; du kannst ihn nicht ~; er lässt sich leicht, nicht ~; sich durch freundliches Wesen ~ lassen; jmdn. durch Freundlichkeit ~ • 1.1 jmds. **Vertrauen** ~ *missbrauchen* **2** ⟨Vr 3⟩ **sich** ~ *sich irren, eine falsche Vorstellung von etwas haben;* es kann sich nicht um die richtige Straße handeln, du musst dich da getäuscht haben **3** ⟨550/Vr 3⟩ **sich in jmdm.** od. **etwas** ~ *jmdn. od. etwas für jmd. anderen od. etwas anderes halten;* ich habe mich in ihm, ihr getäuscht; darin täuschst du dich **4** ~d **ähnlich** *zum Verwechseln ähnlich;* er sieht ihm ~ ähnlich • 4.1 er hat eine ~de Ähnlichkeit mit seinem Vater *sehr große Ä.*

Täu|schung ⟨f.; -, -en⟩ **1** *das Täuschen* **2** *das Getäuschtwerden, Irrtum; Sinnes~;* →a. *optisch (2.1)* **3** *Irreführung, Betrug, Missbrauch des Vertrauens;* das Opfer einer ~ werden **4** ⟨fig.⟩ *Einbildung;* sich ~en hingeben

tau|send ⟨Numerale 11; in Ziffern: 1000; röm. Zahlzeichen: M⟩ **1** *zehnmal hundert;* ~ Menschen; ~ Stück; an die ~ Menschen; er ist nur einer unter ~; vor ~ Jahren **2** ⟨fig.⟩ *sehr viel, ungezählt;* ~ Ängste ausstehen; ~ Dank!; ich kann nicht an ~ Dinge zugleich denken; er hat die Geschichte mit ~ Einzelheiten ausgeschmückt; ~ Grüße; der Spiegel zersprang in ~ Stücke; er hat immer ~ Wünsche; ~ und aber~ / Tausend und Abertausend Menschen

Tau|send¹ ⟨f.; -, -en⟩ *die Zahl 1 000*

Tau|send² ⟨n.; -s, -e⟩ *Gesamtheit von 1 000 Stück od. Einzelwesen;* das erste ~ der Auflage; ein halbes ~; vier von ~; ~e/tausende begeisterter Menschen; es waren einige ~/tausend Vögel; mehrere ~/tausend Scheine; viele ~e/tausende von Zuschauern; ~e/tausende von Menschen; sie kamen zu ~en/tausenden; ~e und Abertausende / tausende und abertausende

Tau|to|lo|gie ⟨f.; -, -n⟩ *Bezeichnung einer Sache durch zwei od. mehrere gleichbedeutende Ausdrücke, z. B. alter Greis, weißer Schimmel*

Tau|wet|ter ⟨n.; -s; unz.⟩ *milde Witterung, bei der Schnee u. Eis tauen*

Tau|zie|hen ⟨n.; -s; unz.⟩ **1** *sportlicher Wettkampf, bei dem zwei Mannschaften an je einem Ende eines Taues ziehen, bis eine von ihnen eine Mittellinie übertritt* **2** ⟨fig.; umg.⟩ *zähes Ringen um Entscheidungen*

Ta|ver|ne ⟨[-vεr-] f.; -, -n⟩ *Lokal, Schenke, Kneipe*

Ta|xa|me|ter ⟨m. od. n.; -s, -⟩ *Zählwerk im Taxi, Fahrpreisanzeiger*

Tax|card ⟨f.; -, -s; schweiz.⟩ = *Telefonkarte*

Ta|xe ⟨f.; -, -n⟩ **1** *Schätzung (eines Wertes)* **2** *festgesetzter Preis* **3** *Gebühr, Abgabe; Kur~* **4** = *Taxi*

ta|xen ⟨V. 500⟩ = taxieren
Ta|xi ⟨n.; -s, -s⟩ *Personenkraftwagen, dessen Fahrer gegen Bezahlung Fahrgäste befördert;* Sy *Taxe (4)*
ta|xie|ren ⟨V. 500⟩ oV *taxen* **1** den **Wert** ~ = *schätzen (2)* **2** einen **Gegenstand** ~ *den Wert eines Gegenstandes ermitteln*
Tb ⟨Abk. für⟩ *Tuberkulose*
Tbc ⟨Abk. für⟩ *Tuberkulose*
Tbc-krank ⟨[te:be:tse:-] Adj.⟩ = *Tb-krank*
Tb-krank ⟨[te:be:-] Adj.⟩ *an Tuberkulose erkrankt;* oV *Tbc-krank*
Teach-in *auch:* **Teach|in** ⟨[ti:tʃɪn] n.; -s, -s⟩ *politische Diskussionsversammlung (bes. an Universitäten) zur Aufdeckung u. Diskussion bestimmter Missstände*
Teak ⟨[ti:k] n.; -s; unz.; kurz für⟩ *Holz des Teakbaumes, Teakholz*
Teak|baum ⟨[ti:k-] m.; -(e)s, -bäu|me⟩ *tropischer Baum, der ein gelblich braunes, sehr dauerhaftes Holz liefert: Tectona grandis*
Team ⟨[ti:m] n.; -s, -s⟩ **1** ⟨Sp.⟩ = *Mannschaft (4)* **2** *Arbeitsgemeinschaft*
Team|ar|beit ⟨[ti:m-] f.; -; unz.⟩ = *Teamwork*
Team|work ⟨[ti:mwœ:k] n.; -s; unz.⟩ *Gemeinschafts-, Gruppenarbeit, Arbeit eines gut aufeinander abgestimmten Teams;* Sy *Teamarbeit*
Tech|nik ⟨f.; -, -en; Pl. selten⟩ **1** ⟨i. w. S.⟩ *die Kunst, mit den zweckmäßigsten u. sparsamsten Mitteln ein bestimmtes Ziel od. die beste Leistung zu erreichen* **2** ⟨i. e. S.⟩ • **2.1** *Gesamtheit aller Mittel, die Natur aufgrund der Kenntnis u. Anwendung ihrer Gesetze dem Menschen nutzbar zu machen;* das Zeitalter der ~ • **2.2** *Gesamtheit der Kunstgriffe, Regeln, maschinellen Verfahren auf einem Gebiet;* Dramen~, Bühnen~, Bau~ **3** *Art u. Weise der Herstellung, Verfahren* **4** *ausgebildete Fähigkeit, Kunstfertigkeit;* Fahr~, Mal~, Schwimm~; eine ~ beherrschen, anwenden; der Skiläufer hat eine ausgezeichnete ~ • **4.1** ⟨Mus.⟩ *Fingerfertigkeit* **5** ⟨österr.⟩ = *Technische Hochschule*
tech|nisch ⟨Adj. 24⟩ **1** *die Technik betreffend, auf ihr beruhend, mit ihrer Hilfe* • **1.1** Technischer **Direktor** *Leiter des technischen Bereiches eines Unternehmens* • **1.2** Technischer Überwachungs-Verein ⟨TÜV⟩ *Verein zur Überwachung der Sicherheit technischer Anlagen u. Fahrzeuge* **2** *in der Technik gebräuchlich* • **2.1** ~e **Atmosphäre** ⟨Abk.: at⟩ *Maßeinheit für den Druck, 1 kg/cm²* **3** ~e **Lehranstalt** *Ausbildungsstätte für Ingenieure verschiedener Fachrichtungen* • **3.1** ~e **Hochschule** ⟨Abk.: TH⟩ *der Universität gleichgestellte Ausbildungs- u. Forschungsstätte der Technik;* Sy ⟨österr.⟩ *Technik (5);* die Technische Hochschule Darmstadt • **3.2** ~e **Universität** ⟨Abk.: TU⟩ *technische Hochschule mit auch nichttechnischen Fakultäten;* die Technische Universität Berlin
tech|ni|sie|ren ⟨V. 500⟩ Herstellungsverfahren ~ **1** *auf technischen Betrieb umstellen* **2** *für technischen Betrieb einrichten* **3** *technische Mittel, Maschinenkraft einsetzen in, bei Herstellungsverfahren*
Tech|no|lo|gie ⟨f.; -; unz.⟩ **1** ⟨unz.⟩ *Lehre von den in der Technik angewendeten u. anwendbaren Produktionsverfahren* **2** *Technik, technisches Verfahren*

Te|ckel ⟨m.; -s, -⟩ = *Dackel*
Ted|dy ⟨m.; -s, -s; kurz für⟩ *Teddybär*
Ted|dy|bär ⟨m.; -en, -en⟩ *Stoffbär (als Spielzeug für Kinder)*
Tee ⟨m.; -s, -s⟩ **1** *die aufbereiteten jungen Blätter des Teestrauches;* ~ aufbrühen, aufgießen, kochen; chinesischer, indischer ~; grüner, schwarzer ~ **2** *Aufguss aus Tee (1) als Getränk;* eine Tasse ~; ~ trinken; der ~ muss fünf Minuten, muss noch etwas ziehen; starker, schwacher, dünner ~ • **2.1** jmdn. **zum** ~ **einladen** *nachmittags zu einer leichten Mahlzeit mit Tee (2)* • **2.2** abwarten und ~ trinken! ⟨fig.; umg.⟩ *nichts übereilen!* **3** *Aufguss von getrockneten Teilen einer Pflanze als Getränk;* Kamillen~, Pfefferminz~
Tee|beu|tel ⟨m.; -s, -⟩ *kleiner, wasserdurchlässiger, mit Teeblättern gefüllter Beutel, der für die Zubereitung von Tee mit heißem Wasser übergossen wird*
Teen ⟨[ti:n] m.; -s, -s⟩ *Teenager;* ~s und Twens
Teen|ager ⟨[ti:neɪdʒə(r)] m.; -s, -; Kurzw.: Teen, Teenie, Teeny⟩ *Junge od. Mädchen zwischen 13 u. 19 Jahren*
Tee|nie ⟨[ti:ni:] m.; -s, -s; umg.; Kurzw. für⟩ *Teenager;* oV *Teeny*
Tee|ny ⟨[ti:ni:] m.; -s, -s; umg.; Kurzw.⟩ = *Teenie*
Teer ⟨m.; -(e)s, -e⟩ *bei der trockenen Destillation von Stein- u. Braunkohle, Torf u. Holz entstehende, auch im Erdöl enthaltene braune bis schwarze, zähe Masse;* Holz~, Holzkohlen~, Braunkohlen~, Steinkohlen~
Tef|lon® *auch:* **Te|flon®** ⟨n.; -s; unz.⟩ *Polytetrafluorethylen, ein hitzebeständiger Kunststoff*
Teich ⟨m.; -(e)s, -e⟩ *kleines, stehendes Gewässer, sehr kleiner See;* →a. *groß (1.5)*
Teig ⟨m.; -(e)s, -e⟩ *breiige od. festere, zähe Masse aus Mehl, Milch od. Wasser, Eiern, Zucker u. a. zum Herstellen von Teigwaren od. zum Backen von Brot, Kuchen, Kleingebäck;* den ~ kneten, rühren, ausrollen
tei|gig ⟨Adj. 24/70⟩ **1** *aus (rohem) Teig bestehend;* der Kuchen ist noch ~ **2** *wie aus Teig bestehend;* die Farbe ist von ~er Beschaffenheit • **2.1** eine ~e **Schrift** *eine zerfließende S.* **3** *blass u. gedunsen;* ein ~es Gesicht
Teig|wa|ren ⟨Pl.⟩ *aus Teig hergestellte Nahrungsmittel, bes. Nudeln*
Teil ⟨m.; -(e)s, -e⟩ **1** *Stück von einem Ganzen;* Ersatz~, Bestand~, Körper~, Landes~; ein ~ der Stadt ist niedergebrannt; der größte ~ des Waldes ist abgeholzt; der obere, untere, mittlere, kleinere, größere ~; der schönste ~ des Landes; einen Gegenstand in seine (einzelnen) ~e zerlegen • **1.1** der **4.** ~ **von 20** ist 5 *ein Viertel von 20 ist 5* **1.2 zum größten** ~ *das meiste* • **1.3** ich habe die Arbeit zum ~ fertig *teilweise* • **1.4** der Garten besteht zum ~ aus Blumenbeeten, zum ~ aus Rasen *teilweise aus Blumenbeeten, teilweise aus Rasen* **2** *Abschnitt;* der vordere ~ des Schrankes; im hinteren ~ des Lokals **3** *Einzelheit, einzelnes Stück, Glied;* ein(en) ~ eines Gerätes ersetzen müssen **4** ~ einer **Sache** *Abschnitt, Einheit, in sich abgerundeter Teil (1);* der schwierigste ~ der Aufgabe; die einzelnen ~e eines Gegenstandes, ei-

teilen

nes Romans; der erste, zweite ~ des „Faust"; Roman in drei ~en; im ersten ~ der Veranstaltung ist klassische Musik zu hören **5** *Anteil;* sein(en) ~ beitragen zu etwas; etwas zu gleichen ~en vergeben; zu gleichen ~en erben • 5.1 er hat sein ~ bekommen, weg ⟨umg.; a. fig.⟩ *seinen Anteil, seine Strafe* **6** sich sein ~ denken *sich seine eigenen Gedanken über etwas machen, ohne sie auszusprechen* • 6.1 ich für meinen ~ *was mich betrifft* **7** ⟨Rechtsw.⟩ *Partei;* man muss beide ~e hören (juristischer Grundsatz); der beklagte, der klagende ~

tei|len ⟨V. 500⟩ **1** ⟨Vr 7⟩ *etwas* ~ *in Teile (1 od. 2), Einzelteile zerlegen;* die Zelle teilt sich; einen Apfel in zwei Teile ~; ein Stück Ackerland in zwei Hälften ~ • 1.1 teile und herrsche! *säe Zwietracht unter deinen Feinden, um sie zu beherrschen (bereits den Römern zugeschriebener, aber erst Ludwig XI. nachgewiesener Grundsatz der Außenpolitik)* • 1.2 ⟨Vr 3⟩ die Straße teilt sich *gabelt sich* **2** *etwas* ~ *zerschneiden, zertrennen, zerstückeln;* einen Kuchen mit dem Messer ~; das Schiff teilt die Wellen (fig.) **3** *etwas* ~ *aufteilen;* etwas brüderlich ~; wir haben den Gewinn miteinander, untereinander geteilt **4** ⟨550⟩ eine **Zahl** durch eine **Zahl** ~ ⟨Math.⟩ = *dividieren;* zehn durch zwei ~; zwölf geteilt durch 3 ist 4 **5** ⟨517⟩ **etwas mit jmdm.** ~ • 5.1 *jmdn. an etwas teilhaben lassen, jmdm. etwas abgeben, etwas mit jmdm. gemeinsam haben, benutzen;* ein Stück Brot mit jmdm. ~; mit jmdm. das Badezimmer ~ • 5.1.1 **mit jmdm.** das **Zimmer** ~ *gemeinsam bewohnen* • 5.2 *mit jmdm. an etwas teilnehmen, Anteil haben, nehmen an etwas;* den Schmerz mit jmdm. ~; geteilter Schmerz ist halber Schmerz, geteilte Freude ist doppelte Freude ⟨Sprichw.⟩ **6** jmds. **Ansicht** (nicht) ~ *(nicht) der gleichen Ansicht sein wie jmd.;* ich teile deine Ansicht (nicht) • 6.1 sie waren geteilter Meinung *verschiedener M.* • 6.2 die Meinungen waren geteilt *unterschiedlich*

teil|ha|ben ⟨V. 159/800⟩ **an etwas** ~ **1** *an etwas beteiligt sein;* jmdn. an seiner Arbeit, seiner Freude ~ lassen **2** ⟨poet.⟩ *teilnehmen;* die anderen lachten u. scherzten, aber er hatte nicht teil daran

Teil|ha|ber ⟨m.; -s, -⟩ **1** *Mitberechtigter am Eigentum* **2** *Gesellschafter (eines Geschäftsunternehmens, bes. einer Personalgesellschaft);* →a. still (6.3)

Teil|ha|be|rin ⟨f.; -, -rin|nen⟩ *weibl. Teilhaber*

teil|haf|tig ⟨Adj. 24; geh.⟩ **1** *Anteil habend* • 1.1 ⟨44⟩ einer Sache ~ werden *eine S. erfahren, erleben, gewinnen;* eines großen Glücks ~ werden

Teil|nah|me ⟨f.; -, -n⟩ *das Teilnehmen;* eine Sache mit aufrichtiger, brennender ~ verfolgen; meine herzlichste, innigste ~! (Beileidsformel); jmdm. seine herzliche ~ aussprechen; ~ am Verbrechen; ~ an einem Wettbewerb, einer Veranstaltung

teil|nahms|los ⟨Adj.⟩ *ohne Teilnahme, gleichgültig, interesselos, apathisch;* ~ am Tisch sitzen

teil|neh|men ⟨V. 190/800⟩ **1 an etwas** ~ *sich an etwas beteiligen, bei etwas mitmachen;* an einem Ausflug, einem Wettbewerb ~ **2 an** einer **Sache** ~ *Anteil nehmen, etwas mitempfinden, mitfühlen;* an jmds. Freude, Kummer, Schmerz ~ **3** ⟨Part. Präs.⟩ ~d *teilnahmsvoll, mitfühlend, mitleidig;* sich ~d nach jmds. Befinden erkundigen

Teil|neh|mer ⟨m.; -s, -⟩ *jmd., der an etwas teilnimmt, sich an etwas beteiligt;* die ~ eines sportlichen Wettkampfes

Teil|neh|me|rin ⟨f.; -, -rin|nen⟩ *weibl. Teilnehmer*

teils ⟨Adv.⟩ **1** *teilweise, zum Teil;* 100 Menschen, ~ Männer, ~ Frauen; auf den Feldern liegt ~ noch Schnee; der Schnee auf den Feldern ist ~ schon geschmolzen **2** ~, ~ *sowohl als auch, wechselnd* • 2.1 waren nette Leute da? ~, ~! ⟨umg.⟩ *nette u. auch weniger nette Leute* • 2.2 hast du viel Arbeit? ~, ~! ⟨umg.⟩ *manchmal ja, manchmal nein*

Tei|lung ⟨f.; -, -en⟩ **1** *das Teilen;* Erbschafts~; die ~ eines Reiches **2** ⟨Biol.⟩ *Form der ungeschlechtlichen Fortpflanzung;* Kern~ **3** ⟨Math.⟩ = *Division (1)* **4** ⟨Maschinenbau⟩ *der auf dem Teilkreis gemessene Abstand zweier entsprechender Punkte auf den Zähnen von Zahnrädern*

teil|wei|se ⟨Adj. 50 od. (umg.) 90⟩ *in Teilen, zum Teil;* das Haus ist ~ fertig; sein ~s Nachgeben ⟨umg.⟩

Teil|zah|lung ⟨f.; -, -en⟩ **1** *Teil einer größeren zu leistenden Zahlung, Rate;* die ersten drei ~en **2** *Abzahlung, Zahlung in Raten;* monatliche ~; etwas auf ~, in ~ einkaufen

Teil|zeit ⟨f.; -; unz.⟩ *Teil der gesamten Zeitdauer (bes. Arbeitszeit);* (in) ~ arbeiten; ~beschäftigung, ~job, ~stelle

Teil|zeit|kraft ⟨f.; -, -kräf|te⟩ *Arbeitskraft, die Teilzeit arbeitet*

Teint ⟨[tɛ̃:] m.; -s, -s⟩ **1** *Gesichtsfarbe* **2** *Gesichtshaut*

Tek|to|nik ⟨f.; -; unz.⟩ **1** *Lehre vom Bau u. von den Bewegungen der Erdkruste* **2** *Lehre vom inneren Aufbau eines Kunstwerks* **3** ⟨bes. Baukunst⟩ *Lehre vom harmonischen Zusammenfügen von Einzelheiten zu einem Ganzen*

Te|le|fax ⟨n.; -es, -e; kurz: Fax⟩ **1** ⟨unz.⟩ *Übermittlungsdienst für Schriftstücke u. Fotos über das Telefonnetz;* eine Bestellung per ~ **2** *Gerät für das Telefax (1), Fernkopierer* **3** *per Telefax (1) übermittelte Fernkopie*

Te|le|fon ⟨a. ['---] n.; -s, -e⟩ *Apparat zum Empfangen u. Senden mündlicher Nachrichten;* oV ⟨veraltend⟩ *Telephon;* Sy *Fernsprecher*

Te|le|fon|an|schluss ⟨m.; -es, -schlüs|se⟩ **1** *Anschluss an das Telefonnetz eines Ortes* **2** *Telefonverbindung mit einem anderen Teilnehmer*

Te|le|fon|buch ⟨n.; -(e)s, -bü|cher⟩ *Verzeichnis der Inhaber eines Telefonanschlusses innerhalb einer Stadt mit Adresse u. Rufnummer, Fernsprechbuch;* eine Telefonnummer im ~ nachschlagen

te|le|fo|nie|ren ⟨V. 400⟩ **(mit jmdm.)** ~ *durch das Telefon sprechen;* oV ⟨veraltend⟩ *telephonieren*

Te|le|fon|ka|bi|ne ⟨f.; -, -n; schweiz.⟩ = *Telefonzelle*

Te|le|fon|kar|te ⟨f.; -, -n⟩ *Karte in der Größe einer Scheckkarte, auf der je nach Kaufpreis Gebühreneinheiten gespeichert sind, die beim Telefonieren mit einem Kartentelefon abgebucht werden;* Sy ⟨schweiz.⟩ *Taxcard,* ⟨österr.⟩ *Telefonwertkarte*

Te|le|fon|wert|kar|te ⟨f.; -, -n; österr.⟩ = *Telefonkarte*

Te|le|fon|zel|le ⟨f.; -, -n⟩ *kleiner, geschlossener, schalldichter Raum mit einem (meist öffentl.) Telefonapparat;* Sy ⟨schweiz.⟩ *Telefonkabine*

te|le|gen ⟨Adj.⟩ *wirkungsvoll im Fernsehen (bes. von Personen)*

Te|le|gra|fie ⟨f.; -; unz.; früher⟩ *Übermittlung von Nachrichten durch akustische, elektrische od. optische Geräte in bestimmten Zeichen, z. B. Morsezeichen;* oV *Telegraphie; drahtlose ~*

Te|le|gramm ⟨n.; -(e)s, -e⟩ *mittels Telegrafie weitergeleitete Mitteilung;* ein ~ *aufgeben*

Te|le|gra|phie ⟨f.; -; unz.⟩ = *Telegrafie*

Te|le|o|lo|gie ⟨f.; -; unz.⟩ *Lehre, dass die Entwicklung von vornherein zweckmäßig u. zielgerichtet angelegt sei*

Te|le|pa|thie ⟨f.; -; unz.⟩ *Übertragung, Wahrnehmung von Empfindungen u. Gedanken ohne Hilfe der Sinnesorgane*

Te|le|phon ⟨a. ['- - -] n.; -s, -e; veraltende Schreibung für⟩ *Telefon*

te|le|pho|nie|ren ⟨V. 400; veraltende Schreibung für⟩ *telefonieren*

Te|le|skop ⟨n.; -s, -e⟩ = *Fernrohr*

Te|le|vi|si|on ⟨[-vi-] f.; -; unz.; Abk.: TV⟩ *Fernsehen*

Tel|ler ⟨m.; -s, -⟩ **1** *rundes, scheibenförmiges Essgerät mit Vertiefung und gewölbtem Rand;* Kuchen~, Suppen~; ein ~ *(voll) Suppe; seinen ~ leeressen; ein flacher, tiefer ~* **2** *etwas, was die Form eines Tellers (1) hat;* Hand~ • 2.1 ⟨Jägerspr.⟩ *Ohr des Wildschweins*

Tel|ler|ei|sen ⟨n.; -s, -⟩ *tellerförmige Tierfalle*

Tel|lur ⟨n.; -s; unz.; chem. Zeichen: Te⟩ *braunschwarzes, nichtmetallisches chemisches Element, Ordnungszahl 52*

Tem|pel ⟨m.; -s, -⟩ **1** *als heilig geltende, kultischen Zwecken dienende Stätte* **2** *einer nichtchristlichen Gottheit geweihter Bau; heidnischer ~* **3** ⟨fig.⟩ *heiliger, verehrungswürdiger Ort; die Natur ist ein ~ Gottes; ein ~ der Kunst* **4** *jmdn. zum ~ hinausjagen* ⟨fig.; umg.⟩ *jmdn. hinauswerfen*

Tem|pe|ra|ment ⟨n.; -(e)s, -e⟩ **1** *Gemütsart, Wesensart; ein feuriges, sprudelndes, sprühendes, ruhiges ~ haben* • 1.1 ⟨Psych.⟩ *die vorherrschende Art u. die individuelle Eigenart des Ablaufs seelischer Vorgänge; cholerisches, melancholisches, phlegmatisches, sanguinisches ~* **2** ⟨fig.⟩ *Erregbarkeit, Lebhaftigkeit, Munterkeit;* (kein) ~ *haben; sich von seinem ~ hinreißen lassen* • 2.1 *sein ~ ist mit ihm* **durchgegangen** *er hat die Beherrschung verloren* • 2.2 *seinem ~ die Zügel schießenlassen sich nicht beherrschen, zurückhalten*

tem|pe|ra|ment|voll ⟨Adj.⟩ *voller Temperament, lebhaft, feurig*

Tem|pe|ra|tur ⟨f.; -, -en⟩ **1** ~ *eines* **Stoffes** *Grad der Wärme; das Gas hat eine ~ von 15°C* **2** ⟨Med.⟩ *Wärme des (menschlichen) Körpers; die ~ messen; die ~ ist gestiegen, gesunken, gefallen; erhöhte ~ haben* • 2.1 *leichtes Fieber; ~ haben* **3** ⟨Mus.⟩ = *temperierte Stimmung,* → *temperieren (3)*

tem|pe|rie|ren ⟨V. 500⟩ **1** *etwas ~ gleichmäßige, gemäßigte Temperatur in einem Raum herbeiführen; der Raum ist gut, angenehm temperiert* **2** ⟨Vr 7⟩ *eine* **Sache** ~ ⟨fig.⟩ *mäßigen, mildern; jmds. Übermut ~* **3** ⟨Mus.⟩ *temperierte* **Stimmung** *S. aufgrund der in 12 gleiche Halbtöne eingeteilten Oktave;* Sy *Temperatur (3)*

Tem|po ⟨n.; -s, -s od. Tem|pi⟩ **1** ⟨unz.⟩ *Grad der Geschwindigkeit; das ~ angeben; ein rasches ~ anschlagen; das ~ beschleunigen, verringern; das ~ einhalten, halten; schnelles, langsames, gemütliches, mörderisches ~* **2** ⟨unz.; fig.⟩ *Schnelligkeit* • 2.1 ~! *(Anfeuerung zu größerer Schnelligkeit)* • 2.2 *aber nun ein* **bisschen** ~ ⟨umg.⟩ *ein bisschen schnell!* • 2.3 *mach ein bisschen ~* **dahinter**! ⟨umg.⟩ *beschleunige die Sache ein bisschen* • 2.4 ~ **vorlegen** ⟨umg.⟩ *in schnellem Tempo zu laufen, zu fahren beginnen* **3** ⟨Mus.⟩ *Zeitmaß; ~ di marcia, di valsa; die Tempi einhalten; Marsch~, Walzer~*

Tem|po|li|mit ⟨n.; -s, -s⟩ = *Geschwindigkeitsbeschränkung*

tem|po|rär ⟨Adj. 24; geh.⟩ *zeitweilig, zeitweise, vorübergehend; ~e Verschlechterung*

Tem|pus ⟨n.; -s, -po|ra; Gramm.⟩ *Zeitform des Verbs, z. B. Präsens, Perfekt*

Ten|denz ⟨f.; -, -en⟩ **1** *Neigung, Hang, Streben* **2** *erkennbare Absicht; die ~ eines Buches, Theaterstücks* **3** ⟨Börse⟩ *Entwicklung der Kurse u. Umsätze im Geschäft mit Wertpapieren*

ten|den|zi|ös ⟨Adj.⟩ **1** *eine Tendenz erkennen lassend* **2** *(partei)politisch gefärbt*

ten|die|ren ⟨V.⟩ **1** ⟨411⟩ *nach einer* **Richtung** ~ *eine R. einschlagen wollen, in eine R. streben; nach rechts, links ~* **2** ⟨417⟩ *zu einer* **Sache** ~ *die Neigung, den Hang zu einer S. haben; er tendiert dazu, die Dinge auf sich beruhen zu lassen*

Ten|ne ⟨f.; -, -n⟩ *festgestampfter od. gepflasterter Platz, meist in der Scheune zum Dreschen des Getreides*

Ten|nis ⟨n.; -; unz.; Sp.⟩ *Ballspiel auf einem Rasen- od. Sandplatz od. in der Halle zwischen zwei od. vier Spielern, die mit einem Schläger den Ball über ein etwa 1 m hohes Netz hin- u. zurückschlagen*

Te|nor[1] ⟨m.; -s; unz.⟩ **1** ~ *eines* **Textes,** *einer* **Rede** • 1.1 *Inhalt, Wortlaut, Sinn* • 1.2 *Haltung, Einstellung* **2** ⟨Rechtsw.⟩ *entscheidender Teil eines Urteils*

Te|nor[2] ⟨m.; -s, -nö|re; Mus.⟩ **1** *hohe Stimmlage der Männer* **2** *Sänger mit Tenor (1)* • 2.1 *Gesamtheit der Tenöre (2) im Chor*

Ten|sid ⟨n.; -(e)s, -e; meist Pl.⟩ *die Oberflächenspannung von Flüssigkeiten (bes. Wasser) herabsetzende Substanz, häufig als Bestandteil von Wasch- u. Reinigungsmitteln*

Ten|ta|kel ⟨m. od. n.; -s, -⟩ *zum Tasten u. Ergreifen der Beute dienender Körperanhang von wasserbewohnenden, zumeist festsitzenden Tieren, Fangarm*

Tep|pich ⟨m.; -(e)s, -e⟩ **1** *geknüpfter od. gewebter Fußbodenbelag od. Wandbehang aus Wolle, Haargarn, Seide, Kunstfaser usw., oft reich gemustert;* Wand~; ~*e klopfen, saugen; ~e maschinell herstellen; ein ~ von bunten Wiesen, von Moos* ⟨fig.⟩ • 1.1 *etwas unter den ~ kehren* ⟨fig.; umg.⟩ *etwas vertuschen* • 1.2 *bleib auf dem ~!* ⟨umg.⟩ *bleib realistisch!*

Termin

Ter|min ⟨m.; -s, -e⟩ **1** *bestimmter Zeitpunkt;* Liefer~; Fälligkeits~; einen ~ anberaumen, festsetzen; einen anderen, neuen ~ vereinbaren; einen ~ versäumen, verpassen; an einen ~ gebunden sein; zu einem früheren, späteren ~ • 1.1 ~ für eine **Verhandlung** ⟨Rechtsw.⟩ *vom Gericht festgesetzter Zeitpunkt* **2** *Verhandlung zum Termin (1.1);* am 20. ist ~; ~ haben

Ter|mi|nal ⟨[tœ:mɪnəl] m. od. n.; -s, -s⟩ *Flughafenhalle zur Abfertigung von Fluggästen*

Ter|mi|no|lo|gie ⟨f.; -, -n⟩ *Gesamtheit der Fachausdrücke (eines Kunst- od. Wissensgebietes)*

Ter|mi|nus ⟨m.; -, -mi|ni⟩ **1** ⟨selten⟩ *Grenze, Stichtag* **2** ~ (**technicus**) *Fachausdruck*

Ter|mi|te ⟨f.; -, -n; Zool.⟩ *Angehörige einer den Schaben nahestehenden Ordnung der Insekten, die in hoch entwickelten Staaten leben: Isoptera*

Ter|pen|tin ⟨n.; -s; unz.⟩ *dickflüssiges Harz bestimmter Kiefern, das feste Anteile an Harz u. Terpentinöl enthält*

Ter|rain ⟨[-rɛ̃:] n.; -s, -s⟩ **1** *Gebiet, Gelände* • 1.1 *(Bau-)Grundstück* **2** *das* ~ **erkunden, sondieren** ⟨a. fig.⟩ *herausfinden wollen, ob die Lage für beabsichtigte Unternehmen günstig ist*

Ter|ra|ri|um ⟨n.; -s, -ri|en⟩ *(meist mit Drahtnetz verschlossener) Behälter zur Pflege und Zucht von Lurchen und Kriechtieren*

Ter|ras|se ⟨f.; -, -n⟩ **1** *waagerechte Stufe im Gelände, Absatz* **2** *nicht überdachter, gepflasterter, an das Erdgeschoss eines Hauses angebauter Platz* • 2.1 *großer, offener Balkon*

Ter|ri|to|ri|um ⟨n.; -s, -ri|en⟩ **1** *Gebiet, Land* **2** *Hoheitsgebiet*

Ter|ror ⟨m.; -s; unz.⟩ *gewalttätiges, rücksichtsloses Vorgehen, das die Betroffenen in Angst u. Schrecken versetzen soll;* politischer ~; ⟨fig.⟩ Konsum~; Mode~; Zicken~

ter|ro|ri|sie|ren ⟨V. 500⟩ jmdn. ~ *durch Anwendung von Gewalt einschüchtern, in Schrecken u. Furcht versetzen*

Ter|ti|är ⟨[-tsjɛ:r] n.; -s; unz.; Geol.⟩ *ältere Periode in der Neuzeit der Erdgeschichte;* →a. *Quartär*

Terz ⟨f.; -, -en⟩ **1** ⟨Mus.⟩ *der dritte Ton der diatonischen Tonleiter* • 1.1 *Intervall über zwei Schritte der diatonischen Tonleiter;* kleine ~, große ~ **2** ⟨Fechten⟩ *Hieb od. Stich gegen eine vom rechten Ohr des Gegners zu dessen linker Hüfte gedachte Linie* **3** *Stunde des Gebets (9 Uhr), dritter Teil des Stundengebets*

Ter|zett ⟨n.; -(e)s, -e; Mus.⟩ **1** *Musikstück für drei Singstimmen od. drei gleiche Instrumente* **2** *die drei Sänger bzw. Spieler eines Terzetts (1)*

Test ⟨m.; -(e)s, -e od. -s⟩ *experimentelle Untersuchung zur Feststellung bestimmter Eigenschaften, Leistungen u. Ä.*

Tes|ta|ment ⟨n.; -(e)s, -e⟩ **1** *schriftliche Erklärung, mit der jmd. für den Fall seines Todes die Verteilung seines Vermögens festlegt, letzter Wille;* ein ~ anfechten; sein ~ machen; gemeinschaftliches ~ (zweier Ehegatten) • 1.1 *dann kannst du gleich dein* ~ *machen* ⟨umg.; scherzh.⟩ *dann kommst du nicht lebend davon* **2** *Teil der Bibel;* das Alte, Neue ~

tes|ten ⟨V. 500⟩ jmdn. od. etwas ~ *mit Hilfe eines Tests prüfen*

Te|ta|nus ⟨m.; -; unz.⟩ *mit Krämpfen einhergehende, lebensgefährliche Infektion durch den Tetanusbazillus;* Sy *Wundstarrkrampf*

Tete-a-tete ⟨[tɛ:tatɛ:t] n.; -s, -s⟩ oV *Tête-à-tête* **1** *trauliches Beisammensein;* sich zu einem ~ treffen **2** *Gespräch unter vier Augen*

Tête-à-tête ⟨[tɛ:tatɛ:t] n.; -s, -s⟩ = *Tete-a-tete*

teu|er ⟨Adj.⟩ **1** ⟨40⟩ *eine bestimmte Summe, einen Kaufpreis von einer bestimmten Höhe kostend; dieses Buch ist um fünf Euro teurer als das andere* • 1.1 *wie* ~ *das? wie viel kostet das?;* wie ~ ist der Stoff? **2** *viel kostend, von hohem Preis, hohe Ausgaben verursachend, kostspielig;* ein teurer Spaß, ein teures Vergnügen; etwas ~ kaufen, verkaufen; das ist mir (viel) zu ~; Fleisch und Wurst sind wieder teurer geworden • 2.1 ⟨70⟩ *ein teures Pflaster* ⟨fig.; umg.⟩ *eine Stadt, in der das Leben viel Geld kostet* • 2.2 ⟨70⟩ *teure Zeiten Z., in denen die Preise hoch sind* • 2.3 ⟨70⟩ *etwas für teures Geld kaufen, erstehen* ⟨umg.⟩ *für sehr viel G.* • 2.4 *etwas kommt jmdn.* ~ *zu stehen* ⟨a. fig.⟩ *kostet jmdn. viel;* der Umbau des Hauses kam mich ~ zu stehen • 2.5 *sein Leichtsinn kam ihn* ~ *zu stehen er musste für seinen L. büßen* **3** ⟨70⟩ *kostbar, wert, lieb;* er, sie, es ist mir lieb und ~ **4** ⟨fig.⟩ • 4.1 *um etwas entschlossen, sein Leben* ~ *zu verkaufen für sein L. zu kämpfen* 4.2 ⟨40⟩ *da ist guter Rat* ~ *ich bin ratlos, weiß nicht, was wir jetzt tun sollen*

Teu|fel ⟨m.; -s, -⟩ **1** ⟨Rel.⟩ *Verkörperung des Bösen, böser Geist, Dämon* • 1.1 ⟨christl. Rel.⟩ *Widersacher Gottes, von Gott abgefallener Engel, Verführer des Menschen zum Bösen;* er sah aus wie der leibhaftige ~ • 1.2 *mit dem* ~ *im Bunde sein* ⟨fig.⟩ *unheimlich sein, unheimliche Kräfte, Fähigkeiten haben* • 1.3 *vom* ~ *besessen* ⟨fig.⟩ *bösartig* • 1.4 *den* ~ *mit dem Beelzebub austreiben* ⟨fig.⟩ *ein Übel durch ein anderes bekämpfen* • 1.5 *den* ~ *an die Wand malen von etwas reden, was man befürchtet* 1.6 *in der Not frisst der* ~ *Fliegen* ⟨fig.; umg.⟩ *in der Not kann man sich mit wenigem begnügen* **2** *böser Mensch, böses Tier;* der Bursche, das Pferd usw. ist ein wahrer ~; das Kind ist ein kleiner ~ • 2.1 *ein armer* ~ *ein armer Mensch* • 2.2 ⟨fig.⟩ *Widersacher, böser Feind* • 2.2.1 *weder Tod noch* ~ *fürchten völlig furchtlos sein* • 2.2.2 *sich den* ~ *darum scheren sich nicht darum kümmern* • 2.2.3 *in (des)* ~s *Küche in einer unangenehmen Lage* • 2.2.4 *dort, hier ist der* ~ *los dort herrscht großes Durcheinander, großer Zank, Streit, dort ist ein wilder Kampf im Gange* • 2.2.5 *bist du des* ~s? *bist du verrückt?* • 2.2.6 *wenn man dem* ~ *einen Finger reicht, so nimmt er gleich die ganze Hand wenn man jmdm. einen Teil zugesteht, so verlangt er sofort alles* **3** ⟨fig.⟩ *Verkörperung der Wildheit, des Temperaments* • 3.1 *er fährt, reitet wie der* ~ *waghalsig, schnell* 3.2 *ihn reitet der* ~ *er ist übermütig, waghalsig, unbesonnen* 3.3 *arbeiten auf* ~ *komm 'raus* ⟨umg.⟩ *aus Leibeskräften* **4** ⟨fig.; umg.⟩ *Verkörperung eines unbekannten Verursachers* • 4.1 *weiß der* ~, *wo das Geld geblieben ist ich möchte nur wissen ...*

• **4.2** es müsste schon mit dem ~ zugehen, wenn es nicht klappte *es müsste schon etwas ganz Unerwartetes eintreten* • **4.3** das soll der ~ verstehen! *ich verstehe es nicht!* • **4.4** den ~ werde ich tun! *ich werde es ganz und gar nicht tun!, ich denke nicht daran!* **5 beim, zum ~** ⟨fig.; umg.⟩ *verloren, verschwunden; das Geld ist beim, zum ~* • **5.1** geh zum ~! ⟨derb⟩ *mach, dass du fortkommst!;* scher dich zum ~! • **5.2** jmdn. zum ~ schicken *fortjagen* • **5.3** der ~ soll ihn, es **holen**! ⟨fig.; umg.⟩ *ich möchte mit ihm, damit nichts mehr zu tun haben!;* hol dich der ~!; der ~ soll den ganzen Kram holen! **6** (zum) ~! ⟨Fluch⟩ *verflucht, verdammt;* wer zum ~ hat dich hergeschickt?; ~!, ~ auch!, ~ nochmal!; in (drei) ~s Namen!; Tod und ~! • **6.1** pfui ~! *Ausruf des Ekels*

teuf|lisch ⟨Adj.⟩ **1** *wie der Teufel, wie ein Teufel* **2** *unmenschlich, niederträchtig* **3** *außerordentlich, äußerst;* die Prüfung war ~ schwer

Text[1] ⟨m.; -(e)s, -e⟩ **1** *eine Folge von Wörtern, die eine sprachliche Äußerung in einer aktuellen (geschichtlichen) Situation darstellt* • **1.1** weiter im ~! ⟨fig.; umg.⟩ *weiter!, fahr fort!, wir wollen weitermachen* **2** *genauer Wortlaut einer Aufzeichnung;* einen ~ auswendig lernen, lesen • **2.1** *genauer Wortlaut eines Werkes als Grundlage der Literaturwissenschaft;* ein schwieriger ~ **3** *inhaltlicher Hauptteil eines Buches im Unterschied zu Vor- u. Nachwort* **4** *zusammenhängendes Schriftbild einer bedruckten od. beschriebenen Seite im Unterschied zu Überschrift, Fußnote, Illustration* **5** *die begleitenden Worte zu einer musikalischen Komposition;* Opern~, Lied~ **6** *(erklärende) Beschriftung von Abbildungen, Karten usw.* **7** *Bibelstelle als Thema einer Predigt;* über einen ~ predigen

Text[2] ⟨f.; -; unz.; Typ.⟩ *Schriftgrad, 20 Punkt*

tex|til ⟨Adj. 24/70⟩ **1** *zur Textiltechnik od. -industrie gehörend, sie betreffend;* ~e Verarbeitung **2** *gewebt, gewirkt;* ~e Stoffe

Tex|ti|li|en ⟨Pl.; Sammelbez. für⟩ **1** *Stoffe, Tuche, Gewebe, Gewirke, Faserstoffe* **2** *Kleidung, Wäsche*

Tex|tur ⟨f.; -, -en⟩ **1** *Gewebe, Faserung* **2** *Zusammenfügung, Anordnung*

T-för|mig ⟨[teː-] Adj. 24⟩ *wie ein T geformt*

The|a|ter ⟨n.; -s, -⟩ **1** *vor Zuschauern vorgeführte (künstlerische) Darstellung äußerer od. innerer Vorgänge mit Hilfe von Figuren od. durch Menschen* • **1.1** *Aufführung eines Bühnenstückes;* das ~ beginnt um 20 Uhr; wir treffen uns nach dem ~ • **1.2** ⟨fig.⟩ *Schauspielerei, Getue, Aufregung;* das ist doch alles nur ~!; mach nicht so ein, so viel ~!; tu das nicht, sonst gibt es ein großes ~ • **1.2.1** ~ spielen ⟨a. fig.; umg.⟩ *heucheln, etwas vortäuschen* **2** *Gesamtheit aller Einrichtungen, die mit der Schauspielkunst zusammenhängen u. der Aufführung eines Bühnenstückes vor Zuschauern dienen* • **2.1** *Institution für die Aufführung von Bühnenstücken;* beim ~ (angestellt) sein • **2.1.1** zum ~ gehen *Schauspieler(in) werden* • **2.2** *Gebäude, in dem Bühnenstücke aufgeführt werden;* was wird heute im ~ gegeben?; ins ~ gehen; das Stück habe ich kürzlich im ~ gesehen **3** *Gesamtheit der Zuschauer bei der Aufführung eines Bühnenstückes;* das ganze ~ lachte, tobte, schrie, brach in Beifallsstürme aus **4** *Gesamtheit der dramatischen Werke eines Volkes od. einer Epoche;* Barock~; griechisches, römisches, deutsches, französisches ~

The|a|ter|stück ⟨n.; -(e)s, -e⟩ *Dichtung in Dialogform zur Aufführung im Theater, Bühnenstück*

The|a|tra|lik *auch:* **The|at|ra|lik** ⟨f.; -; unz.⟩ **1** *theatralisches Wesen, Schauspielerei* **2** ⟨fig.; meist abwertend⟩ *Unnatürlichkeit, übertriebenes Pathos, Gespreiztheit*

The|is|mus ⟨m.; -; unz.; Rel.⟩ *Lehre von einem höchsten, überweltlichen, persönlichen Gott, der die Welt erschaffen hat u. noch lenkt*

The|ke ⟨f.; -, -n⟩ **1** *Schanktisch* **2** *Ladentisch*

The|ma ⟨n.; -s, The|men od. (veraltet) -ma|ta⟩ **1** *behandelter od. zu behandelnder Gegenstand, Stoff (bes. einer wissenschaftl. Arbeit, eines Vortrags usw.);* Aufsatz~, Gesprächs~; ein ~ behandeln, abhandeln; jmdm., sich ein ~ stellen; beim ~ bleiben; vom ~ abschweifen; das gehört nicht zum ~ **2** ⟨Mus.⟩ *aus mehreren Motiven bestehender wesentlicher Inhalt eines Musikstücks od. eines Teils davon* • **2.1** *bei Variationen die zugrunde liegende Melodie, die abgewandelt wird;* musikalisches ~ **3** ⟨allg.⟩ *Leit-, Grundgedanke*

The|ma|tik ⟨f.; -, -en; Pl. selten⟩ **1** *Gruppe, Auswahl von Themen* **2** *Formulierung eines Themas* **3** *Kunst der Behandlung u. Ausführung eines musikalischen Themas*

Theo|lo|gie ⟨f.; -; unz.⟩ *Lehre vom Glaubensinhalt einer Religion, bes. von der christlichen*

Theo|re|ti|ker ⟨m.; -s, -⟩ **1** *jmd., bes. Wissenschaftler, der eine Sache od. ein Wissensgebiet gedanklich, betrachtend bearbeitet* **2** ⟨fig.⟩ *Mensch, der die Dinge nur gedanklich, begrifflich erfasst u. dem die Einsicht in die Praxis, ins praktische Leben fehlt*

theo|re|tisch ⟨Adj.⟩ *nur auf dem Denken, auf der Theorie beruhend, (rein) gedanklich, begrifflich;* Ggs *praktisch*

Theo|rie ⟨f.; -, -n⟩ **1** *rein gedankliche, abstrakte Betrachtungsweise, wissenschaftliches Denken;* Ggs *Praxis (1);* grau, teurer Freund, ist alle ~ und grün des Lebens goldner Baum (Goethe, „Faust" I, Studierzimmer); in der ~ sieht manches anders aus als in der Praxis; die ~ in die Praxis umsetzen **2** *System von Hypothesen;* eine ~ aufstellen • **2.1** *Lehrmeinung* **3** ⟨Wissth.⟩ *Erkenntnis von gesetzlichen Zusammenhängen, Erklärung von Tatsachen;* Relativitäts~

The|ra|pie ⟨f.; -, -n⟩ *heilende Behandlung von Kranken;* Chemo~, Psycho~

ther|mal ⟨Adj. 24⟩ **1** *durch Wärme bewirkt* **2** *mit Hilfe warmer Quellen*

ther|mo..., Ther|mo... ⟨in Zus.⟩ *wärme..., Wärme...;* thermochemisch; Thermoelektrizität

Ther|mo|me|ter ⟨n.; -s, -⟩ *Gerät zum Messen der Temperatur;* Fieber~, Außen~, Zimmer~; das ~ fällt, steigt; das ~ zeigt 10 °C über, unter Null

Ther|mos|fla|sche ⟨f.; -, -n⟩ *Gefäß mit doppelten Wänden, in dem Speisen od. Getränke ihre Temperatur lange behalten*

Thermostat

Ther|mo|stat *auch:* **Ther|mos|tat** ⟨m.; -(e)s od. -en, -e od. -en⟩ *Wärme-, Temperaturregler (bes. zur Einhaltung einer bestimmten Raumtemperatur)*

The|se ⟨f.; -, -n⟩ *Behauptung, Leitsatz, Lehrsatz;* ~ *und Antithese;* ~n *aufstellen*

Thing ⟨n.; -(e)s, -e⟩ = *Ding³*

Tho|ra ⟨f.; -; unz.; jüd. Rel.; hebr. Bez. für⟩ *die fünf Bücher Mosis*

Tho|rax ⟨m.; -es, -e; Anat.⟩ **1** *Brustkasten* **2** *mittlerer Körperabschnitt von Gliederfüßern zwischen Kopf u. Hinterleib*

Thril|ler ⟨[θrɪl-] m.; -s, -; Film; Theat.; Lit.⟩ *Werk, das Spannung, Grausen u. Nervenkitzel hervorrufen soll;* ~autor; *einen* ~ *lesen, im Fernsehen, im Kino anschauen*

Throm|bo|se ⟨f.; -, -n⟩ *Blutgerinnung innerhalb der Venen*

Thron ⟨m.; -(e)s, -e⟩ **1** *prunkvoller Sessel eines regierenden Fürsten für feierliche Anlässe* **2** *Sinnbild der Herrscherwürde, des Herrschers, der monarchischen Regierung;* die Stützen des ~s • **2.1** den ~ besteigen *die Regierung antreten* • **2.2** dem ~ entsagen *auf die Regierung verzichten* • **2.3** jmdn. auf den ~ erheben *jmdn. zum Herrscher erklären*

thro|nen ⟨V. 411⟩ *feierlich sitzen;* am obersten Ende der Tafel ~; auf einem Sessel ~; ~de Madonna ⟨Mal.⟩

Thun|fisch ⟨m.; -(e)s, -e⟩ = *Tunfisch*

Thy|mi|an ⟨m.; -s, -e; Bot.⟩ *Angehöriger einer ätherische Öle enthaltenden Gattung halbsträuchiger Lippenblütler, Würzpflanze: Thymus*

Ti|a|ra ⟨f.; -, -ren⟩ **1** *hohe, spitze Kopfbedeckung der altpersischen Könige* **2** *mit drei Kronen verzierte, hohe Mütze des Papstes*

Tick ⟨m.; -s, -s⟩ *wunderliche Angewohnheit*

ti|cken ⟨V. 400⟩ **1** *etwas* tickt *erzeugt ein knackendes u. klopfendes Geräusch;* die Uhr tickt • **1.1** du tickst wohl nicht richtig? ⟨umg.⟩ *du bist wohl nicht recht bei Verstand!*

Ti|cket ⟨n.; -s, -s⟩ *Eintritts-, Fahrkarte*

Tie|break *auch:* **Tie-Break** ⟨[taɪbreɪk] m. od. n.; -s; Sp.; Tennis⟩ *besondere Zählweise zur Entscheidung eines Satzes bei einem Punktegleichstand von 6:6*

tief ⟨Adj.⟩ **1** *(verhältnismäßig) weit nach unten (reichend, sich erstreckend);* einen Pflock ~ in die Erde bohren; ein ~er Abgrund; ~es Wasser; ~ sinken; das Wasser ist hier drei Meter ~; ~ (im Schnee, Schlamm) einsinken • **1.1** ~er Schnee S., *in dem man einsinkt* **2** *nahe dem Erdboden befindliche, weit unten, weit nach unten;* sich ~ hinunterbeugen; das Flugzeug, der Vogel fliegt ~; ~ unten **3** ⟨a. fig.⟩ *weit nach innen reichend, im Innern von etwas (befindlich);* eine ~e Wunde; seine Augen liegen ~ in den Höhlen • **3.1** ~ im Wald *weit drinnen im W.* • **3.2** so etwas verabscheue ich aus ~ster Seele, aus ~stem Herzen *ganz und gar* **4** *weit nach hinten, in den Hintergrund reichend;* ein ~es Fach, ein ~er Schrank; eine ~e Bühne **5** *stark ausgehöhlt;* Ggs *flach (3);* ein ~er Teller, eine ~e Schüssel **6** *ein ~es Blau, Rot* ein kräftiges, dunkles B., R. **7** *stark, heftig, kräftig, intensiv, sehr;* ~e Ohnmacht, Bewusstlosigkeit; ich bedaure es ~, dass …; das erschüttert, betrübt mich ~; der Vorwurf hat mich ~ getroffen; ich war ~ erschrocken, gekränkt, beleidigt; ich bin ~ gerührt; ~ atmen; ~ Luft holen; ~ seufzen; jmdm. ~ in die Augen schauen; der Glaube ist ~ in ihm verwurzelt; in ~es Sinnen, Nachdenken versunken ⟨fig.⟩; ~e Not, Verlassenheit, Einsamkeit ⟨fig.⟩ • **7.1** aus ~stem Herzen *stark, herzlich, sehr;* jmdm. aus ~em Herzen danken; jmdn. aus ~stem Herzen bedauern, verabscheuen • **7.2** ~er **Schlaf** *fester S.* • **7.3** ⟨50⟩ ~ in Schulden stecken *große S. haben* • **7.4** ⟨90⟩ **bis** ~ **in** den **Herbst**, Winter, in die **Nacht** *bis weit in den H., W., die N.* **8** ⟨fig.⟩ *gründlich, intensiv* • **8.1** ~ **veranlagt** sein, ein ~es **Gemüt** haben *tief empfindend, nicht oberflächlich* • **8.2** die **Gefühle gehen** ~ *sind sehr intensiv u. wirken lange nach* • **8.3** ~ nachdenken *scharf, angestrengt* • **8.4** ein ~er **Gedanke** *tiefgründiger, tiefschürfender G.* • **8.5** ein ~er **Denker** *tiefschürfender D.* • **8.6** ⟨50⟩ das lässt ~ blicken *verrät mancherlei (Negatives)* • **8.7** einen ~en Griff in die Tasche greifen müssen *viel bezahlen müssen* **9** ~er **Ton** ⟨Mus.⟩ *T. von geringer Schwingungszahl;* Ggs *hoch (14);* eine ~e Stimme haben **10** ⟨Getrennnt- u. Zusammenschreibung⟩ **10.1** ~ ausgeschnitten = *tiefausgeschnitten* • **10.2** ~ empfunden = *tiefempfunden* • **10.3** ~ gehend = *tiefgehend* • **10.4** ~ schürfend = *tiefschürfend* • **10.5** ~ verschneit = *tiefverschneit*

Tief ⟨n.; -s, -s⟩ **1** *Zone niedrigen Luftdrucks, Tiefdruckgebiet;* über Island liegt ein ausgedehntes ~ **2** *Senkung im Meeresboden* **3** = *Depression (1)* **4** = *Depression (2)*

tief|aus|ge|schnit|ten *auch:* **tief aus|ge|schnit|ten** ⟨Adj. 24/70⟩ *mit einem tiefen Ausschnitt versehen;* ein ~es Kleid

Tief|bau ⟨m.; -(e)s; unz.⟩ *Bau in u. unter der Erde sowie zu ebener Erde;* Ggs *Hochbau*

Tief|druck ⟨m.; -(e)s, -e⟩ *Druckverfahren, bei dem die druckenden Stellen (mit Druckfarbe gefüllt) vertieft in der Druckplatte liegen, z. B. beim Kupferstich;* Ggs *Hochdruck*

Tie|fe ⟨f.; -, -n⟩ **1** *Abmessung, Ausdehnung nach unten;* Wasser~; die ~ des Meeres, des Schnees; die ~ des Wassers messen; der Fluss erreicht hier eine ~ von drei Metern **2** *Abmessung, Ausdehnung nach hinten;* die ~ des Schranks, der Fächer angeben **3** *Abgrund, etwas, was sich (weit) unten, im Verborgenen befindet;* in die ~ stürzen; ein Ruf aus der ~; in der ~ versinken **4** ⟨fig.⟩ *Verborgenheit* • **4.1** in den ~n, in der ~ ihres Herzens lebte die Liebe noch heimlich fort *tief verborgen in ihrem Herzen* • **4.2** die Höhen und ~n des Lebens ⟨fig.⟩ *die Freuden und Leiden des L.* **5** *die ~ eines Gefühls Stärke, Intensität* • **5.1** die ~ eines **Gedankens** *tiefe (8.5) Beschaffenheit;* Gedanken von großer ~

tief|emp|fun|den *auch:* **tief emp|fun|den** ⟨Adj. 70⟩ *sehr, zutiefst empfunden;* ~er Dank

tief|ernst ⟨Adj. 24⟩ *sehr, völlig ernst*

tief|ge|frie|ren ⟨V. 140/500; meist im Inf. u. Part.

Perf.⟩ **Lebensmittel** ~ *bei tiefen Temperaturen einfrieren;* Gemüse, Obst ~; *tiefgefrorene Backwaren*
tief|ge|hend *auch:* **tief ge|hend** ⟨Adj. 60⟩ **1** *stark eindringend, weit nach unten reichend;* eine ~e Wunde **2** ⟨fig.⟩ *stark fühlbar;* ein ~er Schmerz, eine ~e Kränkung
tief|grün|dig ⟨Adj.; fig.⟩ *einer Sache auf den Grund gehend, die Dinge gründlich durchdenkend, philosophisch betrachtend;* ~e Gedanken; ein ~es Gespräch
Tief|küh|lung ⟨f.; -, -en⟩ **1** *Kühlung auf sehr niedrige Temperatur* **2** *Kühlung durch rasches Gefrieren (von Lebensmitteln)*
Tief|punkt ⟨m.; -(e)s, -e⟩ *tiefster Punkt (im Lauf einer Entwicklung);* Ggs Höhepunkt; auf dem ~ angekommen sein
tief|schür|fend *auch:* **tief schür|fend** ⟨Adj.; fig.⟩ *gründlich, scharf durchdenkend od. durchdacht, nicht oberflächlich*
tief|sin|nig ⟨Adj.⟩ **1** *gedankentief, tiefgründig* **2** *gründlich durchdacht;* eine ~e Abhandlung; ~e Betrachtungen anstellen **3** ⟨umg.⟩ *trübsinnig;* ~ vor sich hinstarren
tief|ver|schneit *auch:* **tief ver|schneit** ⟨Adj. 24/70⟩ *mit sehr viel Schnee bedeckt;* ~e Wege
Tie|gel ⟨m.; -s, -⟩ **1** *Pfanne (1)* **2** *Metallplatte (der Tiegeldruckpresse)*
Tier ⟨n.; -(e)s, -e⟩ *Lebewesen (außer dem Menschen), das sich von organischen Stoffen ernährt u. die Fähigkeit besitzt, sich zu bewegen u. auf Reize zu reagieren;* ~e dressieren; sich ~e halten; ein ~ schlachten; ein nützliches, schädliches, wildes, zahmes ~
Tier|arzt ⟨m.; -es, -ärz|te⟩ *Arzt für Tiere;* Sy Veterinär
Tier|gar|ten ⟨m.; -s, -gär|ten⟩ *zoologischer Garten mit großen gärtnerischen Anlagen*
tie|risch ⟨Adj.⟩ **1** ⟨24/60⟩ *von Tieren stammend;* ~e Fette **2** ⟨fig.⟩ *auf das Niveau eines Tieres herabgesunken, triebhaft;* ~e Rohheit **3** ⟨60⟩ ~er Ernst ⟨fig.; umg.⟩ *tiefer, humorloser E.;* etwas mit ~em Ernst betreiben **4** ⟨Jugendspr.⟩ *sehr, äußerst;* die Musik, der Film ist ~ gut
Tif|fa|ny|lam|pe *auch:* **Tif|fa|ny-Lam|pe** ⟨[tɪfəni-] f.; -, -n⟩ *Lampe mit einem Glasschirm, der aus vielen, kunstvoll zusammengesetzten, buntfarbigen Glasstückchen besteht*
Ti|ger ⟨m.; -s, -; Zool.⟩ *Großkatze mit gelblichem, quer gestreiftem Fell, die auch dem Menschen gefährlich werden kann:* Panthera tigris
Til|de ⟨f.; -, -n; Zeichen: ~⟩ **1** *Aussprachezeichen, im Spanischen über dem n zur mouillierten Aussprache* [nj], *z. B. in* Señor, *im Portugiesischen über a, e, o zur nasalen Aussprache, z. B. in* São **2** ⟨in Nachschlagewerken⟩ *Wiederholungszeichen für ein Wort od. Wortteil*
til|gen ⟨V. 500⟩ **1** eine **Schuld** ~ *durch Zurückzahlen (aus)löschen* **2** eine **Sache** ~ ⟨geh.⟩ *endgültig beseitigen;* eine Erinnerung aus dem Gedächtnis ~
Tim|bre *auch:* **Timb|re** ⟨[tɛ̃:brə] n.; -s, -s⟩ *Klangfarbe (bes. der Singstimme);* mit warmem ~ singen
ti|men ⟨[taɪ-] V. 500; salopp⟩ **Abläufe, Vorgänge** ~ *aufeinander abstimmen*

Time-out ⟨[taɪmaʊt] n.; -s, -s; Sp.⟩ *Auszeit, kurze Spielunterbrechung*
Tink|tur ⟨f.; -, -en⟩ **1** *Auszug aus pflanzlichen od. tierischen Stoffen* **2** *Färbemittel*
Tin|nef ⟨m.; -s; unz.; umg.⟩ **1** *wertloses Zeug, Plunder* **2** *Unsinn, dummes Geschwätz*
Tin|te ⟨f.; -, -n⟩ **1** *Flüssigkeit zum Schreiben aus Lösungen od. Suspensionen von Farbstoffen in Wasser;* blaue, grüne, rote, schwarze ~; →a. klar (2.2), rot (1.4) **2** in der ~ ⟨fig.; umg.⟩ *in einer unangenehmen Lage* • **2.1** sich in die ~ setzen ⟨fig.; umg.⟩ *sich in eine unangenehme Lage bringen* • **2.2** in der ~ sitzen ⟨fig.; umg.⟩ *in einer unangenehmen Lage sein*
Tipp ⟨m.; -s, -s⟩ **1** ⟨allg.⟩ *Wink, Hinweis, Rat;* jmdm. einen ~ geben; das war ein guter ~ • **1.1** ⟨Börse⟩ *Andeutung, Hinweis auf gute Wertpapiere* **2** ⟨Toto; Lotto⟩ *Wette auf den Sieger od. die zu ziehende Zahl*
tip|pen ⟨V.⟩ **1** ⟨411⟩ **an etwas** ~ • **1.1** *etwas mit dem Finger, Zeh, Fuß leicht berühren* • **1.2** ⟨fig.⟩ *vorsichtig von etwas sprechen, etwas andeutungsweise erwähnen od. kritisieren* • **1.3** daran ist nicht zu ~ ⟨fig.; umg.⟩ *das ist völlig richtig, nicht widerlegbar* • **1.4** ⟨411/Vr 5 od. Vr 6 od. 511/Vr 7 od. Vr 8⟩ **jmdm.** od. **jmdm. an (in, auf) etwas** ~ *tippend (1.1) berühren;* jmdm. auf die Schulter ~; sich an die Stirn ~ (zum Zeichen, dass man etwas od. jmdn. dumm findet) **2** ⟨402⟩ ⟨**Texte**⟩ ~ *mit dem Computer schreiben;* ich habe drei Stunden getippt; eine Arbeit, einen Text ~ **3** ⟨800⟩ **auf etwas** ~ *etwas erraten, voraussagen;* auf was tippst du?; falsch, richtig ~ • **3.1** ⟨400; Sp., Toto, Lotto⟩ = *wetten;* sie tippt schon so lange und hat noch nichts gewonnen
tipp|topp ⟨Adj. 24/80; umg.⟩ *tadellos, einwandfrei;* die Wohnung sieht ~ aus
Ti|ra|de ⟨f.; -, -n⟩ **1** ⟨Gesangskunst⟩ *Lauf schnell aufeinanderfolgender Töne* **2** *Wortschwall*
ti|ri|lie|ren ⟨V. 400⟩ ein **Vogel** tiriliert *singt, trällert, jubiliert*
Tisch ⟨m.; -(e)s, -e⟩ **1** *Möbelstück aus einer waagerechten Platte, die auf einem oder mehreren Beinen ruht;* Schreib~; ein langer, ovaler, rechteckiger ~; den Kopf auf den ~ legen (vor Erschöpfung); die Arme auf den ~ stützen • **1.1** *Tisch (1), auf dem gegessen wird;* Ess~; sich einen ~ (im Restaurant) reservieren lassen; den ~ decken, abdecken; es wird (das) gegessen, was auf den ~ kommt; vom ~ aufstehen • **1.1.1 Trennung von** ~ und **Bett** *eheliche Trennung, Scheidung* • **1.2** ⟨m. Präp. u. ohne Artikel⟩ *das Essen, die Mahlzeit;* jmdn. zu ~ bitten; vor ~; nach ~ • **1.2.1** bitte zu ~! *bitte zum Essen (kommen)* • **1.2.2** eine **Dame** zu ~(e) **führen** *als Tischherr eine Dame zum Essen führen (bei Gesellschaften)* • **1.3** der ~ des Herrn *der Altar* • **1.3.1** zum ~ des Herrn gehen *das Abendmahl nehmen* • **1.4** jmdn. unter den ~ trinken *so lange mit ihm trinken, bis er völlig betrunken ist, selbst mehr trinken können als der andere* **2 auf** den ~ **bringen** ⟨a. fig.⟩ *offen, ohne Vorbehalte darlegen* • **2.1** etwas auf den ~ des Hauses legen ⟨fig.⟩ *feierlich od. nachdrücklich niederlegen, jmdm. überreichen* • **2.2** etwas unter den ~ fallen lassen ⟨a. fig.⟩ *absicht-*

Tischler

lich nicht mehr berücksichtigen, in Erinnerung rufen, darauf aufmerksam machen; die Sache ist unter den ~ gefallen; →a. *Fuß (1.9),* grün, rund

Tischler ⟨m.; -s, -⟩ *Handwerker, der Möbel herstellt;* Sy *Schreiner*

Tischlerin ⟨f.; -, -rin|nen⟩ *weibl. Tischler;* Sy *Schreinerin*

Tischtuch ⟨n.; -(e)s, -tü|cher⟩ *Tuch, das zum Essen über den Tisch gedeckt wird;* ein frisches ~ auflegen

Titan[1] ⟨m.; -en, -en⟩ **1** ⟨griech. Myth.⟩ *Angehöriger eines göttlichen Geschlechts von Riesen, das sich gegen Zeus erhob u. von ihm in den Tartarus gestürzt wurde* **2** = *Riese*

Titan[2] ⟨n.; -s; unz.; chem. Zeichen: Ti⟩ *chem. Element, weißes, hartes, glänzendes Metall, Ordnungszahl 22*

titanisch ⟨Adj. 24⟩ **1** *zu den Titanen*[1] *(1) gehörend, in der Art eines Titanen*[1] *(1)* **2** *riesenhaft, von großer Stärke*

Titel ⟨m.; -s, -⟩ **1** *Bezeichnung des Ranges einer Person;* einen ~ führen; jmdn. mit seinem ~ ansprechen • **1.1** *ehrenvoller, durch eine Prüfung erworbener od. für Verdienste verliehener Zusatz zum Namen;* Doktor~; akademischer ~ • **1.2** *durch Geburt erworbene Bezeichnung des Ranges als Zusatz zum Namen;* Grafen~, Herzogs~ • **1.3** *Amtsbezeichnung, z. B. Regierender Bürgermeister* • **1.4** *in sportlichen Wettkämpfen errungene Bezeichnung des Ranges;* den ~ Weltmeisters im Boxen verteidigen **2** *kennzeichnender Name eines Buches od. Kunstwerkes;* Buch~, Film~, Opern~ **3** *Name od. Ziffer des Abschnitts eines Gesetzes, einer Verordnung od. einer Drucksache;* diese Mittel sind unter ~ 5 des Haushaltsplanes ausgewiesen

titulieren ⟨V. 500⟩ **1** etwas ~ *mit einem Titel versehen, benennen;* ein Buch ~ **2** ⟨Vr 7 od. Vr 8⟩ **jmdn. ~** *mit einem Titel anreden* • **2.1** ⟨umg.; scherzh.⟩ *bezeichnen, nennen*

Toast ⟨[to:st] m.; -(e)s, -e od. -s⟩ **1** *geröstete Scheibe Weißbrot* **2** = *Trinkspruch;* einen ~ auf jmdn. ausbringen

toben ⟨V. 400⟩ **1** etwas tobt *ist in heftiger Bewegung, findet in sehr intensiver Weise statt;* ein Unwetter tobte gestern über der Stadt; die Schlacht, der Kampf tobte • **1.1** die **See** tobt *schlägt wilde Wellen* • **1.2** der **Wasserfall, Wildbach** tobt *braust wild* • **1.3** der Sturm tobt (ums Haus) *weht wild, heult (ums H.);* ~der Sturm **2** *außer sich sein, wild, wütend sein, rasen;* vor Schmerz, Wut ~; ~d um sich schlagen **3** **Kinder** ~ *tollen, lärmen, laufen ausgelassen herum u. spielen;* hier im Wald können die Kinder ordentlich ~

Tobsucht ⟨f.; -; unz.⟩ *häufig wiederkehrender, bis zur Unerträglichkeit gesteigerter Reizzustand*

Tochter ⟨f.; -, Töch|ter⟩ **1** *weibl. Kind in Beziehung auf die Eltern;* sie haben zwei kleine, große, erwachsene Töchter **2** ⟨schweiz.⟩ *Mädchen;* Lehr~, Saal~, Servier~; eine ~ aus gutem Hause

Tod ⟨m.; -(e)s, -e; Pl. selten⟩ **1** *Sterben, Aufhören aller Lebensvorgänge;* der ~ hat ihn ereilt; den ~ (nicht) fürchten; den ~ herbeisehen, herbeiwünschen; ge-

gen den ~ ist kein Kraut gewachsen; dem ~(e) nahe sein; ein ruhiger, sanfter, schöner, schmerzloser ~; einen sanften ~ sterben; ein früher, plötzlicher, unerwarteter ~; jmdn. zum ~e verurteilen; den ~ am Galgen sterben; der ~ auf dem Scheiterhaufen; ~ durch Erschießen, durch das Beil, den Strang; Liebe, Treue über den ~ hinaus; bis dass der ~ euch scheide (Trauungsformel); für eine Überzeugung, für jmdn. in den ~ gehen; an jmds. ~ schuld sein; eine Tat mit dem ~ bezahlen; eine Schuld mit dem ~ büßen; hier geht es um Leben und ~; jmdn. ~ erretten; kurz vor, nach seinem ~ • **1.1** treu bis in den ~ *bis ans Lebensende treu sein* • **1.2** den ~ in den Wellen finden *ertrinken* • **1.3** jmdn. auf den ~ verwunden *so verwunden, dass er daran stirbt* • **1.4** ein Tier zu ~e hetzen, schlagen, prügeln, quälen *ein Tier so lange hetzen usw., bis es stirbt* • **1.5** ⟨selten⟩ auf den ~ krank sein *todkrank* • **1.6** (bei etwas) den ~ erleiden *durch Gewalteinwirkung sterben* • **1.6.1** wenn das geschieht - das wäre mein ~ *das könnte ich nicht ertragen, nicht überleben* • **1.7** eines natürlichen ~es sterben *durch Krankheit, Altersschwäche u. Ä. sterben.* **1.8** eines gewaltsamen, unnatürlichen ~es sterben *durch Unfall, Kriegseinwirkung, Mord, Hinrichtung u. Ä. sterben* • **1.9** (sich) zu ~e fallen, stürzen *so fallen, dass man an den Verletzungen stirbt* • **1.10** jmdn. **in** den ~ **jagen, treiben** *an jmds. Sterben schuld sein, jmds. Sterben verursachen* **2** ⟨fig.⟩ *der gedachte Verursacher des Todes (1);* es ist ein Schnitter, heißt der ~ (Anfang eines Volksliedes); der ~ als Schnitter, Sensenmann, Gerippe (dargestellt); im Wald lauert der ~; bleich wie der ~ aussehen; ~ und Teufel! (Fluch) • **2.1** der ~ nahm ihm die Feder, den Pinsel aus der Hand *er starb während seiner Arbeit, über seinem Werk* • **2.2** der ~ hielt furchtbare Ernte ⟨fig.⟩ *raffte die Menschen dahin* **3** ⟨fig.⟩ *Ende, Erlöschen (eines Vorgangs, einer Entwicklung, eines Zustandes);* **4 zu** ~e ⟨verstärkend⟩ *sehr;* zu ~e erschrecken; zu ~e betrübt; sich zu ~e langweilen ⟨umg.⟩; sich zu ~e ärgern ⟨umg.⟩ • **4.1** das kann ich auf den ~ nicht leiden ⟨umg.⟩ *ganz und gar nicht, das ist mir äußerst unangenehm* • **4.2** mit dem ~(e) kämpfen *dem Tode nahe sein, lebensgefährlich krank sein* • **4.3** jmdn. zu ~e hetzen *bis zur Erschöpfung hetzen, verfolgen* • **4.4** sich zu ~e schinden ⟨umg.⟩ *bis zur Erschöpfung arbeiten* • **4.5** einen Witz, ein Beispiel zu ~e hetzen *zum Überdruss wiederholen, so oft wiederholen, dass er, es langweilig wird*

todernst ⟨Adj. 24⟩ *ganz ernst, sehr ernst;* er machte ein ~es Gesicht

Todesfall ⟨m.; -(e)s, -fäl|le⟩ *Tod einer Person, bes. innerhalb einer Familie od. anderen Gemeinschaft;* wegen ~s vorübergehend geschlossen

Todesstoß ⟨m.; -es; unz.⟩ **1** *Stoß mit einer Stichwaffe, als dessen Folge der Tod eintritt* • **1.1** jmdm. oder einem Tier den ~ geben *jmdn. od. ein Tier, der bzw. das schon dem Tode nahe ist, töten* • **1.2** jmdm. den ~ geben ⟨fig.⟩ *jmdn., dem es finanziell sehr schlecht geht, vollends ruinieren*

To|des|ver|ach|tung ⟨f.; -; unz.⟩ **1** *keine Furcht vor dem Tode* **2** ⟨fig.; umg.⟩ *sehr große Überwindung;* etwas mit ~ tun

tod|krank ⟨Adj. 24⟩ *sterbenskrank, so krank, dass Todesgefahr besteht*

töd|lich ⟨Adj. 24⟩ **1** *todbringend, zum Tode führend, den Tod zur Folge habend;* Körperverletzung mit ~em Ausgang; ~es Gift; ein ~er Schlag, Sturz; ~e Verletzungen; ~ verunglücken; jmdn. ~ verwunden **2** ⟨verstärkend⟩ *in sehr hohem Maße, sehr groß, sehr stark;* sich ~ langweilen; ~ beleidigt sein ⟨scherzh.; umg.⟩ • **2.1** ~er **Hass** *unversöhnlicher H.* • **2.2** mit ~er **Sicherheit** ⟨fig.⟩ *mit absoluter, völliger S.*

Töff ⟨n.; -s, -s; schweiz.; umg.⟩ *Motorrad*

To|fu ⟨m.; - od. -s; unz.⟩ *Quark aus Sojabohnen*

To|ga ⟨f.; -, To|gen⟩ *weites altrömisches Obergewand für Männer*

To|hu|wa|bo|hu ⟨n.; -s, -s⟩ *völliges Durcheinander, Wirrwarr*

To|i|let|te ⟨[toa-] f.; -, -n⟩ **1** *(Waschraum mit) Abort';* auf die ~ gehen **2** ⟨unz.; veraltet⟩ *Körperpflege, Ankleiden u. Frisieren (bes. für festliche Gelegenheiten);* noch, gerade bei der ~ sein

To|i|let|ten|pa|pier ⟨[toa-] n.; -s; unz.; umg.⟩ *Papier zum Reinigen nach der Ausscheidung auf der Toilette;* Sy ⟨umg.⟩ *Klopapier*

to|le|rant ⟨Adj.⟩ *duldsam, nachsichtig, weitherzig, großzügig*

To|le|ranz ⟨f.; -, -en⟩ *tolerantes Verhalten, Nachsichtigkeit, Weitherzigkeit*

toll ⟨Adj.⟩ **1** ⟨70⟩ *an Tollwut erkrankt, tollwütig;* der Hund ist ~ **2** ⟨veraltet⟩ *verrückt, geistesgestört, wahnsinnig;* bist du ~?; der Schmerz machte ihn (fast) ~; er schrie, schlug um sich, gebärdete sich wie ~; dabei kann man ja ~ werden **3** ⟨veraltet⟩ *ausgelassen, wild, zügellos, verwegen;* eine ~e Fahrt, ein ~er Ritt; ~es Treiben; er treibt es (denn doch) zu ~; da geht es ja ~ zu; ein ~er Bursche, Kerl; ein ~er Streich **4** ⟨umg.⟩ *überdurchschnittlich gut, schön, großartig, herrlich, begeisternd;* wie war es gestern auf dem Fest, im Theater? ~!; ~, wie du das kannst, machst!; ein ~es Buch, ~er Film; ein ~es Haus, Kleid; sie sieht (einfach) ~ aus; eine ~e Frau

Tol|le ⟨f.; -, -n⟩ *große Haarlocke (bes. über der Stirn)*

tol|len ⟨V. 411(h.) od. (s.)⟩ *wild u. fröhlich spielen, lärmend u. fröhlich herumlaufen;* im Garten, im Wald können die Kinder ordentlich ~

toll|kühn ⟨Adj.⟩ *sehr kühn, die Gefahr, den Tod nicht scheuend;* ein ~er Mensch; eine ~e Tat; ein ~es Unternehmen

Toll|patsch ⟨m.; -(e)s, -e⟩ *ungeschickter Mensch*

Toll|wut ⟨f.; -; unz.; Vet.⟩ *durch Biss übertragene, auch beim Menschen vorkommende Viruskrankheit warmblütiger Tiere, die sich u. a. in rasender Wut äußert: Lyssa, Rabies*

Tol|patsch ⟨alte Schreibung für⟩ *Tollpatsch*

Töl|pel ⟨m.; -s, -⟩ **1** ⟨abwertend⟩ *schwerfälliger, einfältiger Mensch;* oh, ich ~! **2** ⟨Zool.⟩ *Angehöriger einer Familie gänsegroßer, starkschnäbliger Ruderfüßer, die stoßtauchend Fische erbeuten: Sulidae*

To|ma|hawk ⟨[tɔməhɔːk] m.; -s, -s⟩ *Streitaxt der nordamerikanischen Indianer*

To|ma|te ⟨f.; -, -n⟩ **1** ⟨Bot.⟩ *Nachtschattengewächs mit roten, auch gelben Früchten: Lycopersicum esculentum* **2** *die Frucht der Tomate (1);* Sy ⟨österr.⟩ *Paradeiser;* rot wie eine ~ sein; jmdn. mit faulen ~n bewerfen **3** treulose ~ ⟨fig.; umg.; scherzh.⟩ *unzuverlässiger Mensch*

Tom|bo|la ⟨f.; -, -len od. -s⟩ *Verlosung von Gewinnen (bes. bei Wohltätigkeitsveranstaltungen, Festen u. Ä.)*

Ton¹ ⟨m.; -s, -e⟩ **1** ⟨Geol.⟩ *Sedimentgestein mit Korngrößen unter 0,02 mm, das aus Verwitterungsresten (wie Quarz, Glimmer, Feldspat), Verwitterungsneubildungen, insbes. Tonmineralen, Organismenresten u. a. besteht* **2** *hauptsächlich aus Ton (1) bestehender, in feuchtem Zustand weicher u. formbarer Rohstoff, der von Töpfern u. Bildhauern verwendet wird;* eine Figur in ~ bilden, aus ~ kneten; eine Vase aus ~

Ton² ⟨m.; -(e)s, Töne⟩ **1** *hörbare Schwingung der Luft* • **1.1** *Klang;* ein blecherner, dumpfer, metallischer ~ • **1.2** ⟨Phys.⟩ *mit dem Ohr wahrnehmbare, periodisch rasche Luftschwingung, Sinusschwingung* • **1.3** *Laut;* ein klagender, schriller, wimmernder ~; keinen ~ von sich geben • **1.4** ⟨Mus.⟩ *aus mehreren harmonischen Komponenten zusammengesetzte elementarste Einheit* • **1.5** ⟨Mus.⟩ *Höhe des Tones;* ein falscher ~; den ~ nicht halten (beim Singen) • **1.5.1** den ~ angeben *den Grundton anschlagen (als Hilfe für die Sänger)* • **1.6** ⟨Mus.⟩ *Intervall zwischen den Einheiten;* ein halber, ganzer ~ • **1.7** der ~ eines **Instruments** ⟨Mus.⟩ *Klangfarbe, Klangart;* das Klavier hat einen schönen ~ **2** ⟨fig.⟩ *Art des Sprechens, Umgangston, die Art, innerhalb einer Gemeinschaft miteinander zu sprechen;* etwas in vorwurfsvollem, wehleidigem ~ sagen; er redete im ~ eines Schulmeisters; diesen ~ verbitte ich mir!; etwas in barschem, befehlendem, freundlichem, scharfem ~ zu jmdn. sagen; in leisem, leisem ~ sprechen • **2.1** was ist denn das für ein ~? *für eine unangemessene, unverschämte Sprechweise?* • **2.2** *Art der Beziehung zwischen Personen, Atmosphäre;* der ~ hier bei uns ist rau, aber herzlich; hier herrscht ein liebenswürdiger, herzlicher, rauer ~ • **2.3** der ~ macht die Musik ⟨fig.⟩ *die Art u. Weise wie etwas gesagt wird, entscheidet darüber, ob eine Äußerung als freundlich od. unfreundlich zu beurteilen ist* **3** *Betonung, Nachdruck, Akzent;* der ~ liegt auf der ersten, zweiten, letzten Silbe **4** der ~ einer **Farbe** *Farbnuance, Schattierung, Spur;* die Farbe ist einen ~ zu hell, zu dunkel; die Vorhänge haben einen anderen ~ als die Tapeten **5** hast du, haste Töne? ⟨fig.; umg.; urspr. berlinisch⟩ *ist das möglich? (Ausruf des Erstaunens)* • **5.1** den ~ angeben (in etwas) *Vorbild, Richtlinie sein, das Verhalten der andern bestimmen*

ton|an|ge|bend ⟨Adj. 24/70⟩ *eine Gesellschaft bestimmend, sie beherrschend*

Ton|art ⟨f.; -, -en⟩ **1** ⟨i. w. S.⟩ *auf einem Grundton beruhendes System von Tönen als Grundlage von Musikstücken* • **1.1** ⟨i. e. S.; seit dem 19. Jh.⟩ *Beziehung der Tongeschlechter (Dur u. Moll) auf einen Grundton;*

Tonband

Dur-~, Moll-~; ein Stück aus einer ~ in eine andere transponieren; in welcher ~ steht das Stück? **2** ⟨fig.⟩ • 2.1 *Art des Sprechens, Ton (2)* • 2.2 *eine andere ~ anschlagen sein Verhalten ändern, insbes. strenger, energischer sprechen, auftreten*

Ton|band ⟨n.; -(e)s, -bän|der⟩ *magnetisierbare Eisenteilchen enthaltendes Kunststoffband zur Speicherung von Schallwellen*

tö|nen ⟨V.⟩ **1** ⟨400⟩ etwas *tönt gibt Töne, Klänge von sich;* die Glocken tönten; von irgendwoher tönte ein Lautsprecher, ein Ruf, eine Stimme; dumpf, hell, laut, leise, schrill ~ • 1.1 ~de **Worte** *leere, nichtssagende W.* **2** ⟨800⟩ von etwas ~ ⟨umg.; abwertend⟩ *prahlen, wichtigtuerisch von etwas sprechen;* sie tönt ständig von ihrer tollen Karriere **3** ⟨500⟩ etwas ~ *abschattieren, eine Schattierung anbringen an od. in etwas, ein wenig farbig machen;* sich das Haar (kastanienrot o. Ä.) ~ lassen; ein Bild dunkler ~; die Wand ist (leicht) gelblich, grünlich getönt

tö|nern ⟨Adj. 24⟩ **1** *aus Ton* • 1.1 ⟨60⟩ die Sache, das Unternehmen steht auf ~en Füßen ⟨fig.⟩ *ist unsicher, hat keine feste Grundlage*

Ton|fall ⟨m.; -(e)s, -fäl|le; Pl. selten⟩ *die Art der Betonung innerhalb des Satzes, Sprachmelodie;* bairischer, sächsischer ~; singender ~

To|ni|ka ⟨f.; -, -ken⟩ *Grundton einer Tonleiter*

To|ni|kum ⟨n.; -s, -ni|ka⟩ *stärkendes Mittel*

Ton|lei|ter ⟨f.; -, -n⟩ *vom Grundton ausgehende Folge der durch Tonart und Tongeschlecht bestimmten Ganz- u. Halbtöne innerhalb einer Oktave;* Sy *Skala (3);* C-Dur-~, a-Moll-~; ~n üben

Ton|na|ge ⟨[-ʒə] f.; -; unz.⟩ *in Bruttoregistertonnen gemessener Rauminhalt eines Schiffes*

Ton|ne ⟨f.; -, -n⟩ **1** *großes Fass* **2** *Maßeinheit für Gewicht, 1000 kg* **3** ⟨früher⟩ *Hohlmaß, bes. für Wein u. Bier, 100 bis 700 l* **4** *schwimmendes Seezeichen in Form einer Tonne (1), oft mit Signaleinrichtung;* Heul-~ **5** ⟨fig.; umg.; abwertend⟩ *sehr dicke Frau*

Ton|trä|ger ⟨m.; -s, -⟩ *Schallplatte, Magnetband, CD od. sonstiger Datenträger, auf dem akustische Informationen gespeichert sind*

Top ⟨n.; -s, -s⟩ *ärmelloses Damenoberteil (für sommerliche od. festliche Kleidung);* glänzende, seidene ~s; ein ~ mit Spaghettiträgern

To|pas ⟨m.; -es, -e⟩ *Mineral, Edelstein, chem. Aluminium-Fluor-Silikat*

Topf ⟨m.; -(e)s, Töp|fe⟩ **1** *tiefes, meist zylinderförmiges Gefäß* • 1.1 *Gefäß zum Kochen, Kochtopf;* ein ~ voll Wasser, Suppe • 1.2 *Blumentopf;* die Pflanze in einen größeren ~ umpflanzen • 1.3 *Nachttopf;* ein Kind auf den ~ setzen **2** ⟨fig.⟩ • 2.1 *alles in einen ~ werfen* ⟨fig.; umg.⟩ *alles unterschiedslos behandeln;* →a. *andere(r, -s) (1.4), Nase (3.3)*

Töpf|chen ⟨n.; -s, -⟩ **1** *kleiner Topf;* die guten ins ~, die schlechten ins Kröpfchen *(nach der Formel in dem Märchen „Aschenbrödel", in dem die Tauben dem Mädchen helfen, Körner auszulesen)* **2** *Nachttopf für Kinder;* ein Kind aufs ~ setzen

Top|fen ⟨m.; -s; unz.; süddt., österr.⟩ *Quark*

Töp|fer ⟨m.; -s, -⟩ **1** *Handwerker, der Töpfe u. andere Gegenstände aus Ton herstellt* **2** *Lehrberuf mit dreijähriger Lehrzeit* **3** *Ofensetzer*

Töp|fe|rin ⟨f.; -, -rin|nen⟩ *weibl. Töpfer*

top|fit ⟨Adj. 40; umg.⟩ *in ausgezeichneter körperlicher Verfassung;* er ist ~

To|po|gra|fie ⟨f.; -, -n⟩ oV *Topographie* **1** *Ortskunde, Lagebeschreibung* **2** *Landesaufnahme*

To|po|gra|phie ⟨f.; -, -n⟩ = *Topografie*

To|pos ⟨m.; -, To|poi⟩ **1** ⟨Antike⟩ *allgemein anerkannter Gesichtspunkt, Redewendung* **2** ⟨Lit.⟩ *formelhafte These, traditionelles Motiv*

Topp ⟨m.; -s, -e od. -en⟩ *oberstes Ende des Mastes*

top|se|cret *auch:* **top|sec|ret** ⟨[-siːkrət] Adj. 24/40; umg.⟩ *streng geheim;* die Sache ist ~

Top|star ⟨m.; -s, -s; verstärkend⟩ *bes. erfolgreicher Star[3]*

Top Ten ⟨[- tɛn] Pl.⟩ *die ersten zehn Titel einer Erfolgsliste (Hitparade, Bestsellerliste o. Ä.);* zu den ~ gehören; unter den ~ sein

Tor[1] ⟨m.; -en, -en⟩ **1** *einfältiger Mensch;* da steh ich nun, ich armer ~, und bin so klug als wie zuvor *(Goethe, „Faust" I, Nacht)* **2** *töricht handelnder Mensch, Narr;* oh, ich ~!

Tor[2] ⟨n.; -(e)s, -e⟩ **1** *(meist aus zwei Flügeln bestehende, sich in einem Abstand vor einem Gebäude befindende) große Tür, Eingang;* Scheunen-~, Stadt-~; das ~ öffnen, schließen, ein vergoldetes ~ • 1.1 **vor den** ~en **der Stadt** ⟨früher⟩ *außerhalb der Stadt* • 1.2 ⟨Geogr.⟩ *natürlicher Durchgang;* Felsen-~; →a. *Kuh (1.1), Tür (7.1)* **2** ⟨Sp.⟩ *durch zwei Pfosten bezeichnete Stelle, durch die bei bestimmten Wettfahrten (z. B. beim Skilauf) gefahren werden muss* **3** ⟨Fußb., Hockey u. a.⟩ *Vorrichtung aus zwei Längsstangen u. einer darüberliegenden Querstange mit Netz als Ziel, in das der Ball gebracht werden muss* • 3.1 *mit dem Ball erzielter Treffer im Tor[2] (3);* ein ~ schießen • 3.1.1 ~! *(Ausruf, wenn eine Mannschaft ein Tor[2] (3.1) erzielt)*

To|re|ro ⟨m.; -s, -s⟩ *Stierkämpfer*

Torf ⟨m.; -(e)s; unz.⟩ *in trockenem Zustand brennbare Bodenart aus einem Gemenge von kohlenstoffreichen, im Wasser unvollständig zersetzten Pflanzenteilen;* ~ stechen

tö|richt ⟨Adj.⟩ **1** *einfältig;* ein ~er Mensch **2** *unklug, unvernünftig;* es ist ~ zu glauben, dass ...

tor|keln ⟨V. 400⟩ **1** *so stark schwanken, dass kaum die aufrechte Haltung beibehalten werden kann;* als sie aus der Kneipe kamen, torkelten sie **2** ⟨411(s.)⟩ *sich torkelnd (1) (fort)bewegen;* der Betrunkene torkelte über die Straße

Tor|na|do ⟨m.; -s, -s⟩ **1** *nordamerikanischer Wirbelsturm* **2** ⟨Typenbez. für⟩ *zweisitziges Kampfflugzeug der Bundeswehr*

Tor|nis|ter ⟨m.; -s, -⟩ **1** ⟨Mil.⟩ *Ranzen aus Segeltuch od. Fell* **2** ⟨veraltet⟩ *Schulranzen*

tor|pe|die|ren ⟨V. 500⟩ **1** *Schiffe* ~ *mit einem Torpedo beschießen* **2** *Maßnahmen* ~ ⟨fig.; umg.⟩ *verhindern, stören*

Tor|pe|do ⟨m.; -s, -s⟩ *durch eigene Kraft sich fortbewegendes unter Wasser eingesetztes Geschoss gegen Schiffe, das von Schiffen u. von U-Booten aus einem Rohr durch Pressluft ausgestoßen wird*

Tor|schluss ⟨m.; -es; unz.⟩ **1** ⟨früher⟩ *Schließungszeit des Stadttores* **2** *kurz vor* ~ *kommen* ⟨fig.⟩ *gerade noch rechtzeitig*

Tor|so ⟨m.; -s, -s⟩ **1** *unvollendete od. nicht vollständige erhaltene Statue, die (meist) nur aus Rumpf u. Kopf besteht;* Sy *Fragment (3)* **2** ⟨fig.⟩ *unvollendetes Werk*

Tor|te ⟨f.; -, -n⟩ *kreisrunder, gefüllter od. mit Obst belegter Kuchen;* Buttercreme~, Obst~

Tor|te|lett ⟨n.; -s, -s⟩ *Törtchen aus Mürbeteig, das mit Obst od. mit pikanten Zutaten belegt ist;* oV *Tortelette*

Tor|te|let|te ⟨f.; -, -n⟩ = *Tortelett*

Tor|tel|li|ni ⟨Pl.; ital. Kochk.⟩ *italienisches Gericht aus kleinen Nudelteigringen, die mit einer Fleisch- od. Gemüsemasse gefüllt sind*

Tor|til|la ⟨[-tɪlja] f.; -, -s⟩ **1** ⟨in Spanien⟩ *Omelette* **2** ⟨in Lateinamerika⟩ *aus Maismehl hergestelltes Fladenbrot*

Tor|tur ⟨f.; -, -en⟩ **1** ⟨früher⟩ = *Folter* **2** ⟨fig.⟩ *Qual, Quälerei, Plage*

to|sen ⟨V. 400⟩ **1** *laut brausen, wild rauschen, lärmend fließen; der Wasserfall, Wildbach tost* • 1.1 *~der* **Beifall** ⟨fig.⟩ *rauschender, sehr lauter B.*

tot ⟨Adj. 24⟩ **1** *gestorben, des Lebens beraubt, leblos, entseelt; der Verunglückte war sofort* ~; *seine Eltern sind* ~; *der Verschüttete konnte nur* ~ *geborgen werden; er lag da wie* ~; ~ *umfallen; einen Vermissten für* ~ *erklären lassen; das Kind wurde* ~ *geboren;* ⟨aber Getrennt- u. Zusammenschreibung⟩ ~ geboren = *totgeboren* • 1.1 *ein* ~*er Hund beißt nicht mehr vor Toten ist man sicher* • 1.2 *sich* ~ stellen *bewegungslos liegen u. so den Tod vortäuschen* • 1.2.1 *ein Tier stellt sich tot tut so, als ob es tot sei* **2** *ohne Leben* • 2.1 *ein* ~*er* **Ast, Baum** *abgestorbener A., B.* • 2.2 ~*es* **Inventar** *Möbel, Liegenschaften u. a. Vermögenswerte;* Ggs *lebendes Inventar,* → *lebend (1.8)* **3** ⟨70; fig.; umg.⟩ *erschöpft, sehr müde; sie waren vor Schreck mehr* ~ *als lebendig* ⟨scherzh.⟩ **4** *eine* **Gegend** *ist* ~ ⟨fig.⟩ *öde, unbelebt, ohne Bewegung;* X *ist heute eine* ~*e Stadt* **5** ⟨60⟩ *nicht weiterführend, nicht nutzbar, keinen Ertrag abwerfend* **5.1** ~*er* **Arm** *eines Flusses A., der nicht weiterführt* • **5.2** ~*es* **Gleis** *nicht weiterführendes G., auf der Eisenbahnwagen abgestellt werden;* ~*er Strang* • **5.2.1** *eine Sache aufs* ~*e Gleis schieben* ⟨fig.⟩ *zurückstellen, nicht mehr beachten* • **5.3** ~*e* **Leitung** *elektrische L., die keine Verbindung herstellt, keinen Strom führt* • **5.4** ~*er* **Punkt 5.4.1** ⟨Techn.⟩ *Stellung eines Getriebes, bei der keine Kraft übertragen werden kann* • **5.4.2** ⟨fig.⟩ *Stadium, in dem etwas nicht weitergeht; die Verhandlungen sind an einem* ~*en Punkt angelangt; bei meiner Arbeit habe ich den* ~*en Punkt überwinden können* • **5.5** ~*e* **Energie** ⟨Phys.⟩ *E. eines ruhenden Körpers;* Ggs *lebendige Energie,* → *lebendig (7)* • **5.6** ~*er/*To*ter* **Mann** ⟨Bgb.⟩ *Teil der Grube, in dem nichts mehr abgebaut wird* **5.7** ~*e* **Last,** ~*er Ballast ohne Nutzwert* • **5.8** ~*es* **Kapital** *K., das keinen Ertrag abwirft* • **5.9** *ihre Liebe ist* ~ *erloschen, erstorben* **6** ⟨70; fig.⟩ • **6.1** ~*e* **Farben** *stumpfe, nicht frische, glanzlose F.* • **6.2** *den* ~*en Mann machen* (beim Schwimmen) *bewegungslos mit dem Rücken auf dem Wasser liegen* • **6.3** ~*es* **Gewicht** *eines* **Fahrzeugs** *sein Eigengewicht* • **6.4** ~*es* **Rennen** ⟨Sp.⟩ *unentschiedenes R.* • **6.5** ~*e* **Sprache** *S., die nicht mehr gesprochen wird;* Ggs *lebende Sprache,* → *leben (6.3)* • **6.6** *das* **Tote Meer** *See im Nahen Osten, in dem wegen des hohen Salzgehalts keine Lebewesen leben können*

to|tal ⟨Adj. 24⟩ **1** *ganz, gänzlich, vollständig, alles umfassend;* Totalausverkauf; *die Vorräte wurden* ~ *aufgebraucht* • **1.1** ⟨umg.⟩ *völlig, durch u. durch;* ~ *übermüdet sein; er fährt* ~ *auf diese neuen Turnschuhe ab* ⟨Jugendspr.; salopp⟩

to|ta|li|tär ⟨Adj.⟩ **1** *die Gesamtheit umfassend* **2** *sich alles unterwerfend; ein* ~*er Staat,* ~*es Regime;* ~ *regieren*

To|te(r) ⟨f. 2 (m. 1)⟩ **1** *Person, die gestorben ist, toter Mensch; hier ist ja ein Lärm, um einen* ~*n, um* ~ *aufzuwecken; einen* ~ *begraben, bestatten, beisetzen, einäschern; der* ~*n gedenken; bei dem Unfall hat es fünf* ~ *gegeben* ⟨umg.⟩ • **1.1** *das Reich der* ~*n* ⟨Myth.; Rel.⟩ *Unterwelt, Jenseits* • **1.2** *die* ~*n soll man ruhen lassen über Tote soll man nichts Nachteiliges mehr sagen*

To|tem ⟨n.; -s, -s; bei traditionellen Völkern⟩ *Lebewesen (Mensch, Tier, Pflanze) od. Ding, das als Ahne eines Menschen od. Clans verehrt wird, als zauberischer Helfer dient u. nicht verletzt werden darf*

tö|ten ⟨V. 500⟩ **1** ⟨Vr 7⟩ *ein* **Lebewesen** ~ *totmachen, gewaltsam des Lebens berauben; einen Menschen, ein Tier* ~; *du sollst nicht* ~ *(eines der 10 Gebote); wenn Blicke* ~ *könnten* (erg.: *dann wäre ich jetzt tot*)! ⟨umg.⟩ **2** *etwas* ~ ⟨fig.⟩ *vernichten, zerstören* • **2.1** *einen* **Nerv** ~ *unempfindlich machen, abtöten*

to|ten|blass ⟨Adj. 24⟩ *blass, bleich wie ein Toter*

tot|ge|bo|ren *auch:* **tot ge|bo|ren** ⟨Adj. 24/60⟩ **1** *tot zur Welt gekommen; ein* ~*es Kind* • **1.1** *das ist ein* ~*es Kind* ⟨fig.⟩ *ein Unternehmen, das von vornherein keine Aussicht auf Erfolg hat*

To|to ⟨m. od. n.; -s, -s⟩ *Sportwette im Fußballspiel; im* ~ *gewinnen*

tot|sa|gen ⟨V. 500⟩ *jmdn.* ~ *das Gerücht verbreiten, dass jmd. gestorben sei*

tot|schla|gen ⟨V. 218/500⟩ **1** ⟨Vr 8⟩ *jmdn. od. ein* **Tier** ~ *durch Schlagen töten, erschlagen; du kannst mich* ~, *ich weiß es wirklich nicht mehr, ich kann mich nicht darauf* ⟨umg.; verstärkend⟩ **2** *die* **Zeit** ~ ⟨fig.⟩ *mit irgend etwas verbringen, weil man nichts Rechtes anfangen kann, sich die Langeweile vertreiben; ich musste zwei Stunden auf den nächsten Zug warten, und um die Zeit (bis dahin) totzuschlagen, ging ich ins Kino*

tot|stel|len ⟨alte Schreibung für⟩ *tot stellen*

Touch ⟨[tʌtʃ] m.; -s, -s⟩ *Anflug, Hauch, besondere Note; ein* ~ *von Exklusivität*

tou|chie|ren ⟨[tuʃi:-] V. 500; Sp.⟩ *ein* **Hindernis,** *den* **Gegner** ~ *leicht berühren*

Tou|pet ⟨[tupe:] n.; -s, -s⟩ **1** *Haarersatz (zum Bedecken einer Glatze); ein* ~ *tragen* **2** ⟨unz.; schweiz.⟩ *Unverfrorenheit, Frechheit*

Tour ⟨[tu:r] f.; -, -en⟩ **1** *kreisförmige Bewegung* • **1.1 in einer** ~ ⟨fig.; umg.⟩ *immer wieder; das Kind bettelt* in einer ~ **2** ⟨Tech.⟩ *Umdrehung einer Welle;* die Maschine macht 4500 ~en in der Minute • **2.1 auf vollen** ~en *mit voller Leistung* • **2.2 auf** ~**en kommen** *in Gang, Schwung kommen* • **2.3 auf** ~**en sein** *in guter Verfassung sein* **3** *Rundgang, Rundfahrt;* Auto~, Berg~; eine schöne, weite, anstrengende ~ machen • **3.1** ~ **de France** [- də frɑ̃ːs] *jährlich stattfindendes Radrennen von Berufssportlern in mehreren Etappen durch Frankreich* • **3.2** ~ **de Suisse** [- də svɪs] *jährlich stattfindendes Radrennen von Berufssportlern in mehreren Etappen durch die Schweiz* **4** *Runde* • **4.1** *in sich geschlossener Abschnitt eines Tanzes;* eine ~ tanzen **5** ⟨fig.; umg.⟩ *Art u. Weise (im sozialen Verhalten);* auf diese ~ darfst du mir nicht kommen; es auf die krumme ~ versuchen; komm mir nur nicht auf die schmeichlerische ~

Tou|ris|mus ⟨[tu-] m.; -; unz.⟩ *das Reisen der Touristen*

Tou|rist ⟨[tu-] m.; -en, -en⟩ *jmd., der eine Erholungsreise macht, bes. im Ausland*

Tou|ris|tik ⟨[tu-] f.; -; unz.⟩ *Reisewesen, Gesamtheit des Touristenverkehrs;* sie sucht einen Beruf in der ~

Tou|ris|tin ⟨[tu-] f.; -, -tin|nen⟩ *weibl. Tourist*

Tour|nee ⟨[tur-] f.; -, -n⟩ *Rundreise (von Künstlern), Gastspielreise*

Tow|er auch: **To|wer** ⟨[taʊə(r)] m.; -s, -⟩ **1** ⟨Flugw.⟩ *Kontrollturm* **2** ⟨EDV⟩ *Computer, der für die Platzierung unter dem Schreibtisch eingerichtet ist*

to|xisch ⟨Adj. 24; Med.⟩ **1** *giftig;* ~e Pflanzen **2** *durch Gift verursacht;* ~e Erkrankung

Trab ⟨m.; -(e)s; unz.⟩ **1** *beschleunigte Gangart der Vierfüßer* • **1.1** *beschleunigte Gangart des Pferdes, bei der die diagonalen Beinpaare gleichzeitig auf dem Boden aufsetzen;* Arbeits~; ~ laufen **1.2** ⟨umg.⟩ *Laufschritt;* sich in ~ setzen **2** ⟨fig.⟩ **2.1** mach ein bisschen ~ dahinter! ⟨umg.⟩ *beschleunige die Sache etwas!* • **2.2** nun aber (ein bisschen) ~! ⟨umg.⟩ *(ein bisschen) schnell!* • **2.3** jmdn. auf ~ bringen ⟨umg.⟩ *energisch zu einer Tätigkeit bringen, bewirken, dass jmd. intensiv arbeitet* • **2.4** (immer) auf ~ sein ⟨umg.⟩ *(immer) in Bewegung sein, viel laufen müssen, viel zu tun haben* • **2.5** jmdn. in ~ halten *fortwährend mit neuen Aufgaben versehen*

Tra|bant ⟨m.; -en, -en⟩ **1** ⟨früher⟩ *Leibwächter* **2** ⟨heute; abwertend⟩ *von jmdm. abhängiger, bevormundeter Begleiter* **3** ⟨Astron.⟩ = *Mond (1)*

tra|ben ⟨V. 400⟩ **1** ⟨(h. od. s.)⟩ *im Trab laufen od. reiten;* das Pferd ist eine Runde getrabt **2** ⟨(s.)⟩ *schnell gehen;* das Kind trabte an der Seite des Vaters

Tracht ⟨f.; -, -en⟩ **1** *nach Landschaften, Berufsgruppen, Ständen od. Zeiten unterschiedene Kleidung;* Bergmanns~, Schwestern~, Volks~; bäuerliche, höfische ~ **2** *die Art, sich zu frisieren od. den Bart zu tragen;* Haar~ **3** ⟨veraltet⟩ *Traglast;* eine ~ Holz **4** *Anteil, Portion;* jmdm. eine ~ Prügel verabreichen

trach|ten ⟨V.⟩ **1** ⟨480⟩ ~**, etwas zu tun** *versuchen, etwas zu tun, zu erreichen;* er trachtete, ihn zu töten; all sein (Sinnen und) Trachten war darauf gerichtet, berühmt zu werden **2** ⟨800⟩ **nach etwas** ~ *etwas begehren, erstreben* • **2.1** ⟨650⟩ jmdm. nach dem Leben ~ *jmdn. töten wollen*

trächtig ⟨Adj. 24/70⟩ ein *Tier* ist ~ *trägt (ein Junges);* eine ~e Kuh

Tra|di|ti|on ⟨f.; -, -en⟩ *auf Herkommen, Gewohnheit, Brauch zurückzuführendes Verhalten;* eine ~ fortsetzen, bewahren, eine alte ~; an der ~ festhalten

Tra|fik ⟨f.; -, -en; österr.⟩ *Tabakhandel, Tabakladen, Kiosk*

Tra|fo ⟨m.; -s, -s; Kurzw. für⟩ *Transformator*

träg ⟨Adj.⟩ = *träge*

trag|bar ⟨Adj. 24/70⟩ **1** *so beschaffen, dass es getragen werden kann;* ein ~er Fernsehapparat **2** *so beschaffen, dass man es nicht tragen, anziehen kann;* das Kleid wird lange ~ sein **3** ⟨fig.⟩ *so beschaffen, dass man es ertragen kann, erträglich;* dieser Zustand ist nicht mehr ~

Tra|ge ⟨f.; -, -n⟩ **1** *Tragbahre* **2** *Tragkorb;* Rücken~

trä|ge ⟨Adj.⟩ oV *träg* **1** *sich widerstrebend bewegend, schwer zu bewegen, bestrebt, sich nicht aus der Ruhelage zu bewegen;* ~ Masse **2** *schwerfällig, langsam;* er erhob sich ~; der Fluss fließt ~ **3** *faul, sich nicht gern bewegend;* alt und ~ werden; geistig ~

tra|gen ⟨V. 265⟩ **1** ⟨500⟩ *jmdn. od. etwas* ~ *mit od. an (auf) einem Körperteil halten u. sich dabei fortbewegen;* ein müdes Kind ~; ein Kind auf den Armen, auf dem Arm ~; eine Last auf dem Kopf, auf den Schultern ~; etwas in der Hand ~; jmdm. den Koffer ~; ein Paket zur Post ~; Gepäck (zum Bahnhof) ~ (helfen); den verletzten Arm in der Schlinge ~; denn was man schwarz auf weiß besitzt, kann man getrost nach Hause ~ (Goethe, „Faust" I, Studierzimmer) • **1.1** jmdn. **zu Grabe** ~ *beerdigen* • **1.2** ein **Kind** unter dem Herzen, im Leib ~ ⟨poet.⟩ *schwanger sein* **1.3** ⟨nur Part. Präs.⟩ ein *Tier* trächtiges T.; die Kuh, Sau usw. ist ~d **2** ⟨500⟩ *Kleidung, Schmuck,* eine *Haartracht* u. a. ~ *auf dem Körper haben, mit sich führen;* einen Bart, eine Brille, Kontaktlinsen ~; Einlagen (im Schuh) ~; das Haar lang, kurz ~; einen Ring am Finger ~; eine Blume im Haar ~; einen Gegenstand stets bei sich ~; sie trägt gern helle Kleider; einen Orden (auf der Brust) ~; (viel, wenig, keinen) Schmuck ~; eine Uniform, Tracht ~; ich kann das Kleid dieses Jahr noch, nicht mehr ~ • **2.1** getragene **Kleider** *gebrauchte K.* • **2.2 Trauer** ~ *Trauerkleidung anhaben, trauern* • **2.3** ⟨510⟩ **etwas zur Schau** ~ *zeigen* • **2.4** ⟨a. fig.⟩ • **2.4.1** ⟨513⟩ **den Kopf hoch** ~ *stolz, selbstbewusst sein* • **2.4.2** ⟨511⟩ **das Herz auf der Zunge** ~ *offen alles sagen, aussprechen, was man denkt u. empfindet* **3** ⟨500⟩ *etwas trägt* **jmdn.** *od. etwas* ~ **3.1** *stützt jmdn., hält ihn stützend;* die Brücke trägt ein Gewicht von 10 Tonnen; schlanke Säulen ~ das Dach, den Balkon • **3.1.1** ⟨400⟩ *das Eis* trägt *ist so fest, dass man darauf gehen kann* • **3.2** *befördert jmdn.;* der Fluss trägt Schiffe (zum Meer); der Wind trug den Duft, den Ruf bis zu uns; er lief, so schnell, so weit ihn seine Füße trugen • **3.3 Frucht** ~ *hervorbringen, produzieren;* der Baum, das Feld, der Strauch trägt gut, reichlich, schlecht, wenig Frucht • **3.3.1** die Sache trägt (reiche) Früchte ⟨fig.⟩ *hat (guten) Erfolg, (gute) Wirkung gehabt* **4** ⟨500; fig.⟩ die Wechselfälle des

Schicksals~ *ertragen, dulden, aushalten;* ein Unglück tapfer ~; ein Leiden mit Geduld ~; ich hab' es getragen sieben Jahr, und ich kann es nicht ~ mehr (Fontane, „Archibald Douglas") • 4.1 die **Kosten** ~ *bezahlen;* den Verlust, den Schaden ~ • 4.2 **Zinsen** ~ *abwerfen* • 4.3 **Bedenken** ~ ⟨geh.⟩ *haben* • 4.4 einen **Namen** ~ *haben, führen;* den Namen des Vaters, der Mutter ~; das Buch, der Film trägt den Titel … • 4.5 ⟨511⟩ eine Liebe im Herzen ~ ⟨poet.⟩ *jmdn. lieben* • 4.6 ⟨550⟩ • 4.6.1 die **Schuld an etwas** ~ *schuld an etwas sein, die S. an etwas haben* • 4.6.2 **Sorge für etwas** ~ *für etwas sorgen (dass es auch geschieht)* • 4.7 ⟨540⟩ einer Sache **Rechnung** ~ *eine S. berücksichtigen* **5** ⟨500/Vr 3⟩ **sich** ~ • 5.1 ein **Unternehmen** trägt sich *wirft so viel Ertrag ab, dass kein Zuschuss notwendig ist* • 5.2 ⟨513⟩ **Kleidungsstücke** ~ *sich (nicht) gut sind (nicht) haltbar, angenehm im Gebrauch;* der Stoff, das Kleid hat sich (nicht) gut getragen • 5.3 ⟨516/Vr 3⟩ sich **mit** dem **Gedanken** ~, etwas zu tun *den G. erwägen, etwas planen, beabsichtigen* **6** ⟨400⟩ • 6.1 eine **Stimme** trägt *wird gut gehört;* eine Stimme trägt gut, schlecht, weit; eine ~de Stimme haben • 6.2 ⟨Part. Präs.⟩ ~d *grundlegend, Haupt…;* die ~de Idee, das ~de Motiv; eine ~de Rolle ⟨Theat.⟩

Trä|ger ⟨m.; -s, -⟩ **1** *jmd., der etwas trägt;* Brief~, Gepäck~, Lasten~, Preis~; die ~ einer Entwicklung; der ~ eines Namens; ~ der Staats-, Regierungsgewalt **2** *tragendes Teil* • 2.1 *Band, das ein Kleidungsstück festhält;* Hosen~, Schürzen~; Rock, Hose mit ~n **3** *Flugzeugträger*

Trä|ge|rin ⟨f.; -, -rin|nen⟩ *weibl. Träger (1)*

trag|fä|hig ⟨Adj. 70⟩ *fähig, eine bestimmte Last zu tragen;* ein ~er Balken; die Brücke ist ausreichend ~

Träg|heit ⟨f.; -, -en; Pl. selten⟩ **1** *träge Art, träges Wesen, Langsamkeit, Schwerfälligkeit, Faulheit* **2** *Beharrungsvermögen;* die ~ der Masse

Tra|gik ⟨f.; -; unz.⟩ **1** *schweres, schicksalhaftes Leid* **2** *erschütterndes, leidbringendes, unausweichliches Geschehen*

tra|gisch ⟨Adj.⟩ **1** *auf Tragik beruhend* **2** *unabwendbaren, bes. unverschuldeten Untergang bringend* **3** *erschütternd, ergreifend*

Tra|gö|die ⟨[-djə] f.; -, -n⟩ **1** *ein tragisches Geschehen schilderndes Schauspiel, Schauspiel vom tragischen Untergang eines Menschen;* Sy *Trauerspiel;* Ggs *Komödie (1)* **2** ⟨fig.⟩ *herzzerreißendes Unglück, tragischer Vorfall*

Trag|weite ⟨f.; -; unz.⟩ **1** *Schussweite (einer Feuerwaffe)* **2** ⟨fig.⟩ *Bedeutung, Wirkung;* ein Geschehen, eine Maßnahme von großer ~

Trai|ner ⟨[trɛː-] od. [trɛː-] m.; -s, -⟩ *jmd., der Sportler auf einen Wettkampf vorbereitet*

Trai|ne|rin ⟨[trɛː-] od. [trɛː-] f.; -, -rin|nen⟩ *weibl. Trainer*

trai|nie|ren ⟨[trɛ-] V.⟩ **1** ⟨400⟩ *sich auf einen Wettkampf vorbereiten, sich üben* **2** ⟨500⟩ **jmdn.** ~ *auf einen Wettkampf vorbereiten, mit jmdm. üben*

Trai|ning ⟨[trɛː-] od. [trɛː-] n.; -s, -s⟩ *systematische Vorbereitung auf einen Wettkampf;* hartes, tägliches ~

Trakt ⟨m.; -(e)s, -e⟩ *größerer Gebäudeteil, Flügel eines größeren Gebäudes;* Seiten~

Trak|tat ⟨n.; -(e)s, -e⟩ **1** ⟨veraltet⟩ = *Abhandlung (1)* **2** *Flug-, Streitschrift*

trak|tie|ren ⟨V. 500⟩ **1** *jmdn.* od. *ein Tier* ~ *schlecht behandeln, plagen, quälen* • 1.1 ⟨514⟩ *jmdn.* **mit** Vorwürfen ~ ⟨umg.⟩ *ihm ständig bis zum Überdruss V. machen*

Trak|tor ⟨m.; -s, -en⟩ *meist durch Dieselmotor angetriebenes Fahrzeug zum Schleppen, Schlepper;* Sy *Trecker*

träl|lern ⟨V. 402⟩ ⟨etwas⟩ ~ *ohne Worte fröhlich singen;* ein Liedchen ~; vor sich hin ~

Tram ⟨f.; -, -s od. ⟨schweiz.⟩ n.; -s, -s; kurz für⟩ *Trambahn*

Tram|bahn ⟨f.; -, -en; schweiz.⟩ *Straßenbahn*

tram|peln ⟨V.⟩ **1** ⟨400⟩ *derb auftreten, einen schwerfälligen Gang haben, schwerfällig u. achtlos gehen;* durch die Gartenbeete, Felder ~ **2** ⟨500⟩ *etwas* ~ *mit den Füßen festtreten, zertreten;* das Kind wurde zu Tode getrampelt; einen Weg durch den Schnee ~ **3** ⟨400⟩ *mehrmals mit den Füßen stampfen;* im Seminar ~ (als Zeichen des Beifalls); auf den Boden ~ (vor Wut, bes. von Kindern)

tram|pen ⟨[træm-] V. 400(s.)⟩ *reisen, indem man auf Straßen Autos anhält u. sich von ihnen mitnehmen lässt*

Tram|per ⟨[træm-] m.; -s, -⟩ *jmd., der trampt;* Sy *Anhalter*

Tram|pe|rin ⟨[træm-] f.; -, -rin|nen⟩ *weibl. Tramper;* Sy *Anhalterin*

Tram|po|lin ⟨a. ['---] n.; -s, -e⟩ *federndes Sprungbrett für sportliche Übungen*

Tram|way ⟨[tramva], engl. [træmweɪ] f.; -, -s; österr.⟩ *Straßenbahn, Straßenbahnwagen*

Tran ⟨m.; -(e)s, -e⟩ **1** *Öl, das aus dem Speck von Meeressäugetieren gewonnen wird* • 1.1 *Öl, das aus Fischen gewonnen wird;* Leber~ **2 im** ~ ⟨fig.; umg.⟩ *im Zustand herabgeminderten Bewusstseins, bes. betrunken od. schlaftrunken*

Tran|ce ⟨[trɑ̃ːs(ə)] f.; -, -n⟩ **1** *schlafähnlicher Dämmerzustand* **2** *schlafähnlicher Zustand der Entrückung (von Medien)*

tran|chie|ren ⟨[trɑ̃ʃiː-] V. 500⟩ = *transchieren*

Trä|ne ⟨f.; -, -n⟩ **1** ⟨meist Pl.⟩ *von den Tränendrüsen im Auge abgesonderte Flüssigkeit, hervortretend bei Schmerz od. innerer Bewegung;* Freuden~, Zornes~; jmdm., sich die ~n abwischen; die ~n rollen ihr über die Wangen; sich, jmdm. die ~n trocknen; dicke, große ~n; ihre Augen standen voller ~n; ihre Augen schwammen in ~n; die ~n stiegen ihr in die Augen; ihre Augen füllten sich mit ~n; etwas mit ~n in den Augen sagen; der Rauch trieb mir die ~n in die Augen; die ~n standen ihm in den Augen (vor Rührung); wir haben ~n gelacht; er war zu ~n gerührt; ~n der Freude, der Rührung, des Zornes; ihr Blick war von ~n verschleiert **2** ⟨fig.⟩ • 2.1 *das Weinen;* die Sache ist keine ~ wert • 2.1.1 die ~n hinunterschlucken *das Weinen überwinden, mit Anstrengung zu weinen aufhören* • 2.1.2 in ~n aufgelöst *weinend u. stark erregt* • 2.1.3 in ~n zerfließen ⟨leicht

Tränendrüse

iron.) *anhaltend, heftig weinen* • 2.1.4 *in ~n ausbrechen zu weinen beginnen* • 2.1.5 *~n vergießen weinen* • 2.1.6 *unter ~n lachen zwischen dem Weinen lachen (müssen)* • 2.2 *Ausdruck des Leids* • 2.2.1 *~n trocknen helfen Leid lindern helfen* • 2.2.2 *wer nie sein Brot mit ~n aß …* (Goethe, Lied der Harfenspielers in „Wilhelm Meister") *wer Leid nicht kennt, kann tiefere Zusammenhänge nicht erfassen* • 2.3 *Ausdruck des Bedauerns* • 2.3.1 *ich weine ihm keine ~ nach ich bedaure sein Fortgehen, die Trennung von ihm nicht* • 2.3.2 *deswegen vergieße ich keine ~n das bedaure ich nicht*

Trä|nen|drü|se ⟨f.; -, -n⟩ **1** *in den Augenwinkeln der Wirbeltiere u. des Menschen gelegene Drüse, die Tränen ausscheidet* • 1.1 *auf die ~n drücken* ⟨fig.⟩ *auf Rührung berechnet, sentimental sein; das Buch, der Film, das Theaterstück, der Vortrag drückt auf die ~n*

tra|nig ⟨Adj.⟩ **1** *voller Tran* **2** *wie Tran;* ~*er Geschmack* **3** ⟨umg.⟩ *im Tran, trödelig, langsam*

Trank ⟨m.; -(e)s, Trän|ke; poet.⟩ **1** *Getränk;* Liebes~, Zauber~; Speis(e) und ~; *einen ~ brauen* • 1.1 *ein bitterer ~* ⟨fig.⟩ *etwas Schweres, Unangenehmes*

Trän|ke ⟨f.; -, -n⟩ *Stelle od. Behältnis zum Tränken von Tieren; das Vieh zur ~ führen; eine Pferdebox mit Selbst~*

trän|ken ⟨V. 500⟩ **1** *Tiere ~ Tieren zu trinken geben, T. trinken lassen* **2** ⟨516⟩ *etwas mit einer* **Flüssigkeit** *~ völlig nass machen, mit F. sättigen; das Erdreich ist mit Regenwasser getränkt*

Tran|qui|li|zer ⟨[træŋkwılaızə(r)] m.; -s, -⟩ *beruhigendes Arzneimittel*

trans…, Trans… ⟨in Zus.⟩ *(hin)über…, (Hin)über…, hindurch…, Hindurch…; transatlantisch; Transaktion*

Trans|ak|ti|on ⟨f.; -, -en⟩ *großes Geld- od. Bankgeschäft;* Börsen~, Geld~, Wertpapier~

tran|schie|ren ⟨V. 500⟩ *Fleisch ~ in Scheiben schneiden, zerlegen;* oV *tranchieren; gebratenes Geflügel ~*

Trans|fer ⟨m.; -s, -s⟩ **1** *Übertragung, Übermittlung;* Technologie~ **2** *Übertragung von Geld ins Ausland in der fremden Währung* **3** ⟨Sp.⟩ *Wechsel eines Berufsspielers zu einem anderen Verein (unter Zahlung einer Ablösesumme)* **4** *Überführung von Personen im Reiseverkehr; ~ vom Flughafen ins Hotel*

Trans|for|ma|tor ⟨m.; -s, -en; Kurzw.: Trafo⟩ *aus zwei Wicklungen mit Eisenkernen bestehender Apparat zum Erhöhen od. Herabsetzen der Spannung von Dreh- od. Wechselstrom*

trans|for|mie|ren ⟨V. 500⟩ **1** *etwas ~ umwandeln, umgestalten, umformen* **2** *einen* **Ausdruck** *~* ⟨Math.⟩ *in einen anderen A. umwandeln* **3** *Strom ~ in S. höherer od. niederer Spannung umwandeln* **4** *einen* **Ausdruck** *~* ⟨Sprachw.⟩ *nach bestimmten Regeln in einen anderen Ausdruck mit demselben Inhalt umformen, z. B. das schöne Buch → das Buch ist schön*

Trans|fu|si|on ⟨f.; -, -en⟩ *Übertragung (von Blut);* Blut~

Tran|sis|tor ⟨m.; -s, -en⟩ *steuerbares elektronisches Halbleiterbauelement, das aus meist drei verschieden dotierten Schichten besteht u. zur Regelung verwendet wird*

Tran|sit ⟨a. ['--] m.; -(e)s, -e⟩ **1** *Transport von Waren zwischen zwei Ländern durch ein drittes Land;* im ~ **2** *Durchfahrt von Personen*

tran|si|tiv ⟨Adj. 24; Gramm.⟩ *zielend, ein Akkusativobjekt verlangend* (Verb); Ggs *intransitiv*

Trans|pa|rent ⟨n.; -(e)s, -e⟩ **1** *Spruchband, das aufgespannt in Demonstrationen mitgeführt wird* **2** *Bild auf durchsichtigem Material (Glas, Pergament, Stoff), das von hinten beleuchtet wird*

Trans|pa|renz ⟨f.; -; unz.⟩ *transparente Beschaffenheit, Durchsichtigkeit*

Trans|pi|ra|ti|on auch: **Trans|pi|ra|ti|on** ⟨f.; -, -en⟩ **1** ⟨geh.⟩ *das Transpirieren, Schweißabsonderung* **2** ⟨Biol.⟩ *Abgabe von Wasserdampf (bei Pflanzen)*

trans|pi|rie|ren auch: **trans|pi|rie|ren** ⟨V. 400⟩ **1** ⟨geh.⟩ *schwitzen* **2** *Pflanzen ~* ⟨Biol.⟩ *geben Wasserdampf ab*

Trans|plan|ta|ti|on ⟨f.; -, -en⟩ *Verpflanzung von Gewebe od. Organen;* Haut~; Nieren~

trans|po|nie|ren ⟨V. 500⟩ *ein* **Musikstück** *~ in eine andere Tonart übertragen*

Trans|port ⟨m.; -(e)s, -e⟩ **1** *Beförderung; auf dem ~* **2** *die auf dem Transport (1) befindlichen Menschen, Tiere, Gegenstände*

trans|por|tie|ren ⟨V. 500⟩ *jmdn. od. etwas ~ befördern*

Trans|ves|tit ⟨[-vɛs-] m.; -en, -en⟩ *jmd., der das Bedürfnis besitzt, sich wie ein Angehöriger des anderen Geschlechts zu kleiden u. zu benehmen*

trans|zen|dent auch: **trans|zen|dent** ⟨Adj. 24⟩ **1** *die Grenzen der Erfahrung u. des sinnlich Wahrnehmbaren überschreitend;* Ggs *immanent* **2** ~*e* **Zahl** *Z., die sich nicht als ganze Zahl, Wurzel od. Bruch ausdrücken lässt, z. B. p63*

Tra|pez ⟨n.; -es, -e⟩ **1** ⟨Geom.⟩ *Viereck mit zwei parallelen Seiten* **2** *im Turnen u. in der Artistik verwendete kurze, an Seilen hängende Stange aus Holz;* ~künstler

Trap|pe ⟨f.; -, -n; Zool.⟩ *Angehörige einer Familie der Kranichartigen mit z. T. sehr großen, kräftigen Arten:* Lycopersicon

trap|peln ⟨V. 400(s.)⟩ *mit kleinen, schnellen Schritten u. pochendem Geräusch laufend; die Mäuse trappeln auf dem Dachboden*

Trap|per ⟨m.; -s, -⟩ *nordamerikanischer Pelztierjäger*

Tras|se ⟨f.; -, -n⟩ *durch Trassieren (1) festgelegte Linie für Straßen- u. Eisenbahnen;* oV *Trassee*

Tras|see ⟨n.; -s, -s; schweiz.⟩ = *Trasse*

tras|sie|ren ⟨V. 500⟩ **1** *Verkehrswege ~ die Linienführung der V. im Gelände vermessen, markieren u. in Lagepläne eintragen* **2** *einen* **Wechsel** *~ auf jmdn. ziehen od. ausstellen*

trat|schen ⟨V. 400; umg.⟩ *klatschen (4,5), über andere (schlecht) reden*

Trau|be ⟨f.; -, -n⟩ ⟨Biol.⟩ *Blütenstand mit gestielten Einzelblüten an der verlängerten Hauptachse* • 1.1 *aus der Traube (1) hervorgegangenes Bündel von Früchten; Johannisbeeren hängen in ~n am Strauch* • 1.1.1 *Traube (1.1) des Weinstocks;* Sy Wein-

traube; 1 kg ~n; italienische, spanische ~n **2** ⟨fig.⟩ *dichter Schwarm, geballte Menge;* an der Straßenbahntür, vor dem Schalter stand, hing eine ~ von Menschen • **2.1** *Formation der Bienen nach Verlassen des Stocks mit der alten Königin;* die Bienen bilden eine ~ um einen Ast **3** *die ~n hängen ihm zu hoch* ⟨fig.⟩ *jmd. möchte etwas für ihn Unerreichbares gern haben, gibt es aber nicht zu, sondern tut, als wolle er es gar nicht;* →a. *sauer (1.7)*

Trau|ben|zu|cker ⟨m.; -s; unz.⟩ *Zucker, der weniger süß ist als Rübenzucker u. in grünen Pflanzen entsteht;* Sy *Glucose, Glukose*

trau|en ⟨V.⟩ **1** ⟨600/Vr 6 od. Vr 7⟩ **jmdm. od. einer Sache ~** *Glauben, Vertrauen schenken;* jmdm. od. einer Sache nicht (recht) ~; ich traue dem Frieden nicht (recht); jmdm. nicht über den Weg ~ ⟨verstärkend⟩ • **1.1** ich traute meinen Augen, Ohren kaum, als ich das sah, hörte *ich glaubte nicht richtig zu sehen, zu hören* • **1.2** trau, schau, wem ⟨Sprichw.⟩ *bevor du jmdm. Vertrauen schenkst, erwäge erst, ob du ihm glauben kannst* **2** ⟨500/Vr 3⟩ **sich etwas ~** *wagen, etwas zu tun;* er traut sich nicht; du traust dich nur nicht! (anstachelnde Aufforderung, etwas Unsinniges, Leichtsinniges zu tun); er traute sich nicht, sie zu fragen • **2.1** ⟨511/Vr 3⟩ **sich an eine Stelle ~** *sich an eine S. wagen, keine Angst haben, sich an eine S. zu begeben;* ich trau mich nicht aus dem Haus, ins Haus **3** ⟨500⟩ **jmdn. ~** *jmds. Eheschließung standesamtlich beurkunden od. kirchlich segnen;* sich kirchlich, standesamtlich ~ lassen; der Pfarrer, der Standesbeamte traut das Brautpaar

Trau|er ⟨f.; -; unz.⟩ **1** *schmerzliche Gemütsstimmung nach Verlust eines Menschen;* ~ um einen Toten; sein Tod erfüllte alle mit tiefer ~; in tiefer ~ (in Todesanzeigen) • **1.1** **~ tragen** ⟨poet.⟩ *trauern (um jmdn.);* ~ muss Elektra tragen (Titel eines Stückes von O'Neill) **2** *Trauerzeit;* die ~ dauert noch ein halbes Jahr • **2.1** **~ haben** *sich in der Trauerzeit befinden* **3** *Trauerkleidung;* ~ anlegen; ~ ablegen • **3.1 ~ haben, tragen** *Trauerkleider tragen*

trau|ern ⟨V.⟩ **1** ⟨405⟩ **(um jmdn.) ~** *Trauer fühlen, traurig sein über den Tod eines Menschen* **2** ⟨400⟩ *(während der Trauerzeit) Trauerkleidung tragen*

Trau|er|spiel ⟨n.; -(e)s, -e⟩ **1** = *Tragödie (1)* **2** ⟨fig.⟩ *trauriges od. bedauerliches Geschehen;* es ist einfach ein ~, wie sie ihre Talente vernachlässigt

Trau|fe ⟨f.; -, -n⟩ **1** *aus der Dachrinne abfließendes Regenwasser;* →a. *Regen (1.2)* **2** *untere waagerechte Kante der Dachfläche*

träu|feln ⟨V.⟩ *oV träufen* **1** ⟨500⟩ **eine Flüssigkeit ~** *tropfenweise gießen;* Tropfen ins Ohr ~ **2** ⟨400(s.)⟩ **eine Flüssigkeit** träufelt *fließt tropfenweise;* aus der Wunde träufelte Blut

träu|fen ⟨V.⟩ = *träufeln*

trau|lich ⟨Adj.⟩ *gemütlich, anheimelnd;* ~er Kerzenschein; bei ~em Licht der Tischlampe; ~ beisammensitzen

Traum ⟨m.; -(e)s, Träu|me⟩ **1** *Vorstellungen, die während des Schlafes auftreten, insbes. eine zusammenhängende Serie von Fantasiebildern;* einen ~ haben; Träume analysieren, deuten; ein böser, quälender, schöner, schwerer, wirrer ~; er ist mir im ~ erschienen; im ~ reden, lachen; im ~ habe ich ihn, sie gesehen • **1.1** es war wie ein ~ *geradezu unwirklich (schön)* • **1.2** es ist mir alles wie ein ~ *es kommt mir ganz unwirklich vor* **2** *Spiel der Einbildungskraft, Vorstellung, Produkt der Einbildungskraft;* Tag~, Wach~; die Träume eines Dichters, Idealisten **3** ⟨fig.⟩ *sehnlicher, kaum zu realisierender Wunsch, Sehnsucht;* Wunsch~; es war der ~ meiner Jugend, immer mein ~, einmal die Pyramiden zu sehen; das habe ich in meinen kühnsten Träumen zu hoffen gewagt ⟨umg.⟩ • **3.1** dieser ~ ist ausgeträumt ⟨fig.⟩ *die Hoffnung auf Erfüllung dieses Wunsches muss jetzt endgültig begraben werden* • **3.2** Träume sind Schäume ⟨Sprichw.⟩ Träume gehen nicht in Erfüllung **4** ⟨fig.⟩ • **4.1** aus der ~!, der ~ ist aus! *es ist vorbei, vorüber (etwas Schönes)* • **4.2** **etwas nicht im ~ tun** *nicht im Geringsten die Absicht haben, etwas zu tun* • **4.2.1** ich habe nicht im ~ daran gedacht, ihn kränken zu wollen ⟨umg.⟩ *ganz u. gar nicht, wirklich nicht* • **4.2.2** das fällt mir nicht im ~ ein! ⟨umg.⟩ *ich denke nicht daran (das zu tun)!*

Trau|ma ⟨n.; -s, -ma|ta od. Trau|men⟩ **1** ⟨Med.⟩ *Wunde, Verletzung durch Einwirkung von Gewalt* **2** ⟨Psych.⟩ *Schock, seelische Erschütterung*

träu|men ⟨V.⟩ **1** ⟨410⟩ *einen Traum (1) od. Träume haben;* mir träumte, (auch) mir träumte, dass …; einen Traum ~; schlaf gut und träume süß!; von jmdm. od. etwas ~; träum was Schönes! (Wunsch beim Gutenachtsagen); ich habe schlecht geträumt **2** ⟨400⟩ *sich Träumen (2) hingeben;* ~d zum Fenster hinausschauen • **2.1** du träumst! *du bist wirklichkeitsfremd, fantasierst, bist verrückt* **3** ⟨400⟩ *in Gedanken verloren, unaufmerksam sein, nicht aufpassen* • **3.1** du hast wieder mal geträumt ⟨fig.⟩ *nicht aufgepasst;* →a. *offen (1.1)* **4** ⟨800⟩ **von etwas ~** ⟨fig.⟩ *sich etwas sehnsüchtig vorstellen, einen Traum (3) haben;* er träumt davon, Schauspieler, Pilot usw. zu werden **5** sich etwas nicht od. nie ~ lassen *etwas ganz u. gar nicht vermuten, an etwas überhaupt nicht denken;* das hätte ich mir nicht ~ lassen!

traum|haft ⟨Adj.⟩ **1** *wie im Traum, unwirklich;* es war ~ schön **2** ⟨fig.⟩ *wunderbar;* sie haben ein ~es Haus

trau|rig ⟨Adj.⟩ **1** jmd. ist ~ *von Trauer erfüllt, bekümmert, betrübt;* ein ~es Gesicht machen; ~ aussehen; dein Verhalten hat mich sehr ~ gemacht; es ist ~, dass man dir das erst sagen muss!; er ist ~; (es ist) ~ genug, dass du das nicht einsiehst; etwas ~ sagen; das Gespräch hat mich ~ gestimmt; die Blumen ließen ~ die Köpfe hängen ⟨fig.⟩ **2** eine **Sache, Handlung** ist ~ *gibt zu Trauer Anlass, ist schmerzlich, betrüblich, sehr bedauerlich;* ich habe die ~e Pflicht, Ihnen mitzuteilen …; er hat ein ~es Schicksal gehabt; es ist ~, dass es so kommen musste; (es ist) ~, aber wahr ⟨umg.⟩ • **2.1** er hat eine ~e Jugend gehabt *schwere J., J. ohne Freude* **3** ⟨90⟩ jmd. od. **etwas** ist ~ *jämmerlich, sehr gering;* es ist nur noch ein ~er Rest vorhanden; er hat durch sein Verbrechen eine ~e Berühmtheit erlangt; ein ~er Held

traut ⟨Adj. 70; poet.⟩ **1** *lieb, vertraut;* ~e Freundin **2** *traulich, gemütlich, behaglich;* hier ist es so heimelig und ~; ~es Heim, Glück allein ⟨Sprichw.⟩

Trau|ung ⟨f.; -, -en⟩ *Eheschließung;* kirchliche, standesamtliche ~

tra|vers ⟨[-vɛrs] Adj. 24⟩ *quer, quer gestreift*

Traw|ler ⟨[trɔ:-] m.; -s, -⟩ *Fischereischiff, das mit einem Schleppnetz arbeitet*

Tre|ber ⟨Pl.⟩ *Eiweiß u. Zellulose enthaltende Rückstände bei der Bierherstellung, als Viehfutter verwendet;* →a. *Trester (1)*

Treck ⟨m.; -s, -s⟩ **1** *Zug;* Flüchtlings~ **2** *Auszug, Auswanderung;* auf dem ~ nach Westen

Tre|cker ⟨m.; -s, -⟩ = *Traktor*

Tre|cking ⟨n.; -s; unz.⟩ = *Trekking*

Treff ⟨m.; -s, -s; umg.; kurz für⟩ *Treffen, Treffpunkt;* bei unserem letzten ~; ein ~ für Jugendliche

tref|fen ⟨V. 266⟩ **1** ⟨500 od. 411⟩ ein **Geschoss, Schlag,** trifft etwas od. **in etwas** *erreicht etwas, erreicht das Ziel;* ein Ton traf mein Ohr; ins Schwarze (der Zielscheibe) ~; das Ziel ~; der Blitz hat den Baum getroffen **2** ⟨500⟩ **jmdn.** od. **etwas** ~ *jmdn. od. etwas berühren, verletzen;* die Kugel hat ihn (tödlich) getroffen; jmdn. in den Arm, in die Brust ~; sich getroffen fühlen; der größte Verlust trifft ihn; ein greller Lichtstrahl traf meine Augen; dein Vorwurf trifft mich tief • **2.1** er stand da wie vom Blitz getroffen *unbeweglich, starr* • **2.2** der Schlag hat ihn getroffen *er hat einen Schlaganfall erlitten* **3** ⟨500⟩ eine **Sache** ~ *sie richtig herausfinden, erraten, richtig bezeichnen;* du hast's getroffen!; das Richtige ~ • **3.1** den **Ton** ~ *den richtigen T. spielen od. singen* **4** ⟨500/Vr 8⟩ **jmdn.** ~ *jmdm. (zufällig od. nach Vereinbarung) begegnen;* wir ~ uns heute Nachmittag; sich ~, (eigtl.) einander ~; wann, wo kann ich dich ~?; jmdn. auf der Straße, zu Hause, bei Freunden ~ **5** ⟨500/Vr 4⟩ **sich** ~ *mit jmdm., etwas zusammenkommen;* wir trafen uns um vier Uhr; die Linien ~ sich in einem Punkt **6** ⟨800⟩ **auf jmdn., etwas** ~ *auf jmdn., etwas zufällig stoßen, jmdm. zufällig begegnen* • **6.1** ich bin in dem Buch auf folgende Stelle getroffen *habe folgende S. gefunden* **7** ⟨501/Vr 3; veraltet⟩ es trifft sich, dass ... *geschieht zufällig, dass ...;* es traf sich gerade, dass er auch dort war, als ich kam; wie es sich gerade trifft (so werden wir es machen) **8** ⟨501/Vr 3⟩ es od. das trifft sich *passt, fügt sich;* es trifft sich gut, schlecht, dass ... **9** ⟨500; Funktionsverb⟩ • **9.1 Anordnungen** ~ *etwas anordnen* • **9.2 Anstalten, Vorbereitungen** ~, *etwas vorbereiten* • **9.3** eine **Auswahl, Wahl** ~ (unter, zwischen) *etwas auswählen, -suchen* • **9.4 Maßnahmen** ~ *M. ergreifen* • **9.5 Vorsorge** ~ *(dass etwas geschieht od. nicht geschieht) dafür sorgen, dass ...* • **9.6** ein **Abkommen,** eine **Vereinbarung** ~ *ein A. schließen, etwas vereinbaren* **10** ⟨Part. Präs.⟩ ~d *genau (bezeichnend), richtig (kennzeichnend);* eine ~de Antwort geben; ein ~der Ausdruck; eine ~de Bezeichnung; ~des Urteil; eine Sache kurz und ~d bezeichnen; das ist ~d gesagt **11** ⟨500; fig.⟩ • **11.1** das Los hat ihn getroffen *er wurde durch das L. bestimmt, gewählt* • **11.2** jmdn. trifft keine Schuld *jmd. hat keine S.* • **11.3** ich dachte, mich trifft der Schlag! ⟨umg.⟩ *ich war sehr überrascht, bestürzt* • **11.4** ⟨513⟩ jmd. trifft es an einem Ort, in einer Situation gut, schlecht *es geht jmdm. gut, schlecht an einem O., in einer S.* • **11.5** er ist (auf dem Bild) gut getroffen *gut, richtig dargestellt*

Tref|fen ⟨n.; -s, -⟩ **1** ⟨in der altröm. Legion⟩ *Linie, Glied* **2** ⟨allg.⟩ *leichter (Wett-)Kampf;* im ersten ~ • **2.1** etwas ins ~ führen ⟨fig.; geh.⟩ *(als Begründung, Beweis) anführen* **3** *Versammlung, Zusammenkunft, Begegnung;* ein großes ~ aller Mitglieder, Sportler; bei unserem letzten ~

Tref|fer ⟨m.; -s, -⟩ **1** *Schlag, Schuss, der richtig trifft;* einen ~ erzielen **2** ⟨fig.⟩ *etwas, das Glück u. Erfolg hat, Handlung, mit der man Glück hat* **3** *Los, das gewinnt*

treff|lich ⟨Adj.⟩ *vortrefflich, ausgezeichnet, sehr gut*

Treff|punkt ⟨m.; -(e)s, -e⟩ *Ort der Begegnung, Ort, an dem zwei od. mehrere Personen einander treffen;* einen ~ vereinbaren

treff|si|cher ⟨Adj.⟩ **1** *sicher im Treffen des Zieles, das Ziel immer erreichend* **2** ⟨fig.⟩ *immer das Richtige treffend;* ~e Ausdrucksweise; ein ~es Urteil haben

trei|ben ⟨V. 267⟩ **1** ⟨500⟩ **jmdn.,** ein **Tier** od. **etwas** ~ *(heftig drängend) in schnelle Bewegung bringen, vor sich her jagen;* Vieh auf die Weide ~; Vieh in den Stall ~; den Gegner in die Flucht ~ • **1.1** den **Ball** ~ *vor sich her stoßen* • **1.2** ⟨Jagdw.⟩ **Wild** ~ *mit Treibern jagen, vor die Schützen jagen* • **1.3** ⟨511⟩ **Preise** in die Höhe ~ ⟨fig.⟩ *zum Steigen bringen* **2** ⟨500⟩ **jmdn.** ~ *zur Eile veranlassen, drängen (etwas rasch zu tun);* jmdn. zur Arbeit, zur Eile ~; die Sehnsucht, Unruhe trieb mich nach Hause, zu ihm **3** ⟨402⟩ (**jmdn.**) ~ *anspornen, veranlassen (etwas zu tun);* er treibt seine Angestellten • **3.1** ⟨570; unpersönl.; geh.⟩ es treibt mich, dir zu sagen ... *ich fühle mich veranlasst, ich habe das Bedürfnis* • **3.2** die ~de **Kraft** ⟨fig.⟩ *jmd., von dem ein Antrieb ausgeht, der etwas vorwärtstreibt* **4** ⟨402⟩ **etwas** treibt (**etwas**) ⟨fig.⟩ *bringt etwas hervor, bewirkt etwas* • **4.1** eine **Pflanze** treibt **Knospen,** Blätter, Blüten, Wurzeln *die Knospen einer Pflanze beginnen zu wachsen, sprießen* • **4.2 Bier,** Teig treibt *gärt, geht auf* • **4.3 Bier, Hefe** treibt (**etwas**) *bringt etwas zum Gären, Aufgehen* **4.4** ⟨500⟩ etwas treibt etwas *an eine bestimmte* **Stelle im Körper** *bewirkt an einer Stelle im Körper eine bestimmte Reaktion;* die Erinnerung daran trieb ihr die Schamröte ins Gesicht; der Rauch trieb mir die Tränen in die Augen • **4.5** etwas treibt *wirkt harntreibend* **5** ⟨500⟩ **Pflanzen** ~ *im Treibhaus zum vorzeitigen Blühen bringen* **6** ⟨511⟩ **jmdn. zu, in etwas** ~ *in eine unangenehme, ausweglose Situation bringen;* jmdn. zur Verzweiflung ~ • **6.1** jmdn. in den Tod ~ *jmds. Tod verursachen, jmdn. zum Selbstmord bringen;* →a. *Enge (3.1)* **7** ⟨500⟩ **etwas** ~ *etwas schlagend, bohrend in eine bestimmte Richtung bringen;* einen Nagel ins Holz, einen Pfahl in die Erde ~; einen Tunnel durch den Berg ~ **8** ⟨500⟩ **Metall** ~ ⟨Tech.⟩ *in kaltem Zustand durch Schlagen formen;* getriebenes Metall • **8.1** einen metallenen **Gegenstand** ~ *in Treibarbeit anfertigen;* eine Schale (aus Silber) ~

• 8.1.1 ⟨Part. Perf.⟩ getriebene **Arbeit** *durch Treiben (8.1) hergestellter Gegenstand* **9** ⟨400⟩ **etwas** treibt *bewegt sich ohne eigenen Antrieb fort;* das Boot trieb steuerlos auf dem Meer; Eisschollen ~ auf dem Fluss; das Schiff treibt vor dem Wind • **9.1** ⟨411⟩ *der Saft treibt ins Holz steigt in die Höhe* • **9.2** das Boot vom Wind ~ lassen *vom Wind angetrieben fahren lassen;* ⟨aber Getrennt- u. Zusammenschreibung⟩ ~ lassen = *treibenlassen* **10** ⟨500⟩ eine **Sache** ~ *sich mit etwas aus Liebhaberei beschäftigen, etwas betreiben, längere Zeit intensiv tun, ausüben;* Missbrauch (mit etwas) ~; Unsinn ~; was treibst du in deiner Freizeit? • **10.1** Handel (mit etwas) ~ *(mit etwas) handeln* • **10.2** seinen Spott mit jmdm. ~ *jmdn. verspotten* • **10.3** ⟨513⟩ einen Spaß zu weit ~ *übertreiben, zu weit gehen;* →a. *Spitze (1.3)* • **10.4** ⟨513⟩ es zu **arg**, zu wild ~ *zu übermütig, zu wild o. Ä. sein* **11** ⟨517⟩ es mit jmdm. ~ ⟨umg.; abwertend⟩ *mit jmdm. Geschlechtsverkehr haben;* sie haben es schon monatelang miteinander getrieben

Trei̱|ben ⟨n.; -s, -⟩ **1** *bei der Treibjagd umstelltes Gebiet, in dem die Jagd stattfindet* **2** *Leben u. Bewegung, reger Verkehr, Durcheinanderlaufen vieler Menschen;* buntes, lustiges ~ (beim Fasching, auf Jahrmärkten); emsiges, geschäftiges ~

trei̱|ben|las|sen auch: **trei̱|ben las|sen** ⟨V. 175/500/Vr 3⟩ **sich** ~ *sich selbst treiben, sich dem Geschehen überlassen;* sich von der Stimmung ~; →a. *treiben (9.2)*

Trei̱b|haus ⟨n.; -es, -häu|ser⟩ *Gewächshaus mit einer Temperatur von 12-15 °C zur Vermehrung einheimischer Pflanzen od. mit einer Temperatur von 15-30 °C zur Erhaltung tropischer Pflanzen*

Trei̱b|mit|tel ⟨n.; -s, -⟩ **1** *Mittel (Hefe, Backpulver, Sauerteig u. a.), das in den Teig gemengt wird, damit er aufgeht (treibt) u. locker wird* **2** ⟨Chem.⟩ *Stoff, der Kunststoffen zugesetzt wird, um sie porös zu machen* **3** = *Kraftstoff*

Trek|king ⟨n.; -s; unz.⟩ *Wanderung (einer Gruppe) im Hochgebirge;* oV *Trecking*

Tre|mo|lo ⟨n.; -s, -s od. -li; Mus.⟩ **1** *Bebung, schnelle Wiederholung desselben Tones, um Erregung darzustellen* **2** *fehlerhaftes Beben der Gesangsstimme, im Unterschied zum natürlichen Vibrato*

Trench|coat ⟨[trɛntʃkout] m.; -s, -s⟩ *Regenmantel aus dicht gewebtem (Baumwoll-)Stoff*

Trend ⟨m.; -s, -s⟩ **1** *Richtung einer statistisch erfassbaren Entwicklung* • **1.1** im ~ **liegen** *den Zeitgeschmack treffen, modern sein* **2** ⟨Biol.⟩ *Tendenz in der Entwicklung*

Trend|set|ter ⟨m.; -s, -; umg.⟩ *Person od. Sache, die das Entstehen einer neuen Mode, eines neuen Trends anregt*

tren|nen ⟨V.⟩ **1** ⟨500⟩ **jmdn. od. etwas** ~ *miteinander verbundene Gegenstände voneinander lösen, auseinanderbringen;* Streitende, Kämpfende ~; eine Telefonverbindung ~; Wörter richtig ~ • **1.1** eine **Naht** ~ *entfernen, aufschneiden, ohne den Stoff zu beschädigen;* als Schneiderin Übung im Trennen haben **2** ⟨500⟩ **etwas** trennt **etwas** *unterbricht die Verbindung (zwischen, von etwas);* ein Bach trennt die beiden Grundstücke **3** ⟨550/Vr 7⟩ **jmdn. od. etwas von jmdm. od. etwas anderem** ~ *entfernen, absondern, lösen von;* das Kind wurde im Gedränge von der Mutter getrennt; ein Blatt vom Block ~; die Ärmel, die Borte vom Kleid ~ **4** ⟨500/Vr 3⟩ **(zwei) Personen** ~ **sich** *gehen (für kürzere od. längere Zeit) auseinander* • **4.1** ⟨505⟩ **sich (von jmdm.)** ~ • **4.1.1** *von jmdm. Abschied nehmen, eine andere Richtung einschlagen* • **4.1.2** *jmdn. verlassen, mit jmdm. nicht mehr zusammen sein wollen* **5** ⟨500/Vr 4⟩ unsere Wege ~ sich (hier) *wir müssen jetzt in verschiedene(n) Richtungen weitergehen* **6** ⟨550⟩ eine **Sache, Angelegenheit von** einer (anderen) **Sache, Angelegenheit** ~ *eine S., A. gesondert, für sich behandeln, betrachten;* das Berufliche vom Privaten ~; die Person von der Sache ~ • **6.1 Begriffe** ~ *unterscheiden, auseinanderhalten* **7** jmd. od. etwas ist getrennt *ist gesondert, jeder, jedes ist für sich alleine;* getrennt berechnen • **7.1** ⟨Part. Perf.⟩ getrennt (voneinander) **sein, leben** *nicht beieinander sein, nicht zusammen leben;* im Krieg waren viele Familien getrennt; sie leben seit einem Jahr getrennt • **7.2** getrennt schlafen *nicht im gleichen Zimmer* • **7.3** Wörter, einen Begriff getrennt **schreiben** *nicht zusammen, nicht in einem Wort schreiben* • **7.4** wir machen, führen getrennte Kasse *jeder bezahlt für sich* **8 Stoffgemische, Gemenge, Legierungen** ~ ⟨Chem.; Phys.⟩ *in ihre Bestandteile zerlegen* **9** ⟨500⟩ **Werkstoffe** ~ ⟨Tech.⟩ *durch Erhitzen, Spannen, Schneiden zerlegen*

Treṉ|nung ⟨f.; -, -en⟩ **1** *das Trennen* • **1.1** ~ von Tisch und Bett *Ehescheidung, Beendung des gemeinsamen Lebens*

Treṉ|se ⟨f.; -, -n⟩ *Zaum mit Gebiss u. daran befestigten Zügeln*

Trep|pe ⟨f.; -, -n⟩ **1** *Stiege, aus Stufen bestehender Aufgang;* Sy ⟨süddt.⟩ *Staffel (5);* die ~ hinauf-, hinuntergehen, -steigen; ~ n steigen; breite, enge, gewundene, steile ~n **2** ⟨umg.⟩ *Stockwerk, Geschoss;* wir wohnen 3 ~n (hoch); Müllers wohnen eine ~ höher **3** ⟨fig.⟩ • **3.1** die ~ hinauffallen ⟨umg.⟩ *unverdientermaßen, ohne eigenes Zutun beruflich aufsteigen*

Tre̱|sen ⟨m.; -s, -⟩ *Laden-, Schanktisch, Theke;* am ~ bezahlen

Tre̱|sor ⟨m.; -s, -e⟩ **1** *gegen Feuer u. Diebstahl sichernder Schrank aus Stahl für Geld u. Wertgegenstände, Geldschrank, Safe* **2** ⟨in Banken⟩ *gepanzerter unterirdischer Raum mit Schränken u. Fächern aus Stahl zum sicheren Aufbewahren von Geld u. Wertpapieren, Stahlkammer*

Tres|ter ⟨Pl.⟩ **1** *Obstabfälle, bes. Pressrückstände von Weinbeeren;* →a. *Treber* **2** *Branntwein aus Trester (1)*

tre̱|ten ⟨V. 268⟩ **1** ⟨411(s.)⟩ *einen od. mehrere Schritte gehen od. machen, den Fuß setzen (auf, aus, in);* ans Fenster ~; auf den Balkon ~; auf eine Blume, einen Käfer ~; bitte nicht auf den Rasen ~; einem Hund, einer Katze auf den Schwanz ~; jmdm. auf die Zehen, den Fuß ~; aus der Tür ~; in eine Pfütze ~; über die Schwelle ~; hier ist eine solche Unordnung,

Tretmühle

dass man nicht weiß, wohin man ~ soll; ihr Gesang klingt, als hätte man einer Katze auf den Schwanz getreten ⟨umg.; iron.⟩ • 1.1 bitte, treten Sie näher! *kommen Sie herein, her!* • 1.2 auf der **Stelle** ~ *gehen, ohne sich vorwärtszubewegen* **2** ⟨411(s.)⟩ *jmd. od. etwas tritt* **an** *eine* **Stelle** *begibt sich, gelangt an eine bestimmte Stelle;* nach vorn ~; hinter, neben, vor jmdm. ~; vor den Spiegel ~; zu jmdm. ~; aus dem Haus, Zimmer ~; ins Haus, Zimmer, in den Garten ~; jmdm. ~ die Tränen in die Augen (aus Schmerz od. Rührung); in den Vordergrund, Hintergrund ~ ⟨a. fig.⟩ • 2.1 zur Seite ~ *Platz machen* • 2.2 der Fluss ist über die Ufer getreten *hat die U. überschwemmt* **3** ⟨500/Vr 8⟩ **jmdn.** *od. etwas* ~ *mit dem Fuß stoßen od. drücken, den Fuß auf jmdn. od. etwas setzen* • 3.1 *etwas durch Treten betätigen;* das Spinnrad ~; die Bälge ~ (an der Orgel) • 3.1.1 **Wasser** ~ *sich durch Fußbewegungen in aufrechter Stellung im Wasser halten* • 3.1.2 den **Takt** ~ *durch leichtes Klopfen mit dem Fuß auf den Boden den T. angeben* • 3.2 *beim Treten etwas platt- od. festdrücken;* einen Weg durch den Schnee ~ **4** ⟨500/Vr 8⟩ **jmdn.** (in, gegen einen Körperteil) ~ *jmds. Körperteil einen stoß mit dem Fuß versetzen;* jmdn. in den Bauch ~; jmdn. gegen das Schienbein ~ **5** ⟨411⟩ **nach jmdm.** ~ *jmdm. einen Stoß mit dem Fuß versetzen* **6** ⟨411⟩ **gegen etwas** ~ *im Zorn gegen etwas mit dem Fuß stoßen;* gegen die Tür ~ **7** ⟨500⟩ *ein* **Tier** *tritt* **jmdn.** *schlägt, trifft jmdn. mit dem Huf* **8** ⟨500⟩ *der* **Hahn** *tritt die* **Henne** *begattet die Henne* **9** ⟨800(s.)⟩ **jmd., etwas** *tritt* **in etwas** *jmd., etwas beginnt (etwas), ein neuer Zustand tritt ein;* wir treten jetzt in die Verhandlung • 9.1 in den Stand der Ehe ~ *sich verheiraten* • 9.2 in Kraft ~ *Gültigkeit erlangen* • 9.3 ins Leben ~ • 9.3.1 *geboren werden* • 9.3.2 ⟨fig.⟩ *gegründet werden, entstehen* • 9.4 ⟨800⟩ **jmd.** *tritt* **mit jmdm.** in Beziehungen knüpft B. an **10** ⟨fig.⟩ • 10.1 ⟨516⟩ jmdn. mit Füßen ~ *jmdn. tief verletzen, sehr schlecht behandeln, beleidigen* • 10.1.1 jmds. Gefühle mit Füßen ~ *verletzen, missachten* • 10.2 ⟨500⟩ jmdn. ~ ⟨fig.⟩ *jmdn. dringend mahnen, drängen (etwas zu tun)* • 10.3 ⟨411⟩ zutage ~ *sich zeigen;* →a. *Auge (9.7), Pflaster (1.2), Stelle (1.5)*

Tret|müh|le ⟨f.; -, -n⟩ **1** = *Tretrad (1)* **2** ⟨fig.; umg.⟩ *immer gleiche, nicht aufhörende Arbeit;* die tägliche ~

Tret|rad ⟨n.; -(e)s, -räder⟩ **1** *Maschine zur Aufnahme von Tier- od. Menschenkraft;* Sy *Tretmühle* • 1.1 *senkrechtes Rad mit Querleisten, auf denen der Mensch od. ein Tier nach oben steigt u. durch sein Gewicht das Rad in drehende Bewegung versetzt* • 1.2 *waagerechtes Rad, das ein Mensch betätigt, indem er Laufbewegungen nach vorn ausführt u. sich dabei mit den Händen gegen einen festen Halt stützt, Tretscheibe*

treu ⟨Adj.⟩ **1** *fest verbunden, anhänglich, beständig in Liebe u. Anhänglichkeit;* sie sind ~e Freunde; ~e Freundschaft; seinen Grundsätzen, seiner Überzeugung ~ bleiben; jmdm. in ~er Liebe verbunden sein; ein ~er Hund **2** *unveränderlich fest (in der Gesinnung)* • 2.1 sich selber ~ bleiben *seine Gesinnung, sein Verhalten nicht ändern* • 2.2 jmdm. od. einer Sache ~ bleiben, sein *unveränderlich zu jmdm. stehen, an einer S. festhalten* • 2.3 ~ seinem **Schwur**, Versprechen *sich an seinen S., sein V. haltend* **3** *gewissenhaft, redlich;* jmdm. für ~e Dienste belohnen; jmdm. od. einer Sache ~ dienen; ~ seine Pflicht erfüllen; ~ und bieder; ~ und brav • 3.1 jmdm. etwas zu ~en Händen übergeben *in Verwahrung geben, im Vertrauen darauf, dass der Betreffende die Sache ordentlich und gewissenhaft behandelt, besorgt* **4** = *treuherzig;* er, sie ist eine ~e Seele ⟨umg.⟩ **5** ⟨Getrennt- u. Zusammenschreibung⟩ • 5.1 ~ *ergeben* = *treuergeben* • 5.2 ~ *sorgend* = *treusorgend*

Treue ⟨f.; -; unz.⟩ **1** *treue Gesinnung, treues Verhalten, unverändert feste Verbundenheit, beständige Anhänglichkeit, unwandelbare Zuneigung, Liebe, Freundschaft;* die ~ brechen; jmdm. ~ geloben, schwören; eheliche ~ • 1.1 jmdm. die ~ halten *treu bleiben* **2** *Gewissenhaftigkeit;* Pflicht~; mit großer ~ dienen **3** *Genauigkeit, präzise Darstellung;* die ~ der Übersetzung ist bewundernswert **4** Treu u. **Glaube** ⟨Rechtsw.⟩ *Vertrauen in das redliche Verhalten, das vertragschließende Parteien voneinander erwarten dürfen* **5** meiner Treu! ⟨veraltet⟩ *wahrhaftig! (Ausruf des Erstaunens)*

treu|er|ge|ben *auch:* **treu er|ge|ben** ⟨Adj. 24/70⟩ *treu u. ergeben;* ein ~er Freund

Treu|hän|der ⟨m.; -s, -⟩ *jmd., der fremdes Eigentum im eigenen Namen, aber zum Nutzen des Eigentümers verwaltet*

treu|her|zig ⟨Adj.⟩ *ohne Falsch, arglos, kindlich offen, voll kindlichen Vertrauens;* Sy *treu (4);* jmdn. ~ ansehen

treu|los ⟨Adj.⟩ *nicht treu, ohne Treue, verräterisch;* ein ~er Freund, Geliebter; ~ handeln

treu|sor|gend *auch:* **treu sor|gend** ⟨Adj. 24/60⟩ *verantwortungsvoll u. zuverlässig für andere sorgend;* ein ~er Familienvater

Tri|an|gel ⟨f.; -, -n od. m.; -s, -; österr.: n.; -s, -⟩ *Schlaginstrument aus einem zu einem Dreieck gebogenen Stab aus Stahl, der mit einem metallenen Stäbchen geschlagen wird*

Tri|as ⟨f.; -, -⟩ **1** ⟨unz.; Geol.⟩ *älteste Formation des Erdmittelalters vor 248-213 Millionen Jahren* **2** ⟨geh.⟩ *Dreiheit, Dreizahl*

Tri|ath|lon ⟨m. od. n.; -s, -s; Sp.⟩ *Mehrkampfdisziplin, die aus Schwimmen, Radfahren u. Laufen besteht*

Tri|bu|nal ⟨n.; -(e)s, -e⟩ **1** ⟨im antiken Rom⟩ *erhöhter Platz für den Richterstuhl* **2** ⟨dann⟩ • 2.1 ⟨geh.⟩ *Gerichtshof* (Kriegsverbrecher~) • 2.2 ⟨fig.⟩ *das öffentl. Anprangern u. Verurteilen von Missständen in der Form eines Gerichtsverfahrens*

Tri|bü|ne ⟨f.; -, -n⟩ **1** *erhöhter Platz für den Redner od. Vorstand einer Versammlung;* Redner~ **2** *Gerüst mit Sitzplätzen für Zuschauer;* Zuschauer~ **3** *die auf der Tribüne (2) sitzenden Zuschauer*

Tri|but ⟨m.; -(e)s, -e⟩ **1** ⟨im alten Rom⟩ *direkte Steuer* • 1.1 *Steuer, Beitrag;* jmdm. einen ~ auferlegen; ~ zahlen **2** *Entschädigung an den Sieger* **3** ⟨fig.⟩ *Hochachtung, Ehrerbietung;* jmds. Leistung, Arbeit, Kunst den schuldigen ~ zollen

Trichter ⟨m.; -s, -⟩ **1** *kegelförmiges Gerät mit Abflussrohr an der Spitze zum Eingießen von Flüssigkeiten in enge Öffnungen;* Öl durch einen ~ gießen **2** *das sich erweiternde Ende der Blechblasinstrumente, Schallbecher* **3** ⟨Med.⟩ *konischer Fortsatz des Zwischenhirns: Infundibulum* **4** *Loch (in der Erde) in Form eines Trichters (1), oft durch Geschoss entstehend;* Bomben~, Granat~; in einen ~ fallen **5** *Flussmündung, die sich flussabwärts verbreitert;* der ~ der Rhone **6** ⟨fig.⟩ • **6.1** jmdn. auf den ~ bringen ⟨umg.⟩ *jmdm. etwas klarmachen* • **6.2** jetzt ist er endlich auf den ~ gekommen ⟨umg.⟩ *jetzt hat er es endlich begriffen, eingesehen*

Trick ⟨m.; -s, -s⟩ **1** *Kunstgriff* **2** ⟨Kart.⟩ • **2.1** ⟨Whist⟩ *höherer Stich* • **2.2** ⟨Bridge⟩ *Stich über sechs Augen*

Trieb ⟨m.; -(e)s, -e⟩ **1** *gerichteter (innerer) Antrieb, Drang zu einer Handlung, (innere) treibende Kraft;* Natur~, Nahrungs~; sinnlicher ~; seine ~e beherrschen; seinen ~en nachgeben; der Not gehorchend, nicht dem eigenen ~e (Schiller, „Braut von Messina", I, 1) • **1.1** *geschlechtliches Verlangen;* Fortpflanzungs~, Geschlechts~; seinen (geschlechtlichen) ~ befriedigen **2** ⟨Bot.⟩ = *Schoss²* junge ~e (an den Bäumen); die ~e der Kastanienbäume **3** ⟨Phys.⟩ *Kraftübertragung von einer Welle auf eine andere;* Ketten~, Riemen~, Seil~, Zahnrad~ **4** ⟨Feinmechanik⟩ *meist im Uhrwerk vorkommendes kleines Zahnrad mit wenigen Zähnen*

Triebfeder ⟨f.; -, -n⟩ **1** *Feder des Uhrwerkes* **2** ⟨unz.; fig.⟩ *Antrieb, (innere) treibende Kraft*

triebhaft ⟨Adj.⟩ **1** *durch inneren Trieb, durch den Geschlechtstrieb bewirkt;* ~es Handeln, eine ~e Handlung **2** *mehr den Trieben als dem Willen od. Verstand folgend;* ein ~er Mensch

Triebkraft ⟨f.; -, -kräfte⟩ **1** *Kraft, die eine Maschine treibt* **2** *Fähigkeit von Saatgut, durch eine Erdschicht hindurchzuwachsen* **3** ⟨fig.⟩ *treibende Kraft, Kraft, etwas voranzutreiben*

Triebwagen ⟨m.; -s, -; Abk.: T⟩ *mit eigenem Motor ausgerüsteter, zur Aufnahme von Fahrgästen bestimmter Wagen der Eisen- od. Straßenbahn*

Triebwerk ⟨n.; -(e)s, -e⟩ **1** ⟨Tech.⟩ *Antriebsvorrichtung* • **1.1** ⟨Flugw.⟩ *Motor mit Luftschraube od. Vorrichtung zum Erzeugen eines rückwärtsgerichteten Luft- od. Gasstrahls*

triefen ⟨V. 269⟩ **1** ⟨400⟩ *so nass sein, dass es tropft, tropfen;* er triefte von Schweiß; seine Haare trieften von Wasser; vor Nässe ~; ein von Blut ~des Messer; ~d nass; jmdm. trieft die Nase ⟨umg.⟩ • **1.1** ⟨800⟩ *von Weisheit, Mildtätigkeit o. Ä.* ⟨fig.; umg.⟩ *sich übertrieben weise, mildtätig usw. gebärden*

triftig ⟨Adj.⟩ **1** *wohlbegründet;* ein ~er Einwand, eine ~e Entschuldigung **2** *zwingend, stichhaltig, nicht widerlegbar;* ein ~er Beweis, Grund

Trikolore ⟨f.; -, -n⟩ *die dreifarbige Fahne (blau-weiß-rot) der französischen Republik*

Trikot ⟨[-koː] n.; -s, -s⟩ **1** *elastisches, dehnbares Gewebe (für Unterwäsche, Sportbekleidung o. Ä.)* **2** *Kleidungsstück, das aus einem derartigen Stoff besteht;* Fußball~; das gelbe/Gelbe Trikot ⟨Radsp.⟩

Trikotagen ⟨[-ʒən] Pl.⟩ *Unter- u. Oberbekleidung aus Strick- u. Wirkware*

Triller ⟨m.; -s, -⟩ **1** ⟨Mus.; Zeichen: tr od. tr⟩ *rascher, mehrmaliger Wechsel eines Tones mit dem nächsthöheren halben od. ganzen Ton* **2** *dem Triller (1) ähnlicher Vogelruf*

trillern ⟨V.; umg.⟩ **1** ⟨402⟩ (ein **Lied**) ~ *mit Tremolo singen* **2** ⟨400⟩ • **2.1 Vögel** ~ *singen* • **2.2** *auf der Trillerpfeife pfeifen*

Trilliarde ⟨f.; -, -n⟩ *1000 Trillionen*

Trillion ⟨f.; -, -en⟩ **1** *eine Million Billionen,* 10^{18} **2** *(in den USA, Frankreich, Russland u. a. früheren Sowjetstaaten) Billion,* 10^{12}

Trilogie ⟨f.; -, -n⟩ *literarisches Werk aus drei selbstständigen, gleichartigen, stofflich zusammengehörigen Teilen*

Trimester ⟨n.; -s, -⟩ *dritter Teil eines Studienjahres;* → a. *Semester (1)*

Trimm-dich-Pfad ⟨m.; -(e)s, -e⟩ *Waldweg mit Turngeräten u. Anweisungen für Übungen*

trimmen ⟨V. 500⟩ **1** einen **Hund** ~ *einem H. das Fell scheren* **2** jmdn. od. ein **Tier** ~ ⟨umg.⟩ *auf ein bestimmtes Ziel hin erziehen, trainieren od. abrichten* • **2.1** ⟨Vr 3⟩ **sich** ~ *sich körperlich fit halten* **3 Kohlen** ~ ⟨Mar.; früher⟩ *K. aus den Bunkern zu den Kesseln bringen* **4** ein **Schiff**, ein **Flugzeug** ~ *die Gewichte so verteilen, dass eine günstige Lage erreicht wird* **5** das **Ruder** ~ ⟨Flugw.⟩ *das R. so einstellen, dass eine günstige Lage entsteht* **6** einen **Schwingkreis** ~ ⟨Elektronik⟩ *einen S. genau auf die gewünschte Frequenz einstellen*

Trinität ⟨f.; -; unz.⟩ *heilige Dreieinigkeit*

trinken ⟨V. 270⟩ **1** ⟨402⟩ (eine **Flüssigkeit**) ~ *(mittels Trinkgefäßes) Flüssigkeit zu sich nehmen;* Vögel ~; Milch, Wasser, Wein u. Ä. ~; aus dem Glas, aus der Flasche ~; Suppe aus Tassen ~; Wasser vom Brunnen ~; Wasser aus der hohlen Hand ~ • **1.1** einem **Lebewesen** ~ *geben ihm ein Trinkgefäß mit Flüssigkeit bereitstellen od. ihm direkt die Flüssigkeit einflößen* **2** ⟨400⟩ *Alkohol zu sich nehmen;* er trinkt gern; ~ wir noch etwas • **2.1** *regelmäßig u. zu viel Alkohol trinken, alkoholabhängig sein;* er hat wieder angefangen zu ~; sich das Trinken angewöhnen, abgewöhnen • **2.2** ⟨800⟩ **auf jmds. Wohl**, Gesundheit o. Ä. ~ *jmdm. W. od. G. o. Ä. wünschen u. dabei etwas Alkohol trinken* **3** ⟨500⟩ etwas ~ ⟨fig.⟩ *(gierig) einsaugen, in sich aufnehmen;* in langen, vollen Zügen ~; trinkt, o Augen, was die Wimper hält, von dem goldnen Überfluss der Welt! (G. Keller, „Abendlied"); die Erde trinkt den Regen ⟨fig.⟩; jmds. Küsse ~ ⟨poet.⟩

Trinker ⟨m.; -s, -⟩ *jmd., der regelmäßig u. zu viel Alkohol trinkt, jmd., der alkoholabhängig ist*

Trinkerin ⟨f.; -, -rin|nen⟩ *weibl. Trinker*

Trinkgefäß ⟨n.; -es, -e⟩ *Gefäß zum Trinken (Becher, Glas, Tasse)*

Trinkgeld ⟨n.; -(e)s, -er⟩ **1** *kleines Geldgeschenk für erwiesene Dienste (bes. im Restaurant);* jmdm. ein ~ geben; ein kleines, ordentliches, reichliches ~ **2** ⟨fig.; abwertend⟩ *sehr geringer, zu geringer Lohn;* etwas für ein ~ tun

Trinkspruch

Trink|spruch ⟨m.; -(e)s, -sprü|che⟩ *bei festlichem Anlass ausgesprochene Huldigung für jmdn., nach der ein Schluck Alkohol getrunken wird;* Sy *Toast (2);* einen ~ (auf jmdn.) ausbringen

Trio ⟨n.; -s, -s⟩ **1** *Musikstück für drei verschiedene Instrumente* **2** *Gruppe von drei Sängern od. Instrumentalisten* **3** *ruhiges Mittelstück eines musikalischen Satzes* **4** ⟨umg.; oft abwertend⟩ *drei zusammengehörige Personen*

trip|peln ⟨V. 400(s.)⟩ *mit kleinen, schnellen Schritten laufen (bes. von kleinen Kindern)*

Trip|per ⟨m.; -s, -⟩ *Geschlechtskrankheit, die sich in einer Entzündung der Schleimhäute der Geschlechtsorgane äußert;* Sy *Gonorrhö*

Trip|ty|chon *auch:* **Trip|ty|chon** ⟨[-çɔn] n.; -s, -chen⟩ *aus drei beweglich miteinander verbundenen Tafeln bestehendes Gemälde, meist als Altarbild*

trist ⟨Adj.⟩ *traurig, öde, grau in grau*

Tris|tesse ⟨[-tɛs] f.; -; unz.; geh.⟩ *Traurigkeit, Schwermut*

Tritt ⟨m.; -(e)s, -e⟩ **1** *das Auftreten mit dem Fuß, Schritt;* im Hausflur man hörte ~e; beim nächsten ~ wäre er in den Abgrund gestürzt; einen festen, kräftigen, leichten, leisen, schweren ~ haben • **1.1** *militärischer Gleichschritt;* im gleichen ~ marschieren • **1.1.1** ~ **halten** *denselben Takt beim Marschieren einhalten;* →a. *Schritt (1.5)* **2** *etwas (Erhöhtes), worauf man tritt* • **2.1** *Stufe, Trittbrett, kleine Stehleiter;* ein ~ zum steigen **2.2** ⟨Jägerspr.⟩ *Fußspur, Fährte;* ~e im Schnee • **2.3** *Stoß mit dem Fuß;* Fuß~; jmdm. einen ~ geben, versetzen

Tritt|brett ⟨n.; -(e)s, -er⟩ *Brett an Fahrzeugen als Fußstütze beim Ein- u. Aussteigen*

Tritt|brett|fah|rer ⟨m.; -s, -; fig.⟩ *jmd., der von etwas profitiert, ohne selbst einen entsprechenden Einsatz zu leisten*

Tri|umph ⟨m.; -(e)s, -e⟩ **1** ⟨urspr.⟩ *festlicher Einzug römischer Feldherren nach erfolgreicher Schlacht;* einen Sieger im ~ in die Stadt führen **2** ⟨allg.⟩ *Freude, Genugtuung über einen Sieg od. Erfolg;* sein Sieg war ein großer ~ für ihn **3** *mit Jubel gefeierter Sieg od. Erfolg;* der Sänger feierte ~e

tri|um|phie|ren ⟨V. 400⟩ *einen errungenen Sieg od. Erfolg jubelnd feiern, Genugtuung empfinden*

tri|vi|al ⟨[-vi-] Adj.⟩ **1** *gewöhnlich, ohne wertvollen Gehalt* **2** *platt, abgedroschen, bis zum Überdruss bekannt, seicht*

tro|cken ⟨Adj.⟩ **1** *ohne Feuchtigkeit;* Ggs *nass (1);* die Wäsche ist schon, noch nicht ~; ~e Kleidung, Schuhe, Strümpfe anziehen; ~e Luft; einen ~en Hals haben; wir suchten einen Platz, wo wir ~ sitzen, stehen konnten; ⟨aber⟩ →a. *trockensitzen, trockenstehen* • **1.1** keinen ~en Faden (mehr) am Leibe haben ⟨umg.⟩ *durchnässt sein* • **1.2** sich ~ rasieren *mit dem elektrischen Rasierapparat, ohne Seife* • **1.3** ~ Brot macht Wangen rot (Sprichw.) *hartes Brot (weil man stärker kauen muss)* • **1.4** ~e **Destillation** *Erhitzen fester Stoffe, die dann Zersetzungsprodukte abgeben, welche beim Abkühlen zu Flüssigkeiten kondensieren* **2** *ohne Niederschlag;* ein ~er Sommer, ~es Wetter

• **2.1** wir wollen sehen, dass wir noch ~ heimkommen *ehe es zu regnen anfängt* **3** *eine* **organische Substanz** *ist* ~ *dürr, welk, vertrocknet, ohne Feuchtigkeit;* ~e Erde, ein ~er Zweig **4** *eine* ~e **Bemerkung, Antwort** *nüchtern, ernsthaft vorgebrachte B., A.;* einen ~en Humor haben; „...!", sagte er ~ **5** ein **Vortrag**, eine Rede ist ~ *langweilig, ohne Schwung, nicht anschaulich;* das Buch ist ~ geschrieben **6** ⟨fig.⟩ • **6.1** auf dem Trockenen sitzen ⟨umg.⟩ *nicht weiterkönnen, in einer unangenehmen Lage (bes. finanziell) sein* • **6.1.1** ⟨scherzh.⟩ *vor einem leeren Glas sitzen* • **6.2** seine Schäfchen im Trockenen haben, ins Trockene bringen ⟨umg.⟩ *sich seinen Vorteil sichern* • **6.3** das ist noch nicht in ~en Tüchern *noch nicht endgültig (positiv) entschieden* • **6.4** er ist noch nicht ~ hinter den Ohren ⟨umg.⟩ *noch unreif, kindlich* • **6.5** ~en Auges zusehen *ohne Rührung, ohne Mitleid* • **6.6** das Brot ~ essen, ~es Brot essen *ohne Aufstrich* • **6.7** Wein ist ~ *herb, nicht süß* **7** (Getrennnt- u. Zusammenschreibung) • **7.1** ~ reiben = *trockenreiben* • **7.2** ~ schleudern = *trockenschleudern*

Tro|cken|heit ⟨f.; -, -en⟩ **1** *trockene Beschaffenheit* **2** *regenlose Zeit, Dürre*

tro|cken|rei|ben *auch:* **tro|cken rei|ben** ⟨V. 196/500/ Vr 7 od. Vr 8 od. 530/Vr 5 od. Vr 6⟩ **jmdn.** od. **etwas** ~ *reiben, bis jmd. od. etwas trocken ist*

tro|cken|schleu|dern *auch:* **tro|cken schleu|dern** ⟨V. 500⟩ **Wäsche** ~ *mit Hilfe einer Trockenschleuder trocknen*

tro|cken|sit|zen ⟨V. 246/400⟩ *ohne Getränke, vor leeren Gläsern sitzen;* die Gäste haben zwei Stunden trockengesessen; →a. *trocken (1)*

tro|cken|ste|hen ⟨V. 256/400⟩ *eine* **Kuh** *steht trocken gibt zurzeit keine Milch, weil sie trächtig ist;* →a. *trocken (1)*

trock|nen ⟨V.⟩ **1** ⟨400⟩ *trocken werden;* ~ lassen; an der Sonne ~; zum Trocknen an die Luft od. Sonne legen **2** ⟨503/Vr 5⟩ **(jmdm.) etwas** ~ *trockenmachen;* sich das Haar ~; sich die (schweißnasse) Stirn ~; Wäsche ~; →a. *Träne (2.2.1)* **3** ⟨500⟩ **Pflanzen** ~ *den P. die innere Feuchtigkeit entziehen, P. dörren;* getrocknete Pflanzen; getrocknetes Obst, Gemüse; Obst, Gemüse ~ **4** ⟨400⟩ ~de **Öle** ⟨Chem.⟩ *fette Öle, die durch Aufnahme von Luftsauerstoff oxidieren u. dann auf der Unterlage einen festhaftenden Film bilden, z. B. Leinöl*

Trod|del ⟨f.; -, -n⟩ **1** = *Quaste (1)* **2** ⟨Web.⟩ *Anfang od. Ende der Kettfäden*

Trö|del ⟨m.; -s; unz.; umg.⟩ **1** *wertloser (alter) Kram;* wirf doch den ganzen ~ weg! • **1.1** *Altwaren, bes. Kleider, Möbel, Hausgerät* **2** *etwas ist ein* ~ ⟨fig.; umg.⟩ *sehr langwierig, umständlich, zeitraubend;* das ist immer ein ~, bis man alles beisammen hat, fertig hat

trö|deln ⟨V. 400⟩ **1** ⟨urspr.⟩ *mit Trödel handeln* **2** ⟨fig.⟩ *langsam sein, langsam arbeiten, die Zeit verschwenden*

Trog ⟨m.; -(e)s, Trö|ge⟩ *großes ovales od. rechteckiges Gefäß aus Holz od. Stein;* Back~, Brunnen~, Futter~, Wasch~

Troi|ka auch: **Troj|ka** ⟨[trɔ̯i-] od. [tro:i-] f.; -, -s⟩ **1** russisches Gespann aus drei Pferden, Dreigespann **2** ⟨fig.⟩ aus drei Politikern bestehendes Führungsgremium

Troll ⟨m.; -(e)s, -e⟩ dämonisches Wesen, zwergen- od. riesenhafter Unhold

trol|len ⟨V.⟩ **1** ⟨500/Vr 3⟩ sich ~ ein wenig beschämt od. unwillig weggehen **2** ⟨400(s.)⟩ **Schalenwild** trollt ⟨Jägerspr.⟩ trabt

Trom|mel ⟨f.; -, -n⟩ **1** Schlaginstrument mit zylindrischem, an beiden Seiten mit Kalbfell o. Ä. bespanntem Resonanzkörper; die ~ rühren, schlagen; die kleine, große ~ **1.1** die ~ für etwas rühren ⟨fig.⟩ für etwas werben, Propaganda machen **2** walzenförmiger Teil einer Maschine od. eines Gerätes; Revolver~, Sieb~ **3** walzenförmiger Behälter; Brot~, Botanisier~

trom|meln ⟨V.⟩ **1** ⟨400⟩ die Trommel schlagen **2** ⟨411; fig.⟩ (mit den Fingern od. Fäusten) rasch auf eine Fläche klopfen u. dadurch ein Geräusch hervorrufen; mit den Fingern auf den Tisch, die Armlehne, gegen die Fensterscheiben ~; mit den Fäusten gegen die Tür ~ • **2.1** ⟨550⟩ jmdn. aus dem Schlafe ~ ⟨fig.⟩ unsanft wecken **3** ⟨400⟩ Hasen, Kaninchen ~ ⟨Jägerspr.⟩ schlagen (bei Gefahr) schnell mit den Vorderläufen auf den Boden

Trom|pe|te ⟨f.; -, -n; Mus.⟩ Blechblasinstrument mit oval gebogenem Rohr; →a. Pauke (1.2-1.3); die ~, auf der ~ blasen; die ~ schmettern

trom|pe|ten ⟨V. 400⟩ **1** auf der Trompete blasen **2 Elefanten** ~ ⟨fig.⟩ geben Laut **3** ⟨fig.; umg.⟩ laut u. triumphierend od. fröhlich rufen **4** ⟨fig.; umg.; scherzh.⟩ sich laut die Nase schnäuzen

Tro|pen ⟨Pl.⟩ heiße Zone auf beiden Seiten des Äquators zwischen den Wendekreisen

Tropf ⟨m.; -(e)s, Tröp|fe⟩ **1** (einfältiger) Kerl; armer ~ **2** ⟨umg.⟩ Gerät für die Dauertropfinfusion; am ~ hängen

tröpf|chen|wei|se ⟨Adv.⟩ **1** in einzelnen Tröpfchen **2** ⟨fig.; umg.⟩ in kleinen Teilen, kleinen Mengen; er liefert seine Arbeit ~ ab; jmdm. eine schlechte Nachricht ~ beibringen

tröp|feln ⟨V.⟩ **1** ⟨400(s.)⟩ etwas tröpfelt fällt in einzelnen, wenigen Tropfen; das Wasser tröpfelt nur spärlich • **1.1** ⟨401⟩ es tröpfelt es regnet in einzelnen, wenigen Tropfen **2** ⟨531⟩ **jmdm. etwas irgendwohin** ~ in kleinen Tropfen verabreichen; sie hat dem Kind die Arznei in die Augen getröpfelt

trop|fen ⟨V.⟩ **1** ⟨400(s.)⟩ eine **Flüssigkeit** tropft fällt in Tropfen; das Blut tropft auf den Boden; das Wasser tropfte ihm vom Hut **2** ⟨400⟩ etwas tropft gibt Flüssigkeit tropfenweise ab; ein Gefäß, der Wasserhahn tropft; ihm tropft die Nase **3** ⟨511⟩ eine **Flüssigkeit** in, auf etwas ~ in Tropfen fallen lassen, gießen; Medizin auf einen Löffel ~

Trop|fen ⟨m.; -s, -⟩ **1** kleine Menge Flüssigkeit in charakteristischer Ei- od. Kugelform; Schweiß~, Wasser~; der Regen fiel in großen, dicken, schweren ~; der Schweiß stand ihm in dicken ~ auf der Stirn; an der Kanne, Flasche hängt ein ~ • **1.1** Regentropfen; die ~ rannen an der Fensterscheibe herab **2** ⟨fig.⟩ kleine Menge od. kleiner Rest Flüssigkeit (bes. von etwas Trinkbarem), Schluck; es ist seit Wochen kein ~ Regen gefallen; wir haben keinen ~ Wein, Milch im Hause; es ist nur noch ein ~ in der Flasche; ich lechze nach einem ~ Wasser **3** ⟨zusammen mit Adj.⟩ Alkohol, bes. Wein; ein guter, ein edler, ein ganz besonderer ~ **4** ⟨nur Pl.⟩ Medizin, die in Tropfen (1) genommen wird; Husten~, Magen~; ~ einnehmen, verschreiben; drei Mal täglich fünf ~ einnehmen **5** ⟨fig.⟩ das ist nur ein ~ auf den heißen Stein so wenig, dass es keine Wirkung hat; →a. bitter (2.1)

tropf|nass ⟨Adj. 24⟩ ganz nass, so nass, dass es tropft; Wäsche ~ aufhängen

Tropf|stein ⟨m.; -(e)s, -e⟩ wie ein Eiszapfen od. eine Säule geformtes Gebilde aus der Kalkabsonderung von tropfendem Wasser; ~höhle

Tro|phäe ⟨f.; -, -n⟩ **1** Teil der Beute als Zeichen des Sieges, z. B. Waffe, Fahne o. Ä. **2** Teil der Jagdbeute als Zeichen der erfolgreichen Jagd, z. B. Geweih, Fell

Tross ⟨m.; -es, -e⟩ **1** die das Gepäck, Verpflegung u. Ausrüstung der Truppe mitführenden Fahrzeuge, Train **2** ⟨fig.⟩ Gefolge, Anhänger, Mitläufer

Trost ⟨m.; -(e)s; unz.⟩ **1** etwas, das im Leid aufrichtet, das Leid vermindert, erleichtert, Aufmunterung, Aufheiterung, Erleichterung; ein ~, dass er wenigstens Nachricht gegeben hat; nach dem Tod ihres Mannes ist das Kind ihr einziger, ganzer ~; das ist leider nur ein schwacher ~; das ist ein schöner ~! ⟨iron.⟩ • **1.1 jmdm.** ~ **bringen**, spenden, zusprechen jmdn. trösten • **1.2 bei jmdm., in etwas finden** von jmdm., durch etwas getröstet werden • **1.3 zu meinem, deinem,** ~, … um mich, dich zu trösten, zu meiner, deiner Erleichterung **2** du bist wohl nicht (recht) bei ~(e)! ⟨fig.; umg.⟩ ein bisschen verrückt, nicht recht bei Verstand

trös|ten ⟨V.⟩ **1** ⟨500/Vr 7 od. Vr 8⟩ jmdn. ~ jmdm. Trost bringen, zusprechen, im Kummer gut zureden; jmdn. in seinem Schmerz ~; jmdn. ~d zureden • **1.1** das tröstet mich ⟨umg.⟩ das beruhigt mich, richtet mich wieder auf **2** ⟨500/Vr 3⟩ sich ~ Trost finden; getröstet lief das Kind zurück • **2.1** ⟨550/Vr 7⟩ **jmdn. über** einen **Verlust** ~ einen V. überwinden, verschmerzen helfen • **2.2** ⟨550/Vr 7⟩ jmdn. mit etwas ~ Ersatz für Unerreichbares od. Verlorenes durch etwas (anderes) schaffen • **2.2.1** du musst dich mit dem Gedanken ~, dass … dich zufriedengeben • **2.3 sich mit jmd. anderem** ~ nach dem Auseinandergehen einer Bindung schnell wieder eine neue knüpfen; sich mit einem anderen Mann, einer anderen Frau ~ ⟨umg.⟩

tröst|lich ⟨Adj.⟩ tröstend, Trost bringend; es ist ~, zu wissen, dass …

trost|los ⟨Adj.⟩ **1** keinem Trost zugänglich, verzweifelt; er ist über seinen Verlust ganz ~ **2** ohne Aussicht auf Besserung; ein ~er Zustand; ~e Verhältnisse **3** ⟨fig.⟩ öde, völlig reizlos, verlassen; eine ~e Gegend

Trost|preis ⟨m.; -es, -e⟩ kleiner Preis für den Verlierer

Trott ⟨m.; -s; unz.⟩ **1** langsamer, schwerfälliger Trab (vom Pferd) **2** langsamer, schwerfälliger Gang **3** ⟨fig.⟩ altgewohnte, immer gleiche, etwas lässige Arbeits-, Lebensweise, Schlendrian; der tägliche ~; es geht immer im gleichen ~

Trot|tel 〈m.; -s, -; umg.〉 *Dummkopf, einfältiger, unaufmerksamer, etwas bequemer Mensch;* gutmütiger ~

trot|ten 〈V. 400(s.)〉 **1** ein **Pferd** trottet *trabt langsam, schwerfällig* **2** *langsam, lustlos, unaufmerksam gehen*

Trot|toir 〈[-toa:r] n.; -s, -s od. -e; schweiz.〉 *Bürgersteig, Gehsteig, Gehweg*

trotz 〈Präp. mit Dat. od. (geh.) Gen.〉 **1** *ungeachtet, entgegen;* ~ allem, ~ alledem war es doch schön; ~ seiner Erfolge ist er bescheiden geblieben; ~ des Regens machten wir eine Wanderung • 1.1 ~ aller Vorsicht stürzte er *obwohl er vorsichtig war*

Trotz 〈m.; -es; unz.〉 **1** *Widersetzlichkeit, Unfügsamkeit, Dickköpfigkeit, Eigensinn, Eigenwilligkeit;* kindlicher, kindischer ~; etwas aus ~ tun od. unterlassen • 1.1 jmdm. od. einer Gefahr ~ bieten *Widerstand entgegensetzen* • 1.2 **jmdm. zum** ~ *um jmdn. zu ärgern, gerade weil es jmd. anders will;* dir zum ~ bleibe ich hier • 1.3 einer **Sache zum** ~ *trotz einer S.;* seiner Warnung zum ~ hat sie es doch getan

trotz|dem 〈a. [-'-]〉 **1** 〈Adv.〉 *dennoch;* ~ darf man nicht glauben, dass …; sie hatte es dem Jungen verboten, aber er tat es ~ **2** 〈Konj.; umg.〉 *obgleich;* ~ es heftig regnete, gingen wir spazieren

trot|zen 〈V.〉 **1** 〈600〉 jmdm. od. einer **Sache** ~ *Trotz bieten, Widerstand entgegensetzen;* einer Gefahr ~; diese Pflanzen ~ jeder Witterung, auch der größten Kälte **2** 〈400〉 ein **Kind** trotzt *ist widersetzlich, dickköpfig*

trot|zig 〈Adj.〉 **1** *kämpferisch, kriegerisch* **2** *aufbegehrend, zornig, eigensinnig;* etwas ~ sagen; ~ schweigen **3** *voller Trotz, widerspenstig, widersetzlich, dickköpfig;* ein ~es Kind

Trou|ba|dour 〈[trubadu:r] m.; -s, -e od. -s〉 **1** *provenzalischer Minnesänger des 11.-14. Jh.* • 1.1 〈scherzh.〉 *Sänger, bes. Schlagersänger*

trüb 〈Adj.〉 = trübe

trü|be 〈Adj.〉 oV **trüb 1** eine **Flüssigkeit**, ein **Glas** ist ~ *ist undurchsichtig, unklar, milchig, schmutzig;* der Spiegel hat ~ Stellen **2** etwas ist ~ *besitzt nicht die Eigenschaft zu leuchten, zu glänzen od. zu strahlen, ist nicht hell, ist glanzlos, matt;* ~ Augen; ~s Metall; ~s Licht **3** *mit wolkenbedecktem Himmel, regnerisch, dunstig;* ein ~r Abend, Tag; es herrscht ein ~s Wetter • 3.1 ~ **Tage** 〈Meteor.〉 *T. mit einem durchschnittlichen Bewölkungsgrad von mehr als $^{8}/_{10}$* • 3.2 ~ **Zeiten** 〈fig.〉 *bedenkliche, ungünstige Z.;* die Zukunft sieht ~ aus **4** jmd. ist in ~r **Stimmung** *ist bedrückt, niedergeschlagen, lust- u. schwunglos, unfroh;* ~ vor sich hin schauen; in die Zukunft schauen • 4.1 ~ **Tasse** 〈fig.; umg.; abwertend〉 *langweilige Person* **5** etwas ist ~ *ist zweideutig, schlecht;* eine Sache erscheint in einem ~n Licht • 5.1 im **Trüben** fischen 〈fig.; umg.〉 *aus einer unklaren Lage Vorteil ziehen, bei dunklen Geschäften seinen Profit machen*

Tru|bel 〈m.; -s; unz.〉 *lebhaftes, lärmendes Durcheinander, geschäftiges od. lustiges Treiben vieler Personen*

trü|ben 〈V. 500/Vr 7〉 **1 Flüssigkeit, Glas, Metall** ~ *trübe, unklar, glanzlos machen;* von Tränen getrübte Augen **2** jmd. od. etwas **trübt etwas** *macht etwas trüb;* kein Wölkchen trübte den Himmel • 2.1 〈Vr 3〉 der Himmel trübt sich *bedeckt sich mit Wolken* **3** 〈Vr 3〉 eine **Flüssigkeit** trübt **sich** *verdunkelt sich, wird milchig, schmutzig* **4** 〈Vr 3〉 jmds. **Verstand** trübt sich 〈fig.〉 *jmd. beginnt, geistig verwirrt zu werden, geisteskrank zu sein;* sein Bewusstsein, sein Erinnerungsvermögen ist getrübt **5** 〈Vr 3〉 **Beziehungen** ~ **sich** 〈fig.〉 *sind nicht mehr so gut, herzlich;* unser gutes Einvernehmen hat sich getrübt **6** eine **Sache** trübt **etwas** 〈fig.〉 *beeinträchtigt, vermindert, dämpft etwas (bes. Freude, Fröhlichkeit);* kein Missklang trübte den frohen Abend, das Wiedersehen; unsere Freude wurde durch eine traurige Nachricht getrübt

Trüb|sal 〈f.; -; unz.〉 **1** *Trauer, seelischer Schmerz, Bedrückung, Elend* • 1.1 ~ blasen 〈fig.; umg.〉 *trüben Gedanken nachhängen, lustlos, missgestimmt sein*

trüb|se|lig 〈Adj.〉 **1** *bedrückt, niedergeschlagen, hoffnungslos;* er geht ~ herum **2** *trostlos, öde;* eine ~e Gegend **3** *anhaltend schlecht, regnerisch;* ~es Wetter **4** 〈fig.; umg.〉 *armselig, kümmerlich;* ein ~er kleiner Rest

Trüb|sinn 〈m.; -(e)s; unz.〉 *Schwermut, tiefe, anhaltende Niedergeschlagenheit;* in ~ verfallen

Trü|bung 〈f.; -, -en〉 **1** *das Trüben;* ~ des Bewusstseins **2** *trübe Stelle;* das Glas weist eine leichte ~ auf

Truck 〈[trʌk] m.; -s, -s〉 *großer Lastkraftwagen*

tru|deln 〈V. 400(s.)〉 etwas trudelt *dreht sich um eine außerhalb der eigenen Längsachse liegende Achse steil nach unten;* das Flugzeug kam ins Trudeln

Trüf|fel 〈f.; -, -n od. (umg.) m.; -s, -〉 **1** *unter der Erdoberfläche wachsender, fleischiger, knolliger Pilz: Tuberales* **2** *Praline, die mit einer festen, aber geschmeidigen Masse gefüllt ist*

Trug 〈m.; -(e)s; unz.〉 **1** *Betrug, Täuschung;* es ist alles Lug und ~ **2** *Sinnestäuschung*

trü|gen 〈V. 271/400〉 eine **Sache** trügt *täuscht, führt irre;* wenn mich meine Erinnerung nicht trügt, war es so und so; der Schein trügt

trü|ge|risch 〈Adj.〉 **1** *trügend, täuschend, irreführend, falsch;* ~er Glanz; sich ~en Hoffnungen hingeben; ~er äußerer Schein; das Gedächtnis ist ~; seine Versprechungen haben sich als ~ erwiesen • 1.1 der **Boden** ist ~ *gibt nach, obwohl er fest scheint* • 1.2 das **Eis** ist ~ *bricht ein, trägt nicht, obwohl es fest scheint*

Trug|schluss 〈m.; -es, -schlüs|se〉 **1** *unrichtiger Schluss, der von einer vieldeutigen, meist negativen Prämisse ausgeht* **2** 〈allg.〉 *falsche Schlussfolgerung, die auf einem Denkfehler beruht*

Tru|he 〈f.; -, -n〉 *Kastenmöbel mit Klappdeckel;* Wäsche~

Trumm 〈n.; -(e)s, Trüm|mer; oberdt.〉 *großes Stück, grober Klotz;* ein ~ Fleisch; ein ~ Holz

Trüm|mer 〈Pl.; Sg. nur noch oberdt.〉 **1** *Bruchstücke, Teile, Stücke, Reste (eines zerschlagenen Gegenstandes);* von dem Haus, dem Schiff sind nur noch ~ vorhanden; etwas in ~ schlagen; in den ~n (des Hauses) nach noch brauchbaren Gegenständen suchen; unter den ~n des einstürzenden Hauses begraben werden; von herabfallenden ~n erschlagen werden • 1.1 in ~ gehen *entzweigehen*

Trumpf ⟨m.; -(e)s, Trümp|fe⟩ **1** ⟨Kart.⟩ *Farbe, die die anderen sticht;* ~ *bekennen,* ~ *erklären;* Pik ist ~; *was ist* ~? **2** ⟨fig.⟩ *Vorteil; einen* ~ *in der Hand haben* • **2.1** *einen* ~ *ausspielen* ⟨fig.⟩ *einen Vorteil geltend machen, etwas Entscheidendes zum Einsatz bringen*

Trunk ⟨m.; -(e)s, Trün|ke; Pl. selten⟩ **1** *das Trinken* • **1.1** *einen* ~ *tun etwas trinken* • **1.2** *übermäßiges Trinken von Alkohol, Trunksucht; sich dem* ~ *ergeben; dem* ~ *verfallen sein* **2** *Trank, Getränk; ein frischer, kühler* ~

trun|ken ⟨Adj. 70; geh.⟩ **1** ⟨poet.⟩ *betrunken;* ~ *sein von Wein* **2** ⟨fig.⟩ *ganz erfüllt (von einem Gefühl);* freude~, wonne~; ~ *von dem herrlichen Anblick;* ~ *vor Begeisterung, Wonne*

Trun|ken|bold ⟨m.; -(e)s, -e; umg.; abwertend⟩ *Trinker, Alkoholiker*

Trupp ⟨m.; -s, -s⟩ **1** *zusammengehörige Gruppe, kleine Schar* **2** *kleinere, meist sehr bewegliche militärische Einheit, die für besondere Aufgaben herangezogen wird;* Stoß~

Trup|pe ⟨f.; -, -n⟩ **1** *Gesamtheit der Soldaten, die für die Durchführung von Kampfhandlungen vorgesehen sind* • **1.1** ⟨Pl.⟩ *militärische Einheiten* **2** *Gruppe von Schauspielern od. Artisten;* Wander~

Trust ⟨[trʌst] m.; -s, -s⟩ *Zusammenschluss mehrerer Unternehmungen, bei denen die Firmen zu einem Großunternehmen unter Verlust ihrer Selbstständigkeit*

Trut|hahn ⟨m.; -(e)s, -häh|ne⟩ *männl. Truthuhn*

Trut|huhn ⟨n.; -(e)s, -hüh|ner⟩ *zu den eigentlichen Hühnervögeln gehörendes Huhn, von dem mehrere Rassen als Geflügel zum Verzehr gezüchtet werden: Meleagris gallopavo;* →a. *Pute (1)*

Tsa|tsi|ki *auch:* **Tsat|si|ki** ⟨m. od. n.; -s, -s⟩ = *Zaziki*

tschil|pen ⟨V. 400⟩ *der* **Sperling** *tschilpt zwitschert;* oV *schilpen*

tschüs! ⟨umg.; Grußw.⟩ = *tschüss*

tschüss! ⟨umg.; Grußw.⟩ *leb wohl;* oV *tschüs*

Tse|tse|flie|ge ⟨f.; -, -n; Zool.⟩ *Angehörige einer in Zentralafrika vorkommenden Gattung der Stechfliegen, die sticht, Blut saugt u. die Erreger der Schlafkrankheit überträgt:* Glossina

T-Shirt ⟨[tiːʃœːt] n.; -s, -s⟩ *kurzärmeliges, meist kragenloses Hemd aus Baumwolltrikot*

T-Trä|ger ⟨[teː-] m.; -s, -⟩ *Stahlträger mit einem Profil in der Form eines T*

Tu|ba ⟨f.; -, Tu|ben⟩ **1** ⟨Anat.⟩ oV *Tube (2)* • **1.1** *gewundener Gang im Innern des Ohres* • **1.2** *Eileiter* **2** ⟨Mus.⟩ *tiefstes Blechblasinstrument mit weitem, oval gewundenem Rohr, nach oben gerichtetem Trichter u. seitlich hervorragendem Mundstück*

Tu|be ⟨f.; -, -n⟩ **1** *röhrenförmiger, biegsamer, an einem Ende flach auslaufender Behälter aus Aluminium, Zinn od. Kunststoff mit Schraubverschluss für teigige Stoffe, z. B. Farbe, Zahnpasta, Salbe* • **1.1** *auf die* ~ **drücken** ⟨fig.; umg.⟩ *Gas geben, stark beschleunigen* **2** ⟨Anat.⟩ = *Tuba (1)*

Tu|ber|kel ⟨m.; -s, -; österr. a.: f.; -, -n⟩ *Erreger der Tuberkulose, Tuberkelbakterium*

Tu|ber|ku|lo|se ⟨f.; -, -n; Abk.: Tb, Tbc⟩ *mit Bildung von Knötchen verbundene, von Tuberkelbakterien hervorgerufene Krankheit*

Tuch[1] ⟨n.; -(e)s, -e⟩ **1** ⟨veraltet⟩ *Stoff, Gewebe (meist aus Wolle) mit filzartiger, glatter Oberfläche; englisches, wollenes* ~; ~ *weben, verarbeiten* • **1.1** ⟨Textilw.⟩ *Streichgarngewebe in Leinwand-, Köper- od. Atlasbindung*

Tuch[2] ⟨n.; -(e)s, Tü|cher⟩ *gesäumtes, quadrat., rechteckiges od. dreieckiges Stück Stoff;* →a. *rot (1.5-1.6);* Hals~, Hand~, Kopf~, Taschen~, Umschlag~, Wisch~; *sich ein* ~ *umnehmen; sich ein* ~ *um den Hals, den Kopf binden; jmdm. ein feuchtes* ~ *auf die Stirn legen*

Tuch|füh|lung ⟨f.; -; unz.⟩ **1** *leichte Berührung der Körper zweier Personen; mit jmdm.* ~ *haben; in* ~ *sitzen, stehen* **2** ⟨fig.⟩ *Kontakt, Beziehung, Fühlungnahme; mit jmdm. in* ~ *kommen*

tüch|tig ⟨Adj.⟩ **1** *jmd. ist* ~ *(im Beruf) geschickt, fähig, fleißig u. erfolgreich; ein* ~*er Arzt, Arbeiter, Buchhalter; eine* ~*e Sekretärin; er, sie ist sehr* ~ **2** ⟨50⟩ *sehr, kräftig, ordentlich;* ~ *arbeiten; jmdm. die Meinung sagen; nun ist mal* ~!; *jmdm.* ~ *verhauen*

Tü|cke ⟨f.; -, -n⟩ **1** *Heimtücke, Hinterlist, Arglist, Treulosigkeit, böswilliger Vertrauensbruch;* →a. *List (1.1)* **2** *Verschlagenheit, Bosheit, Bösartigkeit* • **2.1** *die* ~ *des Objekts* ⟨scherzh.⟩ *der scheinbare Widerstand eines leblosen Dinges*

tu|ckern ⟨V. 400⟩ *ein* **Motor** *tuckert* **1** *rattert, knattert; der Motor des Motorbootes od. Traktors tuckert* **2** *klopft, bringt ein regelwidriges Geräusch hervor; der Motor des Autos tuckert*

tü|ckisch ⟨Adj.⟩ *voller Tücke, hinterlistig, arglistig; eine* ~*e Krankheit*

Tuff ⟨m.; -(e)s, -e⟩ *Sediment aus vulkanischen Auswürfen*

tüf|teln ⟨V. 400⟩ **1** *grübeln, etwas Schwieriges herauszubringen suchen* **2** *im Kleinen sorgfältig u. genau arbeiten; er tüftelt gerne*

Tu|gend ⟨f.; -, -en⟩ **1** ⟨unz.⟩ *sittlich einwandfreie, vorbildliche Haltung; ein Ausbund an* ~ ⟨iron.⟩; →a. *Pfad (2)* **2** *(sittlich) hervorragende Eigenschaft; ein Mann mit vielen* ~*en;* →a. *Not (1.1)*

Tu|gend|bold ⟨m.; -(e)s, -e; leicht abwertend⟩ *jmd., der als ser tugendhaft gilt od. sich selbst so darstellt*

Tüll ⟨m.; -s, -e⟩ *feines, netzartiges Gewebe (für Gardinen, Kleider u. Ä.)*

Tül|le ⟨f.; -, -n⟩ *Schnauze, Ausguss (an Kannen u. Krügen)*

Tul|pe ⟨f.; -, -n⟩ **1** ⟨Bot.⟩ *zu einer Gattung der Liliengewächse gehörende Zierpflanze der alten Welt mit aufrechten einzelnen Blüten:* Tulipa • **1.1** ⟨i. e. S.⟩ *als Zierpflanze in Mitteleuropa angebaute Art der Tulpe (1):* Tulipa gesneriana; Garten~ **2** ⟨fig.⟩ *Bierglas mit Stiel;* Bier~

...tum ⟨n.; -s; unz.; in Zus.⟩ **1** *Würde, Amt;* Kaisertum **2** *Stand;* Rittertum **3** *Wesen;* Heldentum **4** *Gesamtheit;* Judentum

tum|meln ⟨V. 511/Vr 3⟩ *sich* ~ *umherlaufen u. spielen, sich lebhaft u. vergnügt bewegen; sich auf der Wiese, im Wasser* ~

Tümm|ler ⟨m.; -s, -; Zool.⟩ **1** Kleiner ~ *Angehöriger einer Gattung der Schweinswale, Braunfisch* **2** Großer ~ *zu den Delfinen gehörender, 4 m langer Zahnwal: Tursiops truncatus* **3** *Rasse der Haustauben*

Tu|mor ⟨m.; -s, -mo̱ren; Med.⟩ = *Geschwulst*

Tüm|pel ⟨m.; -s, -⟩ *kleiner, sumpfiger, meist von Wasserpflanzen bedeckter Teich*

Tu|mult ⟨m.; -(e)s, -e⟩ *Aufruhr, lärmendes Durcheinander erregter Menschen, Getümmel*

tun ⟨V. 272⟩ **1** ⟨500⟩ etwas ~ *machen, ausführen, bewirken, unternehmen, verrichten;* seine Arbeit, Pflicht ~; ich habe mein Bestes, mein Möglichstes getan; Gutes ~; tu, was du nicht lassen kannst!; tu, was du willst!; ich habe getan, was ich konnte; des Guten zu viel ~; was soll man ~?; ich will sehen, was ich ~ kann; wir wollen sehen, was sich ~ lässt; das würde ich nie ~!; was ~?; er tut (den ganzen Tag) nichts anderes als zum Fenster hinausschauen; was tust du gerade?; etwas zu ~ pflegen ● **1.1** ich habe es nicht getan! *(Beteuerung)* ● **1.2** nichts ~ als arbeiten, schimpfen usw. *immer nur arbeiten usw.* ● **1.3** ich kann ~, was ich will, es gelingt mir nicht *ich kann mich nur nicht so sehr anstrengen…* ● **1.4 Wunder** ~ *bewirken* ● **1.5** einen **Schrei**, Seufzer ~ *ausstoßen* ● **1.6** nach getaner Arbeit ist gut ruhn ⟨Sprichw.⟩ *wenn man fleißig gearbeitet hat, hat man ein Recht auf Ruhe* ● **1.7** etwas ~ *arbeiten;* er muss noch was ~ ….; du tätest gut, wenn ….; nichts ~ *müßig sein* **2** ⟨511⟩ einen **Gegenstand** in (auf usw.) einen anderen *setzen, stellen, legen;* den Koffer auf den Schrank ~; die Wäsche in den Koffer ~; etwas in ein Paket, in den Schrank ~; tu das Buch zu den anderen!; wohin soll ich das ~? ● **2.1** seinen Sohn in eine andere Schule ~ ⟨umg.; bes. süddt.⟩ *geben* ● **2.2** etwas **in** eine **Flüssigkeit** ~ *in die F. gießen, dazufügen;* tu die Milch in einen anderen Krug ● **2.2.1** Salz **an** die Suppe ~ *die Suppe salzen* **3** ⟨413⟩ so ~, (als ob …) *sich so benehmen (als ob …);* er tat (so), als hätte er nichts gesehen; tu, als ob zu Hause wärst!; tu doch nicht so, als ob du es nicht wüsstest! ● **3.1** tu nur nicht so! ● **3.1.1** *verstell dich nicht!* ● **3.1.2** zier dich nicht so!; er tut nur so ● **3.2 freundlich** ~ *sich freundlich stellen* ● **3.3** ⟨813⟩ jmd. tut **gut daran**, … *es wäre gut (für ihn), wenn jmd. …;* du tätest gut, sofort zu ihm zu gehen **4** ⟨530/Vr 6 od. Vr 7⟩ **jmdm. etwas** (…) ~ *(einen Schaden) zufügen;* sich od. jmdm. Schaden ~; er kann niemandem etwas Böses ~; der Hund tut dir nichts; ich habe ihm doch nichts getan! ● **4.1** ich habe ihm Unrecht getan *ihn zu Unrecht beschuldigt* ● **4.2** jmdm. etwas **Liebes** ~ *jmdm. einen guten Dienst erweisen* **5** ⟨590⟩ ● **5.1 für** jmdn. etwas ~ *jmdm. in einer Angelegenheit behilflich sein* ● **5.2 für** eine **Sache** etwas ~ *sich um eine S. bemühen, eine S. fördern wollen* ● **5.3 gegen** jmdn. etwas ~ *jmdm. in einer Angelegenheit hinderlich sein* ● **5.4 gegen** eine **Sache** etwas ~ *eine S. zu vertuschen suchen* **6** ⟨unpersönl.⟩ ● **6.1** ⟨500⟩ das od. es tut's *das reicht, es genügt;* ein Fußschemel tut's auch; das allein tut's nicht ● **6.1.1** was tut's? *was schadet es?* ● **6.1.2** es tut **nichts** *es schadet nicht, stört niemanden* ● **6.2** ⟨550⟩ das tut nichts zur Sache *das gehört nicht dazu* ● **6.3** ⟨530/Vr 3⟩ es tut sich etwas *etwas Unbekanntes geschieht;* was tut sich da? ● **6.4** ⟨553/Vr 3⟩ sich schwer (leicht) mit einer Sache ~ *die S. fällt jmdm. schwer (leicht), bereitet ihm (keine) Mühe;* er tut sich schwer mit dem Rechnen; du tust dich leichter, wenn du es anders machst **7** ⟨ m. „zu" u. Inf.⟩ ● **7.1** eine **Arbeit** ist zu ~ *muss erledigt werden* ● **7.1.1** jmdm. etwas zu ~ geben *jmdm. eine Arbeit geben;* es gibt viel zu ~ ● **7.1.2** zu ~ haben *beschäftigt sein, noch arbeiten müssen* ● **7.1.3** nichts zu ~ haben *keine Arbeit, Beschäftigung haben;* hast du noch etwas für mich zu ~? ● **7.1.4** ich habe noch in der Stadt zu ~ *etwas in der S. zu erledigen* ● **7.2 mit** jmdm. zu ~ **haben** *verhandeln müssen;* ich habe auf dem Finanzamt immer mit Herrn X zu ~ ● **7.3** mit einer **Angelegenheit** zu ~ **haben** *sich um eine A. kümmern müssen* ● **7.4 damit** habe ich **nichts** zu ~ ● **7.4.1** *das geht mich nichts an* ● **7.4.2** *das gehört nicht zu meiner Arbeit* ● **7.4.3** *daran bin ich nicht beteiligt* ● **7.5** damit will ich **nichts** zu ~ **haben** *ich will mich nicht hineinmischen* **8** ⟨unpersönl.⟩ ● **8.1** es **mit** jmdm. zu ~ bekommen *mit jmdm. verhandeln, jmds. Meinung berücksichtigen müssen* ● **8.1.1** hör sofort auf, sonst bekommst du es mit mir zu ~! *sonst bekommst du von mir Schelte od. Prügel* ● **8.1.2** es **mit** einer **Angelegenheit** zu ~ **bekommen** *sich mit einer A. beschäftigen müssen* ● **8.1.3** es mit der Angst zu ~ bekommen *allmählich A. bekommen* ● **8.2** ⟨veraltet⟩ **jmdm.** ist es **um** jmdn. od. etwas zu ~ *jmd. macht sich Gedanken über jmdn. od. etwas, möchte jmdm. (bei etwas) helfen;* mir ist darum zu ~, dass ihm sofort geholfen wird **9** ⟨im Part. Perf.⟩ **gesagt - getan** *nachdem (jmd.) einen Entschluss geäußert hat, setzt er ihn in die Tat um;* gesagt - getan, er machte sich also auf den Weg **10** ⟨550; Passiv⟩ ● **10.1 damit** ist es noch nicht getan *das genügt nicht*

Tun ⟨n.; -s; unz.⟩ **1** *das Handeln, Wirken, Machen;* löbliches, nützliches ~; verräterisches, verbrecherisches ~ ● **1.1** sein ~ **und Lassen** *seine Lebensweise*

Tün|che ⟨f.; -, -n⟩ **1** *Kalk- od. Leimfarbe als Wandanstrich* **2** ⟨fig.⟩ *äußerer Schein, der etwas verbirgt*

tün|chen ⟨V. 500⟩ etwas ~ *mit Tünche (1) streichen*

Tun|dra *auch:* **Tund|ra** ⟨f.; -, -dren⟩ *jenseits der polaren Baumgrenze liegende Steppe, Kältesteppe*

Tu|nell ⟨n.; -s, -e; süddt., österr., schweiz.⟩ = *Tunnel*

Tu|ner ⟨[tju:-] m.; -s, -⟩ **1** *Teil von Rundfunk- u. Fernsehempfängern zum Einstellen eines bestimmten Kanals bzw. einer bestimmten Frequenz* **2** *Rundfunkgerät (als Teil einer Stereoanlage)*

Tun|fisch ⟨m.; -(e)s, -e; Zool.⟩ *großer Fisch warmer Meere mit blauschwarzem Rücken u. schmackhaftem Fleisch: Thunnus thynnus;* oV *Thunfisch*

Tu|nicht|gut ⟨m.; -(e)s, -e; abwertend⟩ *junger Mensch, der öfters Schlimmes anrichtet, häufig kleine Straftaten begeht*

Tu|ni|ka ⟨f.; -, -ni|ken; im antiken Rom⟩ **1** ⟨im antiken Rom⟩ *langes Gewand für Männer u. Frauen* **2** ⟨Mode⟩ *ärmelloses Übergewand (für Frauen)*

Tun|ke ⟨f.; -, -n⟩ *Soße (zum Tunken)*

tun|ken ⟨V. 511/Vr 8⟩ *jmdn. od.* **etwas** ~ *eintauchen;* *Brot in Kaffee* ~; *jmdn. ins Wasser* ~

tun|lich ⟨Adv.⟩ = *tunlichst*

tun|lichst ⟨Adv.⟩ *möglichst, wenn möglich, lieber, besser;* oV *tunlich; das wirst du* ~ *bleibenlassen*

Tun|nel ⟨m.; -s, - od. -s⟩ *unterirdisches Bauwerk zur Führung von Straßen, Bahnen od. Kanälen;* oV *Tunell*

Tüp|fel ⟨m. od. n.; -s, -⟩ **1** *kleiner Tupfen, Pünktchen, Fleckchen* **2** *Aussparung in der Wandverdickung pflanzlicher Zellen*

tup|fen ⟨V. 500⟩ **1** *etwas* ~ *mit Tupfen versehen; ein getupftes Kleid* **2** ⟨500/Vr 7 od. Vr 8⟩ **etwas** ~ *mehrmals rasch u. leicht berühren; sich mit dem Taschentuch das Gesicht* ~ **3** ⟨511⟩ **etwas auf etwas** ~ *durch mehrmaliges rasches Berühren auf etwas auftragen*

Tup|fen ⟨m.; -s, -⟩ *Punkt, runder Fleck;* Farb~

Tür ⟨f.; -, -en⟩ **1** *Vorrichtung zum Verschließen eines Ein- od. Durchgangs für Menschen;* Garten~, Haus~, Schrank~, Wagen~, Zimmer~; *die* ~ *anlehnen, öffnen, schließen, zuwerfen; jmdm. die* ~ *aufhalten, öffnen; die* ~ *quietscht, knarrt; an die* ~ *gehen (um zu öffnen); an die* ~ *klopfen; zur* ~ *hereinkommen, hinausgehen; den Kopf zur* ~ *hereinstecken* **2** ~ **an** ~ **mit jmdm.** *wohnen direkt neben jmdm. wohnen* **3** *von* ~ *zu* ~ *gehen von Haus zu Haus, Wohnung zu Wohnung; von* ~ *zu* ~ *gehen, um etwas zu verkaufen* **4** *jmdm. die* ~ *weisen jmdn. scharf auffordern zu gehen* **5** *jmdn. vor die* ~ *setzen jmdn. hinauswerfen* **6** *mit der* ~ *ins Haus fallen* ⟨fig.⟩ *ein Anliegen sofort, ohne Einleitung vorbringen; er fällt immer gleich mit der* ~ *ins Haus* **7** ⟨fig.⟩ • **7.1** *einer Sache* ~ *und Tor² öffnen* ⟨fig.⟩ *einer Sache bereitwillig ermöglichen, geschehen lassen* • **7.2** *zwischen* ~ *und Angel* ⟨fig.⟩ • **7.2.1** *auf der Schwelle* • **7.2.2** *in aller Eile; zwischen* ~ *und Angel ein Anliegen hervorbringen* • **7.3** *etwas steht vor der* ~ *ist nahe, steht bevor; Weihnachten steht vor der* ~ • **7.4** *ihm stehen alle* ~*en offen* ⟨fig.⟩ *er hat alle Möglichkeiten, etwas zu tun* • **7.5** *jeder kehre vor seiner* ~*!* ⟨fig.⟩ *jeder kümmre sich um seine eigenen Angelegenheiten* • **7.6** *jmdm. die* ~ *vor der Nase zuschlagen* • **7.6.1** *die Tür (1) unmittelbar vor einem Nachfolgenden zuschlagen* • **7.6.2** ⟨fig.⟩ *jmdn. kurz u. unfreundlich abfertigen, nicht hereinbitten;* →a. *offen* (1.7.1) (1.11.3)

Tur|ban ⟨m.; -s, -e⟩ **1** (*im alten Orient*) *Kopfbedeckung aus einem kappenartigen Mittelteil u. einem breiten, langen, um den Kopf geschlungenen Stoffstreifen* **2** (Mode) *dem Turban (1) nachempfundene Kopfbedeckung für Frauen*

Tur|bi|ne ⟨f.; -, -n⟩ *Kraftmaschine mit einem in ständig drehender Bewegung befindlichen, mit gekrümmten Schaufeln besetzten Laufrad, angetrieben durch Dampf, durch Verbrennung erzeugtes Gas, Wasser od. Wind;* Dampf~, Gas~, Wasser~, Wind~

tur|bo..., **Tur|bo...** (in Zus.) *von Turbinen angetrieben;* turboelektrisch; Turbogenerator

Tur|bo|la|der ⟨m.; -s, -⟩ *Einrichtung zur Vorverdichtung des Benzin-Luft-Gemisches vor dem Eintritt in den Verbrennungsraum des Motors*

Tur|bo|mo|tor ⟨m.; -s, -en⟩ *mit einem Turbolader ausgestatteter Motor*

tur|bu|lent ⟨Adj.⟩ **1** ~e Bewegungen *wirbelnde B.* **2** ~e Ereignisse *stürmische, mit viel Unruhe verbundene E.*

tür|kis ⟨Adj. 11⟩ *von der Farbe des Türkises¹, von hellem Blaugrün*

Tür|kis¹ ⟨m.; -es, -e; Min.⟩ *hellgrünblauer, undurchsichtiger Edelstein, beliebter Schmuckstein*

Tür|kis² ⟨n.; -; unz.⟩ *Farbton, der der Farbe des Türkises¹ entspricht*

Tür|klin|ke ⟨f.; -, -n⟩ *Hebel zum Öffnen der Tür;* Sy ⟨österr.⟩ *Türschnalle*

Turm ⟨m.; -(e)s, Tür|me⟩ **1** *allein stehendes od. mit einem Gebäude verbundenes hohes, schmales Bauwerk mit kleiner Grundfläche* • **1.1** *Turm (1) an Kirchen, Rathäusern, Festungen, Burgen o. Ä.;* Kirch~; *in der Ferne kann man schon die Türme der Stadt sehen* • **1.2** *Aussichtsturm; einen* ~ *besteigen* • **1.3** ⟨früher kurz für⟩ *Schuldturm, Schuldgefängnis; jmdn. in den* ~ *werfen (lassen)* **2** ⟨Schwimmsp.⟩ *Gerüst für das Kunstspringen; vom* ~ *springen* **3** *Figur des Schachspiels in Form eines Turmes; den* ~ *verlieren*

tür|men¹ ⟨V. 500⟩ **1** ⟨511⟩ **etwas auf etwas** ~ *in hohen Haufen, Stößen auf etwas legen; Bücher auf den Boden, den Tisch* ~ **2** ⟨Vr 3⟩ **etwas** *türmt* **sich** *häuft sich hoch, stapelt sich übereinander; Wolken* ~ *sich am Himmel; im Keller* ~ *sich die Kisten*

tür|men² ⟨V. 400(s.); umg.⟩ *davonlaufen, ausreißen, die Flucht ergreifen*

tur|nen ⟨V. 400 od. 410⟩ *Übungen zur körperlichen Ertüchtigung ausführen;* am Barren, Reck usw. ~

Tur|nen ⟨n.; -s; unz.; Sp.⟩ *Leibesübungen als Unterrichtsfach od. als Sport;* Boden~, Geräte~; *wir haben heute (eine Stunde)* ~

Tur|nier ⟨n.; -s, -e; Sp.⟩ **1** (*früher*) *mittelalterliches Kampfspiel der Ritter nach festen Regeln mit stumpfen (selten auch scharfen) Waffen zum Erproben der Kampffähigkeit* **2** (*heute*) *sportlicher Wettkampf mit mehreren Teilnehmern;* Fahr- u. Reit~, Schach~, Tanz~, Tennis~

Tur|nus ⟨m.; -, -se⟩ **1** *festgelegte Wiederkehr, Reihenfolge* **2** *regelmäßiger Wechsel, regelmäßig sich wiederholender Ablauf einer Tätigkeit*

Tür|schnal|le ⟨f.; -, -n; österr.⟩ = *Türklinke*

tur|teln ⟨V. 400⟩ **1** *Tauben* ~ *sind zärtlich miteinander* **2** ⟨fig.; umg.; scherzh.⟩ *sich verliebt benehmen, miteinander verliebt reden*

Tusch ⟨m.; -(e)s, -e⟩ *kurzer, gebrochener Dreiklang einer Musikkapelle, oft zur Begleitung eines „Hoch"; einen* ~ *blasen, schmettern*

Tu|sche ⟨f.; -, -n⟩ *farbige, schwarze od. weiße Flüssigkeit mit Bindemitteln (z. B. Gummiarabikum) u. fein verteiltem Farbstoff*

tu|scheln ⟨V. 400⟩ *heimlich (miteinander) flüstern*

Tü|te ⟨f.; -, -n⟩ **1** *trichterförmiger od. rechteckiger Papierbeutel;* ~n *kleben (früher als Arbeit Strafgefangener)* • **1.1** *Suppe aus der* ~ ⟨fig.; umg.⟩ *S., die aus einem mit Wasser angerührten, pulverförmigen Extrakt gekocht wurde* • **1.2** *das kommt nicht in die* ~!

tuten

⟨fig.; umg.; scherzh.⟩ *das kommt nicht in Frage!* **2** *trichterförmiges Behältnis;* Eis~; eine ~ Eis
tu|ten ⟨V. 400⟩ **1** *in ein Signalhorn blasen* • **1.1** von Tuten u. Blasen keine Ahnung haben ⟨fig.; umg.⟩ *von der Sache nichts verstehen* **2** **etwas** tutet *gibt ein Signal, pfeift dunkel;* der Dampfer, die Lokomotive tutet
Tu|tor ⟨m.; -s, -en⟩ **1** ⟨röm. Recht⟩ *Vormund, Erzieher* **2** ⟨heute⟩ *Lehrer, Ratgeber, Betreuer (von Schülern u. Studenten)*
Tu|to|rin ⟨f.; -, -rin|nen⟩ *weibl. Tutor (2)*
tut|ti ⟨Mus.⟩ *alle (Stimmen zusammen)*
Tweed ⟨[twi:d] m.; -s, -s⟩ **1** ⟨urspr.⟩ *Gewebe aus handgesponnener schottischer Schafwolle* **2** ⟨heute⟩ *kleingemusterter, aus grobem Garn locker gewebter Stoff (bes. für Sakkos, Kostüme u. Ä.)*
Twist[1] ⟨m.; -(e)s, -e⟩ *locker gedrehter Zwirn aus mehreren Fäden*
Twist[2] ⟨m.; -s, -s⟩ **1** *Tanz im $^4/_4$-Takt, bei dem die Tanzpartner getrennt tanzen* **2** ⟨Tennis⟩ *mit Seiten- u. Vorwärtsdrall geschlagener (Aufschlag-)Ball*
Typ ⟨m.; -s, -en⟩ **1** ⟨Philos.⟩ *Urbild, Grundform;* oV *Typus* • **1.1** ⟨Psych.⟩ *Gepräge, das eine Person mit anderen gemeinsam hat; fröhlicher, melancholischer* ~
• **1.2** ⟨Psych.⟩ *Person, die einen Typ (1.1) repräsentiert*
• **1.3** ⟨umg.⟩ *Mann, Bursche* **2** *Gattung, Schlag;* blonder, dunkler, brünetter ~; norddeutscher, südländischer ~; kräftiger, zarter ~ • **2.1** sie ist (nicht) mein ~ ⟨umg.⟩ *sie gefällt mir (nicht), passt (nicht) zu mir* **3** *Muster, Modell, Bauart;* Opel vom ~ „Corsa"
Ty|pe ⟨f.; -, -n⟩ **1** *gegossener Druckbuchstabe;* Sy *Letter* **2** *Buchstabe od. Zeichen auf Tastaturen etc.* **3** ⟨Müllerei⟩ *Grad der Ausmahlung des Mehls* **4** ⟨umg.⟩ *komischer, ulkiger Mensch*
Ty|phus ⟨m.; -; unz.⟩ *vom Typhusbakterium hervorgerufene Infektionskrankheit mit Verdauungs- u. Bewusstseinsstörungen, Fieber u. Entwicklung roter Flecken*
ty|pisch ⟨Adj.⟩ **1** *einen Typ (1) darstellend* **2** *zu einem bestimmten Typ (1.1-2.1) gehörig, kennzeichnend, bezeichnend, eigentümlich* **3** *unverkennbar* **4** *mustergültig, vorbildlich*
Ty|po|gra|fie ⟨f.; -; unz.⟩ *Gestaltung von Druckwerken;* oV *Typographie*
Ty|po|gra|phie ⟨f.; -; unz.⟩ = *Typografie*
Ty|pus ⟨m.; -, Ty|pen⟩ = *Typ (1)*
Ty|rann ⟨m.; -en, -en⟩ **1** *Gewaltherrscher* **2** ⟨fig.; abwertend⟩ *strenger, herrschbegieriger Mensch* **3** *Angehöriger einer amerikanischen Familie vielgestaltiger Sperlingsvögel mit vielen Arten: Tyrannidae*
ty|ran|ni|sie|ren ⟨V. 500⟩ jmdn. ~ *jmdm. den eigenen Willen aufzwingen, jmdn. beherrschen, unterdrücken*

U-Bahn ⟨f.; -, -en; kurz für⟩ *Untergrundbahn*
U-Bahn-Sta|ti|on ⟨f.; -, -en⟩ *Bahnhof, Haltestelle einer U-Bahn*
übel ⟨Adj.⟩ **1** jmd. ist ~ *in charakterlicher od. moralischer Hinsicht schlecht;* ein übler Kerl, ein übles Subjekt **2** eine **Sache,** ein **Zustand** ist ~ *schlecht, misslich, sehr unangenehm;* die Sache hat ein übles Ende genommen; in einem üblen, in üblem Ruf stehen, einen üblen Ruf haben; etwas ~ aufnehmen, vermerken; es steht ~ mit ihm; er war in übler Laune, Stimmung; der Überfallene war ~ zugerichtet; in eine üble Lage geraten **3** eine üble **Tat,** einen üblen **Streich (tun)** *(sich) böse, gemein (verhalten);* sie hat ihm seine Hilfe ~ gelohnt; man hat ihn in der ~sten Weise hintergangen; jmdm. ~ mitspielen • 3.1 ein übler **Geschmack, Geruch** *widerlich, abscheulich* **4** jmds. **Befinden** ist ~ *jmd. fühlt sich unwohl, schlecht;* mir wird, ist ~ • 4.1 jmds. **Befinden, Situation** ist ~ ⟨a. fig.⟩ *es geht jmdm. schlecht* **5** nicht ~ *recht (gut);* seine Arbeit, sein Aufsatz ist gar nicht ~; wie geht's? Danke, nicht ~!; das klingt, riecht, schmeckt nicht ~ ! • 5.1 nicht ~ **Lust** haben *große Lust;* ich hätte nicht ~ Lust, dir eine herunterzuhauen **6** ⟨Getrennt- u. Zusammenschreibung⟩ • 6.1 ~ **nehmen** = übelnehmen • 6.2 ~ **riechend** = übelriechend
Übel ⟨n.; -s, -⟩ **1** *Missstand, schlimmer Zustand;* man muss das ~ an der Wurzel packen; ein ~ durch ein anderes vertreiben; ein ~ mit der Wurzel ausreißen **2** *etwas Schlimmes, Böses, Schlechtes;* die Wurzel, der Grund alles, allen ~s ist, dass … • 2.1 das ist von ~ *das ist schädlich, nicht gut* **3** *Missgeschick, Unglück;* von einem ~ betroffen, heimgesucht werden; zu allem ~ fing es auch noch zu regnen an; von zwei ~n das kleinere wählen; ein ~ kommt selten allein ⟨Sprichw.⟩ **4** ⟨geh.⟩ *Krankheit, Leiden;* ein altes, chronisches ~
Übel|keit ⟨f.; -; unz.⟩ **1** *Brechreiz;* dieser Geruch erregt in mir ~ **2** *mit Brechreiz, Schwindel od. Schwäche verbundenes Krankheitsgefühl;* gegen eine plötzliche ~ ankämpfen; von (plötzlicher) ~ befallen, überfallen werden **3** ⟨fig.⟩ *Ekel, Gefühl des Abgestoßenseins;* es erregt Ü. ~, wenn man das hört, sieht
übel∥neh|men *auch:* **übel neh|men** ⟨V. 189⟩ **1** ⟨500⟩ etwas ~ *wegen etwas beleidigt sein* **2** ⟨530⟩ **jmdm. etwas** ~ *sich durch jmds. Äußerung od. Verhalten beleidigt fühlen, jmdm. wegen etwas böse sein, jmdm. etwas anlasten;* nehmen Sie es mir nicht übel, aber ich muss Ihnen sagen …

übel|rie|chend *auch:* **übel rie|chend** ⟨Adj. 60⟩ *schlecht riechend;* eine ~e Flüssigkeit
Übel|stand ⟨m.; -(e)s, -stän|de⟩ *Missstand, Übel;* einem ~ abhelfen; einen ~ beheben
Übel|tat ⟨f.; -, -en⟩ **1** *böse Tat, Missetat* **2** *Vergehen, Verbrechen*
übel∥wol|len ⟨V. 600/Vr 6⟩ jmdm. ~ *böse gesinnt sein*
üben ⟨V. 500⟩ **1** ⟨505/Vr 7⟩ **(jmdn. in etwas)** ~ *Übungen machen, etwas immer wieder versuchen, um es zu lernen, durch Übungen Geschicklichkeit zu erwerben suchen;* Handstand, Kopfstand ~; täglich eine halbe Stunde ~; am Barren, Reck ~; auf der Geige, auf dem Klavier ~; sich (in etwas) ~; sich im Lesen, Schreiben, Schwimmen usw. ~ • **1.1** *Musikstücke od. Teile davon immer wieder spielen, Fingerübungen machen;* Klavier ~; ich muss heute noch ~ • **1.2** die **Muskeln** ~ *bewegen, anstrengen, trainieren* **2** eine **Sache** ~ *(in bestimmter Weise) handeln, vorgehen, sich verhalten* • **2.1** Barmherzigkeit ~ *barmherzig sein, barmherzige Werke vollbringen* • **2.2** Geduld ~ *geduldig sein* • **2.3** Gerechtigkeit ~ *gerecht sein* • **2.4** Gewalt ~ *gewalttätig handeln* • **2.5** Kritik (an jmdm. od. etwas) ~ *(jmdn. od. etwas) kritisieren* • **2.6** Rache ~ (an jmdm.) *sich rächen* • **2.7** Verrat ~ *begehen, etwas od. jmdn. verraten* • **2.8** Nachsicht ~ (mit jmdm.) *nachsichtig sein* **3** ⟨Part. Perf.⟩ *geübt durch Übung geschickt;* ein geübter Reiter, Schwimmer, Turner
über¹ ⟨Präp. m. Dat. auf die Frage „wo?", m. Akk. auf die Frage „wohin?"⟩ **1** ⟨örtl.⟩ • **1.1** ~ einen, einem **Gegenstand** *oberhalb von, höher als;* Ggs *unter;* der Mond steht ~ den Bäumen; sich einen Korb ~ den Arm hängen; ~ dem Bett, Tisch; einen Pullover ~ die Bluse, das Hemd ziehen; mit der Hand ~s Haar streichen; ~ etwas hinweg, hinüber, hin; ~ einen Zaun klettern; ~ eine Straße, Brücke, einen Platz gehen • **1.2** ~ einen **Ort** *den O. berührend u. weiter;* ~ München nach Frankfurt fahren; eine Reise ~s Meer • **1.2.1** ~ **Land** fahren *durch offenes Land, an einen von der Stadt entfernten Ort* • **1.2.2** ~ **Berg** und **Tal** *durch eine abwechslungsreiche Landschaft* **2** ~ jmdm. **stehen** ⟨a. fig.⟩ *in einer höheren beruflichen Stellung* • **2.1** ~ ein **Land** herrschen *Herrscher eines Landes sein* • **2.2** ~ einer **Situation** stehen ⟨fig.⟩ *eine S. beherrschen* • **2.3** ~ einer **Arbeit** sitzen *gerade an etwas arbeiten* • **2.3.1** ~ den **Büchern** hocken ⟨umg.⟩ *viel lesen und lernen* **3** ⟨zeitl.⟩ *während;* ~ dem Lesen ist er eingeschlafen; ~ dem Spielen vergisst er alles andere; ~ Nacht; ~ Ostern, Weihnachten; die ganze Zeit, den ganzen Tag, den Nachmittag ~ • **3.1** ~ **kurz oder lang** werde ich es doch tun müssen *bald oder später* • **3.2** ⟨veraltet⟩ ~ ein **kleines,** ~ ein **Weilchen** *nach kurzer Zeit* • **3.3** ~ **Mittag** bleiben *(zum Mittagessen u.) bis nach Mittag* • **3.4** ~ einen **Zeitraum** *nach Ablauf eines Zeitraums;* ~s Jahr • **3.4.1** ~ **Jahr** und **Tag** *einige Zeit später* **4** *mehr als;* es kostet ~ 100 Euro; er ist ~ 50 Jahre alt; Jugendlichen ~ 14 Jahre ist der Zutritt gestattet; ~ die, ~ alle Maßen schön • **4.1** das geht ~ meine **Kräfte** *das kann ich nicht leisten* • **4.1.1** etwas ~ **sich**

über

bringen *tun, obwohl man eine Abneigung dagegen hat* • **4.2 die Musik geht** ihm ~ **alles** *er liebt die M. mehr als alles andere* • **4.3 es geht nichts** ~ **die Gesundheit** *die G. ist das Wichtigste von allem* • **4.4 länger als;** *es dauerte* ~ *ein Jahr, bis …; es ist schon* ~ *acht Tage her, dass …* • **5** *wegen;* **sich** ~ *etwas ärgern, freuen;* ~ *etwas klagen;* ~ *etwas od. jmdn. lachen; glücklich, unglücklich* ~ *etwas sein* **6** ~ **ein Thema** (sprechen, arbeiten) *ein T. zum Gegenstand (eines Vortrages, einer Untersuchung) machen;* ~ *die Literatur der Romantik publizieren* **7** ⟨verstärkend⟩ • **7.1** *…* ~ *… sehr, sehr viel, viele; in seiner Arbeit sind Fehler* ~ *Fehler; Wunder* ~ *Wunder! (Ausruf des Erstaunens)* • **7.2 und** ~ *völlig, ganz u. gar;* ~ *und* ~ *mit Schmutz bespritzt; sie wurde und* ~ *rot* • **7.3 ein Mal** ~ **das andere** ⟨fig.⟩ • **7.3.1** *jedes zweite Mal* • **7.3.2** *immer wieder*

über² ⟨Adv.; umg.; in den Wendungen⟩ **1** *ich habe noch fünf Euro* ~ *übrig;* → *a.* **überhaben 2** *jmdm. in etwas* ~ **sein** *jmdm. überlegen sein, etwas besser können als jmd.; im Rechnen ist er mir* ~

über|all ⟨a. ['---] Adv.⟩ **1** *an allen Orten, allenthalben; ich habe dich* ~ *gesucht; es ist* ~ *so* **1.1** *er weiß Bescheid* ⟨a. fig.⟩ *auf allen Gebieten, in allen Bereichen* • **1.2 von** ~ *von allen Orten her*

über|all|her ⟨a. ['----] Adv.⟩ **von** ~ *von allen Orten her; die Menschen kamen von* ~

über|al|tert ⟨Adj.⟩ **1** *zu alt* **2** *mit zu vielen alten od. älteren Menschen, Angestellten versehen; eine* ~e *Bevölkerung; der Betrieb ist* ~ **3** ⟨fig.⟩ *altmodisch, nicht mehr brauchbar, nicht mehr aktuell*

über|ant|wor|ten ⟨V. 530⟩ **jmdm. etwas** od. **jmdn.** ~ *ausliefern, jmds. Verantwortung übergeben; ein Kind den Großeltern (zur Erziehung)* ~; *einen Verbrecher dem Gericht* ~

über|ar|bei|ten ⟨V. 500⟩ **1 etwas** ~ *ergänzend, verbessernd bearbeiten, neu fassen; ein Manuskript, einen Roman* ~ **2** ⟨Vr 3⟩ **sich** ~ *zu viel arbeiten, bis zur Erschöpfung arbeiten; überarbeite dich nicht!* ⟨iron. od. scherzh.⟩

über|aus ⟨Adv.⟩ *sehr, ganz besonders, äußerst; er machte einen* ~ *frischen, lebendigen Eindruck; es hat mir* ~ *gut gefallen*

Über|bau ⟨m.; -(e)s, -ten⟩ **1** *die auf Pfeilern u. Fundamenten ruhenden Teile, z. B. einer Brücke* **2** *über die Außenmauer vorspringender Teil eines Gebäudes, z. B. Balkon* **3** ⟨Rechtsw.⟩ *Bau über die Grenze des Nachbargrundstücks (ohne Vorsatz od. Fahrlässigkeit)* **4** ⟨dialekt. Materialismus⟩ *die geistigen Strömungen in einer bestimmten wirtschaftlichen Epoche; Ggs Basis* (5)

über|be|kom|men ⟨V. 170/500⟩ **1 eine Sache** ~ *sattbekommen, einer S. überdrüssig werden* **2** *eins (mit dem Stock)* ~ ⟨umg.⟩ *einen Schlag (mit dem Stock) bekommen*

über|bie|ten ⟨V. 110/500⟩ **1 jmdn.** *(bei* **Auktionen***)* ~ *mehr bieten als jmd. anders; die Händler überboten die privaten Käufer* **2 jmdn.** od. **etwas** ~ *übertreffen* • **2.1 eine Leistung** ~ *mehr leisten, als bisher von einem anderen geleistet wurde* • **2.2** ⟨513⟩ *jmdn. an Frechheit* ~ *noch frecher sein als jmd.* • **2.3** *er ist an Hilfsbereitschaft kaum zu* ~ *man kann kaum hilfsbereiter sein als er* • **2.4** ⟨513⟩ *einander in Höflichkeiten* ~ *einander immer mehr H. sagen*

über|blei|ben ⟨V. 114/400(s.); umg.⟩ *übrig bleiben*

Über|blick ⟨m.; -(e)s, -e⟩ **1** ~ **(auf, über etwas)** *Blick, den man von einem erhöhten Punkt aus (auf, über etwas) hat, weite umfassende Aussicht; einen* ~ *über die Landschaft, ein Gelände haben; von hier oben hat man einen guten* ~ *über die Landschaft, die Stadt* **2** *geistige Fähigkeit, eine Sache, Entwicklung, ein Gebiet im Zusammenhang zu sehen, zu überblicken* • **2.1 den** ~ **verlieren** *die Zusammenhänge nicht mehr übersehen* **3** *einen* ~ *haben in großen Zügen Kenntnisse (von einer Sache, einem Gebiet) haben, über das Wesentliche einer Sache, eines Gebietes Bescheid wissen; einen* ~ *gewinnen (über); er besitzt, hat einen guten, keinen* ~ *über dieses Gebiet; sich einen* ~ *verschaffen* **4** ~ **(über ein Wissensgebiet, eine Materie)** *Abriss, übersichtliche Zusammenfassung;* ~ *über die deutsche Literatur*

über|bli|cken ⟨V. 500⟩ **1 etwas** ~ *mit einem weiten Blick umfassen, weite Sicht haben über etwas; so weit man die Gegend von hier* ~ *kann; eine Landschaft, ein Gelände* ~; *von hier kann man den Platz* ~ **2 eine Sache** ~ ⟨fig.⟩ *die verschiedenen Gegebenheiten einer S. u. deren Zusammenhänge erfassen u. die S. dadurch beherrschen; die Lage* ~

über|brin|gen ⟨V. 118/530/Vr 6⟩ **1 jmdm. etwas** ~ *etwas zu jmdm. bringen; jmdm. einen Brief, eine Nachricht* ~ • **1.1** *jmdm. Glückwünsche (von jmdm.)* ~ *ausrichten*

über|brü|cken ⟨V. 500⟩ **1 etwas** ~ *eine Brücke schlagen über etwas; einen Fluss, eine Schlucht* ~ **2 eine Sache** ~ ⟨fig.⟩ *ausfüllen, ausgleichen, überwinden; Gegensätze* ~; *einen augenblicklichen Geldmangel dadurch* ~, *dass man sich eine Summe leiht; eine Gesprächspause* ~; *eine Kluft* ~; *eine Zeitspanne* ~

über|dau|ern ⟨V. 500⟩ **etwas** ~ *länger halten, leben als etwas; der Bau hat mehrere Jahrhunderte, Kriege überdauert; sein Werk hat sein Leben überdauert*

über|dies ⟨a. [--'-] Adv.⟩ *außerdem, obendrein*

Über|do|sis ⟨f.; -, -do|sen⟩ *überhöhte Dosis; an einer* ~ *Heroin sterben*

über|dre|hen ⟨V. 500⟩ **1 etwas** ~ *zu stark, bis zum Zerspringen drehen; eine Uhrfeder* ~ **2** *überdreht sein* ⟨fig.⟩ *zu stark erregt sein, zu übermütig, zu ausgelassen sein*

Über|druss ⟨m.; -es; unz.⟩ *Abneigung, Unlust, Widerwille infolge Übersättigung; etwas bis zum* ~ *hören*

über|drüs|sig ⟨Adj. 44⟩ **1 einer Sache** ~ **sein** *einer S. satthaben, einer S. müde sein; einer Speise* ~ *sein; des langen Wartens* ~ *sein* **2 einer Sache** ~ **werden** *einer S. müde werden, etwas nicht mehr mögen*

über|eig|nen ⟨V. 530⟩ **jmdm. etwas** ~ *in das Eigentum eines anderen überführen, jmdm. etwas als Eigentum geben; jmdm. Vermögenswerte, ein Grundstück, ein Geschäft* ~

über|ei|len ⟨V.⟩ **1** ⟨500⟩ **eine Sache** ~ *zu schnell tun, unbedacht tun; ein Vorhaben* ~ • **1.1** ⟨Part. Perf.⟩

übereilt *überstürzt, unbedacht, verfrüht;* eine übereilte Handlung; übereilt handeln **2** ⟨516/Vr 3⟩ **sich mit** einer **Sache** ~ *etwas zu schnell, vorschnell tun;* übereil dich damit nicht **3** ⟨400⟩ ein junger **Hirsch** übereilt ⟨Jägerspr.⟩ *setzt die Hinterläufe vor den Vorderläufen auf*

über|ein|an|der *auch:* **über|ei|nan|der** ⟨Adv.⟩ **1** *einer od. eines über (1) dem anderen;* zwei Betten, Lagen ~ **2** *über (6) sich u. die anderen, voneinander (jeweils der eine über (6) den anderen);* ~ sprechen

über|ein|an|der|schla|gen *auch:* **über|ei|nan|der|schla|gen** ⟨V. 218/500⟩ die Beine ~ *ein Bein über das andere legen*

über|ein|kom|men ⟨V. 170/480 od. 417(s.)⟩ **mit jmdm.** ~ *sich mit jmdm. einigen;* wir sind übereingekommen, es so und so zu machen

Über|ein|kom|men ⟨n.; -s, -⟩ **1** *Vertrag, Vereinbarung;* Sy *Übereinkunft;* ein stillschweigendes ~ • **1.1** ein ~ treffen *etwas vereinbaren*

Über|ein|kunft ⟨f.; -, -künf|te⟩ = *Übereinkommen*

über|ein|stim|men ⟨V. 410⟩ **1 mit jmdm. (in etwas)** ~ *die gleiche Meinung über etwas haben, vertreten, sich einig sein;* →a. *korrespondieren (1);* in dieser Beziehung stimmen wir nicht überein • **1.1** alle stimmen darin überein, dass … *alle sind der Ansicht, dass …* **2** etwas stimmt **in, mit** etwas überein *etwas passt zu etwas, ist gleich wie etwas, entspricht etwas;* die Farbe der Tapete stimmt mit der des Vorhangs überein; die Aussagen der beiden Zeugen stimmen überein • **2.1 Wörter** stimmen im **Kasus, Numerus** überein *stehen im selben K., N.*

über|fah|ren[1] ⟨V. 130/500⟩ jmdn. ~ *über einen Fluss oder einen See fahren, jmdn. in Boot od. Fähre hinüberbringen;* der Fährmann hat uns übergefahren

über|fah|ren[2] ⟨V. 130/500⟩ **1** jmdn. od. ein **Tier** ~ *mit einem Fahrzeug über jmdn. od. ein T. hinwegfahren (u. ihn bzw. es dadurch verletzen od. töten);* das Kind ist ~ worden **2** etwas ~ *an etwas vorbeifahren, ohne es zu beachten, obwohl man es beachten müsste;* ein Signal, Warnungsschild ~ **3** jmdn. **(in einer Sache)** ~ ⟨fig.⟩ *in einer S. handeln, ohne jmdn. zu befragen, jmdn. übergehen, benachteiligen*

Über|fall ⟨m.; -(e)s, -fäl|le⟩ **1** *Angriff, bes. auf den unvorbereiteten Gegner;* ein heimtückischer ~; sich gegen einen ~ wappnen **2** ⟨Wasserbau⟩ *die Stelle, an der das Wasser über ein Wehr fließt*

über|fal|len ⟨V. 131/500⟩ **1** jmdn. od. etwas ~ *plötzlich, überraschend angreifen;* ein Land ~; jmdn. auf der Straße, im Dunkeln ~ **2** jmdn. ~ ⟨umg.⟩ *ohne Ankündigung besuchen;* Freunde ~ **3** ⟨516⟩ **jmdn. mit einer Sache** ~ *unvermittelt ohne Rücksicht auf die Situation mit einer S. belästigen;* jmdn. mit Fragen ~ **4** etwas überfällt jmdn. *überkommt jmdn.;* von Müdigkeit, einer plötzlichen Schwäche ~ werden; der Schlaf überfiel ihn

über|fäl|lig ⟨Adj.⟩ **1** *zur fahrplanmäßigen od. vereinbarten Ankunftszeit noch nicht eingetroffen;* die Bergsteiger sind nun schon drei Tage ~; der Zug ist schon drei Stunden ~ **2** *zur Zeit der Fälligkeit noch nicht eingelöst, verfallen;* ein ~er Wechsel

über|flie|gen ⟨V. 136/500⟩ etwas ~ **1** *über etwas hinwegfliegen;* einen Ort ~ ⟨fig.⟩ *flüchtig lesen;* einen Brief, ein Buch, eine schriftliche Arbeit ~

über|flü|geln ⟨V. 500/Vr 8⟩ jmdn. ~ *übertreffen, mehr leisten als jmd., jmdn. in der Leistung überholen*

Über|fluss ⟨m.; -es; unz.⟩ **1** *zu reichliches Vorhandensein, weit größere Menge als notwendig, zu reichlicher Besitz;* an etwas ~ haben; etwas im ~ haben, besitzen; im ~ leben • **1.1 zum, zu allem** ~ *obendrein, unnötigerweise, zu allem Übel;* zu allem ~ war auch noch das Telefon kaputt

über|flüs|sig ⟨Adj.⟩ *unnötig, nutzlos, entbehrlich;* das macht mir ~e Arbeit; ein ~er Gegenstand; (es ist) ~ zu sagen, dass …; diese Bemerkung, Mahnung war (höchst) ~; jedes weitere Wort ist ~; ich komme mir hier ~ vor

über|flu|ten[1] ⟨V. 400(s.)⟩ *über den Rand, die Ufer fließen*

über|flu|ten[2] ⟨V. 500⟩ **1 Wasser,** ein Fluss überflutet einen **Ort** *überschwemmt einen O., setzt einen O. unter Wasser;* der Strom hat die Felder, das Land überflutet **2** ⟨Passiv⟩ **von** etwas *überflutet werden, sein* ⟨a. fig.⟩ • **2.1** *von fließendem Wasser bedeckt werden od. sein;* die Straßen waren von Hochwasser überflutet • **2.2** ⟨fig.⟩ *zu reichlich versehen werden od. sein mit, zu reichlich erhalten (haben)* **3** etwas ~ ⟨fig.⟩ *überreichlich mit etwas versehen, in sehr großer Anzahl auftreten und eine Bedrohung für das Vorhandene darstellen;* der einheimische Markt wurde von ausländischen Waren überflutet

über|for|dern ⟨V. 500/Vr 7 od. Vr 8⟩ jmdn. ~ *von jmdm. mehr fordern, als er leisten kann;* du darfst das Kind nicht ~; diese Aufgabe überfordert meine Kräfte; mit dieser Aufgabe bin ich überfordert

über|füh|ren[1] ⟨V. 511⟩ **etwas in** einen anderen **Zustand** ~ *veranlassen, dass etwas in einen anderen Z. übergeht;* das Angestelltenverhältnis ist in ein Beamtenverhältnis übergeführt worden

über|füh|ren[2] ⟨V. 500⟩ **1** jmdn. od. etwas ~ *an einen anderen Ort bringen;* der Tote wurde in seine Heimatstadt überführt; er wurde in das Krankenhaus überführt; das Auto wird überführt **2** ⟨504⟩ **jmdn. (einer Schuld, eines Verbrechens)** ~ *jmdm. eine S., ein V. nachweisen* • **2.1** ein überführter Mörder *jmd., dem sein Mord nachgewiesen worden ist*

Über|füh|rung ⟨f.; -, -en⟩ **1** ⟨unz.⟩ *das Überführen²;* ~skosten; die ~ eines Autos, Patienten, einer Leiche, eines Verbrechers **2** *Brücke, Verkehrsweg über eine Eisen-, Straßenbahnlinie od. Straße*

über|fül|len ⟨V. 500⟩ **1** etwas ~ *zu viel hineinfüllen;* sich den Magen ~ **2** ⟨Part. Perf.⟩ etwas ist überfüllt *zu voll;* der Saal, die Straßenbahn war überfüllt

Über|ga|be ⟨f.; -, -n⟩ *das Übergeben (1);* Amts~, Geschäfts~; ~ einer Festung, einer eingeschlossenen Stadt

Über|gang ⟨m.; -(e)s, -gän|ge⟩ **1** *der Vorgang des Hinübergehens, Überschreitens (eines Passes, einer Grenze);* Grenz~ **2** *Weg, Brücke (über einen Fluss od. ein Bahngleis);* gibt es hier einen ~? (über den Bach, Fluss) **3** *durch Ampel, Schranke od. Zebrastreifen gesicherter*

übergeben

Weg über eine Straße od. ein Bahngleis; Bahn~, Fußgänger~; hier kein ~ für Fußgänger! (auf Verkehrsschildern) **4** *Vorgang des Übergehens¹ (5) (in etwas anderes);* ~ des Tages in den Abend; wir stehen noch am, im ~ (von einer Entwicklungsstufe zur anderen) **5** *Zwischenstufe, Zwischenlösung, unfertiger Zustand;* alle diese Erscheinungen, Maßnahmen usw. sind ja nur ein ~ **6** *Wechsel, Wandlung;* ein schwieriger ~; der ~ vom Leben auf dem Lande zum Leben in der Stadt fiel ihm sehr schwer **7** *Überleitung;* Gedanken, Geschichten ohne ~ aneinanderreihen • **7.1** ⟨Mus.; Lit.⟩ *verbindende Tonfolge, verbundener Satz, verbindende Worte;* zwischen zwei Sätzen, Themen einen ~ schaffen; ein ~ aus, von einer Tonart in die andere **8** ⟨Mal.⟩ *Schattierung, Abstufung;* feine, zarte Übergänge

über|ge|ben ⟨V. 143/500⟩ **1** ⟨530/Vr 6⟩ **jmdm. etwas ~** *etwas in jmds. Hände geben, ihm etwas bringen;* jmdm. einen Brief, ein Geschenk, die Schlüssel ~ • **1.1** ein **Gebäude** der **Öffentlichkeit** ~ *zugänglich machen* **2** ⟨530⟩ **jmdm. etwas ~** *aushändigen, ausliefern;* dem Feind die Festung, Stadt ~ **3** ⟨530⟩ **jmdm. etwas ~** *zur weiteren Bearbeitung geben, überlassen;* seinem Nachfolger das Amt (feierlich) ~; eine Rechtssache dem Gericht, Rechtsanwalt ~; jmdm. ein Geschäft ~ **4** ⟨Vr 3⟩ **sich ~** *sich erbrechen*

über|ge|hen¹ ⟨V. 145(s.)⟩ **1** ⟨400⟩ eine **Flüssigkeit** geht über *fließt über* • **1.1** ⟨600⟩ die **Augen** gehen jmdm. über *jmd. muss weinen;* →a. *Herz (2.4)* **2** ⟨411⟩ **zu einer anderen Partei ~** *seine eigene Partei verlassen u. für eine andere Partei arbeiten, kämpfen, überlaufen* **3** ⟨800⟩ **etwas geht in jmds. Besitz, in jmds. Hände über** *wird in jmds. Besitz, Gewalt, Verfügung gegeben;* das Geschäft ist in andere Hände übergegangen; das Grundstück ist in den Besitz des Staates übergegangen **4** ⟨411⟩ **etwas geht auf etwas über** *etwas prägt etwas durch seine Art;* im Laufe der Jahre war etwas vom Wesen der alten Frau auf ihren Hund übergegangen **5** ⟨800⟩ **etwas geht in etwas über** *etwas verwandelt sich in etwas, nimmt die Form von etwas an;* das Gold der untergehenden Sonne ging in Rot über; in Fäulnis ~; das Weinen des Kindes ging in Schreien über; →a. *Fleisch (1.7)* **6** ⟨800⟩ **auf, in etwas (anderes) ~** *etwas wechseln;* von einer Tonart in die andere ~; auf ein anderes Thema ~ **7** ⟨800⟩ **zu etwas ~** • **7.1** *von jetzt an etwas anderes tun;* von der Weidewirtschaft zum Ackerbau ~ • **7.1.1** zum Angriff ~ *angreifen* • **7.2** ⟨fig.⟩ *von etwas anderem sprechen;* er ging nun zum Anliegen seines Besuches über • **7.2.1** zur nächsten Frage der Tagesordnung ~ *sie von jetzt an besprechen*

über|ge|hen² ⟨V. 145/500/Vr 8⟩ **1** jmdn. od. **etwas ~** *unbeachtet lassen, nicht berücksichtigen, vernachlässigen;* den Hunger ~; jmdn. bei der Beförderung ~; er fühlte sich übergangen • **1.1** einen peinlichen Vorfall mit Stillschweigen ~ *nicht davon sprechen* **2 etwas ~** *weglassen;* dieses Kapitel können wir bei der Lektüre ~

über|ge|nug ⟨Adv.⟩ *mehr als genug;* ich habe davon genug und ~ ⟨verstärkend⟩

Über|ge|wicht ⟨n.; -(e)s; unz.⟩ **1** *zu großes Gewicht;* er, sie, der Brief hat ~ **2** *(durch Verlagerung des Schwerpunktes zustande gekommenes) größeres Gewicht des einen Teils gegenüber dem anderen* • **2.1** ~ bekommen *kippen, umkippen, das Gleichgewicht verlieren* **3** ⟨fig.⟩ *Vorteil gegenüber einem anderen;* in der Diskussion das ~ über jmdn. bekommen

über|grei|fen ⟨V. 158⟩ **1** ⟨400⟩ *mit einer Hand über die andere greifen;* beim Klavierspiel, Geräteturnen ~ **2** ⟨411⟩ **etwas** greift **auf etwas** über *breitet sich über etwas aus, erfasst auch etwas;* das Feuer griff auf die anderen Häuser über; die Seuche hat auf das Nachbarland übergegriffen

Über|griff ⟨m.; -(e)s, -e⟩ *unberechtigter Eingriff in die Rechte eines anderen;* sich ~e erlauben

über|ha|ben ⟨V. 159/500/Vr 8⟩ **etwas ~** ⟨umg.⟩ **1** *übrig haben;* bei diesem Rezept hat man zwei Eigelb über **2** *noch über anderen Kleidungsstücken anhaben;* er hatte nur einen dünnen Mantel, eine Jacke über **3** *etwas satthaben, einer Sache überdrüssig sein;* ich habe es über, immer wieder zu fragen; ich habe die Süßigkeiten (jetzt) über; ich habe das viele Warten über

über|hand|neh|men ⟨V. 189/400⟩ *in zu großer Zahl vorkommen;* die Raubüberfälle haben in den letzten Wochen überhandgenommen

Über|hang ⟨m.; -(e)s, -hän|ge⟩ **1** ⟨Arch.⟩ *Abweichung vom Lot* **2** *etwas, das über etwas hängt od. hinausragt* • **2.1** überhängendes Felsstück • **2.2** *auf das Nachbargrundstück hinüberragende Zweige (von Bäumen u. Sträuchern)* • **2.3** überhängende Gardine **3** *überschüssiger Vorrat, Warenmenge, die man (im Augenblick) nicht verkaufen kann*

über|hän|gen ⟨V. 161⟩ **1** ⟨400⟩ *über etwas hängen, über den Rand hängen* **2** ⟨400⟩ **etwas hängt über** *ist nicht lotrecht gebaut* **3** ⟨400⟩ **etwas hängt über** *ragt über etwas schräg nach unten hinaus;* der Felsbrocken hängt über • **3.1** ein ~des **Dach** *vorstehendes D.* **4** ⟨530/Vr 5⟩ **jmdm. etwas ~** *über die Schulter hängen, umhängen;* sich das Gewehr ~; sich einen Mantel ~

über|häu|fen ⟨V. 550⟩ **1** etwas mit etwas anderem ~ *überschütten, zu viel darauflegen, zu dicht bedecken mit etwas;* den Schreibtisch mit Akten, Büchern ~ **2** jmdn. mit etwas ~ *jmdm. etwas in zu reichem Maße zukommen lassen;* jmdn. mit Arbeit, Aufträgen ~; jmdn. mit Ehren, Wohltaten, Vorwürfen ~

über|haupt ⟨Adv.⟩ **1** *aufs Ganze gesehen, darüber (über das Gesagte) hinaus;* arbeitet er ~ etwas?; möchtest du lieber ein Glas Bier oder Wein haben? Danke, nichts!; hast du heute ~ schon etwas gegessen? **2** *eigentlich;* gibt es das ~?; wie ist das denn ~ gekommen? **3** *im Übrigen, außerdem, überdies;* und ~, warum kommt er nicht selbst zu mir, wenn er etwas will?; ich habe alle Filme mit XY gesehen - ich gehe ~ sehr gern ins Kino **4 wenn ~** ... *wenn das wirklich der Fall sein sollte* **5** ~ **nicht** *(ganz und) gar nicht;* daran habe ich ~ nicht gedacht; er kam ~ nicht; ich weiß ja ~ nicht, worum es sich handelt; das ist ~ nicht wahr!; er besucht mich ~ nicht mehr • **5.1** ~ **nichts** *gar nichts*

über|heb|lich ⟨Adj.⟩ anmaßend, dünkelhaft, stolz
über|ho|len[1] ⟨V.⟩ **1** ⟨500⟩ jmdn. od. etwas ~ mit dem Boot vom anderen Ufer herüberholen • **1.1** hol über! ⟨früher⟩ (Ruf an den Fährmann) **2** ⟨500⟩ die **Segel** ~ aufziehen **3** ⟨400⟩ das **Schiff** holt über neigt sich
über|ho|len[2] ⟨V. 500⟩ **1** jmdn. od. ein **Fahrzeug** ~ einholen, ihm vorkommen, an jmdm. vorbeilaufen od. -fahren **2** eine **Maschine** ~ ⟨Tech.⟩ auf Fehler prüfen, erneuern, Mängel beseitigen
über|hö|ren ⟨V. 500⟩ **1** Hörbares ~ nicht hören; er hat das Klingeln überhört; davon weiß ich nichts, das muss ich überhört haben • **1.1** nicht hören wollen, hören, aber nicht darauf reagieren, antworten; eine unpassende Bemerkung ~ • **1.1.1** das möchte ich überhört haben!; das war sehr unangebracht, aber ich will nichts dazu sagen
über|ir|disch ⟨Adj.⟩ **1** über der Erde befindlich **2** übernatürlich, nicht der Erde zugehörig, göttlich; Ggs irdisch; ein ~es Wesen • **2.1** ein Kind von ~er **Schönheit** von engelhafter S.
über|kom|men ⟨V. 170/500⟩ Empfindungen ~ jmdn. überfallen, ergreifen, erfassen jmdn.; ihn überkam die Furcht; ein Grausen überkam mich; die Rührung überkam ihn, als er das sah
über|la|den ⟨V. 174/500⟩ **1** etwas ~ zu sehr, zu stark, zu schwer beladen; der Wagen ist ~ • **1.1** ⟨530/Vr 1⟩ sich den Magen ~ zu viel essen **2** etwas ~ ⟨fig.⟩ zu viel anhäufen in od. auf etwas, zu viel anbringen an etwas • **2.1** sein überreich verziert sein, versehen sein (mit); das Zimmer ist mit Bildern ~; die Fassade des Hauses ist mit Verzierungen ~
über|la|gern ⟨V. 500⟩ etwas ~ sich darüberlagern, verdecken, zudecken
über|las|sen ⟨V. 175/530/Vr 6⟩ **1** jmdm. etwas ~ zugunsten eines anderen auf etwas verzichten, jmdm. freiwillig von seinem Besitz, seinen Rechten etwas abtreten; er hat seinem Sohn schon früh die Hälfte seines Vermögens ~; jmdm. ein Grundstück zur Nutzung ~ • **1.1 jmdm. die Ware billig** ~ billig verkaufen **2 jmdm. etwas** ~ jmdm. etwas anvertrauen, zu treuen Händen od. zum Gebrauch geben; sie ist zu unzuverlässig, ich kann ihr das Kind nicht (längere Zeit) ~; →a. Schicksal (1.1) **3 es jmdm.** ~**, etwas zu tun** es jmdm. freistellen, für ihn, es jmdm. nach seinem Gutdünken tun lassen; das zu beurteilen, musst du schon mir ~!; ich möchte die Wahl, Entscheidung ihm ~ **4** ⟨Vr 3⟩ **sich** seinen **Empfindungen**, Gefühlen ~ sich seinen E., G. hingeben, ihnen nachgeben **5** sich selbst ~ sein • **5.1** allein, einsam sein • **5.2** etwas nach eigenem Gutdünken, ohne Rat od. Hilfe tun müssen
über|lau|fen[1] ⟨V. 176/400(s.)⟩ **1** eine **Flüssigkeit** läuft über läuft über den Rand eines Gefäßes; die Milch, Suppe ist übergelaufen **2** ein **Gefäß** läuft über ist so voll, dass die Flüssigkeit herausläuft; der Topf, die Badewanne ist übergelaufen **3** ⟨411⟩ **zum Feind** ~ = desertieren (2)
über|lau|fen[2] ⟨V. 176/500⟩ **1** jmdn. ~ belästigen, stark in Anspruch nehmen • **1.1** der Arzt ist sehr, hat zu viele Patienten **2** ⟨500 od. 513; unpersönl.⟩ **es**, eine **Empfindung** überläuft jmdn. jmd. wird von einer E. erfasst; es überläuft mich heiß und kalt, wenn ich daran denke; es überlief ihn ein kalter Schauer • **2.1** es überlief mich (siedend) heiß ich erschrak tief, ich war sehr peinlich berührt, schämte mich plötzlich sehr • **2.2** es überlief mich kalt, eiskalt ich schauderte, erschrak tief, es graute mir **3** ein **Ort** ist ~ es fahren zu viele Menschen hin, es herrscht dort zu viel Betrieb, Verkehr
Über|läu|fer ⟨m.; -s, -⟩ **1** ein Soldat, der desertiert ist **2** jmd., der zur Gegenpartei übergewechselt ist **3** ⟨Jägerspr.⟩ Wildschwein im zweiten Jahr
über|le|ben ⟨V.⟩ **1** ⟨400⟩ weiterleben (nach dem Tod eines anderen od. anderer) • **1.1** der überlebende Teil ⟨Rechtsw.⟩ der nach dem Tod des Ehepartners noch lebende Partner • **1.2** jmdn. ~ länger leben als jmd.; er hat die ganze Familie überlebt **2** ⟨500⟩ etwas ~ lebend aus einer Gefahr hervorgehen, lebend etwas überstehen; er hat den Krieg überlebt; der Kranke wird die Nacht wohl nicht mehr ~; ein Unglück, eine Naturkatastrophe ~ • **2.1** das überlebe ich nicht! ⟨fig.; umg.⟩ das kann ich nicht ertragen • **2.2** du wirst's wohl ~! ⟨fig.; umg.⟩ du wirst es wohl ertragen, aushalten können (denn so schlimm ist es nicht)! **3** etwas überlebt **sich** veraltet, kommt außer Gebrauch (weil nicht mehr zweckmäßig); diese Anschauung, Mode, Sitte hat sich überlebt
über|le|gen[1] ⟨V.⟩ **1** ⟨500⟩ etwas ~ durchdenken, erwägen, sich ein Urteil zu bilden suchen über; etwas gründlich, reiflich ~ **2** ⟨400⟩ nachdenken, nachsinnen; er überlegte eine Weile, dann sagte er …; ohne zu ~; überleg nicht so lange! **3** ⟨530/Vr 1⟩ **sich etwas** ~ sich über etwas Gedanken machen, über etwas nachdenken; das hättest du dir vorher ~ müssen; überlege es dir gut, genau!; ich habe es mir (inzwischen) anders überlegt; ich habe es mir hin und her überlegt; ich werde es mir (noch) ~; ich werde mir ~, wie wir das machen können; ich habe mir Folgendes überlegt • **3.1** das muss ich mir erst (noch) ~ ich kann mich noch nicht entscheiden **4** eine **Handlung** ist überlegt vorbedacht, geplant, beabsichtigt • **4.1** überlegt **handeln** besonnen, nach reiflicher Überlegung
über|le|gen[2] ⟨Adj.⟩ **1** jede Situation beherrschend, klug, gelassen, kaltblütig; Sy souverän (2) **2** etwas überheblich, herablassend; er ist immer so ~; ein ~es Lächeln **3** ⟨43⟩ jmdm. ~ sein mehr können, wissen als jmd.; jmdm. an Ausdauer, Kraft, Geschicklichkeit ~ sein
Über|le|gung ⟨f.; -, -en⟩ **1** ⟨unz.⟩ das Überlegen; bei nüchterner, ruhiger, sachlicher ~ ergab sich, dass …; nach reiflicher ~; etwas ohne ~ tun, sagen **2** ⟨Pl.⟩ eine Reihe von Gedanken • **2.1** ~en anstellen über etwas über etwas nachdenken
über|lei|ten ⟨V. 411⟩ **zu etwas** ~ zu etwas anderem führen, leiten, eine Verbindung zu etwas anderem herstellen; zum nächsten Abschnitt, Thema ~
über|le|sen ⟨V. 179/500⟩ etwas ~ **1** flüchtig lesen **2** (prüfend) durchlesen; einen Text noch einmal ~ **3** (bei flüchtigem Lesen) übersehen, nicht beachten, über etwas hinweglesen; er hat viele Fehler ~

über|lie|fern ⟨V. 500⟩ **1** eine **Sache** ~ *erzählen, berichten (u. dadurch bewahren); ein Werk der Nachwelt* ~; *diese Sage ist mündlich, schriftlich überliefert; dieser Text ist nur in Bruchstücken überliefert; dieser Brauch, diese Technik ist uns von unseren Vorfahren überliefert; überlieferte Sitten, Gebräuche, Formen* **2** ⟨530⟩ **jmdm. jmdm.** od. einer **Institution** ~ ⟨veraltet⟩ *ausliefern, übergeben;* jmdn. der Justiz, dem Gericht ~

Über|lie|fe|rung ⟨f.; -, -en⟩ **1** ⟨unz.⟩ *das Überliefern (1);* mündliche, schriftliche ~ **2** *etwas (mündlich od. schriftlich) Überliefertes, von früher her Erhaltenes, seit alters Bewahrtes;* die ~en aus dem 16. Jh. schildern das Kunstwerk anders

über|lis|ten ⟨V. 500/Vr 7 od. Vr 8⟩ **jmdn.** ~ *durch List einen Vorteil über jmdn. gewinnen, jmdn. durch List täuschen*

überm ⟨Verschmelzungsform aus Präp. u. Art.⟩ = *über dem*

Über|macht ⟨f.; -; unz.; bes. Mil.⟩ **1** *Überlegenheit an Zahl, Stärke;* der ~ (des Gegners) erliegen; die ~ haben (über); der feindlichen ~ weichen; gegen eine vielfache ~ kämpfen • **1.1** in der ~ sein *die größere Zahl, Stärke besitzen*

über|man|nen ⟨V. 500⟩ **Empfindungen, Zustände** ~ **jmdn.** *überkommen, überfallen, überwältigen jmdn.;* der Schlaf, Schmerz, die Rührung übermannte ihn; ich wurde von Müdigkeit übermannt

über|mä|ßig ⟨Adj.⟩ **1** *ohne Maß, zu stark, zu viel, zu sehr usw., übertrieben;* ~e Anstrengungen; ~e Besorgnis • **1.1** ~es **Intervall** *durch einen Halbton chromatisch erweitertes I., z. B. C-Gis;* Ggs *vermindertes Intervall,* → *vermindern (1.1);* ~e Quinte **2** ⟨50⟩ *im Übermaß, zu, allzu (viel, stark, sehr usw.);* sich ~ anstrengen; ~ breit, dick, groß, hoch, viel; die Ware ist ~ teuer; ~ viel essen, schlafen, arbeiten

Über|mensch ⟨m.; -en, -en⟩ **1** *Gottmensch, vollkommener Mensch* **2** ⟨bei Goethe u. a., bes. bei Nietzsche⟩ *der zur Vollkommenheit angelegte u. sich (bewusst) dorthin entwickelnde Mensch* **3** ⟨umg.; oft iron.⟩ *Mensch ohne Fehler u. Schwächen*

über|mensch|lich ⟨Adj.⟩ **1** *über des Menschen Grenzen hinausgehend, übernatürlich* **2** ⟨fig.⟩ *sehr stark, sehr groß, gewaltig;* mit ~er Anstrengung; eine (wahrhaft) ~e Leistung

über|mit|teln ⟨V. 503/Vr 6⟩ (jmdm.) eine **Nachricht** ~ *mitteilen, ausrichten, überbringen, überreichen, schicken;* eine Botschaft, Grüße ~

über|mor|gen ⟨Adv.⟩ **1** *am Tag nach morgen;* ich komme ~ • **1.1** ~ **Abend** *am Abend des übernächsten Tages*

Über|mut ⟨m.; -(e)s; unz.⟩ **1** ⟨veraltet⟩ *Überheblichkeit, Anmaßung, Dünkel, Selbstherrlichkeit;* ~ tut selten gut ⟨Sprichw.⟩ **2** *Ausgelassenheit, große u. ein wenig kecke Fröhlichkeit;* das hat er nur aus ~ getan (und nicht böse gemeint); er weiß vor lauter ~ nicht, was er tun, anstellen soll

über|mü|tig ⟨Adj.⟩ **1** *voller Übermut, ausgelassen, fröhlich und ein wenig keck;* „...!", rief er ~; die Kinder tollten ~ durch den Garten; in ~er Laune **2** *glücklich* od. *stolz (über bzw. auf eine Leistung) u. daher etwas leichtsinnig, fröhlich u. ein wenig eingebildet;* der Erfolg machte ihn ~!

über|nach|ten ⟨V. 411⟩ *die Nacht zubringen;* bei Freunden ~; im Hotel, Freien ~

über|näch|tigt ⟨Adj. 24/70⟩ *unausgeschlafen, müde, weil man in der Nacht nicht genügend geschlafen hat;* ~ aussehen, sein

Über|nah|me ⟨f.; -, -n⟩ **1** ⟨unz.⟩ *das Übernehmen;* Geschäfts~ **2** *etwas Übernommenes;* eine ~ aus einer früheren Inszenierung

über|na|tür|lich ⟨Adj.⟩ *nicht mit dem Verstand fassbar, außerhalb der natürlichen Gesetze stehend;* Ggs *natürlich (2);* eine ~e Erscheinung; jmdm. ~e Kräfte zuschreiben; ein ~es Wesen

über|neh|men¹ ⟨V. 189/500⟩ **etwas** ~ ⟨umg.⟩ *sich mit etwas bedecken, sich etwas umhängen;* einen Mantel, einen Schal ~

über|neh|men² ⟨V. 189/500⟩ **1 etwas** od. **jmdn.** ~ *annehmen, zu sich, an sich nehmen, in Empfang nehmen;* nach dem Tod eines Verwandten dessen Kinder ~; Güter, eine Sendung ~ **2** ein **Geschäft,** einen Betrieb ~ *in eigene Verwaltung, in Besitz nehmen;* ein Großkonzern wird ab Januar den Familienbetrieb ~ **3 Angestellte** (von einem anderen Betrieb) ~ *von nun an im eigenen Betrieb beschäftigen* **4** eine **Pflicht,** Verantwortung ~ *sich für eine Sache u. ihre Folgen einsetzen, engagieren, sich zur eigenen Sache machen;* diese Stiftung hat es übernommen, für die Behinderten zu sorgen • **4.1** eine **Arbeit,** einen **Auftrag** ~ *annehmen, ausführen u. die Verantwortung dafür tragen;* ein Amt ~; es ~, etwas zu tun; würden Sie es ~, die Blumen, Eintrittskarten zu besorgen? • **4.2** den **Befehl,** das **Kommando** ~ *von nun an den B., das K. haben, von nun an befehlen, kommandieren* • **4.3** er hat nach dem Tod seines Vaters dessen Praxis übernommen *er führt sie seitdem;* → a. *Bürgschaft (1)* **5** die **Kosten** ~ *tragen* **6** eine **Sache** ~ *sich zu eigen machen, annehmen, von nun an selbst anwenden bzw. vertreten;* neue Lernmethoden ~ **7** eine **Sache** ~ *in derselben Form an anderer Stelle, zu einem anderen Zeitpunkt wiedergeben;* eine Textstelle wörtlich (in die eigene Arbeit) ~ **8** ein **Sender** übernimmt die **Sendung** *sendet dasselbe wie ein anderer S.* **9** ⟨Vr 3⟩ **sich** ~ ⟨umg.⟩ *sich zu sehr anstrengen;* er hat sich beim Schwimmen, Wandern übernommen; übernimm dich nur nicht! ⟨fig.; iron.⟩ **10 Kohlen, Öl** ~ ⟨Mar.⟩ *laden*

über|ord|nen ⟨V. 530/Vr 7⟩ **etwas** od. **jmdn.** einem **anderen** ~ *(in der Funktion) über etwas* od. *jmdn. stellen;* der Abteilungsleiter ist uns übergeordnet; die übergeordnete Stelle (im Amt, Betrieb)

über|prü|fen ⟨V. 500/Vr 8⟩ **jmdn.** od. **etwas** ~ *(nochmals) prüfen, nachprüfen;* Sy *kontrollieren (2);* ein Ergebnis ~; eine Maschine ~

über|que|ren ⟨V. 500⟩ eine **Straße,** einen Fluss ~ *überschreiten, kreuzen*

über|ra|gen ⟨V. 505⟩ **1 jmdn.** od. **etwas** ~ *größer sein als jmd.* od. *etwas;* jmdn. um Hauptlänge ~ **2 jmdn.** od. **eine Sache** ~ ⟨fig.⟩ *übertreffen, besser,* stärker sein als jmd. od. eine S.; jmdn. an Verdiensten, Leistungen weit ~ • 2.1 ⟨Part. Präs.⟩ ~d *hervorragend, bedeutend, ausgezeichnet;* eine ~de Begabung; ~de Fähigkeiten

über|ra|schen ⟨V. 500⟩ **1** jmdn. od. etwas (an, bei etwas) ~ *unerwartet (bei etwas) (an)treffen;* die Dunkelheit überraschte uns; jmdn. beim Stehlen ~; von einem Gewitter überrascht werden **2** etwas überrascht **jmdn.** *setzt jmdn. in Erstaunen;* das (was du sagst) überrascht mich! • **2.1** lassen wir uns ~! ⟨umg.⟩ *warten wir's ab!* • **2.2** es überrascht, dass … *es ist erstaunlich, dass …* **3** ⟨Vr 8⟩ **jmdn. (mit etwas)** ~ *jmdm. mit etwas unerwartet Freude bereiten;* er überraschte uns mit seinem Besuch, mit der (guten) Nachricht, dass …; jmdn. mit einem Geschenk ~ **4** ⟨Part. Perf.⟩ überrascht *erstaunt, verwundert über etwas Unerwartetes;* ich bin angenehm, unangenehm überrascht; ich bin überrascht über sein gutes Aussehen; freudig überrascht sein; „…?", fragte er überrascht **5** ⟨Part. Präs.⟩ ~d *unerwartet, erstaunlich;* ein ~der Besuch, Erfolg; es ging ~d schnell

Über|ra|schung ⟨f.; -, -en⟩ **1** *plötzliches, unerwartetes Ereignis, etwas, was überrascht (1);* eine angenehme, unangenehme ~; eine böse, üble ~ **2** *unerwartete Freude, etwas Schönes, das man nicht erwartet hat;* das ist ja eine ~!, ist das eine ~! (Ausruf der Freude über etwas Unerwartetes); ich habe eine ~ für dich; bitte sprich noch nicht darüber, es soll eine ~ für ihn sein **3** ⟨unz.⟩ *das Überraschtsein, Erstaunen, Verwunderung (über Unerwartetes);* zu meiner größten ~ hat er …

über|re|den ⟨V. 505/Vr 8⟩ jmdn. (zu etwas) ~ *durch Worte zu etwas veranlassen, jmdm. so lange zureden, bis er etwas tut;* ich habe mich ~ lassen; lass dich nicht ~!; ich habe ihn nicht ~ können, auf unseren Vorschlag einzugehen; jmdn. zum Mitkommen, Mitmachen ~

über|rei|chen ⟨V. 503⟩ **(jmdm.) etwas** ~ *höflich od. feierlich übergeben;* jmdm. Blumen, ein Geschenk, eine Urkunde ~; überreicht von … (in Widmungen od. auf Geschäftskarten)

über|rei|zen ⟨V. 500/Vr 7 od. Vr 8⟩ **jmdn. od. etwas** ~ *durch zu große Belastung stark reizen;* er ist überreizt; meine Nerven sind überreizt

über|ren|nen ⟨V. 200/500⟩ **1** ⟨Mil.⟩ eine feindliche Stellung ~ *in einem Ansturm überwältigen* **2** ⟨516⟩ **jmdn. mit** einer **Sache** ~ ⟨fig.⟩ *jmdn. durch eine S. keine Gelegenheit zum Widerstand, zum Entgegnen geben;* er hat mich mit seinen Argumenten völlig überrannt

Über|rest ⟨m.; -(e)s, -e⟩ *letzter Rest;* von dem Haus sind heute nur noch einige traurige ~e vorhanden; →a. *sterblich (1.2)*

über|rol|len ⟨V. 500⟩ **jmdn. od. etwas** ~ *gewaltsam, mit großer Übermacht überfahren, mit Kampffahrzeugen angreifen u. vernichten;* den überraschten Gegner ~ (a. fig.)

über|rum|peln ⟨V. 500/Vr 8⟩ **jmdn.** ~ **1** *unerwartet angreifen;* den Gegner ~ **2** *jmdm. keine Zeit zur Besinnung geben;* jmdn. mit einer Frage ~

übers ⟨Verschmelzungsform aus Präp. u. Art.⟩ **1** ⟨umg.⟩ *über das;* er legte die Wolldecke ~ Bein • **1.1** ~ **Jahr** *in, nach einem Jahr*

über|sät ⟨Adj. 24/74⟩ *in großer Zahl bedeckt;* die Wiese ist mit Himmelsschlüsseln ~; sein Körper ist mit Narben, Pusteln, Flecken ~; der Himmel ist mit Sternen ~

über|schat|ten ⟨V. 500⟩ **1** **etwas** überschattet **etwas** *wirft einen Schatten auf etwas;* seine dichten Augenbrauen ~ seine Augen; dicht belaubte Bäume ~ den Garten **2** eine **Sache** überschattet eine **Sache** ⟨fig.⟩ *lässt eine S. nicht hervortreten;* der Ruhm des Vaters überschattete die Begabung des Sohnes • **2.1** überschattet sein ⟨fig.⟩ *getrübt sein;* unsere Freude war von der traurigen Nachricht überschattet

über|schät|zen ⟨V. 500/Vr 7 od. Vr 8⟩ **jmdn.** od. **etwas** ~ *zu hoch einschätzen;* jmdn. bei weitem ~; jmds. Bedeutung, Einfluss ~; ich habe die Entfernung überschätzt; seine Kräfte, Fähigkeiten ~

Über|schau ⟨f.; -; unz.⟩ *Übersicht, Überblick;* eine kurze ~ (über etwas) geben

über|schau|en ⟨V. 500⟩ **etwas** ~ *überblicken*

über|schäu|men ⟨V. 400(s.)⟩ **1** eine **Flüssigkeit** schäumt über *tritt schäumend über den Rand eines Gefäßes;* die Milch, der Sekt schäumt über **2** eine **Sache** schäumt über ⟨fig.⟩ *verlässt das übliche Maß;* sein Temperament schäumte über • **2.1** ⟨Part. Präs.⟩ ~d *wild, nicht zu zügeln;* ~de Fröhlichkeit, Kraft; ~des Temperament

über|schla|fen ⟨V. 217/500⟩ eine **Sache** ~ *nicht sofort entscheiden, sondern eine Nacht darüber hingehen lassen*

über|schla|gen[1] ⟨V. 218⟩ **1** ⟨500⟩ die **Beine** ~ *übereinanderlegen;* mit übergeschlagenen Beinen im Sessel sitzen **2** ⟨400(s.)⟩ **Funken, Wellen** schlagen über *springen über, strömen über* **3** ⟨400(s.)⟩ eine **Stimme** schlägt über *schlägt unbeabsichtigt od. fehlerhaft in die Kopfstimme um;* seine Stimme überschlug sich vor Zorn

über|schla|gen[2] ⟨V. 218/500⟩ **1** eine **Textstelle, Buchseite** ~ *auslassen, weglassen, nicht (vor)lesen, nicht sprechen;* beim Lesen die Einführung ~ **2** **Kosten** ~ *ungefähr berechnen;* die Kosten ~, bevor man einen Auftrag erteilt **3** ⟨Vr 3⟩ **sich** ~ *sich im Fallen um sich selbst drehen, bes. vor- od. rückwärts;* er überschlug sich mehrmals, als er die Treppe hinunterstürzte • **3.1** ⟨514⟩ er überschlägt sich fast vor Diensteifer ⟨fig.; umg.⟩ *er ist übertrieben diensteifrig*

über|schlä|gig ⟨Adj. 24/90⟩ *annähernd, ungefähr;* eine ~e Berechnung

über|schnap|pen ⟨V. 400(s.)⟩ **1** jmds. **Stimme** schnappt über *überschlägt sich* **2** ⟨fig.; umg.⟩ *ein bisschen verrückt werden;* er ist übergeschnappt

über|schnei|den ⟨V. 227/500/Vr 3⟩ **etwas** überschneidet sich **1** *schneidet sich (überkreuzt sich) in einem od. mehreren Punkten;* Linien, Flächen ~ sich **2** *fällt zeitlich zusammen;* die Unterrichtsstunden ~ sich **3** *trifft mit etwas zusammen;* Probleme, Arbeitsgebiete ~ sich

über|schrei|ben ⟨V. 230/500⟩ **1** etwas ~ *mit einem Ti-*

überschreien

tel, einer Überschrift versehen; wie könnte man diesen Absatz, dieses Kapitel ~? **2** ⟨530/Vr 5 od. Vr 6⟩ **jmdm. etwas** ~ schriftlich u. gesetzlich übergeben, zukommen lassen; jmdm. ein Grundstück ~, ein Grundstück an jmdn. ~

über|schrei|en ⟨V. 231/500⟩ **1 jmdn. od. etwas** ~ so laut schreien, dass gleichzeitig Hörbares übertönt wird; den Lärm ~ **2** ⟨Vr 3⟩ **sich** ~ so laut schreien, dass die Stimme versagt, sich heiser schreien

über|schrei|ten ⟨V. 232/500⟩ **1 eine Straße, Grenze** ~ kreuzen, über eine S., G. hinübergehen; die Schwelle des Hauses ~ **2 einen Fluss** überschreiten über einen F. fahren; Cäsar überschritt 49 v. Chr. den Rubikon **3 eine gewisse Altersgrenze** überschritten haben ein gewisses Alter erreicht haben ● 3.1 er hat die 30, 40 usw. bereits überschritten er ist älter als 30, 40 usw. Jahre **4 etwas** überschreitet **jmds. Mittel, Kräfte** geht über jmds. M., K. hinaus; dieser Urlaub überschreitet meine Mittel **5 ein Maß** ~ sich nicht an ein M. halten ● 5.1 das **Gesetz** ~ nicht einhalten, übertreten ● 5.2 seine Befugnisse, Vollmachten ~ etwas tun, wozu man keine B., V. hat ● 5.3 das **Maß** ~ über das M. hinausgehen, sich nicht in Schranken halten ● 5.4 die (zulässige) **Geschwindigkeit** ~ schneller fahren, als es gestattet ist ● 5.5 den **Kredit** ~ mehr schulden, als K. gegeben wird ● 5.6 seinen **Urlaub** ~ eigenmächtig verlängern

Über|schrift ⟨f.; -, -en⟩ Titel, Name (eines Kapitels, Aufsatzes, Gedichts)

Über|schuss ⟨m.; -es, -schüs|se⟩ **1** Gewinn ohne Abzug; einen ~ erzielen **2** das, was über ein bestimmtes Maß hinausgeht; Geburten~; einen ~ an Kraft besitzen

über|schüs|sig ⟨Adj. 24/70⟩ über ein bestimmtes Maß, den Bedarf hinausgehend; ~e Energie; ~e Gelder; ~e Kraft

über|schüt|ten ⟨V. 516/Vr 7 od. Vr 8⟩ **1 jmdn. od. etwas mit etwas** ~ über jmdn. od. etwas etwas schütten; die Steine mit Wasser ~ **2 jmdn. mit etwas** ~ ⟨fig.⟩ überhäufen, jmdm. überreichlich geben; jmdn. mit Geschenken, Vorwürfen ~

Über|schwang ⟨m.; -(e)s; unz.⟩ Übermaß (von Gefühlen); ~ der Freude, Begeisterung; im ~ der Gefühle (etwas ausrufen, tun); voller ~

über|schwäng|lich ⟨Adj.⟩ übertrieben gefühlvoll, übertrieben begeistert; jmdm. ~ danken; jmdn. in ~en Ausdrücken, mit ~en Worten loben

über|schwem|men ⟨V. 500⟩ **1 etwas** überschwemmt **etwas** überflutet etwas; der Fluss trat über die Ufer und überschwemmte die Wiesen, Äcker **2** ⟨516⟩ **jmdn. od. etwas mit etwas** ~ ⟨fig.⟩ überreichlich versehen; das Land wurde mit ausländischen Waren überschwemmt

über|schweng|lich ⟨alte Schreibung für⟩ überschwänglich

Über|see ⟨ohne Artikel⟩ die Länder jenseits des Weltmeeres, bes. Amerika; Briefmarken aus ~ sammeln; wir haben Verwandte in ~; nach ~ auswandern, exportieren

über|se|hen[1] ⟨V. 239/530/Vr 1⟩ **sich etwas** ~ etwas so oft sehen, dass man seiner überdrüssig wird; ich habe mir diese Farben, dieses Muster übergesehen; du hast dir diesen Film schon übergesehen

über|se|hen[2] ⟨V. 239/500⟩ **1** ⟨Vr 8⟩ **jmdn.** ~ nicht beachten, (absichtlich) über jmdn. hinwegsehen; jmdn. bei der Begrüßung ~; von jmdm. (absichtlich od. unabsichtlich) ~ werden **2 etwas** ~ nicht beachten, nicht sehen; das haben Sie sicher ~; jmds. Taktlosigkeit (stillschweigend) ~ ● 2.1 einen **Fehler** ~ aus Unaufmerksamkeit nicht sehen; das habe ich beim Lesen ~ **3 etwas** ~ ⟨a. fig.⟩ die Übersicht, den Überblick haben über etwas ● 3.1 ein **Gelände** ~ überblicken, überschauen; ich kann von hier aus die ganze Straße ~; ich kann den Platz von hier aus gut ~ ● 3.2 eine **Lage**, einen **Schaden** ~ abschätzen, erkennen; ich kann es noch nicht ~, ob wir alle Arbeitskräfte brauchen werden ● 3.3 eine **Sache** ~ die Zusammenhänge einer S. erkennen; soweit ich die Angelegenheit übersehe, wird Ihr Vorschlag zu verwirklichen sein; keine einzelne Person kann heute noch das gesamte Gebiet der Naturwissenschaft ~; ich kann die Sache noch nicht ~

über|set|zen[1] ⟨V.⟩ **1** ⟨400⟩ von einem Ufer zum andern fahren; die Truppen haben endlich nach vielen vergeblichen Versuchen übergesetzt **2** ⟨500⟩ **jmdn.** ~ mit dem Boot, der Fähre ans andere Ufer bringen; sich vom Fährmann ~ lassen **3** ⟨400; Mus.⟩ **3.1** auf Tasteninstrumenten einen Finger über den anderen setzen ● 3.2 auf Saiteninstrumenten mit dem 1. Finger anstatt mit dem 2. od. 3. Finger greifen

über|set|zen[2] ⟨V. 500⟩ einen **Text** ~ in eine andere Sprache übertragen; etwas wörtlich, sinngemäß ~; ein Buch ins Deutsche, Englische ~; das Buch wurde in mehrere Sprachen übersetzt; ein Buch aus dem Englischen ~

Über|set|zung ⟨f.; -, -en⟩ **1** Übertragung (eines Textes) von einer Sprache in eine andere; eine gute, schlechte, flüssige, holprige ~; die ~ aus dem Englischen **2** ⟨Tech.⟩ ● 2.1 Vorrichtung zum Umwandeln einer Drehbewegung in eine Drehbewegung anderer Drehzahl ● 2.2 Verhältnis zwischen Eingangs- u. Ausgangsdrehzahl (eines Getriebes); das Getriebe hat eine ~ von 1:4

Über|sicht ⟨f.; -, -en⟩ **1** ⟨a. fig.⟩ Fähigkeit, etwas in seiner Gesamtheit zu sehen, Überblick; die ~ über einen Betrieb haben ● 1.1 Überblick über eine Sache, Fähigkeit, Zusammenhänge zu erkennen; ~ gewinnen; keine, nicht genügend ~ über etwas haben; die ~ verlieren; sich die nötige ~ verschaffen **2** übersichtlicher Auszug, Abriss, kurze, klare Darstellung; eine ~ über die englische Literatur ● 2.1 kurze Darstellung in Tabellenform; eine ~ über den Spielplan der kommenden Spielzeit **3** Verzeichnis; Inhalts~; etwas in der ~ suchen

über|sicht|lich ⟨Adj.⟩ so beschaffen, dass man es leicht in den Zusammenhängen überblicken, erkennen kann; ~es Gelände; eine ~e Kurve, Straße; eine ~e Darstellung; etwas ~ anordnen, darstellen, (schriftlich) zusammenstellen

über|sie|deln ⟨V. 400(s.)⟩ **in einen Ort, nach einem Ort** ~ umziehen, an einen anderen Wohnort ziehen,

über|span|nen ⟨V. 500⟩ **1** etwas ~ *zu sehr, zu stark spannen;* →a. *Bogen (4.1)* **2** ⟨516⟩ *etwas mit etwas ~ mit einem gespannten Stoff bedecken, einen Stoff darüberspannen; das Gewächshaus mit einer Folie ~*

über|spannt 1 ⟨Part. Perf. von⟩ *überspannen* **2** ⟨Adj.⟩ *übertrieben, extrem, vom Normalen abweichend, ein bisschen verrückt;* ~e *Ansichten haben; sie ist eine* ~e *Person*

über|spie|len ⟨V. 500⟩ **1** *eine* akustische **Aufnahme** ~ *durch Spielen übertragen; eine Tonbandaufnahme auf einen Datenträger* ~ **2** *eine* **Sache** ~ ⟨fig.⟩ *geschickt über eine S. hinweggehen, durch gewandtes Verhalten verbergen; seine Befangenheit, Schüchternheit ~; jmds. Taktlosigkeit ~*

über|spit|zen ⟨V. 500⟩ **1** *eine* **Sache** ~ *zu spitzfindig behandeln, zu genau, zu streng sein mit einer S., eine S. zu weit treiben; wir wollen die Angelegenheit nicht ~* • **1.1** ⟨Part. Perf.⟩ *überspitzt übertrieben, zu scharf (ausgedrückt), spitzfindig; einen Sachverhalt überspitzt formulieren*

über|sprin|gen¹ ⟨V. 253(s.)⟩ **1** ⟨400⟩ *etwas* springt über *springt von einem aufs andere; ein Funke sprang über* **2** ⟨400⟩ *etwas* springt über *ragt über etwas; das Dach springt über* **3** ⟨800⟩ *auf eine* **Sache** ~ ⟨fig.⟩ *ohne Übergang zu etwas anderem übergehen; auf ein anderes Thema ~*

über|sprin|gen² ⟨V. 253/500⟩ **1** *ein* **Hindernis** ~ *über ein H. hinwegspringen* **2** *etwas ~ auslassen, weglassen, überschlagen, übergehen; ein paar Seiten (im Buch) ~; eine Textstelle (beim Lesen) ~* • **2.1** *eine* **Klasse** (in der Schule) ~ *in die übernächste K. versetzt werden*

über|stän|dig ⟨Adj.⟩ **1** *übrig geblieben* **2** *überaltert, nicht mehr wuchskräftig, nicht mehr wirtschaftlich*

über|ste|hen¹ ⟨V. 256/400⟩ *etwas* steht über *steht hervor, steht heraus, ragt heraus, springt vor; ein* ~*der Balken,* ~*des Dach*

über|ste|hen² ⟨V. 256/500⟩ **1** *eine* **Sache** ~ *überleben, aushalten, überwinden; eine Anstrengung, Gefahr, Krankheit ~; eine anstrengende Reise gut ~; etwas glücklich ~; der Kranke hat die Krise, die Nacht überstanden* • **1.1** *ich hab's überstanden* ⟨umg.⟩ *die Sache ist endlich vorüber* • **1.2** *du wirst's schon ~!* ⟨umg.⟩ *es wird schon nicht so schlimm werden* • **1.3** *er hat es überstanden* ⟨fig.⟩ *er ist von seinen Leiden erlöst, ist gestorben*

über|stei|gen ⟨V. 258/500⟩ **1** *etwas ~ über etwas hinübersteigen; einen Berg ~* **2** *etwas* übersteigt **etwas** *ist größer, stärker, höher als etwas; das übersteigt meine Kräfte; der Preis dieses Teppichs übersteigt den des anderen um die Hälfte*

über|stei|gern ⟨V. 500⟩ **1** *etwas ~ übertrieben steigern, zu sehr steigern; seine Ansprüche, Forderungen ~; übersteigertes Selbstbewusstsein* **2** ⟨Vr 3⟩ **sich** ~ *sich über das normale Maß hinaus steigern*

über|stim|men ⟨V. 500⟩ *jmdn. ~ durch Stimmenmehrheit zum Schweigen bringen, besiegen; die andern haben mich überstimmt; er wurde überstimmt*

über|strö|men¹ ⟨V. 400(s.)⟩ **1** *etwas* strömt über *strömt über den Rand; das Wasser aus der Talsperre strömte über* **2** **Gefühle** strömen über *können wegen ihrer Stärke nicht zurückgehalten werden u. äußern sich heftig* • **2.1** *von Dankesbezeigungen ~* ⟨fig.⟩ *überschwänglich seinen Dank aussprechen* • **2.2** ~*de* **Freude** *große, deutlich ausgedrückte F.*

über|strö|men² ⟨V. 500⟩ *etwas* überströmt **jmdn.** od. **etwas** *bedeckt jmdn. od. etwas in einem Strom; Blut überströmte sein Gesicht*

Über|stun|de ⟨f.; -, -n⟩ *über die festgesetzte Arbeitszeit geleistete Arbeitsstunde; freiwillig ~n machen; Bezahlung für ~n*

über|stür|zen ⟨V. 500⟩ **1** *etwas ~ zu schnell, ohne Überlegung tun; wir wollen nichts ~; eine überstürzte Abreise; überstürzt handeln, abreisen* **2** ⟨Vr 4⟩ **Sachen** ~ **sich** *folgen zu schnell aufeinander; die Ereignisse überstürzten sich; seine Worte überstürzten sich, als er berichtete*

über|töl|peln ⟨V. 500⟩ *jmdn. ~ betrügen, plump überlisten*

über|tra|gen ⟨V. 265/500⟩ **1** *etwas ~ von einer Stelle zur andern bringen (ohne die äußere Form zu ändern)* • **1.1** *von einer Stelle auf eine andere schreiben; Korrekturen (in ein anderes Exemplar) ~* **1.2** ⟨510⟩ *eine* **Summe Geldes** *auf ein anderes Konto ~ transferieren* • **1.3** *der* **Rundfunk** überträgt *eine* **Veranstaltung** *sendet eine V.; ein Fußballspiel im Rundfunk, Fernsehen ~* • **1.4** **Kraft** ~ ⟨Phys.⟩ *von einer Maschine auf die andere führen* • **1.5** ⟨550⟩ (**durch etwas**) *eine* **Krankheit auf jmdn.** ~ *jmdn. (durch etwas) mit einer K. anstecken* • **1.6** *eine* **Krankheit, Stimmung** überträgt **sich** (**auf jmdn.**) *jmd. wird von einer K., S. angesteckt* **2** ⟨550⟩ *einen* **Text** *in eine andere* **Sprache** ~ *übersetzen* **3** ~e **Bedeutung** *figürliche, bildliche, nicht wörtliche B.; ein Wort in ~er Bedeutung, in* ~*em Sinne gebrauchen* **4** *eine* **Sache** ~ *in einem anderen Gebiet, an anderer Stelle anwenden; eine Technik der Malerei auf die Fotografie ~* **5** ⟨530⟩ *jmdm. etwas ~* ⟨Rechtsw.⟩ *übereignen* **6** ⟨530/Vr 5 od. Vr 6⟩ **jmdm. etwas** ~ *übergeben, auftragen, jmdm. den Auftrag geben, etwas zu tun; jmdm. ein Amt ~* **7** *ein* **Kind** ~ *über die normale Schwangerschaftszeit hinaus (im Körper) tragen*

Über|tra|gung ⟨f.; -, -en⟩ *das Übertragen;* ~ *eines Konzertes*

über|tref|fen ⟨V. 266/500/Vr 7 od. Vr 8⟩ **1** *jmdn. od. etwas ~ besser sein als jmd. od. etwas, mehr leisten als jmd. od. etwas; jmdn. an Körperkraft, an Energie, an Fleiß ~* • **1.1** *du hast dich dabei selbst übertroffen du hast dabei mehr geleistet als je zuvor* **2** *jmdn. od. etwas ~ überbieten; hinsichtlich seiner Ausdauer ist er nicht zu ~; darin ist er nicht zu ~; diese Maschine übertrifft die andere an Genauigkeit* • **2.1** *etwas* übertrifft **etwas** *etwas geht über das Übliche (von etwas) hinaus; das Ergebnis übertrifft alle meine Erwartungen*

über|trei|ben ⟨V. 267⟩ **1** ⟨402⟩ (**etwas**) ~ *zu oft od. zu nachdrücklich tun; du darfst das Schwimmen, Reiten usw. nicht ~* **2** ⟨402⟩ (**etwas**) ~ *besser od. schlechter*

Übertreibung

darstellen, als es ist; ich übertreibe nicht, wenn ich behaupte …; du übertreibst seine Schwächen, Vorzüge; das ist (stark) übertrieben **3** ⟨400; Bgb.⟩ *bei der Schachtförderung mit dem Förderkorb über die Hängebank hinaus in den Förderturm hineinfahren*

Über|trei|bung ⟨f.; -, -en⟩ **1** ⟨unz.⟩ *das Übertreiben* **2** *übertriebene, nicht wahrheitsgemäße Darstellung*

über|tre|ten¹ ⟨V. 268(s.)⟩ **1** ⟨400⟩ *etwas tritt über tritt über die Ufer* **2** ⟨400; Sp.⟩ *über die vorgeschriebene (Absprung-, Abwurf-) Stelle hinaustreten;* beim Wettspringen, Kugelstoßen ~ **3** ⟨800⟩ *zu einer Sache ~ übergehen, sich einer anderen S. anschließen;* zum Katholizismus ~

über|tre|ten² ⟨V. 268/500⟩ *eine Vorschrift ~ verletzen, nicht einhalten;* ein Gesetz, Gebot ~

über|trie|ben 1 ⟨Part. Perf. von⟩ *übertreiben* **2** ⟨Adj.⟩ *zu (groß), zu (hoch), übermäßig;* ~e Sparsamkeit, Strenge; aus ~em Eifer etwas falsch machen; ~ genau; er ist ~ misstrauisch, vorsichtig

über|trump|fen ⟨V. 500⟩ **1** *eine Spielkarte ~ mit einem höheren Trumpf nehmen* **2** *jmdn. ~* ⟨fig.⟩ *jmdm. den Rang ablaufen, den Sieg über jmdn. davontragen, jmdn. überbieten*

über|vor|tei|len ⟨V. 500/Vr 7 od. Vr 8⟩ *jmdn. ~ sich auf jmds. Kosten bereichern, einen Vorteil verschaffen, jmdn. benachteiligen, betrügen*

über|wa|chen ⟨V. 500/Vr 8⟩ *jmdn. od. etwas ~ beaufsichtigen, beobachten;* Sy *kontrollieren* (1); eine Arbeit, ein Projekt ~; durch Detektive, durch den Geheimdienst ~ lassen; jmdn. heimlich ~

über|wäl|ti|gen ⟨V. 500⟩ **1** *jmdn. ~ besiegen, bezwingen, wehrlos machen;* den Feind, Gegner, einen Einbrecher ~ **2** *etwas überwältigt jmdn. erfasst jmdn. mit unwiderstehlicher Kraft, beeindruckt jmdn. tief, macht ihn sprachlos;* ich bin von seiner Güte völlig überwältigt; von Rührung überwältigt, schloss er sie in seine Arme; die Schönheit der Landschaft überwältigte mich; von Müdigkeit überwältigt schlief er ein **3** ⟨Part. Präs.⟩ ~d *außerordentlich (schön, groß, stark), herrlich, großartig;* es war ein ~der Anblick, ein ~des Erlebnis; ein ~der Erfolg; er wurde mit ~der Mehrheit gewählt • **3.1** deine Leistungen, Zensuren sind ja nicht gerade, nicht sehr ~d ⟨umg.⟩ *nicht bes. gut*

über|wei|sen ⟨V. 282/500⟩ **1** ⟨530/Vr 5⟩ *jmdm. Geld ~ auf jmds. Konto übertragen* **2** ⟨511⟩ *einen Kranken an einen, zu einem anderen Arzt, an einen, zu einem Facharzt ~ einen K. mit einer schriftlichen Bescheinigung einem anderen A., einem F. zur weiteren Behandlung übergeben;* ich bin von Dr. X zu Ihnen überwiesen worden

Über|wei|sung ⟨f.; -, -en⟩ **1** *das Überweisen, das Überwiesenwerden* **2** ⟨Bankw.⟩ *Auftrag für die Übertragung eines Geldbetrages;* ~en ausführen, tätigen; eine Rechnung per ~ bezahlen • **2.1** *Formular für die Überweisung eines Geldbetrages durch ein Geldinstitut;* eine ~ ausfüllen **3** ⟨Med.⟩ *(von einem Arzt ausgefülltes) Formular für die weitere Behandlung eines Patienten durch einen Facharzt;* eine ~ für den Augenarzt bekommen

über|wer|fen¹ ⟨V. 286/530/Vr 5⟩ *jmdm. etwas ~ schnell anziehen, umhängen;* einen Mantel, Schal ~

über|wer|fen² ⟨V. 286/517/Vr 3⟩ *sich mit jmdm. ~ sich mit jmdm. entzweien;* wir haben uns überworfen; ich habe mich mit ihm überworfen

über|wie|gen¹ ⟨V. 287/400⟩ *zu viel Gewicht haben;* der Brief wiegt über

über|wie|gen² ⟨V. 287/402⟩ **1** *eine Sache überwiegt (eine andere) ist stärker, wertvoller (als eine andere);* die Neugier überwog meine Bedenken; der Vorteil der Sache überwiegt ihre Nachteile • **1.1** ⟨Part. Präs.⟩ ~d *in erster Linie, in der Mehrzahl, in größerem Maße;* in diesem Stadtteil wohnen ~d Schwarze; das Wetter war ~d heiter, warm, trocken; diese Arbeit wird ~d von Frauen verrichtet

über|win|den ⟨V. 288/500⟩ **1** *eine Sache ~ bewältigen, meistern, mit einer S. fertigwerden, über eine S. hinwegkommen;* eine Schwierigkeit, ein Hindernis ~; seine Abneigung (gegen etwas od. jmdn.) ~; er überwand seine Bedenken; seine Faulheit, Trägheit ~; seine Furcht, Schüchternheit ~; eine Krise ~; seinen Schmerz, Zorn ~ **2** ⟨Vr 3⟩ *sich ~* (**etwas zu tun**) *etwas tun, obwohl es einem schwerfällt;* man muss sich auch einmal ~ können; ich kann mich nicht ~, das zu tun; ich muss mich immer erst ~, ehe ich das tue **3** *jmdn. ~* ⟨veraltet⟩ *besiegen;* sich für überwunden erklären

Über|win|dung ⟨f.; -; unz.⟩ **1** *das Überwinden* **2** *Kraft zum Sichüberwinden;* es hat mich viel, einige ~ gekostet, das zu sagen, zu tun

über|win|tern ⟨V. 400⟩ **1** *eine Pflanze überwintert überdauert den Winter* **2** ⟨411⟩ *an einem Ort ~ den Winter an einem O. verbringen;* Caesars Truppen überwinterten in Südfrankreich; der Igel hat unter dem Komposthaufen überwintert

Über|wurf ⟨m.; -(e)s, -würfe⟩ **1** *loses Überkleid, loser Mantel, Umhang* **2** *Schließband am Vorhängeschloss* **3** ⟨Ringen⟩ *Griff, bei dem man den Gegner fasst u. über den Kopf hinter sich wirft*

Über|zahl ⟨f.; -; unz.⟩ **in** der *~ in größerer Zahl, in einer die Mehrheit, Überlegenheit sichernden Zahl;* die Männer waren an diesem Tag in der ~; der Feind erschien in großer ~

über|zeu|gen ⟨V. 500⟩ **1** *jmdn. ~* (**mit Hilfe von Beweisen, Argumenten**) *bewirken, dass jmd. an die Richtigkeit einer Meinung, Ansicht glaubt;* deine Einwände haben mich (nicht) überzeugt; ich habe ihn nicht ~ können; ich habe ihn von der Richtigkeit meiner Auffassung überzeugt **2** ⟨Vr 3⟩ *sich ~ sich vergewissern, durch Nachsehen, Nachprüfen erkennen, dass etwas in einer bestimmten Weise verhält;* ich habe mich selbst (davon) überzeugt, dass alles in Ordnung ist; Sie können sich selbst (davon) ~, dass …; sich von etwas ~ **3** ⟨Part. Perf.⟩ (**von etwas od. jmdm.**) **überzeugt sein** *an etwas od. jmdn. fest glauben, sicher sein, dass …;* seien Sie überzeugt, dass wir alles tun werden, was möglich ist; ich bin überzeugt, dass du Recht hast, aber …; ich bin von seinen Fähigkeiten nicht (sehr) überzeugt; davon bin ich nicht (ganz) überzeugt • **3.1** er ist überzeugter Marxist *er ist M. aufgrund seiner Überzeugung, glaubt an den Marxismus* • 3.2 *von sich (selbst) überzeugt sein selbstbewusst, eingebildet sein* 4 ⟨Part. Präs.⟩ ~d *glaubhaft, einleuchtend; ein ~des Argument, ein ~der Beweis; eine ~de Aussage machen*

Über|zeu|gung ⟨f.; -, -en⟩ 1 *das Überzeugen* 2 *das Überzeugtsein, fester Glaube, feste Meinung; ich habe die ~ gewonnen, dass …; politische, religiöse ~* • 2.1 *etwas aus ~ tun etwas deshalb tun, weil man es für richtig, wahr, gut hält* • 2.2 *gegen seine ~ handeln etwas tun, was man für falsch hält*

über|zie|hen[1] ⟨V. 293⟩ 1 ein **Kleidungsstück** *~ anziehen; zieh doch den Mantel, das Kleid einmal über, damit du siehst, ob er, es passt* 2 ⟨530⟩ **jmdm.** od. einem **Tier** *eins, ein paar ~ einen Schlag, ein paar Schläge geben; jmdm. od. einem Tier eins mit dem Stock, mit der Peitsche ~*

über|zie|hen[2] ⟨V. 293/500⟩ 1 ⟨516⟩ *etwas mit etwas ~ mit einem Überzug versehen; ein Bett (frisch) ~; die Sessel müssen neu überzogen werden; einen Kasten mit Stoff, Papier ~* • 1.1 *ein Land mit* **Krieg** *~ durch K. verwüsten, zum Kriegsschauplatz machen* 2 ⟨516/ Vr 3⟩ *etwas überzieht* **sich mit etwas** *bedeckt sich mit etwas; der Himmel hat sich mit Wolken überzogen; ein Gegenstand ist mit Rost, Schimmel, Grünspan überzogen* 3 ⟨500⟩ *ein* **Flugzeug** *~ den Ausfallwinkel eines F. so weit vergrößern, dass die Strömung an den Flügeln abreißt u. als F. durchsackt* 4 ⟨500⟩ *ein* **Konto** *~ mehr abheben, als auf dem K. steht* 5 *die (zur Verfügung stehende)* **Zeit** *~ überschreiten*

Über|zug ⟨m.; -(e)s, -zü|ge⟩ 1 *dünne Schicht; Schokoladen~* 2 *Bezug, auswechselbare Hülle; Kopfkissen~*

üb|lich ⟨Adj. 70⟩ *gebräuchlich, gewohnt, hergebracht, herkömmlich; er kam mit der ~en Verspätung; um die ~e Zeit; es ist bei uns ~, dass …; das ist hier nicht ~, so ~; vom Üblichen abweichen; wie ~*

üb|rig ⟨Adj. 24/70⟩ 1 *(als Rest) übrig geblieben, restlich, überschüssig; für dich ist noch eine Portion Essen ~; noch etwas Suppe ~ haben;* ⟨aber⟩ *→a. übrighaben; die ~en Mitglieder sprachen sich gegen den Vorschlag aus; das* Übrige; *alles* Übrige *regelt der Rechtsanwalt* • 1.1 *ein* Übriges *tun etwas Zusätzliches tun* • 1.2 *etwas ~* **behalten** *nicht mit weggeben, nicht mit verteilen, weil es noch ~ ist* • 1.3 *~* **bleiben** *als Rest zurückbleiben, nicht verbraucht werden; von dem Geld ist nichts, sind 5 Euro ~ geblieben;* ⟨aber Getrennt- u. Zusammenschreibung⟩ *~ bleiben* ⟨fig.⟩ *= übrigbleiben* • 1.4 *etwas ~* **lassen** *nicht alles verbrauchen; ein Stück Kuchen ~ lassen;* ⟨aber Getrennt- u. Zusammenschreibung⟩ *~ lassen* ⟨fig.⟩ *= übriglassen* 2 *im* Übrigen *außerdem, darüber hinaus; im* Übrigen *wollte ich dir sagen…*

üb|rig|blei|ben *auch:* **üb|rig blei|ben** ⟨V. 114/600(s.)⟩ 1 *jmdm.* bleibt **nichts anderes** *übrig jmd. hat keine andere Möglichkeit, keine andere Wahl* • 1.1 *was bleibt mir denn anderes, weiter übrig, als …? was soll ich denn anderes tun, als …?; es blieb mir nichts anderes übrig, als wieder nach Hause zu gehen;* →a. *übrig (1.3)*

üb|ri|gens ⟨Adv.⟩ *was ich noch sagen wollte, nebenbei bemerkt; ~, weißt du schon, dass …; ich bin ~ gestern bei ihm gewesen*

üb|rig|ha|ben ⟨V. 159/550⟩ 1 **für etwas od. jmdn.** *etwas ~ Sympathie, Zuneigung für etwas od. jmdn. haben* • 1.1 *ich habe etwas für ihn übrig ich kann ihn gut leiden, habe ihn gern* • 1.2 *ich habe für moderne Literatur nichts übrig ich interessiere mich dafür, sie gefällt mir* • 1.3 *dafür habe ich nichts übrig das mag ich nicht, das gefällt mir nicht, dafür interessiere ich mich nicht;* →a. *übrig (1)*

üb|rig|las|sen *auch:* **üb|rig las|sen** ⟨V. 175/500; fig.⟩ **zu wünschen** *~ nicht der Erwartungen entsprechen; seine Arbeit* lässt *nichts zu wünschen übrig ist tadellos*

Übung ⟨f.; -, -en⟩ 1 ⟨unz.⟩ *das Üben, regelmäßige Wiederholung von etwas zum Zweck des Lernens u. zum Steigern der Leistung; geistige, sprachliche ~; nach einiger ~ gelang es ihm; ~ macht den Meister* (Sprichw.) 2 *Bewegung, Folge von Bewegungen od. Handlung, die man zum Erwerben von Geschicklichkeit in einer bestimmten Sache wiederholt; Turn~, Finger~; Geh~, Schieß~; körperliche, militärische, sportliche ~en; ~en machen* 3 ⟨unz.⟩ *erworbene Geschicklichkeit, Gewandtheit, Vertrautheit mit etwas, Erfahrung; (keine) ~ haben (in etwas); es fehlt ihm an der nötigen ~; aus der ~ sein; in der ~ bleiben* • 3.1 *aus der ~* **kommen** *die Gewandtheit, Geschicklichkeit verlieren* 4 *Übungsstück, Lektion; eine mathematische ~* 5 *militärisches Training, Manöver; eine ~ kurzfristig ansetzen* 6 *turnerische Leistung, Turnfigur; eine ~ vorführen, nachmachen; eine ~ am Barren, Pferd, Reck; eine leichte, schwere, schwierige ~* 7 *Unterrichtsstunde an der Hochschule, Seminar; eine ~ ansetzen, abhalten* 8 *das ist nicht der Zweck der ~* ⟨fig.; umg.⟩ *das ist nicht der Zweck, der Sinn der Sache*

Ufer ⟨n.; -s, -⟩ 1 *Rand eines Gewässers, Gestade; Fluss~, See~; am anderen ~; das rechte, linke ~ eines Flusses; ans andere ~ fahren, schwimmen; der Fluss trat über seine ~* 2 *Meeresküste, Meeresstrand; Meeres~; das Schiff legt am ~ an*

ufer|los ⟨Adj. 24/70; fig.⟩ 1 *maßlos, ohne Ende, endlos, grenzenlos* • 1.1 *das geht ins* Uferlose ⟨umg.⟩ *das führt zu weit, führt zu keinem Ergebnis*

UFO, Ufo ⟨n.; -s, -s; Kurzw. für⟩ *unbekanntes Flugobjekt (aus dem All)*

U-för|mig *auch:* **u-för|mig** ⟨Adj. 24⟩ *wie ein U geformt*

Uhr ⟨f.; -, -en⟩ 1 *Gerät zum Messen von Zeit- u. Bewegungsabläufen; Armband~, Küchen~, Taschen~; ~ aufziehen, stellen; die ~ geht (nicht); die ~ schlägt, tickt; die ~ schlägt fünf, auf, nach meiner ~ ist es halb fünf; die ~ geht vor, nach* 1.1 *auf die, nach der ~ sehen feststellen, wie spät es ist* 2 *Zeitangabe (9^h 30); 9 ~ (und) 30 (Minuten); um 3 ~ früh, nachmittags; um 12 ~ mittags, nachts* • 2.1 *wie viel ist es, ~? was ist die ~? wie spät, welche Zeit ist es?* • 2.2 *seine ~ ist abgelaufen* ⟨fig.⟩ *sein Leben geht zu Ende, er muss sterben* 3 *Wasser-, Gaszähler; Gas~, Wasser~; die ~ einstellen*

Uhr|ma|cher ⟨m.; -s, -⟩ *Handwerker, der Uhren repariert*

Uhr|werk ⟨n.; -(e)s, -e⟩ *Vorrichtung zum Antrieb der Zeiger einer Uhr*

Uhu ⟨m.; -s, -s; Zool.⟩ *größte europäische Eule mit auffälligen Federohren, die in waldigen Vorgebirgen lebt und nistet: Bubo bubo*

Ukas ⟨m.; -ses, -se⟩ **1** ⟨früher⟩ *ein Erlass des Zaren* **2** ⟨scherzh.⟩ *Verordnung, Anordnung, Befehl;* ein ~ *des Ministers*

Uku|le|le ⟨f.; -, -s⟩ *kleine Gitarre portugiesischen Ursprungs mit vier Saiten*

Ulan ⟨m.; -en, -en⟩ **1** ⟨16. Jh.⟩ *leichter polnischer Lanzenreiter* **2** ⟨in Preußen u. Dtschld. bis zum 1. Weltkrieg⟩ *Angehöriger der schweren Kavallerie*

Ulk ⟨m.; -(e)s, -e⟩ *Spaß, lustiger Unfug;* ~ *machen;* etwas (nur) aus ~ *sagen, tun*

ul|ken ⟨V. 400; umg.⟩ *Ulk, Spaß machen, scherzen;* wir haben ja nur geulkt

ul|kig ⟨Adj.⟩ **1** *komisch, spaßig, drollig* **2** ⟨umg.⟩ *seltsam*

Ul|me ⟨f.; -, -n; Bot.⟩ *Baum aus der Gruppe der Edellaubhölzer mit geflügelten, einsamigen Früchten: Ulmus*

Ul|ti|ma Ra|tio ⟨[-tsjo] f.; - -; unz.⟩ *letztes Mittel, letzter Ausweg*

Ul|ti|ma|tum ⟨n.; -s, -s od. od. -ma|ten⟩ *mit der Androhung von repressiven Maßnahmen verbundene, befristete Forderung*

◆ Die Buchstabenfolge **ul|tra...** kann in Fremdwörtern auch **ult|ra...** getrennt werden.

◆ **ul|tra..., Ul|tra...** ⟨in Zus.⟩ **1** *jenseits (von), über ... hinaus;* ultraviolett; Ultrakurzwelle **2** ⟨umg.⟩ *besonders, sehr, äußerst;* ultramodern, ultrakonservativ

◆ **Ul|tra|schall** ⟨m.; -(e)s; unz.⟩ *Schwingungen des Schalls, die oberhalb der Grenze der Hörbarkeit liegen*

◆ **ul|tra|vio|lett** ⟨[-vi-] Adj.; Abk.: UV⟩ *im Spektrum jenseits des sichtbaren Violetts liegend;* ~e *Strahlen =* UV-*Strahlen*

um^1 ⟨Präp. m. Akk.⟩ **1** ~ **jmdn.** *od.* **etwas** (herum) *im Kreise, etwas od. jmdn. umgebend;* er ging ~ die Wiese, den Teich (herum); sie saßen, standen (im Kreis, Halbkreis) ~ ihn (herum); viele Menschen, Freunde ~ sich haben; ~ die Ecke biegen, schauen; sich ein Tuch ~ den Kopf binden; die Falter fliegen ~s Licht, ~ die Lampe; ~ den Tisch sitzen; ängstlich, vorsichtig ~ sich schauen; mir ist leicht, schwer, froh, warm ~s Herz ⟨fig.⟩ ● **1.1** etwas ~ und ~ wenden *mehrmals herumdrehen* **2** ~ einen **Preis, Gegenwert** *(im Austausch) für;* es ist ~ 100 Euro zu haben; Auge ~ Auge, Zahn ~ Zahn (2. Buch Mose, 21,24) ● **2.1** ~ **nichts** in der **Welt**, *nicht ~ die Welt* ⟨fig.⟩ *keinesfalls* ● **2.2** ~ die **Wette** *im Wettbewerb* **3** ~ einen **Wert** *größer (kleiner) so viel;* dies ist ~ die Hälfte teurer als jenes; er ist ~ ein Jahr älter als sie; dies ist ~ 2 cm größer, länger als jenes ● **3.1** ~ ein **Haar** ⟨fig.⟩ *fast, beinahe* **4** ⟨bei Zeit- od. Preisangaben⟩ (herum) *etwa, ungefähr, gegen, annähernd;* es kostet ~ 50 Euro (herum); ~ Mittag, ~ Mitternacht; ~ die 6. Stunde; ~ Weihnachten, ~ Ostern (herum) ● **4.1** ~ ... **Uhr** *genau, pünktlich;* ~ 12 Uhr; ~ 12 Uhr 25 **5 einer** ~

den **anderen** ● **5.1** *jeweils einen (in der Reihe) überspringend, jeder Zweite* ● **5.2** ⟨umg.⟩ *eine(r, -s, eins) nach dem anderen;* Jahr ~ Jahr verging; er wartete Stunde ~ Stunde **6** *wegen;* schade ~ das Geld!; ich habe ihn ~ Bücher gebeten; es ist schade ~ ihn!; ~ Geld spielen; ~ Hilfe rufen; sich ~ etwas od. jmdn. bemühen; jmdn. ~ etwas beneiden; sich ~ etwas streiten **7** ⟨m. „zu" u. Inf.⟩ sie ging in die Stadt, ~ etwas einzukaufen *mit der Absicht* **8** ⟨in sonstigen Wendungen⟩ ● **8.1** es **geht** ~ alles *es steht alles auf dem Spiel* ● **8.2** es **handelt** sich ~ Folgendes *das Folgende ist od. soll geschehen, davon ist die Rede* ● **8.3** ~ etwas **kommen** *etwas verlieren;* ich bin dabei ~ mein ganzes Geld gekommen ● **8.4** wie **steht** es ~ jmdn. od. etwas? *mit, betreffend;* es steht schlecht ~ ihn ● **8.5** ~ etwas **wissen** *etwas wissen, über etwas Bescheid wissen* **9** ⟨Präp. mit Gen.⟩ ~ ... **willen** *wegen;* ~ seiner Eltern willen; ~ des lieben Friedens willen; ~ Gottes willen! (Ausruf des Schreckens) ● **9.1** ~ meinetwillen (deinetwillen) *meinetwegen, mir zuliebe*

um^2 ⟨Adv.; in der Wendung⟩ ~ **sein** *abgelaufen, vorbei sein;* die Ferien sind um; heute ist das Jahr um

um..., Um... ⟨in Zus.⟩ **1** *rundherum, im Kreise um einen Mittelpunkt, von allen Seiten;* umbinden, umgehen; Umhang **2** *nach einer Seite hin, durcheinander;* umstürzen, umwerfen, umwenden **3** *verändert;* umarbeiten, umstellen; Umbruch, Umbau

um|ar|men ⟨V. 500⟩ **1** jmdn. ~ *die Arme um jmdn. legen* **2** ~der **Reim** *R., bei dem ein Paar Reime ein anderes einschließt, indem sich z. B. die 1. u. 4. sowie die 2. u. 3. Zeile reimen*

Um|bau ⟨m.; -(e)s, -ten od. -e⟩ **1** ⟨unz.⟩ *das Umbauen^1;* ~ auf der Bühne **2** *hölzerne Wand hinter Bett od. Couch, meist mit Bord zum Aufstellen von Gegenständen*

um||bau|en^1 ⟨V. 500⟩ etwas ~ **1** *durch Bauen verändern;* ein Haus ~ ● **1.1** *durch Verrücken, Verstellen der Einzelteile verändern;* das Bühnenbild ~

um|bau|en^2 ⟨V. 500⟩ etwas ~ **1** *durch Bauen, durch Gebäude umgeben, einschließen;* der See, der freie Platz ist heute völlig umbaut ● **1.1** umbauter **Raum** *Raummaß, das nach bes. Richtlinien aus den äußeren Begrenzungen eines Gebäudes ermittelt wird u. u. a. zur überschläglichen Baukostenberechnung dient*

um||bet|ten ⟨V. 500⟩ **1** ⟨Vr 7⟩ jmdn. ~ *in ein anderes Bett legen;* einen Kranken ~ **2** eine **Leiche** ~ *in ein anderes Grab legen*

um||bie|gen ⟨V. 109⟩ **1** ⟨500⟩ etwas ~ *nach einer Seite biegen, dehnen;* einen Draht ~ ● **1.1** ⟨Vr 3⟩ sich ~ *nach einer Seite biegen (lassen);* der Baum, der Draht biegt sich um **2** ⟨400(s.)⟩ *eine Biegung machen, die Richtung ändern;* die Straße biegt hier um

um||bin|den^1 ⟨V. 111/500⟩ **1** ⟨503/Vr 5⟩ (jmdm.) etwas ~ *durch Binden (an jmdm. od. sich) befestigen;* sich eine Schürze ~; ein **Buch** ~ *neu binden, mit einem neuen Einband versehen*

um|bin|den^2 ⟨V. 111/500⟩ etwas ~ *mit einem Band, einer Schnur, einer Binde o. Ä. umwickeln;* einen verletzten Arm ~

um|blät|tern ⟨V.⟩ **1** ⟨402⟩ (eine **Seite**) ~ *(eine Seite) umwenden;* während des Lesens ~ **2** ⟨600⟩ **jmdm.** ~ *jmdm. die Seiten umwenden;* er hat ihr die Noten beim Klavierspielen umgeblättert

um|bre|chen¹ ⟨V. 116⟩ **1** ⟨500⟩ **etwas** ~ *nach einer Seite brechen;* einen Stock, Zaun ~ • **1.1 Erde** ~ *umgraben* • **1.2 Papier** ~ *umbiegen* **2** ⟨400(s.)⟩ *etwas bricht um bekommt einen Bruch;* ein Strohhalm, Pappe bricht um • **2.1** *bricht u. stürzt um;* ein Baum, Zaun ist umgebrochen

um|bre|chen² ⟨V. 116/500⟩ **Schriftsatz** ~ *zu Seiten, im richtigen Seitenformat zusammenstellen;* der Satz ist (schon, noch nicht) umbrochen

um|brin|gen ⟨V. 118/500⟩ **1 jmdn.** ~ *töten, ermorden* • **1.1** ⟨Vr 3⟩ **sich** ~ *Selbstmord begehen* **2** ⟨514/Vr 3⟩ **sich** vor (lauter) Diensteifer, Hilfsbereitschaft ~ ⟨fig.; umg.⟩ *allzu diensteifrig, hilfsbereit sein*

Um|bruch ⟨m.; -(e)s, -brü|che⟩ **1** *grundlegende Änderung, Umwandlung (bes. politisch)* **2** ⟨Typ.⟩ *das Umbrechen²;* den ~ vornehmen • **2.1** *umbrochener Satz* **3** ⟨Bgb.⟩ *eine um den Schacht herumführende Strecke für den Umlauf der Förderwagen von der einen Schachtseite zur anderen*

um|dre|hen ⟨V.⟩ **1** ⟨500⟩ **etwas** ~ *drehend nach der anderen Seite, auf die andere Seite bewegen;* den Schlüssel (im Schloss) ~ • **1.1** ⟨530⟩ **einem Vogel, jmdm.** den Hals ~ *einen V., jmdn. töten* **2** ⟨400⟩ (mit einem **Fahrzeug**) ~ *umkehren, (um)wenden, kehrtmachen;* der Fahrer musste ~, da der Weg aufhörte **3** ⟨500/Vr 3⟩ **sich** ~ *eine halbe Wendung (um 180°) machen;* dreh dich bitte mal um!; er drehte sich wortlos um und ging; er drehte sich auf dem Absatz um und ging **4** ⟨511/Vr 3⟩ **sich nach jmdm.** ~ *den Kopf wenden, um jmdn. od. etwas hinter sich zu sehen* **5** ⟨500; fig.⟩ • **5.1** er dreht jeden Cent (zweimal) um • **5.1.1** *er spart sehr* • **5.1.2** *er ist geizig* • **5.2** ⟨531⟩ jmdm. das Wort im Munde ~ *das, was jmd. sagt, absichtlich falsch deuten* • **5.3** es ist ja gerade umgedreht! *gerade das Gegenteil ist richtig!* • **5.4** ⟨Vr 3⟩ jmds. Magen dreht sich (her)um *jmdm. wird übel, jmd. muss sich übergeben;* →a. *Spieß (2.2)*

um|ein|an|der *auch:* **um|ei|nạn|der** ⟨Adv.⟩ *einer um den anderen (herum);* ~ herumgehen; sie kümmern sich nicht ~; sie sorgen sich ~

um|fal|len ⟨V. 131/400(s.)⟩ **1** *etwas fällt um kippt um, fällt auf die Seite;* ein Stuhl, Tisch fällt um; die Vase ist umgefallen **2** *aus dem Stehen od. Sitzen hinfallen;* tot ~ (bes. durch Herzschlag); vor Müdigkeit fast ~; ich bin zum Umfallen müde • **2.1** ⟨umg.⟩ *ohnmächtig werden;* er ist fast umgefallen vor Schreck **3** ⟨fig.; umg.⟩ *(sich beeinflussen lassen u.) die Gesinnung plötzlich wechseln*

Ụm|fang ⟨m.; -(e)s, -fän|ge; Pl. selten⟩ **1** *zum Ausgangspunkt zurücklaufende Begrenzungslinie;* Kreis~ • **1.1** *Länge dieser Linie;* das Grundstück misst 2 km im ~; den ~ (eines Kreises usw.) berechnen; der Baumstamm hat einen ~ von 2 m • **1.1.1** *jmd. hat einen beträchtlichen ~ ist ziemlich dick* **2** ⟨fig.⟩ *Ausdehnung, Ausmaß;* das Buch hat einen ~ von 200 Seiten; der ~ der Verluste lässt sich noch nicht überblicken; die Sache, Arbeit nimmt allmählich größeren ~ an; ich habe die Bedeutung der Sache in ihrem ganzen ~ noch nicht, erst jetzt erkannt; eine Sache in größerem ~ betreiben **3** ~ einer **Stimme** *Fähigkeit, in sehr hoher u. (od.) sehr tiefer Tonlage zu singen*

um|fan|gen ⟨V. 132/500/Vr 8⟩ **1 jmdn.** ~ ⟨geh.⟩ *umfassen, umarmen* • **1.1** er umfing sie mit seinen Blicken *er ließ seine B. liebevoll auf ihr ruhen*

ụm|fang|reich ⟨Adj.⟩ *großen Umfang besitzend, ausgedehnt, groß*

ụm|fas|sen¹ ⟨V. 500⟩ einen **Edelstein** ~ *anders fassen als vorher, mit einer anderen Fassung versehen;* es lohnt sich, diesen Edelstein umzufassen

um|fạs|sen² ⟨V. 500⟩ **1** ⟨Vr 8⟩ **jmdn. od. etwas** ~ *mit den Armen, Händen fest umschließen* • **1.1** jmdn. ~ *umarmen;* lass mich dich ~! • **1.2** jmds. **Körperteil(e)** ~ *den Arm, die Arme darum legen;* jmds. Hände, Knie, Schultern ~ • **1.3** etwas ~ *mit der Faust festhalten;* er umfasste das Messer fester **2** eine **Stellung, Truppen** ~ ⟨Mil.⟩ *einschließen, umzingeln;* den Feind von zwei, von allen Seiten ~ **3** etwas umfasst etwas *schließt etwas in sich, enthält etwas;* das Buch umfasst 200 Seiten; das Buch umfasst die deutsche Literatur vom Mittelalter bis zur Gegenwart **4** ⟨Part. Präs.⟩ ~d *vollständig, alles einschließend;* ~de Kenntnisse auf einem Gebiet besitzen; ein ~des Geständnis ablegen • **4.1** eine ~de Bildung besitzen *vielseitige B.*

Ụm|fra|ge ⟨f.; -, -n⟩ *Frage, die an viele Personen gerichtet wird;* eine repräsentative ~; statistische Werte durch ~n ermitteln

um|frie|den ⟨V. 500⟩ **etwas** ~ *einfassen, umzäunen, mit Gitter, Mauer, Zaun od. Hecke umgeben*

Ụm|gang ⟨m.; -(e)s, -gän|ge⟩ **1** ⟨unz.⟩ *Verkehr, Geselligkeit, Zusammensein;* freundschaftlicher, vertraulicher ~; schlechten ~ haben; er, sie ist kein ~ für dich; (keinen) ~ mit jmdm. haben, pflegen **2** *kirchlicher Umzug, Rundgang, Prozession um den Altar, ein Stück Land o. Ä.;* Flur~ **3** *überdachter Gang um ein Gebäude;* Säulen~

ụm|gäng|lich ⟨Adj. 70⟩ *verträglich, freundlich, entgegenkommend;* er ist ein ~er Mensch

Ụm|gangs|spra|che ⟨f.; -; unz.⟩ *Sprache des täglichen Lebens*

um|ge|ben ⟨V. 143/500⟩ **1 jmdn. od. etwas** ~ *einschließen, in die Mitte nehmen;* der Wald umgibt das Grundstück von allen Seiten; von Freunden, Feinden ~ sein; der Redner war von zahlreichen Zuhörern ~ **2** ⟨516/Vr 8⟩ **jmdn. mit Fürsorge, Liebe** ~ ⟨fig.⟩ *jmdm. viel F., L. zukommen lassen*

Um|ge|bung ⟨f.; -, -en⟩ **1** *Gebiet, das etwas umgibt, in unmittelbarer Nähe von etwas befindliche Gegend (mit ihrer Atmosphäre);* die ~ Berlins; die ~ einer Stadt; die nähere, weitere ~ (einer Stadt); einen Ausflug in die ~ Hamburgs machen; die Stadt hat eine schöne, freundliche, trostlose ~; in dieser ~ könnte ich mich (nicht) wohlfühlen **2** *Personen, die sich immer in der Nähe von jmdm. aufhalten, mit ihm arbeiten, Gefolge, Begleitung;* der Bundespräsident

umgehen

und seine ~; in seiner ~ tuschelt man darüber, dass er …

um|ge|hen[1] ⟨V. 145(s.)⟩ **1** ⟨400⟩ ein **Gerücht** geht um *ist im Umlauf, verbreitet sich* **2** ⟨400⟩ **Geister** gehen um *erscheinen, spuken;* der alte Graf soll noch im Schloss ~ **3** ⟨417⟩ **mit jmdm.** od. einem **Tier** in bestimmter Weise ~ *jmdn. od. ein T. in bestimmter Weise behandeln;* gut, schlecht mit jmdm. ~; grob, liebevoll mit jmdm., einem Tier ~ • **3.1** ⟨m. Modalverb⟩ mit jmdm. ~ können *den richtigen Ton mit jmdm. treffen;* er kann gut mit Menschen ~ **4** ⟨417⟩ **mit jmdm.** ~ ⟨veraltet⟩ *mit jmdm. Umgang haben, mit jmdm. verkehren;* sage mir, mit wem du umgehst, so sage ich dir, wer du bist (Goethe, „Maximen u. Reflexionen") **5** ⟨410⟩ **mit etwas** in bestimmter Weise ~ *etwas (auf eine bestimmte Weise) behandeln, handhaben, gebrauchen, benutzen, anwenden;* ich kann damit nicht ~; ordentlich mit seinen Sachen ~; sparsam mit seinem Geld, seinem Vorrat ~; vorsichtig, unvorsichtig mit etwas ~ **6** ⟨416⟩ mit einer **Sache** ~ *etwas im Sinn haben, sich (geistig) mit etwas beschäftigen;* ich gehe mit dem Gedanken, Plan um, mir ein Auto zu kaufen

um|ge|hen[2] ⟨V. 145/500⟩ **1** etwas (bes. einen **Ort**) ~ *im (Halb-)Kreis um etwas herumgehen, herumfahren, einen Bogen, Umweg um etwas machen;* einen Sumpf, eine Stadt ~; den Feind an zwei Seiten, in der linken, rechten Flanke ~ **2** eine **Sache** ~ *vermeiden, dass man eine S. beachten, einer S. entsprechen muss* • **2.1** er umging die Antwort auf ihre Frage, indem er eine Gegenfrage stellte *er vermied die A.* • **2.2** ein Gesetz, eine Vorschrift ~ *nicht einhalten, ohne sich strafbar zu machen*

um|ge|hend 1 ⟨Part. Präs. von⟩ *umgehen*[2] **2** ⟨Adj. 24/70⟩ *sofortig, unverzüglich, sogleich, sofort;* ~e Erledigung, Antwort; ~ antworten; eine Sache ~ erledigen, zurückschicken

um|ge|kehrt 1 ⟨Part. Perf. von⟩ *umkehren* **2** ⟨Adj. 24⟩ *ins Gegenteil verkehrt, andersherum, entgegengesetzt;* es kam ~ • **2.1** ~ ist es richtig! *das Gegenteil ist richtig!*

um|grei|fen[1] ⟨V. 158/400⟩ *den Griff ändern, wechseln (z. B. an einem Turngerät)*

um|grei|fen[2] ⟨V. 158/500⟩ **1** etwas ~ *umfassen, umschließen;* eine Stange mit den Händen ~ **2** etwas umgreift etwas *schließt etwas ein, umschließt etwas;* der See umgriff das Gebäude von allen Seiten

Um|hang ⟨m.; -(e)s, -hän|ge⟩ *mantelartiges Kleidungsstück ohne Ärmel, das man sich nur umhängt;* Sy *Cape*

um|hän|gen ⟨V. 500⟩ **1** etwas ~ *an einen anderen Platz hängen;* ein Bild ~ **2** ⟨530/Vr 5⟩ jmdm. etwas ~ *über die Schultern hängen;* sich ein Mantel, eine Tasche ~

um|her ⟨Adv.⟩ *nach allen Seiten, hierhin u. dahin*

um|her- (in Zus. mit Verben; umg.) *herum…*

um|her|ir|ren ⟨V. 400(s.)⟩ *hierhin u. dahin gehen, ohne zu wissen, wo man ist, den Weg suchend umhergehen;* im Wald, in einem fremden Haus ~

um|her|zie|hen ⟨V. 293⟩ **1** ⟨400(s.)⟩ *hierhin u. dorthin ziehen, wandern;* ~de Jugendgangs **2** ⟨500⟩ etwas ~ *hin u. her ziehen, hierhin u. dahin (mit sich) ziehen;* das Kind zieht einen Wagen, seine Spielsachen im Zimmer umher

um|hin|kom|men ⟨V. 170⟩ = *umhinkönnen*

um|hin|kön|nen ⟨V. 171; nur in der Wendung⟩ nicht ~ *nicht anders können als, etwas (tun) müssen;* Sy *umhinkommen;* ich kann nicht umhin, es mitzuteilen; willst du ihn mitnehmen? Ich werde wohl nicht ~!

um|hö|ren ⟨V. 500/Vr 3⟩ sich ~ *durch Fragen vieler Leute etwas zu erfahren suchen;* ich werde mich einmal ~, ob es so etwas gibt, ob man so etwas bekommen kann; ich habe mich umgehört, aber leider nichts erfahren; ich werde mich nach einer Arbeitsstelle für ihn ~

Um|kehr ⟨f.; -; unz.⟩ **1** *das Umkehren, Wendung zurück* **2** ⟨fig.⟩ *Beginn einer besseren Lebensweise*

um|keh|ren ⟨V.⟩ **1** ⟨400(s.)⟩ *die entgegengesetzte Richtung einschlagen;* der Weg endet hier, also bleibt uns nichts anderes übrig als umzukehren **2** ⟨400(s.)⟩ *wieder zurückgehen, zurückfahren od. -fliegen;* auf halbem Wege ~; als ich das sah, bin ich sofort wieder umgekehrt; es fängt an zu regnen, wir müssen ~ **3** ⟨500⟩ etwas ~ *umdrehen, umwenden, auf die entgegengesetzte Seite kehren, in die entgegengesetzte Lage bringen, drehen, wenden;* einen Tisch, Stuhl ~; einen Strumpf, die Hosentasche ~ **4** ⟨500⟩ die **Reihenfolge** ~ *die entgegengesetzte R. vornehmen;* bei vielen Rennen wird die Reihenfolge im zweiten Durchgang umgekehrt **5** ⟨400(s.); fig.⟩ *sich von seinem bisherigen Leben abkehren u. ein besseres beginnen;* er bringt es nicht mehr fertig umzukehren **6** ⟨Part. Perf.⟩ umgekehrt *andersherum, entgegengesetzt;* umgekehrt ist es richtig!; umgekehrt proportional; sein Verdienst steht im umgekehrten Verhältnis zu seinen Ansprüchen • **6.1** es ist ja gerade umgekehrt! *andersherum richtig*

um|kip|pen ⟨V.⟩ **1** ⟨400(s.)⟩ *aus der senkrechten Stellung geraten, Übergewicht bekommen u. umstürzen, umfallen, auf die Seite fallen;* der Wagen ist umgekippt **2** ⟨400(s.); fig.; umg.⟩ *ohnmächtig werden* **3** ⟨400(s.)⟩ *plötzlich die Gesinnung wechseln* **4** ⟨500⟩ etwas ~ *zum Kippen u. Stürzen bringen;* einen Stuhl, Schrank ~

um|klam|mern ⟨V. 500/Vr 8⟩ jmdn. od. etwas ~ *von beiden Seiten, von allen Seiten packen u. festhalten, fest umarmen;* die Ringer umklammerten einander; den Feind ~; jmdn. mit beiden Armen ~; das Tier umklammerte den Ast mit allen vier Beinen; einen Gegenstand fest umklammert halten

um|klei|den[1] ⟨V. 500/Vr 7⟩ jmdn. ~ *jmds. Kleider wechseln;* sich ~; jmdm. beim Umkleiden helfen

um|klei|den[2] ⟨V. 516⟩ **1** etwas mit etwas ~ *ringsherum bedecken, bekleben, bespannen, umhüllen;* einen Kasten mit Stoff ~ • **1.1** eine unangenehme Wahrheit mit schönen Worten ~ ⟨fig.⟩ *verhüllen*

um|kom|men ⟨V. 170/400(s.)⟩ **1** *sterben, ums Leben kommen (bei einem Unfall od. Unglück);* bei dem schweren Erdbeben sind viele Menschen umgekommen • **1.1** ⟨414⟩ ich komme um vor Hitze ⟨umg.⟩ mir *ist schrecklich heiß* **2 Lebensmittel** *kommen um verderben;* ich lasse nichts ~

Um|kreis ⟨m.; -es; unz.⟩ **1** ⟨unz.⟩ *Umgebung, Gebiet, das man von seinem Standpunkt aus überblicken kann;* 3 km im ~ sind nur Felder und Wiesen zu sehen; im ~ von 50 m waren durch die Explosion alle Fensterscheiben entzweigegangen **2** ⟨Math.⟩ *Kreis, der durch die Ecken einer Figur geht*

um|krei|sen ⟨V. 500/Vr 8⟩ *jmdn. od. etwas ~ im Kreis um jmdn. od. etwas gehen, fahren, sich bewegen;* die Satelliten ~ die Erde; die Erde umkreist die Sonne; der Hund umkreist seinen Herrn in großen Sprüngen

um|krem|peln ⟨V. 500⟩ **1** *Teil(e) eines* **Kleidungsstücks** *~ mehrmals nach oben, in die Höhe schlagen, aufkrempeln;* Ärmel, Hosenbeine ~; beim Abwaschen die Ärmel ~ **2** *jmdn. od. eine* **Sache** *~* ⟨fig.⟩ *vollständig ändern,* wir haben die ganze Sache, unseren Plan völlig umgekrempelt • **2.1** man kann einen Menschen nicht ~ ⟨umg.⟩ *nicht ändern, man muss ihn so nehmen, wie er (nun einmal) ist* • **2.2** ich kann mich nicht ~ ⟨fig.; umg.⟩ *ich kann mich nicht ändern, ich muss (eben) so bleiben, wie ich bin* **3** *eine* **Wohnung,** *ein Zimmer usw. ~ etwas in einer W. usw. suchen u. dabei Unordnung erzeugen;* ich habe die ganze Wohnung umgekrempelt u. den Brief trotzdem nicht gefunden

um|la|den ⟨V. 174/500⟩ *etwas ~ von einem Behälter od. Wagen in einen anderen laden;* Güter, Waren ~

um|la|gern¹ ⟨V. 500⟩ *etwas ~ die Lagerung von etwas ändern, anders lagern als vorher;* Obst, Getreide ~

um|la|gern² ⟨V. 500⟩ *jmdn. od. etwas ~ umringen, sich um jmdn. od. etwas drängen;* der Verkaufsstand war vor Neugierigen, Kauflustigen umlagert

Um|lauf ⟨m.; -(e)s, -läu|fe⟩ **1** ⟨unz.⟩ *das Umlaufen¹ (2-2.1);* Geld~; Geld außer ~ setzen; Geld in ~ bringen, setzen; das Gerücht ist in ~, dass ... **2** *Kreislauf, Bewegung im Kreis um etwas herum;* Mond~ **3** *Rundschreiben innerhalb eines Betriebes, das von jedem Angestellten abgezeichnet wird* **4** ⟨Med.⟩ *Fingerentzündung: Panaritium*

um|lau|fen¹ ⟨V. 176⟩ **1** ⟨500⟩ *jmdn. od. etwas ~ im Laufen umstoßen;* er lief das Kind um **2** ⟨400(s.)⟩ **etwas** *läuft um bewegt sich im Kreis, läuft von einem zum anderen (wieder zum Ausgangspunkt zurück);* Gerüchte laufen um • **2.1** ~des **Geld** *im Verkehr befindliches G.*

um|lau|fen² ⟨V. 176/500⟩ **1** *etwas ~ um etwas herumlaufen;* der Schäferhund umläuft die Herde **2** *etwas umläuft* **etwas** *bewegt sich auf einer bestimmten Bahn um etwas;* der Planet umläuft die Sonne

Um|laut ⟨m.; -(e)s, -e; Sprachw.⟩ **1** ⟨unz.⟩ *Veränderung eines Vokals durch den ursprünglichen Einfluss des folgenden, helleren Vokals, im Neuhochdeutschen a zu ä, o zu ö, u zu ü, au zu äu* **2** *der so entstehende Laut selbst (ä, ö, ü, äu)*

um|le|gen ⟨V. 500⟩ **1** *etwas ~ aus der vertikalen in die horizontale Lage bringen, hinlegen, was vorher gestanden hat;* die Antenne am Radio ~ • **1.1** der Wind hat das Getreide umgelegt *niedergebeugt* • **1.2** einen **Baum** ~ *fällen* **2** *einen* **Kragen,** *Manschetten ~ umschlagen, falten* **3** ⟨530/Vr 5⟩ *jmdm. etwas ~ umbinden, umhängen;* jmdm. eine Decke, einen Schal, eine Halskette ~ **4** *etwas ~ anders legen, an eine andere Stelle legen, verlegen;* ein Elektrokabel ~; eine Leitung ~ **5 Kranke** (im Krankenhaus) *~ in ein anderes Zimmer legen* **6** *jmdn. ~* ⟨umg.⟩ • **6.1** *zu Boden werfen (beim Ringen, Boxen)* • **6.2** *töten, ermorden* **7** *eine* **Frau** *~* ⟨derb⟩ *mit einer Frau geschlechtlich verkehren* **8 Land, Kosten** *~ auf mehrere Personen verteilen* **9** *einen* **Termin** *~ ändern*

um|lei|ten ⟨V. 500⟩ *jmdn. od. etwas ~ in eine andere Richtung leiten, anders leiten;* den Verkehr ~; einen Fluss ~

Um|lei|tung ⟨f.; -, -en⟩ **1** *das Umleiten, Führung des Verkehrs auf einem anderen als dem direkten od. gewohnten Weg* **2** *der ungewohnte Weg selbst, über den der Verkehr vorübergehend geleitet wird*

um|lie|gend ⟨Adj. 24/60⟩ *in der näheren Umgebung befindlich, in der Nachbarschaft gelegen;* die ~en Häuser, Ortschaften

um|nach|tet ⟨Adj. 70⟩ *verwirrt, nicht klar, (geistes)krank;* sein Geist ist ~; er ist (geistig) ~

um|rah|men ⟨V. 500⟩ *etwas ~ mit einem Rahmen versehen;* ein Bild ~; ihr Gesicht war von blonden Locken umrahmt; der Vortrag wurde von Musik umrahmt

um|rech|nen ⟨V. 505⟩ *einen* **Betrag** (in etwas) *~ rechnen, wie viel ein B. in einem anderen Kurs, in einer anderen Währung od. Rechnungseinheit ergibt;* Euro in Dollar, Pfund ~; Euro in Cent ~

um|rei|ßen¹ ⟨V. 198/500⟩ **1** *etwas ~ niederreißen, zerstören;* eine Mauer ~; er riss den Zaun um **2** *jmdn. od. etwas ~ heftig umwerfen, zum Umfallen bringen;* Vorsicht, reiß mich nicht um!

um|rei|ßen² ⟨V. 198/500⟩ **1** *etwas ~ skizzieren, die Form von etwas mit wenigen Linien angeben;* Sy ⟨Mal.⟩ *konturieren* **2** *eine* **Sache** *~ mit wenigen Worten, in großen Zügen schildern*

um|rin|gen ⟨V. 500/Vr 8⟩ *jmdn. od. etwas ~ von allen Seiten umgeben;* die Kinder umringten den Vater

Um|riss ⟨m.; -es, -e⟩ **1** *äußere Begrenzungslinie;* Sy *Kontur;* etwas in Umrissen zeichnen • **1.1** *etwas in Umrissen schildern in groben Zügen, mit wenigen Worten*

ums ⟨Verschmelzungsform aus Präp. u. Art.⟩ *um das;* einmal ~ Haus gehen

um|sat|teln ⟨V.⟩ **1** ⟨500⟩ *ein* **Pferd** *~ mit einem anderen Sattel versehen* **2** ⟨400(s.); fig.⟩ *ein anderes Studium, einen anderen Beruf ergreifen;* von Jura zu (zur), auf Volkswirtschaft ~

Um|satz ⟨m.; -es, -sät|ze⟩ **1** *die Gesamtheit dessen, was umgesetzt (5-6) wird* • **1.1** *alle Verkäufe eines Betriebes in einer bestimmten Zeit;* Tages~, Jahres~; den ~ erhöhen

um|schal|ten ⟨V.⟩ **1** ⟨400; fig.; umg.⟩ *sich auf etwas anderes einstellen, umstellen;* nach den Ferien wieder auf den Arbeitsalltag ~ **2** ⟨500⟩ *etwas ~ durch Schalten verändern;* das Netz von Gleichstrom auf Wechselstrom ~

Um|schau ⟨f.; -, -en⟩ **1** *Rundschau, Rundblick;* ~ *halten* **2** *Überblick (oft als Zeitschriften- od. Zeitungsname)*

um|schich|tig ⟨Adj.⟩ *abwechselnd; etwas* ~ *tun;* ~ *arbeiten*

um|schif|fen ⟨V. 500⟩ **1** *etwas* ~ *mit dem Schiff um etwas herumfahren;* ein Kap, ein Riff, eine Insel, Landzunge ~ ● **1.1** eine Klippe glücklich ~ ⟨fig.⟩ *ein Hindernis umgehen, eine Schwierigkeit vermeiden*

Um|schlag ⟨m.; -(e)s, -schläge⟩ **1** ⟨unz.⟩ *das Umschlagen (6), plötzliche Veränderung, Umschwung;* Stimmungs~, Witterungs~; ein politischer ~ **2** *Papierhülle um ein Buch od. Heft;* Schutz~; um ein kostbares Buch einen ~ machen **3** *Hülle für einen Brief zum Versenden;* Brief~; einen Brief in einen ~ stecken; den ~ adressieren, zukleben; ein gefütterter ~; 25 Briefbogen mit Umschlägen **4** *feuchtes (mit Heilmittel versehenes) Tuch, das um einen Körperteil gewickelt wird, um Schmerzen zu lindern, Entzündungen zu hemmen usw.;* Sy Wickel (2); jmdm. einen ~ machen; ein ~ mit essigsaurer Tonerde; ein kalter, warmer ~ **5** *umgeschlagenes Stoffstück;* einen ~ nähen **6** *(bes. vom Schiff auf Landfahrzeuge) vorgenommene Umladung;* ein Unternehmen, das auf ~ spezialisiert ist

um|schla|gen ⟨V. 218⟩ **1** ⟨500⟩ **etwas** ~ *auf die andere Seite wenden, umwenden;* die Seite eines Buches ~; den Kragen ~; den Saum ~; ein Blatt ~ **2** ⟨500⟩ **etwas** ~ *durch Schlag umwerfen, zum Stürzen bringen, fällen;* einen Baum ~ **3** ⟨500⟩ **Güter, Waren** ~ *(bes. vom Schiff auf Landfahrzeuge) umladen* **4** ⟨400(s.)⟩ ein **Boot** schlägt um *kippt um, kentert;* bei diesem Wind ist es wahrscheinlich, dass das Boot umschlägt **5** ⟨400(s.)⟩ **Wein, Bier** schlägt um *wird sauer;* bei zu langer Lagerung unter ungünstigen Bedingungen kann Wein ~ **6** ⟨400(s.)⟩ **etwas** schlägt um *ändert sich plötzlich, verkehrt sich ins Gegenteil;* das Wetter, die Stimmung schlägt um; ins Gegenteil ~

um|schlie|ßen ⟨V. 222/500⟩ **1 jmdn.** od. **etwas** ~ *einschließen, umzingeln, umfassen;* die feindlichen Stellungen ~; er umschloss sie mit beiden Armen **2 etwas** umschließt **etwas** *umgibt etwas;* der Fluss umschließt die Burg von drei Seiten

um|schlin|gen ⟨V. 223/500/Vr 8⟩ **jmdn.** od. **etwas** ~ *sich od. seine Arme eng um jmdn. od. etwas schlingen;* die Kletterpflanze umschlingt den Baumstamm; das Kind umschlang den Hals der Mutter

um|schrei|ben[1] ⟨V. 230/500⟩ **1 etwas** ~ *in anderer Weise schreiben, durch Schreiben (Ergänzen, Streichen) umarbeiten, umgestalten, schriftlich ändern;* ein Manuskript, einen Text, Aufsatz ~ **2** ⟨550⟩ **etwas auf jmdn.** od. **etwas** ~ *übertragen;* eine Hypothek auf jmdn. ~; einen Geldbetrag auf ein anderes Konto ~ ● **2.1** ein **Grundstück auf jmdn., jmds. Namen** ~ (lassen) *den Namen des Inhabers eines Grundstücks im Grundbuch ändern lassen*

um|schrei|ben[2] ⟨V. 230/500⟩ **etwas** ~ **1** *in Umrissen beschreiben, bezeichnen, schildern;* jmds. Aufgaben, Pflichten genau, in kurzen Worten ~ **2** *mit anderen, verhüllenden Worten ausdrücken, durch einen anderen Ausdruck bezeichnen;* wenn dir das Wort, die richtige Bezeichnung nicht einfällt, musst du es bzw. sie (durch andere Wörter) ~; ein unanständiges Wort, einen peinlichen Sachverhalt (durch andere Ausdrücke) ~ **3** *umgrenzen, auf einen Herd beschränken;* ein (genau) umschriebenes Ekzem; ein (genau) umschriebener Schmerz

um|schwär|men ⟨V. 500⟩ **1 etwas** ~ *im Schwarm um etwas herumfliegen;* die Fliegen ~ den Komposthaufen **2** jmdn. ~ *in Scharen umgeben u. ihm dabei den Hof machen, bewundernd umgeben;* der Schauspieler wird von vielen jungen Mädchen umschwärmt; sie wurde in ihrer Jugend von vielen Verehrern, Bewunderern umschwärmt ● **2.1** das junge Mädchen wird sehr umschwärmt *viele junge Männer machen ihm den Hof*

Um|schwei|fe ⟨nur Pl.⟩ **1** *Umwege, Umstände, einleitende Redensarten* ● **1.1** ~ machen *sich umständlich ausdrücken, nicht sofort sagen, was man will* ● **1.1.1** mach keine ~! *sag offen, was du willst!* ● **1.2** etwas ohne ~ sagen *geradeheraus sagen*

um|schwen|ken ⟨V. 400(s.)⟩ **1** *in eine andere Richtung gehen, schwenken* **2** ⟨fig.⟩ *seine Ansicht, Gesinnung ändern*

Um|schwung ⟨m.; -(e)s, -schwün|ge⟩ **1** *Drehung, Schwung um 360° am Reck* **2** *grundlegende Veränderung, Wendung (der politischen Lage, Einstellung einer Partei, Führung eines Staates od. der Stimmung)* **3** ⟨unz.; schweiz.⟩ *Umgebung des Hauses*

um|se|hen ⟨V. 239/500/Vr 3⟩ **sich** ~ **1** *nach rückwärts sehen, hinter sich schauen;* als er sich umsah, entdeckte er, dass er beobachtet wurde **2** ⟨511/Vr 3⟩ **sich nach jmdm.** ~ *sich umwenden, um jmdn. zu sehen;* sie sah sich immer wieder um, um sich zu vergewissern, dass ihr niemand folgte **3** *im Kreis herumblicken, nach allen Seiten schauen, das in der Nähe Befindliche genau betrachten;* du darfst dich bei mir nicht so genau ~, ich habe noch nicht aufgeräumt ● **3.1** ⟨511/Vr 3⟩ sich in der Stadt ~ *die S. durch Umhergehen od. -fahren kennenlernen* **4** ⟨511/Vr 3⟩ **sich nach jmdm.** od. **etwas** ~ *auf der Suche sein nach jmdm. od. etwas* ● **4.1** ich werde mich ~, ob ich etwas Passendes finde ⟨fig.⟩ *ich werde hier u. dort nachsehen, fragen, ob* … ● **4.2** ⟨550/Vr 3⟩ sich nach Arbeit ~ *A. suchen* **5** ⟨511/Vr 3; fig.⟩ sich in der **Welt** ~ *die W. kennenlernen* **6** du wirst dich noch ~! ⟨umg.⟩ *du wirst noch anders denken lernen, du wirst dich noch wundern (weil alles anders ist, als du denkst)!*

um|sein ⟨alte Schreibung für⟩ *um sein*

um|sei|tig ⟨Adj. 24/90⟩ *auf der Rückseite (des Blattes) stehend*

um|set|zen ⟨V. 500⟩ **1 Gegenstände** ~ *in geänderter Ordnung, Reihenfolge aufstellen, anbringen* ● **1.1** einen **Kamin** ~ (lassen) *anders setzen od. an einer anderen Stelle aufstellen, errichten (lassen)* **2 Pflanzen** ~ *in anderes Erdreich pflanzen;* Bäume ~ **3 jmdn.** ~ *jmdm. einen anderen Platz anweisen;* einen ständig schwatzenden Schüler ~ ● **3.1** ⟨Vr 3⟩ **sich** ~ ⟨umg.⟩ *sich auf einen anderen Platz setzen* **4** eine **Melodie,** ein Musikstück ~ ⟨Mus.⟩ *in eine andere Tonart setzen, transponieren* **5 Ware** ~ *verkaufen;* Waren im

Wert von 10 € ~ **6** etwas ~ *umwandeln;* Kohlehydrate in Fett ~ ⟨Biochem.⟩ • **6.1** ⟨Vr 3⟩ *etwas setzt sich um verwandelt sich;* Bewegung setzt sich in Energie um **7** ⟨511⟩ *Geld in etwas ~ für etwas ausgeben;* sein Geld in Bücher ~ **8** ⟨511⟩ einen **Plan**, ein **Vorhaben** in die Tat ~ ⟨fig.⟩ *ausführen, verwirklichen*

Um|sicht ⟨f.; -; unz.⟩ *kluges, zielbewusstes Beachten aller Umstände;* mit ~ zu Werke gehen

um|sich|tig ⟨Adj.⟩ *bedacht, überlegt, alle Umstände bedenkend;* ~ *handeln, vorgehen*

um|so ⟨Konj.⟩ *desto;* je schneller, ~ besser; ~ mehr tut es ihm leid; ~ größer ist seine Schuld

um|sonst ⟨Adv.⟩ **1** *unentgeltlich, kostenlos, ohne Vergütung;* ~ arbeiten; wenn du ihn bittest, macht er dir das ~ **2** *vergeblich, vergebens, erfolglos;* du hast dich ~ bemüht; es ist alles ~

um|sprin|gen[1] ⟨V. 253(s.)⟩ **1** ⟨410⟩ *aus dem Stand springend eine Viertel- od. halbe Drehung (auf der gleichen Stelle) machen;* (mit den Skiern) nach rechts, links ~ **2** ⟨400⟩ *etwas springt um wechselt plötzlich die Richtung;* der Wind springt um **3** ⟨813⟩ **mit jmdm.** ~ ⟨fig.⟩ *jmdn. (schlecht) behandeln;* so kannst du nicht mit ihm ~!; energisch, grob mit jmdm. ~ **4** ⟨400⟩ *den Griff (am Turngerät) wechseln u. in die entgegengesetzte Richtung springen;* am Barren, Reck ~

um|sprin|gen[2] ⟨V. 253/500⟩ jmdn. od. etwas ~ *um jmdn. od. etwas herumspringen;* die Hunde umsprangen die Beute

Um|stand ⟨m.; -(e)s, -stän|de⟩ **1** *bes. Lage, bemerkenswerte, bes. Einzelheit, Tatsache, Sachverhalt;* allein der ~, dass er niemanden hier kennt, macht seine Aufgabe so schwierig; ein entscheidender, wesentlicher, wichtiger ~; ein glücklicher, misslicher, ungünstiger ~ • **1.1** unter diesen Umständen muss ich es leider ablehnen, das zu tun *bei diesem Sachverhalt muss ich es leider ablehnen,* ... **2** ⟨nur Pl.⟩ *Verhältnisse;* das ist je nach den Umständen verschieden; sich den veränderten Umständen anpassen; ich bin durch die äußeren Umstände gezwungen, es zu tun **3** unter Umständen *gegebenenfalls, vielleicht, wenn es möglich ist;* unter Umständen könnten wir die Ferien zusammen verbringen • **3.1** unter allen Umständen *auf jeden Fall* • **3.2** unter keinen Umständen *keinesfalls;* das kommt unter gar keinen Umständen in Frage **4** ⟨nur Pl.⟩ Umstände *Unannehmlichkeiten, zusätzliche Arbeit, umfangreiche Vorbereitungen zu etwas;* wenn es Ihnen keine Umstände macht, dann komme ich gern • **4.1** mach keine Umstände! *mach dir nicht (so) viel Mühe!* • **4.2** in anderen Umständen sein *schwanger sein*

um|stän|de|hal|ber ⟨Adv.⟩ *wegen veränderter, wegen besonderer Umstände;* der Hund ist ~ abzugeben

um|ständ|lich ⟨Adj.⟩ **1** *viele Umstände verursachend, mit vielen Umständen (Mühen) verbunden;* eine ~e Arbeit, Reise; das ist mir viel zu ~! **2** *allzu genau od. nicht zweckmäßig u. daher langsam;* eine ~e Schilderung; das machst du aber ~!; er ordnete ~ seine Papiere u. begann vorzulesen; er ist bei allem, was er tut, ein wenig ~

um|ste|hend ⟨Adj. 24/70⟩ **1** *ringsum, im Kreis um etwas od. jmdn. stehend;* die ~en Menschen; die Umstehenden applaudierten **2** *auf der Rückseite befindlich;* der Paragraf wird ~ erläutert • **2.1** auf der ~en Seite *auf der Rückseite des Blattes* • **2.2** im Umstehenden *auf der umstehenden Seite* • **2.3** Umstehendes *das auf der Rückseite Befindliche;* Umstehendes sollte genauestens befolgt werden

um|stei|gen ⟨V. 258/400(s.)⟩ **1** *aus einem Fahrzeug in ein anderes steigen* • **1.1** *den Bus, Zug, die Straßenbahn, das Schiff wechseln;* muss ich nach Berlin ~ oder geht es in einem durchgehenden Zug?; ich muss in Frankfurt ~ **2** ⟨fig.⟩ *einer anderen Beschäftigung als bisher nachgehen* **3** ⟨fig.⟩ *ein anderes Gerät o. Ä. als bisher benutzen;* wir sind auf eine andere Automarke umgestiegen

um|stel|len[1] ⟨V. 500⟩ **1** etwas ~ *an einen anderen Platz stellen, anders stellen als vorher, umräumen;* Bücher, Möbel, Wörter (im Satz) ~ **2** ⟨550⟩ **etwas auf etwas** ~ *auf eine neue Norm ausrichten, anders einstellen;* die Heizung von Sommer- auf Winterbetrieb ~; das Telefon vom Geschäft auf die Wohnung ~ • **2.1** einen **Betrieb** auf eine andere Produktion ~ *in einem B. von nun an etwas anderes produzieren* • **2.2** er hat seine Buchhandlung auf Antiquariat umgestellt *in ein A. umgewandelt* **3** ⟨Vr 3⟩ **sich** ~ *eine andere Haltung einnehmen, sich den neuen Umständen, einer neuen Lage anpassen;* er ist zu alt, er kann sich nicht mehr (auf die heutige Zeit) ~ • **4** ⟨550/Vr 3⟩ **sich auf etwas** ~ *sich nach etwas richten, sich auf etwas einstellen, sich einer Sache anpassen, sich in einer veränderten Lage zurechtfinden;* die älteren Angestellten können sich oft nur schwer auf neue Computerprogramme ~

um|stel|len[2] ⟨V. 500⟩ jmdn. od. etwas ~ *sich so um jmdn. od. etwas stellen, dass niemand, nichts entkommen kann;* das Wild ~; ein Haus mit Wachtposten ~; das Haus war von allen Seiten umstellt

um|stim|men ⟨V. 500⟩ **1** ein **Instrument** ~ *die Stimmung eines Instrumentes ändern* **2** den **Organismus** ~ *Veränderung in der Funktion des O. bewirken* **3** jmdn. ~ *veranlassen, seine Meinung zu ändern;* er lässt sich nicht ~

um|sto|ßen ⟨V. 262/500⟩ **1** jmdn. od. etwas ~ *durch einen Stoß umwerfen;* eine Kanne, Vase ~ **2** eine **Sache** ~ *für ungültig erklären, rückgängig machen;* das stößt alle unsere Berechnungen um; einen Plan, ein Vorhaben ~

um|strit|ten ⟨Adj. 70⟩ *nicht sicher, nicht einwandfrei geklärt, nicht verbürgt, nicht überliefert;* die Herkunft dieses Wortes ist ~; der Wert dieses Bildes ist ~

Um|sturz ⟨m.; -es, -stür|ze; Pl. selten⟩ *grundlegende Veränderung, Umwälzung (bes. der Staatsform)*

um|stür|zen ⟨V.⟩ **1** ⟨500⟩ etwas ~ *in eine verkehrte, schiefe Lage bringen, umwerfen;* einen Wagen, ein Gefäß, einen Tisch ~ • **1.1** eine **Mauer** ~ *niederreißen* **2** ⟨400⟩ *etwas stürzt um fällt um, zur Seite;* ein umgestürzter Lastwagen, Tisch **3** ⟨500⟩ etwas ~ ⟨fig.⟩ *die Ordnung von etwas grundlegend verändern;*

wir haben den ganzen Plan ~ müssen; wenn wir die Eltern bei uns aufnehmen, müssen wir die ganze Wohnung ~ 4 ⟨500⟩ die **Regierung** ~ *stürzen, zu Fall bringen, beseitigen*

um|tau|schen ⟨V. 500⟩ *etwas ~ zurückgeben u. dafür etwas anderes, Gleichwertiges bekommen, gegen etwas Gleichwertiges auswechseln*

Um|trieb ⟨m.; -(e)s, -e⟩ **1** ⟨meist Pl.⟩ *Machenschaften, Ränke; revolutionäre ~e; geheime ~e* **2** ⟨nur Pl.⟩ *(Zeit od. Geld verschlingende) lästige Nebenarbeiten, Umstände, Umständlichkeit; etwas ohne viel ~e machen* **3** ⟨Bgb.⟩ *Strecke, die um Schächte herum- od. an ihnen vorbeiführt* **4** ⟨Forstw.⟩ *Zeitraum, in dem jeder Bestand eines gleichaltrigen Hochwaldes oder Niederwaldes planmäßig einmal abgeholzt wird*

Um|trunk ⟨m.; -(e)s, -trün|ke⟩ *gemeinsames Trinken; einen ~ veranstalten*

um|tun ⟨V. 272; umg.⟩ **1** ⟨530/Vr 5 od. Vr 6⟩ *jmdm. etwas ~ umhängen, umlegen; tu dir eine warme Decke, einen Mantel um* **2** ⟨500/Vr 3⟩ *sich ~ Erkundigungen einziehen* • **2.1** ⟨550/Vr 3⟩ *sich nach etwas ~ sich nach etwas erkundigen, etwas zu erfahren suchen* • **2.2** ⟨550/Vr 3⟩ *sich nach jmdm. ~ jmdm. suchen (zur Arbeit); sich nach einer Haushaltshilfe ~*

um|wäl|zen ⟨V. 500⟩ **1** *jmdn. od. etwas ~ auf die andere Seite wälzen* **2** ⟨meist im Part. Präs.⟩ *eine* **Sache** *~* ⟨fig.; selten⟩ *(gewaltsam) vollkommen ändern; ~de Ereignisse; von ~der Wirkung*

um|wan|deln ⟨V. 500/Vr 7⟩ **1** *jmdn. od. etwas ~ in eine andere Form bringen, umgestalten, verwandeln; Todesstrafe in lebenslängliche Gefängnisstrafe ~; Gleichstrom in Wechselstrom ~* • **1.1** *jmd. ist wie umgewandelt ist ein anderer Mensch geworden, hat sich sehr verändert*

um|wech|seln ⟨[-ks-] V. 505⟩ *etwas (in etwas) ~ auswechseln, umtauschen; Dollar in Euro ~; Papiergeld in Münzen ~*

Um|weg ⟨m.; -(e)s, -e; a. fig.⟩ *Weg, der länger ist als der gerade Weg; einen ~ machen; einen Ort auf ~en erreichen; eine Sache auf ~en erreichen* ⟨fig.⟩

Um|welt ⟨f.; -; unz.⟩ *Gesamtheit der ein Lebewesen umgebenden anderen Lebewesen, Dinge u. Vorgänge, mit denen es in Wechselwirkung steht; sich seiner ~ anpassen; fremde, gewohnte, ungewohnte ~; sich in einer neuen ~ eingewöhnen*

um|welt|be|wusst ⟨Adj.⟩ *sich der Verantwortung der natürlichen Umwelt gegenüber bewusst seiend; ~ handeln*

um|wen|den ⟨V. 283⟩ **1** ⟨500/Vr 7⟩ *jmdn. od. etwas ~ auf die andere Seite wenden, umdrehen; jmdm. die Notenblätter ~; eine Seite (im Buch) ~* • **1.1** ⟨Vr 3⟩ *sich ~ sich umdrehen, sich nach rückwärts wenden* • **1.1.1** ⟨550/Vr 3⟩ *sich nach jmdm. ~ den Kopf wenden, um nach jmdm. zu sehen* **2** ⟨400; selten⟩ *mit dem Fahrzeug umkehren, die entgegengesetzte Richtung einschlagen; die Straße ist zu schmal, wir können hier nicht ~*

um|wer|fen ⟨V. 286⟩ **1** ⟨500 od. Vr 8⟩ *jmdn. od. etwas ~ zum Umfallen bringen, zu Boden werfen* **2** ⟨530/Vr 1⟩ *sich etwas ~ sich rasch etwas umhängen; einen Man-*

tel, ein Tuch ~ **3** ⟨500⟩ *eine* **Sache** *~ grundlegend ändern; einen Plan ~* **4** ⟨500⟩ *jmdn. ~* ⟨fig.⟩ *aus der Fassung bringen; ein hartes Wort wirft mich nicht um* • **4.1** *~d* **komisch** *ganz besonders komisch*

um|wit|tert ⟨Adj. 46⟩ *von etwas ~ sein in geheimnisvoller Weise von etwas umgeben sein; seine Herkunft ist von Geheimnissen ~; der Ort ist von einem düsteren Hauch ~*

um|wöl|ken ⟨V. 500/Vr 3⟩ **1** *der* **Himmel** *umwölkt sich bedeckt sich mit Wolken* **2** *jmds.* **Stirn** *umwölkt sich* ⟨fig.⟩ *verdüstert sich, jmds. Gesicht wird finster*

um|zie|hen[1] ⟨V. 293⟩ **1** ⟨400(s.)⟩ *die Wohnung, den Wohnsitz wechseln; Sy* ⟨schweiz.⟩ *zügeln*[2] **2** ⟨500/Vr 7⟩ *jmdn. ~ jmds. Kleidung wechseln; ich musste das Kind völlig ~; sie ist noch beim Umziehen; sich fürs Abendessen, fürs Theater ~*

um|zie|hen[2] ⟨V. 293/500/Vr 3⟩ *sich ~ sich mit Wolken bedecken; der Himmel umzog sich*

um|zin|geln ⟨V. 500⟩ *jmdn. od. etwas ~ jmdn. cd. etwas einkreisen, umstellen, (in feindlicher Absicht) umringen; einen Geflohenen ~*

Um|zug ⟨m.; -(e)s, -zü|ge⟩ **1** *das Umziehen*[1] *(1); der ~ nach Berlin muss noch organisiert werden* **2** *Fahrt, Marsch eines Festzuges; sich den ~ ansehen; einen ~ veranstalten; an einem ~ teilnehmen; Fastnachts~*

un... ⟨in Zus.⟩ *(zur Bez. der Verneinung od. des Gegenteils) nicht; unerwünscht, unhöflich, unübersehbar*

Un... ⟨Vorsilbe⟩ **1** *(zur Bez. des großen Maßes) sehr groß; Unmenge, Unzahl* **2** *Miss....; Unbehagen*

un|ab|än|der|lich ⟨a. ['-----] Adj. 24⟩ *nicht zu ändern, unwiderruflich; ein ~er Entschluss*

un|ab|ding|bar ⟨a. ['-----] Adj. 24/70⟩ *unbedingt nötig; die ~e Voraussetzung dafür ist, dass ...*

un|ab|läs|sig ⟨a. ['----] Adj. 24/90⟩ *ohne Unterlass, ohne aufzuhören, immerfort, immerzu, dauernd*

un|acht|sam ⟨Adj.⟩ *nicht achtsam, nicht sorgsam, unaufmerksam, nachlässig*

un|an|ge|nehm ⟨Adj.⟩ *nicht angenehm, peinlich, Verlegenheit, Unbehagen bereitend; ein ~er Nachbar, Vorfall*

Un|an|nehm|lich|keit ⟨f.; -, -en⟩ *unangenehme, lästige Mühe, lästige Sorge; jmdm. ~en bereiten*

un|an|sehn|lich ⟨Adj.⟩ *nicht schön anzusehen, armselig, abgenutzt, ungepflegt; eine ~e Wohnung*

un|an|stän|dig ⟨Adj.⟩ **1** *nicht anständig, unehrenhaft* • **1.1** *anstößig, peinlich, das Schamgefühl der anderen verletzend* • **1.2** ⟨umg.⟩ *überaus, unmäßig, außergewöhnlich; ~e Preise verlangen*

Un|art ⟨f.; -, -en⟩ **1** *ungezogenes, unartiges Benehmen* **2** *für andere lästige od. unangenehme Gewohnheit; was ist denn das wieder für eine ~!*

un|ar|tig ⟨Adj.⟩ *nicht artig, unfolgsam, ungezogen; ein ~es Kind*

un|auf|fäl|lig ⟨Adj.⟩ **1** *nicht auffällig, unbemerkbar für andere; jmdm. ~ folgen; sich ~ entfernen* **2** *nicht auffallend, bescheiden, nicht ins Blickfeld fallend; ~ kleiden*

un|auf|halt|sam ⟨a. ['----] Adj. 24⟩ *nicht aufhaltbar, so beschaffen, dass man es nicht aufhalten kann, stetig (fortschreitend); eine ~e Entwicklung*

un|auf|hör|lich ⟨a. ['----] Adj. 24/90⟩ *ohne aufzuhören, ohne Unterlass, fortwährend;* ~ reden

un|auf|rich|tig ⟨Adj.⟩ *nicht aufrichtig, nicht ehrlich, nicht offen;* ~ sein

un|aus|bleib|lich ⟨a. ['----] Adj. 24/70⟩ *so beschaffen, dass es nicht ausbleiben kann, unbedingt kommend, sicher bevorstehend, gewiss;* die ~e Folge wird sein, dass …

un|aus|ge|gli|chen ⟨Adj. 70; fig.⟩ *nicht ausgeglichen, unharmonisch, wechselnd in der Stimmung;* er ist in letzter Zeit sehr ~

un|aus|sprech|lich ⟨a. ['----] Adj.; nur fig.⟩ *unsäglich, unglaublich, unbeschreiblich;* ~e Freude, ~er seelischer Schmerz; ~ glücklich, dankbar sein

un|aus|steh|lich ⟨a. ['----] Adj.⟩ *so geartet, dass man es, ihn, sie nicht ausstehen kann, unerträglich, sehr lästig;* ein ~er Kerl; du bist heute ~

un|bän|dig ⟨a. ['---] Adj.⟩ *sehr groß, riesig;* es herrschte ~e Freude, ~er Jubel (darüber); ein ~er Zorn, eine ~e Wut erfasste ihn; ich habe mich ~ gefreut

un|barm|her|zig ⟨Adj.⟩ **1** *nicht barmherzig, hart, grausam, ohne Mitleid* • **1.1** eine ~e **Kälte** ⟨fig.⟩ *sehr starke, anhaltende K.*

un|be|dacht ⟨Adj.⟩ *ohne nachzudenken, unbesonnen, gedankenlos;* eine ~e Äußerung

un|be|deu|tend ⟨Adj.⟩ *nicht bedeutend, nichts sagend, geringwertig, geringfügig, nichtig;* ein ~er Künstler

un|be|dingt ⟨a. [--'-] Adj.⟩ **1** *ohne Einschränkung, uneingeschränkt, bedingungslos;* ~en Gehorsam verlangen; ich habe zu ihm ~es Vertrauen; man kann sich auf ihn ~ verlassen **2** ⟨50⟩ *auf jeden Fall;* das müssen Sie sich ~ ansehen; man muss ihm ~ helfen; ~ nötig, ~ notwendig • **2.1** ~! *ganz gewiss! (als Antwort)*

un|be|fan|gen ⟨Adj.⟩ **1** *vorurteilslos, unparteiisch, unbeeinflusst;* ~ an eine Sache herangehen **2** *ohne Befangenheit, ohne Hemmungen, nicht schüchtern;* jmdm. ~ entgegentreten

un|be|greif|lich ⟨a. ['----] Adj.⟩ *so beschaffen, dass man es nicht begreifen kann, unverständlich, unerklärlich, rätselhaft;* ein ~es Verhalten

un|be|grenzt ⟨a. [--'-] Adj. 24⟩ *ohne Grenzen, grenzenlos, nicht begrenzt, uneingeschränkt;* jmdm. ~es Vertrauen schenken

un|be|grün|det ⟨Adj. 24⟩ **1** *ohne (stichhaltigen) Grund, nicht begründet;* jmdn. ~ verdächtigen; seine Bedenken sind ~ **2** *unberechtigt;* eine ~e Strafe

un|be|hag|lich ⟨Adj.⟩ **1** *nicht behaglich, ungemütlich;* ein ~es Zimmer im Keller bewohnen **2** *unangenehm, verlegen, peinlich;* er fühlte sich ~

un|be|hel|ligt ⟨a. [--'--] Adj.; meist 50⟩ *unbehindert, ohne Belästigung, ungestört;* hier bleiben Sie, sind Sie von lästigen Zuschauern ~; jmdn. ~ vorbeigehen lassen; ~ die Kontrolle passieren

un|be|herrscht ⟨Adj.⟩ *ohne Selbstbeherrschung;* er ist sehr ~

un|be|hol|fen ⟨Adj.⟩ *ungeschickt in den Bewegungen, im Benehmen ungewandt, schwerfällig*

un|be|irrt ⟨[--'-] Adj. 24⟩ *ohne sich beirren, ohne sich stören zu lassen, zielstrebig;* er ist ~ in seinen Entscheidungen

un|be|kannt ⟨Adj. 70⟩ **1** *nicht bekannt, fremd;* Grabmal des Unbekannten Soldaten; ~ verzogen (Vermerk auf nicht zustellbaren Postsendungen); der große Unbekannte; eine Anzeige gegen unbekannt erstatten • **1.1** eine ~e **Größe** ⟨a. fig.; umg.⟩ *jmd., der keinen bedeutenden Ruf hat* • **1.1.1** er ist noch eine ~e Größe für uns ⟨umg.; scherzh.⟩ *wir kennen ihn nicht näher u. wissen deshalb noch nicht, was wir von ihm halten sollen* • **1.2** ⟨41⟩ *irgendwo* ~ **sein** *nicht Bescheid wissen, sich nicht auskennen;* ich bin hier ~ • **1.3** ⟨43⟩ *jmdm. ist etwas* ~ *jmd. kennt, weiß etwas nicht;* das ist mir ~, das ist mir nicht ~, dass

un|be|küm|mert ⟨a. [--'--] Adj.⟩ **1** *ohne sich um etwas zu kümmern, sorglos, gleichgültig;* ~ um die Mahnungen, Vorwürfe der anderen • **1.1** ~ darum, ob … *ohne daran zu denken, dass vielleicht …*

un|be|liebt ⟨Adj.⟩ **1** *nicht beliebt, nicht gern gesehen;* ein ~er Lehrer • **1.1** *sich* ~ (bei jmdm.) **machen** *jmds. Missfallen erregen;* er hat sich bei allen Angestellten ~ gemacht

un|be|mannt ⟨Adj. 24⟩ *nicht bemannt, ohne Besatzung;* ein ~es Raumschiff

un|be|merkt ⟨Adj. 24⟩ *nicht bemerkt, ohne, dass es bemerkt wird, ohne Aufmerksamkeit zu erregen;* sich ~ entfernen

un|be|nom|men ⟨a. [--'--] Adv.; nur in den Wendungen⟩ ~ bleiben, ~ sein *in jmds. Ermessen gestellt, freigestellt bleiben, sein;* es bleibt Ihnen ~, zu gehen oder zu bleiben; es ist mir ~, ob ich das Geld dafür verwende oder nicht

un|be|quem ⟨Adj.⟩ **1** *nicht bequem;* die Schuhe sind mir ~; der Sessel ist ~; ich sitze hier ~ **2** ⟨fig.⟩ *lästig;* einen ~en Aufpasser loswerden wollen • **2.1** ~e Fragen *peinliche F.*

un|be|re|chen|bar ⟨a. [--'---] Adj.⟩ **1** *so beschaffen, dass man es nicht berechnen kann;* die Schmerzen sind ~ **2** *so geartet, dass man sein, ihr Verhalten nicht voraussehen kann, wankelmütig, launenhaft;* er ist ~

un|be|ru|fen ⟨a. [--'--] Adj. 24⟩ *nicht berufen, ohne Berechtigung, ohne Auftrag, unaufgefordert;* ~e Einmischung; sich ~ einmischen **2** *eine Sache* ~ *lassen von einer S. aus Aberglauben nicht sprechen (damit sie nicht schief geht);* ~, toi, toi, toi!

un|be|rührt ⟨Adj.⟩ **1** *(noch) nicht berührt, ungebraucht, unbenutzt, unbeschädigt;* das Bett war am Morgen noch ~ • **1.1** *etwas* ~ **lassen** *nicht nehmen, nichts damit machen* • **1.1.1** *das* **Essen** ~ **lassen** *stehen lassen, nichts davon essen* **2** ~e **Natur, Landschaft** *N., L. im Naturzustand;* das ~e Weiß der Schneedecke **3** *jungfräulich, keusch* **4** *ohne Rührung ergriffen, ohne Mitleid;* ~ von ihrem Weinen, Klagen wandte er sich ab • **4.1** die Nachricht ließ mich ~ *berührte, bewegte, ergriff mich nicht*

un|be|scha|det ⟨a. [--'--] Präp. m. Gen.⟩ ~ einer **Sache** *ohne eine S. zu gefährden, zu schmälern;* ~ seiner großen Verdienste um das Werk, müssen wir aber doch sagen, dass …

un|be|schol|ten ⟨Adj. 70⟩ *rechtschaffen, ehrenhaft, von einwandfreiem Ruf;* der Angeklagte, ein bisher ~er junger Mensch

un|be|schrankt ⟨Adj. 24/70⟩ *ohne Schranken, nicht beschrankt;* ein ~er Bahnübergang

un|be|schränkt ⟨a. [--'--] Adj. 24⟩ *ohne Einschränkung, ohne Begrenzung, unbegrenzt;* jmdm. ~es Vertrauen schenken; einen Termin auf ~e Zeit verschieben

un|be|schreib|lich ⟨a. [--'--] Adj. 24⟩ *so beschaffen, dass man es nicht beschreiben kann, unglaublich;* sie sah ~ schön aus; es herrschte eine ~e Unordnung

un|be|schwert ⟨Adj.⟩ **1** *nicht beschwert, unbelastet;* ein ~es Gewissen haben • **1.1** *sorglos, heiter;* einen ~en Urlaub verleben

un|be|se|hen ⟨a. [--'--] Adj. 24; meist 50⟩ *ohne es anzusehen, ohne zu überlegen;* er nimmt es ~

un|be|stän|dig ⟨Adj.⟩ **1** *nicht beständig, nicht dauernd, wechselhaft, schwankend, veränderlich;* ~es Wetter; die Werte sind ~ **2** *wankelmütig, Stimmungen nachgebend, nicht zielstrebig;* ein ~er Mensch

un|be|stech|lich ⟨a. [--'--] Adj. 24⟩ *nicht bestechlich, der Bestechung nicht zugänglich;* ein ~er Richter

un|be|stimmt ⟨Adj.⟩ **1** *nicht bestimmt, nicht genau festgesetzt;* auf ~e Zeit verreisen; es ist noch ~, ob ich, wann ich kommen kann **2** *nicht deutlich, unklar, ungenau, vage;* ich habe davon nur einen ~en Eindruck zurückbehalten; sich (nur) ~ äußern; ich habe davon nur eine ~e Vorstellung; seine Haltung ist ~; er ist in seinen Äußerungen so ~ • **2.1** ~es **Fürwort** *F., das anstelle einer nicht genannten Person steht, z. B. man, einem, Indefinitpronomen*

un|beug|sam ⟨a. ['---] Adj.⟩ **1** *nicht beeinflussbar in seiner Willensentscheidung;* ein ~er Mensch **2** *Beeinflussungen nicht zugänglich;* ein ~er Wille

un|be|wusst ⟨Adj. 24⟩ *nicht bewusst, ohne es zu wissen, instinktiv;* er hat ganz ~ gehandelt

Un|bil|den ⟨Pl.; nur in den Wendungen⟩ die ~ der Witterung, des Winters *Unannehmlichkeiten, unangenehme Wirkungen*

Un|bill ⟨f.; -; unz.; geh.⟩ *Unrecht, Schimpf*

un|blu|tig ⟨Adj. 24⟩ **1** ⟨Med.⟩ *ohne Blutverlust;* ein ~er Eingriff **2** *ohne Blutvergießen (bes. bei einer politischen Auseinandersetzung);* eine ~e Revolution

un|bot|mä|ßig ⟨Adj.; veraltet⟩ *widersetzlich, frech, ungehörig;* ein ~es Benehmen

un|brauch|bar ⟨a. ['---] Adj. 24⟩ *nicht zu gebrauchen, ungeeignet;* er ist für diese Tätigkeit ~

und ⟨Konj.; Abk.: u.; Zeichen: &⟩ **1** ⟨beiordnend, aufzählend⟩ *zusammen mit, zugleich, außerdem, dazu;* Ggs *wenig (3);* du ~ ich; Bruder ~ Schwester; Tag ~ Nacht; je zwei ~ zwei; 3 ~ 5 ist 8; ~ andere(s)/Andere(s), andre(s)/Andere(s) ⟨Abk.: u. a.⟩; ~ Ähnliche(s) ⟨Abk.: u. Ä.⟩; ~ viele(s) andere/Andere ⟨Abk.: u. v. a.⟩; ~ viele(s) andere/Andere mehr ⟨Abk.: u. v. a. m.⟩ • **1.1** ⟨auf Folgendes, Kommendes weisend⟩ ~ so weiter ⟨Abk.: usw.⟩ *in diesem Sinne, in dieser Art so weiter* **2** ⟨verstärkend⟩ • **2.1** **durch** ~ **durch** *vollständig durch* • **2.2** **größer** ~ **größer** *immer größer* • **2.3** **nach** ~ **nach** *allmählich* **3** ⟨entgegenstellend⟩ der ~ singen können? ⟨umg.⟩ *der kann doch überhaupt nicht singen!* **4** ⟨anknüpfend, einen zweiten Hauptsatz od. ein Satzgefüge einleitend⟩ ich warte hier ~ du gehst schnell zum Briefkasten;

er erzählte ~ sie hörten aufmerksam zu; ich rief ~, als keine Antwort kam, ging ich wieder hinaus • **4.1** ⟨einleitend, als Partikel⟩ ~ so kam es, dass …; ~ was soll ich jetzt tun? **5** ⟨Int.⟩ • **5.1** ~ **ob!**, ~ **wie!** ⟨umg.⟩ *ja, sehr!* • **5.2 na** ~? ⟨umg.⟩ *was noch?, ist das alles?, weiter nichts?*

Un|dank ⟨m.; -(e)s; unz.⟩ *Mangel an Dank, Undankbarkeit, unfreundliche Gegenleistung;* er hat für alle seine Hilfe nur ~ geerntet; eine gute Tat mit ~ lohnen, vergelten; ~ ist der Welt Lohn ⟨Sprichw.⟩

un|dank|bar ⟨Adj.⟩ **1** *nicht dankbar, gleichgültig gegen erwiesene Freundlichkeit od. Güte, Gutes mit Bösem vergeltend;* es wäre sehr ~ von uns, ihm jetzt nicht zu helfen **2** ⟨70; fig.⟩ *viel Mühe bereitend u. doch unerfreulich, nicht lohnend;* eine ~e Arbeit, Aufgabe

Un|der|co|ver… ⟨[ˌʌndə(r)kʌvə(r)] in Zus.⟩ *Geheim…, Spitzel…;* ~aktion; ~agent

Un|der|ground ⟨[ˌʌndə(r)graʊnd] m.; - od. -s; unz.⟩ **1** *Unterwelt, Bereich außerhalb der Legalität u. Konvention* **2** *künstlerische Richtung, die nicht den gesellschaftlich anerkannten Konventionen entspricht*

Un|ding ⟨n.; -(e)s; unz.⟩ *etwas Widersinniges, Torheit;* es ist ein ~, von einem kleinen Kind zu verlangen, dass es …

un|durch|dring|lich ⟨a. ['----] Adj. 70⟩ **1** *so beschaffen, dass man nicht hindurchdringen kann;* ein ~es Gestrüpp **2** *starr, verschlossen, emotionslos;* mit ~em Gesicht zuhören

un|durch|sich|tig ⟨Adj.⟩ **1** ⟨70⟩ *nicht durchsichtig;* ~es Papier **2** ⟨fig.⟩ *nicht leicht zu durchschauen;* eine ~e Angelegenheit; ein ~er Zeitgenosse

un|eben ⟨Adj.⟩ **1** *nicht eben, holperig;* die Straße ist ~ **2** *hügelig, wellig;* ~es Gelände

un|echt ⟨Adj.⟩ *nicht echt, falsch, imitiert, nachgemacht;* ~er Schmuck; seine Anteilnahme wirkt ~

un|ehe|lich ⟨Adj. 24/70⟩ *von einer unverheirateten Frau geboren, außerhalb der Ehe geboren;* ein ~es Kind

un|ein|ge|schränkt ⟨a. [---'-] Adj. 24⟩ *nicht eingeschränkt, ohne Einschränkung, unbeschränkt;* jmdn. ~ verehren; ~es Vertrauen

un|ei|nig ⟨Adj. 70⟩ *nicht einig, nicht übereinstimmend, verschiedener Meinung;* über etwas ~ sein

un|eins ⟨Adj. 24/46; in den Wendungen⟩ mit jmdm. ~ sein, werden *nicht einig sein, werden, zerstritten sein;* Ggs *eins² (1);* ich bin mit mir ~, ob ich bleiben od. gehen soll

un|end|lich ⟨Adj. 24⟩ **1** *nicht endlich, von nicht messbarem Ausmaß seiend, unbegrenzt, grenzenlos, unermesslich;* (eine) ~e Geduld haben; eine Arbeit mit ~er Mühe vollbringen; die ~e Weite des Meeres ⟨fig.⟩ • **1.1** zwei parallele Linien schneiden sich im Unendlichen *in der Unendlichkeit* • **1.2** das Objektiv auf „~" einstellen ⟨Fot.⟩ *auf eine nicht begrenzte Entfernung* • **1.3** bis ins Unendliche ⟨fig.⟩ *und so weiter ohne Ende, ohne Aufhören* **2** ⟨50; verstärkend⟩ *sehr, ungemein, außerordentlich;* ~ groß, hoch, weit; ~ müde, traurig; ~ viel, ~ viele Dinge • **2.1** ~ klein *unvorstellbar klein*

un|ent|gelt|lich ⟨a. ['----] Adj. 24⟩ *ohne Entgelt, ohne Bezahlung, umsonst*

un|ent|schie|den ⟨Adj. 24⟩ **1** *nicht entschieden, zweifelhaft, nicht genau bestimmt; es ist noch ~, ob …* **2** *unfähig, sich zu entscheiden; er ist sehr ~* **3** ⟨Sp.⟩ *mit gleicher Punktzahl für beide Mannschaften bzw. Spieler, ohne Gewinner u. Verlierer; das Spiel endete ~* • **3.1** *das Spiel steht ~ für beide Mannschaften, Spieler gleich*

un|ent|schlos|sen ⟨a. [--'--] Adj. 24⟩ *(noch) nicht entschlossen, noch keinen Entschluss gefasst habend; er ist sehr ~*

un|ent|wegt ⟨a. ['---] Adj. 90⟩ *ohne sich ablenken zu lassen, unverdrossen, unermüdlich, unaufhörlich; nur ~e Arbeit zeitigt dieses Ergebnis; ~ arbeiten; das Kind schrie ~*

un|er|bitt|lich ⟨a. ['----] Adj.⟩ *sich so verhaltend, dass man durch Bitten nicht gerührt, nicht umgestimmt werden kann, unnachgiebig, hart, unbeugsam; sie baten und flehten, aber er blieb ~*

un|er|fah|ren ⟨Adj.⟩ *(noch) ohne Erfahrung, ungeübt, ungeschult; ein ~er Autofahrer; er ist noch ganz ~*

un|er|find|lich ⟨a. ['----] Adj.⟩ *unverständlich, unerklärlich; aus einem ~en Grunde*

un|er|freu|lich ⟨Adj.⟩ *nicht erfreulich, unangenehm; jmdm. eine ~e Mitteilung machen*

un|er|füll|bar ⟨a. ['----] Adj. 24⟩ *nicht erfüllbar, so beschaffen, dass es nicht erfüllt werden kann; ~e Wünsche, Bitten*

un|er|gründ|lich ⟨a. ['----] Adj. 24⟩ *nicht zu ergründen, unerklärlich, rätselhaft; sein Entschluss war ~*

un|er|heb|lich ⟨Adj. 24/70⟩ *nicht erheblich, nicht wesentlich, unbedeutend; seine Einwände waren ~*

un|er|hört ⟨a. ['---] Adj.⟩ **1** *nicht erhört; ihre Bitten blieben ~* **2** ⟨veraltend⟩ *unglaublich, außerordentlich; (das ist ja) ~!; das ist eine ~e Frechheit; er hat ~es Glück gehabt; der Pianist verfügt über eine ~e Technik, Präzision; ~ billig; die Preise sind ~ hoch*

un|er|klär|lich ⟨a. ['----] Adj.⟩ *nicht zu erklären, unverständlich, rätselhaft; sein Verschwinden ist ~*

un|er|läss|lich ⟨a. ['----] Adj.⟩ *so beschaffen, dass man es nicht erlassen kann, unbedingt nötig; eine ~e Bedingung, Voraussetzung; es ist ~, vorher zu prüfen, ob …*

un|er|mess|lich ⟨a. ['----] Adj.⟩ **1** *so beschaffen, dass man es nicht ermessen kann, nicht messen kann, ungeheuer in der Ausdehnung, im Ausmaß; seine Wünsche gingen ins Unermessliche* • **1.1** ⟨50⟩ *ungeheuer, außerordentlich; er ist ~ reich*

un|er|müd|lich ⟨a. ['----] Adj.⟩ *ohne zu ermüden, ausdauernd; mit ~em Fleiß; ~ arbeiten; er ist ~ in seiner Hilfsbereitschaft, in seinem Eifer*

un|er|sätt|lich ⟨a. ['----] Adj.⟩ **1** *nicht zu sättigen, nicht zu stillen; ein ~es Verlangen; ~er Wissensdurst, Wissensdrang* **2** *gierig, nicht zufriedenzustellen; er ist ~ in seinem Bestreben, zu lernen, Neues zu sehen*

un|er|schöpf|lich ⟨a. ['----] Adj. 24/70⟩ *so beschaffen, dass man es nicht erschöpfen, nicht ausschöpfen kann; ihre Geduld ist ~; einen ~en Vorrat an Witzen besitzen*

un|er|schro|cken ⟨Adj.⟩ *nicht zu erschrecken, kühn, mutig, furchtlos; ein ~er Mensch; ~ handeln*

un|er|schüt|ter|lich ⟨a. ['----] Adj.⟩ *so beschaffen, dass es nicht zu erschüttern ist, fest, gleichbleibend, stetig; eine ~e Hoffnung; ~ an einem Vorhaben festhalten*

un|er|träg|lich ⟨a. ['----] Adj.⟩ *nicht zu ertragen, nicht auszuhalten, nicht zu erdulden; ~e Schmerzen*

un|er|war|tet ⟨a. ['----] Adj.⟩ **1** *nicht erwartet, unvorhergesehen; eine ~e Nachricht; ein ~es Wiedersehen; es geschah (für uns alle) völlig ~; er verschied plötzlich und ~ (in Todesanzeigen)* • **1.1** *die Nachricht kam nicht ~ wir hatten die N. schon erwartet* • **1.2** *wir haben ~ Besuch bekommen ohne Ankündigung* **1.3** *es kam uns ~ wir waren nicht darauf vorbereitet, wir hatten es nicht erwartet*

un|fä|hig ⟨Adj.⟩ *nicht fähig, nicht imstande (etwas zu tun), ohne die Fähigkeit (etwas zu tun); ~er Arbeiter, Mitarbeiter; der Verletzte war ~ aufzustehen; ich bin augenblicklich ~ zu entscheiden, ob …; er ist ~, die Wahrheit zu ertragen; er ist ~, Rot und Grün zu unterscheiden*

un|fair ⟨[-fɛːr] Adj.⟩ *nicht fair, nicht anständig, unehrlich (bes. im Sport); ein ~er Wettkampf; sich ~ verhalten*

Un|fall ⟨m.; -(e)s, -fäl|le⟩ *Missgeschick oder Unglück, das meistens Sachschaden od. körperliche Verletzungen zur Folge hat; Arbeits~, Auto~, Verkehrs~; einen ~ erleiden, haben; leichter, schwerer, tödlicher ~; gegen ~ versichert sein*

un|fass|bar ⟨['---] Adj.⟩ *nicht zu fassen, nicht zu begreifen, erschütternd; ein ~es Unglück*

un|fehl|bar ⟨a. ['----] Adj.⟩ **1** *untrüglich; etwas mit ~em Instinkt, mit ~er Sicherheit tun* **2** *niemals irrend; kein Mensch ist ~* **3** *unanfechtbar; eine ~e Entscheidung, Erklärung* **4** ⟨50⟩ *sicher, gewiss, unweigerlich; wenn er dort weitergeht, wird er ~ abstürzen; die Katastrophe wird ~ kommen*

un|fern ⟨Präp. m. Gen.⟩ *nicht fern von, ziemlich nahe; ~ der Brücke, des Dorfes*

un|fer|tig ⟨Adj. 70⟩ **1** *(noch) nicht fertig, unvollendet, nicht zu Ende geführt; eine Arbeit ~ liegenlassen* **2** ⟨fig.⟩ *unreif; ein ~er Mensch*

Un|flat ⟨m.; -(e)s; unz.; geh.⟩ **1** *Schmutz, Unrat* **2** ⟨fig.⟩ *Beschimpfungen, Schimpfwörter, Schimpfreden*

un|för|mig ⟨Adj.⟩ *sehr groß u. ohne richtige od. schöne Form; eine ~e Gestalt; ein ~er Klumpen; das verletzte Bein war ~ angeschwollen*

un|frei ⟨Adj.⟩ **1** *nicht frei (1-2.3), abhängig, ohne Bewegungsfreiheit, behindert, befangen, bedrückt; ich fühle mich in dem Kleid, dem Mantel ~; ich bin, fühle mich in seiner Gegenwart ~* • **1.1** ⟨früher⟩ *leibeigen* **2** *nicht frankiert, nicht bezahlt; ein Paket ~ schicken*

un|freund|lich ⟨Adj.⟩ **1** *nicht freundlich, abweisend, grob, barsch; er empfing uns sehr ~; ein ~es Gesicht machen* **2** *nicht schön; ein ~es Gebäude* • **2.1** *~es Wetter regnerisches, kaltes W.*

Un|frie|de ⟨m.; -ns; unz.; älter für⟩ = *Unfrieden*

Un|frie|den ⟨m.; -s; unz.⟩ *Streit, Zank, Zwist, dauernde Spannung; oV Unfriede; ~ stiften; mit jmdm. in ~ leben*

Un|fug ⟨m.; -s; unz.⟩ **1** ⟨Rechtsw.⟩ *öffentliches Ärgernis erregendes, die Allgemeinheit belästigendes Benehmen,* *bewusste Störung der öffentlichen Ordnung;* grober ~ **2** ⟨umg.⟩ *Schabernack, Dummheiten, Unsinn;* mach keinen ~!; das ist doch (alles) ~!; ~ treiben

un|ge|ach|tet ⟨Präp. mit Gen.⟩ ~ einer **Sache 1** *ohne eine S. zu berücksichtigen, zu beachten, trotz;* ~ seiner großen Fähigkeiten hat man ihn doch entlassen müssen ● **1.1** ~ *dessen ohne Rücksicht darauf*

un|ge|ahnt ⟨a. [--'-] Adj. 24/60⟩ *so beschaffen, dass man es nicht ahnen kann, nicht hat ahnen können, nicht vorauszusehen, nicht vorher zu erkennen;* er entwickelt ~e Fähigkeiten, Talente; hier bieten sich ~e Möglichkeiten

un|ge|bär|dig ⟨Adj.⟩ *widersetzlich, störrisch, wild, schwer zu zügeln;* ein ~es Kind, Tier

un|ge|bil|det ⟨Adj.⟩ *ohne Bildung, nicht gebildet;* ein ~er Mensch

un|ge|bühr|lich ⟨Adj.⟩ *ungehörig, sich nicht ziemend, über das geziemende, normale Maß hinaus(gehend);* ~e Antwort; ~es Benehmen; der Preis ist ~ hoch; jmdn. ~ lange warten lassen

un|ge|bun|den ⟨Adj.⟩ **1** ⟨24/70⟩ *ohne ein zusammenhaltendes Band;* ~e Blumen; ein ~er Blumenstrauß **2** ⟨24/70⟩ ein **Buch** ist ~ *nicht gebunden, ohne Einband* **3** ⟨24/70⟩ ein **Element** ist ~ ⟨Chem.⟩ *nicht Teil einer chem. Verbindung* **4** ⟨24⟩ **in** ~er **Rede** *in Prosa, nicht in Versen* **5** ⟨fig.⟩ *keinen Zwang kennend, ohne ständige Pflichten od. Verpflichtungen;* ein ~es Leben führen ● **5.1** *unverheiratet, ledig;* er, sie ist noch ~ ● **5.2** *durch etwas frei von etwas;* ~ durch häusliche Pflichten

Un|ge|duld ⟨f.; -; unz.⟩ *Mangel an Geduld, Unfähigkeit zu warten*

un|ge|fähr ⟨a. [--'-] Adj. 24⟩ **1** ⟨90⟩ *etwa, rund gerechnet, nicht genau gerechnet;* ~ das Doppelte; ~ um 3 Uhr; er ist ~ 30 Jahre alt; ~ 10 Stück; hast du denn alles allein bezahlen, allein machen müssen? So ~! **2** *ungenau, annähernd;* ~e Schätzung; ich habe davon nur eine ~e Vorstellung **3** ⟨50⟩ **etwas kommt nicht von** ~ *ist nicht zufällig;* das ist doch nicht von ~ so

un|ge|fähr|lich ⟨Adj.⟩ **1** *nicht gefährlich, keine Gefahr bergend, nicht bedrohlich;* ein ~es Vorhaben ● **1.1** eine Sache ist nicht ~ *eine S. ist etwas gefährlich*

un|ge|fü|ge ⟨Adj.⟩ *sehr groß u. massig, schwer zu handhaben;* ein ~r Gegenstand, ein ~s Gerät

un|ge|hal|ten ⟨Adj.⟩ ~ **(über)** etwas *unzufrieden mit etwas, unwillig, ärgerlich über, wegen etwas*

un|ge|heu|er ⟨a. [--'--] Adj.⟩ **1** *ans Wunderbare grenzend, riesig, gewaltig, außerordentlich;* ungeheure Anstrengung, Leistung; von ungeheuren Ausmaßen; von ungeheurer Größe, Höhe, Weite; er besitzt ungeheure Kraft; ungeheure Mengen; dazu gehört ungeheurer Mut, ungeheure Energie, Selbstbeherrschung; die Verantwortung, die er trägt, ist ~; etwas ins Ungeheure steigern **2** *sehr, ungemein, riesig, außerordentlich;* ~ groß, stark, schwer

Un|ge|heu|er ⟨n.; -s, -⟩ Sy *Monstrum* (1) **1** *riesenhaftes, hässliches Fabeltier* **2** *furchterregendes, großes Tier* **3** ⟨fig.; abwertend⟩ *grausamer, roher, verbrecherischer Mensch*

un|ge|heu|er|lich ⟨a. [--'---] Adj.⟩ *empörend, unerhört;* das ist ja ~!

un|ge|hö|rig ⟨Adj.⟩ *nicht der guten Sitte entsprechend, vorlaut, frech, unehrerbietig;* eine ~e Antwort, ~es Benehmen

un|ge|hor|sam ⟨Adj.⟩ *nicht gehorsam, Anweisungen nicht gehorchend;* ein ~er Hund

un|ge|le|gen ⟨Adj.⟩ *unpassend, zu unpassender Zeit;* zu ~er Stunde kommen; jmdm. ~ kommen; komme ich ~?; Ihr Vorschlag, Besuch kommt mir zurzeit leider sehr ~

un|ge|lenk ⟨Adj.⟩ *unbeholfen, ungeschickt in den Bewegungen*

un|ge|lo|gen ⟨Adv.24; umg.⟩ *ohne zu lügen, tatsächlich, wirklich, nicht übertrieben;* ich habe ~ drei Stunden dazu gebraucht; das Wasser stand ~ so hoch

Un|ge|mach ⟨n.; -s; unz.; fast nur poet.⟩ **1** *Unglück, Übel;* großes ~ erleiden **2** *Beschwernis, große Mühe;* Ggs *Gemach¹;* mancherlei ~ auf sich nehmen

un|ge|mein ⟨a. ['---] Adj. 24⟩ **1** ⟨60⟩ *sehr groß, außerordentlich;* es macht mir ~es Vergnügen; eine ~e Anstrengung **2** ⟨50; verstärkend⟩ *sehr, äußerst;* er war ~ frech

un|ge|müt|lich ⟨Adj.⟩ **1** *nicht gemütlich, nicht anheimelnd;* ein ~er Raum, eine ~e Wohnung; in seinem Zimmer war es kalt und ~ **2** ⟨fig.⟩ *unbehaglich, unangenehm;* ein ~es Gefühl; mir war etwas ~ zumute **3** *unfreundlich, grob;* wenn er die Geduld verliert, kann er sehr ~ werden

un|ge|niert ⟨[-ʒə-] a. [--'-] Adj.⟩ *ohne sich zu genieren, ungehemmt, frei, nicht ganz korrekt, nicht ganz den gesellschaftlichen Formen entsprechend;* ein ~es Benehmen; sagen Sie es ~ !; langen Sie bitte ~ zu!

un|ge|nieß|bar ⟨a. ['----] Adj. 70⟩ **1** ⟨24⟩ *nicht genießbar, verdorben;* das Essen war ~ ● **1.1** *nicht zum Essen geeignet, giftig;* ~e Pilze **2** ⟨fig.; umg.⟩ *übellaunig, unfreundlich;* du bist heute ~!

un|ge|nü|gend ⟨Adj.⟩ *nicht genügend, nicht zufrieden stellend;* das ist eine ~e Erklärung; das ist ~ vorbereitet; →a. *Note (2.6)*

un|ge|ra|de ⟨Adj. 24⟩ **1** *nicht durch 2 teilbar;* Sy *gerade²;* ~ Zahl, Hausnummer **2** ein ~s **Geweih, Gehörn** ⟨Jägerspr.⟩ *Geweih, dessen Stangen eine ungleiche Zahl von Enden aufweisen* ● **2.1** ein ~r **Zwölfender, Zwölfer** *Hirsch mit elf Enden am Geweih, auf einer Seite sechs, auf der andern fünf*

un|ge|recht ⟨Adj.⟩ *nicht gerecht, nicht dem Rechtsgefühl entsprechend;* ~es Urteil; jmdn. ~ behandeln; er, sie ist ~

un|ge|reimt ⟨Adj.⟩ **1** *ohne Reime;* ein ~es Gedicht **2** ⟨fig.⟩ *unvernünftig, unsinnig, töricht;* ~es Gerede; ~es Zeug (daher)reden

un|gern ⟨Adv.⟩ **1** *nicht gern, mit innerem Widerstand;* er sieht, hat es ~, wenn man …; das tue ich (sehr, höchst) ~; gern oder ~, ich muss es tun ● **1.1** nicht ~ *ganz gern;* ich tanze nicht ~

un|ge|rührt ⟨Adj.⟩ *nicht gerührt, nicht bewegt, gefühlskalt, gleichgültig;* er blieb völlig ~, als er die Nachricht empfing

un|ge|schickt ⟨Adj.⟩ **1** *nicht geschickt, schwerfällig;* sich

~ anstellen; etwas ~ machen; „Bitte sehr!", sagte er ~ und wurde rot; bist du aber ~!; seine kleinen Finger sind noch zu ~ **2** ⟨fig.⟩ *unklug;* es war ~, das jetzt zu sagen

un|ge|schlacht ⟨Adj.; abwertend⟩ *groß u. unförmig, von grobem Körperbau;* ein ~er Kerl

un|ge|schminkt ⟨Adj.⟩ **1** *nicht geschminkt, ohne Schminke* **2** ⟨fig.⟩ *ohne Beschönigung, ohne Schönfärberei;* jmdm. die ~e Wahrheit sagen

un|ge|scho|ren ⟨Adj.⟩ **1** *nicht geschoren;* Mantel aus ~em Lammfell, Schaffell **2** ⟨40⟩ jmdn. ~ lassen ⟨fig.⟩ *in Ruhe lassen, nicht belästigen, nicht angreifen*

un|ge|setz|lich ⟨Adj. 24⟩ *gesetzlich nicht erlaubt, illegal;* Ggs *gesetzlich;* etwas auf ~em Wege erreichen

un|ge|stört ⟨a. [--'-] Adj.⟩ *nicht gestört, ohne Störung, in Ruhe;* für einen ~en Ablauf (der Sache, Veranstaltung) sorgen; ~e Entwicklung; in ~er Ruhe; hier kann ich nicht ~ arbeiten; ich möchte bis 3 Uhr ~ bleiben; hier sind Sie ganz ~

un|ge|stüm ⟨Adj.⟩ *heftig u. schnell, ungeduldig vorwärtsdrängend;* er sprang ~ auf; jmdm. ~ um den Hals fallen; „...!", rief er ~

Un|ge|stüm ⟨n.; -s; unz.⟩ *ungestümes Wesen, leidenschaftliche Ungeduld;* mit jugendlichem ~

un|ge|sund ⟨Adj. 22⟩ **1** *der Gesundheit abträglich;* ~es Klima; ~e Speisen **2** *von schlechter Gesundheit zeugend;* ~ves Aussehen

Un|ge|tüm ⟨n.; -(e)s, -e⟩ **1** *riesiges Tier* **2** *riesiger, schwerer Gegenstand;* der Wagen, ein blaues ~, brauste heran; wohin soll dieses ~ von Schrank?

un|ge|wiss ⟨Adj.⟩ **1** *nicht gewiss, unsicher, unbestimmt, zweifelhaft;* es ist ~, ob er heute noch kommt; der Ausgang, Erfolg der Angelegenheit ist ~; unser Versuch, unser Vorgehen ist im Sprung ins Ungewisse • **1.1** jmdn. über etwas im Ungewissen lassen *jmdm. nichts Genaues mitteilen*

un|ge|wöhn|lich ⟨Adj.⟩ **1** *vom Üblichen abweichend;* eine ~e Kälte, Hitze; er behandelte ihn mit ~er Strenge, Freundlichkeit • **1.1** *ungebräuchlich;* ein ~er Ausdruck, eine ~e Redewendung • **1.2** *erstaunlich;* er ist ein ~er Mensch **2** ⟨50⟩ *ganz besonders, wie man es selten sieht, hört, liest, erlebt;* das Bild ist ~ gut erhalten; es dauerte heute ~ lange; sie hat eine ~ schöne Stimme

un|ge|wohnt ⟨Adj.⟩ **1** *nicht gewohnt, nicht üblich;* mit ~er Schärfe sagte er ... • **1.1 jmdm. ist etwas ~** *jmd. ist etwas nicht gewohnt, ist in etwas ungeübt;* es ist mir ~, solch ein Auto zu fahren

un|ge|zählt ⟨Adj. 24⟩ **1** ⟨60⟩ *so viele, dass man sie nicht zählen kann;* ~e Stunden mit einer Tätigkeit zubringen; Ungezählte kamen aus den Häusern **2** ⟨50⟩ *ohne nachgezählt zu haben;* das Geld ~ auf den Tisch legen

Un|ge|zie|fer ⟨n.; -s; unz.⟩ *tierische Schädlinge u. Schmarotzer (bes. Insekten, auch Ratten u. a.), die Menschen, Tiere, Pflanzen, Stoffe, Vorräte angreifen*

un|ge|zo|gen ⟨Adj.⟩ *unartig, ungehorsam, frech, widersetzlich;* eine ~e Antwort geben; ~es Kind; ~ antworten; ~ sein

un|ge|zü|gelt ⟨Adj.⟩ *nicht gezügelt, unbeherrscht*

un|ge|zwun|gen ⟨Adj.; fig.⟩ *natürlich, nicht steif, nicht förmlich;* Sy *salopp (1);* in ~er Haltung; sie bewegt sich hier ganz frei und ~; sich ~ unterhalten

un|glaub|haft ⟨Adj.⟩ *so beschaffen, dass man es nicht glauben kann;* eine ~e Geschichte, Darstellung; seine Schilderung ist ~

un|gläu|big ⟨Adj.⟩ **1** *nicht gläubig, nicht an Gott glaubend;* jmd. ist ~; die Ungläubigen **2** *etwas nicht glauben können, etwas bezweifelnd;* jmdn. ~ anschauen; ~ den Kopf schütteln, lächeln

un|glaub|lich ⟨a. ['---] Adj.⟩ **1** *so beschaffen, dass man es kaum glauben kann, nicht zu glauben, unwahrscheinlich;* eine ~e Geschichte; es ist ~, wie schnell er das fertig gebracht hat **2** ⟨fig.⟩ *unerhört;* (das ist) ~!; eine ~e Frechheit

un|gleich ⟨Adj.⟩ **1** *nicht gleich im Aussehen, in den Maßen, Ausmaßen, in der Art unterschiedlich, verschieden, nicht übereinstimmend;* ~e Augen, Hände, Füße haben; ~e Größe, Tiefe, Breite; die beiden sind zu ~ und vertragen sich deshalb nicht gut; ~ verteilt • **1.1** ⟨43⟩ einander ~ sein *sich unterscheiden* **2** ⟨50⟩ *sehr viel, weitaus;* ~ besser, schöner

Un|glück ⟨n.; -(e)s, -e⟩ **1** *Geschehnis, Ereignis, das Schaden u. Trauer hervorruft, Katastrophe, schweres Missgeschick, schwerer Unfall;* Lawinen-~, Verkehrs-~; es ist ein ~ geschehen; pass auf, sei vorsichtig, sonst passiert noch ein ~; von einem ~ betroffen werden; ein ~ kommt selten allein ⟨Sprichw.⟩ • **1.1** das ist kein (großes) ~ *das ist nicht so schlimm* **2** ⟨fig.⟩ *Pech;* Ggs *Glück;* ~ in der Liebe, im Spiel haben; zu allem ~ hat er auch noch seine Brieftasche verloren; von, vom ~ verfolgt werden; er saß da wie ein Häufchen ~; dabei hat er noch Glück im ~ gehabt

un|glück|lich ⟨Adj.⟩ **1** *traurig, niedergeschlagen;* sich ~ fühlen; ich bin ~ darüber! **2** *Unglück bringend;* durch einen ~en Zufall, durch ein ~es Zusammentreffen; er ist so ~ gestürzt, dass er sich den Arm gebrochen hat **3** *nicht vom Glück begünstigt;* die Sache endete, verlief ~ • **3.1** der Unglückliche! *der Arme!, er kann einem leidtun!* **3.2** ~e Liebe *L. ohne Gegenliebe* **4** *ungeschickt;* durch eine ~e Bewegung fielen die Tassen vom Tablett • **4.1** eine ~e Figur machen *sich unbeholfen, gehemmt bewegen u. dadurch keinen guten Eindruck machen*

un|glück|li|cher|wei|se ⟨Adv.⟩ *zum Unglück;* ~ konnte ich den Zusammenstoß nicht verhindern

Un|gna|de ⟨f.; -; unz.⟩ **1** *Übelwollen, Ungunst, Unwillen (einem Untergebenen gegenüber);* sich jmds. ~ zuziehen • **1.1** in ~ fallen *sich jmds. Unwillen zuziehen, jmds. Gunst verlieren* • **1.2** jmdn. in ~ fallen lassen *jmdm. die Gunst, das Wohlwollen entziehen, ihm nicht mehr wohlgesinnt sein*

un|gnä|dig ⟨Adj.⟩ **1** *verdrießlich, übellaunig, ungeduldig;* etwas ~ aufnehmen **2** ⟨geh.⟩ *unheilvoll, hart, erbarmungslos;* das Schicksal war ~ mit ihm

un|gül|tig ⟨Adj. 24/70⟩ **1** *nicht (mehr) gültig, keine Geltung (mehr) habend;* ein ~er Fahrschein, Pass; ein Gesetz, Banknoten für ~ erklären • **1.1** ~ werden *seine Gültigkeit verlieren, nicht mehr gelten;* der Pass wird am 20. Mai ~

Ungunst ⟨f.; -; unz.⟩ **1** *Mangel an Gunst, das Ungünstigsein;* die ~ der Verhältnisse; die ~ der Witterung brachte es mit sich **2** *zu* jmds. ~en *zu jmds. Nachteil;* das Urteil ist zu seinen ~en ausgefallen; ich habe mich zu Ihren ~en verrechnet **3** ⟨Getrennt- u. Zusammenschreibung⟩ • **3.1** *zu Ungunsten* = *zuungunsten*

un|güns|tig ⟨Adj.⟩ *nicht günstig, nachteilig, schlecht;* ~es Wetter (für einen Ausflug); bei ~er Witterung findet das Fest im Saal statt; das Urteil ist für ihn ~ ausgefallen; jmdn. ~ beurteilen; der Augenblick, die Gelegenheit ist ~; die Aussichten sind ~; dieses Bild von dir ist ~

un|gut ⟨Adj. 24⟩ **1** *nicht gut, böse, unangenehm;* ich habe ein ~es Gefühl bei dieser Sache gehabt; zwischen den beiden herrscht ein ~es Verhältnis; ~e Worte **2** *nichts für* ~ *nehmen Sie es mir nicht übel*

un|halt|bar ⟨a. ['---] Adj. 70⟩ **1** *so beschaffen, dass man es nicht länger halten, verteidigen kann;* eine ~e (militärische) Stellung **2** *so beschaffen, dass man es nicht aufrechterhalten kann;* eine ~e Behauptung **3** *so beschaffen, dass es nicht fortdauern kann;* ein ~er Zustand

un|hand|lich ⟨Adj.⟩ *nicht handlich, unpraktisch (in der Anwendung);* ein ~es Paket, Gepäckstück

Un|heil ⟨n.; -(e)s; unz.⟩ **1** *schlimmes Geschehen, Schlimmes, Böses, Unglück;* ~ abwenden, anrichten, stiften; ich habe das ~ kommen sehen **2** ⟨Getrennt- u. Zusammenschreibung⟩ • **2.1** ~ *verkündend* = *unheilverkündend*

un|heil|bar ⟨a. ['---] Adj. 24⟩ *nicht heilbar, so beschaffen, dass man es nicht heilen kann;* an einer ~en Krankheit leiden

un|heil|dro|hend ⟨Adj. 24⟩ *Unheil ankündigend, bedrohlich;* ein ~es Zeichen des Schicksals

un|heil|ver|kün|dend *auch:* **Un|heil ver|kün|dend** ⟨Adj. 24; geh.⟩ *nahendes Unheil ankündigend;* er zog ein ~es Gesicht; ⟨bei Erweiterung des ersten Bestandteils⟩ großes Unheil verkündend; ⟨bei Steigerung oder Erweiterung der gesamten Fügung⟩ ihr heutiger Brief war (noch) unheilverkündender als der gestrige; die Rede des Diktators klang sehr unheilverkündend

un|heil|voll ⟨Adj.; geh.⟩ *Unheil mit sich bringend*

un|heim|lich ⟨a. [-'--] Adj.⟩ **1** *leichte Furcht, leichtes Grauen erregend, sehr unbehaglich;* eine ~e Gestalt; er sah ~ aus • **1.1** *mir ist* ~ *zumute ich empfinde eine unbestimmte Angst* **2** ⟨fig.; umg.⟩ *sehr groß, sehr viel;* es herrschte ein ~es Durcheinander; ich habe ~en Hunger **3** ⟨50; umg.⟩ *sehr;* das ist ~ schnell gegangen; ~ viel

un|höf|lich ⟨Adj.⟩ *nicht höflich, nicht hilfsbereit, unfreundlich;* ein ~er Mensch; sich ~ verhalten

Un|hold ⟨m.; -(e)s, -e⟩ **1** *böser Geist, Teufel, Ungeheuer, Menschenfresser (im Märchen)* **2** *bösartiger, grausamer Mensch*

uni ⟨[yniː] od. ['--] Adj. 11⟩ *einfarbig;* das Kleid ist ~

Uni|form ⟨a. ['---] f.; -, -en⟩ *einheitliche Dienstkleidung, z. B. der Soldaten, Polizisten, bestimmter Beamter usw.;* Ggs *Zivil*

Uni|kum ⟨n.; -s, Uni|ka od. -s⟩ **1** ⟨Pl.: Uni|ka⟩ *etwas in seiner Art Einmaliges, Seltenes, etwas Einzigartiges* **2** ⟨Pl.: Uni|ka⟩ *nur einmal hergestelltes Exemplar, Einzelstück* **3** ⟨Pl.: -s; fig.; umg.⟩ *sonderbarer Mensch, Kauz, Sonderling*

Uni|on ⟨f.; -, -en⟩ *Vereinigung, Verbindung, Zusammenschluss;* ~ der lutherischen u. der reformierten Kirche in Preußen

uni|so|no ⟨Adv.⟩ **1** ⟨Mus.⟩ *im Einklang, einstimmig zu spielen* **2** ⟨geh.⟩ *im Einklang, übereinstimmend*

uni|ver|sal ⟨[-vɛr-] Adj. 24⟩ *gesamt, umfassend, allgemein;* oV *universell*

uni|ver|sell ⟨[-vɛr-] Adj. 24⟩ = *universal*

uni|ver|si|tär ⟨[-vɛr-] Adj. 24/90⟩ *die Universität betreffend, zu ihr gehörig;* ~e Angelegenheiten; die ~e Verwaltung

Uni|ver|si|tät ⟨[-vɛr-] f.; -, -en⟩ **1** *Hochschule für alle Wissensgebiete* **2** *Gesamtheit der Lehrer, Angestellten u. Studenten einer Universität (1)*

Uni|ver|sum ⟨[-vɛr-] n.; -s; unz.⟩ *Weltraum, All*

Un|ke ⟨f.; -, -n⟩ **1** ⟨Zool.⟩ *Angehörige zu den Scheibenzünglern gehörigen Gattung der Froschlurche, die als Schreckreaktion eine bewegungslose „Kahnstellung" einnehmen, wobei die grell gefärbte Unterseite der Gliedmaßen gezeigt wird: Discoglossidae* **2** ⟨umg.; scherzh.⟩ *Schwarzseher, Pessimist*

un|ken ⟨V. 400; umg.⟩ *Unglück prophezeien, schwarzsehen*

un|kennt|lich ⟨Adj. 24⟩ *nicht erkennbar;* sich ~ machen

Un|kennt|nis ⟨f.; -; unz.⟩ **1** *das Nichtwissen, Nichtkennen (eines Sachverhalts);* aus ~ einen Fehler begehen; ~ schützt vor Strafe nicht • **1.1** ich habe ihn ~ darüber gelassen *ihn nicht über diese Sache aufgeklärt*

un|klar ⟨Adj.⟩ **1** *nicht verständlich;* ein ~er Text; ein ~er Bericht, Vortrag; sich ~ ausdrücken; das ist mir noch ~; es ist mir völlig ~, wie ich das schaffen soll • **1.1** *ungewiss;* ich bin mir darüber noch ~; du solltest ihn nicht länger darüber im Unklaren lassen **2** *dunkel, verwickelt;* eine ~e Angelegenheit **3** *undeutlich, verschwommen;* ein ~es Bild **4** *trübe, unrein;* eine ~e Flüssigkeit

un|klug ⟨Adj.⟩ *psychologisch nicht geschickt, unvorsichtig, unbesonnen;* eine ~e Maßnahme; ein ~es Verhalten, Vorgehen; das war ~ (gehandelt); es wäre ~, zu …

Un|kos|ten ⟨Pl.⟩ **1** *(zusätzliche, unvorhergesehene) Kosten;* die entstandenen ~ werden auf alle Teilnehmer umgelegt; die ~ belaufen sich auf 1.000 € **2** *(Gesamtheit an) Ausgaben;* die ~ belaufen sich zusammen auf 500 € monatlich • **2.1 sich** in ~ **stürzen** ⟨umg.⟩ *viel Geld ausgeben*

Un|kraut ⟨n.; -(e)s, -kräuter⟩ **1** *Pflanze, die zwischen Nutz- od. Zierpflanzen wächst u. deren Fortkommen hindert;* Acker~, Wiesen~; ~ ausreißen, jäten, vertilgen, ziehen, zupfen; das ~ sprießt üppig, wuchert • **1.1** ~ *vergeht nicht* ⟨Sprichw.⟩ *zähe, kräftige Menschen gehen nicht unter* • **1.2** *das* ~ *mit der Wurzel ausreißen, ausrotten* ⟨a. fig.⟩ *ein Übel gründlich beseitigen*

un|kul|ti|viert ⟨[-vi:rt] Adj.⟩ **1** *nicht kultiviert, nicht bebaut;* ~er Boden **2** ⟨fig.⟩ *roh, ungeschliffen;* ~es Benehmen

un|längst ⟨Adv.⟩ *kürzlich, vor kurzem, neulich;* er ist ~ angekommen, zurückgekehrt

un|leid|lich ⟨Adj.⟩ *schlecht gelaunt, sehr unfreundlich, unverträglich, missgestimmt u. daher ungezogen;* ein ~es Kind; ein ~er Mensch; er ist heute ~

un|leug|bar ⟨a. [-'--] Adj. 24⟩ *so beschaffen, dass man es nicht leugnen kann, unbestreitbar;* ~e Tatsachen

un|lieb ⟨Adj. 24/46⟩ **1** *nicht lieb, nicht angenehm, ungelegen, unwillkommen* • **1.1** jmdm. ist etwas nicht ~ *ganz lieb, kommt jmdm. ganz gelegen;* es ist mir nicht ~, dass …

un|lieb|sam ⟨Adj.⟩ *unangenehm, lästig;* ~es Aufsehen erregen; eine ~e Erörterung, Meinungsverschiedenheit, Störung

Un|lust ⟨f.; -; unz.⟩ *Mangel an Lust, Unbehagen, Abneigung;* Ggs Lust; seine ~ überwinden; etwas mit ~ essen; mit ~ an eine Arbeit usw. herangehen

un|mä|ßig ⟨Adj.⟩ *kein Maß kennend, maßlos, nicht Maß haltend;* ~ essen

Un|men|ge ⟨f.; -, -n⟩ *sehr große, nicht zählbare Menge;* eine ~ von Menschen, Büchern

Un|mensch ⟨m.; -en, -en⟩ **1** *grausamer Mensch, Rohling* • **1.1** ich bin ja kein ~ ⟨umg.⟩ *ich lasse mit mir reden, gebe nach*

un|mensch|lich ⟨a. [-'--] Adj.⟩ **1** *nicht menschlich (denkend, handelnd), grausam, roh, wie ein Tier;* mit ~er Grausamkeit, Härte; jmdn. ~ quälen **2** ⟨50; fig.; umg.⟩ *sehr (groß), ungeheuer;* es ist ~ schwül heute

un|miss|ver|ständ|lich ⟨a. [---'--] Adj.⟩ *so geartet, dass es nicht misszuverstehen ist, sehr deutlich u. energisch;* eine ~e Ablehnung, Absage; sich ~ ausdrücken; jmdm. etwas ~ klarmachen, sagen, zu verstehen geben

un|mit|tel|bar ⟨Adj. 24⟩ **1** ⟨50⟩ *ohne Umweg, direkt, gerade(n)wegs;* seine Worte berührten mich ganz ~ • **1.1** ~er **Zwang** ⟨Rechtsw.⟩ *von der Obrigkeit angewendete physische Gewalt, einschließlich des Waffengebrauchs gegen Personen od. rechtswidrig eingerichtete Gegenstände* **2** ⟨90⟩ *ohne Zwischenstufe, ohne Zwischenraum;* in ~er Nähe, Verbindung bleiben; ~ hinter dem Haus; das Grundstück liegt ~ neben dem unseren; ~ vor der Tür, vor mir • **2.1** ~er **Besitz** ⟨Rechtsw.⟩ *tatsächliche Verfügungsgewalt über eine Sache* • **2.1.1** ~er **Besitzer** *jmd., der augenblicklich über eine Sache verfügt, z. B. Pächter, Mieter* **3** ⟨50⟩ *sofort, gleich;* ~ danach hörte ich, wie …

un|mo|dern ⟨Adj.⟩ *nicht modern, nicht der Mode, der Zeit, dem aktuellen Stand entsprechend, unzeitgemäß;* sich ~ kleiden, einrichten; ~e Ansichten vertreten; diese Technik, dieser Apparat ist ~

un|mög|lich ⟨a. [-'--] Adj.⟩ **1** *nicht möglich, nicht durchführbar, nicht denkbar;* bei Gott ist kein Ding ~ (NT, Lukas 1,37); du solltest nichts Unmögliches erhoffen, erwarten, versuchen, wollen; (scheinbar) Unmögliches leisten; das Unmögliche möglich machen; du verlangst Unmögliches von mir; es ist mir ~, zu …; das ist räumlich, technisch, zeitlich ~

• **1.1** *ausgeschlossen;* ~!; das ist ganz, völlig ~; ich halte es für ~ **2** ⟨50⟩ *etwas* ~ **tun können**, *keinesfalls, unter keinen Umständen;* das kann ich ~ schaffen; das kann ~ richtig sein **3** ⟨umg.⟩ *völlig aus dem Rahmen fallend;* sie hatte ein ~es Kleid an; ein ~er Mensch; du siehst (mit dem Hut, in dem Kleid) ~ aus!; du bist (einfach) ~! • **3.1** jmdn. ~ machen *bloßstellen, blamieren;* er hat sich ~ gemacht

un|mo|ra|lisch ⟨Adj.⟩ *nicht moralisch, unsittlich;* eine ~e Einstellung; einen ~en Lebenswandel führen; ~ handeln, denken

Un|mut ⟨m.; -(e)s; unz.⟩ *Missmut, Missgestimmtsein, Ärger, Verdruss;* seinen ~ an jmdm. auslassen; seinen ~ zügeln, sich nicht anmerken lassen

un|nach|ahm|lich ⟨a. [--'--] Adj. 24⟩ *so beschaffen, dass man es nicht nachahmen kann;* mit ~em Humor

un|nah|bar ⟨a. ['---] Adj.⟩ *sehr zurückhaltend, verschlossen, unzugänglich;* ~e Haltung, Würde; sie hat ein ~es Wesen; sie wirkt so ~

un|na|tür|lich ⟨Adj.⟩ **1** *nicht natürlich, nicht der Natur entsprechend;* dieses Verhalten der Wale ist ~; der Winter ist ~ warm **2** *gespreizt, gekünstelt, geziert;* ein ~es Benehmen

un|nütz ⟨Adj.⟩ **1** *nutzlos, unnötig, umsonst;* sein Geld ~ ausgeben; das ist alles ~es Gerede, Zeug; seine Zeit ~ vertun; kauf doch nichts Unnützes **2** *unnötig, überflüssig, umsonst;* sich ~ ereifern

UNO ⟨f.; -; unz.; Abk. für⟩ *United Nations Organization (Vereinte Nationen);* ~-Sicherheitsrat

Un|ord|nung ⟨f.; -; unz.⟩ *Mangel an Ordnung, Durcheinander;* eine heillose ~ anrichten, hinterlassen; etwas in ~ bringen; in ~ geraten

un|par|tei|isch ⟨Adj.⟩ *nicht parteiisch, zwischen den (sich streitenden) Parteien stehend, neutral;* ~ sein; eine ~e Haltung einnehmen

Un|par|tei|i|sche(r) ⟨f. 2 (m. 1)⟩ *Schiedsrichter(in)*

un|pas|send ⟨Adj.⟩ **1** ~es **Verhalten** *nicht passendes, nicht der Situation entsprechendes Verhalten;* eine ~e Äußerung **2** ~er **Zeitpunkt** *nicht genehmer, nicht gelegener Z.*

un|päss|lich ⟨Adj. 40⟩ *unwohl, (vorübergehend) nicht ganz gesund, leicht erkrankt;* ~ sein, sich ~ fühlen

un|per|sön|lich ⟨Adj.⟩ **1** *nicht auf eine bestimmte Person zu beziehen* • **1.1** *nicht mit einer persönlichen Form zu bilden, z. B. es schneit* **2** *sachlich, kühl, zurückhaltend, persönliche Dinge nicht berührend;* ~es Gespräch; die ~e Atmosphäre in diesem Betrieb behagt ihr nicht **3** *ohne persönliche Eigenart;* ein ~ eingerichtetes Zimmer

Un|rast ⟨f.; -; unz.⟩ *Unruhe, Ruhelosigkeit*

Un|rat ⟨m.; -(e)s; unz.⟩ **1** *Schmutz, Abfall, Kehricht* **2** ⟨fig.⟩ *Schlechtes* • **2.1** ~ wittern ⟨fig.; umg.⟩ *Verdacht schöpfen*

un|recht ⟨Adj. 24⟩ **1** *dem Recht, den Gesetzen, einer sittlichen od. gesellschaftlichen Norm nicht entsprechend;* Ggs recht (2); auf ~e Gedanken kommen; es ist ~, das zu sagen, zu tun; du tust ihm ~; etwas Unrechtes tun; er hat ~ an ihr gehandelt **2** *nicht richtig, falsch;* sie fühlt sich dort am ~en Platz; er hat ~/Unrecht

Unrecht

bekommen; ich musste ihm ~/Unrecht geben; er war der Unrechte dafür; du hast ~/Unrecht; da hast du nicht ganz ~/Unrecht; es ist ~ von ihm, zu … • **2.1** damit ist er bei mir an den Unrechten gekommen *ich bin nicht darauf eingegangen, ich habe ihn zurückgewiesen* • **2.2** der Brief ist in ~e Hände gefallen, gekommen, gelangt *an jmdn., für den er nicht bestimmt war* • **2.3** *ungelegen;* zur ~en Zeit kommen; komme ich ~?

Un|recht ⟨n.; -(e)s; unz.⟩ **1** *Ungerechtigkeit, Unrichtigkeit im Handeln;* ~ bekämpfen, meiden, scheuen, tun; ~ erdulden, erleiden, leiden; es geschieht ihm ~; ich versuchte, ihm sein ~ klarzumachen; das ist ein bitteres, großes, himmelschreiendes ~; besser ~ leiden als ~ tun ⟨Sprichw.⟩ **2** *unrechte Tat;* jmdm. (ein) ~ antun, zufügen; ein ~ begehen; ein ~ trifft mich, widerfährt mir **3** *Unrichtigkeit im Urteil, in der Beobachtung;* er befindet sich, ist im ~; jmdn. ins ~ setzen; man hat ihn zu ~ verdächtigt; sich zu ~ beklagen; die Vorschrift besteht zu ~

un|red|lich ⟨Adj.⟩ *nicht redlich, unaufrichtig, betrügerisch;* das war ~ von ihm; ~ handeln

Un|ruh ⟨f.; -, -en⟩ *Schwungrädchen mit Spiralfeder, Gangregler der Uhr;* oV ⟨nicht fachsprachl.⟩ *Unruhe (4)*

Un|ru|he ⟨f.; -, -n⟩ **1** ⟨unz.⟩ *anhaltende, leichte innere Erregung, Besorgnis, Ruhelosigkeit;* ~ bemächtigte sich meiner; jmdm. ~ bereiten, bringen, verursachen; ~ erfasste, erfüllte, ergriff, überfiel, überkam mich; eine innere ~ lässt mich heute nicht los; krankhafte, nervöse, quälende ~; in ~ geraten, sein; jmdn. in ~ versetzen; von ~ erfasst werden **2** ⟨unz.⟩ *störende Bewegung, Störung, Aufregung;* in der Klasse herrscht ~; stiften **3** *(unblutiger) Aufruhr, laute Unzufriedenheit, Murren;* ~n beilegen, (im Keime) ersticken, niederschlagen, schlichten, unterdrücken; unter der Menge entstand eine ~; politische, religiöse ~n; es kam zu ~n unter der Bevölkerung **4** ⟨nicht fachsprachl.⟩ = *Unruh*

un|ru|hig ⟨Adj.⟩ **1** *nicht ruhig, rastlos, ungeduldig, nervös;* ~ sein • **1.1** *leicht aufgeregt, angstvoll besorgt, nervös* • **1.2** jmd. hat ~es **Blut** ⟨fig.⟩ *hält es nirgends lange aus, zieht von Ort zu Ort* **2** *heftig bewegt;* das Meer war ~ **3** *geräuschvoll, laut;* ~e Wohngegend

uns ⟨Dat. u. Akk. von⟩ *wir;* →a. *sich*

un|säg|lich ⟨a. ['---] Adj.⟩ *so, dass man es nicht sagen, nicht beschreiben kann, unaussprechlich;* ~ traurig sein

un|schäd|lich ⟨Adj.⟩ *nicht schädlich, harmlos, nicht gefährlich;* ~e Insekten; ~e Mittel anwenden • **1.1** jmdn. ~ machen ⟨fig.⟩ *jmdm. die Möglichkeit nehmen zu schaden*

un|schätz|bar ⟨a. [-'---] Adj.⟩ **1** *nicht schätzbar, bes. kostbar;* die Kronjuwelen sind ~; das Bild hat für mich (einen) ~en Wert **2** ⟨fig.⟩ *unermesslich, außerordentlich groß;* er hat uns ~e Dienste erwiesen

un|schein|bar ⟨Adj.⟩ **1** *so beschaffen, dass man es leicht übersehen kann, nicht auffallend, unbedeutend;* diese Pflanze hat nur ganz ~e Blüten **2** *einfach, bescheiden, unauffällig;* ein ~er Mensch

un|schlüs|sig ⟨Adj.⟩ *nicht entschlossen, schwankend, ratlos;* ich bin (mir noch) ~, was ich tun soll

un|schön ⟨Adj. 24⟩ **1** *nicht schön, hässlich;* ein ~es Gesicht; der Anblick war ~ **2** *unangenehm;* eine ~e Angelegenheit

Un|schuld ⟨f.; unz.⟩ **1** *Schuldlosigkeit, Freiheit von Schuld;* seine ~ beteuern, beweisen; meine ~ wird sich herausstellen; an jmds. ~ glauben • **1.1** in aller ~ etwas sagen, tun *ohne etwas Böses dabei zu denken* • **1.2** seine Hände in ~ waschen ⟨fig.; umg.⟩ *sich für nicht schuldig, nicht verantwortlich erklären* **2** *Unberührtheit, Keuschheit;* seine ~ verlieren **3** ⟨fig.⟩ *naiver, einfältiger Mensch, bes. Mädchen;* sie spielt gern die gekränkte ~ • **3.1** eine ~ vom Lande ⟨fig.; abwertend⟩ *einfältiges Bauernmädchen*

un|schul|dig ⟨Adj. 24⟩ **1** *nicht schuldig, ohne Schuld, schuldlos;* er ist ~ • **1.1** daran ist er ~ ⟨iron.⟩ *das ist nicht sein Verdienst* **2** *unverdorben, rein;* ein ~es Kind

un|selb|stän|dig ⟨Adj.⟩ = *unselbstständig*

un|selbst|stän|dig ⟨Adj.⟩ *nicht selbstständig, auf die Hilfe anderer angewiesen;* oV *unselbständig*

un|se|lig ⟨Adj.⟩ *unglücklich, verhängnisvoll;* eine ~e Tat; ~en Angedenkens; ein ~es Erbe antreten

un|ser[1] ⟨Possessivpron. 4; 1. Person Pl.⟩ →a. *mein (1.1-3.4)* **1** ~ Buch, Haus (usw.) *wir haben ein B., ein H. (usw.)* • **1.1** *uns gehörend, aus unserem Eigentum od. Besitz stammend* • **1.1.1** das Unsere/unsere, Unsrige/unsrige *unser Eigentum* • **1.2** *mit uns verwandt, bekannt, befreundet* • **1.2.1** die Unseren/unseren ⟨enge⟩ *Verwandte* • **1.3** *einen Teil von uns bildend* • **1.4** *von uns ausgehend* • **1.5** *uns zukommend* **2** *eine Eigenschaft von uns darstellend* • **2.1** *uns zur Gewohnheit geworden* **3** *von uns getan* • **3.1** *von uns verursacht* • **3.2** *von uns vertreten, gerechtfertigt* • **3.3** *von uns erwünscht* • **3.4** *von uns benutzt* **4** Unsere Frau *Maria, Mutter Jesu;* Unsrer Lieben Frau(en) (Kirche) **5** ~ lieber …! *(vertrauliche Anrede)*

un|ser[2] ⟨Gen. von⟩ *wir*

un|ser|ei|ner ⟨Indefinitpron.; umg.⟩ *jmd. wie wir;* oV *unsereins;* ~ kann das nicht bezahlen

un|ser|eins ⟨Indefinitpron.⟩ = *unsereiner*

un|se|rer|seits ⟨Adv.⟩ *von uns aus, von unserer Seite aus;* oV *unserseits, unsrerseits;* ~ ist nichts dagegen einzuwenden

un|se|res|glei|chen ⟨Indefinitpron.⟩ *Leute wie wir, Leute unserer gesellschaftlichen Stellung;* oV *unsersgleichen, unsresgleichen*

un|ser|seits ⟨Adv.⟩ = *unsererseits*

un|sers|glei|chen ⟨Indefinitpron.⟩ = *unseresgleichen*

un|sert|hal|ben ⟨Adv.⟩ = *unsertwegen*

un|sert|we|gen ⟨Adv.⟩ *mit Rücksicht auf uns, uns zuliebe;* Sy *unserthalben, unsertwillen*

un|sert|wil|len ⟨Adv.⟩ = *unsertwegen*

un|si|cher ⟨Adj.⟩ **1** *nicht sicher, nicht gefestigt, nicht fest, schwankend;* er ist ~ auf den Händen, ~ gehen; die Kranke ist noch ~ auf den Füßen • **1.1** *ohne Zutrauen zu der eigenen Meinung, ohne Selbstbewusstsein;* er ist im Rechnen, in der Rechtschreibung noch ~; er benahm sich ~ • **1.1.1** du kannst mich nicht ~ machen *beirren* **2** *zweifelhaft;* eine ~e Angelegenheit, Sache; es ist noch ~, ob … • 2.1 ⟨60⟩ ein ~er **Kantonist** ⟨umg.⟩ *jmd., auf den man sich nicht verlassen kann* **3** *gefährlich;* dieser Gebirgspfad, Steg ist ~ • 3.1 die Gegend ~ machen ⟨umg.⟩ *sein Unwesen in einer G. treiben*

Un|sinn ⟨m.; -(e)s; unz.⟩ **1** *etwas Unlogisches, Torheit, törichtes Geschwätz od. Tun, dummes Zeug, Albernheit;* es wäre ja (reiner) ~, so etwas zu tun; ~! (zurückweisende Bemerkung); (blühenden) ~ reden, schwatzen **2** *Dummheiten, Unfug, Faxen;* ~ machen; ~ treiben; er hat nichts als ~ im Kopf

un|sin|nig ⟨Adj.⟩ **1** *keinen Sinn habend, voller Unsinn, töricht, albern;* ~es Benehmen, Gerede, Geschwätz; das Urteil ist ~ **2** ⟨umg.⟩ *ungeheuer, sehr, allzu;* ~e Preise verlangen; es ist ~ teuer

Un|sit|te ⟨f.; -, -n⟩ *schlechte Angewohnheit, übler Brauch, Untugend*

uns|re ⟨Possessivpron.⟩ →a. *unser*¹

uns|rer|seits ⟨Adv.⟩ = *unsererseits*

uns|res|glei|chen ⟨Indefinitpron.⟩ = *unseresgleichen*

uns|ri|ge ⟨Possessivpron.⟩ = *unser*¹

un|sterb|lich ⟨a. [-'--] Adj. 24⟩ **1** *nicht sterblich, ewig (lebend, dauernd);* der ~e Gott; das ~e Werk eines Künstlers **2** ⟨umg.; scherzh.⟩ *sehr, außerordentlich;* sich ~ verlieben; er hat sich ~ blamiert

Un|stern ⟨m.; -(e)s; unz.; geh.⟩ *böses Geschick, Missgeschick, Unglück;* ein ~ waltete über ihm, über dem Unternehmen; er scheint unter einem ~ geboren zu sein

un|stet ⟨Adj.⟩ *unruhig, rastlos, ruhelos;* ein ~er Charakter, ein ~es Leben, ein ~er Mensch; er hat einen ~en Blick

Un|stim|mig|keit ⟨f.; -, -en; meist Pl.⟩ **1** *Unterschied, Fehler (z. B. in einer Rechnung)* • 1.1 *Widerspruch (zwischen Gesetzen, Zahlen);* ~en bereinigen, beseitigen **2** *Meinungsverschiedenheit;* es gab häufig ~en zwischen ihnen

Un|sum|me ⟨f.; -, -n⟩ *sehr große Summe;* er hat eine ~ Geld verloren

un|ta|de|lig ⟨a. ['---] Adj.⟩ *so beschaffen, dass es nichts zu tadeln, nichts auszusetzen gibt, einwandfrei, vorbildlich;* oV *untadlig;* ein ~es Benehmen; eine Ware von ~er Qualität

un|tad|lig ⟨a. ['--] Adj.⟩ = *untadelig*

Un|tat ⟨f.; -, -en⟩ *böse Tat, Missetat, Verbrechen;* eine ~ begehen; seine ~en büßen

un|tä|tig ⟨Adj.⟩ *nichts tuend, müßig, faul, beschäftigungslos;* die Hände ~ in den Schoß legen; ~ herumsitzen

un|ten ⟨Adv.⟩ **1** *tief, tiefer gelegen, am unteren Ende, an der unteren Seite;* ~ ankommen (mit dem Fahrstuhl); ~ bleiben, sein; siehe ~! ⟨Abk.: s. u.⟩ (Verweis auf später Gesagtes in Büchern); ich warte ~ auf dich (vorm Haus); ~ an der Tafel; ~ auf der Seite; dort, hier ~ (z. B. im Tal); Sie müssen dort ~ durch die Unterführung; von hier ~ (aus) kann ich es nicht sehen; links, rechts ~ im Bild; im Fahrstuhl nach ~ fahren; nach ~ (zu) wird der Baumstamm dicker; man wusste kaum noch, was ~ und (was) oben war (solch ein Durcheinander herrschte, so fröhlich ging es zu); ~ bleiben, liegen, stehen; die Herde kam gemächlich von ~ herauf auf die Alm; im Fahrstuhl von ~ nach oben fahren; weiter ~ (im Tal, im Text eines Buches) • 1.1 es liegt ganz ~ auf der Landkarte ⟨umg.⟩ *im Süden* • 1.2 wir wohnen ~ *im Parterre* • 1.3 bei jmdm. ~ durch sein ⟨fig.; umg.⟩ *jmds. Achtung verloren haben* **2** ⟨Getrennt- u. Zusammenschreibung⟩ • 2.1 ~ erwähnt = *untenerwähnt* • 2.2 ~ stehend = *untenstehend*

un|ten|an ⟨Adv.⟩ *am unteren Ende (meist einer Tafel);* ~ sitzen

un|ten|er|wähnt auch: **un|ten er|wähnt** ⟨Adj. 24/60⟩ *weiter hinten (im Text) erwähnt;* sich auf das Untenerwähnte / unten Erwähnte beziehen

un|ten|ste|hend auch: **un|ten ste|hend** ⟨Adj. 24/60⟩ *unter etwas stehend (bes. weiter unten im Text);* untenstehendes / Untenstehendes ist zu berücksichtigen

un|ter ⟨Präp. mit Dativ auf die Frage "wo?", mit Akkusativ auf die Frage "wohin?"⟩ **1** ~ **jmdn.** (jmdm.) od. einen (einem) *Gegenstand unterhalb von, niedriger, tiefer als;* Ggs *auf*¹ (1.1.1, 2.1.1); das Tal ~ sich liegen sehen; ~ der (die) Erdoberfläche; 15 m ~ dem (den) Meeresspiegel; er kroch ~ der Schranke hindurch; der Hund saß ~ dem Tisch, kroch ~ den Tisch, kam ~ dem Tisch hervor; das Eis brach ~ ihm, ~ seinem Gewicht ein; ~ Wasser schwimmen; ~ eine(r) Decke kriechen (liegen) • 1.1 ~ **Wasser** stehen *überschwemmt sein* • 1.2 unter der (die) **Erde** ⟨a. fig.⟩ • 1.2.1 jmd. liegt ~ der Erde *ist tot und begraben* • 1.2.2 jmd. kommt ~ die Erde *ist gestorben und wird begraben;* er wird noch ~ die Erde bringen (so viel Kummer macht er mir) • 1.2.3 ~ **Tage** arbeiten ⟨Bgb.⟩ *in einer Grube (2)* • 1.2.4 jmdm. den **Boden** ~ den **Füßen** wegziehen ⟨fig.⟩ *jmdn. seiner Existenzgrundlage berauben* • 1.2.5 ~ freiem Himmel nächtigen *im Freien* • 1.3 mit jmdm. ~ einer **Decke** stecken ⟨a. fig.⟩ *mit jmdm. gemeinsame Sache machen* • 1.3.1 ~ dem **Deckmantel** … ⟨fig.⟩ *dem Vorwand;* jmdn. ~ dem Deckmantel der Freundschaft betrügen • 1.3.2 ~ einen **Hut** bringen ⟨a. fig.⟩ *einer gemeinsamen Ansicht annähern* • 1.3.3 ~ einem Hut sein ⟨a. fig.⟩ *eine gemeinsame Ansicht haben* • 1.3.4 die Tochter ~ die **Haube** bringen ⟨fig.; veraltet⟩ *verheiraten* • 1.4 etwas gerade ~ der **Hand,** ~ den Händen haben *gerade an etwas arbeiten* • 1.4.1 ~ der Hand *im Stillen, heimlich;* etwas ~ der Hand besorgen, erfahren, kaufen, tun, verbreiten, weitersagen • 1.4.2 jmdm. ~ die **Arme** greifen ⟨a. fig.⟩ *jmdm. helfen* • 1.4.3 jmdm. etwas ~ die **Nase** halten, reiben ⟨a. fig.⟩ *vorhalten, Vorhaltungen machen* • 1.4.4 etwas ~ **vier Augen** besprechen ⟨fig.⟩ *zu zweit* • 1.4.5 jmdm. ~ die **Augen** treten, kommen ⟨fig.⟩ *sich jmdm. nähern* • 1.4.6 sie trägt ein Kind ~ dem **Herzen** ⟨poet.; fig.⟩ *sie ist schwanger* • 1.5 das Schiff geht ~ **Segel** *fährt ab* • 1.5.1 ~ **fremder Flagge** fahren, segeln ⟨a. fig.⟩ *die Ziele eines anderen vertreten* • 1.6 es stand ~ dem **Strich** *im Unterhaltungsteil der Zeitung (der früher durch einen Strich vom* übrigen abgetrennt war⟩ • 1.6.1 ~m Strich ⟨umg.⟩ *alles zusammengenommen, unter Berücksichtigung der wesentlichen Faktoren;* ~m Strich *bringt das neue Gesetz keine Steuerentlastung* • 1.7 ~ den **Hammer** kommen ⟨fig.⟩ *versteigert werden* • 1.8 ~ einem Längen-(Breiten-)**Grad** ⟨Geogr.⟩ *an einer Stelle der Erdoberfläche, auf der ein L.-(B.-)G. verläuft;* ~ 15° *nördlicher Breite (östlicher Länge)* **2** ~ einer **Anzahl** od. **Menge** von Personen od. Sachen *zwischen, inmitten, bei;* ~ *die Milch war Wasser gemischt;* ~ *den Büchern gab es einige Raritäten;* ~ *der Rubrik ...; ist einer ~ euch, der ...; ~ den Unbegabteste ~ ihnen; er war auch ~ den Gästen, Zuschauern; mitten ~ den Kindern; sich ~ die Menge mischen;* ~ ander(e)m/Ander(e)m, ~ ander(e)n/Ander(e)n ⟨Abk.: u. a.⟩ • **2.1** *wir sind ganz ~ uns im vertraulichsten Kreise, sprechen ganz ~ uns im Vertrauen darauf, dass es uns nicht erzählt wird;* ~ *uns gesagt ...* • **2.2** *Geld* ~ *die* **Leute** *bringen* ⟨scherzh.⟩ *in Umlauf setzen, ausgeben* • **2.2.1** *eine Mitteilung* ~ *die* **Leute** *bringen* ⟨fig.⟩ *bekanntmachen* • **2.3** *es ist* ~ **Brüdern** *50 Euro wert der freundschaftlich niedrig angesetzte Preis beträgt ...* • **2.4** ~ *die* **Räuber** *fallen* ⟨umg.; scherzh.⟩ *ausgebeutet werden* • **2.5** ~ *die* **Maler** *gehen* ⟨fig.⟩ *Maler werden* • **2.6** *er ist gern ~* **Menschen** *in Gesellschaft* **3** ~ einem **Sachverhalt**, ~ begleitenden Umständen *mit, bei (bestimmten) Voraussetzungen, Gründen;* ~ *jmdm.,* ~ *etwas* ⟨Kälte, Strenge usw.⟩ *leiden;* ~ *der Bedingung, Voraussetzung, dass ...;* ~ *dem Vorwand;* ~ Berücksichtigung von ...; *noch ganz* ~ *dem Eindruck des Geschehenen, Gehörten stehen; er hat es* ~ *großer Anstrengung gerade noch geschafft;* ~ *großen Entbehrungen, Opfern; Verzicht auf ...;* ~ *(ärztlicher) Aufsicht, Kontrolle, Quarantäne stehen;* ~ einem *Zwang handeln, stehen;* ~ *seinem Schutz; er hat es mir* ~ *dem Siegel der Verschwiegenheit anvertraut;* ~ *falschem Namen leben;* ~ *dem Namen X bekannt sein;* ~ *Glockengeläut zog das Brautpaar in die Kirche ein;* ~ *(lautem) Protest den Saal verlassen; die kostbaren Funde werden* ~ *Verschluss gehalten; Herzkranke leiden* ~ *schwülem Wetter; die Verhandlung fand* ~ *Ausschluss der Öffentlichkeit statt* ⟨Rechtsw.⟩ **3.1** *(früher) das Schiff liegt* ~ **Dampf** *ist abfahrtbereit* • **3.2** *etwas* ~ **Tränen** *gestehen, sagen, tun weinend* **3.3** ~ **Umständen** ⟨Abk.: u. U.⟩ *möglicherweise, vielleicht* • **3.3.1** ~ **allen Umständen** *auf jeden Fall, bestimmt* • **3.3.2** ~ **diesen Umständen** *weil die Voraussetzungen so sind;* ~ *diesen Umständen verzichte ich* **4** ~ einem **Maß, Wert** *weniger als;* Ggs **über**¹ *(1.1);* **Kinder ~ 12 Jahren haben keinen Zutritt; nicht ~ 20 Euro;** ~ *dem Durchschnitt liegen, sein; 10 Grad ~ null; etwas ~ (dem) Preis kaufen, verkaufen;* ~ *einer Stunde kann ich nicht zurück sein* • **4.1** ~ **aller Kritik** *so schlecht, dass man es gar nicht mehr kritisieren kann* • **4.2** ~ jmds. **Würde** *die W., Selbstachtung einer Person verletzend* **5** ~ *der* **Anordnung, dem Befehl (einer Person)** *niedrigeren Ranges, untergeben, unterstellt, untergeordnet, im Dienste von; eine Abteilung, ein Sachgebiet* ~ *sich haben (als Leiter); sich* ~ *das Gesetz stellen;* ~ *dem Oberbefehl von ...* ⟨Mil.⟩ **6** ~ einem **Zeitraum** *während eines Zeitraumes;* ~ Mittag; ~ *der Regierung Wilhelms I.;* ~ *der Arbeit kann ich mich nicht unterhalten;* ~ Tage *tagsüber* • **6.1** ~ **einem** ⟨österr.⟩ *zugleich*

Un|ter ⟨m.; -s, -; in der dt. Spielkarte⟩ *Blatt mit einem Wert zwischen Zehn u. Dame;* Sy **Junge, Wenzel, Bube**

un|ter..., Un|ter... ⟨in Zus.⟩ **1** ⟨mit Verben⟩ • **1.1** ⟨mit der Betonung auf dem ersten Teil des Wortes⟩ *etwas darunterlegen, -stellen, tiefer legen usw.;* u̱nterlegen, unterschieben • **1.2** ⟨mit der Betonung auf dem Stammwort⟩ • **1.2.1** *Bewegung nach unten od. von unten her;* unterdrücken, untergraben, untermalen • **1.2.2** *nicht mehr tun od. geschehen;* unterbleiben, unterbrechen, unterlassen **2** ⟨mit Adjektiven⟩ *darunter od. unten befindlich;* u̱nterirdisch, u̱nterentwickelt **3** ⟨mit Substantiven⟩ *etwas unten, darunter, tiefer Befindliches, z. B. in geografischen Bezeichnungen, in Titeln od. Rangbezeichnungen;* Unteritalien, Unteroffizier, Unterstaatssekretär

Un|ter|arm ⟨m.; -(e)s, -e; Anat.⟩ *Teil des Armes zwischen Hand u. Ellenbogen;* Ggs **Oberarm**

Un|ter|be|wusst|sein ⟨n.; -s; unz.⟩ *die seelisch-geistigen Vorgänge unter der Schwelle des Bewusstseins*

un|ter|bie|ten ⟨V. 110/500/Vr 8⟩ **jmdn.** od. **etwas** ~ *weniger fordern als der andere od. als etwas anderes kostet; einen Mitbewerber* ~; *dieser Preis ist nicht mehr zu* ~

un|ter|bin|den¹ ⟨V. 111/500⟩ *etwas* ~ *unter etwas binden; sie hat noch ein Tuch untergebunden*

un|ter|bin|den² ⟨V. 111/500⟩ **1** *ein* **Blutgefäß** ~ *abschnüren (u. dadurch die Blutung stillen)* **2** *den* **Straßenverkehr** ~ *unterbrechen, aufhalten* **3** **Handlungen, Vorgänge** ~ *verhindern, verbieten*

un|ter|blei|ben ⟨V. 114/400(s.)⟩ **etwas** unterbleibt *geschieht nicht; es hat zu* ~; *es ist leider unterblieben*

un|ter|bre|chen ⟨V. 116/500⟩ **1** *etwas* ~ *trennen u. dadurch (teilweise) aufhören lassen, aufhalten, stören; einen Kontakt* ~; *der Verkehr war wegen des Unfalls auf dieser Strecke unterbrochen; nichts unterbrach die Stille; das Grün der Wiesen wird durch dunklere Waldstücke unterbrochen* **2** *etwas* ~ *vorübergehend aufhören mit etwas; seine Arbeit, ein Gespräch* ~; *wir* ~ *die Fahrt, Reise in München* **3** ⟨Vr 8⟩ **jmdn.** ~ *daran hindern weiterzusprechen; unterbrich mich doch nicht fortwährend!; wir waren unterbrochen worden (am Telefon)*

Un|ter|bre|chung ⟨f.; -, -en⟩ **1** *das Unterbrechen, das Unterbrochensein* **2** *Störung, Ausfall*

un|ter|brei|ten¹ ⟨V. 500⟩ *etwas* ~ *unter etwas ausbreiten; wir haben eine Decke untergebreitet*

un|ter|brei|ten² ⟨V. 500⟩ *eine* **Sache** ~ *(als Vorschlag) darlegen, vorlegen; einen Vorschlag, ein Gesuch* ~; *einen Entwurf* ~; *dem Parlament die Gesetzesvorlage* ~

un|ter|brin|gen ⟨V. 118/500⟩ **1** *etwas* ~ *verstauen; in diesem Koffer kann ich nicht alles* ~; *Gepäck im Gepäcknetz* ~; *Waren im Lagerraum* ~ • **1.1** *unter Dach abstellen; wo kann ich den Wagen* ~? **2** **jmdn.**

~ jmdm. eine Unterkunft beschaffen; jmdm. im Hotel, in einem Krankenhaus, in einer Wohnung usw. ~; ein Kind für die Ferien bei Verwandten ~ **3** jmdm. ~ jmdm. eine Stellung verschaffen; er hat seinen Sohn bei der Sparkasse untergebracht; jmdm. auf einem Posten ~ **4 etwas** ~ erreichen, dass etwas angenommen wird, einen Käufer, Abnehmer finden für etwas; er konnte seinen Artikel bei der Zeitung, sein Hörspiel bei einem Sender ~

un|ter|der|hand ⟨alte Schreibung für⟩ *unter der Hand*

un|ter|des ⟨Adv.⟩ = *unterdessen*

un|ter|des|sen ⟨Adv.⟩ *inzwischen, seitdem, mittlerweile;* oV *unterdes*

un|ter|drü|cken ⟨V. 500/Vr 8⟩ **1 etwas** ~ *nicht aufkommen lassen, zurückhalten, bezwingen;* seine Gefühle ~; seine Angst, ein Lächeln, seine Neugier, seinen Zorn ~; ein unterdrücktes Gähnen • **1.1 gewisse Nachrichten** ~ *nicht bekanntwerden lassen* **2 jmdn.** od. **etwas** ~ *mit Gewalt beherrschen, niederhalten, nicht aktiv werden lassen;* ein Volk, seine Untertanen ~; eine Revolte ~; bestimmte politische Bestrebungen ~

un|te|re(r, -s) ⟨Adj. 60⟩ **1** *unten gelegen, sich unten befindend;* der ~, unterste Teil; der ~ Rand der Seite; unterstes Stockwerk • **1.1 das Unterste zuoberst kehren** ⟨a. fig.⟩ *alles durcheinanderwerfen* **2** *weniger Wert, Ansehen habend, wenig fortgeschritten;* die ~ Beamtenlaufbahn; ~ n Lohngruppen, Klassen der Schule, der Gesellschaft; die unterste Stufe eines Ordens • **2.1 auf den ~n Sprossen der Leiter stehen** ⟨a. fig.⟩ *am Beginn einer Karriere*

un|ter|ein|an|der *auch:* **un|ter|ein|an|der** ⟨Adv.⟩ **1** *unter uns, unter euch, unter sich;* das können wir ~ ausmachen; etwas ~ regeln **2** *miteinander, gegenseitig;* Leitungen ~ verbinden

un|ter|ein|an|der|schrei|ben *auch:* **un|ter|ein|an|der|schrei|ben** ⟨V. 230/500⟩ *etwas* ~ *eines unter das andere schreiben;* Zahlen ~

Un|ter|fan|gen ⟨n.; -s, -⟩ *Wagnis, kühnes Unternehmen*

un|ter|fas|sen ⟨V. 500⟩ **1** jmdn. ~ *unter den Arm fassen u. dadurch stützen* **2** ⟨Vr 8; veraltet⟩ **jmdn.** od. **sich** ~ *den Arm in den eines anderen schlingen, sich einhaken;* Sy *unterhaken;* sie fassten sich unter; sie gingen *untergefasst*

Un|ter|füh|rung ⟨f.; -, -en⟩ *Verkehrsweg, der unter einem anderen Verkehrsweg liegt;* Straßen~, Eisenbahn~

Un|ter|gang ⟨m.; -(e)s, -gän|ge⟩ **1** *das Untergehen;* der ~ eines Schiffes; der ~ eines Gestirns; nach dem ~ der Sonne, des Mondes; der ~ eines Volkes, einer Truppe, einer Stadt; der ~ des Abendlandes • **1.1** jmds. ~ *Verderben;* der Alkohol ist noch dein ~! • **1.2** *Tod;* seinem ~ entgegengehen; dem ~ geweiht, preisgegeben, verfallen sein

un|ter|ge|ben ⟨Adj. 72⟩ *jmdm.* ~ (sein) *in jmds. Dienst stehend, jmdm. unterstellt*

Un|ter|ge|be|ne(r) ⟨f. 2 (m. 1)⟩ *jmd., der einem anderen untergeben ist, der unter einem Vorgesetzten arbeitet*

un|ter|ge|hen ⟨V. 145/400(s.)⟩ **1** *sinken u. verschwinden;* ein Schiff, ein Ertrinkender geht unter; die Sonne geht unter • **1.1 ihr Stern ist im Untergehen begriffen** ⟨fig.⟩ *ihr Ruhm nimmt ab* • **1.2 sein Rufen ging in dem Lärm unter** ⟨fig.⟩ *wurde nicht gehört* **2** *zugrunde gehen, vernichtet werden;* ein Volk, eine Armee ist untergegangen; eine untergegangene Stadt; er braucht nicht, sonst geht er unter; pass auf, dass du nicht in der Großstadt untergehst

un|ter|gra|ben[1] ⟨V. 157/500⟩ *etwas* ~ *beim Graben darunterbringen, vermengen;* Dung, Torfmull im Beet ~; er gräbt Dung, Torfmull unter

un|ter|gra|ben[2] ⟨V. 157/500⟩ **1 etwas** ~ *das Erdreich unter etwas wegnehmen;* der Bach hat die Uferböschung untergraben **2 eine Sache** ~ ⟨fig.⟩ *langsam, unmerklich zerstören;* jmds. Ansehen, Stellung ~; er untergräbt mein Ansehen, meine Stellung; er untergräbt durch Ausschweifungen seine Gesundheit

Un|ter|grund ⟨m.; -(e)s, -grün|de⟩ **1** *unter der Erdoberfläche liegende Bodenschicht* **2** ⟨Mal.⟩ *unterste Farbschicht* **3** ⟨fig.⟩ *Bereich der Illegalität* • **3.1** *Widerstands-, Untergrundbewegung;* im ~ kämpfen

Un|ter|grund|bahn ⟨f.; -, -en; kurz: U-Bahn⟩ *unter der Erdoberfläche in Tunneln fahrende Bahn in Großstädten*

un|ter|ha|ken ⟨V. 500⟩ = *unterfassen (2)*

un|ter|halb ⟨Präp. m. Gen.⟩ *unter etwas gelegen, tiefer befindlich (als);* ~ des Hauses am Berg

Un|ter|halt ⟨m.; -(e)s; unz.⟩ **1** *alle Aufwendungen für die Lebensführung: Ernährung, Wohnung, Kleidung, Ausbildung;* jmdm. ~ geben, gewähren; für jmds. ~ aufkommen, sorgen; zu jmds. ~ beitragen; seinen ~ bestreiten, fristen von etwas; jmdm. den ~ verweigern; jmdm. ~ zahlen; kärglicher, notdürftiger, standesgemäßer ~ **2** *das Unterhalten*[2] *(2.1-2.2);* der ~ von Anlagen, Gebäuden, Institutionen

un|ter|hal|ten[1] ⟨V. 160/500⟩ *etwas* ~ *unter etwas halten;* die Hand, einen Teller, ein Tuch ~; halte bitte etwas unter, weil es tropfen könnte

un|ter|hal|ten[2] ⟨V. 160/500⟩ **1 jmdn.** ~ *für jmds. Lebensunterhalt aufkommen* **2 etwas** ~ *für etwas sorgen* • **2.1 ein Gebäude** ~ *instand halten* **2.2 eine Einrichtung** ~ *auf seine Kosten halten, betreiben;* gut unterhaltene Krankenhäuser, Schulen • **2.3 Beziehungen** ~ *aufrechterhalten, pflegen* **3** ⟨Vr 7 od. Vr 8⟩ **jmdn.** ~ *jmdm. die Zeit vertreiben, Vergnügen bereiten, jmdn. belustigen, zerstreuen;* bitte unterhalte unseren Gast, bis ich komme!; wir haben uns mit Gesellschaftsspielen ~; es war recht ~d; ~de Lektüre, Spiele **4** ⟨Vr 3⟩ **sich (mit jmdm.)** ~ *(mit jmdm.) ein Gespräch führen, plaudern;* wir haben uns angeregt, gut, heiter, prächtig ~; ich unterhalte mich gern mit ihm; mit ihm kann man sich gut ~; wir haben uns über das neue Theaterstück unterhalten

un|ter|halt|sam ⟨Adj.⟩ *unterhaltend, Zerstreuung bereitend;* der Abend war sehr ~

Un|ter|hal|tung ⟨f.; -, -en⟩ **1** ⟨unz.⟩ *das Unterhalten;* es müsste mehr für die ~ der Straßen getan werden; ich wünsche gute, angenehme ~!; die Band Blumfeld sorgte für die ~ der Gäste **2** *Gespräch;* die ~ wieder aufnehmen, zu Ende führen; die ~ floss munter, schleppend dahin; die ~ allein führen; es

unterhandeln

war eine anregende, geistreiche, interessante, lebhafte ~

un|ter|han|deln ⟨V. 410⟩ *verhandeln, sich besprechen;* über den Abschluss eines Friedensvertrages ~

Un|ter|hemd ⟨n.; -(e)s, -en⟩ *unter der Oberbekleidung, direkt auf der Haut getragenes Hemd*

Un|ter|holz ⟨n.; -es; unz.⟩ *niedriges Gehölz, Gebüsch im Wald, Buschwerk, Niederholz*

Un|ter|ho|se ⟨f.; -, -n⟩ *unter der Hose, direkt auf der Haut zu tragende Hose, Schlüpfer, Slip* (Damen~; Herren~)

un|ter|ir|disch ⟨Adj. 24⟩ **1** *unter der Erde befindlich, gelegen;* Ggs oberirdisch **2** ⟨fig.⟩ *verborgen, heimlich;* ~e Machenschaften

un|ter|jo|chen ⟨V. 500⟩ jmdn. od. etwas ~ *unterdrücken, gewaltsam beherrschen, abhängig machen u. erhalten, knechten;* eine Minderheit ~

un|ter|kom|men ⟨V. 170(s.)⟩ **1** ⟨411⟩ *Aufnahme, Zuflucht, Obdach, Anstellung finden;* er hofft, bei unserer Firma unterzukommen; für die Nacht (irgendwo) ~ **2** ⟨600⟩ **etwas kommt jmdm. unter** ⟨umg.⟩ *wird von jmdm. gesehen, begegnet jmdm.;* so etwas ist mir bisher noch nicht untergekommen

Un|ter|kom|men ⟨n.; -s; unz.⟩ **1** *Zuflucht, Obdach, Wohnung;* ein ~ (für die Nacht) suchen **2** *Stelle, Anstellung;* jmdm. ein ~ bieten, geben, gewähren

Un|ter|kunft ⟨f.; -, -künfte⟩ *Obdach, (vorübergehende) Wohnung;* Sy Quartier (1); ~ und Verpflegung (im Urlaubsort)

Un|ter|la|ge ⟨f.; -, -n⟩ **1** *etwas, das untergelegt wird, z. B. Tuch, Decke, Platte, Polster, Blatt;* eine harte, warme, wasserdichte, weiche ~; eine ~ aus Bast, Gummi, Holz, Kork, Pappe, Plastik, Stroh; eine ~ zum Schreiben • **1.1** *der untere Teil einer durch Pfropfen veredelten Pflanze* **2** ⟨Pl.⟩ *schriftliche Beweisstücke, Nachweise, Belege, Akten;* ~n beschaffen, prüfen, verlangen, vernichten; alle erforderlichen ~n einreichen, vorlegen; jmdm. Einblick in die ~n gewähren; Angebote mit den üblichen ~n an … (in Stellenanzeigen)

Un|ter|lass ⟨m.; -es; unz.⟩ **ohne ~** *unaufhörlich, ununterbrochen*

un|ter|las|sen ⟨V. 175/500⟩ **eine Sache ~** *sein lassen, bleibenlassen, nicht tun, versäumen zu tun, sich einer S. enthalten;* er hat es ~, rechtzeitig Bescheid zu geben; wir wollen keine Anstrengungen ~, damit …; eine spöttische Bemerkung ~; unterlass bitte diese Witze!; Zwischenrufe sind zu ~!; warum haben Sie es ~, zu …?; weshalb wurde es ~?

Un|ter|lauf ⟨m.; -(e)s; unz.⟩ *letzter Abschnitt eines Flusses vor der Mündung;* Ggs Oberlauf

un|ter|lau|fen ⟨V. 176⟩ **1** ⟨500⟩ **jmdn. ~** *geduckt unterhalb der Deckung des Gegners angreifen;* den Gegner (beim Ringen od. Zweikampf) ~ **2** ⟨600(s.)⟩ **etwas unterläuft jmdm.** *geschieht bei jmds. Tätigkeit ohne dessen Wissen;* oV ⟨veraltet⟩ *unterlaufen';* mir ist (dabei, in meiner Arbeit) ein Fehler ~ **3** ⟨416⟩ *etwas unterläuft* **mit Blut** *füllt sich unter die Haut mit aus dem Gewebe getretenem Blut;* das Auge, der Striemen ist mit Blut ~; mit Blut ~e Stelle

un|ter|le|gen¹ ⟨V. 500⟩ **etwas ~** *unter etwas legen;* er will böse Absichten ~; wir haben der Henne Eier untergelegt; einem Text einen anderen Sinn ~; er legt einen Stein, ein Tuch unter

un|ter|le|gen² ⟨V. 500⟩ **etwas ~** *mit einer Unterlage versehen, damit verstärken;* die Platte war mit Kork unterlegt; mit Seide unterlegte Spitze

un|ter|le|gen³ **1** ⟨Part. Perf. von⟩ *unterliegen* **2** ⟨Adj. 24/70⟩ *nicht ebenbürtig, nicht gleichkommend;* er ist ihr (geistig) weit ~; dem Gegner an Kraft, an Zahl ~ sein

un|ter||lie|gen¹ ⟨V. 180/400⟩ *etwas liegt unter liegt unter etwas;* die Decke, das Tuch liegt unter

un|ter|lie|gen² ⟨V. 180(s.)⟩ **1** ⟨400(s.)⟩ *besiegt, bezwungen werden;* vermutlich wird unsere Mannschaft ~; sie sind nach hartem Kampf unterlegen; die bei der Wahl unterlegene Partei **2** ⟨600⟩ **einer Sache ~** *von einer S. betroffen sein, werden;* der Arzt unterliegt der Schweigepflicht • **2.1** es unterliegt keinem Zweifel, dass … *darüber herrscht, besteht kein Zweifel, dass …,* zweifellos

un|ter|ma|len ⟨V. 500⟩ **1** *ein* **Bild** **~** *die erste Farbschicht für ein B. auftragen, grundieren* **2** *etwas* **~** ⟨fig.⟩ *begleiten;* ein Gespräch, einen Vortrag mit Musik ~

un|ter|mau|ern ⟨V. 500⟩ **1** *ein* **Gebäude** **~** *mit Mauern von unten her stützen, mit Grundmauern anlegen, versehen* **2** *eine* **Sache** **~** ⟨fig.⟩ *mit fester Grundlage versehen, mit stichhaltigen Argumenten stützen*

Un|ter|mie|te ⟨f.; -; unz.⟩ **1** *Weitervermietung einer gemieteten Sache (Wohnung, Zimmer) an einen Dritten;* ein Zimmer in ~ abgeben; jmdn. in, zur ~ nehmen **2** *das Mieten einer bereits von einem andern gemieteten Sache;* in, zur ~ wohnen (bei)

un|ter|mi|nie|ren ⟨V. 500⟩ **1** *etwas* **~** *zur Sprengung vorbereiten;* feindliche Stellungen ~ **2** *eine* **Sache** **~** ⟨fig.⟩ *langsam, unmerklich zerstören;* jmds. Ansehen, Stellung

un|ter|neh|men ⟨V. 189/500⟩ **etwas ~** *beginnen, machen, tun, in die Wege leiten, Maßnahmen ergreifen;* man muss doch etwas (dagegen) ~!; was wollen wir heute ~?; hast du schon etwas unternommen?; eine Reise, einen Spaziergang ~; er will Schritte ~, um die Angelegenheit aufzuklären

Un|ter|neh|men ⟨n.; -s, -⟩ **1** *Vorhaben;* das ist ein sehr gewagtes, kühnes ~! **2** *ein od. mehrere Betriebe, eine od. mehrere Fabriken als wirtschaftliche (nicht räumliche) Einheit;* ein ~ finanzieren, gründen, liquidieren; ein aussichtsreiches, ertragreiches, gut fundiertes, rentables, unrentables, stabiles ~; diese Aktiengesellschaft ist das größte ~ seiner Art in Deutschland • **2.1** *ein gewerbliches, kaufmännisches* ~ *Geschäft*

Un|ter|neh|mer ⟨m.; -s, -⟩ *jmd., der ein Unternehmen auf eigene Kosten führt*

Un|ter|neh|me|rin ⟨f.; -, -rin|nen⟩ *weibl. Unternehmer*

Un|ter|of|fi|zier ⟨m.; -s, -e; Abk.: Uffz., schweiz.: Uof.; Mil.⟩ **1** *militärischer Dienstgrad zwischen Mannschaften u. Offizieren* **2** (i. e. S.) *Unteroffizier aus der Gruppe der Unteroffiziere (1)* • **2.1** ~ vom Dienst

⟨Abk.: UvD⟩ *für den organisatorischen Ablauf des täglichen Dienstes einer Kompanie verantwortlicher Unteroffizier*

un|ter|ord|nen ⟨V. 500⟩ **1** ⟨530/Vr 3⟩ **etwas** einer **Sache** ~ *zugunsten einer Sache zurückstellen, von einer Sache abhängig machen;* die eigene Lebensführung der Familientradition ~; ein (einem Oberbegriff) untergeordneter Begriff • **1.1** das ist von untergeordneter Bedeutung, spielt nur eine untergeordnete Rolle *von zweitrangiger, geringerer Bedeutung* • **1.2** ein untergeordneter Satz *Nebensatz* • **1.3** ~de Konjunktion ⟨Gramm.⟩ = *subordinierende Konjunktion,* → *subordinieren (1)* **2** ⟨503/Vr 3⟩ **sich** (**jmdm.**) ~ *sich (jmdm.) fügen, sich einfügen;* er kann sich nicht ~ **3** jmdm. untergeordnet sein *untergeben, unterstellt sein;* eine untergeordnete Stellung innehaben

Un|ter|re|dung ⟨f.; -, -en⟩ *Besprechung, Verhandlung;* eine ~ unter vier Augen; mit jmdm. eine ~ haben

Un|ter|richt ⟨m.; -(e)s, -e; Pl. selten⟩ *planmäßige, regelmäßige Unterweisung eines Lernenden durch einen Lehrenden;* ~ erteilen, geben, haben, halten, nehmen; der ~ beginnt um 8 Uhr und dauert bis 12 Uhr; den ~ schwänzen, versäumen; ~ in Englisch, Französisch geben, nehmen; am ~ teilnehmen; ~ in Gesang, im Zeichnen, in einer Fremdsprache; während des ~s

un|ter|rich|ten ⟨V. 500⟩ **1** jmdn. ~ *lehren, unterweisen, jmdn. Unterricht geben, erteilen;* der Lehrer unterrichtet die Schüler; jmdn. im Gesang, in Deutsch, Französisch ~ **2** ⟨510/Vr 7 od. Vr 8⟩ **jmdn.** über ein, **von** einem **Ereignis** ~ *benachrichtigen, eine Mitteilung machen, in Kenntnis setzen, informieren;* gut, schlecht, nicht unterrichtet sein über etwas; in unterrichteten Kreisen wird angenommen, dass …; von gut unterrichteter Seite hörten wir, dass … **3** ⟨510/Vr 3⟩ **sich über etwas** ~ *Auskunft über etwas einziehen, sich Kenntnis von etwas verschaffen;* darüber muss ich mich erst noch ~

Un|ter|rich|tung ⟨f.; -, -en; Pl. selten⟩ *das Unterrichten (2-3)*

Un|ter|rock ⟨m.; -s, -rö|cke⟩ *dünner Rock od. ärmelloses Kleid mit schmalen Trägern zum Unterziehen unter Kleider u. Röcke*

un|ter|sa|gen ⟨V. 503/Vr 5 od. Vr 6⟩ (**jmdm.**) **etwas** ~ *nicht erlauben, verbieten;* der Arzt hat mir das Rauchen untersagt; das Betreten des Grundstücks ist untersagt

Un|ter|satz ⟨m.; -es, -sät|ze⟩ *Gestell, Platte, Teller, Sockel, worauf man etwas stellt, Stütze;* wir brauchen einen ~ für den heißen Topf

un|ter|schät|zen ⟨V. 500/Vr 7 od. Vr 8⟩ **jmdn.** od. **etwas** ~ *zu gering schätzen, für geringer halten, als er bzw. es ist;* du hast ihn unterschätzt; eine Entfernung, Gefahr, einen Gegner ~; jmds. Klugheit, Kräfte, Leistungen ~

un|ter|schei|den ⟨V. 209⟩ **1** ⟨500⟩ **etwas** ~ *genau, in allen Einzelheiten erkennen, die Verschiedenheit von anderem, den Unterschied zu anderem erkennen;* ich kann die Buchstaben, die Gegenstände nicht mehr ~ (weil es zu dunkel od. die Entfernung zu groß ist); er kann das Wesentliche nicht vom Unwesentlichen ~ **2** ⟨800⟩ **zwischen jmdm.** od. **etwas** ~ *trennende Merkmale hervorheben, den Unterschied hervorheben;* man muss (dabei) ~ zwischen … und … **3** ⟨505⟩ **jmdn.** od. **etwas** (**von jmdm.** od. **etwas**) ~ *auseinanderhalten, eine Trennung, Einteilung machen von jmdm.* od. *etwas;* kannst du die beiden Schwestern voneinander ~?; diese Pflanzen sind leicht, schwer zu ~; sie werden nach ihrer Größe, Farbe unterschieden **4** ⟨550/Vr 3⟩ **sich von jmdm.** od. **etwas** ~ *sich abheben, anders sein als jmd.* od. *etwas;* die beiden Schwestern ~ sich sehr stark voneinander **5** ⟨550⟩ **etwas** unterscheidet **jmdn.** od. **etwas von jmdm.** od. **etwas** *hebt jmdn.* od. *etwas von jmdm.* od. *etwas ab;* seine Hautfarbe unterscheidet ihn von den andern; das ~de Merkmal ist …

Un|ter|schei|dung ⟨f.; -, -en⟩ *das Unterscheiden;* eine sorgfältige ~ vornehmen; eine ~ zwischen Tatsachen u. Spekulationen; eine genauere ~ ist hier nicht möglich

Un|ter|schen|kel ⟨m.; -s, -; Anat.⟩ *unterer Teil des Beines (vom Knie an abwärts);* Ggs *Oberschenkel*

Un|ter|schicht ⟨f.; -, -en⟩ *untere Gesellschaftsschicht;* Ggs *Oberschicht*

un|ter|schie|ben[1] ⟨V. 214/503⟩ **etwas** ~ *unter etwas schieben;* jmdm. ein Kissen, einen Stuhl ~; ich habe ihr ein Kissen untergeschoben

un|ter|schie|ben[2] ⟨V. 214/530/Vr 6⟩ **1** jmdm. etwas ~ *heimlich zuschieben, an die falsche Stelle bringen, vertauschen;* ein Kind ~; mir unterschobene Briefe **2** jmdm. eine Sache ~ ⟨fig.⟩ *(meist böswillig) behaupten, unterstellen, zuschreiben;* jmdm. eigennützige Beweggründe ~; man hat mir diese Bemerkung unterschoben

Un|ter|schied ⟨m.; -(e)s, -e⟩ **1** *Anderssein, Verschiedenheit, Ungleichheit, Gegensatz;* einen ~ ausgleichen, feststellen, übersehen; zwischen beidem besteht ein feiner ~; der ~ fällt sofort ins Auge, kaum ins Gewicht; die ~e verwischen sich allmählich; ein beträchtlicher, feiner, geringer, großer, himmelweiter, ins Auge fallender ~; ~e im Preis, in der Qualität; im ~ zu ihm hat sie …; ein ~ wie Tag und Nacht; der ~ zwischen ihnen ist, dass …, ist der: … **2** *Unterscheidung, Trennung, Einteilung;* ich kenne da keine ~e; einen ~ machen zwischen …; alle ohne ~ behandeln; zum ~ von

un|ter|schied|lich ⟨Adj.⟩ *verschieden, ungleich, ungleichartig;* ~e Schreibweisen; ~er Ansicht sein

un|ter|schla|gen[1] ⟨V. 218/500⟩ **etwas** ~ *kreuzen, eins unter das andere legen;* die Beine beim Sitzen ~; mit untergeschlagenen Armen dastehen

un|ter|schla|gen[2] ⟨V. 218/500⟩ **1** etwas ~ *unrechtmäßig zurückbehalten, veruntreuen;* Geld, einen Brief ~; der ~e Betrag konnte sichergestellt werden **2** eine **Sache** ~ *unrechtmäßigerweise nicht mitteilen;* eine Nachricht, eine Neuigkeit ~

Un|ter|schlupf ⟨m.; -(e)s, -e⟩ *etwas, wo man unterschlüpfen kann, Zuflucht, Obdach, Schutz;* ~ finden, suchen (für die Nacht, vor dem Gewitter); bei jmdm. ~ finden

un|ter|schrei|ben ⟨V. 230/500⟩ **1** etwas ~ *seinen Namen unter etwas schreiben;* einen Brief, eine Urkunde, ein Urteil ~; das unterschreibe ich nicht; der Brief ist unterschrieben mit …, von … **2** eine **Sache** ~ ⟨fig.⟩ *begrüßen, einer Sache uneingeschränkt zustimmen;* diese Meinung kann ich nicht ~; das kann ich (nur) ~!

Un|ter|schrift ⟨f.; -, -en⟩ **1** *Namenszug unter einem Schriftstück (Brief, Urkunde), unter einer Zeichnung usw.;* ich musste meine ~ von einem Notar beglaubigen lassen; er hat seine ~ daruntergesetzt, gegeben; die ~ ist nicht zu entziffern, zu lesen; ~ en sammeln (für eine Resolution, einen Aufruf); die Mitteilung trägt seine ~; die ~ verweigern; jmdm. einen Brief zur ~ vorlegen • 1.1 seine ~ geben (für etwas) *(einer Sache) schriftlich zustimmen*

un|ter|schwel|lig ⟨Adj. 24⟩ *unterhalb der Reiz-, Bewusstseinsschwelle vorhanden;* ~e Aggressionen gegen jmdn. hegen

Un|ter|set|zer ⟨m.; -s, -⟩ *kleiner Teller, kleine Platte, Deckchen usw., worauf man einen Gegenstand stellt;* Blumen~

un|ter|setzt ⟨Adj. 24/60⟩ *klein, aber kräftig, stämmig, gedrungen*

Un|ter|stand ⟨m.; -(e)s, -stän|de⟩ **1** *meist unterirdischer, schuss- u. splittersicherer Raum (im Krieg)* **2** *Schutzraum gegen Unwetter*

un|ters|te(r, -s) ⟨Adj. 60; Superlativ von⟩ *unter;* Ggs *oberste(r, -s) (1.1);* der ~ Bereich; der Unterste in der Hierarchie; das Unterste zuoberst, das Oberste zuunterst kehren

un|ter|ste|hen[1] ⟨V. 256/400(h.) od. (s.)⟩ *sich unter etwas stellen;* hier können wir während des Regens ~; ich habe untergestanden; ich bin untergestanden ⟨österr., schweiz.⟩

un|ter|ste|hen[2] ⟨V. 256⟩ **1** ⟨600⟩ jmdm. ~ *unter einem Vorgesetzten stehen, arbeiten, ihm untergeordnet sein;* er untersteht dem Abteilungsleiter; er hat dieser Behörde unterstanden **2** ⟨580/Vr 3⟩ **sich** ~ *sich erdreisten, wagen;* untersteh dich wegzulaufen • 2.1 untersteh dich! *(Warnung) wehe dir!, wehe, wenn du es wagst!*

un|ter|stel|len[1] ⟨V. 500/Vr 7⟩ jmdm. od. etwas ~ *unter etwas stellen, unter ein schützendes Dach stellen, unterbringen;* der Wagen ist in der Garage untergestellt; ich konnte mich während des Regens ~

un|ter|stel|len[2] ⟨V. 500⟩ **1** ⟨530⟩ jmdm. od. einer **Institution jmdn.** od. etwas ~ *zur Leitung, Beaufsichtigung übergeben;* jmdm. eine Abteilung, ein Sachgebiet ~; ich bin ihm unterstellt; er wurde meiner Aufsicht unterstellt **2** ⟨530⟩ jmdm. etwas ~ ⟨fig.⟩ *etwas Unrichtiges als von jmdm. getan, gesagt, gedacht usw. hinstellen, jmdm. etwas fälschlich zur Last legen;* jmdm. böse Absichten ~; du hast mir ganz falsche Beweggründe unterstellt; wie kannst du mir ~, dass ich so etwas getan haben könnte! **3** etwas ~ *als wahr annehmen;* wir wollen einmal ~, dass …

un|ter|strei|chen ⟨V. 263/500⟩ **1** etwas ~ *einen Strich unter etwas ziehen (um es hervorzuheben);* das Ergebnis der Rechenaufgabe wird zweimal unterstrichen; Wörter in einem Text durch Unterstreichen hervorheben **2** eine **Sache** ~ ⟨fig.⟩ *betonen (durch Ausdruck, Worte, Gesten);* das kann ich nur ~!; das möchte ich mit allem Nachdruck ~!; der Redner unterstrich besonders die Tatsache, dass …; seine Worte durch eine Handbewegung ~

un|ter|stüt|zen ⟨V. 505⟩ **1** ⟨Vr 8⟩ jmdn. ~ *jmdm. beistehen, zur Seite stehen, helfen, jmdn. fördern;* jmdn. bei seiner Arbeit, Forschung ~; junge Künstler mit Geld ~; jmdn. mit Rat und Tat ~ **2** etwas ~ *fördern, befürworten;* ein Gesuch ~

Un|ter|stüt|zung ⟨f.; -, -en⟩ **1** ⟨unz.⟩ *das Unterstützen;* ~ der Armen, Bedürftigen, Hinterbliebenen, Kranken; du kannst auf meine ~ rechnen **2** *geldliche Hilfe, Zuschuss, Rente;* eine ~ annehmen, beantragen, beziehen, empfangen, erbitten, erhalten, fordern; bekommt er irgendeine ~?; jmdm. die ~ entziehen; jmds. ~ herabsetzen; jmdm. eine ~ gewähren; gesetzliche, finanzielle, öffentliche, private ~; auf ~ angewiesen sein; um eine ~ bitten, nachsuchen

un|ter|su|chen ⟨V. 500⟩ **1** jmdn. od. etwas ~ *genau prüfend betrachten, durch Tasten, Horchen, Vergleichen, chem. Analysen, Fragen usw. festzustellen suchen;* eine Maschine, einen Tatbestand ~; Milch auf ihren Fettgehalt (hin) ~; einen Kranken ~; etwas chemisch ~; etwas eingehend, genau, gründlich, oberflächlich ~; jmdn. auf seinen Geisteszustand (hin) ~; wir haben ihn vom Arzt ~ lassen • 1.1 eine **Sache** ~ (als Richter) ⟨Rechtsw.⟩ *einen Sachverhalt prüfen u. rechtlich würdigen;* einen Fall ~; etwas gerichtlich ~ • 1.2 eine **Sache** ~ *erforschen, erörtern, abhandeln;* die Frage der zukünftigen Entwicklung der westlichen Kultur ~

Un|ter|su|chung ⟨f.; -, -en⟩ *das Untersuchen;* die ~ eines Streitfalles; die ~ des Patienten ergab keinen Befund; die ~ des Falles ist abgeschlossen, läuft noch; eine strenge ~ anordnen; eine ~ einleiten, durchführen, führen, vornehmen; die ~ wurde eingestellt, niedergeschlagen; die ~ hat ergeben, dass …; die ~ verlief ergebnislos; die ärztliche, chemische, gerichtliche, gerichtsmedizinische ~; eingehende, gründliche, sorgfältige ~; er ist mit der ~ des Falles beauftragt; vom Arzt zur ~ bestellt sein; zum Arzt zur ~ kommen

un|ter|tan ⟨Adj. 24/70⟩ **1** *als Untertan zugehörig, untergeben;* einem König ~ sein **2** *dienstbar, hörig, gefügig;* dem Willen eines andern ~ sein; sich jmdn. ~ machen

Un|ter|tas|se ⟨f.; -, -n⟩ **1** *passendes Tellerchen als Untersatz der Tasse* • 1.1 fliegende ~ *angeblich gesichtetes, vielfach als außerirdisch angenommenes, bemanntes Flugzeug, dessen Herkunft noch nicht geklärt ist*

un|ter|tau|chen ⟨V.⟩ **1** ⟨500/Vr 8⟩ jmdn. od. etwas ~ *unter die Oberfläche drücken;* einen Stoff in der Farbbrühe ~ **2** ⟨400(s.)⟩ *unter die Oberfläche tauchen;* der Schwimmer, Taucher taucht unter; Schwimmvögel tauchen unter **3** ⟨400 od. 411(s.; fig.)⟩ *verschwinden, nicht mehr gesehen werden;* in der Menge ~

un|ter|tei|len ⟨V. 500⟩ etwas ~ *in Teile, Gruppen gliedern, einteilen*

Un|ter|ton ⟨m.; -(e)s, -tö|ne⟩ **1** *jeweils zu einem Ton gehöriger, nicht hörbarer, spiegelbildlich dem Oberton entsprechender, mitschwingender Ton* **2** ⟨fig.⟩ *leiser, versteckter Ton, Tonfall;* in seiner Stimme schwang ein drohender ~; mit einem ~ von Spott

un|ter|wan|dern ⟨V. 500⟩ ein **Volk,** einen **Kreis** von Personen ~ *durch langsames Eindringen (von fremder Bevölkerung) aufspalten, schwächen, zersetzen;* ein Land ~; eine Partei ~

Un|ter|wä|sche ⟨f.; -; unz.⟩ *unter der Oberbekleidung getragene Kleidungsstücke (Unterhemd, Unterhose usw.)*

un|ter|wegs ⟨Adv.⟩ **1** *auf dem Wege, auf der Reise;* ich war schon ~, als er kam; wir waren drei Tage ~; der Bote ist (schon) ~; die ganze Stadt war ~, um ihn zu sehen; die Waren sind (bereits) ~; ich habe ~ viel Neues gesehen; wir haben ~ Blumen gepflückt; der Gedanke kam mir erst ~; er ist ~ nach Berlin; von ~ eine Postkarte schreiben • **1.1** bei ihr ist ein Kind ~ ⟨fig.; umg.⟩ *sie erwartet ein Kind, ist in anderen Umständen*

un|ter|wei|sen ⟨V. 282/500/Vr 8⟩ **jmdn.** ~ *lehren, unterrichten, jmdm. Kenntnisse vermitteln;* Schüler ~; jmdn. im Rechnen, Zeichnen ~

Un|ter|welt ⟨f.; -; unz.⟩ **1** ⟨Myth.⟩ *Totenreich, Aufenthaltsort der Gestorbenen* **2** ⟨fig.⟩ *Verbrecherwelt*

un|ter|wer|fen ⟨V. 286/500⟩ **1** ⟨Vr 8⟩ **jmdn.** od. **etwas** ~ *besiegen, bezwingen, erobern u. unterjochen, untertan machen;* fremder Herrschaft unterworfen sein; die unterworfenen Länder, Völker **2** ⟨Vr 3⟩ **sich** ~ *sich ergeben, sich fügen;* sich jmds. Anordnungen, Willen ~; ich unterwerfe mich dem Richterspruch **3** ⟨530/Vr 7 od. Vr 8⟩ **jmdn.** od. **etwas** einer **Sache** ~ *unterziehen;* jmdn. einer Prüfung, einem Verhör ~

un|ter|wür|fig ⟨a. ['- - - -] Adj.⟩ *würdelos demütig, übertrieben gehorsam, übertrieben ehrerbietig, sehr ergeben, kriecherisch;* Sy *subaltern (2);* eine ~e Geste, Haltung

un|ter|zeich|nen ⟨V. 500⟩ etwas ~ *unterschreiben, durch Unterschrift bestätigen;* Sy *signieren (2);* einen Brief, ein Protokoll, einen Vertrag, ein gerichtliches Urteil, ein Zeugnis ~

un|ter|zie|hen[1] ⟨V. 293/500⟩ **1** ein **Wäschestück** ~ *unter etwas anziehen;* hast du noch eine Jacke untergezogen? **2** eine **Masse** ~ ⟨Kochk.⟩ *vorsichtig unter etwas mischen;* Eischnee ~

un|ter|zie|hen[2] ⟨V. 293/530/Vr 7⟩ **jmdn.** od. **etwas** einer **Sache** ~ *aussetzen, eine S. mit jmdm. od. etwas geschehen lassen;* jmdn. einer Prüfung, einem Verhör ~; er hat sich einer Operation unterzogen; er unterzieht sich dieser Arbeit, Aufgabe; sich der Mühe einer Reise ~

Un|tie|fe ⟨f.; -, -n⟩ **1** *Mangel an nötiger Tiefe, seichte Stelle (im Meer, See, Fluss), Sandbank* **2** ⟨volkstüml.⟩ *sehr große Tiefe*

un|treu ⟨Adj. 70⟩ *nicht treu, treulos;* ein ~er Ehemann, Liebhaber; jmdm., sich selbst ~ werden

un|über|legt ⟨Adj.⟩ *nicht überlegt, unbesonnen, voreilig;* das war ~ gehandelt, gesagt

un|um|gäng|lich ⟨a. ['- - - -] Adj.⟩ *nicht zu umgehen,* nicht zu vermeiden, unbedingt notwendig, erforderlich; es ist ~ (notwendig)

un|ver|än|der|lich ⟨a. ['- - - - -] Adj. 24/70⟩ *nicht veränderlich, so beschaffen, dass es sich nicht ändert;* ~e Größe ⟨Math.⟩

un|ver|ant|wort|lich ⟨a. ['- - - - -] Adj. 24⟩ **1** *nicht zu verantworten, so geartet, dass es nicht zu verantworten ist;* das ist ~ **2** *verantwortungslos, leichtsinnig;* ~ handeln

un|ver|bes|ser|lich ⟨a. ['- - - - -] Adj. 70⟩ *nicht zu bessern, nicht zu ändern;* er besitzt einen ~en Charakter; er ist ~

un|ver|bind|lich ⟨a. [- -'- -] Adj. 24⟩ **1** *nicht verbindlich, nicht bindend* • **1.1** *ohne die Verpflichtung zum Kauf;* jmdm. ein ~es Angebot machen **2** *nicht sehr freundlich, gerade noch höflich, aber nicht liebenswürdig, kurz angebunden;* er gab mir am Telefon eine ~e Antwort

un|ver|blümt ⟨a. [- -'-] Adj.⟩ *geradeheraus, aufrichtig, offen;* Ggs *verblümt;* jmdm. ~ die Meinung, die Wahrheit sagen; das ist die ~e Wahrheit; ~ mit jmdm. reden

un|ver|brüch|lich ⟨a. ['- - - -] Adj. 24⟩ *ganz fest;* ~es Schweigen bewahren; jmdm. ~ die Treue halten; an seinem Versprechen ~ festhalten

un|ver|fro|ren ⟨a. [- -'- -] Adj.⟩ *dreist, frech, ziemlich unverschämt*

un|ver|gess|lich ⟨a. ['- - - -] Adj. 24/70⟩ *so beschaffen, dass man es nicht vergessen kann;* ein ~es Erlebnis

un|ver|gleich|lich ⟨a. ['- - - -] Adj. 24⟩ *so vorzüglich, dass man es nicht mit anderem vergleichen kann, unübertrefflich, einzigartig;* eine ~e Tat; eine Stimme von ~em Wohlklang

un|ver|hofft ⟨a. [- -'-] Adj.⟩ *unerwartet, unvorhergesehen, plötzlich;* ein ~es Wiedersehen; sein Sieg bei den Wettkämpfen kam allen ~; ~ kommt oft ⟨Sprichw.⟩

un|ver|hoh|len ⟨a. [- -'- -] Adj.⟩ *nicht verborgen, unverhüllt;* mit ~er Schadenfreude; seinen Ärger ~ zeigen

un|ver|kenn|bar ⟨a. ['- - - -] Adj. 24⟩ *nicht zu verkennen, deutlich zu erkennen;* der Maler hat einen ~en Stil

un|ver|meid|lich ⟨a. ['- - - -] Adj. 24⟩ *nicht zu vermeiden, nicht zu umgehen;* es war leider ~, dass ich …

un|ver|min|dert ⟨Adj. 24⟩ *nicht vermindert, nicht geringer geworden, gleich geblieben;* das Fieber ist ~ hoch; der Sturm tobte mit ~er Heftigkeit

un|ver|mit|telt ⟨Adj. 24⟩ *ohne Übergang erfolgend, plötzlich;* ~ fragte er mich …

Un|ver|mö|gen ⟨n.; -s; unz.⟩ *Unfähigkeit, Mangel an Fähigkeit, Können, Kraft;* Sy *Vermögen (1);* in seinem ~, ein Glied zu bewegen …

Un|ver|nunft ⟨f.; -; unz.⟩ *Mangel an Vernunft, unvernünftiges Verhalten;* diese Tat ist Ausdruck seiner ~

un|ver|nünf|tig ⟨Adj.⟩ *nicht vernünftig, vernunftwidrig, töricht;* das war sehr ~ von dir!

un|ver|rich|tet ⟨a. 24/60⟩ *nicht verrichtet, nicht getan, nicht erledigt* • **1.1** ~er Dinge, ~er Sache abziehen, zurückkommen *ohne etwas erreicht, ohne das Vorgenommene erledigt zu haben*

un|ver|schämt ⟨Adj.⟩ *schamlos, frech, dreist;* eine ~e

unversehens

Antwort; ~es Benehmen; ein ~er Kerl; er lügt ~; er ist ~

un|ver|se|hens ⟨a. [--'--] Adv.⟩ *plötzlich, überraschend;* ~ war der Winter da

un|ver|söhn|lich ⟨a. ['----] Adj. 24⟩ *nicht zu versöhnen, nicht zur Versöhnung bereit;* er blieb ~

Un|ver|stand ⟨m.; -(e)s; unz.⟩ *Mangel an Verstand, Einfalt, Torheit*

un|ver|ständ|lich ⟨Adj.⟩ **1** *nicht zu verstehen, nicht verständlich, undeutlich;* seine Worte waren ~ **2** *nicht zu begreifen, unbegreiflich;* ein ~es Verhalten

Un|ver|ständ|nis ⟨n.; -ses; unz.⟩ *Mangel an Verständnis;* auf ~ stoßen

un|ver|wech|sel|bar ⟨[-ks-] a. ['-----] Adj. 24⟩ *nicht zu verwechseln, jmdm. eigentümlich, typisch;* sein Gang ist ~

un|ver|wüst|lich ⟨a. ['----] Adj.⟩ **1** *nicht zu verwüsten, nicht zerstörbar, sehr haltbar, strapazierfähig;* dieses Gewebe, dieser Stoff ist ~ **2** ⟨fig.⟩ *nicht zu besiegen, durch nichts aus dem Gleichgewicht zu bringen;* sein ~er Frohsinn; er hat eine ~e Gesundheit; er ist ~

un|ver|zeih|lich ⟨a. ['----] Adj. 24/70⟩ *nicht verzeihlich, nicht zu verzeihen;* ein ~er Fehler

un|ver|züg|lich ⟨a. ['----] Adj. 24/90⟩ *ohne Verzug, sofort, gleich;* sich ~ auf den Weg machen; ~ antworten

un|voll|en|det ⟨a. [--'--] Adj. 24⟩ *nicht vollendet, nicht fertig, nicht zu Ende gebracht;* eine ~e Symphonie

un|voll|kom|men ⟨a. [--'--] Adj. 24⟩ *nicht vollkommen, nicht vollständig, mangelhaft;* ~e Sätze; eine Sprache nur ~ beherrschen

un|vor|her|ge|se|hen ⟨[--'-----] Adj. 24⟩ *nicht vorhergesehen, unerwartet, plötzlich;* ein ~es Ereignis

un|vor|sich|tig ⟨Adj. 24⟩ *nicht vorsichtig, leichtsinnig;* das war sehr ~ von dir

un|vor|stell|bar ⟨a. ['----] Adj. 24⟩ *nicht vorstellbar, ungeheuerlich;* ~e Schäden

un|wahr ⟨Adj. 24⟩ *nicht wahr, falsch, erlogen;* ~e Behauptungen

un|wahr|schein|lich ⟨a. [--'--] Adj.⟩ **1** *nicht wahrscheinlich, kaum anzunehmen;* es ist ~, dass er noch kommt **2** *unglaubhaft, nicht recht zu glauben;* eine ~e Geschichte **3** ⟨verstärkend⟩ *sehr groß;* mit ~er Schnelligkeit • **3.1** ⟨50⟩ *sehr, äußerst;* ~ viel, hoch

un|weg|sam ⟨Adj.⟩ *schwer zu begehen, schwer gangbar;* ~es Gelände

un|wei|ger|lich ⟨a. ['----] Adj. 24⟩ *unbedingt, auf jeden Fall, ganz bestimmt;* die ~e Folge dieser Sache wird sein, dass …; es wird, es musste ~ so kommen

un|weit ⟨mit Gen. od. mit „von"⟩ *nicht weit, nahe;* ~ des Ortes, der Stadt; ~ von dem, vom Ort, von der Stadt

Un|we|sen ⟨n.; -s; unz.⟩ *schlimmes Treiben;* Banden~; ein Schwindler trieb in dem Ort sein ~

un|we|sent|lich ⟨Adj.⟩ *nicht wesentlich, nicht wichtig;* seine Einwände sind ~

Un|wet|ter ⟨n.; -s, -⟩ *Sturm u. Regen, Gewitter;* ein ~ brach los, ging nieder; vor dem ~ Schutz suchen

un|wich|tig ⟨Adj.⟩ *nicht wichtig, bedeutungslos, nebensächlich*

un|wi|der|ruf|lich ⟨a. ['-----] Adj.⟩ *nicht zu widerrufen, endgültig;* ein ~es Urteil; es steht ~ fest, dass …

un|wi|der|steh|lich ⟨a. ['-----] Adj.⟩ **1** *so geartet, dass man nicht widerstehen kann;* ein ~er Drang, Trieb; von ~er Komik; ein ~es Verlangen nach etwas haben; ~ angezogen werden von jmdm. od. etwas **2** ⟨fig.⟩ *bezwingend, sehr anziehend;* von ~em Reiz; er, sie ist (einfach) ~; er hält sich für ~

Un|wil|le ⟨m.; -ns; unz.⟩ **1** *Ärger, Verdruss, leichter Zorn;* oV Unwillen; jmds. ~n erregen, hervorrufen; sein ~ richtet sich bes. gegen mich; ich konnte meinen ~ nicht länger zurückhalten; etwas mit ~n bemerken, feststellen, wahrnehmen • **1.1** seinem ~n Luft machen ⟨fig.; umg.⟩ *deutlich sagen, worüber man sich ärgert*

Un|wil|len ⟨m.; -s; unz.⟩ = Unwille

un|will|kür|lich ⟨a. [--'--] Adj. 24/90⟩ *ohne Willen, ohne Absicht, unbewusst;* Ggs willkürlich (3); eine ~e Reaktion

un|wirsch ⟨Adj.⟩ *unliebenswürdig, barsch, kurz angebunden;* ~ antworten

un|wirt|lich ⟨Adj.⟩ Ggs *wirtlich* **1** *ungastlich, unfreundlich;* ein ~es Haus **2** *einsam, unfruchtbar;* eine ~e Gegend **3** *regnerisch u. kalt;* ~es Wetter

Un|wis|sen|heit ⟨f.; -; unz.⟩ *Mangel an Wissen, an Kenntnissen;* darüber herrscht noch allgemeine ~; ~ schützt nicht vor Strafe

un|wohl ⟨Adj. 40 od. 43⟩ *nicht wohl, nicht ganz gesund, unpässlich;* ich bin etwas ~, mir ist ~; sich ~ fühlen

un|wür|dig ⟨Adj.⟩ **1** *nicht würdig, nicht wert, (jmdm.) nicht gemäß;* des Lobes ~ • **1.1** das ist seiner ~ *das entspricht nicht seiner Art, seiner Lebenseinstellung* **2** *erniedrigend;* ~e Behandlung eines Kranken

Un|zahl ⟨f.; -; unz.⟩ *sehr große Zahl, unzählbare Menge;* eine ~ von Geschenken, von Menschen

un|zäh|lig ⟨a. [-'--] Adj. 24⟩ *nicht zählbar, sehr viele;* ~e Dinge; ~e Mal; ~e Male; Unzählige kamen

Un|zeit ⟨f.; -; unz.⟩ *zur ~ zu unpassender Zeit, zu einem schlecht gewählten Zeitpunkt;* zur ~ kommen

un|zer|trenn|lich ⟨a. ['----] Adj. 24/70⟩ *sehr eng verbunden, nicht zu trennen, stets beisammen;* ~e Freundinnen

Un|zucht ⟨f.; -; unz.; jurist. heute nicht mehr verwendeter Begriff für⟩ *geschlechtliche Unsittlichkeit, unsittliche Handlung;* ~ treiben; ~ mit Abhängigen; jmdn. zur ~ verführen

un|zu|frie|den ⟨Adj.⟩ *nicht zufrieden, missmutig;* ~ sein; ein ~es Gesicht machen

un|zu|gäng|lich ⟨Adj.⟩ **1** *nicht zugänglich;* die Räume sind ~ • **1.1** einer Sache ~ sein ⟨fig.⟩ *nicht auf eine Sache eingehen, sich ihr verschließen* **2** ⟨fig.⟩ *herb, verschlossen*

un|zu|läng|lich ⟨Adj.⟩ *nicht zulänglich, nicht ausreichend, mangelhaft, ungenügend;* ~e Ausbildung, Ausrüstung, Entlohnung, Leistung, Versorgung, Vorbereitung; die sanitären Einrichtungen sind ~

un|zu|ver|läs|sig ⟨Adj.⟩ *nicht zuverlässig, nicht pflichtbewusst;* ein ~er Mensch

Up|date ⟨[ʌpdeɪt] n.; -s, -s; EDV⟩ *neue, überarbeitete*

Fassung, verbesserte Version (bes. bei EDV-Programmen); an einem ~ arbeiten

üp|pig ⟨Adj.⟩ **1** *in Fülle vorhanden, reichlich, überreich;* ~er Haarwuchs, Pflanzenwuchs; ein ~es Mahl; dort gedeiht eine ~e Vegetation; ~ wuchernde Pflanzen • **1.1** *wollüstig, schwelgerisch, genießerisch, verschwenderisch;* zu ~ leben • **1.2** *reich, lebendig, blühend;* eine ~e Fantasie **2** *rundlich, von vollen Formen;* sie hat eine ~e Figur; eine ~e Frau; Frau mit ~en Körperformen

Ur ⟨m.; -(e)s, -e⟩ = *Auerochse*

ur..., Ur... ⟨in Zus.⟩ **1** *den Anfang, das Erste bezeichnend;* urgermanisch, Urmensch, Urtext, Urzustand **2** *einen hohen Grad bezeichnend, sehr;* uralt, urkomisch **3** *Echtheit, Unverbrauchtheit bezeichnend;* Urkraft **4** *die vorhergehende od. nachfolgende Generation bezeichnend;* Urgroßvater, Urenkel

Uran ⟨n.; -s; unz.; Zeichen: U⟩ *chem. Element, radioaktives silberweißes Metall mit der Ordnungszahl 92*

ur|ban ⟨Adj. 24; geh.⟩ **1** *weltmännisch, gebildet, höflich* **2** *städtisch*

ur|bar ⟨Adj. 24⟩ *anbaufähig, nutzbar, pflügbar;* Boden, Land, Wald ~ machen

Ur|bild ⟨n.; -(e)s, -er⟩ **1** *Vorbild eines Abbildes* **2** ⟨fig.⟩ *Vorbild, Inbegriff, Idee;* Sy *Original (1)*

ur|chig ⟨Adj.; schweiz.⟩ = *urig*

Ur|en|kel ⟨m.; -s, -⟩ *Sohn des Enkels od. der Enkelin*

Ur|he|ber ⟨m.; -s, -⟩ **1** *Veranlasser, für eine Tat Verantwortlicher* **2** *Schöpfer, Verfasser (eines Schrift-, Musikstückes od. sonstigen Kunstwerkes);* geistiger ~

Ur|he|be|rin ⟨f.; -, -rin|nen⟩ *weibl. Urheber*

urig ⟨Adj.⟩ *urwüchsig, bodenständig, unverfälscht;* oV ⟨schweiz.⟩ *urchig*

Urin ⟨m.; -s, -e⟩ = *Harn*

Ur|kun|de ⟨f.; -, -n⟩ **1** ⟨i. w. S.⟩ *jeder Gegenstand, der einen menschlichen Gedanken verkörpert, z. B. Grenzstein, Fahrzeugnummer* • **1.1** ⟨i. e. S.⟩ *Schriftstück, auf dem ein Gedanke, Wille usw. festgehalten ist, Beweisstück, Zeugnis;* eine ~ ausstellen, fälschen, unterschreiben; eine historische, mittelalterliche ~; von einer Privatperson verfasste ~; →a. *öffentlich (3.3)*

Ur|laub ⟨m.; -(e)s, -e⟩ **1** *Erlaubnis, vom Dienst fernzubleiben;* ~ beantragen, einreichen; ~ bewilligen, genehmigen; um ~ bitten **2** *Zeit des Fernbleibens von beruflicher Arbeit (bei fortlaufenden Bezügen);* drei Tage, zwei Wochen ~; seinen ~ antreten, abbrechen; wann hast du ~?; er hat ~ vom 15. Juli bis zum 10. August; hast du schon ~ gehabt?; ~ nehmen; ein erholsamer, langer, regenreicher, ruhiger, sonniger ~; seinen ~ an der See, im Gebirge verbringen; auf, in ~ fahren; auf, in ~ gehen; auf, in ~ sein; eine Karte aus dem ~ schreiben; jmdn. aus dem ~ zurückrufen • **2.1 von etwas ~ machen** *sich von etwas zurückziehen, um Abstand davon zu gewinnen bzw. um neue Kräfte zu schöpfen*

Ur|lau|ber ⟨m.; -s, -⟩ **1** *jmd., der Urlaub hat* **2** *Ferienreisender*

Ur|mensch ⟨m.; -en, -en⟩ *der erste Mensch, älteste Erscheinungsform des Menschen*

Ur|ne ⟨f.; -, -n⟩ **1** *Gefäß mit Deckel, zur Aufnahme der Asche nach der Verbrennung des Toten* **2** ⟨kurz für⟩ *Wahlurne*

Ur|sa|che ⟨f.; -, -n⟩ **1** *Grund für ein Geschehen, Ursprung, Veranlassung;* die ~ einer Krankheit, eines Streites, Unfalls, jmds. Todes; ~ und Wirkung; eine ~ erkennen, feststellen, finden, kennen, klären, vermuten; jmdm. ~ geben, etwas zu tun, zu denken; ich habe (alle) ~ anzunehmen, dass …; wo liegt die ~ für, des …?; einer ~ nachforschen, nachgehen, auf den Grund gehen; seine Absage war die ~ für ihre Niedergeschlagenheit; sein Verhalten hat keine ersichtliche ~; du hast keine ~, dich zu beschweren; die ~ hierfür ist unbekannt; ein Verkehrsunfall aus bisher ungeklärter ~; kleine ~n, große Wirkungen ⟨Sprichw.⟩ • **1.1** keine ~! ⟨umg.⟩ *bitte, gern geschehen (Höflichkeitsformel auf den Dank eines andern hin)*

ur|säch|lich ⟨Adj. 24⟩ *die Ursache betreffend, auf ihr beruhend, durch gemeinsame Ursache od. Ursache u. Wirkung verbunden;* das steht in ~em Zusammenhang mit …

Ur|schrift ⟨f.; -, -en⟩ *ursprüngliche, erste Niederschrift*

Ur|sprung ⟨m.; -s, -sprün|ge⟩ **1** *Beginn, Anfang, Ausgangspunkt* • **1.1** seinen ~ haben in etwas *mit etwas beginnen* **2** *Entstehung;* die Spielgruppe für Kinder verdankt ihren ~ zwei engagierten Müttern **3** *Herkunft;* ein Wort lateinischen ~s

ur|sprüng|lich ⟨a. [- '--] Adj., Abk.: urspr.⟩ **1** ⟨24⟩ *am Anfang, zu Beginn befindlich, zuerst vorhanden;* der ~e Text lautete ganz anders; der ~e Plan wurde geändert **2** ⟨24/50⟩ *anfangs, zuerst;* ~ hatte ich die Absicht, zu …; der Text war ~ viel länger **3** *einfach, naturhaft, natürlich;* Wasser von ~er Reinheit **4** *urwüchsig, unverbildet, echt;* sie hat einen ~en Sinn für alles Schöne

Ur|stoff ⟨m.; -(e)s, -e⟩ **1** *Grundstoff, Element* **2** *der unbelebten u. belebten Welt zugrundeliegender Stoff;* Sy *Materie (1)*

Ur|teil ⟨n.; -(e)s, -e⟩ **1** ⟨Rechtsw.⟩ *Entscheidung des Richters im Prozess, Richterspruch;* Sy *Sentenz (2);* ein Todes~ aussprechen, begründen, fällen; das ~ anfechten, anerkennen, aufheben, bestätigen, sprechen, vollstrecken, vollziehen; das ~ ergeht morgen, liegt bereits vor; ein ~ revidieren; ein gerechtes, hartes, mildes, ungerechtes ~; gegen ein ~ Berufung einlegen; das ~ in diesem Prozess; jmdm. od. sich selbst sein ~ sprechen ⟨fig.⟩; das ~ über diese Angelegenheit ist noch nicht gesprochen ⟨fig.⟩ **2** *prüfende Beurteilung;* Sachverständigen~; ein ~ abgeben, äußern; ein fachmännisches, nüchternes, objektives, parteiisches, sachliches, unparteiisches, unsachliches ~; ein allgemeines, klares, maßgebendes, salomonisches, unmaßgebliches, vorschnelles, weises, wohlüberlegtes ~; mit einem ~ ins Schwarze treffen; das ~ des Paris ⟨Myth.⟩ **3** *sich auf bestimmte Gründe stützende feste Meinung;* Wert~; das ~ der Fachwelt, der Nachwelt, der öffentlichen Meinung; sich ein ~ bilden über jmdn. od. etwas; es ist das einmütige ~ aller; etwas, nichts auf jmds. ~ geben; er hat mich in meinem ~ bestärkt; ich bin in meinem ~ unsicher geworden; sie hielt mit ihrem ~ zu-

rück; wie kommst du zu diesem ~?; ich bin schließlich zu dem ~ gekommen, dass …; wir sind zu verschiedenen ~en gekommen **4** *Fähigkeit, etwas richtig zu beurteilen;* sein ~ ist unfehlbar; sie hat ein gutes ~; kein ~ haben; ich habe darüber kein ~; auf sein ~ kann man sich verlassen
ur|tei|len ⟨V. 400⟩ **1** ⟨400⟩ *ein Urteil (2) abgeben, fällen;* abfällig, gerecht, hart, milde, parteiisch, unsachlich, unvoreingenommen, vorschnell ~; ohne Ansehen der Person ~; über etwas od. jmdn. ~; wie ~ Sie über …? **2** ⟨405⟩ ~ **nach** *sich ein Urteil (3) bilden;* man darf nicht nach dem äußeren Schein ~; dem Erfolg nach zu ~, hat er …; wenn man nach dem Erfolg ~ darf, dann …
ur|tüm|lich ⟨Adj.⟩ **1** *ursprünglich, urwüchsig* **2** *unverbildet, unberührt, natürlich-einfach*
Ur|wald ⟨m.; -(e)s, -wäl|der⟩ *unberührter, nicht bewirtschafteter, nicht kultivierter Wald, bes. in den Tropen*
ur|wüch|sig ⟨[-ks-] Adj.⟩ **1** *auf natürliche Weise einfach, naturhaft* • **1.1** *unverbildet, auf natürliche Weise grob* **2** *wild* **3** *bodenständig*
Ur|zeit ⟨f.; -, -en⟩ **1** *älteste Zeit der Erdgeschichte*
• **1.1** seit ~en *seit langem, solange man denken kann*

Usan|ce ⟨[yzā:s(ə)] f.; -, -n; geh.⟩ *Brauch (bes. Handelsbrauch), Herkommen, Gewohnheit;* oV *Usanz*
Usanz ⟨f.; -, -en; schweiz.⟩ = *Usance*
User ⟨[ju:zə(r)] m.; -s, -; EDV⟩ *Benutzer, Bediener (eines Computers)*
usu|ell ⟨Adj. 24; geh.⟩ *gebräuchlich, üblich, herkömmlich*
Usus ⟨m.; -; unz.⟩ *Brauch, Sitte, Gewohnheit;* es ist bei uns ~, dass …
Uten|si|li|en ⟨Pl.⟩ *(kleine, notwendige) Geräte, Gegenstände, Werkzeuge;* Schreib~; Mal~
Uto|pie ⟨f.; -, -n⟩ **1** *Schilderung eines künftigen gesellschaftlichen Zustandes* **2** *Wunschtraum, Hirngespinst, Schwärmerei*
uto|pisch ⟨Adj.⟩ **1** *nur in der Vorstellung möglich, erträumt, erhofft* **2** *nach Unmöglichem strebend*
UV-be|strahlt ⟨[u:fau̯-] Adj. 24⟩ *ultravioletten Strahlen ausgesetzt*
UV-Strah|len ⟨[u:fau̯-] Pl.⟩ *ultraviolette Strahlen;* sich durch Sonnenschutzcreme vor ~ schützen
UV-Strah|len-ge|schä|digt ⟨[u:fau̯-] Adj. 24/70⟩ *durch das Bestrahlen mit ultravioletten Strahlen gesundheitliche Schäden habend*

Vegetation

Va|banque auch: **va banque** ⟨[vabã:k] beim Glücksspiel⟩ **1** es gilt die Bank • 1.1 ~ **spielen** • 1.1.1 um den gesamten Einsatz der Bank spielen • 1.1.2 ⟨fig.⟩ ein Wagnis eingehen
vag ⟨[va:g] Adj.⟩ = vage
Va|ga|bund ⟨[va-] m.; -en, -en⟩ **1** = Landstreicher **2** ⟨fig.⟩ rastloser, ruheloser, umhergetriebener Mensch
va|ge ⟨[va:gə] Adj.⟩ eine **Vorstellung,** Idee ist ~ unbestimmt, ungenau, verschwommen; oV vag; etwas nur ~ beschreiben
Va|gi|na ⟨a. [va:-] f.; -, -gi|nen; Anat.⟩ = Scheide (3)
va|kant ⟨[va-] Adj. 24⟩ ~e **Stelle** offene, unbesetzte S.
Va|ku|um ⟨[va:-] n.; -s, -kua; Phys.⟩ Raum, der (nahezu) luftleer ist
Va|lenz ⟨[va-] f.; -, -en⟩ **1** ⟨Chem.⟩ = Wertigkeit (1) **2** ⟨Gramm.⟩ = Wertigkeit (2) **3** ⟨Biol.⟩ Stärke, Tüchtigkeit
Vamp ⟨[væmp] m.; -s, -s⟩ erotisch stark anziehende, dabei aber kalt berechnende Frau
Vam|pir ⟨[vam-], Betonung a. ['--] m.; -s, -e⟩ **1** ⟨Zool.⟩ Angehöriger einer Familie der Fledermäuse, die kein Blut saugen, sondern es nur auflecken: Desmodontidae; Sy Blutsauger (1.3) **2** ⟨Volksglaube⟩ blutsaugendes Nachtgespenst; Sy Blutsauger (2) **3** = Blutsauger (3)
Van|da|lis|mus ⟨[van-] m.; -; unz.⟩ rohe Zerstörungswut, die sich gegen Kunstwerke od. öffentliches Eigentum richtet; oV Wandalismus
Va|nil|le ⟨a. [vanɪljə] f.; -; unz.; Bot.⟩ **1** Angehörige einer Gattung der Orchideen: Vanilla • 1.1 echte ~ Pflanze mit zylindrischen Früchten, die nach Fermentieren ein charakteristisches Aroma erhalten, das für Süßspeisen beliebt ist: Vanilla planifolia **2** Frucht der Vanille (1.1) als Gewürz
va|ri|a|bel ⟨[va-] Adj.⟩ wandelbar, veränderlich, flexibel; Ggs konstant
Va|ri|an|te ⟨[va-] f.; -, -n⟩ veränderte Form, Abart, Spielart
Va|ri|a|ti|on ⟨[va-] f.; -, -en⟩ **1** Veränderung, Abwandlung **2** ⟨Biol.⟩ Abweichung von der Art **3** ⟨Mus.⟩ melodische, harmonische od. rhythmische Veränderung, Abwandlung eines Themas; Thema mit ~en
Va|ri|e|té ⟨[varieteː] n.; -s, -s⟩ = Varietee
Va|ri|e|tee ⟨[varieteː] n.; -s, -s⟩ Bühne für akrobatische, tänzerische, musikalische u. a. Vorführungen; oV Varieté
va|ri|ie|ren ⟨[va-] V.⟩ **1** ⟨400⟩ **etwas** variiert ist verschieden, anders, weicht ab **2** ⟨500⟩ **etwas** ~ etwas verändern, abwandeln • 2.1 ein **Thema** ~ ⟨Mus.⟩ melodisch, harmonisch od. rhythmisch abwandeln

Va|sall ⟨[va-] m.; -en, -en⟩ **1** Gefolgsmann **2** = Lehnsmann
Va|se ⟨[vaː-] f.; -, -n⟩ kunstvoll gearbeitetes Gefäß aus Ton, Porzellan od. Glas für Schnittblumen; Blumen~
Va|se|lin ⟨[va-] n.; -s; unz.; österr.⟩ = Vaseline
Va|se|li|ne ⟨[va-] f.; -; unz.⟩ halbfestes, salbenartiges Gemisch gesättigter aliphatischer Kohlenwasserstoffe großer Kettenlänge von gelber od. weißer Farbe; oV ⟨österr.⟩ Vaselin
Va|ter ⟨m.; -s, Vä|ter⟩ **1** Erzeuger eines Kindes; er hat seinen ~ nie gekannt; ~ sein, werden; den ~ verlieren; er ist glücklicher ~ (geworden); mein leiblicher ~; ~ von drei Kindern; du bist deinem ~ wie aus dem Gesicht geschnitten (so ähnlich siehst du ihm); wer ist der ~ dieses Kindes?; wo ist der ~?; wo ist mein, dein, unser, euer ~?; ~ werden ist nicht schwer, ~ sein dagegen sehr ⟨Sprichw. nach Wilhelm Busch⟩ • 1.1 sich zu seinen Vätern versammeln ⟨fig.; veraltet⟩ sterben **2** Familienoberhaupt, Ernährer; Familien~, Haus~; du sollst deinen ~ und deine Mutter ehren (4. Gebot); ein guter, liebevoller, nachsichtiger, strenger, treusorgender ~; er hat für mich wie ein ~ gesorgt **3** Beschützer; ein ~ der Hilflosen **4** Leiter, Vorsteher, Schöpfer; Turn~ Jahn; der ~ einer Idee; die Väter der Stadt berieten darüber; Holberg als ~ des dänischen Theaters; ~ unser, der du bist im Himmel (Gebetsanfang) • 4.1 hier ist wohl der Wunsch der ~ des Gedankens dieser Gedanke entspringt nur dem Wunsch u. ist kaum zu verwirklichen; →a. himmlisch (2.4) **5** Ordenspriester, Pater; →a. geistlich (2.4), heilig (2.1) **6** ⟨Anrede für ältere Männer, bes. Geistliche⟩ • 6.1 ~ Rhein ⟨poet.⟩ der Rhein • 6.2 ~ Staat ⟨scherzh.⟩ der Staat, bes. als Steuereinnehmer **7** ⟨Bgb.⟩ Fundort **8** ⟨bei Prägewerkzeugen⟩ der obere Stempel
Va|ter|land ⟨n.; -(e)s, -län|der⟩ Land, in dem man geboren od. aufgewachsen ist, Heimat(land); ein einiges, geeintes, geteiltes ~; der Prophet gilt nichts in seinem ~ ⟨Sprichw.⟩
vä|ter|lich ⟨Adj.⟩ **1** ⟨60⟩ den Vater betreffend, dem Vater zugehörend, vom Vater stammend; das ~e Erbe; er wird später das ~e Geschäft übernehmen; das ~e Handwerk erlernen; von ~er Seite her; hör auf meinen ~en Rat; er gab seinen ~en Segen • 1.1 ~e **Gewalt** ⟨Rechtsw.; früher⟩ Bestimmungsrecht über Person u. Vermögen des Kindes **2** einem Vater gemäß, wie ein Vater handelnd; jmdm. ein ~er Freund sein; ~e Liebe; ~es Wohlwollen; jmdn. ~ beraten, betreuen, unterstützen; jmdm. ~ helfen, zureden; ~ an jmdm. handeln; ~ auf jmdn. einreden
Va|ter|schaft ⟨f.; -, -en⟩ das Vatersein, Rechtsverhältnis des Vaters zum Kind; Bestimmung, Feststellung der ~; eheliche, uneheliche ~; die ~ anerkennen, annehmen, feststellen; die ~ ablehnen, bestreiten, leugnen
Ve|ge|ta|ri|er ⟨[ve-] m.; -s, -⟩ jmd., der sich nur von pflanzlicher Kost ernährt
ve|ge|ta|risch ⟨[ve-] Adj. 24⟩ pflanzliche Kost betreffend, auf ihr beruhend; ~e Ernährung
Ve|ge|ta|ti|on ⟨[ve-] f.; -, -en⟩ **1** Leben, Wachstum der

Pflanzen **2** *Gesamtheit der in einem Gebiet vorkommenden Pflanzen*

ve|ge|ta|tiv ⟨[ve-] Adj.⟩ **1** *pflanzlich* **2** ~es **Nervensystem** ⟨Med.⟩ *unbewusstes, nicht dem Willen unterliegendes N.;* Sy *autonomes Nervensystem,* → *autonom (2)*

ve|ge|tie|ren ⟨[ve-] V. 400⟩ *(kümmerlich) dahinleben*

ve|he|ment ⟨[ve-] Adj.⟩ ~e **Bewegung** *heftige, ungestüme B.*

Ve|hi|kel ⟨[ve-] n.; -s, -⟩ **1** *(bes. altes, altmodisches, schlechtes) Fahrzeug* • 1.1 ⟨fig.⟩ *Mittel zum Zweck* **2** ⟨fig.; umg.⟩ *blaues Auge (infolge eines Schlags oder Stoßes)*

Veil|chen ⟨n.; -s, -⟩ **1** ⟨Bot.⟩ *zu einer über die ganze Erde verbreiteten Gattung der Veilchengewächse gehörende, früh blühende, meist kleine Blume;* Sy *Viola¹* **2** *er ist blau wie ein* ~ ⟨fig.; umg.⟩ *sehr betrunken*

Vek|tor ⟨[vɛk-] m.; -s, -en⟩ **1** ⟨Math.; Phys.⟩ *Größe, die als Strecke bestimmter Lage u. Richtung definiert ist* **2** ⟨Gentech.⟩ *Plasmid, Virus od. ein anderes Partikel, das genetisches Material in eine Zelle einbringen kann*

Ve|lo ⟨[veː-] n.; -s, -s; schweiz.⟩ **1** *Fahrrad* **2** ⟨Getrennt- u. Zusammenschreibung⟩ • 2.1 ~ *fahren* = *velofahrend*

ve|lo|fah|rend *auch:* **Ve|lo fah|rend** ⟨[veː-] Adj. 24/60; schweiz.⟩ *auf, mit einem Fahrrad fahrend*

Ve|lours ⟨[vəluːr] m.; - [-luːrs]; unz.⟩ **1** *samtartiges Gewebe* **2** ⟨kurz für⟩ *Veloursleder*

Ve|lours|le|der ⟨[vəluːr-] n.; -s; unz.⟩ *Leder mit einer aufgerauten, samtartig geschliffenen Oberseite;* ~*jacke*

Ve|ne ⟨[veː-] f.; -, -n⟩ *zum Herzen führendes Blutgefäß;* Ggs *Arterie*

ve|nös ⟨[ve-] Adj. 24⟩ *die Venen betreffend, zu ihnen gehörend, von ihnen transportiert;* ~*es Blut*

Ven|til ⟨[vɛn-] n.; -s, -e⟩ **1** *Vorrichtung zum Absperren von Flüssigkeiten u. Gasen, als Kugel, Kegel, Nadel usw.; ein* ~ *öffnen, schließen; das* ~ *ist verstopft* **2** ⟨bei Blechblasinstrumenten⟩ *Mechanismus, der die ursprüngliche Stimmung verändert* **3** ⟨bei der Orgel⟩ *die Luftzufuhr regelnde Klappe* **4** ⟨El.⟩ *Gleichrichter* **5** *er braucht, sucht ein* ~ *für seinen Zorn* ⟨fig.⟩ *er muss seinem Z. Ausdruck verleihen*

Ven|ti|la|tor ⟨[vɛn-] m.; -s, -en⟩ *Vorrichtung zur Lüftung von Räumen, Bewetterung von Bergwerken, zur Kühlung von Motoren usw.*

ver... ⟨in Zus. mit Verben⟩ **1** *das Abweichen von der Richtung, das Falsche, Missgestalten, Verkehren ins Gegenteil bezeichnend;* Gebäude verbauen, Stoff verschneiden, Charakter verbilden; sich verrechnen, sich verhören, verlernen, sich etwas verbitten **2** *das Vollenden einer Handlung bezeichnend;* verbrauchen, verdursten, verklingen, verwelken **3** *das Steigern, Verstärken bezeichnend;* verdichten, veredeln, vergrößern, verschließen **4** *das Verwandeln bezeichnend;* verfinstern, verflüssigen, verkohlen **5** *das Zusammenbringen bezeichnend;* verknüpfen, vermischen **6** *das Auseinanderbringen, Weggehen bezeichnend;* verjagen, verlieren, verschütten **7** ⟨mundartl.⟩ *(in verschiedenen Bedeutungen)* • 7.1 *sich verkühlen erkälten* • 7.2 *verzählen erzählen*

ver|ab|re|den ⟨V. 500⟩ **1** *etwas* ~ *vereinbaren;* eine Besprechung, ein Stelldichein, Zeit u. Ort für eine Zusammenkunft ~; wir haben verabredet, dass ...; zur verabredeten Zeit; wir treffen uns wie bereits verabredet **2** ⟨500/Vr 3⟩ **sich (mit jmdm.)** ~ *ein Treffen (mit jmdm.) vereinbaren, festlegen;* ich habe mich mit ihm um 20 Uhr vor dem Theater verabredet • 2.1 ich bin leider schon verabredet *ich habe leider schon ein anderes Treffen vereinbart*

Ver|ab|re|dung ⟨f.; -, -en⟩ **1** ⟨unz.⟩ *das Verabreden, das Sichverabreden* **2** ⟨zählb.⟩ *vereinbartes Treffen;* eine ~ absagen müssen; er hat morgen Abend eine ~ **3** ⟨zählb.⟩ *gemeinsam beschlossenes Vorgehen, Absprache;* ~en treffen; das ist gegen unsere ~

ver|ab|scheu|en ⟨V. 500⟩ *jmdn. od. etwas* ~ *Abscheu, Ekel vor jmdm. od. etwas empfinden;* jmds. Handlungsweise ~; bestimmte Speisen ~

ver|ab|schie|den ⟨V. 500⟩ **1** *jmdn.* ~ *zum Weggehen veranlassen;* er verabschiedete ihn mit ein paar freundlichen Worten **2** *jmdn.* ~ *aus dem Dienst entlassen;* einen Beamten, einen Offizier ~ **3** *ein Gesetz* ~ *beschließen* **4** ⟨Vr 3⟩ **sich** ~ *Abschied nehmen;* gestern hat er sich von uns verabschiedet

ver|ach|ten ⟨V. 500⟩ **1** ⟨500⟩ *jmdn. od. etwas* ~ *für schlecht, nichts wert halten;* Ggs *achten (1);* er verachtet jede übertriebene Höflichkeit; jmdn. wegen seiner Feigheit ~ **2** *etwas* ~ *verschmähen, nicht nehmen, unbeachtet lassen* • 2.1 dieser Wein ist nicht zu ~ ⟨umg.⟩ *ist recht gut* **3** *eine Sache* ~ *für gering, nicht für wichtig ansehen;* eine Gefahr, den Tod ~

ver|ächt|lich ⟨Adj.⟩ **1** ⟨70⟩ *Verachtung verdienend;* eine ~e Haltung, Handlungsweise; eine ~e Gesinnung erkennen lassen; ein ~er Kerl **1.1** *jmdn.* ~ **machen** *in den Augen der anderen herabsetzen;* damit hat er sich selbst ~ gemacht **2** *von Verachtung zeugend, mit, voller Verachtung;* ~e Blicke, Worte; jmdn. ~ ansehen, behandeln; ~ von jmdm. sprechen

Ver|ach|tung ⟨f.; -; unz.⟩ **1** *Mangel an Wertschätzung;* ~ der Konsumgesellschaft **2** *Nichtbeachtung, Missachtung;* jmdn. mit ~ strafen

ver|all|ge|mei|nern ⟨V. 500⟩ *etwas* ~ *für allgemeingültig erklären, auf alle Fälle anwenden;* eine Aussage, Behauptung ~

ver|al|ten ⟨V. 400(s.)⟩ *etwas veraltet bleibt nicht zeitgemäß, wird unmodern, hält mit der Entwicklung nicht Schritt, kommt außer Gebrauch;* Anschauungen, Ansichten ~; Kleidermoden ~; Maschinen ~; Wörter ~

Ve|ran|da ⟨[ve-] f.; -, -ran|den⟩ *vor- od. eingebauter, überdachter, meist mit Glaswänden versehener Raum an einem Haus;* ein Haus mit ~

ver|än|dern ⟨V. 500⟩ **1** *jmdn. od. etwas* ~ *anders machen, umgestalten, verwandeln, umarbeiten;* im jugendlichen Überschwang will er am liebsten die ganze Welt ~; an einer Sache ~; mit veränderter Stimme sprechen; seitdem ist er ganz verändert **2** ⟨Vr 3⟩ **sich** ~ *anders werden;* du hast dich sehr verändert, seit ...; du hast dich in den letzten Jahren gar nicht verändert; er hat sich zu seinen Gunsten, seinem Nachteil, seinen Ungunsten, seinem Vorteil

verbannen

verändert • 2.1 ⟨umg.⟩ *Stellung, Beruf od. Wohnung wechseln;* er hat sich verändert

Ver|än|de|rung ⟨f.; -, -en⟩ **1** *das Verändern;* ~ der Vorschriften **2** *das Verändertwerden, Sichverändern;* charakteristische ~ **3** *Schwankung, Wechsel;* berufliche, private ~

ver|an|kern ⟨V. 500⟩ **1** *ein* **Schiff** *~ durch Anker befestigen;* ein verankertes Schiff **2** *eine* **Sache** *~* ⟨fig.⟩ *festlegen;* das Recht der Freizügigkeit ist in der Verfassung verankert; ein im Gesetz verankertes Recht

ver|an|la|gen ⟨V. 500⟩ *jmdn. od.* **etwas** *~ einschätzen, die Höhe der Steuern für jmdn. od. etwas festsetzen;* er wurde vom Finanzamt mit diesem Betrag veranlagt

ver|an|lagt 1 ⟨Part. Perf. von⟩ *veranlagen* **2** ⟨Adj. 24/70⟩ *in bestimmter Weise begabt, befähigt, mit bestimmten Eigenschaften versehen, bestimmte Charakteranlagen aufweisend;* sie ist künstlerisch ~; ein musikalisch ~er Mensch

Ver|an|la|gung ⟨f.; -, -en⟩ **1** *Festsetzung (der Steuern)* **2** *Charakteranlage, angeborene Fähigkeit od. Unfähigkeit, Begabung;* das ist ~; eine einseitige, künstlerische, krankhafte ~; er hat eine glückliche ~

ver|an|las|sen ⟨V. 500⟩ **1** *etwas ~ dafür sorgen, dass etwas geschieht, etwas bewirken, hervorrufen, anordnen;* wollen Sie bitte ~, dass …; Maßnahmen ~; ich werde das Nötige, alles Weitere ~; wer hat das veranlasst? **2** ⟨550⟩ *jmdn.* **zu etwas** *~ jmdn. dazu bringen, etwas zu tun, jmdn. zu etwas bewegen, anregen;* ich fühlte mich veranlasst, schnellstens einzugreifen; was mag ihn zu diesem Entschluss veranlasst haben?

ver|an|schla|gen ⟨V. 500⟩ **1** *etwas ~ schätzen, im Voraus berechnen;* die Kosten ~; man hat die Kosten zu niedrig veranschlagt; die veranschlagten Kosten für den Hausbau wurden weit überschritten; wie hoch ~ Sie den Bau des Theaters? **2** *eine* **Sache** *~ bewerten;* sein Einfluss kann nicht hoch genug veranschlagt werden

ver|an|stal|ten ⟨V. 500⟩ *eine* **Sache** *~ ins Werk setzen, stattfinden lassen, abhalten, durchführen;* eine Ausstellung, Tagung, Volkszählung ~; ein Fest ~

Ver|an|stal|tung ⟨f.; -, -en⟩ **1** *das Veranstalten;* die ~ einer Ausstellung planen **2** *das, was veranstaltet wird, z. B. Ausstellung, Fest, Kundgebung, Tagung, Wettkampf* (Tanz~, Sport~, Wahl~); eine ~ besuchen; an einer ~ teilnehmen; zu einer ~ gehen; eine ~ organisieren

ver|ant|wor|ten ⟨V. 500⟩ **1** *etwas ~ die Verantwortung übernehmen, die Folgen für etwas tragen;* ich werde es ~; eine Anordnung, einen Befehl, eine Maßnahme, Tat ~ • **1.1** *rechtfertigen;* ich kann es nicht ~, dass …; es ist nicht zu ~, dass …; wie soll ich, willst du das ~? **2** ⟨514/Vr 3⟩ **sich** *~ sich rechtfertigen, sich verteidigen;* er muss sich für seine Tat ~; du wirst dich deswegen, dafür ~ müssen, zu ~ haben; er muss sich vor Gericht ~

ver|ant|wort|lich ⟨Adj. 24⟩ **1** *die Verantwortung tragend;* Klage gegen den ~en Schriftleiter; die Verantwortlichen bestrafen, zur Rechenschaft ziehen; ~ bleiben für eine Maßnahme, Handlung usw.; dafür bist du ~; er ist voll ~ für seine Tat • **1.1** *jmdn. für etwas ~ machen jmdm. die Schuld an einer Sache geben;* für den Unfall kann man ihn nicht ~ machen • **1.2** *zeichnen durch Unterschrift eine Verantwortung übernehmen* **2** ⟨60⟩ *Verantwortung erfordernd;* es ist ein ~es Amt; er hat einen ~en Posten

Ver|ant|wor|tung ⟨f.; -; unz.⟩ **1** *das Verantworten (1);* es ist auf meine ~ (hin) geschehen; das kannst du nur auf deine eigene ~ (hin) tun **2** *Verpflichtung, für (seine) Handlungen einzustehen, ihre Folgen zu tragen;* die ~ ablehnen, haben, tragen, übernehmen; die ~ kann dir niemand abnehmen; die ~ kannst du nicht einfach abschütteln; er versuchte, die ~ von sich abzuwälzen; er wollte mir die ~ aufbürden, auferlegen, zuschieben; jmdn. der ~ entheben; sich der ~ (durch die Flucht) entziehen; die ~ lastet schwer auf ihm; die ~ ist mir zu groß; ich übernehme keine ~ dafür; eine schwere ~ auf sich laden, nehmen; die ~ für diese Maßnahme hat …; ihm fehlt der Mut zur ~ **3** *Rechenschaft;* jmdn. zur ~ ziehen

ver|ar|bei|ten ⟨V. 500⟩ **1** *etwas ~ als Material für die Herstellung von etwas verwenden;* Stoffe zu Kleidung ~; die ~de Industrie; verarbeitetes Silber • **1.1** *Speisen im Magen ~ verdauen* **2** *eine* **Sache** *~ auf sich wirken lassen, eine S. durchdenken, geistig bewältigen, sich eine eigene Meinung über etwas bilden;* Erlebtes, Gehörtes, Gelesenes, Gesehenes ~; Erlebnisse, Eindrücke ~; in einem Buch, einen Eindruck geistig ~

ver|är|gern ⟨V. 500⟩ *jmdn. ~ nachhaltig ärgern, ärgerlich machen;* er ist verärgert wegen deines ständigen Fehlens

ver|aus|ga|ben ⟨V. 500⟩ **1** *Geld ~ ausgeben* **2** ⟨Vr 3⟩ **sich** *~ sein Geld völlig ausgeben* **3** ⟨Vr 3⟩ **sich** *~* ⟨fig.⟩ *sich bis zur Erschöpfung anstrengen, sein Bestes, alles hergeben, so dass man nichts Neues mehr schaffen kann;* er hat sich mit diesem einen Werk völlig verausgabt

ver|äu|ßern ⟨V. 500⟩ **1** *etwas ~ verkaufen* **2** *Rechte ~ übertragen*

Verb [vɛrb] n.; -(e)s, -en; Gramm.⟩ *flektierbares Wort, das Tätigkeiten, Vorgänge u. Zustände bezeichnet, z. B. gehen, er geht;* oV *Verbum*

ver|ball|hor|nen ⟨V. 500⟩ *ein* **Wort,** *eine* **Wendung** *~ durch vermeintliches Verbessern verschlimmern, entstellen*

Ver|band ⟨m.; -(e)s, -bän|de⟩ **1** *Gewebe, das zum Schutz über einer Wunde od. erkrankten Körperstelle befestigt wird;* einen ~ anlegen, abnehmen, erneuern, wechseln **2** *Bund, Zusammenschluss (von Vereinen, Körperschaften, Angehörigen eines Berufes usw.);* Schriftsteller~, Ärzte~; einem ~ beitreten; einen ~ gründen; ~ der Automobilindustrie (Abk.: VDA) **3** *organisatorische od. zeitlich begrenzte Zusammenfassung mehrerer militärischer Einheiten;* Truppen~; im ~ fahren; im ~ fliegen (von Flugzeugen) **4** *regelmäßige, gruppenweise vorgenommene Anpflanzung (von Pflanzen, Obstbäumen usw.)* **5** *die Verbindung, das Ineinandergreifen von Hölzern od. Mauersteinen*

ver|ban|nen ⟨V. 500⟩ **1** *jmdn. ~ aus einem bestimmten Gebiet, meist dem Land, weisen, jmdn. strafweise ei-*

Verbannung

nen bestimmten Aufenthaltsort zuweisen; jmdn. auf eine Insel ~ **2 jmdn.** od. etwas ~ ausschließen, jmdm. od. etwas den Zugang verwehren; sie verbannte alle Gedanken an ihn aus ihrem Herzen

Ver|ban|nung ⟨f.; -, -en⟩ Sy ⟨veraltet⟩ Acht³ **1** das Verbannen; die ~ Napoleons **2** das Verbanntsein; lebenslängliche ~; ~ auf Lebenszeit; aus der ~ zurückkehren; in die ~ gehen; in der ~ leben; jmdn. in die ~ schicken; nach, vor, während seiner ~ **3** Ort, an den jmd. verbannt ist od. wird

ver|bau|en ⟨V. 500⟩ **1** ⟨530/Vr 5⟩ **jmdm. etwas ~** durch Bauen versperren; jmdm. durch einen Neubau die Aussicht, den Blick auf die Berge ~ **2** ⟨530/Vr 5 od. Vr 6⟩ **jmdm. die Aussichten ~** ⟨fig.⟩ jmds. A. zunichtemachen; jmdm. alle Möglichkeiten (zum Weiterkommen) ~; er hat sich seine Zukunft gründlich verbaut **3 etwas ~** beim Bauen verbrauchen; Holz ~ • 3.1 Geld ~ beim Bauen ausgeben **4 etwas ~** falsch, unzweckmäßig bauen; das Haus ist völlig verbaut • 4.1 ⟨Vr 3⟩ **sich ~** ⟨umg.⟩ beim Bauen einen Fehler machen; die Maurer haben sich verbaut

ver|bei|ßen ⟨V. 105/500⟩ **1** ⟨550/Vr 3⟩ **ein Tier verbeißt sich in etwas** beißt sich in etwas fest; der Hund verbeißt sich ins Wild; die Hunde haben sich ineinander verbissen **2** ⟨550/Vr 3⟩ **sich in etwas ~** ⟨fig.⟩ hartnäckig an etwas festhalten, nicht los-, nicht lockerlassen; er verbiss sich regelrecht in die Arbeit, in dieses Problem **3 etwas ~** ⟨550/Vr 1⟩ **sich eine Gefühlsäußerung ~** eine G. zurückhalten, nicht zeigen, unterdrücken; ich musste mir das Lachen ~; seinen Zorn ~

ver|ber|gen ⟨V. 106/500⟩ **1** ⟨Vr 7⟩ **jmdn.** od. **etwas ~** den Blicken od. dem Zugriff anderer entziehen, verstecken; das Gesicht in den Händen, an jmds. Schulter ~; sich hinter einem Busch ~ sich vor der Polizei, vor Verfolgern ~ **2 etwas ~** ⟨fig.⟩ verheimlichen, nicht sagen; du verbirgst mir doch etwas!; sie konnte ihre Erregung nicht ~; seine Gedanken, seine Meinung ~; Liebe lässt sich nicht ~ ⟨Sprichw.⟩; →a. verborgen²

ver|bes|sern ⟨V. 500⟩ **1 etwas ~** besser machen, vervollkommnen; eine Erfindung ~; er will damit seine finanzielle Lage ~; zweite, verbesserte Auflage (auf Buchtiteln) • 1.1 (s)eine Leistung, einen Rekord ~ steigern, überbieten **2** ⟨Vr 3⟩ **sich ~** bessere Lebensbedingungen für sich schaffen; mit der neuen Wohnung haben wir uns verbessert • 2.1 er konnte sich ~ mehr Gehalt, eine bessere Stellung bekommen **3 etwas ~** richtig machen, richtigstellen; eine Aussage, einen Fehler ~; einen Aufsatz, jmds. Aussprache, Fehler, Rechtschreibung ~ **4** ⟨Vr 8⟩ **jmdn. ~** jmds. Aussage, Ausspruch usw. berichtigen • 4.1 ich muss mich ~ ich muss berichtigen, was ich eben gesagt habe

ver|beu|gen ⟨V. 500/Vr 3⟩ **sich ~** Kopf u. Oberkörper nach vorn neigen (als Gruß, Zeichen der Ehrerbietung od. Zustimmung); er verbeugte sich nach allen Seiten; er verbeugte sich tief vor der Künstlerin

Ver|beu|gung ⟨f.; -, -en⟩ **1** das Verbeugen; eine tiefe ~ vor jmdm. machen **2** etwas ist eine ~ vor jmdm. ⟨fig.⟩ eine Geste, ein Zeichen des Respekts, der Wertschätzung

ver|bie|gen ⟨V. 109/500⟩ **1** ⟨Vr 7⟩ **etwas ~** in die falsche Richtung biegen, durch falsches Biegen entstellen, gebrauchsunfähig machen; ein verbogenes Rückgrat haben **2 einen Charakter ~** ⟨fig.⟩ durch schlechten Einfluss, falsche Erziehung verbilden, schlecht machen

ver|bie|ten ⟨V. 110/500⟩ **1** ⟨530⟩ **jmdm. etwas ~** nicht erlauben, untersagen; eine solche Handlungsweise verbietet mir mein Ehrgefühl; der Arzt hat mir das Rauchen verboten; Betreten, Eintritt, Zutritt verboten; Rauchen verboten!; es ist (bei Strafe) verboten, zu …; das sollte, müsste verboten werden • 1.1 eine solche Reise verbietet mir mein Geldbeutel meine finanziellen Verhältnisse erlauben mir eine solche R. nicht, ich kann sie mir nicht leisten • 1.2 das Buch ist verboten worden die Herausgabe, der Verkauf des Buchs • 1.3 die Verbotene Stadt der Kaiserpalast in Peking • 1.4 verbotener Weg W., dessen Benutzung nicht erlaubt ist; →a. Haus (1.1), Mund (3.4) • 1.5 verboten aussehen ⟨fig.; umg.⟩ in seiner Erscheinung völlig aus dem Rahmen fallen • 1.5.1 bei ihm sieht es verboten aus unvorstellbar liederlich • 1.5.2 in dem Kleid sieht sie verboten aus hässlich, geschmacklos **2** ⟨513/Vr 3⟩ **etwas verbietet sich von selbst** ist ganz selbstverständlich, dass das nicht geschehen darf

ver|bin|den ⟨V. 111/500⟩ **1** ⟨Vr 7 od. Vr 8⟩ **jmdn.** od. **etwas ~ mit einem Verband versehen**; ein verletztes Bein, eine Wunde ~; einen Verletzten ~; er hat den Arm verbunden **2** ⟨530/Vr 3⟩ **jmdm. die Augen ~** mit einer Binde verdecken; mit verbundenen Augen **3** ⟨517⟩ **etwas mit etwas ~** zusammenbringen, eine Verbindung mit etwas herstellen; zwei Enden, Fäden ~; zwei Holzteile, Maschinenteile, Wagen ~; Zahlen, Sätze, Gedanken ~; die Straßenbahnlinie verbindet den Vorort mit der Stadt; das Zimmer ist mit dem Bad durch eine Tür verbunden; die ~den Worte (zwischen einzelnen Vorführungen) **4** ⟨517/Vr 3⟩ **etwas verbindet sich mit etwas** vereinigt, vermischt sich mit etwas; Mehl, Zucker usw. ~ sich mit Flüssigkeit zum Teig **5** ⟨517; fig.⟩ **etwas mit etwas ~** an etwas anschließen, zugleich haben; das Angenehme mit dem Nützlichen ~ • 5.1 **etwas ist mit etwas verbunden** ist mit etwas verknüpft, geht mit etwas einher; die Sache ist mit Schwierigkeiten verbunden; die damit verbundene Mühe, die damit verbundenen Kosten **6 etwas verbindet jmdn. mit jmdm.** etwas erhält eine Beziehung zwischen jmdn. u. einem anderen aufrecht; uns ~ viele gemeinsame Interessen; wir fühlen uns (innerlich) sehr verbunden **7** ⟨517⟩ **jmdn. mit jmdm. od. etwas ~** eine Telefonverbindung zwischen jmdn. u. einem anderen herstellen; mit wem darf ich Sie ~?; bitte ~ Sie mich mit dem Abteilungsleiter; falsch verbunden! **8** ⟨517/Vr 3⟩ **sich mit jmdm. ~** ⟨fig.⟩ verbünden, zusammentun; sie haben sich fürs Leben verbunden **9** ⟨530/Vr 3⟩ **sich jmdm. ~** ⟨geh.⟩ zu Dank verpflichten; ich bin Ihnen für Ihre Anteilnahme, Hilfe usw. sehr verbunden

ver|bind|lich ⟨Adj.⟩ **1** höflich, liebenswürdig, gefällig, zuvorkommend; ein ~es Benehmen; ~e Worte; ~en,

~sten Dank!; ein sehr ~er Mensch; ~e Redensarten miteinander austauschen, wechseln; ~e Umgangsformen; ~, ~st danken; ich danke ~, ~st; ~ lächeln **2** *verpflichtend;* eine ~e Zusage; ein ~es Abkommen; ~e Bestellung

Ver|bind|lich|keit ⟨f.; -, -en⟩ **1** *Verpflichtung, Schulden;* (keine) ~en eingehen, haben; seine ~en erfüllen • 1.1 *Schulden;* gegen jmdn. ~en in Höhe von 1.000 Euro haben **2** ⟨unz.⟩ *Höflichkeit, Liebenswürdigkeit, verbindliches Wesen*

Ver|bin|dung ⟨f.; -, -en⟩ **1** *das Verbinden;* die ~ von Holz-, Maschinenteilen **2** *das, was verbindet;* eine ~ herstellen zwischen zwei Punkten **3** *Zustand des Verbundenseins, Zusammenhang, Beziehung;* ich habe die ~ zu ihm schon lange abgebrochen; die ~ mit jmdm. aufnehmen; eine ~ herstellen zwischen zwei Vorkommnissen; briefliche, mündliche, schriftliche ~; eine eheliche, freundschaftliche, gesellschaftliche, harmonische, innere ~; eine enge, feste, innige, lockere, unlösbare ~; viel Bewegung in ~ mit vernünftiger Ernährung; die verbilligte Fahrkarte gilt nur in ~ mit dem Ausweis; mit jmdm. in ~ bleiben; jmdn. mit einem Ereignis in ~ bringen; sich mit jmdm. in ~ setzen; das eine Ereignis steht in ~ mit dem andern; ich stehe noch, nicht mehr in ~ mit ihm; in ~ treten mit jmdm. • 3.1 mit einer Frau eine ~ eingehen *eine F. heiraten* • 3.2 ⟨meist Pl.⟩ *Beziehung zu, Bekanntschaft mit einflussreichen od. unterrichteten Menschen, Geschäftsunternehmen usw.;* neue ~en anknüpfen, knüpfen, suchen; gute, keine ~en haben (zu einflussreichen Persönlichkeiten) **4** *Eisenbahn-, Straßenbahn-, Autobuslinie, Möglichkeit zur Beförderung;* Verkehrs~; ~ durch Bahn, Brücken, Bus, Fähre, Flugzeuge; Sie haben direkte ~ nach Frankfurt; gute, schlechte ~ zum Arbeitsplatz haben **5** *Fernsprechanschluss mit einem andern Teilnehmer;* (keine) ~ bekommen; haben Sie (telefonische) ~ (mit München)?; die ~ unterbrechen; die (telefonische) ~ ist leider nicht zustande gekommen **6** *Studentenverbindung, Korps;* einer farbentragenden, nichtschlagenden, schlagenden ~ angehören **7** ⟨kurz für⟩ *chemische Verbindung;* diese Stoffe gehen eine ~ ein

ver|bis|sen 1 ⟨Part. Perf. von⟩ *verbeißen* **2** ⟨Adj.⟩ • 2.1 ⟨fig.⟩ *hartnäckig u. zäh;* mit ~em Fleiß arbeiten; mit ~er Hartnäckigkeit hielt er an seinem Plan fest; ~ arbeiten • 2.2 *verhalten zornig, grimmig;* ~ dreinschauen

ver|bit|ten ⟨V. 112/530/Vr 1⟩ **sich etwas** ~ *verlangen, dass etwas unterbleibt;* das verbitte ich mir!; ich verbitte mir jede Einmischung in meine Angelegenheiten!; ich verbitte mir diesen Ton!; das möchte ich mir verbeten haben!

ver|bit|tern ⟨V. 500⟩ **1 etwas** verbittert **jmdn.** *macht jmdn. unzufrieden, griesgrämig, bringt jmdn. zu einer menschenfeindlichen Haltung;* die schweren Schicksalsschläge haben ihn verbittert • 1.1 ⟨Part. Perf.⟩ verbittert *unzufrieden, griesgrämig, menschenfeindlich*

ver|blas|sen ⟨V. 400(s.)⟩ **1 etwas** verblasst *wird blass,* *verbleicht;* die Farbe ist schon etwas verblasst **2** ein **Eindruck** verblasst ⟨fig.⟩ *lässt nach, verschwindet allmählich;* meine Erinnerungen an diese Zeit ~

ver|bläu|en ⟨V. 500⟩ jmdn. ~ *verprügeln*

Ver|bleib ⟨m.; -(e)s; unz.⟩ *Aufenthaltsort (einer vermissten Person od. Sache);* wissen Sie etwas über seinen ~?

ver|blei|ben ⟨V. 114(s.)⟩ **1** ⟨411⟩ *verharren, an einem Ort, in einer Stellung bleiben;* ein weiteres Verbleiben im Amt war für ihn nach diesem Vorfall nicht mehr möglich; die kleineren Kinder wurden evakuiert, die größeren sind im Heim verblieben; er wird noch so lange in seiner Stellung ~, bis die Sache entschieden ist **2** ⟨300; am Briefschluss⟩ *bleiben;* ich verbleibe Ihr sehr ergebener … **3** ⟨600⟩ **jmdm.** ~ *übrig bleiben;* es sind mir noch fünf Euro verblieben; die ~de Summe **4** ⟨413⟩ *etwas vereinbaren, wie vereinbart belassen;* wir sind so verblieben, dass er mich anruft, wenn er etwas Neues erfährt; und wie seid ihr verblieben?

ver|blei|chen ⟨V. 126/400(s.)⟩ **1 etwas** verbleicht *wird farblos, blass;* der Stoff ist verblichen **2** ⟨fig.; poet.⟩ *sterben;* sein verblichener Vater • 2.1 der Verblichene *der Tote, Verstorbene*

ver|blen|den ⟨V. 500⟩ **1 Mauerwerk** ~ *mit anderem, besserem Baustoff (Blendsteinen) verkleiden* **2** jmdn. ~ ⟨fig.⟩ *der Einsicht, vernünftigen Überlegung berauben;* er ist (von seinen Erfolgen, seiner Leidenschaft, seinem Ehrgeiz) völlig verblendet

ver|bleu|en ⟨alte Schreibung für⟩ *verbläuen*

ver|blüf|fen ⟨V. 500/Vr 7 od. Vr 8⟩ jmdn. ~ *in sprachloses Erstaunen setzen, sehr überraschen;* jmdn. durch eine schlagfertige Antwort ~; lass dich nicht ~!; mit ~der Sicherheit, Offenheit; es ist ~d, wie schnell er das gelernt hat; sie sehen einander ~d ähnlich; ich war so verblüfft, dass ich nichts zu sagen wusste; ich war völlig verblüfft, als ich das sah, hörte

ver|blü|hen ⟨V. 400(s.)⟩ **1 Blumen** ~ *hören auf zu blühen, verwelken* **2** ⟨fig.⟩ *altern;* sie sieht verblüht aus • 2.1 eine verblühte Schönheit ⟨fig.; veraltet⟩ *eine gealterte Frau, der man jedoch ihre einstige Schönheit noch ansieht*

ver|blümt ⟨Adj.⟩ *höflich umschrieben, schonend verhüllt, angedeutet;* Ggs *unverblümt;* ein ~er Ausdruck, Vorwurf; etwas ~ ausdrücken

ver|blu|ten ⟨V. 400(s.)⟩ jmd. **verblutet** *stirbt durch Blutverlust*

ver|boh|ren ⟨V. 500/Vr 3⟩ **1 sich in etwas** ~ *von etwas nicht abweichen, an etwas sehr hartnäckig festhalten* • 1.1 ⟨Part. Perf.⟩ verbohrt *hartnäckig (auf einer falschen Meinung) beharrend, stur*

ver|bor|gen[1] ⟨V. 500⟩ **etwas** ~ *verleihen*

ver|bor|gen[2] **1** ⟨Part. Perf. von⟩ *verbergen* **2** ⟨Adj.⟩ *versteckt, unbemerkt, heimlich;* eine ~e Gefahr; Gott sieht auch das Verborgene, ins Verborgene; ich vermutete eine ~e Falle ⟨fig.⟩; etwas od. sich ~ halten; etwas im Verborgenen tun; im Verborgenen leben • 2.1 im Verborgenen bleiben *unbemerkt bleiben, unaufgeklärt bleiben* • 2.2 *nicht wahrnehmbar, aber dennoch vorhanden u. wirksam;* Sy *latent (1)* • 2.3 im

Verborgenen *blühen sich unbeachtet von anderen positiv entwickeln;* →a. *verbergen*

Ver|bot 〈n.; -(e)s, -e〉 *Untersagung, Befehl, etwas nicht zu tun;* Ausgeh~, Park~; ein ~ erlassen, übertreten; ärztliches, ausdrückliches, strenges ~; gegen ein ~ handeln; trotz meines ~s hat er …

ver|brä|men 〈V. 500〉 **1** ein **Kleidungsstück** ~ *am Rand verzieren, bes. mit Pelz;* ein mit Pelz verbrämter Mantel **2** eine **Sache** ~ 〈fig.〉 *verhüllend, verblümt sagen, umschreiben;* einen Vorwurf, eine Ablehnung mit schönen Worten ~

Ver|brauch 〈m.; -(e)s; unz.〉 **1** *das Verbrauchen, das Verbrauchtwerden, Konsum, Verzehr;* der durchschnittliche ~ an Fleisch; Kraftstoff~ **2** *Abnutzung, Verschleiß;* einen großen Verbrauch an Papier haben

ver|brau|chen 〈V. 500〉 **1** etwas ~ *immer wieder von einem Vorrat wegnehmen u. verwenden;* Gas, Strom ~; Geld, Kohlen, Lebensmittel, Papier, Seife, Stoff ~ **2** etwas ~ *völlig für einen Zweck verwenden;* wir haben den ganzen Vorrat verbraucht **3** 〈Vr 7〉 **jmdn.** **od. etwas** ~ *abnutzen, verschleißen* • 3.1 verbrauchte Luft *schlechte L.* • 3.2 er, sie ist (alt und) verbraucht 〈fig.〉 *nicht mehr leistungsfähig*

Ver|brau|cher 〈m.; -s, -〉 **1** *jmd., der etwas verbraucht;* End~ **2** *jmd., der Waren erwirbt;* Sy *Konsument;* ~schutz

Ver|brau|che|rin 〈f.; -, -rin|nen〉 *weibl. Verbraucher*

ver|bre|chen 〈V. 116/500〉 **1** etwas ~ *ein Verbrechen, eine Missetat begehen* **2** etwas ~ 〈meist im Perf. gebraucht; umg.; scherzh.〉 • 2.1 *einen Fehler, eine Missetat, etwas Dummes begehen;* ich habe doch nichts verbrochen! • 2.2 *verfassen, schreiben, gestalten;* wer hat diesen Roman verbrochen?

Ver|bre|chen 〈n.; -s, -〉 **1** 〈Rechtsw.〉 *schwere Rechtsverletzung, Straftat, die mit einer Freiheitsstrafe von mindestens einem Jahr bestraft wird;* ein ~ begehen **2** 〈fig.〉 *verantwortungslose Handlung;* es ist ein ~, das Kind dauernd zum Lügen anzuhalten; ~ gegen die Gesundheit

Ver|bre|cher 〈m.; -s, -〉 *jmd., der ein Verbrechen begangen hat*

Ver|bre|che|rin 〈f.; -, -rin|nen〉 *weibl. Verbrecher*

ver|brei|ten 〈V. 500〉 **1** etwas ~ *veranlassen, dass etwas in weiten Kreisen bekannt wird;* ein Gerücht, eine Nachricht ~ **2** 〈Vr 3〉 etwas verbreitet sich *wird bekannt;* die Nachricht verbreitete sich rasch **3 Entsetzen, Schrecken** ~ *überall erregen* **4** 〈Vr 3〉 etwas verbreitet **sich** *tritt in immer weiterem Umkreis auf;* ein Geruch verbreitet sich; eine Krankheit verbreitet sich • 4.1 〈Part. Perf.〉 verbreitet *in weiten Kreisen anzutreffen;* der Glaube, dass …, ist sehr verbreitet; eine verbreitete Ansicht • 4.1.1 eine verbreitete **Zeitung** *Z., die an vielen Orten, von vielen Personen gelesen wird* **5** 〈550/Vr 3〉 **sich über** ein **Thema** ~ 〈fig.; geh.〉 *sich ausführlich über einem T. äußern*

ver|bren|nen 〈V. 117〉 **1** 〈400(s.)〉 *durch Feuer zerstört werden;* unsere Bücher, Möbel sind beim Großfeuer verbrannt; zu Asche ~ **2** 〈400(s.)〉 etwas verbrennt *wird durch zu große Hitze verdorben;* den Braten ~ lassen; verbrannt riechen, schmecken • 2.1 verbrannte **Wiesen** *durch Sonne u. lange Trockenheit ausgedörrte, braun gewordene W.* • 2.2 sein Gesicht ist von der Sonne verbrannt 〈fig.〉 *stark gebräunt* **3** 〈500〉 **jmdn. od. etwas** ~ *durch Feuer zerstören, ins Feuer werfen;* Briefe, Holz, Papier ~; Leichen ~; jmdn. als Ketzer ~ 〈MA〉 **4** 〈500/Vr 3〉 **sich** ~ *sich eine Brandwunde zuziehen* **5** 〈530/Vr 1〉 **sich etwas** ~ *durch zu große Hitze verletzen;* ich habe mir die Finger am Herd verbrannt; er hat sich den Mund mit heißer Suppe verbrannt

Ver|bren|nungs|kraft|ma|schi|ne 〈f.; -, -n〉 = *Verbrennungsmotor*

Ver|bren|nungs|mo|tor 〈m.; -s, -en〉 *Kraftmaschine, bei der Energie durch Verbrennung eines Kraftstoff-Luft-Gemisches in einem Zylinder erzeugt wird;* Sy *Verbrennungskraftmaschine*

ver|brin|gen 〈V. 118/500〉 **1 Zeit** ~ *verleben, zubringen;* die Zeit mit Lesen ~; den Urlaub an der See, im Gebirge ~ **2** 〈511; veraltet〉 **jmdn. od. etwas** an einen **Ort** ~ *an einen Ort bringen;* er wurde in eine Heilanstalt verbracht

ver|bu|chen 〈V. 500〉 etwas ~ **1** 〈Wirtsch.〉 *in eine Geschäftsbuch eintragen, buchen;* Ausgaben ~; Gewinne ~ **2** *als etwas Positives od. Negatives einordnen;* er hat die Entscheidung als seinen Erfolg verbucht

Ver|bum 〈[vɛr-] n.; -s, Ver|ba od. Ver|ben [vɛr-]; Gramm.〉 = *Verb*

Ver|bund 〈m.; -(e)s, -e〉 **1** *Verbindung, Zusammenschluss;* Verkehrs~ **2** *Haftung zwischen Beton u. Stahl*

ver|bün|den 〈V. 500/Vr 3〉 **sich (mit jmdm.)** ~ *ein Bündnis mit jmdm. schließen, sich zusammenschließen;* verbündete Staaten

ver|bür|gen 〈V. 500〉 **1** etwas verbürgt etwas *leistet Gewähr, gibt Sicherheit für etwas;* guter Wille allein verbürgt noch nicht das Gelingen der Sache • 1.1 eine verbürgte Nachricht *von amtlicher od. maßgebender Stelle bestätigte N., beweisbare, authentische N.* **2** 〈550/Vr 3〉 **sich für etwas od. jmdn.** ~ *für etwas od. jmdn. Bürgschaft leisten, einstehen;* ich verbürge mich für die Richtigkeit der Sache, für die Wahrheit dieser Behauptung; ich verbürge mich für seine Zuverlässigkeit, Ehrlichkeit

Ver|dacht 〈m.; -(e)s; unz.〉 **1** *Argwohn, Vermutung von etwas Schlechtem;* einen ~ auf jmd. anderen abwälzen; einen ~ äußern; den ~ auf jmdn. lenken; sich dem ~ aussetzen, gestohlen zu haben; ~ erregen; der ~ ist auf ihn gefallen; ~ schöpfen; begründeter, unbegründeter ~; jmdn. in ~ bringen; in ~ geraten, kommen; im ~ des Diebstahls stehen; er ist über jeden ~ erhaben • 1.1 ich habe den ~, dass … *ich vermute, dass …* • 1.2 jmdn. in ~ haben, dass er … *vermuten, dass er …* **2** etwas **auf** ~ tun 〈umg.〉 *etwas aufs Geratewohl tun, ohne genau zu wissen, ob es richtig ist, etwas probieren*

ver|däch|tig 〈Adj.〉 **1** *in einem Verdacht stehend, mutmaßlich schuldig;* der Unterschlagung ~ sein • 1.1 sich ~ machen *Verdacht erregen* **2** *zweifelhaft, nicht glaubwürdig, bedenklich;* der Mann, die Sache kommt mir ~ vor

ver|däch|ti|gen ⟨V. 500/Vr 8⟩ **jmdn.** ~ *eines Unrechts bezichtigen, für mutmaßlich schuldig halten, beschuldigen;* jmdn. des Diebstahls ~; ich will niemanden ~, aber …; er wird verdächtigt, dass er …

ver|dam|men ⟨V. 500/Vr 7 od. Vr 8⟩ **1 jmdn.** ~ *verurteilen, verwerfen, verfluchen* • **1.1 die Verdammten** ⟨Rel.⟩ *alle, die zur Höllenstrafe verdammt worden sind*

ver|dan|ken ⟨V. 530/Vr 6⟩ **jmdm. etwas** ~ **1** *jmdm. für etwas Dank schuldig sein;* ich verdanke ihm meine Rettung; ich habe ihm sehr viel zu ~ **2** ⟨schweiz.; mundartl.⟩ *für etwas danken;* hast du dein Weihnachtsgeschenk schon verdankt?

ver|dat|tert ⟨Adj.; umg.⟩ *erschrocken u. verwirrt, verblüfft;* ~ dreinschauen

ver|dau|en ⟨V. 500⟩ **1 (Nahrung)** ~ *im Körper verarbeiten;* diese Speise ist gut, leicht, schlecht, schwer zu ~ **2 eine Sache** ~ ⟨fig.⟩ *geistig verarbeiten;* ich muss die vielen Eindrücke, Erlebnisse erst ~

Ver|deck ⟨n.; -(e)s, -e⟩ **1** *oberstes Schiffsdeck* **2** *Wagendach;* das ~ herunterklappen

ver|de|cken ⟨V. 500⟩ **1 jmdn. od. etwas** ~ *zudecken, der Sicht entziehen;* die Bäume ~ die Aussicht auf die Straße; das Bild verdeckt einen Flecken auf der Wand; eine Locke verdeckt seine Stirn **2 eine Sache** ~ *verbergen;* er suchte seine Enttäuschung durch ein Lachen zu ~

ver|den|ken ⟨V. 119/530/Vr 5 od. Vr 6⟩ **jmdm. etwas** ~ *verübeln, übelnehmen, nachtragen*

Ver|derb ⟨m.; -(e)s; unz.⟩ **1** ⟨geh.⟩ *Verderben, Vernichtung* • **1.1** jmdm. auf **Gedeih** und ~ ausgeliefert sein *jmdm. (was auch geschehen mag) völlig ausgeliefert sein* **2** *das Ungenießbarwerden von Lebensmitteln*

ver|der|ben ⟨V. 273⟩ **1** ⟨400(s.)⟩ *etwas* verdirbt *wird schlecht, unbrauchbar od. ungenießbar;* Speisen, Nahrungsmittel ~ lassen; das Fleisch, Obst ist verdorben • **1.1** verdorbene **Luft** *verbrauchte, stickige L.* **2** ⟨500⟩ **etwas** ~ *schädigen* • **2.1** ⟨530/Vr 5⟩ sich die Augen ~ *die Sehkraft schädigen* **2.2** ⟨530/Vr 5⟩ sich den Magen ~ *durch ungeeignete od. zu viel Speise eine Magenstörung, Übelkeit hervorrufen;* einen verdorbenen Magen haben • **2.3** die Preise ~ *durch Unterbieten herunterdrücken* **3** ⟨503/Vr 5⟩ **(sich) etwas** ~ *unbrauchbar machen, zerstören, vernichten;* sich mit Schokolade den Appetit ~; solch ein Anblick verdirbt einem ja den Appetit; sie hat den Kuchen, Braten verdorben • **3.1** jmdm. die Freude, den Geschmack, die Lust an etwas ~ *jmdm. die Freude usw. an etwas nehmen, zerstören* • **3.2** jmdm. das Spiel ~ *jmdm. die Freude am Spiel nehmen, ihm das S. stören* • **3.3** ⟨517/Vr 5⟩ **es (sich) mit jmdm.** ~ *sich jmds. anhaltenden Unwillen zuziehen, jmds. Gunst verlieren* **4** ⟨500/Vr 8⟩ **jmdn.** ~ *zugrunde richten, moralisch schlecht beeinflussen* • **4.1** ⟨Part. Perf.⟩ verdorben, verderbt ⟨fig.⟩ *moralisch verkommen;* er ist durch und durch verdorben

Ver|der|ben ⟨n.; -s; unz.⟩ **1** *Untergang, Zerstörung, Vernichtung, Unheil;* in sein ~ rennen; jmdn. ins ~ stürzen **2** ⟨fig.⟩ *moralischer Verfall;* der Alkohol war sein ~

ver|deut|li|chen ⟨V. 500⟩ **etwas** ~ *deutlicher, klarer machen*

ver|dich|ten ⟨V. 500⟩ **1 etwas** ~ *zusammendrängen;* Gase ~ **2** ⟨Vr 3⟩ **etwas** verdichtet **sich** *wird dichter;* der Nebel verdichtet sich immer mehr • **2.1** ⟨553⟩ etwas verdichtet sich zu einem Verdacht ⟨fig.⟩ *lässt einen V. aufkommen;* die einzelnen Momente ~ sich zu einem dringenden Tatverdacht

ver|die|nen ⟨V. 500⟩ **etwas** ~ **1** *durch Arbeit, Leistung erwerben, erhalten;* Geld ~; er verdient 14 Euro in der Stunde; sich ein Taschengeld mit Nachhilfe ~; sich seinen Unterhalt mit Aushilfsarbeiten ~; er hat sich sein Studium selbst verdient **2** *ein Anrecht erwerben, Anspruch haben auf etwas;* seine Leistungen ~ Beachtung, Lob; er verdient Vertrauen • **2.1** eine verdiente Persönlichkeit *jmd., der Bemerkenswertes geleistet hat, der Anerkennung beanspruchen darf* • **2.2** sich um etwas od. jmdn. verdient machen *viel für etwas od. jmdn. leisten* **3** *(als Ausgleich einer Schuld) gerechterweise erleiden müssen;* er hat Strafe verdient; seine verdiente Strafe bekommen • **3.1** er hat es verdient, er verdient es nicht besser, nicht anders *es geschieht ihm recht*

Ver|dienst[1] ⟨m.; -(e)s, -e⟩ *durch Arbeit erworbenes Geld;* einen guten, geringen ~ haben

Ver|dienst[2] ⟨n.; -(e)s, -e⟩ **1** *Tat zum Wohle anderer;* wenn es seiner Mutter heute wieder gut geht, so ist das sein ~; seine ~e um die Entwicklung des Schulwesens; →a. **Krone** (1.3) **2** *Anspruch auf Ansehen, Anerkennung;* er hat sich um unsere Stadt große ~e erworben; jmdn. nach ~ belohnen • **2.1** sich etwas zum ~ anrechnen *eine eigene Leistung für anerkennenswert halten*

ver|din|gen ⟨V. 120/500; veraltet⟩ **1 eine Arbeit** ~ *ausgeben, vergeben, einen Vertrag mit jmdm. über eine A. schließen* **2** ⟨500/Vr 3⟩ **sich** ~ *eine Arbeit annehmen, Dienst nehmen;* sich als Hilfsarbeiter bei einem Bauern ~

ver|dop|peln ⟨V. 500/Vr 7⟩ **1 etwas** ~ *doppelt machen, um die gleiche Größe, Zahl, das gleiche Maß vermehren;* einen Konsonanten ~ **2 eine Sache** ~ ⟨fig.⟩ *sehr beschleunigen, verstärken;* seinen Eifer, seine Anstrengungen ~

ver|dor|ren ⟨V. 400(s.)⟩ **Pflanzen** ~ *trocknen, werden dürr, trocknen aus*

ver|drän|gen ⟨V. 500⟩ **1 jmdn. od. etwas** ~ *beiseitedrängen, zur Seite schieben;* eine Vorstellung verdrängte die andere; das Schiff verdrängt 1 500 t (Wasser); jmdn. aus jmds. Vertrauen ~; jmdn. aus seiner Stellung ~; jmdn. von seinem Platz ~ **2 eine Sache** ~ ⟨Psych.⟩ *unterbewusst unterdrücken* • **2.1** verdrängte **Komplexe** *unterdrückte, aus dem Bewusstsein ausgeschiedene, im Unterbewusstsein aber weiterhin wirkende u. in sogenannten Ersatzhandlungen sich ausdrückende K.*

ver|dre|hen ⟨V. 500⟩ **etwas** ~ **1** *falsch drehen, zu weit drehen;* die Augen ~; den Schlüssel im Schloss ~ (so dass er sich nicht mehr bewegen lässt); jmdm. das Handgelenk ~ • **1.1** den Hals ~ (vor Neugierde) *weit drehen u. recken, um etwas sehen zu können* **2** ⟨fig.⟩

verdrießen

(bewusst) falsch deuten, unrichtig darstellen od. wiedergeben; das Recht ~; er hat den Sinn meiner Worte (völlig) verdreht; Tatsachen ~

ver|drie|ßen ⟨V. 274/500⟩ **1** etwas verdrießt **jmdn.** ⟨geh.⟩ *bereitet jmdm. Verdruss, Ärger, macht jmdn. missmutig;* es verdrießt mich, dass …; seine Antwort verdross mich • **1.1 sich etwas nicht ~ lassen** *nicht verleiden lassen, sich die Freude an etwas nicht nehmen lassen;* lass es dich nicht ~!

ver|drieß|lich ⟨Adj.⟩ **1** *schlecht gelaunt, missmutig, ärgerlich, mürrisch;* ein ~es Gesicht machen; du bist heute so ~ **2** *zu Verdruss Anlass gebend;* eine ~e Sache, eine ~e Arbeit

ver|dros|sen 1 ⟨Part. Perf. von⟩ *verdrießen* **2** ⟨Adj.⟩ *mürrisch, unlustig;* ~ seine Arbeit tun; ein ~es Gesicht machen

ver|drü|cken ⟨V. 500⟩ **1** etwas ~ *zerdrücken, zerknittern;* Stoff, ein Kleid ~; die Kleider, Anzüge sind im Koffer verdrückt worden **2** etwas ~ ⟨umg.⟩ *essen;* er hat fünf Stück Kuchen verdrückt **3** ⟨Vr 3⟩ **sich ~** ⟨umg.⟩ *sich heimlich, unauffällig entfernen*

Ver|druss ⟨m.; -es; unz.⟩ *Ärger;* jmdm. ~ bereiten; wir wollen es sein lassen, das bringt nur ~

ver|dun|keln ⟨V. 500⟩ **1** etwas ~ *dunkel, dunkler machen;* einen Raum ~ • **1.1** ein **Fenster** ~ *verhängen, so dass kein Licht nach außen dringen kann* • **1.2** Tränen verdunkelten ihren Blick *trübten, verschleierten ihren B.* • **1.3** den Glanz ~ *beeinträchtigen, matter machen* **2** **Tatbestände** ~ ⟨Rechtsw.⟩ *verschleiern, verbergen* **3** ⟨Vr 3⟩ etwas verdunkelt **sich** *wird dunkel;* der Himmel verdunkelt sich; die Sonne verdunkelt sich (bei Sonnenfinsternis)

ver|dün|nen ⟨V. 500⟩ **1** eine **Flüssigkeit** ~ *dünner machen, ihre Konzentration herabsetzen;* Kaffee mit Wasser ~ **2** ⟨Vr 3⟩ etwas verdünnt **sich** *wird dünner, verjüngt sich;* die Fahnenstange verdünnt sich nach oben

ver|duns|ten ⟨V. 400(s.)⟩ *Flüssigkeiten ~ gehen (langsam) in Gasform über*

ver|durs|ten ⟨V. 400(s.)⟩ **1** *vor Durst, aus Mangel an Flüssigkeit sterben* **2** ⟨umg.⟩ *sehr großen Durst haben;* ich verdurste gleich

ver|dutzt ⟨Adj.⟩ *überrascht, verblüfft, verwirrt;* ein ~es Gesicht machen; „…?", fragte er ~

ver|eb|ben ⟨V. 400(s.)⟩ eine **Sache** verebbt ⟨fig.⟩ *klingt langsam ab, verklingt, lässt nach, wird allmählich still;* der Beifall, der Lärm, das Stimmengewirr verebbte (allmählich)

ver|eh|ren ⟨V. 500⟩ **1** ⟨Vr 8⟩ **jmdn.** ~ *sehr hoch schätzen, bewundernd, ehrfurchtsvoll lieben;* einen Lehrer, Schauspieler ~; eine Frau ~; Verehrteste!, Verehrtester! (veraltet, noch als iron. Anrede); verehrte Anwesende!; verehrte Gäste! (höfliche Anrede vor einer Ansprache); sehr verehrte gnädige Frau! (höfliche Anrede im Brief); unser verehrter Herr Präsident **2 Götter, Heilige** ~ *Göttern, Heiligen kultische Ehren erweisen;* die Germanen verehrten ihre Götter in heiligen Hainen **3** ⟨530⟩ **jmdm. etwas** ~ *schenken, als Geschenk überreichen;* er hat mir das Buch zum Geburtstag verehrt

ver|ei|di|gen ⟨V. 500/Vr 8⟩ **jmdn.** ~ *durch Eid verpflichten;* Beamte, Rekruten ~

Ver|ein ⟨m.; -(e)s, -e⟩ **1** *Verbindung von Personen zu gemeinsamer Beschäftigung auf geselligem, sportlichem, künstlerischem o. ä. Gebiet;* →a. *Klub;* Sport~, Gesang~; einem ~ beitreten, einen ~ gründen; einem ~ austreten; in einen ~ eintreten; ~ Deutscher Ingenieure ⟨Abk.: VDI⟩; →a. *eintragen (1.1)* **2 im ~ mit** *zusammen mit, gemeinsam mit*

ver|ein|bar ⟨Adj. 24/41⟩ *so beschaffen, dass man es mit etwas anderem vereinigen, zusammenbringen kann;* die beiden Ansichten, Pläne sind nicht, sind ohne weiteres miteinander ~

ver|ein|ba|ren ⟨V. 500⟩ eine Sache ~ *verabreden, abmachen, miteinander festlegen;* wir haben vereinbart, dass …; einen Preis, Zinssatz ~; einen Treffpunkt, Zeitpunkt ~

ver|ei|nen ⟨V. 500/Vr 8; geh.⟩ **1** jmdn. od. **etwas** ~ *zusammenbringen, vereinigen* • **1.1** (wieder) vereint sein *(wieder) zusammen, beisammen sein* • **1.2** mit vereinten Kräften *gemeinsam, durch gemeinsame Anstrengung*

ver|ei|ni|gen ⟨V. 500/Vr 8 od. 517/Vr 8⟩ **1** jmdn. od. etwas ~ *verbinden, zusammenschließen, zusammenbringen, in Einklang, in Übereinstimmung bringen;* mehrere Ämter, Funktionen, Unternehmen in einer Hand ~; sich mit jmdm. zu etwas od. jmdm. zu gemeinsamem Tun ~; unsere Ansichten, Absichten lassen sich nicht miteinander ~ • **1.1** ⟨Vr 4⟩ hier vereinigt sich die Isar mit der Donau, hier ~ sich I. und D. *fließen zusammen* **2** ⟨Vr 4⟩ **sich** ~ ⟨geh.⟩ *Geschlechtsverkehr ausüben*

Ver|ei|ni|gung ⟨f.; -, -en⟩ **1** *das Vereinigen, Verbindung, Zusammenschluss* • **1.1 geschlechtliche** ~ ⟨geh.⟩ *Geschlechtsverkehr* **2** *Verein;* Künstler~; ~ für die Förderung alter Musik

ver|ein|zelt ⟨Adj. 24⟩ *nur einzeln (vorhanden), hier u. da, nur selten (vorhanden), gelegentlich;* solche Fälle treten nur ~ auf; man findet diese Pflanzen noch ~ an hoch gelegenen Orten; Vereinzelte kamen

ver|ei|teln ⟨V. 500⟩ eine **Sache** ~ *zum Scheitern bringen, zunichtemachen, verhindern;* Pläne, Hoffnungen, Unternehmungen ~

ver|en|den ⟨V. 400(s.)⟩ ein **Tier** verendet *stirbt*

ver|er|ben ⟨V. 500⟩ **1** ⟨530⟩ jmdm. etwas ~ *als Erbe hinterlassen;* jmdm. ein Grundstück, Vermögen ~ • **1.1** ⟨fig.; umg.; scherzh.⟩ *schenken, überlassen;* kannst du mir nicht deinen Wintermantel ~? **2** ⟨530⟩ jmdm. etwas ~ *etwas als Erbanlage auf jmdn. übertragen;* die zarte Konstitution hat ihm sein Vater vererbt; eine Eigenschaft, Krankheit auf ein Kind ~ **3** ⟨Vr 3⟩ **sich** ~ *als Erbanlage übertragen werden;* erworbene Eigenschaften ~ sich nicht

ver|ewi|gen ⟨V. 500⟩ **1** ⟨Vr 7⟩ **sich** od. **etwas** ~ *unvergesslich, unsterblich machen; durch große Werke seinen Namen* ~ • **1.1** ⟨Vr 3⟩ **sich** ~ ⟨umg.⟩ *lange Zeit sichtbare Spuren seiner Anwesenheit hinterlassen;* auf dem Teppich hat sich ein Hund verewigt **2** etwas ~ ⟨fig.⟩ *lange dauernd machen;* wir wollen diesen Zustand nicht ~

ver|fah|ren ⟨V. 130⟩ **1** ⟨413(s.)⟩ *handeln, vorgehen, eine Sache auf bestimmte Weise erledigen;* wir könnten vielleicht so ~; wir ~ am besten so, dass wir zuerst …; eigenmächtig, grausam, rücksichtsvoll, rücksichtslos, schonend ~ • 1.1 ⟨417(s.)⟩ **mit jmdm.** ~ *jmdn. behandeln;* so kannst du nicht mit ihm ~!; schlecht, übel mit jmdm. ~ • **2** ⟨500⟩ **Geld, Zeit** ~ ⟨umg.⟩ *durch Fahren verbrauchen* **3** ⟨500⟩ **eine Sache** ~ ⟨fig.⟩ *eine S. falsch anpacken, falsch durchführen, in eine falsche Richtung lenken;* die Sache ist völlig ~ • 3.1 eine ~e Geschichte *bisher falsch behandelte Angelegenheit* **4** ⟨500/Vr 3⟩ **sich** ~ *in die Irre fahren, beim Fahren auf einen falschen Weg geraten;* wir haben uns ~

Ver|fah|ren ⟨n.; -s, -⟩ **1** *Art u. Weise einer Ausführung, Handlungsweise, eines Vorgehens;* ein ~ anwenden; geschicktes, ungeschicktes, grausames, rücksichtsloses ~; planmäßiges ~; mit diesem ~ kommen wir nicht weiter; nach dem modernsten, neuesten ~ arbeiten; vereinfachtes ~ ⟨oft scherzh.⟩ **2** ⟨Rechtsw.⟩ *Reihenfolge notwendiger Rechtshandlungen zur Erledigung einer Rechtssache;* ein ~ gegen jmdn. einleiten; das ~ einstellen; das ~ eröffnen; gerichtliches, langwieriges ~

Ver|fall ⟨m.; -(e)s; unz.⟩ **1** *das Verfallen (1);* ein Gebäude dem ~ preisgeben; der ~ lässt sich nicht aufhalten; geistiger, körperlicher ~; moralischer, sittlicher ~; der ~ einer alten Kultur, Kunst; der ~ des Römischen Reiches; in ~ geraten **2** *Ende der Geltungsdauer;* Gutscheine vor dem ~ einlösen • 2.1 *das Fälligwerden (von Wechseln)* **3** *Verbindung von zwei Dachfirsten ungleicher Höhe*

ver|fal|len ⟨V. 131(s.)⟩ **1** ⟨400⟩ *allmählich, stückweise zerfallen, sich auflösen* • 1.1 ein **Gebäude** verfällt *wird baufällig;* eine ~e Burg • 1.2 jmd. verfällt *verliert die körperliche u. geistige Kraft, Frische;* der Kranke verfiel in den nächsten Tagen zusehends; er sieht ganz ~ aus • 1.3 eine **Sache** verfällt *verliert allmählich die Lebenskraft u. Wirksamkeit;* seine Autorität verfiel im letzten halben Jahr **2** ⟨400⟩ **etwas** verfällt *verliert seine Gültigkeit, wird ungültig;* die Gutscheine ~ nach vier Wochen; ihre Einreiseerlaubnis ist bereits ~ **3** ⟨800⟩ **in ein Verhalten,** einen **Zustand** ~ *unversehens ein Verhalten annehmen, in einen Zustand geraten;* in einen Fehler ~; in Melancholie, Resignation, Trübsinn ~; in tiefes Nachdenken ~ **4** ⟨800⟩ **auf etwas** ~ *plötzlich auf etwas kommen, einen (den anderen meist etwas wunderlich erscheinenden) Einfall zu etwas haben;* auf einen Gedanken ~; darauf ~, etwas zu tun; wie ist er denn bloß darauf ~? **5** ⟨600⟩ **jmdm.** od. **einer Sache** ~ *sich nicht mehr von jmdm. od. einer Sache lösen können;* er ist ihr mit Haut und Haar ~; dem Alkohol ~; einem Laster ~

ver|fäl|schen ⟨V. 500⟩ etwas ~ **1** *in einen schlechteren, minderwertigen Zustand versetzen, nachteilig verändern* • 1.1 **Lebensmittel** ~ *mit Zutaten versehen, die das Produkt besser erscheinen lassen, aber die Qualität herabmindern;* Wein ~ **2** *bewusst falsch, irreführend darstellen;* einen Text, Bericht ~

ver|fan|gen ⟨V. 132⟩ **1** ⟨650/Vr 3⟩ **sich in einer Sache** ~ *verwickeln, verwirren;* das Tier hat sich im Netz, in einem Strick ~ • 1.1 ⟨550/Vr 3⟩ *sich in Widersprüche* ~ *sich in W. verwickeln, durch W. die eigenen Lügen aufdecken* **2** ⟨410⟩ **etwas** verfängt *wirkt, hilft, nützt;* hier verfängt nichts mehr; alle Bitten, Mahnungen verfingen bei ihm nicht; schöne Worte ~ bei mir nicht

ver|fäng|lich ⟨Adj.⟩ **1** *verdächtig;* sich in einer ~en Situation befinden; in eine ~e Situation geraten **2** *peinlich, bloßstellend* • 2.1 ~e **Frage** *F., deren Beantwortung Nachteile für den Antwortenden mit sich bringen kann*

ver|fär|ben ⟨V.⟩ **1** ⟨500⟩ **etwas** ~ *falsch färben, durch Färben unansehnlich machen* **2** ⟨500/Vr 3⟩ **sich** ~ *die Farbe wechseln;* der Stoff hat sich verfärbt • 2.1 *blass werden;* bei der Erwähnung dieser unangenehmen Geschichte verfärbte sie sich **3** ⟨400⟩ **Schalenwild** verfärbt ⟨Jägerspr.⟩ *wechselt das Haarkleid (im Frühjahr u. Herbst)*

ver|fas|sen ⟨V. 500⟩ **etwas** ~ *schreiben, schriftlich herstellen;* eine Abhandlung, Beschwerde, Eingabe, Rede ~; einen Artikel, Brief ~; ein Buch ~

Ver|fas|ser ⟨m.; -s, -⟩ *jmd., der etwas verfasst hat, Autor, Urheber*

Ver|fas|se|rin ⟨f.; -, -rin|nen⟩ *weibl. Verfasser*

Ver|fas|sung ⟨f.; -, -en⟩ **1** *die schriftlich fixierten Grundsätze über Form u. Aufbau eines Staates sowie seine Rechte u. Pflichten gegenüber seinen Bürgern u. umgekehrt;* die ~ ändern; die ~ brechen; aufgrund der ~ haben wir das Recht dazu; gegen die ~ handeln, verstoßen **2** *körperlicher od. seelischer Zustand;* in ausgezeichneter, guter, schlechter ~ sein; ich bin nicht in der ~ mitzugehen; geistige, körperliche, seelische ~; er ist in keiner guten ~; in solcher ~ kann er die Reise unmöglich durchhalten; ich fand ihn, die Kinder, das Haus in einer unbeschreiblichen ~ vor

ver|fas|sung|ge|bend ⟨Adj. 24/60⟩ ~e Versammlung *V., die zur Ausarbeitung einer Verfassung zusammentritt*

ver|fau|len ⟨V. 400(s.)⟩ *faul werden, in Fäulnis übergehen;* verfaultes Obst

ver|fech|ten ⟨V. 133/500⟩ **eine Sache** ~ *für eine S. eintreten, eine S. verteidigen;* eine Meinung, einen Standpunkt ~

ver|feh|len ⟨V. 500⟩ **1** jmdn. od. etwas ~ *nicht erreichen, nicht treffen, nicht finden;* ich habe den Zug verfehlt • 1.1 ⟨Vr 4⟩ **sich** ~ *einander trotz Verabredung nicht treffen* **2 etwas** ~ *am eigentlichen Ziel vorbeigehen;* wir haben den Weg, die richtige Abzweigung verfehlt; der Pfeil, Schuss verfehlte sein Ziel; diese Maßnahme wird ihren Zweck nicht ~; diese Maßnahme hat ihren Zweck völlig verfehlt • 2.1 seine Worte verfehlten ihre Wirkung *hatten nicht die beabsichtigte Wirkung* • 2.2 er hat seinen **Beruf** verfehlt *er hat den falschen B. gewählt, hätte einen anderen B. ergreifen sollen (als scherzhaftes Lob für jmdn., der eine bes. Leistung außerhalb seines Berufs vollbracht hat)* • 2.3 er hat das **Thema** verfehlt

verfilmen

das T. nicht begriffen, nicht genau über das gegebene T. geschrieben od. gesprochen • 2.4 ⟨Part. Perf.⟩ verfehlt *verkehrt, falsch, unangebracht, fehl am Platze;* ich halte es für völlig verfehlt, das jetzt zu tun

ver|fil|men ⟨V. 500⟩ ein **Drama**, eine **Oper**, einen **Roman** ~ *zu einem Film verarbeiten, als Film gestalten*

ver|fla|chen ⟨V.⟩ **1** ⟨500⟩ etwas ~ *flacher, glatter machen* **2** ⟨400(s.)⟩ etwas verflacht *wird flach;* das Gelände verflacht • **2.1 Wasser** verflacht *wird seicht* **3** ⟨400(s.)⟩ eine **Sache** verflacht *wird oberflächlich;* ein Gespräch verflacht; die Kunst dieser Zeit ist verflacht

ver|flech|ten ⟨V. 135⟩ **1** ⟨510⟩ etwas in, mit etwas ~ *in etwas einflechten, durch Flechten mit etwas innig verbinden;* Bänder, Zweige miteinander ~ **2** ⟨510⟩ **jmdn.** od. eine **Sache in, mit** einer **Sache** ~ ⟨fig.⟩ *in einen engen Zusammenhang bringen;* zwei Angelegenheiten, Unternehmen miteinander ~; in eine Angelegenheit verflochten werden

ver|flie|gen ⟨V. 136⟩ **1** ⟨400(s.)⟩ ein **Geruch** verfliegt *verschwindet;* der Duft verfliegt schnell; den Kaffee verschlossen aufbewahren, damit das Aroma nicht verfliegt **2** ⟨400(s.)⟩ eine **Gefühlsbewegung**, die **Zeit** verfliegt *vergeht schnell;* seine Begeisterung ist verflogen; sein Ärger war rasch wieder verflogen; die Stunden verflogen im Nu **3** ⟨500/Vr 3⟩ sich ~ *falsch fliegen, sich beim Fliegen verirren*

ver|flie|ßen ⟨V. 138/400(s.)⟩ **1** Zeit verfließt *geht dahin, vergeht, läuft ab;* es sind schon drei Monate, Wochen verflossen; im verflossenen Jahr; die Zeit verfloss zu schnell • **1.1** seine Verflossene ⟨fig.; umg.; meist scherzh.⟩ *seine ehemalige Freundin* **2** Sachen ~ *gehen ineinander über, werden undeutlich;* Begriffe, Grenzen ~

ver|flixt ⟨Adj.⟩ **1** ⟨umg.; verhüllend⟩ *verflucht, verdammt, ärgerlich, unangenehm, lästig, schwierig;* ~!, ~ nochmal! (Ausruf der Ungeduld, des Ärgers); das ist eine ~e Geschichte, Sache; diese ~en Wespen, Mücken! • **1.1** ~ und zugenäht! (Ausruf der Ungeduld) • **1.2** ⟨50⟩ *sehr;* das ist ja ~ schnell gegangen; das ist mir ~ unangenehm

ver|flu|chen ⟨V. 500⟩ **1** ⟨Vr 7 od. Vr 8⟩ **jmdn.** ~ *verdammen, verwünschen, durch Fluch verstoßen, Gottes Strafe auf jmdn. herabwünschen;* seinen Sohn ~ **2** etwas ~ ⟨fig.⟩ *heftig über etwas schimpfen, etwas sehr bereuen, wünschen, dass etwas nicht sei;* ich habe es schon oft verflucht, dass ich damit angefangen habe, dass ich mich darauf eingelassen habe; eine Arbeit, einen Tag ~

ver|flucht 1 ⟨Part. Perf. von⟩ *verfluchen* **2** ⟨Adj. 24; umg.⟩ *sehr (unangenehm), sehr peinlich;* ~! (Fluch, Ausruf des Ärgers); eine ~e Geschichte, Sache; das ist mir ~ peinlich, unangenehm; es geht mir ~ schlecht; es ist ~ schwierig • **2.1** ~es Schwein haben ⟨fig.; umg.⟩ *großes Glück haben;* da hat er aber ~es Schwein gehabt

ver|flüch|ti|gen ⟨V. 500⟩ **1** eine **Flüssigkeit** ~ *in gasförmigen Zustand überführen* **2** ⟨Vr 3⟩ **etwas** verflüchtigt sich *geht in einen gasförmigen Zustand über* **3** ⟨Vr 3⟩ sich ~ ⟨fig.; umg.; scherzh.⟩ *heimlich, unauffällig weggehen, auf unerklärliche Weise verschwinden;* mein Schlüssel hat sich (wohl) verflüchtigt

ver|fol|gen ⟨V. 500⟩ **1** ⟨Vr 8⟩ **jmdn.**, ein **Tier** od. deren **Spuren** ~ *jmds. od. eines Tieres Spur folgen, nacheilen, jmdn. od. ein Tier einzufangen suchen;* einen Flüchtling, einen fliehenden Verbrecher ~; der Hund verfolgt die Spur des Wildes; jmdn. mit den Blicken ~; Verfolgte(r) des Naziregimes • **1.1** jmdn. mit Anträgen, Bitten usw. ~ ⟨fig.⟩ *bedrängen, plagen, belästigen* • **1.2** jmdn. mit seinem Hass ~ ⟨fig.⟩ *jmdn. überall seinen H. spüren lassen* • **1.3** der Gedanke verfolgt mich seit Tagen ⟨fig.⟩ *begleitet mich, peinigt mich ängstigt mich* **1.4** vom Unglück verfolgt *oft von U. betroffen* **2** einen **Vorgang**, eine **Handlung** ~ *beobachten;* eine Entwicklung aufmerksam, interessiert, gespannt ~ **3** ein **Ziel**, einen **Zweck** ~ *zu erreichen, zu verwirklichen suchen;* eine Absicht ~; was für einen Zweck verfolgst du damit?

Ver|fol|gung ⟨f.; -, -en⟩ *das Verfolgen, das Verfolgtwerden* (~sjagd); eine ~ aufnehmen, abbrechen; gerichtliche ~ einer Straftat; die ~ der Juden im „Dritten Reich"

ver|frach|ten ⟨V. 500⟩ **1 Waren** ~ *als Fracht auf den Weg bringen, verladen* **2** ⟨511/Vr 7⟩ **jmdn. in etwas** ~ ⟨fig.; umg.⟩ *bringen;* ein Kind, einen Kranken ins Bett ~; jmdn. in den Zug ~

ver|fro|ren ⟨Adj.⟩ **1** *leicht frierend;* sie ist ~ **2** *sehr frierend, durchkältet;* ich bin ganz ~ nach Hause gekommen

ver|fü|gen ⟨V.⟩ **1** ⟨500⟩ etwas ~ *anordnen, bestimmen;* den Bau einer neuen Schule ~ **2** ⟨800⟩ **über etwas** ~ *zur Verfügung haben, jederzeit beliebig verwenden können, etwas besitzen;* er verfügt über genügend Beziehungen, so dass er ...; er verfügt über großen Einfluss; über eine größere Summe ~; er verfügt über ein großes Wissen; er kann über sein Taschengeld frei ~ **3** ⟨800⟩ **über jmdn.** ~ *jmds. Dienste jederzeit in Anspruch nehmen können;* bitte ~ Sie über mich!

Ver|fü|gung ⟨f.; -, -en⟩ **1** ⟨unz.⟩ *Erlaubnis, Möglichkeit, über etwas bestimmen, etwas benutzen zu können;* wir haben nicht genügend Arbeitskräfte zur ~ • **1.1** sich zu jmds. ~ halten *sich bereithalten, jmdm. zu helfen;* ich halte mich zu Ihrer ~ • **1.2** jmdm. zur ~ stehen *bereit sein, jmdm. behilflich zu sein;* ich stehe Ihnen jederzeit gern zur ~ • **1.3** sich jmdm. zur ~ stellen *sich jmdm. zur Hilfe anbieten* • **1.4** jmdm. etwas zur ~ stellen *jmdm. etwas zum (beliebigen) Verwenden überlassen;* die Bilder wurden freundlicherweise von Herrn X zur ~ gestellt (Vermerk in Büchern, auf Ausstellungen u. Ä.) **2** *Anordnung, Bestimmung, Vorschrift;* weitere ~en abwarten; es besteht eine ~, dass ...; eine ~ erlassen; letztwillige ~ ⟨Rechtsw.⟩ • **2.1** weitere ~en treffen *Weiteres anordnen*

ver|füh|ren ⟨V. 505/Vr 8⟩ **1** **jmdn. (zu etwas)** ~ *so beeinflussen, dass er etwas tut, was nicht seiner Moral entspricht, verleiten, verlocken;* der niedrige Preis hat mich verführt, den Mantel zu kaufen; jmdn. zum Spielen, Trinken ~; jmdn. zu unrechtem Tun ~;

darf ich Sie zu einem Eis, einer Tasse Kaffee ~? ⟨umg.; scherzh.⟩ **2 jmdn.** ~ *zum Geschlechtsverkehr verleiten*

ver|gäl|len ⟨V. 500⟩ **1 Branntwein** ~ *ungenießbar machen, denaturieren;* vergällter Spiritus **2** ⟨530/Vr 5⟩ **jmdm. eine Sache** ~ ⟨fig.⟩ *zerstören, verbittern;* jmdm. die Freude ~; jmdm. das Leben mit dauernder Unzufriedenheit ~

Ver|gan|gen|heit ⟨f.; -, -en; Pl. selten⟩ **1** ⟨unz.⟩ *gewesene, frühere Zeit;* diese Erscheinung gehört der ~ an; die jüngste ~ • **1.1** lassen wir die ~ ruhen *sprechen wir nicht mehr davon, was einmal war* • **1.2** *das Leben (eines Menschen) bis zum gegenwärtigen Zeitpunkt;* sie hat eine bewegte, dunkle ~; die Stadt hat eine ruhmreiche, stolze ~ **2** ⟨Gramm.⟩ *Zeitform des Verbs, die ein Geschehen in der Vergangenheit (1) bezeichnet;* ein Verb in die ~ setzen • **2.1** die drei ~en des Verbs *Imperfekt, Perfekt, Plusquamperfekt*

ver|gäng|lich ⟨Adj. 70⟩ *nicht von Bestand, nicht ewig während, sterblich*

Ver|ga|ser ⟨m.; -s, -⟩ *Teil eines Verbrennungsmotors, in dem flüssiger Kraftstoff in Gas umgewandelt wird*

ver|ge|ben ⟨V. 143⟩ **1** ⟨500⟩ etwas ~ *weggeben, übertragen, verteilen;* ich habe noch einige Eintrittskarten zu ~; eine Stelle ist noch zu ~ • **1.1** die Stelle ist schon ~ *schon besetzt* • **1.2** die Stelle ist noch nicht ~ *noch frei* • **1.3** ich habe den nächsten Tanz bereits ~ *jmdm. versprochen* • **1.4** heute Abend bin ich schon ~ *habe ich schon etwas vor* • **1.5** er, sie ist schon ~ *verheiratet od. mit jmdm. in einer festen Beziehung lebend* **2** ⟨530/Vr 1⟩ **sich etwas** ~ *seiner Würde, seinem Ansehen schaden;* du vergibst dir nichts, wenn du das tust **3** ⟨602⟩ **jmdm. (etwas)** ~ *verzeihen;* vergib (mir)!; den Beichtenden seine Sünden ~; jmdm. ein Unrecht ~ **4** ⟨500/Vr 3⟩ **sich** ~ *sich (beim Kartenausgeben) irren*

ver|ge|bens ⟨Adv.⟩ *vergeblich, erfolglos, umsonst, nutzlos;* sich ~ bemühen; es ist alles ~; ich bin dreimal ~ dort gewesen

ver|geb|lich ⟨Adj. 24⟩ *erfolglos, nutzlos;* ~e Anstrengungen, Bemühungen, Versuche; sich ~ bemühen; ~ auf jmdn. warten

ver|ge|gen|wär|ti|gen ⟨V. 530/Vr 1⟩ **sich etwas** ~ *sich etwas in Erinnerung rufen, deutlich vorstellen*

ver|ge|hen ⟨V. 145⟩ **1** ⟨400(s.)⟩ **Zeit** vergeht *geht vorbei, vorüber, läuft ab, verstreicht;* der Winter ist vergangen; die Zeit verging im Fluge; das Jahr ist schnell vergangen; am vergangenen Montag; längst vergangene Zeiten **2** ⟨400(s.)⟩ **etwas** vergeht *schwindet, lässt nach, hört auf;* ein Duft vergeht; die Schmerzen ~ nicht; das Werden und Vergehen (in der Natur); der Appetit, die Lust ist mir vergangen; dir wird das Lachen, Spotten schon noch ~!; da vergeht einem ja der Appetit, wenn man das sieht! ⟨fig.; umg.⟩ • **2.1** sie fuhren so schnell, dass ihm Hören und Sehen verging *sie fuhren viel zu schnell* **3** ⟨414(s.)⟩ **vor etwas** ~ *umkommen, an etwas sehr leiden;* ich vergehe vor Durst, Hitze; ich bin vor Heimweh, vor Schmerz fast vergangen; ich vergehe vor Langeweile ⟨umg.⟩ **4** ⟨550/Vr 3⟩ **sich an jmdm.** ~ *ein Verbrechen (bes. Sexualdelikt) an jmdm. verüben* **5** ⟨550/Vr 3⟩ **sich gegen eine Vorschrift, ein Gesetz** ~ *eine V., ein G. übertreten*

Ver|ge|hen ⟨n.; -s, -⟩ *Gesetzesübertretung, kleinere Straftat;* sich eines ~s schuldig machen

ver|gel|ten ⟨V. 147/530/Vr 6⟩ **1 jmdm. etwas** ~ *durch eine entsprechende Gegenleistung, Handlung ausgleichen;* →a. *revanchieren (1);* Böses mit Gutem ~; jmdm. seine Dienste, Hilfe böse, übel, schlecht ~; jmdm. seine Freundlichkeit mit Undank ~ • **1.1** *vergüten, entgelten, lohnen, einen Gegendienst für etwas erweisen, etwas wiedergutmachen;* wie kann ich Ihnen das jemals ~?; ich werde es Ihnen reichlich ~ • **1.1.1** vergelt's Gott ⟨eigtl.⟩ *Gott vergelte es Ihnen, vielen Dank* • **1.1.2** etwas für ein „Vergelt's Gott" tun *umsonst, ohne Bezahlung* • **1.2** ⟨516⟩ **etwas mit etwas** ~ *sich für etwas an jmdm. rächen, jmdm. etwas heimzahlen;* Böses mit Bösem ~; Gleiches mit Gleichem ~

ver|ges|sen ⟨V. 275/500⟩ **1 jmdn. od. etwas** ~ *aus dem Gedächtnis verlieren, sich nicht mehr an jmdn. od. etwas erinnern, nichts mehr von jmdm. od. etwas wissen;* ich habe vergessen, was ich sagen wollte; ich habe seinen Namen, seine Adresse ~; ich vergesse leicht, schnell; diesen Vorfall hatte ich schon völlig ~; ich habe das Gelernte schon wieder ~; du musst versuchen, das zu ~; vergiss uns nicht! • **1.1** dem Vergessen anheimfallen *mit der Zeit in Vergessenheit geraten* • **1.2** manche Werke dieses Schriftstellers sind heute ~ *kennt man heute nicht mehr* • **1.3** ⟨530⟩ das werde ich dir nie ~! *ich werde immer daran denken, dass du das getan hast* • **1.4** das kannst du ~! ⟨umg.⟩ *das ist erledigt, daraus wird nichts* **2 etwas** ~ *an etwas (was man sich vorgenommen hat) nicht denken u. es (deshalb) nicht ausführen;* ich habe ~, Geld mitzunehmen; oh, das hab ich ganz ~; vergiss über dem Erzählen die Arbeit nicht!; nicht zu ~ … (bei Aufzählungen); mir gefällt an ihm seine Kameradschaftlichkeit, seine Offenheit und, nicht zu ~, seine Liebe zu Kindern • **2.1** ⟨800⟩ **auf etwas** ~ ⟨oberdt.⟩ *etwas (zu tun) versäumen* **3 etwas** ~ *versehentlich liegen, stehen lassen;* ich habe meinen Schirm bei euch ~; ich habe meine Uhr ~; er vergisst noch mal seinen Kopf! ⟨umg.; scherzh.⟩ **4** ⟨Vr 3⟩ **sich** ~ *unüberlegt sein, einer Gefühlsaufwallung nachgeben;* wie konnte er sich so weit ~, so etwas zu tun!

ver|gess|lich ⟨Adj.⟩ *oft etwas vergessend, leicht vergessend, ein schlechtes Gedächtnis habend;* ~ sein

ver|geu|den ⟨V. 500⟩ **1 Geld** ~ *verschwenden, leichtsinnig weggeben* **2 Kräfte, Zeit** ~ *vertun, nutzlos, sinnlos verwenden*

ver|ge|wal|ti|gen ⟨V. 500⟩ **1 jmdn.** ~ ⟨i. e. S.⟩ *zum Geschlechtsverkehr zwingen* **2 jmdn.** ~ ⟨i. w. S.⟩ *unterdrücken, unter seine Gewalt zwingen*

ver|ge|wis|sern ⟨V. 504/Vr 3⟩ **sich** ~, dass … od. **sich (einer Sache)** ~ *sich durch Augenschein Gewissheit darüber verschaffen, dass …, sich überzeugen, dass …, nachprüfen, ob …, (eine S.) überprüfen;* hast du dich vergewissert, dass die Tür abgeschlossen ist?

ver|gie|ßen ⟨V. 152/500⟩ eine **Flüssigkeit** ~ **1** *verschütten, danebengießen;* ich habe hier etwas Milch vergossen; pass auf, dass du nichts vergießt **2** *fließen lassen* • **2.1 Blut** ~ *(jmdn.) töten;* in dieser Auseinandersetzung wurde viel Blut vergossen • **2.2 Tränen** ~ *weinen;* sie vergoss viele Tränen

ver|gif|ten ⟨V. 500⟩ **1** etwas ~ *giftig machen;* die Limonade ist vergiftet; vergiftete Pfeile **2** ⟨Vr 7⟩ **jmdn.** ~ *durch Gift schädigen od. töten;* sich durch verdorbenes Fleisch, Pilze ~ **3** eine **Sache** ~ ⟨fig.⟩ *(durch schlechten Einfluss) schädigen, (moralisch) zerstören;* die Atmosphäre in einer Gemeinschaft durch Misstrauen, Lügen ~; er hat durch seine Ausschweifungen sein Leben, seine Gesundheit vergiftet

ver|gil|ben ⟨V. 400(s.)⟩ *etwas* vergilbt *wird vor Alter gelb;* vergilbte Blätter (eines Buches); vergilbte Fotografien

Ver|giss|mein|nicht ⟨n.; -(e)s, -e; Bot.⟩ *Angehöriges einer Gattung der Sumpfblattgewächse mit kleinen blauen Blüten: Myosotis*

ver|gla|sen ⟨V.⟩ **1** ⟨500⟩ etwas ~ *mit Glasscheiben, Glasfenstern versehen* **2** ⟨400(s.)⟩ **etwas** verglast *wird glasig* • **2.1** ein verglaster **Blick** ⟨fig.⟩ *starrer, nicht klarer B.*

Ver|gleich ⟨m.; -(e)s, -e⟩ **1** *Betrachtung mehrerer Gegenstände od. Personen, indem man ihre Vorzüge u. Nachteile nebeneinander hält;* einen ~ anstellen, heranziehen; der ~ zwischen den zwei Handschriftproben, der ~ der zwei Handschriftproben hat ergeben, dass … • **1.1** er hält den ~ mit jedem anderen Schüler aus *er ist genauso begabt, gescheit wie alle anderen S.* • **1.2** kein ~ mit …! *nicht zu vergleichen mit …!, längst nicht so gut wie …!* • **1.3** das ist ja gar kein ~! ⟨umg.⟩ *das ist ja viel besser (od. schlechter) als das andere!* • **1.4** die Temperatur heute ist gar kein ~ mit der Hitze von gestern ⟨umg.⟩ *die T. ist bei weitem nicht so hoch wie gestern* • **1.5** im ~ zu seiner Frau ist Herr X sehr ruhig *verglichen mit seiner F.* **2** *bildhafte, das Verständnis erleichternde Redewendung, z. B. schwarz wie die Nacht;* ein guter, schlechter, treffender ~; etwas durch, mit einem ~ anschaulich, verständlich machen • **2.1** jeder ~ hinkt *man kann mit einem Vergleich eine Sache nie ganz genau verdeutlichen* **3** ⟨Rechtsw.⟩ *durch beiderseitiges Nachgeben gütliche Beilegung eines Streits;* einen ~ schließen; sich durch einen ~ einigen; zwischen beiden Parteien kam es zum ~

ver|glei|chen ⟨V. 153⟩ **1** ⟨516/Vr 7 od. Vr 8⟩ **jmdn. od. etwas mit jmdm. od. etwas** ~ *jmdn. od. etwas prüfend betrachten gegenüberstellen, prüfend nebeneinanderstellen, prüfend gegeneinander abwägen;* Gegenstände, Personen, Schriftstücke ~; das Original mit der Abschrift ~; ~de Sprachwissenschaft • **1.1** vergleiche Seite 12 (Abk.: vgl.) *schlage hierzu auf Seite 12 nach* • **1.2** es ist nicht zu ~ mit …! *es ist viel weniger gut, schön usw. als …* • **1.3** ~de **Werbung** *W., bei der ein Produzent sein eigenes Produkt mit einem gleichartigen Produkt der Konkurrenz vergleicht* **2** ⟨516⟩ **jmdn. mit** einem **anderen**, mit einem **Tier**, einer **Pflanze** ~ *Ähnlichkeit zwischen jmdm. u. einem anderen usw. feststellen u. sie in einem Vergleich (2) ausdrücken;* in diesem Gedicht wird die Angesprochene mit einer Rose verglichen • **2.1** Äpfel mit Birnen ~ ⟨umg.⟩ *Gegensätzliches, Unvereinbares zusammenbringen* **3** ⟨517/Vr 3⟩ **sich mit jmdm.** ~ • **3.1** *messen;* mit ihm kannst du dich nicht ~ • **3.2** ⟨Rechtsw.⟩ *sich mit jmdm. gütlich einigen, einen Vergleich (3) mit jmdm. schließen*

ver|gleichs|wei|se ⟨Adv.⟩ **1** *im Vergleich zu anderen;* das ist ~ wenig, viel **2** *um es mit einem Vergleich deutlicher zu machen;* nehmen wir ~ an, er hätte …

ver|gnü|gen ⟨V. 500/Vr 7⟩ **jmdn.** ~ *heiter unterhalten, jmdm. die Zeit kurzweilig vertreiben;* sich mit Ballspielen ~; die Kinder vergnügten sich damit, Schiffchen schwimmen zu lassen

Ver|gnü|gen ⟨n.; -s, -⟩ **1** *Beschäftigung, der man zur eigenen Unterhaltung, aus Freude an der Sache selbst nachgeht;* er denkt nur ans ~; ich gönne ihm das ~; es war ein sehr zweifelhaftes ~ • **1.1** ⟨veraltet⟩ *unterhaltsame Veranstaltung;* Tanz~ **2** *Freude, Spaß, Unterhaltung;* es bereitet, macht ihm ~, dem Jungen Unterricht zu geben; in der Abwechslung liegt das ~; das Schwimmen macht ihm (kein) ~; die Kinder machten sich ein ~ daraus, die Affen zu necken; es bereitet mir ein diebisches ~; es ist (mir) ein ~ zu sehen, wie es den Kindern schmeckt; ein kindliches ~ an etwas haben; viel ~! (Wunsch für jmdn., der etwas Schönes vorhat); an etwas ~ finden; etwas (nur) aus ~ tun; Sucht nach ~; etwas zum ~ tun • **2.1** mit (dem größten) ~! *sehr gern!* • **2.2** mit wem habe ich das ~? ⟨förml.; veraltet⟩ *mit wem spreche ich?, wie ist bitte Ihr Name?*

ver|gnügt 1 ⟨Part. Perf. von⟩ *vergnügen* **2** ⟨Adj.⟩ *fröhlich, ausgelassen, lustig, heiter;* ein ~er Abend; die Kinder waren sehr ~

ver|gol|den ⟨V. 500⟩ etwas ~ **1** *mit Gold überziehen;* Holz, Metall ~; vergoldete Ketten, Schüsseln **2** *in einen goldenen Schein tauchen;* die Abendsonne vergoldete die Dächer der Häuser u. Türme **3** ⟨fig.⟩ *schön, glücklich, strahlend, froh machen;* die Freude vergoldete ihr Gesicht; die Erinnerung vergoldet manches, was in Wirklichkeit nicht so schön war

ver|gön|nen ⟨V. 530/Vr 5⟩ **jmdm. etwas** ~ **1** ⟨geh.⟩ *erlauben, zugestehen;* es war ihm nicht vergönnt, die Geburt seines Enkels zu erleben **2** ⟨schweiz.⟩ *nicht gönnen, missgönnen;* er vergönnt ihm den Erfolg

ver|gra|ben ⟨V. 157/500⟩ **1** etwas ~ *eingraben, unter der Erde verstecken;* das Eichhörnchen hat die Haselnüsse ~ **2** ⟨511/Vr 3⟩ **sich in etwas** ~ ⟨fig.⟩ *sich so stark mit etwas beschäftigen, dass man für nichts anderes zu sprechen ist;* sich in seinen Büchern ~

ver|grä|men ⟨V. 500⟩ **1** jmdn. ~ *verärgern, kränken* **2 Wild** ~ *stören, verscheuchen*

ver|grei|fen ⟨V. 158/500/Vr 3⟩ **1** sich ~ *falsch greifen, danebengreifen* • **1.1** ⟨Mus.⟩ *falsch spielen* **2** ⟨550/Vr 3⟩ • **2.1 sich in etwas** ~ *das Falsche wählen;* sich im Ausdruck ~ • **2.2 sich an etwas** ~ *sich etwas widerrechtlich aneignen;* sich an fremdem Eigentum ~ • **2.3 sich an jmdm.** ~ *jmdn. misshandeln, gegen jmdn. tätlich werden*

ver|grif|fen ⟨Adj. 24/70⟩ **1** ⟨Part. Perf. von⟩ *vergreifen* **2** *nicht mehr lieferbar;* eine Ware ist ~; das Buch ist leider ~

ver|grö|ßern ⟨V. 500⟩ **1** etwas ~ *größer machen;* einen Betrieb, einen Garten ~; eine Fotografie ~; achtfach vergrößert (Vermerk unter Abbildungen) • **1.1** du vergrößerst damit das Übel nur (wenn du das tust) *verschlimmerst das Ü.* • **1.2** *erweitern;* seinen Gesichtskreis, seine Vollmachten, sein Wissen ~; ein (leicht) vergrößertes Herz haben • **1.3** *vermehren;* sein Kapital ~ **2** ⟨Vr 3⟩ etwas vergrößert **sich** *wird größer;* der Punkt in der Ferne vergrößerte sich zusehends **3** ⟨Vr 3⟩ **sich** ~ ⟨umg.⟩ • **3.1** *eine größere Wohnung, ein größeres Geschäft u. Ä. nehmen;* wir haben uns vergrößert • **3.2** ⟨a. fig.; scherzh.⟩ *Nachwuchs bekommen;* Familie Meier hat sich vergrößert

Ver|grö|ße|rung ⟨f.; -, -en⟩ **1** ⟨unz.⟩ *das Vergrößern, das Sichvergrößern* **2** ⟨zählb.⟩ *vergrößerte Fotografie*

ver|güns|ti|gen ⟨V. 500⟩ eine **Sache** ~ *günstiger gestalten;* die Preise zu dieser Veranstaltung sind etwas vergünstigt

ver|gü|ten ⟨V. 500⟩ **1** ⟨530/Vr 5 od. Vr 6⟩ jmdm. etwas ~ *jmdn. für etwas entschädigen;* jmdn. seine Auslagen, Unkosten ~; jmdm. einen Schaden ~ **2** eine **Leistung** ~ *bezahlen, belohnen* **3** etwas ~ *in seiner Beschaffenheit verbessern* • **3.1 Stahl** ~ *durch Härten verbessern* • **3.2 Linsen** ~ ⟨Optik⟩ *durch bestimmte Oberflächenbehandlung verbessern*

ver|haf|ten ⟨V. 500⟩ **1** jmdn. ~ *in Haft, in polizeilichen Gewahrsam nehmen, festnehmen;* Sy arretieren (1) **2** (mit) einer Sache verhaftet sein ⟨geh.⟩ *mit einer S. eng zusammenhängen, verbunden sein*

Ver|haf|tung ⟨f.; -, -en⟩ **1** *das Verhaften, das Verhaftetwerden, polizeiliche Festnahme;* die Polizisten nahmen zwei ~en vor **2** *das Verhaftetsein (mit etwas), Verbundenheit;* sich aus der familiären ~ nicht lösen können

ver|hal|len ⟨V. 400(s.)⟩ **1** etwas verhallt *wird allmählich unhörbar;* ein Ton, Musik verhallt • **1.1** sein Ruf verhallte ungehört ⟨fig.⟩ *sein mahnender Einwand wurde nicht bedacht*

ver|hal|ten[1] ⟨V. 160/500⟩ **1** etwas ~ ⟨geh.⟩ *zurückhalten;* er verhielt den Schritt und lauschte **2** ⟨513/Vr 3⟩ **sich** … ~ *sich … benehmen, handeln;* sich abwartend, passiv, vorsichtig ~; sich anständig, ehrenhaft, gemein, unanständig, unehrenhaft ~; sich falsch, richtig ~; sich ruhig, still ~; ich weiß nicht, wie ich mich ~ soll **3** ⟨513/Vr 3⟩ eine **Sache** verhält **sich** … *befindet sich in einem bestimmten Zustand, hat einen bestimmten Sachverhalt;* die Sache verhält sich anders, gerade umgekehrt; die Sache verhält sich folgendermaßen • **3.1 es** verhält **sich** (**mit etwas**) … *es steht (mit etwas) …;* mit den anderen Kindern verhält es sich ganz genauso; wie verhält es sich eigentlich mit seiner Ordnungsliebe, Pünktlichkeit?; wenn es sich so verhielt … • **3.2** ⟨550/Vr 3⟩ etwas verhält **sich zu etwas** *steht zu etwas in einem bestimmten Verhältnis* • **3.2.1** 3 verhält sich zu 5 wie 6 zu 10 *3 u. 5 stehen im gleichen Verhältnis zueinander wie 6 u. 10*

ver|hal|ten[2] **1** ⟨Part. Perf. von⟩ *verhalten*[1] **2** ⟨Adj.⟩

• **2.1** *zurückhaltend* • **2.1.1** das Publikum reagierte ~ *kühl* **2.2** *unterdrückt, gedämpft;* mit ~er Stimme sprechen; mit ~em Zorn sagte er …

Ver|hal|ten ⟨n.; -s, -⟩ *Benehmen, Vorgehen, Handeln;* sein ~ gibt (keinen) Anlass zum Tadel; anständiges, einwandfreies, mustergültiges, unverschämtes, vorbildliches ~; sein bisheriges ~

Ver|hält|nis ⟨n.; -ses, -se⟩ **1** *messbare od. vergleichbare Beziehung, Proportion;* Größen~; die beiden Gruppen stehen im ~ 5:3 • **1.1** seine Ausgaben stehen in keinem ~ zu seinen Einnahmen *seine A. sind bei weitem höher als seine E.* • **1.2** der Aufwand steht im umgekehrten ~ zum Erfolg *der A. ist viel zu groß für den erzielten E.* **2** *Art der Beziehungen zweier od. mehrerer Menschen od. Staaten zueinander;* ein freundschaftliches, gutes, herzliches, kameradschaftliches ~; in freundschaftlichem ~ zu jmdn. stehen; das ~ zwischen Deutschland u. Frankreich, zwischen Bruder und Schwester; in welchem (verwandtschaftlichen) ~ stehen Herr u. Frau X zueinander? • **2.1** ⟨umg.⟩ *über längere Zeit aufrechterhaltene sexuelle Beziehung, Liebschaft;* mit jmdm. ein ~ haben; die beiden haben ein ~ miteinander; er hat ein festes ~ • **2.1.1** ⟨umg.⟩ *Geliebte;* sie ist sein ~ **3** ⟨Pl.⟩ die ~se *die Lebensumstände, Umstände, allgemeine Lage;* sich den (gegebenen, augenblicklichen) ~sen anpassen; bei ihnen herrschen geordnete ~; ärmliche, dürftige, gute, schlechte ~se; seine familiären, finanziellen ~se; in geordneten, guten usw. ~sen leben; unter normalen ~sen ist das anders; die örtlichen, politischen ~se • **3.1 über jmds.** ~se *finanzielle Möglichkeiten;* das geht über meine ~se; über seine ~se leben

ver|hält|nis|mä|ßig ⟨Adj. 50⟩ **1** *in einem angemessenen Verhältnis stehend;* der Kranke war ~ ruhig **2** = *ziemlich (2);* ~ viel, wenig, dumm

Ver|hält|nis|wort ⟨n.; -(e)s, -wör|ter⟩ = *Präposition*

ver|han|deln ⟨V.⟩ **1** ⟨405⟩ (**mit jmdm. über etwas**) ~ *zwecks Klärung od. Einigung sprechen, unterhandeln;* über den Friedensvertrag ~; über ein Geschäft ~; ich verhandle jedes Mal mit Herrn X **2** ⟨500⟩ etwas (**mit jmdm.**) ~ *im Gespräch zu klären, sich über etwas zu einigen suchen;* eine Grenzfrage ~ • **2.1** etwas ~ ⟨Rechtsw.⟩ *in einem Gerichtsverfahren erörtern;* sein Fall wird morgen verhandelt

Ver|hand|lung ⟨f.; -, -en⟩ **1** *das Verhandeln;* die ~ eröffnen, abbrechen, schließen • **1.1** mit jmdm. in ~(en) stehen *verhandeln*

ver|hän|gen ⟨V. 500⟩ **1** etwas ~ *zuhängen, durch einen Vorhang verdecken;* ein Fenster ~ **2** eine **Sache** ~ ⟨fig.⟩ *veranlassen, verfügen, bestimmen;* den Ausnahme-, Belagerungszustand ~; eine Strafe ~; die Todesstrafe über jmdn. ~

Ver|häng|nis ⟨n.; -ses, -se⟩ **1** *schlimmer Schicksalsschlag, unglückliche Fügung;* es ist ein ~, dass es uns nicht gelingen will …; da brach das ~ über uns herein • **1.1** das wurde ihm zum ~ *hatte schlimme Folgen für ihn*

ver|häng|nis|voll ⟨Adj.⟩ *folgenschwer, Unglück nach sich ziehend;* eine ~e Entscheidung

ver|här|ten ⟨V.⟩ **1** ⟨400(s.)⟩ **etwas** verhärtet *wird hart, gefühllos;* der Ackerboden verhärtet **2** ⟨500/Vr 3⟩ **sich ~** *hart werden;* das Gewebe, Geschwür hat sich verhärtet • **2.1** ⟨fig.⟩ *verbittert werden, hartherzig werden*

ver|hasst ⟨Adj. 70⟩ **1** *gehasst, verabscheut;* eine ~e Arbeit; ein ~er Mensch • **1.1 ~** sein *gehasst werden* • **1.2** er ist überall **~** *jeder hasst ihn* • **1.3** ⟨43⟩ jmdm. ist etwas **~** *jmd. hasst, verabscheut etwas;* es ist mir **~**, lügen zu müssen • **1.4** sich bei anderen **~** machen *sich den Hass anderer zuziehen*

Ver|hau ⟨m.; -(e)s, -e⟩ **1** *künstliches, aus vielen Teilen zusammengefügtes od. geflochtenes Hindernis;* Draht~ **2** ⟨fig.; umg.⟩ *heillose Unordnung, dichtes Durcheinander* **3** = *Verschlag*

ver|hau|en ⟨V. 500⟩ **1** ⟨Vr 8⟩ jmdn. **~** *prügeln, verprügeln* **2** etwas **~** ⟨fig.; umg.; bes. Schülerspr.⟩ *völlig falsch machen, sehr schlecht machen;* den Aufsatz, die Rechenarbeit habe ich **~ 3** ⟨Vr 3⟩ **sich ~** *sich sehr irren, eine falsche Entscheidung treffen;* mit deiner Schätzung hast du dich ganz schön **~**

ver|hee|ren ⟨V. 500⟩ **1 etwas ~** *verwüsten, stark zerstören;* der Krieg, der Hagel, der Sturm hat das Land verheert • **1.1** ⟨Part. Präs.⟩ **~d** *furchtbar, vernichtend, katastrophal;* eine ~de Epidemie; die Sache hat ~de Folgen gehabt • **1.1.1** ⟨fig.; umg.⟩ *scheußlich, geschmacklos, unerfreulich;* es ist ~d!; er sieht mit der neuen Frisur ~d aus

ver|heh|len ⟨V. 503⟩ (jmdm.) eine **Sache ~** *verbergen, verheimlichen, verschweigen;* ich kann es (ihm, dir) nicht **~**, dass …

ver|hei|len ⟨V. 400(s.)⟩ eine **Wunde** verheilt *wird heil, schließt sich völlig*

ver|heim|li|chen ⟨V. 503/Vr 6⟩ (jmdm.) eine **Sache ~** *verbergen, verschweigen, nicht merken lassen;* du verheimlichst mir doch etwas; ich kann es nicht länger **~**, dass …; jmdm. eine schlechte Nachricht, eine Entdeckung **~**; ich habe nichts zu **~**

ver|hei|ra|tet 1 ⟨Part. Perf. von⟩ *verheiraten* **2** ⟨Adj. 24; Abk.: verh.; Zeichen: ∞⟩ *ehelich gebunden;* glücklich, unglücklich **~** sein • **2.1** du bist doch nicht mit ihnen **~** ⟨fig.; umg.⟩ *du kannst dich doch jederzeit von ihnen trennen, zurückziehen*

ver|hei|ßen ⟨V. 164/530/Vr 6⟩ jmdm. etwas **~** *versprechen, voraussagen, an-, verkündigen, prophezeien;* jmdm. Glück, Gutes **~**

ver|hel|fen ⟨V. 165/616⟩ jmdm. zu etwas **~** *jmdm. etwas verschaffen, bei etwas behilflich sein;* jmdm. zu seinem Glück **~**; jmdm. zu einer guten Stellung **~**

ver|hin|dern ⟨V. 500⟩ **1** eine **Sache ~** *unmöglich machen, unterbinden, abwehren, abwenden, vermeiden;* einen Plan, ein Vorhaben **~**; ich konnte das Unglück rechtzeitig **~**; es ließ sich leider nicht **~**, dass … **2** verhindert sein *nicht kommen können* • **2.1** ich bin dienstlich verhindert (zu kommen) *ich kann aus dienstlichen Gründen nicht kommen* • **2.2** er war am Erscheinen verhindert *er konnte nicht kommen*

ver|hoh|len ⟨Adj. 24⟩ *heimlich, unbemerkt, verborgen;* mit kaum **~**er Schadenfreude

Ver|hör ⟨n.; -s, -e⟩ **1** *polizeiliche od. richterliche Befragung, Vernehmung;* jmdn. ins **~** nehmen **2** ⟨fig.⟩ *strenge u. genaue Befragung;* ein **~** mit jmdm. anstellen; jmdn. einem **~** unterziehen

ver|hö|ren ⟨V. 500⟩ **1** jmdn. **~** *polizeilich od. richterlich vernehmen, befragen;* er wurde stundenlang verhört • **1.1** ⟨fig.⟩ *streng u. genau befragen* **2** ⟨Vr 3⟩ **sich ~** *etwas falsch hören;* da habe ich mich wohl verhört; ich glaubte, mich verhört zu haben (aber er hatte es tatsächlich gesagt)

ver|hül|len ⟨V. 500⟩ **1** ⟨Vr 5⟩ jmdn. od. etwas **~** *(unter einer Hülle) verbergen, (mit einer Hülle) bedecken;* sich das Gesicht mit einem Schleier **~**; sich den Kopf mit einem Tuch **~**; die Berge sind von Wolken verhüllt; sein Haupt **~** (früher zum Zeichen der Trauer) • **1.1** ⟨Vr 3⟩ **sich ~** *sich (das Gesicht) bedecken* **2** eine **Sache ~** ⟨fig.⟩ *freundlicher, höflicher darstellen, als sie in Wirklichkeit ist, beschönigen;* mit kaum verhülltem Hass • **2.1 ~der Ausdruck** *Euphemismus, sprachliche Beschönigung*

ver|hun|gern ⟨V. 400(s.)⟩ **1** *vor Hunger, aus Mangel an Nahrung sterben* **2** ⟨fig.; umg.⟩ *sehr großen Hunger haben;* wir sind ganz verhungert

ver|hü|ten ⟨V. 500⟩ eine **Sache ~** *verhindern, vermeiden;* Gefahr, Krankheit, Schaden, Schwangerschaft **~**; das verhüte Gott!; ein Unheil (rechtzeitig) **~**

ver|ir|ren ⟨V. 500/Vr 3⟩ **1 sich ~** *in die Irre gehen, vom richtigen, rechten Weg abkommen;* sich im Wald **~**; wohin hast du dich verirrt? ⟨fig.⟩ • **1.1** eine verirrte **Kugel** *von der richtigen Schusslinie abgekommene K.* • **1.2** ein verirrtes **Schaf** ⟨fig.⟩ *vom rechten Weg abgekommener Mensch*

ver|ja|gen ⟨V. 500⟩ jmdn. od. ein **Tier ~** *wegjagen, verscheuchen;* er konnte den Einbrecher **~**

ver|jäh|ren ⟨V. 400(s.)⟩ ein **Anspruch,** eine **Schuld** verjährt *kann nach einer gesetzlichen Frist rechtlich nicht mehr eingefordert werden*

ver|jün|gen ⟨V. 500⟩ **1** jmdn. od. etwas **~** *jünger machen* • **1.1** der Urlaub hat sie verjüngt *hat ihr ein jüngeres Aussehen verliehen* • **1.2** den Baumbestand **~** *aufforsten* • **1.3** den Personalbestand **~** *mit jungen Kräften auffüllen* **2** etwas **~** *in kleinerem Maßstab darstellen* **3** ⟨Vr 3⟩ etwas verjüngt **sich** *wird (nach oben) schmaler, dünner, enger;* die Säule verjüngt sich im oberen Teil

ver|kal|ken ⟨V. 400(s.)⟩ **1** etwas verkalkt *büßt allmählich seine Funktionstüchtigkeit ein durch Einlagern, Anhäufen von Kalk;* Wasserleitungen **~ 2** ⟨umg.⟩ *an zunehmender Arterienverkalkung leiden* • **2.1** ⟨fig.; umg.⟩ *alt werden u. geistige Kraft, Fähigkeiten einbüßen;* er ist schon recht, völlig, ziemlich verkalkt

Ver|kauf ⟨m.; -(e)s, -käufe⟩ **1** *das Verkaufen, das Verkauftwerden;* vorteilhafter, unvorteilhafter **~**; einen **~** rückgängig machen; **~** mit Gewinn, Verlust; der **~** von Theaterkarten, Waren; etwas zum **~** anbieten; Waren zum **~** feilhalten • **1.1** Waren, Grundstücke kommen zum **~** *werden verkauft, sollen verkauft werden, werden zum Kauf angeboten* **2** ⟨unz.⟩ *Verkaufsabteilung (eines Unternehmens);* Einkauf und **~**

ver|kau|fen ⟨V. 500⟩ **1** ⟨500⟩ jmdn. od. etwas **~** *gegen einen Gegenwert, bes. für Geld als Eigentum weg-*

verkleiden

geben; Waren, Dienstleistungen, Liegenschaften, Rechte ~; Sklaven ~; jmdm. etwas ~; die Ware ist verkauft; etwas billig, teuer, preiswert ~; an jmdn. etwas ~; etwas für 100 Franken ~; etwas über, unter dem Wert ~; *Verkaufen ist keine Kunst, aber dabei verdienen* (Sprichw.) • 1.1 ⟨513⟩ sein Leben (im Kampf) so teuer wie möglich ~ *vor dem eigenen Tode noch möglichst viele Gegner umbringen* • 1.2 ⟨550⟩ jmdn. für dumm ~ *für dumm halten, als dumm hinstellen; du willst mich wohl für dumm ~?;* →a. *verraten (1.1)* **2** ⟨513/Vr 3⟩ *etwas verkauft sich sehr gut, schlecht kann sehr gut, schlecht abgesetzt werden* • 2.1 jmd. verkauft sich gut, schlecht ⟨fig.⟩ *kann seine Fähigkeiten gut, schlecht vermitteln* **3** ⟨550/Vr 3⟩ sich an den Gegner ~ *sich vom Gegner bestechen lassen (und Verrat üben), den Gegner gewinnen lassen* **4** ⟨Vr 7⟩ das Mädchen verkauft sich, ihren Körper *geht der Prostitution nach*

Ver|käu|fer ⟨m.; -s, -⟩ **1** *jmd., der etwas, das sich in seinem Besitz befindet, verkauft; der ~ des Wagens* **2** *jmd., der als Angestellter eines Geschäftes od. Beauftragter eines Unternehmens Waren verkauft;* als ~ in der Verkaufsabteilung eines Unternehmens arbeiten

Ver|käu|fe|rin ⟨f.; -, -rin|nen⟩ *weibl. Verkäufer*

Ver|kehr ⟨m.; -s; unz.⟩ **1** *Beförderung von Personen, Gütern, Zahlungsmitteln, Nachrichten;* Eisenbahn~, Fremden~, Handels~, Post~, Reise~, Zahlungs~ **2** *Bewegung von Personen u. Fahrzeugen;* Auto~, Personen~, Straßen~; der ~ flutet, stockt; eine Straße für den ~ freigeben; es herrscht viel, wenig ~; den ~ regeln; lebhafter, reger, schwacher, starker ~ (auf den Straßen, in den Geschäften); →a. *fließen (1.2), ruhen (1.3.8)* **3** *Umlauf;* Zahlungsmittel in ~ bringen • 3.1 etwas aus dem ~ ziehen *nicht mehr zum Gebrauch zulassen;* Banknoten aus dem ~ ziehen; einen Wagen aus dem ~ ziehen **4** *Umgang (mit jmdm.), menschl. Beziehungen (mit anderen);* Brief~; den ~ mit jmdm. abbrechen; wir haben an unserem neuen Wohnort sehr netten ~; wir haben keinen ~ mehr mit ihnen; (keinen) ~ mit jmdm. pflegen; er, sie ist kein ~, nicht der geeignete ~ für dich; brieflicher, schriftlicher ~; freundschaftlicher, geschäftlicher ~ **4.1** (kurz für) *Geschlechtsverkehr;* mit jmdm. ~ haben

ver|keh|ren ⟨V.⟩ **1** ⟨410⟩ etwas verkehrt *fährt regelmäßig (als öffentliches Verkehrsmittel);* der Omnibus verkehrt montags bis freitags jede halbe Stunde; zwischen München und Starnberg ~ Vorortzüge **2** ⟨411⟩ bei jmdm. ~ *häufig bei jmdm. zu Gast sein* **3** ⟨417⟩ mit jmdm. ~ *häufig mit jmdm. zusammenkommen, zusammen sein, Umgang haben;* mit jmdm. freundschaftlich ~ • 3.1 mit niemandem ~ *ein einsiedlerisches Leben führen, keine Besuche machen u. keine empfangen* **3.2** mit jmdm. brieflich ~ *Briefe wechseln* **3.3** mit jmdm. geschlechtlich ~ *Geschlechtsverkehr mit jmdm. haben* **4** ⟨513⟩ etwas ins Gegenteil ~ *verdrehen, wenden, gegenteilig, falsch darstellen od. wiedergeben;* Tatsachen, Worte, einen Sachverhalt, den Sinn einer Sache ins Gegenteil ~; Recht in Unrecht ~ **5** ⟨513/Vr 3⟩ etwas verkehrt sich in sein Gegenteil *verwandelt sich in sein G.;* ihre Zuneigung hat sich in Abneigung verkehrt

ver|kehrs|be|ru|higt ⟨Adj. 24/70⟩ *von starkem u. schnellem Verkehr entlastet;* ~e Wohngebiete

Ver|kehrs|mit|tel ⟨n.; -s, -⟩ *Fahrzeug zur Beförderung von Personen, z. B. Eisen-, Straßenbahn, Auto, Schiff;* →a. *öffentlich (2.5)*

Ver|kehrs|zei|chen ⟨n.; -s, -⟩ *Zeichen, das ein Gebot, Verbot od. eine Warnung ausdrückt u. somit zur Regelung u. Sicherung des Straßenverkehrs beiträgt;* ein ~ nicht beachten

ver|kehrt 1 ⟨Part. Perf. von⟩ *verkehren* **2** ⟨Adj.⟩ *falsch, nicht richtig;* du hast die ~e Seite aufgeschlagen; der Schrank steht auf der ~en Seite; ~ antworten; das Bild hängt, liegt ~; etwas ~ machen; der Schrank steht ~ • 2.1 mit etwas an die ~e Adresse geraten ⟨fig.; umg.⟩ *an den Unrechten geraten, abgewiesen werden* **2.2** mit dem ~en Bein (zuerst) aufgestanden sein ⟨fig.; umg.⟩ *schlechter Laune sein* • 2.3 der Vorschlag ist gar nicht ~! ⟨fig.; umg.⟩ *gar nicht übel, gar nicht schlecht* • 2.4 Kaffee ~ *wenig K. mit viel Milch* • 2.5 ~ Masche *linke M.* • 2.5.1 zwei glatt, zwei ~ stricken *zwei rechts, zwei links, zwei rechte u. zwei linke Maschen im Wechsel stricken*

ver|ken|nen ⟨V. 500/Vr 8⟩ **1** jmdn. od. etwas ~ *nicht richtig erkennen, falsch beurteilen, missdeuten;* den Ernst der Sache ~; man darf die Schwierigkeiten nicht ~; Sie ~ die Tatsachen **1.1** ein verkanntes Genie **1.1.1** *nicht zur Geltung kommender begabter Mensch* **1.1.2** ⟨umg.; iron.⟩ *jmd., der sich für sehr begabt hält, ohne dass ihn andere dafür halten* **2** du wirst das Haus auf jeden Fall finden, es ist (durch seinen Bau o. Ä.) nicht zu ~ *einfach zu erkennen* • 2.1 es ist nicht zu ~, dass ... *man muss erkennen, zugeben, sagen, dass ...*

ver|ket|ten ⟨V. 500⟩ **1** etwas ~ *mit einer Kette zusammenbinden, befestigen* **2** ⟨Vr 4⟩ sich ~ *sich fest zusammenbinden, zusammenfügen, verbinden, verschmelzen;* es haben sich mehrere unglückliche Zufälle verkettet, so dass ...

ver|kla|gen ⟨V. 500/Vr 8⟩ jmdn. ~ *Klage gegen jmdn. erheben, jmdn. vor Gericht bringen*

ver|klap|pen ⟨V. 500⟩ Schadstoffe, Abfälle ~ *vom Schiff ins offene Meer ablassen*

ver|klä|ren ⟨V. 500/Vr 7⟩ **1** jmdn. ~ *ins Überirdische erhöhen* **2** etwas verklärt jmdn. od. etwas *macht jmdn. od. etwas schöner, strahlender;* das Glück verklärte ihre Gesichter • 2.1 ⟨Part. Perf.⟩ verklärt *beseligt, glückselig;* die Kinder betrachteten verklärt den Weihnachtsbaum **3** eine Sache verklärt jmdn. od. etwas *lässt jmdn. od. etwas besser, schöner, leuchtender erscheinen;* die Erinnerung verklärt das Vergangene

ver|klei|den ⟨V. 500⟩ **1** ⟨516⟩ etwas (mit etwas) ~ *mit einer Hülle, einer Schicht, einem Überzug verdecken, verhüllen;* Heizkörper mit einem Gitter ~; die Wände mit Holz, mit Seide ~ • 1.1 einen Schacht ~ ⟨Bgb.⟩ *abstützen* **2** ⟨500/Vr 3⟩ sich ~ *sein Äußeres durch andere Kleidung, durch Schminke (u. Perücke) verändern, so dass man scheinbar ein anderer, etwas* *anderes ist, sich kostümieren; sich (im Fasching) als Harlekin ~; sich als Mann, als Frau ~*

ver|klei|nern ⟨V. 500⟩ **1** etwas ~ *kleiner machen;* den Parkplatz ~ **1.1** *in einem kleineren Maßstab darstellen* **2** eine **Sache** ~ ⟨fig.⟩ *geringer erscheinen lassen, schmälern;* jmds. Leistungen, Verdienste ~; seine Schuld zu ~ suchen **3** ⟨Vr 3⟩ etwas verkleinert **sich** *wird kleiner;* durch den zusätzlichen Schreibtisch hat sich der Raum sehr verkleinert **4** ⟨Vr 3⟩ **sich** ~ ⟨fig.⟩ *eine kleinere Wohnung, ein kleineres Geschäft nehmen, den Umfang des Betriebes, Geschäftes verringern*

ver|knö|chern ⟨V. 400(s.)⟩ **1** Gewebe verknöchert *wird zu Knochen* **2** ⟨fig.⟩ *durch Alter od. Mangel an Bewegung steif, unbeweglich werden;* Glieder ~ • **2.1** ⟨Part. Perf.⟩ verknöchert *alt u. in den Ansichten u. Gewohnheiten starr geworden, nicht mehr anpassungsfähig;* ein verknöcherter Junggeselle

ver|knüp|fen ⟨V. 500⟩ **1** etwas ~ *durch Knoten verbinden, festmachen, verknoten* **2** ⟨517⟩ eine **Sache** mit einer anderen ~ ⟨fig.⟩ *verbinden, in Zusammenhang bringen;* einen Gedanken mit einem anderen (logisch) ~; die Sache ist mit großen Ausgaben, Veränderungen verknüpft • **2.1** = *assoziieren (1)*

ver|kom|men ⟨V. 170/400(s.)⟩ **1** *den inneren Halt verlieren u. meist auch sein Äußeres vernachlässigen, verwahrlosen, moralisch sinken, zum Verbrecher werden* **2** Lebensmittel ~ *werden schlecht, verderben* **3** Gebäude, Grundstücke ~ *werden nicht mehr gepflegt, werden baufällig, verwahrlosen*

ver|kör|pern ⟨V. 500⟩ jmdn. od. etwas ~ *durch seine Person anschaulich, sichtbar darstellen, in Erscheinung treten lassen;* die Rolle der guten Fee verkörpern; er verkörpert den Friedenswillen seines Volkes

ver|kraf|ten ⟨V. 500/Vr 8⟩ etwas ~ *bewältigen;* ich kann die viele Arbeit nicht, gerade noch, gut ~; noch ein Schnitzel kann ich nicht mehr ~

ver|kramp|fen ⟨V. 500/Vr 3⟩ **sich** ~ **1** *sich im Krampf zusammenziehen;* seine Hände hatten sich in die Decke verkrampft **2** ⟨fig.⟩ *starke innere Hemmungen bekommen, sehr befangen, im Benehmen unfrei werden;* er ist völlig verkrampft • **2.1** ein verkrampftes **Lachen** *gezwungenes, unnatürliches L.*

ver|krie|chen ⟨V. 173⟩ **1** ⟨500/Vr 3⟩ jmd., ein **Tier** od. etwas verkriecht **sich** *kriecht irgendwo hinein, so dass er bzw. es nicht gesehen wird, versteckt sich;* der Hund hat sich unters Bett verkrochen; ich hätte mich vor Verlegenheit am liebsten irgendwo verkrochen • **1.1** ⟨511/Vr 3⟩ sich ins Bett ~ ⟨umg.; scherzh.⟩ *zu B. gehen* • **1.2** ⟨511/Vr 3⟩ wohin hat sich nur mein Schlüssel verkrochen? ⟨umg.; scherzh.⟩ *wo habe ich nur meinen S. hingetan?* • **1.3** ⟨500/Vr 3⟩ neben ihm kannst du dich ~! ⟨fig.; umg.⟩ *mit ihm kannst du dich nicht messen, ihm kommst du nicht gleich!*

ver|krüp|peln ⟨V. 400(s.)⟩ meist im Part. Perf. gebraucht **1** *zum Krüppel werden;* das Kind, der Mann ist verkrüppelt **2** *missgestaltig wachsen, sich verbiegen;* ein Baum verkrüppelt • **2.1** ⟨Part. Perf.⟩ verkrüppelt *missgestaltet, verbogen, schief gewachsen;* ein verkrüppelter Arm, Fuß, Baum

ver|küm|mern ⟨V. 400(s.)⟩ **1** eine **Pflanze** verkümmert *verliert allmählich die Lebensfähigkeit, geht allmählich ein* **2** ein **Organ** verkümmert *bildet sich zurück, schrumpft* **3** ⟨fig.; umg.⟩ *die Lebensfreude, Arbeitslust, Energie verlieren*

ver|kün|den ⟨V. 500⟩ etwas ~ **1** *bekanntgeben, öffentlich kundtun;* ein Gesetz, eine Nachricht ~; das Urteil ~ **2** ⟨fig.; umg.⟩ *ausdrücklich sagen, ausrufen;* „...!", verkündete er triumphierend

ver|kup|peln ⟨V. 500⟩ **1** etwas ~ *beweglich od. lösbar verbinden* **2** ⟨550⟩ jmdn. mit jmdm. ~ *mit einem Mann bzw. einer Frau zusammenbringen* • **2.1** seine **Tochter** ~ *um bestimmter Vorteile willen mit einem Mann verheiraten*

ver|kür|zen ⟨V. 500⟩ **1** etwas ~ *kürzer machen;* ein Brett, einen Strick, eine Zeitspanne ~; die Arbeitszeit ~ • **1.1** ⟨530/Vr 1⟩ sich die **Zeit** ~ *vertreiben, sich mit etwas beschäftigen, um die Zeit kürzer erscheinen zu lassen;* sich die Zeit mit Lesen, Briefeschreiben ~ • **1.2** etwas perspektivisch ~ ⟨Mal.⟩ *der Perspektive entsprechend kürzer darstellen, als etwas in Wirklichkeit ist* • **1.2.1** ⟨Part. Perf.⟩ perspektivisch verkürzt; der Körper des Liegenden erscheint auf dem Bild stark verkürzt **2** ⟨Vr 3⟩ etwas verkürzt **sich** *wird kürzer*

ver|la|den ⟨V. 174/500⟩ etwas ~ *zur Beförderung in ein Fahrzeug bringen;* Güter, Truppen ~; Güter auf Lastwagen, Schiffe, in Güterwagen ~

Ver|lag ⟨m.; -(e)s, -e⟩ **1** *Unternehmen zur Vervielfältigung u. Verbreitung von Werken der Literatur, Kunst, Musik u. Wissenschaft;* Buch~, Kunst~, Musik~, Zeitschriften~, Zeitungs~; einen ~ gründen; einen ~ für ein Buch, Manuskript suchen; belletristischer, medizinischer, populärwissenschaftlicher ~; für einen ~ arbeiten; ich arbeite im ~; das Buch ist im ~ XY erschienen **2** *Unternehmen des Zwischenhandels;* Bier~

ver|la|gern ⟨V. 500⟩ **1** etwas ~ *anders lagern;* das Gewicht (von einem Bein aufs andere) ~; den Schwerpunkt (der Arbeit) auf ein anderes Gebiet ~ **2** ⟨Vr 3⟩ etwas verlagert **sich** *ändert seine Lage;* der Schwerpunkt hat sich verlagert

ver|lan|gen ⟨V.⟩ **1** ⟨500⟩ etwas ~ *fordern, beanspruchen, energisch, streng wünschen;* ich verlange, dass meine Anweisungen sofort befolgt werden; ich verlange unbedingte Pünktlichkeit; etwas Rücksicht kann ich doch wohl ~!; ich verlange von dir, dass du ...; das kannst du nicht von mir, von dem Kind ~!; das ist zu viel verlangt! • **1.1** *als Bezahlung haben wollen;* einen zu hohen Preis ~; er hat 100 Euro (dafür) verlangt; was verlangst er dafür? **2** ⟨500⟩ etwas verlangt etwas *bei etwas ist etwas nötig;* diese Arbeit verlangt starke Konzentration, viel Fingerspitzengefühl! **3** ⟨500⟩ jmdn. ~ *mit jmdm. sprechen wollen;* Herr X, Sie werden am Telefon verlangt **4** ⟨800⟩ **nach jmdm.** ~ *jmdn. zu sehen wünschen; sich nach jmdm. sehnen;* er verlangt nach dir **5** ⟨800⟩ **nach etwas** ~ *wünschen, etwas zu bekommen, bes. zu essen od. zu trinken wünschen;* der Kranke verlangt nach Wasser **6** ⟨550⟩ **jmdn.** verlangt (**es**) **nach etwas** ⟨geh.⟩ *jmd. sehnt sich* *nach etwas;* es verlangt ihn, ihn verlangt nach Betätigung, nach Beschäftigung • 6.1 ⟨580⟩ es verlangt mich, mehr davon zu hören *ich möchte gern mehr davon hören* 7 ⟨Part. Präs.⟩ ~d *sehnsüchtig, begehrlich;* ~de Blicke auf etwas werfen; seine Hände ~d nach etwas od. jmdm. ausstrecken

Ver|lan|gen ⟨n.; -s; unz.⟩ **1** *Wunsch, Forderung;* jmds. ~ nachkommen; das ist ein unbilliges ~; auf mein ~ wurde mir die Liste gebracht; auf allgemeines ~ hin; auf ~ von Herrn X, auf ~ des Chefs **2** *Sehnsucht, Bedürfnis;* ich habe kein ~ danach; ein dringendes, schmerzliches, sehnsüchtiges ~; er streckte voller ~ die Hand danach aus; das ~ nach Speise, Nahrung

ver|län|gern ⟨V. 500⟩ **1** etwas ~ *länger machen, ausdehnen;* einen Rock, die Ärmel eines Pullovers ~ • 1.1 eine Soße ~ ⟨fig.⟩ *durch Hinzufügen von Flüssigkeit verdünnen, ergiebiger machen* • 1.2 der verlängerte Rücken ⟨scherzh.⟩ *das Gesäß* **2** eine **Sache** ~ *die Dauer der Gültigkeit einer S. ausdehnen;* ein Abkommen, einen Vertrag ~; seinen Pass ~ lassen

Ver|lass ⟨m.; nur in der Wendung⟩ **es ist** (**kein**) ~ **auf jmdn.** *jmd. ist (nicht) zuverlässig, man kann sich (nicht) auf jmdn. verlassen*

ver|las|sen ⟨V. 175/500⟩ **1** ⟨Vr 8⟩ **jmdn. od. etwas** ~ *von jmdm. od. etwas fortgehen;* einen Platz, eine Wohnung, ein Land ~; er hat die Konferenz schon ~ • 1.1 ⟨Part. Perf.⟩ *unbewohnt, einsam, leer;* eine ~e Gegend, ein ~er Platz; eine ~e Wohnung; ~ daliegen **2** jmdn. ~ *allein, im Stich lassen;* er hat seine Frau ~; von Gott ~ • 2.1 aller Mut, alle Zuversicht verließ ihn *er verlor allen M., alle Z.* • 2.2 und da verließen sie ihn ⟨fig.; umg.⟩ *da fiel ihm plötzlich nichts mehr ein, da blieb er stecken, da wusste er nicht mehr weiter* • 2.3 ⟨Part. Perf.⟩ *allein u. hilflos;* ~ dasitzen **3** ⟨550/Vr 3⟩ **sich auf jmdn.** od. **etwas** ~ *auf jmdn. od. etwas vertrauen, zählen, mit jmdm. od. etwas rechnen;* sie verlässt sich ganz auf ihn; auf ihn kann man sich (nicht) ~; sich auf sein Glück ~ • 3.1 das geht bestimmt schief, verlass dich drauf! ⟨umg.; verstärkend⟩ *da kannst du sicher sein!*

Ver|las|sen|schaft ⟨f.; -, -en; österr.; schweiz.⟩ *Nachlass, Erbschaft*

ver|läss|lich ⟨Adj.⟩ *zuverlässig;* er ist sehr ~; ich suche eine ~e Putzfrau

Ver|laub ⟨m.; -s; unz.; nur noch in der Wendung⟩ **1 mit** ~ ⟨geh.⟩ *wenn es erlaubt ist, mit Ihrer Erlaubnis* • 1.1 das ist, mit ~ (zu sagen), eine Frechheit *mit allem schuldigen Respekt zu sagen*

Ver|lauf ⟨m.; -(e)s, -läu/fe⟩ *Ablauf, Entwicklung;* der ~ des Kampfes, der Krankheit; den ~ einer Reise erzählen; die Krankheit nimmt ihren normalen ~; im ~(e) von drei Stunden; im weiteren ~ der Diskussion; nach ~ von fünf Tagen

ver|lau|fen ⟨V. 176⟩ **1** ⟨413(s.)⟩ **etwas** verläuft **in** einer bestimmten **Weise** *läuft in einer bestimmten W. ab;* der Urlaub, die Reise ist gut ~; es ist alles gut, glücklich ~; wie ist das Fest ~? **2** ⟨410(s.)⟩ **etwas** verläuft *erstreckt sich, nimmt seinen Lauf;* die Linien ~ parallel; der Fluss, Weg verläuft hier in vielen Windungen, durch eine Wiese **3** ⟨500/Vr 3⟩ **sich** ~ *sich ver-*

irren; sich im Wald, in einer Stadt ~ **4** ⟨500/Vr 3⟩ **sich** ~ *sich allmählich entfernen, auseinandergehen;* die Menschenmenge verlief sich • 4.1 **Wasser** verläuft **sich** *läuft auseinander u. versickert;* das Hochwasser hat sich (wieder) ~; →a. *Sand* (2.5)

ver|laut|ba|ren ⟨V. 500⟩ etwas ~ *bekanntmachen;* amtlich wird verlautbart, dass ...

Ver|laut|ba|rung ⟨f.; -, -en⟩ *Bekanntmachung;* amtliche, offizielle ~

ver|lau|ten ⟨V. 400⟩ **1** etwas verlautet *wird bekannt;* wie aus Berlin verlautet, hat das Unwetter dort keinen Schaden angerichtet **2** etwas ~ **lassen** *etwas sagen, bekanntwerden lassen* • 2.1 er hat nichts davon ~ lassen *nichts davon gesagt, nichts verraten*

ver|le|ben ⟨V. 500⟩ etwas ~ *verbringen, zubringen;* den Urlaub im Gebirge ~; eine schöne Zeit bei Freunden ~; wo hast du deine Ferien verlebt?

ver|lebt 1 ⟨Part. Perf. von⟩ *verleben* **2** ⟨Adj.⟩ *durch ausschweifendes Leben verbraucht, elend;* ein ~es Gesicht; ~ aussehen

ver|le|gen[1] ⟨V. 500⟩ **1** etwas ~ *an einem bestimmten Platz, über eine bestimmte Strecke fest anbringen;* Leitungen, Kabel, Rohre ~ • 1.1 ⟨516⟩ den Fußboden mit Mosaik, Parkett ~ *belegen, mit einem Belag von M., P. versehen* **2** etwas ~ *weglegen, ohne sich danach an die Stelle erinnern zu können, an die man es gelegt hat;* ich habe meine Brille verlegt **3** jmdn. od. etwas ~ *an einem anderen Ort unterbringen;* in Geschäft ~; seinen Wohnsitz nach Spanien ~; Truppen ~ **4** etwas ~ *zeitlich verschieben;* einen Termin ~; eine Unterrichtsstunde, eine Verabredung ~ **5** etwas ~ *im Verlag herausbringen, veröffentlichen;* Bücher, Zeitschriften ~; in diesem Verlag werden Kinderbücher verlegt **6** ⟨530⟩ **jmdm. etwas** ~ *versperren, abschneiden;* jmdm. den Weg, den Zugang ~ **7** ⟨550/Vr 3⟩ **sich auf etwas** ~ *etwas neuerdings mit bes. Interesse betreiben, sich einer Sache von nun an widmen;* als Drohungen nichts nützten, verlegte er sich aufs Bitten; sich auf den Handel mit Stoffen ~

ver|le|gen[2] ⟨Adj.⟩ **1** *befangen, peinlich berührt, beschämt, verwirrt, unsicher;* ~ lächeln; jmdn. ~ machen • 1.1 ⟨46⟩ **um etwas** (**nicht**) ~ sein *über etwas (nicht) verfügen, etwas (nicht) bereithaben;* um Geld ~ sein; er ist nie um eine Antwort, Ausrede ~

Ver|le|gen|heit ⟨f.; -, -en⟩ **1** *Befangenheit, Verwirrung, Unsicherheit, Beschämung;* jmdn. in ~ bringen, setzen **2** *unangenehme Lage, Geldnot;* jmdm. aus der ~ helfen • 2.1 in die ~ kommen, etwas tun zu müssen *in die Lage kommen, etwas Unangenehmes tun zu müssen, zu einer peinl. Handlung verpflichtet zu sein* • 2.2 ich bin augenblicklich etwas in ~ *in Geldnot*

Ver|le|ger ⟨m.; -s, -⟩ **1** *(angestellter od. selbstständiger) Leiter eines Verlages (1)* **2** *(angestellter od. selbstständiger) Leiter eines Verlages (2)*

Ver|le|ge|rin ⟨f.; -, -rin/nen⟩ *weibl. Verleger*

ver|lei|den ⟨V. 530/Vr 5 od. Vr 6⟩ jmdm. etwas ~ *jmdm. die Freude an etwas nehmen;* die ganze Reise ist mir durch diesen peinlichen Vorfall verleidet

ver|lei|hen ⟨V. 178/503⟩ **1** (jmdm.) etwas ~ *(bes. gegen Entgelt) ausleihen, borgen;* Autos, Fahrräder ~; er

verleiten

verleiht seine Bücher nicht gern **2** (**jmdm.**) eine **Auszeichnung,** einen **Titel** ~ *(feierlich) zuspechen, übertragen;* jmdm. einen Preis, Orden, Titel, Rechte ~; jmdm. den „Dr. h. c." ~

ver|lei|ten ⟨V. 550/Vr 8⟩ **jmdn. zu etwas** ~ *(zum Bösen) verführen;* jmdm. zum Ungehorsam ~

ver|ler|nen ⟨V. 500⟩ **1 etwas** ~ *wieder vergessen;* das Schwimmen verlernt man nicht • **1.1** etwas verlernt haben *etwas, das man gelernt hat, nicht mehr können;* er hat sein Englisch verlernt

ver|le|sen ⟨V. 179/500⟩ **1 etwas** ~ *vorlesen, lesend vortragen;* ein Protokoll ~ **2 etwas** ~ *auslesen, Schlechtes aussondern;* Salat, Gemüse, Körner ~ **3** ⟨Vr 3⟩ **sich** ~ *falsch lesen*

ver|let|zen ⟨V. 500⟩ **1** ⟨Vr 7 od. 503/Vr 5⟩ **jmdn. od. etwas** ~ *verwunden, beschädigen;* sich den Kopf, die Hand ~ **2** ⟨Vr 8⟩ **jmdn.** ~ ⟨fig.⟩ *kränken;* ich möchte Sie nicht ~, aber ich muss Ihnen sagen, dass …; mit ~dem Ton; ~de Worte; er schwieg verletzt **3** eine **Sache** ~ *nicht achten, gegen eine S. verstoßen;* jmds. Gefühle ~; jmds. Rechte ~; seine Pflicht ~

Ver|let|zung ⟨f.; -, -en⟩ **1** *das Verletzen, Beschädigen* **2** *Vernachlässigung, Nichteinhaltung, Vergehen;* Pflicht~ **3** *verletzte Stelle, Wunde, körperliche Beschädigung;* Körper~

ver|leug|nen ⟨V. 500⟩ **1 etwas** ~ *leugnen, in Abrede stellen, nicht zugeben;* er kann seinen Geiz nicht ~; seinen Glauben ~ **2** ⟨Vr 7⟩ ein **Wesen, sich selbst** ~ *anders handeln, als es dem eigenen Wesen entspricht* **3** ⟨Vr 8⟩ **jmdn.** ~ *behaupten, jmdn. nicht zu kennen;* Petrus hat Christus drei Mal verleugnet **4** ⟨Vr 3⟩ **sich** ~ *so tun, als ob man nicht zu Hause sei, die Tür (auf Klingeln od. Klopfen hin) nicht öffnen* • **4.1 sich** ~ **lassen** *Besuchern sagen lassen, dass man nicht zu Hause sei*

ver|leum|den ⟨V. 500/Vr 8⟩ **jmdn.** ~ *in schlechten Ruf bringen, böswillig, falsch verdächtigen;* jmdn. als Betrüger ~

ver|lie|ben ⟨V. 505/Vr 3⟩ **1 sich (in jmdn.)** ~ *Liebe zu jmdm. fassen, jmdn. liebgewinnen* • **1.1** ⟨Part. Perf.⟩ verliebt *von Liebe erfüllt* • **1.1.1** jmdm. verliebte Augen machen *jmdm. durch Blicke mitteilen, dass man in ihn verliebt ist* **2** ich bin in dieses Haus ganz verliebt ⟨fig.; umg.⟩ *ich finde es reizend*

ver|lie|ren ⟨V. 276⟩ **1** ⟨500/Vr 7⟩ • **1.1 etwas** ~ *unbeabsichtigt fallen, liegen, stehen lassen u. nicht wiederfinden;* seine Geldbörse, seinen Schirm, seine Handtasche ~ • **1.2 jmdn.** ~ *(aufgrund einer kurzen Unachtsamkeit) nicht mehr wiederfinden;* gib mir die Hand, damit wir uns in diesem Gedränge nicht ~! • **1.3** irgendwo nichts verloren haben ⟨fig.; umg.⟩ *keine Berechtigung, sich irgendwo aufzuhalten;* dort habe ich nichts verloren • **1.3.1** was hast du hier verloren? *was willst du hier?* • **1.4** verloren suchen ⟨Jägerspr.⟩ *ein erlegtes Stück Wild frei, d. h. ohne Fährte, suchen* **2** ⟨500⟩ **etwas** ~ *einbüßen;* im Herbst ~ die Bäume ihre Blätter; der Kaffee hat durch langes Aufheben das Aroma verloren; (durch einen Unfall) das Augenlicht ~; die Farbe, den Geschmack ~; Haare, Zähne ~; seine Stellung ~; er hat im Spiel all sein Geld verloren • **2.1** ⟨550⟩ sein Herz an jmdn. ~ *sich in jmdn. verlieben* • **2.2** verlorene **Form** *beim Gießen von Metallen nur einmal benutzte F.* • **2.3** verlorenes **Profil** ⟨Mal.⟩ *zur Bildtiefe hin gewendetes P.* • **2.4** eine **Sache** ~ *nicht länger bewahren können;* die Fassung, die Geduld ~; den Mut ~; den Überblick ~ **2.5** ⟨800⟩ **an etwas** ~ *etwas teilweise einbüßen;* sie hat an Schönheit, Anmut verloren • **2.5.1** ⟨400; fig.; umg.⟩ *sich zu seinem Nachteil verändern;* das Kleid verliert, wenn du diese Schleife entfernst; er hat sehr verloren **3** ⟨500⟩ **jmdn.** ~ *jmdn. (durch dessen Tod od. durch Verfeindung) nicht mehr haben, mit jmdm. nicht mehr verkehren;* ich habe in ihm einen guten Freund verloren; er hat zwei Söhne im Krieg verloren; sie hat mit zehn Jahren ihren Vater verloren • **3.1** der verlorene **Sohn** *der arm u. reuig heimgekehrte S.* • **3.2** ein verlorenes **Schaf** ⟨a. fig.⟩ *Abtrünniger (bes. im christlichen Sprachgebrauch)* • **3.3** ⟨Vr 3⟩ **sich** selbst ~ ⟨fig.⟩ *keinen inneren Halt mehr haben* **4** ⟨500⟩ **etwas** ~ *bei etwas besiegt werden, nicht gewinnen;* die Schlacht ~; eine Wette ~; im Spiel ~ • **4.1** noch ist nicht alles verloren ⟨fig.⟩ *noch besteht die geringe Hoffnung, dass die Sache doch gut endet* **5** ⟨500/Vr 3⟩ **etwas** verliert **sich** *verschwindet, vergeht;* seine Befangenheit, Schüchternheit verlor sich allmählich **6** ⟨511/Vr 3⟩ **sich in etwas** ~ *unauffindbar werden;* die Spur verlor sich im Wald • **6.1** in Gedanken verloren *in G. versunken, vertieft* **7** ⟨Getrennt- u. Zusammenschreibung⟩ • **7.1** verloren gehen = verlorengehen

Ver|lies ⟨n.; -es, -e⟩ *unterirdisches Gefängnis, Kerker;* Burg~

ver|lo|ben ⟨V. 500⟩ **1** ⟨500/Vr 3⟩ **sich** ~ **jmdm.** *(offiziell) versprechen, ihn zu heiraten;* Ggs entloben; er hat sich gestern mit ihr verlobt; sie ist seit einem halben Jahr verlobt; sie ist mit XY verlobt **2** ⟨517 od. 530⟩ **jmdn. (mit) jmdm.** ~ *jmdn. jmdm. zur Ehe versprechen;* man verlobt die österreichische Prinzessin (mit) einem italienischen Prinzen

ver|lo|cken ⟨V. 550/Vr 8 od. 800⟩ **1** (**jmdn.**) **zu etwas** ~ *jmdn. zu etwas anreizen, jmdn. locken, etwas zu tun, jmdn. zu etwas verführen;* der Berg verlockt mich dazu, hinaufzusteigen; das klare Wasser verlockt zum Schwimmen • **1.1** ⟨Part. Präs.⟩ ~d *verführerisch, anreizend;* ein ~des Angebot; der Kuchen sieht ~d aus

ver|lo|gen ⟨Adj.⟩ **1** *lügenhaft, oft lügend;* eine ~e Person **2** *lügnerisch, unwahr;* ~e Moral; ~e Reden, Versprechungen

ver|lo|ren 1 ⟨Part. Perf. von⟩ *verlieren* **2** ⟨Adj. 60⟩ • **2.1** *vergeblich, nutzlos;* das ist ~e Liebesmüh • **2.2** ~e **Eier** *roh in fast noch kochendes Essigwasser geschlagene E., die darin gezogen haben, bis sie gar sind* • **2.3** ~er **Posten** ⟨Mil.⟩ *Stellung, die nicht gehalten werden kann, die im Kampf aufgegeben werden muss* • **2.3.1** auf ~em Posten stehen ⟨a. fig.⟩ *mit einer Sache befasst sein, die keine Aussicht auf Erfolg hat*

ver|lo|ren|ge|hen *auch:* **ver|lo|ren ge|hen** ⟨V. 145/400(s.)⟩ *abhandenkommen;* pass auf, dass nichts verlorengeht / verloren geht

Ver|lust ⟨m.; -(e)s, -e⟩ **1** *das Verlieren;* den ~ des Vaters beklagen • **1.1** in ~ geraten *verlorengehen, abhandenkommen* **2** *durch Verlieren erlittener Schaden;* der ~ geht in die Millionen; geschäftliche, finanzielle ~e; die Truppe hatte geringe, hohe, starke ~e; ein schwerer ~ hat ihn betroffen; einen großen ~ erleiden (durch den Tod eines Angehörigen); ein unersetzlicher, schmerzlicher, schwerer ~ **3** ⟨Getrennnt- u. Zusammenschreibung⟩ • **3.1** ~ bringend = verlustbringend

ver|lust|brin|gend *auch:* **Ver|lust brin|gend** ⟨Adj. 90⟩ zu Einbußen führend; ~e Geschäfte

ver|ma|chen ⟨V. 500⟩ **1** ⟨530/Vr 6⟩ **jmdm. etwas** ~ *testamentarisch zuwenden, als Erbe hinterlassen;* jmdm. ein Haus, ein Vermögen, Schmuck, Wertgegenstände ~ **2** **Holz** ~ ⟨schweiz.⟩ *zerkleinern* **3** **Fugen** ~ ⟨schweiz.⟩ *verstopfen*

Ver|mächt|nis ⟨n.; -ses, -se⟩ **1** *Zuwendung durch Testament* **2** *etwas, das jmdm. vermacht wird;* jmdm. ein Haus als ~ hinterlassen **3** ⟨fig.⟩ *letzter Wille, Auftrag (des Verstorbenen) an die Zurückgeblieben;* er hat mir die Sorge für das Kind als ~ hinterlassen

ver|mäh|len ⟨V.; geh.⟩ **1** ⟨505/Vr 3⟩ **sich (mit jmdm.)** ~ *jmdn. heiraten;* er hat sich vermählt **2** ⟨530⟩ **jmdn. (mit jmdm.)** ~ ⟨veraltet⟩ *jmdn. verheiraten;* seine Tochter mit einem Adligen ~

ver|meh|ren ⟨V. 500⟩ **1** **etwas** ~ *mehr machen aus, die Anzahl erhöhen von, vergrößern, verstärken;* seinen Besitz, sein Vermögen ~; Pflanzen, Tiere durch Zucht ~; vermehrte Ausscheidung, Absonderung von Körperflüssigkeit **2** ⟨Vr 3⟩ **sich** ~ *(an Menge, Zahl) zunehmen;* die Zahl der Unfälle hat sich nicht vermehrt • **2.1** *sich fortpflanzen, Nachwuchs bekommen;* die Meerschweinchen haben sich vermehrt

ver|mei|den ⟨V. 183/500⟩ **etwas** ~ *vor etwas ausweichen, einer Sache aus dem Weg gehen, es nicht dazu kommen lassen;* er vermied es, sie anzusehen; einen Fehler ~; es lässt sich nicht ~, dass ...; ich möchte es ~, ihm zu begegnen

ver|meint|lich ⟨Adj. 24/90⟩ *irrtümlich vermutet, fälschlich angenommen;* der ~e Mann erwies sich beim Näherkommen als ein Baumstumpf

ver|men|gen ⟨V. 500⟩ **etwas** ~ *vermischen, durcheinanderbringen*

ver|mer|ken ⟨V. 500⟩ **1** **etwas** ~ *kurz aufzeichnen, notieren;* etwas am Rande (eines Schriftstückes) ~ **2** **eine Sache** ~ *zur Kenntnis nehmen* • **2.1** ⟨513⟩ eine Sache übel ~ *mit Missfallen bemerken, übelnehmen*

ver|mes|sen[1] ⟨V. 185/500⟩ **1** **Land** ~ *genau ausmessen* **2** ⟨Vr 3⟩ **sich** ~ *nicht richtig, ungenau messen;* ich habe mich um einen Meter ~ **3** ⟨580/Vr 3⟩ **sich** ~ ⟨geh.⟩ *sich erkühnen, erdreisten;* wie kannst du dich ~, zu sagen, dass ...

ver|mes|sen[2] **1** ⟨Part. Perf. von⟩ *vermessen*[1] **2** ⟨Adj.; geh.⟩ *anmaßend, überheblich;* es ist ~, zu behaupten; man kann ...

ver|mie|ten ⟨V. 500⟩ **etwas** ~ *gegen Entgelt zeitweilig zur Benutzung geben;* jmdm. od. an jmdn. eine Wohnung ~; zu ~ (Aufschrift an freien Zimmern bzw. Wohnungen)

Ver|mie|ter ⟨m.; -s, -⟩ *jmd., der etwas vermietet (Wohnungs~)*

Ver|mie|te|rin ⟨f.; -, -rin|nen⟩ *weibl. Vermieter*

ver|min|dern ⟨V. 500⟩ **1** **etwas** ~ *geringer machen, verringern;* die Geschwindigkeit ~ • **1.1** vermindertes **Intervall** *um einen Halbton chromatisch verringertes I., z. B. c - ges;* Ggs *übermäßiges Intervall,* → *übermäßig (1.1);* verminderte Quinte • **1.2 Preise** ~ *ermäßigen, herabsetzen* **2** ⟨Vr 3⟩ **etwas** vermindert **sich** *nimmt ab, wird schwächer;* die Schmerzen haben sich vermindert

ver|mi|schen ⟨V. 505⟩ **1** **etwas (mit etwas)** ~ *untereinander mischen, durcheinanderbringen, vermengen;* Saft, Wein mit Wasser ~ • **1.1** Vermischtes *Anzeigen od. kurze Mitteilungen (in Zeitungen) unterschiedlichen Inhalts* **2** ⟨Vr 4⟩ **sich** ~ *sich vermengen, ineinander aufgehen, sich verbinden, vereinigen;* die beiden Tierrassen haben sich vermischt

ver|mis|sen ⟨V. 500⟩ **1** **etwas** ~ *das Fehlen von etwas bemerken;* ich vermisse meinen Füllfederhalter **2** ⟨Vr 8⟩ **jmdn.** ~ *jmds. Abwesenheit bemerken od. schmerzlich spüren;* wir vermissten Dich sehr vermisst • **2.1** ⟨Part. Perf.⟩ jmd. ist (im Krieg) vermisst *über jmds. Verbleib ist nichts bekannt;* einen Soldaten als vermisst melden

ver|mit|teln ⟨V.⟩ **1** ⟨400⟩ *eine Einigung (zwischen Streitenden) zustande bringen* • **1.1** *zwischen zwei Gegnern* ~ *den Streit zwischen zwei Gegnern schlichten* • **1.2** einige ~de Worte sprechen *begütigende, versöhnliche W.* • **1.3** ~d eingreifen *eingreifen, um Streitende zu beruhigen, zu versöhnen* **2** ⟨530/Vr 6⟩ **jmdm. etwas** od. **jmdn.** ~ *jmdn. zu etwas od. jmdm. verhelfen;* jmdm. eine Stellung, Anstellung ~; jmdm. einen Partner ~; neue Arbeitskräfte, Mitarbeiter ~

ver|mit|tels ⟨Präp. mit Gen.⟩ *mittels, durch, mit (Hilfe von);* ~ eines Dietrichs die Tür öffnen

Ver|mitt|ler ⟨m.; -s, -⟩ **1** *jmd., der bei einem Streit vermittelt;* den ~ machen, spielen **2** *jmd., der einem anderen etwas vermittelt*

ver|mö|ge ⟨Präp. m. Gen.; geh.⟩ *dank, durch, aufgrund (von);* ~ seiner Geschicklichkeit

ver|mö|gen ⟨V. 187/500 od. 580⟩ **etwas** ~ *können, zu etwas imstande sein;* ich vermag es nicht; er vermochte vor Schmerzen nicht zu laufen; ich will tun, was ich vermag

Ver|mö|gen ⟨n.; -s, -⟩ **1** ⟨unz.⟩ *Leistungsfähigkeit, Können;* Ggs *Unvermögen;* das geht über sein ~ **2** *Geld und in Geld schätzbarer Besitz;* er hat sich damit ein ~ erworben; sie hat (großes, viel) ~ • **2.1** das kostet mich ein ~ ⟨umg.⟩ *sehr viel Geld*

ver|mum|men ⟨V. 500/Vr 7⟩ **jmdn., etwas** od. **sich** ~ *verhüllen, umhüllen, verkleiden;* vermummte Gestalten; mit vermummtem Gesicht

ver|mu|ten ⟨V. 500⟩ **1** **etwas** ~ *annehmen, für möglich halten, mutmaßen;* ich vermute, er kommt heute noch; ich weiß es nicht, ich vermute es nur **2** ⟨511⟩ **jmdn.** an einem bestimmten **Ort** ~ *annehmen, dass jmd. an einem bestimmten Ort ist;* ich habe dich in Berlin vermutet

Ver|mu|tung ⟨f.; -, -en⟩ *Mutmaßung, Annahme;* eine ~

äußern; ich habe die ~, dass ... *ich vermute, dass ...;* seine ~ war richtig

ver|nach|läs|si|gen ⟨V. 500/Vr 7 od. Vr 8⟩ **1 etwas** od. **jmdn.** ~ *sich weniger um etwas od. jmdn. kümmern, als es nötig wäre, nicht genügend berücksichtigen od. beachten;* seine Kleidung ~; seine Pflichten ~; das Kind sah vernachlässigt aus; sie fühlt sich von ihm vernachlässigt • 1.1 von der Natur vernachlässigt *nicht sehr hübsch*

ver|neh|men ⟨V. 189/500⟩ **1** etwas ~ ⟨geh.⟩ *hören, durch das Gehör bemerken;* ich habe vernommen, dass ...; ein leises Geräusch ~ • 1.1 dem Vernehmen nach ist er augenblicklich in Amerika *wie man hört, wie gesagt wird* **2 jmdn.** ~ *ausfragen, verhören;* der Täter, der Zeuge wurde vernommen

ver|nei|nen ⟨V. 500⟩ **1** eine **Sache** ~ *eine negative Aussage machen über eine S.;* ein ~der Satz ⟨Gramm.⟩ • 1.1 eine **Frage** ~ *mit Nein beantworten;* ~d den Kopf schütteln **2 etwas** ~ ⟨fig.⟩ *ablehnen;* eine Staatsform, das Leben ~; einer Angelegenheit ~d gegenüberstehen • 2.1 *bestreiten, leugnen;* den Sinn des Lebens ~

ver|nich|ten ⟨V. 500⟩ **1 jmdn.** od. **etwas** ~ *völlig zerstören;* Briefe, Papiere ~; der Hagel hat die Ernte vernichtet • 1.1 **Schädlinge** ~ *ausrotten* • 1.2 ⟨Part. Präs.⟩ ~d ⟨fig.⟩ *voller Verachtung, Ablehnung;* ein ~der Blick; ein ~des Urteil, eine ~de Kritik

Ver|nis|sa|ge ⟨[vɛrnisa:ʒə] f.; -, -n⟩ *feierliche Eröffnung einer Ausstellung neuer Bilder eines lebenden Künstlers*

Ver|nunft ⟨f.; -; unz.⟩ **1** *Fähigkeit, Zusammenhänge zu erkennen u. sich innerhalb dieser Zusammenhänge zweckvoll zu betätigen, Einsicht, Besonnenheit;* das ist doch gegen alle ~! • 1.1 er ist aller ~ beraubt ⟨geh.⟩ *er ist verblendet, unbesonnen, ihm fehlt die Einsicht* • 1.2 jmdn. zur ~ bringen *zur Einsicht bringen, seine Erregung beschwichtigen* • 1.3 er ist endlich wieder zur ~ gekommen *ruhig, einsichtig geworden* • 1.4 nimm doch ~ an! *beruhige dich doch u. denk nach!*

ver|nünf|tig ⟨Adj.⟩ **1** *voller Vernunft, überlegt, einsichtig, besonnen;* das muss doch jeder ~e Mensch einsehen; der Junge ist mit seinen zehn Jahren schon sehr ~; sei doch ~! • 1.1 er wird schon noch ~ werden *zur Einsicht kommen, besonnen werden* **2** *auf Vernunft begründet, einleuchtend,* Sy *rational (2);* ~e Argumente, Gründe • 2.1 ~ mit jmdm. reden ⟨umg.⟩ *sich offen mit jmdm. aussprechen*

ver|öf|fent|li|chen ⟨V. 500⟩ **etwas** ~ **1** *öffentlich bekanntmachen;* die neuesten Meldungen ~ **2** *gedruckt erscheinen lassen, publizieren;* seine Memoiren ~

Ver|öf|fent|li|chung ⟨f.; -, -en⟩ **1** *das Veröffentlichen, Veröffentlichtwerden, Bekanntmachen in der Öffentlichkeit;* die ~ eines Reformvorhabens **2** *veröffentlichtes Werk, Publikation;* seine erste ~ war gleich ein großer Erfolg

ver|ord|nen ⟨V. 500⟩ **1** ⟨530/Vr 5 od. Vr 6⟩ **jmdm. etwas** ~ *bestimmen, dass jmd. etwas einnimmt od. tut;* jmdm. ein Heilmittel ~; jmdm. eine Kur in einem Bad ~; jmdm. Pillen, Tropfen, Umschläge ~; der Arzt hat mir einen täglichen Spaziergang von zwei Stunden verordnet; wenn vom Arzt nicht anders verordnet, täglich drei Tabletten (Aufschrift auf Arzneimittelpackungen) **2** eine **Sache** ~ ⟨veraltet⟩ *verfügen, anordnen, behördlich festsetzen*

ver|pas|sen ⟨V. 500⟩ **1** ⟨Vr 8⟩ **jmdn.** od. **etwas** ~ *verfehlen, nicht treffen, versäumen;* den Zug ~; den richtigen Zeitpunkt ~; eine verpasste Gelegenheit **2** ⟨530⟩ **jmdm.** eins ~ ⟨umg.⟩ *jmdn. verprügeln, jmdm. Schläge geben*

ver|pfän|den ⟨V. 500⟩ **1 etwas** ~ *etwas als Pfand geben;* er hat seinen Besitz verpfändet **2** sein **Wort** ~ *durch Ehrenwort erklären, dass ...;* jmdm. sein Ehrenwort ~, dass eine Sache wahr ist

ver|pfle|gen ⟨V. 500 od. 510/Vr 7 od. Vr 8⟩ **jmdn.** ~ *regelmäßig mit Nahrung, mit Speise versorgen, verköstigen;* wir wohnten in einem Fischerhaus, wurden aber im Hotel verpflegt

ver|pflich|ten ⟨V.⟩ **1** ⟨500/Vr 7 od. Vr 8⟩ **jmdn.** ~ *jmdm. eine Pflicht auferlegen, jmdn. vertraglich binden* • 1.1 ~de **Zusage** *bindende Z.* • 1.2 Minister auf die Verfassung ~ *M. darauf vereidigen, ihre Pflicht der V. gemäß zu erfüllen* **2** ⟨516/Vr 7 od. Vr 8⟩ **jmdn. für, zu etwas** ~ *jmdm. die Pflicht auferlegen, etwas zu tun, jmdn. für eine Arbeit, Leistung in Dienst nehmen;* einen Schauspieler für eine Rolle, für die nächste Spielzeit ~ **3** ⟨402⟩ **etwas** verpflichtet (**jmdn.**) *zu etwas erlegt jmdm. eine entsprechende Pflicht auf;* die Annahme des Paketes verpflichtet zur Bezahlung der Gebühren • 3.1 verpflichtet sein, etwas zu tun *die Pflicht haben, etwas zu tun, etwas tun müssen;* ich bin vertraglich verpflichtet, das zu tun; ich bin zum Schweigen, zum Sprechen verpflichtet • 3.2 **jmdm.** (**zu Dank**) verpflichtet sein *Dank schulden* • 3.3 sich jmdm. verpflichtet fühlen *das Gefühl haben, jmdm. Dank, eine Gegenleistung zu schulden* • 3.4 sich zu etwas verpflichtet fühlen *das Gefühl haben, etwas tun zu müssen;* ich fühle mich verpflichtet, ihm das zu sagen **4** ⟨550/Vr 3⟩ **sich zu etwas** ~ *etwas fest versprechen;* er hat sich verpflichtet, die Kinder jeden Tag zur Schule zu fahren

ver|pönt ⟨Adj.⟩ *geächtet, nicht statthaft, tabu;* in ihren Kreisen ist das Tragen von Jeans ~

ver|puf|fen ⟨V. 400(s.)⟩ **1 etwas** verpufft *entweicht plötzlich;* das Gas ist verpufft **2** eine **Sache** verpufft *geht ohne den eigentlichen Zweck erfüllt zu haben vorüber, geht verloren;* die Nummern des Unterhaltungsprogramms verpufften im allgemeinen Lärm

ver|put|zen ⟨V. 500⟩ **1 etwas** ~ *mit Putz versehen;* eine Mauer, Wand ~ **2 Nahrung** ~ ⟨umg.⟩ *schnell u. restlos aufessen;* er hat fünf Stück Kuchen verputzt **3** jmdn. od. etwas nicht ~ können ⟨fig.; umg.⟩ *nicht ertragen können* **4 Geld** ~ ⟨umg.⟩ *schnell u. restlos ausgeben*

ver|quer|ge|hen ⟨V. 145/400(s.)⟩ *misslingen;* heute ist alles verquergegangen

ver|qui|cken ⟨V. 550/Vr 7⟩ eine **Sache** mit einer **anderen** ~ ⟨geh.⟩ *verbinden;* die beiden Angelegenheiten sind eng miteinander verquickt

Ver|rat ⟨m.; -(e)s; unz.⟩ **1** *Preisgabe, unberechtigte od.*

böswillige Mitteilung (eines Geheimnisses) **2** *Treuebruch;* an jmdm., an einer Sache ~ begehen, üben
ver|ra|ten ⟨V. 195/500⟩ **1** ⟨Vr 8⟩ **jmdn.** ~ *jmdm. die Treue brechen;* einen Freund ~ • 1.1 ~ und verkauft sein ⟨fig.⟩ *keinen Ausweg mehr wissen, verloren sein* **2 etwas** ~ *preisgeben, unberechtigt mitteilen;* ein Geheimnis, Versteck ~; bitte nichts ~, es soll eine Überraschung werden! • 2.1 ich will es Ihnen ~, wo es so etwas zu kaufen gibt *vertraulich mitteilen* **3** ⟨Vr 3⟩ **sich** ~ *seine eigentliche Absicht unbeabsichtigt erkennen lassen;* er hat sich durch ein unbedachtes Wort ~ **4 etwas** verrät **etwas** *lässt erkennen;* seine Erklärungen verrieten hervorragende Kenntnisse; sein Gesicht verriet seinen Schrecken
Ver|rä|ter ⟨m.; -s, -⟩ *jmd., der einen Verrat begeht od. begangen hat*
Ver|rä|te|rin ⟨f.; -, -rin|nen⟩ *weibl. Verräter*
ver|rech|nen ⟨V. 500⟩ **1 Geldforderungen** ~ *G., die auf zwei Seiten bestehen, rechnerisch miteinander ausgleichen;* diesen Betrag ~ wir später mit der anderen Summe • 1.1 einen **Scheck** ~ *den Betrag eines S. einem anderen Konto gutschreiben, nicht bar auszahlen* **2** ⟨Vr 3⟩ **sich** ~ *falsch rechnen;* ich habe mich bei der Addition verrechnet **3** ⟨Vr 3⟩ **sich** ~ ⟨fig.⟩ *Erwartungen hegen, die sich nicht erfüllen werden;* wenn du glaubst, dass ich das tun werde, dann hast du dich verrechnet
ver|re|cken ⟨V. 400(s.)⟩ **1 Vieh** verreckt *stirbt* **2** ⟨derb⟩ *elend zugrunde gehen, umkommen;* er soll ~!
ver|rei|sen ⟨V. 400(s.)⟩ *auf Reisen gehen, für einige Zeit wegfahren;* er ist verreist; ich muss morgen ~
ver|ren|ken ⟨V. 500⟩ **1** ⟨530/Vr 5⟩ **jmdm. ein Glied** ~ *jmdm. ein G. aus dem Gelenk drehen;* sich den Arm ~ • 1.1 ⟨Vr 1⟩ sich den Hals (nach jmdm. od. etwas) ~ ⟨fig.; umg.⟩ *sich auffällig nach jmdm. od. etwas umschauen* • 1.2 ⟨Vr 1⟩ dabei muss man sich die Zunge ~ ⟨fig.; umg.⟩ *das ist sehr schwierig auszusprechen* **2** ⟨Vr 3⟩ **sich** ~ *eine unnatürliche Körperhaltung einnehmen*
ver|rich|ten ⟨V. 500⟩ **1 eine Sache** ~ *ordnungsgemäß ausführen, erledigen;* eine Arbeit ~ • 1.1 sein **Gebet** ~ *beten* • 1.2 seine **Notdurft** ~ *Darm od. Harnblase entleeren*
ver|rin|gern ⟨V. 500⟩ **1 etwas** ~ *geringer machen;* die Kosten ~; die Geschwindigkeit, den Abstand ~ **2** ⟨Vr 3⟩ **etwas** verringert **sich** *wird geringer;* die Anzahl der Kursteilnehmer hat sich verringert
ver|rin|nen ⟨V. 203/400(s.)⟩ **1 etwas** verrinnt *verteilt sich rinnend, bis es verschwunden ist;* die Quelle verrinnt zwischen den Steinen **2 Zeit** verrinnt *vergeht;* Stunde um Stunde verrann
Ver|riss ⟨m.; -es, -e⟩ *schlechte Kritik;* ~ eines Buches, Films, Theaterstücks
ver|ros|ten ⟨V. 400(s.)⟩ **1 etwas** verrostet *setzt Rost an, überzieht sich mit Rost;* das Schloss ist verrostet • 1.1 eine verrostete Stimme haben ⟨fig.⟩ *eine tiefe u. heisere S.*
ver|rot|ten ⟨V. 400(s.)⟩ **1 etwas** verrottet *verfault, vermodert;* Pflanzenreste ~ **2 etwas** verrottet *zerbröckelt;* Mauerwerk verrottet **3 etwas** verrottet ⟨fig.;

umg.⟩ *verkommt äußerlich u. moralisch;* eine verrottete Gesellschaft
ver|rückt 1 ⟨Part. Perf. von⟩ *verrücken* **2** ⟨Adj. 70; umg.⟩ • 2.1 *geisteskrank;* er ist dann später ~ geworden; er schrie, gebärdete sich wie ~; er schrie wie ein Verrückter **2.2** *überspannt, nicht recht bei Verstand, von Sinnen;* er ist ein ~er Kerl!; du bist ~!; du bist wohl ~?; ich bin vor Angst, Ungeduld fast ~ geworden; er war halb ~ vor Schmerz • 2.2.1 es ist zum Verrücktwerden! *es ist zum Verzweifeln!* • 2.2.2 jmdn. ~ machen *ihn aufregen, nervös machen;* der Lärm macht mich ganz ~; mach mich nicht ~ mit deiner Quengelei! • 2.2.3 ~ auf etwas sein *etwas unbedingt haben wollen, eine heftige Vorliebe für etwas haben* • 2.2.4 nach jmdm. ~ sein *heftig verliebt in jmdn. sein, jmdn. leidenschaftlich begehren* • 2.3 *unsinnig, sehr merkwürdig, vom Normalen stark abweichend;* ein ~er Einfall, Gedanke; es schmerzt wie ~
ver|rückt∥spie|len ⟨V. 400; fig.⟩ **1 jmd.** spielt verrückt *gerät außer sich, ist nicht zu bändigen, verhält sich nicht normal* **2 etwas** spielt verrückt *funktioniert nicht richtig* • 2.1 **das Wetter** spielt verrückt *ist nicht vorhersehbar, ist vollkommen anders als gewöhnlich*
Ver|ruf ⟨m.; -(e)s; unz.⟩ *schlechter Ruf;* jmdn. in ~ bringen; in ~ geraten, kommen
Vers ⟨[fɛrs] m.; -es, -e; Abk.: V.⟩ **1** *durch das Metrum gegliederte, oft mit einem Reim versehene Einheit einer Dichtung in gebundener Rede, Zeile einer Strophe;* Roman, Epos in ~en; einen Gedanken, Text in ~e bringen **2** ⟨nicht fachsprachlich⟩ *Strophe, Gedicht* • 2.1 ~e machen, ~e schmieden *Gedichte machen, dichten* **3** darauf kann ich mir keinen ~ machen ⟨fig.⟩ *das begreife ich nicht, das kann ich mir nicht erklären* **4** ⟨Abk.: V.⟩ *Abschnitt in der Bibel*
ver|sa|gen ⟨V.⟩ **1** ⟨530⟩ **jmdm. etwas** ~ *verweigern, abschlagen, nicht gewähren;* sein Vater versagte ihm die Zustimmung; die Beine versagten ihm den Dienst • 1.1 ⟨Vr 1⟩ **sich etwas** ~ *auf etwas verzichten;* sich ein Vergnügen ~ **2** ⟨400⟩ *nicht das Erwartete leisten od. bewirken;* sein Gedächtnis versagte; das Gewehr hat versagt; der Motor versagt; die Stimme versagte ihm; er hat bei der Prüfung versagt
ver|sam|meln ⟨V. 500⟩ **1 jmdn.** ~ *an einen Ort zusammenbringen, zusammenkommen lassen, zusammenrufen;* er versammelte seine Kinder, seine Schüler um sich **2** ⟨Vr 4⟩ **mehrere, viele Personen** ~ **sich** *kommen zusammen, treffen sich;* wir ~ uns um 10 Uhr vor der Schule **3** ein **Pferd** ~ *durch Hilfen in korrekte Haltung u. erhabene Bewegungen bringen;* das Pferd ist gut, schlecht versammelt
Ver|samm|lung ⟨f.; -, -en⟩ **1** ⟨unz.⟩ *das Versammeln* **2** *mehrere zu einem bestimmten Zweck zusammengekommene Personen;* Partei~, Volks~ **3** *Besprechung, Beratung mehrerer Personen;* eine ~ einberufen; die ~ eröffnen, leiten, schließen; auf einer ~ sprechen; zu einer ~ gehen
Ver|sand ⟨m.; -(e)s; unz.⟩ *das Versenden (von Waren)*
ver|säu|men ⟨V. 500⟩ **1 etwas** ~ *ungenutzt vorübergehen lassen;* eine Gelegenheit ~; wir haben schon zu viel Zeit versäumt • 1.1 Sie haben etwas versäumt

verschaffen

(weil Sie nicht dabei waren) *Sie hätten dabei sein sollen, denn es war sehr schön* • **1.2** Sie haben nichts versäumt, wenn Sie den Film nicht gesehen haben *der F. war nicht bes. schön, nicht bes. gut* **2** etwas ~ *entgegen der eigentlichen Absicht außer Acht lassen, nicht tun, nicht erreichen, verpassen, bei etwas nicht dabei sein;* ein Geschäft ~; eine Pflicht ~; die Schule, den Unterricht ~; den Zug ~; ich habe den Anfang der Aufführung leider versäumt; das Versäumte nachholen • **2.1** ⟨580⟩ ich werde nicht ~, es zu tun *ich werde es ganz bestimmt tun* **3** jmdn. ~ ⟨schweiz.⟩ *aufhalten;* Frau X hat mich versäumt; ich bin versäumt worden

ver|schaf|fen ⟨V. 530/Vr 5 od. Vr 6⟩ **1** jmdm. etwas ~ *besorgen, jmdm. zu etwas verhelfen;* jmdm. eine Arbeit, Stellung, Wohnung ~; sich einen Einblick in, einen Überblick über eine Sache ~; er hat sich das Geld auf unrechtmäßige Weise verschafft; ich muss mir irgendwie das nötige Geld dazu ~; sich eine Genehmigung für etwas ~; ich werde mir Genugtuung ~; sich das Recht ~, etwas zu tun • **1.1** was verschafft mir das Vergnügen, die Ehre? (Frage an einen unerwarteten Besucher) ⟨veraltet⟩ *was ist der Grund Ihres Besuches?*

ver|schan|zen ⟨V. 500⟩ **1** etwas ~ ⟨veraltet⟩ *durch Schanze(n) befestigen;* ein Lager ~ **2** ⟨Vr 3⟩ **sich** ~ *ein Hindernis als Deckung vor sich aufbauen* **3** ⟨511/Vr 3⟩ **sich hinter** einer **Sache** ~ ⟨fig.⟩ *eine S. als Vorwand benutzen;* sich hinter einer Ausrede, Ausflucht ~

ver|schär|fen ⟨V. 500⟩ **1** eine Sache ~ *schärfer machen, vergrößern, vermehren, verschlimmern;* das Tempo ~; die Strafe ist verschärft worden; wir wollen die Spannung nicht noch ~; drei Tage verschärften Arrest bekommen; mit verschärfter Aufmerksamkeit; mit verschärftem Tempo **2** ⟨Vr 3⟩ eine **Sache** verschärft **sich** *wird schärfer, verstärkt, verschlimmert sich;* die Lage verschärfte sich; es herrschte eine sich noch ~de Spannung; die Gegensätze zwischen ihnen haben sich verschärft

ver|schen|ken ⟨V. 500⟩ etwas ~ *als Geschenk weggeben*

ver|scher|zen ⟨V. 530/Vr 1⟩ sich etwas ~ *etwas durch Leichtsinn, durch Rücksichtslosigkeit verlieren;* sich jmds. Gunst, Wohlwollen ~

ver|scheu|chen ⟨V. 500⟩ **1** ⟨Vr 8⟩ jmdn. od. ein **Tier** ~ *verjagen, wegjagen;* Fliegen, Vögel, Wild ~ **2** eine **Sache** ~ *zum Verschwinden bringen;* jmds. Bedenken, trübe Gedanken ~

ver|schi|cken ⟨V. 500⟩ **1** etwas ~ *fortschicken, versenden;* Anzeigen, Briefe, Prospekte, Waren ~ *veranlassen, dass jmd., der darin keine Entscheidungsfreiheit hat, eine Reise unternimmt* • **2.1** Kinder aufs Land ~ *zur Erholung aufs Land bringen lassen* • **2.2** Sträflinge ~ *verbannen, deportieren*

ver|schie|ben ⟨V. 214/500⟩ **1** etwas ~ *an einen anderen Platz, an eine andere Stelle schieben, verrücken;* Eisenbahnwagen ~; der Schrank lässt sich nicht ~ • **1.1** ⟨Vr 3⟩ etwas verschiebt **sich** *kommt an eine andere Stelle, in eine andere Lage;* der Teppich hat sich verschoben; die Besitzverhältnisse haben sich verschoben **2** etwas ~ *zeitlich verlegen, aufschieben, auf einen späteren Zeitpunkt festsetzen;* einen Termin, eine Verabredung ~; die Abreise, den Urlaub ~; eine Arbeit auf den nächsten Tag ~ **3** Waren ~ ⟨fig.; umg.⟩ *Waren auf unsaubere Weise kaufen u. (zu Wucherpreisen) verkaufen*

ver|schie|den ⟨Adj.⟩ **1** *unterschiedlich, andersartig, ungleich;* er hat zwei ~e Augen; ~er Meinung sein; die beiden Brüder sind sehr ~; ~ groß, lang, tief; in der Farbe, Größe ~ • **1.1** das ist ~ *das ist in jedem Fall anders, das wird unterschiedlich gehandhabt* **2** ⟨60⟩ *mehrere, einige, manche;* ~e Bilder, Bücher; an ~en Orten; Verschiedene gingen in der Pause **3** Verschiedenes *mancherlei;* Verschiedenes war unverständlich • **3.1** Verschiedenes *Beiträge aus mancherlei Gebieten (als Zeitungsrubrik)* **4** ⟨Part. Perf. von *verschieden;* geh.⟩ *gestorben*

ver|schie|ßen ⟨V. 215⟩ **1** ⟨500⟩ etwas ~ *durch Schießen verbrauchen;* seine Munition ~; →a. *Pulver* (1.1.3) **2** ⟨500⟩ etwas ~ ⟨Fußb.⟩ *neben das Tor schießen;* er verschoss den Elfmeter **3** ⟨511/Vr 3⟩ **sich in jmdn.** ~ ⟨fig.; umg.⟩ *sich in jmdn. verlieben;* er hat sich in sie verschossen **4** ⟨400(s.)⟩ **Stoffe** ~ *verbleichen, verlieren an Farbe;* das Kleid ist verschossen

ver|schla|fen¹ ⟨V. 217⟩ **1** ⟨400⟩ *zu lange schlafen, über einen bestimmten Zeitpunkt hinaus schlafen;* ich habe heute Morgen ~; stell dir den Wecker, damit du nicht verschläfst **2** ⟨500⟩ **Zeit** ~ *durch Schlaf versäumen, mit Schlaf verbringen;* ich habe den ganzen Nachmittag ~ **3** ⟨500⟩ etwas **Unangenehmes** ~ *durch Schlaf überwinden;* Sorgen, Kummer ~

ver|schla|fen² ⟨Part. Perf. von⟩ *verschlafen¹* **2** ⟨Adj.⟩ *schlaftrunken;* ich bin noch ganz ~ • **2.1** ⟨fig.⟩ *langweilig, temperamentlos;* eine ~e Kleinstadt

Ver|schlag ⟨m.; -(e)s, -schläge⟩ *einfacher Schuppen, mit Brettern abgetrennter Raum;* Sy *Verhau* (3); *Latten*~

ver|schla|gen¹ ⟨V. 218/500⟩ **1** etwas ~ *mit Brettern abteilen od. schließen, mit Brettern zunageln;* eine Kiste, ein Fass ~ **2** den **Ball** ~ ⟨Tennis⟩ *falsch angeben, den Ball falsch ins Spiel bringen* **3** eine Seite im Buch ~ *verblättern, versehentlich umschlagen* **4** ⟨530⟩ etwas verschlägt jmdm. etwas *nimmt jmdn. für kurze Zeit eine natürl. Fähigkeit* • **4.1** die Kälte des Wassers verschlug mir fast den Atem *nahm mir fast den A., ich konnte kaum atmen vor Kälte* • **4.2** ⟨unpersönl.⟩ es verschlug ihm die Sprache *er konnte (vor Verblüffung) nicht weitersprechen, er war sprachlos* **5** ⟨511; unpersönl.⟩ jmdn. verschlägt es an einen **Ort** *jmd. kommt durch Zufall, ungewollt an einen Ort;* das Schiff wurde an eine einsame Insel, eine fremde Küste ~; das Schicksal hat uns hierher ~ **6** etwas verschlägt etwas ⟨umg.⟩ *hilft, nutzt etwas;* die Arznei verschlägt nicht; das verschlägt nichts

ver|schla|gen² **1** ⟨Part. Perf. von⟩ *verschlagen¹* **2** ⟨Adj.⟩ • **2.1** *unaufrichtig u. schlau;* er hat einen ~en Blick; ein ~er Bursche • **2.2** *überschlagen, lauwarm;* das Getränk, Wasser ist ~ • **2.3** *durch vieles Prügeln scheu, ängstlich;* der Hund ist ~

ver|schlam|pen ⟨V.; umg.⟩ **1** ⟨500⟩ etwas ~ *durch Un-*

verschroben

achtsamkeit verlieren od. verlegen; ich habe seinen Brief verschlampt **2** ⟨400 (s.)⟩ verkommen, unordentlich werden; sie haben den Garten ~ lassen; die Wohnung sieht verschlampt aus; sie ist völlig verschlampt

ver|schlẹch|tern ⟨V. 500⟩ **1** eine Sache ~ schlechter machen; die Arbeitslosigkeit hat seine wirtschaftliche Lage erheblich verschlechtert **2** ⟨Vr 3⟩ eine **Sache** verschlechtert **sich** wird schlechter; sein Gesundheitszustand hat sich verschlechtert

ver|schlei|ern ⟨V. 500⟩ **1** ⟨V 7⟩ sich, den **Kopf**, das **Gesicht** ~ mit einem Schleier bedecken; sich (das Gesicht) ~ • **1.1** der Himmel verschleiert sich bedeckt sich mit Dunst, mit dünnen Wolken • **1.2** ⟨Part. Perf.⟩ verschleiert unklar, verschwommen; seine Stimme war verschleiert; ihre Augen waren von Tränen verschleiert; ein verschleierter Blick **2** eine **Sache** ~ ⟨fig.⟩ der genauen Feststellung entziehen; Tatsachen, Bilanzen ~

ver|schlei|ßen ⟨V. 221⟩ **1** ⟨500/Vr 3⟩ etwas ~ durch häufigen Gebrauch stark abnutzen; Schuhe ~ **2** ⟨400⟩ etwas verschleißt wird durch häufigen Gebrauch stark abgenutzt; das Hemd verschliss bereits nach kurzer Zeit **3** ⟨500⟩ etwas ~ ⟨österr.⟩ im Kleinen verkaufen

ver|schlẹp|pen ⟨V. 500⟩ **1** jmdn. od. etwas ~ widerrechtlich od. mit Gewalt an einen unbekannten Ort bringen; (im Krieg) Einwohner, Kunstwerke ~ • **1.1 Gegenstände** ~ ⟨umg.⟩ an einen Platz bringen, an dem man sie nicht findet; der Hund hat die Pantoffeln verschleppt **2** eine **Sache** ~ verzögern, hinauszögern, in die Länge ziehen; einen Prozess ~; die Verhandlungen wurden verschleppt • **2.1** eine **Krankheit** ~ nicht beachten, nicht behandeln u. dadurch längere Zeit nicht loswerden; eine verschleppte Grippe

ver|schleu|dern ⟨V. 500⟩ **1** etwas ~ vergeuden, leichtsinnig ausgeben; sein Vermögen ~ **2 Waren** ~ zu billig verkaufen

ver|schlie|ßen ⟨V. 222/500⟩ **1** etwas ~ mit einem Schloss absperren, zuschließen; ein Schubfach, die Tür ~; er verschloss die Haustür • **1.1** vor verschlossener Tür stehen zu dem Ort, den man betreten will, keinen Einlass finden • **1.2** bei, hinter verschlossenen Türen unter Ausschluss der Öffentlichkeit; Verhandlungen hinter verschlossenen Türen führen **2** etwas ~ einschließen, unter Verschluss aufbewahren; Geld, Papiere, Vorräte ~ **3** ⟨530/Vr 3⟩ **sich** einer **Sache** ~ nichts von einer S. wissen wollen, sich abweisend gegenüber einer S. verhalten; **3.1** ich kann mich der Tatsache nicht ~, dass ... ich muss die T. notwendigerweise anerkennen

ver|schlịn|gen ⟨V. 223/500⟩ **1** etwas ~ ineinander-, umeinanderschlingen; die Fäden ~ **2** etwas ~ gierig hinunterschlucken; er verschlang das Brot im Handumdrehen • **2.1** ein **Buch** ~ ohne Unterbrechung u. mit Spannung lesen • **2.2** ⟨516⟩ **jmdn.** mit den **Blicken** ~ jmdn. aufdringlich, voll Begierde ansehen **3** eine **Sache** verschlingt etwas verbraucht, kostet etwas; der Bau wird Millionen ~

ver|schlụ|cken ⟨V. 500⟩ **1** etwas ~ hinunterschlucken; das Kind hat das Bonbon verschluckt • **1.1 Wörter, Silben** ~ ⟨fig.⟩ unvollständig aussprechen od. weglassen **2** etwas verschluckt jmdn. ⟨fig.⟩ jmd. verschwindet in etwas; die Dunkelheit hatte ihn verschluckt **3** etwas verschluckt etwas verbraucht, kostet etwas; der Bau hat viel Geld verschluckt **4** ⟨Vr 3⟩ **sich** ~ ein Krümchen, einen Tropfen in die falsche Kehle (Luftröhre) bekommen

Ver|schlụss ⟨m.; -es, -schlüs|se⟩ **1** Vorrichtung zum Zumachen, zum Verschließen, z. B. Schloss, Deckel, Pfropfen, Klappe, Knopf, Haken usw.; ~sache • **1.1** etwas unter ~ halten etwas sicher verwahren, nicht herausgeben **2** ⟨Med.⟩ das Zuwachsen, zugewachsene od. auf andere Weise verschlossene Stelle; Darm~

ver|schlụ̈s|seln ⟨V. 500⟩ etwas ~ in Geheimschrift übertragen, chiffrieren; ein verschlüsseltes Telegramm

ver|schmẹr|zen ⟨V. 500⟩ etwas ~ überwinden, über etwas hinwegkommen, sich über etwas trösten; einen Verlust ~; ich kann es ~; das kann ich nie ~

ver|schmịtzt ⟨Adj.⟩ lustig, schlau, pfiffig, schelmisch; ein ~es Augenzwinkern; ~ lächeln

ver|schnau|fen ⟨V. 400 os. 500/Vr 3⟩ (**sich**) ~ (sich) ausruhen, eine Pause machen (um wieder zu Atem zu kommen); ich muss (mich) einen Augenblick ~

ver|schnei|den ⟨V. 227/500/Vr 7⟩ **1** etwas ~ beschneiden, stutzen; eine Hecke, Bäume ~; sich die Finger, Fußnägel ~ **2 Stoff** ~ falsch zuschneiden **3** einen **Mann**, ein **männliches Tier** ~ = kastrieren • **3.1** ein Verschnittener Eunuch **4 Weinbrand, Rum** ~ mit anderem, billigerem W., R. mischen

ver|schọl|len ⟨Adj. 24⟩ seit längerer Zeit abwesend u. deshalb für verloren od. tot gehalten; er ist seit dem Krieg ~; das Schiff ist in der Arktis ~

ver|scho|nen ⟨V. 500/Vr 8⟩ **1** jmdn. od. etwas ~ schonen, jmdm. od. etwas nichts antun; sie sind von der Epidemie verschont geblieben **2** ⟨516⟩ **jmdn. mit etwas** ~ nicht etwas behelligen; verschone mich mit deinen Ratschlägen!

ver|schrạ̈n|ken ⟨V. 500⟩ **1** etwas ~ kreuzweise legen od. stellen; die Arme vor der Brust ~ • **1.1** mit verschränkten Armen dabeistehen ⟨fig.⟩ zusehen, ohne zu helfen • **1.2 Hölzer** ~ kreuzweise miteinander verbinden • **1.3** verschränkter **Reim** R. in der Stellung abc - cab ob. abc - bac

ver|schrei|ben ⟨V. 230/500⟩ **1** eine **Arznei** ~ ein Rezept ausstellen über eine A.; einem Kranken ein schmerzlinderndes Mittel ~ **2** ⟨530/Vr 6⟩ **jmdm. etwas** ~ ⟨veraltet⟩ urkundlich versichern; er hat ihm das Haus verschrieben **3** ⟨530/Vr 3⟩ **sich** einer **Sache** ~ sich von nun an einer S. eingehend widmen; er hat sich der Musik, der Medizin verschrieben **4 Papier** ~ beim Schreiben verbrauchen **5** ⟨Vr 3⟩ **sich** ~ etwas falsch schreiben, einen Schreibfehler machen

ver|schrien ⟨Adj.⟩ **1** in üblem Ruf stehend; diese Straße ist wegen häufiger Überfälle ~ • **1.1** er ist als Schläger ~ er steht in dem Ruf, ein S. zu sein

ver|schro|ben ⟨Adj.⟩ wunderlich, seltsam, überspannt; ~e Ansichten haben; die alte Frau ist ~

ver|schul|den ⟨V.⟩ **1** ⟨400(s.)⟩ *in Schulden geraten, Schulden machen* • **1.1** verschuldet sein *mit Schulden belastet sein* **2** ⟨500⟩ etwas ~ *schuldhaft verursachen;* das hat er selbst verschuldet; einen Unfall, ein Unglück ~ • **2.1** es geschah ohne mein Verschulden *daran habe ich keine Schuld*

ver|schüt|ten ⟨V. 500⟩ **1** eine **Flüssigkeit** ~ *versehentlich ausschütten* • **1.1** ⟨511; unpersönl.⟩ es bei jmdm. ~ ⟨fig.; umg.⟩ *jmds. Wohlwollen verlieren* **2** jmdn. od. **etwas** ~ *zuschütten, mit Erde bedecken;* einen Brunnen, Graben, Teich ~ • **2.1** verschüttet werden *durch einstürzende Gebäude, Erdmassen usw. von der Außenwelt abgeschnitten werden;* die Bergarbeiter waren zwei Tage verschüttet

ver|schwei|gen ⟨V. 233/500⟩ eine **Sache** ~ *verheimlichen, nichts von einer S. sagen;* er hat (es) verschwiegen, dass er dabei war; eine Nachricht, die Wahrheit ~; ich habe nichts zu ~

ver|schwen|den ⟨V. 500⟩ etwas ~ *unnötig verbrauchen, leichtsinnig ausgeben, vertun, vergeuden;* viel Geld, Zeit für etwas ~; er hat viel Arbeit, Mühe daran, darauf verschwendet; darauf brauchen wir keine Mühe zu ~

ver|schwen|de|risch ⟨Adj.⟩ **1** *wie ein Verschwender, überreichlich Geld ausgebend u. Sachen verbrauchend;* er geht sehr ~ mit ihrem Geld um **2** *überreich, üppig;* in ~er Fülle; ~ geschmückt

ver|schwie|gen 1 ⟨Part. Perf. von⟩ *verschweigen* **2** ⟨Adj.⟩ • **2.1** *schweigen könnend, ein Geheimnis für sich behalten könnend;* Ggs *geschwätzig;* klug und ~ sein • **2.1.1** jmd. ist ~ *wie das Grab kann unbedingt schweigen, ein Geheimnis sicher bewahren* • **2.2** *verborgen, ruhig, nicht leicht zu finden;* ein ~es Plätzchen • **2.2.1** einen ~en Ort aufsuchen ⟨umg.; verhüllend⟩ *die Toilette aufsuchen*

ver|schwim|men ⟨V. 235/400(s.)⟩ **1** etwas verschwimmt *wird undeutlich, verwischt sich in den Umrissen;* der Horizont verschwamm im Dunst; es verschwamm mir alles vor den Augen **2** ⟨Part. Perf.⟩ verschwommen *unklar, undeutlich, unscharf;* ich habe nur noch eine verschwommene Erinnerung daran; ich kann die Buchstaben, das Bild nur noch verschwommen sehen

ver|schwin|den ⟨V. 236/400(s.)⟩ **1** *(sich entfernen u.) unsichtbar werden, weggehen, -fahren, -fliegen usw., vergehen, dahinschwinden;* der Fleck ist mit der Zeit verschwunden; der Taschenspieler ließ Handschuhe, Hüte usw. ~; langsam, schnell, rasch ~; die Sonne verschwand hinter den Bergen; der Hirsch verschwand im Wald; das Flugzeug verschwand in den Wolken, in der Ferne; der Hund verschwand unter dem Tisch • **1.1** ⟨umg.⟩ *sich unauffällig entfernen;* er verschwand auf Nimmerwiedersehen • **1.1.1** verschwinde! ⟨umg.⟩ *mach, dass du wegkommst!, ich will dich hier nicht mehr sehen* • **1.1.2** ich muss mal ~ ⟨umg.; verhüllend⟩ *die Toilette aufsuchen* • **1.2** ⟨411⟩ sie verschwindet neben ihm ⟨fig.; umg.⟩ *sie ist viel kleiner u. schmaler als er* • **1.2.1** eine ~d kleine Zahl *sehr kleine Z.* • **1.2.2** ~d wenig *sehr wenig* **2** *wegkommen, abhandenkommen, nicht mehr auffindbar sein;* das Kind ist seit gestern (spurlos) verschwunden; mein Schlüssel ist verschwunden; sein Verschwinden wurde erst nach einigen Stunden bemerkt

ver|schwö|ren ⟨V. 238/500⟩ **1** eine **Sache** ~ ⟨veraltet⟩ *einer S. abschwören, etwas bestimmt nie wieder tun wollen* • **1.1** man soll nie etwas ~ *man sollte nie zu viel versprechen* **2** ⟨Vr 3⟩ **sich** (mit jmdm. gegen jmdn.) ~ *sich heimlich mit jmdm. (gegen jmdn.) verbünden, ein Komplott mit jmdm. (gegen jmdn.) schmieden;* Sy *konspirieren* • **2.1** es hat sich alles gegen mich verschworen ⟨fig.⟩ *nichts will mir gelingen*

Ver|schwö|rung ⟨f.; -, -en⟩ *geheimer Plan, geheime Verbindung, Anschlag;* eine ~ anzetteln, aufdecken, verraten

ver|se|hen ⟨V. 500⟩ **1** etwas ~ *ausüben, eine bestimmte Aufgabe erfüllen;* er versieht das Amt eines Hausmeisters; seinen Dienst gewissenhaft, getreu, treulich ~ • **1.1** *sich um etwas kümmern, für etwas sorgen;* er versieht während unserer Abwesenheit das Haus und den Garten **2** ⟨516/Vr 7 od. Vr 8⟩ **jmdn. od. etwas mit etwas** ~ *versorgen, ausstatten, ausrüsten;* jmdn. mit Kleidung, mit Geld, Lebensmitteln ~; ein Schriftstück mit einem Stempel ~; jmdn. mit den Sterbesakramenten ~; ein Zimmer mit Tapeten, Vorhängen ~ • **2.1** danke, ich bin mit allem reichlich ~ *ich habe alles reichlich, was ich brauche* **3** ⟨Vr 7⟩ **sich** ~ *sich bei etwas irren, einen Fehler machen;* oh, das habe ich ~!; ich habe mich beim Zählen ~ **4** ⟨520 od. 540/Vr 3⟩ **sich** etwas od. einer **Sache** ~ *eine S. erwarten;* ehe man sich's versieht, ehe man sich dessen versieht ...; und ehe du dich's versiehst, ist die Zeit vorbei

Ver|se|hen ⟨n.; -s, -⟩ *Irrtum, auf Unachtsamkeit, Fehlbeurteilung beruhender Fehler; entschuldigen Sie, es war ein ~ von mir; etwas nur aus ~ tun*

ver|se|hent|lich ⟨Adv.⟩ *aus Versehen, unbeabsichtigt, irrtümlich;* ~ etwas mitnehmen

Ver|sehr|te(r) ⟨f. 2 (m. 1)⟩ *Körperbeschädigter;* Kriegs~

ver|selb|stän|di|gen ⟨Vr 3⟩ = *verselbstständigen*

ver|selbst|stän|di|gen ⟨Vr 3⟩ **sich** ~ *sich selbstständig machen, sich aus einem Zusammenhang lösen;* oV *verselbständigen;* das Gerät hat sich in seine Einzelteile verselbstständigt ⟨fig.⟩

ver|sen|den ⟨V. 241/500⟩ etwas ~ *(auf dem Postweg) verschicken*

ver|sen|ken ⟨V. 500⟩ **1** etwas ~ *zum Sinken (unter Wasser) bringen, untergehen lassen;* ein Schiff ~ **2** etwas ~ *in die Tiefe senken, unter einer Oberfläche verschwinden lassen;* einen Toten im Meer ~ • **2.1** ⟨511⟩ etwas in die Erde ~ *vergraben* • **2.2** eine Bühnendekoration ~ *(unter der Bühne) verschwinden lassen* • **2.3** versenkte **Schraube** *S., die nicht über die Oberfläche des Werkstücks herausragt, sondern mit dieser in einer Ebene liegt* **3** ⟨511/Vr 3⟩ **sich in** eine **Sache** ~ *seine Gedanken eingehend auf eine S. richten, sich in eine S. vertiefen;* sich in ein Buch, eine Arbeit, ein Wissensgebiet ~

Ver|sen|kung ⟨f.; -, -en⟩ **1** *das Versenken (von Schiffen)* **2** ⟨Theat.⟩ *versenk- u. hebbarer Teil des Bühnenbodens* • **2.1** in der ~ verschwinden ⟨fig.; umg.⟩ *in: Ver-*

gessenheit geraten **3** *geistige Sammlung, Konzentration*

ver|ses|sen ⟨Adj.⟩ auf etwas ~ sein *hartnäckig auf etwas bedacht sein, etwas unbedingt (immer wieder) haben wollen;* er ist ganz ~ auf Kriminalfilme

ver|set|zen ⟨V. 500⟩ **1 etwas** ~ *an eine andere Stelle setzen, umstellen;* einen Kamin, Ofen, eine Wand ~ • **1.1** Pflanzen ~ *verpflanzen* • **1.2** einen **Ton** ~ ⟨Mus.⟩ *chromatisch um einen Halbton erhöhen od. erniedrigen* • **1.3** die Steine sind schachbrettartig gegeneinander versetzt *verschoben* **2** jmdn. ~ *in eine andere berufliche Stellung beordern;* er ist nach Hannover versetzt worden; in einen höheren Rang versetzt werden **3** ein Schulkind ~ *in die nächsthöhere Klasse überführen;* der Junge ist in die 5. Klasse versetzt worden; der Junge ist nicht versetzt worden **4** ⟨511/Vr 8⟩ **jmdn.** od. **etwas in etwas** ~ *in einen bestimmten Zustand bringen;* jmdn. in Aufregung, Erstaunen, Schrecken, Trauer, Zorn ~; jmdn. in die Lage ~, etwas zu tun; jmdn. in den Ruhestand ~; in diesem Schloss, dieser Stadt fühlt man sich in vergangene Zeiten versetzt **5** ⟨530/Vr 6⟩ **jmdm.** einen **Schlag, Tritt, Stoß** ~ *geben* • **5.1** ⟨Vr 7⟩ **sich in jmdn.**, in **jmds. Lage** ~ *sich in jmds. Lage einfühlen, seine Gefühle nachempfinden;* versetz dich bitte einmal in meine Lage! **6** ⟨517⟩ **etwas mit etwas** ~ *vermischen;* Wein mit Kohlensäure ~ **7 etwas** ~ *verpfänden;* seine Uhr ~ **8 jmdn.** ~ ⟨umg.⟩ *vergeblich warten lassen, eine Verabredung mit jmdm. nicht einhalten* **9** etwas ~ *erwidern, antworten;* „ich weiß es nicht", versetzte er

ver|seu|chen ⟨V. 500⟩ etwas ~ *mit Krankheitskeimen infizieren, mit radioaktiven od. chem. Stoffen verunreinigen od. durchsetzen*

ver|si|chern ⟨V. 500⟩ **1 etwas** ~ *als wahr beteuern, garantieren;* etwas ehrenwörtlich ~; an Eides statt ~ **2** ⟨530⟩ **jmdm. etwas** ~ *jmdm. beteuern, als wahr erklären, dass …;* ich versichere Ihnen, dass keine Gefahr besteht **3** ⟨540⟩ **jmdn. einer Sache** ~ ⟨geh.⟩ *jmdm. Gewissheit über eine S. geben;* jmdm. seiner Hochachtung ~ • **3.1** Sie können versichert sein, dass alles auftragsgemäß ausgeführt wird *Sie können sicher sein, dass …* • **3.2** seien Sie versichert, dass … *bitte glauben Sie, dass …*, *seien Sie überzeugt, dass …* • **3.3** sich ~, dass … *sich überzeugen, …* **4** ⟨Vr 7⟩ **jmdn.** od. **etwas** ~ *für jmdn. od. etwas bei einer Versicherungsgesellschaft eine Versicherung abschließen;* sich (bei einer Versicherungsgesellschaft) ~; ein Haus, Grundstück ~; seinen Hausrat gegen Feuer ~; das Haus ist hoch versichert **5 jmdn.** ~ *mit jmdm. eine Versicherung gegen einen regelmäßig zu zahlenden Beitrag für den Fall eines Schadens abschließen u. sich dabei verpflichten, den Schaden zu tragen*

Ver|si|cher|ten|kar|te ⟨f.; -, -n⟩ *von der Krankenversicherung ausgestellte Karte mit den Personalien des Versicherten, Krankenversicherungskarte*

Ver|si|che|rung ⟨f.; -, -en⟩ **1** *das Versichern;* die ~ von Reisegepäck **2** *Unternehmen, das Personen u. Sachen gegen Schäden usw. versichert;* die ~ kommt für den Schaden auf **3** *Vertrag mit einer Versicherung (2);* Feuer~, Lebens~; eine ~ abschließen, kündigen, erhöhen **4** *feste Zusage, Versprechen, Beteuerung;* eine eidesstattliche, feierliche ~ abgeben; er gab mir die ~, dass …

ver|si|ckern ⟨V. 400(s.)⟩ etwas versickert *fließt langsam ab, wird allmählich von der Erde aufgesaugt;* die Quelle, das Wasser versickert im Sand

ver|sie|gen ⟨V. 400(s.); geh.⟩ **1** etwas versiegt *hört auf zu fließen;* die Quelle ist versiegt • **1.1** seine Schaffenskraft ist versiegt ⟨fig.⟩ *er hat keine S. mehr*

ver|siert ⟨[vɛr-] Adj.⟩ *in einer Sache bewandert, erfahren, gut unterrichtet;* ein ~er Fachmann

ver|sil|bern ⟨V. 500⟩ **1** Metall ~ *mit einer Silberschicht überziehen* **2** etwas ~ ⟨fig., umg.; scherzh.⟩ *veräußern, verkaufen, zu Geld machen* **3** etwas ~ ⟨poet.⟩ *mit Silberschein überfluten;* der Mond versilbert den See

ver|sin|ken ⟨V. 244(s.)⟩ **1** ⟨400⟩ *unter die Oberfläche von etwas sinken u. darin (völlig od. zum Teil) verschwinden;* das Schiff versank mit Mann u. Maus; ich hätte vor Verlegenheit im Boden, in der Erde ~ mögen; bis zu den Knien im Schnee, im Sumpf ~; versunkene Erinnerungen, Bilder stiegen vor mir auf ⟨fig.⟩ • **1.1** wenn er Musik hört, versinkt alles um ihn her ⟨fig.⟩ *hört u. sieht nichts anderes mehr* **2** ⟨411⟩ **in etwas** ~ ⟨fig.⟩ *ganz aufgehen, sich an etwas völlig hingeben;* in Gedanken ~; in den Anblick eines Bildes, einer Landschaft versunken sein • **2.1** in Schlaf ~ *einschlafen*

Ver|si|on ⟨[vɛr-] f.; -, -en⟩ *Fassung, Lesart*

ver|skla|ven ⟨V. 500⟩ jmdn. ~ **1** *zu einem Sklaven machen* **2** ⟨fig.⟩ *willfährig machen*

ver|söh|nen ⟨V. 500⟩ **1** ⟨505⟩ jmdn. (mit jmdm.) ~ *Frieden zwischen jmdm. u. einem anderen stiften, einen Streit zwischen jmdm. u. einem anderen beilegen;* Feinde, Streitende ~ • **1.1** ⟨Vr 3⟩ **sich (mit jmdm.)** ~ *(mit jmdm.) Frieden schließen, einen Streit (mit jmdm.) beilegen;* wir haben uns (wieder) versöhnt **2** jmdn. ~ *jmds. Zorn, Unwillen besänftigen;* die Götter ~; er ist schnell versöhnt

ver|son|nen ⟨Adj.⟩ *träumerisch, nachdenklich;* ein ~er Blick; ~ lächeln; sie war ganz ~

ver|sor|gen ⟨V. 500⟩ **1** jmdn. ~ *jmdn. mit allem Notwendigen versehen, für jmds. Essen u. Kleidung sorgen;* seine Kinder ~; er hat fünf Kinder zu ~; Patienten ~ • **1.1** ⟨Vr 3⟩ **sich selbst** ~ *für sich selbst sorgen, bes. sich seine Mahlzeiten selbst bereiten* **2** ⟨550/Vr 7 od. Vr 8⟩ jmdn. mit etwas ~ *versehen, jmdm. etwas beschaffen, verschaffen;* jmdn. mit Geld, Kleidung, Lebensmitteln ~; sich mit allem Notwendigen ~

ver|spä|ten ⟨V. 500/Vr 3⟩ **sich** ~ *später als erwartet, als vorgesehen kommen, zu spät kommen;* ich habe mich leider etwas, um eine halbe Stunde verspätet; der Zug hat sich verspätet; eine verspätete Blüte, ein verspäteter Schmetterling; der Zug ist verspätet angekommen

Ver|spä|tung ⟨f.; -, -en⟩ **1** *das Sichverspäten, späteres Eintreffen als vorgesehen;* der Zug ist mit einer Stunde ~ abgefahren • **1.1** ~ haben *später ankommen als*

im Fahrplan vorgesehen; der Zug hat eine halbe Stunde ~

ver|sper|ren ⟨V. 500⟩ etwas ~ **1** zuschließen, verschließen; den Kasten, die Tür ~ **2** ⟨530/Vr 5 od. Vr 6⟩ durch Hindernisse sperren, unzugänglich machen; die Straße ist durch Erdrutsch versperrt • **2.1 jmdm. die Aussicht ~** so stehen, dass jmd. nichts sehen kann; ein Gebäude versperrt die Aussicht • **2.2 jmdm. den Weg ~** so stehen, sich so stellen, dass jmd. seinen Weg nicht fortsetzen kann

ver|spie|len ⟨V.⟩ **1** ⟨500⟩ etwas ~ beim Spiel verlieren; Geld ~ • **1.1** einen Vorsprung ~ durch Nachlässigkeit einbüßen **2** ⟨400⟩ bei jmdm. verspielt haben ⟨fig.⟩ jmds. Gunst, Wohlwollen verloren haben; er hat bei mir verspielt

ver|spin|nen ⟨V. 249/500⟩ **1** etwas ~ durch Spinnen zum Faden machen; Baumwolle, Flachs ~ **2** ⟨511⟩ **sich** in Gedanken, Vorstellungen ~ ⟨fig.⟩ sich ständig mit G., V. beschäftigen (u. sich dadurch von der Umwelt abschließen)

ver|spon|nen 1 ⟨Part. Perf. von⟩ verspinnen **2** ⟨Adj.; umg.⟩ verrückt, überspannt, wunderlich, absonderlichen Ideen anhängend; ein ~er Mensch; ~e Ansichten äußern

ver|spot|ten ⟨V. 500⟩ jmdn. od. etwas ~ lächerlich machen, boshaft über jmd. od. etwas lachen; er wurde von seinen Mitschülern häufig verspottet

ver|spre|chen ⟨V. 251⟩ **1** ⟨503⟩ (jmdm.) etwas ~ geloben, zusichern, ausdrücklich erklären, etwas bestimmt zu tun; jmdm. eine Belohnung, Geld ~; einer Frau die Ehe ~; er hat es mir fest versprochen; hier bringe ich dir das versprochene Buch; wie versprochen, schicke ich dir anbei das Buch; er verspricht viel und hält wenig; was man verspricht, muss man auch halten • **1.1** Versprechen und Halten ist zweierlei nicht alles, was versprochen wird, wird auch gehalten, so manche Zusicherung wird nicht erfüllt **2** ⟨500⟩ etwas ~ verheißen, hoffen lassen, erwarten lassen; die Ernte verspricht gut zu werden; das Wetter verspricht schön zu werden; sein Gesicht versprach nichts Gutes **3** ⟨534/Vr 3⟩ **sich etwas von jmdm.** od. **etwas ~** etwas erwarten; ich verspreche mir von dieser Kur einen guten Erfolg; ich habe mir von dem Buch, Film mehr versprochen; ich verspreche mir viel, nichts davon **4** ⟨500/Vr 3⟩ **sich** ~ etwas versehentlich anders sagen, ein Wort anders aussprechen, als man beabsichtigt hat; ich habe mich versprochen; der Schauspieler verspricht sich oft

Ver|spre|chen ⟨n.; -s, -⟩ feste Zusage, Zusicherung; sein ~ (nicht) einlösen, brechen; er verabschiedete sich mit dem ~, bald wiederzukommen; ein ~ einhalten

ver|spren|gen ⟨V. 500⟩ **1** (Mil.) **Soldaten, Truppen ~** von ihrer Einheit abschneiden, trennen u. in die Flucht schlagen, zerstreuen **2 Wasser ~** verspritzen

Ver|stand ⟨m.; -(e)s; unz.⟩ **1** zum Auffassen, Erkennen u. Beurteilen notwendige Fähigkeit, Denkkraft; ~ haben; einen klaren, scharfen ~ haben; da hat er mehr Glück als ~ gehabt! ⟨umg.⟩ • **1.1** der ~ kommt mit den Jahren im Alter handelt man überlegter, besonnener • **1.2** er musste seinen ganzen ~ zusammennehmen, um richtig zu handeln er musste sich alles sehr genau überlegen • **1.3** man muss doch an deinem ~ zweifeln ⟨umg.⟩ es ist unverständlich, wie du so etwas hast tun, sagen können! • **1.4** etwas mit ~ tun mit Überlegung • **1.5** das geht über meinen ~ ⟨umg.⟩ das verstehe ich nicht • **1.6** du bringst mich noch um den ~! ⟨umg.⟩ du machst mich noch verrückt! • **1.7** es steht einem der ~ still! ⟨fig.; umg.⟩ es ist nicht zu fassen, dass so etwas möglich ist!, da ist man sprachlos • **1.8** den ~ verlieren ⟨umg.⟩ geisteskrank werden • **1.8.1** hat er den ~ verloren? ⟨fig.; umg.⟩ was denkt er sich eigentlich? • **1.9** nicht ganz bei ~ sein nicht ganz normal sein; du bist wohl nicht recht bei ~? • **1.10** etwas mit ~ essen, trinken ⟨fig.; umg.⟩ bewusst genießen

ver|stän|dig ⟨Adj.⟩ besonnen, einsichtig; ein ~es Kind; ~ handeln

ver|stän|di|gen ⟨V. 500⟩ **1** jmdn. ~ benachrichtigen; die Polizei ~ • **1.1** ⟨550⟩ **jmdn. von etwas ~** jmdm. etwas mitteilen, was er unbedingt wissen muss **2** ⟨517/Vr 3⟩ **sich mit jmdm. ~** mit jmd. so sprechen, dass jeder den anderen versteht; es war schwierig, sich mit dem alten, schwerhörigen Mann zu ~; er konnte etwas Deutsch und ich etwas Französisch, so haben wir uns ganz gut miteinander ~ können; wir haben uns am Telefon kaum miteinander ~ können

Ver|stän|di|gung ⟨f.; -; unz.⟩ das Verständigen, das Sichverstehen; die ~ am Telefon war sehr schlecht

ver|ständ|lich ⟨Adj.⟩ **1** so beschaffen, dass man es mit den Sinnen, bes. dem Gehör gut wahrnehmen kann; der Lärm war so groß, dass ich mich kaum ~ machen konnte **2** begreiflich, dem Sinn nach erfassbar, klar; ich kann so viel Italienisch, dass ich mich in Italien (gut) ~ machen kann; sein Vortrag war leicht, schwer ~ • **2.1** jmdm. etwas ~ machen erklären **3** begreiflich, so beschaffen, dass man die Gründe u. Ursachen einsieht; ihr Verhalten ist durchaus ~; es ist ~, dass sie diesen Wunsch hat

Ver|ständ|nis ⟨n.; -ses; unz.⟩ **1** das Verstehenkönnen, Einfühlungsvermögen • **1.1** für jmdn. od. etwas ~ haben sich gut in jmdn. od. etwas einfühlen können; ich habe für Musik, Malerei kein ~; er hat viel ~ für sie, ihre Sorgen • **1.1.1** für Unzuverlässigkeit habe ich kein ~ U. lehne ich ab, U. missfällt mir

ver|stär|ken ⟨V. 500⟩ **1** etwas ~ stärker machen; eine Befestigung, Mauer ~ **2** etwas ~ vermehren, vergrößern; die Truppen sind verstärkt worden **3** etwas ~ die Intensität von etwas erhöhen; seine Anstrengungen ~; elektromagnetische Wellen ~; die Stimme, den Ton ~; seinen Widerstand ~ • **3.1** etwas ~ in chem. Lösung ~ konzentrieren • **3.2** ⟨Vr 3⟩ **sich ~** stärker werden, kräftiger werden, zunehmen, wachsen; der Sturm hat sich verstärkt; die Spannung hat sich verstärkt; meine Zweifel an dieser Angelegenheit haben sich noch verstärkt

ver|stau|chen ⟨V. 530/Vr 1⟩ **sich ein Glied ~** sich eine Verzerrung am Gelenk eines Gliedes zuziehen; sich die Hand, den Fuß ~

ver|stau|en ⟨V. 500⟩ etwas irgendwo ~ gut verteilt

versterben

unterbringen; Koffer, Gepäck im Auto ~; Ladung, Güter im Schiff, im Wagen ~

Ver|steck ⟨n.; -(e)s, -e⟩ *Ort, an dem etwas versteckt ist od. versteckt werden kann, Schlupfwinkel, verborgener Ort;* sich ein sicheres ~ suchen; ~ spielen

ver|ste|cken ⟨V. 500⟩ **1** jmdn. od. etwas ~ *verbergen, wegbringen, so dass ihn, bzw. es niemand findet od. sieht;* jmdm. die Brille ~; die Hand hinter dem Rücken ~; einen Gegenstand vor jmdm. ~ ● **1.1** ⟨Vr 3⟩ **sich ~** *sich verbergen, verschwinden;* sich hinter einem Busch ~; die Maus hat sich in ihrem Loch versteckt; der Brief hatte sich unter, zwischen anderen Papieren versteckt ⟨fig.⟩ ● **1.1.1** mit jmdm. Versteck(en) spielen ⟨fig.⟩ *jmdn. irreführen, ihm nicht die ganze Wahrheit sagen* ● **1.1.2** sich hinter jmdm. od. etwas ~ ⟨fig.⟩ *jmdn. od. etwas vorschieben, als Vorwand benutzen* ● **1.1.3** ⟨Inf. m. Modalverb⟩ sich neben, vor jmdm. ~ **können** ⟨fig.; umg.⟩ *mit ihm kannst du dich nicht messen;* neben, vor ihm kannst du dich ~ **2** ⟨Part. Perf.⟩ versteckt *verborgen, ungesehen, schwer erkennbar;* ein versteckter Platz; das Haus liegt ganz versteckt im Wald; sich versteckt halten ● **2.1** ⟨fig.⟩ *heimlich, nicht offen ausgesprochen, angedeutet;* eine versteckte Anspielung; versteckter Spott; eine versteckte Bosheit; sie hörte aus seinen Worten den versteckten Vorwurf heraus

ver|ste|hen ⟨V. 256/500⟩ **1** ⟨Vr 8⟩ **jmdn. od. etwas ~** *deutlich hören;* ich habe ihn am Telefon nur schwer, schlecht, kaum ~ können; bei dem Lärm kann man sein eigenes Wort nicht ~; sprich lauter, deutlicher, ich verstehe kein Wort! **2** etwas ~ *begreifen, den Sinn erfassen von etwas;* einen Begriff, ein Wort ~; jetzt verstehe ich (es)!; ich habe es gehört, aber nicht verstanden; das wirst du erst ~, wenn du älter bist; dieses Wort, diesen Satz verstehe ich nicht; das Buch ist leicht, schwer zu ~; Englisch, Französisch ~; ich verstehe etwas Portugiesisch, kann es aber selbst nicht sprechen; er nickte ~d; ein ~der Blick ● **2.1** verstanden? *(hast du es) begriffen?, merk dir das, ich sage es nicht noch einmal! (als Zurechtweisung)* ● **2.2** jmdm. etwas zu ~ geben *jmdm. etwas andeutend sagen* **3** ⟨Vr 8⟩ **jmdn. od. etwas ~** *auslegen, deuten;* etwas falsch, richtig ~; wenn ich dich richtig verstanden habe, so meinst du, dass …; das muss man bildlich (nicht wörtlich) ~; wie verstehst du diesen Ausdruck? ● **3.1** wie soll ich das ~? *wie ist das gemeint?* ● **3.2** ⟨513⟩ etwas falsch ~ ⟨fig.⟩ *etwas falsch auslegen, falsch deuten (u. sich dann verletzt fühlen od. es übelnehmen);* bitte ~ Sie mich nicht falsch, wenn ich Ihnen das sage ● **3.3** ⟨550⟩ **etwas unter** einer **Sache ~** *mit etwas eine S. meinen;* was verstehst du unter „Freiheit"? ● **3.4** ⟨Vr 3⟩ etwas versteht **sich** *ist in bestimmter Weise gemeint, aufzufassen;* der Preis versteht sich mit Bedienung, Lieferung frei Haus; das versteht sich von selbst ● **3.4.1** versteht sich! *natürlich!;* ich möchte mir ein Zimmer mieten, möbliert, versteht sich! **4** ⟨Vr 8⟩ **jmdn. ~** *sich in jmdn. hineinversetzen (können);* ich verstehe dich nicht!; ich kann Sie gut ~ **5** ⟨Vr 4⟩ **sich, einander ~** *gut miteinander auskommen, selten miteinander Streit haben, geistig verwandt sein, die gleichen Interessen, Ansichten, Ziele haben;* die beiden ~ sich; einander gut, schlecht, nicht ~; wir ~ uns, einander ● **5.1** ⟨517/Vr 3⟩ **sich mit jmdm. ~** *mit jmdm. (gut) auskommen;* ich verstehe mich sehr gut mit ihm; ich verstehe mich (nicht) mit ihr **6** etwas ~ *können, beherrschen, gelernt haben;* er versteht (es gut), mit Kindern umzugehen; er erledigte es, so gut er es verstand ● **6.1** Spaß ~ *einen S. nicht gleich übelnehmen* ● **6.2** keinen Spaß ~ *einen S. gleich übelnehmen* ● **6.2.1** in dieser Sache versteht er keinen Spaß ⟨fig.⟩ *damit ist es ihm sehr ernst, er nimmt es ganz genau* ● **6.3** ⟨550⟩ **etwas von** einer **Sache ~** *Kenntnisse in einer S. haben, eine S. beherrschen;* davon verstehst du nichts! (als ablehnende Antwort, wenn man Fragen zurückweisen will); er versteht etwas, viel von alter Malerei; von Musik, von Technik verstehe ich nichts; er versteht etwas von seinem Handwerk ● **6.4** ⟨550/Vr 3⟩ **sich auf etwas ~** *etwas ausüben können, gelernt haben, mit etwas umgehen können;* er versteht sich auf die Behandlung schwieriger Kunden; er versteht sich aufs Fotografieren; er versteht sich auf Pferde; er versteht mich (nicht) darauf

ver|stei|fen ⟨V. 500⟩ **1** etwas ~ *steifmachen, verstärken, stützen, abstützen;* einen Kragen mit Leinen ~; eine Brücke, Decke, Mauer mit Hölzern ~ **2** ⟨Vr 3⟩ **etwas** versteift **sich** *wird steif;* ein Glied, Gelenk versteift sich ● **2.1** die Fronten haben sich versteift ⟨fig.⟩ *die beiden sich gegenüberstehenden Parteien sind unnachgiebiger geworden* **3** ⟨550/Vr 3⟩ **sich auf etwas ~** *unbedingt etwas wollen, hartnäckig bei etwas bleiben, auf einer Sache beharren;* er hat sich darauf versteift, schon eher abzureisen

ver|stei|gen ⟨V. 258/500/Vr 3⟩ **1 sich ~** *sich im Hochgebirge, beim Bergsteigen verirren* **2** ⟨550⟩ **sich zu etwas ~** ⟨geh.⟩ *sich etwas anmaßen, sich zu etwas erkühnen;* sich dazu ~, etwas zu behaupten, zu wollen; er hat sich zu der Behauptung verstiegen, dass …

ver|stei|gern ⟨V. 500⟩ etwas ~ *durch Ausbieten zum bestmöglichen Preis verkaufen;* Bilder, Möbel, Teppiche (meistbietend) ~

Ver|stei|ge|rung ⟨f.; -, -en⟩ *das Versteigern, Verkauf durch Ausbieten zum bestmöglichen Preis;* Sy Auktion

ver|stel|len ⟨V. 500⟩ **1** etwas ~ *anders stellen, umstellen;* einen Gegenstand, ein Maschinenteil, einen Zeiger ~ ● **1.1** *die Reihenfolge von etwas ändern;* Bücher, Zahlen ~ ● **1.2** *in eine andere Stellung bringen;* ein Signal, eine Weiche ~ ● **1.3** *die Einstellung von etwas verändern;* ein Fernglas ~ **2** etwas ~ *versperren, unzugänglich machen;* jmdm. den Weg ~; die Tür mit Möbeln ~ **3** etwas ~ ⟨fig.⟩ *so verändern, dass es ein anderer nicht erkennt;* seine Handschrift ~; mit verstellter Stimme sprechen ● **3.1** ⟨Vr 3⟩ **sich ~** *sich anders geben, als man ist, heucheln, etwas vortäuschen;* →a. simulieren (1); er kann sich gut, schlecht, nicht ~

ver|ster|ben ⟨V. 259/400(s.); nicht im Präs. üblich⟩ *sterben;* gestern verstarb … (in Todesanzeigen); unser Vater ist vor einem Jahr verstorben; der Verstorbene; meine verstorbene Mutter

ver|steu|ern ⟨V. 500⟩ etwas ~ *von etwas Steuern zahlen;* sein Einkommen, sein Vermögen ~

ver|stie|gen ⟨Adj.; fig.⟩ *überspannt;* ~e Ideen

ver|stim|men ⟨V. 500⟩ **1** ein **Instrument** ~ *einem I. einen falschen Klang geben* • **1.1** ⟨Part. Perf.⟩ verstimmt *keinen reinen Klang mehr habend;* das Klavier ist verstimmt **2** jmdn. ~ *jmdm. die gute Stimmung verderben, jmdn. verärgern, in schlechte Laune versetzen* • **2.1** ⟨Part. Perf.⟩ verstimmt ⟨fig.⟩ *schlecht gelaunt, ärgerlich*

Ver|stim|mung ⟨f.; -, -en; fig.⟩ *Verärgerung, Missstimmung;* sein Vortrag sorgte für ~ bei den Anwesenden

ver|stockt ⟨Adj.⟩ **1** *halsstarrig, uneinsichtig, trotzig* • **1.1** ein ~er **Sünder** *nicht zur Reue bereiter S.*

ver|stoh|len ⟨Adj.⟩ *heimlich, unauffällig;* sich ~ umschauen; etwas ~ in die Tasche stecken

ver|stö|ren ⟨V. 500⟩ jmdn. ~ *aus dem seelischen Gleichgewicht bringen, zutiefst erschrecken, verwirren;* seit dem Unfall ist er völlig verstört

Ver|stoß ⟨m.; -es, -stö|ße⟩ *Verletzung (einer Regel, eines Gesetzes), Verfehlung, Zuwiderhandlung;* ein ~ gegen die guten Sitten

ver|sto|ßen ⟨V. 262⟩ **1** ⟨500⟩ ein **Kind** ~ *aus der Familie ausstoßen;* seinen Sohn ~ **2** ⟨800⟩ **gegen eine Vorschrift** ~ *eine V. verletzen, einer V. zuwiderhandeln*

ver|strei|chen ⟨V. 263⟩ **1** ⟨500⟩ etwas ~ *durch Streichen gut verteilen;* Farbe, Salbe ~ **2** ⟨500⟩ ein **Loch** ~ *mit einem Füllmittel ausfüllen u. die Oberfläche glattstreichen;* einen Mauerriss ~ **3** ⟨500⟩ etwas ~ *beim Streichen verbrauchen;* viel Butter ~ **4** ⟨400(s.)⟩ **Zeit,** ein **Zeitpunkt** verstreicht ⟨geh.⟩ *läuft ab, geht vorüber;* es sind bereits zwei Monate, Jahre verstrichen, seit ...; eine Gelegenheit ungenutzt ~ lassen

ver|stri|cken ⟨V. 500⟩ **1 Garn, Wolle** ~ *beim Stricken verbrauchen* **2** ⟨511/Vr 7⟩ jmdn. in eine **Angelegenheit** ~ ⟨fig.⟩ *in eine A. verwickeln* • **2.1** sich in Widersprüche ~ *einander widersprechende Aussagen machen, sich in Widersprüche verwickeln*

ver|stüm|meln ⟨V. 500⟩ **1** jmdn. ~ *durch Abtrennung eines od. mehrerer Glieder schwer verletzen;* man fand die verstümmelte Leiche im Fluss • **1.1** ⟨Vr 3⟩ **sich selbst** ~ *sich selbst einen dauerhaften körperlichen Schaden zufügen* **2** einen **Text** ~ *durch Unachtsamkeit od. Missverständnis unvollständig wiedergeben;* eine Nachricht ~

ver|stum|men ⟨V. 400(s.); geh.⟩ **1** *stumm werden, aufhören zu sprechen od. zu tönen;* er verstummte vor Schreck, als er sie sah; jmdn. zum Verstummen bringen **2** eine **Sache** verstummt *endet, kommt zum Stillstand, hört auf*

Ver|such ⟨m.; -(e)s, -e⟩ *Handlung, durch die man etwas erkunden, prüfen od. erreichen will;* →a. *Probe, Experiment;* Atomwaffen~, Flucht~, Überredungs~; einen ~ machen (in der Chemie, Physik); ich will einen ~ machen; den ~ machen, über eine Mauer zu klettern; der erste ~ schlug fehl, misslang; es gelang erst beim dritten ~, die Haustür aufzubrechen; aussichtsloser, vergeblicher, geglückter, missglückter ~; chemischer, physikalischer, psychologischer ~; das soll mein letzter ~ sein; er machte einen verzweifelten ~, sich zu befreien; es kommt auf den ~ an

ver|su|chen ⟨V. 500⟩ **1** etwas ~ *tun, um etwas zu erproben, zu prüfen, zu erreichen;* Sy *probieren (1);* ich habe schon alles (Mögliche) versucht, aber es war vergeblich; ich habe es mit Güte und mit Strenge versucht; jmdn. wegen versuchten Diebstahls anzeigen • **1.1** sein Heil, sein Glück ~ *etwas wagen, einen Vorstoß machen* • **1.2** etwas tun, um zu sehen, ob man es kann; lass mich es einmal ~! • **1.3** sich bemühen (etwas zu tun); er versuchte, es ihr zu erklären; ich will ~ zu kommen; versuche nicht, mich zu überreden, mich umzustimmen • **1.4** ⟨511/Vr 3⟩ sich an, in etwas ~ *sich bemühen, mit, in etwas etwas zustande zu bringen;* sich an einem Thema, ~; ich habe mich schon einmal an Bachs Flötensonaten versucht, aber sie sind mir zu schwer; sich in einem Handwerk ~ • **1.5** ⟨550⟩ es mit etwas od. jmdm. ~ *prüfen, wie etwas od. jmd. sich bewährt* **2** etwas ~ *kosten, schmeckend prüfen, eine Kostprobe von etwas nehmen;* Sy *probieren (1.2);* Speisen ~; bitte versuch einmal die Suppe, ob genügend Salz darin ist **3** jmdn. ~ *auf die Probe stellen, in Versuchung führen, zum Bösen verlocken* • **3.1** versucht sein, sich versucht fühlen, etwas zu tun *sich verlockt fühlen zu etwas, gerne etwas tun wollen, aber noch zögern;* ich fühlte mich versucht, in den Streit einzugreifen

Ver|su|chung ⟨f.; -, -en⟩ **1** *das Versuchen (3), das Versuchtwerden, Verlockung zum Bösen, zur Sünde;* ~en ausgesetzt sein; einer ~ erliegen, widerstehen; jmdn. in ~ führen; und führe uns nicht in ~ (Bitte im Vaterunser) • **1.1** in ~ geraten, kommen, etwas zu tun, zu sagen *etwas sehr gern tun wollen (aber dagegen ankämpfen)* • **1.1.1** ich komme gar nicht in (die) ~, das zu tun *ich will es von vornherein nicht tun*

ver|sün|di|gen ⟨V. 505/Vr 3⟩ sich (an jmdm. od. etwas) ~ *schuldig werden, eine Sünde begehen;* er hat sich an seinen Kindern versündigt

ver|ta|gen ⟨V. 500⟩ eine **Sache** ~ **1** *auf einen späteren Zeitpunkt verschieben;* eine Sitzung ~ **2** ⟨550; veraltet⟩ *auf einen bestimmten Zeitpunkt festlegen;* die Feier wird auf den Ostermontag vertagt

ver|tau|schen ⟨V. 500⟩ etwas ~ **1** *versehentlich tauschen, verwechseln;* wir haben unsere Hüte, Mäntel vertauscht **2** ⟨geh.⟩ *austauschen, auswechseln;* er vertauschte das Schwert gegen die Feder

ver|tei|di|gen ⟨V. 500/Vr 7 od. Vr 8⟩ **1** jmdn. od. etwas ~ *gegen Angriffe schützen, Angriffe von jmdm. od. etwas abwehren;* sein Leben ~; eine Stadt, eine militärische Stellung ~; sich hartnäckig, standhaft, tapfer, bis zum äußersten ~ **2** einen **Rekord** ~ *sich einen R. im sportlichen Wettkampf zu erhalten suchen* **3** jmdn. od. etwas ~ *rechtfertigen, sich zum Fürsprecher von jmdm. od. etwas machen;* seinen Standpunkt ~; jmdn. od. sich gegen einen Vorwurf ~ **4** *vor Gericht vertreten;* der Angeklagte wird von Rechtsanwalt X verteidigt

ver|tei|len ⟨V. 500⟩ **1** etwas ~ *austeilen, jedem einen*

Teil geben von etwas; Programme ~; Preise ~; Geld unter die Armen ~ • **1.1** ein Theaterstück mit verteilten Rollen lesen *ein T. gemeinsam laut lesen, wobei jeder eine bestimmte Rolle liest* • **1.2** die Rollen ~ ⟨a. fig.⟩ *jedem seine Aufgabe zuweisen* **2** etwas ~ *hierhin u. dorthin stellen od. legen;* Blumen auf den Tischen ~; Zucker gleichmäßig auf dem, über den Kuchen ~ **3** ⟨Vr 3⟩ **sich ~** *sich (in einem Raum, über eine Fläche) ausbreiten;* die Gäste verteilten sich über die verschiedenen Räume, im Garten

ver|tie|fen ⟨V. 500⟩ **1** etwas ~ *tiefer machen;* einen Graben, ein Loch ~ • **1.1** ein vertieft gearbeitetes Bild *eingemeißeltes, graviertes B.* • **1.2** ⟨Vr 3⟩ etwas vertieft sich *wird tiefer;* die Falten um seinen Mund haben sich vertieft **2** eine Sache ~ *verstärken, tiefgründiger gestalten, (gedanklich) tiefer ausschöpfen;* ihr Auftreten vertiefte noch den guten Eindruck; ein Gespräch, einen Gedanken ~ • **2.1** sein Wissen über eine Sache ~ *tiefer in eine S. eindringen u. dadurch sein W. vergrößern* **3** ⟨550/Vr 3⟩ **sich in etwas ~** *sich in etwas versenken, sich eingehend mit etwas zu beschäftigen beginnen;* sich in seine Arbeit ~; er war ganz vertieft in sein Spiel

ver|ti|kal ⟨[ver-] Adj. 24⟩ = *senkrecht (1.1)*

ver|til|gen ⟨V. 500⟩ etwas ~ **1** *vernichten, ausrotten;* Ungeziefer, Unkraut ~ **2** ⟨fig.; umg.⟩ *verzehren, (auf)essen;* er hat alle belegten Brote vertilgt

ver|to|nen ⟨V. 500⟩ einen Text ~ *zu einem T. die Musik schreiben;* ein Libretto, ein Theaterstück ~

ver|trackt ⟨Adj.; umg.⟩ *verwickelt, verzwickt, unangenehm;* eine ~e Angelegenheit

Ver|trag ⟨m.; -(e)s, -trä|ge⟩ *auf Angebot u. Annahme beruhende rechtsgültige Vereinbarung zweier od. mehrerer Partner zur Regelung gegenseitiger Rechte u. Pflichten;* Sy *Kontrakt;* Friedens~, Kauf~, Staats~, Werk~; einen ~ (mit jmdm.) abschließen, schließen; einen ~ brechen; einen ~ kündigen; einen ~ unterzeichnen; langfristiger, kurzfristiger ~; das steht mir laut ~ zu; er hat einen ~ mit dem Theater in X ⟨umg.⟩

ver|tra|gen ⟨V. 265/500⟩ **1** etwas ~ *ertragen, aushalten, sich zumuten können, tun od. essen können, ohne dass es einem schadet;* er verträgt keinen Alkohol; ich kann Hitze, Kälte (nicht gut) ~; diese Pflanzen ~ viel, keine Sonne; sie verträgt langes Stehen nicht; diesen ironischen Ton vertrage ich nicht; bestimmte Speisen gut, schlecht, nicht ~ (können) • **1.1** er verträgt (keinen) Spaß *er versteht (keinen) Spaß, er macht bei einem Scherz (nicht) gern mit* • **1.2** er kann viel ~ *er kann viel essen od. trinken (bes. Alkohol)* **2** ⟨Vr 3 od Vr 4⟩ **sich (mit jmdm.) ~** *sich (mit jmdm.) gut verstehen, mit jmdm. gut auskommen;* wir wollen uns wieder ~!; die beiden Kinder ~ sich nicht, gut, schlecht (miteinander) • **2.1** sich mit jmdm. wieder ~ *sich mit jmdm. versöhnt haben* • **2.2** ⟨Vr 3 od. Vr 4⟩ etwas verträgt sich (**mit** etwas) *passt gut zu etwas, ist mit etwas vereinbar;* die beiden Rottöne ~ sich nicht; dieses Rot der Handtasche verträgt sich nicht mit dem Grün des Kleides; diese Behauptung verträgt sich nicht mit seinen sonstigen Ansichten

3 etwas ~ ⟨schweiz.⟩ *austragen;* er verträgt Zeitungen

ver|trag|lich ⟨Adj. 24/90⟩ *durch einen Vertrag (festgelegt);* ~e Verpflichtung; ich bin ~ gebunden; etwas ~ festlegen, vereinbaren

ver|träg|lich ⟨Adj.⟩ **1** *sich mit andern Menschen stets gut vertragend, friedlich, umgänglich, entgegenkommend, nachgiebig;* er ist sehr ~ **2** *so beschaffen, dass man es gut, leicht vertragen kann, verdaulich, bekömmlich;* dieser Kuchen, Rotwein ist (leicht, schwer) ~

ver|trau|en ⟨V.⟩ **1** ⟨600/Vr 6 od. 800⟩ **jmdm., auf jmdn. od. etwas ~** *von jmdm. od. etwas glauben, dass man sich auf ihn bzw. es verlassen kann, dass er bzw. es sich in bestimmter Weise verhält;* du kannst ihm unbedingt ~; auf Gott ~; ich vertraue auf seine Ehrlichkeit; ich vertraue auf mein Glück; ich vertraue darauf, dass er es tut • **1.1** jmdm. blind ~ ⟨fig.⟩ *bedenkenlos* • **1.1.1** du kannst ihm blind ~ *er ist sehr zuverlässig* • **1.2** ⟨600/Vr 5⟩ **sich selbst ~** *sicher sein, fest glauben, dass man etwas kann* **2** ⟨530⟩ **jmdm. etwas ~** ⟨veraltet⟩ *anvertrauen;* jmdm. ein Geheimnis ~

Ver|trau|en ⟨n.; -s; unz.⟩ **1** *Zuversicht, fester Glaube an jmds. Zuverlässigkeit, fester Glaube daran, dass jmd. sich in bestimmter Weise verhält;* er hat dein ~, das in ihn gesetzte ~ enttäuscht; zu jmdm. ~ haben; jmds. ~ missbrauchen; jmdn. seines ~s würdigen; sich jmds. ~ würdig erweisen; blindes, unbedingtes ~; im ~ darauf, dass er ehrlich ist, habe ich ihm den Auftrag gegeben • **1.1** jmds. ~ genießen *von jmdm. für zuverlässig gehalten werden* • **1.2** jmdn. ins ~ ziehen *jmdn. in ein Geheimnis einweihen* • **1.3** im ~ (gesagt) *unter uns, unter dem Siegel der Verschwiegenheit* **2** ⟨Getrennt- u. Zusammenschreibung⟩ • **2.1** ~ erweckend = *vertrauenerweckend*

ver|trau|en|er|we|ckend auch: **Ver|trau|en er|we|ckend** ⟨Adj.⟩ *Vertrauen einflößend, einen zuverlässigen Eindruck erweckend;* er macht einen ~en Eindruck; ⟨bei Erweiterung des Erstbestandteils nur Getrenntschreibung⟩ großes Vertrauen erweckend; ⟨bei Steigerung od. Erweiterung der gesamten Fügung nur Zusammenschreibung⟩ vertrauenerweckender, sehr vertrauenerweckend

ver|trau|ens|bil|dend ⟨Adj. 24; bes. Pol.⟩ *die Basis für Vertrauen schaffend, zur Festigung des gegenseitigen Vertrauens beitragend;* ~e Maßnahmen

ver|trau|lich ⟨Adj.⟩ **1** *unter dem Siegel der Verschwiegenheit, nicht für die Allgemeinheit bestimmt, diskret;* ~e Mitteilung; jmdm. etwas ~ mitteilen; was ich Ihnen jetzt sage, ist streng ~! • **1.1** eine Sache ~ behandeln *für sich behalten, nicht weitererzählen;* Anfragen werden auf Wunsch ~ behandelt (Anfragen z. B. bei Zeitschriften) **2** *(allzu) freundschaftlich, vertraut;* er nahm mich ~ beim Arm; wenn man freundlich zu ihm ist, wird er sofort ~

ver|träu|men ⟨V. 500⟩ die Zeit ~ *mit Träumen verbringen*

ver|traut 1 ⟨Part. Perf. von⟩ *vertrauen* **2** ⟨Adj.⟩
• **2.1** *freundschaftlich miteinander verbunden;*

→a. *innig; ein ~er Freund; wir sind sehr ~ miteinander; auf ~em Fuß mit jmdm. stehen* • **2.1.1** *mit jmdm. ~ werden sich mit jmdm. befreunden* • **2.2** *gut bekannt* • **2.2.1** *sich mit einer Sache ~ machen eine S. kennenlernen, eine S. lernen, sich mit einer S. bekanntmachen, sich Fertigkeit in einer S. aneignen* • **2.2.2** *~ mit etwas sein etwas gut kennen od. können, wohlbekannt mit etwas, erfahren in etwas sein; mit den Spielregeln, den Vorschriften (nicht) ~ sein*

ver|trei|ben ⟨V. 267/500⟩ **1** ⟨Vr 8⟩ **jmdn.** od. **etwas ~** *zwingen, einen Ort zu verlassen; Insekten, Vögel ~; jmdn. aus dem Land, von seinem Besitz ~; der Wind hat die Wolken vertrieben; bitte lassen Sie sich nicht ~!* (Höflichkeitsformel eines Besuchers gegenüber einem anderen, der schon da ist) • **1.1** *habe ich Sie von Ihrem Platz vertrieben? habe ich versehentlich Ihren Platz eingenommen?* • **1.2** ⟨530/Vr 5 od. Vr 6⟩ **jmdm.** etwas (**Lästiges**) ~ *jmdn. von etwas befreien; jmdm. die Langeweile, die Sorgen ~* • **1.2.1** *sich die Zeit (mit einer Beschäftigung, mit Spielen) ~ verkürzen, kurzweilig gestalten* **2** *Waren ~ W. einem Zwischenhändler anbieten od. direkt an einen Endabnehmer verkaufen*

ver|tre|ten ⟨V. 268/500⟩ **1** ⟨530/Vr 3⟩ *sich den Fuß ~ sich den F. verstauchen* **2** ⟨530/Vr 3⟩ *sich die Beine, Füße ~* ⟨umg.⟩ *sich durch Umhergehen Bewegung verschaffen (nach langem Sitzen)* **3** ⟨530⟩ **jmdn.** den **Weg ~** *durch Dazwischentreten versperren* **4** ⟨Vr 8⟩ **jmdn. ~** *vorübergehend jmds. Stelle einnehmen; er vertritt den Abteilungsleiter während dessen Urlaubs; jmdn. dienstlich ~* **5 jmdn.** od. **jmds. Sache ~** *für jmdn. od. jmds. Sache eintreten, jmds. Rechte wahren; er lässt sich von einem sehr tüchtigen Anwalt ~; jmds. Interessen ~* **6** *eine* **Sache ~** *verteidigen, rechtfertigen, für eine S. eintreten; eine Behauptung ~; er vertritt die Meinung, dass …; wie willst du eine solche Handlungsweise vor deinen Vorgesetzten ~?* **7** *eine* **Firma ~** *als Vertreter den Verkauf von Waren für eine F. vermitteln; Sy repräsentieren (1)* **8** ⟨Part. Perf.⟩ *~ sein (als Vertreter) anwesend, vorhanden sein; bei der Besprechung war die Geschäftsleitung nicht ~; in diesem Sammelband sind von jüngeren Schriftstellern nur X, Y und Z ~*

Ver|tre|ter ⟨m.; -s, -⟩ *jmd., der vor einem anderen od. eine Sache vertritt (4-8); Stell-, Handels~; sein ~ vor Gericht ist Rechtsanwalt X; er ist ein ~ dieser Richtung*

Ver|tre|te|rin ⟨f.; -, -rin|nen⟩ *weibl. Vertreter*

Ver|tre|tung ⟨f.; -, -en⟩ *das Vertreten (4-8); Stell~; er hat die ~ der Firma X; Herr X hat der ~ des erkrankten Y übernommen* • **1.1** *in ~ (von …, des …) anstelle, im Namen, im Auftrag (von …, des …); in ~ des Herrn Direktors, Präsidenten*

Ver|trieb ⟨m.; -(e)s; unz.⟩ **1** *das Vertreiben (2) (von Waren)* **2** *Abteilung einer Firma, die die Bestellung u. Auslieferung der Waren bucht u. ausführt*

ver|trock|nen ⟨V. 400(s.)⟩ **1** *trocken werden, austrocknen, durch Trockenheit absterben; die Pflanzen, Felder, Wiesen sind vertrocknet* • **1.1** *die* **Quelle** *ist vertrocknet versiegt*

ver|trös|ten ⟨V. 500/Vr 7 od. Vr 8⟩ **jmdn. ~** *auf später hoffen lassen; ich vertröstete ihn auf morgen, auf später*

ver|tun ⟨V. 272/500; umg.⟩ **1** *Geld ~ mit nichtigen Dingen verschwenden* **2** *Zeit ~ mit oberflächlichen od. nutzlosen Dingen, Beschäftigungen verbringen, zubringen; die Zeit mit Reden ~* **3** ⟨Vr 3⟩ *sich ~ sich irren; da habe ich mich vertan*

ver|tu|schen ⟨V. 500; umg.⟩ *eine* **Sache ~** *verheimlichen, unterdrücken, das Bekanntwerden verhindern; eine peinliche Angelegenheit, einen unangenehmen Vorfall ~*

ver|üben ⟨V. 500⟩ *eine* **Sache ~** *ausführen, begehen; ein Attentat, Verbrechen ~*

ver|un|glimp|fen ⟨V. 500/Vr 8; geh.⟩ **jmdn.** od. *eine* **Sache ~** *schmähen, beleidigen*

ver|un|glü|cken ⟨V. 400(s.)⟩ **1** *einen Unfall erleiden; tödlich ~; mit dem Auto ~* **2** *etwas verunglückt* ⟨umg.⟩ *misslingt, missrät; der Kuchen ist völlig verunglückt*

ver|un|stal|ten ⟨V. 500/Vr 7⟩ **jmdn.** od. **etwas ~** *entstellen, hässlich, unansehnlich machen; eine Landschaft durch Industriebauten ~; ein durch eine Narbe verunstaltetes Gesicht*

ver|un|treu|en ⟨V. 500⟩ *Geld ~ unterschlagen*

ver|ur|sa|chen ⟨V. 500⟩ *etwas ~ die Ursache für etwas sein; das verursacht viel Arbeit, Kosten, Schaden ~; einen Skandal ~*

ver|ur|tei|len ⟨V. 500⟩ **1** ⟨550⟩ **jmdn. zu** *einer* **Strafe ~** *durch Gerichtsbeschluss eine Strafe über jmdn. verhängen; jmdn. zu einer Geldstrafe, zu fünf Jahren Freiheitsstrafe, zum Tode ~* **2** *zu etwas* **verurteilt sein** ⟨fig.⟩ *zu etwas bestimmt, verdammt sein; die Sache war von vornherein zum Scheitern verurteilt* **3** ⟨Vr 8⟩ **jmdn.** od. **etwas ~** *ablehnend beurteilen, ablehnen; jmds. Benehmen, Verhalten, Handlungsweise ~*

Ver|ve ⟨[vɛrvə] f.; -; unz.; geh.⟩ *Schwung, Begeisterung; etwas mit großer ~ erzählen*

ver|viel|fäl|ti|gen ⟨V. 500⟩ *etwas ~ auf mechanischem Wege mehrfach herstellen; einen Text ~*

ver|voll|komm|nen ⟨V. 500⟩ **1** *etwas ~ vollkommen machen, verbessern, verschönern, vervollständigen; seine Kenntnisse, sein Wissen ~* **2** ⟨511/Vr 3⟩ *sich in einer* **Sache ~** *verbessern, in einer S. sehr gut werden; sich in einer Fremdsprache ~*

ver|voll|stän|di|gen ⟨V. 500/Vr 7⟩ *etwas ~ vollständig machen, ergänzen; seine Kenntnisse ~; einen Text durch Nachträge ~*

ver|wach|sen[1] ⟨[-ks-] V. 277⟩ **1** ⟨500⟩ *ein* **Kleidungsstück ~** *aus einem K. herauswachsen, zu groß für ein K. werden* **2** ⟨400(s.)⟩ *etwas verwächst verschwindet durch das Wachsen von etwas anderem, wächst zu; die Narbe, der Riss, die Wunde ist gut ~; der Weg ist (durch Unkraut, Gesträuch o. Ä.) ~* **3** ⟨417(s.)⟩ *zusammenwachsen; die beiden Blätter sind miteinander ~* • **3.1 mit etwas ~** ⟨fig.⟩ *sich eng mit etwas verbinden; er ist mit seinem Grund u. Boden fest ~; er ist mit seiner Arbeit fest ~* • **3.2 zu einer** **Einheit ~** ⟨fig.⟩ *allmählich zu einer E. werden; die Kinder sind zu einer festen Gemeinschaft ~*

ver|wach|sen² ⟨[-ks-]⟩ **1** ⟨Part. Perf. von⟩ *verwachsen¹* **2** ⟨Adj.⟩ *schief, verkrümmt gewachsen;* er hat einen ~en Rücken
ver|wach|sen³ ⟨[-ks-] V. 500⟩ **Skier** ~ *mit dem falschen Wachs einreiben*
ver|wah|ren ⟨V. 500⟩ **1** etwas ~ ⟨geh.⟩ *in sichere Obhut nehmen, sicher aufbewahren;* Sy *aufheben (2);* Geld, Papiere im Tresor ~ **2** etwas ~ ⟨umg.; bes. norddt.⟩ *für später aufheben, nicht sofort verbrauchen;* Süßigkeiten ~ **3** ⟨550/Vr 3⟩ **sich gegen etwas** ~ *gegen etwas protestieren, Widerspruch erheben;* sich gegen einen Vorwurf ~
ver|wahr|lo|sen ⟨V. 400(s.)⟩ *schmutzig, ungepflegt werden, verkommen;* einen Garten, ein Gebäude, die Wohnung ~ lassen; verwahrloste Kinder, Jugendliche; das Zimmer sah verwahrlost aus; das Kind war völlig verwahrlost
ver|wai|sen ⟨V. 400(s.); nur im Perf. Pass. od. als Part. Perf.⟩ **1** *Waise werden, die Eltern verlieren;* das Kind ist verwaist **2** ⟨fig.⟩ *einsam werden, verlassen werden;* verwaiste Dörfer
ver|wal|ten ⟨V. 500⟩ eine **Sache** ~ *alle mit einer S. zusammenhängenden Angelegenheiten erledigen;* ein Amt ~; Gelder ~; ein Gut ~
Ver|wal|ter ⟨m.; -s, -⟩ *jmd., der etwas verwaltet;* Guts~, Haus~, Vermögens~
Ver|wal|te|rin ⟨f.; -, -rin|nen⟩ *weibl. Verwalter*
Ver|wal|tung ⟨f.; -, -en⟩ **1** *das Verwalten* **2** *Person, Unternehmen od. Behörde, die bzw. das etwas verwaltet;* Haus~; Unterlagen bei der ~ einreichen
ver|wan|deln ⟨V. 500/Vr 7⟩ **1** jmdn. od. **etwas** ~ *völlig ändern, umgestalten, umformen;* den Schauplatz, die Szene ~; Flüssigkeit in Dampf ~; das Haus wurde durch die Gasexplosion in einen Trümmerhaufen verwandelt; sie war durch die Freude ganz verwandelt; er ist seit seiner Kur wie verwandelt • 1.1 ⟨550/Vr 7⟩ jmdn. in **etwas** ~ *die Gestalt von etwas annehmen (lassen);* die Hexe verwandelte die Prinzessin in ein Kätzchen; Zeus verwandelte sich in einen Schwan
ver|wandt ⟨Adj. 24⟩ **1** *von gleicher Abstammung, zur selben Familie gehörend;* wir sind nahe, entfernt, weitläufig ~ • 1.1 mit jmdm. ~ sein *die gleiche Abstammung haben, zur selben Familie gehören;* wir sind miteinander ~ • 1.2 *auf den gleichen Ursprung zurückgehend;* die deutsche Sprache ist mit der englischen ~ **2** ⟨70; fig.⟩ *sehr ähnlich;* Mut und Tapferkeit sind ~e Eigenschaften • 2.1 *in der Art, Denkart, Empfindungsart* ähnlich; geistig ~ sein
Ver|wand|te(r) ⟨f. 2 (m. 1)⟩ *Person, Tier od. Pflanze der gleichen Abstammung od. derselben Familie;* ~ ersten, zweiten, dritten Grades; alle ~n einladen; wir fahren zu ~n
Ver|wandt|schaft ⟨f.; -, -en⟩ **1** *das Verwandtsein* **2** ⟨i. w. S.⟩ *Gesamtheit der Verwandten* • 2.1 ⟨i. e. S.⟩ *die Familienangehörigen außerhalb der engsten Familie;* die ~ zu Besuch haben **3** ⟨fig.⟩ *Ähnlichkeit in der Art, verbindende Ähnlichkeit auf geistigem od. seelischem Gebiet;* Geistes~, Seelen~; zwischen beiden Sprachen, Eigenschaften besteht eine gewisse ~

ver|war|nen ⟨V. 500⟩ jmdn. ~ *jmdm. eine Verwarnung erteilen, jmdn. verwarnend zurechtweisen*
Ver|war|nung ⟨f.; -, -en⟩ **1** *warnende Zurechtweisung (bes. als polizeiliche Maßnahme bei Übertretungen von Verkehrsvorschriften);* gebührenpflichtige ~ **2** ⟨Sp.⟩ • 2.1 ⟨Fußb.; Handb.⟩ *Gelbe Karte* • 2.2 ⟨Boxen, Ringen⟩ *die Punktewertung beeinflussende, minder schwere Bestrafung*
ver|wa|schen ⟨Adj.⟩ **1** *durch vieles Waschen verblichen;* ein ~es Kleidungsstück **2** *blass, nicht leuchtend;* eine ~e Farbe; ein ~es Rot, Blau **3** ⟨fig.⟩ *unbestimmt, unklar, ungenau, verschwommen;* ein ~er Ausdruck; eine ~e Formulierung
ver|wäs|sern ⟨V. 500⟩ **1** etwas ~ *zu sehr mit Wasser verdünnen;* eine Suppe, Wein ~ **2** eine **Sache** ~ *des Gehaltes, der Durchschlagskraft berauben, unanschaulich, nicht überzeugend gestalten;* die verwässerte Darstellung einer Sache
ver|we|ben ⟨V. 280/500⟩ **1** etwas ~ *zum Weben verbrauchen;* Garn ~ **2** ⟨510⟩ etwas in, mit etwas ~ *in etwas hineinweben, mit etwas zusammenweben;* Goldfäden in einen Stoff ~ **3** ⟨510⟩ eine **Sache** in eine **Sache**, mit einer **Sache** ~ ⟨fig.⟩ *eng verbinden, ineinander aufgehen lassen, verflechten;* er hat alte Legenden u. Märchen in seinen Roman verwoben; die Angelegenheiten sind miteinander verwoben
ver|wech|seln ⟨[-ks-] V. 500⟩ **1** etwas ~ *irrtümlich vertauschen;* zwei Begriffe, Wörter (miteinander) ~; wir haben unsere Handschuhe verwechselt; sie sehen einander, sich zum Verwechseln ähnlich • 1.1 er verwechselt manchmal Mein und Dein ⟨fig.; umg.⟩ *er ist nicht ehrlich, er stiehlt ab und zu* • 1.2 er verwechselt mir und mich ⟨fig.; umg.⟩ *er spricht nicht korrekt Deutsch* **2** ⟨516⟩ *etwas mit etwas anderem,* jmdn. mit jmdm. ~ *irrtümlich für etwas anderes, für jmd. anderen halten;* ich habe ihn mit seinem Bruder, seinem Freund verwechselt; du hast Thomas mit Heinrich Mann verwechselt
Ver|wechs|lung ⟨[-ks-] f.; -, -en⟩ *das Verwechseln, irrtümliche Vertauschung;* ~ von Begriffen
ver|we|gen ⟨Adj.⟩ **1** *kühn, draufgängerisch;* ein ~er Bursche; eine ~e Tat; er sah ~ aus **2** *forsch, keck;* die Mütze saß ihm ~ auf dem Ohr
ver|weich|li|chen ⟨V. 500/Vr 7⟩ jmdn. ~ *weichlich machen, verwöhnen, verzärteln*
ver|wei|gern ⟨V.⟩ **1** ⟨500⟩ etwas ~ *ablehnen, abschlagen;* die Annahme eines Briefes ~; die Aussage ~ (vor Gericht); den Gehorsam ~; den Wehrdienst ~ **2** ⟨530⟩ jmdm. etwas ~ *nicht geben;* jmdm. eine Auskunft ~; jmdm. eine Genehmigung, die Einreise ~; jmdm. Hilfe ~ **3** ⟨400⟩ *das* **Pferd** *hat dreimal (das* **Hindernis**) *verweigert das P. ist dreimal nicht über das H. gesprungen*
ver|wei|len ⟨V.; geh.; 400⟩ **1** *bleiben;* zum Augenblicke dürft' ich sagen: verweile doch, du bist so schön! (Goethe, „Faust" II, 5); lass uns hier noch ein wenig ~; die Bank, der weiche Moosboden lud zum Verweilen ein • 1.1 **bei** einer **Sache** ~ *sich länger mit einer S. beschäftigen*
Ver|weis¹ ⟨m.; -s, -e⟩ *Verwarnung, Rüge, Tadel (auch*

Verweis

als Dienststrafe); einen ~ bekommen; jmdm. einen ~ erteilen; milder, scharfer, strenger ~

Ver|weis[2] ⟨m.; -s, -e⟩ *Hinweis (auf eine bestimmte Stelle od. ein Bild eines Textes);* in einem Text einen ~ anbringen

ver|wei|sen[1] ⟨V. 282/500⟩ **1** jmdn. ~ *rügen, tadeln,* jmdn. einen Verweis erteilen **2** ⟨530⟩ **jmdm. etwas ~** ⟨veraltet⟩ *tadelnd verbieten;* einem Kind sein vorlautes Reden ~

ver|wei|sen[2] ⟨V. 282⟩ **1** ⟨411⟩ **auf etwas ~** *auf etwas hinweisen;* auf ein Bild, eine Seite ~ (in einem Text); auf seinen Protest hin verwies man ihn auf die amtlichen Vorschriften **2** ⟨511⟩ **jmdn. an** jmd. **anderen ~** *jmdn. bitten, sich an jmd. anderen zu wenden;* ich bin von Herrn X an Sie verwiesen worden **3** ⟨540 od. 511⟩ **jmdn. einer Sache** od. **von, aus etwas ~** *zum Verlassen einer S., von etwas zwingen;* jmdn. des Landes ~; einen Schüler von der Schule ~

ver|wel|ken ⟨V. 400(s.)⟩ **1** *welk werden, verblühen (von Blumen)* • 1.1 verwelktes **Gesicht** ⟨fig.; abwertend⟩ *Gesicht mit erschlaffter Haut* 1.2 sie sieht verwelkt aus ⟨fig.; abwertend⟩ *nicht mehr jugendlich u. frisch*

ver|wen|den ⟨V. 283/500⟩ **1** etwas ~ *benutzen, gebrauchen, anwenden;* meine Kenntnisse kann ich hier gut, kaum ~; den Stoff können wir für einen kurzen Rock ~ • 1.1 ⟨550⟩ viel Arbeit, Fleiß, Mühe auf etwas ~ *für etwas aufbringen, sich etwas viel A., F., M. kosten lassen;* er hat viel Arbeit, Mühe darauf verwendet **2** ⟨550/Vr 3⟩ **sich für jmdn. ~** *sich zu jmds. Fürsprecher machen, sich für jmdn. einsetzen*

ver|wer|fen ⟨V. 286⟩ **1** ⟨500⟩ etwas ~ ⟨selten⟩ *so werfen, so aufheben od. weglegen, dass man es nicht wiederfindet;* einen Ball ~ **2** ⟨500⟩ eine **Sache** ~ *zurückweisen, ablehnen, für nicht gut, für unbrauchbar erklären;* eine Methode ~; einen Plan, Vorschlag ~ • 2.1 ein **Urteil ~** *für unannehmbar erklären* • 2.2 eine **Handlungsweise ~** *für unsittlich erklären* **3** ⟨500/Vr 3⟩ **etwas verwirft sich** *zieht sich krumm, verbiegt sich;* das Holz hat sich verworfen; die Bretter ~ sich **4** ⟨400⟩ ein **Tier** verwirft *hat eine Fehlgeburt;* die Kuh hat verworfen

ver|werf|lich ⟨Adj.⟩ *verdammenswert, verächtlich, unsittlich;* eine ~e Handlungsweise, Tat; es ist ~, so etwas zu tun

ver|wer|ten ⟨V. 500⟩ etwas ~ *(noch für etwas) verwenden, ausnützen, benutzen, gebrauchen;* Altmetall, Papierabfälle (noch zu etwas) ~; Metallgegenstände als Schrott ~; einen Stoffrest noch für ein Kopftuch ~; Eindrücke, Erlebnisse in einem Roman ~

ver|we|sen[1] ⟨V. 500⟩ etwas ~ ⟨veraltet⟩ *verwalten*

ver|we|sen[2] ⟨V. 400(s.)⟩ *sich zersetzen, verfaulen*

ver|wi|ckeln ⟨V. 500⟩ **1** etwas ~ *verwirren, ineinanderschlingen;* du hast das Garn, die Fäden verwickelt **2** ⟨511/Vr 3⟩ **sich in etwas ~** *etwas versehentlich um sich wickeln;* das Kind hatte sich in die Gardinenschnur verwickelt **3** ⟨511/Vr 3⟩ **jmdn. in etwas ~** ⟨fig.⟩ *jmdn. in eine Angelegenheit hineinziehen;* lass dich nicht in diesen Streit ~ • 3.1 **sich in etwas ~** *in eine Angelegenheit hineingeraten, hineingezogen werden* • 3.1.1 sich in **Widersprüche ~** *einander widersprechende Aussagen machen* • 3.2 in eine Angelegenheit verwickelt sein *an einer A. beteiligt sein*

ver|wil|dern ⟨V. 400(s.)⟩ **1** etwas verwildert *wird zur Wildnis, bleibt ungepflegt, wird von Unkraut, Gras, Gebüsch überwuchert;* der Park verwildert; einen Garten ~ lassen **2** *ein unordentliches, nachlässiges, nicht ordnungsgemäßes Aussehen, Verhalten annehmen;* die Kinder sind in den Ferien völlig verwildert; verwildert aussehen

ver|win|den ⟨V. 288/500⟩ eine **Sache ~** *überwinden, verschmerzen, über eine S. hinwegkommen;* einen Verlust, Schicksalsschlag ~; sie kann den Tod ihres Mannes nicht ~

ver|wir|ken ⟨V. 503/Vr 5⟩ **1** eine **Sache ~** ⟨geh.⟩ *das Anrecht auf eine S. (durch eigene Schuld) einbüßen, verlieren;* sich jmds. Gunst, Wohlwollen ~ • 1.1 sein Leben verwirkt haben *eine Schuld mit dem Leben bezahlen müssen, zum Tode verurteilt werden* **2** ⟨400⟩ *nicht länger gültig sein;* in diesem Fall verwirkt der Anspruch sofort

ver|wirk|li|chen ⟨V. 500⟩ **1** etwas ~ *in die Tat umsetzen;* Sy realisieren; eine Idee, einen Plan ~ **2** ⟨Vr 3⟩ **etwas** verwirklicht **sich** *wird Wirklichkeit;* meine Hoffnung, mein Wunsch hat sich verwirklicht

ver|wir|ren ⟨V. 500⟩ **1** etwas ~ *in Unordnung bringen, durcheinanderbringen;* sein Haar, seine Frisur war verwirrt • 1.1 ⟨Vr 3⟩ **etwas** verwirrt **sich** *gerät in Unordnung;* sein Geist hat sich verwirrt **2** ⟨Vr 8⟩ **jmdn. ~** *aus der Fassung bringen, jmds. Gedanken in Unordnung bringen;* →a. Konzept (3); jmdn. durch eine Frage ~; verwirrt werden; du machst mich ganz verwirrt; „Ich weiß nicht -", sagte er verwirrt; ich bin durch die vielen neuen Eindrücke ganz verwirrt; eine ~de Fülle von Dingen

ver|wi|schen ⟨V. 500⟩ **1** etwas ~ *durch Wischen auf eine größere Fläche verteilen (u. dadurch undeutlich machen);* Tinte ~; du hast die Schrift verwischt **2** etwas ~ ⟨fig.⟩ *unkenntlich machen, undeutlich werden lassen;* Spuren ~ • 2.1 ⟨Part. Perf.⟩ verwischt *undeutlich, unklar, verschwommen;* ich habe nur noch eine verwischte Erinnerung daran; die Berge waren nur in verwischten Umrissen zu erkennen **3** ⟨Vr 3⟩ **etwas** verwischt **sich** *wird undeutlich;* im Laufe der Zeit ~ sich die Eindrücke • 3.1 **Gegensätze, Unterschiede ~ sich** *gleichen sich aus;* die Farbkontraste haben sich mit der Zeit verwischt

ver|wit|tern ⟨V. 400(s.)⟩ **1** etwas verwittert *zerfällt unter den Witterungseinflüssen;* das Gestein, die Mauer verwittert • 1.1 ein verwittertes **Gesicht** ⟨fig.⟩ *zerfurchtes G. mit ledern wirkender Haut*

ver|wit|wet ⟨Adj. 24/70; Abk. verw.⟩ *Witwe bzw. Witwer geworden;* er, sie ist seit einem Jahr ~; Frau Müller, ~e Schulze

ver|wöh|nen ⟨V. 500⟩ **1** ⟨Vr 7⟩ **jmdn. ~** *durch zu vorsichtige, zu wenig strenge Behandlung verziehen;* der Vater verwöhnt den Jungen zu sehr; der Junge ist in den Ferien von den Großeltern sehr verwöhnt worden; das Kind ist sehr verwöhnt **2** ⟨Vr 8⟩ **jmdn. ~** *sehr entgegenkommend behandeln, jmdm. jeden*

Wunsch erfüllen; lass dich mal etwas ~!; er hat sie mit Geschenken verwöhnt • **2.1** ⟨Part. Perf.⟩ verwöhnt *verfeinert, anspruchsvoll;* dieses Hotel wird auch verwöhnten Ansprüchen gerecht; einen verwöhnten Geschmack haben

ver|wor|fen 1 ⟨Part. Perf. von⟩ verwerfen **2** ⟨Adj. 70; geh.⟩ *moralisch verkommen, lasterhaft, unsittlich;* ein ~er Mensch

ver|wor|ren ⟨Adj.⟩ *unklar, verwickelt;* eine ~e Angelegenheit; ~e Reden; seine Erklärungen waren sehr ~; die Lage ist ziemlich ~

ver|wun|den ⟨V. 500/Vr 7 od. Vr 8⟩ jmdn. ~ **1** *jmdm. eine Wunde zufügen;* Sy lädieren (2); leicht, schwer, tödlich verwundet; die Verwundeten versorgen **2** ⟨fig.⟩ *kränken;* er hat mich tief verwundet

ver|wun|dern ⟨V. 500⟩ **1** etwas verwundert **jmdn.** *wundert, erstaunt jmdn.;* es hat mich verwundert, dass …; ihre Bemerkung hat ihn sehr verwundert • **1.1** es ist (nicht) zu ~, dass … *es ist (nicht) erstaunlich, dass …*

ver|wun|schen ⟨Adj.⟩ *verzaubert;* ein ~es Schloss; eine ~e Prinzessin

ver|wün|schen ⟨V. 500/Vr 8⟩ jmdn. od. etwas ~ **1** *verfluchen;* ich könnte diesen Computer ~! (weil er nicht richtig funktioniert); dieser verwünschte Mensch ist wieder nicht gekommen **2** ⟨im Märchen⟩ *verzaubern*

ver|wur|zeln ⟨V.(s.)⟩ **1** ⟨400⟩ eine **Pflanze** verwurzelt *schlägt Wurzeln;* die Pflanze verwurzelt gut; der Baum ist tief im Boden verwurzelt **2** ⟨411⟩ **jmd.** ist **in etwas** verwurzelt ⟨fig.⟩ *fest mit etwas verwachsen, verbunden;* er ist tief in seiner Heimat, seinem Grund u. Boden verwurzelt

ver|wüs|ten ⟨V. 500⟩ **1** etwas ~ *zur Wüste machen, in Wüste verwandeln, vernichten, verheeren, zerstören;* ein Land im Krieg ~ • **1.1** ein verwüstetes Gesicht ⟨fig.⟩ *elendes, eingefallenes, leidvolles Gesicht*

ver|za|gen ⟨V. 400(s.)⟩ **1** *mutlos werden, die Zuversicht verlieren* • **1.1** ⟨Part. Perf.⟩ verzagt *kleinmütig, mutlos;* verzagt sein

ver|zäh|len ⟨V. 500/Vr 3⟩ sich ~ *falsch zählen, sich beim Zählen irren;* er hat sich zweimal verzählt

ver|zap|fen ⟨V. 500⟩ **1** Getränke ~ ⟨selten⟩ *vom Fass ausschenken* **2** Holzteile ~ *durch Zapfen verbinden* **3** Unsinn ~ ⟨fig.; umg.⟩ *reden, von sich geben*

ver|zau|bern ⟨V. 500⟩ **1** jmdn. od. etwas ~ *durch Zauber verwandeln;* die Hexe verzauberte die Königssöhne in Schwäne; ein verzauberter Prinz **2** ⟨Vr 8⟩ jmdn. ~ ⟨fig.⟩ *stark, tief beeindrucken u. beglücken;* ihre Schönheit hat ihn verzaubert; ich war von dem Anblick ganz verzaubert

Ver|zehr ⟨m.; -s; unz.⟩ *Verbrauch (an Essen und Trinken);* zum baldigen ~ bestimmt

ver|zeh|ren ⟨V. 500⟩ **1** etwas ~ *essen u. (od.) trinken;* in einem Restaurant etwas ~; er verzehrte in aller Ruhe, gemächlich sein Brot und sagte dann …; den mitgebrachten Proviant ~ **2** etwas ~ *verbrauchen;* Friede ernährt, Unfriede verzehrt ⟨Sprichw.⟩ • **2.1** *für den Lebensunterhalt verbrauchen, von etwas leben;* sein Vermögen ~; er hat im Monat 800 Euro zu ~ **2.2** etwas verzehrt etwas *verbraucht etwas völlig;* die Arbeit, Krankheit hat alle seine Kräfte verzehrt; ein ~des Fieber • **2.2.1** ~de **Leidenschaft** ⟨fig.⟩ *heftige, nahezu bis zur Krankheit führende L.* **3** ⟨500/Vr 3⟩ sich ~ ⟨geh.⟩ *an etwas leiden* • **3.1** sich in **Kummer** ~ *fast krank sein, fast vergehen vor K.* • **3.2** sich nach etwas od. jmdm. ~ *nach etwas od. jmdm. heftiges Verlangen, große Sehnsucht haben* • **3.2.1** jmdn. mit ~den Blicken ansehen *mit verlangenden, begehrenden B.*

ver|zeich|nen ⟨V. 500⟩ **1** etwas ~ *falsch zeichnen;* die Nase auf dem Porträt ist vollkommen verzeichnet • **1.1** ⟨fig.⟩ *falsch od. übertrieben darstellen;* die Gestalten des Films, des Romans sind (völlig) verzeichnet **2** etwas ~ *vermerken, feststellen (u. schriftlich festhalten);* er ist in der Liste (nicht) verzeichnet; die Seiten mit Abbildungen sind im Register verzeichnet; man muss es eben als Tatsache ~ • **2.1** ich habe einen Erfolg zu ~ ⟨fig.; verstärkend⟩ *einen E. gehabt*

Ver|zeich|nis ⟨n.; -ses, -se⟩ *unter einem bestimmten Gesichtspunkt zusammengestellte Sammlung von Daten;* →a. *Register (1), Katalog;* Abbildungs~, Bücher~, Inhalts~, Namens~, Waren~; namentliches ~

ver|zei|hen ⟨V. 292/503/Vr 5 od. Vr 6⟩ **1** (jmdm.) etwas ~ *nicht übelnehmen, vergeben, entschuldigen;* das wird er dir nie ~!; so etwas kann ich nicht ~; ich kann es mir nicht ~, dass ich das getan habe; ich habe ihm (längst) verziehen; ~ Sie, können Sie mir sagen … (Höflichkeitsformel); ~ Sie bitte die Störung • **1.1** ~ Sie! *ich bitte um Entschuldigung*

Ver|zei|hung ⟨f.; -; unz.⟩ **1** *das Verzeihen;* jmdn. um ~ bitten; ich bitte Sie tausendmal um ~ (Höflichkeitsformel zur Entschuldigung) • **1.1** ~! *entschuldigen Sie!, das wollte ich nicht!*

ver|zer|ren ⟨V. 500⟩ **1** ⟨530/Vr 1⟩ sich etwas ~ *zerren, zu sehr dehnen;* er hat sich eine Sehne verzerrt **2** etwas ~ *aus der Form geraten lassen;* das Gesicht durch Grimassen ~; vor Schmerz verzerrter Mund; der Spiegel verzerrt das Bild **3** etwas ~ ⟨fig.⟩ *falsch wiedergeben, entstellen;* die Lautsprecheranlage verzerrt den Ton; der Spiegel verzerrt die Proportionen; der Gesang auf der Schallplatte klingt verzerrt • **3.1** einen Vorfall verzerrt darstellen, wiedergeben ⟨fig.⟩ *verfälscht*

ver|zet|teln ⟨V. 500⟩ **1** etwas ~ ⟨veraltet⟩ *auf einzelne Zettel schreiben;* Titel von Büchern, bestimmte Begriffe eines Textes; Namen einer Liste ~ und dann alphabetisch ordnen **2** etwas ~ *ohne wirklichen Nutzen für viele kleine Dinge verbrauchen;* du solltest dir für die 100 Euro etwas Schönes kaufen und sie nicht in Kleinigkeiten ~; seine Kraft mit nutzlosen Anstrengungen ~ **3** ⟨Vr 3⟩ sich ~ *zu vieles beginnen, ohne sich auf eine Sache zu konzentrieren*

Ver|zicht ⟨m.; -(e)s, -e⟩ *das Verzichten;* schmerzlicher, schwerer ~; unter ~ auf eine Gegenleistung

ver|zich|ten ⟨V. 800⟩ **1** auf eine Sache ~ *einer S. entsagen, nicht länger auf einer S. bestehen, sie nicht mehr beanspruchen;* danke, ich verzichte (darauf)!; ich verzichte zu deinen Gunsten; auf einen Anspruch, eine Forderung, ein Recht ~; auf den Thron ~; auf ein

verziehen

Vergnügen, ein Vorhaben ~ • 1.1 auf eine Sache ~ können *eine S. nicht brauchen, auf eine S. keinen Wert legen;* auf deine Hilfe kann ich ~

ver|zie|hen ⟨V. 293⟩ **1** ⟨500⟩ etwas ~ *aus seiner normalen Form bringen, in eine andere Form ziehen;* er verzog keine Miene; ohne eine Miene zu ~, holte er aus und schlug zu; er verzog den Mund zu einer Grimasse, zu einem Grinsen • 1.1 ⟨Vr 3⟩ **etwas** verzieht **sich** *zieht sich in eine falsche Form;* das Brett, das Fenster, der Stoff hat sich verzogen **2** ⟨500⟩ jmdn. ~ *falsch, schlecht erziehen;* das Kind ist total verzogen **3** ⟨400⟩ *umziehen, wegziehen, die Wohnung, den Wohnort verlegen (nach);* unbekannt verzogen; falls verzogen, bitte zurück an Absender; sie sind nach Hamburg verzogen **4** ⟨500/Vr 3⟩ **etwas** verzieht **sich** *verschwindet allmählich;* das Gewitter verzieht sich; die Wolken haben sich verzogen; der Schmerz verzog sich **5** ⟨500/Vr 3⟩ **sich** ~ ⟨umg.⟩ *(unauffällig) weggehen, verschwinden;* gegen zehn Uhr hab' ich mich (ins Bett) verzogen **6** ⟨500⟩ **Rüben** ~ *die schwachen u. zu dicht stehenden Pflanzen unter den R. herausziehen*

ver|zie|ren ⟨V. 500⟩ **1** etwas ~ *mit Zierrat versehen, schmücken, ausschmücken;* ein Kleid mit Stickerei ~; eine Torte mit Schlagsahne ~; mit Intarsien, Schnitzerei verzierte Möbel • 1.1 einen Ton, ein Motiv, eine Melodie ~ *umspielen, durch Triller, Wiederholung, kleine Melodien u. Ä. reicher gestalten*

ver|zin|sen ⟨V. 503⟩ **1** ⟨jmdm.⟩ etwas ~ *Zinsen für etwas zahlen;* jmdm. ein Kapital, eine Spareinlage mit 3 % ~ **2** ⟨Vr 3⟩ **etwas** verzinst **sich** *bringt Zinsen ein;* die Pfandbriefe verzinsen sich mit 5 %

ver|zö|gern ⟨V. 500⟩ **1** eine Sache ~ *verlangsamen, hinausziehen;* den Ablauf einer Sache ~; der Materialmangel hat den Bau verzögert **2** ⟨Vr 3⟩ eine **Sache** verzögert **sich** *zieht sich hinaus, tritt später als vorgesehen ein;* seine Ankunft, Abreise hat sich verzögert

ver|zol|len ⟨V. 500⟩ **Waren** ~ *für W. Zoll bezahlen;* haben Sie etwas zu ~?

ver|zü|cken ⟨V. 500⟩ **1** jmdn. ~ *in Begeisterung, in Ekstase versetzen, hinreißen* • 1.1 ⟨Part. Perf.⟩ verzückt *wie gebannt vor Begeisterung, ekstatisch (z. B. bei rituellen Tänzen);* die Kinder sahen verzückt dem Feuerwerk zu

Ver|zug ⟨m.; -(e)s; unz.⟩ **1** *Verzögerung, Rückstand;* ich bin mit der Arbeit, Zahlung in ~ geraten; mit der Ratenzahlung in ~ sein; ohne ~ **2 Gefahr** ist **im** ~ • 2.1 droht, nähert sich • 2.2 es ist gefährlich zu zögern **3** ⟨Bgb.⟩ *Verkleidung*

ver|zwei|feln ⟨V. 400(s.)⟩ **1** *die Hoffnung völlig aufgeben, verzagen;* am Leben, an den Menschen, am Wetter ~ • 1.1 er machte verzweifelte **Anstrengungen**, *sich zu befreien große, angstvolle A.* • 1.2 ein verzweifelter Kampf *ein K. ums Letzte, um Leben u. Tod* • 1.3 ich bin ganz verzweifelt *ich weiß nicht mehr, was ich tun soll* **2** ⟨umg.⟩ *die Geduld verlieren;* es ist zum Verzweifeln! • 2.1 das ist verzweifelt wenig ⟨umg.⟩ *außerordentlich wenig*

ver|zwei|gen ⟨V. 500/Vr 3⟩ **etwas** verzweigt **sich** *gabelt sich, spaltet sich in Zweige, in Teile auf;* der Baum, Weg verzweigt sich; eine verzweigte Familie, Verwandtschaft haben; ein verzweigtes Unternehmen

ver|zwickt ⟨Adj.; umg.⟩ *schwierig, unklar, undurchsichtig, unangenehm;* das ist eine ~e Geschichte

Ves|per ⟨[fɛs-] f.; -, -n⟩ **1** ⟨urspr.⟩ *die vorletzte der katholischen Gebetsstunden am späten Nachmittag od. frühen Abend* **2** ⟨danach⟩ *Gottesdienst am frühen Abend;* Christ~ **3** *kleine Zwischenmahlzeit (bes. am Nachmittag)* **4** *kurze Arbeitspause, um eine Vesper (3) einzunehmen*

Ves|ti|bül ⟨[vɛs-] n.; -s, -e⟩ *Vorhalle, Eingangshalle (durch die man ein Theater, ein Hotel o. Ä. betritt)*

Ves|ton ⟨[vɛstɔ̃:] m.; -s, -s; schweiz.⟩ *Herrenjackett, Sakko*

Ve|te|ran ⟨[ve-] m.; -en, -en; a. fig.⟩ *altgedienter Soldat, Altgedienter, Teilnehmer an einem früheren Krieg*

Ve|te|ri|när ⟨[ve-] m.; -s, -e⟩ = *Tierarzt*

Ve|to ⟨[ve:-] n.; -s, -s⟩ **1** *Recht, etwas durch Einspruch zu verhindern* **2** = *Einspruch (1)* • 2.1 sein ~ einlegen *Einspruch erheben*

Vet|ter ⟨m.; -s, -n⟩ *Sohn des Onkels od. der Tante;* Sy *Cousin*

Ve|xier|bild ⟨[vɛ-] n.; -(e)s, -er⟩ *Bilderrätsel*

V-för|mig *auch:* **v-för|mig** ⟨[faʊ-] Adj. 24⟩ *wie ein V geformt*

via ⟨[vi:a] Präp. m. Akk.⟩ *(auf dem Wege) über;* nach Hamburg ~ Hannover fahren

Via|dukt ⟨[vi-] m. od. n.; -(e)s, -e⟩ **1** *Brücke, die über ein Tal führt* **2** *Überführung*

♦ Die Buchstabenfolge **vi|br...** kann in Fremdwörtern auch **vib|r...** getrennt werden.

♦**Vi|bra|fon** ⟨[vi-] n.; -s, -e; Mus.⟩ *Musikinstrument aus Metallstäbchen, die mit Hämmerchen geschlagen werden u. unter denen sich Schallbecher befinden, die elektromotorisch geöffnet u. geschlossen werden, wodurch ein Vibrato entsteht;* oV *Vibraphon*

♦**Vi|bra|phon** ⟨[vi-] n.; -s, -e⟩ = *Vibrafon*

♦**Vi|bra|ti|on** ⟨[vi-] f.; -, -en⟩ *das Vibrieren, Schwingung, Zittern, feine Erschütterung*

♦**vi|brie|ren** ⟨[vi-] V. 400⟩ *beben, schwingen*

Vi|deo ⟨[vi:-]⟩ **1** ⟨n.; -s; unz.; kurz für⟩ *Videotechnik* **2** ⟨m.; -s, -s; kurz für⟩ *Videoclip, Videofilm, Videorekorder*

Vi|deo|clip ⟨[vi:-] m.; -s, -s⟩ *mit Musik unterlegter, kurzer Videofilm (bes. von einem Popsänger od. einer Popgruppe)*

Vi|deo|film ⟨[vi:-] m.; -(e)s, -e⟩ **1** *Film, der mit einer Videokamera aufgenommen wurde* **2** *Film (bes. Kinofilm) auf einer Videokassette*

Vi|deo|tech|nik ⟨[vi:-] f.; -; unz.⟩ **1** *alle Verfahren zur magnetischen Aufzeichnung von Bild u. Ton u. deren Wiedergabe* **2** *Gesamtheit aller in der Videotechnik (1) benötigten Geräte*

Vi|deo|thek ⟨[vi-] f.; -, -en⟩ **1** *Sammlung von Filmen u. Fernsehaufzeichnungen* **2** *Räumlichkeiten, in denen*

eine Videothek (1) untergebracht ist, aus der einzelne Filme (gegen Gebühr) entliehen werden können

vi|die|ren ⟨[vi-] V. 500; österr.⟩ *beglaubigen, unterschreiben*

Vieh ⟨n.; -(e)s; unz.⟩ **1** ⟨unz.⟩ *Nutztiere der Hauswirtschaft, Rinder, Schweine, Schafe, Ziegen, Federvieh, auch Pferde u. Esel; das* ~ *füttern;* ~ *halten, züchten; das* ~ *hüten (auf der Wiese)* **2** ⟨umg.⟩ *Tier; das arme* ~*; dummes* ~*!* • 2.1 *zum* ~ *werden* ⟨fig.⟩ *zum Rohling werden*

viel ⟨Indefinitpron.; Komparativ: mehr; Superlativ: meist⟩ **1** Ggs *wenig; recht* ~*; unendlich* ~*; nicht* ~*; sehr* ~*; ziemlich* ~*; gleich* ~*; er arbeitet, liest so* ~*, dass er …; furchtbar, unheimlich* ~ ⟨umg.⟩ • 1.1 *eine große Menge (von);* ~ *Obst essen;* ~ *Geld; schade um das* ~ *e Geld;* ~ *Gutes, Böses, Schönes; dazu gehört* ~ *Übung;* ~ *Arbeit, Mühe; durch* ~*es Arbeiten;* ~ *arbeiten, essen, lesen, schlafen; ich habe dir* ~ *zu erzählen* • 1.2 *eine große Anzahl (von), zahlreich(e);* ~*e von diesen Büchern,* ~*e von ihnen;* ~*e Dinge;* ~*e Freunde, Kinder;* ~*e Leute;* ~*e Hundert/*hundert *Menschen* • 1.2.1 ~*e/*Viele *eine große Zahl von Leuten;* ~*e/*Viele *können das nicht verstehen; und* ~*e andere/*Andere*; es waren* ~*e/*Viele *unter ihnen, die ich kannte; die* ~*en/*Vielen*, die keine Karten bekommen hatten, wollten sich nicht damit abfinden* • 1.3 *ein hoher Grad, große Intensität; er ist* ~ *älter, um* ~*es/*Vieles *älter; davon weiß er* ~ **2** ⟨24; vor Komparativ u. vor „zu", das ein Übermaß bezeichnet; verstärkend⟩ *in großem Maße;* ~ *größer, kleiner, schlimmer, schöner; ich würde* ~ *lieber hierbleiben;* ~ *mehr,* ~ *weniger;* ~ *zu groß, zu klein; das ist* ~ *zu* viel*;* ~ *zu wenig; das ist ein bisschen (zu)* ~ ⟨umg.⟩ **3** ⟨Getrennt- u. Zusammenschreibung⟩ • 3.1 ~ befahren *= vielbefahren* • 3.2 ~ versprechend *= vielversprechend*

viel|be|fah|ren *auch:* **viel be|fah|ren** ⟨Adj. 26/60⟩ *mit starkem Verkehr;* eine ~e Straße

viel|deu|tig ⟨Adj. 24⟩ *mehrere Deutungen zulassend, zweifelhaft, unklar; ein* ~*er Begriff*

Viel|eck ⟨n.; -(e)s, -e⟩ *geometrische Figur mit mehr als drei Ecken*

vie|ler|lei ⟨Adj. 11/60⟩ **1** *mannigfaltig, viele verschiedene Dinge umfassend; auf* ~ *Arten* **2** *viel(es), eine große Menge, viel Verschiedenes; ich habe noch* ~ *zu tun*

viel|fach ⟨Adj.⟩ **1** *viele Male aufeinander-, nebeneinanderliegend; einen Faden* ~ *nehmen;* ~ *zusammengelegt, -gefaltet* **2** *viele Male (auftretend), mehrfach* • 2.1 ~*er Millionär* jmd., der viele Millionen besitzt • 2.2 *kleinstes gemeinsames Vielfaches* ⟨Math.; Abk.: k. g. V.⟩ *die kleinste natürliche Zahl, durch die mehrere vorgegebene natürliche Zahlen ein- od. mehrmals ohne Rest teilbar sind* **3** ⟨umg.⟩ *häufig, oft; ich habe schon* ~ *gehört, dass …*

Viel|falt ⟨f.; -; unz.⟩ *Vorhandensein in vielen verschiedenen Arten, Mannigfaltigkeit; die* ~ *der Blumen, Farben*

viel|fäl|tig ⟨Adj. 24⟩ *in vielen verschiedenen Arten vorhanden, mannigfaltig; eine* ~*e Fauna und Flora; in* ~*en Farben*

viel|leicht ⟨Adv.⟩ **1** *unter Umständen, möglicherweise, wenn es geht; kommst du heute Abend?* ~*!;* ~ *kann ich dir helfen; ich komme* ~ *auch mit; es wird* ~ *besser sein, wenn …;* ~ *benimmst du dich jetzt anständig!* ⟨umg. zurechtweisend⟩ **2** ⟨bei Zahlenangaben; etwa, ungefähr⟩ *es waren* ~ *20 Leute da* **3** ⟨umg. verstärkend⟩ *sehr, sehr viel; ich war* ~ *aufgeregt!; in der Stadt waren* ~ *Leute!*

viel|mals ⟨Adv.; fast nur noch in festen Wendungen⟩ **1** *viele Male, oft, häufig; ich bitte* ~ *um Entschuldigung; er lässt dich* ~ *grüßen!* • 1.1 *danke* ~*! vielen Dank!*

viel|mehr ⟨a. [-'-] Konj.; korrigierend⟩ *richtiger, besser, eher; ich glaube nicht, dass er das kann, ich bin* ~ *der Meinung, dass man ihm sogar helfen sollte*

viel|sei|tig ⟨Adj.⟩ **1** *in vielen Dingen bewandert, an vielen Dingen interessiert;* Ggs *einseitig (3);* →a. *allseitig; er ist sehr* ~ **2** *viele Gebiete einschließend, umfassend;* Ggs *einseitig (3);* ~*e Interessen; eine* ~*e Bildung haben;* ~ *interessiert sein* **3** *von vielen Seiten geäußert; auf* ~*en Wunsch* **4** ⟨Math.⟩ *viele Seiten aufweisend*

viel|ver|spre|chend *auch:* **viel ver|spre|chend** ⟨Adj.⟩ **1** *vieles versprechend, vieles erhoffen lassend; ein* ~*er Blick, ein* ~*es Lächeln; ein* ~*er Anfang; ein* ~*er junger Mann; ein* ~*er Schriftsteller* **2** *so beschaffen, dass man mit einem Erfolg rechnen kann; ein* ~*es Unternehmen*

vier ⟨Numerale 11⟩ **1** ⟨in Ziffern: 4fach/4-fach, 4-jährig, 4-malig, 4-8-mal, 4-Stunden-Dienst⟩ *drei plus eins; zwei und* ~ *ist (macht) sechs (2 + 4 = 6); 4 mal 6 ist 24; innerhalb (binnen)* ~ *Stunden; um* ~ *Tage weiter; das ist so klar, wie zwei mal zwei* ~ *ist; die ersten* ~ • 1.1 *wir sind* ~ *4 Personen; sie kamen zu* ~*t; mit allen* ~*en essen gehen* • 1.2 **jmd.** *ist* = *4 Jahre alt; wann wird er* ~*?* • 1.3 **es ist** = *vier Uhr; die Uhr schlägt* ~ • 1.3.1 *halb* ~ *3.30 Uhr* • 1.3.2 *gegen* ~ *etwa 4 Uhr* • 1.3.3 **Punkt, Schlag** ~ *genau 4 Uhr* • 1.4 *sechs zu* ~ *(mit) 6 gegen 4 Punkte(n), Tore(n) usw.; die Mannschaft gewann 10 : 4* **2** ⟨fig.⟩ • 2.1 *alle* ~*e* ⟨umg.⟩ *Arme u. Beine* • 2.1.1 *alle* ~*e* **von sich strecken** *sich bequem lang ausstrecken* • 2.1.2 *auf allen* ~*en* **gehen** *auf Händen u. Füßen* • 2.2 *seine* ~ **Buchstaben** ⟨umg.; verhüllend für⟩ *Gesäß; sich auf seine* ~ *Buchstaben setzen* • 2.3 *unter* ~ **Augen** *ohne Zeugen, vertraulich; mit jmdm. unter* ~ *Augen sprechen* • 2.4 *die* ~ **Elemente** *Feuer, Wasser, Luft, Erde* • 2.5 *in seinen* ~ **Wänden** *bleiben zu Hause bleiben* • 2.6 *die* ~ **Jahreszeiten** *Frühling, Sommer, Herbst u. Winter* • 2.7 *die* ~ **Farben** ⟨Kart.⟩ *Kreuz, Pik, Herz, Karo (Eicheln, Schippen, Herzen, Schellen)*

Vier ⟨f.; -, -en⟩ **1** *die Ziffer 4; eine* ~ *drucken, malen, schreiben* • 1.1 ⟨umg.⟩ *die Straßenbahn-, Buslinie Nr. 4; mit der* ~ *fahren; in die* ~ *umsteigen* **2** *ausreichend (als Schulnote, Zensur); eine* ~ *schreiben; eine Prüfung mit (einer) „*~*" bestehen*

Vier|eck ⟨n.; -(e)s, -e⟩ *aus vier geraden Linien bestehende geometrische Figur*

vier|fach ⟨Adv.; in Ziffern: 4fach/4-fach⟩ *viermal(ig); eine* ~*e Ermahnung*

Vier|ling ⟨m.; -s, -e⟩ **1** vierläufiges Jagdgewehr **2** eines von vier gleichzeitig im Mutterleib entwickelten u. kurz nacheinander geborenen Kindern

vier|mal ⟨Adv.; in Ziffern: 4-mal⟩ vierfach wiederholt; jmdn. ~ erinnern

vier|ma|lig ⟨Adj. 24/60; in Ziffern: 4-malig⟩ vierfach stattfindend, vierfach wiederholt

vier|schrö|tig ⟨Adj. 70⟩ breit gebaut u. kräftig, untersetzt u. derb; eine ~e Person, ein ~er Mann

vier|te(r, -s) ⟨Numerale 24; Zeichen: 4.⟩ **1** ⟨Ordinalzahl von⟩ vier; der Vierte in der Reihenfolge; das ~ Mal; der ~ Januar; er ist der Vierte der Leistung nach (in seiner Klasse); er kam als Vierter an die Reihe; am Vierten des Monats; Heinrich der Vierte ● **1.1** der ~ **Stand** ⟨im 19. Jh.⟩ die (besitzlosen) Arbeiter

vier|tel ⟨[für-] Numerale 11⟩ **1** ⟨Bruchzahl zu⟩ vier; ein ~ Zentner (od. Viertelzentner) Kartoffeln; eine ~ Torte; in drei ~ Stunden ⟨od.⟩ in drei Viertelstunden; der Becher ist drei ~ voll ● **1.1** Viertelstunde; viertel vier 3.15 Uhr ● **1.2** drei ~ vier 3.45 Uhr; fünf Minuten vor drei ~ vier ● **1.3** um viertel drei habe ich einen Termin um 2.15 bzw. 14.15 Uhr

Vier|tel ⟨[für-] n. od. (schweiz. auch) m.; -s, -⟩ **1** der vierte Teil; ein ~ vom Kuchen; das erste, letzte ~ des Mondes; der ~ der Anwesenden ● **1.1** ein ~ von etwas Viertelpfund (125 Gramm); ein ~ Kaffee, Wurst ● **1.2** ein ~ Wein Viertelliter ● **1.3** Viertelstunde; die Uhr hat drei ~ geschlagen ● **1.3.1** es ist (ein) ~ nach drei 3.15 bzw. 15.15 Uhr ● **1.3.2** es ist (ein) ~ vor drei 2.45 bzw. 14.45 Uhr **2** ⟨Mus.⟩ Viertelnote; die Geige setzt zwei ~ später ein; im Dreivierteltakt ⟨in Ziffern: ³/₄-Takt⟩ **3** Stadtteil; Geschäfts-~, Stadt-~, Wohn-~; wir wohnen in einem ruhigen ~

Vier|tel|jahr ⟨[für-] n.; -(e)s, -e⟩ vierter Teil eines Jahres, drei Monate

Vier|tel|stun|de ⟨[für-] f.; -, -n⟩ vierter Teil einer Stunde; drei ~n ⟨od.⟩ drei viertel Stunden

Vier|vier|tel|takt ⟨m.; -(e)s, -e; Mus.; in Ziffern: ⁴/₄-Takt⟩ aus einem Zeitmaß von vier Vierteln bestehender Takt

vier|zehn ⟨Numerale 11; in Ziffern: 14⟩ zehn plus vier; um (das Jahr) ~hundert (1400); im Jahre (neunzehnhundert)~ (1914)

vier|zehn|tä|gig ⟨Adj. 24/60; in Ziffern: 14-tägig⟩ **1** vierzehn Tage, zwei Wochen dauernd **2** vierzehn Tage alt

vier|zig ⟨Numerale 11; in Ziffern: 40⟩ viermal zehn; er ist ~ (Jahre alt); über ~, unter ~; mit ~ Jahren; jmd. ist Mitte, Ende vierzig, über die vierzig; →a. achtzig

Vier|zig ⟨f.; -, -en⟩ die Zahl 40

vier|zi|ger ⟨Adj. 11⟩ →a. achtziger

Vier|zi|ger ⟨m.; -s, -⟩ **1** jmd. ist ein ~ ● **1.1** ⟨i. e. S.⟩ Mann von 40 Jahren ● **1.2** ⟨i. w. S.⟩ Mann zwischen 40 u. 49 Jahren; in den ~n sein ● **1.2.1** Mitte (Ende) der ~ sein etwa 45 (48 - 49) Jahre alt sein **2** ⟨nur Pl.⟩ die ~ die Jahre zwischen 1940 u. 1950; es geschah in den ~n, Mitte der ~; →a. Achtziger

Vier|zi|ge|rin ⟨f.; -, -rin|nen⟩ **1** unsere Nachbarin ist eine ~ ● **1.1** ⟨i. e. S.⟩ Frau von 40 Jahren ● **1.2** ⟨i. w. S.⟩ Frau zwischen 40 u. 49 Jahren

Vi|gnet|te auch: **Vig|net|te** ⟨[vɪnjɛtə] f.; -, -n⟩ **1** kleine Verzierung auf dem Titelblatt, am Ende eines Kapitels o. Ä. **2** ⟨Fot.⟩ Schablone als Vorsatz vor ein Kameraobjektiv od. vor ein Negativ **3** ⟨Kfz; in der Schweiz u. in Österreich⟩ Bescheinigung über eine pauschal abgegoltene jährliche Gebühr für die Benutzung der Autobahnen (als selbstklebende Plakette an der Windschutzscheibe)

Vi|kar ⟨[vi-] m.; -s, -e⟩ **1** Stellvertreter im weltlichen od. kirchlichen Amt, bes. junger Geistlicher als Gehilfe des Pfarrers; Pfarr-~ ● **1.1** als Praktikant tätiger Theologe mit Universitätsausbildung **2** ⟨schweiz.⟩ stellvertretender Lehrer

Vi|ka|rin ⟨[vi-] f.; -, -rin|nen⟩ weibl. Vikar

Vil|la ⟨[vɪl-] f.; -, Vil|len⟩ **1** Landhaus **2** größeres, frei stehendes Ein- od. Mehrfamilienhaus

Vi|o|la¹ ⟨[vi:-] f.; -, Vi|o|len⟩ = Veilchen (1)

Vi|o|la² ⟨[vio:-] f.; -, Vi|o|len⟩ **1** ⟨i. e. S.⟩ = Bratsche **2** ⟨i. w. S.⟩ aus der Fidel entwickelte Art von Streichinstrumenten ● **2.1** ~ d'Amore Geige mit 6-7 Darmsaiten, die gestrichen werden, u. je einer Saite aus Messing, die nur mitklingt ● **2.2** ~ da **Braccio** = Bratsche ● **2.3** ~ da **Gamba** Kniegeige des 16. bis 18. Jh., Vorläufer des Cellos; Sy Gambe

vi|o|lett ⟨[vi-] Adj. 24⟩ (dunkel)blaurot, veilchenblau

Vi|o|li|ne ⟨[vi-] f.; -, -n; Mus.⟩ = Geige

Vi|o|lon|cel|lo ⟨[violɔntʃɛlo] n.; -, -cel|li; Mus.⟩ = Cello

VIP ⟨[vɪp] od. engl. [vi:aɪpi:] m.; -s, - od. f.; -, -s; Abk. für⟩ very important person (sehr wichtige Person), wichtige, bekannte Persönlichkeit; die ~s treffen sich in der ~-Lounge

Vi|per ⟨[vi:-] f.; -, -n⟩ **1** ⟨Zool.⟩ Angehörige einer Schlangenfamilie mit Giftzähnen: Viperidae; Sy Otter **2** ⟨Drogenszene⟩ Rauschgiftsüchtiger im fortgeschrittenen Stadium der Abhängigkeit

vi|ril ⟨[vi-] Adj.; geh.⟩ männlich

vir|tu|ell ⟨[vɪr-] Adj. 24⟩ **1** der Kraft od. Möglichkeit nach vorhanden **2** nicht echt, nicht wirklich vorhanden, in der Art einer Sinnestäuschung ● **2.1** ~es **Bild** ⟨Opt.⟩ scheinbares B.

vir|tu|os ⟨[vɪr-] Adj.⟩ meisterhaft, kunstfertig

vi|ru|lent ⟨[vi-] Adj.⟩ **1** ⟨24; Med.⟩ ansteckend, krankheitserregend, giftig **2** ⟨geh.⟩ drängend, heftig, stürmisch; eine ~e Entwicklung

Vi|rus ⟨[vi:-] n., umg. auch: m.; -, Vi|ren⟩ kleinster Organismus, häufig Erreger einer übertragbaren Krankheit

Vi|sa ⟨[vi:-] Pl. von⟩ Visum

Vis|a|vis auch: **Vis|a|vis** ⟨[vizavi:] n.; - [-vi:(s)], - [-vi:(s)]⟩ das Gegenüber; unser ~ ist verzogen

vis-a-vis auch: **vis-à-vis** ⟨[vizavi:] Adv.⟩ gegenüber; sie wohnen ~

Vi|sier ⟨[vi-] n.; -s, -e⟩ **1** Teil des mittelalterlichen Helms zum Schutz des Gesichtes **2** Vorrichtung bei Feuerwaffen zum Zielen **3** mit **offenem** ~ kämpfen ⟨a. fig.⟩ seine Absichten ehrlich bekennen

Vi|si|on ⟨[vi-] f.; -, -en⟩ Traumgesicht, Erscheinung, Trugbild

Volkswirtschaft

Vi|si|te ⟨[vi-] f.; -, -n⟩ *Besuch zwecks Untersuchung, bes. von Kranken;* Kranken~

Vis|ko|se ⟨[vɪs-] f.; -; unz.⟩ *Faser aus Zellstoff, Zelluloseverbindung* (~faser)

vi|su|ell ⟨[vi-] Adj. 24⟩ **1** *das Sehen od. den Gesichtssinn betreffend, durch Sehen hervorgerufen;* Sy *optisch (2);* ~er *Eindruck* **2** ~er **Typ** *jmd., der Gesehenes leichter im Gedächtnis behält als Gehörtes*

Vi|sum ⟨[viː-] n.; -s, Vi|sa od. Vi|sen⟩ **1** *Erlaubnis zur Ein- u. Ausreise in einen bzw. aus einem fremden Staat* **2** *Sichtvermerk (im Pass für den Aufenthalt in einem fremden Staat)*

vi|tal ⟨[vi-] Adj.⟩ **1** *zum Leben gehörend* **2** *lebenswichtig* **3** *lebenskräftig*

Vit|a|min *auch:* **Vi|ta|min** ⟨n.; -s, -e; Biochem.⟩ *Wirkstoff, der für Tiere u. Menschen zur Steuerung bestimmter organischer Prozesse benötigt wird, ohne selbst Nährstoff zu sein;* ~-B-*haltig; er hat einen akuten* ~-B-*Mangel*

Vi|tri|ne *auch:* **Vit|ri|ne** ⟨[vi-] f.; -, -n⟩ **1** *Glasschrank* **2** *Schaukasten*

Vi|va|ri|um ⟨[viva-] n.; -s, -ri|en⟩ **1** *Behälter für kleine Tiere, z. B. Aquarium, Terrarium* **2** *Gebäude, in dem Tiere in Vivarien (1) gezeigt werden*

Vi|ze… ⟨[fiː-] od. [viː-] in Zus.⟩ *stellvertretende(r)…;* Vizekanzler; Vizepräsident

Vlies ⟨n.; -es, -e⟩ **1** *Schaffell, Wolle vom Schaf;* →a. *goldenen (1.7)* **2** *zusammenhängende Faserschicht (als Einlage o. Ä.);* Baumwoll~

Vo|gel ⟨m.; -s, Vö|gel; Zool.⟩ **1** *Angehöriger einer Klasse der Wirbeltiere mit Flügeln, die aus den Vordergliedmaßen gebildet sind: Aves;* Raub~, Greif~, Sing~; *Vögel füttern, halten; die Vögel singen, zwitschern, jubilieren* ● **1.1** *einen* ~ *haben* ⟨fig., umg.⟩ *nicht ganz bei Verstand sein; du hast ja einen* ~! ● **1.2** *jmdm. den* ~ *zeigen* ⟨fig., umg.⟩ *sich an die Stirn tippen, um auszudrücken, dass man den andern für verrückt hält* ● **1.3** *den* ~ *abschießen* ⟨fig.⟩ ● **1.3.1** *als Bester abschneiden, die beste Leistung erreichen (urspr. beim Schützenfest)* ● **1.3.2** ⟨iron.⟩ *sich einen bes. dummen Fehler leisten* ● **1.4** *friss* ~ *oder stirb!* ⟨fig., umg.⟩ *es gibt keine Wahl* ● **1.5** *der* ~ *ist ausgeflogen* ⟨fig.⟩ *der, die Gesuchte ist nicht zu Hause, geflohen* ● **1.6** *der* ~ *ist im Garn, auf den Leim gegangen* ⟨fig.⟩ *jmd. hat sich überlisten lassen* **2** ⟨fig.; umg.⟩ *Mensch;* ein lockerer, loser ~; *er ist ein seltener* ~

vo|gel|frei ⟨Adj. 24/70; im alten dt. Recht⟩ *ohne Rechtsschutz, geächtet;* jmdn. für ~ *erklären*

Vo|gel|grip|pe ⟨f.; -, -n; Vet.⟩ *anzeigepflichtige Viruserkrankung der Vögel, die in Einzelfällen auch auf den Menschen übertragbar ist*

Vo|gel|scheu|che ⟨f.; -, -n⟩ **1** *auf Feldern, in Gärten aufgestellte Gestalt aus einem mit alten Kleidern behängten Holzkreuz zum Verscheuchen der Vögel* **2** ⟨fig.; umg.; abwertend⟩ *lange, dürre, hässliche od. geschmacklos gekleidete Person*

Vogt ⟨m.; -(e)s, Vög|te; früher⟩ **1** *Verwaltungsbeamter;* Land~ ● **1.1** *Schirmherr;* Kirchen~ ● **1.2** *Richter;* Gerichts~ ● **1.3** *Burg-, Schlossverwalter;* Burg~, Schloss~

Vo|ka|bel ⟨[vo-] f.; -, -n; österr.: n.; -s, -n⟩ *einzelnes Wort (bes. aus einer fremden Sprache);* ~n lernen; jmdn. ~n abfragen

Vo|ka|bu|lar ⟨[vo-] n.; -s, -e⟩ **1** *alle Wörter einer (Fach-)Sprache, Wortschatz* **2** *Wörterverzeichnis*

vo|kal ⟨[vo-] Adj. 24⟩ *für Singstimme(n) (geschrieben)*

Vo|kal ⟨[vo-] m.; -s, -e; Sprachw.⟩ *Selbstlaut, Laut, bei dem der Atemstrom ungehindert aus dem Mund entweicht;* Ggs *Konsonant*

Volk ⟨n.; -(e)s, Völ|ker⟩ **1** ⟨urspr.⟩ *Kriegsschar;* Kriegs~ **2** *durch gemeinsame Sprache u. Kultur verbundene größere Gemeinschaft von Menschen;* →a. *Nation;* die Völker Asiens, Europas; das deutsche, englische ~ **3** *zusammengehörige Gruppe gleichartiger Tiere, Schwarm;* Bienen~; drei Völker Bienen; ein ~ Rebhühner **4** ⟨unz.⟩ *Gesamtheit der Angehörigen eines Staates;* die Vertreter des ~es im Parlament **5** ⟨unz.⟩ *untere Schicht der Bevölkerung;* der Mann aus dem ~ **6** ⟨unz.⟩ *größere Menge von Menschen, Leute;* auf dem Platz vor dem Schloss drängte sich das ~; lustiges ~; viel ~ hatte sich eingefunden ● **6.1** *etwas unters* ~ *bringen etwas verbreiten, bekanntmachen;* →a. *jung (1.1.4), klein (1.4.3)*

Völ|ker|schaft ⟨f.; -, -en⟩ *kleines Volk, Volksgruppe, Stamm*

Völ|ker|wan|de|rung ⟨f.; -, -en⟩ **1** *seit dem 2. Jh. n. Chr. u. bes. seit dem Einbruch der Hunnen in Europa Ende des 4. Jh. bis ins 8. Jh. Wanderung germanischer, später auch slawischer Völker nach Süd- u. Westeuropa* **2** ⟨danach a. allg.⟩ *Auszug, Umsiedlung eines ganzen Volkes* **3** ⟨fig., umg.; scherzh.⟩ *Menschenstrom, Bewegung vieler Menschen in einer Richtung*

Volks|kam|mer ⟨f.; -; unz.; DDR⟩ *Erste Kammer des Parlaments der DDR*

Volks|lied ⟨n.; -(e)s, -er⟩ *im Volk entstandenes u. überliefertes, schlichtes, weit verbreitetes Lied in Strophenform*

Volks|mund ⟨m.; -(e)s; unz.⟩ **1** *im Volk verbreitete sprachliche Überlieferung* **2** *im Volk üblicher Gebrauch von Wörtern u. Redensarten* ● **2.1** *im* ~ *im Sprachgebrauch des Volkes;* das Siegel des Gerichtsvollziehers heißt im ~ „Kuckuck"

Volks|schu|le ⟨f.; -, -n⟩ *allgemeinbildende öffentliche Pflichtschule für Kinder vom 1.- 8. bzw. (bei anschließendem Besuch der Oberschule) 1.-4. Schuljahr;* →a. *Grundschule*

Volks|tanz ⟨m.; -es, -tän|ze; Sammelbez. für⟩ *eine der von der bäuerlichen Bevölkerung u. den Handwerkern hervorgebrachten u. entwickelten, nach Landschaften u. Berufsgruppen unterschiedlichen Tanzformen, z. B. Bauern-, Schäfflertanz*

volks|tüm|lich ⟨Adj.⟩ **1** *dem Volk eigen, dem Volk, der Art des Volkes entsprechend* **2** *den Wünschen der breiten Masse des Volkes entgegenkommend, allgemeinverständlich, bekannt od. beliebt*

Volks|ver|tre|ter ⟨m.; -s, -⟩ *vom Volk gewählter Abgeordneter*

Volks|ver|tre|te|rin ⟨f.; -, -rin|nen⟩ *weibl. Volksvertreter*

Volks|wirt|schaft ⟨f.; -, -en⟩ *Gesamtheit der Wirtschaft eines Staates od. Landes*

voll ⟨Adj.⟩ **1** *ganz gefüllt (mit);* Ggs *leer;* ein ~es Glas; ein Becher ~ Milch; mit ~em Mund spricht man nicht; er hat von der Suppe drei Teller ~ gegessen; der Topf ist ~ Wasser; er hat den Mund ~; der Koffer, der Sack ist gestopft ~ • **1.1** der Saal war zum Bersten, Brechen ~, war gerammelt, gerappelt ~ ⟨umg.⟩ *überfüllt* • **1.2** mit ~en Backen kauen *kräftig, gierig, genussreich kauen* • **1.3** mit ~en Händen schenken, Geld ausgeben *verschwenderisch* • **1.4** den Kopf ~ haben ⟨umg.⟩ *viel zu bedenken haben, sich mit vielen Sorgen, mit vielen Problemen beschäftigen müssen* • **1.5** das Maß ist ~! ⟨fig.⟩ *es ist genug!, nun reicht es mir!* • **1.6** aus dem Vollen schöpfen ⟨fig.⟩ *ein Leben ohne Einschränkungen führen, aus dem Überfluss wählen können, im Überfluss leben* • **1.7** ein ~er Bauch studiert nicht gern ⟨Sprichw.⟩ *zu viel essen macht träge* • **1.8** ⟨40⟩ ~ sein ⟨umg.⟩ *(von Essen od. Alkohol) (über)genug haben;* bis obenhin ~ sein • **1.9** *besetzt;* die Straßenbahn, der Wagen ist ~; sie spielten vor ~em Haus • **1.9.1** ich kann dir nicht helfen, ich habe die Hände ~ ⟨umg.⟩ *ich habe gerade etwas in den Händen, das ich nicht absetzen kann* • **1.9.2** alle Hände ~ zu tun haben ⟨fig.⟩ *sehr viel zu tun haben* • **1.10** ⟨70⟩ *bedeckt, dicht besetzt mit;* der Tisch stand ~ mit Geschirr; die Jacke, Straße ist ~(er) Löcher; der Garten liegt, ist ~(er) Schnee; das Tuch ist ~ Blut • **1.11** ⟨70; fig.⟩ *erfüllt (von);* ~(er) Angst, Begeisterung, Freude, Hass; ist ganz ~ davon **2** ⟨90⟩ *ganz, vollständig, ungeteilt, unvermindert, uneingeschränkt;* er ist (nicht) bei ~em Bewusstsein; ein ~es Dutzend, Hundert; das ist mein ~er Ernst!; der Zug war in ~er Fahrt, als …; in ~em Galopp, Lauf; die Sache ist in vollem Gange; das Bild zeigt ihn in ~er Größe; mit ~er Kraft schreien; in ~em Maße; zum ~en Preis; mit ~em Recht; bei ~em Tageslicht; die Uhr schlägt zur ~en Stunde; er hat es mit ~er Überlegung getan; das ist die ~e Wahrheit; drei ~e Wochen, Monate, Stunden; ich erkenne es ~ an; der Junge muss jetzt in der Straßenbahn ~ bezahlen; er hat seine Rechnung, Schuld ~ bezahlt • **2.1** die Bäume stehen in ~er Blüte *ganz in Blüte* • **2.2** aus ~em Herzen danken *sehr herzlich* • **2.3** aus ~em Halse, aus ~er Kehle, Brust lachen, schreien, singen *laut, kräftig* • **2.4** in ~en Zügen trinken, genießen *reichlich, gründlich* • **2.5** jmdn. ~ ansehen *jmdn. gerade ins Gesicht sehen* • **2.6** ~ und ganz ⟨verstärkend⟩ *völlig* • **2.7** jmdn. nicht für ~ ansehen, nehmen *geringschätzen, nicht ernst nehmen* • **2.8** in die Vollen gehen ⟨umg.⟩ *mit ganzer Kraft und Energie vorgehen* • **2.9** ins Volle greifen *eine üppige Lebensweise führen* **3** ⟨70⟩ *rundlich, etwas dick, dicklich;* eine ~e Fünfzigerin; ein ~es Gesicht, ~e Arme; er ist in letzter Zeit etwas ~er geworden **4** ⟨11; umg.; salopp; Jugendspr.⟩ *ganz u. gar, äußerst;* das war ~ gut **5** ⟨Getrennt- u. Zusammenschreibung⟩ • **5.1** ~ besetzt = vollbesetzt

volla|den ⟨alte Schreibung für⟩ *vollladen*

voll|auf ⟨Adv.⟩ *völlig, reich;* ich habe damit ~ zu tun (und kann nichts anderes außerdem tun)

vollaufen ⟨alte Schreibung für⟩ *vollaufen*

Voll|bad ⟨n.; -(e)s, -bä|der⟩ *Bad für den ganzen Körper;* ein ~ nehmen

Voll|bart ⟨m.; -(e)s, -bär|te⟩ *Backen-, Kinn- u. Schnurrbart*

voll|be|setzt *auch:* **voll be|setzt** ⟨Adj. 24⟩ *vollständig besetzt;* ein ~er Zug

voll|brin|gen ⟨V. 118/500⟩ etwas ~ *zustande bringen, leisten, ausführen, tun;* eine Tat ~; es ist vollbracht!

Völ|le ⟨f.; -; unz.⟩ *das Vollsein (bes. des Magens)*

Völ|le|ge|fühl ⟨n.; -(e)s, -e⟩ *Gefühl der Völle*

vol|len|den ⟨V. 500⟩ **1** etwas ~ *zu Ende bringen, fertig machen;* eine Arbeit ~; einen Satz ~ • **1.1** er hat (sein Leben) vollendet ⟨geh.⟩ *er ist gestorben* • **1.2** jmdn. vor vollendete Tatsachen stellen *jmdn. von einer Sache vorher nicht benachrichtigen*

vol|lends ⟨Adv.⟩ *völlig, gänzlich, ganz;* inzwischen war es ~ Tag geworden; ein zu Tode verwundetes Tier ~ töten; das wird ihn ~ zugrunde richten

vol|ler ⟨Adj. 11/60; Subst. ohne Artikel; Nebenform von⟩ *voll (1.10 -1.11)*

Völ|le|rei ⟨f.; -; unz.⟩ *Unmäßigkeit im Essen u. Trinken;* sich der ~ ergeben

Vol|ley|ball (['vɔle:-], engl. [ˈvɒlɪ-] m.; -(e)s, -bäl|le; Sp.⟩ **1** ⟨unz.⟩ *Ballspiel zwischen zwei Mannschaften zu je sechs Spielern, die den Ball über ein etwa 2,40 m hohes Netz schlagen, so dass er den Boden möglichst nicht berührt* **2** ⟨zählb.⟩ *Ball für das Volleyballspiel*

voll|füh|ren ⟨V. 500⟩ etwas ~ *vollbringen, ausführen;* ein Kunststück ~; er vollführte einen Luftsprung vor Freude

voll|fül|len ⟨V. 500⟩ ein **Gefäß** ~ *bis zum Rand füllen;* ich habe den Eimer vollgefüllt

Voll|gas ⟨n.; -es; unz.⟩ **1** *volle Geschwindigkeit;* mit ~ über die Kreuzung fahren • **1.1** ~ geben *den Gashebel ganz niedertreten, die Geschwindigkeit bis zum äußersten beschleunigen*

Voll|ge|fühl ⟨n.; -(e)s; unz.⟩ *im* ~ *(von etwas) in dem Gefühl, dass man uneingeschränkt über etwas (bes. seine Fähigkeiten u. Möglichkeiten) verfügen kann;* im ~ seiner Überlegenheit, seiner Würde

völ|lig ⟨Adj. 24/90⟩ *vollständig, gänzlich, ganz;* er arbeitete bis zur ~en Erschöpfung; jmdm. ~e Freiheit lassen; das genügt ~; er hat mich ~ missverstanden; jmdn. ~ zufriedenstellen; das ist ~ unmöglich; er ist mit seinen Kräften ~ am Ende; du hast ~ Recht; ich war ~ sprachlos ⟨umg.; verstärkend⟩

voll|jäh|rig ⟨Adj. 24⟩ = *mündig*

voll|kom|men ⟨a. ['---] Adj.⟩ **1** *mustergültig, unübertrefflich, meisterhaft, ohne Makel;* ein ~es Kunstwerk • **1.1** ~e **Zahl** *natürliche Z., die gleich der Summe ihrer echten Teiler ist* **2** ⟨90; umg.⟩ *völlig;* das genügt ~; ich verstehe ~!; ich bin ~ sprachlos; du bist ja ~ verrückt!

voll|la|den ⟨V. 174/500⟩ einen **Wagen** ~ *bis oben hin beladen, ganz beladen;* das Auto ist vollgeladen

voll|lau|fen ⟨V. 176/400(s.)⟩ **1** ein **Gefäß** läuft voll *füllt sich ganz mit Flüssigkeit;* die Badewanne ist vollgelaufen **2** sich ~ lassen ⟨fig.; umg.⟩ *sich betrinken*

Voll|macht ⟨f.; -, -en⟩ **1** *die jmdm. von jmdm. erteilte Ermächtigung, ihn zu vertreten, für ihn zu verhan-*

deln u. Geschäfte abzuschließen; jmdm. die ~ erteilen, ein Geschäft abzuschließen; ich habe die ~, die Sache zu entscheiden; jmdm. mit allen ~en ausstatten • 1.1 in ~ ⟨in Briefunterschriften vor dem Namen dessen, der für einen anderen unterzeichnet; Abk.: i. V., I. V.⟩ *mit Handlungsvollmacht ausgestattet* **2** *Urkunde, mit der eine Vollmacht (1) erteilt wird;* eine ~ *unterschreiben*

Voll|milch ⟨f.; -; unz.⟩ *nichtentrahmte Milch, die mindestens 3,5 % Fett enthält*

Voll|mond ⟨m.; -(e)s, -e⟩ **1** *voll beleuchteter Mond, eine der Mondphasen;* wir haben heute ~; es ist ~ • 1.1 er strahlte wie ein ~ ⟨umg.; scherzh.⟩ *er strahlte, lächelte glücklich* **2** ⟨fig.; umg.; scherzh.⟩ *ein völlig kahler Kopf*

voll|mun|dig ⟨Adj.⟩ *kräftig, voll im Geschmack;* ein ~er Wein

voll|schen|ken ⟨V. 500⟩ ein **Glas** ~ *bis zum Rand mit einem Getränk (bes. Wein) füllen;* er hat das Weinglas vollgeschenkt

voll|schlank ⟨Adj. 70⟩ *nicht schlank, aber auch nicht dick;* eine ~e Frau

voll|stän|dig ⟨Adj.⟩ **1** *aus allen dazugehörenden Teilen bestehend;* ein ~er Satz Briefmarken; die Sammlung ist noch nicht ~ **2** *bis zu Ende (durchgeführt);* eine ~e Arbeit abliefern; eine Sache ~ (fertig) machen **3** ⟨50; umg.⟩ *ganz, völlig;* du hast ~ Recht; er ist ~ verrückt; er ist ~ allein gemacht

voll|stre|cken ⟨V. 500⟩ ein **Urteil** ~ *ausführen, vollziehen;* ein Todesurteil an jmdm. ~; das Urteil wurde bereits vollstreckt

voll|tan|ken ⟨V.⟩ **1** ⟨402⟩ (ein Fahrzeug) ~ *den Benzintank bis zum Rand füllen;* er hat vollgetankt **2** ⟨500/ Vr 3⟩ **sich** ~ ⟨umg.; scherzh.⟩ *sich betrinken*

Voll|tref|fer ⟨m.; -s, -⟩ **1** *Treffer mitten ins Ziel* **2** ⟨fig.⟩ *Sache von großer Wirkung*

Voll|wert|er|näh|rung ⟨f.; -; unz.⟩ *Ernährung, die den vollen Wert, Gehalt an Inhaltsstoffen bewahrt hat (bes. Getreide-, Milch-, Gemüse- u. Obstprodukte)*

voll|zäh|lig ⟨Adj. 24⟩ **1** *die vorgeschriebene od. gewünschte od. übliche Anzahl aufweisend;* ~e Liste der Mitglieder **2** *ausnahmslos alle;* ich habe die Briefmarken dieses Satzes (nicht) ~; sind wir ~?; sie waren ~ versammelt

voll|zie|hen ⟨V. 293/500⟩ **1** eine **Sache** ~ *vollstrecken, durchführen, leisten, in die Tat umsetzen;* eine Strafe, ein Urteil ~; mit der Trauung auf dem Standesamt ist die Ehe rechtlich vollzogen • 1.1 ~de **Gewalt** = Exekutive

Voll|zug ⟨m.; -(e)s, -zü|ge⟩ *das Vollziehen;* ~sgewalt, Straf~

Vo|lon|tär ⟨[vɔlɔn-] od. [-lõ-] m.; -s, -e⟩ *jmd., der unentgeltlich od. gegen geringe Bezahlung zur Vorbereitung auf seine berufliche Tätigkeit in einem Betrieb (bes. im journalistischen od. kaufmännischen Bereich) arbeitet*

Vo|lon|tä|rin ⟨[vɔlɔn-] f.; -, -rin|nen⟩ *weibl. Volontär*

Volt ⟨[vɔlt] n.; - od. -s, -; El.; Phys.; Zeichen: V⟩ *Einheit der elektrischen Spannung*

Vol|te ⟨[vɔl-] f.; -, -n⟩ *kreisförmige Figur;* eine ~ reiten

vol|ti|gie|ren ⟨[vɔltiʒi:-] V. 400; Reitsp.⟩ *auf dem galoppierenden Pferd turnen*

Vo|lu|men ⟨[vo-] n.; -s, - od. Vo|lu|mi|na⟩ **1** ⟨Zeichen: V⟩ *Rauminhalt* **2** ⟨Abk.: vol.⟩ = *Band² (1)*

vo|lu|mi|nös ⟨[vo-] Adj.; geh.⟩ *einen beträchtlichen Umfang aufweisend;* ein ~es Buch

vom ⟨Verschmelzungsform aus Präp. u. Art.⟩ **1** *von dem;* ~ Apfelbaum (herab); ~ 1. Januar an; ~ 10. bis (zum) 15. Juni; mir ist schwindelig ~ Karussellfahren • 1.1 ~ **Hundert** ⟨Abk.: v. H., vH; Zeichen: %⟩ *Prozent;* 20 ~ Hundert **1.2** ~ **Tausend** ⟨Abk.: v. T., vT; Zeichen: ‰⟩ *Promille;* 0,5 ~ Tausend

von ⟨Präp. mit Dat.⟩ **1** ~ einem **Ort** *aus einer Richtung herkommend;* Ggs *nach;* ~ Berlin; ~ da, dort; ~ ferne, ~ weitem/Weitem; ~ oben, unten, hinten, vorn, rechts, links • 1.1 ⟨vor Namen, zur Bez. des Adelstitels, früher auch der Herkunft; Abk.: v.⟩ Wolfram ~ Eschenbach; Walther ~ der Vogelweide; Baron, Freiherr, Graf ~ X; Herr, Frau, Fräulein ~ Y • 1.2 ~ jmdm. *aus der Richtung einer Person herkommend;* Ggs *zu¹ (2);* er kommt ~ seiner Mutter; ich komme gerade vom Arzt; ich habe einen Brief ~ ihm bekommen; ich bekam das Buch ~ meinem Freund • 1.3 ~ ... **bis** *beginnend ... endend* • 1.3.1 ⟨örtl.⟩ ~ hier bis dort; ~ Hamburg bis Berlin • 1.3.2 ⟨zeitl.⟩ ~ drei bis vier Uhr; ~ morgens bis abends • 1.3.3 ⟨Menge⟩ ~ 10 bis 40 € • 1.4 ⟨örtl.⟩ ~ ... **zu** *beginnend ... endend;* ~ einem Ufer zum andern schwimmen • 1.5 ~ ... **an** *beginnend mit einem bestimmten Punkt* • 1.5.1 ~ einem **Ort** *an ausgehend von einem O.;* ~ Hamburg an • 1.5.2 ~ einem **Zeitpunkt** an *beginnend mit dem Z.;* ~ nun an; ~ heute an; ~ Kind(heit) an; ~ 1.5.3 ~ einem **Alter** *an so alt u. älter;* Kinder ~ 10 Jahren an (aufwärts) • 1.5.4 ~ einer **Menge** an *so viel u. mehr;* hier gibt es Stoffe ~ zehn Euro an • 1.6 ~ ... **nach** *aus einer Richtung in eine andere;* ~ Osten nach Westen • 1.7 ~ ... *ausgehend von, beginnend bei;* ~ diesem Fenster aus; ~ meinem Standpunkt aus betrachtet • 1.7.1 ~ mir aus ⟨umg.⟩ *meinetwegen* • 1.8 ~ **Zeit zu Zeit** *ab u. zu, manchmal* • 1.8.1 ~ **Jahr zu Jahr** *immer wieder ein J. vergehen lassend;* sie haben ~ Jahr zu Jahr gewartet **2** *zu jmdm. od. einer Gemeinschaft gehörig, stammend aus;* die Königin ~ Großbritannien • 2.1 *geschaffen durch;* die „Iphigenie" ~ Goethe; ~ G. Hauptmann; der „Faust" ist ~ Goethe; dieses Bild stammt ~ Rubens; eine Oper ~ Mozart • 2.2 *verursacht durch;* grüßen Sie ihn ~ mir; ich bin müde ~ dem langen Marsch; er wurde ~ seinen Eltern gerufen; das ist sehr liebenswürdig ~ Ihnen; was will er ~ mir? • 2.2.1 ~ **Hand** ⟨umg.⟩ *mit der H., nicht automatisch* • 2.2.2 etwas **sich aus** tun *selbständig, aus eigenem Antrieb* • 2.2.3 ~ mir **aus** *ich habe dagegen keine Einwände;* ~ mir aus darfst du es tun **3** *bestehend aus;* eine Stadt ~ 100 000 Einwohnern; ein Ring ~ Gold ⟨geh.⟩ **4** *eine Eigenschaft habend;* ein Tisch ~ dieser Länge; ein Grundstück ~ fünfhundert Quadratmetern; schön ~ Gestalt, ~ schöner Gestalt; ein Mädchen ~ 10 Jahren; dieser Esel ~ Sachbearbeiter ⟨umg.⟩ **5** ~ jmdm. od. etwas **sprechen** *über jmdn.*

od. etwas; ~ *wem ist die Rede?;* wir sprachen ~ der letzten Premiere **6** das ist **nicht ~ ungefähr** *geschehen nicht zufällig* **7** ⟨anstelle des partitiven Genitivs⟩ ein Freund ~ mir *einer meiner Freunde;* einige ~ ihnen; einer ~ vielen; Tausende ~ Menschen; ~ meinen Bekannten habe ich nur wenige gesehen ⟨umg.⟩ **8** ⟨Getrennt- u. Zusammenschreibung⟩ • 8.1 ~ Seiten = *vonseiten*

von|ei|nan|der *auch:* **von|ei|nan|der** ⟨Adv.⟩ *einer vom anderen;* wir haben lange nichts ~ gehört; sie können sich nicht ~ trennen; sie lernen ~

von|ei|nan|der|ge|hen *auch:* **von|ei|nan|der|ge|hen** ⟨V. 145/400(s.); geh.⟩ *sich trennen;* sie sind voneinandergegangen

von|nö|ten ⟨Adv.⟩ *nötig, erforderlich;* das ist nicht ~

von|sei|ten *auch:* **von Sei|ten** ⟨Adv.⟩ *verursacht durch;* ~ der Gegenpartei erhob sich kein Widerspruch

von|stat|ten|ge|hen ⟨V. 145/400(s.)⟩ **1** *stattfinden;* wann soll das Fest ~? **2** *(zügig) vorwärtsgehen, weitergehen;* die Sache ging gut vonstatten

vor[1] ⟨Präp. m. Dat. auf die Frage „wo?" u. Akk. auf die Frage „wohin?"⟩ **1** ⟨örtl.⟩ *an od. gegenüber der Vorderod. Außenseite;* ~ jmdm. hergehen, stehen, sitzen; er stand, saß ~ mir; ~ dem Fenster; ~ dem Haus, der Tür; ich warte ~ dem Kino auf dich • 1.1 etwas ~ **sich hin** brummen, murmeln *leise und unverständlich sagen* • 1.2 wir haben unseren Urlaub noch ~ uns *noch nicht gehabt* • 1.3 einen Schlag ~ die Stirn bekommen *an, gegen die Stirn* • 1.4 etwas ~ **Zeugen** erklären *versichern in Gegenwart von Z.* **2** ⟨fig.⟩ *gegenüber* • 2.1 den Hut ~ jmdm. abnehmen, ziehen • 2.1.1 *jmdn. durch Abnehmen des Hutes grüßen* • 2.1.2 *vor jmdm. große Achtung haben* **3** ⟨zeitl.⟩ *früher als, eher als;* Ggs *nach*[1]; er wird nicht ~ Abend kommen; ~ seiner Abreise; einen Tag ~ seiner Prüfung wurde er krank; kurz ~ Weihnachten; ~ vier Wochen, Jahren; 200 Jahre ~ Christi Geburt ⟨Abk.: v. Chr. G.⟩; ~ Christo, ~ Christus ⟨Abk.: v. Chr.⟩ • 3.1 ~ der **Zeit** *früher als vorgesehen* • 3.2 ~ allem, ~ allen Dingen *in erster Linie, besonders* **4** ⟨kausal zur Bez. des Beweggrundes, der Ursache⟩ *aus, wegen;* er weiß ~ lauter Arbeit, Sorgen nicht mehr aus noch ein; er zitterte ~ Angst, Kälte; er machte ~ Freude einen Luftsprung; er weinte ~ Wut, Zorn • 4.1 er log **aus** Furcht ~ Strafe *weil er die S. fürchtete* • 4.2 Achtung, Furcht ~ **jmdm.** haben *jmdm. gegenüber empfinden* **5** ~ **sich gehen** *sich ereignen, geschehen* **6** ⟨veraltet⟩ *für;* Gnade ~ Recht ergehen lassen

vor[2] ⟨Adv.⟩ **nach wie** ~ *jetzt ebenso wie vorher, wie bisher*

vor|ab ⟨Adv.⟩ *zuvor, zuerst, im Voraus, zunächst;* ich schicke Ihnen ~ einen Teil der Unterlagen, die weiteren folgen nächste Woche

◆ Die Buchstabenfolge **vor|an...** kann auch **vo|ran...** getrennt werden.

◆ **vor|an** ⟨Adv.⟩ **1** *voraus, vorn, als erster;* der Lehrer ~, die Kinder hinterdrein **2** ⟨umg.⟩ *vorwärts;* immer langsam ~!

◆ **vor|an|ge|hen** ⟨V. 145/400(s.)⟩ **1** *vorn gehen, als Erster gehen* • 1.1 ⟨600⟩ jmdm. ~ *vor jmdm. hergehen* • 1.2 jmdn. ~ **lassen** *jmdm. den Vortritt lassen, jmdn. zuerst hinein-, hinausgehen lassen* • 1.3 mit gutem Beispiel ~ ⟨fig.⟩ *ein nachahmenswertes B. geben* **2** *etwas geht voran, ereignet sich vorher;* dem Drama geht ein Vorspiel voran; vorangegangene Ereignisse; am vorangegangenen Tag hatte er bereits ... **3** ⟨600⟩ einem **Textabschnitt** ~ *vorher im Text stehen, zuvor beschrieben werden;* Vorangehendes wurde häufig kritisiert; im Vorangehenden wurde gesagt, dass ... **4** *eine Sache geht voran macht Fortschritte;* die Arbeit geht gut voran, geht es (mit der Arbeit) voran?

◆ **vor|an|kom|men** ⟨V. 170/400(s.)⟩ **1** *sich (gut) vorwärtsbewegen (können);* in dem starken Reiseverkehr kamen wir nicht voran **2** ⟨fig.⟩ *Fortschritte machen;* mit einer Arbeit gut ~

vor|ar|bei|ten ⟨V.⟩ **1** ⟨400⟩ *die Arbeitszeit vorverlegen;* wir haben vorgearbeitet **2** ⟨500⟩ einen **Tag** ~ *die Arbeitszeit für einen T. vorher ableisten;* Ggs *nacharbeiten (3)*

vor|auf *auch:* **vo|rauf** ⟨Adv.⟩ *voran, voraus*

vor|auf|ge|hen *auch:* **vo|rauf|ge|hen** ⟨V. 145/403(s.); geh.⟩ **1** (jmdm. od. etwas) ~ *vor jmdm. od. etwas hergehen, vorgehen* **2** *etwas geht (einer Sache)* **vorauf** *geht einer Sache voran, ereignet sich vorher*

◆ Die Buchstabenfolge **vor|aus...** kann auch **vo|raus...** getrennt werden.

◆ **vor|aus** ⟨Adv.⟩ **1** *räumlich vor jmdm. od. etwas, noch vor den Folgenden;* er war immer ein paar Schritte ~; Land ~ **2** *jmdm. od. einer* **Sache** *sein* ⟨fig.⟩ *schneller, weiter, besser sein als jmd. od. eine S.;* im Sport ist er seinen Klassenkameraden weit ~ • 2.1 er ist seiner Zeit (weit) ~ *er ist (in der Gestaltung seiner Werke, in seinen Anschauungen) weiter als seine Zeitgenossen, er lässt schon die zukünftige Entwicklung erkennen* **3** im Voraus *schon vorher;* vielen Dank im Voraus!; Miete im Voraus zahlen (für einen Monat, für zwei Monate)

◆ **vor|aus|ge|hen** ⟨V. 145(s.)⟩ **1** ⟨400⟩ *vorangehen, vor jmdm. od. etwas hergehen, schon vor jmdm. (an einen bestimmten Ort) gehen;* ich gehe einstweilen, schon voraus **2** ⟨600⟩ eine **Sache** geht einer **Sache** voraus *ereignet sich vor einer S.;* dem Streit war ein Vorfall vorausgegangen, der ... **3** ⟨600⟩ einem **Textabschnitt** ~ *vorangestellt sein, sich davor befinden;* die vorausgegangenen Hinweise • 3.1 im Vorausgehenden *weiter oben*

◆ **vor|aus|ha|ben** ⟨V. 159/530⟩ jmdm. etwas ~ *gegenüber jmdn. einen Vorteil haben, jmdm. gegenüber im Vorteil sein;* er hat seinem Bruder die leichtere Auffassungsgabe voraus

◆ **Vor|aus|sa|ge** ⟨f.; -, -n⟩ *das Voraussagen*

◆ **vor|aus|sa|gen** ⟨V. 500⟩ etwas ~ *sagen, wie etwas Kommendes verlaufen wird;* →a. *prophezeien;* das Wetter ~; niemand kann die Zukunft ~

◆ **vor|aus|schi|cken** ⟨V. 500⟩ **1** jmdn. od. **etwas** ~ *ver-*

anlassen, dass jmd. od. etwas schon vor jmdm. od. etwas an einen bestimmten Ort geht; die Leute mit den Picknickkörben wurden vorausgeschickt **2** eine **Sache ~** *vorher sagen, vorher mitteilen, als Erstes mitteilen;* ich muss ~, dass …; ich muss meinem Vortrag einige Bemerkungen ~

◆ **vor|aus|se|hen** ⟨V. 239/500⟩ eine **Sache ~** *als sicher erwarten;* niemand hat ~ können, dass das geschehen würde; das war vorauszusehen

◆ **vor|aus|set|zen** ⟨V. 500⟩ **1** eine **Sache ~** *als gegeben annehmen;* wir müssen dabei ~, dass der Zug auch pünktlich ankommt; diese Tat setzt großen Mut voraus; ich darf wohl als bekannt ~, dass … • **1.1** vorausgesetzt, (dass) … *wenn man voraussetzen darf, als sicher angenommen, dass …, wenn …;* vorausgesetzt, der Zug kommt pünktlich an, dann können wir …

◆ **Vor|aus|set|zung** ⟨f.; -, -en⟩ **1** *Annahme, auf die man sich bei einer Handlung stützt;* du bist von einer falschen ~ ausgegangen **2** *das, was gegeben, festgesetzt sein muss;* die notwendige ~ dafür ist, dass …; nur unter dieser ~ ist es möglich, dass …

◆ **Vor|aus|sicht** ⟨f.; -; unz.⟩ **1** *Vermutung, Ahnung, sichere Erwartung (dass etwas Bestimmtes eintrifft);* in der ~, dass dies eintreten würde, habe ich das und das getan; in weiser ~ habe ich warme Sachen mitgenommen ⟨umg.; scherzh.⟩ • **1.1** menschlicher ~ nach, aller menschlichen ~ nach muss das und das geschehen *soweit man es (als Mensch) voraussehen kann* • **1.2** aller ~ nach *wahrscheinlich*

◆ **vor|aus|sicht|lich** ⟨Adj. 24/90⟩ *aller Voraussicht nach, wahrscheinlich, vermutlich;* er wird ~ kommen

Vor|bau ⟨m.; -(e)s, -ten⟩ **1** *vorspringender Gebäudeteil, Anbau, z. B. Balkon, Portikus* **2** ⟨fig.; umg.; scherzh.⟩ *großer, dicker Busen* **3** ⟨Bgb.⟩ *Verfahren, den Abbau vom Schacht aus in Richtung auf die Grenzen des Grubenfeldes vorzutreiben*

vor|bau|en ⟨V.⟩ **1** ⟨500⟩ **etwas ~** *vorn anbauen* **2** ⟨403⟩ (einer **Sache**) **~** ⟨fig.⟩ *vorbeugend (gegen eine S.) etwas tun;* wir müssen rechtzeitig ~, dass dies nicht geschieht

Vor|be|dacht ⟨m.; -(e)s; unz.⟩ **aus, mit, voll ~** *mit vorheriger Überlegung;* etwas mit ~ tun

Vor|be|halt ⟨m.; -(e)s, -e⟩ *Bedingung, Einschränkung, die unter Umständen geltend gemacht werden muss;* ich bin damit einverstanden, doch mit dem ~, unter dem ~, dass …; ich stimme dem ohne ~ zu; →a. *geheim (1.2.1)*

vor|be|hal|ten ⟨V. 160/530/Vr 1⟩ **1** sich etwas **~** *für sich die Möglichkeit beanspruchen, gegebenenfalls etwas anders entscheiden zu dürfen;* ich behalte mir das Recht vor, Änderungen vorzunehmen • **1.1** Widerruf ~ *unter Umständen kann das Gesagte, Erlaubte widerrufen werden* **2** etwas bleibt, ist **jmdm. ~** *jmdm. allein bleibt, ist etwas überlassen;* die endgültige Entscheidung bleibt, ist ihm vorbehalten

vor|bei ⟨Adv.⟩ Sy *vorüber* **1** an, neben **jmdm.** od. einer **Sache ~** *unmittelbar in die Nähe von jmdm. od. einer S. gelangend u. sich weiter fortbewegend* **2** ⟨zeitlich⟩ *vergangen;* der Schmerz, die Übelkeit ist ~ • **2.1** es

ist 2 Uhr **~** ⟨umg.⟩ *es ist schon nach 2 Uhr* • **2.2** es ist **~ mit ihm** *es ist nichts mehr für ihn zu hoffen*

vor|bei… ⟨abtrennbare Vorsilbe bei Verben⟩ **1** *kurze Zeit, einen Augenblick neben od. bei jmdm. od. etwas u. dann weiter vorwärts;* vorbeibringen, vorbeifahren, vorbeilassen **2** *vorüber, zu Ende;* vorbeigehen (3)

vor|bei|ge|hen ⟨V. 145/400(s.)⟩ **1** ⟨405⟩ (**an jmdm.** od. **etwas**) **~** *einen Augenblick neben jmdm. od. etwas her- u. dann weitergehen, entlanggehen, vorübergehen;* an jmdm., an einem Gebäude ~; er geht achtlos an allen Schönheiten der Natur vorbei; Blumen im Vorbeigehen abpflücken; im Vorbeigehen flüsterte er mir zu …; jmdn. mit dem Blick im Vorbeigehen streifen • **1.1** im Vorbeigehen ⟨a. fig.⟩ *flüchtig;* ich habe es nur im Vorbeigehen bemerkt **2** ⟨411⟩ **bei jmdm. ~** ⟨umg.⟩ *jmdn. kurz besuchen, jmdn. kurz aufsuchen, zu jmdm. gehen;* bitte geh doch bei ihm vorbei und bring ihm das Buch zurück **3** etwas geht vorbei ⟨fig.; umg.⟩ *vergeht, geht vorüber;* eine Gelegenheit (ungenutzt) ~ lassen, der Schmerz wird bald ~ **4** ein **Schlag, Schuss** geht vorbei *trifft nicht, verfehlt das Ziel*

vor|be|las|tet ⟨Adj. 24/70⟩ *bereits durch etwas belastet (durch Strafe, Erbanlage o. Ä.)*

vor|be|rei|ten ⟨V. 500⟩ **1** etwas **~** *im Voraus bestimmte Arbeiten für etwas erledigen;* eine Arbeit, ein Fest ~; eine Unterrichtsstunde ~ **2** ⟨550/Vr 7⟩ **jmdn. etwas für etwas ~** *vorher zurechtmachen;* alles für die Abreise ~; einen Kranken für die Operation ~ **3** ⟨550/Vr 7⟩ **jmdn. auf** eine **Sache ~** *alles tun, was vorher möglich ist, dass jmd. einer S. gewachsen ist;* jmdn. auf eine Prüfung ~; jmdn. (schonend) auf eine schlimme Botschaft ~ • **3.1** sich auf eine **Sache ~** *alles tun, was vorher möglich ist, um einer S. gewachsen zu sein;* sich auf eine Prüfung, auf den Unterricht ~ • **3.2** er ist gut, schlecht, nicht vorbereitet *hat gut, wenig, nicht (für etwas) gearbeitet* • **3.3** darauf war ich nicht vorbereitet *das hatte ich nicht erwartet*

Vor|be|rei|tung ⟨f.; -, -en⟩ **1** *das Vorbereiten, vorherige Arbeit, Ausarbeitung* (Examens**~**) • **1.1** ~en zur Abreise treffen *die Abreise vorbereiten* • **1.2** etwas ist in ~ *an etwas wird gearbeitet*

vor|be|straft ⟨Adj. 24/70⟩ *bereits früher gerichtlich bestraft;* der Angeklagte ist zweimal ~

vor|beu|gen ⟨V.⟩ **1** ⟨500/Vr 3⟩ **sich ~** *sich nach vorn beugen* **2** ⟨600⟩ einer **Sache ~** *eine S. vorsorglich verhüten;* einer Krankheit ~ • **2.1** ⟨Part. Präs.⟩ ~d *prophylaktisch, präventiv;* ~de Maßnahme

Vor|bild ⟨n.; -(e)s, -er⟩ *Muster, mustergültiges Beispiel, Beispiel, dem man nachstreben sollte;* er hat diese Gestalt nach dem ~ seiner Mutter geschaffen; er ist mein ~; leuchtendes ~; sich jmdn. zum ~ nehmen

vor|bild|lich ⟨Adj.⟩ *einem Vorbild gleich, mustergültig, beispielhaft;* ein ~es Verhalten

Vor|bo|te ⟨m.; -n, -n; fig.⟩ **1** *erster Bote* **2** *Vorläufer* **3** ⟨fig.⟩ *Vorzeichen, Anzeichen (für);* Schneeglöckchen als ~n des Frühlings; der Kopfschmerz als ~ einer Grippe

vor|brin|gen ⟨V. 118/500⟩ **1** eine **Sache** ~ *sagen, zur Sprache bringen, zum Ausdruck bringen;* Protest, Klagen, Wünsche ~; eine Beschwerde ~; hat noch jemand etwas vorzubringen? **2** etwas ~ ⟨umg.⟩ *nach vorn bringen;* bring das Buch dem Lehrer ans Pult vor

vor|dem ⟨a. [-'-] Adv.; veraltet⟩ **1** *einst, in alter Zeit, früher* • **1.1** von ~ *aus alter Zeit, von früher*

vor|de|re(r, -s) ⟨Adj. 26/60⟩ **1** *vorn befindlich;* Ggs *hintere(r, -s);* die ~n Räume des Hauses; die ~n Reihen • **1.1** der vorderste Platz *der am weitesten vorn befindliche P.*

Vor|der|grund ⟨m.; -(e)s; unz.⟩ **1** *dem Betrachter am nächsten liegender Teil des Raumes* • **1.1** sich in den ~ drängen ⟨fig.⟩ *die allgemeine Aufmerksamkeit (mehr od. minder rücksichtslos) auf sich ziehen* • **1.2** diese Frage rückt jetzt mehr in den ~ ⟨fig.⟩ *gewinnt jetzt an Wichtigkeit, Bedeutung* • **1.3** im ~ stehen ⟨fig.⟩ *allgemein beachtet werden, wichtiger als anderes sein;* folgende Überlegung stand im ~ • **1.4** jmdn. od. etwas in den ~ stellen ⟨fig.⟩ *hervorheben, die Aufmerksamkeit auf jmdn. od. etwas lenken* • **1.5** in den ~ treten ⟨fig.⟩ *allgemeine Beachtung erringen* • **1.6** (bei einem perspektivisch gemalten Bild) *der vordere Teil des Bildraumes*

vor|der|hand ⟨Adv.⟩ *vorläufig, einstweilen, zunächst;* ich werde ~ nichts unternehmen

Vor|der|mann ⟨m.; -(e)s, -män|ner⟩ **1** *in einer Reihe vor jmdm. Stehender od. Sitzender;* Ggs *Hintermann (1);* mein ~ • **1.1** ~ halten *sich nach dem vor einem Stehenden genau ausrichten* • **1.2** jmdn. auf ~ bringen ⟨fig.; umg.⟩ *jmdn. energisch zurechtweisen* • **1.3** etwas auf ~ bringen ⟨fig.; umg.⟩ *etwas wieder ordentlich, saubermachen;* die Wohnung auf ~ bringen

Vor|der|sei|te ⟨f.; -, -n⟩ *nach vorn bzw. oben gelegene Seite;* die ~ eines Buches, Hauses, einer Münze

vor|drin|gen ⟨V. 122/411(s.)⟩ *nach vorn dringen, vorwärtsdringen, eindringen in, vorstoßen;* in unbekanntes, unerforschtes Gebiet ~; er drang mit seiner Beschwerde bis zum Chef vor; die Truppen drangen bis über den Fluss vor; in ein Wissensgebiet ~ ⟨fig.⟩

vor|dring|lich ⟨Adj.⟩ *bes. dringlich, bes. wichtig, vor anderen (zu berücksichtigen);* eine ~e Angelegenheit; die Sache muss ~ behandelt werden

vor|ei|lig ⟨Adj.⟩ *überstürzt, unüberlegt, übereilt;* ein ~er Entschluss

vor|ein|an|der *auch:* **vor|ein|an|der** ⟨Adv.⟩ *einer vor dem anderen;* sie haben keine Geheimnisse ~; ~ fliehen

vor|ein|ge|nom|men ⟨Adj.⟩ *voller Vorurteile, von vornherein für, gegen etwas od. jmdn. eingenommen*

vor|ent|hal|ten ⟨V. 160/530/Vr 5 od. Vr 6⟩ **jmdm. etwas** ~ *(widerrechtlich) nicht geben;* jmdm. sein Erbe ~

vor|erst ⟨Adv.⟩ *vorläufig, zunächst, fürs Erste, vorderhand;* bitte erzähle ~ nichts davon

Vor|fahr ⟨m.; -en, -en⟩ *Verwandter in aufsteigender Linie, z. B. Vater, Großmutter;* oV *Vorfahre;* Sy ⟨geh.⟩ *Ahne (1);* Ggs *Nachkomme*

Vor|fah|re ⟨m.; -n, -n⟩ = *Vorfahr*

Vor|fahrt ⟨f.; -; unz.⟩ Sy ⟨österr.⟩ *Vorrang,* ⟨schweiz.⟩ *Vortritt* **1** *Vorrang einer Fahrtrichtung (bei Straßenkreuzungen);* die ~ beachten, verletzen **2** *das Recht, mit dem Fahrzeug vor den anderen, rechts od. links kommenden Fahrzeugen über die Kreuzung zu fahren;* sich die ~ erzwingen; der Radfahrer hat ~; wer hat hier ~?

Vor|fall ⟨m.; -(e)s, -fäl|le⟩ **1** *Ereignis, Begebenheit, Geschehnis, Vorkommnis;* dieser ~ veranlasste uns ...; ein heiterer, peinlicher, unangenehmer ~ **2** ⟨Med.⟩ *Hervortreten eines im Körperinneren gelegenen Organs od. Gewebes, Prolaps;* Gebärmutter~; Bandscheiben~

vor|fal|len ⟨V. 131/400(s.)⟩ **1** *etwas fällt vor geschieht, ereignet sich;* was ist vorgefallen?; er tat, als ob nichts vorgefallen wäre **2** ⟨umg.⟩ *nach vorn fallen* • **2.1 innere Organe** fallen vor *treten hervor*

vor|fin|den ⟨V. 134/500 od. 510⟩ **jmdn. od. etwas ~** *(an einem Ort) finden (wenn man hinkommt), antreffen;* als ich kam, fand ich ihn schon vor; ich fand eine große Unordnung vor; ich fand die Kinder in einem unbeschreiblichen Zustand vor

vor|füh|ren ⟨V. 503⟩ **1 jmdn.** (**jmdm.**) ~ *vor jmdn. führen;* jmdn. dem Arzt, dem Richter ~ **2 jmdn.** od. **etwas** ~ *zeigen, vorstellen;* ich werde dir mein neues Kleid ~ • **2.1** etwas ~ • **2.1.1** *öffentlich zeigen;* er führte seine dressierten Hunde vor; ein Kunststück ~; ein Theaterstück ~ • **2.1.2** *auf eine Leinwand werfen, projizieren (2);* einen Film, Dias ~

Vor|gang ⟨m.; -(e)s, -gän|ge⟩ **1** *Geschehen, Ablauf, Hergang;* Natur~; jmdm. einen ~ schildern; ein biologischer, technischer ~ **2** *Akte, in der ein Fall festgehalten ist;* bitte geben Sie mir den ~ XY

Vor|gän|ger ⟨m.; -s, -⟩ *jmd., der jmdm. in etwas (z. B. im Amt) vorangegangen ist, der früher dasselbe getan hat*

Vor|gän|ge|rin ⟨f.; -, -rin|nen⟩ *weibl. Vorgänger*

vor|ge|ben ⟨V. 143⟩ **1** ⟨500⟩ **etwas** ~ *nach vorn geben;* die Klassenarbeiten ~ **2** ⟨530⟩ **jmdm. etwas** ~ *geben, dass er eine günstigere Ausgangsposition hat;* jmdm. fünf Meter, fünf Punkte ~ • **2.1** jmdm. eine **Zeit** (für einen Auftrag) ~ *eine Z. bestimmen, in der ein A. erledigt sein muss* **3** ⟨480⟩ *bewusst fälschlich behaupten;* er gab vor, krank gewesen zu sein

vor|ge|hen ⟨V. 145/400(s.)⟩ **1** *nach vorn gehen;* die Schüler mussten der Reihe nach ~ (an die Tafel) • **1.1** ⟨Mil.⟩ *vorrücken, vorstoßen/erkl>* **2** *als Erster gehen, (mit einem Vorsprung) vor jmdm. gehen;* bitte geh doch vor, ich komme gleich nach ~; ~ lassen *jmdn. den Vortritt lassen, ihn vorangehen lassen* **3** die **Uhr** geht vor *geht zu schnell, zeigt die Zeit zu früh an;* meine Uhr geht fünf Minuten vor **4** *etwas geht vor geschieht* • **4.1** hier geht irgendetwas vor *hier stimmt etwas nicht, hier ist etwas anders als sonst* **5** ⟨413⟩ *(in einem bestimmten Fall) handeln (gegen jmdn. od. etwas) angehen;* energisch, rücksichtslos ~; gegen jmdn. gerichtlich ~; wie sollen wir hier ~?; ich kann sein Vorgehen nicht billigen **6** *den Vorrang haben, wichtiger sein;* die Gesundheit, Arbeit geht vor

Vor|ge|schmack ⟨m.; -(e)s; unz.; fig.⟩ *Probe von etwas Kommendem;* der Nikolaustag gibt den Kindern einen ~ des Weihnachtsfestes

Vor|ge|setz|te(r) ⟨f. 2 (m. 1)⟩ *im Amt, im Dienst Höhergestellte(r), jmd., dessen dienstliche Anordnungen man befolgen muss*

vor|ges|tern ⟨Adv.⟩ **1** *am Tage vor gestern;* ~ Abend **2 von** ~ ⟨fig.; umg.⟩ *veraltet, altmodisch;* Anschauungen von ~

vor|grei|fen ⟨V. 158/600⟩ **1** *einer* **Sache** ~ *zuvorkommen, die Wirkung einer S. nicht abwarten;* Ich möchte Ihrer Entscheidung nicht ~, aber darf ich schon sagen, dass …? **2** *jmdm.* ~ *jmds. Handlung, Entscheidung vorwegnehmen, sie nicht abwarten*

vor|ha|ben ⟨V. 159/500⟩ **1** *eine* **Sache** ~ *planen, beabsichtigen, tun wollen;* ich habe vor, ihn morgen aufzusuchen; wenn du morgen nichts Besseres vorhast, könnten wir ins Kino gehen; eine Reise ~; ich habe heute Abend etwas, nichts vor **2** *etwas* ~ ⟨umg.⟩ *vorgebunden haben, als Schutz vor sich haben;* sie hat eine Schürze vor

Vor|ha|ben ⟨n.; -s, -⟩ *Plan, Unternehmen, Absicht;* sein ~ ändern; sein ~ durchführen

vor|hal|ten ⟨V. 160⟩ **1** ⟨503/Vr 5⟩ **(jmdm.) etwas** ~ *etwas vor jmdn. halten;* einem Tier Futter ~; ich hielt mir vor dem Spiegel den Stoff vor, um die Wirkung zu prüfen; mit vorgehaltenem Gewehr in ein Haus eindringen; hinter der vorgehaltenen Hand lachen, gähnen **2** ⟨530/Vr 6⟩ **jmdm. etwas** ~ ⟨fig.⟩ *zum Vorwurf machen, vorwerfen;* jmdm. seine Unpünktlichkeit, seine Fehler ~ **3** ⟨400⟩ **etwas hält vor** ⟨umg.⟩ *reicht (aus);* dieser Vorrat wird lange ~ • **3.1** die Erholung wird lange ~ *wird lange wirken*

vor|han|den ⟨Adj. 24/70⟩ *da, verfügbar, vorrätig;* ~ sein; von den Waren, Vorräten ist nichts mehr ~; hier sind reiche Bodenschätze ~

Vor|hang ⟨m.; -(e)s, -hän|ge⟩ **1** *Stück Stoff, das vor etwas, bes. vor Fenster, gehängt wird;* die Vorhänge auf-, zuziehen, zurückziehen, auf-, zumachen **2** *große Stoffbahnen, mit denen im Theater die Bühne gegen den Zuschauerraum hin verschlossen werden kann;* →a. *eisern (1.4);* der ~ geht auf, fällt, schließt sich, öffnet sich; vor den ~ treten • **2.1** es gab viele Vorhänge ⟨umg.⟩ *die Künstler mussten sich am Schluss der Vorstellung oft dem beifallspendenden Publikum zeigen;* →a. *eisern (2.4)*

vor|her ⟨Adv.⟩ **1** *früher, davor, zuvor, bevor etwas geschieht od. geschehen ist;* das hättest du mir doch ~ sagen können; lang, kurz ~; am Tage ~ • **1.1** *im Voraus;* ein Hotelzimmer drei Monate ~ bestellen

vor|her|ge|hen ⟨V. 145/600(s.)⟩ **1** *etwas geht einer Sache vorher geht einer Sache voran, geschieht früher* • **1.1** ⟨Part. Präs.⟩ ~d *unmittelbar vorher geschehend;* am ~den Tag; das Vorhergehende nicht erwähnen • **1.2** im Vorhergehenden *weiter oben (im Text)*

Vor|herr|schaft ⟨f.; -; unz.⟩ *Vorrangstellung, Übergewicht, politisch führende Rolle;* Preußen u. Österreich kämpften lange um die ~ in Europa

vor|herr|schen ⟨V. 400 od. 410⟩ *die Vorherrschaft innehaben, überwiegen;* in dieser Landschaft herrscht Laubwald, Nadelwald vor; die ~de Meinung ist die, dass …; die damals ~de Mode

vor|her|sa|gen ⟨V. 500⟩ *etwas* ~ *voraussagen, prophezeien, ankündigen;* schlechtes Wetter ~

vor|her|se|hen ⟨V. 239/500⟩ *eine* **Sache** ~ *voraussehen;* diese Entwicklung konnte man nicht ~

vor|hin ⟨Adv.⟩ *kürzlich, eben erst;* ich habe ihn ~ gesehen

vor|hin|ein *auch:* **vor|hi|nein** ⟨Adv.; nur in der Wendung⟩ im Vorhinein *von vornherein, im Voraus;* sie hat die Festtafel schon im Vorhinein gedeckt

Vor|hut ⟨f.; -, -en; Mil.⟩ *vorausgeschickte Sicherungstruppe*

vo|rig ⟨Adj. 24⟩ **1** ⟨60⟩ *vorhergehend, früher, vergangen;* ~es Jahr; im ~en Jahrhundert; das ~e Mal; ~e Woche • **1.1** ~en Jahres ⟨Abk.: v. J.⟩ *des letzten Jahres* • **1.2** ~en Monats ⟨Abk.: v. M.⟩ *des letzten Monats* • **1.3** im Vorigen *wurde gesagt, dass … weiter vorher* • **1.4** die Vorigen ⟨in Regieanweisungen⟩ *die Personen des vorhergehenden Auftritts* **2** ⟨umg.; schweiz.⟩ *übrig;* er hat es ~ gelassen; das Geld ist ~ • **2.1** ⟨40⟩ jmd. ist ~ *überflüssig;* ich bin ~

Vor|kämp|fer ⟨m.; -s, -⟩ *jmd., der für etwas Zukünftiges kämpft*

Vor|kämp|fe|rin ⟨f.; -, -rin|nen⟩ *weibl. Vorkämpfer*

Vor|keh|rung ⟨f.; -, -en⟩ *vorsorgliche Anordnung, Maßnahme;* ~en treffen

vor|kom|men ⟨V. 170(s.)⟩ **1** ⟨400⟩ *nach vorn kommen;* komm vor und schreib es an die Tafel! **2** ⟨400⟩ *zum Vorschein kommen, (aus einem Versteck) hervorkommen;* du kannst jetzt ~ **3** ⟨400⟩ **etwas** kommt vor *geschieht, ereignet sich;* es kommt immer wieder vor, dass …; es kann durchaus ~, dass …; das soll nicht wieder ~!; das kommt häufig, selten vor • **3.1** so etwas kann ~ *so etwas erlebt man öfter* • **3.2** so etwas ist mir noch nicht vorgekommen *so etwas habe ich noch nie erlebt* • **3.3** das kommt in den besten Familien vor ⟨umg.; scherzh.⟩ *das ist nicht so schlimm, das kann jedem einmal passieren* **4** ⟨400⟩ **etwas** kommt vor *findet sich, ist vorhanden;* diese Tiere, Pflanzen kommen nur in den Tropen vor; wo kommen diese Mineralien sonst noch vor?; in diesem Satz kommen mehrere Adjektive vor; dieser Ausdruck kommt im Englischen oft vor **5** ⟨613/Vr 5⟩ **jmdm.** ~ *scheinen, erscheinen, einen bestimmten Eindruck bei jmdm. hervorrufen;* es kommt mir vor, als hätte ich das schon einmal gesehen, gehört; diese Frau, dieses Bild, diese Melodie kommt mir bekannt vor; das kommt mir sehr komisch, seltsam, merkwürdig, verdächtig vor • **5.1** das kommt dir nur so vor *das scheint dir nur so (in Wirklichkeit ist es nicht so)* • **5.2** er kommt sich sehr klug, sehr schlau vor *er hält sich für sehr klug, schlau* • **5.3** ich komme mir vor wie ein … *ich fühle mich wie ein …* • **5.4** wie kommst du mir denn vor? ⟨umg.⟩ *was fällt dir ein?, was denkst du dir eigentlich?*

Vor|kom|men ⟨n.; -s, -⟩ *Vorhandensein, bes. von Mineralien;* Erz~; reiches, schwaches ~ von Kohle, Silber

Vor|komm|nis ⟨n.; -ses, -se⟩ *Vorfall, Begebenheit, Zwischenfall*

vor|la|den ⟨V. 174/500⟩ jmdn. ~ *zum Erscheinen vor Gericht auffordern*

Vor|la|ge ⟨f.; -, -n⟩ **1** *Entwurf*; Gesetzes~ **2** *Muster zur Vervielfältigung*; Zeichen~ **3** *Gefäß zur Aufnahme eines destillierten Stoffes* **4** ⟨Fußb.⟩ *nach vorn genau zum Torschuss gespielter Ball* **5** ⟨Skisp.⟩ *vorgebeugte Haltung, Vorbeugen des Oberkörpers* **6** ⟨schweiz.⟩ *Matte od. kleiner Teppich, den man vor einen Raum od. ein Möbelstück legt*; Bett~, Tür~

vor|las|sen ⟨V. 175/500⟩ **1 jmdn. ~** *jmdm. Zutritt gewähren, jmdn. empfangen* **2 jmdn.** od. **etwas ~** *vorangehen, voranfahren lassen*; würden Sie mich bitte ~, ich verpasse sonst meinen Zug • **2.1** *einen Wagen ~ zuerst fahren lassen, überholen lassen*

Vor|läu|fer ⟨m.; -s, -⟩ *Person, Sache od. Erscheinung, die einer späteren bereits ähnlich ist, Vorgänger*; der ~ des Computers

Vor|läu|fe|rin ⟨f.; -, -rin|nen⟩ *weibl. Vorläufer*

vor|läu|fig ⟨Adj. 24⟩ **1** *einstweilig, vorübergehend, provisorisch*; eine ~e Anordnung, Entscheidung, Verfügung **2** *einstweilen, zunächst, fürs Erste, bis auf weiteres*; das können wir ~ so lassen, so machen

vor|laut ⟨Adj.⟩ **1** ⟨urspr. nur Jägerspr.⟩ *zu früh anschlagend, zu früh Laut gebend*; der Hund ist ~ **2** ⟨danach fig.⟩ *dreist redend, ohne gefragt zu sein, sich überall einmischend, naseweis*; ein ~es Kind; sei nicht so ~!

Vor|le|ben ⟨n.; -s, -⟩ *früheres Leben, bisheriges Leben*; das ~ des Angeklagten; Erkundigungen über jmds. ~ einziehen; ich kenne sein ~ genau

vor|le|gen ⟨V. 500⟩ **1** etwas ~ *vor etwas legen*; einen Stein, einen Klotz ~ (vor das Wagenrad, die Tür) • **1.1** ein Schloss ~ *vorhängen, vor die Tür hängen* **2** ⟨530⟩ **jmdm. etwas ~** *zum Essen auf den Teller legen*; jmdm. Fleisch, Gemüse ~ **3** ⟨530⟩ **jmdm. etwas ~** *etwas vor jmdn. zum Ansehen, Auswählen, Unterschreiben u. a. hinlegen*; einem Kunden Waren ~; jmdm. eine Arbeit zur Prüfung ~; jmdm. einen Brief zur Unterschrift ~ • **3.1** jmdm. eine Frage ~ *jmdm. eine Frage stellen, jmdn. etwas förmlich fragen* **4** etwas ~ *vorzeigen, zeigen, vorweisen*; seinen Pass, Ausweis ~; er konnte gute Zeugnisse ~ • **4.1** er legte ein scharfes Tempo vor ⟨fig.; umg.⟩ *er begann in scharfem T., sehr schnell zu laufen, fahren*

vor|le|sen ⟨V. 179/530/Vr 6⟩ **jmdm. etwas ~** *etwas für jmdn. laut lesen*; jmdm. einen Brief ~; Kindern Märchen, Geschichten ~; jmdm. aus der Bibel ~; vorgelesen, genehmigt, unterschrieben (Formel unter gerichtl. Protokollen) ⟨Abk.: v., g., u.⟩

Vor|le|sung ⟨f.; -, -en⟩ *wissenschaftlicher Vortrag, Form des Unterrichts an Hochschulen u. Universitäten ohne Unterrichtsgespräch u. Diskussion*; Sy *Kolleg*; eine ~ belegen; ~en halten; ~en hören

vor|letz|te(r, -s) ⟨Adj.⟩ *vor dem Letzten befindlich*

Vor|lie|be ⟨f.; -, -n⟩ **1** *bes. Neigung (für)*; er hat eine ~ für alte Musik, für gutes Essen • **1.1** etwas mit ~ tun *bes. gern tun*

vor|lieb|neh|men ⟨a. [-'---] V. 189/417⟩ **mit etwas** od. **jmdm. ~**; Sy ⟨veraltet⟩ *fürliebnehmen*; *sich mit etwas od. jmdm. begnügen, zufriedengeben*; er hat mit dieser Situation vorliebgenommen

vor|lie|gen ⟨V. 180⟩ **1** ⟨600⟩ etwas liegt jmdm. vor *liegt vor jmdm. zur Bearbeitung, jmd. hat etwas vor sich liegen*; mir liegt ein Brief vom Schulamt, eine Beschwerde, Anfrage vor • **1.1** im ~den Falle *in diesem F., in dem F., den wir jetzt behandeln* **2** ⟨400⟩ **etwas liegt vor** *besteht, ist vorhanden*; liegt irgendetwas Besonderes vor?; es liegt kein Grund zur Besorgnis vor • **2.1** es liegt nichts Neues vor *es ist nichts Neues dazugekommen* • **2.2** was liegt gegen ihn vor? *was wirft man ihm vor?*

vorm ⟨Verschmelzungsform aus Präp. u. Art.⟩ *vor dem*

vor|ma|chen ⟨V. 530/Vr 5 od. Vr 6⟩ **jmdm. etwas ~ 1** *jmdm. zeigen, wie etwas gemacht wird*; mach es bitte den andern, mach es mir einmal vor! **2** *vorspiegeln, vortäuschen*; du kannst mir doch nichts ~!; er lässt sich nichts ~, von niemandem etwas ~

Vor|macht ⟨f.; -; unz.⟩ *Vorherrschaft, führende politische Stellung*

vor|mals ⟨Adv.Abk.: vorm.⟩ *ehemals, früher*; Schulze vorm. Krause (auf Firmenschildern)

vor|mer|ken ⟨V. 500/Vr 7⟩ **jmdn.** od. **etwas ~** *für eine spätere Berücksichtigung aufschreiben, notieren (3)*; sich für einen Lehrgang, einen Ausflug, einen Termin ~ lassen

Vor|mit|tag ⟨m.; -(e)s, -e⟩ *Zeitraum vom Morgen bis zum Mittag*; des ~s; heute, morgen Vormittag; am ~; am Montagvormittag; eines Vormittags; im Laufe des ~s; →a. *Abend*

vor|mit|tags ⟨Adv.; Abk.: vorm.⟩ *am Vormittag*; montags ~, montagvormittags, →a. *abends*

Vor|mund ⟨m.; -(e)s, -e od. -mün|der⟩ *amtlich bestellter Vertreter, Betreuer von Minderjährigen (bes. Waisen), Entmündigten usw.*

Vor|mund|schaft ⟨f.; -, -en⟩ *gesetzliche Vertretung von, Fürsorge für Minderjährige, entmündigte Erwachsene usw.*; die ~ für, über jmdn. übernehmen; jmdm. die ~ für, über jmdn. übertragen; unter ~ stehen; jmdn. unter ~ stellen

vorn ⟨Adv.⟩ oV *vorne* **1** *an vorderer Stelle, an der Spitze, obenan*; die Mütze liegt gleich ~ (links, rechts) im Schrank; ~ marschieren, sitzen, stehen • **1.1** von ~ *von Anfang an*; etwas (noch einmal) von ~ anfangen **2** *an, nach, von der Vorderseite*; er bekam einen Schlag, Schuss von ~ • **2.1** das Zimmer liegt nach ~ hinaus *mit den Fenstern zur Straßenseite* **2.2** es reicht, langt nicht ~ und nicht hinten ⟨fig.; umg.⟩ *es fehlt überall, es reicht überhaupt nicht* • **2.3** von ~ bis hinten ⟨fig.; umg.⟩ *ganz gründlich*

Vor|na|me ⟨m.; -ns, -n⟩ *persönlicher Name, Taufname*; bitte alle ~n angeben (auf Formularen); jmdn. beim ~n nennen

vor|ne ⟨Adv.; umg.⟩ = *vorn*

vor|nehm ⟨Adj.⟩ **1** *von edler Abstammung, von höherem Stand* • **1.1** die ~e Welt ⟨fig.; umg.⟩ *die höheren Gesellschaftsschichten* **2** *edel, anständig, großzügig, hochherzig*; eine ~e Gesinnung; ein ~er Mensch; ein ~es Wesen **3** *elegant u. geschmackvoll, kostbar u. geschmackvoll*; er ist sehr ~; eine ~ eingerichtete Wohnung; ~ gekleidet **4** ⟨60; nur Superlativ; geh.⟩

hauptsächlich, wichtig, maßgebend; meine ~ste Aufgabe, Pflicht

vor|neh|men ⟨V. 189/500⟩ **1** etwas ~ *vorbinden, umbinden;* eine Schürze, Serviette ~ **2** jmdn. ~ ⟨umg.⟩ *bevorzugt abfertigen;* einen Kunden im Laden ~; einen Patienten beim Arzt ~ **3** ⟨503/Vr 5⟩ (sich) etwas ~ *sich mit etwas (zu) beschäftigen (beginnen);* (sich) ein Buch ~; (sich) eine Arbeit ~ **4** ⟨530/Vr 1⟩ **sich jmdn.** ~ ⟨fig.; umg.⟩ *jmdn. zu sich rufen u. ihn ermahnen* **5** ⟨530/Vr 1⟩ **sich etwas** ~ *den Entschluss zu etwas fassen, etwas tun wollen, die Absicht haben, etwas zu tun;* ich habe mir vorgenommen, ab sofort mit dem Rauchen aufzuhören; ich habe mir zu viel vorgenommen (und kann nicht alles erledigen) • **5.1** hast du dir für morgen schon etwas vorgenommen? hast du morgen etwas vor, hast du schon einen Plan, was du morgen tun willst? • **5.2** ich möchte mir heute nichts ~ *ich möchte heute nicht ausgehen u. keinen Besuch haben* **6** etwas ~ *etwas ausführen, tun;* eine Änderung ~

vor|nehm|lich ⟨Adv.⟩ *besonders, vor allem;* alle Kinder, ~ die kleineren

vorn|her|ein auch: **vorn|he|rein** ⟨Adv.; nur in der Wendung⟩ von ~ *von Anfang an, sofort*

vorn|über ⟨Adv.⟩ *nach vorn*

vorn|über|fal|len ⟨V. 131/400(s.)⟩ *nach vorn fallen*

vorn|über|kip|pen ⟨V. 400(s.)⟩ *nach vorn kippen*

vorn|weg ⟨Adv.⟩ *vorn, als Erste(r), als Erstes, zuerst, voran;* ~ laufen

Vor|ort ⟨m.; -(e)s, -e⟩ **1** *äußerer Stadtteil* **2** ⟨schweiz.⟩ *Vorstand einer überregionalen Körperschaft*

Vor|rang ⟨m.; -(e)s; unz.⟩ **1** *die höhere, wichtigere Stellung;* einer Sache den ~ geben, ihm gebührt der ~; jmdm. den ~ streitig machen **2** *Vortritt;* jmdm. den ~ lassen **3** ⟨österr.⟩ = *Vorfahrt*

Vor|rat ⟨m.; -(e)s, -rä|te⟩ **1** *für späteren Bedarf Aufgespeichertes, Aufgehobenes, Reservoir (2); Geld~, Waren~;* der ~ ist erschöpft; solange der ~ reicht; einen großen, kleinen, reichlichen ~ von etwas haben; ~ an Lebensmitteln, Kohlen • **1.1** etwas auf ~ kaufen *etwas kaufen, um es für späteren Bedarf aufzuheben*

Vor|recht ⟨n.; -(e)s, -e⟩ *Sonderrecht, Vergünstigung, Privileg*

vor|rich|ten ⟨V. 500⟩ etwas ~ *vorbereitend zurichten, herrichten;* ein Zimmer ~ lassen; alles fürs Mittagessen ~

Vor|rich|tung ⟨f.; -, -en⟩ **1** *Zusammenstellung von einzelnen Teilen, die so angeordnet sind, dass sie zusammenwirkend einen bestimmten Zweck erfüllen* **2** *ein dem zu bearbeitenden Werkstück angepasstes Hilfsmittel der Fertigungstechnik* **3** ⟨Bgb.⟩ *das Auffahren von Grubenbauen innerhalb einer Lagerstätte zur unmittelbaren Vorbereitung eines Abbaues*

vor|rü|cken ⟨V.⟩ **1** ⟨500⟩ etwas ~ *nach vorn rücken, nach vorn schieben;* einen Schrank, Tisch ~ • **1.1** einen Stein (im Brettspiel) ~ *in Richtung zum Spielgegner setzen* **2** ⟨400(s.)⟩ *sich nach vorne bewegen;* bitte rücken Sie ein wenig vor, dass ich hier durchkomme! • **2.1** die **Zeiger** der **Uhr** rücken vor *bewegen sich in Uhrzeigerrichtung* • **2.2 Truppen** rücken vor *sind auf dem Vormarsch* **3** ⟨400(s.)⟩ die **Zeit** rückt vor *es wird später* • **3.1** zu vorgerückter **Stunde** *zu später S., um od. kurz vor Mitternacht* • **3.2** in vorgerücktem **Alter** *in höherem A.*

vors ⟨Verschmelzungsform aus Präp. u. Art.⟩ *vor das*

vor|sa|gen ⟨V.⟩ **1** ⟨530⟩ jmdm. etwas ~ *zum Nachsagen vorsprechen;* er sagte ihm den Text vor • **1.1** ⟨Vr 1⟩ sich etwas ~ *etwas (wiederholt) vor sich hin sprechen* **2** ⟨602; Schülerspr.⟩ jmdm. (etwas) ~ *durch Zuflüstern der Antwort unerlaubt helfen*

Vor|satz ⟨m.; -es, -sät|ze⟩ **1** *feste Absicht, festes Vorhaben;* den ~ fassen, etwas zu tun; ich habe den (festen) ~, es zu tun; gute Vorsätze fassen; bei seinem ~ bleiben; jmdn. in seinem ~ bestärken; →a. *Weg (9.2)* **2** ⟨Rechtsw.⟩ *bewusstes Wollen einer Straftat; etwas mit* ~ tun **3** ⟨Buchw.⟩ *Doppelblatt, dessen eine Hälfte auf die Innenseite des Buchdeckels geklebt wird u. dessen andere Hälfte beweglich bleibt*

vor|sätz|lich ⟨Adj. 24⟩ *mit Vorsatz (2), absichtlich;* jmdn. ~ töten

Vor|schau ⟨f.; -, -en⟩ **1** *vorausschauender Überblick* • **1.1** ⟨Film, Fernsehen⟩ *zusammenfassender Überblick über kommende Sendungen od. Programme*

Vor|schein ⟨m.; -s; unz.; nur in den Wendungen⟩ **1** zum ~ bringen *erscheinen lassen, sichtbar machen, hervorholen u. zeigen;* er griff in die Tasche u. brachte einen Apfel zum ~ **2** zum ~ kommen *sichtbar werden, erscheinen, deutlich werden, erkennbar werden;* als er das Paket öffnete, kam ein bunter Ball zum ~; dabei kam seine ganze Habgier zum ~

vor|schie|ben ⟨V. 214/500⟩ **1** etwas ~ *nach vorn schieben, vorwärtsschieben;* den Spielstein um ein Feld ~ • **1.1 Truppen** ~ *langsam vorrücken lassen* **2** etwas ~ *vor etwas schieben;* den Riegel ~ **3** eine **Sache** ~ *vorschützen, als angeblichen Grund nennen;* eine Krankheit, Verabredung ~ (um etwas nicht tun zu müssen) **4** ⟨Vr 8⟩ jmdn. ~ *für sich handeln lassen, um selbst im Hintergrund zu bleiben*

vor|schie|ßen ⟨V. 215⟩ **1** ⟨530⟩ jmdm. **Geld** ~ *als Vorschuss geben, als Teil einer Zahlung bereits vorher geben;* er schoss ihm ein Startkapital von 20.000 € vor **2** ⟨400(s.); umg.⟩ *(vor den anderen) nach vorn stürzen, laufen;* er kam plötzlich aus seinem Versteck vor ist vorgeschossen

Vor|schlag ⟨m.; -(e)s, -schlä|ge⟩ **1** *Äußerung, in der eine Möglichkeit aufgezeigt wird, wie etwas gehandhabt werden kann, Anregung, Rat, Anerbieten, Angebot;* einen ~ annehmen, ablehnen, zurückweisen; jmdm. einen ~ machen; hast du einen besseren ~?; kannst du einen besseren ~ machen?; ein guter, praktischer, vernünftiger ~; auf ~ von Herrn X; ein ~ zur Güte ⟨umg.⟩ • **1.1** etwas in ~ bringen ⟨geh.⟩ *vorschlagen* • **1.2** ist das ein ~? ⟨umg.⟩ *bist du damit einverstanden?* **2** *erster Schlag (beim Hämmern, Schmieden usw.)* **3** *leerer Raum oben auf der ersten Seite eines Buches od. eines Kapitels* **4** ⟨Mus.⟩ *einem Melodieton zur Verzierung vorausgeschickter kurzer Nebenton, Appoggiatura* **5** ⟨schweiz.⟩ *(rechnerischer) Gewinn;* die Staatsrechnung schließt mit einem ~ von 100 000 Franken ab

vor|schla|gen ⟨V. 218/500⟩ **1** etwas ~ *empfehlen, raten, als Möglichkeit nennen;* ich schlug ihm vor, dass ... **2** ⟨505⟩ *jmdn.* **(für etwas)** ~ *als geeignet empfehlen, ins Gespräch bringen;* er wurde für das Präsidentenamt vorgeschlagen

vor|schnell ⟨Adj. 24⟩ *voreilig, übereilt, unüberlegt;* eine ~e Antwort; ein ~es Urteil; ~ antworten, handeln, urteilen

vor|schrei|ben ⟨V. 230/503⟩ ⟨jmdm.⟩ etwas ~ **1** *als Muster für jmdn. schreiben;* Kindern einen Buchstaben ~ **2** ⟨fig.⟩ *befehlen, sagen, dass od. wie es getan werden muss, angeben, bestimmen;* die Gesetze schreiben vor ...; jmdm. Bedingungen ~; ich lasse mir von dir nichts ~; sich bei einem Medikament an die vorgeschriebene Dosis, Menge halten; den vorgeschriebenen Weg einhalten; es ist vorgeschrieben, es so zu machen • **2.1 Preise** ~ ⟨fig.⟩ *amtlich festsetzen*

vor|schrei|ten ⟨V. 232/400(s.)⟩ **1** eine **Sache** schreitet vor *entwickelt sich weiter;* die Arbeit schreitet zügig vor • **1.1** die Zeit, Stunde war schon vorgeschritten, als ... *es war schon spät, als* ... • **1.2** im vorgeschrittenen Alter *in nicht mehr jungen Jahren* • **1.3** zu vorgeschrittener Stunde *zu später S.*

Vor|schrift ⟨f.; -, -en⟩ *Anordnung, Bestimmung;* die ~(en) beachten, befolgen, einhalten, übertreten, verletzen; sich nach den ~en richten, sich an eine machen; es ist ~, nach 22 Uhr niemanden mehr einzulassen; ärztliche, gesetzliche, polizeiliche ~; sich an die ~en halten; ein Medikament nach ~ einnehmen; ich muss mich nach meinen ~en richten

Vor|schub ⟨m.; -(e)s; unz.⟩ **1** *Maß der Vorwärtsbewegung eines Werkzeugs* **2** ⟨nur in der Wendung⟩ einer **Sache** ~ **leisten** *eine S. begünstigen*

Vor|schuss ⟨m.; -es, -schüs|se⟩ *im Voraus geleisteter Teil einer Zahlung, bes. des Gehalts, Lohns;* einen ~ erhalten; um ~ bitten

vor|schüt|zen ⟨V. 500⟩ eine **Sache** ~ *vorgeben, zum Vorwand nehmen;* dringende Arbeiten ~; eine Erkältung ~

vor|schwe|ben ⟨V. 600⟩ jmdm. schwebt etwas vor *jmd. hat etwas im Sinn, stellt sich etwas vor;* mir schwebt dabei etwas Bestimmtes vor

vor|se|hen ⟨V. 239/500⟩ **1** jmdn. od. etwas ~ *in Aussicht nehmen;* jmdn. für einen Posten, zu einem Amt ~; die Feier ist für den 21. 12. vorgesehen **2** ⟨Vr 3⟩ **sich** ~ *sich in Acht nehmen;* bitte sieh dich vor, damit du nicht fällst, dich nicht erkältest; sich vor jmdm. ~; sich vor einem Loch im Boden ~

Vor|se|hung ⟨f.; -; unz.⟩ *göttliche Leitung der Geschicke, Schicksal;* die ~ hat es mir so bestimmt

vor|set|zen ⟨V. 500⟩ **1** etwas ~ *vor etwas setzen;* einem Wort eine Silbe ~; einer Note ein Kreuz, ein b ~ **2** etwas ~ *nach vorn setzen, vorwärtssetzen, vorrücken;* einen Stein (im Brettspiel) ~; den rechten, linken Fuß ~ **3** ⟨530⟩ jmdm. etwas (zu essen, zu trinken) ~ *etwas vor jmdn. hinstellen, jmdm. etwas anbieten;* wir müssen unserem Gast etwas ~; wir bekamen nichts weiter als ein belegtes Brot vorgesetzt; ich habe gar nichts da, was ich Ihnen ~ könnte

Vor|sicht ⟨f.; -; unz.⟩ **1** *Klugheit gegenüber einer Gefahr, Besonnenheit;* ~ walten lassen; etwas mit besonderer ~ tun • **1.1** ~ ist die Mutter der Weisheit ⟨Sprichw.⟩ *um weise zu sein, muss man auch vorsichtig sein* • **1.2** ~ ist die Mutter der Porzellankiste ⟨umg.; scherzh.⟩ *man muss immer vorsichtig sein, damit man nichts zerstört* • **1.3** ~ ist besser als Nachsicht ⟨Sprichw.; umg.; scherzh.⟩ *man muss Gefahren beizeiten bedenken, nicht erst, wenn es zu spät ist* **2** *das Achtgeben, Achtsamkeit, Bedacht, Bedachtsamkeit, Behutsamkeit;* hier ist (äußerste, größte) ~ geboten; ich kann das nur mit aller ~ sagen; dieser Schnaps ist mit ~ zu genießen (weil er sehr scharf ist) ⟨umg.⟩ • **2.1** er ist mit ~ zu genießen ⟨umg.; scherzh.⟩ *bei ihm muss man sehr vorsichtig sein, er wird leicht zornig* • **2.2** ~ üben *vorsichtig sein, achtgeben* • **2.3** ~! ⟨Warnruf⟩ Achtung!, Obacht geben!; ~, Glas! (Aufschrift auf Kisten); ~, Stufe! (Aufschrift vor Treppenstufen); ~, zerbrechlich! (Aufschrift auf Kisten)

vor|sich|tig ⟨Adj.⟩ *mit Vorsicht, besonnen, behutsam;* etwas ~ anfassen; ~ an etwas herangehen; hier erscheint eine ~e Handlungsweise angebracht

Vor|sil|be ⟨f.; -, -n; Sprachw.⟩ = *Präfix*

Vor|sitz ⟨m.; -es, -e⟩ *Leitung (eines Vereins, einer Sitzung);* den ~ haben

Vor|sit|zen|de(r) ⟨f. 2 (m. 1); Abk.: Vors.⟩ *jmd., der den Vorsitz hat, Präsident* (1-2)

Vor|sor|ge ⟨f.; -; unz.⟩ **1** *vorausschauende Fürsorge, vorsorgliche Maßnahme;* ~ tragen, treffen; ~ fürs Alter treffen • **1.1** zur ~ *vorsichtshalber, vorsorglich*

vor|sor|gen ⟨V. 405⟩ **(für etwas)** ~ *vorsorgliche Maßnahmen treffen, sich vorausschauend auf etwas vorbereiten;* für sein Alter, für die Zukunft ~

Vor|spann ⟨m.; -(e)s, -e⟩ **1** *Zugtiere vor dem eigentlichen Gespann* **2** ⟨Film, Fernsehen⟩ *einem Film bzw. einer Sendung vorangestellte Angaben über Titel, Hersteller, Darsteller u. Ä.* **3** *Einleitung eines Presseartikels, Aufhänger*

vor|spie|geln ⟨V. 530/Vr 5 od. Vr 6⟩ **jmdm. etwas** ~ *vortäuschen, jmdn. etwas glauben machen wollen;* jmdm. eine Krankheit ~

Vor|spiel ⟨n.; -(e)s, -e⟩ **1** *musikalische Einleitung;* Sy *Ouvertüre* (1) **2** *einleitende Szenen vor dem eigentl. Schauspiel* **3** ⟨fig.⟩ *der Anfang;* das war erst das ~! **4** ⟨fig.⟩ *Austausch von Zärtlichkeiten vor dem Geschlechtsverkehr*

vor|spie|len ⟨V.⟩ **1** ⟨602⟩ **jmdm. (etwas)** ~ *vor jmdm. auf einem Instrument spielen, vor Zuhörern musizieren od. Theater spielen;* jmdm. ~ (um sich prüfen zu lassen) **2** ⟨530/Vr 6⟩ **jmdm. etwas** ~ *auf einem Instrument spielend od. ein Theaterstück spielend vorführen;* eine Melodie auf dem Klavier ~ • **2.1** ⟨fig.⟩ *jmdm. durch Reden od. Handlungen etwas Unwahres glauben machen;* sie hat ihm eine Ohnmacht vorgespielt

vor|spre|chen ⟨V. 251⟩ **1** ⟨530⟩ **jmdm. etwas** ~ *zum Nachsprechen deutlich vorsagen;* einem kleinen Kind ein Wort ~ **2** ⟨400 od. 602⟩ ~ **od. jmdm. (etwas)** ~ *vor jmdn. ein Stück aus einer Rolle sprechen (um sein schauspielerisches Talent unter Beweis zu stellen)*

3 ⟨411⟩ **bei jmdm.** ~ *jmdn. aufsuchen, um etwas mit ihm zu besprechen;* bei einem Rechtsanwalt ~

Vor|sprung ⟨m.; -(e)s, -sprün|ge⟩ **1** *vorspringender, herausragender Teil, z. B. eines Bauwerkes, einer Küste;* Fels~; einen ~ bilden **2** *Abstand vor dem Verfolger, vor dem Gegner od. Mitbewerber;* den ~ eines anderen aufholen, einholen; jmdm. fünf Schritte ~ geben (beim Wettlauf); einen ~ vor jmdm. gewinnen; einen ~ haben

Vor|stand ⟨m.; -(e)s, -stän|de⟩ *geschäftsführendes Organ einer Stiftung, eines Vereins od. einer Aktiengesellschaft*

vor|ste|hen ⟨V. 256⟩ **1** ⟨400⟩ **etwas** steht vor *ragt hervor, springt vor;* ein Bauteil steht vor; das Haus steht etwas vor; ~de Zähne, Backenknochen **2** ⟨600⟩ **jmdm. od. einer Sache** ~ *die Führung von jmdm. od. einer S. haben, jmdn. od. eine S. leiten;* einer Anstalt, Gemeinde, Schule ~; dem Haushalt ~ **3** ⟨400⟩ ein **Jagdhund** steht vor ⟨Jägerspr.⟩ *wittert das Wild u. bleibt in gespannter Haltung stehen*

Vor|ste|her|drü|se ⟨f.; -, -n; Anat.⟩ = *Prostata*

vor|stel|len ⟨V. 500⟩ **1** ⟨Vr 7⟩ **etwas** ~ *vor etwas stellen;* sie hatte eine spanische Wand vorgestellt **2 etwas** ~ *nach vorn stellen, vorrücken;* du kannst den Tisch noch etwas ~ • 2.1 die **Uhr** ~ *den Zeiger nach vorn verrücken* **3** ⟨530/Vr 7 od. Vr 8⟩ **jmdn.** einem **anderen** ~ *jmdn. mit einem anderen bekanntmachen;* darf ich Ihnen Herrn X ~? • 3.1 sich (jmdm.) ~ *sich (mit jmdm.) bekanntmachen, (jmdm.) seinen Namen nennen;* darf ich mich ~: Hans X; sich bei jmdm., in einem Betrieb ~ (um sich wegen einer Anstellung zu erkundigen) **4** ⟨530/Vr 1⟩ **sich etwas** ~ ⟨fig.⟩ *etwas in seiner Vorstellung sehen, sich etwas (aus)denken;* stellen Sie sich meine Überraschung vor!; kannst du dir das ~?; kannst du dir so eine Frechheit ~?; das kann ich mir gut, lebhaft ~ • 4.1 das kann ich mir nicht ~ ⟨fig.⟩ *das glaube ich nicht recht* **5 etwas** ~ ⟨fig.⟩ *bedeuten, sein;* was soll das Bild ~?; der „Puck" im „Sommernachtstraum" stellt einen Waldgeist vor • 5.1 er stellt etwas vor ⟨fig.⟩ *er hat eine bedeutende Stellung inne, er ist eine Persönlichkeit* • 5.2 er will etwas ~, was er nicht ist ⟨fig.⟩ *er tut so, als sei er etwas Besonderes* **6** ⟨530/Vr 7⟩ **jmdm. etwas** ~ ⟨fig.⟩ *zu bedenken geben*

vor|stel|lig ⟨Adj. 46; nur in der Wendung⟩ ~ werden *Einspruch erheben, sich beschweren;* bei einer Behörde, bei jmdm. ~ werden

Vor|stel|lung ⟨f.; -, -en⟩ **1** *das Vorstellen (3), das Sichvorstellen;* bei der allgemeinen ~ habe ich den Namen nicht verstanden **2** ⟨Theat., Film⟩ *Aufführung, Darbietung;* die ~ beginnt, endet um 20 Uhr; die erste, zweite, letzte ~; eine geschlossene, öffentliche ~; die ~ am Nachmittag, am Abend; eine ~ geben ⟨Theat.⟩ **3** *Begriff, Gedanke, Bild im Bewusstsein;* ich habe davon keine ~; du machst dir keine ~, wie schwer das für mich ist; eine klare, unklare, deutliche, undeutliche, verschwommene ~ von etwas haben; sich eine ~ von etwas machen; in meiner ~ sieht das anders aus • 3.1 du machst dir keine ~ von seinem Reichtum *du ahnst nicht, wie reich er*

ist **4** ⟨Pl.; fig.; geh.⟩ *veraltet Einwände, Vorhaltungen;* jmdm. ~en machen

Vor|stoß ⟨m.; -es, -stö|ße⟩ **1** *das Vorstoßen, Vordringen, Angriff;* einen ~ in den Weltraum, in unerforschtes, unbewohntes Gebiet machen • 1.1 einen ~ machen ⟨a. fig.⟩ *einen Anliegen vorzubringen suchen* **2** *vorspringender Rand an Rädern* **3** *Tuchstreifen als Besatz von Kanten an Kleidungsstücken*

Vor|stra|fe ⟨f.; -, -n⟩ *frühere Strafe, die noch im Strafregister verzeichnet ist*

Vor|stu|fe ⟨f.; -, -n⟩ *vorbereitender Zustand, Zeit vor dem eigentl. Beginn;* die ~ einer Entwicklung

vor|täu|schen ⟨V. 500⟩ **etwas** ~ *zur Irreführung anderer heucheln, spielen, fälschlich darstellen, vorspiegeln;* Krankheit ~

Vor|teil ⟨m.; -(e)s, -e⟩ **1** *gute Eigenschaft;* Ggs *Nachteil (1);* die Sache hat den ~, dass …; die Vor- und Nachteile einer Sache gegeneinander abwägen **2** *Gewinn, Nutzen;* Ggs *Nachteil (2);* sich einen (unerlaubten) ~ verschaffen; er ist sehr auf seinen ~ bedacht; einen ~ aus etwas ziehen; das ist für dich von (großem) ~; die Lage zu seinem ~ ausnützen; seinen ~ wahrnehmen. 2.1 sich zu seinem ~ verändern *hübscher, ansehnlicher werden, angenehmer im Wesen werden* **3** im ~ *in günstiger Lage;* Ggs *Nachteil (3);* jmdm. gegenüber im ~ sein **4** ⟨Tennis⟩ *erster Punkt nach dem Einstand*

vor|teil|haft ⟨Adj.⟩ **1** *Vorteil(e) bringend, günstig;* ein ~es Angebot, Geschäft; ein ~er Kauf; etwas ~ einkaufen, verkaufen; das ist ~ für ihn **2** *alle Vorzüge od. einen bestimmten Vorzug zur Geltung bringend, günstig;* ~e Kleidung, eine ~e Farbe; sie kleidet sich sehr ~; die helle Tapete wirkt in dem dunklen Zimmer sehr ~

Vor|trag ⟨m.; -(e)s, -trä|ge⟩ **1** ⟨unz.⟩ *Art des Vortragens;* ausdrucksvoller, beseelter ~ **2** *sprachliche od. musikalische Darbietung;* ein öffentlicher ~; in einen, zu einem ~ gehen **3** *ausführliche Rede, bes. über ein wissenschaftliches Thema;* einen ~ (über Goethe) halten • 3.1 *mündliche Berichterstattung* • 3.1.1 ~ halten *Bericht erstatten* **4** ⟨Kaufmannsspr.⟩ *Restbetrag eines Kontos, Übertrag;* ~ auf neue Rechnung

vor|tra|gen ⟨V. 265/500⟩ **1 etwas** ~ *nach vorn tragen;* die Hefte einsammeln und (zum Lehrer) ~; einen Stuhl, Tisch, einen Kranken ~ **2 etwas** ~ *künstlerisch darbieten, vorsprechen, vorsingen, vorspielen;* ein Gedicht, Lied, Musikstück ~ **3** ⟨503⟩ **(jmdm.) etwas** ~ *darlegen, förmlich mitteilen;* jmdm. eine Angelegenheit, einen Beschluss ~; er hatte gestern Gelegenheit, sein Anliegen vorzutragen **4** ⟨550⟩ **etwas auf etwas** ~ ⟨Kaufmannsspr.⟩ *übertragen;* einen Betrag auf neue Rechnung ~

vor|treff|lich ⟨Adj.⟩ *ausgezeichnet, vollkommen, hervorragend, glänzend;* ~!; ein ~es Mahl; er ist ein ~er Reiter, Schwimmer; das Werk ist ihm ~ gelungen; es hat mir ~ geschmeckt; er hat den „Romeo" ~ gespielt

vor|über *auch:* **vo|rü|ber** ⟨Adv.⟩ = *vorbei*

vor|über|ge|hen *auch:* **vo|rü|ber|ge|hen** ⟨V. 145(s.)⟩ **1** ⟨800⟩ **an jmdm. od. etwas** ~ *vorbeigehen;* an etwas

vorübergehend

achtlos ~ • 1.1 daran kann man nicht ~ ⟨fig.⟩ *das muss man beachten, das fällt auf* **2** ⟨400⟩ **etwas** geht **vorüber** *geht vorbei; das Gewitter ging schnell vorüber; der Schmerz geht bald vorüber*

vor|über|ge|hend *auch:* **vo|rü|ber|ge|hend 1** ⟨Part. Präs. von⟩ *vorübergehen* **2** ⟨Adj. 24⟩ *nur kurze Zeit dauernd, anhaltend*

Vor|ur|teil ⟨n.; -(e)s, -e⟩ *vorgefasste Meinung ohne Prüfung der Tatsachen;* ein ~ gegen jmdn. od. etwas haben

Vor|wahl ⟨f.; -, -en⟩ **1** ⟨Tel.⟩ *Nummer für das Ortsnetz, die bei Ferngesprächen vor der Nummer des anderen Teilnehmers gewählt werden muss, Vorwahlnummer;* Frankfurt hat die ~ 069 **2** *Wahlgang, bei dem Kandidaten für eine zweite Wahl aufgestellt werden (z. B. bei den Präsidentschaftswahlen in den USA)*

Vor|wand ⟨m.; -(e)s, -wän|de⟩ *vorgeschobener Grund, Ausrede, Ausflucht;* ich habe keinen ~, um heute zu Hause zu bleiben; eine dringende Arbeit als ~ benutzen; dein Besuch kann mir als ~ dienen, heute Abend nicht zu dem Vortrag zu gehen; eine Einladung unter einem ~ absagen; eine Erkältung zum ~ nehmen

vor|wärts ⟨Adv.⟩ **1** *nach vorn;* Ggs *rückwärts;* zwei Schritte ~; weiter ~ • 1.1 ein großer Schritt ~ ⟨fig.⟩ *ein großer Fortschritt* • 1.2 das kann ich ~ und rückwärts ⟨fig.; umg.⟩ *das kann ich auswendig, fließend, gut*

vor|wärts||fah|ren ⟨V. 130⟩ **1** ⟨V. 400(s.)⟩ *sich mit einem Fahrzeug nach vorne fortbewegen;* der Fahranfänger ist mit dem Auto ein kurzes Stück vorwärtsgefahren **2** ⟨V. 500⟩ **etwas** ~ *ein Fahrzeug mit der Vorderseite voran fahren;* (aber) sie hat ihren Wagen vorwärts in die Garage gefahren

vor|wärts||ge|hen ⟨V. 145/400(s.)⟩ **1** *mit der Vorderseite voran gehen;* er soll vorwärtsgehen **2** *eine* **Sache** *geht vorwärts* ⟨fig.⟩ *wird besser, entwickelt sich günstig;* die Arbeit sollte besser ~; mit seiner Gesundheit, Genesung geht es jetzt vorwärts

vor|wärts||kom|men ⟨V. 170/400(s.); fig.⟩ *Erfolg haben;* im Leben ~; er ist in der Firma vorwärtsgekommen

vor|weg ⟨Adv.⟩ *im Voraus, vorher;* ~ sei gesagt ...; ~ noch eine Frage; wir müssen das ~ erledigen

vor|weg||neh|men ⟨V. 189/500⟩ eine **Sache** ~ **1** *vor dem dafür vorgesehenen Zeitpunkt erledigen* **2** *vorher sagen, gleich sagen;* um gleich das Wichtigste vorwegzunehmen, möchte ich Ihnen mitteilen, dass ...

vor|wei|sen ⟨V. 282/500⟩ **etwas** ~ **1** *hervorholen u. zeigen, zur Prüfung zeigen;* den Ausweis, Reisepass ~ **2** *unter Beweis stellen;* ausreichende Kenntnisse ~ können

vor|wer|fen ⟨V. 286/500⟩ **1** *etwas* ~ *nach vorn werfen;* den Kopf ~ **2** ⟨530⟩ **Tieren jmdn.** od. **etwas** ~ *vor Tiere jmdn.* od. *etwas zum Fressen hinwerfen;* Tieren Fleisch ~; einen Gefangenen den wilden Tieren ~ (früher als Strafe) **3** ⟨530/Vr 5 od. Vr 6⟩ **jmdm.** eine **Sache** ~ ⟨fig.⟩ *zum Vorwurf machen, tadelnd vorhalten;* er wirft mir Unpünktlichkeit, Unhöflichkeit vor • 3.1 sie haben einander nichts vorzuwerfen *einer ist nicht besser als der andere* • 3.2 ich habe mir nichts vorzuwerfen • 3.2.1 *ich habe nichts Unrechtes getan* • 3.2.2 *ich habe alles versucht, aber es gelang trotzdem nicht*

vor|wie|gen ⟨V. 287/400⟩ **1** *vorherrschen, überwiegen* • 1.1 ⟨Part. Präs.⟩ ~d *überwiegend, in erster Linie, besonders;* bei der Veranstaltung waren ~d Kinder da; in diesem Wald stehen ~d Buchen

Vor|witz ⟨m.; -es; unz.⟩ *vorlautes Wesen, dreistes Besserwissen*

vor|wit|zig ⟨Adj.⟩ **1** *vorlaut;* eine ~e Antwort geben **2** *unvorsichtig, neugierig;* ~ höhersteigen • 2.1 ⟨fig.⟩ *verfrüht, nicht der Witterung gemäß;* ein paar ~e Schneeglöckchen waren schon zu sehen

Vor|wort ⟨n.; -(e)s, -e⟩ *Vorrede, Einleitung (in einem Buch)*

Vor|wurf ⟨m.; -(e)s, -wür|fe⟩ **1** *Tadel, Rüge, Vorhaltung, Beschuldigung;* Vorwürfe gegen jmdn. erheben; jmdm. einen ~, jmdm. Vorwürfe machen; ich werde es doch tun, dann brauche ich mir später nicht den ~ zu machen, etwas versäumt zu haben; ich habe mir bittere Vorwürfe gemacht; jmdn. mit Vorwürfen überhäufen **2** *Gegenstand wissenschaftlicher od. künstlerischer Bearbeitung, Vorlage;* sich ein Werk, Thema zum ~ nehmen

Vor|zei|chen ⟨n.; -s, -⟩ **1** ⟨Math.; Zeichen: + bzw. -⟩ *plus bzw. minus, Zeichen, dass eine Zahl hinzugezählt od. abgezogen werden soll* **2** ⟨Mus.⟩ *Zeichen für die chromatische Erhöhung od. Erniedrigung eines Tones* **3** ⟨allg.⟩ *Anzeichen künftigen Geschehens, Omen (1);* ein günstiges, schlimmes, ungünstiges, untrügliches ~

vor|zei|gen ⟨V. 500⟩ etwas ~ *zur Prüfung zeigen, vorweisen, vorlegen;* den Ausweis, die Fahrkarte ~

vor|zei|ten ⟨Adv.; poet.⟩ *vor langer Zeit, einst*

vor|zei|tig ⟨Adj. 24⟩ *verfrüht, früher als vorgesehen, als erwartet, zu früh (eintretend, geschehend);* ~e Abreise, Rückkehr; den Urlaub ~ abbrechen; das Kind ist ~ geboren

vor|zie|hen ⟨V. 293/500⟩ **1** *etwas* ~ *nach vorn ziehen, hervorziehen;* etwas unter dem Schrank ~ **2** *etwas* ~ *vor etwas ziehen, zuziehen;* die Gardinen ~ **3** *jmdn.* od. **etwas** ~ *sich früher als urspr. vorgesehen mit jmdm.* od. *etwas befassen;* eine Arbeit ~ **4** *jmdn.* od. **etwas** ~ ⟨fig.⟩ *bevorzugen, lieber mögen;* ein Kind, einen Schüler ~; ich ziehe Rotwein (dem Weißwein) vor; ich ziehe es vor, zu Fuß zu gehen; ich zog es vor, schleunigst zu verschwinden • 4.1 es ist vorzuziehen, es so zu machen *es ist besser*

Vor|zug ⟨m.; -(e)s, -zü|ge⟩ **1** *gute Eigenschaft;* die Vorzüge und Nachteile einer Sache od. Person gegeneinander abwägen; das hat den ~, dass ...; er, sie hat viele Vorzüge; einer ihrer Vorzüge ist ihre Zuverlässigkeit **2** *Vergünstigung, Vorrang;* dies hat den ~ erhalten; einer Sache den ~ geben; wenn ich die Wahl habe zwischen diesem und jenem, gebe ich diesem den ~ **3** ⟨Eisenb.⟩ *vor dem fahrplanmäßigen Zug eingesetzter Entlastungszug*

vor|züg|lich ⟨Adj.⟩ *ausgezeichnet, ganz bes. gut;* er ist ein ~er Redner, Schwimmer

vo|tie|ren ⟨[vo-] V. 800; geh.⟩ **für, gegen jmdn.** od. **etwas ~** *stimmen, sich für, gegen jmdn. od. etwas aussprechen;* die Abgeordneten votierten für die Gesetzesvorlage

Vo|tiv|bild ⟨[vo-] n.; -(e)s, -er; kath. Kirche⟩ *einem Heiligen aufgrund eines Gelübdes geweihtes Bild*

Vo|tum ⟨[vo̱:-] n.; -, Vo̱|ten od. Vo̱|ta⟩ **1** = *Gelübde* **2** *Abgabe der Stimme* **3** *Äußerung einer Meinung* • **3.1** *Gutachten, Urteil;* sein ~ abgeben

Vou|cher ⟨[va̱ʊtʃə(r)] m. od. n.; -s, -; Touristik⟩ *Buchungsbestätigung*

Voy|eur *auch:* **Vo|yeur** ⟨[voaʒø̱:r], umg. [vɔɪjø̱:r] m.; -s, -e⟩ *jmd., der verborgen andere bei sexuellen Handlungen beobachtet u. dabei Befriedigung empfindet;* Sy *Spanner*

vul|gär ⟨[vul-] Adj.⟩ **1** *gemein, gewöhnlich, ordinär, derb;* ein ~es Benehmen; ~e Sprache • **1.1** ~er **Ausdruck** *meist aus dem fäkalen od. geschlechtlichen Bereich stammender A., dessen öffentliche Verwendung vom überwiegenden Teil einer Sprachgemeinschaft abgelehnt wird*

Vul|kan ⟨[vul-] m.; -s, -e⟩ **1** *Berg, durch den heiße Dämpfe u. glühende Lava an die Oberfläche dringen* • **1.1 tätiger** ~ *feuerspeiender Berg* **2** *durch Vulkanismus entstandener Berg;* erloschener ~ **3 auf** einem ~ **tanzen** ⟨fig.⟩ *mutwillig Gefahren trotzen, ein gefährliches Spiel treiben*

vul|ka|ni|sie|ren ⟨[vul-] V. 500⟩ **Naturkautschuk ~** *zur Herstellung elastischen Kautschuks mit Schwefel- o. ä. chem. Verbindungen behandeln*

Waa|ge ⟨f.; -, -n⟩ **1** *Messgerät zur Ermittlung der Masse eines Körpers* **2** ⟨fig.⟩ *Gleichgewicht* • 2.1 beides hält sich die ~ ⟨fig.⟩ *beides gleicht sich aus, beides ist gleich oft vorhanden, ist gleich viel wert* **3** *Gerät zur Bestimmung der Waagerechten*; Wasser~ **4** *ein Sternbild am südlichen Himmel, siebtes Tierkreiszeichen*

waa|ge|recht ⟨Adj. 24⟩ *so wie die beiden in gleicher Höhe schwebenden Waagschalen ausgerichtet, eben, rechtwinklig zur Senkrechten*; oV waagrecht; Sy horizontal; ~ stehen

waag|recht ⟨Adj. 24⟩ = waagerecht

Waag|scha|le ⟨f.; -, -n⟩ **1** *Schale an der Waage zum Auflegen der zu wiegenden Last bzw. der Gewichte* • 1.1 das fällt schwer in die ~ ⟨fig.⟩ *das ist wichtig, schwerwiegend, bedeutungsvoll* • 1.2 etwas in die ~ werfen ⟨fig.⟩ *bei einer Besprechung, Entscheidung geltend machen*

wab|be|lig ⟨Adj.⟩ *gallertartig, weich u. wackelnd*; oV wabblig; ein ~er Pudding

wab|beln ⟨V. 400⟩ etwas wabbelt *bewegt sich gallertartig hin u. her*

wabb|lig ⟨Adj.⟩ = wabbelig

Wa|be ⟨f.; -, -n⟩ *aus Wachszellen bestehende Wand des Bienenstocks*

wa|bern ⟨V. 400⟩ **1** etwas wabert *flackert, zuckt* **2** *sich ohne erkennbare Form ausbreiten*; Nebel wabert

wach ⟨Adj.⟩ **1** *nicht schlafend, munter*; die Nacht über ~ bleiben • 1.1 jmdn., sich ~ halten *am Einschlafen hindern*; ⟨aber⟩ →a. wachhalten • 1.2 ~ werden *aufwachen*; ⟨aber Getrennt- u. Zusammenschreibung⟩ ~ werden = wachwerden **2** ⟨fig.⟩ *aufgeweckt, geistig rege*; ein ~er Geist **3** ⟨Getrennt- u. Zusammenschreibung⟩ • 3.1 ~ liegen = *wachliegen* • 3.2 ~ rütteln = *wachrütteln* (I)

Wa|che ⟨f.; -, -n⟩ **1** *Person od. Personengruppe, die jmdn. od. etwas bewacht, Wächter, Posten*; Schild~; die ~ ziehen auf; die ~ ablösen **2** *Raum, Gebäude, in dem die Wache (1) stationiert ist* • 2.1 ⟨kurz für⟩ *Polizeiwache*; jmdn. mit auf die ~ nehmen **3** *Wachdienst*; ~ haben, stehen; jmdm. die ~ übergeben, übernehmen • 3.1 bei einem Kranken, Gefangenen, vor einem Gebäude ~ halten *wachen (2)* • 3.2 ~ schieben ⟨Soldatenspr.⟩ *Wachdienst haben* **4** *Stelle, an der sich der Posten während des Wachdienstes aufhält*; (die) ~ beziehen; auf ~ ziehen

wa|chen ⟨V.⟩ **1** ⟨400⟩ *wach sein, nicht schlafen*; die (ganze) Nacht (hindurch) ~; im Wachen und im Schlafen; halb ~d, halb träumend **2** ⟨800⟩ *auf jmdn. od. etwas achten, aufpassen*; bei einem Kranken ~

• 2.1 über etwas od. **jmdn.** (jmdm.) ~ *auf etwas od. jmdn. aufpassen, etwas od. jmdn. beschützen*; (streng) darüber ~, dass die Vorschriften befolgt werden

wach|hal|ten ⟨V. 160/500⟩ eine **Sache** ~ ⟨fig.⟩ *lebendig, rege erhalten*; jmds. Andenken ~; eine Erinnerung ~; seinen Hass, Rachedurst ~; jmds. Interesse an etwas ~; →a. *wach (1.1)*

wach|lie|gen auch: **wach lie|gen** ⟨V. 180/400(h.) od. süddt., österr., schweiz. (s.)⟩ *nicht einschlafen können*; die ganze Nacht ~

Wa|chol|der ⟨m.; -s, -; Bot.⟩ *Angehöriger einer Gattung meist strauchartiger Nadelhölzer mit schwarzblauen Beeren: Juniperus*

wach|ru|fen ⟨V. 204/500⟩ **1** jmdn. ~ *durch Rufen wecken* **2** eine **Sache** ~ ⟨fig.⟩ *(wieder) hervorrufen, ins Bewusstsein, in Erinnerung bringen*; Erinnerungen ~; seine Bemerkung hat ein Erlebnis (in mir, in meiner Erinnerung) wachgerufen; den alten Schmerz wieder ~

wach|rüt|teln auch: **wach rüt|teln** ⟨V. 500⟩ **I** ⟨Zusammen- u. Getrenntschreibung⟩ **jmdn.** wachrütteln / wach rütteln *durch Rütteln wecken*; er musste sie morgens immer wachrütteln / wach rütteln **II** ⟨nur Zusammenschreibung; fig.⟩ **jmdn.** wachrütteln *aufrütteln, aus einer seelischen, geistigen Erstarrung herausreißen*

Wachs ⟨[-ks] n.; -es, -e⟩ **1** *Bienenwachs o. ä. chem. Stoff mit dessen Eigenschaften*; ~ formen, gießen, kneten; mit ~ bestreichen, verkleben; er wurde bleich, weiß wie ~ • 1.1 er ist in ihren Händen (so weich wie) ~ ⟨fig.⟩ *er tut alles, was sie will, sie hat starken Einfluss auf ihn* • 1.2 als er ihr drohte, sie anzuzeigen, wurde sie weich wie ~ ⟨fig.⟩ *wurde sie gefügig, gab sie nach*; →a. *echt (1.2)*

wach|sam ⟨Adj. 70⟩ **1** *auf Gefahren od. Feinde achtend, aufmerksam, scharf beobachtend, vorsichtig prüfend*; ~ sein • 1.1 ein ~es Auge auf jmdn. od. etwas haben ⟨umg.⟩ *auf jmdn. od. etwas gut achtgeben, jmdn. od. etwas scharf beobachten*

wach|sen¹ ⟨[-ks-] V. 500⟩ etwas ~ *mit Wachs einreiben*; den Fußboden ~; die Skier ~

wach|sen² ⟨[-ks-] V. 277/400(s.)⟩ **1** *an Größe zunehmen*; der Junge ist im letzten Jahr ein großes Stück, tüchtig gewachsen; sich einen Bart, das Haar ~ lassen; in die Höhe, in die Breite ~ (von Pflanzen) • 1.1 sich in bestimmter Weise wachsend (1) entwickeln; der Baum ist gerade, krumm, schief gewachsen • 1.1.1 gut gewachsen sein *einen schlanken, gut gebauten Körper haben* **2** etwas wächst *gedeiht, entwickelt sich*; hier wächst viel Mais, Raps **3** etwas wächst *vermehrt sich, wird größer*; die Anforderungen sind (stark) gewachsen; die Einwohnerzahl, der Viehbestand ist gewachsen **4** etwas wächst *wird stärker, intensiver*; seine Energie wächst mit seinen Aufgaben; mit ~der Erregung, ~dem Interesse zuhören **5** jmdm. od. einer **Sache** (nicht) gewachsen sein *mit jmdm. od. einer S. (nicht) fertigwerden*

wäch|sern ⟨[-ks-] Adj. 24⟩ **1** *aus Wachs bestehend*; ~e Kerzen **2** *wie aus Wachs beschaffen*; das ~e Gesicht des Toten

1044

Wachs|tum ⟨[-ks-] n.; -s; unz.⟩ **1** *das Wachsen;* das ~ beschleunigen, fördern, hindern; üppiges ~ der Pflanzen; im ~ begriffen sein • 1.1 *Entwicklung;* im ~ zurückgeblieben sein **2** *von einem bestimmten Weingut stammender Wein;* der Winzer bot uns eigenes ~ an

Wacht ⟨f.; -, -en⟩ **1** *Wache;* ~ halten; die ~ am Rhein • 1.1 auf der ~ sein *auf der Hut sein, aufpassen*

Wäch|te ⟨alte Schreibung für⟩ *Wechte*

Wach|tel ⟨f.; -, -n; Zool.⟩ *kleiner, fasanenartiger Hühnervogel, der auf Wiesen, Feldern u. im Ödland lebt: Coturnix coturnix*

Wäch|ter ⟨m.; -s, -⟩ *jmd. (od. ein Tier), der (bzw. das) jmdn. od. etwas bewacht;* Museums~, Nacht~, Park~; der Hund ist ein guter, treuer ~ des Hauses

Wäch|te|rin ⟨f.; -, -nen⟩ *weibl. Wächter*

Wacht|meis|ter ⟨m.; -s, -⟩ **1** ⟨veraltet⟩ *unterer Dienstgrad bei der Polizei* • 1.1 *Polizeibeamter in diesem Dienstrang* **2** ⟨österr.; schweiz.⟩ *zweitunterster Offiziersgrad (Feldwebel)* • 2.1 *Soldat dieses Dienstgrades*

Wacht|pos|ten ⟨m.; -s, -⟩ *Wache stehender Soldat*

wach‖wer|den *auch:* **wach wer|den** ⟨V. 285/400(s.)⟩ ⟨fig.⟩ *hervorbrechen;* gute, schlechte Erinnerungen, die ~; →a. *wach (1.2)*

wa|cke|lig ⟨Adj.⟩ oV *wacklig* **1** *bei Berührung wackelnd, nicht fest (stehend), zitterig;* ein ~er Stuhl; ein ~er Zahn; die Tür ist ~; der Tisch steht ~; der alte Mann ist schon etwas, recht ~; ich bin nach der langen Krankheit noch etwas ~ (auf den Beinen, in den Knien) **2** ⟨fig.⟩ *unsicher, gefährdet* • 2.1 er steht ~ ⟨fig.; umg.⟩ *seine berufliche, geschäftliche, politische Stellung ist unsicher, gefährdet* • 2.1.1 der Schüler steht ~ ⟨fig.; umg.⟩ *der S. wird vielleicht nicht versetzt* • 2.2 ein ~es **Unternehmen** ⟨fig.⟩ *vom Bankrott bedrohtes U.*

wa|ckeln ⟨V. 400⟩ **1** *etwas wackelt schwankt (bei Berührung) hin u. her, steht, sitzt nicht fest;* der Tisch, Schrank wackelt; der Zahn wackelt; wenn ein Bus an unserem Haus vorbeifährt, wackelt alles; er lachte (so laut), dass die Wände wackelten ⟨scherzh.; umg.⟩ **2** ⟨416⟩ **mit etwas** ~ *etwas hin- u. herbewegen;* mit dem Kopf, den Zehen ~; mit den Ohren ~ können **3** ⟨400(s.); fig.; umg.⟩ *sich von einer Seite auf die andere schwankend fortbewegen;* die Enten wackelten zum Teich; das Kind kam ins Zimmer gewackelt

Wa|ckel|pe|ter ⟨m.; -s, -; umg.⟩ = *Götterspeise (2)*

wa|cker ⟨Adj.⟩ **1** ⟨veraltet⟩ *bieder, rechtschaffen, ehrlich;* ein ~er Handwerker **2** *tapfer, tüchtig;* ~! (als Lob); ein ~er Kämpfer, Krieger, Streiter; er hat ~ ausgehalten, standgehalten; der Kleine ist ~ mitgelaufen; er hat sich ~ verteidigt • 2.1 ⟨fig.⟩ *kräftig, tüchtig, sehr;* jmdn. ~ verprügeln

wack|lig ⟨Adj.⟩ = *wackelig*

Wa|de ⟨f.; -, -n; Anat.⟩ *der hintere Teil des Unterschenkels, der durch den dreiköpfigen Wadenmuskel gewölbt wird: Sura*

Waf|fe ⟨f.; -, -n⟩ **1** *Gerät zum Kämpfen;* Hieb~, Stich~, Stoß~, Feuer~; (keine) ~n bei sich führen, haben; mit der ~ in der Hand kämpfen; jmdn. nach ~n untersuchen; zur ~ greifen • 1.1 die ~n strecken ⟨a. fig.⟩ *sich ergeben, kapitulieren* • 1.2 in ~n stehen *zum Kampf, zum Krieg gerüstet sein* **2** ⟨fig.⟩ *Kampfmittel im Wortkampf, Argument, Beweis;* seine Schlagfertigkeit, sein Geist ist seine beste ~; jmds. eigene Worte als ~ gegen ihn benutzen • 2.1 die ~n aus der Hand geben ⟨fig.⟩ *seine Absichten, Gedanken offen bekennen* • 2.2 die ~n strecken ⟨a. fig.⟩ *aufgeben, nachgeben, nicht mehr können* **3** ⟨Pl.; Jägerspr.⟩ • 3.1 *die hervorstehenden Eckzähne im Ober- u. Unterkiefer (des Keilers)* • 3.2 *Klauen (des Luchses u. der Wildkatze)* • 3.3 *Krallen (der Greifvögel)*

Waf|fel ⟨f.; -, -n⟩ *feines, süßes, flaches Gebäck mit wabenförmiger Musterung*

Waf|fen|gat|tung ⟨f.; -, -en⟩ *eine Anzahl von Truppenteilen (Bataillone, Regimenter) des Heeres mit gleichartiger Aufgabe u. Ausstattung*

Waf|fen|still|stand ⟨m.; -(e)s; unz.⟩ *von den Regierungen od. Oberbefehlshabern vertraglich vereinbarte Einstellung der Feindseligkeiten, meist bis zum Abschluss des Friedensvertrages*

wa|ge|hal|sig ⟨Adj.⟩ = *waghalsig*

Wä|gel|chen[1] ⟨n.; -s, -⟩ *kleine Waage*

Wä|gel|chen[2] ⟨n.; -s, -⟩ *kleiner Wagen*

wa|ge|mu|tig ⟨Adj.⟩ *kühn, mutig*

wa|gen ⟨V. 500⟩ **1** etwas ~ *riskieren, einsetzen, aufs Spiel setzen;* alles ~, um alles zu gewinnen; sein Leben ~ **2** etwas ~ *mutig, das Risiko in Kauf nehmend unternehmen;* soll ich's ~, ihn darum zu bitten?; ich wage es nicht zu tun; keinen Widerspruch ~; das Kind wagte ihn nicht anzublicken; er wagte kein Wort zu sagen; wer wagt, gewinnt ⟨Sprichw.⟩; erst wägen, dann ~ ⟨Sprichw.⟩; frisch gewagt ist halb gewonnen ⟨Sprichw.⟩ • 2.1 ⟨Part. Perf.⟩ gewagt *gefährlich, riskant;* eine gewagte Sache, ein gewagtes Unternehmen; es scheint mir (zu) gewagt, das zu tun; ich halte es für zu gewagt, das zu tun • 2.1.1 ein gewagter Witz *vorlauter, unpassender W.* **3** ⟨511/Vr 3⟩ (sich) ~, **etwas** zu tun *sich getrauen, den Mut haben, etwas Bestimmtes zu tun;* ich wage mich nicht aus dem Haus

Wa|gen ⟨m.; -s, -⟩ **1** *zwei-, auch dreispuriges Fahrzeug mit Rädern;* Eisenbahn~, Pferde~; geschlossener, offener ~; zwei-, drei-, vierrädriger ~; Pferde vor den ~ spannen • 1.1 *Kraftfahrzeug, Auto;* er fährt den ~ der Firma; den ~ überholen, waschen lassen; einen eigenen ~ fahren; aus dem, in den ~ steigen; wir sind mit dem ~ gekommen • 1.1.1 jmdm. an den ~ fahren ⟨fig.; umg.⟩ *jmdn. grob anreden, beleidigen, jmdm. zu schaden versuchen* • 1.2 ein ~ der Linie 8 *Straßenbahnwagen* **2** *Maschinenteil zum Führen eines Gegenstandes, z. B. an Drehmaschinen, Schreibmaschinen* **3** *Kleiner, Großer* ~ *die Sternbilder Kleiner, Großer Bär*

wä|gen ⟨V. 278/500⟩ **1** etwas ~ ⟨veraltet⟩ *wiegen*[1] *(1)* **2** eine **Sache** ~ ⟨fig.⟩ *(ein)schätzen, erwägen, bedenken, beurteilen;* jmds. Worte, Handlungen, Gesinnung ~ • 2.1 erst ~, dann wagen ⟨Sprichw.⟩ *erst überlegen, dann handeln*

Wag|gon ⟨[vaɡɔ̃ː] *od.* [-ɡɔn] m.; -s, -s⟩ *Eisenbahnwagen, bes. Güterwagen;* oV *Wagon*

wag|hal|sig ⟨Adj.⟩ oV *wagehalsig* **1** *wagemutig, sehr mutig, tollkühn*; er ist ~ **2** *äußerst gefährlich*; ein ~es Unternehmen

Wag|nis ⟨n.; -ses, -se⟩ *kühnes Unternehmen, Tat, die Mut erfordert*; →a. *Risiko*

Wa|gon ([vagɔ̃:] od. [-gɔŋ] m.; -s, -s⟩ = *Waggon*

Wä|he ⟨f.; -, -n; südwestdt.; schweiz.⟩ *flacher Blechkuchen mit süßem od. pikantem Belag*; Apfel~, Zwiebel~

Wahl ⟨f.; -, -en⟩ **1** *das Wählen (1); die ~ fiel für ihn günstig, ungünstig aus; ~ durch Handaufheben, durch Abgabe von Stimmzetteln; zur ~ gehen*; →a. *direkt (3.3), geheim (3), indirekt (2.5)* • **1.1** *Berufung zu einem Amt durch Abstimmung*; seine ~ zum Präsidenten, Kanzler **2** *Auswahl, Entscheidung zwischen mehreren Möglichkeiten*; die ~ steht dir frei; zwischen zwei Dingen die ~ haben; jmdm. die ~ lassen; eine ~ treffen; die Preisträger erhalten ein Buch nach (freier) ~; ich stehe vor der ~, dies oder das zu nehmen, zu tun; jmdn. vor die ~ stellen, dies oder das zu tun; Sie haben drei Stücke zur ~ • **2.1** wer die ~ hat, hat die Qual *die Schwierigkeit einer freien Entscheidung nimmt einem niemand ab* • **2.2** ich habe keine andere ~ *mir bleibt nichts anderes übrig* • **2.3** er ist geschickt in der ~ seiner Mittel *er weiß seine M. geschickt einzusetzen, er wählt seine M. geschickt aus* • **2.4** er ist nicht (gerade) zimperlich in der ~ seiner Mittel *seine Mittel, seine Handlungen sind drastisch, er wendet oft Gewalt an* **3** *Wertklasse, Güte, Güteklasse*; Strümpfe erster, zweiter, dritter ~

wahl|be|rech|tigt ⟨Adj. 24⟩ *zum Wählen bei einer Wahl (von Abgeordneten, Vorsitzenden usw.) berechtigt*; die Anzahl der Wahlberechtigten feststellen

wäh|len ⟨V.⟩ **1** ⟨402⟩ (jmdn.) ~ *seine Stimme (für jmdn.) abgeben*; es muss ein neuer Präsident gewählt werden • **1.1** ~ gehen ⟨umg.⟩ *zur Stimmabgabe zum Wahllokal gehen* • **1.2** ⟨500⟩ **jmdn.** ~ *durch Abstimmung berufen*; jmdn. ins Parlament ~; ins Parlament, zum Präsidenten, zum König, Kaiser ~; ins Parlament, zum König gewählt werden **2** ⟨500⟩ **jmdn. od. etwas** ~ *sich für jmdn. od. etwas entscheiden, auswählen, aussuchen*; den richtigen Augenblick, Zeitpunkt ~; einen Beruf ~; eine Farbe, einen Stoff für ein Kleid ~; ein Gericht (auf der Speisekarte) ~ • **2.1** haben Sie (schon) gewählt? *haben Sie sich (schon) etwas ausgesucht?* • **2.2** eine **Nummer** ~ ⟨Tel.⟩ *die gewünschte N. auf der Nummerntastatur drücken* • **2.3** seine **Worte** (mit Bedacht) ~ *seine W. genau überlegen (ehe man sie ausspricht)*

Wäh|ler ⟨m.; -s, -⟩ **1** *wahlberechtigte Person* **2** *jmd., der wählt, gewählt hat od. wählen wird* (~stimme)

Wäh|le|rin ⟨f.; -, -rin|nen⟩ *weibl. Wähler*

wäh|le|risch ⟨Adj.⟩ *lange auswählend, anspruchsvoll, schwer zufriedenzustellen*

wahl|frei ⟨Adj. 24/70⟩ *freigestellt, nicht Pflicht, nach eigener Entscheidung zu wählen*; ein ~es Fach; ~er Unterricht; Religion ist an unserer Schule ~

Wahl|hei|mat ⟨f.; -; unz.⟩ *Gegend, die man sich als Wohnsitz erwählt hat*

Wahl|kampf ⟨m.; -(e)s, -kämp|fe⟩ *Kampf der einzelnen Parteien, in dem sie sich durch Wahlpropaganda durchzusetzen suchen*

wahl|los ⟨Adj. 24/90⟩ *ohne zu wählen, willkürlich, auf gut Glück*; ~ ein Stück herausgreifen

Wahl|spruch ⟨m.; -(e)s, -sprü|che⟩ *Leitspruch, als Richtlinie dienender Sinnspruch*; Sy *Devise (1)*

Wahl|ur|ne ⟨f.; -, -n⟩ *Behälter für die Stimmzettel bei der Wahl*

Wahn ⟨m.; -(e)s; unz.⟩ *hartnäckig beibehaltene irrige Vorstellung, grundlose Hoffnung, Selbsttäuschung, Einbildung, Irrglaube, Verblendung*; ein eitler, leerer ~; und die Treue, sie ist doch kein leerer ~ (Schiller, „Die Bürgschaft"); sie handelte, lebte in dem ~, dass …

wäh|nen ⟨V. 500/Vr 8⟩ **1** jmdn. od. etwas ~ ⟨geh.⟩ *vermuten, fälschlich annehmen, sich einbilden, glauben*; ich wähnte, er habe … • **1.1** ich wähnte dich noch in Berlin *ich glaubte, du seist noch in B.*

Wahn|sinn ⟨m.; -(e)s; unz.⟩ **1** *Geisteskrankheit, geistige Umnachtung*; dem ~ verfallen sein; in ~ verfallen **2** ⟨fig.; umg.⟩ *Torheit, Unsinn, abwegiger u. meist auch gefährlicher Einfall*; Sy *Wahnwitz*; das ist doch (heller) ~, eine ~sidee!

wahn|sin|nig ⟨Adj.⟩ **1** *geistesgestört, geisteskrank*; ~ werden **2** ⟨fig.; umg.⟩ *unvernünftig, verrückt*; das macht mich ~; bist du ~?; ich könnte ~ werden (vor Ungeduld usw.) **3** ⟨fig.; umg.⟩ *sehr, außerordentlich*; ich habe ~ Schmerzen; ich habe mich ~ gefreut, geärgert; ~ teuer; ~ verliebt; was du gesagt hast, hat ~ wehgetan

Wahn|witz ⟨m.; -es; unz.; fig.⟩ = *Wahnsinn (2)*

wahr ⟨Adj. 24⟩ **1** *der Wahrheit, der Wirklichkeit, den Tatsachen entsprechend, wirklich, tatsächlich (geschehen)*; eine ~e Begebenheit, Geschichte; das ist zu schön, um ~ zu sein; ist das ~?; das ist (ja gar) nicht ~!; so ~ mir Gott helfe! (Schwurformel); so ~ ich lebe!, so ~ ich hier stehe! (Beteuerungsformel) • **1.1** jetzt zeigt er sein ~es Gesicht ⟨fig.⟩ *jetzt zeigt er, wie er wirklich ist, denkt* • **1.2** das ist schon gar nicht mehr ~ ⟨fig.; umg.⟩ *das ist schon so lange her, dass man kaum noch daran denkt* • **1.3** ~ werden *Tatsache werden, wirklich geschehen* **2** *nicht gelogen, richtig, irrtumsfrei, zutreffend*; es ist kein ~es Wort daran; das einzige Wahre an der Geschichte ist, dass …; etwas für ~ halten; er hat ~ gesprochen ⟨geh.⟩ • **2.1** das ist ein ~es Wort *damit hast du wirklich Recht* • **2.2** das ist nicht das Wahre ⟨umg.⟩ *das ist nicht ganz das Richtige, das gefällt mir nicht recht* • **2.3** es ist etwas Wahres daran *es ist zum Teil richtig, es ist nicht ganz falsch* • **2.4** nicht ~? *ist es nicht so?, verstehst du?* **3** ⟨geh.⟩ *aufrichtig, echt*; er ist ein ~er Freund **4** ⟨60; verstärkend⟩ *wirklich, geradezu*; es ist ein ~es Glück, eine ~e Schande; der Blumenstrauß ist eine ~e Pracht; es ist ein ~er Segen, dass …; daraufhin brach ein ~er Sturm der Begeisterung, Entrüstung, Empörung los; es war mir eine ~e Wonne, ein ~es Vergnügen **5** ⟨Getrennt- u. Zusammenschreibung⟩ • **5.1** ~ machen = *wahrmachen*

wah|ren ⟨V. 500⟩ eine **Sache** ~ **1** *schützen, verteidigen*;

Rechte, Interessen ~ 2 *erhalten, aufrechterhalten;* den Schein ~

wäh|ren ⟨V. 410⟩ etwas währt ⟨geh.⟩ **1** *dauern, Zeit in Anspruch nehmen;* das Fest währte drei Tage; es währte nicht lange; was lange währt, wird endlich gut ⟨Sprichw.⟩ **2** *bestehen (bleiben);* ewig ~d

wäh|rend ⟨Präp. m. Gen., umg. a. m. Dat.⟩ **1** *zur Zeit (als…, des…, der…), im Verlauf (von);* ~ des Essens; ~ zweier Tage; ~ dieser Zeit; ~ wir davon sprachen **2** *wohingegen;* der eine spart, ~ der andere sein Geld verschwendet

wäh|rend|des|sen ⟨Konj.⟩ *während dieser Zeit, während dieses geschah;* ich war zwei Stunden in der Stadt, und ~ hatte er mehrmals angerufen; ich habe noch zu arbeiten, du kannst ~ etwas lesen

wahr|ha|ben ⟨V. 500; nur im Inf. in der Fügung⟩ (nicht) ~ wollen *(nicht) zur Kenntnis nehmen wollen, nicht glauben wollen;* er will es nicht ~, dass es so ist

wahr|haft ⟨Adj. 24⟩ **1** *wirklich, echt;* ein ~er Mensch **2** ⟨50⟩ *wirklich, tatsächlich;* ein ~ fürstliches Mahl; eine ~ große Tat

wahr|haf|tig ⟨Adj. 70⟩ **1** *wahrheitsliebend, aufrichtig;* ~er Gott! (Ausruf der Überraschung) **2** ⟨50⟩ *wirklich, tatsächlich, fürwahr, wahrlich;* das geht ihn doch ~ nichts an; er ist ~ kein Dummkopf; ich weiß es ~ nicht; wirklich und ~ ⟨verstärkend⟩ • 2.1 ~! *wirklich!, es ist wahr!* • 2.2 ~? *wirklich?, stimmt das?, tatsächlich?*

Wahr|heit ⟨f.; -, -en⟩ **1** ⟨unz.⟩ *das Wahre, wahrer, richtiger Sachverhalt, Übereinstimmung mit den Tatsachen;* die ~, die ganze ~ und nichts als die ~ (alte Schwur-, Beteuerungsformel); Dichtung u. ~ (Titel der Autobiographie Goethes); die ~ einer Behauptung anzweifeln; das entspricht (nicht) der ~; um die ~ zu gestehen, es war so: …; die ~ sagen; der ~ gemäß, getreu antworten, berichten; die lautere, nackte, reine, volle ~; ich zweifle an der ~ seiner Worte; seine Behauptung beruht auf ~ • **1.1** Kinder und Narren sagen die ~ ⟨Sprichw.⟩ *Kinder sind zu unschuldig u. Narren zu dumm, als dass sie lügen könnten* • **1.2** jmdm. die ~ sagen ⟨fig.; umg.⟩ *jmdm. deutlich seine Meinung sagen, ihm sagen, was einem an ihm missfällt* • **1.3** etwas schlägt der ~ ins Gesicht ⟨fig.; umg.⟩ *widerspricht offenkundig dem wahren Sachverhalt;* diese Behauptung schlägt der ~ ins Gesicht • **1.4** bei der ~ bleiben *nicht lügen* • **1.5** in ~ verhält es sich so *in Wirklichkeit* **2** *Tatsache;* es ist eine alte ~, dass …; eine bittere, traurige ~; ich habe ihm ein paar unangenehme ~en sagen müssen

wahr|lich ⟨Adv.⟩ *wirklich, tatsächlich, fürwahr;* das ist ~ eine gute Tat; das ist ~ kein Vergnügen; ~, ich sage euch … ⟨bibl.⟩

wahr|ma|chen auch: **wahr ma|chen** ⟨V. 500⟩ etwas ~ *in die Tat umsetzen;* eine Absicht, Behauptung, Drohung ~

wahr|neh|men ⟨V. 189/500⟩ **1** etwas ~ *durch die Sinnesorgane aufnehmen, bemerken;* ein Geräusch ~; in der Ferne einen Lichtschein ~ **2** eine Sache ~ *nutzen, ausnutzen;* die Gelegenheit ~, etwas zu tun

• **2.1** eine **Frist** ~ *benutzen, einhalten* • **2.2** jmds. **Interessen** ~ ⟨fig.⟩ *vertreten, so handeln, wie es in jmds. Interesse liegt* • **2.3** ein **Recht** ~ *behaupten*

wahr|sa|gen ⟨V. 402⟩ (eine Sache) ~ ⟨im Volksglauben⟩ *Zukünftiges vorhersagen, voraussagen;* sich ~ lassen; aus dem Flug der Vögel, aus der Hand, aus den Karten ~

währ|schaft ⟨Adj.; schweiz.⟩ *gut, bewährt, solid, gediegen, deftig;* ein ~er Bursche

wahr|schein|lich ⟨Adj.⟩ *vermutlich, es ist anzunehmen, dass …;* der ~e Täter; ~ kommt er heute noch; er ist ~ schon fort; das ist möglich, aber nicht ~; es ist ~, dass …

Wäh|rung ⟨f.; -, -en⟩ **1** *gesetzliche Geldordnung eines Landes* **2** *die der Währung (1) zugrundeliegende Geldeinheit;* Dollar~; in britischer, japanischer ~ **3** *die Art u. Weise, wie das umlaufende Geld gedeckt ist;* Gold~, Silber~, Papier~

Wahr|zei|chen ⟨n.; -s, -⟩ *charakteristisches Merkmal, symbolisches Denkmal;* ~ einer Stadt; der Petersdom ist das ~ Roms

waid…, Waid… ⟨in jägersprachl. Zus.⟩ = *weid…, Weid…*

Wai|se ⟨f.; -, -n⟩ **1** *elternloses Kind* **2** *reimlose Zeile in gereimtem Gedicht*

Wal ⟨m.; -(e)s, -e; Zool.⟩ *Angehöriger einer Ordnung völlig an das Wasserleben angepasster Säugetiere:* Cetacea

Wald ⟨m.; -(e)s, Wäl|der⟩ **1** *größere Fläche mit dichtem Baumwuchs;* durch ~ und Feld streifen; die Tiere des ~es; Wiesen und Wälder; dichter, dunkler, finsterer, herbstlicher, verschneiter, winterlicher ~; tief im ~ • **1.1** er sieht den ~ vor lauter Bäumen nicht ⟨fig.; umg.⟩ *er bemerkt nicht, was doch vor ihm steht, was offensichtlich ist* • **1.2** wie man in den ~ hineinruft, so schallt es wieder heraus ⟨Sprichw.⟩ *so, wie man einen anderen behandelt, wird man selbst auch von ihm behandelt* **2** ⟨fig.⟩ *große, dichte Menge (bes. von aufrecht stehenden Gegenständen);* ein ~ von Fahnen, Masten, Antennen

wal|ken[1] ⟨V. 500⟩ **1** Felle ~ *schlagen, kneten, stoßen, um sie geschmeidig zu machen* **2** Haare, Fasern ~ *miteinander verfilzen (bei der Tuchherstellung)* **3** Blech ~ *durch hintereinanderliegende, versetzt angeordnete Walzenpaare führen u. dabei hin u. her biegen* **4** jmdn. ~ ⟨fig.; umg.⟩ *prügeln*

wal|ken[2] ⟨[wɔː-] V. 400(s.); Sp.⟩ *Walking betreiben, schnell gehen*

Wal|kie-Tal|kie ⟨[wɔːkɪtɔːkɪ] n.; -s, -s⟩ *kleines, tragbares Funksprechgerät*

Wal|king ⟨[wɔːkɪŋ] n.; -s; unz.; Sp.⟩ *schnelles, ausdauerndes Gehen (als Sportart)*

Walk|man ⟨[wɔːkmæn] m.; -s, -men [-mən]⟩ *kleiner Kassettenrekorder mit Kopfhörern, den man überallhin mitnehmen kann*

Wall[1] ⟨m.; -(e)s, Wäl|le⟩ **1** *langgestreckte Aufschüttung von Erde zur Befestigung u. Einfriedigung* • **1.1** ~ und **Graben** *Burganlage* **2** ⟨fig.⟩ *Bollwerk*

Wall[2] ⟨m. 7; -(e)s, -e; nach Zahlen Pl.: -⟩ *Zählmaß, 80 Stück (bes. bei Fischen);* 1 ~ Heringe

Wallach

Wal|lach ⟨m.; -(e)s, -e⟩ *kastrierter Hengst*

wal|len[1] ⟨V. 400(h.) od. (s.)⟩ **etwas** wallt **1** *siedet, kocht, sprudelt* **2** ⟨geh.⟩ *fällt in langen Wellen, Locken, weichen Falten;* die Locken wallten ihr über Schultern u. Rücken; ein ~des Gewand; ~des Haar

wal|len[2] ⟨V. 411(s.); veraltet⟩ **1** *eine Wallfahrt machen* **2** ⟨poet.⟩ *dahinziehen, pilgern*

wall|fah|ren ⟨V. 400(s.); schwach konjugiert⟩ *eine Wallfahrt machen, pilgern;* er wallfahrte nach Rom, ist nach Rom gewallfahrt

Wall|fahrt ⟨f.; -, -en⟩ *Fahrt od. Fußreise zu einem religiös bedeutsamen Ort*

Wall|holz ⟨n.; -es, -höl|zer; schweiz.⟩ = *Nudelholz*

Wal|lung ⟨f.; -, -en⟩ **1** *das Wallen*[1] *(1)* • **1.1** sein Blut geriet in ~ ⟨fig.⟩ *er wurde erregt, zornig* **2** ⟨Med.⟩ • **2.1** *Blutwallung* • **2.2** *Hitzewallung* **3** ⟨fig.⟩ *Aufregung, Erregung;* jmdn. in ~ bringen; in ~ geraten

Walm|dach ⟨n.; -(e)s, -dä|cher⟩ *Satteldach mit Abschrägung über dem Giebel*

Wal|nuss ⟨f.; -, -nüs|se⟩ *Frucht des Walnussbaums*

Wal|nuss|baum ⟨m.; -(e)s, -bäu|me; Bot.⟩ *Angehöriger einer Gattung von sommergrünen Bäumen der nördlichen gemäßigten Zone mit schmackhaften Steinfrüchten: Juglans*

Wal|ross ⟨n.; -es, -e; Zool.⟩ *Robbe mit zu Hauern umgebildeten oberen Eckzähnen: Odobenus rosmarus*

wal|ten ⟨V.; geh.⟩ **1** ⟨400⟩ **etwas** waltet *wirkt, herrscht, ist da;* hier ~ gute, hilfreiche, rohe Kräfte; das Walten der Natur, der Naturgesetze • **1.1** Gnade ~ lassen *nachsichtig sein* • **1.2** Vorsicht ~ lassen *vorsichtig sein* **2** ⟨410⟩ *nach Belieben handeln, über etwas gebieten;* im Hause ~; →a. *schalten (3.1)* • **2.1** ⟨700⟩ *seines Amtes* ~ *sein Amt versehen, tun, was seines Amtes ist* **3** ⟨500; veraltet; nur noch in der Wendung⟩ das walte Gott! *das möge Gott geben!*

Wal|ze ⟨f.; -, -n⟩ **1** *zylindrischer Körper mit kreisförmigem Querschnitt* **2** *aus Stahl, Holz u. a. Werkstoffen gefertigtes Maschinenteil in dieser Form;* Acker~, Dampf~, Druck~, Glätt~, Kalander~, Schreibmaschinen~, Straßen~ • **2.1** *immer wieder dieselbe ~!* ⟨fig.; umg.⟩ *immer wieder dasselbe Thema!* **3** ⟨bes. früher⟩ *Wanderschaft der Handwerksburschen;* auf der ~ sein

wal|zen ⟨V.⟩ **1** ⟨500⟩ *etwas* ~ *mit einer Walze bearbeiten, pressen, glätten* **2** ⟨400; früher scherzh.⟩ *(Walzer) tanzen*

wäl|zen ⟨V. 500⟩ **1** jmdn. od. **etwas** ~ *rollend bewegen;* sich auf dem Boden ~; Klößchen in Mehl, Semmelbröseln ~; sich im Schnee, Gras ~; sich (im Bett, im Schlaf) von einer Seite auf die andere ~; einen Stein vor eine Öffnung ~ • **1.1** ⟨514/Vr 3⟩ sich vor Lachen ~ ⟨fig.; umg.⟩ *heftig lachen* • **1.2** das ist ja zum Wälzen ⟨fig.; umg.⟩ *sehr komisch* • **1.3** Bücher ~ ⟨fig.; umg.⟩ *in Büchern nachschlagen* • **1.4** Probleme ~ ⟨fig.; umg.⟩ *von allen möglichen Seiten betrachten, erörtern* • **1.5** ⟨511⟩ die Schuld auf einen anderen ~ ⟨fig.⟩ *die S. jmd. anderem zuschieben*

Wal|zer ⟨m.; -s, -⟩ *Gesellschaftstanz im ³/₄-Takt, ursprünglich ein Rundtanz;* ~ tanzen

Walz|werk ⟨n.; -(e)s, -e⟩ *Anlage zum Umformen von Metallen, die durch Walzen geführt werden;* Kalt~, Warm~

Wam|me ⟨f.; -, -n⟩ **1** *Hängefalte zwischen Kehle u. Brust (z. B. bei Rindern u. Hunden)* **2** ⟨Kürschnerei⟩ *Bauchteil von Fellen;* Bisam~ **3** ⟨mitteldt., oberdt.⟩ *Bauch, Bauchfleisch* **4** ⟨umg.⟩ = *Wampe*

Wam|pe ⟨f.; -, -n; umg.; abwertend⟩ *fetter Bauch;* oV *Wamme (4)*

Wams ⟨n.; -es, Wäm|ser⟩ **1** ⟨13./14. Jh.⟩ *unter der Rüstung getragener Männerrock* **2** ⟨15./17. Jh.⟩ *eng anliegende Jacke mit Schoß für Männer*

Wand ⟨f.; -, Wän|de⟩ **1** *seitliche Begrenzung eines Raumes;* Gefäß~, Zimmer~; Holz~; die Wände tapezieren, weißen; ich hätte vor Schmerzen an den Wänden hinaufklettern, hochgehen können ⟨fig.; umg.⟩; ich könnte vor Schmerzen mit dem Kopf gegen die ~ rennen ⟨umg.⟩ • **1.1** hier haben die Wände Ohren ⟨fig.⟩ *hier wird man belauscht* • **1.2** in seinen vier Wänden ⟨fig.⟩ *daheim, zu Hause* • **1.3** jmdn. an die ~ drücken ⟨fig.⟩ *jmdn. in den Hintergrund drängen, in seinem Wirken behindern, nicht zu Wort kommen lassen* • **1.4** die anderen Schauspieler an die ~ spielen ⟨fig.⟩ *so viel besser spielen, dass die anderen S. kaum zur Geltung kommen* • **1.5** zusehen, dass man mit dem Rücken an die ~ kommt ⟨fig.; umg.⟩ *seinen Vorteil wahren* • **1.6** jmdn. an die ~ stellen ⟨fig.⟩ *erschießen* • **1.7** das ist, um an den Wänden hochzugehen ⟨fig.; umg.⟩ *das ist empörend, zum Verzweifeln;* →a. *Kopf (6.3)* • **1.8** sie wurde weiß wie eine ~, wie die ~ *sehr blass, ganz weiß* • **1.9** *Trennungsfläche zwischen Räumen;* Zwischen~ • **1.9.1** ~ an ~ *wohnen unmittelbar nebeneinander, benachbart* • **1.9.2** bei ihm redet man wie gegen eine ~ ⟨umg.⟩ *er ist nicht einsichtig, nicht zu überzeugen* • **1.9.3** zwischen uns steht eine ~ ⟨fig.⟩ *wir verstehen einander nicht, sind einander fremd* **2** *steiler Bergabhang;* Berg~, Fels~; eine ~ bezwingen, erklettern (beim Bergsteigen) **3** ⟨Bgb.⟩ *größeres Gesteinsstück* **4** ⟨fig.⟩ *steil aufragende, große Fläche;* Wolken~

Wan|da|lis|mus ⟨m.; -; unz.⟩ = *Vandalismus*

Wan|del ⟨m.; -s; unz.⟩ **1** *Wandlung, Wechsel;* Bedeutungs~, Gesinnungs~, Gestalt~, Laut~; es ist ein grundlegender ~ eingetreten; es hat sich ein tiefgreifender ~ vollzogen **2** ⟨veraltet; nur noch in der Wendung⟩ Handel und ~ *Handel und Verkehr*

wan|deln ⟨V.⟩ **1** ⟨500/Vr 7⟩ jmdn. od. **etwas** ~ *einem Wandel unterwerfen, verwandeln, verändern;* seine Ansichten haben sich (grundlegend) gewandelt • **1.1** ⟨Vr 3⟩ alles wandelt sich *nichts ist unwandelbar* **2** ⟨410(s.)⟩ *langsam, geruhsam gehen, schreiten, lustwandeln;* auf und ab ~; im Park, unter Bäumen ~ • **2.1** *Wandelndes Blatt* *Gespenstheuschrecke Ostindiens, die mit grünem, abgeflachtem Körper u. verbreiterten Beinen einem Eichenblatt ähnlich sieht: Phyllium siccifolium* • **2.2** ein ~de ~de Güte ⟨fig.⟩ *er ist sehr, außerordentlich gütig* • **2.3** er sieht aus wie eine ~de Leiche ⟨umg.⟩ *er sieht erschreckend blass aus* • **2.4** er ist ein ~des Lexikon ⟨fig.⟩ *er hat ein umfangreiches Wissen*

wan|dern ⟨V. 400(s.)⟩ **1** *von einem Ort zum anderen*

ziehend größere Strecken zurücklegen; ~de Völker, ein ~der Händler • 1.1 ~der **Handwerksbursche** ⟨früher⟩ *Handwerksgeselle während der vorgeschriebenen Wanderzeit* • 1.2 *zu Fuß reisen, zu Fuß weit umhergehen, weit marschieren;* wir sind heute fünf Stunden gewandert; durch den Wald ~; das Wandern ist des Müllers Lust (Anfang eines Liedes von W. Müller) • 1.3 manche **Tiere** ~ *suchen sich regelmäßig einen anderen Wohnplatz, Laichplatz;* Lachse ~ zum Laichen die Flüsse hinauf • 1.4 *etwas* wandert *wechselt seinen Standort;* Wolken ~ am Himmel; ~de Dünen • 1.5 **Blicke, Gedanken** ~ *schweifen;* sie ließ ihre Blicke über die Möbel, die Bilder ~ • 1.6 **Kulturgüter** ~ *gelangen in andere Gegenden, werden verbreitet;* Märchenmotive ~ von einem Volk zum andern **2** *gebracht werden, (weiter)gegeben werden;* der Brief ist gleich ins Feuer, in den Papierkorb gewandert; ins Gefängnis ~

Wan|der|schaft ⟨f.; -; unz.⟩ *das Wandern, Zeit des Wanderns (früher bei Handwerksburschen);* auf die ~ gehen, ziehen; auf (der) ~ sein

Wan|de|rung ⟨f.; -, -en⟩ **1** *Ausflug zu Fuß;* eine weite ~ machen, unternehmen **2** *Wechsel des Wohnsitzes (von Völkern u. Tieren)*

Wand|lung ⟨f.; -, -en⟩ **1** *Wandel, Wechsel, Änderung, Veränderung;* Sinnes~; mit ihm ist eine ~ vor sich gegangen; äußere, innere ~ **2** *zweiter Hauptteil der katholischen Messe, in dem Brot u. Wein in Leib u. Blut Christi verwandelt werden* **3** ⟨Rechtsw.⟩ *Rückgängigmachung eines Kauf- od. Werkvertrages bei Mängeln in der Ware od. in der Dienstleistung;* auf ~ klagen

Wan|ge ⟨f.; -, -n⟩ **1** ⟨geh.⟩ = *Backe (1);* bleiche, dicke, eingefallene, frische, rote, runde ~n; jmdn. auf die ~ küssen; die ~ in die Hand stützen • 1.1 *das Blut, die Röte stieg ihm in die* ~n ⟨poet.⟩ *er wurde rot* **2** *die seitliche Region des Kopfes (bei Trilobiten u. Insekten):* Gena **3** *Seitenwand, Seitenteil, z. B. von Maschinen* • 3.1 *Seitenwand eines Sitzes des Chorgestühls* • 3.2 *die Setz- u. Trittstufen tragender Teil einer Treppe* • 3.3 ⟨Bgb.⟩ *seitliche Begrenzungsfläche einer Strecke*

wan|kel|mü|tig ⟨Adj.⟩ *wechselnd in der Gesinnung, in den Ansichten, unbeständig*

wan|ken ⟨V. 400⟩ **1** ⟨403/Vr 5⟩ *sich unsicher, heftig hin- u. herbewegen, sich neigen u. umzufallen, einzustürzen drohen;* die Knie wankten mir; der Boden wankte ihm unter den Füßen; die Brücke, der Schrank geriet ins Wanken • 1.1 ⟨⟨s.⟩⟩ *sich stark von einer Seite auf die andere schwankend fortbewegen;* er konnte nur noch zu einem Stuhl ~ **2** *unsicher, unbeständigen Sinnes sein, in seiner Meinung schwanken, unsicher werden* • 2.1 jmds. Entschluss ins Wanken bringen *jmdn. in seinem E. unsicher machen* • 2.2 jmdn. (in seinem Entschluss) ~d machen *jmdn. an der Richtigkeit seines Entschlusses zweifeln lassen* • 2.3 in seinem Entschluss ~d werden *unsicher werden, an der Richtigkeit seines Entschlusses zweifeln* **3** nicht ~ und nicht weichen ⟨veraltet⟩ *standhaft bleiben, seine Stellung behaupten* • 3.1 ich werde nicht ~ und nicht weichen, bis du mir versprichst ... *so lange warten, hierbleiben*

wann ⟨Adv.⟩ **1** *zu welcher Zeit, um welche Zeit;* ~ ist Goethe geboren?; ich weiß noch nicht, ~ ich komme; ~ kommst du?; ~ treffen wir uns?; bis ~ kannst du bleiben?; seit ~ bist du schon da?; von ~ bis ~ hast du Unterricht? • 1.1 (auch) immer *gleichgültig, zu welcher Zeit;* →a. *dann (4.1)*

Wan|ne ⟨f.; -, -n⟩ **1** *größeres, ovales Gefäß aus Metall, Holz od. Kunststoff;* Bade~, Wasch~ • 1.1 *Wanne (1) zum Baden;* Wasser in die ~ laufen lassen • 1.1.1 in die ~ steigen ⟨umg.⟩ *ein Bad nehmen*

Wanst[1] ⟨m.; -(e)s, Wäns|te⟩ *dicker Bauch*

Wanst[2] ⟨n.; -(e)s, Wäns|te; abwertend od. grob scherzh.⟩ *kleines Kind*

Wan|ze ⟨f.; -, -n⟩ **1** ⟨Zool.⟩ *Angehörige einer Unterordnung der Schnabelkerfe mit unvollkommener Verwandlung:* Heteroptera • 1.1 ⟨i. e. S.⟩ *Angehörige einer Gruppe auf dem Land lebender Wanzen (1), die als saugende u. stechende Parasiten leben:* Geocorisae • 1.1.1 ⟨i. e. S.⟩ *Angehörige einer Familie der Wanzen (1.1), die parasitär auf Warmblütern leben:* Cimicidae **2** ⟨umg.⟩ *versteckt angebrachtes Mikrofon, mit dessen Hilfe Gespräche abgehört werden können*

Wap|pen ⟨n.; -s, -⟩ **1** ⟨urspr.⟩ *Abzeichen eines Ritters an Helm u. Schild als Erkennungszeichen* **2** ⟨später⟩ *nach heraldischen Regeln bildlich gestaltetes Abzeichen von Personen od. Gemeinwesen;* Amts~, Familien~; er führt einen Löwen im ~

wapp|nen ⟨V. 500; geh.⟩ **1** jmdn. ~ *bewaffnen* **2** ⟨516/Vr 3⟩ **sich gegen etwas** ~ ⟨fig.⟩ *sich auf etwas gefasst machen;* gegen einen solchen Angriff war ich nicht gewappnet **3** ⟨510/Vr 3⟩ **sich mit Geduld** ~ ⟨fig.⟩ *sich vornehmen, geduldig zu sein*

Wa|re ⟨f.; -, -n⟩ *Handelsgut, käufliche od. verkäufliche Sache od. Menge von Sachen;* seine ~n auslegen, feilbieten; die ~n (mit dem Preisschild) auszeichnen; das Anfassen der ~ ist verboten; diese ~ führen wir nicht; gute, schlechte, erstklassige, hochwertige ~; wir bekommen heute wieder neue ~ herein; eine ~ auf den Markt bringen; den Markt mit ~n überschwemmen; →a. *gut (1.2-1.3)*

Wa|ren|haus ⟨n.; -es, -häu|ser⟩ *Kaufhaus für Waren aller Art im Einzelhandel*

Wa|ren|pro|be ⟨f.; -, -n⟩ **1** *Probe, Muster einer Ware zur Ansicht* **2** ⟨Post⟩ *Mustersendung zu ermäßigter Gebühr, Muster ohne Wert, Warensendung*

warm ⟨Adj. 22⟩ **1** *eine angenehme Temperatur zwischen kalt u. heiß aufweisend;* ~es Essen; ~e Getränke; ~es Quellen; ~er Regen, Wind; ~es Wetter; ~e Würstchen; ein ~es Zimmer haben; meine Zähne reagieren auf kalt u. ~; es ist ~ draußen; hier ist es ~; mir ist ~; die Heizung auf „~" stellen; ich habe seit drei Tagen nichts Warmes gegessen; hier ist es schön, herrlich, mollig ~ • 1.1 ein ~er Herbst, Winter *milder H., W.* • 1.2 ~ baden *in warmem Wasser baden* • 1.3 ~ essen *eine gekochte u. warme Mahlzeit zu sich nehmen* • 1.4 Alkohol, Kaffee macht ~ ⟨umg.⟩ *wärmt* • 1.5 sich ~ waschen *mit warmem Wasser* • 1.6 ~ halten *wärmen, vor Kälte schützen*

Wärme

(Essen); ⟨aber⟩ →a. *warmhalten* • 1.7 ~ **laufen** *im Leerlauf laufen, um warm zu werden* (Verbrennungsmotor) • 1.8 *sich* ~ *laufen sich durch Laufen erwärmen;* ⟨aber⟩ →a. *warmlaufen* • 1.9 *sich* ~ *machen (durch Bewegung) aufwärmen;* ⟨aber Getrennt- u. Zusammenschreibung⟩ ~ *machen* → *warmmachen* • 1.10 ~ *sitzen an einem Platz sitzen, an dem man nicht friert* • 1.11 *das Bier wird in der Sonne schnell* ~ *werden die Temperatur des Bieres wird schnell steigen;* ⟨aber Getrennt- u. Zusammenschreibung⟩ ~ *werden* = *warmwerden* • 1.12 ~*e* **Miete** ⟨umg.⟩ *M. einschließlich Heiz- u. Nebenkosten* • 1.13 *etwas geht weg wie* ~*e Semmeln* ⟨fig.; umg.⟩ *wird schnell u. leicht verkauft* **2** *Wärme speichernd, wärmend, vor Kälte schützend;* ~*e Kleidung* • 2.1 *sich* ~ *anziehen wärmende Kleidung anziehen* • 2.1.1 *sich* ~ *anziehen müssen* ⟨fig.⟩ *sich auf etwas gefasst machen müssen* • 2.2 *sich* ~ *halten sich wärmend bekleiden, sich vor Kälte schützen;* ⟨aber⟩ →a. *warmhalten* • 2.3 *jmdn.* ~ *zudecken mit wärmenden Decken* • 2.4 *in einem* ~*en Nest sitzen* ⟨fig.⟩ *geborgen sein, sorgenfrei leben können* **3** ⟨fig.⟩ *herzlich, freundlich, gefühlsbetont;* ~*e Anteilnahme, Begrüßung; ein* ~*es Gefühl der Zuneigung, der Dankbarkeit;* ~*e Worte des Dankes, der Freude; jmdm.* ~ *die Hand drücken; „...!", sagte er* • 3.1 *ein* ~*es Herz haben* ⟨fig.⟩ *mitfühlend, teilnahmsvoll sein* • 3.2 *jmdm. wird es* ~ *ums Herz jmd. empfindet ein positives Gefühl; es wird einem* ~ *ums Herz, wenn ...* • 3.3 *jmdm. etwas* ~*, wärmstens empfehlen* ⟨fig.⟩ *sehr, dringend, aufrichtig empfehlen* **4** ~*e Farben F. mit Rot od. Gelb als vorherrschendem Bestandteil; ein* ~*es Braun, Rot* **5** ⟨60⟩ ~*er* **Bruder** ⟨umg.; abwertend⟩ *Homosexueller* **6** ~*e* **Fährte** ⟨Jägerspr.⟩ *frische F.* **7** ⟨Tech.⟩ *heiß, glühend; Ggs kalt* **8** ⟨Getrennt- u. Zusammenschreibung⟩ • 8.1 ~ **stellen** = *warmstellen*

Wär|me ⟨f.; -; unz.⟩ **1** *warmer Zustand, angenehme Temperatur zwischen kalt u. heiß, Temperatur über 10 °C; Ggs Kälte* • 1.1 *zehn Grad* ~ *eine Temperatur von + 10 °C* • 1.2 *ist das eine* ~*! hier ist es sehr warm!* • 1.3 *komm herein in die* ~ ⟨umg.⟩ *ins warme Zimmer* **2** ⟨fig.⟩ *Herzlichkeit, aufrichtige Freundlichkeit; jmdn. mit* ~ *begrüßen, empfangen, willkommen heißen* **3** ⟨Phys.⟩ *durch die Eigenbewegung von Molekülen verursachte Form der Energie*

wär|men ⟨V.⟩ **1** ⟨500/Vr 7 od. Vr 8⟩ **jmdn.** od. **etwas** ~ *warmmachen, erwärmen; komm herein und wärme dich; jmdm. od. sich das Essen* ~*; sich die Hände, Füße am Feuer* ~ **2** ⟨400⟩ **etwas** *wärmt gibt Wärme, hält warm; Kaffee, Alkohol wärmt; Wolle wärmt*

warm|hal|ten ⟨V. 160/530/Vr 1⟩ *sich jmdn.* ~ ⟨fig.; umg.⟩ *sich jmds. Wohlwollen erhalten;* →a. *warm (1.6, 2.2)*

warm|her|zig ⟨Adj.⟩ *ein warmes Herz für andere habend, mitfühlend, hilfsbereit u. herzlich; ein* ~*er Mensch; sie ist sehr* ~

warm|lau|fen ⟨V. 176/400/Vr 3; fig.⟩ *sich im Gespräch* ~ *sich immer mehr darin vertiefen u. immer aktiver daran teilnehmen;* →a. *warm (1.7-1.8)*

warm|ma|chen auch: **warm ma|chen** ⟨V. 500⟩ *etwas* ~ *etwas einer erhöhten Temperatur aussetzen, damit es warm wird; Wachs* ~*; jmdm. das Essen noch einmal* ~*;* →a. *warm (1.9)*

Warm|mie|te ⟨f.; -, -n⟩ *Miete einschließlich der anfallenden Kosten für Heizung, Wasser u. Strom; Ggs Kaltmiete*

warm|stel|len auch: **warm stel|len** ⟨V. 500⟩ *etwas* ~ *so aufbewahren, dass es warm bleibt; das Mittag-, Abendessen* ~

warm|wer|den auch: **warm wer|den** ⟨V. 285(s.); fig.⟩ **1** ⟨400⟩ *allmählich Anteil nehmen, seine Schüchternheit verlieren* • 1.1 *in einer Stadt* ~ *heimisch werden* **2** ⟨405⟩ *ich kann mit ihm, ihr nicht* ~ *ich bekomme keinen inneren, herzlichen Kontakt mit ihm, ihr*

Warm|zeit ⟨f.; -, -en⟩ *der zwischen den quartären Eiszeiten liegende warme Zeitabschnitt; Ggs Eiszeit*

war|nen ⟨V. 500/Vr 8⟩ **1** ⟨550⟩ **jmdn. vor etwas** od. **jmdm.** ~ *von drohendem Unheil benachrichtigen, auf eine Gefahr hinweisen; vor Taschendieben wird gewarnt* **2** **jmdn.** ~ *drohend auffordern, von etwas abzulassen, etwas zu tun od. nicht zu tun; ich warne dich!; er erhob* ~*d den Finger; „...!", sagte er* ~*d*

War|nung ⟨f.; -, -en⟩ **1** *Hinweis auf drohendes Unheil, auf Gefahr; ohne* ~ *schießen* **2** *Lehre für die Zukunft; das soll dir eine* ~ *sein; lass es dir als, zur* ~ *dienen!*

War|te ⟨f.; -, -n⟩ **1** *Beobachtungs-, Wachtturm; Wetter*~ **2** ⟨fig.⟩ *überlegener Standpunkt; etwas von der hohen* ~ *aus betrachten*

war|ten¹ ⟨V. 405⟩ **1** *(auf jmdn.* od. *etwas)* ~ *sich gedulden u. verweilen, bis jmd. kommt od. etwas eintritt, verweilen u. Kommendes od. jmdn., der kommen soll, herbeiwünschen, für Kommendes od. einen Kommenden bereit sein; na warte!* (wenn ich dich erwische!; *leichte Drohung); warte einen Augenblick!; hinter der nächsten Ecke wartet vielleicht schon der Tod* ⟨fig.⟩*; komm schnell, der Zug wartet nicht; kann ich gleich darauf* ~ *(auf Erledigung, auf Antwort usw.)* ~*?; wie lange soll ich noch* ~*?; schmerzlich, sehnsüchtig, ungeduldig* ~*; stundenlang, tagelang* ~*; warte auf mich!; daheim wartete eine Überraschung auf ihn; auf ein Zeichen* ~*; ich habe lange (auf dich) gewartet; da kannst du lange* ~*!; ich kann nicht länger* ~*; wir wollen mit dem Essen nicht etwas* ~*; nach langem Warten war es endlich so weit; ich habe so (auf dich) gewartet!* • 1.1 *das kann* ~ *das hat Zeit* • 1.2 *er lässt lange auf sich* ~ *es dauert lange, bis er kommt* • 1.3 *die Wirkung ließ nicht auf sich* ~ *die W. erfolgte sofort* • 1.4 *auf den habe ich gerade noch gewartet!* ⟨umg.; iron.⟩ *der kommt mir wirklich ungelegen;* →a. *schwarz (2.3)*

war|ten² ⟨V. 500⟩ **1** *etwas* ~ *durch regelmäßige Prüfung u. ggf. vorgenommene Reparaturen instand halten; eine Maschine, ein Auto* ~ **2** *jmdn.* od. *etwas* ~ ⟨veraltet⟩ *pflegen, betreuen; eine Blume* ~*; Kinder, Kranke* ~

Wär|ter ⟨m.; -s, -⟩ *jmd., der jmdn. od. etwas wartet, Hüter, Pfleger, Betreuer; Bahn*~*, Kranken*~*, Leuchtturm*~*, Tier*~

Wär|te|rin ⟨f.; -, -rin|nen⟩ *weibl. Wärter*

...wärts ⟨Nachsilbe in Zus.⟩ *in Richtung auf (... hin)*, himmelwärts, seewärts, abwärts, aufwärts, seitwärts, rückwärts, vorwärts

War|tung ⟨f.; -, -en⟩ *das Warten², Pflegen u. Instandhalten, Reparatur, das Gewartetwerden;* die ~ eines Gerätes

war|um *auch:* **wa|rum** ⟨Adv.⟩ *aus welchem Grund, weshalb;* ~ hast du das getan?; sag mir, ~ du das getan hast; ich weiß nicht, ~ (das so ist usw.); nach dem Warum und Woher, nach dem Warum und Weshalb fragen; ~ nicht?; ~ nicht gar! (Ausruf der Ablehnung); ~ nicht gleich?; ~ (bist du) so ernst?

War|ze ⟨f.; -, -n⟩ *hornige Wucherung der Haut, bes. an Gesicht und Händen: Verruca*

was ⟨Pron.⟩ **1** ⟨Interrogativpron.⟩ • **1.1** ⟨Gen. wessen, veraltet wes⟩ *(Ausdruck, der nach einer Sache, einem Vorgang fragt);* ~ findest du bloß daran so schön?; ~ führt dich zu mir?; ~ gibt es Neues?; ~ hast du, ~ fehlt dir?; ~ kostet das Buch?; ~ machst du da?; ~ meinst du dazu?; ~ doch alles passieren kann!; ~ hast du gesagt?; ~ ist?; ~ ist denn (geschehen)?; ~ ist ihr Vater von Beruf?; ~ ist aus ihm geworden?; ~ ist schon dabei, wenn …; ~ es auch (immer) sei; ~ soll das bedeuten?; ~ soll ich (nur) tun?; ~ weißt du denn davon?; ~ wissen Sie über …?; ~ ich aber auch alles wissen soll!; ~ willst du?; ~ denn?; ~ auch immer geschehen mag • **1.1.1 an** ~ *denkst du?* ⟨umg.⟩ *woran* • **1.1.2 auf** ~ *wartest du noch?* ⟨umg.⟩ *worauf;* es kommt hier nicht nur auf das Was, sondern auch auf das Warum an • **1.1.3 für** ~ *hältst du das?* ⟨umg.⟩ *wofür* • **1.1.4 mit** ~ *beschäftigst du dich gerade?* ⟨umg.⟩ *womit* • **1.1.5 um** ~ *handelt es sich?* ⟨umg.⟩ *worum* • **1.2** ~ **für** (ein) *= welche(r, -s) (1.1);* ~ sind das für Blumen?; ~ für ein Buch möchten Sie?; ~ für ein Tier ist das? • **1.2.1** ~ **für** (ein) …! *Ausruf des Staunens, der Bewunderung, des Entsetzens;* ~ für ein Lärm!; ~ für ein schönes Kind!; ~ sind das für Sachen, Geschichten! • **1.3** *wie;* ~ bist du doch schwierig ⟨umg.⟩; ~ hast du dich verändert! • **1.3.1** ~? ⟨unhöflich⟩ *wie bitte, ich habe nicht verstanden* • **1.3.2** ~ **ist die Uhr?** ⟨süddt.⟩ *wie spät ist es?* • **1.4** *wie viel;* ~ bekommen Sie dafür (an Geld)? • **1.5** ~ rennst du so schnell ⟨umg.⟩ *warum* • **1.6** ~ **Wunder,** dass …! *ist es ein W., dass …?* • **1.7** ~! *(Ausruf der Überraschung);* ~, das weißt du nicht?; ~ du nicht sagst! • **1.7.1** ~ weiß ich! *ich habe keine Ahnung, ich weiß es nicht* • **1.7.2** er hat ~ **weiß ich** alles getan *alles Mögliche, vieles* **2** ⟨Relativpron.⟩ • **2.1** ⟨Gen. wessen, veraltet wes⟩ *(Ausdruck für eine unbestimmte Sache, einzelne Dinge od. einen ganzen Satz);* ~ mich betrifft (erg.: das, ~ …); erzähle, ~ du erlebt hast!; das ist doch das Schönste, ~ es gibt; zeig, ~ du kannst!; ich weiß nicht, ~ ich sagen soll; ~ ich noch sagen, fragen wollte: … (als Einleitung); das Beste, ~ du tun kannst, ist …; sag mir, ~ du (eigentlich) willst; du kannst machen, sagen ~ du willst, er tut es doch nicht; komme, ~ da wolle; alles, manches, vieles, ~ ich hier gesehen, gehört, gelesen habe; das, ~ du sagst, stimmt nicht; das ist etwas, ~ ich tief bedauere, ~ mir viel Freude macht, ~ ich nicht verstehe; früh krümmt sich, ~ ein Häkchen werden will

⟨Sprichw.⟩ • **2.2** lauf, ~ du **kannst!** *so sehr, so schnell wie möglich* • **2.3** es koste, ~ **es wolle** *so viel wie verlangt wird* **3** ⟨Indefinitpron.; umg.; unbetont⟩ = *etwas;* das ist doch ~ (ganz) anderes!; er hat ~ Böses getan; das wird ~ Gescheites, ~ Rechtes sein!; ich habe ~ Schönes für dich; ich hab ~ für dich; ich sehe ~, was du nicht siehst; ich weiß ~ • **3.1** kann ich dir ~ **helfen?** ⟨umg.⟩ *bei, mit etwas* • **3.2** schäm dich ~! *schäm dich, du hast allen Grund dazu!* • **3.3** na, das ist **doch wenigstens** ~! *etwas Ordentliches, eine ziemlich gute Leistung* • **3.4** das Was und das Wie *die Substanz (der Stoff) u. die Art und Weise* • **3.5** inzwischen kann **wer weiß** ~ **geschehen** *alles Mögliche, alles mögliche Schlimme* • **3.6** er hielt ihn für **wer weiß** ~ *für etwas Besonderes*

Wä|sche ⟨f.; -, -n⟩ **1** *das Waschen;* Körper~; die Farbe ist bei, in der ~ ausgegangen; das Kleid ist bei, in der ~ eingegangen, eingelaufen • **1.1** Handtücher in die ~ geben *zum Waschen weglegen od. weggeben* • **1.2** das Hemd ist in der ~ *wird gerade gewaschen, ist in der Wäscherei* **1.3** (bes. früher) *der Tag, an dem Wäsche gewaschen wird, Waschtag;* heute habe ich ~ **2** *das, was gewaschen wird;* Unter~, Bett~, Bunt~, Fein~, Weiß~; die ~ abnehmen, aufhängen, auswringen, einweichen, kochen, schleudern, spülen, trocknen; ~ ausbessern, bügeln, einsprengen, flicken, legen; die ~ wechseln; bunte, weiße ~; frische, neue, reine, saubere ~ anziehen; seidene, wollene ~; warme ~; →a. *schmutzig (1.3)*

wasch|echt ⟨Adj. 24⟩ **1** *beim Waschen sich nicht verändernd;* der Stoff, die Farbe ist ~ **2** ⟨fig.; umg.⟩ *ganz echt, unverfälscht;* er ist ein ~er Stuttgarter, ~es Sächsisch sprechen

wa|schen ⟨V. 279⟩ **1** ⟨500/Vr 7⟩ jmdn. od. etwas ~ *mit Wasser (u. Seife o. Ä.) reinigen, säubern;* sich das Haar, den Kopf ~ (lassen); sich die Hände ~; ein Kleid, einen Pullover ~; Wäsche ~; sich gründlich ~; sich kalt, warm ~; sich von Kopf bis Fuß, von oben bis unten ~; die Farbe ist beim Waschen ausgegangen, ausgelaufen; der Stoff ist beim Waschen eingegangen, eingelaufen; Wäsche zum Waschen geben • **1.1 Gas** ~ *G. durch Flüssigkeiten führen u. dadurch reinigen* • **1.2 Gold** ~ *G. aus dem Flusssand aussondern, ausschwemmen* **2** ⟨400; umg.⟩ *schmutzige Wäsche reinigen;* ich wasche einmal in der Woche, jeden Montag; wir ~ heute **3** ⟨500/Vr 3⟩ **etwas** hat **sich** gewaschen ⟨fig.; umg.⟩ *hat es in sich;* eine Ohrfeige, Tracht Prügel, die sich gewaschen hat; die Prüfung hatte sich gewaschen

Wä|sche|rei ⟨f.; -, -en⟩ **1** ⟨unz.⟩ *das Waschen* (Gold~) **2** *Betrieb, in dem man gegen Entgelt Wäsche waschen lassen kann*

Wasch|lap|pen ⟨m.; -s, -⟩ **1** *kleiner Lappen aus Frottéestoff zum Waschen des Körpers* **2** ⟨fig.; umg.; abwertend⟩ *Schwächling, Feigling;* du bist ein ~

Wasch|ma|schi|ne ⟨f.; -, -n⟩ *Maschine zum Wäschewaschen*

Wasch|mit|tel ⟨n.; -s, -⟩ *Seife, Seifenpulver zum Wäschewaschen*

Was|ser ⟨n.; -s, -; bei Mineralwasser u. Ä. auch: n.; -s,

Was|ser 1 *farblose, bei 0 °C gefrierende Flüssigkeit, chem. Formel* H_2O; *ein Becher, Glas, Topf (voll)* ~; *um ein Glas* ~ *bitten;* ~ *brodelt, kocht, siedet;* ~ *holen, kochen, schöpfen, trinken; hartes, weiches* ~; *kaltes, warmes, heißes, kochendes* ~; *kalkhaltiges, klares, trübes, frisches, reines* ~; *Zimmer mit fließendem* ● **1.1** ~ *fassen, nehmen* ⟨Mar.; Eisenb.⟩ *Wasservorrat aufnehmen* ● **1.2** *auf* ~ *und Brot gesetzt sein, bei* ~ *und Brot sitzen eingesperrt sein (u. nur die allernötigste Nahrung bekommen)* ● **1.3** *der Vorwurf läuft an ihm ab wie* ~ ⟨umg.⟩ *macht ihm keinen Eindruck* ● **1.4** *jmdm. das* ~ *nicht reichen können* ⟨fig.⟩ *tief unter jmdm. stehen, jmdm. sehr unterlegen sein* ● **1.5** ~ *mit einem Sieb schöpfen* ⟨fig.⟩ *sich vergebl. Mühe machen* ● **1.6** *jmdm.* ~ *in den Wein gießen* ⟨fig.⟩ *jmds. Begeisterung dämpfen* ● **1.7** *mit allen* ~*n gewaschen sein* ⟨fig.⟩ *gerissen, raffiniert sein* ● **1.8** *es wird überall nur mit* ~ *gekocht* ⟨fig.⟩ *es wird überall genauso gearbeitet, es wird woanders nichts anders, besser gemacht* **2** *Inhalt von Meer, See, Fluss;* Fluss~, Meer~, Quell~, Leitungs~, Regen~, See~, Trink~; *das* ~ *fließt, rauscht, schwillt, spritzt, strömt;* ~ *schlucken (beim Schwimmen, Tauchen); die trägen* ~ *des Flusses; munter wie ein Fisch im* ~ *sein; ins* ~ *fallen, gleiten, springen, stürzen, werfen; sich über* ~ *halten (von Schiffbrüchigen); unter* ~ *schwimmen; ein Boot zu* ~ *bringen, lassen; sich zu* ~ *und zu Lande fortbewegen können* ● **2.1** *einen Ort zu Lande und zu* ~ *erreichen können auf dem Land- u. auf dem Wasserweg* ● **2.2** *zu* ~ *gehen sich auf dem Wasser niederlassen (vom Wasserflugzeug)* ● **2.3** *unter* ~ *stehen überschwemmt sein* ● **2.4** ~ *treten sich durch tretende Beinbewegungen senkrecht an einer Stelle im Wasser halten* ● **2.5** *wie aus dem* ~ *gezogen* ⟨umg.⟩ *völlig durchnässt* ● **2.6** ~ *hat keine Balken* ⟨Sprichw.⟩ *im Wasser muss man schwimmen können* ● **2.7** *jmdm. das* ~ *abgraben* ⟨fig.⟩ *jmds. Wirksamkeit einschränken, seine Existenz gefährden* ● **2.8** *das ist* ~ *auf seine Mühle(n)* ⟨fig.⟩ *das kommt ihm gelegen* ● **2.9** *ins* ~ *gehen* ⟨fig.⟩ *sich ertränken* ● **2.10** *ins* ~ *fallen* ⟨fig.⟩ *misslingen, nicht verwirklicht werden; mein Plan ist ins* ~ *gefallen; das Fest, Unternehmen ist ins* ~ *gefallen* ● **2.11** *das* ~ *geht, reicht, steht jmdm. bis zum Halse, an die Kehle* ⟨fig.⟩ *jmd. befindet sich in bedrängter (finanzieller) Lage* ● **2.12** *sich über* ~ *halten* ⟨fig.⟩ *(mühsam) sein Leben fristen, seine Existenz erhalten* ● **2.13** ~ *in die Elbe, den Rhein, ins Meer tragen* ⟨fig.⟩ *etwas Überflüssiges tun* ● **2.14** *bis dahin läuft noch viel* ~ *den Berg, den Rhein hinunter* ⟨fig.⟩ *bis dahin geschieht noch manches* **3** *Gewässer; flaches, seichtes, tiefes* ~; *fließendes, stehendes* ~ ● **3.1** *nahe ans* ~ *gebaut haben* ⟨fig.⟩ *leicht weinen* ● **3.2** *übers große* ~ *fahren* ⟨fig.⟩ a. *still (3.1)* **4** *Flüssigkeit zu Heil- od. kosmet. Zwecken; Gesichts~, Haar~, Mineral~; wohlriechende Wässer;* →a. *brennen (10.2)* **5** *mehr od. minder klare vom Körper gebildete Flüssigkeit* ● **5.1** *Tränen; ihre Augen standen voll* ~; *das* ~ *schoss ihm in die Augen; das* ~ *stürzte ihr aus den Augen* ● **5.2** *Schweiß; ihm floss das* ~ *von der Stirn* ● **5.3** *Speichel; da läuft einem ja das* ~ *im Munde zusammen!* ● **5.4** *Harn;* ~ *lassen* ● **5.5** *Lymphe* ● **5.5.1** ~ *in den Beinen haben krankhafte Wasseransammlung in den Geweben der B.* **6** ⟨fig.⟩ *Glanz, Durchsichtigkeit, Reinheit der Edelsteine; ein Edelstein reinsten* ~s ● **6.1** *ein Berliner reinsten* ~s ⟨fig.⟩ *ein ganz echter, unverfälschter B.* **7** (Getrennt- u. Zusammenschreibung) ● **7.1** ~ *abweisend = wasserabweisend*

was|ser|ab|wei|send *auch:* **Was|ser ab|wei|send** ⟨Adj. 24/70⟩ *Wasser nicht aufnehmend, nicht aufsaugend;* ~*er Stoff*

Was|ser|bad ⟨n.; -(e)s, -bäl|der⟩ **1** *Bad im Wasser, Dusche* **2** *Becken mit fließendem Wasser zum Wässern von fotografischen Abzügen od. Vergrößerungen; Abzüge ins* ~ *legen* **3** *Topf mit kochend heißem Wasser, in das ein kleiner Topf zum Erhitzen von Speisen, die bei der Zubereitung nicht bis zum Kochen gebracht werden sollen, gestellt wird; Speisen im* ~ *erwärmen*

was|ser|dicht ⟨Adj. 24⟩ **1** *Wasser nicht durchlassend, wasserundurchlässig* ● **1.1** ⟨fig.⟩ *unanfechtbar, unangreifbar; ein* ~*es Alibi*

Was|ser|fall ⟨m.; -(e)s, -fäl|le⟩ **1** *Wasserlauf mit (fast) senkrechtem Gefälle, oft in mehreren Stufen* ● **1.1** *reden wie ein* ~ ⟨umg.⟩ *ununterbrochen reden*

Was|ser|far|be ⟨f.; -, -n⟩ *mit leimartigen Bindemitteln versetzte, mit Wasser angeriebene, wasserlösl. u. durchscheinende Farbe; Gemälde in* ~n; *mit* ~n *malen*

Was|ser|glas ⟨n.; -es, -glä|ser⟩ **1** *gläsernes Trinkgefäß ohne Fuß für Wasser;* →a. *Sturm¹ (3.1)* **2** *wässrige, zähe, farblose Flüssigkeit, kolloidale Lösung von Natrium- u. Kaliumsilikat*

Was|ser|hahn ⟨m.; -(e)s, -häh|ne⟩ *regulierbares Ventil an der Wasserleitung*

wäs|se|rig ⟨Adj.⟩ oV **wässrig 1** *viel Wasser enthaltend; eine* ~*e Brühe, Flüssigkeit, Suppe* ● **1.1** *jmdm. den Mund* ~ *machen* ⟨fig.⟩ *jmdm. Appetit auf etwas machen* **2** *wasserähnlich, wie Wasser; eine* ~*e Flüssigkeit* ● **2.1** ⟨fig.⟩ *fade, nicht schmackhaft, nicht gehaltvoll; das schmeckt etwas* ~

Was|ser|kraft ⟨f.; -; unz.⟩ *die durch den Druck strömenden Wassers erzeugte Kraft*

was|sern ⟨V. 400⟩ *ein* **Flugzeug** *wassert geht auf dem Wasser nieder*

wäs|sern ⟨V.⟩ **1** ⟨500⟩ **Nahrungsmittel** ~ ⟨Kochk.⟩ *in Wasser legen (um dadurch Salz herauszulösen od. um es weich zu machen); Salzfleisch, Heringe* ~; *getrocknete Erbsen* ~ **2** ⟨500; Fot.⟩ *nach dem Entwickeln u. Fixieren eine Zeit lang in fließendes Wasser legen; Abzüge, Filme* ~ **3** ⟨500⟩ **Pflanzen** ~ *stark begießen* **4** ⟨400⟩ *sich mit Wasser (Speichel, Tränenflüssigkeit) füllen, Wasser abgeben; seine Augen* ~ ● **4.1** ⟨605⟩ *mir* ~ *wässert der Mund nach etwas ich habe großen Appetit auf etwas*

Was|ser|schloss ⟨n.; -es, -schlös|ser⟩ **1** *in einem See od. Teich liegendes Schloss* **2** *am Anfang einer Druckleitung für Wasserkraftanlagen liegender offener Behälter, der Druckunterschiede ausgleicht*

Was|ser|spie|gel ⟨m.; -s, -⟩ *die Oberfläche des Wassers*

Was|ser|stand ⟨m.; -(e)s, -stän|de⟩ *Höhe, Stand des Wasserspiegels;* hoher, niedriger ~

Was|ser|stoff ⟨m.; -(e)s; unz.; chem. Zeichen: H⟩ *chem. Grundstoff, ein geruch- u. geschmackloses Gas, Ordnungszahl 1*

Was|ser|stra|ße ⟨f.; -, -n⟩ *schiffbarer Wasserlauf als Verkehrsweg*

Was|ser|weg ⟨m.; -(e)s, -e⟩ *Weg zu Wasser, mit dem Schiff;* einen Ort auf dem ~ erreichen; etwas auf dem ~ schicken

Was|ser|zei|chen ⟨n.; -s, -⟩ *Muster im Papier, das erscheint, wenn man den Bogen gegen das Licht hält, als Kennzeichen der Herkunft u. Qualität sowie zur Verhinderung von Fälschungen, z. B. bei Banknoten*

wäss|rig ⟨Adj.⟩ = wässerig

wa|ten ⟨V. 400(s.)⟩ *einsinkend gehen;* durch einen Bach, durchs Wasser ~; im Sand, Schlamm, Schmutz, Wasser ~

wat|scheln ⟨V. 410(s.)⟩ *mit schleppenden Füßen u. leicht hin u. her schwankend gehen;* wie eine Ente ~

Watt[1] ⟨n.; -s, -; Zeichen: W⟩ *Maßeinheit der elektrischen Leistung, 1 W = 1 V × 1 A*

Watt[2] ⟨n.; -(e)s, -en; kurz für⟩ *flacher Streifen des Meeresbodens, der bei Niedrigwasser ganz od. teilweise trocken liegt, Wattenmeer*

Wat|te ⟨f.; -, -n⟩ *lockere Schicht von Fasern (zum Füttern u. Auspolstern, z. B. von Kleidungsstücken);* sich ~ in die Ohren stopfen • 1.1 jmdn. in ~ packen ⟨fig.; umg.⟩ • 1.1.1 *jmdn. mit übertriebener Vorsicht vor Krankheiten usw. schützen* • 1.1.2 *eine übertrieben empfindliche Person nicht kritisieren* • 1.2 *gereinigte u. durch Entfettung saugfähig gemachte Baumwolle für Verbände*

WC ⟨Abk. für⟩ *Wasserklosett (engl. water closet), Toilette mit Wasserspülung*

Web ⟨n.; - od. -s; unz.; kurz für⟩ *World Wide Web, Internet;* ~adresse; ~log; ~seite

we|ben ⟨V. 280⟩ **1** ⟨500⟩ **etwas** ~ *durch Kreuzen u. Verflechten von Fäden herstellen;* Gewebe, Stoff ~; Leinen, Tuch, Teppiche ~; die Spinne webt ihr Netz • 1.1 etwas webt etwas ⟨fig.; poet.⟩ *erzeugt etwas;* das Mondlicht wob einen silbernen Schleier zwischen den Bäumen **2** ⟨400⟩ ein **Pferd** webt *schwingt den Kopf hin u. her* **3** ⟨400; fig.; poet.⟩ *sich bewegen, in Bewegung sein;* auf den Wiesen und im Wald lebt und webt es

We|ber|knecht ⟨m.; -(e)s, -e; Zool.⟩ *Spinnentier mit langen Beinen, die bei Gefahr abgeworfen werden: Opiliones;* Sy Schneider (7), Schuster (2)

Web|stuhl ⟨m.; -(e)s, -stüh|le; Textilw.⟩ *Maschine zum Weben, ursprünglich von Hand u. Fuß angetrieben;* Hand-~, Maschinen~

Wech|sel[1] ⟨[-ks-] m.; -s, -⟩ **1** *das Wechseln;* Geld~, Personal~, Pferde~, Wohnungs~; Mond~, Stellungs~, Stimm~; Jahres~, Posten~; ~ der Jahreszeiten; in buntem ~; ~ (in) der Regierung; einen ~ herbeiführen, vornehmen **2** ⟨Finanzw.⟩ *schriftliche Verpflichtung zur Zahlung einer Summe an den Inhaber der Urkunde, schuldrechtliches Wertpapier;* Ggs Bargeld; einen ~ akzeptieren, ausstellen, diskontieren, girieren; einen ~ einlösen, fälschen; einen ~ auf jmdn. ausstellen, ziehen **3** ⟨Jägerspr.⟩ *regelmäßig begangener Pfad (des Hochwildes);* Wild~; hier hat der Bär, Hirsch seinen ~

Wech|sel[2] ⟨[-ks-] n.; -s; unz.; umg.⟩ *Kleidungs-, Wäschestücke zum Wechseln;* mehrere Paar Strümpfe einpacken, damit man das ~ hat

Wech|sel|geld ⟨[-ks-] n.; -(e)s; unz.⟩ **1** *Betrag, der auf die zu viel bezahlte Summe beim Kauf einer Ware herausgegeben wird* **2** *Kleingeld zum Herausgeben*

Wech|sel|jah|re ⟨[-ks-] Pl.⟩ *bei Frauen der Zeitraum, in dem die Tätigkeit der Keimdrüsen u. die Menstruation allmählich erlischt, meist zwischen dem 45. und 50. Jahr;* Sy Klimakterium, Klimax; in den ~n sein

Wech|sel|kurs ⟨[-ks-] m.; -es, -e; Bankw.⟩ *Kurs, zu dem inländisches in ausländisches Geld u. umgekehrt gewechselt wird*

wech|seln ⟨[-ks-] V.⟩ **1** ⟨500⟩ **etwas** ~ *an die Stelle von etwas anderem setzen, tauschen, vertauschen, umtauschen* • 1.1 *durch etwas Neues, Frisches ersetzen;* die Kleider, Schuhe, Wäsche ~; das Hemd ~; Reifen, Öl ~ (beim Auto); Schuhe, Strümpfe, Wäsche zum Wechseln • 1.2 etwas (mit jmdm.) ~ *austauschen;* die Ringe ~ (bei der Trauung); Briefe mit jmdm. ~; ein paar Worte mit jmdm. ~ • 1.3 Geld ~ *eine größere Münze in kleinere od. eine bestimmte Geldsorte in eine andere umtauschen;* kannst du mir 10 Euro ~?; ich möchte Euro in, gegen Dollar ~ **2** ⟨500⟩ eine **Sache** ~ *ändern, verändern;* den Beruf, den Platz, die Stellung, die Wohnung ~ • 2.1 die Farbe ~ ⟨fig.⟩ *bleich bzw. rot werden* **2.2** das Thema ~ *von etwas anderem zu sprechen beginnen* **2.3** ⟨400(s.)⟩ *den Ausbildungsort od. die Ausbildungsart ändern;* ich habe die Schule gewechselt **3** ⟨400⟩ eine **Sache** wechselt *ändert sich;* seine Stimmungen ~ rasch; das Wetter wechselt häufig, rasch • 3.1 ⟨Part. Präs.⟩ ~d *sich verändernd;* in ~den Farben; ~d bewölkt • 3.1.1 *einmal gut, einmal weniger gut;* wie geht es dir? ~d!; bei ~der Gesundheit • 3.1.2 *einmal mehr, einmal weniger;* mit ~dem Erfolg, Glück **4** ⟨400⟩ den **Platz** tauschen; wollen wir ~? (z. B. beim Tragen, Spielen) **5** ⟨400⟩ **Wild** wechselt ⟨Jägerspr.⟩ *bewegt sich langsam vorwärts;* hier wechselt Wild über die Straße; hier hat ein Hirsch gewechselt

wech|sel|sei|tig ⟨[-ks-] Adj. 24⟩ *gegenseitig;* die beiden geben sich ~ Anregungen

Wech|sel|strom ⟨[-ks-] m.; -(e)s; unz.⟩ *elektrischer Strom, dessen Stärke u. Richtung sich periodisch ändern;* Ggs Gleichstrom

wech|sel|voll ⟨[-ks-] Adj.⟩ *abwechslungsreich, häufig wechselnd;* eine ~e Landschaft, ein ~es Leben, ~es Wetter

Wech|te ⟨f.; -, -⟩ *überhängende Schnee- od. Firnmasse*

Weck ⟨m.; -(e)s, -e; oberdt.⟩ = Wecken

We|cke ⟨f.; -, -n; oberdt.⟩ = Wecken

we|cken ⟨V. 500⟩ **1** ⟨Vr 8⟩ **jmdn.** ~ *aus dem Schlaf reißen, wachmachen;* bitte weck mich um acht Uhr; um 7 Uhr ist Wecken; warum hast du mich so spät, so früh geweckt?; nach dem Wecken wird ein Waldlauf gemacht; wann möchten Sie geweckt werden? **2** et-

Wecken

was ~ ⟨fig.⟩ *hervorrufen, wachrufen;* das weckt schöne Erinnerungen in mir; jmds. Neugier, Misstrauen ~; Gefühle in jmdm. ~

Wecken ⟨m.; -s, -; oberdt.⟩ *Weißbrot, Brötchen;* oV *Weck, Wecke, Weckerl, Weggen*

Wecker ⟨m.; -s, -⟩ *Uhr, die zu einer bestimmten Zeit, die man vorher einstellt, klingelt od. rasselt*

Weckerl ⟨n.; -s, -; oberdt.⟩ = *Wecken*

Wedel ⟨m.; -s, -⟩ **1** *Bündel, Büschel von Federn, Haaren, Stroh, Laub o. Ä. zum Fächeln od. Staubwischen;* Fliegen~, Staub~ **2** *großes, gefiedertes Blatt* **3** ⟨Jägerspr.⟩ *Schwanz (beim Schalenwild, außer Schwarzwild)*

wedeln ⟨V. 400⟩ **1** ⟨416⟩ **mit etwas ~** *etwas rasch hin u. her bewegen;* mit einem Blatt Papier, Tuch, Wedel, Zweig ~; mit dem Taschentuch ~; der Hund wedelte mit dem Schwanz **2** *ein* **Hund** *wedelt bewegt den Schwanz rasch hin u. her;* der Hund wedelte freudig **3** ⟨Skisp.⟩ *(beim Abwärtsfahren) die Skier locker aus der Hüfte heraus parallel nach links u. rechts schwingen*

weder ⟨Konj.⟩ **1** ~ … noch … nicht … *und auch nicht* …, *nicht das eine u. auch nicht das andere, nicht so u. auch nicht anders;* ~ er noch sie gab nach; ~ Schnaps noch Wein noch Bier; er hat ~ geschrieben noch angerufen; er ist ~ klug noch schön; sie wusste ~ aus noch ein **2** ~ … ~ … ⟨poet.⟩ *weder … noch …;* bin ~ Fräulein ~ schön (Goethe, „Faust" I, Straße)

weg ⟨Adv.; umg.⟩ **1** *fort, aus dem Gesichtskreis, an einen andern Ort;* Kopf ~!; ~ da!; ~ damit!; Hände ~ (von …)! **1.1** ~!, lass das! *geh fort! tue die Hände weg!* **1.2** meine Uhr ist ~ *ich habe meine U. verloren, ich vermisse sie* **1.3** ich bin darüber ~ ⟨fig.; umg.⟩ *ich habe es verschmerzt, überwunden* **2** *entfernt, abseits;* er war schon ~, als ich kam; das Schiff ist noch weit ~

Weg ⟨m.; -(e)s, -e⟩ **1** *festgetretene od. leicht befestigte Bahn, die angelegt wurde, um von einem Ort zu anderen zu gelangen;* Feld~, Garten~, Wald~, Spazier~; da kam ein Wanderer des ~(e)s (daher); einen ~ (zwischen den Blumenbeeten, im Schnee) treten; ein abschüssiger, breiter, ebener, holpriger, schattiger, schmaler, sonniger, steiler, steiniger, stiller ~; Blumen am ~(e); ein paar Schritte am ~ blühten viele Blumen; es gab nicht ~ noch Steg ⟨poet.⟩ **2** *Zugang, Durchgang, Ausweg (den man sich verschafft);* sich einen ~ durchs Gestrüpp bahnen; jmdm. den ~ freigeben; jmdm. den ~ versperren; es gibt keinen anderen ~, um in das Gebäude zu gelangen **3** *Richtung, Reiseroute, die man normalerweise einschlagen muss, um an einen bestimmten Ort zu gelangen;* Land~, Reise~, See~; jmdm. den ~ (zum Museum usw.) beschreiben; den ~ verfehlen, verlieren; jmdn. auf den ~ bringen; jmdm. den ~ zeigen; wir haben denselben ~; jmdm. nach dem ~ fragen; vom ~(e) abkommen; vom ~(e) abweichen; den ~ zur Stadt, zum Wald einschlagen ● **3.1** es liegt mir am ~ *ich komme daran vorbei* ● **3.2** woher des ~es? ⟨poet.⟩ **3.3** wohin des ~es? ⟨poet.⟩ *wohin gehst du?* **4** *Raum, den jmd. zum Durchgehen be-*

ansprucht; Hindernisse aus dem ~ räumen, schaffen ● **4.1** jmdn. aus dem ~ räumen, schaffen ⟨fig.⟩ *jmdn. beseitigen, töten;* →a. *Stein (1.2.2, 1.2.3)* ● **4.2** jmdm. in den ~ laufen *jmdm. unvermutet, unerwartet begegnen* ● **4.3** jmdm. aus dem ~(e) gehen ● **4.3.1** *jmdm. Platz machen, jmdm. vorbeilassen* ● **4.3.2** ⟨fig.⟩ *jmdn. meiden, jmdm. nicht begegnen wollen* ● **4.4** einer Sache aus dem ~(e) gehen ⟨fig.⟩ *eine S. nicht tun* ● **4.5** jmdm. im ~(e) stehen ● **4.5.1** *jmdn. am Weitergehen hindern, jmds. Bewegungsfreiheit beeinträchtigen* ● **4.5.2** er steht mir bei meinem Vorhaben im ~(e) ⟨fig.⟩ *er stört mich durch sein bloßes Dasein* ● **4.6** dem steht nichts im ~(e) ⟨fig.⟩ *das kann ohne weiteres geschehen, getan werden* ● **4.7** sich jmdm. in den ~ stellen ● **4.7.1** *jmdm. entgegentreten* ● **4.7.2** ⟨fig.⟩ *jmdm. behindern* ● **4.8** jmdm. in den ~ treten ⟨fig.⟩ *jmdn. bei seinem Vorhaben behindern, ihn an seinem V. hindern* ● **4.9** jmdm. nicht über den ~ trauen ⟨fig.⟩ *jmdm. nicht trauen* **5** *Strecke, auf der man geht, zurückzulegende od. zurückgelegte Strecke;* Heim~, Rück~; hier können wir ein Stück ~ abschneiden; jmdn. ein Stück ~(es) begleiten; wir können den ~ abkürzen; auf halbem ~(e) stehen bleiben, stecken bleiben, umkehren; gibt es einen kürzeren ~ nach …?; →a. *halb (1.5)* **6** *Entfernung;* bis dorthin ist ein ~ von einer halben Stunde **7** *Reise od. Lauf, den jmd. od. ein Gegenstand vollzieht;* Glück auf den ~!; auf dem ~ nach Berlin; er ist schon auf dem ~ zu Ihnen ● **7.1** ein Paket, Waren auf den ~ bringen *ab-, fortschicken* ● **7.2** sich auf den ~ machen *aufbrechen, fortgehen* **8** ⟨umg.⟩ *Gang, um etwas zu erledigen, Besorgungsgang, Besorgung;* kannst du mir einen ~ abnehmen, erledigen?; mein erster ~ nach meiner Rückkehr war zu dir ● **8.1** ~e gehen *Besorgungen, Einkäufe machen* ● **8.2** ich muss rasch noch einen ~ gehen *etwas besorgen, erledigen* ● **8.3** seiner ~e gehen *gleichgültig, ärgerlich weggehen* ● **8.4** geh deiner ~e! *mach, dass du fortkommst!;* →a. *letzte(r, -s) (1.8.3, 1.8.6)* **9** ⟨fig.⟩ *Laufbahn, Bahn zum Ziel;* Instanzen~, Lebens~; des Menschen ~e sind nicht Gottes ~e; der ~ der Pflicht; er ist auf dem besten ~(e), ein Hochstapler zu werden; neue ~e weisen; auf dem rechten ~(e) sein; der ~ zum Ruhm ist nicht mit Rosen gepflastert; der ~ zum Ziel ist dornig, steinig ● **9.1** da führt kein ~ dran vorbei ⟨fig.; umg.⟩ *das muss geschehen, das ist unumgänglich* ● **9.2** der ~ zur Hölle ist mit guten Vorsätzen gepflastert ⟨Sprichw.⟩ *man nimmt sich vieles vor u. bleibt dann doch bei seinen alten Fehlern* ● **9.3** der ~ ist das Ziel *nicht das eigentliche Ziel, sondern der Weg dorthin ist das Entscheidende* ● **9.4** wo ein Wille ist, da ist auch ein ~ ⟨Sprichw.⟩ *ein fester Wille führt zum Erfolg;* →a. *austreten (4.4.1), eigen (1.4.7), krumm (2.1.3), recht (2.1, 2.2)* **10** ⟨fig.⟩ *durchlaufene od. zu durchlaufende Strecke, um ein Ziel zu erreichen;* einer Entwicklung, Neuerung, jmdm. den ~ bereiten; jmdm. den ~, die ~e, alle ~e ebnen; einer (anderen) ~ einschlagen; einen anderen ~ gehen; unbeirrt seinen ~ gehen; sich nicht vom ~(e), von seinem ~ abbringen lassen; er ist, befindet sich auf

1054

dem ~(e) der Besserung; jmdm. ein Wort, einen Ratschlag mit auf den ~ geben; hier trennen sich unsere ~e • **10.1** den ~ alles Irdischen gehen *vergänglich sein* • **10.2** den ~ allen Fleisches gehen *sterblich sein* • **10.3** den ~ gehen, den alle gehen müssen *sterben* • **10.4** der Junge wird seinen ~ (schon) machen *sein Ziel erreichen, im Leben vorwärtskommen* • **10.5** unsere ~e haben sich mehrmals gekreuzt *wir sind uns im Leben mehrmals begegnet* • **10.6** etwas in die ~e leiten *etwas vorbereiten, veranlassen* • **10.7** der Prozess nimmt seinen ~ *seinen Verlauf* **11** *Mittel, Verfahren, Möglichkeit;* wir müssen Mittel und ~e finden, um das zu ändern; wir müssen einen ~ finden, ihm zu helfen; es muss doch einen ~ geben, wie man das erreichen kann • **11.1** es bleibt (mir) kein anderer ~ (offen) ⟨fig.⟩ *es bleibt mir nichts anderes übrig, ich habe keine andere Möglichkeit* **12** auf einem **bestimmten** ~(e) *auf eine bestimmte Art u. Weise;* auf diesem ~(e) kann man …; auf chemischem ~(e); auf gesetzlichem, ungesetzlichem ~(e); auf gütlichem ~(e); auf schriftlichem ~(e); →a. *kurz (2.3.2), schnell (1.6)* **13** ⟨Getrennt- u. Zusammenschreibung⟩ • **13.1** zu Wege = *zuwege*

weg... ⟨Vorsilbe zu Verben⟩ *weg von, an einen anderen Ort*

weg‖blei|ben ⟨V. 114/400(s.)⟩ **1** *nicht erscheinen, obwohl erwartet, nicht (mehr) kommen;* er kam noch einige Male und blieb dann weg; du kannst nicht einfach ~, ohne abzusagen, ohne dich zu entschuldigen! • **1.1** von der Schule ~ *(vorübergehend) nicht in die S. gehen* • **2** etwas bleibt weg *versagt plötzlich;* der Motor bleibt weg; mir bleibt die Sprache weg; →a. *Spucke (1.1)* **3** *etwas bleibt weg wird nicht verwendet, ist unnötig;* dieser Satz, dieser Tischschmuck kann ~

We|ge|la|ge|rer ⟨m.; -s, -⟩ *jmd., der anderen am Wege auflauert, um sie zu berauben, Straßenräuber*

we|gen ⟨Präp. m. Gen. od. Dat.⟩ **1** *aufgrund (von);* ~ der Krankheit des Vaters blieb er zu Hause; ~ schlechten Wetters muss die Vorstellung ausfallen; →a. *Amt (1.2), Recht (1.3)* **2** *um … willen;* des Vaters, der Mutter ~ **3** von ~ ~! ⟨umg.⟩ *keineswegs!, keine Rede (davon), das denkst du dir so!*

weg‖fah|ren ⟨V. 130⟩ **1** ⟨400(s.)⟩ *an einen anderen Ort fahren, abfahren, fortfahren, abreisen;* wann fahrt ihr morgen weg? **2** ⟨500⟩ etwas ~ *mittels Fahrzeugs an einen anderen Ort bringen*

weg‖fal|len ⟨V. 131/400(s.)⟩ *etwas fällt weg entfällt;* die beiden letzten Sätze können ~; etwas ~ lassen

weg‖ge|hen ⟨V. 145/400(s.)⟩ **1** *an einen anderen Ort gehen, sich entfernen;* er ist vor fünf Minuten weggegangen; sie ging schnell, leise, heimlich, ohne Gruß, Abschied weg • **1.1** geh weg (von mir)! ⟨umg.⟩ *berühre mich nicht!* • **1.2** ⟨umg.⟩ *ausgehn;* gehst du heute noch weg? • **1.3** geh mir (bloß) weg damit, mit ihm ⟨fig.; umg.⟩ *lass mich in Ruhe!* **2** *etwas geht weg* ⟨fig.; umg.⟩ *etwas lässt sich entfernen;* der Fleck, Schmutz geht nicht (mehr) weg **3** *etwas geht weg* ⟨umg.⟩ *etwas verkauft sich;* die Karten gingen schnell weg; auch die letzten Weihnachtsbäume sind im Nu weggegangen; →a. *warm (1.10)*

Weg|gen ⟨m.; -s, -; schweiz.⟩ = *Wecken*

weg‖ha|ben ⟨V. 159/500; umg.⟩ **1** etwas ~ • **1.1** *bekommen haben;* seine Strafe ~; seinen Teil ~ **1.2** *fortgeschafft, erledigt haben;* ich möchte die Blumen hier ~; ich möchte die Arbeit bis morgen ~ • **1.2.1** einen ~ ⟨fig.⟩ *einen Schwips haben* **2** eine **Sache** ~ ⟨fig.⟩ *beherrschen, gut können, verstehen, begreifen;* er hat es noch nicht weg, wie man es machen muss; er hat die Arbeit (fein) weg

weg‖kom|men ⟨V. 170(s.); umg.⟩ **1** ⟨400⟩ etwas kommt weg *kommt abhanden, geht verloren;* meine Uhr ist (mir) weggekommen **2** ⟨400⟩ *sich entfernen (wollen);* mach, dass du wegkommst!; sehen wir zu, dass wir hier (rasch) ~!; sie kennt wieder nicht vom Spielen weg • **2.1** ich komme wenig weg *ich gehe wenig aus* **3** ⟨800⟩ über etwas ~ *etwas verwinden, verschmerzen können;* ich komme nicht darüber weg, dass … **4** ⟨403⟩ gut, schlecht (bei etwas) ~ ⟨fig.⟩ *viel, wenig (von etwas) erhalten, gut, schlecht bei etwas abschneiden*

weg‖krie|gen ⟨V. 500; umg.⟩ **1** etwas ~ *beseitigen (können);* die Flecken ~; ich weiß nicht, wie ich die Warze ~ soll • **1.1** jmdn. (von einem Ort) ~ *zum Weggehen veranlassen;* die Kinder sind nicht vom Schaufenster wegzukriegen • **1.2** schwere **Gegenstände** ~ *(heben u.) fortbringen (können);* ich kriege den Sack allein nicht weg **2** eine **Sache** ~ ⟨fig.; umg.⟩ *begreifen, verstehen;* ich habe es nicht weggekriegt, wie das Zauberkunststück vor sich geht, gemacht wird

weg‖las|sen ⟨V. 175/500⟩ **1** etwas ~ *nicht verwenden, streichen;* die letzte Szene lassen wir weg **2** jmdn. ~ *weggehen lassen;* die Kinder wollten ihn nicht ~

weg‖lau|fen ⟨V. 176/400(s.)⟩ **1** ⟨410⟩ *sich rasch entfernen, davonlaufen, fortlaufen;* von der Arbeit, vom Spiel ~; vor dem Hund ~ • **1.1** *ausreißen;* ihm ist seine Frau weggelaufen; das Kind, der Hund ist weggelaufen • **1.2** das läuft mir nicht weg ⟨fig.; umg.⟩ *das kann ich später noch erledigen* **2** eine **Flüssigkeit** läuft weg *fließt weg;* mir ist das Spülwasser weggelaufen

weg‖neh|men ⟨V. 189/500⟩ **1** etwas od. jmdn. ~ *von einer Stelle nehmen;* kannst du eben mal die Vase ~?; nimm doch bitte deine Sachen hier weg; das Tischtuch ~; wenn du von acht Äpfeln drei wegnimmst, wie viele bleiben dann übrig? • **1.1** *heimlich Geld ~ stehlen* • **1.2** ein Kind von einer Schule ~ *aus einer S. nehmen, von einer S. abmelden* **2** ⟨530⟩ jmdm. etwas ~ *(etwas, was einem anderen gehört,) an sich nehmen;* jmdm. sein Eigentum ~; die kleinen Kinder nehmen einander oft die Spielsachen weg; die Polizei hat ihm alles gestohlene Gut wieder ~ können; lass es dir doch nicht ~! • **2.1** dem Gegner einen Stein beim Brettspiel ~ *einen S. des Gegners aus dem Spiel nehmen*

weg‖schaf|fen ⟨V. 500⟩ etwas ~ *an einen anderen Ort bringen;* morgen wird der Sperrmüll weggeschafft

weg‖schi|cken ⟨V. 500⟩ **1** etwas ~ *an einen anderen*

wegschleichen

Ort schicken, ab-, fortschicken; einen Brief, ein Paket, Waren ~ **2** jmdn. ~ *zum Gehen veranlassen;* du kannst mich doch nicht ~, ohne mich anzuhören!; sie hat das Kind mit einem Auftrag weggeschickt

weg|schlei|chen ⟨V. 219/400(s.) od. 500/ Vr 3(h.)⟩ (**sich**) ~ *sich leise, heimlich entfernen*

weg|schnap|pen ⟨V. 530/Vr 6⟩ **jmdm.od.** einem **Tier jmdn. od. etwas** ~ *schnell wegnehmen, ehe jmd. od. ein T. zugreifen kann;* der Hund hat dem anderen den Bissen, Knochen weggeschnappt; einem andern Mann die Frau ~ ⟨fig.; umg.; scherzh.⟩; jmdm. eine gute Stellung ~ ⟨fig.; umg.⟩

weg|ste|cken ⟨V. 500⟩ etwas ~ **1** *an eine andere Stelle tun u. dadurch verbergen;* als die Mutter eintrat, steckten die Kinder die Weihnachtsarbeiten schnell weg **2** *in die Tasche stecken, einstecken;* steck den Brief, das Geld weg **3** ⟨umg.⟩ *verkraften, zurechtkommen;* einen Misserfolg ~ (können); er kann nichts ~; das Kind hat die Krankheit gut weggesteckt

weg|steh|len ⟨V. 257/500/Vr 3⟩ **sich** ~ *sich heimlich entfernen*

weg|tre|ten ⟨V. 268/400(s.)⟩ **1** *an eine andere Stelle treten, zurücktreten* **2** ⟨Mil.⟩ *abtreten, sich entfernen;* weggetreten!

weg|tun ⟨V. 272/500⟩ etwas ~ **1** *an eine andere, die richtige Stelle tun;* Geschirr, Kleider ~; bitte tu deine Sachen weg **2** *zu den Abfällen tun;* Speisereste, alte Schuhe ~ **3** *verstecken, verbergen;* etwas rasch ~ **4** *wegschließen, zurücklegen;* ich habe jeden Monat etwas Geld weggetan

Weg|wei|ser ⟨m.; -s, -⟩ **1** *den Weg zu einem Ort weisendes Schild* **2** ⟨fig.⟩ *Buch mit kurzen Angaben über ein Wissensgebiet, Leitfaden* **3** *Reiseführer;* ~ durch die Stadt Wien

weg|wer|fen ⟨V. 286/500⟩ **1** etwas ~ *von sich werfen;* wirf den Stein, den du da aufgehoben hast, wieder weg! • **1.1** *zu den Abfällen werfen;* alte Briefe ~; ich habe die Kartoffeln ~ müssen **2** Geld ~ ⟨fig.⟩ *unnütz ausgeben;* ich will mein Geld nicht dafür ~; das ist weggeworfenes Geld **3** ⟨505/Vr 3⟩ **sich** ~ ⟨fig.⟩ *sich entwürdigen* • **3.1** sich an jmdn. ~ *seine Neigung, Liebe einem Unwürdigen schenken*

Weg|zeh|rung ⟨f.; -, -en⟩ **1** *kleiner Essensvorrat für den Weg, Mundvorrat* • **1.1** jmdm. die letzte ~ geben ⟨fig.; kath. Kirche⟩ *jmdm. die Sterbesakramente reichen*

weg|zie|hen ⟨V. 293⟩ **1** ⟨500⟩ etwas ~ *durch Ziehen aus dem Weg räumen, entfernen, beiseiteziehen;* einen Vorhang ~; jmdm. den Stuhl ~ (so dass er stürzt) **2** ⟨400(s.)⟩ *den Wohnsitz an einen andern Ort verlegen;* wir sind von München weggezogen **3** ⟨400(s.)⟩ Zugvögel ziehen weg *fliegen nach dem Süden*

weh[1] ⟨Adj.⟩ **1** *wund, verletzt, schmerzhaft, schmerzend;* einen ~en Finger haben **2** ⟨fig.⟩ *traurig, wehmütig;* ihr war ganz ~ ums Herz **3** ⟨Getrennt- u. Zusammenschreibung⟩ • **3.1** ~ tun = *wehtun*

weh[2] ⟨Int.⟩ **1** ~! *wie schlimm!, wie schrecklich!, wie entsetzlich! (Ausruf der Klage)* **1.1** ~ mir! wie schrecklich für mich!, ich Arme(r)! • **1.2** o ~! das ist aber schrecklich, schlimm! **2** ~ dem, der das tut! *dem, der das tut, wird es schlecht, schlimm ergehen!* oV *wehe* (2)

Weh ⟨n.; -(e)s; unz.⟩ oV *Wehe*[3] **1** *Leid, Kummer;* ein bitteres, tiefes ~ im Herzen tragen; sie konnte sich nicht fassen vor (lauter) ~; das Wohl und ~(e) des Volkes hängt davon ab **2** mit Ach und ~ ⟨fig.⟩ *mit vielem Klagen, Stöhnen;* Ach und Weh schreien (vor Schmerzen) • **2.1** Ach und Weh über jmdn. rufen, schreien ⟨fig.⟩ *jmdn. laut beklagen*

we|he ⟨Int.⟩ **1** ~! *einem Zuwiderhandelnden sol! es schlimm ergehen (Ausruf der Drohung)* **2** = *weh*[2]; ~ den Besiegten!

We|he[1] ⟨f.; -, -n⟩ *vom Wind zusammengewehter kleiner Berg von Schnee;* Schnee~

We|he[2] ⟨f.; -, -n; meist Pl.⟩ *schmerzhafte Zusammenziehung der Gebärmutter zur Ausstoßung der Leibesfrucht;* die Frau hat, liegt in den ~n

We|he[3] ⟨n.; -s; unz.⟩ = *Weh*

we|hen ⟨V.⟩ **1** ⟨400⟩ Wind weht *bläst;* das Wehen des Windes; der Wind weht vom Meer her; es weht ein starker Wind; der Wind weht eisig, frisch, kalt, lau, scharf; draußen weht es tüchtig **2** ⟨411⟩ ein **Duft, Ton** weht *irgendwohin wird von der Luft, vom Wind irgendwohin getragen;* ein Duft von Rosen wehte ins Zimmer; ein Ruf wehte übers Wasser zu uns; die Töne wehten durch den Raum **3** ⟨400⟩ etwas weht *bewegt sich im Wind, flattert;* ihr Haar weht im Wind; die Fahne im Wind ~ lassen; ein Taschentuch ~ lassen; mit ~den Fahnen, Haaren, Rockschößen davoneilen **4** ⟨511⟩ der **Wind** weht etwas (von irgendwo) **irgendwohin** *treibt, trägt etwas (von irgendwo) irgendwohin;* der Wind wehte uns feinen Sand in die Beine; der Wind hat die Blätter von den Bäumen geweht; →a. *Wind* (1.8-1.9, 1.13)

weh|kla|gen ⟨V. 400⟩ *laut klagen, jammern;* in lautes Wehklagen ausbrechen; „...!", rief er ~d

weh|lei|dig ⟨Adj.⟩ *oft, gern klagend, schnell jammernd, übertrieben schmerzempfindlich*

Weh|mut ⟨f.; -; unz.⟩ *leichte Trauer, leichter Schmerz um Vergangenes, Verlorenes, Sehnsucht nach Vergangenem;* mich erfasst ~, wenn ich daran zurückdenke

Wehr[1] ⟨n.; -(e)s, -e⟩ *quer durch ein fließendes Gewässer gebaute Anlage zur Erhöhung des Wasserstandes, Verringerung der Wassergeschwindigkeit usw.;* Stau~

Wehr[2] ⟨f.; -, -en⟩ **1** ⟨unz.⟩ *Widerstand, Verteidigung;* Ab~, Not~ • **1.1** sich zur ~ setzen *sich wehren, Widerstand leisten* **2** ⟨veraltet⟩ *das, womit man sich wehrt, Instrument, Vorrichtung, Anlage, Menschengruppe zum Schutz od. zur Verteidigung;* Brust~; Schnee~; Feuer~; Land~; ~ und Waffen ⟨veraltet; poet.⟩ **3** ⟨Jägerspr.⟩ *die bei einer Treibjagd in gerader Linie vorgehenden Treiber od. (u.) Schützen*

weh|ren ⟨V.⟩ **1** ⟨500/Vr 3⟩ **sich** ~ *sich schützen, verteidigen, Widerstand leisten;* sich gegen eine Krankheit ~; sich mit Händen und Füßen ~; sich seiner Haut ~ (verstärkend) **2** ⟨600⟩ einer **Sache** ~ ⟨geh.; veraltet⟩ *Einhalt gebieten;* einem Übel ~; den Anfängen ~ **3** ⟨530/Vr 6⟩ **jmdm. etwas** ~ ⟨geh.; veraltet⟩ *verbieten, jmdn. von etwas zurückhalten*

wehr|los ⟨Adj.⟩ *unfähig, sich zu wehren, sich zu vertei-*

digen; sie stand seinen Drohungen, Angriffen ~ gegenüber

Wehr|macht ⟨f.; -; unz.; 1935-1945⟩ *die Gesamtheit der deutschen Streitkräfte*

Wehr|pflicht ⟨f.; -; unz.⟩ *Verpflichtung aller männl. Staatsangehörigen zum Wehrdienst; allgemeine ~*

weh||tun *auch:* **weh tun** ⟨V. 272⟩ **1** ⟨403⟩ *schmerzen, Schmerz bereiten;* mir tut der Bauch, der Kopf weh; es tut mir in der Seele weh, dass … **2** ⟨600⟩ **jmdm. ~** *jmdm. körperl. od. seel. Schmerz zufügen;* ich wollte dir nicht ~ **3** ⟨Vr 3⟩ **sich ~** *sich verletzen, sich stoßen, klemmen usw.;* hast du dir wehgetan / weh getan

Weib ⟨n.; -(e)s, -er; veraltet; nur noch poet. u. umg.⟩ **1** *Frau;* zwei alte Weiber standen an der Ecke; ein tolles ~; →a. *alt (1.1.6)* **2** ⟨veraltet⟩ *Ehefrau; mein ~*
• **2.1** ~ und Kind haben *eine eigene Familie haben*
• **2.2** Mann und ~ *Eheleute*

Weib|chen ⟨n.; -s, -⟩ **1** ⟨Koseform für⟩ *Weib* **2** *weibl. Tier; Vogel~* **3** ⟨fig.; abwertend⟩ *geistig anspruchslose, vorwiegend auf hausfräuliche Tätigkeiten gerichtete Frau*

Wei|bel ⟨m.; -s, -⟩ **1** ⟨veraltet⟩ *Feldwebel, Unteroffizier* **2** ⟨schweiz.⟩ *Amts-, Gerichtsdiener*

weib|lich ⟨Adj.⟩ **1** ⟨24⟩ *die (Geschlechts-)Merkmale der Frau, der Weiblichkeit aufweisend;* das ~e Geschlecht; ein ~es Tier; ~es Substantiv; ~er Artikel
• **1.1** ~er **Reim** = *klingender Reim,* → *klingen (4.2);* Ggs männlicher Reim, → *männlich (1.2)* **2** *die Frau betreffend, ihr zugehörig, ihr entsprechend;* ~e Eigenschaften betonen; ~e (Körper-)Formen

weich ⟨Adj.⟩ **1** *Druck kaum Widerstand entgegensetzend;* Ggs hart *(1);* ein ~es Bett, Kissen; ein ~er Sessel; sich ins ~e Moos setzen • **1.1** ~ sitzen, liegen *auf bequemer Unterlage* • **1.2** ein ~es **Ei** *weichgekochtes, 4-5 Minuten gekochtes Ei* • **1.3** ⟨60⟩ *~er* **Gaumen** *hinterer, mit dem Zäpfchen endender, weicher Teil des Gaumens* • **1.4** Hemd mit ~em **Kragen** *mit nicht gestärktem K.* • **1.5** *so beschaffen, dass etwas anderes leicht eindringen kann* **1.6** *formbar, knetbar; ~er Ton, ~es Wachs, ~e Butter* **2** *wenig (Zusammen-)Halt aufweisend;* für eine Hose ist dieser Kleiderstoff zu ~ • **2.1** die Knie wurden ihm ~ ⟨a. fig.⟩ *er bekam Angst, drohte umzusinken* • **2.2** gargekocht, gebraten; das Gemüse, Fleisch, der Reis ist noch nicht ~; nach längerm Kochen wird das Gemüse ~ werden; ⟨aber Getrennt- u. Zusammenschreibung⟩ ~ werden = *weichwerden* • **2.3** *dickflüssig, breiig;* eine ~e Masse; ~er Teig **3** *glatt, geschmeidig, seidig, wollig;* Ggs rau; eine ~e Haut, ein ~es Fell; sich ~ anfühlen • **3.1** ~es **Wasser** *wenig Kalk enthaltendes W.*
4 ⟨fig.⟩ *für Gefühlsregungen, Mitleid u. a. leicht ansprechbar;* ein ~es Gemüt haben; ein ~er Mensch; ein ~es Herz haben; die Erinnerung stimmte ihn ~ • **4.1** *empfänglich, gutartig;* ein ~er Jagd-, Blindenhund **5** ⟨fig.⟩ *von Gefühlen bestimmt, bes. Rücksichtnahme ausdrückend;* „…", sagte sie ~ **6** ⟨fig.⟩ *klingend, mild, sanft, zart;* eine ~e Stimme; ein ~er Wind; ein ~er Klang, Ton (von Instrumenten)
7 ⟨fig.⟩ *fließend in den Konturen ineinander übergehend;* Ggs *scharf (3)* • **7.1** ~es **Negativ** ⟨Fot.⟩ *N. ohne scharfe Kontraste* • **7.2** ~er **Stil** *Stilrichtung der deutschen Plastik u. Malerei von etwa 1400 bis 1430, durch fließenden Faltenwurf, liebliche, zierliche Gestalten gekennzeichnet* **8** ~e **Droge** *Rauschmittel, das physisch keine Sucht verursacht, z. B. Haschisch* **9** ⟨Getrennt- u. Zusammenschreibung⟩ • **9.1** ~ spülen = *weichspülen* • **9.2** ~ gekocht = *weichgekocht*

Weich|bild ⟨n.; -(e)s, -er⟩ **1** ⟨heute⟩ *Stadtgebiet* **2** ⟨früher⟩ *Stadtgerichtsbezirk* **3** ⟨früher⟩ *Stadtrecht*

Wei|che[1] ⟨f.; -, -n⟩ **1** ⟨unz.⟩ *weiche Beschaffenheit* **2** *Seite, knochenfreie Körpergegend zwischen unterster Rippe u. Hüftknochen;* dem Pferd die Sporen in die ~n drücken; jmdm. einen Stoß in die ~ geben

Wei|che[2] ⟨f.; -, -n; an Eisen- u. Straßenbahngleisen⟩ **1** *Vorrichtung an Eisen- u. Straßenbahngleisen zum Abzweigen eines Schienenstrangs* • **1.1** die ~ (richtig, falsch) stellen ⟨a. fig.⟩ *den richtigen, falschen Lebensweg einschlagen*

wei|chen[1] ⟨V.⟩ **1** ⟨400(s.)⟩ **etwas** *weicht wird weich;* die Semmeln müssen (in der Milch, im Wasser) noch etwas ~ **2** ⟨500⟩ **etwas ~** *weich machen, einweichen, aufweichen*

wei|chen[2] ⟨V. 281/400(s.)⟩ **1** ⟨403⟩ *(jmdm. od. einer* **Sache)** *~ nachgeben, sich (vor jmdm. od. einer S.) zurückziehen, sich (von jmdm. od. etwas) besiegt, geschlagen geben;* wir mussten der Übermacht ~; →a. *wanken (3)* **2** ⟨411⟩ *aus, von, unter etwas od.* **jmdm.** *~ zurückweichen, jmdn. od. etwas verlassen;* alles Blut war aus seinem, ihrem Gesicht gewichen; jmdm. nicht von der Seite ~; der Boden wich unter meinen Füßen; nicht von der Stelle ~; weiche von mir! ⟨poet.⟩

weich|ge|kocht *auch:* **weich ge|kocht** ⟨Adj. 24/60⟩ **1** *durch Kochen weich geworden* • **1.1** ~es Ei *Ei, das so lange gekocht wird, bis das Eiweiß fest u. das Eigelb noch weich ist*

weich||klop|fen *auch:* **weich klop|fen** ⟨V. 500⟩ **I** ⟨Zusammen- u. Getrenntschreibung⟩ *ein* **Schnitzel** *~ klopfen, dass es weich wird* **II** ⟨nur Zusammenschreibung⟩ jmdn. ~ *so bearbeiten, dass er gefügig wird*

weich|lich ⟨Adj.⟩ **1** *etwas weich* **2** ⟨fig.⟩ *verweichlicht, verhätschelt, zimperlich* **3** *weibisch, unmännlich*

weich||spü|len *auch:* **weich spü|len** ⟨V. 500⟩ Wäsche ~ *mit Weichspüler waschen*

Weich|tier ⟨n.; -(e)s, -e; Zool.⟩ *Angehöriges eines formenreichen Stammes von Tieren mit weicher, ungeschützter Haut, die sich kriechend fortbewegen: Mollusca*

weich||wer|den *auch:* **weich wer|den** ⟨V. 285/400(s.); fig.⟩ *nachgeben, lockerlassen, gerührt werden;* nur nicht ~!; →a. *weich (2.2)*

weid…, Weid… ⟨in Zus.⟩ *jagd…, Jagd…;* oV *waid…, Waid…;* weidgerecht, weidwund; Weidmann, Weidmannsheil

Wei|de[1] ⟨f.; -, -n; Bot.⟩ *einer Gattung der Weidengewächse angehörende Holzpflanze mit zweihäusigen, in Kätzchen zusammenstehenden Blüten: Salix;* Korb~, Sal~, Trauer~

Wei|de[2] ⟨f.; -, -n⟩ **1** *grasbewachsene Fläche, Wiese, auf*

der Vieh weiden kann; Vieh~; *eine fette, gute, saftige* ~; *Vieh auf die* ~ *führen, treiben* **2** *Ort, wo Tiere Nahrung finden;* Fisch~, Vogel~

wei|den ⟨V.⟩ **1** ⟨400⟩ **Vieh** *weidet sucht auf der Weide Nahrung, frisst Gras;* ~*des Vieh* **2** ⟨500⟩ **Vieh** ~ *auf die Weide führen* **3** ⟨550/Vr 3⟩ **sich an etwas** ~ ⟨fig.⟩ *sich an etwas freuen, erfreuen, etwas genießen; sich an einem Anblick* ~; *sich an jmds. Erstaunen, Überraschung, Verlegenheit* ~

weid|lich ⟨Adv.; fig.⟩ *ordentlich, kräftig, tüchtig;* jmdn. ~ *auslachen;* ~ *schimpfen*

Weid|mann ⟨m.; -(e)s, -män|ner⟩ *Jäger, der zugleich auch Heger ist*

Weid|werk ⟨n.; -(e)s; unz.⟩ *die Jagd u. alles, was mit ihr zusammenhängt; das edle* ~

wei|gern ⟨V. 580/Vr 3⟩ **sich** ~ (*etwas zu tun*) *zum Ausdruck bringen od. erklären, etwas nicht tun zu wollen; er hat sich geweigert, das Geld anzunehmen; er weigerte sich, mit uns mitzukommen; ich weigere mich, dies zu unterschreiben; sich hartnäckig, standhaft* ~; *du wirst dich vergeblich* ~

Wei|he¹ ⟨f.; -, -n; österr.⟩ **1** *Segen, Einsegnung, gottesdienstliche Handlung, mit der eine Person od. Sache für den Kult bestimmt wird, wobei Ersterer bestimmte Rechte übertragen werden;* Priester~, Altar~, Glocken~; *die* ~n *empfangen; die* ~n *erteilen; die höheren, niederen* ~n **2** ⟨allg.; geh.⟩ *Einweihung, feierliches Ingebrauchnehmen (z. B. von Brücken)* **3** ⟨fig.; geh.⟩ *Feierlichkeit, feierliche Stimmung; einer Sache durch musikalische Darbietungen die rechte* ~ *geben; die* ~ *des Augenblicks, der Stunde empfinden; eine erhabene* ~ *lag über der Versammlung*

Wei|he² ⟨f.; -, -n; Zool.⟩ *mittelgroßer Greifvogel*

wei|hen ⟨V. 500⟩ **1** jmdm. ~ *jmdm. die Weihen erteilen, geben; einen Priester* ~ • **1.1** ⟨550⟩ **jmdn. zu etwas** ~ *jmdm. durch gottesdienstliche Handlungen ein geistliches Amt übertragen; jmdn. zum Bischof* ~ **2** *etwas* ~ *durch gottesdienstliche Handlungen segnen; die Hostie, das Wasser* ~ • **2.1** *feierlich in kirchlichen Gebrauch nehmen; einen Altar, eine Glocke, Kirche* ~ • **2.2** ⟨allg.⟩ *einweihen; ein Festspielhaus* ~ **3** ⟨530⟩ **jmdn. od. etwas jmdm. od. einer Sache** ~ ⟨geh.⟩ *widmen, verschreiben; sein erstes Werk jmdm.* ~; *sein Leben einem Werk, einer Idee* ~ • **3.1** ⟨Vr 3⟩ **sich einer Sache** ~ *sich einer S. widmen, verschreiben, sich für eine S. opfern* **4** ⟨530⟩ **jmdn. od. etwas einer Sache** ~ ⟨geh.⟩ *preisgeben* • **4.1** *er ist dem Tod geweiht er muss sterben, fallen* **4.2** *die Stadt war dem Untergang geweiht der U. der S. stand dicht bevor, war sicher, die S. war dem U. preisgegeben*

Wei|her ⟨m.; -s, -⟩ **1** *kleiner Teich, Tümpel* **2** *kleiner künstlicher Teich für einen bestimmten Zweck;* Fisch~

Weih|nacht ⟨f.; -; unz.; geh.⟩ = *Weihnachten (1)*

Weih|nach|ten ⟨n.; -s, -; oft ohne Artikel⟩ **1** *Fest der Geburt Jesu, ursprünglich am 6. Jan., im 4. Jh. auf den 25. Dez. verlegt, Christfest;* oV *Weihnacht; fröhliches* ~!; ~ *feiern; jmdm. etwas zu* ~ *schenken; was hast du zu* ~ *(geschenkt) bekommen?* **2** *Weihnachtsfeiertage; diese, nächste, vorige* ~; *(ich wünsche dir) fröhliche* ~!; *komm doch (an)* ~ *zu uns; an den drei letzten* ~ *waren wir im Gebirge* ⟨umg.⟩ • **2.1** *über* ~ *während der Weihnachtsfeiertage; wir fahren über* ~ *ins Gebirge;* →a. *grün (1.15), weiß (2.12)* **3** ⟨umg.⟩ *Weihnachtsgeschenk(e); mein* ~ *ist sehr reichlich ausgefallen*

weih|nacht|lich ⟨Adj.⟩ *Weihnachten betreffend, zu Weihnachten gehörend, an Weihnachten üblich*

Weih|nachts|baum ⟨m.; -(e)s, -bäu|me⟩ *Tannenbaum, der zu Weihnachten ins Zimmer gestellt u. mit Kerzen, Glaskugeln, Zuckerwerk u. a. geschmückt wird;* Sy *Christbaum*

Weih|rauch ⟨m.; -s; unz.⟩ **1** *als Räuchermittel verwendeter Milchsaft aus den Rinden des Weihrauchbaumes (Boswellia carteri);* ~ *abbrennen* • **1.1** *jmdm.* ~ *streuen* ⟨fig.⟩ *jmdm. übertrieben loben* **2** *durch Verbrennung wohlriechender Stoffe erzeugter Rauch, in verschiedenen Religionen zu kultischen Zwecken verwendet*

weil ⟨kausale Konj.; im Unterschied zu „da" wird „weil" häufig dann verwendet, wenn das Geschehen im kausalen Gliedsatz neu ist. Der Gliedsatz, auf dem besonderes Gewicht liegt, ist dann meist Nachsatz⟩ *da, aus dem Grunde, dass ...;* →a. *denn; ich konnte nicht kommen,* ~ *ich krank war; warum bist du nicht gekommen?* ~ *ich keine Zeit hatte*

Wei|le ⟨f.; -; unz.⟩ **1** *kurze Zeit, kleine Zeitspanne; kannst du eine* ~ *warten?; es ist schon eine ganze* ~ *her* ⟨fig.⟩; *eine kleine, kurze, lange* ~; *nach einer* ~ *(des Wartens) sah ich ihn kommen; über eine* ~; *ich bin erst vor einer* ~ *gekommen* • **1.1** *damit hat es gute* ~ *das wird noch nicht so bald geschehen;* →a. *eilen (1.2)*

wei|len ⟨V. 411; geh.; a. scherzh.⟩ *sich aufhalten, (an einem Ort) sein; in Gedanken weilte er schon daheim; wo hast du so lange geweilt?; er weilt nicht mehr unter uns, unter den Lebenden*

Wei|ler ⟨m.; -s, -⟩ *keine eigene Gemeinde bildendes, nur aus einigen Gehöften bestehendes Dorf*

Wein ⟨m.; -(e)s, -e⟩ **1** *Weinrebe, Rebe, Rebstock, Weinstock;* ~ *anbauen;* →a. *wild (1.2.3)* **2** ⟨unz.⟩ *Weintrauben; ein halbes Pfund* ~; ~ *keltern;* ~ *lesen* **3** *gegorener Saft aus Weintrauben; eine Flasche, ein Glas* ~; *ein Schoppen* ~; ~ *kalt stellen;* ~ *panschen; der* ~ *steigt mir leicht in den Kopf; alter, junger, leichter, schwerer, saurer, herber, süßer* ~, *feuriger, vollmundiger, würziger* ~; *roter, weißer* ~ • **3.1** *jmdm. reinen* ~ *einschenken* ⟨fig.⟩ *jmdm. die Wahrheit über etwas Unangenehmes sagen* • **3.2** *im* ~ *ist Wahrheit* ⟨fig.⟩ *wer ein wenig berauscht ist, plaudert manches aus;* →a. *offen (1.8.3), Wasser (1.6)* **4** *gegorener Saft aus anderem Obst, z. B. Äpfeln, Beeren;* Obst~, Apfel~, Johannisbeer~

Wein|berg|schne|cke ⟨f.; -, -n; Zool.⟩ *essbare Landlungenschnecke, die an der Weinrebe schädlich wird: Helix pomatia*

Wein|brand ⟨m.; -(e)s, -brän|de⟩ *aus Wein hergestelltes Branntweindestillat mit mindestens 38 % Alkohol*

wei|nen ⟨V.⟩ **1** ⟨400⟩ *Tränen vergießen;* Ggs *lachen (1); bittere Tränen* ~; *ich weiß (vor Schreck, vor Verblüffung) nicht, ob ich lachen oder* ~ *soll; bitterlich,* herzzerreißend, jämmerlich, laut ~; mir ist das Weinen näher als das Lachen!; in lautes Weinen ausbrechen; leise vor sich hin ~; vor Freude, vor Schmerz, vor Zorn ~; jmdn. zum Weinen bringen; es ist zum Weinen! (Ausruf des Ärgers, der Enttäuschung); jmdm. ~d in die Arme sinken; →a. *Auge (9.8), lachen (1.3), leise (3.2)* • 1.1 um etwas, um jmdn. ~ *trauern* **2** ⟨511/Vr 3⟩ **sich in etwas ~** *sich durch Weinen in einen bestimmten Zustand bringen;* sich in den Schlaf ~

wei|ner|lich ⟨Adj.⟩ **1** *leicht weinend;* das Kind ist heute so ~ **2** *im nächsten Augenblick weinen wollend;* „Nein!", sagte das Kind ~ **3** *tränenerstickt;* mit ~er Stimme

Wein|geist ⟨m.; -(e)s; unz.⟩ = *Ethylalkohol*

Wein|re|be ⟨f.; -, -n; Bot.⟩ **1** *Angehörige einer Gattung der Weinrebengewächse: Vitis* • 1.1 ⟨i. e. S.⟩ *Weinrebe (1), die zur Gewinnung von Weintrauben gezüchtet wird: Vitis vinifera*

Wein|stock ⟨m.; -(e)s, -stö|cke⟩ *die einzelne Pflanze der Weinrebe (1.1)*

Wein|trau|be ⟨f.; -, -n⟩ = *Traube (1.1.1)*

wei|se ⟨Adj.⟩ **1** *klug u. einsichtig, lebenserfahren, gereift, abgeklärt;* jmdm. ~ Lehren geben; ein ~r Mensch; ein ~r Ratschlag; das war ein ~s Wort; er dünkt sich sehr ~; ~ handeln, urteilen • 1.1 ⟨60⟩ ~ Frau ⟨früher⟩ **1.1.1** *Hebamme* **1.1.2** *Wahrsagerin*

Wei|se ⟨f.; -, -n⟩ **1** *(bestimmte) Art, Verfahren, Vorgehen (bei einem Tun);* auf besondere ~; jeder sucht sein Glück auf seine (eigene) ~; ich kann auf keine ~ erreichen, dass …; man kann seinen Zweck auf verschiedene ~ erreichen; auf welche, in welcher ~ auch immer es geschehen mag …; in besonderer ~; jeder handelt nach seiner ~ • 1.1 auf diese ~ *so* • 1.2 wir wollen in der ~ vorgehen, dass … *so vorgehen, dass …* • 1.3 in einfacher, schlichter ~ *einfach, schlicht* • 1.4 in gewohnter ~ *wie gewohnt* • 1.5 in keiner ~ *überhaupt nicht, gar nicht, nicht im Geringsten;* er hat mir in keiner ~ geholfen; du störst mich in keiner ~; →a. *Art (5, 6)* **2** ⟨Mus.⟩ *Tonfolge, Melodie, Lied;* Sy *Modus (4);* Volks~; eine einfache, schlichte, volkstümliche ~

Wei|se(r) ⟨f. 2 (m. 1)⟩ **1** *jmd., der weise ist, gereifter, erfahrener, abgeklärter Mensch* **2** ⟨früher⟩ *Denker, Philosoph;* die drei Weisen aus dem Morgenlande; →a. *Stein (1.7)*

…wei|se ⟨Adv.; in Zus.⟩ **1** *in einer bestimmten Art, mit einem bestimmten Umstand verbunden;* probeweise, zwangsweise, glücklicherweise, zufälligerweise **2** *(zur Bezeichnung des Maßes) jeweils eine bestimmte Mengeneinheit;* dutzendweise, tropfenweise, löffelweise

wei|sen ⟨V. 282⟩ **1** ⟨530⟩ *jmdm. etwas ~ zeigen;* jmdm. den Weg, die Richtung ~ • 1.1 jmdm. die Tür ~ ⟨fig.⟩ *jmdn. hinauswerfen* **1.2** ⟨geh.⟩ *jmdn. etwas lehren;* einem Schüler die Anfangsgründe in Geometrie ~ **2** ⟨510⟩ **jmdn. ~ schicken;** ein anderer Beamter wies mich an diese Stelle; einen Schüler von der Schule ~ • 2.1 jmdn. aus dem Hause ~ *hinauswerfen* **3** ⟨510⟩ **etwas von sich,** von der **Hand ~** *etwas ablehnen;* einen Verdacht, einen Gedanken (weit) von sich ~ • 3.1 diese Vermutung ist nicht von der Hand zu ~ *ist nicht unwahrscheinlich, nicht abzulehnen* **4** ⟨410⟩ *zeigen, deuten, Richtung angeben;* auf einen Stern, eine Zahl ~; der Zeiger weist auf 10; mit dem Daumen (über die Schulter) hinter sich ~; mit dem Finger in eine Richtung ~; die Kompassnadel weist nach Norden; nach oben, unten ~; zum Himmel ~

Weis|heit ⟨f.; -, -en⟩ **1** ⟨unz.⟩ *einsichtige Klugheit, Lebenserfahrung, geistige, innere Reife, Abgeklärtheit;* die ~ des Alters; →a. *Vorsicht (1.1)* **2** ⟨unz.⟩ *überlegenes Wissen, Gelehrsamkeit* • 2.1 mit seiner ~ am, zu Ende sein ⟨fig.; umg.⟩ *nicht mehr weiterwissen, ratlos sein* • 2.2 er hat die ~ nicht mit Löffeln gegessen (gefressen) ⟨fig.; umg.⟩ *er ist nicht sehr klug* **3** *weiser Spruch, weise Aussage, kluge Lehre;* Volks~; deine ~(en) kannst du für dich behalten; das ist eine alte ~; das Buch steckt voller (feiner) ~en

weis|ma|chen ⟨V. 530/Vr 5 od. Vr 6⟩ **jmdm. etwas ~** *vormachen, vorspiegeln, vortäuschen;* mach mir doch nichts weis!; mach mir doch nichts weis, dass …; das kannst du mir doch nicht ~!; das kannst du anderen ~ (aber nicht mir!); lass dir (von ihm, ihr) nichts ~!

weiß[1] ⟨Adj.⟩ **1** *alle sichtbaren Farben reflektierend, ohne Farbe;* ~es Feld (auf dem Spielbrett); ~er Stein (beim Brettspiel); etwas ~ anstreichen; blendend ~; gelblich ~; schmutzig ~; blühen; die Weiße im Auge; das Weiß im Ei; →a. *schwarz (1.9)* • 1.1 ⟨60⟩ die ~e **Fahne** *Zeichen für erbetene Waffenruhe, Zeichen für unkriegerische Absicht* • 1.2 ⟨60⟩ ein ~er **Fleck** auf der Landkarte *ein unerforschtes Gebiet* • 1.3 ⟨60⟩ das Weiße **Haus** *Regierungsgebäude u. Wohnsitz des Präsidenten der USA in Washington* • 1.4 ⟨60⟩ ~e **Kohle** ⟨fig.⟩ *Wasserkraft* • 1.5 ⟨60⟩ ein ~er **Rabe** ⟨fig.⟩ *seltene Erscheinung, Ausnahmeerscheinung (von Menschen)* • 1.6 ⟨60⟩ Weißer **Sonntag** *erster S. nach Ostern* • 1.7 ⟨60⟩ der ~e/Weiße **Sport** *Tennis* **2** *von der hellsten Farbe;* ~e Bohnen; ~es Fell; ~es Fleisch (vom Geflügel); ~es Haar; die ~e Rasse • 2.1 Sie haben sich ~ gemacht ⟨umg.⟩ *Sie sind mit dem Kleid über etwas Helles gestrichen, das hängengeblieben ist* • 2.2 ~ werden *weißes Haar bekommen* • 2.3 Achtung vor jmds. ~em Haar haben *Achtung vor seinem Alter u. seiner Reife* • 2.4 ⟨60⟩ Weiße **Ameisen** ⟨fälschlich für⟩ *Termiten* • 2.5 ⟨60⟩ ~e **Blutkörperchen** *zur Eigenbewegung befähigte, im Zustand der Ruhe abgerundete B., deren Hauptaufgabe die Abwehr von Krankheitserregern ist;* Ggs *rote Blutkörperchen,* → *rot (1.22)* • 2.6 ⟨60⟩ ~es **Gold** *mit Silber und Kupfer im Verhältnis 3:2 legiertes G.* • 2.7 ⟨60⟩ ~e **Magie** ⟨bei Naturvölkern⟩ *von der Gesellschaft anerkannte M.;* Ggs *schwarze Magie,* → *schwarz (3.3)* • 2.8 ⟨60⟩ ~es **Mehl** *Auszugsmehl, meist aus Weizen* • 2.9 ⟨60⟩ ~er **Pfeffer** *geschälte Samen des Pfefferstrauchs* • 2.10 ⟨60⟩ ~e **Substanz** *die wegen ihres Reichtums an markhaltigen Nervenfasern weißen Teile des Gehirns u. Rückenmarks;* Ggs *graue Substanz,* → *grau (1.10)* • 2.11 ⟨60⟩ der weiße/Weiße **Tod** ⟨fig.⟩ *der T. im Schnee* • 2.12 ⟨60⟩ ~e **Weih-**

nachten, Ostern, *W.*, *O. mit Schnee;* Ggs *grüne Weihnachten, Ostern* → grün (1.3) **3** *bleich, blass;* ein ~es Gesicht; ~e Haut(farbe) • 3.1 ~ werden *blass werden* • 3.2 ⟨60⟩ die ~e **Frau** ⟨im Volksglauben⟩ *Gespenstererscheinung* **4** ⟨60⟩ eine ~e **Weste** haben ⟨fig.⟩ *unbescholten sein, ein reines Gewissen haben* • 4.1 einen Fleck auf seiner ~en Weste haben *nicht ganz unbescholten sein, einmal etwas Unrechtes getan haben* **5** ⟨Getrennt- u. Zusammenschreibung⟩ • 5.1 ~ **tünchen** = *weißtünchen* • 5.2 ~ **waschen** = *weißwaschen (I)* • 5.3 ~ **gekleidet** = *weißgekleidet*

weiß[2] ⟨1. u. 3. Pers. Sing. Präs. von⟩ **wissen**

Weiß ⟨n.; - od. -es, -⟩ **1** *weiße Farbe;* in ~ gekleidet sein • 1.1 sie erschien ganz in ~ *weiß gekleidet* • 1.2 das Zimmer ist in ~ gehalten *mit weißen Möbeln, Vorhängen usw. eingerichtet* **2** aus Schwarz Weiß machen ⟨fig.⟩ *etwas Schlimmes als harmlos darstellen* • 2.1 aus Weiß Schwarz machen ⟨fig.⟩ *etwas Gutes als schlimm darstellen*

weis|sa|gen ⟨V. 530/Vr 8⟩ jmdm. etwas ~ *voraussagen;* Sy *prophezeien (1);* einem Menschen Künftiges ~; sie weissagte mir, dass ...

Weiß|bier ⟨n.; -(e)s, -e⟩ *obergäriges, kohlensäurereiches Bier, zu dessen Herstellung auch Weizen verwendet wird*

weiß|blu|ten ⟨V. 500/Vr 3; nur im Inf.; umg.⟩ **1** sich ~ *sich (finanziell) völlig verausgaben* **2** ⟨substantiviert; in der Wendung⟩ **bis zum** Weißbluten *bis zum Letzten*

wei|ßen ⟨V. 500⟩ etwas ~ *weiß anstreichen, weiß tünchen, kalken*

weiß|ge|klei|det auch: **weiß ge|klei|det** ⟨Adj. 24/60⟩ *in Weiß gekleidet;* eine ~e Braut

Weiß|glut ⟨f.; -; unz.⟩ **1** *beim Weißglühen entstehende Glut* • 1.1 jmdn. (bis) zur ~ bringen, erzürnen ⟨fig.; umg.⟩ *jmdn. in äußerste Wut, äußersten Zorn bringen*

Weiß|herbst ⟨m.; -(e)s, -e; süddt.⟩ *sehr heller Rotwein, bei dem die farbstoffreichen Schalen rasch ausgekeltert werden;* Sy *Rosé*

Weiß|nä|he|rin ⟨f.; -, -rin|nen; früher⟩ *Näherin, die Bett-, Küchen- u. Tischwäsche, Oberhemden u. einfache Blusen näht u. ausbessert*

weiß|tün|chen auch: **weiß tün|chen** ⟨V. 500⟩ etwas ~ *weiß anstreichen;* ein Zimmer ~, eine Wand ~

weiß|wa|schen auch: **weiß wa|schen** ⟨V. 279/500⟩ **I** ⟨Zusammen- u. Getrenntschreibung⟩ Wäsche weißwaschen / weiß waschen *so sorgfältig, gründlich waschen, dass sie weiß wird* **II** ⟨Vr 7 od. Vr 8; nur Zusammenschreibung; fig.⟩ jmdn. weißwaschen *von einem Verdacht reinigen*

Weiß|wein ⟨m.; -(e)s, -e⟩ *gelblicher Wein aus hellen Trauben;* ein Glas ~ bestellen, trinken

Wei|sung ⟨f.; -, -en⟩ **1** *Gebot, Befehl, Anweisung;* ~en erteilen; ich habe die ~, niemanden hereinzulassen **2** ⟨schweiz.⟩ *Bericht der Behörde an die Stimmberechtigten vor einer Abstimmung über eine Sachfrage*

weit ⟨Adj.⟩ **1** *(verhältnismäßig) geräumig, sich über einen größeren Raum, ein großes Gebiet ausdehnend, erstreckend;* Ggs *eng (1);* in die ~e Welt ziehen; in ~en Zwischenräumen; den Mund ~ aufmachen; die Tür ~ öffnen; mit ~ aufgerissenen Augen; das Fenster, die Tür stand ~ offen • 1.1 das ist ein ~es Feld ⟨fig.⟩ *darüber kann, müsste man lange sprechen* • 1.2 ein ~es Gewissen haben ⟨fig.⟩ *es in moralischen od. rechtlichen Dingen nicht sehr genau nehmen* • 1.3 ein ~es Herz für andere haben ⟨fig.⟩ *großzügig, hilfreich, mildtätig sein* • 1.4 das Herz wurde mir ~ (vor Freude, Glück usw.) *ich empfand große Freude, großes Glück* • 1.5 einen ~en Horizont haben ⟨fig.⟩ *Kenntnisse auf den verschiedensten Gebieten* • 1.6 der Vorfall zog ~e Kreise ⟨fig.⟩ *hatte einige Folgen* • 1.7 ~e **Kreise** *viele Menschen(gruppen);* ~e Kreise der Bevölkerung; etwas ~en Kreisen zugänglich machen • 1.8 ⟨60; fig.⟩ *umfassend;* im ~eren Sinne ⟨Abk.: i. w. S.⟩; im ~esten Sinne des Wortes • 1.9 ⟨50⟩ *in großem Umkreis;* er ist ~ (in der Welt) herumgekommen • 1.9.1 ~ und **breit** *in dem Umkreis, den man überblicken kann;* es war ~ und breit niemand zu sehen **2** *lose sitzend, groß;* Sy *eng (3);* ~e Ärmel; das Kleid ist mir zu ~; ich muss mir das Kleid etwas ~er machen; →a. *weitermachen* **3** *sich über große Entfernung erstreckend, lang, räumlich (od. zeitlich) ausgedehnt, entfernt;* aus ~er Entfernung; der Weg ist mir zu ~; der Weg war doch ~er, als ich dachte; wie ~ ist es von hier bis …?; so ~ kann ich nicht gehen, sehen, werfen • 3.1 ist es noch ~? *muss ich noch lange bis dorthin gehen, fahren?, ist die Entfernung noch groß?, ist der Weg noch lang?* • 3.2 von hier hat man einen ~en Blick übers Land *einen in die Ferne reichenden B.* • 3.3 auf ~e Strecken (hin) *ziemlich lange* • 3.4 das Weite suchen ⟨fig.⟩ *ausreißen, davonlaufen, fliehen* • 3.5 (über) eine große Strecke; ich musste noch ~ gehen, fahren; ich bin heute ~er gegangen als gestern; ich bin ~ gelaufen • 3.6 ~ (**weg**) *in großer Entfernung;* das Haus liegt ~ von hier; das ist nicht ~ von hier; ~er hinten, vorn, rechts, links, oben, unten; er wohnt so ~ weg, dass wir uns nur selten sehen • 3.7 ~ **entfernt** *in einem verhältnismäßig großen Abstand;* unsere Verwandten wohnen ~ entfernt • 3.7.1 *in einem bestimmten Abstand;* das Dorf liegt 5 km ~ entfernt von hier; ein paar Häuser ~er wohnt unser Großvater • 3.7.2 ich bin ~ entfernt (davon), das zu tun, zu glauben ⟨fig.⟩ *ich denke nicht daran* • 3.8 von ~ **her** *aus großer Entfernung;* ein Hund, der von ~ her heimfindet; von ~ her kommen • 3.8.1 mit etwas ist es nicht ~ her ⟨fig.; umg.⟩ *etwas ist nicht besonders gut;* mit deinen Leistungen ist es nicht ~ her; →a. *weither* • 3.9 von ~em/Weitem *aus großer Entfernung, von ferne;* ich habe ihn schon von ~em/Weitem erkannt **4** *(fig.)* *in Richtung auf ein Ziel um ein (verhältnismäßig) großes Stück voran(gekommen);* wie ~ bist du mit deiner Arbeit?; wir sind schon ~er (im Lehrplan) als die andere Klasse; die Krankheit ist schon ~ fortgeschritten; damit wirst du nicht ~ kommen; mit Höflichkeit kommt man am ~esten • 4.1 es ~ bringen (im Leben) *viel erreichen, Erfolg haben;* er hat es im Leben, in seinem Beruf ~ gebracht • 4.2 wir wollen es nicht (erst) so ~ kommen lassen *eine Veränderung zum Schlechten schon in den Anfängen auf-*

weitgehend

halten • 4.3 so ~ ist es schon (mit dir, mit uns) gekommen *so schlimm ist es schon geworden* • 4.4 **zu** ~ ⟨fig.⟩ *über ein bestimmtes Maß hinaus* • 4.4.1 es würde zu ~ führen, wenn ich es genau erklären wollte *zu viel Zeit erfordern* • 4.4.2 das geht zu ~! ⟨fig.⟩ *das ist zu viel, zu unverschämt* • 4.4.3 wir wollen es nicht zu ~ treiben ⟨fig.⟩ *nicht übertreiben* **5** ⟨50; bei Vergleichen⟩ *viel, um vieles;* jmdn. ~ übertreffen; dieses Bild gefällt mir ~ besser als das andere; er ist ~ größer als du; er war den andern bald ~ voraus • 5.1 **bei** ~em/Weitem *sehr viel, mit großem Abstand;* dies gefällt mir bei ~em/Weitem besser als jenes • 5.1.1 er ist bei ~em/Weitem der Beste *mit großem Abstand von den andern der Beste* • 5.1.2 dies gefällt mir bei ~em/Weitem nicht so gut wie jenes *längst nicht so gut, viel weniger;* →a. *weiter* **6** ⟨Getrennt- u. Zusammenschreibung⟩ • 6.1 ~ **blickend** = *weitblickend* • 6.2 ~ **gehend** = *weitgehend (I)* • 6.3 ~ **gereist** = *weitgereist* • 6.4 ~ **reichend** = *weitreichend* • 6.5 ~ **verbreitet** = *weitverbreitet*

weit|ab ⟨Adv.⟩ *weit entfernt;* ~ vom Dorf

weit|aus ⟨Adv.⟩ *bei weitem;* ~ besser, schlechter

Weit|blick ⟨m.; -(e)s; unz.⟩ *Fähigkeit, Dinge im Voraus zu beurteilen, künftige Notwendigkeiten zu erkennen;* politischen ~ besitzen

weit|blickend *auch:* **weit blickend** ⟨Adj.⟩ *mit Weitblick begabt, vorausschauend;* eine ~e Entscheidung treffen

Wei|te ⟨f.; -, -n⟩ **1** *das Weitsein, weite Beschaffenheit;* die ~ einer Landschaft; das Meer lag in unendlicher ~ vor uns **2** *Ferne;* in die ~ schweifen, wandern; mit den Augen, den Gedanken in die ~ schweifen; in die ~ schauen **3** *Durchmesser, Öffnung (eines Gefäßes), Ausdehnung, Umfang;* Kopf~, Kragen~; →a. *licht (3)* **4** *Entfernung, Abstand;* Schuss~, Sicht~, Spann~; er erzielte beim Hammerwerfen die besten ~n

wei|ten ⟨V. 500⟩ **1** *etwas* ~ *weiter machen, dehnen;* Schuhe, eine Öffnung ~ **2** ⟨Vr 3⟩ *etwas* weitet **sich** *wird weiter;* das Herz weitete sich bei diesem schönen Anblick ⟨fig.⟩

wei|ter ⟨Adj.⟩ **1** ⟨Komparativ von⟩ *weit* **2** ⟨60⟩ *andere(r, -s) hinzukommend, hinzutretend, zusätzlich;* eine ~e Arbeit, Sorge; hast du noch ~e Aufträge für mich?; zu ~en Auskünften bin ich gern bereit; nach einer ~en Stunde; das Weitere werde ich dir noch erklären; alles Weitere ist klar • 2.1 des, im Weiteren (waren noch zu sehen …) *außerdem* • 2.2 bis auf ~es/Weiteres *vorläufig, bis auf Widerruf, bis etwas anderes bekanntgegeben wird;* das Theater ist, bleibt bis auf ~es/Weiteres geschlossen • 2.3 ohne ~es/Weiteres, ⟨österr.⟩ ohneweiters *ohne Umstände, ohne Bedenken;* das kann man ohne ~es tun **3** ⟨50⟩ *außerdem, weiterhin, sonst noch, darüber hinaus(gehend);* und was geschah ~?; ich werde mich auch ~ um ihn kümmern; ~ sage ich nichts; ~ niemand; ich noch sagen, dass …; was ist da ~ (dabei)?; ~ wollte ich nichts; kein Wort ~ (darüber)!; bis hierher und nicht ~!; ~ nichts?; wenn es ~ nichts ist; und was ~?; den ~en Verlauf der Geschichte konnten wir nicht mehr hören • 3.1 *in gleicher Weise fort(fahrend), ohne* *Unterbrechung;* und so ~ ⟨Abk.: usw.⟩ • 3.2 ~! *weitergehen!, sprich weiter!;* bitte, ~! (beim Vorführen von Lichtbildern); (halt,) nicht ~! • 3.2.1 ~ im Text! ⟨umg.⟩ *fahren wir fort!* • 3.3 ⟨mit Negation⟩ ~ **niemand, nichts** *niemand, nichts von Bedeutung;* es war ~ niemand da; das hat ~ nichts zu sagen **4** ⟨Getrennt- u. Zusammenschreibung⟩ • 4.1 ~ **bestehen** = *weiterbestehen*

weiter… ⟨in Zus. mit Verben⟩ **1** *fortfahren zu, nicht aufhören zu …;* weiterarbeiten, weiterklingen **2** *an einen Dritten, an andere, einem anderen, anderen;* weitergeben, weiterverkaufen, weitersagen, weitererzählen

wei|ter|be|ste|hen *auch:* **wei|ter be|ste|hen** ⟨V. 256/400⟩ *weiterhin bestehen, fortbestehen, nicht aufhören zu bestehen;* die Einrichtung hat noch zwei Jahre weiterbestanden / weiter bestanden

wei|ter|bil|den ⟨V. 500/Vr 7⟩ jmdn. ~ *fortbilden, noch mehr bilden, weiter, besser ausbilden*

Wei|ter|bil|dung ⟨f.; -, -en⟩ **1** ⟨unz.⟩ *das Weiterbilden, das Sichweiterbilden* **2** ⟨zählb.⟩ *Kurs, den man besucht, um sich in einem bestimmten Bereich weiterzubilden;* an einer ~ zur Bürokauffrau teilnehmen

wei|ter|den|ken ⟨V. 119⟩ **1** ⟨402⟩ (eine *Sache*) ~ *einen Gedanken fortsetzen, zu Ende führen* **2** ⟨400⟩ *nicht nur an das Nächstliegende, sondern auch an Kommendes denken*

wei|ter|fah|ren ⟨V. 130/400(s.)⟩ *ohne (längeren) Aufenthalt die Fahrt fortsetzen;* er möchte noch heute nach Bielefeld ~; ⟨aber Getrenntschreibung⟩ weiter fahren → *weit (3.5)*

wei|ter|ge|hen ⟨V. 145/400(s.)⟩ **1** *ohne Aufenthalt vorübergehen, an einen anderen Ort gehen, seinen Weg fortsetzen, nicht stehen bleiben;* bitte ~! • 1.1 ich werde meine Beschwerde ~ lassen *ich werde mich an die nächsthöhere Stelle wenden* **2** *etwas geht weiter dauert an;* →a. *fortgehen;* so kann es nicht ~; soll das immer so ~?; meinetwegen könnte es noch lange so ~ • 2.1 plötzlich ging es nicht weiter *der Weg war versperrt, hörte auf* • 2.2 ⟨413⟩ so kann es nicht ~ *das muss geändert werden* • 2.3 ⟨413⟩ und wie ging es weiter? *was geschah dann?;* ⟨aber Getrenntschreibung⟩ weiter gehen → *weit (3.5)*

wei|ter|hin ⟨Adv.⟩ **1** *in Zukunft, künftig;* ich werde dich auch ~ besuchen; lass es dir auch ~ gutgehen **2** *außerdem;* ~ ist zu bedenken, dass …

wei|ter|kom|men ⟨V. 170/400(s.)⟩ **1** *vorankommen, vorwärtskommen;* mit einer Arbeit, im Leben ~ **2** schau, dass du weiterkommst! ⟨bair.; österr.⟩ *geh sofort weg!*

wei|ter|ma|chen ⟨V. 500⟩ **1** *eine Tätigkeit fortsetzen, weiterarbeiten, weiterspielen* **2** *sich weiterhin genauso benehmen, verhalten wie bisher;* mach nur so weiter, du wirst schon sehen, wohin das führt!; →a. *weit (2)*

wei|ters ⟨Adv.; österr.⟩ *weiterhin*

weit|ge|hend *auch:* **weit ge|hend** **I** ⟨Adj.; Zusammen- u. Getrenntschreibung⟩ *umfangreich, großzügig;* sein Vorschlag fand ~e Unterstützung; man brachte ihm ~es Verständnis entgegen; ~e Vollmachten besitzen **II** ⟨Adv.50; nur Zusammenschreibung⟩ *nach*

weitgereist

Möglichkeit, so weit wie möglich; wir werden Ihre Wünsche weitgehend berücksichtigen; jmdn. weitgehend unterstützen

weit|ge|reist *auch:* **weit ge|reist** ⟨Adj. 24/60⟩ *viele Reisen unternommen habend;* eine ~e Frau

weit|her ⟨Adv.⟩ *aus weiter Ferne, aus großer Entfernung;* →a. *weit (3.8-3.8.1)*

weit|her|zig ⟨Adj.⟩ *großzügig*

weit|hin ⟨Adv.⟩ *bis in weite Ferne, bis in große Entfernung;* sein Geschrei war ~ zu hören

weit|läu|fig ⟨Adj.⟩ **1** *großräumig, großzügig angelegt;* ein ~er Garten, ein ~es Gebäude **2** ⟨90⟩ *entfernt (verwandt);* wir sind ~ verwandt miteinander; ein ~er Verwandter **3** *ausführlich;* eine ~e Erzählung; etwas ~ erzählen

weit|rei|chend *auch:* **weit rei|chend** ⟨Adj. 70; fig.⟩ *umfangreich, sehr wirksam;* von ~er Bedeutung; die Sache hatte ~e Folgen

weit|schwei|fig ⟨Adj.⟩ *sehr ausführlich, umständlich, wortreich;* eine ~e Erzählung; etwas ~ erzählen, berichten; der Roman ist sehr ~ geschrieben

Weit|sicht ⟨f.; -; unz.⟩ **1** = *Fernsicht* **2** ⟨fig.⟩ *Fähigkeit, die Zukunft beurteilen zu können, Weitblick*

weit|sich|tig ⟨Adj.⟩ *Ggs kurzsichtig* **1** ⟨70⟩ *an Weitsichtigkeit leidend* **2** ⟨fig.⟩ *die Zukunft sehr weise beurteilend, vorausschauend, weitblickend*

Weit|sich|tig|keit ⟨f.; -; unz.⟩ *Störung des Sehvermögens, die verhindert, nahe gelegene Gegenstände (bes. Geschriebenes) scharf zu erkennen, meist im Alter auftretend; Ggs Kurzsichtigkeit*

weit|ver|brei|tet *auch:* **weit ver|brei|tet** ⟨Adj. 24/70⟩ *über ein weites Gebiet, unter vielen Menschen verbreitet;* eine ~e Religion

Wei|zen ⟨m.; -s; unz.⟩ **1** ⟨Bot.⟩ *Gattung der Süßgräser mit wichtigen Getreidearten: Triticum* **2** *Mehl lieferndes Getreide: Triticum aestivum;* Weich~ • 2.1 *sein* ~ *blüht* ⟨fig.; umg.⟩ *er hat Erfolg;* →a. *Spreu (1.1)*

welch ⟨Interrogativpron.; kurz für⟩ *welcher, welche, welches (meist in Ausrufen);* ~e *schönes Bild!;* ~e *Wohltat!;* ~ *große Mühe hat das gekostet;* mit ~ *einer Begeisterung schreibt er von seiner Reise!*

wel|che(r, -s) ⟨Pron. 10 (stark)⟩ **1** ⟨Interrogativpron.⟩ • 1.1 ⟨attributiv⟩ • 1.1.1 ⟨in direkten Fragen, mehrere Möglichkeiten unterscheidend;⟩ Sy *was (1.2)* für *ein, eine;* die Arbeit ~s Schülers ist die beste?; ~ *Stadt gefällt dir besser?*; an ~m Tag bist du geboren?; aus ~m Grunde hast du das getan?; in ~ *Schule gehst du?*; mit ~m Zug bist du gekommen?; von ~m Autor stammt der Roman ...? • 1.1.2 ⟨in indirekten Fragen;⟩ man sieht, ~n Eindruck seine Rede hinterlassen hat; ~n Entschluss er auch fassen mag; frag mich nicht, in ~m Zustand ich ihn angetroffen habe; es ist anerkennenswert, mit ~m Eifer er arbeitet • 1.2 ⟨substantivisch⟩ *wer aus einer Gruppe, was aus einer Menge;* ~ *von den drei Schwestern X geheiratet hat. Welche?*; hier sind mehrere Bücher, ~ willst du haben?; ~r auch (immer) der Schuldige ist ...; ~ von beiden ist schuld?; ~n von deinen Freunden schätzt du am höchsten? **2** ⟨Relativpron.; veraltend, heute fast nur noch, um Häufung gleichlau-

tender Pronomen zu vermeiden⟩ *der, die, das;* derjenige, ~r; das Kind, ~s das schönste Bild gemalt hat; alle Schüler, ~ die Vorstellung besuchen wollen; das Buch, in ~s er mir die Widmung geschrieben hat **3** ⟨Indefinitpron.; umg.⟩ • 3.1 *einige, manche;* da gibt es ~, die nicht einsehen können, dass ...; hier sind ~, die noch keine Eintrittskarte haben • 3.2 *einige(s), manche(s);* diese Blumen gefallen mir, ich werde mir auch ~ kaufen; ich habe kein Geld eingesteckt. Das macht nichts, ich habe ~s

wel|cher|lei ⟨a. ['---] Adv.⟩ *was für ein, eine auch immer, welcher, welche, welches auch immer;* in ~ *Form es auch sei*

Welf ⟨m.; -(e)s, -e od. n.; -(e)s, -er⟩ = *Welpe*

welk ⟨Adj.⟩ **1** *verblüht, vertrocknet, dürr;* ~e *Blumen,* ~es *Laub* **2** *nicht mehr straff, schlaff, erschlafft, geschrumpft;* ein ~es Gesicht, ~e Haut

wel|ken ⟨V. 400(s.)⟩ **1** *Pflanzen* ~ *werden welk;* die Blumen ~ **2** *Haut welkt wird schlaff*

Well|blech ⟨n.; -(e)s, -e; Pl. selten⟩ *verzinktes Eisenblech, das wellenförmig gebogen u. dadurch sehr tragfähig ist (bes. für Dächer, Autogaragen, Baracken usw.)*

Wel|le ⟨f.; -, -n⟩ **1** *berg-und-talförmige Bewegung der Wasseroberfläche;* Meeres~; das Wasser, das Meer schlägt ~n; hohe, schäumende ~n; das Boot trieb hilflos, steuerlos auf den ~n; sich von den ~n tragen lassen • 1.1 *die Stimmung, der Jubel schlug hohe* ~n ⟨fig.⟩ *war groß, stürmisch* • 1.2 *die Sache hat* ~n *geschlagen* ⟨fig.⟩ *hat Aufsehen erregt* • 1.3 *den Tod in den* ~n *finden* ⟨poet.⟩ *im Meer ertrinken* • 1.4 *die* ~n *der Begeisterung, Empörung schlugen immer höher* ⟨fig.⟩ *die B., E. wurde immer größer* **2** ⟨fig.⟩ *plötzlicher Ansturm;* Kälte~, Hitze~ **3** ⟨fig.⟩ *Bewegung, Strömung;* Filme der neuen ~ **4** *etwas, das in seiner Form einer Welle (1) ähnlich sieht* • 4.1 *wellenartige Form des Kopfhaars, auch künstlich erzeugt;* Dauer~, Natur~, Wasser~; sich das Haar in ~n legen lassen • 4.2 *kleine Erhebung, flacher Hügel;* Boden~ **5** ⟨Phys.⟩ *schwingende, sich von einem Punkt fortpflanzende Bewegung;* Licht~, Radio~, Schall~; kurze, lange, ultrakurze ~n **6** *zylinderförmige Stahlstange zur Übertragung von Drehbewegungen* **7** ⟨alemann., fränk.⟩ *Bündel (aus Holz, Reisig)* **8** ⟨Sp.⟩ *Turnübung, Umschwung, Schwung des ganzen Körpers um die eigene Querachse, z. B. am Reck;* Knie~, Riesen~

Wel|len|berg ⟨m.; -(e)s, -e⟩ *oberer Teil einer Welle;* Ggs *Wellental*

Wel|len|bre|cher ⟨m.; -s, -⟩ *ins Meer gebauter Damm, der einen Hafen od. Teil einer Küste vor der vollen Kraft der Wellen schützt*

Wel|len|län|ge ⟨f.; -, -n⟩ **1** *Länge elektromagnetischer Wellen* **2** *auf derselben* ~ *liegen* ⟨fig.; umg.⟩ *sehr ähnlich empfinden*

Wel|len|sit|tich ⟨m.; -s, -e; Zool.⟩ *(in Australien heimischer) kleiner Papagei, beliebter Käfigvogel: Melopsittacus undulatus*

Wel|len|tal ⟨n.; -(e)s, -täler⟩ *tiefster Teil einer Welle;* Ggs *Wellenberg*

Welp ⟨m.; -en, -en⟩ = Welpe

Wel|pe ⟨m.; -n, -n⟩ *Junges (vom Wolf, Fuchs od. Hund);* oV *Welf, Welp*

Wels ⟨m.; -es, -e; Zool.⟩ *am Boden von Gewässern lebender, bis 3 m langer Nutzfisch mit auffälligen Bartfäden am Maul: Silurus glanis*

Welt ⟨f.; -, -en⟩ **1** *die Gesamtheit alles Seienden, aller Erscheinungen u. Erlebnisse, Empfindungen, Gedanken;* Außen~; Innen~ • **1.1** *die Gesamtheit der Himmelskörper, Weltall;* die Entstehung der ~ • **2** ⟨unz.⟩ *die Erde als Lebensraum der Menschen;* das ist das Schönste auf der ~; die ~ kennenlernen; er ist viel in der ~ herumgekommen; in die weite ~ wandern, ziehen ⟨poet.⟩ • **2.1** das kostet nicht die ~ ⟨fig.; umg.⟩ *das ist nicht teuer* • **2.2** um nichts in der ~ würde ich das tun ⟨fig.⟩ *auf keinen Fall, um keinen Preis* • **2.3** dort ist die ~ mit Brettern vernagelt ⟨fig.; umg.⟩ *dort ist es sehr einsam u. langweilig* • **2.4** das ist nicht aus der ~ ⟨fig.; umg.⟩ *nicht weit entfernt;* →a. *Ende (8.2-8.3)* • **2.5** in aller ~ ⟨formelhaft als Steigerung, Betonung des Fragewortes⟩ *nur, eigentlich;* warum in aller ~ hast du nichts davon gesagt?; was in aller ~ hast du dir denn dabei gedacht?; wo in aller ~ bist du gewesen? **3** ⟨unz.⟩ *Dasein, Leben auf der Welt (2);* Kinder in die ~ setzen • **3.1** ein Kind zur ~ bringen *gebären* • **3.2** eine Veranlagung mit auf die ~ bringen *mit einer V. geboren werden* • **3.3** auf die ~ kommen *geboren werden* • **3.4** aus der ~ gehen, scheiden *sterben, bes. Selbstmord begehen* • **3.5** Streitigkeiten, Schwierigkeiten aus der ~ schaffen ⟨fig.⟩ *bereinigen* • **3.6** die ~ kennen *Lebenserfahrung haben;* →a. *Lauf (6.4), Licht (3.7)* **4** ⟨unz.⟩ *alle,* die **ganze** ~ ⟨umg.⟩ *die Gesamtheit der Menschen;* alle ~ spricht davon, alle ~ weiß es; ich könnte die ganze ~ umarmen (vor Glück) ⟨fig.⟩ • **4.1** vor aller ~ ⟨fig.; umg.⟩ *vor allen, öffentlich* **5** ⟨fig.⟩ *Lebenskreis, Lebensbereich, Bereich;* Kinder~, Pflanzen~; die ~ des Films, des Theaters; die ~ des Kindes, die ~ der Technik; die ~ der Träume; die Bücher sind meine ~ • **5.1** zwischen uns liegen, uns trennen ~en *wir verstehen uns nicht, haben grundverschiedene Anschauungen* **5.2** die ~ aus den Angeln heben (wollen) *alles anders u. besser machen (wollen);* →a. *alt (4.10.5), neu (1.6.1), vornehm (1.1)* **6** von ... ⟨fig.⟩ *von vornehmer Lebensart;* ein Mann von ~ **7** ⟨unz.; geh.⟩ *Gesamtheit des Irdischen in seiner (menschlichen) Unvollkommenheit;* der ~ entsagen; sich von der ~ zurückziehen; mein Reich ist nicht von dieser ~ (Johannes 18,36)

Welt|all ⟨n.; -s; unz.⟩ *die Gesamtheit der Himmelskörper;* Sy *Kosmos;* →a. *Weltraum*

Welt|an|schau|ung ⟨f.; -, -en⟩ *die Art, wie der Mensch die Welt u. ihren Sinn sowie sein Dasein in ihr betrachtet u. beurteilt*

Welt|bild ⟨n.; -(e)s, -er⟩ *die Gesamtheit des menschlichen Wissens von der Welt u. das menschliche Urteil darüber in einer bestimmten Epoche;* das ~ der Antike; das mittelalterliche ~; unser heutiges ~

Wel|ter|ge|wicht ⟨n.; -(e)s; unz.; Sp.⟩ **1** ⟨unz.⟩ *Gewichtsklasse (zwischen Mittel- u. Leichtgewicht)* **2** *Sportler der Gewichtsklasse Weltergewicht (1), Weltergewichtler*

welt|fremd ⟨Adj.; meist abwertend⟩ **1** *das Getriebe der Welt nicht kennend, nicht durchschauend, unbeholfen;* ein ~er Träumer, Gelehrter **2** *unpraktisch, nicht anwendbar, ohne Bezug zur Wirklichkeit;* ~e Ideen

Welt|ge|schich|te ⟨f.; -; unz.⟩ **1** *Darstellung der Geschichte sowie Entwicklung der Menschheit u. der Beziehungen der Völker untereinander* **2** ⟨fig.; umg.; scherzh.⟩ *Welt, fremde Länder;* in der ~ umherfahren

welt|ge|wandt ⟨Adj.⟩ *gewandt, überlegen im Umgang mit Menschen*

Welt|krieg ⟨m.; -(e)s, -e⟩ **1** *Krieg, an dem viele Länder beteiligt sind, bes. einschließlich der USA* • **1.1** ⟨i. e. S.⟩ *einer der Kriege von 1914 bis 1918 u. von 1939 bis 1945;* Erster, Zweiter ~

Welt|ku|gel ⟨f.; -, -n⟩ *kugelförmige Darstellung der Erde mit allen Ländern u. Meeren*

welt|lich ⟨Adj. 24⟩ **1** *die Welt betreffend, zu ihr gehörend, irdisch* **2** *nicht kirchlich, nicht geistlich, nicht zum geistlichen Stand od. Besitz gehörend, nicht zur Kirche gehörend;* Sy *säkular;* ~e und geistliche Fürsten **3** *aufs Diesseits gerichtet, dem Diesseits verbunden;* ~er Sinn; ~ gesinnt

Welt|macht ⟨f.; -, -mäch|te⟩ *Großmacht, Staat mit bedeutender Macht in der Welt*

Welt|mann ⟨m.; -(e)s, -män|ner⟩ **1** *gewandter Mann mit überlegenen Umgangsformen* **2** *weltlich gesinnter bzw. nicht dem geistlichen Stande angehöriger Mann*

Welt|meer ⟨n.; -(e)s, -e⟩ *zusammenhängende, einen großen Teil der Erdoberfläche bedeckende Wassermasse;* Sy *Ozean*

Welt|raum ⟨m.; -(e)s; unz.⟩ *der unendliche Raum, in dem sich alle Himmelskörper befinden;* →a. *Weltall*

Welt|raum|fahrt ⟨f.; -, -en⟩ = *Raumfahrt*

Welt|schmerz ⟨m.; -es; unz.⟩ *Schmerz, Trauer über die Unzulänglichkeit der Welt gegenüber dem eigenen Wollen u. den eigenen Ansprüchen;* sich dem ~ überlassen

Welt|stadt ⟨f.; -, -städ|te⟩ *Stadt mit mehr als 1 Million Einwohnern*

welt|weit ⟨Adj. 24/90⟩ *die ganze Welt umfassend, sie betreffend, in der ganzen Welt bekannt*

Welt|wun|der ⟨n.; -s, -⟩ *eines der sieben Weltwunder;* →a. *sieben² (1.4)*

wem 1 ⟨Interrogativpron.; Dat. von⟩ *wer (1);* ~ hast du das Buch gegeben?; ~ gehört dieses Haus?; bei ~ bist du gewesen?; mit ~ hast du gesprochen?; von ~ stammt das Gedicht? **2** ⟨Relativpron.; Dat. von⟩ *wer (2);* ich habe vergessen, ~ ich das Buch gegeben habe; ich weiß nicht, ~ das Haus gehört

Wem|fall ⟨m.; -(e)s, -fäl|le; Gramm.⟩ = *Dativ*

wen 1 ⟨Interrogativpron.; Akk. von⟩ *wer (1);* ~ hast du getroffen?; an ~ schreibst du?; für ~ machst du das? **2** ⟨Relativpron.; Akk. von⟩ *wer (2);* ich weiß nicht, ~ du meinst; erzähl mir, ~ du gesehen hast

Wen|de¹ ⟨m.; -n, -n⟩ *Angehöriger eines westslawischen Volksstammes in einem Teil der Lausitz an der oberen Spree*

Wende

Wen|de² ⟨f.; -, -n⟩ **1** *Wendung, Umkehr, Umstellung;* Sonnen~ **2** *Drehung um 180° (beim Schwimmen, Segeln)* **3** *Drehung des ganzen Körpers um die Längsachse (bes. als Absprung vom Turngerät)* **4** *Anfang, Beginn (von etwas Neuem);* Jahrhundert~, Jahres~; an der, um die ~ des 18. Jahrhunderts **5** *Umschwung (in einer Entwicklung);* es ist eine ~ eingetreten; Politik der ~ • 5.1 nach der Wende *nach der Wiedervereinigung Deutschlands*

Wen|de|kreis ⟨m.; -es, -e⟩ **1** *Kreis, der beim größten Lenkeinschlag durch die äußeren Fahrzeugteile beschrieben wird* **2** ⟨Geogr.⟩ *Breitenkreis zwischen tropischer u. gemäßigter Zone der Erde, auf dem die Sonne zur Zeit der Sommer- bzw. Wintersonnenwende im Zenit steht* • 2.1 ~ des Krebses *nördlicher W.* • 2.2 ~ des Steinbocks *südlicher W.*

Wen|del|trep|pe ⟨f.; -, -n⟩ *Treppe, die schraubenförmig um eine Achse angelegt ist*

wen|den ⟨V. 283⟩ **1** ⟨500⟩ **etwas ~** *auf die andere Seite drehen;* das Fleisch (in der Pfanne) ~; Heu ~ (zum schnelleren Trocknen); bitte ~! (Aufforderung zum Umblättern, Umdrehen eines Formulars usw.) ⟨Abk.: b. w.⟩ • 1.1 ein **Kleidungsstück ~** *zertrennen, die Innenseite nach außen kehren u. wieder zusammennähen* **2** ⟨500⟩ **etwas ~** *in die entgegengesetzte Richtung stellen;* ich kann das Auto hier nicht ~ **3** ⟨400⟩ *umkehren, kehrtmachen, die entgegengesetzte Richtung einschlagen, z. B. im Wettlaufen, Schwimmen;* ich kann in der engen Straße (mit dem Wagen) nicht ~; der Schwimmer stößt sich beim Wenden mit den Beinen ab **4** ⟨500/Vr 7⟩ **sich** od. **etwas ~** *drehen, umdrehen, umkehren;* der Wind hat sich gewendet; den Kopf nach jmdm., etwas ~; sich zu jmdm. ~ • **4.1** ⟨530⟩ jmdm. den Rücken ~ *jmdm. den Rücken zukehren, sich von jmdm. abkehren* • **4.2** das Wetter hat sich gewendet ⟨fig.⟩ *ist anders geworden;* →a. Blatt (2.1), drehen (6.2) **5** ⟨511/Vr 3⟩ **sich** in eine **Richtung ~** *eine R. einschlagen, in eine bestimmte R. gehen;* sich nach links, rechts ~; sich nach Süden, Norden ~; sich zum Ausgang ~ **6** ⟨550/Vr 3⟩ **sich zu etwas ~** *anschicken;* sich zur Flucht ~; sich zum Gehen ~ **7** ⟨511/Vr 8⟩ **etwas** wendet **sich in, zu etwas** *etwas wandelt, verkehrt sich in, zu etwas;* es hat sich alles noch zum Guten gewendet **8** ⟨511⟩ **etwas irgendwohin ~** *richten, lenken;* seine Aufmerksamkeit auf etwas ~; seine Schritte nach der Stadt, dem Walde ~ • **8.1** ⟨550⟩ kein Auge von jmdm. ~ *jmdn. fortwährend ansehen* **9** ⟨550/Vr 3⟩ **sich an jmdn. ~** *sich (mit einer Frage od. Bitte) an jmdn. richten;* ich wende mich an meinen Bruder um Rat; darf ich mich mit einer Bitte an Sie ~?; die Zeitschrift wendet sich vor allem an Hausfrauen **10** ⟨550/Vr 3⟩ **sich gegen jmdn.** od. **etwas ~** *jmdn. od. etwas angreifen;* er wandte sich gegen den Parteivorsitzenden; mehrere Abgeordnete wandten sich gegen den Beschluss des Krisenstabes **11** ⟨550/Vr 7⟩ **sich** od. **etwas von jmdm. ~** ⟨geh.⟩ *abwenden* • **11.1** die Hand von jmdm. ~ *nicht mehr für jmdn. sorgen, ihn nicht mehr unterstützen* **12** ⟨550⟩ **etwas an etwas ~** *etwas für etwas aufbringen, ausgeben;* ich habe viel Fleiß, Mühe daran gewendet; ich habe viel Geld daran gewendet

Wen|de|punkt ⟨m.; -(e)s, -e⟩ **1** *Punkt, an dem sich etwas wendet;* der ~ der Sonne, einer Entwicklung usw. **2** ⟨Math.⟩ *Punkt einer Kurve, in dem diese die Richtung wechselt* **3** ⟨fig.⟩ *Zeitpunkt, an dem ein Umschwung, eine Änderung eintritt;* der ~ im Drama, in der Geschichte; in seinem Leben an einem ~ angelangt sein

wen|dig ⟨Adj.⟩ **1** *beweglich, leicht lenkbar;* ein ~es Fahrzeug **2** *geschmeidig, flink, Situationen schnell erkennend u. ausnutzend;* ein ~er Geschäftsmann

Wen|dung ⟨f.; -, -en⟩ **1** *das Wenden, Richtungsänderung, Drehung, Umkehr;* Kehrt~; eine ~ machen; durch eine schnelle, geschickte ~ ausweichen **2** *Veränderung, Umschwung;* eine glückliche, günstige ~; eine ~ zum Besseren, Schlechteren • **2.1** dem Gespräch eine andere ~ *geben von etwas anderem zu sprechen beginnen* • **2.2** die Sache nahm eine andere, eine unerwartete ~ *verlief anders als gedacht, als geplant* **3** ⟨fig.⟩ *sprachliche Formel, Redensart;* Rede~

Wen|fall ⟨m.; -(e)s, -fälle; Gramm.⟩ = *Akkusativ*

we|nig ⟨Indefinitpron.; als Attribut dekliniert 10⟩ Ggs *viel* **1** *nicht viel;* das ist (recht, sehr) ~; dafür habe ich ~ übrig; je ~er, umso besser; das ist mir zu ~; er hat während des ganzen Abends nur ~ gesprochen, ~ gesagt; recht ~, unendlich ~, ziemlich ~; gleich ~; furchtbar, unheimlich ~ ⟨umg.⟩ • **1.1** *eine kleine, geringe Menge (von);* ~ Geld; er hat von allen das ~ste Geld; ein ~ Zucker; es gibt hier ~ Wald; ich kann nur ~ Englisch; ich habe bei ihm ~ Entgegenkommen gefunden; er hat ~ Zeit; dazu habe ich ~ Lust; hast du so ~ Vertrauen zu mir?; das hat ~ Zweck; das Stück wird oft gespielt, mit mehr oder ~er Erfolg; mit ein ~ Geduld wird es schon gehen; ich habe (nur noch) ~ Hoffnung; die Arbeit ist nicht ~er geworden; ~ arbeiten, lesen, schreiben • **1.1.1** ein (klein) ~ *ein bisschen;* das ~e/[Wenige](#), was ich dir sagen kann • **1.1.2** ~es/[Weniges in kleiner Menge Vorhandenes;](#) mit ~em/[Wenigem](#) (~ Essen, Geld) auskommen; ~ essen, trinken • **1.1.3** jmd. wird immer ~er ⟨umg.⟩ *immer magerer* • **1.1.4** ich kann Ihnen die Ware nicht für ~er geben *zu einem niedrigeren Preis* • **1.2** *eine kleine Zahl (von);* es ist einer, eins zu ~, ~ Leute, ~ Leute; dort, wo die ~sten Menschen sind; ~er als 100 Personen; einige ~e Kinder; in ~en Tagen wird er kommen; etwas mit ~en Worten erklären; es sind nur ~e Schritte bis dorthin; es ist nur in den ~sten Fällen gutgegangen; wir haben uns bisher nur ~e Male getroffen • **1.2.1** es waren nicht ~e *eine ziemlich große Zahl* • **1.2.2** nicht ~er als 100 Personen ⟨betonend⟩ *unerwarteter Weise so viele* • **1.2.3** hier wäre ~er mehr gewesen *geringere Mengen hätten eine bessere Wirkung hervorgebracht* • **1.2.4** ~e/[Wenige eine kleine Zahl (von Menschen);](#) die ~en/[Wenigen](#), die dabei waren, …; es sind nur ~e/[Wenige](#) mitgekommen; das wissen die ~sten/[Wenigsten](#) • **1.3** *ein geringer Grad, eine geringe Intensität von;* ich kann sein Verhalten umso ~er gutheißen, als …; es gehört ~ (Verstand) dazu zu be-

greifen, dass …; er ist nur ~ älter, größer als ich; er ist um (ein) ~es/Weniges älter als ich; daran siehst du, wie ~ er davon weiß • 1.3.1 er ist nichts ~er als klug *gar nicht klug* • 1.3.2 **das** ist das ~ste/Wenigste! ⟨umg.⟩ *das ist nicht von Bedeutung!* • 1.3.3 mehr oder ~er schön ⟨umg.⟩ *(wohl) nicht bes. schön* • 1.3.4 ich kenne ihn ~ ⟨fig.⟩ *nicht sehr gut* • 1.3.5 das ist das ~ste/Wenigste, was man tun sollte *so viel kann man wohl verlangen* • 1.3.6 *selten;* danach frage ich ~; das Stück wird ~ gespielt; wir sehen uns jetzt nur noch ~ • 1.3.7 das hätte ich am ~sten erwartet *mit geringer Wahrscheinlichkeit* **2** ⟨vermindert⟩ *nicht besonders;* Ggs *sehr;* das stört mich ~; es kümmert mich ~, ob …; das interessiert mich ~; er hat mir (nur) ~ geholfen; er ist ~er klug als schön; es gefällt mir immer ~er; es kommt ~er auf die Menge als auf die Güte an; das ist ~ angenehm, ~ erfreulich ⟨umg.⟩; er ist ~ beliebt ⟨umg.⟩; das ist ~ nett, ~ schön von dir ⟨umg.⟩ • 2.1 nicht ~ erstaunt *sehr erstaunt* **3** ⟨nur komparativ⟩ ~er ⟨beim Rechnen⟩ *vermindert um;* Sy *minus;* Ggs *und (1);* sechs ~er zwei ist vier **4** ⟨Getrennt- u. Zusammenschreibung⟩
• 4.1 ~ **befahren** = wenigbefahren • 4.2 ~ gelesen = weniggelesen

we|nig|be|fah|ren *auch:* **we|nig be|fah|ren** ⟨Adj. 70⟩ *nicht viel befahren;* eine ~e Straße

we|nig|ge|le|sen *auch:* **we|nig ge|le|sen** ⟨Adj. 70⟩ *nicht oft gelesen;* ein ~es Buch

we|nigs|tens ⟨Adv.⟩ **1** *mindestens, als wenigstes;* ich habe ~ vier Mal gerufen; ~ vier (Euro, Personen usw.) **2** *zumindest;* komm doch ~ einen Tag; wenn du ~ geschrieben hättest; du bist ~ ehrlich (wenn auch nicht höflich)

wenn ⟨Konj.⟩ **1** *zu dem Zeitpunkt, wo …;* ~ es Frühling wird, kommen die Zugvögel wieder • 1.1 *sooft;* jedes Mal, ~ ich an eurem alten Haus vorbeigehe, denke ich an frühere Zeiten; immer, ~ er kommt, wird es lustig • 1.2 *sobald;* ~ ich Nachricht von ihm habe, lasse ich es dich sofort wissen **2** *unter der Bedingung, Voraussetzung, dass …, für den Fall, dass …, im Falle, dass …, falls;* ~ man auf den Knopf drückt, öffnet sich die Tür von selbst; wehe (dir), ~ ich dich erwische!; es würde, sollte mich freuen, ~ du kämst; ~ du rechtzeitig gekommen wärst, hättest du ihn nicht getroffen; ~ er noch kommen sollte, dann sag ihm bitte …; ~ ich die Wahrheit sagen soll; ~ dem so ist, dann …; ~ du brav bist, darfst du mitkommen; ~ sich sein Zustand verschlechtert, komme ich sofort zurück; ich komme sicher heute Nachmittag zu dir, ~ nicht, rufe ich dich an; ~ du nicht bald kommst, bekommst du nichts mehr zu essen; ~ er nicht gestohlen hätte, säße er heute nicht im Gefängnis; ~ nicht heute, so doch morgen; ~ ich nichts mehr von mir hören lasse, komme ich am Montag; ~ du nur ein klein wenig aufpassen wolltest, dann …; selbst ~ es wüsste, ich würde es dir nicht sagen; und ~ du mich auch noch so bittest, ich kann es nicht tun; ~ es schon sein muss, dann lieber gleich ⟨umg.⟩ **3** ~ *auch obwohl, obschon, obgleich;* ~ er auch mein Freund ist, kann ich doch sein Verhalten nicht billigen; sie ist schön, ~ auch nicht mehr ganz jung **4** ⟨in Wunschsätzen⟩ ~ **doch** …, ~ **nur** … *ich wollte, dass …;* ~ er doch schon da wäre!; ach, ~ er doch käme!; ~ er nur nicht gerade heute käme! • 4.1 ~ ich das wüsste! ⟨umg.⟩ *ich weiß es leider nicht* **5** **als, wie** ⟨umg.⟩ *als ob;* er tut immer, als ~ …; es war, wie ~ jemand gerufen hätte

wenn|gleich ⟨Adv.⟩ *obgleich;* ~ mir das Bild nicht gefällt, muss ich doch sagen, dass es gut gemalt ist

wenn|schon ⟨Adv.; umg.⟩ **1** na ~! *das macht doch nichts!* **2** ~, dennschon! *wenn (es) überhaupt (getan wird), dann auch ordentlich*

Wen|zel ⟨m.; -s, -; im dt. Kartenspiel⟩ = *Unter*

wer ⟨Pron.; Gen. wessen, veraltet wes, Dat. wem, Akk. wen⟩ **1** ⟨Interrogativpron.⟩ *(Ausdruck, der nach einer od. mehreren Personen fragt);* wessen Buch ist das?; wem gibst du es?; wen siehst du da?; ~ ist das?; ~ ist dieser Junge?; ~ will noch etwas?; 1.1 ~ da? *(Ruf des Postens, wenn sich jmd. nähert)* • 1.2 ~ **anders** als er kann es gewesen sein? *welcher andere Mensch …?* • 1.3 ~ weiß? *wer kann es wissen?;* er kann dir ~ weiß was erzählen; er treibt sich ~ weiß wo herum **2** ⟨Relativpron.⟩ *(Ausdruck für eine od. mehrere Personen);* ich weiß nicht, ~ gekommen ist; er sagte, wessen Buch es sei; wir möchten wissen, mit wem wir es zu tun haben; er beschrieb, wen er gesehen habe **3** ⟨Indefinitpron.⟩ *(Ausdruck für eine od. mehrere Personen);* vieles bringt, wird man chem etwas bringen (Goethe, „Faust", Vorspiel auf dem Theater); ~ etwas weiß, soll die Hand heben • 3.1 ⟨umg.⟩ *irgendjemand;* ist schon ~ gekommen?; ist da ~? **3.2** ~ **auch** (immer) *jeder;* ~ es auch sei; ~ auch kommt, er sei willkommen

wer|ben ⟨V. 284⟩ **1** ⟨416⟩ **für etwas** ~ *Interesse für etwas zu wecken suchen, für etwas Werbung betreiben, Käufer, Anhänger suchen;* für einen Handelsartikel ~; für eine Partei ~ **2 um jmdn.** od. **etwas** ~ *sich um jmdn. od. etwas bemühen, jmdn. od. etwas für sich zu gewinnen suchen;* um jmds. Gunst ~; um eine Frau ~ **3** ⟨500/ Vr 8⟩ **jmdn.** ~ *durch Werbung zu gewinnen suchen;* Anhänger, Käufer, Mitglieder, Soldaten ~

wer|be|wirk|sam ⟨Adj.⟩ *wirkungsvoll werbend;* ein ~er Spruch

Wer|bung ⟨f.; -, -en⟩ **1** *planmäßiges Vorgehen, jmdn. od. bestimmte Personengruppen für sich od. für etwas zu gewinnen;* auf dem Gebiet der ~ reichhaltige Erfahrungen haben; in der ~ tätig sein **2** *Werbeabteilung* • 2.1 *zum Zwecke der Werbung (1) Veröffentlichtes;* Fernseh~, Radio~ **3** *das Werben;* seine ~ um sie war vergeblich

Wer|de|gang ⟨m.; -(e)s; unz.⟩ **1** *Vorgang des Werdens, Reifens, Lauf der Entwicklung* **2** *Berufsausbildung, Laufbahn;* können Sie mir kurz Ihren ~ schildern? **3** *Ablauf der Herstellung (z. B. eines Industrieerzeugnisses)*

wer|den ⟨V. 285(s.)⟩ **1** ⟨Kopula; 300⟩ *in Zukunft sein;* arm, reich ~; größer ~; blind, taub ~; ohnmächtig ~; böse, zornig ~; gesund, krank ~; müde ~; alt ~; es wird dunkel, hell; es wird kalt; es wird schon alles noch gut ~; wir können uns nicht einig ~; es ist spät geworden; das muss anders ~; was nicht ist, kann noch ~; es werde Licht! ⟨1. Buch Mose 1,3⟩; es wird Nacht, Tag; jeder Tag, den Gott ~ lässt; er ist Erster, Letzter geworden; er ist ein guter Lehrer geworden • 1.1 bist du **verrückt** geworden? ⟨umg.⟩ *das kannst du doch nicht sagen, tun!* **2** ⟨300; als selbstständiges Prädikat⟩ • 2.1 jmd. wird Lehrer (usw.) *ergreift den Beruf eines L.*; er will Arzt ~; der ~de Arzt, Mathematiker; was willst du ~, wenn du erwachsen bist? • 2.1.1 eine ~de Mutter *eine Frau, die ein Kind erwartet* • 2.2 jmd. ist wieder geworden ⟨umg.⟩ *ist wieder gesund geworden, hat sich von einer Krankheit, einem Unfall erholt* • 2.3 was wird? *was geschieht?*; was soll nun ~?; und was wurde dann? • 2.3.1 es will nicht ~ *nicht klappen, gehen;* und wie ist es dann noch geworden? • 2.4 es wird **Zeit** *es muss jetzt geschehen, muss begonnen werden; jetzt wird es aber (höchste) Zeit!*; es wird Zeit (zu gehen usw.) • 2.4.1 nun, wird's bald?, wird's endlich? *drohende Aufforderung* • 2.5 das ewige **Stirb** und Werde ⟨fig.⟩ *der ewige Kreislauf der Natur* **3** ⟨330⟩ **jmdm.** wird ... *jmd. gerät in einen Zustand ...*; mir wird schlecht, übel, kalt, ängstlich zumute; seine Besuche ~ mir allmählich zur Last • 3.1 die **Zeit** wird mir **lang** *es ist mir langweilig* • 3.2 dein **Recht** soll dir ~ *du sollst dein R. bekommen* • 3.3 sein **Lohn** soll ihm ~ *er soll belohnt werden, er soll seinen L. bekommen* **4** ⟨unpersönl.⟩ **jmd.** wird es **müde** zu ... *will nicht mehr;* er wurde es müde, es immer wieder zu erklären **5** ⟨340; mit bestimmten Adj.⟩ einer Sache ansichtig, überdrüssig ~ **6** ⟨310; mit Präpositionalgruppe⟩ • 6.1 ~ **aus** • 6.1.1 aus **jmdm.** wird etwas *jmd. entwickelt sich zu ...*; aus dem noch ein anständiger Mensch werden ihm ~; was soll aus dem Jungen ~?; was ist aus ihnen geworden? • 6.1.2 aus einer **Sache** wird etwas *die S. lässt sich verwirklichen;* aus dem Geschäft ist nichts geworden; aus nichts wird nichts ⟨umg.⟩ • 6.1.3 daraus kann ich nicht klug ~ *das verstehe ich nicht* • 6.1.4 daraus wird nichts! ⟨umg.⟩ *das kommt nicht infrage!* • 6.2 ⟨314⟩ **mit** jmdm. wird etwas *jmd. erhält eine Aufgabe, Arbeit;* und was wird mit dir? • 6.3 ⟨315⟩ **zu** etwas ~ *seinen Zustand ändern;* die saure Milch ist zu Quark geworden; aus ihm ist ein Dieb geworden; zu Stein, zu Eis ~; zum Gespött der Leute ~ **7** ⟨Hilfsverb zur Bildung der Formen des Passivs, des Futurs, Konjunktivs, von Wunschsätzen u. Sätzen der Ungewissheit⟩ • 7.1 ⟨Passiv⟩ er ist befördert worden; er wurde zum Direktor ernannt; der Baum wird gefällt; ich bin am Arm verwundet worden • 7.2 ⟨Futur⟩ ich werde kommen; du wirst ihn heute Abend sehen; es wird gleich regnen • 7.2.1 ich werd' dir helfen! ⟨scherzhafte Drohung⟩ *wehe, wenn du das tust!* • 7.3 ⟨Konjunktiv⟩ ich würde gern kommen, wenn ich Zeit hätte • 7.4 ⟨höfl. Aufforderung⟩ *bitte;* würdest du es ihm wohl sagen?; würden Sie bitte so freundlich sein, mir zu helfen? • 7.5 ⟨in Sätzen der Ungewissheit⟩ kommen wird er wohl, aber ...; es wird schon richtig sein; jetzt ~ wohl alle da sein; es wird schon so sein, wie du sagst • 7.6 ⟨in Wunschsätzen⟩ es wird ihm doch nichts passiert sein? • 7.7 es wird schon ~ ⟨umg.⟩ *es wird schon gehen, klappen, es wird schon alles gutgehen*

Wer|der ⟨m.; -s, -⟩ **1** *Flussinsel* **2** *Landstriche zwischen Fluss u. stehendem Gewässer* **3** *trockengelegtes Land*

Wer|fall ⟨m.; -(e)s, -fälle; Gramm.⟩ = *Nominativ*

wer|fen ⟨V. 286⟩ **1** ⟨500⟩ **etwas** ~ *jmdm. od. etwas einen Schwung, Stoß geben, dass er bzw. es wegfliegt, schleudert;* das Handtuch ~ (als Zeichen zum Aufgeben des Kampfes) ⟨Boxspr.; a. fig.⟩ • 1.1 Anker ~ *ankern* • 1.2 wer ohne Schuld ist, der werfe den ersten Stein *der rechte* • 1.3 ⟨413⟩ etwas (od. Stein) von sich schleudern (bes. als sportliche Übung); wie weit kannst du ~?; ich werfe 42 m weit; sich im Werfen üben • 1.4 ⟨416⟩ **mit etwas** ~ *etwas als Wurfgeschoss benutzen;* die Kinder warfen mit Sand und Steinen ~ • 1.4.1 mit Geld um sich ~ ⟨fig.; umg.⟩ *prahlerisch od. leichtsinnig G. ausgeben* • 1.4.2 mit seinen Kenntnissen um sich ~ ⟨fig.; umg.⟩ *mit seiner. K. prahlen* • 1.5 ⟨500⟩ **etwas** ~ *durch das Werfen (1) eines Gegenstandes verursachen;* er hat ihm ein Loch in den Kopf geworfen • 1.6 ⟨500⟩ **etwas** ~ *durch Werfen (eines Würfels) erzielen;* sechs Augen ~ (beim Würfeln) **2** ⟨511⟩ **jmdn. od. etwas irgendwohin** ~ *mit Schwung irgendwohin befördern;* etwas auf den Boden ~; etwas oder jmdn. aus dem Fenster ~; den Ball in die Höhe ~; die Tür ins Schloss ~; jmdn. od. etwas ins Wasser ~; er warf sich einen Mantel um die Schultern; jmdn. zu Boden ~; den Kopf stolz in den Nacken ~ ⟨fig.⟩; ein wichtiges Argument in die Waagschale ~ ⟨fig.⟩; eine Frage ins Gespräch, in die Diskussion ~ ⟨fig.⟩ • 2.1 jmdn. aus dem Haus ~ ⟨fig.⟩ *jmdn. fortjagen* • 2.2 jmdm. eine Grobheit an den Kopf ~ ⟨fig.⟩ *eine G. sagen* • 2.3 einen Blick auf etwas oder jmdn. ~ ⟨fig.⟩ *etwas od. jmdn. kurz anblicken* • 2.4 ein Auge auf jmdn. ~ ⟨fig.⟩ *sich für jmdn. interessieren* • 2.5 Ware auf den Markt ~ ⟨fig.⟩ *in großen Mengen zum Verkauf anbieten* • 2.6 eine Skizze aufs Papier ~ ⟨fig.⟩ *rasch zeichnen* • 2.7 ⟨Vr 3⟩ **sich irgendwohin** ~ *sich irgendwohin stürzen, sich irgendwohin fallen lassen;* sich jmdm. (weinend) an die Brust ~; sich (wütend) auf den Boden ~ (bes. von Kindern); sich vor jmdn. auf die Knie ~; sich im Schlaf unruhig hin und her ~; sich jmdm. (weinend, glücklich) in die Arme ~; sich vor den Zug ~ (in selbstmörderischer Absicht); sich jmdm. zu Füßen ~ • 2.7.1 sich auf jmdn. ~ *sich auf jmdn. stürzen, jmdn. angreifen* • 2.7.2 er warf sich aufs Bett *er ließ sich heftig, achtlos aufs Bett fallen* • 2.7.3 sich in seine Kleider ~ ⟨fig.⟩ *sich rasch anziehen* **3** ⟨500⟩ **etwas** wirft **sich** *krümmt sich, verzieht sich;* das Holz hat sich geworfen **5** ⟨402⟩ ein **Tier** wirft (**Junge**) *bekommt Junge;* die Kuh hat ein Kalb geworfen; die Hündin, die Kuh hat geworfen

Werft[1] ⟨f.; -, -en⟩ *Anlage am Wasser zum Bau u. Ausbessern von Schiffen*

Werft² ⟨m.; -(e)s, -e⟩ *Kette eines Gewebes*

Werg ⟨n.; -(e)s; unz.⟩ *Abfallfasern bei der Flachs- u. Hanfspinnerei*

Werk ⟨n.; -(e)s, -e⟩ **1** *etwas Geschaffenes, Hervorgebrachtes, Schöpfung, Erzeugnis;* Kunst~, Literatur~, Blend~; Goethes ausgewählte, gesammelte ~e; Goethes sämtliche ~e in 20 Bänden; ein unvollendetes ~ • **1.1** das ~ meiner Hände *das, was ich selbst geschaffen, gemacht habe* • **1.2** *Schrift, Buch;* Nachschlage~; ein geschichtliches ~ **2** *Tätigkeit, Arbeit, Aufgabe;* ein ~ beginnen, fördern • **2.1** frisch ans ~ gehen, sich ans ~ machen, eine Sache ins ~ setzen *beginnen* • **2.2** behutsam, vorsichtig zu ~e gehen *behutsam, vorsichtig sein, beginnen* **3** *Handlung, Tat;* es war das ~ eines Augenblicks; ein gutes ~ tun, gute ~e tun • **3.1** das ist dein, mein ~ *das hast du, das habe ich getan* **4** *große, komplizierte technische Anlage;* Elektrizitäts~, Kraft~, Wasser~ **5** *Fabrik, Betrieb;* der Leiter eines ~es; ein ~ besichtigen **6** *künstliches Gefüge, ineinandergreifendes Getriebe;* Räder~, Uhr~

Werk|bank ⟨f.; -, -bän|ke⟩ *Arbeitstisch in einer Fabrik od. im Privatbereich*

wer|ken ⟨V. 410⟩ *(praktisch) tätig sein, schaffen, arbeiten;* er werkt von früh bis spät; in der Küche ~

Werk|statt ⟨f.; -, -stät|ten⟩ **1** *Arbeitsstätte für die gewerbliche Herstellung von Waren, in der im Allgemeinen sämtliche Arbeitsgänge durchgeführt werden (im Unterschied zur Fabrik);* oV *Werkstätte* **2** *Arbeitsraum eines Künstlers*

Werk|stät|te ⟨f.; -, -n; geh.⟩ = *Werkstatt (1)*

Werk|stoff ⟨m.; -(e)s, -e⟩ *fester Rohstoff, z. B. Holz, Metall, Leder, Stein*

Werk|stück ⟨n.; -(e)s, -e⟩ *Gegenstand, der sich noch in der Herstellung od. Montage befindet*

Werk|tag ⟨m.; -(e)s, -e⟩ *Tag, an dem gearbeitet wird, Wochentag;* Ggs *Sonntag, Feiertag*

werk|tags ⟨Adv.⟩ *an Werktagen;* der Nahverkehrszug fährt nur ~

werk|tä|tig ⟨Adj. 24/70⟩ *für Lohn od. Gehalt arbeitend, in einem Arbeitsverhältnis stehend;* die ~e Bevölkerung

Werk|zeug ⟨n.; -(e)s, -e⟩ **1** *Gerät zur Bearbeitung von Werkstoffen, Arbeitsgerät* **2** *(bei Tieren) Gliedmaßen;* Kau~; Fress~ **3** ⟨fig.⟩ *jmd., der von einem andern als Mittel zum Zweck benutzt wird;* ein willenloses ~ in der Hand eines anderen sein

Wer|mut ⟨m.; -(e)s; unz.⟩ **1** ⟨Bot.⟩ *Bitterstoffe u. ätherische Öle enthaltender, gelbblühender Korbblütler: Artemisia absinthium* **2** ⟨kurz für⟩ *Wermutwein* **3** ⟨fig.⟩ *Bitternis, Schmerzliches;* ein Tropfen ~ in einer großen Freude

wert ⟨Adj. 24⟩ **1** ⟨43 od. 60; veraltend; geh.⟩ *lieb, teuer;* er ist mir lieb und ~ ⟨verstärkend⟩ • **1.1** *geehrt (Höflichkeitsformel, bes. in Briefen);* ~er Herr X!; wie ist Ihr ~er Name?; wir haben Ihr ~es Schreiben erhalten **2** ⟨40⟩ *bedeutungsvoll, wichtig;* Ihre Auskunft, Ihre Hilfe ist mir sehr viel ~ • **2.1** etwas (nicht) für ~ erachten, finden, halten *(nicht) wichtig finden,* (nicht) für wichtig erachten, halten • **2.2** jmdm. etwas ~ sein *jmdm. sehr wichtig sein* **3** ⟨42 od. 44⟩ *würdig, verdient habend;* er ist es ~, dass man ihn unterstützt • **3.1** diese Tat ist aller Achtung ~ *verdient Achtung* • **3.2** diese Frau ist aller Ehren ~ *ist ehrbar* • **3.3** er ist unseres Vertrauens ~ *er verdient unser V.* • **3.4** das ist nicht der Mühe ~ *das lohnt sich nicht* • **3.5** es ist nicht der Rede ~ *es ist bedeutungslos* • **3.6** das Wiedersehen mit dir war mir die Reise ~ *ich habe die R. gern auf mich genommen, um dich wiederzusehen* **4** ⟨40⟩ *einen bestimmten Preis kostend, einen bestimmten Wert habend;* der Ring ist 1.000 Euro ~; wie viel ist der Schmuck ~?; der Ring ist (nicht) viel ~ • **4.1** das ist ja Gold ~! *das ist (für einen bestimmten Zweck) sehr wertvoll* • **4.2** keinen Heller ~ sein ⟨fig.⟩ *gar nichts wert sein* • **4.3** ich bin heute gar nichts ~ ⟨umg.; scherzh.⟩ *ich bin heute nicht in Stimmung, bin sehr müde*

Wert ⟨m.; -(e)s, -e⟩ **1** *Geltung, Bedeutung, Wichtigkeit;* einer Sache, einem Ereignis großen, keinen ~ beilegen, beimessen; sich seines (eigenen) ~es bewusst sein; der geistige, ideelle ~ einer Sache; deine Auskünfte haben für mich keinen ~; der künstlerische ~ eines Werkes • **1.1** auf etwas legen *etwas für sehr wichtig halten;* ~ auf Äußeres, auf Genauigkeit, Pünktlichkeit legen; ich lege ~ darauf zu wissen … • **1.2** das hat keinen ~ ⟨umg.⟩ *das hat keinen Zweck, das ist nutzlos* • **1.3** ⟨Philos.⟩ *die positive Bedeutung eines Subjekts od. Objekts im Verhältnis zu anderen;* ethischer, moralischer ~ • **1.4** *einen Wert (1) repräsentierende Eigenschaft;* innere ~e **2** *Preis, Kauf-, Marktpreis, Preis, den man beim Verkauf bekommen würde;* den ~ eines Gegenstandes schätzen, festsetzen; die Sammlung hat großen, materiellen ~; an ~ gewinnen, verlieren; im ~ sinken, steigen (Papiere, Gold); er besitzt Bilder im ~(e) von vielen 1.000 Euro; ein Bild über, unter seinem (wirklichen) ~ verkaufen; Bilder von einigem ~; →a. *Muster (2.1)* • **2.1** *einen Wert (2) repräsentierender Gegenstand;* die kleinen, größeren ~e (der Briefmarken, Spielkarten); im Krieg sind viele (unersetzliche) ~e vernichtet worden

wer|ten ⟨V. 518/Vr 8⟩ **jmdn. als jmdn. od. etwas (als etwas)** ~ *jmdn. od. etwas schätzen, beurteilen, jmdn. od. etwas einen bestimmten Wert beimessen;* ich werte ihn als guten Freund; ihre sportliche Leistung wurde zu niedrig gewertet; etwas gering ~; etwas höher ~ als etwas anderes; etwas als gute, schlechte Leistung ~

wert‖hal|ten ⟨V. 160/500/Vr 8⟩ **jmdn. od. etwas** ~ ⟨veraltet⟩ *hoch schätzen, hochhalten, in guter, treuer Erinnerung bewahren, in Ehren halten;* einen Gegenstand, ein Andenken ~; sie hielt ihren alten Vater wert

…wer|tig ⟨Adj.; in Zus.⟩ **1** *einen bestimmten Wert habend;* geringwertig, gleichwertig, hochwertig, neuwertig **2** ⟨Chem.⟩ *eine bestimmte Wertigkeit habend;* einwertig, zweiwertig

Wer|tig|keit ⟨f.; -; unz.⟩ **1** ⟨Chem.⟩ *Eigenschaft eines Atoms, Ions od. Radikals, sich mit anderen Atomen, Ionen od. Radikalen in definierten Verhältnissen zu*

vereinigen; Sy *Valenz (1)* **2** ⟨Sprachw.⟩ *die Eigenschaft eines Wortes (bes. eines Verbs), eine od. mehrere Ergänzungen zu verlangen;* Sy *Valenz (2)* **3** ⟨allg.⟩ *Wert, Gewichtung*

Wert|pa|pier ⟨n.; -s, -e⟩ **1** *einen Wert verkörperndes Papier (z. B. Banknote)* **2** ⟨i. e. S.⟩ *Urkunde über Rechte an einem Vermögen, wobei die Ausübung der Rechte an die Urkunde gebunden ist*

wert|schät|zen ⟨V. 500/Vr 8⟩ **jmdn.** od. **etwas ~** *für wertvoll halten, hoch schätzen, Achtung haben (vor); er sah, dass alle ihn wertschätzten; seine Zeitgenossen wussten seine Werke nicht wertzuschätzen*

wert|voll ⟨Adj.⟩ **1** *von hohem Wert, kostbar;* deine Hilfe, Nachricht usw. ist mir sehr ~; es ist mir ~ zu wissen, dass ... **2** *mit moralisch guten Charakteranlagen ausgestattet;* ein ~er Mensch **3** *von großem Nutzen;* wir verloren in ihm einen ~en Mitarbeiter

Wert|zei|chen ⟨n.; -s, -⟩ *einen bestimmten Geldwert verkörperndes Zeichen (z. B. Banknote, Wertpapier, Scheck, Briefmarke)*

Wer|wolf ⟨m.; -(e)s, -wöl|fe; Volksglauben⟩ *ein Mensch, der sich zeitweise in einen Wolf verwandeln kann u. dann Unheil stiftet;* Sy *Wolfsmensch*

wes ⟨Interrogativpron.; veraltet⟩ **1** = *wessen;* ~ *das Herz voll ist, des gehet der Mund über* ⟨Sprichw.⟩ • **1.1** *ich erkannte sofort,* ~ *Geistes Kind er ist wie man ihn einschätzen muss*

We|sen ⟨n.; -s, -⟩ **1** ⟨unz.; Philos.⟩ *Sosein der Dinge, im Unterschied zum bloßen Dasein* • **1.1** ⟨allg.⟩ *Grundeigenschaft, der innere Kern, das Wesentliche;* es liegt im ~ dieser Sache, der Dinge, dass ...; es liegt im ~ der Pflanze, stets nach dem Licht zu drängen; es gehört zum ~ des Menschen, dass ... • **1.2** *Art u. Weise eines Menschen, sich zu äußern, zu benehmen, Eigenart, Wesensart, Natur, Charakter;* dieses Verhalten entspricht eigentlich nicht seinem ~; anmaßendes, freundliches, gekünsteltes, gesetztes, heiteres, kindliches, ungezwungenes ~; seinem (innersten) ~ nach ist er gutmütig; von liebenswürdigem ~ sein • **1.3** *Tun u. Treiben;* die Kinder haben im Garten ihr ~ getrieben • **1.3.1** viel ~(s) von, um jmdn. od. etwas machen *viel Aufhebens, Umstände* **2** *etwas Lebendes, Lebewesen, Geschöpf;* ein hilfloses ~; alle lebenden ~; so ein kleines ~ • **2.1** ⟨umg.⟩ *Mensch;* sie ist ein hilfsbereites, liebes ~; ein männliches, weibliches ~

...we|sen (in Zus.; zur Bildung von Subst.; n.; -s; unz.; Sammelbegriff für) *alle Dinge u. Vorgänge, die zu einer Sache gehören;* Bankwesen, Buchwesen, Gesundheitswesen, Schulwesen

We|sens|zug ⟨m.; -(e)s, -zü|ge⟩ *Charaktereigenschaft, Charakterzug*

we|sent|lich ⟨Adj.⟩ **1** ⟨70⟩ *bedeutsam, wichtig, den Kern der Sache betreffend, grundlegend;* keine ~en Änderungen; ein ~er Bestandteil; zwischen beiden besteht ein ~er Unterschied; das ist sehr ~; das Wesentliche erkennen; das Wesentliche vom Unwesentlichen unterscheiden können; es ist nichts Wesentliches vorgefallen • **1.1 im** Wesentlichen *im Kern, im Grunde, in der Hauptsache;* der Inhalt des Buches ist im Wesentlichen der ... **2** ⟨50⟩ *sehr merklich, sehr spürbar, bedeutend;* ~ größer, kleiner; es geht mir heute ~ besser; er hat ~ dazu beigetragen, dass die Arbeit noch rechtzeitig fertig wurde

Wes|fall ⟨m.; -(e)s, -fäl|le; Gramm.⟩ = *Genitiv (1)*

wes|halb ⟨Adv.⟩ Sy *weswegen* **1** ⟨Interrogativadv.⟩ *warum, aus welchem Grunde;* ~ lachst du?; sag mir, ~ du gelacht hast; ich weiß nicht, ~ er eigentlich gekommen ist **2** ⟨konjunktional in Nebensätzen⟩ *darum, aus diesem Grunde;* ich war plötzlich krank geworden, ~ ich gestern nicht kommen konnte

Wes|pe ⟨f.; -, -n; Zool.⟩ *Angehörige einer Überfamilie der Stechimmen mit Vorderflügeln, die der Länge nach zusammengefaltet werden können:* Vespidae

wes|sen ⟨Genitiv von⟩ **1** *wer* **2** ⟨veraltet⟩ *was (1.1 u. 2.1)*

West ⟨ohne Art.; Abk.: W⟩ = *Westen (1);* Frankfurt ~

Wes|te ⟨f.; -, -n⟩ *ärmelloses, bis zur Taille reichendes, eng anliegendes Kleidungsstück, das bei Männern unter dem Jackett, bei Frauen über einer Bluse getragen wird;* →a. *weiß (4)*

Wes|ten ⟨m.; -s; unz.; Abk.: W⟩ **1** ⟨Abk.: W⟩ *Himmelsrichtung, in der die Sonne untergeht;* oV *West* **2** *westlich gelegenes Gebiet;* im ~ der Stadt • **2.1** ⟨umg.⟩ *Westdeutschland (einschließlich Süddeutschlands)* • **2.1.1** nach dem, in den ~ gehen ⟨umg.; früher⟩ *aus der DDR in die Bundesrepublik Deutschland* • **2.2** *Westeuropa;* im ~ nichts Neues

Wes|tern ⟨m.; -s, -⟩ *Wildwestfilm*

west|fä|lisch ⟨Adj. 24⟩ *Westfalen betreffend, aus ihm stammend;* Westfälischer **Friede** *F. von Münster u. Osnabrück am 24.10.1648, der den 30-jährigen Krieg beendete*

west|lich ⟨Adj.⟩ *nach Westen zu gelegen, in westlicher Richtung gelegen;* ~ von Hannover

West|over ⟨[-o:vər] m.; -s, -⟩ *ärmelloser Pullover (meist mit spitzem Ausschnitt), Pullunder*

west|wärts ⟨Adv.⟩ *nach Westen zu, in westl. Richtung;* die Straße verlief ~

wes|we|gen ⟨Adv.⟩ = *weshalb*

wett ⟨Adv.⟩ **1** *quitt, ausgeglichen* • **1.1** ~ sein *seine Schuld mit einem anderen ausgeglichen haben*

Wett|tau|chen ⟨alte Schreibung für⟩ *Wetttauchen*

Wett|be|werb ⟨m.; -(e)s, -e⟩ **1** *Kampf um die beste Arbeit, um die beste Leistung;* Sy *Konkurrenz (1);* mit jmdm. im ~ stehen **2** ⟨Sp.⟩ = *Wettkampf;* einen ~ ausschreiben, veranstalten • **2.1** das Pferd läuft außer ~ *läuft im Rennen, aber ohne an der Bewertung teilzunehmen*

Wet|te ⟨f.; -, -n⟩ **1** *Abmachung zwischen zweien, dass der, dessen Behauptung sich als unrichtig erweist, etwas zahlen od. leisten muss;* eine ~ abschließen, eingehen; ich gehe jede ~ ein, dass es stimmt, was ich sage; eine ~ gewinnen, verlieren; ich mache jede ~ mit, dass ... • **1.1** was gilt die ~? *was zahlst du, wenn ich Recht habe?* **2** *etwas um die* **tun** *mit anderen od. einem anderen etwas tun, um zu sehen, wer es besser kann;* um die ~ fahren, laufen

wett|ei|fern ⟨V. 417⟩ **mit jmdm.** ~ *etwas um die Wette tun, versuchen, etwas vor jmdm. zu erreichen;* sie wetteiferten miteinander um den besten, ersten Platz

wet|ten ⟨V.⟩ **1** ⟨400⟩ *eine Wette eingehen, abschließen, sich verpflichten, etwas zu zahlen, wenn man nicht Recht behält;* Sy ⟨Toto; Lotto⟩ *tippen (3.1);* ich wette, dass er nicht mehr kommt ● **1.1** ~, *dass?* wollen wir wetten, dass es so ist, wie ich sage? ● **1.2** *so haben wir nicht gewettet!* ⟨fig.; umg.⟩ *das ist gegen die Abmachung, das kommt nicht infrage!* ● **1.3** *um fünf Euro, um eine Flasche Wein* ~ *vereinbaren, dass der, dessen Behauptung sich als falsch erweist, dem anderen fünf E. zahlen, eine F. W. geben muss* ● **1.4 auf etwas** ~ *sich verpflichten, etwas zu zahlen, wenn etwas nicht stimmt od. eintritt, was man behauptet hat;* ich wette darauf, dass es so ist! ● **1.4.1** *auf ein Pferd* ~ *die Abmachung (mit einer Annahmestelle für Wetten) treffen, dass man einen Gewinn bekommt, wenn ein bestimmtes Pferd im Rennen siegt, bzw. seinen Einsatz verlorengibt, wenn es nicht siegt* **2** ⟨500⟩ *etwas* ~ *beim Wetten (1) einsetzen;* ich habe zehn Euro gewettet ● **2.1** ich wette zehn gegen, zu eins, dass es so ist *ich bin fest davon überzeugt, ich gehe jede Wette ein, dass es so ist*

Wet|ter ⟨n.; -s, -⟩ **1** *Zustand der Lufthülle der Erde, Ablauf der meteorolog. Erscheinungen (in einem begrenzten Gebiet);* es ist schönes, schlechtes ~; was ist für ~?; wie ist das ~?; frühlingshaftes, herbstliches, sommerliches, winterliches ~; gutes, herrliches, kühles, regnerisches, schlechtes, schönes, stürmisches, warmes ~; bei günstigem ~ machen wir einen Ausflug; wir gehen bei jedem ~ aus ● **1.1** bei dem ~ jagt man keinen Hund hinaus, vor die Tür *das Wetter ist so schlecht, dass man nicht ausgehen kann* **2** *gutes, schlechtes* ~ ⟨fig.⟩ *friedliche, zornige Stimmung eines Menschen* **3** ⟨geh.⟩ *Gewitter, starker Regen, Unwetter;* es kommt ein ~; ein ~ zieht sich zusammen; →a. *Wind (1.1-1.2)* ● **3.1** *alle* ~! *Ausruf des Staunens* **4** ⟨nur Pl.; Bgb.⟩ *Luft u. a. Gasgemische in einem Grubenbau;* schlagende ~

Wet|ter|be|richt ⟨m.; -(e)s, -e⟩ *von der Wetterwarte ausgegebener Bericht über das Wetter u. seine voraussichtliche Entwicklung;* den ~ im Fernsehen verfolgen

Wet|ter|fah|ne ⟨f.; -, -n⟩ **1** *metallene Fahne auf dem Dach zum Anzeigen der Windrichtung* **2** ⟨fig.; abwertend⟩ *launischer Mensch, Mensch, der seine Meinung rasch ändert*

wet|ter|fest ⟨Adj. 70⟩ *unempfindlich od. gesichert gegen Einwirkungen des Wetters;* eine ~e Hütte; ~e Kleidung

Wet|ter|hahn ⟨m.; -(e)s, -häh|ne⟩ *Wetterfahne in Form eines Hahnes*

Wet|ter|kar|te ⟨f.; -, -n⟩ *Landkarte, auf der alle Faktoren des Wetters eingezeichnet sind*

Wet|ter|leuch|ten ⟨n.; -s; unz.⟩ *Aufleuchten entfernter Blitze, ohne dass man den Donner hört*

wet|tern ⟨V.⟩ **1** ⟨401⟩ *es wettert es ist ein Gewitter* **2** ⟨405⟩ **(gegen etwas** od. **jmdn.)** ~ ⟨fig.; umg.⟩ *auf etwas od. jmdn. schimpfen*

Wet|ter|schei|de ⟨f.; -, -n⟩ *Gebirgskette od. Gewässer,*

die bzw. das eine Scheide zwischen verschiedenartigem Wetter bildet, indem sie bzw. es das Wetter beeinflusst, z. B. den Wolkenzug hemmt o. Ä.

wet|ter|wen|disch ⟨Adj., fig.⟩ *unbeständig, launenhaft, leicht seine Meinung od. Stimmung ändernd;* sie ist ein sehr ~er Mensch

Wett|kampf ⟨m.; -(e)s, -kämp|fe⟩ *friedlicher Kampf um die beste sportliche Leistung, Kampf um die Meisterschaft;* Sy *Wettbewerb (2)*

Wett|lauf ⟨m.; -(e)s, -läu|fe⟩ **1** *Lauf um die Wette, Lauf, um zu prüfen, wer der schnellste Läufer ist* ● **1.1** *das ist ein* ~ *mit der Zeit* ⟨fig.⟩ *es geht um jede Minute, es ist sehr eilig*

wett|ma|chen ⟨V. 500⟩ *etwas* ~ *wiedergutmachen, ausgleichen;* einen Fehler, Verlust (wieder) ~

wett|ren|nen ⟨V. 200; nur im Infinitiv übl.⟩ *um die Wette rennen;* wollen wir ~?

Wett|streit ⟨m.; -(e)s, -e⟩ *Bemühung, einen anderen od. andere zu übertreffen, übertrumpfen;* zwischen beiden entspann sich ein ~, wer dem andern den Vortritt lassen sollte

Wett|tau|chen ⟨n.; -s; unz.⟩ *Tauchen um die Wette*

wet|zen ⟨V.⟩ **1** ⟨500⟩ *etwas* ~ *schleifen, schärfen;* ein Messer, eine Sense ~; der Vogel wetzt seinen Schnabel (an einem Ast, am Gitter usw.) **2** ⟨400(s.); umg.⟩ *rasch laufen, rennen*

Whirl|pool® ⟨[wœːlpuːl] m.; -s, -s⟩ *kleines Badebecken mit sprudelndem Wasser*

Whis|key ⟨[vɪski] od. engl. [wɪski] m.; -s, -s⟩ *irischer od. amerikanischer Whisky*

Whis|ky ⟨[vɪski] od. engl. [wɪski] m.; -s, -s⟩ *englischer od. schottischer Kornbranntwein;* →a. *Whiskey*

Wich|se ⟨[-ks-] f.; -, -n⟩ **1** *Putzmittel (bes. für Schuhe);* Schuh~ **2** ⟨unz.; fig.; umg.⟩ *Prügel;* er hat heute schon seine ~ bekommen

Wicht ⟨m.; -(e)s, -e⟩ **1** *Kobold, Zwerg* **2** *kleiner Kerl, Kerlchen* **3** *Schurke, Schuft;* Böse~; elender ~

wich|tig ⟨Adj.⟩ **1** *wesentlich, bedeutend, schwerwiegend, Aufmerksamkeit erfordernd, einflussreich;* eine ~e Arbeit, Aufgabe, Nachricht, Neuigkeit; ich muss noch einen ~en Brief schreiben; ein ~er Mann, eine ~e Persönlichkeit; etwas ~ nehmen; das ist nicht (so) ~; es ist mir sehr ~ zu wissen, ob …; etwas für ~ halten; sich ~ vorkommen ● **1.1** *in übertriebenem Maße von der Bedeutsamkeit der eigenen Äußerungen überzeugt;* mit ~er Miene sagte sie …; „ich weiß es genau!", sagte er ~

wich|tig|ma|chen ⟨V. 500/Vr 3⟩ *sich* ~, *sich mit etwas* ~ *sich einer Sache übertrieben rühmen;* Sy *wichtigtun*

wich|tig|tun ⟨V. 272/400 od. 500/Vr 3⟩ = *wichtigmachen;* sie muss (sich) immer ~

Wi|cke ⟨f.; -, -n; Bot.⟩ *Angehörige einer Gattung der Schmetterlingsblütler mit Wickelranken: Vicia*

Wi|ckel ⟨m.; -s, -⟩ **1** *Zusammengerolltes, Bündel, Knäuel* **2** = *Umschlag (4);* Hals~, Waden~; ein feuchter, heißer, kalter ~ **3** *kleiner (zylinderförmiger) Gegenstand, um den etwas gewickelt werden kann;* Garn~, Locken~ **4** *jmdn. beim* ~ *kriegen* ⟨fig.; umg.⟩ *jmdn. am Kragen fassen, tadeln, ausschelten, zur Rechenschaft ziehen*

wi|ckeln ⟨V. 500⟩ **1** etwas ~ *durch eine drehende Bewegung (der Hand) in neben- u. übereinanderliegenden Windungen zusammenfassen;* Garn, Wolle ~; das Haar zu Locken ~ **2** ⟨511⟩ *etwas um, auf etwas ~ um etwas od. umeinanderschlingen, legen;* einen Faden, ein Band auf, um eine Rolle ~; sich einen Schal um den Hals, den Kopf ~; sich eine Mullbinde, ein Tuch um die Hand ~; einen Bindfaden um ein Paket ~; →a. *Finger (1.2.4)* **3** ⟨511/Vr 7⟩ **jmdn. od. etwas in etwas ~** *dadurch, dass man etwas in Windungen um jmdn. od. etwas legt, einhüllen;* sich in eine Decke ~; sich fest in seinen Mantel ~; etwas in Papier ~ • **3.1** ⟨500⟩ ein Kind ~ *einem K. Windeln umlegen;* das Kind ist gerade frisch gewickelt

Wid|der ⟨m.; -s, -⟩ **1** ⟨Zool.⟩ *männl. Schaf, Schafbock* **2** ⟨Astron.⟩ *Sternbild des nördlichen Himmels* **3** ⟨Jägerspr.⟩ *männl. Muffelwild;* →a. *hydraulisch (1.5)*

wi|der ⟨Präp. m. Akk.; veraltet, noch poet. u. in bestimmten Wendungen⟩ **1** *gegen;* ~ alle Vernunft; ~ die Ordnung • **1.1** ~ Willen *gegen den eigenen Willen, ungern;* →a. *für (2.3)*

wi|der..., Wi|der... ⟨Vorsilbe; in Zus.⟩ *gegen..., Gegen..., zurück..., Zurück...*

wi|der|ein|an|der auch: **wi|der|ei|nan|der** ⟨Adv.; geh.⟩ *gegeneinander;* ~ kämpfen

wi|der|fah|ren ⟨V. 130/600(s.)⟩ **1** jmdm. widerfährt etwas *geschieht etwas, stößt etwas zu;* es widerfährt mir oft, dass ...; ihm ist ein Unglück ~ • **1.1** jmdm. Gerechtigkeit ~ lassen *jmdn. gerecht beurteilen u. behandeln*

Wi|der|ha|ken ⟨m.; -s, -⟩ *Haken, bei dem die zurückgebogene Spitze eingestoßen wird, so dass ein Zurückziehen od. -drehen nicht möglich ist*

Wi|der|hall ⟨m.; -(e)s, -e; Pl. selten⟩ **1** = *Echo (1)* **2** (keinen) ~ finden ⟨fig.⟩ *(k)eine Reaktion hervorrufen;* sein Vorschlag, seine Rede fand großen ~

wi|der|hal|len ⟨V. 400⟩ **1** ein Ton hallt wider *tönt zurück, wird zurückgeworfen* **2** ⟨414⟩ etwas hallt von etwas wider *ist von Widerhall erfüllt;* die Turnhalle hallte vom Lärm der Schüler wider

wi|der|le|gen ⟨V. 500/Vr 7 od. Vr 8⟩ **jmdn. od. etwas** ~ *den Beweis erbringen, dass jmd. etwas Unrichtiges behauptet, dass etwas nicht stimmt;* einen Einwand, jmds. Ansicht ~; es war sehr einfach, den Zeugen zu ~

wi|der|lich ⟨Adj.⟩ **1** *Widerwillen, Abscheu erregend, abstoßend, ekelhaft;* ein ~er Geruch, Geschmack, Anblick **2** ⟨fig.⟩ *hässlich, gemein, sehr unangenehm;* er ist ein ~er Kriecher; ich finde seine Handlungsweise ~

wi|der|na|tür|lich ⟨Adj.⟩ *gegen die Natur verstoßend, gegen das natürl. Empfinden verstoßend*

Wi|der|part ⟨m.; -(e)s, -e⟩ **1** *Widersacher, Gegner* **2** jmdm. ~ geben, bieten *sich jmdm. widersetzen, Widerstand leisten*

wi|der|recht|lich ⟨Adj. 24⟩ *zu Unrecht, ungesetzlich;* ~er Gebrauch wird bestraft; sich etwas ~ aneignen

Wi|der|re|de ⟨f.; -, -n⟩ *Widerspruch, Gegenrede;* keine ~!; er duldet keine ~; etwas ohne ~ annehmen, hinnehmen

Wi|der|rist ⟨m.; -(e)s, -e; bei Horn- u. Huftieren⟩ *vorderer, höchster Teil des Rückens, Übergang vom Hals zum Rücken*

Wi|der|ruf ⟨m.; -(e)s, -e⟩ *das Zurücknehmen (einer Anordnung), Ungültigkeitserklärung;* das Betreten des Geländes ist (bis) auf ~ gestattet, verboten

wi|der|ru|fen ⟨V. 204/500⟩ etwas ~ *zurücknehmen, für ungültig, falsch erklären;* eine Anordnung, einen Befehl ~; die Erlaubnis zum Baden ~; er widerrief seine Aussage vor Gericht

Wi|der|sa|cher ⟨m.; -s, -⟩ *Gegner, Feind*

Wi|der|sa|che|rin ⟨f.; -, -rin|nen⟩ *weibl. Widersacher*

wi|der|set|zen ⟨V. 503/Vr 3⟩ sich (jmdm. od. einer Sache) ~ *Widerstand leisten, etwas nicht tun wollen;* sich einer Anordnung ~; er widersetzte sich hartnäckig; sie hat sich ihm ständig widersetzt

wi|der|sin|nig ⟨Adj.⟩ *unsinnig, unlogisch, widersprechend*

wi|der|spens|tig ⟨Adj.⟩ **1** jmd. ist ~ *widersetzt sich der Handlungsabsicht eines anderen;* ein ~es Kind; der Esel war sehr ~ **2** etwas ist ~ *lässt sich nicht in gewünschter Weise handhaben;* meine Haare sind heute Morgen sehr ~

wi|der|spie|geln ⟨V. 500⟩ **1** etwas spiegelt jmdn. od. etwas wider *zeigt das Spiegelbild von jmdm. od. etwas;* das Wasser spiegelt die Bäume, den Himmel wider • **1.1** ⟨511/Vr 3⟩ etwas spiegelt sich in etwas wider *ruft ein Spiegelbild in etwas hervor;* das Boot spiegelt sich im Teich wider **2** eine Sache spiegelt eine Sache wider *bringt bei einer Darstellung eine S. mit zum Ausdruck;* der Roman spiegelt die Sitten jener Zeit wider **2.1** ⟨511/Vr 3⟩ eine Sache spiegelt sich in einer Sache wider *kommt bei der Darstellung einer S. mit zum Ausdruck;* dieses Erlebnis, diese Liebe spiegelt sich in seinen Werken wider

wi|der|spre|chen ⟨V. 251/600/Vr 5 od. Vr 6⟩ **1** jmdm. od. einer Sache ~ *eine entgegengesetzte Ansicht äußern;* einer Behauptung, Meinung, einem Tadel, Vorwurf ~; einem Vorgesetzten ständig ~; widersprich mir nicht! • **1.1** ⟨Vr 1⟩ sich ~ *eine einer früheren Aussage entgegengesetzte Äußerung tun;* sie widersprach sich bei ihrer Aussage mehrmals **2** ⟨Vr 2⟩ Aussagen ~ sich *eine Aussage beinhaltet etwas, was einer früheren Aussage entgegengesetzt ist;* die Aussagen der Zeugen ~ sich, einander; die Zeitungen brachten sich ~de Nachrichten

Wi|der|spruch ⟨m.; -(e)s, -sprü|che⟩ **1** *Behauptung des Gegenteils, das Gegenteil aussagende Entgegnung, Einwand, Einspruch;* keinen ~ dulden; (jeden) ~ zurückweisen; empörter, entrüsteter, heftiger, schwacher ~; erhebt sich dagegen ~?; etwas ohne ~ anhören, hinnehmen; jmdn. zum ~ reizen **2** *gegenteilige Behauptung, Tatsache, Bestrebung, die mit einer anderen Behauptung, Tatsache, Bestrebung unvereinbar ist;* auf einen ~ stoßen; diese Darstellung enthält einen ~ in sich selbst; ich bin kein ausgeklügelt Buch, ich bin ein Mensch mit seinem ~ (Ulrich vor. Hutten) • **2.1** sich in Widersprüche verwickeln *einander widersprechende Aussagen machen* **3** *Unvereinbarkeit, unvereinbares Verhältnis (zweier Gegebenheiten);*

im ~ zu etwas stehen; seine Handlungsweise steht im ~ zu seinen Worten, Versprechungen; in ~ zu etwas geraten

wi|der|sprüch|lich ⟨Adj.⟩ **1** eine **Sache** ist ~ *schließt einen Widerspruch in sich ein;* ~es Verhalten **2 Sachen** sind ~ *widersprechen einander;* ~e Aussagen, Nachrichten

Wi|der|stand ⟨m.; -(e)s, -stän|de⟩ **1** *Verhalten, das darin besteht, eine od. mehrere Forderungen nicht zu erfüllen, sich ihnen zu widersetzen;* den ~ aufgeben; jmds. ~ brechen, überwinden; (jmdm.) ~ leisten; den ~ organisieren; bewaffneter ~; erbitterter, heftiger, tapferer, verbissener, vergeblicher ~; auf ~ stoßen; er ließ sich ohne ~ festnehmen; zum ~ aufrufen ● **1.1** ~ gegen die Staatsgewalt ⟨Rechtsw.⟩ *Widerstand (1) gegen einen Vollstreckungsbeamten durch Drohung od. Gewalt;* →a. *aktiv (1.3), passiv (1.2)* **2** *Kraft, die einer Bewegung entgegenwirkt;* Luft~, Wasser~; elektrischer ~ **3** ⟨El.⟩ *Bauelement aus schlecht leitendem Material, das den Fluss von elektrischem Strom vermindert*

wi|der|stands|fä|hig ⟨Adj. 70⟩ *fähig, Widerstand zu leisten;* ~ gegen Ansteckung; ~ gegen politische Propaganda

wi|der|stands|los ⟨Adj. 24⟩ *ohne Widerstand zu leisten, ohne sich zu wehren;* er ließ sich ~ abführen

wi|der|ste|hen ⟨V. 256/600⟩ **1** einer Sache ~ *eine S. nicht tun, obwohl man es gern möchte, einer S. standhalten, nicht nachgeben;* einer Versuchung ~; einer Sache nicht ~ können; ich konnte der Verlockung, Versuchung nicht ~, es zu tun ● **1.1** ich kann dieser Torte nicht ~ ⟨umg.⟩ *ich muss ein Stück dieser T. essen, sie verlockt mich zu sehr* **2** etwas widersteht **jmdm.** ⟨geh.⟩ *ist jmdm. zuwider;* es widersteht mir, ihm die Hand zu reichen; diese Wurst widersteht mir

wi|der|stre|ben ⟨V. 600; geh.⟩ **1** jmdm. od. einer **Sache** ~ *sich jmdm. od. einer S. widersetzen, etwas nicht tun wollen, einer S. nicht nachgeben wollen;* jmds. Willen ~; sie ging nur ~d mit **2** etwas widerstrebt **jmdm.** od. einer **Sache** *ist jmdm. od. einer S. zuwider, unangenehm;* es widerstrebt mir, ohne sein Einverständnis zu handeln; es widerstrebt seinem Taktgefühl, es ihm zu sagen

Wi|der|streit ⟨m.; -(e)s; unz.⟩ *Konflikt (zweier) unterschiedlicher Bestrebungen;* im ~ der Gefühle

wi|der|wär|tig ⟨Adj.⟩ **1** *abstoßend, ekelhaft;* es ist ~; eine ~e Arbeit, Angelegenheit **2** *sehr unangenehm, unsympathisch;* ein ~er Kerl; ihr Benehmen bei der Beerdigung war ~

Wi|der|wil|le ⟨m.; -ns, -n⟩ *Ekel, Abscheu, starke Abneigung;* seine schmeichlerische Art erregt meinen ~n; dieser Geruch weckt ~n (in mir); einen ~n gegen eine Speise haben; etwas nur mit ~n essen, tun; mit ~n an einer Arbeit, Sache herangehen

wi|der|wil|lig ⟨Adj.⟩ **1** *Widerwillen spüren lassen;* eine ~e Antwort; seine ~e Art zu reden **2** ⟨50⟩ *mit Widerwillen, höchst ungern;* ~ antworten; etwas ~ essen, tun; ~ gehorchen; sie ging ~ mit; er schüttelte ~ den Kopf

wid|men ⟨V. 530⟩ **1** jmdm. etwas ~ *als Zeichen der Freundschaft od. Verehrung zueignen;* jmdm. ein Buch ~; Herrn X gewidmet von Y (in Büchern) **2** etwas einer **Sache** ~ ⟨geh.⟩ *zueignen, schenken, darbringen, etwas für eine S. verwenden;* sein Leben der Kunst, der Wissenschaft ~ ● **2.1** seine Zeit einer Sache ~ *seine Zeit mit einer S. verbringen* **3** ⟨Vr 3⟩ *sich* **jmdm.** od. einer **Sache** ~ *sich eingehend mit jmdm. od. einer S. beschäftigen;* sie widmet sich ganz ihren Kindern; sie widmet sich ganz der Pflege des Kranken

Wid|mung ⟨f.; -, -en⟩ *Zueignung, Inschrift in einem Buch (handschriftlich od. gedruckt), mit der dieses jmdm. gewidmet wird;* jmdm. eine ~ in ein Buch schreiben

wid|rig ⟨Adj.⟩ **1** *entgegenstehend, sich entgegenstellend, hemmend, behindernd;* ein ~es Geschick; ~e Umstände ● **1.1** ~e **Winde** *die Fahrt, den Flug hemmende, hindernde W.*

wie¹ ⟨Interrogativadv.⟩ **1** ⟨in direkten u. indirekten Fragen⟩ ● **1.1** ⟨alleinstehend⟩ ~ (**bitte**)? *was hast du, was haben Sie gesagt?* ● **1.1.1** *das war doch sehr schön,* ~? ⟨umg.⟩ *nicht wahr?* ● **1.2** ⟨vor Verben⟩ *auf welche Weise?;* ~ macht man das?; ~ gefällt Ihnen der Roman?; ~ geht's, ~ geht es dir?; er erzählte, ~ er es gemacht hatte; ~ meinen Sie das? ● **1.2.1** ~ kommt es, dass …? *was ist die Ursache davon, dass …?* ● **1.2.2** ~ wäre es, wenn wir ins Kino gingen? *was halten Sie von dem Vorschlag, dem Gedanken, dass …?* ● **1.3** ⟨vor Adj. u. Adv.⟩ *in welchem Maße, in welchem Grade?;* ~ hoch ist dieser Berg?; kannst du mir sagen, ~ tief das Wasser hier ist?; ~ oft bist du dort gewesen?; ich weiß nicht, ~ oft ich ihm schon verboten habe ● **1.3.1** ~ weit ist es bis zum Museum? *welches ist die Entfernung?* ● **1.3.2** ~ spät ist es? *wie viel Uhr ist es?* ● **1.3.3** ~ lange willst du noch bleiben?, ~ lange dauert es noch? *wie viel Zeit?* ● **1.3.4** ~ alt ist er? *welches ist sein Alter?* ● **1.3.5** ~ viel welche Anzahl?, welche Menge?; ~ viel(e) Einwohner hat Hamburg?; ich muss erst nachsehen, ~ viel Geld ich noch habe; ~ viel(e) Personen waren anwesend?; ~ viel ist, macht drei mal vier?; ~ viele Mal(e); ⟨aber⟩ →a. *wievielmal* ● **1.4** ⟨mit Partikeln⟩ *das musst du anders machen!* ~ denn? *auf welche Weise?* **2** ⟨in Ausrufen⟩ ● **2.1** ⟨alleinstehend⟩ ~! *wirklich? (Ausruf des Erstaunens, der Überraschung);* ~, hat er das wirklich gesagt? ● **2.1.1** und ~! ⟨als Antwort⟩ *ja, sehr!, ja, außerordentlich!* ● **2.2** ⟨vor Verben⟩ *sehr, so* ● **2.2.1** ~ habe ich mich gefreut, als …! *ich habe mich so gefreut, sehr gefreut* ● **2.2.2** ~ haben wir gelacht, als …! *wir haben sehr gelacht* ● **2.3** ⟨vor Adj. u. Adv.⟩ ~ dumm! *das ist sehr dumm!* ● **2.3.1** ~ merkwürdig! *das ist sehr merkwürdig!* ● **2.3.2** ~ schade! *das ist sehr schade!* ● **2.3.3** ~ hübsch! *ach, ist das hübsch!* ● **2.3.4** ~ froh waren sie, als … *sie waren so froh, als …* ● **2.3.5** ~ schrecklich! *das ist ja schrecklich!* ● **2.3.6** ~ sehr würde ich mich freuen, wenn …! *ich würde mich sehr freuen* ● **2.3.7** ~ oft habe ich dir das schon gesagt! *ich habe es dir schon so oft gesagt!* ● **2.3.8** ~ viel *sehr viel, so viel;* ~ viel Geld das gekostet hat!; ~ viel Schönes habe ich auf dieser Reise gesehen!; ~ **viel** besser geht es mir jetzt, seit ich das neue Mittel nehme!

wie² ⟨Konj.⟩ **1** ⟨vergleichend⟩ *im gleichen Maße, in der Art eines, einer …, gleich einem, einer …; das kannst du so gut* ~ *ich;* ein Mann ~ er; in einem Falle ~ diesem muss man …; es ist einer ~ der andere; stark ~ ein Bär; ein großer Dichter ~ Goethe; der Junge sah aus ~ ein Schornsteinfeger; sie ist (ebenso) hübsch ~ ihre Schwester; S~ Siegfried (beim Buchstabieren, bes. am Telefon); ~ man sieht, ist alles noch unverändert; ~ dem auch sei, wir wollen es (trotzdem) versuchen; so ~ er nun einmal ist; alles bleibt, ~ es war; der Schrank ist so breit ~ hoch; es war so schön ~ noch nie; und es war, ~ so oft, …; mittags ging ich, ~ ich es immer tue, spazieren; das Sofa sieht wieder aus ~ neu; ~ die Tat, so der Lohn ⟨Sprichw.⟩ • **1.1** einer ~ der andere ⟨umg.⟩ *alle miteinander* • **1.2** ~ du mir, so ich dir ⟨Sprichw.⟩ *was du mir antust, vergelte ich dir* • **1.3** ich weiß, ~ es ist, wenn … *ich kann es verstehen, nachfühlen* • **1.4** geschickt, ~ er ist, hat er sofort … *da er geschickt ist …* • **1.5** ~ reich er auch sein mochte, er konnte doch nicht helfen *obwohl er so reich war* • **1.6** er ist so gut ~ taub *er ist fast ganz taub* • **1.7** ~ es nun einmal geht *so ist es meistens* • **1.8** ~ sich's gehört *in der Art guter Manieren* • **1.9** ~ gehabt ⟨umg.⟩ *ähnlich, gleich den früheren Vorgängen, Malen* • **1.10** so, ~ die Dinge jetzt liegen *nach dem jetzigen Stand der Dinge* • **1.11** ~ man sagt, hat er … *dem Gerücht nach, die Leute sagen, er habe …* • **1.12** (schon) gesagt, habe ich … *um es noch einmal zu wiederholen* **2** ~ **wenn** ⟨umg.⟩ *als ob;* es war, ~ wenn Schritte über den Flur tappten **3** ⟨temporal nur im Präsens⟩ *zur gleichen Zeit;* und ~ ich aus dem Fenster schaue, sehe ich … • **3.1 als** ~ = *als*¹ *(2)*

Wie ⟨n.; -; unz.⟩ **1** das ~ *die Art u. Weise, die Form;* es kommt nicht nur auf das Was, sondern auch auf das ~ an; das ~ ist mir klar, aber das Warum verstehe ich nicht • **1.1** das ~, Wann und Wo ist mir noch völlig unklar *die Form, die Zeit u. der Ort (einer Sache)*

Wie|de|hopf ⟨m.; -(e)s, -e; Zool.⟩ *Angehöriger der Familie der Rackenvögel, Höhlenbrüter mit einem langen, gebogenen Schnabel u. einer aufrichtbaren Federhaube: Upupa epops*

wie|der ⟨Adv.⟩ **1** *aufs Neue, nochmals, abermals, wiederum, noch einmal;* er hat ~ Fieber; werde bald ~ gesund!; immer und immer ~; das darfst du nie ~ tun; einmal und nie ~!; kann ich das nächste Mal ~ ein Eis bekommen?; die Straßen belebten sich ~; können Sie mir ~ die Theaterkarten besorgen?; er hat die richtige Lösung schon ~ erkannt; sie ist in der Nacht ständig ~ erwacht; er möchte gern ~ etwas finden; kannst du mir den Teller ~ (erneut) geben?; die Seile sind alle zerrissen, wir müssen ~ einige herstellen; ich musste ~ die Milch holen; wann darf ich ~ zu euch kommen?; das Kind kann jetzt ~ sehen • **1.1** er musste das ständig zu Boden fallende Blatt ~ aufnehmen *es abermals aufnehmen;* ⟨aber Getrennt- u. Zusammenschreibung⟩ ~ **aufnehmen** = wiederaufnehmen • **1.2** ~ da sein ⟨umg.⟩ *zurück-*

(gekommen) sein; da bin ich ~!; ich bin gleich ~ da • **1.3** hin und ~ *ab und zu, manchmal, zuweilen* • **1.4** ich möchte es und möchte es auch ~ nicht *ich bin mir unschlüssig, ob ich es will* • **1.5** er versuchte es ~ und ~ *immer aufs Neue*

wie|der|auf|be|rei|ten ⟨V. 500⟩ **Kernbrennstoffe** ~ *in einer Wiederaufbereitungsanlage in wiederverwendbare Anteile u. nicht wieder nutzbare Abfälle zerlegen*

wie|der|auf|neh|men *auch:* **wie|der auf|neh|men** ⟨V. 189/500⟩ eine **Sache** ~ *mit einer S. von neuem beginnen;* abgebrochene Beziehungen ~; ein unterbrochenes Gespräch, den Faden des Gesprächs ~; das Verfahren wurde wiederaufgenommen / wieder aufgenommen; →a. *wieder (1.1)*

wie|der|be|kom|men ⟨V. 170/500⟩ etwas ~ *zurückbekommen;* hast du dein Buch ~?; ⟨aber Getrenntschreibung⟩ wieder bekommen → *wieder (1)*

wie|der|be|le|ben ⟨V. 500/Vr 7⟩ **1** jmdn. ~ *aus einer Bewusstlosigkeit, einem leblosen Zustand wieder zum Leben erwecken;* einen Ertrunkenen ~ **2** etwas ~ *etwas Vergessenes wieder einführen;* die alten Sitten, Bräuche ~; ⟨aber Getrenntschreibung⟩ wieder beleben → *wieder (1)*

wie|der|brin|gen ⟨V. 118/500⟩ etwas ~ *zurückbringen;* ich habe dir das Buch wiedergebracht; ⟨aber Getrenntschreibung⟩ wieder gebracht → *wieder (1)*

wie|der|er|ken|nen ⟨V. 166/500⟩ jmdn. ~ *jmdn. nach langer Zeit erkennen;* ich habe dich kaum wiedererkannt; ⟨aber Getrenntschreibung⟩ wieder erkennen → *wieder (1)*

wie|der|er|wa|chen ⟨V. 400(s.)⟩ **1** *von neuem erwachen* **2** ⟨fig.⟩ *neu entstehen;* ihr Interesse, ihre Liebe erwachte wieder; ⟨aber Getrenntschreibung⟩ wieder erwachen → *wieder (1)*

wie|der|fin|den ⟨V. 134/500⟩ jmdn. od. etwas ~ *erneut finden;* er hat seine Taschenlampe wiedergefunden; ⟨aber Getrenntschreibung⟩ wieder finden → *wieder (1)*

Wie|der|ga|be ⟨f.; -, -n⟩ *das Wiedergeben;* die ~ eines Musikstücks, einer Geschichte, eines Bildes, Textes; falsche, genaue, richtige, wörtliche ~; der Lautsprecher hat eine gute, schlechte ~; er besitzt Drucke moderner Maler in sehr guten ~

wie|der|ge|ben ⟨V. 143/500⟩ **1** (530) jmdm. etwas ~ *zurückgeben, erstatten;* einem Gefangenen seine Freiheit ~; können Sie mir 2 Euro (Wechselgeld) ~?; bitte leg die 10 Euro aus, ich gebe sie dir später wieder **2** etwas ~ *nachbilden, darstellen, darbieten, berichten, erzählen, schildern;* einen Vorgang, Anblick ~; ich kann die Ausdrücke, die er gebrauchte, nicht ~; ich kann meine Gedanken, Gefühle, als ich das sah, nicht ~; einen Vorgang falsch, richtig, entstellt, verzerrt ~; er hat die Stimmung des Abends in seinem Bericht gut wiedergegeben; einen Text singgemäß ~; ein Gespräch wörtlich ~; bitte geben Sie den Inhalt des Textes in Ihren eigenen Worten wieder!; ⟨aber Getrenntschreibung⟩ wieder geben → *wieder (1)*

Wie|der|ge|burt ⟨f.; -, -en⟩ **1** ⟨in manchen Religionen⟩

wievielte(r, -s)

das Wiedergeborenwerden zu einer neuen irdischen Existenz **2** ⟨fig.⟩ (geistige) Erneuerung, Neuaufleben

wie|der|her|stel|len ⟨V. 500/Vr 7⟩ **1** etwas ~ aufs Neue herstellen, im alten Zustand herstellen; Sy restaurieren **2** jmdn. ~ ⟨fig.⟩ wieder in den früheren Zustand bringen; der Kranke, der Patient ist (völlig) wiederhergestellt; ⟨aber Getrenntschreibung⟩ wieder herstellen → wieder (1)

wie|der|ho|len¹ ⟨V. 503/Vr 1⟩ (sich) etwas ~ zurückholen; mein Ball ist in den anderen Garten gefallen, aber ich hole ihn mir wieder; ⟨aber Getrenntschreibung⟩ wieder holen → wieder (1)

wie|der|ho|len² ⟨V. 500⟩ **1** etwas ~ noch einmal sagen od. tun; jmds. Befehl, Anweisung, Worte ~ • **1.1** eine **Klasse** ~ nochmals durchlaufen • **1.2** eine **Lektion** ~ noch einmal lernen • **1.3** eine **Vorführung** ~ noch einmal darbieten; auf vielfachen Wunsch wird die Sendung am Dienstag wiederholt

wie|der|holt 1 ⟨Part. Perf. von⟩ wiederholen **2** ⟨Adj. 24/90⟩ mehrmalig, mehrmals, öfters; ich habe gegen dieses Vorhaben ~ protestiert; ~e Beschwerden

Wie|der|ho|lung ⟨f.; -, -en⟩ nochmaliges Sagen od. Tun derselben Sache, nochmalige Darbietung; im Fernsehen werden viele ~en gezeigt

Wie|der|hö|ren ⟨n.; -s; unz.⟩ **1** nochmaliges, mehrmaliges Hören • **1.1** auf/Auf ~! (Abschiedsgruß beim Telefongespräch)

wie|der|käu|en ⟨V.⟩ **1** ⟨402⟩ (**Futter**) ~ (Futter) aus dem Magen ins Maul zurückbringen u. noch einmal kauen; die Kühe liegen im Gras und käuen wieder; das Futter, Gras ~ **2** ⟨500⟩ **schon** einmal **Gesagtes, Gehörtes** ~ ⟨fig.⟩ ⟨umg.⟩ noch einmal (in langweiliger Form) wiederholen, immer wieder sagen; eine Lektion, den Lehrstoff ~

wie|der|keh|ren ⟨V. 400(s.)⟩ **1** zum Ausgangspunkt zurückkommen; von einer Reise ~; er ist aus dem Krieg nicht wiedergekehrt **2** etwas kehrt wieder wiederholt sich, tritt wieder ein; im Gedenktag, Festtag kehrt wieder; diese Gelegenheit kehrt nie wieder; diese Melodie, dieses Motiv kehrt im ersten Satz dreimal wieder; dieser Vorgang kehrt regelmäßig wieder; ein jährlich ~des Fest

wie|der|kom|men ⟨V. 170/400(s.)⟩ zurückkommen; er ist nach zwei Stunden wiedergekommen; ⟨aber Getrenntschreibung⟩ wieder kommen → wieder (1)

wie|der|se|hen ⟨V. 239/500/Vr 8⟩ jmdn. ~ nochmals mit jmdm. zusammentreffen, jmdn. nochmals begegnen; ich habe ihn nach 15 Jahren wiedergesehen; wann sehen wir uns wieder?; ⟨aber Getrenntschreibung⟩ wieder sehen → wieder (1)

Wie|der|se|hen ⟨n.; -s, -; Pl. selten⟩ **1** nochmaliges Zusammentreffen (zweier od. mehrerer Personen); ein ~ vereinbaren; es war ein fröhliches, trauriges, überraschendes ~; bei unserem letzten ~; auf ~! (Abschiedsgruß); auf baldiges ~! (Abschiedsgruß) • **1.1** jmdm. auf/Auf ~ sagen sich von jmdm. verabschieden • **1.2** ~ macht Freude! ⟨umg.; scherzh.⟩ (beim Verleihen eines Gegenstandes) bitte vergiss nicht, ihn mir wiederzugeben

wie|der|um auch: **wie|de|rum** ⟨Adv.⟩ **1** nochmals; und als ich ihn ~ ermahnte, antwortete er ... **2** andererseits; ich habe ihm geraten, es zu tun, er ~ ist der Meinung, es sei besser, es nicht zu tun; er ist im Allgemeinen sehr zurückhaltend, doch muss ich ~ sagen, dass er sofort hilft, wenn es wirklich nötig ist

Wie|ge ⟨f.; -, -n⟩ **1** Kinderbett auf gerundeten Brettern, so dass es seitwärts geschaukelt werden kann; das Kind in der ~ schaukeln • **1.1** seine ~ stand in Berlin ⟨poet.⟩ er ist in Berlin geboren • **1.2** das ist ihm nicht an der ~ gesungen worden, dass er einmal Professor werden würde ⟨fig.⟩ das hätte früher niemand vermutet • **1.3** von der ~ an ⟨fig.⟩ von Geburt an, von klein auf

wie|gen¹ ⟨V. 287⟩ **1** ⟨500/Vr 7⟩ jmdn. od. etwas ~ (auf der Waage) das Gewicht feststellen von jmdn. od. etwas; einen Koffer, ein Paket ~; sie hat die Wurst knapp, reichlich, gut, schlecht gewogen • **1.1** das Pfund Nüsse ist knapp, reichlich gewogen es ist ein knappes, reichliches Pfund N. • **1.2** sich ~ sich auf die Waage stellen u. sein Gewicht prüfen • **1.3** ⟨511⟩ **etwas in** der **Hand** ~ das Gewicht von etwas, das man in der H. hat, schätzen **2** ⟨413⟩ etwas ~ Gewicht haben; der Schrank wiegt mindestens zwei Zentner; wie viel wiegst du? • **2.1** der Koffer wiegt schwer hat viel Gewicht, ist schwer • **2.2** seine Argumente ~ schwer ⟨fig.⟩ sind ernst zu nehmen, wichtig

wie|gen² ⟨V. 500⟩ **1** jmdn. od. etwas ~ in eine hin- u. herschwingende Bewegung versetzen; nachdenklich, bedenklich den Kopf ~; mit ~den Schritten gehen • **1.1** einen ~den Gang haben einen federnden, leicht schaukelnden G. • **1.2** ein **Kind** ~ in der Wiege od. in den Armen schaukeln; das Kind in den Schlaf ~ **2** ⟨Vr 3⟩ sich ~ hin- u. herschwingen, sanft, leicht schaukeln; das Boot wiegt sich auf den Wellen; sich in den Hüften ~ (beim Gehen); sich im Tanz ~ ⟨poet.⟩ • **2.1** ⟨550⟩ sich auf etwas ~ sich auf etwas leicht schaukeln, sich von etwas schaukelnd tragen lassen • **2.2** ⟨513⟩ **sich in Sicherheit,** in **Hoffnungen** ~ ⟨fig.⟩ sich dem Gefühl der S., (trügerischer) H. hingeben **3** etwas ~ mit dem Wiegemesser zerkleinern; Petersilie ~

wie|hern ⟨V. 400⟩ **1** das **Pferd** wiehert gibt Laut **2** ⟨fig.; umg.⟩ laut u. hemmungslos lachen; er wieherte vor Lachen; ein lachte ~d; ein ~des Gelächter

Wie|se ⟨f.; -, -n⟩ mit Gras bewachsenes Land (auch zum Gewinnen von Heu)

Wie|sel ⟨n.; -s, -; Zool.⟩ **1** Angehöriges einer Gattung kleiner, flinker Marder: Mustela • **1.1** flink wie ein ~ schnell u. gewandt; er kann laufen wie ein ~

wie|so ⟨Interrogativadv.; umg.⟩ warum?; wie kommt das?, wie kommt es, dass ...?; ~ kommst du erst jetzt?

wie|viel ⟨alte Schreibung für⟩ *wie viel*

wie|viel|mal ⟨Interrogativadv.⟩ welche Anzahl von Malen; ⟨aber⟩ wie viele Mal(e)

wie|vielt ⟨a. ['--]; in der Wendung⟩ zu ~ zu wie vielen; zu ~ habt ihr gespielt?

wie|viel|te(r, -s) ⟨Adj. 24/60⟩ **1** ⟨fragt nach der Stelle in einer Reihenfolge, Rangordnung⟩; zum ~n Mal habe ich dir das eigentlich schon verboten? • **1.1** den Wie-

1073

vielten haben wir heute? *welchen Tag des Monats haben wir heute?*
wie|weit ⟨Konj.⟩ *inwieweit, bis zu welchem Grade;* ich weiß nicht, ~ er damit Recht hat; ⟨aber Getrenntschreibung⟩ wie̲ weit? → *wie (1.3.1)*
wie|wohl ⟨Konj.⟩ *obwohl*
Wig|wam ⟨m.; -s, -s⟩ *(kuppelförmiges) Hauszelt nordamerikanischer Indianer*
wild ⟨Adj.⟩ **1** *im Naturzustand belassen, nicht kultiviert*
• 1.1 ~e **Tiere** *ungezähmte T.; Ggs zahme Tiere,* → *zahm (1);* ~e Enten, Schwäne, Tauben • 1.2 ~e **Pflanzen** *nicht angebaute P.;* ~e Blumen • 1.2.1 Wilder **Wein** *ein als Zierpflanze beliebtes Weinrebengewächs, Jungfernrebe: Parthenocissus* • 1.3 ~es **Land** *unerschlossenes, unbearbeitetes L.* • 1.3.1 eine ~e **Gegend**, Landschaft ⟨fig.⟩ *einsame G. mit schroffen Felsen, knorrigen Bäumen, reißendem Bach usw.* • 1.4 ein ~es **Volk** *ein unzivilisiertes, auf niedriger Kulturstufe stehendes V.; das ~e Volk der Ubier leistete den Römern Widerstand* • 1.5 Wilder **Westen** *der Westen Nordamerikas zur Zeit der Kolonisation im 19. Jh.* • 1.6 ⟨fig.⟩ *ungepflegt, unordentlich;* ein ~er Bart; die Haare hingen ihm ~ in die Stirn, standen ihm ~ um den Kopf; die Sachen lagen überall ~ durcheinander • 1.7 ~es **Gestein** ⟨Bgb.⟩ *taubes G.* **2** *unkontrolliert, außerhalb der dafür geltenden Gesetze bestehend;* ~er Handel; ~es Parken • 2.1 ⟨60⟩ ~er **Streik** ⟨fig.⟩ *nicht organisierter, von der Gewerkschaft nicht genehmigter S.* • 2.2 ⟨60⟩ ~es Fleisch *an Wunden wucherndes F.* • 2.3 ⟨60⟩ ~e **Gerüchte, Geschichten** ⟨fig.; umg.⟩ *fantastische, übertriebene G.; die ~esten Gerüchte schwirren durch die Stadt; er erzählte ~e Geschichten* • 2.4 ⟨60⟩ ~e **Jahre** *Lebensabschnitt, in dem ausschweifend gelebt wird* **3** ⟨fig.⟩ *ungezügelt, unbeherrscht, unbändig, ungestüm, heftig;* ~e Blicke; ~e Drohungen; ~es Geschrei; er schlug ~ um sich; es entbrannte ein ~er Kampf; ein ~er Zorn ergriff ihn; er ist ganz ~ vor Begeisterung ⟨fig.; umg.⟩ • 3.1 in ~er Flucht davonrennen, davonjagen ⟨fig.⟩ *in ungestümer, ungeordneter F.* • 3.2 ~e See ⟨fig.⟩ *vom Sturm aufgewühltes Meer* • 3.3 ein ~es **Kind** *ein sehr lebhaftes u. furchtloses K.* • 3.4 ⟨46⟩ ~ auf etwas sein ⟨fig.; umg.⟩ *versessen auf etwas sein, etwas leidenschaftlich gern haben, sehen wollen od. essen;* er ist ganz ~ auf Fisch, auf Schokolade; er ist ganz ~ auf Kriminalfilme **4** *sehr zornig, wütend;* er schaute ~ um sich; „ich denke nicht daran!", schrie er ~; als er das hörte, wurde er ~ • 4.1 den ~en Mann spielen ⟨fig.; umg.⟩ *sich ganz sehr zornig u. unberechenbar gebärden* **5** ⟨40⟩ das ist halb so ⟨fig.; umg.⟩ *halb so schlimm, nicht so schlimm* **6** ⟨Getrennt- u. Zusammenschreibung⟩ • 6.1 ~ **machen** = *wildmachen* • 6.2 ~ **lebend** = *wildlebend*
Wild ⟨n.; -(e)s; unz.⟩ **1** ⟨Sammelbez. für⟩ *jagdbare Tiere; Hoch~, Nieder~, Rot~, Schwarz~* • 1.1 ein Stück ~ *ein einzelnes jagdbares Tier* **2** = *Wildbret*
Wild|bahn ⟨f.; -, -en⟩ **1** *Jagdgebiet, Jagdrevier* • 1.1 freie ~ *nicht umzäuntes Jagdgebiet*
Wild|bret ⟨n.; -s; unz.⟩ *Fleisch vom Wild (1);* Sy *Wild (2)*

wil|dern ⟨V. 400⟩ *unzulässigerweise jagen;* in diesem Gebiet wird noch viel gewildert; ein ~der Hund, eine ~de Katze
Wild|fang ⟨m.; -(e)s, -fän|ge⟩ **1** *aus der Freiheit eingefangener Beizvogel* **2** *Fangvorrichtung für Rotwild* **3** ⟨fig.⟩ *wildes, ausgelassenes Kind;* Sy *Wildling (2)*
wild|fremd ⟨Adj. 24/70⟩ *völlig fremd, völlig unbekannt;* ich kann doch nicht einen ~en Menschen fragen, ob …
wild|le|bend auch: **wild le|bend** ⟨Adj. 24⟩ *in freier Wildbahn, in Freiheit lebend;* ~e Tiere
Wild|ling ⟨m.; -s, -e⟩ **1** *Schoss eines Baumes, der veredelt worden ist* **2** ⟨fig.⟩ = *Wildfang (3)* **3** ⟨fig.⟩ *ungestümer junger Mensch*
wild|ma|chen auch: **wild ma|chen** ⟨V. 500⟩ **1** jmdn. ~ *zornig machen* **2** Tiere ~ *scheumachen;* mach mir die Pferde nicht wild
Wild|nis ⟨f.; -, -se⟩ *wilde Gegend, Land im Naturzustand*
Wild|schwein ⟨n.; -(e)s, -e⟩ **1** ⟨Zool.⟩ *Angehöriges einer Gattung untersetzter, kräftiger, in Rudeln lebender Schweine, wilder Vorfahr des Hausschweins mit braunschwarzem, langhaarigem, borstigem Fell, stehenden Ohren u. kräftigen Hauern: Sus* **2** ⟨unz.⟩ *Fleisch des Wildschweins (1)*
Wil|le ⟨m.; -ns, -n⟩ oV *Willen* **1** *Fähigkeit (des Menschen), sich für bestimmte Handlungen aufgrund bewusster Motive zu entscheiden;* wo ein ~ ist, ist auch ein Weg; schwacher, starker ~; einen eisernen ~n haben ⟨fig.⟩ • 1.1 jmds. ~n brechen *jmdn. unterdrücken, ihn zwingen, sich unterzuordnen* • 1.2 einen eigenen ~n haben *wissen, was man will* • 1.3 keinen eigenen ~n haben *sich anderen zu sehr unterordnen* **2** *Entscheidung für eine bestimmte Handlung aufgrund bewusster Motive;* seinen ~n durchsetzen (wollen); es ist mein fester ~, es zu tun; auf seinem ~n bestehen; gegen jmds. ~n handeln; es ist gegen meinen ~n geschehen; nach dem ~n des Künstlers, Baumeisters • 2.1 jeder nach seinem ~n *jeder, wie er will* • 2.2 freier ~ ⟨Philos.⟩ *die Entscheidungsfreiheit des Menschen* • 2.2.1 es ist doch mein freier ~, das zu tun oder nicht zu tun *ich kann es doch selbst entscheiden* • 2.2.2 etwas aus freiem ~n tun *ohne Zwang, freiwillig* • 2.3 letzter ~ ⟨fachsprachl.⟩ *Letzter ~ Bestimmung für den Todesfall, Testament* **3** *feste Absicht, Vorsatz;* den ~n haben, etwas zu tun; er hat den redlichen ~n, es gut zu machen; es war nicht böser ~; ich tue das doch nicht aus bösem ~n (sondern weil ich nicht anders kann); ich konnte es beim besten ~n nicht tun (obwohl ich es sehr gerne getan hätte) **4** *bewusstes Anstreben eines Handlungszieles; etwas mit ~n tun; es geschah ohne Wissen und ~n des Betreffenden; ein bisschen guter ~ gehört natürlich dazu; mit ein wenig gutem ~n geht es schon* • 4.1 er ist guten ~ns *er gibt sich Mühe* • 4.2 wider ~n *unabsichtlich, ohne es zu wollen;* ich musste wider ~n lachen **5** *Vollzug des Willens (2), das, was jmd. anstrebt* • 5.1 er soll seinen ~n haben *wir wollen tun, was er will (wenn auch nicht gern)* • 5.2 lass ihm doch seinen ~n! *tu doch, was er*

will • 5.3 des Menschen ~ ist sein Himmelreich ⟨fig.⟩ *wenn jmd. unbedingt etwas tun od. haben möchte, soll man ihm nachgeben, auch wenn man es selbst nicht versteht* • 5.4 **jmdm. zu** ~**n sein** *tun, was jmd. will*

wil|len ⟨Präp. m. Gen.⟩ **um jmds.** od. **einer Sache** ~ *jmds. od. einer S. wegen, weil es für jmdn. od. eine S. gut ist, um jmdm. einen Gefallen zu tun*

Wil|len ⟨m.; -s, -; Nebenform von⟩ = *Wille*

wil|len|los ⟨Adj.⟩ *ohne (eigenen) Willen, schwach, energielos;* ein ~er *Mensch; jmdm.* ~ *die Führung überlassen, er ist wie ein* ~es *Werkzeug in den Händen eines anderen* ⟨fig.⟩

wil|lens ⟨Adv.⟩ ~ *sein gewillt sein, bereit sein, etwas zu tun;* ich bin nicht ~, *in diesem Punkt nachzugeben*

wil|lent|lich ⟨Adj. 24/70⟩ *absichtlich, mit Willen*

wil|lig ⟨Adj.⟩ *stets bereit, etwas zu tun, bereitwillig, fügsam, guten Willens, dienstfertig;* ein ~er *Arbeiter;* ein ~es *Kind, Pferd; er, sie ist sehr* ~; *etwas* ~ *tun*

wil|li|gen ⟨V. 800⟩ **in eine Sache** ~ ⟨geh.⟩ *einer S. zustimmen, etwas erlauben, sich mit etwas einverstanden erklären*

will|kom|men ⟨Adj. 70⟩ **1** *gern gesehen, gern angenommen, erwünscht, angenehm, gelegen;* eine ~e *Nachricht* • 1.1 ein ~er *Anlass,* eine ~e *Gelegenheit ein A., eine G., den bzw. die man gern benutzt (um etwas zu tun, zu sagen)* • 1.2 ein ~er *Gast ein G., den man gern empfängt, gern bei sich sieht* • 1.3 *jmdn.* (herzlich) ~ *heißen jmdn. freundlich (u. herzlich) begrüßen* • 1.4 ⟨43⟩ **jmd. ist jmdm.** ~ *wird von jmdm. freundlich empfangen, jmd. freut sich über jmds. Kommen;* du bist mir (jederzeit, stets) ~ • 1.4.1 sei ~! *ich freue mich, dass du kommst;* ~! (als Gruß); (sei) herzlich ~!; ~ *in der Heimat!* (Empfangsgruß für jmdn., der in die H. zurückgekehrt ist) • 1.5 ⟨43⟩ **eine Sache** ist **jmdm.** ~ *wird von jmdm. gern angenommen, ist jmdm. recht, passt jmdm.;* dein Angebot ist mir (sehr) ~; *sein Angebot, seine Anwesenheit ist mir nicht* ~

Will|kom|men ⟨n. od. m.; -s; unz.⟩ *freundliche Begrüßung, Empfang;* jmdm. ein ~ *bieten*

Will|kür ⟨f.; -; unz.⟩ *eigenes Gutdünken ohne Rücksicht auf Gesetze, Moral od. die Interessen anderer Menschen;* →a. *Laune;* jmds. ~ *preisgegeben sein; jmdn. der* ~ *seiner Feinde preisgeben*

will|kür|lich ⟨a. [-'--] Adj.⟩ **1** *auf Willkür beruhend, selbstherrlich, je nach Laune, rücksichtslos;* ~e *Maßnahmen; jmdn.* ~ *bestrafen* **2** *beliebig;* eine ~e *Auswahl treffen* **3** *vom Willen gelenkt;* Gs *unwillkürlich;* eine ~e *Bewegung,* ~e *Muskeln*

wim|meln ⟨V.⟩ **1** ⟨400⟩ **Lebewesen** ~ *bewegen sich in großer Anzahl durcheinander;* die Menschen wimmelten über den Platz; die Ameisen wimmelten im Wald **2** ⟨800⟩ **etwas** wimmelt **von Lebewesen** od. **etwas** *etwas enthält eine große Anzahl von L. od. etwas;* der Käse wimmelte von Maden; das Buch wimmelte von Fehlern; hier wimmelt es von Ameisen

Wim|merl ⟨n.; -s, -n; bair.-österr.⟩ *Eiter-, Hitzebläschen*

wim|mern ⟨V. 400⟩ *klagende Laute von sich geben, leise jammern, winseln*

Wim|pel ⟨m.; -s, -⟩ **1** *kleine, schmale dreieckige Fahne* **2** ⟨Mar.⟩ *Signalflagge*

Wim|per ⟨f.; -, -n⟩ **1** *kurzes Haar am Rand des Augenlids* **2** *ohne mit der* ~ *zu zucken* ⟨fig.⟩ *ohne sein Erschrecken, Erstaunen od. seine Empörung zu zeigen, ohne Zögern*

Wind ⟨m.; -(e)s, -e⟩ **1** *durch unterschiedliche Druckverhältnisse verursachte stärkere Luftbewegung, Luftzug;* das Spiel von Wasser und ~, Wolken und ~; ein leichter ~ ist aufgekommen, hat sich aufgemacht; der ~ bläst, braust, heult, pfeift, weht; der ~ dreht sich, nimmt zu, lässt nach, nimmt ab, springt um; eisiger, frischer, kalter, kühler, lauer, scharfer, schmeichelnder, warmer ~; auf günstigen ~ warten (beim Segeln); heftiger, leichter, sanfter, starker ~; gegen den ~ fahren, gehen, laufen, fliegen; der ~ raunt, säuselt (poet.) • 1.1 ~ und Wetter ausgesetzt *den Unbilden des Wetters ausgesetzt* • 1.2 bei ~ und Wetter *bei jedem Wetter, bes. bei schlechtem Wetter* • 1.3 wer ~ sät, wird Sturm ernten ⟨Sprichw.⟩ *wer eine kleine Schlechtigkeit begeht, wird durch ein größeres Übel bestraft* • 1.4 wie der ~ *sehr schnell;* er kann laufen wie der ~; und wie der ~ war er fort • 1.5 in alle ~e *in alle Himmelsrichtungen;* die Familie ist in alle ~e zerstreut • 1.6 jmdm. den ~ aus den Segeln nehmen ⟨fig.⟩ *jmds. Absicht vereiteln* • 1.7 das ist ~ in seine Segel ⟨fig.; umg.⟩ *das unterstützt seine Absicht, ist ihm von Vorteil* • 1.8 sich den ~ um die Nase, Ohren wehen lassen ⟨fig.; umg.⟩ *Lebenserfahrung gewinnen, etwas erleben* • 1.9 wissen, woher der ~ weht ⟨fig.⟩ *Bescheid wissen, sich auskennen* • 1.9.1 merken, woher der ~ weht ⟨fig.; umg.⟩ *merken, was zu geschehen droht* • 1.9.2 daher weht der ~! ⟨fig.; umg.⟩ *so war es also gemeint!* • 1.9.3 hier weht ein anderer ~! ⟨fig.; umg.⟩ *hier herrschen strengere Sitten, werden strengere Maßstäbe angelegt* • 1.10 etwas in den ~ schlagen ⟨fig.⟩ *unbeachtet lassen;* Bedenken, eine Warnung, einen guten Rat in den ~ schlagen • 1.11 in den ~ reden ⟨fig.⟩ *vergebens reden* • 1.12 ~ machen, jmdm. ~ vormachen ⟨fig.; umg.⟩ *jmdm. etwas vorreden, was nicht stimmt* • 1.12.1 mach nicht so viel ~! ⟨fig.; umg.⟩ *mach dich nicht so wichtig, gib nicht so an* • 1.13 ⟨fig.⟩ *Stimmung, Schwung, Ton* • 1.13.1 hier weht ein neuer, frischer ~ ⟨fig.⟩ *hier ist neuer Schwung, ein frischer, neuer Geist zu spüren* • 1.13.2 frischen ~ in eine Abteilung, Gesellschaft bringen ⟨fig.⟩ *neuen Schwung* • 1.13.3 hier weht ein scharfer ~ ⟨fig.⟩ *der Umgangston ist scharf, streng, hier herrscht strenge Disziplin;* →a. *Fahne (2.5), Mantel (1.1.1)* **2** ⟨Jägerspr.⟩ *der von einem Luftzug getragene Geruch, Witterung;* das Wild hat ~ bekommen • 2.1 der Jäger hat guten, schlechten ~ *der J. steht so, dass das Wild ihn nicht wittern bzw. ihn wittern kann* • 2.2 er hat ~ davon bekommen ⟨fig.; umg.⟩ *er hat etwas darüber gehört, davon erfahren (obwohl es eigtl. nicht für seine Ohren bestimmt war)* **3** ⟨bei der Orgel⟩ *die durch den Blasebalg den Pfeifen zugeführte Luft* **4** *im Darm gebildetes Gas;* Darm~; ~e abgehen lassen • 4.1 einen ~ streichen lassen ⟨selten⟩ *eine Blähung entweichen lassen*

Windbeutel

Wind|beu|tel ⟨m.; -s, -⟩ **1** *leichtes Gebäck in Form zweier aufeinandergestülpter Schalen aus Brandteig, welches mit geschlagener Sahne gefüllt ist* **2** ⟨fig.; umg.⟩ *Mensch mit lockerem Lebenswandel*

Win|de ⟨f.; -, -n⟩ **1** *von einer Kurbel angetriebenes Gerät zum Heben von Lasten mittels eines Seiles, das auf eine Trommel auf- u. abgewickelt wird, mittels einer Zahnstange od. einer Schraubenspindel*; Seil~, Zahnstangen~, Schrauben~ **2** ⟨Bot.⟩ *einer Gattung der Windengewächse angehörendes sich windendes Kraut: Convolvulus*

Win|del ⟨f.; -, -n⟩ **1** *Tuch, das um den Unterkörper des Säuglings gewickelt wird, um die Ausscheidungen aufzunehmen* • 1.1 *er lag damals noch in den ~n er war damals noch ein Säugling* **2** *anstelle einer Windel (1) verwendete, mit Zellstoff gefütterte Kunststofffolie, die mit Klebestreifen zusammengehalten u. nach Gebrauch weggeworfen wird*

win|del|weich ⟨Adj. 80; fig.; umg.; nur in der Wendung⟩ *jmdn. ~ schlagen fürchterlich prügeln*

win|den¹ ⟨V. 288/500⟩ **1** *etwas ~ drehend zusammenfügen, flechten;* Girlanden, einen Kranz ~; Blumen zum Kranz ~ **2** ⟨550⟩ *etwas um etwas ~ drehen, drehend bewegen, wickeln, schlingen;* ein Band um etwas ~; Draht, Garn um eine Spule ~; sich ein Tuch um den Kopf ~ **3** ⟨531⟩ *jmdm. etwas aus etwas ~ jmdm. etwas durch Drehen aus etwas wegnehmen;* jmdm. die Waffe aus den Händen ~ **4** *etwas ~* ⟨veraltet⟩ *mit einer Winde auf- od. abwärts bewegen;* einen Eimer (Wasser) aus dem Brunnen, in die Höhe ~ **5** ⟨550/Vr 3⟩ *sich um etwas ~ sich in Windungen an etwas halten;* eine Schlange wand sich um seinen Arm, sein Bein; der Efeu windet sich um den Baumstamm **6** ⟨Vr 3⟩ *sich ~ sich krümmen;* die Schlange, der Regenwurm windet sich; sich vor Schmerzen ~ • 6.1 ⟨fig.; umg.⟩ *Ausflüchte machen, nicht die Wahrheit sagen wollen, nicht offen reden wollen;* er windet sich (vor Verlegenheit, Scham) **7** ⟨511/Vr 3⟩ *sich irgendwohin ~ in Windungen irgendwohin (ver)laufen, sich irgendwo(hin) schlängeln;* der Pfad, Bach windet sich durch die Wiesen; sich durch eine Menschenmenge, eine Lücke im Zaun ~ • 7.1 *ein vielfach gewundener Bachlauf, Weg in Windungen verlaufender B., W.*

win|den² ⟨V. 400⟩ **1** ⟨401⟩ *es windet es weht ein Wind;* draußen windet es tüchtig **2** *Wild,* der **Hund** *windet* ⟨Jägerspr.⟩ *nimmt Witterung auf, prüft den Wind*

Wind|fang ⟨m.; -(e)s, -fän|ge⟩ **1** *Schutzvorrichtung am Schornstein gegen den Wind* **2** *kleiner Raum zwischen Haustür u. einer dicht dahinterliegenden Tür* **3** ⟨Jägerspr.⟩ *Nase (beim Schalenwild außer Schwarzwild)*

win|dig ⟨Adj. 70⟩ **1** *voller Luftbewegung;* eine ~e Stelle, Ecke; ein ~er Tag • 1.1 *draußen, hier oben ist es ~ herrscht starke Luftbewegung, geht der Wind* **2** ⟨fig.; umg.⟩ *unsicher, nicht glaubhaft, nicht überzeugend;* eine ~e Ausrede **2.1** *eine ~e Sache eine S., hinter der nichts steckt* • 2.2 *ein ~er Kerl, Typ jmd., dem man nicht vertrauen kann*

Wind|müh|le ⟨f.; -, -n⟩ *älteste Form des Windrades mit vier Flügeln*

Wind|ro|se ⟨f.; -, -n; am Kompass⟩ *Scheibe (am Kompass), auf der die Himmelsrichtungen eingezeichnet sind*

Wind|sack ⟨m.; -(e)s, -sä|cke; auf Flugplätzen u. an Autobahnbrücken⟩ *an einem Mast befestigte, längliche, kegelstumpfförmige, an beiden Enden offene rotweiße Stoffröhre, die die Richtung des Bodenwindes anzeigt*

Wind|schat|ten ⟨m.; -s; unz.⟩ **1** *windgeschützte Seite* **2** ⟨Seemannsspr.⟩ *die dem Wind abgekehrte Seite (des Schiffes, eines Gebirges)*

wind|schief ⟨Adj.⟩ **1** *nicht im richtigen Winkel befindlich;* ein ~es Dach, Haus **2** ⟨umg.⟩ *nicht richtig gerade stehend* **3** *~e* **Geraden** ⟨Math.⟩ *nicht in einer Ebene liegende G. (die sich nicht schneiden)*

Win|dung ⟨f.; -, -en⟩ *Abweichung von der Geraden, Krümmung, Biegung;* Darm~, Fluss~, Schrauben~; sich in ~en fortbewegen; der Fluss, Weg verläuft in vielen ~en

Wink ⟨m.; -(e)s, -e⟩ **1** *Zeichen mit der Hand, dem Kopf od. mit den Augen;* er gehorcht auf den leisesten ~ (hin); jmdm. einen ~ geben **2** ⟨fig.⟩ *Andeutung, was der andere tun soll, Hinweis;* jmdm. einen ~ geben; er verstand den ~ sofort; →a. *Zaunpfahl (2.1)*

Win|kel ⟨m.; -s, -⟩ **1** *Richtungsunterschied zweier sich schneidender Geraden, zwischen zwei sich schneidenden Geraden liegende Ebene;* die Straße biegt dort im rechten, spitzen ~ nach links, rechts ab; ein ~ von 45°; einen ~ messen ⟨Math.⟩; →a. *recht (4), spitz (1.1), stumpf (5), tot (6.6)* **2** *Gerät in der Form eines rechtwinkligen Dreiecks* **3** *von zwei Wänden gebildete Ecke (eines Raumes);* in einem vergessenen ~ habe ich dies heute gefunden; sich in einen ~ verkriechen **4** ⟨fig.⟩ *heimliches Plätzchen, stille, abgelegene Stelle;* ein dunkler, heimlicher, lauschiger, malerischer, stiller, versteckter ~

Win|kel|zug ⟨m.; -(e)s, -zü|ge⟩ *unlauteres Vorgehen, nicht einwandfreier Umweg, um etwas zu erreichen;* Winkelzüge machen

win|ken ⟨V.⟩ **1** ⟨403/Vr 6⟩ **(jmdm.)** *~ ein Zeichen geben;* jmdm. mit den Augen ~; mit Fähnchen ~; mit dem Taschentuch ~; er winkte mir mit der zusammengefalteten Zeitung • 1.1 *die Hand od. ein Tuch als Abschiedsgruß od. Zeichen des Erkennenschenken;* wir standen noch lange auf dem Bahnsteig, am Fenster und winkten • 1.2 *durch Signalflaggen Nachrichten übermitteln* **2** ⟨511⟩ **jmdn.** od. *etwas* **irgendwohin** *~ durch ein Zeichen herbeirufen;* jmdn. zu sich ~; den Kellner an den Tisch ~ **3** ⟨600⟩ **jmdm.** *winkt etwas* ⟨fig.; geh.⟩ *steht etwas in Aussicht;* ihm winkt eine Belohnung; ihm winkt das Glück

win|seln ⟨V. 400⟩ **1** *ein* **Hund** *winselt gibt leise klagend Laut* **2** ⟨fig.⟩ *unwürdig flehen, jammernd bitten;* um Gnade ~

Win|ter ⟨m.; -s, -⟩ **1** *die kalte Jahreszeit;* Ggs *Sommer (1);* wir verleben schon den zweiten ~ hier auf dem Campingplatz; ein harter, kalter, milder, strenger ~; im ~; gut über den ~ kommen **2** ⟨fig.; veraltet⟩ *Jahr;* fünf ~ lang

Win|ter|gar|ten ⟨m.; -s, -gär|ten⟩ *Teil eines Zimmers*

1076

mit sehr großen, breiten Fenstern od. verglaste Veranda, wo man u. a. Topfpflanzen hält

win|ter|lich ⟨Adj.⟩ **1** *dem Winter entsprechend (kalt);* ~e Temperaturen; es ist schon recht ~ draußen • **1.1** *sich* ~ **kleiden** *sich warm anziehen*

win|ters ⟨Adv.⟩ *im Winter;* Ggs *sommers*

Win|ter|schluss|ver|kauf ⟨m.; -(e)s, -käu|fe; Abk.: WSV; früher⟩ *Verkauf von Artikeln, bes. Kleidung, die im Winter gebraucht werden u. im nächsten Jahr nicht mehr modern sind, vor dem Ende des Winters zu herabgesetzten Preisen*

Win|ter|sport ⟨m.; -(e)s; unz.⟩ *nur im Winter betriebene Sportart (Skilaufen, Schlittschuhlaufen, Eiskunstlaufen, Curling, Eishockey, Rodeln, Bobfahren)*

Win|zer ⟨m.; -s, -⟩ *Bewirtschafter eines Weingutes, Weinbauer*

Win|ze|rin ⟨f.; -, -rin|nen⟩ *weibl. Winzer*

win|zig ⟨Adj.⟩ **1** *sehr klein, zwergenhaft;* ein ~er Bruchteil; ein ~es Häuschen, Hündchen, Kerlchen; er ist ~ (klein) • **1.1** ⟨60⟩ ein ~es bisschen ⟨umg.⟩ *ein ganz kleines bisschen, sehr, sehr wenig*

Wip|fel ⟨m.; -s, -⟩ *Oberteil, Gipfel des Baumes mit den Zweigen u. Blättern;* in den ~n der Bäume rauscht der Wind

Wip|pe ⟨f.; -, -n⟩ **1** *zweiarmiger Hebel* **2** *Brett, das in der Mitte beweglich auf einem Pfosten befestigt ist, mit je einem Sitz an beiden Enden zum Schaukeln für zwei, auch vier Personen*

wip|pen ⟨V. 400(h.) od. (s.)⟩ **1** *auf der Wippe schaukeln* **2** *auf u. nieder federn, schnellen;* auf einem Fuß, auf den Zehenspitzen ~; er saß auf der Armlehne des Sessels u. wippte mit der Fußspitze; →a. *kippen (6)*

wir ⟨Personalpron., 1. Person Pl.; Gen. unser, Dat. u. Akk. uns⟩ **1** *(unsere Personen, die Sprecher selbst);* ~ Brüder, Kinder; ~ kommen; sie erinnern sich unser; Gott erbarme sich unser!; man empfing uns freundlich; das Haus gehört uns; kennst du uns nicht mehr?; warum hast du uns nicht geschrieben?; es liegt (nicht) an uns, wenn …, dass …; es liegt bei uns, die Hand zur Versöhnung zu reichen; hier sind wir ganz für uns allein; er saß hinter, neben, vor uns; fahr, geh, komm mit uns!; er war mitten unter uns; ein Freund von uns; von uns aus ist nichts dagegen einzuwenden; vor uns brauchst du keine Angst zu haben; komm doch morgen zu uns • **1.1** *die Zeit ist uns schnell vergangen nach unserer Meinung, unserem Gefühl* **2** ⟨Pluralis majestatis (mit Großschreibung); veraltet⟩ *(Form, in der ein Fürst von sich sprach, heute noch in Büchern üblich, wenn der Autor von sich selbst spricht)* ich; Wir, Friedrich von Gottes Gnaden; ~ sind bei unserer Untersuchung davon ausgegangen **3** ⟨gelegentlich; bes. gegenüber Kindern⟩ *du, ihr, Sie;* ~ haben wohl nicht aufgepasst

Wir|bel ⟨m.; -s, -⟩ **1** *schnelle, drehende, kreisende Bewegung um eine Achse;* ein ~ im Fluss, im Wasser **2** ⟨fig.⟩ *rasches, heftiges Durcheinander, rasche Aufeinanderfolge;* im ~ der Ereignisse habe ich das vergessen • **2.1** *Aufruhr;* sich in den ~ des Faschings stürzen; ich verlor ihn im ~ des Festes, des Tanzes aus den Augen • **2.2** ⟨fig.; umg.⟩ *Aufregung, Auf-*

sehen; es gab einen großen ~, als bekanntwurde, dass … **3** *Stelle, an der etwas spiralförmig zusammenläuft* • **3.1** *Stelle auf dem Kopf, an der die Haare strahlenförmig um einen Mittelpunkt angeordnet sind;* Haar~; sein Haar bildet auf dem Scheitel einen ~; einen ~ über der Stirn, am Scheitel haben • **3.1.1** vom ~ bis zur Zehe *von Kopf bis Fuß, vom Scheitel bis zur Sohle, ganz u. gar* • **3.2** *Stelle auf der Fingerkuppe, an der die Hautrillen spiralförmig verlaufen* **4** ⟨an Saiteninstrumenten⟩ *mit drehbarem Griff versehener Zapfen, um den jeweils eine Saite oberhalb des Griffbretts befestigt ist* **5** *drehbarer Griff am Fenster zum Schließen u. Öffnen;* Fenster~ **6** ⟨Anat.⟩ *Glied des Achsenskeletts der Wirbeltiere u. des Menschen;* sich einen ~ brechen, verletzen **7** *sehr schnelle, gleichmäßige Schläge mit beiden Schlägeln (auf Schlaginstrumenten);* Pauken~, Trommel~; einen ~ schlagen (auf der Trommel)

wir|be|lig ⟨Adj. 70; fig.⟩ oV *wirblig* **1** *schwindlig, drehend;* mir wurde ganz ~ (im Kopf) **2** *wild, sehr lebhaft, nicht stillsitzen könnend, ständig in Bewegung;* ein ~es Kind

Wir|bel|lo|se(s) ⟨n. 3; Zool.⟩ *Tier ohne Wirbelsäule: Invertebrat;* Ggs *Wirbeltier*

wir|beln ⟨V.⟩ **1** ⟨410(s.)⟩ *sich wie ein Wirbel, sich drehend schnell bewegen;* Schneeflocken ~ durch die Luft; sie wirbelte durchs Zimmer, aus dem Zimmer **2** ⟨511⟩ **etwas irgendwohin** ~ *in eine wirbelnde (1) Bewegung versetzen u. dadurch irgendwohin bringen;* der Wind wirbelt Blätter, Staub in die Luft **3** ⟨600⟩ jmdm. wirbelt der Kopf ⟨fig.; umg.⟩ *jmd. ist ganz verwirrt*

Wir|bel|säu|le ⟨f.; -, -n; Anat.⟩ *gegliedertes Achsenskelett der Wirbeltiere u. des Menschen;* Sy *Rückgrat (1)*

Wir|bel|tier ⟨n.; -(e)s, -e; Zool.⟩ *Angehöriges eines Unterstammes der Chordatiere, zu denen u. a. die Säugetiere u. der Mensch gehören: Vertebrata;* Ggs *Wirbellose(s)*

Wir|bel|wind ⟨m.; -(e)s, -e⟩ **1** *wirbelnder Windstoß* **2** ⟨fig.⟩ *sehr lebhafte, stürmische Person, bes. Kind, junger Mensch;* sie ist ein ~; wie ein ~ durch die Wohnung flitzen

wirb|lig ⟨Adj. 70⟩ = *wirbelig*

wir|ken ⟨V.⟩ **1** ⟨410⟩ *arbeiten, schaffen, tätig sein, wirksam sein, erfolgreich schaffen;* er hat lange Zeit in Afrika als Missionar gewirkt; für eine Sache ~; gegen jmdn., gegen jmds. Einfluss ~; sein Wirken war segensreich; während seines Wirkens als Leiter der Schule **2** ⟨500⟩ etwas ~ ⟨geh.⟩ *hervorbringen, tun;* Gutes ~; Wunder ~ • **2.1** diese Medizin wirkt Wunder ⟨fig.⟩ *hilft sofort, sehr gut* **3** ⟨400⟩ **etwas** wirkt *übt eine Wirkung aus;* die Arznei beginnt zu ~; diese Tabletten ~ abführend, anregend, beruhigend; Kaffee, Tee wirkt anregend; Alkohol wirkt berauschend; schädlich ~; das Mittel wirkt gut gegen Kreislaufstörungen; ein rasch, schnell, stark ~des Medikament • **3.1** auf etwas ~ *bei etwas Wirkung hervorbringen, auf etwas Einfluss ausüben;* dieses Medikament wirkt auf die Nerven, Verdauung • **3.2** auf jmdn. ~ *bei jmdm. eine Wirkung hervor-*

wirklich

bringen, auf jmdn. Eindruck machen, Einfluss ausüben; das Theaterstück hat auf mich sehr stark gewirkt; dieser Raum wirkt auf mich bedrückend • **3.3** einen Anblick, Musik auf sich ~ lassen *sich dem Eindruck eines A., der M. hingeben* **4** ⟨413⟩ *einen bestimmten Eindruck erwecken;* er wirkt gehemmt, unbeholfen; sein Auftreten hat sehr gut gewirkt; er, sie wirkt noch immer jugendlich, jung; ein solches Verhalten wirkt lächerlich, peinlich, unangenehm **5** ⟨411⟩ *etwas wirkt* **irgendwo** *kommt irgendwo zur Geltung;* das Bild wirkt aus einiger Entfernung besser **6** ⟨500⟩ **Textilien** ~ *durch maschenartiges Verschlingen der Fäden herstellen;* Strümpfe ~; ein gewirkter Pullover; gewirkte Wäsche **7** ⟨500⟩ **Teig** ~ ⟨umg.⟩ *kräftig durchkneten*

wirk|lich ⟨Adj.⟩ **1** *der Wirklichkeit, den Tatsachen entsprechend, tatsächlich vorhanden, bestehend, wahr;* das ~e Leben ist ganz anders, als es in diesen Romanen, Filmen geschildert wird; er hat es so dargestellt, aber der ~e Sachverhalt ist anders; wir müssen die Dinge so sehen, erkennen, wie sie ~ sind; er ist ein ~er Künstler • **1.1** ~! *ganz bestimmt!,* du kannst es glauben! • **1.2** ~?! *ist das wahr?* **2** ⟨24/50⟩ *tatsächlich, wahrhaftig, in der Tat;* er ist ~ ein anständiger Kerl; du bist ~ ein Künstler; es ist ~ kaum zu glauben; bist du ~ dort gewesen?; ~ sehr hübsch! (erg.: das ist …); das ist ~ reizend von dir **3** *Wirklicher Geheimer Rat* (früher Ehrentitel für) *höchster Beamter*

Wirk|lich|keit ⟨f.; -, -en⟩ **1** ⟨Philos.⟩ *Sein, Dasein, das, was wirkt, was wirksam ist, das, was nicht nur Schein od. Möglichkeit ist, Realität* **2** ⟨allg.⟩ *das Wirklichsein, die Tatsachen, das Leben in all seinen Erscheinungsformen;* in der Kunst die ~ darstellen; in ~ war er ganz anders **3** *der* ~ **ins Auge sehen** ⟨fig.⟩ *sich keine Illusionen machen, eine Sache so betrachten, wie sie wirklich ist*

wirk|sam ⟨Adj.⟩ *(starke) Wirkung ausübend, erfolgreich wirkend;* ~ sein; eine ~e Maßnahme, Strafe; ein ~es Mittel (gegen, für etwas)

Wirk|stoff ⟨m.; -(e)s, -e⟩ *Hormone, Vitamine u. Enzyme*

Wir|kung ⟨f.; -, -en⟩ **1** *das Wirken (3 - 4), Folge, Einfluss, Eindruck, Effekt, Reaktion;* die ~ einer Explosion; die ~ einer Rede, einer Maßnahme; du verwechselst Ursache und ~; (starke) ~ ausüben; gute ~ haben; seine Bitten haben keinerlei ~ gehabt; ~ hervorrufen, auslösen; es hat sich noch keine ~ gezeigt; die ~ zeigte sich schon bald; die erwartete, eine unerwartete ~ zeitigen; die einzige ~ dieser Maßnahme war …; gute, schlechte, günstige, ungünstige ~; nachhaltige, rasche, schnelle ~; überraschende, unerwartete, wohltuende ~; kleine Ursache(n), große ~(en) ⟨Sprichw.⟩ • **1.1** seine ~ tun *den beabsichtigten Erfolg haben* • **1.2** **mit** ~ *vom 1. Oktober vom 1. O. an geltend, wirkend*

Wirk|wa|ren ⟨Pl.; Textilw.⟩ *Stoffe, die nach dem Prinzip des Strickens auf Maschinen hergestellt worden sind*

wirr ⟨Adj.⟩ **1** *ungeordnet, kreuz u. quer (liegend), durcheinander;* ein ~es Durcheinander; ~es Haar; das Haar hing ihm ~ ins Gesicht **2** *unklar, verwirrt;* jmdn. mit ~en Blicken ansehen; mir ist von all dem Lärm ganz ~ im Kopf

Wir|ren ⟨Pl.⟩ *ungeordnete Verhältnisse, Unruhen, Kämpfe, Verwicklungen;* politische ~; die ~ des Krieges

Wirr|heit ⟨f.; -; unz.⟩ *das Wirrsein, Verwirrtheit*

Wirr|warr ⟨m.; -s, -e⟩ *großes Durcheinander*

Wir|sing ⟨m.; -s, -e; kurz für⟩ *krausblättrige Form des Gemüsekohls;* Sy *Wirsingkohl, Wirz*

Wir|sing|kohl ⟨m.; -(e)s, -e⟩ = *Wirsing*

Wirt ⟨m.; -(e)s, -e⟩ **1** *Inhaber od. Pächter einer Gaststätte, Gastwirt, Gastgeber* • **1.1** die **Rechnung ohne** den ~ **machen** ⟨fig.⟩ *etwas ohne Rücksicht auf einen anderen tun, der sich dann zur Wehr setzt, seine Einwilligung nicht gibt* **2** *Zimmervermieter* **3** ⟨Biol.⟩ *der von Parasiten befallene Organismus*

Wir|tel ⟨m.; -s, -⟩ **1** ⟨Bot.⟩ *Verbindung mehrerer Blätter mit demselben Stängelknoten;* Sy *Quirl (2)* **2** *Scheibe od. Kugel als Schwungrad einer Handspindel*

Wir|tin ⟨f.; -, -tin|nen⟩ *weibl. Wirt*

wirt|lich ⟨Adj.; veraltet⟩ Ggs *unwirtlich* **1** *gastlich* **2** *angenehm, schön*

Wirt|schaft ⟨f.; -, -en⟩ **1** *planmäßige Tätigkeit sowie alles damit verbundenen Einrichtungen zur Erzeugung, Verteilung u. Verwendung von Gütern;* Sy *Ökonomie (1);* freie ~ (im Unterschied zur Planwirtschaft); Sy *Marktwirtschaft* **2** *Hauswirtschaft, Haushalt;* (jmdm.) die ~ besorgen, führen; getrennte ~ führen • **2.1** ⟨fig.; umg.⟩ *unordentliche Arbeiten, Durcheinander;* das ist ja eine saubere, schöne ~!; was ist denn das für eine ~! • **2.2** ⟨fig.; umg.⟩ *Umstände, Mühe;* das ist mir zu viel ~! • **2.3** *polnische* ~ ⟨abwertend; umg.⟩ *Unordnung, Schlamperei* **3** *kleiner Landwirtschaftsbetrieb;* er hat eine eigene ~ **4** *Gastwirtschaft, Gaststätte;* Bier~, Schank~; in einer ~ einkehren

wirt|schaf|ten ⟨V. 400 od. 410⟩ **1** *eine Wirtschaft führen, haushalten (kochen, putzen usw.)* **2** *die Einnahmen u. Ausgaben aufeinander abstimmen, das Haushaltsgeld einteilen;* sie versteht zu ~; wir haben diesen Monat gut, schlecht gewirtschaftet **3** ⟨umg.⟩ *sich zu schaffen machen, beschäftigt sein;* sie wirtschaftet noch in der Küche

Wirt|schaf|te|rin ⟨f.; -, -rin|nen⟩ *Frau, die jmdm. die Wirtschaft, den Haushalt führt, Haushälterin*

wirt|schaft|lich ⟨Adj.⟩ **1** ⟨24⟩ *die Wirtschaft betreffend, zu ihr gehörend, geldlich;* ~e Blüte (eines Landes, Staates); ~er Zusammenbruch; es geht ihm ~ nicht gut, sehr gut **2** *sparsam, gut wirtschaften könnend;* sie ist sehr ~, häuslich gesinnt; sie ist sehr ~

Wirts|haus ⟨n.; -es, -häu|ser⟩ *Haus, in dem gegen Entgelt Speisen u. Getränke verabreicht werden, Gasthaus;* ständig im ~ sitzen

Wirz ⟨m.; -es, -e; schweiz.⟩ = *Wirsing*

Wisch ⟨m.; -(e)s, -e; umg.⟩ **1** *wertloses Stück Papier* **2** *schlecht, unordentlich geschriebenes od. wertloses Schriftstück* **3** *Bündel;* Stroh~

wi|schen ⟨V.⟩ **1** ⟨410⟩ **mit etwas über etwas** ~ *hinfahren, streichen (u. dabei etwas entfernen);* mit der

Hand, dem Ärmel (versehentlich) über Geschriebenes ~ **2** ⟨500/Vr 7⟩ **etwas (an, von etwas)** ~ *durch Darüberfahren od. leichtes Reiben entfernen;* Nässe, Schmutz an ein Tuch ~; sich den Schweiß von der Stirn ~ • **2.1 Staub** ~ / staubwischen *mit einem Lappen entfernen* **3** ⟨530/Vr 5 od. Vr 6⟩ **jmdm. etwas** ~ *durch Darüberfahren od. leichtes Reiben reinigen;* sich den Mund ~ (mit der Serviette); sich die Augen ~ • **3.1** ⟨500⟩ den **Boden** ~ *mit einem Lappen reinigen;* den Boden (feucht) ~

Wi|scher ⟨m.; -s, -⟩ **1** *Läppchen zum Abwischen, zum Reinigen;* Tinten~ **2** *(automatisches) Gerät zum Abwischen;* Scheiben~ **3** *an einem Stab befestigtes Stoff-, Wergbündel zum Wischen, Reinigen* **4** *kleines Werkzeug des Malers, an beiden Enden zugespitzter Stift aus gepresstem Zellstoff, mit dem man aufgetragene Farbe von Kreide od. Pastellstiften verwischt*

Wi|sent ⟨m.; -(e)s, -e; Zool.⟩ *wildlebende Art der Rinder: Bison bonasus*

Wis|mut ⟨n.; -(e)s; unz.; chem. Zeichen: Bi⟩ = *Bismut*

wis|pern ⟨V. 402⟩ **(etwas)** ~ *leise, ohne Ton sprechen, flüstern;* untereinander ~; jmdm. etwas ins Ohr ~

Wiss|be|gier ⟨m.; -; unz.⟩ = *Wissbegierde*

Wiss|be|gier|de ⟨f.; -; unz.⟩ *Begier, Wunsch, Kenntnisse zu erwerben u. Wissen zu erlangen;* oV *Wissbegier*

wis|sen ⟨V. 289⟩ **1** ⟨402⟩ **(etwas)** ~ *im Bewusstsein haben, erfahren haben, Kenntnis haben von etwas;* ich weiß, dass ich nichts weiß (Grundsatz des Sokrates); er wusste nicht, wo sie war; ich weiß es nicht; das weiß jedes Kind; ich weiß ein Lied, das geht so …; ich kenne ihn, aber ich weiß seinen Namen nicht; weißt du schon das Neueste?; den Weg (nicht) ~; wie soll ich, woher soll ich das ~?; zwar weiß ich viel, doch möcht' ich alles ~ (Goethe, „Faust" I, Nacht); ich weiß nur, dass er aus Hannover kommt; woher wusstest du das?; ich weiß nichts davon; ich will nichts davon ~! • **1.1** soviel ich weiß, war er gestern da *soweit ich unterrichtet bin* • **1.2** ja, wenn ich das wüsste! (erg.: dann wäre ich froh) *ich weiß es leider nicht* • **1.3 was weiß ich!** ⟨umg.⟩ *(unwillige Ablehnung) ich weiß es nicht, und es interessiert mich auch nicht* • **1.4 was weißt du denn davon!** *du hast keine Ahnung davon, also sei still!* • **1.5 einen** ~den Blick haben *einen B., aus der Erfahrung spricht* • **1.6** ⟨530/Vr 1⟩ **jmdm. etwas** ~ *für jmdn. etwas (im Bewusstsein) haben;* ich weiß mir keinen Rat, keine Hilfe mehr • **1.6.1 jmdm. Dank** ~ ⟨geh.; veraltet⟩ *jmdm. dankbar sein;* er weiß mir keinen Dank dafür • **1.7** ⟨400⟩ weiß Gott, weiß der Himmel *wirklich, tatsächlich;* ich habe weiß Gott, weiß der Himmel anderes zu tun, als … **1.8** ⟨402⟩ **wer** weiß *niemand kann es wissen (1)* • **1.8.1** wer weiß, ob … *man kann nicht wissen, nicht sagen, ob …* • **1.8.2** wer weiß, was alles noch kommt *niemand kann sagen …* • **1.8.3** ⟨410⟩ er denkt, er sei wer weiß wie klug *sehr, ungemein klug* • **1.8.4** ⟨411⟩ er steckt wieder wer weiß wo *niemand weiß, wo er steckt;* →a. *Bescheid (3)* **2** ⟨402⟩ **(etwas)** ~ *im Gedächtnis haben, sich (an etwas) erinnern;* was, das weißt du nicht (mehr)?; weißt du noch, wie wir …?; ein Gedicht, Worte auswendig ~

3 ⟨402⟩ **(etwas)** ~ *sich über etwas im Klaren sein;* das musst du ganz vorsichtig machen, weißt du?; um das zu verstehen, muss man ~, dass …; ja, ich weiß! (erg.: es); dass du es nur weißt! (verstärkende Formel, nachdem man jmdm. die Meinung gesagt hat) • **3.1** nicht, dass ich wüsste ⟨umg.⟩ *davon weiß ich nichts* • **3.2** weißt du was, wir gehen ins Kino *ich schlage vor* **4** ⟨402⟩ **(etwas)** ~ *sich einer Sache sicher sein, sich schlüssig sein;* ich weiß auch nicht (erg.: es); ich möchte ~, ob ich Recht habe; ich weiß nicht, was ich tun soll; er weiß, was er will **5** ⟨800⟩ **von, um etwas** ~ *über etwas unterrichtet sein, im Bilde sein, von etwas Kenntnis haben;* er tut, als wüsste er von nichts; sie weiß um die Schwierigkeiten ihrer Verwandten **6** ⟨580/Vr 1⟩ **etwas zu tun** ~ *etwas zu tun verstehen, etwas können;* er weiß sich immer zu helfen; er weiß nicht anders zu helfen; er weiß zu schweigen, wenn es sein muss; sie weiß mit Kindern umzugehen **7** ⟨Getrennt- u. Zusammenschreibung⟩ • **7.1** ~ **lassen** = *wissenlassen*

Wis|sen ⟨n.; -s; unz.⟩ **1** *Kenntnis, Bewusstsein (von etwas);* mit jmds. ~ und Willen **1.1** meines ~s, unseres ~s ⟨Abk.: m. W., u. W.⟩ *soviel mir, uns bekannt ist;* meines ~s ist er schon abgereist • **1.2** es ist ohne mein ~ geschehen *ohne meine Kenntnis, ohne dass ich etwas davon wusste* • **1.3** ich habe es wider besseres ~ getan *ich habe es getan, obwohl ich wusste, dass es falsch war* • **1.4** nach bestem ~ u. Gewissen *wahrheitsgemäß u. ohne etwas zu verschweigen;* eine Aussage nach bestem ~ und Gewissen machen; nach bestem ~ und Gewissen antworten **2** *Kenntnisse, Gelehrsamkeit;* er besitzt, hat ein umfangreiches ~

wis|sen|las|sen *auch:* **wis|sen las|sen** ⟨V. 175/500⟩ **jmdm. etwas** ~ *jmdm. etwas mitteilen, jmdm. über etwas Bescheid sagen;* bitte lassen Sie mich wissen, ob …

Wis|sen|schaft ⟨f.; -, -en⟩ **1** *geordnetes, folgerichtig aufgebautes, zusammenhängendes Gebiet von Erkenntnissen;* Kunst und ~; sich einer ~ verschreiben, widmen; die medizinische, theologische ~; diese Ansicht ist von der ~ widerlegt worden • **1.1** das ist eine ~ für sich ⟨umg.⟩ *das kann man nicht so schnell erlernen, erklären, dazu gehören einige Kenntnisse*

wis|sen|schaft|lich ⟨Adj.⟩ **1** *die Wissenschaft betreffend, auf ihr beruhend, in der Art einer Wissenschaft;* ~e Arbeiten; das Buch ist nicht sehr ~ • **1.1** ~e **Hilfskraft** *(an einer Hochschule od. Universität) wissenschaftlich ausgebildete H.* • **1.2** ~er **Beirat** *aus Wissenschaftlern bestehender B.*

wis|sent|lich ⟨Adj. 24/90⟩ *mit Wissen, mit Absicht, absichtlich;* ~ eine falsche Aussage machen

wit|tern ⟨V.⟩ **1** ⟨400⟩ *mit Hilfe des Geruchssinns wahrnehmen;* der Hirsch stand am Waldrand und witterte **2** ⟨500/Vr 8⟩ **jmdn. od. ein Tier** ~ *riechen, von jmdm. od. einem T. Witterung bekommen;* der Hund witterte einen Hasen, einen fremden Menschen; das Wild hat den Jäger sofort gewittert **3** ⟨500⟩ eine **Sache** ~ ⟨fig.⟩ *merken, ahnen, (argwöhnisch vermuten);* Gefahr, Verrat, einen Hinterhalt ~

Witterung

Wit|te|rung ⟨f.; -, -en⟩ **1** *Ablauf des Wetters innerhalb eines größeren Zeitraums;* milde, raue ~; bei dieser ~ können wir nicht ausgehen; bei günstiger, ungünstiger ~ **2** *Geruch der Ausdünstung von Tieren u. Menschen, den Wild u. Hund wahrnehmen (wittern) können;* ~ bekommen, haben **3** *Geruchssinn von Wild u. Hund;* der Hund hat eine gute, scharfe ~ **4** *stark riechender Köder für Haarraubwild;* Fuchs~

Wit|we ⟨f.; -, -n⟩ *Frau, deren Ehemann gestorben ist*

Wit|wer ⟨m.; -s, -⟩ *Mann, dessen Ehefrau gestorben ist*

Witz ⟨m.; -es, -e⟩ **1** ⟨unz.; veraltet⟩ *Gescheitheit, Findigkeit, Schlauheit;* um sich aus dieser Zwangslage zu befreien, reichte sein ~ nicht aus **2** ⟨unz.⟩ *Gabe, Lustiges treffend zu erzählen, schlagfertig u. lustig zu entgegnen, Reichtum an lustigen Einfällen;* er hat (viel) ~; seine Rede sprühte von Geist und ~; etwas mit feinem ~ darstellen, erzählen; etwas mit beißendem, sarkastischem, scharfem ~ darstellen **3** *lustige Begebenheit (die erzählt wird), schlagfertige, lustige Entgegnung od. Bemerkung, Witzwort;* einen ~, ~e erzählen; einen ~, ~e machen; ich wollte doch nur einen ~ machen (und habe es nicht ernst gemeint); über etwas od. jmdn. ~e machen; soll das ein ~ sein?; das ist ein alter ~; ein anzüglicher, schmutziger, unanständiger ~; ein dummer, fauler, schlechter ~; ein geistreicher, guter ~; ein politischer ~; ~e reißen ⟨umg.⟩ • **3.1** mach keine ~e! ⟨fig.⟩ *das ist doch wohl nicht dein Ernst?* • **3.2** ist das nicht ein ~? ⟨fig.⟩ *ist das nicht komisch, verrückt, absurd?* **4** ⟨unz.; fig.; umg.⟩ *das Interessante, Entscheidende (bei einer Sache);* der ~ der Sache ist der, dass ...; das ist der ganze ~; und was ist der ~ dabei?, wo steckt der ~?

Witz|bold ⟨m.; -(e)s, -e⟩ **1** *jmd., der häufig Witze erzählt, der gern Späße macht* • **1.1** *Dummkopf, einfältiger Mensch;* welcher ~ hat die Türkette vorgelegt?

wit|zig ⟨Adj.⟩ **1** jmd. ist ~ *begabt, treffende Witze zu machen;* er, sie ist sehr ~ **2** etwas ist ~ *enthält Witz, ist lustig u. geistreich;* eine ~e Formulierung; ein ~er Einfall, Ausspruch; eine Sache ~ darstellen, erzählen; sehr ~ ⟨iron.⟩

wo 1 ⟨Interrogativadv.⟩ *an welchem Ort, an welcher Stelle?;* ~ hat der Bleistift gelegen?; ~ bist du gewesen?; ~ weißt nicht, ~ er gewesen ist; ~ wohnst du? • **1.1** von ~ *woher;* von ~ kommst du? **2** ⟨Relativadv.⟩ *der Ort, in dem, an dem ..., an dem Ort, an dem ..., in den Ort, in dem ...;* in Hamburg, ~ ich geboren wurde; das war in Hamburg, ~ ich mehrere Jahre gelebt habe; dort, ~ es am stillsten ist; ~ (auch) immer ich bin, denke ich an dich **3** ⟨Konj.; veraltet⟩ *wenn;* ~ nicht, werde ich ... *wenn nicht* ... **4** ⟨in umg. Wendungen⟩ ach ~!, i ~! *durchaus nicht!, keineswegs!, Unsinn!, das ist ja nicht wahr!* • **4.1** ih, ~ werd' ich denn! *das werde ich ganz bestimmt nicht tun!*

wo|an|ders ⟨Adv.⟩ *an einem anderen Ort, in einer anderen Gegend*

wo|an|ders|hin ⟨Adv.⟩ *an einen anderen Ort, nach einem anderen Ort;* ~ fahren, gehen; etwas ~ legen

wo|bei 1 ⟨Interrogativadv.⟩ *bei welcher Sache?, bei welcher Arbeit?;* ~ bist du gerade?; ~ hast du ihn überrascht? **2** ⟨Relativadv.⟩ *bei welcher Sache;* es notwendig ist, dass ...; der Termin steht fest, ~ noch zu beachten ist ...

Wo|che ⟨f.; -, -n⟩ **1** *Zeitraum von sieben Tagen;* es vergingen ~n und Monate; alle drei, vier ~n; jede ~ einmal, zweimal; kommende, nächste ~; vorige, letzte ~; in vier ~n werde ich ...; sein Befinden bessert, verschlechtert sich von ~ zu ~; vor einigen ~n • **1.1** heute in vier ~n *vier Wochen später, von heute an gerechnet* • **1.2** *Folge der Tage von Montag bis zum Sonntag;* im Laufe der ~ hat sich das Wetter gebessert; dreimal in der ~ • **1.3** *sieben Tage dauernde Veranstaltung;* die Kieler ~; →a. *grün (1.17), weiß (1.7)* **2** *Gesamtheit der Wochentage, Arbeitswoche;* während der ~, unter der ~ habe ich dazu keine Zeit (sondern nur sonntags)

Wo|chen|bett ⟨n.; -(e)s, -en⟩ **1** *Zeit, während deren die Mutter nach der Geburt eines Kindes im Bett liegen muss: Puerperium;* im ~ liegen • **1.1** ins ~ kommen *ein Kind gebären* • **1.2** im ~ sterben *an den Folgen einer Geburt sterben*

Wo|chen|en|de ⟨n.; -s, -n⟩ *Samstag u. Sonntag*

Wo|chen|tag ⟨m.; -(e)s, -e⟩ *einer der 6 Tage der Woche außerhalb des Sonntags, Arbeitstag*

wö|chent|lich ⟨Adj.⟩ *jede Woche (stattfindend);* zwei Stunden ~; zweimal ~

Wöch|ne|rin ⟨f.; -, -rin|nen⟩ *Frau im Wochenbett (während der Zeit nach der Entbindung) bzw. während der 8 Wochen, die der Entbindung folgen*

Wod|ka ⟨m. 7; -s, -s⟩ *russischer Kartoffel- od. Getreidebranntwein;* einen ~ trinken; zwei ~(s) bestellen

wo|durch 1 ⟨Interrogativadv.⟩ *durch welche Sache?;* ~ ist er eigentlich so scheu geworden? **2** ⟨Relativadv.⟩ *durch das (Vorhergehende, eben Erwähnte);* er ist trotz des Verbotes aufgestanden, ~ sich seine Krankheit natürlich wieder verschlimmert hat

wo|für 1 ⟨Interrogativadv.⟩ • **1.1** *für welche Sache, zu welchem Zweck?;* ~ willst du das haben?; ~ ist das gut? • **1.2** *für welchen Menschen, für was für eine Art von Mensch?;* ~ halten Sie mich? **2** ⟨Relativadv.⟩ *für das (Vorhergehende, eben Erwähnte);* er hat mir viel geholfen, ~ ich ihm sehr dankbar bin; er ist nicht das, ~ er sich ausgibt

Wo|ge ⟨f.; -, -n⟩ **1** *große Welle (1);* die ~n gingen mannshoch; die ~n schlugen über das Boot **2** ⟨fig.⟩ *stürmische Bewegung;* die ~n der Begeisterung, Empörung

wo|ge|gen 1 ⟨Interrogativadv.⟩ *gegen welche Sache?;* ~ hilft dieses Mittel? **2** ⟨Relativadv.⟩ *gegen das (Vorhergehende, eben Erwähnte);* er schlug vor, mit dem Wagen zu fahren, ~ ich nichts einzuwenden hätte, wenn nicht ...

wo|gen ⟨V. 400⟩ etwas wogt **1** *schlägt große Wellen;* das ~de Meer; die ~de See **2** ⟨fig.⟩ *bewegt sich (wellenartig) hin u. her, auf u. nieder;* die Ähren ~ im Wind; ein wilder Kampf wogte; mit ~der Brust; eine ~de Menschenmenge

wo|her 1 ⟨Interrogativadv.⟩ *von wo?, von welchem Ort?;* ~ kommst du?; ich weiß genau, ~ er kommt;

jmdn. nach dem Woher u. Wohin fragen • 1.1 *aus welcher Quelle?*; ~ weißt du das? **2** ⟨Relativadv.⟩ *von welchem (erwähnten) Ort, von welcher (vorher genannten) Stelle*; weißt du noch, ~ du gekommen bist? **3** ⟨in Ausrufen⟩ ach ~, i ~ (denn)! ⟨umg.⟩ *keinesfalls!, bestimmt nicht!, keine Rede!*

wo|her|um *auch:* **wo|he|rum** ⟨a. ['---]⟩ **1** ⟨Interrogativadv.⟩ *woher?, welchen Weg entlang?, in welcher Richtung herum?*; ~ bist du gekommen? **2** ⟨Relativadv.⟩ *woher, welchen Weg entlang, in welche Richtung herum*; er hatte nicht gesehen, ~ sie gekommen war

wo|hin 1 ⟨Interrogativadv.⟩ *nach welchem Ort?, an welchen Ort?*; ~ *des Wegs?*; ~ gehst du?; ich weiß nicht, ~ er geht; ~ willst du? • **1.1** *an welche Stelle, an welchen Platz?*; ~ hast du den Schlüssel gelegt? • **1.1.1** ich weiß nicht, ~ damit *wo ich es hintun soll* **2** ⟨Relativadv.⟩ *an, zu welchem (erwähnten) Ort, zu welcher Stelle*; du kannst sagen, ~ du gehen möchtest

wo|hin|auf *auch:* **wo|hi|nauf** ⟨a. ['---]⟩ **1** ⟨Interrogativadv.⟩ *wohin?, welchen Weg, an welcher Stelle hinauf?*; ~ muss ich gehen? **2** ⟨Relativadv.⟩ *welchen Weg, welche Stelle hinauf*; er erinnerte sich nicht, ~ sie gegangen waren

wo|hin|aus *auch:* **wo|hi|naus** ⟨a. ['---]⟩ **1** ⟨Interrogativadv.⟩ *wohin?, an welcher Stelle, an welchem Ort hinaus?*; ~ geht der Weg? **2** ⟨Relativadv.⟩ *wohin, in welche Richtung*; er wusste nicht, ~ sie gegangen waren

wo|hin|ein *auch:* **wo|hi|nein** ⟨a. ['---]⟩ **1** ⟨Interrogativadv.⟩ *wohin?, an welcher Stelle hinein?*; ~ willst du gehen? **2** ⟨Relativadv.⟩ *wohin, an welcher Stelle hinein*; niemand wusste, ~ sie gelaufen war

wo|hin|ge|gen ⟨Konj.⟩ *im Gegensatz dazu, dagegen, andererseits*; er ist sehr hilfsbereit, ~ seine Frau sich oft recht abweisend verhält; ich bin deiner Meinung, ~ mein Freund der Ansicht ist, dass …

wo|hin|ter ⟨a. ['---]⟩ **1** ⟨Interrogativadv.⟩ *hinter welcher Sache?*; ~ hat er sich versteckt? **2** ⟨Relativadv.⟩ *hinter welche Sache*; er wusste nicht, ~ er das Geld gesteckt hatte

wo|hin|un|ter *auch:* **wo|hi|nun|ter** ⟨a. ['---]⟩ **1** ⟨Interrogativadv.⟩ *wohin?, welchen Weg, an welche Stelle hinunter?* **2** ⟨Relativadv.⟩ *wohin, welchen Weg, welche Stelle hinunter*; niemand hatte gesehen, ~ er geritten war

wohl 1 ⟨Adv.⟩ *(gesundheitlich) nicht übel, recht gut, angenehm*; ist dir nicht ~?; leben Sie ~! (Abschiedsgruß; eigentlich: lassen Sie es sich gutgehen!) • **1.1** ~ bekomm's! (beim Zutrinken) *lass es dir gut bekommen!* • **1.2** sich's ~ sein lassen *Essen u. Trinken genießen, sein Leben genießen* • **1.3** mir ist bei den Gedanken nicht recht ~, dass er … *ich fühle mich unbehaglich, bin besorgt bei dem G.* • **1.4** ~ oder übel muss er es tun *ob er will od. nicht, gern od. ungern, er muss es tun* **2** ⟨Adv.; verstärkend⟩ *durchaus, völlig, sicher, gewiss, ohne weiteres*; ich habe ~ bemerkt, dass er …; das kann man ~ sagen!; ich weiß ~, dass … • **2.1** siehst du den ~, wie gut das geht! *du*

siehst jetzt sicher, … • **2.2** willst du ~ dort weggehen?! ⟨umg.⟩ *geh schnell dort weg!* • **2.3** *gewiss, ja* • **2.3.1** ~! ⟨oberdt.⟩ *gewiss!, ja!* • **2.3.2** sehr ~! ⟨veraltet⟩ *zu Befehl* (Antwort des Dieners auf eine Anordnung) **3** ⟨Adv.; einschränkend, füllend⟩ *anscheinend, vielleicht, vermutlich, wahrscheinlich, möglicherweise*; er wird ~ schon abgereist sein; es ist ~ anzunehmen; dazu wirst du ~ keine Lust haben, oder doch?; ob er ~ kommt?; das kann ~ sein, das ist ~ (nicht) möglich; es ist ~ wahr, dass …; ich werde ihn ~ am Mittwoch besuchen; er wird ~ noch in München sein • **3.1** ich habe ~ nicht recht gehört? ⟨fig.; umg.⟩ *das ist doch sicher nicht dein Ernst!* • **3.2** *etwa, ungefähr*; es wird ~ eine Woche sein, dass er verreist ist **4** ⟨Konj.⟩ *zwar, freilich, allerdings*; die Botschaft hör' ich, ~, allein mir fehlt der Glaube (Goethe, „Faust" I, Nacht, Vers. 765); ~ habe ich ihm versprochen, mit ihm ins Kino zu gehen, aber ich habe nicht gesagt, wann; kommen wird er ~, aber … **5** ⟨Getrennt- u. Zusammenschreibung⟩ • **5.1** ~ ergehen = *wohlergehen* • **5.2** ~ fühlen = *wohlfühlen* • **5.3** ~ erzogen = *wohlerzogen* • **5.4** ~ schmeckend = *wohlschmeckend*

Wohl ⟨n.; -(e)s; unz.⟩ **1** *Zustand des Wohlergehens, Heil, Glück, Förderung, Gedeihen, Nutzen*; das ~ meiner Familie, meiner Kinder; das ~ des Volkes, Staates; das allgemeine, öffentliche ~; für jmds. ~ sorgen; zum ~e der Menschheit; →a. *Weh (1)* • **1.1** *Gesundheit*; (auf) Ihr ~! (beim Trinken); auf jmds. ~ trinken; zum ~! (beim Trinken u. Zutrinken)

wohl|auf ⟨Adv.⟩ **1** ⟨geh.⟩ *nun denn, also*; ~! noch getrunken den funkelnden Wein (Anfang eines Liedes von J. Kerner) **2** *gesund*; (wieder) ~ sein

wohl|be|hal|ten ⟨Adj. 50⟩ *gesund, unverletzt, in gutem Zustand*; wir sind ~ zu Hause angekommen, eingetroffen; das Paket ist ~ angekommen

wohl|er|ge|hen *auch:* **wohl er|ge|hen** ⟨V. 145/600(s.)⟩ jmdm. ~ *gut ergehen*; ist es dir wohlergangen / wohl ergangen?

Wohl|er|ge|hen ⟨n.; -s; unz.⟩ *Gesundheit u. Wohlbefinden*; um jmds. ~ besorgt sein

wohl|er|zo|gen *auch:* **wohl er|zo|gen** ⟨Adj. 24⟩ *gut erzogen, brav*; ~es Kind

Wohl|fahrt ⟨f.; -; unz.⟩ **1** *Wohlergehen des einzelnen Bürgers od. des ganzen Volkes* **2** *öffentliche Fürsorge, Sozialhilfe*

wohl|feil ⟨Adj.; veraltet⟩ *billig, preiswert*; ~e Ausgabe eines Buches; eine Ware ~ erhalten

wohl||füh|len *auch:* **wohl füh|len** ⟨Vr 3⟩ **1** sich ~ *sich gut fühlen, ein angenehmes Grundgefühl haben, sich gesund fühlen*; in dieser Stadt fühle ich mich sehr wohl • **1.1** **sich nicht ganz ~** *sich gesundheitlich nicht gut fühlen*

Wohl|ge|fal|len ⟨n.; -s; unz.⟩ **1** *Gefallen, Freude u. Befriedigung*; sein ~ an etwas haben; etwas mit ~ betrachten; Friede auf Erden und den Menschen ein ~ (Lukas 2,14) **2** **sich in ~ auflösen** ⟨fig.; umg.; scherzh.⟩ *zu nichts werden*; seine Pläne, Hoffnungen haben sich in ~ aufgelöst • **2.1** die Gemeinschaft, der Verein hat sich in ~ aufgelöst *ist auseinander-*

gegangen • 2.2 meine Schuhe lösen sich in ~ auf *gehen allmählich entzwei*

wohl|ge|lit|ten ⟨Adj.; 24/70⟩ *beliebt, gern gesehen;* ein ~er Gast

wohl|ge|merkt ⟨a. [--'-] Adv.⟩ *das merke man sich, das sei betont;* ich hatte ihn, ~, vorher ausdrücklich gewarnt

wohl|ge|mut ⟨Adj.⟩ *fröhlich u. zuversichtlich, guter Stimmung*

wohl|ha|bend ⟨Adj.⟩ *in guten Vermögensverhältnissen (lebend);* ~e Familien; er ist sehr ~

wohl|lig ⟨Adj.⟩ *behaglich, angenehm;* ein ~es Gefühl von Wärme; sich ~ dehnen, strecken

wohl|schme|ckend *auch:* **wohl schme|ckend** ⟨Adj. 70⟩ *angenehm, gut schmeckend, mit gutem Geschmack;* eine ~e Speise

Wohl|sein ⟨n.; -s; unz.; geh.⟩ **1** *das Sichwohlfühlen, gutes Befinden, Gesundheit* • **1.1** (zum) ~! ⟨umg.⟩ *Gesundheit! (Wunsch für jmdn., wenn er niest)*

Wohl|stand ⟨m.; -(e)s; unz.⟩ *Begütertsein, gute Vermögenslage, hoher Lebensstandard;* im ~ leben

Wohl|tat ⟨f.; -, -en⟩ **1** *freiwillige, unentgeltliche Hilfe, gute Tat;* jmdm. eine ~ erweisen; ~ annehmen **2** *Erleichterung, Annehmlichkeit;* die Kühle des Waldes ist eine ~; der heiße Kaffee ist eine wahre ~

wohl|tu|end ⟨Adj.⟩ *angenehm, lindernd, erleichternd (wirkend);* eine ~e Abwechslung; die Sonnenstrahlen als ~ empfinden

wohl|tun ⟨V. 272/400 od. 410⟩ **1** *gut handeln;* wohlzutun und mitzuteilen vergesset nicht (Brief des Johannes an die Hebräer 13,16) • **1.1** ⟨800⟩ du würdest wohl daran tun, wenn du … ⟨geh.⟩ *du würdest richtig, klug handeln* **2** *etwas* tut wohl *ist angenehm, hat eine angenehme, gute Wirkung, bringt Linderung;* die Kühle tut wohl; deine guten Worte haben mir wohlgetan

wohl|weis|lich ⟨Adv.⟩ *nach sorgfältiger Überlegung, aus guten Gründen;* ich habe ihm ~ noch nichts davon gesagt

Wohl|wol|len ⟨n.; -s; unz.⟩ *freundliche Gesinnung, Geneigtheit, Gunst, freundliche Zuneigung;* sich jmds. ~ erwerben, erhalten, verscherzen; jmdn. mit ~ behandeln, betrachten

Wohn|bau ⟨m.; -(e)s, -ten⟩ *Bau, Gebäude mit Wohnungen (im Unterschied z. B. zum Fabrikbau)*

Wohn|block ⟨m.; -s, -blöcke⟩ *Block aus Mietshäusern*

woh|nen ⟨V. 400⟩ **1** ⟨410⟩ *sein Heim, seine Wohnung, seinen ständigen Aufenthalt haben;* auf dem Lande, in der Stadt ~; zur Miete, Untermiete bei jmdm. ~; ich habe lange Zeit in Berlin gewohnt; im dritten Stock ~; wo wohnst du? **2** ⟨411⟩ *Unterkunft haben;* ich kann während dieser Zeit bei Freunden ~; in welchem Hotel ~ Sie? **3** *etwas* wohnt *irgendwo* ⟨poet.⟩ *lebt;* hinter seiner Stirn wohnt ein starker Wille; eine starke Liebe, große Hoffnung wohnt in seinem Herzen

wohn|haft ⟨Adj. 24/70; Amtsdt.⟩ *ständig wohnend, seinen ständigen Wohnsitz habend;* ~ in Frankfurt; die in diesem Stadtteil ~en Berufstätigen

wohn|lich ⟨Adj.⟩ *so beschaffen, dass man gern darin wohnt, sich gern darin länger aufhält, behaglich;* ein ~er Raum; ein Zimmer ~ einrichten

Wohn|sitz ⟨m.; -es, -e⟩ **1** *Ort, an dem man ständig wohnt;* Sy *Domizil (1);* seinen ~ in Berlin haben • **1.1** *Gemeinde, in der eine Person polizeilich gemeldet ist;* Personen ohne festen ~; einen zweiten ~ haben **2** *ständige Wohnung;* seinen ~ in Berlin aufschlagen; seinen ~ auf dem Lande haben

Woh|nung ⟨f.; -, -en⟩ **1** *Räume (auch einzelner Raum), in denen man wohnt, Räume für ständigen Aufenthalt, Heim;* Miet~, Zweizimmer~; eine ~ beziehen; jmdm. od. sich eine ~ einrichten; eine ~ kaufen, mieten; sich eine (neue, andere) ~ suchen; eine behagliche, gemütliche, hübsche ~; eine billige, teure ~; eine feuchte, helle, luftige, warme ~; eine große, kleine, moderne ~; ~ mit drei Zimmern, Bad, Küche, Diele und Balkon • **1.1** die ~ wechseln *umziehen* **2** *Unterkunft;* in einem Hotel ~ nehmen; freie ~ (und Verpflegung) bei jmdm. haben

Woh|nungs|lo|se(r) ⟨f. 2 (m. 1)⟩ = *Obdachlose(r)*

Wohn|wa|gen ⟨m.; -s, -⟩ **1** *Autoanhänger, der zum vorübergehenden Wohnen bzw. Schlafen (während des Urlaubs) eingerichtet ist* • **1.1** *Wagen mit Wohn-, Schlaf-, Kücheneinrichtung, in dem fahrende Schausteller wohnen*

wöl|ben ⟨V. 500⟩ **1** *etwas* ~ *in der Art eines Gewölbes, in einem Bogen spannen;* die Decke des Durchgangs soll leicht gewölbt werden • **1.1** ⟨Part. Perf.⟩ *gewölbt mit einem Gewölbe versehen;* ein gewölbter Raum **2** ⟨Vr 3⟩ sich ~ *sich in einem Bogen spannen, sich gerundet (über etwas) erheben, sich krümmen;* sich nach vorn, nach oben ~; eine Brücke wölbt sich über einen Fluss; ein strahlend blauer Himmel wölbte sich über dem Land • **2.1** ⟨Part. Perf.⟩ gewölbt *sich wölbend, erhaben gerundet;* eine gewölbte Stirn, Brust haben

Wolf ⟨m.; -(e)s, Wöl|fe⟩ **1** ⟨Zool.⟩ *hundeartiges Raubtier: Canis lupus;* im Mittelalter kamen die Wölfe in harten Wintern bis in die Städte • **1.1** hungrig wie ein ~ sein *sehr hungrig sein* • **1.2** mit den Wölfen heulen ⟨fig.⟩ *mitmachen, was die Umwelt tut, die Meinung der anderen unterstützen um des eigenen Vorteils willen* • **1.3** der ~ in der Fabel *jmd., der kommt, wenn man gerade von ihm spricht* • **1.4** ein ~ im Schafspelz ⟨fig.⟩ *ein scheinheiliger Mensch, ein sich freundlich u. harmlos stellender Bösewicht* **2** ⟨Astron.⟩ *Sternbild des südlichen Himmels* **3** ⟨Textilw.⟩ *mit Zähnen versehene Maschine, die Faserbündel auflockert; Krempel~, Reiß~* **4** = *Fleischwolf;* Fleisch durch den ~ drehen • **4.1** ich bin wie durch den ~ gedreht ⟨umg.; scherzh.⟩ *völlig zerschlagen, alle Knochen tun mir weh*

Wolf|ram ⟨n.; -s; unz.; chem. Zeichen: W⟩ *weißglänzendes, relativ säure- u. hitzebeständiges Metall, ein chem. Element aus der 6. Nebengruppe des Periodensystems, Ordnungszahl 74*

Wolfs|mensch ⟨m.; -en, -en⟩ = *Werwolf*

Wol|ke ⟨f.; -, -n⟩ **1** *Gebilde aus verdichtetem Wasserdampf;* Gewitter~, Regen~; ~n ballen sich, türmen sich am Himmel auf; die ~n ziehen, jagen über den

Himmel; der Berggipfel ist in dicke ~n gehüllt; der Himmel bedeckte sich, überzog sich mit ~n; die Gefahr schwebte wie eine drohende ~ über ihnen • 1.1 aus allen ~n fallen ⟨fig.; umg.⟩ außerordentlich erstaunt, ernüchtert, ein wenig unangenehm überrascht sein; ich war wie aus allen ~n gefallen • 1.2 in den ~n schweben, sein ⟨fig.⟩ geistesabwesend sein, in fantastischen Vorstellungen leben; er schwebt immer in den ~n • 1.3 auf ~ sieben schweben ⟨fig.; umg.⟩ hochgestimmt, überglücklich sein 2 geballte Masse winziger Teilchen; Dampf~, Nebel~, Rauch~, Staub~; der Rauch lag in einer dichten ~ über der Stadt; er blies, stieß den Rauch (seiner Pfeife) in dichten ~n von sich; eine ~ von Mücken, Heuschrecken; eine ~ von Staub wirbelte auf • 2.1 eine ~ des Unmuts lag auf seiner Stirn ⟨fig.; poet.⟩ ein Ausdruck des U. lag auf seiner (gerunzelten) Stirn 3 Fleck in Edelsteinen 4 das ist 'ne ~! ⟨fig.; umg.⟩ das ist eine tolle Sache!

Wol|ken|bruch ⟨m.; -(e)s, -brü|che⟩ kurzer, aber sehr starker u. oft zerstörender Regen

Wol|ken|krat|zer ⟨m.; -s, -; fig.; umg.⟩ sehr hohes Wohn- od. Geschäftshaus

wol|kig ⟨Adj.⟩ **1** voller Wolken, bewölkt; das Wetter wird heiter bis ~ **2** wie Wolken, in Form von Wolken; ~er Rauch **3** ⟨Fot.⟩ fleckig, verschwommen **4** ⟨fig.⟩ unklar, undeutlich, vage; seine Ausführungen waren mir zu ~

Wollap|pen ⟨alte Schreibung für⟩ *Wolllappen*

Woll|de|cke ⟨f.; -, -n⟩ Decke aus Wolle

Wol|le ⟨f.; -, -n⟩ **1** Tierhaare, die zum Spinnen geeignet sind; Schaf~, Ziegen~; gebleichte, ungebleichte, gefärbte, ungefärbte, gekräuselte, raue, weiche ~; eine Jacke aus reiner ~; ein Kleid aus ~ • 1.1 jmdn. in die ~ bringen ⟨fig.; umg.⟩ zornig machen, in Wut versetzen • 1.2 in die ~ geraten, kommen ⟨fig.; umg.⟩ zornig werden; →a. Geschrei (2.2) • 1.3 in der ~ färben unversponnen, nicht erst als fertiges Produkt, sondern schon im Rohstoff, also nachhaltiger färben • 1.4 in der ~ gefärbt ⟨fig.; umg.⟩ ganz echt, durch u. durch **2** ⟨fig.; umg.⟩ menschliches Kopfhaar • 2.1 sich mit jmdm. in der ~ haben, sich in die ~ geraten, kriegen zu streiten beginnen, aufeinander zornig werden, handgreiflich werden; wir sind uns in die ~ geraten **3** ⟨Jägerspr.⟩ **3.1** Behaarung (des Hasen u. Kaninchens) • **3.2** das zwischen den langen dickeren Haaren unmittelbar auf der Haut sitzende weiche, wollige Haar (vom Schwarz- u. Haarraubwild)

wol|len[1] ⟨Adj.⟩ aus Wolle bestehend

wol|len[2] ⟨V. 290⟩ **1** ⟨500⟩ etwas ~ haben mögen, wünschen, begehren, fordern, verlangen, erstreben; er will, dass ich mitgehe; ich will doch nur dein Bestes; er will bis morgen Antwort haben; er will Geld von mir haben; ich will meine Ruhe haben!; was willst du noch mehr?; er weiß, was er will; (ganz) wie du willst!; ich wollte, er wäre schon da • 1.1 was ~ Sie, es ist doch ganz gutgegangen? warum regen Sie sich auf? • 1.2 hier ist nichts zu ~ hier nützt alles nichts, hier kann man nichts machen • 1.3 ⟨mit Passiv⟩ etwas will **getan werden, sein** muss getan werden, sein; die Pflanze will täglich gegossen werden; das will gelernt sein; das will genau überlegt sein • 1.4 ⟨mit Adv.⟩ ich will hier durch **2** ⟨Modalverb⟩ den (festen, guten) Willen, die feste Absicht, den Plan haben (etwas zu tun), (etwas gern tun) mögen; ich will nicht!, ich will es nicht tun; ich will morgen abreisen; ich will lieber hierbleiben; er mag ~ oder nicht, er muss es tun; man muss nur ~, dann geht es auch; sagen will ich es ihm schon, aber …; was ich noch sagen wollte …; man will Sie sprechen; ich will es tun; ich will mich rasch noch umziehen; er will Arzt werden; ich will doch (einmal) sehen, ob …; ich will (endlich) wissen, was geschehen ist; ohne es zu ~; wenn du willst, kannst du mitkommen; was willst du damit sagen?; was man will, das kann man auch; mach, was du willst!; ich tue, was ich will; zwischen Wollen und Können ist ein großer Unterschied; wir ~ heute Abend ins Theater (erg.: gehen); er will nach Amerika (erg.: reisen); ich will zu einem Freund (erg.: gehen) • 2.1 zu wem ~ Sie? ⟨umg.⟩ wen möchten Sie sprechen? (bei Behörden o. Ä.) • 2.2 das will ich nicht gehört haben! ⟨zurechtweisend⟩ das hättest du nicht sagen dürfen! • 2.3 das will ich meinen! ⟨bekräftigend⟩ ganz bestimmt ist es so! • 2.4 ich will nichts gesagt haben kümmere dich nicht darum, was ich gesagt habe, ich möchte keinen Einfluss ausüben • 2.5 wollte Gott, es wäre so! wenn es doch so wäre! • 2.6 wenn man alles glauben wollte … würde, könnte • 2.7 meine Augen ~ nicht mehr ⟨umg.⟩ ich kann nicht mehr gut sehen • 2.8 ⟨unpersönl.⟩ • 2.8.1 es will mir nicht aus dem Kopf ⟨umg.⟩ ich muss immer daran denken • 2.8.2 das will mir nicht in den Kopf ⟨umg.⟩ das kann ich mir nicht denken, das verstehe ich nicht • 2.8.3 das will etwas heißen! das bedeutet viel! • 2.8.4 das will nichts sagen, besagen ⟨umg.⟩ das bedeutet nichts • 2.9 ⟨mit Relativpron.⟩ • 2.9.1 komme, was da wolle was auch immer kommt • 2.9.2 er sei, wer er wolle wer er auch sei • 2.9.3 koste es, was es wolle wie viel es auch sei, unter allen Umständen • 2.10 ⟨höfl. Aufforderung⟩ ~ Sie das bitte tun tun Sie das, bitte; ~ Sie bitte einmal herschauen; ~ Sie bitte so freundlich sein; ~ Sie bitte einen Augenblick warten; man wolle bitte darauf achten, dass … • 2.11 ⟨Part. Perf.⟩ gewollt gezwungen, unnatürlich; mit etwas gewollter Heiterkeit **3** ⟨Modalverb⟩ im Begriff sein, sich anschicken, etwas zu tun, die Tendenz zu etwas haben; wir ~ gehen!; ich will Ihnen eins sagen; es will nicht vorwärtsgehen; mir will scheinen, als hätte er … • 3.1 wir ~ sehen! wir werden sehen, warten wir ab • 3.2 wir ~ doch sehen, wer hier zu bestimmen hat! ⟨leicht drohend od. warnend⟩ hier bestimme ich, du wirst dich fügen müssen • 3.3 willst du wohl still sein? ⟨befehlend, leicht drohend⟩ sei sofort still! **4** ⟨Modalverb⟩ **getan haben, gewesen sein** ~ behaupten, etwas getan zu haben, etwas gewesen zu sein, angeblich getan haben, gewesen sein; er will dich gestern gesehen haben; er will schon vor vier Uhr da gewesen sein • 4.1 und dann will es niemand gewesen sein ⟨umg.⟩ und dann behauptet jeder, er sei es nicht gewesen

wol|lig ⟨Adj.⟩ **1** ⟨70⟩ *Wolle tragend; ein ~es Schaf* **2** *so aussehend, sich anfühlend wie Wolle; ~es Haar*

Woll|lap|pen ⟨m.; -s, -⟩ *(gestrickter) Lappen aus Wolle, Lappen aus Wollstoff*

Woll|lust ⟨f.; -; unz.⟩ **1** *Lustgefühl bei sexueller Erregung, sexuelle Begierde* **2** ⟨fig.⟩ *Wonne, triebhafte Freude; etwas mit wahrer ~ tun*

wo|mit 1 ⟨Interrogativadv.⟩ *mit was?, mit welcher Sache?; ~ hast du den Fleck entfernt?; ich möchte gern wissen, ~ ich ihm eine Freude machen kann* **2** ⟨Relativadv.⟩ *mit dem (Vorangegangenen, eben Erwähnten); er hat mir erklärt, er wolle Pilot werden, ~ ich keineswegs einverstanden bin; er hat ihm gründlich die Meinung gesagt, ~ er völlig Recht hatte*

wo|mög|lich ⟨Adv.⟩ **1** *falls möglich, wenn möglich; komm ~ schon etwas eher* **2** ⟨umg.⟩ *wahrscheinlich noch, am Ende, vielleicht sogar; wir wollen schnell laufen, sonst holt er uns ~ wieder zurück; er ist durchgebrannt und ~ noch mit dem ganzen Geld*

wo|nach 1 ⟨Interrogativadv.⟩ *nach welcher Sache?; ~ hat er dich gefragt?; ~ soll man sich richten?* **2** ⟨Relativadv.⟩ *nach dem (Vorangegangenen, eben Erwähnten); es ist eine neue Verordnung herausgekommen, ~ alle, die …*

Won|ne ⟨f.; -, -n⟩ **1** ⟨geh.⟩ *beglückender Genuss, tiefe Freude, Glück, Beglückung, inniges Vergnügen; die ~n der Liebe; dies Kind ist ihre ganze ~; das kalte Bad im See war mir eine ~; es ist eine wahre ~, den Kindern zuzuschauen; die Kinder stürzten sich mit ~ auf Kakao und Kuchen* **2** ⟨umg.⟩ *Schadenfreude; er pflegt mit (wahrer) ~ andere zu necken und zu ärgern*

wor|an *auch:* **wo|ran** ⟨a. ['--]⟩ **1** ⟨Interrogativadv.⟩ *an was?, an welche Sache?; ~ denkst du?; wenn ich nur wüsste, ~ sie wirklich Freude hat; ~ liegt es?* • **1.1** *er weiß nicht, ~ er ist … was er denken soll, was er davon halten soll* **2** ⟨Relativadv.⟩ *an dem (Vorangegangenen, eben Erwähnten); er hat mich zum Abendessen eingeladen, ~ mir gar nichts liegt*

wor|auf *auch:* **wo|rauf** ⟨a. ['--]⟩ **1** ⟨Interrogativadv.⟩ *auf was?, auf welche Sache?; ~ freust du dich am meisten?; ~ wartest du noch?* **2** ⟨Relativadv.⟩ *auf das (Vorangegangene, eben Erwähnte), auf das (Vorhergehende) hin, als Folge des (Vorhergehenden); Sy woraufhin (2); er fragte mich in der Prüfung etwas, ~ ich gefasst war; er wurde unverschämt, ~ ich ihm die Tür vor der Nase zuschlug*

wor|auf|hin *auch:* **wo|rauf|hin** ⟨a. ['---]⟩ **1** ⟨Interrogativadv.⟩ *auf welche Sache hin?; ~ hat er das geantwortet?* **2** ⟨Relativadv.⟩ = *worauf (2)*

wor|aus *auch:* **wo|raus** ⟨a. ['--]⟩ **1** ⟨Interrogativadv.⟩ *aus was?, aus welchem Material?, aus welcher Sache?; ~ besteht Wasser, Milch?; ~ schließt du das?* **2** ⟨Relativadv.⟩ *aus dem (Vorangegangenen, eben Erwähnten); er unterstützt seine Eltern großzügig, ~ man entnehmen kann, dass er gut verdient; er sagte, er könne nicht kommen, ~ ich schloss, dass er …*

Worces|ter|so|ße ⟨[wʊstə(r)-] f.; -, -n⟩ *scharfe Gewürzsoße*

wor|ein *auch:* **wo|rein** ⟨a. ['--] Adv.; umg. für⟩ *wohinein*

wor|in *auch:* **wo|rin** ⟨a. ['--]⟩ **1** ⟨Interrogativadv.⟩ *in was?, in welcher Sache?; ~ besteht der Unterschied zwischen …* **2** ⟨Relativadv.⟩ *in dem (Vorhergegangenen, eben Erwähnten); er vertritt die Auffassung, dass …, ~ ich jedoch nicht mit ihm übereinstimme, ~ ich ihm nicht Recht geben kann*

Work|aho|lic ⟨[wœːkəhɔlɪk] m.; -s, -s⟩ **1** *jmd., der unter Arbeitszwang steht, ständig arbeiten muss* **2** ⟨a. scherzh. für⟩ *jmd., der gern u. viel arbeitet*

Work|shop ⟨[wœːkʃɔp] m.; -s, -s⟩ *Diskussionsveranstaltung, in der bestimmte Themen od. Werke vorgestellt u. erörtert werden*

Wort ⟨n.; -(e)s, Wör|ter od. (selten) -e; Sprachw.⟩ **1** *sprachliche Äußerung des Menschen mit bestimmtem Bedeutungsgehalt, kleinster selbstständiger Redeteil, Vokabel; die Bedeutung eines ~es; die Betonung eines ~es; der Klang eines ~es; den Sinn eines ~es (nicht) verstehen; im wahrsten, im eigentlichen Sinn des ~es; Wörter auslassen, vergessen (beim Sprechen od. Schreiben); ein ~ richtig, falsch aussprechen, betonen; ein ~ buchstabieren; hier fehlt ein ~; Wörter lernen, wiederholen; ein (neues) ~ prägen; ein ~ (auf einen Zettel, an die Wandtafel) schreiben; dieses ~ ist unübersetzbar; zwei Wörter (in einem Satz) streichen; ein ~ aus einer anderen Sprache, in eine andere Sprache übersetzen; der Satz besteht aus fünf Wörtern; abgegriffenes, anschauliches, treffendes, veraltetes ~; sag mir ein anderes ~ für „Hochmut"; ein deutsches, englisches ~; einfaches, einsilbiges, mehrsilbiges, zusammengesetztes ~; hässliches, unanständiges ~; kurzes, langes, schwieriges ~; ein ~ mit fünf Buchstaben; ich habe den Brief ~ für ~ gelesen; einen Satz ~ für ~ wiederholen; 200,- €, in ~en: zweihundert (auf Quittungen, Zahlungsanweisungen)* **2** ⟨Pl. nur: -e⟩ *zusammenhängende Wortgruppe, Äußerung; ohne ein ~ zu sagen; das ist das erste ~, das ich davon höre; darüber ist (noch) kein ~ gefallen; er brachte vor Scham, Schreck, Verlegenheit kein ~ hervor; kein ~ miteinander sprechen; kein ~ zu sprechen wagen; an dem, was er gesagt hat, ist kein ~ wahr; kein ~ weiter (davon)!; das sind leere ~e!; jmdn. mit leeren ~en hinhalten, abspeisen; das waren seine letzten ~e, ehe er starb; ein paar ~e mit jmdm. sprechen, wechseln; in ~ und Bild über, von etwas berichten; ich kann meinen Eindruck schwer, kaum in ~e fassen; seine Gedanken, Gefühle in ~e kleiden; schnell fertig ist die Jugend mit dem ~, das schwer sich handhabt wie des Messers Schneide (Schiller, „Wallensteins Tod", 2,2); er hat die Sache mit keinem ~ erwähnt; einen Sachverhalt mit wenigen ~en klären; nach ~en ringen (nach einer Überraschung, einem Schrecken); nach diesen ~en erhob er sich und ging; ohne viele ~e* • **2.1** *mir fehlen die ~e ich bin so überrascht, erstaunt, entsetzt, dass ich nichts dazu sagen kann* • **2.2** *hast du ~e?, hat der Mensch ~e?* ⟨umg.⟩ *(Ausdruck des Staunens) kann man so etwas für möglich halten?* • **2.3** *~e machen reden, ohne da-*

bei etwas Wesentliches zu sagen od. das Nötige zu tun; schöne, viele ~e machen; wir wollen nicht viele ~e machen • **2.4** *jmdm. mit ~en strafen ausschelten* • **2.5** *kein ~ über etwas verlieren nichts sagen über etwas, nicht über etwas sprechen; darüber braucht man kein ~ zu verlieren (da es klar, selbstverständlich ist)* • **2.6** *auf ein ~! ich möchte Sie einen Augenblick sprechen* **3** *das, was gesprochen, gesagt wurde od. werden soll;* im Anfang war das ~ (Johannes 1,1); hier versteht man ja sein eigenes ~ nicht mehr (vor lauter Lärm); ich verstehe kein ~; ein ~ gab das andere, und schließlich kamen sie in Streit • **3.1** *jmdm. das ~ reden jmdm. schmeicheln, das sagen, was jmd. gern hören möchte* • **3.2** *einer Sache das ~ reden eine S. verteidigen, unterstützen* • **3.3** *du nimmst mir das ~ aus dem Mund du sagst, was ich gerade sagen wollte* • **3.4** *jmdm. das ~ im Munde (her)umdrehen behaupten, dass jmd. das Gegenteil von dem gesagt habe, was er wirklich gesagt hat, das Gesagte verdrehen* **4** *Äußerung, die eine Entscheidung od. Anweisung beinhaltet;* das ~ Gottes • **4.1** *aufs ~ gehorchen sofort gehorchen* • **4.2** *jmdm. etwas aufs ~ glauben alles glauben, was jmd. sagt;* →a. *letzte* (1.8.7–1.8.8) **5** *Ausdruck, Ausspruch, Bemerkung;* dieses ~ stammt von Goethe; Ihre freundlichen ~e haben mir sehr wohl getan; du sprichst ein großes ~ gelassen aus (Goethe, „Iphigenie", 1,3); das ist das rechte ~ zur rechten Zeit; jmdm. mit warmen ~en danken • **5.1** *~ kann man ein offenes ~ reden, sagen offen reden, offen sprechen* • **5.2** *das ist ein wahres ~ das ist wirklich wahr;* →a. *böse* (2.5), *dürr* (4), *geflügelt* (4), *gut* (7.4) **6** *Rede* • **6.1** *jmdm. das ~ abschneiden jmdn. nicht weitersprechen lassen, jmdn. unhöflich unterbrechen* • **6.2** *das ~ führen der Hauptsprecher sein (in einer Diskussion)* • **6.3** *das große ~ führen die Diskussion, das Gespräch beherrschen* • **6.4** *das ~ an jmdn. richten jmdn. anreden* • **6.5** *jmdm. ins ~ fallen jmdn. unterbrechen* • **6.6** *sich zu ~ melden sich melden, um etwas zu sagen, vorzubringen;* →a. *letzte* (6.1–6.2) **7** *Möglichkeit, Erlaubnis, sich an einem Gespräch, einer Diskussion zu beteiligen* • **7.1** *jmdm. das ~ entziehen jmdn. nicht weitersprechen lassen (in einer Diskussion, Versammlung)* • **7.2** *das ~ ergreifen anfangen zu sprechen (in einer Versammlung, vor einer Gesellschaft)* • **7.3** *jmdm. das ~ erteilen jmdm. die Erlaubnis geben zu sprechen (in einer Versammlung)* • **7.4** *ich bitte ums ~ ich möchte etwas sagen (in einer Diskussion)* • **7.5** *nicht zu ~ kommen nichts sagen können (weil der andere dauernd spricht)* • **7.6** *andere nicht zu ~ kommen lassen ohne Pause (weiter)reden* **8** ⟨unz.⟩ *Versprechen, Ehrenwort; jmdm. das ~ abnehmen, zu schweigen; sein ~ brechen; jmdm. sein ~ geben, etwas zu tun od. nicht zu tun; ich habe sein ~; sein ~ (nicht) halten; sein ~ zurücknehmen* • **8.1** *jmdm. od. bei jmdm. im ~ sein jmdm. etwas versprochen haben* • **8.2** *auf mein ~! ich versichere es!, es ist wirklich wahr!* • **8.3** *jmdn. beim ~ nehmen von jmdm. fordern, das auszuführen, was er versprochen hat*

Wort|art ⟨f.; -, -en; Gramm.⟩ *Art des Wortes, nach grammatischen Kriterien gebildete Klasse von (morphologischen, syntaktisch od. semantisch) gleichartigen Wörtern, z. B. Substantiv, Adjektiv, Verb, Präposition u. Ä.*

Wort|bruch ⟨m.; -(e)s, -brü|che⟩ *Bruch des Ehrenwortes, des Versprechens*

Wör|ter|buch ⟨n.; -(e)s, -bü|cher⟩ *alphabetisch od. begrifflich geordnetes Verzeichnis der Wörter einer Sprache, einer Mundart, eines Fachgebietes o. Ä., mit Erklärungen (Form, Inhalt, Geschichte usw. der Wörter betreffend) bzw. Übersetzungen in eine andere Sprache; einsprachiges, zweisprachiges ~; Fach~; ~ der Physik, Chemie, Medizin; Synonym~; Herkunfts~*

Wort|füh|rer ⟨m.; -s, -⟩ *Sprecher; sich zum ~ einer Sache machen*

Wort|ge|fecht ⟨n.; -(e)s, -e⟩ = *Disput*

wort|karg ⟨Adj.⟩ *schweigsam, wenig redend, wenig Worte machend;* Ggs *geschwätzig*

Wort|klau|be|rei ⟨f.; -, -en; abwertend⟩ *zu genaues, engstirniges Festhalten am Wort, an der wörtlichen Bedeutung*

Wort|laut ⟨m.; -(e)s; unz.⟩ *wörtlicher Inhalt einer Aussage, eines Textes;* der genaue ~ eines Briefes; die Verordnung hat folgenden ~ …; sich an den ~ halten

wört|lich ⟨Adj. 24⟩ **1** *wortgetreu, dem Text genau entsprechend, Wort für Wort;* ~e Übersetzung; er hat (es) aus dem Buch ~ abgeschrieben; du darfst das, was er sagt, nicht ~ nehmen, verstehen; er hat mir ~ das Gleiche gesagt wie sein Freund; ich kann es nicht ~ wiederholen, sondern nur dem Sinne nach; ich zitiere ~: … • **1.1** *~e Rede direkte R.*

Wort|mel|dung ⟨f.; -, -en⟩ *Meldung zum Wort, zum Sprechen (in Diskussionen, Versammlungen);* es liegen keine weiteren ~en vor

Wort|schatz ⟨m.; -es, -schät|ze; Sprachw.⟩ **1** *Gesamtheit der Wörter (einer Sprache)* **2** *die jmdm. zur Verfügung stehenden Wörter, Gesamtheit der Wörter, die jmd. anwenden kann;* dieser Schriftsteller hat einen bescheidenen, kleinen, großen, reichen ~; das Kind hat jetzt einen ~ von etwa 50 Wörtern

Wort|wech|sel ⟨[-ks-] m.; -s, -⟩ *Streit mit Worten;* heftiger, lauter ~; in einen ~ geraten; es kam zu einem (heftigen) ~

wor|über auch: **wo|rü|ber** ⟨a. ['---]⟩ **1** ⟨Interrogativadv.⟩ *über was?, über welche Sache?;* ~ habt ihr gesprochen? **2** ⟨Relativadv.⟩ *über das (Vorangegangene, eben Erwähnte);* er ist einfach weggeblieben, nicht gekommen, ohne sich zu entschuldigen, ~ ich recht erstaunt war

wor|um auch: **wo|rum** ⟨a. ['---]⟩ **1** ⟨Interrogativadv.⟩ *um was?, um welche Sache?;* ~ handelt es sich? **2** ⟨Relativadv.⟩ *um das (Vorangegangene, eben Erwähnte bzw. Folgende);* da ist noch etwas, ~ ich dich sehr bitten möchte; das, ~ es hier geht, ist Folgendes

wor|un|ter auch: **wo|run|ter** ⟨a. ['---]⟩ **1** ⟨Interrogativadv.⟩ *unter welcher Sache?;* ~ hast du in deiner Jugend am meisten gelitten? **2** ⟨Relativadv.⟩ *unter dem (Vorangegangenen, eben Erwähnten);* er redete viel

wovon von Viertakt und Zweitakt, ~ ich mir aber nicht viel vorstellen kann

wo|von ⟨a. ['--]⟩ **1** ⟨Interrogativadv.⟩ *von was?, von welcher Sache?*; ~ redet ihr?; ~ ist die Rede? **2** ⟨Relativadv.⟩ *von dem (Vorhergegangenen, eben Erwähnten)*; er fragte mich nach etwas, ~ ich keine Ahnung hatte; rede nicht so viel von etwas, ~ du nichts verstehst

wo|vor ⟨a. ['--]⟩ **1** ⟨Interrogativadv.⟩ *vor was?, vor welcher Sache?*; ~ fürchtest du dich? **2** ⟨Relativadv.⟩ *vor dem (Vorangegangenen, eben Erwähnten)*; Dunkelheit ist das, ~ sich das Kind am meisten fürchtet

wo|zu ⟨a. ['--]⟩ **1** ⟨Interrogativadv.⟩ *zu welchem Zweck?, zu welcher Sache?*; ~ brauchst du das Geld?; ~ willst du die Schere haben?; ~ hast du dich nun entschlossen? **2** ⟨Relativadv.⟩ *zu dem (Vorangegangenen, eben Erwähnten)*; er hat mich aufgefordert, mit ihm nach Berlin zu fahren, ~ ich aber gar keine Lust habe

Wrack ⟨n.; -s, -s⟩ **1** *durch Beschädigung unbrauchbar gewordenes, zerschelltes Schiff* **2** ⟨fig.; umg.⟩ *körperlich verbrauchter Mensch, Mensch mit zerrütteter Gesundheit*; er ist (nur noch) ein ~

wrin|gen ⟨V. 291/500⟩ etwas ~ *so zusammendrehen, dass die Flüssigkeit herausgepresst wird*; Wäsche ~

Wu|cher ⟨m.; -s; unz.⟩ **1** *Erzielung eines im Verhältnis zur Leistung zu hohen Gewinns, indem die Notlage, Unerfahrenheit od. der Leichtsinn des anderen ausgenützt wird* • 1.1 das ist ja ~! ⟨umg.⟩ *das ist ja ein unverschämt hoher Preis* • 1.2 ~ treiben *zu hohen Gewinn erzielen*

Wu|cher|blu|me ⟨f.; -, -n⟩ = *Chrysantheme*

wu|chern ⟨V. 400⟩ **1** ⟨(s.)⟩ **Pflanzen ~** *wachsen üppig*; das Unkraut wuchert (über den Weg, den Zaun) **2** ⟨(s.)⟩ *Körpergewebe* wuchert *wächst zu stark*; wildes Fleisch wuchert **3** ⟨416⟩ mit etwas ~ *Wucher treiben* • 3.1 **mit einem Pfund ~** ⟨fig.⟩ *eine Begabung, Fähigkeit voll einsetzen, zur Geltung bringen*

Wuchs ⟨[-ks] m.; -es, Wüch|se⟩ **1** *Wachstum*; Pflanzen~ **2** *Gestalt, Körperbau*; von kleinem, hohem, schlankem ~ **3** *Nachwuchs, Anzucht (von Pflanzen)*; ein ~ junger Tannen

Wucht ⟨f.; -; unz.⟩ **1** *Gewicht, Kraft, Druck, Schwung*; er schlug mit aller ~ zu; er fiel mit voller ~ auf den Rücken; der Schlag, Stein traf mich mit voller ~ **2** das ist 'ne ~! ⟨fig.; umg.⟩ *das ist eine großartige, fantastische Sache!*

wuch|ten ⟨V.⟩ **1** ⟨400⟩ *mit Anstrengung, mit aller Kraft arbeiten*; bei unserem Umzug haben wir schwer gewuchtet **2** ⟨500⟩ etwas ~ *mit Kraft, Anstrengung heben*; einen Kleiderschrank auf den Speicher, einen Wagen ~

wuch|tig ⟨Adj.⟩ **1** *massig u. schwer*; ein ~er Gegenstand; ein ~es Gebäude; der Schrank ist für dieses Zimmer zu ~ **2** *heftig, kraftvoll*; ein ~er Schlag, Hieb

wüh|len ⟨V.⟩ **1** ⟨411⟩ ein **Tier** wühlt **in der Erde** *gräbt mit den Vorderpfoten od. der Schnauze in der Erde u. reißt sie (auf der Suche nach etwas) auf*; das Schwein wühlt in der Erde nach Morcheln **2** ⟨411 od. 611/Vr 1 od. Vr 2⟩ *mit beiden Händen od. auch einem Werkzeug in etwas eindringen u. es (suchend) durcheinanderbringen*; die Kinder wühlten im Sand; sich in den Haaren ~; er wühlte in seinen Papieren • 2.1 im Schmutz ~ ⟨fig.⟩ *mit Freude über schmutzige Angelegenheiten sprechen* • 2.2 ⟨fig.; umg.⟩ *heftig, angestrengt arbeiten*; er ist jetzt fertig, dafür hat er aber auch den ganzen Tag gewühlt • 2.3 **gegen jmdn.** od. etwas ~ ⟨fig.; abwertend⟩ *andere aufwiegeln, im Geheimen hetzen*; er hat gegen die Parteispitze gewühlt **3** der **Hunger, Schmerz** wühlt (**in** jmdm.) ⟨fig.; geh.⟩ *schwillt an u. ab, wird einmal hier, einmal dort quälend spürbar*; der Schmerz wühlte in seinen Eingeweiden; der Hunger wühlte ihm im Leib

Wulst ⟨m.; -(e)s, Wüls|te od. f.; -, Wüls|te; fachsprachl.: m.; -(e)s, -e⟩ **1** *längliche Verdickung, länglicher Auswuchs* **2** ⟨Geom.⟩ *Rotationsfläche, die durch Drehung eines Kreises um eine außerhalb von ihm, mit ihm in einer Ebene liegenden Achse entsteht*; Kreis~ • 2.1 *von einer Wulst (2) umschlossener geometrischer Körper* **3** ⟨Arch.⟩ *meist am oberen od. unteren Ende von Säulen befindliches Bauglied in der Form einer vertieft liegenden Wulst (2.1)*; Säulen~

wund ⟨Adj. 70⟩ **1** *mit einer verletzten Hautoberfläche, durch Aufreiben, Aufscheuern der Haut entzündet*; eine ~e Stelle am Finger haben; einen Säugling pudern und einreiben, damit er nicht ~ wird **2** ⟨poet.⟩ *verwundet*; ein ~er Krieger; seine Worte waren Balsam für ihr ~es Herz ⟨poet.; umg. a. scherzh.⟩ **3** ⟨60⟩ ~er **Punkt** ⟨fig.⟩ *Sache, von der man lieber nicht spricht, best. Stelle, an der jmd. empfindlich u. verletzbar ist* **4** (Getrennt- u. Zusammenschreibung) • 4.1 ~ **laufen** = *wundlaufen* • 4.2 ~ **liegen** = *wundliegen* • 4.3 ~ **reiben** = *wundreiben* • 4.4 ~ **schreiben** = *wundschreiben*

Wun|de ⟨f.; -, -n⟩ **1** *Verletzung durch gewaltsame Zerstörung, Durchtrennung von Haut (u. darunterliegendem Gewebe)*; Biss~, Brand~, Hieb~, Quetsch~, Platz~, Riss~, Schnitt~, Stich~; eine ~ reinigen, verbinden; die ~ blutet, eitert, nässt; die ~ heilt, schließt sich; die ~ muss geklammert, genäht werden; sich eine ~ zuziehen; gefährliche, tödliche ~; klaffende, leichte, offene, schwere, tiefe, vernarbte ~; er blutete aus vielen ~n **2** ⟨fig.⟩ *schwerer (seelischer) Schaden, Leid, Schmerz, Kummer, Übel* • 2.1 der Krieg hat tiefe ~n geschlagen *hat vieles zerstört, viel Schaden, Unheil, Schmerz verursacht* • 2.2 eine alte ~ wieder aufreißen *einen alten Schmerz wieder neu wecken*; →a. *Finger (1.3.1)*

Wun|der ⟨n.; -s, -⟩ **1** *Vorgang, der den gewöhnlichen Erfahrungen u. den Naturgesetzen widerspricht*; ~ tun, vollbringen, wirken; das grenzt an ein ~; er ist wie durch ein ~ dem Tod entgangen, gerettet worden; →a. *Zeichen (2.1.1)* **2** ⟨fig.⟩ *Ereignis od. Erzeugnis, welches das übliche Maß weit übertrifft, ungewöhnliche Erscheinung*; ein ~ der Technik; diese Maschine ist ein ~ an Genauigkeit, Präzision; er hat das ~ vollbracht, aus dieser wilden Bande eine disziplinierte Gemeinschaft zu machen • 2.1 diese Arznei wirkt bei mir ~ *wirkt erstaunlich gut, hilft sofort*

• 2.2 das ist kein ~ *das ist ganz natürlich, nicht erstaunlich* • 2.3 kein ~, dass …, wenn … *nicht erstaunlich* • 2.4 was ~, dass … *es ist nur natürlich, folgerichtig, nicht erstaunlich, dass …* • 2.5 sich Wunder was einbilden *sich einbilden, etwas Besonderes zu sein od. zu können* • 2.6 er glaubt, Wunder was vollbracht zu haben *etwas Besonderes* • 2.7 er denkt, er sei Wunder wer *eine bedeutende Persönlichkeit* • 2.8 er glaubt Wunder wie gescheit zu sein *ganz bes. gescheit;* →a. blau (6.2)

wun|der|bar ⟨Adj.⟩ **1** *erstaunlich, wie ein Wunder (erscheinend), übernatürlich;* durch eine ~e Fügung wurde das Schiff gerettet; von einem ~en Licht umstrahlt; das grenzt ans Wunderbare **2** *herrlich, sehr schön, großartig, köstlich;* wie war es im Theater? ~!; eine ~e Künstlerin; ein ~es Land, eine ~e Stadt; eine ~e Reise; ein ~es Werk; das ist ~!; das hast du ~ gemacht; es muss ~ sein, das selbst zu erleben

wun|der|lich ⟨Adj.⟩ **1** *zur Verwunderung Anlass gebend;* der Alte wird jetzt etwas ~; damit ist es ~ zugegangen • 1.1 ein ~er Heiliger, Kauz ⟨fig.; umg.⟩ *sonderbarer, schrulliger Mensch*

wun|dern ⟨V. 500⟩ **1** etwas wundert **jmdn.** *überrascht jmdn., setzt jmdn. in Erstaunen;* das wundert mich; es wundert mich, dass …; seine Unpünktlichkeit wundert mich • 1.1 es sollte mich ~, wenn er noch käme *ich glaube nicht, dass er noch kommt* **2** ⟨V. 3⟩ **sich** ~ *erstaunt sein, staunen;* sich über jmdn. od. etwas ~ • 2.1 da wirst du dich aber ~!, du wirst dich ~! ⟨umg.⟩ *du wirst erstaunt sein (denn es wird ganz anders kommen, als du denkst)* • 2.2 ich muss mich doch sehr ~! ⟨umg.; scherzh.⟩ *das hätte ich von dir nicht gedacht*

wun|der|neh|men ⟨V. 189/500⟩ etwas nimmt **jmdn.** wunder *erstaunt, wundert jmdn.;* es nimmt mich wunder, dass …

wun|ders ⟨Adv.; umg.⟩ *wundersam, in höchstem Maße, einem Wunder gleichkommend, ganz besonders;* er glaubt, ~ wie gescheit zu sein

wun|der|sam ⟨Adj.; poet.⟩ **1** *überirdisch, übernatürlich;* er hörte plötzlich eine ~e Musik **2** *seltsam, merkwürdig;* es wurde ihm so ~ zumute

wund∥lau|fen *auch:* **wund lau|fen** ⟨V. 176/500/Vr 3⟩ **(sich)** die **Füße** ~ *durch andauerndes Reiben beim Gehen die Haut verletzen;* du wirst dir noch die Fersen ~

wund∥lie|gen *auch:* **wund lie|gen** ⟨V. 180/500/Vr 3 od. 530/Vr 1⟩ **sich** ~ *od.* **sich etwas** ~ *sich durch längeres Liegen offene Wunden zuziehen;* er hat sich (den Rücken) wundgelegen / jmdn. wund gelegen

Wund|mal ⟨n.; -(e)s, -e⟩ *offene Wunde, unvernarbte Wunde;* die ~e Christi

wund∥rei|ben *auch:* **wund rei|ben** ⟨V. 196/500/Vr 3⟩ **(sich) etwas** ~ *durch anhaltendes Reiben die Haut verletzen*

wund∥schrei|ben *auch:* **wund schrei|ben** ⟨V. 230/500/Vr 3; fig.⟩ **sich** die **Finger** ~ *immer wieder etwas (z. B. Gesuche, Mahnungen) schreiben, ohne dass es Erfolg hat*

Wund|starr|krampf ⟨m.; -(e)s; unz.⟩ = *Tetanus*

Wunsch ⟨m.; -(e)s, Wün|sche⟩ **1** *etwas, das man gern haben, verwirklicht sehen möchte, Begehren, Verlangen;* jmdm. jeden ~ von den Augen ablesen; jmdm. seinen ~ erfüllen; hast du noch einen ~?; haben Sie sonst noch Wünsche? (Frage der Verkäuferin); ich hege den (stillen) ~; ein eigenes Haus war schon immer mein ~; jmdm. einen ~ versagen; ich habe nur den einen ~, möglichst schnell von hier wegzukommen; es ist sein größter ~, einmal nach Amerika zu reisen; ein heimlicher, stiller ~; ein heißer, sehnlicher ~; Prospekte werden auf ~ zugesandt; auf allgemeinen, vielfachen ~ wird die Sendung morgen wiederholt; auf meinen besonderen ~ hin hat er …; Herr X scheidet auf seinen eigenen ~ aus unserem Betrieb aus; auf ~ von Herrn X; Nachtisch, Wein nach ~; sich (ganz) nach jmds. Wünschen richten; er ist seit langem von dem ~e beseelt, Maler zu werden; mein ~ ist in Erfüllung gegangen • 1.1 dein ~ ist mir Befehl ⟨nur noch scherzh.⟩ *ich tue, was du willst* • 1.2 es geht alles nach ~ *wie man es sich gewünscht, gedacht hat;* →a. Vater (4.1) **2** *Glückwunsch;* jmdm. seine Wünsche darbringen; mit den besten Wünschen für baldige Genesung; mit allen guten Wünschen für das neue Jahr; beste Wünsche zum Geburtstag, zum neuen Jahr

Wün|schel|ru|te ⟨f.; -, -n⟩ *gegabelter Zweig, der in den Händen mancher Menschen zuckt, wenn er über Wasseradern im Boden gehalten wird*

wün|schen ⟨V.⟩ **1** ⟨503/Vr 5 od. Vr 6⟩ **(jmdm.) etwas** ~ *den Wunsch haben, etwas zu haben, etwas verwirklicht sehen wollen, mögen, verlangen, fordern;* ich wünschte, ich könnte bei euch sein; sie wünscht sich (zu Weihnachten) eine Puppe; der Junge wünscht sich ein Schwesterchen; du darfst dir (von mir) etwas ~; etwas brennend, sehnlich(st) ~; was ~ Sie? (Frage des Verkäufers); was wünschst du dir zum Geburtstag, zu Weihnachten?; ich wünsche, dass meine Anordnungen sofort befolgt werden; es geht mir sehr gut, ich könnte mir nichts Besseres ~; ganz wie Sie ~; es wird gewünscht, dass die Angestellten …; bitte die gewünschte Nummer hier einsetzen (auf Bestellformularen); anbei senden wir Ihnen den gewünschten Prospekt; das Medikament hatte (nicht) die gewünschte Wirkung • 1.1 ⟨Inf.⟩ es ist (sehr) zu ~, dass … *es ist wünschenswert* • 1.1.1 etwas lässt zu ~ übrig *ist nicht so, wie es sein sollte* • 1.1.2 sein Betragen lässt noch viel zu ~ übrig *ist durchaus nicht gut* • 1.1.3 sein Betragen lässt nichts zu ~ übrig *ist sehr gut, tadellos* **2** ⟨503/Vr 5 od. Vr 6⟩ **(jmdm.) etwas** ~ *für jmd. anders erhoffen, erbitten;* ich wünsche Ihnen gute Besserung; jmdm. Glück ~; ich wünsche dir alles Gute (zum Geburtstag)!; ich wünsche Ihnen gute Reise!; jmdm. ein frohes Weihnachten, ein gutes neues Jahr ~; wünsche wohl zu ruhen, zu speisen ⟨geh.⟩; ich wünsche dir herzlich baldige Genesung; die Schmerzen, die ich in diesen Wochen gehabt habe, wünsche ich niemandem, wünsche ich meinem ärgsten Feind nicht ⟨umg.⟩ • 2.1 (einen) guten Morgen ~ *jmdm. guten M. sagen* **3** ⟨510⟩ **jmdn.** *od.* **etwas irgendwohin** *od.*

Würde

irgendwie ~ *den Wunsch haben, dass jmd. od. etwas irgendwo od. irgendwie ist;* jmdn. dahin ~, *wo der Pfeffer wächst;* jmdn. zum Teufel ~; *ich hätte mir den Wein etwas herber gewünscht*

Wür|de ⟨f.; -, -n⟩ **1** ⟨unz.⟩ *achtunggebietendes Verhalten, Wesen eines Menschen aufgrund seiner starken Persönlichkeit, seiner geistig seelischen Kraft;* die ~ *des Alters ehren;* die ~ *des Menschen; er verbeugte sich mit* ~ • **1.1** *etwas mit* ~ *ertragen* ⟨umg.; häufig scherzh.⟩ *sich in etwas Unvermeidliches fügen, ohne zu klagen od. zu schelten* • **1.2** *etwas ist unter aller* ~ *sehr schlecht, unzumutbar* • **1.3** *etwas ist unter jmds.* ~ *ist jmds. nicht würdig* • **1.3.1** *ich halte es für unter meiner* ~, *das zu tun ich halte es für zu niedrig, für unehrenhaft* **2** *mit Titel u. äußeren Ehren verbundene Stellung, verbundenes Amt;* Doktor~, Königs~; jmdm. die ~ *eines Doktors, Kardinals verleihen; akademische* ~n; *die kaiserliche, königliche* ~; *in die* ~ *eines Bischofs eingesetzt werden* • **2.1** ~ *bringt Bürde* (Sprichw.) *ein hohes Amt bringt Verantwortung u. viel Arbeit, Mühe mit sich;* →a. *Amt* (1.4)

Wür|den|trä|ger ⟨m.; -s, -⟩ *Inhaber eines hohen Amts od. hoher Auszeichnungen; geistlicher* ~

wür|dig ⟨Adj.⟩ **1** *Achtung, Ehrfurcht gebietend, ehrwürdig;* ein ~er *alter Herr* **2** *Ehre od. eine Auszeichnung verdienend, wert;* er ist ein ~er *Nachfolger des Direktors; sich einer Ehre* ~ *erweisen; er ist es (nicht)* ~, *so bevorzugt zu werden; er hat sich des Vertrauens, das wir in ihn gesetzt haben, (nicht)* ~ *gezeigt, erwiesen;* jmdn. für ~ *befinden, erachten, eine Auszeichnung, ein Amt zu erhalten*

wür|di|gen ⟨V. 500/Vr 8⟩ **1** jmdn. od. etwas ~ *hoch einschätzen, anerkennen; ich weiß seine Güte zu* ~; *jmds. Verdienste gebührend;* man wusste ihn zu ~ **2** ⟨540⟩ jmdn. einer Sache ~ *für würdig, wert halten; er hat mich keiner Antwort gewürdigt; er würdigte ihn keines Blickes;* jmdn. seiner Freundschaft ~

Wurf ⟨m.; -(e)s, Wür|fe⟩ **1** *das Werfen* (1), *Schleudern;* Speer~; ein ~ *mit dem Ball, Speer, Stein;* zum ~ *ausholen* **2** *Ergebnis des Werfens* (1); *ein guter, schlechter* ~ *(beim Würfeln od. Werfen); einen Gegenstand mit zwei Würfen treffen, umwerfen* • **2.1** *auf einen* ~ *auf einmal* • **2.2** *alles auf einen* ~ *setzen mit einer Tat alles riskieren, aufs Spiel setzen* • **2.3** ⟨fig.⟩ *Erfolg, erfolgreiche Tat; der Roman war sein großer* ~; →a. *glücklich* (1.2) **3** *die jungen Tiere, die unmittelbar nacheinander von einem Tierweibchen geworfen (geboren) worden sind;* ein ~ *junger Hunde, Katzen, Wölfe*

Wür|fel ⟨m.; -s, -⟩ **1** *Körper mit sechs gleichen quadratischen Seiten;* Sy Kubus (1) **2** *Spielstein in Form eines Würfels* (1), *dessen Seiten 1–6 Punkte (Augen) tragen* • **2.1** ~ *spielen würfeln* • **2.2** *der* ~ *ist gefallen* (Zitat Cäsars nach Sueton, als er 49 v. Chr. den Rubikon überschritt), *die* ~ *sind gefallen* ⟨fig.⟩ *die Sache ist entschieden* **3** ⟨Kochk.⟩ *Stück in Form eines Würfels* (1); *Käse~, Schinken~, Speck~;* Speck in ~ *schneiden* **4** ⟨umg.⟩ *gleichseitiges Viereck als Stoffmuster;* →a. *Karo* (2)

wür|feln ⟨V.⟩ **1** ⟨400⟩ *einen Würfel* (2) *werfen, mit einem Würfel* (2) *spielen; du bist mit Würfeln an der Reihe* • **1.1** um etwas ~ *würfeln* (1), *wobei der Spieler, bei dem der Würfel* (2) *die meisten Augen nach oben zeigt, etwas gewinnt, das vorher vereinbart wurde; um den ersten Einsatz (bei Gesellschaftsspielen)* ~; *um Geld* ~ **2** ⟨500⟩ etwas ~ *etwas die Form eines Würfels* (3-4) *geben;* Zwiebeln ~; *den gewürfelten Speck ausbraten* • **2.1** *gewürfelter Stoff* ⟨umg.⟩ *karierter S.*

wür|gen ⟨V.⟩ **1** ⟨500/Vr 8⟩ jmdn. ~ *am Hals drücken, so dass er keine Luft mehr bekommt; der Kragen würgt mich (am Hals)* • **1.1** an der Kehle fassen, *jmdn. die Kehle zudrücken* • **1.2** ⟨früher bes. in Spanien⟩ *mit einem um den Hals gelegten, zusammenschraubbaren Eisen foltern;* →a. *hängen¹* (4.5) **2** ⟨400⟩ *einen Bissen (an dem man sich verschluckt hat) wieder aus dem Hals herauszubringen versuchen* **3** ⟨800⟩ an etwas ~ *etwas mit Anstrengung zu schlucken suchen; an einem Bissen* ~ **4** ⟨410; fig.; umg.⟩ *sich sehr anstrengen müssen, sich abmühen; ich habe lange, sehr gewürgt, bis ich es zustande gebracht habe*

Wurm¹ ⟨m.; -(e)s, Wür|mer⟩ **1** ⟨Zool.⟩ *Angehöriger einer Gruppe wirbelloser Tiere verschiedener Gestalt, meist gestreckt, ohne Glieder: Vermes, Helminthes* • **1.1** *Würmer haben an einer Wurmkrankheit leiden* • **1.2** *er kroch vor ihm wie ein* ~ *im Staube* ⟨poet.⟩ *er erniedrigte, demütigte sich vor ihm* • **1.3** *er wand sich wie ein getretener* ~ ⟨fig.; umg.⟩ *er war sehr verlegen* • **1.4** jmdm. die Würmer aus der Nase ziehen ⟨fig.; umg.⟩ *jmdm. ein Geheimnis entlocken* • **1.5** ⟨umg.⟩ *Made; von Würmern zerfressenes Holz; in dem Apfel ist ein* ~; *der Apfel hat einen* ~ ⟨umg.⟩ • **1.5.1** *da ist der* ~ *drin!* ⟨fig.; umg.⟩ *da stimmt etwas nicht* **2** ⟨Myth.⟩ *Drache, Lindwurm* **3** ⟨fig.⟩ *verborgenes, zehrendes Übel* • **3.1** *der nagende* ~ *des Gewissens das schlechte G.*

Wurm² ⟨n.; -(e)s, Wür|mer; fig.; umg.⟩ *Geschöpf, kleines Kind;* armes ~!; *das arme* ~ *kann man nur bemitleiden; die Frau schlägt sich nur mühsam mit ihren drei (kleinen) Würmern durch*

Wurm|fort|satz ⟨m.; -es, -sät|ze⟩ ⟨Anat.⟩ *wurmartiger Fortsatz des Blinddarms*

wurm|sti|chig ⟨Adj. 24/70⟩ *von einem Wurm, von Würmern befallen u. zerfressen;* ein ~er *Apfel,* ~es *Holz*

Wurst ⟨f.; -, Würs|te⟩ **1** *walzenförmiges Nahrungsmittel aus zerhacktem Fleisch in Darm-, Magen-, Pergament- od. Kunststoffschläuchen;* Blut~, Brat~, Leber~, Mett~, Dauer~, Hart~, Streich~; eine ~ *füllen, stopfen; frische, gebratene, geräucherte* ~; ~ *machen; ein Brot mit* ~ *belegen, bestreichen* • **1.1** *mit der* ~ *nach der Speckseite werfen* ⟨fig.; umg.⟩ *durch das Gewähren eines Vorteils einen größeren Vorteil für sich zu erhalten suchen* **2** *es geht um die* ~ ⟨fig.; umg.⟩ *es geht um die Entscheidung* • **2.1** ~ wider ~ ⟨fig.⟩ *wie du mir, so ich dir* **3** *das ist mir wurst* ⟨fig.; umg.⟩ *gleich, einerlei*

wurs|teln ⟨V. 400; umg.⟩ *langsam u. ungeschickt od. unordentlich arbeiten*

Wurz ⟨f.; -, -en; veraltet⟩ *Pflanze, Kraut;* Nies~

Wür|ze ⟨f.; -, -n⟩ **1** *den Geschmack einer Speise od. eines Getränkes verfeinerndes Mittel, Gewürz;* Speise~; die Suppe braucht noch etwas ~; Pfeffer, Paprika, Majoran als ~ verwenden **2** *Zustand des Biers, bevor Wasser aufgefüllt wird* **3** ⟨fig.⟩ *Reiz, das Besondere (einer Sache);* in der Kürze liegt die ~

Wur|zel ⟨f.; -, -n⟩ **1** *der Befestigung u. der Ernährung dienendes Pflanzenorgan;* Ggs *Spross (1);* Pflanzen treiben ~n • **1.1** ~n schlagen ⟨fig.⟩ *heimisch werden* **2** ⟨fig.⟩ *Ursache;* die ~ allen Übels ist … • **2.1** ein Übel an der ~ packen *ein Ü. mitsamt der Ursache, von Grund aus zu beseitigen suchen* • **2.2** ein Übel mit der ~ ausreißen *einem Ü. gründlich abhelfen, es mit der Ursache beseitigen* **3** *Ansatzstelle (bes. eines Zahnes, aber auch der Hand od. der Zunge);* Hand~, Zahn~, Zungen~; bei dem Zahn muss die ~ behandelt werden **4** ⟨Sprachw.⟩ *nicht mehr zerlegbarer, die Bedeutung tragender Kern eines Wortes* **5** die n-te ~ aus einer Zahl a ⟨Math.; Zeichen: √⟩ *diejenige Zahl, deren n-te Potenz die Zahl a ist;* die ~ aus einer Zahl ziehen **6** ⟨umg.; bes. norddt.⟩ *Möhre*

wur|zeln ⟨V. 410⟩ **1** etwas wurzelt *schlägt Wurzeln* **2** ⟨411⟩ etwas wurzelt **in etwas** *ist in etwas mit Wurzeln festgewachsen;* die Pflanze wurzelt tief, nicht sehr tief im Boden **3** ⟨411⟩ eine **Sache** wurzelt **in etwas** ⟨fig.⟩ *ist mit etwas fest verbunden;* der Abscheu, das Misstrauen dagegen wurzelt fest in ihm; seine Kompositionen wurzeln noch stark in der klassischen Musik

Wur|zel|werk ⟨n.; -(e)s; unz.⟩ **1** *die Gesamtheit der Wurzeln einer Pflanze* **2** ⟨Kochk.⟩ *etwas Sellerie, gelbe Rübe, Lauch u. Ä. zum Würzen von Suppenfleisch*

wür|zen ⟨V. 500⟩ **1** eine **Speise** ~ *einer S. durch Hinzufügen von Gewürzen einen feineren od. stärkeren Geschmack verleihen;* einen Braten mit Paprika, Pfeffer ~; die Suppe ist zu wenig gewürzt **2** eine **Sache** ~ ⟨fig.⟩ *interessant, witzig, kurzweilig machen;* er würzte seine Rede mit humorvollen Anspielungen

wür|zig ⟨Adj.⟩ *kräftig im Geschmack od. Geruch;* eine ~e Speise; ein ~es Getränk; die Luft riecht nach dem Regen sehr ~

wu|sche|lig ⟨Adj.; umg.⟩ *lockig u. zerzaust (Haare);* oV wuschelig

wusch|lig ⟨Adj.; umg.⟩ = wuschelig

Wust ⟨m.; -es; unz.⟩ *wüstes Durcheinander, ungeordneter Haufen, Gewirr;* ich fand den Brief in einem ~ von anderen Papieren; ein ~ von Kleidern, Papieren u. Büchern

wüst ⟨Adj.⟩ **1** ⟨70⟩ *öde, unbebaut;* eine ~e Gegend **2** *verwahrlost, unordentlich;* eine ~e Szene; hier sieht es ja ~ aus; du siehst ~ aus • **2.1** *zerzaust;* das Haar hing, stand ihm ~ um den Kopf **3** *widerwärtig, roh;* ein ~es Benehmen; ein ~er Kerl **4** *das normale, vernünftige Maß nicht einhaltend* • **4.1** im Zimmer herrschte ein ~es Durcheinander, eine ~e Unordnung *ein schlimmes, großes D.* • **4.2** ein ~es Leben führen *ein ausschweifendes L.* **5** ⟨oberdt.⟩ *hässlich, unschön*

Wüs|te ⟨f.; -, -n⟩ **1** *vegetationsloses Gebiet der Erde;* Sand~ • **1.1** *trockenes, pflanzenloses Sandgebiet;* die Nomaden durchqueren die ~ mit ihren Kamelen; →a. *Schiff (2.1)* **2** ⟨fig.⟩ *Einöde, unbebautes Land* • **2.1** ein Land zur ~ machen *verwüsten* • **2.2** jmdn. in die ~ schicken ⟨umg.⟩ *aus einer einflussreichen Stellung entfernen*

wüs|ten ⟨V. 410⟩ **mit etwas** ~ *verschwenderisch, leichtsinnig umgehen;* mit dem Geld ~; mit seiner Gesundheit ~

Wut ⟨f.; -; unz.⟩ **1** *heftiger Zorn, Raserei;* jmdn. in ~ bringen; er ballte die Fäuste in ohnmächtiger ~; er schlug vor ~ mit der Faust auf den Tisch; er war rot vor ~; ~ auf jmdn. haben ⟨umg.⟩ • **1.1** ihn packte die ~ *er wurde wütend* • **1.2** in ~ geraten *wütend werden* • **1.3** er kochte, schäumte vor ~ *er war äußerst wütend* **2** *übertriebene Neigung für etwas, übersteigerte Begeisterung;* Lese~, Tanz~

wü|ten ⟨V. 400⟩ **1** *toben, rasen (vor Wut);* die Soldaten wüteten im Schloss **2** etwas wütet ⟨fig.⟩ *ist heftig, wild wirksam (u. richtet Verwüstungen an);* der Sturm, das Feuer hat (schrecklich) gewütet • **2.1** die Seuche wütete in der Stadt *forderte viele Todesopfer*

wü|tend 1 ⟨Part. Präs. von⟩ **wüten 2** ⟨Adj.⟩ • **2.1** *voller Wut, äußerst zornig, von Wut bestimmt, äußerst erregt;* der Hund sprang mit ~em Gebell auf ihn zu; jmdn. ~ angreifen; jmdn. ~ machen; „…!", schrie er ~; er ist ~ auf mich; über etwas ~ sein, werden • **2.2** ⟨90⟩ *heftig, sehr groß;* ~e Schmerzen

wut|ent|brannt ⟨Adj. 24⟩ *sehr wütend*

wut|schäu|mend ⟨Adj. 24⟩ *sehr wütend*

wut|schnau|bend ⟨Adj. 24⟩ *sehr wütend*

WWW ⟨Abk. für⟩ *World Wide Web (weltweit verbreitetes Computernetzwerk, Informations- u. Nachrichtensystem im Internet)*

x-Achse ⟨[-ks-] f.; -, -n; Math.⟩ *waagerechte Achse im Koordinatensystem;* Sy *Abszissenachse;* →a. *y-Achse*

Xanthippe ⟨f.; -, -n; fig.; umg.; abwertend⟩ *zänkische, streitsüchtige Frau*

X-Beine ⟨Pl.⟩ *vom Knie an leicht nach außen gebogene Beine;* jmd. hat ~

X-beinig *auch:* **x-beinig** ⟨Adj.⟩ *X-Beine aufweisend*

x-beliebig ⟨Adj.; umg.⟩ *irgendein, gleichgültig, wer oder was;* ein ~es Kleid; das kann ja jeder x-Beliebige sagen

X-Chromosom ⟨[-kro-] n.; -s, -en; Genetik⟩ *eines der beiden geschlechtsbestimmenden Chromosomen;* Ggs *Y-Chromosom*

Xerodermie ⟨f.; -; unz.; Med.⟩ *Trockenheit der Haut*

xerophil ⟨Adj.; Bot.⟩ *die Trockenheit liebend;* ~e Pflanzen

Xerophilie ⟨f.; -; unz.; Bot.⟩ *Vorliebe für trockene Standorte (von Pflanzen)*

Xerophyt ⟨m.; -en, -en; Bot.⟩ *Trockenheit liebende Pflanze*

x-fach ⟨Adj. 24; umg.⟩ *vielfach;* ein ~es Bemühen; er verdient mittlerweile das x-Fache seines früheren Einkommens

X-förmig *auch:* **x-förmig** ⟨Adj. 24⟩ *wie ein X geformt;* ein ~es Gestell

X-Haken ⟨m.; -s, -⟩ *Haken zum Aufhängen von Bildern*

XL ⟨Abk. für engl.⟩ *extra large, sehr groß (als Konfektionsgröße)*

x-mal ⟨Adv.; umg.⟩ *viele Male;* das habe ich schon ~ gesehen

XS ⟨Abk. für engl.⟩ *extra small, sehr klein (als Konfektionsgröße)*

X-Strahlen ⟨Pl.; Phys.⟩ = *Röntgenstrahlen*

x-te(r, -s) ⟨Zahladj. 70; umg.⟩ *soundsovielte(r, -s), irgendeine(r, -s) aus einer Reihe;* der ~ Besucher; die ~ Potenz; der ~ Versuch; ich habe jetzt schon zum ~n Mal versucht, einen Termin zu bekommen

XXL ⟨Abk. für engl.⟩ *extra extra large, übermäßig groß (als Konfektionsgröße)*

Xylofon ⟨a. ['---] n.; -s, -e; Mus.⟩ *Musikinstrument, bei dem kleine, nach Tonleitern angeordnete, auf einer weichen Unterlage ruhende Holzstäbe mit hölzernen Klöppeln angeschlagen werden;* oV *Xylophon*

Xylophon ⟨a. ['---] n.; -s, -e; Mus.⟩ = *Xylofon*

Xylose ⟨f.; -; unz.; Biochemie⟩ *Zucker mit fünf Atomen Kohlenstoff, Holzzucker*

y-Ach|se ⟨[-ks-] f.; -, -n; Math.⟩ *senkrechte Achse im Koordinatensystem;* Sy *Ordinatenachse;* →a. *x-Achse*
Yacht ⟨f.; -, -en⟩ = *Jacht*
Yak ⟨m.; -s, -s; Zool.⟩ = *Jak*
Ya|ku|za ⟨[-za] f.; -, -⟩ *Gruppe, die der organisierten Kriminalität in Japan angehört*
Yal|ma|shi|ta ⟨[-ʃiːta] m.; -s, -s; Sp.⟩ *Sprung am Pferd*
Yams|wur|zel ⟨f.; -, -n; Bot.⟩ = *Jamswurzel*
Yan|kee ⟨[jæŋkɪ] m.; -s, -s; abwertend⟩ *US-Amerikaner*
Yard ⟨n. 7; -s, -s; Abk.: yd.⟩ *englisches u. nordamerikanisches Längenmaß, 0,91 m*
Y-Chro|mo|som ⟨[-kro-] n.; -s, -en; Genetik⟩ *eines der beiden geschlechtsbestimmenden Chromosomen;* Ggs *X-Chromosom*
Yel|low Press ⟨[jɛloʊ -] f.; - -; unz.⟩ *Boulevardpresse*
Ye|ti ⟨m.; -s, -s⟩ *angeblich im Himalaya lebendes, urtümliches, menschenähnliches Wesen;* Sy *Schneemensch*
Ygg|dra|sil ⟨[yk-] m.; -s; unz.; nord. Myth.⟩ *Weltesche, ein immergrüner Baum im Mittelpunkt der Welt, unter dessen Wurzeln die Welten der Menschen verborgen begraben liegen*

Yin und Yang ⟨n.; - - -; unz.⟩ = *Jin und Jang*
Ylang-Ylang ⟨[iː-iː-] n.; -s, -s; Bot.⟩ *zur Familie der Annonengewächse gehörender Baum, aus dessen Blüten ein aromatisches Öl gewonnen wird: Cananga odorata*
YMCA ⟨[waɪɛmsiːɛɪ] Abk. für engl.⟩ *Young Men's Christian Association (Christlicher Verein junger Männer)*
Yo|ga ⟨n.; -s; unz.⟩ = *Joga*
Youngs|ter ⟨[jʌŋs-] m.; -s, -⟩ **1** *Jugendliche(r)* **2** *Nachwuchssportler; er gilt als ihr talentiertester* ~ **3** ⟨Pferderennen⟩ *zweijähriges Pferd*
Yo-Yo ⟨n.; -s, -s⟩ = *Jo-Jo*
Yp|si|lon ⟨n.; -s, -s⟩ **1** *Buchstabe y, Y* **2** *20. Buchstabe des griechischen Alphabets*
Ysop ⟨[iː-] m.; -s, -e; Bot.⟩ *in Südamerika heimischer Lippenblütler mit dunkelblauen, rosenroten od. weißen Blüten, als Zierpflanze beliebt: Hyssopus officinalis*
Ytong® ⟨[iː-] m.; -s, -s⟩ *durch Zusatz von Blähmitteln zu normalem Beton gewonnener Leichtbeton, der unter Druck u. bei etwa 180 °C in Formen ausgehärtet u. z. B. als Mauerstein verwendet wird*
Yt|tri|um auch: **Ytt|ri|um** ⟨n.; -s; unz.; chem. Zeichen: Y⟩ *zu den seltenen Erdmetallen gehörendes chem. Element, Ordnungszahl 39*
Yuc|ca ⟨f.; -, -s; Bot.⟩ *Angehörige einer Gattung der Liliengewächse mit kräftigen, langen, zugespitzten Blättern;* Sy *Palmlilie*
Yup|pie ⟨m.; -s, -s; meist abwertend⟩ *gewandter, sportlicher, karriererbewusster junger Mensch, Aufsteiger*
YWCA ⟨[waɪdʌbljuːsiːɛɪ] Abk. für engl.⟩ *Young Women's Christian Association (Christlicher Verein junger Frauen)*

Za|cke ⟨f.; -, -n⟩ oV Zacken **1** hervorragende, in der Form oft auffallende Spitze; Berg~ **2** Zinke, Zahn (einer Reihe, z. B. an der Egge, der Gabel, am Kamm); eine Krone mit fünf ~n **3** = Zinne

Za|cken ⟨m.; -s, -⟩ = Zacke

za|ckig ⟨Adj.⟩ **1** mit Zacken versehen, gezackt **2** ⟨fig.; umg.⟩ militärisch straff, schneidig, forsch; ~ grüßen

za|gen ⟨V. 400⟩ ängstlich, schüchtern zögern; →a. zittern (2.1)

zag|haft ⟨Adj.⟩ schüchtern, furchtsam, zögernd, vorsichtig; ein ~er Versuch; das Kind fragte ~, ob …

zäh ⟨Adj.⟩ **1** einen starken Zusammenhalt aufweisend • **1.1** weich, aber so beschaffen, dass es nicht zerreißt; ~es Leder • **1.2** dickflüssig u. fest, schwer zu gießen, zu schöpfen; eine ~e Masse, ein ~er Teig • **1.3** schwer zu zerkleinern; ~es Fleisch; der Braten ist ~ wie Leder **2** ⟨fig.⟩ widerstandsfähig, ausdauernd, beharrlich, hartnäckig, nicht nachlassend, nicht erlahmend; er ist schlank und klein, aber sehr ~; sich etwas mit ~em Fleiß erarbeiten; ein ~es Leben haben ⟨umg.⟩ **3** ⟨Getrennt- u. Zusammenschreibung⟩ • **3.1** ~ fließend = zähfließend

zäh|flie|ßend auch: **zäh flie|ßend** ⟨Adj.⟩ langsam fließend; ~er Verkehr

Zäh|heit ⟨f.; -; unz.⟩ zähe Beschaffenheit

Zahl ⟨f.; -, -en⟩ **1** der Mengenbestimmung dienende, durch Zählen gewonnene Größe; die ~ Neun; eine ~ abrunden, aufrunden; ~en addieren, subtrahieren, große, kleine, hohe, niedrige ~; durch eine ~ teilen, dividieren; mit einer ~ malnehmen, multiplizieren; →a. ganz (2.4), gemischt (2.2), gerade² (1), rund (4), ungerade (1) • **1.1** arabische, römische ~en Ziffern **2** Menge, Gruppe, Anzahl; die ~ der Mitglieder, Zuschauer; eine große ~ (von) Menschen; sie kamen, strömten in großer ~ herbei • **2.1** 100 an der ~ ⟨verstärkend⟩ 100 • **2.2** Leute, Tiere **ohne** ~ zahllose, unsagbar viele L., T.; Vögel ohne ~ **3** ⟨Gramm.⟩ Zahlform; Sy Numerus

zäh|le|big ⟨Adj.⟩ widerstandsfähig, nicht empfindlich gegen Verletzungen, Krankheiten

zah|len ⟨V.⟩ **1** ⟨400⟩ etwas bezahlen, einer finanziellen Forderung nachkommen, eine Schuld tilgen; Herr Ober, bitte ~!, ich möchte ~!; nicht ~ können; der Kunde zahlt immer gut, pünktlich, schlecht, unpünktlich **2** ⟨500⟩ etwas ~ Geld als Gegenleistung für etwas geben, mit Geld finanzielle Forderungen ausgleichen, etwas bezahlen, vergüten; jmds. Schulden ~; ich zahle dir ein Taxi • **2.1** was habe ich zu ~?, was bin ich schuldig?, was kostet es?

zäh|len ⟨V.⟩ **1** ⟨410⟩ Zahlen der Reihe nach durchgehen, aufsagen; der Junge hat im Kindergarten ~ gelernt; →a. drei (2.2) **2** ⟨500⟩ **etwas** ~ die Anzahl von etwas feststellen; die Anwesenden, Gegenstände ~; sein Geld ~ • **2.1** seine Tage sind gezählt ⟨fig.⟩ er hat nicht mehr lange zu leben; →a. Bissen (1.2) • **2.2** die **Tage, Stunden bis zu** einem **Ereignis** ~ ein E. kaum erwarten können; ich zähle die Stunden bis zu seiner Ankunft; die Kinder ~ die Tage bis Weihnachten **3** ⟨500⟩ **etwas** ~ ⟨geh.⟩ haben, aufweisen; der Ort zählt 200 Einwohner; er zählt 30 Jahre **4** ⟨410; selten⟩ **nach etwas** ~ etwas betragen, ausmachen; sein Vermögen zählt nach Millionen **5** ⟨550/Vr 7 od. Vr 8⟩ jmdn. od. **etwas zu jmdn.** od. **etwas** ~ zu jmdm. od. etwas rechnen; jmdn. zu seinen Kunden ~; ich zähle mich zu seinen Freunden **6** ⟨417⟩ **zu jmdm.** od. **etwas** ~ gehören; auch ich zähle zu seinen Freunden, Kunden **7** ⟨800⟩ **auf jmdn.** ~ mit jmdm. rechnen, sich auf jmdn. verlassen **8** ⟨400⟩ **etwas** zählt etwas gibt, ist von Bedeutung; das zählt nicht

Zäh|ler ⟨m.; -s, -⟩ **1** ⟨Math.⟩ Zahl über dem Bruchstrich; Ggs Nenner **2** Gerät mit Zählwerk; Elektrizitäts~, Gas~

zahl|los ⟨Adj. 24⟩ ungezählt, unendlich viele; ~e Blumen, Sterne, Vögel; Zahllose kamen

zahl|reich ⟨Adj.⟩ in großer Zahl (vorhanden, auftretend), viel; ~e Fabriken, Mitglieder, Personen, Teilnehmer, Zuschauer; eine ~e Familie; die Gäste, Zuschauer waren ~ erschienen; Zahlreiche verließen den Saal

Zah|lung ⟨f.; -, -en⟩ **1** das Zahlen; jmdm. die ~ (durch Gewähren von Raten o. Ä.) erleichtern; ~ in Monatsraten • **1.1** die ~en einstellen nicht mehr zahlen • **1.2** eine ~ leisten etwas bezahlen **1.3** einen Gegenstand in ~ nehmen annehmen u. mit der Rechnung an Zahlungs statt verrechnen

Zah|lungs|bi|lanz ⟨f.; -, -en⟩ Gegenüberstellung sämtlicher Zahlungsforderungen u. -verpflichtungen zwischen In- u. Ausland

zah|lungs|fä|hig ⟨Adj. 24/70⟩ imstande, fällige Zahlungen zu leisten

Zähl|werk ⟨n.; -(e)s, -e⟩ Vorrichtung zum Zählen von Personen, Gegenständen od. Vorgängen

Zahl|wort ⟨n.; -(e)s, -wörter; Gramm.⟩ Wort, das eine Zahl bezeichnet, z. B. dreizehn, vierter; Sy Numerale

zahm ⟨Adj.⟩ **1** an Menschen gewöhnt, gezähmt; Ggs wild (1.1); ein ~es Reh; ein ~er Vogel **2** ⟨fig.⟩ fügsam, friedlich; sich ~ verhalten; sie war schon als Kind so ~ **3** ⟨fig.⟩ milde, zurückhaltend; die Kritik war sehr ~

zäh|men ⟨V. 500⟩ **1** ein **Tier** ~ zahm machen, an den Menschen gewöhnen, bändigen, abrichten; Löwen, Vögel ~ **2** ⟨Vr 7⟩ **jmdn.** od. **eine Sache** ~ ⟨fig.⟩ zügeln, beherrschen, gefügig, gehorsam machen; sie wird diesen wilden Kerl schon ~; er konnte sich kaum noch ~ ⟨geh.⟩; du musst deine Ungeduld ~ ⟨geh.⟩

Zahn ⟨m.; -(e)s, Zäh|ne⟩ **1** Teil des Gebisses des Menschen u. der Wirbeltiere: Dens; Backen~, Eck~, Schneide~, Weisheits~; sich einen ~ (an einem harten Bissen) ausbeißen; das Kind bekommt Zähne; jmdm. ein paar Zähne ein-, ausschlagen; der Hund fletscht die Zähne; einen ~ füllen, ersetzen; sich die Zähne putzen; bei mir wackelt ein ~; falsche, künstliche Zähne; gute, gesunde, kranke, schlechte Zähne haben; ein lockerer ~; ein oberer, unterer ~; mit den Zähnen klappern (vor Kälte od. Angst); mit den Zähnen knirschen (vor Wut); sei ruhig, oder ich schlag' dir die Zähne ein! ⟨derb⟩ • **1.1 die Zähne heben** (beim Essen) ⟨umg.⟩ *lustlos, mit Widerwillen essen* • **1.2 sich die Zähne an einer Sache ausbeißen** ⟨fig.; umg.⟩ *viel (geistige) Mühe haben, sich sehr anstrengen müssen, um eine S. zu bewältigen* • **1.3 die Zähne zusammenbeißen** ⟨fig.⟩ *tapfer sein* • **1.4 jmdm. die Zähne zeigen** ⟨fig.⟩ *sich gegen jmdn. zur Wehr setzen, zeigen, dass man böse werden kann* • **1.5 bis an die Zähne bewaffnet** ⟨fig.⟩ *stark bewaffnet* • **1.6 jmdm. auf den ~ fühlen** ⟨fig.; umg.⟩ *jmds. Fähigkeiten od. Gesinnung zu ergründen suchen* • **1.7 jmdm. einen ~ ziehen** ⟨fig.; umg.⟩ *jmdn. von einer falschen Vorstellung befreien, jmdm. seine Illusion nehmen;* →a. *Auge (11.3), Haar (4), dritte (1.8), hohl (4)* **2** der ~ der **Zeit** ⟨fig.⟩ *die zerstörende Kraft der Z.* **3** *Zacke, Spitze (in einer Reihe, z. B. von Säge, Kamm, Zahnrad)* • **3.1 einen Affen~ drauf haben** ⟨fig.; umg.⟩ *sich mit hoher Geschwindigkeit fortbewegen*

Zahn|arzt ⟨m.; -(e)s, -ärz|te⟩ *Arzt für die Behandlung von Zahnerkrankungen, Zahnmediziner*

Zahn|bürs|te ⟨f.; -, -n⟩ *kleine Bürste zum Säubern der Zähne*

Zahn|creme ⟨[-kre:m] f.; -, -s⟩ = *Zahnpasta;* oV *Zahnkrem, Zahnkreme*

Zahn|krem ⟨f.; -, -s⟩ = *Zahncreme*

Zahn|kre|me ⟨f.; -, -s⟩ = *Zahncreme*

Zahn|pas|ta ⟨f.; -, -pas|ten⟩ *Paste zum Säubern u. Pflegen der Zähne;* Sy *Zahncreme*

Zahn|rad ⟨n.; -(e)s, -rä|der⟩ *Maschinenelement zur Übertragung von Drehbewegungen mit Hilfe von am Rande eingekerbten Rädern*

Zahn|stein ⟨m.; -(e)s, unz.⟩ *Ablagerung von Kalk-, Kalium- u. Natriumsalzen u. a. Stoffen an den Zahnhälsen*

Zam|pa|no ⟨m.; -s, -s⟩ *Anführer (einer Gruppe), angeberischer, prahlerischer Mensch; er benimmt sich wie ein ~*

Zan|der ⟨m.; -s, -; Zool.⟩ *Angehöriger einer (als Speisefisch beliebten) im Süßwasser lebenden Art der Barsche: Stizostedion lucioperca;* Sy *Fogosch*

Zan|ge ⟨f.; -, -n⟩ **1** *Werkzeug zum Greifen u. Kneifen; Kneif~, Grill~, Zucker~* **2** *Greifwerkzeug von Tieren* **3** ⟨kurz für⟩ *Geburtszange; das Kind musste mit der ~ geholt werden* **4 jmdn. in die ~ nehmen** ⟨fig.⟩ *jmdn. heftig bedrängen, jmdm. keine Möglichkeit zu Ausflüchten lassen*

Zank ⟨m.; -(e)s; unz.⟩ *heftiger Wortwechsel, Streit; tu das nicht, sonst gibt es nur Streit und ~; ~ um den besten Platz*

Zank|ap|fel ⟨m.; -s, -äp|fel; fig.⟩ *Gegenstand, Ursache eines Streites; der Ball ist ein ewiger, ständiger ~ zwischen den beiden Kindern*

zan|ken ⟨V. 500/Vr 3 od. Vr 4⟩ **sich ~** *streiten; die Kinder ~ sich schon wieder; tu habe mich mit ihm gezankt; sich um ein Spielzeug ~*

zän|kisch ⟨Adj.⟩ *leicht, oft, wegen Kleinigkeiten (sich mit jmdm.) zankend, streitsüchtig*

Zapf ⟨m.; -(e)s, Zäp|fe⟩ = *Zapfen*

Zäpf|chen ⟨n.; -s, -⟩ **1** *kleiner Zapfen* **2** ⟨Anat.⟩ *zäpfchenförmiger Auslaufer des weichen Gaumens* **3** *Heilmittel in Form eines kleinen Zapfens, der in die Scheide od. durch den After in den Darm eingeführt wird; Vaginal~*

Zäpf|chen-R auch: **Zäpf|chen-r** ⟨n.; -s, -s; Sprachwiss.⟩ *mit dem Gaumenzäpfchen gebildeter r-Laut;* →a. *Zungen-R*

zap|fen ⟨V. 500⟩ *eine* **Flüssigkeit** *~ durch ein Spundloch ausfließen lassen, einem Fass entnehmen; Bier, Wein ~*

Zap|fen ⟨m.; -s, -⟩ oV *Zapf* **1** *kleines Gerät in Form eines Kegelstumpfes zum Verschließen von Fässern, Flaschen od. Rohren od. als Sperre, Spund, Pfropfen* **2** ⟨Arch.⟩ *Ende eines Kantholzes, das in ein anderes Kantholz eingreift* **3** ⟨Techn.⟩ *abgesetztes Ende von Wellen u. Achsen* **4** ⟨Anat.⟩ *lichtempfindl. Element der Netzhaut des Auges* **5** ⟨Bot.⟩ *an einer langen Achse angeordnete Staub- od. Fruchtblätter der nacktsamigen Pflanzen; Tannen~*

Zap|fen|streich ⟨m.; -(e)s, -e⟩ **1** *Signal am Abend, bei dem die Soldaten in den Unterkünften, bes. in der Kaserne, sein müssen; den ~ blasen* • **1.1 um 12 ist ~** ⟨umg.⟩ *um 12 ist Schluss*

zap|peln ⟨V. 400⟩ **1** *sich rasch u. unruhig hin u. her bewegen; mit Armen und Beinen ~; das Kind zappelte vor Ungeduld* **1.1 in der Schlinge ~** ⟨fig.⟩ *keine Gelegenheit zu Ausflüchten haben* **2** ⟨fig.⟩ *unruhig, im Ungewissen sein; wie ein Fisch an der Angel ~* • **2.1 jmdn. ~ lassen** ⟨umg.⟩ *jmdn. im Ungewissen lassen, jmdn. absichtlich warten lassen*

Zar ⟨m.; -en, -en⟩ **1** ⟨in Russland bis 1917⟩ • **1.1** ⟨unz.⟩ *Titel des herrschenden Monarchen* • **1.2** *Träger des Titels Zar (1.1)* **2** ⟨fig.⟩ *(auf einem bestimmten Gebiet) sehr bedeutende, mächtige, einflussreiche Person; Mode~; Medien~*

Zar|ge ⟨f.; -, -n⟩ **1** *Einfassung (einer Tür, eines Fensters)* **2** *Seitenwand (einer Schachtel, eines Saiteninstruments mit flachem Schallkörper)*

Za|rin ⟨f.; -, -rin|nen⟩ **1** *weibl. Zar* **2** *Gemahlin eines Zaren (1.2)*

zart ⟨Adj.⟩ **1** ⟨70⟩ *zerbrechlich, fein, dünn, weich; die ~en Linien ihrer Gestalt, ihres Gesichts; ~e junge Triebe, Knospen; ~e Haut; ~es Fleisch, Gemüse* **2** ⟨70⟩ *körperlich empfindlich, dünn u. klein, schwach, zu Krankheiten neigend; sie war als Kind sehr ~; im ~en Alter von 5 Jahren* ⟨fig.⟩ **3** ⟨70⟩ *unaufdringlich, hell, leise u. angenehm; ~e Farben; ein ~es Rot, Blau; ~e Musik; eine ~e Berührung, Liebkosung* **4** *empfindungsfähig, einfühlend, rücksichtsvoll, liebevoll; jmdm. etwas auf ~e Weise mitteilen; mit jmdm. ~ umgehen; „...?", fragte er ~* **5** ⟨Getrennt- u. Zusammenschreibung⟩ • **5.1 ~ besaitet** = *zartbesaitet* • **5.2 ~ fühlend** = *zartfühlend*

zart|be|sai|tet auch: **zart be|sai|tet** ⟨Adj. 70⟩ sehr empfindsam, sensibel; ein ~es Kind

zart|blau ⟨Adj. 24⟩ fein hellblau

zart|füh|lend auch: **zart füh|lend** ⟨Adj.⟩ sich in andere einfühlend, einfühlsam, rücksichtsvoll, sensibel; ein ~es Kind

Zart|ge|fühl ⟨n.; -(e)s; unz.⟩ einfühlende Rücksichtnahme, Takt

zärt|lich ⟨Adj.⟩ liebevoll, lieb u. anschmiegsam, Liebkosungen suchend u. gern gebend; ~er Blick; er ist seinen Kindern ein ~er Vater; jmdn. ~ ansehen; jmdn. ~ lieben; das Kind ist sehr ~; jmdm. ~ übers Haar streichen

Zä|si|um ⟨n.; -s; unz.; chem. Zeichen: Cs⟩ chem. Element, silberweißes, sehr weiches Alkalimetall; oV ⟨fachsprachl.⟩ Cäsium

Zä|sur ⟨f.; -, -en⟩ **1** Einschnitt, Beginn einer neuen Entwicklung; eine ~ machen • **1.1** ⟨Metrik⟩ Einschnitt, Ruhepunkt im Vers • **1.2** ⟨Mus.⟩ Einschnitt, Pause innerhalb eines Musikstücks, einer Melodie

Zau|ber ⟨m.; -s, -⟩ **1** (im Volksglauben u. in den Religionen der Naturvölker⟩ übernatürliches, magisches Mittel od. Reihe magischer Handlungen zur Beeinflussung eines Geschehens; Fruchtbarkeits~; Jagd~; einen ~ anwenden; den ~ (durch ein Wort od. eine Tat) lösen (im Märchen) **2** ⟨fig.; umg.⟩ (Angelegenheit, von der) übertrieben erscheinendes Aufhebens (gemacht wird); was kostet der ganze ~?; den ~ kenne ich!; mach keinen (faulen) ~!; →a. faul (3.1.1) **3** ⟨fig.⟩ unwiderstehlicher Reiz, fesselnder Liebreiz, anziehendes Wesen; alle waren von dem ~ ihrer Persönlichkeit gefangen, entzückt

Zau|be|rei ⟨f.; -, -en⟩ **1** ⟨unz.⟩ das Zaubern **2** Zauberkunststück

Zau|be|rer ⟨m.; -s, -⟩ jmd., der zaubern kann, Magier

zau|ber|haft ⟨Adj.⟩ **1** unerklärlich, magisch **2** ⟨fig.⟩ bezaubernd, wunderschön, entzückend; diese Landschaft ist ~

Zau|be|rin ⟨f.; -, -rin|nen⟩ weibl. Zauberer, Hexe

zau|bern ⟨V.⟩ **1** ⟨402⟩ (etwas) ~ (im Volksglauben u. in den Religionen der Naturvölker⟩ einen Zauber anwenden, etwas durch Zauber bewirken • **1.1** du denkst wohl, ich kann ~ ⟨fig.; umg.⟩ etwas Unmögliches tun **1.2** ⟨511/Vr 7⟩ jmdn. od. etwas irgendwohin ~ durch einen Zauber an einen anderen Ort versetzen **2** ⟨500⟩ etwas ~ durch ein Zauberkunststück erscheinen od. verschwinden lassen; Kaninchen aus dem Zylinder ~

zau|dern ⟨V. 400⟩ unschlüssig sein u. zögern; nach langem Zaudern entschloss er sich …

Zaum ⟨m.; -(e)s, Zäu|me⟩ **1** Riemenzeug am Kopf u. im Maul von Zug- u. Reitpferden zum Führen u. Lenken; einem Kutschpferd den ~ anlegen **2** jmdn. od. etwas im ~ halten ⟨fig.⟩ beherrschen, bändigen; sich, seinen Zorn, Unmut im ~ halten • **2.1** die Zunge im ~ halten sich hüten, etwas auszuplaudern, nichts verraten, nicht vorlaut sein

Zaum|zeug ⟨n.; -(e)s; unz.⟩ Zaum (1), Trense

Zaun ⟨m.; -(e)s, Zäu|ne⟩ **1** Einfriedigung aus Holz od. Draht; Draht~, Latten~ **2** einen Streit vom ~ brechen ⟨fig.⟩ vorsätzlich einen S. herbeiführen, heraufbeschwören

Zaun|gast ⟨m.; -(e)s, -gäs|te⟩ **1** außerhalb des Zauns stehender u. somit nichts zahlender Zuschauer • **1.1** ich war bei der Veranstaltung nur ~ ich war nicht offiziell zur V. eingeladen u. habe nur von ferne, vom Rande aus zugesehen

Zaun|pfahl ⟨m.; -(e)s, -pfäh|le⟩ **1** Pfahl für einen Zaun **2** ⟨fig.⟩ • **2.1 Wink** mit dem ~ verblümter, aber deutlicher Hinweis; jmdm. einen Wink mit dem ~ geben • **2.2** mit dem ~ winken jmdm. etwas verblümt, aber deutlich zu verstehen geben

zau|sen ⟨V. 500⟩ jmdn. od. etwas ~ zupfen, leicht an etwas ziehen, so dass es in Unordnung gerät (u. auch teilweise abgeht); der Sturm zaust die (Zweige der) Bäume; jmdm. das Haar ~; jmdn. bei den Haaren ~

Za|zi|ki ⟨n. od. m.; -s, -s; grch. Kochk.⟩ (meist als Vorspeise od. Beilage gereichte) Speise aus Joghurt, geriebener Gurke u. Knoblauch; oV Tsatsiki

Ze|bra auch: **Zeb|ra** ⟨n.; -s, -s; Zool.⟩ Angehöriges einer Gruppe schwarzweiß od. braunweiß gestreifter, in Steppen od. Bergen Afrikas heimischer Wildpferde; gestreift wie ein ~

Ze|bra|streifen auch: **Zeb|ra|strei|fen** ⟨m.; -s, -⟩ durch breite weiße od. gelbe Streifen auf der Fahrbahn markierter Weg über die Straße, auf dem die Fußgänger den Vortritt vor Fahrzeugen haben

Ze|che ⟨f.; -, -n⟩ **1** (Rechnung über) genossene Speisen u. Getränke im Gasthaus; er kann seine ~ nicht bezahlen; jeder zahlt seine ~ • **1.1** eine große ~ machen im Gasthaus viel verzehren • **1.2** die ~ prellen, den Wirt um die ~ prellen nicht bezahlen • **1.3** die ~ bezahlen müssen ⟨fig.; umg.⟩ für den von anderen verursachten Schaden aufkommen müssen **2** ⟨Bgb.⟩ Bergwerk; eine ~ stilllegen

ze|chen ⟨V. 400; veraltet; noch scherzh.⟩ viel Alkohol trinken; bis spät in die Nacht, bis in den Morgen hinein ~

Zeck ⟨m.; -(e)s, -e; österr.⟩ = Zecke

Ze|cke ⟨f.; -, -n; Zool.⟩ Angehörige einer Familie kleiner blutsaugender Milben: Ixodida; oV Zeck

Ze|der ⟨f.; -, -n; Bot.⟩ Angehörige einer Gattung von Kieferngewächsen des Mittelmeergebietes: Cedrus

Zeh ⟨m.; -s, -en⟩ = Zehe (1)

Ze|he ⟨f.; -, -n⟩ **1** Endglied des Fußes; oV Zeh; die große, kleine ~; auf den ~n gehen, schleichen (um nicht gehört zu werden); sich auf die ~n stellen (um mehr zu sehen) • **1.1** jmdm. auf die ~n treten ⟨fig.; umg.⟩ jmdn. (unbeabsichtigt) kränken; →a. Wirbel (3.1.1) **2** eine ~ Knoblauch Teilzwiebel des K.

zehn ⟨Numerale 11; in Ziffern: 10; röm. Zahlzeichen: X⟩ →a. vier **1** die Zahl 10; Zeitraum von ~ Jahren, Tagen, Wochen; ~ Stück; es ist halb ~ (Uhr); ich wette ~ gegen eins, dass …; die Zehn Gebote ⟨Bibel⟩ • **1.1** keine ~ Pferde bringen mich dahin ⟨fig.; umg.⟩ dazu kann mich nichts veranlassen **2** Grundzahl des Dezimalsystems

Zeh|ner ⟨m.; -s, -⟩ **1** vorletzte Ziffer einer mehrstelligen Zahl **2** vorletzte Zahl vor dem Komma (bei Dezimalbrüchen)

zehn|fach ⟨Adj. 24/90; in Ziffern: 10fach/10-fach⟩ *zehnmal(ig); das Zehnfache einer Summe*

zehn|jäh|rig ⟨Adj.; in Ziffern: 10-jährig⟩ *zehn Jahre alt*

zehn|mal ⟨Adv.; in Ziffern: 10-mal⟩ *zehnfach wiederholt, mit zehn malgenommen*

zehn|tau|send ⟨a. [´--]⟩ Numerale 11; in Ziffern: 10 000⟩ **1** *zehnmal tausend* ● **1.1** *die oberen Zehntausend/zehntausend die oberste Gesellschaftsschicht*

zehn|te(r, -s) ⟨Numerale 24; in Ziffern: 10.⟩ →a. *vierte(r, -s)* **1** ⟨Ordinalzahl von⟩ *zehn* **2** *etwas, jmd., das bzw. der an 10. Stelle steht* ● **2.1** *die* ~ **Muse** ⟨umg.; scherzh.⟩ *die M. der Kleinkunst* ● **2.2** *der Zehnte* ⟨MA⟩ *Abgabe (ursprünglich der 10. Teil) von den Erträgen aus der Bewirtschaftung von Grundbesitz*

zehn|tel ⟨Zahladj. 60; in Ziffern: /10; Bruchzahl zu⟩ *zehn*

Zehn|tel ⟨n.; -s, -; schweiz. m.; -s, -⟩ *der zehnte Teil*

zeh|ren ⟨V.; geh.⟩ **1** ⟨414⟩ *von etwas* ~ *von etwas leben, sich von etwas ernähren; wir zehrten von unseren Vorräten* ● **1.1** ⟨fig.⟩ *sich nachträglich noch über etwas freuen u. sich dadurch seelisch aufrichten; von seinen Erinnerungen* ~*; von seinem Ruhme* ~ **2** ⟨400⟩ *etwas zehrt macht mager; Essig, Meeresluft zehrt* ● **2.1** ⟨411⟩ *etwas zehrt* **an** *etwas* ⟨fig.⟩ *schwächt, zerstört etwas; der Kummer zehrt an ihrem Herzen, an ihrer Kraft*

Zei|chen ⟨n.; -s, -⟩ **1** *sinnlich wahrnehmbarer Hinweis, Signal; Verkehrs*~*; wenn man mit dem Fahrzeug links oder rechts abbiegt, muss man* ~ *geben; geben Sie doch* ~*!; jmdm. ein* ~ *geben; ein deutliches, heimliches, klares, verabredetes* ~*; sich durch* ~ *miteinander verständigen; zum* ~ *der Ablehnung, der Zustimmung den Kopf schütteln, mit dem Kopf nicken; das* ~ *zur Abfahrt, zum Halten, zum Start* ● **1.1** *das* ~ *zum Aufbruch geben* ⟨umg.⟩ *aufstehen, um anzuzeigen, dass man gehen will u. die anderen Gäste auch gehen sollten* ● **1.1.1** ~ *setzen* ⟨fig.⟩ *mit einer Handlung den Beginn einer richtungweisenden Entwicklung signalisieren* **2** *wahrnehmbare Erscheinung, die erfahrungsgemäß einer anderen Erscheinung voraus- od. mit ihr einhergeht; An*~*; drohende Vor*~*; Krankheits*~*; das ist ein* ~ *der Zeit; Wetterleuchten ist ein* ~ *für ein fernes Gewitter; wenn nicht alle* ~ *trügen, dann gibt es heute noch ein Gewitter; Fieber, Schmerzen als* ~ *einer Krankheit; das ist ein (untrügliches)* ~ *für …; schwüle, drückende Hitze ist meist ein* ~ *für ein kommendes Gewitter; das ist ein böses, gutes, schlechtes* ~ ● **2.1** ⟨veraltet⟩ *Wunder* ● **2.1.1** *es geschehen noch* ~ *und Wunder* ⟨fig.; umg.⟩ *das ist ja erstaunlich, großartig, überraschend* **3** *Beweis, Probe; ein Geschenk als* ~ *der Freundschaft, Liebe, Verehrung; als* ~ *seines Könnens, seiner Geschicklichkeit zeigte er uns …; sein Verschulden ist ein* ~ *von Großzügigkeit, Schwäche, etwas sichtbar, hörbar, bes. schriftlich Dargestelltes, das von etwas Kunde gibt od. für etwas anderes steht;* Sy *Sinnbild, Symbol (1); Frage*~*, Kreuzes*~*, Merk*~*, Schrift*~*, Tierkreis*~*; das* ~ *des Kreuzes machen, schlagen; sich an einer Stelle im Buch ein* ~ *machen; an der Tür ein* ~ *machen;* *ein Kreuz, ein Strich als* ~*, dass an dieser Stelle etwas falsch geschrieben ist; ein Lorbeerzweig als* ~ *des Sieges, des Ruhmes;* →a. *musikalisch (1.1)* ● **4.1** *die Sonne steht im* ~ *des Krebses im Sternbild des Krebses (innerhalb des Tierkreises)* ● **4.1.1** *etwas steht im* ~ *einer Sache* ⟨fig.⟩ *wird von einer S. geprägt, beeinflusst; der Abend stand im* ~ *der frohen Nachricht* ● **4.2** ⟨kurz für⟩ *Satzzeichen;* ~ *setzen* ● **4.3** *unser* ~*: xy unser Aktenzeichen (in Geschäftsbriefen)* ● **4.4** ⟨Pl.⟩ *Zeichenerklärung, z. B. auf Landkarten* ● **4.5** ⟨Naturw., Math.⟩ *Buchstabe od. stilisiertes Bild zur Bezeichnung von (international vereinbarten) Begriffen, Maßen, Gewichten u. Ä.;* Sy *Symbol (2); mathematisches* ~*, z. B.* +*,* - **5** *bildliche Darstellung od. Figur, Merkmal, körperliche Bildung o. Ä., die bzw. das etwas aus anderen heraushebt, etwas kennzeichnet, Kennzeichen, Abzeichen; Handwerks*~*, Marken*~ ● **5.1** *er ist seines* ~*s Uhrmacher er ist von Beruf U. (nach der früheren Sitte der Handwerker, ihr Berufszeichen über der Tür anzubringen)*

zeich|nen ⟨V.⟩ **1** ⟨402; Vr 7 od. Vr 8⟩ **(jmdn.** od. **etwas)** ~ *in Strichen, Linien darstellen; einen Grundriss, Plan* ~*; kannst du (gut)* ~*?;* ~ *lernen; ich zeichne gern; etwas in Umrissen* ~*; mit Bleistift, Farbstiften, Kohle, Tusche* ~*; eine Person nach dem Leben, nach einer Fotografie* ~*; eine Landschaft nach der Natur* ~ **2** ⟨500⟩ *jmdn. od. etwas* ~ ⟨fig.⟩ *darstellen (im Roman, Film, Theater usw.); die Romanfiguren sind realistisch, übertrieben, gut, klar gezeichnet* **3** ⟨500⟩ *jmdn. od. etwas* ~ *mit einem Zeichen versehen, kennzeichnen, kenntlich machen; Wäsche, Kisten* ~*; Wäsche mit dem Monogramm* ~*; die Wäsche ist gezeichnet* ● **3.1** ⟨Part. Perf.⟩ *gezeichnet* ⟨geh.⟩ *mit einem Zeichen, einem Mal versehen, durch ein scheinbar unnatürliches Ereignis herausgehoben; er ist gezeichnet; ein Gezeichneter* ● **3.1.1** *vom* **Tode** *gezeichnet die Zeichen des nahen Todes tragen, dem Tode sichtlich nahe sein* **4** ⟨402⟩ **(den Namen)** ~ ⟨veraltet⟩ *unterzeichnen, unterschreiben* **4.1** ⟨418⟩ *als Verfasser der Kritik zeichnet Dr. X verantwortlicher Verfasser der Kritik ist Dr. X* ● **4.2** ⟨Part. Perf.; Abk.: gez.⟩ *gezeichnet XY (Vermerk am Schluss von vervielfältigten Schriftstücken, Briefabschriften usw. vor dem handschriftlichen Original ist unterschrieben von XY* **5** ⟨500⟩ *etwas* ~ ⟨Kaufmannsspr.⟩ *(durch Unterschrift) als Verpflichtung übernehmen; eine Aktie* ~ **6** ⟨400⟩ **Schalenwild** *zeichnet* ⟨Jägerspr.⟩ *lässt erkennen, ob u. an welcher Körperstelle es vom Schuss getroffen ist, z. B. an der Art der Fährte od. Blutspur*

Zeich|nung ⟨f.; -, -en⟩ **1** *bildliche Darstellung in Linien; Bleistift*~*, Feder*~*, Kohle*~*, Tusch*~*; einen Sachverhalt durch eine* ~ *veranschaulichen; ein Klischee nach einer* ~ *herstellen* **2** *natürliche Musterung (z. B. eines Tierfells); die Flügel des Schmetterlings haben eine schöne, feine* ~ **3** *unterschriftliche Verpflichtung zur Abnahme od. Beisteuerung; Anleihe*~ **4** ⟨fig.⟩ *Darstellung, Schilderung (im Roman, Drama usw.); gute, lebendige, lebensechte, übertriebene* ~ *der Charaktere*

zei|gen ⟨V.⟩ **1** ⟨411⟩ *weisen, deuten, (auf etwas) hinweisen;* mit dem Finger, mit der Hand, dem Kopf auf jmdn. ~; er zeigte auf ein Bild und erklärte ...; in eine Richtung ~; die Magnetnadel zeigt nach Norden; →a. *Finger (1.3.2)* **2** ⟨530/Vr 6⟩ **jmdm. etwas ~** *vorführen, jmdn. etwas sehen, kennenlernen lassen;* zeig mir den Brief; jmdm. sein Haus, seine Bildersammlung ~; jmdm. die Stadt ~; bitte ~ Sie mir mein Zimmer (im Hotel) • **2.1** *jmdn. etwas wissen lassen, etwas deutlich, verständlich machen, weisen;* jmdm. den Weg ~; jmdm. seine Liebe, Verachtung ~; ich zeige (es) dir, wie man es macht • **2.1.1** dir werd ich's ~! ⟨umg.⟩ *(Drohung)* **3** ⟨500/Vr 3⟩ **sich ~** *sich sehen lassen;* sich der Öffentlichkeit ~; sich am Fenster ~; am Horizont zeigte sich zuerst ein roter Schein; am Himmel zeigten sich die ersten Sterne • **3.1** *bekannte Persönlichkeiten ~ sich auf einem Fest besuchen ein F.* • **3.2** das Kind will sich ~ ⟨umg.⟩ *die Aufmerksamkeit auf sich lenken, sich ein wenig wichtigtun* • **3.3** ⟨530/Vr 3⟩ **sich jmdm. ~** *sich vor jmdm. sehen lassen;* so kann ich mich niemandem ~ **4** ⟨500⟩ **etwas ~** *zur Schau stellen, erkennen, spüren, merken lassen;* die Bäume ~ schon Knospen, grüne Spitzen; nun zeig, was du kannst!; hier kann er ~, was er gelernt hat; sein Können ~; seinen Ärger, seine Freude, Ungeduld, Unruhe ~; er hat bei seiner Arbeit viel Ausdauer, Fleiß gezeigt; er zeigte kein Bedauern, keine Reue; sie zeigte nicht viel Lust, Neigung; er zeigte kein Interesse dafür; er kann seine Gefühle nicht ~ • **4.1 etwas** zeigt **etwas** *bezeugt etwas, spricht für etwas, lässt auf etwas schließen, beweist etwas;* der Versuch zeigt, dass ...; deine Antwort zeigt, dass du nichts weißt, nichts davon verstehst; seine Fragen zeigten sein Interesse, sein Verständnis; sein Verhalten zeigt einen Mangel an Erziehung, an Einfühlungsvermögen; sein Schreck zeigte deutlich, dass er ein schlechtes Gewissen hatte • **4.2 ein Messgerät** zeigt einen **Wert** *gibt einen W. an;* das Thermometer zeigt zehn Grad über Null; die Uhr zeigt halb zehn **5** ⟨500/Vr 3⟩ **etwas** zeigt **sich** *kommt zum Vorschein, wird sichtbar, stellt sich heraus, offenbart sich, wird offenkundig;* das wird sich ~!; es zeigte sich, dass er alles falsch gemacht hatte, dass er uns getäuscht hatte; es wird sich ja ~, ob ich Recht habe **6** ⟨513/Vr 3⟩ **sich ... ~** *sich (auf bestimmte Weise) verhalten;* sich ängstlich, feige, tapfer ~; wie kann ich mich Ihnen erkenntlich ~?; er zeigte sich (nicht) erfreut, erstaunt, gekränkt; er hat sich mir gegenüber sehr freundlich gezeigt; er zeigte sich (nicht) geneigt mitzumachen

Zei|ger ⟨m.; -s, -⟩ **1** *Teil von Messgeräten, der etwas (meist auf einer Skala) anzeigt, auf etwas hinweist;* der ~ gibt einen Ausschlag; der ~ der Waage stand auf 60 kg • **1.1** *Teil der Uhr, der die Stunden, bzw. Minuten, bzw. Sekunden anzeigt;* Stunden~, Minuten~, Sekunden~, Uhr~; den ~ vor-, zurückstellen; der große, kleine ~

zei|hen ⟨V. 292/540/Vr 7 od. Vr 8⟩ **jmdn. einer Sache ~** *beschuldigen, bezichtigen;* jmdn. des Betruges ~

Zei|le ⟨f.; -, -n⟩ **1** *Reihe, mehrere aneinandergereihte Gegenstände;* Häuser~ **2** *Reihe von nebeneinanderstehenden Wörtern;* Druck~; ich bin überzeugt, er hat von dem Buch, dem Manuskript noch nicht eine (einzige) ~ gelesen; fünf ~n Zwischenraum; fünfte ~ von oben!; neue ~! *(Angabe beim Diktieren)* • **2.1** ein paar ~n an jmdn. schreiben *(fig.) einen kurzen Brief, eine Karte, E-Mail an jmdn. schreiben* • **2.2** etwas zwischen den ~n lesen *(fig.) aus den Andeutungen in einem Brief, Artikel o. Ä. erraten*

Zei|sig ⟨m.; -s, -e; Zool.⟩ *Finkenvogel der Gattung Carduelis;* →a. *locker (4.2)*

zeit ⟨Präp. m. Gen.; in der Wendung⟩ **~ seines**, meines Lebens *während seines (meines) Lebens, das ganze Leben lang*

Zeit ⟨f.; -, -en⟩ **1** *Ablauf des Geschehens, Nacheinander des Erlebens;* ~ und Raum; die ~ heilt (vieles); die ~ vergeht, verfliegt, verstreicht • **1.1** im Laufe der ~, mit der ~ *allmählich, nach u. nach* • **1.2** du liebe ~! *(Ausruf des Schreckens od. der Überraschung)* **2** *Zeitraum;* es verging geraume ~; es verging einige ~; kurze, lange ~; seit einiger, kurzer ~; auf einige ~; für einige ~; für einige ~ verreisen; und in dieser ~ hatte er ...; in (ganz) kurzer ~ hatte er ...; nach einiger, kurzer, längerer ~; vor einiger, kurzer, langer ~; während dieser ~; wie viel ~ ist seitdem vergangen?; in letzter ~ habe ich ihn nur selten gesehen; zur gleichen, selben ~ als ...; in einer ~ von 5 Minuten • **2.1** *zur Verfügung stehender Zeitraum;* das braucht viel ~; ich habe noch keine ~, noch nicht die ~ gefunden, dir auf deinen Brief zu antworten; dazu fehlt mir leider die ~; ~ haben; ich habe noch fünf Minuten, eine Stunde, eine Woche ~; ich habe keine, viel ~; das kostet mich zu viel ~; die ~ nutzen, ausnützen, es ist noch ~ genug; die ~ mit Lesen verbringen, zubringen; sich die ~ mit Lesen vertreiben; wir haben reichlich, wenig, viel ~; die ~ vertrödeln; er weiß nicht, was er mit seiner ~ anfangen soll; die ~ wird ihm lang • **2.1.1** wir wollen keine ~ verlieren *wir wollen uns beeilen* • **2.1.2** jmdm. (die) ~ rauben, stehlen *jmdn. über Gebühr beanspruchen* • **2.1.3** ~ ist Geld ⟨Sprichw.⟩ *jeder muss die ihm zur Verfügung stehende Z. als Verdienstmöglichkeit nutzen* • **2.2** *zeitlicher Spielraum, Aufschub;* geben Sie mir noch etwas, noch eine Woche ~; ~ gewinnen; ~ gewonnen, alles gewonnen • **2.2.1** jmdm. ~ lassen *jmdn. nicht drängen* • **2.2.2** sich ~ lassen *sich nicht beeilen* • **2.2.3** nehmen Sie sich ~! *beeilen Sie sich nicht!* • **2.2.4** das hat ~ *das eilt nicht* • **2.2.5** das hat ~ bis morgen *verträgt Aufschub* • **2.3** *die für etwas erforderliche od. gegebene Zeitspanne;* er gönnt sich kaum (die) ~ zum Essen; die ~ ist um • **2.3.1** die (gelaufene, gefahrene) ~ abnehmen ⟨Sp.⟩ *stoppen* • **2.3.2 auf ~** ⟨Abk.: a. T.Z.⟩ *für eine bestimmte Dauer, bis auf Widerruf* **3** *durch bestimmte Umstände gekennzeichneter Zeitabschnitt, Zeitalter, Epoche;* Jahres~, Tages~, Mittags~, Sommers~, Winters~, Weihnachts~; Barock~, Goethe~, Neu~; es war eine schöne ~; die ~ Karls des Großen; böse, gute, schlechte, schwere ~en; frühere, vergangene ~en; die heutige ~; kommende, künftige, spätere ~en;

auf bessere ~en warten; in der ~ vor, nach dem Krieg; in früheren, vergangenen ~en; in neuerer ~; in nächster ~; zur ~ der Minnesänger, des Sturm und Drang, Goethes; in, zu dieser, jener ~; zu dieser, jener ~ gab es das noch nicht; für alle ~en; zu allen ~en; zu ~en Goethes • 3.1 die ~en ändern sich *in jedem Zeitalter ist alles ein wenig anders u. wird auch anders beurteilt* • 3.2 vor ~en lebte einmal … (formelhafter Märchenbeginn) *vor vielen Jahren* • 3.3 seine ~ ist noch nicht gekommen *die für ihn günstige Gelegenheit* • 3.4 das ist vor seiner ~ geschehen ⟨umg.⟩ *bevor er hier war, hier arbeitete, wohnte usw.* • 3.5 zu seiner ~ *zu seinen Lebzeiten* • 3.6 zu keiner ~ *niemals* 3.7 zu meiner ~ *als ich noch jung war* • 3.8 *gegenwärtiger Zeitabschnitt, Gegenwart;* der Geist der ~; das ist ein Zeichen, ein Zug der ~; die ~ ist dafür noch nicht reif; unsere ~ • 3.8.1 mit der ~ (mit)gehen *modern sein, sich der Gegenwart gegenüber aufgeschlossen zeigen* • 3.8.2 in diesen teuren ~en ⟨umg.⟩ *gegenwärtig, da alles sehr teuer ist* • 3.8.3 spare in der ~, so hast du in der Not ⟨Sprichw.⟩ *spare, wenn du es gerade kannst, wenn du genügend Geld o. Ä. hast* 4 *bestimmter Augenblick, Zeitpunkt;* Essens-, Schlafens~; eine ~ angeben; er kann die ~ nicht erwarten; ~ und Ort der Zusammenkunft werden noch bekanntgegeben; es ist ~ (zu beginnen, zu gehen usw.); ich bin an keine bestimmte ~ gebunden; um diese ~ ist das Kind sonst schon im Bett; morgen um diese ~; um diese, jene ~ gab es das noch nicht; um welche ~ wollen wir uns treffen?; von dieser ~ an; zur festgesetzten ~ kommen; Sie können zu jeder ~ zu mir kommen • 4.1 es ist nur eine Frage der ~ *es geschieht auf jeden Fall, es ist nur nicht klar, wann* • 4.2 es wird (allmählich) ~! *der Zeitpunkt rückt heran!, wir müssen jetzt gehen!* • 4.3 es ist an der ~ (zu gehen) *es ist so weit, der Zeitpunkt ist gekommen* • 4.4 außer der ~ *zu einem unpassenden Zeitpunkt, außerhalb der Dienst- od. Essenszeit* • 4.5 vor der ~ *vor dem festgesetzten Zeitpunkt, verfrüht* • 4.6 alles zu seiner ~! *nichts überhasten!* • 4.7 von ~ zu ~ *ab u. zu, gelegentlich;* →a. hoch (7.10.2), recht (1.2) • 4.8 *Zeitpunkt, an dem eine Frist abläuft;* die ~ überschreiten 5 ⟨kurz für⟩ *Uhrzeit;* bitte vergleichen Sie die ~, es ist beim Gongschlag 22 Uhr; hast du die genaue ~?; welche ~ ist es?; mitteleuropäische, osteuropäische, westeuropäische ~; Sommer~, Winter~ 6 ⟨kurz für⟩ *Zeitrechnung;* das Jahr 500 nach, vor unserer Zeit 7 ⟨Gramm.⟩ *Zeitform, Tempus* 8 ⟨Getrennt- u. Zusammenschreibung⟩ • 8.1 ~ lang = *Zeitlang*¹ • 8.2 ~ raubend = *zeitraubend* • 8.3 ~ sparend = *zeitsparend*

Zeit|al|ter ⟨n.; -s, -⟩ 1 *ein größerer historischer Zeitraum, Epoche, Ära;* das ~ Friedrichs des Großen, Goethes • 1.1 in unserem ~ *in der Gegenwart;* →a. *golden (4.6.1)*

Zeit|ein|heit ⟨f.; -, -en⟩ *Einheit des Zeitablaufs (Sekunde, Minute, Stunde, Woche, Monat, Jahr, Jahrhundert usw.)*

Zei|ten|wen|de ⟨f.; -; unz.⟩ *Beginn der christlichen Zeitrechnung, das Jahr von Christi Geburt;* nach, vor der ~

Zeit|geist ⟨m.; -(e)s; unz.⟩ *die ein Zeitalter, eine Epoche charakterisierende geistige Haltung*

zeit|ge|mäß ⟨Adj.⟩ *dem Zeitgeist entsprechend, der Gegenwart angepasst, modern; das ist nicht (mehr) ~*

Zeit|ge|nos|se ⟨m.; -n, -n⟩ 1 *Mitmensch, gleichzeitig Lebender;* er war ein ~ Goethes 2 *ein seltsamer ~* ⟨umg.; iron.⟩ *ein seltsamer Mensch*

zei|tig ⟨Adj.⟩ *frühzeitig, früh, beizeiten;* morgens ~ aufstehen; ~ genug am Bahnhof sein

zei|ti|gen ⟨V. 500⟩ **etwas** zeitigt etwas *bringt etwas hervor, zieht etwas nach sich;* Wirkung, Erfolg ~

Zeit|lang¹ *auch:* **Zeit lang**¹ ⟨f.; -; unz.; in der Wendung⟩ eine ~ *eine Weile;* eine ~ müssen wir noch warten

Zeit|lang² ⟨f.; -; unz.; bair.⟩ *Sehnsucht;* ein bisschen ~ nach jmdm. haben

Zeit|lauf ⟨m.; -s, -läuf|te⟩ 1 *Ablauf der Zeit, Folge der Ereignisse* • 1.1 die heutigen Zeitläufte *die Gegenwart*

zeit|le|bens ⟨Adv.⟩ *zeit meines (seines, ihres) Lebens, während meines (seines, ihres) Lebens;* er hat ~ viele Sorgen gehabt

zeit|lich ⟨Adj. 24⟩ 1 *die Zeit betreffend, in ihr geschehend;* ich weiß nicht, wie ich unsere Verabredung ~ einrichten soll 2 ⟨70⟩ *vergänglich, irdisch;* ~e Werte, Güter • 2.1 das Zeitliche segnen ⟨fig.; verhüllend⟩ *sterben*

zeit|los ⟨Adj.⟩ *nicht zeitgebunden, von der Mode, vom Zeitgeist nicht abhängig;* ein ~er Stil; dieses Kleid ist von ~er Eleganz

Zeit|lu|pe ⟨f.; -; unz.⟩ *Verfahren, durch das die aufgenommenen Vorgänge bei der Wiedergabe langsamer ablaufen;* Ggs *Zeitraffer;* einen Wettkampf in ~ zeigen

Zeit|punkt ⟨m.; -(e)s, -e⟩ *bestimmter Augenblick;* den günstigen ~ verpassen; du bist zum richtigen ~ gekommen

Zeit|raf|fer ⟨m.; -s; unz.⟩ *Verfahren, durch das die auf dem Filmstreifen aufgenommenen Vorgänge bei der Wiedergabe schneller ablaufen;* Ggs *Zeitlupe;* das Aufblühen einer Blume in ~ zeigen

zeit|rau|bend *auch:* **Zeit rau|bend** ⟨Adj.⟩ *langwierig, lästig viel Zeit verbrauchend*

Zeit|raum ⟨m.; -(e)s, -räu|me⟩ *Zeitabschnitt, Zeitspanne;* in einem ~ von mehreren Monaten

Zeit|rech|nung ⟨f.; -, -en⟩ *Art der Einteilung der Jahre;* Sy *Kalender (2);* christliche ~; nach, vor unserer ~

Zeit|schrift ⟨f.; -, -en⟩ *regelmäßig (wöchentlich, monatlich) erscheinende, meist bebilderte Druckschrift, Journal (3)*

Zeit|span|ne ⟨f.; -, -n⟩ *Zeitabschnitt, Zeitraum*

zeit|spa|rend *auch:* **Zeit spa|rend** ⟨Adj.⟩ *weniger Zeit in Anspruch nehmend, mit weniger Zeitaufwand verbunden;* eine ~e Methode

Zei|tung ⟨f.; -, -en⟩ *regelmäßig (täglich, wöchentlich) erscheinende Druckschrift mit Nachrichten über die Tagesereignisse;* Tages~, Wochen~; eine ~ abonnieren; eine ~ abonniert haben; ~en austragen; eine ~

drucken, verlegen; die ~ hat ihr Erscheinen eingestellt; eine ~ gründen, herausgeben; die ~ lesen; er arbeitet, ist bei der ~; in den letzten Tagen ging die Nachricht durch die ~en, dass …; einen Gegenstand in eine (alte) ~ einwickeln; in der ~ steht, dass …; eine Anzeige, einen Aufsatz in einer ~ veröffentlichen

Zeit|ver|treib ⟨m.; -(e)s, -e⟩ *Tätigkeit, mit der man sich die Zeit vertreibt, mit der man Zeit kurzweilig verbringt, Kurzweil; das tu' ich nur zum ~*

zeit|wei|lig ⟨Adj.⟩ **1** ⟨24/70⟩ *eine Zeit lang dauernd* **2** ⟨50⟩ *zeitweise, eine Zeit lang; sein Puls setzt ~ aus*

zeit|wei|se ⟨Adj. 24⟩ *nur eine Zeit lang, zuweilen*

Zeit|zün|der ⟨m.; -s, -⟩ *Zünder, der eine Sprengladung nach einer bestimmten Zeit zur Detonation bringt*

ze|le|brie|ren *auch:* **ze|leb|rie|ren** ⟨V. 500⟩ **1** *einen Ritus ~ feierlich vornehmen* **2** *die Messe ~ lesen*

Zel|le ⟨f.; -, -n⟩ **1** *kleiner Raum, dessen Einrichtung auf das Notwendigste beschränkt ist; Telefon~; Gefängnis~, Mönchs~* **2** *einer der sechseckigen Hohlräume, aus denen eine Bienenwabe besteht* **3** ⟨El.⟩ *Element einer Akkumulatorenbatterie* **4** ⟨Flugw.⟩ *Rumpf eines Flugzeuges* **5** ⟨Biol.⟩ *kleinste lebendige Einheit u. Grundbaustein aller Lebewesen* **6** ⟨Soziol.⟩ *Gruppe von Mitgliedern als kleinste Einheit von politischen Organisationen*

Zel|lo|phan ⟨n.; -s; unz.⟩ *durchsichtige, glasklare Folie aus Viskose;* oV *Cellophan®*

Zell|stoff ⟨m.; -(e)s, -e⟩ *feinfaserige, aus Zellulose bestehende, weiße, weiche Masse*

Zel|lu|loid ⟨n.; -(e)s; unz.⟩ *durchsichtiger, elastischer Kunststoff aus Kampfer u. Zellulosedinitraten;* oV ⟨fachsprachl.⟩ *Celluloid*

Zel|lu|lo|se ⟨f.; -, -e⟩ *Hauptbestandteil pflanzlicher Zellwände, chem. ein aus Glukose aufgebautes Polysaccharid;* oV ⟨fachsprachl.⟩ *Cellulose*

Zell|wol|le ⟨f.; -, -e⟩ *aus Zellulose hergestellte Spinnfaser*

Ze|lot ⟨m.; -en, -en⟩ **1** ⟨1. Jh.⟩ *Angehöriger einer römerfeindlichen altjüdischen Partei* **2** ⟨geh.⟩ *fanatischer Eiferer, Glaubenseiferer*

Zelt ⟨n.; -(e)s, -e⟩ **1** *aus Stoffbahnen od. Fellen u. Stangen leicht gebaute u. schnell wieder abreißbare Bedachung, Unterkunft; Indianer~; Bier~; ein ~ aufschlagen* • **1.1** *seine ~e abbrechen* ⟨fig.⟩ *von seinem Wohnort wegziehen* **2** ⟨fig.; poet.⟩ *hohes, weites Gewölbe; Himmels~, Sternen~*

zel|ten ⟨V. 400⟩ *in einem Zelt übernachten, campen; wir haben im Urlaub gezeltet*

Ze|ment ⟨m.; -(e)s; unz.⟩ **1** *an der Luft od. im Wasser erhärtendes, nach dem Erhärten wasserfestes Bindemittel aus Mörtel u. Beton* **2** *die Zahnwurzel umgebende harte Substanz* **3** *Masse für Zahnfüllungen*

Ze|nit ⟨m.; -(e)s, -e⟩ **1** ⟨Astron.⟩ *Schnittpunkt einer über dem Beobachtungspunkt gedachten senkrechten Linie mit der Himmelskugel;* Sy *Scheitelpunkt (3)* **2** ⟨fig.⟩ *Höhepunkt; im ~ des Lebens stehen*

zen|sie|ren ⟨V. 500⟩ **1** *Leistungen ~ mit einer Zensur (3) versehen; einen Aufsatz ~; die Arbeit mit „Gut", mit einer Zwei ~* **2** *etwas ~ der Zensur (2) unterwerfen; ein Kinostück, Briefe ~*

Zen|sur ⟨f.; -, -en⟩ **1** ⟨unz.; im alten Rom⟩ *Amt des Zensors, der die Bürger nach ihrem Vermögen schätzt* **2** ⟨unz.⟩ *staatliche Kontrolle von Kunstwerken u. Schriftstücken; die Briefe gehen durch die ~; der Film, das Buch, Theaterstück ist von der ~ verboten worden* **3** = *Note (2);* vor den Ferien gibt's ~en; gute, schlechte ~en*

Zen|taur ⟨m.; -en, -en⟩ *griech. Fabelwesen mit menschlichem Oberkörper u. Pferdeleib;* oV *Kentaur*

zen|ti..., Zen|ti... ⟨in Zus. vor Maßeinheiten⟩ *hundertstel…; Zentimeter, Zentiliter*

Zen|ti|me|ter ⟨a. ['----] m. od. n.; -s, -; Zeichen: cm⟩ *hundertstel Meter,* $1/100$ *m*

Zent|ner ⟨m. 7; -s, -; Abk.: Ztr.⟩ **1** *Gewichtseinheit, 50 kg, 100 Pfund* • **1.1** ⟨österr.; schweiz.; Zeichen: q⟩ *100 kg*

◆ Die Buchstabenfolge **zen|tr...** kann in Fremdwörtern auch **zent|r...** getrennt werden.

◆ **zen|tral** ⟨Adj.⟩ **1** ⟨24⟩ *im Mittelpunkt (liegend, stehend)* • **1.1** *das Haus liegt ~; in der Mitte der Stadt* **2** *hauptsächlich, wesentlich* • **2.1** ⟨fig.⟩ *im Mittelpunkt stehend, äußerst wichtig; das ~e Problem ist …*

◆ **Zen|tra|le** ⟨f.; -, -n⟩ **1** *Mittelpunkt, Ausgangspunkt* **2** *Hauptgeschäftsstelle* **3** *Teil eines Unternehmens, in dem bestimmte Arbeitsgänge zusammenlaufen*

◆ **zen|tra|li|sie|ren** ⟨V. 500⟩ **1** *etwas ~ zusammenziehen, in einem Punkt (bes. im Mittelpunkt) vereinigen* **2** *eine Sache ~ planmäßig zusammenfassen u. von einer Stelle aus leiten lassen; die Verwaltung ~*

◆ **Zen|tra|lis|mus** ⟨m.; -; unz.⟩ *Streben nach Einheitlichkeit, nach zentraler Lenkung des Staates, der Verwaltung usw.*

◆ **Zen|tren** ⟨Pl. von⟩ *Zentrum*

◆ **Zen|tri|fu|gal|kraft** ⟨f.; -, -kräf|te⟩ *auf einen sich drehenden Körper wirkende Trägheitskraft, die senkrecht zur Drehkraft nach außen gerichtet ist, Fliehkraft, Schwungkraft;* Ggs *Zentripetalkraft*

◆ **Zen|tri|fu|ge** ⟨f.; -, -n⟩ *zylindrisches Gerät, das um seine Mittelachse in Bewegung gesetzt wird, um Stoffe verschiedener Dichte voneinander zu trennen*

◆ **Zen|tri|pe|tal|kraft** ⟨f.; -; unz.⟩ *bei drehenden Bewegungen nach dem Mittelpunkt hin wirkende Kraft;* Ggs *Zentrifugalkraft*

◆ **Zen|trum** ⟨n.; -s, Zen|tren⟩ **1** *Mitte, Mittelpunkt* **2** *zentrale Stelle* • **2.1** *zentrale Einrichtung; Jugend~, Drogen~* **3** *Innenstadt; im ~ der Stadt wohnen* **4** ⟨früher⟩ *politische katholische Partei*

Ze|phir ⟨m.; -s, -e⟩ oV *Zephyr* **1** ⟨unz.; in der Antike⟩ *warmer Westwind* **2** *leichter, feiner Baumwollstoff*

Ze|phyr ⟨m.; -s, -e⟩ = *Zephir*

Zep|ter ⟨n.; -s, -⟩ oV ⟨österr.⟩ *Szepter* **1** *verzierter Stab als Sinnbild der kaiserlichen od. königlichen Macht u. Würde* **2** ⟨fig.⟩ *höchste Gewalt, Herrschaft* • **2.1** *das ~ führen, schwingen* ⟨fig.⟩ *bestimmen, zu bestimmen haben*

zer... ⟨Vorsilbe zur Bez. der Zerstörung, Auflösung, Trennung⟩ *auseinander…; zerfließen, zerreißen, zertrennen, zerteilen*

zer|bre|chen ⟨V. 116⟩ **1** ⟨500⟩ **etwas ~** *entzweibrechen;* ich habe das Glas zerbrochen • **1.1 seine Ketten ~** ⟨poet.⟩ *zerreißen;* →a. *Kopf (4.2)* **2** ⟨405⟩ **(an etwas) ~** ⟨fig.⟩ *scheitern, infolge eines Kummers zugrunde gehen*

zer|brech|lich ⟨Adj. 70⟩ **1** *so beschaffen, dass es leicht zerbricht;* ein ~er Gegenstand **2** ⟨fig.⟩ *zart, schmächtig;* sie wirkt sehr ~

zer|drü|cken ⟨V. 500⟩ **1** jmdn. od. **ein Tier ~** *durch Drücken töten;* der Arbeiter wurde von den herabstürzenden Erdmassen zerdrückt; die Maus ist unter dem Rad des Autos zerdrückt worden **2 etwas ~** *entzweidrücken, durch Drücken zerkleinern od. zerstören;* Kartoffeln ~; ein Ei in der Hand, in der Tasche ~ **3 etwas ~** *durch langes Drücken mit Fältchen verunstalten, zerknittern;* ein Kleid, eine Bluse ~; sie hat ihren Rock beim Sitzen ganz zerdrückt

Ze|re|mo|nie ⟨österr. [-moːnjə] f.; -, -n⟩ *feierliche, an bestimmte Regeln od. Vorschriften gebundene Handlung;* Begrüßungs~; die ~ des Teebereitens u. -trinkens im alten Japan

zer|fah|ren ⟨Adj.⟩ *sehr zerstreut, gedankenlos, ständig etwas vergessend, unkonzentriert;* ein ~er Mensch; du bist heute wieder völlig ~

Zer|fall ⟨m.; -s; unz.; a. Chem.⟩ *das Zerfallen, Zersetzung, Auflösung;* ~ des Römischen Reiches; →a. *radioaktiv (1.3)*

zer|fal|len ⟨V. 131/400(s.)⟩ **1** ⟨400⟩ **etwas** zerfällt *fällt auseinander, löst sich in viele kleine Teilchen auf;* eine Tablette in Wasser ~ lassen • **1.1** ⟨800⟩ **in Teile ~** *sich in T. gliedern lassen;* der Roman zerfällt in folgende Teile … **2** ⟨417⟩ **mit jmdm. ~ sein** ⟨fig.⟩ *entzweit, uneins sein* • **2.1 mit sich selbst ~ sein** ⟨fig.⟩ *mit sich selbst uneins sein, sich Selbstvorwürfe machen* • **2.2 mit sich und der Welt ~ sein** ⟨fig.⟩ *Weltschmerz haben, niedergeschlagen, traurig, bedrückt sein*

zer|fet|zen ⟨V. 500/Vr 8⟩ **jmdn. od. etwas ~** *auseinanderreißen, in Fetzen reißen;* der Hund hat die Zeitung völlig zerfetzt; sein Arm wurde von einer Granate zerfetzt

zer|fled|dern ⟨V.⟩ **1** ⟨500⟩ **etwas ~** *durch häufigen Gebrauch abnutzen (bes. Bücher);* die Schüler ~ die Bücher **2** ⟨400(s.)⟩ **etwas** zerfleddert *nutzt sich durch häufigen Gebrauch ab*

zer|flei|schen ⟨V. 500/Vr 8⟩ **1** jmdn. od. ein **Tier ~** *mit den Zähnen auseinanderreißen, zerfetzen;* der Tiger hat seinen Dompteur völlig zerfleischt; die Wölfe zerfleischten ein Schaf **2** ⟨Vr 3 od. Vr 8⟩ **sich ~** ⟨fig.⟩ *sich, einander quälen;* sich in Selbstvorwürfen ~; die Eheleute ~ sich in Eifersucht

zer|flie|ßen ⟨V. 138(s.)⟩ **1** ⟨400⟩ **etwas** zerfließt • **1.1** *fließt auseinander;* die Tusche zerfließt auf der Zeichnung • **1.2** *wird flüssig;* die Schokolade, Butter zerfloss in der Hitze **2** ⟨413⟩ **in Tränen ~** ⟨fig.⟩ *untröstlich weinen*

zer|fres|sen ⟨V. 139/500⟩ **1 etwas ~** *durch Fressen stark beschädigen od. zerstören;* die Motten haben den Pelz, den Stoff ~ **2 etwas ~** *durch chem. Vorgänge beschädigen od. zerstören;* die Säure zerfrisst das Metall; von Rost ~es Eisen

zer|ge|hen ⟨V. 145/400(s.)⟩ **1 etwas** zergeht *löst sich auf, schmilzt, zerfließt;* eine Tablette in etwas Flüssigkeit ~ lassen; das Bonbon zergeht im Mund; Salz, Zucker zergeht in Wasser • **1.1** *das Fleisch ist so zart, es zergeht auf der Zunge* ⟨fig.⟩ *man braucht es kaum zu kauen*

zer|glie|dern ⟨V. 500⟩ **1 etwas ~** *in seine Bestandteile zerlegen (u. erklären);* einen Satz ~ **2 eine Sache ~** *allzu genau in allen Einzelheiten untersuchen u. zu verstehen suchen;* jmds. Verhaltensweise, menschliche Vorgänge ~

zer|klei|nern ⟨V. 500⟩ **etwas ~** *in kleine Stücke teilen;* Fleisch, Gemüse, Holz ~

zer|klüf|tet ⟨Adj.⟩ *vielmals gespalten, mit Rissen u. Spalten durchzogen;* ~e Felsen; ~es Gebirge; ~e Mandeln

zer|knal|len ⟨V.⟩ **1** ⟨400(s.)⟩ *mit einem Knall zerplatzen, zerspringen;* plötzlich zerknallte die Glühbirne **2** ⟨500⟩ **etwas ~** *mit einem Knall zerplatzen, zerspringen lassen;* eine Tüte, einen Luftballon aufblasen und ~ • **2.1** ⟨umg.⟩ *zerbrechen, zerschlagen;* eine Vase, Geschirr ~

zer|knirscht ⟨Adj.⟩ *reuig, schuldbewusst;* ~er Sünder; über eine Verfehlung ~ sein

zer|knit|tern ⟨V. 500⟩ **etwas ~** *zerdrücken, in ungleichmäßige Falten drücken;* Papier, ein Kleid ~

zer|las|sen ⟨V. 175/500⟩ **etwas ~** *schmelzen lassen;* Butter, Fett ~

zer|lau|fen ⟨V. 176/400(s.)⟩ **etwas** zerläuft *schmilzt, zerfließt;* Fett in der Pfanne ~ lassen; Butter, Schokolade zerläuft leicht

zer|le|gen ⟨V. 500⟩ **etwas ~ 1** *auseinandernehmen, in seine Bestandteile zerteilen;* einen Schrank, ein Regal ~ • **1.1** ⟨Gramm.⟩ *grammatisch analysieren;* einen Satz ~ **2 Schlachtvieh, Wild ~** *in Stücke zerteilen, tranchieren*

zer|le|sen ⟨V. 179/500; meist im Part. Perf.⟩ **etwas ~** *durch häufiges Lesen abnutzen, unansehnlich machen;* ein Buch ~; das Buch sieht ~ aus

zer|lö|chern ⟨V. 500⟩ **etwas ~** *durchlöchern, mit vielen Löchern versehen;* die Wand ist schon ganz zerlöchert; zerlöcherte Schuhe, Socken

zer|lumpt ⟨Adj.⟩ **1** *stark abgetragen, abgenutzt, zerrissen;* ~e Kleider **2** *in Lumpen gekleidet;* ~e Kinder; ~ aussehen

zer|mal|men ⟨V. 500⟩ **jmdn. od. etwas ~ 1** *heftig zerdrücken, zerquetschen, in kleinste Teile drücken od. zerbrechen;* die Maschine hat ihm die Hand zermalmt; Knochen mit den Zähnen ~ (von großen Raubtieren); die Häuser wurden von der Lawine, von den herabstürzenden Steinen zermalmt **2** ⟨fig.; geh.⟩ *völlig vernichten;* sein Zorn wird sie alle ~

zer|mür|ben ⟨V. 500/Vr 7 od. Vr 8⟩ **jmdn. ~** ⟨fig.⟩ *mürbe machen, jmds. Widerstandskraft brechen;* die Sorgen haben ihn allmählich zermürbt; den Feind durch Aushungern, durch eine lange Belagerung ~; das lange Warten ist ~d

Ze|ro ⟨[zeː-] f.; -, -s od. n.; -s, -s⟩ **1** *Null, Nichts* **2** ⟨Roulett⟩ *Gewinnfeld des Bankhalters* **3** ⟨Sprachw.⟩ *Nullmorphem*

zerpflücken

zer|pflü|cken ⟨V. 500⟩ etwas ~ **1** auseinanderrupfen, durch Zupfen in einzelne Teile teilen; Papier, Salat, eine Blume ~ **2** ⟨fig.⟩ kleinlich in allen Einzelheiten untersuchen u. kritisieren (u. Punkt für Punkt widerlegen); das Stück wurde von der Kritik zerpflückt

Zerr|bild ⟨n.; -(e)s, -er⟩ = Karikatur

zer|rei|ßen ⟨V. 198⟩ **1** ⟨500⟩ jmdn. od. etwas ~ auseinanderreißen, durch Reißen gewaltsam trennen; Papier in Stücke ~; einen Brief ~; etwas mit den Krallen, den Zähnen ~; er wurde von einem Tiger, von Wölfen zerrissen; ich könnte ihn (vor Wut) in der Luft ~! ⟨fig.; umg.; scherzh.⟩ • **1.1** ein Schuss, ein Donnerschlag zerriss die Stille ⟨fig.⟩ dröhnte plötzlich durch die S. • **1.2** ein Blitz zerriss die Dunkelheit ⟨fig.⟩ erhellte plötzlich den D. • **1.3** ⟨530⟩ etwas zerreißt jmdm. das Herz ⟨fig.⟩ bereitet jmdm. großen Kummer; der Anblick zerriss mir das Herz • **1.4** sie tat einen Blick in sein von Kummer zerrissenes Herz ⟨fig.⟩ von Kummer gequältes H. • **1.5** ich habe so viel zu tun, dass ich mich ~ könnte ⟨fig.⟩; ⟨umg.⟩ dass ich nicht weiß, wo ich anfangen soll • **1.6** ⟨550⟩ sich für jmdn. ~ ⟨fig.; umg.⟩ für jmdn. so viel tun, dass es fast die eigenen Kräfte übersteigt • **1.7** ⟨530/Vr 5 od. Vr 6⟩ jmdm. etwas ~ durch Hängenbleiben an einem spitzen Gegenstand ein Loch in etwas reißen; er hat sich die Hose, die Strümpfe zerrissen; →a. Maul (2.1.12) **2** ⟨400⟩ etwas zerreißt reißt auseinander, geht entzwei; Vorsicht, das Seil zerreißt; der Stoff zerreißt leicht; mein Kleid, Rock ist zerrissen; zerrissene Hosen, Strümpfe, Schuhe; das letzte Band, das uns noch aneinanderknüpfte, ist nun zerrissen ⟨fig.⟩ • **2.1** (innerlich) zerrissen ⟨fig.⟩ zwiespältig, uneins mit sich selbst; das politisch zerrissene Deutschland im 19. Jahrhundert

Zer|reiß|pro|be ⟨f.; -, -n⟩ **1** Versuch, etwas (Werkstoff) zu zerreißen; die ~ (nicht) aushalten **2** ⟨fig.⟩ starke Beanspruchung; diese Wochen waren eine ~ für meine Nerven, meine Geduld, unsere Freundschaft

zer|ren ⟨V.⟩ **1** ⟨511/Vr 8⟩ jmdn. od. etwas irgendwohin ~ gewaltsam irgendwohin ziehen; jmdn. aus dem Bett, Zimmer ~; jmdn. in den Wagen, aus dem Wagen ~ • **1.1** jmdn. in den Schmutz ~ ⟨fig.⟩ jmdm. Übles nachreden **2** ⟨530/Vr 1⟩ sich etwas ~ heftig dehnen, zu stark dehnen; sich eine Sehne ~ **3** ⟨411⟩ an jmdm. od. etwas ~ heftig u. ruckweise ziehen; an seinen Fesseln ~; der Hund zerrt an der Leine, Kette

zer|rin|nen ⟨V. 203/400(s.); bes. poet.⟩ **1** auseinanderrinnen, langsam zerfließen, schmelzen, zergehen; der Schnee zerrinnt **2** ⟨410; fig.⟩ sich in nichts auflösen; das Geld zerrinnt ihm in, unter den Händen; wie gewonnen, so zerronnen ⟨Sprichw.⟩

Zer|rung ⟨f.; -, -en⟩ **1** durch auseinanderstrebende Kräfte bewirkte Formänderung **2** ⟨Med.⟩ Sehnenzerrung

zer|rüt|ten ⟨V. 500/Vr 8⟩ jmdn. od. etwas ~ in Unordnung bringen, schädigen; zerrüttete Nerven, Gesundheit; eine zerrüttete Ehe; sie ist durch die Aufregungen völlig zerrüttet

zer|schel|len ⟨V. 400(s.)⟩ durch einen Aufprall in Stücke brechen; das Schiff ist an den Klippen zerschellt

zer|schla|gen ⟨V. 218/500⟩ **1** etwas ~ entzweischlagen, durch Schlag zerbrechen, zerstören; eine Fensterscheibe, einen Teller, eine Vase ~ • **1.1** ich bin ganz ~ ⟨fig.⟩ sehr müde, abgearbeitet, erschöpft **2** eine Sache ~ aufteilen, in Teile teilen; ein Gut, einen Staat ~ **3** ⟨Vr 3⟩ etwas zerschlägt sich erfüllt, verwirklicht sich nicht; meine Hoffnung hat sich ~; das Projekt, Unternehmen zerschlug sich; die Verabredung hat sich ~

zer|schmet|tern ⟨V. 500⟩ **1** jmdn. od. etwas ~ heftig, mit Wucht zerschlagen; der stürzende Baum hat ihn zerschmettert; der Stein hat die Fensterscheibe zerschmettert; der Baum ist vom Blitz zerschmettert worden; er blieb mit zerschmetterten Gliedern unten liegen **2** jmdn. ~ ⟨fig.⟩ tief treffen, vernichten; seinen Gegner ~; die Nachricht hat ihn zerschmettert

zer|set|zen ⟨V. 500⟩ **1** eine Flüssigkeit, ein Gas zersetzt einen **Stoff** löst einen S. auf, wandelt ihn in unerwünschter Weise um; Säure zersetzt das Metall • **1.1** ⟨Vr 3⟩ ein **Stoff** zersetzt sich löst sich in seine Bestandteile auf, wandelt sich in unerwünschter Weise um; organische Verbindungen ~ sich **2** eine **Gemeinschaft, Ordnung** ~ die Ordnung, den Bestand einer G. zerstören; eine Partei (moralisch) ~; die Moral ~; die politische Ordnung ~

zer|split|tern ⟨V.⟩ **1** ⟨500⟩ etwas ~ in Splitter spalten; der Blitz hat den Baum zersplittert **2** ⟨400(s.)⟩ etwas zersplittert zerbricht in Splitter, wird zerbrochen, spaltet sich in Splitter; die Fensterscheibe, der Knochen zersplittert **3** ⟨500⟩ eine Sache ~ ⟨fig.⟩ in zu viele einzelne kleine Teile aufteilen • **3.1** zersplitterte **Stimmen** sich auf viele kleine Parteien verteilende S.

zer|spren|gen ⟨V. 500⟩ **1** etwas ~ durch Sprengen zerstören, auseinandersprengen; das Küken zersprengte die Eierschale; die Bierflaschen wurden durch den Frost zersprengt **2** eine Gruppe von Personen, eine Sammlung von Dingen ~ (gewaltsam) so auseinanderbringen, dass jedes Teil an einem anderen Ort ist; eine Truppe, eine militärische Einheit ~

zer|sprin|gen ⟨V. 253(s.)⟩ **1** ⟨400⟩ etwas zerspringt zerteilt sich springend in kleine Teilchen; ein Glas, eine Tasse zerspringt; in Stücke ~ **2** ⟨400; poet.⟩ zerreißen, auseinanderspringen; er spielte bis die Saiten zersprangen **3** ⟨600⟩ jmdm. zerspringt das Herz ⟨fig.; poet.⟩ jmds. Herz reagiert heftig auf Gefühlsregungen; sie glaubte, ihr Herz müsste (vor Freude, vor Schmerz) ~

zer|stäu|ben ⟨V. 500⟩ eine Flüssigkeit ~ in winzigen Tröpfchen verteilen, versprühen; Parfüm ~; ein Mittel gegen Motten im Zimmer ~

zer|stie|ben ⟨V. 260/400(s.)⟩ **1** etwas zerstiebt fliegt in sehr feinen Teilen nach allen Seiten auseinander; das Wasser zerstiebt nach allen Seiten **2** eine Gruppe von Personen zerstiebt eilt nach allen Seiten auseinander; seine Anhänger waren in alle Winde zerstoben

zer|stö|ren ⟨V. 500⟩ **1** etwas ~ so stark beschädigen, dass es seinen Zweck nicht mehr erfüllen kann; das Haus, die Stadt ist durch Feuer, durch Bomben im Kriege zerstört worden; Säure zerstört Gewebe; der Junge zerstört ständig das Spielzeug der anderen Kinder **2** eine **Sache** ~ *zugrunde richten;* jmds. Freude, Glück ~; jmds. Leben, Ehe ~

Zer|stö|rung ⟨f.; -, -en⟩ **1** ⟨unz.⟩ *das Zerstören, Zerstörtwerden;* ~ *des natürlichen Lebensraumes* **2** ⟨zählb.⟩ *Schaden durch Zerstören;* ~ *durch Erdbeben*

zer|streu|en ⟨V. 500⟩ **1** jmdn. od. etwas ~ *weit auseinander umherstreuen, willkürlich verteilen, auseinandertreiben* ● **1.1** *das Licht wird durch Staubteilchen zerstreut in verschiedene Richtungen abgelenkt* ● **1.2** ⟨Vr 3⟩ *sich* ~ *auseinandergehen, sich verlaufen; die Menge zerstreut sich* ● **1.2.1** *seine Kinder haben sich in alle Winde zerstreut* ⟨fig.⟩ *seine K. sind alle fortgezogen* **2** ⟨Vr 7 od. Vr 8⟩ *jmdn.* ~ ⟨fig.⟩ *erheitern, unterhalten, jmdm. die Zeit vertreiben, jmdn. auf andere Gedanken bringen;* man sollte den Kranken ein bisschen ~; wir waren im Kino, um uns zu ~ **3** jmds. **schlimme Vermutungen** ~ *beseitigen;* jmds. Argwohn, Verdacht ~

zer|streut 1 ⟨Part. Perf. von⟩ *zerstreuen* **2** ⟨Adj.; fig.⟩ *unaufmerksam, abgelenkt, in Gedanken stets mit anderen Dingen als den im Augenblick notwendigen beschäftigt, häufig irgendetwas vergessend;* er ist sehr ~ ● **2.1** ⟨60⟩ *ein* ~*er Professor* ⟨umg.; scherzh.⟩ *jmd., der ständig irgendetwas vergisst*

Zer|streu|ung ⟨f.; -, -en⟩ **1** *Kurzweil, Unterhaltung;* seinen Gästen allerlei ~en bieten **2** ⟨unz.⟩ *die Eigenschaft, zerstreut (1) zu sein;* in seiner ~ hat er wieder seinen Schal vergessen **3** ⟨unz.⟩ *das Zerstreutwerden;* die ~ des Lichts

zer|stü|ckeln ⟨V. 500⟩ **1** jmdn. od. etwas ~ *in kleine Stücke zerteilen;* Fleisch, Wurst ~; der Acker wurde bei der Aufteilung des Besitzes zerstückelt; die Polizei fand eine zerstückelte Leiche **2** ⟨Vr 3⟩ *ich kann mich doch nicht* ~ ⟨fig.⟩ *verschiedene Dinge gleichzeitig tun*

zer|tei|len ⟨V. 500⟩ **1** etwas ~ *in Teile zerlegen, in Stücke teilen;* der Wind zerteilt die Wolken; ich habe so viel zu tun - ich könnte mich ~! ⟨umg.⟩ **2** ⟨Vr 3⟩ *etwas* zerteilt **sich** *fällt in Teile auseinander, löst sich in Teile auf, teilt sich auf;* die Wolken ~ sich; der Baumstamm zerteilt sich in viele Äste

Zer|ti|fi|kat ⟨n.; -(e)s, -e⟩ **1** *Bescheinigung, Bestätigung, Auszeichnung;* ein ~ erhalten, ausstellen **2** ⟨Bankw.⟩ *Anteilschein an einem Investmenttrust;* Investment~

zer|tre|ten ⟨V. 268/500⟩ etwas od. ein **Tier** ~ *mit den Füßen breittreten, zerdrücken, niederdrücken u. zerstören od. beschädigen;* Blumen ~; eine Ameise, einen Wurm ~; das Gras ist ganz ~

zer|trüm|mern ⟨V. 500⟩ etwas ~ *in Trümmer schlagen, heftig zerschlagen;* bei einer Schlägerei Bierflaschen, Stühle ~; eine Fensterscheibe (mit einem Stein) ~; einen Spiegel ~

Zer|ve|lat|wurst ⟨a. [zɛrvə-] f.; -, -würs|te⟩ *Dauerwurst aus Schweinefleisch, Rindfleisch u. Speck;* oV Servelatwurst; Sy Cervela, Cervelat, Servela

Zer|würf|nis ⟨n.; -ses, -se⟩ *Entzweiung, Verfeindung*

zer|zau|sen ⟨V. 500/Vr 7 od. Vr 8⟩ etwas ~ *in Unordnung bringen;* Haar, Federn ~; du bist ja ganz zerzaust; du hast ja ganz zerzaustes Haar

ze|tern ⟨V. 400⟩ *laut jammern, schreien, zanken*

Zet|tel[1] ⟨m.; -s, -⟩ *kleineres, loses, zum Beschreiben gedachtes od. beschriebenes Blatt Papier;* Merk~; Bestell~; beschriebener, leerer, zerknitterter ~; sich Notizen auf einen ~ schreiben

Zet|tel[2] ⟨m.; -s, -⟩ *Längsfäden eines Gewebes, Reihenfolge der Kettfäden*

Zeug ⟨n.; -(e)s, -e⟩ **1** ⟨veraltet⟩ *(einfaches, grobes) Gewebe* ● **1.1** ⟨unz.⟩ *Textilien, Wäsche;* Lein~, Bett~ **2** ⟨unz.⟩ *Ausrüstung* ● **2.1** *Kleidung;* Öl~; sein ~ in Ordnung halten ● **2.1.1** jmdm. etwas am ~ flicken ⟨fig.⟩ *jmdn. ungerechtfertigterweise od. aus einem geringfügigem Anlass tadeln* ● **2.2** *Arbeitsgeräte;* Handwerks~ ● **2.2.1** *das* ~ *zu etwas haben* ⟨fig.⟩ *zu etwas befähigt, begabt sein;* er hat das ~ zu einem guten Reiter; er hat nicht das ~ dazu ● **2.3** ⟨veraltet⟩ *Geschirr (der Zugtiere)* ● **2.3.1** sich ins ~ legen ⟨fig.⟩ *sich anstrengen, sich kräftig bemühen (um jmdn. od. etwas zu fördern)* ● **2.3.2** *was das* ~ *hält* ⟨fig.⟩ *mit äußerster Anspannung, aus Leibeskräften;* arbeiten, was das ~ hält **3** ⟨unz.; umg.⟩ *schlechte, minderwertige, wertlose Dinge (aller Art);* du könntest endlich dein ~ aufräumen; ist das dein ~ hier?; altes ~; unnützes ~; was soll ich mit all dem ~?; das ist ja ein fürchterliches, ungenießbares ~! ● **3.1** dummes ~ *Unsinn;* dummes ~ reden; das ist (doch) dummes ~! **4** ⟨Brauerei⟩ *Bierhefe* **5** ⟨Jägerspr.⟩ *Tücher, Netze, Lappen, mit denen bei Treibjagden ein Waldstück abgegrenzt wird*

Zeu|ge ⟨m.; -n, -n⟩ **1** *jmd., der einem Vorgang beiwohnt od. beigewohnt hat u. später gegebenenfalls darüber berichten kann;* Augen~, Ohren~; ich habe leider keinen ~n für den Vorfall; ich war ~, als das geschah; ~ eines Unfalls, eines Gesprächs sein; etwas in Gegenwart von ~n sagen, tun **2** *jmd., der über einen beobachteten Vorgang vor Gericht aussagen soll;* einen ~n verhören, vernehmen; als ~ aussagen; als ~ vorgeladen werden ● **2.1** Gott ist mein ~, dass … *ich kann beschwören, dass …* **3** ~n Jehovas *von Ch. T. Russel 1879 gegründete christliche Sekte, die ein Gottesreich erwartet* **4** ~ der Vergangenheit ⟨fig.⟩ *etwas, das aus der V. stammt u. von ihr Kunde gibt, z. B. ein Bauwerk*

zeu|gen[1] ⟨V.⟩ **1** ⟨400⟩ *als Zeuge aussagen* **2** ⟨800⟩ **von etwas** ~ ⟨fig.⟩ *auf etwas schließen lassen;* sein Verhalten zeugt von Ehrlichkeit, Großzügigkeit

zeu|gen[2] ⟨V. 500⟩ **1** ein **Kind** ~ *durch den Geschlechtsakt die Entstehung eines K. einleiten* **2** ⟨fig.⟩ *etwas geistig hervorbringen;* kühne Gedanken ~

Zeu|gin ⟨f.; -, -gin|nen⟩ *weibl. Zeuge*

Zeug|nis ⟨n.; -ses, -se⟩ **1** *urkundliche Bescheinigung, amtliche Bestätigung, Beglaubigung;* ein ärztliches ~ ● **1.1** *Urkunde mit Bewertung einer Leistung;* Schul~, Examens~, Reife~; jmdm. ein ~ ausstellen, schreiben; morgen gibt es ~se (in der Schule); ~se vorweisen, vorlegen; ausgezeichnete, hervorragende ~se haben; ein gutes, schlechtes ~ ● **1.1.1** ich kann ihm nur das beste ~ ausstellen ⟨fig.⟩ *ich kann nur Gutes über ihn sagen, ich kann ihn nur loben* **2** ⟨geh.⟩ *(Zeugen-)Aussage zum Beweis einer Behauptung od. Tat-*

Zichorie

sache • **2.1** *von etwas* ~ *ablegen von etwas berichten, etwas bekunden* • **2.2** *falsches* ~ *ablegen eine falsche Aussage machen* **3** ⟨fig.⟩ *Gegenstand aus vergangener Zeit, der Aussschluss über diese Zeit gibt; die Pyramiden sind ein* ~ *der altägyptischen Baukunst*

Zi|cho|rie ⟨[tsiço:riə] f.; -, -n⟩ **1** ⟨Bot.⟩ *Angehörige einer Gattung der Korbblütler, Wegwarte: Cichorium* **2** *als Kaffee-Ersatz verwendete getrocknete Pflanzenteile der Zichorie (1)*

Zi|cke ⟨f.; -, -n⟩ **1** *Ziege* **2** ⟨abwertend⟩ *unfreundliche, verschrobene weibl. Person* **3** ⟨Pl.⟩ ~n **machen** *Schwierigkeiten machen, sich nicht fügen*

Zick|zack ⟨m.; -(e)s, -e⟩ *in mehreren Zacken verlaufende Linie; der* ~ *eines Blitzes; im* ~ *laufen, fliegen*

Zie|ge ⟨f.; -, -n⟩ **1** ⟨Zool.⟩ *Angehörige einer Gattung der Horntiere mit kräftigen Hörnern u. rauem Fell: Capra* **2** ⟨Zool.⟩ *ein Karpfenfisch in Küstengewässern, der zur Laichzeit in Flüsse zieht: Pelecus cultratus* **3** ⟨abwertend; umg.⟩ *dumme od. unangenehme weibl. Person*

Zie|gel ⟨m.; -s, -⟩ *Backstein, gebrannter Baustein aus Lehm, Ton u. Ä.;* Dach~; ~ *brennen, ein Dach mit* ~n *decken*

Zie|gen|pe|ter ⟨m.; -s; unz.; volkstüml.⟩ = *Mumps*

Zieh|el|tern ⟨Pl.⟩ *Eltern, die ein Pflegekind aufziehen, Pflegeeltern*

zie|hen ⟨V. 293⟩ **1** ⟨500⟩ *jmdn. od. etwas* ~ *mit stetig angewandter Kraft hinter sich her bewegen; das Pferd zieht den Wagen; lass dich doch nicht so* ~*! (Aufforderung an das Kind, das man an der Hand führt); sich auf dem Schlitten* ~ *lassen* **2** ⟨500/Vr 8⟩ **jmdn.** *od. etwas* ~ *mit stetig angewandter Kraft zu sich her bewegen;* jmdn. (zärtlich) an sich ~; er zog sie neben sich aufs Sofa; etwas in die Höhe ~; den Mantel enger um sich ~; das Boot an Land ~ • **2.1** ~*! (Aufschrift an Türen)* • **2.2** ⟨511⟩ *der König zog Gelehrte, Musiker an seinen Hof rief sie an seinen H., beschäftigte sie an seinem H.* • **2.3** ⟨511⟩ *jmdn. auf seine Seite* ~ *jmdn. für sich gewinnen, ihn günstig für sich beeinflussen* • **2.4** ⟨500⟩ **etwas** ~ *durch Ziehen (2) betätigen; die Notbremse* ~ • **2.5** ⟨411⟩ **an etwas** ~ *versuchen, etwas von der Stelle, an der es befestigt ist, durch stetig angewandte Kraft wegzubewegen (u. so heranzuziehen); an der Glocke* ~; *an einem Strick* ~; *der Hund zieht (erg.: an der Leine);* jmdn. am Ohr, an den Haaren ~ **3** ⟨510⟩ **jmdn. od. etwas mit sich** ~ *gegen den Widerstand in der eigenen Bewegungsrichtung bewegen, in Bewegung setzen* • **3.1** *durch Ziehen (3) an eine bestimmte Stelle bringen; Perlen auf einen Faden* ~; *Wein auf Flaschen* ~; *Saiten auf ein Instrument* ~; *ein Bild auf Pappe* ~; *einen Brief aus der Tasche* ~; *den Faden durchs Nadelöhr, durch den Stoff* ~; *die Gardine vors Fenster* ~; *eine Jacke übers Kleid* ~ • **3.1.1** *etwas in Erwägung* ~ *etwas erwägen, bedenken, überlegen* • **3.1.2** *jmdn. ins Gespräch* ~ *am G. beteiligen, etwas fragen, zum Sprechen ermuntern* • **3.1.3** *etwas ins Lächerliche* ~ *etwas lächerlich machen* • **3.1.4** *jmdn. ins Vertrauen* ~ *jmdn. etwas anvertrauen* • **3.1.5** *jmds. Worte in Zweifel* ~ *W. anzweifeln, nicht glauben*

4 ⟨503⟩ **(jmdn.) etwas** ~ *durch Ziehen (2-3) entfernen; jmdn. einen Zahn* ~; *den Korken aus der Flasche* ~; *einen Ring vom Finger* ~; *nach der Operation müssen die Fäden gezogen werden* • **4.1** ⟨511⟩ *Banknoten aus dem Verkehr, Umlauf* ~ ⟨fig.⟩ *aus dem V., U. nehmen* • **4.2** ⟨505⟩ *den* **Hut** *(vor jmdm.)* ~ *den H. zum Gruß abnehmen* **5** ⟨500⟩ **etwas** ~ *zu einem bestimmten Zweck hervorholen; den Degen* ~; *er zog das Messer, den Revolver* **6** ⟨550⟩ **etwas auf sich** ~ *lenken; die Aufmerksamkeit auf sich* ~; *die Blicke auf sich* ~; *jmds. Unwillen, Hass auf sich* ~ **7** ⟨550⟩ **etwas aus etwas** ~ *herausziehen, gewinnen; ich werde (mir) eine Lehre daraus* ~; *Nutzen aus etwas* ~; *Folgerungen (aus einer Beobachtung)* ~; *daraus kann man den Schluss* ~, *dass …* **7.1** ⟨500⟩ **etwas** ~ *auswählen; eine Karte* ~; *ein Los* ~ **8** ⟨500⟩ **etwas** ~ *durch Ziehen (3), Dehnen herstellen* • **8.1** ⟨Tech.⟩ *durch einen sich konisch verengenden Ring hindurchführen u. so strecken od. verfestigen; Metallstangen* ~, *Draht, Röhren* ~ • **8.1.1** *gezogener Draht durch Ziehen geformter D.* • **8.2** *Kerzen* ~ *durch Ziehen des Wachses in der Hand K. herstellen, formen; gezogene (nicht gegossene) Kerzen* • **8.3** *Blasen* ~ *zieht etwas bildet etwas; Blasen* ~; *der Sirup, Honig zieht Fäden* **9** ⟨500⟩ **etwas** ~ *von einem Punkt ausgehend gleichförmig in die Länge ausdehnend herstellen; eine Linie* ~; *einen Graben* ~; *sich den Scheitel* ~ **10** ⟨500⟩ *ein* **Gesicht** ~ *seinem G. einen unwilligen Ausdruck geben; ein schiefes Gesicht* ~ **11** ⟨500⟩ **Pflanzen, Tiere** ~ *züchten, aufziehen; Blumen, Obstbäume, Schäferhunde* ~ **12** ⟨510⟩ *etwas zieht* **etwas nach sich** *hat etwas zur Folge; diese Maßnahme wird noch weitere nach sich* ~, *das wird noch üble Folgen nach sich* ~ **13** ⟨500⟩ **etwas** ~ *dehnen, strecken; Stoff, Garn* ~; *die Wäsche zum Trocknen in die Länge* ~; *Gummi lässt sich* ~ • **13.1** *die* **Töne** ~ *(beim Singen) die T. unschön dehnend miteinander verbinden* • **13.2** ⟨Vr 3⟩ *etwas* **zieht sich** *ist dehnbar, lässt sich dehnen, strecken; die Strümpfe* ~ *sich nach dem Fuß* • **13.2.1** ⟨513⟩ *etwas zieht sich in die Länge* ⟨fig.⟩ *dauert länger als erwartet* **14** ⟨511/Vr 7 unpersönl.⟩ *es zieht* **jmdn. irgendwohin** *jmd. möchte gerne irgendwohin gehen; es zieht mich immer wieder dorthin; es zieht mich heimwärts* **15** ⟨400(s.)⟩ *sich stetig fortbewegen, sich (in gleichförmiger, ruhiger Bewegung) an einen anderen Ort begeben; die Wolken* ~ *am Himmel; der Hirsch zieht über die Lichtung; die Zugvögel* ~ *nach dem Süden; durch die Welt* ~; *in die Fremde* ~; *in den Krieg, ins Feld* ~; *der König zog mit seinem Heer nach Italien* • **15.1** ⟨411⟩ *auf Wache* ~ *die W. übernehmen* • **15.2** *jmdn. (ungern)* ~ *lassen weggehen lassen (für lange Zeit)* • **15.3** *Jahr um Jahr zog ins Land* ⟨poet.⟩ *verging* **16** ⟨400; Brettspiel⟩ *einen Stein auf ein anderes Feld rücken* **17** ⟨411(s.)⟩ **irgendwohin** ~ *seinen Wohnsitz irgendwohin verlegen; aufs Land* ~; *in einen Ort, nach einem Ort* ~; *in eine andere Wohnung* ~; *nach Berlin, nach England* ~ • **17.1** *zu jmdm.* ~ *seinen Wohnsitz mit jmdm. zusammenlegen* **18** ⟨400⟩ *etwas zieht hat Luftzug; der Ofen, die Zigarre zieht* **19** ⟨411⟩ *an einer* **Pfeife**, Zigarre ~ den Rauch der P., Z. einziehen **20** ⟨400⟩ **es** zieht *es herrscht Zugluft;* hier zieht es; Tür zu, es zieht! **21** ⟨400⟩ **etwas** zieht *gibt Aroma u. Farbe an das heiße Wasser ab;* der Tee muss fünf Minuten ~ **22** ⟨400⟩ **etwas** zieht ⟨fig.; umg.⟩ *hat die gewünschte Wirkung;* er drohte mir mit einem Fernsehverbot an, und das zog endlich; das zieht bei mir nicht mehr; das Theaterstück, der Film zieht (nicht)

Zie|hung ⟨f.; -, -en⟩ *Bestimmung der Gewinner in einer Lotterie durch Herausziehen von einzelnen Losen aus der Gesamtmenge der Lose;* ~ der Lottozahlen; morgen ist ~

Ziel ⟨n.; -(e)s, -e⟩ **1** *Ort, Punkt, den man erreichen will;* ~ einer Wanderung; sein ~ erreichen; sich seinem ~ nähern; das ~ treffen, verfehlen (beim Werfen, Schießen); ans ~ gelangen, kommen; wir sind am ~; am ~ seiner Reise angelangt sein • 1.1 *Endpunkt eines Wettlaufs od. einer Wettfahrt;* als Erster durchs ~ gehen; er musste kurz vor dem ~ aufgeben **2** *festgesetzter zeitlicher Endpunkt;* gegen drei Monate, mit drei Monaten ~ **3** ⟨fig.⟩ *etwas, das man erreichen will, worauf das menschliche Handeln gerichtet ist u. woran es sich orientiert;* ohne Maß und ~; ein Leben ohne Zweck und ~; sich ein ~ setzen, stecken; ein (bestimmtes) ~ verfolgen; ein hohes, lohnendes ~; damit bin ich am ~ meiner Wünsche; er studiert Sprachen mit dem ~ des Staatsexamens, mit dem ~, Lehrer zu werden; ein ~ vor Augen haben; dieser Weg führt nicht zum ~; sein Streben, seine Mühe hat endlich zum ~ geführt • 3.1 sich etwas zum ~ setzen, stecken *sich etwas vornehmen* • 3.2 sein ~ verfehlen *das Erstrebte nicht erreichen, scheitern* • 3.3 übers ~ (hinaus)schießen *ein vernünftiges od. erwünschtes Maß überschreiten*

ziel|be|wusst ⟨Adj.⟩ *entschlossen, ein gesetztes Ziel zu erreichen, unbeirrbar im Verfolgen seines Zieles;* ein ~er Mensch; ~ arbeiten; er ist sehr ~; ~ handeln, vorgehen

zie|len ⟨V. 411⟩ (auf etwas od. **jmdn.**) ~ **1** *etwas, womit man schießt od. wirft, genau auf jmdn. od. etwas richten, um ihn bzw. es treffen zu können;* gut, genau, sorgfältig ~; ein gut gezielter Schuss, Wurf **2** ⟨fig.⟩ *sich auf jmdn. od. etwas als Ziel richten;* die Bemerkung zielt auf ihn • 2.1 ~des **Zeitwort** *Z., das ein Akkusativobjekt verlangt, transitives Verb* • 2.2 eine gezielte **Bemerkung, Anspielung** *B., A., die deutlich etwas zum Ausdruck bringt, offensichtlich eine bestimmte Person od. Sache meint* • 2.3 eine gezielte **Erziehung** *eine E. mit einem genau festgelegten u. sorgfältig verfolgten Ziel*

Ziel|schei|be ⟨f.; -, -n⟩ **1** *Scheibe (meist mit konzentrischen schwarzen u. weißen Ringen) als Ziel für Schießübungen, Schießscheibe* **2** ⟨fig.⟩ *Ziel, Angriffspunkt;* er dient ihnen nur als ~ des, ihres Spottes

ziel|stre|big ⟨Adj.⟩ *eifrig nach einem Ziel strebend*

zie|men ⟨V.; veraltet⟩ **1** ⟨600; geh.⟩ **jmdm.** ~ *richtig, passend für jmdn. sein, jmdm. zukommen;* ihm ziemt ein höfliches Verhalten **2** ⟨500/Vr 3⟩ **sich** ~ *sich geziemen, sich schicken;* das ziemt sich nicht für mich, nicht für alle; willst du genau erfahren, was sich ziemt, so frage nur an edlen Frauen an (Goethe, „Tasso", 2,1)

ziem|lich ⟨Adj.⟩ **1** ⟨veraltet⟩ *geziemend* **2** ⟨70; umg.⟩ *beträchtlich, beachtlich,* Sy *verhältnismäßig;* es war eine ~e Anstrengung, Arbeit; es ist eine ~e Frechheit; es ist eine ~e Strecke bis dorthin; es dauerte eine ~e Weile • 2.1 ⟨50⟩ *in nicht geringem, aber auch nicht zu hohem Maße, recht, einigermaßen;* ~ breit, groß, gut, hoch, klein, schlecht; ~ früh, spät; ~ kalt, warm; ~ oft, viel • 2.2 ⟨50⟩ **so** ~ ⟨umg.⟩ *beinahe, fast;* hast du das alles allein gemacht? So ~!

zie|pen ⟨V.⟩ **1** ⟨400⟩ **Küken** ~ *geben einen hohen, piepsenden Ton von sich* **2** ⟨401⟩ **es** ziept ⟨umg.⟩ *es schmerzt ziehend (beim Kämmen)* **3** ⟨500⟩ **jmdn.** ~ ⟨umg.⟩ *jmdn. an den Haaren od. an der Haut schmerzhaft ziehen;* du ziepst mich!

Zier ⟨f.; unz.; poet.⟩ = *Zierde*

Zie|rat ⟨alte Schreibung für⟩ *Zierrat*

Zier|de ⟨f.; -, -n⟩ **1** *Zierrat, Ausschmückung, Verschönerung, Schmuck;* oV *Zier;* als ~ dienen; Blumen zur ~ auf den Tisch stellen **2** ⟨fig.; veraltet⟩ *jmd. od. etwas, der bzw. das einer Sache zur Ehre gereicht, das Ansehen einer Sache hebt;* sie ist eine ~ ihres Geschlechts

zie|ren ⟨V. 500⟩ **1** ⟨Vr 7⟩ **jmdn. od. etwas** ~ *verschönern, (aus)schmücken;* eine Feder zierte seinen Hut; einen Tisch mit Blumen ~; die Torte war mit einem großen Schokoladenherz geziert **2** ⟨Vr 3⟩ **sich** ~ *zimperlich tun, sich bescheiden stellen, bescheiden abwehren, Umstände machen;* ich kann wirklich nichts mehr essen, ich ziere mich nicht!; wenn man sie auffordert, etwas vorzusingen, ziert sie sich nicht lange; zier dich doch nicht so! • 2.1 ⟨Part. Perf.⟩ geziert *unnatürlich, affektiert;* geziertes Benehmen; gezierter Stil; geziert sprechen, gehen

zier|lich ⟨Adj.⟩ *zart u. anmutig, klein u. fein;* eine ~e Figur haben; ~e Hände, Füße; ein ~es Mädchen; eine ~e Schrift; eine ~e Vase; sie ist sehr ~

Zier|rat ⟨m.; -(e)s, -e⟩ *Ausschmückung, schmückendes Beiwerk, Zierde, Schmuck;* der Vorhang erfüllt keinen praktischen Zweck, sondern ist nur ~; ein Türmchen als ~ auf dem Dach

Zif|fer ⟨f.; -, -n⟩ **1** *schriftliches Zahlzeichen;* arabische ~, römische ~; die ~ Null **2** ⟨Abk.: Ziff.⟩ *mit einer Ziffer (1) versehener Teil eines Paragrafen od. Absatzes*

Zif|fer|blatt ⟨n.; -(e)s, -blät|ter⟩ *das Uhrwerk bedeckende Scheibe mit Ziffern, auf der sich die Zeiger drehen u. die Uhrzeit anzeigen*

Zi|ga|ret|te ⟨f.; -, -n⟩ *Papierhülse mit fein geschnittenem, leicht gepresstem Tabak;* jmdm. eine ~ anbieten; sich eine ~ anzünden, anbrennen, anstecken; die ~ (im Aschenbecher) ausdrücken; sich eine ~ drehen; eine ~ rauchen; leichte, schwere ~n

Zi|ga|ril|lo ⟨a. [-rɪljo] n. od. m.; -s, -s⟩ *kleine, dünne Zigarre*

Zi|gar|re ⟨f.; -, -n⟩ *stabförmig gewickelte Tabakblätter*

Zi|geu|ner ⟨m.; -s, -⟩ **1** ⟨abwertend⟩ *Angehöriger eines weit verbreiteten, ursprünglich indischen Wandervolkes* • 1.1 ⟨Selbstbenennung⟩ *Rom, Sinto* **2** ⟨fig.; umg.⟩ *unruhig, unstet lebender Mensch*

Zigeunerin

Zi|geu|ne|rin ⟨f.; -, -rin|nen⟩ *weibl. Zigeuner*

zig|tau|send *auch:* **Zig|tau|send** ⟨unbest. Numerale⟩ *viele tausend;* ~ *waren gekommen*

zig|tau|sen|de *auch:* **Zig|tau|sen|de** ⟨unbest. Numerale⟩ *viele tausend;* ~ *von Zuschauern klatschten Beifall*

Zi|ka|de ⟨f.; -, -n; Zool.⟩ *pflanzensaugende Angehörige einer Gruppe der Schnabelkerfe, deren Männchen mit einem Trommelorgan ausgerüstet sind: Cicadina;* Sy *Zirpe*

Zil|le ⟨f.; -, -n; ostmdt.; österr.⟩ **1** *flacher Frachtkahn für die Flussschifffahrt* **2** ⟨österr. a.⟩ *kleiner flacher Kahn (als Rettungs-, Polizeiboot)*

Zim|bel ⟨f.; -, -n; Mus.⟩ *Schlaginstrument, kleines Becken*

Zim|mer ⟨n.; -s, -⟩ **1** *(abschließbarer) Raum eines Hauses, der zum Wohnen, Arbeiten od. Schlafen bestimmt ist;* Arbeits~, Hotel~, Wohn~, Schlaf~, Konferenz~; *ein* ~ *aufräumen, heizen, lüften, putzen; haben Sie ein* ~ *(frei)? (im Hotel); ein* ~ *malen, streichen, tapezieren, tünchen lassen; ein* ~ *mieten, vermieten; (sich) ein* ~ *(in einem Hotel) nehmen; ein* ~ *suchen (zur Miete);* ~ *zu vermieten; das Kind hat ein eigenes* ~; *ein großes, hohes, kleines, luftiges, schmales, sonniges* ~; *ein möbliertes* ~; *er ist noch in seinem, (bei Hotelzimmern) auf seinem* ~; ~ *mit Balkon* • **1.1** *das* ~ *hüten wegen Krankheit nicht ausgehen*

Zim|mer|flucht ⟨f.; -, -en⟩ *Reihe nebeneinanderliegender u. miteinander verbundener Zimmer*

Zim|mer|mäd|chen ⟨n.; -s, -; in Hotels u. großen Haushalten⟩ *Angestellte, die die Zimmer aufräumt u. sauber hält (in Hotels u. sehr großen Haushalten)*

Zim|mer|mann ⟨m.; -(e)s, -leu|te⟩ **1** *Handwerker zur Herstellung von Holzbauteilen für den Bau von Gebäuden* **2** *jmdm. zeigen, wo der* ~ *das Loch gelassen hat* ⟨fig.; umg.⟩ *jmdm. die Tür weisen, jmdn. hinauswerfen*

zim|mern ⟨V. 402⟩ **1** **(etwas)** ~ *aus Holz herstellen; ein Bauteil* ~; *er zimmert schon den ganzen Tag* **2** ⟨fig.⟩ *bauen, aufbauen; sich sein Lebensglück* ~

zim|per|lich ⟨Adj.⟩ *übertrieben empfindlich; ein* ~*er Mensch; sei nicht so* ~

Zimt ⟨m.; -(e)s; unz.⟩ **1** ⟨Bot.⟩ *einer Gattung der Lorbeergewächse angehörende Kulturpflanze: Cinnamomum* • **1.1** *auf Ceylon heim. Baum, aus dessen Rinde ein Gewürz gewonnen wird: Cinnamomum zeylanicum* **2** *Gewürz aus der Rinde von Zimt (1.1); Grießbrei mit Zucker und* ~ **3** ⟨fig.; umg.; abwertend⟩ *Kram, wertloses Zeug, lästige Angelegenheit* • **3.1** *der ganze* ~ *kann mir gestohlen bleiben* ⟨fig.; umg.⟩ *ich will von alledem nichts wissen*

Zink¹ ⟨n.; -(e)s; unz.; chem. Zeichen: Zn⟩ *bläulich weißes Metall, chem. Element mit der Ordnungszahl 30*

Zink² ⟨m.; -(e)s, -en; Mus.⟩ *trompetenähnliches Holzblasinstrument der Renaissance- u. Barockzeit*

Zin|ke ⟨f.; -, -n⟩ **1** *Zacke, Spitze (der Gabel, des Kamms, des Rechens)* **2** *schwalbenschwanzartiger Zapfen am Ende eines Brettes, der in eine entsprechende Ausarbeitung passt*

zin|ken¹ ⟨V. 500⟩ *etwas* ~ *mit Zinken¹ versehen (bes. Spielkarten); mit gezinkten Karten spielen (in betrügerischer Absicht)*

zin|ken² ⟨V. 500⟩ *etwas* ~ *mit Zinke(n) versehen;* Holz ~

Zin|ken¹ ⟨m.; -s, -⟩ *Zeichen, bildliches Schriftzeichen;* Gauner~

Zin|ken² ⟨m.; -s, -; umg.; scherzh.⟩ *große, dicke Nase*

Zinn ⟨n.; -(e)s; unz.⟩ **1** ⟨Zeichen: Sn⟩ *silberweißes, glänzendes, weiches Metall, chem. Element, Ordnungszahl 50* **2** *Zinngeschirr*

Zin|ne ⟨f.; -, -n⟩ **1** *rechteckiges, zahnförmiges Bauglied (auf einer Mauer, meist in einer Reihe);* Sy *Zacke (3)* **2** ⟨schweiz.⟩ *umfriedetes Flachland*

Zin|no|ber ⟨m.; -s; unz.⟩ **1** *diamanten glänzendes Erz, chem. Quecksilbersulfid* **2** *gelbliches Rot* **3** ⟨fig.; umg.; abwertend⟩ • **3.1** *Kram, Zeug* • **3.2** *Umstände, Redensarten, Getue*

Zinn|sol|dat ⟨m.; -en, -en⟩ **1** *kleine Figur eines Soldaten aus Zinn, Kinderspielzeug* • **1.1** *wie ein* ~, *die* ~*en stramm, sehr gerade, wohl ausgerichtet; sie gingen, marschierten wie die* ~*en; er sitzt, steht so stramm wie ein* ~

Zins ⟨m.; -es, -en⟩ **1** ⟨veraltet⟩ *Abgabe, Steuer* **2** ⟨veraltet⟩ *Miete, Pacht;* Miet~ **3** ⟨Pl.⟩ *prozentual berechnetes Entgelt für die leihweise Überlassung von Kapital; das Kapital bringt, trägt* ~*en; zahlen;* ~*en; hohe, geringe* ~*en; jmdm. etwas auf* ~*en leihen; von seinen* ~*en leben (ohne das Kapital anzugreifen); ein Darlehen mit 5 %* ~*en; ein Kapital auf* ~*en legen* • **3.1** *jmdm. etwas mit* ~*en, mit* ~ *u. Zinses*~ *zurückzahlen* ⟨fig.; umg.; verstärkend⟩ *jmdm. etwas heimzahlen, schlimmere Vergeltung, Rache üben, als das begangene Unrecht eigentlich fordert*

Zin|sen ⟨Pl. von⟩ *Zins*

Zio|nis|mus ⟨m.; -; unz.⟩ **1** ⟨urspr.⟩ *jüdische Bewegung zur Bildung eines selbstständigen jüdischen Staates Israel* **2** ⟨heute⟩ *politische Bewegung, die eine Stärkung u. Vergrößerung des Staates Israel zum Ziel hat*

Zip|fel ⟨m.; -s, -⟩ **1** *Ecke, Ende, Eckstück (von Stoffen, Kleidungsstücken usw.);* Rock~, Schürzen~ **2** *eine Sache an allen vier* ~*n haben* ⟨fig.⟩ *eine S. fest, sicher haben*

zip|pen ⟨[zɪp-] V. 500; EDV⟩ **Daten** ~ *mit Hilfe eines speziellen Programms komprimieren; gezippte Dateien senden, öffnen*

zir|ka ⟨Adv. Abk.: ca.⟩ *ungefähr, etwa;* oV *circa*

Zir|kel ⟨m.; -s, -⟩ **1** *Gerät aus zwei an einem Ende beweglich verbundenen Schenkeln, von denen einer in eine scharfe Spitze (zum Einstechen ins Papier) ausläuft u. deren anderer eine Mine trägt, zum Zeichnen von Kreisen* • **1.1** *ähnliches Gerät mit zwei Spitzen zum genauen Messen von Entfernungen (in geometrischen Figuren, auf Landkarten usw.)* **2** ⟨fig.⟩ *Kreisform, Bewegung; der* ~ *schließt sich* **3** = *Kreis (4); literarischer* ~ **4** ⟨Reitsp.⟩ *kreisförmige Figur; auf dem* ~ *reiten* **5** *monogrammartig verschlungener Schriftzug (als Abzeichen einer studentischen Verbindung)*

zir|ku|lar ⟨Adj. 24⟩ *kreisförmig, in der Art eines Zirkels;* oV *zirkulär*

zir|ku|lär ⟨Adj. 24⟩ = zirkular

zir|ku|lie|ren ⟨V. 400⟩ **1** sich ständig im Kreis bewegen; das Blut zirkuliert in den Adern **2** ⟨fig.⟩ umlaufen; es ~ Gerüchte, dass …

zir|kum…, Zir|kum… ⟨in Zus.⟩ um… herum…; zirkumterrestrisch; Zirkumferenz, Zirkumflex, Zirkumskription

Zir|kum|fe|renz ⟨f.; -, -en; geh.⟩ Umfang, Ausbreitung, Ausdehnung

Zir|kus ⟨m.; -, -se⟩ oV Circus **1** ⟨im alten Rom⟩ Rennbahn in Form eines Ovals (für Wagen- u. Pferderennen) **2** Unternehmen, das Dressuren von Tieren, Artistik u. a. gegen Entgelt darbietet; Wander~ **3** Zelt od. Halle für einen Zirkus (2) **4** ⟨fig.; umg.⟩ • **4.1** lärmendes, quirlendes Durcheinander; macht nicht so einen ~! • **4.2** Aufregung, Aufhebens, große Umstände; mach doch keinen solchen ~!

Zir|pe ⟨f.; -, -n⟩ = Zikade

zir|pen ⟨V. 400⟩ Zikaden, Grillen ~ geben feine, schrille Töne von sich

Zir|rus|wol|ke ⟨f.; -, -n⟩ Federwolke in großer Höhe

zir|zen|sisch ⟨Adj. 24⟩ **1** den Zirkus betreffend, im Zirkus stattfindend; eine ~e Veranstaltung • **1.1** ~e **Spiele** ⟨im alten Rom⟩ Wagen- u. Pferderennen im Zirkus

zi|scheln ⟨V. 400⟩ ärgerlich od. böse zischend flüstern; er zischelte mir etwas ins Ohr

zi|schen ⟨V.⟩ **1** ⟨400⟩ einen scharfen Ton von sich geben, wie wenn Feuer od. etwas Heißes u. Wasser zusammentreffen; das Bügeleisen zischt auf dem feuchten Stoff; das Wasser, Fett zischt in der Pfanne **2** ⟨400⟩ Gänse, Schlangen ~ geben Laut **3** ⟨400⟩ den s-Laut bilden **4** ⟨500⟩ einen ~ ⟨fig.; umg.⟩ ein Glas Schnaps od. Bier trinken

zi|se|lie|ren ⟨V. 500⟩ Metall ~ mit Meißel, Stichel, Punze verzieren, Ornamente in M. stechen

Zis|ter|ne ⟨f.; -, -n⟩ unterirdischer, gemauerter Behälter zum Speichern von Regenwasser

Zi|ta|del|le ⟨f.; -, -n⟩ (Kern einer) Festung od. befestigten Stadt

Zi|tat ⟨n.; -(e)s, -e⟩ **1** wörtlich angeführte Stelle aus einem Buch **2** oft zitierter Ausspruch

Zi|ther ⟨f.; -, -n⟩ Zupfinstrument mit einem flachen Resonanzkörper u. fünf Saiten, auf denen die Melodie gespielt wird, sowie 24–42 Saiten zur Begleitung

zi|tie|ren ⟨V. 500⟩ **1** einen **Text** ~ = anführen (2.1.1); einen Ausspruch, eine Stelle aus einem Buch ~ **2** jmdn. ~ herbeirufen, vorladen, zum Erscheinen auffordern; jmdn. vor Gericht ~

◆ Die Buchstabenfolge **zi|tr…** kann in Fremdwörtern auch **zit|r…** getrennt werden.

◆ **Zi|trat** ⟨n.; -(e)s, -e⟩ Salz der Zitronensäure; oV ⟨fachsprachl.⟩ Citrat

◆ **Zi|tro|ne** ⟨f.; -, -n; Bot.⟩ **1** zu den Zitrusgewächsen gehörender mittelgroßer Baum mit weißen Blüten: Citrus limonum **2** gelbe, eiförmige saure Frucht der Zitrone (1)

◆ **Zi|trus|ge|wächs** ⟨[-ks] n.; -es, -e; meist Pl.⟩ Angehöriges einer Pflanzengattung, zu der Zitrone, Apfelsine, Mandarine, Pampelmuse u. a. gehören: Citrus

zit|te|rig ⟨Adj.⟩ oV zittrig **1** zum Zittern neigend (vor Alter, Schwäche, Nervosität), zitternd; ein ~er alter Mann; meine Hand ist ~; er ist schon etwas ~ **2** ~e Schrift ungleichmäßige, mit zitternder Hand geschriebene S.

zit|tern ⟨V. 400⟩ **1** durch anhaltende leichte u. rasche Bewegungen erschüttert werden; die Blätter ~ im leichten Wind; seine Hand zitterte (nicht), als er schoss, als er den Wein einschenkte; er zitterte an allen Gliedern, am ganzen Körper; mir ~ die Knie (vor Schreck); vor Angst, Furcht, Kälte ~; er zitterte wie Espenlaub; er schrie, dass die Wände zitterten ⟨umg.⟩ • **1.1** Sonnenstrahlen ~ auf dem Wasserspiegel flimmern, tanzen • **1.2** ein **Ton**, eine **Stimme** zittert klingt ungleichmäßig hoch u. laut; seine Stimme zitterte, als er antwortete; das Zittern seiner Stimme **2** ⟨fig.⟩ Angst haben; für jmdn. ~; vor jmdm., vor jmds. Zorn ~ • **2.1** mit Zittern und Zagen sehr furchtsam

Zit|ter|pap|pel ⟨f.; -, -n⟩ = Espe

zitt|rig ⟨Adj.⟩ = zitterig

Zit|ze ⟨f.; -, -n⟩ zum Säugen der Jungen dienender Fortsatz an der Brust weiblicher Säugetiere

zi|vil ⟨[-vi:l] Adj.⟩ **1** bürgerlich (2.3); Ggs militärisch **2** ⟨fig.⟩ angemessen, mäßig; ~e Preise

Zi|vil ⟨[-vi:l] n.; -s; unz.; kurz für⟩ bürgerliche Kleidung, Zivilkleidung; Ggs Uniform; in ~ erscheinen; ~ tragen

Zi|vil|cou|ra|ge ⟨[-vi:lkura:ʒə] f.; -, -n⟩ Mut, die eigene Überzeugung zu vertreten

Zi|vil|dienst ⟨[-vi:l-] m.; -(e)s; unz.⟩ waffenloser, meist sozialer Dienst für Kriegsdienstverweigerer, Wehrersatzdienst; seinen ~ in der Altenpflege leisten; der Einsatz von ~ Leistenden / Zivildienstleistenden

Zi|vi|li|sa|ti|on ⟨[-vi-] f.; -, -en⟩ die technisch fortgeschrittenen, verfeinerten äußeren Formen des Lebens u. der Lebensweise eines Volkes, im Unterschied zur Kultur

zi|vi|li|sie|ren ⟨[-vi-] V. 500⟩ Menschen ~ der Zivilisation zuführen; ein Volk ~

Zi|vil|recht ⟨[-vi:l-] n.; -(e)s; unz.⟩ = bürgerliches Recht, → bürgerlich (1.2)

Zo|bel ⟨m.; -s, -; Zool.⟩ **1** Angehöriger einer in Nordasien heimischen Marderart mit wertvollem Fell: Martes Zibellina • **1.1** Fell des Zobels (1) **2** Angehöriger einer Art der Karpfenfische: Abramis sapa

zo|ckeln ⟨V. 400(s.); umg.⟩ = zuckeln

Zo|fe ⟨f.; -, -n⟩ Kammerzofe, Dienerin bei einer Angehörigen des höheren Adels

zö|ger|lich ⟨Adj.⟩ zögernd, abwartend; eine ~e Haltung einnehmen

zö|gern ⟨V. 400⟩ sich nicht entschließen können, abwarten, zaudern; zu lange ~; ohne Zögern antworten, aufbrechen, handeln; etwas nur ~d tun; ~d gehorchen

Zög|ling ⟨m.; -s, -e⟩ jmdm. od. einem Institut zur Erziehung anvertraute(r) Jugendliche(r), Pflegebefohlene(r); ~ eines Internats

Zölibat

Zö|li|bat ⟨m. od. n.; -(e)s; unz.⟩ *vorgeschriebene Ehelosigkeit der katholischen Geistlichen*

Zoll¹ ⟨m. 7; -s, -; Zeichen: "⟩ **1** *früheres dt. Längenmaß,* $^1/_{10}$ *od.* $^1/_{12}$ *Fuß;* 3 ~ *breit;* ⟨aber Getrennt- u. Zusammenschreibung⟩ ~ breit = Zollbreit **2** *englisches Längenmaß, Inch, 2,54 cm* **3** ⟨Astron.⟩ *zwölfter Teil des Sonnen- od. Monddurchmessers*

Zoll² ⟨m.; -(e)s, Zöl|le⟩ **1** ⟨Altertum u. MA⟩ *Abgabe an bestimmten Plätzen im Innern des Landes, z. B. Wegezoll, Brückengeld* **2** *Abgabe für Waren, die in einen anderen Staat befördert werden, an diesen Staat; die Zölle erhöhen, senken; auf dieser Ware liegt kein ~; für eine Ware ~ bezahlen* **3** ⟨umg.⟩ *Zollabfertigungsstelle; die Sendung liegt noch beim ~*

Zoll|breit *auch:* **Zoll breit** ⟨m.; (-) -s, (-) -⟩ *Breite von einem Zoll; keinen ~ zurückweichen nicht von der Stelle weichen;* →a. *Zoll¹ (1)*

zol|len ⟨V. 530/Vr 6; geh.⟩ *jmdm. eine* **Sache** *~ nach Verdienst u. Schuldigkeit erweisen; jmdm. Achtung, Anerkennung, Bewunderung ~; jmdm. Beifall ~*

Zöll|ner ⟨m.; -s, -⟩ **1** ⟨im Röm. Reich⟩ *Einnehmer von Zoll* **2** ⟨umg.; veraltet⟩ *Zollbeamter*

Zoll|stock ⟨m.; -(e)s, -stö|cke⟩ *(zusammenklappbarer) Messstab mit Zoll- u. (od.) Zentimetereinteilung*

Zom|bie ⟨m.; -s, -s⟩ **1** *zum Leben wiedererweckter Toter (im westindischen Wodukult)* **2** ⟨umg.⟩ *aufgrund einer Drogenabhängigkeit zerstörter Mensch* **3** ⟨umg.⟩ *willensschwacher, energieloser Mensch (der sich von anderen leiten lässt)*

Zo|ne ⟨f.; -, -n⟩ **1** *nach bestimmten Gesichtspunkten eingeteiltes Gebiet; Gefahren~* • **1.1** *Teilgebiet eines nichtsouveränen Staates; Besatzungs~* • **1.2** *Stufe der Entfernung, nach der die Preise im öffentl. Personennahverkehr, bei Auslandsgesprächen usw. berechnet werden; der Fahrpreis für die erste ~ beträgt 2,50 Euro, für die zweite ~5 Euro* • **1.3** *~ des* **Schweigens** *Gebiet, in dem eine Detonation nicht hörbar ist* **2** ⟨Geogr.⟩ *von zwei parallelen Kreisen begrenzter Streifen der Erdoberfläche* • **2.1** *gemäßigte ~ Gebiet zwischen Wendekreis u. Polarkreis* • **2.2** *heiße ~ Gebiet zwischen beiden Wendekreisen* • **2.3** *kalte ~ Gebiet zwischen Polarkreis u. Pol* **3** ⟨Geol.⟩ *kleinste Unterabteilung einer Formation*

Zoo ⟨[tso:] m.; -s, -s; Kurzw. für⟩ *Einrichtung zur Haltung u. Schaustellung von einheimischen u. exotischen Tieren zu belehrenden u. wissenschaftlichen Zwecken, zoologischer Garten, Tiergarten, Tierpark*

Zoo|lo|gie ⟨[tso:o-] f.; -; unz.⟩ *wissenschaftliche Kunde, Lehre von den Tieren*

zoo|lo|gisch ⟨[tso:o-] Adj. 24⟩ *die Zoologie betreffend, zu ihr gehörend, auf ihr beruhend*

Zoom ⟨[zu:m] n.; -s, -s; Fot.⟩ *Zoomobjektiv*

Zoom|ob|jek|tiv ⟨[zu:m-] n.; -(e)s, -e; Fot.⟩ *Objektiv mit stufenlos verstellbarer Brennweite*

Zopf ⟨m.; -(e)s, Zöp|fe⟩ **1** *aus drei Strängen geflochtenes, langes Haupthaar; einen ~, Zöpfe tragen; das Haar in Zöpfe flechten* **2** ⟨fig.⟩ *überholte Einrichtung od. Anordnung, rückständige Ansicht; das ist ein alter ~* **3** *aus drei Teigstreifen geflochtenes Gebäck* **4** ⟨Forstw.⟩ *Wipfel eines Baumes*

Zorn ⟨m.; -(e)s; unz.⟩ *heftiger Unwille, aufwallender Ärger (über Unrecht od. eine Kränkung); jmds. ~ fürchten; der ~ packte ihn; sein ~ war verraucht; einen ~ auf jmdn. haben; jmdn. in ~ bringen; in ~ geraten; sich in ~ reden; er war rot vor ~; mich packte ein heiliger ~* ⟨scherzh.⟩

zor|nig ⟨Adj.⟩ *im Zorn befindlich, voller Zorn; ~ werden*

Zo|te ⟨f.; -, -n⟩ *grob unanständiger Witz, unanständige Redensart*

Zot|te¹ ⟨f.; -, -n; südwestdt.; mdt.⟩ *Schnauze, Ausgießer (der Kanne)*

Zot|te² ⟨f.; -, -n⟩ **1** ⟨Anat.⟩ *kleine Ausbuchtung an Geweben nach innen; Darm~* **2** *Haarbüschel (bes. bei Tieren)*

Zot|tel ⟨f.; -, -n; umg.⟩ *unordentlich herabhängende Haarsträhne; sich die ~n aus dem Gesicht streichen*

zot|teln ⟨V. 411(s.); umg.⟩ *langsam u. achtlos od. in Gedanken versunken einhergehen; durch die Stadt, die Straßen ~*

zu¹ ⟨Präp. mit Dativ⟩ **1** *~ einem Ort in Richtung auf, auf … hin …; jmdn. ~r Bahn bringen; ~ Boden stürzen; der Weg ~r Stadt; ~r Tür (hinaus)gehen; stell das Glas ~ den anderen, ~ Anfang, ~ Ende* • **1.1** ⟨nachgestellt⟩ *nach Osten ~; dem Meer, der Straße ~ gelegen* • **1.2** *von* **Ort** *~* **Ort** *von einem O. zum anderen* • **1.3** *bitte ~* **Tisch!** *das Essen ist fertig* • **1.4** *~* **Bett** *gehen schlafen gehen* **2** *~* **jmdm.** *in Richtung auf, neben jmdn., in jmds. Haus, Wohnung; Sy von (1.1); ~ jmdm. gehen, kommen; setz dich ~ mir; ~m Arzt, ~m Bäcker gehen* • **2.1** *Geld ~* **sich** *stecken G. einstecken* • **2.2** *sich ~* **jmdm.** *verhalten* ⟨fig.⟩ *gegenüber, in Bezug auf jmdn.; er ist immer sehr nett ~ mir; aus Liebe ~ ihm* • **2.3** *an einem Ort; jmdm. ~ Füßen sitzen; der Dom ~ Köln; Fürst ~ Monaco; jmdm. ~r Seite sitzen; ~m Fenster hinaussehen; ~ seiner Rechten, Linken* • **2.3.1** ⟨vor Namen, urspr. Ortsbez.⟩ ⟨Adelsprädikat;⟩ *Freiherr von u. ~m Stein* • **2.3.2** *ein* **Herr von und ~** ⟨scherzh.⟩ *ein sehr vornehmer od. vornehm tuender H.* • **2.3.3** *jmdm. ~r* **Seite stehen** ⟨fig.⟩ *jmdm. helfen* • **2.3.4** *~ Lande und ~ Wasser auf dem Land u. auf dem Wasser* • **2.3.4.1** *~* Lande *daheim; bei uns ~* Lande **3** *~ einer* **Arbeitsstelle** *dort (zu) arbeiten (beginnen)* • **3.1** *~r* **Bühne** *gehen Schauspieler(in) werden* • **3.2** *~m* **Militär** *gehen Soldat werden* • **3.3** *~r* **See** *fahren Matrose, Seeoffizier sein* • **3.4** *~r* **Schule, Hochschule** *gehen eine S., H. regelmäßig besuchen* **4** *~ einer* **Zeit**, *einem* **Zeitpunkt** *gleichzeitig mit, an einem Z.; ~ jener Zeit; ~ Mittag, Abend essen; ~r Zeit des Bauernkrieges; ~ Goethes Zeiten* • **4.1** *von* **Zeit** *~* **Zeit** *ab u. zu, gelegentlich* • **4.2** *es wird von* **Tag** *~* **Tag** *schlechter, besser jeden T.* • **4.3** *~ einem* **Anlass** *anlässlich; ~ Weihnachten; ~ seinem Geburtstag, Jubiläum* **5** *~ einer* **Form**, *einem* **Stoff** *werden eine andere Gestalt annehmen, sich verwandeln in; ~ Asche verbrennen; ~ Pulver zermahlen; ~ Brei, ~ Mus quetschen; ~ Butter, Quark werden; ~ Eis werden* • **5.1** *eine andere gesellschaftliche Funktion erhalten; jmdn. ~m Direktor ernennen; jmdn.*

~m König wählen; er ist ~m Mann herangewachsen; er ist ~m Dieb geworden; er ist ~m reichen Mann geworden **6** ~ **etwas** • **6.1 Material** ~ *etwas als Bestandteil, notwendige Voraussetzung dienend;* Stoff ~ einem Kleid; Papier ~m Schreiben; etwas ~m Essen, Trinken; ein Platz ~m Spielen; etwas Warmes ~m Anziehen • **6.2** ~ etwas **Abstraktem** *seinem Ziel, Zweck dienend;* ~ meiner Freude kann ich sagen …; dir ~ Ehren; jmdm. ~m (zu jmds.) Nutzen; er hat es ~ meiner vollen Zufriedenheit erledigt; ~ meiner Unterhaltung; das tue ich nur ~m Zeitvertreib; sich jmdn. ~m Vorbild nehmen; ~m Wohl!; ~m Beispiel ⟨Abk.: z. B.⟩ • **6.3** *(Mittel der Fortbewegung);* ~ Fuß gehen; ~ Pferde; hoch ~ Ross; ~ Schiff • **6.4** ~ **Befehl!** ⟨Mil.⟩ *wie befohlen, wird ausgeführt* • **6.5** ~m **Glück** *glücklicherweise* **7** ⟨mit Zahlen- od. Mengenangabe⟩ • **7.1** *im Verhältnis;* 2 verhält sich ~ 4 wie 3 ~ 6 (2:4 = 3:6); der Verein hat 2 ~ 1 gewonnen (2:1); im Vergleich ~ seiner Schwester ist er klein • **7.2** ~ **zweit, dritt** (zweien, dreien) usw. *zwei, drei usw. zusammen;* sie kamen ~ hunderten • **7.3** ~ **Ersten, Zweiten, Dritten** *erstens, zweitens, drittens* • **7.4** ~m achten **Mal** *wiederkehrend* • **7.5** etwas ~ einem **Preis** von 10,- € kaufen *10,- € dafür bezahlen;* das Stück ~ 7,50 € • **7.6** etwas ~m **Teil** tun *nicht ganz;* etwas ~r Hälfte aufessen; ~m halben Preis kaufen **8** ⟨ohne Kasusrektion vor Infinitiv; bei Verben mit abtrennbaren Vors. zusammengeschrieben zwischen Vors. u. Stamm⟩ ich wünsche ihn ~ sprechen; wir versuchten ihn abzulösen • **8.1** er droht, das Zimmer ~ verlassen *er droht (damit), dass er das Z. verlässt* • **8.1.1** jmd. tut etwas, **ohne** ~ wissen *ohne dass er es weiß* • **8.1.2 statt** ~ gehorchen *statt dass er gehorcht* • **8.2** es ist kaum ~ glauben; es ist nichts ~ machen; es ist zwischen X und Y ~ unterscheiden; der Wein ist nicht ~ trinken • **8.3 etwas ist** ~ **tun** *muss, soll getan werden;* Zimmer ~ vermieten; die Aufgabe ist ~ lösen; die ~ vermietenden Zimmer; noch ~ lösende Aufgaben • **8.4** etwas ~ **tun haben** *tun müssen, dürfen;* etwas ~ bestimmen haben; er hat nichts ~ arbeiten; er hat ~ gehorchen; nur noch kurze Zeit ~ leben haben • **8.5 um** ~ *mit dem Ziel, zu …;* ich komme, um dir ~ helfen **9 etwas** ~ **anderen** *darüber hinaus, außerdem noch;* Brot ~m Fleisch essen; nimmst du Milch, Zucker ~m Kaffee?; ~ allem Übel, Unglück; ~ alledem kam noch seine Krankheit • **9.1 Lieder** ~ einem **Instrument** *mit Begleitung eines Instruments;* Lieder ~r Gitarre, Laute singen **10** ⟨Getrennt- u. Zusammenschreibung⟩ • **10.1** ~ **Grunde** = zugrunde • **10.2** ~ **Gunsten** = zugunsten • **10.3** ~ **Hause** = zuhause • **10.4** ~ **Lasten** = zulasten • **10.5** ~ **Leide** = zuleide • **10.6** ~ **Mute** = zumute • **10.7** ~ **Nutze** = zunutze • **10.8** ~ **Rande** = zurande • **10.9** ~ **Rate** = zurate • **10.10** ~ **Schanden** = zuschanden • **10.11** ~ **Schulden** = zuschulden • **10.12** ~ **Seiten** = zuseiten • **10.13** ~ **Stande** = zustande • **10.14** ~ **Tage** = zutage • **10.15** ~ **Ungunsten** = zuungunsten • **10.16** ~ **Wege** = zuwege

zu² ⟨Adv.⟩ **1** *im Übermaß vorhanden;* ~ sehr; ~ groß, ~ hoch, ~ klein, ~ tief; er ist ~ klug, als dass er so etwas täte; es ist ~ schön, um wahr ~ sein; das ist ~ dumm, ~ schade • **1.1** ~ **viel** *mehr als angemessen, als zuträglich;* das ist ~ viel des Guten, (od.) des Guten ~ viel!; es ist ~ viel Milch, Zucker im Kaffee; es ist ~ viel Salz in der Suppe; er hat mir ~ viel berechnet; du hast schon ~ viel gesagt; das kann dir doch nicht schon ~ viel sein!; das wäre ~ viel verlangt; er weiß ~ viel; er weiß viel ~ viel; besser ~ viel als ~ wenig; viel ~ viel • **1.1.1** heute ist mir alles ~ viel ⟨umg.⟩ *strengt mich alles an* • **1.1.2** was ~ viel ist, ist ~ viel! ⟨umg.⟩ *jetzt habe ich genug davon, meine Geduld ist zu Ende!* • **1.1.3** er hat einen ~ viel getrunken ⟨umg.⟩ *er ist beschwipst* • **1.1.4** diese Besuche werden mir ~ viel ⟨umg.⟩ *lästig* • **1.2** ~ **wenig** *weniger als angemessen, als zuträglich;* es ist ~ wenig Salz in der Suppe; ich habe ihm versehentlich ~ wenig berechnet; er hat die Sache ~ wenig erklärt; er weiß ~ wenig; er weiß viel ~ wenig; das ist viel ~ wenig! **2** *geschlossen;* Tür ~!; Tür ~, es zieht!; die Läden haben sonntags ~; Mund ~!; ~ sein; etwas ist ~; die Tür ist ~; sieh nach, ob mein Kleid hinten ~ ist **3 ab und** ~ *gelegentlich, manchmal* **4 mach** ~! ⟨umg.⟩ *beeile dich, mach schnell!* • **4.1 nur** ~! *nur weiter (so)!, frisch ans Werk, nur Mut!*

zu… ⟨Vorsilbe⟩ **1** *(zur Bez. des Verschließens, Bedeckens);* zuschließen, zumachen, zuschütten **2** *(zur Bez. der Richtung auf ein Ziel hin);* auf jmdn. zugehen, zukommen **3** *(zur Bez. des Hinzufügens, der zusätzlichen Gabe);* zugeben, zusetzen, zuzahlen

zu|al|ler|erst ⟨Adv.; verstärkend⟩ *zuerst*

zu|al|ler|letzt ⟨Adv.; verstärkend⟩ *zuletzt*

zu|al|ler|meist ⟨Adv.; verstärkend⟩ *zumeist*

Zu|be|hör ⟨n.; -(e)s; unz.⟩ **1** *bewegliche Sachen, die zu etwas (Haus, Betrieb, Gerät u. a.) dazugehören;* eine Wohnung mit allem ~ **2** ⟨Tech.⟩ *ein Gerät ergänzende Teile;* eine Kamera mit ~

zu|bei|ßen ⟨V. 105/400⟩ *schnell u. kräftig beißen, mit den Zähnen nach etwas schnappen;* Vorsicht, der Hund beißt rasch zu!; bei biss schnell zu

Zu|ber ⟨m.; -s, -⟩ *großer hölzerner Behälter mit zwei Handgriffen, Wanne;* Wasch~

zu|be|rei|ten ⟨V. 500⟩ **1** Speisen ~ *kochen, zum Essen vorbereiten, fertig machen;* das Essen ist gut zubereitet **2** Arznei ~ *mit der Hand herstellen* **3** Stoff ~ *einem bestimmten chem. Prozess unterwerfen, appretieren*

zu|bil|li|gen ⟨V. 530/Vr 5 od. Vr 6⟩ jmdm. etwas ~ *gestatten, zugestehen, einräumen;* wir können unseren Kunden einen Preisnachlass ~; dem Angeklagten wurden mildernde Umstände zugebilligt

zu|bin|den ⟨V. 111/500⟩ **1** etwas ~ *durch Binden verschnüren;* einen Sack ~ **2** ⟨503/Vr 3⟩ (jmdm. od. sich) etwas ~ *(jmdm. od. sich) ein Kleidungsstück, Schuhe o. Ä. durch Binden verschließen*

zu|brin|gen ⟨V. 118/500⟩ **1** einen **Verschluss** ~ ⟨umg.⟩ *schließen können;* ich bringe das Fenster nicht zu **2** ⟨530⟩ jmdm. etwas ~ *zu jmdm. etwas hinbringen, hinschaffen;* den Arbeitern Material automatisch ~ lassen • **2.1** jmdm. eine **Nachricht** ~ ⟨fig.⟩ *zutragen,* hinterbringen 3 ⟨511⟩ eine **Zeit** an einem **Ort** ~ *(bes. zwangsweise od. ungern) verbringen, verleben; das Alter in völliger Einsamkeit ~; er hat sechs Wochen im Krankenhaus, im Gefängnis zugebracht*

Zu|brin|ger ⟨m.; -s, -⟩ **1** *jmd., der jmdm. etwas zubringt* **2** *Maschinenteil, der zur Arbeit benötigtes Material dorthin befördert, wo es gebraucht wird, z. B. Förderband* **3** *Verkehrsmittel (Kraftfahrzeug, Flugzeug) zur Beförderung an einen wichtigen Verkehrspunkt, vor allem Flugplatz* **4** *Straße, die die Verbindung zu einer Hauptstraße od. Autobahn herstellt*; Autobahn~

Zucht ⟨f.; -, -en⟩ **1** ⟨unz.; veraltet⟩ *strenge Erziehung zum Gehorsam*; jmdn. in die ~, in strenge ~ nehmen • 1.1 *Straffheit, Disziplin*; ~ halten; jmdn. an ~ gewöhnen; in diesem Haus herrscht (keine) ~ und Ordnung **2** *das Aufziehen, Züchten, Züchtung*; Pflanzen~, Tier~ **3** *Ergebnis der Zucht (2); beide Tiere stammen aus einer ~, aus verschiedenen ~en; die ~en dieses Jahres waren enttäuschend*

züch|ten ⟨V. 500⟩ **1** *Pflanzen, Tiere* ~ *aufziehen u. durch Kreuzen möglichst die Rasse od. Art verbessern* • 1.1 *Bakterien* ~ *nach bes. Verfahren heranziehen* **2** ⟨fig.⟩ *wachrufen u. zur Entfaltung bringen; hier wird Arroganz geradezu gezüchtet*

Zucht|haus ⟨n.; -es, -häu|ser; früher⟩ *Strafanstalt für die zu einer schweren Freiheitsstrafe verurteilten Verbrecher*; im ~ sitzen

züch|tig ⟨Adj.; veraltet⟩ *tugendhaft, sittsam, verschämt*; ein ~es Kind; ~ die Augen niederschlagen

züch|ti|gen ⟨V. 500/Vr 7 od. Vr 8; veraltet⟩ **jmdn.** ~ *durch Schlagen bestrafen*

zu|ckeln ⟨V. 400(s.); umg.⟩ *sich langsam, gemächlich, schwerfällig fortbewegen*; oV zockeln; die Kinder zuckelten hinterher

zu|cken ⟨V.⟩ **1** ⟨400⟩ *ein* **Licht** *zuckt flackert, leuchtet plötzlich, unregelmäßig; ein Blitz zuckte (am, über den Himmel)* • 1.1 *die* **Flammen** ~ *flackern, lodern* **2** ⟨400⟩ *unwillkürlich eine plötzliche Bewegung machen; seine Hand zuckte, als die Flamme sie berührte; sie leidet an einem nervösen Zucken des Gesichts, der Augenlider* **3** ⟨414⟩ • 3.1 **ohne mit der Wimper** zu ~ ⟨fig.⟩ *unbewegten Gesichtes, ohne ein Gefühl zu zeigen* • 3.2 *mit ~den Mundwinkeln, mit ~den Lippen* ⟨a. fig.⟩ *dem Weinen nahe* • 3.3 ⟨416 od. 500⟩ *die* **Achseln,** *mit den Achseln* ~ *die A., die Schultern rasch heben u. fallen lassen (um zu zeigen, dass man etwas nicht weiß od. dass einem etwas gleichgültig ist)*

zü|cken ⟨V. 500⟩ *etwas* ~ **1** *plötzlich hervorziehen; ein Messer, eine Pistole* ~ **2** ⟨umg.; scherzh.⟩ *nehmen, ergreifen; den Bleistift ~; das Portmonee ~*

Zu|cker ⟨m.; -s, -⟩ **1** (i. e. S.) *aus bestimmten Pflanzen (Zuckerrohr, Zuckerrübe) u. Früchten gewonnenes Kohlenhydrat von süßem Geschmack; das ist süß wie* ~; *die Ostereier waren aus* ~; *gebrannter, brauner* ~; *feiner, grober* ~; *nehmen Sie* ~ *zum Kaffee?; den Tee mit* ~ *süßen; Kaffee mit* ~ *und Milch od. Sahne; ein Löffel (voll), ein Stück* ~ **2** ~ *haben* ⟨umg.⟩ *zu viel Zucker (1) im Blut haben, zuckerkrank sein* **3** (i. w. S.) *Kohlenhydrat, das sich aus verhältnismäßig*

kleinen Molekülen zusammensetzt **4** *das ist* ~! ⟨fig.; umg.⟩ *das ist prima, ausgezeichnet*

Zu|cker|erb|se ⟨f.; -, -n⟩ *süß schmeckende Sorte der Gartenerbse*; Sy ⟨schweiz.⟩ Kefe

zu|cker|frei ⟨Adj. 24⟩ *frei von Zucker, ohne Zusatz von Zucker*; ~e Bonbons

Zu|ckerl ⟨n.; -s, -n; bair.-österr.⟩ *Bonbon*

zu|ckern ⟨V. 500⟩ *Speisen* ~ *Zucker hinzufügen, süßen*; den Kuchen, den Pudding ~

Zu|cker|werk ⟨n.; -(e)s; unz.⟩ *überwiegend aus Zucker bestehende Süßigkeiten*

zu|de|cken ⟨V. 500⟩ **1** *etwas* ~ *bedecken, schließen, indem man einen Gegenstand darüberlegt; ein Loch, eine Grube, einen Topf* ~; *die Pflanzen vor dem ersten Frost mit Stroh, Reisig* ~ **2** ⟨Vr 7⟩ *jmdn.* ~ *mit einer Decke bedecken; das Kind gut, warm* ~; *sich mit seinem Mantel* ~ • 2.1 ⟨516⟩ *jmdn. mit* **Reden** ~ ⟨fig.⟩ *überhäufen, nicht zu Worte kommen lassen; sie haben ihn mit Fragen, Vorwürfen zugedeckt*

zu|dem ⟨Adv.⟩ *überdies, außerdem*

zu|den|ken ⟨V. 119/530/Vr 5 od. Vr 6⟩ *jmdm. etwas* ~ *jmdm. etwas geben, schenken wollen, etwas für jmdn. bestimmen; dieses Buch habe ich ihm zugedacht; ich habe das ihm zugedachte Geschenk leider vergessen*

zu|dre|hen ⟨V. 500⟩ **1** *etwas* ~ *durch Drehen verschließen*; den Wasserhahn ~ • 1.1 *eine* **Schraube** ~ *fest anziehen* **2** *jmdm. den* **Rücken,** *das Gesicht* ~ *sich so stellen, so stehen, dass man jmdm. den Rücken, das Gesicht zuwendet*

zu|dring|lich ⟨Adj.⟩ *aufdringlich, lästig, einen anderen belästigend (bes. mit Vertraulichkeiten); ein* ~er *Mensch*; ~ werden

zu|drü|cken ⟨V. 500⟩ **1** *etwas* ~ *durch Drücken schließen; einen Deckel, eine Tür* ~ **2** ⟨530⟩ *jmdm. die Augen* ~ *einem soeben Gestorbenen die Augen schließen* **3** *ein Auge, beide Augen* ~ ⟨fig.; umg.⟩ *etwas absichtlich nicht beachten, über etwas Unzulässiges hinwegsehen*

zu|ein|an|der *auch:* **zu|ei|nan|der** ⟨a. [- - '- -] Adv.⟩ **1** *eines, einer zum anderen, einer mit dem anderen; sie sind sehr nett, lieb, böse* ~ **2** (Getrennt- u. Zusammenschreibung) • 2.1 ~ finden = *zueinanderfinden* • 2.2 ~ passen = *zueinanderpassen*

zu|ein|an|der|fin|den *auch:* **zu|ei|nan|der fin|den** ⟨V. 134/400⟩ *sich nahekommen, einig sein, sich gut verstehen; sie haben wieder zueinandergefunden / zueinander gefunden*

zu|ein|an|der|pas|sen *auch:* **zu|ein|an|der pas|sen** ⟨V. 400⟩ *eines, einer zum anderen passen; sie passen gut, schlecht zueinander*

zu|er|ken|nen ⟨V. 166/530/Vr 5 od. Vr 6⟩ *jmdm. etwas od. jmdn.* ~ *(gerichtlich) zusprechen; etwas dem Meistbietenden* ~ *(bei Versteigerungen); jmdm. den ersten Preis* ~; *jmdm. ein Recht* ~; *das Kind wurde nach der Scheidung der Mutter zuerkannt*

zu|erst ⟨Adv.⟩ **1** *als Erster, als Erste, als Erstes; mit der* ~ *genannten Bedingung bin ich einverstanden, mit der zuletzt genannten nicht;* ~ *läuft der Intercity ein, danach die Regionalbahn; ich gehe* ~; ~ *an die Reihe kommen; wer* ~ *kommt, mahlt* ~ ⟨Sprichw.⟩

2 *zu Anfang, anfänglich, in der ersten Zeit;* ~ bemerkte ich noch gar nichts; ~ fand ich ihn unsympathisch, aber später lernte ich seine Vorzüge schätzen; ~ verstand ich gar nicht, was er damit meinte

Zu|fahrt ⟨f.; -, -en⟩ *Möglichkeit des Fahrens bis zu etwas hin;* gibt es zu dem Grundstück keine andere ~?

Zu|fall ⟨m.; -(e)s, -fäl|le⟩ *das Eintreten od. Zusammentreffen von Ereignissen, das nach menschlicher Voraussicht nicht zu erwarten war;* das kann doch nicht bloß ~ sein!; eine Kette, Reihe von Zufällen brachte es mit sich, dass …; was für ein, welch ein ~ (dass ich dich gerade hier treffe)!; durch ~ erfuhr ich davon; es war reiner, purer ~, dass wir uns hier trafen; es war ein glücklicher, unglücklicher ~, dass …; ein Spiel des ~s; und wie es der ~ manchmal mit sich bringt …; das wollen wir dem ~ überlassen; seine Rettung ist nur einem ~ zu verdanken; der ~ wollte (es), dass …

zu|fal|len ⟨V. 131(s.)⟩ **1** ⟨400⟩ **etwas** *fällt zu schließt sich von selbst;* das Fenster, die Tür, der Deckel fällt zu; die Augen fielen ihm vor Müdigkeit fast zu; die Tür ist von selbst zugefallen **2** ⟨600⟩ **jmdm.** *fällt etwas zu jmd. erhält etwas als Anteil, z. B. infolge Erbschaft;* das gesamte Erbe fiel einem Neffen zu; der erste Preis ist Frau X zugefallen • **2.1** *jmdm. fällt eine Aufgabe zu jmd. hat eine A. zu erledigen;* ihm fiel die Rolle des Beraters zu

zu|fäl|lig ⟨Adj.⟩ *durch Zufall (geschehend), ohne dass es vorauszusehen war, unerwartet;* eine ~e Beobachtung; es war nur ein ~es Zusammentreffen; es geschah ganz ~; das habe ich (ganz) ~ gesehen; ich traf ihn ~ in der Stadt; er ging ~ vorüber; der kleine Kreis hat sich mehr oder minder ~ zusammengefunden

zu|fas|sen ⟨V. 400⟩ **1** *greifen, anfassen;* er konnte gerade noch rechtzeitig ~ **2** ⟨fig.⟩ *helfend einspringen;* du könntest beim Tischdecken ein wenig mit ~!

zu|flie|gen ⟨V. 136(s.)⟩ **1** ⟨530⟩ ein Vogel *fliegt* **jmdm.** *zu ein V. fliegt zu jmdm. u. bleibt im Haus;* der Kanarienvogel ist uns zugeflogen • **1.1 Gedanken** *fliegen jmdm. zu* ⟨fig.⟩ *jmd. kommt ohne Mühe auf neue G.* • **1.1.1** jmdm. *ist in der Schule alles zugeflogen* ⟨fig.⟩ *jmd. hat das Lernen sehr leicht gefallen, jmd. hat sehr leicht gelernt* **1.2** alle **Herzen** *fliegen jmdm. zu* ⟨fig.⟩ *alle haben jmdn. sofort gern* **2** ⟨411⟩ **auf etwas** od. **jmdn.** ~ *in Richtung auf etwas od. jmdn. fliegen;* auf einen Wald, eine Stadt, ein Ziel ~; sie flog auf ihre Mutter zu **3** ⟨400⟩ **Fenster, Türen** *fliegen zu* ⟨umg.⟩ *fallen heftig (krachend) zu*

zu|flie|ßen ⟨V. 138/600(s.)⟩ **etwas** *fließt* **etwas** *zu* **1** *in eine bestimmte Richtung fließen, hinfließen zu;* der Fluss fließt dem Meer zu **2** *fließend zu etwas hinzukommen;* dem Bassin fließt ständig frisches Wasser zu **3** ⟨fig.⟩ *zuteilwerden;* der Reinerlös der Veranstaltung *floss* dem Rettungsdienst zu

Zu|flucht ⟨f.; -, -en⟩ **1** *Hilfe, Rettung, Schutz;* jmdm. ~ vor dem Unwetter bieten; bei jmdm. ~ suchen; du bist meine letzte ~! **2** ⟨fig.⟩ *Ausweg;* seine ~ zu einem nicht ganz einwandfreien, nicht ganz korrekten Mittel nehmen

Zu|fluss ⟨m.; -es, -flüs|se⟩ **1** *das Zu-, Hinzufließen;* der ~ war durch das Unwetter unterbrochen **2** *hinzufließendes Wasser, Gewässer;* der See erhält ~ von zwei Bächen **3** ⟨fig.⟩ *(ständiges) Hinzukommen;* ~ von Geldern, Spenden

zu|fol|ge ⟨Präp.; nachgestellt m. Dat. u. vorangestellt m. Gen.⟩ *als Folge des …, der …, gemäß, nach, folgend;* dem Befehl ~ hat er …; ~ dieses Befehls hat er …

zu|frie|den ⟨Adj.⟩ **1** *befriedigt, mit seinen Lebensumständen einverstanden, keine großen Wünsche habend;* ein ~es Gesicht machen; ein ~er Mensch; er ist nie ~; bist du nun ~? • **1.1** ⟨45⟩ **mit jmdm.** od. **etwas sein** *einverstanden sein, von jmds. Leistungen od. etwas befriedigt sein;* ich bin mit deinen Leistungen (nicht, sehr, recht) ~; er ist mit seiner neuen Sekretärin (gar nicht, sehr) ~ • **1.2** ⟨42⟩ **es** ~ **sein** *mit etwas einverstanden sein, es recht finden;* ich bin es ~ **2** ⟨Getrennt- u. Zusammenschreibung⟩ • **2.1** → *stellen = zufriedenstellen*

zu|frie|den|ge|ben ⟨V. 143/500/Vr 3⟩ **1 sich** ~ *von nun an zufrieden sein, sich beruhigen, sich einverstanden erklären, nichts mehr wünschen od. fordern* • **1.1** nun gib dich endlich zufrieden! hör auf mit dem Nörgeln! **2** ⟨516/Vr 3⟩ **sich mit etwas** ~ *abfinden, von nun an mit etwas zufrieden sein;* er hat sich endlich mit dieser Lösung zufriedengegeben; damit werde ich mich nie und nimmer ~!

Zu|frie|den|heit ⟨f.; -; unz.⟩ *das Zufriedensein;* er hat es zu meiner vollen ~ gemacht

zu|frie|den|las|sen ⟨V. 175/500/Vr 8⟩ **jmdn.** ~ *in Ruhe lassen;* nun *lass* mich endlich zufrieden!; warum *lässt* du ihn nicht damit zufrieden?; er hat mich nicht zufriedengelassen

zu|frie|den|stel|len *auch:* **zu|frie|den stel|len** ⟨V. 500/ Vr 8⟩ **jmdn.** ~ *jmds. Zufriedenheit erreichen, jmdn., jmds. Wünsche befriedigen;* er ist leicht, schwer zufriedenzustellen • / *zufrieden zu stellen;* man kann ihn mit nichts ~

zu|fü|gen ⟨V. 500⟩ **1** ⟨500⟩ **etwas** ~ *hinzufügen, hinzutun;* der Soße noch ein wenig Wasser ~ **2** ⟨530⟩ **jmdm. etwas** ~ *jmdm. etwas (Böses) antun;* jmdm. eine Niederlage, Schaden, Schmerz, Kummer ~

Zu|fuhr ⟨f.; -; unz.⟩ **1** *Möglichkeit, etwas zuzuführen;* die Eingeschlossenen waren von jeder ~ abgeschnitten; die ungünstige Witterung ließ die ~ von Lebensmitteln stocken **2** *das Zuführen;* die ~ von Warmluft bringt Tauwetter

zu|füh|ren ⟨V. 500⟩ **1** ⟨530⟩ **jmdm.** od. **etwas Sache jmdn.** od. **etwas** ~ *hinführen zu, heranführen an, zuleiten, hineinführen in;* dem Gerät Elektrizität ~; dem Magen Nahrung ~; einem Geschäft neue Kunden ~; dem Stier die Kuh ~; einen Verbrecher seiner verdienten Strafe ~ **2** ⟨511⟩ **etwas** *führt* **auf etwas** od. **etwas** *verläuft in Richtung auf etwas;* die Straße führt (genau, gerade) auf das Dorf zu

Zug ⟨m.; -(e)s, Zü|ge⟩ **1** *das Ziehen;* Wolken~, Vogel~; in diesem Jahr setzt der ~ der Vögel nach dem Süden schon früh ein • **1.1** ⟨Brettspiel⟩ *das Ziehen, Rücken einer Figur, eines Steins;* den ersten ~ tun; kann

Zugabe

ich den ~ noch zurücknehmen?; einen ~ tun; ein falscher, unüberlegter ~; am ~(e) sein; er gewann das Spiel in fünf Zügen • 1.1.1 **am** ~(e) **sein** ⟨a. fig.⟩ *an der Reihe sein zu handeln* • 1.2 *das Hinunterschlucken von Getränken;* einen kräftigen, tüchtigen ~ tun; in langen, gierigen Zügen trinken; einen ~ aus dem Glas tun • 1.2.1 in einem, auf einen, mit einem ~ *ohne abzusetzen;* er leerte das Glas in einem ~ • 1.2.2 einen **guten** ~ haben ⟨umg.⟩ *ohne das Glas abzusetzen viel trinken können* • 1.3 *das Einatmen (von Luft od. Tabaksrauch);* die reine Waldluft in kräftigen Zügen genießen; einen ~ aus der Pfeife tun; ein ~ an der Zigarre, Zigarette • 1.4 ⟨fig.⟩ • 1.4.1 er genoss sein Leben **in vollen** Zügen *er kostete sein L. nach Kräften aus* • 1.4.2 er liegt in den letzten Zügen *er liegt im Sterben* **2** *Reise, Fahrt mehrerer Personen;* der ~ der Karawane; der ~ der Kinder Israel durch die Wüste • 2.1 *kriegerische od. räuberische Unternehmung;* Kriegs~; Raub~; der ~ Napoleons nach Russland **3** *Schnur, Seil zum Ziehen;* Klingel~, Seil~ • 3.1 *Vorrichtung zum Spannen, Zusammenhalten;* Gummi~ **4** *Kanal zum Abziehen der Rauchgase (bei Feuerungsanlagen)* • 4.1 *im Lauf von Feuerwaffen angebrachte schraubenförmige Rillen, die das Geschoss in Drehung versetzen* **5** *zusammengekoppelte Reihe von Fahrzeugen* • 5.1 *Lokomotive mit angehängten Wagen;* Eisenbahn~; der ~ war leer, überfüllt; der ~ führt nur Wagen zweiter Klasse; wann geht der nächste ~ nach Hamburg?; unser ~ hat 15 Minuten Verspätung; den ~ verpassen, versäumen; einen anderen ~ nehmen; der Lokomotivführer brachte den ~ noch rechtzeitig zum Halten, zum Stehen; der ~ ist entgleist; in den falschen ~ steigen; der ~ hält nicht überall, nicht an allen Stationen; früh mit dem ersten ~ fahren; ich werde dich zum ~ bringen; ich hole dich vom ~ ab • 5.2 *Lastwagen mit Anhänger;* Last~ • 5.3 *Gespann (von Pferden vor einem Wagen);* Sechser~ • **6** *hintereinander hergehende od. fahrende Gruppe von Menschen od. Fahrzeugen;* Demonstrations~, Fest~, Geleit~, Trauer~; der ~ der Trauernden folgte dem Sarg • 6.1 ⟨Mil.⟩ *kleinste militärische Einheit* **7** ⟨fig.⟩ *kennzeichnende Linie;* Gesichts~; Schrift~; milde, scharfe, strenge Züge; sie hat einen bittern, scharfen ~ um den Mund • 7.1 etwas **in großen** Zügen erklären, schildern *zusammenfassend, ohne Einzelheiten* • 7.2 *Schwerpunkt der Bildung in der Schule;* das Gymnasium hat einen geisteswissenschaftlichen und einen naturwissenschaftlichen ~ • 7.3 *Bestandteil, Eigenart;* ~ des Charakters, des Wesens; Charakter~, Wesens~; daran kannst du nichts ändern, das ist der ~ der Zeit; das ist ein anständiger, schöner ~ von ihm • 7.4 einen ~ ins … haben *eine Richtung ins … einschlagen* • 7.4.1 die ganze Sache hat einen ~ ins Lächerliche *ist etwas lächerlich* • 7.4.2 er hat einen ~ ins Maßlose *er wird leicht maßlos, kann manchmal nicht maßhalten* **8** ⟨unz.⟩ • 8.1 *Luftbewegung in Räumen;* Sy Zugluft; Durch~; ich habe ~ abbekommen und mich dabei erkältet; ich vertrage keinen ~; diese Pflanze muss vor ~ geschützt werden; sich dem ~ aussetzen • 8.1.1 *Luftbewegung in Feuerungsanlagen;* der Ofen hat nicht genug ~ • 8.2 ⟨Mechanik⟩ *Belastung, die auftritt, wenn auf einen Werkstoff zwei in Richtung der Achse angreifende, einander entgegengesetzte Kräfte wirken;* diese Bewegungen üben einen starken ~ auf die Welle aus; eine Schraube auf ~ beanspruchen • 8.3 ⟨fig.⟩ *Spannung, Bewegung, Schwung;* ~ in etwas bringen • 8.3.1 **zum** ~(**e**) **kommen** *tatkräftig handeln, so handeln od. sprechen, wie man es will* • 8.3.2 die Sache muss **um** ~ geschehen, erledigt werden *ohne Unterbrechung, eine Maßnahme od. Handlung muss der anderen dabei sofort folgen* • 8.3.3 **im** ~(e) **sein** *dabei sein, ohne Unterbrechung etwas zu tun;* der Redner war im besten ~(e), als … • 8.4 im ~(e) ⟨fig.⟩ *zusammen mit, gleichzeitig;* im ~(e) der Reformen in der Sozialgesetzgebung

Zu|ga|be ⟨f.; -, -n⟩ **1** ⟨unz.⟩ *das Zugeben;* unter ~ von Wasser **2** *etwas, das (bei einem Kauf, einer Bestellung o. Ä.) zusätzlich gegeben wird* **3** *zusätzlich gegebene (musikalische) Darbietung;* die Sängerin gab drei ~n

Zu|gang ⟨m.; -(e)s, -gän|ge⟩ **1** ~ **zu** einem **Raum, Gebiet** *Tor, Tür od. Weg als Eingang;* gibt es zu diesem Raum nur einen ~?; alle Zugänge (zur Stadt, zur Grenze) waren gesperrt; das Land forderte freien ~ zum Meer **2** ~ **zu** Gruppen der **Gesellschaft** *Möglichkeit, in eine G. aufgenommen zu werden;* zu diesen Gesellschaftskreisen habe ich keinen ~ **3** ~ **zu Künsten, Wissenschaften** ⟨fig.⟩ *Verständnis, Fähigkeit zur Beurteilung von K., W.;* zur modernen Kunst kann ich keinen ~ finden **4** *Neuerwerb, Zuwachs;* ~ an Büchern, Waren; die Bibliothek hatte in der letzten Zeit nur wenige Zugänge

zu|gäng|lich ⟨Adj.⟩ **1** ein **Ort, Platz** ist ~ *so beschaffen, dass man zu ihm hingehen kann;* die Bibliothek, das Schloss ist nicht allgemein ~; die Hütte ist im Winter schwer ~ **2** ⟨70⟩ **Gegenstände** sind ~ *verfügbar, benutzbar;* das Buch ist zurzeit nicht ~ **3** ⟨70⟩ ein **Werk** der Kunst od. Wissenschaft ist ~ ⟨fig.⟩ *verständlich;* jmdm. ein schwieriges Werk ~ machen; ein leicht, schwer ~es Werk **4** jmd. ist ~ ⟨fig.⟩ *gegenüber anderen Menschen aufgeschlossen, umgänglich;* er ist für einen guten Rat stets ~

zu|ge|ben ⟨V. 143/500⟩ **1 Waren** ~ *dazugeben, (als Geschenk) zusätzlich geben;* der Fleischer gibt beim Abwiegen der Wurst meist ein paar Gramm zu • 1.1 *hinzufügen;* Gewürze (an die Suppe) ~ **2** *etwas vorher* **Bestrittenes, Abgelehntes** ~ *einräumen, für richtig erklären;* ich gebe zu, dass er Recht hat, aber anständig ist es nicht, wie er sich verhält; nun gib doch endlich zu, dass du dabei warst!; der Angeklagte hat die Tat zugegeben • 2.1 zugegeben, hat …, aber … *richtig, es stimmt zwar, dass er …, aber …*

zu|ge|ge|ber|ner|ma|ßen ⟨Adv.⟩ *wie bereits zugegeben wurde, wie zugegeben wird;* das ist ~ meine Schuld

zu|ge|gen ⟨Adj. 24/40⟩ *anwesend;* ich war zufällig ~, als …; bei etwas ~ sein

zu|ge|hen ⟨V. 145(s.)⟩ **1** ⟨400⟩ ein **Verschluss** geht zu *lässt sich schließen;* die Türen, Fenster gehen zu;

der Koffer ist so voll, dass der Deckel nicht zugeht **2** ⟨600⟩ *etwas geht* jmdm. *zu wird geschickt;* die Antwort wird Ihnen morgen ~; mir ist eine Anzeige der Firma X zugegangen; ich lasse Ihnen in den nächsten Tagen die Unterlagen ~ **3** ⟨600 od. 800⟩ einem **Zeitpunkt** *od.* **auf** einen Z. ~ *sich nähern;* das Konzert, Fest ging bereits dem Ende zu, als …; es geht dem Frühling zu; wir gehen auf den Frühling zu; er geht nun schon auf die siebzig zu **4** ⟨411⟩ **auf** jmdn. *od.* einen **Ort** ~ *an jmdn. od. einen O. näher herangehen, sich nähern;* er ging einige Schritte auf ihn zu; er ging rasch auf den Ausgang zu; auf das Dorf, den Wald ~ **5** ⟨413⟩ spitz ~ *in einer Spitze enden;* der Aussichtsturm geht spitz ~ **6** ⟨Imp.; oberdt.⟩ geh zu! • **6.1** *geh weiter!* • **6.2** ⟨fig.; zuredend⟩ *komm!, sei doch nicht so!, tu es doch!* **7** ⟨413; unpersönl.⟩ es geht … zu *es geschieht auf eine bestimmte Weise;* ich weiß nicht mehr, wie es eigentlich zugegangen ist; so geht es nun einmal in der Welt zu!; das kann doch nicht mit rechten Dingen ~!; es geht manchmal merkwürdig zu • **7.1** gestern Abend ging es **recht lebhaft** bei euch zu ⟨umg.⟩ *war lebhafte Stimmung, war viel Leben* • **7.2** es müsste **mit dem Teufel** ~, wenn dir das nicht gelänge! ⟨umg.⟩ *es gelingt dir gewiss*

zu|ge|hö|rig ⟨Adj. 72⟩ jmdm. *od.* einer **Sache** ~ sein ⟨geh.⟩ *jmdm. od. zu einer S. gehören;* der Kirche ~e Grundstücke

Zu|ge|hö|rig|keit ⟨f.; -; unz.⟩ *das Dazugehören (zu etwas od. jmdm.);* Partei~; ~ zu einem religiösen Bekenntnis, zu einer Partei; seine ~ zum Katholizismus usw.

zu|ge|knöpft 1 ⟨Part. Perf. von⟩ *zuknöpfen* **2** ⟨Adj.; fig.⟩ • **2.1** *abweisend, unzugänglich, verschlossen, wortkarg;* er ist in Gesellschaft immer so ~ • **2.2** mit ~en Taschen *geizig*

Zü|gel ⟨m.; -s, -⟩ **1** *am Gebiss befestigter Riemen zum Lenken u. Führen von Reit- u. Zugtieren;* dem Pferd die ~ anlegen; ein Pferd am ~ führen; die ~ annehmen • **1.1** einem durchgehenden Kutschpferd in die ~ fallen *ein K. vorn am Z. packen u. es dadurch energisch zum Stehen bringen* **2** ⟨a. fig.⟩ *Gewalt, Herrschaft, strenge Aufsicht über jmdn. od. eine Gemeinschaft;* er versuchte vergeblich, die ~ an sich zu reißen; die ~ aus der Hand geben • **2.1** die **anziehen** *jmdn. streng beaufsichtigen, kontrollieren* • **2.2** die ~ **fest in** der **Hand** haben *strenge Ordnung halten, strenge Aufsicht führen* • **2.3** bei jmdm. die ~ **kurz**halten *jmdn. streng beaufsichtigen* • **2.4** die ~ **lockern** ⟨fig.⟩ *jmdn. nicht mehr so streng beaufsichtigen, jmdm. mehr Freiheit geben* • **2.5** die ~ **verlieren** *die Führung verlieren, eine Situation nicht mehr beherrschen* **3** ~ eines **Vogels** *Kopfpartie zwischen Auge u. oberem Teil des Schnabels*

zü|gel|los ⟨Adj.⟩ **1** *ohne Zügel;* ein Pferd ~ reiten **2** ⟨fig.⟩ *unbeherrscht, kein Maß u. keine Zucht einhaltend, ungebändigt;* ~e Leidenschaften; ein ~er Mensch; er ist ~

zü|geln¹ ⟨V. 500⟩ **1** ein **Pferd** ~ *die Zügel des P. anziehen, annehmen* **2** ⟨Vr 7⟩ jmdn. *od.* **etwas** ~ ⟨fig.⟩ *in Zucht halten, beherrschen;* sie ist heute nicht zu ~; seine Leidenschaft, seinen Zorn ~

zü|geln² ⟨V. 400(s.); schweiz.⟩ *umziehen¹ (1)*

zu|ge|sel|len ⟨V. 530/Vr 3⟩ **1** sich jmdm. ~ *zu jmdm. kommen u. (eine Zeit lang) bei ihm bleiben, jmdm. Gesellschaft leisten;* wir gesellten uns einer Gruppe von Ausflüglern zu **2** sich einer **Sache** ~ *zu einer S. hinzukommen;* meinem Schnupfen hat sich nun noch eine Bronchitis zugesellt

Zu|ge|ständ|nis ⟨n.; -ses, -se⟩ *Verzicht auf einen Teil des eigenen Vorteils od. Rechtes, um eine Einigung zu erzielen;* Sy Konzession (1); →a. Kompromiss (2); jmdm. ein ~, ~se machen; ich muss ihm das ~ machen, dass er ein sehr gutes Organisationstalent hat, aber …

zu|ge|ste|hen ⟨V. 256/530/Vr 5 od. Vr 6⟩ **jmdm.** etwas ~ *einräumen, zubilligen;* diesen Rabatt können wir nicht auch unseren Kunden ~; jmdm. ein Recht, Vorrecht ~

zu|ge|tan 1 ⟨Part. Perf. von⟩ *zutun* **2** ⟨Adj. 24/70⟩ jmdm. *od.* einer **Sache** ~ sein *jmdm. od. einer S. freundlich gesinnt, geneigt sein;* ich bin ihm sehr ~; er ist den schönen Künsten ~

Zu|ge|winn ⟨m.; -(e)s, -e⟩ **1** *zusätzlicher Wert, Gewinn* • **1.1** *der Wert, um den während der Dauer der Zugewinngemeinschaft das Vermögen eines Ehegatten steigt*

Zug|füh|rer ⟨m.; -s, -; Eisenb.⟩ **1** ⟨Eisenb.⟩ *Beamter, der die Aufsicht im Zug führt* **2** ⟨Mil.⟩ *Führer eines Zuges*

zu|gig ⟨Adj.⟩ *dem Zug, der Zugluft ausgesetzt;* ein ~er Platz; es ist ~ hier

zü|gig ⟨Adj.⟩ **1** *schwungvoll, flott u. ohne Unterbrechung;* eine ~e Schrift haben; ~ arbeiten; die Arbeit geht ~ vorwärts **2** ⟨schweiz.⟩ *zugkräftig*

Zug|kraft ⟨f.; -; unz.⟩ **1** ⟨Tech.⟩ *die Kraft, mit der ein Zug ausgeübt wird* **2** ⟨fig.⟩ *Anziehungskraft, Reiz;* das Theaterstück, der Titel des Buches hat nicht genügend ~

zu|gleich ⟨Adv.⟩ **1** *im gleichen Augenblick, gleichzeitig;* ich habe ihm ~ erklärt, dass … **2** *(alle) auf einmal, miteinander, zusammen;* alle ~; ~ mit mir

Zug|luft ⟨f.; -; unz.⟩ = *Zug (8.1)*

Zug|ma|schi|ne ⟨f.; -, -n⟩ *Kraftfahrzeug zum Ziehen von Anhängern, Schlepper*

zu|grei|fen ⟨V. 158/400⟩ **1** *greifen u. nehmen, packen, anfassen;* er griff rasch zu und konnte die Vase gerade noch auffangen • **1.1** bei **Tisch** ~ *nehmen u. essen;* bitte greifen Sie zu! **2** *kaufen, bevor etwas vergriffen ist;* das Angebot war so verlockend, dass ich sofort zugegriffen habe; ich hatte keine Zeit zum Überlegen, zum Wählen, ich musste sofort ~ **3** die Polizei hat zugegriffen *ist eingeschritten* • **3.1** *rasch entschlossen helfen;* er greift überall zu, wo es nötig ist

Zu|griff ⟨m.; -(e)s; unz.⟩ *das Zugreifen (1 u. 3);* sich etwas durch raschen ~ sichern; sich dem ~ der Polizei entziehen

zu|grun|de *auch:* **zu Grun|de** ⟨Adv.⟩ **1** *als Grundlage* • **1.1** einer **Sache** etwas ~ **legen** *etwas für etwas als Grundlage benutzen;* er legte seinem Vortrag ein

Zugtier

Wort von Goethe ~ • 1.2 etwas liegt einer **Sache** ~ *etwas ist der Grund, die Grundlage für etwas;* diesem Übelstand liegt etwas ganz anderes ~; seiner Arbeit liegt die Auffassung ~, dass ... **2** *zum, ins Verderben* • 2.1 ~ **gehen** *vernichtet werden, ins Verderben geraten u. sterben;* er ist an dieser Krankheit, in der Fremde elend ~ gegangen • 2.2 **jmdm. od. etwas** ~ **richten** *vernichten, ins Verderben bringen;* das viele Rauchen, Trinken wird ihn noch ~ richten, hat ihn ~ gerichtet; sein Sohn hat das Unternehmen ~ gerichtet

Zug|tier ⟨n.; -(e)s, -e⟩ *Tier zum Ziehen von Lasten, Wagen, z. B. Pferd, Rind, Esel*

zu|guns|ten *auch:* **zu Guns|ten** ⟨Präp. m. Gen.⟩ *für jmdn. od. etwas, zu seinen, ihren Gunsten;* er hat sich ~ des Kunden verrechnet; eine Wohltätigkeitsveranstaltung ~ des Müttergenesungswerkes

zu|gu|te||hal|ten ⟨V. 160/530⟩ **1 jmdm. etwas** ~ *jmdm. etwas anrechnen, als Milderungsgrund, als Entschuldigung gelten lassen* • 1.1 ⟨Vr 1⟩ **sich etwas auf etwas** ~ *stolz auf etwas sein;* er hält sich etwas auf seine Leistung, sein Aussehen zugute

zu|gu|te||kom|men ⟨V. 170(s.)⟩ **1** ⟨600⟩ **jmdm.** ~ *helfen, nützen;* sein Aufenthalt im Ausland ist seiner Arbeit sehr zugutegekommen; das Geld kommt dem Kindergarten zugute **2** ⟨500⟩ **jmdm. etwas** ~ **lassen** *jmdm. von etwas Nutzen haben lassen*

zu|gu|te||tun ⟨V. 272/530/Vr 5⟩ *jmdm. od. sich etwas* ~ *jmdm. od. sich etwas Gutes gönnen, etwas Gutes tun;* du kannst nicht immer nur arbeiten, du musst dir auch einmal etwas ~

Zug|vo|gel ⟨m.; -s, -vö|gel⟩ **1** *Vogel, der regelmäßig bei Herannahen der kalten Jahreszeit wärmere Gegenden aufsucht (im Unterschied zum Stand- u. Strichvogel)* **2** ⟨fig.⟩ *jmd., der seine Lebensumstände ständig wechselt*

zu|hal|ten ⟨V. 160⟩ **1** ⟨503/Vr 5 od. Vr 6⟩ **(jmdm.) etwas** ~ *(mit der Hand) bedecken, verschließen, geschlossen halten;* die Tür (von außen, von innen) ~; jmdm. den Mund ~ (damit er nichts mehr sagt, nicht mehr schreit); sich die Nase ~ (damit man nichts riecht); sich die Ohren ~ (um nichts zu hören) **2** ⟨411⟩ **auf einen Ort** ~ *auf einen O. zusteuern, sich einem O. geradewegs nähern;* das Boot hielt auf die Insel zu

Zu|häl|ter ⟨m.; -s, -⟩ *jmd., der seinen Lebensunterhalt aus den Einkünften einer Prostituierten bestreitet*

Zu|häl|te|rei ⟨f.; -; unz.⟩ *gewerbeähnliche Tätigkeit eines Zuhälters*

zu|hauf ⟨Adv.; poet.⟩ *in großen Haufen, in großen Mengen, scharenweise;* sie kamen ~

zu|hau|se *auch:* **zu Hau|se** ⟨Adv.⟩ *daheim;* ~ bleiben, sein

Zu|hau|se ⟨n.; -s; unz.⟩ *Heim, Häuslichkeit;* er hat kein ~ mehr; ein schönes ~ haben

zu|hin|terst ⟨Adv.⟩ *ganz hinten, an letzter Stelle;* er stand ~

zu|höchst ⟨Adv.⟩ *ganz oben, an oberster Stelle;* das Buch steht ~ im Regal

zu|hö|ren ⟨V. 403 od. 405⟩ **1 jmdm. od. (bei) einem Gespräch** ~ *auf jmdn. od. ein G. hören, jmdm. od. einem G. lauschen;* er hat fast nicht gesprochen, sondern nur zugehört; (bei) einem Gespräch, einer Radiosendung ~ • 1.1 es gibt wenige Menschen, die (gut) ~ können *die sich aufmerksam u. teilnehmend die Sorgen anderer anhören* **2** ⟨Imperativ⟩ hör mal zu! ⟨umg.⟩ *pass auf, sei aufmerksam (denn ich will dir etwas sagen)*

Zu|hö|rer ⟨m.; -s, -⟩ **1** *jmd., der zuhört, jmd., der etwas mithört, bes. beim Gespräch* **2** *Besucher einer Veranstaltung, bei der es hauptsächlich etwas zu hören gibt, z. B. in Oper u. Konzert (im Unterschied zum Zuschauer)*

Zu|hö|re|rin ⟨f.; -, -rin|nen⟩ *weibl. Zuhörer*

zu|knöp|fen ⟨V. 500⟩ **etwas** ~ *mit Knöpfen schließen;* ein Kleid, einen Mantel ~

zu|kom|men ⟨V. 170⟩ **1** ⟨411⟩ **auf jmdn. od. etwas** ~ *an jmdn. od. etwas herankommen, jmdn. od. einer Sache näher kommen;* die Kinder kamen mit ausgebreiteten Armen auf mich zu; er sah den Wagen auf sich ~; das Gewitter kommt gerade auf uns zu; sie kam mit schnellen Schritten auf unseren Wagen zu • 1.1 **auf jmdn.** ~ ⟨fig.; umg.⟩ *bevorstehen* • 1.1.1 der Arbeit, die nun auf uns zukommt ⟨fig.; umg.⟩ *die A., die uns bevorsteht* • 1.2 **etwas auf sich** ~ **lassen** *die Entwicklung einer Sache abwarten* **2** ⟨600; veraltet⟩ **jmdm.** *kommt in Verhalten zu ein V. ist für jmdn. passend,* steht ihm infolge seiner sozialen Stellung zu; ein solches Verhalten kommt einem Kind, einem Untergebenen nicht zu; eine solche Frage kommt dir nicht zu **3** ⟨500; Inf.⟩ **jmdm. etwas** ~ **lassen** *zustellen, zusenden, zuschicken;* jmdm. einen Brief, eine Nachricht ~ lassen • 3.1 jmdm. Geld, **Werte** ~ lassen *schenken* • 3.2 jmdm. eine **Vergünstigung** ~ lassen *gewähren*

Zu|kunft ⟨f.; -; unz.⟩ **1** *die noch bevorstehende Zeit;* →a. *Gegenwart, Vergangenheit;* wir müssen geduldig abwarten, was die ~ bringt; der ~ zuversichtlich entgegensehen; die ~ wird es lehren; das gilt für alle ~!; er arbeitet, sorgt nur für die ~; Pläne für die ~ haben; in ~ werde ich vorsichtiger sein; in ferner ~ wird es möglich sein; in nächster ~ ist nichts zu befürchten **2** *in der Zukunft (1) liegendes Geschehen, Schicksal;* du musst auch an die ~ denken!; sie kann beruhigt in die ~ blicken; jmdm. eine glänzende ~ voraussagen; wie stellst du dir deine ~ vor?; einer ungewissen ~ entgegengehen; er erwartet noch viel von der ~ • 2.1 (eine) **haben** *in der Zukunft (1) begehrt, erfolgreich sein;* der junge Künstler hat eine große ~ (vor sich); diese Kunstrichtung hat keine ~ **3** ⟨Gramm.⟩ *die Zukunft (1) bezeichnende grammatische Form;* Sy *Futur;* von einem Verbum die ~ bilden

zu|künf|tig ⟨Adj.⟩ **1** ⟨60⟩ *die Zukunft (1-2) betreffend, in der Z. stattfindend, erscheinend, bevorstehend, später;* die ~e Weltlage kann niemand überblicken; mein ~er Schwiegersohn **2** *der (die) Zukünftige* ⟨umg.⟩ *der zukünftige Ehemann, die zukünftige Ehefrau* **3** ⟨80⟩ *von heute an;* ~ werden wir anders verfahren

Zu|la|ge ⟨f.; -, -n⟩ **1** *Gewährung von etwas Zusätzlichem, Zugabe;* Nacht~; eine ~ von monatlich 200,- € bekommen, erhalten **2** *erhöhte Zahlung, Gehalts-, Lohn-, Besoldungserhöhung;* Gehalts~

zu|lan|de ⟨alte Schreibung für⟩ *zu Lande*

zu|lan|gen ⟨V. 400; umg.⟩ **1** *nach etwas greifen, um es zu besitzen;* auf dem Markt gab es billiges Obst, ich habe schnell zugelangt **2** *sich etwas zu essen nehmen (bei Tisch);* bitte, langen Sie zu!; kräftig, tüchtig ~

zu|läng|lich ⟨Adj. 24; veraltet⟩ *ausreichend, genügend, hinreichend;* einigermaßen ~e Verpflegung

zu|las|sen ⟨V. 175/500⟩ **1** *jmdn. ~ (zu, als) hereinlassen, aufnehmen, Zutritt gewähren;* er ist als Mitglied zugelassen **2** *einen Sachverhalt ~ dulden, erlauben, gestatten, nicht verhindern;* ich kann leider keine Ausnahmen ~; du willst doch nicht etwa diesen Unfug ~?; der Sachverhalt ist eindeutig, er lässt keinen Zweifel zu **3** ⟨505⟩ *jmdn. od. etwas (zu etwas) ~ nach Prüfung der Eignung eine Genehmigung erteilen;* ein Kraftfahrzeug (zur Teilnahme am Straßenverkehr) ~; Wertpapiere zum Börsenhandel ~; ein Tier zur Zucht ~; der Arzt wurde zur kassenärztlichen Behandlung zugelassen; der Abiturient wurde zum Studium zugelassen; alle für das Wintersemester zugelassenen Studenten **4** ⟨500⟩ *etwas ~* ⟨umg.⟩ *geschlossen lassen, nicht öffnen;* sie ließ die Tür zu

zu|läs|sig ⟨Adj. 24/70⟩ *erlaubt, gestattet;* wir dürfen keine als die ~en Hilfsmittel benutzen; ~e Höchstgeschwindigkeit; es ist nicht ~, bei der Prüfung Hilfsmittel zu benutzen; ~e Beanspruchung ⟨Tech.⟩

zu|las|ten *auch:* **zu Las|ten** ⟨Präp. m. Gen.⟩ *~ von jmdm. auf Kosten (von jmdm.);* die Rechnung geht ~ der Firma X; die Kosten gehen zu unseren Lasten

Zu|lauf ⟨m.; -(e)s, -läu|fe⟩ **1** *das Herbeikommen vieler Menschen;* durch den großen ~ wurde die Spielzeit des Films verlängert **2** *~ haben beliebt, viel besucht, gesucht sein;* der Arzt, Anwalt hat großen ~

zu|lau|fen ⟨V. 176(s.)⟩ **1** ⟨400⟩ *eine Flüssigkeit läuft zu läuft, fließt zusätzlich in etwas hinein;* heißes (kaltes) Wasser ~ lassen **2** ⟨600⟩ *jmdm. ~ gelaufen kommen* • **2.1** *der Hund ist uns zugelaufen der H. ist uns eines Tages nachgelaufen u. mit uns gekommen (u. wir haben ihn behalten, weil wir nicht wissen, wem er gehört)* **3** ⟨411⟩ *auf jmdn. od. etwas ~ zu jmdm. od. etwas hinlaufen, sich jmdm. od. einem Ort, einer Sache im Laufen nähern;* die Kinder liefen auf den Kater zu; er lief rasch auf den Wald zu; er kam geradewegs auf uns zugelaufen **4** ⟨413⟩ *ein Gegenstand läuft ... zu wird zu einem Ende hin dünner;* die Türme laufen spitz zu **5** ⟨400; umg.⟩ *weiterlaufen, zu laufen beginnen* • **5.1** *lauf zu! beeile dich!*

zu|le|gen ⟨V. 500⟩ **1** *etwas ~ zu etwas dazulegen, hinzutun;* ich habe noch 50 Euro zugelegt und mir die bessere Ausführung gekauft; jmdm. ein paar Euro (Lohn, Gehalt) ~ • **1.1** *noch einen Schritt ~ schneller gehen* • **1.2** *du hast ganz schön zugelegt bist dicker geworden* **2** ⟨530/Vr 1⟩ *sich etwas ~* ⟨umg.⟩ *sich etwas kaufen, erwerben, anschaffen;* ich habe mir ein neues Kleid, einen Mantel zugelegt; ich werde mir ein neues Auto ~ • **2.1** *er hat sich eine Freundin, Frau zugelegt* ⟨scherzh.⟩ *hat jetzt eine F., F.* **3** *etwas ~ so bedecken, dass es verschlossen ist;* einen Graben mit Brettern ~

zu|lei|de *auch:* **zu Lei|de** ⟨Adv.; nur in den Wendungen⟩ *jmdm. etwas ~ tun jmdm. eine Verletzung zufügen, Schaden zufügen, jmdn. kränken;* hat er dir etwas ~ getan?; →a. *Fliege (1.3)*

zu|lei|ten ⟨V. 530/Vr 5 od. Vr 6⟩ *jmdm. etwas ~ etwas zu jmdm. od. etwas anderem hinleiten, -führen;* einem Fischteich Wasser ~; die Post leitet unzustellbare Sendungen dem Absender wieder zu

zu|letzt ⟨Adv.⟩ **1** *als Letzte(r, -s), an letzter Stelle;* er kam ~, ging ~; ich möchte nicht immer ~ an die Reihe kommen **2** *schließlich, endlich, am Ende;* ~ verlor ich die Geduld **3** *zum letzten Mal;* ich habe ihn ~ im Konzert getroffen **4** *nicht ~ wesentlich, hauptsächlich;* die gute Verpflegung trug nicht ~ zu unserem Wohlbefinden bei

zu|lie|be ⟨Adv.⟩ *jmdm. ~ jmdm. zu Gefallen, weil es jmd. gern möchte;* tu es mir ~!; ich bin nur meiner Mutter ~ hingegangen

zum ⟨Verschmelzungsform aus Präp. u. Art.⟩ *zu dem;* Gasthaus, Hotel „Zum Löwen"; ~ ersten, letzten Male

zu|ma|chen ⟨V. 500; umg.⟩ *etwas ~ schließen;* ein Fenster, einen Koffer, eine Tür ~; kannst du mir bitte den Kragen, das Kleid ~

zu|mal[1] ⟨Konj.⟩ *vor allem da, besonders weil, um so mehr als;* er hat immer eine etwas belegte Stimme, ~ wenn er lange geredet hat; ich muss jetzt lernen, ~ ich in letzter Zeit viel versäumt habe

zu|mal[2] ⟨Adv.⟩ **1** ⟨veraltet⟩ *zugleich, gleichzeitig, auf einmal;* da kamen sie alle ~ herbeigelaufen **2** *vor allem, besonders;* die Konzerte dieser Saison, ~ das letzte Kammerkonzert, waren sehr interessant

zu|meist ⟨Adv.⟩ **1** *meistens, meist* **2** ⟨umg.⟩ *zum größten Teil;* die Teilnehmer waren ~ Jugendliche

zu|min|dest ⟨Adv.⟩ *mindestens, wenigstens;* er hätte ~ grüßen müssen, wenn er schon nicht an unseren Tisch kam

zu|mu|te *auch:* **zu Mu|te** ⟨Adv. m. Dat.; nur in der Wendung⟩ *~ sein, werden* **1** *sich fühlen, in einer (bestimmten) Stimmung sein;* wie ist mir (so) ~?; mir wird ganz unheimlich ~; wie ist dir ~? • **1.1** *mir ist bei dieser Sache nicht wohl ~* ⟨fig.⟩ *ich habe Bedenken, ich fürchte Schwierigkeiten, ich ahne Böses*

zu|mu|ten ⟨V. 530/Vr 5 od. Vr 6⟩ *jmdm. etwas ~ unbilligerweise von jmdm. etwas fordern, verlangen;* du kannst niemandem ~, Tag und Nacht für dich da zu sein; er hat sich, seinen Kräften zu viel zugemutet

Zu|mu|tung ⟨f.; -, -en⟩ **1** *ungebührliches Ansinnen, unbillige Forderung, unbescheidenes Verlangen;* gegen eine solche ~ verwahre ich mich energisch!; das ist eine ~! **2** *rücksichtsloses Benehmen;* es ist eine ~, so spät abends noch anzurufen

zu|nächst 1 ⟨Adv.⟩ *zuerst, fürs Erste, vorerst;* das beabsichtige ich ~ noch nicht; ~ werde ich einmal gar nichts unternehmen; das ist ~ noch nicht vorgesehen **2** ⟨Präp. m. Dat.; geh.⟩ *in der Nähe des, der, von,*

Zunahme

ganz nahe von, bei; dem Ort ~, (od.) ~ dem Ort; das Haus, das dem Wald ~ liegt

Zu|nah|me ⟨f.; -, -n⟩ *das Zunehmen;* Ggs *Abnahme (2);* eine starke, beträchtliche ~ des Umfangs, Gewichts, der Produktion

Zu|na|me ⟨m.; -ns, -n⟩ = *Familienname*

zün|den ⟨V.⟩ **1** ⟨400⟩ etwas **Brennbares** zündet *fängt an zu brennen;* diese Streichhölzer ~ nicht ● **1.1** Pulver zündet *brennt schnell ab, explodiert* ● **1.2** der **Blitz** hat gezündet *eingeschlagen u. einen Brand verursacht* ● **1.3** ⟨500⟩ **Feuer** ~ ⟨schweiz.⟩ *anmachen* **2** ⟨400⟩ etwas zündet ⟨fig.⟩ *ruft Begeisterung, Zustimmung hervor;* der Aufruf hat allgemein gezündet; er hielt eine ~de Rede **3** ⟨411⟩ bei **jmdm.** zündet es ⟨fig.; scherzh.⟩ *jmd. beginnt, etwas zu verstehen;* hat es (bei dir) endlich gezündet?

Zun|der ⟨m.; -s; unz.⟩ **1** *zum Anmachen von Feuer verwendeter, an Buchen u. Birken vorkommender Pilz;* trocken wie ~ ● **1.1** das brennt **wie** ~ *das brennt sehr gut, brennt sehr schnell an* **2** ⟨unz.; fig.; umg.⟩ *Prügel;* gleich gibt es ~! **3** ⟨unz.⟩ *Oxidschicht, die beim Glühen von Eisen entsteht u. beim Schmieden od. Walzen abspringt*

Zün|der ⟨m.; -s, -⟩ **1** *Vorrichtung zum Entzünden von Sprengstoffen* **2** ⟨nur Pl.; umg.; österr.⟩ *Zündhölzer*

Zünd|holz ⟨n.; -es, -höl|zer⟩ *Holzstäbchen mit Kuppe aus leicht entzündlicher Masse, die beim Reiben Feuer gibt;* Sy *Streichholz*

Zünd|ker|ze ⟨f.; -, -n; Kfz⟩ *Vorrichtung an Verbrennungsmotoren zum Entzünden des im Verbrennungsraum befindlichen Kraftstoff-Luft-Gemischs mittels eines elektrischen Funkens*

Zünd|schlüs|sel ⟨m.; -s, -; Kfz⟩ *Sicherheitsschlüssel zum Einschalten der Zündung an Kraftfahrzeugen*

Zünd|schnur ⟨f.; -, -schnü|re⟩ *mit einem Explosivstoff gefüllter Gewebeschlauch, der nach dem Anzünden langsam weiterbrennt u. eine Sprengladung zündet*

Zünd|stoff ⟨m.; -(e)s, -e⟩ **1** *Stoff zum Zünden explosiver Stoffe* **2** ⟨fig.⟩ *etwas, das Anlass zu Streitigkeiten geben kann;* sein Vortrag enthielt eine Menge ~; die Zeitungen boten erneut ~ in dieser Angelegenheit

Zün|dung ⟨f.; -, -en⟩ **1** *das Zünden, Entzünden, Sichentzünden* **2** *Zündkerze* **2**. *Vorrichtung zum Steuern ihrer elektrischen Entladung;* die ~ ausschalten, einschalten **3** *Vorrichtung zum Entzünden von Spreng- u. Treibladungen*

zu|neh|men ⟨V. 189/400⟩ **1** ⟨400⟩ etwas nimmt zu *wird größer, stärker, wächst, vermehrt, vergrößert sich;* die Dunkelheit, Helligkeit nimmt zu; wenn er wieder ganz gesund ist, werden auch seine Kräfte wieder ~; wir haben ~den Mond; in ~dem Maße ● **1.1** mit ~den Jahren *wenn man älter wird* ● **1.2** die Tage, Nächte nehmen zu *werden länger* ● **1.3** es wird ~d kälter *immer kälter* ● **1.4** an **etwas** ~ *etwas in erhöhtem Maße werden;* er nimmt an Jahren, aber auch an Weisheit zu; der Wind nimmt an Stärke zu **2** jmd. nimmt zu *wird dicker, wiegt mehr;* ich habe wieder ein Kilo zugenommen; der Arzt hat gesagt, ich darf jetzt nicht mehr ~ **3** ⟨402⟩ (**Maschen**) ~ ⟨beim Stricken, Häkeln⟩ *die Zahl der M. bei einem Arbeitsgang vergrößern*

zu|nei|gen ⟨V.⟩ **1** ⟨530/Vr 3⟩ **sich** jmdm. od. etwas ~ *sich in Richtung auf jmdn. od. etwas neigen, sich jmdm. od. etwas nähern;* ich neigte mich meiner Nachbarin zu; die Sonne neigt sich dem Westen zu ● **1.1** ⟨fig.; geh.⟩ *sich langsam dem Ende nähern;* der Tag, das Jahr neigt sich dem Ende zu **2** ⟨602/Vr 3⟩ (**sich**) einer **Sache** ~ *an einer S. Gefallen finden u. sich mit ihr beschäftigen* ● **2.1** der **Ansicht** ~ *die A. für richtiger halten (als eine andere);* er dagegen neigt mehr der Ansicht zu, dass ... ● **2.2** ⟨Part. Perf.⟩ **jmdm.** zugeneigt sein *für jmdn. freundschaftliche Empfindungen haben;* er ist ihr herzlich, sehr zugeneigt

Zu|nei|gung ⟨f.; -, -en⟩ *freundschaftliches Empfinden;* Sy *Sympathie* (1); →a. *Abneigung* (1); für jmdn. ~ empfinden; jmds. ~ erwidern; herzliche, innige ~

Zunft ⟨f.; -, Zünf|te; 11.-19. Jh.⟩ *berufliche Vereinigung der Handwerker zur gegenseitigen Hilfe, zur Regelung der Ausbildung, Arbeitszeit u. a.*

zünf|tig ⟨Adj. 24⟩ **1** *fachmännisch, fachgemäß, sachgemäß;* eine ~e Arbeit **2** ⟨umg.⟩ *tüchtig, ordentlich;* ein ~er Schluck; ~ feiern

Zun|ge ⟨f.; -, -n⟩ **1** *aus quer gestreifter Muskulatur bestehendes bewegliches Organ der Mundhöhle, Organ zum Schmecken u. Sprechen;* mit der ~ schnalzen; die ~ zeigen (beim Arzt); eine belegte ~ haben (als Krankheitszeichen); jmdm. die ~ herausstrecken (um ihn zu ärgern) ● **1.1** mir hängt die ~ zum Hals heraus ⟨fig.; umg.⟩ ● **1.1.1** *ich habe großen Durst* ● **1.1.2** *ich bin sehr angestrengt* **2** *Gericht aus der Zunge* (1) *von Rindern od. Schweinen;* bei uns gibt es sonntags oft ~ **3** ⟨fig.⟩ *Organ des Geschmackes* ● **3.1** eine feine, gute, verwöhnte ~ haben *ein Feinschmecker sein* **4** ⟨fig.⟩ *Organ des Sprechens* ● **4.1** sich eher die ~ abbeißen, als etwas sagen ⟨fig.; umg.⟩ *nichts verraten, sich keine Aussage entlocken lassen* ● **4.2** mit der **anstoßen** *lispeln* ● **4.3** sich an einem Wort die ~ **abbrechen** *ein W. schwer aussprechen können* ● **4.4** **sich auf** die ~ **beißen** ⟨a. fig.⟩ *sich mühsam beherrschen, seine wahre Meinung zu sagen* ● **4.4.1** sich die ~ **verbrennen** ⟨a. fig.⟩ *etwas sagen, was einem scha-det od. was man hinterher bereut* ● **4.4.2** seine ~ **hüten** *nicht vorlaut sein, sondern sich überlegen, welche Wirkung eine Äußerung hat* ● **4.4.3** seine ~ im Zaum halten *nicht alles ausplaudern, verschwiegen sein* ● **4.5** jmdm. die ~ **lösen** *jmdn. gesprächig, redefreudig machen* ● **4.6** eine **schwere** ~ haben *schwerfällig reden* ● **4.7** ein **Wort auf** der ~ haben *ein W. sagen wollen, das einem im Augenblick nicht einfällt* ● **4.8** das Herz auf der ~ tragen *sehr offenherzig, vertrauensselig sein* **5** ⟨fig.⟩ *Art zu sprechen* ● **5.1** eine böse, lose, scharfe od. spitze ~ haben *gern böse, freche, spitze Bemerkungen machen* ● **5.2** mit gespaltener ~ reden *lügnerisch, verlogen sein, beim einen das eine, beim anderen etwas anderes behaupten* ● **5.3** mit tausend ~n reden *etwas eindringlich sagen od. predigen* **6** ⟨poet.⟩ *Sprache;* so weit die deutsche

zurechtsetzen

~ klingt; die Völker spanischer ~ **7** ⟨fig.⟩ *Mensch als sprechendes Lebewesen* • **7.1** *böse ~n behaupten, dass … boshafte Menschen* **8** *länglicher Gegenstand, der an einer seiner schmalen Seiten befestigt ist* • **8.1** *längliches Stück Leder im Ausschnitt von Schnürschuhen* • **8.2** *länglicher Zeiger von Waagen* • **8.3** ⟨Mus.⟩ *von strömender Luft in Schwingung versetztes u. infolgedessen tönendes längliches Plättchen aus Metall, z. B. an Harmonikas;* →a. *zergehen (1.1)*

zün|geln ⟨V. 400⟩ **1** *die Zunge rasch herausstrecken, mehrmals blitzschnell hin u. her bewegen u. wieder zurückziehen (von Schlangen)* **2** ⟨fig.⟩ *sich rasch u. zuckend hin u. her bewegen;* die Flamme züngelte im Kamin

zun|gen|fer|tig ⟨Adj.⟩ *gewandt im Sprechen*

Zun|gen|pfei|fe ⟨f.; -, -n⟩ *Art der Orgelpfeifen, bei denen der Ton durch ein in Schwingungen versetztes Metallplättchen entsteht*

Zun|gen-R *auch:* **Zun|gen-r** ⟨n.; -s, -s⟩ *mit der Zunge hinter den oberen Schneidezähnen gebildetes R, rollendes R.;* →a. *Zäpfchen-R*

Zun|gen|schlag ⟨m.; -(e)s, -schläge⟩ *leichte Sprachstörung aufgrund mangelnder Beherrschung der Zungenbewegung;* →a. *falsch (1.2.4)*

zu|nich|te||ma|chen ⟨V. 500⟩ **etwas ~** *zerstören, vereiteln* das ungünstige Wetter hat meine Urlaubspläne zunichtegemacht

zu|nich|te||wer|den ⟨V. 285/400(s.)⟩ *zerstört, vereitelt werden* meine Hoffnungen sind zunichtegeworden

zu|nut|ze *auch:* **zu Nut|ze** ⟨Adv.; nur in der Wendung⟩ **sich etwas ~ machen** *etwas ausnutzen, nutzbringend anwenden, für sich verwerten;* er machte sich die Gelegenheit ~

zu|oberst ⟨Adv.⟩ **1** *ganz oben* • **1.1** *das Unterste ~ kehren alles durcheinanderbringen, große Unordnung anrichten*

zu|pa|cken ⟨V. 400; umg.⟩ **1** *kräftig zugreifen, derb anfassen* **2** *tatkräftig helfen, energisch (körperlich) arbeiten*

zu|pas|se||kom|men ⟨V. 170/600(s.)⟩ = *zupasskommen*

zu|pass||kom|men ⟨V. 170/600(s.)⟩ **jmdm. ~** *gelegen kommen, im rechten Augenblick geschehen;* oV *zupassekommen;* dein Angebot, Vorschlag kommt mir sehr zupass

zup|fen ⟨V. 500⟩ **1** **etwas ~** *kurz u. vorsichtig mit Daumen u. Zeigefinger ziehen, lockern u. auseinanderziehen;* Fasern ~, Wolle ~ • **1.1** **Saiten** *der Zupfinstrumente ~ mit den Fingern od. einem Plättchen anreißen;* die Gitarre, Zither wird gezupft (nicht gestrichen); die Saiten der Geige beim Pizzikatospiel ~ • **1.2** ⟨511⟩ **jmdn. an** einem **Körperteil ~** *mit Daumen u. Zeigefinger kurz ein wenig greifend berühren;* jmdn. am Ärmel ~ (um ihn geräuschlos auf sich aufmerksam zu machen) **2** ⟨511⟩ zupf dich an deiner eigenen Nase! ⟨fig.; umg.⟩ *kümmere dich um deine eigenen Angelegenheiten*

Zupf|in|stru|ment *auch:* **Zupf|ins|tru|ment** *auch:* **Zupf-in|stru|ment** ⟨n.; -(e)s, -e; Mus.⟩ *Musikinstrument, dessen Saiten durch Zupfen zum Klingen gebracht werden (Gitarre, Laute, Harfe)*

zur ⟨Verschmelzungsform aus Präp. u. Art.⟩ *zu der;* Gasthaus, Hotel „Zur Krone"; jmdm. ~ Linken, Rechten sitzen; ~ Schule gehen

zu|ran|de *auch:* **zu Ran|de** ⟨Adv.; fig.; nur in den Wendungen⟩ **1 mit etwas** od. **jmdm. ~ kommen** *zurechtkommen, fertigwerden;* ich komme damit nicht ~ **bringen** *fertigbringen, schaffen*

zu|ra|te *auch:* **zu Ra|te** ⟨Adv.⟩ **1** **jmdn.** od. **etwas ~ ziehen** *befragen, Hilfe, Beratung suchen bei jmdm.* od. *etwas;* Sy *konsultieren;* einen Arzt ~ ziehen; ein Lexikon, ein Wörterbuch ~ ziehen **2 mit sich ~ gehen** *sich etwas überlegen*

zu|ra|ten ⟨V. 195/600/Vr 5 od. Vr 6⟩ **jmdm. ~** *jmdm. zu etwas raten;* ich kann dir weder zu- noch abraten; nur auf sein Zuraten hin habe ich es getan

zu|rech|nen ⟨V. 530/Vr 5⟩ **jmdm. etwas ~ 1** *jmdm. etwas zutrauen u. das offen aussprechen* **2** *jmdn. als Schöpfer eines Werkes ansehen, jmdm. etwas zuschreiben*

zu|rech|nungs|fä|hig ⟨Adj. 70⟩ *fähig, seine Handlungen zu erkennen, bewusst auszuführen und zu verantworten*

zu|recht... ⟨in Zus.⟩ **1** *richtig, in Ordnung* **2** *wie gewünscht, gebraucht wird* **3** *zur rechten Zeit;* ⟨aber Getrenntschreibung⟩ *zu Recht* → *Recht (3.1)*

zu|recht||brin|gen ⟨V. 118/500⟩ **etwas ~** *in Ordnung bringen, zuwege bringen, erreichen;* ich bringe heute nichts zurecht

zu|recht||fin|den ⟨V. 134/510/Vr 3⟩ **1 sich an** einem **Ort** od. in einer **Lage ~** *wissen, wie man zu einem Ziel gelangt, wie man etwas findet;* danke, ich finde mich schon allein zurecht! (Antwort auf das Angebot, den Weg zu zeigen); ich finde mich in einer Stadt ~; ich kann mich bei Dunkelheit hier nicht ~ **2 sich in** einer **Angelegenheit,** Arbeit **~** *beim Betrachten, Prüfen einer A. erkennen, worum es sich handelt u. was getan werden muss*

zu|recht||kom|men ⟨V. 170/400(s.)⟩ **1** *zur rechten Zeit, rechtzeitig kommen;* er kam gerade noch zurecht **2** ⟨417⟩ **mit jmdm.** od. **etwas ~** *fertigwerden, keine Schwierigkeiten haben;* wir kommen mit unserem neuen Mitarbeiter gut zurecht; ich komme damit einfach nicht zurecht

zu|recht||le|gen ⟨V. 500⟩ **1** **etwas ~** *so hinlegen, wie es gebraucht wird, bereitlegen;* für die Reise schon alles ~ **2** ⟨530/Vr 1⟩ **sich etwas ~** ⟨fig.⟩ *ausdenken, im Geist vorher formulieren;* sich eine Ausrede ~

zu|recht||ma|chen ⟨V. 500; umg.⟩ **1** **etwas ~** *zum Gebrauch fertig machen, vorbereiten;* wir erwarten Besuch, ich muss das Gästezimmer noch ~ **2** ⟨Vr 7 od. Vr 8⟩ **jmdn.** od. **sich ~** *gut anziehen, kämmen, schminken usw.;* ich muss mich noch für den Empfang ~; sie ist immer sehr gut (zu sehr) zurechtgemacht

zu|recht||rü|cken ⟨V. 500⟩ **1** **etwas ~** *an die rechte Stelle rücken;* einen Gegenstand ~; die Bücher im Regal ~ **2** ⟨530⟩ **jmdm. den Kopf ~** ⟨fig.⟩ *jmdm. energisch die Meinung sagen*

zu|recht||set|zen ⟨V. 500⟩ **1** **etwas ~** *an die richtige Stelle setzen;* die Vasen auf den Tischen ~ **2** ⟨Vr 7

zurechtweisen

jmdn. od. **sich** ~ *jmdn.* od. *sich so hinsetzen, wie es für eine Tätigkeit zweckvoll ist;* sich auf der Schaukel, auf dem Beifahrersitz des Motorrads ~ **3** ⟨530/ Vr 6⟩ **jmdm.** den **Kopf** ~ ⟨fig.⟩ *jmdm. energisch die Meinung sagen*

zu|recht|wei|sen ⟨V. 282/500/Vr 8⟩ **jmdn.** ~ *tadeln, rügen;* jmdm. scharf ~

zu||re|den ⟨V. 600⟩ **jmdm.** ~ *jmdn. durch Reden zu einem gewünschten Verhalten veranlassen;* jmdm. gut ~; auf langes Zureden hin erklärte er sich endlich bereit dazu; trotz allen Zuredens (trotz allem Zureden) war er nicht zu bewegen mitzukommen; →a. *krank (1.4)*

zu||rich|ten ⟨V. 500⟩ **1** Gegenstände (zur Verarbeitung) ~ *herrichten, vorbereiten* • **1.1 Druckformen** ~ *D. zum Druck bereitmachen u. dabei Höhenunterschiede im Satz od. Unebenheiten von Druckstöcken ausgleichen* • **1.2 Gewebe** ~ *G. bearbeiten, um ihm Festigkeit, Glanz u. a. gewünschte Eigenschaften zu verleihen* • **1.3 Leder** ~ *L. gerben* • **1.4 Rauchwaren** ~ *R. veredeln* • **1.5** ein Stück **Holz**, einen **Stein** ~ *H., S. verarbeiten* **2** ⟨500; fig.; umg.⟩ • **2.1** etwas ~ *in einen schlechten Zustand bringen, beschädigen, abnutzen;* du hast deine Schuhe aber zugerichtet!; er hat den Wagen durch mangelnde Pflege schön zugerichtet ⟨iron.⟩ • **2.2 jmdn.** ~ *jmdm. schmerzhafte Verletzungen zufügen;* man hat ihn bei der Schlägerei übel zugerichtet

zür|nen ⟨V. 600/Vr 5 od. Vr 6; geh.⟩ **jmdm.** ~ *zornig, sehr ärgerlich auf jmdn. sein, jmdm. grollen*

zur|ren ⟨V. 500⟩ etwas (fest)~ *festbinden, binden;* den Anker, das Tau ~

Zur|schau|stel|lung ⟨f.; -, -en⟩ *öffentliches Zeigen, das Zurschaustellen*

zu|rück ⟨Adv.⟩ **1** *wieder hier am od. an den Ausgangspunkt;* die Fahrt hin und ~ kostet …; ich bin in fünf Minuten (wieder) ~; er wird erst Ende des Monats von seiner Reise ~ sein; ich werde um 8 Uhr ~ sein • **1.1** es gibt kein Zurück mehr ⟨fig.⟩ *keine Umkehr, es ist unabänderlich* **2** *nach hinten;* halt, ~!; gehen Sie ~! **3** ⟨fig.⟩ *nicht so weit fortgeschritten, wie es zu erwarten ist;* er ist in seiner Entwicklung etwas ~; in Deutsch und Mathematik ist er sehr ~; die Natur ist in diesem Jahr noch sehr, weit ~ • **3.1** ~ **zur Natur**! *(auf Rousseau zurückgehendes Schlagwort für natürliche Lebensweise)*

zu|rück… ⟨in Zus.⟩ **1** *(wieder) zum Ausgangspunkt hin;* zurückgehen, zurückstellen, zurückwinken **2** *(wieder) zum Ursprünglichen;* zurückbilden, zurückgeben **3** *am Ausgangspunkt, hinter sich;* zurückbleiben, zurücklassen

zu|rück||bil|den ⟨V. 500/Vr 3⟩ **sich** ~ **1** *in der Entwicklung allmählich wieder zu einem früheren Stadium zurückkehren* **2** *schrumpfen, kleiner werden, allmählich vergehen;* die Geschwulst hat sich wieder zurückgebildet

zu|rück||blei|ben ⟨V. 114(s.)⟩ **1** *nicht weitergehen, -fahren, warten;* bleib zurück! **2** ⟨411⟩ an einem **Ort** ~ *dableiben, verweilen;* als die anderen aufbrachen, blieben wir noch zurück; bei dem Patienten muss jmd. als Nachtwache ~; in der Heimat ~ **3** *nicht Schritt halten, nicht mit-, nicht hinterherkommen;* der Läufer ist weiter hinter den anderen zurückgeblieben • **3.1** die **Uhr** bleibt zurück *geht nach, geht zu langsam* **4** ⟨410; fig.⟩ • **4.1** in der **Entwicklung** ~ *ein Ziel der E. nicht erreichen;* er ist in diesem Schuljahr so zurückgeblieben, dass er das Klassenziel nicht erreichen wird; ein geistig zurückgebliebenes Kind; der Junge macht einen zurückgebliebenen Eindruck • **4.2** mit der **Arbeit** ~ *die A. nicht zum vorgesehenen Termin erledigen;* durch die Krankheit bin ich mit meiner Arbeit zurückgeblieben • **4.3** etwas bleibt zurück *geht nicht mehr weg, bleibt als Folge, bleibt übrig;* von seinem Schädelbruch werden immer Schmerzen ~ • **4.4** hinter den **Erwartungen** ~ *die E. nicht ganz erfüllen;* der Eindruck von der Stadt blieb meilenweit hinter meinen Erwartungen zurück

zu|rück||bli|cken ⟨V. 400⟩ **1** *nach hinten blicken, sich umsehen;* als der Zug abfuhr, blickte er sehnsüchtig, traurig zurück **2** ⟨fig.⟩ *sich erinnern, Vergangenes vom augenblickl. Standpunkt aus überschauen;* auf sein Leben, auf die Vergangenheit ~

zu|rück||brin|gen ⟨V. 118/500⟩ **1** **jmdn.** od. **etwas** ~ *wieder an den Ausgangsort od. zum ursprüngl. Besitzer bringen;* er brachte das entwendete Buch zurück; die Helfer brachten den Kranken zurück ins Krankenhaus **2** ⟨513; fig.⟩ • **2.1 jmdn.** ins **Leben** ~ *jmdn. durch Wiederbelebungsversuche das Leben retten* • **2.2 jmdn.** in seinen **Leistungen** ~ *jmdn. in seinen L. schaden, sein Leistungsvermögen herabsetzen* • **2.3** etwas bringt **jmdn.** zurück *etwas lässt jmdn. viel versäumen;* die lange Krankheit hat den Jungen in der Schule sehr zurückgebracht

zu|rück||drän|gen ⟨V. 500⟩ **1 jmdn.** ~ *durch Drängen an den Ausgangspunkt, nach hinten treiben;* die Schaulustigen wurden von der Polizei zurückgedrängt **2** etwas ~ ⟨fig.⟩ *allmählich unterdrücken, einschränken;* einen Aufstand, eine Bewegung ~ **3** etwas ~ ⟨fig.⟩ *zurückhalten, nicht zeigen;* Gefühle ~; seinen Hass, Neid ~

zu|rück||fah|ren ⟨V. 130⟩ **1** ⟨400(s.)⟩ *wieder zum Ausgangspunkt fahren, mit einem Fahrzeug zurückkommen;* wir können den gleichen Weg ~; ich werde mit dem Bus, der Bahn ~; der Zug ist am selben Tage zurückgefahren • **1.1** jmd. fährt zurück ⟨fig.⟩ *prallt zurück;* vor Schreck ~ **2** ⟨500⟩ **jmdn.** od. **etwas** ~ *wieder zum Ausgangspunkt fahren, mit einem Fahrzeug zurückbringen;* wir werden euch heute Abend nach Hause ~; der Fahrer hat die Sachen wieder zurückgefahren

zu|rück||fal|len ⟨V. 131(s.)⟩ **1** ⟨400⟩ *nach hinten (um)fallen;* erschöpft ließ sie sich (in den Sessel) ~ • **1.1** ⟨fig.⟩ *schlechter werden;* in der letzten Runde fiel er auf den dritten Platz zurück; im letzten Halbjahr ist dieser Schüler in Englisch sehr zurückgefallen **2** ⟨411⟩ • **2.1 etwas** fällt **an jmdn.** zurück *etwas geht wieder in jmds. Besitz über;* nach dem Tode des Inhabers fällt das Geschäft an den früheren Eigentümer zurück; die großen Ländereien sind an den

Staat zurückgefallen • **2.2 in** einen **Zustand** ~ *wieder in den Z. übergehen;* er ist in seinen alten Fehler zurückgefallen; in eine Krankheit ~ • **2.3 etwas** fällt **auf jmdn.** zurück *etwas bringt jmdn. in einen schlechten Ruf, etwas schadet jmdm.;* seine Tat wird auf dich ~

zu|rück|fin|den ⟨V. 134⟩ **1** ⟨402/Vr 3⟩ **(sich)** ~ **(zu jmdm.** od. einem **Ort**) *wieder zum Ausgangspunkt finden;* allein finde ich mich nicht zurück; er fand erst nach längerer Zeit zum Dorf zurück; ich finde schon allein zurück; wie wirst du dich ~? **1.1** zu sich selbst ~ ⟨fig.⟩ *eine innere Krise überwinden* • **1.2** ⟨fig.; geh.⟩ *zurückkehren;* der Sohn hat ins Elternhaus zurückgefunden; er hat zu seiner Jugendliebe zurückgefunden **2** ⟨500⟩ den **Weg** ~ *wiederfinden;* er fand den Weg nicht mehr zurück

zu|rück|füh|ren ⟨V.⟩ **1** ⟨500⟩ **jmdn.** ~ (zu einem **Ort**) *wieder zum Ausgangspunkt führen, wieder hinführen nach* od. *zu;* ich möchte den gleichen Weg zurückgeführt werden, den ich gekommen bin; nach der Pause führte ich sie zu ihrem Platz zurück • **1.1 jmdn.** ~ ⟨fig.⟩ *veranlassen, sich wieder zu verhalten wie früher;* wir müssen versuchen, ihn auf den rechten Weg zurückzuführen **2** ⟨550⟩ **2.1 etwas auf etwas** ~ ⟨fig.⟩ *etwas durch etwas erklären, die Ursache von etwas in etwas sehen;* man kann es auf ein Versehen, auf seinen Leichtsinn ~; die Missstände sind allein darauf zurückzuführen, dass …; die Tatsache, dass er das erreichte, ist auf seine Beredsamkeit zurückzuführen • **2.1.1** komplizierte auf einfache Sachverhalte ~ *mit Hilfe logischer Schlüsse erklären* • **2.2** das führt mich auf mein Anliegen zurück *veranlasst mich, (wieder) mein A. vorzubringen*

zu|rück|ge|ben ⟨V. 143/500⟩ **1** ⟨503/Vr 6⟩ **(jmdm.) etwas** ~ *etwas geben, was jmd. schon gehabt hat;* kannst du mir das Buch bis nächste Woche ~?; er hat anscheinend vergessen, mir das entliehene Geld zurückzugeben; unser Lehrer will uns morgen die Aufsätze ~ **1.1 Wechselgeld** ~ ⟨umg.⟩ *herausgeben* **2** ⟨400; geh.⟩ *antworten, erwidern, entgegnen;* „Und was soll aus mir werden?", gab sie zurück

zu|rück|ge|hen ⟨V. 145(s.)⟩ **1** ⟨400⟩ *wieder an den Ausgangspunkt gehen, nach hinten gehen;* ich habe meinen Schirm vergessen, ich muss noch einmal ~; wir wollen denselben Weg, auf demselben Weg ~; geh bitte einen Schritt zurück! • **1.1** der Angreifer geht zurück *weicht zurück* **1.2** ~ **lassen** *zurückschicken, nicht annehmen;* wenn du die Ware nicht bestellt hast, so lass sie doch ~ **2** ⟨400⟩ **etwas** geht zurück ⟨fig.⟩ *wird geringer, lässt nach, sinkt;* das Fieber geht nur langsam zurück; Lederwaren sind (im Preis) zurückgegangen; der Umsatz geht ständig zurück; das Hochwasser geht zurück • **2.1** die **Börsenkurse** gehen zurück *sinken* • **2.2** das **Geschäft** geht zurück *macht Rückschritte, entwickelt sich rückläufig* **3** ⟨411⟩ auf etwas **jmdn.** ~ *seinen Ursprung in … haben, zugrunde liegen;* dieser Brauch geht noch auf die Germanen zurück • **3.1** (bei einer wissenschaftlichen Arbeit) auf die **Quellen** ~ *die Q. zugrunde legen*

Zu|rück|ge|zo|gen|heit ⟨f.; -; unz.⟩ **1** *Einsamkeit, Abgeschiedenheit* • **1.1** sie lebt in großer ~ *sie meidet jeden Umgang*

zu|rück|grei|fen ⟨V. 158⟩ **1** ⟨800⟩ **auf jmdn.** ~ *jmdn. in Anspruch nehmen;* ich werde in dieser Angelegenheit auf Sie ~ **2** ⟨800⟩ **auf etwas** ~ *etwas Gesammeltes, Vorhandenes wieder hervorholen;* ich muss auf meine Vorräte ~ **3** ⟨410; fig.⟩ *etwas früher Geschehenes in Erinnerung bringen;* da müsste ich weit in die Vergangenheit ~

zu|rück|hal|ten ⟨V. 160⟩ **1** ⟨500/Vr 8⟩ **jmdn.** ~ *festhalten, aufhalten;* wenn Sie in Eile sind, so will ich Sie nicht länger ~; ich konnte das Kind noch am Ärmel ~, sonst wäre es vor den Wagen gelaufen • **1.1** ⟨510⟩ **jmdn. vor** (**von**) **etwas** ~ ⟨fig.⟩ *bewahren vor etwas, daran hindern, etwas zu tun;* jmd. von uns sollte sie von, vor diesem unüberlegten Schritt ~; ich konnte ihn gerade noch davon ~, die Dummheit zu begehen **2** ⟨500⟩ **Besitz**, Eigentum ~ *nicht herausgeben, behalten* **3** ⟨500/Vr 7⟩ seine **Gefühle** od. **sich** ~ ⟨fig.⟩ *sich beherrschen, sein Gefühl* od. *seine Meinung verbergen;* länger konnte sie sich nicht ~, sie sagte ihm deutlich ihre Meinung; es gelang ihr nicht, die Tränen, ihren Zorn zurückzuhalten • **3.1** ⟨417⟩ **mit etwas** ~ *etwas noch nicht sagen, es verbergen, sich in dieser Beziehung beherrschen;* mit seinen Kenntnissen, seiner Meinung, seinem Urteil ~; mit seinen Gefühlen, seinem Unwillen, seinen Vorwürfen ~ • **3.2** ⟨Part. Präs.⟩ ~d *unaufdringlich, nicht zu gesprächig, sich abwartend verhaltend, seine Gefühle verbergend;* du solltest ihm gegenüber ~der sein!; sie hat ein angenehm ~des Wesen; ~d argumentieren • **3.2.1** das Publikum verhielt sich ~d *das P. spendete wenig Beifall, tat aber auch kein Missfallen kund*

Zu|rück|hal|tung ⟨f.; -; unz.⟩ **1** *das Zurückhalten (1-2)* • **1.1** beim **Kaufen** ~ üben *zögernd kaufen;* auf dem Viehmarkt, bei den Lederwaren, im Verlagswesen herrscht zurzeit größte ~ **2** *zurückhaltendes Wesen;* →a. *zurückhalten (3);* er müsste sich größere ~ auferlegen; die Meldung wurde mit größter ~ aufgenommen; du solltest mehr ~ üben!

zu|rück|keh|ren ⟨V. 400(s.)⟩ **1** *zurückkommen, heimkehren;* er kehrte erst nach fünfjähriger Gefangenschaft zurück; er verließ das Elternhaus schon in jungen Jahren u. kehrte nie wieder zurück; der verlorene Sohn ist in den Schoß der Familie zurückgekehrt; nachdem er sie verlassen hatte, hoffte sie lange Zeit vergeblich, dass er zu ihr ~ würde; wir sind erst heute von einer längeren Reise zurückgekehrt **2** ⟨fig.⟩ *sich wieder hinwenden (zu);* für einen Häftling ist es schwer, ins bürgerliche Leben zurückzukehren **3 Gedanken** kehren zurück ⟨fig.⟩ *kommen wieder, stellen sich wieder ein;* langsam kehrte das Bewusstsein, die Erinnerung zurück (nach einer Ohnmacht)

zu|rück|kom|men ⟨V. 170(s.)⟩ **1** ⟨400⟩ *wieder zum Ausgangsort kommen, heimkehren;* er wird bald ~; er kam unverrichteter Dinge zurück **2** ⟨800⟩ **auf** eine **Angelegenheit** ~ *eine A. wieder aufgreifen, erneut*

zurücklassen

behandeln, besprechen, erwähnen usw.; auf einen Gedanken, einen Plan, ein Thema, einen Vorschlag ~; um noch einmal darauf zurückzukommen …; ich komme immer wieder darauf zurück

zu|rück|las|sen ⟨V. 175/500⟩ **1** einen **Gegenstand** ~ *liegen lassen, nicht mitnehmen;* den Koffer in der Gepäckaufbewahrung ~ **2** ⟨503⟩ (jmdm.) eine **Nachricht** ~ *die N. übergeben lassen, nachdem man sich entfernt hat* **3** **Spuren** ~ *S. sichtbar, wahrnehmbar hinter sich lassen* **4** jmdn. ~ *nicht mitnehmen, sondern an einem Ort bleiben lassen;* die Kinder bei den Großeltern ~; der Verunglückte ließ drei kleine Kinder zurück ⟨fig.⟩ • **4.1** ⟨500⟩ **jmdn.** (im **Wettkampf**) ~ *(weit) übertreffen, wesentlich besser sein als jmd.*

zu|rück|le|gen ⟨V. 500⟩ **1** einen **Gegenstand** (wieder) ~ *an den Ort legen, wo er vorher gelegen hat;* ein Buch ins Regal ~ • **1.1** (noch nicht gekaufte) **Ware** ~ *solange aufbewahren, bis sie bezahlt (u. abgeholt) wird;* könnten Sie mir die Konzertkarte bis morgen Abend ~? • **1.2 Geld** ~ *sparen;* du solltest dir ein paar Euro, einen Notgroschen ~ **2** ⟨Vr 7⟩ den **Körper**, ein Körperteil ~ *nach hinten legen;* den Kopf ~; sich wieder in die Kissen ~ **3** einen **Weg** ~ *hinter sich bringen;* 50 km in der Stunde ~; 100 m in 11 Sekunden ~; die vorgeschriebene Entfernung, Strecke nur langsam ~

zu|rück|lie|gen ⟨V. 180/400⟩ **1** *hinten liegen;* die ~den Räume werden als Lager benutzt **2** *etwas liegt zurück* ⟨fig.⟩ *etwas liegt in der Vergangenheit;* es liegt jetzt fünf Jahre zurück, dass …

zu|rück|neh|men ⟨V. 189/500⟩ **1** *etwas Gegebenes* ~ *wieder annehmen, in Empfang nehmen* • **1.1 Ware** ~ *den Kauf einer W. rückgängig machen;* die Ware kann nicht zurückgenommen werden **2** eine **Äußerung** ~ ⟨fig.⟩ *widerrufen, rückgängig machen;* eine Klage, ein Angebot, sein Wort, Versprechen ~; eine Anschuldigung, Behauptung, Beschwerde, Beleidigung, seinen Verdacht ~ • **2.1** einen **Zug** ~ ⟨Spiel⟩ *ungeschehen, rückgängig machen*

zu|rück|pral|len ⟨V. 400(s.)⟩ *beim Aufschlag abprallen;* die Bälle, Steine prallten zurück; die Kugel prallte von der Bande zurück

zu|rück|ru|fen ⟨V. 204⟩ **1** ⟨500⟩ **jmdn.** ~ *zur Rückkehr, zum Umkehren rufen, zurückberufen;* den Kurier, den Händler ~; jmdn. aus dem Urlaub ~ • **1.1** ⟨511⟩ jmdn. aus der Bewusstlosigkeit ins **Leben** ~ ⟨fig.⟩ *veranlassen, dass jmd. aus der B. erwacht* **2** ⟨531/Vr 5 od. Vr 6⟩ **jmdm.** od. **sich etwas ins Gedächtnis** ~ *jmdn. od. sich an etwas erinnern, etwas aus der Zeit ohne Computer ins Bewusstsein* ~ **3** ⟨400; umg.⟩ *jmdn., der telefonisch angerufen hat, wieder anrufen;* ich rufe in zehn Minuten zurück

zu|rück|schal|ten ⟨V. 500⟩ *etwas* ~ *auf eine niedrigere Stufe schalten;* den Gang beim Auto, den Schalter einer Maschine ~

zu|rück|schau|dern ⟨V. 405⟩ (**vor etwas**) ~ *schaudernd zurückweichen;* vor dem grauenvollen Anblick, vor der entsetzlichen Tat ~

zu|rück|schla|gen ⟨V. 218⟩ **1** ⟨500⟩ einen **Ball** ~ *in die entgegengesetzte Richtung schlagen* **2** ⟨500⟩ *etwas* ~ *nach hinten schlagen, um- od. aufklappen, aufdecken;* einen Deckel, eine Decke ~ • **2.1 Vorhänge** ~ *zur Seite bewegen, beiseiteschieben* • **2.2** jmdn. od. etwas ~ ⟨fig.⟩ *abwehren;* mehrere Angriffe konnten kurz vorm Tor zurückgeschlagen werden; den Feind, das feindliche Heer ~ **3** ⟨(E.).⟩ ein **Pendel** schlägt zurück *bewegt sich heftig in die entgegengesetzte Richtung* **4** ⟨400⟩ jmd. schlägt zurück *schlägt denjenigen, der ihn zuerst geschlagen hat;* als Vergeltungsmaßnahme ~

zu|rück|schrau|ben ⟨V. 500⟩ **1** etwas ~ *nach hinten schrauben* **2** etwas ~ ⟨fig.; umg.⟩ *einschränken;* seine Erwartungen, Forderungen ~

zu|rück|schre|cken ⟨V.⟩ **1** ⟨500/Vr 8⟩ **jmdn.** od. **etwas** ~ *in Schrecken versetzen, einschüchtern;* dieser Gedanke, die Furcht vor Entdeckung hat ihn zurückgeschreckt; jmdn. durch Drohungen ~ **2** ⟨400(s.)⟩ *vor Schrecken Abstand nehmen, erschrecken u. zurückprallen;* er schreckte zurück, als er das Messer sah **3** ⟨800(s.)⟩ **vor etwas** ~ *den Mut zu etwas nicht aufbringen;* ich bin davor zurückgeschreckt; der Gedanke an die Kosten ließ ihn davor ~; vor nichts, niemandem ~

zu|rück|set|zen ⟨V.⟩ **1** ⟨500⟩ **etwas** ~ *wieder an den alten Platz setzen;* nachdem sie den Blumen frisches Wasser gegeben hatte, setzte sie die Vase auf den Tisch zurück **2** ⟨500/Vr 7⟩ **jmdn.** od. **etwas** ~ *nach hinten setzen;* setzen Sie doch bitte den Wagen ein Stück zurück; du solltest dich beim Fernsehen etwas weiter ~ **3** ⟨500⟩ **Waren** ~ ⟨regional⟩ *den Preis der W. herabsetzen;* die Schuhe waren um 20 € zurückgesetzt; zurückgesetzte Ware **4** ⟨500/Vr 7⟩ **jmdn.** ~ ⟨fig.⟩ *benachteiligen;* du darfst ihn gegenüber den anderen nicht so sehr ~; bei dieser Behandlung muss er sich zurückgesetzt fühlen **5** ⟨400⟩ **Geweih- u. Gehörnträger** setzen zurück ⟨Jägerspr.⟩ *bilden geringeren Kopfschmuck als im Vorjahr aus;* der Hirsch setzt zurück

zu|rück|sin|ken ⟨V. 244/400(s.)⟩ **1** *nach hinten sinken;* sie sank auf das Bett, in die Kissen zurück **2** ⟨fig.⟩ *nachlassen, sich wieder dem ursprünglichen Stand nähern;* du bist nahe daran, wieder in deinen alten Schlendrian zurückzusinken

zu|rück|sprin|gen ⟨V. 253/400(s.)⟩ **1** *nach hinten springen, beiseitespringen;* er konnte vor dem herankommenden Wagen gerade noch ~ **2** ein **Gebäude** springt zurück ⟨fig.⟩ *weicht innerhalb einer Reihe nach hinten ab;* das Haus springt etwas zurück

zu|rück|ste|cken ⟨V.⟩ **1** ⟨500⟩ **etwas** ~ *weiter nach hinten stecken;* wir müssen diesen Pflock noch mehr ~ **2** ⟨500⟩ **etwas** ~ *wieder an die alte Stelle stecken;* ich habe den Brief in den Umschlag zurückgesteckt **3** ⟨410; fig.⟩ *seine Ansprüche, Forderungen mäßigen;* bei den Verhandlungen haben beide Seiten sehr zurückgesteckt

zu|rück|ste|hen ⟨V. 256⟩ **1** ⟨400⟩ *weiter hinten stehen;* die hinteren beiden Häuser stehen etwas zurück **2** ⟨800⟩ **hinter jmdm.** od. **etwas** ~ *an Wert u. Leistungen Geringeres als jmd. od. etwas aufweisen;* du stehst in deinen Leistungen hinter denen des Vorjahres zurück **3** ⟨400⟩ *etwas muss*~ ⟨fig.⟩ *muss zeitlich nach hinten geschoben werden;* die Renovierung des Treppenhauses muss noch ~ **4** ⟨400; m. Modalverb⟩ ~ *müssen hintangesetzt, benachteiligt werden;* er muss immer hinter seiner Schwester ~

zu|rück|stel|len ⟨V. 500⟩ **1** *etwas* ~ *wieder an den alten Platz stellen;* stell bitte den Stuhl wieder an seinen Platz zurück **2** *Waren* ~ *vorläufig nicht an einen anderen Kunden verkaufen, eine Zeit lang für einen Kunden reservieren;* eine Ware bis zum Abend ~ lassen (um sie dann abzuholen od. noch einmal anzusehen) **3** *etwas* ~ *nach hinten stellen;* stelle bitte den Sessel ein wenig weiter zurück **4** *eine* **Uhr**, *den* **Zeiger** *eines* **Instrumentes** ~ *auf einen zurückliegenden Punkt einstellen;* die Zeiger der Uhr fünf Minuten ~ • **4.1** man kann die Zeiger der Uhr nicht ~ ⟨fig.⟩ *Vergangenes bleibt vergangen* **5** *etwas* ~ *zeitlich verschieben;* wir müssen das Streichen der Türen leider noch ~ **6** *eine* **Sache** ~ ⟨fig.⟩ *hintansetzen;* Bedenken, persönliche Interessen ~; ich musste meine eigenen Pläne vorläufig ~ **7** *Rekruten* ~ ⟨Mil.⟩ *vorläufig nicht einziehen;* aus gesundheitlichen Gründen wurde er vom Militärdienst zurückgestellt

zu|rück|sto|ßen ⟨V. 262/500⟩ **1** *jmdn. od. etwas* ~ *wegstoßen, nach hinten stoßen;* einen Stuhl vom Tisch ~; den Gegner beim Boxkampf ~ **2** *jmdn.* ~ ⟨fig.⟩ *jmdn. heftig abweisen;* sich zurückgestoßen fühlen; sie hat ihn zurückgestoßen

zu|rück|tre|ten ⟨V. 268⟩ **1** ⟨400(s.)⟩ *nach hinten treten;* in den Schatten des Baumes ~; von der Bahnsteigkante ~! **2** ⟨405(s.)⟩ *einen Posten aufgeben, sich davon zurückziehen;* von einem Amt ~ • **2.1** *die* **Regierung** *tritt zurück erklärt den Rücktritt;* die Regierung ist gestern zurückgetreten **3** ⟨800(s.)⟩ *von etwas* ~ *etwas rückgängig machen;* leider muss ich von der gestrigen Vereinbarung ~ **4** ⟨400(s.)⟩ *ein* **Wasserlauf** *tritt zurück tritt nach einem Hochwasser wieder in das alte Bett;* der Fluss ist bald nach der Überschwemmung wieder in sein altes Bett zurückgetreten **5** ⟨400(s.); fig.⟩ *geringer, unbedeutender erscheinen, in den Hintergrund treten, im Schatten stehen;* den großen Vorteilen gegenüber, die damit geboten werden, treten die kleinen Nachteile völlig zurück; jetzt müssen alle anderen Pläne hinter dieser großen Aufgabe ~; er trat ganz hinter seinem berühmten Bruder zurück **6** ⟨402⟩ (**jmdn.**) ~ *jmdn., der einen getreten hat, ebenfalls treten;* ich habe ihn zurückgetreten

zu|rück|ver|set|zen ⟨V. 500⟩ **1** *jmdn.* ~ *wieder auf seinen früheren (niedrigeren) Posten versetzen;* man hat ihn nach K. zurückversetzt **2** *etwas* ~ *nach hinten, an die frühere Stelle versetzen;* den Zaun, das Gitter ~ **3** ⟨550/Vr 3⟩ *sich* ~ *sich in Gedanken in die Vergangenheit versetzen;* wenn ich mich so in die alte Zeit zurückversetze …

zu|rück|wei|chen ⟨V. 281/405(s.)⟩ **1** *(nach hinten) weichen, sich zurückziehen;* die Menge wich zurück, um dem Künstler Platz zu machen; vor dem Feind ~ **2** ⟨fig.⟩ *zurückschrecken (2-3);* sie weicht vor jeder noch so kleinen Anstrengung zurück; vor Drohungen weicht er nicht zurück **3** *Hochwasser* weicht zurück *wird weniger*

zu|rück|wei|sen ⟨V. 282/500⟩ **1** *etwas* ~ *abweisen, ablehnen;* ich kann sein Angebot nicht ~; er wies dieses Ansinnen, die Einmischung, Forderung, Zumutung empört, energisch zurück; sie wies jeden Gedanken an einen Kompromiss zurück **2** *jmdn.* ~ *an den alten Platz verweisen;* jmdn. an seinen Platz ~ • **2.1** ⟨511⟩ *jmdn. in seine Grenzen* ~ *jmdm. klarmachen, dass er seine G. nicht überschreiten darf*

zu|rück|wer|fen ⟨V. 286/500⟩ **1** ⟨Vr 7⟩ *sich* od. *etwas* ~ *nach hinten werfen;* er warf sich in das Polster zurück; sie warf den Kopf zurück **2** *jmdn.* od. *etwas* ~ *in die Gegenrichtung werfen;* wirf doch den Ball zu mir zurück! • **2.1** *Strahlen* ~ *widerspiegeln, reflektieren* **3** *etwas* wirft *jmdn.* od. *etwas* ⟨fig.⟩ *verursacht bei jmdm. od. etwas einen Rückschritt;* der letzte Herzanfall hat den Patienten wieder stark zurückgeworfen; das unerwartete Ergebnis dieser Untersuchung wirft meine Arbeit um Wochen zurück

zu|rück|zie|hen ⟨V. 293⟩ **1** ⟨400⟩ *wieder zum Ausgangsort ziehen;* die Prozession zieht von dort wieder zurück **2** ⟨500⟩ *etwas* ~ *nach hinten ziehen, beiseiteziehen;* den Vorhang ~; den Fuß ~; den Wagen in die Einfahrt ~ **3** ⟨500⟩ *eine* **Sache** ~ ⟨fig.⟩ *widerrufen;* einen Auftrag, ein Versprechen ~; ein Angebot, einen Antrag, eine Bewerbung, eine Klage ~ **4** ⟨500/Vr 3⟩ *sich* ~ *sich auf rückwärtige Stellungen begeben;* der Feind hat sich zurückgezogen **5** ⟨500/Vr 3⟩ *sich* ~ *sich absondern, sich aus der Öffentlichkeit entfernen, sich dem Kontakt mit den Mitmenschen entziehen;* sie wollte sich in ein Kloster ~; er hat sich ins Privatleben zurückgezogen; sich von der Welt ~; die Abgeordneten zogen sich zur Beratung zurück; ein zurückgezogenes Leben führen; das alte Ehepaar lebt sehr zurückgezogen • **5.1** ⟨550/Vr 3⟩ *sich* **von jmdm.** ~ *nicht mehr Kontakt zu jmdm. haben* **6** ⟨550/Vr 3⟩ *sich von* einer **Tätigkeit, Stellung** ~ *eine T., S. aufgeben;* im Alter von 65 Jahren zog er sich von seinen Geschäften zurück

Zu|ruf ⟨m.; -(e)s, -e⟩ **1** *das Zurufen;* anfeuernde, aufmunternde, höhnische, ironische ~e; durch ~ abstimmen, wählen **2** *das Zugerufene;* die Fußballmannschaft wurde durch die ~e ihrer Landsleute angefeuert

zu|ru|fen ⟨V. 204/530⟩ *jmdm. etwas* ~ *jmdm. über einige Entfernung laut rufend etwas mitteilen*

zur|zeit ⟨Adv.⟩ *jetzt, augenblicklich, gegenwärtig;* ~ geht es ihm wieder besser; Herr B. ist ~ verreist; ⟨aber Getrenntschreibung⟩ zur Zeit → *Zeit* (3)

zu|sa|gen ⟨V.⟩ **1** ⟨500⟩ *eine* **Sache** ~ *versprechen;* er hat sein Kommen, seine Mitwirkung, seine Teilnahme fest zugesagt • **1.1** ich habe eine ~de Antwort, einen ~den Bescheid erhalten *eine Zusage* **2** ⟨400⟩ *eine Einladung annehmen;* mein Bruder hat uns zum Abendessen eingeladen, ich habe bereits zugesagt **3** ⟨600⟩ *etwas* sagt *jmdm.* zu ⟨fig.⟩ *gefällt jmdm., ist jmdm. angenehm;* seine neue Tätigkeit sagt ihm gar

zusammen

nicht zu • 3.1 das ist ein mir sehr ~der Vorschlag *ein passender, mir genehmer V., ein V., der mir gefällt, mir willkommen ist* 4 ⟨531/Vr 6⟩ jmdm. etwas **auf** den **Kopf** ~ ⟨fig.; umg.⟩ *jmdm. offen sagen, dass man ihn für schuldig an etwas hält;* ich habe ihm den Betrug auf den Kopf zugesagt

zu|sạm|men ⟨Adv.⟩ **1** *gemeinsam, miteinander;* Eltern und Kinder ~; England und Frankreich ~; wir haben an diesem Buch, in dieser Firma zwei Jahre lang ~ gearbeitet; ~ fahren, lesen, musizieren, reisen, spielen, tanzen; wir haben den Kuchen ~ zu unseren Nachbarn gebracht; beim Stolpern versuchte ich, mich an ihr festzuhalten, infolgedessen sind wir ~ gefallen; wir werden möglichst ~ kommen; im Wettkampf ~ laufen; sie haben mich (beide) ~ geschlagen; beide wollen ~ ein Buch schreiben; diesen Reisebericht hat das Ehepaar ~ geschrieben; wir haben unsere Instrumente ~ gestimmt; die beiden haben mich ~ (von der Treppe) gestoßen; wir haben ihn ~ in der Stadt getroffen; wir haben ~ überlegt, was da zu tun sei; die Brüder verfügen ~ über die Aktienmehrheit; mit einem Kind ~ bis zehn zählen; wir haben ~ an dem Seil gezogen **2** *gleichzeitig;* wir sind ~ angekommen, eingetroffen **3** *insgesamt, im Ganzen;* unsere Ausgaben betrugen ~ nicht mehr als 200 Euro; zwei Frankfurter Würstchen, zwei Bier - macht ~ 15,20 Euro (Abrechnung des Kellners); ihr Schmuck hat einen Wert von ~ 100.000 Euro **4** → **sein** • **4.1** sie sollen schon seit längerem ~ sein *ein Paar sein;* er ist schon lange nicht mehr mit ihr ~

zu|sạm|men… ⟨in Zus.⟩ **1** *beieinander;* zusammenbleiben, zusammensitzen **2** *zueinander;* zusammenfegen, zusammenkommen **3** *aneinander;* zusammenbinden **4** *vereinigen;* zusammenschweißen **5** *übereinstimmend;* zusammenklingen, zusammenpassen **6** ⟨umg.⟩ *entzwei, kaputt;* zusammenschlagen **7** ⟨fig.; umg.; verstärkend⟩ sich etwas zusammenlügen

Zu|sạm|men|ar|beit ⟨f.; -; unz.⟩ *gemeinsame Arbeit;* die enge wirtschaftliche ~ der europäischen Staaten; wir setzen uns für internationale ~ ein; die ~ mit den französischen Kollegen war sehr gut; die ~ von Bund und Ländern

zu|sạm|men||bal|len ⟨V. 500⟩ **1** etwas ~ *zu einem Knäuel, Klumpen zusammendrücken, -pressen;* Papier, Schnee ~ **2** ⟨Vr 3⟩ *sich* ~ *in gedrängter Fülle auftreten, sich dicht zusammendrängen;* Gewitterwolken ballten sich am Horizont zusammen; die in Industriezentren zusammengeballten Menschenmassen; die zusammengeballte Macht des Kapitals; das Verhängnis hatte sich bereits über den Dächern dieser Stadt zusammengeballt ⟨fig.⟩

zu|sạm|men||bei|ßen ⟨V. 105/500⟩ **1** die **Zähne** ~ *aufeinanderbeißen, durch Beißen zusammenpressen;* ich biss die Zähne zusammen, um nicht vor Schmerzen aufzuschreien; den Schmerz mit zusammengebissenen Zähnen ertragen **2** ⟨Vr 4⟩ *sich* ~ ⟨fig.; umg.⟩ *einander anpassen;* in den ersten gemeinsamen Jahren mussten wir uns erst ~

zu|sạm|men||bre|chen ⟨V. 116/400(s.)⟩ **1** etwas bricht zusammen *verliert den Zusammenhalt u. stürzt (in Trümmern) zu Boden;* die Brücke brach infolge zu starker Belastung zusammen • **1.1** bei diesem entsetzlichen Anblick brachen die Knie unter ihr zusammen *konnten die K. sie nicht länger tragen* **2** eine **Sache** bricht zusammen *erleidet schweren Schaden, wird unwirksam, kommt zum Stillstand;* der Angriff ist im feindlichen Artilleriefeuer zusammengebrochen • **2.1** eine **Firma** bricht zusammen *kann den geordneten Ablauf der Geschäfte nicht länger aufrechterhalten* **3** *vor Entkräftung hinfallen, ohnmächtig werden, erkranken;* er ist infolge Überanstrengung, vor Erschöpfung völlig zusammengebrochen; er arbeitete bis zum Zusammenbrechen **4** *die innere Widerstandskraft verlieren;* sie brach nach seinem Tode zusammen; unter der drückenden Last der Beweise brach der Angeklagte zusammen und gestand die Tat

zu|sạm|men||brin|gen ⟨V. 118/500⟩ **1** etwas ~ *ansammeln, anhäufen;* im Laufe seines Lebens hat er ein Vermögen zusammengebracht **2** etwas ~ ⟨umg.; fig.⟩ *im Geiste etwas Zusammenhängendes zustande bringen;* vor Aufregung brachte ich keine drei Sätze zusammen; ich kann die Verse, den Wortlaut nicht mehr ~ **3** jmdn. ~ *die Bekanntschaft, das Zusammensein von jmdm. herbeiführen;* kannst du mich gelegentlich mit ihm ~? • **3.1** zwei Leute wieder ~ *versöhnen;* ich möchte die beiden feindlichen Brüder gern wieder ~; ⟨aber Getrenntschreibung⟩ zusammen bringen → *zusammen (1)*

Zu|sạm|men|bruch ⟨m.; -(e)s, -brü|che⟩ **1** *Vernichtung, Ende;* der ~ war nicht mehr aufzuhalten, war unvermeidlich; ein militärischer, politischer, wirtschaftlicher ~ • **1.1** *geschäftlicher Ruin;* das führte zum ~ der Firma **2** *schwere gesundheitliche Schädigung;* Nerven-~; Überarbeitung und familiäre Sorgen trugen zu seinem ~ bei

zu|sạm|men||fal|len ⟨V. 131/400(s.)⟩ **1** etwas fällt zusammen *stürzt ein;* das altersschwache Gebäude ist zusammengefallen • **1.1** ⟨400⟩ ihre Hoffnungen und Pläne fielen wie ein Kartenhaus zusammen *wurden jäh zerstört* • **1.2** seine Lügen sind in sich zusammengefallen *waren aufgedeckt, waren nicht länger aufrechtzuerhalten* **2** etwas fällt zusammen *sinkt zusammen, verliert sein lockeres od. pralles Aussehen;* der Hefeteig ist wieder zusammengefallen; am Boden angekommen fällt der Fallschirm zusammen **3** *hager u. faltig werden;* der alte Mann ist in den letzten Zeit zusammengefallen **4** ⟨405⟩ etwas fällt (mit etwas) zusammen *stimmt zeitlich überein, findet gleichzeitig statt;* mein Geburtstag und sein Jubiläum werden ~ **5** ⟨405⟩ etwas fällt (mit etwas) zusammen ⟨Math.⟩ *deckt sich;* das Zusammenfallen zweier Flächen; ⟨aber Getrenntschreibung⟩ zusammen fallen → *zusammen (1)*

zu|sạm|men||fas|sen ⟨V. 500⟩ etwas ~ **1** *raffen, straffen, kurz das Wichtigste angeben;* wir wollen zum Schluss ~: …; er hat den Verlauf der Besprechungen in einem Bericht, Protokoll zusammengefasst; ~d

zusammennehmen

lässt sich sagen, dass … **2** *miteinander verbinden;* diese kleineren Organisationen sind zusammengefasst in …

Zu|sam|men|fas|sung ⟨f.; -, -en⟩ **1** ⟨unz.⟩ *das Zusammenfassen* **2** ⟨zählb.⟩ *das Zusammengefasste, Überblick;* eine ~ *für eine schriftliche Abhandlung schreiben;* eine ~ *der wichtigsten Meldungen des Tages*

zu|sam|men|ge|hö|rig ⟨Adj. 24⟩ *zusammengehörend, eng miteinander verbunden, eine Einheit bildend;* zwei ~e *Möbelstücke*

Zu|sam|men|halt ⟨m.; -(e)s; unz.; a. fig.⟩ *das Zusammenhalten, enge Verbundenheit;* der ~ *in der Klasse war gut*

zu|sam|men|hal|ten ⟨V. 160⟩ **1** ⟨500⟩ **etwas** ~ *vergleichend nebeneinander betrachten;* nur wenn man die Farben zusammenhält, kann man den feinen Unterschied erkennen **2** ⟨400⟩ **etwas** hält zusammen *bleibt aneinanderhaften, löst sich nicht los;* ich habe es geleimt, hoffentlich wird es jetzt ~ **3** ⟨500⟩ **jmdn.** od. **etwas** ~ *(geordnet) beieinanderhalten;* der Lehrer konnte bei dem Ausflug die Klasse nur schwer ~; der alte Mann kann seine Gedanken nicht mehr ~ • **3.1** sein Geld ~ ⟨umg.⟩ *sparen, nicht ausgeben;* du musst dein Geld immer gut ~ **4** ⟨400; fig.⟩ *einander beistehen, in gegenseitiger Hilfsbereitschaft verbunden sein;* Freunde müssen auch in der Not ~; brüderlich, eng, fest, treulich ~; →a. *Pech (1.1)*

Zu|sam|men|hang ⟨m.; -(e)s, -hän|ge⟩ *Verbindung einzelner Teile, sinngemäße Beziehung, bes. in der Rede;* einen ~ ahnen, erkennen, feststellen, vermuten; er hat die Zusammenhänge nicht durchschaut; die historischen Zusammenhänge sind; ein innerer, ursächlicher ~; es besteht nur ein loser ~ zwischen beiden Ereignissen; bei dieser Inhaltsangabe ist einiges aus dem ~ geraten; einen Satz aus dem ~ herauslösen, reißen; sein Name wurde im ~ mit dem Unfall genannt; im, in ~ stehen mit; zwei Ereignisse miteinander in ~ bringen; das muss in diesem ~ einmal gesagt werden; ein ~ mit dem Einbruch konnte nicht festgestellt werden; ohne ~ kann man das Zitat nicht verstehen; ich finde, sehe keinen ~ zwischen beiden Vorfällen

zu|sam|men|hän|gen ⟨V. 161⟩ **1** ⟨417⟩ **etwas** hängt **mit etwas** zusammen *ist mit etwas verbunden;* die Insel hing einmal mit dem Festland zusammen; →a. *Klette (3.1)* **2** ⟨405⟩ eine **Sache** hängt (**mit einer Sache**) zusammen *steht mit einer S. in Beziehung;* mit allem, was damit zusammenhängt; es wird wohl damit ~; das kann nicht damit ~; meine Migräne hängt mit dem schwülen Wetter zusammen; wie hängt das zusammen? • **2.1** dem Schüler fällt es noch schwer, ~d zu reden, zu schreiben ⟨fig.⟩ *er ist noch zu sprunghaft* **3** ⟨500⟩ **etwas** ~ *durch Hängen vereinen, in eins hängen;* etwas ~, dass ich alle in diesen Schrank zusammengehängt

zu|sam|men|klap|pen ⟨V.⟩ **1** ⟨500⟩ **etwas** ~ *mit einem kleinen harten Geräusch zumachen, zusammenlegen;* ein Buch, Taschenmesser ~; den Balkontisch, den Liegestuhl, den Schirm ~ **2** ⟨400(s.); fig.; umg.⟩ *am Ende seiner Kräfte sein, gesundheitlich zusammenbrechen;* er ist uns plötzlich zusammengeklappt; wenn du dich nicht mehr schonst, wirst du bald wie ein Taschenmesser ~ ⟨scherzh.⟩

zu|sam|men|kom|men ⟨V. 170/400(s.)⟩ **1** *von verschiedenen Seiten kommend sich an einem Ort treffen, sich versammeln;* wir werden morgen beim Tennisspiel ~; regelmäßig, selten ~; einmal im Jahr kommen die Mitglieder zusammen **2 Sachen** kommen zusammen *stellen sich gleichzeitig ein;* verschiedene unglückliche Umstände kamen zusammen **3 Geld** kommt zusammen *sammelt sich an;* bei der letzten Sammlung ist nicht viel Geld zusammengekommen; ⟨aber Getrenntschreibung⟩ zusammen kommen → *zusammen (1)*

Zu|sam|men|kunft ⟨f.; -, -künf|te⟩ *Treffen, Versammlung, Sitzung, Tagung;* wir haben heute Abend eine ~ der Vorstandsmitglieder; jmdm. eine ~ gewähren; wir verabredeten für nächsten Mittwoch eine ~; unsere monatliche ~

zu|sam|men|lau|fen ⟨V. 176/400(s.)⟩ **1** *von verschiedenen Seiten kommend an eine Stelle laufen u. sich da sammeln;* eine Menge Schaulustiger war zusammengelaufen **2** ⟨411⟩ **etwas** läuft in einem Punkt, an einer Stelle zusammen *etwas trifft sich von verschiedenen Seiten kommend in einem Punkt, an einer Stelle;* das Wasser läuft in der Senke zusammen; die Linien laufen in diesem Punkt zusammen; →a. *Faden (4.1)* **3 Farben** laufen zusammen *laufen auf einer Fläche, wo sie nebeneinander aufgetragen wurden, ineinander u. vermischen sich* **4 Milch** läuft zusammen ⟨regional⟩ *gerinnt* **5 Stoff** läuft zusammen ⟨regional⟩ *geht ein;* der Stoff ist beim Waschen zusammengelaufen; ⟨aber Getrenntschreibung⟩ zusammen laufen → *zusammen (1)*

Zu|sam|men|le|ben ⟨n.; -s; unz.⟩ *gemeinsame Lebensführung, Lebensgemeinschaft;* eheliches ~

zu|sam|men|le|gen ⟨V.⟩ **1** ⟨500⟩ **etwas** ~ *durch Übereinanderlegen von Teilflächen auf ein kleineres Format bringen, einer Sache eine ordentlichere Form geben;* du sollst abends deine Sachen (Kleidungsstücke) ordentlich ~; die Servietten, das Tischtuch, die Wäsche ~ **2** ⟨500⟩ **etwas** ~ *verschiedene Gegenstände an eine Stelle legen;* ich habe alles, was ich auf die Reise nehmen möchte, bereits zusammengelegt **3** ⟨500⟩ **Sachen** ~ *verschiedene S. der Leitung einer Stelle od. Person unterstellen;* wegen geringer Beteiligung wurden beide Kurse für Englisch zusammengelegt **4** ⟨402⟩ (**Geld**) ~ *aus vielen kleinen Beträgen eine (größere) Summe bilden;* die Hausbewohner legten für einen Kranz zusammen

zu|sam|men|neh|men ⟨V. 189/500⟩ **1** (**innere**) **Kräfte** ~ *alle verfügbaren K. für die Bewältigung einer Sache aufbieten;* seine Gedanken, seine Kräfte ~; ich musste allen Mut ~, um … **2** ⟨Vr 3⟩ **sich** ~ *sich beherrschen, achtgeben, aufpassen;* nimm dich zusammen! • **2.1** der Verletzte hat sich sehr zusammengenommen *nichts von seinen Schmerzen gezeigt* **3 Sachen** ~ *verschiedene S. im Ganzen betrachten;* nimmt man alle Hinweise zusammen, entsteht ein recht deutliches Bild • 3.1 alles zusammengenommen *im Ganzen (gesehen)* • 3.1.1 alles zusammengenommen macht fünfzig Euro *insgesamt* • 3.1.2 alles zusammengenommen kann man sagen ... *alles in allem, abschließend*

zu|sam|men|pres|sen ⟨V. 500⟩ etwas ~ *fest aneinanderpressen, zusammendrücken;* sie presste die Lippen zusammen u. sagte kein Wort

zu|sam|men|raf|fen ⟨V. 500⟩ **1** etwas ~ *hastig u. ungeordnet an sich nehmen;* seine Sachen, Kleider ~ **2** etwas ~ *gierig an sich reißen, sich aneignen;* er kann nicht genug Geld, Besitz ~ **3** ⟨Vr 3⟩ sich ~ ⟨fig.; umg.⟩ *wieder energisch werden u. handeln, aus der Gleichgültigkeit, Tatenlosigkeit erwachen;* nun raff dich aber mal zusammen!

zu|sam|men|rot|ten ⟨V. 500/Vr 7⟩ sich ~ *in Mengen herbeiströmen, Gruppen bilden (Menschen, bes. in aufrührerischer Stimmung)*

zu|sam|men|rü|cken ⟨V.⟩ **1** ⟨400(s.)⟩ *einander näher rücken;* rückt alle ein wenig zusammen! **2** ⟨500⟩ etwas ~ *nahe aneinanderrücken, dicht nebeneinanderstellen;* Möbel, Stühle ~

zu|sam|men|schie|ßen ⟨V. 215⟩ **1** ⟨500; derb⟩ etwas ~ *durch Beschuss zerstören;* das Militär schoss das Dorf zusammen **2** ⟨500/Vr 8; derb⟩ jmdn. ~ *töten* **3** ⟨500⟩ Geld ~ ⟨fig.⟩ *finanziell mit beisteuern, zusammenbringen;* wir haben die nötige Summe zusammengeschossen **4** ⟨400⟩ Kristalle *schießen zusammen vereinigen sich*

zu|sam|men|schla|gen ⟨V. 218⟩ **1** ⟨500⟩ etwas ~ *heftig aneinander-, gegeneinanderschlagen;* die Becken ~ ⟨Mus.⟩; die Hände über dem Kopf ~ (vor Erstaunen, Überraschung) ⟨umg.⟩ • 1.1 die Hacken ~ *strammstehen* **2** ⟨500⟩ etwas ⟨umg.⟩ *zerschlagen, zertrümmern;* er hat im Zorn die halbe Einrichtung zusammengeschlagen **3** ⟨500/Vr 8⟩ jmdn. ~ ⟨umg.⟩ *so schlagen, dass er sich nicht (mehr) wehren kann;* sie haben mich zusammengeschlagen **4** ⟨500⟩ etwas ~ *durch Übereinanderschlagen von Teilflächen auf ein kleineres Format bringen;* eine Zeitung ~, um sie in die Tasche zu stecken **5** ⟨411(s.)⟩ etwas schlägt **über etwas** od. **jmdm.** zusammen *schließt sich über jmdm. od. etwas, begräbt jmdn. od. etwas unter sich;* die Wellen schlugen über ihm zusammen; das Unglück, Verhängnis schlägt über ihm zusammen ⟨fig.⟩; ⟨aber Getrenntschreibung⟩ zusammen schlagen → *zusammen (1)*

zu|sam|men|schlie|ßen ⟨V. 222/500⟩ **1** etwas od. jmdn. (mit etwas od. jmdm.) ~ *schließend vereinigen;* die beiden Enden einer Kette ~; er schloss die Häftlinge mit Handschellen zusammen **2** ⟨Vr 3 od. Vr 4⟩ sich (mit jmdm.) ~ ⟨fig.⟩ *sich vereinigen, gemeinsame Sache machen;* ich schließe mich mit ihm zusammen, um ...; die beiden Firmen, Gemeinden, Interessengemeinschaften haben sich zusammengeschlossen; sie wollen sich zu einem Verein ~

zu|sam|men|schmel|zen ⟨V. 225⟩ **1** ⟨500⟩ etwas ~ *durch Schmelzen vereinigen, in eins schmelzen;* Metalle ~ **2** ⟨400(s.)⟩ etwas *schmilzt zusammen verkleinert sich durch Schmelzen;* die Schneedecke ist in der Sonne zusammengeschmolzen **3** ⟨400(s.)⟩ etwas *schmilzt zusammen* ⟨fig.⟩ *wird weniger;* unser erspartes Geld, das Kapital, unsere Vorräte sind bis auf einen kleinen Rest zusammengeschmolzen

zu|sam|men|schrei|ben ⟨230/500⟩ etwas ~ **1** *in einem Wort schreiben;* werden diese beiden Wörter zusammengeschrieben? **2** *aus anderen Büchern herausnehmen u. neu schreiben;* bei dieser Arbeit ist das meiste aus ungenannten Quellen zusammengeschrieben **3** ⟨umg.⟩ *flüchtig niederschreiben, verfassen;* wie kann man nur so viel Unsinn ~!; ein schnell zusammengeschriebener Bericht **4** ⟨fig.; umg.⟩ *sich durch Schreiben erwerben;* er hat sich mit Kriminalromanen ein kleines Vermögen zusammengeschrieben; ⟨aber Getrenntschreibung⟩ zusammen schreiben → *zusammen (1)*

zu|sam|men|schrump|fen ⟨V. 400(s.)⟩ **1** Gegenstände *schrumpfen zusammen verkleinern sich durch Schrumpfen;* die Äpfel, Kartoffeln sind schon ganz zusammengeschrumpft **2** die Haut *schrumpft zusammen wird faltig, runzlig;* eine ganz zusammengeschrumpfte Haut **3** etwas *schrumpft zusammen* ⟨fig.⟩ *vermindert sich, wird weniger, geringer;* unsere Vorräte schrumpfen allmählich zusammen

zu|sam|men|sein ⟨alte Schreibung für⟩ *zusammen sein* **Zu|sam|men|sein** ⟨n.; -s; unz.⟩ **1** *Beisammensein* **2** *Zusammenleben*

zu|sam|men|set|zen ⟨V. 500⟩ **1** ⟨Vr 4⟩ sich ~ *sich an einem gemeinsamen Platz zueinandersetzen;* wir müssen uns bald einmal ~ und alles besprechen; wir haben uns im Konzert zusammengesetzt; beide Freundinnen wollen sich in der Schule ~ **2** etwas ~ *in eins fügen;* Maschinenteile ~; auf dem Feld werden die Garben zu Puppen zusammengesetzt • **2.1** *durch Zusammensetzen (2) herstellen;* eine Maschine, ein Mosaik ~; ein zusammengesetztes Wort **3** ⟨550/Vr 3⟩ etwas setzt **sich aus etwas** od. **jmdm.** zusammen *besteht aus etwas od. jmdm.;* der Vorstand setzt sich aus folgenden Mitgliedern zusammen

Zu|sam|men|set|zung ⟨f.; -, -en⟩ **1** ⟨unz.⟩ *das Zusammensetzen (2)* **2** *das Zusammengesetzte, die Art, wie etwas zusammengesetzt ist;* die ~ eines Medikaments

zu|sam|men|ste|cken ⟨V.⟩ **1** ⟨500⟩ etwas ~ *mit Nadeln, Klammern u. Ä. lose miteinander verbinden;* die zugeschnittenen Stoffteile mit Stecknadeln ~ **2** ⟨500⟩ die Köpfe ~ ⟨fig.; umg.⟩ *miteinander tuscheln* **3** ⟨410; fig.; umg.⟩ *oft, bes. heimlich, zusammen sein;* die beiden stecken dauernd zusammen

zu|sam|men|stel|len ⟨V. 500⟩ **1** jmdn. od. etwas ~ *nebeneinanderstellen, an einen gemeinsamen Platz stellen;* etwas zum Vergleich ~ **2** etwas ~ *Teile auswählen u. zu etwas vereinigen, zusammensetzen;* die Farben in diesem Raum sind gut zusammengestellt; eine Liste, ein Menü, eine Mustersendung, eine Stadtrundfahrt, eine Übersicht ~; er hat das Programm für den heutigen Abend zusammengestellt

zu|sam|men|stim|men ⟨V. 400⟩ **1** etwas stimmt zusammen *ist gut aufeinander abgestimmt;* die beiden Flöten haben nicht zusammengestimmt **2** Sachen stimmen zusammen *eine Sache ergänzt eine andere ohne Widersprüche;* die Aussagen der beiden Zeugen stimmen nicht zusammen; ⟨aber Getrenntschreibung⟩ zusammen stimmen → *zusammen (1)*

Zu|sam|men|stoß ⟨m.; -es, -stö|ße⟩ **1** *das Zusammenstoßen, Gegeneinanderprallen (bes. von Fahrzeugen);* ~ zweier Flugzeuge, Kraftwagen, Personenzüge **2** ⟨fig.⟩ *Auseinandersetzung, Streit, Zank;* ich hatte mit ihm einen ~

zu|sam|men|sto|ßen ⟨V. 262/400(s.)⟩ **1** ⟨mit jmdm. od. einem **Gegenstand**⟩ ~ *aufeinander-, gegeneinanderprallen;* die beiden Wagen sind in voller Fahrt zusammengestoßen; der Skifahrer stieß mit einem Fußgänger zusammen **2** ⟨417⟩ **mit jmdm.** ~ ⟨fig.⟩ *eine Auseinandersetzung, einen Wortwechsel haben, sich streiten, zanken;* er ist wiederholt mit dem Hausmeister zusammengestoßen **3** *etwas stößt zusammen berührt sich, hat eine gemeinsame Grenze;* die Linien, Grundstücke stoßen zusammen; ~de Grundstücke; ⟨aber Getrenntschreibung⟩ zusammen stoßen → *zusammen (1)*

zu|sam|men|tref|fen ⟨V. 266/400(s.)⟩ **1** ⟨mit jmdm.⟩ ~ *jmdn. treffen, jmdm. begegnen;* ich bin lange nicht mit ihm zusammengetroffen; wir sind in S. zufällig zusammengetroffen **2** *etwas trifft zusammen* ⟨fig.⟩ *stimmt zeitlich überein, geschieht gleichzeitig;* mein Geburtstag und das Osterfest treffen in diesem Jahr zusammen; ⟨aber Getrenntschreibung⟩ zusammen treffen → *zusammen (1)*

zu|sam|men|tre|ten ⟨V. 268⟩ **1** ⟨500⟩ **jmdn. od. etwas** ~ *durch Treten verletzen, zerstören;* ein Beet, eine Kiste ~; er ist bei dem Fußballspiel zusammengetreten worden **2** ⟨400(s.)⟩ *eine* **Vereinigung** *tritt zusammen versammelt sich, kommt zusammen;* der Verein, Vorstand tritt morgen zu einer Sitzung zusammen

zu|sam|men|tun ⟨V. 272/500⟩ **1** *etwas* ~ *in eins tun, miteinander verbinden, vereinigen;* bitte nicht Weiß- und Buntwäsche ~! **2** ⟨Vr 4⟩ **sich** ~ *gemeinsame Sache machen;* die beiden haben sich zusammengetan, um ein Geschäft zu eröffnen; ⟨aber Getrenntschreibung⟩ zusammen tun → *zusammen (1)*

zu|sam|men|wach|sen ⟨[-ks-] V. 277/400(s.)⟩ **1** *in eins wachsen, sich durch Wachstum (wieder) vereinigen;* die siamesischen Zwillinge waren an den Hüften zusammengewachsen; über der Nase zusammengewachsene Augenbrauen **2** ⟨fig.⟩ *sich seelisch eng verbinden, sich eng befreunden;* ein langes gemeinsames Leben hatte die einst so ungleichen Eheleute ~ lassen

zu|sam|men|zäh|len ⟨V. 500⟩ *etwas* ~ *eins zum andern zählen;* Zahlen, Rechnungsbeträge ~; alles zusammengezählt ergibt sich ein Restbetrag von 245,40 €; ⟨aber Getrenntschreibung⟩ zusammen zählen → *zusammen (1)*

zu|sam|men|zie|hen ⟨V. 293⟩ **1** ⟨500⟩ *etwas* ~
• **1.1** *durch Ziehen verengen, verkürzen;* ein Loch nur schnell mit einem Faden ~ • **1.1.1** ⟨Part. Präs.⟩ ~des **Mittel** *entzündungshemmendes, blutstillendes M.*
• **1.2** *miteinander verbinden, vereinigen;* die Augenbrauen ~ • **1.3 Personen** ~ ⟨fig.⟩ *sammeln;* Polizei ~
• **1.4 Zahlen** ~ *addieren;* ich muss die einzelnen Posten noch ~ **2** ⟨400(s.)⟩ ⟨mit jmdm.⟩ ~ *in eine gemeinsame Wohnung ziehen;* sie werden in Kürze ~; sie ist mit ihm zusammengezogen **3** ⟨500/Vr 3⟩ **sich** ~ *sich verkleinern, verengern, schließen;* die Wundränder ziehen sich schon zusammen **4** ⟨500/Vr 3⟩ **etwas zieht sich zusammen** *entsteht, bildet sich;* im Westen zieht sich ein Gewitter, Unwetter zusammen; das Unheil zog sich über seinem Kopf zusammen ⟨fig.⟩; ⟨aber Getrenntschreibung⟩ zusammen ziehen → *zusammen (1)*

Zu|satz ⟨m.; -es, -sät|ze⟩ **1** *etwas, das zusätzlich angefügt, hinzugefügt wird;* ein ~ zu einem Anschreiben, einer chemischen Lösung, einem Testament usw. **2** ⟨unz.⟩ *das Zusetzen, Hinzufügen;* einen Salat unter ~ von Essig, Öl usw. anrichten

zu|sätz|lich ⟨Adj. 24⟩ *ergänzend hinzukommend, noch hinzugefügt*

zu|schan|den *auch:* **zu Schan|den** ⟨Adv.; geh.⟩
1 ~ **machen** *vernichten, zerstören, zugrunde richten, zunichtemachen, vereiteln;* das hat all unsere Erwartungen, Hoffnungen, Pläne ~ gemacht • **1.1** er wird sich noch ~ arbeiten ⟨umg.⟩ *seine Gesundheit durch zu vieles Arbeiten untergraben* • **1.2** ein Pferd ~ *reiten so rücksichtslos reiten, dass es Schaden erleidet* **2** ~ **werden** *vernichtet werden*

zu|schau|en ⟨V. 400⟩ *zusehen, ein Ereignis mit den Augen verfolgen*

Zu|schau|er ⟨m.; -s, -⟩ *jmd., der bei einer Darbietung zusieht*

Zu|schau|e|rin ⟨f.; -, -rin|nen⟩ *weibl. Zuschauer*

zu|schie|ben ⟨V. 214/500⟩ **1** *etwas* ~ *durch Schieben schließen;* eine Schublade, Schiebetür ~; den Riegel, die Tür des Güterwagens ~ **2** ⟨530/Vr 6⟩ **jmdm. etwas** ~ *etwas zu jmdm. hinschieben;* sie schob ihm stillschweigend die Rechnung zu • **2.1** ⟨fig.⟩ *veranlassen, dass jmd. etwas Unangenehmes übernimmt;* er wollte mir die ganze Arbeit, alle Schuld, Verantwortung ~; →a. *schwarz (1.8.1)*

zu|schie|ßen ⟨V. 215; umg.⟩ **1** ⟨500⟩ **Geld** ~ *mit beisteuern, hinzugeben;* er hat 20.000 Euro in den Geschäft zugeschossen; meine Eltern haben zu meinem Studium einiges zugeschossen **2** ⟨411(s.)⟩ **auf jmdn.** ~ *plötzlich rasch zu jmdm. hingehen, sich auf jmdn. stürzen;* auf der Straße schoss er auf mich zu

Zu|schlag ⟨m.; -(e)s, -schlä|ge⟩ **1** *zusätzlicher Betrag, zusätzliche Gebühr, Aufschlag, Nachzahlung, Erhöhung;* IC-~ **2** ⟨Kaufmannsspr.⟩ *Erteilung des Auftrags* **3** *Erklärung des Versteigerers, dass er das letzte Gebot annimmt;* der ~ erfolgte an … (bei Auktionen); sie bot am meisten und erhielt den ~; den ~ an den Meistbietenden erteilen (bei Auktionen) **4** *Zusatz* • **4.1** ⟨Bauwesen⟩ *Füllstoffe, z. B. Sand od. Kies, die zusammen mit einem Bindemittel zu Mörtel od. Beton verarbeitet werden* • **4.2** ⟨Met.⟩ *Zusatz bei der Verhüttung von Erzen, Beischlag*

zu|schla|gen ⟨V. 218⟩ **1** ⟨500⟩ *etwas* ~ *mit einer heftigen Bewegung geräuschvoll schließen;* man hörte ihn

zuschließen

die Wagentür ~ • 1.1 ⟨400(s.)⟩ *etwas* schlägt zu *schließt sich mit einem heftigen Schlag;* die Tür ist zugeschlagen **2** ⟨500⟩ *etwas* ~ *mit Nägeln, Nieten u. Ä. schließen;* Fässer, Kisten ~ **3** ⟨530/Vr 6⟩ **jmdm. etwas** ~ *etwas mit einem Schläger in jmds. Richtung schlagen;* jmdm. den Ball ~ **4** ⟨505⟩ **etwas** (**zu etwas**) ~ *hinzufügen u. dadurch dessen Wert, Preis erhöhen;* Zinsen zum Kapital ~; 10 % werden auf den Preis noch zugeschlagen **5** ⟨530/Vr 5⟩ **jmdm. etwas** ~ *als Eigentum durch Zuschlag (3) zuerkennen* **6** ⟨400⟩ *einen kräftigen Schlag geben, heftige Schläge erteilen;* schlag zu!; er holte aus und schlug zu

zu|**schlie**|**ßen** ⟨V. 222/500⟩ *etwas* ~ *mit dem Schlüssel abschließen, fest verschließen;* den Koffer ~; sie schloss die Tür zu

zu|**schnap**|**pen** ⟨V. 400⟩ **1** *mit dem Maul rasch nach etwas greifen, plötzlich beißen;* plötzlich schnappte der Hund zu **2** ⟨⟨s.⟩⟩ *etwas* schnappt zu *fällt mit einem klappenden Geräusch ins Schloss, schließt sich;* das Türschloss, Taschenmesser schnappt zu

zu|**schnei**|**den** ⟨V. 227/500⟩ **1** *etwas* ~ *nach bestimmten Maßen in bestimmte Form(en) schneiden;* ein Kleid, den Stoff ~ **2** ⟨550⟩ **etwas auf jmdn. od. etwas** ~ ⟨fig.⟩ *auf jmdn. od. etwas ausrichten;* das Stück ist ganz auf die Hauptdarstellerin zugeschnitten; der Lehrgang war ganz auf das Examen (hin) zugeschnitten

zu|**schnü**|**ren** ⟨V. 500⟩ **1** *etwas* ~ *mit einer Schnur fest zusammenhalten;* ein Paket ~ • **1.1 Schuhe** ~ *mit einem Schnürsenkel fest zubinden* **2** ⟨530/Vr 5 od. Vr 6⟩ **jmdm. etwas** ~ *zusammenziehen, zusammendrücken;* er hat ihm die Kehle zugeschnürt • **2.1** die Angst schnürte ihr die Kehle zu ⟨fig.⟩ *sie konnte vor Angst nicht schreien*

zu|**schrei**|**ben** ⟨V. 230/500⟩ **1** *etwas* ~ ⟨kurz für⟩ *hinzuschreiben, dazuschreiben;* willst du noch einen Gruß ~? **2** ⟨530/Vr 5 od. Vr 6⟩ **jmdm. od. einer Sache etwas** ~ *jmdm. etwas durch etwas Schriftliches als Eigentum übertragen;* er hat das Grundstück seiner Tochter ~ lassen; 10 % des Reingewinns werden seinem Konto zugeschrieben **3** ⟨530/Vr 5 od. Vr 6⟩ **jmdm. od. einer Sache etwas** ~ ⟨fig.⟩ *etwas auf jmdn. od. etwas zurückführen, jmdn. od. etwas für den Urheber bzw. die Ursache ansehen;* das hast du dir selbst zuzuschreiben; das kann man nur deiner Dummheit, deiner Einfalt ~; das Bild wird Leonardo zugeschrieben; es ist dem Umstande zuzuschreiben, dass ... **4** ⟨530/Vr 5 od. Vr 6⟩ **jmdm. od. etwas eine Sache** ~ ⟨fig.⟩ *glauben, dass jmd. od. etwas eine Sache hat;* ich kann dieser Angelegenheit keine Bedeutung ~; dieser Quelle wird eine wundertätige Wirkung zugeschrieben; die Schuld an diesem Zwischenfall kann man keinem von uns ~

Zu|**schrift** ⟨f.; -, -en⟩ *Brief, schriftliche Mitteilung zu einem bestimmten Thema, Angebot o. Ä.;* ich habe auf meine Anzeige viele ~en bekommen; eine ~ aus dem Leserkreis

zu|**schul**|**den** *auch:* **zu Schul**|**den** ⟨Adv.; in der Wendung⟩ sich etwas ~ kommen lassen *etwas Unrechtes tun*

Zu|**schuss** ⟨m.; -es, -schüs|se⟩ **1** *finanzieller Beitrag, zusätzliche Zahlung;* Unterhalts~; einen ~ beantragen, bewilligen, gewähren, leisten; die Krankenkasse gibt einen ~ zu meiner Kur **2** ⟨Typ.⟩ *vom Drucker über der Auflage hinaus vorbereitete Papierbogen, um Ausschuss auszugleichen*

zu|**se**|**hen** ⟨V. 239⟩ **1** ⟨400⟩ *auf jmdn. od. etwas sehen (u. beobachten, was jmd. tut bzw. was vorgeht), hinblicken, betrachten;* ich sah ihm bei der Arbeit zu; ich habe beim Sportfest nur zugesehen (mich nicht beteiligt); schon vom Zusehen wird mir schwindlig • **1.1** ⟨412⟩ da sehe ich nicht mehr lange zu! ⟨fig.⟩ *warte ich nicht mehr lange ab, da greife ich bald ein* • **1.2** kannst du dabei ruhig ~? ⟨fig.⟩ *kannst du das dulden?* **2** ~, dass ... ⟨fig.⟩ *sich bemühen, trachten, auf etwas achten, für etwas sorgen;* wir müssen ~, dass wir so schnell wie möglich zum Bahnhof kommen; sehen Sie doch zu, dass Sie morgen mitkommen können; soll er selbst ~, wie er damit fertigwird!

zu|**se**|**hends** ⟨Adv.⟩ **1** ⟨eigtl.⟩ *beim Zusehen wahrnehmbar* **2** *merklich, rasch, sichtlich schnell, offenkundig;* dem Kranken geht es ~ besser; er wächst ~

zu|**sein** ⟨alte Schreibung für⟩ zu sein

zu|**sei**|**ten** *auch:* **zu Sei**|**ten** ⟨Adv.; veraltet⟩ *neben;* er ging ~ seines Vaters

zu|**set**|**zen** ⟨V.⟩ **1** ⟨530⟩ *einer Sache etwas* ~ *hinzufügen, dazutun;* man könnte der Bowle noch einen Schuss Rum ~; der Winzer hat dem Wein Wasser zugesetzt • **1.1** ⟨500⟩ ich habe (bei diesem Geschäft) viel zugesetzt ⟨umg.⟩ *es war ein finanzieller Verlust für mich* • **1.2** nichts zuzusetzen haben ⟨umg.⟩ *keine Reserven an Gesundheit, Kraft, Körpergewicht mehr haben;* er hat nichts zuzusetzen **2** ⟨600/Vr 6⟩ **jmdm.** ~ *jmdn. bedrängen, jmdn. drängen (damit er etwas Bestimmtes tut);* ihm wurde so lange hart zugesetzt, bis er schließlich nachgab; jmdm. mit Bitten, Worten ~ • **2.1** ⟨600⟩ etwas setzt jmdm. zu *geht jmdm. nahe, nimmt jmdn. mit;* der Tod seines Vaters hat ihm sehr zugesetzt

zu|**si**|**chern** ⟨V. 530/Vr 6⟩ **jmdm. etwas** ~ *jmdm. etwas versprechen, verbürgen;* der Arzt hat mir zugesichert, dass er noch heute kommt

zu|**sper**|**ren** ⟨V. 500; süddt.; österr.⟩ *etwas* ~ *verriegeln, zuschließen;* die Haustür ~

zu|**spie**|**len** ⟨V. 530/Vr 6⟩ **1** *jmdm.* den Ball ~ *den B. zu jmdm. werfen, stoßen* **2** *jmdm. etwas* ~ ⟨fig.⟩ *dafür sorgen, dass jmd. etwas wie zufällig bekommt*

zu|**spit**|**zen** ⟨V. 500⟩ **1** *etwas* ~ *mit einer scharfen Spitze versehen, spitzmachen;* einen Stock ~ **2** ⟨Vr 3⟩ *eine Sache* spitzt *sich* zu ⟨fig.⟩ *verschärft sich, wird bedrohlich, nimmt an Konfliktstoffen zu;* die politische Lage hat sich in den letzten Wochen gefährlich zugespitzt; das Verhältnis spitzte sich mehr und mehr zu

zu|**spre**|**chen** ⟨V. 251⟩ **1** ⟨530/Vr 5 od. Vr 6⟩ **jmdm. etwas** ~ *durch Worte vermitteln;* er sprach mir Mut, Trost zu **2** ⟨613⟩ jmdm. ... ~ *auf besondere Weise zu jmdm. sprechen;* jmdm. besänftigend, freundlich, gut, tröstend ~ **3** ⟨530/Vr 5 od. Vr 6⟩ **jmdm. etwas**

od. **jmdn.** ~ *(durch Urteil) zuerkennen; das Gericht sprach ihm das Erbe zu; das Kind wurde bei der Scheidung der Mutter zugesprochen* **4** ⟨600; veraltet⟩ **Speisen, Getränken** ~ *Speisen, Getränke (mit Appetit) zu sich nehmen; dem Essen* ~*; dem Bier, der Flasche, dem Rotwein fleißig* ~*; er spricht dem Essen eifrig, kräftig, sehr, tüchtig zu; einer Speise nur mäßig* ~

Zu|spruch ⟨m.; -(e)s; unz.⟩ **1** *guter Rat, Trost, freundliches Zureden; ärztlicher, geistlicher* ~*; freundlichen* ~*s bedürfen; auf jmds.* ~ *hören; sie hat aus seinem* ~ *wieder Mut, Kraft geschöpft* **2** *Anklang, Beliebtheit, Besuch, Zulauf, Andrang; das neue Musical erfreut sich allgemeinen* ~*s; das Restaurant findet großen* ~*; die kalte Platte fand regen* ~*; dieser Arzt hat viel* ~

Zu|stand ⟨m.; -(e)s, -stän|de⟩ **1** ⟨Phys.⟩ *Beschaffenheit (eines Stoffes od. eines physikalischen Systems); den* ~ *eines Stoffes durch äußere Einflüsse verändern* **2** ⟨allg.⟩ *Beschaffenheit, augenblickliche Lage (einer Sache, Verfassung); der* ~ *des Patienten hat sich gebessert, nicht verändert, verschlechtert; der augenblickliche, derzeitige, heutige, jetzige* ~*; körperlicher, krankhafter, moralischer, nervöser, seelischer* ~*; sein* ~ *ist bedenklich, beklagenswert, hoffnungslos, Mitleid erregend; das Grundstück befindet sich in bestem, gutem* ~*; die politischen, wirtschaftlichen Zustände im Lande; den schlechten* ~ *einer Ware beanstanden; der Garten ist in einem unbeschreiblichen, verwahrlosten* ~*; es herrschen dort unhaltbare, unerträgliche Zustände; in diesem* ~ *kann ich dich nicht allein lassen; über die Zustände im Überschwemmungsgebiet berichten …* • **2.1** *das sind doch keine Zustände!* ⟨umg.⟩ *das kann doch nicht so bleiben, weitergehen!, hier muss sich einiges ändern!* • **2.2** *Zustände bekommen, haben, kriegen Anfälle*

zu|stan|de *auch:* **zu Stan|de** ⟨Adv.; nur in den Wendungen⟩ **1** *etwas* ~ *bringen leisten, schaffen, fertig machen; das wirst du auch nicht* ~ *bringen!* **2** ~ **kommen** *verwirklicht werden, gelingen; eine Einigung ist nicht* ~ *gekommen*

zu|stän|dig ⟨Adj. 24/70⟩ **1** *zur Bearbeitung, Entscheidung einer Sache berechtigt bzw. verpflichtet; die* ~*e Behörde; der für diesen Fall* ~*e Richter; an* ~*er Stelle wusste man bereits davon; niemand will dafür* ~ *sein; wer ist* ~ *für …?* **2** ~ **nach** *einer Stadt* ⟨österr.⟩ *heimatberechtigt in einer S., Bürger einer S.;* ~ *nach Wien*

zu|stat|ten|kom|men ⟨V. 170/600(s.); geh.⟩ **jmdm.** ~ *nützen, hilfreich sein; was du jetzt lernst, wird dir später im Beruf* ~

zu|ste|cken ⟨V. 500⟩ **1** *etwas* ~ *mit Nadeln schließen; einen Riss, Vorhänge* ~ **2** ⟨530/Vr 6⟩ **jmdm. etwas** ~ *heimlich, verstohlen geben; sie hat ihm 100 € zugesteckt*

zu|ste|hen ⟨V. 256/600⟩ **jmdm.** *steht etwas zu jmdm. gebührt etwas als sein Recht, sein Anteil; 30 Urlaubstage im Jahr stehen uns zu*

zu|stel|len ⟨V.⟩ **1** ⟨500⟩ **Öffnungen** ~ *verdecken, schließen, indem man etwas davorstellt; wir haben die Verbindungstür mit einem Schrank zugestellt* **2** ⟨503⟩ **(jmdm.) eine Sendung** ~ *ins Haus bringen; Briefe werden durch die Post zugestellt; der Gerichtsvollzieher hat mir die Klage zugestellt* ⟨Rechtsw.⟩

zu|steu|ern ⟨V.⟩ **1** ⟨600(s.)⟩ *einem Ziel* ~ *sich in Richtung zu einem Z. in Bewegung setzen* • **1.1** ⟨Mar.⟩ *Kurs nehmen auf ein Z.; dem Hafen, der offenen See* ~ • **1.2** ⟨fig.⟩ *auf ein bestimmtes Ziel hinarbeiten; außenpolitisch einer Verständigung mit den Nachbarvölkern* ~ **2** ⟨411(s.)⟩ **auf jmdn.** od. **eine Sache** ~ *auf jmdn. od. eine S. zielstrebig zugehen; er steuerte geradewegs auf mich zu; auf eine Inflation, eine Krise* ~ ⟨fig.⟩ **3** ⟨500(s.)⟩ *etwas* ~ *beisteuern, dazugeben, finanziell unterstützen; meine Eltern wollen zu unserer Reise 500 Euro* ~

zu|stim|men ⟨V. 600/Vr 6⟩ **1 jmdm.** ~ *jmdm. Recht geben, mit seiner Ansicht übereinstimmen; er nickte mir* ~*d zu* **2** *einer* **Sache** ~ *eine S. billigen, mit ihr einverstanden sein; wer schweigt, scheint zuzustimmen*

Zu|stim|mung ⟨f.; -, -en⟩ **1** *Übereinstimmung mit einer Ansicht, Billigung, Einwilligung, Erlaubnis; als Zeichen der* ~ *nicken; seine* ~ *geben, verweigern; darf ich Ihr Schweigen als* ~ *nehmen?* **2** *Beifall; unter allgemeiner* ~ *erklärte der Redner, dass …; die Forderungen des Wahlredners fanden bei den Zuhörern lebhafte* ~

zu|sto|ßen ⟨V. 262⟩ **1** ⟨500⟩ *etwas* ~ *durch einen Stoß schließen; die Tür mit dem Fuß* ~ **2** ⟨400⟩ *einen Stoß führen; mit einem Messer* ~*, stoß zu!* **3** ⟨600(s.)⟩ *etwas* **stößt jmdm.** *zu* ⟨fig.⟩ *etwas passiert, geschieht jmdm.; ihm muss etwas zugestoßen sein, sonst wäre er längst da; ihm ist ein Missgeschick, ein Unglück zugestoßen*

zu|stre|ben ⟨V. 600 od. 411⟩ **1** *einem Ziel* ~ *zu einem Z. eilen, nach einem Z. streben; einem Treffpunkt* ~ • **1.1** *auf jmdn. od. etwas* ~ *auf jmdn. od. etwas zueilen*

Zu|strom ⟨m.; -(e)s; unz.⟩ *Andrang, Herbeikommen in Scharen; es herrschte reger* ~ *von Besuchern, Käufern, Schaulustigen*

zu|strö|men ⟨V. 600(s.) od. 800⟩ *einem bestimmten* **Punkt,** *auf einen bestimmten* **Punkt** ~ *in großer Anzahl, Menge an einen bestimmten P. kommen; dem Meer* ~ *(Flüsse); die Menge strömte dem Sportplatz zu*

zu|ta|ge *auch:* **zu Ta|ge** ⟨Adv.; nur in den Wendungen⟩ **1** ~ **fördern, bringen** *offenkundig machen, aufspüren; ein Geheimnis* ~ *fördern* **2 Erze** ~ **fördern** ⟨Bgb.⟩ *abbauen* **3** ~ **liegen** *leicht zu erkennen sein; seine Absichten liegen offen* ~ **4** ~ **kommen, treten** *offenkundig werden, erkannt werden; auch seine Schuld wird noch* ~ *kommen*

Zu|tat ⟨f.; -, -en; meist Pl.⟩ *Kleinigkeit, die zu einer Sache nötig od. wünschenswert ist, Beiwerk; zu diesem Gericht, diesem Kuchen brauchen Sie folgende* ~*en …*

zu|tei|len ⟨V. 530⟩ **1 jmdm. etwas** ~ *in Teilen abgeben,*

Zuteilung

an jmdn. austeilen; im Krieg wurden der Bevölkerung die Lebensmittel zugeteilt **2 jmdm. eine Sache** ~ ⟨fig.⟩ *als Anteil übergeben, anweisen, bewilligen, zusprechen;* sie bekamen vom Wohnungsamt eine Wohnung zugeteilt; wir bekamen folgende Arbeit, Aufgabe zugeteilt; die mir zugeteilte Rolle in diesem Intrigenspiel passt mir nicht

Zu|tei|lung ⟨f.; -, -en⟩ **1** *Anweisung, Bewilligung, Übergabe;* die ~ der Unterkünfte an die Teilnehmer der Reisegesellschaft erfolgt am Urlaubsort **2** *zugesprochener Teil, Anteil;* die ~ an Zucker reicht keine Woche

zu|teil|wer|den ⟨V. 285/600(s.); geh.⟩ **1 jmdm.** ~ *bekommen, erhalten;* es wird mir (nicht) zuteil **2** ⟨602⟩ **jmdm. etwas** ~ **lassen** *gewähren;* jmdm. eine Vergünstigung ~ lassen

zu|tiefst ⟨Adv.⟩ *aufs Tiefste, völlig, sehr;* er war ~ beleidigt, gekränkt, verletzt

zu|tra|gen ⟨V. 265/500⟩ **1** ⟨530/Vr 6⟩ **jmdm. etwas** ~ • **1.1** *zu jmdm. etwas hintragen, bringen;* jmdm. Holz ~ • **1.2** ⟨fig.⟩ *(heimlich) erzählen,* Klatsch, ein Gerücht ~; das ist mir von jmdm. zugetragen worden **2** ⟨Vr 3⟩ **etwas trägt sich zu** *etwas ereignet sich, geschieht;* der Vorfall hat sich gestern zugetragen

zu|träg|lich ⟨Adj. 70⟩ *vorteilhaft, günstig, nützlich, förderlich, bekömmlich;* das Klima hier ist ihm nicht ~

zu|trau|en ⟨V. 530/Vr 5 od. Vr 6⟩ **1 jmdm. etwas** ~ *es von jmdm. glauben od. fürchten;* ich traue ihm nichts Böses, nur Gutes zu; diese Tat kann ich ihm nicht ~ **2 jmdm.** od. **einer Sache etwas** ~ *annehmen, dass jmd. od. eine S. zu etwas fähig, imstande, geeignet ist;* er traut sich nichts zu; er traut sich zu viel zu; das ist ihm zuzutrauen!; du hast deinen Kräften zu viel zugetraut

Zu|trau|en ⟨n.; -s; unz.⟩ *Vertrauen, Glaube an jmds. Redlichkeit;* sein Verhalten erweckt ~; ich habe (kein) ~ zu ihm; jmdm. sein ~ schenken; das ~ zu jmdm. verlieren

zu|trau|lich ⟨Adj.⟩ **1** *voll Zutrauen, ohne Scheu;* ein ~es Kind; die Kinder sind sehr ~ • **1.1** *zahm;* ein ~es Tier

zu|tref|fen ⟨V. 266⟩ **1** ⟨400⟩ **etwas trifft zu** *ist richtig, in einer bestimmten Situation wirksam, angemessen (für jmdn.* od. *etwas);* diese Darstellung dürfte wohl nicht ganz ~; ihr Urteil in dieser Sache trifft durchaus zu; eine ~de Bemerkung, Meinung, Vermutung **2** ⟨800⟩ **etwas trifft für, auf jmdn.** od. **etwas zu** *etwas bezieht sich auf jmdn.* od. *etwas;* das trifft für alle Studenten zu; Zutreffendes bitte ankreuzen

zu|trin|ken ⟨V. 270/600/Vr 6⟩ **jmdm.** ~ *jmdn. mit dem gefüllten Glas grüßen u. dann auf sein Wohl trinken*

Zu|tritt ⟨m.; -(e)s; unz.⟩ **1** *das Hereinkommen, Eintreten u. das Recht hierzu;* ~ bekommen, erhalten; jmdm. ~ gewähren; kein ~! (Aufschrift an Türen); ~ verboten (Aufschrift an Türen); ~ nur mit Ausweis; sich den ~ zu etwas erzwingen; →a. *frei* (6) **2** *das Eindringen, Hinzukommen (von Flüssigkeiten, Luft);* eine chemische Verbindung vor ~ von Luft schützen

zu|tun ⟨V. 272/500; umg.⟩ **1** ⟨503⟩ (einer **Sache**) **etwas** ~ *hinzutun, hinzufügen, zusetzen, hinzulegen;* (dem Gericht) noch etwas Butter ~; ich habe (der Suppe) noch Wasser zugetan **2 etwas** ~ *schließen* • **2.1** ich konnte die ganze Nacht kein Auge ~ ⟨umg.⟩ *ich konnte nicht schlafen* • **2.2** er wird bald die Augen für immer ~ *sterben* **3** ⟨530/Vr 1⟩ **sich etwas** ~ ⟨mundartl.⟩ *sich etwas zulegen, anschaffen*

Zu|tun ⟨n.; -s; unz.⟩ **1** *Hilfe, Unterstützung* • **1.1** ⟨meist in der Wendung⟩ ohne mein ~ *ohne meine Mitwirkung, ohne dass ich das Geringste dazu tat*

zu|un|guns|ten *auch:* **zu Un|guns|ten 1** ⟨Präp. mit Dat., wenn das Subst. voransteht, mit Gen., wenn das Subst. folgt⟩ *zum Nachteil;* ~ des Händlers; dem Konto des Händlers ~ **2** ⟨aber stets getrennt⟩ zu jmds. Ungunsten → *Ungunst* (2)

zu|un|terst ⟨Adv.⟩ *ganz unten, ganz unten hin;* das Oberste ~ kehren

zu|ver|läs|sig ⟨Adj.⟩ *so beschaffen, dass man sich darauf verlassen kann, vertrauenswürdig, verlässlich;* ein ~er Freund, Mensch, Mitarbeiter; wie wir aus ~er Quelle erfahren …; die Wettervorhersage ist nicht ~; er ist (nicht) ~; wie ich ~ weiß …

Zu|ver|sicht ⟨f.; -; unz.⟩ *Vertrauen in die Zukunft, feste Hoffnung;* Jesus, meine ~; ich habe die feste ~, dass …; ich bin der festen ~, dass …; seine ~ auf Gott setzen; ich habe meine ganze ~ auf dich gesetzt; in unerschütterlicher ~ an etwas festhalten

zu|ver|sicht|lich ⟨Adj.⟩ *voll Zuversicht, vertrauensvoll in die Zukunft blickend, optimistisch;* seine Pläne stimmten ihn ~; ein ~er Mensch

zu|viel ⟨alte Schreibung für⟩ *zu viel*

Zu|viel ⟨n.; - od. -s; unz.⟩ *Übermaß;* ein ~ ist besser als ein Zuwenig (sprichwörtl.)

zu|vor ⟨Adv.⟩ *vorher, als Erstes;* ~ meinen besten Dank, meine herzlichsten Glückwünsche; ich habe ihn nie ~ gesehen; ihr haben es wieder wie ~ gemacht; es war im Jahr ~, als …; du solltest dich ~ vergewissern, ob …; er soll ~ kommen

zu|vor|derst ⟨Adv.⟩ *ganz vorn;* er steht ~

zu|vor|kom|men ⟨V. 170/600(s.)⟩ **jmdm.** od. **einer Sache** ~ *handeln, bevor jmd. anders tätig werden, bzw. eine S. auftreten kann;* er darf mir nicht ~; wir mussten uns rasch entschließen, sonst wären uns andere Interessenten zuvorgekommen; Sie sind meiner Frage zuvorgekommen; einer Gefahr ~; ⟨aber Getrenntschreibung⟩ zuvor kommen → *zuvor*

zu|vor|kom|mend ⟨Adj.⟩ *freundlich, liebenswürdig, höflich, hilfsbereit;* ein ~es Wesen haben; ich wurde überall ~ behandelt; gegen jedermann ~ sein

Zu|wachs ⟨[-ks] m.; -es, -wäch|se⟩ **1** *Vergrößerung, Wachstum (bes. des Baumbestandes), Vermehrung;* Familien-~; ~ an Besitz, Einnahmen, Vermögen; ein ~ an Mitgliedern, Teilnehmern, Besuchern • **1.1** einem Kind ein Kleidungsstück auf ~ kaufen ⟨umg.⟩ *noch zu groß, damit es dieses möglichst lange tragen kann* • **1.2** wir haben ~ bekommen ⟨umg.⟩ *ein Baby*

zu|we|ge *auch:* **zu We|ge** ⟨Adv.; nur in den Wendungen⟩ **1 etwas** ~ **bringen** *etwas fertigbringen* **2 mit etwas** ~ **kommen** *mit etwas fertigwerden* **3** nicht mehr, noch gut ~ sein 〈umg.〉 *nicht mehr, noch sehr rüstig sein*

zu|wei|len 〈Adv.; geh.〉 *gelegentlich, ab u. zu, manchmal;* Sy zuzeiten; *er sieht ~ bei uns herein*

zu|wei|sen 〈V. 282/530/Vr 5 od. Vr 6〉 **etwas** od. **jmdm. etwas** ~ *zuteilen, als Anteil geben, als Arbeit anweisen; jmdm. Arbeit, eine Aufgabe ~; uns wurde vom Wohnungsamt eine Wohnung zugewiesen; den Forschungsinstituten werden jährlich große Summen zugewiesen*

zu|wen|den 〈V. 283/530〉 **1** 〈Vr 5〉 **sich** od. **etwas jmdm.** od. **etwas** ~ *zu jmdm.* od. *etwas hinwenden; sie wandten sich dem Neuankömmling zu; jmdm. das Gesicht, den Rücken ~; das Gesicht der Sonne ~; die der Straße zugewandten Zimmer* **2 jmdm.** od. **etwas eine Sache** ~ *zukommen lassen; seine ganze Aufmerksamkeit einem chem. Versuch ~; sie hat ihre ganze Liebe dem Kind zugewandt,* (od.) *zugewendet* **3** 〈Vr 3〉 **sich** *einer* **Sache** ~ *sich damit beschäftigen, Interesse dafür zeigen, damit beginnen; er will sich als nächstes dem Studium der spanischen Sprache ~; wir wollen uns einem neuen Thema ~*

zu|we|nig 〈alte Schreibung für〉 *zu wenig*

Zu|we|nig 〈n.; - od. -s; unz.〉 *Mangel, Fehlbetrag;* →a. *Zuviel*

zu|wer|fen 〈V. 286/500〉 **1** *etwas* ~ *durch Werfen schließen, zuschlagen;* die Tür des Wagens von außen ~ **2** *etwas* ~ *mit Erde bedecken, füllen;* einen Graben, eine Grube ~ **3** 〈530/Vr 6〉 **jmdm. etwas** ~ *etwas in Richtung auf jmdn. werfen (so dass er es auffangen kann); wirf mir den Ball zu!; jmdm. Blicke, eine Kusshand, ein strahlendes Lächeln ~* 〈fig.〉

zu|wi|der 〈Präp. mit vorangestelltem Dativ〉 **1** *widerwärtig, unangenehm; dieses Essen ist mir ~; diese Art Musik ist meinem Ohr ~; diese Person ist mir ~; das kann einem schnell ~ werden* **2** *entgegen, widersprechend, widerstreitend, widerstrebend; dem Gesetz ~ sein; beim Sportwettkampf ist sie dem Verbot des Arztes ~ gelaufen*

zu|wi|der|han|deln 〈V. 600; Amtsdt.〉 *einer* **Sache** ~ *gegen eine S. handeln; einem Gebot, dem Gesetz, einem Verbot, einem Vertrag ~; er hat damit seinem Grundsatz zuwidergehandelt*

zu|wi|der|lau|fen 〈V. 176/600(s.)〉 *einer* **Sache** ~ *entgegenwirken, entgegenstehen; das dürfte seinen Absichten ~*

zu|win|ken 〈V. 600〉 **jmdm.** ~ *jmdn. winkend grüßen* od. *verabschieden; jmdm. mit der Hand, mit einem Taschentuch ~; sie hat ihm zum Abschied zugewinkt*

zu|zei|ten 〈Adv.〉 = *zuweilen;* 〈aber Getrenntschreibung〉 *zu Zeiten* → *Zeit (3)*

zu|zeln 〈V. 500 od. 411; bair.; österr.〉 **(an) etwas** ~ *saugen, lutschen, schlürfen; an einem Lutscher ~; eine Limonade ~*

zu|zie|hen 〈V. 293〉 **1** 〈500〉 **etwas** ~ *durch Ziehen schließen;* die Gardinen, Vorhänge ~ **2** 〈500〉 **etwas** ~ *zusammenziehen, festziehen;* einen Knoten, eine Schleife ~ **3** 〈500〉 **jmdn.** ~ 〈fig.〉 *hinzuziehen, um eine sachkundige Auskunft, einen Rat, Behandlung bitten;* einen Arzt ~ **4** 〈530/Vr 1〉 **4.1 sich** *eine* **Krankheit** ~ 〈fig.〉 *eine K. bekommen; sich eine Erkältung ~; bei diesem nasskalten Wetter kann man sich leicht einen Schnupfen ~* • **4.2 sich jmds. Hass** od. *einen* **Tadel** ~ *(durch eigenes Verhalten verursacht) auf sich lenken;* ich weiß nicht, womit ich mir seinen Hass zugezogen habe; ich habe mir einen Tadel, Verweis, Vorwurf zugezogen **5** 〈400(s.)〉 *seine Wohnung am Ort nehmen, den Wohnsitz von außerhalb hierher verlegen; die Familie ist erst vor kurzem zugezogen*

zu|züg|lich 〈Präp. mit Gen.〉 *mit Hinzurechnung;* ~ *der Kosten, (der) Zinsen*

zwa|cken 〈V. 500; umg.〉 **jmdn.** ~ *kneifen, zwicken; es zwickt u. zwackt mich überall; der Käfer hat mich ins Ohr gezwackt*

Zwang 〈m.; -(e)s, Zwän|ge〉 **1** *gebieterische Notwendigkeit, die jmdn. veranlasst, so zu handeln* od. *sich zu verhalten, wie er es nicht aus freier Entscheidung täte;* Kleidungs~, Getränke~; *der ~ der Ereignisse, Verhältnisse brachte das so mit sich; der ~ der Gesellschaft, des Gesetzes, der Konvention; ein äußerer, eiserner, lastender, lästiger ~; ein innerer, moralischer, sanfter ~; unter dem ~ der Termine stöhnen* • **1.1** *er tut es nur aus ~ gezwungenermaßen, nicht freiwillig* • **1.2** *sich selbst auferlegte Beschränkung im Handeln u. Verhalten, Hemmung;* allen ~ ablegen; *sie tut ihren Empfindungen, Gefühlen keinen ~ an; sich keinen ~ antun* od. *auferlegen; man kann ohne ~ kommen und gehen* **2** *körperliche* od. *seelische Gewalt, Druck;* jmdm. ~ *antun; ich fürchte jeden ~;* ~ *ausüben;* • a. *unmittelbar (1.1)* **3** 〈Jägerspr.〉 *Fährtenzeichen (des Rothirsches)*

zwän|gen 〈V.〉 **1** 〈500/Vr 7〉 **jmdn.** od. **etwas** ~ *pressen, drücken, quetschen, klemmen; wir konnten uns nur mühsam durch die Menge ~; die Wäsche noch in den Koffer ~* **2** *der Hirsch zwängt* 〈Jägerspr.〉 *tritt die Erde ein*

zwang|los 〈Adj.〉 **1** *ungezwungen, ohne Förmlichkeit, frei, unverbindlich; ein ~es Beisammensein; es ging ziemlich ~ zu; wir kommen einmal im Monat ~ zusammen* • **1.1** *die Lieferungen des Werkes erscheinen in ~er Folge ihr Erscheinen ist an keinen Termin gebunden*

Zwangs|ar|beit 〈f.; -, -en; Pl. selten〉 *unter Zwang zu leistende Arbeit (als schwere Freiheitsstrafe); er wurde zu 10 Jahren ~ verurteilt*

Zwangs|ja|cke 〈f.; -, -n〉 *Jacke aus Segeltuch mit bes. langen Ärmeln ohne Öffnung, deren Enden auf dem Rücken zusammengebunden werden (früher in der Psychiatrie verwendet)*

Zwangs|la|ge 〈f.; -, -n〉 *Bedrängnis, Notlage, die jmdn. bestimmtes Handeln aufzwingt;* →a. *Dilemma;* ich befinde mich, bin in einer ~ *(und deshalb kann ich nicht anders handeln)*

zwangs|läu|fig 〈Adj. 24〉 *unabsichtlich, unabwendbar, aus einer Zwangslage heraus entstanden; eine ~e wirtschaftliche Entwicklung; es musste ~ dahin kommen*

zwangs|räu|men 〈V. 500〉 *ein* **Gebäude**, *eine* **Woh-**

zwanzig

nung, ein Gebiet ~ zwangsweise (gegen den Widerstand der Bewohner) räumen; das zum Abriss bestimmte Haus wurde zwangsgeräumt

zwan|zig ⟨Numerale 11; in Ziffern: 20⟩ zweimal zehn; es kostet ~ Euro; wir waren ~ Personen; →a. achtzig

zwan|zig|ste(r, -s) ⟨Numerale 24; Zeichen: 20⟩ →a. vierte(r, -s) **1** ⟨Ordinalzahl von⟩ zwanzig **2** etwas, jmd., das bzw. der an 20. Stelle steht; der ~ Juli 1944

zwan|zigs|tel ⟨Zahladj. 24/60; in Ziffern: /₂₀; Bruchzahl zu⟩ zwanzig

Zwan|zigs|tel ⟨n. od. (schweiz.) m.; -s, -⟩ zwanzigster Teil eines Ganzen

zwar ⟨Konj.⟩ **1** ⟨nebenordnend, konzessiv⟩ ~, ... aber (doch, jedoch, allein) wohl ... aber, freilich ... dennoch; diese Möbel sind ~ schön, aber auch sehr teuer; es schmeckt ~ nicht gut, soll aber sehr gesund sein **2** ⟨nebenordnend, erläuternd; in der Wendung⟩ **und ~** um es genauer zu sagen; ich habe mir den Arm gebrochen, und ~ den rechten

Zweck ⟨m.; -(e)s, -e⟩ Sinn, Ziel einer Handlung; der ~ der Sache ist folgender ...; welchem ~ soll das dienen?; dem ~ entsprechende Kleidung; dieses kleine Gerät erfüllt völlig seinen ~; seinen ~ (nicht) erreichen; das hat keinen ~!; es hat keinen ~, länger zu warten; was soll das für einen ~ haben?; die Maßnahme hat ihren ~ (völlig) verfehlt; er verfolgt damit einen bestimmten ~; er dient ihr nur als Mittel zum ~; zu diesem ~(e); zu welchem ~ willst du das haben?; Geld für einen guten ~ spenden; diese Pflanze wird für medizinische ~e gebraucht; das brauche ich für private ~e; ich brauche das Buch für einen bestimmten ~

zweck|los ⟨Adj.⟩ **1** ohne Zweck, keinen Zweck habend; ein ~es Möbelstück **2** nutzlos, vergeblich; es ist ~, länger zu warten; deine Bemühungen waren ~

zweck|mä|ßig ⟨Adj.⟩ für einen Zweck gut geeignet, einen Zweck erfüllend, passend; eine ~e Anordnung; es ist nicht ~, das so zu machen

zwecks ⟨Präp. m. Gen.⟩ zum Zwecke der, des ..., zu; ~ besserer Verteilung, Ausnutzung

zwei ⟨Numerale 11; Gen. ~er, Dat. ~en, wenn kein vorangehendes Wort den Kasus kennzeichnet; in Ziffern: 2⟩ →a. acht, vier **1** die Zahl 2; ~ und vier ist (macht) sechs (2 + 4 = 6) **2** eine(r) u. noch eine(r), eins u. noch eins; er ist Vater ~er Kinder; sie gingen ~ und ~ neben-, hintereinander; zu ~en, zu ~t • 2.1 wenn ~ sich streiten, freut sich der Dritte ⟨Sprichw.⟩ von einem Streit haben eher Unbeteiligte als die Streitenden selbst einen Vorteil • 2.2 da haben sich ~ gefunden zwei Gleichgesinnte, Lausbuben, Gauner • 2.3 er hat ~ Gesichter ⟨fig.⟩ er ist nicht aufrichtig, er verstellt sich oft • 2.4 jedes Ding hat seine ~ Seiten seinen Vor- u. Nachteil • 2.5 ~ Seelen, ein Gedanke ⟨Sprichw.⟩ jetzt haben wir beide zu gleicher Zeit dasselbe gedacht **3** ⟨umg.⟩ beide; wir ~; einer von euch ~en; alle ~ • 3.1 dazu gehören ~! das ist nur möglich, wenn beide (nicht nur einer) mitmachen, einverstanden sind **4** ⟨Getrennt- u. Zusammenschreibung⟩ • 4.1 ~ Mal = zweimal

Zwei ⟨f.; -, -en⟩ **1** die Ziffer 2; er malte eine schwungvolle ~ an die Tafel **2** gut (als Schulnote, Zensur); eine ~ bekommen, schreiben; einem Prüfling, Schüler eine ~ geben; er hat in Deutsch eine ~; gestern hat er drei ~en geschrieben

zwei|deu|tig ⟨Adj.⟩ **1** zwei Deutungen zulassend, unklar; eine ~e Antwort, ein ~er Ausdruck, Begriff **2** schlüpfrig, etwas unanständig; eine ~e Bemerkung; ~e Witze erzählen

zwei|er|lei ⟨Adj. 11/70⟩ **1** zwei, zwei verschiedene Arten (von); ~ Schuhe, Strümpfe; das Kleid ist aus ~ Stoff; auf ~ Weise • 1.1 zwei Dinge mit ~ Maß messen ⟨fig.⟩ ungerecht beurteilen **2** zwei verschiedene Dinge, Handlungen; sie muss immer ~ machen; Versprechen und Halten ist ~

zwei|fach ⟨Adj. 24/90; in Ziffern: 2fach/2-fach⟩ zweimal geschehend, zweimal vorhanden, doppelt; ~es Verbrechen (z. B. Mord u. Raub); ein Tuch ~ legen

Zwei|fel ⟨m.; -s, -⟩ **1** Unsicherheit, nicht festes Wissen, nicht fester Glaube, inneres Schwanken; jmds. ~ beheben, beseitigen; es besteht kein ~, dass ...; ich hege einige ~, dass es wirklich stimmt; darüber besteht, herrscht kein ~; es sind mir einige ~ gekommen, ob es richtig war, was ich getan habe; es unterliegt keinem ~, dass ...; es steht außer ~, dass er Recht hat; ich habe ihn nicht darüber im ~ gelassen, dass es mir ernst ist; eine Behauptung, Aussage in ~ stellen, ziehen; seine Bemerkung hat mich wieder in neue ~ gestürzt; es ist ohne ~ richtig, das zu tun; ich bin mir im ~, ob das richtig ist • 1.1 das ist außer ~ das ist ganz sicher, ganz gewiss • 1.2 ohne ~! ganz richtig!, ganz sicher

zwei|fel|haft ⟨Adj.⟩ **1** fragwürdig, verdächtig; ~e Firma, ~es Unternehmen; er ist von ~em Ruf **2** fraglich, unsicher; es ist ~, ob ...; der Erfolg ist (noch) ~ • 2.1 ⟨60⟩ das ist ein ~es Vergnügen ⟨umg.; iron.⟩ kein reines V.

zwei|fel|los ⟨a. [- -'-] Adv.⟩ ohne Zweifel, ganz sicher, bestimmt; Sy zweifelsohne; er hat ~ etwas Falsches gesagt

zwei|feln ⟨V. 405⟩ **(an jmdm.** od. **etwas)** ~ Zweifel haben, an jmdm. od. etwas nicht fest glauben; ich zweifle, ob das wirklich richtig ist; man muss doch an seinem Verstand ~!; ich zweifle nicht an seinem guten Willen, aber er wird es sicher nicht schaffen; ich zweifle an seiner Zuverlässigkeit; daran ist nicht zu ~; er schüttelte ~d den Kopf; ich habe lange an mir gezweifelt

zwei|fels|oh|ne ⟨Adv.⟩ = zweifellos

Zweig ⟨m.; -(e)s, -e⟩ **1** nicht unmittelbar vom Stamm ausgehender oberirdischer Teil eines Baumes od. Strauches; Ggs Ast (1); einen ~ (vom Baum) abbrechen; ~e bilden; abgestorbener, belaubter, dürrer, kahler ~; von Früchten schwere ~e; sich in ~e teilen; der Vogel hüpft von ~ zu ~; →a. grün (1.7) **2** ⟨fig.⟩ abzweigende Linie, Teil einer Gabelung, Neben-, Seitenlinie; der ~ einer Eisenbahnstrecke; ~ einer Familie **3** Gebiet innerhalb eines größeren, Untergruppe, Unterabteilung; Wissens~, Wissenschafts~; die Satzlehre ist ein ~ der Grammatik

zwei|mal auch: **zwei Mal** ⟨Adv.; in Ziffern: 2-mal / 2 Mal⟩ **I** ⟨Zusammen- u. Getrenntschreibung⟩ *zweifach wiederholt;* wir haben uns heute schon ~ zufällig getroffen; er ließ es sich nicht ~ sagen; ~ täglich, wöchentlich, monatlich, jährlich **II** ⟨nur Zusammenschreibung⟩ *mit zwei multipliziert;* heute arbeiten bei uns zweimal so viele Mitarbeiter wie vor zwanzig Jahren

Zwei|pfün|der ⟨m.; -s, -; in Ziffern: 2-Pfünder⟩ *Gegenstand od. Tier, das zwei Pfund wiegt*

zwei|schnei|dig ⟨Adj. 24⟩ **1** *auf beiden Seiten schneidend, auf beiden Seiten geschliffen;* ein ~es Messer, Schwert **2** ⟨70⟩ das ist ein ~es **Schwert** ⟨fig.⟩ *Mittel, das auch dem schaden kann, der einem anderen schaden will*

zwei|spra|chig ⟨Adj. 24⟩ **1** *in zwei Sprachen abgefasst;* ~es Wörterbuch **2** *zwei Sprachen zugleich lernend, zwei Sprachen sprechend, bilingual;* das Kind wächst ~ auf

zwei|te(r, -s) ⟨Numerale 24; Zeichen: 2⟩ **1** ⟨Ordinalzahl von⟩ *zwei, nach dem ersten (stehend);* zum ~n Male; die ~ Stimme singen; jeden ~n Tag; zum Ersten, zum Zweiten, zum Dritten; noch ein Zweites ansprechen; er kam als Zweiter ins Ziel • **1.1** er kann arbeiten wie kein Zweiter ⟨fig.⟩ *wie niemand sonst, sehr viel* • **1.2** der ~ Bildungsweg *Schulausbildung zum Erlangen von Mittelschulreife u. Abitur ohne den üblichen Schulbesuch* • **1.3** er ist ein ~r Domingo ⟨fig.; umg.⟩ *er singt fast so gut wie Domingo* • **1.4** er spielt nur die ~ Geige, Rolle ⟨fig.⟩ *nur eine untergeordnete Rolle* • **1.5** das zweite Gesicht haben ⟨fig.⟩ *die angebliche Fähigkeit, kommende Geschehnisse vorauszusehen* • **1.6** etwas aus ~r Hand kaufen *gebraucht* • **1.7** ich kenne die Sache nur aus ~r Hand ⟨fig.⟩ *ich habe die S. nicht selbst gesehen od. erlebt, ich kenne sie nur vom Hören, vom Erzählen* • **1.8** Zweites Deutsches Fernsehen ⟨Abk.: ZDF⟩ *öffentlich-rechtliche Fernsehanstalt* • **1.9** der Zweite Weltkrieg ⟨in Ziffern 2. Weltkrieg⟩ *von 1939 bis 1945 andauernder Weltkrieg*

zwei|tens ⟨Adv.⟩ *an zweiter Stelle*

zweit|letz|te(r, -s) ⟨Adj. 24⟩ *an vorletzter Stelle stehend;* der ~ Starter; er war der Zweitletzte im Turmspringen

Zweit|schrift ⟨f.; -, -en⟩ = *Abschrift (1);* nur eine ~ ist erhalten

Zwerch|fell ⟨n.; -(e)s, -e⟩ *Scheidewand zwischen Brust- u. Bauchhöhle der Säugetiere u. des Menschen: Diaphragma*

Zwerg ⟨m.; -(e)s, -e⟩ **1** ⟨Myth.⟩ *sehr kleines menschliches Wesen, meist als altes Männchen mit Bart vorgestellt;* Schneewittchen und die sieben ~e **2** ⟨abwertend⟩ *sehr kleiner Mensch* **3** ⟨umg.; Kosename⟩ *kleines Kind*

Zwet|sche ⟨f.; -, -n⟩ = *Pflaume¹ (2)*

Zwetsch|ge ⟨f.; -, -n; süddt.; schweiz.⟩ = *Pflaume¹ (2)*

Zwetsch|ke ⟨f.; -, -n; österr.⟩ = *Pflaume¹ (2)*

Zwi|ckel ⟨m.; -s, -⟩ **1** *ein dreieckiger Einsatz in Kleidungsstücken;* Strumpfhose mit ~; einen ~ einsetzen **2** *dreieckiges Flächenstück, z. B. zwischen einem Bogen u. seiner viereckigen Umrahmung;* Bogen~

zwi|cken ⟨V.⟩ **1** ⟨500/Vr 7 od. Vr 8⟩ jmdn. ~ *mit zwei Fingern od. den zwei bewegl. Teilen eines Werkzeugs kurz drücken, kneifen;* jmdn. in den Arm, in die Wange ~; ~ und zwacken ⟨verstärkend⟩ **2** ⟨500⟩ **etwas ~** ⟨österr.⟩ *lochen;* einen Fahrschein ~ **3** ⟨402⟩ etwas zwickt ⟨jmdn.⟩ ⟨fig.; umg.⟩ *drückt an einer Körperstelle ganz besonders (weil es zu eng ist);* es zwickt mich hier; ein zu enges Kleidungsstück zwickt

Zwick|müh|le ⟨f.; -, -n⟩ **1** *Stellung im Mühlespiel, doppelte Mühle, bei der man den Gegner, wie er auch zieht, in einer Mühle fangen kann;* sich in einer ~ befinden **2** ⟨fig.⟩ *ausweglose Situation, Lage, in der man, wie man sich auch verhält, Unannehmlichkeiten bekommt;* in eine ~ geraten

Zwie|back ⟨m.; -(e)s, -bä|cke⟩ *auf beiden Seiten geröstetes Weizengebäck*

Zwie|bel ⟨f.; -, -n⟩ **1** ⟨Bot.⟩ *meist unterirdischer, stark verdickter pflanzlicher Spross, an dem fleischig verdickte Schuppenblätter sitzen, die der Speicherung dienen;* Küchen~, Tulpen~, Schneeglöckchen~; die ~n werden im Spätherbst gesetzt **1.1** ⟨i. e. S.⟩ *zweijährige Kulturpflanze (Liliengewächs) mit röhrenförmigen Blättern u. Zwiebeln (1) als Überwinterungsorganen, die als Gewürz od. Gemüse dienen: Allium cepa;* die ~n würfeln und in der Pfanne glasig werden lassen • **1.2** weinen, bevor man die ~ geschält hat *sich über etwas aufregen, was noch nicht geschehen ist*

zwie|fach ⟨Adj. 90; veraltet⟩ *zweifach*

Zwie|licht ⟨n.; -(e)s; unz.⟩ **1** *Licht aus mehreren Lichtquellen gleichzeitig;* ins ~ geraten ⟨fig.⟩ *fragwürdig, unglaubwürdig, suspekt werden* **2** *Dämmerlicht;* ~ der Abenddämmerung

zwie|lich|tig ⟨Adj.⟩ *undurchschaubar, suspekt;* eine ~e Person

Zwie|spalt ⟨m.; -(e)s, -e⟩ *innere Zerrissenheit, starkes inneres Schwanken, schmerzliche Unfähigkeit, sich zwischen zwei Dingen zu entscheiden od. zwei Dinge zu vereinigen;* jmdn. in einen ~ bringen, stürzen; der ~ zwischen Wollen u. Können

Zwie|spra|che ⟨f.; -, -n⟩ **1** *Zwiegespräch, Aussprache zu zweien;* mit jmdm. ~ halten **2** *mit sich selbst halten, das eigene Denken erforschen*

Zwie|tracht ⟨f.; -; unz.⟩ *Uneinigkeit, Streit, böse Gesinnung gegen einen anderen od. andere;* ~ säen, stiften

Zwilch ⟨m.; -s, -e⟩ = *Zwillich*

Zwil|lich ⟨m.; -s, -e⟩ *grober Leinenstoff, Drell;* oV *Zwilch*

Zwil|ling ⟨m.; -s, -e⟩ **1** *eines von zwei zur gleichen Zeit im Mutterleib entwickelten u. kurz nacheinander geborenen Kindern od. Tieren;* ~e bekommen; die beiden sind ~e **2** *Doppelkristall* **3** *Gewehr mit doppeltem Lauf* **4** ⟨Pl.; Astron.⟩ ~e *Sternbild des nördlichen Himmels: Gemini*

Zwin|ge ⟨f.; -, -n⟩ **1** *Werkzeug, das mittels zweier durch Schrauben verstellbarer Backen das Ein- od. Zusammenspannen von Werkzeugen ermöglicht;* Schraub~ **2** *Metall- od. Gummiring am Werkzeuggriff od. Gummizylinder am Ende des Krückstockes*

zwin|gen ⟨V. 294⟩ **1** ⟨505/Vr 7 od. Vr 8⟩ **jmdn. (zu etwas)** ~ *jmdn. mit Gewalt od. Drohung dazu bringen, etwas zu tun;* ich muss mich ~, freundlich zu ihr zu sein; jmdn. auf die Knie, in die Knie ~; sein Mut zwingt (mich) zur Bewunderung; jmdn. zum Nachgeben, zum Gehorsam, zum Sprechen ~; er zwang sich zur Ruhe; ich kann ihn nicht dazu ~; • 1.1 ich sehe mich leider gezwungen, ihn einzuladen *ich muss ihn einladen* • 1.2 ich bin gezwungen, ihn einzuladen *ich muss ihn einladen* • 1.3 etwas nur gezwungen tun *nicht freiwillig;* →a. *Glück (2.1)* **2** ⟨802⟩ **etwas** zwingt **(jmdn.)** *zu etwas fordert (von jmdm.) etwas;* besondere Umstände zwingen mich dazu, das Haus zu verkaufen; die Situation zwang zu raschem Handeln

zwin|gend 1 ⟨Part. Präs. von⟩ *zwingen* **2** ⟨Adj. 70⟩ *unumgänglich, unausweichlich, überzeugend, schlüssig;* es bestehen ~e Gründe zu dieser Maßnahme; eine ~e Notwendigkeit; diese Begründung ist nicht ~

Zwin|ger ⟨m.; -s, -⟩ **1** ⟨urspr.⟩ *Gang zwischen innerer u. äußerer Burgmauer od. freier Platz in der Vorburg für Kampfspiele od. als Gehege für wilde Tiere;* Bären~, Löwen~ **2** ⟨dann⟩ *Käfig, eingezäunter Platz für Tiere, bes. Wach- od. Jagdhunde;* Hunde~

zwin|kern ⟨V. 410⟩ *die Augen zusammenkneifen u. die Lider schnell abwechselnd öffnen u. schließen;* mit den Augen ~

zwir|beln ⟨V. 500⟩ **etwas** ~ *zwischen den Fingern drehen;* den Bart, einen Faden ~

Zwirn ⟨m.; -s, -e; Textilw.⟩ *aus mehreren Fäden zusammengedrehtes, bes. reißfestes Garn;* Baumwoll~, Seiden~

Zwirns|fa|den ⟨m.; -s, -fä|den⟩ **1** *Faden aus Zwirn;* er ist dünn wie ein ~ **2** ⟨fig.⟩ *etwas (Dünnes), was nicht unbegrenzt belastbar ist, etwas Geringfügiges, eine Kleinigkeit* • 2.1 sein Leben hing an einem ~ ⟨fig.; umg.⟩ *sein L. war in großer Gefahr* • 2.2 die Sache hing an einem ~ ⟨fig.; umg.⟩ *die S. wäre fast misslungen, schiefgegangen* • 2.3 über einen ~ stolpern ⟨fig.; umg.⟩ *sich durch eine Kleinigkeit aus der Fassung bringen lassen*

zwi|schen ⟨Präp.⟩ **1** ⟨mit Dat.⟩ • 1.1 ~ mehreren **Gegenständen** od. **Personen** *etwa in der Mitte von, mitten unter;* ~ beiden Bäumen hindurchgehen; ~ den beiden Häusern ist ein Durchgang; er saß ~ den Kindern; ich saß ~ ihm und seiner Frau • 1.2 ~ mehreren **Personen** *die P. betreffend, ihre Angelegenheiten berührend;* es hat Streit ~ ihnen gegeben; Verhandlungen ~ Frankreich und Deutschland • 1.2.1 er muss sich ~ dir und mir entscheiden *entweder für dich od. für mich* • 1.3 ~ zwei **Zeitpunkten** *beginnend und endend;* ~ Weihnachten und Neujahr; ich komme ~ zwei und drei Uhr • 1.4 ~ beiden Begriffen ist ein Unterschied *sie unterscheiden sich* • 1.5 ~ zwei **Extremen** *sowohl dem einen als auch dem anderen E. zuneigend;* er schwankte ~ Zorn und Lachen **2** ⟨mit Akk.⟩ ~ mehrere **Gegenstände** od. **Personen** *mitten hinein, mitten in;* ich habe die Blumen ~ die beiden Bilder gestellt; ~ zwei Streitende treten; ich setzte mich ~ die beiden Kinder

Zwi|schen|ding ⟨n.; -(e)s, -e⟩ = *Mittelding*

zwi|schen|drin ⟨Adv.⟩ *mitten darin, in der Mitte dazwischen*

zwi|schen|durch ⟨Adv.⟩ *zwischen der einen u. der nächsten Handlung, während einer Handlung;* er hat den ganzen Abend gearbeitet u. hatte nur ~ ein wenig gegessen; wir nehmen am Tag drei Mahlzeiten ein u. essen ~ etwas Obst

Zwi|schen|fall ⟨m.; -(e)s, -fäl|le⟩ *unerwarteter Vorfall, unbeabsichtigter Vorgang, den Ablauf einer Sache hemmendes Ereignis;* ärgerlicher, lustiger, peinlicher ~; die Reise verlief ohne ~

zwi|schen|fi|nan|zie|ren ⟨V. 500; nur im Inf. u. Part. Perf.⟩ *etwas* ~ *einen kurzfristigen Kredit aufnehmen, um die Wartezeit auf eine längerfristige Finanzierung zu überbrücken*

zwi|schen|lan|den ⟨V. 400(s.); meist im Inf. u. Part. Perf.⟩ *eine Flugstrecke unterwegs durch eine Landung unterbrechen, eine Zwischenlandung machen;* wir sind in Amsterdam zwischengelandet; wir müssen in New York ~

Zwi|schen|raum ⟨m.; -(e)s, -räu|me⟩ *freier Raum zwischen zwei Dingen, Abstand;* 2 m ~; eine Zeile ~; einen ~ ausfüllen; etwas ~ lassen; ~ zwischen zwei Abschnitten, Buchstaben, Häusern, Möbelstücken

Zwi|schen|ruf ⟨m.; -(e)s, -e⟩ *Ruf in ein Gespräch, eine Rede, einen Vortrag hinein;* ablehnende, empörte, zustimmende ~e; der Redner wurde durch häufige ~e unterbrochen

Zwi|schen|spiel ⟨n.; -(e)s, -e⟩ **1** *kleines, meist heiteres, in ein Theaterstück od. zwischen zwei größere Stücke eingeschobenes Theaterstück* **2** *zwischen zwei Akte od. Szenen einer Oper eingeschobenes Musikstück* **3** *Instrumentalspiel zwischen den Strophen eines Gesangsstücks* **4** ⟨fig.⟩ *in eine Handlung eingeschobener od. zwischen zwei Handlungen ablaufender Vorgang;* Sy *Intermezzo (3)*

Zwi|schen|zeit ⟨f.; -, -en⟩ **1** *Zeitraum zwischen zwei Handlungen od. Vorgängen;* in der ~ gehe ich zum Bäcker **2** ⟨Sp.⟩ *während eines Wettkampfs zwischendurch (auf halber Strecke) gestoppte Zeit;* der Skifahrer hat eine gute, schlechte ~

Zwist ⟨m.; -(e)s, -e; geh.⟩ *Streit, Hader, Uneinigkeit, Feindschaft;* wir wollen den alten ~ begraben; mit jmdm. in ~ leben

zwit|schern ⟨V.⟩ **1** ⟨400⟩ *Laut geben (von Vögeln)* **2** ⟨400⟩ wie die Alten sungen, so ~ die Jungen ⟨fig.⟩ *Kinder reden oft das nach, was die Eltern sagen* **3** ⟨500⟩ einen ~ ⟨fig.; umg.⟩ *Alkohol trinken*

Zwit|ter ⟨m.; -s, -⟩ *zur Fortpflanzung fähiges Lebewesen mit männlichen u. weiblichen Geschlechtsmerkmalen*

zwo ⟨Numerale; umg.; oft zur besseren Verständigung, bes. am Telefon, um eine Verwechslung mit drei auszuschließen⟩ *zwei*

zwölf ⟨Numerale 11; in Ziffern: 12⟩ →a. *acht* **1** *zehn und zwei;* die ~ Apostel; die ~ Monate • 1.1 die Zwölf Nächte *die Nächte zwischen dem ersten Weihnachtstag u. Dreikönige* • 1.2 ~ Stück *ein Dutzend* • 1.3 um ~ Uhr mittags *Mittag* • 1.4 (um) ~ Uhr nachts *Mit-*

ternacht • **1.5** es ist fünf Minuten vor ~ ⟨fig.⟩ *höchste Zeit, fast schon zu spät*
zwölf|tel ⟨Zahladj. 24/60; in Ziffern: /₁₂; Bruchzahl zu⟩ *zwölf*
Zwölf|tel ⟨n.; -s, -; schweiz. auch: m.; -s, -⟩ *zwölfter Teil eines Ganzen*
Zy|an|ka|li ⟨n.; -s; unz.⟩ *sehr giftiges Kaliumsalz der Blausäure*

◆ Die Buchstabenfolge **zy|kl...** kann in Fremdwörtern auch **zyk|l...** getrennt werden.

◆ **Zy|kla|me** ⟨f.; -, -n; österr.; schweiz.⟩ = *Zyklamen*
◆ **Zy|kla|men** ⟨n.; -s, -⟩ = *Alpenveilchen;* oV *Zyklame*
◆ **zy|klisch** ⟨Adj. 24⟩ **1** *in der Art eines Zyklus, im Kreislauf regelmäßig wiederkehrend, sich wiederholend* **2** ~e **Verbindung** *chem. V. mit ringförmiger Anordnung der Atome im Molekül*
◆ **Zy|klon** ⟨m.; -s, -e⟩ **1** *Wirbelsturm in tropischen Gebieten* **2** ⟨Tech.⟩ *Gerät mit einem nach unten spitz zulaufenden Hohlkörper, das Feststoffe aus Flüssigkeiten mit Hilfe der Fliehkraft abtrennt, Fliehkraftabscheider*
◆ **Zy|klop** ⟨m.; -en, -en; grch. Myth.⟩ *einäugiger Riese*
◆ **Zy|klus** ⟨m.; -, Zy|klen⟩ **1** *sich regelmäßig wiederholender Ablauf;* Menstruations~ **2** *Folge inhaltlich zusammenhängender Schrift- od. Musikwerke*
Zy|lin|der ⟨m.; -s, -⟩ **1** *walzenförmiger Körper mit kreisförmigem Querschnitt* **2** *in Dampfmaschinen u. Verbrennungskraftmaschinen der Raum, in dem Dampf od. verbrannte Gase einen Kolben hin- u. herbewegen* **3** *nach beiden Seiten offener walzenförmiger Körper aus Glas, der über eine brennende Flamme gestülpt wird* **4** *hoher, röhrenförmiger, meist schwarzer Hut für Herren*
Zy|ni|ker ⟨m.; -s, -⟩ *zynischer Mensch*
zy|nisch ⟨Adj.⟩ *spöttisch, ohne Ehrfurcht od. Scham*
Zy|pres|se auch: **Zyp|res|se** ⟨f.; -, -n; Bot.⟩ *Angehörige einer Gattung immergrüner Bäume aus der Familie der Zypressengewächse mit sehr kleinen, dichten Blättern: Cupressus*
zy|ril|lisch ⟨Adj. 24⟩ = *kyrillisch*
Zys|te ⟨f.; -, -n⟩ **1** ⟨Med.⟩ *durch eine Membran abgeschlossener, abnormer Hohlraum im Gewebe mit flüssigem Inhalt* **2** ⟨Biol.⟩ *meist mit derber Haut umgebene Ruheform niederer Pflanzen u. Tiere*

Informationen zur neuen deutschen Rechtschreibung

Informationen zur neuen deutschen Rechtschreibung

Die Reform der deutschen Rechtschreibung, deren Einführung in den Jahren 1996–2006 heftig umstritten war, ist nach nochmaliger Überarbeitung des Regelwerks durch den „Rat für deutsche Rechtschreibung" zum 1. August 2006 in ihrer endgültigen Form in Kraft getreten. In einem Überblick werden zunächst die Entstehung und die verschiedenen Phasen der Reform erläutert und anschließend die neuen Schreibungen dargestellt, die sich aufgrund der Reform von 1996/2006 ergeben.

I Einleitung

Für die deutsche Rechtschreibung galten bis zum 1.8.1998 die Beschlüsse der II. Orthographischen Konferenz von 1901 in Berlin, die 1902 als Regelwerk veröffentlicht wurden. Ziel der damaligen Orthografiereform war es, die in den deutschsprachigen Ländern (Deutschland, Österreich und der Schweiz) zum Teil unterschiedlich gehandhabte Rechtschreibung zu vereinheitlichen. Da mit der Rechtschreibreform von 1901/02 zwar eine einheitliche Schreibweise für den deutschsprachigen Raum begründet wurde, diese jedoch keine Systematisierung und Vereinfachung der deutschen Schriftsprache beinhaltete, gab es immer wieder weiter gehende Reformvorschläge.

Im Jahre 1958 wurden die „Wiesbadener Empfehlungen", die für eine „gemäßigte Kleinschreibung" sowie für eine vereinfachte Zeichensetzung plädierten, formuliert. Mit diesen Zielsetzungen stimmten jedoch Österreich und die Schweiz nicht überein. Auch in den Siebzigerjahren kam die Rechtschreibreform wieder ins Gespräch. 1977 wurde beim „Institut für deutsche Sprache" in Mannheim eine neue „Kommission für Rechtschreibfragen" gegründet, und 1980 fand sich erstmals ein Arbeitskreis zusammen, dem mehrere Treffen von Wissenschaftlern aus der Bundesrepublik Deutschland, der Deutschen Demokratischen Republik, der Schweiz und Österreich folgten. Hieraus entstanden im Jahre 1986 die sogenannten 1. Wiener Gespräche, an denen politische Beamte und Wissenschaftler aus den deutschsprachigen Ländern teilnahmen. Diesen folgten 1990 die 2. Wiener Gespräche. Dabei wurde der Beschluss gefasst, von dem „Internationalen Arbeitskreis für Orthographie" eine Beratungsgrundlage für das geplante Reformwerk erarbeiten zu lassen. Im Jahre 1992 wurde das Arbeitsergebnis dann unter dem Titel „Deutsche Rechtschreibung. Vorschläge zu ihrer Neuregelung" veröffentlicht. Auf der Grundlage dieses Vorschlags fanden schließlich 1994 die 3. Wiener Gespräche statt. Mit dieser Konferenz wurden die Reformbestrebungen vorläufig zu einem Abschluss gebracht. Das vorgelegte Regelwerk wurde von allen Teilnehmern der Konferenz befürwortet, musste aber noch auf politischem Weg in den einzelnen Ländern vertraglich abgesichert werden. Die endgültige Entscheidung über die Rechtskräftigkeit der geplanten Orthografiereform sollte ursprünglich bereits Ende September 1995 fallen. Da jedoch die deutschen Kultusbehörden den Vorschlägen nicht einhellig zustimmten – insbesondere die geänderte Fremdwortschreibung sowie einige Fälle der geänderten Groß- und Kleinschreibung wurden von einigen Kultusministern und Ministerpräsidenten kritisiert –, erfolgte eine nochmalige Korrektur der Reformvorschläge. Das Inkrafttreten der Reform wurde dann am 1. Juli 1996 beschlossen, und die neuen Regeln erlangten zum 1. August 1998 Gültigkeit. Zunächst war eine Übergangsregelung für die neue Rechtschreibung bis zum 31.7.2005 vorgesehen, in der alte Schreibweisen noch nicht als falsch zu werten

Informationen zur neuen deutschen Rechtschreibung

waren. Seit Inkrafttreten der Reform legte die aus insgesamt zwölf deutschen, österreichischen und schweizerischen Mitgliedern zusammengesetzte „Zwischenstaatliche Kommission für deutsche Rechtschreibung" im Zweijahresrhythmus Berichte mit Vorschlägen zur Präzisierung der Regeln vor. Da die Diskussion um die neue deutsche Rechtschreibung jedoch bis 2004 nicht verstummt war, sondern sich sogar noch verschärfte, entschloss sich die Kultusministerkonferenz, die bislang zuständige „Zwischenstaatliche Kommission für deutsche Rechtschreibung" durch den „Rat für deutsche Rechtschreibung" zu ersetzen. Ihm gehören 39 Mitglieder aus sechs Ländern an, die in sprachwissenschaftlichen oder unterschiedlichen anderen, mit der Anwendung bzw. Vermittlung von Orthografie befassten, Bereichen tätig sind. Unter Leitung des Vorsitzenden, Dr. Hans Zehetmair, nahm der neu gegründete Rat im Dezember 2004 seine Arbeit auf.

Laut Kultusministerbeschluss wurden bereits zum 1.8.2005 die nicht zu überarbeitenden Teilbereiche der Reform, die Laut-Buchstaben-Zuordnungen, die Schreibung mit Bindestrich und die Groß- und Kleinschreibung verbindlich. Die besonders umstrittenen Teile der Reform, die Getrennt- und Zusammenschreibung, die Zeichensetzung und die Worttrennung sowie zusätzlich einige Bereiche der Groß- und Kleinschreibung wurden dagegen nochmals überarbeitet und sind in dieser Form nach Beschluss der Kultusministerkonferenz zum 1.8.2006 verbindlich geworden. Der Staat besitzt Regelungsgewalt für die staatlichen Institutionen, insbesondere für Schule und Verwaltung. Von den zuständigen staatlichen Stellen in Österreich und der Schweiz wurden die Änderungen ebenfalls angenommen.

Die im Folgenden gegebenen Informationen über die wichtigsten neuen Regeln der deutschen Rechtschreibung beruhen auf dem amtlichen Regelwerk, das u. a. auf der Webseite des „Rats für deutsche Rechtschreibung" unter www.rechtschreibrat.com hinterlegt ist. Das amtliche Regelwerk besteht aus einem Regelteil und einem Wörterverzeichnis.

Der „Rat für deutsche Rechtschreibung" ist ein ständiges Gremium, das den Schreibgebrauch, also die Akzeptanz und die Umsetzung der neuen Regeln – besonders auch im Hinblick auf die Variantenschreibung – im Verlauf der nächsten Jahre beobachten und beschreiben soll. Er ist auch die für die Klärung von Zweifelsfällen der deutschen Rechtschreibung maßgebliche Instanz.

Da gerade im Bereich der Getrennt- und Zusammenschreibung zahlreiche alte (ursprünglich als nicht mehr zulässig vorgesehene) Schreibungen nun doch bestehen bleiben, gibt es zahlreiche Variantenschreibungen, die dem Schreiber die Möglichkeit bieten, selbst darüber zu entscheiden, welche Schreibung er bevorzugt. Es ist ausdrücklich nicht vorgesehen, bestimmte Schreibvarianten zu empfehlen, da sie geeignet sind, Nuancen der sprachlichen Bedeutungsdifferenzierung aufrechtzuerhalten. Im Stichwortverzeichnis des *Wörterbuchs der deutschen Sprache* sind deshalb alle zulässigen Variantenschreibungen aufgeführt – ohne eine Empfehlung auszusprechen.

II Übersicht über die Änderungen der Rechtschreibreform 1996/2006

Die Rechtschreibreform betrifft sechs Bereiche:

A Laut-Buchstaben-Zuordnungen
B Getrennt- und Zusammenschreibung
C Schreibung mit Bindestrich
D Groß- und Kleinschreibung
E Zeichensetzung
F Worttrennung am Zeilenende

Neue orthografische Formen sind im Folgenden blau gedruckt.

A Laut-Buchstaben-Zuordnungen

Das Lautprinzip der Schreibung, d. h. die Übereinstimmung eines Lautes mit einem Buchstaben, ist im Deutschen nicht immer gegeben, z. B. kann das Phonem [e:] durch die Buchstaben *e* (z. B. St*e*le, Sir*e*ne), *ee* (z. B. M*ee*r, S*ee*le) oder *eh* (z. B. m*eh*r, s*eh*r) wiedergegeben werden. Ebenso werden die Diphthonge *ai* (z. B. S*ai*te, M*ai*s, K*ai*ser) und *ei* (z. B. S*ei*te, *Ei*s, w*ei*ter) gleich ausgesprochen, aber unterschiedlich geschrieben. Umgekehrt kann aber auch ein Buchstabe mehrere Aussprachevarianten besitzen, z. B. kann *v* stimmlos (z. B. *V*esper) oder stimmhaft (z. B. *V*ase) artikuliert werden. Mit Hilfe der neuen Rechtschreibregeln sollen u. a. einige Unregelmäßigkeiten in der Laut-Buchstaben-Beziehung beseitigt werden. Die neuen Regeln berücksichtigen verstärkt das **Stammprinzip**, d. h. bei tatsächlicher oder angenommener Verwandtschaft der Wortstämme – besonders in Ableitungen und Zusammensetzungen – wird gleich geschrieben, z. B. *überschwänglich* (zu *Überschwang*) statt bisher *überschwenglich*. Unterschiedliche Wortstämme (wie z. B. *Seite / Saite* und *Mal / Mahl*) behalten aber – trotz gleicher Lautung – weiterhin ihre abweichende Schreibweise. Aufgrund der Berücksichtigung des Stammprinzips ergeben sich folgende Neuerungen:

1. Stärkung des Stammprinzips
Einzelfälle mit Umlautschreibung
Bändel (zu *Band*) statt bisher *Bendel*
behände (zu *Hand*) statt bisher *behende*
Gämse (zu *Gams*) statt bisher *Gemse*
Quäntchen (zu *Quantum*) statt bisher *Quentchen*
schnäuzen (zu *Schnauze*) statt bisher *schneuzen*
überschwänglich (zu *Überschwang*) statt bisher *überschwenglich*
verbläuen (zu *blau*) statt bisher *verbleuen*
aufwendig (zu *aufwenden*) oder *aufwändig* (zu *Aufwand*)
Schenke (zu *ausschenken*) oder *Schänke* (zu *Ausschank*)

Verdoppelung der Konsonantenbuchstaben nach kurzem Vokal
Infolge der angleichenden Schreibweise der Wortstämme oder Flexionsformen schreibt man einige Wörter jetzt mit einem doppelten Konsonanten, z. B.
Ass (zu *Asse*) statt bisher *As*
Karamell (zu *Karamelle*) statt bisher *Karamel*
Mopp (zu *moppen*) statt bisher *Mop*
nummerieren (zu *Nummer*) statt bisher *numerieren*
Tipp (zu *tippen*) statt bisher *Tip*
Tollpatsch (zu *toll*) statt bisher *Tolpatsch*

Ableitungen von Stammwörtern, die auf -z auslauten.
Endet das Stammwort einer Ableitung auf -z, so können neben den Endungen -*tial*, -*tiell* zukünftig auch -*zial*, -*ziell* gebraucht werden.
Differenzial, differenziell (zu *Differenz*) neben bisher *Differential, differentiell*
essenziell (zu *Essenz*) neben bisher *essentiell*
Potenzial, potenziell (zu *Potenz*) neben bisher *Potential, potentiell*

Informationen zur neuen deutschen Rechtschreibung

substanziell (zu *Substanz*) neben bisher *substantiell*

Ebenso wurden einige Schreibungen angeglichen:
rau (zu den anderen auf *-au* auslautenden Adjektiven wie *blau, grau, schlau*) und dementsprechend *Rauheit* statt bisher *rauh* und *Rauhheit*
Känguru (zu anderen Tiernamen wie *Kakadu, Gnu*) statt bisher *Känguruh*
Föhn statt bisher: *Fön* (nur noch so als Markenzeichen)
Rohheit, Zähheit statt bisher *Roheit, Zäheit*
selbstständig neben bisher *selbständig*
Zierrat statt bisher *Zierat*
platzieren (zu *Platz*) statt bisher *plazieren*

2. Neuregelung der s-Schreibung
Künftig wird **ß nur noch nach langem Vokal und nach Diphthong** geschrieben, z. B. *Maß – Maße, gießen – gießt* usw., nach kurzem Vokal tritt *ss* anstelle von *ß*, z. B.
dass statt bisher *daß*
Fass – Fässer statt bisher *Faß – Fässer*
Fluss – Flüsse statt bisher *Fluß – Flüsse*
Kuss – küssen – küsste statt bisher *Kuß – küssen – küßte*
passen – passt – passend statt bisher *passen – paßt – passend*
Wasser – wässerig – wässrig statt bisher *Wasser – wässerig – wäßrig*

3. Zusammentreffen von drei gleichen Buchstaben
3.1 Beim **Aufeinandertreffen von drei gleichen Buchstaben in Zusammensetzungen** sollen grundsätzlich alle Buchstaben geschrieben werden. Man schreibt also wie bisher *Schifffracht, Fetttropfen*, aber auch bei nachfolgendem Vokal bleiben alle drei Konsonanten erhalten, z. B.
Flanelllappen statt bisher *Flanellappen*
Flussstrecke statt bisher *Flußstrecke*
genusssüchtig statt bisher *genußsüchtig*
Schifffahrt statt bisher *Schiffahrt*
wettturnen statt bisher *wetturnen*

3.2 Diese Regelung gilt auch für das **Aufeinandertreffen von drei gleichen Vokalen bei Zusammensetzungen**. Bislang wurde der zweite Wortbestandteil durch Bindestrich abgetrennt, z. B. *Kaffee-Ersatz*. Diese Schreibweise ist noch zulässig, aber nicht mehr obligatorisch, z. B.
Kaffeeersatz neben bisher *Kaffee-Ersatz*
Seeelefant neben bisher *See-Elefant*

3.3 Der **Bindestrich** kann generell zur besseren Lesbarkeit beim Zusammentreffen dreier gleicher Buchstaben – sowohl bei Konsonanten als auch bei Vokalen – verwendet werden, z. B. *Sauerstoff-Flasche, Fett-Tropfen* (vgl. hierzu auch C Schreibung mit Bindestrich).

Die neue Regelung betrifft jedoch nicht diejenigen Wörter, die nicht mehr als eine Zusammensetzung begriffen werden, wie *Mittag* oder *dennoch*. Hier wird die bisherige Schreibweise beibehalten.

4. Fremdwörter
Eine große Anzahl der im Deutschen gebräuchlichen Fremdwörter ist bereits durch den Schreibgebrauch der deutschen Rechtschreibung angeglichen worden, z. B. *Frottee*, zu frz. *Frotté*, *Nugat* neben *Nougat* usw. Mit Hilfe der neuen Rechtschreibregeln wird zusätzlich versucht, die Orthografie der Fremdwörter in einigen Fällen der deutschen Schreibweise anzupassen. Die in der Rechtschreibreform vorgeschlagene Neuschreibung der Fremdwörter betrifft in der Regel nur den Allgemeinwortschatz, nicht den der Fachsprachen. Die neue und die alte Schreibung können zunächst nebeneinander gebraucht werden, um so ggf. den Integrationsprozess der neuen Schreibweise zu ermöglichen.

***f, t, r, g* kann in einigen Wörtern *ph, th, rh, gh* ersetzen**
Bei einigen Fremdwörtern hat sich die *f*-Schreibung gegenüber der *ph*-Schreibung

bereits durchgesetzt, z. B. *Foto* (anstelle von *Photo*), *Telefon* (statt *Telephon*) und *Grafik* (statt *Graphik*). Diese Schreibweise kann auch bei *Delphin* (neu: *Delfin*), *Graphit* (neu: *Grafit*) und bei allen Wörtern mit den Morphemen *-phon-*, *-phot-* und *-graph-* angewendet werden. Ebenso wie *f* anstelle von *ph* gebraucht wird, kann in einigen Fällen *t* statt *th*, *r* statt *rh* sowie *g* statt *gh* geschrieben werden. Es gibt aber auch viele Wörter, die *ph*, *th*, *rh* oder *gh* beibehalten, z. B. *Phänomen, Philosophie, Theologie, Rhythmus, Rheuma*.
Die wichtigsten neuen Schreibvarianten sind:
Delfin neben bisher *Delphin*
Grafit neben bisher *Graphit*
Spagetti neben bisher *Spaghetti*
Jogurt neben bisher *Joghurt*
Panter neben bisher *Panther*
Tunfisch neben bisher *Thunfisch*
Katarr neben bisher *Katarrh*
Myrre neben bisher *Myrrhe*
Hämorriden neben bisher
    Hämorrhoiden

***ee* kann *é*, *ée* ersetzen**
Dragee neben bisher *Dragée*
Exposee neben bisher *Exposé*
Kommunikee neben bisher
    Kommuniqué
Varietee neben bisher *Varieté*

***ä* kann *ai* ersetzen**
Frigidär neben bisher *Frigidaire*
Nessessär neben bisher *Necessaire* (bereits jetzt schon so: *Mohär, Sekretär, Dränage, Majonäse*)

Als Einzelfall ebenfalls neu:
Portmonee neben bisher *Portemonnaie*

***u* kann *ou* ersetzen**
Buklee neben bisher *Bouclé*
Sufflee neben bisher *Soufflé* (bereits früher so: *Nugat*)

***ss* kann *c* ersetzen**
Fassette neben bisher *Facette*
Nessessär neben bisher *Necessaire* (bereits früher so: *Fassade, Fasson*)

***sch* kann *ch* ersetzen**
Ketschup neben bisher *Ketchup*
Schikoree neben bisher *Chicorée* (bereits früher so: *Haschee, Scheck* usw.)

***k* kann *qu* ersetzen**
Kommunikee neben bisher *Kommuniqué* (bereits jetzt schon so: *Likör, Etikett*)

Wörter aus dem Englischen erhalten das Mehrzahl-*s* nach deutschem Muster
Babys statt bisher *Babies* oder *Babys*
Gullys statt bisher *Gullies* oder *Gullys*
Hobbys statt bisher *Hobbies* oder *Hobbys* usw.

B Getrennt- und Zusammenschreibung

Da die Getrennt- und Zusammenschreibung im Reformwerk von 1902 nicht ausreichend festgeschrieben wurde, ist dieser Bereich in den folgenden Jahrzehnten zum Teil uneinheitlich geregelt und damit unnötigerweise verkompliziert worden (z. B. *radfahren*, aber: *Auto fahren*). Im Verlauf der Diskussion um die Rechtschreibreform und der Versuche, die Getrennt- und Zusammenschreibung neu zu regeln, hat sich herausgestellt, dass dieser Bereich am schwierigsten zu systematisieren ist. Mit Hilfe der neuen Rechtschreibregeln wurde versucht, bislang unsystematische Regelungen zu ersetzen.
Grundsätzlich schreibt man Wortgruppen getrennt und Zusammensetzungen zusammen, wobei Einheiten derselben Form manchmal als Wortgruppen (z. B. *schwer beschädigt*) und manchmal als Zusammensetzungen (z. B. *schwerbeschädigt*) aufgefasst werden können.

R Informationen zur neuen deutschen Rechtschreibung

1. VERB

Bei **untrennbaren Verben** ändert sich die Reihenfolge der Bestandteile nicht *(er maßregelt/maßregelte/hat gemaßregelt/zu maßregeln)*.

Substantive, Adjektive, Präpositionen oder Adverbien können mit Verben untrennbare Zusammensetzungen bilden. Man schreibt sie immer zusammen.

1.1 Untrennbare Zusammensetzungen aus **Substantiv und Verb**, z. B. *wehklagen, brandmarken, handhaben, lobpreisen, maßregeln, nachtwandeln, schlafwandeln, schlussfolgern.*

In Einzelfällen kann eine Zusammensetzung auch als Wortgruppe aufgefasst werden: *danksagen/Dank sagen, gewährleisten/Gewähr leisten, brustschwimmen/Brust schwimmen, staubsaugen/Staub saugen, marathonlaufen/Marathon laufen.*

1.2 Untrennbare Zusammensetzungen aus **Adjektiv und Verb**, z. B. *frohlocken, langweilen, liebäugeln, liebkosen, vollbringen, vollenden, weissagen.*

1.3 Untrennbare Zusammensetzung aus **Präposition und Verb** oder **Adverb und Verb** mit Betonung auf dem zweiten Bestandteil: *durchbrechen (er durchbricht seine Gewohnheiten), hintergehen, überschlagen (sie überschlägt die Kosten).*

Bei **trennbaren Verben** ist die Reihenfolge der Bestandteile veränderlich, (z. B. *davonlaufen: er läuft davon/lief davon/ist davongelaufen/davonzulaufen*). Partikeln, Adjektive, Substantive oder Verben können als Verbzusatz mit Verben trennbare Zusammensetzungen bilden. Diese werden im Infinitiv, in den beiden Partizipien sowie bei Endstellung im Nebensatz zusammengeschrieben.

1.4 Verbindungen **von Verbpartikeln** (formgleich mit **Präpositionen**) **und Verben** schreibt man zusammen, z. B. mit *ab-, an-, auf-, aus-, entgegen-, hinter-, zwischen-* usw.

1.5 Verbindungen **von Verbpartikeln** (formgleich mit **Adverbien**) **und Verben** schreibt man zusammen, z. B. mit *abwärts-, auseinander-, hinterher-, hinüber-, rückwärts-, voran-, zusammen-* usw.

Unterscheidung zwischen Verbpartikel und selbstständigem Adverb: Verbpartikel und selbstständiges Adverb lassen sich durch ihren Hauptakzent unterscheiden: Bei der Zusammensetzung liegt der Hauptakzent normalerweise auf der Verbpartikel *(wiedersehen)*, während bei Wortgruppen das selbstständige Adverb auch unbetont sein kann *(wieder sehen)*. Ein selbstständiges Adverb kann auch an erster Stelle im Satz stehen. *(Dabei wollte sie nicht stehen.)* Zwischen Adverb und Infinitiv können ein oder mehrere Satzglieder eingeschoben werden, zwischen Verbpartikel und verbalem Bestandteil dagegen nicht: *Sie wollte auch mit dabeistehen. Sie wollte dabei lieber nicht stehen.* Ebenso: *dabei (beim Kartoffelschälen) sitzen,* aber: *sie möchte mit dabeisitzen.*

1.6 Zusammensetzungen von **Verben mit Verbpartikeln**, die die Merkmale frei vorkommender Wörter verloren haben oder nicht mehr einer bestimmten Wortart zugeordnet werden können, werden zusammengeschrieben, z. B. *abhanden-, anheim-, inne-, überein-, zurecht-, fehl-, feil-, kund-, preis-, weis-, wett-.*

1.7 Zusammensetzungen aus **adjektivischem Bestandteil und Verb**:

– Zusammen- oder Getrenntschreibung ist möglich, wenn ein **einfaches Adjektiv eine Eigenschaft als Resultat des Verbalvorgangs bezeichnet** (sogenannte resultative Prädikative), z. B.

blank putzen/blankputzen, glatt hobeln/glatthobeln, klein schneiden/kleinschneiden, kalt stellen/kaltstellen, kaputt machen/kaputtmachen, leer essen/leeressen.

– Es wird immer zusammengeschrieben, wenn der adjektivische Bestandteil zusammen mit dem Verb eine

Getrennt- und Zusammenschreibung

neue, idiomatisierte **Gesamtbedeutung** bildet, z. B.
krankschreiben, freisprechen (= von einer Schuld, Anklage befreien), *kaltstellen* (= (politisch) ausschalten), *kürzertreten* (= sich einschränken), *richtigstellen* (= berichtigen), *schwerfallen* (= Mühe verursachen), *heiligsprechen*.

– Lässt sich in einzelnen Fällen **keine klare Entscheidung** darüber treffen, ob eine idiomatisierte Gesamtbedeutung vorliegt, so bleibt es dem Schreibenden überlassen, ob er getrennt oder zusammenschreibt, z. B. *bekannt machen/ bekanntmachen; fertig stellen/ fertigstellen; verloren gehen/ verlorengehen*.

– Eine Sondergruppe bilden Verbindungen mit **fest-**, **voll-** und **tot-** (z. B. *festhalten, totschlagen, volltanken*). Da diese Adjektive zahlreiche Verbindungen mit Verben eingehen (Reihenbildung: *volllaufen, vollschenken, vollspritzen*), wird hier gewöhnlich zusammengeschrieben, z. B. *festzurren, festklopfen, tottreten* (aber nur: *sich tot stellen*), *vollmachen*.

– In allen übrigen Fällen wird getrennt geschrieben. Dazu zählen besonders Verbindungen, bei denen das Adjektiv komplex oder erweitert ist, z. B. *bewusstlos schlagen, ultramarinblau streichen, ganz nahe kommen*.

1.8 Zusammensetzungen aus **Substantiv und Verb**: Zusammenschreibung gilt nur für die folgenden Fälle, in denen die ersten Bestandteile die Eigenschaften selbstständiger Substantive weitgehend verloren haben, z. B.
eislaufen, kopfstehen, leidtun, nottun, standhalten, stattfinden, stattgeben, statthaben, teilhaben, teilnehmen, wundernehmen.
In den folgenden Fällen ist Zusammen- oder Getrenntschreibung möglich, da ihnen eine Zusammensetzung oder eine Wortgruppe zugrunde liegen kann, z. B.

achtgeben/ Acht geben, (aber nur: *sehr achtgeben, allergrößte Acht geben*), *achthaben/ Acht haben, haltmachen/ Halt machen, maßhalten/ Maß halten*.

1.9 Verbindungen aus **Verb und Verb** werden grundsätzlich getrennt geschrieben, z. B. *essen gehen, laufen lernen, baden gehen, lesen üben, spazieren gehen*. Bei Verbindungen mit *bleiben* und *lassen* als zweitem Bestandteil ist bei übertragener Bedeutung auch Zusammenschreibung möglich, z. B. *sitzen bleiben/ sitzenbleiben* (= nicht versetzt werden), *liegen bleiben/ liegenbleiben* (= unerledigt bleiben). Dies gilt auch für *kennen lernen/ kennenlernen* (= Erfahrung mit etwas oder jmdm. haben).

1.10 Verbindungen mit dem Verb **sein** werden immer getrennt geschrieben, z. B.:
da sein (da gewesen), auf sein, fertig sein, zufrieden sein, zusammen sein.

2. ADJEKTIV

Substantive, Adjektive, Verben, Adverbien oder Wörter anderer Kategorien können als erster Bestandteil zusammen mit einem adjektivischen oder adjektivisch gebrauchten zweiten Bestandteil Zusammensetzungen bilden.

2.1 Verbindungen mit Adjektiven oder Partizipien als zweitem Bestandteil werden zusammengeschrieben, **wenn der erste Bestandteil mit einer Wortgruppe paraphrasierbar ist**, z. B. *angsterfüllt* (= von Angst erfüllt), *butterweich* (= weich wie Butter), *jahrelang* (= mehrere Jahre lang).
Viele Zusammensetzungen sind bereits an der Verwendung eines Fugenelements erkennbar: *altersschwach, sonnenarm, werbewirksam*.

2.2 Es wird zusammengeschrieben, wenn **der erste oder zweite Bestandteil in dieser Form nicht vorkommt**, z. B. *einfach, letztmalig, blauäugig, großspurig, vieldeutig, kleinmütig*.

Informationen zur neuen deutschen Rechtschreibung

2.3 Es gilt auch Zusammenschreibung, wenn **das dem Partizip zugrunde liegende Verb zusammengeschrieben wird**, z. B. *wehklagend* (wegen *wehklagen*), *herunterfallend* (wegen *herunterfallen*), *irreführend, teilnehmend, teilgenommen*.

2.4 **Gleichrangige** (nebengeordnete) **Adjektive** werden zusammengeschrieben, z. B. *blaugrau, dummdreist, feuchtwarm, grünblau, taubstumm*.

2.5 Es gilt Zusammenschreibung, wenn **der erste Bestandteil einer Zusammensetzung bedeutungsverstärkend oder -abschwächend ist**, z. B. *bitterböse, brandaktuell, extrabreit, superschlau, todernst, ultramodern, urkomisch*.

2.6 Mehrteilige **Kardinalzahlen unter einer Million** sowie **Ordinalzahlen** werden zusammengeschrieben, z. B. *sechzehn, zwanzigtausend, neunzehnhundertdreiundsiebzig, der zweihunderttausendste Besucher, der einundzwanzigste Juni*.

2.7 **Verbindungen aus Substantiven, Adjektiven, Adverbien oder Partikeln mit adjektivisch gebrauchten Partizipien** können getrennt oder zusammengeschrieben werden, z. B. *die Rat suchenden/ratsuchenden Bürger, eine allein erziehende/alleinerziehende Mutter, eine klein geschnittene/kleingeschnittene Karotte, selbst gebackener/selbstgebackener Kuchen*.
Werden diese Verbindungen erweitert oder gesteigert, so wird getrennt geschrieben, wenn nur der erste Bestandteil betroffen ist: *ein schwerer wiegender Fall; ein kleiner geschnittenes Stück*.
Ist dagegen die ganze Fügung betroffen, so wird meist zusammengeschrieben: *ein schwerwiegenderer Fall, eine äußerst notleidende Bevölkerung* (aber: *eine große Not leidende Bevölkerung*).

2.8 **Verbindungen mit einem einfachen unflektierten Adjektiv als graduierende Bestimmung** werden getrennt oder zusammengeschrieben, z. B. *allgemein gültig/allgemeingültig, eng verwandt/engverwandt, schwer verständlich/schwerverständlich*.
Ist der erste Bestandteil erweitert oder gesteigert, wird getrennt geschrieben: *leichter verdaulich, besonders schwer verständlich, höchst erfreulich*. In Zweifelsfällen kann hier die Betonung entscheiden: *er ist höchstpersönlich gekommen, das ist eine höchst persönliche Angelegenheit*.

2.9 Getrennt oder zusammengeschrieben werden können Verbindungen von **nicht** mit Adjektiven: *eine nicht öffentliche/nichtöffentliche Sitzung*.

3. SUBSTANTIV

Substantive, Adjektive, Verbstämme, Pronomina oder Partikeln können mit Substantiven Zusammensetzungen bilden. Man schreibt diese wie auch mehrteilige Substantivierungen zusammen.

3.1 **Zusammensetzungen** mit Substantiven, Adjektiven, Verben, Pronomina oder Partikeln, **bei denen der letzte Bestandteil ein Substantiv ist**, werden zusammengeschrieben, z. B. *Nadelstich, Apfelschale, Hochhaus, Schnellstraße, Zweierbob, Ichsucht, Wirgefühl, Selbstsucht, Wemfall, Backform, Laufband, Waschmaschine, Jetztzeit, Nichtraucher*.

3.2 **Mehrteilige Substantivierungen** werden zusammengeschrieben, z. B. *das Autofahren, das Schwimmengehen* (aber als Infinitivform: *schwimmen gehen*), *das Liegenlassen* usw.

3.3 **Eigennamen, die den ersten Wortbestandteil bilden,** sowie in vielen Fällen auch **von Namen abgeleitete Herkunfts- oder Zugehörigkeitsbezeichnungen, die auf -er enden**, werden zusammengeschrieben, z. B. *Schillergedicht, Goethestraße, Kantplatz, Italienreise, Danaergeschenk*.

3.4 **Zusammensetzungen, die aus dem Englischen stammen, schreibt man**

Schreibung mit Bindestrich

ebenfalls zusammen, z. B. *Bandleader, Chewinggum, Mountainbike.*
Aus dem Englischen stammende Verbindungen aus Adjektiv und Substantiv können zusammengeschrieben werden, wenn der Hauptakzent auf dem ersten Wortbestandteil liegt: *Hotdog* oder *Hot Dog, Softdrink* oder *Soft Drink*, aber nur *High Society, Electronic Banking.* (Vgl. hierzu auch C Schreibung mit Bindestrich)

3.5 **Bruchzahlangaben vor Maßeinheiten** können als zweiteiliges Zahladjektiv oder als zusammengesetztes Substantiv angesehen werden: *fünf hundertstel Sekunden* oder *fünf Hundertstelsekunden.*

3.6 **Ableitungen auf -er von geografischen Eigennamen** werden getrennt geschrieben, z. B. *Berliner Zoo, Thüringer Wald, Schweizer Alpen.*

4. ANDERE WORTARTEN

4.1 Zusammenschreibung gilt für **mehrteilige Adverbien, Konjunktionen, Präpositionen und Pronomina, wenn die Wortart, die Wortform oder die Bedeutung der einzelnen Bestandteile nicht mehr deutlich erkennbar ist:**
Adverbien: *indessen, allerdings, allenfalls, ehrenhalber, diesmal, himmelwärts, deswegen, derzeit, vorzeiten, allzu, beileibe, nichtsdestoweniger*
Konjunktionen: *anstatt, indem, inwiefern, sobald, sofern, solange, sooft, soviel, soweit*
Präpositionen: *anhand, anstatt, infolge, inmitten*
Pronomina: *irgendein, irgendetwas, irgendjemand, irgendwas, irgendwelcher, irgendwer*

4.2 Getrenntschreibung gilt für **Verbindungen, in denen ein Bestandteil erweitert ist:** *dies eine Mal,* (aber *diesmal*), *den Strom abwärts* (aber: *stromabwärts*), *der Ehre halber* (aber: *ehrenhalber*), *irgend so ein* (aber: *irgendein*)

4.3 **Fügungen, bei denen die Wortart, die Wortform oder die Bedeutung der einzelnen Bestandteile erkennbar ist,** werden getrennt geschrieben:
adverbial: *zu Ende kommen, zu Hilfe kommen*
mehrteilige Konjunktionen: *ohne dass, statt dass, außer dass*
Fügungen in präpositionaler Verwendung: *zur Zeit (Goethes), zu Zeiten (Goethes)*
so, wie oder **zu** mit Adjektiv, Adverb oder Pronomen: *so viel, so viele, so oft, so weit* (als Konjunktionen werden sie zusammengeschrieben: *soviel, sooft, soweit*)
Fügungen mit gar: *gar kein, gar nichts*

4.4 Eine Reihe von Wortfügungen können sowohl getrennt als auch zusammengeschrieben werden:
Fügungen in adverbialer Verwendung: *aufgrund/auf Grund, mithilfe/mit Hilfe, aufseiten/auf Seiten, zuhause/zu Hause bleiben, zustande bringen/zu Stande bringen, zuwege bringen/zu Wege bringen.*
Die Konjunktion *sodass/so dass*
Fügungen in präpositionaler Verwendung:
anstelle/an Stelle, zugunsten/zu Gunsten

C Schreibung mit Bindestrich

Die Schreibung mit Bindestrich ist grundsätzlich dann zu verwenden, wenn die unterschiedlichen Bestandteile von Zusammensetzungen verdeutlicht werden sollen. Mit dieser neuen Regelung kann der Schreibende häufig selbst entscheiden, ob er einen Bindestrich setzt oder nicht. In einigen Fällen ist die Schreibweise mit Bindestrich jedoch vorgeschrieben, um die unterschiedlichen Bestandteile deutlich voneinander abzuheben, z. B.
O-Beine, x-beliebig, UKW-Sender.

Informationen zur neuen deutschen Rechtschreibung

1. Ein Bindestrich ist obligatorisch in Zusammensetzungen mit **Einzelbuchstaben, Abkürzungen** oder **Ziffern**, z. B. *C-Dur, fis-Moll, i-Punkt, x-beinig, T-förmig, Fugen-s, EU-Kommission, Kfz-Mechaniker, 8-Zylinder, 100-prozentig, 20-jährig, 2:1-Sieg, ¾-Takt*.

2. Vor einem **Suffix** wird ein Bindestrich gesetzt, wenn es **mit einem Einzelbuchstaben verbunden** ist, z. B. *zum x-ten Mal, die n-te Potenz* (aber ohne Bindestrich: *68er, BWLer, ein 64stel*).

3. Aneinanderreihungen, bes. mit substantivisch gebrauchten Infinitiven werden mit Bindestrich geschrieben: *das In-den-Tag-Hineinleben; das Auf-die-lange-Bank-Schieben; das Sowohl-als-auch*.

4. Man setzt einen Bindestrich zwischen allen Bestandteilen von **mehrteiligen Zusammensetzungen**, in denen eine Wortgruppe oder eine Zusammensetzung mit Bindestrich geschrieben wird, außerdem in unübersichtlichen Zusammensetzungen aus gleichrangigen, nebengeordneten Adjektiven, z. B. *10-Cent-Münze, D-Dur-Tonleiter, 4-Zimmer-Wohnung, Trimm-Dich-Pfad, wissenschaftlich-technischer Fortschritt, manisch-depressiv, deutsch-englisches Wörterbuch*.

5. Beim Zusammentreffen von **drei gleichen Buchstaben** kann ein Bindestrich gesetzt werden, z. B. *Seeelefant* oder *See-Elefant; Fetttropfen* oder *Fett-Tropfen*.

6. Der Bindestrich kann verwendet werden, um die einzelnen Bestandteile einer **unübersichtlichen Zusammensetzung** deutlicher zu kennzeichnen, z. B. *Software-Angebotsmesse, Desktoppublishing* oder *Desktop-Publishing* (vgl. zur Fremdwortschreibung auch D Groß- und Kleinschreibung 3.2).

7. Ebenso kann ein Bindestrich gesetzt werden, **um einzelne Wortbestandteile hervorzuheben** bzw. um Missverständnisse zu vermeiden, z. B. *die Soll-Stärke, die Kann-Bestimmung, das Be-greifen, das Nachdenken, Icherzählung* oder *Ich-Erzählung, Druck-Erzeugnis, Musiker-Leben*.

8. Zusammensetzungen aus Eigennamen werden mit Bindestrich geschrieben, ebenso Zusammensetzungen, die als zweiten Bestandteil einen Eigennamen enthalten. Der Bindestrich bleibt auch bei Ableitungen erhalten, z. B. *Müller-Lüdenscheid, Getränke-Müller, Blumen-Meier, baden-württembergisch (Baden-Württemberg), alt-wienerisch (Alt-Wiener)*.

9. Man setzt einen Bindestrich zwischen allen Bestandteilen mehrteiliger Zusammensetzungen, wenn die ersten Bestandteile aus Eigennamen bestehen, z. B. *Karl-Kraus-Platz, Luise-Büchner-Schule, Konrad-Adenauer-Stiftung*.
Bildet ein Eigenname den ersten Bestandteil einer Zusammensetzung, so kann mit Bindestrich geschrieben werden, z. B. *Goetheausgabe* oder *Goethe-Ausgabe; Morseapparat* oder *Morse-Apparat*.

D Groß- und Kleinschreibung

Die bislang gültige Regelung der Groß- und Kleinschreibung verursachte häufig Unsicherheiten beim Schreiben. So war z. B. die unterschiedliche Schreibweise von *in bezug auf* und *mit Bezug auf, heute mittag* und *gegen Mittag* ohne ein fundiertes grammatisches Vorwissen nicht zu verstehen. Die zum Teil verwirrende Regelung der Groß- und Kleinschreibung stand deshalb bereits mehrfach im Mittelpunkt der Diskussion um eine Reform der deutschen Orthografie. Um eine Systematisierung und Vereinfachung der Groß- und Kleinschreibung zu bewirken, wurden die folgenden grundlegenden Regelungen getroffen.

Groß- und Kleinschreibung

1. Das **erste Wort** einer Überschrift, eines Titels, einer Anschrift, eines Gesetzes, Vertrages oder eines Textes und dergleichen schreibt man groß:
Verheerende Schäden durch Waldbrand
Großes Wörterbuch der deutschen Sprache
Wo warst du, Adam?
Ungarische Rhapsodie
An den Hessischen Rundfunk
Sehr geehrter Herr Meier, …

Wird ein **Titel** o. Ä. innerhalb eines Textes zitiert, so bleibt die Großschreibung des ersten Wortes erhalten:
Ich habe gestern „Die Zeit" gelesen. Wir lasen Kellers Roman „Der grüne Heinrich". Bei Veränderung des Titels (z. B. Beugung des Artikels) schreibt man das nächstfolgende Wort des Titels groß: *Wir lasen den „Grünen Heinrich".*

2. Das **erste Wort eines Satzes** schreibt man groß:
Dieser Tag blieb ihm im Gedächtnis. Anfangs beschäftigte ihn der Vorfall kaum. Ob sie heute kommen würde? Wohl kaum. Warum nicht?
Folgt nach einem **Doppelpunkt** ein Ganzsatz, so schreibt man ebenfalls groß: *Es ist jedes Jahr das Gleiche: Der Sommer geht, der Winter kommt.* Das erste Wort der **direkten Rede** schreibt man groß: *Sie fragte: „Wie sieht es aus?"*

Stehen **Ziffern, Gliederungsbuchstaben, Paragrafen** o. Ä. vor einem Satz, Titel oder dergleichen, so wird das folgende Wort großgeschrieben:
§ 3 Abschließende Beratung;
d) Der Kommentar

3. **Substantive** schreibt man groß:
Mehl, Blume, Haus und Hof, Dunkelheit, Philosophie usw.
Dies gilt auch für Namen: *Peter, Sabine, Schmidt, Wien, Donau.*

3.1 **Nichtsubstantivische Wörter**, die am Anfang einer Zusammensetzung mit Bindestrich stehen und substantiviert wurden, werden großgeschrieben, z. B. *die S-Bahn, die Ad-hoc-Entscheidung, das In-den-Tag-hinein-Leben.* Kleingeschriebene Abkürzungen oder Einzelbuchstaben bleiben jedoch erhalten, z. B. *die km-Zahl, die a-Moll-Tonleiter, der ph-Wert.*

3.2 **Substantivische Fremdwörter** schreibt man groß, wenn sie nicht als Zitatwörter gebraucht werden z. B. *das Happening, das Adagio, der Mainstream.*
Bei **mehrteiligen fremdsprachigen Substantiven** wird der erste Teil immer großgeschrieben, der zweite nur, wenn er auch substantivisch ist, z. B. *das Cordon bleu, die Ultima Ratio, der Soft Drink, das Corned Beef, das Happy End, der Fulltime-Job.* Teilweise kann hier auch zusammengeschrieben werden (Vgl. hierzu B Getrennt- und Zusammenschreibung 3.4).

3.3 Großgeschrieben werden ebenfalls Substantive, die Bestandteil **fester Gefüge** sind und nicht mit anderen Bestandteilen zusammengeschrieben werden, z. B. *mit Bezug auf, in Bezug auf, außer Acht lassen, Rad fahren, Auto fahren, Angst haben, in Betracht kommen, in Kauf nehmen, Maschine schreiben, Folge leisten, Ernst machen.*

3.4 In **adverbialen Fügungen**, die als Ganzes aus einer Fremdsprache entlehnt wurden, gilt Kleinschreibung, z. B. *a cappella, de facto, in nuce, ex cathedra.*

3.5 Zahlsubstantive schreibt man groß, z. B. *ein Dutzend, das Paar, eine Million, das erste Hundert Blätter.*

3.6 Substantive, die **Tageszeiten** bezeichnen, werden nach den Adverbien *gestern, heute, morgen, vorgestern* und *übermorgen* großgeschrieben, z. B. *morgen Mittag, gestern Nachmittag, heute Abend.*

Informationen zur neuen deutschen Rechtschreibung

4. Kleingeschrieben werden Wörter, die **formgleich als Substantive** vorkommen, aber selbst keine substantivischen Merkmale aufweisen.

4.1 Das betrifft Wörter, die **überwiegend prädikativ gebraucht** werden wie *angst, bange, feind, freund, gram, klasse, leid, pleite, recht, schuld, spitze, unrecht, weh* in Verbindung mit den Verben *sein, bleiben* oder *werden*, z. B. *Mir wurde angst und bange. Sie ist ihm gram. Sie sind sich feind. Das Spiel war klasse. Die Firma ist pleite. Das war mir nicht recht. Wir sind schuld daran.*

4.2 Groß- oder kleingeschrieben werden können *recht/Recht* und *unrecht/Unrecht* in Verbindung mit Verben wie *behalten, bekommen, geben, haben, tun,* z. B. *Ich gebe dir recht/Recht. Du tust ihm unrecht/Unrecht.*

4.3 Kleingeschrieben wird der erste substantivische Bestandteil unfest zusammengesetzter Verben auch in getrennter Stellung, z. B. *Er nimmt an der Sitzung teil. Es tut ihm leid. Es nimmt ihn wunder.*

Wird ein Substantiv mit dem Infinitiv nicht zusammengeschrieben, schreibt man es groß, z. B. *Er nimmt daran Anteil. Er fährt Auto.*

4.4 Kleingeschrieben werden **Adverbien, Präpositionen** und **Konjunktionen** auf *-s* und *-ens*: *abends, morgens, freitags, neuerdings, hungers, willens, rechtens, angesichts, mittels, namens, teils... teils*

4.5 Folgende **Präpositionen** werden kleingeschrieben: *dank, kraft (kraft ihres Amtes), laut, statt, an ... statt (an Kindes statt), trotz, wegen, von ... wegen (von Amts wegen), um ... willen, zeit (zeit seines Lebens)*

4.6 Folgende **unbestimmte Zahlwörter** werden kleingeschrieben: *ein bisschen, ein paar* (= einige)

4.7 Bruchzahlen auf *-tel* und *-stel* schreibt man klein, z. B. *hundertstel, zehntel, tausendstel; ein zehntel Millimeter* (oder *ein Zehntelmillimeter*), *in fünf hundertstel Sekunden* (oder *in fünf Hundertstelsekunden*).

4.8 **Uhrzeitangaben vor Kardinalzahlen** werden kleingeschrieben, z. B. *um viertel fünf, gegen drei viertel acht* (Aber groß: *ein Drittel, das erste Fünftel, neun Zehntel des Umsatzes, um (ein) Viertel vor fünf*).

5. Substantivisch gebrauchte **Wörter anderer Wortarten** schreibt man groß. Der substantivische Gebrauch wird meistens durch einen vorausgehenden **Artikel**, ein **Pronomen** oder ein **unbestimmtes Zahlwort** kenntlich gemacht, z. B. *das Aufstehen, das Beste, das Deutsche, das Inkrafttreten, ein Gutes, mein Angestellter, dieser Dritte, jener Studierende, nichts/wenig Neues, alles Übrige, einige Eifrige, ein paar Überzählige, genug Schlechtes, viel Schönes.* Der Artikel kann auch mit einer Präposition verschmolzen sein: *im Allgemeinen, im Übrigen, im Dunkeln tappen, im Folgenden, etwas zum Besten geben.*

5.1 **Unbestimmte Zahladjektive** wie *Unzählige, Zahllose, Verschiedene* schreibt man groß. Großschreibung gilt auch für **paarweise** auftretende, undeklinierte **Adjektive**, z. B. *Jung und Alt, Arm und Reich* (aber: *durch dick und dünn gehen*).

5.2 **Substantivierte Ordnungszahlen** werden ebenfalls großgeschrieben, z. B. *als Erster ankommen, jeder Zweite lachte.*

5.3 **Sprachbezeichnungen** werden großgeschrieben, wenn ihr Gebrauch eindeutig weder adjektivisch noch adverbial ist, z. B. *sie lernt Spanisch; sie spricht Spanisch* (auf die Frage *was?*), aber: *sie spricht spanisch* (auf die Frage *wie?*)

5.4 **Substantivierte Verben** werden großgeschrieben, z. B. *Das Lesen fällt ihm schwer. Es war ein einziges Kommen und Gehen. Es ist zum Heulen. Sie fährt zum Reiten.* Bei mehrteiligen Verb-

Groß- und Kleinschreibung

fügungen, die durch Bindestrich verbunden sind, schreibt man das erste Wort, den Infinitiv und alle substantivischen Bestandteile groß, z. B. *Es ist zum Nicht-mehr-Aushalten; ein erfolgreiches Hand-in-Hand-Arbeiten.*

5.5 **Substantivierte Pronomen und Kardinalzahlen** werden großgeschrieben, z. B. *Er hat mir das Du angeboten. Wir wollen Mein und Dein unterscheiden. Wir standen vor dem Nichts. Er hat ein gewisses Etwas. Er schreibt nur Fünfen in der Schule.*

5.6 **Substantivierte Adverbien, Präpositionen, Konjunktionen und Interjektionen schreibt man groß**, z. B. *ein großes Durcheinander; ein ewiges Hin und Her; das Jetzt erleben; das Danach war ihm egal.*

6. In den folgenden Fällen schreibt man **Adjektive, Partizipien** und **Pronomina** klein, obwohl sie formale Merkmale der Substantivierung aufweisen:

6.1 Adjektive, Partizipien und Pronomina, die sich auf ein vorhergehendes oder nachstehendes Substantiv beziehen: *Sie war die intelligenteste meiner Studentinnen. Spannende Bücher liest er schnell, langweilige bleiben liegen. Er zeigte mir eine Auswahl an Hemden. Die gestreiften und gepunkteten gefielen mir gar nicht.*

6.2 **Superlative mit am** werden kleingeschrieben: *Sie kann es am besten. Das war am interessantesten.* Aber es gilt Groß- oder Kleinschreibung bei Superlativen mit **aufs**: *Er wurde aufs Schlimmste/ schlimmste zugerichtet.*

6.3 Bestimmte **feste Verbindungen aus Präposition und nichtdekliniertem Adjektiv** ohne vorangehenden Artikel: *Ich hörte von fern ein dumpfes Grollen. Sie kamen von nah und fern. Sie hielten durch dick und dünn zusammen. Über kurz oder lang wird sich das herausstellen. Mit Biologie hat er sich von klein auf beschäftigt. Er machte sich ihre Ar-*

gumentation zu eigen. Das musst du mir schwarz auf weiß beweisen.

6.4 Bestimmte **feste Verbindungen aus Präposition und dekliniertem Adjektiv** ohne vorangehenden Artikel. Hier ist jedoch auch die Großschreibung zulässig: *Es stieg von neuem/Neuem Rauch auf.*
Sie konnten alles von weitem/Weitem betrachten.
Die Regelung bleibt bis auf weiteres/ Weiteres in Kraft.
Dies wird binnen kurzem/Kurzem erledigt sein.

6.5 Kleingeschrieben werden **Pronomina**, auch wenn sie als Stellvertreter von Substantiven gebraucht werden: *In diesem Dickicht hat sich schon mancher verirrt. Er hat sich mit diesen und jenen abgesprochen. Das muss (ein) jeder selbst wissen. Wir haben alles geregelt. Wir haben mit (den) beiden geredet.*

6.6 In Verbindung mit dem bestimmten Artikel oder dergleichen lassen sich **substantivische possessivische Adjektive** bestimmen, die klein- oder großgeschrieben werden können: *Grüß mir die deinen/ Deinen (die deinigen/Deinigen)! Jeder soll das seine/ Seine (das seinige/Seinige) zum Gelingen beitragen.*

6.7 Die **Zahladjektive** *viel, wenig, ein* und *andere(r, -s)* werden kleingeschrieben: *die vielen, dieses wenige, die einen und die anderen.* Wenn der Schreibende zum Ausdruck bringen möchte, dass das Zahladjektiv **substantivisch** gebraucht wird, kann auch großgeschrieben werden: *Sie strebte etwas ganz Anderes/anderes an.*
Die einen/Einen sagen dies, die anderen/Anderen das.
Die meisten/Meisten stimmten dem Vorschlag zu.

6.8 **Kardinalzahlen** unter einer Million werden grundsätzlich kleingeschrieben: *Er kann nicht bis drei zählen. Diese vier sind mir bekannt.*

Informationen zur neuen deutschen Rechtschreibung

Bezeichnen *hundert* und *tausend* eine unbestimmte Menge, so können sie groß- oder kleingeschrieben werden: *Es kamen viele tausende/ Tausende von Zuhörern. Sie kamen zu aberhunderten/ Aberhunderten.* Ebenso:
Der Stoff wird in einigen Dutzend/ dutzend Farben angeboten. Der Fall war angesichts Dutzender/ dutzender von Augenzeugen klar.

7. Eigennamen schreibt man groß: *Sophie, Paula, Emilie, Charlotte, Frankfurt, Australien, Alpen.* Bei **mehrteiligen Eigennamen** werden das erste Wort sowie alle Bestandteile außer Artikel, Präpositionen und Konjunktionen großgeschrieben: *Johann Wolfgang von Goethe, Deutsches Rotes Kreuz, Heinrich-Heine-Straße, Neuer Markt, Auf der Heide.*

Als Eigennamen gelten:

7.1 **Personennamen, Eigennamen** aus Religion, Mythologie sowie **Beinamen, Spitznamen** u. Ä.: *Johann Wolfgang von Goethe, Ludwig van Beethoven, Walther von der Vogelweide, Katharina die Große, Heinrich der Achte, Klein Erna.* Präpositionen wie *van, von, de, te(n), zu(r)* in Personennamen schreibt man im Satzinneren immer klein, auch wenn sie ohne Vornamen stehen:
Der Reporter heißt von der Aue.

7.2 **Geografische** und geografisch-politische Eigennamen von Erdteilen, Ländern, Staaten, Verwaltungsgebieten; Städten, Dörfern, Plätzen; Landschaften, Gebirgen, Wäldern, Regionen, Fluren; Meeren, Meeresteilen, Flüssen, Seen, Inseln, Küsten:
Vereinigtes Königreich Großbritannien und Nordirland, Freie und Hansestadt Hamburg, Groß-Gerau, Unter den Linden, Neuer Markt, Kahler Asten, Holsteinische Schweiz, Thüringer Wald, Stiller Ozean, Neusiedler See, Kapverdische Inseln, Kap der guten Hoffnung

7.3 Eigennamen von **Objekten** unterschiedlicher Klassen: Sterne, Sternbilder, Himmelskörper; Fahrzeuge, Bauwerke, Örtlichkeiten; einzeln benannte Tiere, Pflanzen; Orden, Auszeichnungen: *Kleiner Bär, Großer Wagen, die Stromwärts* (Schiff), *die Blaue Moschee* (in Istanbul), *die Große Mauer* (in China); *der Fliegende Pfeil* (ein bestimmtes Pferd), *die Alte Eiche* (eine bestimmte Eiche); *das Blaue Band des Ozeans, Großer Österreichischer Staatspreis*

7.4 Eigennamen von **Institutionen**, Organisationen, Einrichtungen; Parteien, Verbänden, Vereinen; Betrieben, Firmen, Genossenschaften, Gaststätten, Geschäften; Zeitungen, Zeitschriften; inoffizielle Eigennamen, Kurzformen, Abkürzungen von Eigennamen; bestimmte historische Ereignisse und Epochen:
Deutscher Bundestag, Statistisches Bundesamt, Hessisches Staatstheater Wiesbaden, Zweites Deutsches Fernsehen, Vereinte Nationen, Sozialdemokratische Partei Deutschlands, Österreichisches Rotes Kreuz, Nassauische Sparkasse, Gasthaus zur Neuen Post, Zum Goldenen Anker, Berliner Zeitung, Neue Illustrierte, Die Zeit, USA, CDU, EU, ORF, der Westfälische Frieden, der Zweite Weltkrieg

Bei einigen der unter 7.4 genannten Eigennamen kann die Schreibung im Einzelfall abweichend festgelegt werden: *konkret* (Zeitschrift), *Zur goldenen Gans* (Gaststätte)

7.5 Ableitungen von **geografischen Eigennamen** auf *-er* werden großgeschrieben: *Berliner U-Bahn, Kölner Dom, Wiener Oper, Frankfurter Würstchen.* Adjektivische Ableitungen von Eigennamen auf *-(i)sch* werden kleingeschrieben. Wenn der Personenname durch einen Apostroph abgetrennt wird, muss dagegen großgeschrieben werden: *die dar-*

winsche/Darwin'sche Evolutionstheorie.

7.6 In **festen Verbindungen aus Adjektiv und Substantiv** wird das Adjektiv kleingeschrieben, wenn es sich nicht um Eigennamen handelt: *das olympische Feuer, die höhere Mathematik, der bunte Hund.* Bei Verbindungen mit einer neuen idiomatisierten Gesamtbedeutung kann das Adjektiv jedoch auch großgeschrieben werden, wenn der besondere Gebrauch betont werden soll: *die graue/ Graue Eminenz* (jmd., der im Hintergrund die Entscheidungen trifft), *der blaue/Blaue Brief* (Amtsschreiben), *die grüne/ Grüne Grenze* (unbefestigte Grenze), *die kalte/Kalte Ente* (ein Getränk), *der runde/Runde Tisch* (Verhandlungen unter Gleichberechtigten), *das schwarze/Schwarze Brett* (Anschlagtafel), *der weiße/Weiße Tod* (Tod durch Lawinen).

7.7 In bestimmten **substantivischen Wortgruppen** werden **Adjektive** jedoch großgeschrieben, obwohl es sich nicht um Eigennamen handelt. Das sind Titel, Ehrenbezeigungen, bestimmte Amts- und Funktionsbezeichnungen; besondere Kalendertage; fachsprachliche Bezeichnungen: *der Technische Direktor, Heiliger Vater, der Regierende Bürgermeister, der Heilige Abend, der Erste Mai, der Internationale Frauentag; Grüner Veltliner, Roter Milan, Schwarze Witwe.* In manchen Fachsprachen wird jedoch Kleinschreibung bevorzugt: *eiserne Lunge, grauer Star, seltene Erden.*

Einige Verbindungen in bestimmten Fachsprachen, die für eine begriffliche Einheit stehen, können klein- oder großgeschrieben werden, z. B.: *gelbe/Gelbe Karte, goldener/Goldener Schnitt, kleine/ Kleine Anfrage, erste/ Erste Hilfe.*

8. Die **Anredepronomen** *Sie* und *Ihr* einschließlich der flektierten Formen werden großgeschrieben: *Werden Sie am Montag kommen? Wir möchten Ihnen gratulieren.* Die Anredepronomen *du* und *ihr* einschließlich ihrer flektierten Formen, die entsprechenden Possessivpronomen *dein* und *euer* werden kleingeschrieben: *Kannst du mir helfen? Ich werde es euch schon zeigen!* In **Briefen** können jedoch die Anredepronomen *du* und *ihr* mit ihren Possessivpronomen groß- oder kleingeschrieben werden: *Liebe Susanne, ich danke dir/Dir für deinen/Deinen Brief. Wie geht es euch/ Euch?*

E Zeichensetzung

Die neuen Regeln sehen hier einen größeren Entscheidungsfreiraum für den Schreibenden vor.

Das **Komma** bei *und, oder* und verwandten Konjunktionen ist bei Hauptsätzen nicht mehr obligatorisch, z. B.
Es war ein herrlicher Sommertag(,) und wir verbrachten den ganzen Tag am Meer.
Bei **formelhaften Nebensätzen** kann das Komma entfallen, z. B.
Wie telefonisch vereinbart(,) schicken wir Ihnen anbei die gewünschten Artikel zu. Wie bereits gesagt(,) treffen wir uns um 9 Uhr.
Bei Infinitivgruppen ist das Komma in vielen Fällen freigestellt.
Infinitivgruppen werden stets mit Komma abgegrenzt, wenn:
a) die Infinitivgruppe mit *um, ohne, statt, anstatt, außer, als* eingeleitet wird, z. B.
Wir trafen uns, um das Projekt zu besprechen. Er ging, ohne sich bei uns zu verabschieden. Anstatt sich zu entschuldigen, wurde er immer unverschämter. Es blieb keine andere Möglichkeit, als den Vertrag zu kündigen. Wir können gar nichts tun, außer zu zahlen.
b) die Infinitivgruppe von einem Substantiv abhängt, z. B.
Sie wurde bei ihrem Vorschlag, die Gehälter zu erhöhen, von allen ausgelacht. Wir fassten den Plan, aus Protest abzureisen.

Informationen zur neuen deutschen Rechtschreibung

c) die Infinitivgruppe von einem Korrelat oder Verweiswort abhängt, z. B.
Sie liebt es sehr, abends lange aufzubleiben.
Lange aufzubleiben, das liebt sie sehr. Er hat es bereut, diese Fortbildung gemacht zu haben.

Wenn ein bloßer Infinitiv vorliegt, kann in b) und c) das Komma entfallen, wenn dadurch keine Missverständnisse entstehen, z. B.
Den Plan(,) abzureisen(,) hatten wir bald gefasst.
Die Freude(,) zu singen(,) wurde ihm bald genommen.
Er dachte nicht daran(,) zu gehen.

Bei **direkter Rede** steht ein Komma, wenn der Kommentarsatz folgt oder nach der direkten Rede weitergeht:
„Wann kommst du?", fragte sie mich. Sie sagte: „Ich komme gleich wieder", und ging hinaus.

Die Verwendung des **Apostrophs** ist nach der neuen Rechtschreibung auch zulässig, um die **Genitivendung** *-s* oder das **Adjektivsuffix** *-sch* abzutrennen, z. B.
Melanie's Blumenstube (neben der regulären Form: *Melanies Blumenstube*), *Davy'sche Lampe* (neben der ebenfalls gültigen Schreibung: *davysche Lampe*).

Nicht mehr zulässig ist die Setzung eines Apostrophs als Auslassungszeichen bei **Verbformen im Imperativ**, z. B. *lass dich nicht überreden, komm doch endlich!*

F Worttrennung am Zeilenende

Die wesentlichen Kriterien für die Worttrennung sind die Gliederung nach Sprechsilben, die Berücksichtigung der einzelnen Wortbestandteile sowie die Abtrennung von Konsonanten.
Die Worttrennung am Zeilenende wurde mit der Neuregelung der deutschen Rechtschreibung in einigen Punkten geändert.

Getrennt wird jetzt auch die Buchstabenfolge *st* (*Fens-ter, am engs-ten* usw.). Die Trennung von *ck* als *-k-k-* ist nicht mehr zulässig, *ck* wird als Buchstabenfolge wie *ch* und *sch* aufgefasst und entsprechend getrennt (*Zu-cker, le-cker* usw.).
Folgende Grundregeln sind bei der Worttrennung am Zeilenende zu beachten:

1. **Trennung nach Sprechsilben:**
   Entsprechend der Grundregel der Silbentrennung werden Wörter am Zeilenende so getrennt, wie sie sich beim langsamen Sprechen in Silben zerlegen lassen, z. B.
   Bau-er, Ei-er, se-hen, Ge-spens-ter, na-ti-o-nal, Ver-such, Blu-men-er-de, Haus-tür, Be-fund, bei-spiels-wei-se.
   Einzelne Vokalbuchstaben am Wortanfang oder Wortende werden nicht abgetrennt, auch nicht bei Zusammensetzungen, z. B.
   Abend, Kleie, Ju-li-abend, Bio-müll.
   Irreführende Trennungen sollten grundsätzlich vermieden werden, z. B.
   An-alphabet (nicht: *Anal-phabet*), *Sprech-erziehung* (nicht *Sprecher-ziehung*), *Ur-instinkt* (nicht *Urin-stinkt*).

2. **Trennung zusammengesetzter Wörter:**
   Zusammengesetzte Wörter und Wörter mit Präfix werden zwischen den einzelnen Bestandteilen getrennt, z. B.
   Kaffee-kanne, Chef-arzt, Job-suche, erziehungs-berechtigt, voll-enden, Re-print, syn-chron, Pro-gramm, At-trak-tion, kom-plett, In-stanz usw.

3. **Trennung mehrsilbiger einfacher und suffigierter Wörter**

3.1 Zwischen Vokalbuchstaben, die zu verschiedenen Silben gehören, kann getrennt werden, z. B.
   Bau-er, Ei-er, Foli-en, klei-ig, re-ell, Spi-on.

Worttrennung am Zeilenende

3.2 Steht in einfachen oder suffigierten Wörtern zwischen Vokalbuchstaben ein einzelner Konsonant, so kommt er bei der Trennung auf die neue Zeile. Stehen mehrere Konsonantenbuchstaben dazwischen, so kommt nur der letzte auf die neue Zeile, z. B.
Au-ge, Bre-zel, trau-rig, Hop-fen, ros-ten, Städ-te, sit-zen, ren-nen, müs-sen, Drit-tel, Ach-tel, sechs-te, imp-fen, Karp-fen, dunk-le, knusp-rig, Kanz-lerin.

3.3 Stehen Buchstabenverbindungen wie *ch, sch, ph, rh, sh* oder *th* für einen Konsonanten, so trennt man sie nicht. Das gilt auch für *ck*, z. B.
la-chen, du-schen, Deut-sche, Sa-phir, Myr-rhe, Fa-shion, Zi-ther, bli-cken, Zu-cker.

3.4 In Fremdwörtern können die Verbindungen aus Buchstaben für einen Konsonanten + *l, n* oder *r* entweder nach 3.2 getrennt werden, oder sie kommen ungetrennt auf die neue Zeile, z. B.
nob-le/no-ble, Zyk-lus/Zy-klus, Mag-net/Ma-gnet, Feb-ruar/Fe-bruar, Hyd-rant/Hy-drant, Arth-ritis/Ar-thritis.

4. Besondere Fälle: Wörter, die sprachhistorisch oder von ihrer Herkunft her gesehen Zusammensetzungen oder Präfigierungen sind, aber nicht mehr als solche empfunden oder erkannt werden, können nach 2.1 oder 3 (3.1–3.4) getrennt werden, z. B.
hin-auf/hi-nauf, dar-um/da-rum, war-um/wa-rum, Chrys-antheme/Chry-santheme, Hekt-ar/Hek-tar, Heliko-pter/Helikop-ter, inter-essant/inte-ressant, Lin-oleum/Li-noleum, Päd-agogik/Pä-dagogik, Chir-urg/Chi-rurg.

Endlich wieder Sicherheit im Umgang mit der deutschen Rechtschreibung!

- Auf dem neuesten Stand der amtlichen Rechtschreibregelung 2006
- 125 000 Stichwörter, darunter zahlreiche neu aufgenommene Wörter und Schreibweisen sowie häufig verwendete Eigennamen
- Mehr als 700 Infokästen erläutern die wesentlichen Änderungen und geben Gewissheit bei allen Zweifelsfällen
- Übersichtlich, leicht verständlich, praxisnah und voll schultauglich

WAHRIG
Die deutsche Rechtschreibung
1 216 Seiten
HC, 2-farbig
ISBN: 978-3-577-10177-6
€ 14,95 [D] / € 15,40 [A] / *sFr 27.50
Ab 1.1.2008:
€ 17,95 [D] / € 18,50 [A] / *sFr 31.90

Damit sind Sie nie mehr um ein Wort verlegen!

- Aktualisierte Ausgabe: auf dem neuesten Stand der amtlichen Rechtschreibung 2006 mit allen zulässigen Schreibvarianten und Worttrennungen
- Mehr als 1000 neue Fremdwörter aus den verschiedensten Bereichen von Wissenschaft und Alltag
- Zahlreiche benutzernahe, empirisch abgesicherte Anwendungsbeispiele zum richtigen und angemessenen Fremdwortgebrauch
- Suchhilfen zum effektiven Nachschlagen schwieriger Fremdwörter
- Übersichtliches, zweifarbiges Layout

WAHRIG
Fremdwörterlexikon
1 088 Seiten
HC, 2-farbig
ISBN: 978-3-577-09030-8
€ 19,95 [D] / € 20,60 [A] / *sFr 34.90

* unverb. Preisempf.

Stichwort mit Angaben zur Betonung und Grammatik

Leitwörter der Anwendungsbeispiele sind fett hervorgehoben

die Tilde (~) steht für das Stichwort

bei unregelmäßig konjugierten Verben verweisen die Nummern 101–294 auf die Konjugationstabelle (S. 26–35)

orthografische Varianten an alphabetisch gleicher Stelle

Neuschreibungen in Blau

Worttrennung; bei Verben mit abtrennbarer Vorsilbe steht ||

Angabe des Fachgebiets, in dem das Wort gebraucht wird

Auf|ga|be ⟨f.; -, -n⟩ **1** ⟨unz.⟩ ~ eines **Auftrages**, einer Anzeige, eines Briefes, des Gepäcks *Übergabe (an andere) zur weiteren Veranlassung* **2** ⟨unz.⟩ ~ einer **Tätigkeit** *Beendigung;* ~ eines Amtes, des Dienstes • **2.1** ~ eines **Unternehmens**, Geschäftes *Schließung;* Ausverkauf wegen Geschäfts~ • **2.2** ~ eines **Zieles**, Wunsches *Verzicht auf ein Z.;* ~ des Rennens **3** *etwas, was erledigt werden muss;* eine leichte, schwere, schwierige ~ **3.1** *Pflicht, Sendung;* Lebens~; ich betrachte es als meine ~, ihm zu helfen; es sich zur ~ machen, etwas zu tun; im Leben eine ~ haben • **3.2** *Arbeit, Anforderung;* auf dich warten große ~n; das ist nicht deine ~; sich vor eine ~ gestellt sehen; jmdn. vor eine ~ stellen • **3.3** *Übung, Übungsstück;* eine ~ lösen; eine schriftliche ~ • **3.3.1** *Schul-, Klassen-, Hausarbeit;* Schul~; seine ~n machen

auf|ge|legt 1 ⟨Part. Perf. von⟩ *auflegen* **2** ⟨Adj. 24/70; fig.⟩ *sich in einer bestimmten Laune befindend;* gut, schlecht ~; wie sind Sie heute ~? • **2.1** ⟨74⟩ **zu etwas ~ sein** *in der Stimmung sein, etwas zu tun;* nicht zum Scherzen ~ sein; er war den ganzen Abend zum Tanzen ~ • **2.2** ⟨60; umg.; abwertend⟩ *offenkundig;* das war ein ~er Schwindel, Unsinn

auf|grei|fen ⟨V. 158/500⟩ **1** jmdn. ~ *zu fassen bekommen, finden u. in (polizeilichen) Gewahrsam nehmen;* der Gesuchte wurde in einem Lokal aufgegriffen **2** ein Thema, eine Anregung ~ *aufnehmen u. erörtern* • **2.1** etwas ~ *etwas wieder aufnehmen, an etwas wieder anknüpfen;* die Unterhaltung vom Vortag ~

auf|grund auch: **auf Grund** ⟨Präp. m. Gen.⟩ *wegen, verursacht durch;* der Unterricht fällt ~ von Krankheit aus

Auf|guss ⟨m.; -es, -güs|se⟩ **1** *durch Aufgießen (Überbrühen) entstandene Flüssigkeit;* Tee~, Kaffee~; einen ~ von Kamille verwenden; der erste, zweite ~ vom Kaffee, Tee **2** ⟨fig.; abwertend⟩ *Nachahmung ohne eigenen Wert;* dieses Bild ist ein schlechter ~ von Dürer

auf|ho|len ⟨V.⟩ **1** ⟨500⟩ etwas ~ *durch (große) Anstrengung u. Leistung einen Rückstand verringern;* der Zug hat die Verspätung aufgeholt; er muss den Zeitverlust ~ • **1.1** *wettmachen, gutmachen;* den Verlust, den Rückstand ~ **2** ⟨400⟩ *den Vorsprung eines anderen verringern;* der Läufer holt mächtig auf; er hat im letzten halben Jahr in der Schule stark aufgeholt • **2.1** ⟨Börse⟩ *besser werden, im Preis steigen;* die Aktien der Autoindustrie haben jetzt stark aufgeholt **3** ⟨500; Seemannsspr.⟩ *heraufziehen;* Anker, Segel ~

Auf|kauf ⟨m.; -(e)s, -käu|fe⟩ **1** *Kauf (einer Gesamtheit von Gegenständen, Grundstücken, eines Unternehmens usw.)* • **1.1** *Massenkauf (zu Wucherzwecken)*

Bedeutungserklärungen und zugeordnete Anwendungsbeispiele

die Nummern 10–26 verweisen auf Deklination und Steigerung der Adjektive (S. 21–23)

die Nummern 30–90 verweisen auf die Satzmuster für Adjektive (S. 24–25)

die Nummern 300–850 und die Zusätze Vr 1–8 verweisen auf die Satzmuster für Verben (S. 36–39)

Substantive mit Angabe des Geschlechts, des Genitivs und des Plurals

---

vgl. auch die ausführlichen »Hinweise zur Benutzung«, S. 10–17